聖書書名略記一覧

旧約聖書

創世記	創	列王記上	王上	コヘレトの言葉	コヘ	オバデヤ書	オバ
出エジプト記	出	列王記下	王下	雅歌	雅	ヨナ書	ヨナ
レビ記	レビ	歴代誌上	代上	イザヤ書		ミカ書	ミカ
民数記	民	歴代誌下	代下			ナホム書	ナホ
申命記	申	エズラ記	エズ			ハバクク書	ハバ
ヨシュア記	ヨシュ	ネヘミヤ記	ネヘ			ゼファニヤ書	ゼファ
士師記	士	エステル記	エス			ハガイ書	ハガ
ルツ記	ルツ	ヨブ記	ヨブ			ゼカリヤ書	ゼカ
サムエル記上	サム上	詩篇	詩			マラキ書	ラ
サムエル記下	サム下	箴言	箴				

新約聖書

マタイによる福音書	マタ	テモテへの手紙一	I テモ
マルコによる福音書	マコ	テモテへの手紙二	II テモ
ルカによる福音書	ルカ	テトスへの手紙	テト
ヨハネによる福音書	ヨハ	フィレモンへの手紙	フィレ
使徒言行録	使	ヘブライ人への手紙	ヘブ
ローマの信徒への手紙	ロマ	ヤコブの手紙	ヤコ
コリントの信徒への手紙一	I コリ	ペトロの手紙一	I ペト
コリントの信徒への手紙二	II コリ	ペトロの手紙二	II ペト
ガラテアの信徒への手紙	ガラ	ヨハネの手紙一	I ヨハ
エフェソの信徒への手紙	エフェ	ヨハネの手紙二	II ヨハ
フィリピの信徒への手紙	フィリ	ヨハネの手紙三	III ヨハ
コロサイの信徒への手紙	コロ	ユダの手紙	ユダ
テサロニケの信徒への手紙一	I テサ	ヨハネの黙示録	黙
テサロニケの信徒への手紙二	II テサ		

* 聖書の章・節の表記法および訳語・訳文は『聖書 新共同訳 ― 旧約聖書続編つき』(日本聖書協会 1987) にしたがう.

語源欄欧文略記一覧

* イタリックで示した部分を略記して本文の語源表記としている.
* Hindi は形容詞形がないので全書してイタリックとした.

*afrika*ans	*französi*sch	*kreoli*sch	*rumäni*sch
*afrika*nisch	*gäli*sch	*ladini*sch	*russi*sch
*altnordd*eutsch	*germani*sch	*lateini*sch	*sanskriti*sch
*angels*ächsisch	*goti*sch	*magyari*sch	*schwedi*sch
*ägypt*isch	*griechi*sch	*malaii*sch	*semiti*sch
*althochd*eutsch	*hebr*äisch	*mittelhochd*eutsch	*serbi*sch
*ameri*kanisch	*Hindi*	*mittelniederd*eutsch	*serbokroati*sch
*arabi*sch	*hottentot*tisch	*mittelniederl*ändisch	*singhalesi*sch
*aram*äisch	*indogermani*sch	*mongoli*sch	*slawi*sch
*austr*alisch	*indiani*sch	*niederd*eutsch	*sloweni*sch
*bengali*sch	*indonesi*sch	*niederl*ändisch	*spani*sch
*bretoni*sch	*isl*ändisch	*nordi*sch	*tahiti*sch
*bulgari*sch	*italieni*sch	*norwegi*sch	*tamili*sch
*chinesi*sch	*japani*sch	*persi*sch	*tibeti*sch
*däni*sch	*javani*sch	*phönizi*sch	*tschechi*sch
*deut*sch	*jiddi*sch	*polni*sch	*türki*sch
*engli*sch	*karibi*sch	*polynesi*sch	*ungari*sch
*eskimo*nisch	*kelti*sch	*portugiesi*sch	*zigeuneri*sch
*finni*sch			

FREUDE
DEUTSCH-JAPANISCHES WÖRTERBUCH

フロイデ
独和辞典

［監修］
前田敬作
［編集］
山本雅昭
岸孝信
服部尚己
友田和秀
松村朋彦

白水社

序

　このたび白水社から新しく独和辞典を発刊する運びとなったことを，ひとまず素直に喜びたいと思います．ひとまず，と言ったのはもちろん辞書にはけっして完成ということはなく，あるのはつねにその時点での最善だけという，ごくあたりまえの考えからです．辞書というものはたえず改訂を繰返しながらその時点での最善を追求してゆくものでありましょう．そして，振返って気の遠くなるほど長かった仕事にここでひとまず区切りをつけて世に送り出すこの独和辞典は，むろん現時点において考えうる最善のものと私たちは自負していますが，それではどのような特長あるいは特色をもっているのでしょうか．

　まず言っておかねばならないことは，編集に携わった者が最終的にすべて文学畑の人間だということです．これは原稿執筆および編集作業の過程で結果としてそうなったことであります．およそ辞書と名のつくものは言葉の規範を示すものでなければなりません．だから，従来辞書の編纂にはかならず何名かの語学者がその核のところに名をつらねていました．もちろん私たちも本書完成の最後の瞬間までたえず語学の専門家とネイティヴスピーカーに意見を求め，疑問を質しながら，いわゆる語学的正確さにおいて完璧を期すことに最大限力をそそいだことは，辞書編纂者としての当然の義務であり，言うまでもないことであります．しかしながら，最終的にすべての原稿に目を通し手をいれて，全体を統括した編集部は文学研究を専らにする者の集団となりました．いわば文学研究者が出す辞書です．そしてそのことこそが実は本書の特長，特色の最大のものであると，私たちは認識しています．私たちがつくる独和辞典に私たち自身が与えた課題は，何よりもそれが道具でなければならぬということでした．大工における鑿，金槌，画家における筆，絵の具のように，それ自身が用途に直結し手に取れば直ちに目的に到達するのでなければなりません．すなわち，私たちがもっとも腐心したのは，語義として掲げる日本語はもとより，例文，用例の邦訳がドイツ語そのものを的確にぴたりと捉え，しかもその日本語が生きた言葉としてそのまま活用しうるものであるという点にありました．ニュートラルな訳を心がけてふやけた日本語に堕するの愚だけは断じて避けたつもりです．あくまでも道具としての辞書にこだわったわけで，その意味において単なる学習辞典的性格ということはついに私たちの念頭にはなかったといってもいいかもしれません．

　文学作品や文学研究書，社会科学の評論，そして理系の文献と，いわば専門書から新聞，雑誌といった時事性あるいは娯楽性の高い文章にまで，この辞書は十分に配慮されたものになっています．いやそればかりではありません．用例および例文は，その邦訳の日本語と適宜挿入した文法的注釈ならびに巻末の和独索引ともども，ドイツ語による作文，会話にも大いに資するよう周到な工夫を凝らしたつもりです．当然のことながら私たちの収録語彙に関する目配りは，したがって，古語から現代の最先端の言葉まで相当広範囲にわたることになり，ここについに収録語数 7 万 5 千を数えるにいたります．現在私たちのまわりにあるこのサイズのいわゆる中型辞典としてはおそらく最多の収録数であり，ほぼ限界に近い数であります．なんと言っても語彙数の多寡は利用者の便不便に直結するものであり，この点においても本辞典は類書の中でも抜きん出たものとなっています．

　中型独和辞典の編纂に要する時間はふつう短くて 12-3 年，長くてもせいぜい 17-8 年といわれています．関係者をいたずらに長くこの仕事にしばりつけるのを避けたかったことと，その頃ドイツ語および独和辞典を取巻いていた状況を勘案して，私は無理を承知で当初 7-8 年の短期決戦計画を考えていました．あれから 24 年という歳月がながれました．まことに異常といっていいくらい長い時間でしたが，しかしどうしても必要な時間でありました．その間のドイツ本国での政治的，経済的，社会的，文化的激変については周知のところでありましょう．いまの時点で私たちになお少しの時間を，とさえ思いますが，先述のとおりきりのない話であってみれば，ここにいったん区切りをつけて本書を世に送り江湖のご批判を仰ぐことにした次第であります．

　左記の原稿執筆協力者の方々に篤くお礼申し上げます．載録した例文，用例のドイツ語のすべてに目を通してくださったコヴァルスキー・雪氏には，時折のご意見を参考にさせていただ

いたことも併せて，同じく篤くお礼申し上げておきます．なお，初期作業の段階で執筆要領の作成等に関してご協力をいただいた矢島光夫，内藤道雄，西井武，木下康光の各氏には別して篤い謝意を表しておきます．

　最後に，この長い年月物心両面において私たちを支えてくださった白水社の皆様，とくに，この辞典を企画しスタートさせながら実現を見ないうちに定年を迎えられた元社長の藤原一晃氏，作業の進捗を大局的な立場から見守ってこられた伊吹基文，山本康の重役諸氏，さらには仕事半ばで残念ながら定年退社されたものの前半よくリードしてくださった佐藤文彦氏，あとを引き継いで後半から最後までを，とりわけ剣が峰の最終盤をその精力的な仕事ぶりで一気呵成にまとめあげられた中越昌一氏，そして両氏を不断に援けてこられた編集部の方々にたいし心から篤くお礼申し上げます．

監修者

凡 例

1 見出し語
1-1 配列
1-1-1 見出し語の配列はアルファベット(abc)順とし,小文字の次に大文字がくることとした. したがって,たとえば同じつづりで頭文字が小文字と大文字で始まる場合,**gut-Gut** と並ぶことになる.
1-1-2 ä, ö, ü は a, o, u のあとに置いた. 1-1-1 との関係は,たとえば **'nut·zen-'Nut·zen-'nüt·zen**, あるいは **schlang-Schlan·ge-schlän·ge** となる.
1-1-3 ß は ss のあとに置いた.
1-1-4 同一つづりの語は,原則として語源が別であれば別見出しとし,右肩に数字を付けて区別した. ただし,不定詞と同形の過去分詞,形容詞から派生した名詞など,由来を同じくする同一つづりの語でも,肩番号を付けて別見出しとして処理している場合もある.
    be'las·sen¹·be'las·sen²   **'Di·cke¹-'Di·cke²**
1-1-5 見出し語は原則として追込みをせず,改行して立項してあるが,ある語の新旧両正書法の形を見出しに立てるケース(↑1-2-3)でアルファベット順に抵触しないものは新→旧の順序でコンマで併記した. 同義語であってやはり直ちに上下に並ぶような語をコンマで併記しているケースもある(**Di·thy'ram·bos, Di·thy'ram·bus**). また,コンマで併記した場合,1-1-1 の原則にこだわらず主表記を先に立てたケースもある(**'Zun·gen-R, 'Zun·gen-r**).

1-2 正書法・語形
1-2-1 正書法は主に Duden の Die deutsche Rechtschreibung. 22., völlig neu bearbeitete und erweiterte Auflage. と,同じく Duden の Deutsches Universalwörterbuch. 4., neu bearbeitete und erweiterte Auflage. と Das große Wörterbuch der deutschen Sprache in 10 Bänden. 3., völlig neu bearbeitete und erweiterte Auflage. で補完した.

> **1-2-2** 旧正書法(以下「旧」と総称)の見出し語は左肩に °を付けて表した.   °**'Stille·ben**
> **1-2-3** 旧正書法(1998 年 7 月まで)と新正書法(1998 年 8 月以降)で語形が変わるものについては,アルファベット順にかかわらない限り(↑1-1-1, 1-1-5),新しい形→古い形 の順にコンマでつないで併記した. ただし,ß から ss への変更の場合,複合語では旧の形を省略した. ↑正書法解説

1-2-4 新旧の見出し語が離れた位置にあるときは,参照矢印 ↑ を使って旧見出し語から新見出し語を指示した.
    °**'Stille·ben** ['ʃtɪlləbən] ↑Stillleben
1-2-5 新正書法で旧の1語書きの形から2語書き・3語書きなど分かち書きに変った語も,新旧の形を並べて見出し語として立て,旧の品詞表示を残した(↑4-2-2).
1-2-6 新正書法で1語書き・分かち書き両形が認められる語については,1語書きの形を見出しに立て,分かち書きの形は注記号◆を使って補った.   **zu'guns·ten** ...... ◆**zu Gunsten** とも書く.
1-2-7 外来語などで2語以上からなる慣用句なども,見出し語としては1語として扱う(↑4-2-2, 7-3-6).
1-2-8 形容詞は格語尾を省いた形で立てている.
1-2-9 代名詞は語尾を付けた形(**'je·der**)・付けない形(**manch, welch**)・弱変化語尾の形(**'ei·ni·ge, 'meh·re·re**) など,必ずしも統一した形では掲げていない.
1-2-10 見出し語の中の[ ] で囲んだ部分は,そこが省略された形も可能であることを表す(**'rich·tung[s]·wei·send** は 'rich·tung·wei·send と 'rich·tungs·wei·send の両形があり得ることを示している). その場合,検索性を損なわない限りにおいて前後の語の順番が 1-1-1 で示したアルファベット順に従わなくなるケースもある.

1-3 分綴
1-3-1 新正書法によって分綴の可能性は多様化したが,本書では 1-2-1 に挙げた Universalwörterbuch または Das große Wörterbuch に依拠して,最も標準的と考えられる分綴箇所を・で示した. また,アクセント記号 ' およびハイフン-,分離動詞(↑8-1-2)の分離線 | も分綴可能であることを示す.

1-4 簡易表音符
1-4-1 すべての見出し語に次の簡易表音符を付けた.
1-4-2 アクセント位置の直前の分綴箇所にアクセント記号 ' を付けた.
1-4-3 ただし,1-4-2 の箇所に分綴記号が入らない場合は,見出し語のアクセント記号を省略した.
    Aba·te [a'baːtə]
1-4-4 長母音(aa, ee, oo, ie [iː] を含む)には下線を付けて示した.

1-5 基本語
1-5-1 基本語約1万5千を選んで色刷りとし,そのうち約千語を最重要基本単語として大ポイント・罫線入りで示し,さらに約4千語を重要基本単語として星印*を付けて示した.
1-5-2 最重要基本単語と重要基本単語には,学習の便を図って発音記号のあとにカナ表記を添えた. 子音や日本語にはウムラウトなどの音をカナで表すのは不可能なので,このカナ表記は見出し語の読み方を示唆するあくまで便宜的・補助的なものである. 以下の原則によって表記した(なお詳しい例は「発音解説」5綴り字と発音 参照).
  ・カタカナのみで表記した.
  ・r と l の区別はせず,いずれも「ラリルレロ」で表した. ただし b と v は「ブ」と「ヴ」で表した.
  ・長母音と母音化する ər は音引き「ー」で表した.
  ・ä, ö, ü はそれぞれ「エ」「エ」「ュ」で表した.

- 母音化する r は「ア」または「ル」で表した.
- pf.. は「プフ」で表した.
- アクセントのある音節の母音部分を表すカナまたは 1 音節語の場合は母音のある部分をゴシックで表した.

2 発音
2-1 主要見出し語には音標文字で発音を示した.
2-1-1 発音は主に Duden: Das Aussprachewörterbuch. 4., Auflage をもとにして, 適宜変更を加えた(個々の発音記号については, 「発音解説」参照).
2-2 省略可能な音は ( ) で示した.　　　**equi·pie·ren** [ek(v)i'piːrən]
2-3 発音が2とおり以上あるときは **Fa'brik** [fa'briːk, ..rɪk] のように示した.
2-4 アクセントが2とおり以上あるときは **'un·leug·bar** ['ʊnlɔʏkbaːr, -'- -] あるいは **Elek·tro·che'mie** [-'- - - - とも] のように示した.
2-5 複合語や派生語の発音は, 原則として簡易表音符(↑1-4)のみで示した. ただし, 簡易表音符で発音が示せない場合や, 複合語での規定語ないは基礎語が単独の見出し語とならない場合は, 発音記号を付した.
　　'Lit·faß·säu·le ['lɪtfassɔʏlə]

3 語源
3-1 必要と判断された語については, 原則として品詞表示のあとに ( ) で語源を示した.
　　'Kli·nik 女 -/-en (*gr.* kline 'Bett, Lager')......
3-2 語源となる言語は欧文略記をイタリックにした形(↑表見返し)で表したが, その言語を表す形容詞形がないものは全書でイタリックで表示したケースもある (*Hindi* 等).
3-3 ある語がいくつかの言語を経由してドイツ語に入ってきている場合, 適当と思われるときには直前の経由地の言語を語源として挙げていることもある. 　　**Fla'nell** ......(*fr.*)

4 語義・用例
4-1 語義
4-1-1 語義の分類は **1 2 3**... で表し, さらにその中で小分類をする必要があるときには (a)(b)(c)... と区分した. また適宜セミコロン「 ; 」を使って細かなニュアンスの差異のある意味に区分を計った. 1 つの訳語が 2 種以上の意味を持つときにも ( ) の説明に (a)(b)(c)... を用いた ('**Ida** ...... der ~ イダ((a) 小アジアにある山脈. (b) クレタ島の最高峰, Zeus が育った場所とされる)).
4-1-2 **❶❷❸**... は動詞では自動詞・他動詞・再帰動詞・非人称動詞の別, 名詞では男性名詞・女性名詞・中性名詞・固有名詞の別, またその他前置詞・副詞などの品詞区分等, 品詞もしくは品詞に準じる大区分に用いた. なお, ❶❷❸... は説明文中に参照箇所として使われる場合には ①②③... のようにした.
4-1-3 Ⅰ Ⅱ Ⅲ ... は語義区分だけでは適当でないような相当大きな用法の区分が必要な場合(話法の助動詞の本動詞を伴う用法と独立的に用いられる用法の別のような場合)に用いた.
4-1-4 訳中に使われた ( ) は, 訳語の交換可能な場合 ('**flat·ter·haft** 形 ...... 気まぐれ(移り気)な; ......)・訳語の一部省略 ('**dä·nisch** ...... デンマーク(人, 語)の: この場合訳語は「デンマークの, デンマーク人の, デンマーク語の」の3つが可能であることを示す)・種々の補足的な説明・用法上の補足的指示 ('**sin·nen** ...... 物思いにふける (über et³ 事について)) を表すのに用いた.
4-1-5 用法等の補足的指示を( )で行う際(↑4-1-4), 複数の指示があるときは / で示した.
　　über'ein·stim·men ...... **1** (a) 意見が一致する (mit j³ 人³ / in et³ 事³について).
4-1-6 必要に応じて同義語・類義語・対義語などを語義の前に ( ) で示した. 同義語・類義語は必ずしも見出しに立っているわけではないが, 対義語(↔で表した)はすべて見出しに立っている.
4-1-7 語義の等しい別の見出し語を示す場合等号 = を用いた.
4-1-8 単純な文法的指示や言語層・文体相の表示は語義の直前に《 》を置いて示し, 比較的長い文法的指示や用法説明は ( ) を使って語義の前後に行なった.
4-1-9 ↑は参照を, ↓は語の由来を示す.
4-1-10 語の派生関係の説明に くを用いることがある.

4-2 用例
4-2-1 分類した語義ごとに必要な用例を挙げた. 用例は最も基本的なものを最初にあげるようにし, 用例が多数に上る場合は語義の性質に応じたなるべく分かりやすい配列になるようにした. 見出し語が名詞であれば 1 格・4 格の用例を優先, 動詞と結ぶ場合には動詞の abc 順, また動詞が見出し語であれば名詞の abc 順, といった具合である. それぞれのケースにおいて, フレーズを先に挙げそのあとに文例がくるようにした. ある特定の形で使われる用例を挙げる場合には適宜《前置詞と》《成句》などと ( ) で指示し, その中で用例が多数に上る場合はこの項の最初に述べた原則にしたがって配列するようにした.
4-2-2 ~ は見出し語の反復を表す. 新正書法で 1 語書きから分かち書きに変った語も, 見出し語としては 1 語として扱い, 用例で見出し語を反復する場合には原則として ~ で表示した.
4-2-3 用例は古い語形にも, 見出し語と同様で示した.
4-2-4 見出し語は次の場合全書でイタリックとした. ⅰ) 人称変化等をして見出しと同形になる場合の定動詞. ⅱ) 単数形と複数形が同型となる名詞の複数 1・2・4 格 ('*trü·be* などの形容詞の強変化複数 1・4 格形などもこれに準じる). ⅲ) 定冠詞および代名詞の一部 ('*je·der* など). ⅳ) 形容詞などが文頭に立つ場合.
4-2-5 フレーズの形の用例で, 主語と対応して変化する所有代名詞には sein を中性詞の形で表示した.
4-2-6 用例中の見出し語の変化形および格変化語尾はイタリックで表した. 分離動詞の zu 不定詞の場合も zu をは

さんでイタリックとした.

4-2-7 人・物(事)とその格を用例中で表すのにはそれぞれ jemand, etwas の略記を用いて j¹, j², j³, j⁴, et¹, et², et³, et⁴ で表した. 右肩の数字が格を表示する. 訳文中では人¹, 人², 人³, 人⁴, 物(事)¹, 物(事)², 物(事)³, 物(事)⁴となる. 人および事物いずれも適用可能な用例中では交換記号〈　〉(1**4-2-9**) を使って j〈et〉¹ 人〈物〉¹と表記し, 人の4格または物の4格を表した. j³,⁴ などの表記は j³ または j⁴ 両用が可能であることを示している. 再帰代名詞は sich³, sich⁴ と表記した. また, 用例中に人・物(事)の格の表示が2つ現れる場合, 理解の便を図って j, et の代りに A, B を使うことがある.　'**Aus·tausch** …… A⁴ im ~ für〈gegen〉B⁴ erhalten B と引換えに A を受取る.

4-2-8 理解の便となるよう, 用例中の名詞に右肩に数字を付して適宜格を明示した.
　ge'teilt …… **1** … Wir sind ~*er* Meinung². 私たちは意見を異にする.
　Glück …… **2** … j² ~³ im Wege stehen 人²が幸せになるのを妨げる.

4-2-9〈　〉は直前の語あるいは句の一部分との交換可能を表す.　交換した部分が意味上の違いをも生じる場合は, 訳文中でもその部分を〈　〉で対応させた.　代表的な使用例に次のようなケースがある.
　scharf …… ein ~*es* Beil〈Messer〉切れ味鋭い斧〈鋭利なナイフ〉.　→ Beil との交換.
　Satz …… der ~ des Euklid〈des Pythagoras〉ユークリッドの公理〈ピュタゴラスの定理〉.　→ des Euklid との交換.
　'**Sei·te** …… die obere〈untere〉~ einer Kiste 箱の上〈下〉面.　→ obere との交換.
　'**Ta·sche** …… die Faust〈die Fäuste〉in der ~ ballen 怒りをこらえる.　→ die Faust との交換.
　'**an·ver·trau·en** …… j³ ein Geschäft〈ein Kind〉~ 人³に仕事を任せる〈子供を預ける〉.　→ ein Geschäft との交換.
　'**Ant·wort** …… die ~ auf eine Frage〈einen Brief〉問い〈手紙〉に対する返事.　→ eine Frage との交換.
　'**Ta·sche** …… die Hand auf der〈auf die〉~ halten 財布の紐がかたい.　→ auf der との交換.
　'**Ta·sche** …… et¹ aus der ~ nehmen〈in die ~ stecken〉物¹をポケットから出す〈ポケットにしまう〉.　→ aus der ~ nehmen との交換.
　'**Ta·sche** …… aus eigener〈der eigenen / seiner eigenen〉~ bezahlen 自腹を切る.　→ eigener との交換.
　　なお〈　〉の中で言語層・文体相などを示すときには《　》に入れずに裸で表記した.
　Herr …… **3** … Niemand kann zwei〈古 zween〉~*en* dienen.

4-2-10 句あるいは文全体の交換には / を用いた.
　Haar …… um ein ~ / ums ~《話》すんで(間一髪)のところで; ほんのちょっぴり.
　Kopf …… Der ~ ist mir schwer. / Mein ~ ist schwer.（心配事で)頭が痛いよ.
　　ただし〈　〉の中では語の交換にも用いる.
　Tem·pe·ra'ment …… **1** … ein cholerisches〈melancholisches/phlegmatisches/sanguinisches〉~《心理》(4気質のうちの)胆汁〈憂鬱 / 粘液 / 多血〉質.

4-2-11 省略可能には [ ] で表した. [ ] の部分を訳語中に表す場合には ( ) で補った.
　'**Ne·bel** …… Der ~ steigt [auf]. 霧が立ちのぼる.
　Platz …… **2** … j⁴ [wegen eines Fouls] vom ~ verweisen 人⁴を(反則のために)退場させる.

5　注記
5-1 見出し語全体にかかる注記は ◆ で表し, 記述の最後に置いた.　区分された品詞や語義などにかかる部分注記は ▶, ▶ を使って表した.　▶ は ❶❷❸… などの品詞区分に対する注, ▶ は **1 2 3**…, (a)(b)(c)… などの語義区分に対する注である(一部記述の部分注に使った場合もある).

6　言語層・文体相・専門用語
6-1 言語層・文体相は《　》で表示し, ひとつの語義区分すべてに該当する場合は語義区分番号の直後, それ以外の場合は個々の訳語・訳文の直前に置いて示した.　〈　〉や変化形の別形を示す（　）の中には裸で表記した.
6-2 専門用語は《　》で表し, 原則として略語を用いずに表記した.　表記する位置は **6-1** のあととした.
6-3 言語層・文体相・専門用語が記述の全体にかかる場合には, 適宜語義区分番号・品詞番号の前に置くなどして以下の記述すべてに該当することを示した.

7　名詞
7-1 名詞の見出し
7-1-1 旧の1語書きから新正書法で分かち書きに変った語も, 旧の形と並べて見出しに立て, 旧の品詞表示を残した(↑ **1-2**, **4-2-2**, **7-3-6**).　'**Hand voll**, °'**Hand·voll** 囡 – –/– – …… ◆ ↑ Hand 1

7-2 性の表示
7-2-1 男性名詞・女性名詞・中性名詞・複数名詞をそれぞれ 男 囡 囲 圈 で表示した.　性に揺れのあるものは併記もしくは ( ) で示した.　**Me·te'or** …… 男 (まれ 囲)

7-3 格変化と複数形(↑**4-2-6**)
7-3-1 性の表示のあとで単数2格・複数1格の形を / をはさんで表示した. その際, 見出し語全体を表す符号には - を, 見出しの部分を表すのには .. を用いた(↑**7-3-6**).
　Film …… 男 –[e]s/-e　　**Man'do·la** …… 囡 –/..len [..lən]
7-3-2 基礎語で, 複数形がウムラウトなど大きく形が変わる場合は全書した(**Baum** …… 男 –[e]s/Bäume).　ただし複合語では見出し語を - で表して略記した(**Re'ak·tor·un·fall** 男 –[e]s/⸚e).

基礎語でウムラウトした複数形はすべて別に見出しに立っている.
- **7-3-3** Herr, Herz, Name など一部の特殊な変化をする名詞については変化形をすべて挙げてある.
  'Na·me …… 男 2 格 -ns, 3 格 -n, 4 格 -n, 複数 -n
  またこれらの語を基礎語とする複合名詞の 2 格・複数形は簡略化した形で記し, ◆の注で基礎語を参照するようにはからった.
  'Spitz·na·me …… 男 格変化は Name 参照.
- **7-3-4** 2 格・複数形に別形がある場合は ( ) で示した.
  Mann …… 男 -[e]s/Männer(-, -en)   Lunch …… 男 -(-[e]s)/-[e]s(-e)
- **7-3-5** 複数形がないものについては / の右側を空白とした.
- **7-3-6** 見出し語が分かち書きになっているものの 2 格・複数の表示は, 分かち書きされている部分をそれぞれ - で表して示した.
  'Can·tus 'fir·mus …… 男 - -/-firmi
- **7-3-7** 特殊な成句・慣用句のみで使われるものについては 2 格・複数の表示を省いたものもある.
  Ge'deih …… 男《次の用法でのみ》auf ~ und Verderb 善かれ悪しかれ, 何がどうなろうとも.
- **7-4** 女性形
- **7-4-1** 男性概念を表す男性名詞で, 適当と判断したものには◆で女性形を注記した.
  'Leh·rer …… 男 -s/- 教師, 教員, 先生; 師匠, 師. …… ◆女性形 Lehrerin 女 -/-nen
- **7-5** 固有名詞のうち, 地名で性の表示がないものは中性名詞として扱われる.

8 動詞
- **8-1** 動詞の見出し
- **8-1-1** 旧の 1 語書きから新正書法で分かち書きに変った語も, 旧の形と並べて見出しに立て, 旧の品詞表示を残した(↑1-2, 4-2-2). またこのような語では適宜記述の最後に◆の注を付して理解に資するように計った.
  'Rad fah·ren*, °'rad|fah·ren* …… 自 (s) 1 自転車に乗る. …… ◆↑Rad 3
- **8-1-2** 分離動詞には前つづりのあとに分離線 | を入れて示した.
- **8-1-3** 不規則変化動詞の見出し語には右肩に * を付して表した. 規則・不規則両方の変化形をもつ場合は (*) とした.
- **8-2** 活用形
- **8-2-1** 不規則変化動詞のうち, 基礎動詞および基礎動詞を欠いた複合動詞では, 発音表記のあとに過去・過去分詞形をコンマで併記した. また現在人称変化で幹母音の変化するものについては, 過去・過去分詞の表記のあとに / をはさんで現在 2 (du)・3 人称単数の形を表示した. これらの過去・過去分詞・現在 2・3 人称単数形はいずれも別に独立して見出しとして立てている.
  'ge·ben* ['ge:bən] gab, gegeben / du gibst, er gibt
  gab [ga:p] geben の過去.
  gibst [gi:pst] geben の現在 2 人称単数.
  規則・不規則両形がある場合, 主要な変化形のあとに (.) でもう一方の変化形を掲げた.
  'schre·cken* ['ʃrekən] schreckte(schrak), geschreckt(geschrocken) / du schrickst, er schrickt
  また, 不規則動詞のうち現在形で幹母音の変化する動詞の 2 人称単数 (du) に対する命令形, および接続法 II の形は, 別に見出しとして立ててある.
  gib [gi:p] geben の du に対する命令形.
  'gä·be ['gε:bə] geben の接続法 II.
- **8-2-2** 8-2-1 に入らない動詞でも, 必要と判断されたものについては発音記号のあと, もしくは記述の最後に◆で注意を要する変化形を挙げるようにした.
  kra'kee·len [kraˈkeːlən] krakeelte, krakeelt 自《話》大声で叫ぶ, ……
  'über|be·hal·ten* …… ◆過去分詞 überbehalten
- **8-2-3** 最重要基本単語のうち, 非分離動詞で不規則変化をするものについては 8-2-1 に基づいて発音表記のあとに変化形を表記し, 重要基本単語のうち, 非分離動詞で不規則変化をするものについては過去・過去分詞形などを見出しに立てて学習の便を図った.
- **8-3** 自動詞・他動詞・再帰動詞・非人称動詞
- **8-3-1** 品詞名の表示を兼ねて, 自動詞・他動詞・再帰動詞・非人称動詞をそれぞれ 自 他 再 非人称 で表した. 同じ動詞でこれらの用法が複数に渡る場合は ❶ 自 …… ❷ 他 …… のように区分した.
- **8-3-2** 自動詞で, 完了の助動詞に sein をとるものは自動詞表示のあとに (s) で示した. sein・haben の両方をとるものは (s, h) または (h, s) のように表記し, 語義によって sein・haben の別があるものは語義区分数字のあとに (s), (h) を表示した.
- **8-3-3** 再帰動詞と共に用いられる再帰代名詞は, 再 の表示に続いて《sich⁴》あるいは《sich³》と表示した. 両方の用法がある場合は《sich⁴/sich³》のように表記し, 語義区分ごとに《sich⁴》《sich³》を付した. 場合によっては, 他動詞の記述中に《再帰的に》と表示したり sich³ を付して用例を挙げたりなどして, 再帰動詞として独立した記述をしていないケースもある. 再帰動詞あるいは《再帰的に》と指示された用例中では, 再帰代名詞はイタリックで表示した.
  ra'sie·ren …… 再 … 1 《再帰的に》sich⁴《sich³》den Bart ~ ひげを剃る.
  'säu·bern …… 再 … sich³ die Fingernägel ~ 指の爪の手入れをする.
- **8-3-4** 非人称動詞は es を主語とした基本形を掲げてから例を付した. 再帰動詞と同様, 自動詞・他動詞の記述中に《非人称的に》として用例処理をしたケースもある. いずれにおいても es をイタリックで表示した. なお,《相互代名詞と》の指示と用いられる sich もイタリックで表示してある.
- **8-4** 分詞
- **8-4-1** 元の不定詞が見出しに立っていて, かつ形容詞として独立した用法のある現在分詞・過去分詞は別に見出しを立て, 現分 形 または 過分 形 と表示して記述した. それらが不規則動詞の変化形であるときは, 品詞表示のあとに (↑

）で元の不定詞の見出しを指示した．また元の不定詞には ◆↑ を付してそれらの見出しを参照するように注記した．分詞の形をして形容詞として独立した用法のある語でも，元の不定詞が見出しに立っていないものは単に 形 として記述した．また適宜動詞の記述中で《現在分詞で》《過去分詞で》として用例として記述したケースも多数ある．
- 8-4-2 重要基本単語約 5 千語のうち，不定詞と過去分詞が同形になるものはそれぞれの右肩に 1, 2 の番号を付けて見出しを立ててある．
- 8-4-3 不定詞が別の語で，過去分詞が同形になるような場合，過去分詞も別々に見出しに立てる場合と，1 つの過去分詞の見出しに複数の不定詞を含めて表記する場合がある．
   ge'fal·len² 過分 形（↑fallen）……
   ge'fal·len³ gefallen¹ の過去分詞．
   ge'ron·nen rinnen, gerinnen の過去分詞．
   ge'schlun·gen schlingen¹,² の過去分詞．

9　形容詞・副詞
9-1　形容詞・副詞の見出し
- 9-1-1 旧の 1 語書きから新正書法で分かち書きに変った語も，旧の形と並べて見出しに立て，旧の品詞表示を残した（↑ 1-2, 4-2-2）．　**'Feu·er spei·end**, °**'feu·er·spei·end** 形（↑speien）火を吐く．
- 9-2 形容詞は 形，副詞は 副 と表示した．ふつう副詞としての用法もあるので，あえて品詞分類をせずに形容詞の記述中で適宜《副詞的用法で》として用例などで処理したケースも多数ある．
- 9-2-1 序数・分数は形容詞の 1 種類としてそれぞれ 形《序数》, 形《不変化》として記述した．
   dritt[drɪt ドリト] 形《序数》（↓drei）第 3 の，3 番目の．
   'drit·tel ['drɪtəl] 形《不変化》3 分の 1 の．

9-3　比較変化・格変化
- 9-3-1 比較級・最上級で幹母音が変ったり不規則な変化をするものは発音表記のあとに表記した．　別形がある場合は（ ）で併記した．　**rot**[roːt ロート] röter(roter), rötest(rotest) 形 **1** 赤い，赤色の．
- 9-3-2 不規則な変化形は別に見出しとして立てて記述している．
- 9-3-3 比較変化をしない語には《比較変化なし》の指示を付した．
- 9-3-4 格変化語尾はイタリックで表した．　**rot** …… eine ~e Ampel 赤信号．
- 9-3-5 比較変化・格変化いずれもしないものは《不変化》と表示した．
- 9-4 用法に限定性のある場合には適宜《付加語的用法のみ》《副詞的には用いない》などのように表示した．

10　その他の品詞
- 10-1 前置詞は 前 と表示し，（ ）で格支配を示した．　複数の格支配をする場合は《3・4 格支配》のように表し，用法区分番号 Ⅰ Ⅱ …… それぞれの格の用法を示した．
- 10-2 冠詞は 冠《定冠詞》, 冠《不定冠詞》と表示した．
- 10-3-1 代名詞は 代 と表示し，その種類を《人称》《指示》《所有》《疑問》《関係 / 定動詞後置》《再帰》《不定》《相互》と表した．
- 10-3-2 代名詞の見出し形については ↑1-2-9．
- 10-3-3 ある代名詞に 10-3-1 の種類が複数ある場合には，用法区分番号 Ⅰ Ⅱ Ⅲ …… を使って種類の別を分類し，それぞれの用法を記述した．
- 10-4 基数は 数 として表示し記述した．　序数・分数は形容詞として記述した（↑9-2-1）．
- 10-5 接続詞は 接 と表示し，種類を《並列》《従属 / 定動詞後置》と示した．
- 10-6 間投詞は 間 と表示した．
- 10-7 略語・記号は《略》《記号》で表示した．　同じ見出し語で《略》と《記号》両方の用法があるときには品詞区分番号 ❶❷ で分類区分して記述した．　略語の元の語の略語に残された部分はボールドで示した．
   g³ ❶《古 / ﾄﾘｭｯｸ》=Groschen　❷《記号》=Gramm

11　外来語の固有名詞のカナ表記
- 11-1 ギリシア・ローマ古典関係の表記は原則として『ギリシア・ローマ神話辞典』（岩波書店）によった．　通行の表記と異なる場合はいくつかの表記を列挙することもある．
   'Tro·ja ……《地名》トロイア，トロイ，トロヤ（小アジア北西部の古代都市）．
- 11-2 その他の人名・地名などは原則として原音に近い表記を優先した．ただし通行の表記と異なるようなときには通行の表記も併記した．　**Wien** ……《地名》ヴィーン，ウィーン（オーストリアの首都）．

発 音 解 説

ドイツ語の音韻体系は，英語やフランス語のそれとくらべると，日本人にとって比較的なじみやすいものであるといえる．以下では，日本語の発音と比較対照しながら，ドイツ語の発音について略述する．

1 母 音

ドイツ語の母音と日本語の母音とを，舌の位置と口の形によって分類し，図表化すると次のようになる．

舌の高低 / 舌の前後 / 唇の形・口の開き	前舌 非円唇	前舌 円唇	中舌 非円唇	後舌 非円唇	後舌 円唇
高 / 狭	i: i / イ / ɪ	y: y / ʏ			u: u / ウ / ʊ
	e: e / エ / ɛ: ɛ	ø: ø / œ	ə / ɐ		o: o / オ / ɔ
低 / 広			a: a ア		

1-1 前舌非円唇母音

[i:], [i]　日本語の「イー」，「イ」より口を狭め，唇を左右に張り，舌を前方に持上げる．短母音 [i] はつねにアクセントをもたず，他の母音の前では半母音 [i̯] となることがある(ただし，本書では半母音はとくに表示しない)：
　　　　ihm[i:m], Lied[li:t], Idee[i'de:], Nation[natsi'o:n]

[ɪ]　　　[i:], [i] よりやや口を広げ，唇の張りをやや緩め，舌をやや下げる．日本語の「イ」よりは口の開きがやや広く，舌の位置もやや低い．つねに短母音：
　　　　irre['ɪrə], Bitte['bɪtə]

[e:], [e]　日本語の「エー」，「エ」より口を狭め，唇を左右に張り，舌を前方に持上げる．短母音 [e] はつねにアクセントをもたない：
　　　　edel['e:dəl], Leben['le:bən]; egal[e'ga:l], Theater[te'a:tər]

[ɛ:], [ɛ]　[e:], [e] よりやや口を広げ，唇の張りをやや緩め，舌をやや下げる．日本語の「エー」，「エ」よりは口の開きがやや広く，舌の位置もやや低い：
　　　　ähnlich['ɛ:nlɪç], Käse['kɛ:zə]; Erbe['ɛrbə], Bett[bɛt]

1-2 中舌母音

[ə]　　　口の開きと舌の高さは [e] と [ɛ] の中間だが，やや口の奥で発するあいまいな音．つねにアクセントをもたず，通常の発音ではしばしば脱落することがある(4-1参照)：
　　　　Gefahr[gə'fa:r], nehmen['ne:mən]

[ɐ]　　　[ə] よりやや口を広げ，舌をやや下げて発するあいまいな音．つねにアクセントをもたない．本書では，[ər] と表記する(4-2参照)：
　　　　aber['a:bər]

1-3 低舌母音

[a:], [a]　口を広く開き，舌をほぼ平らにする．日本語の「アー」，「ア」とほぼ同じ音：
　　　　Adel['a:dəl], fahren['fa:rən]; all[al], Gast[gast]

1-4 後舌円唇母音

[u:], [u]　日本語の「ウー」，「ウ」より唇を円くすぼめて突き出し，舌を後方に持上げる．短母音 [u] はつねにアクセントをもたず，他の母音の前では半母音 [u̯] となることがある：
　　　　Ufer['u:fər], Blume['blu:mə], Uran[u'ra:n], aktuell[aktu'ɛl]

[ʊ]　　　[u:], [u] より唇のすぼめ方をやや緩め，舌をやや下げる．日本語の「ウ」よりは口の開きがやや広く，舌の位置もやや低いが，唇の円みをともなう．つねに短母音：
　　　　und[ʊnt], Fluss[flʊs]

[o:], [o]　日本語の「オー」，「オ」より唇を円くすぼめて突き出し，舌を後方に持上げる．短母音 [o] はつねにアクセントをもたない：

	oder['o:dər], rot[ro:t]; oval[o'va:l], Kopie[ko'pi:]
[ɔ]	[o:], [o]より唇のすぼめ方をやや緩め、舌をやや下げる。日本語の「オ」よりは口の開きがやや広く、舌の位置もやや低い。つねに短母音:
	oft[ɔft], Wort[vɔrt]

1-5 前舌円唇母音

[y:], [y]	[i:], [i]と[u:], [u]の中間の音。[u:], [u]のように唇を円くすぼめて突き出し、舌の位置を[i:], [i]に近づける。短母音 [y] はつねにアクセントをもたず、他の母音の前では半母音 [y̆] となることがある:
	über['y:bər], Typ[ty:p]; Büro[by'ro:], Physik[fy'zi:k]
[ʏ]	[ɪ]と[ʊ]の中間の音。[ʊ]のように唇を円くすぼめて突き出し、舌の位置を[ɪ]に近づける。つねに短母音:
	füllen['fʏlən], Gymnasium[ɡʏm'na:zium]
[ø:], [ø]	[e:], [e]と[o:], [o]の中間の音。[o:], [o]のように唇を円くすぼめて突き出し、舌の位置を[e:], [e]に近づける。短母音 [ø] はつねにアクセントをもたない:
	Öl[ø:l], hören['hø:rən], Ökonomie[økono'mi:], möblieren[mø'bli:rən]
[œ]	[ɛ]と[ɔ]の中間の音。[ɔ]のように唇を円くすぼめて突き出し、舌の位置を[ɛ]に近づける。つねに短母音:
	öffnen['œfnən], können['kœnən]

1-6 二重母音

いずれも第一要素が主となる下降二重母音。第一要素を出発点として、第二要素の方向へ連続的に舌の位置と口の形を移動させる(なお、二重母音ではなく、2つの母音を別個に発音する場合は、本書では [a-ɪ], [a-o] などと表記する。

[aɪ]	Eis[aɪs], kein[kaɪn]
[aʊ]	aus[aʊs], Baum[baʊm]
[ɔʏ]	Eule['ɔʏlə], Leute['lɔʏtə]
[ʊɪ]	pfui[pfʊɪ]

2 子 音
2-1 破裂音(閉鎖音)

[p]	両唇を閉じ、一気に呼気を流出させる無声音。日本語の「パ」行の子音とほぼ同じ音:
	Pein[paɪn], Grab[ɡra:p]
[b]	[p]の有声音。日本語の「バ」行の子音とほぼ同じ音:
	Buch[bu:x], graben['ɡra:bən]
[t]	舌先を上の歯茎に接し、一気に呼気を流出させる無声音。日本語の「タ、テ、ト」の子音とほぼ同じ音:
	tun[tu:n], Bad[ba:t]
[d]	[t]の有声音。日本語の「ダ、デ、ド」の子音とほぼ同じ音:
	dein[daɪn], baden['ba:dən]
[k]	後舌を軟口蓋(上あごの奥の部分)に接し、一気に呼気を流出させる無声音。日本語の「カ」行の子音とほぼ同じ音:
	kein[kaɪn], Tag[ta:k]
[ɡ]	[k]の有声音。日本語の「ガ」行濁音の子音とほぼ同じ音:
	geben['ɡe:bən], Tage['ta:ɡə]
[ʔ]	声門破裂(閉鎖)音。声門を閉じ、一気に呼気を流出させる無声音。語頭および音節最初の母音の発音のさいに見られるが、本書では、語頭の声門破裂音は省略し、語中のもののみ表記する:
	beachten[bə'ʔaxtən]

2-2 鼻 音

[m]	両唇を閉じ、呼気を鼻から抜く有声音。日本語の「マ」行の子音とほぼ同じ音:
	Mann[man], Stamm[ʃtam]
[n]	舌先を上の歯茎に接し、呼気を鼻から抜く有声音。日本語の「ナ」行の子音とほぼ同じ音:
	Name['na:mə], Sinn[zɪn]
[ŋ]	後舌を軟口蓋に接し、呼気を鼻から抜く有声音。日本語の「ガ」行鼻濁音の子音とほぼ同じ音:
	Gang[ɡaŋ], Bank[baŋk]

2-3 側面音

[l]	舌先を上の歯茎につけ、舌の側面から呼気を通過させる有声音。日本語の「ラ」行の子音とは、舌先と歯茎との接触が持続する点で異なる:
	Luft[lʊft], hell[hɛl]

2-4 震え音

[r]	舌先を呼気によって震わせる有声音と、口蓋垂(のどびこ)を呼気によって震わせる有声音の2種類がある。通常の発音では、ふつう後者が用いられる(母音化する [r] については 4-2 参照):
	Rat[ra:t], Herr[hɛr]

2-5 摩擦音

[f] 上の前歯を下唇にあて, 呼気を通過させる無声音. 日本語の「フ」の子音は, 両唇の隙間から呼気を通過させる点で異なる:
    finden['fɪndən], Motiv[mo'ti:f]

[v] [f] の有声音:
    Wagen['va:gən], Klavier[kla'vi:r]

[s] 舌先を上の歯茎に近づけ, 呼気を通過させる無声音. 日本語の「サ, ス, セ, ソ」の子音とほぼ同じ音:
    lassen['lasən], Glas[gla:s]

[z] [s] の有声音. 日本語の「ザ, ズ, ゼ, ゾ」の子音とほぼ同じ音:
    Sand[zant], Gläser['glɛ:zər]

[ʃ] 舌先を上の歯茎の後部に近づけ, 唇を円くすぼめ, 呼気を通過させる無声音. 日本語の「シ」の子音とは, 唇の円みをともなう点で異なる:
    Schule['ʃu:lə], rasch[raʃ]

[ʒ] [ʃ] の有声音:
    Genie[ʒe'ni:], Garage[ga'ra:ʒə]

[ç] 前舌を硬口蓋(上あごの前の部分)に近づけ, 呼気を通過させる無声音. 日本語の「ヒ」の子音とほぼ同じ音:
    Chemie[çe'mi:], ich[ɪç]

[j] [ç] の有声音. 日本語の「ヤ」行の子音よりは, 前舌と硬口蓋との間隔が狭い:
    Jacke['jakə], jung[jʊŋ]

[x] 後舌を軟口蓋に近づけ, 呼気を通過させる無声音. 「ハー」と息を吐き出す時の音:
    Dach[dax], auch[aʊx]

[h] 声門を狭め, 呼気を通過させる無声音. 日本語の「ハ, ヘ, ホ」の子音とほぼ同じ音:
    Hut[hu:t], Gehalt[gə'halt]

2-6 破擦音

破裂音と摩擦音とを同時に発音する(なお, 破擦音ではなく, 破裂音と摩擦音とを連続して別個に発音する場合は, 本書では, [p-f], [t-s], [t-ʃ], [d-ʒ] と表記する).

[pf] Pfeife['pfaɪfə], Kopf[kɔpf]
[ts] Zeit[tsaɪt], Satz[zats]
[tʃ] Tscheche['tʃɛçə], deutsch['dɔʏtʃ]
[dʒ] Job[dʒɔp], Loggia['lɔdʒa]

3 外来語の発音

3-1 鼻母音

フランス語系外来語に見られる. 呼気を鼻から抜いて母音を発音する. アクセントをもつものは長母音, もたないものは短母音. ドイツ語化すると, 母音+[ŋ] となる.

[ã:], [ã] Departement[departə'mã:], engagieren[ãgaˈʒi:rən]
[ɛ̃:], [ɛ̃] Pointe[po'ɛ̃:tə]; Impromptu[ɛ̃prõ'ty:]
[õ:], [õ] Pardon[par'dõ:, par'dɔŋ]; Pavillon['paviljõ, 'paviljɔŋ]
[œ̃:], [œ̃] Parfum[par'fœ̃:]; Lundist[lœ'dɪst]

3-2 英語の発音

英語系外来語は, ドイツ語化して発音されることが多い. 本書では, 原則として, ドイツ語化した発音を優先して表示する.

[æ] [ɛ] と [a] の中間の音. ドイツ語化すると, [ɛ] となる:
    Back[bɛk, bæk]

[ʌ] [a] よりやや口を狭め, 口の奥で発音する. ドイツ語化すると, [a], [œ] となる:
    Slum[slam, slʌm]

[ɑ:] [a:] より口の奥で発音する. ドイツ語化すると, [a:], [a:r] となる:
    Party['pa:rti, 'pɑ:tɪ]

[ə:] [a:] より口を狭め, 中舌を持上げる. ドイツ語化すると, [ø:], [œr] となる:
    Girl[gø:rl, gœrl, gə:l]

[ɔ:] [o:] よりやや口を広げ, 舌を下げる. ドイツ語化すると, [o:] となる:
    Walkie-Talkie['vo:ki'to:ki, 'wɔ:kɪ'tɔ:kɪ]

[eɪ] 二重母音. ドイツ語化すると, [e:] となる:
    Pace[pe:s, peɪs]

[oʊ] 二重母音. ドイツ語化すると, [o:] となる:
    Show[ʃo:, ʃoʊ]

[ɛə] 二重母音. ドイツ語化すると, [ɛ:r] となる:
    Shareware['ʃɛ:rvɛ:r, 'ʃɛə'wɛə]

[w] [u] が子音化したもの. ドイツ語化すると, [v] となる:

Washington[ˈvɔʃɪŋtən, ˈwɔʃɪŋtən]
[θ] 舌先を上の歯に接し、呼気を通過させる無声音:
Thriller[ˈθrɪlər]

3-3 その他
[ɲ] 前舌を硬口蓋に接し、呼気を鼻から抜く有声音:
Montaigne[mõˈtɛɲ]
[β] 両唇の隙間から呼気を通過させる有声音:
Bolivia[boˈliβia]

4 注意すべき発音
4-1 [ə] の脱落
語末および子音の前の [əl], [əm], [ən] では、次のような場合、[ə] が脱落する傾向にある。本書では、このような [ə] を、[ə] と表記する。
(1) [əl], [əm], [ən] が、摩擦音 [f], [v], [s], [z], [ʃ], [ʒ], [ç], [x], 破擦音 [pf], [ts], [tʃ], [dʒ] の後に来るとき。（ただし、縮小辞 ..chen は除く）:
Apfel[ˈapfəl], welchem [ˈvɛlçəm], reisen[ˈraɪzən]
(2) [əl], [ən] が、破裂音 [p], [b], [t], [d], [k], [g] の後に来るとき:
Spiegel[ˈʃpiːgəl], leiten[ˈlaɪtən]
(3) [əl] が、鼻音 [m], [n], [ŋ] の後に来るとき:
Tunnel[ˈtʊnəl]

4-2 [ər], [r] の母音化
[ər], [r] は、次のような場合、母音化して [ɐ], [ɐ̯] となる傾向にある。本書では、このような [ər], [r] を、[ər], [r] と表記する。
(1) [ər] が、語末および子音の前に来るとき:
Lehrer[ˈleːrər], Aberglaube[ˈaːbərglaʊbə]
(2) [r] が、長母音 [iː], [eː], [ɛː], [yː], [øː], [uː], [oː], [aː] の後に来るとき:
Erde[ˈeːrdə], Doktor[ˈdɔktoːr]
(3) 次の前綴りの [r]:
er..[ɛr..], ver..[fɛr..], zer..[tsɛr..], herbei..[hɛrbaɪ..], hernach..[hɛrnaːx..], hernieder..[hɛrniːdər..], hervor..[hɛrfoːr..], herzu..[hɛrtsuː..]

5 綴り字と発音
ドイツ語の綴り字の読み方にかんする原則は、次の通りである。
(1) 外来語を除き、単一語のアクセントはふつう第 1 音節にある。
(2) アクセントをもつ母音は、後に来る子音字が 1 つの場合は長母音、2 つ以上の場合は短母音となることが多い。
(3) 同じ母音字が連続する場合は、長母音となる。
(4) 母音字の後に h が来る場合は、この h は読まず、母音は長母音となる。

次に、ドイツ語の代表的な綴りとその読み方を掲げる。

a	[a]	alt[alt アルト], Monat[ˈmoːnat モーナト]
	[aː]	Abend[ˈaːbənt アーベント], Schicksal[ˈʃɪkzaːl シクザール]
ä	[ɛ]	älter[ˈɛltər エルター], Archäologie[arçɛoloˈgi アルヒェオロギー]
	[ɛː]	Äther[ˈɛːtər エーター], Träne[ˈtrɛːnə トレーネ]
aa	[aː]	Aal[aːl アール], Waage[ˈvaːgə ヴァーゲ]
ae	[ɛː]	(外来語または固有名詞) Caesar[ˈtsɛːzar ツェーザル]
ah	[aː]	ahnen[ˈaːnən アーネン], nah[naː ナー]
äh	[ɛː]	Ähre[ˈɛːrə エーレ], zählen[ˈtsɛːlən ツェーレン]
ai	[aɪ]	Mai[maɪ マイ], Kaiser[ˈkaɪzər カイザー]
au	[aʊ]	Auto[ˈaʊto アオト], Traum[traʊm トラオム]
äu	[ɔʏ]	äußern[ˈɔʏsərn オィサーン], Träumerei[trɔʏməˈraɪ トロィメライ]
ay	[aɪ]	(固有名詞) Bayern[ˈbaɪərn バィアーン], Mayer[ˈmaɪər マイアー]
b	[b]	bald[balt バルト], Liebe[ˈliːbə リーベ]
	[p]	(語末または子音の前で) ab[ap アプ], hübsch[hʏpʃ ヒュプシュ]
c	[k]	(外来語) Clown[klaʊn クラオン]
	[ts]	(外来語) Circe[ˈtsɪrtsə ツィルツェ]
	[tʃ]	(外来語) Cello[ˈtʃɛlo チェロ]
	[s]	(外来語) Cent[sɛnt セント]
ch	[ç]	China[ˈçiːna ヒーナ], sprechen[ˈʃprɛçən シュプレヒェン]
	[x]	(a, o, u, au の後で) doch[dɔx ドホ], rauchen[ˈraʊxən ラオヘン]
	[k]	(外来語) Charakter[kaˈraktər カラクター]

	[ʃ]	(外来語) charmant [ʃarˈmant シャルマント]
	[tʃ]	(外来語) checken [ˈtʃɛkən チェケン]
chs	[ks]	Lachs [laks ラクス], wachsen [ˈvaksən ヴァクセン]
ck	[k]	dick [dɪk ディク], Bäcker [ˈbɛkər ベカー]
d	[d]	Dame [ˈdaːmə ダーメ], laden [ˈlaːdən ラーデン]
	[t]	(語末または子音の前で) Rad [raːt ラート], widmen [ˈvɪtmən ヴィトメン]
ds	[ts]	abends [ˈaːbənts アーベンツ]
dsch	[dʒ]	(外来語) Dschungel [ˈdʒʊŋəl ジュンゲル]
dt	[t]	beredt [bəˈreːt ベレート]
e	[ɛ]	essen [ˈɛsən エセン], herein [hɛˈraɪn ヘライン]
	[eː]	ewig [ˈeːvɪç エーヴィヒ], lesen [ˈleːzən レーゼン]
	[e]	Elite [eˈliːtə エリーテ], Aloe [ˈaːloe アーロエ]
	[ə]	Befehl [bəˈfeːl ベフェール], Sage [ˈzaːgə ザーゲ]
	[ə]	(4-1 参照) Gabel [ˈgaːbəl ガーベル], bitten [ˈbɪtən ビテン]
ee	[eː]	leer [leːr レーア], Idee [iˈdeː イデー]
eh	[eː]	Ehe [ˈeːə エーエ], sehen [ˈzeːən ゼーエン]
ei	[aɪ]	ein [aɪn アイン], Kleid [klaɪt クライト]
er	[ər]	(4-2 参照) Leser [ˈleːzər レーザー], wiedersehen [ˈviːdərzeːən ヴィーダーゼーエン]
eu	[ɔʏ]	euch [ɔʏç オイヒ], heute [ˈhɔʏtə ホイテ]
ey	[aɪ]	(固有名詞) Meyer [ˈmaɪər マイアー]
f	[f]	Fach [fax ファハ], auf [aʊf アオフ]
g	[g]	gut [guːt グート], Lage [ˈlaːgə ラーゲ]
	[k]	(語末または子音の前で) Weg [veːk ヴェーク], mittags [ˈmɪtaːks ミタークス]
	[ç]	(語末の ..ig で) König [ˈkøːnɪç ケーニヒ]
	[ʒ]	(外来語) Loge [ˈloːʒə ロージェ]
	[dʒ]	(外来語) Gin [dʒɪn ジン]
gh	[g]	(外来語) Ghetto [ˈgɛto ゲト], Joghurt [ˈjoːgʊrt ヨーグルト]
gn	[nj]	(外来語) Kognak [ˈkɔnjak コニャク]
h	[h]	Haut [haʊt ハオト], Oheim [ˈoːhaɪm オーハイム]
	無音	(母音の後で) gehen [ˈgeːən ゲーエン], Reihe [ˈraɪə ライエ]
i	[ɪ]	in [ɪn イン], mild [mɪlt ミルト]
	[iː]	Igel [ˈiːgəl イーゲル], Benzin [bɛnˈtsiːn ベンツィーン]
	[i]	ideal [ideˈaːl イデアール], Gitarre [giˈtarə ギタレ]
ie	[iː]	liegen [ˈliːgən リーゲン], Knie [kniː クニー]
	[ɪ]	Viertel [ˈfɪrtəl フィルテル]
	[i]	vielleicht [fiˈlaɪçt フィライヒト]
	[iə]	(外来語) Familie [faˈmiːliə ファミーリエ]
ieh	[iː]	Vieh [fiː フィー], ziehen [ˈtsiːən ツィーエン]
ih	[iː]	ihr [iːr イーア], Ihnen [ˈiːnən イーネン]
j	[j]	Jacke [ˈjakə ヤケ], Boje [ˈboːjə ボーイェ]
	[ʒ]	(外来語) Jury [ʒyˈriː ジュリー]
	[dʒ]	(外来語) Jeep [dʒiːp ジープ]
k	[k]	Koch [kɔx コホ], Werk [vɛrk ヴェルク]
l	[l]	Land [lant ラント], Tal [taːl タール]
m	[m]	Mut [muːt ムート], Raum [raʊm ラオム]
n	[n]	Not [noːt ノート], Plan [plaːn プラーン]
	[ŋ]	(k の前で) Dank [daŋk ダンク], sinken [ˈzɪŋkən ズィンケン]
ng	[ŋ]	Angst [aŋst アングスト], Zeitung [ˈtsaɪtʊŋ ツァイトゥング]
o	[ɔ]	Ost [ɔst オスト], voll [fɔl フォル]
	[oː]	oben [ˈoːbən オーベン], groß [groːs グロース]
	[o]	Oase [oˈaːzə オアーゼ], desto [ˈdɛsto デスト]
ö	[œ]	öfters [ˈœftərs エフタース], löschen [ˈlœʃən レシェン]
	[øː]	öde [ˈøːdə エーデ], Größe [ˈgrøːsə グレーセ]
	[ø]	Ökologie [økoloˈgiː エコロギー], Homöopathie [homøopaˈtiː ホメオパティー]
oe	[øː]	(固有名詞) Goethe [ˈgøːtə ゲーテ]
oh	[oː]	ohne [ˈoːnə オーネ], Kohl [koːl コール]
öh	[øː]	Höhe [ˈhøːə ヘーエ], versöhnen [fɛrˈzøːnən フェアゼーネン]
oi	[ɔʏ]	ahoi [aˈhɔʏ アホイ]
	[oa]	(外来語) Toilette [toaˈlɛtə トアレテ]
oo	[oː]	Zoo [tsoː ツォー], Moor [moːr モーア]
	[uː]	(外来語) cool [kuːl クール]
	[ʊ]	(外来語) Look [lʊk ルク]
p	[p]	passen [ˈpasən パセン], Suppe [ˈzʊpə ズペ]

pf	[pf]	Pfeil[pfaɪl プファイル], Kampf[kampf カンプフ]
ph	[f]	Photo['fo:to フォート], Pamphlet[pam'fle:t パンフレート]
qu	[kv]	Qual[kva:l クヴァール], Reliquie[re'li:kviə レリークヴィエ]
r	[r]	Rabe['ra:bə ラーベ], Kerl[kɛrl ケルル]
	[ɐ]	(4-2参照) hier[hi:ɐ ヒーア], Verbot[fɛr'bo:t フェアボート]
rh	[r]	Rhein[raɪn ライン]
s	[z]	(母音の前で) sagen['za:gən ザーゲン], Amsel['amzəl アムゼル]
	[s]	das[das ダス], Lust[lʊst ルスト]
	[ʃ]	(語頭の sp.., st.. で) springen['ʃprɪŋən シュプリンゲン], steigen['ʃtaɪgən シュタイゲン]
sch	[ʃ]	Schaf[ʃa:f シャーフ], frisch[frɪʃ フリシュ]
ss	[s]	dass[das ダス], wissen['vɪsən ヴィセン]
ß	[s]	Stoß[ʃto:s シュトース], außer['aʊsər アオサー]
t	[t]	Tor[to:r トーア], Wort[vɔrt ヴォルト]
	[ts]	rational[ratsio'na:l ラツィオナール]
th	[t]	These['te:zə テーゼ], Athlet[at'le:t アトレート]
ts	[ts]	nachts[naxts ナハツ], Rätsel['rɛ:tsəl レーツェル]
tsch	[tʃ]	tschüs[tʃy:s チュース], Quatsch[kvatʃ クヴァチュ]
tz	[ts]	trotz[trɔts トロッ], witzig['vɪtsɪç ヴィツィヒ]
u	[ʊ]	unter['ʊntər ウンター], Mund[mʊnt ムント]
	[u:]	Urvater['u:rfa:tər ウーアファーター], Fuß[fu:s フース]
	[u]	Utopie[uto'pi: ウトピー], human[hu'ma:n フマーン]
ü	[ʏ]	üppig['ʏpɪç ユピヒ], Füller['fʏlər フュラー]
	[y:]	übel['y:bəl ユーベル], Gemüt[gə'my:t ゲミュート]
	[y]	amüsieren[amy'zi:rən アミュズィーレン], Resümee[rezy'me: レジュメー]
ue	[y]	(固有名詞) Mueller['mʏlər ミュラー]
uh	[u:]	Uhr[u:r ウーア], Ruhe['ru:ə ルーエ]
üh	[y:]	Mühle['my:lə ミューレ], früh[fry: フリュー]
v	[f]	Vogel['fo:gəl フォーゲル], aktiv[ak'ti:f アクティーフ]
	[v]	(外来語) Vokal[vo'ka:l ヴォカール], Aktivität[aktivi'tɛ:t アクティヴィテート]
w	[v]	Weg[ve:k ヴェーク], Löwe['lø:və レーヴェ]
	[f]	(語末または子音の前で) Löwchen['lø:fçən レーフヒェン]
wh	[v]	(外来語) Whisky['vɪski ヴィスキ]
x	[ks]	Axt[akst アクスト], Hexe['hɛksə ヘクセ]
y	[ʏ]	Ypsilon['ʏpsilɔn ユプスィロン], Hymne['hʏmnə ヒュムネ]
	[y:]	Hybris['hy:brɪs ヒューブリス], Psyche['psy:çə プシューヒェ]
	[y]	Dynamik[dy'na:mɪk デュナーミク], Psychologie[psyço'lo'gi: プシュヒョロギー]
z	[ts]	zeigen['tsaɪgən ツァイゲン], Glanz[glants グランツ]
	[z]	(外来語) Zoom[zu:m ズーム]

正 書 法 解 説

1998年8月に，ドイツ語の新しい正書法が施行された．2005年7月までは移行期間として新旧両正書法の使用が認められるが，それ以降は新正書法のみが用いられることになる．以下では，旧正書法から新正書法への変更点を中心にして略述する．

1 綴り
1-1 ss と ß
旧正書法では，短母音の後かつ母音の前でのみ ss，それ以外は ß と綴ったが，新正書法では，短母音の後では ss，長母音および二重母音の後では ß と綴る：

(旧) (新)
daß → dass
läßt → lässt
wußte → wusste

1-2 派生語
派生語では，もとの語の綴りを保持することを原則とする：
numerieren → nummerieren (↓ Nummer)
plazieren → platzieren (↓ Platz)
Roheit → Rohheit (↓ roh + heit)
Stengel → Stängel (↓ Stange)

1-3 3つの子音字の重複
複合語で3つの子音字が重複する場合，旧正書法ではその1つを省略したが，新正書法では省略しない．語構成を明示するために，ハイフンで区切ってもよい：

Bettuch → Betttuch, Bett-Tuch
Schiffahrt → Schifffahrt, Schiff-Fahrt

* 3つの母音字が重複する場合，旧正書法ではハイフンで区切ったが，新正書法では一語に綴ってもよい：
Kaffee-Ersatz → Kaffeeersatz / Kaffee-Ersatz

1-4 外来語
一部の外来語では，ドイツ語化した綴りを用いてもよい：
essentiell → essenziell / essentiell
Photometrie → Fotometrie / Photometrie
Spaghetti → Spagetti / Spaghetti
Thunfisch → Tunfisch / Thunfisch

* 従来どおり，ドイツ語化した綴りを用いない外来語も多い：
Philosophie, Rhetorik, Theater

2 分かち書きと一語書き
2-1 分かち書きするもの
新正書法では，独立した語は分かち書きするという原則が徹底される．したがって，旧正書法で一語書きされた語のうち，次のものは分かち書きする．

2-1-1 動詞 (旧正書法の分離動詞の一部)
(1) 名詞＋動詞 (名詞が独立した意味を保持しているもの)：
eis|laufen → Eis laufen
rad|fahren → Rad fahren

* 名詞の意味が薄れたり，名詞と動詞とが一体化したりしているものは，従来どおり一語書きする：
preis|geben, schlafwandeln

(2) 動詞＋動詞：
kennen|lernen → kennen lernen
spazieren|gehen → spazieren gehen

* 旧正書法では一語書きか分かち書きかで意味が異なっていたもの、新正書法では意味にかかわらず分かち書きする：
sitzen|bleiben (落第する) / sitzen bleiben (すわったままでいる)
↓
sitzen bleiben

(3) 分詞＋動詞：
gefangen|nehmen → gefangen nehmen
verloren|gehen → verloren gehen

(4) 形容詞＋動詞 (形容詞が ..ig, ..isch, ..lich で終るもの，または形容詞が比較変化できるか，程度の副詞で修飾できるもの)：

fertig|machen   →   fertig machen
gut|gehen   →   gut gehen
　＊形容詞が比較変化できず，程度の副詞で修飾できないものは，従来どおり一語書きする:
　　fern|sehen, fest|setzen
　ただし，一義的な判別が困難な場合は，分かち書きと一語書きの両方が可能である:
　　warm|laufen / warm laufen
(5) 副詞＋動詞(副詞が ..einander, ..wärts で終わるもの，または anheim, dahinter, darüber, darunter, davor, fürlieb, überhand, vorlieb などの複合的副詞であるもの):
auseinander|gehen →   auseinander gehen
dahinter|kommen   →   dahinter kommen
(6) 副詞＋sein 動詞:
da|sein   →   da sein
zusammen|sein   →   zusammen sein

2-1-2　形容詞・副詞
(1) 分かち書きする動詞句(2-1-1 参照)から作った分詞:
alleinstehend   →   allein stehend (↓ allein stehen)
verlorengegangen →   verloren gegangen (↓ verloren gehen)
　＊このような分詞が名詞化された場合は，分かち書きと一語書きの両方が可能である:
　　die allein Stehenden / die Alleinstehenden
(2) 分詞＋形容詞:
blendendweiß   →   blendend weiß
kochendheiß   →   kochend heiß
(3) 形容詞・副詞＋形容詞(最初の形容詞・副詞が比較変化できるか，程度の副詞で修飾できるもの):
schwerverständlich → schwer verständlich
wohlbekannt   →   wohl bekannt
　＊ただし，一義的な判別が困難な場合は，分かち書きと一語書きの両方が可能である:
　　weit reichend / weitreichend
(4) so, wie, zu＋形容詞・副詞:
sowenig   →   so wenig
wieviel   →   wie viel
　＊接続詞 solange, soviel, soweit などは，従来どおり一語書きする。また，接続詞 so dass/sodass は，分かち書きと一語書きの両方が可能である。

2-1-3　形容詞・副詞と名詞が結びついてできた成句:
das erstemal   →   das erste Mal
eine Handvoll   →   eine Hand voll

2-2　一語書きするもの
irgend と不定代名詞との結びつきは旧正書法では分かち書きされたが，新正書法では一語書きする:
irgend etwas   →   irgendetwas
irgend jemand   →   irgendjemand

2-3　分かち書きと一語書きの両方が可能なもの
前置詞と名詞が結びついてできた成句のうち，次のものは一語書きと分かち書きの両方が可能である。
(1) außerstande/außer Stande, imstande/im Stande, infrage/in Frage, instand/in Stand, zugrunde/zu Grunde, zumute/zu Mute, zustande/zu Stande, zutage/zu Tage など，動詞と結びついて成句を作るもの:
imstande   →   imstande/im Stande
in Frage   →   infrage/in Frage
zugrunde   →   zugrunde/zu Grunde
　＊ただし，4-1-1 の(3)で挙げたもの，および次の前置詞と名詞の結びつきはつねに分かち書きする:
　　unter der Hand, zu Ende, zu Fuß, zu Hilfe, zu Lande, zu Schaden
(2) anstelle/an Stelle, aufgrund/auf Grund, aufseiten/auf Seiten, zugunsten/zu Gunsten, zuungunsten/zu Ungunsten など，名詞と結びついて前置詞の役割をはたすもの:
auf seiten   →   aufseiten/auf Seiten
zugunsten   →   zugunsten/zu Gunsten
　＊ただし，4-1-1 の(3)で挙げたものはつねに分かち書きする。また，次の前置詞はつねに一語書きする:
　　anhand, anstatt, infolge, inmitten, zufolge, zuliebe

3　ハイフン
3-1　数字
数字を含む複合語では，数字の後にハイフンを入れる:

正書法解説　　　　　　　　　　　　　xviii

2jährig　　→　2-jährig
8zylinder　→　8-Zylinder
　＊数字の後に接尾辞がつく場合は，従来どおりハイフンを入れない：
　68er, 3fach

3–2　複合語
複合語は一語書きするが，語構成を明示するためにハイフンで区切ってもよい：
Ichsucht　　→　Ichsucht/Ich-Sucht
Soll-Stärke　→　Sollstärke/Soll-Stärke
　＊1–3も参照

3–3　外来語
外来語の複合語は一語書きするが，語構成を明示するためにハイフンで区切ってもよい：
Air-conditioning　　→　Airconditioning/Air-Conditioning
Desktop publishing　→　Desktoppublishing/Desktop-Publishing
　＊形容詞と名詞からなる複合語は，分かち書きしてもよい：
　Happy-End　→　Happyend/Happy End
　Hard cover　→　Hardcover/Hard Cover
　動詞と副詞からなる複合語はハイフンで区切るが，一語書きしてもよい：
　Countdown　→　Count-down/Countdown
　Kick-off　　→　Kick-off/Kickoff

4　大文字書きと小文字書き
4–1　大文字書きするもの
　新正書法では，名詞は大文字書き，名詞以外は小文字書きという原則が徹底される．したがって，旧正書法で小文字書きされた語のうち，次のものは大文字書きする．

4–1–1　名詞
(1) gestern, heute, morgen などと結びついた，1日の時間区分を表す名詞：
heute morgen　→　heute Morgen
gestern nacht　→　gestern Nacht
　＊曜日を表す名詞と結びつく場合は，一語書きする：
　am Dienstag abend　→　am Dinstagabend
(2) 動詞と結びついて成句を作る名詞（分離動詞は除く）：
angst machen　→　Angst machen
recht haben　　→　Recht haben
schuld geben　→　Schuld geben
　＊2–1–1の(1)で挙げた語もここに含まれる．ただし，sein, bleiben, werden などの動詞と結びついて名詞としての性格を失った語は，従来どおり小文字書きする：
　angst werden, schuld sein
(3) 前置詞と結びついて成句を作る名詞：
außer acht lassen　→　außer Acht lassen
in bezug auf　　　→　in Bezug auf
　＊ただし，2–3で挙げた語は一語書きしてもよい．
(4) 外来語の成句またはハイフンで結ばれた複合語で，全体が名詞として用いられるものに含まれる名詞：
Alma mater　　→　Alma Mater
Corned beef　　→　Cornedbeef/Corned Beef
Science-fiction　→　Science-Fiction/Sciencefiction
　＊3–3も参照

4–1–2　名詞化された形容詞
(1) ähnlich, besser, best, einzeln, einzig, folgend, möglich, nächst, übrig など，成句的に用いられるもの：
das beste　　　→　das Beste
jeder einzelne　→　jeder Einzelne
folgendes　　　→　Folgendes
alles mögliche　→　alles Mögliche
　＊ただし，形容詞が前後の名詞を受けている場合は名詞化されたとはみなさず，小文字書きする：
　Er ist der älteste meiner Söhne.
　また，andere, eine, viel, wenig などの不定代名詞・不定数詞の名詞的用法は従来どおり小文字書きするが，名詞としての性格を強調する場合は大文字書きしてもよい：
　das Lob der vielen（多くの人々の賞賛）/ das Lob der Vielen（大衆の賞賛）
(2) 序数：

als erstes → als Erstes
jeder fünfte → jeder Fünfte
(3) 前置詞と結びついて成句を作るもの:
bis ins kleinste → bis ins Kleinste
im allgemeinen → im Allgemeinen
beim alten → beim Alten
zum besten → zum Besten
　＊ただし、形容詞が無語尾のもの、無冠詞のもの、および am＋形容詞の最上級は、従来どおり小文字書きする:
　　am schönsten, von klein auf, von neuem
(4) 前置詞と結びついた言語名:
auf deutsch → auf Deutsch
in englisch → in Englisch
　＊動詞と結びつく場合は、大文字書きと小文字書きとで意味が異なる:
　　Er spricht Englisch. (彼は英語を話す)
　　Er spricht englisch. (彼は英語で話す)
(5) 人を表す対句表現:
alt und jung → Alt und Jung
arm und reich → Arm und Reich

4-1-3　名詞化された副詞:
im nachhinein → im Nachhinein
im voraus → im Voraus
　＊ただし、無冠詞の場合は従来どおり小文字書きする:
　　von vornherein

4-2　小文字書きするもの
旧正書法で大文字書きされた次の語は、新正書法では小文字書きする。

4-2-1　手紙のなかで用いる2人称親称の人称代名詞・所有代名詞:
Du → du
Ihr → ihr
Dein → dein
Euer → euer

4-2-2　形容詞
(1) 名詞と結びついて成句を作る形容詞で、その成句が固有名詞でないもの:
die Erste Hilfe → die erste Hilfe
das Schwarze Brett → das schwarze Brett
　＊その成句が固有名詞である場合は、従来どおり大文字書きする:
　　der Erste Weltkrieg, der Heilige Abend
(2) 人名の後に ..isch, ..sch をつけて作った形容詞:
Goethesche Gedichte → goethesche Gedichte
　＊..sch の前にアポストロフィーをつけた場合は、大文字書きする(5-2 参照):
　　Goethe'sche Gedichte

4-3　大文字書きと小文字書きの両方が可能であるもの
次の語は大文字書きと小文字書きの両方が可能である。

4-3-1　定冠詞つき所有代名詞の独立用法:
das Seine → das seine / das Seine

4-3-2　数詞 hundert, tausend, Dutzend が不特定多数の意味を表す場合:
ein paar hundert Bäume → ein paar hundert Bäume / ein paar Hundert Bäume
Dutzende von Reklamationen → Dutzende von Reklamationen / dutzende von Reklamationen

5　句読点
5-1　コンマ
5-1-1　並列文
接続詞 und, oder によって主文どうし、または副詞どうしが結ばれる場合にはコンマを置かなくてよいが、文構造を明示するためにコンマを用いてもよい:
Hanna spielte auf dem Klavier[,] und Hannes sang dazu.
　＊接続詞 und, oder がない場合にはコンマを置く。 また、主文と副文との間にもコンマを置く。

5-1-2 不定詞句・分詞句
不定詞句・分詞句と主文との間にはコンマを置かなくてよいが,文構造を明示するためにコンマを用いてもよい:
Sie gingen[,] ohne sich vom Gastgeber zu verabschieden.
Er fiel[,] von einer Kugel getroffen[,] vom Pferd.

* ただし,その句を指示する語が前後にある場合や,その句が名詞や代名詞の直後に置かれている場合には,コンマを置く:
Sie erinnerte ihn daran, die Post zu holen.
Er, tödlich getroffen, fiel vom Pferd.

5-1-3 引用文
感嘆符・疑問符で終る引用文の後にさらに文が続く場合には,引用符の後にコンマを置く:
„ Fahr sofort nach Hause!" rief er.
↓
„ Fahr sofort nach Hause!", rief er.

5-2 アポストロフィー
語構成を明示するために,人名の2格を示す ..s や,人名から形容詞を作る ..sch の前にアポストロフィーをつけることができる:

Carlos Taverne → Carlo's Taverne
die Grimmschen Märchen → die grimmschen Märchen / die Grimm'schen Märchen

* 4-2-2 の (2) も参照

6 分綴
6-1 母音
6-1-1 語頭の単一母音も分綴できる:
aber → a·ber

* ただし,このような分綴は好ましくないという立場から,本書ではこうした個所には分綴記号を入れていない.

6-1-2 語中の単一母音は,その前後のどちらでも分綴できる:
* ただし,本書ではもっとも標準的と考えられる分綴のみを表示している.
Thea·ter → The·a·ter

6-2 子音
6-2-1 ..st.. は,..s·t.. と分綴する:
Ka·sten → Kas·ten

6-2-2 ..ck.. は,..k·k.. ではなく,..·ck.. と分綴する:
backen⟨bak-/ken⟩ → ba·cken

6-3 外来語
外来語では,子音と l, n, r の間でも分綴できる:
Di·plom → Di·plom/Dip·lom
Ma·gnet → Ma·gnet/Mag·net
Fe·bru·ar → Fe·bru·ar/Feb·ru·ar

* ただし,本書ではもっとも標準的と考えられる分綴のみを表示している.

6-4 複合語
複合語の分綴は原則としてその構成要素によるが,もはや複合語として意識されないものは,音節によって分綴してもよい:
dar·um → da·rum/dar·um
hin·auf → hi·nauf/hin·auf

* 本書では,もっとも標準的と考えられる分綴のみを表示している.

a, A

a¹, A¹ [a:] 田 -/- ドイツ語アルファベットの第1文字(母音字). das *A* und [das] O einer Sache 事柄の本質, 核心 (A はギリシア語アルファベットの第1文字 Alpha を, O は最終文字 Omega を表す). von *A* bis Z 初めから終わりまで, 一切がっさい. Wer *A* sagt, muss auch B sagen.《諺》A を言う者は B も言わなくてはならない. ◆口語では単数 2 格および複数形を [a:s] と発音することがある.

a², A² [a:] ❶ 田 -/- 《音楽》イ音. ❷《記号》a=*a*-Moll, A=*A*-Dur

a³ [a:*r*] 《記号》=Ar

A³《記号》**1** =Ampere **2** =Atomgewicht **3**(ローマ数字の)5000 **4**(貨幣の刻印で各国の)第1造幣局(ドイツではベルリン, オーストリアではヴィーン, フランスではパリの造幣局). **5** =Autobahn

ä, Ä [ε:] 田 -/- 母音 a, A の変音(ウムラウト)を表す文字(↑Umlaut). ◆口語では単数 2 格および複数形を [ε:s] と発音することがある.

a.《略》**1** =am, an Frankfurt ~ M.(=am Main) フランクフルト・アム・マイン(市). **2** =anno ~ 1921 西暦 1921 年に. ▶ A. とも書く(=Anno).

à [a] 前 (*fr.*)《4 格支配》**1**《商業》(für, zu [je]) それぞれ…の, 単価…の. 3 Schachteln Zigaretten ~ 20 Stück 20 本入りのタバコ 3 箱. 5 Briefmarken ~ 56 Cent 56 セントの切手 5 枚. **2** ↑ ~ la carte, ~ tout prix

@ [εt]《記号》《コンピュ》アットマーク.

a.., A.. [a..]《接頭》(*gr.*) 名詞・形容詞に冠して「無…, 非…」などの意を表す. 母音と h の前では an.., An.. に, rh の前では ar.., Ar.. になる. *Amoralismus* 無道徳. *anonym* 匿名の. *Arrhythmie* 不整脈.

Aa [a'|a] 田 -s/《幼児》うんち. ~ machen うんちをする.

AA [a:'|a:]《略》=Auswärtiges Amt 外務省.

a. a.《略》=ad acta

'Aa·chen ['a:xən]《地名》アーヘン(ノルトライン・ヴェストファーレン州西部の古都).

'Aa·che·ner ['a:xənə*r*] ❶ -s/- アーヘンの人. ❷ 形《不変化》アーヘンの.

Aal [a:l] 男 -[e]s/-e 鰻(うなぎ). ~ blau《料理》アールブラウ(酢を加えた熱湯をかけて青味をつけた鰻). ~ grün 蒸した鰻. glatt wie ein ~ sein つかまえどころがない, なかなかしっぽを捕まえない. sich⁴ wie ein ~ [drehen und] winden〈krümmen〉なんとかうまく逃げようとする.

'aa·len ['a:lən] ❶ 自 鰻(うなぎ)漁をする. ❷ 他 **(sich⁴)** (のんびりと)寝そべる, 骨休めをする.

'aal|glatt 形《比較変化なし》(鰻(うなぎ)のように)ぬるぬるした;《比喩》とらえどころのない, なかなかしっぽを捕まえない.

a. a. O.《略》=am angeführten〈angegebenen〉Ort 前述(上掲)の個所に, 同上書に.

Aar [a:*r*] 男 -[e]s/-e《雅》(Adler) 鷲(わし).

'Aar·gau ['a:*r*gaʊ] 男 -s/《地名》der ~ アールガウ(スイス北部の州).

'Aa·ron ['a:rɔn] (*hebr.*, erleuchtet')《人名》アロン(Moses の兄, イスラエル最初の祭司長.《旧約》民 17:1 以下).

Aas [a:s] 田 -es/-e(Äser) **1**(複数 -e)(Kadaver) 死体, 腐肉. Wo ein ~ ist, da sammeln sich⁴ die Geier.(トランプなどで相手の悪い手をひやかして)死体のある所には, 禿鷹(はげたか)が集まるものだ(《新約》マタ 24:28). **2**(複数 Äser)《話》(a) やつ, 野郎. Du ~! こん畜生め. (b) Kein ~ war zu sehen. 人っ子一人〈猫の子一一匹〉見えなかった.

'aa·sen ['a:zən] ❶ 自《話》(mit et³ 物³)浪費する, 無駄遣いする. ❷ 他 ein Fell ~《製革》生皮に残っている肉を取除く.

'Aas·flie·ge 女 -/-n《虫》にくばい(肉蝿).

'Aas·gei·er 男 -s/- **1**(腐肉を食らう)禿鷹(はげたか)(の類). **2**《話》ごうつくばり, 搾取(さくしゅ)者.

'aa·sig ['a:zɪç] 形 **1** 腐肉のような, 腐った; へどを催すような, いやらしい, 下司(げす)な. **2**《副詞的用法で》《話》べらぼうに, ひどく. Es ist ~ kalt. やけに寒い.

'Aas·sei·te 女 -/-n (↔ Haarseite, Narbenseite)《製革》(動物の皮の)内側(肉に面した側).

ab [ap アプ] ❶ 前《3 格支配》**1**《空間的》…から;《商業》…渡し. ~ dort そこから;運賃先方(買方)持ちで. frei ~ hier 本船(列車)積込み渡し. ~ Fabrik〈Bremen〉工場(ブレーメン)渡し. ~ Köln〈鉄道・航空〉ケルン発. ~ Produzent 生産者直売の. **2**《時間的》…から, …以降. ~ erstem〈ersten〉April 4 月 1 日から(以降). **3**《数量・序列》…から. ~ zehn Glas Bier ビール 10 杯からは(割引きます, など). Dienstgrade ~ Offizier 士官以上の階級. ▶ 2, 3 の意味のとき日常語では 4 格を支配することもある.

❷ 副《しばしば前置詞 von と》**1**《空間的》…から, 離れて, 去って, 下へ. ~ hier / ~ von hier ここから. zwei Kilometer ~ 2 キロメートル離れたところに. Die zweite Straße rechts ~! 2 つ目の通りを右に行きなさい. 14 Uhr ~ München(時刻表で)ミュンヒェン発 14 時. auf und ~ 上下に, あちらこちらに. auf und ~ gehen 行ったり来たりする. *Ab* die Post! / *Ab* durch die Mitte! / *Ab* nach Kassel!《話》さっさとうせろ. Gewehr ~!《軍隊》立て銃(じゅう).《中性名詞として》das Auf und *Ab* des Lebens 人生の浮き沈み. **2**《時間的》…から, …以降. von heute ~ / ~ heute から. ~ und zu 時折. **3**《数量・序列》…から. Studenten vom dritten Semester ~ 3 学期以上在学の学生. **4**《商業》免除(控除)して. ~

ab..

Unkosten 雑費を差し引いて。 **5**《北ド》Ich bin ~. 私はへばった。 ▶︎↑ab sein

ab..¹ [分離前つづり／つねにアクセントをもつ] **1**《分離・除去を表す》abhauen 切落とす。abmachen 取除く。 **2**《消失・消滅》absterben 枯死(壊死)する。《出発・由来》abreisen 旅立つ。由来する。 **4**《下方への運動》abspringen 跳び降りる。 **5**《否定・取消し》absagen 取消す。 **6**《徹底・完遂》abarbeiten 仕事をやりとげる。 **7**《模倣》abschreiben 書き写す。

ab..², **Ab..**《接頭》(lat.) 形容詞・名詞に冠して「脱落・離脱・否定」の意を表す。t, z〈c〉の前では abs..., Abs... となり、h 以外の子音の前では a..., A..., となることもある。abnorm 異常な。abstrakt 抽象的な。Apathie 無感動。

'Aba·kus [a:bakʊs]男-/-(gr. abax, Brett') **1**(古代の)計算盤、そろばん。 **2**《建築》アバクス(古代ギリシア建築の柱頭と梁(はり)とのあいだに置かれる方形の板).

Aba'lo·ne [aba'lo:nə]女-/-n《貝》(鮑).

ab·än·der·bar ['apɛndərba:r]形 変更(修正)可能な。

ab·än·der·lich 形 =abänderbar

'ab|än·dern ❶ 他(部分的に)変える、手直しする、修正する。 ❷ 自《生物》(植物の色・形などが)変異する。

Ab·än·de·rung 女 -/-en **1**《複数なし》(部分的)変更、手直し、修正。 **2**《生物》《医学》変異種。

Aban'don [abaˈdõː]男 -s/-s (fr.)《法制・経済》(権利の)放棄、委付。

aban·don'nie·ren [abãdɔˈniːrən]他《古》放棄する、あきらめる。《法制・経済》委付する。

'ab|ängs·ti·gen 他《sich⁴》(um j⟨et⟩) 人〈物⟩のことを)非常に気にかける、心配する。

'ab|ar·bei·ten ['apʔarbaɪtən] ❶ 他 **1**(仕事・宿題を)しあげる、片付ける。(借金を働いて返済する。 **2**(人・動物を)くたくたになるまで働かせる、酷使する。(道具などを)使い古す。sich³ die Hände ~ 働いて手が荒れる。abgearbeitet sein 働きすぎてへばっている。 **3**(でこぼこ・不揃いなどを)取除く。 **4**《海事》(船を)離礁させる。 **5**(手本どおりに)真似る。 ❷《sich⁴》**1** くたくたになるまで働いて、過労でへばる。 **2** 窮地を脱する、血路を開く;《海事》(船が)離礁する。 ❸ Der Wein hat abgearbeitet. ワインが発酵をやめる。

'Ab·art ['apˌʔaːrt]女 -/-en **1**《生物》変種。 **2**《郵趣》ヴァラエティー(印刷ミスのある切手).

'ab·ar·tig [..tɪç]形 変種の、変質した;退廃的な;(性的に)変態の、倒錯した。

'ab|as·ten 《sich⁴/sich³》**1**《sich⁴》sich mit et³ ~ 物³を運ぶのにひどく難儀する。 **2**《sich³》sich einen ~ さんざん苦労する。

'ab|äs·ten ❶ 他 einen Baum ~ 木の枝を切落とす(払う)、剪定(せんてい)する。 ❷ 再《sich⁴》枝が分かれる、新しい枝が出る。

Aba·ta ['a(:)bata] Abaton の複数。

Aba·te [a'baːtə]男-[n]/-n (Abati) (it.)《カト》神父(イタリア・スペインにおける教区付き司祭に対する尊称).

Aba·ti [a'baːti] Abate の複数。

Aba·ton ['a(:)batɔn]中 -s/Abata (gr. abatos, unzugänglich)《宗教》(とくにギリシア正教会の)内陣、至聖所。↑Adyton

Abb.《略》=Abbildung 2

Ab·ba ['aba]男 -/-(aram., Vater ')《新約》アバ(神に対する呼びかけ、マコ14:36, ロマ8:15, ガラ4:6 の他)。 **2**《古》アバ(東方教会での聖職者に対する呼掛け).

'ab|ba·cken(*) ❶ 他(パンなどを)焼きあげる。 ❷ 自(職人が)パン焼きを終える。

'ab|bal·gen ❶ 他《猟師》(獣の)皮をはぐ。 **2** Erbsen ~ えんどうのさやをむく。 **3**《まれ》(人³から物¹をもぎ取る。 ❷ 再《sich⁴》**1** 取っ組合いをする。 **2** くたくたになるまで働く。

Ab'ba·te [a'baːte]男 過去分詞 abbehalten

'Ab·bau ['apbaʊ]男-[e]s/-e(-ten) **1**《鉱業》(a)《複数なし》採掘、採鉱。 (b)《複数 -e》採掘場。 **2**《複数なし》(建物の)取壊し、解体、撤去;(曲技体操でピラミッドなどを)解くこと。 **3**《複数なし》《化学》(物質の)崩壊、(放射能物質の)壊変、解体、(分子の)減成。 **4**《複数なし》(物価・賃金の)引下げ、(人員・組織の)削減、整理。 **5**(体力・活力・権力などの)衰退、減退;(高気圧の)後退;(収穫の)減少。 **6**《複数-ten》村落から離れた所にある農家。

'ab|bau·en ['apbaʊən] ❶ 他 **1**《鉱業》採掘する(鉱山を)掘尽くす。 **2**(建造物を)取壊す、解体(撤去)する。《化学》分解(減成)する。eine Pyramide ~《体操》(曲技体操で)ピラミッドを解く。 **3**(物価・賃金を)引下げる、(事業などを縮小する、(人員を)整理する。 ❷ 自(農作物の)作柄が落ちる;(体力・活力などが)衰える、へばる、ダウンする。

'ab·bau·wür·dig 形 採掘して採算のとれる。

Ab'bé [a'beː]男 -s/-s (fr.) (↓Abba)《カト》**1** アベ(フランスの在俗聖職者に対する敬称). **2**(Abt) 大修道院長(に対する呼号および呼びかけ).

'ab|bee·ren 他《地方》(ぶどうなどの実を)摘み取る;(ぶどうなどの木の)実を摘み尽くす。

'ab|be·hal·ten* 他 den Hut ~ 帽子を脱いだままでいる。 **●** 過去分詞 abbehalten

'ab|bei·ßen* 他 **1** 噛(か)み切る、食いちぎる。eine Zigarre ~ 葉巻きの端を噛み取る。sich⁴ die Zunge ~ 舌を噛みちぎる。 **2** einen ~ 一杯ひっかける。

'ab|bei·zen 他 **1**(塗料・染料を)落とする(溶剤で)。 **2**《金属》腐食剤で処理する。

'ab|be·kom·men* 他 **1** 分けてもらう。 Er bekam auch ein Stück Kuchen ab. 彼も一切れケーキの分け前にありついた。 **2**(付着・固定したものを)手にかけて取除く、取りはずす。den Reifen von der Felge ~ リムからタイヤをはずす。 **3**《話》(損害などを)こうむる。
▶︎過去分詞 abbekommen

'ab|be·ru·fen* 他(役人などを)呼び戻す、召還する;(会社役員などを)解任する。abberufen werden《雅》主のもとに召される、お迎えが来る。

'Ab·be·ru·fung 女 -/-en **1** 召還、リコール、解任。 **2**(天国への)召命、お迎え。 **3**《キリ》脱魂(魂が忘我の境にあって神秘的体験をすること)、トランス状態。

'ab|be·stel·len 他(予約・注文を)取消す、キャンセルする。einen Handwerker ~ (来てもらう予定だった)職人を断る。 ▶︎過去分詞 abbestellt

'Ab·be·stel·lung 女 -/-en **1**《複数なし》(予約の)取消、キャンセル。 **2** 取消(キャンセル)の連絡。

'ab|be·ten 他 **1** den Rosenkranz ~ ロザリオの祈りを終りまで唱える。 **2**《話》(祈りを)早口で一本調子に唱える;(教え込まれたことを)機械的に(おうむ返しに)言う。 **3** 祈ることによって取除く。seine Sünde ~ 罪を許されるように祈る、祈りによって罪が許される。

'ab|bet·teln 他(人³に物⁴をせがんで手に入れる。sich³ jedes Wort ~ lassen 口が重い。

'ab|be·zah·len 他 **1**(物⁴の)代金を完済する。eine

Schuld ～ 借金を皆済する. **2** 分割払いする. ein Haus ～ 家の代金を割賦(ﾌﾞ)で支払う. ◆過去分詞 abbezahlt

'ab·bie·gen* ['apbi:gən] ❶ (s) 方向を変える, 曲がる. nach links ～ 左折する. ❷ 他 1 折り曲げる. 2 《嫌なこと》を回避する, かわす;《話題》をそらす.

'Ab·bie·ger [..gər] 男 -s/- 進路変更車(者). Rechts*abbieger* 右折車(者).

'Ab·bild ['apbɪlt] 中 -[e]s/-er 写し, 模写; 肖像(画). Sie ist ein ～ ihrer Mutter. 彼女は母親に生き写しだ.

'ab·bil·den 他 写す, 模写(描写)する. j¹ ～ 人¹の肖像画を描く. Sie ist auf der Titelseite *abgebildet*. 彼女の写真が表紙に出ている.

'Ab·bil·dung 女 -/-en **1**《複数なし》模写(すること), 複写(すること). **2**《略 Abb.》《本の》図版, 挿画, イラスト. **3**《数学》射影, 写像;《光学》結像.

'ab·bin·den* ['apbɪndən] ❶ 他 1《ネクタイなど》をほどく, ゆるめる. die Schürze ～ エプロンをはずす. einen Bären ～《比喩》《古》借金を全部返す. **2**《医学》《腕などを》縛って止血する, 《血管を》結紮(ｹﾂｻﾂ)する, 《いぼを》結紮して除去する, 《へその緒を》切る. ein Kind ～ 赤ん坊のへその緒を切る. **3** ein Kalb ～ 子牛を乳離れさせる. **4**《建築》《家の木組みなどを》試しに組立てる. **5** ein Fass ～ 樽に片をはめる. **6** (スープなど)にとろみをつける. ❷ 自 (粘土・セメントなどが)固まる.

'Ab·bit·te ['apbɪtə] 女 -/-n 謝罪. j¹ ～ tun(leisten) 人¹に謝罪(陳謝)する.

'ab·bit·ten* 他 **1**《人³に事⁴の》許しを求める, 謝罪する. **2**《人³に物⁴を》請い求める, せがんで手に入れる.

'ab·bla·sen* 他 **1** (ほこりなどを)吹きとばす(払う). **2** 《ガス・蒸気など》を放出(噴出)させる. **3** die Jagd ～ ラッパを吹いて狩猟の終り(中止)を告げる. **4** (予定していた行事・行動を)中止する, やめる. **5** die Stunden ～《古》《夜警などが》ラッパを吹いて時刻を知らせる.

'ab·blas·sen 自 (s) (色・記憶などが)色あせる, ぼやける.

'ab·blät·tern ❶ (s) **1** (木の)葉を落す, 落葉する. **2** (塗料・化粧壁が)はげて落ちる. ❷ 他《農業》《キャベツやかぶの》葉を摘む(家畜の飼料用に).

'ab·blei·ben* 自《話》(どこか知らないところに)いる, ある. Ich weiß nicht, wo der Schlüssel *abgeblieben* ist. 鍵がどこへいったか分からない. im Krieg ～ 戦死する.

'ab·blen·den ❶ 他 **1** (電灯などに)覆いを掛ける(光の遮蔽のため);《車のヘッドライトを》減光する, 下に向ける. ❷ 自 **1**《写真》レンズを絞る. **2**《映画》(ワンシーン・ワンカットの)撮影を終える. **3** (灯台・投光器などの)灯が消える.

'Ab·blend·licht ['apblɛnt..] 中 -[e]s/ (←Fernlicht)《ヘッドライトの》減光ライト, ロー・ビーム.

'ab·blit·zen 自 **1**《古》(銃が)不発に終る. **2**《話》(bei j³ mit et³ 人³に事³を)断られる. j¹ ～ lassen 人⁴を追返す, (にひじ鉄を食らわせる). ❷ 非人称 *Es blitzt ab*. 稲光が弱まる(やむ).

'ab·blo·cken 他 **1**《球技》ブロックする, 防ぐ. **2** (計画などを)妨げる, 遅らせる.

'ab·blü·hen 自 (h, s) (植物が)花期を過ぎる, (花が)しぼむ.

'Ab·brand ['apbrant] 男 -[e]s/ᴇe **1**《冶金》(a) 焙鉱(ﾊﾞｲｺｳ), 焙焼(ﾊﾞｲｼｮｳ)した鉱石. (b) 焼き減り. **2**《工学》(a) 燃焼, バーンアップ. (b) (核燃料の)減衰. (c) (とくに)原子炉用固形燃料の燃焼.

'Ab·bränd·ler ['apbrɛndlər] 男 -s/- (ﾋﾞｱ) (火事の)罹災(ﾘｻｲ)者.

'ab·brau·chen 他 使い古す. Dieser Stoff *braucht sich¹ schnell ab*. この布地は傷むのが早い.

'ab·brau·sen ❶ 他 シャワー(じょうろ)で水をかける. sich¹ ～ シャワーを浴びる. ❷ 自 (s)《話》轟音とともに走り去る, 大急ぎで立ち去る.

'ab·bre·chen ['apbrɛçən アブブレヒェン] ❶ 他 **1** 折取る, 手(で)折る, 摘む;《茶碗など》を欠く. den Bleistift ～ 鉛筆(の芯(ｼﾝ))を折る. et¹ die Spitze ～ をやわらげる, (の)矛先(ﾎｺｻｷ)を鈍らせる. **2** (建物などを)取壊す, 取払う. alle Brücke hinter sich¹ ～ これまでの自分と訣別する; 背水の陣を敷く. **3** (談話・会議などを)中断(中止)する, 打切る. **4** j³ etwas vom Lohn ～ 人³の賃金をカットする. **5** Hunde ～《猟師》《咬みついている》犬を引き離す.

❷ 自 (s, h) **1** (s) 折れる, ちぎれる. **2** (a) (h) (in et³ 事³を)《突然》中断する. mitten im Lachen ～ 急に笑いやむ. Wir wollen hier ～. 話はここまでにしておこう. (b) (s) 急にとぎれる. **3** (s) (山・岩などが)切り立つ. ❸ 再 (**sich¹**) *sich* einen ～《話》(不器工)な振舞をする; お上品ぶる, 気どる; むちゃくちゃにがんばる. *Brich dir nur keinen ab!* きざな真似はよせ.
◆↑abgebrochen

'ab·brem·sen ❶ 他 (車などに)ブレーキをかける, 減速する; (生産・貿易などを)抑制する. einen Flugzeugmotor ～ ブレーキをかけて飛行機のエンジンテストをする. ❷ 自 ブレーキをかける (mit et³ 物³に).

'ab·bren·nen* ['apbrɛnən] ❶ 他 **1** 焼却する, 焼き払う; (鳥の)毛焼きをする. Felder ～ 野焼きをする. **2** (導火線・火薬に)火をつける, (銃を)発射する, (花火を)打ち上げる. **3** Speisen ～ 料理にブランデーをかけて火をつける(火をつけて食卓に出す). **4**《工学》(a) (鋼などに)熱処理をする, 焼きを入れる. (b) (真鍮(ｼﾝﾁｭｳ)などを磨いて洗う, 腐食処理をする. ❷ 自 (s) **1** (建物が)焼失する, 焼け落ちる. **2**《話》(人が)丸焼けにあう; 無一文になる. Ich bin total *abgebrannt*. 私はもうすっからかんだ. ◆↑abgebrannt

Ab·bre·vi·a'tur [abrevia'tu:r] 女 -/-en 短縮, 省略;《音楽》(記譜法の)略記法.

ab·bre·vi'ie·ren [abrevi'i:rən] 他《古》(文章を)短縮(簡約)する.

'ab·brin·gen* 他 **1** (くっついたものを)取除く, はずす. ein Schiff ～《船員》船を離礁させる. **2** (j¹ von et³ 人⁴に事³を)やめさせる, 思いとどまらせる. j¹ vom rechten Weg ～ 人⁴を邪道に走らせる. sich¹ von *seiner* Meinung nicht ～ lassen 自説を曲げない.

'ab·brö·ckeln ❶ 自 ほろぼろ(こなごな)に砕く. ❷ 自 (壁・しっくいが)ぼろぼろ剝げ落ちる. **2** (物価・相場が)下がる, じり安になる.

'Ab·bruch ['apbrʊx] 男 -[e]s/ᴇe (↓abbrechen) **1**《複数なし》(建物などの)取壊し, 解体, 撤去. Haus auf ～ kaufen 家を解体を条件に買う. j¹ auf ～ heiraten《戯》人⁴を遺産目当てに結婚する. reif für den ～ (zum ～) sein 取壊すべき状態の時期にある. **2**《複数なし》中止, 中断. der ～ der diplomatischen Beziehungen 外交関係の断絶. durch ～ unterliegen (ﾎﾞｸｼﾝｸﾞ) テクニカル・ノックアウトで敗れる. **3**《複数なし》損害. ～ erleiden(erfahren) 損害を被(ｺｳﾑ)る. j(et)¹ ～ tun 人(物)¹に損害を与える. Das tut der Liebe keinen ～.《戯》そんなことは大した問題ではない. **4** (土地の)侵食, (岩などの)崩落, (氷河などの)砕屑(ｻｲｾﾂ).

'Ab·bruch·ar·beit 女 -/-en《多く複数で》解体(取

A

壊)工事.

'ab·bruch·reif [形] 取壊しの時期に来た.

'ab|brü·hen [他] 〚料理〛(素材に)熱湯をかける. ↑abgebrüht

'ab|brum·men ❶ [他] eine Strafe ~《話》刑(自由刑)に服する, 刑期を務めあげる. ❷ [自] (s) (車などが)けたたましい音を立てて走り去る.

'ab|bu·chen [他] **1**〚商業〛(ある金額を)支出として帳簿に記入する, 口座から引き落とす. **2** ないもの(失われたもの)としてあきらめる, 見限る.

'ab|bürs·ten [他] **1** (ほこりを)ブラシで払う(von et³ 物³から); (物⁴に)ブラシをかける. **2** (人⁴に)耳の痛いことを言って聞かせる, 雷を落す.

'ab|bü·ßen [他] **1** eine Schuld ~ 罪をあがなう(償う). **2** eine Strafe ~ 刑に服する.

Abc [a(:)be(:)'tse:] [中] -/- 《複数まれ》 **1** アルファベット, エービーシー. et⁴ nach ~ ordnen 物⁴をアルファベット順に整理する. **2** 初歩, 基礎, 入門, いろは. **3** 見出しがアルファベット順の本(便覧・辞典など).

Abc-Buch [abe'tse:..] [中] -[e]s/..er (Fibel¹) 初歩の読本; 入門(手引)書.

Abc-Code [..ko:t] [男] -s/ (*engl.*) (英語による)国際電信コード.

'ab|che·cken ['aptʃɛkən] [他] チェックする, 確認(点検)する; (物⁴に)確認済みの印をつける.

Abc-Schüt·ze [abe'tse:..] [男] -n/-n (読み書きを習い始める)小学1年生; 初歩(初心)者.

ABC-Staa·ten [複] ABC三国(アルゼンチン・ブラジル・チリ).

ABC-Waf·fen [複] (↓atomare, biologische und chemische Waffen) ABC兵器(核兵器・生物兵器・化学兵器の総称).

'ab|da·chen ❶ [他] **1** 傾斜させる, 勾配(こうばい)をつける. **2** ein Gebäude ~ 建物の屋根をはがす. ❷ [再] 《**sich**⁴》傾斜している.

'Ab·da·chung [女] -/-en **1**《複数なし》傾斜(勾配)をつけること; 屋根をはがすこと. **2** 勾配, 傾斜(地), 斜面.

'Ab·dampf [男] -[e]s/..e 廃蒸気, 排気.

'ab|damp·fen ❶ [自] (s) **1** 蒸発(気化)する. **2** (熱い料理などが)湯気が切れる, 冷める. **3**《話》(汽車・汽船で)出発する; (汽車・汽船が)発車(出航)する. ❷ [他] 〚化学〛気化させる, 気化させて分離する.

'ab|dämp·fen [他] **1** (音・光・色・感情などを)やわらげる, 抑える. **2** (衣服の)てかりをとる(ぬれた布の上からアイロンをかけたりして). **3** (熱い料理などの)湯気を切る, (を)冷ます.

'ab|dan·ken ❶ [他] **1** (軍人・使用人を)解任(解雇)する. *abgedankter* Offizier 退役将校. **2** (古い衣類などを)お払い箱にする. ❷ [自] **1** 辞任(退職, 退位)する. **2** der Freiheit³ ~《雅》自由を断念(放棄)する. **3**《スイス》教会葬を執り行う.

'Ab·dan·kung [女] -/-en **1** 辞任, 辞職, 退位. **2**《まれ》解任, 解雇. **3**《古》〚演劇〛お礼の口上. **4**《スイス》葬礼, 告別式.

'ab|dar·ben [再] 《**sich**³》 *sich* et⁴ [am〈vom〉 Munde] ~《雅》食べる物も食べずに物⁴を貯めこむ.

'ab|de·cken [他] **1** (覆い・カバーを)はずす; (物⁴の)覆い(カバー)を取りのける. das Bett ~ ベッドカバーをはずす. das Dach ~ 屋根をはがす. Pferde ~《古》(病気の)馬を処分(始末)する; (死んだ)馬の皮を剝ぐ. den Tisch ~ 食事のあと片付けをする. **2** (a) (物⁴に)覆い(カバー)を取付ける. ein Beet mit Stroh ~ 苗床をわらで覆う. (b) die Dame mit dem〈durch den〉 Turm ~ 〚チェス〛女王をルークで守る. (c) einen Spieler ~ 〚球技〛あるプレーヤーをマークする. **3** eine Schuld ~ 〚商業〛負債を弁済する, 赤字の補塡(ほてん)(穴埋め)をする. **4** ein Negativ ~ 〚写真〛ネガを修正する. **5** (欲望などを)満たす.

'Ab·de·cker ['apdɛkər] [男] -s/- 《古》皮はぎ屋.

Ab·de·cke'rei [apdɛkə'raɪ] [女] -/-en《古》**1**《複数なし》皮はぎ業. **2** 皮はぎ場.

'ab|dich·ten [他] 密閉する, (すき間・穴を)ふさぐ, (物⁴に)漏れ止め(コーキング)をする.

'ab|die·nen [他] **1** (年季・兵役を)勤め上げる. **2** eine Schuld ~《古》借金を奉公(労役)によって返す.

'ab|din·gen* [他]《古》(人³から物⁴を)交渉して手に入れる, 値切って買う. Dieses Recht kann mir keiner ~. この権利は誰にも譲るわけにはいかない.

Ab'do·men [ap'do:mən] [中] -s/-(..mina) (*lat.*) 〚解剖〛(下)腹部; 〚虫〛(節足動物の)腹部.

'ab|drän·gen [他] わきへ押しやる, 押しのける(von et³ 物³から). sich⁴ nicht von *seinem* Platz ~ lassen 自分の場所(持ち場, 席)を譲らない, 固守する.

***'ab|dre·hen** ['apdre:ən アプドレーエン] ❶ [他] **1** 回して(ひねって)止める, (明かりなどを)消す, (水道などの栓を)締める. das Radio ~ ラジオ(のスイッチ)を切る. j³ den Hals ~ 人³の首を絞めて殺す, 人³を(経済的に)締めあげる. **2** ねじってはずす, ねじ切る. eine Schraube ~ ネジをはずす. einem Huhn den Hals ~ 鶏を絞める. **3** 向きを変える. *sein* Gesicht ~ 顔をそむける. sich⁴ ~ あちらを向く. **4** 〚映画〛クランクアップ(撮影完了)する.
❷ [自] (s, h) 〚海事・航空〛(船・飛行機などが)針路を変える; 〚軍事〛(部隊が)行軍の方向を転じる.

'Ab·drift ['apdrɪft] [女] -/-en《複数まれ》〚海事・航空〛(Abtrift) 偏流, 偏流角.

'ab|dros·seln [他] **1** 〚工学〛(a) (物⁴の)流通を抑える, 流通量をしぼる. den Verkehr ~ 交通量を減らす. (b) (栓・弁・コックを)閉じる, 締める. (c) (モーターなどの)出力をしぼる. **2** j³ die Luftröhre ~ 人³の首をしめる.

***'Ab·druck** ['apdrʊk アプドルク] [男] -[e]s/-e(..e) **1** (a)《複数なし》(原稿を)活字にすること, 印刷; (新聞・雑誌への)掲載; 刷り; (絵画などの)複製, コピー. ~ vor der Schrift 〚印刷〛試し刷り. (b)《複数 -e》印刷物. **2** (a)《複数なし》(石膏などで)型をとること. (b)《複数 ..e》(蠟(ろう)・石膏などによる)押し型, 圧痕; (押しつけられてできた)へこみ, くぼみ; 〚地質・古生物〛印象化石(古生物の痕跡の残っている化石).

'ab|dru·cken [他] 印刷する, 活字にする, 掲載(転載)する; 翻刻(復刻)する; 複写する, コピーを取る.

***'ab|drü·cken** ['apdrʏkən アプドリュケン] ❶ [他] **1** (銃の)引き金を引く. 《目的語なしで》Ich habe auf den Dieb *abgedrückt*. 私は泥棒めがけて発砲した. **2**《話》(人⁴を)ひしと抱きしめて接吻する. **3** (人³の物⁴を)押しつぶす. Sie hat ihm fast die Finger *abgedrückt*. 彼女は彼の指を押しつぶさんばかりにきつく握りしめた. Die Angst *drückte* mir die Luft *ab*. 不安のあまり私は息もできなかった. j³ die Luft ~《比喩》(経済的に)人³の息の根を止める. 《非人称的に》*Es drückt* ihm das Herz *ab*. 彼は胸もふさがる思いだ. **4** (物⁴の)型をとる. einen Schlüssel in Wachs ~ 蠟(ろう)で鍵の型をとる. 《再帰的に》Seine Füße *drückten sich*⁴ im Sand *ab*. 彼の足跡が砂に残った. **5** 押して離す(von et³ 物³から). ein Boot vom Ufer ~ ボー

トを岸から離す.《再帰的に》Er *drückte sich*¹ kräftig mit einem Bein vom Boden *ab*. 彼は勢いよく片足で地面をけった. **6** 押して調べる. eine Gasleitung 〜 ガス管を押さえて検査する. **7**《まれ》(人³から)物を強奪する. ❷ 圓 『スキー』シュートする. **2**《古》死ぬ. ❸ 冊 ⟨**sich**¹⟩《話》こっそりずらかる.

abds.《略》=abends

Ab·duk·ti·on [apdʊktsi'o:n] 囡 -/-en (↔ Adduktion)『解剖』外転, 外旋.

Ab'duk·tor [..'dʊktɔ:r] 男 -s/-en [..'to:rən]『解剖』外転(外旋)筋.

'ab·dun·keln ❶ 囮 **1** (部屋・灯りを)暗くする. **2** eine Schallplatte 〜 レコードの高音をカットする. **3** Farben 〜 色を暗く(濃く)する. ❷ 圓 (s)《まれ》(色が暗く(濃く)なる.

'ab·eb·ben 圓 (s) (潮が)引く; (興奮・騒ぎなどが)しだいに収まる, 鎮まる.

abe'ce·lich [abe'tse:lɪç]形 (alphabetisch) アルファベット順の.

'Abel ['a:bəl]男名 **1** アーベル. **2**『旧約』アベル(人祖 Adam の第 2 子, 兄の Kain に殺された. 創世 4:1-9).

°**'abend** ↑Abend 1

Abend ['a:bənt アーベント]男 -s/-e **1** 夕方, 晩, 宵(日没から就寝時までの時間を言う). Es wird 〜. 晩になる, 日が暮れる. Guten 〜!こんばんは. *seinen* guten 〜 *haben* 晩に機嫌(調子)がよい. der Heilige 〜 クリスマス・イヴ. 〜 des Lebens 人生の黄昏(たそがれ). Es ist noch nicht aller Tage 〜. まだすべてが終わったけじゃない, 悲しむ(喜ぶ)のはまだ早い.《副詞的2格で》des 〜*s*《雅》(abends) 晩に. eines〈schönen〉〜 ある晩.《副詞的4格で》diesen 〜 今晩. jeden 〜 alle 〜*e* 毎晩.《特定の日を示す語句の後で》gestern ⟨heute/morgen⟩ 〜°⟨*abend*⟩ 昨晩⟨今晩/明晩⟩. Dienstag*abend*°⟨Dienstag *abend*⟩ 火曜日の晩.《前置詞と》**am** 〜 / des 〜*s* 夕方に. Du kannst mich mal am 〜 besuchen⟨treffen⟩.《話》お前なんかくそ食らえだ. **bis** in den späten 〜 hinein 夜分遅くまで. 〜 **für** 〜 毎晩. **gegen** 〜 夕方に. **zu** 〜 essen 夕食をとる. **2** 夕べの集まり(催し). ein musikalischer 〜 音楽の夕べ. **3**《古》西, 西方. nach 〜 西に向かって.

'Abend·an·dacht 囡 -/-en 夕べの祈祷.

'Abend·an·zug 男 -[e]s/⁼e (男性の)夜会服.

'Abend·blatt 中 夕刊紙.

*°**'Abend·brot** ['a:bəntbro:t アーベントブロート] 中 -[e]s/ (Abendessen) 夕食.

'Abend·däm·me·rung 囡 -/-en (↔ Morgendämmerung) 夕暮れ, 暮れがた, 黄昏(たそがれ).

'aben·de·lang ['a:bəndəlaŋ] 形《述語的には用いない》数晩の, 幾晩もにわたる.

'Abend·es·sen ['a:bəntɛsən] 中 -s/- 夕食.

'abend·fül·lend 形 (用務・演劇・映画などが) 1晩かかる, それだけで 1晩楽しめる.

'Abend·fül·ler 男 -s/-《話》一晩ものの(出し物).

'Abend·ge·bet 中 -[e]s/-e 夕べの祈り(就寝前の).

'Abend·ge·sell·schaft 囡 -/-en 夜会, 夜の催し, (定期的な)夜の会合.

'Abend·got·tes·dienst 男 -[e]s/-e (教会での)夕べの礼拝.

'Abend·kas·se 囡 -/-n (夜の公演の)当日券発売所.

'Abend·kleid 中 -[e]s/-er (女性の)夜会服, ローブ・デコルテ, イヴニングドレス.

'Abend·land ['a:bəntlant アーベントラント] 中 -[e]s/ (↔ Morgenland) 西洋(主としてヨーロッパをさす).

'Abend·län·der [..lɛndər] 男 -s/- 西洋人, ヨーロッパ人. ◆女性形 Abendländerin 囡 -/-nen

'abend·län·disch [..lɛndɪʃ] 形 西洋(ヨーロッパ)の.

'abend·lich [..lɪç] 形 **1** 晩(夕方)の; 毎晩の. **2** 《古》西方の, 西の.

'Abend·mahl 中 -[e]s/-e **1** 夕食. **2**《複数なし》(キリストの最後の晩餐(ばんさん))『新約』マタ 26:20 以下ほか). **3** das [heilige] 〜『プロテスタント』ミサと聖体拝領;『カトリック』聖餐式. Sakrament des 〜*s*『カトリック』聖体の秘跡. das 〜 empfangen⟨nehmen⟩ 聖体を拝領する. Darauf will ich das 〜 nehmen.《古》それは絶対間違いのないことだ. das 〜 spenden⟨reichen⟩ 聖体を授ける. ▶聖体とはキリストの体の意で, ミサのとき信者が拝領するホスティアをさす(↑Hostie).

'Abend·mahls·brot 中 = Hostie

'Abend·mahls·kelch 男 -[e]s/-e カリス, 聖杯(祭具, ミサのとき聖別されたぶどう酒を入れる杯).

'Abend·mahls·saal 男 -[e]s/..säle 最後の晩餐が行われた広間(エルサレムにあった福音史家 Markus の母の家の 2 階にあったとされる.『新約』マコ 14:15).

'Abend·mahls·wein 男 -[e]s/-e《複数まれ》『キリスト教』聖餐式のぶどう酒.

'Abend·mahl·zeit 囡 -/-en = Abendessen

'Abend·mes·se 囡 -/-n『カトリック』夕べ(または午後)のミサ(遅くとも午後 8 時までに開始される).

'Abend·pfau·en·au·ge 中 -s/-n『虫』すずめが.

'Abend·rot 中 -s/, **'Abend·rö·te** 囡 -/ 夕焼け.

*°**'abends** ['a:bənts アーベンツ] 副《略 abds.》晩に, 夕方に. 〜 [um] 6 Uhr/[um] 6 Uhr 〜 晩の 6 時に. 〜 spät/spät 〜 晩遅く. dienstags°⟨Dienstag⟩ 〜 火曜日の晩に (↑dienstagabends). von morgens bis 〜 朝から晩まで.

'Abend·schu·le 囡 -/-n 夜学, 夜間講座.

'Abend·seg·ler 男 -s/-『動物』あしながこうもり.

'Abend·stern 男 -[e]s 宵の明星, 金星.

'abend·wärts [..vɛrts] 副《雅》(westwärts) 西に向かって, 西方に.

'Abend·zeit 囡 -/ 夕方の時間, タベ. zur 〜 タベ(宵)に.

'Abend·zei·tung 囡 -/-en『新聞』夕刊紙.

*°**'Aben·teu·er** ['a:bəntɔʏər アーベントィアー] 中 -s/- (*lat.* adventura , was auf einen zukommen wird⟩ **1** 冒険, 異常な体験, 大胆な企て. auf 〜 《古》運を天に任せて, 向こう見ずに. auf 〜 arbeiten『手工業』(注文によらずに)見込みで作る. auf 〜 ausgehen 冒険に出かける. **2** (Liebesabenteuer) 情事, 火遊び, アバンチュール.

'aben·teu·er·lich [..lɪç] 形 **1** 冒険的な, 向こう見ずな. **2** (体験などが)異常な, 信じられないような. **3** (物語が)波乱万丈の. **4**《まれ》冒険好きの.

'aben·teu·ern ['a:bəntɔʏərn] 圓 (h, s) 冒険に出かける, 冒険を求める.

'Aben·teu·rer [..tɔʏrər] 男 -s/-《侮》**1** 冒険家, 向こう見ずな男. **2** 詐欺師, 山師. **3** 宿なし, 浮浪者. ◆女性形 Abenteuerin, Abenteurerin 囡 -/-nen

aber ['a:bər アーバー] ❶ 接《並列》**1**《対立・相反・制限を示して》しかし, けれども, ところが, ただし. Das Mädchen war nicht schön, 〜 anziehend. その

少女は美しくはないがチャーミングだった. Er ist arm, ~ sein Bruder ist reich. 彼は貧しいが彼の兄は裕福である. Ich komme um 5 Uhr, kann ~ nicht lange bleiben. 私は5時に来ます, ただし長くはおれません. Es regnete in Strömen, er kam ~ [trotzdem] pünktlich. 土砂降りの雨だったが彼は時間どおりにやって来た. Er ist zwar klein, ~ kräftig. 彼は小男ではあるが逞(な)しい(↑zwar). Er ist nicht dumm, wohl ~ faul. 彼は馬鹿ではない, 怠け者だ(↑wohl 6). **2**《対立・相反などの意味を失い単に話のつながり・継続を示して》ところで, そして, さて, そこで. Als er ~ kam, brachen wir auf. さて彼が来ると私たちは出発した. ◆接続詞 aber の位置はつねに文頭とは限らない. ❷ 圃 **1**《強調》 *Aber* ja! もちろんだとも. *Aber* nein! とんでもない. Nun ~! へえ, なんだって. *Aber* sicher! そうだとも. Das ist ~ schön! なんとも素敵だね. *Aber* den habe ich verhauen! そいつなんだ私がぶん殴ってやったのは. **2**《非難・驚きをこめて》*Aber*, ~! という人に加減にするんですよ), これこれ. ❸ 圃《古》さらに, 再び. ~ und abermals 何度も何度も.

'**Aber** 囲 -s/-[s] 異議, 抗議; 難点. Es ist ein ~ dabei. それには難点がある. Kein Mensch ist ohne ~. 欠点のない人間はいない. ohne viel Wenn und ~ あれこれ難癖をつけないで, すんなりと.

*'**Aber·glau·be** ['a:bərglaʊbə アーバーグラオベ]囲 -ns/ 迷信;《雅》異端, 外道〔◆格変化は Glaube 参照〕.

'**Aber·glau·ben** 囲 -s/《古》=Aberglaube

'**aber·gläu·big** [..glɔʏbɪç]《古》=abergläubisch

'**aber·gläu·bisch** [..glɔʏbɪʃ] 厖 迷信的な; 異端(外道)の.

'**aber·hun·dert**, '**Aber·hun·dert** ['a:bərhʊndərt, '-'-'-] 圏 幾百の, 幾百もの.

'**ab|er·ken·nen*** ['apˌɛrkɛnən] 囮 (← zuerkennen) j³ et⁴~《法制》人³から物(権利・名誉など)を《法的に》剥奪する. ◆まれに非分離としても用いる. その場合 [--'--]. ◆²過去分詞 aberkannt

'**Ab·er·ken·nung** [..ˌɛrkɛnʊŋ] 囡 -/-en 剥奪, 否認(権利・名誉などの剥奪).

'**aber·ma·lig** ['a:bərma:lɪç] 厖《付加語的用法のみ》2度目の, 再度の.

'**aber·mals** [..ma:ls] 圃 もう一度, 再び, またしても.

'**ab|ern·ten** ❶ 囮 **1**(作物を)全部取入れる. **2**(田畑の作物を)すっかり取入れる. ❷ 圁 取入れを終える.

Ab·er·ra·ti·on [apɛratsiˈo:n] 囡 -/-en (*lat.*) 迷走, 逸脱. **1**《医学》異常, 錯乱. **3**《天文》光行差;《光学》収差. **4**《生物》(器官の)迷入.

'**aber·tau·send**, '**Aber·tau·send** ['a:bərtaʊzənt, '-'-'-] 圏 幾千の, 何千もの.

'**Aber·witz** ['a:bərvɪts] 囲 -es/ 無分別, 狂気.

'**aber·wit·zig** [..vɪtsɪç] 厖 無分別な, 気違いじみた.

'**ab|es·sen*** ❶ 囮 **1**(骨から肉を食いちぎる, (穴から)ぶどうを)口で取って食べる. **2**(料理を)食べ尽くす. den Teller ~ 皿のものをきれいに平らげる. **3**《話》(ある金額を)食事で. 《sich》 Das *esse* ich *mir* nicht *ab*.《話》《まれ》この味はいただけない. ❷ 圁 食事を終える. Ich habe schon abgegessen. 食事はもう済んだだ. Er hat bei mir [völlig] abgegessen.《話》彼にはもう家に来てほしくない.

Abes·si·ni·en [abɛˈsiːniən] ❶《地名》アビシニア人(エティオピアの別称). ❷ 囲 -s/《戯》ヌーディスト用海水浴場.

Abes·si·ni·er [..niər] 囲 -s/- アビシニア人.

abes·si·nisch [..nɪʃ] 厖 アビシニアの.

Abf.《略》=Abfahrt

'**ab·fahr·be·reit** 厖 =abfahrtbereit

'**ab/fah·ren*** ['ap-fa:rən アプファーレン] ❶ 圁 (s) **1**(乗物が)発車(出航)する. Der Zug ist *abgefahren*.《比喩》もう手遅れだ, あとの祭りだ. **2**(乗物で)出発する; 出て行く, 立ち去る;《話》あの世に行く, 死ぬ. Fahr ab! さっさとうせろ. **3**(スキー・そりで)滑降する, 《副詞的の4格》einen steilen Hang ~ 急斜面を滑り降りる. **4**《話》きっぱり断られる. Er ist abgefahren. 彼は振られた. j⁴ ~ lassen 人⁴の要求をはねつける; (に)ひじ鉄を食らわせる. **5** mit j³ ~《話》人³をひどい目にあわせる. **6** auf j〈et〉⁴ ~《話》人〈物〉⁴に夢中になる.

❷ 囮 **1**(←anfahren)(列車・トラック・船で)運で行く. **2** (h, s)(地域を)車で見て回る, 視察する. **3** 車でぶつかって壊す; 轢殺(ホムミ)する. Ihm wurde ein Bein *abgefahren*. 彼は片足をひかれた. **4**(乗物の部品を)使い古す.《再帰的に》Der Reifen *fährt sich* schnell *ab*. このタイヤは減るのが早い. **5**(乗車券・通行料などを)使い切る. **6**《映画・テレビ》放送(映写)し始める.

Ab·fahrt ['ap-faːrt アプファールト] 囡 -/-en **1**(← Ankunft) 発車, 出航. **2**《スキー》滑降; 滑降路. **3**(高速道路の)出口, ランプ. **4**(Abfuhr) 運び出すこと, 搬出.

'**ab·fahrt·be·reit** 厖 出発(発車, 出航)の準備が整った.

'**Ab·fahrts·lauf** 囲 -[e]s/¨e《スキー》滑降競技.

'**Ab·fahrts·si·gnal** 囲 -[e]s/-e 出発の合図; 発車(出航)信号.

'**Ab·fahrts·ta·fel** 囡 -/-n (駅などの)発車時刻掲示板.

'**Ab·fahrts·zeit** 囡 -/-en 出発時間; 発車(出航)時刻.

*'**Ab·fall** ['ap-fal アプファル] 囲 -[e]s/¨e **1**《複数なし》(主として政治的・宗教的な)離反, 脱退. der ~ vom Glauben〈von der Partei〉棄教〈離党〉. **2**《複数なし》(能力などの)衰退, 低下. **3** 廃棄物, ごみ, くず. radioaktive *Abfälle* 放射性廃棄物. **4**《複数なし》傾斜, スロープ.

'**Ab·fall·be·sei·ti·gung** 囡 / 廃棄物処理.

'**Ab·fall·ei·mer** 囲 -s/- ごみバケツ.

*'**ab/fal·len*** ['ap-falən アプファレン] 圁 (s) **1** 離れて落ちる, もげる. Die Blätter *fallen* von dem Baum *ab*. 葉が木から落ちる. Die Scheu *fiel* von ihr *ab*. 彼女は物おじしなくなった. **2** 離れる, 離脱(離反)する; (客などが)減る. von der Partei〈vom Glauben〉~ 離党〈棄教〉する. Die Freunde *fallen* von ihm *ab*. 友人たちが彼から去って行く. Der Hund *fiel* von der Fährte *ab*.《猟師》犬が獲物の足跡を見失った. **3**(ごみ・くずが)出る. **4**(利益として)残る (für j³ 人⁴の手に). Was *fällt* dabei für mich *ab*? それで私の儲け(分け前)はいくらになるのか. **5**(地形が)傾斜する, 低くなる. *abfallende* Schultern なで肩. **6**(gegen j〈et〉⁴ 人〈物〉⁴に比べて)劣る.《早》(a)(機械の力・工率などが落ちる, 低下する;《スポーツ選手が》力が落ちてくる, 弱くなる. (b)(不安などが)消える. (c) やせる. **8**《船員》(船が)進路を風下に変える. **9** j⁴

~ lassen 人の要求をはねつける.
ab|fäl·lig ['ap-fɛlɪç] 形 不賛成の, 否定的な, 蔑むような.
Ab·fall·pro·dukt 中 -[e]s/-e 1 リサイクル製品, 再生品. 2 (他の製品の製造過程で生じる)副次的生産物, 副産物.
Ab·fall·ver·wer·tung 女 -/ 廃棄物利用.
ab|fan·gen＊ 他 1 (手紙などを)横取りする, 《ス ポー》ボールをインターセプトする. 2 (張り込んで・待ちうけて)つかまえる, 《ス ポー》(競走で相手を)とらえる, 追い抜く. 3 (建物に)支えをする, (横滑りする車をコントロールする; (降下する飛行機を)水平に戻す. 4 (敵・敵の攻撃を)くいとめる. 5 《猟師》(獲物に)とどめの矢を刺す.
ab|fär·ben 自 (布地などが)色落ちする; 色が移る. Schlechter Umgang *färbt ab*.《比喩》《諺》朱に交われば赤くなる.
ab|fa·sern ❶ 自 (糸状に)ほぐれる. ❷ 他 Bohnen ~ 豆の筋を取り除く.
ab|fas·sen 他 1 (文書を)作成(起草)する. einen Vortrag ~ 講演の草稿を書く. 2 (現行犯で)つかまえる, 逮捕する.
Ab·fas·sung 女 -/-en 1 《複数なし》(文書の)作成, 起草. 2 草稿, 原稿. 3 逮捕.
ab|fau·len 自 (果実などが)腐って落ちる.
ab|fe·dern ❶ 他 1 (衝撃などを)スプリングで緩和する. 2 〖工学〗(物に)緩衝ばね(スプリング)を付ける. 3 (鶏などの)羽根をむしる. 4 《猟師》(獲物の鳥に)とどめを刺す(風切羽の下首の後ろを刺して). ❷ 他 1 (鳥が)換羽(羽根の生え替り)を終える. 2 〖体操〗(腕・足を使って)跳ね上がる; (腕・足をばねにして)体を支える.
ab|fe·gen ❶ 他 1 (塵などを)掃く, 払う; (机などの)塵を払う. den Flur〈den Schnee〉~ 廊下を掃除する〈雪掻きをする〉. *abfegende* Mittel 〖医学〗緩下剤. 2 Gehorn ~ 《猟師》(鹿の)角袋をこすり落す. ❷ 自 (s) さっと逃げる(走り去る).
ab|fei·ern 他《話》Überstunden ~ 超勤手当の代わりに休暇をとる. 2 j⁴ ~ 人⁴の送別会を催す.
＊**ab|fer·ti·gen** ['ap-fɛrtɪgən アプフェルティゲン] 他 1 (郵便物・貨物などの)発送手続を済ませる; (列車・飛行機・船などの)出発準備を完了する, 出発させる. 2 (人⁴の応対をする(受付などで). Ausländer werden am Schalter 3 *abgefertigt*. 外国人は 3 番窓口で手続をしてください. 3《話》(人⁴を)冷たくあしらう. j⁴ mit Geld ~ 人⁴と金で話をつける. 4 《ス ポー》(相手チームを)大差で破る.
Ab·fer·ti·gung 女 -/-en 1 《複数なし》(発送・出発・入国などの)手続きを済ませること. 2 (発送・入国などの手続きをする場所(駅の貨物取扱所・郵便局など).
ab|feu·ern ❶ 他 1 (銃を)撃つ, 発砲する; (弾・ロケットなどを)発射する. einen Schuss aufs Tor ~ (サッカーで)シュートをぶちこむ. ❷ 他 2 解雇する, 勤めをやめる.
＊**ab|fin·den**＊ ['ap-fɪndən アプフィンデン] ❶ 他 1 j⁴ mit et³ ~ 人⁴に物³(金など)で満足してもらう, 人⁴を物³で話をつける, 示談にする. ❷ 再 《sich⁴》1 (mit j³ 人³と)折合う; (風切羽の下首の後ろを刺して)我慢する, あきらめる. 2 《地方》(bei j³ für et⁴ 人³に物⁴のお返しをする, 感謝の気持を表す.
Ab·fin·dung 女 -/-en 1 示談(金), 補償(金), 一時金. 2 折り合い, 妥協, 我慢.
ab|fin·gern 他 指で数える; 指でさわってみる(探る).
ab|fla·chen ❶ 他 1 平らにする; (石などの)面取りをする. ❷ 自 (s) 1 平ら(平坦)になる. 2 質(内容, 水準)が落ちる. ❸ 再《sich⁴》1 平ら(平坦)になる

る; (腫れが)ひく; (山などが)なだらかになる. 2 (量が)減る, (勢いが)後退する.
ab|flau·en 自 (s) (風・騒音などが)弱まる; (景気などが)衰える, 冷える.
ab|flie·gen＊ ❶ 自 (s) 1 (a) (鳥・飛行機が)飛立つ, 離陸する. (b) 飛行機で出発する. Morgen *fliege* ich nach Paris *ab*. あす私はパリへ飛ぶ. ❷《話》(ボタンなどが)ちぎれる. ❷ 他 1 (ある地域を)空から視察(偵察)する. 2 (人⁴を)空輸する.
ab|flie·ßen＊ 自 (s) (水が)流れ出る(落ちる), はける; (資本などが)流出する.
＊**Ab·flug** ['ap-fluːk アプフルーク] 男 -[e]s/²e (↓ abfliegen) 1《複数なし》(飛行機・鳥が)飛立つこと. 2 (飛行機の)出発, 離陸; (渡り鳥の)旅立ち.
Ab·fluss ['ap-flos] 男 -es/²e (↓ abfließen) 1 (水の)流出, 排水. ~ von Kapital 資本の流出(減少). 2 排水管(溝), 下水管, (水の)はけ口.
Ab·fluss·gra·ben 男 -s/² 排水溝.
ab·fluss·los 形 水の出口のない; 〖地理〗海に面していない, 内陸の.
Ab·fluss·rohr 中 -[e]s/-e 排水管.
Ab·fol·ge ['ap-fɔlgə] 女 -/-n 順序, 順番. in chronologischer ~ 年代順に.
ab|for·dern 他 1 (人³に物⁴の)呈示(提出)を求める. 2《古》呼び出す, 呼び戻す. Gott hat ihn *abgefordert*. 神は彼を召された.
Ab·fra·ge ['ap-fraːɡə] 女 -/-n 《コンピ》(データの)問合せ, 照会.
ab|fra·gen 他 1 (人¹〈人³〉に事⁴を)試問(質問)する. Der Lehrer *fragt* mich〈mir〉 die Vokabeln *ab*. 先生は私に単語のテストをする. 2《古》(人³から事⁴を)巧みに聞き出す. 3 eine Leitung ~ (電話局に)回線の空きを問合せる. 4《コンピ》(物⁴についての)データを問合せる.
ab|fres·sen＊ 他 1 (動物が)食いちぎる,《俗》(人が)つまみ食いする. Der Kummer *frisst* ihr das Herz *ab*. 悲しみが彼女の心をさいなむ. 2 (動物が)すっかり食尽くす.
ab|frie·ren＊ ❶ 自 (s) 1 (植物が)寒冷で枯死する, 霜害にあう. Zwei Finger sind mir *abgefroren*. 私は指が 2 本凍傷にかかった. 2 《まれ》凍りつく. ❷ 他《sich³》Er hat *sich* die Füße *abgefroren*. 《話》彼は寒さで足がちぎれる思いだった. *sich* einen ~《話》ひどくこごえる.
Ab·fuhr ['ap-fuːr] 女 -/-en (↓ abfahren) 1 運び去ること, 搬出. 2《学生》(決闘での)敗北; (スポーツで)の大敗. sich³ eine schwere ~ holen 惨敗を喫する. 3 (断固たる)拒絶. eine ~ erteilen 人³にきっぱり断る.
ab|füh·ren ['ap-fyːrən] ❶ 他 1 連去る; 連行(拘引)する. 2《古》《学生》(人⁴の)敗北を宣して(決闘場から)去らせる. 3 (目標から)そらせる. Das *führt* [uns] nur vom Thema *ab*. それでは本題から離れるばかりだ. 4 排気(排水)する. 5 (利子などを)支払う(an j⁴ 人⁴に), (代金などを)納入する, 払込む(an die Bank 銀行に). 6《猟師》(猟犬を)仕込む. 7 〖印刷〗(文を)引用符で閉じる. 8《古》だます, ぺてんにかける. ❷ 他 便通がある; 便通をよくする. Rhabarber *führt ab*. 大黄(ダイオウ)は通じをよくする. *abführende* Mittel 下剤(=Abführmittel).
Ab·führ·mit·tel ['ap-fyːr..] 中 -s/- 下剤.
ab|fül·len 他 1 (より小さい容器に)詰め換える, 移す. Wein auf〈in〉 Flaschen ~ ワインを瓶に詰め替える. 2 Fässer ~ (ビールなどを)樽詰めにする. 3《話》酔い

ab|füttern

払わせる.
'ab·füt·tern¹ 囮 (家畜などに)餌をやる. die Kinder ~ 《戯》子供たちにたらふく飯を食わせる.
'ab·füt·tern² 囮 (衣服に)裏地をつける.
Abg. 《略》=Abgeordnete.
*'**Ab·ga·be** ['apgəːbə アプガーベ] 囡 –/-n (↓ abgeben) **1**《複数なし》引渡し, 交付; (貸出図書の)返却; (答案などの)提出; (声明・意見の)伝達. die ～ der Stimmen 投票. **2** (a) 売却. (b) (振出し)手形. **3**《多くi数なし》税金, 公共料金. **4**《複数なし》(熱などの)放出; 発砲. **5** 賃借り料, 家賃, 地代. **6**《スポーツ》(a) パス(したボール). (b) (セット・点・タイトルを)失うこと.
'**ab·ga·ben·frei** 囲 税金のかからない, 免税の.
'**ab·ga·ben·pflich·tig** 囲 税金のかかる, 納税義務のある.
'**Ab·ga·be·ter·min** 團 -s/-e 引渡(提出, 返却)期限, 締切期日.
*'**Ab·gang** ['apgaŋ アプガング] 團 -[e]s/¨-e (↓ abgehen) **1** 出発, 発車, 出航. **2**《複数なし》立去ること, 退出, (官職などの)退任. sich¹ einen guten ～ verschaffen《話》みごとな引き際を見せる, 花道を飾る. **3** 退職, 退官, 退陣; 卒業, 卒業生. **4** (郵便物の)発送. **5** 死. [einen] ～ machen《俗》くたばる. den ～ machen《麻薬》ヤク中毒で死ぬ. **6**《商業》《複数なし》損失, (商品の)目減り. (b)《複数まれ》売行き. einen guten ～ finden〈haben〉売行きがよい. **7**《古》衰退. in ～ kommen すたれる. **8** (a)《医学》排泄, (腎石などの)排出; 流産. (b)《卑》射精. **9**《体操》フィニッシュ, 着地. **10**《商業・簿記》(Fehlbetrag) 不足額, 欠損.
'**Ab·gän·ger** [..gɛŋɐ] 團 -s/- 卒業生(在校生に対して).
'**ab·gän·gig** [..gɛŋɪç] 囲 **1**《オーストリア》行方不明の, 蒸発した; 紛失した. **2**《南ドイツ》結婚適齢期の. **3** (a) 使い古した, 着古した. (b) 余計(余分)な, 使いものにならない. **4** 需要の多い, 売行きのよい.
'**Ab·gangs·zeug·nis** 匣 -ses/-se 卒業証明書.
'**Ab·gas** 匣 -es/-e《複数で》排気(気)ガス.
'**ab·gas·arm** 囲 排気ガスの少ない.
'**Ab·gas·ka·ta·ly·sa·tor** 團 -s/-en (車の)排気ガス浄化装置.
*'**ab·ge·ben** ['apgeːbən アプゲーベン] ❶ 囮 **1** 引渡す, 交付(配布)する(受取人に); (図書を)返却する; (荷物などを)配達する, (郵便物・答案などを)出す; (注文品を)届ける, 配達する. **2** (意見などを)述べる, 伝える. eine Erklärung〈ein Versprechen〉~ 説明(約束)をする. **3** (人³に物⁴を)分けてやる. **4** 譲る, 任せる(j³〈an j⁴〉人³,⁴に). das Geschäft an seinen Sohn ~ 店を息子に譲る. **5** 売渡す(j³〈auf j⁴〉人³,⁴に). **6** (部屋などを)賃貸しする(an j⁴ 人⁴に). **7** 放つ, 発射する, 放出(発散)する. einen Schuss ～ 1 発撃つ. Wärme ～ 熱を発する. **8**《話》(a) (役を)演じる. (b) (…の)役目をはたす. Sie wird eine gute Hausfrau ~ 彼女は良い主婦になるにちがいない. den Hintergrund für et⁴ ～ 事⁴の背景をなす. **9** 《得点・勝利を》与える(an j⁴ 人⁴に). **10**《球技》den Ball ～ ボールをパスする(an j⁴ 人⁴に). **11**《Karten》～ 最後のゲームのためのカードを配る. **12**《慣用的表現で》j³ eins ～ 人³に一発くらわす, 人³などをやしつける. Das gibt mir nichts ab. それは私には面白くもおかしくもない.《非人称的に》Es gibt etwas ab. 痛い目にあう; 雨(悪天候)になる.
❷ 圁《スポーツ》よほぱなになる.

❸ 围 (sich⁴)《話》(mit j〈et〉¹ 人〈物〉³)かかわり合う, 付き合う, (に)従事する.
'**ab·ge·blasst** 過分 囲 色褪せた.
'**ab·ge·blüht** 過分 囲 花時の終った; 盛りを過ぎた. eine ~e Schönheit うば桜.
'**ab·ge·brannt** 過分 囲 (↑abbrennen) **1** すっかり焼けた落ちた. **2**《話》焼け出された, 無一文の. **3**《俗》日焼けした.
'**ab·ge·bro·chen** 過分 囲 (↑abbrechen) 中断された, 脈絡のない, とぎれとぎれの.
'**ab·ge·brüht** ['apgəbryːt] 囲《話》無神経(無感覚)な(gegen et⁴ 事⁴に対して); すっからしの, 破廉恥な; 陳腐な, 月並みの.
'**ab·ge·dro·schen** ['apgədrɔʃən] 囲《話》(用語・表現が)使い古した, 手あかにまみれた, 月並みの.
'**ab·ge·feimt** ['apgəfaɪmt] 囲 狡猾(こうかつ)な, 悪賢い. ein ~er Bösewicht 海千山千の悪者.
'**ab·ge·fuckt** ['apgəfakt] 囲《卑》身を持ち崩した, 自堕落な, ふしだらな. ein ~es Hotel あいまい宿.
♦ 英語の fuck から過去分詞もどきに造語した形容詞.
'**ab·ge·grif·fen** ['apgəgrɪfən] 囲《話》使い古された, 陳腐な. ein ~er Ausdruck 手あかにまみれた表現.
'**ab·ge·hackt** 囲 (話し方・文章が)とぎれとぎれの. ～ sprechen 訥々(とつ)として話す.
*'**ab·ge·hen** ['apgeːən アプゲーエン] ❶ 圁 (s) **1** (a) 立去る;《演劇》退場する. [Er] geht nach rechts ab. 上手(かみて)から退場(芝居の上手)する. 《体操》着地する, フィニッシュする. **2** 退職, 退官, 退陣する; 卒業(退学)する. **3** 世を去る, 死去する. **4** (列車・船などが)出る, 出発する. **5** (郵便物・品物などが)発送される; (番組が)放送(放映)される. **6** (回虫・胆石・膿(のう)・血などが体外に)出る, (尿・精液が)漏れる. **7** (弾丸が)発射される. **8** von et¹ ～ 事¹(意見・計画・習慣など)を変える, やめる, 放棄する. von meinem rechten Weg ～ 正道を踏みはずす. von seiner Forderung ～ 要求を断念する. **9** (塗料などが)はげ落ちる, (爪が)はがれる, (ボタン・しみが)とれる. **10** (道が)曲がる. [nach] rechts ～ 右に折れる. **11**《商業》(商品が)はける. gut〈schlecht〉~ 売れ行きが良い〈悪い〉. (b) 差引かれる. Von dem Preis geht nichts ab. その値段から一文も値引きできない. **12** (人¹に)欠けている, なくて寂しい. Ihm geht Lebenskraft ab. 彼にはバイタリティーが欠けている. Es geht ihm nichts ab. 彼は何一つ不自由していない. Sie geht mir sehr ab. 私は彼女がいなくてとても寂しい. **13** (事が)運ぶ, 行なわれる. Das wird nicht ohne Streit ～. こいつはひと悶着起きずにはすまぬ. Auf dem Konzert gestern ging es gut ab.《若者》きのうのコンサートは最高にもりあがった. **14** Ein Jahr geht ab. 1 年がたつ.

❷ 囮 (s, まれ h) (地域・施設などを)見て回る, 視察(巡察)する.
'**ab·ge·kämpft** 過分 囲 戦い疲れた, へばった.
'**ab·ge·kar·tet** 過分 囲 示し合わせた, 八百長の.
'**ab·ge·klärt** 過分 囲 円熟した, 分別のある.
'**ab·ge·lebt** 過分 囲《雅》**1** (a) 年老いた; (年のわりに)老けこんだ. (b) (ワインなどが)気のぬけた. **2** とっくの昔の, 過去の; 時代遅れの.
'**ab·ge·le·gen** 過分 囲 (↑abliegen) **1** 人里離れた, 辺鄙(へんぴ)な. **2** (肉・ワインなどが)熟成した.
'**Ab·ge·le·gen·heit** 囡 -/ 辺鄙(へんぴ)さ; 辺地.
'**ab|ge·lten** 囮 返済(弁済)する, (の)お返しをする.
'**ab·ge·macht** 過分 囲 決った, 片付いた. Abgemacht! それで決りだ, 合点(がてん)だ.

'**ab·ge·mes·sen** 過分形（↑abmessen）(拍子などが)正確な，規則正しい；(態度が)慎重な，控え目の．in ⟨mit⟩ ~*en* Schritten 歩調正しく，もったいぶった歩き方で．

'**ab·ge·neigt** ['apɡənaɪkt] **1** j⟨et⟩³ ~ sein 人⟨物⟩³に好感をもたない，(が)気にいらない．**2** nicht ~ sein, zu+zu不定詞 …したい，快く…する．

'**Ab·ge·ord·ne·te** ['apɡəɔrdnətə アプゲオルドネテ]男女《形容詞変化》(略 Abg.)（↑abordnen) 代表；議員，代議士．

'**Ab·ge·ord·ne·ten·haus** 中 -es/⸚er 衆議院，下院；議会，議事堂．

'**Ab·ge·ord·ne·ten·kam·mer** 女 -/-n =Abgeordnetenhaus

'**ab·ge·ris·sen** 過分形（↑abreißen）**1** (a)〈衣服が〉ぼろぼろの．(b) みすぼらしい(格好の)．**2**〈言葉が〉支離滅裂な，脈絡のない．

'**ab·ge·run·det** 過分形 磨き抜かれた，練り上げられた，完璧に仕上がった．

'**ab·ge·sagt** 過分形《副詞的には用いない》断固たる．ein ~*er* Feind des Alkohols 大の酒嫌い．

'**Ab·ge·sand·te** 男女《形容詞変化》(↑absenden) 派遣された者，使者，使節，外交官．

'**Ab·ge·sang** 男 -[e]s/⸚e **1**《韻律》(↔ Aufgesang)（中世の詩歌で詩節の）結びの部分，後節．**2**《比喩》(詩人の)最後の作品．**3**《雅》終り．Das ist der ~ einer langen Reise. 長い旅もこれで終りだ．

'**ab·ge·schabt** 過分形 着古した，使い古された，擦り切れた．

'**ab·ge·schie·den** 過分形（↑abscheiden）**1** 人里離れた，辺鄙(へんぴ)な．《雅》逝去した．~*e* Seelen 死者たちの(魂)．

'**Ab·ge·schie·de·ne** 男女《形容詞変化》❶男女 故人．❷中《化学》沈澱物．

'**Ab·ge·schie·den·heit** 女 -/ 人里離れていること，孤独，寂寥(せきりょう)；隠棲(いんせい)．

'**ab·ge·schlafft** 過分形 ぐったりした，だらけきった，精気(覇気)のない．

'**ab·ge·schla·gen** 過分形（↑abschlagen）**1**（食器などが)傷のついた．**2**《スポ》ぼろ負けの．**3**《地方》疲れきった．

'**ab·ge·schlif·fen** 過分形（↑abschleifen）磨き抜かれた，洗練された．

'**ab·ge·schlos·sen** 過分形（↑abschließen）**1** (a) 自分の殻に閉じこもった，一人きりの．(b) (住居などが)周りから孤立した．**2**（作品などが)それだけで完結した．

'**ab·ge·schmackt** ['apɡəʃmakt] **1** 悪趣味な，面白味のない．**2** 無神経な．

'**Ab·ge·schmackt·heit** 女 -/-en **1**《複数なし》悪趣味，味気なさ，愚劣．**2** 無神経な言辞．**3** (色あせた)決まり文句．

'**ab·ge·se·hen** 過分形（↑absehen）von et⟨j⟩³ ~ 物⟨人⟩³を除いて．~ davon / davon ~ その点は別として．~ ist es ..., ist es nicht 話…はともかく．

'**ab·ge·spannt** 過分形 疲れはてた，へばった．

'**Ab·ge·spannt·heit** 女 -/ 疲労，へばり．

'**ab·ge·stan·den** 過分形（↑abstehen）**1** 鮮度(味)の落ちた．~*es* Bier 気の抜けたビール．**2**（表現が)言い古された，陳腐な．

'**ab·ge·stor·ben** 過分形（↑absterben) 死滅した，枯死した；（手足などが)感覚のない；正体もなく眠りこけた．

'**ab·ge·stumpft** 過分形 (刃物が)なまくらな；鈍感な，

ein ~*es* Gewissen 麻痺した良心．

'**ab·ge·ta·kelt** 過分形 **1**《船員》廃船になった．**2**《俗》老いさらばえた；落ちぶれた，尾羽打ち枯らした．

'**ab·ge·tan** 過分形（↑abtun）片付いた，用済みの．

'**ab·ge·tra·gen** 過分形（↑abtragen）着古した，履(は)き古した．

'**ab·ge·trie·ben** 過分形（↑abtreiben）（馬などが)酷使されもう役に立たなくなった．

'**ab·ge·win·nen*** **1** j³ et⁴ ~ 人³から物⁴を力ずくで（苦心して，工夫して)かち取る，手に入れる．j³ im Kartenspiel viel Geld ~ 人³からカードゲームで大枚を巻きあげる．j³ ein Lächeln ~ 人³をなんとかしてほほえませる．dem Meer Land ~ 海を(干拓して)陸地に変える．j³ kein Wort ~ können 人³にどうしてもしゃべらせることができない．**2**（人⟨物⟩³の物⁴に)好感を持つ，(が)気に入る．Ich kann ihr nichts ~. 私は彼女にまったく魅力をおぼえない．◆過去分詞 abgewonnen

'**ab·ge·wirt·schaf·tet** 過分形 破産(倒産)した；(過労のために)疲れはてた，へばった．

'**ab·ge·wo·gen** ❶ 過分形（↑abwägen) 十分に考え抜いた，熟慮された．❷ abwiegen の過去分詞．

***ab·ge·wöh·nen** ['apɡəvø:nən アプゲヴェーネン] 他（再帰的に) sich³（人³に事⁴の)習慣(癖)をやめさせる．sich³ das Rauchen ~ タバコをやめる．sich³ j⁴ ~ 人⁴との交際(男女の)をやめる．Einen noch zum *Abgewöhnen*! 《戯》これで酒とも縁切りだからもう1杯．◆過去分詞 abgewöhnt

'**ab·ge·zir·kelt** 過分形 きちょうめんな；杓子定規な．

'**ab|gie·ßen*** **1** (水・湯を)少し流して捨てる．das Wasser aus dem Eimer ~ den Eimer ~ バケツの水を少し捨てる．die Kartoffeln⟨das Wasser von den Kartoffeln⟩ ~ じゃがいものゆで汁を捨てる．**2** (a) eine Statue in Bronze ~《彫刻》彫像をブロンズで鋳造する．(b) eine Form ~ 鋳型に溶けた金属を流しこむ．

'**Ab·glanz** 男 -es/ 反射した光(色)；名残り，余韻．

'**ab|glei·chen*** **1**《建築》(壁面などを)平らに均(なら)す．**2**《工学》(測定値などを)調節する，合せる．**3**（計測器を)調整する．Brillengläser ~《光学》眼鏡のина度を合せる．Gefühle ~弁済する．

'**ab|glei·ten*** 自 (s) **1** 滑り落ちる，スリップする．vom Thema ~ 本題からそれる．vom rechten Weg ~ くずれる．Alle Worte *glitten* an⟨von⟩ ihm *ab*. どんな言葉も彼には馬耳東風であった．**2** 墜落する；(成績などが)落ちる，(相場・通貨が)下がる．

'**Ab·gott** ['apɡɔt] 男 -[e]s/⸚er **1**《古》偶像，偽神．**2** 崇拝の的，アイドル，寵児．◆女性形 Abgöttin 女 -/-nen

'**Ab·göt·te·rei** [apɡœtəˈraɪ] 女 -/ 偶像(偽神)崇拝；盲目的崇拝．mit j⟨et⟩³ ~ treiben 人⟨物⟩³を偶像視する，盲目的に崇拝する．

'**ab·göt·tisch** ['apɡœtɪʃ] **1** 偶像崇拝の．j⁴ ~ lieben 人⁴を溺愛する．**2** 異教の．

'**Ab·gott·schlan·ge** 女 -/-n =Königsschlange

'**ab|gra·ben*** **1** Wasser ~ 溝を掘って水をはかす(排水する)．einen Teich ~ 池の水を抜く．j³ das Wasser ~《比喩》人³を干上がらせる．**2** 掘って取除く，掘り崩す．einen Hügel ~ 丘を取りつぶして均(なら)す．**3** einen Brand⟨ein Feld⟩ ~《古》溝を掘って延焼を食い止める⟨畑の境界にする⟩．

'**ab|gra·sen*** **1** eine Wiese ~ (動物が)牧草地の草を食い尽くす．**2**《話》(ある地域を)くまなく探す(nach et³ 物³を求めて）．ein Fachgebiet ~《比喩》あ

専門領域を調べ尽くす.
'ab|grei·fen* 他 **1** つかんで(触って)調べる, 触診する. **2** (手・コンパスで)測る, 擦り切れさせる, 擦り減らす. (再帰的に) Die Farbe *greift* sich⁴ rasch *ab*. その色ははすぐ剥げ落ちる. **4** eine Spannung ～《電子工》電圧を計測する.
'ab|gren·zen ❶ 他 **1** (物⁴に)境界をつける. den Garten vom Nachbargrundstück〈gegen das Nachbargrundstück〉mit einer Hecke ～ 庭に生垣をめぐらせて隣の地所との境界をはっきりさせる. **2** (権限・義務などの)範囲を明確にする, 限定する. ❷ 再《sich⁴》sich von j⟨et⟩⁴ ～ / sich gegen j⟨et⟩⁴ ～ 人⁴と一線を画する,(と)見解〈立場〉を異にする.
*'Ab·grund ['apgrʊnt アプグルント]男 -[e]s/-e **1** 切り立った深い谷, 幽谷. **2** 《雅》(a)《多く複数で》深淵, 奈落. die *Abgründe* der menschlichen Seele 人間の魂の深淵. (b) ein ～ von Gemeinheit 底知れぬ卑劣さ. **3** 没落, 破滅. j¹ in den ～ treiben 人⁴を破滅に追いやる. **4** 越えがたい溝(対立).
'ab·grün·dig [..grʏndɪç] 形《比較変化なし》底知れぬ, 測り知れぬ; 不可解な, 謎めいた; 途方もない. ～e Gedanken (ぞっとするような)とてつもない考え. ～ böse sein ひどく意地悪である.
'ab|gu·cken ['apgʊkən] 他 (人³の物⁴を)見て覚える(学び取る),《学生》盗み見る. j³ einen Trick ～ 人³を見てこつを覚える. Ich *guck*⟨⟩ dir nichts *ab*.《戯》(裸になるのを恥ずかしがる子供などに向かって)ばんばん見てもいいよ. ❷ 自 bei⟨von⟩ j³ ～《学生》人³の答案をカンニングする.
'Ab·gunst ['apgʊnst] 女 -/《古》嫌悪, 反感, 悪意.
'Ab·guss ['apgʊs] 男 -es/-e 《abgießen》**1** 排水口,(台所の)流し. **2**《複数なし》鋳造(ちゅう). **3**《美術》鋳造したもの(ブロンズ像・石膏(っこう)像など). **4** (野菜などの)煮汁, ゆで汁.
Abh. (略) =Abhandlung 2
'ab|ha·ben 他《話》**1** (↔ aufhaben)〈服・帽子・靴などを〉脱いでいる,〈ひげを〉落している,〈服のボタンなどを〉はずしている. **2** (多く不定副句で)(一部を)分けてもらう. Willst du was ～?君も何かほしいかね. *sein*⟨*en*⟩ Teil ～ お目玉を食う, 罰を受ける. von et³ nichts ～ 事³がちんぷんかんぷんである. **3** einen ～ 酔っぱらっている; 頭が少しいかれている.
'ab·ha·cken 他 (包丁・斧などで)切落す. j³ den Kopf⟨die Rübe⟩ ～《卑》人³の首を切り落とす.
'ab|ha·ken 他 **1** (物¹の)留め金(掛け金, フック)をはずす. **2** (a) (照合・点検のために)かぎ印をつける. (b) (案件などを)片づける, 処理する.
'ab|half·tern ❶ 他 **1** ein Pferd ～ 馬の端綱(はづな)を解く. **2**《話》(人⁴)をお払い箱にする. sich⁴ selbst ～ 自分の失敗で首になる. ❷ 自《学生》くたびれる.
'ab|hal·ten ['aphaltən アプハルテン] ❶ 他 **1** (et⁴ von j⟨et⟩³ 物⁴を人⟨物⟩³から)遠ざけておく. Nässe〈Kälte〉 ～ 湿気〈寒さ〉を防ぐ. **2** j⁴ von et³ ～ 人⁴が事³をするのを妨げる. Lassen Sie sich⁴ nicht ～!どうぞおかまいなく. **3** ein Kind ～ 子供をかかえて用便をさせる. **4** (行事などを)行う, 挙行(開催)する. (そこに)開く. Der Stoff *hält* nicht viel *ab*. この生地(き)はあんまり丈夫でない. ❷ 自 vom Land ～《船員》船が陸地から離れるコースを取る.
'Ab·hal·tung 女 -/-en **1**《複数なし》挙行, 開催. **2** 差し支え, 支障, やぼ用.
'ab|han·deln 他 **1** 十分に論じる, 論じ尽くす. (a) (人³から物⁴を)交渉して(値切って)買取る. (b) (話し合って)金額⁴を値切る. Ich *handelte* ihm noch fünf Euro *ab*. 彼にさらに5ユーロまけさせた. **3** (話し合って)取り決める.
ab'han·den [ap'handən] 副《次の成句で》 ～ kommen なくなる. Mir ist meine Uhr ～ gekommen. 私は時計をなくした.
'Ab·hand·lung 女 -/-en **1**《複数なし》論じること, 論議. **2** (略 Abh.) (長い)論文; (公的機関の)報告書. **3**《演劇》(Akt) 幕(とくにバロック演劇の).
'Ab·hang 男 -[e]s/-e 傾斜, 斜面, 山腹.
*'ab|hän·gen*¹ ['aphɛŋən アプヘンゲン] 自(s, h) **1** (s) (食肉が)しばらく吊るされておいしく(柔らかく)なる. gut *abgehangene* Steaks 十分柔らかくなったステーキ. **2** (h) (von j⟨et⟩³ 人⟨物⟩³に)かかっている, 左右される. Das *hängt* vom Wetter *ab*. それは お天気しだいだ. Davon *hängt* viel für mich *ab*. それは私(の将来)にとって重要である. **3**《古》(a) 垂れ下がっている. (b) (土地が)傾斜している.
'ab|hän·gen² 他 **1** (掛けてあるものを)はずす(von et¹ 物¹から). **2** (車両を)切離す. **3** den Telefonhörer ～ 電話を切る. **4** (a)《卑》(人⁴と)縁(手)を切る. (b)《話》(競争相手を)振切る, 凌駕する. **5**《建築》(天井を)低く直す.
*'ab·hän·gig ['aphɛŋɪç アプヘンギヒ] 形 **1** (von j⟨et⟩³ 人⟨物⟩³に)かかっている, 依存している. vom Zufall ～ sein 運しだいである. et⁴ von et³ ～ machen 事³を事⁴の条件とする. Er ist von niemandem ～. 彼は誰の世話にもなっていない. **3** 従属的な, 下位の. ～e Rede《言語》間接話法. ～*er* Satz《言語》副文, 従属文. in ～*er* Stellung sein 隷属的な立場にある. **4**《古》(abschüssig) 傾斜した.
'Ab·hän·gig·keit 女 -/ 依存, 従属. in ～ von j⟨et⟩³ geraten 人⟨物⟩³に依存するようになる.
'ab|här·men 再《sich⁴》(um j⟨et⟩⁴ 人⟨事⟩⁴のことで)身も細るほど心を痛める. *abgehärmtes* Gesicht 心痛でやつれた顔.
'ab|här·ten 再《sich⁴》 *seinen* Körper⟨*sich*⟩ gegen et⁴ ～ 物⁴(病気・寒さなど)に負けないように身体を鍛える, 抵抗力をつける.
'ab|has·peln 他 **1** (糸を)糸巻(リール)から繰戻る. **2** (講演などを)早口で喋る. ❷ 再《sich⁴》ばたばた走り回ってへとへとになる.
'ab|hau·en* ['aphaʊən] ❶ 他 **1** (a) (枝を)切払る, (木)を切倒す. j³ den Kopf ～ 人³の首を打落す. (b) (漆喰を)剥がす. (c)《話》(敵軍を)追払う, 撃滅する;《スポーツ》ノックダウンする. **2**《過去形 haute ab》《学生》(答案を)こっそり写し取る, カンニングする(von j³ 人³から). **3**《鉱業》(ある区間を)掘下げる. ❷ 自 (s)《過去形 haute ab》《話》ずらかる, 逃去る.
'ab|häu·ten ❶ 他 (獣の)皮を剥ぐ. ❷ 自 (蛇などが)脱皮する.
'ab|he·ben* ['aphe·bən] ❶ 他 **1** (ふたを)取る, (受話器を)あげる. **2** (預金を)おろす;《手芸》(編み目を)減らす. **3** 際立たせる(von et³ 物³から). **4** (屋根などを)はがし, 吹きとばす. **5** Karten ～《トランプ》カードをカットする. ❷ 再《sich⁴》(1) (かぶせたなどが)はがれ落ちる. **2** 際立って見える(von et³ 物³から / gegen et⁴ 物⁴に対して). ❸ 自 **1** auf et⁴《書》物⁴に注意(関心)を向けさせる. **2** (飛行機・ロケットなどが)離陸する.
'ab|hef·ten 他 **1** (書類などを)ファイルに綴じ込む. **2** (縫い)(綴じたものを)はがす, 解く. **3** (生地に)しつけをする, 仮縫いする.

'**ab**|**hei**·**len** 国 (s) (傷が)きれいに治癒する.
*'**ab**|**hel**·**fen**¹ ['aphɛlfən] アプヘルフェン] ❶ 自 et³~物で(弊害・障害などを)取除く, 是正する. einem Übel ~ 弊害を除去する. Dem muss *abgeholfen* werden. それはなんとかしなくてはならない. ❷ 他 j³ einen Mantel ~ (人³がコートを脱ぐのに)手を貸す.
'**ab**|**het**·**zen** ❶ 他 (動物を)くたばるまで駆立てる, 追回す. ❷ 再 《sich⁴》へとへとになるまで走る, 駆けずり回る.
'**ab**|**heu**·**ern** (↔anheuern) ❶ 他 1《船員》解雇する. 2《話》引抜く, スカウトする (einem Betrieb einen Arbeiter 工場から工員を). ❷ 自《船員》船を下りる, 辞める.
*'**Ab**·**hil**·**fe** ['aphɪlfə アプヒルフェ] 女 -/ (↓abhelfen) 1 (弊害・障害などの)除去, 是正. für~sorgen 対策を講じる. 2 助け, 援助. ~suchen 援助を求める(bei j³人³に). 3《法制》(申請などによる)決定の変更.
'**Ab**·**hit**·**ze** 女 -/《工学》廃熱.
'**ab**|**ho**·**beln** 他 1 (凹凸などを)鉋(ヵﾅ)で削り取る. 2 (物に)鉋をかける. 3 (人⁴に)マナーを教えこむ, (を)しつける.
'**ab**·**hold** ['aphɔlt] 形 j⟨et⟩³~ sein《雅》人⟨物⟩³が嫌いである, (に)反感を持っている.

'**ab**|**ho**·**len** ['apho:lən アプホーレン] 他 受取りに行く, 取って来る; 迎えに行く, 連れて来る.《婉曲》逮捕する. j¹ vom⟨am⟩ Bahnhof~人⁴を駅に出迎える. j⁴ zum Spaziergang~人⁴を散歩に連出す.

'**ab**|**hol**·**zen** 他 1 (木を)切倒す, (森を)伐採(開墾)する; (下生えを)切払う. 2 (人⁴を)張倒す. ❷ 自 (s)《猟師》(りすなどが)木から跳び下りる.
'**Ab**·**hol**·**zung** 女 -/-en 伐採(地), 開墾(地).
'**ab**|**hor**·**chen** 他 1 盗み(立ち)聞きする;(電話を)盗聴する. 2 (a) (物⁴の)音を聞いて調べる(異常個所などを).《医学》聴診する. 3《学生》=abhören 3
'**ab**|**hö**·**ren** ['apho:rən] 他 1 (ラジオ・レコードなどを)耳をすまして聞く;(録音テープなどを)試聴する. 2 (電話・外国放送などを)盗み聞く, 盗聴(傍受)する. 3 (人⁴に)試問する. j⁴⟨j³⟩ das einmal eins~人⁴⟨人³⟩に九九(シ)を言わせる. 4 聴診する. 5 j³ et⁴~人³の口から事⁴を聞き出す.
'**Ab**·**hör**·**ge**·**rät** 中 -[e]s/-e 盗聴器, (放送局の)モニター.
'**Ab**·**hub** ['aphu:p] 男 -[e]s/ (↓abheben) 1《古》残りかす, くず, 残飯. der ~ der Menschheit《侮》人間の屑. 2《ジジ》捨て札.
'**ab**|**hun**·**gern** ❶ 他 1 sich³ das Geld~食う物も食わずに金をためる. 2 [sich³] zehn Pfund~飢えのために体重が10ポンド減る. ❷ 再《sich⁴》飢えて衰弱する.
'**Abi** ['abi] 中 -s/-s《複簡れ》《生徒》=Abitur
Abi·**li**·**ty** ['əbɪlətɪ] 女 -/-s (*engl.*)《心理》(生得的な)能力.
Abio·**ge**·**ne**·**se** [abioge'ne:zə], **Abio**·**ge**·**ne**·**sis** [..'ge:nezɪs, ..'gɛnɛ..] 女 -/ (*gr.*)《生物》自然発生, 偶然発生.
Abio·**se** [abi'o:zə] 女 -/ (*gr.*) 生活(生存)能力欠如;《医学》生活力欠如, 早期老衰.
abio·**tisch** [abi'o:tɪʃ] 形《生物》生命力の欠如した;《生態》非生物的な. eine ~*e* Umgebung 非生物的環境.
Abio·**tro**·**phie** [abiotro'fi:] 女 -/..'fi:ən]《医

学》無生活力.
'**ab**|**ir**·**ren** 自 (s)《雅》1 (von et³ 物³から)誤って(うっかり)それる. vom Weg~道に迷う. 2 (正しいと信じて)不正なことをする.
'**Ab**·**ir**·**rung** 女 -/-en 1 道に迷うこと. eine jugendliche~若気の過ち. 2《天文》=Aberration 3
***Abi**'**tur** [abi'tu:ɐ アビトゥーア] 中 -s/(-e) (*lat.*) 高校(ギュムナジウム)卒業試験(合格すると大学入学資格が得られる). *sein* ~ *machen* 高校卒業試験を受けて(合格する). *durchs*~*fallen* 高校卒業試験に落ちる.
♦ ↑Matura
Abi·**tu**·**ri**'**ent** [abituri'ɛnt] 男 -en/-en 高校(ギュムナージウム)卒業試験の受験者(合格者). ♦ 女性形 Abiturientin 女 -/-nen
'**ab**|**ja**·**gen** ❶ 他 1 (人³から物⁴を)追いかけて奪い取る. dem Feind die Beute~敵から略奪品を奪い返す. 2 ein Pferd~馬をこき使う. ❷ 自 狩りをやめる(終わる). ❸ 再《sich⁴》《話》へとへとになるまで走る(働く).
Ab·**ju**·**di**·**ka**·**ti**·**on** [apjudikatsi'o:n] 女 -/-en (*lat.*)《法制》(Aberkennung)(権利などの)剥奪.
ab·**ju**·**di**'**zie**·**ren** [apjudi'tsi:rən] 他 j³ et⁴~《法制》人³の物⁴(権利など)を剥奪する.
Abk.《略》=Abkürzung 1
'**ab**|**kämp**·**fen** ❶ 他 1《古》(人³から物⁴を)戦い取る. 2《猟師》(a) (雄鹿が競争相手を)追払う(発情期に). (b) (雄鹿が角を折る(発情期に). ❷ 再《sich⁴》戦い疲れる.
'**Ab**·**kant**·**ma**·**schi**·**ne** ['apkant..] 女 -/-n《工学》(ブリキの)折り曲げプレス機.
'**ab**|**kan**·**zeln** ['apkantsəln] 他 (↓Kanzel)《話》(頭ごなしに)叱りとばす, どなりつける.
'**ab**|**kap**·**seln** [..kapsəln] (↓Kapsel) ❶ 他 カプセルに入れる;《医学》(腫瘍などを)被包する. ❷ 再《sich⁴》(虫が)被嚢する;《比喩》自分の殻に閉じこもる.
'**ab**|**kar**·**ten** 他 こっそり取決める, しめし合せる(mit j³ 人³と). ↑abgekartet
'**ab**|**kau**·**fen** ['apkaufən] ❶ 他 1 (人³から物⁴を)買い取る. j³ die Courage~人³に勇気を失わせる, 気力ム失せる. sich³ jedes Wort~lassen 口が重い; いやいや話す. 2 j³ die Geschichte~《話》人³の話を真に受ける, 信じる. ❷ 再《sich⁴》*sich* [von einer Strafe]~金を払って罪を免除してもらう.
'**Ab**·**kehr** ['apke:ɐ] 女 -/ 向きを変えること, (方向)転換, 離反. eine~von der bisherigen Politik 従来の政策の転換.
'**ab**|**keh**·**ren**¹ (ごみを)掃いて取る(捨てる);(部屋などを)掃除する.
'**ab**|**keh**·**ren**² ❶ 他 (顔・視線を)他に転じる, そらす, そむける(von j⟨et⟩³人⟨物⟩³から). ❷ 再《sich⁴》*sich* von j⟨et⟩³~人⟨物⟩³に背を向ける, (を)見捨てる. *sich vom Glauben*~信仰を棄てる.
'**ab**|**ket**·**teln** 他 編み目を留める.
'**ab**|**ket**·**ten** 他 1 =abketteln 2 einen Hund~犬を鎖からほどいてやる.
'**ab**|**kip**·**pen** ['apkɪpən] ❶ 他 1 (トラックの荷台の側板を)下へ倒す. 2 (砂利などを)下ろす(ダンプ車の荷台を傾けて). 3 (釘・ピンの頭を取る. ❷ 自 (s) 1 (木材などが)傾いて落下する. ❸ 自《ﾋｺｳｷ》(飛行機が)縦に傾いて機首を下げる. 3《話》昏倒する.
'**ab**|**klap**·**pern** 他 (多くの人・場所を)次々に訪ねて回る(nach et³ 物³を手に入れようとして).
'**ab**|**klä**·**ren** ❶ 他 1 (液体を)澄ませる;(液体中の固

Abklatsch

体j)沈殿させる. **2** (事柄を)明らかにする,解明する. **3** 〘雷군〙(人4の)身辺を洗い直させる(情報helpする). **❷** 画 (*sich*) 画 (液体が)次第に澄んでくる;(意見などが)次第にはっきりしてくる. **2** (激情が)鎮まる. ◆↑ abgeklärt

'**Ab·klatsch** 囲 -[e]s/-e **1** 〘印刷〙ゲラ,校正(見本)刷り. **2** (a) (俺)(安手の)模倣,猿真似,焼直し. (b) 〘美術〙(レリーフなどの)拓本. **3** 〘郵趣〙逆刷り(の切手).

'**ab|klat·schen** 囮 **1** (a) (俺)(単に)模倣する,真似る. (b) 〘美術〙(物4の)拓本をとる. **2** (人4に)手を打って次に自分が踊ってくれる人と合図する(社交ダンス). **3** 〘演劇・映画〙die Probe ~ 手を打って練習を中止させる. **4** einen Ball ~ 〘球技〙ボールを平手ではたく. **5** 〈英語〉(人4に)ハイ·タッチする. **6** j4 nass ~ 〘医学〙人4に湿布法を施す.

'**ab|klem·men** 囮 **1** (ホースなどを)締め金で閉じる; 〘医学〙鉗子(效)で結紮(ﾆ)する. **2** sich3 den Finger an der Tür ~ 指をドアに詰める. **3** (話合などを)打ちきる.

'**ab|klin·gen*** 回 (s) (音·興奮·病勢などが)次第に弱まって(消えて,衰えて)いく; 〘物理〙放射活性を失う.

'**ab|klop·fen** ❶ 囮 **1** (ほこり·錆などを打って落とす (von et3 物3から)). einen Teppich ~ 絨毯を叩いてほこりを出す. **2** (a) 〘医学〙(患者を)打診する. (b) (壁などを)叩いて調べる. Argumente auf ihre Stichhaltigkeit hin ~ 論拠の確かさを確かめる. **3** (動物を)軽く叩く(愛撫のしぐさ). **4** (話)(場所·家を次から次へ)叩いて回る. Er hat noch einige Lokale *abgeklopft*. 彼はさらに飲み屋を数軒はしごした. ❷ 囮 **1** 指揮棒で譜面台を叩いて演奏を中断させる. **2** (柔道でマットや相手の体を叩いて)ギブアップの合図をする.

'**ab|knab·bern** 囮 かじる. Brot〈den Knochen〉~ パンをかじる〈骨から肉をすっかりかじり取る〉.

'**ab|knal·len** ❶ 囮 (俺)あっさり撃ち殺す;(卑)(女と)寝る. **2** 囮 (s) (コルクの栓が音を立ててとぶ,(ボタンが)ちぎれてとぶ.

'**ab|knap·pen**, '**ab|knap·sen** 囮 (人3から物4を)せしめる,無心する(主に金銭を). sich3 Geld ~ やりくり(けち)をして金をためる.

'**ab|knei·fen*** 囮 挟み切る(ペンチなどで),つまみ取る(指先などで).

'**ab|kni·cken** ❶ 囮 ぽきっと折る,折取る. ❷ 囮 (s) **1** 道などが折れる. *abknickende* Vorfahrt 〘交通〙左折(右折)優先. **2** in der Hüfte〈mit dem Fuß〉~ (体操などで)腰〈足〉を曲げる.

'**ab|knöp·fen** 囮 **1** (↔ anknöpfen)(ボタンをはずし)取りはずす. Die Kapuze kann man ~ フードは取りはずし自由です. **2** (話)(人3から物4を巻上げる.

'**ab|knut·schen** ['apknuːtʃən] 囮 (話)激しく抱きしめてキスをする.

'**ab|ko·chen** 囮 **1** 十分に煮る(ゆでる),(薬草を)煎じる. **2** 煮沸(減菌)消毒する. **3** (a) (人4を)痩せさせる(精神的·肉体的に). (b) (人4から)金をしたたかまし取る,巻上げる. (客から)ぼる. **4** (a) Rohseide ~ 〘紡織〙生糸を煮てひきを抜く. (b) 3 Pfund ~ 3 ポンド減量する. ❷ 回 野外炊飯をする.

'**Ab·ko·chung** 囡 -/-en 〘複数なし〙煮ること,煮沸,煎煮;野外炊飯. **2** 〘薬学〙煎(ﾆ)剤.

'**ab|kom·man·die·ren** 囮 派遣する,配属する(an die Front 前線へ). ◆過去分詞 abkommandiert

'**Ab·kom·me** ['apkɔmə] 男 -n/-n (雅)(Nachkomme) 子孫.

'ab|kom·men ['apkɔmən] アプコメン 回 (s) **1** はずれる,それる. vom Weg[e] ~ 道に迷う. beim Schuss ~ (射撃こ)的をはずす. Der Jagdhund *kam ab*. 〘猟師〙猟犬は獲物の足跡(臭跡)を見失った. **2** (a) (仕事から)ひけ出す,離れる. Können Sie nicht mal für eine Stunde ~？ 1時間ほど都合がつきませんか. (船が)離礁する,(飛行機が)離陸する. **3** (von et3 事3を)断念する,やめる. ~ 4 すたれる,流行遅れになる. **5** 〘スポーツ〙スタートを切る. **6** 〘地方〙やせる,衰弱する. **7** (古)(abstammen)(von et〈j〉3 物〈人〉3に)由来する,(人3の)血を引いている.

'**Ab·kom·men** 回 -s/- 申合せ;協定;〘法制〙条約. das Potsdamer ~ 〘歴史〙ポツダム協定(1945). ein ~ treffen 協定を結ぶ.

'**ab·kömm·lich** ['apkœmlɪç] 形 〘述語的用法のみ〙(仕事から)手を離せる,抜け出せる. Ich bin zur Zeit nicht ~. いまは手が離せないんだ.

'**Ab·kömm·ling** [..lɪŋ] 男 -s/-e **1** (書)(Nachkomme) 子孫,後裔(ﾆ). **2** 〘法制〙卑属. **3** 〘化学〙(Derivat) 誘導体.

'**ab|kop·peln** 囮 **1** (a) (連結したものを)切離す. den Anhänger ~ トレーラーを切離す. (b) (動物の)つなぎ紐をはずす. **2** (剣を剣帯からはずす.

'**ab|krat·zen** ❶ 囮 (汚れ·しみなどを)掻き落す,(壁紙などを)引っかいてはがす. die Schuhe ~ 靴の泥をかき落す. (再帰的に) *sich*3 den Bart ~ (話)ひげをそる. ❷ 囮 (s) (卑)(sterben)くたばる;(davonlaufen)ずらかる.

'**ab|krie·gen** 囮 (話) **1** (一部を)分けてもらう. ein Stück Schokolade ~ チョコレートを1切れもらう. einen〈eine〉~ (戯)結婚相手を見つける. **2** (付着·固定したものを苦しんで)取除く. den Deckel nicht ~ ふたが取れない. **3** (損害·罰を)受ける,こうむる. eins ~ 一発食らう. **4** (北3)会得(ﾆ)する,学ぶ.

'**ab|küh·len** ❶ 囮 (h, s) 冷える,さめる(感情などについても). **2** 囮 冷やす,さます;冷却する. ❸ 囮 (*sich*4) 冷える,さめる;(激情などが)さめる. ❹ 非人称 *Es kühlt sich* [*sich*4] *ab*. 気温が下がる;冷えこむ.

'**Ab·küh·lung** 囡 -/-en 〘複数まれ〙冷えること,冷却;気温の低下,冷え込み.

'**ab|kün·di·gen** 囮 **1** (司祭·牧師が説教壇から信者に受洗·結婚·死亡などを)公示(告知)する. **2** (予示·取り決めなどを)取消す.

'**Ab·kunft** ['apkʊnft] 囡 -/ⁿe (↓ abkommen) **1** 《複数まれ》生まれ,素姓;由来. **2** (古)(Abkommen)協定.

***'ab|kür·zen** ['apkʏrtsən] アブキュルツェン ❶ 囮 **1** (時間·空間を)短縮する. den Weg ~ 近道をする. ein Wort ~ ある語を省略形にする. **2** (仕事などを)早めに終える,切り上げる. ❷ 回 (道が)近道になる. Der Pfad *kürzt ab*. この小道は近道である.

***'Ab·kür·zung** ['apkʏrtsʊŋ] アブキュルツング 囡 -/-en **1** 近道. **2** (略 Abk.)略語,省略形. **3** 《複数なし》短縮,簡略化.

'**Ab·kür·zungs·lis·te** 囡 -/-n 略語表.

'**Ab·kür·zungs·spra·che** 囡 -/-n 略語 (Akürsprache)(略語や短縮形の使用がはなはだしい)略語文体.

'**Ab·kür·zungs·ver·zeich·nis** 回 -ses/-se 略語表.

'**Ab·kür·zungs·weg** 男 -[e]s/-e 近道.

'**Ab·kür·zungs·zei·chen** 回 -s/- 省略記号.

'**ab|küs·sen** 囮 **1** (人4に)キスの雨を浴びせる. **2** j4

die Tränen ～ 人³の涙をキスでぬぐい取る.

'ab|la·den* ['apla:dən アプラーデン] [他] **1** (物⁴の)積荷を下ろす; (積荷を)下ろす. einen Lastwagen ～ トラックの積荷を下ろす. Wo soll ich dich ～? 《戯》君をどこで降ろしたらいいの. **2** et⁴ auf j⁴ ～ 物⁴(仕事・責任・借金など)を人⁴に押しつける. **3** 《話》 et⁴ bei j³ ～ 事⁴(うっぷん・悩みなど)を人³にぶちまける. *seinen* Kummer im Wirtshaus ～ 飲屋で憂さを晴らす. **4** Schiffe ～ 《船員》船に荷物を積込む.

'Ab·la·de·platz [男] –es/⸗e 荷下し場, 陸揚げ場; (Schuttabladeplatz) ごみ捨て場.

'Ab·la·ge ['apla:gə] [女] –/–n **1** (携帯品の)置き場, 預り所; (文書の)保管場所. **2** 《$^{スイ}_{ス}$》 (クリーニング店などの)代理店. **3** 《複数なし》 わきへ置くこと, 脱ぎ捨てること; (トランプでカードを)捨てること. **4** 《ふつう複数で》 (官庁などの)保存文書.

'ab|la·gern ['apla:gərn] ❶ [他] **1** 倉庫(保管場所)に仕舞う(片付ける); (ごみ捨場に)捨てる. **2** (小石・砂などを)堆積(沈殿)させる. ❷ [再] 《**sich**⁴》 堆積(沈殿)する. ❸ [自] (h, s) (木材・ワインなどが長期の保存によって)品質が良くなる, 熟成する.

'Ab·la·ge·rung [女] –/–en **1** 《複数なし》(ごみなどの)廃棄. **2** (ワインなどの)貯蔵, 熟成. **3** 〚地質〛 堆積(物), 沈積(物); 〚医学〛 蓋被(がいひ)層, 沈着.

ab·lak'tie·ren [aplak'ti:rən, ab..] [他] (*lat.*) **1** 〚医学〛 離乳させる. **2** 〚園芸〛 呼び(寄せ)接(つ)ぎする.

'ab·lan·dig ['aplandıç] [形] (↔ auflandig) 〚海事〛 (風向きが)陸から海に向かっての.

'Ab·lass ['aplas] [男] –es/⸗e **1** 《複数なし》 排出, 放出; 排水(液). **2** 排出口(管), 排水路. **3** 〚$^{カトリ}_{ック}$〛 贖宥(しょくゆう), 免償. vollkommener ～ 全免償. **4** 値下げ, 割引. **5** 《慣用句で》 ohne ～ ひっきりなしに.

'Ab·lass·brief [男] –[e]s/–e 〚$^{カトリ}_{ック}$〛 (とくに 1500 頃金銭で売られた)贖宥(しょくゆう)状, 免償証, 免罪符.

'ab|las·sen* ['aplasən] ❶ [他] **1** (水・ガスを)排出する, 放出する, 抜く. **2** (水・ガスを抜いて物⁴を)空(から)にする. einen Teich ～ 池を干(ほ)す. **3** (列車などを)発車させる, 発進させる; (伝書鳩を)放つ. **4** (人³に物⁴を安く)売り渡す, 譲る. **5** 割引する, 値引する. von dem Preis 15% ～ 定価の 15% を値引する. **6** (名札やボタンを)取れたままにしておく. **7** j³ eine Sünde ～ 〚$^{カトリ}_{ック}$〛 人³に罪の贖宥(しょくゆう)を授ける(↑ Ablass 3). ❷ [自] (von j³ 人³から)離れる, (を)見捨てる; (von et³ 事³から)手を引く, (を)棄てる, 断念する, やめる. Bald *ließ* der Hund von ihm *ab*. じきに犬は彼から離れた. von *seinem* Glauben ～ 信仰を棄てる.

Ab·la·ti'on [aplatsi'o:n, ab..] [女] –/–en (*lat.*) (↑ Ablativ) **1** 〚地学〛 (氷河・雪塊の)融滅, 蒸発; (風・水による岩石などの)削摩(作用). **2** 〚医学〛 (手術による)切断, 切除; (網膜などの)剝離.

'Ab·la·tiv ['aplati:f, 'ab..] [男] –s/–e[..i:və] (*lat.*) 〚文法〛 奪格.

***'Ab·lauf** ['aplaʊf アプラォフ] [男] –[e]s/⸗e **1** (a) 《複数なし》 (水などの)流れ; 水はけ, 排水. (b) 排水口, 流出口; 排水管. **2** (a) (事柄の)経過, 推移, 成行き. (b) 《複数なし》 (期間・期限の)満了. **3** 〚$^{スポ}_{ーツ}$〛 (競走・競馬などの)スタート(ライン). **4** 《船員》 (船の)進水. **5** 〚建築〛 (↑ Anlauf) 柱身(壁面)上端の下開き, 小えぐり. **6** 〚化学〛 (蒸発しにくい)残留液, かま残り.

'Ab·lauf·bahn [女] –/–en 〚$^{スキ}_{ー}$〛 (ジャンプ台の)助走路.

'Ab·lauf·berg [男] –[e]s/–e 〚鉄道〛 ハンプ(操車場に設けられた傾斜地, 車両を自走させて方向別に仕分ける).

'ab|lau·fen ['aplaʊfən アプラォフェン] ❶ [自] (s) **1** 走り出す; 〚競走・競馬〛 スタートする. ein Schiff ～ lassen 船を進水させる. einen Waggon ～ lassen 〚鉄道〛 (ハンプで)車両を仕分ける. **2** (a) (水が)流れ去る, 流れ出る; (海水・洪水が)引く. das Badewasser ～ lassen 風呂の湯を落す. *ablaufendes* Wasser 引き潮. (b) (水が)滴り落ちる. Der Regen *läuft* am Mantel〈vom Schirm〉 *ab*. 雨がコートをつたって〈傘から〉滴る. An ihm *läuft* alles *ab*. 《比喩》 彼には何を言っても蛙の面に水だ. j⁴ ～ lassen 《話》 人⁴(の願い・要求)をにべもなくはねつける. (c) (水が流れ出て容器が)乾く. das Geschirr ～ lassen 食器の水を切る. **3** (a) (道が)分岐する. (b) 《船員》 (船が)針路を変える. **4** (巻いてあるものが)ほどける, 繰出される. das Seil〈das Tonband〉 ～ lassen ロープを繰り出す〈テープを再生する〉. **5** 《ふつう様態を表す語句をともなって》 行われる, 進行(経過)する. Alles ist ganz anders *abgelaufen*. すべてはまったく違う経過をたどった(異なる進展をみせた). **6** (期限などが)満了する, 切れる; (時計が)止まる. Das Visum ist längst *abgelaufen*. ビザはとっくに期限切れになっている. Seine Uhr ist *abgelaufen*. 《比喩》 彼の命数は尽きた.

❷ [他] **1** (s, h) (町・通り・建物内などを)見て回る, 巡回(巡察)する; (店などを一軒一軒)見て歩く. alle Läden ～ 店を一軒一軒残らず見て歩く. Ich habe〈bin〉 die ganze Straße *abgelaufen*. 私はその通りをくまなく見てまわった. **2** (靴などを)履きつぶす. sich³ die Beine nach et³ ～ 《比喩》 物³を探し回って足を棒にする. Das habe ich mir [längst] an den Schuhen〈Schuhsohlen〉 *abgelaufen*. 《比喩》 そんなことは先刻承知だ. sich³ die Hörner ～ 《話》 角(かど)が取れる.

❸ [再] 《**sich**⁴》 **1** 走って疲れる. **2** (靴底などが)すり減る. Mit der Zeit *lief sich* die Leidenschaft *ab*. 時とともに情熱は消えていった.

'ab|lau·schen [他] 《雅》 (人³から事⁴を)盗み聞く; (注意深く)聞出す, 探(さぐ)り出す. Der Roman ist dem Leben *abgelauscht*. この小説は実人生の綿密な観察から生れた.

'Ab·laut [男] –[e]s/–e 〚言語〛 アプラウト, 母音交替(転換)(例 s*i*nken, s*a*nk, ges*u*nken).

'ab|lau·ten [自] 〚言語〛 母音交替する. 《現在分詞で》 *ablautende* Verben 不規則(強)変化動詞.

'ab|läu·ten ❶ [他] **1** (事⁴の)終了(中止)を鐘(ベル)を鳴らして知らせる. eine Runde ～ (ボクシングで)ラウンド終了のゴングを鳴らす. **2** einen Zug ～ 列車の出発を次の駅に知らせる. ❷ [自] (車掌が)発車のベルを鳴らす.

'ab|le·ben ❶ [他] 《雅》 (人生のある期間を)生き切る, 生き通す, 過ごす. Er hat die restlichen Jahre im Gefängnis *abgelebt*. 彼は人生の残りの年月を刑務所で過ごした. ❷ [自] 《雅》 (sterben) 死ぬ, 逝去する. ♦ ↑ abgelebt

'Ab·le·ben [中] –s/– 《雅》 (Tod) 死, 逝去.

'ab|le·cken ❶ [他] (物〈人〉⁴を)ぺろぺろなめる, なめてきれいにする; なめて取除く. den Löffel ～ スプーンをきれいになめる. Honig vom Löffel ～ スプーンの蜂蜜をなめてきれいにする. Der Hund hat mich *abgeleckt*. 犬が私をぺろぺろなめた. sich³ die Finger ～ (食後などに)指をなめる. sich³ die Finger nach et³ ～ 《比喩》 物³が欲しくてうずうずする. ❷ [再] 《**sich**⁴》 Die Katze *leckt sich ab*. 猫が毛づくろいをする.

***'ab|le·gen** ['aple:gən アプレーゲン] ❶ [他] **1** (衣服などを)脱ぐ. die Maske ～ 仮面を脱ぐ, 本性をあらわす. 《目的語なしでも》 Bitte, *legen* Sie *ab*! どうぞ(コート・帽

子)をお取りください. **2** (古い衣類などを)もう着ない, お払い箱にする. die sterbliche Hülle ~《雅》うつせみの衣を脱ぐ, 不帰の客となる. die Trauer ~ 喪服を脱ぐ, 喪を終える. der *abgelegte* Anzug 着なくなった服.《悪習などを》やめる, 捨てる. die Scheu ~ 内気を克服する. Vorurteile ~ 偏見をする. **4** 予(脇に置く;《卵を》産む,《地方》《子供を》生む;《トランプ》《不用なカードを》伏せて捨てる;《不要になった書類を》保管場所に納める.《印刷》《組版を》くずす. **5**《機能動詞として》ein Bekenntnis ~ 告白する. ein Gelübde ~ 誓いを立てる. eine Prüfung ~ 試験を受ける. Rechenschaft ~ 釈明する(über et^4 事^{4}について). Zeugnis ~ 証言をする(für⟨gegen⟩) j^4 人^{4}に有利な⟨不利な⟩). **6**《不定の es^4 と》es auf et^4 ~《雅》事^{4}を狙う, 意図する. **7** den Hund ~《猟師》犬を伏せさせる.

❷ 自 **1**《園芸》《植物が》取り木(挿し木)によって増える. **2**《船が港から出る, 出航する. **3**《猟師》《鳥が》産卵期を終る. **4**《古》《視力や記憶力が》衰える.

'**Ab·le·ger** ['aple:gɐ]⟨男⟩-s/-**1** 取り木, 挿し木(のための若枝). **2**《話》支店. **3**《印刷》解版工, 解版機. **4**《戯》息子, 子孫.

'**ab·leh·nen**

['aple:nən アプレーネン]⟨他⟩ 断る, 辞退する; 拒否⟨拒絶⟩する, 却下する; 忌避する;《感情的に》受けつけない, 我慢できない. eine Bitte ~ 頼みを断る. eine Einladung ~ 招待を断る. einen Stoß ~ 《フェンシング》突きを払う. Er *lehnte* es *ab*, daraufzu antworten. 彼はそれに答えることを拒否した.

'**ab·leh·nend**⟨現分⟩⟨形⟩拒絶的な, 不賛成な.
'**Ab·leh·nung**⟨女⟩-/-en 拒否, 拒絶; 却下; 忌避.
'**ab|leis·ten**⟨他⟩《任務・責務などを》果たす, 行う;《兵役などを》努め上げる. ein Praktikum ~ 実習をやりおえる.

*'**ab|lei·ten** ['aplaɪtn̩ アプライテン]❶⟨他⟩**1** 別の方向に向ける, そらす. den Blitz ~《避雷針で》落雷を避ける. einen Fluss ~ 川の流れを変える. j^4 von *seinem* Entschluss ~ 人^{3}の決心をぐらつかせる. **2** (et^4 aus⟨von⟩ et^3 事^{4}を事^{3}から)導く(引き)出す, 推論する, 演繹する; 派生させる. eine Formel aus Versuchen ~ 実験から公式を導き出す. *abgeleitete* Verben 派生動詞.

❷⟨再⟩(sich^4) (aus⟨von⟩ et^3 物^{3}に)由来する, 起源を持つ. Das Wort *leitet sich ab* aus dem Lateinischen *ab.* この語はラテン語から来ている.

'**Ab·lei·ter** ['aplaɪtɐ]⟨男⟩-s/- **1** (熱・電気などの)導体, 導線; 導管; 避雷器. **2**《園芸》《ぶどう栽培の》船の針金の取り木.
'**Ab·lei·tung**⟨女⟩-/-en **1**《複数なし》他の方向にそらすこと, 誘導. (熱・電流の伝導, アース;《言語》派生. **2** (a)《数学》微分商, 微分係数; 導関数. (b)《言語》派生語. **3**《医学》(毒素の)誘導法, 除血法.
'**Ab·lei·tungs·sil·be**⟨女⟩-/-n《言語》派生語を作る接辞. ◆verehren の ver-, Lehrer の -er, Ableitung の -ung のような接頭辞・接尾辞をさす.

*'**ab|len·ken** ['aplɛŋkən アプレンケン]❶⟨他⟩**1** 別の方向に向ける, そらす(von j⟨et⟩^{3} 人^3⟨物⟩^{3}から);《光線を》偏向させる. das Schiff vom Kurs ~ 船の針路を変える. den Verdacht von sich^3 ~ 嫌疑をそらす(晴らす). **2**《人^{4}の》気をそらす, 気を紛らす, 気分を転換させる. j^4 von der Arbeit ~ 人^{4}の仕事をからかす. *Lenk* mich nicht *ab*! 邪魔をしないでくれ!《再帰的に》*sich*^{4} ~ 気晴らしをする, 気分を転換する. ❷⟨自⟩話題を変える, 話をそらす.

*'**Ab·len·kung** ['aplɛŋkʊŋ アプレンクング]⟨女⟩-/-en **1**《複数なし》別の方向にそらす(それる)こと;《物理》偏向, そらすこと, 気分転換.
'**Ab·len·kungs·ma·nö·ver**⟨中⟩-s/- 陽動(牽制)作戦.

*'**ab|le·sen** ['aple:zn̩ アプレーゼン]⟨他⟩**1** 読み上げる, 朗読する. einen Vortrag ~ (原稿を見ながら)講演をする. **2** (j^3 et^4 an⟨von⟩ et^3 人^{3}の物^{3}で⟨から⟩事^{4}を)読み取る, 見て取る; 推論する(aus et^3 事^{3}から). die Gasuhr ~ ガスの検針をする. eine Lüge vom Gesicht ~ 顔色から嘘であることを見て取る. **3**《古》(何度も読んで本を)ぼろぼろにする. **4** (小石・害虫・衣類のけなどをひとつひとつ拾い集める, 取除く, つまみ取る. den Acker [nach Steinen] ~ / Steine vom Acker ~ 畑の石拾いをする. Apfelbäume [nach Schädlingen] ~ リンゴの木の害虫退治をする.

'**ab|leug·nen**⟨他⟩否認する, 否定する.
'**ab|lich·ten**⟨他⟩**1** (fotokopieren)《物^{4}を》写真複写する, コピーする. **2** einen Wald ~《林業》森の間伐(かんばつ)をする.
'**Ab·lich·tung**⟨女⟩-/-en 写真複写, コピー. **2**《複数なし》《林業》間伐.
'**ab|lie·fern** ['apli:fɐn]⟨他⟩**1** (商品・農作物などを決・計画に従って)引渡す, 供給(供出, 配達)する. **2**《話》(人^{4}をしかるべき場所に)送り届ける, かえしてやる. das Kind wieder bei den Eltern ~ 子供を両親のもとにかえしてやる.
'**Ab·lie·fe·rung**⟨女⟩-/-en (商品の)引渡し, 配達;《農作物などの》供出;《競売品の》譲渡.

*'**ab|lie·gen**⟨自⟩(h, s) **1** (h) 遠く離れている. Das Dorf *liegt* drei Kilometer von hier *ab.* その村はここから3キロ離れたところにある. **2** (s)《南ドイツ》《肉・果実などがある期間寝かせることによって》おいしくなる, 熟成する. **3** (s)《古》横になる, 寝る. ◆↑abgelegen

'**ab|lis·ten** ['aplɪstn̩]⟨他⟩《人^{3}から物^{4}を》策略によって手に入れる, だまし取る. j^3 eine Zusage ~ 巧みに人^{3}の承諾を取りつける(うん」と言わせる).
'**ab|lo·cken**⟨他⟩《人^{3}から物^{4}をお世辞や甘言を弄することで》まんまと手に入れる. j^3 viel Geld ~ 人^{3}からまんまと大金をせしめる. j^3 ein Geständnis ~ 人^{3}にうまく口をわらせる. j^3 ein Lächeln ~ 人^{3}に思わずにっこりとさせる.
'**ab|lö·schen**⟨他⟩**1** (火を消し, 消し止める. **2** (黒板に書いた字などを)拭く, 消す;《吸取紙でインクを》吸い取る. **3**《料理》《水をかけたり・まぜたりして》冷やす;《化学》消和する. **4** (借金を)帳消しにする.
'**Ab·lö·se** ['aplø:zə]⟨女⟩-/-n《南ドイツ》(家を借りるときの)手付金, 敷金.
'**ab|lö·sen** ['aplø:zn̩]❶⟨他⟩**1** (壁紙・切手・皮などを)はがす, はぎ取る, むく;《包帯などを》はずす. **2** (人^{4}の仕事・勤務を)引き継ぐ, (人^{4}と)交替する; (人^{4}を)交替させる, 更迭(こうてつ)する. **3** (負債を一度に)弁済する, 償却(償還)する;《担保・質草を》請け出す. **4** Möbel ~(部屋の家具をいっしょに借りる. ❷⟨再⟩(sich^4) はがれる, 取れる, なくなる, 消える.
'**Ab·lö·se·sum·me**⟨女⟩-/-n **1** 償却金額. **2**《スポーツ》(プロ選手の)移籍料.
'**Ab·lö·sung**⟨女⟩-/-en **1**《複数なし》はがす(はがれる)こと;《網膜などの》剥離. **2** (a) 交替, 更迭(こうてつ); 交替要員. (b) (季節などの)交代. die ~ der Jahreszeiten 四季の移り変わり. **3**《法制》弁済, 償却;《質草の》請け出し; (Ablösesumme) 償却金額;《建物などの》崩壊.
'**ab|luch·sen** ['aploksən]⟨他⟩《話》(人^{3}から物^{4}を)巻

きあげる, まんまとせしめる. **2** (人³から秘密などを)探り出す, 聞出す.

'Ab·luft 女 -/ (↔ Zuluft) (室外に排出される)汚れた空気; 排気.

'ab|lut·schen 他 《話》 **1** (物⁴を)なめて取る(拭う). Blut vom Finger ～ 指の血をなめ取る. **2** (キャンディーなどを)すっかりなめてしまう, しゃぶり尽す.

*'**ab|ma·chen** ['apmaxən アプマヘン] 他 **1** 《話》 取除く, 取りはずす; (汚れ・錆(さび)などを)落す. das Schild von der Tür ～ 表札(看板)を戸口からはずす. Das *mach dir* man (=nur) *ab*! 《ベルリン》 そんなことは忘れてしまえ. **2** 《話》 (年季を)勤めあげる. Er hat seine zwei Jahre *abgemacht*. 彼は 2 年間のムショ暮し(兵役義務)を終えた. **3** (et⁴ mit j³ 事⁴を人³と)取決める, 申合せる, 約束する. 《過去分詞で》 *Abgemacht*! それで決りだ, そうしよう. **4** 片付ける, 処理する, 解決する. et⁴ gütlich⟨im guten⟩ ～ 事⁴を穏便に解決する, 示談にする. et⁴ mit sich³ selbst ～ 事⁴に自分ひとりでかたをつける. Wir haben eine Stadt noch der anderen *abgemacht*. (なかば義務みたいに)私たちは町を次から次へと見物してまわった.
♦ ↑abgemacht

'Ab·ma·chung 女 -/-en 取決, 申合せ, 協定. über et⁴ ～*en*⟨eine ～⟩ treffen 事⁴について協定を結ぶ.

'ab|ma·gern ['apma:gərn] ❶ 自 (s) (がりがりに)やせる. ❷ 他 (重量・中身を)減らす, 縮小する, 削減する.

'Ab·ma·ge·rung 女 -/ シェイプアップ.

'Ab·ma·ge·rungs·kur 女 -/-en **1** 減量(食餌)療法, ダイエット. **2** 《戯》 刑務所暮し.

'ab|mä·hen 他 (穀物・草などを)刈取る; (畑・草地などの)刈取りをする.

'ab|mah·nen 他 **1** 《古》《雅》 (j⁴ von et³ 人⁴に事³を思いとどまるように)きつく忠告する, 諫止(かんし)する. **2** (j³ et⁴ 人³から物⁴を)催促して取る, 督促(とくそく)する.

'ab|ma·len ❶ 他 写生する, 模写する. Das kannst du dir ～! 《話》 それは絵に描いた餅だな, そんな夢みたいな話はたくさんだ. Da möchte ich nicht *abgemalt* sein. 《話》 そんなところに行く(住む)のはごめんだね. ❷ 再 《sich⁴》 写し出される, 反映する, 現れる.

'ab|mark·ten 他 《雅》 (abhandeln) (人³から物⁴を)値切る, 値切って買う.

'Ab·marsch 男 -[e]s/ (隊列を組んでの)出発, 進発.

'ab·marsch·be·reit 形 出発準備のできた.

'ab|mar·schie·ren ❶ 自 (s) (隊列を組んで)出発する, 進発する; (一般的に)去る. ❷ 他 (h, s) (ある場所を)パトロールする. ♦過去分詞 abmarschiert

'ab|mel·den ❶ 他 **1** (人⁴の)転居(辞任, 脱退など)を届け出る(bei j³ 人³に); (物⁴の)契約(登録)を解消する, 解消を届け出る. *seinen* Sohn von der Schule ～ 息子の退学届を出す. 《再帰的にも》 *sich⁴* bei der Polizei ～ 警察に転居(転出)届をする. **2** einen Gegner ～ 〖スポ〗 相手を押さえ込む, 封じる. **3** 《過去分詞で》 *abgemeldet* sein 《話》 もはや相手にされない, 愛想づかしをされる(bei j³ 人³に). Der ist bei mir *abgemeldet*. あいつには愛想がつきてしまった. ❷ 再 《sich⁴》 (↔ sich anmelden) 〖コンピュータ〗 ログアウトする.

'Ab·mel·dung 女 -/-en 転出(転居)届け; (退職・退会などの)届け出; (辞任・脱退・退学などの)届け, (契約・登録の)解消, 取消し.

'ab|mes·sen* ['apmɛsən] 他 **1** (寸法・目方などを)はかる, 測定(測量, 計量)する; (ある寸法・分量のものを)はかって取る(von et³ 物³から). zwei Meter Stoff vom Ballen ～ 反物(たんもの)から 2 メートルの布地を裁(た)つ. **2** 見積る, 評価(査定)する; 熟慮する, じっくり考える. *seine* Worte ～ 一言一句おろそかにしない. **3** (et⁴ nach et³ 物⁴を物³に合せて)計る, 判断する; (…を…に)ぴったり合うようにする. ♦ ↑abgemessen

'Ab·mes·sung 女 -/-en **1** 《複数なし》 測定, 測量, 計量. **2** 《ふつう複数で》 寸法.

'ab|mie·ten 他 (人³から物⁴を)賃借りする.

'ab|mil·dern 他 (事⁴を)和らげる, 緩和する.

'ab|mi·schen 他 (音声・映像の)ミキシングをする.

'Ab·mi·schung 女 -/-en (音声・映像の)ミキシング.

'ab|mon·tie·ren ['apmɔnti:rən, ..mõti:..] 他 (↔ anmontieren) (機械の部品を)取りはずす; (機械を)解体(撤去)する. ♦過去分詞 abmontiert

'ab|mü·hen 再 《sich⁴》 *sich* mit et³ ～ 事³で骨を折る, 苦労する.

'ab|murk·sen ['apmurksən] 他 《話》 (umbringen) (不手際なやり方で, またはこっそりと)殺す, ばらす. den Motor ～ (下手くそな運転で)エンストを起す.

'ab|mus·tern ❶ 他 **1** (↔ anmustern) 《船員》 (船員を)解雇する. **2** (布を)模様織りにする. **3** 《地方》 (見下すように)じろじろ見る. ❷ 自 《船員》 (船員が)辞める, 船を降りる.

'ab|na·beln ['apna:bəln] ❶ 他 (赤ん坊の)へその緒を切る. ❷ 再 《sich⁴》 *sich* von et⟨j⟩³ ～ 《戯》 物⟨人⟩³から身をふりほどく, 離れる. *sich* von den Eltern ～ 親離れする. ❸ 自 《話》 (von et³ 物³を)思い断つ, あきらめる.

'Ab·na·be·lung, 'Ab·nab·lung 女 -/ 〖医学〗 臍帯(さいたい)切断(術).

'ab|na·gen ❶ 他 かじり取る. Fleisch [vom Knochen] ～ / einen Knochen ～ 骨についた肉をかじる. j⁴ ～ 人⁴を食いものにする, カモにする. ❷ 非人称 *Es nagt* mir das Herz *ab*. 《比喩》 私は胸をかきむしられる(断腸の)思いである.

'ab|nä·hen 他 〖服飾〗 (物⁴に)タック(ダーツ)を取る.

'Ab·nä·her ['apnɛ:ər] 男 -s/- 〖服飾〗 (スカートなどの)タック, ギャザー.

*'**Ab·nah·me** ['apna:mə アプナーメ] 女 -/-n (↓abnehmen) **1** 《複数なし》 取去る(はずす)こと, 除去; 〖医学〗 切断, 切除. **2** 《複数なし》 減少, 低下, 衰弱, 衰退; 月が欠けること. ～ zeigen 減少する, 不振に陥る. **3** 買入れ, 購入. ～ finden 引合いがある, 売れる. **4** 《複数まれ》 受入れ, 受取り, 引取り. **5** 《複数まれ》 (建造物・機械などに対する公的機関の)検査, 鑑定, 監査.

*'**ab|neh·men*** ['apne:mən アプネーメン] ❶ 他 **1** 取去る(除く, はずす); (体の一部を)切断(切除)する. das Bild von der Wand ～ 絵を壁から取りはずす. [sich³] den Bart ～ ひげをそり落とす. Beeren ～ いちごを摘む. 《目的語なしでも》 [Maschen] ～ (編み物の)目を減らす. **2** (人³から物⁴を)取上げる; (帽子などを)脱がせる; (職権によって)取上げる; (不法に)奪う, (勝負事で)巻上げる. j³ *sein* Amt ～ 人³を解職する. j³ die Maske ～ 人³の仮面をはがす. **3** (荷物・負担・苦労などを)取ってやる, 軽減(肩代わり, 免除)してやる. j³ die Arbeit⟨ein Paket⟩ ～ 人³の仕事を代わってやる⟨荷物を持ってやる⟩. **4** (人³から物⁴を)受取る; (誓い・約束などを)聴いてやる, 聴取する. j³ die Beichte ～ (聴罪司祭が)人³の告解(こっかい)を聴問する. j³ einen Eid ～ 人³に誓いを立てさせる. 《主として否定形で》 Das *nimmt* dir keiner *ab*. そんなこと言ったって誰も信じやしないよ. **5** (人³から物⁴を)買取る; (代償・経費として)要求(請求)する. Wie viel hat er dir dafür *abgenom-*

men? 彼は君にその代金をいくら要求した〈吹っかけた〉か. **6** 〔自〕（指紋・デスマスクなどを）採る. 〔古〕（人〔物〕⁴の写真を撮る. **7** 〔古〕（aus〈an〉et³ から結論・帰納を）引出す, 知る. Er konnte an ihrem Verhalten nichts ~. 彼は彼女の態度から何もうかがい知ることができなかった. **8** （建築物・機械などに欠陥・手抜きがないかを）検査〔点検, 鑑定, 監査〕する;《軍隊》観閲〔閲兵〕する.
❷ 〔自〕軽くなる, 減る, 小さくなる, やせる. Die Tage *nehmen ab*. 日が短くなる. Das Fieber〈Der Mond〉 *nimmt ab*. 熱が下がる〈月が欠ける〉. *abnehmender* Mond 下弦の月.

'**Ab·neh·mer** [..mər] 男 -s/- 買い手, 顧客, 消費者.
'**ab|nei·gen** 再 (*sich*⁴)〔古〕わきを向く, 顔をそむける. ↑abgeneigt
'**Ab·nei·gung** 女 -/-en《複数まれ》(↔ Zuneigung) 嫌悪, 反感, 不快感, 敵意 (gegen j⟨et⟩⁴ 人〔物〕に対する).
ab'norm [apˈnɔrm] 形《比較変化なし》正常でない, アブノーマル; 非常な, 度はずれる.
'**ab·nor·mal** [ˈapnɔrmaːl, ‐‐ˈ‐] 形《比較変化なし》《主に ｽｲｽ･ｵｰｽﾄﾘｱ》=abnorm
Ab·nor·mi'tät [apnɔrmiˈtɛːt] 女 -/-en **1** 変則（性）, 異常（性）, 病的状態. **2** 奇形; 奇形児.
'**ab|nö·ti·gen** 他〔雅〕（人³に事⁴を強〔い〕る, 余儀なくさせる. j³ ein Lächeln ~ 人³を思わずにっこりさせる. Seine Haltung *nötigte* mir Bewunderung *ab*. 私は彼の態度に感嘆せざるをえなかった.
'**ab|nut·zen**, '**ab|nüt·zen** ❶ 他 使い古す, 着〔履〕古す, すり減らす, 使いつぶす. ❷ 再 (*sich*⁴) 使い古される, 傷〔ｷｽﾞ〕む, すり減る〔切れる〕.
'**Ab·nut·zung**, '**Ab·nüt·zung** 女 -/ 使い古すこと, 磨耗, 磨滅.
'**Abo** [ˈabo] 中 -s/-s〔略〕=Abonnement
Abo·li·ti'on [abolitsiˈoːn] 女 -/-en 〔*lat.*〕**1**（法律・制度などの）廃止, 撤廃;（とくに米国の）奴隷制度廃止. **2**〔法制〕免訴.
Abo·li·ti·o'nis·mus [abolitsioˈnɪsmus] 男 -/（アメリカの奴隷制度廃止論;（イギリスの）売春制度廃止論.
***Abon·ne'ment** [abonəˈmãː, ‐ˈmɑ̃ː] アボネマン]中 -s/-s（ｽｲｽ -e）〔*fr.*〕（略 Abo）（新聞・雑誌などの）予約購読, 継続購入,（劇場・音楽会などの）予約,（交通機関などの）定期〔回数〕券. Das ~ des Spiegels /《ｼｭﾋﾟｰ》das ~ auf den „Spiegel"『シュピーゲル』の予約購読. Das ~ *beginnt*〈*endet*〉am 10. April. 予約購読は 4 月 10 日をもって始まり〈終り〉ます. ein ~ *abstellen*〈*erneuern*〉（新聞や音楽会などの）定期予約を取消す〈更新する〉. Außer ~.（特別公演につき）定期会員券は通用しません. ein Lexikon im ~ *bestellen* 百科事典を予約注文する《の継続購入を申し込む》.
Abon·ne'ment·preis -es/-e 予約特価, 会員割引料金.
Abon'nent [aboˈnɛnt] 男 -en/-en 予約購読者,（全集などの）継続購入者,（演劇などの）定期会員, 定期券利用者. ♦女性形 Abonn**e**ntin 女 -/-nen
***abon'nie·ren** [aboˈniːrən アボニーレン]〔*fr.*〕他（新聞・雑誌などの）予約購読をする,（演奏会などの）予約申し込みをする.《目的語なしで》Ich habe im Schauspielhaus *abonniert*. 私は劇場の定期会員になった.《過去分詞で》auf et⁴ *abonniert* sein 物⁴を予約購読している.
'**ab|ord·nen** [ˈapˌɔrdnən] 他 **1**（代表として）派遣す
d. j⁴ zu einer Tagung ~ 人⁴を会議に派遣する. ↑Abgeordnete **2**〔古〕（指令・催しを）取消す.
'**Ab·ord·nung** 女 -/-en《複数なし》（代表の）派遣. **2** 代表（派遣, 使節）団.
Abort¹ [aˈbɔrt, ˈapɔrt] 男 -[e]s/-e〔書〕(Toilette) 便所.
Abort² [aˈbɔrt] 男 -s/-e〔医学〕流産.
abor'tie·ren [abɔrˈtiːrən, apˌ..] 自 (↓ Abort²) 流産する.
Abor·ti'on [..tsiˈoːn] 女 -/-en (Abtreibung) 堕胎.
abor'tiv [abɔrˈtiːf, apˌ..] 形 **1** 流産の; 流産を促進する. ~*es* Mittel 堕胎〔中絶〕薬. **2**（病気の経過について）中断性の, 頓挫〔ﾄﾝｻ〕性の. **3**〔植物〕発育不全の, 発芽不能の.
ab 'ovo [ap ˈoːvo]〔*lat.*〕(von Anfang an) 最初から. et⁴ ~ *berichten* 事⁴を一部始終報告する. ♦ ab ovo usque ad mala（vom Ei bis zu den Äpfeln" の簡略形. 前菜の卵に始まり, 果物のデザートに終るという古代ローマ人の食事習慣にちなむ言回し.
'**ab|pa·cken** 他 **1** 小分けして包装する. Eier zu zehn Stück ~ 卵を 10 個ずつパックする. **2**（車両などの）積荷を下ろす.
'**ab|pas·sen** 他 **1**（機会などを）待つ, うかがう;（人⁴を）待ちうける, 待伏せる. **2**（寸法などを）合わせる, 調整する, 適合させる. den Vorhang in der Länge ~ カーテンの長さを合わせる.
'**ab|pau·sen** 他（図面・図案などを）トレースする, 透写する.
'**ab|pel·len** 他〔北ﾄﾞ〕(pellen)（物⁴の）皮をむく. Kartoffeln ~ じゃがいもの皮をむく.
'**ab|pfei·fen*** ❶ 他（競技などを）笛を吹いて中断〔終了〕させる. ❷ 自 競技中断〔終了〕の笛を吹く.
'**Ab·pfiff** 男 -[e]s/-e（ゲームの中断・終了を告げる）笛, ホイッスル.
'**ab|pflü·cken** 他 **1**（花・果実を）摘み取る. **2** einen Baum ~ 木の花〔果実〕を摘み尽くす, 木を丸裸にする.
'**ab|pla·cken** 他 (*sich*⁴)〔北ﾄﾞ〕=abplagen
'**ab|pla·gen** 他 (*sich*⁴)（mit j⟨et⟩³ 人〔事⟩³のことで）さんざん苦労する, てこずる.
'**ab|plat·ten** ❶ 他 平ら〔扁平〕にする.《再帰的に》 *sich*⁴ ~ 平らになる. ❷ 自 (s) 平らになる.
'**ab|plat·zen** 自 (s)（ボタンなどがぷつっと）ちぎれる;（塗料などがぱりぱりと）はがれる.
'**Ab·prall** 男 -[e]s/-e 跳ね返り.
'**ab|pral·len** 自 (s)（von⟨an⟩ et³ 物に当って）跳ね返る〔返される〕. Alle Mahnungen *prallen* an ihm *ab*.《比喩》どんなに注意しても彼には通じない.
'**ab|pres·sen** 他 **1**（果汁などを）搾〔ｼﾎﾞ〕る. **2**（人³から）物⁴を搾り取る; 強要する, ゆすり取る. j³ das Herz 〈den Atem〉~《比喩》（恐怖などが）人³の胸を締めつける〈息をつまらせる〉. *sich*³ ein Lächeln ~ 作り笑いをする. **3**〔製本〕背紙をつける前の本を締め機で締める.
'**ab|prot·zen** (↓ Protze) ❶ 他〔軍事〕（射撃に備えて大砲を）前車から切り離す. ❷ 自〔卑〕（用便のために）ズボンを下ろす; 大便をする.
'**ab|put·zen** 他 **1**（物⁴の）汚れを落とす（ふき取る）, すっかりきれいにする, 磨く. Bäume ~ 樹皮をはがす. Kartoffeln ~ じゃがいもの泥を落す. *sich*³ die Schuhe ~ 靴の泥を落す.《人⁴を目的語として》ein Kind ~ 子供のお尻をふく.《ein Haus〈eine Wand〉~》家の化粧直しをする〈壁を塗り替える〉. den Weihnachtsbaum ~〔地方〕クリスマスツリーの飾りをはずす. **2**

《話》どやしつける、しかりとばす.

'**ab|quä·len ❶** 再 《sich¹》(mit j⟨et⟩³ 人⟨物⟩³のことで)さんざん苦労する、手を焼く. ❷ 他 (人³から物を)無理やり(強引に)手に入れる. j³ eine Zusage ~ 人³に無理やり承諾させる. 《再帰的に》sich³ ein Lächeln ~ 作り笑いを浮かべる.

'**ab|qua·li·fi·zie·ren** 他 低く評価する、見くびる、おとしめる.

'**ab|quet·schen** ['apkvɛtʃən] 他 (人³の物³を)圧つぶしをせ取る. 《再帰的に》Er hat sich³ den Finger abgequetscht. (機械などにはさまれて)彼は指をもがれた.

'**ab|ra·ckern** 《sich¹》 骨身を削って(身を粉にして)働く、あくせく働く.

'**Abra·ham** ['a:braham] ❶ 《男名》 アーブラハム. ❷ 《人名》《旧約》 アブラハム(イスラエル人の太祖). ~s Schoß アブラハムの膝の上、安全な場所(《新約》ルカ16:22 以下参照). in ~s Schoß sitzen⟨liegen⟩ 《話》 なんの心配もない、大船に乗ったようなものである. Da hat er noch in ~s Schoß gelegen. 《話》 それは彼が生れるよりもずっと昔のことだった. noch in ~s Wurstkessel sein 《話》 まだこの世に生れていない.

'**ab|rah·men** (牛乳から)乳脂をすくい取る. 《目的語なしでも》Da hatte er schon [alles] abgerahmt. 《比喩》 そのとき彼がすでにおいしいところを一人占めにしていた.

Abra·ka·da·bra [a:braka'da:bra, '---'--] 中 -s/ (呪文)(呪文);ちんぷんかんぷん.

'**ab|ra·sie·ren** 他 **1** (毛を)そり落す. j³ die Haare ~ 人³の毛をそり落す. 《再帰的に》sich³ die Beine ~ 脚の毛をそる. ❷ 《話》 (建物や町を)根こそぎ破壊する. ◆過去分詞 abrasiert

Ab·ra·si·on [abrazi'o:n, apr..] 女 -/-en (lat.) **1** 《地学》 (海岸の)海食. **2** 《医学》 (子宮の)搔爬(そうは).

'**ab|ra·ten*** ❶ 自 (j³に事³を)しないように忠告する、思いとどまらせる. 《zu 不定詞句と》Ich riet ihr [davon] ab, ihn zu besuchen. 私は彼女に彼を訪ねることを思いとどまらせた. ❷ 他 j³ et⁴ ~ 《まれ》人³の事⁴(とくに考え・秘密など)を見抜く、察する.

'**Ab·raum** 男 -[e]s/ **1** 《鉱業》 (鉱脈の上にある)価値のない岩石、表土;(有効成分を採った後の)廃石、ずり. **2** 《古》 ごみくず、廃棄物.

'**ab|räu·men** 他 **1** 片付ける. das Geschirr [vom Tisch] ~ / den Tisch ~ 食卓の食器を下げる. **2** (北ドイツ)《目的語なしでも》料理を全部平げる. **3** 《目的語なしでも》[alle Kegel] ~ (九柱戯・ボウリングで)ピンを全部倒す.

'**Ab·raum·salz** 中 -es/-e 《多く複数で》 廃塩(もと岩塩層の廃棄物とされていたアルカリ・マグネシウムのような塩類).

Abra·xas [a'braksas] (gr.) 《無冠詞/複数なし》 アブラクサス(呪文の定則、グノーシス派 Gnostiker の神の名になむ).

'**ab|re·a·gie·ren** ❶ 他 《心理》 (不安・緊張などを激しい情動をともなう心的反応をへることで)解除する、発散する seinen Zorn an j³ ~ 人³に当りちらして怒りを発散する. ❷ 再 《sich¹》《話》 憂さを晴らす. ◆過去分詞 abreagiert

'**Ab·re·ak·ti·on** 女 -/-en 《心理》 解除反応、発散(無意識のうちに抑圧されていた不安・緊張などが激しい情動をともなう反応をへて解放されること).

***ab|rech·nen** ['aprɛçnən アプレヒネン] ❶ 他 **1** 差引く、控除する. die Steuern vom Lohn ~ 給料から税金を天引する. das abgerechnet それを別にし

れば. **2** 決算をする. die Kasse ~ 帳簿を締める. 《目的語なしでも》Am Ende jedes Monats wird abgerechnet. 決算は毎月末に行なわれる. ❷ 自 《話》 人³と貸借関係を)清算する. 《比喩》 (道義的な)決着をつける、白黒をはっきりさせる.

***Ab·rech·nung** ['aprɛçnʊŋ アプレヒヌング] 女 -/-en **1** 差引くこと、控除. et⁴ in ~ bringen《書》 物⁴を差引く、控除する. in ~ kommen 差引(控除)される. **2** 決算、清算;手形交換. **3** 《比喩》 決着、対決. mit j³ ~ halten 人³と(道義的な)決着をつける、黒白(こくびゃく)を決する.

'**Ab·re·de** 女 -/(-n) 《雅》 申合せ、取決、協定. Das ist gegen ⟨wider⟩ die ~ ! それは協定違反だ. **2** 《次の成句で》et⁴ in ~ stellen《書》 事⁴を否認する.

'**ab|re·den** ❶ 他 《古》 (et⁴ mit j³ 事⁴を人³と)取決める、申合せる. ❷ 他 《古》 (j³ von et³ 人³に事³を)思いとどまらせる、しないように説得する.

'**ab|re·gen** 《sich¹》 (→ aufregen) 《話》 (sich beruhigen) 気持がしずまる、落着く.

'**ab|rei·ben*** ❶ 他 **1** (汚れなどを)こすって取る(落す);(ガラスなどを)磨く;ふいて乾かす. den Rost ~ 錆(さび)をこすり落とす. das Kind mit einem Badetuch ~ 子供をバスタオルでふいてやる. sich³ die Hände mit einem Handtuch ~ 手ぬぐいで手をふく. **2** すり(使い)減らす. 《過去分詞で》Die Ärmel der Jacke sind schon abgerieben. 上着の袖がもうすり切れている. **3** (おろし金で)おろす. **4** 《方》 (人³を)さんざんしかる、しかりとばす;どやしつける. **5** 《卑》 手淫する. ❷ 再 《sich¹》 体をふく;(乾布)摩擦をする.

'**Ab·rei·bung** 女 -/-en **1** こすり取ること;摩擦. eine kalte ~ 冷水摩擦. **2** 《話》 さんざんしかりつけること;どやすこと、殴打.

***Ab·rei·se** ['apraɪzə アプライゼ] 女 -/-n (複数まれ) 旅立ち、出立.

***ab|rei·sen** ['apraɪzən アプライゼン] 自 (s) 旅立つ、出発する.

'**Ab·reiß·block** ['aprais..] 男 -[e]s/-s(¨e) はぎ取り式メモ、ブロックメモ.

ab|rei·ßen ['apraɪsən アプライセン] ❶ 他 **1** ちぎる、はがす、もぎ取る. j³ die Maske ~ 人³の仮面をはぐ. Deshalb wird man dir den Kopf nicht ~ そのために首をひっこぬかれることもあるまい. **2** (建物などを)取り壊す. **3** 《話》 (衣服を)着古す、ぼろぼろにする. **4** 《比喩》 (一定の年期を)終える、勤め上げる. **5** (図面を)引く. **6** (レスリングで相手を)あおむけに倒す. ❷ 自 (s) 切れる、ちぎれる;とぎれる. Der Besucherstrom wollte nicht ~. 来客の列が引きも切らなかった. ❸ 再 《sich¹》 頑張る、奮闘する.
◆ ↑ abgerissen

'**Ab·reiß·ka·len·der** 男 -s/- 日めくり.

'**ab|rei·ten*** ❶ 自 **1** 馬で立去る. ❷ 《狩師》 (野鳥が)飛去る. ❷ 他 **1** (h, s) (ある地域・区間を)馬で巡回する(パトロールする). Die Soldaten haben ⟨sind⟩ die Grenze abgeritten. 兵士たちは国境を馬でパトロールした. **2** (a) (馬を)疲れ切らせる. (b) 調教する、仕上げる. **3** einen Sturm ~ (船員)(錨を下ろして)嵐の静まるのを待つ.

'**ab|ren·nen*** ❶ 自 (s) 走り去る. ❷ 他 《まれに》 et⁴ nach et⟨j⟩³ 物⟨人⟩³を探して物⁴をかけずり回る. Ich habe⟨bin⟩ die ganze Stadt nach dem Mädchen abgerannt. 私はその女の子を探して町中をかけずり回った. ❸ 再 《sich¹》 走り疲れる.

Abri [a'bri:] 男 -s/-s (fr.) 岩屋、岩窟(がんくつ)(岩棚の下

ab|richten

を利用した石器時代の住居).

'ab|rich・ten 他 1 (a) (動物を)仕込む, 調教する. (b)《まれ》(徒弟・使用人・子供を)仕込ませる, しつける.《兵隊》(兵士)を訓練する. 2 (かんなをかけて)仕上げる.

'Ab・rich・ter ['apriçtər] 男 -s/- 調教師;《兵隊》(新兵の)教官.

'Ab・rich・tung 女 -/-en 調教, 馴致(ﾁ), 訓練.

'Ab・rieb ['aprip] 男 -[e]s/-e (↓abreiben) 1《複数なし》磨滅, 磨耗, 磨損. 2《摩擦によって生じた石炭などの》砕片, 砕屑(ｾﾂ).

'ab・rieb・fest 形 磨滅に強い, 磨耗しにくい, 耐摩性の.

'ab|rie・geln 他 1 (ドアなどに)かんぬき(錠)で閉める, (道などを)遮断(封鎖)する, 通行止めにする;《軍事》(敵の侵入を)阻止する. 2 (人⁴を)閉じ込める.

'Ab・rie・ge・lung, 'Ab・rieg・lung 女 -/-en 1《複数なし》(ドア・家に)かんぬき(錠)を下ろすこと. 2《道路などの》遮断, 封鎖.

'ab|rin・den 他《まれ》(木などの)皮をむく.

'ab|rin・gen 他 ❶ (人⁴から物³を)無理やりに奪い取る, やっとのことで手に入れる. j³ ein Versprechen ~ 人³から強引に約束を取りつける.《再帰的に》sich³ ein Lächeln ~ 作り笑いをする. ❷ 再 《sich⁴》四苦八苦(悪戦苦闘)する.

'ab|rin・nen 他 (s) 滴り落ちる, 徐々にかける.

'Ab・riss ['aprıs] 男 -es/-e (↓ abreißen) 1《複数なし》(家屋などの)取崩し, 除去, 撤去. 2《切符・入場券などの》半券. 3 概略, 大要, 概説(書). 4《古》略図, スケッチ. 5 (ﾏﾚ) 過大要求.

Ab・ro・ga・ti|on [aprogatsi'o:n, ab..] 女 -/-en (lat.) 1《法制》(新法の制定による旧法の)全廃;《習慣の》廃止. 2《注文・用務などの》取消.

'ab|rol・len ❶ 他 1 (荷を)車で運んだり, 集荷する. 2 (巻いてある布・ロープなどを)ほどく, 広げる;《映画のフィルムを》映写する,《録音テープを》再生する. ❷ 自 (s) 1 (列車・車などが)ごとごと走り出す, ごろごろ走り去る. 2《球技》回転レシーブをする. 3 (巻いてものが)ほどける, (出来事やプログラムなどが)展開する, 進行する. Der Film rollt ab. 映画が上映される.

'ab|rü・cken ❶ 他 (人⁴などを)動かす, ずらす. ❷ 自 (s) 立去る (《軍隊が》隊列を組んで移動(出発)する;《von j⁴et》人⁴・物³から離れる, 手を切る.

'Ab・ruf 男 -[e]s/-e《複数なし》1 呼戻す(出す)こと; 召還, 解任. 2《商業》(品物の)納入請求;《預金の》引出. et¹ auf ~ kaufen 物⁴を請求するたびに納入するという約束で買う.

'ab・ruf・be・reit 形 いつ呼出しがかかってもだいじょうぶの, 準備万端ととのった.

'ab|ru・fen* 他 ❶ 1 (人⁴を)呼戻す(出す); 召還する, 解任する; (神が人⁴を天に)召す. j⁴ aus der Sitzung 〈von seinem Posten〉 ~ 人⁴を会議の席から呼出す〈人⁴の任を解く〉. 2《商業》(注文した品を)納入させる;《預金を引出す;《ﾃﾞｰﾀ》(データ)を呼出す;《飛行機に》着陸を命じる. 3 告げる. die Stunde ~ 《アナウンサーが》時刻を知らせる. einen Zug ~ 《鉄道》列車の発車を告げる.

'ab|run・den 他 ❶ 1 (角をとって)丸くする. 2 (作品・文章を)磨きあげる, 彫琢(ﾀｸ)する. ein abgerundeter Stil 磨き抜かれた文体. 3《数値・金額の》端数を丸める(切捨る). 3,141 auf 3,14 ~ 3,141 の端数を切捨てて 3,14 にする. eine Zahl nach oben 〈unten〉 ~ ある数の端数を切上〈下〉げする. ❷ 再 《sich⁴》丸くなる; 完璧(なもの)になる.

'Ab・run・dung 女 -/-en《複数なし》丸くすること. 2《数値・金額の》切上げ, 切捨て. 3 仕上げ, 彫啄, 完成度.

'ab|rup・fen 他 (草などを)むしり取る.

ab'rupt [ap'rʊpt, a'brʊpt] 形 (lat.) 1 支離滅裂の, 脈絡のない. 2 突然の, 唐突な.

'ab|rüs・ten ❶ 自 (↔ aufrüsten) 軍備を縮小(撤廃)する. 2 他 1《まれ》(軍備を)縮小する, 撤廃する. 2 ein Haus ~《建築》家の足場を取払う.

'Ab・rüs・tung 女 -/-en 軍備縮小(撤廃).

'Ab・rüs・tungs・kon・fe・renz 女 -/-en 軍縮会議.

'ab|rut・schen 他 (s) 1 滑り落ちる, (土砂や雪が)崩れ落ちる, (車が)スリップする,《飛行機・スキーに》横滑りする. 2 (成績・業績が)落ちる, 低下する; 身をもちくずす, おちぶれる; (道徳的に)堕落する.

Abs. (略) 1 = Absatz 2 2 = Absender

'ab|sä・beln 他《話》(パンなどを)不器用に切る, ぶつ切りにする.

'ab|sa・cken 自 (s) 1《急に》沈む, 下降する;《船が》沈没する;《飛行機の》高度が急に下がる, (建物が)沈下する;《血圧が》下がる. 2《成績・業績が》下がる, 落ち込む;《性能が急に》劣化する; 身をもちくずす. 3《卑》(酒席で)沈没するまで飲む.

'ab|sa・cken² 他 ❶ 1《目的語なしでも》(穀物・石炭などを)袋詰めにする. 2 荷を下ろす.

* 'Ab・sa・ge ['apza:gə アプザーゲ] 女 -/-n 1 (↔ Zusage) 拒否, 拒絶; 断り, 辞退; (催しなどの取りやめ・中止の通知). 2 (↔ Ansage)《放送》番組終了のアナウンス.

* 'ab|sa・gen ['apza:gən アプザーゲン] ❶ 他 1 (会議・催しなどを)取りやめる, 取消す. 2 (人⁴に事⁴の)取りやめ(取消)を知らせる. j³ einen Besuch ~ 人³に訪問できないと通知する. 3 eine Sendung ~ 放送(番組)の終了をアナウンスする. ❷ 自 1 (人³に)取りやめ(取消)の終了を伝える.《雅》(事³を)断つ, すてる, (と)縁を切る. dem Alkohol 〈seinem Glauben〉 ~ 酒を断つ〈信仰をすてる〉. ◆ ↑abgesagt

'ab|sä・gen 他 1 のこぎりで切る, 切り落とす. 2《話》(人⁴を)首にする.

'ab|sah・nen ['apza:nən] 他 Milch ~ 牛乳から乳脂を取除く.《目的語なしでも》 [das Beste für sich⁴] ~ 《話》おいしいところをかすめ取る. 甘い汁を吸う. Der Staat sahnt Steuern ab. 国家は税金を吸上げる.

'ab|sat・teln 他《馬の鞍(ｸﾗ)》をはずす.

* 'Ab・satz ['apzats アプザッ] 男 -es/⸚e (↑ absetzen) 1 (a) (文章・話の)切れ目, 区切れ, 中断. einen ~ machen 改行する. in Absätzen とぎれとぎれに, ぽつりぽつりと. ohne ~ 間をおかずに; 改行せずに. (b)《略 Abs.》(文章の)段落, 節, パラグラフ;《法制》(条文の)項. §8 Abs. 1 第 8 条第 1 項 (§=Paragraph). 2 (階段の)踊り場; 岩棚, 段丘. 3 (靴の)かかと, ヒール. hohe Absätze ハイヒール. auf dem ~ kehrtmachen / sich⁴ auf dem ~ umdrehen〈umwenden〉《比喩》ぐるりと向きをかえる, 急に引返す. 4《複数なし》(泥・小石や水あかなどの)堆積, 沈殿. 5《複数なし》(商品の)売行き, 販売. Der ~ stockt. 売行きが悪い. reißenden〈großen〉 ~ finden とぶように売れる. 6《複数なし》《牧畜》(家畜の)乳離れ.

'Ab・satz・ge・biet 中 -[e]s/-e 販路.

'ab・satz・fä・hig 形 売行きのよい.

'Ab・satz・ge・stein 中 -[e]s/-e《地学》(Sedimentgestein) 堆積岩.

'ab|sau・fen* 自 (s)《話》1 沈没する;《卑》溺死する.

2 (エンジンがガスを吸いすぎて)エンストを起す.
'**ab|sau·gen**(*) ❶ 他 **1** 吸出す(取る);〘化学〙吸引濾過(分)する;〘医学〙(胃の内容物や尿などをゾンデ・カテーテルを使って)取出す;〘医学〙(胎児を吸角を使って)出産させる, おろす. **2** 〘規則変化のみ〙(掃除機でほこりを)吸取る. den Teppich ~ じゅうたんに掃除機をかける.
'**ab|scha·ben** 他 **1** (汚れ・塗料などを)削り(かき)落す. (再帰的に)sich³ den Bart ~ 〘話〙ひげをそる. **2** (衣服を)すり切れさせる. ein abgeschabter Mantel すり切れたコート. ❷ 再 (sich³) (塗料などが)はがれる; (衣服が)すり切れる.
'**ab|schaf·fen** ❶ 他 (法律・制度を)廃止する, 撤廃する; (車・ペットなどを)処分する, 手放す; (人³をお払い箱にする);(方)〘国外に追放する. ❷ 再 (sich³)〘話〙へばるまで働く.〘過去分詞で〙Er ist abgeschafft. 彼は働いて働けなくなっていっている.
'**Ab·schaf·fung** 女 -/-en 〘複数まれ〙廃止, 撤廃; 処分, お払い箱; (方)〘国外追放.
'**ab|schä·len** ❶ 他 (皮などを)むく, はぐ; (物³の皮をむく(はぐ). ❷ 再 (sich³) 皮がむける.
*'**ab|schal·ten** ['apʃaltən アプシャルテン] ❶ 他 (物³のスイッチを切る. ❷ 自 〘話〙**1** (聴衆などが)興味をなくす, じっと聴いていなくなる, いっしょにやりつづける気をなくす. **2** (気分をかえて)リラックスする, くつろぐ. von der Arbeit ~ (リラックスして)仕事の疲れから回復する.
'**ab|schat·ten** 他 **1** (部屋などを)暗くする, 影にする. **2** (abschattieren) 陰影(濃淡)をつける.
'**ab|schat·tie·ren** 他 陰影(濃淡)をつける.
'**ab|schät·zen** 他 見積もる, 査定する; (人物・状況などを)評価(判断)する, 品定めする.
'**ab|schät·zig** ['apʃɛtsɪç] 形 (相手を見くびった, 軽蔑的な.
'**Ab·schät·zung** 女 -/-en 見積り, 評価, 査定.
'**Ab·schaum** 男 -[e]s/- (煮かすなどの)泡, あく, かす;〘侮〙(人間の)かす, くず.
'**ab|schäu·men** 他 〘料理〙あくを取る.
'**ab|schei·den*** ❶ 他 分離する;〘化学〙分離(折出)する;〘生物〙排出(排泄, 分泌)する;〘冶金〙精錬する;(まれ)(物³を群れから)離す. ❷ 再 (sich³) 分離する;〘化学〙分離(折出)する(von et³ 物³から / in et³ 物³の中で). sich von der Herde ~ 群れから離れる. ❸ 自 (s)〘雅〙みまかる, 他界する. ◆↑abgescheiden
'**Ab·schei·der** ['apʃaɪdər] 男 -s/- 〘工学〙分離器; 精錬装置.
'**Ab·schei·dung** 女 -/-en **1** 〘複数なし〙分離; 排出, 分泌; 精錬. **2** 排出(分泌)物.
'**ab|schel·fern** ['apʃɛlfərn] ❶ 他 (物³の皮をむく, うろこを取る. ❷ 自 (s) (皮膚がうろこ状になって)はげ落ちる, 剥離する.
'**ab|sche·ren**(*) ❶ 他 **1** 〘不規則変化〙はさみで切り(刈り)取る, 丸坊主にする. **2** 〘規則変化〙Blech ⟨Draht⟩ ~ 〘工学〙板金(針金)を剪断(※)する.
'**Ab·sche·rung** 女 -/- 〘工学〙剪断(※).
*'**Ab·scheu** ['apʃɔʏ アプショイ] 男 -[e]s/ (まれ 女 -/-) 嫌悪(感), 不快感. j³ einflößen 人³に嫌悪の念を起させる. vor j⟨et³⟩ ~ haben 人⟨物³⟩に嫌悪の念をいだく, (を)忌み嫌う.
'**ab|scheu·ern** ❶ 他 **1** (テーブルなどをこすってきれいにする; (汚れをこすり落す (von et³ 物³から). **2** [sich³] et⁴ — 物⁴(衣服など)をすり切らす, (道具などですり減らす. sich³ die Haut — 皮膚をすりむく. ❷ 再

《sich⁴》すり切れる.
*'**ab'scheu·lich** [ap'ʃɔʏlɪç アプショイリヒ] ❶ 形 嫌な, いやらしい, 不快な; ひどい, えげつない. ❷ 副 〘話〙ものすごく, 非常に.
Ab'scheu·lich·keit 女 -/-en **1** 〘複数なし〙いやらしさ, おぞましさ, 不快さ. **2** 嫌悪すべき(いやらしい)言動.
'**ab|schi·cken** 他 (郵便物などを)出す, 発送する; (使者を)派遣する.
'**ab|schie·ben*** ❶ 他 **1** 押しやる, 押しのける(von et³ 物³から); (罪・責任・仕事などを)押しつける, 転嫁する ([von sich³] auf j⁴ ~ 人⁴に). **2** 失脚させる, 左遷する; (国外に)追放する. ❷ 自 (s) 立去る.
'**Ab·schie·bung** 女 -/-en 押しやること, 転嫁;〘法制〙国外追放(退去).

Ab·schied ['apʃiːt アプシート] 男 -[e]s/-e 〘複数まれ〙 **1** 別れ, 別離; 別れの挨拶. von j³ ~ nehmen 人³と別れを告げる. von ~ 別れに際して. **2**〘古〙解任, 免官; 辞職. j³ den ~ erteilen⟨geben⟩ 人³を解任(免官(%))する. seinen ~ einreichen 辞表を出す. ◆↑verabschieden
'**Ab·schieds·abend** 男 -s/-e 別れの夕べ. einen ~ geben お別れパーティーを開く.
'**Ab·schieds·be·such** 男 -[e]s/-e いとまごいの訪問.
Ab·schieds·fei·er 女 -/-n お別れパーティー, 送別会.
'**Ab·schieds·ge·such** 中 -[e]s/-e 〘雅〙〘古〙辞職願い, 辞表.
'**Ab·schieds·gruß** 男 -es/⁻e 別れの挨拶.
'**ab|schie·ßen** ❶ 他 **1** (弾丸・砲丸・弓矢・ロケットなどを)発射する, 射(%)つる, 放つ. den Ball ~〘球技〙シュートする. **2** (戦車・飛行機などを)撃破(撃墜)する; (人・獣を容赦なく)射殺する;〘ボクシング〙ノックアウトする. den Vogel ~ (射撃大会で)優勝する;〘話〙誰にも引けを取らないない(mit et³ 事³において). j³ ein Bein ~ 人³の片脚を砲弾で吹っ飛ばす. **3** 〘話〙(人⁴を)失脚させる. 〘中性名詞として〙zum Abschießen aussehen ⟨sein⟩ 見られたさまくない, おかしな格好をしている. ❷ 自 (s)〘南西部〙(色が)あせる.
'**ab|schil·fern** 〘地方〙 ❶ 自 (皮膚がうろこ状になって)はげおちる. ❷ 再 (sich³) (皮膚がはがれおちる, 落屑(½)する. ◆↑abschelfern
'**ab|schin·den*** ❶ 他 **1** (人や動物を)こき使う, 酷使する. **2** (人³から物⁴を)奪い取る. ❷ 再 (sich³; sich³) **1** (sich³) 骨身を削る, さんざん苦労する(mit et³ 事³で). **2** (sich³) sich die Haut ~ 〘古〙皮膚をすりむく.
'**Ab·schirm·dienst** ['apʃɪrm..] 男 -es/-e 〘軍事〙防諜機関.
'**ab|schir·men** 他 **1** 守る, 庇護する(vor⟨gegen⟩ j⟨et⟩⁴ 人⟨物⟩³から). **2** (光・音を)防ぐ, 遮る. das grelle Licht mit einem Tuch⟨durch ein Tuch⟩ ~ どぎつい光を布で遮る. **3** 〘スポ〙ブロックする.
'**Ab·schir·mung** 女 -/-en 〘複数なし〙保護, 庇護. **2** 遮蔽物;〘工学〙保護(遮蔽)装置.
'**ab|schir·ren** 他 馬具をはずす.
'**ab|schlach·ten** 他 (病気の動物などをやむなく, またしばしば大量に)殺す, 屠殺する; (人を)虐殺する.
'**Ab·schlach·tung** 女 -/-en 屠殺; 虐殺, 殺戮(½).
'**ab|schlaf·fen** 〘話〙 ❶ 自 (s) ぐったりする, 疲れ切る. ❷ 他 ぐったりさせる. ◆↑abgeschlafft

'**Ab·schlag** ['apʃlaːk] 男 –[e]s/⁼e **1**〈賃金の〉前払い，内金；分割払い，割賦．auf ~ 分割払いの(割賦)で．**2**《商業》値下がり，値下げ；(相場の)下落；《金融》(Disagio) 逆打歩(ぎゃくだぶ)，額面未満発行定額割合．**3** 引き水，分水(路)．**4**《林業》伐採(地)．**5**《スポ》ゴールキック．《スポ》⁼ブリー；《スポ》ティーグラウンド．**6**《印刷》見本刷り；《貨幣》(見本用の特別貨幣，鋳造見本．**7**《考古》(石器時代の)打製石器(石核石器・剥片石器など)．**8**《古》拒絶回答，却下．

'**ab·schla·gen*** ['apʃlaːɡən] ❶ 他 **1** 打ち(たたき)落す，切落す〈von et³ 物³から〉；〈樹木³を〉切倒す，〈森を〉伐採する．die Ecken ~ 角(かど)を落す．j³ den Kopf ~ 人³の首をはねる．den Schnee vom Mantel ~ コートの雪を払う．**2**(↔ aufschlagen)〈テント・足場など〉を取壊す，取り払う，解体する．ein Segel ~〈船員〉帆をはずす．**3** einen Fluss ~ 川の流れを変える，分水する．**4**〈敵・攻撃を〉撃退する；《スポ》(打込みを)払う．[den] Dritten ~ (3 人での)鬼ごっこをする．**5**〈願いを〉拒絶する；却下する；却下する．**7** sein Wasser ~ / sich³ das Wasser ~《話》小便する．**8** [den] Ball ~《スポ》(キーパーが)ゴールキックをする；《スポ》ブリーをする；《スポ》ティーオフをする．❷ 自 (h, s)〈商品が〉値下がりする，(相場が)下落する；〈量などが〉減る，落ちる；〈暑さ・寒さが〉和らぐ．Die Kuh hat〈ist〉 *abgeschlagen*. この雌牛は乳の出が悪くなった．

❸ 再 (sich⁴) 沈殿(沈積)する；結露する．
♦ ↑abgeschlagen

'**ab·schlä·gig** ['apʃlɛːɡɪç] 形《比較変化なし》拒絶の，断りの．eine ~e Antwort 拒絶の回答．et〈j〉³ ~ bescheiden 事〈人³の願い〉を却下する．

'**ab·schläg·lich** 形《古》分割払いの．

'**Ab·schlags·zah·lung** 女 –/–en 分割払い，賦払．

'**ab·schle·cken**〈南部ジー，オーストリア・スイス〉=ablecken

'**ab·schlei·fen*** ❶ 他 **1**〈物³を〉磨く，研ぐ；(さびなど)を磨き落す；(凹凸を)磨いてならす；《比喩》(悪習など)を直す，洗練する；《古》(使いすぎて畑を)やせさせる．❷ 再 (sich⁴) 磨かれる，なめらかになる，すり減る；《比喩》(性格・人柄が)丸くなる，角(かど)が取れる；(悪習などが)直る，洗練される．♦ ↑abgeschliffen

'**Ab·schlepp·dienst** ['apʃlɛp..] 男 –es/–e レッカーサービス(業)．

'**ab·schlep·pen** ❶ 他 **1** (故障車などを)引っ張っていく，(難破船などを)曳航(えいこう)していく．sich⁴ von j³ ~ lassen 〈自分の車を〉人³〈の車〉に牽引してもらう．**2**《話》(人⁴を)無理やり引っ張っていく．einen Mann〈eine Frau〉 ~《戯》男〈女〉をナンパする．j³ noch für ein Bier ~ (いやがる)人⁴をもう一杯ビールを飲もうと引張って行く．❷ 再 (sich⁴) 難儀して運んでいく〈mit〈an〉et³ 物³〉．

'**Ab·schlepp·seil** 中 –[e]s/–e (自動車などの)牽引ロープ．

'**Ab·schlepp·stan·ge** 女 –/–n **1** 牽引用のながえ．**2** =Abschleppseil

'**ab·schlepp·wa·gen** 男 –s/– レッカー車．

*'**ab·schlie·ßen*** ['apʃliːsən] アプシュリーセン ❶ 他 **1** (a) (家・ドア・金庫など)鍵をかけて閉める，(に)錠をおろす．(b) (地方)《大切なものを》鍵をかけてしまい込む．**2** (事⁴を)締めくくる，閉じる，終える．eine Arbeit ~ 仕事を終える．eine Rechnung ~ 勘定を締める．(現在分詞で) *abschließend* sagen 話を締めくくる，結論として言う．**3** (契約などを)結ぶ，締結する．ein Geschäft〈eine Versicherung〉 ~ 売買契約を結ぶ〈保険の契約をする〉．**4** (von j〈et〉³ / gegen j〈et〉⁴ 人〈物〉³から)引離す，隔離する，孤立させる．《再帰的に》sich⁴ von der Welt ~ 世間との交わりを断つ，隠棲(いんせい)する．

❷ 自 **1** (mit et〈j〉³ 事〈人〉³と)関係を断つ，手(縁)を切る．mit der Vergangenheit ~ 過去を清算する．**2** (mit et³ 事³で)終る．Dieser Roman *schließt* mit dem Tod der Heldin *ab*. この小説はヒロインの死で終る．
♦ ↑abgeschlossen

*'**Ab·schluss** ['apʃlʊs] アプシュルス 男 –es/⁼e **1** 閉鎖，遮断．**2**《服・じゅうたんなどの》へり，縁(飾り)．**3**《複数なし》終り，終了，終結．et⁴ zum ~ bringen 事⁴を終える，終結させる．zum ~ kommen〈gelangen〉 終わる，終結する．**4** (会社などの)決算，帳締め．**5**《複数なし》(契約などの)締結，成立．mit j³ zum ~ kommen 人³と商談が成立する．**6**《球技》(一連のプレーの)締めくくり，シュート．

'**Ab·schluss·prü·fung** 女 –/–en 卒業試験；修了試験．**2**《商業》(年度末の)会計監査(検査)．

'**ab·schme·cken** 他 **1** (料理の)味見をする；(塩・こしょうなどで)味を調える．die Soße mit Wein ~ ソースにワインを加えて味の仕上げをする．**2** (ワインの)利き酒をする．dem Wein das Alter ~ 利き酒をしてワインの年数を知る．

'**ab·schmei·cheln** 他 (人³に取入って物⁴を)手に入れる．

'**ab·schmel·zen*** ❶ 自 (s) (氷・金属などが)溶ける．Die Sicherung ist *abgeschmolzen*. ヒューズが焼けた．❷ 他 (氷・金属などを)溶かす．

'**ab·schmet·tern**《話》**1** (にべもなく)はねつける，拒否(却下)する．**2** (歌を)むやみに大声で歌う，がなり立てる．

'**ab·schmie·ren** 他 **1** (機械などに)グリスを塗る，潤滑油をさす．**2**《生徒》(j³ 下手な字で)くちゃくちゃと書き写す(取る)．**3** (答案などを)カンニングする．**4**《卑》(人⁴をさんざんけなす，くそみそに言う；さんざん殴る．自 (s)《話》(飛行機が横滑りに失速する(墜落する)．

'**ab·schmin·ken** 他 **1** (人⁴の)化粧(メイクアップ)を落す．《再帰的に》 sich³ das Gesicht ~ 顔の化粧を落す．sich⁴ ~ 〈自分の化粧を〉落す．**2**《再帰的に》sich³ et⁴ ~ 物⁴をあきらめる，放棄する．

Abschn.《略》=Abschnitt 2

'**ab·schnal·len** ❶ 他 (物⁴の留め金(バックル)をはずす；(ベルトを)ゆるめる，(スキー靴などを)脱ぐ．❷ 再 (sich⁴) シートベルトをはずす．❸ 自《話》**1** 疲れきっている．**2** 気持(緊張)がゆるむ，やる気をなくす．**3** 唖然(あぜん)としている，ぼうぜんとしている．

'**ab·schnap·pen** ❶ 他 (s, h) **1** (s) ぱちんとはずれる．**2** (s, h) 急に中断する，途切れる．in der Rede ~ 話の途中で言葉が出なくなる．**3** (s)《卑》死ぬ．❷ 他《話》(間一髪のところで)捕まえる．Vor dem Haus habe ich ihn gerade noch *abgeschnappt*. 家の前で私は彼をなんとか捕まえた．

'**ab·schnei·den*** ['apʃnaɪdən] アプシュナイデン ❶ 他 **1** 切取る，切離す；(髪の毛・爪などを)，カットする．ein Stück Brot ~ パンを1枚切取る．j³ die Haare ~ 人³の髪を刈る．j³ den Lebensfaden ~ 人³の命を絶つ．sich³ eine Scheibe ~ [können]《話》人〈物〉³ を見習う(手本にする)，人³の爪のあかをせんじて飲む．**2** 遮断する，孤立させる〈von j〈et〉³ 人〈物〉³から〉．von der Welt *abgeschnitten*

leben 世間と無縁に暮す. **3** 《人³の物⁴を》はばむ, 遮(だ)る, 奪う. j³ die Ehre ~ 人³の名誉を傷つける. j³ alle Hoffnungen〈das Wort〉~ 人⁴のすべての希望を奪う《発言を封じる》. j³ den Weg ~《比喩》人³を先回りして待ちぶせる, (の)行く手を阻(はば)む. **4**《しばしば目的語なしで》近道をする. Der Pfad *schneidet* [den Bogen der Straße] *ab*. この小道は近道だ.
❷ 圓《様態を示す語句》…の結果を収める. bei der Prüfung gut ~ 試験で好成績を収める.

'ab|schnel·len ❶ 個 (弾丸・矢などを)放つ. ❷ 囲《*sich*》(人が)ぱっと跳ぶ, ジャンプする. ❸ 圓 (s) **1** (弾丸・矢などが)飛ぶ, はじけ飛ぶ. **2** (人が)ぱっと跳ぶ, ジャンプする.

*'**Ab·schnitt*** ['apʃnɪt アプシュニット] 男 -[e]s/-e (↓ abschneiden) **1** 部分, 断片. **2**《略 Abschn.》(文章の)段落, 節;(本・論文の)節, 章;(法令の)章. ▶ 法令では Buch (編)の下が Abschnitt で, Abschnitt がさらに Kapitel (節)に分かれる. **3** (切符や用紙などのミシン目を入れた)切取り部分; 半券, 控え. **4** 地区;(鉄道・道路の)区間,《軍事》作戦地域. **5**《人生・歴史などの》一時期, エポック. **6**《韻律》中間休止. **7**《数学》線分, 切片.

'**Ab·schnitts·be·voll·mäch·tig·te** 男|女《形容詞変化》《略 ABV》(旧東ドイツ人民警察の)地区担当警官.

'**ab·schnitt[s]·wei·se** 副 **1** 節ずつ, 切れ切れに.

'**Ab·schnit·zel** ['apʃnɪtsəl] 中 -s/-《南ドイツ》(紙・肉などの)切れはし, 切りくず.

'**ab|schnü·ren** **1** (ひもなどで物⁴を)固く縛る; (縛って物⁴の)流れを止める;《医学》(血管⁴を)結紮(けっさつ)する; (絞(し)めるように)くびり取る. j³ die Luft ~ (襟などが)人³の首を締めつける;《比喩》人³を(経済的に)締めあげる. **2**《比喩》(道路・地域を)遮断する, 封鎖する. **3**《手工業》(物⁴を)ひもを使って削る, に墨を打つ.

'**Ab·schnü·rung** 女 -/-en ひもで縛ること;《医学》結紮(けっさつ), 絞断.

'**ab|schöp·fen** 個 (あく・泡などを)すくい取る;《金融》(利潤・過剰通貨などを)吸収(回収)する. das Fett 〈den Rahm〉 ~ 脂肪〈乳脂〉をすくい取る;《比喩》甘い汁を吸う.

'**Ab·schöp·fung** 女 -/-en **1** すくい取ること. **2**《経済》(輸入品に対する)課徴金.

'**ab|schot·ten** ['apʃɔtən] 個 (↓ Schott) **1**《造船》水密隔壁(仕切り)をつける. **2**《物⁴人⁴》を外界から)密閉(隔離)する.

'**ab|schrä·gen** 個 (屋根・土地などを)斜めにする, (に)勾配(こうばい)をつける.

'**ab|schrau·ben** 個 **1** (↔ anschrauben) ねじをゆるめて取りはずす. **2** (↔ aufschrauben) (ふたなどを)ねじってはずす.

'**ab|schre·cken** 個 **1** 脅(おど)かす, ひるませる, (脅して)追い払う; (j⁴ von et³ 人⁴を脅して事³を)やめさせる. 《*lassen* と》sich⁴ ~ lassen おじけづく, ひるむ, たじろぐ.《現在分詞で》 ein *abschreckendes* Beispiel 見せしめ. Das Tier ist *abschreckend* hässlich. その獣は恐ろしく醜い. **2**《化学・冶金》(加熱した金属材料を)急速に冷却する;《料理》(卵などをゆでたあと)冷水をかける.

'**ab·schre·ckung** 女 -/-en **1** おどし, 見せしめ;(しばしば政治上の)威嚇. **2** 急冷; 焼入れ.

'**Ab·schre·ckungs·mit·tel** 中 -s/- 威嚇手段, 抑止力.

*'**ab|schrei·ben*** ['apʃraɪbən アプシュライベン] ❶ 個 **1** (文書などを)書き写す, コピーする; 浄書する. **2** (von j³ 人³のものを)不正に書き写す, 剽窃(ひょうせつ)〈盗作〉する, カンニングする. **3**《経済》(回収不能などの理由で帳簿からある金額を)計上し, 抹消する; 減価償却する, (ある金額を)差引く, 控除する. et⁴ von der Steuer ~ 物⁴を課税金額から控除する. **4** (注文などを)取消す. **5** (人〈物〉⁴を)勘定(計算, 考慮)に入れない, いない〈ない〉ものとする, あきらめる. Wir können ihn ~. 私たちは彼を勘定に入れるわけにはいかない. **6** (鉛筆などを)書き減らす, 磨滅させる. Die Feder ist schon *abgeschrieben*. このペンはもう先が駄目になっている. ❷《再帰的に》*sich*³ ~ (鉛筆などが)磨滅する. *sich*³ die Finger ~《話》指が痛くなるほど書く.
❷ 圓 (人³に)断りの手紙〈返事〉を出す.

'**Ab·schrei·bung** 女 -/-en《経済》(帳簿からの)抹消; 減価償却(額); 控除(額).

'**ab|schrei·ten*** ❶ 個 (h, s) **1** (h, s)《雅》(物〈人〉⁴を歩いて)査閲する, 観閲する. die Front ~ 閲兵する. **2** (h) (距離を)歩測する. ❷《雅》圓 (s) (落着いた足取りで)立去る.

'**Ab·schrift** 女 -/-en (↓ abschreiben)(文書の)写し, コピー;《法制》謄本(とうほん); (絵画などの)模写, 複製. in ~ (原本でなく)コピーで(=abschriftlich).

'**ab·schrift·lich** 形 《おもに副詞的用法で》《書》(原本でなく)コピーの(で), 写しの(で), 謄本(とうほん)の(で).

'**Ab·schrot** 中 -[e]s/-e《工学》(鉄敷(かなしき)で使う切断用の)たがね.

'**ab·schro·ten** 個 たがねで切断する.

'**Ab·schrö·ter** 男 -s/- **1** = Abschrot **2** 金敷用ハンマー.

'**ab|schrub·ben** 個《話》**1** (物〈人〉⁴をブラシでごしごしこする; (et⁴ von et³ 物⁴を物³からごしごしこすって落す〈取る〉). sich³ den Rücken ~ 背中をごしごしこする. **2** (ある道のりを)走破する.

'**ab|schup·pen** 個 **1** (魚⁴の)鱗(うろこ)を取る. ❷ 圓《*sich*》[*sich*] ~ (皮膚などが鱗状にぼろぼろむける; ふけが落ちる.

'**Ab·schup·pung** 女 -/-en (魚⁴の)うろこを落すこと; (皮膚の)落屑(らくせつ);《地学》(岩石表面の)砕片化.

'**ab|schür·fen** sich³ die Haut〈die Knie〉 ~ 皮膚〈膝〉をすりむく.

'**Ab·schür·fung** 女 -/-en **1** すりむくこと. **2** すり傷, 擦過傷.

'**Ab·schuss** ['apʃʊs アプシュス] 男 -es/⁼e (↓ abschießen) **1** (弾丸・ロケットなどの)発射, 打上げ. **2** 撃墜, 撃沈; (獣⁴を)射留めること, 射落すこと;《狩猟》(1猟区で一定期間に認められた)捕獲数. **3**《古》急流; 懸崖(けんがい).

'**Ab·schuss·ba·sis** 女 -/..basen (ロケットなどの)発射基地.

'**ab·schüs·sig** ['apʃʏsɪç] 形 **1** 急傾斜の, 険しい. auf die ~e Bahn geraten《比喩》転落の一途をたどる, 身を持ちくずす. **2** 色あせた.

'**Ab·schuss·lis·te** 女 -/-n《狩猟》獣⁴の捕獲数表; 《話》解雇〈逮捕〉予定者名簿, ブラックリスト.

'**Ab·schuss·ram·pe** 女 -/-n (ロケットなどの)発射台.

'**ab|schüt·teln** 個 **1** 振り(払い)落す (von et³ 物³から). den Schnee vom Mantel ~ コートの雪を払う. das Tischtuch ~ テーブルクロスのごみをふるい落す. **2** (a) (懸念・不安などを)払いのける. (b) (人⁴を追払う, 厄介払いをする. **3** (人³を振切る, まく.

'**ab|schwä·chen** ❶ 個 弱める, やわらげる, 薄める; 《写真》(ネガの画像濃度を)減力する. ❷ 囲《*sich*》

弱まる, やわらぐ;【気象】(高・低気圧が)衰える.
'**Ab·schwä·cher** [´-] 男 -s/- 【写真】(ネガの画像濃度を薄める)減力剤(液);【工学】減衰器.
'**Ab·schwä·chung** 女 -/-en 弱まる(やわらぐ, 薄まること);【写真】(ネガの)減力;【気象】(高・低気圧の)衰退;【言語】(音声の弱化(とくに語尾の母音が弱語尾 e に退化すること).
'**ab|schwat·zen** 他【話】(人³から物⁴を)言葉巧みにだまし取る(せしめる).
'**ab|schwei·fen ❶** 自 (s)【雅】(von et³ 物から)それる, はずれる. vom Thema ~ 本題からそれる. **❷** 他《古》**1** (糸などを染色前に)煮る, 練(²)る. **2** (木材を)枠鋸(²)で切る. **3** (洗濯物を)すすぐ.
'**Ab·schwei·fung** 女 -/-en **1** (複数なし)(道・本題から)それること, 逸脱, 脱線. **2** (Exkurs) 余論, 補説.
'**ab|schwel·len*** 自 (s) (風船などが)しぼむ, (はれが)引く, (水かさが)減る, (音・風が)弱まる.
'**ab|schwen·ken** 自 (s) 方向を転じる, 向きを変える;【比喩】方向転換する(von et³ 事³から). **❷** 他 die Tropfen von einem Teller ~ / einen Teller ~ 皿のしずくを切る.
'**ab|schwin·deln** 他(人³から物⁴をだまし取る.
'**ab|schwir·ren** 自 (s) **1** (鳥や虫などが)ひゅっと(ぴゅんと, ぶーんと)飛び去る. **2**【話】(人が)立去る, うせる.
'**ab|schwö·ren*** ❶ 他(人く物³との)関係を断つと誓う, (と)縁(手)を切る, (から)足を洗う. dem Alkohol ~ 誓って酒を断つ. dem Glauben ~ 信仰をすてる. ❷ 他 **1**《古》誓って否認(否定)する. **2** dem Teufel ein Bein〈ein Ohr〉~《戯》軽々しく誓い(呪い)の言葉を口にする.
'**Ab·schwö·rung** 女 -/-en【宗】**1** (受洗のとき悪魔の業を否認し、教会に帰正するとき行う)異端放棄宣誓. **2** (破門を許されて教会に帰正するとき行う)異端放棄宣誓, 異端誓絶.
'**ab·seh·bar** ['apʦeːbaːr, -´- -] 形 見極めのつく, 予想(予測)可能な. in ~er Zeit 近いうちに, 近い将来.
*'**ab|se·hen*** ['apʦeːən アプゼーエン] ❶ 他 **1** (人⁴物⁴を)見て覚える, 見習う, 学び取る. Ich habe dem Meister das Kunststück *abgesehen*. 私は親方のやり方を見てその芸を身につけた. **2**《目的語なしで》(a) こっそり見て写す, カンニングする. [die Lösung] vom Nachbarn ~ 隣席の者の解答をカンニングする. (b) 唇の動きから読取る. Er kann [Gesprochenes] vom Munde ~. 彼は唇の動きから話の内容を理解する, 読唇(²)術を心得ている. **3** (人³の事⁴を見て取る, 読取る. j¹ et⁴ an den Augen〈am Gesicht〉~ 人³の目(顔色)で事⁴を知る. **4** (事⁴を見極める, 予想(予測)する. Das Ende des Krieges ist noch nicht *abzusehen*. 戦争の終結はまだ見極めもつかぬ. **5**《不定の es⁴ と/ふつう完了形で》es auf et⁴ (j⁴) *abgesehen* haben 《物⁴》物〈人⁴〉を狙っている, 目当ては物〈人⁴〉である. Sie hat es auf mein Geld *abgesehen*. 彼女の狙いは私の金だ. Er hat es auf sie *abgesehen*. 彼のお目当ては彼女だ. **6** sich³ die Augen nach j⁴〈et³〉~ 人〈物³を目あきれるまで見つづける. ❷ 自 (von et³ 物⁴を)度外視する, 考慮しない;やめる, 思いとどまる, 見合わせる. Davon wollen wir diesmal noch ~. 今回はその点は問題にしないことにしよう. ♦ ↑abgesehen
'**Ab·se·hen** 中 -s/- **1**《雅》見通し, 予知, 予期. allem ~ nach 恐らく, たぶん. **2**【地方】《複数なし》意図, 狙い. **3**（⁴⁴⁴）銃の照尺. **4** ~ von Strafe【法制】刑の執行停止.

'**ab|sei·fen ❶** 他 (人く物)⁴を石鹸で洗う. **❷** 再《sich⁴》体を石鹸で洗う.
'**ab|sei·hen** 他 (液体を)漉(²)す.
'**ab|sei·len ❶** 他(人く物)⁴をロープ(ザイル)で降ろす; (物⁴をロープで仕切る, 縄張りする. **❷** 再《sich⁴》ザイルで降りる;《話》抜け(逃げ)出す, ずらかる.
'**ab sein***, **o'ab|sein*** 自 (s) **1** 離れている;(固定してあったものが)取れている. Der Knopf *ist ab*. ボタンが取れている. **2**【北ドイツ】疲れている.
'**ab|seit** ['apʦaɪt]【古】【バイエルン】=abseits
'**Ab·sei·te** ['apʦaɪtə] 女 -/-n (衣服の)裏地, (布の)裏側, 裏面.
'**Ab·sei·te** 女 -/-n《古》(Apsis) アプシス, 後陣(教会の内陣後部にある奥室). **2**【北ドイツ】屋根裏の納戸(²³).
'**ab·sei·tig** [´apʦaɪtɪç] 形 **1** わきにある, 離れた(辺びな)ところにある. **2** 本題からそれた, 的はずれの; 異常な, 病的な, アブノーマルな. **3**《古》敵対的な.
'**ab·seits** [´apʦaɪts] ❶ 副 離れたところに, 脇(²)で(に). ~ sprechen【演劇】傍白(話)(わきぜりふ)を言う. ~ sein〈stehen〉【球技】オフサイドの位置にある. ❷ 前《2格支配》(...から)離れて. ~ der Straße 大通りを離れたところに.《前置詞 von と》~ vom Trubel 雑踏を離れて.
'**Ab·seits** 中 -/-【球技】オフサイド.
'**Ab·seits·fal·le** 女 -/-n【サッカー】(サッカーなどの)オフサイドトラップ.
'**Ab·seits·pfiff** 男 -[e]s/-e【サッカー】(サッカーなどの)オフサイドの笛.
'**Ab·seits·tor** 中 -[e]s/-e【サッカー】(サッカーなどの)オフサイドによるノーゴール.
Ab'sence [a´psɑ̃ːs] 女 -/-n [..sən] (*fr.*)【医学】放心状態, 一時的失神, アブサンス, アブサンス.
'**ab|sen·den*** 他 発送する; (使者などを)派遣する. ↑Abgesandte
*'**Ab·sen·der** [´apʦɛndər アブゼンダー] 男 -s/-《略 Abs.》**1** 差出人, 発送者, 荷主;【商業】荷主. **2** 差出人の住所と氏名. ◆ 女性形 **Absenderin** 女 -/-nen
'**Ab·sen·dung** 女 -/-en 発送;(使者などの)派遣.
'**ab|sen·ken ❶** 他 **1** 沈める, 下方にさげる(水位などを下げる. **2**【建築】(下げ振りを使って建物の)垂直線を決める. **3**【園芸】(樹木を)取り木によって増やす. ❷ 再《sich⁴》(土地が)傾斜する.
'**Ab·sen·ker** [´apʦɛŋkər] 男 -s/-【園芸】取り木(挿し木)用の枝.
ab'sent [ap´ʦɛnt] 形《古》(*lat.*) (↔ präsent) (abwesend) 不在の.
ab·sen'tie·ren [apʦɛn´tiːrən] 他《sich⁴》《古》席をはずす, いなくなる; 欠席する.
Ab'senz [ap´ʦɛnʦ] 女 -/-en 欠席, 不在;【スイス】(学校の)欠席. **2** =Absence
'**ab|ser·vie·ren** 他 **1** (給仕などが物⁴を)片づける, 下げる. [das] Geschirr ~ 食器を下げる. den Tisch ~ 食事の後片づけをする.《目的語なしで》Sie können ~! 食器を下げてください. **2**《卑》(人⁴を)ばっさり首にする, お払い箱にする. **3**【スポーツ】圧勝する. ◆ 過去分詞 abserviert
'**ab·setz·bar** [´apʦɛʦbaːr] 形 **1** 罷免(解任)可能な. **2** 控除可能な. **3** (商品が)よく売れる.
'**Ab·setz·be·cken** 中 -s/- (浄水場などの)沈殿池, 浄化槽.
*'**ab|set·zen** [´apʦɛʦən アブゼッツェン] ❶ 他 **1** 下に置

く,下ろす,離す,はずす,取去る.die Brille ～ 眼鏡をはずす.Eier ～ 卵を産む.Fallschirmspringer ～ スカイダイバー(落下傘隊員)を降下させる.die Feder ～ ペンを擱(ホ)く,擱筆(ホっ)する.die Flöte ～ フルートを口から離す.den Koffer ～ スーツケースを下に置く.j⁴ am Marktplatz ～ 人⁴を中央広場で降ろす.Das Pferd *setzte* seinen Reiter ab. 馬が乗り手を振落す.**2** 沈殿(堆積)させる.Der Fluss *setzt* Sand am Ufer *ab*. 川が砂を岸に沈殿させる.**3**(すでに始めていることを)中断する,中止する,やめる.die Pille ～ ピルの服用をやめる.《目的語なしで》ohne *abzusetzen* 休まずに,たえず.**4**(すでに取決めたり予告していることを)取消,取りやめる.das Konzert ～ 演奏会を取りやめる.einen Termin ～ 約束の日取りを取消す.et⁴ vom Programm ～ 事⁴をプログラムからはずす.**5**(公職にある者を)辞めさせる,解任(罷免)する.j⁴ vom Amt ～ 人⁴を解任(罷免)する.den König ～ 王を退位させる(廃する).die Regierung ～ 政府を総辞職させる.**6**《商業》(まとまった数量の商品を)売りさばく,売却(販売)する.**7**《商業》(勘定・総額än)ǒ差引く,(税金から)控除する.**8**《牧畜》乳離れさせる.**9**(物⁴を縁取る(mit et³ 物³で).**10**(物⁴を)目立たせる,際立たせる(von et³ / gegen et³ 物³,⁴から).**11**《印刷》(a) 活字に組む.ein Manuskript ～ 原稿を活字に組む.(b) eine Zeile ～ 改行する.**12** ein Boot vom Ufer ～ 《船員》ボートを岸から突き放す.**13**《非人称的に》*Es setzt* et⁴ *ab*.《話》事⁴が起る,行われる,おっ始まる.*Es wird* Ohrfeigen ～.(相手に向かって)平手打ちを食らわせるぞ,張りたおすぞ.*Es setzt* etwas *ab*.(ひと騒ぎ起って)ひどいことになるぞ.
❷ 再 (sich⁴) **1**(こっそり)逃出す,立去る,居を移す;〖軍事〗退去(撤退)する(vom Feind 敵から).**2** 沈殿(堆積)する.**3**(von et³ 物³から)離れる;目立つ,際立つ(von et³ / gegen et³ 物³,⁴から).❸ ↑ Absatz

'Ab·set·zung [..] 女 -/-en **1** 罷免(ፉょ),解任;(王などの)廃位.**2**(薬の服用などの)中断,中止;(予告などの)取消,取りやめ.**3**(税金などからの)控除.**4**(商品の)売却,販売.

'ab·si·chern ❶ 他 (物⁴の)安全を確保する,(に)安全対策を講ずる;(人⁴の)身の安全を確保する.eine Baustelle/eine Unfallstelle) ～ 工事現場/事故現場の安全を確保する.eine Methode wissenschaftlich ～《比喩》ある方法の学問的基礎固めをする.❷ 再 (sich⁴)(しかるべき安全対策・予防措置で)身の安全を確保する.

*'Ab·sicht ['apzɪçt アプズィヒト] 女 -/-en(↓absehen) 意図,もくろみ,下心,計画;〖法制〗故意.Das war nicht meine ～. それは私の意図するところではなかった.die ～ haben, ...zu tun ...するつもりである.Ich hatte nicht die ～, sie zum Essen einzuladen. 私は彼女を食事に招くつもりはなかった.in der ～, ... zu tun ～するつもりで.mit ～ 故意に,意図的に.ohne böse ～ 悪気なしに.[ernste] ～*en* auf j⁴ haben《話》(人⁴)と結婚したがっている.

*'ab·sicht·lich ['apzɪçtlıç, -ˈ- アプズィヒトリヒ] 形 《述語的には用いない》故意の,意図(計画)的な.

'ab·sichts·los [..] 形 故意でない,意図のない.

'ab·sichts·voll [..] 形 故意の,意図的の;故意にみちた.

'ab|sin·gen* 他 **1** 終わりまで歌う.**2** [vom Blatt] ～ 初見で歌う.**3** Der Nachtwächter *singt* die Stunden *ab*.《古》夜警が時を告げる.

Ab'sinth [ap'zɪnt] 男 -[e]s/-e (*gr.*) アプサン(にがよもぎでつけした度の強い蒸留酒).

'ab|sit·zen* ❶ 自 (s, h) **1** (s)(↔ aufsitzen)(馬・自転車などから)降りる.**2** (h)(von j⟨et⟩³ 人⟨物⟩³から)離れた所に座って(住んでいる).**3** (s)(ฐ᠐)座る,腰をおろす.❷ 他《話》**1**(ある期間を)座って過ごす;漫然と過ごす.die Arbeitszeit ～ 勤務時間をぼんやり座って過ごす.*seine* Strafe ～ 刑期を終える.**2**《古》(人³から物³を)ねばって手に入れる.**3**《話》(クッションなどを)座ってすり減らす.

ab·so'lut [apzo'luːt アブゾルート] (*lat.*) ❶ 形 **1** 絶対的,絶対的な,無条件の.～*es* Gehör 絶対音感.～*e* Höhe 海抜.～*e* Temperatur 絶対温度.**2** 完全な,無制約の,純粋な.～*er* Alkohol 無水アルコール.《名詞的用法で》das *Absolute*《哲学》絶対者.**3** 専制の,独裁の.～*e* Monarchie 専制君主制.**4** ～*e* Adresse《電算》絶対アドレス.❷ 副 まったく,完全に.Ich bin ～ dagegen. 私は絶対に反対だ.

Ab·so·lu·ti·on [apzolutsi'oːn] 女 -/-en (*lat.*)《ヵȝリック》**1**(悔悛(ケシ!)の秘跡における)罪の赦(ゆる)し.**2**(教会における罪の)赦免.**3** 赦禱(しょとう)(葬儀ミュの後で司祭が遺骸ミ")の上で死者に対する赦免を祈願して行なう祈り).

Ab·so·lu'tis·mus [..'tɪsmʊs] 男 -/《政治》絶対主義,専制君主制(とくに 17-18 世紀の).

Ab·so·lu'tist [..'tɪst] 男 -en/-en 絶対主義者,専制君主制論者;専制君主.

ab·so·lu'tis·tisch [..'tɪstɪʃ] 形 絶対主義の,専制君主制の.

Ab·so·lu'to·ri·um [..'toːriʊm] 中 -s/..rien[..riən] (*lat.*) **1**(罪の)赦免;赦免状.**2**(*a*)《古》(Reifeprüfung) ギュムナージウム卒業試験;(Reifezeugnis) ギュムナージウム卒業証書.(*b*)《ォーストミッ》(大学の)規定学期終了証明書.

Ab·sol'vent [apzɔl'vɛnt] 男 -en/-en 卒業(見込)生,修了(見込)者.

*ab·sol'vie·ren [apzɔl'viːrən アブゾルヴィーレン] 他 **1**《ヵȝリック》(人⁴を)赦免する.**2**(学校を)卒業する;(課程を)修了する;(宿題・トレーニングなどを)済ませ,やり遂げる;(試験に)合格する.

ab'son·der·lich [ap'zɔndərlıç] 形 変な,風変わりな,奇妙な.❷ 副 とくに,とりわけ.

Ab'son·der·lich·keit [..] 女 -/-en **1**《複数なし》風変り,奇妙,奇抜.**2** 風変り(奇妙,奇抜)な言行(習慣,癖).

'ab|son·dern ❶ 他 **1** (von j⟨et⟩³ 人⟨物⟩³から)分ける,離す;(患者などを)隔離する.《過去分詞で》*abgesondert* leben 世間から離れて暮す.**2**《生物》分泌(排出)する.**3**《話》話す,口にする.❷ 再 (sich⁴) **1**(von j³ 人³から)離れる,独りぼっちになる,孤立する.**2** 分泌(排出)される.

'Ab·son·de·rung [..] 女 -/-en **1** 分離,隔離;人から離れること,孤立.**2**〖法制〗別除弁済.**3**《生物》分泌(物),排出(物).**4**〖地質〗裂開,劈開(ヘᵡ).

Ab'sor·bens [apˈzɔrbɛns] 中 -/..benzien[..'bɛntsiən]《化学》吸収剤;《物理》吸収体.

Ab'sor·ber [..'zɔrbər] 男 -s/- 吸収装置;《物理》吸収体.

ab·sor'bie·ren [apzɔr'biːrən] 他 (*lat.*) **1** (熱・光・音・エネルギー・ガス・水分などを)吸収する.**2** (精力・集中力などを)すっかり奪う;(人⁴の)全精力を奪う.《過去分詞で》von der Arbeit *absorbiert* sein 仕事に忙殺されている.

Ab·sorp·ti·on [apzɔrptsi'oːn] 女 -/-en (*lat.*)

absorptiv

〖物理・化学〗吸収. **2** 〖音声〗母音吸収(ある種の子音の前にある母音を吸収する現象. 例 beten ['be:tən] → ['be:tn̩]).

ab|sorp'tiv [..'ti:f] 形 吸収能力のある, 吸収性の.

Ab|sorp'tiv⊕ -s/-e 〖物理・化学〗被吸収体.

'ab|spal·ten⊕ ❶ 他 1 (物⁴を割る, 裂く; 分裂させる. **2** 〖化学〗(分子を)脱離させる. ❷ 再 (sich⁴) 割れる, 裂ける, 分裂する; (分派などが)離脱(離反)する.

'ab|spa·nen 他 (↑Span) (金属加工物を)切削する, 研削する.

'ab|spä·nen¹ 他 1 et⁴ ~ 物⁴(とくに金属加工物の)削屑を取除く. 2 (物⁴を)金属たわしで磨く.

'ab|spä·nen² 他 〖地方〗(entwöhnen) (家畜の子を)離乳させる.

'ab|span·nen ['apʃpanən] ❶ 他 1 (↔ anspannen) (a) (馬・牛などを馬からはずす; (車から)馬(牛など)をはずす. (b) (機関車を)列車から切離する. 2 (entspannen) (張ったもの・緊張したものを)ゆるめる, 解きほぐす, ゆるむ. den Bogen ~ 弓の弦をゆるめる. die Glieder〈die Nerven〉 ~ 手足を伸ばす〈神経を休める〉. 3 (柱・煙突などを)ロープ(ワイヤー)で支える. (まれ)(人⁴から人⁴を)離反させる, 奪う. j³ die Freundin ~ j³(人³)から女友だちを奪う. ❷ 再 (sich⁴) (まれ) 緊張を解く, くつろぐ.
◆↑abgespannt

'Ab|span·nung 女 -/-en **1** 緊張を解くこと, 弛緩(かん). **2** 疲労, くたびれ. **3** (補強用の)張り綱.

'ab|spa·ren 他 (sich³ et⁴ 物⁴を)せっせと倹約(節約)して残す; (et を)買うために金を貯める. Er hat sich³ das Geld für ein neues Auto abgespart. 彼は新しい自動車を買うための金をせっせと貯めた. sich³ einen Pelzmantel vom Munde〈vom Taschengeld〉 ~ 食費を切り詰めて〈小遣いを節約して〉毛皮のコートを買う.

'ab|spei·sen 他 1 (a) (人⁴に)食事をさせる(あてがう). Der Alte wurde in der Küche abgespeist. 老人は台所で食事をあてがわれた. (b) 《話》(j⁴ mit et³ 人⁴を物³で)適当にあしらう, 体よく追払う. j⁴ mit Redensarten〈Vertröstungen〉 ~ 適当に調子のいいこと〈気休め〉を言って人⁴を追払う. Damit lasse ich mich nicht ~. そんなことで私はおめおめと引下がらないぞ. **2** (まれ) 食事を終える. ◆スイスでは不規則変化の過去分詞 abgespiesen も.

'ab|spens·tig ['apʃpɛnstɪç] 形 《次の用法で》j⟨et⟩³ j⁴ ~ machen 人⟨物⟩³から人⁴を引離す, 奪う. Er hat seinem Freund die Braut ~ gemacht. 彼は友人から花嫁を奪った. einem Geschäft die Kunden ~ machen ある店から顧客を奪う.

'ab|sper·ren 他 **1** 遮断(閉鎖, 封鎖)する, (ある場所を)立入禁止にする. einen Weg ~ 道を通行止めにする. **2** (人³のガス・水道・電話などを)止める. **3** (患者などを)隔離する. (再帰的に) sich⁴ von der Welt ~ 世間との交わりを絶つ, 隠遁(いんとん)する. **4** 《南独・西中部》(家・部屋に)鍵をかける.

'Ab|sperr·hahn ['apʃpɛr..] 男 -[e]s/¨e (水道などの)元栓.

'Ab|sper·rung 女 -/-en 1《複数なし》遮断, 閉鎖, 封鎖, 通行止め. **2** 柵, バリケード. **3** (警察の)非常線.

'ab|spie·geln ❶ 他 (物⁴を)映す. Das Wasser spiegelt die Wolken ab. 水面に雲が映る. ❷ 再 (sich⁴) 映る, 反映する. Die Bäume spiegeln sich im Wasser ab. 木々が水面に映っている. Auf ihrem Gesicht spiegelte sich Mitleid auf.《雅》彼女の顔 は哀れみの表情が浮かんでいた.

'Ab|spiel 中 -s/-e 〖球技〗**1** 《複数なし》パス. **2** パスされたボール.

'ab|spie·len ❶ 他 1 (ディスク・テープなどを始めから終りまで)再生する, かける. **2** (多く過去分詞で)(ディスク・カード・ベールなどを)使い古す. **3** 〖音楽〗初見で演奏する. abgespielte Karten 使い古したカード. **3** 〖音楽〗初見で演奏する. ❷ 再 (sich⁴) (出来事などが)起る, 行われる; 演じられる. Da⟨Hier⟩ spielt sich nichts ab!《話》話にもならない, 話にもならん.

'ab|split·tern ❶ (物⁴を)ずたずたに引き裂く, ばりばり(めりめり)と裂く. Der Blitz hat den Ast abgesplittert. 落雷が太枝を引き裂いた. ❷ 再 (sich⁴) (政党などが)分裂する; 分離(離脱)する. ❸ 自(s) (塗装などが)はがれ落ちる.

'Ab|spra·che ['apʃpraːxə] 女 -/-n (↓absprechen) 取決, 申合せ, 談合, 協定. eine ~ treffen 取決(申合せ)をする.

'ab|spre·chen* ['apʃprɛçən] ❶ 他 1 (事⁴を)取決める, 申し合せる (mit j³ 人³と). **2** (人³の事⁴を)認めない, 否認する. j³ künstliche Fähigkeiten ~ 人³には芸術的才能がないとみなす. j³ das Recht ~, ...zu tun 人³が…する権利を認めない. ❷ 再 (sich⁴) (mit j³ 人³と)話をつける, 話を決める, 取決(申合せ)をする (über et⁴ 事⁴について).

'ab|spre·chend 現分 形 不賛成の, 否定的な; 非難がましい, 見下すような.

'ab|sprei·zen 他 1 (脚・腕などを)大きく開く(広げる). **2** 〖建築〗(支柱などを)水平方向の部材で支える.

'ab|spren·gen ❶ 他 1 (a) (爆破などで)吹飛ばす, 跳ね飛ばす. einen Felsen ~ 岩塊を吹飛ばす. ein Stück vom Felsenriff ~ 岩塊の一部を吹飛ばす. (b) (水などを)いきおいよくかける(注ぐ). Die Kinder mit dem Gartenschlauch ~ 子供たちに撒水ホースの水をいきおいよくかける. **2** (比喩)(全体・本体から)切離す. die Soldaten von der Truppe ~ 兵士たちを部隊から切離す(孤立させる). ❷ 自(s) 急に走り(駆け)出す.

'ab|sprin·gen* ['apʃprɪŋən] 自(s) 1 (走行中の乗物や馬から)飛び(跳び)降りる. von der Straßenbahn ~ 市電から跳降りる. mit dem Fallschirm ~ パラシュートで飛降りる. **2** (助走して・踏切台から)跳躍する, ジャンプする. mit dem linken Bein ~ 左脚で踏切る. **3** (a) (塗装などが)はがれ落ちる (b) (ボタンなどが)はじけ飛ぶ, うせる. **4** (ボール・弾丸などが)跳ね返る. **5** 《話》突然おれる, 急に抜ける, ふいに離れる (von et³ 事³から). Viele Teilnehmer sind von diesem Unternehmen abgesprungen. たくさんの参加者が突然この事業から手を引いた. vom Thema ~ 突然テーマを変える. **6** 〖狩猟〗(獣が)急に逃げる.

'ab|sprit·zen ❶ 他 1 (a) (物⁴にホースで)水をかけて洗う. (b) (植物などに)薬液をかける(散布する). **2** 〖料理〗(料理・飲物に)調味料をかける(たらす); et mit et³ 物⁴に物³をかける, たらす. **3** (畜獣などを)注射で殺す. ❷ 自 (s, h) 1 (液⁴がはね返る (von et³ 物³に当って). **2** (s)〖俗〗そそくさと立去る. **3** (h) 〖俗〗(ejakulieren) 射精する.

*'**Ab|sprung** ['apʃprʊŋ] アプシュプルング 男 -[e]s/¨e (↓abspringen) **1** 跳躍; ジャンプ; 踏切り. den ~ schaffen 《話》(これまで自分を縛ってきた生活・習慣から)自由になる, 足を洗う, 腐れ縁を断つ. **2** (高いところからの)飛び(跳び)降り, 降下. **3** 〖古〗逸脱, 脱線.

'ab|spu·len ❶ 他 1 (糸巻き・リールなどから物⁴を繰

出す，ほどく．einen Film ～《話》映画を上映する．**2**《話》(いつも同じ話・番組などを)飽きもせずに繰返す，だらだら続ける．❷ 他 **(sich)**(糸巻き・リールなどから)繰出される．

'**ab·spü·len** 他 (汚れを)水で洗い流す；(食器・手などを)洗う．《目的語なしでも》Ich muss noch ～. 私はこれで食器洗いをしなくてはならない．

'**ab·stam·men** 自 (S) (完了形は用いない) **1**(von et³ 物³から)派生(由来)する．**2**(von j³ 人³の)子孫である，(ある家系の)出である．

'**Ab·stam·mung** 女 -/ 由来，起源；血統，素姓，家系；菌種．vornehmer ～² sein / von vornehmer ～ sein 名門の出である．

'**Ab·stam·mungs·leh·re** 女 -/-n 〖生物〗進化論.

*'**Ab·stand** ['apʃtant アプシュタント] 男 -[e]s/ﾞe (↓ abstehen) **1**(空間的・時間的な)隔たり，距離，間隔．《前置詞と》**in** kurzen *Abständen* von zehn Minuten 10分おきに．**mit**～ 断然，ずばぬけて．Er ist mit ～ der Beste. 彼は断然トップだ．《所有代名詞・指示代名詞を伴う形容詞として見る，冷静に判断する．von j⟨et⟩³ ～ halten⟨wahren⟩ 人⟨物⟩³から距離を置く．von et³ ～ nehmen 物³を断念する，(から)手を引く．**2**《話》＝Abstandssumme

'**ab·stän·dig** ['apʃtɛndɪç] 形 **1**〖林業〗立ち枯れた．**2**《古》鮮度(味)の落ちた，気の抜けた．**3** ～ werden 老化する，時代後れになる；(von et³ 事³)放棄(断念)する．

'**Ab·stands·sum·me** 女 -/-n 補償(違約)金．

'**ab·stat·ten** 他 (機能動詞)する，行なう．j³ einen Bericht ～ 人³に報告する．j³ einen Besuch ～ 人³を(公式に)訪問する．j³ *seinen* Dank ～ 人³に謝意を表する．

'**ab·stau·ben** 他 **1**(物⁴の)ほこり(ちり)を払う．sich³ ～《話》体を洗う，バス(シャワー)を使う．**2**《地方》《話》叱りとばす．**3**《話》ちょろまかす；(他人の業績を)盗む．ein Mädchen ～ 女の子にちょっかいを出す，ものにする．ein Tor ～《球技》ラッキーなシュートを決める．

'**Ab·stau·ber** ['apʃtaubɐr] 男 -s/- こそ泥；《球技》ラッキーなシュートを決めた選手．

'**Ab·stau·ber·tor** 中 -[e]s/-e《球技》ラッキーな偶然によってゴールを割ったシュート．

'**ab·ste·chen*** ['apʃtɛçən] ❶ 他 **1**(鋭利な道具で物⁴の一部を)切取る，切離す．Rasen ～ 芝生を切取る．einen Kupferstich ～《古》銅版を貼る．Heu ～ 干し草を二股⟨股⟩熊手で車から下ろす．**2**(容器の)口を開ける，口を開けて容器の中の液体を出す．einen Hochofen ～〖冶金〗高炉の出銑口を開ける，高炉の銑鉄を流し出す．einen Teich ～ 池の水をはかす．Wein ～ ぶどう酒の澱(ｵﾘ)を抜く．**3**(動物を屠って)殺す，(家畜の頸部を刺して)屠殺する；任 《人間を》ばらす；社会的に葬る．《古》(相手を馬から)突き落とす．❷ 自 **1** はっきり区別される，際立つ(gegen j⟨et⟩⁴ 人⟨物⟩⁴に対して / von j⟨et⟩³ 人⟨物⟩³から)．**2** vom Land ～《古》《船員》海に出る，船出する．

'**Ab·ste·cher** ['apʃtɛçɐr] 男 -s/- **1**(旅行中にちょっと足を伸ばす)寄り道，小旅行．**2**〖演劇〗本拠地周辺の町や村での定期公演．

'**ab·ste·cken** 他 **1**(杭を打って地所の境界を定める．seine Position ～ 自分の立場をはっきりさせる．**2** ein Kleid ～《服飾》(仮縫いのために)服をピンで止める．**3**(↔ anstecken)(ブローチなどを)はずす．

'**Ab·ste·ckung** 女 -/-en (建築予定地の)区画明示．

'**ab·ste·hen*** ['apʃteːən] ❶ 自 (h, s) **1**(h)(von et⟨j⟩³ 物⟨人⟩³から)離れて(立っている)．Der Schrank *steht* zu weit von der Wand *ab*. 戸棚は壁から離れすぎている．*abstehende* Ohren 横に突き出た耳．**2**(h)《雅》(von et³ 物³を)断念(放棄)する．von der Forderung ～ 要求を取下げる．**3**(s)(酒などが放置されて)生ぬるくなる，風味が落ちる．**4**(s)《南西ﾄﾞ》(植物が)立ち枯れる，枯死する．
❷ 自 **1**《話》(ある時間を)立ったまま過ごす．zwei Stunden Wache ～ 2時間の立ち番をする．**2** sich³ die Beine ～《話》足が棒になるほど立ちつくす，待ちつづける．
♦↑abgestanden

'**Ab·stei·ge** ['apʃtaɪɡə] 女 -/-n 安ホテル；《婉曲》売春宿，連れ込み宿．

*'**ab·stei·gen*** ['apʃtaɪɡən] 自 (s) **1**(高所・乗物などから)降りる．ins Tal ～ 谷へ下りる．vom Pferd ～ 下馬する．**2** 降下する，(飛行機が)下降する，(道が)下り坂になる．**3**(地位・名声が)下がる；〖ｽﾎﾟｰﾂ〗(下位リーグに)陥落する．**4** 投宿する(in einem Hotel あるホテルに)．

'**ab·stei·gend** 現分 形 下りの，下降の，下向きの．eine ～e Kurve 下降カーブ．die ～e Linie 子孫，卑属．auf dem ～*en* Ast sein 落ち目(下り坂)である．

'**Ab·stei·ge·quar·tier** 中 -s/-e ＝Absteige

'**Ab·stei·ger** ['apʃtaɪɡɐr] 男 -s/-〖ｽﾎﾟｰﾂ〗(下位リーグへの)陥落チーム．

*'**ab·stel·len** ['apʃtɛlən アプシュテレン] 他 **1**(下に・脇に)置く，下ろす．**2**(一時的に)保管する，しまって置く．das Glas auf dem Tisch ～ グラスをテーブルに置く．**2**(一時的に)保管する，しまって置く．das Auto in einer Seitenstraße ～ 車を脇道に止めておく．**3**(スイッチを切って・栓を締めて)止める，消す．das Radio ～ ラジオを消す．**4**(欠陥・故障などを)取除く；(悪習を)やめる．**5**(auf et⁴ 物⁴に)合せる，狙いを定める．das Programm auf den Geschmack der Masse ～ プログラムを大衆の好みに合せる．《過去分詞で》auf et⁴ *abgestellt* sein 事⁴に狙いをつけている．**6**(人員を)派遣する；〖ｽﾎﾟｰﾂ〗(選手を)選抜チームに出す．

'**Ab·stell·gleis** ['apʃtɛl..] 中 -es/-e〖鉄道〗留め置き線，待避線．auf dem ～ bleiben (比喩)いつまでもうだつが上がらない．j⁴ aufs ～ rücken⟨schieben⟩ 人⁴の勢力を殺(ｿ)ぐ；(を)閑職に移す．

'**ab·stem·peln** ['apʃtɛmpl̩n] 他 **1**(物⁴に)スタンプ(証印，消印)を押す．**2**(人⟨物⟩⁴に)烙印(ﾗｸｲﾝ)を押す．j⁴ als(zum)Betrüger ～ 人⁴に詐欺師の烙印を押す．

'**ab·ster·ben*** 自 (s) **1**(植物が)徐々に枯れていく，枯死する；(有機体の組織が)徐々に死んでいく，壊死(ｴｼ)する．**2**(習俗などが)廃(ｽﾀ)れる．**3**(体の部分の感覚が)麻痺(ﾏﾋ)する．Die Finger *sterben* ab. 指の感覚がなくなる．♦↑abgestorben

'**Ab·stich** ['apʃtɪç] 男 -[e]s/-e(↓ abstechen) **1**(芝生・泥炭などの)切取り；〖冶金〗(高炉の)湯出し；〖醸造〗(澱(ｵﾘ)を除くための)ワインおろし．**2**〖冶金〗湯口，出銑口．**3**《古》差異，対照．

*'**Ab·stieg** ['apʃtiːk アプシュティーク] 男 -[e]s/-e (↓ absteigen) **1**《多く単数で》(高所から)降りること，落下，降下，下山．**2** 衰退，低下，不振．**3**〖ｽﾎﾟｰﾂ〗(下位リーグへの)陥落．

'**ab·stiegs·ge·fähr·det** 形〖ｽﾎﾟｰﾂ〗(下位リーグへ)陥落しそうな．

*'**ab·stim·men** ['apʃtɪmən アプシュティメン] ❶ 自 投票で決める(über et⁴ 事⁴を)．geheim ～ 秘密投票をする．❷ 他 **1**(楽器の)音を合せる；(ラジオの)波長

を合せる, 同調させる. **2** (et¹ auf j⟨et⟩⁴ 事¹を人⟨事⟩⁴に)合せる,（一致するように）調整(協定)する. Farben aufeinander ~ 色合せをする.《再帰的に》*sich*⁴ mit j³ ~ 人³と折合いがつく. **3** Warenlisten ⟨Zahlen⟩ ~ 〖商業〗商品リストを照合する⟨数字をつきあわせる⟩.

'**Ab|stim·mung** 囡 -/-en 調整, 適合, 折合い, 調和;（楽器・ラジオの）チューニング, 同調;〖経済〗(帳簿などの)検査, 監査. **2** 投票, 票決, 採決. et¹ zur ~ bringen 事⁴を票決に持込む. zur ~ schreiten 投票を開始する.

abs·ti'nent [apsti'nɛnt]〘比較変化なし〙(*lat.*) 禁欲的な, 節制をしている;（とくに）禁酒の.

Abs·ti'nenz [..'nɛnts] 囡 -/ (*lat.*) 禁欲; 節制;〘カトリ〙小斎(ホネボ) (↑Fasten).

Abs·ti'nenz·er·schei·nung 囡 -/-en 〖医学・薬理〗禁断症状.

Abs·ti'nenz·ler [..lər] 男 -s/- (俚) 禁欲(禁酒)主義者, 節制家. ◆女性形 Abstinenzlerin 囡 -/-nen

'**ab|stop·pen** ❶ 他 **1** (乗物を)止める. **2** die Zeit ⟨die Läufer⟩ ~ ストップウォッチでタイム⟨走者のタイム⟩を計る. ❷ 自 止まる, 停止する.

'**Ab·stoß** ['apʃtoːs] 男 -es/⸚e ❶ 突いて突き離すこと, 突いて離れること;（地面に）足でけること;〖球技〗ゴールキック.

'**ab|sto·ßen*** ['apʃtoːsən] ❶ 他 **1** 突き離す, 突き返す;（動物が子を）離乳させる;（蛇が皮を）脱ぎ捨てる. den Ball ~〖球技〗ゴールキックをする. das Boot vom Ufer ~ ボートを岸から突き離す(オールなどで). das Wasser ~ (布などが)水をはじく. *sich*⁴ mit den Füßen ~ (地面をけって)飛上がる, 飛出す;〖競技〗スタートする. **2** (家具・壁面などを)ぶつけて傷つける. *sich*³ die Hörner ~ 人間が丸くなる. *sich*³ die Schuhe ~ 靴先を駄目にする.《過去分詞で》Der Apfel ist *abgestoßen*. このりんごは傷んでいる. **3** (品物を)投売りする(する);(地所などを)手放す;(株を)売り逃げする;(借金を)返す. **4** (人⁴の)反発(反感)を招く. Es *stößt* mich *ab*. あいつは不愉快だ. ◆↑abstoßend **5** Töne ~〖音楽〗スタッカートで弾く. ❷ ⟪*sich*⁴⟫ *sich* leicht ~ 傷みやすい. ❸ 自 (船が)陸地を離れる, 海に出る.

'**ab·sto·ßend** 現分 形 反発心(不快感)を起させる, 嫌な. ~ hässlich sein ひどく醜い.

'**ab|stot·tern** 他〘話〙(物⁴の代金を)分割払いする. monatlich fünfzig Euro ~ 50 ユーロずつ月賦で払う.

abs·tra'hie·ren [apstraˈhiːrən] (*lat.*) ❶ 他 抽象する (aus et³ 物³から). 抽象化する;〘古〙引出す. ❷ 自 (von et³ 物³を)度外視(断念)する.

*****abs'trakt** [ap'strakt] アブストラクト 形 (*lat.*) **1** (↔ konkret) 抽象的な; 観念的な. ~e Kunst 抽象美術. **2**〖法制〗無因の. ~es Geschäft 無因行為(原因関係の影響を受けない法律行為).

Abs'trak·ta [ap'strakta] Abstraktum の複数.

Abs·trak·ti'on [apstraktsiˈoːn] 囡 -/-en 抽象(化), 一般(普遍)化, 概念化; 抽象概念.

Abs'trak·tum [ap'straktom] 中 -s/..ta 抽象概念;〖文法〗抽象名詞.

'**ab|stram·peln** 再 ⟪*sich*⁴⟫ さんざん苦労する, 骨を折る; あくせく働く.

'**ab|strei·chen*** ❶ 他 **1** (汚れなどを)こすり落す, ぬぐい取る;（物⁴の汚れを)ぬぐう. **2** (et¹ von et³ 物³から)削る, 削減(削除)する;（線を引いて)抹消する. von der Forderung fünfzig Euro ~ 要求額を 50 ユーロ減らす(下げ

る). Davon muss man die Hälfte ~. そいつは話半分に聞いておかなくてはならない. **3** (投光器・犬などを使っての)捜索で（物⁴を)くまなく捜す, 捜索する. ❷ 自 (s)〘狩猟〙(鳥が)飛び(逃げ)去る.

'**Ab·strei·cher** ['apʃtraɪçər] 男 -s/- (靴ぬぐい用の)ドアマット.

'**ab|strei·fen** ❶ 他 **1** (汚れなどを)払い落し, ぬぐい取る;（物⁴の汚れを)ぬぐう. die Asche [von der Zigarre] ~（軽くたたいて)(葉巻の)灰を落す. **2** (ドレス・靴下などを)引っぱって脱ぐ;（腕時計などをはずす;（蛇が皮を)脱皮する. **3** (偏見などを)捨てる, (悪習などを)やめる, 改める. **4** (ある地域を)しらみつぶしに捜索する, パトロールする（nach j³ 人³を捜して). ❷ 自 (s) vom Weg[e] ~ 道に迷う, 道を誤る.

'**Ab·strei·fer** ['apʃtraɪfər] 男 -s/- =Abstreicher **2** =Abstecher

'**ab|strei·ten*** 他 否定する(否認)する;（人³の)(裁判によって人³から物⁴を)取る.

'**Ab·strich** ['apʃtrɪç] 男 -[e]s/-e (↓ abstreichen) **1** (多く複数で)削減, 減額. ~e machen (予算などを)削減する,（生計を)切詰める;〘比喩〙妥協する. **2** (文字の)下向きに引く線. **3** (膿(ノ)・血液などの)塗抹標本(を作ること). **4**〖音楽〗(弦楽器を弾くときの)下げ弓.

abs'trus [ap'struːs] 形 (*lat.*)〘話〙(考えが)分かりにくい, ごたごたした.

'**ab|stu·fen** 他 **1** (物⁴に)段をつける. 段階をつける. die Gehälter ~ 給料に等級(格差)をつける.《再帰的に》*sich*⁴ ~ 段になっている. **2** 濃淡(陰影, ニュアンス)をつける. **3** (人⁴の)賃金の等級を下げる.

'**Ab·stu·fung** 囡 -/-en 階段(段階, 等級, 序列, 格差)(をつけること); 濃淡, 陰影, ニュアンス.

'**ab|stumpf·en** ❶ 他 **1** (とがったもの・鋭いものを)鈍くする, 丸くする. 鈍感(無感覚)にする;〖化学〗(酸・塩基の)濃度を薄める, 中和させる. ❷ 自 (s) 鈍くなる, なまくらになる; 鈍感になる, ぼける. ◆↑abgestumpft

'**Ab·stumpf·ung** 囡 -/ 鈍化, 鈍感, 無感覚;〖化学〗中和.

'**Ab·sturz** ['apʃtʊrts] 男 -es/⸚e **1** 墜落, 転落. **2** 断崖(絶壁), 急斜面.

*'**ab|stür·zen** ['apʃtʏrtsən] アブシュテュルツェン ❶ 自 (s) **1** 墜落(転落, 落下)する **2** 急斜面をなす, 切り立つ. ❷ 他 *sich*³ das Genick ~ 転落して首の骨を折る.

'**ab|stüt·zen** 他 (人・物⁴を)支える;（学説などに)支柱を与える, (を)裏づける.

'**ab|su·chen** 他 **1** (害虫などを)捜して取除く. dem Hund die Zecken ~ 犬のだにを取ってやる. **2** (ある場所を)しらみつぶしに捜索する.

'**Ab·sud** ['apzuːt, -'-] 男 -[e]s/-e **1**〘古〙煮汁. **2**〖薬学〗煎(ジ)じ汁(薬), 煎剤.

ab'surd [ap'zʊrt] 形 (*lat.*) 不合理(不条理)な; ばかげた, 無意味な. ~es Theater 不条理劇.

Ab·sur·di'tät [apzʊrdi'tɛːt] 囡 -/-en 不合理, 不条理; ばかげた言動.

abs·ze'die·ren [apstseˈdiːrən] 自 (*lat.*) 化膿(ͬꜳ)する, 膿瘍(ᴺꜯ)を生じる.

Abs'zess, °**Ab'szeß** [aps'tsɛs] 男 (オストリア 中) -es/-e (*lat.*)〖医学〗膿瘍(ᴺꜯ).

Abs'zis·se [aps'tsɪsə] 囡 -/-n (*lat.*)〖数学〗(↔ Ordinate) 横座標, x 座標.

Abs'zis·sen·ach·se 囡 -/-n〖数学〗横軸, x 軸.

Abt [apt] 男 -[e]s/Äbte (*aram.* abba, Vater¹) 大

修道院長. ↑Abba, Äbtissin

Abt.〔略〕=Abteilung²

'**ab|ta·keln**['apta:kəln]他 **1** ein Schiff ~《海事》ある船の艤装(ぎそう)を解く．(を)廃船にする．**2**《比喩》(人⁴の)職を解く，お払い箱にする．◆abgetakelt

'**ab|tas·ten**他 **1** (a) (物⁴を)手で触って調べる；(患者を)触診する．*seine* Tasche *nach* Geld ~ ポケットの金を探す．(b) (敵などに)探りを入れる；(を)探査する．**2**〔コンピュータ〕(ディスクなどを)読み取る．

'**ab|tau·en 0**他 **1**(雪・氷が)解けて消える．**2**他(雪・氷を)解かし去る，解氷する．den Kühlschrank ~ 冷蔵庫の霜取りをする．

'**Äb·te**['εptə] Abt の複数．

'**Ab·tei**[ap'taɪ]女 -/-en (↓Abt) 大修道院(大修道院長または女子大修道院長のいる修道院)．

*'**Ab|teil**[ap'taɪl, '‒‒ アプタイル]中 -[e]s/-e **1**(屋根裏や地下室の)仕切られた場所(部屋)．**2**(列車の)車室，コンパートメント；車室内の乗客．

'**ab|tei·len**他 分ける，仕切る，区分する．Haare ~ 髪を分ける．Personen ~ 人員をグループ分けする．

'**Ab·tei·lung**[–]中 -/-en 分けること，区分，分類．

*'**Ab·tei·lung**[ap'taɪlʊŋ アプタイルング]女 -/-en〔略 Abt.〕**1** 部分，部門；(官庁・企業などの)部局，課，(学校・病院などの)科；《軍事》部隊；区画．die ~ für Möbel (デパートの)家具売場．die innere ~ (病院の)内科．**2**〔生物〕門(分類学における界と綱との中間)；〔地質〕統(紀)(年代層序区分の単位，系と階との中間)；(バロック演劇における)幕(=Akt)．

'**Ab·tei·lungs·chef**男 -s/-s 部局の長(局長・部長・課長など)．

'**Ab·tei·lungs·lei·ter**男 -s/- = Abteilungschef

'**Ab·tei·lungs·zei·chen**中 -s/- 分綴記号，ハイフン(‐または =)．

'**ab|te·le·fo·nie·ren**自《話》(人³に)電話で中止(取消し)を知らせる．◆過去分詞 abtelefoniert

'**ab|te·le·gra·fie·ren**自《話》(人³に)電報で中止(取消し)を知らせる．◆過去分詞 abtelegrafiert

'**ab|te·le·gra·phie·ren**=abtelegrafieren

'**ab|te·le·pho·nie·ren**自《話》=abtelefonieren

'**ab|teu·fen**['aptɔyfən]他《鉱業》(立坑を掘下げる．

'**Äb·tis·sin**[εp'tɪsɪn]女 -/-nen (↓Abt) 女子大修道院長．

'**ab|tö·nen**他(色彩などに)微妙な変化をつける(ニュアンスを付加する)．

'**Ab·tö·nungs·par·ti·kel**女 -/〔言語〕〔Modalpartikel〕心態詞．

'**ab|tö·ten**他 **1** (細菌・歯の神経などを)殺す．**2** (痛みを)鎮める，抑える．**3** (欲望・感情を)殺す．《再帰的に》*sich*⁴ ~ 禁欲(苦行)する．

'**Ab·trag**[aptra:k]男 -[e]s/(↓abtragen) **1** 損害．j³ ~ tun 人³に損害を与える．**2**〔コンピュータ〕相違，区別，差別．**3**《古》=Abtragung

'**ab|tra·gen**['aptra:gən]他 **1** 運び去る；(建造物を)取壊す，撤去する；(丘・塚などを削って)平坦にする；(河水が土壌を)削り取る；(食器を下げる；《医学》(腫瘍)(を)切除する；《再帰的に》*sich*⁴ mit [mit et³] ~ (物⁴を)苦労して運ぶ．**2** (衣服を)着古す．**3** (借金を少しずつ)返済する．Dank ~ 恩義を返す，礼を述べる．**4**《数学》(線・図形を)移す．**5**《猟師》(鷹³を)仕込む．

'**ab·träg·lich**['aptrε:klɪç]形《雅》有害(不利)である．Das ist seinem Ruf ~. それは彼の評判を落とすものだ．

'**Ab·tra·gung**女 -/-en (土地を)平坦にすること，地ならし；(建造物の解体，撤去；《医学》摘出；〔地質〕削剥作用；(借金の)返済，返礼．

'**ab|trans·por·tie·ren**他(乗物で)運び去る，輸送する．◆過去分詞 abtransportiert

'**ab|trei·ben**['aptraɪbən]**1**他(風・潮流などが)押し流す，それさせる．**2**(結石・毒物・寄生虫などを)体内から出す，駆除する；(胎児を)おろす．**3**(山の牧草地から家畜を)下(麓)に下ろす．**4**《古》(馬などを酷使する．**5**《猟師》(猟場をしらみつぶしに捜す；〔林業〕(森を)伐採する．**6**〔冶金〕(貴金属などを)分離(精錬)する；〔化学〕(蒸留法によってアルコールなどを)分離する．**7** eine Galerie ~〔鉱業〕横坑をつける．**8**《南ドイツ・オーストリア》〔料理〕泡立てる．◆↑abgetrieben **2**自(s, h) **1** (s) 針路からそれる，漂流する．**2** (h)《医学》胎盤がおりる．

'**Ab·trei·bung**女 -/-en 堕胎．

'**ab|tren·nen** **1**他 切離す，切取る，分離する；区切る，仕切る；(縫ったものを)ほどく；(切手などをはがす．《医学》(体の一部を)切断する．**2**他《sich³》離れる，分離する．

*'**ab|tre·ten***['aptre:tən アプトレーテン]**1**自(s) 立去る，引下がる；(舞台などから)退場する；トイレに行く．**2** 引退する；世を去る．vom Amt ~ 辞職する．**2**他 **1** (床などを)踏み減らす，すり減らす．**2**(靴底の汚れなどを)こすり落す．*sich*³ die Schuhe ~ 靴の汚れをこすり落す．**3**踏んで境界をつける．**3** (人³に物⁴を)譲る．

'**Ab·tre·ter**['aptre:tər]男 -s/- 靴ぬぐい，ドア(玄関)マット．

'**Ab·tre·tung**女 -/-en〔法制〕(債権または請求権の)譲渡，放棄；(領土の)割譲．

'**Ab·trieb**['aptri:p]男 -[e]s/-e (↓abtreiben) **1** 家畜を山の牧草地から下(麓)へ追下ろすこと．**2**〔林業〕伐採，皆伐．**3**《南ドイツ・オーストリア》〔料理〕(卵黄・バター・砂糖を)泡立てたもの．

'**Ab·trift**['aptrɪft]女 -/-en《海事・航空》=Abdrift

'**Ab·tritt**['aptrɪt]男 -[e]s/-e (↓abtreten) **1** 退出，(舞台からの)退場；(古)厠(かわや)，(粗末な)便所．**2**《猟師》獣に踏み荒らされた草．

*'**ab|trock·nen**['aptrɔknən アプトロクネン]**1**他 **1** (物⁴を)拭いて乾かす；(人⁴の体を)ふく．das Geschirr ~ 食器をふく．die Tränen ~ 人³の涙をぬぐってやる．**2** (太陽・風などが)すっかり乾かす．**2**自(s, h) **1** 乾く．**2** (木の葉が)枯れて落ちる．

'**ab|trop·fen**自(s) 滴り落ちる(von et³物³から)．et¹ ~ lassen 物⁴(洗いものなど)の水を切る．den Ball ~ lassen《球技》ボールをトラッピングする．

'**ab|trot·zen**他(人³から物⁴を)無理やり(強引に)奪い取る(手に入れる)．j³ die Erlaubnis ~ 人³の許可を強引に取りつける．

'**ab·trün·nig**['aptrʏnɪç]形《比較変化なし/副詞的には用いない》《雅》(に)不実な，背いた，離反した．*seiner* Partei ~ werden 党に反旗を翻す．

'**Ab·trün·ni·ge**女男〔形容詞変化〕離反者，反逆者，離教(背教)者．

'**ab|tun**他 **1**《話》(服などを)脱ぐ，(眼鏡などを)はずす．**2** (習慣などを)やめる，廃止する．**3** あっさり片づける，軽くあしらう．einen Einwand mit einem Scherz ~ 異議を冗談でごまかしてしまう，茶化す．**4**〔古〕(問題・懸案などを)処理する．**5**〔地方〕(家畜を)殺す．

'**Abu**['a:bu, 'abu]〔アラビア語の固有名詞〕アブ(「…の父」の意)．~ Hassan アブ・ハッサン．

Abu·lie [abuˈliː] 囡 -/-n[..liːən] (*gr.*)〖医学〗無為(症), 無意志(症), 意志欠如.

Abun·danz [abʊnˈdants] 囡 -/ (*lat.*) 豊富, 過剰;〖数学〗豊饒, 過剰数;〖生物〗密度.

ab ˈurˈbe ˈcon·di·ta [ap ˈurbə ˈkɔndita] (略 a. u.c.) (*lat.*, seit Gründung der Stadt') (西暦紀元前753 のローマ建都を起点とする) ローマ暦年で.

ˈab|ur·tei·len 囮 **1** (人⁴物⁴に)有罪の最終判決を下す; (人⁴物⁴について)判断(評価)を示す. **2**《古》(判決によって人⁴から権利を)剥奪(*はくだつ*)する.

ab·u·siv [ap|uˈziːf, abuˈziːf] 服 (*lat.* abusus)〘比較変化なし〙濫用(悪用)の, 濫用されている.

Ab·ˈusus [ap|ˈuːzʊs] 男 -/- (*lat.*, Missbrauch') 濫用, 悪用.

ˈAb·verˈkauf 男 -[e]s/-e (*〈ˈアープフェアカォフ〉*) (Ausverkauf) 蔵ざらえ, 在庫一掃セール.

ˈab|verˈlan·gen 囮 (人³から物⁴を代価・見返りとして)要求する, 吹っかける.

ˈab|wäˈgen* 囮 **1** (事⁴を)勘案する, 比較考量する. ↑abgewogen. **2**《古》(物⁴を)手にのせて重さを量る.

ˈAb·wahl 囡 -/ 票決による解任(任任否決).

ˈab|wähˈlen 囮 **1** (人⁴を)票決によって以前担任させる, 再選しない. **2**〖教育〗(選択科目を)継続履修しない.

ˈab|wälˈzen 囮 **1** (重いものを)転がしてどける, (重荷を)下ろす. **2** (et⁴ auf j⁴ 物⁴を人⁴に)押しつける, 転嫁する. et⁴ von sich³ ～ 事⁴を(うまく)逃れる.

ˈAb·wälˈzung 囡 -/-en (責任・仕事などの)肩代り, 転嫁.

ˈAb·wanˈdeln 囮 **1** (一部を)変える, 変更する. **2**〖文法〗(名詞・動詞などを)変化させる.

ˈAb·wanˈde·lung, ˈAb·wandˈlung 囡 -/-en **1** (複数なし)(一部に)変更を加えること. **2** 変化, バリエーション;〖文法〗(名詞・動詞などの)変化, 活用.

ˈab|wanˈdern ❶ (s) **1** 移住する; (別の職場・スポーツチームなどに)移る. **2** (まれ)立ち去る. **❷** 囮 (h, s) (ある地方を)くまなく歩き回る.

ˈAb·wärˈme 囡 -/ 廃熱, 余熱.

ˈAb·wartˈ [ˈapvart] 男 -[e]s/-e(-e) (*〈ˈアープヴァルト〉*) **1** (ビルやアパートの)管理人. **2** ボイラーマン, 火夫.

*****ˈab|warˈten** [ˈapvartən *〈ˈアープヴァルテン〉*] **❶** 囮 **1** (人⁴物⁴が)来るのを待つ. den Briefträger ～ 郵便配達人が来るのを待つ. **2** (事⁴が)終るのを待つ. das Gewitter ～ 雷雨が終るのを待つ. **3** (古)(病人・子供などの)世話をする, 面倒を見る. **❷** 囮 気長に待つ. *Abwarten* und Tee trinken! (話) まあゆっくりしましょう.

*****ˈab·wärts** [ˈapvɛrts *〈ˈアープヴェルツ〉*] (↔ aufwärts) **❶** 圏 下へ, 下って, …以下. den Weg ～ gehen 道を下って行く(↑abwärts gehen). Kinder von 6 Jahren ～ 6歳以下の子供たち. **❷** 圙 (2格支配) …の下方へ.

ˈab·wärts geˈhen*, °**ˈab·wärts|geˈhen*** 非人称 (s) 悪くなって(衰えて)いく. Mit seiner Gesundheit (der Firma) *geht es abwärts*. 彼の健康は下り坂だ(この会社は落ち目である).

ˈAb·wasch¹ [ˈapvaʃ] 男 -[e]s/(*〈ˈアープヴァッシュ〉*) **1** 食器を洗うこと, 皿洗い. Das ist ein ～. / Das geht in einem ～. (話) 何もかも一挙に片付くさ. **2** (食後の)汚れた食器.

ˈAb·wasch² [ˈapvaʃ] 囡 -/(*〈ˈアープヴァッシュ〉*) 食器洗いの桶, 流し台.

*ˈab|waˈschen*** [ˈapvaʃən *〈ˈアープヴァッシェン〉*] 囮 **1** (ほこりなどを)洗い落す, (食器を洗う)洗う; (汚名を)すすぐ. (中性名詞として)alles in einem *Abwaschen* erledigen (話)何もかも一緒に(十把一からげに)片付ける. Das ist ein *Abwaschen*. ↑Abwasch¹

ˈAb·waˈschen 囮 -/ **1** (水で)洗浄すること,〖医学〗洗浄法. **2** 厳しく叱ること.

ˈAb·waschˈwas·ser 囡 -s/- **1** 食器洗い用の水. **2** 食器を洗った後の汚水.

ˈAb·wasˈser 囡 廃水, 汚水.

ˈAb·wasˈser·kaˈnal 男 -s/¨e 下水道.

ˈAb·wasˈser·klärˈan·laˈge 囡 -/-n 汚水浄化(下水処理)施設.

ˈAb·wasˈser·reiˈni·gung 囡 -/ 汚水浄化, 下水処理.

ˈab|wechˈseln [ˈapvɛksəln *アプヴェクセルン*] **❶** 圎 (mit et³ 物³と)交替する. Wälder *wechseln* mit Wiesen *ab*. 森と牧草地がかわるがわる現れる. **❷** 毃 (sich) **1** (mit j⟨et⟩³ 人⟨物⟩³と)交替する. *sich* mit j³ bei der Arbeit ⟨im Dienst⟩ ～ 人³と仕事を替わる〈勤務を交替する〉. **2** 交互に現れる.

ˈab·wechˈselnd [ˈapvɛksəlnt *アプヴェクセルント*] 現分 〖述語的には用いない〗交互の, かわるがわるの, 周期的な.

ˈAb·wechˈse·lung 囡 -/-en(まれ) =Abwechslung

ˈAb·wechsˈlung [ˈapvɛkslʊŋ *アプヴェクスルング*] 囡 -/-en 交替, 変化; 気晴らし, 気分転換. Er liebt die ～.《話》彼は浮気性だ. in et⁴ ～ bringen 事⁴に変化を与える. zur ～ 気晴らしに.

ˈab·wechsˈlungs·reich 服 変化に富んだ, とりどりの, さまざまの.

ˈAb·weg 男 -[e]s/-e **1** (多く複数で)道徳的に間違った道, 邪道. auf ～e geraten 悪の道に入る. **2**《古》脇道, 下り道.

ˈab·weˈgig [ˈapveːɡɪç] 服 本筋を離れた, 間違った.

ˈAb·weˈgig·keit 囡 -/ 本筋をそれていること, 間違っていること.

ˈAb·wehr [ˈapveːr] 囡 -/ **1** 防御, 防衛. **2** 防諜(*ぼうちょう*)機関;〖軍事〗防衛部隊. **3**〖スポーツ〗ディフェンス(陣), ブロック. **4** 反対, 抵抗, 拒絶. auf ～ stoßen (相手の)抵抗にぶつかる.

ˈab|wehˈren 囮 **1** (敵などを)撃退する, 阻止する; (危険などを)防ぐ; (蝿などを)追い払う;〖スポーツ〗(ボールを)打ち返す. das Schlimmste ～ 最悪の事態を防ぐ. **2** (質問・要求などを)はねつける; (客などを)寄せつけない, 断る.

ˈab|weiˈchen¹ **❶** 囮 (切手・汚れなどを)濡らしてはがす(取り除く). **❷** (s) 濡れてはがれる, はがれている.

ˈab|weiˈchen²* [ˈapvaɪçən] (s) **1** (von et³ 物³から)それる, はずれる. vom Kurs ～ (船・飛行機が)針路からそれる. vom Gesetz ～ 法に抵触する, 違反する. **2** (von et³ 物³と)異なっている, かけ離れている(事³事⁴において). Unsere Ansichten *weichen* voneinander *ab*. 我々の見解は互いに異なっている.

ˈAb·weiˈchler [ˈapvaɪçlər] 男 -s/-〖政治〗(党の政治路線からの)逸脱者, 偏向者.

ˈAb·weiˈchung 囡 -/-en **1**〖政治〗(とくにマルクス・レーニン主義からの)偏向. **2** 差異, 相違(点), 偏差, 逸脱. **3**〖天文〗(地磁気の)偏角.

ˈab|weiˈsen* 囮 **1** 拒絶(拒否)する, はねつける; 追い払う;〖法制〗(訴え・申立てを)棄却(却下)する. **2** (攻撃を)撃退する.

ˈab·weiˈsend 現分 拒否的な, そっけない. sich ～ verhalten つっぱねるような素振り(そっけない態度)を見せる.

ˈAb·weiˈsung 囡 -/-en 拒絶, 拒否; ひじ鉄, 玄関払い; 棄却, 却下, 差し戻し.

ˈab|wenˈden(*) [ˈapvɛndən] **❶** 囮 **1** 他方(わき)に

向ける,そらす. den Blick ~ 視線を転じる(そらす). seine Hand von j³ ~ 人³を見放す. **2**《規則変化》(打撃を)かわす,(危険などを)回避する,未然に防ぐ. ❷ 再 (sich)(von j(et)³ 人〈物〉³から)そっぽを向く,背を向ける.(事³から)身を引く.

'**ab·wen·dig** ['apvɛndɪç] 形《次の用法で》j¹ j³ ~ machen《古》人³を人⁴から離反させる,誘惑(横取り)する.

'**ab|wer·ben*** 他 (人⁴を)横取りする,引抜く,スカウトする;(客を)横取りする.

'**Ab·wer·bung** 女 -/-en 引抜き,スカウト.

'**ab|wer·fen*** ['apvɛrfən] 他 **1** 投げ落す,投下する;(掛布団などを)はね落す;(コートなどを)脱ぎ捨てる;(仮面を)かなぐり捨てる;(馬が騎手を振落す);《狩猟》(鹿がある季節に角を)落とす;《トランプ》(カードを捨てる;(束縛などを)払いのける. **2**《スポーツ》(高跳びのバーを)落す;《障害物・ハードルを)倒す;《ゴールキーパーがボールを)投返す. **3**《金融》(利益・利潤を)もたらす,(利子を)生む.

'**ab|wer·ten** 他 (↔ aufwerten) (人〈物〉⁴を)低く評価する,見くびる. **2**《経済》平価を切下げる.

'**Ab·wer·tung** 女 -/-en **1** 価値を下げること,低く評価すること,蔑視. **2**《経済》平価切下げ.

*'**ab·we·send*** ['apveːzɛnt アプヴェーゼント] 形《比較変化なし》(↔ anwesend) その場にいない,不在の,欠席の. von zu Hause ~ sein 家を留守にしている. **2** 放心状態の,上の空の,ぼんやりした.

'**Ab·we·sen·de** 男女《形容詞変化》欠席者,不在者;《法制》隔地者.

'**Ab·we·sen·heit** 女 -/-en《複数まれ》**1** 不在,留守,欠席. durch ~ glänzen《反語》欠席しているためにかえって目立つ. j¹ in ~ verurteilen 人⁴を欠席裁判にかける. **2** 放心状態.

'**ab|wet·zen** ❶ 他 **1** (さびなどを)研(と)いで落す. (刃物を)研いですり減らす;(衣服などをすり切らす. ❷ 自 (s)《話》急いで駆け去る.

'**ab|wi·ckeln** ❶ 他 **1** (巻いてあるものを)解く,ほどく. den Faden(ein(en) Knäuel)~ 糸(糸まり)をほどく. **2** (仕事などを)滞りなく進める. **3**《経済》(債務を)清算する. ❷ 再 (sich⁴) 滞りなく行われる(運ぶ).

'**Ab·wi·cke·lung** 女 -/-en = Abwicklung

'**Ab·wick·ler** ['apvɪklər] 男 -s/-《経済》清算人.

'**Ab·wick·lung** 女 -/-en **1**《複数なし》(巻いてあるものを)ほどくこと. **2** (滞りのない)処理,処置;遂行. **3**《経済》清算,(破産)整理.

'**ab|wie·geln** (激高した人をなだめる,静める.

'**ab|wie·gen*** (物⁴の)目方を量る;(一定量の物⁴を量り取る,量り分ける.

'**ab|wim·meln**《話》(事⁴を口実をもうけて)断る;(人⁴を体よく)追払う.

'**Ab·wind** 男 -[e]s/-e《気象》下降気流.

'**ab|win·ken** ❶ 他 **1** (人³に)手(頭)を振って断る,拒絶する. **2**《自動車》(後続車に自車の発進(進路変更)を知らせる. ❷ 他 (自動車レースなどで旗で合図してレースを)終らせる.(競走車を旗振りで)停車させる.

'**ab|wirt·schaf·ten** 経営の失敗によって破産させる(破産する). ↑ abgewirtschaftet

*'**ab|wi·schen** ['apvɪʃən アプヴィシェン] ❶ 他 **1** (汚れを)ふき取る,(食卓などを)ふいてきれいにする. sich³ das Gesicht ~ 顔をふく. ❷ 自 (s)こっそり姿をくらます.

'**ab|woh·nen 1**(部屋などを永年住んで)使い古す. **2** (前払い金などを家賃で相殺する.

'**ab|wra·cken** ['apvrakən] 他 (↓ Wrack)(廃車・廃船などを)スクラップにする.

'**Ab·wurf** ['apvʊrf] 男 -[e]s/-⁼e (↓ abwerfen) **1**《複数なし》(宣伝ビラ・爆弾などの)投下. **2**《球技》(とくにハンドボールで)ゴールスロー. **3**《古》(取引で得られる)利益.

'**ab|wür·gen** 他 **1** のどを絞めつける,絞殺する;《狩猟》(犬が獣の のどに咬みつく,咬み殺す. **2** (反対などを)封じる,抑圧する,芽のうちに摘み取る. **3** den Motor ~《比喩》《話》エンストさせる.

abys'sal [abyˈsaːl]形 (↓ Abyssus)《地質》深海の.

abys·sisch [aˈbʏsɪʃ]形 **1** 地底の. ~e Gesteine 深成岩. **2** 深海の. **3** 非常に深い.

Abys·sus [aˈbʏsʊs]男 -/ (gr., Abgrund') 深淵(仏); 冥府(仏),黄泉(は)の国.

*'**ab|zah·len** ['aptsaːlən アプツァーレン] 他 **1**(物⁴の)代金を分割払いする,割賦で支払う;(借金を)少しずつ返す. **2** (人⁴に)賃金を全額支払う(全額払って解雇する).

*'**ab|zäh·len** ['aptsɛːlən アプツェーレン] 他 **1** (人数・個数を)数える,数えて確める. die Schüler ~ 生徒の数を数える. [sich³] et⁴ an den Fingern ~ 物⁴の数を指折り数える. Das kannst du dir doch an den [fünf] Fingern〈den Knöpfen〉~!そんなことは分かりきったことじゃないか. das Geld abgezählt bereithalten 釣銭が要らぬよう金を用意しておく. **2** et⁴ an den Knöpfen〈den Blütenblättern〉~ ボタンを1個ずつ〈花びらを1枚ずつむしって〉数えながら事⁴を決める(占う). **3** (物⁴を)数えて取出す,小分けする. 《目的語なしでも》zu vieren ~《トランプ・軍事》(1 から4までの番号の声かけで)4人ずつの班を作る.

'**Ab·zähl·reim** 男 -[e]s/-e (遊戯で鬼を決めるときなどに歌う)数え歌.

'**Ab·zah·lung** ['aptsaːlʊŋ アプツァールング] 女 -/-en **1** 割賦販売. auf ~ 分割払いで. **2** (負債の)返済,弁済.

'**Ab·zähl·vers** 男 -es/-e = Abzählreim

'**ab|zap·fen** 他 **1** (樽の口(栓)をあけて引出す. Bier [aus dem〈vom〉Fass]~ (樽の栓を抜いて)ビールを出す. **2** (人³から物⁴を)徐々に抜取る. j³ Blut ~ 人³の血管から採血する. j³ Geld ~ 人³から金をゆすり取る,巻上げる.

'**ab|zap·peln** 再 (sich⁴)《話》**1** ばたばた(じたばた)して疲れる. **2** さんざん骨を折る,難儀する.

'**ab|zäu·men** 他 (馬の Pferd ~ 馬のくつわをはずす.

'**ab|zeh·ren** ❶ 他 消耗(衰弱)させる. ❷ 再 (sich⁴) 消耗する,やつれる.

'**Ab·zei·chen** 中 -s/- **1** 特徴,目印. **2** バッジ,記章,メダル,階級章. **3**《牧畜》(動物の)斑点,ぶち.

'**ab|zeich·nen** ❶ 他 **1** 写生する;模写する. **2** (書類に略号で)サインする. ❷ 再 (sich⁴) **1** 目立つ,際立つ. sich gegen den Nachthimmel ~ 夜空にくっきり浮かぶ. **2** (驚き・恐怖の色が)はっきり現れる,浮かぶ;(徴候・傾向が)はっきり現れる,見える.

'**Ab·zieh·bild** ['aptsiː..] 中 -[e]s/-er 移し絵.

*'**ab|zie·hen*** ['aptsiːən アプツィーエン] ❶ 他 **1** 取去る(除く),引抜く;(眼鏡などをはずす;(皮などをむく,はがす. das Bett ~ ベッドの掛布団やシーツ類を取去る. Bohnen ~ 豆のさやの筋を取る. die Handschuhe ~ 手袋を脱ぐ. den Hut vor j³ ~ 帽子を取って人³に挨拶する;《比喩》人³に敬意を表する. **2** (abwenden) 他方(わき)に向ける,そらす(von et³ 物³から). seine Hand von j³ ~ 人³を見放す,見かぎる. **3** (ablenken) (人⁴の)考え(気持)を変えさせる. Das zog ihn

ab|zielen

von seinem Plan *ab*. そのことで彼は計画をとどまった。 **4** (銃などの)引き金を引く。 eine Handgranate ～ 手榴弾(シュリュ)の安全装置を抜く。 **5** (数・金額を引く, 割引く; 差引く, 控除する. 20 von 50 ～ 50から20を引く. fünf Prozent vom Preis ～ 定価から5パーセントの値引きをする. die Steuern vom Lohn ～ 税金を給料から天引く. **6** (水を抜く, 水槽などから)吸出す. Wein [auf Flaschen] ～ (樽から出して)ワインを瓶詰にする. **7** (部隊たちを引き揚げる, 撤収する. **8** (刃物を研(ヒク)ぐ, (床板などの凹凸をならして)仕上げする. **9** 複写(コピー)する;【印刷】(ビラ・ちらしなどを)刷る, 見本刷りをする;【写真】焼付ける. **10** 【料理】(でんぷんなどを加えて)とろみをつけさせる. eine Suppe mit Ei ～ 卵でスープにとろみをつける. **11** 〖話〗(勝負ごとで人)にほろ勝ちする. **12** 〖卑〗(会・パーティー・ショーなどを)やる. eine Schau ～ お芝居(パフォーマンス)をする;自分を売込む.

❷ 圓 (s,h) **1** (s) 立去る, 退去する;(隊伍を組んで)移動(出発)する;(渡り鳥が)空を渡って行く, (煙が流れて行く, 雷雨が)遠ざかって行く. Zieh ab! おい, 出て行け. **2** (h) [die Gäste] ～ 〖話〗(酒場で客から)勘定を集めて回る. **3** (h)【球技】(強烈な)シュートを打つ.

'ab|zie·len 圓 (auf j⟨et⟩・人⟨物⟩⁴を)狙う, 意図する. Auf was⟨Auf wen⟩ zielt er ab? 彼のお目当ては何か⟨彼は誰のことを言っているのか⟩.

'ab|zir·keln 圓 (コンパスなどで)正確に測る; 十分考える, 熟慮する. ↑abgezirkelt

'ab|zi·schen 圓 (s) **1** (蒸気が)音を立てて噴き出す, 漏れる. **2** (比喩)〖話〗(ぷんぷんと立去る, (車で)走り去る. Zisch ab! とっととうせろ.

'ab|zit·tern 圓 (s) あわてて立去る(出て行く).

*'Ab·zug ['aptsuːk] 男 -[e]s/-e (↓abziehen) **1** (複数なし)差引くこと, 控除(額). et¹ in ～ bringen 物¹を差引く, 控除する, 値引きする. **2** (複数2格 -s) 税金. **3** (複数まれ)退却, 撤退; 撤収, (鳥の)渡り, 旅立ち; (雷雨の)通過. **4** (煙・水の出口, 排水管(溝), 排気孔;【化学】ドラフト, 通風室. **5** コピー, 複製;刷り, 印刷部数;【写真】焼付け. **6** (銃の)引き金.

'ab|züg·lich ['aptsyːklɪç] (2 格支配)〖商業〗 …を除いて. ～ des Fahrgeldes 運賃を差引いて. ◆ 名詞的冠詞・形容詞を伴わないときは2格の語尾を失うことがある. ↑Fahrgeld

'ab|zugs·fä·hig 形 (課税対象の金額から)控除できる. -*e* Ausgaben 必要経費.

'ab|zwa·cken 圓 **1** つまんで取る, (ペンチなどで針金を)挟んで切る. **2** 切詰めてためこむ, へそくる. **3** (人¹の賃金などの一部を)目立たないようにくすねる, ピンをはねする.

'Ab|zweig·do·se ['aptsvaɪk..] 安 -/-n〖電子工〗(小型の)コネクター・ボックス.

'ab|zwei·gen ['aptsvaɪgən] ❶ 圓 (s) 囲 (sich⁴) (道・電気回路などが)分かれる, 分岐する; (人が)本道からそれる. ❷ 他 et¹ [für sich⁴] ～ (こっそり自分のために)物¹を取分けておく.

'Ab|zwei·gung 安 -/-en 分岐(点), 〖鉄道〗(支線への)誘導線,〖電子工〗二次(副)回路.

'ab|zwi·cken 他 (ペンチで)挟んで切る.

Ac [aː'tseː] 中 (記号) =〖化学〗= Actinium

a c. (略) = a conto

à c. (略) = à condition

a. c. (略) = anni currentis

Aca·de·my Award [ɛ'kædəmi ɛ'voːrt] 男 – -[s] – -s (*engl.*)〖映画〗アカデミー賞, オスカー (↑Oscar).

Acan·thus [a'kantus] = Akanthus

a cap·pel·la [a ka'pɛla] (*it.*)〖略 a c.〗〖音楽〗ア・カペッラ, 無伴奏で. ein Lied ～ singen 歌曲を無伴奏で歌う. ◆ [wie] in der Kapelle の意.

ac·ce·le·ran·do [atʃeleˈrando] 副 (*it.*)〖略 accel.〗〖音楽〗(↔ ritardando) アッチェレランド, しだいに速く.

Ac'cent ai'gu [aˈksɑ̃ ɛˈgyː] 男 – -/-s – -s [aˈksãːzɛˈgyː] (*fr.*)〖言語〗アクサン・テギュ(é の´).

Ac'cent cir·con'flexe [aˈksɑ̃ sɪrkɔ̃ˈflɛks] 男 –-/-s –-s (*fr.*)〖言語〗アクサン・シルコンフレクス(â の^).

Ac'cent 'grave [aˈksɑ̃ ɡraːf] 男 – -/-s – -s (*fr.*)〖言語〗アクサン・グラーヴ (è の`).

Ac·ces·soire [aksɛsoˈaːr] 中 -s/-s ..soˈaːr(s) (*fr.*)〖ふつう複数で〗アクセサリー.

Ac·com·pa'gna·to [akɔmpanˈjaːto] 中 -s/-s(..ti|..ti) (*it.*)〖音楽〗オーケストラ伴奏付きのレチタティーヴォ(叙唱). ◆ Recitativo accompagnato の簡略化.

ac·com·pa'gnie·ren [..panˈjiːrən] 他 (人⟨物⟩の)伴奏をする.

Ac'count [ɛˈkaʊnt] 男 -s/-s (*engl.*)〖コンビュ〗アカウント.

ac·cre'scen·do [akrɛˈʃɛndo] 副 (*it.*)〖略 accresc.〗〖音楽〗アクレシェンド, しだいに強く. ↑crescendo

Ace'tat [atseˈtaːt] 中 -s/-e (*lat.*)〖化学〗〖複数なし〗アセテート, 酢酸絹糸. **2** アセタート, 酢酸塩.

ach [ax アハ] 間 **1** Ach! (驚き・苦痛・悲嘆・同情・蔑視・思いつき・願望などを表して)ああ, おお, えっ. Ach Gott! ああこれはしたり, どうしたらいいんだ. ああやれやれ, これはこれは. ▶ ↑Ach **2** (他の語を強めて) Ach ja! そうだとも. Ach nein! とんでもない. Ach so! えっそうか. Ach was! 何を言うか.

Ach 中 -s/-[s] (悲嘆・苦痛などを表す)叫び声, 悲鳴. ～ und Weh⟨ach und weh⟩ schreien 泣きわめく, 悲嘆の声をあげる. mit ～ und Weh⟨Weh und ～⟩ 悲鳴をあげて, 泣きべそをかきながら. mit ～ und Krach やっとのことで, かろうじて.

Achä·ne [aˈxɛːna] 安 -/-n〖植物〗痩果(ソウカ), 穎果(エイカ), 穀果.

Achat [aˈxaːt] 男 -[e]s/-e (*gr.*)〖鉱物〗めのう.

acha·ten [aˈxaːtən] 形 めのう(製)の.

'Ache·ron ['axerɔn] 男 -[s]〖地名〗der ～〖神話〗アケローン(冥界を流れる川, 三途(サンズ)の川).

Acheu·lé·en [aʃølɛˈɛː] 中 -[s] (*fr.*)〖歴史〗アシュール期(ヨーロッパ旧石器時代, アブヴィル期につぐ時期), アシュール文化.

Achill [aˈxɪl], **Achil·les** [aˈxɪlɛs] 〖人名〗(*gr.*)〖神話〗アキレウス(トロイア戦争におけるギリシア軍最大の英雄, Homer『イーリアス』*Ilias* の主人公).

Achil·les·fer·se 安 -/-n アキレスのかかと; 弱点, 弱み.

Achil·les·seh·ne 安 -/-n〖解剖〗アキレス腱(ケン).

Achil·leus [aˈxɪlɔys] = Achill

ach·la·my'de·isch [axlamyˈdeːɪʃ] 形〖植物〗花被(花蓋)のない.

'Ach·laut ['axlaʊt] 男 -[e]s/-e (↔ Ichlaut)〖音声〗ach 音 (a, o, u, au 後の ch 音).

a. Chr. [n.] (略) (*lat.*) =ante Christum [natum] (vor Christi Geburt) キリスト生誕前, 西暦紀元前.

Achro·ma'sie [akromaˈziː] 安 -/-n [..ˈziːən] (*gr.*) **1** (Achromatismus)〖光学〗色収差. **2**〖医学〗色素欠乏症, 無色.

Achro·'mat [..'ma:t] 男 –[e]s/–e 《gr.》〖光学〗アクロマート(2色に対して色収差を補正したレンズ).

achro·'ma·tisch ['ma:tɪʃ] 形 **1**〖光学〗色消しの. **2** 無色の, 白黒の.

Achro·ma·'tis·mus [akroma'tɪsmʊs] 男 –/..men =Achromasie 1

Achro·ma·top·'sie [..tɔ'psi:] 女 –/ 《gr.》〖医学〗色盲.

'Achs·druck ['aks..] 男 –[e]s/⁼e 《古》軸圧, 軸重.

*'**Ach·se** ['aksə アクセ] 女 –/–n **1** (Schulter) 肩, 肩甲. die 〜n〈mit den 〜n〉zucken 肩をすくめる(無関心・軽蔑の表現). et⁴ auf die 〜 nehmen 物⁴を肩にかつぐ. et⁴ auf die leichte 〜 nehmen 事⁴を軽視(なおざり)にする. auf seine 〜 nehmen 事⁴の責任をかぶる. auf beiden 〜n [Wasser] tragen《古》どちらにもいい顔をする, 二股膏薬(ごうやく)である. j⟨et⟩⁴ über die 〜 ansehen 人⟨物⟩⁴を見さげる, ばかにする. **2** 隔, わきの下. **3** 〖植物〗(Blattachsel) 葉腋(えき).

*'**Ach·sel** ['aksəl アクセル] 女 –/–n **1** (Schulter) 肩, 肩甲. die 〜n〈mit den 〜n〉zucken 肩をすくめる(無関心・軽蔑の表現). et⁴ auf die 〜 nehmen 物⁴を肩にかつぐ. et⁴ auf die leichte 〜 nehmen 事⁴を軽視(なおざり)にする. et⁴ auf seine 〜n nehmen 事⁴の責任をかぶる. auf beiden 〜n [Wasser] tragen《古》どちらにもいい顔をする, 二股膏薬(ごうやく)である. j⟨et⟩⁴ über die 〜 ansehen 人⟨物⟩⁴を見さげる, ばかにする. **2** 隔, わきの下. **3** 〖植物〗(Blattachsel) 葉腋(えき).

'**Ach·sel·band** 中 –[e]s/⁼er **1** (軍服などの肩章につけた)飾り紐, 肩紐. **2** (婦人服の)サスペンダー.

'**Ach·sel·höh·le** 女 –/–n わきの下, 腋窩(えきか).

'**Ach·sel·klap·pe** 女 –/–n (ふつう複数で)(軍服など)の肩章.

'**Ach·sel·schnur** 女 –/⁼e =Achselband 1

'**ach·sel·stän·dig** 《比較変化なし》〖植物〗葉腋(えき)の中にある.

'**Ach·sel·zu·cken** 中 –s/ 肩をすくめること.

'**ach·sel·zu·ckend** 《比較変化なし》肩をすくめた.

..ach·sig [..aksɪç]〖接尾〗数詞の後につけて「…の軸をもった」の意の形容詞をつくる. dreiachsig 3 車軸の, 3本軸の.

'**Achs·ki·lo·me·ter** 男 –s/– 《略 Achskm》〖鉄道〗車軸キロ(車軸の数と走行距離との積).

'**Achs·last** 女 –/–en (Achsdruck) 軸圧, 軸重.

'**achs·recht** 形 =axial

'**Achs·stand** 男 –[e]s/⁼e 〖工学〗車軸と車軸との間隔, 軸距.

'**Achs·sturz** 男 –es/⁼e (Radsturz) (自動車の車輪の)キャンバー.

acht   [axt アハト] ❶ 数 8, 八つの. 〜 Tage 1週間(足かけ8日の意). alle 〜 Tage 1週間ごとに. heute in 〜 Tagen〈über 〜 Tage〉1週間後の今日. nach 〜 Tagen 1週間後に. um halb 〜 [Uhr] 7時半に. Montag vor 〜 Tagen 1週間前の月曜日. zu 〜 8人で. ▶ ↑vier ❷ 形《序数》第8の, 8番目の. ▶ ↑viert

Acht¹ 女 –/–en 8という数(数字); (バス・電車の)8番(線); (トランプ)の8の札; (飛行機や馬の曲乗り, アイススケートなどで描く)8字形;《戯》(Handfessel) 手錠(その形状から). mit der 〜 fahren 8番のバス(電車)で行く. ♦ ↑Eins

Acht² 女 –/ 注意, 気遣い, 顧慮. auf⁴ 〜 geben 物⁴に注意を払う. et⁴ aus der 〈aus aller 〉lassen《古》物⁴をなおざりにする. et⁴ außer 〜〈acht〉 lassen 物⁴を度外視する. et⁴ in 〜〈acht〉 nehmen 物⟨人⟩³に用心する. ♦ ↑Acht geben, Acht haben

Acht³ 女 –/〖歴史〗(Bann)(中世における)法律による保護の剝奪(はくだつ). j⁴ in die 〜 erklären 人⁴から法律の保護を奪う. **2** (共同体からの)追放; 破門. j⁴ in 〜 und Bann tun 人⁴を追放する.

'**Acht·eck** 中 –[e]s/–e 8角形.

'**acht·eckig** 形 8角形の.

'**acht·ein·halb** ['axt|aɪn'halp]《不変化》8と2分の1, 8½.

'**ach·tel** ['axtəl]《不変化/付加語的用法のみ》8分の1の. ein 〜 Liter 8分の1リットル(=Achtelliter).

'**Ach·tel** 中 (な 男) –s/– **1** 8分の1. ein 〜 8分の1. zwei 〜 8分の2. **2** (Achtelnote)〖音楽〗8分音符.

'**Ach·tel·li·ter** 男 –s/– ↑achtel

'**ach·teln** ['axtəln] 他 8で割る, 8等分する.

'**Ach·tel·no·te** 女 –/–n〖音楽〗8分音符.

'**Ach·tel·pau·se** 女 –/–n〖音楽〗8分休止(符).

ach·ten   ['axtən アハテン] ❶ 他 **1** (↔ verachten) 尊敬(尊重)する, 一目置く. gering 〜 軽んじる, 見くびる. hoch 〜 尊敬(尊重)する. das Gesetz 〜 法律を尊重する. Vorfahrt 〜! 先行権を優先せよ. eine *geachtete* Firma〈Persönlichkeit〉信用のある会社〈声望のある人物〉. j⟨et⟩⁴ nicht 〜 人⟨物⟩⁴を無視する, 眼中におかない. die Gefahr nicht 〜 危険を物ともしない. **3** (et⁴ für ...)物⁴を... と見なす. Ich *achte* es für eine Ehre〈gut〉. 私はそれを名誉(良い)と思う.

❷ 自 (auf j⟨et⟩⁴)人⟨物⟩⁴に注意する, 気を配る, 顧慮する. auf das Kind 〜 子供に目を配る.

äch·ten ['ɛçtən] 他 **1**〖歴史〗(中世で)(人⁴を)法律の保護の外に置く, (人⁴から)法律の保護を奪う. **2** (共同体から)追放する, 村八分にする. **3** (物⁴を)排斥(拒絶, ボイコット)する.

'**Acht·en·der** ['axt|ɛndər] 男 –s/–〖猟師〗(片方の枝角の尖(とが)りが4つある鹿(↑Ende 9).

'**ach·tens** ['axtəns] 副 第8に, 8番目に.

'**ach·tens·wert** 形 尊敬に値する, 立派な.

'**ach·ter** ['axtər] 形《比較変化なし/付加語的用法のみ》《船員》後方の, 船尾の. ↑After

'**Ach·ter** 男 –s/– **1**〖ボート〗エイト. **2**《話》8の字形. einen 〜 laufen〈fahren/ziehen〉(フィギュアスケートで)8の字を描いて滑る. **3**《南ツ》(バス・電車の)8番路線(↑Acht¹).

'**ach·ter·aus** 副 (↓achter)《船員》後方へ.

'**Ach·ter·bahn** 女 –/–en (8字形の軌道をもつ)ジェットコースター.

'**Ach·ter·deck** 中 –[e]s/–s(–e)《船員》後甲板.

'**ach·ter·las·tig** 形 (hinterlastig) 後部(船尾)に多くの荷を積んだ.

'**ach·ter·lei** ['axtər'laɪ] 形《不変化》8種類の.

'**ach·tern** ['axtərn] 副《船員》後方(後部, 船尾)に.

'**Ach·ter·rei·he** 女 –/–n 8列. sich⁴ in 〜n aufstellen 8人ずつの列に並ぶ.

'**Ach·ter·scha·le** 女 –/–n〖化学〗(電子の)8殻.

'**Ach·ter·schiff** 中 –[e]s/–e (↓achter)《船員》(船の)後部, 船尾.

Achtersteven 32

'Ach·ter·ste·ven [..ʃte:vən] 男 -s/- (↔ Vordersteven)《船員》船尾柁.

'acht·fach ['axtfax] 形《述語的には用いない》8倍(重)の。《名詞的用法》et¹ um das Achtfache verstärken 物¹を8倍強める.

'Acht·fach 中 -[e]s/-e, 'Acht·fläch·ner 男 -s/- (Oktaeder)《幾何》8面体.

'Acht ge·ben, °'acht|ge·ben* ['axt ge:bən アハトゲーベン] 自 1 気をつける, 用心する. Gib Acht, dass du nicht fällst. 転ばないように気をつけるんだよ. 2 (auf j⟨et⟩⁴ 人⟨物⟩⁴に)気を配る, 気をつける. Gib auf dich Acht!体を大事にしろよ.

'Acht ha·ben, °'acht|ha·ben* ['axt ha:bən アハトハーベン] 自 1 気をつける, 注意(用心)する. 2 auf j⟨et⟩⁴ – j⟨et⟩² – 人⟨物⟩⁴,²に注意する, 気を配る.

'Acht·hun·dert ['axt...] 数 800(の).

'Acht·kampf 男 -[e]s/⸚e {ﾒﾝﾌﾟﾌ} 1《陸上競技》(女子の)8種競技. 2《体操》女子体操総合競技(4種目の各規定・自由の全演技の総合点を競う).

'acht·los ['axtlo:s] 形《比較変化なし》(↓ Acht²) 不注意な, 無頓着な, うっかりした.

'Acht·lo·sig·keit 女 -/ 軽率, 不注意, 無頓着.

'acht·mal ['axtma:l] 副 8回. Acht mal zwei ist sechzehn. 8掛ける2は16 (8×2=16).

'acht·ma·lig [..ma:lɪç] 形《付加語的用法のみ》8回の.

'acht·sam ['axtza:m] 形 1 注意深い. 2 用心深い, 慎重な.

'Acht·sam·keit 女 -/ 注意(用心)深いこと.

'Acht'stun·den·tag 男 -[e]s/-e 1日8時間労働(制).

'acht·tä·gig ['axttɛ:gɪç] 形 1 8日間を経た, 生後8日の. 2 8日間にわたる. 3《話》1週間の.

'acht'tau·send ['axt...] 数 8000(の).

'Acht'tau·sen·der 男 -s/- 8000メートル級の山.

'acht·und·ein·halb 数《不変化詞》=achteinhalb

Acht·und'vier·zi·ger 男 -s/-《歴史》1848のドイツ革命の参加者, その支持者.

'**Ach·tung** ['axtʊŋ アハトゥング] 女 -/ 1 注意, 用心. ~! (とくに軍隊の号令として)気をつけ, 注意. 2 尊敬, 敬意, 尊重. Alle ~! (感嘆を表して)これはすごい, 参った, 脱帽だ. j³ ~ einflößen⟨gebieten⟩人³に尊敬の念を起させる. j³ ~ erweisen⟨zollen⟩人³に敬意を表する. vor j⟨et⟩³ ~ haben 人⟨物⟩³を尊敬(尊重)する. in hoher ~ bei j³ stehen 人³にたいへん尊敬される.

'Äch·tung ['ɛçtʊŋ] 女 -/ 追放(刑), 所払い.

'ach·tung·ge·bie·tend 形《比較変化なし》(人に)尊敬の念を引起させるような. ◆ Achtung gebietend とも書く.

'Ach·tungs·er·folg 男 -[e]s/-e まずまずの成功(一応名前くらいは知ってもらえたという程度の成功).

'ach·tungs·voll 形 うやうやしい.

'acht·zehn ['axtse:n アハツェーン] 数 18(の). Er ist ~ [Jahre alt]. 彼は18歳である.

'acht·zehnt ['..tse:nt] 形《序数》第18の, 18番目の. ↑ viert

*'acht·zig ['axtsɪç アハツィヒ] 数 80(の). Er ist Anfang⟨Ende⟩ [der] ~《Achtzig》. 彼は80歳代の初めく終り⟩である. auf ~ kommen⟨sein⟩《話》かんかんに怒るく怒っている⟩. j³ auf ~ bringen⟨kriegen⟩《話》人³をかんかんに怒らせる. ◆ どちらも1910年代に生れた慣用表現で, 時速80キロは当時の車の最高スピードであった.

'Acht·zig 女 -/-en 80という数(数字).

*'acht·zi·ger ['axtsɪgɐr アハツィガー] 形《不変化》1 80の ein ~ Jahrgang 80年産のワイン; 80年生れの人. 2 80 歳台の; (ある世紀の)80年代の. in den ~ Jahren dieses Jahrhunderts 今世紀の80年代. ◆ 数字では 80er と書く.

'Acht·zi·ger 男 -s/- 1 80歳(80歳代)の男; 80年産のワイン. 2 80歳台の; (ある世紀の)80年代の人. ◆ 女性形 Achtzigerin 女 -/-nen 80歳(代)の女の人.

'Acht·zi·ger·jah·re 複 1 80歳代. 2 (ある世紀の)80年代. ◆ 数字では 80er-Jahre と書く.

'acht·zigst ['axtsɪçst] 形《序数》第80の, 80番目の. ↑ viert

'Acht·zy·lin·der 男 -s/- 8気筒のエンジン; 8気筒エンジンを搭載した自動車.

A·chy'lie [axy'li:, açy..] 女 -/-n [..'li:ən] (gr.) 無胃液症, 胃液欠乏症.

'äch·zen ['ɛçtsən] 自 1 うめく, あえぐ. 2 (床などが)うめくような音を発する, きしむ.

Acid [a'tsi:t] 中 -[e]s/-e (lat. acidus , sauer') 1《化学》アジ化物, アジド(窒化水素酸塩). 2 ['ɛsɪt, 'æsɪd] ~ LSD の隠語名.

Aci·da [a:tsida] 女 Acidum の複数.

Aci·di·me'trie [atsidime'tri:] 女 -/ (lat.)《化学》酸定量法.

Aci·di'tät [..'tɛ:t] 女 -/-en (lat.)《化学》(塩基の)酸度.

Aci'do·se [atsi'do:zə] 女 -/-n (lat.) (Acidosis)《医学》アジドーゼ(アチドージス), 酸血(酸性)症.

'Aci·dum ['a:tsidom] 中 -s/Acida (lat.) 酸.

Aci'dur [atsi'du:r] 中 -s/《商標》珪素({ﾎｲｿ}?)を含んだ耐酸性の鋳鉄.

*'Acker ['akɐr アカー] 男 -s/Äcker (単位=) 1 畑, 耕地. den ~ bestellen⟨pflügen⟩ 畑を耕す. auf dem ~ arbeiten 野良で働く. 2《複数 Acker》(=) アッカー(主として中部ドイツで用いられた耕地面積の単位. ヘッセン地方では 19.065 アール, ザクセン・アルテンブルクでは 64.43 アール).

'Acker·bau 男 -s/ 農業, 農作; 農業牧畜. ~ treiben 農業を営む. von ~ und Viehzucht keine Ahnung haben《話》まったく門外漢である.

'Acker·bau·er 男 -n/-n 1《まれ》農民, 農夫. 2 (-s-)《ふつう複数で》農耕民.

'Acker·ga·re 女 -/《農業》(土壌の)栽培最適状態.

'Acker·kru·me 女 -/-n《農業》表土, 作土.

'Acker·land 中 -[e]s/ 耕地.

'ackern ['akɐrn] 自 1 畑を耕す. 2 辛苦({ｼﾝｸ})する, あくせく働く.

'Acker·nah·rung 女 -/《農業》《古》4人家族の1農家が食べていけるだけの農地.

'Acker·rö·te 女 -/-n《植物》あかねかむぐら.

'Acker·sa·lat 男 -[e]s/《植物》のちしゃ, サラダ菜.

'Ack·ja ['akja] 中 -[s]/-s (schwed.) (ラップ人の)舟形のとかい橇({ﾘ}); (山岳救難用)スノーボート.

à con·di·ti'on [a kōdisi'ō:n] (fr.) (略 a c.)《商業》(返品可能の)条件付で, 委託(販売)で.

Aco'nit [ako'ni:t] 中 -s/ =Akonit

a 'con·to [a 'kɔnto] (it.) (略 a c.)《商業》内金払いで. Zahlung ~ 内金払い.

Ac'quit [a'ki:] 中 -s/-s (fr.) 受領(領収)証.

'Acre ['e:kɐr] 男 -s/-s エーカー(イギリス・北アメリカの

面積単位, =4046.8 m²).
Acro·le·in [akrole'i:n] 中 -s/ (*lat.*)《化学》アクロレイン.
Acryl·fa·ser [a'kry:l..] 囡 -/-n アクリル繊維.
Acryl·säu·re 囡 -/《化学》アクリル酸.
Ac·ti·ni·den [akti'ni:dən] 複《化学》アクチニド.
Ac·ti·ni·um [ak'ti:niʊm] 中 -s/ (*gr.*, Strahl ')《記号 Ac》《化学》アクチニウム.
Ac·ti·no·i·de [aktino'i:də] -s/《化学》アクチノイド(原子番号 89 のアクチニウムから 103 のローレンシウムに至る 15 個の原子の総称).
'**Ac·tion** ['ɛkʃən] 囡 -/ (*engl.*)《映画》アクション, 格闘. *Action*-Film アクション映画.
'**Ac·tion-pain·ting** [..pe:ntɪŋ] 中 -/ (*engl.*)《美術》アクション・ペインティング.
ad.《略》=a dato
a. D.¹《略》=außer Dienst 退役(退職, 退官)した. Major ~ 退役陸軍少佐.
a. D.², **A. D.**《略》=anno〈Anno〉Domini 西暦紀元 …年に.
ad ab'sur·dum [at ap'zʊrdom] (*lat.*) et〈j〉⁴ ~ führen 物〈人〉⁴の矛盾を証明する.
ADAC [a:de:|a:'tse:]《略》=Allgemeiner Deutscher Automobil-Club 全ドイツ自動車クラブ(日本の JAF に相当).
ad 'ac·ta [at 'akta] (*lat.*) 他の書類と一緒に. et⁴ ~ legen《比喩》手を済んだこと(解決済みのこと)と見なす.
ada·gio [a'da:dʒo] 副 (*it.*)《音楽》アダージョ, ゆるやかに.
Ada·gio 中 -s/-s《音楽》アダージョ楽章, アダージョの曲.
Adak·ty'lie [adakty'li:] 囡 -/ (*gr.*)《医学》無指体.
'Adal·bert ['a:dalbɛrt]《男名》アーダルベルト. der heilige ~ von Magdeburg アクデブルクの聖アダルベルトゥス(マクデブルクの大司教).
'**Adam** ['a:dam] (*hebr.*, Mensch ')❶《男名》アーダム.《成句で》nach ~ Riese《戯》正確に計算すると(ドイツ算術の名人 Adam Riese, 1492-1559 による). ❷《人名》《旧約》アダム(人祖).《比喩》原罪をもった人間, 弱さ(弱点)を持った人間. der alte ~《古》昔からの欠点, 旧来の習慣(考え方). den alten ~ ausziehen 新しい人間に生れ変る, 更生する(↓《新約》コロ 3:9, ロマ 13:14). der zweite ~ キリスト(全人類の原罪をその血によってあがなったので. ↓《新約》ロマ 5:12 以下). bei ~ und Eva anfangen〈beginnen〉《物語・説明などを》そもそもの最初から始める, 発端にさかのぼる. von ~ und Eva [ab]stammen (家具などが)非常に古い, 時代物である. von ~ [und Eva] her verwandt sein《話》遠縁である. ❸ 男 -s/-s **1**《話》裸の男. *seinen ~* in Ordnung bringen 服を着る. **2** (↔ Eva)《戯》夫, 宿六.
Ada'mit [ada'mi:t] 男 -en/-en (↓ Adam)《宗教》**1** アダム派(2 世紀頃に起ったキリスト教の異端, 素樸で共同礼拝を行なった). **2** アダメート(13-14 世紀ボヘミアなどに起ったアダム派に似た異端).
'**Adams·ap·fel** 男 -s/=喉頭隆起, のど仏.
'**Adams·kos·tüm** 中 -s/-e《次の用法で》im ~《戯》《男が》丸裸で.
Adap·ta·ti'on [adaptatsi'o:n] 囡 -/-en (*lat.*) **1** 順応, 適応. **2**《文学作品の》翻案, 改作.
Adap·ter [a'daptər] 男 -s/- (*engl.*)《工学》(電気器具の)アダプター, 仲介装置(器具).

adap'tie·ren [adap'ti:rən] (*lat.*) ❶ 他 **1** 適合させる; 翻案(改作)する. **2**《建築》改築(改装, 模様替えする. ❷ 再 (*sich*¹)(環境に, 状況に)順応する.
Adap·ti'on [adaptsi'o:n] 囡 -/-en = Adaptation
adap'tiv [..'ti:f] 形 順応(適応)性のある.
adä'quat [adɛ'kva:t, at|ɛ.., '- - -] 形 (*lat.*) 適切(適当)なぴったりの.
a 'da·to [a 'da:to] (*lat.*)《略 a d.》《商業》《手形の》振出しの日付から.
Ad'dend [a'dɛnd] 男 -en/-en (*lat.*)《数学》被加数
Ad'den·dum [a'dɛndom] 中 -s/..da (多く複数で) (*lat.*) 追加, 補足, 加筆訂正; 付録.
ad'die·ren [a'di:rən] (*lat.*) ❶ 他 加える, 足す; 合算(合計)する. ❷ 再 (*sich*⁴) *sich* auf et⁴〈zu et³〉~ 合計して物⁴³(ある額)になる.
ad'dio [a'di:o] 間 (*it.*)《雅》*Ade*! さようなら(↑ade).
Ad·di·ti'on [aditsi'o:n] 囡 -/-en (*lat.*) 足すこと, 加法, 足し算; 合算, 合計(額); 付加, 添加;《化学》加成.
ad·di'tiv [adi'ti:f アディティーフ] 形《比較変化なし》加法(加算)の, 付加(添加)の.
Ad·di'tiv 中 -s/-e[..və]《化学》添加剤.
Ad·duk·ti'on [adʊktsi'o:n] 囡 -/-en (*lat.*) (↔ Abduktion)《解剖》内転, 内旋.
Ad'duk·tor [a'dʊkto:r] 男 -s/-en [..'to:rən] (*lat.*)《解剖》内転(内旋)筋.
ade [a'de:] 間 (*t.*)《雅》*Ade*! さようなら. ◆ラテン語 ad Deum, zu Gott, Gott befohlen ' から.
Ade 中 -s/-s 別れの挨拶, さようなら.
'**Ade·bar** [a:dəba:r] 男 -s/-e (*t.*)《北ド》こうのとり.
'**Adel** ['a:dəl] 男 -s/ **1** 貴族(階級); 貴族の称号, 爵位. ~ verpflichtet.《諺》爵位は義務を課す, 貴族は貴族らしく振舞はねばならない(フランス語 noblesse oblige の翻訳借用表現). **2** 高貴, 高潔, 気高い志操.
'**ade·lig** ['a:dəlɪç] 形 =adlig
'**Ade·li·ge** 男 囡《形容詞変化》= Adlige
'**adeln** ['a:dəln] 他 **1** (人¹に)爵位を授ける, 貴族に列する. **2** 気高く(高貴にする, 品位を高める.
'**Adels·brief** 男 -[e]s/-e **1**(授爵の)認証状, 爵位記. **2** 特別な表彰状.
'**Adels·pa·tent** 中 -[e]s/-e = Adelsbrief 1
'**Adels·stand** 男 -[e]s/=e 貴族の身分(地位);《総称的に》貴族階級. j⁴ in den ~ erheben 人⁴を貴族に列する.
'**Adels·ti·tel** 男 -s/- 爵位(Baron・Graf など).
'**Ade·nau·er** ['a:dənaʊər]《人名》Konrad ~ コンラート・アーデナウアー(1876-1967, 旧西ドイツの初代首相).
Ade'ni·tis [ade'ni:tɪs] 囡 -/..nitiden [..'ni:tidən] (*gr.* aden, Drüse ')《医学》腺炎.
ade·no'id [adeno'i:t] 形 (↓ Adenom)《医学》腺様(ようの, アデノイドの. ~*e* Vegetationen アデノイド, 腺様増殖(症).
Ade'nom [ade'no:m] 中 -s/-e, **Ade'no·ma** [..ma] 中 -s/-ta (*gr.*)《医学》(良性の)腺腫(よう).
Ade·no·to'mie [adenoto'mi:] 囡 -/-n (↓ Adenom)《医学》アデノイド(腺様増殖)切除(術).
Adept [a'dɛpt] 男 -en/-en (*lat.*) **1**(その道の, とくに錬金術の)奥義を極めた人, 大家, 泰斗; 名人, 大御所. **2**(上記の)弟子, 助手.
*****Ader** ['a:dər アーダー] 囡 -/-n **1** 血管. j⁴ zur ~ lassen《古》《医学》人⁴から血を抜取る, 人⁴に瀉血(よう)を施す;《話》人⁴から金を巻上げる. *sich*³ die ~n

Äderchen

öffnen 動脈を切って自殺する. **2** 血管状・網目状に枝分かれしたもの; 水脈 (Wasserader), 鉱脈 (Erzader), 葉脈 (Blattader), 木目, 石目, (昆虫の翅脈(しみゃく), (ケーブルの)心線. **3** 《複数없으로》素質, 取り柄. eine leichte ~ haben 軽薄(おっちょこちょい)である. Sie hat eine dichterische ~. 彼女には詩的才能がある.

'**Äder·chen** [´ɛːdərçən] 匣 -s/-《Aderの縮小形》細い血管.

'**Ader·haut** 囡 -/ºe《解剖》(目の)脈絡膜.

'**ade·rig** [´aːdərɪç], '**äde·rig** [´ɛːdərɪç] 匣《比較変化なし》血管(木目, 石目)のある; 血管(網目)状の.

'**Ader·lass** 男 -es/ºe《医学》瀉血(しゃけつ), 刺絡(しらく);《比喩》損失, 出血.

'**ädern** [´ɛːdərn] 他《物》に条紋をつける, 網目(木目)模様をつける. †**geädert**

'**Äde·rung** [´ɛːdərʊŋ] 囡 -/-en **1** 血管が網のように走っていること. **2** 網目(木目)模様をつけること. **3** 網目(木目)模様.

Ades·po·ta [aˈdɛspota] 複《gr. a...,´nicht´+despotes, Herr´》作者不明の作品(とくに聖歌).

à ´deux ´mains [a ˈdøː ˈmɛː] (fr.)《音楽》両手で(楽譜の指示).

'**Ad·go** [ˈatgo] 囡 -/《略》= Allgemeine Deutsche Gebührenordnung [für Ärzte] 全ドイツ診療報酬基準(表).

ad·hä·rent [athɛˈrɛnt] 匣《比較変化なし》(lat.) 粘着性の, 付着している. **2**《生物》着生の.

Ad·hä·renz [..ˈrɛnts] 囡 -/-en (lat.) **1** 粘着, 付着, 癒着. **2** 敬服, 心服, 傾倒, 愛着.

Ad·hä·si·on [..ziˈoːn] 囡 -/-en (lat.) **1** 粘着, 付着;《化学》濡れ, 接着;《医学》癒着;《生物》着生. **2**《法制》(条約への)加盟.

Ad·hä·si·ons·bahn 囡 -/-en《鉄道》粘着式軌道(アプト式軌道に対する, 普通の軌道).

ad·hä·siv [..ˈziːf] 匣《比較変化なし》粘着(接着)力のある, 粘着性の.

ad ´hoc [at ˈhɔk, at ˈhoːk] (lat.) このために, この目的のために, 特別に, 臨時に.

'**Ad·hor·ta·tiv** [´athɔrtatiːf] 男 -s/-e [..və] (lat.) 勧誘法(接続法Ⅰによる1人称複数に対する命令表現: Trinken wir Bier! ビールを飲もう.)

adi·a·ba·tisch [adiaˈbaːtɪʃ] 匣 (gr.)《物理》断熱の.

adieu [aˈdjøː] 間 =ade

Adieu 匣 -s/-s =Ade

Ädi·ku·la [ɛˈdiːkula] 囡 -/..lä [..lɛ] (lat. aedicula, kleiner Bau´) **1**《建築》アエディクラ(正面列柱とペディメントのある古代ローマの小神殿). **2** (教会内部の, 聖像や石棺を納めた)小礼拝堂.

ad in·fi·ni·tum [at ɪnfiˈniːtʊm] (lat.) 果てしなく, いつまでも, 延々と.

adi´pös [adiˈpøːs] 匣 (gr.)《比較変化なし/副詞的には用いない》動物性脂肪の(を含んだ); 脂肪性度(質)の.

Adi·po·si·tas [adiˈpoːzitas] 囡 -/ (gr.) (Fettsucht)《医学》脂肪(過多)症, 肥満症.

adj., Adj.《略》=Adjektiv

'**Ad·jek·tiv** [´atjɛktiːf] 匣 -s/-e (lat.)《略 adj., Adj.》《文法》形容詞.

'**ad·jek·ti·visch** [´atjɛktiːvɪʃ, - - ´- -] 匣《比較変化なし》形容詞(的)の.

Ad·ju·di·ka·ti·on [atjudikatsiˈoːn] 囡 -/-en (lat.)《法制》裁定, 認定.

Ad·ju·di·zie·ren [..ˈtsiːrən] 他 (lat.)(人³に物¹を)法的に認める, 認定(裁定)する.

Ad·jus·tie·ren [atjusˈtiːrən] 他 (lat.)《工学》(機械を)調整する;《医学》(脱臼を)整復する. **2**《ﾀ³》(人¹に)装備(作業衣など)を支給する. sich¹ ~ 作業衣を着る.

Ad·jus·tie·rung 囡 -en **1**《工学》(機械の)調整;《医学》(脱臼の)整復. **2**《ﾀ³》(支給された)作業衣, 制服;《戯》身なり, いでたち.

Ad·ju´tant [atjuˈtant] 男 -en/-en (lat.)《軍事》副官;《ﾀ³》中隊付き曹長.

Ad·ju·tan´tur [..tanˈtuːr] 囡 -/-en《軍事》副官団, 副官の地位(職).

Ad´ju·tor [atˈjuːtor] 男 -s/-en [..juˈtoːrən] (lat.)《古》協力者, 助手.

ad l.《略》= ad libitum

Ad´la·tus [atˈlaːtʊs, aˈdlaː..] 男 -/..ten(..ti) (lat.) 補佐, 助手.

* '**Ad·ler** [´aːdlər] アードラー 男 -s/- **1** わし(鷲)(力と勇敢さの象徴). Der ~ fängt keine Fliegen (Mücken).《諺》大物は小物を相手にしない(鷲は蝿(蚊)を捕らえない). **2**《紋章・貨幣などの》鷲印, 鷲の図案. Reichs*adler* 旧ドイツ帝国の鷲の紋章. **3** der ~《天文》鷲座.

'**Ad·ler·au·ge** 匣 -s/-n《比喩》(ものを見透かしているような)鋭い目.

'**Ad·ler·farn** 男 -[e]s/-e《植物》わらび(蕨).

'**Ad·ler·na·se** 囡 -/-n わし鼻, かぎ鼻.

'**Ad·ler·or·den** 男 -s/-《歴史》鷲勲章. Schwarzer (Roter) ~ 黒〈赤〉鷲勲章(プロイセン最高位〈次位〉勲章.

ad lib.《略》= ad libitum

ad ´li·bi·tum [at ˈliːbitʊm] (lat.)《略 a. l., ad l., ad lib.》(演奏者の)自由に, 即興的に, アドリブで.

'**ad·lig** [´aːdlɪç] 匣《比較変化なし》(↓ Adel) 貴族(階級)の; 高貴な, やんごとない, 気高い.

'**Ad·li·ge** 匣 ⦅形容詞変化⦆貴族.

ad ma·io·rem ´Dei ´glo·ri·am [at maˈjoːrɛm ˈdeːi ˈgloːriam] (lat., zur größeren Ehre Gottes´)《略 A. M. D. G.》神のより高き栄光のために(イエズス会 Jesuiten のモットー).

Ad·mi·nis·tra·ti·on [atmɪnɪstratsiˈoːn] (lat.) 囡 -/-en 管理, 行政; 管理機構, 行政官庁.

ad·mi·nis·tra´tiv [..ˈtiːf] 匣《比較変化なし》管理(上)の, 行政(上)の.

Ad·mi·nis´tra·tor [atmɪnɪsˈtraːtor] 男 -s/-en [..raˈtoːrən] **1** 管理者, (農場などの)管理人;《法制》(イギリスで)代理人, 遺産管理人. **2**《ｶﾄ》管理者. der Apostolische ~ 教区臨時管理者, 空席司教区参事会長; (修道院・学校などの)聖upper-任命管理者.

ad·mi·nis·trie·ren [atmɪnɪsˈtriːrən] 他 **1** 管理する. **2** das Sakrament ~《ｶﾄ》聖体(のパン)を授ける.

Ad·mi´ral [atmiˈraːl] 男 -s/-e (arab.)《複数では複数 Admiräle とも》海軍大将, 提督. **2**《虫》あかたては(赤蛱蝶). **3**《料理》(ヴァニラなどの香料を入れて加熱し, 卵黄をまぜて泡立てた)赤ワイン.

Ad·mi·ra·li´tät [atmiraliˈtɛːt] 囡 -/-en **1**《総称として》海軍将官. **2** 海軍本部.

Ad·mi´ral·stab 男 -[e]s/ºe 海軍軍令部(幕僚部).

Ad´nex [atˈnɛks] 男 -es/-e (lat.)《古》付属物, 添え物, 付録. **2**《解剖》子宮付属器.

Ad·ne´xi·tis [atnɛˈksiːtɪs] 囡 -/..tiden [..ksiˈ

dən]《医学》(子宮)付属器炎.
ad ˈno·tam [at ˈnoːtam] (*lat.*, zur Kenntnis‵) et⁴ 〜 nehmen 事⁴を承知して(書留めて)おく.
Ado·be [aˈdoːbə] 男 -s (*arab.*)《民族学》アドベれんが, 日干しれんが.
ad ˈo·cu·los [at ˈoːkuloːs] (*lat.*, vor Augen‵) 目の前で.
Ado·les·zent [adolɛsˈtsɛnt] 形 青少年期の.
Ado·les·zenz [..ˈtsɛnts] 女 -/ (*lat.*) 青少年期.
ˈ**Adolf** [ˈaːdɔlf]《男名》アードルフ.
Adolph [ˈaːdɔlf]《男名》《古》=Adolf
Ado·nai [adoˈnaːi] 男 -/ (*hebr.*, mein Herr‵)《旧約》アドナイ, 主(ｼｭ)(ﾕﾀﾞﾔ人が神の名 YHWH を禁忌とし代りに用いた呼称).↑Jahve
Ado·nis [aˈdoːnɪs] ❶《人名》《ｷﾞﾘｼｬ神話》アドーニス (美女神 Aphrodite に愛された美少年). ❷ 男 -/ Adonisse 美少年(侮蔑的な意味でも);《話》ボーイフレンド. ❸ 女 -/- =Adonisröschen
Ado·nis·rös·chen 中 -s/-《植物》ふくじゅそう(福寿草).
Adop·ti·a·nis·mus [adɔptsiaˈnɪsmʊs] 男 -/ = Adoptionismus
adopˈtie·ren [adɔpˈtiːrən] 他 (*lat.*) **1** (案・方策などを)取入れる, 採用する; 身につける, 習得する;(外国語を)借用する. **2** 養子(養女)にする.
Adop·ti·on [adɔpˈtsioːn] 女 -/-en (*lat.*) **1** (案・方策の)採用; 習得; (外国語の)借用. **2**《法制》養子縁組. **3**《社会学》外来者(外国人)の社会的受入れ.
Adop·ti·oˈnis·mus [adɔptsioˈnɪsmʊs] 男 -/ (↓ adoptieren)《ｷﾘｽﾄ教》キリスト猶子(ﾕｳｼ)説(イエス Jesus は普通の人間であった聖霊により神の養子とされたキリスト Christus になったとする異端説).
Adopˈtiv·el·tern [adɔpˈtiːf..] 複 養父母.
Adopˈtiv·kind 中 -[e]s/-er 養子.
Adr.《略》= Adresse
ad ˈrem [at ˈrɛm] (*lar.*, zur Sache‵) 適切に, 要領よく.
Adre·ma [aˈdreːma] 女 -/-s《商標》アドレーマ (Adressiermaschine の短縮).
Adreˈna·lin [adrenaˈliːn] 中 -s/ (*lat.*)《医学》アドレナリン.
Adre·nos·teˈron [adrenɔsteˈroːn] 中 -s/《医学》アドレノステロン(副腎皮質ホルモン).
Adresˈsant [adrɛˈsant] 男 -en/-en《古》(Absender) 差出人, 発送者, (手形の)振出人.
Adresˈsat [adrɛˈsaːt] 男 -en/-en (Empfänger) 受取人, 荷受人, 受領者, 手形受取人.
Adress·buch [aˈdrɛs..] 中 -[e]s/ˈʼer 住所録.

Adresˈse
[aˈdrɛsə] アドレセ 女 -/-n (*fr.*) **1** 《略 Adr.》あて名, 住所. per 〜 Herrn N.N.《郵便》N.N. 様方(気付). einen Brief an j² 〜 richten 手紙を人²あてに出す. an die falsche(unrechte/verkehrte) 〜 kommen(geraten)《話》頼む相手を間違える, 当てがはずれる. sich⁴ an die richtige 〜 wenden《話》しかるべき人(担当者)に聞く(頼る). Diese Worte waren an deine 〜 gerichtet.《比喩》この言葉は君に向けられたものだった. **2** 上申書, 建白書. **3** (公式の)賀状, お祝いの手紙. **4** 銅版画に記された版元名. **5**《ｺﾝﾋﾟｭｰﾀ》アドレス, 番地.
adresˈsie·ren [adrɛˈsiːrən] 他 **1** (手紙などに)あて名を書く. **2** et⁴ an j⁴ 〜 物⁴(手紙など)を人⁴にあてる.
3 et⁴ an j⁴ 〜《比喩》事⁴(言葉など)を人⁴に向ける.
Adresˈsier·ma·schiˈne [adrɛˈsiːr..] 女 -/-n あて名印刷機(↑Adrema).
adrett [aˈdrɛt] 形 (*fr.*) 小ぎれいな, こざっぱりした.
ˈ**Adria** [ˈaːdria] 女 -/《地名》die 〜 アドリア海. die Königin der 〜 アドリア海の女王(ヴェネツィアの異名).
adriˈa·tish [adriˈaːtɪʃ] アドリア海の. das *Adriatische* Meer アドリア海.
ˈ**adrig** [ˈaːdrɪç], ˈ**ädrig** [ˈɛːdrɪç] 形 =aderig, äderig
Adˈsor·bat [atzɔrˈbaːt] 中 -s/-e Adsorptiv
Adˈsor·bens [atˈzɔrbɛns] 中 -/..benzien [..ˈbɛntsian], ..bentia [..ˈbɛntsia] (*lat.*)《化学・物理》吸着剤.
Adˈsor·ber [atˈzɔrbər] 男 -s/- = Adsorbens
Adˈsorp·ti·on [atzɔrptsioˈoːn] 女 -/-en《化学・物理》吸着(作用).
Adˈsorp·tiv [..ˈtiːf] 中 -[e]s/-e《化学・物理》吸着物, 吸着質.
Adˈstrin·gens [atˈstrɪŋɡɛns] 中 -/..genzien [..strɪŋˈɡɛntsian], ..gentia [..ˈɡɛntsia] (*lat.*)《薬学》収斂(ｼｭｳﾚﾝ)剤, 止血剤.
Adˈstrin·genz [atstrɪŋˈɡɛnts] 女 -/ 収斂能力, 収斂性.
Aduˈlar [aduˈlaːr] 男 -s/-e《鉱物》氷長石.
adult [aˈdʊlt] 形 (*lat.*)《医学》成人の, 成体の, 生殖能力を持った.
ˈ**A-Dur** [ˈaːduːr, ˈ-ˈ-] 中 -/《記号 A》《音楽》イ長調.
ad us.《略》= ad usum
ad us. prop.《略》= ad usum proprium 自家用(↑ ad usum).
ad ˈusum [at ˈuːzʊm] (*lat.*, zum Gebrauch‵) 使用のために, 〜 Delphini [..dɛlˈfiːni] 生徒用, 教科書版(古典作品のいかがわしい個所を省いて編集した教科書版のこと). 〜 proprium [..ˈproːprium]《略 ad us. prop.》自家用(医師が自家用薬であることを示すための処方箋に書く文句).
adv., Adv.《略》= Adverb
Adˈvek·ti·on [atvɛktsioˈoːn] 女 -/-en (*lat.*) (↔ Konvektion)《気象》移流(対流の反対現象).
adˈvek·tiv [..ˈtiːf] 形《気象》移流の, 移流による.
Adˈvent [atˈvɛnt] 男 -[e]s/-e (*lat.* adventus, Ankunft‵)《ｷﾘｽﾄ教》**1** 待降節(クリスマスの4週間前の日曜日から12月25日までの期間). **2** (Adventssonntag) 待降節中の4つの主日(日曜日)の1つ. Der erste 〜 待降節の第1主日. **3** 到着, 来臨. 〜 Christi キリストの降臨; キリストの再臨.
adˈven·tiv [atvɛnˈtiːf] 形 (*lat.*) あとから付加わった, 追加の;《植物》不定の.
Adˈven·tiv·knos·pe 女 -/-n《植物》不定芽.
Adˈven·tiv·kra·ter 男 -s/-《地理》側火口.
Adˈven·tiv·pflan·ze 女 -/-n《植物》(人間によって意図なしに持ちこまれた)渡来植物.
Adˈvents·kranz 男 -es/ˈʼe 待降節花冠(もみの小枝で編んだ花冠. 4本のろうそくを立てて部屋に飾り, 待降節第1週目から1本ずつともしていく).
Adˈvents·sonn·tag 男 -s/-e = Advent 2
Adˈvents·zeit 女 -/-en = Advent 1

Adventskranz

Ad'verb [at'vɛrp] 甲 -s/..bien[..biən] (*lat.*) 《略 adv., Adv.》《文法》副詞.

ad·ver·bi·al [atvɛrbi'a:l] 形 副詞の, 副詞的な.

ad·ver·bi·al 甲 -s/-e =Adverbiale

ad·ver·bi·al·be·stim·mung 女 -/-en =Adverbiale

ad·ver·bi·a·le -s/..lien[..liən]《文法》副詞規定, 状況語.

Ad·ver·bi·al·satz 男 -es/ᵘe《文法》状況(語)文.

ad·ver·bi·ell [..bi'ɛl] 形 =adverbial

ad·ver·sa·tiv [atvɛrza'ti:f] 形 (*lat.*) 反対(対立)の, 相反的な. ~e Konjunktion《文法》相反的接続詞 (aber, sondern など).

Ad·vo·ca·tus 'Dei [atvo'ka:tus 'de:i] 男 --/..cati-- (*lat.*)《カトリ》神の代弁人, 列聖(列福)申請者の代弁人.

Ad·vo·ca·tus Di·a·bo·li [..di'a:boli] 男 --/..cati-- (*lat.*) **1**《カトリ》悪魔の代弁人, (列聖·列福申請があった際の)信憑性(しんびょうせい)調査検事の俗称). **2**(議論を進展させるための)善意の反対者.

Ad·vo·kat [atvo'ka:t] 男 -en/-en (*lat.*)《古》(Rechtsanwalt) 弁護士, 代言者.

Ady·na·mie [adyna'mi:] 女 -/-n[..'mi:ən] (*gr.*)《医学》(筋)無力症, (筋)脱力症, 老衰, 衰弱.

ady·na·misch [ady'na:mɪʃ] 形 (筋)無力症の.

'Ady·ton [a:dyton] 甲 -s/Adyta[..ta] (*gr.*) (古代ギリシア·ローマ神殿の)至聖所; (ギリシア正教会の)内陣. ♦↑Abaton

AE [a:'e:] 《略》 =astronomische Einheit オングストローム, 天文単位.

AEG [a:|e:'ge:] 《略》 =Allgemeine Elektrizitäts-Gesellschft《商標》アー·エー·ゲー(ドイツの総合電機会社).

ae·ro.., Ae·ro.. [aero-, ae:ro-, ɛ:ro..]《接頭》(*gr.* aer, Luft') 形容詞·名詞に冠して"空気, 気体, 航空"などの意を表す. 母音の前では aer.., Aer.. となる. Aerogramm 航空書簡.

ae'rob [ae'ro:p] 形 (*gr.*) (↔ anaerob)《生物》好気性の. ~e Bakterien 好気性細菌.

Ae·ro·bi'ose [aerobi'o:zə] 女 -/《生物》好気生活.

Ae·ro·bi'ose [aerobi'o:zə] 女 -/ (↔ Anaerobiose)《生物》好気生活.

Ae·ro·bus [a'e:robus] 男 -ses/-se エアロバス(旅客送迎用ヘリコプター). ↑Airbus

Ae·ro·dy·na·mik [aero..] 女 -/《物理》空気力学, 気体力学, 航空力学.

ae·ro·dy·na·misch 形 空気(航空)力学の.

Ae·ro·gramm 甲 -s/-e《郵便》エアログラム, 航空簡易書簡.

Ae·ro·kar·to'graph 男 -en/-en (空中写真の)ひずみ補正器.

Ae·ro·kli·ma·to·lo·gie [..klimatolo'gi:] 女 -/《気象》気候学.

Ae·ro·lith [..'li:t] 男 -en(-s)/-en(-e) (Meteorit)《古》《天文》隕石(いんせき).

Ae·ro·lo·gie [..lo'gi:] 女 -/ 高層気象学.

Ae·ro·me'cha·nik 女 -/ 気体(航空)力学.

Ae·ro·me·di·zin 女 -/ 航空医学.

Ae·ro·me·ter 甲 -s/- 気重計.

Ae·ro·naut [..'naʊt] 男 -en/-en《古》飛行士.

Ae·ro·no'mie [..no'mi:] 女 -/ 超高層大気物理学.

Ae·ro·pha'gie [..fa'gi:] 女 -/《医学》空気嚥下(えんげ)症, 呑気(どんき)症.

Ae·ro'phon 甲 -s/-e《音楽》気鳴楽器(リードオルガン·管楽器など).

Ae·ro·pho·to·gramm·me'trie,°Ae·ro·pho·to·gramme'trie 女 -/-n 航空写真測量.

Ae·ro·plan 男 -[e]s/-e《古》(Flugzeug) 飛行機.

Ae·ro'sol 甲 -s/-e《化学》エーロゾル, 気膠(きこう)質; 《医学》エアロゾール(吸入薬).

Ae·ro·sta·tik 女 -/《物理》空気(気体)静力学.

Ae·ro·ta·xe [a'e:rotakse] 女 -/-n =Aerotaxi

Ae·ro·ta·xi 甲 -s/-s 貸飛行機.

Ae·ro·tro'pis·mus [aerotro'pɪsmus] 男 -/《植物》酸素屈性, 屈気性.

afe'bril [afe'bri:l, '---] 形《医学》無熱性の.

Af'fai·re [a'fɛ:rə] 女 -/-n《古》《フランス》 =Affäre

Af'fä·re [a'fɛ:rə] 女 -/-n (*fr.*) **1** (不愉快な)出来事, 事件, めんどう; sich aus der ~ ziehen 巧みにもめごとから身を引く. **2** 情事, 恋愛沙汰, スキャンダル.

'Äff·chen ['ɛfçən] 甲 -s/-《Affe の縮小形》小猿.

****Af·fe** ['afə アフェ] 男 -n/-n **1** 猿. [Ich dachte,] mich laust⟨kratzt⟩ der ~.《話》私はひどく面食らった. Dich beißt wohl der ~！/Du bist wohl vom [wilden] ~n gebissen!《話》君は気でもふれたのか. Ich bin doch nicht dein ~！《話》君の指図なんか受けないよ. wie ein vergifteter ~ laufen《話》あわてふためいて(尻(しり)に火がついたように)駆け出す. j²~n Zucker geben《話》人をおだてる. seinem ~n Zucker geben《話》道楽にせいを出す; (調子に乗って)好きなことをしゃべりまくる. j'zum ~n haben⟨halten⟩《話》人をからかう, ばかにする. nicht für einen Wald voll ⟨voll⟩~n《話》決して...しない. den ~n machen / sich² zum ~n machen《話》おどけた真似をする. an j⟨et⟩³ einen ~n gefressen haben 人⟨物⟩に夢中になっている, うつつを抜かしている. **2**《罵倒語として》ばか者, うぬぼれ屋. Du ~！この猿野郎め! **3**《話》酒酔い, 酩酊(めいてい). einen [schweren] ~n [sitzen] haben 酔っぱらっている. sich¹ einen ~n kaufen⟨antrinken⟩酔っ払う. mit einem ~n nach Hause kommen 酔っ払って帰宅する. **4**《兵隊》背嚢(はいのう).

Af'fekt [a'fɛkt] 男 -[e]s/-e (*lat.*) **1** 激情, 興奮. im ~ 激情に駆られて, かっとなって. **2**《音楽》(バロック音楽で)アフェクト. **3**《哲学》情動, 情緒.

Af'fekt·hand·lung 女 -/-en 激情行動.

af·fek'tiert [afɛk'ti:rt] 形 わざとらしい, 気取った.

Af·fek·ti'on [afɛktsi'o:n] 女 -/-en (*lat.*) **1** 異常興奮;《医学》罹患(りかん). **2**《古》愛着, 好意;趣味, 道楽.

af·fek·ti·o·niert [afɛktsio'ni:rt] 形《古》好意(敬愛の念)を抱いた. Ihr wohl ~er Freund 貴下を衷心(ちゅうしん)より敬愛する友より(手紙の結びの文句).

Af·fek·ti·vi'tät [afɛktivi'tɛ:t] 女 -/《心理》情動性, 情緒性.

'äf·fen ['ɛfən] 他 (↓ Affe を)《雅》 **1** だます, からかう. **2**(まね)猿の.

'af·fen·ar·tig 形 猿のような. mit ~er Geschwindigkeit《話》ものすごい速さで.

'Af·fen·brot·baum 男 -[e]s/ᵘe《植物》バオバブ.

'Af·fen·fal·te, 'Af·fen·fur·che 女 -/-n 猿の掌紋.

'Af·fen·hit·ze 女 -/《話》ひどい暑さ, 酷暑.

'Af·fen·lie·be 女 -/ 盲目的な愛, 溺愛(できあい)《話》.

'Af·fen·pin·scher 男 -s/-《動物》アッフェンピンシャー(顔が猿に似たドイツの小型愛玩犬).

Af·fen·schan·de 囡 -/ Es ist eine ~.《話》それは言語道断だ.
Af·fen·spal·te 囡 -/-n 〖医学〗猿猴間隙.
Af·fen·the·a·ter 囲 -/《話》猿芝居, 茶番劇.
af·fet·tu'o·so [afɛtu'o:zo] (it.)〖音楽〗アフェットゥオーソ, 感情をこめて.
Af'fi·che [a'fiʃə, a'fi:ʃə] 囡 -/-n (fr.) 張り紙, ポスター, プラカード;《古》(当局の)公示.
af·fi'chie·ren [afi'ʃi:rən, afi..] 他 (ポスターなどを)張る; ポスターで知らせる, 広告(掲示)する.
Af·fi'da·vit [afi'da:vɪt] 囲 -s/-s (lat.)〖法制〗宣誓供述書;(入国者・移民に対する)身元保証.
'af·fig ['afɪç, a'fi:ç] 圏《話》気取った, わざとらしい; うぬぼれた, 愚かな.
af'fin [a'fi:n] 圏 (lat.) **1**《まれ》類似の, 近似の, 親縁関係にある. **2**〖数学〗アフィン(擬似)の.
Af·fi·ni'tät [afini'tɛ:t] 囡 -/-en (lat.) 類似(親近)性, 有縁性;〖法制〗姻族関係;〖化学〗親和力;〖数学〗アフィン変換;〖言語〗親縁性;〖園芸〗(接〈ツ〉ぎ木する木どおしの)親縁性, 相性.
Af·fir·ma·ti'on [afɪrmatsi'o:n] 囡 -/-en (lat.) (↔ Negation) 賛成, 肯定, 同意.
af·fir·ma'tiv [..'ti:f] 圏 賛成の, 肯定的な.
Af·fir'mie·ren [afɪr'mi:rən] 他 **1** 賛成(同意, 肯定, 保証)する.
'äf·fisch ['ɛfɪʃ] 圏 **1** 猿のような. **2** = affig
Af'fix [a'fɪks] 囲 -es/-e (lat.)〖文法〗接辞.
Af'fo'dill [afo'dɪl] 囲 -s/-e〖植物〗つるぼらん.
Af·fri·ka'ta [afri'ka:ta] 囡 -/..ten [..tən] (lat.)〖音声〗破擦音 [pf], [ts] など).
Af·fri·ka'te [..tə] 囡 -/-n = Affrikata
Af'front [a'frõ:, a'frɔnt] 囲 -s[a'frõ:s, a'frɔnts]/-s[a'frõ:s](-e[a'frɔntə]) (fr.) 侮辱, あざけり.
Af'gha·ne [af'ga:nə] 囲 -/-n **1** アフガン人, アフガニスタン人. **2** アフガン・ハウンド(猟犬の一種).
Af'gha·ni [af'ga:ni] 囲 -[s]/-[s] アフガニ(アフガニスタン共和国の通貨).
Af'gha·ni·stan [af'ga:nɪsta(:)n] 囲〖地名〗アフガニスタン(西南アジアの共和国, 首都カブール Kabul).
à 'fonds per'du [a 'fõ: pɛr'dy:] (fr., auf Verlustkonto)〖商業〗損失勘定で.
a 'fres·co [a 'frɛsko] (it.) (↔ a secco) = al fresco
*'**A·fri·ka** ['a(:)frika ア(ー)フリカ]〖地名〗アフリカ(大陸).
Afri'kaan·der [afri'ka:ndər] 囲 -s/- アフリカーナー(アフリカーンス語を母国語とする南アフリカの白人).
afri'kaans [..'ka:ns] 圏 アフリカーンス(語)の. ↑deutsch
Afri'kaans 囲 -/ アフリカーンス語(オランダ語を母体とする南アフリカ共和国の公用語).
Afri'kan·der [..'kandər] 囲 -s/- = Afrikaander
Afri'ka·ner [afri'ka:nər] 囲 -s/- アフリカ人.
afri'ka·nisch [..'ka:nɪʃ] 圏 アフリカ(人)の, アフリカ的な. ↑deutsch
Afri·ka'nist [afrika'nɪst] 囲 -en/-en アフリカ学者; アフリカ学専攻の学生.
Afri·ka'ni·stik [..'nɪstɪk] 囡 -/ アフリカ学.
afri·ka'ni·stisch [..'nɪstɪʃ] 圏 アフリカ学の.
afro.., **Afro..** [a(:)fro..] (接頭) (lat.) 形容詞・名詞に冠して「アフリカの」の意を表す. Afroamerikaner アフリカ系アメリカ人(黒人).
Afro-look ['a(:)froluk] 囲 -s/-s アフロヘア. ◆ Afro-Look とも書く.

'Af·ter ['aftər] 囲 -s/-〖医学〗(Anus) 肛門(こうもん), 臀部(でんぶ); 直腸.
af·ter.., **Af·ter..** [aftər..] (接頭) 形容詞・名詞に冠して「後部の, 偽りの, 悪性の」の意を表す. Aftergelenk 偽関節. Afterhaut 偽膜.
'Af·ter·drü·se [..dry:zə] 囡 -/-n〖動物〗肛門腺.
'Af·ter·flos·se 囡 -/-n〖動物〗(魚の)しりびれ.
'Af·ter·klaue 囡 -/-n〖動物〗(偶蹄(ぐうてい)類の)第 2(第 5)指, (犬の)上指(第 5 指).
'Af·ter·le·der 囲 -/- **1** (動物の)臀部(でんぶ)のなめし皮. **2**《古》(製靴のさいに出る)くず皮.
'Af·ter·mie·te 囡 -/-n《古》(Untermiete) (部屋の)又貸し, 又借り.
'Af·ter·shave ['a:ftərʃe:f] 囲 -[s]/-s (engl.) ひげそり用ローション.
'Af·ter·skor·pi·on ['aftər..] 囲 -s/-e〖動物〗かにむし, 擬蠍(ぎかつ)類.
Ag [a:'ge:] (記号)〖化学〗= Argentum
AG[1] [a:'ge:] (略) = Amtsgericht
AG[2], **AG.**, **A. G.**, **A.-G.** (略) = Aktiengesellschaft
a. G. (略) **1** =auf Gegenseitigkeit 相互に. **2** =als Gast《演劇》客演(者として).
'Aga ['a:ga] 囲 -s/-s (türk.) アーガ(本来はオスマン帝国の将軍および高官に対する称号).
Ä·gä·is [ɛ'gɛ:ɪs] 囡 -/ (gr.)〖地名〗die 〜 エーゲ海.
ägä·isch [ɛ'gɛ:ɪʃ] 圏 エーゲ(海)の. das Ägäische Meer エーゲ海.
agam [a'ga:m] 圏 (gr.)〖生物〗無性の, 生殖不能の.
Aga'mem·non [aga'mɛmnɔn]〖人名〗〖ギリシア神話〗アガメムノーン(トロイア戦争におけるギリシア軍の総帥).
A·ga'mie [aga'mi:] 囡 -/ (gr.) 独身, 非婚.
aga·misch [a'ga:mɪʃ] 圏 独身の, 非婚の.
A·ga·mo·go'nie [agamogo'ni:] 囡 -/〖生物〗(細胞分裂による)無性生殖.
Aga·pe [a'ga:pə] 囡 -/-n [..pən]〖キリスト教〗**1**《複数なし》アガペー, (人間に対する)神の愛, (キリスト者どもに, とくに罪人に対する)愛, 隣人愛;〖哲学〗(↔ Eros) アガペー, 霊的の愛. **2** 愛餐(あいさん)(初期キリスト教徒がキリストChristus の最後の晩餐をしのんで行なった共同食事).
Agar-'Agar [a'(a:)gar'|a(:)gar] 囲 -s/- (mal.) 寒天(かんてん).
Aga·the [a'ga:tə]〖女名〗アガーテ. die heilige 〜 聖アガタ(3 世紀シチリア島の童貞聖女).
Aga·ve [a'ga:və] 囡 -/-n (gr.)〖植物〗りゅうぜつらん(竜舌蘭).
Agen·da [a'gɛnda] 囡 -/..den (lat.) **1** (蠟などで作った古代の)書字板. **2** 備忘録, メモ帳. **3** (会議などの)協議事項, 議事日程. **4** = Agende 1, 2
Agen·de [a'gɛndə] 囡 -/-n **1** (= Agenda)〖カトリック教〗アゲンデ(アゲンダ, アジェンダとも) (a) 定式書(種々の典礼の式序や祈禱文などを指定した司祭用の礼典). (b) (祭式・習慣・祈りなどを記載した)信者用便覧. **2**〖プロテスタント教〗・教会管理までの規定を記した)信者用便覧. **3**《複数で》《とくにカトリック》任務, ノルマ.
'Agens ['a:gɛns] 囲 -/Agenzien [a'gɛntsiən] (lat.) 原動力, 動因;〖哲学〗作用者, (神の)摂理;〖医学〗病因;〖薬学〗作用物(質);〖文法〗動作主.
Agent [a'gɛnt] 囲 -en/-en (lat.) **1** エージェント, 代理人(業者); (芸能人の)マネージャー. **2** 密使, スパイ.
Agent pro·vo·ca'teur [a'ʒã: provoka'tø:r] 囲 --/--s -s (fr., Lockspitzel) (捜査の)囮(おとり).
Agen'tur [agɛn'tu:r] 囡 -/-en (lat.) **1** 代理, 仲

介, 周旋. **2** 代理店, 周旋所, 芸能プロダクション.

Ag·glo·me'rat [aglomeˈraːt] 甲 -[e]s/-e (*lat*.) **1** 〖地質〗凝灰・集塊岩. **2** 〖冶金〗集塊.

Ag·glo·me·ra·ti'on [..ratsiˈoːn] 女 -/-en (*lat*.) **1** 塊状になること, 集積, 凝集. **2** (住宅・工場などの)集中, 密集.

Ag·glu·ti·na·ti'on [aglutinatsiˈoːn] 女 -/-en (*lat*.) 接着, 膠着(ミ), 凝結;〖医学〗(血球などの)凝集反応, 凝集作用;〖言語〗膠着.

ag·glu·ti·nie·ren [..ˈniːrən] 他 (*lat*.) 接着(膠着)する;〖医学〗(細胞・病原体などを)凝集させる.〖現在分詞で〗*agglutinierende* Sprachen〖言語〗膠着語.

Ag·glu·ti·nin [agluti'niːn] 甲 -s/-e〖医学〗凝集素.

Ag·glu·ti·no·gen [..noˈgeːn] 甲 -s/-e 凝集原, アグルティノゲン(凝集性抗体を作り出す物質).

Ag·gra·va·ti'on [agravatsiˈoːn] 女 -/-en (*lat*.) **1** (病状の)悪化. **2**〖医学〗誇張(症), 偽訴(癖).

Ag·gre'gat [agreˈgaːt] 甲 -[e]s/-e (*lat*.) **1** 累積, 集合(体);〖数学〗総計;〖工学〗連結機械セット;〖生物〗凝集;〖建築〗骨材.

Ag·gre·ga·ti'on [..gatsiˈoːn] 女 -/-en (*lat*.) 集合, 集団;〖化学〗(分子などの)凝集.

Ag·gre·gat·zu·stand 男 -[e]s/-e (物質の)集合状態(気体・液体・固体の3態).

Ag·gres·si'on [agrɛsiˈoːn] 女 -/-en (*lat*.) **1** (他国への)侵略, 侵害, (軍事的)攻撃. **2**〖心理〗(欲求不満からの)攻撃的(敵対)的態度, 敵意.

ag·gres·siv [agrɛˈsiːf] **1** 攻撃(侵略)的な, けんか腰の;(薬品などが)有害な, 腐蝕性の; ~*er* Notstand〖法制〗攻撃的緊急避難. **2** (色・表現などが)どぎつい, けばけばしい. **3** (行動が)命知らずの, 無暴な.

Ag·gres·si·vi'tät [agrɛsiviˈtɛːt] 女 -/-en **1** 〖複数なし〗〖心理〗攻撃性; 攻撃欲. **2** 攻撃的な言動.

Ag·gres·sor [aˈgrɛsoːr] 男 -s/-en [..ˈsoːrən] 〖政治〗侵略者(国).

Ägi·de [ɛˈgiːdə] 女 -/ (↓ Ägis) 庇護, 保護. unter j² ~ 人² の保護(援助)を受けて.

agie·ren [aˈgiːrən] (*lat*.) **❶** 自 振舞う, 行動する; 身ぶりをする(mit et³ 物³で). als Leiter ~ リーダーとして振舞う. mit den Armen ~ さかんに腕でジェスチャーをする. **❷** 他 (役を)演じる.

agil [aˈgiːl] 形 (*lat*.) 敏捷(^{ミミミ})な, すばしこい, 機敏な.

Agi·li'tät [agiliˈtɛːt] 女 -/ 敏捷, 機敏.

'Agio [ˈaːdʒo, ˈaːʒio] 甲 -s/-s (Agien) (*it*.) (↔ Disagio)〖経済・銀行〗打歩(^{タ}), プレミアム.

Agio·ta·ge [aʒioˈtaːʒə] 女 -/-n (*fr*.)〖経済〗(株式の)投機売買.

Agio·teur [..ˈtøːr] 男 -s/-e〖経済〗相場師, 証券ブローカー, 株屋.

agio'tie·ren [aʒioˈtiːrən] 自〖経済〗(株式の)投機売買をする, 相場を張る.

'Ägis [ˈɛːgɪs] 女 -/〖ヤマゼ゚神話〗アイギス(Zeus が女神 Athene に贈った山羊(^{ネジ})皮の盾, 女怪 Medusa の首が はめ込まれている).

Agi·ta·ti'on [agitatsiˈoːn] 女 -/-en (*lat*.) 扇動, アジテーション; 政治的宣伝活動, ~ und Propaganda 情宣活動, アジプロ(↑ Agitprop ①).

agi'ta·to [adʒiˈtaːto] 副 (*it*.)〖音楽〗アジタート, 激しく, 激越に.

Agi·ta·tor [agiˈtaːtoːr] 男 -s/-en [..taˈtoːrən] 扇動者, アジテーター.

agi·ta·to·risch [agitaˈtoːrɪʃ] 形 扇動的な.

agi'tie·ren [agiˈtiːrən] **❶** 自 扇動(宣伝活動)をする(für〈gegen〉 et⁴ 事⁴のために〈に反対して〉). **❷** 他 扇動する, アジる.

Agit'prop [agɪt'prɔp] **❶** 女 -/ (Agitation und Propaganda の短縮) 情報宣伝活動, 情宣, アジプロ; 〖演劇〗アジプロ劇. **❷** 男 -[s]/-s 〖話〗アジプロ(情宣)活動家.

Aglo·bu'lie [agloboˈliː] 女 -/-n [..ˈliːən] 〖医学〗赤血球欠如.

Agnat [aˈgnaːt] 男 -en/-en 〖歴史〗(古代ローマやゲルマンの法律で)男系(父方)の親族.

Agna·ti'on [agnatsiˈoːn] 女 -/ (*lat*.) 〖系図〗男系の血縁関係.

'Agnes [ˈagnɛs] 〖女名〗アグネス. die heilige ~ von Rom ローマの聖アグネス(3世紀末から4世紀初めの殉教した童貞聖女. ↑付録「聖人録」1月21日).

Agno'sie [agnoˈziː] 女 -/-n [..ˈziːən] (*gr*.) **1** 〖病理〗失認(症). **2** 〖複数なし〗〖哲学〗不知.

Agnos·ti·ker [aˈgnɔstikər] 男 -s/- 〖哲学〗不可知論者.

Agnos·ti'zis·mus [agnɔstiˈtsɪsmʊs] 男 -/ 〖哲学〗不可知論.

ag·nos'zie·ren [agnɔsˈtsiːrən] 他 **1** 〖官庁語〗認知する. **2** 〖詳〗(人⁴の)身元確認をする. **3** 〖古〗認可する.

'Agnus 'Dei [ˈagnʊs ˈdeːi] 甲 -/-- (*lat*., Lamm Gottes) 〖カトリック教〗神の小羊(イエス・キリストのこと.〖新約〗ヨハ1:29). **2** 〖複数なし〗〖ミサ聖祭で唱える神羊誦(^{ヌル}), 平和の讃歌, アグヌス(アニュス)・デイ. **3** 神羊(小羊の像と教皇名とを印した蠟製(^{ワウ}の小円盤).

Ago·gik [aˈgoːgɪk] 女 -/ (*gr*.)〖音楽〗アゴーギク, 緩急法(指定されたテンポを微妙に動かす技法).

Agon [aˈgoːn] 男 -s/-e (*gr*.) **1** 〖古代ギリシアの体育・音楽の〗奉納競技. **2** 〖演劇〗アゴーン(古代ギリシア喜劇の主要部をなす風刺的掛合いの部分).

Ago'nie [agoˈniː] 女 -/-n [..ˈniːən] (*gr*.)〖医学〗アゴニー; 断末魔の苦しみ.

Ago'nist [agoˈnɪst] 男 -en/-en **1** (Agon 1 の)参加者. **2** 〖解剖〗主動筋, 作動筋.

Ago'ra [aˈgoːra] 女 -/-s (..ren) (*gr*.) (古代ギリシア都市の)市場(および集会場所).

Ago·ra·pho'bie [agorafoˈbiː] 女 -/-n 〖心理・医学〗広場(臨場)恐怖症.

Agraf·fe [aˈgrafə] 女 -/-n (*fr*.) **1** (衣装用の)留め(締め)金; 飾りピン, ブローチ. **2** 〖医学〗(Wundklammer) アグラフ, 創面鉗子(^{ワロ}). **3** (発砲酒のコルク栓を留めておる針金の口金. **4** 〖建築〗(古代建築のアーチのかなめ石の上のかすがい形装飾.

Agra·nu·lo·zy'to·se [agranulotsyˈtoːzə] 女 -/-n 〖医学〗無顆粒(^{ヘン})細胞症, 顆粒球減少症.

Agra'phie [agraˈfiː] 女 -/-n [..ˈfiːən] (*gr*.)〖医学〗失書症, 誤字症.

agrar.., **Agrar..** [agraːr..] 〖接頭〗(*lat*.) 名詞などに冠して「農業の」という意を表す. *Agrar*arbeit 農作業. *Agrar*staat 農業国.

Agra·ri·er [aˈgraːriər] 男 -s/- (*lat*.) **1** (大)地主, 農場主. **2** 〖歴史〗(ドイツ帝国時代の)重農主義者と, (旧プロイセン邦の)地主党員.

agra·risch [aˈgraːrɪʃ] 形 農業の.

Agrar·po·li·tik [aˈgraːr..] 女 -/ 農業政策.

Agree·ment [əˈgriːmənt] 甲 -s/-s (*fr*.) 同意, 申合せ;〖政治〗(国家間の)協定.

Agré·ment [agreˈmãː] 甲 -s/-s (*fr*.) **1** 〖法制〗(外

交上の)アグレマン. **2**《複数で》〖音楽〗装飾音.
agri..,　Agri.. [agri..]〚接頭〛=agrar.., Agrar.
Agri·kul'tur [agrikul'tuːr] 囡 -/ 《雅》農業, 農業.
agro.., Agro.. [a:gro.., a:gro..]〚接頭〛《雅》=agrar..,　Agrar..
Agro'nom [agro'noːm] 男 -en/-en 農学者; (旧東ドイツの)農業専門指導員.
agro·no'mie [agrono'mi:] 囡 -/-n 農学.
agro'no·misch [..'noːmɪʃ] 形 農学(上)の.
Agro·sto·lo'gie [agrɔstolo'giː] 囡 -/ 禾本(於\)学, 草学.
'Agro·tech·nik ['aːgrɔtɛçnɪk] 囡 -/ 農業工学; (旧東ドイツの)農業機械学.
Agru·men [a:gruːmən], **Agru·mi** [..mi] 複《lat.》《古》(Zitrusfrucht) 柑橘(於\)類.
Agryp'nie [agryp'niː] 囡 -/ (*gr.*)〖医学〗不眠症.
***Ägyp·ten** [ɛ'ɡʏptən] 中《地名》エジプト.　die Fleischtöpfe ~*s* ぜいたくざんまいの暮らし.
Ägyp·ter [ɛ'ɡʏptər] 男 -s/- エジプト人.　◆女性形 Ägypterin 囡 -/-nen
ägyp·tisch [ɛ'ɡʏptɪʃ] 形 エジプト(人, 語)の.　~*e* Augenkrankheit〖医学〗(Trachom)トラコーマ, トラホーム.　eine ~*e* Finsternis 真っ暗闇(↓《旧約》出 10:22).　◆↑deutsch
Ägyp·to·lo'ge [ɛɡypto'loːɡə] 男 -n/-n エジプト学者; エジプト学専攻の学生.
Ägyp·to·lo'gie [..lo'giː] 囡 -/ (古代)エジプト学.
ägyp·to·lo'gisch [..'loːɡɪʃ] 形 エジプト学の.
ah [aː, a] 間 *Ah*!(驚き・意外・感嘆・安堵(梵)などを表して)ああ, まあ, まあ. *Ah* so [ist das]! ああそうか. *Ah* deshalb! ああそれで.
Ah[¹] 中 -s/-s ah という叫び声.　mit ~ und Oh 賛嘆(驚嘆)の声をあげて.
Ah² [ampɛ:r'ʃtʊndə, ampɛːr..]〚記号〛=Amperestunde
äh [ɛː, ɛ] 間 *Äh*!(不快の念を表して)げえ, うひぇ;〚言葉のつなぎて〛ええと, ええ.
aha [a'haː, a'ha] 間 *Aha*!(突然の了解・納得の気持を表して)はは, なるほど.　*Aha*, so hängt das zusammen! なるほど, そういうわけだったのか.
Aha-Er·leb·nis 中 -ses/-se〖心理〗アハー体験(意味連関の突然の認識体験).
Ahas'ver[¹] [ahas'veːr, -'--]《人名》(*hebr.*, der Mächtige)《旧約》アハシュエロス.　◆ラテン語形 Ahasverus.　ギリシア名を Xerxes といったペルシア王の, 在位前 486-465, 妃はエステル Esther. エス 1:1-2, エズ 4-6.
Ahas'ver² ❶《人名》アハシュヴェル(永遠のユダヤ人の名前).　▶ゴルゴタ Golgatha の丘へ引かれてゆくキリスト Christus を嘲ったためにキリストの再臨まで地上をさまよう呪いを受けたエルサレムの靴屋. オリエントに起源をもつこの伝説的人物を Ahasver[us] という名前を与えた のは 1603 ドイツで出版された民衆本で, これによって伝説はヨーロッパ全体に広まった. 「永遠のユダヤ人」は英語の the Wandering Jew の訳.
❷ 男 -s/-s(-e)《比喩》安住の地を持たない放浪者.
ahas·ve·risch [..'veːrɪʃ] 形《古》アハシュヴェルのように, 放浪の呪いを受けた, 安住の地をもたない.
ahd.《略》=althochdeutsch
'Ahl·bee·re [..beːrə] 囡 -/-n〖植物〗くろすぐり.
'Ah·le [a:lə] 囡 -/-n〖手工業〗(皮革・厚紙用の)錐(ᔑ); リーマー(金属に穴をあける工具);〖印刷〗(植字工

用の)ピンセット.
'Ah·ming ['aːmɪŋ] 囡 -/-e(-s)《船員》(船の)喫水標.
Ahn [aːn] 男 -(e)s(-en)/-en《雅》《多く複数で》(Vorfahr) 祖先. **2**《古》《地方》《曾》祖父.
'ahn·den ['aːndən] 他《雅》罰する, (事\)の報復をする,〚刑法に基づいて〛訴追(公訴)する.
'ahn·den² 自《雅》《古》(ahnen)(人\)が予感する, 胸騒ぎがする; Ihm *ahndete* nichts Gutes. 彼は何やらいやな予感がした, 胸騒ぎを覚えた.
'Ahn·dung[¹] 囡 -/-en《雅》処罰, 訴追, 報復.
'Ahn·dung² 囡 -/-en《雅》《古》(Ahnung)予感, 虫の知らせ, 胸騒ぎ.
'Ah·ne[¹] ['aːnə] 囡 -/-n《雅》=Ahn
'Ah·ne² 囡 -/-n **1**《雅》(女の)祖先. **2**《古》《地方》(曾)祖母.　◆↑Ahn
'äh·neln [ˈɛːnəln] 自 (人・物)³に)似ている. sich³〈einander〉~ 互いに似ている.
'ah·nen ['aːnən アーネン] ❶ 他 予感(予想)する, うすうす感じる.　Ich *ahne* Böses〈nichts Gutes〉. いやな予感(胸騒ぎ)がする. Du *ahnst* es nicht!〈君には分からんだろうが〉とんでもない話だ, まったく意外だ. nicht das Mindeste ~ 夢にも知らない.《*zu* 不定詞句で》[nur] zu ~ sein はっきりとは分からない.　Die Gestalt war nur zu 〈mehr zu ~ als zu sehen〉. 人影はぼんやりとしか見えなかった.
❷ 自《雅》Ihm *ahnte* Böses〈nichts Gutes〉. 彼は胸騒ぎ(いやな予感)がした. Mir *ahnt*〈Es *ahnt* mir〉, dass... 私は...だろうという虫の知らせがする.
'Ah·nen·kult 男 -[e]s/ 祖先崇拝.
'Ah·nen·rei·he 囡 -/-n **1** 祖先の系列, 家系. **2**〖畜産〗(家畜の)系統, 血統.
'Ah·nen·tafel 囡 -/-n 家系図;〖畜産〗(家畜の)血統表.
'Ah·nen·frau 囡 -/-en《雅》=Ahnin
'Ah·nen·herr 男 -n/-en《雅》(男の)祖先.
'Ah·nin ['aːnɪn] 囡 -/-nen《まれ》《Ahn の女性形》

'ähn·lich ['ɛːnlɪç エーンリヒ] 形 **1** 似ている(人〈物〉³に), 類似(相似)の, 同じような. Sie ist ihrer Mutter ~. 彼女は母親に似ている.　Sie beide sind 〈sehen〉sich³ täuschend ~.　2 人は見間違うほどよく似ている(瓜二つだ).　Er heißt Thomas oder so ~. 彼はトーマスかそんな名前である.　~ riechen 〈schmecken〉wie... ...に似たにおい〈味〉がする.　~*e* Dreiecke〖数学〗相似 3 角形.　bei ~*en* Gelegenheit 同じような機会に;《名詞的用法》und so Ähnliches(~*es*)(略 u. Ä.) その他これに類するもの. Wir haben auch etwas *Ähnliches* gehört. 私たちも同じようなことを耳にした. **2**〈sehen と〉Das sieht ihm ~.《話》それはいかにも彼らしいやり方だ, 彼のやりそうなことだ. **3**(3 格支配の前置詞のように)(人〈物〉³と同じように). ~ einem Richter / einem Richter ~ 裁判官のように, 裁判官みたいに.
..ähn·lich [..ɛːnlɪç]〚接尾〛名詞につけて「...に似た」の意の形容詞をつくる.　menschen*ähnlich* 人間に似た.
'Ähn·lich·keit ['ɛːnlɪçkaɪt エーンリヒカィト] 囡 -/-en 似ていること, 類似(性, 点), 相似.　mit j⟨et⟩³ ~ haben 人〈物〉³と似ている.
'Ah·nung ['aːnʊŋ アーヌング] 囡 -/-en **1** 予感, 予想, 虫の知らせ.　eine dunkle〈schlimme〉~ 暗い〈不吉な〉予感. **2**《複数なし》《話》おぼろげな理解(知識, 見

当，判断）．von et³ eine⟨keine⟩ ～ haben hier¹ について知っている⟨知らない⟩． Hast du eine ～, wo Mutter hingegangen ist? 母がどこへ行ったか知らないかね． Hast du eine ～! それは君の思い違いだ． Keine ～! 全然知りません，思ってもみませんでした．

'**ah·nungs·los** 形 何も感じていない⟨知らない⟩．

Ah·nungs·lo·sig·keit 女 -/ （特定の事件・事柄に関して）何も知らない（気づいていない）こと．

'**ah·nungs·voll** 形《雅》予感に満ちた，胸騒ぎの（虫の知らせ）のする，不安な，不吉な．

ahoi [a'hɔɪ] 間 *Ahoi*! （船員）（他船に対する呼びかけ）おおい，やあい． Boot ～! （その）ボートやあい．

'**Ahorn** ['aːhɔrn] 男 -s/-e 〖植物〗かえで；《複数なし》かえで材．

Äh·chen ['ɛːrçən] 中 -s/- *Ähre* の縮小形；〖植物〗（いね科・かやつりぐさ科植物の）小穂（しょうすい）．

***Äh·re** ['ɛːrə エーレ] 女 〖植物〗穂，穂状（じょう）花序．

Äh·ren·le·se 女 -/-n 落ち穂拾い；《比喩》（詩歌・小品などの）拾遺集．

Ai ['aːi] 中 -s/-s ⟨*indian.*⟩〖動物〗みつゆびなまけもの．

Aide-Mé·moire ['ɛːtmemoˈaːr] 中 -/-[s] ⟨*fr.*⟩〖政治〗（外交上の）補助覚書．

Aids [eːts, eɪdz] 中 -/ ⟨*engl.*⟩（略）=acquired immune deficiency syndrome 後天性免疫不全症候群, エイズ．

'**Aids·kran·ke** 男 女《形容詞変化》エイズ患者．

'**Aids·test** 男 -[e]s/-s⟨-e⟩ エイズ検査．

Ai·gret·te [ɛ'grɛtə] 女 -/-n ⟨*fr.*⟩ 1（鳥・植物の）冠毛． 2〖服飾〗エグレット（帽子や髪の羽根飾り）． 3 花がさ打ち上げ花火の冠毛状．

Ai·ki·do [aɪ'kiːdo] 中 -[s]/ ⟨*jap.*⟩ 合気道．

Ai·ma·ra [aɪmaˈra] 複 アイマラ族．

'**Ai·nu** ['aɪnu] ❶ 男 -[s]/-[s] アイヌ． ❷ 中 -[s]/ アイヌ語．

'**Air** [ɛːr] 中 -[s]/-s ⟨*fr.*⟩（複数まれ）様子，風采（ふうさい），態度；気配，雰囲気． sich² ein ～ geben 気どる． Er ist vom ～ des Vielgereisten umgeben. 彼はほうぼうを旅してきた人らしい雰囲気を漂わせている．

Air² [ɛːr] 中 -/- 〖音楽〗（*Arie*）アリア（器楽曲としてはエアまたはエールと訳される）．

'**Air·bag** ['ɛːrbɛk] 男 -s/-s ⟨*engl.*⟩ 空気枕，（自動車用の）エアバッグ．

'**Air·bus** [ɛːrbʊs] 男 -ses/-se ⟨*engl.*⟩〖航空〗エアバス． ↑*Aerobus*

'**Air·con·di·tio·ning** ['ɛːrkɔndɪʃnɪŋ] 中 -[s]/-s ⟨*engl.*⟩ エアコンディショニング，エアコン．

'**Aire·dale·ter·ri·er** ['ɛːrdɛlːtɛrɪər] 男 -s/- ⟨*engl.*⟩ エアデールテリア（イギリスのエアデール地方原産）．

'**Air·mail** ['ɛːrmeːl] 女 -/ ⟨*engl., Luftpost*⟩ 航空郵便．

'**ais** ['aːɪs], '**Ais** 中 -/- 〖音楽〗 1 嬰（えい）イ音． 2（記号）*ais* 嬰イ短調（*ais*-Moll）; *Ais* 嬰イ長調（*Ais*-Dur）．

'**ais·is** ['aːɪsɪs], '**Ais·is** 中 -/- 〖音楽〗重嬰イ音．

Ai·tel ['aɪtəl] 男 -s/- 〖魚〗うぐい．

Ajax ['aːjaks, aɪaks] 男《人名》〖ギリシア神話〗アイアース・Aias（トロイア戦争において *Achilles* に次ぐギリシア軍第2の英雄）． ❷ 男 -/- アーヤクス（3人または5人で組むつるの曲芸体操）．

ajour [a'ʒuːr] （略）à jour 2, 3, 4

à jour [a 'ʒuː] ⟨*fr.*⟩ 1〖商業〗日付どおりに；きちんと，正確に． 2 ～ gefasst sein（宝石が）爪止めにしてある．

3〖紡織〗（織物などに関して）透かし織りで． 4〖建築〗明かり取りをつけて，透かし彫りで．

*Aka·de·mie [akade'miː] 女 -/-n⟨..'miːən⟩ ⟨*gr. akademia*, *Lehrstätte Platons*⟩ 1 アカデミー（学者・芸術家などの団体・協会，またはその建物）． ～ der Wissenschaften（略 *Adw*）科学アカデミー． 2 単科大学，（各種の）専門学校． 3（ほう）文学または音楽の催し．

*Aka·de·mi·ker [aka'deːmikər アカデーミカー] 男 -s/- 1《まれ》アカデミー会員． 2 大学教育を受けた人，大学卒業者．

aka·de·misch [..mɪʃ] 形《比較変化なし》アカデミーの，大学の，アカデミックな，学問的な． ～*er Bürger*《古》大学生． ～*e Freiheit* 大学（教育，研究）の自由． ～*er Grad*（大学から与えられる）学位． ～*e Jugend*《総称的に》大学生． ～*er Rat*（教授資格を取得していない）大学教員，教務職員． ～*es Viertel* 大学の15分（大学の授業が定刻より15分遅れて始まること）． ～ *gebildet sein* 大学教育を受けている． 2《俺》学問一点張りの，現実（世間）離れした，（芸術などに関して）伝統に縛られた，因襲的な． 3《俺》無くもがなの．

Aka·de·mis·mus [akade'mɪsmus] 男 -/《俺》アカデミズム（学問・芸術の分野での因襲的な傾向）．ばかデミズム．

Akan'thit [akan'tiːt] 中 -s/- ⟨*gr.*⟩〖鉱物〗硫銀鉱．

Akan'thus [a'kantʊs] 男 -/- ⟨*gr.*⟩ 1〖植物〗アカンサス，はあざみ（地中海沿岸地方の原産）． 2（コリント式柱頭の）アカンサス葉飾り．

Aka·ro·id·harz [akaro'iːthaːrts] 中 -es/ アカロイド樹脂．

Aka·zie [a'kaːtsiə] 女 -/-n ⟨*gr.*⟩ 1〖植物〗アカシア． *Das ist, um auf die* ～*n zu klettern.*《話》そいつは絶望的だ． 2《話》(*Robinie*) にせアカシア．

Ake'lei [akəˈlaɪ, 'aːkəlaɪ] 女 -/-en ⟨*lat.*〗〖植物〗おだまき（属）．

Aki·ne'sie [akine'ziː] 女 -/- ⟨*gr.*⟩〖医学〗運動不能，無動症．

Akk. （略）=*Akkusativ*

Ak·kla·ma·ti'on [aklamatsi'oːn] 女 -/-en ⟨*lat.*⟩ 1 口頭または拍手による賛成，同意． *j*⁴ *per*⟨*durch*⟩ ～ *wählen* 人⁴を賛成の声（拍手）によって選出する． 2 拍手，喝采（かっさい）． 3（a）（教皇選挙のさいの）全員推挙，（b）教皇や中世における皇帝の戴冠式ミサの挨拶と祈求和との式．

ak·kla·mie·ren [..'miːrən] 他（とくに（ほう））に賛成する；喝采を送る；歓声によって選出する．

Ak·kli·ma·ti·sa·ti'on [aklimatizatsi'oːn] 女 -/-en ⟨*lat.*⟩（環境への）適応，順応；〖生物〗順化．

ak·kli·ma·ti·sie·ren [..'ziːrən] 他 (*sich*⁴) *sich* ～ 慣れる，順化（順応）する（an et¹ 事⁴に）．

Ak·kli·ma·ti·sie·rung 女 -/-en =*Akklimatisation*

Ak·ko·la·de [akoˈlaːdə] 女 -/-n ⟨*fr.*⟩ 1〖歴史〗（騎士叙任式の受爵者の）抱擁． 2〖印刷〗ブレース，中括弧（ ）． 3〖音楽〗ブレース．

Ak·kom·mo·da·ti'on [akɔmodatsi'oːn] 女 -/-en ⟨*lat.*⟩ 1 適合，適応；〖生理〗応化；〖生理・医学〗順応；（眼の）遠近調節；〖音声〗同化． 2（ほう）（a）（布教地での）慣習順応，（b）聖書の借意的応用．

ak·kom·mo·die·ren [..ˈdiːrən] ❶ 他〖生理・医学〗順応させる；（眼の）遠近調節をする． ❷ 再《*sich*》 1 順応（適応）する． 2《古》（*über et*⁴ 事⁴について）折合う．

Ak'kord [a'kɔrt] 男 -[e]s/-e (fr.) **1**《古》一致, 調和. **2**《法制》(債務者と債権者との)和議, 示談. **3**《音楽》和音. **4**《経済》出来高払い, 請負(賃金). im ～ arbeiten 出来高払いで仕事をする.

Ak'kord·ar·beit 女 -/-en《経済》出来高払いの仕事.

Ak'kor·de·on [a'kɔrdeɔn] 中 -s/-s (fr.)《音楽》アコーディオン.

ak·kre·di·tie·ren [akredi'ti:rən] 他 (fr.) **1**《銀行》(人⁴に)クレジットを設定する. j⁴ mit einem Gesamtbetrag von 10 000 Euro ～ 人⁴に総額1万ユーロのクレジットを与える. **2**《銀行》eine Bank ～ (銀行に)支払い指図をする. **3**《政治》信任状を持たせて派遣する(bei einem Staat ある国に).

Ak·kre·di'tiv [akredi'ti:f] 中 -s/-e (↓ akkreditieren)《銀行》信用状;《政治》信任状.

'Ak·ku ['aku] 男 -s/-s《話》(Akkumulator の短縮) 蓄電池. den ～ aufladen (auftanken) 充電する, 英気を養う.

Ak·kul·tu·ra'ti·on [akulturatsi'o:n] 女 -/-en (lat.)《社会学・民族学》**1**(異文化間の)文化受容, 文化接触. **2** 順応, 同化.

Ak·ku·mu·la'ti·on [akumulatsi'o:n] 女 -/-en (lat.) **1** 蓄積, 集積. die ～ Kapitals《経済》資本の蓄積. **2**《地形》堆積.

Ak·ku·mu'la·tor [akumu'la:to:r] 男 -s/-en [..'to:rən] (lat.)《電気》アキュムレータ;《工学》蓄電池;《工学》(水圧機の)蓄圧器;《コンピュ》累算器.

ak·ku·mu'lie·ren [..'li:rən] (lat.) ❶ 他 集積する;《経済》蓄積する. ❷ 再 (sich) 山積(累積)する.

ak·ku'rat [aku'ra:t] (lat.) ❶ 形 入念な, きちょうめんな, 折り目正しい; 正確な. ❷ 副 (とくに南ド) (genau, gerade) ちょうど, まさしく.

Ak·ku·ra'tes·se [akura'tɛsə] 女 -/ (it.) 入念, 正確さ.

'Ak·ku·sa'tiv ['akuzati:f] 男 -s/-e [..ti:və] (lat.) 《文法》(略 Akk.) 対格, 4 格.

'Ak·ku·sa·tiv·ob·jekt 中 -[e]s/-e《文法》4格目的語.

Ak'me [ak'me:] 女 -/ (gr.)《医学》(病勢・発熱の)極期;(オルガスムスの)絶頂, アクメ.

'Ak·ne ['aknə] 女 -/-n (gr.)《医学》痤瘡(ざそう), 吹出物, にきび.

Ako'nit [ako'ni:t] 中 -s/-e (gr.) **1**《植物》とりかぶと. **2**《薬理》アコニット(鎮静・解熱剤).

Ako·ni'tin [akoni'ti:n] 中 -s/-e《薬理》**1** アコニチン. **2** =Akonit 2

Akon·to [a'kɔnto] 中 -s/-s (..ten) =Akontozahlung

Akon·to·zah·lung 女 -/-en《銀行》分割(内金)払い. a conto

ak·qui'rie·ren [akvi'ri:rən] (lat.) ❶ 他《古》(物⁴を)調達(入手)する. ❷ 自《商業》[Kunden] ～《商業》セールスマンとして働く, 顧客を獲得する.

Ak·qui·si'teur [..zi'tø:r] 男 -s/-e (fr.)《商業》セールスマン, 外交(販売)員;(新聞の)広告取.

Ak·qui·si'ti·on [..zitsi'o:n] 女 -/-en (lat.) **1**《古》調達, 入手. **2**《商業》(セールスマンによる)顧客の獲得, 販路の開拓.

Akri'bie [akri'bi:] 女 -/ (gr.)(極度の)精確(精密)さ.

akri·bisch [a'kri:bɪʃ] 形 おそろしく精確(精密, 綿密)な, 一点一画もおろそかにしない.

akro.., Akro.. [akro..]《接頭》(gr.)名詞などに冠して「先端の, 最も高い」の意を表す.

Akro'bat [akro'ba:t] 男 -en/-en (gr.) アクロバット, 軽業師; 曲芸師; 曲技体操選手. ◆女性形 **Akrobatin** 女 -/-nen

Akro·ba'tik [..'ba:tɪk] 女 -/ 曲技体操; アクロバット, 軽業.

akro·ba·tisch [..'ba:tɪʃ] 形 軽業(曲芸)の, アクロバット的な.

Akro·ke·pha'lie [akrokefa'li:] 女 -/-n [..'li:ən] =Akrozephalie

Akro'lith [akro'li:t] 男 -s(-en)/-e[n] (gr.) アクロリート(古代ギリシアの, 裸の部分は大理石で, 着衣の部分は木で作られた彫像).

Akro·me·ga'lie [akromega'li:] 女 -/-n [..'li:ən] (gr.)《医学》先端肥大症.

Akro'nym [akro'ne:m] 中 -s/-e =Akroterion

Akro·po·lis [a'kro:pɔlɪs, a'krɔpɔlɪs] 女 -/..polen [akro'po:lən] (gr.) アクロポリス(古代ギリシア都市の避難用の城砦(じょうさい)町, とくにアテネ市のものが有名).

Akros·ti·chon [a'krɔstɪçɔn] 中 -s/..chen [..çən] (..cha[..ça]) (gr.)《詩学》アクロスティック(各行の最初の文字・最終文字または他の特定の文字を並べると, ある語・句・アルファベットなどになる一種の遊戯詩).

Ak·ro'ter [akro'te:r] 中 -s/-e =Akroterion

Ak·ro'te·rie [..'te:riə] 女 -/-n =Akroterion

Akro'te·ri·on [akro'te:riɔn] 中 -s/..rien[..riən] (gr.)《建築》アクロテーリオン(古代ギリシアの神殿建築で屋根の四隅と大棟(おおむね)の両端にのせた彫刻装飾).

Ak·ro'te·ri·um [..'te:riom] 中 -s/..rien [..riən] =Akroterion

Akro·ze·pha·le [akrotse'fa:lə] 男 -n/-n《医学》尖頭症(せんとうしょう), 尖頭症患者.

Akro·ze·pha'lie [..fa'li:] 女 -/-n [..'li:ən]《医学》尖頭症.

Akt¹ [akt] 男 -[e]s/-en (とくに南ド, オーストリア)=Akte 1

Akt² 男 -[e]s/-e (lat.) **1** 行為, 行動, わざ; 出来事, 事件; 057な, **2** 行事, 式典, 式. der ～ der Taufe(der Trauung) 洗礼式〈結婚式〉. **3**《法制》訴訟手続. **4**(サーカスなどの)出し物, 演目. **5**《演劇》(Aufzug) 幕. **6**《美術》ヌード, 裸体画.

'Ak·te ['aktə アクテ] 女 -/-n (lat.) **1** 公文書;《古》法令. **2**(多く複数で)(まとめて整理された)書類, 文書, 記録, 調書. ein Bündel〈ein Stoß〉 ～n 書類の束〈山〉. über j〈et〉⁴ die ～n schließen 人〈物〉に関する件(審理, 調査)を打切る. j〈et〉⁴ in den ～n führen 人〈物〉⁴に関する証拠書類を集める. in die ～n kommen 書類(調書)に記録される. in die ～n Einsicht nehmen 書類に目を通す. hinter〈über〉 den ～n sitzen 書類を調べる. et⁴ zu den ～n legen《略 z.d.A.》物⁴を他の(用済み)書類の中に突っ込む;《比喩》《話》事⁴を終ったことにする, 棚上げにする(↑ad acta).

Ak'tei [ak'tai] 女 -/-en (ファイルにした)書類集.

'Ak·ten·de·ckel 男 -s/- 書類ばさみ, ファイルカバー.

'Ak·ten·kun·dig 形 書類によって明白な.

'Ak·ten·map·pe 女 -/-n **1** 書類ばさみ, ファイルカバー. **2**《北ド》=Aktentasche

'Ak·ten·ta·sche ['aktəntaʃə アクテンタシェ] 女 -/-n 書類かばん.

'Ak·ten·zei·chen 中 -s/- **1**《略 Az.》書類の整理番号(記号). **2**(頭文字だけの)サイン, 略式署名. **3**

【法制】(捜査事件などにつける)確認番号(記号).

..ak·ter [..aktər] (接尾) (↓ Akt²) 【演劇】数詞につけて「…幕物」という意味の男性名詞 (-s/-) を造る. Zweiakter 2幕物.

Ak'teur [aktø:r] 男 -s/-e (fr.) **1** (事件などの)実行者, 関与者. **2** (男性の)俳優, 役者. **3** 〖スポ〗プレーヤー, 選手. ◆ ↑ Aktrice.

'Akt·fo·to, 'Akt·pho·to 中 -s/-s ヌード写真.

***'Ak·tie** ['aktsiə アクツィエ] 女 -/-n (lat.) 【経済】株(券), 株式. sein Vermögen in ~n anlegen 財産を株に投資する. Wie stehen die ~n? (戯) 景気はどうかね, 元気にやってるかい. Seine ~n steigen ⟨fallen⟩. (比喩)(話) 彼の株(評価)は上がっている〈下がっている〉.

'Ak·ti·en·ge·sell·schaft 女 -/-en (略 AG, AG., A. G., A.-G.) 株式会社.

'Ak·ti·en·in·dex 男 -[es]/-e(..dizes) 【経済】株価指数.

'Ak·ti·en·ka·pi·tal 中 -s/ 【経済】株式資本.

'Ak·ti·en·kurs 男 -es/-e 株価, 株式相場.

'Ak·ti·en·markt 男 -[e]s/¨e 【経済】株式市場.

'Ak·ti·en·spe·ku·la·ti·on 女 -/-en 株式投機.

..ak·tig [aktıç] (接尾) (↓ Akt²) 【演劇】数詞につけて「…幕物の(劇作)」の意味の形容詞を造る. einaktig 1幕物の.

Ak'ti·nie [ak'ti:niə] 女 -/-n (gr., Seeanemone') イギンチャク.

ak·ti·nisch [ak'ti:nıʃ] 形 【物理】放射線(性)の.

Ak'ti·ni·um [ak'ti:niom] 中 -s/ = Actinium.

Ak·ti·no'graph [aktino'gra:f] 男 -en/-en 【気象】日射計.

Ak·ti·no'me·ter -s/- 【化学】化学光量計.

ak·ti·no'morph [..'mɔrf] 形 【植物】放射相称の.

Ak·ti·no'my·ko·se [..my'ko:zə] 女 -/ 【医学】放射菌症.

Ak·ti·no·my'zet [..my'tse:t] 男 -en/-en 【生物】放射菌.

Ak·ti'on [aktsi'o:n アクツィオーン] 女 -/-en (lat.) **1** 行為, 行動; (計画的・集団的な)活動, 運動. in ~ treten 行動を起す, 活動を始める. **2** 処置, 対策. **3** 【馬術】(馬の)歩き振, 歩き方. **4** 【物理】作用, 働き. **5** (古) 戯曲, 脚本.

Ak·ti·o'när [aktsio'nɛ:r] 男 -s/-e (↓ Aktie) 【経済】株主.

Ak·ti·o'nis·mus [..'nısmos] 男 -/ **1** 行動主義. **2** (侮) 行動一点張り, 過激な行動欲.

Ak·ti·o'nist [..'nıst] 男 -en/-en 行動主義者.

Ak'ti·ons·art [aktsi'o:ns|a:rt] 女 -/-en 【文法】(動詞の)動作態様, アスペクト.

ak·ti·ons·fä·hig 形 行動能力のある, 活動できる.

Ak'ti·ons·form 女 -/-en 【文法】(Genus verbi) (動詞の)態(能動態・受動態など).

Ak'ti·ons·ra·di·us 男 -/ **1** (船舶・航空機の)行動半径, 航続距離. **2** 活動(勢力)範囲.

Ak'ti·ons·strom 男 -s/¨e 【生物】活動(動作)電流.

Ak·ti·ons·zen·trum 中 -s/..tren **1** 活動(勢力)の中心地. **2** 【気象】作用中心.

***'ak·tiv** [ak'ti:f, '-- アクティーフ] 形 (lat.) **1** (↔ passiv) 能動的な, 行動的な, 積極的な. ~e Bestechung【法制】贈賄(ぞうわい). ~e Handelsbilanz【経済】輸出超過. ~es Wahlrecht【法制】選挙権. ~er Widerstand (暴力を用いる)積極的抵抗. ~er Wortschatz 主動語彙(ごい)(一個人が使用することのできる単語の総体). **2** (↔ inaktiv) 活動中の, 活発な; 効果的な; 【化学】活性の; 【医学】能動(活動)性の. ein Aktiver / ein ~er Sportler 〖スポ〗現役選手. ~e Immunisierung【医学】能動免疫. ~es Mitglied 正会員. ein ~er Offizier 現役将校. **3** 【文法】(↔ passiv) 能動態(形)の.

'Ak·tiv[¹] ['akti:f] 中 -s/-e 【文法】(↔ Passiv) 能動態(形).

Ak'tiv² [ak'ti:f] 中 -s/-s (まれ -e) (左翼運動の)活動家グループ, アクチブ, 行動隊(旧東ドイツで使用された言葉).

Ak'ti·va [ak'ti:va] 複 =Aktivum 2

Ak·ti'va·tor [akti'va:tɔr] 男 -s/-en [..va'to:rən] 【化学】活性化剤; 【医学】抗体生成促進物質.

Ak'tiv·bür·ger 男 -s/- **1** 〖スイス〗【法制】公民. **2** 【歴史】公民(フランス革命期の1791-92の立法議会において選挙権を有する市民).

ak·ti'vie·ren [akti'vi:rən] 他 (↓ aktiv) **1** 活動させる, 活発にする; 【核物理】(原子核を)放射性にする; 【化学】活性化する. **2** 【経済】(↔ passivieren) 借方に記帳する.

Ak·ti'vis·mus [..'vısmos] 男 -/ **1** 積極性, アクティヴィズム. **2** 【哲学・文学】行動主義.

Ak·ti'vist [..'vıst] 男 -en/-en **1** (とくに政治的な)活動家; 行動主義者. **2** (旧東ドイツの)模範的な労働者, 特別作業員. ◆ 女性形 Aktivistin 女 -/-nen

Ak·ti·vi'tät [..vi'tɛ:t] 女 -/-en **1** 《複数なし》活動的である(働いている)こと, 活動(性), 行動(力); 元気, 活発, 積極性. ~ entfalten 行動力を発揮する. **2** 《多くは複数で》(種々の行動, 活動). **3** 【化学】活性. **4** 【物理】(Radioaktivität) 放射能.

Ak'tiv·koh·le 女 -/-n 【化学】活性炭.

Ak'tiv·pos·ten 男 -s/- 【経済】借方項目.

Ak'tiv·ru·der 中 -s/- 【造船】アクティブ舵(だ).

Ak'tiv·sei·te 女 -/-n 【経済】(↔ Passivseite) (貸借対照表の)借方欄.

Ak'ti·vum [ak'ti:vom] 中 -s/..va[..va] **1** (古) (ふつう単数で)【文法】=Aktiv¹ **2** (複数で)(↔ Passivum 2)【経済】積極財産; 借方.

'Akt·mo·dell -s/-e ヌードモデル.

Ak'tri·ce [ak'tri:sə] 女 -/-n (fr.) (Akteurの女性形)女優.

ak·tu·a·li'sie·ren [aktuali'zi:rən] 他 (↓ aktuell) 現代的にする. ein altes Theaterstück ~ 昔の戯曲を現代風に書改める. (再帰的に) sich¹ ~ 現実となる, 現代的な重要性をもつようになる.

Ak·tu·a·lis·mus [..'lısmos] 男 -/ 【哲学】アクチュアリズム.

Ak·tu·a·li'tät [..li'tɛ:t] 女 -/-en (lat.) **1** 《複数なし》今日的であること, 今日的意義, 現代性; 【哲学】現実性. **2** 《複数で》時事(問題), 時局, 現状, 日々の出来事.

Ak·tu'ar [aktu'a:r] 男 -s/-e (lat.) **1** 保険計理士, アクチュアリー. **2** 〖スイス〗(役所などの)記録係, 書記. **3** (古) 裁判所書記.

***ak·tu'ell** [aktu'ɛl アクトゥエル] 形 (lat.) **1** 現在にかかわる, 今日(きょう)的な, 時宜を得た. ~e Stunde (政治) 時事的な問題をテーマにした短期間の議会討論. **2** 〖ジャーナ用語〗最新(流行)の.

Aku·pres'sur [akuprɛ'su:r] 女 -/-en (lat.) 【医学】指圧療法.

Aku·punk'tur [..pʊŋk'tu:r] 女 -/-en (lat.) 【医学】鍼(はり)療法.

Akus·tik [a'kʊstɪk] 囡 -/ (gr.) **1**〖物理〗音響学. **2**〖建築〗音響効果. **3** 音響装置(機器).

akus·tisch [..tɪʃ] 形 **1** 音響学(上)の; 音響(音波)に関する. **2** (↔ visuell) 聴覚(音感)の, 聴覚による. ~*es* Nachbild 残聴. ~*er* Typ 聴覚型(の人間).

akut [a'ku:t] 形 (*lat.*) **1** 突然の, 緊急の. ein ~ *es* Problem 緊急の問題. **2**〖医学〗急性の;〖音声〗鋭音の.

Akut 男 -[e]s/-e〖音声〗鋭音, 鋭音記号(é´).

Ak·ze·le·ra·ti·on [aktseleratsi'o:n] 囡 -/-en (*lat.* , Beschleunigung´) **1** (速度を速めること, 加速(度). **2**〖生物・医学〗(成長・発育・発生の)促進; (性的)早熟. **3**〈時計が〉進みがちになること. **4**〖天文〗(月の)永年加速.

Ak·ze·le·ra·tor [..'ra:to:r] 男 -s/-en ..ra'to:rən] (一般的に)加速器, 促進剤; 〈古〉(Gaspedal)(自動車などの)加速装置, アクセル;〖物理〗粒子加速器;〖経済〗加速度係数(投資額と需要の伸びとの割合);〖化学〗反応促進剤.

ak·ze·le·rie·ren [..'ri:rən] (*lat.*) **❶** 自 速度を増す, 速くなる. **❷** 他 加速する, 早める, 促進する.

***Ak'zent** [ak'tsɛnt] アクツェント] 男 -[e]s/-e (*lat.* , Betonung´) **1**〖音声〗アクセント, 強音, 力点; アクセント記号. dynamischer ~ 強さアクセント. musikalischer ~ 高さアクセント.〖複数なし〗イントネーション, 抑揚, 発音の癖, なまり. mit norddeutschem ~ sprechen 北ドイツなまりで話す. **3**〖比喩〗強調, 重点. auf et⁴ einen besonderen ~ legen 事⁴をとくに強調する, (に)重点を置く. [neue] ~*e* setzen 今後の問題の所在(方向性)を示す. Das Jahr hat neue ~*e* gesetzt. その年は新しい時代の始まりとなった. den ~ des Satzes verschieben 文の力点をずらす.

ak'zent·frei 形 訛(なま)りのない.

Ak·zen·tu·a·ti·on [aktsɛntuatsi'o:n] 囡 -/-en **1**〖複数なし〗アクセントをつけること, 強く発音すること. **2** 強調. **3**〖複数なし〗〖音声〗正確な発音.

ak·zen·tu'ie·ren [..i:rən] (↓ Akzent) **❶** 他〖音声〗(物⁴に)アクセントを置く, アクセント(記号)をつける; 強く発音する;〖音楽〗(ある音・音群に)強勢を置く;〖比喩〗強調する, 際立たせる. **❷** 再 (**sich**) 際(きわ)立つ, 目立つ.

Ak'zept [ak'tsɛpt] アクツェプト] 中 -[e]s/-e (*lat.*) **1**〖法制〗(手形の)引受け; 受領; (契約の申込に対する)承諾, (議案などの)採択, (条約・就任などの)受諾. **2**〖商業・銀行〗引受手形.

ak·zep'tant [ak'tsant] 男 -en/-en 引受ける人, 受諾(承諾)者;〖商業〗手形引受人(業者).

Ak·zep'tanz [..'tants] 囡 -/ 受入(受諾, 承諾)可能であること, 受入れる用意があること.

ak·zep'tie·ren [aktsɛp'ti:rən] 他 (annehmen) 受入れる, 受諾(許容)する. einen Wechsel ~〖商業〗手形を引受ける.

Ak'zep·tor [ak'tsɛpto:r] 男 -s/-en ..'to:rən] **1**〖物理・化学〗受容体, アクセプター. **2**〖商業〗= Akzeptant.

Ak·zes·si·on [aktsɛsi'o:n] 囡 -/-en (*lat.*) **1**〖行政〗(図書館などの)新規購入, 受入れ. **2**〖法制〗(条約などへの)加盟. **3**〖音声〗音添加.

ak·zes'so·risch [aktsɛ'sɔ:rɪʃ] 形 (*lat.*) 補助的な, 付属の, 副の; 従属的な, 従の.

'**Ak·zi·dens** ['aktsidɛns] 中 -/..denzien [aksti-'dɛntsiən] (..dentia [..'dɛntsia] (*lat.* , sich ereignen´) **1**〖哲学〗偶然(偶有)性. **2**〖音楽〗臨時記号.

ak·zi·den'tell [aktsidɛn'tɛl] 形 (↔ essentiell) 偶然の, 偶発的な, 非本質的な; 併発した.

ak·zi·den·ti'ell [..'tsiɛl] 形 =akzidentell

Ak·zi'denz [..'dɛnts] 囡 -/-en (*lat.*) **1** ディスプレー印刷, 端物(はもの). **2** 臨時収入, 副収入. **3**〖哲学〗偶然(偶有)性.

ak·zi'pie·ren [aktsi'pi:rən] 他 (*lat.*) 受入れる, 引受ける, 受諾(承諾)する.

Ak'zi·se [ak'tsi:zə] 囡 -/-n (*fr.*)〖経済〗**1** (19世紀までの)間接税, 消費税, 交通税. **2** (旧東ドイツにおける国営商店での)価格の割増し, 消費税.

Al [a:'ɛl] (記号)〖化学〗=Aluminium

a. l. (略) =ad libitum

à la [a la] (*fr.* , in der Art, im Stil von´)〖話〗…風(流, 式)に.

alaaf [a'la:f] 間 (↓ all+ab) (とくにケルンのカーニバルで)万歳. Kölle ~! ケルン万歳.

à la 'baisse [a la 'bɛ:s] (*fr.*)〖金融〗(相場の)値下がりを見込んで.

Ala'bas·ter [ala'bastər] 男 -s/- (*gr.*) **1** (複数まれ)〖鉱物〗雪花石膏(せっか), アラバスター. **2**〖北ドツ〗ビー玉. ◆上部エジプトの町 Alabastron にちなむ.

ala'bas·tern [..tərn] 形 雪花石膏(製)の;〈雅〉雪花石膏のような, 純白でなめらかな.

à la bonne heure [a la bɔ'nø:r] (*fr.* , zur guten Stunde´) その通りだ, どんぴしゃりだ, ブラヴォー.

à la 'carte [a la 'kart] (*fr.* , nach der Speisekarte´) 献立表に従って, 一品料理で.

à la 'hausse [a la 'o:s] (*fr.*)〖金融〗(相場の)値上がりを見越して.

à la jar·di·ni'ere [a la ʒardini'ɛ:r] (*fr.* , nach der Art der Gärtnerin´)〖料理〗(料理に)野菜を添えて.

à la longue [a la 'lɔ̃:k] (*fr.* , auf die Dauer´) 長い間には, 長い目で見れば, 結局は.

à la 'mode [a la 'mɔt] (*fr.* , nach der Mode´) 流行の.

Ala·mo·de·li·te·ra·tur [ala'mo:də..] 囡 -/ アラモード文字(フランス古典派の文学趣味を模做した17世紀ドイツ文学).

'**Aland** ['a:lant] 男 -[e]s/-e〖魚〗うぐい.

Ala'nin [ala'ni:n] 中 -s/-e〖化学〗アラニン.

Alant [a'lant] 男 -[e]s/-e (*lat.*) **1**〖植物〗おくるま(か せんそう)属. **2** =Aland

***Alarm** [a'larm アラルム] 男 -[e]s/-e (*fr.* , zur Waffe!´) **1** 警報, 危険信号; 警告(のしるし), 前兆. Feuer*alarm* 火災警報. Flieger*alarm* 空襲警報. blinder〈falscher〉~ 間違った警報;〖比喩〗誤報による混乱, 空騒ぎ. ~ geben〈läuten〉警報を発する. ~ schlagen 警報を出す, 警戒態勢をしく;〖比喩〗(世人を覚醒させる)警鐘を鳴らす. **2**〖比喩〗不安, パニック. **3** 警戒態勢.

alarm·be·reit 形 警戒態勢のととのった.

Alarm·glo·cke 囡 -/-n 警鐘.

alar'mie·ren [alar'mi:rən] 他 (↓ Alarm) **1** (人⁴に)急報する, 急報して助けを求める. die Polizei ~ 警察に急を知らせる. Truppen ~〖軍隊〗部隊に非常呼集をかける. **2**〖比喩〗驚かす, 不安に陥れる; 警鐘を鳴らす.

Alas·ka [a'laska] (*russ.*) (地名)アラスカ(半島, 州).

Alaun [a'laʊn] 男 -s/-e (*lat.*)〖化学〗明礬(みょうばん).

Alb

Alb¹ [alp] 囡 -/-en =Alp¹ 高原の牧草地. ◆南ドイツの地名としては Alb ではなく Alb が用いられる. die Fränkische ～ フランケン高地.
Alb² 男 -[e]s/-en 1 =Elf² 2 夢魔, (精神的な)重荷.
Al·ba [alba] 囡 -/..ben (*lat.*) アルバ(カトリック教会・英国国教会の聖職者が着る祭服の1つで, 白い長衣).
Al·ba·ner [al'ba:nər] 男 -s/- アルバニア人.
Al·ba·ne·se [alba'ne:zə] 男 -n/-n = Albaner
Al·ba·ni·en [al'ba:niən] (地名) アルバニア.
Al·ba·ni·er [..niər] 男 -s/- = Albaner
al·ba·nisch [..nıʃ] 形 アルバニア(人,語)の. ↑deutsch
Al·ba·tros ['albatros] 男 -[ses]/-se (*arab.*) 1 《鳥》あほうどり(信天翁). 2 《ｽﾎﾟｰﾂ》アルバトロス.
Alb·druck 男 -[e]s/ⁿe Albdrücken
Alb·drü·cken 田 -s/- (睡眠中の)苦しさ, 悪夢(にうなされること).
Al·be [alba] 囡 -/-n = Alba
Al·be·do [al'be:do] 囡 -/ (*lat.*) 《物理》アルベド.
Al·ben [alban] Alb¹, Alb², Alba, Albe, Album の複数.
Al·be·rei [alba'raı] 囡 -/-en 子供じみた行い, 馬鹿騒ぎ. Lass doch diese ～en! 馬鹿はよせ.
* **al·bern¹** ['albərn アルバーン] 形 1 愚かな, 馬鹿げた, 愚にもつかぬ; くだらない. 2 ～e Gänse (話) わけもなくくすくす笑う女の子たち. 3 《話》取るに足らない, つまらない.
al·bern² 馬鹿の真似をする, ふざける.
Al·bern·heit 囡 -/-en 馬鹿げた振舞, 愚行.
Al·bert [albɛrt] 《男名》アルベルト(Adalbert の短縮).
Al·ber·ta [al'bɛrta] 《女名》アルベルタ.
Al·ber·ti·na [albɛr'ti:na] 《女名》アルベルティーナ. die ～ アルベルティーナ・コレクション(ヴィーンにある世界最大の版画・素描のコレクション).
Al·ber·tus [al'bɛrtʊs] 《男名》アルベルトゥス(Albert のラテン語形). ～ Magnus アルベルトゥス・マグヌス (1193-1280, ドイツの哲学・自然科学者・ドミニコ会士).
Al·bi·nis·mus [albi'nısmʊs] 男 -/ (↓Albino) 《医学・生物》白皮症, 白化現象.
Al·bi·no [al'bi:no] 男 -s/-s (*port.*, Weißling') 《医学・生物》白皮症, 白子(ｼﾛｺ); 《植物》白変種.
Al·bi·no·tisch [albi'no:tıʃ] 形 白皮症(白化現象)の.
Al·bit [al'bi:t] 男 -s/-e 《鉱物》曹長石.
Al·brecht ['albrɛçt] 《男名》アルブレヒト.
'Alb·traum ['alptraum] 男 -[e]s/ⁿe 悪夢(のような出来事).
* **Al·bum** ['album アルブム] 田 -s/..ben (*lat.*, das Weiße') アルバム, (切手などの)収集帳, レコードアルバム.
Al·bu·men [al'bu:mən] 田 -s/ 《生物》卵白; 《植物》胚乳(ﾊｲﾆｭｳ).
Al·bu·min [albu'mi:n] 田 -s/-e (*lat.*) 《多く複数で》《生化学》 1 アルブミン(単純たんぱく質の一種). 2 アルブミン(接着剤の一種).
al·bu·mi·no·id [..mino'i:t] 形 卵白のような, たんぱく質の.
al·bu·mi·nös [..'nø:s] 形 たんぱく質を含んだ.
Al·bu·mi·nu·rie [..nu'ri:] 囡 -/-ɪən [..'ri:ən] 《医学》たんぱく尿(症).
Al·bu·mo·se [..'mo:zə] 囡 -/-n 《多く複数で》《医

学》アルブモーゼ(たんぱく質分解の際に生じる物質).
'Al·bus ['albus] 男 -/-se (*lat.* albus , weiß`) 《歴史》アルブス(昔の少額銀貨).
Al·che·mie [alçe'mi:] 囡 -/ = Alchimie
Äl·chen ['ɛlçən] 田 -s/- 《動物》1 線虫類. 2 (Aal の縮小形) 小さなうなぎ.
Al·chi·mie [alçi'mi:] 囡 -/ (*arab.*) (中世の)化学, (狭義には)錬金術; (Schwarze Kunst) 魔術, 魔法.
Al·chi·mist [..'mıst] 男 -en/-en (中世の)化学者, (狭義には)錬金術師.
Al·de·hyd [alde'hy:t] 男 -s/-e (*lat.*) 《化学》アルデヒド.
al·den·te [al dɛntə] (*it.*) 《料理》(食べ物が)歯ごたえのある.
'Al·der·man ['ɔldərmən] 男 -s/..men (*engl.*) 1 《歴史》(昔のイギリスの)州大守; 地方長官. 2 (英国で)参事会員, (州または市の)議員; (米国で)市会議員.
Ale [e:l] 田 -s/ (*engl.*) エール(イギリスの淡色ビール).
'alea iac·ta 'est ['a:lea 'jakta 'ɛst] (*lat.*, Der Würfel ist gefallen`) 賽(ｻｲ)は投げられたり(断はすでに下された). ◆紀元前49 カエサル Cäsar がルビコン川を渡ったときの言葉.
ale·a·to·risch [alea'to:rıʃ] 形 (*lat.* alea , Würfel`) 偶然の, 不確定の, 運任せの.
Ale·man·ne [ale'manə] 男 -n/-n アレマン人((a) かつてライン・ドーナウ両川の上流域に住んだゲルマンの一部族. (b) 今日のバーデン, 南ヴュルテンベルク, エルザスおよびスイスに住むドイツ系住民).
ale·man·nisch [..'manıʃ] 形 アレマン(人, 語)の. ～e Mundart アレマン方言. ↑deutsch
Alep·po·beu·le [a'lɛpobɔylə] 囡 -/ 《医学》(Orientbeule)アレッポ腫(ｼｭ)(熱帯皮膚病).
alert [a'lɛrt] 形 (*fr.*) 快活な, 機敏な, すばしこい; 元気のよい, 健康な; 利発な.
Aleu·ron [a'lɔyrɔn] 田 -s/ 《植物》糊粉(ﾁﾝ).
Ale'u·ten [ale'u:tən] 園 (地名) die ～ アリューシャン (アレウト)列島.
ale'u·tisch [..tıʃ] 形 アリューシャン(アレウト)列島の.
'Alex ['a:lɛks] 《男名》アーレックス (Alexander の短縮). der ～ (ベルリーンの)アレクサンダー広場 (Alexanderplatz の短縮).
Ale'xan·der [alɛ'ksandər] 《男名》アレクサンダー. ～ der Große アレクサンドロス大王(マケドニア王, 位前 336-323).
Ale'xan·dra [alɛ'ksandra] 《女名》アレクサンドラ.
Ale'xan·dria [alɛ'ksandria, alɛksan'dri:a] (地名) アレクサンドリア(エジプト北部の都市, 前 332 Alexander 大王が建設).
Ale·xan'dri·ner [alɛksan'dri:nər] ❶ 男 -s/- 1 アレクサンドリア市民. 2 《歴史》アレクサンドリア銀貨(古代ローマ時代にアレクサンドリアで鋳造された). 3 《文学》アレクサンドル詩格(の詩), アレクサンドラン詩(Alexander 大王伝説詩に由来する 12 または 13 詩節の 6 詩脚弱強格の詩). ❷ 形 《不変化》アレクサンドリアの.
Ale·xan'drit [..'dri:t] 男 -s/-e 《鉱物》アレキサンドライト(ロシア皇帝アレクサンドル 2 世の名にちなむ).
Ale'xie [alɛ'ksi:] 囡 -/-n [..'ksi:ən] (*gr.*, Wortblindheit`) 《医学》失読症.
Ale'xin [alɛ'ksi:n] 田 -s/-e (ふつう複数で)《医学》アレキシン, 補体(血清中にある抗菌物質).
'Alfa·gras ['alfagra:s] 田 -es/ⁿer 《植物》アフリカはねがや, エスパルト(↑Esparto).

Al·fan·ze·rei [alfantsə'raɪ] 囡 -/-en《古》《多く複数で》悪ふざけ, おどけ; いんちき, いかさま.

al'fi·ne [al'fi:nə] (*it.* , bis zum Schluss') 【音楽】アル・フィーネ, (もう一度)終りまで.

'**Al·fred** [alfre:t] 《男名》アルフレート.

al'fres·co [al'fresko] (*it.*)【美術】(↔ al secco, a secco)《次の成句で》 ~ malen フレスコ画を描く(↑ Fresko).

'**Al·ge** ['algə] 囡 -/-n 【植物】藻類.

'**Al·ge·bra** ['algebra] (al..bren [al'ge:brən]) (*arab.*)【数学】1《複数なし》代数学. 2 多元環.

al·ge·bra·isch [alge'bra:ɪʃ] 形 代数(学)の, 代数(学)的な.

Al'gen·pilz ['algən..] 匣 -es/-e 【植物】藻菌類.

Al·ge·ri·en [al'ge:riən] 【地名】アルジェリア(首都アルジェ Algier).

Al'ge·ri·er [..riər] 男 -s/- アルジェリア人.

al'ge·risch [..rɪʃ] 形 アルジェリア(人)の. ↑ deutsch

Al·ge'sie [alge'zi:] 囡 -/-n[..'zi:ən] 【医学】痛覚, 痛覚過敏.

..al·gie [..algi:]《接尾》名詞などにつけて「痛み」を意味する女性名詞(-/-n)を造る. Neur*algie* 神経痛.

Al'gin·säu·re [al'gi:n..] 囡 -/ 【化学】アルギン酸.

ALGOL ['algɔl] 匣 -s/ アルゴル(プログラミング言語. 英語 **algorithmic language** から).

Al·go·lo'gie [algolo'gi:] 囡 - / 藻学, 藻類学.

Al'gon·kin [al'gɔnki:n] 匣 -[s]/-[s]《ふつう複数で》アルゴンキン族(北米に住むインディアンの数部族の総称).

Al'gon·kin [..] 匣 -s/ 【言語】アルゴンキン語.

al'gon·kisch [..kɪʃ] 形 【地学】アルゴンキン界の, 原生界の.

Al'gon·ki·um [..kiʊm] 匣 -s/ (↓ Algonkin¹)【地学】アルゴンキン界, 原生界(始生系とカンブリア系の間の地質系統).

Al·go'rith·mus [algo'rɪtmʊs] 男 -/..men 【数学】アルゴリズム.

Al·hi'da·de [alhi'da:də] 囡 -/-n 【機械】アリダード(測角器・六分儀・八分儀などについている計器の一種).

'**Ali** [a(:)li, a'li:] 《男名》アーリ. ~ Baba アリババ (『千夜一夜物語』の登場人物).

'**ali·as** [a'liːas] (*lat.* , anders') 副 1 別に, ほかに. 2 本名は; または名は. Franz Weber ~ Schulze フランツ・ヴェーバー別名シュルツェ.

*'**Ali·bi** [a'libi] 匣 -s/-s (*lat.* , anderswo') 1 【法制】現場不在(証明), アリバイ. *sein* ~ *beweisen* 〈*nachweisen*〉 アリバイを証明する. *ein*〈*kein*〉 ~ *haben* アリバイがある〈ない〉. *am* ~ *basteln* アリバイ工作をする. 2 申開き, 弁解, 口実.

'**Ali·bi·frau** 囡 -/-en アリバイ女性(男女平等の宣伝のために雇用または起用された女性).

'**Ali·en** [ˈeɪliən] 匣 -s/-s エイリアン, 異星人.

Ali·gne'ment [alɪnjəˈmãː] 匣 -s/-s (*fr.*)【土木】(線路・道路建設の際の)準線測量.

Ali'ment [ali'mɛnt] 匣 -[e]s/-e《多く複数で》生計(維持)費;【法制】(嫡出でない子の)養育費, 扶養料.

ali·men'tie·ren [.. 'tiːrən] 他 (人ʼに)養育費(扶養料)を払う, (を)扶養する.

a li'mi·ne [a: 'li:minə] (*lat.* , von vornherein') いきなり, 即座に, 調査もしないで.

ali'pha·tisch [aliˈfaːtɪʃ] 形 【化学】脂肪族の.

ali'quant [aliˈkvant] (*lat.*)【数学】(↔ aliquot) 整除できない, 割切れない. 5 *ist ein* ~*er Teil von* 12. 12 は 5 で割切れない.

ali'quot [ali'kvɔt] 形 (*lat.*)【数学】(↔ aliquant) 整除できる, 割切れる.

Ali'quo·te [ali'kvɔːtə] 囡 -/-n 1 【数学】整除数, 約数. 2 【音楽】倍音.

Ali'quot·flü·gel [ali'kvɔt..] 男 -s/- 【楽器】共鳴弦つきのハンマーフリューゲル(ピアノ).

Ali'quot·sai·te 囡 -/-n 【楽器】(ピアノの)共鳴弦.

Ali'quot·ton 男 -[e]s/⸚e《ふつう複数で》【音楽】倍音.

Ali·za'rin [alitsa'riːn] 匣 -s/ 【化学】アリザリン(せようあかねの根に含まれている赤色染料).

Alk [alk] 男 -[e]s/-e(-en/-en) 【鳥】オーク, うみすずめ.

Al·ka'hest [alka'hɛst] 匣 -[e]s/ (*lat.*) アルカヘスト(錬金術師たちがその存在を信じた万能溶化液).

al'kä·isch [al'kɛːɪʃ] 形 アルカイオスの(Alkaios は紀元前 600 ごろのギリシア詩人), アルカイオス風の. ~*e Strophe* 【詩学】アルカイオス詩節.

Al'kal·de [al'kaldə] 男 -n/-n 【歴史】(中世スペインの)村長(町長, 市長), 裁判官.

Al'ka·li [al'ka:li, 'alkali] 匣 -s/-en[..'ka:liən] (*arab.*)【化学】アルカリ.

Al·ka·li·me'tall 匣 -s/-e 【化学】アルカリ金属.

Al·ka·li·me'trie [alkalime'triː] 囡 -/ 【化学】アルカリ定量; アルカリ滴定.

al'ka·lin [alka'liːn] 形 アルカリ反応をする, アルカリを含んだ.

Al·ka·li·ni'tät [alkalini'tɛːt] 囡 -/ 【化学】アルカリ性, アルカリ度.

al'ka·lisch [al'ka:lɪʃ] 形 【化学】アルカリ性の.

al·ka·li'sie·ren [alkali'zi:rən] 他 【化学】アルカリ性にする.

Al·ka·li'tät [..'tɛːt] 囡 -/ 【化学】アルカリ度.

Al·ka·lo'id [alkalo'iːt] 匣 -[e]s/-e アルカロイド, 植物塩基.

Al'kan·na [al'kana] 囡 -/ 1 【植物】アルカンナ(ヨーロッパ産のむらさき科の植物). 2 アルカンナの根(赤色染料をとる).

Al'ka·zar [al'ka:zar, alka'tsaːr, al'ka:tsar] 男 -s/-e (スペインの)城, 館(ポル), 邸宅.

'**Al·ko·hol** ['alkoho:l, ..-'-] 男 -s/-e (*arab.*)【化学】アルコール. *absoluter* ~ 無水アルコール. 2《複数なし》エチルアルコール; アルコール飲料, 酒類. *et⁴ in* ~ *ertränken* 事⁴を酒に紛らす. *j⁴ unter* ~ *setzen* 人⁴を酔っ払わせる. *unter* ~ *stehen* 酔っ払っている.

'**Al·ko·hol·ab·hän·gig** 形 アルコール依存症の.

'**Al·ko·hol·arm** 形 (飲物などの)アルコールの少ない.

'**Al·ko·hol·fest** 形 アルコール(酒)に強い.

'**Al·ko·hol·frei** 形 1 アルコールを含まない. ~*e Getränke* ソフトドリンク. 2 (レストランなどが)酒類を提供しない.

'**Al·ko·hol·ge·halt** 男 -[e]s/-e アルコール含有量.

'**Al·ko·hol·hal·tig** 形 アルコールを含んだ.

Al·ko·ho·li·ka [..] 複 (alkoholische Getränke) アルコール飲料, 酒類.

Al·ko·ho·li·ker [..kər] 男 -s/- アルコール常飲者; アルコール依存症患者. Anonyme *Alkoholiker* アルコール依存症患者自助組織(会員が匿名であることから).

al·ko·ho'lisch [..lɪʃ] 形 アルコール(性)の, アルコールを含んだ. ~*e Gärung* 【化学】アルコール発酵.

al·ko·ho·li'sie·ren [alkoholi'zi:rən] 他 1 (果汁などに)アルコールを添加する, アルコール処理をする. 2 《戯》酔っ払わせる.

Alkoholismus

Al·ko·ho'lis·mus [..'lɪsmʊs] 男 -/ 飲酒癖;『医学』アルコール中毒(症).
Al·ko·ho·lo'me·ter [alkoholo'meːtər] 中 -s/- アルコール比重計.
'Al·ko·hol·spie·gel 男 -s/- (血液中の)アルコール含有量.
'al·ko·hol·süch·tig アルコール依存症の.
'Al·ko·hol·test 男 -[e]s/-s(-e) (ドライバーに対する)アルコールテスト.
◆ **Al'ko·ven** [al'koːvən, '---] 男 -s/- **1** (Bettnische) アルコーブ(壁面に設けた凹所で、ベッドや机などを置く半独立的な小部屋). **2** 脇室, 小部屋.
Al'kyl [al'kyːl] 中 -s/-e 『化学』アルキル.

◆ **all**
[al アル] 中《不定》不定数詞とも呼ばれる. 格変化は dieser に準じる(付録「品詞変化表」IX-6)が, 定冠詞・所有代名詞の前では無語尾になることが多い.
1《付加語的用法》(a)《単数名詞と》すべての, どの…もみな. *Alles* Gute! お元気で(別れの挨拶). ~*es* Mögliche ありとあらゆること. ~*er* Welt 世の人々. *Aller* Anfang ist schwer. 最初は何でもむずかしい. *Alles* Ding währt seine Zeit. 何事にも時がある(《旧約》コヘ 3:1). Er hat ~ sein Geld verloren. 彼は金を残らず失った. ▶単数2格で語尾 -[e]s をもつ名詞の前では弱語尾 -en になることが多い. die Wurzel ~en Übels 諸悪の根源. (b)《複数名詞と》すべての, あらゆる. ~e Kinder すべての子供たち. aus ~er Herren Länder[n] 津々浦々から. aus ~en Ländern あらゆる国々から. 《副詞的4格と》~e Augenblicke 絶えず, ひっきりなしに. ~er Tage 毎日. ~*e* acht Tage 毎週. ~e vierzehn Tage /《中部》 ~er vierzehn Tage 2週間ごとに. (c)《とくに抽象名詞と/強意》~en Ernstes 大まじめで. bei ~em guten〈gutem〉 Willen どんなに好意的になっても, どんなに頑張っても. in ~er Eile 大急ぎで. mit ~er Deutlichkeit 非常にはっきりと. mit ~er Gewalt 力の限り, どうしても. ohne ~en Zweifel 疑いの余地もなく.
2《名詞的用法》(a)《中性単数形で/事物または集合的に ト》~es すべてのもの, 一切合財. ~es oder nichts 一切か無か, 一か八か. ~[es] und jedes 何もかも. mein Ein und *Alles*○ein und ~s〉私の最愛のもの. Ist das ~es? それ以上言うことはないのか; それだけの話か(たいしたことではないね); ほかにご注文はございません. ~es, was recht ist それはその通りだ(がしぶしぶ…). Mädchen für ~es 何でもしてくれるお手伝いさん;《話》雑用係, 何でも屋(男女とも用いる). in ~em あらゆる点で, 全体として. ~es in ~em 要するに, つまるところは. über ~es 何にもまして. um ~es in der Welt なんとしてでも. um ~es in der Welt nicht… 絶対に…しない. vor ~em 何よりも, とりわけ. ~es andere als… まったく…でない. Der Mann ist ~es andere als begabt. あの男は才能などじゃないよ. Vorn sind ~es(=nur) Wagen erster Klasse. 前部は1等車ばかりである. Da hört [sich⁴] doch [einfach]~*es* auf! とんでもない話だ, そんな馬鹿なことがあるか. (b)《複数／人間を表す》~e すべての人々, みんな. ~*e* und jeder 全員, 一人残らず, 猫も杓子(しゃくし)も. *Alle*[s] aussteigen! 皆さん下車願います. der Kampf ~er gegen ~e 万人の万人に対する戦い. ~en alles sein wollen 万人の気に入ろうとする, 八方美人になろうとする.
3《同格で》wir〈ihr/sie〉~e 私たち〈君たち/彼ら〉みな.

んな. das ~es そのこと全部. Das ist ~es nicht wahr. それは全部本当ではない. Diese Bücher hat er ~e gelesen. 彼はこれらの本を残らず読んだ. Was hat sie ~es gesagt? 彼女は何をいろいろしゃべったのか. Was es [nicht] ~es gibt! 世の中にはいろんなことがあるものだな, 世間は広いね. Wer war ~es da? そこにはどんな人たちがいたのか. Wem ~es hat er dann diese Geschichte erzählt! 彼は相手かまわずこの話をしたんだ.
◆ ↑ alle
All 中 -s/ 宇宙, 万有, 森羅万象.
all'abend·lich [al'|aːbəntlɪç] 毎晩の.
'al·la 'bre·ve [ˈala ˈbreːva] 『音楽』2分の2拍子で《auf kurze Weise》『音楽』アラ・ブレーヴェ, 2分の2拍子で.
'Al·la-'bre·ve-Takt 男 -[e]s/-e 『音楽』2分の2拍子.
'Al·lah ['ala] 男 -s/ (*arab.* ,*der Gott*) アッラー(イスラームにおける唯一神の呼称).
'al·la 'mar·cia [ˈala ˈmartʃa] (*it.*, in der Art eines Marsches) 『音楽』行進曲風に.
Al'lan·to·is [a'lantoɪs] 女 -/ (*gr.* allas ,Wurst') 『解剖』(胎児の)尿膜.
'al·la po'lac·ca [ˈala poˈlaka] (*it.*, in der Art einer Polonäse) 『音楽』ポロネーズ風に.
'al·la 'pri·ma [..ˈpriːma] (*it.*) 『美術』プリマ描きで(重ね塗りをしないで描きあげる油彩の技法).
'Al·lasch [ˈalaʃ] 男 -[e]s/-e (*Kümmellikör*) アラシュ(キャラウェーの実を使ったリキュール).
'al·la te'des·ca [ˈala teˈdeska] (*it.*, in der Art eines deutschen Tanzes) 『音楽』ドイツ舞曲風に.
'al·la 'tur·ca [..ˈturka] (*it.*, in der Art der türkischen Musik) 『音楽』トルコ音楽風に.
'al·la zin·ga're·se [..ˈtsɪŋgaˈreːzə] (*it.*, in der Art der Zigeunermusik) 『音楽』ジプシー音楽風に.
'all·be·kannt 《副詞的には用いない》あまねく知られた, 周知の.
all'da[al'daː] 副 《da ① 1 の強調》《古》そこに, その場所に.
all'dem [al'deːm] = alledem
'al·le [ˈala] 形 **1** →al 2(b) **2**《付加語的には用いない》《話》終った, なくなった; 疲れはてた. Ich bin ~. 私はもうへとへとだ. Mein Geld ist〈wird〉~. 私は金を使いはたした〈金が底を突きかけている〉. et⁴ ~ machen 使い〈食べ〉尽くす. j⁴ ~ machen 《卑》(道徳的・社会的に)人⁴を葬る; 《隠》消す(ばらす).
al·le'dem [aləˈdeːm, '---] 《3格支配の前置詞と》 aus ~ これらのことから. bei〈trotz〉 ~ これらすべてのことにもかかわらず.
***Al'lee** [aˈleː] 女 -/-n [aˈleːən] (*fr.*) 並木道.
Al·le·go'rie [alegoˈriː] 女 -/-n [..ˈriːən] (*gr.*) アレゴリー, 寓意;(抽象的観念の)擬人化, 化身.
al·le'go·risch [aleˈgoːrɪʃ] 寓意(比喩)的な, アレゴリーによる.
al·le·go·ri'sie·ren [alegoriˈziːrən] 他 アレゴリーによって表現する(描く), 寓意化する.
al·le'gret·to [aleˈgreto] (*it.*, ein wenig allegro) 『音楽』アレグレットで, やや軽快に.
al'le·gro [aˈleːgro] (*it.*, schnell, bewegt') 『音楽』アレグロ, 快速に.

---

al'lein [aˈlaɪn アラィン] ❶ 形《比較変化なし／付加語的には用いない》**1** ひとりきりの, ひとりぼっちの, 孤独の, 孤立した. Er ist ~ mit ihr im Zimmer. 彼

は彼女とふたりきりで部屋にいる. sich⁴ ~ fühlen 孤独を感じる, 寂しい思いがする. j⁴ ~ lassen 人⁴をひとりきりにする, 見放す. ~ stehen 独身である; 身寄りがなし, 天涯孤独である (↑allein stehend). **2** 単独の, 独力の. Das Kind kann jetzt ~ laufen. その子はもう独り歩きができる. Das hat er ~ gemacht. それは彼が独りでやったことだ. von ~ 自分から, ひとりでに. ▶ ↑allein erziehend

❷ 副 **1**《雅》ただ...だけ, もっぱら. Ich ~ bin daran schuld. その責任はもっぱら私にある. einzig und ~ もっぱら...だけ, ひとえに. nicht ~ A, sondern auch B A だけでなく B も. ▶↑allein selig machend **2**《しばしば schon と》...だけでも, ...だけですでに. eine reiche Sammlung, ~ fünf holländische Meister オランダ派だけでも 5 人の巨匠がそろっている立派なコレクション. [Schon]～ der Gedanke〈[Schon] der Gedanke ~ / Allein schon der Gedanke〉machte mich schaudern. そう考えただけでも私は身ぶるいした.

❸ 接《並列／つねに文頭で》《雅》しかし, とは言え. Die Botschaft hör ich wohl, ~ mir fehlt der Glaube. 福音(ﾌｸｲﾝ)の言葉は聞こえるが俺には信仰がない (Goethe, *Faust*).

al·lei·ne [a'laɪnə] allein ①②の別形（とくに北ドイツで）.

al'lein er·zie·hend, °al'lein·er·zie·hend 形 夫婦の片方だけで子供を養育している. eine *allein erziehende* Mutter シングルマザー.

Al'lein·er·zie·hen·de 男女《形容詞変化》シングルファーザー(マザー). ◆ *allein Erziehende* とも書く.

al'lein·gang 男 [e]s/-e **1** 独りで行くこと; 単独行動, 独断専行. im ~ 独りで, 独断で. **2**《ｽﾎﾟｰﾂ》独走, 独泳, 単独登山, (球技の)単独突破.

al'lein·herr·scher 男 -s/- 独裁者, 専制君主.

al'lein·herr·schaft 女 -/- 独裁(政治).

al·lei·nig¹ [a'laɪnɪç] 形 **1**《付加語的用法のみ》唯一の, ただ一人の, 単独の. **2**《ｽｲｽ》=allein stehend

'al·lei·nig² 形《付加語的用法のみ》全てにて一なる. der ~*e* Gott 全一の神.

Al'lein·sein 中 -s/ 孤独; 水いらず.

al'lein 'se·lig ma·chend, °al'lein·se·lig·ma·chend 形《副詞的には用いない》**1** 唯一(神の恩寵(ｵﾝﾁｮｳ)によって)至福を与える. die *allein selig machende* Kirche 唯一成聖教会(カトリック教会の自称). **2**《話》唯一正しい.

al'lein ste·hend, °al'lein·ste·hend 形 **1** 孤立した, 一つだけある. ein *allein stehendes* Haus 一軒家. **2** 独身の; 身寄りのない, 天涯孤独な.

Al'lein·ste·hen·de 男女《形容詞変化》独身者. ◆ *allein Stehende* とも書く.

Al'lel [a'le:l] 中 -s/-e《ふつう複数で》《生物》対立遺伝子, 対立因子.

Al·le·lo·pa'thie [alelopa'ti:] 女 -/-n[..'ti:ən]《生物》遠隔作用, 他感作用.

al·le·lu·ja·h¹ [ale'lu:ja] 間 =halleluja

'al·le·mal [ˈaləˈma:l] 副 **1** いつも, 毎度. Er hat ~ versagt. 彼はいつもへまばかりやっていた. Das kannst du ~ noch tun. そんなことは(今でなくてもいい)いつでもできるさ. **2**《wenn...》...するたびに. ein für ~〈alle Mal[e]〉(将来にわたって有効なことを 1 回だけ言うときに使う)もうこれっきりで, これを最後に, 断固として, きっぱり. Ich sage dir das ein für ~ ! 二度とこんなことを言わないようにしてくれ. Ich habe es ihm ein für ~ verboten. 私はそれを彼に断固として禁じておいた. **2**

必ず, きっと. Bis morgen schaffen wir das noch ~〈~ noch〉. 明日までにきっとやっておきます. Du fährst? — *Allemal*! 行くんだね―もちろんだよ.

'al·len'falls ['alənˌfals, '---] 副 **1** ひょっとしたら, 場合によっては, *Allenfalls* rufe ich dich an. こちらから電話するかもしれないが. **2** せいぜい, かろうじて. Es waren ~ 30 Leute da. せいぜい 30 人ぐらいしか来ていなかった. **3**《古》どんなことがあっても.

'al·lent'hal·ben ['alənt'halbən] 副《古》(überall) 至るところに(で).

al·ler.. [alər..]《接頭》**1** 形容詞の最上級につけて意味を強める. *aller*best 最善の. *aller*höchst 至高の. **2** 名詞・形容詞につけて「すべての」の意を表す. *Aller*heiligen《ｶﾄﾘｯｸ》諸聖人の祝日. *aller*art あらゆる種類の, さまざまな.

'al·ler'best 形 最善の, 最良の.

*'al·ler'dings** ['alər'dɪŋs アラーディングス] 副 **1**《強い肯定》もちろん, 当り前だとも. Kannst du Klavier spielen? — *Allerdings*! 君はピアノが弾けるのか―もちろんだとも. **2**《しばしば aber, doch と呼応して》確かに...ではあるが, ...であることは認めるが. Das ist ~ richtig, aber... それが正しいことは認めるが... **3**《限定的肯定》だけど, もっとも. Ich komme mit, ich muss ~ erst zur Post. 私も一緒に行くが郵便局が先だ.

'al·ler'en·den ['alər|ɛndən] 副《地方》(überall) 至るところに(で).

'al·ler'erst 形 いちばん最初の.

Al·ler'gen [alɛr'ge:n] 中 -s/-e《ふつう複数で》《医学》アレルゲン, アレルギー抗原.

Al·ler'gie [alɛr'gi:] 女 -/-n[..'gi:ən] (*gr.*)《医学》アレルギー, 過敏反応.

Al·ler·gi·ker [a'lɛrgikər] 男 -s/- アレルギー体質(過敏症)の人.

al·ler·gisch [..gɪʃ] 形 **1**《医学》アレルギー(性)の. ~ gegen Blütenstaub sein 花粉症である. **2**《比喩》病的に過敏な, 拒絶反応を起す. ~ gegen j〈et〉 sein 人〈物〉が大嫌いである, 我慢できない.

*'al·ler'hand** ['alər'hant アラーハント] 形《不変化》**1** (allerlei) さまざまな, 種々の. ~ Schwierigkeiten さまざまな困難. 副 ~ denken können 想像力(理解力)がある. 《名詞的にも》Ich habe ~ zu tun. 私はいろいろしなくてはならないことがある. **2**《話》ひどい, けしからん. Das ist wirklich ~ ! ひどいとはこのことだ.

'Al·ler'hei·li·gen [..'haɪlɪɡən] 中 -/《無冠詞／不変化》(Allerheiligenfest)《ｶﾄﾘｯｸ》諸聖人の祝日(11 月 1 日).

'Al·ler'hei·ligs·te 中《形容詞変化／複数なし》**1**《宗教》(神殿内部の)至聖所. **2**《ｶﾄﾘｯｸ》既聖ホスティア, 聖体(↑Hostie, Abendmahl). **3**《話》(サッカーなどの)ゴール.

*'al·ler'lei** ['alərˌlaɪ アラーライ] 形《不変化》あらゆる種類の, 種々さまざまな.

'Al·ler'lei 中 -s/ ごたまぜ, ごたごた. Leipzig ~《料理》(野菜の)ライプツィヒ風ごった煮.

'al·ler'letzt 形 いちばん最後の, ごく最近の.

'al·ler'liebst 形 **1** 大変かわいらしい. **2** 最愛の, いちばん好きな.

'al·ler'meist 形 いちばん多くの, 大部分の.

'al·ler'nächst 形 いちばん近い.

'al·ler'neu·est 形 いちばん新しい, 最新の.

'al·ler'or·ten [..'ɔrtən], **'al·ler'orts** [..'ɔrts] 副 (überall) 至るところに(で).

'Al·ler'see·len ['alər'ze:lən] 中 -/《無冠詞／不変

化) (Allerseelentag)〖カᵗリ〗奉教諸死者の記念日(11月2日).

'al·ler·seits ['alɐ'zaɪts] 副 **1** (その場にいる)みんなに, 全員に Gute Nacht ~! 皆さんおやすみなさい. **2** (allseits) どこでも, 誰にも. Sie war ~ beliebt. 彼女は誰にも好かれていた.

'al·ler·wärts [..'vɛrts] 副 (überall) どこへ行っても, 至るところで.

'al·ler·we·ge [..'ve:gə], **'al·ler·we·gen** [..'ve:gən] 副 《古》どこへ行っても, 至るところ; いつでも.

Al·ler·welts.. [alɐvɛlts..] 《接頭》名詞につけて「月並みな, 陳腐な, ありふれた」の意を表す.

'Al·ler·welts·ge'sicht 中 -[e]s/-er《話》どこにでもある顔. 平凡な顔.

'Al·ler·welts·kerl 男 -[e]s/-e《話》何でも器用にこなす男. 何でも屋. よろず屋.

'Al·ler·welts·wort 中 -[e]s/⸚er《話》ありきたりの(内容空疎な)言葉.

'Al·ler·we·nigst 副 いちばん少ない, ごくわずかの.

'Al·ler·wer·tes·te ['alɐrˈvɐːrtəstə] 男《形容詞変化》《戯》 (Hintern) しり. Setz dich auf deinen ~n! 腰を下ろせ; 腰を据えろ, 仕事(勉強)に専念せよ.

'al·les ↑all 2(a)

'al·le·samt ['aləˈzamt] 副 みんな一緒に.

Al·les·fres·ser 男 -s/-《動物》雑食性動物.

Al·les·kle·ber 男 -s/- 万能接着剤.

'Al·le·zeit ['aləˈtsaɪt] 副 いつでも, 常に.

'all·fäl·lig ['alfɛlɪç, -'-] ❶ 形《ホェッ·ヌェス》もしかするとある(かもしれない, 万一の. ❷ 副 ひょっとすると, 場合によっては.

'All·gäu ['algɔʏ]《地名》アルゴイ(バイエルン州南西部, アルプスに続く高地, 中心都市ケンプテン Kempten).

'All·ge·gen·wart 女 -/ つねに現存すること;《宗教》(神の)遍在, 常在.

'all·ge·gen·wär·tig 形 つねに至るところに存在する. der ~e Gott 遍在する神.

'all·ge·mach ['algəˈmaːx] 副《古》 (allmählich) だんだん, 徐々に.

****'all·ge·mein** ['algəˈmaɪn アルゲマイン] 形 **1** 世間一般の, 広い範囲にわたる; 全員の, 共通の, 公共の. das *Allgemeine* Gericht《カᵗリ》公審判(↔ das Besondere Gericht). das *~e* Wahlrecht《法制》普通選挙法. die ~ e Wehrpflicht 一般兵役義務. das *~e* Wohl 公共の福祉. ~ anerkannt sein 広く認められている. Das Museum ist ~ zugänglich. この博物館は一般に開放されている. **2** (↔ besonder, speziell) 普遍的な, 一般的な, 全般的な; 漠然とした, あたりさわりのない. eine *~e* Frage 全般的質問. ~ es Geschwätz とりとめのないおしゃべり. j⁴ mit ~ *en* Redensarten abspeisen 決まり文句のようなことを言って人⁴を体《コʰ》よく追払う. ~ gesprochen 概して(一般的に)言えば.《名詞的用法で》im *Allgemeinen*〈°*~en*〉一般的に, 概して. das *Allgemeine* und das *Besondere*《哲学》普遍と特殊.

♦ ↑allgemein bildend, allgemein gültig, allgemein verständlich

'All·ge·mein·be·fin·den 中 -s/ 一般的(全身の)健康状態.

'all·ge·mein·bil·dend, ⸰**'all·ge·mein·bil·dend** 形 一般教養(基礎教育の)の. *allgemein bildende* Schule《教育》一般教育学校 (Grundschule·Hauptschule·Gesamtschule など).

'All·ge·mein·bil·dung 女 -/ 一般教養;《教育》基礎教育.

'all·ge·mein·gül·tig, ⸰**'all·ge·mein·gül·tig** 形《比較変化なし》普遍妥当の.

'All·ge·mein·gül·tig·keit 女 -/ 普遍妥当性.

'All·ge·mein·gut 中 -[e]s/(⸚er) (Gemeingut)(文化的精神的な)共有財産, 伝統的文化遺産.

'All·ge·mein·heit 女 -/-en **1**《複数なし》一般(性), 公共(性); 一般(世間)の人々. et⁴ der ~³ zugänglich machen 物⁴を~³に公開する. **2**《複数なし》漠然としたること. **3**《複数》一般論, 決り文句.

'all·ge·mein·ver'ständ·lich, ⸰**'all·ge·mein·ver·ständ·lich** 形《比較変化なし》誰にでも理解できる, 分かりやすい, 平易な, 通俗的な.

'All·ge·mein·wohl 中 -[e]s/ 公共の福祉, 公益.

'All·ge·walt 女 -/ (神の)全能; 絶大な権力, (自然力などの)猛威.

'all·ge·wal·tig 形《比較変化なし》《雅》全能の;《話》絶大な権力をもつ. der ~*e* Chef ワンマン·ボス.

'All·heil·mit·tel 中 -s/- 万能薬.

'all'hier [al'hiːr] 副《雅》~hier

A·li'anz [ali'ants] 女 -/-en **1** (Bündnis) 同盟, 連合. eine ~ bilden〈schließen〉同盟を結ぶ. die Heilige ~《歴史》(1815 プロイセン·ロシア·オーストリアの3国間に結ばれた)神聖同盟. **2**《古》縁組, 姻戚関係.

Al·li·ga·tor [ali'gaːtɔr] 男 -s/-en [..gaˈtoːrən] (*port.*)《動物》アリゲータ.

al·li·ie·ren [ali'iːrən] 動 (*sich⁴*) (*fr.*) 同盟を結ぶ, 連合(提携)する.

Al·li'ier·te 女男《形容詞変化》同盟者(国), 連合者(国), 提携者. die ~*n*《歴史》(第1次·第2次世界大戦の)連合国.

Al·li·te·ra·ti'on [aliteratsi'oːn] 女 -/-en (*lat.*)《韻律》頭韻.

al·li·te·rie·ren [..'riːrən] 動 頭韻を踏む.

'all'jähr·lich ['alˈjɛːrlɪç] 形《述語的には用いない》毎年の.

'All·macht ['almaxt] 女 -/ (Omnipotenz) (神の)全能(の力); 絶大な権力.

'all'mäch·tig [alˈmɛçtɪç] 形《比較変化なし／副詞的には用いない》全能の, 絶大な力をもつ.《名詞的用法で》der *Allmächtige* 全能者, 神. *Allmächtiger*!(驚きの叫び)おやおや, これは大変.

'all'mäh·lich [alˈmɛːlɪç アルメーリヒ] ❶ 形 漸次の, 漸進的な. ❷ 副 徐々に, だんだんと, しだいに.

All'mend [al'mɛnt] 女 -/-en = Allmende

'All'men·de [..'mɛndə] 女 -/-n《古》(市町村などの)共有地, 入会(ǁ⁺ʳ)地.

'all'mo·nat·lich ['alˈmoːnatlɪç] 形《述語的には用いない》毎月の.

'all'näch·tlich ['alˈnɛçtlɪç] 形《述語的には用いない》毎夜の, 夜ごとの.

al·lo.., **Al·lo..** [alo..]《接頭》 (*gr.*) 名詞·形容詞などにつけて「別の, 異なった, 反対の」の意を表す. 母音の前ではall.., All..となる. *Allograph*《言語》異つづり.

al·lo·chro'ma·tisch [..kroˈmaːtɪʃ] 形《鉱物》仮色(他色)の.

al'loch·thon [alɔxˈtoːn] 形《地質》(↔ autochthon) 異地性の.

Al'lod [al'loːt] 中 -[e]s/-e《歴史》(↔ Lehn) (中世の)完全私有地, 自由地.

al·lo·gam [aloˈgaːm] 形《植物》(↔ autogam) 他殖(他花受粉)の.

Al·lo·ga·mie [..ga'miː] 囡 -/-n [..'miːən] (gr.)〖植物〗(↔ Autogamie) 他殖, 他花受粉.

Al·lo·mor'phie [..mɔr'fiː] 囡 -/〖化学〗アロモルフィズム, 同質異形.

Al'lon·ge [a'lõːʒə] 囡 -/-n (fr.)〖経済〗(小切手・手形の付箋), 補箋.

Al·lon·ge·pe·rü·cke 囡 -/-n (17-18 世紀の) 長い巻毛を垂らした男性用かつら.

Al·lo'nym [alo'nyːm] 匣 -s/-e 偽名, 仮名.

Al·lo'path [..'paːt] 男 -en/-en〖医学〗逆症療法を行なう医師.

Al·lo·pa'thie [..pa'tiː] 囡 -/〖医学〗(↔ Homöopathie) 逆症療法.

al·lo·pa'thisch [..'paːtɪʃ] 形 逆症療法の.

Al·lo'plas·tik 囡 -en〖医学〗1 《複数なし》異物形成術 (象牙やプラスチックを埋めこむ隆鼻術など). 2 (異物形成術に使用する) 異物.

al·lo·plas·tisch 形 異物形成術の(による).

Al'lo·tria [a'loːtria] 匣 -[s]/ (gr.) ばか騒ぎ, 乱暴, ろうぜき. ~ treiben ⟨anstellen⟩ ばか騒ぎ (悪ふざけ)をする.

al·lo'trop [alo'troːp] 形〖化学〗同素体の.

Al·lo·tro'pie [..troˈpiː] 囡 -/〖化学〗(Allomorphie) 同素体, 同質異形.

all'ot'ta·va [alɔˈtaːva] (it., in der Oktave')〖略 8va〗〖音楽〗1 オクターブ高く(低く).

All'rad·an·trieb 男 -[e]s/-e 四輪駆動.

all'right [oːl'rait] 間 (engl.) All right! よろしい, オーライ.

All'round·man [ɔːl'raʊntmɛn] 男 -s/-men [..mɛn] (engl.) なんでもできる人, 多能多芸の人.

All'round·spie·ler 男 -s/- オールラウンドプレーヤ

'**all·sei·tig** [ˈalzaɪtɪç] 形 (↔ einseitig) あらゆる面にわたる, 全面的な; 多面的な, 多岐にわたる, 広範な, 大方の.

'**all·seits** [ˈalzaɪts] 副 あらゆる面(方向)から(へ, で), 至るところで.

'**All·strom·ge·rät** 匣 -[e]s/-e 交直両用の電気器具.

* '**All·tag** [ˈaltaːk アルターク] 男 -[e]s/-e 1 平日, ウィークデー. 2 《複数なし》普段, 日常, 単調な毎日. dem ~ entfliehen 平凡な日常生活から逃れる.

* '**all·täg·lich** [ˈaltɛːklɪç, '---, '-'-- アルテークリヒ] 形 《述語的には用いない》1 ['---] 平日の. ~e Kleidung 普段着, 平服. 2 ['---] 日常の; 退屈な, 平凡な. 《名詞的用法で》etwas Alltägliches 日常茶飯事. 3 ['---, '-'--] 毎日の.

'**all·tags** 副 平日に, 普段は.

'**All·tags·le·ben** 匣 -s/ 日常生活.

'**All·tags·mensch** 男 -en/-en 凡人.

'**all·über·all** [ˈalyːbəɐ̯'al] 副 (雅) 至るところで(に).

'**all·um'fas·send** 《比較変化なし》(雅) すべてを包括する.

all'un·ghe're·se [alʊŋge'reːzə] (it., nach ungarischer Art')〖音楽〗ハンガリー風に.

all'un·i'so·no [al'uːni:zono] (it.)〖音楽〗ユニゾンで.

Al'lü·re [a'lyːrə] 囡 -/-n (fr.) 1 (馬の)足並み. 2 《複数で》(多く侮蔑的に)(型破りな)振舞い, 態度.

al·lu·vi'al [aluvi'aːl]〖地質〗1 沖積世の, 完新世の. 2 沖積した.

Al·lu·vi'on [aluvi'oːn] 囡 -/-en (多く複数で)〖地質〗沖積層, 沖積地.

Al'lu·vi·um [a'luːviʊm] 匣 -s/ (lat.)〖地質〗1《古》沖積世, 完新世. 2 沖積層.

'**All'va·ter** [ˈalfaːtɐ] 男 《多く無冠詞で》1〖キリ教〗(父なる)神. 2〖神話〗(多神教の)最高神, すべての神々の父.

'**all'wis·send** [alˈvɪsənt] 形 すべてを知っている, 全知の. ~e Gott 全知の神. ~er Erzähler〖文学〗全知の語り手(全知・全能の神のような視点から物語を展開する語り手). 《名詞的用法で》der Allwissende 全知者, 神.

'**All'wis·sen·heit** 囡 -/ 全知(神の属性).

'**all'wö·chent·lich** [ˈalvœçəntlɪç] 形 《比較変化なし》毎週の.

Al'lyl·al·ko·hol [aˈlyːl..] 男 -s/ アリルアルコール.

Al'lyl·grup·pe 囡 -/-n〖化学〗アリル基.

'**all'zeit** [ˈaltsaɪt] 副 =allezeit

'**all'zu** [ˈaltsu: アルツー] 副 あまりにも, 非常に, きわめて.

'**all'zu'mal** [altsuːmaːl] 副 (古) 1 みんな一緒に, すべてみな. Wir sind ~ Sünder.《新約》私たちはみな罪人 (ざいにん) である (ロマ 3:23). 2《まれ》つねに; 総じて.

'**all'zu 'sehr**, °**all'zu'sehr** 副 あまりにも, ひどく.

'**all'zu 'viel**, °**all'zu'viel** 副 あまりにも多く. Allzu viel ist ungesund.《諺》腹は八分目, 過ぎたるは及ばざるがごとし.

'**All·zweck·hal·le** 囡 -/-n 多目的ホール.

Alm [alm] 囡 -/-en 高原の牧草地 (↑Alp[1], Alb[1]).

'**Al·ma 'Ma·ter** [ˈalma ˈmaːtɐ] 囡 -/- (lat., nährende Mutter')《雅》母校, 出身大学; (一般に) 大学.

'**Al·ma·nach** [ˈalmanax] 男 -s/-e (lat.) 1《古》(天文・祝日などを記載した)歳時暦. 2 (暦と挿絵入り読物とを合せた)年鑑. 3 (出版社の)年刊カタログ.

'**Al·men·rausch** [ˈalmənraʊʃ] 男 -[e]s/ 〖高山南独〗(Alpenrose)〖植物〗しゃくなげの一種.

'**Al·mo·sen** [ˈalmoːzən] 匣 -s/- 1 (貧者への)施し, 施物 (せもつ), 喜捨. 2 わずかな報酬, 涙金 (なみだきん). für ein ~ arbeiten müssen はした金のために働かねばならない.

Al·mo·se'nier [almozɛ'niːr] 男 -s/-e 〖カト〗施物管理司祭. 2 (フランスの)従軍司祭.

'**Alm·rausch** 男 -[e]s/=Almenrausch

Aloe [aˈloːə] 囡 -/-n 1〖植物〗アロエ. 2《複数なし》〖医学〗アロエの液汁.

Alo·pe'zie [alope'tsiː] 囡 -/-n [..'tsiːən]〖医学〗脱毛症, 禿頭 (とくとう) 病.

Alp[1] [alp] 囡 -/-en 高原の牧草地 (↑Alb[1], Alm).

Alp[2] 男 -[e]s/-e =Alb[2]

Al'pac·ca [al'paka] 匣 -s/=Alpaka[1]

Al'pa·ka[1] [al'paka] ❶ 匣 -s/-s 1〖動物〗アルパカ. 2《複数なし》アルパカの毛. ❷ 男 -s/〖紡織〗アルパカの毛織物.

Al'pa·ka[2] 男 -s/〖商標〗(Neusilber) 洋銀.

al 'pa·ri [al 'paːri] (it., zu gleichem [Wert]')〖株式〗額面価額で;〖通貨〗平価で.

'**Alp·druck** 男 -[e]s/=e =Albdruck

'**Alp·drü·cken** 匣 -s/ =Albdrücken

'**Al·pe** [ˈalpə] 囡 -/-n =Alp[1]

'**Al·pen** [ˈalpən] 複 (↑Alp[1])〖地名〗die ~ アルプス(山脈).

'**Al·pen·bock** 男 -[e]s/=e〖虫〗(アルプス高地にいる)かみきりの一種 (↑Bockkäfer).

'**Al·pen·doh·le** 囡 -/-n〖鳥〗きばしがらす.

'**Al·pen·glü·hen** 匣 -s/ アルプスの夕焼け.

'**Al·pen·ro·se** 囡 -/-n〖植物〗=Almenrausch

'Al·pen·sa·la·man·der 男 -s/- 【動物】アルプスさんしょううお.
'Al·pen·schnee·huhn 中 -[e]s/-er 雷鳥.
'Al·pen·veil·chen 中 -s/- 【植物】(Zyklamen) シクラメン.
'Al·pha ['alfa] 中 -[s]/-s アルファ(ギリシア語アルファベットの第1文字 A, α). das ～ und das Omega einer Sache 事柄の初めと終り, 本質(↑a¹, A¹).

*Al·pha·bet [alfa'be:t アルファベート] (gr.) ❶ 中 -[e]s/-e アルファベット. et⁴ nach dem ～ ordnen 物⁴をアルファベット順に整理する(並べる). musikalisches ～ 【音楽】7個の基本音階を示す記号, ド・レ・ミ・ファ・ソ・ラ・シ. ❷ 男 -en/-en 読み書きのできる人.

al·pha·be·tisch [..'be:tɪʃ] アルファベット(順)の, ABC 順の. in ～er Reihenfolge アルファベット順に.
al·pha·be·ti·sie·ren [alfabeti'zi:rən] 他 1 (物⁴を)アルファベット順に整理する(並べる). 2 (人⁴に)読み書きを教える.
al·pha·nu·me·risch [..nu'me:rɪʃ] 形【コンピュ】文字数字記号方式の, 文字数字命令の.
'Al·pha·strah·len 複 【記号 α-Strahlen】【核物理】アルファ線.
'Al·pha·teil·chen 中 -s/- 【記号 α-Teilchen】【核物理】(Heliumkern) アルファ粒子.
'Alp·horn ['alp..] 中 -[e]s/-̈er アルペンホルン.
al·pin [al'pi:n] 形 1 アルプスの, 高山(性)の. ～es Klima アルプスの(高山性の)気候. 2 (アルプス)スキーの. ～e Kombination アルペン複合競技. 3 (アルプス)登山の. ～e Ausrüstung 登山用品.
Al·pi·nen 複 Alpinum の複数.
Al·pi·nis·mus [alpi'nɪsmʊs] 男 -/ (Alpinistik) アルプス(高山)登山, アルピニズム.
Al·pi'nist [..'nɪst] 男 -en/-en アルピニスト, (アルプス)登山家.
Al·pi·nis·tik [..'nɪstɪk] 女 -/ = Alpinismus
Al·pi·num [al'pi:nʊm] 中 -s/..nen 高山植物園;(高山植物を植えた)岩石庭園.
'Älp·ler ['ɛlplɐ] 男 -s/- アルプスの住民;高地住民.
'Alp·traum ['alptraʊm] 男 -[e]s/-̈e =Albtraum
Al·raun [al'raʊn] 男 -[e]s/-e, Al·rau·ne [..'raʊnə] 女 -/-n 1 【植物】(Mandragora) マンドラゴラ;マンドラゴラの根(人体に似た形をしていて富・幸福・愛の密薬とされた). 2 アルラウネ(小妖精).

als [als アルス] 接【従属／定動詞後置】1【副文を導いて過去の一回限りの同時性を表す】…したとき. Es fing an zu regnen, ～ wir ankamen. 私たちが到着したとき雨が降り出した. Als ich krank war, hatte ich viel Zeit zum Lesen. 病気だったころは本を読む時間がたっぷりあった. 【関係副詞的に】damals, ～ ich noch ein Kind war 私がまだ子供だったころ. ▶ とくに副詞 gerade, kaum などを含む主文が先行すると, 主・副文の関係が意味的に逆になることがある. Ich war gerade beim Kochen, ～ das Telefon klingelte. 私がちょうど料理をしていたときに電話が鳴った. Ich war kaum zu Hause, ～ er kam. 私が家に着くやいなや彼が来た. ▶ 歴史的現在とよばれる文体では現在形とともに用いられることもあるが, 意味的には過去の出来事である.

2【同一・同等を表す】…として, …と見なして. 《同格の名詞と》Als Fachmann wusste er genau, dass... 専門家として彼は…をよく承知していた. seine Meinung ～ Fachmann 専門家としての彼の意見. Er kam ～ Erster ins Ziel. 彼は1着でゴールインした. Als Kind habe ich in München gewohnt. 子供のころ私はミュンヒェンに住んでいた. Ich rate dir – meinem Freund. 私は友人である君に忠告する(ただし Ich rate dir – dein Freund. 私は友人として君に忠告する). 《solcher と》Der Krug ～ solcher ist sehr schön, aber nicht praktisch. 水差し自体はたいへん美しいが実用性はない. 【形容詞と】Seine Aussage hat sich⁴ – falsch erwiesen. 彼の発言は誤りであることが明らかになった.

3 《als da sind〈ist〉の形で具体例をあげる》たとえば, …のような, すなわち. viele Ausländer, ～ da [sind]: Franzosen, Engländer, Italiener usw. 多くの外国人, たとえばフランス人, イギリス人, イタリア人など.

4 《so＋原級＋als…の形で》…と同じくらいに, …と同じように. so bald ～ möglich できるだけ早く. Ich komme so schnell, ～ ich kann. 私はできるだけ急いで参ります. Sie ist doppelt so reich ～ er. 彼女は彼の倍も金持だ. ▶ 今日では als よりも wie を用いることの方が多い. 古くは als wie という形も用いられた. Ich [ich] bin so klug ～ wie zuvor. そのくせ以前より少しも賢くなっていない (Goethe, *Faust*).

5 《sowohl ～ als [auch]…の形で》…だけでなく…も, …も…も. sowohl die Kinder ～ auch ihre Eltern 子供たちもその両親も. Ich habe euch sowohl geschrieben ～ auch angerufen. 私は君たちに手紙を書いただけでなく電話もしている. nicht sowohl… [vielmehr]… …というよりむしろ… Er ist nicht sowohl begabt ～ klug. 彼は才能があるというよりはむしろ利口なのだ.

6 《比較級とともに》(a) …よりも. Sie ist größer ～ er. 彼女は彼よりも背が高い. Er ist älter, ～ er aussieht. 彼は見かけよりも年をとっている. Es ging viel schneller, ～ wir dachten. 事態は私たちが考えたよりもずっと急速に進展した. Er geht nicht eher zur Ruhe, ～ bis die Arbeit geschafft ist. 彼は仕事が片づくまでは寝ない. Das ist besser ～ nichts. これでもないよりはましだ. Das Haus ist mehr zweckmäßig ～ schön. この家はあまり美しくはないが住むには便利だ. Ich bin mehr ～ glücklich. 私は幸福どころではない, 幸福でいっぱいだ. 《wie を伴って ↑4》in einem eleganteres Haus, ～ wie man es hier in der Gegend hat. この地方にはないような瀟洒(しゃれ)な家. (b)《umso〈desto〉＋比較級, als…の形で》…であるだけに一層, …であるのでなおさら. Ich freute mich über seinen Erfolg umso mehr, ～ ich weiß, dass… 私は…を知っていただけに彼の成功がひとしおうれしかった.

7 《ander, anders の後で》…とは別の, …とは違って, …以外の. Sie sind heute ganz anders ～ sonst. 今日のあなたはいつもと全く違います. 《否定詞と》Er hat nichts [anderes] ～ leere Redensarten. 彼は空疎な決まり文句しか言えない男だ. Es hat niemand [anderer/anders] ～ er gehört. 彼以外の誰もそれを聞かなかった, それを聞いたのは彼だけであった.

8 《insofern〈insoweit〉, als の形で》…である限りにおいて, …という点で, …であるので. Seine Meinung ist mir insofern interessant, ～ sie neue Erkenntnisse bietet. 彼の意見は新しい認識を提供しているので私には興味深い.

9 《als ob〈wenn〉…の形で》(あたかも)…であるかのように. 《接続法 I または II と》Sie spricht fließend Deutsch, ～ ob sie Deutsche wäre. 彼女はドイツ人であるかのようにドイツ語を自在にあやつる(ob, wenn を省

Altazimut

略すると als の直後に定動詞が置かれる. Sie spricht fließend Deutsch, ~ wäre sie Deutsche).《感嘆文で》*Als* wäre das ein Unrecht! まるでそれこそみたいじゃないか(それは正しいことなのだ).《直説法と》Es sieht aus, ~ regnet es bald. どうやらひと雨ありそうな空模様だ.
10《*zu*＋形容詞(副詞), **als dass**...の形で》あまりに…なので、…できない、…であるには…でありすぎる. Er ist zu alt, ~ dass er ins Ausland gehen könnte. 彼は外国へ行くには年をとりすぎている. ▶副文の定動詞には接続法 II を用いるのが普通であるが、主文が現在形であれば直説法を用いることもある.

als²〔als〕**1** (immerhort) いつまでも、Er hat ~ weitergeredet. 彼はいつまでも話していた. **2** (manchmal) ときおり. Ich habe sie ~ dort gesehen. 私は何度かそこで彼女を見かけた.

als'bald [als'balt] **❶**〔副〕(sofort, sogleich) すぐに、直ちに. **❷**〔接〕《従属／定動詞後置》《古》(sobald) するやいなや.

als'bal·dig [als'baldıç]〔形〕《古》(即座(即刻)の).

als'dann [als'dan]〔副〕**1**《古》(dann) それから、その後、続いて. **2**《南ドイツ・オーストリア》(also, nun) それじゃ、では. *Alsdann* auf Wiedersehen! じゃまたね.

'Al·se ['alzə]〔女〕-/-n (Maifisch)〔魚〕かわにしん.

al 'sec·co [al 'zɛko] (*it*.)〔美術〕(→ al fresco) ~ malen セッコで描く(フレスコ画と異なって白壁が乾いてから描くこと. a secco とも).

al 'se·gno [al 'zɛnjo] (*it*., bis zum Zeichen ')〔音楽〕アル・セーニョ(記号・§ のところまでもう一度演奏せよ).

'al·so ['alzo アルゾ]〔副〕《接続詞的な性格をもち、文頭にも文中にも置かれる》**1** それゆえ、だから、したがって、そういうわけで. Ich denke, ~ bin ich. われ考える、ゆえにわれ在り(デカルト Descartes 哲学の根本命題 cogito ergo sum のドイツ語訳). Ich bin schon fünfzig Jahre alt, gehöre ~ zur Generation Ihrer Eltern. 私はもう50歳で、いってあなたのご両親と同世代のひとりですよ.
2 それでは、すると、してみると. *Also*, gute Nacht! ではおやすみ. Du fährst ~ mit? きみも一緒に乗って行くんだね. *Also* doch! そら見ろ、やっぱり言ったとおりじゃないか. Sie ist ~ doch gekommen. 彼女はやっぱり来たね. *Also* gut! じゃよし、そうしておこう. *Also* los! さあ始めよう、では行こうぜ. Na ~! だから言ったじゃないか、分かったかね.《決意・返答を促して》Was willst du haben? *Also*? 君は何がほしいんだ、ええ. *Also*, wenn du dich verspätest! いいか、遅刻なんかするんじゃないぞ.
3 すなわち、つまり. Laufvögel, ~ Strauße, Kasuare, Emus などが挙げられる. 走禽(そうきん)類、つまり、だちょう、ひくいどり、エミューなどは飛ぶことができない.
4《古》(so) このように. „*Also* sprach Zarathustra"『ツァラトゥストラはこう語った』(Nietzsche の主著).

al·so'bald [alzo'balt]〔副〕《古》=alsbald

al·so'gleich [alzo'glaıç]〔副〕《古》=sogleich

'Als·ter ['alstɐ]〔女〕-/〔地名〕die ~ アルスター川(ドイツ北部、エルベ川下流域の支流).

---

alt [alt アルト] älter, ältest〔形〕**1** ...歳の、《年齢を示す名詞の4格と》Wie ~ ist er? 彼は何歳ですか. Er ist 18 Jahre ~. 彼は 18歳です. ein

drei Wochen ~er Säugling 生後3週間の乳児.《年齢を比較して》der *ältere* Brunder 兄. die *älteste* Tochter 長女. Er ist ebenso ~ wie mein Onkel. 彼は私の叔父と同い年だ. Paul ist um zwei Jahre *älter* als Fritz. パウルはフリッツより2歳年長である. Karl ist der *älteste* meiner Freunde. カールは私の友人たちのなかで最年長だ.
2 (↔ jung) 年取った、老いた. ein ~er Herr 老紳士. ein *älterer* Herr 中年の紳士. *Alter* Herr《話》親父(クラブなどの)先輩、OB. der ~ e Schmidt《話》父のシュミット氏(=Herr Schmidt senior). *Alt und Jung*〈~ und jung〉／ *Alte* und Junge 老いも若きも. ~ aussehen《話》(スポーツなどで)相手に遅れをとる、おいてきぼりをくう. nicht ~ werden《話》長居しない、長続きしない. ~ und grau werden《話》ひどく待たされる.
3 古い、古くなった; 使い古しの、時代後れの. ein ~es Haus 古家. ~e Schuhe 古靴. ein ~er Witz 言い古された(陳腐な)しゃれ. aus *Alt* Neu〈~aus ~ neu〉 machen 古い衣服などを仕立て直す、リフレッシュする. zum ~en Eisen gehören《話》古くなって(年をとって)使いものにならない、お払い箱である. Ich habe das Auto ~ gekauft. 私はこの車を中古で買った. Immer das ~e Lied! 相も変らぬ決り文句だ.
4 昔からある、年来の、年経た; 老練な. ein ~er Bekannter 年来の知己(き). eine ~e Gewohnheit 昔からの習慣. ein ~er Hase 古老、ベテラン. ~er Wein 年代もののワイン. in ~er Weise 昔ながらに、十年一日のように、変りばえもなく. Alles geht seinen ~en Gang. 万事いつもの調子だ.
5 古代の; 過去の、以前の. *Alte* Geschichte 古代史. die ~en Sprachen《ギリシア語・ラテン語などの》古典語. das *Alte* Testament 旧約聖書. die *Alte Welt* 旧世界、ヨーロッパ(新世界アメリカに対して). das ~e Jahr 旧年(新年に対する). in ~er Zeit／in ~en Zeiten 以前に、昔に. von ~en Zeiten 昔から.《名詞的用法で》et¹ beim *Alten*〈~ ~en〉 lassen 昔(もと)のままにしておく. Es bleibt alles beim *Alten*〈~ ~en〉. すべては昔のままである、旧態依然である. Sie ist ganz die *Alte*〈~ ~e〉. 彼女は昔とちっとも変っていない.
6 (a)《親しみをこめて》親愛な. Na, ~er Junge, wie geht's? よう君、元気かい. (b)《侮蔑をこめて》くそいまいまし. Du ~e Hexe! このくそばばあめ!

Alt〔男〕-s/(-e)〔音楽〕アルト; アルト歌手; アルトのパート.

Alt.. [alt..]〔接頭〕主として公職名を示す名詞の前につけて《存命中の元…》の意味を表す. *Alt*bundeskanzler〔男〕元連邦首相. ▶ スイスでは1語に書かない. *alt* Bundesrat 元連邦閣僚.

Al'tan [al'ta:n]〔男〕-[e]s/-e (*lat*.)〔建築〕(柱で支えられた)バルコニー、露台.

Al'tar [al'ta:r]〔男〕-[e]s/..täre [..'tɛ:rə] (*lat*.) **1**（神殿・寺院の）供物(もつ)台;〔キリスト教〕祭壇(ミサ聖祭を捧げる台). *sein* Leben auf dem ~ des Vaterlandes opfern 自らの生命を祖国の祭壇にささげる、祖国のために戦死する. j³ zum ~ führen《雅》人⁴(女性)と結婚する. **2** der ~〔天文〕祭壇座.

Al'tar·bild〔中〕-[e]s/-er 祭壇画.

Al'tar[s]·sa·kra·ment〔中〕-[e]s/〔キリスト教〕聖体の秘跡.

Alt·azi'mut [altatsi'mu:t]〔中〕(〔男〕)-s/-e〔天文〕経

緯儀(水平角および高度を測定する光学器具).

'alt·ba·cken 形 **1** (パン・ケーキなどが)焼いてから時間の経っている, 新鮮でない. **2** 古くさい, 陳腐な.

'Alt·bau 男 -[e]s/-ten (↔ Neubau) 古い建物; 旧館.

'alt·be·kannt ['altbə'kant] 形 《比較変化なし / 副詞的には用いない》古くから知られた, 旧知の.

'alt·be·währt ['altbə'vε:rt] 形 《比較変化なし / 副詞的には用いない》古くから定評のある, 折紙つきの.

'Alt·bier 申 -s/-e 《醸造》アルトビール(苦くて風味のある表面発酵のビール).

'alt·christ·lich 形 (frühchristlich) 初期キリスト教の.

'alt·deutsch 形 《比較変化なし》古いドイツ(語)の, 古ドイツ風の. ~er Stil 古ドイツ様式(とくに15-16世紀の様式をさす).

'Alt·dor·fer ['altdɔrfər] 《人名》Albrecht ~ アルブレヒト・アルトドルファー(1480 ca-1538, ドーナウ派 Donauschule を代表する画家・建築家).

'Al·te ['altə アルテ] 形容詞変化 ❶ 男 女 **1** 《男性形》年取った男, (男の)老人, おじいさん; 上役, 親方, ボス; 《諺》去年のワイン. **2** 《女性形》老女, おばあさん; (女の)上役; (動物の)母親; (Muttergarbe) 畑に取り残された穀物の束. **3** 《複数形》老人たち; 両親; 先祖; 昔の人々, 古代人. ~ und Junge 老いも若きも. Wie die Alten sungen (=sangen), so zwitschern die Jungen. 《諺》子は親の鏡(親が悪いと子はさえずる). **4** mein Alter 《話》うちの亭主; おやじ. meine Alte 《話》うちの女房; おふくろ.
❷ 古いこと(もの), 旧態, (新に対する)旧.

'alt·ein·ge·ses·sen ['alt'|aingəzεsən] 形 古くから住んでいる, 土着の.

'Alt·ei·sen 中 -s/ 古鉄, くず鉄.

'Al·ten·heim 中 -[e]s/-e 老人ホーム.

'Al·ten·hil·fe 女 -/ 《法制》老齢扶助.

'Al·ten·pfle·ge 女 -/ 老人介護.

'Al·ten·pfle·ger 男 -s/- 老人介護士.

'Al·ten·ta·ges·stät·te 女 -/-n 老齢者用デイケア施設.

'Al·ten·teil 中 -[e]s/-e 引退農民の扶養料, 隠居分 (農民が生前に農地を相続人に譲渡し, その代りに相続人から自分の一生の間受けることのできる定期金・現物などの給付または権利の総称). sich⁴ aufs⟨ins⟩ ~ zurückziehen 隠居する.

'Al·ten·wohn·heim 中 -[e]s/-e 老齢者用住居施設, ケアハウス.

*'**Al·ter** ['altər アルター] ❶ 中 -s/(-) **1** 年齢, 年数; 年代, 年齢層. das beste ~ 働き盛り. Das Kind ist für sein ~ groß. この子は年の割には背が高い. Seine Frau ist im kritischen ~. 彼の妻は更年期に. im zarten ~ von drei Jahren 3 歳というとけない年齢で. mit zunehmendem ~ 年を取るにつれて. das ~ einer Handschrift feststellen ある写本の書かれた年代を確定する. Man sieht ihm sein ~ nicht an. 彼はそんな年には見えない, 年より若く見える. **2** (↔ Jugend) 老年, 高齢; 老人. ein biblisches ~ 非常な高齢. 60 ist noch kein ~. 60 歳はまだ老年とは言えない. ~ schützt vor Torheit nicht. 《諺》馬鹿は死ななきゃ治らない, 頭はげても浮気はやまぬ. **3** 《古》時代, 時期, エポック. das goldne ~ 黄金時代.
❷ 《形容詞変化》↑ Alte ❶

'äl·ter ['εltər] alt の比較級.

'Al·te·rans ['alterans] 中 -/..ranzien [alte'ran-

tsiən] 《医学》(変調療法に用いる)変質剤.

Al·te·ra·ti·on [alteratsi'o:n] 女 -/-en (fr.) **1** (心の)動揺, 興奮, 激昂, ろうばい. **2** 《医学》病的変化, 容態の変化; 変調, 変質. **3** 《音楽》(和音の)半音階の変化.

al·te·ra·tiv [altera'ti:f] 《医学》破壊性炎症の. ~e Entzündung 変質炎.

'Äl·te·re 形容詞変化 **1** 年上の人, 年長者; 年配(中年)の人. **2** 《人名のあとにつけて / 略 d.Ä.》大…,父…, …シニア. Hans Holbein der ~ 父ハンス・ホルバイン.

'Al·ter 'E·go ['altər 'ε:go, -'εgo] 中 -/ (lat., das andere Ich) **1** 《心理》第2の自我, 他我, もう一人の自分. **2** 《話》親友, 腹心.

al·te·rie·ren [alte'ri:rən] ❶ 《古》興奮(激昂)させる. **2** 変える, 変更する;《音楽》半音上げる(下げる). alterierte Akkorde 《音楽》変化和音. ❷ ⟨sich⟩ 《古》《地方》興奮(激昂)する.

'al·tern ['altərn] ❶ 自 (s) **1** 老いこむ, 老化する. Sie ist weit über ihre Jahre gealtert. 彼女は年よりもずっと老けこんだ. **2** (金属・布などが)経年変化する, 老化(老朽)する, (酒が)熟成する. ❷ 他 **1** 古くする, 老けさせる. **2** (金属などを)老化(老朽)させる, (酒を)熟成させる, ねかせる.

Al·ter'nanz [altεr'nants] 女 -/-en (lat.) **1** 《古》交替. **2** 《植物》(果樹の)隔年結実. **3** =Alternation 3

Al·ter'nat [..'na:t] 中 -[e]s/ 《政治》交互署名, アルテルナート(A・B 2 国間の条約で原本を 2 通作成し, 1通は A 国の代表が先に署名し, もう1通は B 国の代表が先に署名すること).

Al·ter·na·ti·on [..natsi'o:n] 女 -/-en (fr.) **1** 交替. **2** 《韻律》1音節の強音節と弱音節との交替. **3** 《言語》(音素・形態素の)交替, 音交替(例 Feld - Gefilde).

*al·ter·na'tiv [alterna'ti:f アルテルナティーフ] 形 《比較変化なし》**1** 二者択一の, あれかこれかの; 《論理》選言肢の, 選言的な. Alternativfrage 《文法》選択疑問文. **2** 代りの, 代替の; 別の, 反対の. ~e Lösung もう1つの解決策, 代案.

Al·ter·na'tiv·be·we·gung 女 -/-en アルテルナティーフ運動(自然破壊・環境汚染・人間疎外などに反対して自然に密着した, より人間的な生活を実現しようとする, 1970年代半ば以来の反体制的政治運動).

Al·ter·na'ti·ve [..'ti:və] 女 -/-n **1** 二者択一, あれかこれかの選択. vor einer ~ stehen あれかこれかの選択を迫られている. **2** 別の可能性, 代案, 対案.

Al·ter·na'tiv·en·er·gie 女 -/-n (石油や原子力に代る)代替エネルギー.

Al·ter·na'tiv·me·di·zin 女 -/-en (近代医学によらない)自然療法.

al·ter'nie·ren [altεr'ni:rən] 自 (2 つの事象・状態が)交替する, 交互に起る. 《現在分詞》alternierende Besetzung 《演劇》ダブルキャスト. alternierender Strom 《電子工》交流. alternierende Verse 《韻律》強・弱音節が規則正しく交替する詩句.

'Al·terns·for·schung 女 -/ 老人学, 老人医学.

'al·ters ['altərs] 副 《次の成句で》von ~ her / seit ~ [her] 昔から, 以前から. vor ⟨古⟩ ~ 昔, かつて.

'al·ters·be·dingt 形 《副詞的には用いない》(病気などが)年齢(高齢)から来ている, (それぞれの)年齢に特有の.

'Al·ters·blöd·sinn 男 -[e]s/ 《医学》老年精神病,

老人性痴呆, 老人性ぼけ.
'**Al·ters·brand** 男 -[e]s/ 【医学】老年壊疽(ネェェ).
'**Al·ters·fleck** 男 -[e]s/-e 《ふつう複数で》老年性しみ.
'**Al·ters·ge·nos·se** 男 -n/-n 同年配の人.
'**Al·ters·gren·ze** 女 -/(-n) 1 年齢制限. 2 定年.
'**Al·ters·grup·pe** 女 -/-n 同年齢(同期)の仲間.
'**Al·ters·heil·kun·de** 女 -/ (Geriatrie) 老人医学.
'**Al·ters·heim** 中 -[e]s/-e 老人ホーム.
'**Al·ters·jahr** 中 -[e]s/-e (Lebensjahr) 年齢.
'**Al·ters·klas·se** 女 -/-n 1 =Altersgruppe 2 【林業】同樹齢の樹木, 樹齢別の森林面積.
'**Al·ters·kleid** 中 《総称的に》【猟師】(↔ Jugendkleid) 成鳥の羽(羽毛).
'**Al·ters·prä·si·dent** 男 -en/-en 【法制】最年長議長(新議長が選出されるまで議長を勤める最年長議員), (一般の団体でその長が正式に決まるまでの)最年長会長.
'**Al·ters·ren·te** 女 -/-n, '**Al·ters·ru·he·geld** 中 -es/ 【法制】老齢年金.
'**al·ters·schwach** 形《比較変化なし/副詞的には用いない》1 老衰した, 老いぼれた, よぼよぼの. 2 老朽化した, 使い古された, がたのきた.
'**Al·ters·schwä·che** 女 -/ 【医学】老衰.
'**Al·ters·sich·tig·keit** 女 -/ 【医学】老眼.
'**Al·ters·stu·fe** 女 -/-n 年齢層.
'**Al·ters·teil·zeit** 女 -/ (定年前の就労者の)短縮勤務時間.
'**Al·ters·ver·sor·gung** 女 -/-en 【法制】老齢援護(制度).
*'**Al·ter·tum** ['altɐtuːm アルタートゥーム] 中 -s/..tümer 《単数で》古代; (Antike) 古代ギリシア・ローマ時代. das klassische ~ 古典古代(紀元前800ごろから紀元4-5世紀までのギリシア・ローマ文化をさす呼称). 2《複数で》古代の美術品, 古代の遺物.
'**al·ter·tü·meln** ['altɐtyːməln] 自 (archaisieren) 古代のスタイル(古風)を真似る. eine altertümelnde Ausdrucksweise 擬古的な表現法.
'**Al·ter·tü·mer** [..tyːmɐr] Altertum の複数.
*'**al·ter·tüm·lich** ['altɐtyːmlɪç アルタートューム リヒ] 形 (archaisch) 古代の, 古風な, 昔流儀の, 古めかしい.
'**Al·ter·tums·for·scher** 男 -s/- 考古学者.
'**Al·te·rung** 女 -/ 1 年を取る(老ける)こと, 老化. 2 老衰, 高齢化. 3 (金属・機械などの)経年変化(変質), 老朽化, 疲労. 3 エージング, (酒などの)熟成.
'**äl·test** ['ɛltəst] 形 alt の最上級.
'**Äl·tes·te** 女 《形容詞変化》1 最年長者; 男, 長女, 長兄, 長姉. 2 (町村・教区などの)長老.
'**Äl·tes·ten·rat** 男 -[e]s/¨e 1《複数なし》【法制】(連邦議会の)議院運営委員会. 2 (未開社会の)長老会議.
'**Äl·tes·ten·recht** 中 -[e]s/-e 【法制】(↔ Jüngstenrecht) 最年長者(長子)相続権.
'**alt·frän·kisch** 形 古風な, 時代おくれの.
'**Alt·ge·dient** ['altɡəˈdiːnt] 形 永年勤続の, 古参の.
'**Alt·gei·ge** 女 -/-n (↓ Alt)【楽器】(Bratsche) ビオラ.
'**alt·ge·wohnt** ['altɡəˈvoːnt] 形《比較変化なし/副詞的には用いない》永年慣れ親しんだ, おなじみの.
'**Alt·glas** 中 -es/ 空きびん, 古ガラス.
'**Alt·glas·be·häl·ter**, '**Alt·glas·con·tai·ner** [..kɔntɛnɐr] 男 -s/- 空きびん回収ボックス.
'**Alt·gold** 中 -[e]s 1 (すでに1度加工された)古金. 2 古金色(黄土色から薄緑がかった茶色までの色を言う).

'**alt·gol·den** 形 古金色の.
'**Alt·grad** 男 -[e]s/-《記号 °》【数学】度.
Al'thee [alˈteːə] 女 -/-n 1 【植物】(Eibisch) たちあおい, アルテア. 2《複数なし》アルテア根から作った鎮咳(ᠿᠨ)薬.
alt'her·ge·bracht ['althɛːɐɡəbraxt] 形《比較変化なし》古くから伝えられてきた, 昔ながらの, 伝統的な.
Alt'her·ren·mann·schaft [althɛrən..] 女 -/-en (ﾋｰﾉ)(もはや公式戦には出ない32歳以上の)OBチーム.
alt'hoch·deutsch 形《略 ahd.》古高ドイツ語の; 古高ドイツ語時代の. ~e Sprache 古高ドイツ語(810頃から1100頃までの高地ドイツ語). ◆↑deutsch
'**Alt·holz** 中 -es/¨er 伐採期に達した森林樹.
Al·ti'graph [altiˈɡraːf] 中 -en/-en【気象】自記高度計.
Al·ti'me·ter [..ˈmeːtɐr] 中 -s/-【気象】高度計.
Al'tist [alˈtɪst] 男 -en/-en (少年の)アルト歌手.
Al'tis·tin [alˈtɪstɪn] 女 -/-nen (女性の)アルト歌手.
'**Alt·jahrs·abend** ['altjaːrs.., -ˈ---] 男 -s/-e (地方)(Silvesterabend) 大みそかの晩.
alt'jüng·fer·lich [altˈjʏŋfɐrlɪç] 形 オールドミス風の, ひねこびた, 小うるさい, (服装が)やぼったい.
Alt·ka·tho'lik ['altkatoˈliːk] 男 -en/-en (ﾂｮｲ)アルト・カトリック派. ◆1870の第1ヴァティカン公会議によって決定された教皇の不謬性に反対してドイツにて起こった分派.
alt'ka·tho·lisch 形 アルト・カトリック派の.
'**Alt·kla·ri·net·te** 女 -/-n【楽器】アルト・クラリネット.
'**alt'klug** ['altˈkluːk] 形 おませな, 小生意気な.
'**Alt·last** 女 -/-en (廃棄物による)汚染地区; 汚染廃棄物.《比喩》昔から引きつがれてきた罪過.
'**ält·lich** ['ɛltlɪç] 形 初老の, 年寄じみた.
'**Alt·ma·te·ri·al** 中 -s/..alien [..liən] (リサイクル可能な)廃物.
'**Alt·meis·ter** 男 -s/- 1 《古》【手工業】(同業組合の)組合長. 2 (学問・芸術・スポーツなどの)老大家, 長老. 3 (ﾂｮｲ)前(元)チャンピオン.
'**Alt·me·tall** 中 -s/-e (Schrott) くず鉄, スクラップ.
*'**alt·mo·disch** ['altmoːdɪʃ アルトモーディシュ] 形 古めかしい, 流行(時代)おくれの, 旧式の.
Al·to'ku·mu·lus [altoˈkuːmulʊs] 男 -/..li [..li]【気象】高積雲(中層雲, 高さ2-5 km).
Al·to'stra·tus [..ˈstraːtʊs] 男 -/..ti [..ti]【気象】高層雲.
'**Alt·pa·pier** 中 -s/ 故紙, 反故(ﾎｺﾞ).
'**Alt·phi·lo·lo·ge** 男 -n/-n (Altsprachler) 古典語学者, 古典文献学者.
'**Alt·phi·lo·lo·gie** 女 -/ 古典語学, 古典文献学. ↑Neuphilologie
'**alt·phi·lo·lo·gisch** 形 古典語学の, 古典文献学の.
Al·tru'is·mus [altruˈɪsmʊs] 男 -/《fr.》(↔ Egoismus) 無私, 利他(愛他)主義.
Al·tru'ist [..ˈɪst] 男 -en/-en 利他(愛他)主義者.
al·tru'is·tisch [..ˈɪstɪʃ] 形 私心のない, 利他(愛他)主義の.
'**Alt·schlüs·sel** 男 -s/-【音楽】(C-Schlüssel) アルト記号.
'**Alt·sil·ber** 男 -s/ 1 使用ずみの銀. 2 いぶし銀.

'Alt·sitz 男 -es/-e《古》=Altenteil
'Alt·sprach·ler ['alt-ʃpraːxlər] 男 -s/- =Altphilologe
alt·sprach·lich 形 =altphilologisch
Alt·stadt 女 -/¨e (↔ Neustadt) 旧市街.
'Alt·stein·zeit 女 -/ 旧石器時代.
'Alt·stim·me 女 -/-n《音楽》アルト, アルトの声部.
'al·tes·ta·men·ta·risch 形 旧約聖書の; 旧約聖書の.
'Alt·tier 中 -[e]s/-e《猟師》子を生んだことのある雌鹿.
'Alt·va·ter 男 -s/-《旧約》(Patriarch) 族長(とくにイスラエル人の太祖 Abraham とそれに続く Isaak, Jakob, Joseph とその兄弟たちをさし, ときにアブラハム以前を含めることもある).
'alt·vä·te·risch ['altfɛːtərɪʃ] 古めかしい, 前時代的な, 流行(時代)おくれの.
'alt·vä·ter·lich 形 家長然とした, 威厳(風格)のある.
'Alt·vor·dern [..fɔrdərn] 複《雅》祖先(の人々).
'Alt·wa·ren 複 中古品, 古道具, 骨董(ミミ)品.
'Alt·wa·ren·händ·ler 男 -s/- 古道具屋, 古物商.
'Alt·was·ser 中 -s/- 河跡湖, 三日月湖.
'Alt·wei·ber·fas[t]·nacht 女 -/《地方》灰の水曜日 (Aschermittwoch) の前週の木曜日.
'Alt·wei·ber·kno·ten 男 -s/-《船員》(本式の結び方に対する)素人の結び方.
'Alt·wei·ber·müh·le 女 -/-n《神話》若返りの水車小屋(中に入ると老婆も乙女に変身するという).
'Alt·wei·ber·som·mer 男 -s/- 1 初秋の晴れた日に空中を浮遊するくもの糸(衣服などにつくと幸福になれるという迷信があった), 遊糸(ﾕｳｼ). 2 小春日和.
'alt·welt·lich 形 (新世界に対する)旧世界の. ◆↑alt 5
'Alu ['aːlu] 中 -s/《話》アルミニウム (Aluminium の略).
'Alu·fo·lie 女 -/-n アルミ箔(ﾊｸ) (Aluminiumfolie の短縮).
Alu'mi·ni·um [aluˈmiːniʊm] 中 -s/《記号 Al》《化学》アルミニウム.
Alu'mi·ni·um·fo·lie 女 -/-n アルミ箔(ﾊｸ).
Alum'nat [alʊmˈnaːt] 中 -[e]s/-e (lat.) 1 寄宿学校; 寄宿舎, 学寮. 2《ｶﾄﾘｯｸ》(寄宿制の)神学校.
A'lum·ne [aˈlʊmnə] 男 -n/-n (lat. alumnus, Zögling') 寄宿学校の生徒; 寮生; (寄宿制の)神学校の生徒.
A'lu·nit [aluˈniːt] 男 -s/-e《鉱物・地質》明礬(ﾊﾝ)石.
Al·ve·o'lar [alveoˈlaːr] 男 -s/-e《音声》歯茎音 ([d] [t] [n] [ʃ] など).
al·ve·o'lär [..ˈlɛːr] 形《医学》1 歯槽の. 2 胞状の, 肺胞の.
Al·ve'o·le [alveˈoːlə] 女 -/-n (lat.)《医学》歯槽; 肺胞.
'Al·weg·bahn [ˈalveːk-] 女 -/-en モノレール, 単軌高架鉄道. ◆スウェーデンの企業家 Axel Leonard Wenner-Gren, 1881–1961 にちなむ.
'Alz·hei·mer·krank·heit ['altshaɪmər..] 女 -/ アルツハイマー病.
*am [am アム] 前置詞 an と定冠詞 dem との融合形.《地名と》Frankfurt ~ Main (略 a.M.) マイン河畔のフランクフルト.《日時を表す語と》~ Abend 夕方に, ~ Sonntag 日曜日に.《中性名詞化された不定詞と》~ Schreiben sein 執筆中である.《形容詞・副詞の最上級と》Sie läuft ~ schnellsten. 走るのは彼女が一番

速い.
Am [aː'lɛm]《記号》《化学》=Americium
AM《略》《電子工》=Amplitudenmodulation
a. M.《略》=am Main マイン河畔の.
a·ma·bi·le [aˈmaːbile] 副 (it.)《音楽》アマービレ, 愛らしく.
Ama'de·us [amaˈdeːʊs]《男名》(lat., der liebe Gott') アマデーウス.
'a·ma·gne·tisch [ˈamagneːtɪʃ] 形 非磁性の.
Amal'gam [amalˈgaːm] 中 -s/-e (gr. malagma, Erweichung') 1《化学》アマルガム(水銀と他の金属との合金). 2《比喩》混合物.
Amal·ga·ma·ti·on [amalgamatsiˈoːn] 女 -/-en アマルガム法, 混汞(ｺﾝｺｳ)法(精鉱を水銀に混ぜて金・銀を精錬する法).
amal·ga'mie·ren [..ˈmiːrən] 動 1 (金属を)アマルガムにする. 2 (金・銀を)混汞(ｺﾝｺｳ)法(アマルガム法)で精錬する. 3《比喩》融合させる, ひとつにする. 4 amalgamierende Sprachen 屈折語 (=flektierende Sprachen).
A'ma·lia [aˈmaːlia]《女名》アマーリア.
A'ma·lie [..liə]《女名》アマーリエ.
ama'rant [amaˈrant] 形 アマランサス色(深紅色)の. ↑Amarant
Ama'rant ❶ -s/-e (gr. amarantos, unverwelklich')《植物》アマランス(ひゆ科の観葉植物), 葉鶏頭(ﾊｹｲﾄｳ), 雁来紅(ｶﾞﾝﾗｲｺｳ). ❷ 男 -s/ アマラント赤 (深紅色の色素).
ama'ran·ten [..tən] 形 =amarant
Ama'rel·le [amaˈrɛlə] 女 -/-n (lat.) (Sauerkirsche) すみかみざくら (酸味の強いさくらんぼ).
Ama'ryll [amaˈrɪl] 男 -s/-e (gr. Amaryllis) アマリル(淡紫色の人工サファイア).
Ama'ryl·lis¹ [amaˈrɪlɪs]《女名》(gr.) アマリリス. ◆「輝ける女」の意, 古代ローマ詩人 Vergilius の田園詩に歌われた羊飼いの乙女の名前.
Ama'ryl·lis² [..lɛn, ..lən] (gr.)《植物》アマリリス.
Ama'teur [amaˈtøːr] 男 -s/-e (fr., Liebhaber') アマチュア, 素人; 《ｽﾎﾟｰﾂ》(↔ Profi) アマチュア選手.
Ama'ti [amaˈti] 女 -/ アマーティ(16-17 世紀イタリアのアマーティ一家制作の弦楽器).
Amau'ro·se [amaʊˈroːzə] 女 -/-n (gr. amauros, dunkel')《病理》黒内障, 黒そこひ.
Ama'zo·nas [amaˈtsoːnas] 男 -/《地名》der ~ アマゾン川.
Ama'zo·ne [amaˈtsoːnə] 女 -/-n (gr.) 1《ｷﾞﾘｼｬ神話》アマゾーン(小アジアに住むとされた女戦士から成る種族). 2 女性騎手; 女性レーサー. 3 ボーイッシュな若い女性. 4《古》女傑, 女丈夫, 男まさり. 5《鳥》ぼうしいんこ.
Am·bas·sa'deur [ambasaˈdøːr, ãba..] 男 -s/-e (fr.)《古》(Botschafter) 大使, (Gesandter) 公使.
'Am·be [ˈambə] 女 -/-n (lat. ambo, beide') 1《宝》2 本組合せの当り番号. 2《数学》2 つの数の組合せ.
'Am·ber [ˈambər] 男 -s/(-n) = Ambra
Am·bi'dex·ter [ambiˈdɛkstər] 男 -s/- (lat.)《医学》両手利きの.
Am·bi'en·te [ambiˈɛntə] 中 -/ (lat. ambire, herumgehen') 1 環境. 2 (文学・芸術作品の)雰囲気.
am'big [amˈbiːk], am'bi·gue [amˈbiːguə]

(*lat.*) 曖昧(あいまい)な.

Am・bi・gu・i・tät [ambiguiˈtɛːt] 囡 -/-en (*lat.*) 両義(多義)性, 曖昧(あいまい)さ.

Am・bi・ti・on [ambitsioˈoːn] 囡 -/-en (*lat.*) (ふつう複数で) 野心, 功名心.

am・bi・ti・o・niert [ambitsioˈniːrt] 形 《雅》=ambitiös

am・bi・ti・ös [..tsiˈøːs] 形 野心(野望)に燃えた, 功名心にはやった.

'Am・bi・tus ['ambitʊs] 男 -/- (*lat.*, Umgang') **1** 《音楽》音域. **2** 《建築》(教会の)内陣回廊; (修道院内の)回廊; 教会の外塀と塀との間の空(あ)き地.

am・bi・va・lent [ambivaˈlɛnt] 形 (*lat.*) 相反する価値(傾向)を同時に含んだ, アンビヴァレントな; 《医学・心理》反対感情並列の.

Am・bi・va・lenz [ambivaˈlɛnts] 囡 -/-en 《医学・心理》アンビヴァレンス, 反対熱情並列.

'Am・bo[1] ['ambo] 男 -s/-s(..ben) (イタリア語) =Ambe 1

'Am・bo[2] 男 -s/..bonen [..ˈboːnən] (*gr.*) アンボ(初期キリスト教時代のバジリカ聖堂における読経台, 後代では説教壇をさす).

'Am・bon ['ambɔn] 男 -s/..bonen [..ˈboːnən] = Ambo[2]

'Am・boss, **'Am・boß** ['ambɔs] 男 -es/-e **1** 鉄敷(かなしき), 鉄床(かなとこ). **2** 《解剖》砧骨(きぬたこつ). **3** 《楽器》アンビル(ハンマーで打つ打楽器).

'Am・bra 囡 -/-s (*arab.*) 竜涎(りゅうぜん)香(抹香(まっこう)鯨の胆嚢に結石から作る香料).

Am'bro・sia [amˈbroːzia] 囡 -/ (*gr.* ambrosios, unsterblich' **1** 《ギリシャ神話》アンブロシア, 神食(不老不死になる力があるとされた). **2** 《比喩》美味芳香の高級料理. ◆↑Nektar

am'bro・sisch [..zɪʃ] 形 《古》**1** 神々しい; 不老不死の. **2** 極めて美味な, かぐわしい.

am・bu'lant [ambuˈlant] 形 (*lat.* ambulare, umhergehen') (↔ stationär) **1** 移動(巡回)する. ~*er* Handel 移動稼業; 行商. **2** 《医学》外来(通院)の.

Am・bu'lanz [..ˈlants] 囡 -/-en (*lat.*) **1** (病院の)外来診療科. **2** 移動診療所; 野戦病院. **3** 患者用寝台車; 救急車.

Am・bu・la'to・ri・um [..laˈtoːriom] 中 -s/..rien [..rian] =Ambulanz

A. M. D. G. (略)(*lat.*) =ad maiorem Dei gloriam 神より高き栄光のために.

*'**Amei・se** ['aːmaɪzə] アーマイゼ 囡 -/-n あり(蟻).

'**Amei・sen・bär** 男 -en/-en 《動物》ありくい(蟻食動物).

'**Amei・sen・gast** 男 -es/-e (ふつう複数で) 《動物》蟻動物(蟻の巣に共生する節足動物).

'**Amei・sen・hau・fen** 男 -s/- 蟻塚, 蟻の塔.

'**Amei・sen・igel** 男 -s/- 《動物》はりもぐら(針土竜).

'**Amei・sen・jung・fer** 囡 -/-n 《虫》うすばかげろう.

'**Amei・sen・lö・we** 男 -n/-n 《虫》ありじごく(Ameisenjungfer の幼虫).

'**Amei・sen・säu・re** 囡 -/ 《化学》蟻酸(ぎさん).

Ame'lie [ameˈliː] 囡 -/-n [..ˈliːən] 《医学》無肢症.

Ame・li・o・ra'ti・on [amelioratsiˈoːn] 囡 -/-en (*fr.*) 改良(とくに土壌の); (金属などの)精錬, 純化.

ame・li・o'rie・ren [..ˈriːrən] 他 (土地などを)改良する, (金属などを)精錬(純化)する.

'**Amel・korn** [ˈaːmɛlkɔrn] 中 -[e]s/ 《植物》(Emmer) えんま小麦, 二粒小麦.

'**amen** ['aːmɛn, ..mən] 間 (*hebr.*, wahrlich, gewiss') **Amen**! 《宗教・基督教》アーメン. ◆「かくあれかし」という願望を表し, 祈禱(きとう)・礼拝・祝福などの最後に唱える. イエスの言葉としては「まことに, はっきり言っておく」などと訳される. ↑Amen

'**Amen** 中 -s/- (複数まれ) **1** アーメン(キリスト教・ユダヤ教で祈り・祝福などの最後に唱える定詞. ↑amen). das ~ singen アーメンを唱える. Das ist so sicher wie das ~ in der Kirche.《話》それは絶対確かなことだ. **2** 同意, 賛成. *sein* ~ zu et³ geben〈satz zu einer Sache³〉事³に同意(賛成)する. zu allen Ja und ~〈ja und amen〉sagen《話》何にでも同意する.

Amen・de'ment [amādəˈmāː] 中 -s/-s (*fr.*) 《法制》(法律・国際条約の)修正, 修正動議.

amen'die・ren [amɛnˈdiːrən] 他 《法制》(法律・条約などの)修正を提案する. 修正動議を出す.

Ame・nor'rhö, Ame・nor'rhöe [amenɔˈrøː] 囡 -/..rhöen [..ˈrøːən] (*gr.*) 《医学》月経閉塞, 無月経.

Amen・tia [aˈmɛntsia] 囡 -/..tien [..tsiən] (*lat.*) 《医学》アメンチア, (一時的な)精神錯乱.

Amenz [aˈmɛnts] 囡 -/..tsien [..tsiən] =Amentia

Ame・ri・ci・um [ameˈriːtsiom] 中 -s/ 〈記号 Am〉《化学》アメリシウム.

*'**Ame・ri・ka** [aˈmeːrika アメーリカ]《地名》アメリカ大陸; アメリカ合衆国 (die Vereinigten Staaten von Amerika).

Ame・ri・ka・ner [ameriˈkaːnɐ] 男 -s/- **1** アメリカ人, 米国人; アメリカ大陸の住民. ▶女性形 Amerikanerin 囡 -/-nen **2** アメリカーナ(片面に砂糖やチョコレートの衣をかぶせた円形のクッキー).

ame・ri・ka'nisch 形 アメリカ(人)の; アメリカ風の. **2** アメリカ英語の, 米語の. ◆↑deutsch

ame・ri・ka・ni'sie・ren [amerikaniˈziːrən] 他 **1** アメリカナイズする. **2** 《経済》(企業などに)アメリカ資本を導入する.

Ame・ri・ka'nis・mus [..ˈnɪsmʊs] 男 -/..nismen **1** 《言語》アメリカ語法. **2** アメリカ風(式); アメリカ人気質.

Ame・ri・ka'nist [..ˈnɪst] 男 -en/-en アメリカ研究者.

Ame・ri・ka'nis・tik [..ˈnɪstɪk] 囡 -/ アメリカ学(研究).

ame・ri・ka'nis・tisch [..ˈnɪstɪʃ] 形 アメリカ学(研究)の.

Ame'thyst [ameˈtyst] 男 -[e]s/-e (*gr.*) 《鉱物》アメシスト, 紫水晶.

Ame・tro'pie [ametroˈpiː] 囡 -/-n [..ˈpiːən] (*gr.*) 《医学》非正視(近視・遠視), 屈折異常(症).

Ami[1] [aˈmi] 男 -/-s (*fr.*) (ふつう1格で) 男友達; 恋人.

'**Ami**[2] [ˈami] 男 -[s]/-[s] 《話》(Amerikaner の短縮) アメリカ人, アメちゃん; (占領軍の)アメリカ兵.

'**Ami**[3] 中 -/-s 《古》《話》アメリカたばこ.

Ami'ant [amiˈant] 男 -s/-e (*gr.*) 《鉱物》アミアンタス(アスベストの一種).

Amid [aˈmiːt] 中 -[e]s/-e 《化学》アミド.

..ämie [..ɛmiː] 《接尾》(*gr.* haima, Blut') 《医学》「血液病」を意味する女性名詞 (-/-n) を作る. Leukämie 白血病.

Amin [aˈmiːn] 中 -s/-e 《化学》アミン.

ami・no.. [aˈmiːno..] (接頭) 《化学》名詞などにつけて「アミン基を持つ」の意を表す.

Ami・no・säu・re [aˈmiːno..] 囡 -/-n 《化学》アミノ酸.

Ami·to·se [ami'to:zə] 囡 -/-n (gr.)〖生物〗(↔ Mitose)(細胞核の)無糸分裂, 直接分裂.

ami'to·tisch [..'to:tɪʃ] 形〖生物〗(↔ mitotisch) 無糸(直接)分裂の(による).

'Am·mann ['aman] 男 -s/..männer (ｽｲｽ) **1** (Amtmann)州知事, 市(町, 村)長. **2** (とくにフライブルクの)州知事, 市長.

'Am·me ['amə] 囡 -/-n **1** 乳母. **2**〖動物〗無精卵を抱卵する雌.

'Am·men·mär·chen 回 -s/- (ありそうにもない)作り話, 絵空ごと, おとぎ話.

'Am·mer[1] ['amɐ] 囡 -/-n〖鳥〗ほおじろ(類).

'Am·mer[2] 囡 -/ = Amarelle

'Am·mon ['amɔn]〖神話〗アンモーン(古代エジプトの主神, 雄羊の頭を持つとされた).

Am·mo·ni'ak [amoni'ak, '----; ｵｰｽﾄﾘｱ] a'mo:niak] 回 -s/ (gr.)〖化学〗アンモニア.

am·mo·ni·a'ka·lisch [amonia'ka:lɪʃ] 形 アンモニア(性)の.

Am·mo'nit [amo'ni:t] 男 -en/-en〖動物〗アンモナイト, 菊石. ◆形状が古代エジプトの神 Ammon の角(ﾂﾉ)に似ていることにちなむ. ↑Ammonshorn

Am'mo·ni·um [a'mo:niʊm] 回 -s/〖化学〗アンモニウム.

'Am·mons·horn 回 -[e]s/⁻er **1**〖動物〗アンモーンの角(Ammonit の別名). **2**〖解剖〗(大脳の)海馬角, アンモン角(ｶｸ).

Am·ne·sie [amne'zi:] 囡 -/-n [..'zi:ən] (gr.)〖医学〗健忘症, 記憶喪失.

Am·nes'tie [amnɛs'ti:] 囡 -/-n [..'ti:ən] (gr. amnestia , Vergessen') 〖法制〗大赦. unter die ~ fallen 大赦に俗する.

am·nes'tie·ren [..'ti:rən] 他 (人ʹに)大赦を与える.

'Am·nes·ty In·ter·na·tio·nal ['ɛmnɛsti ɪntɐrna'ʃɔnəl] 囡 -/ (engl.) (略号 ai) アムネスティ・インタナショナル, 国際アムネスティ.

'Am·ni·on ['amniɔn] 回 -s/ (gr.)〖医学〗羊膜.

Am·ni'o·te [amni'o:tə] 男 -n/-n (ふつう複数で)〖動物〗(↔ Anamnier) (有)羊膜類.

am·ni'o·tisch [..'o:tɪʃ] 形〖医学・動物〗羊膜(類)の.

Amö·be [a'mø:bə] 囡 -/-n (gr.)〖生物〗アメーバ.

Amö·ben·ruhr 囡 -/(-en)〖医学〗アメーバ赤痢.

amö·bo'id [amøbo'i:t] 形〖生物〗アメーバ状(様)の.

Amok ['amɔk, a'mɔk] 男 -s/ (mal. amuk , wütend') アモク(もとマレー半島地方に多くみられた攻撃的精神錯乱の発作). ~ fahren 狂ったように暴走する. ~ laufen 逆上して暴れ回る, 血に飢えて荒れ狂う.

'Amok·fah·rer 男 -s/- (車の)暴走者.

'Amok·läu·fer 男 -s/- アモク患者; 殺人鬼.

a-Moll ['a:mɔl, '-'-] 回〖記号 a〗〖音楽〗イ短調.

'Amor ['a:mɔr] 男 -s/ (lat.)〖ﾛｰﾏ神話〗アモル(愛の神, ギリシア神話の Eros の訳, 別名クピード = Kupido). ~ hat [or getroffen 彼女に恋した.

'Amo·ral ['amora:l] 囡 -/ (gr. A..+lat. mos , Sitte') 道徳意識の欠如.

'amo·ra·lisch ['amora:lɪʃ, --'--] 形 (比較変化なし) **1** (unmoralisch) 道徳をわきまえない, 不道徳な. **2** 道徳を越えた, 道徳とは無関係な.

Amo·ra'lis·mus [..'lɪsmʊs, '-----] 男 -/ 無道徳(主義).

Amo·ra·li'tät [..li'tɛ:t] 囡 -/ 道徳無視の生活態度, 無頼(ﾗｲ), 無節操.

Amo'ret·te [amo'rɛtə] 囡 -/-n (it.) アモレット, キューピッド(翼をつけ弓矢を持った天童像. ↑Amor).

'Amor 'Fa·ti ['a:mo:r 'fa:ti] 男 - - (lat.) 運命愛 (Nietzsche の哲学用語).

amo'ro·so [amo'ro:zo] 副 (it.)〖音楽〗アモローソ, 愛をこめて, やさしく.

amorph [a'mɔrf] (gr.) **1** 決まった形のない. **2** 〖化学〗無定型の, 非晶質の. **3**〖生物〗(遺伝子が)形質発現の作用をもたない. **4** ~ e Sprachen〖言語〗孤立語(中国語など).

Amor'phie [amɔr'fi:] 囡 -/-n[..'fi:ən]〖物理〗無定形, 非晶質.

Amor·ti·sa·ti·on [amɔrtizatsi'o:n] 囡 -/-en (lat.) **1**〖経済〗(a) (債務の)定期償還. (b) (無形固定資産などの)なしくずし償却, アモーティゼーション. **2** 〖法制〗(証書・有価証券などの)無効宣言.

amor·ti'sie·ren [..'zi:rən] 他 (債務を定期償還する, (設備財産などを)減価償却する. sich⁴ ~ 償却(弁済)される.

Amour [a'mu:r] 男 -s/-en (fr. , Liebe') **1** (複数なし)愛. **2**《複数で》(古)色事, 情事.

amou'rös [amu'rø:s] 形 (fr. amoureux , verliebt') **1** 色事(情事)の. **2** 恋に陥った.

*ʹ**Am·pel** [aʹmpəl] 囡 -/-n (lat. ampulla , kleine Flasche') **1** (a) (皿状のシェードのついた)吊下げランプ. (b) 吊下げ式のフラワー・ポット. **2**〖ｶﾄﾘｯｸ〗(聖堂の)聖体ランプ, 永明燈. **3** (Verkehrsampel) 交通信号.

'Am·pel·ko·a·li·ti·on 囡 -/〖話〗信号連立政権(SPD, FDP, 緑の党のシンボルカラーが赤, 黄, 緑であることから).

Am'pere [am'pɛ:r, ..'pɛ:r] 回 -[s]/- (fr.)〖記号 A〗〖電子工〗アンペア(電流の強さの単位). ◆フランスの物理学者 A. M. Ampère, 1775–1836 にちなむ.

Am'pere·me·ter 回 -s/-〖電子工〗電流計.

Am'pere·se'kun·de 囡 -/-n〖記号 As〗〖電子工〗アンペア秒.

Am'pere·stun·de 囡 -/-n〖記号 Ah〗〖電子工〗アンペア時.

'Amp·fer ['ampfɐr] 男 -s/-〖植物〗ぎしぎし, すいば属.

Am·phe·ta'min [amfeta'mi:n] 回 -s/-e〖薬学〗アンフェタミン(覚醒剤の1つ).

amphi.., Amphi.. [amfi.., amfi:..]〖接頭〗(gr. , zweifach, um... herum') 「二様の, 二重の; …を巡る」の意を表わす.

Am'phi·bie [am'fi:biə] 囡 -/-n (gr.)〖動物〗両生類.

Am'phi·bi·en·fahr·zeug 回 -[e]s/-e 水陸両用車.

am'phi·bisch [..bɪʃ] 形 **1**〖動物〗両生類の. **2** 水陸両生の; 水陸両用の. **3**〖軍事〗陸海共同の.

Am'phi·bi·um [..biʊm] 回 -s/..bien (まれ) = Amphibie

Am·phi'bol [amfi'bo:l] 男 -s/-e (gr.)〖鉱物〗(Hornblende) 角閃(ｾﾝ)石.

Am·phi·bo'lit [amfibo'li:t] 回 -[e]s/-e〖鉱物〗角閃(ｾﾝ)石岩.

Am·phi·go'nie [amfigo'ni:] 囡 -/ (gr.)〖生物〗 (↔ Monogonie) 両性生殖.

Am·phi'mi·xis [amfi'mɪksɪs] 囡 -/ (gr.)〖生物〗アンフィミクシス(両性生殖による両性配偶子の混和・合体).

Am·phi'o·le [amfi'o:lə] 囡 -/-n〖医学〗アンフィオ

Am·phi'oxus [amfiˈɔksus] 男 -/ (gr.)《動物》なめくじうお.
am·phi'pneu·tisch [amfiˈpnɔystɪʃ] 形《生物》双気門(型)の.
Am·phi'po·de [amfiˈpoːdə] 男 -n/-n (ふつう複数で)《動物》端脚類(とびむしなど).
Am'phi·the·a·ter [amˈfiːteaːtər] 中 -s/- (gr.) **1**《古代》(野外)円形劇場. **2** (一般に)観覧席が半円形のひな壇式になっている劇場.
am·phi·the·a·tra·lisch [amfiteaˈtraːlɪʃ] 形 円形劇場(式)の.
Am·phi'tri·te [amfiˈtriːtə]《人名》《ギ神話》アムピトリテ(海のニンフ, Poseidon の妻).
'Am·pho·ra [ˈamfora] 女 -/..ren[..ˈfoːrən] (gr.) アンフォラ(左右に垂直の取っ手のついた古代ギリシアの陶製・青銅製またはガラス製の肩の張った)壺.
'Am·pho·re [amˈfoːrə] 女 -/-n =Amphora
am·pho'ter [amfoˈteːr] 形 (gr.)《化学》(酸・塩基)両性の.
Am·pli·fi·ka·ti'on [amplifikatsiˈoːn] 女 -/-en (lat. amplificatio, Erweiterung‘) **1** 拡大, 拡張, 拡充; 増幅. **2**《修辞・文体》拡充, 敷衍(ふえん)〔陳述内容をいろいろに言い換える修辞法〕. **3**《心理》拡充法 (C. G. Jung の夢の解釈法).
am·pli·fi'zie·ren [..ˈtsiːrən] 他 (話・記述などを)詳説する, 敷衍(ふえん)する, 潤色する.
Am·pli'tu·de [ampliˈtuːdə] 女 -/-n (lat. amplitudo, Größe‘)《物理》振幅.《数学》偏角.
Am·pli'tu·den·mo·du·la·ti'on [amplituːdənmodulatsiˈoːn] 女 -/-en (略 AM)《電子工》振幅変調.
Am'pul·le [amˈpulə] 女 -/-n (lat. ampulla, kleine Flasche‘) **1**《カトリック》小ളੁ瓶(聖水・聖油などを入れる小容器). **2**《薬学》(注射液用の)アンプル. **3**《解剖》(直腸・卵管などの)膨大部.
Am·pu·ta·ti'on [amputatsiˈoːn] 女 -/-en (lat. amputation, das Abschneiden‘)《医学》(手足などの)切断(手術).
am·pu'tie·ren [..ˈtiːrən] 他《医学》(手足などを)切断する, (人に)切断手術を施す.
*__**'Am·sel** [ˈamzəl] 女 -/-n《鳥》くろうたどり.
Ams·ter·dam [amstərˈdam, ˈ---]《地名》アムステルダム(オランダ王国の首都).
Ams·ter·da·mer [amstərˈdamər, ˈ----] ❶ 男 -s/- アムステルダムの市民; アムステルダム生れ(出身)の人. ❷ 形《不変化》アムステルダムの.
*__**Amt** [amt アムト] 中 -[e]s/Ämter (lat. ambactus, Bote‘) **1** 公職, 官職; 役職, 地位. ein ~ antreten ある役職につく. j⁴ des ~es entheben《雅》人⁴を解任する. j⁴ in ein ~ einsetzen 人⁴をある官職(地位)につける. in ~ und Würden sein 要職に就いている, いい地位にある.《反語》結構なご身分である. **2** 職務, 公務; 職権. seines ~es walten《雅》職務を司る. Das ist nicht seines ~es.《雅》それは彼の職務外のことだ. kraft meines ~es《雅》私の職権として. von seinem ~ Gebrauch machen 職権を行使する. von ~s wegen 職務(公務)で, 職務上. **3** 役所, 役場, 官公庁; (市町村役場の)担当部局. Auswärtiges ~ (略 AA) 外務省. auf(in) einem ~ vorsprechen 役所に訴え出る. **4** (とくに)電話(交換)局; (Amtsleitung)長距離回線. Kann ich bitte ein ~ haben? / Bitte, ~ ! もしもし, 長距離をお願いします. **5** 連合市町村(いくつかの市町村を包括した公法人・地方自治体). **6**《カトリック》(Messe mit Gesang) 歌ミサ;《カトリック》(Abendmahl) 聖餐(さん)式. ein ~ hören ミサを拝聴する. dem ~ beiwohnen ミサにあずかる.

'Ämt·chen [ˈɛmtçən] 中 -s/- 〈Amt の縮小形〉《俗》下級職, 重要でない地位.
'am·ten [ˈamtən] 自《まれ》=amtieren
'Äm·ter [ˈɛmtər] 男 Amt の複数.
'Äm·ter·häu·fung 女 -/ 公職(官職)の兼任.
am'tie·ren [amˈtiːrən] 自 **1** 公職に就いている. als Lehrer ~ 教職に就いている. **2** 公務を代行している. der amtierende Bürgermeister 市長代理. **3** 任に当たる, 役割を務める. als Gastgeber ~ ホスト役を務める.
'amt·lich [ˈamtlɪç] 形《比較変化なし》**1** 公の, 官庁の, 官庁による. eine ~e Bekanntmachung 公示. das ~e Kennzeichen 自動車登録番号. ein ~es Schreiben 公文書. **2**《名詞的用法》Das ist etwas Amtliches. これは当局(の筋)からのものだ. **2** 職務上の. in ~er Eigenschaft 公人の資格で. **3**《話》信頼できる, 確かな筋からの. Die Sache ist ~. その件は確かだ. Ich habe es ganz ~. 私はそれを全く信頼できる筋から聞いた. **4** まじめくさった, 四角四面の. mit ~er Miene しかつめらしい表情をして.
'Amt·mann 男 -[e]s/-er (..leute) **1** (行政・司法の)上級公務員, 高級官吏. **2**《古》郡長, 市(町, 村)長. **3**《歴史》(中世の)管領, 代官. ◆ 女性形 Amtmännin 女 -/-nen
'Amts·an·ma·ßung 女 -/-en《法制》職権濫用.
'Amts·an·tritt 男 -s/ 就任.
'Amts·arzt 男 -es/ːe **1** 公的医療機関(保健所など)に勤務する医師. **2** (社会保険の)審査医.
'Amts·be·fug·nis 女 -/-se 職務権限.
'Amts·be·zeich·nung 女 -/-en **1** (役人の)官職名(Direktor, Inspektor など). **2** (役所が定めた)公式名称.
'Amts·be·zirk 男 -[e]s/-e **1** (職務の)管轄区域. **2**《歴史》(プロイセン邦の)警察区 (Kreis の下位区分).
'Amts·blatt 中 -[e]s/ːer 公報, 官報.
'Amts·bru·der 男 -s/ː《キリスト教》(聖職上の)同僚.
'Amts·dau·er 女 -/ =Amtsperiode
'Amts·de·likt 中 -[e]s/-e《法制》公務上の犯罪.
'Amts·deutsch 中 -(-s)/《俗》官庁ドイツ語, 役人言葉.
'Amts·eid 男 -[e]s/-e 服務宣誓.
'Amts·ent·he·bung 女 -/-en《雅》免官, 罷免.
'Amts·füh·rung 女 -/ 職務の執行, 執務.
'Amts·ge·heim·nis 中 -ses/-se《法制》**1**《複数なし》守秘義務. **2** 職務上の秘密.
'Amts·ge·richt 中 -[e]s/-e《法制》区裁判所(日本の簡易裁判所に相当).
'Amts·ge·schäft 中 -[e]s/-e (ふつう複数で)公務.
'Amts·ge·walt 女 -/《法制》職権.
'Amts·grund·satz 男 -es/ːe《法制》職権主義.
'Amts·hand·lung 女 -/-en 職務行為.
'Amts·hil·fe 女 -/《法制》(官庁相互の)職務上の援助, 職務共助.
'Amts·im·mu·ni·tät 女 -/(-en)《法制》職務上の治外法権(例えば領事の).
'Amts·mie·ne 女 -/-n《俗》(感情を殺した・非個性的な)役人風(ふう).
'Amts·pe·ri·o·de 女 -/-n (公務員の)任期.
'Amts·per·son 女 -/-en (↔ Privatmann) 公務を

Amtspflegschaft

帯びた人, 公人.

'**Amts·pfleg·schaft** 囡 -/-en 〖法制〗(少年保護所 Jugendamt が非嫡出の子供の保護人となって与える)職務上の保護.

'**Amts·rat** 男 -[e]s/⸚e 〖法制〗連合市町村議会.

'**Amts·rich·ter** 男 -s/- 〖古〗〖法制〗区裁判所判事 (↑Amtsgericht).

'**Amts·schim·mel** 男 -s/ 〖戯〗官僚主義, お役所式, 繁文縟礼(ﾊﾞﾝﾌﾞﾝｼﾞｮｸﾚｲ). den ~ reiten 規則一点ばりのやりをする. Der ~ wiehert. お役所式でやっている.

'**Amts·spra·che** 囡 -/-n **1** 公用語. **2** 官庁用語, お役所言葉.

'**Amts·stu·be** 囡 -/-n =Amtszimmer

'**Amts·stun·de** 囡 -/-n 〖ふつう複数で〗**1** (官庁の)勤務時間. **2** (役所窓口の)受付時間.

'**Amts·tracht** 囡 -/-en (聖職者・裁判官・大学教授などが職務上着用する)職制服.

'**Amts·weg** 男 -[e]s/-e (Dienstweg) (官公庁での)規定の(事務)手続. den ~ einhalten⟨gehen⟩ 正規の手続を踏む.

'**Amts·zeit** 囡 -/ **1** (官公庁の)執務(勤務)時間. **2** (官吏の)在職期間.

'**Amts·zim·mer** 匣 -s/- (官庁の)執務室.

Amu'lett [amu'lɛt] 匣 -[e]s/-e (lat.) 護符, お守り, 魔よけ.

amü'sant [amy'zant] 厖 (fr.) 楽しい, 面白い.

Amü·se'ment [amyzə'mãː] 匣 -s/-s 娯楽, 気晴らし, 楽しみ, 慰み.

*__amü'sie·ren__ [amy'ziːrən アミュズィーレン] ❶ 他 楽しせる, 愉快にさせる. ein amüsiertes Gesicht 楽しそうな顔. Er lachte amüsiert. 彼は愉快そうに笑った. ❷ 再 (sich⁴) 楽しむ, 気晴らしをする. sich über jʹ⟨etʹ⟩⁴ ~ 人⟨物⟩⁴を笑いものにする, 面白がる.

Amü'sier·vier·tel [amy'ziːr..] 匣 男 -s/- 歓楽街.

'**amu·sisch** ['amuːzɪʃ, -'--] 厖 (gr.) (↔musisch) 芸術に対する理解力(センス, 感受性)のない.

Amyg·da'lin [amʏkda'liːn] 匣 -s/ (gr.) 〖化学〗アミグダリン(あんず・桃などの種子に含まれる配糖体).

Amyl [a'myːl] 匣 -s/ (gr.) 〖化学〗アミル.

Amy'la·se [amy'laːzə] 囡 -/-n (gr.) 〖化学〗ジアスターゼ.

amy·lo'id [amylo'iːt] 厖 (gr.) 澱粉(ﾃﾞﾝﾌﾟﾝ)体の, 澱粉をふくむ.

Amy·lo'id 匣 -[e]s/-e (gr.) 〖生化学〗アミロイド類, 澱粉(ﾃﾞﾝﾌﾟﾝ)体.

an

[an アン] ❶ 前 (3・4格支配) 接触・付着・近接を表し, 場所を示す場合は3格, 方向を示すときは4格を支配する. 定冠詞 dem および das と融合して am および ans, また代名詞と融合して d[a]ran, woran, aneinander となる. Ⅰ 〖3格支配〗**1** …のきわに, …のすぐ近くに. Viele Äpfel hängen *am* Baum. たくさんのリンゴが木になっている. *am* Fenster 窓ぎわに. Frankfurt ~ der Oder (略 a. d. O.) オーダー河畔のフランクフルト. ~ Ort und Stelle その場で, 現場で, 事件(того)の場所に. ~ der See 海辺に. *am* Tisch sitzen テーブルについている. ~ et⟨j⟩³ vor·beigehen 物⟨人⟩³のそばを通り過ぎる; 物⟨人⟩³を無視する.

2 〖同一名詞を結んで〗In dieser Straße steht Haus ~ Haus. この通りには家がびっしり建て込んでいる. Schulter ~ Schulter 肩を並べて, 肩を組んで, 協力して, Tür ~ Tür⟨Wand ~ Wand⟩ wohnen 隣り合せに住んでいる.

3 〖具備・付属・属性を示して〗*An* der Geschichte ist nichts. 〖話〗そんな話は嘘っぱちさ. das Wichtigste ~ der Sache その件の一番重要な点. Es ist ~ der Sache⟨~ dem⟩. 〖話〗それは当っている, そのとおりだ. Das gefällt mir ~ ihm. 私は彼のそういうところが好きだ. etʹ ~ sich³ haben 事ʹを身に備えている, (が)特徴である. Sie hat etwas Rührendes ~ sich. 彼女には(人を)ほろりとさせるところがある.

4 〖__an sich³__ の形で〗 ~ sich³ それ自体, 本来は; 〖哲学〗即自的に. Sein Gedanke war ~ sich ganz unpolitisch. 彼の思想自体は全く非政治的なものであった. das Ding ~ sich 〖哲学〗物自体 (Kant の用語). ~ und für sich³ 〖哲学〗即自的および対自的に; (an sich) それ自体, もともと.

5 〖病気・負傷の個所〗die Verletzung *am* Knie 膝のけが.

6 〖職業的活動の場〗Professor *an* der Universität Köln ケルン大学教授.

7 〖従事・動作の継続〗~ der Arbeit sein 仕事中である. *am* Leben sein 生きている. ~ einem Roman schreiben 長編小説を執筆中である. Man hat es ~ der Rede. …がもっぱら話題になっている.

8 〖順番〗Er ist ~ der Reihe. / Es ist ~ ihm. 次(今度)は彼の番だ. Jetzt ist es ~ dir, zu handeln. 今こそ君の出番だ.

9 〖責任の所在・原因〗Der Misserfolg ist ~ ihm ⟨*am* Unwetter⟩. 不成功は彼の責任(悪天候のせい)だ. ~ einer Krankheit sterben ある病気で死ぬ.

10 〖多寡の内容〗reich⟨arm⟩ ~ et³ 物³に富んで⟨乏しい⟩. Sie ist noch jung ~ Jahren. 彼女はまだ若い(まだこれからだ). Mangel ~ etʹ 物ʹの欠乏. sich⁴ ~ Obst satt essen 果物を腹一杯食べる. *An* einem Teller Suppe habe ich genug. スープは1皿で十分です.

11 〖動作の手掛り〗jʹ *an* Arm nehmen 人⁴の腕を取る. *am* Stock gehen 杖をついて歩く.

12 〖認識・判断の根拠〗Ich sehe dir's ~ der Miene an, dass… 君の顔色を見れば…ということが分かるよ. Ich habe sie ~ der Stimme erkannt. 私は声で彼女だと分かった.

13 〖時を示す〗…の時点で, …のときに. *am* 14. Dezember 12月14日に. *am* Anfang 初めに. *am* Ende 終りに, ついに, 結局. ~ einem Sommertag ある夏の日に. Es ist ~ der Zeit, den Plan zu verwirklichen. いまや計画を実行に移すべき時が来た. ~ Weihnachten 〖南ド〗〖スイス〗クリスマスに(=zu Weihnachten).

14 〖形容詞・副詞の最上級と __am ~ sten__ の形で〗Der Garten ist jetzt *am* schönsten. この庭は今が最も美しい. Sie sang *am* besten. 彼女が一番上手に歌った.

15 〖ｽｲｽ〗(auf, in) ~ der Erde liegen 地面に横たわっている. ~ der Mozart-Straße. 彼女はモーツァルト通りに住んでいる.

Ⅱ 〖4格支配〗**1** …のきわ(そば)へ, …の表面に. ~ Bord gehen 乗船する. *ans* Fenster 窓ぎわへ. ~ die See 海辺へ. etʹ ~ die Tafel schreiben 事ʹを黒板に書く. Hängen Sie bitte das Bild ~ die Wand! その絵を壁に掛けてください. 〖比喩的に〗~ die Arbeit gehen 仕事に取りかかる. Er wurde als Professor ~ die Universität Bonn berufen. 彼はボン大学の教授に招聘された.

2《行為の対象》einen Brief ~ j⁴ schreiben 人⁴に手紙を書く．~ Gott glauben 神を信じる．Einen Gruß ~ die Schwester! 妹さんによろしく．
3《bis anの形で》bis ~ den sechsten Tag 6日目まで．bis ~ die Schulter reichen 肩まで達する．
❷ 〘副〙**1**《vonと》von... ~ ...から．von hier ~ ここから．von Kindheit ~ 子供のときから．von 5 Euro ~ aufwärts 5 ユーロ以上．von dem Tag ~, als〈da〉... ...したその日から．↑ab² **2**《時刻表で到着時を表わす》München ~ 10:30 ミュンヒェン着10時30分．**3**《数字と》《話》およそ，ほぼ，約．~ [die] 220V 約220ボルト．~ [die] zehnmal 10回ぐらい．mit ~ [die] 50 Schulkindern 学童約50名とともに．Sie ist ~ [die] vierzig [Jahre alt]. 彼女は40 がらみだ．**4**（angezogenの代りに）《話》身につけて．ohne etwas ~ 何も着ないで，裸で．wenig ~ 見すぼらしい身なりで．**5**《作動中》（スイッチが）入っている，（電気・ガスが）点いている．Das Radio ist ~. ラジオがついている（↑an sein). Bitte, Motor ~! エンジンをかけてくれ．**6** ab und ~ 時々．

an..《分離前つづり／つねにアクセントをもつ》**1**《接触・接近を表す》ankommen 到着する，anhaften 付着している．**2**《行為の対象・方向》anreden 語りかける．**3**《開始》anfahren（車が）動き出す．**4**《補強・増大》anbauen 建て増す．**5**《持続》anblicken 見つめる．

..ana [..aːna]《接尾》固有名詞につけて「...関連文献集」の意の複数名詞をつくる．Amerikana アメリカ関係図書．Goetheana ゲーテ文献．

Ana·bap'tis·mus [anabapˈtɪsmʊs] 〘男〙 -/ (gr.)《キリスト教》再洗礼派の教義．

Ana·bap'tist [..ˈtɪst] 〘男〙 -en/-en (gr.) (Wiedertäufer) 再洗礼派の教徒），アナバプティスト．

Ana·bi'o·se [anabiˈoːzə] 〘女〙 -/ (gr.)《生物》(仮死状態からの）蘇生（ぅ）．

Ana·bo·li·kum [anaˈboːlikʊm] 〘中〙 -s/..ka [..ka] (gr.)《ふつう複数形で》《医学》アナボーリカ，筋肉増強剤．

Ana·cho'ret [anaçoˈreːt, anaxo..] 〘男〙 -en/-en (gr. anachorein, sich zurückziehen')（初期キリスト教の）隠修士；隠世者．

Ana·chro'nis·mus [anakroˈnɪsmʊs] 〘男〙 -/..men [..mən] (gr. anachronizein, in eine andere Zeit versetzen') アナクロニズム，時代錯誤；時代遅れ．

ana·chro'nis·tisch [..ˈnɪstɪʃ] 〘形〙 時代錯誤の；時代後れの．

an·ae'rob [anǀaeˈroːp] 〘形〙 (gr.)《生物》(↔ aerob) 嫌気性の．

An·ae·ro·bi·er [anǀaeroˈbiər] 〘男〙 -s/-《生物》嫌気性生物．

An·ae·ro·bi'ont [anǀaeroˈbiˈont] 〘男〙 -en/-en (gr.)《生物》=Anaerobier

An·ae·ro·bi'o·se [anǀaeroˈbiˈoːzə] 〘女〙 -/ (gr.)《生物》(↔ Aerobiose) 嫌気生活．

Ana·ge'ne·se [anageˈneːzə] 〘女〙 -/ (gr.)《生物》アナゲネシス．

Ana'gramm [anaˈgram] 〘中〙 -s/-e (gr. anagraphein, umschreiben`) **1** アナグラム，語句の綴り換え（綴り字の配置を入れ換えて新しい語句を作ること）．**2**（Buchstabenrätsel）綴り換え遊び．

ana·gram'ma·tisch [..graˈmaːtɪʃ] 〘形〙 アナグラムの，転綴（ぅ）の，語句の，綴り字を入れ換えた．

Ana·kon·da [anaˈkɔnda] 〘女〙 -/-s《動物》アナコンダ（水辺に棲む南米産の大蛇）．

Ana·kre·on [aˈnaːkreɔn]《人名》アナクレオン（前572頃-前482頃，酒と恋を歌ったギリシアの抒情詩人）．

Ana·kre·on·ti·ker [anakreˈɔntikər] 〘男〙 -s/-《文学》(18世紀ドイツの）アナクレオーン派（の詩人）．

ana·kre·on·tisch [..ˈtɪʃ] 〘形〙《文学》**1** アナクレオーン風の．**2** アナクレオーン派の．

Ana'ku·sis [anaˈkuːzɪs] 〘女〙 -/ (gr.)《医学》失聴症，聾（ろぅ）．

anal [aˈnaːl] 〘形〙 (lat. anus, After`)《医学》肛門（の）(部)の．~ e Phase《心理》肛門（期）期．

Ana'lek·ta [anaˈlɛkta], **Ana'lek·ten** [..tən] 〘複〙(詩文・論文の)選集; 詩文選，論文選．

Ana'lep·ti·kum [anaˈlɛptikʊm] 〘中〙 -s/..ka (gr. analeptikos , wiederherstellend`)《薬学》覚醒剤．

ana'lep·tisch [..ˈtɪʃ] 〘形〙《薬学》覚醒(興奮)作用のある，覚醒性の．

Anal·ero·tik [aˈnaːlǀeroːtɪk] 〘女〙 -/《医学・心理》肛門愛，肛門性愛．

An·al·ge'sie [anǀalgeˈziː] 〘女〙 -/-n [..ˈziːən] (gr.)《医学》無痛覚，痛覚麻痺（ひ）．

An·al·ge'ti·kum [anǀalgeˈtikʊm] 〘中〙 -s/..ka《薬学》鎮痛剤．

an·al·ge'tisch [..ˈtɪʃ] 〘形〙 鎮痛作用のある，鎮痛性の．

An·al'gie [anǀalˈgiː] 〘女〙 -/-n [..ˈgiːən] = Analgesie

* **ana'log** [anaˈloːk] アナローク 〘形〙 (gr.) **1** 類似の，相似の．ein ~er Fall 同じようなケース．[zu] et³ ~ sein 物³に似ている．**2**《電子工》(↔ digital) アナログの．

Ana·lo·ga [aˈnaːloga] Analogon の複数．

Ana·lo·'gie [analoˈgiː] 〘女〙 -/-n [..ˈgiːən] (gr.) **1** 類似(性)，アナロジー．**2**《生物》相似．Kiemen und Lungen sind ~n. 鰓（ぇら）と肺は相似(器官)である．**3**《論理・法則》類推．in ~ zu et³ 事³から類推して．**4**《言語》類推(作用)．**5**《哲学》(とくに中世哲学において)アナロギア，類比．

Ana·lo'gie·schluss [..ʃlʊs] 〘男〙 -es/¨e《論理》類推，類比; 類推から得られた結論．

Ana·lo'gie·zau·ber 〘男〙 -s/- 類感呪術（じゅっ），模倣呪術（煙をどんどん出して雲に見立て雨乞いをする，の類い）．

Ana·lo'gis·mus [analoˈgɪsmʊs] 〘男〙 -/..men [..mən]《論理》= Analogieschluss

Ana·lo·gon [aˈnaːlogɔn] 〘中〙 -s/..ga (gr.) 類似の事件，類例; 類似のもの，類似物．

Ana'log·rech·ner 〘男〙 -s/-《電子工》(↔ Digitalrechner) アナログ計算機．

An·al·pha'bet [anǀalfaˈbeːt, '----] 〘男〙 -en/-en (gr.) **1** 読み書きのできない人，文盲（もん）．**2**《侮》(特定のことに)無知な人．ein politischer ~ 政治音痴．

An·al·pha·be·ten·tum ['------ とも] 〘中〙 -s/ **1**《集合的に》(特定の地域にいる)文盲の人．**2**《侮》無知蒙昧（まい）．

An·al·pha·be·'tis·mus [anǀalfabeˈtɪsmʊs] 〘男〙 -/文盲．

Ana·ly'sand [analyˈzant] 〘男〙 -en/-en (gr.)《心理》精神分析治療を受けている患者．

Ana·ly'sa·tor [..ˈzaːtoːr, -en/-en..zaˈtoːren] **1**《心理》精神分析家(医師)．**2**《物理》分析器; 《光学》検光子，(偏光顕微鏡の)解析ニコル．

* **Ana'ly·se** [anaˈlyːzə] アナリューゼ 〘女〙 -/-n (gr. analysis , Auflösung`) **1** (a) (↔ Synthese) 分析，解析．et⁴ einer ~ unterziehen 物⁴を分析する．(b) qualitative〈quantitative〉~《化学》定性〈定量〉分析．

2 〖心理〗(精神)分析.

***ana|ly·sie·ren** [analy'zi:rən アナリュズィーレン] 他 分析(解析)する.

Ana·ly·sis [a'na:lyzɪs] 囡 -/ (gr.)〖数学〗解析(学).

Ana'lyst [ana'lyst, ˌɛnəlɪst] 男 -en/-en(-s/-s)〖金融〗金融アナリスト.

Ana'ly·tik [ana'ly:tɪk] 囡 -/ (gr.)〖哲学〗分析論;〖数学〗解析;〖化学〗分析化学.

Ana'ly·ti·ker [..'tikər] 男 -s/- 分析家(学者);〖心理〗精神分析家;〖哲学〗分析論者;〖数学〗解析学者;〖化学〗分析化学者.

ana'ly·tisch [..tɪʃ] 形 分析(解析)的な, 分析に基づく. eine ~e Bibliographie 解題付き文献目録. die ~e Chemie 分析化学. die ~e Geometrie〖数学〗解析幾何学.

Anä·mie [anɛ'mi:] 囡 -/-n [..'mi:ən] (gr.)〖医学〗貧血(症).

anä·misch [a'nɛ:mɪʃ] 形〖医学〗貧血(症)の.

Anam'ne·se [anam'ne:zə] 囡 -/-n (gr. anamnesis ,Erinnerung') **1**〖医学〗既往歴, 病誌, 病歴. **2**〖哲学〗アナムネーシス, 想起(プラトン哲学の概念).

anam'nes·tisch [..'nɛstɪʃ] 形, **anam'ne·tisch** [..'ne:tɪʃ] 形〖医学〗既往症(性)の.

Anam·ni·er [a'namniər] 男 -s/- (gr.) (↔ Amniote)〖動物〗無羊膜類.

ana·mor'pho·tisch [anamɔr'fo:tɪʃ] 形 (gr.) 結像異常の, 歪(ひず)像の. ~e Optik アナモルフィック・レンズ.

'Ana·nas ['ananas] 囡 -/ [-se] (indian.)〖植物〗パイナップル(の実).

Ana'päst [ana'pɛst] 男 -[e]s/-e (gr. anapaistos ,zurückgeschlagen')〖韻律〗アナパイストス, アナペースト(詩脚の1つ, 古典詩では短短長格, ドイツ詩では弱弱強格).

Ana·pher [a'na(:)fər] 囡 -/-n (gr.) **1**〖文法〗前方照応(先行の語句を代名詞などで受けること). **2**〖文体〗(↔ Epiphora 2) 頭語(首句)反復(例 Vieles kenn ich, vieles weiß ich.).

Ana·pho·ra [a'na:fora] 囡 -/..rä[..rɛ] (gr. ,Aufsteigen') **1** =Anapher **2**〖東方教会〗アナフォラ(もと「奉献・供犠」の意. 東方教会のミサの中心部分をなす祈りで, ローマ教会のミサの典文 Kanon に当る).

ana'pho·risch [ana'fo:rɪʃ] 形〖文体〗頭語(首句)反復の;〖文法〗前方照応的な.

An·aph·ro·di'si·a·kum [an|afrodi'zi:akum] 囲 -s/..ka (gr.)〖医学〗制淫(せいいん)剤, 性欲抑制薬.

Ana·phy·la'xie [anafyla'ksi:] 囡 -/..'xi·en [..'ksi:ən] (gr.)〖医学〗アナフィラクシー, 過敏症.

***Anar'chie** [anar'çi:アナルヒー] 囡 -/-n [..'çi:ən] (gr.) 無政府状態(社会); 無秩序, 混乱, 無法状態.

anar'chisch [a'narçɪʃ] 形 無政府状態の; 無秩序な, 乱脈な, 無法の.

Anar'chis·mus [anar'çɪsmʊs] 男 -/ 無政府主義, アナーキズム.

Anar'chist [..'çɪst] 男 -en/-en 無政府主義者, アナーキスト.

anar'chis·tisch [..'çɪstɪʃ] 形 無政府主義(アナーキズム)の.

An·äs·the'sie [an|ɛste'zi:] 囡 -/-n [..'zi:ən] (gr.)〖医学〗**1** 感覚麻痺(まひ), 知覚消失. **2** 麻酔(法).

an·äs·the'sie·ren [..'zi:rən] 他〖医学〗(betäuben) (人に)麻酔をかける.

An·äs·the·si·o·lo'gie [..ziolo'gi:] 囡 -/ (gr.)〖医学〗麻酔学.

An·äs·the'sist [..'zɪst] 男 -en/-en〖医学〗麻酔医(専門医).

An·äs·the·ti·kum [..'te:tikum] 囲 -s/..ka [..ka] (gr.)〖医学〗麻酔薬.

an·äs'the·tisch [..'te:tɪʃ] 形 **1** -s/-e (gr. anatithenai ,öffentlich aufstellen') **1**〖キリスト教〗アナテマ; 異端排斥, 破門, 追放. **2**〖宗教〗(古代ギリシアで)神々への供物(くもつ).

An·as·tig'mat [an|astɪ'gma:t] 男 -en/-en (囲 -s/-e) (gr.)〖写真〗アナスティグマート.

Anas·to'mo·se [anasto'mo:zə] 囡 -/-n (gr. anastomoun ,eine Mündung bilden') **1**〖解剖〗(組織や器官の)吻合(ふんごう);〖生物〗(糸状菌の)吻合. **2**〖医学〗(a) 吻合(術). (b) 吻合症.

Ana'them [ana'te:m] 囲 -s/-e (gr. anatemnein ,zerschneiden')〖医学〗解剖学者.

Ana·to'mie [anato'mi:] 囡 -/-n [..'mi:ən] (gr.) **1** 《複数なし》〖医学〗解剖(学). **2** (a) 解剖学研究所. (b) 解剖学の教科書. **3** (生物体の)解剖学的構造. **4** (話) 肉づき(とくに女体の). anstrengende ~ (戯) どきっとするようなバスト.

ana'to·misch [ana'to:mɪʃ] 形 解剖学(上)の, 解剖学的な.

'an·axi·al [an|aksia:l, ---'-] 形 (gr.+lat.) (↔ axial) 軸方向にない, 軸線上にない.

'an|ba·cken[1(*)] ❶ 他 (ケーキなどを)軽く焼く, 半焼きにする. ❷ 自 (h, s) **1** (b) オーブンで軽く焼かれる. **2** (s) (生地が)焼き付く(焼き型に).

'an|ba·cken[2] 自 (s) (an et[3(*)] 物[3,4]に)こびりつく.

'an|ba·cken[3] 他 das Gewehr ~ 銃を(頬に当てて)構える.

'an|bah·nen ❶ 他 (事[4]の)道を開く. eine neue Verbindung ~ 新しい関係を結ぶ. ❷ 再《sich[4]》(可能性・展望などの)道が開ける.

'an|ban·deln ❶ 自 (ボウスレーが)(コースの側壁に)ぶつかる. ❷ 自 (南ドイツ・オーストリア) =anbändeln

'an|bän·deln [話] ❶ 自 (mit j[3] 人[3]に)言い寄る, (と)いい仲になる; (人[3]と)けんかを始める. ❷ 他 mit j[3] Streit ~ (まれ) 人[3]とけんかを始める.

'An·bau ['anbau] 囲 -[e]s/-ten **1** 《複数なし》〖農業〗作付け, 栽培. **2** (a) 《複数なし》増築, 建て増し. (b) 増築部分.

'an|bau·en ❶ 他 **1**〖農業〗栽培する, 植えつける. **2** 建て増す, 増築(増設)する. ❷ 再《sich[4]》(ある土地に)住みつく, 定住(入植)する.

'An·bau·flä·che 囡 -/-n **1**〖農業〗作付け面積, 耕地面積. **2** 建て増し面積.

'An·bau·mö·bel 囲 -s/- (多く複数で)ユニット家具.

'an|be·feh·len* 他 (雅) (古) **1** (人[3]に事[4]を)命じる, 強く勧める. **2** (人[4]を事[3]・人[3]に)ゆだねる, 預ける.

'An·be·ginn 男 -[e]s/ (雅) (Beginn, Anfang) 初め, 発端. seit ~ / von ~ [an] 最初から.

'an|be·hal·ten 他 (話) (衣服・靴などを)身につけたままでいる, なかなか脱ごうとしない.

'an|bei [an'baɪ, '--] 副 添えて, 同封して.

'an|bei·ßen ['anbaɪsən アンバイセン] ❶ 他 (物[4]に)

咬みつく、かじる. zum *Anbeißen* sein⟨aussehen⟩《話》(食いつきたいほど)かわいい. ❷ 田 **1** (魚が)餌に食いつく. ❷ (誘惑などに)ひっかかる.

'**an|be･kom･men*** 囮《話》なんとか着る(履く)ことができる. Ich *bekomme* die Schuhe nicht *an*. その靴はどうしても履けない(小さくて). ◆過去分詞 anbekommen

'**an|be･lan･gen** 囮 ⟨was j⟨et⟩⁴ anbelangt の形で⟩ was mich⟨diese Sache⟩ *anbelangt* 私としては⟨この件に関しては⟩.　◆↑anlangen

'**an|bel･len** 囮 **1** (犬が)吠えかかる. den Mond ~ (犬が)月に向かって吠える;《話》虚勢を張る. ❷ 怒鳴りつける, 叱りつける.

'**an|be･que･men** ['anbəkveːmən] 囮 ⟨sich⁴⟩ (人⟨物⟩³に)順応⟨適応⟩する. *sich* einer fremden Gewohnheit ~ 異国の習慣に順応する. ◆過去分詞 anbequemet

'**an|be･rau･men** ['anbəraʊmən] 囮 (事⁴の)日時を決める;(日時などを)定める. eine Versammlung zum ⟨auf den⟩ 1. Mai ~ 会合の日取りを5月1日と定める. der *anberaumte* Termin 所定の期日. ◆過去分詞 anberaumt

*'**an|be･ten** ['anbeːtən] 囮 崇拝する; 熱愛する, 賛美する.

'**An･be･ter** ['anbeːtɐr] 男 -s/- 崇拝者; 賛美者, ファン.

'**An･be･tracht** ['anbetraxt] 男⟨官⟩⟨in Anbetracht の形で⟩ in ~ der Verhältnisse 諸般の事情を考慮して. in ~ dessen, dass... ...であることに鑑(かんが)み.

'**an|be･tref･fen*** 囮 ⟨was j⟨et⟩⁴ anbetrifft の形で⟩ was mich⟨diese Sache⟩ *anbetrifft* 私としては⟨この件に関しては⟩.

'**an|bet･teln** 囮 (j⁴ um et⁴ 人⁴に物⁴を)ねだる, せがむ.

'**An･be･tung** 囡 -/(-en) 崇拝; 熱烈な思慕⟨賛美⟩.

'**an|be･tungs･wür･dig** 囮 崇拝に値する.

'**an|bie･dern** 囮 ⟨sich⁴⟩《侮》([bei] j³ 人³に)取入る, へつらう, ごますりする.

'**An･bie･de･rung** 囡 -/-en へつらい, ごますり.

'**an|bie･ten***　['anbiːtən アンビーテン] ❶ 囮 (人³に物⁴を)与えようと申出る, 差出す; 提案する. j³ *seine* Begleitung ~ 人³に同行を申出る. j³ *seine* Hand⟨*sein* Herz⟩ ~ 人³に求婚する. j³ Prügel ~ 人³を殴るぞと言って脅す. seinen Rücktritt ~ 辞職を申出る. j³ eine Zigarette ~ 人³にタバコを勧める. et⁴ zum Verkauf ~ 物⁴を売りに出す.
❷ 囮 ⟨sich⁴⟩ **1** (als...…の)役を買って出る. Er *bot sich* ihr als Begleiter *an*. 彼は彼女のために同伴役を買って出た. ⟨zu不定詞句と⟩ *sich* ~, ...zu tun 自分から買って出て...する. **2** (女が)身をまかす. **3** (機会・可能性などが)現れて⟨現れて⟩くる, 生じる. **4** (für et⁴ 事⁴に)うってつけである. **5** ⟨スポ⟩ (パスを受けようと)身構える.

'**an|bin･den*** ['anbɪndən] ❶ 囮 **1** (a) 結びつける, つなぐ(an et³ 物³に). den Hund ~ 犬をつなぐ. (b)《比喩》束縛する. sich³ nicht ~ lassen 束縛を嫌う. **2**『農業』(子牛などを)手もとにおいて育てる(畜殺せずに). **3** (mit j³ 人³と)けんかを始める, (に)けんかを売る;関係を結ぶ. ◆↑angebunden

'**An･biss** 男 -es/-e ひと口かじること; かじった痕(あと).

'**an|bla･fen*** 囮 **1** 《話》怒鳴りつける. **2** 怒鳴りつける.

'**an|bla･sen*** 囮 **1** (火などを)吹いて起し, (情熱などを)あおる, たきつける. **2** (事⁴の)開始の合図を吹鳴らする.

die Jagd⟨das neue Jahr⟩ ~ 角笛(ラッパ)を吹いて狩りの開始⟨新しい年の始まり⟩を告げる. **3**『音楽』試奏する. **4**『冶金』den Hochofen ~ 高炉に送風を開始する. **5** (まれ) (a) (人⁴に)吹きつける(風が). (b) j⁴ mit Zigarettenrauch ~ 人⁴にタバコの煙を吹きかける. **6** (俗) (人⁴に)怒鳴りつける.

*'**An･blick** ['anblɪk アンブリク] 男 -[e]s/-e **1**《複数なし》見つめること, 注視. beim ersten ~ 一目で, 一見して. bei seinem ~ 彼の姿を見て. in den ~ der Blumen versunken sein 花に見とれている. **2** 眺め, 光景. ein ~ für die Götter《戯》おかしな光景, こっけいな眺め.

'**an|bli･cken** ['anblɪkən アンブリケン] 囮 じっと見る, 見つめる, 注視(凝視)する.

'**an|blin･ken** 囮 ぱっと(ぴかっと)照らす;『自動車』(人⁴に)パッシングで合図する.

'**an|blin･zeln** 囮 **1** 目ばたきしながら(目をしばたたいて)見つめる. **2** (人⁴に)目で合図を送る.

'**an|blit･zen** 囮 (人⁴に)にらみつける.

'**an|boh･ren** ❶ 囮 (物⁴に)穴をうがち始める. **2** (物⁴に)穴をうがつ, 穴をあける. Bäume ~ (樹液を採取するために)木の幹に穴をあける. ein Fass ~ 樽に口をあける. **3** (油層などを)掘り当てる. ❷ 囮 j⁴ ~ / bei j³ ~《話》人³,⁴に探りを入れる; 無心を言う.

'**An･bot** ['anboːt] 中 -[e]s/-e《ｵｰｽﾄﾘｱ》=Angebot

'**an|bra･ten*** 囮 強火でさっと焼く(炒める).

'**an|bräu･nen** ❶ 囮『料理』軽く焦げ目をつける, きつね色に焼く(炒める). ❷ 囮 (s)《話》少し日焼する.

'**an|brau･sen** 囮 (s) (↔ abbrausen)《話》[列車などが]轟音(ごうおん)を立てて近づいて来る(しばしば *angebraust* kommen の形で).

*'**an|bre･chen*** ['anbrɛçən アンブレヒェン] ❶ 囮 **1** (物⁴の)封を切る, 栓を抜く, (を使い始める; 蓄えなどに)手をつける. Brot ~ (新しい)パンにナイフを入れる. eine Flasche Wein ~ ワインの口をあける. **2** (物⁴の)一部を折る, (と)ひび入らせる. Ein Stuhlbein ist *angebrochen*. 椅子の脚が1本折れかけている. ein *angebrochenes* Glas 縁(ふち)の欠けた(ひび割れた)グラス. ❷ 囮 (s)《雅》(ある時代・時期・時刻が)始まる. Eine neue Zeit ist *angebrochen*. 新しい時代が始まった.

'**an|bren･nen*** ['anbrɛnən] ❶ 囮 (s) **1** 燃え出す, 火がつく. **2** 『料理』焦げつく. nichts ~ lassen《比喩》どんなチャンスも見逃さない;(ゴールキーパーが)絶対にゴールを割らせない. *angebrannt* riechen 焦げ臭い. Bei ihm ist etwas *angebrannt*.《比喩》彼はなにやらご機嫌斜めだ. ❷ 囮 (物⁴に)火をつける. sich³ eine Zigarette ~ タバコに火をつける.

*'**an|brin･gen*** ['anbrɪŋən アンブリンゲン] 囮 **1** 持って来る, 連れて来る. Die Katze brachte eine Ratte *an*. 猫がねずみをくわえて来た. **2** (a) 就職させる;(施設などに)入れる. *seinen* Sohn als Lehrling⟨in einer Lehrstelle⟩ ~ 息子を徒弟修業に出す. *seine* Tochter ~《古》娘を結婚させる(嫁に出す). (b) (商品を)売り捌く. **3** (a) 取付ける, 据付ける. eine Lampe an der⟨die⟩ Decke ~ ランプを天井に取付ける. (b) 付加える. Änderungen ~ 変更を加える. **4** (不満・願い事などを)持出す, 口にする;(知識などを)披露する. Das kannst du bei mir nicht ~.《話》そんな言いぐさは私には通用しないよ. **5**《話》(衣服などを)どうにか着る⟨履く⟩ことができる. **6**《地方》(人⟨物⟩⁴のことを)告げ口する. ◆↑angebracht

'**An･bruch** ['anbrʊx] 男 -[e]s/-e **1** (a)《複数なし》《雅》発端, 始まり. bei ~ der Nacht 夜のとばりが下

anbrüchig

りる頃に．(b)〖傷〗み初め，腐りかけ．**2**〖林業〗腐りかけた木．**3**〖猟師〗行き倒れて腐りかけた獣．**4**〖鉱業〗露出鉱脈．

ˈanˈbrüˈchig [ˈanbrүçɪç]〖形〗(肉・木などが)腐りかけた．

ˈanˈbrülˈlen ❶〖他〗**1**(人⁴に)吠えかかる．**2**〘話〙怒鳴りちらす．❷〖自〗**gegen den Motorenlärm ~**〘話〙エンジンの騒音に負けない声を出す(出してしゃべる)．

ˈanˈbrumˈmen〖他〗**1**(人⁴に向って)唸り声をあげる．**2**〘話〙(人に)ぶつくさ文句をいう．

ˈAnˈchorˈman [ˈεŋkɔrmεn]〖男〗-/..**men** [..mεn] (*engl.*) (ニュース番組などの)アンカーマン，メインキャスター．◆女性形 **Anchorwoman** [..vumən]〖女〗-/..**women** [..vɪmɪn]

Anˈchoˈvis [anˈço:vɪs, ..ˈʃo:vɪs]〖女〗-/-〖食品〗Anschovis

Anˈciˈen Réˈgime [ãsiˈε: rεˈʒi:m]〖中〗-/- (*fr.* ,alte Regierungsformˋ) **1**〖歴史〗アンシャン・レジーム(大革命以前のフランスの政体)．**2**(一般に)旧制度，旧体制．

*ˈAnˈdacht** [ˈandaxt アンダハト]〖女〗-/-en **1**(複数なし)思いを凝らすこと，観想，沈思黙考．**2**(複数なし)信心，敬虔(%)な気持ち．**3**〖宗教〗(短い)祈禱(%),礼拝．

*ˈanˈdächˈtig** [ˈandεçtɪç アンデヒティヒ]〖形〗思いを凝らした; 敬虔(%)な，信心深い．

Anˈdaˈluˈsiˈen [andaˈlu:ziən]〖地名〗アンダルシア(スペイン南部の地方，中心都市セビリア Sevilla).

anˈdanˈte [anˈdantə]〖副〗(*it.* ,gehendˋ)〖音楽〗アンダンテ，歩くくらいの速さで．

Anˈdanˈte〖中〗-[s]/-s〖音楽〗アンダンテの楽曲．

anˈdanˈtiˈno [andanˈti:no]〖副〗(*it.*)〖音楽〗アンダンティーノ(アンダンテよりはやや速いテンポで)．

Anˈdanˈtiˈno〖中〗-s/-s(..ni)〖音楽〗アンダンティーノの楽曲．

ˈanˈdauˈen [ˈandauən]〖他〗(食物を)消化し始める．*angedaute* Nahrung 消化の始まった食物．

ˈanˈdauˈern〖自〗(ある状況が)長々と続く，持続する．

*ˈanˈdauˈernd** [ˈandauərnt アンダォアーント]〖形·副〗**1**〘述語的には用いない〙持続する，絶え間のない．der ~*e* Regen 長雨．**2**〘副詞的用法で〙絶え間なく，しょっちゅう．

ˈAnˈden [ˈandən]〖複〗〖地名〗die ～ アンデス山脈．

*ˈAnˈdenˈken** [ˈandεŋkən アンデンケン]〖中〗-s/- **1**(複数なし) (Gedenken) 思い出，追憶，記念．zum ～ an et⁴ 事⁴の思い出のために，事⁴の記念に．j⁴ in bleibendem ～ behalten 人⁴をいつまでも忘れない．bei j³ in gutem ～ stehen 人³ によい印象を残している．**2** 思い出の品，記念品．Der Ring ist ein ～ an meine verstorbene Mutter. この指環は私の亡き母の形見で

ˈanˈder

[ˈandər アンダー]〖形〗《付加語的用法のみ》**1** (a) 別の，他の，ほかの．ein ～*es* Auto 別の自動車．*Andere* Länder, ～*e* Sitten.〘諺〙所変れば品変る．～*e* Dinge im Kopf haben 別のことを考えている．～*en* Leuten in die Töpfe gucken〘比喩〙いやに他人のことに興味を持つ，他人のことにむやみに鼻をつっこむ．~*er* Meinung sein 意見が違う．~*en* Sinnes werden 気持が変る．aus ~*em* Holz gemacht (geschnitzt) sein〘比喩〙人柄のでき(質)が違う．Sie ist in ~*en* Umständen. 彼女は妊娠中だ．mit ~*en* Worten 言い換えれば．unter ~*en* Umständen 事情が違えば．《名詞的用法で》und ～*e*[s](略 u. a.)

等々．und ～*e*[s] mehr (略 u.a.m.) その他．und vieles ～*e* mehr (略 u.v.a.m.) その他多数．Das ist etwas ～*es*. それは話が別，話が違う．Das kannst du ～*en* erzählen, aber nicht mir. そんな話はよそでしろ，私は聞く耳をもたないわ．j⁴ eines ～*en* belehren 人⁴の間違いを正す，蒙を啓(%)いてやる．sich⁴ eines ～*en* besinnen 考えを変える．sich⁴ eines ～*en* besinnen 考えを変える．Das verdient alles ～*en* (人事物に関して)とりわけ，なかんずく．unter ～*en*(人に関して)とりわけ，なかんずく．(b)《**als**... を伴って》...とは別の，...とは違った，...以外の(↑als 7)．Er ist ～*er* Meinung als ich. 彼は私とは意見が違う．alles ～*e* als...sein ...とはまるで正反対である．Er ist alles ～*e* als gewissenhaft. 彼は良心のかけらもない．Das verdient alles ～*e* als Tadel. それはまったく非難するどころか褒めなければならない．kein ～*er* als er 他ならぬ彼こそが，彼だけが．nichts ～*es* als...よりほかのものはない，...だけ．Er konnte nichts ～*es* als schweigen. 彼は黙っているよりほかに手がなかった．

2 もう一つの，もう一方の．das ～*e* Ende もう一方の端．~*e* Ufer 向こう岸．

3 次の; 第 2 の．das ～*e* Geschlecht 第 2 の性，異性．am ～*en* Tag / ～*en* Tags 翌日に，次の日に．nach einem ～*en* Arbeitsplatz suchen 次の(新しい)職場を探す．

4《**ein** と呼応して》der〈das〉eine oder ～*e* 誰しらが，誰やかやが〈何かしらが，何やかやが〉．die einen..., die ～*en*... 一方の人々は... もう一方の人々は... Entweder das eine oder das ～*e*! これかあれかだ．Einer schrie lauter als der ～*e*. お互いに負けじとばかりに大声をあげた．Ein Wort gibt das ~*e*. 売り言葉に買い言葉の応酬になる．einer〈eins〉nach dem ～*en* / eine nach der ～*en* 次々に．einen Brief nach dem ～*en* schreiben 次々に(矢継ぎばやに)手紙を書く．Er macht eine Dummheit nach der ～*en*. 彼は次々に愚行をやらかす．ein Bein über das ～*e* schlagen 脚を組む．einen Tag um den ～*en* 1 日おきに; 毎日．zum einen..., zum ～*en*...一方では...，他方では...，一つには... また一つには... . Es kommt eins zum ～*en*. 次々に新しい事件が起る，いろんな用事ができる．

ˈänˈderˈbar [ˈεndərba:r]〖形〗変更可能な．

ˈanˈdeˈrenˈfalls [ˈandərənfals]〖副〗そうでない場合には，さもなければ．

ˈanˈdeˈrenˈorts [..ˈɔrts]〖副〗〘雅〙他の場所で，よそで．

ˈanˈdeˈrenˈtags〖副〗〘雅〙翌日に，次の日に．

ˈanˈdeˈrenˈteils〖副〗=anderenseits

*ˈanˈdeˈrerˈseits** [ˈandərərzaɪts アンデラーザィツ]〖副〗(auf der anderen Seite)《多く **einerseits** と呼応して》他方で，もう一方では，これに反して．Einerseits macht das Spaß, ～ Angst. 一面それは楽しみなのだが他方不安である．↑einerseits

ˈAnˈderˈgeˈschwisˈterˈkind〖中〗-[e]s/-er (地方)またいとこ．

ˈanˈderˈlei [ˈandərlaɪ]〖不変化〗異なった種類の．

ˈanˈderˈmal [..ma:l]〖副〗ein ～ いつか別のときに，また いつか．

ˈänˈdern

[ˈεndərn エンダーン] ❶〖他〗変える，変更する，作り変える．den Mantel ～ コートを仕立て直す．*seine* Meinung ～ 意見を変える．Was ändert das an den Tatsachen? それで事実がどう変るというのか．Das ist nicht zu ～. / Das lässt sich⁴ nicht ～.

それは変えようがない, どうしようもない. ❷ 圓 (sich⁴) 変る, 変化する, 改まる. Das Wetter *ändert sich.* 天気が変る. Er hat *sich* sehr *geändert.* 彼はひどく人が変った. *sich* umgekehrt proportional ~ 《数学》反比例する. ❸ 圓 (は) 変る, 変化する.
'an·dern·falls ['andərnfals] 副 =anderenorts
'an·dern·orts 副 =anderenorts
'an·dern·tags 副 =anderentags
'an·dern·teils 副 =anderenteils

'an·ders ['andərs アンダース] 副 **1** 異なって, 違ったふうに, 別のやり方で. ~ ausgedrückt 別な言い方をすれば. ~ denken 考えが違う. sich³ et⁴ ~ überlegen 考え直す, 決心を変える. Früher war alles ganz ~. 昔は何もかもまったく違っていた. Sie ist ~ geworden. 彼女は人が変った. Mir wurde ~.《話》私は気分が悪くなった. ~ als früher 昔と違って. Er ist, ~ als sein Bruder, ganz geizig. 彼は兄(弟)とは違って大変けちだ. Ich konnte nicht ~, ich musste lachen. 私は笑わざるをえなかった. **2**《不定代名詞・疑問代名詞・疑問副詞と》(sonst) …のほかに, …以外に. jemand ~ 誰かほかの人. niemand ~ als er 彼のほかに誰も…ない. Wer ~ soll es denn getan haben? ほかの誰がやったというのか. Wie ~ könnte man sich³ das erklären? それはほかにどんな理解の仕方があるだろうか. **3**《話》さもないと. **4** wenn ~ …《古》…と仮定すると.
'an·ders·ar·tig ['andərsǀa:rtɪç] 形 種類(性質)の違う.
'an·ders den·kend, ○'an·ders·den·kend 形 考え方の異なる.
'an·der·seits ['andərzaɪts] 副 =andererseits
'An·der·sen ['andərzən, 'an¹ərsən]《人名》Hans Christian ~ ハンス・クリスティアン・アンデルセン(1805-75, デンマークの作家).
'an·ders·far·big 形 色の違う.
'an·ders ge·ar·tet, ○'an·ders·ge·ar·tet 性質の異なる.
'an·ders ge·sinnt, ○'an·ders·ge·sinnt = anders denkend
'an·ders·gläu·big 形 信仰(宗教)を異にする.
'an·ders·he·rum 副 **1** 逆回りに, 逆(反対)向きに. **2**《話》同性愛の.
'an·ders·rum 副《話》=andersherum
'an·ders·wie 副《話》別のやり方(方法)で.
'an·ders·wo 副 どこかほかの所に, 別の場所で.
'an·ders·wo·her 副 どこかほかの所から.
'an·ders·wo·hin 副 どこかほかの所へ.
*'an·dert·halb ['andərt'halp アンダートハルプ] 形《不変化》(einundeinhalb) 1 と 2 分の 1 の.
*'Än·de·rung ['ɛndərʊŋ エンデルング] 囡 -/-en 変更, 修正; 変化.
'an·der·wär·tig ['andərvɛrtɪç] 形《述語的には用いない》ほかの所(よそ)の, ほかの所(よそ)から来た.
'an·der·wärts [..vɛrts] 副《雅》ほかの所(場所)で(に).
'an·der·weit 副《雅》ほかの点で, ほかの方法で.
'an·der·wei·tig ['andərvaɪtɪç] 形《述語的には用いない》ほかの, 別の; どこかほかの所で, 別の方法で.
*'an·deu·ten ['andɔʏtən アンドィテン] ❶ 他 **1** 暗示する, ほのめかす, におわせる. einen Wunsch ~ 願いをそ

となく言う. **2** おおまかに示す, 輪郭だけを描く. einen Plan in Umrissen ~ ある計画の概要を示す. eine Verbeugung [nur] ~ 軽く会釈する. ❷ 圓 (sich⁴) 兆(絲)しが現われる, 気配が見える.
*'An·deu·tung ['andɔʏtʊŋ アンドィトゥング] 囡 -/-en **1** 暗示, ほのめかし, ヒント. in ~*en* sprechen そとなく言う, ほのめかす. **2** 兆(絲)し, 兆候. die ~ eines Lächelns かすかな微笑.
'an·deu·tungs·wei·se 副 暗示的に, 遠回しに, さりげなく, ほんやり.
'an·dich·ten 他 **1** (人⁴〈物⁴〉に)詩をささげる, (に)ささげた詩を作る. **2** (人³に関して事⁴を)捏造(勞)する, まことしやかに言う. j³ unlautere Absichten ~ 人³が不純なもくろみを抱いていると言いふらす.
'an·di·cken 他《料理》(ソースなどに)とろみをつける.
'an·die·nen 他 **1** (ポスト・任務などを)提供する(少しおしつけがましく);《商業》売りつける. **2** einen Hafen ~ (船員) ある港に入港(寄港)する.
an'din [an'di:n] 形 (↓ Anden)《地理》アンデス(地方)の.
'an·don·nern ❶ 圓 (s) 轟音をたてて近付いてくる. Ein Lastwagen kommt *angedonnert.* トラックが 1 台轟音をたてて走ってくる. ❷ 他《話》怒鳴りつける. wie *angedonnert* 雷に打たれたように.
'An·dorn ['andɔrn] 男 -[e]s/-e《植物》にがはっか(地中海地方原産の薬草).
An'dor·ra [an'dɔra]《地名》アンドラ(フランス・スペインの国境, ピレネー山脈東部の小国).
An·dor'ra·ner [andɔ'ra:nər] 男 -s/- アンドラ人.
an·dor'ra·nisch 形 アンドラ(人)の.
And·ra'go·gik [andra'go:gɪk] 囡 -/ (*gr.*)《教育》(Erwachsenenbildung) 成人教育.
*'An·drang ['andraŋ アンドラング] 男 -[e]s/《波・群集などが》激しく押寄せること, 殺到; 雑踏, 人込み. ~ des Blutes《医学》充血.
'an·drän·gen ❶ 圓 (s) (gegen j⟨et⟩⁴ 人⟨物⟩⁴に向かって)押寄せる, 殺到する. ❷ 他 (sich⁴) (an j⁴ 人⁴に)体をぴったり押しつける, すがりつく.
An'drea [an'dre:a]《女名》アンドレーア (Andreas の女性形).
An'dre·as [an'dre:as] (*gr.* andreos, mannhaft ')《男名》アンドレーアス. der heilige ~ 聖アンデレ(12 使徒の 1 人, 斜め十字(×)形の十字架につけられて殉教したといわれる.「付録 "聖人暦"」11 月 30 日).
An'dre·as·kreuz 中 -es/-e アンデレの十字架(↑ Andreas). **2**《帝政ロシアの》アンドレーアス勲章(最高の十字勲章). **3**《建築》(木組建築などの)斜材. **4**《交通》(×形の)踏切標識.
*'an·dre·hen ['andre:ən アンドレーエン] 他 **1**《話》(物⁴の)スイッチを入れる, 栓を開ける. das Fernsehen ~ テレビのスイッチを入れる. die Nachrichten ~《話》ニュース(番組)にチャンネル(ダイヤル)を合せる. das Wasser ~ 水道の栓をひねって水を出す. **2** (ねじなどを)締める, ねじって固定する. j³ eine Arbeit ~ 人³に仕事を押しつける. **4**《話》(仕事などを)やっつける, やってのける. Wie willst du das ~? 君はこれをどうやるつもりですか. **5** [einen Film] ~《映画》撮影を開始する, クランクインする.
'and·rer·seits 副 =andererseits
'an|dres·sie·ren 他 einem Hund ein Kunststück ~ 犬に芸を仕込む. einem Kind Höflichkeit ~ 子供にマナーをきびしく躾(ξ)ける. ◆過去分詞 andressiert

an|dringen

'an·drin·gen* 自(s)《雅》(andrängen ①)(gegen j⟨et⟩⁴ 人⟨物⟩³に向かって)押寄せる.

An·dro·ga'met [androga'me:t] 男 -en/-en (gr. andros ,Mann'+gamein ,heiraten')《生物・医学》男性生殖細胞.

An·dro'gen [andro'ge:n] 中 -s/-e (gr.)《生物・医学》アンドロゲン, 男性ホルモン.

an·dro·gyn [andro'gy:n] 形 (gr. andros ,Mann'+gyne ,Weib')《生物・医学》男性偽陰陽(両性具有, 半陰陽)の;《植物》雌雄同株.

An·dro·gy'nie [..gy'ni:] 女 -/《生物・医学》男性偽陰陽, 両性具有, 半陰陽;《植物》雌雄同株.

'an·dro·hen 他 j¹ et⁴ ～事⁴を言って人³を脅す.

'An·dro·hung 女 -en 脅し, 脅迫, 威嚇.

An·dro'ide [andro'i:də] 男 -n/-n (gr.) アンドロイド, 人造人間(とくに SF の).

An·dro·lo'gie [androlo'gi:] 女 -/ (gr.)《医学》男子病学(男性の性的機能にかかわる病患を扱う).

An·dro·ma·che [an'dro:maxə]《人名》《ギリシア神話》アンドロマケ(Hektor の妻).

An'dro·me·da [an'dro:meda] ❶《人名》《ギリシア神話》アンドロメダ. ▶↑Kassiopeia, Perseus ❷ 中 -/die ～《天文》アンドロメダ座.

'An·druck 男 -[e]s/-e **1**《印刷》試し刷り, 校正刷り. **2**《複数なし》《工学》(加速で生じる)反動圧力(宇宙飛行士などが受ける).

'an·dru·cken ❶ 他《印刷》(物⁴の)試し刷りをする. ❷ 自 印刷を始める.

'an·drü·cken ❶ 他 **1** 押しつける. ein Pflaster an die Wunde ～ 傷に絆創膏をはる. **2** スイッチのボタンを押して作動させる; (カメラの)シャッターを切る. ❷ 自《猟師》(追出し猟で)追出しを開始する. ❸ (sich⁴) 身を押しつける, 寄りかかる.

'an|dul·den 他 (sich³)《次の用法で》sich einen ～《話》酔っぱらう.

Äne'as [ɛ'ne:as]《人名》《ギリシア神話》アイネイアース. ▶トロイア戦争におけるトロイア方の Hektor に次ぐ武将, ローマの祖.

'an|ecken ['anˌɛkən] 自 (s, h) **1** (s) (an et³ 物³に)ぶつかる, ぶつける; mit dem Rad an die Bordstein ～ 車輪を歩道の縁石にぶつける. **2** (s, h)《話》(bei j³ 人³の)神経を逆なでする, 機嫌を損じる.

Äne'i·de [ɛne'i:də] 女 -/ アエネーイス(Äneas を主人公にした Vergil の叙事詩の題名,「アイネイアースの歌」の意).

*'an|eig·nen ['anˌaɪgnən アンアイグネン] 他 (sich³) 自分のものにする, 習得する; 横領, 着服する. sich eine Gewohnheit ～ ある習慣を身につける. sich eine Sprache ～ ある言語を習得する.

'An·eig·nung 女 -/-en 取得; 横領, 着服;《法制》先占;《教育》習得.

*an·ei'nan·der [anˌaɪ'nandər アンアイナンダー] (an+einander) 互いに接し(触れ)合って; お互いについて. ～ denken 互いに相手のことを思う. ～ vorbeigehen 互いにすれ違う. ～ vorbeireden 話がすれ違う, 噛み合わない. ◆動詞とのつながりが強くなると分離前つづりと見なされることが多い.

an·ei'nan·der fü·gen, °**an·ein·an·der|fü·gen** 他 継ぎ合せる, 接合する.

an·ei'nan·der ge·ra·ten*, °**an·ein·an·der| ge·ra·ten*** 自 (s) けんかになる; 意見(利害)が衝突する(mit j³ 人³と).

an·ei'nan·der gren·zen, °**an·ein·an·der|grenzen** 自 境を接する, 隣接する.

an·ei'nan·der rei·hen, °**an·ein·an·der|reihen** ❶ 他 並べる, 並列にする. ❷ (sich) **1** (時間的に)連続する. **2** (空間的に)並ぶ.

an·ei'nan·der sto·ßen*, °**an·ein·an·der| sto·ßen*** ❶ 自 (s) 衝突する, ぶつかり合う. **2** (an einander grenzen) 境を接する, 隣接し合う.

Anek'do·te [anɛk'do:tə] 女 -/-n (gr. ,Unveröffentlichtes') アネクドート, 逸話, 秘話.

anek'do·tisch [..tɪʃ] 形 逸話ふうの.

'an|ekeln 他 吐き気(嫌悪)を催させる. Sein Anblick ekelt mich an. あの男を見ると胸糞が悪くなる. mit angeekelter Miene うんざりした顔つきで.

Ane·mo·ga'mie [anemoga'mi:] 女 -/《植物》(anemos ,Wind')風媒.

Ane·mo'me·ter 中 -s/- (gr.)《気象》(Windmesser)風速(風力)計.

Ane'mo·ne [ane'mo:nə] 女 -/-n (gr.)《植物》アネモネ.

'an|emp·feh·len* 他《まれに非分離 [--'--]》(人³に事⁴を)強く勧める. den Herrn im Himmel die armen Seelen ～ 天なる主に貧しき者らのことをよくお願いする. ◆過去分詞 anempfohlen

'an|emp·fin·den* 他 sich³ et⁴ ～ 事⁴を想像で感じ取る. ◆過去分詞 anempfunden

'an·emp·fun·den ['anˌɛmpfʊndən] 過分 形 (↑anempfinden) 頭の中で想像しただけの. Alles, was er schreibt, ist nur ～. 彼が書くものはすべて絵空事だ.

An ener'gie [anˌenɛr'gi:] 女 -/-n =Anergie

'**An·er·bie·ten** ['anˌɛrbi:tən] 中 -s/-《援助・協力などの》申出.

An·er'gie [anˌɛr'gi:] 女 -/-n (gr. An..+ergon ,das Geschaffene')《医学》アネルギー, 勢力欠乏, 無反応.

an·er'gisch ['anˌɛrgɪʃ] 形《医学》アネルギーの, 無作動の, 無反応の.

'**an·er·kannt** ['anˌɛrkant] 過分 形 (↑anerkennen) 定評ある, 折紙つきの; 公認された.

'**an·er·kann·ter·ma·ßen** ['anˌɛrkantɐrˈmaːsən] 副 世人が認めるように, さすがに; 周知のように.

*'**an|er·ken·nen*** ['anˌɛrkɛnən アンエアケネン] 他《まれに非分離 [--'--]》**1** 承認(公認)する; 認知する. ein Kind ～ 子供を認知する. einen Staat ～ ある国家を承認する. **2** (功績などを)認める, 評価(称賛)する. anerkennende Worte 称賛の言葉. ◆↑anerkannt

'**an·er·ken·nens·wert** 形 称賛に値する, 立派な.

'**An·er·kennt·nis** ❶ 女 -/-se《複数まれ》《雅》(Anerkennung) 承認, 認知; 称賛, 称揚. ❷ 中 -ses/-se《法制》認諾(原告の請求に対する被告の); 債務承認.

'**An·er·ken·nung** 女 -/-en **1**《複数なし》(功績など を)認めること, 称賛, 称揚. j³ seine ～ aussprechen 人³に称賛の辞を述べる. in ～ finden 称賛される, 高く評価される. in ～ seiner Verdienste 彼の功績をたたえて. **2**《複数まれ》承認, 認可, 認知. die ～ der Vaterschaft《法制》父たることの承認(認知). die diplomatische ～ eines Staates (新しく誕生した)国家の外交的承認.

Ane·ro'id [anero'i:t] 中 -[e]s/-e (gr. a..+neros)《物理》アネロイド気圧計.

'**an|er·zie·hen*** 他 (人³に事⁴を)教え込む. ↑anerzogen

'an·er·zo·gen 過分 囲 教え込まれた，習い性となった．Die Heiterkeit ist ihm ~. 朗らかさは彼にとって生れついてのものではない．

'an|es·sen* 囲 (sich³) sich einen Bauch ~《話》食べすぎて腹が出てくる．

Aneu'rin [anɔy'ri:n] 囲 -s/《医学》アノイリン(ビタミン B₁).

Aneu'rys·ma [..'rysma] 囲 -s/..men(-ta) (gr.)《医学》動脈瘤．

'an·fa·chen 囲 (火を吹いておこす，あおる;《比喩》(情欲・怒り・争いなどを)あおる，かきたてる．

'an·fah·ren* ['anfa:rən] ❶ 自 (s, h) 1 (s)〈乗物が〉動き始める．2 (s)〈乗物で〉近づいて来る，到着する．《過去分詞で》angefahren kommen 乗って来る，乗りつける．3 (s) 〈an et〈j〉³ 物〈人〉に〉衝突する，ぶつかる．4 (s)《鉱山》入坑する; (h)(鉱床にたどり着くまで)掘り進む．
❷ 他 1 (車で)運んで来る．Getränke ~ lassen《話》飲み物を盛大に運んでこさせる(気まえよくふるまう)．2 (車で人〈物〉に)ぶつかる．3 (車である場所を)目指す，den Hafen ~ (車で)港へ向かう．4 《スキー》(a) (スキーなどで障害や関門に向かって)突進する．(b) eine Kurve ~ (きわどいコーナリングで)カーブを切る，カーブに入る．5 (人⁴を)どなりつける，しかりとばす．6 (工場施設などを)動かし始める，(の)操業を開始する．

'An·fahrt ['anfa:rt] 囡 -/-en 1 (乗物の・乗物での)到着; 接近．die ~ von Waren 品物の到着．2 (到着地までの)道のり; 所要時間．eine lange ~ zur Arbeit haben 職場までの道が遠い．zwei Stunden ~ 2 時間の所要時間．3 進入路，車寄せ．4 波止場，埠頭．5《鉱山》入坑．

*'An·fall ['anfal アンファル] 男 -[e]s/⁼e 1 (病気・激情の)発作，激発．einen ~ bekommen〈kriegen〉発作に襲われる;《話》我を忘れる．2《複数なし》生産(収穫)高，(たまった仕事などの)量．der ~ an Roheisen 銑鉄の生産量．3《古》襲撃．4《古》(遺産の)帰属，相続，(帰属した)遺産．5《猟師》(野鳥の集まる場所．

'an·fal·len* ['anfalən] ❶ 他 1 (人⁴に)突然襲いかかる; (病気・激情が)襲う;《狩猟》(犬が獲物の足跡をかぎつける)追跡する．2 (人⁴を)怒鳴りつける．
❷ 自 (s) 1 (付随的に)生じる，発生する; たまる．Dabei fallen viele Abfallprodukte an. そのさい多くの廃棄物が出る．《現在分詞で》anfallende Arbeiten (付随的に)どんどんたまってくる仕事．《過去分詞で》eine angefallene riesige Menge von Paketen 大量の滞貨．2《古》(権利・利益などが人³に)付随的に込む，帰属する．3《猟師》(獲物が)とまる，舞い降りる．

'an·fäl·lig ['anfɛlɪç] 形 (病気などに)かかりやすい，抵抗力がない(für〈gegen〉et⁴ に対して)．

'An·fäl·lig·keit 囡 -/-en 病気にかかりやすいこと，抵抗力不足，虚弱．

'An·fang ['anfaŋ アンファング] 男 -[e]s/⁼e 1《複数まれ》❶ Ende 初め，最初; 発端，起源; 始まり，開始．~ Mai 5 月初めに．~ des Jahres〈des Monats〉年頭〈月初めに〉．am〈im/zu〉~ 初めに，最初は．Im ~ war das Wort.《新約》初めに言(ことば)があった(ヨハ 1:1). den ~ machen 口火を切る(mit et³ 事³ の). seinen ~ nehmen《雅》始まる．vom ~ bis [zu] Ende 初めから終わりまで，何もかも．Aller ~ ist schwer.《諺》最初は何でもむずかしい．Das ist der ~ vom Ende. 終りの始まりだ．Sie ist ~ [der

vierzig〈⁼Vierzig〉. / Sie ist ~ Vierziger. 彼女は 40代の初めだ．2《複数で》(学問などの)初歩，入門，基礎．bei den ersten Anfängen stehen bleiben いつまでも初歩の段階にとどまっている．

'an|fan·gen* ['anfaŋən アンファンゲン] (beginnen) ❶ 他《仕事・活動を)始める，(に)取りかかる; 行う，する．einen Bericht ~ 報告する．Händel~ けんかを始める，訴訟を起す(mit j³ 人³ を相手に). Ich weiß nicht, wie man es ~ soll. 私はそれをどんなふうにやってよいのか分からない．Was soll man nun ~? さてこれから何をすればよいのか．Sie fängt an zu singen. / Sie fängt zu singen an. 彼女は歌い始める．mit j〈et〉³ nichts ~ können 人〈物〉³ をどう扱ってよいか分からない．Mit audiovisuellem Unterricht kann ich nichts ~. AV 授業が私は苦手だ．Mit ihm kann man nichts ~. 彼は手のつけようのない(どうしようもない)人間だ．Was soll ich damit ~? それをどうしろと言うのか．
❷ 自 1 始まる．Der Unterricht fängt um 9 Uhr an. 授業は 9 時に始まる．Hier fängt das Sperrgebiet an. ここから先は立入り禁止区域です．Das fängt ja gut an! こいつは上々の滑り出しだ《反語》まったく結構な第一歩だ(先が思いやられる)．Sein Name fängt mit P an. 彼の名前は P で始まる．Es fängt an zu regnen. / Es fängt zu regnen an. 雨が降り出す．2 (an〈mit et³ 事³ を〉始める．mit der Arbeit ~ 仕事に着手する．mit dem Essen ~ 食事を始める．[damit] ~, ...zu tun ...し始める．《mit et³ なしで》Fangt nur schon an, ich komme auch gleich. 先に始めておくれ，私もすぐ行くから．(b) 事を始める．klein ~ (商売などを)小さな規模から始める．mit nichts ~ 無一文から始める．(von et³ 〈von人〉³ 〈mit et³ 事³のことを〉話し始める．Von Anna〈Von Politik〉möchte ich nicht ~. アンナの話〈政治の話〉を私はしたくない．Musst du immer wieder damit〈davon〉~? 君はまたその話を始めるのかい(いいかげんその話はやめてくれ)．

*'An·fän·ger ['anfɛŋər アンフェンガー] 男 -s/- 初心者，初学者，新米，未熟者．ein blutiger ~ 全くのかけだし．◆ 女性形 Anfängerin -/-nen

'an·fäng·lich ['anfɛŋlɪç] 形《述語的には用いない》1 初めの，最初の．2《副詞的用法で》(anfangs) 初めに，最初は．

*'an·fangs ['anfaŋs アンファングス] ❶ 副 初めに，最初は．❷ 前《2 格支配》《話》...の初めに．~ der achtziger Jahre 80 年代の初めに．

'An·fangs·buch·sta·be 男 -ns(-n)/-n 頭文字，イニシャル．

'An·fangs·ge·halt 囲 -[e]s/⁼e 初任給．

'An·fangs·ge·schwin·dig·keit 囡 -/-en 初速．

'An·fangs·grün·de 複 基礎，初歩，いろは．

'An·fangs·hälf·te 囡 -/-n (↔ Schlusshälfte) (サッカーなどの試合時間の)前半．

'An·fangs·ka·pi·tal 中 -s/-e(..talien) 創立資本．

'An·fangs·schwie·rig·keit 囡 -/-en《ふつう複数で》初期トラブル．

'An·fangs·sta·di·um 中 -s/..dien 最初の段階，初期段階．

'An·fangs·stu·fe 囡 -/-n = Anfangsstadium

'an|fas·sen ['anfasən アンファセン] ❶ 他 1 つかむ，触れる，触(さわ)る．j⁴ an der Hand ~ 人⁴ の手を取る．

anfechtbar

ein heißes Eisen ~《比喩》危険な事柄にあえて触れる，厄介な問題に手を出す． **2**《事⁴に》着手する，とりかかる． **3**《雅》(吐き気・恐怖・同情心などが)人⁴を襲う，とらえる． **4**《様態を示す語と》(人⁴〈物⁴〉を)取扱う，(人⁴に)応対する． j⁴ hart ~　人⁴に厳しい態度をとる． j⁴ mit Samthandschuhen ~　人⁴を丁重に扱う． et⁴ richtig〈falsch〉 ~　物⁴を正しく扱う〈間違った扱い方をする〉．

❷ [mit] ~　手を貸す，手伝う．

❸ 再 (sich⁴)《様態を示す語と》…の手触りがする． Der Stoff *fasst sich* weich *an*. この生地(註)の手触りは柔らかい．

ˈan·fecht·bar [ˈanfɛçtbaːr] 形 反論〈議論〉の余地のある，問題のある；《法制》(一応は有効であるが)取消すことのできる，否認することのできる． ein ~*er* Vertrag 問題(疑義)のある契約．

ˈan·fech·ten* 他 **1**《法制》(事⁴の正当性や有効性を)否認する，取消す；(に)異議を申立てる，(の)無効を申立てる． ein Urteil ~　判決に異議を申立てる． **2**《雅》(人⁴を)悩ませる，心配させる． Das *ficht* mich nicht *an*. そんなことは私には関係ない，そんなことは知っちゃいないよ． Was *ficht* dich *an*? 君，どうしたの． (lassen |_|) sich⁴ et⁴ nicht ~ lassen 事⁴を気にかけない．

ˈAn·fech·tung 囡 -/-en **1**《法制》異議(の申立て)；取消し，否認． die ~ der Ehe 婚姻の取消． **2**《雅》(Versuchung) 誘惑，試み．

ˈan·fein·den 他 (人⁴に)敵意をむきだしにする；食ってかかる．

ˈAn·fein·dung 囡 -/-en 敵意(に満ちた言動)；敵視，敵対．

ˈan·fer·ti·gen 他 作り上げる，(文書・図面などを)作成する，(服を)仕立てる，(家具を)製作する，(薬を)調合する．

ˈAn·fer·ti·gung 囡 -/-en 作成，製作，調製，仕立．

ˈan·feuch·ten 他 (物⁴を)軽くぬらす，湿(½)らす． sich³ die Kehle〈die Gurgel〉~《話》一杯飲んで喉をしめらす．

ˈan·feu·ern **1**(ストーブなどに)火をつける． **2**(人⁴の)勇気づける；(勇気や気力を)かきたてる． j⁴ zu et³ ~　人⁴を励まして事³をさせる．

ˈAn·feu·e·rung 囡 -/-en 火をつけること；励まし，激励．

ˈan·fin·den* 再 (sich⁴)《地方》(失われていたものが偶然・ふとしたはずみに)見つかる．

ˈan·fle·hen 他 (j⁴ um et⁴ 人⁴に事⁴を)嘆願〈哀願，懇願〉する．

ˈan·flie·gen* ❶ 自 (s) **1** 飛んで来る；(喜び勇んで)すっとんで来る．《過去分詞で》*angeflogen* kommen (鳥・種子などが)飛来する． **2**《知識・技能などがやすやすと人³の)身につく，手に入る． Alles ist ihm [nur so] *angeflogen*. 彼はすべてを楽々と習得してしまった． Es *flog* ihm [nur so] ~. 彼は苦もなくそれをやってのけた． ❷ 他 **1**(飛行機がある場所を)目指して飛ぶ． Berlin ~　ベルリーンに向かう；ベルリーンへの定期航空路を持っている． **2**《雅》(感情・病気が突然人⁴を)襲う．

ˈAn·flug [ˈanfluːk] 男 -[e]s/-̈e **1**(鳥・飛行機の)飛来，接近；《航空》着陸進入，ランディング・アプローチ． **2** わずかな痕跡，かすかな気配． mit dem ~ eines Lächelns かすかな微笑を浮かべて． ein ~ von Bärtchen うっすらと生えたひげ． **3**《林業》種子が風に運ばれて広く飛散すること；(飛種出発芽・群生した)幼樹． **4**《鉱物》鉱石の表面を覆う晶化物．

ˈan·for·dern 他 要求(要請)する，請求する，注文する．

ˈAn·for·de·rung 囡 -/-en **1** 注文，請求． **2**《ふつう複数で》(作業量などに対する)要求． die ~*en* des Tages 1日のノルマ．

*ˈAn·fra·ge [ˈanfraːgə アンフラーゲ] 囡 -/-n 照会，問合せ，質問． große〈kleine〉 ~　[des Parlaments]《議会での大〈小〉質問．

ˈan·fra·gen (bei j³ 人³に/ wegen et² 事²のことで)照会する，問合せる，質問する．

ˈan·fres·sen* 他 **1**(ねずみ・虫などが)かじる，食う．《再帰的に》sich³ einen Bauch ~《話》食べすぎて腹が出てくる． **2**(錆(ξ)が)腐食(侵食)する．

ˈan·freun·den 再 (sich⁴) (mit j³ 人³と)友人になる，親しくなる． (mit et³ 事³に)親しむ，なじむ．

ˈan·frie·ren* ❶ 自 (s) **1** (an et³ 物³に)凍りつく，凍ってはりつく． **2** (軽く)霜がつく，霜の害にあう． ❷ 再 (sich⁴) sich die Füße〈die Hände〉 ~　足〈手〉が霜焼け(軽い凍傷)になる．

ˈan·fü·gen 他 (物³に物⁴を)添える，付加える，添付(同封)する．

ˈan·füh·len ❶ 他 **1** 触れて〈触って〉調べる． **2** (人⁴の様子から事⁴の)感じを受ける． ❷ 再 (sich⁴) sich weich ~　柔らかい手触り〈肌触り〉がする．

ˈAn·fuhr [ˈanfuːr] 囡 -/-en (← Abfuhr)(車で貨物を)運び込むこと，搬入．

*ˈan·füh·ren [ˈanfyːrən アンフューレン] 他 **1** (人〈物〉を)先導する，案内する，指揮する． einen Festzug ~　パレードの先頭に立つ． **2** (例・理由などを)挙げる，引合いに出す；(証人などに)指名する；引用する；(← abführen)引用の始まりの符号をつける． et⁴ als Beispiel ~　事⁴を例として挙げる． j⁴ als Zeugen ~　人⁴を証人に立てる． ▶ angeführt **3**(人⁴を)だます，ぺてんにかける．

ˈAn·füh·rer [ˈanfyːrər] 男 -s/- 指揮者(先導，統率)者，リーダー，首領，首謀者．

ˈAn·füh·rung 囡 -/-en **1**《複数なし》先導，引率，指揮． **2** 言及，列挙；引用，引証；引用文〈句〉；引用符．

ˈAn·füh·rungs·strich 男 -[e]s/-e = Anführungszeichen

ˈAn·füh·rungs·zei·chen 中 -s/- 《ふつう複数で》引用符("…"). einen Satz in ~ setzen ある文を括弧に入れる，括弧でくくる．

ˈan·fül·len 他 一杯にする，満たす(mit et³ 物³で)．《再帰的に》sich¹ ~　一杯になる．

ˈan·fun·ken 他 (人⁴に)無線で呼びかける，(を)無線で呼び出す．

*ˈAn·ga·be [ˈangaːbə アンガーベ] 囡 -/-n **1** 申立て，陳述，言明，申告，報告，届け出． genaue ~*n* machen 詳しい報告(申告)をする(über et⁴ 事⁴について). **2** 指示，指図． ~*n* des Kunden 顧客の注文どおりに． **3**《話》《複数なし》ほら，大ぶろしき． **4**《球技》サーブ． **5**《俗》頭金．

ˈan·gaf·fen 他 (話) ぽかんと見とれる，まじまじ見る．

ˈan·gän·gig [ˈangɛŋɪç] 形 許されている，可能な，差し支えない． wenn irgend ~ できうるならば．

ˈan·ge·ben [ˈangeːbən アンゲーベン] ❶ 他 **1** 告げる，知らせる，申立てる，申告(報告)する；(名前などを)挙げる． den Grund für et⁴ ~ 事⁴の理由を述べる． j⁴ als Zeugen ~ 人⁴を証人に立てる． et⁴ falsch〈richtig〉 ~ 事⁴を偽って〈正しく〉報告する． et⁴ als angegeben **2** (方針などを)決める，定める． den Takt ~ 拍子を取る． den Ton ~《比喩》音頭を取る，リ

ドする．　**3**《古》(人〈事〉⁴のことを)密告する，告げ口する．　**4**《古》(いたずら・愚行を)やらかす．
❷ 圓　**1** もったいをつける，偉そうにふるまう，いばる，大ぶろしきを広げる．　mit et³ 〜 物³のことをたいそう自慢する．　**2** ゲームを始める；(テニス・卓球などで)サーブをする；(トランプで)最初のカードを配る(出す)．
'**An·ge·ber** ［ange·bər］男 -s/- **1** ほら吹き，威張り屋．　**2** 密告者．　**3**《まれ》最初にカード出す人．
An·ge·be·rei ［angə·bəˈrai］女 -/-en **1** ほら，大ぶろしき，ひけらかし．　**2** 密告，告げ口．
'**an·ge·be·risch** ［ange·bərɪʃ］形 ほら吹きの，大ぶろしきの．
'**An·ge·bin·de** ［ˈangəbɪndə］中 -s/-《雅》ちょっとした贈物(元来は誕生日などを祝って腕や首に結びつけた護符・リボンなどを意味した)．
*'**an·geb·lich** ［ange·plɪç　アンゲープリヒ］形《述語的には用いない》自称の，表向きの，いわゆる．　ein 〜er Zeuge 自称目撃者．　Er ist 〜 Arzt. 彼は医者と称している．
'**an·ge·bo·ren** ［ˈangəbo·rən］形 生れながらの，生来(生得)の，先天的な．
*'**An·ge·bot** ［ˈangəbo·t アンゲボート］中 -[e]s/-e (↓anbieten) **1**（援助・協力などの）申出，提案，〈annehmen〈ablehnen〉申出を受け入れる〈拒絶する〉．　ein günstiges 〜 bekommen よい地位を提供される．　j³ ein 〜 machen j³に申出をする．　**2** 入札(ミュヘッ)，つけ値．　ein 〜 machen（競売で）値をつける，入札する．　**3**《ふつう単数で》《商業》供給；供給可能な商品．　〜 und Nachfrage 供給と需要．
*'**an·ge·bracht** ［ˈangəbraxt アンゲブラハト］過分 形（↑anbringen）ぴったり合った，適切な，ふさわしい，当を得た．　Deine Bemerkung ist hier nicht 〜. 君の発言はここでは場違いだ．
'**an·ge·bun·den** 過分 形（↑anbinden）結びつけられた，つながれた；《比喩》束縛された，しばられた．《次の成句で》kurz 〜 sein つっけんどんである，木で鼻をくくったようだ．
'**an·ge·dei·hen*** 《次の成句で》j³ et⁴ 〜 lassen《雅》j³に物⁴を与える(授ける)．　j³ gute Erziehung 〜 lassen j³に立派な教育を受けさせる．
'**An·ge·den·ken** ［ˈangədɛŋkən］中 -s/- (Andenken) **1**《古》(Andenken) 思い出の品，記念品，形見．　**2**《雅》《複数なし》(Gedenken) 思い出，追憶，記念．《次の成句で》seligen 〜s（古で は ぐ）懐かしの．　meine Großmutter seligen 〜s《古》私の亡祖母．　meine erste Reise seligen 〜s《戯》わが懐かしの初旅．
'**an·ge·führt** 過分 形《次の成句で》am 〜en Ort（略 a.a.O.）上述の個所に，同上書に．
'**an·ge·gan·gen** 過分 形（↑angehen）腐りかけた．
'**an·ge·ge·ben** 過分 形（↑angeben）《次の成句で》am 〜en Ort（略 a.a.O.）上述の個所に，同上書に．
'**an·ge·gos·sen** 過分 形（↑angießen）《次の成句で》wie 〜 sitzen〈passen〉（衣服が）体にぴったり合っている．
'**an·ge·graut** ［ˈangəgraut］形《頭髪が》白くなり始めた．
'**an·ge·grif·fen** 過分 形（↑angreifen）疲れきった，やつれた，衰弱した．
'**An·ge·grif·fen·heit** 女 -/- 疲労困憊，衰弱．
'**an·ge·hei·ra·tet** ［ˈangəhaira·tət］形 結婚によって親戚(½)になった，姻戚の．　eine 〜e Nichte 義理の姪（配偶者の姪）．
'**an·ge·hei·tert** ［ˈangəhaitərt］形 一杯機嫌の，ほろ酔いの．

'**an·ge·hen*** ［ˈange·ən］❶ 他 (h, 南ダ・スイ・オスト s)　**1**（人⁴に）襲いかかる，攻めかかる；《スキッス》（に）アタックする．　**2**（仕事などに）取りかかる，着手する；（困難・障害などに）立ち向かう；《スキッス》（プレーに）取りかかる．　einen Gipfel 〜 山頂にアタックする．　ein Hindernis 〜（馬術で）障害物にかかる．　eine Kurve 〜 カーブにさしかかる(突っ込む)．　**3** (j¹ um et⁴ 人⁴に事⁴を)頼む，請う．　**4**（人〈物〉⁴に）関係がある．　Das *geht* mich nichts *an.* それは私に何の関係もない．　Was mich〈meinen Vorschlag〉*angeht* 私に〈私の提案に〉関しては．
❷ 圓 (s) **1** (gegen j〈et〉⁴ 人〈物〉⁴に)立向かう，(と)戦う．　gegen eine Krankheit 〜 病気と戦う．　**2** 我慢できる，許されている，差し支えない．　Meine Arbeit *geht an.* 仕事のほうはまあまあだ．　Das *geht* nicht *an.* それはよろしくない，駄目である．　Die Hitze ist gerade noch *angegangen.* 暑さはなんとか我慢できた．《非人称的にも》Mit der Hitze *geht es* noch *an.* 暑さはまだまあまあ耐えられる．　sobald *es angeht* できるだけ早く．　**3**（話）（芝居なだで）（火が）つく，(ラジオが）鳴り出す，（灯火が）ともる．　**4**（話）（苗や挿し木が）根づく；《生物》（培養菌などが）培養基（培地）にうまく付着して増殖する．　**5**（地方）《俗》(肉や物などが)腐り始める．
◆ ↑angegangen, angehend
'**an·ge·hend** 過分 形 始まりの，なりかけの，なったばかりの；未来の，将来の．　ein 〜er Künstler 芸術家の卵．　mein 〜er Ehemann 私の未来の夫．
'**an·ge·hö·ren** ［ange·høːrən］圓 **1**（物³に）所属する，（の）一員である．　einem Verein [als Mitglied] 〜 ある会のメンバーである．　Das *gehört* dem Mittelalter *an.* それは中世のことである．　**2**《雅》（人³と）ねんごろである．
'**an·ge·hö·rig** ［ˈangəhøːrɪç］形《副詞的には用いない》（物³に）所属している，（の）一員の．
'**An·ge·hö·ri·ge** 男 女《形容詞変化》所属メンバー，構成員；《多く複数で》身内，親族．
*'**An·ge·klag·te** ［angəklaːktə アンゲクラークテ］男 女《形容詞変化》《法制》被告人．
'**an·ge·knackst** ［ˈangəknakst］形 **1** ひびの入った．　**2**（健康状態などが）思わしくない，不調の；（道徳的に）《卑》頭が少しおかしい．
'**an·ge·krän·kelt** ［ˈangəkrɛŋkəlt］形《雅》病気がちの，虚弱な；（道徳的に）不健康な，退廃的な．　von Eitelkeit 〜 sein 虚栄心にむしばまれている．
'**an·ge·kratzt** ［ˈangəkratst］形（話）（人生に）少しくたびれた，初老じみた．
'**An·gel** ［aŋəl］女 -/-n **1**（ドアなどの）蝶番(ミェジュ)．　die Tür aus den 〜n heben ドアを蝶番からはずす．　die Welt aus den 〜n heben《比喩》世の中を根底から覆(ミッ)す．　aus dem 〜 gehen《比喩》（国家などが）崩壊する，瓦解する．　zwischen Tür und 〜《比喩》大急ぎで，あたふたと．　**2**（針・糸などのついた）釣竿(ミホ)．　die 〜 auswerfen〈einziehen〉釣糸を投げる〈竿をあげる〉．　j³ an die 〜 gehen（魚が）j³の竿にかかる；《比喩》（女性などがまんまと）j³にひっかかる．　**3**（刀などの）小身(ぁ)，中子(ミホ)．
'**an·ge·le·gen** ［ˈangəle·gən］過分 形（↑anliegen）《雅》気にかかる，重要な．　sich³ et⁴ 〜 sein lassen 事⁴を気にかける，（に）心を煩わす．
*'**An·ge·le·gen·heit** ［ˈangəle·gənhait アンゲレーゲンハイト］女 -/-en（解決すべき）問題，事柄；用事，用件；事件，ごと．　eine komplizierte 〜 厄介な問題．　Das ist meine 〜! これは私の問題だ！　Kümmere dich um deine eigenen 〜*en*! ひとのことにかまうな．　**2**《複

angelegentlich

数て゛)(国家の)業務, 問題. das Ministerium für Auswärtige ~en 外務省.

'an·ge·le·gent·lich [´angəle:gəntlɪç] 形《雅》切実な, 熱心な. eine ~e Bitte 切なる願い. sich⁴~erkundigen しきりと尋ねる.

An·gel·ge·rät 中 -[e]s/-e 《ふつう複数で》釣道具.

'an·ge·legt 過分 形 …の資質(性格, 体質)を持った. eine sentimental ~e Frau 感傷的な性格の婦人.

An·gel·lei·ne 女 -/-n 釣り糸.

An·ge·li·ka [aŋ´ge:lika] ❶《女名》アンゲーリカ. ❷ 女 -/..ken(-s)《植物》(Engelwurz) アンゼリカ(せり科しらずそ属の植物の総称, 茎は食用, 根は薬用に).

An·gel·lei·ne 女 -/-n 釣り糸.

*__'an·geln__ [´aŋəln] アングルン] ❶ 他 1 (魚を)釣る. 2 [sich] et ⟨j⟩⁴《戯》(苦労して)物⟨人⟩⁴を手に入れる. Er hat sich¹ eine schöne Witwe geangelt. 彼は美貌の未亡人をものにした. ❷ 自 1 釣りをする. 2 ~ gehen 魚釣りに行く. auf⟨nach⟩ Forellen ~ ます釣りをする. 2 nach et⟨j⟩³~《話》(苦労して)物⟨人⟩³をつかまう(つかまえよう)とする.

'An·geln 複《歴史》アングル人(西ゲルマン人の一種族, 5世紀に北ドイツからグレート・ブリテン島に移住).

'an·ge·lo·ben 他 1《雅》(人³に事⁴を)誓う, 誓約する.《再帰的には》sich¹ j³ ~《宗教》人³に身をささげる. 2《オーストリア》(とくに役人などに)宣誓させる.

An·ge·lo·bung 女 -/-en 1 誓い, 誓約. 2《オーストリア》宣誓;(Fahneneid) 軍旗への宣誓.

An·gel·punkt 男 -[e]s/-e 1 (Drehpunkt) 旋回(回転)の中心. 2《比喩》要点, 核心.

'An·gel·ru·te 女 釣竿(さお).

'An·gel·sach·se [´aŋəlzaksə] 男 -n/-n アングロサクソン人.

an·gel·säch·sisch [..zɛksɪʃ] 形 アングロサクソンの(人, 語)の. ↑deutsch

An·gel·schnur 女 -/..e 釣糸.

An·ge·lus [´aŋgelos] 男 -/-《gr. angelos, Bote´》《男名》アンゲルス. ~ Silesius アンゲルス・ジレージウス (1624-77, ドイツの宗教詩人).

An·ge·lus [´aŋgelos] 男 -[e]s/-《カト》 1 (Engel) 天使. 2《カト》お告げの祈り, アンジェラス. ● お告げの天使 Gabriel が Maria に受胎告知をしたことにちなむ祈り. ラテン語の冒頭句 ~ Domini… からこの名がある. 3 = Angelusläuten

An·ge·lus·läu·ten 中 -s/ アンジェラスの鐘(毎日朝6時・正午・夕方6時の計3回唱えられるお告げの祈りの時刻を知らせる鐘).

'an·ge·mes·sen 過分 形 (↑anmessen) 適当(妥当, 適切)な, ふさわしい, 分相応な.

'an·ge·nehm [´angəne:m アンゲネーム] 形 快適な, 心地よい, 快い, 気持がよい; 好ましい, 喜ばしい. [Sehr] ~! 初めまして(いく分形式的な初対面の挨拶). [Ich wünsche Ihnen] ~e Reise! 快適なご旅行を. Angenehme Ruhe! ゆっくりお休みなさい. Er ist von Wesen sein 好感の持てる人柄である. Du bist uns immer ~. いつでもうちへいらっしゃい. Er wäre mir [sehr] ~, wenn Sie mich bald wieder besuchen würden. あなたがまたすぐに私を訪ねてくださったらほんとうにうれしいのですが. ~ enttäuscht⟨überrascht⟩ sein という嬉しい驚きである. sich⁴ [bei] j³ ~ machen 人³にへつらう.

'an·ge·nom·men 過分 形 (↑annehmen) 受入られた, 承認された; 仮の, 仮定的な; 養子の. ein ~er Name 仮名, 偽名, 匿名(メイ). ein ~es Kind 養子. ~, dass… と仮定すれば, もし…ならば.

'An·ger [aŋr] 男 -s/-《地方》 1 村の原っぱ, アンガー (多くは草地で, 放牧や村の行事に使われる). 2 (Schindanger) 皮はぎ場.

'An·ger·dorf 男 -[e]s/-er アンガー型村落(アンガーを中心に発達した村落).

'an·ge·regt 過分 形 興奮した, 活発な, 元気のよい. sich⁴ ~ unterhalten 話が弾む.

'an·ge·säu·selt [´angəzɔyzəlt] 形《話》(angetrunken) ほろ酔いの, 一杯機嫌の.

'an·ge·schla·gen 過分 形 (↑anschlagen) 1 (ぶつけて)欠けた, 傷ついた. 2《比喩》打ちのめされた, グロッキーになった; へとへとに疲れた.

'An·ge·schul·dig·te 男 女《形容詞変化》《法制》被告人(起訴された被疑者).

'an·ge·se·hen 過分 形 (↑ansehen) 声望(人望)のある; 名門の.

'an·ge·ses·sen [´angəzɛsən] 過分 形 (↑ansitzen)《場所を示す語句と》《まれ》(ansässig)…に定住(居住)している.

'An·ge·sicht [´angəzɪçt] 中 -[e]s/-er(´アンゲズィヒテ) -e)《雅》 1 (Gesicht) 顔, かんばせ. j³ ins ~ sehen 人³の顔をともに見る(直視する). im Schweiße seines ~s (gen) 額に汗して, 大汗かいて, 大変苦労して(↓旧約》創世 3:19). j⁴ von ~ kennen 人⁴と面識がある. j³ von ~ zu ~ gegenübersetehn 人³と面と向合う. 2 (Anblick) 見つめること, 注視. im ~ des Todes 死に直面して.

'an·ge·sichts [´angəzɪçts] 前《2格支配》…の面前(眼前)で, …に直面して; …を考慮に入れると, …に鑑(かんが)みて. ~ der Feinde 敵前で. ~ dieser Tatsache この事実を目の当たりにして(を考慮に入れると).

'an·ge·spannt 過分 形 (神経を)張りつめた, 緊張した; (事態が)緊迫した, ただならぬ.

'an·ge·stammt [´angəʃtamt] 形 祖先から受け継いだ. ~er Eigentum 父祖伝来の財産. mein ~er Platz《戯》私の昔からの(座りつけの)席.

'An·ge·stell·te [´angəʃtɛltə アンゲシュテルテ] 男 女《形容詞変化》(企業・官庁などの)被用者, 職員, 従業員;(一般に)勤め人, サラリーマン. ◆法制上いわゆるホワイトカラーの被用者をさし, ブルーカラーの被用者は Arbeiter という.

'An·ge·stell·ten·ver·si·che·rung 女 -/-en《法制》被用者保険.

'an·ge·strengt 過分 形 ひどく緊張した, 集中した.

'An·ge·strengt·heit 女 -/《極度の》緊張, 集中.

'an·ge·tan 過分 形 (↑antun) 1 es¹ j³ ~ haben 人³を魅了する, 夢中にさせる, とりこにする. von j⟨et⟩³ ~ sein 人⟨物⟩³に魅せられている. Er ist von dem Film sehr ~. 彼はその映画に夢中になっている. 2《雅》nach⟨zu⟩ et³ ~ sein 事³に適している, ふさわしい. Das Wetter ist kaum zu einem Ausflug ~ geeignet. 遠足にあまりふさわしくない天気だ. Die Lage ist nicht danach ~, Späße zu machen. 冗談なんか言っている場合じゃないよ.

'An·ge·trau·te 女 男《形容詞変化》《戯》連れ合い, 伴侶.

'an·ge·trun·ken 形 ほろ酔いの, 一杯機嫌の.

'an·ge·wandt 過分 形 (↑anwenden) 応用された. ~e Chemie 応用化学. ~e Bibliographie《書籍》(簡単な内容説明のついた)実用図書目録. ~e Kunst 工芸.

'**An·ge·wen·de** ['aŋəvɛndə] 甲 -s/- 〘農業〙(Vorwende) 犂(すき)返し(畑のへりにあって、犂の方向転換のためにすかずに残しておく細長い場所).

'**an·ge·wie·sen** 過分形 (↑anweisen)《次の成句で》auf j(et)⁴ ~ sein 人⁴〔物³〕が頼りである.

'**an·ge·wöh·nen** 他 (人³に事⁴を)習慣づける、しつける. (再帰的に) sich³ et⁴ ~ 事⁴が習慣(癖)になる.

'**An·ge·wohn·heit** 女 -/-en 習慣、習癖、癖. eine ~ annehmen〈ablegen〉ある習慣を身につける〈やめる〉.

'**an·ge·zeigt** 過分形 〘雅〙適切な、得策な.

'**an·gie·ßen*** 他 ❶〘冶金〙溶接(溶着)する (et⁴ an et⁴ 物⁴を物⁴に). ❷ (移植した苗などに)水をやる. ❸〘料理〙(水・肉汁・ワインなどを)かける (et⁴ 物⁴に); (物⁴に)水(肉汁、ワイン)を加える. ♦ ↑angegossen

An'gi·na [aŋ'gi:na] 女 -/..nen [..nən] 〘医学〙(lat.) ❶ アンギーナ(絞扼(こうやく)感を起す病気の総称). ~ Pectoris ['pɛktorɪs] 狭心症. ❷ 口峡炎.

An·gio·gra'fie [aŋgiogra'fi:] 女 -/..'fi·en =Angiographie

An·gio'gramm [aŋgio'gram] 中 -s/-e (gr. ageion 、[Blut]gefäß)〘医学〙血管撮影像.

An·gio·gra'phie [aŋgiogra'fi:] 女 -/..'phi·en〘医学〙血管撮影.

An·gio·lo'gie [..lo'gi:] 女 -/〘医学〙脈管学.

An·gi'om [aŋgi'o:m] 中 -s/-e〘医学〙血管腫(しゅ).

An·gio'sper·men [aŋgio'spɛrmən] 複 (gr. ageion 、Gefäß‘ +sperma 、Samen‘)〘植物〙(↔ Gymnospermen) 被子植物.

An'glai·se [ãˈglɛ:zə] 女 -/-n (fr.)〘音楽〙アングレーズ(イギリスの民族舞踏風の 18 世紀の舞曲).

'**an|glei·chen*** 他 ❶ (人〈物³〉を人〈物〉³に)合せる、一致させる. ❷ (sich⁴) (人〈物〉³)と一致する; 同化する、順応する.

'**An·glei·chung** 女 -/-en 合せること、統一、同化、順応.

'**Ang·ler** ['aŋlər] 男 -s/- ❶ 釣人、釣師. ❷ =Anglerfisch

'**Ang·ler·fisch** 男 -[e]s/-e 〘魚〙あんこう(鮟鱇).

'**an|glie·dern** 他 (物⁴を物³の一部として)併合(合併)する、付属させる. ein kleines Dorf einem größeren ~ 小さな村をより大きな村に合併する.

'**An·glie·de·rung** 女 -/-en 合併、併合.

an·gli'ka·nisch [aŋgli'ka:nɪʃ] 形 〘キリスト教〙英国国教会の. ~e Kirche アングリカン・チャーチ、英国国教会; (広義では)聖公会.

an·gli'sie·ren [aŋgli'zi:rən] 他 (lat. Angli, Engländer‘) ❶ 英国風にする、イギリス化する; 英語化する. ❷ ein Pferd ~ (尾を下げる筋肉を切って)馬の尾を英国式に高く持上がったようにする.

An'glist [aŋ'glɪst] 男 -en/-en イギリス学者、英語英文学研究者.

An'glis·tik [..tɪk] 女 -/イギリス学、英語英文学研究.

An·gli'zis·mus [aŋgli'tsɪsmus] 男 -/..men 〘言語〙❶ 英語特有の語法. ❷ (他国語の中に入った)英語風の語法、言い回し.

An·glo·ame·ri'ka·ner [aŋglo|ameri'ka:nər, '-------] 男 -s/- ❶ イギリス系アメリカ人. ❷ 〘集合的に〙英米人. ♦ 女性形 Angloamerikanerin 女 -/-nen

°**An·glo-Ame·ri'ka·ner** 男 -s/- ↑Angloamerikaner 2

an·glo·ame·ri'ka·nisch 形 ❶ イギリス系アメリカ人の. ❷ 英米人の.

An·glo·ma'nie [..ma'ni:] 女 -/ 英国崇拝、英国熱、イギリスかぶれ.

an·glo'phil ['..fi:l] 形 英国びいきの、親英的な.

An·glo·phi'lie [..fi'li:] 女 -/ (↔ Anglophobie) 英国びいき、親英的態度.

An·glo·pho'bie [..fo'bi:] 女 -/ (↔ Anglophilie) 英国嫌い、反英的態度.

'**an|glot·zen** [ˈanglɔtsən] 他 〘卑〙(じろじろ・ばかげに)見つめる.

An'go·la [aŋ'go:la] 〘地名〙アンゴラ(アフリカ南西部の共和国、首都はルアンダ Luanda).

An·go'la·ner [aŋgo'la:nər] 男 -s/- アンゴラの住民、アンゴラ人. ♦ 女性形 Angolanerin 女 -/-nen

an·go'la·nisch [..nɪʃ] 形 アンゴラ(人)の. ↑deutsch

An'go·ra [aŋ'go:ra] 〘地名〙アンゴラ(トルコ共和国の首都アンカラ Ankara の旧称).

An'go·ra·ka·nin·chen 中 -s/- 〘畜産〙アンゴラうさぎ(↑Angorawolle).

An'go·ra·kat·ze 女 -/-n 〘動物〙アンゴラ猫.

An'go·ra·wol·le 女 -/〘紡織〙アンゴラ羊毛、モヘア(アンゴラやぎやアンゴラうさぎの毛で織る). ↑Mohair

An'go·ra·zie·ge 女 -/-n 〘畜産〙アンゴラやぎ.

An·gos'tu·ra [aŋgos'tu:ra] 女 -/-s (Angosturabitter) アンゴスチュラ・ビターズ. (カクテルによく用いられる芳香のある苦味酒. Angostura はベネズエラ共和国の都市シウダード・ボリーバル Ciudad Bolivar の旧名.)

An·gos'tu·ra·bit·ter 男 -s/- =Angostura

'**an·greif·bar** [ˈangraifbaːr] 形 ❶ (容易に)攻撃でき、攻撃(襲撃)可能な. ❷ 〘比喩〙(容易に)批判でき、異論の余地のある.

*'**an|grei·fen*** ['angraifən アングライフェン] ❶ 他 (anfassen) つかむ、触れる. ❷ (事⁴に)とりかかる、着手する. Du kannst gleich mit ~. すぐ手を貸してくれっていいじゃないか. ❸ (人⁴を)攻撃する、襲う; 激しく非難(批判)する. eine Stadt mit Bombern ~ 町を爆撃する. ❹ (公金・貯金・貯蓄品などに)手をつける、使い込む. ❺ (健康・器官などを)むしばむ、損なう、弱らせる; (品々・木材を)傷める. Der Film hat mich sehr angefriffen. この映画を見て私はひどく疲れた. ❷ 再 (sich⁴) 《様態を示す語句と》…の手触りがする. Der Stoff greift sich rauh an. この生地は手触りがよい.
♦ ↑angegriffen

'**An·grei·fer** [ˈangraifər] 男 -s/- 攻撃者、襲撃者; 反対者、敵対者.

'**an|gren·zen** 自 (an et⁴ 物⁴に)境を接する、隣り合わせである. das angrenzende Grundstück 隣接する土地.

*'**An·griff** ['aŋrɪf アングリフ] 男 -[e]s/-e ❶ 攻撃、襲撃; 〘スポーツ〙アタック; (激しい)批判、非難、論難. ein ~ auf〈gegen〉j⁴ 人⁴に対する攻撃(非難、弾劾). zum ~ übergehen 攻撃に移る、攻勢に転じる. ❷ 着手. et⁴ in ~ nehmen 事⁴を始める. ❸ 〘スポーツ〙攻撃陣、オフェンス; フォワード.

'**an·griff·fig** [..fɪç] 形 =angriffslustig

'**An·griffs·flä·che** 女 -/-n 攻撃(腐食、侵食)されやすい面; 〘比喩〙(付込まれる)すき、弱み.

'**An·griffs·krieg** 男 -[e]s/-e 侵略戦争.

'**an·griffs·lus·tig** 形 攻撃(好戦)的な.

'**An·griffs·punkt** 男 -[e]s/-e ❶ 〘軍事〙攻撃点、攻撃起点. ❷ 〘比喩〙すき、弱み、弱点.

an|grin・sen 〖他〗《話》(人⁴を)にやにやしながら見る。
angst [aŋst] 〖比較変化なし/付加語的には用いない〗不安な,心配な,怖い. Mir ist ~ [und bang]. 私は心配(不安)である(um et⁴ 事³について); 私は怖い(vor j³ 人³に). ↑Angst
*__Angst__ [aŋst アングスト] 囡 -/Ängste 不安,心配,恐れ,懸念,気がかり,胸騒ぎ. Nur keine ~! 心配ご無用. ~ haben 不安(心配)である. mehr ~ als Vaterlandsliebe haben 〖古〗弱虫(腰抜け)である. j³ ~〈angst〉machen 人³を不安がらせる,怖がらせる. aus ~ 不安(心配)の. in ~ geraten 不安になる. in tausend Ängsten schweben 心配でじっとしておれない. es mit der ~ [zu tun] bekommen〈kriegen〉突然不安になる,恐怖に襲われる. ~ um j〈et〉⁴ haben 人〈物〉⁴のことが心配(気がかり)である. vor ~ 不安(心配)のあまり. ~ vor j〈et〉³ haben 人〈物〉³が怖い,を恐れる.
Ängs・te [ˈɛŋstə] Angst の複数.
ängs・ten [ˈɛŋstən] 〖他〗(sich⁴)〖古〗〖雅〗=ängstigen
angst・er・füllt 〖形〗不安(恐怖)でいっぱいの.
Angst・ge・fühl 匣 -[e]s/-e 不安(恐怖)感.
Angst・geg・ner 男 -s/- 〖スポーツ〗手ごわい相手,強敵.
Angst・ha・se 男 -n/-n 《話》臆病(小心)者.
ängs・ti・gen [ˈɛŋstɪɡən] ❶ 〖他〗不安がらせる,心配させる,怖がらせる. ❷ 〖再〗(sich⁴) sich um j〈et〉⁴・人〈物〉⁴のことが心配である. sich vor j〈et〉³ ~ 人〈物〉³が怖い,におびえる.
Angst・kauf 男 -[e]s/¨e (品不足・値上がりを心配しての)買いだめ,買い急ぎ.
*__ängst・lich__ [ˈɛŋstlɪç エングストリヒ] 〖形〗❶ 不安気な,心配そうな,おびえた; 臆病な,小心な; きちょうめんすぎる,細かすぎる. ❷ (次の成句で) ~ nicht ~ sein 〈地方〉急を要しない,急ぐには及ばない(mit³ 事³については). Mit der Rückgabe ist es nicht so ~. 返却は急ぎません(ゆっくりどうぞ).
Ängst・lich・keit 囡 -/ 臆病,小心,おびえ,胸騒ぎ; きちょうめん,心配性.
Angst・ma・cher 男 -s/- 《話》不安(恐怖)をあおる人.
Angst・mei・er 男 -s/- 《話》=Angsthase
Angst・pa・ro・le 囡 -/-n (ふつう複数で)《話》(社会的不安を惹起するような)流言飛語,デマ.
Ång・ström [ˈɔŋstrøːm, ˈaŋ..] 匣 -[s]/- (記号 Å)〖物理〗オングストローム(光の波長の単位). ◆スウェーデン人物理学者 A. J. Ångström, 1814-74 にちなむ.
Ång・ström-ein・heit 囡 -/-en =Ångström
Angst・schweiß 男 -es/ 冷や汗.
angst・voll 不安に満ちた,心配でたまらない,ひどくおびえた.
Angst・zu・stand 男 -[e]s/¨e (激しい動悸(どうき)やめまいをひき起こすような)恐慌状態.
an|gu・cken 〖他〗《話》=anschauen
an・gu・lar [aŋguˈlaːr] 〖形〗(lat.) ❶ 〖数学〗角の,角に関する. ❷ 角(かど)のある,角ばった.
an|gur・ten 〖他〗(人⁴の)安全ベルトを締める. (再帰的に)sich⁴ ~ 安全ベルトを締める.
An・guss [ˈaŋɡʊs] 男 -es/¨e ❶ 〖工学〗ノズル. ❷ 〖工芸〗釉(うわぐすり)掛け,施釉(せゆう); 釉,釉薬(うわぐすり). ❸ 〖印刷〗鉛版プレートの余剰部. ❹ 〖冶金〗最初の鋳込み,鋳造の開始.
Anh. 《略》=Anhang 1
*__an|ha・ben*__ [ˈanhaːbən アンハーベン] 〖他〗❶ (↔ aus-

haben)(衣服⁴を)身に着けて(着て,かぶって,はいて)いる. nichts ~ 一糸まとっていない,丸裸である. Seine Frau *hat* die Hosen *an*. 《話》彼のかかあ天下である. ❷ 〖話法の助動詞 __können, wollen__ などと/多く否定形で〗j〈et〉³ nichts ~ können〈wollen〉人〈物〉³に危害を加えることはできない〈加えるつもりはない〉. Der Sturm konnte unserem Schiff nichts ~. 嵐にあっても私たちの船はなんともなかった. Die Kälte kann mir nichts ~. 寒さなんか私は平気だ. Niemand konnte ihm etwas ~. 誰も彼に手出しができなかった. Wer will dir etwas antun? 誰が君をどうこうしようなんて思うんだ,誰も君に手出しなんかするものか.
an|haf・ten 〖自〗❶ [an] et〈j〉³ 汚れなどが物〈人〉³に付着している,こびりついて(しみついて)いる. ❷ 《雅》〖人〗³からなかなか離れない. Ihm haftet immer noch der Verdacht des Diebstahls *an*. 窃盗の嫌疑が相変わらず彼につきまとっている.
an|ha・ken 〖他〗❶ (物⁴を)フック(鉤(かぎ))で留める. ❷ (リストの名前などに)鉤印を付ける,チェックを入れる.
An・halt¹ [ˈanhalt] 〖地名〗アンハルト(旧ドイツ帝国の州名,現在はザクセン=アンハルト州の一部).
An・halt² 男 -[e]s/¨e (複数まれ) ❶ 支え,足場. ❷ よりどころ,根拠,手掛かり(für et⁴/zu et⁴ のための). einen ~ suchen〈finden〉手掛かりを探す〈見つける〉.
an|hal・ten* [ˈanhaltən アンハルテン] ❶ 〖自〗❶ (a) 止まる,停止する. *Halten* Sie *an*! (運転者に向かって)止まりなさい. (b) (in〈bei/mit〉 et⁴ 事³を)やめる,中断する. ❷ 続く,持続する. Das schöne Wetter *hält an*. 好い天気が続く. lang anhaltender Beifall 鳴りやまぬ拍手. ❸ um ein Mädchen ~/um die Hand eines Mädchens ~〖古〗ある娘に求婚する.
❷ 〖他〗❶ 止める,停止させる. den Atem ~ 息を凝らす(つめる). ein Auto ~ 車を止める. *Halt* die Luft *an!* 《話》おしゃべりをやめろ,静かにしろ. ❷ (j⁴ zu et³ 事³するように人⁴に)言って聞かせる,何度も注意する. die Schüler zur Pünktlichkeit ~ 時間を守るよう生徒たちに注意する. ❸ einen Akkord ~ 〖音楽〗和音を持続させる. ❹ あてがう,あててみる. den Zollstock an das Brett ~ 折り尺を板にあてがう. sich³ [zur Probe] ein Kleid ~ ドレスを体にあててみる.
❸ 〖再〗(sich⁴) sich an et〈j〉³ ~ 物〈人〉³につかまりすがる,(で)身を支える.
an|hal・tend 〖形〗長く続く,持続的な,絶え間ない.
An・hal・ter¹ [ˈanhaltər] ❶ 男 -s/- アンハルトの住民; アンハルト出身の人. ❷ 〖形〗〖不変化〗アンハルトの. ◆↑Anhalt¹
An・hal・ter² 男 -s/- 1 (Tramper) ヒッチハイカー. per ~ fahren ヒッチハイクをする. 2 〖古〗(そばに付添っていて手助けする)助言者,付添い. ◆女性形 Anhalterin 囡 -/-nen
An・halts・punkt 男 -[e]s/-e =Anhalt² 2
an'hand [anˈhant] ❶ 〖前〗(2 格支配) …を手掛かりにして, …に基づいて. ~ des Zeugnisses その証言に基づいて. ❷ 〖副〗(anhand von et³ の形で)物³を手掛かりにして, …にもとづいて, …に照らして. ~ von den Fotos 写真に照らして. ◆旧書法では an Hand の形も用いられる.
An・hang [ˈanhaŋ] 男 -[e]s/¨e ❶ 《複数まれ/略 Anh.》付録,補遺,付表,補箋(ほせん),付記,追加条項. ❷ 《複数なし/総称的に》支持者,信奉者,取巻き,ファン; 親類縁者,身寄り. ❸ 〖解剖〗虫垂.
an|han・gen* 〖自〗〖古〗=anhängen¹ 2

'an·hän·gen¹* 自《雅》**1**(嫌疑などが人〈物〉³から)なかなか離れない, つきまとう. Diese traurige Geschichte *hängt* ihm immer noch *an*. この悲しい出来事はいつまでも彼について回っている. **2**(人〈物〉³を)信奉する,(に)傾倒する. einem Glauben⟨einem Laster⟩ ~ ある信仰を奉じている⟨悪習に染まっている⟩.

'an·hän·gen² 他 ❶ 自 (an et⁴ 物³に)掛ける, 吊るす;(列車に車両を連結する;付加える, 添える. **2**(人³に)事⁴を押しつける, なすりつける;(病気をうつす;(だまして)売りつける. Er hat mir die ganze Arbeit *angehängt*. 彼はその仕事を私に全部押しつけた. j³ einen Diebstahl ~《話》人³に盗みの罪を着せる,(が)盗みを働いたと陰口をきく. ❷ 再《sich》(人³に)ぶら下がる, つきまとう;(bei j³ ³に)ついて離れない. *sich* an einen⟨einem⟩ Wagen ~ ある車の後にぴったりくっついて走る.

*'An·hän·ger ['anhɛŋɐr アンヘンガァ]男 -s/- **1**(動力をもたない)連結車, 付随車, トレーラー. **2** 信奉者, 支持者, ファン, 取巻き. **3** ペンダント, ロケット. **4** 荷札, 名札. **5**(地方)(Aufhänger)(服・シャツなどの)襟吊り,(吊下げ用の)ループ.

'An·hän·ger·schaft 女 -/《総称的に》支持者, 信奉者.

'an·hän·gig ['anhɛŋɪç]形 **1**《法制》(訴訟が)係争中である. gegen j⁴ einen Prozess ~ machen 人⁴を相手どって訴訟を起す. **2**《古》(zugehörig)(物³に)所属している,(の)一員である,(ある考え方などに与⟨ぐ⟩している,(を)信奉している.

'an·häng·lich ['anhɛŋlɪç]形(人³に)忠実な, 心服した, 愛着のある.

'An·häng·lich·keit 女 -/ 愛着, 心服, 忠実. aus alter ~ 昔のよしみで.

'An·häng·sel ['anhɛŋzəl]中 -s/-(鎖・腕輪などに吊るす)付属物;(取りはずしのきく)付属部品;添え物, 付足し,(侮)取巻き, 腰ぎんちゃく.

'An·hauch 男 -[e]s/《雅》息, 息吹(⟨き⟩);(かすかな)気配. ein ~ des Unheimlichen 薄気味悪さ, 一抹の不気味さ. bläulicher ~ かすかな青み.

'an|hau·chen 他 **1**(人⟨物⟩³に)息を吹きかける.《過去分詞で》vom Tod schon *angehaucht* sein《雅》すでに死相が現れている, 死に瀕⟨⟩している. Er ist englisch *angehaucht*. 彼にはイギリス風にそまったところがある. rosig *angehaucht* ほんのり赤みを帯びた. **2**《卑》激しくしかりつける.

'an|hau·en(*)他 **1** 切始める. einen Baum ~(伐採する目印として斧で)木の幹に切込みを入れる. ein Getreidefeld ~ 穀物畑を刈始める. **2**《話》(人⁴に)なれなれしく話しかける, 言寄る;(j⁴ um et⁴ 人⁴に物⁴を)ずうずうしくねだる, 無心する.

'an|häu·fen ❶ 他 大量に集める, 山と積む, ため込む. ❷ 再《sich》たまる, 積もる.

'An·häu·fung 女 -/-en 集積(物), 蓄積(物);(1ヶ所に)集まること, 集中;(過度の)反復, 頻出. eine ~ von alten Orden ~ 人⁴の胸に数多つけてやる.

'an|he·ben* ❶ 他(家具・グラスなどを)少し持上げる;(賃金・価格・水準などを)引上げる. ❷ 他《雅》(anfangen)始める, 始まる.《zu 不定詞句と》Dir Glocken *heben an* zu läuten. 鐘が鳴り始める.

'an|hef·ten 他 縫いつける,(ポスターなどを画びょうで)張りつける,(安全ピン・クリップなどで)留める(an et⁴³ 物⁴³に); j³ den Orden ~ 人³の胸に勲章をつけてやる.

'an|hei·meln ['anhaɪməln]他 くつろいだ, アットホームな, 快適な気分にさせる.

'an·hei·melnd 現分形 くつろいだ, アットホームな.

'an'heim fal·len*, °an'heim|fal·len* 自(s)《雅》(人⟨物⟩³の)ものになる, 手に帰する. der Vergessenheit ~ 忘れ去られる.

an'heim ge·ben*, °an'heim|ge·ben* 他《雅》(人³の)任せる, ゆだねる. j³ ein Kind zur Erziehung ~ 人³に子供を預けて教育してもらう.《再帰的に》*sich*⁴ dem Schicksal ~ 運命に身をゆだねる.

an'heim stel·len, °an'heim|stel·len 他《雅》(事⁴を人³の)裁量に任せる.

'an·hei·schig ['anhaɪʃɪç]形: sich⁴ ~ machen, ~ zu tun《雅》…することを申出る, 引受ける, 約束する.

'an|hei·zen 他 **1**《目的語なしでも》(ストーブなどをたきつける; 暖房を入れる. **2**(気分・傾向などを)あおる, あおりたてる.

'an|herr·schen 頭ごなしに叱(どな)りつける.

'an|heu·ern(↔ abheuern) ❶ 自(船員)(船員として)雇われる. bei einer Schiffsgesellschaft ~ ある船会社に雇われる. ❷ 他(船員)(船員として)雇う. **2**《話》雇い入れる.

'An·hieb ['anhiːp]男 -s/ 最初の一撃. auf⟨auf den [ersten]⟩ ~《話》最初から, いきなり, たちどころに.

'an|him·meln 他《話》(人⁴に)うっとりと見とれる, 夢中になる, のぼせあがる.

'an·hin ['anhɪn]副(↗) **1**(日付を示す語の後に置かれて)次の. am Sonntag ~ 次の日曜日に. **2**《古》bis ~ 今まで, これまで(bis jetzt).

'An·hö·he 女 -/-n(小高い)丘, 高台.

*'an|hö·ren ['anhøːrən アンヘーレン] ❶ 他 **1**(人⟨物⟩⁴に)耳を傾ける,(を)じっと聞く. [sich³] j⁴ ~ 人⁴の言葉に耳を傾ける, じっと聞き入る. [sich³] das Konzert ~ コンサートに耳を傾ける. Zeugen ~ 証人を聴問する. **2** j³ et⁴ ~ 人³の話し方で事⁴が分かる. Man hört ihr die ausländische Herkunft *an*. 彼女の話し方で外国生まれだと分かる. **3** et⁴ mit ~ 事⁴をふとして, つい聞いてしまう. ein Gespräch am Nachbartisch mit ~ 隣りの席の会話を小耳にはさむ. Ich kann das nicht mehr mit ~.《話》そんな話はもう聞いていられない.

❷ 再《sich》(様態を示す語句と)…のように聞こえる. Die Geschichte *hört sich* aber erfunden *an*. その話はどうも作り話のように聞こえる. 《非人称的に》Es *hört sich an*, als ob es donnert. 雷が鳴っているような音がする.

'An·hö·rung 女 -/-en **1** ヒヤリング, 公聴会. **2**《法制》(裁判・行政上の手続に必要な)聴問.

An·hy'drid [anhy'driːt]中 -s/-e (*gr.* an.., 'nicht' + hydor, 'Wasser')《化学》無水物.

An·hy'drit [..'driːt]男 -s/-e《鉱物》硬石膏(⟨⟩), 無水石膏.

'Ani ['aːni] Anus の複数.

Änig·ma [ɛ'nɪgma]中 -[s]/..men[..mən] (-ta[..ta]) (*gr.*)(まれ)(Rätsel) 謎.

Ani'lin [ani'liːn]中 -s/ (*arab.* an-nil, 'das Blaue')《化学》アニリン.

'Ani·ma ['a:nima]女 -/-s (*lat.*, 'Hauch') **1**《哲学》(Seele)霊魂. **2**《心理》(↔ Animus)アニマ(男性の無意識の領域に潜む補償的な女性像, C. G. Jung の用語). **3**(貨幣・メダルなどの)地金.

ani'ma·lisch [ani'ma:lɪʃ]形 (*lat.* animal, 'Lebewesen, Tier') **1** 動物の, 動物性(動物質)の. **2** 動物的な, 獣的な, 本能的な.

Animalismus

Ani·ma'lis·mus [animaˈlɪsmɔs] 男 -/ 〖民族学〗動物崇拝.

Ani·ma·li'tät [..liˈtɛːt] 女 -/ 動物性, 獣性.

Ani·ma'teur [animaˈtøːr] 男 -s/-e (fr.) (旅行社の)催し物係, 添乗員.

Ani·ma·ti'on [animatsiˈoːn] 女 -en 動画, アニメーション.

ani·ma'to [aniˈmaːto] (it.) 副 〖音楽〗アニマート(生き生きと).

Ani·ma'tor [aniˈmaːtor] 男 -s/-en [..maˈtoːrən] **1** アニメーター, 動画制作者. **2** =Animateur

Ani'mier·da·me [aniˈmiːr..] 女 -/-en =Animiermädchen

ani·mie·ren [aniˈmiːrən] 他 (lat. animare, beleben, beseelen') **1** 元気(活気)づける, 鼓舞する. j⁴ zu et³ ~ 人⁴を励まして(おだてて)事⁴をする気にさせる. 《過去分詞で》animiert sein 上機嫌(愉快)である, 活気にあふれている. **2** 〖映画〗アニメーション(動画)にする, アニメ化する.

Ani'mier·lo·kal 中 -[e]s/-e (ホステスのいる)酒場(バーやキャバレーなど).

Ani'mier·mäd·chen 中 -s/- (バー・酒場の)ホステス.

Ani'mis·mus [aniˈmɪsmʊs] 男 -/ アニミズム.

Ani'mo [aˈniːmo] 中 -s/- (it.) (ぽっ) **1** (Lust) やる気, 意気込み, 意欲. kein ~ zu et³ haben 事³をする気がない. **2** (Vorliebe) 特別な愛好, 偏愛. ein ~ für gutes Essen haben おいしい食事に目がない.

ani'mos [aniˈmoːs] 形 (lat.) **1** (雅) (feindselig) 敵意をいだいた. **2** (古) 激怒した, ひどく興奮した.

Ani·mo·si'tät [animoziˈtɛːt] 女 -/-en **1** 《複数なし》憎悪, 敵意, 嫌悪(gegen j⁴ 人⁴に対する). **2** 敵意のある発言, 誹謗(ぱぁ).

'Ani·mus [ˈaːnimʊs] 男 -/ **1** 魂, 霊魂, 感情. **2** 〖心理〗(↔ Anima) アニムス(女性の無意識の領域に潜む補償的男性像, C. G. Jung の用語). **3** 〖法制〗心素, 意思. **4** 〖戯〗虫の知らせ, 予感.

'An·ion [ˈanˌi̯oːn, ..i̯on] 中 -s/-en [anˌi̯oˈnɛn] (gr. ana , hinauf'+Ion) 〖化学〗(↔ Kation) 陰イオン.

Anis [aˈniːs, aˈ(ː)nɪs] 男 -[es]/-e **1** 〖植物〗アニス. **2** アニスの実(薬用香辛料).

Ani'set·te [aniˈzɛt] 男 -s/-s (fr.) アニゼット, アニス酒(アニスの実で風味をつけた甘口のリキュール).

an·iso·ga'mi·e [anˌizoɡaˈmiː] 女 -/-n [..ˈmiːən] (gr.) 〖生物〗異形配偶, 異形配偶.

an·iso'trop [anˌizoˈtroːp] 形 〖物理〗(↔ isotrop) 異方性の.

Ank. (略) =Ankauf, Ankündigung, Ankunft

'an|kämp·fen 自 (gegen j⟨et⟩⁴ 人⟨物⟩⁴と)戦う, (に)抵抗する.

'An·ka·ra [ˈaŋkara] (地名) アンカラ(トルコ共和国の首都, ↑Angora).

'An·kauf 男 -[e]s/=e (大量の)買付, 買入; (とくに土地・建物などの)購入, 買取.

'an|kau·fen 他 1 (物⁴を)買う, 買付ける, 買入れる. **2** 再 《sich⁴》 (場所を示す語を)(ある場所に)土地(家)を買って住む. Er hat sich in Köln angekauft. 彼はケルンに土地(家)を買って住んでいる.

'An·ke [ˈaŋkə] (女名) アンケ(Anna の愛称).

'An·ken [ˈaŋkən] 男 -s/- (Butter) バター.

'An·ker[1] [ˈaŋkər] 男 -s/- (古) アンカー(酒類, とくにワインの液量の単位, =34–39 l).

'An·ker[2] 男 -s/- (gr.) **1** 錨(ぃゕり); 〖比喩〗支え, よりどころ, 頼みの綱. ~ lichten 錨をあげる; 〖比喩〗出発する, 旅立つ. ~ [aus]werfen / vor ~ gehen 錨を下ろす, 投錨(とぅぁぅ)する; 〖比喩〗腰を落着ける. Klar bei ~! 《船員》投錨用意. vor ~ liegen⟨treiben⟩ 錨を下ろしている. sich¹ vor ~ legen 錨を下ろす, 投錨する. **2** 〖建築〗かすがい. 〖工学〗(時計の)アンクル, (発電機・電動機の)電機子.

'An·ker·bo·je 女 -/-n 〖海事〗錨(ぃゕり)ブイ, アンカーブイ.

'An·ker·ket·te 女 -/-n 錨鎖(ぴゕり), アンカーチェーン.

'an|kern [ˈaŋkərn] 自 〖海事〗**1** (船が)錨(ぃゕり)を下ろしている, 停泊している. **2** 〖海事〗(船が)錨(ぃゕり)を下ろす.

'An·ker·platz 男 -es/=e 〖海事〗投錨(とぅぁぅ)地, 錨地(ぴゕり), 停泊地.

'An·ker·spill 中 -[e]s/-e 〖海事〗=Ankerwinde

'An·ker·win·de 女 -/-n 〖海事〗揚錨(ょぅぴょぅ)機, アンカーキャプスタン.

'an|ket·ten 他 鎖でつなぐ; 束縛する. 《過去分詞で》Ich bin heute angekettet. 《話》私は今日は足止めを食らっている, 体が空(ぁ)かない.

*'**An·kla·ge** [ˈaŋklaːɡə] 女 -/-n **1** 《複数なし》〖法制〗公訴, 告訴, 告発, 起訴. gegen j⁴ ~ erheben 人⁴を告訴(告発)する. unter ~ stehen 告発されている. j⁴ unter ~ stellen 人⁴を告発する. **2** 《複数なし / 集合的に》検察, 検事側. **3** (雅) 厳しい非難, 弾劾; 詰問.

'An·kla·ge·bank 女 -/=e 《複数まれ》被告席. die ~ drücken 《被告として》法廷に立たされる. j⁴ auf die ~ bringen⟨setzen⟩ 人⁴を告訴(告発)する.

*'**an|kla·gen** [ˈaŋklaːɡən] 他 (j⁴ [wegen] et² 人⁴を事²のかどで)告訴(告発)する; (激しく)非難する, 弾劾(だんがい)する. j⁴ des Mordes⟨wegen [des] Mordes⟩ ~ 人⁴を殺人のかどで告訴する. 《再帰的に》sich⁴ der Sünden ~ 自分の罪を認める(責める). Wer sich⁴ entschuldigt, klagt sich⁴ an. 《諺》問うに落ちず, 語るに落ちる(弁解する者は落ち度を認めたも同じだ). ◆↑Angeklagte

'An·klä·ger [ˈaŋklɛːɡər] 男 -s/- 告訴人, 訴人, 告訴人; 原告; 弾劾者. der öffentliche ~ 〖法制〗検事, 検察官.

'an·klä·ge·risch [..ɡərɪʃ] 形 **1** 告訴(告訴)の. **2** 弾劾的な, 詰問するような.

'An·kla·ge·schrift 女 -/-en 起訴状.

'an|klam·mern ❶ 他 クリップ(洗濯ばさみ)で留める (an et³ 物³に). **❷** 再 《sich**¹**》しがみ(すがり)つく (an et⁴ 物⁴に). sich an eine Hoffnung ~ 一縷(いちる)の望みにすがる.

'An·klang 男 -[e]s/=e **1** 《複数なし》賛同, 喝采. großen ~ finden 盛んな喝采を博する, 大いなる賛同(支持)を得る. **2** かすかな類似, 面影; 名残, 余韻.

'an|kle·ben ❶ 他 (接着剤などで)張りつける. **❷** 自 (s, h) **1** (s) 張り(こびり)つく, くっつく. **2** (h) (古) (欠点・悪習などが人³に)しみついている.

'an|klei·den 他 (人に)服を着せる. 《再帰的に》 sich⁴ ~ 服を着る. sich¹ feierlich ~ 盛装する.

'An·klei·de·raum 男 -[e]s/=e 更衣室, 脱衣室; 支度部屋.

'An·klei·de·zim·mer 中 -s/- =Ankleideraum

'an|kli·cken [ˈaŋklɪkən] 他 〖コンピュ〗(メニューなどを)クリックする.

'an|klin·geln 他 j⁴ ⟨bei j³⟩ ~ (地方) 人⁴⟨人³⟩に電話をかける.

'an|klin·gen* 自 **1** かすかに表れている、それとなく感じられる. In ihren Worten *klang* leise Trauer *an*. 彼女の言葉にはかすかな悲哀がにじんでいた. Erinnerungen *klingen an*. さまざまな思い出が去来する. **2** ⟨an et⁴ 物³⟩かすかな類似がある、(を)しのばせる. In seiner Oper *klingt* manches an Wagner *an*. 彼のオペラにはヴァーグナーを思わせるところが少なくない. **3** 《古》 mit den Gläsern ~ ⟨乾杯の⟩杯を打合せる.

'an|klop·fen 自 **1** ⟨an die⟨der⟩ Tür ドアを⟩ノックする、たたく. **2** ⟨bei j³ 人³の⟩意向を打診する、様子をうかがう. Das Alter *klopft* bei ihm *an*. 老いの色が彼に忍び寄ってきた. Ich werde bei ihr ~, ob sie uns helfen will. 私たちを助けてくれるのかどうか彼女に尋ねてみよう.

'an|knip·sen 他《話》(ぱちんと物¹の)スイッチを入れる.

'an|knöp·fen 他 (→ ankhöpfen)

'an|knüp·fen ❶ 他 **1** 結びつける⟨an et⁴ 物⁴に⟩. **2** mit j³ ein Gespräch⟨eine Beziehung⟩ ~ 人³と話を始める⟨関係を結ぶ、コネをつける⟩. ❷ 自 ⟨an et⁴ 事⁴に⟩続ける、言及する、⟨を⟩話の糸口にする.

'An·knüp·fung 女 -/-en 結びつけること; 関係を結ぶ⟨言及する⟩こと.

'An·knüp·fungs·punkt 男 -[e]s/-e ⟨人と人とを結びつける⟩接点、共通点; 話の糸口;《法制》⟨国際私法上の、例えば国際結婚などにおける⟩連結点.

'an|koh·len¹ 他 ⟨¹ Kohle⟩ 焦がす.《過去分詞で》 Das Fleisch ist schon *angekohlt*. 肉が焦げているよ.

'an|koh·len² 他 (↑Kohl²) ⟨から⟩かつぐ、かつぐ.

'an|kom·men* ['aŋkɔmən アンコメン] ❶ 自 (s) **1** 到着する. um 8 Uhr am Bahnhof⟨in München⟩ ~ 8時に駅に⟨ミュンヒェンに⟩着く. Wir sind gut *angekommen*. 私たちは無事到着した. Bei ihm ist ein Baby *angekommen*.《比喩》彼のところに赤ん坊が生れた. **2**《話》(うるさく)押しかけて来る. *Kommst* du schon wieder *an*! 誰かと思ったらまた君か. **3**《話》受け入れられる、好感をもって迎え入れられる⟨bei j³ 人³に⟩. gut ~ 気に入られる、受ける. schlecht ~ 冷たくあしらわれる、受けない. Damit *kommst* du bei mir nicht *an*. そんなことをしても私には効き目がないよ. Da *kam* ich schön *an*!《反語》全く駄目だったよ、散々な目に遭ったよ. **4**《話》職にありつく、雇われる. bei einer Firma ~ ある商社に就職する. **5** gegen j⟨et⟩⁴ 人⟨物⟩⁴に対抗する、立向かう、(と)張り合う. gegen den Strom ~ 嵐にもめげない. Gegen ihn *kommst* du nicht *an*. 彼には君は歯が立たない. **6**《非人称的に》Es *kommt* auf j⟨et⟩⁴ auf j⟨et⟩⁴ 人⟨物⟩⁴次第である、(に)かかっている. *Es kommt* aufs Wetter *an*. お天気次第である. *Es kommt* auf ihn *an*, ob wir spazieren fahren können. ドライブに行けるかどうかは彼次第だ. *Es kommt* darauf *an*, ob er einverstanden ist. 問題は彼が同意しているかどうかである. *Es kommt* ganz darauf *an*! 肝心なのはそこだよ、その点がまだはっきりしない. wenn es darauf *ankommt* 必要ならば、いざというときには. **7**《不定で es¹ および lassen と》es auf et⁴ ~ lassen 事⁴にゆだねる、(を)思い切ってやってみる、(も)辞さない. Lassen wir's darauf ~! いちかばちかやってみよう. Sie werden es nicht auf einen Krieg ~ lassen. 彼らはまさか戦争をするつもりはないだろう.
❷ 他 (s)《雅》**1** (ある感情が人⁴を)襲う. Angst *kam* ihn *an*. 彼は不安⟨恐怖⟩に襲われた⟨古くは3格支配で Angst *kam* ihm *an*⟩. **2** j⁴ schwer⟨hart/sauer⟩

~ (...が) 人⁴にとってつらい. Der Dienst *kam* mich schwer *an*. 勤務は私にはつらかった.

'An·kömm·ling ['ankœmlɪŋ] 男 -s/-e 到着したばかりの人, 新来の客, 新顔; 生れたばかりの赤ん坊.

'an|kön·nen* 自《話》《否定形で》gegen j⟨et⟩⁴ ~ 人⟨物⟩⁴に対抗できる. Ich kann nicht gegen seine Unverschämtheit *an*. 彼の厚かましさにはお手上げだよ.

'an|kop·peln 他 **1** (車両などを)連結する⟨an et⁴ 物⁴に⟩. **2** (犬などをまとめて)つなぐ.

'an|kot·zen 他《卑》**1** (人⟨物⟩⁴に)へどをかける. **2** (人⁴を)むかむか(うんざり)させる. Ihre Heuchelei *kotzt* mich *an*. 彼女の猫かぶりに私は胸くそが悪くなる. **3** どやしつける.

'an|kral·len 他 **1** (動物が)爪でつかみかかる. **2** ⟨地方⟩(人⁴に)強引にねだる、せびる⟨um et⁴⟨wegen et²⟩ 物⁴,²を⟩. ❷ 他《sich⁴》ぎゅっとしがみつく.

'an|krei·den 他 **1**《古》(飲屋で売掛金などを)チョークで黒板に書きつける. **2** [et⁴] ~ lassen《古》(飲屋で物⁴を)つけにする. **3** (人³の事⁴を)悪く取る、恨みに思う;《事⁴を人³の》せいにする. Das werde ich dir ~! こいつは忘れないぞ、覚えていろよ.

'an|kreu·zen 他 **1** (物⁴に)×印をつける. ❷ 自 (h, s)《水上競技》風上の向かってジグザグに帆走する.

'an|krie·gen =anbekommen

'an|kün·di·gen 他《古》《雅》=ankündigen

'an|kün·di·gen ❶ 他 あらかじめ知らせる、予告する. ❷ 再《sich⁴》兆⁴しが見える. Der Frühling *kündigt* sich *an*. 春の兆しが現れる.

'An·kün·di·gung 女 -/-en 予告, 告示, 通知; 予告⟨告知, 通知⟩文書.

*'An·kunft ['ankʊnft アンクンフト] 女 -/⸚e《複数まれ》《略 Ank.》到着, 到来; 誕生.

'An·kunfts·hal·le 女 -/-n (空港などの)到着ロビー.

'An·kunfts·zeit 女 -/-en 到着時刻.

'an|kup·peln 他 =ankoppeln 1

'an|kur·beln 他 **1** (クランクを回してエンジンを)かける、始動させる. **2** (経済などを)活性化する、促進する.

An·ky·lo·se [aŋky'loːzə] 女 -/-n ⟨gr.⟩《医学》関節強直.

'an|lä·cheln 他 (人⁴に)にっこり笑いかける、ほほえみかける.

'an|la·chen 他 **1** (人⁴に)笑いかける. Der Kuchen *lacht* mich *an*.《比喩》そのお菓子はいかにもおいしそうだ. **2** sich³ j⁴ ~《話》人⁴と親しくなる、いい仲になる.

*'An·la·ge ['anlaːgə アンラーゲ] 女 -/-n **1**《複数なし》(施設・設備などの)企画, 設計, レイアウト; 建設, 設置, 敷設. **2**《多く複数で》(ある目的のための)設備, 装置; 施設, プラント; 緑地, 公園. ~n für den Sport スポーツ施設. öffentliche ~ 公共の施設. **3** 構想, 組立て, 構成. die ~ eines Romans 長編小説の構想. **4** (生れながらの)素質, 資質; 性質, 性向; 天分, 才能;《生物》原基. eine krankhafte ~ 病的な素質. eine ~ zu Allergien アレルギー体質. **5**《多く複数で》《経済》投資, 投下資本. **6**《書》同封物, 添付物. als ⟨in der⟩ ~ 同封して. **7**《古》(租税などの)賦課, 課税.

'An·la·ge·be·ra·ter 男 -s/- 投資コンサルタント.

'An·la·ge·ka·pi·tal 中 -s/-e⟨ⁿ ...lien⟩《経済》投下資本.

'an|la·gern ❶ 他 **1** (土砂を)堆積する;《化学》付加(添加)する. ❷ 再《sich⁴》(土砂が)堆積する, たまる;《化学》(付加反応を起こして)結合する, 加成する⟨an et⁴ 物

'**An·la·ge·rung** 囡 -/-en 堆積;〖化学〗(Addition) 付加(反応), 加成.

'**An·län·de** ['anlɛndə] 囡 -/-n (Anlegeplatz) 船着場.

'**an|lan·den** ❶ 他 (物を)陸揚げする;(乗客・部隊などを)上陸させる, 揚陸(☆)する. ❷ 自 (s, h) 1 (s) (a) (船が)接岸する, 停泊する. (b)《戯》(人が)着く, 到着する. 2 (s, h) (土砂が沖積して砂州・島などが)広がる.

'**an|lan·gen** ❶ 自 (s)《雅》(ankommen) 到着する. zu Hause⟨am Ziel / auf dem Gipfel⟩ ~ 家に⟨目的地に / 頂上に⟩到着する. auf dem toten Punkt ~ (交渉などが)暗礁に乗上げる. ❷ 他 1 (事¹に)かかわる, 関係する. was die Kosten *anlangt*, ... こと費用に関しては…. 2 《南ド・オーストリア・スイス》触る.

*'**An·lass**, °'**An·laß** ['anlas アンラス] 男 -es/⁻e 1 (外的な)理由, 原因, きっかけ. Sein Zuspätkommen war nur der ~ für den Streit. 彼の遅参は争いの誘因(きっかけ)にすぎなかった. zu et¹ ~ geben 事¹にきっかけ(口実)を与える. aus diesem ~ こうしたわけで. ohne allen ~ 何の理由もなしに. et⁴ zum ~ nehmen 事を∼(口実)にする. 2 機会, チャンス; 事件. bei jedem ~ どんな場合にも. ~ nehmen, … zu tun …をする機会をとらえる. 3《雅》(Veranstaltung) 催し.

'**an|las·sen*** ['anlasən] ❶ 他 1 始動させる. den Motor ~ エンジンをかける. 2《話》(物¹の)スイッチを入れたままにしておく;(灯火・ラジオなどを)つけたままにしておく. 3《話》(衣服・靴などを)身につけたままでいる, 脱がずにいる. 4 (鋼・ガラスを)焼きなます, 焼きもどす. 5《雅》しかりつける. j⁴ hart ~ 人⁴を厳しく叱りつける. ❷ 再 (sich)《様態を示す語句を》出だしは…である. Das Geschäft *ließ* sich nicht besonders gut *an*. 商売の滑り出しはあまり上々ではなかった. Der neue Verkäufer *lässt* sich gut *an*. 新しい店員はなかなかのものだ, 末頼もしい.

'**An·las·ser** ['anlasər] 男 -s/-〖工学〗(モーターの)始動装置, スターター.

'**An·lass·fahrt** 囡 -/ =Anlauffahrt

'**an·läss·lich**, °'**an·läß·lich** ['anlɛslɪç] 前《2格支配》…の機会に, …にさいして. ~ meines Geburtstages 私の誕生日に当って.

'**an|las·ten** 他 (人¹に物⁴を)負担させる, 支払わせる;(責任・罪を人³に)なすりつける, 負わせる, (の)せいにする.

'**An·lauf** ['anlauf] 男 -[e]s/⁻e 1《スポーツ》助走; 助走路. ~ nehmen 助走する. 2 準備, 試行. einen ~ zu et³ nehmen 事³の準備をする. der ~ zur Reform 改革の準備. beim⟨mit dem⟩ ersten ~ 最初の試みで. 3《複数なし》開始, 着手. einen neuen ~ nehmen⟨machen⟩ 新しく始める(やり直す). 4 突撃, 攻撃. 5〖建築〗(↑Ablauf)(柱頭下部の凹曲面形をした)開き, 根広(ねびろ).

'**an|lau·fen*** ['anlaufən] ❶ 自 (s) 1《過去分詞で》*angelaufen* kommen 走って来る. 2《スポーツ》助走する. 3 走り(動き)始める, 始動する;(計画・事業などが)始まる. Der Motor *läuft an*. エンジンが始動する. ein neuer Film ist *angelaufen*. 新しい映画が封切られた. 4 (税・経費などが)増大する, かさむ. Die Kosten sind *angelaufen*. 費用がかさんでしまった. 5 (蒸気で)曇る. Die Brille *läuft an*. 眼鏡が曇る. 6 変色する, …色になる. vor Zorn rot ~ (顔が怒りのあまり)赤くなる. Stahl blau ~ lassen 鋼(はがね)を青く変色するまで加熱する. 7 (gegen j⟨et⟩⁴) 人⟨物⟩⁴にぶつ

かる, 衝突する; 立ち向かう, 対抗する. gegen Vorurteile ~ 偏見と戦う. 8 bei j³ schlecht⟨übel⟩ ~ 《古》人³を怒らせる, (に)きらわれる. 9《猟師》(獣¹が)射程距離に入る.

❷ 他 1〖海事〗(物⁴に向かって)舵(かじ)を取る; (に)寄港する. 2 die erste Strecke zu langsam ~ 最初の区間をあまりにも遅いペースで走る.

'**An·lauf·far·be** 囡 -/ 焼きなまし色, 刃(は)焼(やき)色.

'**An·lauf·zeit** 囡 -/-en (エンジンなどの)始動時間; (一般的に)準備期間, ウォーミング・アップの時間;〖映画・演劇〗封切り(初演)の期間.

'**An·laut** 男 -[e]s/⁻e〖音声〗(↔ Auslaut) 頭音(語頭音・音節頭音).

'**an|lau·ten** 自〖音声〗auf⟨mit⟩ einem Laut ~ (語・音節に)ある音で始まる.

'**an|läu·ten** ❶ 他 1《南ド・オーストリア・スイス》(anrufen) 1 に電話をかける. 2《競技の開始をベル⟨鐘⟩で知らせる. 3《古》(鐘を)鳴らす. ❷ 自《南ド・オーストリア・スイス》(bei j³ / j³に)電話をかける.

'**An·le·ge·brü·cke** ['anle:gə-] 囡 -/-n (Landungsbrücke) 桟橋.

*'**an|le·gen** ['anle:gən アンレーゲン] ❶ 他 1 置く, 当てる, 当がう(an et⁴ 物⁴に). Bogen ~ 全紙を印刷機(折畳み機)にかける. Feuer ~ 放火する. das Gewehr auf j⁴ ~ 人⁴を銃で狙う. Hand an j⁴ ~《比喩》人⁴に危害を加える. bei et³ (mit) Hand ~《比喩》事³に手を貸す. letzte Hand ~《比喩》最後の仕上げをする. Holz ~ 薪(たきぎ)をくべる. einen Hund ~ 犬をつなぐ;〖狩猟〗犬に獣の跡を追わせる. einen strengen Maßstab an et⁴ ~《比喩》事⁴を厳しい尺度で測る, に厳しい判断を下す. die Ohren ~ (動物が)耳を後方に倒す. einen Säugling ~ 赤ん坊に乳をふくませる. 2《雅》身に着ける, 着用する. 3 (人³に物⁴を)結びつける, 取りつける. j³ Fesseln ~ 人³に枷(かせ)をはめる. 4 拘束する; j³ einen Verband ~ 人³に包帯を巻く. 5 計画⟨立案, 構想⟩する; (目録・プログラムなどを)編成(作成)する. 《過去分詞で》Der Roman ist breit⟨groß⟩ *angelegt*. この長編小説は構想が雄大である. 6 (計画に従って)建設(設置, 敷設)する. 7 (investieren) 投資(出資)する, (金を)支出する. 7 es auf et⁴ ⟨j⟩⁴ ~ 物⟨人⟩⁴が狙いである. Du hast es wohl darauf *angelegt*, mich zu ärgern? 君の狙いは私を怒らせることにあったんだろう. 8《古》同封する.

❷ 再 (sich) けんかになる, 口論を始める(mit j³ 人³に).
❸ 自 (↔ ablegen ②) (船が)接岸する, 陸地に着く. im Hafen ~ 港に停泊する.
♦ ↑angelegt

'**An·le·ge·platz** 男 -es/⁻e (Landungsplatz) 船着場, 波止場, 陸揚げ地.

'**An·le·ger** ['anle:gər] 男 -s/-〖印刷〗(a) 紙送り工. (b) 給紙機, フィーダー. 2〖経済〗(Investor) 出資者, 投資者. 3《船具》船着場, 波止場.

'**An·le·ge·stel·le** 囡 -/-n =Anlegeplatz

*'**an|leh·nen** ['anle:nən アンレーネン] ❶ 他 1 立てかけ, もたせかける(an et⁴ 物⁴に). die Leiter an die Wand ~ はしごを壁にかける. Nicht ~!ペンキ塗りて, 寄りかからないでください. 2 (ドア・窓などを)完全には閉めないでおく, 半開きにしておく; 鍵をかけないでおく. ❷ 再 (sich) sich an et⟨j⟩³ ~ 物⟨人⟩³に寄りかかる, もたれる;《比喩》物⟨人⟩³を頼りにする; (に)依拠する, 則(のっと)る, 手本にする.

'**An·leh·nung** 囡 -/-en 寄りかかる(頼りにする)こと;

依存, 依拠. in ~ an ein Wort Goethes ゲーテの言葉に依拠して.

'**An·leh·nungs·be·dürf·nis** 中 -ses/-se 甘え, 依存心.

an·leh·nungs·be·dürf·tig 形 依存心の強い.

*'**An·lei·he** ['anlaɪə アンライエ] 女 -/-n **1** 《経済》(債権証書を発行する長期の)借入金; (とくに)公債, 社債. **2** (他人の文章・思想の)借用. eine ~ bei Nietzsche machen ニーチェから借用する.

'**An·lei·he·pa·pier** 中 -s/- 《ゴ》=Anleihe

'**an·lei·men** 他 **1** (物を)膠(にかわ)でくっつける. 《過去分詞で》wie angeleimt sitzen 《話》なかなか帰ろうとしない, 長っちりである. **2** 《話》(betrügen) (人⁴を)だます.

'**an·lei·nen** einen Hund ~ 犬を綱でつなぐ.

'**an·lei·ten** 指導する, 教え込む. Lehrlinge bei der Arbeit ~ 徒弟に仕事の手ほどきをする. Kinder zur Ordnung ~ 子供たちをしつける.

'**An·lei·tung** 女 -/-en **1** 指導, 手ほどき. ~ zum Kochen 料理の手ほどき. **2** (機器などの)取扱説明書, 手引.

'**An·lern·be·ruf** 男 -[e]s/-e (1-2年の短期教育で間に合う)速成職種.

'**an·ler·nen** 他 **1** (人⁴に短期間の)職業訓練をほどこす. ein angelernter Arbeiter 職業訓練を受けた労働者. **2** 《再帰的に》sich³ et⁴ ~ 事⁴を(速成で)習得する. angelernte Kenntnisse にわか仕込みの(付焼き刃の)知識.

'**An·lern·ling** ['anlɛrnlɪŋ] 男 -s/-e (特定の仕事だけのための速成訓練を受けている)見習工員(店員), 準従弟. ↑ Lehrling

'**An·lern·zeit** 女 -/-en 速成訓練期間, (短期)養成期間.

'**an·le·sen** 他 **1** ein Buch ~ (大体の感じをつかむために)本の最初の部分を読んでみる. **2** 《再帰的に》sich³ et⁴ ~ 事⁴を読んで身につける. angelesene Kenntnisse 本から仕入れた知識.

'**an·lie·fern** (注文の品を)配達する, 配送する. Möbel ~ 家具を配送する.

'**an·lie·gen*** **1** (衣服などが)ぴったり合う. Die Jacke liegt eng〈knapp〉 am Körper an. そのジャケットは体にぴったり合っている. **2** 同封されている. anliegende Prospekte 同封のパンフレット. **3** (an] et³ 物に)隣接している. Der Straße liegen mehrere Häuser mit Gärten an. この通りには庭つきの家が数軒並んでいる. **4** 《雅》(人³に)しつこく迫る, (を)煩わせる (wegen et² 事²のことで). **5** 《雅》(人³にとって)関心事である, 気にかかっている, 重要である. Mir liegt es sehr an, ihm zu helfen. 私はなんとか彼を助けてやりたい. **6** 《話》(仕事などが)片付かずに残っている. Was liegt heute an? 今日は何が残っているかな(何を片付けなくてはならないのかな). **7** 《海事》針路を取る. seewärts ~ 針路を沖に向ける. ◆↑angelegen

'**An·lie·gen** 中 -s/- **1** 関心事, 用件; (会議の)案件. **2** 願い, 頼み. Ich habe ein ~ an Sie. あなたにお願い(お頼み)したいことがあります.

'**An·lie·ger** 男 -s/- 隣接居住者, 近所の人; 《法制》道路(水面)沿いの土地の所有者. Nur für Anlieger! 隣住民以外の通行禁止.

'**An·lie·ger·staat** 男 -[e]s/-en (河川・水域などに)面する沿岸国. die ~en des Persischen Golfs ペルシア湾沿岸諸国.

'**an·lo·cken** 他 (鳥獣・虫などを)おびき寄せる; 《比喩》(人⁴を)引きつける.

'**an·lö·ten** 他 (物⁴を)はんだづけする (an et⁴ / まれ an et³ 物⁴,³に).

'**an·lü·gen*** (人⁴に)臆面もなく嘘をつく, しゃあしゃあと嘘を言う.

Anm. 《略》=Anmerkung 1

*'**an|ma·chen** ['anmaxən アンマッヘン] 他 **1** (↔ abmachen) 取りつける, 固定する (an et³ 物³に). ein Bild an der Wand ~ 絵を壁にかける. **2** (ある物⁴を)まぜ合せる, 調合する. Mörtel ~ モルタルを捏(こ)ねる. Salat mit Essig und Öl ~ サラダに酢と油をかける. **3** (機械などを)作動させる. das Radio ~ ラジオのスイッチを入れる. Feuer ~ 点火する. **4** 《話》(人⁴に)言い寄る. **5** 《話》(人⁴の気持を)引きつける, そそる. Das macht mich nicht an. そんなことで私の気持は動かないよ.

'**an|mah·nen** 他 **1** (物⁴を)催促(督促)する. **2** (人⁴に)催促(督促)をする.

'**an|ma·len** 他 **1** (物⁴に)色を塗る. et⁴ rot〈blau〉 ~ 物⁴を赤く〈青く〉塗る. **2** (物⁴を)描く. einen riesigen Baum an die Wand ~ 巨大な樹を壁に描く. **3** j〈sich〉³ die Lippen ~ 人〈自分〉の唇に紅を塗る. ❷ 再 《sich³》《戯》化粧をする.

'**An|marsch** 男 -[e]s/-e **1** (隊伍を組んでの)接近, 進撃. im〈auf dem〉 ~ sein 進撃(進軍)中である; 《戯》こちらに向かっている途中である. **2** (話)職場までの道のり. einen langen ~ haben 通勤距離が長い.

'**an|mar·schie·ren** 自 (s) (↔ abmarschieren) (隊伍を組んで)近づいて来る, 進軍して来る. angemarschiert kommen 隊伍を組んでやって来る, 行進(進軍)して来る. ◆過去分詞 anmarschiert

'**An·marsch·weg** 男 -[e]s/-e (目的地までの)道のり; 通勤(通学)路.

'**an|ma·ßen** ['anmaːsən] 他 《sich³ et⁴ 事⁴を》不当に要求(行使)する; 思い上がって…する. sich³ den Doktortitel ~ 博士号を僭称する. sich³ ein Recht ~ 不当にもある権利を主張(行使)する. Ich maße mir nicht an, darüber zu urteilen. 私はそれについてとやかく言える柄ではない.

'**an·ma·ßend** 現分 形 思いあがった, うぬぼれた, 尊大(横柄)な, 僭越な.

'**An·ma·ßung** 女 -/-en **1** 思いあがり, 不遜(ふそん), 僭越. **2** 越権行為, 僭称.

'**An·mel·de·for·mu·lar** 中 -[e]s/-e 届出(申告)用紙.

*'**an|mel·den** ['anmɛldən アンメルデン] ❶ 他 **1** (来訪・到着を)知らせる, 告げる, 通知(通告)する. j² Ankunft ~ 人²の到着を知らせる. Er hat seinen Besuch telefonisch angemeldet. 彼は電話で訪問すると予告した. **2** (a) (人⁴の参加・入会などを)申込む, (の)願書を出す; (人⁴の)住民登録をする. Er hat seine Familie polizeilich angemeldet. 彼は家族の転入届をした. ein Kind in der Schule〈zur Schule〉 ~ 子供の入学願書を出す. (b) (事⁴を)届け出る, 申請(申告)する. [den] Konkurs ~ 破産申告する. ein Patent ~ 特許申請をする. **3** (事⁴を)申立る, 主張する. gegen et⁴ seine Einwände ~ 事⁴に対して異議を申立る. Zweifel ~ 不審を申立てる.

❷ 再 《sich⁴》 **1** 来訪(到着)を知らせる; 面会を求める (bei j³ 人³に). Würden Sie sich bitte ~? ご面会と私が参りましたことをお伝え願えますか. Die Grippe hat sich angemeldet. 《比喩》流感の徴候が現れた. 《lassen》と sich bei j³ ~ lassen (受付・秘書などを通じ

Anmeldepflicht

て)人³に来意を告げる，面会を求める．**2** (a) 参加(入会)の申込みをする，エントリーをする；(医者などに)予約する．*sich beim Arzt* ~ 医者に診察の予約をする．*sich zum Sommerkurs* ~ サマーコースに参加申込みをする．(b) 住民登録(転入届)をする．*sich auf dem Einwohnermeldeamt* ~ 住民登録課に転入届を出す．(c) (↔ sich abmelden)《訓算》ログインする．

'**An·mel·de·pflicht** 囡 -/ 届出(申告)義務．

'**an·mel·de·pflich·tig** 厖 届出(申告)義務ある．

'**An·mel·dung** 囡 -en **1** (出席・到着などの)知らせ，通知；予約申込．**2**《複数なし》(参加・入会・入学などの)申込み；(役所への)届出，申告，申請．**3** (異議・疑義などの)申立て，表明；(権利などの)主張．**4**《話》(届出・申込みなどの)受付，窓口．

'**an|mer·ken** 他 **1** j⁴ et⁴ ~ ～³の様子から事⁴に気づく．*Man merkte ihm seinen Ärger an.* 彼が怒っていることがそぶりから分かった．*sich³ nichts ~ lassen* (他人に)何も気づかせない，何のそぶりも見せない．**2**《雅》補足(注釈)として述べる．*Ich möchte dazu* ~, *dass*... それに加えて…のことを言っておきたい．**3** (物⁴に)印をつける，マークする．

'**An·mer·kung** 囡 -/-en 《略 Anm.》注．*den Text mit* ~en *versehen* 本文に注をつける．**2**《雅》(簡単な)補足，コメント．

'**an|mes·sen*** 他 **1** (人³の物⁴の)寸法をとる．*j³ einen Anzug* ~ 人³のコートの寸法をとる．*sich³ einen Anzug* ~ lassen スーツの採寸をしてもらう．**2**《天文》(天体までの)距離を測る．*den Mond* ~ 月までの距離を測定する．◆↑angemessen

'**an|mon·tie·ren** 他 (ねじで)取付ける，固定する．

'**an|mot·zen**《話》(人⁴に)文句をつける，がみがみ言う．

'**an|mus·tern**《船員》❶ 他 (↔ abmustern) (船員などを)雇い入れる．❷ 自 (船員として)雇われる，船に乗組む．

'**An·mus·te·rung** 囡 -/-en 《船員》(船員の)雇い入れ，雇用；(船員として)船に乗組むこと．

'**An·mut** ['anmuːt] 囡 -/ 優美，優雅，上品，典雅，(身ごなしなどの)しとやかさ，軽やかさ．

'**an|mu·ten** ['anmuːtən] 他 **1**《物が主語で》(人⁴を)...の気持にさせる．*Die Landschaft mutet mich heimatlich an.* この風景は私を故郷にいるような気分にさせる．**2**《古》《訓》(zumuten)(人³に)物⁴を過大(不当)に要求する．*Das kann man nicht* ~. そんなことを私たちに期待されては困る．

'**an·mu·tig** ['anmuːtɪç] 厖 優美な，優雅な，上品な，典雅な；しとやかな，軽やかな．

'**An·mu·tung** 囡 -/-en 《訓》(Zumutung) (過大な・不当な)期待，要求．

'**An·na** ['ana] (*hebr.*, die Begnadigte')《女名》アンナ，アナ．

'**an|na·geln** 他 (物⁴を)釘(⁴)で打ちつける(an et⁴,³ 物⁴,³ に)．

'**an|nä·hen** 縫い付ける(an et⁴ 物⁴に)．

'**an|nä·hern** ❶ 他 (sich) (人(物)³に)近づける，近づいて来る；(人³と)近づきになる，親しくなる．*Ein Komet nähert sich der Erde an.* 彗星が地球に接近する．《相互代名詞として》*Sie näherten sich immer mehr an.* 彼らはますます親しくなっていった．❷ 他《物⁴を物³に)近づける；(後は同じもの(等しいもの)にする．*et⁴ einem Vorbild* ~ 物⁴を手本に近づける．

'**an·nä·hernd** 圏副 厖 **1**《副詞的用法で》ほぼ，おおよそ．**2**《付加語的用法で》《まれ》大体の．

'**An·nä·he·rung** 囡 -/ 近づくこと，接近；(規格・立場などの)均一化，統一；歩み寄り．

'**An·nä·he·rungs·ver·such** 男 -[e]s/-e 知合いになろうとすること．~e *machen* 知合いになろうとする，アタックする．

*'**An·nah·me** ['anaːmə] アンナーメ 囡 -/-n 《複数なし》受取り，受領，受理．*die* ~ *einer Zahlung Zahlung支払金の受取り．*die* ~ *verweigern* 受取りを拒む．**2**《複数なし》承認，採択，同意，承諾．**3**《複数なし》採用．*die* ~ *der Arbeiter* 労働者の受入(採用)．*die* ~ *als Kind / 《古》die* ~ *an Kindes Statt* 養子縁組 (Adoption)．**4** 受領所，受付，窓口．**5** 仮定，前提，推定，見解．*unter der* ~, *dass*... ...という仮定(見解)のもとに．(2格で) *Ich war der* ~, *dass sie schon abgefahren sei.* 彼女はもう出発したと私は思っていた．**6**《球技》パスを受けること．

An·na·len [a'naːlən] 複 (*lat. annus, Jahr'*) **1**《歴史》年代記．~ *des Tacitus* タキトゥスの年代記．**2** 年鑑，年鑑．

'**an·nehm·bar** ['anneːmbaːr] 厖 受入れ(受諾)可能な；かなりの，相当な；まずまずの．

*'**an|neh·men*** ['anneːman] アンネーメン ❶ 他 **1** (差出された物を)受取る，受入れる．*einen Brief* ~ 手紙を受取る．*ein Trinkgeld* ~ チップを受取る．*einen Wechsel* ~《商業》手形を引受ける．**2** (申し出・提案などを)受入れる，受理(受諾)する；(法案などを)採択する．*einen Antrag* ~ 動議を採択する．*eine Doktorarbeit* ~ 博士論文を受理する．*eine Einladung* ~ 招待を受ける．*ein Manuskript* ~ (im Theaterstück) ~ 原稿の出版(戯曲の上演)を引受ける．*eine Wette* ~ 賭けに応じる．**3** (人³を)受け(迎え)入れる，受けつける；採用する；《話》養子にする．*Heute nehmen wir keinen Besuch an.* 今日は人を来客をお断りだ．*einen Bewerber* ~ 求職者を雇い入れる．*einen Patienten* ~ 患者を受付ける．*j⁴ [hart]* ~《話》人⁴を手荒くあしらう．**4** (a) (人が)ある態度などを取る；(習慣などを)身につける．*schlechte Gewohnheiten* ~ 悪習を身につける．*einen Glauben* ~ ある信仰を抱く．*ein Pseudonym* ~ 仮名を使う．*Nimm doch Vernunft an!* いい加減に馬鹿なまねはよせ．(b)《物が主語》(ある性質・様相を)帯びる，呈する．*Ihre Stimme nahm eine gewisse Feierlichkeit an.* 彼女の声はある種の荘重さを帯びた．*eine Form* ~ ある形を取る．*Formen* ~ 度を越す．*Gestalt* ~ 具体化する，現実のものとなる．(c) (色に)染まる；(汚れ・湿気などを)吸う．*die Farbe gut* ~ 色によく染まる．**5** (...だと)想定する，思う，仮定する．*et⁴ als wahr*〈Tatsache〉~ 事⁴を本当〈事実〉だと思う．*Nehmen wir an, es sei so, wie er sagt.* 彼の言うとおりだとしておこう．*wie vielfach angenommen wird* しばしば考えられるように．*angenommen, dass*... ...と仮定すれば．**6** *einen Ball* ~《球技》パスを受ける．**7**《猟師》(a) *eine Fährte* ~ (犬が獣の)足跡をかぎつけて追う，臭(⁴)いが跡をとる．(b) *einen Jäger*〈einen Hund〉~ (獣が)漁師〈猟犬〉を襲う．

❷ 他 (sich⁴/sich³) **1** (sich⁴) *sich j*〈et〉² ~ */ sich j*〈et〉⁴ ~ 人²,⁴の面倒を見る〈事²,⁴を引受ける〉．*Ich werde mich des Jungen*〈der Angelegenheit〉~! 私がその少年の世話をしてやろう〈その用件を引受けましょう〉．**2** (sich³) *sich et⁴* ~《古》事⁴を心に留める，肝に銘じる，気にかける．

◆↑angenommen

'**An·nehm·lich·keit** ['anne:mlıçkaıt] 囡 -/-en 〘多く複数で〙 快適(便利)なもの, 利点; 楽しみ. die ～en einer modernen Wohnung 現代的住居の利点. die ～en des Lebens 人生の楽しみ.

an·nek'tie·ren [anɛk'ti:rən] 他 (lat.)〘政治〙 併合する.

An·nek'tie·rung 囡 -/-en =Annexion

An·ne'li·de [ane'li:də] 囡 -/-n〘動物〙 (Ringelwurm) 環形動物(みみず・ひる・ごかいの類).

An'net·te [a'nɛta] 囡〘女名〙～ von Droste-Hülshoff アンネッテ・フォン・ドロステ‐ヒュルスホフ (1797-1848, ドイツの女流詩人).

An'nex [a'nɛks] 男 -es/-e (lat.) **1** 付属物, 付録. **2** (Annexbau) 付属建物, 建増し;〘博物館などの〙別館.

An·ne·xi'on [anɛksi'o:n] 囡 -/-en (fr.)〘政治〙(国土の)併合.

An·ne·xi·o'nis·mus [..o'nısmos] 男 -/〘政治〙(国土)併合政策, 併合論.

'**an·ni cur'ren·tis** ['ani ku'rɛntıs] (lat., [des] laufenden Jahres')〘古〙(略 a. c.) 今年の(に).

An·ni·hi·la·ti'on [anihilatsi'o:n] 囡 -/-en (lat. nihil , nichts')**1**〘法制〙(条約・法律の)無効(廃棄)宣言. **2**〘物理〙対(つい)消滅(素粒子と反粒子の合体による).

An·ni·ver'sar [aniver'za:r] 中 -s/-e =Anniversarium

An·ni·ver'sa·ri·um [..riʊm] 中 -s/..rien [..riən] (lat., jedes Jahr wiederkehrend')**1**(毎年の記念日(誕生日・結婚記念日など), …周年祭(創立 50 周年祭・没後百年記念など). **2**〘カト〙記念日(献堂式・祝日などの).

'**an·no**, '**An·no** ['ano] (lat., im Jahre')(略 a., A.) …年に. ～ dazumal (damals) 大昔に, ずっと以前に. ～ mundi ['mʊndi] (略 a.m., A.m.) 天地創造以来(世界紀元)…年に. ～ Tobak〘戯〙大昔.

'**an·no 'Do·mi·ni**, '**An·no 'Do·mi·ni** [..'do:mini] (lat., im Jahre des Herrn')(略 a.D., A.D.) ～ 1328 主の紀元(西暦紀元) 1328 年に.

An'non·ce [a'nõ:sə, a'nõŋsə] 囡 -/-n (fr.) (Anzeige) (新聞)広告.

An'non·cen·ex·pe·di·ti·on [a'nõ:sən.., a'nõŋsən..] 囡 -/-en (新聞社の)広告部.

an·non'cie·ren ['anpasən アンパセン] **❶** 他 (新聞・雑誌で物¹を)広告する, (の)広告を出す. **❷** 自 (新聞・雑誌に)広告を出す.

An·no·ta·ti'on [anotatsi'o:n] 囡 -/-en (fr.)**1**〘古〙注解, 注記, メモ. **2**〘図書館〙(分類作業などに作成される本の簡単な)内容摘要.

an·nu'ell [anu'ɛl] 形 (fr.)**1**〘植物〙(einjährig) 1年生の. **2**〘古〙(jährlich) 年1回の, 年例の.

An·nu·i'tät [anui'tɛ:t] 囡 -/-en〘経済〙年賦金. **2** 年収.

an·nul'lie·ren [anʊ'li:rən] 他 (fr.) (法律・契約などを)無効にする, 取消す, 解約する.

An·nul'lie·rung 囡 -/-en〘商業〙解約, 解除, 取消し, キャンセル.

Ano·de [a'no:də] 囡 -/-n (gr.)〘電子工〙(↔ Kathode) 陽極, アノード.

'**an|öden** ['anø:dən] 他〘話〙**1** たいくつさせる, うんざりさせる. **2** (人¹に)うるさく話しかける, からむ.

An·öku·me·ne [anøku'me:nə, a - - - - -] 囡 -/ (gr.)〘物理〙(↔ Ökumene) 無人地帯(砂漠・極地など).

と).

ano'mal [ano'ma:l ' - - -] 形〘比較変化なし〙(gr.) 変則的な, 異常な, 病的な.

Ano·ma'lie [anoma'li:] 囡 -/-n [..'li:ən] 変則, 例外, 異常;〘生物〙奇形, 変形;〘地学〙磁気異常;〘天文〙近点角.

*****ano'nym** [ano'ny:m アノニューム] 形〘比較変化なし〙(gr.) 無名の, 匿名の, 作者不明の.

Ano·ny·mi'tät [anonymi'tɛ:t] 囡 -/ 無名, 匿名, 作者不明. die ～ aufgeben〈wahren〉名前を明かす〈伏せたままにしておく〉.

Ano·ny·mus [a'no:nymʊs] 男 -/..mi[..mi] (..men [ano'ny:mɔn]) 匿名の作者(筆者), 無名氏.

Ano·phe·les [a'no:fɛlɛs] 囡 -/ (gr.)〘虫〙はまだら蚊, アノフェレス蚊.

An·o'pie [anɔ'pi:], **An·op'sie** [anɔp'si:] 囡 -/ -n [..i:ən] (gr.)〘医学〙**1**(眼球の欠陥・欠損による)無視(症), 盲目, 失明. **2** 上斜視.

'**Ano·rak** ['anorak] 男 -s/-s (eskim.) アノラック.

'**an|ord·nen** ['anɔrdnən] 他 **1** (一定の方式・順序に従って)並べる, 配列(整理)する. et¹ alphabetisch〈nach Sachgebieten〉～ 物¹をアルファベット順に〈項目別に〉並べる. **2** 命じる, 指示(指図)する.

*'**An·ord·nung** ['anɔrdnʊŋ アンオルドヌング] 囡 -/-en **1** 配列, 配置, 整理. **2** 命令, 指示, 指図. auf meine ～ 私の指示によって.

'**an·or·ga·nisch** ['anɔrga:nıʃ, - - '- -] 形〘比較変化なし〙(gr.) (↔ organisch) **1** 生物としての生活機能を持たない, 無生物の. **2**〘化学〙無機(物)の. ～e Chemie 無機化学. **3** 自然の法則に従わない, 偶有的な.

'**anor·mal** ['anɔrma:l] 形〘比較変化なし〙(lat. norma , Richtschnur')(↔ normal) 異常な, 変則の, 普通でない, アブノーマルな.

'**an|paa·ren ❶** 他〘まれ〙Tiere ～ 動物を交配する. **❷** 再 ⟨sich¹⟩〘まれ〙(家畜が)交尾する.

'**An·paa·rung** 囡 -/-en〘動物〙(異species)交配.

'**an|pa·cken ❶** 他 **1** (人¹〈物¹〉に)つかみ(襲い)かかる. **2**〘話〙(a) et¹ ～ 事¹(問題・テーマなど)に取りかかる. ein Problem energisch ～ ある問題に精力的に取組む. (b) j¹ hart⟨richtig⟩～ 人¹にひどい仕打ち⟨正しい処遇⟩をする. **❷** 自 **1** つかみ(襲い)かかる. **2**〘話〙mit ～ 手を貸す, 一肌脱ぐ(bei et³ 事³に).

*'**an|pas·sen** ['anpasən アンパセン] **❶** 他 **1**〘物¹を人〈物³〉に〙合せる, 適合(一致, 調和)させる. den Anzug der Figur ～ スーツを体型に合せる. j³ Schuhe ～ 人³の足に靴を合せてみる. Vorhänge der Farbe der Möbel ～ カーテンと家具の色を調和させる. **❷** 再 ⟨sich¹⟩ (人⟨物³⟩に)合せる, 従う, 順応(適応, 順化)する. sich den Verhältnissen ～ 境遇に順応する. Kinder passen sich schnell an. 子供たちはすぐに慣れるものだ. ein angepasster Mensch (悪い意味で)大勢に順応した人, 長いものに巻かれた人.

'**An·pas·sung** 囡 -/ 適合, 適応, 順応, 同化; 調整, 調節.

'**an·pas·sungs·fä·hig** 形 適性(順応性)のある.

'**an|pei·len** 他 **1**〘海事・航空〙(電波・コンパスなどで)物¹の方位(位置)を測定する;(物¹に向かって)針路をとる. **2** (物¹を)目標にする, 目指す;〘比喩〙(人⟨物⟩³)に目をつける.

'**an|pfei·fen*** **❶** 他自〘スポ〙(↔ abpfeifen) [ein Spiel] ～ 競技開始の笛を吹く. **❷** 他〘比喩〙がみがみ叱りつける, 大目玉を食らわす.

'**An|pfiff** 男 -[e]s/-e **1**《スポーツ》競技開始のホイッスル. **2**《話》大目玉.

'**an|pflan·zen** 他 **1**（植物を）植える；栽培する. **2**（まれ）（花壇・庭などに）植物を植える.

'**An|pflan·zung** 女 -/-en **1**《複数なし》植えつけ；栽培. **2** 栽培地，畑.

'**an|pflau·men** 他《話》からかう，冷やかす；（人⁴に）おきゅうをすえる，をいましめる.

'**an|pir·schen** ❶ ein Wild ~《猟師》獣に忍び足で近づく. ❷ 再 (**sich**) sich [an das Wild] ~（獲物に）忍び寄る.

An|pö·be·lei [anpøːbəˈlaɪ] 女 -/-en《話》嫌がらせ，からみ.

'**an|pö·beln** [ˈanpøːbəln] 他《話》（人⁴に）しつこく嫌がらせを言う，からむ.

'**An|prall** 男 -[e]s/(-e) 激突，衝突.

'**an|pral·len** (s) (an〈gegen〉j〈et〉⁴ 人〈物〉³に）激しくぶつかる，激突する.

'**an|pran·gern** [ˈanpraŋərn] 他 **1**《古》（罪人を）さらし台につける，さらし者にする. **2** 公然と非難する，弾劾する.

'**an|prei·sen*** 他 ほめそやす，持上げる；宣伝する.

'**An|pro·be** 女 -/-n **1** 試着，仮縫い. **2** 仮縫い室，試着室.

'**an|pro·bie·ren** 他 **1**（服などを）試着する，着てみる. Schuhe ~ 靴を履いてみる. **2**（人³に物⁴を）試着させる，仮縫いをする. **3** ~ kommen《話》仮縫いに来る. ◆過去分詞 anprobiert

'**an|pum·pen** 他《卑》(j⁴ um et⁴ 人⁴に物⁴を）せびる，無心する.

'**an|rai·nen** [ˈanraɪnən] 自 (anliegen 3) 隣接している.

'**An|rai·ner** [ˈanraɪnər] 男 -/- **1** 隣接地の所有者，隣人. **2**《南ド・オーストリア》=Anlieger

'**an|ran·zen** 他《卑》（人⁴につっけんどんな口をきく，ぼろくそに言う，を）こっぴどく叱りつける.

'**An|ran·zer** [ˈanrantsər] 男 -s/-《卑》罵倒（ばとう），大目玉.

'**an|ra·ten*** 他 (人³に事⁴を）勧める，忠告する.《中性名詞として》auf *Anraten* des Arztes 医師の勧めに従って.

'**an|rech·nen** 他 **1**（物を人³の）勘定につける. j³ eine Ware billig ~ 人³に品物を安くしてやる. **2** 算入する（auf et⁴ 物⁴に）. die Untersuchungshaft [auf die Strafe] ~ 未決拘留期間を刑期に数え入れる. das alte Radio [mit 20 Euro] ~ 古いラジオを（20 ユーロで）下取りする. **3**（比喩）j³ et⁴ hoch〈als Fehler〉~ 人³の事⁴を高く評価する〈間違いであると見なす〉.

'**An|rech·nung** 女 -/-en《複数まれ》算入. unter ~ der Transportkosten 運送費を含めて. et⁴ in ~ bringen《書》物⁴を勘定に（計算に）入れる.

'**An|recht** 中 -[e]s/-e **1** 要求（請求）権（auf et⁴ 物⁴に対する）. **2** (Abonnement)（演劇・音楽会の）予約.

'**An|recht·ler** [ˈanrɛçtlər] 男 -s/-（演劇などの）予約者，定期会員.

'**An|re·de** 女 -/-n **1** 呼掛け（話しかけること. **2** 呼名，呼称. **3**（まれ）(Ansprache) 短い挨拶，スピーチ. eine ~ halten スピーチをする.

'**An|re·de·fall** 男 -[e]s/ᵉe《文法》(Vokativ) 呼格.

*'**an|re·den** [ˈanreːdən] アンレーデン ❶ 他 **1**（人⁴に）話しかける，呼掛ける. j⁴ mit „du"～ 人⁴に „du" で話しかける. **2**《地方》(j⁴ et⁴ 人⁴に物⁴を）頼む.

j⁴ um Rat ~ 人⁴に助言を求める，相談する. ❷ 自 (gegen et⁴ 事⁴に負けじと）大声で話す，自分の主張をまくしたてる.

*'**an|re·gen** [ˈanreːgən] アンレーゲン 他 **1** (j⁴ zu et³ 人⁴を触発して事³をしようという気を起させる. Das hat mich *angeregt*, ihm zu helfen. このことが私を彼の力になってやろうという気にさせた. **2** 提案（発議）する. **3** 活気（元気）づける，興奮させる. Bewegung regt den Appetit *an*. 運動は食欲を増進させる.《現在分詞で》 eine *anregendes* Mittel 興奮剤. **4**《物理》励起（れいき）する. **5** ein Wild ~《猟師》獣を巣から狩り出す. ◆ ↑ angeregt

*'**An|re·gung** [ˈanreːgʊŋ] アンレーグング 女 -/-en **1**《複数なし》活気づけ，興奮させること. zur ~ Kaffee trinken 元気づけにコーヒーを飲む. **2** 刺激，示唆. **3** 提案，発議. **4**《物理》励起（れいき）.

*'**an|rei·chern** [ˈanraɪçərn] アンライヒャーン 他 **1**（物の内容・質を）高める，豊かにする（食品などを）強化する，(の)栄養価を高める（mit et³ 物³を添加して）；《工学》(ウランなどを）濃縮する. **2** 蓄える，蓄積する. sich³ et⁴ ~ 物⁴を摂取して体内に蓄える. sich⁴ ~ 蓄積される.

'**An|rei·che·rung** 女 -/-en 強化，濃縮；《医学》増菌法，集卵法；蓄積.

'**An|rei·se** 女 -/-n **1** (Hinfahrt)（交通機関での）往路. Die ~ dauert 30 Minuten. 行きは 30 分かかる. **2** (Ankunft) 到着.

'**an|rei·sen** (s) (↔abreisen) **1**（目的地に向かって）旅をする，旅に出る. mit dem Wagen ~ 車で旅に出る. **2**（旅をして）到着する. aus Japan *angereist* kommen ははるばる日本からやって来る.

'**an|rei·ßen*** 他 **1**（布・紙などに）裂け目（切れ目，折り目）を入れる. **2**（包装した物の封を切る，使い始める；（蓄えなどに）手をつける. eine neue Schachtel Zigaretten ~ 新しいたばこの箱の封を切る. **3**（弦を）つまびく. **4**（ひもを引いて物のエンジン・モーターなどを）始動させる. **5**（マッチ・ライターなどを）する，つける. **6**（腕・足を強く）引きつける，曲げる. **7** Bäume ~《林業》（目印のために・樹脂を採るために）木の幹に切り目を入れる. **8**（木材・金属に）罫書（けがき）する. **9**（話を）持出す，切出す. **10**《話》（口上をまくしたてて）客寄せをする.

'**An|rei·ßer** [ˈanraɪsər] 男 -s/- **1** 罫書（けがき）工. **2** 大道商人，香具師（やし）. **3**（客寄せのための）目玉商品.

'**an|rei·ße·risch** [..ʃərɪʃ] 形《話》香具師（やし）的な，大道商人ふうの，（宣伝・広告などが）どぎつい，誇大な.

'**An|reiz** 男 -es/-e 刺激，励まし，そそのかし.

'**an|rei·zen** 他（食欲・好奇心などを）刺激する，そそる；(j⁴ zu et³ 人⁴に事³をしようという）気を起させる，そそのかす.

'**an|rem·peln** 他《卑》**1**（人⁴に）わざとぶつかる. **2**（人⁴に）けんかを売る，難くせをつける，ののしる.

'**an|ren·nen*** ❶ 自 (s) **1** *angerannt* kommen 走って来る. **2**（走って来て）激しくぶつかる (an〈gegen〉et⁴ 物⁴に). **3** ぶつかって行く，反抗する (gegen et⁴ 物⁴に). ❷ 他 **1**《地方》（人〈物〉⁴にぶつかる. **2** sich³ den Kopf an et³ ~《話》物³に頭をぶつける.

'**An|rich·te** [ˈanrɪçtə] 女 -/-n **1** 配膳（はいぜん）台，配膳室. **2**（配膳台を兼ねた低い）食器戸棚，サイドボード.

'**an|rich·ten** 他 **1**（食事の）用意をする，(を)盛りつける，食卓に出す. **2**（困った事をして，引起す. Da hast du was Schönes *angerichtet*.《卑》ひどいことをしてくれたね.

'**An·riss** 男 –es/-e **1** 〖工学〗罫書(%). (↑anreißen 8). **2** 小さな裂け目, 亀裂(%). **3** 〖ﾃﾆｽ〗ストローク.

'**an|rol·len 1** 自 (s) 1) 転がり始める, (列車が)走り始める. (ボールなどが)転がりながら近づいて来る, (列車が)近づいて来る. *angerollt* kommen 転がって来る. **3** (gegen j⁴et⁴) 人⁴(物⁴)に向かって攻撃的に)突進して行く,(戦車などが)驀進(%)して行く. **2** 他 **1** (樽などを)転がしながら運んで来る. **2** (馬車やトラックで荷物を)運んで来る.

'**an·rü·chig** ['anryçɪç] 形 評判の悪い, いかがわしい, 怪しげな, うさんくさい.

'**an|ru·cken** 自 (車両などが)ごとんと動き出す.

'**an|rü·cken 1** 自 (たんすなどを)押して動かす (an et⁴ 物⁴のそばへ). **2** 自 (s) **1** (軍隊などが)近づいて来る. 《過去分詞で》*angerückt* kommen 押し寄せて(押しかけて)来る. Die Stunde *rückt* an. (何かの)時間が近づいて来ている. **2** 〖地方〗(anrucken)(車両などが)ごとんと動き出す.

*'**An·ruf** ['anru:f アンルーフ] 男 –[e]s/-e **1** 呼びかけ, 呼び声, 誰何(%). **2** (電話での)呼出し. einen ~ bekommen 電話がかかってくる.

'**An·ruf·be·ant·wor·ter** 男 –s/- 留守番電話.

'**an|ru·fen*** ['anru:fən アンルーフェン] 他 **1** (人⁴に)呼びかける, (を)大声で呼ぶ, 誰何(%)する. **2** (人⁴に)電話をかける. *Rufen* Sie mich bitte heute Abend wieder *an*! 今日の午後私にもう一度電話してください. ▶南西ドイツ・スイスもしくは口語では相手を 3 格 (mir) にすることもある. **3** 〖雅〗(人⁴に)助力を求める. Gott und alle Heiligen ~ 神とすべての聖人たちに加護を願う. ein Höheres Gericht ~ 控訴する. j⁴ als〈zum〉Zeugen ~ 人⁴を証人に立てる. j⁴ um et⁴ ~ 人⁴に事⁴を頼む, 懇願する.

'**An·ru·fung** 女 –/-en (神などに助け・加護を求めて)呼びかけること, 祈願, 嘆願; (呪文などを唱えて)霊を呼び出すこと, 呪現. ~ einer Gottheit 神降ろし.

'**an|rüh·ren 1** 他 (水などを加えて)かき混ぜる, こねる. Teig ~ (小麦粉を練って)生地(%)を作る. Farben mit Wasser ~ 絵の具を水で溶く. **2** (人⁴物⁴に)触れる, 触る. *Rühr* mich nicht *an*! 私に触れないでくれ.《否定形で》das Buch nicht ~ その本を読まない. das Essen nicht ~ 食事に手をつけない. **3** (人⁴の)胸を打つ, 感動させる.

ans [ans] 前置詞 an と定冠詞 das との融合形.

'**An·sa·ge** ['anza:gə] 女 –/-n **1** 報知, お知らせ;〖放送〗(↔ Absage) 番組開始のアナウンス, (ショーなどの)前口上. **2** (Diktat) 口述. **3** 〖ﾄﾗﾝﾌﾟ〗(ブリッジ・ホイストでの)ビッド.

*'**an|sa·gen** ['anza:gən アンザーゲン] 他 **1** 告げる, 知らせる, 予告する. j³ den Kampf ~ 人³に宣戦布告する. ein Programm ~ 〖放送〗番組(の開始)をアナウンスする. Schneider ~ 〖ｶｰﾄﾞ〗(スカートで)相手が 30 点以下しか取れないと宣言する.(↑ Schneider). **2** (人⁴の)来訪(来訪)を知らせる. sich³ bei j³ ~ 人³に訪問を前もって知らせる. **3** (diktieren)(人³に事⁴を)口述する.

*'**An·sa·ger** ['anza:gər アンザーガー] 男 –s/- アナウンサー. ◆女性形 Ansagerin 女 –/-nen

'**an|sam·meln 1** 他 (少しずつ)集める, 収集する, ため込む, 蓄積する. **2** 再 (*sich*) 集まる, たまる, 増える.

'**An·samm·lung** 女 –/-en 収集, 収集品, 蓄積. **2** 収集品, コレクション, (大量に)たまったもの. eine ~ von Gerümpel がらくたの山. **3** 人だかり. ~ von Neugierigen やじ馬の集まり.

'**an·säs·sig** ['anzɛsɪç] 形 〖古〗定住(居住)している. ein ~*er* Bürger 定住市民. sich³ ~ machen (ある場所に)居を構える.

*'**An·satz** ['anzats アンザッツ] 男 –es/ⁿe **1** 評価, 見積り, 査定; 数式, 計算式;《薬の》調合. et⁴ in ~ bringen 物⁴を勘定に入れる, 考慮する. einen richtigen ~ machen 正しい数式を立てる. **2** 付着物, 沈澱(物), (付着した油・さびなどの)膜, 層; **3** (器具・パイプなどを延長するための)接合部, ソケット; (管楽器の)マウスピース. **4** 開始, スタート, 手始め, 端緒; (研究の)手掛かり, アプローチ. der ~ der Oberarme 二の腕の付け根. im ~〈in den *Ansätzen*〉stecken bleiben 出だしで〈スタートで〉もたもたしている. **5** 芽, 萌芽(%), 兆し, 兆候. der erste ~ zur Besserung 回復(改善)の兆し. **6** 〖音楽〗音(声)の出し方.

'**An·satz·punkt** 男 –[e]s/-e 出発点, てがかり.

'**an|sau·fen*** 再 (*sich*) *sich* einen [Rausch] ~ 《故意に》酔っ払う, したたか飲む. ◆angesoffen

'**an|sau·gen**(*) **1** 他 (赤ん坊が乳房を)吸始める. **2** 他 吸寄せる, 吸込む. Wasser mit einer Pumpe ~ 水をポンプで汲み上げる. *Süßes saugen* Menschen *an*.《比喩》都会は人々を引きつける. **3** 自 (*sich*) 吸いつく.

'**An·schaf·fe** ['anʃafə] 女 –/-n **1** 手に入れること, 調達, 購入. **2** 〖法律〗命令. **3** 〖地方〗飯の種, (とくに)売春. **4** 〖話〗万引, 窃盗.

*'**an|schaf·fen** ['anʃafən アンシャフェン] **1** 他 **1** [*sich*³] et⁴ ~ 物⁴(主に耐久消費財など)を手に入れる, 調達する, 購入する. sich³ ein Auto ~ 車を購入する. ein dickes Fell ~《比喩》面(%)の皮が厚くなる. sich³ ein Kind〈einen Liebhaber〉~ 子供をつくる〈情夫をこしらえる〉. **2** 〖地方〗命令する, 指図する. **3** 〖南ﾄﾞ〗注文する. **2** 自 〖地方〗**1** 金を稼ぐ. **2**〖話〗売春して金を稼ぐ. **3** 〖話〗盗む.

*'**An·schaf·fung** 女 –/-en **1** 《複数なし》(耐久消費財などの)購入, 調達. **2** 購入品.

'**an|schal·ten** 他 (↔ abschalten) (物⁴の)スイッチを入れる. das Radio〈den Motor〉~ ラジオをつける〈エンジンをかける〉.

*'**an|schau·en** ['anʃaʊən アンシャオエン] 他 **1** (ansehen) 見る, 眺める. **2** (sich³ j⟨et⟩⁴ 人⁴〈物⁴〉を)じっくり見る, 観察する. sich den Patienten ~ 患者を診察する.

'**an·schau·lich** ['anʃaʊlɪç] 形 明白な, 分かりやすい, 生き生きした, 具象的な.

'**An·schau·lich·keit** 女 –/ 明白さ, 具象性, (描写などが)生き生きしていること.

*'**An·schau·ung**['anʃaʊʊŋ アンシャオウング] 女 –/-en **1** 《複数なし》観察, 考察, 熟考, 瞑想. **2** 見解, 意見, 観念. j² ~ teilen 人²と見解を同じくする. Ich bin der ~, dass... ...という意見である, ...だと思う. **3** 〖哲学〗直観, 感照.

'**An·schau·ungs·ma·te·ri·al** 男 –s/-ien 視覚資料, 視覚教育用教材.

*'**An·schein** ['anʃaɪn アンシャイン] 男 –[e]s/ 見かけ, 外観, 外見. allem〈dem〉~ nach 見たところ. dem äußeren ~ zum Trotz 見かけに反して. den ~ erwecken, als ob... ...であるかのような印象を与える. sich³ den ~ geben, als ob... ...であるかのように見せかける.

*'**an·schei·nend** ['anʃaɪnənt アンシャイネント] 副 見

an|scheißen

たところ(どうやら)…らしい. Er hat ~ keine Zeit. どうやら彼は時間がないらしい.

'an|schei·ßen* ❶ 自 《卑》**1** 怒鳴りつける. **2** だます. **3** *Scheiß die Wand an!* 《兵隊》俺の知ったことか、かまわないでくれ. ❷ 自(s)《過去分詞で》*angeschissen* kommen 都合の悪いときにやって来る、邪魔である.

'an|schi·cken* (再《*sich*⁴》*sich* zu et³ 〜 事³に取りかかる、(を)始める. 《*zu* 不定詞句と》Ich *schickte mich* eben *an*, wegzugehen. 私はちょうど出かけようとしていた.

'an|schie·ben* ❶ 他 押して動かす、(an et⁴ 物³を押まで)押して行く; 《球技》ブリー・オフする. ❷ 自(s)《過去分詞で》*angeschoben* kommen《話》のろのろと(気のなさそうに)やって来る.

'an|schie·ßen* ❶ 他 **1** (銃弾で)傷つける、負傷させる(殺した場合は用いない). **2** (非難・批判の矢を浴びせて)やっつける. von allen Seiten *angeschossen* werden 皆の攻撃の矢面(やおもて)に立たされる. den Torpfosten 〜《球技》ゴールポストにシュートをする. **3** (銃などを)試射する. **4** 号砲で祝う. das neue Jahr 〜 新しい年の祝砲をあげる.

❷ 自《過去分詞で》*angeschossen* kommen《話》すごいスピードで(轟音(ごうおん)をたてて)やって来る、すっとんで来る. *angeschossen* sein《話》ほろ酔い(一杯機嫌)である. **2** Kristalle *schießen an*. 《化学》結晶ができる.

'an|schir·ren* (← *abschirren*) ein Zugpferd 〜 輓馬(ばんば)に馬具をつける.

'An·schiss, ⁰**'An·schiß** ['anʃɪs] 男 -es/-e 《卑》怒鳴りつけること、叱責(しっせき)、罵倒(ばとう).

*'An·schlag ['anʃlaːk] アンシュラーク 男 -[e]s/ᵉe **1** (複数なし)(打ち)当たること、ぶつかること、(手で)触ること、(ピアノ・タイプライターなどのキーを)たたくこと、打鍵、タッチ、(水泳のタッチ、(隠れん坊で決められた場所を)手で触ること(またはその場所). **2** (複数なし)射撃姿勢. das Gewehr im 〜 haben 銃を構える. **3** 掲示、張り紙、ポスター. **4** 概算、見積り、評価. et⁴ in 〜 bringen 物³を計算に入れる. **5** 襲撃、暗殺、陰謀. einen 〜 auf j⁴ planen 人⁴の暗殺を計画する. **6**《工学》留め具、停止装置、ストッパー. die Tasten bis zum 〜 niederdrücken キーがクリックするまで押し下げる. **7**《建築》(ドアや窓の)戸当り. **8**《編み物》(編みはじめの)最初の一列. **9**《多く複数で》(タイプライターの)キーストローク、打数. **10**《演劇》〜 geben (プロンプターがせりふの)出だし(きっかけ)を教える. **11** (犬などの)短い吠え声. **12**《鉱業》搬出坑. **13**《テニス》サーブ. **14** (釣りの)合せ.

'An·schlag·brett 中 -[e]s/-er 掲示板.

'an|schla·gen* ❶ 他 **1** 打ち(張り)付ける、固定する、掲示する. ein Brett 〜 掲示板を取付ける. das Gewehr 〜 銃を構える. ein Plakat 〜 ポスターを張る. Segel 〜《海事》帆を帆柱に固定する. **2** (キー・ボタンなどを)たたく、押す. **3** (物¹を打って)音を出す、鳴らす. eine Glocke 〜 鐘を鳴らす. einen Ton 〈eine Tonart〉〜 ある音を響かせる;一味違った話し方(切り出す). **4** 始める. ein Thema 〜 ある話題を持出す(切り出す). **5** (人や物⁴を)打って(殴って)傷つける、壊す. den Gegner 〜《レスリング・ボクシングで》相手をダウン寸前に追込む. einen Teller 〜 皿を割る. **6**《テニス》den Ball 〜 サーブで試合を始める. **7** ein Fass 〜《俗》樽の栓をあける. **8** 評価する、見積もる. **9** 売りに出す(家などを). **10** (隠れん坊で人⁴の)名を呼びながら決められた場所を手で触る. **11** (物⁴を)編み始める.

❷ 自 (s, h) **1** (s) (an et⁴.³ 物³.⁴に)当たる、ぶつかる. Die Wellen *schlagen* ans〈dem〉Ufer *an*. 波が岸を打つ、打寄せる. mit dem Kopf an die Wand 〜 頭を壁にぶつける. **2** (h)《薬・療法などが》効く. **3** (h) (鐘・時計などが)鳴出す、(動物、とくに犬が)吠える、(鳥が)さえずる. **4** (h)《水泳》(折返しの)タッチをする. **5** (h) 太る原因になる.

◆ angeschlagen

'an·schlä·gig ['anʃlɛːɡɪç]《北ドイツ》抜け目のない、要領のよい、目から鼻に抜けるような.

'An·schlag·säu·le 女 -/-n 広告塔.

'an|schlei·chen* ❶ 自 (s) そっと近づく、忍び寄る. *angeschlichen* kommen 忍び足で近づいて来る;都合の悪いときに(迷惑おかまいなしに)やって来る. ❷ 再《*sich*⁴》j⟨et⟩⁴ 〜 / *sich* an j⟨et⟩⁴ 〜 人⟨物⟩⁴にそっと近づく.

'an|schlep·pen 他 **1** 引っ張って(引きずって)来る、(重い物を)骨折って運んで来る(しばしば *angeschleppt* bringen の形でも). **2** (嫌がる人を)無理やり連れて来る. **3** (バッテリーのあがった自動車をエンジンをかけるため)牽引する.

'an|schlie·ßen ['anʃliːsn] アンシュリーセン ❶ 他 **1** (物⁴に)鍵をかける. ein Fahrrad 〜 自転車に鍵をかける. **2** 連結(接続)する;付属させる(et⁴ et³⟨an et³.⁴⟩ 物⁴を物³.⁴に). einen Hund an eine Kette 〜 犬を鎖につなぐ. eine Lampe 〜 電灯のプラグをコンセントに差込む. einen Schlauch an den⟨am⟩ Hahn 〜 ホースを蛇口につなぐ. Die Bibliothek ist der Schule 〈an die Schule〉 *angeschlossen*. この図書館は学校に付属している. die *angeschlossenen* Sender ネットワークで結ばれている放送局.

❷ 自/再《*sich*⁴》**1** *sich* j⟨et⟩³ 〜 / *sich* an j⟨et⟩⁴ 〜 人⟨物⟩³.⁴に同調する、賛成する、(と)親しくなる、同行する. *sich* leicht⟨schwer⟩ 〜 すぐ仲良しになる⟨人見知りをする⟩. einer Partei 〜 ある党に入党する. Darf ich *mich* [Ihnen] 〜? 仲間に入れていただけますか. **2** [*sich*] an et⁴⁽³⁾ 〜 物³.⁴に続く、隣接する. Der Garten *schließt* [*sich*] an das Haus *an*. その庭は家に隣接している. Dem Vortrag *schloß* [*sich*] die Diskussion *an*. 講演に引続いて討論が行われた. **3** (衣服が)ぴったり合う.

'an·schlie·ßend 現分 副 引続いて、その後で. *Anschließend* gingen sie in ein Café. その後で彼らは喫茶店に入った.

*'An·schluss ['anʃlʊs] アンシュルス 男 -es/ᵉe **1** (電気・電話・ガス・水道・交通機関などの)接続、連絡、連結. keinen 〜 bekommen 電話がつながらない. den 〜 erreichen⟨verpassen⟩接続の列車に間に合う⟨遅れる⟩. elektrischen 〜 haben 電気が来ている. Er hat keinen 〜. 彼のところには電話がない. Der Zug hat um 12.30 Uhr 〜 nach Wien. この列車は12時30分のウィーン行きに接続する. **2**《複数なし》(人との)結びつき、コネ、つながり、接触. 〜 finden 知合い(コネ)ができる. den 〜 verpassen 昇進(結婚)のチャンスを逃す. **3**《複数なし》加入;併合、合併. 〜 an eine Partei 入党. der 〜 Österreichs《歴史》(1938 のナチスドイツによる)オーストリア併合. **4**《成句で》im 〜《古》同封して. im 〜 an et⁴ 事⁴に引続いて. **5** im 〜 an j⁴ 人⁴にならって. unter 〜 des Anmeldescheins《地方》申告書に添えて. **5**《球技》Anschlusstreffer

'An·schluss·tor 中 -[e]s/-e. 'An·schluss·tref·fer 男 -s/-《球技》1点差に詰寄るゴール.
'An·schluss·zug 男 -[e]s/¨-e 《鉄道》接続列車.
'an|schmie·gen ❶ ぴったりくっつく (et¹⟨an et⁴⟩物³,⁴に). ❷ 再 (sich⁴) (et¹⟨an et⁴⟩物³,⁴に)ぴったりくっつく, (人³)に⁴身をすり寄せる, からみつく. sich dem⟨an den⟩Körper ～ 〈衣服が〉体にぴったりそう.
'an·schmieg·sam ['anʃmi:kza:m] 形 柔軟な, 順応性のある; 柔順な; 甘えんぼうの, 人なつこい.
'an·schmie·ren ❶ 他 1《話》荒っぽく塗りつける, 塗りたくる (mit et³ 物³を). 2《侮》だます; 〈人³に物⁴を〉つかませる. ❷ 再 (sich⁴)《侮》(ペンキなどでうっかり)体(服)を汚す;《侮》おしろいを塗りたてる, 厚化粧する;《侮》(bei j¹ 人³に)取入る.
'an|schnal·len ❶ 他 (↔ abschnallen) 留め金で固定する. die Schlittschuhe ～ スケート靴を履く. ❷ 再 (sich⁴) sich [am Sitz] ～ シートベルトを締める.
'An·schnall·pflicht 女 -/ シートベルト装着義務.
'An·schnau·zer ['anʃnaʊtsər] 男 -s/-《話》大目玉. einen ～ kriegen 大目玉を食らう.
'an|schnei·den* ['anʃnaɪdən] 他 1 (パンなどに)最初のナイフを入れる, 〈を〉切始める;《猟師》〈猟犬や野獣が殺された獲物に〉かぶりつく (野菜などに切れ目を入れる (煮る前に), (質問などを)切出す, 持出す. eine Geschwür ～ 潰瘍を切り開ける. einen Punkt ～《測量》照準線をある点に合せる. angeschnittene Ärmel《服飾》身ごろと一続きに裁った袖(ラグラン袖など). 2《次の用法で》《球技》(j⁴) den Ball ～ (テニス・ボウリングなどで)ボールにスピンをかける. eine Kurve ～ (モーター競技で)カーブの内側を走る. ein Tor ～ (スラロームで)旗門のすぐわきを滑り抜ける. 3《考古》(遺跡を)掘り当てる.
'An·schnitt ['anʃnɪt] 男 -[e]s/-e (パンなどを切った最初のひと切れ, 切れ端; 切れ目, 刻み目.
An·scho·vis [an'ʃo:vɪs] 女 -/-《食品》(Anchovis) アンチョビ (かたくちいわし科の魚, またその塩漬け).
an|schrau·ben 他 (物⁴を)ねじで固定する.
'an|schrei·ben* 他 1 (壁・黒板などに)書きつける. 2 (人⁴に物⁴を)掛売りにする. et⁴ [beim Kaufmann]～ lassen 物⁴を掛け(付け)で買う.《過去分詞で》bei j³ gut⟨schlecht⟩angeschrieben sein 人³に受けがよい〈悪い〉. 3《書》(人⁴に)文書をしたためる(送付する). 4 (宛) Akten ～ 書類に上書きを(宛て名を)書く.
'An·schrei·ben 中 -s/- 添え書, 送り状.
'an|schrei·en* 他 1 怒鳴りつける, どやす. 2《猟師》(猟の開始を)大声で告げる. 3《古》(人⁴に)大声で叫ぶ(um et⁴ 物⁴をくれと).
*'An·schrift ['anʃrɪft アンシュリフト] 女 -/-en アドレス, 宛先(住所や宛名). ～ unbekannt 宛先不明.
'an|schul·di·gen ['anʃʊldɪɡən] 他 j¹ [wegen] et² ～《法制》(公判手続の開始後に)人⁴を事²のかどで告訴(弾劾)する.
'An·schul·di·gung 女 -/-en《法制》(公判手続き開始後の)告訴; (一般的に)告発. eine falsche ～ 誣告.
'an|schwär·men ❶ 他《話》(人⁴に)夢中になる, 熱をあげる. ❷ 自 (s) (蜂などが)群れをなしてやって来る.
'an|schwei·gen* (人⁴と)向き合ったまま長いこと黙っている. sich⁴⟨einander⟩ ～ 互いに物も言わないで向き合って座っている.

'an|schwel·len* ❶ 自 (s)《不規則変化》膨(ふく)れる, 膨らむ, はれる; 水かさを増す; (音が)強まる. ❷ 他《規則変化》膨らませる, 増大させる; 大げさに言う.
'An·schwel·lung 女 -/-en 膨(ふく)らみ, 膨張, 増大, 増水;《医学》腫瘍(しゅよう).
'an|schwem·men 他 1 (流水が土砂などを)打寄せる, 沖積させる.
'An·schwem·mung 女 -/-en 沖積, 堆積. (打ち寄せられた)土砂(流木), 沖積土.
'an|schwin·deln 他《話》(人⁴を)だます.

'an|se·hen* ['anze:ən アンゼーエン] ❶ 他 1 見る, 眺める, 見つめる, 凝視する. Sieh [mal] [einer] an!《話》見ろよ!驚いたな. j⁴ ängstlich ～ 〈人⁴を〉心配そうに見る. j⟨et⟩⁴ nicht ～ 〈人⟨物⟩⁴に〉目もくれない, 〈を〉無視する. Er sieht das Geld nicht an. 彼は金を惜しまない. et⁴ mit dem Rücken ～ 物⁴に背を向けている, (から)離れる, 〈を〉後にする. j⁴ von oben [herab] ～ / j⁴ über die Achsel⟨Schulter⟩ ～ 人⁴を見下す, 蔑視(べっし)する.《anzusehen sein の形で》Das ist abscheulich anzusehen. それは見るもおぞましい. 2《再帰的に》見物する, 観賞する, 調べる. sich³ eine Ausstellung ～ 展覧会を見る. sich³ einen Patienten ～ 患者を診察する. sich³ das Rasen von unten ～ 草葉の陰で眠っている(死んでいる). sich³ et¹ nicht mehr ～ wollen 事⁴にもうかかわり合いたくない. Sieh dir das mal an! 見ろ, これはすごい(ひどい). Das sehe sich³ einer an![sich³] et⁴ [mit] ～ 事⁴を傍観する(多く否定形で). Ich kann [mir] das nicht mehr [mit] ～. 私はそれをもう見ていられない, 見るに忍びない. 3《人⟨物⟩⁴が事⁴を持てる, (が)分かる. Man sah ihm seine Unsicherheit an. 彼の様子から内心の不安が見てとれた. Man sieht ihm sofort an, dass er Deutscher ist. 彼を見るとすぐにドイツ人だということが分かる. 4 (見て)判断する, 評価する. et⁴ anders ～ 事⁴を別なふうに見る. A⁴ als⟨für⟩ B ～ A⁴をBと見なす, 思う(Bが名詞のときは 4 格がふつう). et⁴ als was ～ 事⁴を本当はそう思わないが(als als Held⟨Helden⟩ an. 彼は自分を英雄視している (als の次の名詞を主語と同格と見なせば 1 格, sich⁴ と同格と考えれば 4 格になる). Wofür sehen Sie mich an? あなたは私を何だと思っているのか.
❷ 再 (sich⁴)...に見える. Sein Geschenk sieht sich ganz hübsch an. 彼の贈物は見た目には大変すてきだ. Das sieht sich an wie⟨als⟩... 《話》それは...のように見える.
◆↑angesehen

*'An·se·hen ['anze:ən アンゼーエン] 中 -s/ 1 見ること, 見物, 見学. dem ～ nach 見たところ, 外見は. j⁴ nur vom ～ kennen 人⁴の顔を知っているだけである. Vom bloßen ～ wird man nicht satt. 見ているだけでは腹は膨れない. 2 名声, 威信. ～ genießen 世の信望を集めている. in hohem ～ stehen 信望(人望)が高い. 3 外見, 外観. ein anderes ～ gewinnen 別様相を呈する, 様変わりする. sich³ das ～ geben 格好をつける, 気取る, 偉ぶる. 4 顧慮. ohne ～ der Person 氏素性(しそせい)を問わずに, だれかれなしに.
*'an·sehn·lich ['anze:nlɪç アンゼーンリヒ] 形《古》声望のある. ein ～er Mann 風采(恰幅)の立派な男.
'An·se·hung 女 -/ 顧慮.《ふつう次の用法で》in ～

'an|sei·len 他 《登山》ザイルで固定する、結びつける。sich⁴ ～ アンザイレンする。

'an sein*, °'an|sein* 自 (s) 《話》(↔ absein) Das Licht〈Das Radio〉 *ist an*. 電灯〈ラジオ〉がついている。◆angeschaltet sein の短縮形。

*'an|set·zen ['anzɛtsən アンゼツェン] ❶ 他 1 (物を)ある場所に)置く、当てる; 付加える、継ぎ足す。die Feder ～ 筆を下ろす、書始める。den Hebel ～ てこ入れをする。Knöpfe an ein〈einem〉 Kleid ～ ドレスにボタンをつける。2 口に当てる。die Flöte ～ フルートを口に当てる(吹き始める)。3 火にかける。Wasser〈den Braten〉 ～ 湯をわかす〈肉を焼く〉。4 《人⁴を》任務につける、あてる(auf j〈et〉⁴ 人⁴への追跡・監視に)。einen Agenten auf j⁴ ～ 諜報⟨⟩員に人⁴を尾行させる。einen Hund auf die Fährte ～ 《狩猟》犬に獣の跡をつけさせる。5 (日時・期限を)定める。einen Termin ～ 期限を切る。Die Sitzung ist für〈auf〉 den 1. Juli *angesetzt*. 会議は 7 月 1 日と決っている。6 見積る、値踏みする。einen Preis ～ 価額をつける。die Kosten mit 500 Euro ～ 費用を 500 ユーロと見積る。7 (植物が芽・つぼみ・実などを)つける。《目的語なしでも》Diese Obstbäume haben gut *angesetzt*. これらの果樹は実が沢山なった。8 (好ましくないものを)身につける、(金属がさびを)吹く。einen Bauch ～ 下腹が出てくる。Fett ～ 脂肪がつく、太る。Der Käse hat Schimmel *angesetzt*. このチーズはかびがはえた。9 混ぜて作る。Leim 〈eine Bowle〉 ～ にかわ〈パンチ〉を作る。10 eine Gleichung ～ 《数学》方程式を立てる。

❷ 自 (zu et³ 事³を)しようとする、(に)着手する。zur Arbeit ～ 仕事に取りかかる。zum Sprechen ～ 話し出そうとする。2 生じる、始まる、発する。Knospen *setzen* bereits *an*. もうつぼみがでている。3 《過去分詞で》 *angesetzt* kommen 跳んで来る。

❸ 再 《sich⁴》 1 生じる、付着する。Am Eisen hat sich Rost *angesetzt*. 鉄に錆⟨⟩がついた。Kristalle *setzen sich an*. 結晶ができる。2 sich auf ein Wild ～ 《狩猟》獣を待伏せに行く。3 焦げつく。Der Reis hat [sich] angesetzt. 飯が焦げついた。4 (地方)座って待つ。

'An|sicht ['anziçt アンズィヒト] 女 -/-en 1 《複数なし》見ること、観察、検分。et⁴ aus eigener ～ kennen 物を自分の目て見て知っている。zur ～ 見本として。2 (風景などの)絵、写真。eine ～ der Stadt Augsburg アウクスブルク市の写真。3 外面。die vordere ～ eines Gebäudes 建物の正面。4 見解、意見、見方。der ～ sein, dass... ...という意見である。der gleichen ～² sein 同意見である。j² ～ teilen 人² と意見を同じくする。meiner ～ nach 私の意見では。～ werden 人⟨物⟩² を目にとめる、に気づく。

'an sich·tig [雅]《次の用法で》j〈et〉² ～ werden 人〈物⟩² を目にとめる、に気づく。

*'An·sichts |post|kar·te ['anziçts(p)ɔst]kartə アンズィヒツ(ポスト)カルテ] 女 -/-n 絵はがき。

'An·sichts·sa·che 女 -/ 見方(考え方)の問題。《次の用法で》Das ist ～. それは見方の問題だ。

'an|sie·deln ❶ 他 《sich⁴》 定住する、住みつく、移住する、入植する; (パッテリア)が巣くう。❷ 他 定住させる、入植(地)、移住者)を受入れる。

'An·sie·de·lung, 'An·sied·lung 女 -/-en 定住(地)、入植(地)、植民、居留地。

'an|sin·gen* ❶ 他 1 (試しに)歌い始める。2 (人⁴に)向かって歌いかける; (物⁴に)たいして歌う。den Frühling ～ 春の訪れを歌う。3 《話》(人⁴を)叱りつける。❷ 自 1 歌い始める。2 (gegen j⟨et⟩⁴ 人⟨物⟩⁴に)負けじと大きな声で歌う。

'an|sin·nen* (古) (無理な事・不当な事を)要求する(期待する)。

'An·sin·nen 中 -s/- (無理な・不当な)要求、期待。ein ～ an j¹ stellen⟨richten⟩ 人¹に無理な要求をする、無茶な注文をつける。

'An·sitz 男 -es/-e 1 《狩猟》(Anstand²) 待伏せ場所。auf den ～ gehen 獣を待伏せる。2 《⟪⟫》(とくに貴族の)邸宅、屋敷。

'an|sit·zen* 自 1 固着している、しっかりついている(鉤⟨⟩などが)。2 (衣服が体に)ぴったり合っている。3 《狩猟》待伏せる (auf ein Wild 獣を)。◆ ↑ angesessen

an'sons·ten [anˈzɔnstən] 副 1 《南ド》そのほかには、その他の点では。2 そうでなければ、さもないと。

'an|span·nen 他 1 die Pferde [vor den Wagen]〜/ den Wagen ～ 車に馬をつなぐ。2 (糸・綱などを)ぴんと張る; (神経などを)張り詰める; (力を)振り絞る。einen Schüler zu sehr ～ 生徒をしごく。◆ ↑ angespannt

'An·span·nung 女 -/-en 《複数なし》力をふりしぼること。unter ～ aller Kräfte 全力をつくして。2 緊張、集中。

'An·spiel 中 -[e]s/-e 1 《ゲームの》開始; 《球技》キックオフ、サーブ; 《⟪⟫》初手、先手。2 《球技》パス。

'an|spie·len ['anʃpiːlən] ❶ 他 1 《球技》(人⁴に)ボールをパスする。2 《ゲーム・演奏を》始める。ein Instrument ～ 楽器の音出しをする。ein Musikstück ～ 曲の出だし)を演奏してみる。❷ 自 1 《ゲームを始める》 《⟪⟫》最初のカードを出す; 《球技》初手を指す; 《球技》サーブ(キックオフ)をする。2 auf j⟨et⟩⁴ ～ 人⟨物⟩⁴のことにそれとなく触れる、をほのめかす、あてこする。

'An·spie·lung 女 -/-en ほのめかし、あてこすり (auf et⁴ 事⁴に対する)。boshafte ～ いやみ。

'an|spin·nen* ❶ 他 1 《糸を》撚⟨⟩る。2 《比喩》(会話・関係などを)始める。❷ 再 《sich⁴》 (関係・会話などが)始まる。

'an|spit·zen 他 1 (鉛筆などを)とがらせる。2 《話》(人⁴に)気合を入れる、はっぱをかける。

'An·sporn 男 -[e]s/ 刺激、鼓舞、激励。

'an|spor·nen 他 1 ein Pferd ～ 馬に拍車をかける。2 《比喩》励ます、刺激(鼓舞)する。

*'An·spra·che ['anʃpraːxə アンシュプラーヘ] 女 -/-n 1 (会席での簡単な)挨拶、スピーチ。eine ～ halten スピーチをする。2 《複数なし》 《南ド・⟪⟫》語らい、心の触れ合い、交流。keine ～ haben 話相手がいない。3 《軍事・狩猟》確認 (↑ ansprechen 4). 《雅》(Anrede) 呼びかけ、呼称; 呼びかけられること。5 《複数なし》《音楽》(楽器の)響き具合。Diese Geige hat eine gute ～. このヴァイオリンは響きがよい。

'an|spre·chen ['anʃpreçən アンシュプレヒェン] ❶ 他 (人⁴に)話しかける、呼びかける。j⁴ mit Vornamen ～ 人⁴を名前で呼ぶ。《成句で》j¹ auf et⁴ ～ 人⁴に…事⁴に関する意見⟨態度の決定⟩を求める。j¹ um et⁴ ～ 《古》《雅》人⁴に物を請い求める。2 j⟨et⟩⁴ als ～ ～ と呼ぶ、と見なす。3 人⁴に言及する。4 《軍事》(攻撃目標の位置などを)確認する。《狩猟》(鳥獣の位置・種類などを)確認する。5 (人⁴の心を動かす、(に)感銘を与える、うったえる。Das Buch hat

mich nicht *angesprochen*. この本は私には面白くなかった．**6**《古》〈権利として〉要求する．
❷ 自 **1**〈薬などが〉効く．**2** 反応する〈auf et⁴ 物⁴に〉．**3**〈楽器が〉ある響きを出す．Die Flöte *spricht* leicht *an*. このフルートは音が出しやすい．

'an·spre·chend 現分形 人の心を引きつける，魅力的な，人受けのよい．

'an|sprin·gen* ❶ 自 **1**〈犬などが〉跳びかかる，跳びつく．**2**〈感情などが〉襲う．**3**《体操》跳ぶ．den Holm〈eine Rolle〉 ～ バーに跳びつく〈とんぼ返りをする〉．❷ 自 (s) **1** 跳んで来る；跳び始める，〈車などが〉動き出す．Der Motor *springt* nicht *an*. エンジンがかからない．gegen die Tür ～ ドアに体当りする．*angesprungen* kommen 跳んで来る．**2** auf et⁴《話》事〈申出・提案など〉にとびつく．

'an|sprit·zen ❶ 他〈人〈物〉⁴に〉撒（ま）く，吹きかける．《再帰的に》*sich*⁴ ～〈自由に〉香水を吹きかける．❷ 自 (s)《比喩》《話》さっそくやって来る．*angespritzt* kommen 飛んで来る．

*'**An·spruch** [ˈanʃprʊx アンシュプルフ] 男 -[e]s/¨e **1** 要求．*seine Ansprüche* anmelden 自分の要求を持出す（主張する）．einen ～ auf et⁴ erhebn 事⁴を要求する．Sein Aufsatz erhebt keinen ～ auf Vollständigkeit. 彼の論文に完全を期したものではない．allen *Ansprüchen* genügen〈gerecht werden〉 すべての要求を満足させる．et⁴ in ～ nehmen 物⁴を要求する，〈を〉必要とする．Ich nehme deine Hilfe gern in ～. 私は君の援助に甘えさせてもらいたい．Das nimmt viel Zeit in ～. これには多くの時間が必要だ．et⁴ für sich⁴ in ～ nehmen 事⁴を当然のこととして要求する．j⁴ in ～ nehmen 人⁴の手を煩わす．Ich bin jetzt sehr in ～ genommen. 私はいま手がふさがっている（非常に忙しい）．große *Ansprüche* stellen 過大な要求をする．**2** 権利，請求権．einen ～ auf et⁴ haben 物⁴を要求する権利を持っている．

'an·spruchs·los ['anʃprʊxsloːs] 形 要求の少ない，欲のない；控え目な，地味な；《精神的・芸術的価値について》うるさい注文をつけない，低級な．

'**An·spruchs·lo·sig·keit** 女 -/ **1** 寡欲，控え目，つましさ．**2** 凡庸，低級，つまらなさ．

'an·spruchs·voll 形 **1**〈好みなどに〉注文の多い，うるさい．**2** 高い精神性(芸術性)を求める，高級な．**3**《広告》ハイセンスの．

'an|spu·cken 他〈人〈物〉⁴に〉唾（つば）を吐きかける．

'an|spü·len 他〈物⁴を〉打寄せる〈an die〈der〉 Küste 岸辺に〉．

'an|sta·cheln ['anʃtaxəln] 他〈人〈物〉⁴を〉鼓舞する，あおり立てる．j⁴ zu et³ ～ 人⁴をそそのかして〈そそのかし〉事³をさせる．j² Ehrgeiz durch Lob 〈ほめて人²の野心をあおる．

*'**An·stalt** ['anʃtalt アンシュタルト] 女 -/-en **1**（公共の）施設〈学校・病院・刑務所など〉，企業，機関（出版社・保険会社など）．▶ とくに Irrenanstalt（精神病院）などをはばかって Anstalt とだけ言うことがある．**2**《複数で》準備，措置．Er machte ～*en* 〈keine ～*en*〉, wegzugehen. 彼は今にも立去ろうか〈立去るそぶりもしなかった〉．die nötigen ～*en* treffen《書》必要な処置を講じる．

'**An·stand**¹ ['anʃtant] 男 -[e]s/¨e **1**《複数なし》礼儀正しい態度，上品な身ごなし；礼儀作法，エチケット．den ～ wahren〈verletzen〉 マナーを守る〈礼節にもとる〉．mit ～ verlieren können 引きぎわ(負けっぷり)がよい．mit lauter ～《南独》お義理で，儀礼的に．**3**《成句で》an et³ keinen ～ nehmen 事³を気にとめない，ためらわない．

'**An·stand**² 男 -[e]s/¨e 《狩猟》(Ansitz) 獣が伏せりする場所．

*'**an·stän·dig** ['anʃtɛndɪç アンシュテンディヒ] 形 **1** 礼儀正しい，上品な；端正な，きちんとした；しっかりした．～*es* Benehmen 端正な立ち居振舞．eine ～ Firma 堅実な会社．Benimm dich ～! 行儀よくしなさい．**2** 《話》まずまずの，満足のいく．…の代りに，*statt* zu arbeiten〈*Anstatt* dass er arbeitete〉, trieb er sich⁴ draußen herum. 彼は仕事をするどころか，外をうろつき回っていた．

'an|stau·en ❶ 他〈水などを〉せき止める．❷ (*sich*⁴)〈せき止められて〉たまる；滞貨（渋滞）する；〈感情が〉鬱積（うっせき）する．

'an|stau·nen 他〈人〈物〉⁴を〉驚いて見(つめ)る．

'an|ste·chen* 他 **1** 突き刺す．Autoreifen ～ タイヤに穴をあける．《過去分詞で》eine *angestochene* Frucht 虫くいの果物．wie *angestochen* arbeiten《話》がむしゃらに働く．*angestochen* sein 少し酔っ払っている．**2**〈樽などを〉突き刺して口を開ける；ein Bierfass ～ ビール樽の口を開ける．eine Blase ～ 水疱（すいほう）を針で突いて水を出す．**3**〈焼け加減を見るために〉肉などに刺してみる．**4**《考古》〈塚などに〉試掘溝を掘る，〈遺跡などを〉掘り当てる．**5**《成句で》*angestochen* kommen《古》大股で近づいて来る．**6** ein Pferd ～ 馬に拍車をかける．

*'**an|ste·cken** ['anʃtɛkən アンシュテケン] ❶ 他 **1** ピンで留める．eine Brosche ～ ブローチをつける．**2** [sich³] einen Ring ～ 指輪をはめる．**3**《北ドイツ・中部ドイツ》火をつける，点火する．ein Haus ～ 建物に火を放つ．sich³ eine Zigarette ～ タバコに火をつける．**4**〈人⁴に〉うつす，感染させる〈mit et³ 病気を〉．j⁴ mit einer Krankheit ～ 人⁴にある病気をうつす，感染させる．Sie hat mich mit ihrer Fröhlichkeit *angesteckt*. 彼女の陽気な気分が私にうつった．Ich bin von ihm *angesteckt* worden. 私は彼から病気をもらった．**5**《地方で》ein Fass ～ 樽の口を開ける．
❷ (*sich*⁴) 〈病気が〉うつされる，感染する．Ich habe *mich* bei ihm *angesteckt*. 私は彼に病気をうつされた．
❸ 自〈病気が〉うつる，伝染する．Masern *stecken an*. はしかは伝染性である．Gähnen *steckt an*. あくびはうつる．

'an·ste·ckend 現分形 伝染性の．

'**An·ste·ckung** 女 -/-en《複数まれ》伝染，感染．

'an|ste·hen* ['anʃteːən] (h, s) **1** (h)〈を〉並んで待つ〈nach et³ 物³を手に入れるために〉．Ich habe zwei Stunden nach Karten *angestanden*. 券を買うのに 2

時間も行列した． **2** (h)《ふつう否定形で》《雅》ためらう，ぐずぐずする． Ich *stehe* nicht *an*, das zu behaupten. 私はためらわずにそう主張する． **3** (h)《雅》(人³に)ふさわしい，似つかわしい． Solche Anmaßung *steht* dir nicht *an*. そんな無茶な要求は君らしくもない． **4** (h)《書》(問題が)未解決である; 手間取っている． Die Arbeit *steht* schon lange *an*. この仕事はもうずいぶん長引いている． et⁴ ~ lassen 事を先に延ばす，遅らせる． *anstehende* Probleme 未解決の諸問題． **5** (h)《書》(期日が)確定している． Die Sitzung *steht* auf Dienstag *an*. 会議は火曜日と決っている． **6** (h)〖地質〗(岩石が)露出している． *anstehendes* Gestein 露岩． **7** (s)〖猟〗(auf j⁴ 人⁴を)ねらいにする．
◆1-6の用法のとき南ドイツでは(i)となることもある．

'**an|stei·gen*** ⑥ (s) (道が)登りになる; (温度・水位・物価などが)上がる; (数量が)増える．

an|stel·le [an'ʃtɛlə] ❶ 前《2格支配》(statt, anstatt) …の代りに，…の代理として． ❷ 副 (**anstelle von j⟨et⟩³** の形で) …の代りに，…の代理として． ◆an Stelle とも書く．

*'**an|stel·len** ['anʃtɛlən] ❶ 他 **1** もたせかける，立てかける(an et⁴·³ 人⁴·³に)． eine Leiter an den⟨am⟩ Baum ~ はしごを木にかける． **2** (↔ abstellen)(機械などを)作動させる． den Motor ~ エンジンをかける． die Nachrichten ~ ニュース番組をかける． das Wasser ~ (栓をひねって)水を出す． **3** 雇う，仕事をさせる． j⁴ aushilfsweise⟨fest⟩ ~ 人⁴を臨時に《正式に》雇う． Er lässt sich⁴ gut ~. 彼は使える男だ，仕事ができてくる． Ich lasse mich von dir nicht ~. 君の指図なんか受けないよ． **4** する，行なう． alles Mögliche ~ あらゆる手段を尽くす． etwas [Dummes] ~ ばかなことをしてみる． Ich weiß nicht, wie ich es ~ soll. 私はどうやったらいいのか分からない． Es lässt sich⁴ nichts damit ~. 私はそれはどうしようもない． Was hast du wieder *angestellt*! おまえはまたばかな真似をしてくれたな． **5** 〖機能動詞として〗 Betrachtungen ~ 観察(考察)する(↑betrachten)． ein Verhör mit j³ ~ 人³を尋問する(↑verhören)． Vermutungen ~ 推測する(↑vermuten)．
❷ 再 (**sich⁴**) **1** 並んで待つ(nach et³ 物³を手に入れるために)． **2** 振舞う． *sich* dumm ~ ばかな真似をする; 不器用である． *sich* wie ein Anfänger ~ 初心者のように下手くそである．

'**an|stel·lig** ['anʃtɛlɪç] 形《副詞的には用いない》器用な，機敏な，のみ込みの早い．

'**An|stel·lig·keit** 女-/ 器用，機敏，利発．

'**An|stel·lung** 女-/-en **1**《複数なし》雇用，採用，任用． **2** 職，勤め口，地位，ポスト．

'**An|stell·win·kel** 男-s/-〖航空〗(翼の)仰角．

'**An|stich** ['anʃtɪç] 男-[e]s/-e **1** (ビール樽などの)口開け． **2** frischer ~ 樽開けをしたばかりのビール(ワイン)． **3** 鋲(⁂)入れ．

'**an|stie·feln** ⑥ (s) *angestiefelt* kommen《話》(大股で)急いでやって来る．

'**An|stieg** ['anʃtiːk] 男-[e]s/-e **1**《複数なし》上り，上り勾配，上昇，増加． **2** 登り道(坂)．

'**an|stif·ten** ⑥ **1** j⁴ zu et³ ~ 人⁴をそそのかして事³をさせる(《好ましくないことを》引起す)． eine Verschwörung ~ 謀反(㍿)を起す．

'**An|stif·ter** ['anʃtɪftɐr] 男-s/- 扇動者，仕掛人，火つけ役．

'**An|stif·tung** 女-/ 扇動，策動，〖法制〗 教唆(㍿)．

'**an|stim·men** ⑥ **1** 歌い(弾き)始める． ein Klagelied über j⟨et⟩⁴ ~《比喩》《話》人⟨物⟩⁴のグチをこぼす． ein Loblied auf j⟨et⟩⁴ ~《比喩》《話》人⟨物⟩⁴をほめやす． **2** 笑声・笑い声をあげる． ein Gelächter ~ どっと笑い声をあげる．

'**an|stin·ken*** ❶ ⑥《卑》(gegen j⟨et⟩⁴ 人⟨物⟩⁴に)歯向かう，抵抗する． Gegen den kannst du nicht ~. やつにはとても歯向かえない(太刀打ちできないよ)． ❷ 他《卑》(人⁴に)不快感を与える．

*'**An|stoß** ['anʃtoːs アンシュトース] 男-es/⁼e **1** 押す(突く)こと，ぶつかること，衝突． beim geringsten ~ ちょっと突いただけで． **2** きっかけ，刺激． einen kräftigen ~ bekommen 強い刺激を受ける． den ersten ~ zu et³ geben 事³のきっかけを与える． **3** (道徳的な)不快(抵抗)感，腹立ち． an et³ ~ nehmen 事³を不快に思う，(に)抵抗を覚える． bei j³ ~ erregen 人³のひんしゅくを買う． **4**《古》障害． ein Stein des ~*es*〖新約〗つまずきの石(1 ペト 2:8)． ohne jeden ~ 少しのよどみもなく． **5**〖スポ〗キックオフ．

'**an|sto·ßen*** ['anʃtoːsən] ❶ 他 **1** (軽く)突く(押す)，(突いて)動かす; (に)ぶつける． j⁴ mit dem Ellbogen ~ (合図のために)(人⁴を)肘でつっつく． j⁴ aus Versehen ~ (人に)うっかりぶつかる． j⁴ zu et³ ~ 人⁴に事をするはずみ(きっかけ)を与える． sich³ den Kopf an et³ ⁽⁴⁾ ~ 頭を物³·⁴にぶつける． [den Ball] ~〖サッカー〗キックオフする． die Gläser⟨mit den Gläsern⟩ ~ グラスを打ち合う，乾杯する(auf et⁴ 事⁴を祈って)．
❷ 自 **1** (s) (bei j³ 人³に)不愉快に感じる，ぶつかる，つまずく． mit dem Kopf an die Ecke ~ 頭を角(⁂)にぶつける． *angestoßenes* Obst (当って)傷んだ果物． **2** (s)(bei j³ 人³を)不愉快にさせる，怒らせる，(の)ひんしゅくを買う． Man *stößt* leicht bei ihr *an*. 彼女は何かと言うとすぐ気を悪くする． **3** (s)《まれ》 隣接する(an et⁴ 物³に)． im *anstoßenden* Zimmer 隣りの部屋で． **4** (h) mit der Zunge ~ 歯擦音がうまく発音できない．

'**An|stö·ßer** ['anʃtøːsər] 男-s/-《スイス》(Anlieger) 隣接地の所有者．

'**an|stö·ßig** ['anʃtøːsɪç] 形 不快な; 眉をひそめるような; 下品な，いかがわしい．

'**An|stö·ßig·keit** 女-/-en 《複数なし》不届き，非礼，下品． **2** 非礼な(下品な)言動．

'**an|strah·len** ⑥ **1** (人⟨物⟩⁴に)照らす，(に)光を当てる． **2**《比喩》(人⁴を)顔を輝かせて見つめる，(に)ほほえみかける．

'**an|stre·ben** ⑥ **1** (gegen et⁴ 物⁴に)逆らう，反抗(抵抗)する． **2** (山・塔などが)そびえる，そそり立つ．

'**an|strei·chen*** ❶ 他 **1** et¹ mit et³ ~ 物³に(ペンキなど)を塗る． **2** つける，線を引く． die Fehler rot ~ 間違っている個所に赤で印をつける． *die angestrichenen* Stellen 線を引いた個所． **3** (人³に事⁴の)仕返しをする． Das werde ich dir ~! やつにはこの仕返しをさせてもらうぞ． **4** こする． ein Streichholz ~ マッチをする． eine Saite ~ (調弦などのために)ちょっと弾いてみる．
❷ 自 (s)〖猟師〗(鳥が地上近くに)飛降りて来る．

'**An|strei·cher** ['anʃtraɪçər] 男-s/- 塗装工，ペンキ屋．

*'**an|stren·gen** ['anʃtrɛŋən アンシュトレンゲン] ❶ (**sich⁴**)(大いに)努力する，骨を折る，全力を尽くす; 《話》奮発する． ❷ 他 **1** (精神力・体力などを)目いっぱい働かせる，緊張させる． Er *strengte* seine Phantasie *an*. 彼は空想力を大いに働かせた． **2** 疲れさせる，消耗させる． Das viele Lesen *strengt* meine Augen *an*.

私は長時間読書をすると目が疲れる.《目的語なしで》Fernsehen *strengt an.* テレビを見るのは疲れる. **3** einen Prozess ~《法制》訴訟を起す(gegen j⁴ 人⁴を相手取って). ◆ ↑ angestrengt

*'**an·stren·gend** ['anʃtrɛŋnt] アンシュトレンゲント]《現分》骨の折れる, 厄介な, 大変な. Das ist mir zu ~. それは私にはきつすぎる.

*'**An·stren·gung** ['anʃtrɛŋʊŋ アンシュトレングング]《囡》-/-en 努力, 骨折り, 苦労; 緊張, 疲労.

'**An·strich** ['anʃtrɪç]《男》-[e]s/-e **1** 塗ること, 塗り, 塗装;(塗られた)色. der erste(letzte)~ 下塗り(上塗り). Das Haus hat einen gelben ~. この家は黄色に塗ってある. **2**《複数なし》外見, 体裁. einen ~ von Bildung haben 教養がありそうに見える. **3**《まれ》(目印に付けた)線;(↔ Abstrich) 上向きの線. ◆ ↑ anstreichen

'**An·sturm** ['anʃtʊrm]《男》-[e]s/-e《複数まれ》攻撃, 来襲;殺到. dem ~ nicht gewachsen sein(敵の)襲撃を持ちこたえられない;殺到する注文(照会)に応じきれない.

'**an|stür·men**《自》(s)(嵐のように)押寄せる, 突進(突撃)する;ぶつかる(gegen et⁴⟨j⁴⟩ 物⟨人⟩⁴に). gegen Vorurteile ~ 偏見に立向かう. *angestürmt* kommen えらい勢いで(大急ぎで)やって来る.

'**an|su·chen**《自》(書)(雅語) bei j³ um et⁴ ~ 人³に物⁴を申請(請願)する.

'**An·su·chen**《中》-s/-(書)(雅語) 申請, 請願.

ant.., **Ant..** [ant..]《接頭》 anti.., Anti..

An·ta·go·nis·mus [antagoˈnɪsmʊs]《男》-/..men [..mən](gr.) 敵対, 対立, 反対;《医学》拮抗作用.

An·ta·go·nist [..ˈnɪst]《男》-en/-en (gr.) 敵対者, 対立者, 反対者;《医学》拮抗筋, 拮抗剤(薬).

an·ta·go·nis·tisch [..ˈnɪstɪʃ]《形》《比較変化なし》対立(敵対)した, 反対の;《医学》拮抗性の.

'**an|tan·zen**《自》(h, s) **1** (h)《まれ》(最初のペアとして)踊り始める. **2** (s) 踊りながらやって来る. **3** (s)《卑》やって来る, 現れる(bei j³ 人³のもとに). Kommst du schon wieder *angetanzt*?《俺》また来たのかい.

Ant'ark·tis [ant'|arktɪs]《囡》-/ (gr.) 南極(地方).

ant'ark·tisch [ant'|arktɪʃ]《形》南極(地方)の.

'**an|tas·ten**《他》 **1** (人⟨物⟩⁴に)触れる, 触る;言及する. **2**《多く否定形で》(権利・自由を)侵す, (名誉・品位を)汚す;(蓄えなどに)手をつける, (を)使い込む. Dieses Recht lasse ich von niemandem ~. 私は誰にもこの権利を侵すことを許さない.

'**an·te 'Chris·tum** ['na·tum] ['antə 'krɪstʊm ('naːtʊm)] (lat., vor Christi Geburt)《略 a. Chr. [n.]》キリスト降誕前に, 紀元前に.

*'**An·teil** ['antaɪ̯l アンタイル]《男》-[e]s/-e **1** 分け前, 取り分;負担分, 割り前;出資分, 持株. der ~ am Erbe 相続分. ~ an et³ haben 事³の分け前にあずかる;事³の一翼を担っている. **2**《複数なし》関与, 参加;関心, 興味. ~ an et³ nehmen 事³に参加(関与)する. ~ an j⟨et⟩³ nehmen⟨zeigen⟩ 人⟨物⟩³に同情する. 関心を持つ.

'**an·tei·lig** ['antaɪlɪç]《形》持分に応じた.

'**An·teil·nah·me**《囡》-/ 関与;関心;同情.

*'**An'ten·ne** [an'tɛnə アンテネ]《囡》-/-n (lat.) **1** アンテナ. keine ~ für et⁴ haben《比喩》事⁴に対するセンスがない. **2**《動物》(節足動物の)触角;《雅語》(バレーボールの)アンテナ(ネットの両端の棒).

An·te·pen·di·um [anteˈpɛndiʊm]《中》-s/..dien [..diən] (lat.)《旧教》アンテペンディウム(祭壇前面の垂

帳, また浮彫り・彫金による祭壇前面の装飾).

An·te·ze·dens [anteˈtseːdɛns]《中》-/..denzien [..tseˈdɛntsi̯ən] (lat.) **1** 原因, 理由;《論理》前件;《文法》先行詞. **2**《複数形》前歴, 経歴.

Ant·hel·min·thi·kum [anthɛlˈmɪntikʊm]《中》-s/..ka《薬学》駆虫薬, 虫下し.

An'the·mi·on [an'teːmi̯ɔn]《中》-s/..mien [..mi̯ən] (gr.)《建築》アンテミオン(古代ギリシアの装飾模様).

An'the·re [an'teːrə]《囡》-/-n《植物》葯(ʏᴀ̀ᴋ).

An·the·ri·di·um [ante'riːdi̯ʊm] [..di̯ən] (gr.)《植物》造精器, 蔵精器.

An·tho·cy'an [antotsy'aːn]《中》-s/-e = Anthozyan

An·tho·lo'gie [antoloˈgiː]《囡》-/-n [..ˈgiːən] (gr., anthos 'Blume') アンソロジー, 名詩選, 詞華集.

An·tho·'zo·on [antoˈt̯soːɔn]《中》-s/..zoen [..ˈt̯soːən]《動物》花虫類, さんご虫類.

An·tho·zy'an [antotsy'aːn]《中》-s/-e《生化》アントシアン, 花青素.

An·thra'cen [antraˈt̯seːn]《中》-s/-e = Anthrazen

An·thra·chi'non [..çiˈnoːn]《中》-s/《化学》アントラキノン.

An·thra'ko·se [..ˈkoːzə]《囡》-/-n (gr.)《医学》炭浸潤, 炭肺症.

'**An·thrax** ['antraks]《男》-/ (gr., Kohle')《医学》炭疽(ᴛʜ̀ᴢ).

An·thra'zen [antraˈt̯seːn]《中》-s/-e (gr.)《化学》アントラセン.

An·thra'zit [..ˈt̯siːt]《中》-s/《複数まれ》無煙炭.

an·thro·po'gen [antropoˈgeːn]《形》(gr.)《比較変化なし／述語的には用いない》人間によって作られた, 人為(人工)の.

an·thro·po'id [..ˈiːt]《形》(gr.)《比較変化なし》人間に似た, 類人の.

An·thro·po'id [antropo'|iːt]《男》-en/-en《動物》類人猿.

An·thro·po·lo'ge [antropo'loːgə]《男》-n/-n **1** 人類学者;人間学者. **2** 人類学(人間学)の専攻学生.

An·thro·po·lo'gie [antropoloˈgiː]《囡》-/ 人類学;人間学.

an·thro·po·lo·gisch [..ˈloːgɪʃ]《形》人類学(人間学)の.

An·thro·po·me'trie [..me'triː]《囡》-/ 人体測定学.

an·thro·po·morph [..ˈmɔrf]《形》人間の形をした, 擬人化された.

An·thro·po·mor'phis·mus [..ˈmɔrfɪsmʊs]《男》-/..men [..mən] 擬人化.

An·thro·po'pha·ge [..ˈfaːgə]《男》-n/-n (Kannibale) 人食人種, 食人種.

An·thro·po·pha'gie [..faˈgiː]《囡》-/ 食人, 人食の風習.

An·thro·po·pho'bie [..foˈbiː]《囡》-/ (Menschenscheu) 対人恐怖症, 恐人症.

An·thro·po'soph [..ˈzoːf]《男》-en/-en 人智学者.

An·thro·po·so'phie [..zoˈfiː]《囡》-/ 人智学(ドイツの哲学者 Rudolf Steiner, 1861-1925 が唱えた哲学).

an·thro·po'so·phisch [..ˈzoːfɪʃ]《形》人智学の.

an·thro·po'zen·trisch [..ˈt̯sɛntrɪʃ]《形》人間中心の.

An·ti.., **An·ti..** [anti..]《接頭》(gr.) 形容詞・名詞に冠して「反, 非, 否, 対抗」などの意を表す. *Antichrist* アンチクリスト.

An·ti·al·ko·ho·li·ker [antiǀalkoˈhoːlikər, '---

antiautoritär

----] 男 -s/- 禁酒論者.
an·ti·au·to·ri·tär [anti|autori'tɛːr, '------] 形 反権威主義的な.
An·ti·ba·by·pil·le [anti'beːbipilə] 女 -/-n (話) ピル, 経口避妊薬.
an·ti·bak·te·ri·ell [antibakteri'ɛl, '------] 形 《比較変化なし》抗菌性の. ~es Mittel 抗菌剤.
An·ti·bi·ont [..bi'ɔnt] 男 -en/-en 《生物》抗生微生物.
An·ti·bi·o·se [..bi'oːzə] 女 -/-n 《生物》抗生作用.
An·ti·bi·o·ti·kum [..bi'oːtikʊm] 中 -s/..ka [..ka] (gr. bios , Leben ') 《医学・薬学》抗生物質.
an·ti·bi·o·tisch [..bi'oːtɪʃ] 形 《比較変化なし》抗生物質の; 抗生作用を引起こす.
an·ti·cham·brie·ren [antiʃam'briːrən] 自 (fr.) 1 《古》(謁見・面会を許されるまで)控えの間で待つ. 2 (bei j³ 人³に)何度も足を運んで頼む(wegen et² 事²のために); 《俗》ぺこぺこする, へつらう.
'**An·ti·christ**¹ ['antikrɪst] 男 -en/-en キリスト教の反対者; 教会の敵対者.
'**An·ti·christ**² ['antikrɪst] 男《'天^{キリスト}教》アンチクリスト, 反キリスト, サタン, 悪魔. ◆「キリストの敵」の意. 世界の終末とキリストの再臨とに先立って出現し, 偽キリスト・偽救世主として偽りの奇跡を行い, 信仰からの離反をそそのかす者または力. 666 という数がその象徴であるとされる. ↑《新約》黙 13:18.
'**an·ti·christ·lich** [..lɪç, --'--] 形《比較変化なし》反キリストの.
An·ti·dot [..'doːt] 中 -[e]s/-e 《薬学》解毒薬.
An·ti·fa·schis·mus [..fa'ʃɪsmʊs, '------] 男 -/ 反ファシズム(運動).
An·ti·fa·schist [..'ʃɪst, '-----] 男 -en/-en ファシズム反対者, 反ファシスト.
an·ti·fa·schis·tisch [..tɪʃ, '-----] 形 反ファシズムの.
An·ti'gen [..'geːn] 中 -s/-e (gr.) (略 Ag) 《生化》抗原.
An·ti'go·ne [an'tiːgone] 《人名》《'神^{ギリシャ}話》アンティゴネー(Ödipus 王の娘).
an'tik [an'tiːk] 形 (lat. , alt ') 1 (ギリシア・ローマの)古典古代の. 2 古風な, 古式の, 昔風の.
An·ti·ka·gli·en [antiˈkaljən] 複 (it.) 《美術》(小さな)古美術品.
An·ti·ka·tho·de [antika'toːdə] 女 -/-n 《古》《電子工》(X線管の)陽極, 対陰極.
****An'ti·ke** [an'tiːkə] アンティーケ 女 -/-n (↓antik) 1 《複数なし》(ギリシア・ローマの)古典古代(の文化). 2 《ふつう複数で》古典古代の芸術作品; 古美術品.
an·ti·ki'sie·ren [antiki'ziːrən] 自(自) 古典様式によって作る, 古典様式を模倣する; 古代風にする.
An·ti·kle·ri·ka·lis·mus [antiklerika'lɪsmʊs, '----------] 男 -/ 《'宗^{カトリック}教》反聖職者主義, 反教会主義.
an·ti·kli'nal [..kli'naːl] 形 (gr.)《地質》背斜の.
An·ti·kli·na·le [..kli'naːlə] 女 -/-n 《地質》背斜.
An·ti·klopf·mit·tel [..-] 中 -s/- 《自動車》(エンジンの)アンチノック剤.
An·ti·ko·agu·lans [antikoʔaˈguːlans] 中 -/..lantien [..|aguˈlantsiən], ..lantia [.. | aguˈlantsiə] 《医学》(血液の)抗凝固薬.
an·ti·kon·zep·ti·o·nell 形 避妊の.
'**An·ti·kör·per** [ˈantikœrpər] 男 -s/- 《ふつう複数で》

《医学》抗体.
An·ti'krit [antiˈkriːtik, '-----] 女 -/-en (gr.) 反批判, 反論, 弁明.
An·ti'lo·pe [..ˈloːpə] 女 -/-n (gr.) 《動物》ブラックバック属, れいよう(羚羊), アンティローブ.
An·ti·ma'te·rie [antimaˈteːriə, '------] 女 -/-n 《物理》反物質.
An·ti'mon [anti'moːn, '----] 中 -s/ (arab.) 《記号 Sb》《化学》アンチモン.
An·ti·mo·ra·lis·mus [antimoraˈlɪsmʊs, '--------] 男 -/ 反道徳主義.
an·ti·mo·ra'lis·tisch [..tɪʃ, '-------] 形 反道徳主義的な.
An·ti·neu·ral·gi·kum [..nɔy'ralgikʊm] 中 -s/..ka [..ka] (gr.)《薬学》神経痛治療剤.
An·ti·neu·tron [..ˈnɔytrɔn] 中 -s/-en [..ˈtroːnən] 《核物理》反中性子.
An·ti·no'mie [antinoˈmiː] 女 -/-n (gr.) [..ˈmiːən] 《哲学》二律背反(^{はいはん}).
an·ti'no·misch [..ˈnoːmɪʃ] 形 二律背反的な.
An·ti·no·mis·mus [..noˈmɪsmʊs] 男 -/ (gr.)《'新^{キリスト}教》アンチノミアニズム, 反律法主義, 律法不要論.
An·ti'oxi·dans [..ˈɔksidans] 中 -/..danzien [..ˈdantsiən], ..dantien [..ˈdantsiən] 《化学》酸化防止剤.
An·ti'pas·to [antiˈpasto] 中 -[s]/-s (..sti [..sti]) (it. , Vorspeise ') アンティパスト, 前菜, オードブル.
An·ti·pa'thie [antipaˈtiː] 女 -/-n [..ˈtiːən] (gr.) (↔ Sympathie) 反感, 嫌悪.
An·ti'phon [antiˈfoːn] 中 -s/-en (gr.)《'礼^{キリスト}用語》交誦(^{こうじゅ}). ◆聖堂内の左右の歌隊から交互に詩篇または讃美歌を歌うこと, またその詩篇・讃美歌.
an·ti·pho'nal [..foˈnaːl] 形 交誦の.
An·ti·pho'na·le 中 -s/..lien [..liən] =Antiphonar
An·ti·pho'nar [..foˈnaːr] 中 -s/-e [..ˈnaːrə] (lat.) 交誦集(全聖歌を祝日順に配列した典礼書)
An·ti'pho·ne [..ˈfoːnə] 女 -/-n, **An·ti·pho'nie** [..foˈniː] 女 -/-n [..ˈniːən] = Antiphon
An·ti'po·de [..ˈpoːdə] 男 -n/-n 1 《地理》対蹠(^{たいせき})人(地球の正反対側に住む人). 2 《比喩》(性格・立場などが)正反対の人. 3 《化学》対掌体.
'**an·tip·pen** [..-] 1 (人⁴に)軽く触れる. j⁴ an der Schulter ~ 人⁴の肩に触る. eine Frage ~ 《比喩》問題をほのめかす. 2 探りを入れる, それとなく尋ねる. 2 bei j³ ~ (話) 人³にそれとなく尋ねる.
An·ti'pro·ton [..ˈproːtɔn] 中 -s/-en [..ˈproːtoːnən] 《核物理》反陽子.
An·ti·py're·ti·kum [..pyˈreːtikʊm] 中 -s/..ka [..ka] (gr.) 《薬学》解熱薬.
An·ti'quar [anˈtiːkva] 女 -/ (lat. , alte Schrift ') 《印刷》(↔ Fraktur) ラテン字体, ローマ体.
An·ti'quar [anˈtiːkvaːr] 男 -s/-e (lat.) 1 古書籍商, 古本屋. 2 (まれ)古物商, 骨董(^{こっとう})屋.
An·ti·qua·ri'at [..kvari'aːt] 中 -[e]s/-e 1 《複数なし》古書籍業, 古本業. 2 古書店, 古本屋. 3 《複数なし》(まれ)古道具商.
an·ti·qua·risch [..ˈkvaːrɪʃ] 形 古い, 中古の; 古本(屋)の.
An·ti·qua'ri·um [..ˈkvaːriʊm] 中 -s/..rien [..riən] 古美術の収集(コレクション).
an·ti'quiert [..ˈkviːrt] 形 古くなった, 時代遅れの.
An·ti·qui'tät [..kviˈtɛːt] 女 -/-en (lat.) 《多く複数

An·ti·se·mit [antize'mi:t, '----] 男 -en/-en (gr.+hebr.) 反ユダヤ主義者、ユダヤ人排斥者.

an·ti·se·mi·tisch [..tɪʃ, '-----] 形 反ユダヤ主義の、ユダヤ人排斥の.

An·ti·se·mi·tis·mus [..mi'tɪsmʊs, '------] 男 -/ 反ユダヤ主義(運動)、ユダヤ人排斥.

An·ti·sep·sis [..'zɛpsɪs] 女 -/ (gr.)〖医学〗(とくに傷の)制腐、防腐、消毒.

An·ti·sep·ti·kum [..'zɛptikɔm] 中 -s/..ka [..ka] 制腐(防腐)剤.

an·ti·sep·tisch [..tɪʃ] 形 制腐(防腐)性の.

an·ti·sta·tisch [anti'sta:tɪʃ] 形 静電防止の.

An·ti·stro·phe [anti'stro:fə, anti'st.., '----] 女 -/-n (gr.) アンティストロペ(古代ギリシア詩の詩形).

'An·ti·teil·chen 中 -s/- 〖核物理〗反粒子.

An·ti·the·se [anti'te:zə, '----] 女 -/-n (gr.) **1** アンチテーゼ、反対命題、反措定. **2** 〖修辞〗対照法、対句法(例 Feuer und Wasser).

an·ti·thetisch [..'te:tɪʃ] 形 アンチテーゼの、対照的な、正反対の.

An·ti·to·xin [..tɔ'ksi:n] 中 -s/-e (gr.)〖医学〗抗毒素.

An·ti·zi·pa·ti·on [antitsipatsi'o:n] 女 -/-en (lat.) (Vorwegnahme) **1** (未来の)先取り、予見、予知. **2**〘法〙予納(きた). **3**〖音楽〗先取音;〖経済〗期限(満期)前支払、(税金の)予定納税.

an·ti·zi·pie·ren [antitsi'pi:rən] 他 **1** 先取りする. **2** 予見(予知)する. **3** 前払いする.

an·ti·zy·klisch [..'tsy:klɪʃ, ..'tsyk..] 形 (gr.) **1** 非サイクルの式、非周期的の. **2** ～e Finanzpolitik 〖経済〗景気調整的財政政策.

An·ti·zy·klo·ne [..'tsy:klo:nə, '------] 女 -/-n 〖気象〗(Hochdruckgebiet) 高気圧(圏).

'Ant·litz ['antlɪts] 中 -es/-e 《雅》かんばせ(顔).

'An·ton ['anto:n]《男名》アントーン(ラテン語形 Antonius のドイツ語形).

An·to·ni·us [an'to:niʊs]《男名》アントーニウス. der heilige ～ 聖アントニウス(荒野での苦行で有名なエジプトの隠修士、修道制度の創始者. †付録「聖人暦」1月17日).

An·to'nym [anto'ny:m] 中 -s/-e (gr.) (↔ Synonym) 反意語.

an'tör·nen (engl.)《話》❶ 他 **1** (人³に)麻薬を吸わせる、麻薬の味を覚えさせる. **2** 《若者》興奮(陶酔)させ、引き込ませる. ❷ 再 (sich⁴) (麻薬の力を借りて)自分を興奮させる、ふるい立たせる.

'an·tra·ben (h, s) **1** (h) (馬が速歩(紀)で走り出す. **2** (s) (馬・騎乗者が)速歩でやって来る. *angetrabt* kommen 《話》急いでやって来る.

* **'An·trag** ['antra:k アントラーク] 男 -[e]s/..¨e 申請、出願、請求;申請書. einem ～ stattgeben 請願を採択する. einen ～ einreichen 申請書を提出する. einen ～ auf et¹ stellen 物⁴を申請(請求)する. **2** 提案、動議;申立て. auf ～ des Vorsitzenden 議長の提案によって. **3** (契約・結婚などの)申込み.

'an·tra·gen ❶ 他 **1**《雅》(人³に物⁴を)与えようと申出る、提供する. j³ *seine* Hilfe ～ 人³に援助を申出る. einem Mädchen die Ehe 〈*seine* Hand〉～ ある娘に結婚を申込む. **2** Kugel ～ 〖猟師〗発射する. ❷ 自 auf et⁴ ～ 《古》物⁴を申告(請求)する.

'An·trags·for·mu·lar 中 -s/-e 申請書、(申込み)用紙.

'An·trag·stel·ler 男 -s/- 申請者、提案者.

'an|trau·en 他 《雅》(人⁴を人³と)あわせる、添わせる、結婚させる. mein [mir] *angetrauter* Ehemann 《戯》私の旦那様.

'an|tref·fen 他 (人〈物〉⁴に)会う、出くわす、顔を合せる. Er hat sie nie zu Hause *angetroffen*. 彼は家では彼女に会えたためしがない. Wann und wo kann ich dich ～? いつどこで会えるかな.

'an|trei·ben ❶ 他 **1** (犬・馬などを)駆立てる、走らせる;(機械を)動かす、駆動させる;(獲物を)狩り出す;(物⁴を)押流す(ans Ufer 岸へ)、押し寄せる. **2** (人⁴を)駆立てる、せきたてる、励ます(zu et³ 事³へと). Die Neugier *trieb* uns *an*, den Raum zu betreten. 私たちは好奇心に駆られその部屋に足を踏み入れた. ❷ 自 (s) 漂着する(ans〈am〉Ufer 岸辺に).

* **'an|tre·ten** ['antre:tən アントレーテン] ❶ 他 **1** (事⁴の第一歩を)踏み出す、(を)始める. den Dienst ～ 勤務に就く. eine Reise ～ 旅立つ. *seine letzte* Reise ～《雅》死出の旅路につく. *sein* fünfzigstes Lebensjahr ～《雅》五十(歳)台に入る. **2** (仕事・財産などを)引受ける. j² Erbe ～ 人²の遺産を相続する. j² Nachfolge ～ 人²の後任になる. die Regierung ～ 政権の座に就く. eine Strafe ～ 服役する. **3** den Beweis ～ 証拠を出す. **4** (砂などを)踏み固める. **5** 踏んで作動させる. das Motorrad ～ オートバイのエンジンをかける. **6** 《古》《雅》(病気・死が)訪れる、見舞う. **7** j¹ mit et³ 〈um et⁴〉～ 人⁴に事³⁴を頼む. ❷ 自 **1** 現れる、出かける(zu et³ 事³をするために)、zum Dienst ～ 勤務に就く. Er *tritt* nicht *an*. 彼は欠席である. **2** 〘スポーツ〙(gegen j¹ 人¹と)対戦する. **3** 〘スポーツ〙(ラストスパートをかける. **4** 並ぶ、整列する、der Größe nach ～ 身長順に並ぶ. *Angetreten!* 集合、整列(軍隊の号令). **5** (接尾辞などが)つく. Die Endung *tritt an* den Stamm *an*. 語尾が語幹につく. **6** mit ～ 《地方》手伝う、手を貸す. Da kannst du nicht mit ～. 君の出る幕じゃないよ.

'An·trieb ['antri:p] 男 -[e]s/-e **1** 原動(駆動、推進)力、駆動装置. **2** 動機、動因、衝動、(外的)刺激. der ～ zu flüchten 逃げ出したい衝動. auf j² 〈hin〉人²に勧められて. aus eigenem〈freiem〉～ 自発的に、ひとりでに.

'an|trin·ken * ❶ 他 (酒を)まずひと口飲む、(杯に)軽く口をつける. ❷ 再 (sich³) *sich* einen [Rausch] ～ 酔っ払う. *sich* Mut ～ 飲んで元気(勇気)をつける.

'An·tritt ['antrɪt] 男 -[e]s/- 1 事⁴を踏み出すこと、開始、引受け. der ～ eines Amtes 役職への就任. der ～ des Erbes 遺産の相続. der ～ der Reise 旅立ち. **2** 〘スポーツ〙(ラスト)スパート.

'An·tritts·re·de 女 -/-n 就任演説.

'An·tritts·vor·le·sung 女 -/-en (教授就任後の)初講義.

* **'an|tun** * ['antu:n アントゥーン] 他 **1** j³ et⁴ ～ 人³に事⁴(敬意など)を示す、(名誉などを)与える;(危害などを)加える. j³ die letzte Ehre ～ 人³の葬儀に参列する. j³ Gutes ～ 人³に親切にする. *Tu* mir die Liebe *an* und komm mit! どうか一緒に来てくれよ. *Tun* Sie mir das nicht *an*! そいつは勘弁願います. 《再帰的に》*sich³* Gewalt〈Zwang〉～ 自制する. *sich³* etwas 〈ein Leid〉～ 自殺する. **2** es⁴ j³ ～ 人³を魅惑する.《ふつう完了形で》Das Haus hat es ihm *angetan*. 彼はその家がすっかり気に入っている. **3** 《地方》(衣服・装身具などを)身につける. mit et³ *angetan* sein 物³を身につけている. ◆↑angetan

'an|tur·nen 自 (s) **1** (スポーツの)シーズンが幕を開け

A

る. **2** 《過去分詞で》 *angeturnt* kommen 《話》 わいわい騒ぎながらやって来る.

'an|tur·nen^2 ['antø:rnən, ..tœrnən] [他] =antörnen

Ant'wer·pen [ant'vɛrpən, '---] 《地名》 アンヴェルス(ベルギーの北部の州およびその州都, わが国では英語名アントワープ Antwerp で知られる).

'Ant·wort

['antvɔrt アントヴォルト] [女] -/-en 答え, 返事, 返答, 回答; 応答, 反応. die ~ auf eine Frage〈einen Brief〉 問い〈手紙〉に対する返事. j^3 eine ~ geben〈erteilen〉 人^{3}に返答(返事)をする. auf alles eine ~ haben〈wissen〉 どんな事にも答えられる. j^3 die ~ schuldig bleiben 人^{3}に返事をしないままでいる. j^3 Rede und ~ stehen 人^{3}に釈明(弁明)する. j^4 keiner ~ würdigen 《雅》 人^{4}に返事もしない. Keine ~ ist auch eine ~. 《諺》 黙っているのも答えのひとつ. Wie die Frage, so die ~. 《諺》 聞き方次第で答えも変る. Um ~ wird gebeten. 《略 u. A. w. g.》 ご返事をお願いします(諾否・出欠などを問い合せる手紙で). et^4 zur ~ geben 事^{4}と答える.

'ant·wor·ten

['antvɔrtən アントヴォルテン] (↓ Antwort) [自] [他] (人^{3}に)答える, 返事(回答)をする; 反応する. j^3 auf eine Frage ~ 人^{3}の質問に答える. mit ja oder nein ~ イエスかノーで答える. Was hat er *geantwortet*? 彼は何と答えたのか. Er *antwortete* etwas Unverständliches. 彼は何やら訳の分からないことを答えた.

'Ant·wort·schein [男] -[e]s/-e internationaler ~ 〘郵便〙 国際返信切手券.

An·urie [an|u'ri:] [女] -/-n [..'ri:ən] (*gr.*) 〘医学〙 無尿(症).

'Anus ['a:nʊs] [男] -/Ani (*lat.*) 〘医学〙 肛門.

*__'an|ver·trau·en__ ['anfɛrtrauən アンフェアトラオエン] [他] **1** (人^{3}に事^{4}を)信頼して任せる, ゆだねる. j^3 ein Geschäft〈ein Kind〉 ~ 人^{3}に仕事を任せる〈子供を預ける〉. *sein* Schicksal Gott^3 ~ 運命を神の手にゆだねる. 《再帰的に》 *sich*^{4} Gottes Führung ~ 神の導きに身をゆだねる. **2** (人^{3}に事^{4}を)打明ける. j^3 ein Geheimnis ~ 人^{3}に秘密を打明ける(漏らす). et^4 dem Papier ~ 《比喩》 事^{4}を書き記す. 《再帰的に》 *sich*^{4} j^3 ~ 人^{3}に本心を打明ける.
◆^{1} まれに非分離動詞としても用いられる. ◆^{2} 過去分詞 anvertraut

'An·ver·wand·te [男] [女] 《形容詞変化》 《雅》 =Verwandte

'an|vi·sie·ren ['anvizi:rən] [他] **1** (標的などを)狙う, (に)狙いをつける. **2** (任務・目標などの)達成を目指す. ◆過去分詞 anvisiert

'an|wach·sen* [自] (s) **1** (傷口などが)癒着(癒合)する. **2** (植物が)根づく. **3** (大きさ・量などが)ふえる, 増す, 膨らむ.

'An·walt ['anvalt] [男] -[e]s/⸗e (Rechtsanwalt) 弁護士, 代理人; 代弁者, 擁護者.

'An·wäl·tin ['anvɛltɪn] [女] -/-nen 女性弁護士.

'An·walt·schaft [女] -/ **1** 《集合的に》 弁護士. **2** 弁護士の職. **3** 弁護, 代弁.

'an|wan·deln ❶ [他] 《雅》 (感情・気分・病気などが人^{4}を)襲う. Ihn *wandelte* die Lust *an*, auf diesen Berg zu steigen. 彼はふとこの山に登ってみたいという気持ちに捉えられた. ❷ [自] (s) 《過去分詞で》 *angewandelt* kommen ゆっくり(悠然と)歩いて来る.

'An·wan·de·lung [女] -/-en =Anwandlung

'An·wand·lung [女] -/-en (一時的な)感情, 気まぐれ, 発作. in einer ~ von Freigebigkeit 急に気前がよくなって.

'an|wär·men [他] (手足・料理などを)暖め(温め)る.

'An·wär·ter ['anvɛrtər] [男] -s/- 期待相続人, (地位継承の)予定者, 候補者. ~ auf den Thron 王位継承者.

'An·wart·schaft ['anvart-ʃaft] [女] -/-en **1** 《複数なし》 (地位・職務などに就くことができる)見込み. die ~ auf ein Amt haben ある職に就く見込みがある. **2** 〘法制〙 相続(継承)権; (年金などの)受給権.

'an|we·hen ❶ [他] **1** 《雅》 (風が人^{4}に)吹きつける; (気分・感情が人^{4}を)襲う. 《非人称的に》 *Es weht* mich heimatlich *an*. なにやら故郷のにおいがする. **2** (砂・雪などを)吹寄せる. ❷ [自] (s, h) **1** (s) 風に吹寄せられる. **2** (h) (gegen j^4 風が人^{4}に)吹きつける.

*__'an|wei·sen*__ ['anvaɪzən アンヴァイゼン] [他] **1** (人^{4}に)指図する, 指示(命令)する. Ich habe ihn *angewiesen*, die Sache sofort zu erledigen. 私は彼にその問題をすぐに片づけるよう指示した. Ich bin *angewiesen*, ihr zu helfen. 私は彼女を手助けするように言いつかっている. **2** (人^{3}に物^{4}を)指定する, 割当てる. j^3 einen Platz ~ 人^{3}に席を指定する. **3** 《雅》 (anleiten) 指導する, 手ほどきをする. **4** (j^3 eine Summe 人^{3}にある金額を)為替で送る; (給料などを)振込む. *Weisen* Sie das Geld durch die Post *an*! 代金は郵便局を通じて送ってください. ◆ ↑angewiesen

'An·wei·sung [女] -/-en **1** 指図, 指示, 命令. **2** 指導, 手ほどき; 手引, 取扱説明書. **3** 指定, 割振り. **4** 〘銀行〙 送金, 振込み; 指図証券(小切手・為替など); 支払指示. eine ~ auf 2000 Euro ausstellen〈ausschreiben〉 2000 ユーロの小切手を振り出す.

'an·wend·bar ['anvɛntba:r] [形] 適用(応用, 利用)可能な.

'An·wend·bar·keit [女] -/ 適用(利用)可能性.

*__'an|wen·den*__ ['anvɛndən アンヴェンデン] [他] **1** 使用する, 用いる. *sein* Geld gut ~ お金をうまく使う. eine List bei et^3 ~ 事^{3}に策略を用いる. Vorsicht ~ 用心する. **2** (et^4 auf j〈et〉^{4} 事^{4}を人〈事〉^{4}に)応用する, 適用する. Kann man die Regel auf diesen Fall ~? その規則をこの場合に適用できるだろうか. ◆ ↑angewandt

'An·wen·der ['anvɛndər] [男] -s/- (とくにコンピュータソフトの)使用者, ユーザー.

'An·wen·der·pro·gramm [中] -s/-e (コンピュータの)アプリケーションプログラム.

*__'An·wen·dung__ ['anvɛndʊŋ アンヴェンドゥング] [女] -/-en **1** 《複数なし》 使用, 利用; 応用, 適用. die ~ der Theorie auf die Praxis 理論の実地への応用. et^4 in〈zur〉 ~ bringen 《書》 物^{4}を使用する. unter ~ von Gewalt 暴力を用いて. zur ~ gelangen〈kommen〉 / ~ finden 《書》 用いられる, 適用される. **2** 〘医学〙 (治療のための)処置; (薬剤の)服用.

'An·wen·dungs·pro·gramm [中] -s/-e =Anwenderprogramm

'An·wen·dungs·soft·ware [..zɔftvɛ:r] [女] -/-s (コンピュータの)アプリケーションソフト.

'an|wer·ben* [他] 募集する. sich^4 ~ lassen 応募する.

'An·wer·bung [女] -/-en 募集; 応募.

'an|wer·fen* ❶ [他] **1** 投げつける (an et^4 物^{4}に). Mörtel an die Mauer ~ モルタルを壁に塗りつける(吹きつける). **2** (エンジンを)作動させる, かける. ❷ [自]

'An·wert ['anveːrt] 男 -[e]s/(オーストリア) 評価. 《次の用法で》[den richtigen] ~ finden〈haben〉(正しく)評価される.

'An·we·sen ['anveːzən] 中 -s/《雅》家屋敷, 地所.

***'an·we·send** ['anveːzənt アンヴェーゼント] 形 (↔ abwesend) 居合せている, 出席している. bei einer Sitzung ~ sein 会議に出席している. nicht ganz ~ sein《戯》ぼんやりしている. Er ist im Augenblick nicht ~. 彼はただいま席をはずしております.

'An·we·sen·de 男 《形容詞変化》居合せている人, 出席者. Verehrte *Anwesende*! ご列席の皆様. ~ [sind] ausgenommen ここにおいての方々のことではありませんが.

'An·we·sen·heit 女 -/ 居合せていること, 出席; 存在. bei〈während〉meiner ~ in Bonn 私のボン滞在中に. in ~ des Ministers 大臣の列席の下に. die ~ von Gift erweisen 毒物の混入を証明する.

'An·we·sen·heits·lis·te 女 -/-n 出席簿, 出席(列席)者名簿.

'an|wi·dern 他 (人⁴に)嫌悪(反感)を抱かせる, 吐き気を催させる. Der Geruch *widerte* mich *an*. そのにおいに私は胸がむかついた. 《過去分詞で》mit *angewiderten* Blicken 嫌悪のまなざしで. sich⁴ *angewidert* fühlen むかつく.

'an|win·keln 他 《anvıŋkəln》折り曲げる.

'An·woh·ner ['anvoːnər] 男 -s/ 隣接居住者. die *Anwohner* einer Straße 道路沿いの住人.

'An·wuchs ['anvuːks] 男 -es/⁼e (↓ anwachsen)《複数なし》(植物が)根づくこと. 2《林業》若木の林, 保育林.

'An·wurf ['anvʊrf] 男 -[e]s/⁼e (↓ anwerfen) 1《複数なし》《球技》トスアップ, スローオフ. 2 (壁の)上塗り, しっくい, モルタル. 3《比喩》中傷, いいがかり.

'an|wur·zeln 自 (s) (植物が)根づく, 根を下ろす. wie *angewurzelt* stehen 足に根が生えたようにじっとして(立ちすくんで)いる.

***'An·zahl** ['antsaːl アンツァール] 女 -/《eine Anzahl の形で》(総数中の)ある数, 若干. eine ~ von Schülern / eine ~ [der] Schüler 若干名の生徒たち. eine beträchtliche ~ 相当数. 2《die Anzahl の形で》(特定の)数; 総数. die ~ der Teilnehmer 参加者数. ◆ Anzahl に複数名詞が後続する場合, 動詞はふつう単数形をとる. ただし, 複数名詞が同格として Anzahl に後続する場合は, 複数形をとることが多い. Eine ~ Kinder standen vor dem Haus. 何人かの子供たちがその家の前に立っていた.

'an|zah·len 他 (物⁴の)内金(頭金, 初回金)を支払う;(ある金額を)内金として支払う.

***'An·zah·lung** ['antsaːlʊŋ アンツァールング] 女 -/-en 1《複数なし》内金(頭金, 初回金)の支払い. 2 内金, 頭金, 初回金.

'an|zap·fen 他 1 (物⁴の)注ぎ口を開ける. ein Fass ~ 樽の口を開ける. Bäume ~ (樹脂を採取するために)木の幹に傷をつける. eine Telefonleitung ~《比喩》《話》電話を盗聴する. 2《話》(人⁴から)血を採(ざ)る;《比喩》《話》根掘り葉掘り尋ねる.

'An·zap·fung 女 -/-en (樽などの)口開け.

'An·zei·chen ['antsaɪçən] 中 -s/-1 徴候, 兆し;(病気の)前徴. 2 しるし, 印. ohne jegliches ~ der Erschöpfung 疲労の色も見せずに.

'an|zeich·nen 他 1 (黒板などの垂直面に)描く. et⁴ an eine Tafel ~ 黒板に物⁴を描く. 2 (本やノートに)印をつける. Fehler ~ 間違いの個所に印をつける.

***'An·zei·ge** ['antsaɪɡə] 女 -/-n (↓ anzeigen) 1 広告, 通知, 告知, 公示; 通知状, 案内状. eine ~ [bei der Zeitung] aufgeben (新聞に)広告を出す. 2 (役所・警察への)届け出, 訴え, 告発. ~ gegen j⁴ erstatten 人⁴を告発する(wegen et² 事²のかどで). eine ~ bei der Polizei machen 警察に訴える. j⁴ zur ~ bringen《書》人⁴を告発する. 3 表示器, インジケーター;(計器の)示度. die elektrische ~ 電光掲示板. 4《古》《医学》(Anzeichen)(病気の)前徴, 徴候. 5《古》知らせ, 連絡.

***'an|zei·gen** ['antsaɪɡən アンツァイゲン] 他 1 (役所・警察などに)届け出る, 訴える, 告発する. et⁴ bei der Polizei ~ 事⁴を警察に届け出る(訴える). j⁴ wegen Kindesmisshandlung ~ 子供虐待のかどで人⁴を訴える. 2 (文書や新聞を使って)知らせる, 通知(公示)する, 広告する. neue Bücher in der Zeitung ~ 新聞に新刊書の広告を出す. 3《雅》(人³に)事¹を告げる, 指示する. j³ *seinen* Besuch ~ 人³に訪問を知らせておく. 4 (計器類が示度を)表示する. ◆ angezeigt

'An·zei·ger ['antsaɪɡər] 男 -s/- 1 指示計(器), インジケーター. 2《新聞名として》…新聞(弦・糸などを張る). Literarischer ~ 文学新聞. 3《まれ》届け出人.

'an|zet·teln 他 (↓ Zettel²)《古》den Aufzug eines Gewebes ~ 織物のたて糸を織機に渡す. 《比喩》《よからぬ事をたくらむ》謀(はか)る, 企てる.

'an|zie·hen* ['antsiːən アンツィーエン] ❶ 他 1 (↔ ausziehen) (人³に)衣服を着せる. ein Kind ~ 子供に服を着せる.《再帰的に》sich⁴ ~ 服を着る. sich⁴ festlich ~ 晴着をまとう. sich⁴ zum Ausgehen ~ 外出の服装をする. 《過去分詞で》elegant *angezogen* sein 品のよい身なりをしている. 2 (↔ ausziehen) (衣類を)着る, 身につける. den bunten Rock ~《古》軍人になる.《新約》主イエス・キリストを身にまといなさい(ロマ 13:14). (j³ と) dem Kind frische Wäsche ~ 子供に洗いたての下着を着せる. [sich³] Strümpfe ~ 靴下をはく. 3 引寄せる; 引締める(絞る);(弦・糸などを)張る. die Handbremse ~ ハンドブレーキを引く. die Knie〈das Kinn〉 ~ 膝を体に引きつける〈あごを引く〉. eine Schraube ~ ねじを締める. einem Pferd die Zügel ~ 馬の手綱を引締める. 4 (湿気・匂いを)吸収する. Salz *zieht* Feuchtigkeit *an*. 塩は湿気を呼ぶ.《目的語なしで》Butter *zieht* leicht *an*. バターは風味が落ちやすい. 5《古》(anführen) 引用する, 引く. eine Stelle aus dem Roman ~ その小説のある個所を引用する. 6 (人³の)心を引きつける, 魅惑する;(客を)引寄せる,(注目・関心を)集める. Ihre Stimme *zieht* alle *an*. 彼女の声はすべての人々を魅了する. sich⁴ von j〈et〉³ *angezogen* fühlen 人〈物〉³に心を引かれる.

❷ 自 1 (馬などが)車を引き始める, (車などが)動き出す. 2 (価格・相場が)上がる; (量が)増える; 加速する. Der Wagen *zieht an*. この車は出足がよい. 3《将棋》初手をさす. Weiß *zieht an*. 白が先手である. 4 (s)《古》近づく, 接近する.《ふつう次の形で》*angezogen* kommen《話》(群れをなして)近づいて来る.

***'an·zie·hend** ['antsiːənt アンツィーエント] 形 魅力的な, チャーミングな.

'An·zie·hung 女 -/-en 1《複数なし》引寄せること;

引力, 磁力. **2** 魅力, 魅惑. **3**《古》引用, 言及.
'**An·zie·hungs·kraft** 囡 -/¨e **1**《物理》引力. **2** 魅力. eine ~ auf j⁺ ausüben 人を引きつける.
'**An·zucht** ['antsʊxt] 囡 -/¨e **1**《複数なし》《植物の》栽培, 育成. **2**《鉱山》排水溝.

'**An·zug** ['antsu:k アンツーク] 男 -[e]s/¨e (↓ anziehen) **1** 背広, スーツ. zweireiheriger ~ ダブルの背広. aus dem ~ fallen 《卑》ひどくやせる. aus dem ~ kippen《卑》卒倒する; びっくり仰天する. j⁺ aus dem ~ stoßen (boxen)《卑》人をさんざん殴る. **2** 服装, 着こなし, 身なり. **3**《複数なし》《群れをなしての》接近. im ~ sein 接近中である. **4** 加速能力. **5**《チェス》先手. **6**《複数なし》erster (zweiter)《チェス》1軍(2軍). **7**《スイ》カバー(とくにベッドの). **8**《スイ》議会の動議.

'**an·züg·lich** ['antsy:klɪç] 形 **1** 嫌味な, 当てつけがましい. **2** いかがわしい, きわどい. **3**《古》= anziehend
'**An·züg·lich·keit** 囡 -/-en 嫌味な言葉, 態度.
*'**an·zün·den** ['antsʏndən アンツュンデン] 他 《物に》~ をつける, 点火(放火)する. ein Licht ~ 明かりをともす.
'**An·zün·der** ['antsʏndər] 男 -s/- 点火器, ライター.
'**an|zwei·feln** 他 疑う, (に)疑問をもつ.
ao., **a. o.** [a:'|o:] 《略》= außerordentlich[er]
'**Äols·har·fe** ['ɛ:ɔlsharfə] 囡 -/-n 《楽器》アイオロス・ハープ, 風琴.
'**Äo·lus** ['ɛ:olus]《人名》《ギ神話》アイオロス(風の神).
Äon [ɛ'|o:n] 男 -s/-en [ɛ'|o:nən]《gr.》《多く複数で》無限に長い時間, 永劫(ぷ) ; 宇宙の歴史の一周期. in ~en 永遠に.
ao. Prof., **a. o. Prof.** [a:'|o:pro:f]《略》= außerordentlicher Professor 員外教授, 助教授.
Ao'rist [ao'rɪst] 男 -[e]s/-e 《gr.》《文法》アオリスト, 不定過去(印欧語, とくにギリシア語の時制の1つ).
Aor·ta [a'ɔrta] 囡 -/Aorten [..tən] 《gr.》《医学》大動脈.
AP [eɪ'pi:]《略》《engl.》= Associated Press (米国の)連合通信社.
apa'go·gisch [apa'go:gɪʃ] 形 《gr.》《哲学》帰謬(ぷう)法の. ~ er Beweis 帰謬法による証明《論証》.
Apa'na·ge [apa'na:ʒə] 囡 -/-n 《fr.》**1**《歴史》(領主が相続人以外の妻妾に与えた)采地(ぷう), 扶持(ち). **2** 多額の定期的財政援助.
apart [a'part] 《fr.》❶ 形 **1** 独特の, 特異な, ユニークな. チャーミングな. **2**《古》離れた, 脇の. ❷ 副《書籍》個別に.
Apart·heid [a'pa:rthaɪt] 囡 -/ 《afrikaans.》(南アフリカ共和国のかつての)人種差別政策, アパルトヘイト.
Apart·ment [a'partmənt, a'pa:rt..] 中 -s/-s = Appartement
Apart·ment·haus [a'partmənt..] 中 -es/¨er アパート, マンション.
Apa'thie [apa'ti:] 囡 -/ 《gr.》無関心, 冷淡; 無感覚, 鈍感;《医学》無感情, 感情鈍麻;《哲学》(ストア派の)アパティア(激情に左右されない平静の生活態度).
apa'thisch [a'pa:tɪʃ] 形 無関心の, 冷淡な; 無感動の, 鈍感な.
Apa'tit [apa'ti:t] 男 -s/-e 《gr.》《鉱物》燐灰(ぷう)石.
Apen'nin [apɛ'ni:n] 男 -s/-en 《地名》der ~〈die ~en〉アペニーノ山脈(イタリア半島を北から南に走る, アペニン山脈とも).
'**aper** [a:pər] 形《南ドリ》雪が解けた, 雪の消えた.
Aper'çu [apɛr'sy:] 中 -s/-s 《fr.》気のきいた(機知に

富んだ)言葉, 寸評; 思いつき, 妙案.
'**ape·ri·o·disch** ['aperio:dɪʃ] 形 非周期的な, 不定期の. ~ e Schriften《出版》不定期刊行物.
Ape·ri'tif [aperi'ti:f] 男 -s/-s (..tive [..'ti:və]) 《fr.》アペリティーフ, 食前酒.
Ape·ri'ti·vum [..'ti:vʊm] 中 -s/..va [..va] 《薬学》軟下剤; 食欲増進剤.
'**apern** ['a:pərn] 自 《非人称》(h) (↓ aper) 《南ドリ》(tauen) 雪が解ける(消える).
Aper'tur [apɛr'tu:r] 囡 -/-en (lat.) 《光学》(レンズの)口径, 開き.
'**Aper·wind** ['a:pərvɪnt] 男 -[e]s/-e 《南ドリ》雪解けの風, 春の風.
'**Apex** ['a:pɛks] 男 -/Apizes ['a:pitse:s] (lat.) **1** 頂点, 先端. **2**《天文》太陽向点. **3**《言語》長音記号; アクセント記号; 舌の先端.

Ap·fel ['apfəl アプフェル] 男 -s/¨Äpfel **1** りんご(果実), りんごの木. ~ im Schlafrock アップルパイ. der ~ der Zwietracht《比喩》争いの種. Äpfel und Birnen zusammenzählen / Äpfel mit Birnen vergleichen《話》水に油を加える. 比べられないものを比べようとする. für einen ~ und ein Ei《話》ただ同然の値段で, 二束三文で. in den sauren ~ beißen《話》気にそまない事をやらされる. Der ~ fällt nicht weit vom Stamm.《諺》瓜(ぷ)のつるになすびは生(ぷ)らぬ, 蛙の子は蛙(というくらい遠いからこそ遠いからこそ). Kein ~ kann zur Erde fallen.《話》立錐(ぷう)の余地もない. **2**《複数で》《婉曲》(Brüste) 乳房;《民俗・神話》乳房(豊穣(ぷう))・多産の象徴.
'**Ap·fel·baum** 男 -[e]s/¨e りんごの木.
'**Ap·fel·blü·ten·ste·cher** 男 -s/-《虫》りんごはなぞうむし(りんごの花のつぼみに卵を生みつける).
'**Ap·fel·kraut** 中 -[e]s/《方言》りんごジャム.
'**Ap·fel·ku·chen** 男 -s/- アップルケーキ.
'**Ap·fel·mus** 中 -es/ りんごのムース.
'**Ap·fel·saft** 男 -[e]s/¨e りんごジュース.
'**Ap·fel·säu·re** 囡 -/ りんご酸.
'**Ap·fel·schim·mel** 男 -s/- 連銭(ぷう)葦毛(ぷ)の馬.
Ap·fel·si·ne [..'zi:nə] 囡 -/-n アプフェルズィーネ 囡 -/-n (ndl., Apfel aus China¹) (Orange) オレンジ.
'**Ap·fel·stru·del** 男 -s/- 渦巻き型のアップルパイ.
'**Ap·fel·wein** 男 -[e]s/(種類 -e) りんご酒.
'**Ap·fel·wick·ler** 男 -s/-《虫》葉巻きが.
Apha'sie [afa'zi:] 囡 -/-n [..'zi:ən] 《gr.》《医学》失語症;《哲学》判断(発言)保留.
Aphel [a'fe:l] 中 -s/-e 《天文》遠日(ぷう)点.
Apho'nie [afo'ni:] 囡 -/-n [..'ni:ən] 《gr.》《医学》失声症, 無声症.
Apho'ris·mus [afo'rɪsmus] 男 -/..men [..mən] 《gr.》《文学》アフォリズム, 箴言(ぷう), 格言, 警句.
Apho'ris·ti·ker [..tikər] 男 -s/- アフォリズム作家, 警句家.
apho'ris·tisch [..tɪʃ] 形 アフォリズム風の, 箴言(警句)の, 寸鉄人を刺すような.
Aph·ro·di·si·a·kum [afrodi'zi:akum] 中 -s/..ka [..ka] 《医学》催淫(ぷう)薬, 媚薬(ぷう). ↑ Aphrodite
Aph·ro·di·te [afro'di:tə] 《gr.》《人名》《ギ神話》アフロディーテー(海の泡から生れたという美と愛の女神, ローマ神話では Venus).
'**Aph·the** ['aftə] 囡 -/-n 《gr.》《ふつう複数で》《医学》アフタ, アフタ性口内炎.
Aph·then·seu·che 囡 -/ 《畜産》口蹄(ぷう)病.

Api·kul'tur [apikʊlˈtuːr] 囡 -/-en 養蜂.
'Api·zes [ˈaːpitseːs] Apex の複数.
apl. (略) =außerplanmäßig
Apla'sie [aplaˈziː] 囡 -/-n [..ˈziːən] (gr.)《医学》形成不全(萎縮症), 強度の発育不全.
Aplomb [aˈplõː] 甲 -s/ (fr.) **1** 堂々たる態度. **2** 厚かましさ, ずうずうしさ. **3** 〔体操〕アプロン, 直立.
'Apo, APO [ˈaːpo] 囡 -/《略》=außerparlamentarische Opposition (1966-1969) の議会外(院外)反対派.
Apo·chro'mat [apokroˈmaːt] 甲 -en/-en (甲 -s/-e) (gr.)《光学》アポクロマート.
apo'dik·tik [apoˈdɪktiːk] 囡 -/ (gr.)《論理》論証.
apo'dik·tisch [..tɪʃ] 形 疑う余地のない, 反論できない.
Apo'gä·en [apoˈgɛːən] Apogäum の複数.
Apo·ga'mie [apogaˈmiː] 囡 -/ (gr.)《生物》アポガミー, 無配生殖.
Apo'gä·um [apoˈgɛːʊm] 甲 -s/..gäen [..ˈgɛːən] (gr.)《天文》遠地(えんち)点(天体が地球から最も遠ざかる点).
***Apo·ka'lyp·se** [apokaˈlʏpsə アポカリュプセ] 囡 -/-n (gr.) **1**《宗教》黙示(もくし)書, 黙示文学(紀元前2世紀ごろから紀元4世紀半ばごろにかけて現れた終末論預言文書の総称). **2**《複数なし》〔キリスト教〕ヨハネの黙示録. **3** 破滅, 恐怖. **4**《美術》黙示録の美術.
Apo·ka'lyp·tisch [..tɪʃ] 形 **1** 黙示録の. die Apokalyptischen Reiter《新約》黙示録の4騎士(黙6: 1-8 に出てくる4人の騎士, ペスト・戦争・飢餓および死を象徴する). **2** ~e Schriften 黙示書, 黙示文学. die ~e Zahl《新約》黙示録の数(黙 13:18 に言われている 666 という数のこと, 反キリストの象徴. ↑Antichrist²). **3** 世界の終末を思わせるような, 災いをもたらす, 混沌とした, 暗黒の.
apo'karp [apoˈkarp] 形 (gr.)《植物》離心皮の.
Apo·kry'phen [apoˈkryːfən] 複 **1**《聖書》(↔ kanonisch)《聖書》外典書. **2** 偽書, 改ざんされた.
Apo'kryph 甲 -s/-en (gr.) **1**《多く複数で》《聖書》(↔ Kanon¹)《聖書》の外典. **2**《古代神秘宗教の》秘義書. **3**《一般》作者未詳の著作, 偽作.
Apo'kry·phe [..fə] 囡 -/-n = Apokryph
'apo·li·tisch [ˈaːpoliːtɪʃ, --ˈ-] 形 非政治的な, 政治に無関心な, ノンポリの.
Apoll [aˈpɔl] 甲 -/-s = Apollo² 1
apol'li·nisch [apoˈliːnɪʃ] 形 **1** アポローン(神)の. **2**《哲学》(↔ dionysisch) アポローン的の, 調和のとれた, 節度ある, 明朗な.
Apol·lo¹ [aˈpolo]《人名》= Apollon
Apol·lo² 甲 -s/-s **1** 美青年. **2** = Appollofalter
3 アポロ宇宙船.
Apol·lo·fal·ter 甲 -s/-《虫》アポロちょう, うすばしろちょう.
Apol·lon [aˈpɔlɔn]《人名》《ギリシア神話》アポローン(太陽神, 医学・予言・文学・音楽の神, 永遠の美青年としてあらわされる. ↑Delphi).
Apo·lo'get [apoloˈgeːt] 甲 -en/-en (gr.) **1** 擁護者, 弁護者. **2**《宗教》護教家, 弁証家.
Apo·lo·ge'tik [..ˈgeːtɪk] 囡 -/-en (↓ Apologet) **1** 弁護(書). **2**《神学》護教論, 弁証論.
apo·lo·ge·tisch [..tɪʃ] 形 弁護(的)の, 弁証の.
Apo·lo'gie [apoloˈgiː] 囡 -/..ˈgiːən (gr.) (とくに道徳的真理の)擁護論, 護教, 弁証, 弁明, アポロギア.
Apo·mor'phin [apomɔrˈfiːn] 甲(-s)/ 《薬学》アポ

ルヒネ(モルヒネから抽出した嘔吐剤).
Apoph'theg·ma [apɔfˈtɛgma] 甲 -s/..men [..man] (-ta [..ta]) (gr.) 警句, 金言, 格言.
Apo'phy·se [apoˈfyːzə] 囡 -/-n (gr.)《解剖》骨突起, 骨端;《地学》岩枝;《生物》突起, 隆起.
Apo'plek·ti·ker [apoˈplɛktikər] 男 -s/- (gr.)《医学》卒中患者, 卒中発作を起しやすい人.
apo'plek·tisch [..tɪʃ] 形《医学》卒中(性)の.
Apo·ple'xie [..plɛˈksiː] 囡 -/-n [..ˈksiːən] (gr.)《医学》卒中, 溢血(いっけつ).
Apo'rie [apoˈriː] 囡 -/-n [..ˈriːən] (gr.) **1**《哲学》アポリア, 解決不可能(な難問). **2** 解決の糸口がないこと, 手づまり, 八方ふさがり.
Apos·ta'sie [apostaˈziː] 囡 -/-n [..ˈziːən] (gr.) 〔宗教〕背教, 棄教. **2** 離反, 変節.
Apos'tat [apoˈstaːt] 男 -en/-en **1**〔宗教〕背教(棄教)者. **2** 離反(変節)者.
***Apos'tel** [aˈpɔstəl アポステル] 男 -s/- (gr.) **1**《キリスト教》(とくに)イエスの 12 使徒 (《新約》 die zwölf Apostel (キリストの) 12 使徒 (《新約》マタ 10:2). ~ der Deutschen ドイツ人の使徒 (St. Bonifatius, 672 / 675-754 のこと). **2** 首唱者, 主唱者.
Apos·tel·ge·schich·te 囡 -/-n **1**《複数なし》《新約》使徒行伝. **2** 新約外典に属する使徒物語.
a pos·te·ri'o·ri [a pɔsteriˈoːri] (lat.) (↔ a priori) **1**《哲学》ア・ポステリオリの, 経験によって, 後天的に. **2** 後から, 後になって.
Apos·te·ri'o·ri [apɔsteriˈoːri] 甲 -/-《哲学》(↔ Apriori) アポステリオリ; 後天性, 経験性.
apos·te·ri'o·risch [..rɪʃ] 形《哲学》(↔ apriorisch) 経験に基づいた, 経験的な, 後天的な.
Apos·to'lat [apostoˈlaːt] 甲 (男) -[e]s/-e《宗教》使徒職. ◆キリスト Christus の使徒たち Apostel の活動. 広くはキリストから委託された宣教の使命をひきつぐ全信徒の活動を意味する.
Apos·to·li·kum [apɔsˈtoːlikʊm] 甲 -s/ 《宗教》使徒信経 (↑ apostolisch 1).
apos·to·lisch [..ˈtoːlɪʃ] 形 (↓ Apostel) **1**《宗教》使徒の, 使徒に由来する. die Apostolische Briefe 使徒書簡(新約聖書にある使徒の名を冠した 21 篇の書簡); 教皇書簡. das Apostolische Glaubensbekenntnis (= Apostolikum) 使徒信経(キリスト教の最古の信仰告白, 12 使徒に由来するとされる. ↑Credo). **2**《カト》(päpstlich) 教皇の. Apostolischer Delegat 教皇使節. Apostolischer Stuhl (ローマの)教皇座, 聖座; (ヴァティカンの)聖庁. Apostolische Majestät《歴史》使徒的国王陛下(ハンガリー王の称号).
Apo'stroph [apoˈstroːf] 男 -s/-e (gr.)《言語》アポストロフ, 省略符号(ʼ).
Apo·stro·phe [aˈpɔstrofe, apoˈstroːfə] 囡 -/-n [..ˈstroːfən]《修辞》頓呼(とんこ)法(演説や詩作品の途中で急にその場にいない人物・事物・擬人化された観念などに呼びかけて効果をあげる修辞術).
apo·stro·phie·ren [apostroˈfiːrən] 他 **1**《言語》(物⁴に)アポストロフィ(省略符号)をつける. **2**《修辞》(人〈物〉⁴に)頓呼(とんこ)法で呼びかける. **3** (人〈物〉⁴に)言及する, (を)引合いに出す. **4** j⟨et⟩⁴ als.. ~ 人⟨物⟩⁴を…と呼ぶ, と呼ばれる.

Apo'the·ke [apoˈteːkə アポテーケ] 囡 -/-n (gr.) **1** 薬局, 薬屋. **2** 救急箱, 薬箱. **3**《俗》薬九層倍(の店), 法外な値段を吹っかける店(商売).
apo'the·ken·pflich·tig 形 (薬品が)薬局でしか買

Apo'the·ker [..kər] 男 -s/- 薬剤師; 薬局店主.
Apo·the'o·se [apote'o:zə] 女 -/-n (gr.) **1** 神格化. **2** 礼賛, 賛美, 美化. **3** 《演劇》華麗なフィナーレ(終幕).

Ap·pa'rat [apa'ra:t アパラート] 男 -[e]s/-e (lat.) **1** 器械, 装置. **2** (Telefonapparat) 電話機. Bleiben Sie am ~! (切らずに)そのままお待ち下さい. Wer ist am ~?(電話の相手に向かって)どちらさまでしょうか. Sie werden am ~ verlangt. あなたに電話ですよ. **3** Fernseh*apparat* (テレビ), Foto*apparat* (カメラ), Radio*apparat* (ラジオ), Rasier*apparat* (ひげそり)などの短縮. **4** 《複数まれ》(とくに学問上の)特定分野の研究資料類. kritischer ~ 原典版につけられた注解部分. **5** (官庁・企業などの)仕組, 機構. ein militärischer ~ 軍事組織. **6** (ふつう合成用語として)《解剖》器官(の系統). Verdauungs*apparat* 消化器系統. **7** 《話》ばかでかい物(人), ものすごいこと. Mensch, ist das ein ~!へえ, こいつは大した代物だ.

ap·pa·ra'tiv [apara'ti:f] 形 器械(器具, 装置)の, 器械(器具, 装置)の助けを借りた.

Ap·pa'rat·schik [apa'ratʃɪk] 男 -s/-s (russ.)《侮》(社会主義国家の)官僚主義的(教条主義的)な幹部.

Ap·pa·ra'tur [apara'tu:r] 女 -/-en (いくつかのApparat から成るまとまった)装置, (器械)設備, 機器.

Ap·pa·ri'ti·on [aparitsi'o:n] 女 -/-en (fr.)《天文》(彗星(ﾊﾟ)などの)出現.

Ap·par·te'ment [apartə'mãː] 中 -s/-s (fr.) **1** (ホテルの)スイートルーム. **2** アパート, マンション.

ap·pas·sio·na'to [apasio'na:to] 副 形 (it.)《音楽》(leidenschaftlich) アパシォナート, 情熱的な(に).

Ap'peal [ɛ'piːl] 男 -s (engl.) (人の心をそそのかす)魅力. Sex*appeal* セックスアピール.

Ap'pell [a'pɛl] 男 -s/-e (fr., Anruf) **1** 呼びかけ, アピール. einen ~ an jʰ richten jʰに訴えかける. **2**《軍事》点呼, 集合(整列)の号令. **3**《猟師》(猟犬の従順さ). Der Hund hat guten ~. この犬は言うことをよくきく. **4** 《ﾌｪﾝｼﾝｸﾞ》フェイント.

Ap·pel·la'tiv [apɛla'ti:f] 中 -s/-e [..va]《言語》普通名詞.

Ap·pel·la'ti·vum [..vum] 中 -s/..va [..va] =Appellativ

ap·pel'lie·ren [apɛ'li:rən] 自 (lat.) ❶ 自 (an jく et) 人〈事〉に)呼びかける, 訴えかける, アピールする. **2** (an ein Gericht 裁判所に)控訴する. ❷ 他《古》(兵士を)集合させる.

Ap·pen·dek·to'mie [apɛndɛkto'mi:] 女 -/-i..'mi:ən]《医学》虫垂切除術.

Ap'pen·dix [a'pɛndɪks] ❶ 男 -[es]/..dizes [..ditse:s] (-e) (lat.) 付属物, (本の)付録. ❷ 男 女 -/..dizes《医学》虫垂;《解剖》(器官の)付属物(体).

Ap·pen·di'zi·tis [apɛndi'tsi:tɪs] 女 -/..tiden [..tsi'ti:dən]《医学》虫垂炎.

Ap·per·zep·ti'on [apɛrtsɛptsi'o:n] 女 -/-en (lat.)《心理》《哲学》統覚.

Ap·pe'tenz·ver·hal·ten [ape'tɛnts..] 中 -s/-《生物・心理》欲求行動.

*****Ap·pe'tit** [ape'ti:t アペティート] 男 -[e]s/-e (lat.)《複数まれ》**1** 食欲. Guten ~!(食卓での挨拶)よろしく召し上がれ, いただきます. den ~ anregen 食欲をそそる. ~ auf et³〈nach et³〉haben 物³,⁴を食べたいと思う(ほしがる). keinen ~ haben 食欲がない. Der ~ kommt beim Essen〈mit dem Essen〉.《話》食べ出すと食欲が出てくる, 一度やりはじめるとはずみがつく;《諺》欲望にはきりがない. Dabei kann einem der ~ vergehen. こいつは食欲を減退させるね; やる気がなくなってしまうよ. **2** やる気, 意欲, 欲望. ~ auf das Leben 生きる意欲.

ap·pe'tit·lich [..lɪç] 形 **1** 食欲をそそる, おいしそうな. **2** (野菜が)新鮮な, 色つやのよい. **3**《話》かわいい, 感じのいい. ein ~es Mädchen かわい子ちゃん.

ap·pe'tit·los 形 食欲のない.

Ap·pe'tit·züg·ler [..tsyːgləːr] 男 -s/- 食欲抑制剤.

'Ap·pe·ti'zer [ˈɛpətaɪzər] 男 -s/- 食欲増進剤.

ap·plau'die·ren [aplau'di:rən] 自 (lat.) ❶ 自 (人³に)拍手喝采する. ❷ 他 《古》(人〈事〉³を)拍手で受入れる, 認める, 賛成する, 迎える, 称揚する.

Ap'plaus [a'plaus] 男 -es/-e《複数まれ》拍手喝采. donnernder ~ 万雷の拍手.

Ap·pli·ka·ti'on [aplikatsi'o:n] 女 -/-en (lat.) **1**《古》申請(書), 請願(書). **2**《古》熱意, 熱中, 没頭. **3** 応用, 適用;《医学》(薬剤・治療法などの)適用, 投与, 貼付(ﾁｮｳﾌ), 塗布. **4**《服飾》アップリケ.《ｶﾄﾘｯｸ》ミサ功徳適用.

Ap·pli·ka'tur [..'tu:r] 女 -/-en《古》適用. **2**《音楽》指使い, 運指法.

ap·pli'zie·ren [apli'tsi:rən] 他 (lat.) **1**《服飾》(aufnähen) (アップリケを)縫いつける. **2**《医学》(治療法を)適用する, (薬剤を)投与する. **3** (色を)塗る. **4** 適用(応用)する (auf et⁴ 事に).

ap'port [a'pɔrt] 間 (fr.) Apport!(犬に対する命令)探せ, 持って来い.

Ap'port 男 -e/- (fr.) **1**《古》《経済》現物(持参り)出資. **2**《猟師》(猟犬が)獲物を運んで(くわえて)来ること. **3**《霊媒・念力などによる)幻姿.

ap·por'tie·ren [apɔr'ti:rən] (fr.) 他 自 Der Hund apportiert. 犬が獲物を持って来る.

Ap·po·si·ti'on [apozitsi'o:n] 女 -/-en (lat.) **1**《文法》(Beisatz) 同格. **2**《生物》付加成長.

Ap·pre·hen·si'on [aprehɛnzi'o:n] 女 -/-en (lat.) **1** 理解(力), (直観的)把握(力). **2** 不安, 懸念.

ap·pre·hen'siv [..'zi:f] 形 **1** 心配性の, 臆病な. **2** すぐに気を悪くする, 怒りっぽい.

ap·pre'tie·ren [apre'ti:rən] 他 (fr.) (織物・皮革・木材・紙に)仕上加工(のつや, 光沢, などを施す.

Ap·pre'tur [apre'tu:r] 女 -/-en **1** (織物などの)仕上加工;(仕上加工による)つや, 光沢. **2** (つや出し・防水加工などのための)薬剤. **3** 仕上加工場.

Ap·pro·ba·ti'on [aprobatsi'o:n] 女 -/-en (lat.) 許可, 認可, 承認;(医師・薬剤師の)開業免許;《ｶﾄﾘｯｸ》教会が与える種々の認可.

ap·pro·bie·ren [apro'bi:rən] 他 (lat.) **1**《古》許可(承認, 認可)する. **2** (人⁴に)開業免許を与える.

Ap·pro·pri·a·ti'on [apropriatsi'o:n] 女 -/-en (lat.)《経済》流用, 充当, 横領.

Ap·pro·xi·ma·ti'on [aprɔksimatsi'o:n] 女 -/-en (lat.) 接近, 近似;《数学》近似値(式).

ap·pro·xi·ma'tiv [..'ti:f] 形 近似の, おおよその.

Apr.《略》=April

Après-'Ski [aprɛˈʃiː] 中 -/ (fr.) **1** アフタースキーウェア. **2** アフタースキー.

*****Apri'ko·se** [apri'ko:zə アプリコーゼ] 女 -/-n (lat.)《植物》あんず, アプリコット.

Apri'ko·sen·baum 男 -[e]s/=e あんず(アプリコット)の木.

April [a'prɪl] アプリル 男 -[s]/-e (*lat.*)《複数まれ》《略 Apr.》4月. ～, ～!《話》引っかかった, 引っかかった(エープリルフールで人をうまくかついだときのはやし言葉). Anfang〈Ende〉 ～ 4月初めに〈終りに〉. der erste ～ 4月1日. der launische〈unbeständige〉 ～ 気まぐれ4月(天候が不安定なので). j⁴ in den ～ schicken エープリルフールで人をかつぐ. ◆ 昔の暦では3月25日が新年で, 4月1日まで春分の祭りが行われ, 贈物をなどをしてその最後の日を祝う習慣であったが, フランスでは Charles(Karl) 9世が1564に現行暦を採用, 1月1日を新年と定めた. これを知らなかった, または不服とした人たちは, 相変らず4月1日に贈物をしたり, 新年のどんちゃん騒ぎをし, これに人をかつぐ悪ふざけが加わり, エープリールフールとしてしだいにヨーロッパ中に広まっていった. Allernarrentag (万愚節)とも呼ばれる.

April·scherz 男 -es/-e エープリルフール.

a 'pri·ma 'vis·ta [a 'prɪːma 'vɪsta] (*it.*, auf den ersten Blick˚) **1** 予備知識なしに, 一見〔浩〕で. **2**《音楽》～ spielen 初見〔讎〕で演奏する.

a pri·o·ri [a priˈoːri] (*lat.*)(↔ a posteriori) **1**《哲学》ア・プリオリの, 先験的に, 先天的に. **2** もとから, 生まれつき.

Apri·o·ri [aprɪˈoːri] 中 -/-《哲学》(↔ Aposteriori) ア・プリオリ; 先験性, 先天性.

apri·o·risch [..rɪʃ] 形《哲学》(↔ aposteriorisch) ア・プリオリの, 先験的な, 先天的な.

apro'pos [aproˈpoː] 副 (*fr.*) ちなみに, ところで, ついてながら.

Ap·si·de [aˈpsiːdə] 女 -/-n (*gr.*) **1**《天文》(天体の楕円軌道の)長軸端(遠点または近点). **2** = Apsis

Ap·si·den [aˈpsiːdən] 複 Apside, Apsis の複数.

ap·si·di·al [apsidiˈaːl] 形 アプシス(後陣)の, アプシス形に建てられた. ↑ Apsis 1

'Ap·sis ['apsɪs] 女 -/Apsiden [apsiˈdən] (*gr.*) **1**《建築》アプス, アプシス(ある部屋から張出した半円ないしは多角形の空間で天井部分はしばしば半ドームになっている). **2**《ﾃﾞ教》(聖堂の)後陣, アプス. **3** (テント内から半円に張出した)荷物置場.

ap·te·ry'got [apteryˈgoːt] 形 (*gr.*)《生物》羽(翼)のない.

Ap·te·ry'go·ten 複《形容詞変化》無翅(ŕ)昆虫類.

'Aqua des·til'la·ta [ˈaːkva dɛstɪˈlaːta] 中 - -/- (*lat.*)《略 aq. dest.》《化学》蒸留水.

Aquä'dukt [akvɛˈdʊkt] 中 -[e]s/-e (*lat.*) (古代ローマの)水道橋.

'Aqua·kul·tur [ˈaːkvakʊltuːr] 女 -/-en **1**《複数なし》養殖漁業. **2** 養殖漁業の施設. **3** (土を使わない)水耕栽培.

Aqua·ma'ni·le [akvamaˈniːlə] 中 -s/-n (*lat.*)《ﾃﾞ教》洗手盤.

Aqua·ma'rin [..maˈriːn] 男 -s/-e《鉱物》アクアマリン, 藍玉〔就〕.

Aqua'naut [..ˈnaʊt] 男 -en/-en (深海の)潜水科学者, 深海(海底)探検家.

Aqua'pla·ning [akvaˈplaːnɪŋ, ˈaːk..] 中 -[s]/ (*engl.*)《交通》ハイドロプレン現象.

Aqua'rell [akvaˈrɛl] 中 -s/-e (*it.*)《美術》水彩画.

aqua·rel'lie·ren [..rɛˈliːrən] 動 水彩で描く.

Aqua·rel'list [..rɛˈlɪst] 男 -en/-en 水彩画家.

Aqua·ri'a·ner [..riˈaːnər] 男 -s/- (水槽などで)魚介・藻類を飼育(栽培)することの愛好家.

Aqua·ri·en [aˈkvaːriən] Aquarium の複数.

Aqua'rist [akvaˈrɪst] 男 -en/-en 水生生物飼育(栽培)の専門家, 水族館の科学者(研究員).

Aqua·ris·tik [..ˈrɪstɪk] 女 -/ 水生生物の飼育(栽培)法.

Aqua·ri·um [aˈkvaːriʊm] 中 -s/..rien [..riən] (*lat.*) 水族館, (飼育・栽培用の)水槽, 養魚槽.

Aqua'tin·ta [akvaˈtɪnta] 女 -/..ten [..tən] (*it.*) **1** アクアティント(腐食銅版画製版技法). **2** アクアティント版画.

aqua·tisch [aˈkvaːtɪʃ] 形 (*lat.*)《生物》水生の; 水中の.

Äqua·tor [ɛˈkvaːtoːr] 男 -s/-en [ɛkvaˈtoːrən] (*lat.*)《複数なし》《地理》赤道. **2**《数学》(球体の)赤道.

äqua·to·ri·al [ɛkvatoriˈaːl] 形 赤道(地方)の.

Äqua·tor·tau·fe 女 -/-n 赤道洗礼(船が赤道を越えたときたがいに水を掛けあう船員仲間のしきたり).

Aqua'vit [akvaˈviːt] 男 -s/-e (*lat.* aqua vitae 'Lebenswasser˚) アクヴァビット(スカンディナヴィア産のスピリッツ).

Äqui·li'brist [ɛkviliˈbrɪst] 男 -en/-en 軽業〔跳〕(曲芸)師, 綱渡り芸人.

Äqui·li·bris·tik [..] 女 -/ 軽業, 曲芸, 綱渡り.

Äqui·li·bri·um [..ˈliːbriʊm] 中 -s/ (*lat.*, Gleichgewicht˚) 平衡.

äqui·nok·ti'al [ɛkvinɔktsiˈaːl] 形 (*lat.*)《天文・地理》分点(春分点, 秋分点)の; 昼夜平分の.

Äqui'nok·ti·um [..ˈnɔkˈtiːum, ..ˈti..tien [..tsiən] (*lat.*)《地理》(Tagundnachtgleiche) 昼夜平分点, 分点, 春分(秋分)点.

äqui·va'lent [..vaˈlɛnt] 形 (*lat.*) 等価の, 同等の;《化学》当量の;《数学》等価の, 同値の.

Äqui·va'lent 中 -[e]s/-e《雅》**1** 等しい物, 等価(物). **2** 代償.

Äqui·va'lenz [..vaˈlɛnts] 女 -/-en 等価, 同等;《論理》等値, 同義;《数学》等価, 同値.

äqui'vok [ɛkviˈvoːk] (*lat.*) 形 (意味が)あいまいな, 両義的な.

Ar[1] [aːr] 男 中 -s/-e (単位 -) (*lat.*)《記号 a》アール(面積の単位, =100 m²).

Ar[2] [aːr] 中《記号》《化学》= Argon

'Ara [ˈaːra] 男 -s -s (*indian.*)《鳥》こんごういんこ.

'Ära [ˈɛːra] 女 -/Ären (*lat.*) **1** 時代, (歴史上の)時期, (国王などの)治世. die Wilhelminische ～《歴史》ヴィルヘルム 2 世治下の時代. **2**《地質》代(地質学上の年代区分の単位).

Ara'bel·la [araˈbɛla] 女《女名》アラベラ.

'Ara·ber [ˈaraːbər, aˈraːbər] 男 -s/- (*arab.*, Wüstenbewohner˚) **1** アラビア人. **2**《動物》アラブ(アラビア半島原産の馬の1品種). ◆ 女性形 Araberin 女 -/-nen

Ara'bes·ke [araˈbɛskə] 女 -/-n (*fr.*) **1**《美術》アラベスク(アラビア風の装飾文様). **2**《音楽》アラベスク(楽想的・装飾的に展開する器楽曲). **3**《ﾊﾞﾚｴ》アラベスク(片足で立ち, 他の脚を後方に高く伸ばしたポーズ).

*Ara·bi·an [aˈraːbiən] アラービエン《地名》アラビア.

ara·bisch [aˈraːbɪʃ] 形 アラビア(人, 語)の. ～*e* Ziffern アラビア数字. ◆↑ deutsch

Ara'bist [araˈbɪst] 男 -en/-en アラビア学の研究者(学者), アラビア学専攻の学生.

Ara·bis·tik [..ˈtɪk] 女 -/ アラビア学, アラビア語(文化)の研究, アラブ研究.

ara·bis·tisch [..tɪʃ] 形 アラビア学の, アラブ研究の.

Arach·no·lo·gie [araxnolo'giː] 女 -/ (*gr.*) くも(蜘蛛)学.

Ara·lie [a'raːliə] 女 -/-n (*lat.*)《植物》たらのき, うど.

Ara·mä·er [ara'mɛːər] 男 -s/- アラム人(セム系の遊牧民族).

ara·mä·isch [..ɪʃ] 形 アラム(人, 語)の. ↑deutsch

Aräo·me·ter [arɛoˈmeːtər] 中 -s/- (*gr.*)《物理》浮秤(ふひょう).

Ärar [ɛˈraːr] 中 -s/-e (*lat.*)《オーストリア》 **1** 国家財産, 国庫金; 国庫. **2** (Staatsarchiv) 国立文書館.

Arau·ka·rie [arauˈkaːriə] 女 -/-n《植物》なんようすぎ(南洋杉).

'Ar·beit [ˈarbaɪt アルバイト] 女 -/-en **1** 労働, 作業, 仕事, 勉強, 研究. eine harte〈leichte〉~ つい〈楽な〉仕事. die ~ nicht erfunden haben〈戯〉仕事嫌いである. der ~³ aus dem Wege gehen 働くのを嫌がる. ganze〈gründliche〉~ leisten〈tun/machen〉《話》仕事のうえで妥協しない, 仕事の鬼である.《前置詞と》Nun lustig **an** die ~!さあ, 元気に仕事に取りかかろう. an die ~ gehen / sich⁴ an die ~ machen 仕事に取りかかる. **bei** einer ~ sein〈sitzen〉仕事中である. **vor** ~ nicht aus den Augen sehen können《話》(仕事で)目が回るような忙しさである. **2**《複数なし》職, 働き口〈勤め口〉. ~ suchen 職を探す. in ~ stehen 雇われている. 勤めている(bei j³〈人〉のもとに). Er steht in ~ und Brot. 彼には働き口がある. j⁴ in ~ nehmen 人⁴を雇う. ohne ~ sein 失業中である, あぶれている. von *seiner* Hände ~ leben《雅》自分の働きで世過ぎをする. zur〈auf die〉~ gehen 仕事に出かける. **3**《複数なし》骨折り, 苦労. unnötige ~ 要らざる骨折り. **4**《仕事・研究などの》成果, 業績. eine ~ veröffentlichen 成果を発表する. **5**《学校の》宿題, 試験, テスト. eine ~ schreiben 答案を書く. **6**《主に手仕事による》制作. 制作物; 制作. eingelegte〈getriebene〉~ 象眼〈鎚金(ついきん)〉細工. nur halbe ~ machen 中途半端な仕事をする. et¹ in ~ geben〈nehmen〉物¹の制作を依頼する〈物¹の制作を引き受ける〉. et¹ in ~ haben 物¹を制作中である. Das ist in ~. それはいま作っているところだ. **7**《複数なし》《スポ》訓練, 練習, トレーニング.《狩猟》(猟犬の)訓練. die ~ am Gerät〈mit der Hantel〉器具〈バーベル〉を使ってのトレーニング. **8** (機械・自然現象などの)作用, 働き, 活動. die ~ der Gezeiten 潮の満干の作用. **9**《力学》仕事.

'ar·bei·ten [ˈarbaɪtən アルバイテン] (↓ Arbeit) **❶** 自 **1** 働く, 労働する, 仕事をする, 勉強する, 研究する. fleißig ~ 勤勉に働く(勉強する). wie ein Pferd ~ 馬車馬のように働く. die *arbeitende* Klasse 労働者階級.《前置詞と》**an** et³ ~ 事³に従事している; 物³を制作している. an einem Roman ~ 長編小説を執筆中である. an j³ ~ 人³の育成(教育)に努める. an sich³ selbst ~ 修業する. **bei** der Post〈im Verlag〉~ 郵便局〈出版社〉に勤めている. **für** die Prüfung ~ 試験勉強をする. fürs Fernsehen ~ テレビの仕事をしている. für zwei ~ 2人分の仕事をする, よく働く. **gegen** das Regime ~ 反体制運動をする. j³ **in** die Hände ~ 人³の仕事を手伝ってやる. Hand in Hand mit j³ ~ 人³と協力(提携)する. **mit** einer Firma ~ ある会社と取引きする. **über** Goethe ~ ゲーテについて研究している(論文を書いている). **2** (機械・器官などが)動いている, 作動している;(火山が)活動している;(木材が)反(そ)る, 変形する;(金銭が)利子を生む, 殖(ふ)える. Der Motor *arbeitet* normal. エンジンは正常に動いている.《非人称的に》*Es arbeitet* in ihm. 彼は興奮して(いきまいて)いる. **3**《スポ》練習する, トレーニングする. am Sandsack〈mit den Hanteln〉~ サンドバッグ〈バーベル〉を使ってトレーニングする.

❷ 他 **1** (主に手仕事で)作る, 制作する, 仕上げる, 細工する. Ich habe mir einen Anzug ~ lassen. 私はスーツを1着誂(あつら)えた. Der Ring ist gut *gearbeitet*. この指輪は細工がいい. **2**《再帰的に》Ich habe mir die Hände wund *gearbeitet*. 私は仕事で手を負傷した.《比喩》私は猛烈に働いた. **3** (馬・犬などを)訓練する, 調教する.

❸ 再《sich⁴》 **1** 《結果を示して》sich müde〈krank〉~ 働いて疲れる(病気になる). **2** 骨折って〈難儀して〉目標に達する, 成果をあげる. sich durch den Schnee ~ 雪をかきわけて進む. sich in die Höhe ~ 苦労して出世〈栄達〉する. **3**《非人称的に》*Es arbeitet sich* schwer mit ihm〈gut mit diesem Material〉. 彼とは一緒に仕事がやりにくい〈この素材は細工がしやすい〉.

'Ar·bei·ter [ˈarbaɪtər アルバイター] 男 -s/- 働く人, 労働者, 被用者. Er ist ein schneller〈langsamer〉~. 彼は仕事が速い〈遅い〉. ◆↑Angestellte, Beamte

'Ar·bei·te·rin [..tərɪn] 女 -/-nen《Arbeiter の女性形》**1** 婦人労働者. **2**《動物》働き蜂, 働きあり.

'Ar·bei·ter·schaft 女 -/《総称として》労働者.

'Ar·bei·ter-und-'Bau·ern-Staat 男 -[e]s/ 労働者農民国家(旧東ドイツの別称).

'Ar·beit·ge·ber [..geːbər] 男 -s/-《雇用契約における》使用者, 雇い主, 事業者.

'Ar·beit·neh·mer [..neːmər] 男 -s/-《雇用契約における》労働者, 被用者.

'ar·beit·sam [..zaːm] 形 勤勉な, よく働く.

'Ar·beit·sam·keit 女 -/ 勤勉, 労働意欲.

'Ar·beits·amt 中 -[e]s/⸚er (公共)職業安定所.

'Ar·beits·be·schaf·fung 女 -/-en《複数まれ》(失業対策としての)仕事の斡旋, 雇用の創出.

'Ar·beits·dienst 男 -[e]s/-e **1** 勤労奉仕. **2**《歴史》(ドイツ第三帝国時代の青少年による)勤労奉仕(団).

'Ar·beits·ein·stel·lung 女 -/-en **1** ストライキ. **2** 仕事に対する考え方.

'Ar·beits·er·laub·nis 女 -/《法制》就労許可.

'Ar·beits·es·sen 中 -s/- (政治家・実業家などの)会食会議, 食事会.

'ar·beits·fä·hig 形 働ける, 労働(就労)可能な.

'Ar·beits·gang 男 -[e]s/⸚e **1** 作業の進捗(状況). **2** 工程.

'Ar·beits·ge·mein·schaft 女 -/-en **1** 研究会, 共同研究グループ. **2**《歴史》労働共同体(第1次世界大戦後の経済復興のために結ばれた労使間の停戦協定).

'Ar·beits·ge·richt 中 -[e]s/-e《法制》労働裁判所.

'Ar·beits·kraft 女 -/⸚e **1**《複数なし》労働力, 労働能力. **2** 働き手, 人手, 労働力.

'Ar·beits·la·ger 中 -s/- 強制労働収容所.

'Ar·beits·leis·tung 女 -/-en **1** 仕事量, ノルマ. **2** 作業(労働)能率.

'Ar·beits·lohn 男 -[e]s/⸚e 賃金.

*'**ar·beits·los** ['arbaɪtsloːs アルバイツロース] 形 仕事のない、あぶれた、無職の、失業中の. ~*es* Einkommen 不労所得.

*'**Ar·beits·lo·se** ['arbaɪtsloːzə アルバイツローゼ] 女《形容詞変化》失業者.

'**Ar·beits·lo·sen·geld** 中 -[e]s/-er 《法制》失業保険金.

'**Ar·beits·lo·sen·quo·te** 女 -/-n 失業率.

'**Ar·beits·lo·sen·ver·si·che·rung** 女 -/-en 《法制》失業保険.

'**Ar·beits·lo·sig·keit** [..loːzɪçkaɪt] 女 -/ 失業.

'**Ar·beits·markt** 男 -[e]s/⸚e 労働市場.

'**Ar·beits·me·di·zin** 女 -/ 労働医学.

'**Ar·beits·nach·weis** 男 -es/-e 職業紹介；職業紹介所.

'**Ar·beits·platz** 男 -es/⸚e **1** 仕事場、作業場. **2** 職場. **3** 働き口、職.

'**Ar·beits·recht** 中 -[e]s 《法制》労働法.

'**ar·beits·scheu** 形 仕事嫌いの、なまけ者の.

'**Ar·beits·scheu** 女 -/ 仕事嫌い、労働意欲の欠如.

'**Ar·beits·stel·le** 女 -/-n = Arbeitsplatz **3 2** (分担テーマを担当する)研究班、作業グループ.

'**Ar·beits·tag** 男 -[e]s/-e **1** 仕事日、就業日. 24 ~*e* Urlaub haben 24日の有給休暇がある. **2** 1日の就業時間. achtstündiger ~ 8時間労働.

'**Ar·beits·tei·lung** 女 -/-en 分業.

'**Ar·beits·the·ra·pie** 女 -/ 《医学》作業療法.

'**Ar·beits·tier** 中 -[e]s/-e **1** 役畜(ﾔｸﾁｸ). **2** 《俗》仕事ばかりしている人、仕事人間.

'**ar·beits·un·fä·hig** 形 (病気などで)働けない.

'**Ar·beits·un·fall** 男 -[e]s/⸚e 《法制》労働災害.

'**Ar·beits·ver·hält·nis** 中 -ses/-se 雇用関係；《複数で》労働事情.

'**Ar·beits·ver·trag** 男 -[e]s/⸚e 《法制》労働契約.

'**Ar·beits·zeit** 女 -/-en **1** 労働勤務、就業時間. gleitende ~ フレックスタイム. **2** 拘束時間. **3** (作業の)所要時間.

'**Ar·beits·zeit·kon·to** 中 -s/ 労働時間振替(超過勤務に要した時間を別の時間帯の休業に振替える制度).

'**Ar·beits·zim·mer** 中 -s/- 仕事部屋、書斎.

Ar·bi·tra·ge [arbi'traːʒə] 女 -/-n (fr.) 《経済》**1** 鞘(ｻﾔ)取引. **2** (商取引における)仲裁裁定.

ar·bi'trär [arbi'trɛːr] 形 (lat.) 任意の、随意の.

Ar·bo're·tum [arbo're:tʊm] 中 -s/..ten [..tən] (lat.) (Baumschule) (研究用の)養樹園、種苗農場.

arc ['arkʊs] 《記号》 = Arkus

Ar'cha·i·kum [ar'çaːikʊm] 中 -s/ (gr., alt') 《地質》始生界、太古界.

Ar'chä·i·kum [ar'çɛːikʊm] 中 -s/ = Archaikum

ar'cha·isch [ar'çaːɪʃ] 形 (gr., alt') **1** 太古の、古代の. **2** 古風な、古式の、古めかしい. **3** 原始的な、未開の、未発達の. **4** 《美術》アルカイック美術(紀元前7-6世紀のギリシア美術の様式)の. ~*es* Lächeln アルカイック・スマイル.

ar'chä·isch [ar'çɛːɪʃ] 形 《地質》始生(太古)界の.

ar·cha·i'sie·ren [arçaiˈziːrən] 自 古風(擬古的)な表現(様式)を用いる.

Ar·cha'is·mus [..'ɪsmʊs] 男 -/..men [..mən] **1** 《複数なし》擬古主義. **2** 擬古文、古風な表現.

ar·cha'is·tisch [..'ɪstɪʃ] 形 擬古主義の、擬古調の.

Ar·chä·o'lo·ge [arçɛo'loːgə] 男 -n/-n 考古学者、考古学専攻者. ♦女性形 Archäologin 女 -/-nen

Ar·chä·o·lo'gie [arçɛolo'giː] 女 -/ 考古学.

ar·chä·o'lo·gisch [..'loːgɪʃ] 形 考古学(上)の、考古学的な.

Ar·chä'op·te·ryx [arçɛˈɔpteryks] 女《男》-/-e (..pteryges [arçɛɔpˈteːrygeːs]) (gr.) 《古生物》始祖鳥.

Ar·chä·o'zo·i·kum [arçɛoˈtsoːikʊm] 中 -s/ (gr.) 《地質》始生代.

'**Ar·che** ['arçə] 女 -/-n (lat., Kasten') 箱船. die ~ Noach[s] 《旧約》ノアの方舟(ﾊｺﾌﾈ)(創 6:9以下).

Ar·che'go·ni·um [arçeˈgoːniʊm] 中 -s/..nien [..niən] (gr.) 《植物》(こけ・しだ類の)造卵器、蔵卵器.

Ar'che·typ [arˈçeːtyːp] 男 -s/-en (gr.) **1** 原形、古型；《生物》(比較形態学上の)原型；《心理》(ユング心理学の)祖型、原型. **2** 典型、模範. **3** 初版、初稿；オリジナル、原本、原画.

ar·che'ty·pisch [..'tyːpɪʃ] 形 原型的；模範(典型)的な.

Ar·chi·di·a·kon [arçiˈdiaːkɔn] 男 -s(-en)/-e[n] (gr.) **1** 《ｶﾄﾘｯｸ》司教座聖堂助祭(5-16世紀、以後は称号のみ). **2** 《ﾌﾟﾛﾃｽﾀﾝﾄ》教区長補佐.

Ar·chi·man'drit [..man'driːt] 男 -en/-en (gr.) 《正教会》大修道院長.

Ar·chi'me·des [..'meːdɛs] 《人名》アルキメーデース(前287-212、ギリシアの哲学者・数学者).

ar·chi·me·disch [..ˈmeːdɪʃ] 形 アルキメーデースの. ~*es* ⟨Archimedisches⟩ Prinzip 《物理》アルキメーデースの原理. ~*e* Schraube 《工学》ウォーム歯車.

Ar·chi'pel [arçi'peːl] 男 -s/-e (gr.) **1** 多島海、エーゲ海. **2** (Inselgruppe) 群島.

*'**Ar·chi'tekt** [arçi'tɛkt アルヒテクト] 男 -en/-en (gr.) **1** 建築家、建築技師. **2** 立案者、企画者、創始者.

Ar·chi·tek·to'nik [..tɛk'toːnɪk] 女 -/-en (↓ Architekt) **1** 《複数なし》建築学. **2** (法則にかなった)構造、(作品の)構成.

ar·chi·tek·to'nisch [..nɪʃ] 形 **1** 建築学の、建築(上)の. **2** 《文学作品などに関して》構成のしっかりした.

*'**Ar·chi·tek'tur** [arçitɛk'tuːr アルヒテクトゥーア] 女 -/-en (↓ Architekt) **1** 《複数なし》建築術、建築学. **2** 建築様式. **3** 《複数なし》建築. **4** 《ｺﾝﾋﾟｭｰﾀ》アーキテクチャー.

Ar·chi'trav [arçi'traːf] 男 -s/-e [..və] (gr. + lat.) 《建築》**1** (古代ギリシアの神殿建築のアーキトレーブ、台輪など)(列柱に支えられた水平の梁(ﾊﾘ)部). **2** (戸口や窓の周囲を取囲む)額縁.

*'**Ar'chiv** [ar'çiːf アルヒーフ] 中 -s/-e[..və] (gr.) **1** (収集された)記録、資料(古文書)集. **2** (記録類の)保管所、文庫、書庫、資料室.

Ar·chi'va·li·en [arçi'vaːliən] 複 《文書保管所に収められた》文書(記録)集.

ar·chi'va·lisch [..'vaːlɪʃ] 形 文書保管所に収められた、文書保管所の；記録(古文書)による.

Ar·chi'var [arçi'vaːr] 男 -s/-e 文書保管係、文書保管所の職員.

ar·chi'vie·ren [..'viːrən] 他 (文書・記録などを)保管所に収める.

Ar·chi'vol·te [arçi'vɔltə] 女 -/-n (it.) 《建築》アーキヴォルト、アーチ刳形(ｸﾘｶﾞﾀ)、飾り迫縁(ｾﾘﾌﾞﾁ).

'**Ar·chon** ['arçɔn] 男 -s/-ten [ar'çɔntən] (gr.) 《歴史》アルコン(古代アテネ市の9人の最高執政官).

Ar'chont [ar'çɔnt] 男 -en/-en = Archon

ARD [aːɛrˈdeː] 《略》= Arbeitsgemeinschaft der öffentlich-rechtlichen **R**undfunkanstalten der

Bundesrepublik Deutschland ドイツ連邦共和国公共放送連合体(第1テレビ放送の製作母体).

'**Are** ['a:rə] 囡 -/-n 《略》=Ar¹

Are·al [are'a:l] 匣 -s/-e (lat.) **1**《土地の》面積. **2** 地域, 地所. **3**《生物・言語などの》分布地域.

Are·al·lin·gu·is·tik [a're:allɪŋɡuɪstɪk] 囡 -/ (Sprachgeographie) 言語地理学.

Are·ka·nuss [a're:kanus] 囡 -/⁼e (Betelnuss) 檳榔子(びんろうじ).

a·re·li·gi·ös ['areliɡiø:s] 厖 非宗教的な.

'**Ären** ['ɛ:rən] Ära の複数.

<u>A**re·na**</u> [a're:na] 囡 -/..nen [..nən] (lat.) **1**《古代ローマの円形劇場内の》闘技場. **2**《運動》競技場, スタジアム;《サーカスの》演技場, 闘牛場. **3**《古》《ドイツ南部》《夏季》野外劇場. **4**《比喩》舞台. die historische ~ 歴史の舞台.

Are·o·pag [areo'pa:k] 匣 -s/ (gr.) アレイオパゴス(古代アテネ市の最高法廷, 「軍神アレースの丘」の意).

***arg** [ark アルク] ärger, ärgst **1** 悪い, 不愉快な; ひどい, 激しい.《古》陰険(卑劣, 悪戯)な. ~e Schmerzen ひどい痛み. j³ ~ mitspielen 人³をいじめる, ひどい目にあわせる. Es ist mir ~, dass……とは困ったことだ.《名詞的用法で》das *Ärgste* befürchten 最悪の事態を恐れる. im *Argen*⟨° ~*en*⟩ liegen ひどい状態にある, めちゃめちゃである. **2**《副詞的用法で》《話》ひどく, すごく. Das ist ~ teuer. そいつはべらぼうに高いや.

Arg 匣 -s/《多く否定形で》《雅》悪意, 邪悪. Es ist kein ~ an⟨in⟩ ihr. / Sie ist ohne ~. 彼女には悪意がない. kein ~ dabei (bei et³) finden 事³を悪事と思わない.

Ar·gen·tan [argɛn'ta:n] 匣 -s/ 洋銀.

<u>Ar**·gen·ti·ni·en**</u> [argɛn'ti:niən]《地名》アルゼンチン.

Ar·gen·ti·ni·er [..'ti:niər] 男 -s/ アルゼンチン人.

ar·gen·ti·nisch [..'ti:nɪʃ] 厖 アルゼンチン(人)の. ↑ deutsch

Ar·gen·tit [argɛn'ti:t] 匣 -s/《鉱物》(Silberglanz) 輝銀(きぎん)鉱.

Ar·gen·tum [ar'gɛntʊm] 匣 -s/ (lat.)《記号 Ag》銀.

'**är·ger** ['ɛrgər] arg の比較級.

*'**Är·ger** ['ɛrgər エルガー] 男 -s/ **1** 腹立ち, 怒り, ふんまん, いらだち. seinen ~ an j³ auslassen 人³に八つ当りする. j³ ~ bereiten⟨machen⟩ 人³を怒らせる, いらいらさせる. ~ über et⁴ empfinden 事⟨人⟩⁴を不愉快(に)思う, (に)腹を立てる. seinem ~ Luft machen 怒りを爆発させる, うっぷんを晴らす. **2** 不愉快(厄介)なこと, häuslicher ~ 家庭内のいざこざ. viel ~ mit j³⟨wegen et²⟩ haben 人³⟨事²⟩のことでさんざん手を焼く. Mach keinen ~! 余計なトラブルを起すな.

*'**är·ger·lich** ['ɛrgərlɪç エルガーリヒ] 厖 **1** 立腹した, 不機嫌な, いらいらした. auf⟨über⟩ j⁴ ~ sein 人⁴に対して⟨人⁴のことで⟩腹を立てている. ~ werden 立腹する, 不機嫌になる. **2** 不愉快な, いらいらさせる, いまいましい. ein ~er Vorfall 不愉快な事件. Das ist aber ~! なんともいまいましい話だ.

*'**är·gern** ['ɛrgərn エルガーン] ❶ 他 **1** 怒らせる, 不機嫌(不愉快)にさせる (durch et⁴⟨mit et³⟩ 事⁴⟨³⟩で). j⁴ bis aufs Blut⟨zu Tode⟩ ~ 人⁴をかんかんに怒らせる. Er ärgert mich durch seine bloße Anwesenheit. 私は彼がいるだけで不愉快になる. **2** から かう, いじめる. ❷ 再 (sich) 腹を立てる (über et⟨j⟩² 事⟨人⟩²のことで). sich über die Fliege an der Wand ~《話》見

るものすべてがしゃくの種である, ささいなことにも腹を立てる. sich schwarz⟨grün und blau⟩ ~《話》怒り心頭に発する, 怒髪天を突く.

*'**Är·ger·nis** ['ɛrgərnɪs エルガーニス] 匣 -ses/-se **1**《多く複数》不愉快な事件, 腹立たしい出来事. berufliche ~se 職業上のいざこざ. **2**《複数なし》《宗教的・道徳的》不快感, 侮辱. öffentliches ~ 世間の憤激. bei j³ ~ erregen 人³を不快にする. j³ ein ~ geben《古》人³を侮辱する. an et³ ~ nehmen《古》事³に憤慨する. **3** 不愉快(不信)な種;《聖書》(悪への)誘惑, つまずき. Es ist ein ~ für mich. それが私の憤(いきどお)りの種だ. Ich lege in Zion einen Felsen des ~ses.《新約》わたしはシオンにつまずきの石を置く(ロマ 9:33).

'**Arg·list** ['arklɪst] 囡 -/ 奸計(かんけい), 悪だくみ.

'**arg·lis·tig** [..lɪstɪç] 厖 悪だくみの, 腹黒い, ずるい; 下心のある, 故意の. ~*e* Täuschung《法制》詐欺.

'**arg·los** ['arklo:s] 厖 悪意(悪気, 下心)のない, 無邪気な; 信頼しきった, 疑いをもたない.

'**Arg·lo·sig·keit** [..lo:zɪçkaɪt] 囡 -/ 悪意をもたぬこと, 誠実, 率直; 信頼しきっていること, 疑いをはさまないこと.

'**Ar·gon** ['argɔn, ar'go:n] 匣 -s/ (gr.)《略 Ar》《化学》アルゴン.

Ar·go·naut [arɡo'naʊt] 男 -en/-en **1**《ギリシア神話》アルゴナウテース(アルゴー号で金羊皮を求めに出かけた勇士達). **2**《ギ神話》《動物》あおいがい, かいだこ.

Ar·got [ar'go:] 匣 -s/-s (fr.) **1** (フランスの泥棒・浮浪者が使う)隠語; (フランス語の)俗語. **2** (特定の集団・階層で使われる)隠語, スラング.

'**ärgst** [ɛrkst] arg の最上級.

***Ar·gu·ment** [argu'mɛnt アルグメント] 匣 -[e]s/-e (lat.) **1** 論拠, 論証. ~ für⟨gegen⟩ et⁴ 事⁴に対する賛成論⟨反対論⟩. Das ist kein ~ gegen meine Behauptung! それは私の主張に対する反論にはならない. **2**《数学》独立変数; 偏角.

Ar·gu·men·ta·ti·on [argumɛntatsi'o:n] 囡 -/-en 論証, 立証.

ar·gu·men·ta·tiv [..'ti:f] 厖 論拠(論証)に関する; 論証的な, 論証による.

ar·gu·men·tie·ren [argumɛn'ti:rən] 圓 論証する, 論拠を示す. für⟨gegen⟩ j⟨et⟩⁴ ~ 人⟨事⟩⁴に賛成⟨反対⟩する論拠(理由)を明らかにする.

'**Ar·gus** ['arɡʊs] ❶《人名》《ギ神話》アルゴス(Hera の命を受けて雌牛に変身した Zeus の恋人を監視した百眼の巨人). ❷ 男 -/-se 油断のない番人.

'**Ar·gus·au·ge** [..aʊgə] 囡 -n/-n《ふつう複数で》《ギ神話》アルゴスの目;《比喩》油断のない目. et¹ mit ~n beobachten 物¹を油断なく監視する.

'**Arg·wohn** ['arkvo:n] 男 -[e]s/ 疑心, 猜疑(さいぎ), 邪推. ~ gegen j⁴ haben 人⁴に疑いを抱く.

'**arg·wöh·nen** ['arkvø:nən] 他 邪推する, 怪しむ, 勘ぐる, 信用しない.

'**arg·wöh·nisch** ['arkvø:nɪʃ] 厖 不信の念を抱いた, 疑い深い.

Arhyth'mie [aryt'mi:] 囡 -/-n《医学》=Arrhythmie

Ari·ad·ne [ari'adnə, ari'atnə]《女名》《ギ神話》アリアドネー(クレタ島の Minos 王の娘, 英雄 Theseus が牛頭人身の怪物 Minotaur を退治するのを助けた).

Ari·ad·ne·fa·den [..fa:dən] 男 -s/《ギ神話》アリアドネーの糸, 導きの糸, 困難を解決してくれる助け.

arid [a'ri:t] 厖 (lat.)《地理》(土地・気候が)乾燥した.

~e Formen 乾燥地形.
Ari·di·tät [aridi'tɛːt] 囡 -/ 乾燥.
'Arie ['aːriə] 囡 -/-n 〖音楽〗アリア, 詠唱.
'Ari·er ['aːriɐr] 男 -s/- アーリア人. ◆インド·イランに定住したインド=ヨーロッパ語族系の民族の総称. ナチスの用語では非ユダヤ人をさす意味に用いられた.
Ari·et·ta [ari'eta] 囡 -/..ten [..tən] (*it.*) 〖音楽〗アリエッタ(小形式のアリア).
ari·os [ari'oːs], **ari·o·so** [..'oːzo] 形 (*it.*) 〖音楽〗アリオーソ, アリオソの.
Ari·o·so 中 -s/-s(..si[..zi]) 〖音楽〗 **1** アリア風のレチタティーヴォ. **2** アリア風の独唱曲(器楽曲).
'arisch ['aːrɪʃ] 形 **1** 〖民族学·言語〗アーリア人(種)の. ~ e Sprachen アーリア諸言語(インド=ヨーロッパ語族に属するインド·イランの言語). **2** (ナチスの用語で)非ユダヤ人の(↑Arier).
Aris·to·krat [arɪsto'kraːt] 男 -en/-en (*gr.*) **1** 貴族(階級の人). **2** 高潔の士, 高貴な心情の持主.
Aris·to·kra'tie [..kra'tiː] 囡 -/-n [..'tiːən] **1** 貴族(階級). **2** 《複数なし》貴族政治, 貴族制. **3** 上流階級, 特権階級. **4** 《複数なし》品位, 高貴さ.
aris·to'kra·tisch [..kra:tɪʃ] 形 **1** 《比較変化なし》貴族(階級)の. **2** 貴族政治の, 貴族制の. **3** 高貴な.
Aris·to·pha·nes [arɪs'toːfanɛs] 〖人名〗アリストパネス, アリストファネス(前 445 頃-385 頃, ギリシアの喜劇詩人).
Aris·to·te·les [arɪs'toːtelɛs] 〖人名〗アリストテレス(前 384-322, ギリシアの哲学者).
aris·to'te·lisch [arɪsto'teːlɪʃ] 形 アリストテレース(哲学)の, アリストテレス学派の.
Arith·me·tik [arɪt'meːtɪk] 囡 -/-en (*gr.*) **1** 《複数なし》算術, 算数. **2** 算術(算数)の教科書.
arith'me·tisch [..'meːtɪʃ] 形 算術(算数)の. ~ es Mittel 算術(相加)平均. ~ e Reihe 算術(等差)級数.
Ar'ka·de [ar'kaːdə] 囡 -/-n (*fr.*) 〖建築〗 **1** アーチ. **2** 《ふつう複数で》アーケード.
Ar'ka·di·en [ar'kaːdiən] ❶ 〖地名〗アルカディア(ギリシア南部, ペロポネーソス半島中央部の丘陵地地帯). ❷ 中 -[s]/ 理想郷, 桃源郷.
ar'ka·disch [..dɪʃ] 形 **1** アルカディアの. **2** アルカディア風の, 田園的な, 牧歌的な, 素朴な. ~ e Dichtung 田園詩, 牧歌文学. ~ e Landschaft 〖文学·絵画〗理想的風景(画), 牧歌的風景(画).
Ar·ke'bu·se [arke'buːzə] 囡 -/-n (*fr.*) (15-16 世紀の銃身の短い)火縄銃.
Ar'ko·se [ar'koːzə] 囡 -/ (*fr.*) 〖地質〗アルコース, 花崗(ºニ)砂岩.
'Ark·tis ['arktɪs] 囡 -/ (*gr.*) 北極地方.
'ark·tisch ['arktɪʃ] 形 《比較変化なし》北極(地方)の, 極夜の, 酷寒の.
'Ar·kus ['arkʊs] 男 -/-..kuːs] (*lat.*) 〖記号 arc〗〖数学〗弧(ˆ).

arm [arm アルム] ärmer, ärmst **1** (↔ reich) 貧しい, 貧乏な. ein ~ er Kerl すかんぴん, 文なし. geistig ~ und reich〉 貧乏人も金持も, 誰でもみんな. Besser ~ und gesund als reich und krank. 金があって病気であるよりは貧しくとも健康であるほうがよい. j^4 ~ essen (人^{4}の)財産を食いつぶす. sich^4 ~ kaufen 無駄使いをして無一文になる. um j〈et〉^{4} ärmer werden 人
〈物〉^{3}を失う. Ich bin [um] 20 Euro *ärmer* [geworden]. 《戯》(買物などをして)20 ユーロふんだくられたよ. **2** 哀れな, かわいそうな, 気の毒な. ~ es Ding〈Geschöpf〉 かわいそうなやつ. ~ er Sünder 哀れた罪人, 《古》死刑囚. ~ dran sein 気の毒である. 《名詞的用法で》Du *Arme*〈*Armer*〉! かわいそうな君. Der 〈Die〉*Ärmste*! 彼〈彼女〉はかわいそうに. **3** 乏しい, 貧弱な. ein ~ er Boden やせた土地. ~ er Erzgang 低品位鉱脈. ~ an et^3 sein 物^{3}に乏しい.

Arm [arm アルム] 男 -[e]s/-e **1** 腕. die ~ e ausstrecken 腕を伸ばす(nach j^3 人^{3}の方に). j^3 den ~ reichen 人^{3}に腕を差伸べる(導き助けするため). beide ~ e voll haben / keinen ~ frei haben 両手がふさがっている. 《前置詞と》**an** j^2 ~ gehen 人^{2}の腕にすがって歩く. j^4 am〈beim〉 ~ nehmen 人^{4}の腕をつかむ, j^4 am steifen ~ verhungern lassen 《話》人^{4}をこっぴどい目にあわせる, 締めあげる. **j**^{4} **auf** dem ~ haben〈tragen〉 人^{4}を抱いている. j^4 auf den ~ nehmen 人^{4}を抱上げる; 《話》(人^4)からかう. ~ **in** ~ gehen 腕を組んで歩く(mit j^3 人^{3}と). j^3 in den ~ fallen 人^{3}の邪魔をする. j^3 in die ~ e fallen 人^{3}に抱きつく. j^4 im ~〈in den ~〉 halten 人^{4}を抱いている. **3**. j^3 in die ~ e laufen 《話》人^{3}とばったり出会う. j^4 in die ~ e nehmen〈schließen〉 人^{4}を抱きしめる. j^4 j〈et〉^{3} in die ~ e treiben 人^{4}を人^{3}の側に走らせる〈物^3(酒·麻薬など)におぼれさせる〉. sich^4 j^3 in die ~ e werfen 人^{3}の腕に飛び込む, (に)抱かれる. sich^4 et^3 in die ~ e werfen 事^{3}に夢中になる, うつつを抜かす. **mit** gekreuzten〈verschränkten〉 ~ en 手をこまぬいて. j^4 mit offenen ~ en aufnehmen〈empfangen〉 人^{4}を大歓迎する. den Kopf **unter** dem ~ tragen 《話》ひどく加減が悪い. j^3 unter die ~ e greifen 人^{3}に援助の手を差し伸べる. et〈j〉^{4} unter den ~ nehmen 物^{4}を脇にかかえる〈人^{4}に腕を貸す〉. die Beine unter den ~〈die ~ e〉 nehmen 《話》あわてふためいて駆けていく(逃去る), 尻に帆をかける. **2** 《比喩》(働き)手, 労働力, 助っ人. **3** 権力, 勢力. der ~ des Gesetzes 法の力. einen langen ~ haben 大きな影響力を持っている. **4** 《動物》(たこ·いかなどの)腕, 足. **5** (道具·機械などの)腕状の部分, アーム; (シャンデリアの腕, ブラケット); (てこ·秤·いかりなどの)腕; (道しるべの)横木. **6** (河川の)支流. **7** 《話》 (Ärmel) 袖. **8** (婉曲) (Arsch) ~ voll **1** Arm voll

..arm [..arm] 《接尾》名詞に冠して「…の乏しい, …の少ない」の意の形容詞をつくる. blut*arm* 貧血の. kalorien*arm* 低カロリーの.

Ar'ma·da [ar'maːda] 囡 -/..den[..dən] (-s) (*sp.*) **1** 《複数なし》 die ~ 〖歴史〗アルマダ(「艦隊」の意であるが, とくにスペイン王フェリペ 2 世時代のいわゆる無敵艦隊をさす). **2** 強大な軍事力.

Ar·ma'ged·don [armaˈgɛdɔn] 中 -/ (*hebr.*) (Harmagedon) ハルマゲドン(世界の終末に起るという善と悪との一大決戦, またその舞台. 〖新約〗黙 16: 16); 《比喩》破局(とくに政治的な).

Ar·ma'gnac [arman'jak] 男 -[s]/-s (*fr.*) アルマニャック(フランスの同名地方産の一種のブランデーの総称).

Ar·ma'tur [arma'tuːr] 囡 -/-en (*lat.*) **1** (機械類の)装備, 付属品. **2** 《多く複数で》(機械·自動車などの)計器類, 制御装置; (浴室などの)栓, コック. **3** 《古》(軍隊の)装備.

Ar·ma'tu·ren·brett 中 -[e]s/-er (自動車·飛行機などの)計器盤, ダッシュボード.

'Arm·band 中 -[e]s/⁻er 腕輪, ブレスレット.
'Arm·band·uhr 囡 -/-en 腕時計.
'Arm·brust 囡 -/⁻e 弩(いしゆみ).

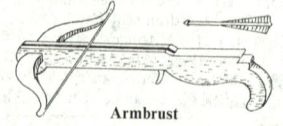

Armbrust

'arm·dick 形《比較変化なし》腕くらいの太さの.
*'Ar·me ['armə アルメ] 男囡《形容詞変化》貧しい人; かわいそうな人. ↑arm 2
*Ar·mee [ar'me: アルメー] 囡 -/-n [..'me:ən] (fr.) 1 軍隊, 軍; 軍団. die Rote ~ 赤軍. aus der ~ austreten 軍隊を離れる, 退役する. in der ~ dienen 軍隊に服する. in die ~ eintreten 軍隊に入る, 入隊する. zur großen ~ abgehen《versammelt werden》《古》鬼籍に入る, 死亡する. 2 多数の人々, 集団. die ~ der Arbeitslosen 失業者の群れ.
Ar'mee·korps [..ko:r] 中 [..ko:r(s)]/-[..ko:rs] 軍団.
*Är·mel ['ɛrməl エルメル] 男 -s/- 袖(そで). die ~ kürzen 袖をつめる. 《sich³》die Ärmel hochkrempeln《話》腕まくりをする, 張り切って仕事にとりかかる. Leck mich am ~!《卑》ほっておいてくれ《Ärmel ist Arsch をはばかった表現. ↑Arsch 1》. j⁴ am ~ zupfen《注意を促すために》人の袖を引く. 《sich³》et¹ aus dem 〈aus dem ~ n〉 schütteln《話》《手品師のように》物事をいとも簡単に作り出す; 事もきやすくやってのける.
..är·me·lig [..ɛrməlɪç]《接尾》形容詞などについて「袖が…の」の意の形容詞を作る. kurzärm[e]lig 袖の短い, 半袖の.
ärmst [ɛrmst] arm の最上級.
'Är·mel·ka·nal 男 -s/《地名》der ~ ドーヴァー海峡.
'är·mel·los 形 袖なしの.
'Ar·men·bi·bel ['armən..] 囡 -/-n《キリスト教》(Biblia pauperum)《教養の低い中世の絵解き聖書》.
'Ar·men·haus 中 -es/..häuser《古》救貧院.
'Ar·men·häus·ler [..hɔyslər] 男 -s/-《古》救貧院に収容されている人.
Ar·me·ni·en [ar'me:niən]《地名》アルメニア.
Ar·me·ni·er [..niər] 男 -s/- アルメニア人.
ar·me·nisch [..nɪʃ] 形 アルメニア(人, 語)の, アルメニアに関する. ↑deutsch
'Ar·men·pfle·ge 囡 -/《古》貧民救済, 生活保護.
'Ar·men·recht 中 -[e]s/《法制》訴訟費用免除権.
'Ar·men·sün·der [armən'zyndər] 男 -s/-《古》= Armesünder
'Ar·men·vier·tel 中 -s/- 貧民街, スラム街.
'är·mer ['ɛrmər] arm の比較級.
'Ar·mes·län·ge 囡 -/-n 腕の長さ《長さを示す単位に用いる》. j⁴ auf ~ von sich³ fern halten 人⁴とあまり親しくしない.
Ar·me'sün·der [armə'zyndər] 男 -s/-《古》死刑囚《↑arm 2》.
Ar·me'sün·der·glo·cke 囡 -/-n《古》死刑の執行を告げる鐘.
Ar·me'sün·der·mie·ne 囡 -/-n《戯》悲しそうな顔つき, 申し訳なさそうな《済まなさそうな》顔.
'Arm·fü·ßer 男 -s/-《動物》腕足類《ほうずき貝・しゃみせん貝など》.
'Arm·füß·ler [..fy:slər] 男 -s/- = Armfüßer
ar'mie·ren [ar'mi:rən] 他 1《軍事》《部隊を》武装

させる, 武器を装備する. 2《建築》《鉄骨・外装などで》補強する. armierter Beton 鉄筋コンクリート.
Ar'mie·rung 囡 -/-en 1《複数なし》《軍事》武装; 《建築》《鉄骨・外装などによる》補強. 2 鉄筋, 補強材.
..ar·mig [..armɪç]《接尾》形容詞・数詞などにつけて「…腕《形》をした」の意の形容詞を作る. kurzarmig 腕の短い. dreiarmiger Leuchter 3本腕の燭台(しょくだい).
'Ar·min ['armi:n]《人名》アルミーン. ❶ 前18世紀後19, ゲルマンのケルスキ族 Cherusker の族長. 紀元後9に Varus の率いるローマ軍をトイトブルクの森 Teutoburger Wald で破った. ↑Varusschlacht. ❷《男名》アルミーン. ◆18-19世紀にしばしば誤って Hermann と同一視された. ラテン語形は Arminius.
Ar'mi·ni·us [ar'mi:nius]《人名》(lat.) アルミニウス《Armin のラテン語形》.
'arm·lang 形 腕くらいの長さの.
'Arm·leuch·ter 男 -s/- 1 腕形燭台(しょくだい), シャンデリア. 2《梅》あほう, 間抜け.
'ärm·lich ['ɛrmlɪç] 形 1 見すぼらしい, 粗末な, 貧乏たらしい. 2 乏しい, 不十分な, 貧弱な.
..ärm·lig [..ɛrmlɪç]《接尾》= ..ärmelig
Ar·mo·ri·al [armori'a:l] 中 -s/-e (Wappenbuch) 紋章集.
'arm·se·lig ['armze:lɪç] 形 1 貧乏たらしい, 哀れな, みじめな. ~ wirken 哀れっぽく見える, 哀れを誘う. 2 不十分な, 貧弱な. ~e Ausflüchte 下手な言い逃れ. ein ~ Geiger 下手くそなヴァイオリン弾き.
*'Ar·mut ['armu:t] 囡 -/ (↓arm) 1 貧困, 貧乏. in ~ leben 貧しい暮らしをする. ~ ist keine Schande. / ~ schändet nicht.《諺》貧乏は恥ではない. 2 乏しさ, 乏しいこと. ~ an Bodenschätzen 地下資源の乏しさ. geistige《innere》~ 精神的貧困. die ~ des Geistes《キリスト教》心の貧しさ《この世の虚飾や野心から免れ, ひたすら神に寄りすがって慎ましく生きる心のありようのこと》. 4《古》《集合的に》貧しい人々.
'Ar·muts·zeug·nis 中 -ses/-se 1《法制》貧困証明. 2《比喩》無能の証明. sich³ ein ~ ausstellen 〈geben〉無能ぶりをさらけだす.
'Arm voll, °'Arm·voll --/-- ひと抱えの量. zwei ~ Brennholz 2抱えの薪(まき).
*Ar·ni·ka ['arnika]《囡》-/-s (lat.) 1《植物》アルニカ. 2《薬学》(Arnikatinktur) アルニカチンキ.
'Ar·nold ['arnɔlt]《男名》アルノルト.
Aro·ma [a'ro:ma] 中 -s/-men [..men] (-s) (gr.) 1 芳香, 風味, こく. 2《食品添加用の》人工香料.
Aro·mat [aro'ma:t] 男 -en/-en《ふつう複数で》《化学》芳香族化合物.
aro·ma·tisch [..'ma:tɪʃ] 形 1 芳香のある, こくのある, 芳純な, 香料のきいた. 2《化学》芳香族の. ~e Verbindungen 芳香族化合物 (= Aromat).
aro·ma·ti'sie·ren [aromati'zi:rən] 他《物に》芳香をつける.
Aro·ma·ti'sie·rung 囡 -/-en《食品への》人工香料添加; 《化学》芳香族化.
Aro·men [a'ro:men] Aroma の複数.
'Aron·stab ['a:rɔn(ta:p] 男 -[e]s/《植物》アルム《さといも科の植物の総称》.
Ar·peg·gia·tur [arpedʒa'tu:r] 囡 -/-en《音楽》連続したアルペッジョ.
Ar·peg·gi·en [ar'pedʒiən] Arpeggio の複数.

ar·peg'gie·ren [arpɛˈdʒiːrən] 他 (it.) アルペッジォで演奏する.

ar·peg'gio [arˈpɛdʒo] (it.) 〖音楽〗アルペッジォ.

Ar'peg·gio 中 –s/–s(..peggien[..ˈpɛdʒiən])〖音楽〗アルペッジォ, 分散和音.

Ar·pe·gio'ne [arpeˈdʒoːnə] 女 –/–n〖楽器〗アルペジョーネ (6弦のヴィオール属の擦弦楽器).

'Ar·rak [ˈarak] 男 –s/–s(–e) (arab.) アラク (ココやし・米・糖蜜・馬乳などから作られる蒸留酒).

Ar·ran'ge·ment [arãːʒəˈmãː] 中 –s/–s (fr.) **1** 手配, 準備, 手はず. **2** 配列, 配置, (色などの)配合; (趣味よく・芸術的に)配列されたもの. Blumen~ 生け花. **3** 合意, 協定, 取決. **4**〖音楽〗編曲. **5**〖銀行〗(証券取引の)清算.

Ar·ran'geur [arãˈʒøːr] 男 –s/–e 手配をする人, アレンジャー;〖音楽〗編曲者.

<u>ar·ran'gie·ren</u> [arãˈʒiːrən] ❶ 他 **1** 手はずを整え る, 手配(立案)をする. **2**(趣味よく・芸術的に)配列 (配置)する. Blumen in eine Vase ~ 花を生ける. **3**〖音楽〗編曲する. ❷ 再 (sich⁴) **1** (mit et³ 物³ に)甘んじる,(で)満足する. **2**(mit j³ 人³と)折合う, 妥協する, 合意する, 取決める.

Ar'rest [aˈrɛst] 男 –[e]s/–e (lat.) **1** 拘留, 拘禁; (学校の罰としての)居残り. drei Stunden ~ bekommen 3時間の居残りをくらう. **2**〖法制〗仮差押え. dinglicher ~ 物的仮差押え. et⁴ mit ~ belegen 物⁴を仮差押えする. **3** 拘禁室, 留置場.

Ar·res'tant [arɛsˈtant] 男 –en/–en〖古〗被拘留者, 被抑留者.

ar·re'tie·ren [areˈtiːrən] 他 **1**〖古〗逮捕(拘引)する. **2**(歯車など機器の可動部分を)固定(ロック)する. **3** ein Schiff ~〖海事〗船を抑留する.

Ar·re'tie·rung [areˈtiːruŋ] 女 –/–en **1**〖機械なし〗逮捕, 拘引; (船の)抑留, (学校の罰としての)居残り. **2**(時計の歯車の)エスケープメント, 脱進機.

Ar·rhe·no·to'kie [arenotoˈkiː] 女 –/–〖動物〗雄性産生単為生殖.

Ar·rhyth'mie [arʏtˈmiː] 女 –/–n [..ˈmiːən] (gr.) (リズム・均斉の)乱れ;〖医学〗不整脈.

ar·ri·vie·ren [ariˈviːrən] 自 (s) (fr.) (s) 成功する, 出世(栄達)する, 名声を得る.

ar·ri'viert 過分 形 出世(成功)した;〖俗〗成上がりの.

Ar·ri·vier·te 男女 –[n]/–n〖形容詞変化〗成功者, 出世した人;〖俗〗成上がり者.

<u>ar·ro'gant</u> [aroˈgant] 形 (lat.) 不遜(ふそん)な, 高慢な, 思い上がった.

Ar·ro'ganz [..ˈgants] 女 –/ 不遜(ふそん), 高慢, 思い上がり.

ar·ron'die·ren [arɔ̃ˈdiːrən, arõ..] 他 (fr.) **1**(物⁴の)角を取る, (角を)丸くする. **2**(土地)1つにまとめる, 整理統合する.

Ar·ron·dis·se'ment [arõdɪsˈmãː] 中 –s/–s (フランスの)郡, (フランスの大都会の)区.

Ar·ro·si'on [aroziˈoːn] 女 –/–en (lat.)〖医学〗(炎症や腫瘍(しゅよう)による)内臓壁・血管壁の侵食.

'Ar·row·root [ˈɛroruːt] 中 –[e]s/ (engl. , Pfeilwurz')〖植物〗くずうこん (熱帯アメリカ産); (その根から取れた栄養価の高い)くずうこん澱粉(でんぷん).

'Ars an'ti·qua [ˈars anˈtiːkva] 女 –/– (lat. , alte Kunst')〖音楽〗(↔ Ars nova) アルス・アンティクア (13世紀に北フランスを中心に栄えた音楽).

<u>Arsch</u> [arʃ, aːrʃ] 男 –[e]s/Ärsche [ˈɛrʃə, ˈɛːrʃə]〖卑〗(Gesäß) 尻, けつ. Ihm geht der ~ auf〈mit〉Grundeis. 彼はひどくおびえている, 絶望的な状態にある. j³ den ~ aufreißen 人³(新兵など)を厳しく訓練する, しごく. den ~ offen haben 頭がおかしい, とんでもないやつである. den ~ zukneifen〈zumachen〉einen kalten ~ kriegen 死ぬ, 戦死する. 〈前置詞と〉 am ~ der Welt 地の果てで, 辺ぴな土地に. sich³ et⁴ am ~ abfingern [können] 事⁴が初めから分かる, すぐ察しがつく. Leck mich am ~ ! くそ食らえ, ほっておいてくれ. auf den ~ fallen 尻もちをつく. mit et³ auf den ~ fallen 事³に失敗する. sich⁴ auf den ~ setzen (驚きのあまり)腰を抜かす. j³ in den ~ kriechen 人³にへいこらする. im〈am〉~ sein これれている, おしゃかになる. j⁴ in den ~ treten 人⁴の尻を蹴とばす;〈を〉首にする. **2**〖俗〗まぬけ, とんま. Du — [mit Ohren]! くそったれ.

'Arsch·krie·cher 男 –s/–〖俗〗おべっか使い, 腰ぎんちゃく.

'Arsch·le·der 中 –s/– (坑夫) (Bergleder) (鉱山労働者が着用する)皮の尻当て.

'ärsch·lings [ˈɛrʃlɪŋs] 副〖話〗後ろ向きに, 尻から先に.

'Arsch·loch 中 –[e]s/..er〖卑〗けつの穴. Du –! このくそたれ.

Ar'sen¹ [arˈzeːn] 中 –s/ (記号 As)〖化学〗砒素(ひそ).

Ar'sen² [arzɑ̃] Arsin の複数.

Ar·se'nal [arzeˈnaːl] 中 –s/–e (arab.) **1** 兵器庫, 武器庫. **2** 集積, 堆積. ein ~ von leeren Bierflaschen ビールの空き瓶の山.

Ar'se·nik [arˈzeːnɪk] 中 –s/〖化学〗酸化砒素(ひそ), 無水亜砒酸.

Ar'sen·kies 男 –es/–e〖鉱物〗硫砒(りゅうひ)鉄鉱.

Ar'sis [ˈarzɪs] 女 –/..sen[..zən] (gr.) (↔ Thesis) **1**〖韻律〗(a) (古代ギリシア詩の)弱音部. (b) (後代の詩の)強音部. **2**〖音楽〗アルシス, 上拍, 弱拍.

'Ars 'no·va [ˈars ˈnoːva] 女 –/– (lat. , neue Kunst)〖音楽〗アルス・ノーヴァ (Ars antiqua に対しルネサンス音楽を準備した14世紀前半の音楽をさす).

*<u>Art</u> [aːrt] 女 –/–en **1**〖複数なし〗やり方, 方法, 流儀. die ~ zu sprechen 話し方. Sie hat eine ~ zu lachen wie ihre Mutter. 彼女は母親と同じ笑い方をする. die ~ und Weise やり方. Adverb der ~ und Weise〖文法〗方法(様態)の副詞.〈前置詞と〉auf andere ~ 別のやり方で. auf diese ~ [und Weise] このやり方で, こんな風にして. auf die eine oder andere ~ und Weise こうしたりああしたりて, なんとかして. auf natürliche ~ 自然体で. in der gewohnten ~ いつもの伝で, いつものように. in der ~ von Kindern 子供のように. nach ~ der Affen klettern 猿のようによじ登る. Spaghetti nach Mailänder ~ ミラノ風スパゲッティ. **2**〖複数なし〗〖話〗まっとうなやり方, 作法. Das ist keine ~. そんなことをするものではない. Ist das eine ~? そんなことをしていいものかね. dass es [nur so] eine ~ hat 懸命に, 力一杯. Er spielte, dass es nur so eine ~ hatte. 彼は大熱演をした. **3**〖複数なし〗性質, 素質, 本性. Er ist einzig in seiner ~. 彼はユニークだ. Das liegt nicht in seiner ~. / Das entspricht nicht seiner ~³. それは彼の性に合わない. Er ist von guter ~. 彼は根が善人である. **4** 種類,〖分類〗(Spezies) 種(しゅ). diese ~ Leute この手の人々. Gemüse aller ~[en] あらゆる種類の野菜. eine ~ [von]... 一種の..., ...に似たようなもの. so eine ~ Samt ビロードのようなもの.

aus der ~ schlagen〈生物の形質が〉変異する; 変り種である. in j² ~ schlagen 人²に似ている. In einer ~ bin ich damit zufrieden. ある点では私はそれに満足している. ~ lässt nicht von ~.《諺》蛙の子は蛙.
Art = Artikel
'Art dé·co ['aːr 'deːko] 男 -/-〈fr.〉《美術》アール・デコ〔「装飾美術」の意, 1920年代にパリを中心に流行した装飾様式〕.
'Art·di·rec·tor ['aːrtdirɛktər] 男 -[s]/-s〈engl.〉アートディレクター, 美術監督.
ar·te'fakt [arte'fakt] 形 人工の.
Ar·te'fakt 中 -[e]s/-e〈lat.〉1 人工品, 加工品, 工芸品. 2《考古》（自然物と区別して）人工物,（先史時代の道具類. 3《医学》人工物（本来体内になくて, 薬品などの人為的手段によって作られた組織・構造）, 人工きず. 4《電子工》(Störsignal) 妨害雑音.
'ar·tei·gen ['aːrtaɪɡn] 形 種に固有〈特有〉の.
'Ar·te·mis ['artemɪs]《人名》《ギリシア神話》アルテミス（狩猟を司る処女神, ローマ神話の Diana）.
'ar·ten ['aːrtən] 自動 (s) (nach j³ ³に)似てくる, そっくりになる. Sie artet nach ihrer Mutter. 彼女は母親そっくりになってくる. ◆ ↑ geartet
'Ar·ten·schütz 男 -es/（絶滅に瀕している動物の）種の保護.
'Ar·te·rie [ar'teːriə] 女 -/-n〈gr.〉《医学》動脈.
ar·te·ri·ell [arteri'ɛl] 形《医学》動脈の. ~es Blut 動脈血.
Ar·te·ri·en·ver·kal·kung 女 -/-en《医学》動脈壁石灰化, 動脈硬化症.
Ar·te·ri·o·skle'ro·se [arterioskle'roːzə] 女 -/-n《医学》動脈硬化症.
ar·te'sisch [ar'teːzɪʃ] 形 ~er Brunnen (アルトワ式)自噴井戸; 掘抜井戸（地下を掘って地下水を湧出させる井戸). ◆ フランスの旧地方名 Artois にちなむ.
'art·fremd ['aːrt..] 形 (↔ artgleich) 異種の, 異質の. ~es Eiweiß 異種たんぱく.
'Art·ge·nos·se 男 -n/-n《生物》同じ種に属する生物（仲間）, 同種他個体.
'art·gleich 形 (↔ artfremd) 同種〈同質〉の.
Ar'thri·ti·ker [ar'triːtikər] 男 -s/- 関節炎患者.
Ar'thri·tis [ar'triːtɪs] 女 -/..tiden [..'triːtiːdən]〈gr.〉《医学》関節炎.
Ar'thro·se [ar'troːzə] 女 -/-n 非炎症性関節症.
'Ar·thur ['artʊr]《男名》〈kelt.〉アルトゥル.
ar·ti·fi·zi'ell [artifitsi'ɛl] 形 人造〈人工〉の, 人工的な, わざとらしい, 不自然な.
*__'ar·tig__ ['aːrtɪç] アールティヒ 1 おとなしい, 行儀のよい, 従順な. 2《雅》礼儀正しい, 丁寧〈丁重〉な, いんぎんな. 3《古》感じのよい, 上品な, かわいい. 4（え） 立派な, ふさわしい. ~es Vermögen かなりの財産.
..ar·tig [..aːrtɪç]〈接尾〉分詞・形容詞などにつけて「...性質の, ...種類の」の意の形容詞をつくる. holzartig 木のような. gleichartig 同種の.
'Ar·tig·keit 女 -/-en 1 (複数なし)（子供に関して）従順〈素直〉さ, 従順な態度. 2《古》丁寧〈丁重〉さ, いんぎんな態度. 3 (多くは複で) お世辞, 心愛想.
*__Ar'ti·kel__ [ar'tiːkəl] アルティーケル 男 -s/-〈lat.〉1《略 Art.》品物, 商品, einen ~ führen ある品物を扱っている. 2《略 Art.》（法規・協定の）条, 条項;（辞典などの）項目. ~ der Verfassung 憲法第1条. 3《略 Art.》《宗教》(Glaubensartikel) 信仰箇条. 4《新聞・雑誌》の論説, 論文. 5《略 Art.》《文法》冠詞. bestimmter〈unbestimmter〉~ 定〈不定〉冠詞.

ar·ti·ku'lar [artiku'laːr] 形〈lat.〉関節の.
Ar·ti·ku·la·ti'on [artikulatsi'oːn] 女 -/-en 1《解剖》関節, 関節形成;《歯科》咬合（ごう）. 2《音声》(Lautbildung) 音声の形成, 調音, 構音; 明瞭な発音. 3《言語》分節. 4《音楽》アーティキュレイション. 5 はっきり話す（明瞭に表現する）こと.
ar·ti·ku'lie·ren [artiku'liːrən] ❶ 他動 1《音声》（明瞭に区切って）歯切れよく発音する. 2（考えなどを）はっきり述べる, 明瞭に表現する. ❷ 再動 (sich) 1 自分の考えをはっきり述べる. 2 述べられる, 言い表される.
'Ar·til·le·rie ['artɪləri:, ---'-] 女 -/-n [..riːən]〈fr.〉《軍事》1 大砲, 重砲. 2 砲兵隊.
'Ar·til·le·rist ['artɪlərɪst, ---'-] 男 -en/-en《軍事》砲兵隊員, 砲兵.
Ar·ti'scho·cke [arti'ʃɔkə] 女 -/-n〈fr.〉《植物》ちょうせんあざみ, アーティチョーク.
Ar'tist¹ [ar'tɪst] 男 -en/-en〈fr.〉1（寄席・サーカスの）芸人, 曲芸師. 2（まれ）技巧派の芸術家, テクニシャン.
Ar'tist² ['aːrtɪst] 男 -s/-s〈engl.〉商業デザイナー, イラストレーター.
Ar·tis'tik [ar'tɪstɪk] 女 -/1（寄席・サーカス芸人の）芸, 芸当. 2 熟練した技, 芸達者, 名人芸.
Ar·tis·tin [ar'tɪstɪn] 女 -/-nen Artist¹ の女性形.
ar·tis·tisch [..tɪʃ] 形 1 芸人風の, 芸人たちの. 2 名人芸の, 熟練した. mit ~em Können 達者なテクニックで. 3 (künstlerisch) 芸術的な.
'Art nou'veau [aːr nu'voː] 中 -/-〈fr., neue Kunst'〉《美術》アール・スヴォー〔19世紀末から20世紀初頭にかけて西欧諸国で開花した芸術の様式〕.
Ar·to'thek [arto'teːk] 女 -/-en 美術品貸出しサービス.
'Ar·tung ['aːrtʊŋ] 女 -/-en (まれ)特性, 特質.
'Ar·tur ['artʊr]《男名》〈kelt.〉= Arthur
'Ar·tus ['artʊs]《人名》〈lat.〉 König ~ アーサー王. ◆ 6世紀頃のウェールズの伝説の武将で後にブリテン王になったとされる. 中世以来, アーサー王伝説 Artussage で広く知られる. Artus は Arthur のラテン語形. ↑ Artussage
'Ar·tus·epik 女 -/《文学》アーサー王物語（アーサー王伝説を素材にした物語）.
'Ar·tus·sa·ge 女 -/-n《文学》アーサー王伝説（アーサー王と円卓騎士団を主人公にした武勇と恋愛の物語）. ↑ Artus
'art·ver·wandt 形 近い（似た）種類の, 類似の.
*__Arz'nei__ [aːrts'naɪ, arts..] アールツナィ 女 -/-en 薬, 薬剤, 医薬品. ~ verordnen〈verschreiben〉薬を処方する. eine bittere, heilsame ~ （口に苦い良薬の意から）教訓（経験）.
Arz'nei·buch 中 -[e]s/⸚er 薬局方（ほう）.
Arz'nei·mit·tel 中 -s/- (Medikament) 薬, 薬剤.

Arzt
[aːrtst, artst アールツト] 男 -es/Ärzte ['ɛːrtstə, 'ɛrtstə] 医師, 医者. ein praktischer ~（全科診療の）開業医. den ~ holen 医者を呼んでくる. zum ~ gehen 医者に行く.
'Ärz·te·kam·mer 女 -/-n 医師会.
'Arzt·hel·fe·rin 女 -/-nen （女性の）診療助手.
'Ärz·tin ['ɛːrtstɪn, 'ɛrts..] 女 -/-nen 女医.
*__'ärzt·lich__ ['ɛːrtstlɪç, 'ɛrtstlɪç エールツトリヒ] 形 医師（医者）の. die ~e Tätigkeit 医療活動. eine ~e

Untersuchung 医師の診察. sich⁴ ~ behandeln lassen 医師の診察を受ける. in ~er Behandlung sein〈stehen〉医者にかかっている.

as [as] 田 −/− 〖音楽〗**1** 変イ音. **2**〘記号〙=as-Moll
As¹ 田 −/− 〖音楽〗**1** 変イ音. **2**〘記号〙=As-Dur
As²〘記号〙**1** [a:ˈɛs, arˈze:n]〖化学〗=Arsen **2** [ampeːrzeˈkʊndə, ampɛːr..] =Amperesekunde
·As³ [as] 田 −ses/−se **1** Ass
a. S.〘略〙=**auf Sicht**〖銀行〗(手形に関して)一覧の上で, 一覧払いの.
ASA [ˈaːza]〘略〙=**ASA-Grad**
'Asa·foe·ti·da [ˈaːza ˈføːtida], **Asa·fö·ti·da** [azaˈføːtida] 囡 −/ (*lat.*) あぎ(イラン・アフガニスタン原産の植物, またその葉から採った樹脂ゴム; 動物のけいれん鎮止剤としても用いられる.
ASA-Grad [ˈaːzagraːt] 男 −[e]s/−〖写真〗ASA 感光度.
Asant [aˈzant] 男 −s/ = Asa foetida
As'best [asˈbɛst] 男 −[e]s/−e (*gr.*)〖鉱物〗アスベスト, 石綿.
As·bes'to·se [asbɛsˈtoːzə] 囡 −/−n〖医学〗石綿沈着症, 石綿病.
Asch [aʃ] 男 −es/Äsche〈東中部ドᵢ〉鉢, 深皿.
Aschan·ti·nuss [aˈʃantinʊs] 囡 −/⁼e (🇪🇷) (Erdnuss) 落花生.
'Asch·be·cher 男 −s/− = Aschenbecher
asch·blond 形〘比較変化なし〙灰色がかった(くすんだ)ブロンドの.
***'Asche** [ˈaʃə アシェ] 囡 −/−n **1** 〘ふつう単数で〙灰. vulkanische ~ 火山灰. Friede seiner ~! 彼の霊に平安あれ. Das ist doch ~!〘話〙それは何の役にも立たない. sich³ ~ aufs Haupt streuen 悔い改める, 自分の非を認める(↓〘旧約〙→マカ 3: 47). eine Stadt in Schutt und ~ legen 街を焦土(廃墟)と化(🇩🇪) す. zu ~ verbrennen 灰燼(🇯🇵)に帰する. [wieder] zu Staub und ~ werden 土に帰る, 死ぬ. **2**〘話〙〘複数なし〙小銭. blanke ~ 銀貨. ~ abladen 金を払う.
'Äsche¹ [ˈɛʃə] Asch の複数.
'Äsche² 囡 −/−n〖魚〗かわひめます.
'Asch·ei·mer 男 −s/− = Ascheneimer
'Aschen·bahn 囡 −/−en シンダー・トラック(石灰殻を敷いた競走路).
***'Aschen·be·cher** [ˈaʃənbɛçər アシェンベヒャー] 男 −s/− 灰皿.
'Aschen·brö·del [..brøːdəl] 田 −s/− = Aschenputtel
'Aschen·ei·mer 男 −s/− 灰入れ.
'Aschen·kas·ten 男 −s/⁼ (ストーブなどの)灰受け箱.
'Aschen·put·tel [..pʊtəl] 田 −s/− **1** (グリム童話などに出てくる)灰かぶり, シンデレラ. **2**〘比喩〙おさんどん, 下女.
'Aschen·re·gen 男 −s/−〘複数まれ〙(噴火による)降灰(🇯🇵); (核爆発による)放射能灰(死の灰)の降下.
'Ascher¹ [ˈaʃər] 男 −s/−〘話〙(Aschenbecher) 灰皿.
'Ascher² [ˈɛʃər] 男 −s/− **1** (製革)(生皮の脱毛に用いる)灰汁; 灰汁を入れる容器(桶, 樽). **2** (陶器の釉(🇯🇵)に用いられる)錫(🇯🇵)灰.
Ascher'mitt·woch [aʃərˈmɪtvɔx] 男 −[e]s/−e〘カトᵢ〙灰の水曜日(四旬節の第 1 日, 司祭はこの日痛悔を促すため信者の額に聖灰で十字の印を書く).
'asch·fahl [ˈaʃˈfaːl] 形 灰のように青ざめた, 血の気の失せた.

'asch·grau 形〘比較変化なし〙灰色の, ひどく青ざめた. bis ins *Aschgraue*〘話〙うんざりするほど長く, 延々と.
'aschig [ˈaʃɪç] 形 灰の; 灰のような, 灰色の; 灰まみれの.
Asch·ke'na·si [aʃkeˈnaːzi] 男 −m [..ˈnaːzim, ..naˈzim] (*hebr.*) アシュケナージ(Aschkenasim の単数). ↑Sephardi
Asch·ke'na·sim [aʃkeˈnaːzim, ..naˈzim] 複 (*hebr.*)《Aschkenasi の複数》アシュケナジム, アシュケナージーム. ◆ 中世以降ドイツをはじめ中・東欧に居住したユダヤ人とその子孫たち. セファルディム Sephardim とともに離散のユダヤ人を 2 分する. その使用言語はイディッシュ語 Jiddisch.
'Asch·ram [ˈaʃram] 田 −s/−s (近代ヒンドゥー教の)宗教的共住集団.
'Äschy·lus [ˈɛʃylʊs, ˈɛː..]《人名》アイスキュロス(前 525-456, ギリシア 3 大悲劇詩人の 1 人).
As·cor'bin·säu·re [askɔrˈbiːn..] 囡 −/〖化学〗アスコルビン酸.
'As-Dur [ˈasduːr, ʹ−ˈ−] 田 −/〘記号 As〙〖音楽〗変イ長調.
'Ase [ˈaːzə] 男 −n/−n〘多く複数で〙アーゼン, アサ神族 (Odin を主神とする北欧神話の神々).
ASEAN [ˈæsɪæn] 囡 −/〘略〙= Association of South-East Asian Nations アセアン, 東南アジア諸国連合(1967 設立).
Ase'bie [azeˈbiː] 囡 −/ (*gr.*) (古代ギリシアで)神々に対する冒瀆(🇯🇵)行為, 瀆(🇯🇵)神, 不信仰.
a 'sec·co [a ˈzɛko] (*it.*) (↔ a fresco) = al secco
'äsen [ˈɛːzən] 他〖狩猟〙《獣》が餌を食う, 草をはむ.
Asep·sis [aˈzɛpsɪs] 囡 −/〖医学〗無菌(状態).
Asep·tik [aˈzɛptɪk] 囡 −/〖医学〗無菌法, 無菌(防腐)処置.
asep·tisch [..tɪʃ] 形 無菌(状態)の, 防腐の; 病原菌の感染によらない, 無菌性の.
'Äser¹ [ˈɛːzər] Aas の複数.
'Äser² 男 −s/−〖狩猟〙(肉食獣および猪を除く獣の)口, 鼻づら.
'ase·xu·al [azɛksuaːl, −−−ˈ−] 形 **1**〖生物〗(ungeschlechtlich) 無性(生殖)の. **2**〖医学〙(性的)不感症の.
'ase·xu·ell [azɛksuɛl, −−−ˈ−] 形 = asexual
Asi'at [aziˈaːt] 男 −en/−en アジア人. ◆ 女性形 Asiatin [..tɪn]
Asi'a·te [..tə] 男 −n/−n = Asiat
Asi'a·ti·ka [aziˈaːtika] 複 アジア関係資料.
asi'a·tisch [..tɪʃ] 形 アジア(人)の. ↑deutsch
***'Asi·en** [ˈaːziən アージィエン]《地名》アジア(大陸).
As·ka·ri [asˈkaːri] 男 −s/−s (*arab.*)〖歴史〙(旧ドイツ領東アフリカの)土民兵.
As·ka·ri·a·sis [askaˈriːazɪs], **As·ka·ri'di·a·sis** [askariˈdiːazɪs] 囡 −/ (*gr.*)〖医学〙回虫症.
As'ke·se [asˈkeːzə] 囡 −/ **1** (一般的に)禁欲, 節制, 精進. **2** (宗教上の)苦行(🇯🇵).
As'ket [asˈkeːt] 男 −en/−en **1** 禁欲者, 節制家. **2** (宗教的な)苦行(🇯🇵)者, 修徳者, 行者(🇯🇵).
as'ke·tisch [..tɪʃ] 形 **1** 禁欲(生活)の, 禁欲的な. **2** 苦行をしている, 苦行者の(ような).
As·kle·pi·os [asˈkleːpiɔs]《人名》アスクレピオス(ギリシア神話の英雄にして医神).
Äs·ku'lap·stab [ɛskuˈlaːpʃtaːp] 男 −[e]s/⁼e〖ギリシア神話〙アスクレピオスの杖(蛇の巻きついた杖, 医神アスクレピオスの持物, 医学・医師の象徴).

'as-Moll ['asmɔl, '–'–] 田 –/ 《記号 as》《音楽》変イ短調.

Äsop ['ε'zo:p]《人名》イソップ, アイソーポス(前6世紀頃のギリシアの説話作家. ギリシア語形 Aisopos).

'aso·zi·al ['azotsia:l, –––'–] 形 **1** 非社交的な, 社会生活に適応できない. **2** 反社会的な.

As·pa·ra·gus [as'pa:raɡos,aspa'ra:ɡos] 男 –/– (gr.)《植物》(Spargel) アスパラガス.

As'pekt [as'pɛkt] 男 –[e]s/–e (lat.) **1** 視点, 観点, 見方. **2**《文法》(とくにスラブ語族で動詞の)相, アスペクト, 動作態様. **3**《天文・占星》星相, 星位.

As·per'gill [aspɛr'ɡɪl] 中 –s/– (lat.)《ｶﾄﾘｯｸ》(聖水をふりかける)灑水器, 灑水刷子(祝).

Asper·ma'tis·mus [aspɛrma'tɪsmʊs] 男 –/, **Asper'mie** [..'mi:] 女 –/《医学》無精液症, 射精不能.

As·per·si'on [aspɛrzi'o:n] 女 –/–en (lat. aspersio, das Besprengen')《ｶﾄﾘｯｸ》灌水(祝), 聖水撒布.

As'phalt [as'falt, '––] 男 –[e]s/–e (gr.) (Erdpech) アスファルト.

as·phal'tie·ren [asfal'ti:rən] 他 アスファルトで舗装する.

As·pho'dill [asfo'dɪl] 男 –s/–e (gr.)《植物》つるじゃん.

as·phyk·tisch [as'fʏktɪʃ] 形《医学》仮死(状態)の, 窒息(状態)の.

As·phy'xie [asfʏ'ksi:] 女 –/–n [..i:ən] 仮死, 窒息.

As'pik [as'pi:k, ..'pɪk, '––] 男《ﾌﾗﾝｽ》中 –s/–e アスピック(ブイヨンを固めて作るゼリー).

As·pi'rant [aspi'rant] 男 –en/–en (lat.) **1** 志願者, 候補者. **2** (旧東ドイツの)大学院生.

As·pi·ran'tur [aspiran'tu:r] 女 –/–en (旧東ドイツの)大学院博士課程.

As·pi'ra·ta [aspi'ra:ta] 女 –/..ten [..tən], ..tä [..ɛ] (lat.)《音声》帯気閉鎖音(ギリシア語の φ, θ, χ のように強い気息を伴う音).

As·pi·ra·ti'on [aspiratsi'o:n] 女 –/–en **1**《ふつう複数式》(強い)願望, 熱望, 野望, 大志. **2**《医学》吸引. **3**《音声》気息音として発音すること. **4**《音楽》アスピラシオン(17–18 世紀フランスの気息音を真似た短い装飾をつける唱法).

As·pi'ra·tor [..'ra:tɔr] 男 –s/–en [..ra:to:rən] 吸引装置, 吸上げポンプ;《医学》(体液などの)吸引器.

as·pi'rie·ren [..'ri:rən] **❶** 他 (lat.) **1**《音声》(息を)吸引する, 吸出す. **2**《音声》気息音を入れて発音する. **❷** 自《ｵｰｽﾄﾘｱ》(auf et⁴ 物⁴を)手に入れようと努める, 欲しがる(志願する, 志望する.

As·pi'rin [aspi'ri:n] 中 –s/《商標》アスピリン.

aß [a:s] essen の過去.

Ass, °**Aß** [as] 中 –es/–e **1** (さいころの)1 の目. **2** (カードの)エース. **3**《話》(スポーツなどの)第一人者, エース. ein ~ im Boxen〈auf der Geige〉ボクシング(バイオリン)の第一人者. ein ~ auf der Bassgeige sein やり手である. **4**《ﾃﾆｽ》サービスエース. **5**《ｺﾞﾙﾌ》ホールインワン. **6** 人気商品.

Ass.《略》**1** =Assesor **2** =Assistent

as'sai [a'sai] (it., viel, genug')《音楽》非常に, 十分に. allegro ~ アレグロ・アッサイ(十分に速く).

äße ['ɛ:sə] essen の接続法 II.

As·se·ku'ranz [aseku'rants] 女 –/–en《古》保険, 保険会社.

'As·sel ['asəl] 女 –/–n《動物》等脚類(わらじむしの類).

As·sem'blee [asã'ble:] 女 –/–n [..'ble:ən] (fr., Versammlung') 集まり, 集会.

as·sen'tie·ren [asɛn'ti:rən] 他 (lat.)《古》**1** (事に)同意(賛成)する. **2**《ｵｰｽﾄﾘｱ》(人⁴が)兵役に適していると判定する.

As·ser·ti'on [asɛrtsi'o:n] 女 –/–en (lat.)《哲学》(しばしば根拠のない)断定, (断言的な)主張.

as·ser'to·risch [asɛr'to:rɪʃ] 形 断定(断言)的な.

As·ser'vat [asɛr'va:t] 中 –[e]s/–e (lat.)《法制》(裁判証拠めたる)法的保管物.

as·ser'vie·ren [asɛr'vi:rən] 他《古》保管(保存)する.

As'sess·ment·cen·ter [ɛ'sɛsmənt-sɛntər] 中 –s/– (engl.) (とくに管理職めたの)能力(適性)検査.

As·ses'sor [a'sɛso:r] 男 –s/–en [asɛ'so:rən]《略 Ass.》上級公務員候補者(第 2 次国家試験に合格し, 確定的に任命されるまでの期間にある者). ◆ 女性形 Assessorin 女 –/–nen

As·si·mi'lat [asimi'la:t] 中 –[e]s/–e 同化(作用)によってできたもの, 同化産物, 同化物質.

As·si·mi·la·ti'on [..latsi'o:n] 女 –/–en (lat.) **1** 順応, 適応. **2**《生理・生物》同化(作用);《政治・社会学》(異民族・異文化間の)同化, 融和;《心理》(新しい観念の既存観念への)同化, 吸収;《音声》(隣接する音の)同化;《地質》シンテクシス(異種の岩石のマグマによる同化).

as·si·mi·la'to·risch [..la'to:rɪʃ] 形 同化(作用)による.

as·si·mi'lie·ren [asimi'li:rən] **❶** 他 **1** 適応(順応)させる, 同化する, 融和させる. **2**《生化学》(植物が)炭酸を同化する. **❸** 自 (sich⁴/sich³) **1**《雅》適応(順応, 同化)する(et⁴〈an et⁴〉物³,⁴に). sich den Gepflogenheiten ~ 慣習に順応する. sich an eine neue Umgebung ~ 新しい環境に溶け込む. **2** (sich³)(物⁴を)同化(吸収)する, 取入れる.

*✱**As·sis'tent** [asɪs'tɛnt] アスィステント] 男 –en/–en《略 Ass.》(大学などの)助手; 補佐役, (実験などの)協力者. ◆ 女性形 Assistentin 女 –/–nen

As·sis'tenz [asɪs'tɛnts] 女 –/–en《複数まれ》手伝い, 助力, 援助.

As·sis'tenz·arzt 男 –es/¨e (医長の下で診療にあたる)一般医師, 医局員.

as·sis'tie·ren [asɪs'ti:rən] 自 (lat.) (人³の)助手を務める, 手助け(手伝い)をする, (に)協力する(bei et³ 事³のさいに).

As·so'nanz [aso'nants] 女 –/–en (lat.) **1** 音の協和(一致). **2**《韻律》母音押韻(ﾌﾟ), 不完全脚韻(母音のみの押韻, 例 Segen-Leben).

as·sor'tie·ren [asɔr'ti:rən] 他 (fr.)《商業》(在庫を)揃(ゑ)える, 補充する; (商品を品目別に区分する(区分けして入れる). ein gut assortiertes Lager 豊富に品数を揃えた在庫.

As·so·zi·a·ti'on [asotsiatsi'o:n] 女 –/–en (fr.) **1** 協会, 団体, 結社, 連合. **2**《ｶﾄﾘｯｸ》(教会が承認した)信心会, 兄弟会, 寛律修道会. **3** (事業などの)提携, 合同. **4**《心理》観念連合, 連想;《化学》(分子の)会合;《生物》群集(異種の生物が集まっていること);《天文》アソシエーション, 星組合.

as·so·zi·a'tiv [..'ti:f] 形 観念連合に基づいた, 連想による; 相関的な; 連合(提携)的な.

as·so·zi'ie·ren [asɔtsi'i:rən] **❶** 他 連想させる. Ihr Name assoziierte in mir schöne Erinnerungen. 彼女の名前は私の心に美しい思い出をよみがえらせた.

た． ❷ 再 《sich⁴》 (mit j⟨et⟩³ 人⟨物⟩³と)提携する．
As·sum·ti·on [asʊmtsi'oːn] 女 -/ 1 《宗》(聖母被昇天祭の略称なし) (Himmelfahrt Mariä)(聖母の)被昇天． 2 《カトリック》聖マリア被昇天の祝日(8月15日)． 3 《美術》(Assunta) 聖母被昇天の図．
As'sun·ta [a'sɔnta] 女 -/..ten[..tən] (it.) = Assumtion 3
As'sy·rer [a'syːrər] 男 -s/- アッシリア人．
As'sy·ri·en [a'syːriən] 中 《地名》アッシリア(メソポタミア北部，またセンセム族が建てた古代王国)．
As'sy·ri·er [..riər] 男 -s/- = Assyrer
As·sy·ri·o·lo·gie [asyrioloˈgiː] 女 -/ アッシリア学．
*****Ast** [ast アスト] 男 -[e]s/Äste 1 (↔ Zweig) (幹または根から直接分かれ出た太い)枝，大枝．den ~ absägen, auf dem man sitzt 《比喩》みずから墓穴を掘る．einen ~ durchsägen 《戯》大いびきをかく．der absteigende⟨aufsteigende⟩ ~ 下降⟨上昇⟩カーヴ．auf den absteigenden ~ sein 《比喩》落目である．2 (Astloch) (板の)節穴．3 枝分かれしたもの，分枝，分岐．Nervenast 神経枝．4 《複数なし》《話》背中；(背中の)こぶ．einen ~ haben 背もしてある；《古》疲れている，二日酔いである．sich³ einen ~ lachen 笑いこける．et⁴ auf den ~ nehmen 物⁴を背負う．
'As·ta ['asta] 女名 アスタ (Anastasia, Astrid, Augusta の短縮)．
AStA ['asta] 男 -[s]/-[s] (ASten[..tən]) 《略》= Allgemeiner Studentenausschuss (ドイツの)全国学生連合．
As·ta·sie [asta'ziː] 女 -/-n [..'ziːən] 《医学》(精神的混乱による)失立症，起立不能．
As'tat [a'staːt, as'taːt], **As·ta'tin** [asta'tiːn] 中 -s/ 《化学》At 《記号 At》アスタチン．
as·ta·tisch [a'staːtɪʃ, as'ta..] 形 1 《医学》失立症の，(精神的に)不安定な．2 《物理》無定位の．
'Äs·te ['ɛstə] Ast の複数．
'as·ten ['astən] 動 ❶ 自 (s, h) 1 (s)《話》あえぎながら歩く，急いで行く．2 (h) 骨折る，苦労する．❷ 他 骨折って運ぶ．❸ 再 《sich¹》枝分かれする，分岐する．
'As·ter ['astər] 女 -/-n 《植物》アスター，紫苑(しおん)．
as'te·risch [as'teːrɪʃ] 形 星の，星形の．
As·te'ris·kus [asteˈrɪskʊs] 男 -/..ken[..kən]《印刷》アステリスク，星印(*)．
As·te·ro'id [..'iːt] 男 -en/-en《天文》(Planetoid) 小惑星．
As·the'nie [aste'niː] 女 -/-n [..'niːən]《医学》(Kraftlosigkeit) 無力症；(一般的な)衰弱．
As·the'ni·ker [a'steːnikər, as'te..] 男 -s/- 無力性体質者，虚弱体質者．
as·the'nisch [a'steːnɪʃ, as'te..] 形 1 無力性の．2 虚弱な，蒲柳(ほりゅう)の質の．
Äs'thet [ɛs'teːt] 男 -en/-en (↔ Moralist) 審美家；耽美(たんび)(唯美)主義者．
Äs·the'tik [ɛs'teːtɪk] 女 -/-en 1 美学．2 《複数なし》美；美意識，美的感覚，審美眼．
Äs·the'ti·ker [..tikər] 男 -s/- 美学者．
äs·the'tisch [..tɪʃ] 形 1 美的な，美学的な；審美的な，耽美(たんび)的な．2 美しい，趣味のよい；魅力ある．
äs·the·ti'sie·ren [ɛsteti'ziːrən] 他 美的見地からのみ見る(判断する，描写する)．
Äs·the·ti'zis·mus [..'tsɪsmʊs] 男 -/ 耽美(たんび)主義．
'Asth·ma ['astma] 中 -s/ (gr.)《医学》喘息(ぜんそく)．
Asth'ma·ti·ker [ast'maːtikər] 男 -s/- 喘息(ぜんそく)患者．
asth'ma·tisch [..tɪʃ] 形 《医学》喘息(性)の，喘息を患っている．
'As·ti ['asti] 男 -[s]/- アスティ(イタリア西部の都市 Asti を中心とする地方で産するワイン)．
'as·tig ['astɪç] = ästig 2
'äs·tig ['ɛstɪç] 形 1 《まれ》枝の多い，ひどく枝分かれした．2 (木材について)節(節穴)だらけの．
as·tig·ma·tisch [astɪ'gmaːtɪʃ] 形 《医学》乱視の，《光学》非点収差のある．
As·tig·ma'tis·mus [..gma'tɪsmʊs] 男 -/《医学》乱視；《光学》非点収差．
äs·ti'mie·ren [ɛsti'miːrən] 他 高く評価する．
'Ast·loch 中 -[e]s/-er (木材・板の)節穴．
As·tra·chan ['astraxa(ː)n] 男 1 《地名》アストラハン(カスピ海北岸の都市)．❷ -s/-s アストラカン(アストラハン特産の小羊の毛皮，又はそれに似せた織物)．
as'tral [as'traːl] 形 星(星座)の，星(星座)に関する．
As'tral·kör·per 男 -s/-, **As'tral·leib** 男 -[e]s/-er 1 《哲学》(神智学・人智学用語)アストラル体．2 《話》《多く反語的に》すてきな(魅力ある)体(人体のこと)．
'ast·rein 形 1 (木材について)節(節穴)のない．2 《話》(道徳的に)非の打ちどころのない．Das ist nicht ganz ~. そいつは少しいかがわしい．3 《若者》すてきな，素敵な．
as·tro.., **As·tro..** [astro..]《接頭》(gr. astron, Gestirn ⁴) 名詞・形容詞などに冠して「星，天体」の意を表わす．
As·tro'graph [astro'graːf] 男 -en/-en 1 アストログラフ，天体撮影望遠鏡．2 天体製図器．
As·tro·la'bi·um [..'laːbiʊm] 中 -s/..bien [..biən] アストロラーブ，アストロラーベ(中世アラビアの天体観測器機，現代では経緯度決定に使われる天体観測装置)．
As·tro'lo·ge [..'loːgə] 男 -n/-n 占星術師．
As·tro·lo'gie [..lo'giː] 女 -/ 占星術，星占い．
as·tro'lo·gisch [..'loːgɪʃ] 形 占星術の．
As·tro·me'trie [..me'triː] 女 -/ 位置天文学，天体測定学．
As·tro'naut [astro'naʊt] 男 -en/-en (Raumfahrer) 宇宙飛行士．↑Argonaut 1
As·tro'nau·tik [..'naʊtɪk] 女 -/ 宇宙飛行(学)．
As·tro'nom [..'noːm] 男 -en/-en 天文学者．
*****As·tro·no'mie** [astrono'miː] アストロノミー 女 -/ 天文学．
*****as·tro'no·misch** [astro'noːmɪʃ] アストロノーミッシュ 形 1 天文の，天文学(上)の．~e Einheit (略 AE) 天文単位．~es Fernrohr 天体望遠鏡．~er Ort 星位．2 《比喩》天文学的な，膨大(莫大)な．~e Preise 途方もなく高い値段．
As·tro·phy'sik 女 -/ 天体(宇宙)物理学．
Äs·tu'ar [ɛstu'aːr], **Äs·tu·a'ri·um** [..'aːriʊm] 中 -s/..rien[..riən] (lat.)《地理》(河口にできた漏斗形の)江湾，入江．
'Ast·werk 中 -[e]s/ 1 (Geäst)《総称的に》木の枝．2 《建築》(ゴシック建築の)枝形装飾．
'Äsung ['ɛːzʊŋ] 女 -/-en (肉食獣および猪を除く獣の)餌，牧草，餌(草)をはむこと．(↑äsen)
Asyl [a'zyːl] 中 -s/-e (gr.) 1 (浮浪者などの)収容施設，ホーム．2 《複数まれ》(亡命者などの)庇護，保護；避難所．
Asy'lant [azy'lant] 男 -en/-en 庇護(保護)を求める人，亡命者，難民．

Asyl·be·wer·ber 男 -s/- =Asylant
Asyl·recht 中 -[e]s/《法制》庇護権(政治的に迫害された者が庇護を受ける権利).
Asym·me·trie [azyme'tri:] 女 -/-n [..'tri:ən] (gr.) (↔ Symmetrie) 不均整, 非対称, 不斉.
asym·me·trisch [''azyme:trɪʃ, --'--] 形 不均整の, 非対称の, 不斉の.
asyn'chrom [azyn'kro:m] 形《印刷》多色の. ~er Druck 多色刷り.
'asyn·chron ['azynkro:n, --'--] 形 (↔ synchron) 非同時の;《電子工》非同期式の.
Asyn·chron·mo·tor 男 -s/-en [..moto:rən] 非同期電動機.
asyn·de·tisch ['azynde:tɪʃ, --'--] 形《文体》接続詞を省略した.
Asyn·de·ton [a'zyndetɔn] 中 -s/..ta [..ta]《文体》接続詞省略(例 Ich kam, ich sah, ich siegte.).
As·zen·dent [astsɛn'dɛnt] 男 -en/-en (lat.) (↔ Deszendent) **1** (Vorfahr) 先祖, 祖先. **2** 《天文》上昇する天体;(天体の)昇交点. **3**《占星》上昇点.
As·zen·denz [..'dɛnts] 女 -/-en **1** (直系の)祖先. **2** (天体の)上昇.
as·zen·die·ren [..'di:rən] 自 (s, h) **1** (s)《天体が》昇る, 上昇する. **2** (h, s) 昇進(栄進)する.
At [at, asta'ti:n] 《記号》《化学》= Astatin
A. T. [a:'te:] 《略》= Altes Testament 旧約聖書.
atak·tisch [a'taktɪʃ] 形 不規則な, 不均整な, 不規則性の;《医学》失調(性)の. ↑ Ataxie
Ata·ra'xie [atara'ksi:] 女 -/《ギリシア哲学》アタラクシア(心の平静さ・不動心・平常心).
Ata'vis·mus [ata'vɪsmʊs] 男 -/..men [..mən] (lat.) (複数なし)《生物》隔世遺伝, 先祖返り. **2** 退化, 退行.
ata'vis·tisch [..tɪʃ] 形 隔世遺伝(先祖返り)の.
Ata'xie [ata'ksi:] 女 -/-n [..'ksi:ən]《医学》運動失調.
Ate·li'er [ateli'e:, ata..] 中 -s/-s (fr.) (画家などの)仕事場, アトリエ, 工房;(撮影用の)スタジオ;(仕事部屋を兼ねた)ファッション店.
***'Atem** ['a:təm] 男 -s/ 呼吸, 呼(吸)気, 息. Mir ist der ~ ausgegangen. 私はもう息が切れた;(経済的に)力尽きた. Da bleibt einem der ~ weg! これにはまげた. den ~ anhalten (驚き・緊張のため)息をのむ. den letzten ~ aushauchen 息を引取る. j³ den ~ benehmen⟨verschlagen⟩(驚かすなどして)人³ に息をのませる. Der Schreck benahm ihr den ~. 恐ろしさに彼女は声も出なかった. einen kurzen ~ haben 息切れがする, 喘息(ぜ́んそく)持ちである. einen langen ~ haben 息が長続きする; 根気がある. ~ holen ⟨schöpfen⟩息を吸う, 一息入れる.《前置詞と》außer ~ geraten⟨kommen/sein⟩息が切れる. in einem ~ 一気(一息)に, 同時に. j⁴ in ~ halten / j⁴ nicht zu ~ kommen lassen 人⁴に息つく暇も与えない. mit verhaltenem ~ lauschen 息を殺してうかがう(聞き耳を立てる). nach ~ ringen あえぐ. wieder zu ~ kommen 息がつけるようになる. ohne ~ 息をつく

間もない. **2** 短い休止(時間). eine ~ einlegen 休み時間をはさむ, 間を置く.
a 'tem·po [a 'tempo] (it., wieder im ursprünglichen Tempo') **1**《音楽》ア・テンポ, もとのテンポで. **2** 《話》すぐに, 急いで.
'Atem·tech·nik 女 -/ 呼吸法, 息の遣い方.
'Atem·zug -[e]s/..e (1回の)呼吸, (1回に吸込む)息. die letzten Atemzüge tun 息を引取る. bei jedem ~ 息をするたびに. bis zum letzten ~ 息を引取るまで. im nächsten ~ 次の瞬間に, 間髪を入れずに. in einem ~ 一気に, 同時に.
Äthan [ɛ'ta:n] 中 -s/《化学》エタン.
Atha·na'sie [atana'zi:] 女 -/ (gr.)《宗教》不死.
Ätha·nol [ɛta'no:l] 中 -s/《化学》= Ethanol
Athe·is·mus [ate'ɪsmʊs] 男 -/ (gr.) 無神論.
Athe'ist [..'ɪst] 男 -en/-en 無神論者.
athe·is·tisch [..'ɪstɪʃ] 形 無神論の.
Athen [a'te:n]《地名》アテネ, アテーナイ.
Athe'nä·um [ate'nɛ:ʊm] 中 -s/..en [..'nɛ:ən] アテネーウム(アテーナー)女神の神殿. ↑ Athene
Athe·ne [a'te:nə, ..ne]《人名》《ギリシア神話》アテネー, アテーナー(知恵・学芸・戦術を司る, アテネ市の守護女神. ローマ神話の Minerva と同一視される).
Athe·ner [a'te:nər] 男 -s/- アテネ市民.
'Äther [''ɛ:tər] 男 -s/ (gr.) **1** 《化学》エーテル;《医学》(Äthyläther) エチルエーテル(麻酔薬);《物理》エーテル(かつて電磁波を運ぶ媒体と仮想された物質). **2**《ギリシア神話》アイテール(天の最上層にあると考えられた汚れを知らぬ光り輝く部分, またその擬人化神の.《ギリシア哲学》ではアイテール(宇宙にみなぎる精気で, あらゆる事物の根源となる元素). **3**《雅》天空.
äthe·risch [ɛ'te:rɪʃ] 形 **1**《化学》エーテル(性)の, 揮発性の, 芳香性の. ein ~er Duft 芳香. **2** 《雅》天の, 大空の. ~e Sphären 天空. **3**《雅》霊妙な.
äthe·ri·sie·ren [ɛteri'zi:rən] 他 (人⁴に)エーテルで麻酔をかける.
ather'man [atɛr'ma:n] 形 熱を吸収して透過させない, 不透熱性の.
Athe'rom [ate'ro:m] 中 -s/-e《医学》(Grützbeutel) アテローム, 粥腫(じゅくしゅ), 粉瘤(ふんりゅう).
Äthi·o·pi·en [ɛti'o:piən]《地名》エチオピア(アフリカ北東部の共和国).
Äthi·o·pi·er [ɛti'o:piər] 男 -s/- エチオピア人.
äthi·o·pisch [..pɪʃ] 形 エチオピア(人, 語)の. ~ deutsch
Ath'let [at'le:t] 男 -en/-en (gr.) **1** 運動選手, 競技者, スポーツマン. **2** 筋骨たくましい人.
Ath·le·tik [at'le:tɪk] 女 -/ **1** 運動競技術, 体育理論. **2** 運動競技. Leichtathletik 陸上競技. Schwerathletik 重量競技(格闘技・重量挙げなど).
Ath·le·ti·ker [..tikər] 男 -s/-《医学・心理》筋骨型(闘志型)の人.
ath'le·tisch [..tɪʃ] 形 **1** 運動(競技)の. **2** 筋骨たくましい, (体格などが)スポーツマンらしい.
Äthyl [ɛ'ty:l] 中 -s/-e《化学》= Ethyl
Äthyl·al·ko·hol [ɛ'ty:l..] 男 -s/《化学》= Ethylalkohol
Äthy'len [ɛty'le:n] 中 -s/《化学》= Ethylen
Athy'mie [aty'mi:] 女 -/-n [..'mi:ən] (gr.)《医学》(Mutlosigkeit) 無気力, 無衝動, 鬱病.
Äti·o·lo'gie [ɛtiolo'gi:] 女 -/ (gr.)《医学》病因, 病因論(学).
At'lant [at'lant] 男 -en/-en《建築》(↔ Karyatide) アトランテス(古代建築で梁(はり)を支える男像柱. ↑

At·lan·ten [..tən] Atlant, Atlas¹ ③ の複数.
*At'lan·tik [at'lantık アトランティク] 男 -s/ 大西洋. *Atlantik*pakt 北大西洋条約機構 (Nordatlantikpakt の短縮).
at'lan·tisch [..tıʃ] 形 **1** 大西洋の. der *Atlantische* Ozean 大西洋. **2** 北大西洋条約機構の.
'At·las¹ ['atlas] ❶ 〖人名〗〖ｷﾞﾘｼｬ神話〗アトラース神(ティーターン神族 Titanen の 1 人、オリュンポスの神々に反抗した罰として天空を支える役を課せられた). ❷ 男 -/〖地名〗der ～ アトラス山脈. ❸ 男 -[ses]/-se (..lanten[at'lantən]) **1** 地図書, 地図帳. **2** (大部の学術的)図解集. **3** der ～ 〖天文〗(プレアデス星座の)アトラス星.
'At·las² 男 -[ses]/〖解剖〗環椎(ｶﾝﾂｲ), 第 1 頸椎(ｹｲﾂｲ).
'At·las³ 男 -[ses]/-se〖紡績〗繻子(ｼｭｽ).
at·las·sen [atlasən] 形 繻子の.
'At·man ['a:tman] 男 (中)-[s] (*sanskr.*, 'Hauch')〖ﾋﾝﾄﾞｩｰ教〗アートマン(「我」「個我」の意).

'at·men ['a:tmən アートメン] ❶ 自 息をする, 呼吸をする. tief ～ 深く息をする, 深呼吸する. solange ich [noch] *atme* 私が生きている限りは, 私の目が黒いうちは. Hier kann man frei ～.《比喩》ここでは自由に息がつける. ❷ 他 **1**〖雅〗(einatmen) 吸込む. **2**〖雅〗(ausströmen) 吐き出す, (においなどを)発散する. Dieser Ort *atmet* Ruhe und Frieden. この地には静けさと平和が満ちている.
*At·mo'sphä·re [atmo'sfɛːrə アトモスフェーレ] 女 -/-n (*gr.*) **1**〖気象〗(Verunreinigung der ～ 大気汚染(=Luftverschmutzung). **2** 雰囲気, ムード. eine gespannte ～ 緊張した雰囲気. Die Stadt hat keine ～. この町には趣がない. **3**〖略 atm〗〖物理〗(圧力単位としての)気圧.
at·mo'sphä·risch [..'sfɛːrıʃ] 形 **1** 大気(中)の, 大気(の作用)による. **2** 雰囲気をかもしだす, 風情のある. **3** (差異・ニュアンスなどに関し)かすかな.
'At·mung ['a:tmʊŋ] 女 -/ 呼吸. künstliche ～ 人工呼吸.
Atoll [a'tɔl] 中 -s/-e〖地形〗環礁.
*Atom [a'to:m アトーム] 中 -s/-e (*gr.* atomos, 'unteilbar') **1**〖化学〗原子, アトム. **2** 微小なもの; 微少量. nicht ein ～/ kein ～ まったくない〖*gar* nichts〗. in ～*e* zerfallen 粉々に壊れる. sich⁴ in ～*e* auflösen 消滅する.
ato'mar [ato'maːr] 形 **1** 原子の. **2** 核エネルギーの, 原子力の. **3** 核兵器の. ～*er* Habenichts〖話〗非核保有国.
Atom·bom·be [a'toːm..] 女 -/-n 原子爆弾.
Atom·bun·ker 男 -s/- 核シェルター.
*Atom·ener·gie [a'to:mˀenɛrgi: アトームエネルギー] 女 -/-n (Kernenergie) 核エネルギー, 原子力.
Atom·ge·wicht 中 -[e]s/-e〖記号 A〗〖化学〗原子量.
*ato·mi'sie·ren [atomi'ziːrən アトミズィーレン] 他 **1** 粉々に砕く, 破壊し尽くす. **2** (液体)を霧化(噴霧)する. **3**〖侮〗(物)を細かく見せる. eine *atomisierende* Betrachtungsweise 細部ばかりにこだわる見方.
Ato'mis·mus [ato'mısmʊs] 男 -/ **1**〖哲学〗原子論 (Demokrit にはじまる古代唯物論). **2**〖心理〗原子論, 原子主義(すべての心理現象は純粋感覚・単一感情に還元できるとする説).
Ato'mis·tik [..'mıstık] 女 -/〖哲学〗= Atomismus

Atom·kern [a'to:m..] 男 -[e]s/-e 原子核.
Atom·kraft 女 -/ 原子力.
Atom·kraft·werk 中 -[e]s/-e (Kernkraftwerk) 原子力発電所. Ausstieg vom ～ 脱原発.
Atom·krieg 男 -[e]s/-e 核戦争.
Atom·macht 女 -/¨-e **1** 核保有国. **2** 核戦力.
Atom·mei·ler 男 -s/- =Atomreaktor
Atom·müll 男 -s/ 核(放射性)廃棄物.
Atom·phy·sik 女 -/ (→ Kernphysik) 原子物理学.
Atom·pilz 男 -es/-e (原爆の)きのこ雲.
Atom·re·ak·tor 男 -s/-en (Kernreaktor) 原子炉.
Atom·schiff 中 -[e]s/-e 原子力船.
Atom·spal·tung 女 -/〖核物理〗核分裂.
Atom·sperr·ver·trag 男 -[e]s/-e 核拡散防止条約.
Atom·test 男 -[e]s/-s(-e) 核実験.
Atom·U-boot 中 -[e]s/-e 原子力潜水艦.
Atom·uhr 女 -/-en 原子時計.
Atom·waf·fe 女 -/-n 〖ふつう複数で〗〖略 A-Waffe〗核兵器.
atom·waf·fen·frei 形 非核(武装)の.
Atom·waf·fen·sperr·ver·trag 男 -[e]s/ Atomsperrvertrag
Atom·wär·me 女 -/〖化学〗原子熱.
Atom·zei·chen 中 -s/-〖化学〗原子記号.
Atom·zeit·al·ter 中 -s/ 原子力時代.
'Ato·na [a'(ː)tona] Atonon の複数.
'ato·nal ['atona:l, -ˈ-] 形〖音楽〗無調の.
Ato·na'list [atonaˈlıst] 男 -en/-en 無調音楽の作曲家.
Ato·na·li'tät [..li'tɛːt] 女 -/〖音楽〗無調(性).
Ato'nie [ato'niː] 女 -/-n [..'niːən]〖医学〗アトニー, (筋の)弛緩(ｼｶﾝ)(症), 無緊張.
ato·nisch [a'to:nıʃ] 形 弛緩(ｼｶﾝ)(無力)性の.
'Ato·non [a'(ː)tonɔn] 中 -s/Atona〖音声〗無強勢の語(例 Ich bin's. と言ったときの es).
Ato'pie [ato'pi:] 女 -/-n [..'pi:ən] (*gr.*)〖医学〗アトピー(特定の物質に対する先天性過敏症).
..ator [..a:tor] 〖接尾〗..ieren で終る動詞の語幹につけて「…する人(物)」の意の男性名詞 (-s/..toren [..ato:rən])を作る. Transform*ator* 変圧器. Agit*ator* アジテーター.
Atout [a'tu:] 男 中 -s/-s (*fr.*)〖ｶﾙﾀ〗切り札.
à 'tout 'prix [a 'tu: 'pri:] (*fr.*, 'um jeden Preis') どんな代価を払っても, なんとしても.
'ato·xisch ['atɔksıʃ, -ˈ-] 形〖薬学〗無毒の.
Atri'chie [atriˈçi:] 女 -/〖医学〗無毛(症).
'Atri·um [ˈa:triʊm] 中 -s/Atrien [..iən] (*lat.*) **1**〖建築〗アートリウム(古代ローマ住宅建築では中庭の中央広間, 古代・中世の教会建築では聖堂の前の列柱廊つきの中庭). **2**〖解剖〗(Vorhof) 心房.
Atro'phie [atro'fi:] 女 -/-n [..ˈfi:ən]〖医学〗アトロフィア, 萎縮(ｲｼｭｸ), 無栄養症, 消耗症.
atro'phie·ren [..ˈfi:rən] 自 (s)〖医学〗(組織が)萎縮(ｲｼｭｸ)する.
Atro·zi'tät [atrotsi'tɛ:t] 女 -/-en (*lat. atrox*, 'grausam')〖古〗残忍, 残虐, 悪逆無道(な行為).
ätsch [ɛ:tʃ] 間 *Ätsch*! (人の失敗などをはやしてわーい.
at'tac·ca [a'taka] (*it.*)〖音楽〗アタッカ(楽章・楽節間を切れ目なしに, すぐ続けて演奏せよの意).
At·ta'ché [ata'ʃe:] 男 -s/-s (*fr.*) **1** (在外公館に勤

務る)外交官補. **2**（大使・公使付きの）専門担当官. Militärattaché 大使館付武官.

at·ta·chie·ren [ataˈʃiːrən] (fr. attacher, befestigen') **①** 他（人を人に）付添わせる, 配属する,（人⁴の）随員になる.（と）親しくなる. **②** 再 (sich) sich j³〈an j⁴〉 ～ 人³は⁴に好意を持つ,（と）親しくなる.

At·ta·cke [aˈtakə] 女 -/-n (fr. attaque, Angriff') **1** 攻撃, 襲撃;（古）騎馬攻撃. **2**（病気の）発作, 発病. **3**（痛烈な）批判, 非難; キャンペーン. eine ～ gegen j⟨et⟩⁴ reiten 人⁴物⁴に非難の矢を浴びせる. **4**《音楽》アタック（とくにジャズにおける強烈な出だし）.

at·ta·ckie·ren [ataˈkiːrən] 他 攻撃（襲撃）する;《古》騎馬攻撃をかける. **2**（病気が）襲う. **3** 激しく批判（非難）する.

'At·ten·tat [ˈatəntaːt, atɛnˈtaːt] 中 -[e]s/-e (lat. attentatum, Versuchtes') 暗殺, 謀殺. ein ～ auf j⁴ verüben 人⁴を暗殺する,（の）暗殺を謀る. Ich habe ein ～ auf dich vor.（戯）君に折入って頼みがあるんだけど.

'At·ten·tä·ter [ˈatəntɛːtər, atɛnˈtɛːtər] 男 -s/- （政治的）暗殺者, 刺客, テロリスト.

At·ten·tis·mus [atɛnˈtɪsmʊs] 男 -/ (lat.)《政治》日和見;《金融》（市場の）模様眺め.

At'test [aˈtɛst] 中 -[e]s/-e (lat.) **1** 健康診断書. **2**《古》（専門家による）鑑定（書）, 所見.

at·tes'tie·ren [atɛsˈtiːrən] 他 **1**（に）折紙をつける. **2** j³ als Lehrer der Oberstufe ～ （旧東ドイツで）人⁴の上級教員資格を認定する（年の勤務実績により無試験で）.

'At·ti·ka¹ [ˈatika]《地名》アッティカ（アテネを中心とする中部ギリシアの地方）.

At·ti·ka² [..]/..kən [.kən] **1**《建築》アティク（古代ギリシア・ローマ建築の軒蛇腹）. **2** 屋階.

At·ti·la¹ [ˈatila]《人名》(got., Väterchen') アッティラ（ヨーロッパを席巻したフン族 Hunnen の王, 位 434-453）.

At·ti·la² 女 -/-s アッティラ服（ハンガリーの民族衣装, またハンガリー軽騎兵の軍服の上着）.

at·tisch [ˈatɪʃ]（↓ Attika') アッティカの. ～es Lächeln《彫刻》アルカイックスマイル. ～es Salz 気の利いた洒落（しゃれ）.

At·ti·tü·de [atiˈtyːdə] 女 -/-n (fr., Haltung') **1** 姿勢, 格好, ポーズ; 身振り, 態度. **2**《バレエ》アティチュード.

At·trak·ti·on [atraktsiˈoːn] 女 -/-en (fr., Anziehung[skraft]') **1**《複数なし》引きつけること, 魅惑, 魅力. **2** 耳目（関心）を引きつけるもの; 呼び物, アトラクション. **3** 売行きのよい商品, ヒット商品.

at·trak'tiv [..ˈtiːf] 形 魅力ある, 関心をそそる.

At·trak·ti·vi·tät [..tiviˈtɛːt] 女 -/ 吸引力, 魅力.

At'trap·pe [aˈtrapə] 女 -/-n (fr., Falle, Scherzartikel') **1** 罠（わな）. **2**（展示用の）模造品, 空（から）の化粧箱. **3** 罠（わな）に陥し入れる, 欺く.

at·tri·bu'ie·ren [atribuˈiːrən] 他 (lat. attribuere ,zuschreiben') **1**《文法》einem Substantiv ein Adjektiv ～ 名詞に形容詞を添える. ein Substantiv ～ 名詞に付加語を添える. **2** j³ et⁴ ～ 事⁴を人³の特質（属性, 象徴）と認める（1 Attribut）. Dem Meergott Poseidon ist ein Dreizack attribuiert. 海神ポセイドーンの象徴は三股（さんまた）の矛である. **3** (zuschreiben)（人³に）物⁴を帰する.

At·tri'but [atriˈbuːt] 中 -[e]s/-e (lat.) **1** 特質, 特性;《哲学》属性. **2** 象徴的な持物（付属品）;《美

術》持物（じもつ）, アトリビュート（神々や聖人の特徴・職能などを表す添え物, 聖ペテロの鍵・大黒天の打出の小づちなど）. **3**《文法》付加語.

at·tri·bu'tiv [atribuˈtiːf, '---] 形《文法》付加語的な, 付加語としての.

'aty·pisch [ˈatyːpɪʃ, -'--] 形 (gr.) 典型的でない, 変型的な;《医学》異型（不定型）の.

'At-Zei·chen [ˈɛt..] 中 -s/- （アットマーク（@）.

'at·zen [ˈatsən] 他 **①**《猟師》（ひなに）餌をやる（親鳥が）;（戯）（人⁴に）食い物を与える. **②** 再 (sich)《まれ》（鳥が）餌を食べる.

'ät·zen [ˈɛtsən] **①** 他 **1**（酸・アルカリなどが）腐食作用を起こして, 腐食する. **2**（金属などを）腐食する. Löcher in Zinn ～ 腐食して錫に穴をあける. (b)《印刷》（銅版などに）エッチングする;（模様などを）食刻する.《医学》焼灼（しょうしゃく）する.

'ät·zend 現分 他（臭気などが）鼻をつくような, 刺すような;（批判・皮肉などが）痛烈な, 辛辣（しんらつ）な.

'Ätz·ka·li [ˈɛtska:li] 中 -s/《化学》水酸化カリウム.

'Ätz·kalk 男 -[e]s/-e《化学》消石灰, 水酸化カルシウム.

'Ätz·kunst 女 -/ 食刻術, エッチング.

'Ätz·na·tron 中 -s/《化学》苛性ソーダ.

'Ät·zung [ˈatsʊŋ] 女 -/-en （親鳥がひなに）餌をやること;（戯）（人に）食い物を与えること;（戯）食い物, 食事.

'Ät·zung [ˈɛtsʊŋ] 女 -/-en **1**《複数なし》《化学》腐食;《医学》焼灼（しゃく）;《印刷》エッチング, 食刻. **2**《印刷》食刻銅版.

au [aʊ] *Au*!（喜び・驚き・苦痛を表現して）おお, あれっ, ああ.

Au¹ [aː|uː]《記号》《化学》=Aurum

Au² [aʊ] 女 -/-en = Aue

Au·ber·gi·ne [obɛrˈʒiːnə] 女 -/-n (arab.)《植物》なす.

a.u.c.（略）=ab urbe condita

auch [aʊx アオホ] **1** (ebenfalls, gleichfalls) …もまた, 同様に. *Auch ich gehe mit. / Ich gehe ～ mit.* 私も一緒に行くよ. *Das ist ～ sehr schön.* これも大変美しい. *Kennst du ～ seine Frau?* 君は彼の奥さんも知っているかい; 君も彼の奥さんを知っているかい. *Ich glaube [es] ～.* 私もそう思う. *Ich ～ nicht.* 私もそうじゃない. *Ich bin ～ nur ein Mensch.* 私もただの人間ですからね.《相関的に》nicht nur A, sondern ～ B A だけでなく B も. sowohl gestern, als〈wie〉～ heute 昨日も今日も.

2 (außerdem, obendrein) それにまた, その上, かてて加えて. *Sie ist schön und ～ klug.* 彼女は美人であるうえに頭がよいときている.《しばしば noch を伴って》*Ich muss ～ [noch] Briefe schreiben.* おまけに私は手紙を書く仕事までやらされるんだ.

3 (selbst, sogar) …さえも, …すらも. ～ bei schlechtem Wetter 天気の悪いときでさえも. *Auch der Klügste macht Fehler.* どんなに聡明な者でも間違いをするものだ.《nicht, nur と》*Sie gaben mir ～ nicht einen Pfennig.* 彼らは私にびた一文もくれなかった. ohne ～ nur zu fragen ろくすっぽ尋ねもしないで.《auch wenn... の形で. ↑6(a)》*Du musst ihn einmal besuchen, ～ wenn du keine Lust dazu hast.* 君は気が進まなくても一度は彼を訪ねなくちゃならないよ.

4《事実・結果との一致》(wirklich, tatsächlich) 実際（事実）また, 本当に, 案の定. *So ist es ～!* 事実またそのとおりさ. *Ich ahnte es, und meine Ahnung hat*

sich⁴ ja dann ~ bestätigt. 私はそういう虫の知らせがしたのかな, 案の定私の予感的中することになったよ.
5 《反問的疑問文で》Gehst du heute Abend auf die Party? — Nein, wozu ~? 今晩パーティーに出るかい — 出ないよ, 一体また何のためにかね.
6 《認容・譲歩》(a) ~ wenn... かりに(たとえ)...だとしても, ...の場合でさえも. *Auch* wenn du läufst, kommst du schon zu spät. たとえ走ってみたところで君はきっと遅刻だよ. Ich würde ihr nicht schreiben, ~ wenn ich ihre Adresse wüsste. かりに彼女の住所が分かっているとしても私は彼女に手紙など書かない. (b) wenn... ~ (じじつ)...ではあるけれど, (じっさい)...であっても; たとえ...であろうとも. Wenn es ~ regnet, [so] gehe ich doch spazieren. 雨が降っているけれども私は散歩に出かける. Wir kamen, wenn ~ widerwillig, seinen Aufforderungen nach. 私たちはいやいやながらも彼の要求に応じた. wenn er ~ nicht käme / käme er ~ nicht たとえ彼が来なくとも. Wir brechen auf, und wenn ~ schlechtes Wetter ist. / Und wenn ~ schlechtes Wetter ist, wir brechen 〈brechen wir〉 doch auf. たとえ悪天候だろうと我々は出立するのだ(1 und 2(f)). [Und] wenn ~! (よしんばそうだとしても)ちっともかまうものか, 平気だよ. ▶ wenn の代りに ob を用いることもある(1 ob¹ 3). (c) so... ~... どんなに...でも. So groß er ~ ist, wird er nicht mit dem Kopf bis zur Decke reichen. 彼がどんなに大男だろうが天井につくことはあるまい. Es meldete sich⁴ niemand, sooft ich ~ anrief. 私は何度も電話をしてみたのだが誰も出なかった.
7 《意味の一般化》《疑問詞などに導かれた副文中で / しばしば immer を伴って》Was ~ [immer] geschehen mag, ich bin darauf gefasst. 何が起ころうと私は覚悟ができている. Wer ~ immer kam, musste sich⁴ eintragen. やって来た人は誰もみな記帳しなければならなかった. Wie dem ~ sei, wir müssen dagegen etwas unternehmen. 事情がどうであれ我々はそれに対して何か策を講じる必要がある. wo er ~ hinkommt 彼がどこへ行こうとも, 彼が行くところさえでも.
8 《驚き・怒りなどを表して》Du bist aber ~ stur. 君と来たらまたなんとも頑固だね. Der ist ~ überall dabei! あの男はまたどこにでも顔を出すんだね.

au·di·a·tur et 'al·te·ra 'pars [aʊdi'aːtʊr ɛt 'altera 'pars] (*lat.*)《法制》相手側の言い分も聞かなくてはならない(古代ローマの裁判原則).
Au·di'enz [aʊdi'ɛnts] 囡 -/-en (*lat.*)(国王・高位者などの)謁見, 引見.
Au·di'max [aʊdi'maks, '- - -] 匣 -/ 《学生》Auditorium maximum の短縮形. ↑ Auditorium
au·di·o·lin·gu·al [aʊdioliŋgu'aːl] 厖 (*lat.* audire ,hören'+lingua ,Zunge') (とくに外国語教育法で)聴覚から出発する.
Au·di·o·me·ter 匣 -s/- (*lat.*)《医学》聴力計.
'Au·di·on ['aʊdiɔn] 匣 -s/-s (-en [..'oːnən] (*lat.*)《電子工》オーディオン, 真空管検波.
Au·di·o·vi·si·on 囡 -/ **1** 視聴覚技術. **2** 視聴覚技術(器機)による情報の伝達.
au·di·o·vi·su·ell (*lat.*) 視聴覚(教育)の.
au·di'tiv [aʊdi'tiːf] (*lat.*) **1** 聴覚の, 聴覚に関する. **2** 聴覚のすぐれた, (視覚型に対して)聴覚型の.
Au'di·tor [aʊ'diːtoːr] 男 -s/-en [..di'toːrən] (*lat.* ,Zuhörer') **1** 《カ教》(教皇庁の)陪席判事; (司教区裁判所の)調査受命判事. **2** 《ミ・ちチ》(軍事裁判所の)裁判長.

Au·di'to·ri·um [aʊdi'toːriʊm] 匣 -s/..rien [..riən] (*lat.*, Hörsaal') **1** 《古》(大学の)講義室. **2** 《雅》聴衆.
Au·di'to·ri·um 'ma·xi·mum [.. 'maksimʊm] 匣 -/..ia [..ria] ..ma (*lat.*)(その大学の)一番広い講義室(↑ Audimax).
'Aue ['aʊə] 囡 -/-n **1** 《雅》(水辺の)緑地, 草地. **2** 《地方》(草木が生い茂った)中州. **3** 《古》川.
'Au·er·hahn ['aʊərhaːn] 男 -[e]s/-e(-en)《鳥》おおらいちょう(大雷鳥)の雄.
'Au·er·hen·ne 囡 -/-n《鳥》おおらいちょう(大雷鳥)の雌.
'Au·er·huhn 匣 -[e]s/-"er《鳥》おおらいちょう(大雷鳥).
'Au·er·och·se 男 -n/-n《動物》オーロクス(ヨーロッパ畜牛の原種, 現在では絶滅).
'Au·er·wild 匣 -es/ 《総称として》おおらいちょう(大雷鳥).

---

auf

[aof アオフ] **❶** 前《3·4格支配》上面・上部を表わし, 場所を示す場合は3格, 方向を示すときは4格を支配する. 定冠詞 das と融合して aufs, また代名詞と融合して darauf, worauf, aufeinander となる.
Ⅰ《3格支配》**1**《上面での接触》...の上に(で). Das Buch liegt ~ dem Tisch. 本は机の上にある. ~ der Bank sitzen ベンチに腰かけている. ~ der Straße gehen 通りを行く. 《場所の意味が薄れて》~ der Hand liegen 明々白々である. nichts ~ sich³ haben 重要でない, 大したことでない. Die Verantwortung liegt《auf》~ mir. その責任は私にある. ~ der Stelle その場で; 即座に, ただちに. ~ der Stelle treten 足踏みをする; 停滞する.
2《身体の部位を指す語と》~ beiden Augen blind sein 両眼とも見えない. ~ dem Bauch〈allen vieren〉 腹ばいで〈四つんばいで〉. ~ einem Fuß hinken 片足が不自由である. ~ eigenen Füßen stehen 独立歩行する. ~ den Knien liegen ひざまずいている.
3《所在・仕事などの場所》...において, ...で. ~ dem Feld arbeiten 野良仕事をする. ~ dem Land leben 田舎で暮す. ~ der Universität sein 大学に通っている. ~ *seinem* Zimmer bleiben 自室にこもっている, 部屋から出ない. 《とくに公共の場所を示す語と》~ der Post arbeiten 郵便局で勤務する. ~ dem Rathaus et⁴ erledigen 市役所で事⁴(用件)を済ます.
4《関与・参加・途中》...に出席して, ...の途中で. ~ dem Fest sein 祭りに参加している, 祝典に列席している. ~ der Reise sein 旅に出ている, 旅行中である. ~ dem Spaziergang 散歩の途中で.
5《演奏する楽器と》~ der Orgel〈der Flöte〉 spielen オルガンを弾く〈フルートを吹く〉.
Ⅱ《4格支配》**1**《上面・上部への方向》...の上へ. Ich lege das Buch ~ den Tisch. 私は本を机の上に置く. sich⁴ ~ die Bank setzen ベンチに腰かける. auf den Berg steigen 山に登る. j³ ~ die Füße treten 人³の足を踏む. ~ den Kopf fallen 真っ逆さまに落ちる. 《空間的意味が薄れて》Das Wort endet ~ „n". この語は「n」で終る. et⁴ ~ sich⁴ nehmen 事⁴を引き受ける.
2《方向・目標》...の方へ, ...をめざして. ~ die Arbeit gehen 仕事〈職場〉に行く. Das Fenster geht ~ den Hof. その窓は中庭に面している. *aufs* Land ziehen 田舎に引越す. ~ die Schule gehen 学校に通っている. 《とくに公共の場所を示す語と》~ die Post

auf..

⟨den Markt⟩ gehen 郵便局⟨市場⟩へ行く. (**auf.. zu** の形で / zu が分離助詞の前つづりである場合もある) ~ j⟨et⟩ zu j人に向かって. ~ j⁴ zugehen j人に歩み寄る. Er geht schon ~ die achtzig zu. 彼はうじき80歳である.
3《関与・参加》…に参加するために, …をめざして. ~ die Reise gehen 旅に出る. ~ die Versammlung gehen 集会に参加する.
4《距離》…だけ離れて. ~ 50 Meter [Entfernung] 50メートル離れたところで.
5《予定の期間》…の期限で. ~ einen Augenblick ⟨Sprung⟩ ちょっとの間. ~ immer⟨ewig⟩ いつまでも, 永久に. ein Haus ~ 5 Jahre mieten 家を5年契約で借りる. ~ ein paar Tage verreisen 2,3日の予定で旅に出る. ~ Zeit 一時的に, しばらくの間. (**hinaus** を伴って) ~ Jahre hinaus 以後数年にわたって, 数年先まで.
6《予定の時点》…のときに. ~ den Abend 《古》晩に. ~ den Abend einladen《地方》人⁴を夕食に招く. Kommst du heute ~ die Nacht zu mir?《地方》今夜私のうちへ来るかい. ~ seine alten Tage noch arbeiten 年を取ってもまだ働いている. Auf bald! じゃあまたね. Auf morgen! では明日また. ~ Weihnachten《南独, 墺》クリスマスに. ~ nächsten Frühling 来年の春に.
7《継起》…に続いてすぐで, …の後で. ~ den ersten Blick ひと目見るなり, すぐさま. Auf Regen folgt Sonnenschein.《諺》苦あれば楽あり, 待てば海路の日和(☆).(2個の同一語を結んで) hart ~ hart 遠慮会釈なしに. Schlag ~ Schlag 次々に, 立て続けに. Wir warteten Stunde ~ Stunde. 私たちは何時間も待ち続けた.
8《時間的接近》…に近づいて, …に向かって. Es geht ~ vier Uhr. そろそろ4時だ. drei Viertel [~] sieben 6時45分. in der Nacht vom 10. ~ den 11. April 4月10日から11日にかけての夜中に.
9《方法・手段》…のやり方で, …を使って. ~ diese Art und Weise こういう方法で, このようにして. ~ Deutsch⟨Japanisch⟩ sprechen ドイツ語⟨日本語⟩で話す. ~ einmal 一度に, 同時に; 突然, だしぬけに. aufs Neue 新たに, 改めて. ein Zweikampf ~ Pistolen《古》ピストルによる決闘. ~ Staatskosten 国費で.
10《程度》…に至るまで. j³ aufs Haar gleichen 人³に生き写しである. ein Kampf ~ Leben und Tod 生きるか死ぬかの戦い. ~ die Minute⟨Sekunde⟩ 時間どおりに, きっかり. Drei Äpfel gehen ~ ein Pfund. りんご3個で1ポンドの目方になる. et⁴ ~ den Tod hassen 物⁴が大嫌いである.
11《副詞の絶対的最上級で》(**aufs ⟨auf das⟩** +最上級) aufs ⟨~ das⟩ beste / aufs ⟨~ das⟩ Beste とてもよく(うまく). aufs ⟨~ das⟩ herzlichste / aufs ⟨~ das⟩ Herzlichste 心から.
12《目的・意図》…を求めて. ~ Hasen jagen 兎狩りをする. einen Aufsatz ~ Fehler [hin] durchlesen 間違いがないかと論文に目を通す. Auf Ihre Gesundheit! ご健康を祈って(乾杯). aufs Geratewohl! / gut Glück 運を任せて, 行き当りばったりに. sich⁴ ~ jung zurechtmachen 若作りする. Auf Wiedersehen! さようなら(別れを期して).
13《**auf dass…** の形で》《古》(damit) …するように. Iss mehr, ~ dass du kräftig wirst. 丈夫になるようにもっと食べなさい.
14《応諾》…に応じて, …に従って. ~ höheren Befehl 上からの命令で. ~ Grund von et³ 事³に基づいて(aufgrund). ~ den Rat des Arztes [hin] 医者の忠告に従って.
15《分配》…につき, …あたり. Auf jeden entfallen 100 Euro. 各人の分け前は100ユーロずつである. Das Auto verbraucht 10 Liter ~ 100 Kilometer. この車の燃費は100キロ当り10リッターである.
16(**bis auf** の形で) (a) …(に至る)まで. bis ~ die Haut nass werden 肌までびしょ濡れになる. bis ~ den letzten Mann 最後の1人まで. (b) …を除いて. alle bis ~ einen 1人を除いて全員.

❷ **副 1**《空間的》上へ, 上方へ. Glück ~!《鉱業》無事上がって来いよ(入坑者に対する挨拶).《他の不変化詞と》~ und ab 上下に; 行きつ戻りつして. ~ und ab schwingen 上下に揺れる. vor dem Haus ~ und ab gehen 家の前を行ったり来たりする. Es geht mit ihm ~ und ab. 彼の調子(健康)は一進一退である. das Auf und Ab des Lebens 人生の浮沈. ~ und davon 《急いで》立去って, 姿をくらまして. Er ist ~ und davon [gelaufen/gegangen]. 彼はそそくさと姿を消した. ~ und nieder 上下に. **2**《時間的》(**von..auf** の形で) …から, …以来. von Jugend ⟨klein⟩ ~ 若いとき⟨小さい頃⟩から. **3**《話》起きて. Die Mutter ist noch ~. 母はまだ起きている. Bist du schon ~ (=aufgestanden)? 君はもう起きているのか. ▶Ich kann nicht ~ (=aufstehen). 私は起きられない. ▶**↑auf sein 2**.**4**《話》開いて. Das Fenster ist ~. 窓は開いている. Wie lange ist der Laden ~? この店は何時間開いているの. Augen ~! 気をつけろ. Auf geht's! 始まったぞ. ▶**↑auf sein 1**.**5**《勧誘・促し》 Auf, lasst uns singen! さあ歌おう. Auf an die Arbeit! さあ仕事にかかろう.

auf.. [auf..]《分離前つづり / つねにアクセントをもつ》**1**《上方への方向・上面への運動の意を表す》aufblicken 見上げる. aufsetzen 載せる. **2**《開くこと》aufbrechen こじ開ける. **3**《完結・終了》aufessen (食べ物を)平らげる. **4**《開始・突発》aufflammen ぱっと燃え上がる.

'auf|ar·bei·ten ❶ **1**《遅れた仕事などを》仕上げる, 片付ける. **2**《問題・成果などを》総括する, 洗い直す. **3**《家具・衣服などを》再生(リフォーム)する. **4**《材料・在庫品を》使い果たす. ❷ **再**《**sich¹/sich³**》(**sich¹**) (a) 苦労して尾上がりに, 努力して出世する. (b) 働きすぎて疲れはてる. **2**(**sich³**) sich die Hände ~ 仕事で手が荒れる, 手がかさかさになるほど働く.

***'auf|at·men** ['aufaːtmən アオフアートメン] **自** 大きく(深々と)呼吸する; 安堵(☆)の息をつく, ほっと胸をなで下ろす.

'auf|ba·cken⁽*⁾ **他 1**《パンなどを》かるく焼き直してかりっとさせる. **2**《地方》(料理を)温め直す. **3**《パンを焼いて小麦粉を》使い果たす.

'auf|bah·ren ['aufbaːrən] **他**《遺体を棺に納めて》棺台に安置する.

'Auf|bau ['aufbao] **男**—[e]s/-ten **1**《複数なし》建設, 建造, 構築, 組立て, 設営; 再建, 復興. der ~ einer Fabrik 工場の建設. der neue ~ einer zerstörten Stadt 破壊された町の再建. **2**《複数なし》設立, 開設. der ~ des Heeres 軍隊の創建. **3**《複数なし》《化学》増成, 合成; 組成, 構成. **4**《複数なし》《組織などの》構造, 《作品などの》構成. **5**《自動車の》車体, ボディー. **6**《階上建造物; 屋上階. **7**《船舶の》上甲板建造物.

*'**auf|bau·en** ['aʊfbaʊən アオフバオエン] ❶ 他 **1**(足場などを)組上げる, (プレハブ・テントなどを)組立てる. ein Haus aus Steinen ～ 石を積み上げて家を建てる. Baracken ～ バラックを建てる. **2** 再建する. eine zerstörte Stadt wieder ～ 破壊された町を復興する. **3** 美しく並べる. Waren im Schaufenster ～ 商品をショーウインドーに陳列する. **4**(芸術作品を)構成する, 組立てる. **5**(会社などを)設立する, (軍隊などを)組織する. eine neue Industrie ～ 新しい産業を興す. sich¹ eine neue Existenz ～ 新生活を始める. **6**(人⁴を)育成(養成)する. einen Sänger ～ 歌手を育てる. j⁴ als Nachfolger ～ 人⁴を後継者に育てる. **7**〖化学〗増成する, 合成する. Der Körper kann diese Substanz nicht selbst ～. 人体にこの物質を自分で作ることはできない. **8** et⁴ auf et³ ～ 物⁴を物³に基づいて組立てる. eine Theorie auf einer Annahme ～ ある仮定に基づいて理論を立てる.
❷ 自 (auf et³ 事³に)基づいている. Seine Lehre *baut* auf seiner eigenen Beobachtung *auf*. 彼の説は自身の観察に基づいている.
❸ 再 (sich⁴) **1**《話》立つ. *sich* vor j³ ～ 人³の前に立ちはだかる, 仁王立ちになる. **2**(兵士が)不動の姿勢をとる. **3** (a) Dieser Stoff *baut sich* aus folgenden Elementen *auf*. この物質は次の元素からできている. (b) Der neue Plan *baut sich* auf folgeneden Erwägungen *auf*. 新しい計画は次の諸点を考慮して立てられている. **4**《雅》(雲などが)わき上がる; (低気圧などが)発生する.

'**auf·bau·end** 現分 形 建設的な, 有益(有効)な; 人を勇気(元気)づける.

'**Auf·bau·gym·na·si·um** 中 –s/..sien [..ziən] 短期ギムナジウム. ◆基幹学校↑Hauptschule の第6・7年次生または実科学校↑Realschule の第9・10年次生が大学進学のために短期間通うギムナジウム.

'**auf|bäu·men** 再 (sich⁴) **1** 急に立上がる; (馬などが)棒立ちになる. **2** (gegen j⁴ 人⁴に)反抗する, あらがう. **3**〖紡績〗(経糸(たていと)を)ビームに巻きつける.

'**auf|bau·schen** ❶ 他 **1**(帆などを)膨らます(風が); (話などを)誇張する, 大きくする. ❷ 再 (sich⁴) (カーテンなどが)膨らむ; (小さな出来事などが)大きくなる.

'**Auf·bau·ten** Aufbau の複数.

'**auf|be·geh·ren** 自《雅》かっとなる, いきりたつ. gegen j⟨et⟩⁴ ～ 人⟨物⟩⁴にあらがう. ◆過去分詞 aufbegehrt

'**auf|be·hal·ten** 他 **1**《話》(帽子などを)かぶったままでいる. **2**《話》(目・傘などを)開いたままでいる. **3**(人⁴を)寝かせない. **4**《古》(物⁴を)取って(残して)おく. ◆過去分詞 aufbehalten

'**auf|bei·ßen*** 他 **1**(くるみなどを)噛んで割る. **2**(人³の)噛んで傷つける. *sich³* die Lippe ～ 自分の唇を噛む.

'**auf|be·kom·men*** 他 **1** やっとのことで開けることができる. **2**(宿題などを)課される. **3**(料理を)平らげることができる. **4**(小さすぎる帽子を)かろうじてかぶることができる. ◆過去分詞 aufbekommen

'**auf|be·rei·ten** 他 **1** (a)(材料・素材などを)すぐ使えるように準備する. (b)〖鉱業〗(鉱石・石炭などを)精選(選別)する. (c)(水を)浄化する. (d)(古紙・使用ずみ石油を)再生する. **2**(データなどを)統計処理する. **3**(古文書などを)解読(解明)する. ◆過去分詞 aufbereitet

'**Auf·be·rei·tung** 女 –/–en **1**(鉱石などの)精選, 選別; (飲料水の)浄化, (古紙・使用ずみ石油の)再生, (使用ずみ核燃料の)再処理. **2**(データなどの)統計処理. **3**(古文書などの)解読, 解明.

'**auf|bes·sern** 他 **1** 良くする, 改善する, 向上させる. **2** j⁴ ～《話》人⁴の給料を上げる, 待遇を改善する.

'**Auf·bes·se·rung** 女 –/–en 改善, 向上; 賃上げ.

*'**auf|be·wah·ren*** ['aʊfbəvaːrən アオフベヴァーレン] 他 保存(保管)する, しまって置く. Gepäck auf dem Bahnhof ～ lassen 手荷物を駅に預ける. ◆過去分詞 aufbewahrt

'**Auf·be·wah·rung** 女 –/–en **1**《複数なし》保存, 保管. et⁴ zur ～ geben 物⁴を預ける. **2** (Gepäckaufbewahrung)(駅などの)手荷物預かり所.

'**auf|bie·gen*** 他 **1** den Schlüsselring⟨j³ die Faust⟩～ キーホルダーのリングを開く⟨人³の握り拳を開かせる⟩. **2** 上向きに曲げる.

'**auf|bie·ten*** ['aʊfbiːtən] 他 **1**(持てる力を)集中(傾注)する, 傾ける. **2**(人⟨物⟩⁴を)召集する, 結集する, 動員する. **3** j⁴ ～ 人⁴の婚約を公示する(市役所・教会などが). **4**(競売で物⁴の)最初の付け値を呼ばわる. Das Gemälde wurde mit 1 000 Euro *aufgeboten*. その絵の競(せり)はチューロから始められた.

'**Auf·bie·tung** 女 –/–en **1**(力の)集中, 傾注; (軍事力・警察力などの)結集, 動員, 投入. **2**(結婚の)公示. **3**(競売で)最初の付け値を大声で告げること.

'**auf|bin·den*** ['aʊfbɪndən] ❶ 他 **1**(垂れ下がっている物を持上げて)上に結びつける, (髪・小枝などを)結い(束ね)あげる. Sie trägt ihr Haar zum Pferdeschwanz *aufgebunden*. 彼女は髪型をポニーテールにしている. **2** Bücher ～ 製本する. **3** A⁴ auf B⁴ ～ A⁴を B⁴の上にしっかり結びつける. **4**(結んだものを)解く, ほどく. die Schürze⟨[sich³] die Krawatte⟩～ エプロンの紐を解く⟨ネクタイをはずす⟩. **5**《話》(人³に事⁴を)信じ込ませる. j³ einen Bären ～ 人³をだます, かつぐ.
❷ 再 (sich⁴) (義務などを)背負いこむ.

'**auf|blä·hen** ❶ 他 **1** 膨らます. **2**(組織・機構などを)不必要に大きくする, 肥大させる. ❷ 再 (sich⁴) **1**(帆などが)膨らむ. **2**《侮》でかい面(つら)をする, ふんぞり返る.

'**auf|bla·sen*** ❶ 他 (風船・頬っぺたなどを)膨らませる; (風が羽毛などを)吹上げる. ❷ 再《sich⁴》威張る, もったいぶる. ◆↑aufgeblasen

*'**auf|blei·ben*** ['aʊfblaɪbən アオフブライベン] 自 (s) **1** 寝ないで(起きて)いる. **2**(ドアなどが)開いたままになっている.

'**auf|bli·cken** 自 **1** 目を上げる, 見上げる. **2** (zu j³ 人³を)仰ぎ見る, 崇(あが)める. **3** 目を開く. **4**《古》(光が)ひかって光る.

'**auf|blin·ken** 自 きらっと輝く(光る).

'**auf|blit·zen** (h, s) **1** (h, s)(光が)ぴかっと輝く, きらめく. 《非人称的にも》In seinen Augen *blitzte* es zornig *auf*. 彼の目は一瞬怒りの色を帯びた. **2** (s)(着想などがぱっと浮かぶ, ひらめく.

*'**auf|blü·hen** ['aʊfblyːən アオフブリューエン] 自 (s) **1**(花が)開く, ほころびる; (希望などが)芽生える. **2** 栄える, 繁昌する. **3** 元気になる, 生気を取戻す.

'**auf|bo·cken** 他 (車を)整備用台架に載せる, ジャッキアップする.

'**auf|brau·sen** 自 (s) **1**(湯が)たぎる, (シャンパンなどが)泡立つ, (海が)波立ち騒ぐ; (拍手などが)わき起る. **2** やみくもに怒りだす, 逆上する. ein *aufbrausendes* Temperament haben すぐかっとなる質(たち)である.

*'**auf|bre·chen*** ['aʊfbrɛçən アオフブレッヒェン] ❶ 他 破って開ける, こじ開ける; (道路・地面などを)掘返す,

auf|brennen
(畑を)焼き返す；(手紙などの)封を急いで切る；《猟師》(仕止めた獣の)腹を裂く，はらわたを抜く． ❷ ⓐ 1 (結氷が)割れる，(傷が)口を開く；(つぼみが)ほころぶ． 2 《雅》(対立などが)急に起る，(考えなどが)突然浮かぶ． 3 出立(出発)する．

'auf|bren·nen* ❶ ⓐ (s) (炎が)めらめらと燃え上がる，(家などが)炎上する．《雅》(怒り・憎しみが)燃え上がる． ❷ ⓗ 1 (燃料などを)燃やし尽くす． 2 (目印を)焼きつける．einem Tier ein Mal〈ein Zeichen〉~ 動物に焼き印を押す． 3 Emaille auf et¹ ~ 物¹に琺瑯(ほうろう)を塗る，エナメル塗装をする． 4 (鎮痛などを)焼いて開ける，(腫瘍(しゅよう)などを)焼灼(しょうしゃく)する． 5 ein Fass ~ 《醸造》樽を硫黄(いおう)でいぶす(ワインの変質を防ぐため)． 6 《話》j³ eine [Kugel] ~ 人³に銃弾を1発ぶち込む．j³ eins ~ 人³をぶん殴る，どやしつける．j³ eine Strafe ~ 人³に罰を食らわす．

*'**auf|brin·gen*** ['aʊfbrɪŋən アオフブリンゲン] 1 (資金などを)かき集める，工面(調達)する． Beweise〈Truppen〉~ 証拠をかき集める〈軍隊を徴集する〉． 2 (力・勇気を)奮い起す．〈雅〉辛抱する． Für die neue Moral kann ich kein Verständnis ~. 新しいモラルには私はどうしてもついていけない(納得できない)． 3 (噂をたてる，(流行・新語を)はやらせる． 4 憤慨(逆上)させる，激動する． ▶↑aufgebracht 5 《話》(ドア・錠などを)やっとのことで開ける．Ich *bringe* die Kiste nicht *auf*. この木箱がどうしても開けられない． 6 (塗料などを)塗る，塗布する(auf et⁴ 物⁴に)． 7 (船員)(船舶を)拿捕(だほ)する． 8 《古》(子供・動物を)育て上げる．

Auf·bruch ['aʊfbrʊx] 男 −[e]s/−e (↓aufbrechen) 1 《複数なし》出立，出発． 2 《雅》(民族・文化などの)台頭，勃興(ぼっこう)． 3 (道路・岩石などの)割れ目，裂け目． 4 《猟師》(獣のはらわた)． 5 《鉱業》(↔ Gesenk)切り上げ，のぼり．

'auf|brü·hen ⓗ Kaffee〈Tee〉~ コーヒー〈紅茶〉を淹(い)れる．

'auf|brum·men ❶ ⓐ (h, s) 1 (h) 低い音(声)でうなる． 2 (s) 《話》(auf et¹ 物⁴にぶつかる，衝突する；(船員)座礁する． ❷ ⓗ 《話》(罰などを)科す．j³ zwei Stunden Arrest ~ 人³に罰として2時間の居残りをさせる．den Schülern viel ~ 生徒たちにたくさんの宿題を出す．

'auf|bü·geln ⓗ 1 (物⁴に)アイロンをかけ直す． 2 (紋様などを)アイロンでプリントする．

'auf|bür·den ['aʊfbʏrdən] ⓗ (重荷・責任などを)負わせる，担わせる．j³ die Kosten für et⁴ ~ 人³に事¹の費用を持たせる． sich³ viele Sorgen ~ 多くの心配事を背負い込む．

'auf|däm·mern ⓐ (s) 《雅》 1 次第に明るくなってくる．Der Tag *dämmerte* im Osten *auf*. 東の空が白んできた．Ein Hoffnungsschimmer *dämmerte auf*. かすかに希望の光が射してきた． 2 だんだんはっきりしてくる，少しずつ分かってくる．Ein Verdacht *dämmerte* in ihm *auf*. 彼の心に疑念が兆してきた．Endlich *dämmerte* mir der Sinn der ganzen Sache *auf*. ようやく私にも事柄全体の意味が呑みこめてきた．

'auf|damp·fen ❶ ⓐ (s) 1 (湯などが)湯気を吹き上げる；(湯気・霧などが)立ち昇る． ❷ ⓗ 《工学》蒸着させる．eine Goldschicht auf Zink ~ 亜鉛に金メッキをかける．

'auf|dämp·fen ⓗ (物⁴に)スチームアイロンをかける．

*'**auf|de·cken*** ['aʊfdɛkən アオフデケン] ❶ ⓗ 1 (↔ zudecken)(物⁴の)覆いを取る．das Bett〈den Topf〉 ~ ベッドカバーをはずす〈鍋の蓋を取る〉． 2 (秘密・原因などを)暴く，明らかにする． 3 die〈seine〉 Karten ~ (トランプの)手札をあけて見せる；《比喩》手の内を見せる． ❷ ⓐ 《話》(sich⁴)テーブルクロスなどを)掛ける． ❷ ⓐ (sich⁴)掛け布団をはねのける． ❸ ⓐ 《話》食卓の用意をする(=den Tisch decken)．

'auf|don·nern (sich⁴) 《侮》厚化粧をして派手に着飾る，けばけばしくめかしこむ．

'auf|drän·gen ⓗ (人³に物⁴を)強いる，押しつける；押売りする．j³ *seine* Freundschaft〈Meinung〉 ~ 人³に友情の押売りをする〈自説を押しつける〉． ❷ ⓐ (sich⁴) 1 (人³に)うるさくつきまとう，おしつけがましくする． *sich* j³ als Ratgeber ~ 助言者面(づら)をしてしつこく人³を追っかけ回す．Ich möchte *mich* nicht ~. 私は押しつけがましいことはしたくないんだ． 2 (人³の)心に繰返し浮かんで来る．Der Verdacht *drängte sich* mir *auf*. 私は疑念をどうしてもぬぐい切れなかった．

*'**auf|dre·hen*** ['aʊfdreːən アオフドレーエン] ❶ ⓗ 1 (↔ zudrehen) (a) (栓・コックなどを)回して(ひねって)開く． das Gas〈das Wasser〉 ~ 《話》栓をひねって水(水)を出す．den Gashahn ~ ガス栓を開く；ガス自殺を図る． (b) (ねじを)回してゆるめる；(綱・糸の総(ふさ))りをほぐす． 2 (時計などの)ねじを巻く；(ラジオなどの)ボリュームを上げる；《比喩》(人⁴の)ねじを巻く． 3 《南ド・スイス》(電灯などの)スイッチを入れる． 4 (ひげを)ひねり上げる．*sich*³ das Haar ~ 髪をカーラーで巻く． ❷ ⓐ (h, s) 1 (車の)スピードを上げる，ぶっ飛ばす．*Dreh*' mal ein wenig *auf*, damit wir fertig werden. 《話》早く片付くようにちょっとスピードアップしてくれ(追い込みにかかってくれ)． 2 陽気になる，浮かれる．Du bist ja heute Abend so *aufgedreht*! 今晩はひどく浮かれてるね． ▶↑aufgedreht 3 (h) 《南ド・オース》(酒を飲んだりして)どなりまくる，暴れ(怒り)だす． 4 (h, s) (船員)(船が)風(流れ)と逆の方向に船首を向ける．

'auf|dring·lich ['aʊfdrɪŋlɪç] ⓐ 押しつけがましい，しつこい，厚かましい；(色・匂いが)どぎつい，(音楽が)騒々しい．

'Auf·dring·lich·keit 囡 −/−en 1 《複数なし》押しつけがましさ，厚かましさ． 2 押しつけがましい言動．

'auf|dröseln ⓗ (編物などを)ほどく，(込入った問題などを)解きほぐす，解明(分析)する．

'Auf·druck 男 −[e]s/−e 1 刷り込み(葉書などに印刷された会社名・価額など)． 2 《郵趣》(切手に特別に刷り込まれた)加刷． 3 《物理》浮力．

'auf|dru·cken ⓗ 1 印刷する．geometrische Muster auf einen Stoff ~ 生地に幾何学模様をプリントする． 2 (紙などを)印刷に使い易い．

'auf|drü·cken ❶ ⓗ 1 (窓・ドアを)押し開ける．sich³ die Pickel ~ 吹き出物を押しつぶす． 2 sich³ den Hut ~ 帽子をしっかりかぶる． 3 (印を)押してある．einem Papier〈auf ein Schriftstück〉 ein Siegel ~ 紙に〈書類に〉印を押す．ein Pflaster ~ 膏薬を貼る．j³(einem *seinen*) Stempel ~ 《雅》人〈事〉³に影響力を及ぼす，にらみをきかす． j³ einen ~ 《話》人³にキスする． 4 die Feder ~ ペンを強く押しつけて書く． ❷ ⓐ mit der Feder ~ ペンに力をいれて書く．

*'**auf·ei·nan·der*** [aʊfaɪ'nandɐ アオフアイナンダー] ⓐ (auf+einander) 互いに向かって，重なりあって，相前後して，つづいて．

auf·ei·nan·der bei·ßen*, °**auf·ein·an·der bei·ßen*** die Zähne ~ 歯を食いしばる．

Auf·ei·nan·der·fol·ge 囡 −/ 連続，連鎖，継起．

in rascher ~ 矢継ぎばやに.
auf·ei·nan·der fol·gen, °**auf·ein·an·der|fol·gen** 自(s) 次から次へと続く(起る). an mehreren *aufeinander folgenden* Tagen 何日か続けて.
auf·ei·nan·der le·gen, °**auf·ein·an·der·le·gen** 他 重ねる, 重ねて置く.
auf·ei·nan·der lie·gen*, °**auf·ein·an·der|lie·gen*** 自 積み重なっている.
auf·ei·nan·der pral·len, °**auf·ein·an·der|pral·len** 自(s) (車・意見などが)衝突する, ぶつかり合う.
auf·ei·nan·der sto·ßen*, °**auf·ein·an·der|sto·ßen*** 自(s) =aufeinander prallen
***'Auf·ent·halt** ['aʊfɛnthalt アオフエントハルト] 男 -[e]s/-e **1** 滞在, 逗(ᵗᵒ)留. bei meinem ~während meines ~*es*) in Bonn 私のボン滞在中に. in einem Hotel ~ nehmen 《雅》あるホテルに滞在(宿泊)する. **2** 休止;(列車などの)停車. Der Zug hat hier fünf Minuten ~. この列車はここで5分間停車する. ohne ~ 停車しないで; 休まずに, 遅滞なく. **3**《雅》滞在(宿泊)地.
'**Auf·ent·hal·ter** [..tər] 男 -s/- (定住者に対する)一時的居住者, 居住外国人.
'**Auf·ent·halts·er·laub·nis** 女 -/-se (外国人に対する)滞在許可.
'**Auf·ent·halts·ge·neh·mi·gung** 女 -/-en Aufenthaltserlaubnis
'**Auf·ent·halts·ort** 男 -[e]s/-e 滞在地; 居住地.
'**Auf·ent·halts·raum** 男 -[e]s/ᵘᵉ (ホーム・病院などの)談話室, ラウンジ.
'**auf|er·le·gen** ['aʊfɛrleːgən] 他 (人'に事³を)課(科)す, 負わせる, 義務づける. sich³ Zwang ~ 自制する, 身を慎む. ♦¹現在形と過去分詞ではまれに非分離としても用いる. その場合は [-‒'--]. ♦²過去分詞 auferlegt
'**auf|er·ste·hen*** ['aʊfɛrʃteːən] 自(s) (a) 《キリスト教》よみがえる, 復活する. (b) 《戯》(病気などから)回復する, 本復する. **2** (過去の中から)再び立ち現れる, 復興する. aus den Ruinen ~ 廃墟の中から立直る. den Militarismus nicht wieder ~ lassen 軍国主義を二度と復活させない.
♦¹ふつう不定詞と過去分詞の形で用いられる. 現在形と過去形は多く非分離. その場合は [-‒'--]. ♦²過去分詞 auferstanden
'**Auf·er·ste·hung** 女 -/-en **1**《複数なし》《キリスト教》よみがえり, 復活. die ~ Christi キリストの復活. **2** 蘇生(ꜱᵉɪ), 復興, (過去のもの・廃れたものの)復活.
'**auf|er·we·cken** 他 よみがえらせる. ♦過去分詞 auferweckt
'**auf|es·sen*** 他 すっかり食べる. den Teller ~《話》皿のものをきれいに平らげる.
'**auf·fä·deln** 他 (ビーズなどを)糸に通す.
'**auf|fah·ren*** ['aʊffaːrən] ❶ 自(s) **1** auf et⁴ ~ (乗物が・または人が乗物で)物⁴にぶつかる, 衝突する. auf ein parkendes Auto ~ 駐車している車に追突する. auf ein Riff ~ (船が)岩礁に乗上げる. **2** 十分な車間距離をとらないで走る. **3** (乗物が・または人が乗物で)到着する, 乗りつける. Die Wagen der Stars sind in Reihen vor dem Hotel *aufgefahren*. スターたちの車が続々とホテルの前に横づけされた. **4**《軍事》戦闘隊形を作る. Die Soldaten〈Die Panzer〉sind *aufgefahren*. 兵士たちは戦列についた〈戦車は砲列を敷いた〉. **5** (はっとして)突然立ち上がる, 跳び上がる. vom Stuhl ~ (驚いて・うれしくて)椅子から跳び上がる. aus tiefen Gedanken ~ 深い物思いからはっと我に返る. **6** (ほこりなどが)舞上がる. **7** zum〈古 gen〉 Himmel ~《キリスト教》昇天する. **8**《まれ》(窓・ドアが突然(ぱっと)開く;《まれ》(激しい風・嵐が)急に起る. **9** (aufbrausen) 怒り出す. **10**《鉱業》出坑する.
❷ 他 **1** (車で土・砂利を)運んできて下ろす. **2**《話》(料理・酒を)食卓に出す, ふるまう. **3** (道路を傷める(車が). **4** 配置する. Batterien ~ 砲列を敷く. grobes〈schweres〉 Geschütz ~《話》猛烈な反論を浴びせる(gegen j⁴ 人⁴に対して). **5**《鉱業》(坑道を)掘り進む.
'**Auf·fahrt** 女 -/-en **1** (乗物で)登ること, 登坂;《鉱業》出坑. **2** (Rampe) (ハイウェイ入口のランプ, 傾斜路; (門から車寄せまでの)坂になったアプローチ; (橋への)乗りつけの坂道). **3** (車, 馬車での)乗りつけ, (車寄せへの)乗りつけ. **4**《古》(国賓などの)護衛車の列, パレード. **5**《複数まれ》《南ᴅᴏ·ɪᴄʜ》《キリスト教》昇天(の日).
*'**auf|fal·len*** ['aʊffalən アオフファレン] 自(s) **1** 目立つ, 人目を引く. j³ ~ 人³の注意を引く, 目につく. allgemein ~ 世間(みんな)の目を引く. unangenehm ~ いやな感じを与える, 目に余る. Es *fällt* mir *auf*, dass... 私は...に気づく. **2** (auf j⟨et⟩⁴ 人⟨物⟩⁴の上に)落下する, 当たってはね返る.
*'**auf·fal·lend** ['aʊffalənt アオフファレント] 現分 形 人目を引く, きわだった; 風変りな, 奇抜な. eine ~ schöne Frau どきっとするような美人. sich⁴ ~ kleiden 派手な(奇抜な)服装をする. [Das] stimmt ~!《戯》いやあきみの言う通りだ.
'**auf·fäl·lig** ['aʊffɛlɪç] 形 **1** =auffallend **2** 怪しい, 不審な, うさんくさい.
'**auf|fal·ten** ❶ 他 (畳んだ物⁴を)開く, 広げる. ❷ (sich⁴) **1** (花・落下傘などが)開く. **2**《地質》褶曲(ᴊᵘᵂᴋʏᴏᴋᵘ)する.
'**auf|fan·gen*** ['aʊffaŋən] 他 **1** (落ちてきたもの・飛んできたものを)受止める. das Flugzeug ~ (失速した)飛行機を水平飛行に戻す. **2** (容器に)受けて蓄える, 集める. Regenwasser in einem Eimer ~ 雨水をバケツに受ける. Flüchtlinge ~ 難民を(一時的に)収容する. **3** (攻撃を)食止める;(物価の上昇などを)抑える. einen Hieb ~《ʙᴏxᴇɴ》ブローをそらす, はずす. **4** (脱走者などを)捕まえる; (情報を)つかむ, 入手する; (人の会話などを)小耳にはさむ, (視線などに)神秘気づく. einen Brief ~ 手紙を横取りする(押さえる). einen Funkspruch ~ 無電を傍受する. **5** eine gefallene Masche ~《手芸》落ちた編み目を拾う.
'**Auf·fang·la·ger** 中 -s/- (難民などの)仮収容所.
*'**auf|fas·sen** ['aʊffasən アオフファッセン] 他 **1** 解釈する, 受取る. et⁴ falsch ~ 事⁴を誤解する. Er hat meine Worte als Vorwurf *aufgefasst*. 彼は私の言葉を非難と取った. **2** 理解する. Er hat den Sinn nicht *aufgefasst*. 彼はその意味が分からなかった.《目的語なしで》Das Kind *fasst* schnell *auf*. その子はのみ込みが早い. **3** Perlen ~ 真珠を糸に通す. Maschen ~《手芸》編み目を拾う(auffangen 5).
'**Auf·fas·sung** 女 -/-en **1** 意見, 見解, 解釈(von et³ 事³についての). Er ist der ~², dass... 彼は...という意見である. nach meiner ~ / meiner ~ nach 私の考えでは. **2**《複数なし》理解力. eine schnelle ~ haben のみ込みが早い.
'**Auf·fas·sungs·ga·be** 女 -/ 理解(把握)力.
'**Auf·fas·sungs·sa·che** 女《次の成句でのみ》Das

auffindbar

ist ～. これは解釈の問題(見解の相違)だ.
'**auf|find·bar** ['aoffıntbaːr] 形 nirgends ～ sein どこにも見当たらない.
'**auf|fin·den*** 他 探し当てる, 見つける.
'**auf|fi·schen** 他 1《話》水から引き(助け)上げる. 2《卑》偶然見つける, 探し当てる.
'**auf|fla·ckern** 自 (s) (炎が)ぱっと燃え上る;(流行・感情などが)再燃する.
'**auf|flam·men** 自 (s) ぱっと燃え上る(燃え出す). In seinen Augen *flammte* Zorn *auf*. 彼の目が突然怒りに燃えた.
'**auf|flat·tern** 自 (s) (鳥が)ばたばたと飛立つ;(紙などが)ひらひら宙に舞上る;はためく, 翻る.
'**auf|flie·gen*** 自 (s) 1 (鳥・飛行機などが)飛立つ;(砂ぼこりなどが)舞上がる;(驚いて・うれしくて)飛上がる. 2 (a)《古》爆発する, 爆発で吹っ飛ぶ. (b)(会社・団体などが)つぶれる;(計画などが)挫折する;(犯罪などが発覚して)未遂に終る. 3 (窓・ドアが)ぱっと開く.
*'**auf|for·dern** ['aoffɔrdərn] アオフフォルデァン 他 (jᵈ zu etʳ 人³に事³を・することを)求める, 要請する, 命じる. jᵈ zur Mitarbeit〈zum Essen〉～ 人ᵈに協力を求める〈人ᵈを食事に誘う〉. eine Dame [zum Tanz] ～ ある婦人にダンスを申込む. Man *forderte* ihn *auf*, mitzuarbeiten. 彼は協力を求められた.
'**Auf·for·de·rung** 女 -/-en 求め, 要請;勧告;誘い. einer ～ Folge〈keine Folge〉leisten 求めに応じる〈応じない〉.
'**Auf·for·de·rungs·satz** 男 -es/⸚e 要求文.
'**auf|fors·ten** 他(自) [Wald] ～ (伐採した跡に)再植林する, 造林する.
'**auf|fres·sen*** 他 1 残らず(きれいに)平らげる. 2《話》(a) (人ᵃを)食べてしまいたいほど好いている. jᵃ mit den Augen ～ 人ᵃを貪り見る. (b) (人ᵃに)ひどく腹を立てる. 3《話》消耗(疲労)させる. Der Ärger *fraß* ihn〈seine Nerven〉*auf*. 憤りで彼(彼の神経)はすっかり参ってしまった.
'**auf|fri·schen** ❶ 他 1 (洗って・磨いて・塗り直して)元通りにきれいにする;(機器などを)オーバーホールする;(記憶などを)新たにする, (旧交を)温める. *seine* Kenntnisse in der deutschen Sprache ～ ドイツ語の勉強を仕直す. 2 (在庫品などを)補充する. ❷ (sich⁴) 元気を取り戻す, 心身をリフレッシュする. ❸ 自 (h, s) (船員)(風が)強まる.
'**auf|füh·ren** 1 上演する, 舞台にかける.
*'**auf|füh·ren** ['aoffyːran] アオフフューレン ❶ 他 1 上演(上映)する;演奏する. ein Theaterstück〈Schiller〉～ ある芝居(シラーの作品)を上演する. 2 (名前・数字などを)挙げる. Beispiele ～ 例を挙げる. jᵃ als Zeugen ～ 人ᵃを証人に立てる. 3《雅》(堰などを)建て,築く. ❷ (sich⁴) …の振舞をする. *sich* anständig ～ 礼儀正しく振舞う. Du hast dich ja schön *aufgeführt*!《反語》なんとご立派な振舞いだったよ.
*'**Auf·füh·rung** ['aoffyːruŋ] アオフフューレング 女 -/-en 1 上演, 上映, 演奏;興行. etʳ zur ～ bringen《書》物ᵃを上演する, 板(舞台)に乗せる. 2 名前(数字)を挙げること, 列挙;リストアップ. 3 築造, (足場などの)組立て. 4《複数なし》振舞, 態度.
'**auf|fül·len** ❶ 他 1 補充する. Benzin〈den Tank mit Wasser〉～ ガソリンをいっぱいにする〈タンクに水を補充する〉. eine Klasse ～ クラスの欠員を補充する. 2 (a)《話》(スープなどを)皿いっぱいにつぐ. (b) das Gemüse mit einer Fleischbrühe ～《料理》野菜

肉汁をたっぷりかける. 3 (堤防などに)盛土をする. ❷ 自《sich⁴》《気象》(低気圧が)衰える.
'**auf|füt·tern**¹ 他 1 (家畜などを)飼育する. 2《話》(人ᵃに)物を食わせて元気を回復させてやる.
'**auf|füt·tern**² 他《建築》(物ᵃに)下敷を入れる(段差をなくすために).

'**Auf·ga·be** ['aofgaːbə] アオフガーベ 女 -/-n (↓aufgeben) 1 (郵便物の)発信(発送)依頼, (局・窓口への)差出し, (荷物の)託送, (公告掲載などの)依頼. 2 任務, 使命;(課せられた)仕事, 課題;練習(問題);《ふつう複数で》宿題. Das ist nicht deine ～. それは君の仕事じゃない. *seine* ～ machen 宿題をする. jᵈ eine ～ stellen 人³に任務(課題)を与える. 3 放棄, 断念. die ～ eines Amtes〈Geschäftes〉辞職, 退職〈廃業, 店じまい〉. 4《球技》サーブ. 5《経済・銀行》(銀行が顧客に出す)売却指令書.
'**auf|ga·beln** 他 1 (干し草などを)熊手ですくい上げる. 2《話》見つける, 見つけて(拾って)くる.
'**Auf·ga·ben·be·reich** 男 -[e]s/-e 任務(仕事)の範囲.
'**Auf·ga·ben·buch** 中 -[e]s/⸚er 1 練習帳, ワークブック. 2 宿題帳.
'**Auf·ga·ben·stem·pel** 男 -s/- 《郵便》消印.
'**Auf·ga·lopp** 男 -s/-s(-e) 1《馬術》(発走前の足馴らし, 試走. 2 ㋬⾔練習試合, 小手調べのゲーム.
*'**Auf·gang** ['aofgaŋ] アオフガング 男 -[e]s/⸚e 1《複数なし》Niedergang》(天体が地平線上に)上ること. 2 階段;《まれ》坂道. 3《体操》(器械体操の)スタートの姿勢. 4《複数なし》《狩猟》解禁.
*'**auf|ge·ben*** ['aofgeːbən] アオフゲーベン ❶ 他 1 (郵便物を局に)差出す, (荷物を)託送する, (新聞広告などを)依頼する. ein Telegramm auf〈bei〉der Post ～ 郵便局で電報をうつ. 2 (人ᵈに事ᵃを)課す, 命じる. jᵈ ein Rätsel ～ 人ᵈに謎をかける. den Schülern viel ～ 生徒たちに宿題をたくさん出す. 3 放棄(断念)する. ein Amt ～ 辞職(退職)する. den Geist ～《婉曲》息を引きとる;《話》壊れる, おしゃかになる. ein Geschäft ～ 店をたたむ. das Rennen ～ レースを放棄する, リタイアする. 《目的語なしで》Er *gibt* nicht so leicht *auf*. 彼はそう簡単にはお手上げをしない. 4《地方》(料理を)皿に盛る. 5《球技》サーブする. 6《工学》(砂利などを)コンベアに乗せる;《冶金》(鉱石などを)溶鉱炉に入れる. 7《商業》(発注の細目を)知らせる.
❷ 自 ㋬⾔棄権する(ギブアップ, リタイアする).
'**auf·ge·bla·sen** 過分 形 (↑aufblasen)《侮》威張りくさった, 尊大な;思い上がった.
'**Auf·ge·bla·sen·heit** 女 -/ 不遜(⺘ᵈ), 尊大.
'**Auf·ge·bot** ['aofgəboːt] 中 -[e]s/-e (↓aufbieten) 1《複数なし》(a)(力の)集中, 傾注;動員, 結集. mit dem ～ aller *seiner* Kräfte 持てるすべての力をふりしぼって. (b) 動員されたもの. ein ungeheures ～ an Menschen und Material 動員された尨大な数の人員と物資の結集. 2《軍事》;(a)《古》召集. (b) 非常入営命令. 3 (a)《法制》公示催促. (b) 婚姻予告. 4 ㋬⾔チーム, 選手団.
'**auf·ge·bracht** 過分 形 (↑aufbringen) 憤慨(憤激)した. eine ～*e* Menge 激昂した群集. über et〈jᵃ〉 ～ sein 事〈人ᵃ〉に憤慨している.
'**auf·ge·dreht** 過分 形《話》浮きうきした, ご機嫌な.
'**auf·ge·dun·sen** 過分 形 ['aofgədʊnzən] むくんだ, はれぼったい.
*'**auf|ge·hen*** ['aofgeːən] アオフゲーエン 自 (s) 1 (↔untergehen) (太陽・月が)昇る. das Land der *auf-*

gehenden Sonne 日出ずる国(=Japan). **2**(種子の)芽を出す;(種麹が)つく;(パン・ケーキの生地が)膨らむ. wie ein Pfannkuchen 〜 《話》ふくぶくと太る. in ihr *ging* ein Gefühl *auf*. 彼女の心にある感情が芽生えた. **3**(結んだもの・縫ったものが)ほどける, 緩む;(つぼみがほころびる;(できものが)つぶれる,(水面が)割れる. **4**(↔ zugehen)(ドア・窓が)開く;《演劇》(幕が)あく, 上がる. Mir sind die Augen *aufgegangen*. 《比喩》私は目からうろこが落ちた, 本当のことが分かった. Mir *ging* das Herz *auf*. 私は心が晴れた. **5**(人³に)はっきり見えてくる, 分かってくる. Seine Ironie *geht* ihr nicht *auf*. 彼の皮肉は彼女には分からない. Jetzt *geht* mir ein Licht *auf*. やっと分かった. **6**(a)(in et³ 事³に)没頭する, のめりこむ. in *seiner* Arbeit⟨*seinen* Kindern⟩〜 自分の仕事に没頭する⟨子供たちのことで頭がいっぱいである⟩. (b) 合併(吸収)される(in et⁴ 物³に). Unsere Firma ist in einer größeren *aufgegangen*. 私たちの会社はもっと大きな会社に吸収された. (c) (in et⁴ 物³に)溶解する. in blauen Dunst 〜 (計画などが)立消えになる. in [Rauch und] Flammen 〜 焼失する, 灰燼(ぢ)に帰す. **7**《数学》(割算が)割切れる,(方程式が)解ける,(計算が)合う. Die Rechnung ist *aufgegangen*. 計算が合った.《比喩》計画がうまくいった. **8**《狩猟》(獣)(獲が)解禁になる. (b)(野鳥が)飛立つ. **9**(坑夫)(坑内の水が)増水する.

'**auf**|**gei·len** ⊕ ❶ ⊕ (人⁴の)欲情をそそる. ❷ ⊕ (sich³) **1** (an et³ 事³の)欲情をそそられる. **2** (an et³ 物³を)命ぜられ大事に思う.

'**auf**|**ge·klärt** 過分形 **1** 先入見(迷信)にとらわれない;啓蒙された. **2** 性教育を受けている.
'**auf**|**ge·knöpft** 過分形《話》打ちとけた, おしゃべりな.
'**auf**|**ge·kratzt** 過分形《話》ご機嫌な, 浮かれた.
'**Auf**|**geld** ⊕ −[e]s/−er **1**《金融》(Agio) 打歩(と⁵). **2**《地方》追加金.《地方》手付金, 内金.
'**auf**|**ge·legt** 過分形 **1** gut⟨schlecht⟩〜 sein 上機嫌⟨不機嫌⟩である. zu et³ 〜 sein 事³をしたい気分である. **2**《付加語的用法のみ》《俺》(嘘・たくらみが)見え透いた, 明らかな. ein 〜*es* Geschäft《地方》損のない取引, 儲け話.
'**auf**|**ge·lo·ckert** 過分形 **1** ほぐれた, ばらけた. 〜*e* Bewölkung 晴れ間のぞく雲. **2** 気分のほぐれた, 肩の凝らない.
'**auf**|**ge·löst** 過分形 **1** 落着き(自制)をなくした, 取乱した. in Tränen 〜 sein 泣きくずれている. **2** 疲れはてた, へばった.
'**auf**|**ge·räumt** 過分形 **1** 片付いた. **2** 上機嫌の.
*'**auf**|**ge·regt** ['aʊfɡəreːkt アオフゲレークト] 過分形 興奮した.
'**Auf**|**ge·regt·heit** 女 −/ 興奮,(心の)動揺.
'**Auf**|**ge·sang** 男 −[e]s/ᵉ⁻e《韻律》(↔ Abgesang) (中世の詩歌で詩節の)初めの部分, 前節.
'**auf**|**ge·schlos·sen** 過分形 **1**《↑aufschließen》開かれた心を持った. Sie ist für Probleme 〜. 彼女はいろんな問題に関心を持っている.
'**Auf**|**ge·schlos·sen·heit** 女 −/ 開かれた心, 関心.
'**auf**|**ge·schmis·sen** 過分形《↑aufschmeißen》〜 sein《話》途方に暮れている, お手上げである.
'**auf**|**ge·schwemmt** 形 ぶくぶく太った, むくんだ.
'**auf**|**ge·ta·kelt** 過分形《話》ごてごて飾りたてた.
'**auf**|**ge·weckt** 形 (子供³が)利発な.
'**auf**|**gie·ßen*** ⊕ ❶ (ソースなど³を)上からかける. **2**《料理》(物⁴に)水をふり(注ぎ)かける. **3** Kaffee⟨Tee⟩

〜 コーヒー⟨お茶⟩を淹(`)れる.
'**auf**|**glei·sen** ⊕《工学》(車輛を)レールに載せる.
'**auf**|**glie·dern** ⊕ 区分分解する;分類する.
'**auf**|**glim·men*** ⊕ (s)《雅》ちらちら輝き(瞬(き)き)始める;(希望などが)芽生える.
'**auf**|**glü·hen** ⊕ ❶ ⊕ 光り(輝き)始める. Ihr Gesicht *glühte auf* vor Scham.《比喩》彼女の顔は恥かしさで真っ赤になった. ❷ ⊕《雅》**1** 灼く, 焼き尽くす. **2**(情熱などを)もう一度かきたてる.
*'**auf**|**grei·fen*** ⊕ ❶ ⊕ **1** 捕まえる, 逮捕する. **2**(テーマ・論点などを)取り上げる. das frühe Gespräch 〜 中断した会話を続行する. **3**《まれ》拾い上げる.
auf'**grund** [aʊfˈɡrʊnt] 前置詞 ❶ 属《2格支配》…に基づいて. ❷ ⊕ (**aufgrund von et³** の形で) 〜 von den Zeugenaussagen 証人の供述に基づいて. ♦auf Grund とも書く. ↑Grund 5
'**Auf**|**guss** ['aʊfɡʊs] 男 −es/ᵉ⁻e (↓aufgießen) **1** 煎(せん)じ汁, 煮出し汁. der erste 〜 vom Kaffee 最初に淹(い)れたコーヒー. **2**《俺》模倣, 二番煎じ, 焼直し. **3**《薬学》(Infus) 浸剤.
'**Auf**|**guss**|**beu·tel** 男 −s/− ティー・バッグ.
'**Auf**|**guss**|**tier·chen** 中 −s/−《多く複数で》《生物》(Infusorium) 滴虫⟨類⟩, 繊毛虫⟨類⟩.
'**auf**|**ha·ben*** ['aʊfha·bən]《話》❶ ⊕ **1**(帽子を)かぶっている,(眼鏡を)かけている. **2** (a)(目・口を)開けている,(ドア・窓などを)開けている. (b)(結び目などをほどしている. **3**(鍋などを火に)かけている. **4**《生徒》(宿題を)課せられている. Wir *haben* für morgen viel *auf*. 私たちは明日たくさんの宿題をしていかなくてはならない. **5**《地方》(料理を)食べ終えている.
❷ ⊕ **1**(店などが)開いて(営業して)いる. **2**《猟師》(鹿などの)角を持っている.
'**auf**|**ha·cken** ⊕ **1** (つるはしなどで)叩き割る,(嘴(くち)でつついて割る. **2** das Holz 〜 薪(き)を全部割り終える.
'**auf**|**ha·ken** ⊕ ❶ (物⁴の)掛け金⟨留め金, ホック⟩をはずす. ❷ ⊕《猟師》(猛禽が)とまる(木や岩に).
'**auf**|**hal·sen** ⊕《話》(人³に事⁴を)押しつける, 肩代わりさせる.《再帰的に》*sich*³ et⁴ 〜 事⁴をしょいこむ.
*'**auf**|**hal·ten*** ['aʊfhaltən アオフハルテン] ❶ ⊕ **1** 引留める, 押しとどめる; 食止める, 阻(は)む. die Katastrophe 〜 破局を食い止める. ein scheuendes Pferd 〜 怖がる馬を制止する. Ich will Sie nicht länger 〜. これ以上お邪魔はいたしません. Lassen Sie sich⁴ bitte [durch mich] nicht 〜! どうぞお構いなく. **2**(ドアなどを)開けておく. j³ die Tür 〜 人³のためにドアを開けておく. die Hand 〜 (何かをもらうために)手のひらを差し出している; 物乞いをする(bei j³ 人³に). Augen und Ohren 〜 注意を怠らない.
❷ ⊕ (sich³) **1** 留まる, 滞在する. **2** (mit⟨bei⟩ j⟨et³⟩ 人⟨物³⟩に)かかずらう. **3**《話》(über j⟨et⟩⁴ 人⟨物⟩⁴のことを悪しざまに言う, こきおろす.
❸ ⊕ mit et³ 〜《北兴》事³をやめる.
*'**auf**|**hän·gen***(⁸) ['aʊfhɛŋən アオフヘンゲン] ❶ ⊕ **1**(絵・衣類などを)掛ける,(カーテンなどを)吊るす. [den Hörer] 〜 受話器を置く, 電話を切る. **2**《話》絞首刑にする. **3** ⊕ et⁴ j³ 〜《話》(人³に)物⁴(安物など)をつかませる(でたらめ・嘘を)吹込む;(嫌なことなどを)押しつける. sich³ einen viel zu teuren Mantel 〜 lassen べらぼうに高いコートを売りつけられる. **4** et⁴ an et³ 〜 事⁴を手がかりに事⁴(論述など)を展開する. ❷ ⊕ (sich⁴) 首を吊る. Wo darf ich *mich* 〜?《戯》コートはどこに掛ければいいの. ♦不規則変化はまれ, または方言で.

'**Auf·hän·ger** [..hɛŋɐr] 男 -s/- **1** (服の襟首などの吊り下げ用の)ループ. **2**《新聞》(論説などの)ねた.

'**Auf·hän·gung** 女 -/《工学》懸垂, 懸架; 懸垂(懸架)法.

'**auf|hau·en**(*) ❶ 他 (s, h) **1** (s) (mit et³ auf et³⁽⁴⁾) 物³にぶつける. mit dem Kopf auf den⟨die⟩ Fliesen ~ 頭をタイルにぶつける. **2** (h)《過去分詞 aufgehaut》(〖南独〗) たらふく飲み食いする. ❷ 他 **1** たたき割る, 割って開ける. zum Fischen das Eis ~ 魚釣りのために氷を割って穴を穿つ. **2** sich³ et⁴ ~ ぶつけて物⁴(身体の一部)を傷つける. **3**《坑夫》(斜坑の一定区間を)上方に掘り進む, 掘り上る.

'**auf|häu·fen** ❶ 他 **1** 積み上げる(重ねる). Erde ~ 土を盛上げる. Reichtümer ~ 財を蓄える. ❷ 再 《sich⁴》積重なる, 山ほどたまる.

*'**auf|he·ben*** ['aʊfheːbən アオフヘーベン] ❶ 他 **1** (a) 拾い(取り)上げる. einen Stein⟨einen Gestürzten⟩ ~ 石を拾う(倒れた人を助け起す). (b) (手などを)上げる. die Augen⟨den Blick⟩ ~ 目を上げる. die Hand zum Schwur ~ 宣誓のために手を上げる. (c) einen Deckel ~ 蓋を取る. **2** 取って(蓄えて)おく, 保存(保管)する. Können Sie mir das Buch bis morgen ~? この本を明日まで取っておいてくれませんか. alles ~ 何でも取っておく, 物を捨てない. gut *aufgehoben* sein 大切に扱われて(保管されて)いる(bei j³ 人³のもとで). Geheimnisse sind bei ihm schlecht *aufgehoben*. 彼は秘密を守れない男だ. **3** 廃止(廃棄)する, 無効にする; 解消(解除)する; (会議などを)終える, 閉じる. das Urteil ~ 判決を破棄する. die Tafel ~ 会食を終える. Aufgeschoben ist nicht *aufgehoben*. 延期は取りやめではない. **4** 帳消しにする, 相殺する. Der Verlust *hebt* den Gewinn wieder *auf*. この欠損でせっかくの利益がふいになる. **5**《哲学》止揚する. **6**《古》逮捕(拘引)する. ❷ 再《sich⁴》**1**《雅》起き(立ち)上がる. **2** 帳消しになる, 相殺される.

'**Auf·he·ben** 中 -s/ 注目を集めること.《多く成句で》viel ~[s] von et⁴ machen《雅》事⁴を大げさに言う, 仰々しく騒ぎたてる. ohne [jedes/großes] ~《雅》目立たずに, 大騒ぎしないで.

'**Auf·he·bung** 女 -/-en **1** 廃止, 廃棄, 解消. **2**《雅》(会議などの)終了. **3**《哲学》止揚. **4**《古》逮捕, 拘引.

'**auf|hei·tern** ❶ 他 元気づける, 愉快な気分にさせる. ❷ 他再《sich⁴》(空·表情などが)晴れる, 明るくなる.

'**Auf·hei·te·rung** 女 -/-en 元気づけ, 気晴らし; 明るくなること.

'**auf|hei·zen** ❶ 他《工学》加熱する. **2** (気分·傾向を)あおる, かき立てる. ❷ 再《sich⁴》(モーターなどが)徐々に熱くなる.

'**auf|hel·fen*** ❶ **1** (人³を)助け起す; (窮地から)救い出す. **2** (物³を)改善する. *seiner* Bildung ⟨der trüben Stimmung⟩ ~ 教養を高める⟨沈んだ気分をひきたてる⟩.

'**auf|hel·len** ❶ 他 **1** 明るくする; (古い絵を)洗う; (髪の毛の)色抜きをする; (洗濯物を)漂白する. **2** 解明する, 明らかにする. ❷ 他再《sich⁴》(空·気分が)明るくなる, 晴れる. **2** 解明される, 明らかになる.

'**auf|het·zen** 他 **1** (人·獣を)追立てる, 駆り立てる. **2** (a) das Volk gegen die Regierung ~ 民衆を煽動して政府に反抗させる. (b) j⁴ zu et³ ~ 人⁴を唆(ɛ̃ɔ̃)して事³をさせる.

'**auf|ho·len** ❶ **1** (遅れを)取戻す, (損失を埋め合)

わせる. Schlaf ~《地方》睡眠不足を補う. **2**《船員》(帆·錨(ikɒt)を)上げる. ❷ 自 **1** 差を縮める, 遅れを挽回する. **2**《金融》(相場が)持直す. **3**《船員》(風が)強まる.

'**auf|hor·chen** 自 聞耳を立てる, 耳をそばだてる. ~ lassen 世間の耳目を引く, 評判になる.

'**auf|hö·ren** ['aʊfhøːrən アオフヘーレン] 自 **1** やむ, 終る. Der Regen *hört* gleich *auf*. 雨はすぐあがるよ. Da *hört* [bei mir] die Gemütlichkeit *auf*.《話》そんなことは我慢ならない. Da *hört* der Spaß *auf*.《話》もう黙っているわけにはいかない. Da *hört* [sich] doch alles *auf*!《話》いい加減にしろ; そんなことあってあるものか. **2** やめる(mit et³ 事³を). mit der Arbeit ~ 仕事をやめる. *Hört* endlich *auf*! もうやめろ, 黙れ. Sie *hörte* nicht *auf* zu weinen. 彼女は泣きやまなかった.

'**auf|hu·cken** **1** (荷を)背中(肩)に担ぐ. **2** (人³を)物⁴を背負わせる.

'**auf|jauch·zen** 歓声を上げる.

'**Auf·kauf** 男 -[e]s/ᵉe 買占め.

'**auf|kau·fen** 他 買い占める, 買いあさる.

'**auf|kei·men** 自 (植物が)発芽する, 芽吹く; (疑念などが)生じる, 芽生える.

'**auf|klap·pen** ❶ 他 **1** ぱたんと開ける. den Kofferraum des Autos⟨das Messer⟩ ~ 車のトランクをぱたんと開ける⟨ナイフの刃をぱちっと出す⟩. **2** (コートの襟などを)立てる. ❷ 自 ぱたんと開く.

'**auf|kla·ren** ❶ 自《気象》(空が)晴れ上がる.《非人称的にも》*Es klart auf*. 晴天になる. ❷ 他《船員》片付ける, 整とん(清掃)する.

*'**auf|klä·ren*** ['aʊfklɛːrən アオフクレーレン] ❶ 他 **1** 明らかにする, 解明(究明)する, (誤解などを)解く. **2** (人⁴を)啓蒙(ホいもぅ)(教化)する, (人⁴に)教える (über et⁴ 事⁴について). ein Kind ~ 子供に性教育を施す. **3**《軍事》偵察する. **4** (液体の濁りを)消す, 澄ます. ❷ 再《sich⁴》**1** 明らかになる, 解明(究明)される, (誤解などが)解ける. **2** (空が)晴れ上がる; (気分·表情などが)明るくなる.《非人称的にも》*Es klärt sich auf*. 晴天になる. ♦ ↑Aufgeklärt

'**Auf·klä·rer** [..klɛːrɐr] 男 -s/- **1** 啓蒙(ホいもぅ)家. **2**《歴史》(ヨーロッパ 18 世紀の)啓蒙主義者. **3**《軍事》偵察機; 斥候. **4** (旧東ドイツで)アジテーター.

'**Auf·klä·rung** 女 -/-en **1**《複数なし》解明, 究明; 説明. **2**《複数なし》啓蒙(ホいもぅ), 啓発; 性教育. **3**《複数なし》《歴史》啓蒙主義. **4**《軍事》偵察. **5** (旧東ドイツで)アジテーション.

'**Auf·klä·rungs·pflicht** 女 -/《法制》釈明(説明)義務. die ~ des Arztes (患者に対する)医師の説明義務.

'**auf|klat·schen** ❶ 自 (s) ぱちゃんと落ちる. ❷ 他《若者》散々に殴りつける.

'**auf|klau·ben** 他《地方》(1つずつ)拾い上げる.

'**auf|kle·ben** 他 貼り付ける.

'**auf|klin·gen*** 自 (s) 鳴り(響き)だす.

'**auf|klin·ken** 他 (ドアをノブを回して)開ける.

'**auf|klop·fen** 他 **1** 叩く (auf et⁴ 物⁴を). **2** (くるみなどを)叩いて割る. **3** (クッションなどを)ぱんぱんと叩いて膨らます.

'**auf|kna·cken** 他 **1** (くるみなどを)ぱちんと割る. **2**《話》(車などの)扉をこじあける.

'**auf|knal·len** ❶ 自 (s) (auf et⁴ 物に)激突する. mit dem Kopf auf die Wand ~ 頭を壁に激しく

auf|legen

つける. ❷ 他 1 (a) 叩きつける(auf et⁴ 物⁴の上に). den Hörer ~ 受話器を叩きつけるようにして電話を切る. 1 (まれ)(ドアなどを)ばたんと閉める. 2 《生ения》(人⁴に事⁴を課する(罰として). 3 einem Tier eine Kugel ~ 獣に弾丸を撃ち当てる.

'auf|knöp·fen 他 1 (↔ zuknöpfen) (物⁴の)ボタンをはずす. die Taschen ~ 財布の紐をゆるめる. *Knöpf* [dir] die Ohren *auf*! (戯) 耳の穴をほじくってよく聞け. 2 ボタンで留める(auf et⁴ 物⁴に). ◆↑aufgeknöpft

'auf|kno·ten 他 1 eine Schnur〈ein Paket〉 ~ 紐の結び目〈小包〉をほどく. 2 Haare ~ 髪をまげに結い上げる.

'auf|knüp·fen 他 1 (人⁴を)絞首刑にする. 《再帰的に》*sich*⁴ ~ 首を吊る. = aufknoten 1

'auf|ko·chen ❶ 他 1 (a) ちょっと煮立てる, ひと煮立ちさせる; (料理)を温め直す. (b) (古い話)を蒸し返す. ❷ 自 (s, h) 煮立つ, 沸く. 2 (h) 《南ドィッ》(お祭などで)たくさんご馳走をつくる.

'auf|kom·men* ['aʊfkɔmən] 自 (s) 1 (a) 現れる, 起る, 生じる. Ein Gewitter *kommt auf*. 雷雨になる. keinen Zweifel über et⁴ ~ lassen 事⁴についていかなる疑念も起こさせない. (b) 世に行われる, 流行する. Eine neue Mode ist *aufgekommen*. 新しい流行が始まった. (c) (噂が)たつ, 広まる. 2 起上る, 立直る; (病気から)回復する. 3 (a) (für et³ 物³の)費用を負担する, 補償する. (b) (für j³ 人³の)養育(生活)費をもつ. 4 (a) (ふつう否定形で) (gegen j〈et〉⁴ 人〈物〉⁴に)対抗する, 対抗できる. Gegen seinen Redefluss *kommt* man nicht *auf*. 彼の能弁にはかなわない. (b) niemanden neben sich³ ~ lassen 他人が自分と並び立つことを許さない. 5 (金が)入ってくる, 集まる. 6 《地方》(悪事が)露顕する, ばれる. 7 (auf et⁴,³ 物⁴,³の上に)降り立つ, (跳躍して)着地する. 8 《シェブ》追上げる, 優位に立つ. 9 《船員》(船が)向きをかえる.

'Auf·kom·men 中 –s/– 1 《経済》(租税などによる)収入. 2 (旧東ドイツで農業生産物に課せられた)ノルマ. 3 (健康の)回復.

'auf|krat·zen 他 1 引っかいて傷をつける; [sich¹] eine Wunde ~ 傷口を引っかいてかさぶたを破る. 2 Wolle ~ 《紡績》羊毛をけばだてる. 3 《話》(人⁴を)陽気(愉快な気分)にする. ◆↑aufgekratzt

'auf|krem·peln 他 (袖などを)まくり上げる.

'auf|kreu·zen 自 (s, h) 1 (s) 《話》突然姿を見せる, 不意に訪ねてくる(bei j³ 人³のもとへ); (車・船などが)現れる. 2 (s, h) 《船員》風に向かって帆走する, 間切る.

'auf|krie·gen 他 《話》= aufbekommen

'auf|kün·di·gen 他 (事⁴の)破棄を通告する, (を)解約する. j³ den Dienst〈die Freundschaft〉 ~ 人³に退職を申し出る〈人³と絶交する〉.

'Auf·kün·di·gung 女 –/–en 解約通告.

Aufl. (略) = Auflage 1

'auf|la·chen 自 (思わず)大声で笑う, 吹出す.

'auf|la·den* 他 1 (↔ abladen) (荷を)積込む(auf et⁴ 物⁴に); (人³に物⁴を)負わせる. Er *lädt* sich³ zuviel Arbeit *auf*. 彼は仕事をしこみすぎる. 2 《物理》(↔ entladen) (物⁴に)充電する, (再帰的に) *sich³* ~ 《工学》(エンジンに)過給する.

***'Auf·la·ge** ['aʊfla:gə アオフラーゲ] 女 –/–n (↓ auflegen) 1 (略 Aufl.) 《書籍・新聞の》版, (一回に)出版される発行部数. neu bearbeitete ~ 改訂版. Das Buch ist in einer ~ von 5000 Exemplaren erschienen. その本は5000部発行された. 2 《書》(公的な)命令; 《法制》(相続人などが負う)履行義務, 付帯条件. j³ eine ~ erteilen 人³に義務を課する. Er wurde mit der ~ entlassen, sich⁴ alle drei Tage zu melden. 彼は 3 日ごとに出頭するという条件で釈放された. 3 カバー, 覆い; (金属の)めっき. 4 (銃などを載せる)台, 支え. 5 《経済》(一定期間の)生産数量; (旧東ドイツにおける生産・労働の)ノルマ.

'auf·la·gen·schwach 形 発行部数の少ない.

'auf·la·gen·stark 形 発行部数の多い.

'Auf·la·ger [..la·gər] 中 –s/– 《建築》支え面(アーチ・橋脚などの地盤からの荷重を下から支える面).

'auf·lan·dig ['aʊflandɪç] 形 《船員》 (↔ ablandig) (風向きが)海から陸に向かっての.

'auf|las·sen* 他 1 《話》(ドア・店・栓などを)開けたままにしておく. 2 den Hut ~ 《話》帽子をかぶったままでいる. 3 《話》(人⁴を)起しておく, 寝かさない. die Kinder abends lange ~ 子供たちに夜ふかしさせる. 4 (風船)を空に飛ばす, (花火を)打上げる. 5 《鉱業》(山を閉鎖する, 廃坑にする; 《南ドィッ》(店・工場を)たたむ, 操業をやめる. 6 《法制》(土地などを)譲渡する.

'auf·läs·sig ['aʊflɛsɪç] 形 《鉱業》閉山(廃坑)になった.

'Auf·las·sung 女 –/(–en) 1 閉山, 廃坑; 《南ドィッ》(店・工場などの)閉鎖, 廃業. 2 《法制》土地所有権譲渡の物権的合意の正式意思表示, アウフラッスング. 3 die ~ erteilen〈geben〉《地方》(戯)(ホストとして)開会を宣する; 乾杯の音頭をとる.

'auf|lau·ern 自 (j³人³を)待伏せする.

'Auf·lauf ['aʊflaʊf] 男 –[e]s/–e 1 (群集の)集合, 人だかり; 集まった群衆; 《法制》不法集合. 2 《料理》アウフラウフ(具に泡立てた卵白をかけオーブンでふっくらと焼いた料理). スフレ.

'auf|lau·fen* ['aʊflaʊfən] ❶ 自 (s) 1 (a) 《船員》(船が)乗上げる, 座礁する. *auf* ein Riff〈eine[r] Sandbank〉 ~ 暗礁〈砂州〉に乗上げる. (b) (auf j〈et〉⁴ 人〈物⁴〉に)追突(衝突)する. j⁴ ~ lassen 《話》人⁴の活動を挫折させる, (の)足をすくう. einen Gegenspieler ~ lassen 《スポ》相手選手とボールの間に体を入れてファウルを誘う. 2 (費用・借金が)ふえる, かさむ; (海水などが)嵩(かさ)を増す. *auflaufendes* Wasser 上げ潮, 満潮. 3 《農業》(種子が)芽を出す. 4 《地方》(身体の部分が)腫(は)れる. 5 (競走などで)追いつく(zu j⁴ 人⁴に). ❷ 再《sich³/sich³》*sich³* ~ / *sich³* die Füße ~ 歩いて(走って)足にまめができる, 靴ずれを起こす.

'auf|le·ben 自 (s) 元気(生気)を取り戻す, 息を吹返す; (争いなどが)再燃する.

'auf|le·cken 他 きれいに(すっかり)舐(な)め取る.

'auf|le·gen ['aʊfle:gən] ❶ 他 1 上に置く, 載せる; (食器・料理を)並べる; (テーブルクロスを)かける; (色・化粧品を)塗る; (絆創膏などを)貼る. die Ellenbogen ~ 肘をつく. 《猟》(獣)に脂がのってくる. ein Gewehr ~ 銃を銃架にのせる. j³ die Hand 〈キリスト教〉人³の頭に手を置く, (に)按手(あんしゅ)する(祝福などの儀式に). [den Hörer] ~ 受話器を置く, 電話を切る. Kohlen ~ 石炭をくべる. Make-up ~ 化粧をする. einem Pferd den Sattel ~ 馬に鞍を置く. j³ die Speise ~ 人³の皿に料理を取ってやる. 2 《まれ》(auferlegen) (人³に事⁴を)課する, 義務づける. j³ Steuern ~ 人³に課税する. sich³ Entbehrungen ~ 生活を切りつめる. 3 (名簿などを)縦覧させる, 公開(公示)する.

auf|lehnen

4 (a)〖書籍〗(本を)出版(刊行)する. (b)〖経済〗大量生産を開始する. (c)〖金融〗(株式を)発行する,(債券を)募集する. **5** ein Schiff ~ (船員)(不況などのために)船を一時休ませる,係船する.
❷ 囲 (sich⁴) **1**（テーブルなどに）肘をつく. **2**〖地方〗喧嘩している,口論を始める(mit j³ 人³と).
♦ aufgelegt

'auf|leh·nen ❶ 囲 (sich⁴) **1** (gegen j⟨et⟩⁴ 人⟨物⟩⁴に)反抗(抵抗)する. Dagegen lehnt sich sein Stolz auf. それは彼の誇りが許さない. **2** (auf et⁴⁽³⁾ 物⁴˒³に)もたれかかる,よりかかる. ❷ 囲〖地方〗die Arme ~ 腕をつく(auf et⁴⁽³⁾ 物⁴˒³に).

'Auf·leh·nung 囡 -/-en 反抗, 反乱.

'auf|le·sen* 囮 **1** 拾い上げる(集める). **2**《話》拾ってくる;《戯》(望ましくないものを)持帰る. einen Hund auf⟨von⟩ der Straße ~ 往来で犬を拾ってくる. [sich³] eine Krankheit ~ 病気をもらってくる.

'auf|leuch·ten 圊 (h, s) ぱっと光る(灯る), 一閃する;(目・表情が)輝く, (考えが)ひらめく.

'auf|lie·fern 囮 (郵便物を)窓口に差出す, 発送する.

'auf|lie·gen* 圊 **1** (auf et³ 物³の上に)載っている, 置かれている. **2** j³ ~〖古〗〖地方〗人³の心に重くのしかかっている;(に)とって煩(ｾﾞ)わしい. **3**〖船員〗(船が)係船されている. ❷ 囲 (sich³/sich³) sich⁴ ~ / sich³ den Rücken ~ 床(ｺ)ずれが(背中に床ずれが)できる.

'auf|lis·ten 囮 リストアップする, (の)リストを作る.

'auf|lo·ckern 囮 **1** (a) (固くなったものを)ほぐす. Erdreich ~ 土を鋤(ｽ)き起す. die Watte ~ 綿を打直す. (再帰的に) sich⁴ ~ 身体をほぐす. (b)《雰囲気などを)和(ﾜ)らげる. einen Vortrag durch Scherze ~ 冗談で講演の堅苦しさをほぐす. ein aufgelockertes Programm 肩の凝らないプログラム. **2**〖軍事〗(部隊を)散開させる. ♦ aufgelockert

'auf|lo·dern 圊 (s)《雅》ぱっと燃え上がる.

'auf·lös·bar ['aʊfløːsbaːr] 囮 **1** 溶解し得る. **2** 解く(ほどく)ことができる. **3** 解消可能な.

*'auf|lö·sen ['aʊflø:zən アオフレーゼン] ❶ 囮 **1** 溶かす. Zucker in Wasser ~ 砂糖を水に溶かす. **2**《雅》(物事・もつれ・疑いを)ほどく, 解く. **3**（国・議会などを)解散する,(店をたたむ, 廃業する(契約を)解消する. eine Demonstration⟨eine Ehe⟩ ~ デモを解散⟨婚姻を解消⟩する. auflösende Bedingung〖法制〗解除条件. **4**（問題・謎を)解く, 解明(解決)する. **5**〖音楽〗(変化記号を本位記号♮によって)取消す,(本位記号をつけて)幹音に戻す;(不協和音を)解決する. **6**〖数学〗(括弧をはずす;(方程式を)解く. **7**〖光学〗解像する.
❷ 囲 (sich⁴) **1** 溶ける;(雲・霧が)晴れる;(群集などが)散り散りになる. sich in et³ ~ 物³(水など)に溶ける. sich in et⁴ ~ 溶けて物⁴になる. sich in nichts ~ 消滅する, 無に帰する. sich in seine Bestandteile ~ 成分に分解する. sich in Luft ~《戯》消え失せる, かき消える. sich in Tränen ~ 涙にくれる, 泣き崩れる. **2**《雅》(結び目などが)ほどける, 解ける. **3**（集団・議会などが)解散する;(契約・関係などが)解消される,(秩序が)崩れる. **4**（問題・謎が)解ける, 明らかになる.
♦ aufgelöst

'Auf·lö·sung 囡 -/(-en) **1** 溶解, 分解, 解消, 解体, 崩壊; 解明, 解決, 解答;(結び目などを)解くこと. **2**《複数なし》動揺, 混乱. in größter ~ Zustand völliger ~ すっかり取乱して. **3**〖音楽〗幹音に戻すこと;(不協和音の)解決. **4**〖光学〗解像. **5**〖韻律〗2つの短音による長音の置き換え. **6**〖文学〗(ドラマの)終幕, 最終章.

'Auf·lö·sungs·pro·zess 圕 -es/-e 崩壊(解体)の過程(進行).

'Auf·lö·sungs·ver·mö·gen 圉 -s/〖化学〗溶解力;〖光学〗分解能, 解像力;〖工学〗(計測器具の)精度;〖医学〗微細結像能性.

'Auf·lö·sungs·zei·chen 圉 -s/-〖音楽〗本位記号, ナチュラル.

'auf|ma·chen ['aʊfmaxən アオフマヘン] ❶ 囮 **1** 開ける, 開く;(結び目・髪を)ほどく, 解く. die Augen ~ 目を開ける;(目を見開いて)よく見る. einen Brief ~ 手紙を開封する. Dampf ~ (蒸気機関の)釜を吹かす;スピードを上げる. die Hand ~ 手の平を開く;チップを求める. den obersten Knopf ~ 一番上のボタンをはずす. die Ohren ~ 耳を傾けるくぼだてる). j⁴ ~《話》人に開腹手術をする. **2**（新しい店を)開く, 開業(開設)する. **3** 飾りつける, 粉飾する;(商品を)きれいに包装する;(本を)装丁する;(新聞・雑誌などに)大見出しをつける. Sie ist auf jung aufgemacht.《話》彼女は若作りをしている. **4**（勘定書・見積書を)作成する. j³ die⟨eine⟩ Rechnung ~ 人³に請求書を出す. **5**〖地方〗(カーテンなどを)吊るす, 取りつける.
❷ 囲 (sich⁴) **1** 出立する, 出かける;《雅》(風が)立つ. **2** 身を飾る, 装う;メイクアップする.
❸ 圊 **1** 店を開ける, 業務を始める. **2** (人³を)中に入れる, 通す. Er hat mir nicht aufgemacht. 彼は私を入れて(部屋に通して)くれなかった.

'Auf·ma·cher [..maxər] 圕 -s/-（新聞・雑誌の)大見出し;(新聞の)トップ記事, (雑誌の)巻頭記事;(ニュース番組の)トップニュース.

'Auf·ma·chung 囲 -/-en **1** 装い; メイクアップ; 飾りつけ, 外装;(商品の)包装, 装丁;(新聞などの)大見出し(のついた記事), 第1面. in großer ~ めかしこんで, 盛装して; 大げさな見出しで. **2**〖船員〗海ँ計算書(の作成).

'Auf·marsch 圕 -[e]s/-ⁿe (分列)行進, パレード;(ﾊﾟﾚｰﾄﾞ)(観光客・見学者の)行列, 裁到.

'auf|mar·schie·ren 圊 (s) 行進してくる; 行進してきて配置につく, 整列する. kleine Kinder ~ lassen《戯》(挨拶などのために)子供をずらりと並ばせる. ♦ 過去分詞 aufmarschiert

'auf|mer·ken 圊《雅》よく注意する, 注意する(熱心に)耳を傾ける(auf et⁴ 事⁴に); (一瞬)聞耳をたてる. j⁴ ~ lassen 人⁴をはっと(ぎょっと)させる.

*'auf·merk·sam ['aʊfmɛrkzaːm アオフメルクザーム] 囮 **1** 注意深い. j⁴ auf et⁴ ~ machen 人⁴に事⁴への注意をうながす. auf j⟨et⟩⁴ ~ werden 人⟨物⟩⁴に気づく. **2** よく気のつく, 行届いた; 思いやりのある. Vielen Dank, sehr ~! ご親切ありがとう.

*'Auf·merk·sam·keit ['aʊfmɛrkzaːmkaɪt アオフメルクザームカイト] 囡 -/-en **1**《複数なし》注意(深さ), 関心. j⁴ ~ ablenken 人⁴の注意(関心)をそらす. j² ~ auf et⁴ lenken 人²の注意(関心)を事⁴に向けさせる. **2** (a)《複数まれ》心遣い, 気くばり. j³ ~en erweisen 人³に親切をつくす. (b) ちょっとした贈物.

'auf|mi·schen 囮〖地方〗**1**（薬・顔料などを)混ぜ合せる;(トランプを)シャッフルし直す. **2** (a)《話》(人⁴を)殴りつける. (b) (人⁴を)揺り起す.

'auf|mö·beln ['aʊfmøːbəln] 囮《話》**1** (古い車・船などを)修繕(修理)する. seinen Ruf ~ 評判(名声)を取戻す. **2** (人⁴に)元気をとり戻させる;《話》(人³に)焼き

'auf|mot·zen ['aʊfmɔtsən] 《話》❶ 自 (gegen j⟨et⟩⁴ 人⟨物⟩⁴に)逆らう,文句を言う. ❷ 他 改造(改良)する,手直しする. ein altes Sofa wieder ～ 古いソファーの張り直しをする. ❸ 再《sich⁴》《話》けばけばしい服装をする;厚化粧する.

'auf|mu·cken [自]《話》(gegen j⟨et⟩⁴ 人⟨物⟩⁴に)文句をつける,盾つく,逆らう.

'auf|muck·sen =aufmucken

'auf|mun·tern 他 1 (人⁴を)元気づける,(の)気を引立てる. 2 j⁴ zu et³ ～ 事³をするよう人⁴を励ます.

'Auf·mun·te·rung 囡 -/-en 1《複数なし》気を引立てること,元気づけ. 2 励まし(の言葉).

'auf·müp·fig ['aʊfmʏpfɪç] 形《話》反抗的な,言うことを聞かない.

'auf|nä·hen 1 縫い付ける(auf et⁴ 物⁴に). 2 sich³ die Finger ～ 針仕事で指を怪我する.

*'Auf·nah·me ['aʊfnaːmə アオフナーメ] 囡 -/-n (↓ aufnehmen) 1《複数なし》(水分などを)吸い上げること,吸収. 2 (仕事・交渉などの)開始,着手. 3 (団体・施設などへの)受入れ,収容,入学許可;(来客の)迎え入れ,接待;(病院などの)受付,待合室. die ～ in ein Krankenhaus⟨einen Verein⟩ 病院への収容⟨協会への加入⟩. freundliche⟨kühle⟩ ～ finden 親切なもてなしを受ける⟨冷たくあしらわれる⟩. 4 (食物の)摂取,吸収,同化. 5 (調書・メモなどの)作成,記録;(辞典・全集などの)採録,収載;(番組などての)組入れ. stenographische ～n 速記録. 6 撮影,録画,録音;写真,録画(録音)テープ. von j¹ eine ～ machen 人³の写真を撮る. 7 (資金の)借入れ,調達. die ～ einer Anleihe 起債. 8 (観客・聴衆などの)反応,評判. eine begeisterte ～ finden 熱狂的な評判を呼ぶ.

'Auf·nah·me·an·trag 男 -[e]s/=e 採用願い,入会申込み.

'Auf·nah·me·be·din·gung 囡 -/-en 入会(入会,入学)の条件,採用条件.

'auf·nah·me·fä·hig 形 (für et⁴ 物⁴を)受入れることができる,収容できる;理解力(感受性)のある. ～e Märkte 商品が入り込む余地のある市場.

'Auf·nah·me·fä·hig·keit 囡 -/ 収容能力;理解力,感受性.

'Auf·nah·me·ge·bühr 囡 -/-en 入会金;入学金.

'Auf·nah·me·prü·fung 囡 -/-en 入学(採用)試験.

'Auf·nahms·prü·fung 囡 -/-en《オースト》=Aufnahmeprüfung

'auf|neh·men ['aʊfneːmən アオフネーメン] 他 1 (物⁴を床などから)拾い(取り)上げる,持上げる;(人⁴を抱き上げる. den Handschuh ～ 手袋を拾い上げる. ein Kind ～ 子供を抱き上げる. den langen Rock ～ 裾(ミ)の長いスカートをたくし上げる.

2 (仕事などに)着手する,(を)開始する;(に)再び手をつける,(を)再開する;(問題などの)取上げる. die Arbeit wieder ～ 仕事を再開する. eine Diskussion [von neuem] ～ 議論を再開する. die Spur ～《狩猟》(犬が獣の)足跡を(見つけて)追跡始める. ein Thema ～ ある主題を取上げる. Verhandlungen mit j³ ～ 人³と話合いを始める.

3 (人⁴を)迎え(迎え)入れる,泊める,収容する. Flüchtlinge ～ 避難民を受入れる. j⁴ als Gast ～ 人⁴を客として迎える. j⁴ bei sich³⟨in seinem Haus⟩ ～ 人⁴を自分の家に泊めてやる. j⁴ in einem⟨ein⟩ Krankenhaus ～ 人⁴を病院に収容する.《物が主語》Das Schiff nimmt 230 Personen auf. その船の収容人員は230名である.

4 (生徒・会員などを)受入れる,加入(入会)させる. j⁴ in den Sportverein⟨die Schule⟩ ～ 人⁴をスポーツクラブに入れる⟨入学させる⟩.

5 (et⁴ in et⁴ 物⁴を物⁴に)採入れる,採録する. ein Wort in das Wörterbuch ～ ある語を辞書に採録する.

6 (a) (事⁴を心の中に)受止める,感じ取る;(知識などを)吸収する. neue Atmosphäre [in sich⁴] / まれ in sich³] ～ 新しい雰囲気を吸収する. einen Eindruck ～ ある印象を受ける.《目的語なしで》Er nimmt leicht⟨schwer⟩ auf. 彼は呑みこみが早い⟨悪い⟩. (b)《様態を示す語句と》…の仕方で受止める(受入れる). …ととる. et⁴ übel⟨als Beleidigung⟩ ～ 事⁴を悪意⟨侮辱⟩ととる. Das Stück ist vom Publikum wohlwollend aufgenommen worden. その芝居は観客から好意的に迎えられた.

7 (水分・養分などを)摂取する,吸収する. Sauerstoff ～ 酸素を吸収する.

8 (a) 記録する;(の)記録(調書)を作成する. ein Diktat ～ 口述されたことを筆記する. ein Gelände ～ ある土地を測量して地図を作成する. j² Personalien ～ 人²の身上書を作成する. (b) (物⟨人⟩⁴を)撮影(録画)する,録音する. ein Aktmodell ～ ヌードモデルを撮影する. ein Bild ～ 写真を撮る. eine CD ～ CDをレコーディングする. Violinkonzerte auf Kassetten ～ バイオリン協奏曲をカセットテープに録音する.

9 (資金などを)借り入れる. eine Anleihe ～ 公債を起こす. eine Hypothek auf ein Haus ～ 家屋を抵当に(して借金を)する.

10 (拭取り)(床にこぼれた液体や汚れを)ふき取る,掃き取る;(部屋の床をふく). Kehricht mit einem Besen ～ ちりをほうきで掃き取る. die Küche ～ 台所の床をふく.

11《球技》(パスを)受ける. eine Flanke ～ センタリングを受ける.

12《馬術》(馬を)集中させる.

13 Maschen ～《手芸》(編み物の)目を拾う.

14《不定の es⁴ と》es mit j³ ～ 人³と張り合う,(に)ひけをとらない. Im Trinken kann er es mit jedem ～. 飲むことにかけては彼は誰にも負けない.

'äuf|nen ['ɔʏfnən]他(↓ auf)《スイス》(資産などを)増す.

'auf|nö·ti·gen 他 (人³に事⁴を)押しつける,無理じいする.

'auf|ok·troy·ie·ren [aʊfˌɔktroajiːrən] 他 =aufnötigen

'auf|op·fern ❶ 他 (j⟨et⟩³ et⁴ / et⁴ für j⟨et⟩⁴ 物⁴を人⟨物⟩³,⁴のために)犠牲にする. aufopfernde Liebe 献身的な愛. ❷ 再《sich》sich für j⟨et⟩⁴ ～ 人⟨物⟩⁴のために犠牲になる.

'Auf·op·fe·rung 囡 -/-en《複数まれ》犠牲にすること;自己犠牲;献身. mit ～ 献身的に.

'auf·op·fe·rungs·be·reit 形 自己犠牲の覚悟のある,献身をいとわない.

'Auf·op·fe·rungs·be·reit·schaft 囡 -/ 犠牲的精神.

'auf·op·fe·rungs·voll 形 犠牲的精神に富んだ,献身的な.

au 'four [oːˈfuːr] (fr.)《料理》オーブンで焼いた.

'auf|pa·cken 他 1 (a) (車などに)積む, 積込む; (人³に物⁴を)背負わせる. die Ware [auf den Wagen] ~ 商品を車に積込む. einem Esel Holz ~ ろばに薪を背負わせる. j³ alle Verantwortung ~ 《比喩》人³にすべての責任を負わせる. 《再帰的に》 sich³ den Rucksack ~ リュックサックを背負う. (b) einen Wagen ~ 車に荷を山積みにする. 2 《地方》(旅立ちのために)荷造りする. 3 《まれ》(荷を)解く.

'auf|päp·peln 他《話》(病後の人などに)滋養のあるものを食べさせて元気を取戻させる; (幼い子供や動物が)まるまると育てる.

*'auf|pas·sen ['aʊfpasən アオフパセン] ❶ 自 1 (auf j‹et›⁴)…に気をつける, 注意する, 気をつける. Pass doch auf! よく注意しろよ. auf die Kinder ~ 子供たちのおもりをする. 《過去分詞で》 Aufgepasst! 注意せよ, 気をつけろ. 2 《地方》(人³を)待伏せる, 待受ける. ❷ 他 《地方》 (aufprobieren) (帽子などを)試しにかぶってみる; (容器のふたなどを)試しに合せてみる.

'Auf·pas·ser ['aʊfpasər] 男 -s/- 見張り番, 監視人, 番人; (古) スパイ, 回し者.

'auf|peit·schen 他 1 (動物を)鞭で打って立たせる, 駆りたてる. Der Wind peitscht das Meer‹die Wellen› auf. 《比喩》風が海を波だたせる. 2 (aufputschen) (薬剤などで)刺激する, 興奮させる; 扇動する. aufpeitschende Reden アジ演説.

'auf|pflan·zen ❶ 他 (旗などを)掲げる, 立てる. das Bajonett ~ 銃に着剣する. ❷ 再 (sich⁴) (vor j‹et›³ 人‹物›³の前に)立ちはだかる.

'auf|pfrop·fen 他 1 (auf et⁴ 物³に)接(つ)ぎ木する. 2 (人‹物›³に物⁴を)無理やり押しつける(くっつける). einem Volk eine fremde Religion ~ ある民族に外来の宗教を押しつける. 《過去分詞で》 wie aufgepfropft 《比喩》 木に竹を接(つ)いだような. eine aufgepfropfte Bildung 付け焼き刃の教養.

'auf|plat·zen 自 (s) (ぱっと)はじける; (つぼみ・縫い目が)ほころびる; (傷口が)開く.

'auf|plus·tern ❶ 他 1 (羽毛を)逆立てる. 2 《話》誇張する, 針小棒大に言う. ❷ 再 (sich⁴) 1 (鳥が)羽毛を逆立てる. 2 《話》偉そうにする, いばる; 鼻にかける (mit et³ 事³を). 3 《話》いきまく, 興奮する.

'auf|po·lie·ren 他 1 (物⁴を)磨き上げる. 2 《戯》 (知識・行儀作法などに)磨きをかける, (を)洗練する. ◆過去分詞 aufpoliert

'auf|pols·tern 他 (物⁴の)クッションに詰め物をする.

'auf|prä·gen 他 刻印する (auf et⁴ 物⁴に). auf die Löffel seinen Namen ~ スプーンに自分の名前を刻印する. j‹et›³ einen Stempel ~ 《比喩》 人‹物›³に決定的な影響をおよぼす.

'Auf·prall 男 -[e]s/(-e) 激突, 衝突.

'auf|pral·len 自 (s) (auf et⁴ج⁴ 物‹人›³に)激しくぶつかる, 激突(衝突)する.

'Auf·preis 男 -es/-e 追加(割増)料金.

'auf|pro·bie·ren 他 (帽子などを)試しにかぶってみる; (眼鏡を)試してみる, かけてみる. ◆過去分詞 aufprobiert

'auf|pul·vern ['aʊfpʊlfərn, ..vərn] 他《話》元気づける, 活気づかせる. 《再帰的に》 sich⁴ mit Kaffee ~ コーヒーを飲んで元気を出す.

'auf|pum·pen ❶ 他 (物⁴に)ポンプで空気を入れる, (を)膨らます. ❷ 再 (sich⁴) 《話》 1 偉そうにする, いばる. 2 いきまく, 興奮する.

'auf|pus·ten 《話》 (aufblasen) ❶ 他 (風船などを)膨らます. ❷ 再 (sich⁴) 偉そうにする, いばる.

'auf|put·schen 他 1 扇動する, そそのかす. 2 (薬剤などで)刺激する, 興奮させる. ❷ 再 (sich⁴) (薬剤などを飲んで)興奮する. sich mit‹durch› Kaffee ~ コーヒーを飲んで興奮する.

'Auf·putsch·mit·tel 中 -s/- 《俗語》 (Dopingmittel) ドーピング用の薬物, 興奮剤.

'Auf·putz 男 -es/-e 《複数まれ》 派手な装い, 度の過ぎたおめかし; けばけばしい飾りつけ.

'auf|put·zen ❶ 他 1 (人や物⁴を)飾り立てる, 飾りつける. 2 《話》(部屋などを)飾る, 飾りつけ, 体裁をつくろう. eine Bilanz ~ 決算を粉飾する. 3 《地方》(汚れを)拭い去る. 4 Speisen ~ 《話》料理をきれいに平らげる. ❷ 再 (sich⁴) 《話》めかしこむ.

'auf|quel·len* 自 (s) 1 (a) (パン生地などが)膨らむ; (水を吸って)膨れる, ふやける. (lassen と) Erbsen ~ lassen えんどう豆をふやかす. (b) (顔・手足などが)腫(は)れる, むくむ. 2 《雅》(煙などが)もくもくと上がる, 湧き(噴き)上がる. (涙がこみ上げる. (c) (感情が)むらむらと起る, こみ上げる. Zorn quoll in ihm auf. 怒りが彼の胸の中にむらむらとこみ上げた.

'auf|raf·fen ❶ 他 1 拾いあげる, かき集める; (衣服などを)からげる, たくし上げる. die Papiere vom Boden ~ 紙を床から拾い集める. den Rock ~ スカートをからげる. ❷ 再 (sich⁴) やっとのことで立上がる; 奮起する, 力をふりしぼる. sich aus seiner Lethargie ~ やっとのことで無気力を脱する. sich zu keinem Entschluss ~ どうしても決心がつかない.

'auf|ra·gen 自 (山・塔などが)そびえ立つ, そそり立つ.

'auf|rap·peln 再 (sich⁴) 《話》 1 やっとのことで起き(立ち)上がる, 身を起す. 2 元気を回復する. 3 奮起する, 意を決する.

'auf|rau·en 他 (皮などの表面を)ざらざらにする, けば立てる.

°'auf|rau·hen † aufrauen

*'auf|räu·men ['aʊfrɔʏmən アオフロイメン] ❶ 他 片づける, 整理(整頓)する. das Zimmer‹die Spielsachen› ~ 部屋‹おもちゃ›を片づける. ❷ 他 (mit et³ 物³を)一掃する, 取除く, 棄て去る. mit den Verbrechern ~ 犯罪人を一掃する. mit der Vergangenheit ~ 過去を清算する. 2 《話》(疫病などが)猛威をふるう, 多数の犠牲者を出す. ◆† aufgeräumt

'Auf·räu·mungs·ar·beit 女 -/-en 《ふつう複数で》清掃作業, 後片づけ, 後始末.

'auf|rech·nen 他 1 (人³に物⁴を)負担させる, (勘定などを)払わせる. j³ et³ als Fehler ~ 《比喩》 事⁴を人³の過失であると言って責める(非難する). 3 (et³ gegen et⁴ 物⁴を物³と)相殺(そうさい)する.

'Auf·rech·nung 女 -/-en 《法制》 相殺(そうさい).

*'auf|recht ['aʊfrɛçt アオフレヒト] ❶ 形 1 (姿勢が)まっすぐな, しゃんとした, 直立の. eine ~e Haltung しゃんとした姿勢. sich³ nicht mehr‹kaum noch› ~ halten können (疲労や苦痛で)もう立っておれない. Diese Hoffnung hielt sie bis zuletzt ~. 《比喩》 この希望が最後まで彼女の心の支えとなった. 2 (人柄や性格が)まっすぐな, 正直な.

'auf|rech·ter·hal·ten* 他 (伝統やしきたりを)維持(保持)する; (信念や主張を)堅持する.

'Auf·recht·er·hal·tung 女 -/ 維持, 保持; 堅持, 固持.

'auf|re·den 他 1 (人³に物⁴を)言葉たくみに売りつける (押しつける). Lass dir nichts ~! 口車なんかに乗せられるな. 2 《古》(人⁴を)やりこめる.

*'auf|re·gen ['aʊfre·gən アオフレーゲン] ❶ 他 1 (人

え)興奮させる、やきもき(いらいら)させる. Die Nachricht *regte* ihn sehr *auf*. その知らせは彼をひどく興奮させた.   **2**〔古〕(想念や感情を)かき立てる、喚起する(in j³ 人³の心に).   ❷ 《*sich*》興奮する、憤慨する、腹を立てる(über j⟨et⟩⁴ 人⟨事⟩⁴に). *sich wegen jeder Kleinigkeit* ~ ちょっとしたことにでもかっとなる.
◆ ↑ aufgeregt

'**auf|re|gend** [ˈaʊfreːɡənt] 現分 形 わくわくするような、固唾(**)を呑むような、センセーショナルな、刺激的な;魅惑的な. ein ~er Film 手に汗を握るような映画. Seine Leistungen sind nicht sehr ~.〔話〕彼の業績なんかたいしたことないよ.

'**Auf|re|gung** [ˈaʊfreːɡʊŋ] 女 -/-en **1** 興奮、激昂. j⁴ in ~ bringen 人⁴を興奮させる. in ~ geraten 興奮する.   **2** 混乱、大騒ぎ、パニック.

'**auf|rei|ben*** [ˈaʊfraɪbən] ❶ 他 **1** (人³の物に)すり傷を負わせる. 〔再帰的に〕*sich³* die Hände ~ 手をすりむく.   **2** すり減らす;すり潰す(砕く). Kartoffeln ~ 〔南ドイツ〕じゃがいもをすりおろす. **3** くたくたに疲れさせる、消耗させる. 〔現在分詞で〕*eine aufreibende Arbeit* 心身をすり減らすような仕事. **4** 〔部隊を〕全滅させる. **5** den Boden ~〔俗〕(石鹸とブラシで)床をみがく. ❷ 《再》《*sich*⁴》心身をすり減らす、疲れはてる.

'**auf|rei|hen** ❶ 他 **1** (物⁴を)1列に並べる. Bücher auf dem⟨im⟩ Regal ~ 本を書棚に並べる. **2** (物⁴を)糸(紐)に通す、数珠(**)つなぎにする. Perlen auf einer Schnur ~ 真珠を紐に通す. ❷ 《再》《*sich*⁴》1列に並ぶ、数珠つなぎになる. *sich paarweise* ~ 2人ずつ並ぶ.

'**auf|rei|ßen*** [ˈaʊfraɪsən] ❶ 他 **1** (包みなどを)破って開ける. einen Brief ~ 手紙の封を切る. ein Päckchen ~ 郵便小包を開ける. das Pflaster⟨die Straße⟩ ~ 舗道を掘返す. **2** (大きく・すばやく)開ける. die Augen ~ 目をかっと見開く. *sich³* das Hemd ~ シャツの前を開ける. den Mund⟨bei das Maul⟩ ~〔話〕威張りちらす、偉そうにする. Mund und Nase ~〔驚いて〕口をあんぐり開ける、啞然とする. die Tür ~ ドアをさっと開ける. **3** (a) 引き裂く、破る;裂傷をこしらえる. Der Blitz hat den Ast eines Baumes *aufgerissen*. 落雷で木の太枝が裂けた. *sich³ an den Ofenstrauch den Ärmel* ~ 茨の茂みで袖口を引き裂く. *sich³ die Knie* ~ 膝に裂傷をこしらえる. alte Wunden⟨Narben⟩ ~〔比喩〕古傷を暴く.   (b)〔軍事〕(防御線などを)突破する. die Abwehr ~ ディフェンスを突破する. **4** 引っぱり出す. Die Angst *riss* ihn vom Stuhl *auf*. 彼は不安のあまり椅子から立上がった. 〔再帰的に〕*sich³* ~ 立ち上がる と)立上る. **5** 〔建築〕(見取図・設計図を)描く. (b) (問題・テーマの)概略を説明する. **6** 〔俗〕手に入れる. einen Job ~ 仕事にありつく. ein Mädchen ~ 女の子を引っかける.
❷ 自 (s) 開く、裂ける、破れる、割れる、ひびが入る. Die Naht ist *aufgerissen*. 縫い目がほころんだ. Die Wolken *reißen auf*. 雲間が見える.

'**Auf|rei|ßer** [ˈaʊfraɪsər] 男 -s/- **1**〔スポ〕ターン・オーバー.   **2**〔スポ〕ディフェンス破りのうまい選手.   **3** (新聞・雑誌の)トップ記事、巻頭論文.   **4**〔俗〕女たらし.

'**auf|rei|zen** **1** そそのかす、扇動する(zu et³ 事³をするように). **2** 興奮させる、挑発(刺激)する.

'**auf|rei|zend** 現分 形 扇動的な、気をそそるような、挑発(刺激)的な.

'**Auf|rei|zung** 女 -/ そそのかすこと、扇動、挑発.

'**Auf|rich|te** [ˈaʊfrɪçtə] 女 -/-n〔スポ〕(Richtfest)棟(**)上げ、上棟式.

*'**auf|rich|ten** [ˈaʊfrɪçtən ˈaʊfrɪçtən] ❶ 他 **1** まっすぐに起こす(立てる)、立ち上がらせる. einen Gestürzten ~ 転んだ人を助け起す. den Oberkörper ~ 上体を起す. **2** (物⁴を建てる、築く;(柱などを)立てる;〔比喩〕打立てる、建設(設立)する. ein Denkmal ~ 記念碑を建てる. einen Mast ~ マストを立てる. eine Mauer ~ 壁を築く. ein Reich ~〔比喩〕国を興(***)す. **3** 慰める、元気づける、励ます. **4**〔再〕(aufbereiten)(家具などを元通りに)修理(修復)する. ❷ 《再》《*sich*⁴》1体を起す、起き(立ち)上がる. **2** 元気を取りもどす、立直る.

*'**auf|rich|tig** [ˈaʊfrɪçtɪç ˈaʊfrɪçtɪç] 形 正直な、率直な、誠意のある、心からの. gegen j⁴⟨zu j³⟩ ~ sein 人⁴˒³に誠実である. es⁴ ~ mit j³ meinen 人³に対して誠意を持っている. ~ gestanden 正直に言うと. Es tut mir ~ leid. ほんとうにお気の毒です.

'**Auf|rich|tig|keit** 女 -/ 正直、率直、誠実、まごころ.

'**Auf|rich|tung** 女 -/ **1** 身を起すこと. **2** (新秩序・政権・国家などの)樹立、建設. **3** 慰め、励まし.

'**auf|rie|geln** (ドアなどを)門(***)をはずして開ける.

'**Auf|riss** 男 -es/-e **1**〔幾何〕平面図. **2**〔建築〕立面図. **3** 概要、概略、梗概.

'**auf|rit|zen** 他 **1** (物⁴に)切れ目を入れて開ける. eine Verpackung ~ 包装紙をぴりぴり裂いて開ける. **2** *sich³* die Haut ~ 皮膚を引っかく.

'**auf|rol|len** [ˈaʊfrɔlən] ❶ 他 **1** 巻上げる、巻きとる;(袖・裾を)まくり上げる. *sich³* die Haare ~ (カーラーなどに巻きつけて)髪をカールする. die Hosenbeine ~ ズボンの裾をまくり上げる. die Jalousie ~ ブラインドを巻上げる. **2** (巻いたものを)解く、ひもとく、ひろげる(戸車のついた扉を)開ける. **3** (問題などを)詳しく論じる、究明する. **4**〔軍事、スポ〕(敵陣を側面から攻めて突破(制圧)する. ❷ 《再》《*sich*⁴》(巻いたものが)ほどける、解けひろがられる、展開される.

'**auf|rü|cken** (s) **1** 間隔をつめる. **2** 昇進(昇格)する.

'**Auf|ruf** [ˈaʊfruːf] 男 -[e]s/-e **1** (名前を)呼ぶこと、呼出し、アピール. Eintritt nur nach ~. 名前を呼ばれてから入室して下さい. ~ der Gläubiger〔法制〕債権者の呼出し. ~ der Sache〔法制〕事件の呼上げ. **2** 呼びかけ、アピール. ~ an die Bevölkerung ~ zur Teilnahme richten 住民に参加を呼びかける. **3**〔スポ〕コール、呼出し. einen ~ geben (サブルーチンなどを)コールする. **4**〔銀行〕(銀行券の)無効宣言.

'**auf|ru|fen*** [ˈaʊfruːfən] 他 **1** (大声で人⁴の)名前を呼ぶ(呼上げる). **2** (人⁴に)呼びかける、アピールする(zu et³ 事³をするように). das Volk zum Widerstand ~ 民衆にレジスタンスを呼びかける. die Einbildungskraft⟨j² Gewissen⟩ ~ 想像力⟨人²の良心⟩に訴える. **3** 呼出す、召喚(喚問)する. **4**〔スポ〕(プログラムなどを)コールする. **5**〔銀行〕Banknoten ~ 銀行券の無効を宣言(回収)する.

'**Auf|ruhr** [ˈaʊfruːr] 男 -[e]s/-e〔複数まれ〕**1** 反乱、暴動、騒擾(****). einen ~ stiften⟨unterdrücken⟩ 暴動を起こす⟨鎮圧する⟩. **2** 激しい興奮、大騒ぎ、混乱. ein ~ der Elemente〔雅〕暴風雨、あらし. j⁴ in ~ bringen⟨versetzen⟩ 人⁴を激しく興奮させる(大混乱に陥れる). in ~ geraten 大混乱に陥る.

'**auf|rüh|ren** [ˈaʊfryːrən] 他 **1** (埃**などを)巻上げる、(泥・沈殿物などを)かき立てる、かき回す. viel

Staub ~ ひどい埃を立てる;《比喩》センセーションをまき起す. **2**《雅》(激情などを)かき立てる;(過去の感情を)喚びさます. **3**《雅》興奮(憤激)させる, 扇動する. **4**《雅》(過去のことを)むし返す, 甦(ﾖﾐｶﾞ)らす.

'**Auf·rüh·rer** [ˈaʊfryːrər] 男 -s/- 謀反(ﾑﾎﾝ)人; 暴徒.

'**auf·rüh·re·risch** [..rərɪʃ] 形 反乱(暴動)を起した; 扇動的な, 不穏な.

'**auf·run·den** (↔ abrunden) (ある数の)端数を切り上げる. [die Summe von] 3,50 auf 4 Euro ~ 3.50 ユーロの端数を切上げて 4 ユーロにする.

'**auf·rüs·ten** [ˈaʊfrʏstən] ❶ 自 軍備を拡張(増強)する. **2** (国・地域に)軍備を持たせる. ein Land atomar ~ 国を核武装させる. **2** ein Gerüst ~ 足場を組む. Räume ~ 部屋を飾る, 模様替えする, 修理してきれいにする.

'**Auf·rüs·tung** 女 -/-en 《複数まれ》軍備(拡張).

'**auf·rüt·teln** 揺り起す(aus dem Schlaf 眠りから). das Gewissen der Menschen ~ 世人の良心を覚醒させる. j⁴ aus üblen Gewohnheiten ~ 人に悪い習慣をやめさせる.

aufs [aʊfs] 前置詞 auf と定冠詞 das との融合形.

'**auf·sa·gen** 他 **1** (詩などを)暗誦する, そらで唱える. **2**《雅》(人³に事⁴の)解消(終了)を告げる. j³ die Freundschaft ~ 人に絶交を言い渡す.

'**auf·sam·meln** ❶ 他 **1** (a)(物⁴を)拾い集める. Abfälle ~ ごみを拾い集める. (b)《まれ》(物⁴を)蓄財する. **2**《話》(人⁴を)捕らえて連行する. 他《再》(sich⁴)(恨みなどが)たまる, 積もりに積もる.

'**auf·säs·sig** [ˈaʊfzɛsɪç] 形 **1** 反抗的な, 言うことを聞かない. **2** j³ ~ sein《古》人³に反感(敵意)を抱いている.

'**Auf·säs·sig·keit** 女 -/-en 《複数まれ》反抗, 不従順. **2** 反抗的な言動.

*'**Auf·satz** [ˈaʊfzats アオフザツ] 男 -es/⸗e (↓ aufsetzen) **1** 作文; 論文, 論説. **2** (家具・祭壇などの)頭部の造り, 上置き;(食卓の中央に置く)飾り皿, センターピース. **3** (オルガンのリード・パイプの)共鳴板. **4** (銃砲の)照準器, 照尺. **5** (ゴルフの)ティー. **6** (馬の首のつけ根.

'**auf|sau·gen*** 他 **1** (液体を)吸取る;(音などを)吸収する, 消す. mit einem Schwamm Wasser ~ スポンジで水を吸取る. **2** (知識などを)吸収する. **3** (人⁴を)疲労困憊させる, 使いはたす. Diese Arbeit hat ihn völlig aufgesaugt〈aufgesogen〉. この仕事は彼をすっかり消耗させた; 彼はこの仕事に忙殺された.

'**auf|schau·en** 他 **1** (南ﾄﾞ・ｽｲｽ・ｵｰｽﾄﾘｱ) 上を見る, 見上げる; 目を上げる. arbeiten, ohne aufzuschauen 脇目もふらずに働く. von seinen Büchern ~ 本から目を上げる.《過去分詞》Aufgeschaut! 気をつけろ, 注目! **2**《雅》(zu j³ 人³に)仰ぎ見る, 尊敬する;師と仰ぐ.

'**auf|schau·feln** 他 **1** (土・雪などを)シャベルで積み(かき)上げる. **2** (墓などを)あばく.

'**auf|schau·keln** ❶ 他 eine Schwingung ~ 《物理》振幅を最大値まで大きくする. ❷ 他《再》(sich⁴) 揺れがひどくなる;《比喩》(興奮などが)しだいに高まる.

'**auf|schei·nen*** 自 (s) **1** (aufleuchten) ぱっと光る(輝く). **2** (南ﾄﾞ・ｽｲｽ・ｵｰｽﾄﾘｱ) 現われる; 露呈する. Ihre Namen scheinen in dieser Liste nicht auf. 彼らの名前はこのリストに出てこない.

'**auf|scheu·chen** 他 (獣などを驚かして)狩り立てる, 追出す. j⁴ aus dem Schlaf ~ 《比喩》人⁴をたたき起す.

'**auf|scheu·ern** ❶ 他 **1** (人³の物⁴に)すり傷をこしらえる,(再帰的に)sich³ das Kinn ~ あごをすりむく. **2** (地方)(床などを)磨く. ❷ 再 (sich⁴) すり傷をつける, すりむける.

'**auf|schich·ten** (物⁴を)積上げる, 積重ねる; 積上げてつくる. Holz〈Holzscheite〉 / einen Holzstoß ~ 薪(ﾏｷ)の山をつくる.

*'**auf|schie·ben*** [ˈaʊfʃiːbən アオフシーベン] 他 **1** (引き戸などを)押して開ける,(かんぬきを)開ける. **2** 延期する. den Besuch ~ 訪問を延期する. die Entscheidung auf den〈bis zum〉 nächsten Tag ~ 決定を翌日まで延ばす. (**lassen** と) Unsere Reise lässt sich³ nicht länger ~. 私たちの旅行はこれ以上延ばすわけにはいかない.《現在分詞》aufschiebende Bedingung《法制》停止条件. aufschiebende Einrede《法制》延期的抗弁.《過去分詞》Aufgeschoben ist nicht aufgehoben. 延期は中止ではない. **3**《鉱業》(物⁴を)リフトゲージに乗せる.

'**Auf·schieb·ling** [ˈaʊfʃiːplɪŋ] 男 -s/-e 《建築》広木舞(ﾋﾛｺﾏｲ).

'**Auf·schie·bung** 女 -/-en **1**《複数なし》延期, 日延べ. **2**《地学》逆断層.

'**auf|schie·ßen*** ❶ 自 (s) (すばやく)上にあがる,(炎・煙が)立ちのぼる,(鳥が)さっと舞上がる;(草木が)ぐんぐん伸びる, 芽ぶく;(さっと)立ちあがる;(地中から)噴き出す. Da schoss in mir Angst auf. そのとき急に不安が私の心にきざした. Neue Häuser schießen wie Pilze aus dem Boden〈der Erde〉 auf. 雨後の筍(ﾀｹﾉｺ)のように新しい家が建つ. ein lang aufgeschossener Junge のっぽの子. ❷ 他 **1**《海事》(a) ein Tau ~ ロープを巻上げる. (b) ein Segelschiff ~ 帆船の船首を風上に向ける, 船首で鋭く撃ってここに留まる. **2**《まれ》(銃などを)撃て修練する.

'**Auf·schlag** [ˈaʊfʃlaːk] 男 -[e]s/⸗e **1** 激しくぶつかること, 激突. **2** (テニスなどの)サーブ. **3** (袖・襟の)折り返し, 十章, 値上げ; 値上げ,(上乗せ)(追加)額. **5**《紡織》たて糸. **6**《植物》実生(ﾐｼｮｳ).

*'**auf|schla·gen*** [ˈaʊfʃlaːgən アオフシュラーゲン] ❶ 他 **1** (ぶつけて)痛める, 傷つける. [sich³] das Knie ~ 膝に怪我をする. **2** 打ちわる, たたいて開ける. eine Nuss ~ くるみを割る. ein Fass ~ 樽の口をあける. das Schloss des Schalenwildes ~《狩猟》有蹄動物の寛骨と仙骨との間の接合部を切断する.《本・蓋などを》あける, 開く. die Augen ~ 目をぱっちり開ける.(zu j³ 人³の方を)見上げる. die Bettdecke ~ 掛けふとんをめくる(はねのける). das Klavier ~ ピアノのふたを開ける. eine Seite im Buch ~ 本のあるページを開く. **3** (袖⁴を)折返す,(襟を)立てる. **5** (物⁴を組立てて)しつらえる, 設ける;(寝床を)とる,(テントを)張る,(営所を)設営する;(居所を)構える. **6** (値を上げる,(金額を)上乗せする. **7** Maschen ~《編み物》(編み始めの)目を作る.

❷ 自 (s, h) **1** (s) (墜落・転倒して)激しくぶつかる, 激突する(auf et³ 物⁴・³に). 物⁴・³に) Er ist mit dem Hinterkopf auf die〈der〉 Kante aufgeschlagen. 彼は後頭部を角(ｶﾄﾞ)に激しくぶつけた. **2** (s) (ドアなどが)ばたんと開く. **3** (h, まれに)(売り手が)値を上げる,(商品などが)値上がりする. Das Obst schlägt um 10% [im Preis] auf. この果物は 10 パーセント値上がりする. **4** (s) (h)(テニスなどで)サーブをする.

'**Auf·schlä·ger** [ˈaʊfʃlɛːgɐ] 男 -s/- (↔ Rückschläger) (テニスなどの)サーバー. ♦ 女性形 Auf-

schlägerin 囡 -/-nen
'**Auf**·**schlag**·**zün**·**der** 男 -s/- 《軍事》着発信管.
*'**auf**|**schlie**·**ßen** ['aofʃliːsən アオフシュリーセン] ❶ 他 **1** (↔ zuschließen) 鍵で開ける. die Tür ～ ドアの錠を開ける. **2** 《雅》(人³に事⁴を)打明ける. j³ sein Herz ～ 人³に心を打明ける. **3** (意味を明らかにする, 解明(説明)する. **4** (土地を)切り開く, 開発する. 〖鉱業〗(鉱床を)開く. Uranvorkommen ～ ウラン鉱床を開く. **5**〖冶金〗砕いて選別する, 砕解する. **6**〖化学〗可溶性にする, 溶解する.
❷ 再 (sich) **1** (人³に心の中を打明ける, 身の上を語る. **2** (人³の前に)開(ひら)ける, 現れる. Eine neue Welt schloss sich uns auf. 新しい世界が私たちの前に開けた.
❸ 自 (列の)間隔をつめる, 〖軍隊〗(上位との)差をちぢめる. zur Spitzengruppe ～ トップグループに迫る.
◆↑aufgeschlossen
'**auf**|**schlit**·**zen**(物⁴を)切って開ける, 裂いて開ける. einen Brief mit dem Brieföffner ～ 手紙をペーパーナイフで開封する.
'**auf**|**schluch**·**zen** 自 突然嗚咽(おえつ)の声を上げる, 急にしゃくり上げる.
'**Auf**|**schluss** ['aofʃlʊs] 男 -es/⁼e (↓ aufschließen) **1** 解明, 説明; 示唆, 情報. über et⁴ ～ bekommen 〈erhalten〉事⁴について説明(教示)してもらう. j³ über et⁴ ～ geben 人³に事⁴について説明する, 教える. sich³ ～ über et⁴ verschaffen 事⁴を解明(調査)する. **2** (a)〖地質〗(岩石・地層・鉱床などの)露出. (b)〖鉱業〗鉱床の開発; 試掘用の坑道. (c)〖冶金〗選鉱. (d)〖化学〗溶解. **3** (監房の解錠.
'**auf**|**schlüs**·**seln** ['aofʃlʏsəln] 他 **1** 分類する, 仕分ける(nach et³ 事³に従って). j⁴ nach Alter ～ 人⁴を年齢別に分ける. **2** (暗号などを)解読(判読)する.
'**auf**|**schluss**·**reich** 解明の鍵を与えてくれる, 示唆(教示)にとんだ, 啓発的な.
'**auf**|**schmei**·**ßen*** 他 《ミュルル》《話》(人⁴を)笑いものにする, 大恥をかかせる.
'**auf**|**schnal**·**len** 他 **1** (↔ zuschnallen)(物⁴の)留め金をはずす, (留め金をはずして物⁴を)開ける. den Riemen ～ 革紐をはずす. **2** (↔ abschnallen)(留め金付きの革紐・ベルトで)固定する, くくりつける. dem Pferd den Sattel ～ 馬に鞍(くら)をつける. sich³ den Rucksack ～ リュックサックを背負う.
'**auf**|**schnap**·**pen** ❶ 他 **1** (ぱくっと)食いつく, くわえる. **2**《話》(偶然に)知る, 小耳にはさむ. ❷ 自 (s) (↔ zuschnappen)(錠がはずれて)ぱっと開く.
*'**auf**|**schnei**·**den*** ['aofʃnaɪdən アオフシュナィデン] ❶ 他 **1** 切って開ける, 切開する. ein Buch ～ (アンカットの)本のページを切る. sich³ die Pulsadern ～ 動脈を切開する; (動脈を切って)自殺を図る. **2** (パン・ソーセージなどを)切り分ける, スライスする. ❷ 自《話》ほらを吹く, 得意になって自慢する.
'**Auf**·**schnei**·**der** 男 -s/-《話》ほら吹き.
Auf·**schnei**·**de**'**rei** 囡 -/-en《話》(Prahlerei) ほら, 自慢(話).
'**auf**|**schnel**·**len** 自 (s) **1** (人がはじかれたように)跳びあがる.
'**Auf**·**schnitt** 男 -[e]s/- (↓ aufschneiden) **1** (肉・ハム・ソーセージなどの)薄切り. **2**《古》(Prahlerei) ほら, 自慢.
'**auf**|**schnü**·**ren** 他 **1** (物⁴の紐をほどく, 紐をほどいて物⁴をはずす, 開ける. **2** (まれ)(et¹ auf et¹ 物¹の上に)紐でくくりつける.

'**auf**|**schrau**·**ben** 他 **1** (物⁴のふたをねじって開ける; (ふたを)ねじって開ける(ゆるめる). **2** (物⁴を)ねじって(ねじで)固定する(auf et⁴ 物⁴に).
'**auf**|**schre**·**cken*** ❶ 他〖規則変化〗(飛上がるほど)驚かせる, ぎょっとさせる. ein Tier ～〖狩猟〗獣を驚かせて寝所(ねどこ)から狩り出す. ❷ 自 (s)〖不規則変化または規則変化, ただし過去分詞 aufgeschreckt〗驚いて飛上がる(飛起きる); はっと我に返る.
'**Auf**·**schrei** 男 -[e]s/-e (突然の・短い)叫び声, 絶叫, 悲鳴.
*'**auf**|**schrei**·**ben*** ['aofʃraɪbən アオフシュライベン] 他 **1** (忘れないように)書きとめる, メモする. j⁴ ～《話》(警官が)人⁴の住所氏名をひかえる. **2** (人³に薬を処方する. **3**《目的語なしで》～ lassen《地方》(勘定を)つけにしてもらう.
'**auf**|**schrei**·**en*** 自 (突然)叫び声をあげる, 絶叫する. vor Freude〈Schmerz〉～ 歓声をあげる〈痛くて悲鳴をあげる〉.
'**Auf**·**schrift** 囡 -/-en (↓ aufschreiben)上に書かれたもの, ラベル, レッテル; (コインなどの)銘, 碑銘; (本などの)標題, 標記; (手紙などの)表書き, アドレス.
'**Auf**·**schub** [aofʃuːp] 男 -[e]s/⁼e (↓ aufschieben) 延期, 猶予(期間). keinen ～ dulden 一刻の猶予もならない. j³ eine Woche ～ geben 〈gewähren〉人³に1週間の猶予を与える. ohne ～ ただちに, 遅滞なく.
'**auf**|**schür**·**fen** (sich³) et⁴ 物⁴にこすって傷つける, すりむく. sich³ die Haut ～ 肌をすりむく.
'**auf**|**schür**·**zen** (スカートなどの)裾をからげる. die Lippen ～《雅》《古》(皮肉そうに)唇をとがらせる.
'**auf**|**schüt**·**teln** (羽布団・枕などを)振って膨らませる.
'**auf**|**schüt**·**ten** 他 **1** (a) (水⁴を)注ぐ, かける(auf et⁴ 物⁴の上に). (b) (石炭・コークスなどを)くべる, 注(つ)ぎ足す. Kohle in den Ofen ～ ストーブに石炭をくべる. **2** (a)(物⁴を撒いて)積上げる. Erde ～ 土を盛上げる. dem Vieh Stroh ～ 家畜にわらを敷いてやる. (b)(物⁴を)築き上げる. einen Damm ～ 土手を築く.
'**auf**|**schwat**·**zen** 他《話》(人³に物⁴を言葉巧みに売りつける(押しつける).
'**auf**|**schwät**·**zen** 他《地方》=aufschwatzen
'**auf**|**schwel**·**len*** ❶ 自 (s)〖不規則変化〗**1** 膨らむ, 膨れ上がる; (手足などが)むくむ, はれる. **2**《比喩》(騒音・拍手などが)どんどん大きくなる(高まる). ❷ 他〖規則変化〗(物⁴を)膨らませる. Der Wind schwellt die Segel auf. 風が帆を膨らませる.
'**auf**|**schwem**·**men** 他 (しばしば目的語なしで)ぶくぶく太らせ, むくませる. Übermäßiger Biergenuss hat [seinen Körper] aufschwemmt. ビールを飲みすぎると体がぶくぶく太ってくる. **2**〖化学〗(suspendieren)懸濁(けんだく)化する. ◆↑aufgeschwemmt
'**auf**|**schwin**·**gen*** ❶ 自 (sich³) **1** (鳥などが)飛立つ, 舞上がる. **2** (zu et³ 事³を)思いきってする, 頑張って達成する, (あえて・あつかましくも…を)買って出る. Ich kann mich nicht [dazu] ～, mitzugehen. 私はどうしても同行する決心がつかない. Wir haben uns zu einem neuen Auto aufgeschwungen. 私たちは思いきって自動車を買った. den besten Schüler in der Klasse ～ 頑張ってクラスで一番になる. sich zum Vermittler ～ あつかましくも仲介役を買って出る.
❷ 自 **1** (扉などが)ぱっと開く. **2**〖体操〗振上がりをする(=Aufschwung machen).
*'**Auf**·**schwung** ['aofʃvʊŋ アオフシュヴング] 男 -[e]s/

auf|sehen

~e (↓ aufschwingen) **1** 《体操》振上がり. **2** (精神の)高揚, 意欲, 活力. j³ [einen] neuen ~ geben j³ に新たな活力を与える. **3** 発展, 飛躍, 躍進;(景気の)上昇, 好況. wirtschaftlicher ~ 経済の急成長. einen ~ nehmen〈erfahren〉発展(飛躍)する;(景気が)上向きである.

'auf|se·hen* [ˈaʊfzeːən] 自 **1** 上を見る, 見上げる;目を上げる. arbeiten, ohne *aufzusehen* 脇目もふらずに働く. von Büchern ~ 本から目を上げる. zu j〈et〉³ ~ 人〈物〉³の方に目をあげる, (を)見上げる. **2** 《比喩》(zu j³ 人³を)仰ぎ見る, 尊敬する.

***'Auf·se·hen** [ˈaʊfzeːən アオフゼーエン] 中 -s/ (世の)耳目を引くこと, (世間の)注目, 評判, センセーション. ~ machen〈erregen/verursachen〉評判になる, センセーションをまき起す. ~ vermeiden 人目を忍ぶ(はばかる).

'auf·se·hen·er·re·gend 形 耳目をひく, センセーショナルな. ◆ Aufsehen erregend とも書く.

'Auf·se·her [ˈaʊfzeːɐr] 男 -s/- 監視人, 見張り役, 看守; 監督者.

'auf sein*, *°'auf|sein** 自 (s) 《話》**1** (ドア・店などが)開いている. Der Laden *ist* bis 7 Uhr *auf*. この店は7時まで開いている. **2** 起きている. Die Kinder *sind* noch〈schon〉*auf*. 子供たちはまだ〈もう〉起きている.

'auf|sei·ten [ˈaʊfzaɪtən] 前 《2格支配》...の側に, ...サイドに. ~ der Regierung stehen 政府側に立っている. ◆ auf Seiten とも書く. ↑Seite 12

'auf|set·zen [ˈaʊfzɛtsən アオフゼッツェン] ❶ 他 **1** (上に)置く, 載せる;(帽子を)かぶる, (眼鏡をかける, (仮面を)つける;(鍋などを)火にかける;(ポケット・アップリケなどを)縫いつける, (つぎを)あてる;(上の階を)建増しする;(色を)塗る;(地方)(石などを)積重ねる, (足を地面(床)に降ろす, (飛行機を)着陸させる, ボートを陸に引上げる;(ボウリングのボールを)レーンに転がす;《古》(料理を)食卓に出す. seinen Dickkopf〈Trotzkopf〉~ 強情を張る. ihrem Mann Hörner ~ 《話》(人妻が)浮気をする, 夫を裏切る. Das *setzt* allem〈der Sache〉 die Krone *auf*. 《話》これはひどすぎる(言語道断だ). ein Lächeln ~ 笑顔をつくる. eine mürrische Miene ~ ふくれっ面をする. **2** (倒れたものを)立てる;(人⁴の)体を起して座らせる. Kegel ~ ボウリングのピンを立てる. **3** (草案・原稿を)書く, 起草する;(書類を)作成する. j⁴ für j⁴ einen Brief ~ 人⁴³のために手紙の下書きをする. einen Vertrag ~ 契約書を作成する. **4** den Ball ~ 〈ﾌﾟﾚｰｽｷｯｸ〉(ﾌﾟﾚｰｽｷｯｸのために)ボールをプレースする. 〈ｻｯｶｰ・ﾗｸﾞﾋﾞｰ〉(地面・床に)ボールをバウンドさせる.

❷ 再 《sich⁴》(ベッドなどで)体を起して座る.

❸ 自 **1** 地面に足が触れる, 着地〈着陸)する; 乗上げる, 馬乗りになる;(牛などの雄が雌の上に)乗りかかる, 交尾する;〈ｺﾞﾙﾌ〉(ボールが)バウンドする, はね上がる. **2** (鹿などが)角を出す;(岩層・鉱脈が)現われる, 見つかる.

'Auf·set·zer [ˈaʊfzɛtsɐr] 男 -s/- 〈球技〉**1** (シュートやパスの直前に)バウンドさせたボール. **2** (ラグビーの)プレースキッカー.

'Auf·sicht [ˈaʊfzɪçt アオフズィヒト] 女 -/-en (↓ aufsehen) **1** 監視, 監督. die ~ führen〈haben〉監視(監督)する (über j⁴ 人⁴を). j⁴ unter polizeiliche ~ stellen 人⁴を警察の監視下に置く. **2** 《話》監視員, 監督者. **3** 上から見ると, 俯瞰(ふかん)で. et⁴ in [der] ~ zeichnen 物⁴の俯瞰図を描く.

'Auf·sicht füh·rend, *°'auf·sicht·füh·rend* 形 ◆ Aufsicht führende とも書く.

'Auf·sichts·füh·ren·de 男女 《形容詞変化》監督(監視)者.

'Auf·sichts·be·am·te 男 《形容詞変化》監督(監視)官.

'Auf·sichts·be·hör·de 女 -/-n 監督官庁.

'Auf·sichts·pflicht 女 -/ 監督義務.

'Auf·sichts·rat 男 -[e]s/~e (株式会社などの)監査役(会);(協同組合の)理事(会).

'auf|sit·zen 自 (h, s) **1** (s) (馬などに)乗る, またがる. j¹ auf dem Motorrad [hinten] ~ lassen 人⁴をバイクのうしろに乗せてやる. 《過去分詞》 *Aufgesessen!* 乗馬! **2** (h) 《話》(横にならないで)身を起している;(寝ないで)起きている. **3** (h) (船員)(船が浅瀬などに)乗上げている, 座礁する. **4** (s) (地方)(人⁴の)お荷物になる, (に)厄介をかける. **5** (s) (南ﾄﾞ・ｽｲｽ)(人⁴〈物〉³に)~乗せられる, かつがれる. einem Gerücht ~ うわさにのせられる. **6** (h) 《話》見捨てられている, すっぽかしを食らっている. 《次の成句で》j⁴ ~ lassen 《話》人⁴を待ちぼうけを食わす, をすっぽかす, 駄目にする. **7** (h) (auf et³ 物³の上に)載っている, 固着している. Das Sims *sitzt* auf der Mauer *auf*. 蛇腹が塀の上についている.

'auf|spal·ten 他 (物⁴)人⁴を)切り裂く, 分裂させる.

'Auf·spal·tung 女 -/-en 《複数まれ》割る(裂く)こと, 分割, 分裂.

'auf|span·nen 他 **1** (ロープなどを)ぴんと張る. einen Schirm ~ 傘をひろげる. **2** (ぴんと張って)固定する, 取付ける (auf et⁴ 物⁴の上に).

'auf|spa·ren 他 (物⁴を)取って)置く. einen Vorrat für Notzeiten ~ 困った時の用意に蓄えを残しておく.

'auf|spei·chern 他 (食糧などを)貯蔵する;(活力などを)蓄積する. (再帰的に) *sich*⁴ in j³ ~ (怒りや不満が)人³の中に鬱積する.

'auf|sper·ren 他 **1** (地方)(扉や引出しなどの)鍵を開ける. **2** 《話》(窓や戸などを)大きく開ける. Mund und Nase ~ / Mund und Augen ~ (驚いたり, あきれたりして)ぽかんとする. die Ohren ~ 注意して聞く.

'auf|spie·len ❶ 自 **1** 音楽を演奏する. zum Tanz ~ ダンスの伴奏をする. 《まれに他動詞的にも》Spiel uns eins *auf*! 1曲にのむる. **2** 《様態を示す語句と》...のプレーをする. großartig ~ すばらしいプレーをする.

❷ 再 《sich⁴》《話》勿体(もったい)をつける, 気取る, 威張る. *sich als* Held 〈古 Helden〉~ 英雄を気どる.

'auf|spie·ßen 他 **1** (a) (物⁴を先のとがったもので)突き刺して持上げる. ein Stück Fleisch mit der Gabel ~ 肉を1切れフォークで刺して挙げる. (b) (牛が人⁴を)角にかける. **2** (昆虫などを針で)刺して固定する. Schmetterlinge auf eine Korkplatte ~ 蝶をコルクの板にピンで止める. **3** 《話》(人⁴〈事⁴を)公然と批判する, 糾弾(弾劾)する.

'auf|split·tern ❶ 自 (s) 細かく割れる(裂ける, 砕ける). ❷ 他 (物⁴を)細かく割る(裂く, 砕く);(小さく)分裂させる. ❸ 再 《sich⁴》(小さく)分裂する. Die Partei hat *sich* in mehrere Gruppen *aufgesplittert*. 政党はいくつかのグループに分裂した.

'auf|spren·gen 他 **1** (物⁴を)無理やり開ける, こじ開ける;爆破して開ける(破る). einen Geldschrank ~ 金庫を破る. **2** 《猟師》(aufjagen)(猟獣・猟鳥を巣穴などから)追立てる.

'auf|sprin·gen [ˈaʊfʃprɪŋən アオフシュプリンゲン] 自 (s) **1** 飛上がる. vor Freude ~ 小躍りして喜ぶ, 欣喜雀躍(じゃくやく)する. **2** (auf et⁴ 物⁴に)飛乗る.

auf den anfahrenden Bus ~ 走りだしたバスに飛び乗る. **3** (ドアなどが)急に開く;(つぼみが)ほころびる; はじける; ひび割れする. *aufgesprungene* Hände あかぎれした手. **4** (地面・床に当たって)バウンドする; (ジャンプして)着地する. **5**《雅》(風などが)急に起こる;(噂が)ぱっと広がる.

'auf|sprit·zen ❶ 圓(s) **1** (a) (泥・水などが)はね上がる. (b) (血などが)吹出る, 吹上がる. **2**《戯》(坐った状態から)飛上がる. ❷ 囮 (塗料などを)吹きつける.

'auf|spu·len 他 (糸・フィルムなどを)巻取る.

'auf|spü·ren 他 (人・獣を)嗅ぎつける; (犯人などをさがし出す; 《比喩》(秘密などを)探り出す.

'auf|sta·cheln 他 **1** (人を)刺激する, そそのかす. j⁴ gegen j⁴ ~ 人をそそのかして人⁴に刃向わせる. j² zu et³ ~ 人⁴をそそのかして(せっついて)事³をさせる. **2** (anstacheln)(感情を)煽る, かき立てる. j² Ehrgeiz durch Lob ~ おだてて人²の野心をあおる.

'auf|stamp·fen 他 (足を踏み鳴らす, じだんだを踏む.

*'**Auf·stand** ['aʊfʃtant アオフシュタント] 男 -[e]s/²e (↓ aufstehen) 蜂起, 反乱, 一揆(ぃっき). ~ der Massen 大衆の蜂起. ein bewaffneter ~ 武装蜂起. einen ~ niederschlagen〈niederwerfen〉反乱を鎮圧する.

'auf·stän·disch ['aʊfʃtɛndɪʃ] 形 反乱(一揆)を起こした, 反乱(一揆)に加わった.

'**Auf·stän·di·sche** ['aʊfʃtɛndɪʃə] 男女〈形容詞変化〉反乱者, 暴徒, 叛徒.

'auf|sta·peln 他 (木箱・板・本などを)積上げる, 積重ねる.

'**auf**|**ste·chen* 1** (水泡・水ぶくれなどを)刺して破る. **2**《地方》(ミスなどを)ほじくり出す. **3**《猟師》(猟獣を巣穴などから)追立てる. **4**《美術》(摩滅した銅版を)加工し直す, 再生修理する.

'auf|ste·cken ['aʊfʃtɛkən] 他 **1** (上方に)掲げる, 立てる; (ピン・針などで)取付ける. eine Flagge ~ 旗を掲げる. Gardinen ~ カーテンを取付ける. sich³ das Haar ~ 髪を結いあげてピンで留める. Kerzen auf den Leuchter ~ ろうそくを燭台に立てる. ein Kleid ~ ドレスをからげてピンで留める. j³ ein Licht ~ 《話》人³の目を開かせる; (を)しかりつける. **2** 《話》(途中で)放棄する, やめる;(試合などを)投げる. **3** (ある表情を)つくる. eine Amtsmiene〈ein Lächeln〉~ 役人ぶらをする〈笑顔をつくる〉. **4** dem Vieh Futter ~ 家畜の飼料棚に飼料(干し草)を載せてやる. **5**《南㌅‥㌻》bei j³ et⁴ ~ 人³のもとで〈儲け・高い評価などを〉手に入れる, 獲得する. Er hat mit solcher Frechheit bei uns nichts *aufgesteckt*. 彼はあの厚かましさが仇(ぁだ)となってすっかり私たちの評判を落した.

'**auf**|**ste·hen*** ['aʊfʃteːən アオフシュテーエン] 圓(s, h) **1** (s) 立ち(起き)上がる, 起床する. früh〈um 6 Uhr〉~ 早起きする〈6時に起きる〉. vom Essen〈Tisch〉~ 食事をすまして席を立つ. nicht mehr 〈wieder〉~《婉曲》再起不能である, 死ぬ. vor j³ ~ 人³に敬意を表して立上がる. Du sollst vor alten Leuten〈für alte Leute〉~. お年寄りに席を譲me必sare. mit dem linken Bein〈Fuß〉zuerst *aufgestanden sein*《話》ご機嫌斜めである, 日の居所が悪い. Du musst früher〈eher〉~! 《話》そんなとろいことじゃ駄目だ, 出ば寝ぼけてるんだ, 顔を洗って出直せ. **2** (s) 《雅》(感情・記憶などが)浮かぶ, 目ざめる, よみがえる(in 人³の心に). **3** (s) (反乱などが)起る, 出現する. Es ist ein großer Prophet unter uns *aufgestanden*. 《新約》大預言者が我々の前に現れた(ルカ 7:16).

4 (s) 《雅》《古》(gegen j⁴ 人⁴に反抗して)立ち上がる, 蜂起する, 反乱を起こす. **5** (h, 南ﾄﾞｲﾂ・ｵｰｽﾄﾘｱでは h, s) (家具などの)すわりが良い. Der Tisch *steht* nicht fest [auf dem Boden] *auf*. この机はすわりが悪い. **6** (h, 南ﾄﾞｲﾂ・ｵｰｽﾄﾘｱでは h, s) (窓・ドアが)開いている. **7**《猟》(野鳥が)飛立つ.

*'**auf**|**stei·gen** ['aʊfʃtaɪgən アオフシュタイゲン] 圓 (s) **1** 乗る(auf et⁴ 物⁴に). auf das Fahrrad〈das Pferd〉~ 自転車〈馬〉に乗る. **2** 登る, 昇る, 上昇する, (煙・霧が)立ちのぼる, (嵐などが起る, (飛行機・鳥が空に)舞上がる, (泡が)立つ, (涙がこみ上げる. Der Ballon *stieg* langsam *auf*. 気球はゆっくり上昇した. zum Gipfel ~ 頂上に登る.《現在分詞で》*ein aufsteigender* Ast 上昇カーブ. sich⁴ auf dem *aufsteigenden* Ast befinden 上り調子である. *aufsteigender* Knoten《天文》昇交点. die *aufsteigende* Linie 尊属. die *aufsteigende* Tonleiter《音楽》上昇音階. die *aufsteigenden* Zeichen 《天文》冬(春)の星座(山羊座から双子座まで);《占星》冬(春)の宮(きゅう)(黄道 12 宮のうち磨羯(まかつ)宮から双子宮まで). **3** 出世(昇進)する;《ㇲﾎﾟｰﾂ》(上位リーグに)昇格する;《移行》進級する. zum Abteilungsleiter ~ 部局の長(部長・課長など)に昇進する. in die Mittelschicht ~ 中流階級に仲間入りする. **4**《雅》(感情が)こみ上げてくる, 高まる;(考え・イメージが)浮かぶ([in] j³ 人³の心に / vor j³ 人³の眼前に). **5**《雅》(山などが)そびえ立つ.

'**Auf·stei·ger** ['aʊfʃtaɪɡɐ] 男 -s/- (↔ Absteiger) **1**《話》(社会的)成功者, 出世した人.《ㇲﾎﾟｰﾂ》(上位リーグに)昇格したチーム. ◆女性形 Aufsteigerin 女 -/-nen

*'**auf**|**stel·len** ['aʊfʃtɛlən アオフシュテレン] ❶ 他 **1** 立てる, 置く; (機械・ベッドなどを)据えつける, 組立てる, (テント・バラックなどを)建てる; 配置(配備)する, 並べる. ein Denkmal ~ 記念碑を立てる. eine Falle ~ 罠を仕掛ける. ein Gerüst ~ 足場を組む. den Kragen ~ 襟(ぇり)を立てる. einen Posten ~ 歩哨を立てる. Stühle und Tische ~ 椅子とテーブルを並べる. Truppen ~ 部隊を配備する. **2** (チームなどを)編成する. ein Orchester ~ オーケストラを編成する. **3** (候補者を)立てる. j⁴ als Kandidaten ~ 人⁴を候補者に立てる. sich⁴ [als Kandidaten] ~ lassen 候補者に擁立される. **4** (リストなどを)作成する;(ブログラムなどを)組む, 編成する;(規則などを)定める, (計画・仮説などを)立てる;(要求・主張などを)掲げる, 出す;(証拠を)挙げる;(記録を)樹立する. eine Bilanz ~ バランスシートを作成する. eine Forderung ~ 要求を出す. einen Rekord ~ 新記録を樹立する. eine Theorie ~ 学説を打立てる. eine Vermutung ~ 推測を立てる. **5**《地方》(鍋などを)火にかける. **6**《北ﾄﾞ》(馬鹿げたことを)やらかす.
❷ 再 (sich⁴) **1** (ある場所に)立つ, 位置につく; 並ぶ, 整列する. sich⁴ der Größe nach ~ 身長順に並ぶ. *sich breitbeinig* vor j³ ~ 人³の前に大きく立ちはだかる. **2** (毛髪が)立つ. *sich* vor Entsetzen ~ (髪が)恐怖のあまり逆立つ.

'**Auf·stel·lung** 女 -/-en **1** 立てる(置く)こと; (機械などの)据えつけ, 組立て; 建設, 設置, 配置. ~ nehmen 整列する, 位置につく. **2** (チームなどの)編成; 陣形. **3** (候補者の)指名, 推薦, 擁立. **4** (a) (リストなどの)作成, (規則などの)制定;(計画・予算案などの)策定; (理論・仮説などの)定立, 措定. (b) リスト, 一

auf|stemmen 覧表.
'auf|stem·men ❶ 他 **1** (かなてこなどで)こじ開ける. **2** (足・腕などを)つっぱる. den Arm auf den Tisch ~ テーブルに腕をつく. den Fuß ~ 足をふんばる. 再《sich⁴》 **1** (足・腕などで)体をつっぱって支える. *sich* mit dem Ellbogen ~ 肘をつく. **2**〘体操〙(鉄棒・平行棒などで懸垂状態から)腕支持に入る.

*'**Auf·stieg** [ˈaʊfʃtiːk アオフシュティーク] 男 -[e]s/-e (↓ aufsteigen) **1**〘複数まれ〙登る(昇る)こと; 登り, 上昇; 昇進, 出世; 興隆, 躍進, 進展;〖スポ〗〈上位リーグへ〉の昇格. **2** 登り道, 上り坂.

'**auf|stö·bern** 他 (獣)を狩出す; (人⁴の行方(ゆくえ)・秘密などを)嗅ぎつける; (目当てのものを)探し当て.

'**auf|sto·cken** 他 **1** (建物の)階を建て増す. **2** (資本を)増資する; (予算などを)増額する, 上積みする; (人員などを)増やす.

'**auf|stö·ren** 他 **1** (人⁴の)眠り(安静, 物思い)を妨げる. j¹ aus dem Schlaf ~ 人¹の眠りを妨げる. **2**〘狩猟〙(驚かせて獣を)狩出す, 追いたてる. **3** (まれ)Erinnerungen in j³ ~ 人³に(思い出したくない)過去を思い出させる.

'**auf|sto·ßen*** [ˈaʊfʃtoːsən] ❶ 他 **1** (ドアなどを突いて(押して, 蹴って)荒々しく)開ける. **2** (et⁴ auf et⁴物⁴を物⁴の上に)勢いよく置く(載せる);(どすんと)当てる, ぶつける. den Stock [auf den Boden] ~ 杖を勢いよく突く. (再帰的に)*sich*³ das Knie〈den Kopf〉~ 膝〈頭〉を強くぶつける; 膝〈頭〉をぶつけて怪我をする. **3**〘猟師〙(獲物を)狩出す, 追いたてる. ❷ 自 **1** (s) (auf et⁴物⁴に)ぶつかる, 衝突する; (船が)座礁する. mit der Stirn auf die Tischkante ~ 額(ひたい)を机のへりにぶつける. **2** (h) げっぷ(おくび)をする. **3** (h, s) (物が人³に)げっぷを出させる. Das Bier *stößt* mir *auf*. ビールのげっぷ(おくび)が出てくる. Das *stößt* mir sauer *auf*.〘話〙そいつはいやなことだ(むしゃくしゃ腹だたしい). **4** (s) (欠点やミスなどが人³の目に留まる. In deinem Manuskript ist mir beim Lesen ein Fehler *aufgestoßen*. 君の原稿を読んで間違いが1つあるのに気づいた.

'**auf|stre·ben** 自 《雅》 **1** そびえ(そそり)立つ. hoch *aufstrebende* Berge 高くそそり立つ山々. **2** 上に伸びようとする, 向上しようと努める. 《多く現在分詞で》ein *aufstrebender* Junge 向上心のある若者; das *aufstrebende* Bürgertum 勃興しつつある市民階級. **3** (zu et³ 物³)を目指す. ein Entwicklungsland, das zur Industrieland *aufstrebt* 工業国を目指す発展途上国.

'**auf|stre·cken** 他 die Arme ~ 腕を上に伸ばす; 手をあげる, 挙手する.

'**auf|strei·chen*** ❶ 他 (ペンキ・バターなどを)塗りつける. Butter [auf das Brot] ~ パンにバターを塗る. ❷ 自 (s) 〘猟師〙(野鳥が)飛立つ.

'**auf|strei·fen** 他 **1** (袖(そで)・裾(すそ)を)まくり上げる, たくし上げる. **2** (再帰的に)《*sich*³ et⁴ 物⁴を》むく. *sich*³ die Haut ~ 皮膚をすりむく.

'**auf|streu·en** 他 **1** (物⁴を)蒔(ま)く, ふりかける (auf et⁴ 物⁴の上に). **2** Stroh ~ (家畜に)藁を敷いてやる.

'**Auf|strich** 男 -[e]s/-e (↑ aufstreichen) **1** (ペンキ・ニスなどの)被膜, 塗装. 《複数まれ》 (Brotaufstrich) パンに塗るもの(バター・ジャム・スプレッドなど). **2** (↔ Abstrich 2) (書き字や楷書)上向きに引く線, 上向線. **3** 《音楽》(↔ Abstrich 4) (弦楽器を弾くときの)上げ弓.

'**auf|stül·pen** 他 **1** (a) (物⁴をすぼって)かぶせる. einen Deckel auf den Topf ~ 鍋(なべ)にふたをする. (b) (人³に物⁴をひょいと・無造作に)かぶせる. 《再帰的にも》[*sich*³] den Hut ~ 帽子をひょいとかぶる. **2** (襟(えり)を)立てる; (袖(そで)などを)折返す; (唇(くちびる)をとがらせる. eine *aufgestülpte* Nase 上を向いた鼻.

'**auf|stüt·zen** ❶ 他 **1** (腕・肘(ひじ)を)つく; (頭⁴を)支える, もたせかける. die Arme ~ 両腕をつく. den Ellbogen auf den Tisch ~ テーブルに肘をつく. mit *aufgestütztem* Kopf 頬(ほお)づえをついて. **2** (人⁴を)支えて起す. ❷《*sich*¹》**1** 腕(肘)をつく. *sich* beim Essen ~ 食べながら肘をつく. **2** (肘をついて)体を起す; (欄干につかまって)もたれかかる.

'**auf|su·chen** 他 **1** (人⁴〈物⁴〉を用事で)訪ねる, (に)行く. den Arzt ~ 医者に行く. das Bett〈*sein* Zimmer〉~ 《雅》床につく(自室に引きとる). eine Toilette ~ トイレに行く. **2** (道・電話番号などを)調べる. **3** (まれ)(探して拾い)集める. Stecknadeln vom Fußboden ~ ピンを床から拾い上げる.

'**auf|ta·keln** ❶ 他 **1** 帆船に装備(マスト・帆・索具など)を取付ける, 艤装する. ❷《*sich*¹》《蔑》(婦人が)着飾る, めかしこむ. ♦ aufgetakelt

'**Auf·ta·ke·lung, 'Auf·tak·lung** 女 -/ (帆船の)艤装(ぎそう).

'**Auf·takt** [ˈaʊftakt] 男 -[e]s/-e **1**〘音楽〙上拍, アウフタクト;〘韻律〙行首余剰音(詩行の最初の強音部の前の弱音節). **2**〘比喩〙発端, 幕開け.

'**auf|tan·ken** ❶ 他 (乗物に)給油する. neue Kräfte ~〘比喩〙英気を養う. (再帰的に)*sich* ~〘話〙休養する. ❷ 自 燃料を補給する, 給油する.〘話〙一杯やる.

*'**auf|tau·chen** [ˈaʊftaʊxən アオフタオヘン] 自 (s) **1** (水面に)浮かび上がる. **2** 不意に現れる, 出現する; (問題・疑問が)もち上がる, 生じる; (考えが)浮かぶ.

'**auf|tau·en** ❶ 自 (s) **1** (氷・雪などが)解ける. **2** 打ちとける, 緊張がほぐれる. ❷ 他 (氷・雪などを)解かす, (冷凍食品をもどす; 〘比喩〙(凍結されていた資産などを)凍結解除する.

'**auf|tei·len** 他 **1** 分配する. das Land an die Bauern ~ 土地を農民に分与する. den Gewinn untereinander〈unter *sich*³〉~ 儲けを山分けする. **2** 区分けする, グループに分ける.

'**Auf·tei·lung** 女 -/-en 分配, 分割; 区分け, 区分, 割り振り.

'**auf|ti·schen** 他 **1** (料理を)食卓に出す; (人³に物⁴を)ご馳走する, ふるまう. **2**〘話〙(でたまかせや調子のいいことを)話す, 並べ立てる. Er *tischt* ihr nur Lügen *auf*. 彼は彼女に嘘ばかり並べ立てる.

*'**Auf·trag** [ˈaʊftraːk アオフトラーク] 男 -[e]s/-¨e **1** 言いつかれた仕事, 任務, 委託, 依頼; 指図, 指令; 《複数まれ》使命. einen ~ ausführen 任務を遂行する. einen ~ bekommen〈erhalten〉任務(委託)を受ける. j³ einen ~ erteilen〈geben〉人³に任務(指令)を与える. im ~ 《書》(略 i. A.)委託(依頼)により. im ~ von Frau Wagner ヴァーグナー夫人の依頼によって. **2** 注文, 発注. ein ~ in Höhe von 3 Millionen 300 万ユーロの注文. ein ~ über 50 Fernseher テレビ 50 台の注文. einen ~ bekommen〈erhalten〉注文を受ける. j³ einen ~ erteilen〈geben〉人³に注文を出す. einen ~ in ~ geben 物⁴を注文する(bei j³ 人³に). **3**《複数なし》(塗料の)塗布. 《まれ》(上)塗り. **4**〘法制〙委任契約.

'auf|tra·gen* ❶ 他 1《雅》(servieren)(料理を)食卓に出す．《非人称的用法で》*Es ist aufgetragen.* 食事の用意ができました．2 (上塗りなどを)塗る，塗布する(auf et¹ /まれ auf et³ 物¹,³の上に)．3 (人³に事を)委託(依頼)する，言いつける．*Er hat mir einen Gruß an dich aufgetragen.* 彼から君によろしくと言いつかったよ．4 (衣類を)駄目になるまで着る(履く)．

❷ 自 1《話》(衣類が着る人を)太く見せる．*Diese Jacke trägt sehr auf.* このジャケットはひどく着ぶくれがする．2 dick⟨stark⟩ ~《話》大げさに言う，誇張する．3《蔑》くさい芝居をする．

'Auf·trag·ge·ber [..ge·bər] 男 -s/- 委託者，依頼人；注文主，得意先．
'Auf·trag·neh·mer [..ne·mər] 男 -s/- 受託者，請負人；受注者．
'Auf·trags·be·stä·ti·gung 女 -/-en 発注確認書；注文請書．
'Auf·trags·ein·gang 男 -[e]s/-e 受注．
'auf·trags·ge·mäß 形 委託(注文)どおりの．
'auf|tref·fen* 自 (s)(auf et³,⁴ 物³,⁴に)ぶつかる，衝突する．*mit dem Kopf auf einem Stein* ~ 頭を石にぶつける．
'auf|trei·ben* ['aʊftraɪbən] ❶ 他 1 (風が物⁴を)吹き上げる，まき上げる．*Der Wind treibt Staub auf.* 風が埃を舞上がらせる．2 (ある感情が人⁴を)かり立てる．*Der Hunger trieb sie auf.* 空腹のために彼女はじっとしなかった．3 (a)(牛・豚などを)市(に)に追う．(b)[Vieh] ~（春の初めに)家畜を山の牧場(ぼくじょう)に追っていく，山に上げる．4 ふくらます，膨張させる．*Hefe treibt den Teig auf.* イーストがパン生地をふくらませる．5《話》(苦労して)見つけ出す，手に入れる．*Das ist alles, was ich an Geld* ~ *konnte.* これが私の都合できた金のすべてです．6 〖鉱業〗einen Gang ~ 上方に向かって坑道を掘る．7 Reifen auf ein Fass ~ 樽に箍(たが)を叩いてはめこむ．

❷ 自 (h, s) ふくらむ，膨張する．
'auf|tren·nen 他 1 (糸・縫い目などを)ほどく．2 (地方)(編み物を)ほどく．
'auf|tre·ten ['aʊftre·tən アオフトレーテン] ❶ 自 (s) 1 足を踏みだす，歩く．*leise* ~ 静かに歩く．2 (人前に)歩み出る，姿を現す；(舞台などに)登場する．*als Zeuge* ~ 証人として出廷する．*gegen j⟨et⟩¹* ~ 人〈物⟩に反対する態度に出る．*mit Forderungen* ~ 要求を持ち出す．*zum ersten Mal* ~ 初舞台をふむ．3 (様態を示す語句と) …の態度をとる，…に振舞う．*entschieden* ~ 決然たる態度をとる．4 (困った問題などが)生じる，起る；発生する．*Diese Krankheit tritt nur in den Tropen auf.* この病気は熱帯地方でしか発生しない．

❷ 他 (ドアなどを)蹴って(踏んで)開ける．
'Auf·tre·ten 中 -s/ 1 人前に姿を現すこと，登場，出現．2 (人前に出たときの)態度，物腰，振舞．3 〖劇場〗(舞台への)登場，出演．
'Auf·trieb 男 -[e]s/-e (↓auftreiben) 1 (複数なし) 活力，活気，刺激，はずみ；〖経済〗飛躍，発展，成長力．*Die Wirtschaft erhielt [einen] neuen* ~. 経済界は息を吹返した．2 家畜を山の牧場に追っていくこと．*Dieses Jahr verzögert sich⁴ der* ~. 今年は家畜を山に上げるのが遅れている．3 (a) 家畜を市(に)に出すこと．(b)(家畜の)出荷量，供給量．4 〖物理〗浮力，揚力．
'Auf·tritt ['aʊftrɪt] 男 -[e]s/-e (↓auftreten) 1 (舞台への)登場．*auf seinen* ~ *warten* 出番を待つ．2

〖演劇〗場．1. Akt, 2. ~ 第1幕第2場．3 喧嘩，いさかい，口論．*einen* ~ *mit j¹ haben* 人¹と喧嘩(言争い)をする．4 (まれ)(車などの)ステップ，踏段．
'auf|trock·nen ❶ 他 (水などを)拭き取る，ぬぐい取る；(床などを)拭いて乾かす．❷ 自 (s)(すっかり)乾く．
'auf|trump·fen 他 1 切札を出す．2 (mit et³ 物³によって)自分の優位(正当性)を見せつける，(を)振りかざす，誇示する．3 (gegen j¹ 人¹に対して)高飛車に出る．
*'auf|tun** ['aʊftu:n] ❶ 他 1《話》(口・扉などを)開ける，開く．*den Mund* ~ 口を開く；《話》話す，しゃべる．*Er lügt, sobald er den Mund auftut.* 彼は口を開いたとたんに嘘をつく．*Tu die Augen auf!*《話》目を開けてよく注意するんだよ．*ein Geschäft* ~（こう⟩店を開ける，開店(開業)する．2 (地方)(帽子などを)かぶる，(眼鏡を)かける．3《話》(好ましいものを)見つける，発掘する．*einen neuen Bekannten⟨ein preiswertes Lokal⟩* ~ 新しい友人⟨安い飲み屋⟩を見つける．4《話》(物⁴を人³の皿に)取ってやる，(スープなどを)注(そそ)いでやる．5 〖猟〗(小物の獣を)狩出す．

❷ 自 ⟪sich⟫ 1 (ドアなどが)開く，開かれる．2 (突然目の前に)現れる，はっきりと見えてくる．*Eine ganz neue Welt tat sich ihm auf.* まったく新しい世界が彼の前に開けた．3 〖猟〗(鹿・猪などが)身を起す．
'auf|tür·men ❶ 他 (高く)積重ねる，盛上げる．*et⁴ zu einem Berg* ~ 物⁴を山と積上げる．❷ 再 ⟪sich⟫ そびえる；積重なる，山積する．
'auf|wa·chen ['aʊfvaxən アオフヴァヘン] 自 (s) 目をさます；(思い出などが)目ざめる，よみがえる；(子供が)世の中のことに開眼する．
'auf|wach·sen ['aʊfvaksən アオフヴァクセン] 自 (s) 1 大きくなる，成長する．*Wir sind zusammen⟨auf dem Lande⟩ aufgewachsen.* 私たちはいっしょに⟨田舎で⟩育った．2《雅》浮かび上がる．*Aus dem Dunst wuchs der Mast eines Schiffes auf.* もやの中から1隻の船のマストが浮かび上がってきた．
'auf|wal·len 自 (s) 1 (水などが)煮え(沸き)立つ，沸騰する．2 (煙などが)もうもうと立昇る．3《雅》(感情が)突然高ぶる．
'Auf·wal·lung 女 -/-en 沸き立つこと，沸騰；(感情の)高ぶり．
'Auf·wand ['aʊfvant] 男 -[e]s/ (↓aufwenden) 1 (金・労力・時間を)費やすこと，消費．*ein* ~ *an Energie⟨Geld⟩* エネルギー⟨金⟩を費やすこと．*mit großem* ~ *an Zeit* さんざん時間を費して．2 費用，経費．3 浪費，贅沢．*großen⟨viel⟩* ~ *treiben* 贅沢をする．
'auf·wän·dig ['aʊfvɛndɪç] 形 =aufwendig
'Auf·wand·steu·er 女 -/-n 〖法制〗奢侈税．
'Auf·wands·steu·er 女 -/-n =Aufwandsteuer
'auf|wär·men ['aʊfvɛrmən アオフヴェルメン] ❶ 他 (冷えた料理・身体を)あたためる．2 (古い話を)むし返す．

❷ 再 ⟪sich⟫ 身体をあたためる，ぬくまる；〘スポーツ〙ウォーミングアップする．
'Auf·wart·frau ['aʊfvartfraʊ] 女 -/-en (地方)(パートタイムの)家政婦，派出婦．
'auf|war·ten 自 1《古》《雅》(人³に食卓・宴席などで)奉仕する，給仕する．2 j¹ mit et³ ~ 人¹に物³(飲食物)を出す，ふるまう．*den Gästen mit einem Imbiss* ~ 来客たちに軽い食事を出す．3 *mit et³* ~ 物³を提供する．*mit einem Sonderangebot⟨vielen Neuigkeiten⟩* ~ バーゲンセールを⟨多くのニュースを提供する⟩．4《古》《雅》(人³のもとに)伺侯する，(を)表敬訪問する．5 (中部ドイツ) ~ *gehen* 家政婦(派出婦)をしてい

る.

Auf·wär·ter [ˈaʊfvɛrtər] 男 -s/- 《地方》(Kellner, Diener) 給仕、ボーイ.

*'**auf·wärts** [ˈaʊfvɛrts アオフヴェルツ] 副 (↔ abwärts) 上へ、のぼって; …以上. Der Weg führt ～. 道は登り坂だ. den Fluss ～ gehen 川をさかのぼる. Offiziere vom Hauptmann [an] ～ 大尉以上の士官たち. Es geht ～.《比喩》のぼり調子だ.

Auf·wärts·ent·wick·lung 女 -/- en 上向きであること、のぼり調子、(経済などの)上昇(傾向).

'**auf·wärts ge·hen***, °'**auf·wärts|ge·hen*** 自(独特)(s) 1 良くなる、上向きである、のぼり調子である.《病気が》快方に向かう、《商売が》繁盛する. Mit der Firma geht es aufwärts. この会社はのぼり坂だある.

Auf·war·tung 女 -/- en 1《複数なし》《古》(食卓・宴席での世話、給仕、(掃除・洗濯を含む)家事手伝い)《雅》《古》ご機嫌伺い、伺候(ʃɪ̂). bei j³ die ～ machen〈übernehmen〉人³の家事手伝いをしている.《その家の家政婦として通っている. j³ seine ～ machen《古》人³を表敬訪問する. 2《地方》(Aufwartefrau)（パートタイムの）家政婦、派出婦.

Auf·wasch [ˈaʊfvaʃ] 男 -[e]s/ (Abwasch) 1 (汚れた)食器を洗うこと、皿洗い. Das ist ein ～, / Das geht in einem ～.《話》何もかも一挙に片づくさ、朝飯前だ. 2 (食後の)汚れた食器. In der Küche steht noch der ～. 台所には洗いものが残っている.

'**auf|wa·schen*** ❶ 他 (↔ abwaschen)(食器類を)洗う. ❷ 自 食器類を洗う、皿洗いをする.

*'**auf|we·cken*** [ˈaʊfvɛkən アオフヴェッケン] 他 1 (人⁴の)目をさまさせる、起こす. 2《雅》(心の中に眠っているものを)呼び覚ます. ↑aufgeweckt

'**auf|wei·chen** ❶ 他 1 (熱や水気などで)柔らかくする、溶かす. hartes Brot in Milch ～ 硬いパンを牛乳にひたして柔らかくする. Der Regen hat die Wege aufgeweicht. 雨で道がぬかっている. 2《比喩》(内部の)軟化させる、弱体化させる. eine Partei ideologisch ～ 党をイデオロギー面から切りくずす. ❷ 自 (s)(水や熱によって)柔らかくなる、軟化する.《比喩》弱体化する. Der Asphalt weicht unter der prallen Sonne auf. 炎天下でアスファルトが軟らかくなる.

'**Auf·wei·chung** 女 -/ 柔らかくなる(する)こと、軟化; 弱体化.

Auf·weis [ˈaʊfvaɪs] 男 -es/-e 明示、指摘; 提示.

'**auf|wei·sen*** [ˈaʊfvaɪzən] 他 示す、見せる、明示(提示)する. Der Kranke weist alle Anzeichen von Scharlach auf. 病人は猩紅(ʃɔ̂)熱のあらゆる徴候を見せている. et⁴ aufzuweisen haben (誇示すべき物⁴を)持っている、所有(所持)している. Referenzen aufzuweisen haben 推薦状(紹介状)を持っている.

'**auf|wen·den**(独特) (für et⁴ 物⁴のために金・労力・時間などを)用いる、消費する. alle Kräfte für einen Plan ～ ある計画のために全力を尽くす.

'**auf·wen·dig** [ˈaʊfvɛndɪç] 形 金(費用、手間)のかかる、贅沢(ɢ̂ɐ)な.

'**Auf·wen·dung** 女 -/- en 1 (金・労力・時間などを)投入(傾注)すること. 2《複数》出費、費用、経費.

'**auf|wer·fen*** [ˈaʊfvɛrfən] 他 1 上に投げる. den Ball ～ ボールを上に投げる. den Kopf stolz ～ 誇らしげに頭を上げる. Staub ～ 埃(ʜ̂ɐ)を立てる. große Wellen ～ (海が)大きな波を立てる. 2 (土などを掘って)盛り上げる、積み上げる; 築く. einen Damm ～ 土手を築く. Sand ～ 砂を盛り上げる、砂山をつくる. Schnee zu einem Wall ～ 雪を土塁のように盛り上げる.

(b)（薪(ʜ̂ɐ)・石炭などを）投入れる、くべる(auf et⁴ 物⁴に). Holzscheite auf das Feuer im Kamin ～ 薪を暖炉の火にくべる. 3 die Lippen ～《雅》（唇を）突きだす、とがらす(軽蔑の表情). 4《質問》を投げかける、発する. ein Problem ～ 問題を提起する. 5 (扉などを)勢いよく開ける. 6《古》(旗を)掲げる. Panier gegen j⁴ ～ 人⁴に叛旗をひるがえす.
❷ 再 (sich) sich zu et³ ～ ずうずうしくも物⁴を自称する(気取る). sich zum Wohltäter ～ 厚かましくも慈善家ぶる.
❸ 自《狩猟》(獣が気配を察して)急に頭を上げる.

'**auf|wer·ten** (↔ abwerten) 1 (人・物⁴の)評価(評判)を高める、(を)再評価する. 2 (ある通貨の)平価を切上げる、(年金などを)増額する.

'**Auf·wer·tung** 女 -/- en 1《複数なし》評価(評判)を高めること、再評価. 2《経済》平価切上げ; 増額.

'**auf|wi·ckeln** 他 1 巻き上げる、巻きつける. die Wolle auf einen Knäuel ～ 毛糸を糸玉に巻く. [sich³] das Haar ～ 髪の毛をカーラーに巻きつける. 2 (包みなどを)解く、ほどく.

Auf·wie·ge·lei [aʊfviːgəˈlaɪ] 女 -/- en《悔》(Aufwiegelung) そそのかし.

'**auf|wie·geln** 他 (↔ abwiegeln) そそのかす、けしかける、扇動する. j⁴ gegen j⟨et⟩⁴ ～ 人⁴をそそのかして人⟨事⟩に反抗させる. j⁴ zu et³ ～ 人⁴をそそのかして事³をさせる.

'**Auf·wie·ge·lung** 女 -/ そそのかし、扇動、教唆.

'**auf|wie·gen*** 他 (物⁴と)釣合う、(に)見合う; (の)埋合せをする. Das ist nicht mit Gold aufzuwiegen.《話》それは金では買えない(かけがえのないものだ).

'**Auf·wieg·ler** [ˈaʊfviːglər] 男 -s/- 扇動(教唆)者.

'**auf·wieg·le·risch** 形 扇動的な.

'**Auf·wie·ge·lung** = Aufwiegelung

Auf·wind 男 -[e]s/-e《気象》(↔ Abwind) 上昇気流. im ～ sein《比喩》上昇気流に乗っている. 2《比喩》(Auftrieb) 活力、刺激、はずみ.

'**auf|wir·beln** ❶ 他 1 (風が砂塵などを)巻き上げる. [viel] Staub ～《比喩》物議をかもす、センセーションを巻起こす. ❷ 自 (s)(塵・枯葉などが)巻上がる、舞上がる.

'**auf|wi·schen** 他 1 (水・汚れなどを)拭き取る. 2 (床などを)拭いてきれいにする、拭き掃除する.

Auf·wuchs [ˈaʊfvuːks] 男 -es/-e (↓ aufwachsen) 1《複数なし》(植物の)生長、成育. 2《林業》(5-8年の)幼木林. 3《生物》付着生物.

'**auf|wüh·len** 他 1 掘出す; 掘返す(起こす). Kartoffeln ～ じゃがいもを掘起す. 2 (水面・水中などを)かき乱す、かき立てる.《比喩》(人の心を)揺り動かす、感動させる. Der Wind hat den See aufgewühlt. 風が湖面を波立たせた. Der Film wühlte ihn tief auf. この映画は彼を深く感動させた.

'**auf|zäh·len** 他 数え上げる、列挙する. das Geld ～（釣銭を渡すときなどに）金を数えながら並べる. j³ in paar ～《話》人³に、2, 3 発くらわす.

'**Auf·zäh·lung** 女 -/- en 1《複数なし》数え上げる(並べ立てる)こと. 2 列挙、羅列.

'**auf|zäu·men** 他 einem Pferd ～ 馬に勒(ʜ̂ɐ)(手綱・くつわなど)をつける. ein Pferd am⟨beim⟩ Schwanz ⟨vom Schwanz her⟩ ～《比喩》本末を転倒する、あべこべなやり方をする. 2 Geflügel ～《まれ》《料理》鳥料理を盛りつける.

'**auf|zeh·ren** ❶ 他 1 (食べものを)食べ尽くす、平らげる; (貯え・精力などを)使い果たす、蕩尽(ʜ̂ɐ)する. 2 (心身

を)消耗(衰弱)させる. ❷ 再 (**sich⁴**)(貯えなどが)減っていく;(心身が)消耗する,やつれる.

'**auf**|**zeich·nen** 他 **1**(図形・図案・スケッチなどを)描く(auf et⁴ 物⁴の上に). **2**(文書にして)書留める,メモする;《ﾄﾞﾝ》録画(録音)する.

'**Auf·zeich·nung** 囡 -/-en **1**《複数なし》スケッチすること,描く《書留める》こと. **2** 記録された(描かれた)もの;記録(文書),手記;録画,録音. Das ist eine ~ und keine Livesendung. これは録画であって生放送ではない.

'**auf**|**zei·gen** ❶ 他 **1** はっきり示す,指摘する;説明(証明)する. j³ die richtige Lösung ~ 人³に正解を説明して見せる. 人⁴を訴える,告発する. ❷ 自 (生徒が発言を求めて)手を挙げる.

*'**auf**|**zie·hen*** ['aʊftsiːən アオフツィーエン] ❶ 他 **1** 上に引く,引上げる;(旗・ブラインド・水門・跳ね橋などを)上げる. **2**(引出・カーテンなどを)引いて開ける. **3**(写真などを)貼る,(カンパス・弦などを)張る. Wir müssen andere Saiten ~.《比喩》私たちは心機一転しなくてはならない. **4**(時計などの)ねじ(ぜんまい)を巻く. wie *aufgezogen* reden 勢いよくまくし立てる. **5**(編物・結び目などを)ほどく. **6**(子供・動植物などを)育て上げる. **7**《話》(事業や会などを)興す,組織する;(祝典などを)催す,演出する. ein Fest ~ 祝宴を催す. ein Unternehmen groß ~ 事業を大々的に興す. ein Lustspiel als derbe Schwänke ~ 喜劇を品の悪い笑劇にしてしまう. **8**《話》(人⁴を)からかう,なぶり物にする(mit et³ / wegen et² 事³,²のことで). j⁴ mit *seiner* neuen Freundin ~ 人⁴を新しい恋人のことでからかう. **9** (一)eine Spritze ~ 注射器に液を吸上げる. **10** den Fußboden ~《地方》床(ﾕｶ)を掃除する.
❷ 自 (s) **1**(雷雲などが)近づいてくる. **2**(隊伍を組んで)行進してくる(行進してきて部署につく). Die Wache *zieht auf*. 歩哨が交替する.
❸ 再(**sich⁴**)(空が)明るくなる,晴れる.

'**Auf·zucht** 囡 -/ **1**(家畜の)育成,飼育;(植物の)栽培. **2**(家畜の)子,雛(ﾋﾅ);(栽培した)作物.

'**Auf·zug** ['aʊftsuːk] 男 -[e]s/ᵃe (↓aufziehen) **1**(祭りなどの)行列,行進,パレード;(雲・嵐などの)接近. der ~ der Wache 衛兵交替のパレード). **2** エレベーター,昇降機. **3**(変な)身なり,格好. in einem ärmlichen ~ 見すぼらしいなりをして. **4**《演劇》(Akt) 幕. Tragödie in 5 *Aufzügen* 5 幕物の悲劇. **5** 経(ﾀﾃｲﾄ)糸を機(ﾊﾀ)に掛けること;(機に渡した)経糸. **6**《猟師》(きじなどの)飼客(場).

'**auf**|**zwin·gen*** ❶ 他 (人³に物⁴を)無理に押しつける,強制する. ❷ 再 (**sich⁴**) **1** 無理を押して起上がる. **2**(思念などが人³の)頭にこびりついて離れない,しきりに心に浮ぶ.

Aug.《略》= **August**¹

'**Aug·ap·fel** [ˈaʊkʔapfəl] 男 -s/ᵉ **1** 眼球,目玉. **2**《比喩》この上なく大切なもの. j⟨et⟩⁴ wie *seinen* ~ hüten⟨hegen⟩ 人⟨物⟩⁴を掌中の珠(ﾀﾏ)のように大切にする(↓《旧約》申 32:10, 詩 17:8).

'**Au·ge** ['aʊɡə アオゲ] 中 -s/-n **1** 目,眼;目つき,まなざし,視線;視力,視覚;視点,観点;眼力,眼識. das ~ des Gesetzes 法の目;(戯)(Polizei) 警察. das ~ des Tages《雅》太陽. ein künstliches ~ 義眼. ein blaues ~ 青あざのできた目. blaue⟨braune⟩ ~n 青い⟨茶色の⟩目. in rechts《軍事》(号令)右へ右. ganz ~ sein 全身が目である,目を皿のようにして注視する.《主語として》Jetzt gehen

mir die ~n auf. 目から鱗(ｳﾛｺ)が落ちた思いがする. Da bleibt kein ~ trocken.《話》誰ひとり涙しないものはいない;涙が出るほどみんな笑いこける;無事にすんだものはひとりもいない. Seine ~n sind gebrochen.《雅》彼は永眠した. so weit das ~ reicht 見渡すかぎり. Vier ~n sehen mehr als zwei.《諺》3人寄れば文殊(ﾓﾝｼﾞｭ)の知恵. Was die ~n sehen, glaubt das Herz.《諺》目が見たことを人は信じる(「とかく見た目にまどわされやすい」の意ではないので注意). Die ~n sind größer als der Magen.《諺》目は胃袋より大食いで御馳走を食べきれないほど多くの皿に取る様子を称した言回し. Die ~n gingen ihm über.《雅》彼は目に一杯涙を浮かべた.《話》彼は驚いては見張った;《動詞の目的語として》schwere ~n **bekommen⟨haben⟩** 眠くなる⟨眠たい⟩. gute⟨schlechte⟩ ~n haben 目がいい⟨悪い⟩. *seine* ~n überall haben《話》いたるところに目を配っている,何ひとつ見のがさない. ein ~ auf j⟨et⟩⁴ haben 人⟨物⟩⁴を注視している,(に)目をつけている;(が)好きである,(に)気がある. ein ~ für j⟨et⟩⁴ haben 人⟨物⟩⁴を注視する;(に対して)目が利(ｷ)く,見る目がある. kein ~ für j⟨et⟩⁴ haben 人⟨物⟩⁴に目もくれない,(を)無視する;(を)見る目がない. ~n im Kopf haben《話》ものを見る目がある;注意を怠らない. Hast du keine ~n im Kopf?《話》お前の目は節穴(ﾌｼｱﾅ)か. kein ~ von j⟨et⟩³ **lassen⟨wenden⟩** 人⟨物⟩³から目を放さない;いつまでも見つづける.《große》 ~n **machen**《話》(驚いて)目を見はる. kleine ~n machen《話》眠そうな目をする. j⟨schöne⟩~n machen《話》人³に色目を使う. die ~n in die Hand **nehmen**《話》(曲がりなどに)目をこらして見る. die ~n offen **halten** 目を開けている;万事に注意を怠らない. j³ die ~n **öffnen** 人³に真相を教えてやる,人³の蒙を啓(ﾋﾗ)いてやる. ein ~n riskieren《話》(見てはならないものにこっそり)目をやる,盗み見をする. die ~n **schließen ⟨zumachen⟩** 目を閉じる;《比喩》永眠する. *seinen* ~n nicht **trauen**《話》わが目を疑う. ein ~ vor et³ **verschließen** 事³に対して目をつむる,そ知らぬ顔をする. sich³ die ~n aus dem Kopf **weinen** 目を泣きはらす. ein ~ auf j⟨et⟩¹ **werfen**《話》人⟨物⟩⁴に目をつける,(に)心を惹かれる,人⁴に関心を寄せる. ein ~ ⟨beide ~n⟩ **zudrücken**《話》見て見ぬふりをする,見のがしてやる.
《前置詞と》j⁴ et⁴ **an** den ~n ablesen⟨absehen⟩ 人³の目つきで事⁴を知る. j³ et⁴ **aufs** ~ drücken《話》人³の目の前(鼻先)に事⁴をつきつける. [nur noch] **auf** zwei ~n ruhen⟨stehen⟩《古》後継ぎが1人しかいない. et⁴ auf zwei ~n stellen 事⁴を1人の人物にまかせる. **Aus** den ~n, aus dem Sinn.《諺》去る者は日々に疎(ｳﾄ)し. Er ist mir ganz aus den ~n gekommen. 彼とは連絡が全くの途絶えている. Geh mir aus den ~n! おれの目の前から失せろ. j⟨et⟩⁴ nicht aus den ~n⟨dem ~⟩ lassen 人⟨物⟩⁴から目を放さない,(を)きびしく監視(観察)する;いつまでも見とれる. j¹ wie aus den ~n geschnitten sein 人³に瓜(ｳﾘ)ふたつである. Der Schalk sieht ihm aus den ~n. 彼は見るからにいたずら者の目をしている. j⟨et⟩⁴ aus den ~n verlieren 人⟨物⟩⁴を見失う;(と)縁が切れる. **in** meinen ~n 私の見るところ. ~ in ~ 顔をつき合せて,にらみ合って. j⟨et⟩⁴ im ~ **behalten** 人⟨物⟩⁴をよく注意している,見張っている;(に)こだわりつづける,いつまでも忘れる. in die ~n⟨ins ~⟩ **fallen⟨springen⟩** 目につく,人目を引く. et⁴ ins ~ **fassen** 事⁴を計画する,もくろむ;考慮に入れる. Das geht ins ~.《話》それはうまく

Äugelchen

いかないよ，まずいことになるよ． et⁴ im ～ haben 事⁴をもくろんでいる． [nur] *seinen* eigenen Vorteil im ～ haben 自分の利益しか眼中にない． et³ ins ～ fassen 事³を直視(正視)する． j³ nicht ins ～ sehen können 人³の顔をまともに見ることができない． j³ zu tief in die ～n sehen〈話〉人³に首ったけになる． j³ in die ～n stechen〈話〉人³の注意(関心)を引く，目にとまる． in j² ～n steigen〈sinken〉人³による評価が上がる〈下がる〉． mit bloßem ～ 肉眼で． mit einem lachenden und einem weinenden ～ 泣き笑いしながら． j〈et〉⁴ mit anderen ～n [an]sehen 人〈物〉³を別な目で見る(見直す)． mit einem blauen ～ davonkommen〈話〉〈事故などで〉軽い怪我(被害)ですむ． mit offenen ～n schlafen〈話〉うとうとする，ぼんやりしている． j〈et〉⁴ mit den ～n verschlingen〈話〉人〈物〉⁴を食い入るように見つめる． ～ um ～, Zahn um Zahn.〈旧約〉目には目，歯には歯(出 21:24). unter〈vor〉meinen ～n 私の目の前で． unter vier ～n 2人だけで，内々に． j³ vor die ～n kommen〈treten〉〈好ましくない人物が〉人³の前に姿を現す． Ich kann ihm nicht mehr unter die ～n treten. 私はもう彼に合す顔がない． **vor** aller ～n 衆目の前で，公然と． j³ et⁴ vor ～n führen〈halten/stellen〉事⁴を人³の目の前に突きつける． et⁴ vor ～n haben 事⁴を眼前に思い浮かべる． die Hand vor [den] ～n sehen [können] / die Hand nicht vor [den] ～n sehen [können]〈暗がりで〉一寸先も見えない． j³ klar vor ～n stehen 人³の目にまざまざと思い出される． Mir wurde schwarz vor [den] ～n. 私は目の前が真っ暗になった．
2〈さいころの〉目；〈トランプの〉点．
3〈蝶や孔雀などの〉斑紋．
4〈スープなどに浮いている〉脂(**)の玉．
5〈植物の〉芽，つぼみ． die ～n einer Kartoffel じゃがいもの芽．
6〈工具などの紐や柄を通す〉穴；〈針の〉めど．
7 編み目；結び輪．
8〈ドームなどの〉丸窓，天窓；覗き窓．
9〈宝石や絹の〉輝き，光沢．
10〈吉象などの中心；〈台風の〉目．

Äu・gel・chen ['ɔʏɡəlçən] 甲 -s/- 《Auge の縮小形》小さな目．

Äu・ge・lein ['ɔʏɡəlaɪn] 甲 -s/- 《Auge の縮小形》= Äuglein

äu・geln ['ɔʏɡəln] ❶ 自 **1** (nach et³ 物³に)ちらりと見る，盗み見する． **2** (mit j³ 人³に)目くばせする，流し目を送る；〈と〉目くばせを交す． **3**《醸造》〈大麦が〉発芽する． ❷ 他 einen Baum ～《園芸》木に芽接(**)ぎ(接(**)ぎ木)する．

äu・gen ['ɔʏɡən] 自 〈動物などが首を上げて〉そっと様子を窺う． Er äugte ängstlich hinter dem Buch hervor. 彼は本のかげからおそるおそるこちらを見た．

'Au・gen・arzt 男 眼科医，眼医者．

'Au・gen・auf・schlag 男 -[e]s/〈伏せた〉目(瞼)を上げることにしばしば切ないげな，またはコケッティッシュな表情〉．

'Au・gen・bank 女 -/-en《医学》アイバンク．

Au・gen・blick ['aʊɡənblɪk, --'-] アオゲンブリク 男 -[e]s/-e 瞬間，つかの間；〈ある〉時点． ein entscheidender ～ 決定的瞬間． einen richtigen ～ erwischen〈verpassen〉好機をつかむ〈のがす〉． lichte ～e haben (重い病人が)一瞬意識が戻っている，(狂人が)つかの間正気である；〈戯〉頭が冴えている．《副詞的4格で》einen ～ ちょっとの間． Einen ～, bitte! ちょっと待って下さい． keinen ～ zögern 一瞬もためらわない． alle ～ e〈古〉たえず． Einige ～ e später. Er kann jeden ～ kommen. 彼は今にも来るかもしれない．《前置詞と》**bis** zu diesem ～ この時まで，今の今まで． **in** einem ～ 一瞬のうちに；同時に． im ～ ただ今，今のところ；たった今；今すぐに． im ersten ～ 最初は(に)． im letzten ～ ぎりぎりの時間内に，あやうく． im richtigen ～ 折よく．

****au・gen・blick・lich** ['aʊɡənblɪklɪç --'--] アオゲンブリクリヒ 形《比較変化なし》**1** 今すぐに，即時の． Komm ～ her! すぐ来たまえ． **2** ただ今の，目下の；一時的の． Er ist ～ nicht da. 彼は今いません(席をはずしています)．

'au・gen・blicks 副〈古〉すぐさま，即座に．

Au・gen・braue 女 -/-n 眉(毛)．

'Au・gen・de・ckel 男 -s/- 〈古〉(Augenlid) 瞼(**)．

'Au・gen・dia・gno・se 女 -/-n《医学》虹彩診断法(虹彩の変化による病気の診断).

'au・gen・fäl・lig 形 明白な，歴然たる．

'Au・gen・fält・chen 甲 -s/- (目の周辺，とくに目尻の)小じわ．

'Au・gen・fal・ter 男 -s/-《虫》じゃのめちょう(蛇目蝶)．

'Au・gen・far・be 女 -/-n 目の色．

'Au・gen・fleck 男 -[e]s/-e《生物》**1** (じゃのめちょうなどに見られる)目玉模様． **2** 眼点(原生動物などの簡単な視覚器官)．

'Au・gen・flim・mern 甲 -s/《医学》眼華閃発，光視症(過労などが原因で目の前がちらつくこと)．

'Au・gen・glas 甲 -es/⁼er〈古〉眼鏡；(とくに)鼻眼鏡，モノクル．

'Au・gen・heil・kun・de 女 -/ 眼科学．

'Au・gen・hö・he 女 -/ 目の高さ．《次の用法で》in ～ 目の高さで(に)．

'Au・gen・höh・le 女 -/-n 眼窩(**)．

'Au・gen・licht 甲 -[e]s/〈雅〉(Sehkraft) 視力．

'Au・gen・lid 甲 -[e]s/-er《解剖》(Lid) 瞼(**)．

'Au・gen・maß 甲 -es/ 目測(の能力)． nach dem ～ 目測によれば，目分量では． Politik mit ～ 将来を見通した政策．

'Au・gen・mensch 男 -en/-en〈話〉目の人，視覚型の人． ↑ Ohrenmensch

'Au・gen・merk 甲 -[e]s/ **1**〈雅〉(Aufmerksamkeit) 注意，注目． *sein* ～ auf j〈et〉⁴ richten 人〈物〉⁴に注意を向ける，注目する． **2**〈古〉(Ziel) 目標．

'Au・gen・nerv 男 -s/-en《解剖》(Sehnerv) 視神経．

'Au・gen・pul・ver 甲 -s/〈話〉(目を疲れさせるような)細かい文字(手仕事)．

'Au・gen・rand 男 -[e]s/⁼er **1** 眼のふち． **2**《複数で》(目の)隈(**)．

'Au・gen・rin・ge 複 = Augenrand 2

'Au・gen・schat・ten 複 = Augenrand 2

'Au・gen・schein 男 -[e]s/〈雅〉 外見，外観，見かけ． nach dem / dem ～ nach 外見では，見たところ． Der ～ trügt. その外見は当てにならぬ． **2** 実見，実地調査；《法制》検証．

'au・gen・schein・lich [..lɪç, --'-'--] ❶〈雅〉目にはっきりと見える，明らかな，明々白々な． ❷ 副 見たところ，どうやら…であるらしい．

'Au・gen・schwä・che 女 -/ 弱視．

'Au・gen・spie・gel 男 -s/- 検眼鏡．

'Au・gen・stern 男 -[e]s/-e **1**〈雅〉(Pupille) 瞳孔，

ひとみ．**2**《比喩》最愛の人，最も大切なもの；掌中の珠(たま)．
'**Au-gen-täu-schung** 囡 -/-en 目の錯覚，幻視．
'**Au-gen-trip-per** 男 -s/ 淋疾(りん)性眼炎．
'**Au-gen-trop-fen** 複 点眼薬，目薬．
'**Au-gen-trost** 男 -[e]s/ **1**《植物》こごめぐさ(小米草)．
'**Au-gen-wei-de** 囡 -/ 目の喜び，目の保養．◆中世の騎士文学で好んで用いられた表現．↑weiden ③
'**Au-gen-wim-per** 囡 -/-n (Wimper) まつげ．
'**Au-gen-win-kel** 男 -s/ 目のすみ，目尻，まなじり；目頭(め)(ぜ)．j⟨et⟩⁴ aus dem ~ betrachten 人⟨物⟩⁴を横目で見る．
'**Au-gen-wi-sche'rei** [aoɡənvɪʃə'raɪ] 囡 -/ 《話》ごまかし，まやかし．
'**Au-gen-zahl** 囡 -/-en (さいころの)目の数；(トランプの)点数．
'**Au-gen-zahn** 男 -[e]s/¨e《歯科》犬歯．◆この歯が炎症をおこすと眼もまた痛むことがあるとされる．
Au-gen-zeu-ge 男 -n/-n (↑Ohrenzeuge) 目撃者．
'**Au-gen-zit-tern** 中 -s/ 《医学》眼球振盪(とう)，眼振．
'**Au-gi-as-stall** [aʊ'ɡi:as/tal, 'aʊɡias..] 男 -[e]s/ **1**《ギリシア神話》アウゲイアースの牛小屋．▶ 30年間掃除をしたことがなかったエーリス Elis の王 Augeias (Augias) の牛小屋を英雄 Herakles はたった1日で清掃した(世に言う Herakles の12の大業の5番目)．**2**《比喩》汚れっぱなしの(取り散らかした)部屋；無秩序，乱雑．den ~ ausmisten⟨reinigen⟩《雅》秩序を回復する，宿弊(しゅく)を一掃する．
..**äu-gig** [..ɔʏɡɪç]《接尾》「…目の，…眼の」の意をする形容詞を作る．einäugig 片目の．blauäugig 碧眼の．
'**Au'git** [aʊ'ɡi:t] 男 -s/-e (gr. auge , Glanz') 《鉱物》輝石(き)．
'**Äug'lein** ['ɔʏklaɪn] 中 -s/ 《Auge の縮小形》=Äugelchen
Aug'ment [aʊ'ɡmɛnt] 中 -[e]s/-e (lat.) **1** 増加，添加(物)．**2**《言語》加音(ギリシア語やサンスクリットで時称を変えるために動詞の前に添えられる母音)．
Aug-men-ta'ti'on [..tatsi'o:n] 囡 -/-en **1** 増加，添加(物)．**2**《音楽》(音価や主題の)拡大．
aug-men'tie-ren [..ti:rən] 他 **1** 増加(拡大)する．**2** ein Verb を《言語》動詞の前に加音を加える．
'**Augs-burg** ['aʊksbʊrk] 《地名》アウクスブルク(バイエルン州の古都)．↑Augustus
'**Augs-bur-ger** 男 -s/- アウクスブルクの人(住民)．▶ 女性形 Augsburgerin 囡 -/-nen ❷《不変化》アウクスブルクの． ~ Religionsfriede《歴史》アウクスブルクの宗教和議(1555年9月25日)．
'**augs-bur-gisch** [..ɡɪʃ] 《形》 アウクスブルクの． das *Augsburgische* Bekenntnis / die *Augsburgische* Konfession《歴史》アウクスブルクの信仰告白(メランヒトン Melanchthon によって起草され，1530 Augsburg で開催された帝国議会に提出されたプロテスタントの信仰告白書)．
'**Au'gur** ['aʊɡʊr] 男 -s(-en)/-en [aʊ'ɡu:rən] (lat.) (鳥の飛方や鳴声で吉凶を判じる古代ローマの)ト占(ぼくせん)官．**2**《多く複数で》《雅》消息通．
Au-gu-ren-lä-cheln [aʊ'ɡu:rən..] 男 -s/- (事情通どうしが交す)含み笑い．

Au'gust [aʊ'ɡʊst アオグスト] 男 -(-[e]s)/-e《複

数まれ》《略 Aug.》 8月 (初代ローマ皇帝 Augustus にちなむ)．
'**Au'gust**² ['aʊɡʊst] ❶《男名》アウグスト (Augustus の別形)． ❷ -[e]s/-e《次の表現で》der dumme ~ (サーカスの)道化，クラウン． den dummen ~ spielen おどける． Was ist denn das für ein ~ ?《侮》それは一体どこのどいつだ．
Au'gus-ta [aʊ'ɡʊsta] 《女名》アウグスタ．
Au'gus-te [aʊ'ɡʊstə] 《女名》アウグステ．
Au'gus-tin ['aʊɡʊsti:n, --'-] 《男名》アウグスティーン．
Au-gus'ti-na [aʊɡʊs'ti:na] 《女名》アウグスティーナ．
Au-gus'ti-ne [aʊɡʊs'ti:nə] 《女名》アウグスティーネ．
Au-gus'ti-ner [aʊɡʊs'ti:nər] 男 -s/-《カトリック》アウグスティヌス(アウグスティノ)修道会士．
Au'gus'ti-nus [aʊɡʊs'ti:nʊs] 《男名》アウグスティーヌス．Aurelius ~ アウレリウス・アウグスティーヌス (354-430, 古代キリスト教の教父で『告白』『神の国』などの著者．聖人に列せられ der Heilige ~ [von Hippo] と称せられる．↑付録「聖人暦」8月28日).
Au'gus-tus [aʊ'ɡʊstʊs] (lat.)《人名》アウグストゥス(「尊厳な者」の意で，ローマ帝国初代の皇帝 Octavianus に与えられた尊称, 62) 前27-後14).
Auk'ti'on [aʊkti'o:n] 囡 -/-en (lat.) 競売，オークション，せり． et⁴ auf einer ~ kaufen⟨erstehen⟩ 物⁴を競売で買う(落す)． et⁴ in einer ~ versteigern 物⁴を競売にかける．
Auk-ti-o'na-tor [aʊktsio'na:to:r] 男 -s/..natoren [..na'to:rən] 競売人．
auk-ti-o'nie-ren [..'ni:rən] 他 競売(けいばい)にかける．
*'**Au-la** ['aʊla アオラ] 囡 -/..len [..lən] **1** (学校などの)講堂．**2** (古代ギリシア・ローマの邸宅の)玄関広間．**3** (古代ローマ皇帝の)宮殿．**4** (初期キリスト教のバシリカ聖堂の)前庭および身廊(しんろう)．
au na-tu'rel [o: naty'rɛl] (fr. , nach der Natur') 《料理》人工調味料を添加してない，自然のままの．
au 'pair [o: 'pɛːr] (fr. , zum gleichen Wert, ohne Bezahlung') 無報酬の，住込みの．
Au'pair-mäd-chen [o:'pɛːr..] 中 -s/- オーペア・ガール(家事の手伝いなどをしてその国の言葉を学ぶ無給の外国人女子学生)．
au por'teur [o: pɔr'tœːr] (fr.)《金融》持参人払いの．
Au'ra ['aʊra] 囡 -/ (lat.) **1** (心霊現象における)霊気，アウラ． **2** 雰囲気，香り，気配．**3**《医学》てんかん発作などの前兆．
au'ral [aʊ'raːl] 《形》 (auricular) 耳の，聴覚の．
'**Au'rar** ['aʊrar] Eyrir の複数．
Au-re'o-le [aʊre'o:lə] 囡 -/-n (lat.) **1** (聖像の)光輪，後光，光背．**2**《気象・天文》(太陽や月の)暈(かさ)．**3**《鉱業》(ガスの存在を示す)安全灯の周りの青い光．
Au-ri-gna'ci'en [orɪɲjasi'ɛ̃:] 中 -[s]/ (fr.) オーリャック文化(ヨーロッパの旧石器時代初期の文化)．
Au'ri'kel [aʊ'ri:kəl] 囡 -/-n (lat. , Öhrchen')《植物》プリムラ・オーリキュラ(さくらそうの一種で，アルプス山地に多い)．
au-ri-ku'lar [aʊriku'laːr] 《形》 =aural
Au-ri-pig'ment [aʊrɪpɪ'ɡmɛnt] 中 -[e]s/-e (lat.) 《鉱物》石黄(せきおう)．
'**Au'ro-ra** [aʊ'ro:ra] (lat. ‚die Morgenröte') ❶《女名》アウローラ (ローマ神話の曙の女神，ギリシア神話では Eos)．❷ 囡 -/ **1** あけぼの，曙光，朝ぼらけ．**2** (Polarlicht) オーロラ，極光．

Au·ro·ra·fal·ter 男 -s/- 《虫》雲間棲黄蝶(くもまずみきちょう).
'Au·rum ['aʊrʊm] 中 -[s]/ 《記号 Au》《化学》金.

aus [aʊs アオス] ❶ 前《3格支配》代名詞と融合して daraus, woraus, auseinander となる. **1**《ある場所から外への意味で》...から ~ dem Fenster schauen 窓から外を見る. ~ dem Zimmer gehen 部屋から出ていく.《比喩的用法》~ den Augen, ~ dem Sinn.《諺》去る者は日々に疎(うと)し. ~ vollem Hals 大声で. ~ der Mode kommen 流行遅れになる. Aus ihm spricht der Hass. 彼の言葉は憎悪にみちている.
2《出身・起源》Er kommt〈stammt〉~ Berlin. 彼はベルリーン出身である. ein Roman ~ dem 17. Jahrhundert 17 世紀の長編小説. ~ aller Herren Länder[n] あらゆる国々から,津々浦々から. ein Kind ~ der Nachbarschaft 近所の子供. ein Lied ~ alten Zeiten 昔の歌.
3《素材・材料》eine Bank ~ Holz 木のベンチ. ~ der Not eine Tugend machen 禍(わざわい)を転じて福となす.
4《変化・成長の原点》Aus den Puppen entwickeln sich⁴ Schmetterlinge. さなぎから蝶になる. Aus seinem Sohn wurde ein reicher Kaufmann. 彼の息子は裕福な商人になった. Was soll ~ uns werden? 私たちはこれからどうなるのでしょう.
5《理由・動機》~ diesem Anlass このきっかけに,これにちなんで. ~ verschiedenen Gründen さまざまな理由から. ~ Mangel an Geld お金がないので,手許に ~ sich³ heraus 自発的に.
6《手段》et⁴ ~ der Erfahrung kennen 事⁴を経験から知っている. et⁴ ~ dem Kopf wissen 事⁴を暗記している.
7《部分》einer ~ unserer Mitte 私たちの仲間の1人. Der Roman besteht ~ mehreren Teilen. 長編小説はいくつかの部分から成っている.
8《行為》die Prüfung ~ (≈in) Latein ラテン語の試験. ❷ 副 **1** 外へ,外出して. Der Ball ist ~. ボールはラインの外に出た. Ich war gestern mit meinem Freund ~. 私は昨日友人と外出していた.《成句で》bei j³ ein und ~〈~ und ein〉gehen 人³の家に出入りしている,(と)親しくつきあっている. weder ein noch ~〈weder ~ noch ein〉wissen どうしてよいか分からない, 途方に暮れている. ▶ ↑ aus sein 2
2 終って,なくなって,(灯りなどが)消えて. Das Theater〈Die Flasche〉ist ~. 芝居ははねた〈瓶が空になった〉. Licht ~! 灯りを消せ. Aus! やめろ,静かにしろ. Er hat das Buch 〈das Glas〉~. 彼はその本を読み終った〈グラスを飲みほした〉.《非人称的に》Mit ihm ist es ~. 彼はもうだめだ,もうしまいだ. Mit meiner Geduld ist es ~. 私の忍耐心もこれまでだ. Zwischen uns ist es ~. 私たちの仲はもうおしまいだ. ▶ ↑ aus sein 1, ausheben
3 et auf⁴ ~ sein 物⁴を狙っている(目指している);(が)ほしくてならない. Er ist nur darauf ~, Geld zu verdienen. 彼は金儲けのことしか頭にない. ▶ ↑ aus sein 3
4《von ... aus の形で》(...から)外へ,(...に)基づいて. vom Arzt ~ 医者の意見で,医者に言われて. vom Fenster ~ 窓から(外へ). von Grund ~ 根本から,すっかり. von Haus[e] ~ 元来,もともと,生れつき. Von hier ~ kann man den Turm sehen. ここからとその塔が見えますよ. von mir ~《話》(meinetwegen) 私としては,私の立場からすれば(...なさってもかまいませんが). von Natur ~ 生れつき,もとより. von

sich³ ~ 自分自身の(意志,考え)で.

Aus 中 -/《スポーツ》ゲームセット,試合終了;ラインの外,アウト;失格,退場.
aus.. [aʊs..]《分離前つづり/つねにアクセントをもつ》**1**《「外へ」の意を表す》**ausbleiben** 外出している. **ausgehen** 外出する. **2**《出現》**ausgraben**(地中から)掘出す. **3**《「十分に,念入りに」》**ausarbeiten** 入念に仕上げる. **4**《選別》**auslesen** 選び分ける.
'aus·ar·bei·ten ['aʊsʔarbaɪtən] ❶ 他 **1** 仕上げる,推敲(すいこう)する. einen Plan ~ 計画を練り上げる. einen Vortrag ~ 講演の草稿を作る. **2** eine Fährte ~《猟師》射た獣を追いつめる. ❷ 再《sich⁴》身体を鍛える,体を動かす.
'Aus·ar·bei·tung 女 -/-en **1**(文章の)仕上げ,推敲;決定稿. **2**《複数なし》(身体の)鍛錬.
'aus|ar·ten ['aʊsa:rtən] 自 (s) **1** (zu et³ / in et⁴ 3,4 へと)悪く発展する,悪化する. Der Streit artete plötzlich in eine Schlägerei aus. そのけんかは突然殴り合いになった. **2** 節度を失う,乱暴な振舞をする. **3**《自》堕落する. ein ausgearteter Mensch 堕落した人間. **4**《生物》(degenerieren) 退化する.
'aus|at·men ['aʊs|a:tmən] ❶ 他 (↔ einatmen)(息・煙を)吐く;(匂いを)発散する. 《目的語なしでも》langsam ~ ゆっくりと息を吐く. ❷ 自《まれ》《完了形のみ》息を引取る.
'Aus·at·mung 女 -/-en《複数まれ》吐気.
'Aus·ba·den· 他《話》(事の)後始末(尻ぬぐい)をする. ◆昔最後に風呂を使った者が浴室の掃除をさせられたことから.
'aus|bag·gern 他 **1**(河・海岸などを)浚渫(しゅんせつ)する. **2**(土砂を)掘削する;溝などを掘削して造る.
'aus|ba·lan·cie·ren ['aʊsbalãsi:rən] 他 (物⁴の)バランスをとる;(意見・利害を)調整する.《再帰的に》sich⁴ ~ 均衡を保つ,釣り合いがとれる.
'aus|bal·do·wern [..baldo:vərn] 他《地方》(j Baldower) さぐり(探し)出す,嗅ぎつける. ◆過去分詞 ausbaldowert
'Aus·ball 男 -[e]s/⁼e《複数まれ》《球技》ラインの外に出たボール.
'Aus·bau ['aʊsbaʊ] 男 -[e]s/-ten **1**《複数なし》(機械の部品などの)取りはずし,撤去. **2**《複数なし》拡大,拡充;増強,強化. **3**《複数なし》改築,改造(zu et³ ³への). **4** 村はずれの農場,孤立農家. **5**《古》《地方》出窓,張出し.
'aus|bau·en ['aʊsbaʊən] 他 **1**(機械の部品などを)取りはずす. die Batterie aus dem Auto ~ バッテリーを自動車から取り外す. **2** 拡張(拡大)する;改造(改築)する. das U-Bahn-Netz ~ 地下鉄網を広げる. das Dachgeschoss zu einer Wohnung ~ 屋根裏を部屋に改造する. **3** 発展(深化)させる,より完全なものにする. eine Theorie ~ 理論を深める. einen Vorsprung ~《スポーツ》リード(得点差)を広げる. **4**(ワインを)熟成させる. **5**《鉱業》(枠などで坑道を)強化(補強)する. **6**《出窓やバルコニーなどを)張出させる.
'aus·bau·fä·hig 形 拡大(拡張)可能な,発展の見込みのある,有望な.
'aus|be·din·gen* 《sich³》sich⁴ et⁴ ~ 事⁴を条件にする,条件として要求する;(権利を)留保する. ◆過去分詞 ausbedungen
'aus|bei·ßen* ❶ 他《sich³》sich⁴ einen Zahn ~ 歯を折る (an et⁴ 物⁴を嚙んで). sich⁴ die Zähne an et⁴ ~ 事⁴に手こずる. (で)さんざん苦労する. ❷ 自《鉱業》(岩石などが)露出する. **3**《古》《地方》(人⁴を)

押しのける.

*'**aus|bes・sern** ['aʊsbɛsərn アオスベサーン] 他 修理する; つくろう; (骨董(とう)品などを)修復する.

'**Aus・bes・se・rung** 女 -/-en《複数まれ》修理, 修繕; 修復.

'**aus|beu・len** ['..] 1 (物¹に)ふくらみをつける. eine *ausgebeulte* Hose 膝の抜けたズボン.《再帰的に》*sich*⁴ ～ (衣服が)型崩れする. 2 (物¹の)へこみ(でこぼこ)を直す.

'**Aus・beu・te** ['aʊsbɔytə] 女 -/-n《複数まれ》収益, 収穫; 成果, (競技の結果); (石炭などの)産出高;《化学》収量.

'**aus|beu・ten** ['aʊsbɔytən] 他《古》1 (地下資源などを)採掘する, 開発する; 活用する. 2 (悪い意味で)利用する, 食いものにする, 盗用する; 搾取(収奪)する.

'**Aus・beu・ter** [..bɔytər] 男 -s/- 搾取者.

'**Aus・beu・tung** 女 -/-en《古》1 活用, (鉱山などの)開発, 採掘. 2 食いものにすること, 悪用, 盗用; 搾取, 収奪.

'**aus|be・zah・len** ['..] 他 1 (auszahlen)(人³に物⁴を)支払う. 2《地方》(人⁴に)労賃を払う. 3《地方》(取分を人⁴に)現金で支払う. einen Erben ～ 相続人に相続分を現金で渡す. ◆過去分詞 *ausbezahlt*

*'**aus|bil・den** ['aʊsbɪldən アオスビルデン] 他 1 (弟子・後進を)育てる, (専門家を)養成する, (人⁴に)職業教育を授ける. j⁴ an einer Maschine〈im Zeichnen〉～ 人⁴にある機械の扱い方〈デッサン〉を教える. j⁴ zum Facharzt ～ 人⁴を専門医に育てる. Ich bin als Sanitäter *ausgebildet*. 私は救急隊員としての訓練を受けた. ▶↑Auszubildende 2 造り上げる, 形づくる; 発達(発展)させる, (声・体を)鍛える, (趣味・才能を)伸ばす, 養う, みがく, (計画などを)練る.
❷ 再 (**sich**⁴) 1 (専門家になるための)教育を受ける, 修業を積む. *sich* als Pianist〈zum Pianisten〉～ ピアニストとしての教育を受ける. *sich* in et³ ～ 事³の修業をする. 2 発達(成立)する.
◆↑*ausgebildet*

'**Aus・bil・der** ['aʊsbɪldər] 男 -s/- (← Auszubildende) 教育係, 指導員, (とくに軍隊の)教官.

'**Aus・bild・ner** ['aʊsbɪldnər] 男 -s/-《ス゚・卜゚マ゚》= Ausbilder

*'**Aus・bil・dung** ['aʊsbɪldʊŋ アオスビルドゥング] 女 -/-en 1《複数なし》(弟子・後進・専門家の)養成, 職業教育, 修業. 2 形成, 発達, 成長.

'**Aus・bil・dungs・gang** 男 -[e]s/¨-e 養成(修業)過程.

'**aus|bit・ten*** 他 1 (sich³ von j³ et⁴ 人³に物⁴を)懇望する; 頼んで手に入れる(貸してもらう). Ich *bitte* mir Ruhe *aus*! 静粛に願います. Das möchte ich mir [auch] *ausgebeten haben*! ぜひそう願いたいものだ. 2 (3 j⁴ zu et³ ～) 人⁴を事³に招待する.

'**aus|bla・sen*** ❶ 他 1 (灯・火などを)吹いて消す. den Hochofen ～ 高炉の火をとめる. 2 (埃などを)吹払う, (物⁴のつまりを)吹いて取除く, 吹いてきれいにする. ein Ei ～ 卵の黄身を吹出す. ❷ 自 (風が)やむ.

'**Aus・blä・ser** ['aʊsblɛːzər] 男 -s/- 不発弾.

'**aus|blei・ben*** ['aʊsblaɪbən] 自 (s) (予期したものが)来ない, 不発に終る; (待ち人が)来ない, 姿を見せない; 家を空けている, 外出している;(脈が)停滞する. Nach und nach *blieben* die Kunden *aus*. しだいに客足が遠のいた. Die Wirkung wird nicht ～. その影響は必ず現れるだろう. Ihm *blieb* der Atem〈die Luft〉*aus*. 彼は息がつまった.

'**aus|blei・chen**(*) ❶ 他 (物¹の)色を褪(あ)せさせる; (を)漂白する. ❷ 自 色が褪(あ)せる.

'**aus|blen・den** 他《放送》(← einblenden)(画面を)フェイドアウトさせる.《再帰的に》*sich*⁴ ～ 放送を終了する.

*'**Aus・blick** ['aʊsblɪk アオスブリック] 男 -[e]s/-e 1 見晴らし, 眺望. ein Zimmer mit ～ aufs Meer 海を見晴らせる部屋. 2 (将来への)見通し, 展望. der ～ auf〈in〉die Zukunft 未来への見通し.

'**aus|bli・cken** 自《雅》(nach j³ et³・人³〈物³の方を〉見やる, (の)様子を窺う;〈auf j〈et⁴・人〈物⁴を待望する.

'**aus|blü・hen** 自 (s, h) 1 (s) 満開になる. 2 (h) 花期を終える; (人が)落ちぶれる. 3 (s)《地質》風解する;(物¹に)白華(ふう)ができる(↑Ausblühung).

'**Aus・blü・hung** 女 -/-en (壁などの表面に吹出す)塩分の白い結晶, 白華.

'**aus|blu・ten** ❶ 自 (s, h) 1 (s) (体中の)血がなくなる. ein Tier ～ lassen 獣の血抜きをする. 2 (s) (人口流出や戦争で)疲弊する; 一文無しになる. 3 (s)《紡織》(染色した布を水洗いしたときに)余分の染料が落ちる. 4 (h) 出血が止まる. ❷ 再 (**sich**⁴) 文無し(すっからかん)になる.

'**aus|bom・ben** 他《多く受動態で》(空襲で)破壊する, 家財を失わせる. Wir sind Ende des Krieges *ausgebombt* worden. 私たちは戦争の末期に焼け出された.

'**aus|boo・ten** ['aʊsboːtən] 他 1 (船員)(人⁴を本船から)ボートで上陸させる, (物⁴を)ボートで陸揚げする. 2 (地位・職務から)追払う. *seinen* Rivalen ～ ライバルを蹴落とす. 3 自 (上陸のため)ボートで本船を離れる.

'**aus|bor・gen** 他《話》1 (sich³ et⁴ von〈bei〉j³ 事⁴を)借りる. 2 (人³に物⁴を)貸す.

*'**aus|bre・chen*** ['aʊsbreçən アオスブレヒェン] ❶ 自 (s) 1 脱走(脱出)する(aus et³ 物³から); (束縛から)脱する, (仲間・集団から)離れる. aus dem Gefängnis ～ 脱獄する. aus der Umklammerung ～ 囲みを突破する. 2 (火事・伝染病・戦争などが)突発する, 勃発する, 発生する;(火山・膿などが)爆発する;(汗が噴き出す). in Gelächter〈Zorn〉～ どっと笑いだす〈かんかんに怒りだす〉. 3 (車が)スリップする, 横すべりする;(馬が障害物の前で)逃避する. 4 壊れて取れる(はずれる). Der Haken ist aus der Wand *ausgebrochen*. 掛け釘が壁からはずれた.
❷ 他 1 (壁などを)打ち(くり)抜く, 割って取出す. eine Tür in der Mauer ～ 壁に切り戸を作る. *sich*³ einen Zahn ～ 歯を折る. 2《園芸・農業》(余分な枝や実を切り(摘み)取る;《地方》収穫する. 3 (食べものを)吐く.

'**Aus・bre・cher** ['aʊsbreçər] 男 -s/- 1 脱獄囚; 檻(おり)から逃げた動物. 2《馬術》障害物の前で逃避する癖のある馬.

*'**aus|brei・ten** ['aʊsbraɪtən アオスブライテン] ❶ 他 1 広げる;(商品などを)並べる. mit *ausgebreiteten* Armen 腕を広げて. 2 (考え・意見などを)述べる, 開陳(披露)する. ❷ 再 (**sich**⁴) 1 広まる, (草・伝染病が)はびこる, (広々とした地形などが)ひろがる. 2 (über et⁴ 事⁴について)くどくど述べたてる. 3 体を長々と伸ばす.

'**Aus・brei・tung** 女 -/-en 1《複数まれ》広がること, 普及, 伝播; 伸びること, 拡大. die ～ der Produktion 増産. 2 分布区域, 生息域.

'aus|bren·nen* ⦿ 1 焼いて除去する; (傷口などを)焼灼(けっ)する;《猟師》(獣を追出すために巣穴を)いぶす. 2《まれ》焼いて乾燥させる. Die Sonne brennt den Boden aus. 日でりで地面が乾き切る. eine ausgebrannte Kehle haben のどがからからである. ❷ ⦿ (s) 1 (火・ストーブなどが)燃え尽きる. (過去分詞で) ein ausgebrannter Vulkan 死火山. ausgebrannt sein (精神的・肉体的に)燃え尽きた. 2 (建物などの内部が)丸焼けになる. 3《話》火災で全財産を失う, 焼け出される.

'aus|brin·gen ⦿ 1 einen Trinkspruch auf j⁴⟨j² Gesundheit⟩ ~ 人⁴を祝って⟨人²の健康を祈って⟩乾杯の言葉を述べる. 2《古》(秘密などを)べらべらしゃべってしまう. 3《印刷》Wortzwischenräume ~ 字間をあける. 4《狩猟》(卵・ひなを)かえす. 5《船舶》(ボート・錨を)降ろす. 6《話》(衣服・靴などを)苦労して脱ぐ. Ich bringe die Stiefel allein nicht mehr aus. この長靴はひとりではどうやっても脱げない. 7《農業》(種を)蒔(ま)く, (肥料を)撒(ま)く. 8《鉱業》(地下資源を)採掘する. 9《金属》選別して取出す.

'Aus·bruch ['ausbrʊx] 男 -[e]s/⸚e (↓ ausbrechen) 1 脱出, 脱走, 脱退. 2 (伝染病などの)発生, (事故や戦争などの)突発, 勃発, (火山・激情の)爆発. zum ~ kommen 勃発(爆発)する. 3 吟醸ワイン(吟醸ワインのための)ぶどうの摘み取り. 4《鉱業》(ボーリングや爆破によってできた坑内の)空洞.

'aus|brü·ten ⦿ 1 (卵・ひなを)かえす, 孵化(ふか)する. 2《話》(よからぬ考えなどを)たくらむ, あたためる. 3《話》(病気を)インフルエンザにかかりかけている.

'aus|bu·chen ⦿ 1《商業》(帳簿から)抹消する. 2 (過去分詞で) ausgebucht sein (座席券が)売切れである, (ホテルなどが)全室予約済みである; 予定がつまっている. Der Sänger ist auf einige Jahre ausgebucht. あの歌手は数年先までスケジュールが決っている.

'aus|buch·ten ['ausbʊxtən] ❶ ⦿ 湾曲する. ein stark ausgebuchtetes Ufer 入江の多い⟨入りくんだ⟩海岸線. ❷ ⦿ (物⁴に)カーブをつける, (物⁴を)湾曲させる.

'Aus·buch·tung 女 -/-en 1《複数なし》湾曲(させること). 2 湾曲, カーブ, ふくらみ, へこみ; 湾曲物などがある場所.

'aus|bud·deln (ausgraben) 掘出す.

'aus|bü·geln ⦿ 1 アイロンをかけて伸ばす. eine Hose ~ ズボンにアイロンをかける. einen Fettfleck mit Löschpapier ~ 脂(ルシ)のしみを吸取紙で取除く. 2《話》(失敗などを)償う, (事⁴の)埋合わせをする, 収拾をする.

'aus|bu·hen《話》(人・事⁴に)ぶうぶうという不満の声を浴びせる, ブーイングする(劇場などで).

'Aus·bund ['ausbʊnt] 男 -[e]s/-e 模範, 典型. ein ~ von Tugend 美徳の鑑(かがみ).

'aus|bür·gern ['ausbrɡərn] ⦿ (↔ einbürgern) (人⁴の)市民権(国籍)を剥奪する.

'Aus·bür·ge·rung 女 -/-en 市民権(国籍)剥奪.

'aus|bürs·ten ⦿ 1 (物⁴に)ブラシをかけてきれいにする. das Haar ~ 髪にブラシをかける. 2 (ほこり・汚れなど)ブラシをかけて取除く.

'aus|bü·xen ['ausbyksən] ⦿ (s) 《戯》逃出す(人³のもとから).

'Ausch·witz ['aʊʃvɪts]《地名》アウシュヴィッツ. ◆ポーランド南部の都市, 近郊にナチスの強制収容所があった. ポーランド語形オシフィエンチム Oświęcim.

*'Aus·dau·er ['ausdauər] 女 -/ 辛抱強さ, 忍耐力. mit ~ 根気よく, ねばり強く.

'aus·dau·ernd 形 1 ねばり強い, 持久力のある. 2《植物》多年生の.

*'aus|deh·nen ['ausdeːnən アオスデーネン] ❶ ⦿ 1 (空間的に)広げる, 拡張(拡大)する, 伸ばす. ein Verbot auf j⟨et⟩⁴ ~ 禁止令の適用範囲を人⟨物⟩⁴にまで広げる. 2 (時間的に)延ばす, 延長する. seinen Aufenthalt über mehrere Wochen ~ 滞在を数週間延ばす. ❷ ⦿ (sich) 1 (空間的に)広がる, 拡張(拡大)する, 伸びる. Metall dehnt sich bei⟨durch⟩ Erwärmung aus. 金属は熱せられると膨張する. 2 (時間的に)延びる, 長引く. ◆↑ ausgedehnt

'Aus·deh·nung 女 -/-en 1 (空間的な)拡張, 拡大, 膨張, 伸張; (時間的な)延長, 引延ばし. 2 広がり, 範囲;《数学》次元. Hier kann man den See in seiner vollen ~ sehen. ここから湖の全景が見える.

'aus|den·ken* ['ausdɛŋkən] ⦿ 1 考え出す, 案出する. sich³ immer neue Ausreden ~ たえず新しい言逃れを考え出す. Da musst du dir schon etwas anderes ~. 君の言うことは納得できないね. 2 思い描く, 想像する. Die Folgen sind nicht auszudenken. その結果は想像できない. eine ausgedachte Geschichte 作り話, 絵空事. 3 考え抜く.

'aus|deu·ten ⦿ 解釈する, 説明する. et⁴ falsch ~ 事⁴を曲解する.

'Aus·deu·tung 女 -/-en 解釈, 説明.

'aus|die·nen ⦿ (ふつう完了形で) 1《古》兵役を終えて退職する. 2 古くて使えなくなる. ein ausgedientes Auto ほんこう車.

'aus|dor·ren ⦿ =ausdörren ①

'aus|dör·ren ❶ ⦿ (s) (ausdorren) 乾き切る, 干あがる; ひからびる; 衰弱する. ❷ ⦿ 乾燥させる, 干あがらせる.

'aus|dre·hen ⦿ 1《話》(電灯・テレビなどの)スイッチを切る. das Gas ~ ガスの栓を締める. 2《工学》(旋盤で)くり抜く. 3 (過去分詞で) Das Gewinde ist ausgedreht. このねじは馬鹿になった. 4 [j³] ein Gelenk ~ (人³の)関節をはずす. 5 ein Auto ~ (オートレースで)車のエンジンをフル回転させる. 6《地方》(洗濯物などを)絞る.

*'Aus·druck¹ ['ausdrʊk アオスドルク] 男 -[e]s/⸚e 1《複数なし》表現; 表現法(力), 言い表し方. et³ ~ geben ⟨verleihen⟩《雅》事³に表現を与える, 表現する. einen guten⟨schlechten⟩ ~ haben 表現の仕方がすぐれている⟨まずい⟩. mit dem ~ vorzüglicher Hochachtung《古》恐惶謹言(手紙の結句). et⁴ zum ~ bringen 事⁴を述べる, 言い表す. et⁴ kommt zum ~ / in et³ [seinen] ~ finden 事³の中に述べられている, 表れている. 2《複数なし》表情, 顔つき. ein ~ von Hass 憎しみの表情. 3 言葉, 用語, 言回し. „Heiß" ist gar kein ~ [dafür]《話》「暑い」なんてものじゃないよ. Ausdrücke gebrauchen⟨im Munde führen / an sich³ haben⟩ ひどい言葉ずかいをする, 罵声を浴びせる. sich im ~ vergreifen 言葉ずかいを間違える. 4《数学・論理》式, 表現; (式・数列などの)項.

'Aus·druck² 男 -[e]s/-e 1《電算》プリントアウト(された文書). 2《印刷》刷了.

'aus|dru·cken ❶ ⦿ 1《印刷》刷り上げる, 刷了する; (語や文を略さないで)完全に印刷する. 2《電算》(テレタイプやコンピュータが)印字する, プリントアウトする. 3 (カタログなどに)載せる. ❷ ⦿ schön ~ 刷り上がりが美しい.

aus|fallen

*'**aus|drü·cken*** ['aʊsdrykən アオスドリュケン] ❶ 他 **1** (果実などを)しぼる, (果汁などを)しぼり出す. **2** (火を)圧して消す. eine Zigarette 〜 煙草の火をもみ消す. **3** 表現する, (言い)表す, 述べる. et⁴ in Prozenten 〜 事⁴を百分率で表す. et⁴ in⟨mit⟩ Worten 〜 事⁴を言葉で言い表す. ❷ 再 ⟨sich⟩ 自分の気持(考え)を表現する, 述べる. et⁴ in⟨et³の中に⟩表れている. In seiner Haltung *drückt sich* seine Bescheidenheit *aus*. 彼の態度に彼の慎ましさが表れている.

*'**aus·drück·lich*** ['aʊsdryklɪç, -'-- アオスドリュクリヒ] 形 はっきり(きっぱり)した, 明確な, 断固とした.

'**aus·drucks·los** ['aʊsdrʊksloːs] 形 無表情な, 気のなさそうな. 〜*er* Wein 味も香りもないワイン.

'**Aus·drucks tanz** 男 -es/-e 表現舞踊(古典バレエに対し内的体験の表現をめざして1900頃ドイツに起こったモダンダンス).

*'**aus·drucks·voll*** ['aʊsdrʊksfɔl アオスドルクスフォル] 形 表現力ゆたかな, 表情に富んだ. 〜*er* Wein こくのあるワイン.

'**Aus·drucks·wei·se** 女 -/-n 表現法, 言葉づかい; 文体.

'**aus·duns·ten**, '**aus|düns·ten** ❶ 自 水蒸気(湿気・湯気など)を発する, 霧を吐く, 汗をかく. ❷ 他 (不快な臭いを)発散する.

'**Aus·duns·tung**, '**Aus·düns·tung** 女 -/-en **1** (複数なし)(水蒸気・湯気・臭気などの)発散, 蒸発. **2** 臭気; 体臭.

aus·ei'nan·der [aʊsˌaɪ'nandər アオスアィナンダー] 副 (aus+einander) ❶ ばらばらに, 離れ離れに. Der Lehrer setzte die zwei Schüler 〜. 教師はその2人の生徒を互いに離れた席に座らせた. Die beiden Brüder sind im Alter fast 10 Jahre 〜. その兄弟は年がほとんど10歳離れている. Wir sind schon lange 〜. ⟨話⟩私たちはもうずいぶん前から仲たがいをしている. Die Verlobung ist 〜. ⟨話⟩婚約は解消された. Er ist ganz 〜. ⟨他方⟩彼はずいぶん取乱している. ❷ お互いから, 次から次へ. et⁴ 〜 entwickeln 物⁴を次々に発展させる, 展開する.

aus·ei'nan·der bre·chen*, ᵒaus·ein·an·der|bre·chen* ❶ 自 折れる, ばらばらに壊れる, 分裂する. ❷ 他 折る, ばらばらに壊す.

aus·ei'nan·der brin·gen*, ᵒaus·ein·an·der|brin·gen* 他 離す, 分ける; (人⁴の)仲をさく.

aus·ei'nan·der fal·len*, ᵒaus·ein·an·der|fal·len* 自 (s) ばらばらに壊れる, 崩壊する.

aus·ei'nan·der ge·hen*, ᵒaus·ein·an·der|ge·hen* 自 (s) **1** 別れる, 解散する. **2** (意見・判断)分かれる; (道などが)分かれる. **3** (おもちゃなどが)壊れる; (婚約・結婚などが)壊れる, 解消される. **4** ⟨話⟩太る.

aus·ei'nan·der hal·ten*, ᵒaus·ein·an·der|hal·ten* 他 (多く否定形で)区別する, 見分ける.

aus·ei'nan·der kla·mü·sern, ᵒaus·ein·an·der|kla·mü·sern [..klamyːzərn] 他 ⟨話⟩苦労して整理する, 調べる. j³ et⁴ 〜 人³に事⁴を詳しく説明する.

aus·ei'nan·der neh·men*, ᵒaus·ein·an·der|neh·men* 他 **1** 分解する. **2** ⟨比喩⟩⟨話⟩徹底的に尋問する; きびしく叱りつける. **3** ⟨スポ⟩(相手を)完膚(かんぷ)なきまでに打ち負かす.

*'**aus·ei'nan·der set·zen, ᵒaus·ein·an·der|set·zen*** [aʊsˌaɪ'nandər zɛtsən アオスアィナンダー ゼッツェン] ❶ 他 **1** (人³に)説明する. **2** 『法制』(財産を)分割する. ❷ 再 ⟨sich⟩ **1** (mit et³ 事³と)取組む; (mit j³ 人³と)徹底的に議論する, 対決する. *sich mit einem Problem 〜* ある問題と取組む. ❷ 『法制』(財産の分割について)意見が一致する, 話合いがつく.

Aus·ei'nan·der·set·zung 女 -/-en **1** (詳しい)説明, 検討(mit et³ 事³についての). **2** 議論, 討論, 論争, 対決. **3** 口論, いさかい. **4** 『法制』(財産の)分割.

'**aus|er·kie·sen*** ['aʊsˌɛrkiːzən] 他 ⟨古⟩選び出す.
◆ 今日ではふつう過去と過去分詞 (auserkoren) しか用いない. ↑kiesen²

'**aus·er·ko·ren** ['aʊsˌɛrkoːrən] 過分 形 (↑auserkiesen) ⟨雅⟩選び出された. seine *Auserkorene* ⟨ihr *Auserkorener*⟩ ⟨戯⟩彼⟨彼女⟩のフィアンセ.

'**aus|er·le·sen¹*** 他 ⟨雅⟩選び出す. j³ zu einer Aufgabe 〜 人⁴をある任務につける. ◆ ↑auserlesen²

'**aus·er·le·sen²** 過分 形 (↑auserlesen¹) 選び抜かれた, えり抜きの.

'**aus|er·se·hen*** 他 ⟨雅⟩(j⁴ zu et³ 人⁴を物³に)選び出す, 指名する. ◆ 過去分詞 ausersehen

'**aus|fah·ren*** ['aʊsfaːrən] ❶ 自 (s) (列車・船が)出ていく, 発車(出港)する; 車で出かける, ドライブに行く; (春になって農夫が始めて)野良(のら)に出る; (坑夫が)坑内から外に出る; (悪霊などが)ついていた人から落ちる; (狐などが)巣穴から出る; (タラップが)外に出る; (アンテナが)外に突き出る; ⟨古⟩(文字が行から)はみ出す, (線が)それる; ⟨地方⟩(はさみなどが人³の手から)すべり落ちる.
❷ 他 **1** (人⁴を)ドライブに連れていく, (ベビーカー・車椅子などで)散歩に連れていく. **2** (物⁴を)車で届ける, 配達する. **3** (飛行機の引っ込み脚などを)出す, (錨・停泊用ロープ・タラップなどを)降ろす. **4** (h, s) ein Rennen 〜 オートレースに出る. eine Strecke 〜 ある区間を完走する. Kurven 〜 カーブの外側を曲がる. **5** (車を)最高スピードで走らせる; (エンジン・装置などを)フル回転させる. **6** (車が通って)いためる. *ausgefahrene* Gleise⟨Straßen⟩ すりへったレール⟨道路⟩. *sich⁴ in ausgefahrenen Gleisen bewegen* ⟨比喩⟩古い殻から抜け出せない, 旧態依然である.

'**aus·fah·rend** 現分 形 **1** 〜*e* Bewegungen 『医学』急激でぎこちない動作. **2** (言辞が)えげつない, 侮辱的な.

*'**Aus·fahrt*** ['aʊsfaːrt アオスファールト] 女 -/-en **1** (乗物での)外出, 出発, ドライブ; (乗り物の)発車, 出港; 出坑. eine kleine 〜 machen ちょっとドライブをする. **2** (高速道路・港などの)出口. *Aus-* und *Einfahrt* bitte freihalten! 車の出入口につき駐車お断り. die 〜 Mannheim-Süd nehmen マンハイム南出口から出る. **3** (車庫の前の)発車許可.

'**Aus·fall** ['aʊsfal] 男 -[e]s/⸚e **1** (髪の毛・歯などの)脱落; 『言語』語中音喪失; (授業・催しなどの)取りやめ, 中止, 休講; 欠席, 欠場; (収入などの)減少, 欠損; (機械などの)故障; 脱落(者). ein glatter 〜 『スポ』役立たずの選手). **2** 結果, 結末. **3** 『スポ』ランジ(前足を鋭く踏みだした突きの動作); 『重量挙げ』スプリット(両足を前後に開いてバーベルを一気に頭上に上げる姿勢). **4** 『軍事』(人員の損失; (包囲網の)突破, (城砦などからの)出撃. **5** (多く複数で)侮辱的な発言. bissige *Ausfälle* [gegen j⁴] machen (人⁴に対して)えげつない人身攻撃をする.

*'**aus|fal·len*** ['aʊsfalən アオスファレン] ❶ 自 (s) **1** (毛・歯が抜落ちる; 『言語』(文字・音声が)脱落する.

aus|fällen

2 取止め(中止，休講)になる；取消しになる．Mein Lohn *fällt* für diese Zeit *aus*. この期間の私の賃金は支払われない．Der Zug *fällt aus*. この列車は運休である．**3** 欠席(欠勤，欠場)する．**4** (機械などが)突然止まる，故障する，(電気が)切れる，停電する．**5** …の結果になる，(製品などが)…の仕上がりになる．Sein Zeugnis ist diesmal gut *ausgefallen*. 彼の成績は今回は良かった．**6** 〖古〗〖軍事〗包囲網を突破する．(城砦などから)打って出る．**7** 〖化学〗沈殿する．**8** 〖ﾃﾆｽ〗ランジする(↑Ausfall 3).
❷ 他 sich³ einen Zahn ~ 〖話〗(倒れて)歯を折る．
◆↑ausgefallen

'aus|fäl·len 他 **1** 〖化学〗析出する．**2** 〖ﾌﾞﾘｭｯｸ〗〖法制〗(刑罰)を科する．

'aus·fal·lend 現分 厚顔無礼な，侮辱的な．

Aus·fall·er·schei·nung 女 -/-en 〖医学〗脱落(欠落)症状．

'aus·fäl·lig ['ausfɛlɪç] =ausfallend

Aus·falls·er·schei·nung 女 -/-en =Ausfallerscheinung

'Aus·falls·tor 男 -[e]s/-e 〖歴史〗(城砦の)出撃門；〖比喩〗(山)出口，通路(山地から平地への)．

'aus·fall·stra·ße 女 -/-n 〖交通〗都市部から外に出る幹線道路．

'Aus·falls·win·kel 男 -s/- 〖物理〗反射角．

'Aus·fall·tor 男 -[e]s/-e =Ausfallstor

'Aus·fall·win·kel 男 -s/- 〖物理〗=Ausfallswinkel

'aus·fech·ten* 他 最後まで戦う．

'aus·fe·gen 他 **1** (ごみなどを)掃きだす．**2** (部屋などを)掃いてきれいにする．

'aus·fei·len 他 **1** (a) (物⁴に)仕上げの鑢(ﾔｽﾘ)をかける．(b) 鑢をかけて作る，eine Loch ~ 鑢で穴を削(ﾊﾂ)り抜く．**2** (論文・計画などを)練り上げる．

'aus·fer·ti·gen 他 **1** 〖書〗(証明書などを)作成(交付)する．einen Vertrag ~ 契約書を作成する．**2** ein Gesetz ~ (法令を)認証する．**3** 〖古〗〖論文などを〗書き上げる．

'Aus·fer·ti·gung 女 -/-en **1** (証明書などの)発行，交付，(文書の)作成．**2** (法令の)認証．**3** 正本．**4** 複本．einen Lebenslauf in vier ~*en* einreichen 履歴書を4通提出する．**5** (原本と同じ効力を有する)抄本，謄本．

'aus·fin·dig ['ausfɪndɪç] 形 〖成句で〗j⟨et⟩ ~ machen 人⟨物⁴⟩を苦労して見つけだす．

'aus|flie·gen* 他 ❶ (s) **1** (鳥・虫が)飛びたつ．Der Vogel ist *ausgeflogen*. 〖比喩〗ホシ(犯人)は高飛びした．**2** 〖話〗遠足に出かける，家を留守にする．**3** (ひなが)巣立つ；〖比喩〗親元(ｵﾔﾓﾄ)を離れる．**4** (飛行機で危険地地域などを)脱出する，(飛行機が一定の空域から)飛去る．❷ 他 **1** (負傷者などを)空輸する，飛行機で救出する．**2** die volle Geschwindigkeit ~ 最高速度で飛ぶ．**3** (h, s) die Kurve ~ 大きく旋回して飛ぶ．

'aus|flie·ßen* 他 (s) **1** (液体が)流れ出る，あふれ出る．**2** (液体が流れ出て容器が)空になる．

'aus·flip·pen ['ausflɪpən] 自 (s) **1** 〖古〗麻薬に耽る，幻覚状態になる．**2** 落ちこぼれる，ドロップアウトする．**3** 〖卑〗度を失う，有頂天になる．

'aus·flo·cken 他 〖化学〗(コロイド)を凝結させる．

'Aus·flo·ckung 女 -/-en 凝集，凝結．

'Aus·flucht ['ausfluxt] 女 -/ᵕe **1** (多く複数で)言い遁れ，逃げ口上，口実．*Ausflüchte* machen 言い遁れをする．**2** 逃道．

*'Aus|flug ['ausfluːk ｱｵｽﾌﾙｰｸ] 男 -[e]s/ᵕe 遠足，ハイキング，ドライブ；行楽，小旅行．ein ~ ins Blaue あてのない旅．**2** (鳥・蜜蜂などが巣から飛びだつ)こと；(蜜蜂が巣から飛立つ)穴；(ひなの)巣立ち．

'Aus·fluss ['ausflʊs] 男 -es/ᵕe **1** 〖複数なし〗(液体・ガスの)流出，噴出．**2** (池・湖から川への)流出，河口；排水口．**3** 〖工学〗(液体・ガスの)流出(噴出)量．**4** 〖医学〗こしけ．**5** 〖複数なし〗(感情などの)流露，成果．ein ~ der Phantasie 空想の産物．**6** 〖核物理〗(放射線などの)漏れ；(流体の噴散，吹出し．

'aus|fol·gen 他 〖書〗〖ｵｰｽﾄﾘｱ〗(人³に物⁴を)手渡する，引渡す．

'aus|for·schen 他 **1** (人⁴に)詳しく訊く (über et⁴ 事⁴について)；(事⁴を)徹底的に調べる，究明する．**2** 〖ﾌﾞﾘｭｯｸ〗(警察が人⁴を)探し出す．

*'aus|fra·gen 他 ❶ (人⁴に)根掘り葉掘り尋ねる(über et⁴ 事⁴について)；(人⁴を)尋問する．執調べる．sich¹ nicht ~ lassen 取調べに対して口を割らない．❷ 自 〖多く完了形で〗質問を終る．

'aus|fran·sen ['ausfranzən] ❶ 自 (s) (衣類などの)縁(ﾌﾁ)がほつれる．❷ 他 (物⁴に)縁飾り(フリンジ)をつける．

'aus|fres·sen* 他 **1** (動物が物の中身を)食尽くす．das Ei ~ (鳥などが)卵の中身をつばばって空っぽにする．ein Loch ~ 食って穴をあける．〖口語では人間に関しても〗die ganze Schüssel ~ 皿のものを全部平らげる．《目的語なしでも》《ふつう完了形で》Die Pferde haben noch nicht *ausgefressen*. 馬たちはまだ食べ終っていない．**2** (動物が容器から物⁴を)食べる，つばばむ．**3** (水・風が物⁴に)浸食する，(酸が金属などを)腐食する．**4** 〖比喩〗〖話〗et⁴ ~ müssen 事⁴の後始末(尻ぬぐい)をする．Das musst du ganz allein ~. この後始末は君ひとりでやってもらおう．**5** 〖比喩〗〖話〗〖完了形で〗(良からぬことを)しでかす．Was hast du denn *ausgefressen*? 君は何をやらかしたのか．

'aus|frie·ren* 他 ❶ (s) **1** 氷結(凍結)する，凍(ｺｵ)てつく．**2** (植物の苗が)寒さにやられる．骨の髄まで冷える，凍(ｺｺ)える．❷ 他 〖化学〗ein Gemisch ~ 混合物を冷却して成分に分離する．

*'Aus·fuhr ['ausfuːr ｱｳｽﾌｰｱ] 女 -/-en (↔ Einfuhr) **1** 〖複数なし〗(Export) 輸出．**2** 輸出品(の総体)．

'aus·führ·bar ['ausfyːrbaːr] 形 **1** 実行可能な．**2** 輸出できる．

*'aus|füh·ren ['ausfyːrən ｱｵｽﾌｭｰﾚﾝ] 他 **1** 外へ連れ出す，誘い出す．**2** (↔ einführen) 輸出する．**3** (計画・命令などを)実行する；(作業・動作・演技などを)する，実施する．eine Drehung ~ 回転(旋回)をする．einen Freistoß ~ 〖球技〗フリーキックをする．Reparaturen ⟨Untersuchungen⟩ ~ 修理⟨調査⟩をする．**4** (作品などに)仕上げる，完成する．ein Bild im Öl ~ 油絵を描き上げる．**5** 詳しく説明する．**6** 〖戯〗(新しい服などを)着て外出する，見せびらかす．**7** 〖話〗(人³の物⁴を)くすめる，失敬する．

'Aus·füh·ren·de 男女 《形容詞変化／ふつう複数で》出演(演奏)者．

*'aus·führ·lich ['ausfyːrlɪç, -'-- ｱｵｽﾌｭｰｱﾘﾋ] 形 詳しい，詳細の．

'Aus·führ·lich·keit [..kaɪt, -'---] 女 -/ 詳細，委細．in aller ~ 事こまかに．

'Aus·füh·rung 女 -/-en **1** 〖複数なし〗実現，実行，施行；(仕事の完了，完成；(演劇などの)上演．et¹ zur ~ bringen 事⁴を実行に移す．zur ~ gelangen 〈kommen〉実行(実施)される. **2** 仕上がり,できばえ,造り. **3**《ふつう複数で》詳しい説明,詳述. **4**《複数なし》(↔ Inhalt)《法制》(体操・飛込み競技で採点の対象となる)演技(の芸術性). **5**《コンピュ》実行.

'**Aus·füh·rungs·be·stim·mung** 囡 -/-en《多く複数で》《法制》施行規則.

'**Aus·füh·rungs·gang** 男 -[e]s/⁼e《医学》排泄(はいせつ)管.

***aus|fül·len** ['aʊsfʏlən] アオスフュレン 他 **1**(穴・隙間を)埋める,ふさぐ(mit et³ 物³で);(場所を)占める. **2**(書類の空欄などに)記入する. einen Fragebogen ~ アンケート用紙に記入する. **3**(一定の時間を)過ごす(mit et³ 事³して);(時間を)奪う. seine Freizeit mit Lesen ~ 余暇を本を読んで過ごす. **4**(ある地位についている,(職務を)果たしている. sein Amt gewissenhaft ~ 職務を良心的に果たす. **5**(仕事・任務が人⁴を)満足させる. Diese Arbeit füllt sie nicht aus. 彼女はこの仕事に満足していない. **6**(想念などが人⁴の頭をいっぱいにする. Das Vorhaben füllte ihn gänzlich aus. その計画のことが彼の頭はいっぱいだった.

Ausg.《略》=Ausgabe 2

***Aus·ga·be** ['aʊsɡaːba] アオスガーベ 囡 -/-n **1**《ふつう複数で》(↔ Einnahme)支出,出費, laufende〈ungewöhnliche〉 ~n 経常費《臨時支出》. große ~n haben 出費が大きい. **2**(印刷物の)出版,刊行《略 Ausg.》版. Erstausgabe 初版. eine dreibändige ~ 3巻本. ~ letzter Hand 決定版. **3**(新聞・雑誌の)号,(朝刊と言う版)の刊,(最終版と言う版)の版,(ラジオ・テレビの)番組. Sonntagsausgabe 日曜版. Die Anzeige steht in der heutigen ~. その広告は今日の新聞に出ている. die letzte ~ der Tagesschau um 23 Uhr (今日の) 23時の最終ニュース番組. **4**《複数なし》支給;(商品・郵便物の)引渡し,(書類などの)交付;(株券などの)発行. **5** 引渡し場所,出札口. **6**《複数なし》(情報・命令などの)伝達,通知. **7**(商品などの)造り,型,タイプ. die viertürige ~ dieses Autos この車の4ドアタイプ. **8**《コンピュ》(↔ Eingabe) (Output) アウトプット,出力.

'**Aus·gang** ['aʊsɡaŋ] アオスガング 男 -[e]s/⁼e **1** 外出,外出日,外出許可. ~ bekommen 休みをもらう. einen ~ machen 外出する. **2** (↔ Eingang) 出口,(町・森などの)はずれ. Bitte, den ~ freihalten! 出口を空けておいて下さい. der ~ des Magens《解剖》幽門. **3**《複数なし》(郵便物・商品などの)発送,《ふつう複数で》発送郵便物(商品). **4**《複数なし》(ある時代の)終り,末期;(事件・小説などの)結末;(争いなどの)終結;(行・語の)末尾. am ~ des 13. Jahrhunderts 13世紀末に. eine Geschichte mit glücklichem ~ めでたいめでたしに終るお話. der ~ der Wahlen 選挙の結果. **5**《複数なし》(議論・交渉などの)出発点. seinen ~ von et〈j〉³ nehmen《書》(議論などが)事⁴を出発点にする《(提案などが)人³から出される》. Dieser Plan nahm von der Direktion seinen ~. このプランは首脳部から出されたものだ. et⁴ zum ~ seiner Betrachtungen nehmen〈wählen〉事⁴を考察の出発点にする. zum〈an den〉 ~ zurückkehren 話の振出しに戻る. **6**《印刷》行末の余白.

'**aus·gangs** ['aʊsɡaŋs] ❶ 副 終りに,最後に;はずれに. ~ von Hamburg ハンブルクの町はずれに. ❷ 前《2格支配》《書》…の終りに. ein Mann ~ der Fünfziger 50歳代終りの男.

'**Aus·gangs·punkt** 男 -[e]s/-e 出発点,起点.
'**Aus·gangs·stel·lung** 囡 -/-en《軍事》出撃陣地,《スポ》開始の「始め」の姿勢.

***aus|ge·ben** ['aʊsɡeːbən] アオスゲーベン ❶ 他 **1** (金を)使う,支出する;《話》(酒を)ふるまう. mit vollen Händen Geld ~ 湯水のように金を使う. j³ ein ~ 人³に一杯おごる. eine Lage〈eine Runde〉 Bier ~ ふるまい酒をする. **2** 支給する;(荷物・商品などを)手渡す;(書類などを)交付する,(切符を)発売する,(紙幣・株券などを)発行する. Proviant ~ 食料(弁当)を配る. neue Banknoten ~ 新札を発行する. **3**《命令・情報を伝える,伝達する;《コンピュ》アウトプットする. eine Parole ~ 合言葉を伝える. **4**(偽って)称する,言いふらす. j⁴ als〈für〉 seinen Bruder ~ 人⁴を自分の兄弟だと偽る. j⁴ als〈für〉 geizig ~ 人⁴をけちだと中傷する. sich⁴ als et⁴ ausgeben として言い出す. die Wäsche ~ 洗濯物を(クリーニング屋に)出す.
❷ 再 (sich⁴) **1**《話》(力)金を使い果す. sich bei der Arbeit〈beim Sport〉 ~ 仕事〈スポーツ〉で全エネルギーを使い果たす. **2** 自称する,身分を偽る. sich als Arzt〈für einen Arzt〉 ~ 医者を詐称(さしょう)する. sich für jünger ~ 年齢を実際より若く言う.
❸ 自《地方》かさが増える;利益(収穫)をもたらす. Das Getreide gibt beim Mahlen viel aus. この穀物は碾(ひ)くとかさが増える. Das gibt mehr aus, als ich dachte. これは思ったより儲かる,収穫量が多い.

'**aus·ge·bil·det** 過分形 専門の教育(訓練)を受けた,修業を積んだ;発達した,熟練した,洗練された.

'**aus·ge·bufft** ['aʊsɡəbʊft] 形 **1** 海千山千の,抜け目のない. **2** ぐずな,ぱっとしない.

'**Aus·ge·burt** ['aʊsɡəbuːrt] 囡 -/-en **1**(妄想などの)所産,産物. **2**(否定的な意味での)化身(けしん),権化(ごんげ),典型. ~ der Hölle 地獄の化身,悪魔.

'**aus·ge·dehnt** 過分 広い,膨張した,長時間の. ~e Beziehungen haben 係累が多い,交際範囲が広い. eine ~e Praxis haben (医師・弁護士が)繁盛している.

'**aus·ge·fal·len** 過分形 (↑ ausfallen) 珍しい,風変りな,奇妙な.

'**aus·ge·fuchst** ['aʊsɡəfʊkst] 形 ずる賢い,狡猾(こうかつ)な;老練な.

'**aus·ge·gli·chen** 過分形 (↑ ausgleichen) **1**(感情・性格などが)安定した,落着いた,むらのない. ein ~es Klima おだやかな気候. **2**《スポ》ポイント差のない,五分五分の.

'**Aus·ge·gli·chen·heit** 囡 -/ むら(起伏)のないこと,バランスがとれていること,安定,落着き.

aus|ge·hen ['aʊsɡeːən] アオスゲーエン ❶ 自 (s) **1**(用を足しに,遊びで楽しみに)出かける. **2**(郵便物・商品が)発送される,(命令が)出される. die Einladungen〈einen Befehl〉 ~ lassen 招待状を出す〈命令を下す〉. **3**(貯え・在庫などが)底をつく,(力・金などが)尽きる,(息が)切れる,(布地などの色が)落ちる,(毛・菌が)抜ける,(火・灯火が)消える,(手袋などが)脱げる. Mir ist die Geduld ausgegangen. 私は堪忍袋の緒が切れた. Ihm ist die Luft〈der Atem〉 ausgegangen. 彼は息が切れた,(経済的に)ピンチに陥っている. **4** …で終る,…の結果になる. Die Sache ist gut ausgegangen. その件はうまくいった. 〚straf〛frei ~ 罰を免れる. leer ~ (分け前などを)少しももらえない. tragisch ~ (物語などが)悲劇的に終る. Die Straße geht in einen Park aus. その道は公園で行止まりにな

る. in eine Spitze ～ 先が尖(とが)っている. **5**《地方》《学校・芝居が》終る. **6**(auf et¹ 事¹を)狙う,たくらむ. auf Betrug(Gewinn) ～ 詐欺をたくらむ〈利得を図る〉. **7**(von et(j)³ 物〈人〉³から)発する, 出る; (に)由来する, (を)出発点(起点)にする. Von ihr geht menschliche Wärme aus. 彼女からは人間的なぬくもりが伝わってくる. Der Druck geht vom Magen aus. 重苦しい感じは胃から来ている. **8**《古》(an j³に)向けられる.
❷ 他 ein Gelände ～ 土地を歩測する.
❸ 再《sich⁴》(が…に)足りる, 間に合う.

'aus·ge·hend 現分 形《付加語的用法のみ》(時代に関して)終りに近い, 末期の. das ～e Mittelalter 中世末期. **2**(↔ eingehend) 発送された. die ～e Post 発送郵便物.

'aus·ge·kocht 過分 形 海千山千の, ずる賢い.

'aus·ge·las·sen 過分 形(↑auslassen) 羽目をはずした, 大はしゃぎの.

'Aus·ge·las·sen·heit 女 -/ 羽目をはずすこと, 大はしゃぎ.

'aus·ge·macht 過分 形 **1** 取決められた, 既定の, 確かな. Es ist eine ～e Sache, dass…《話》…は確かなことだ(動かしがたい事実)だ. **2** ひどい, ein ～er Narr どうしようもない馬鹿.

'aus·ge·nom·men 過分 形(↑ausnehmen) **1**(鳥・魚などが)臓物を抜かれた; 空っぽの. Ich bin wie ～. 私は(頭が疲れて・空腹で)へとへとだ. **2**《副詞また接続詞のように用いて》…を除いて(除外の対象を示す語句は前置されることもあれば, 後置されることもある). keinen〈keiner〉 ～ / niemand ～ ひとり残らず. Alle sind da, ～ ein einziger〈ein einziger ～ / einen einzigen ～〉. 1人を除いて全員がそろった. Ich helfe jedem, ～ dem Kerl. 私は誰でも手助けしてあげる, あの男だけは別と. Sie kommt bestimmt, ～[wenn] es regnet. 雨にならない限り彼女はきっと来るよ.

'aus·ge·picht ['aʊsgəpɪçt] 形 **1** 抜け目のない, したたかな. **2** 舌の肥えた, 洗練された. ein ～er Genießer 舌の肥えた食いしんぼう. **3**《戯》アルコールに強い. eine ～e Kehle〈Gurgel〉 haben 大酒飲みである.

'aus·ge·prägt 形(輪郭・特徴の)はっきりした, 際立った. ～e Gesichtszüge 線のはっきりした顔立ち. **2** 秀でた, 抜きんでた. ein ～er Sinn für Musik 音楽にきわめてすぐれた感覚.

*'aus·ge·rech·net ['aʊsgərεçnət] アオスゲレヒネト 過分 **1**『-'-'-' とも』《副詞的用法で》よりによって. Ausgerechnet jetzt muss sie anrufen. よりによって今こそ彼女が電話するなんて. **2**《茶》 ein ～er Mensch 計算高い人間.

*'aus·ge·schlos·sen ['aʊsgəʃlɔsən, '-'-'-' アオスゲシュロセン] 過分 形(↑ausschließen)《付加語的用法には用いない》あり得ない, 考えられない. Ausgeschlossen! とんでもない, 話にもならんことだよ.

'aus·ge·schrie·ben 過分 形(↑ausschreiben)《比較変化なし / 副詞的には用いない》能筆(達筆)の. eine ～e Handschrift haben 達筆である.

'aus·ge·spro·chen 過分 形(↑aussprechen)《述語的には用いない》 **1** 紛れもない, 際立った, 特別の. Er hat eine ～e Vorliebe für Musik. 彼は無類の音楽好きだ. **2**《副詞的用法で》非常に, たいへん. Ich habe ihn ～ gern. 私は彼が非常に好きな感覚.

'aus|ge·stal·ten 他 **1**(催しなどを)企画(構成)する; (会場などに)仕上げる; (会場などに飾りつけ)をする. **2** 拡大(発展)させる(zu et³ 物³に). seine Überle-

gungen zu einem System ～ 自分の考察を体系化する. ◆過去分詞 ausgestaltet

'Aus·ge·stal·tung 女 -/-en **1**《複数なし》(イベントなどの)企画; (芸術的な)仕上げ; (会場などの)設営, 飾りつけ; 拡大, 発展. **2**(企画などの)成果, 細工.

'aus·ge·stor·ben 過分 形(↑aussterben) 死に絶えた; 人気(ひとけ)のない.

'aus·ge·sucht 過分 形 **1**《付加語的用法のみ》選び抜かれた, えり抜きの; 非常な. ～er Wein 極上のワイン. ～er Wein sein たいへんご馳走である. **2** 売れ残りの, 残りかすの. **3**《副詞的用法で》非常に.

'aus·ge·wo·gen 過分 形(↑auswiegen) 釣合い(調和)のとれた, バランスのよい.

*'aus·ge·zeich·net ['aʊsgətsaɪçnət, '-'-'-' アオスゲツァイヒネト] 過分 形 優秀な, 非常にすぐれた. eine ～e Leistung 卓越した業績. Das schmeckt ganz ～. これはとびきりおいしい.

'aus·gie·big ['aʊsgi:bɪç] 形 **1**《話》たっぷりの, 十分な. ～ frühstücken 朝食をたっぷり食べる. ～ unterhalten とっくり語り合う. **2**《古》収穫(儲け)の多い.

'Aus·gie·big·keit 女 -/ たっぷり, 十分.

'aus|gie·ßen* 他 **1** 流し出す, 注ぐ. das Bier aus der Flasche in ein Glas ～ ビールを瓶からグラスに注ぐ. **2** 空(から)にする. einen Eimer ～ バケツを空にする. **3** in Feuer ～ 水をかけて火を消す. **4**(mit et³ 物³で)物³を流し込む. einen Riss mit Zement ～ セメントを流し込んで割目をふさぐ. **5**(怒りなどを)浴びせる(über j⁴ 人⁴に).

'Aus·gie·ßung 女 -/-en **1** 流し出す(注ぐ, 流して冷てる)こと; (感情)をぶちまけること. **2**《宗教》[Fest der] ～ des Heiligen Geistes 聖霊降臨の大祝日(↑Pfingsten).

'Aus·gleich ['aʊsglaɪç] 男 -[e]s/-e《複数まれ》 **1** 均等にすること, 平均化, (差異・格差などの)除去, 調整. **2** 補償, 埋合せ. ～ für Verlusten 赤字の補填(てん). einen ～ für et¹ erhalten 事¹の補償金を受取る. Anspruch auf einen ～ haben 補償請求権ある. **3**(争いなどの)調停, 和解. einen ～ vornehmen 仲裁に乗り出す. **4**《商業》清算, 差引勘定; (勘定)の支払い. **5**《球技》同点, 引分け(になるゴール, 得点). den ～ erzielen 同点(引分け)に持込む. **6**《競馬》(Ausgleichsrennen)ハンディキャップレース.

'aus|glei·chen* ❶ 他 **1** 均等化する, 均衡をとる, (差異・格差などを)なくする, 調整する. Unebenheiten des Bodens ～ 土地のでこぼこをならす. **2**(不足・損失などを)補償する, 埋合せる. **3**(対立・緊張などを)調停する, 和解させる. **4**《商業・銀行》清算する; (勘定)を支払う. **5**《球技》[den Spielstand] ～ 同点にする, 引分けに持込む.
❷ 再《sich⁴》 **1** 均等になる, ならされる. **2** 相殺(そうさい)される, 埋合せがつく. **3**(対立などが)解消(緩和)する. ◆⁺ausgleichen

'Aus·gleichs·sport 男 -[e]s/-arten(-e) ストレス解消スポーツ.

'Aus·gleichs·tor 中 -[e]s/-e, 'Aus·gleichs·tref·fer 男 -s/-《球技》同点ゴール.

'aus|glei·ten* 自 (s) **1** 足をすべらせる. **2**(人³の手から)すべり落ちる. Die Tasse glitt ihm aus. 彼はうっかりカップを落した. Die Zunge glitt mir aus.《比喩》私はつい口をすべらせた. **3**(ボートなどが)静止するまで滑っていく.

'aus|glie·dern 他(全体の中から)切離す, 分離(除外)する.

'aus|glü·hen ❶ 1《化学》焼いて消毒する;《化学》(金属容器・ガラスを)焼きなます;《工学》(鋼を)焼きもどす. 2 (土地を)干上がらせる, からからに乾燥させる. ❷ 自 1 (s) 燃え尽きる. 2 (h) 鎮火する. 3 (s) (車・飛行機などの内部が)丸焼けになる.

'aus|gra·ben 他 1 掘出す, 発掘する. 2《猟師》(狐などを巣穴から)追出す. Pflanzen mit den Wurzeln ~ 植物を根ごと掘起こす. das Kriegsbeil ~《戯》けんかをはじめる. 2 (忘却されていたものを)見つけ出す, よみがえらせる. den alten Zwist ~《比喩》昔のいさかいをむし返す. 3《まれ》(穴・溝などを掘削する.

'Aus|grä·ber ['aʊsgrɛːbər] 男 -s/- (考古学的)発掘者.

'Aus|gra·bung 女 -/-en 1《複数なし》掘出すこと, 発掘. 2 発掘(出土)品, 発掘遺構.

'aus|grei·fen* 他 手(脚)を前に伸ばす, 大股で歩く, ジャンプする, (とくに馬が)疾足で駆ける.

'aus|grei·fend 現分形 [weit] ~ 大股の, 速足の(枝が)大きく伸びた, (身振りが)大げさな, (計画などが)遠大な. mit [weit] ~en Schritten gehen 大股で歩く.

'aus|gren·zen 他 切離す, 除外する.

'aus|grün·den 他 1《経済》(支店などを)分離独立させる. 2 深くえぐる.《比喩》究明する.

'Aus|guck ['aʊsgʊk] 男 -[e]s/-e 1《複数なし》=Ausschau 2 監視所, (とくに艦船の)見張り台, 監視塔. 3 見張り番, 監視員.

'aus|gu·cken 他 ❶ 自 =ausschauen ① 1 ❷ 他 (人を)探し(さぐり)出す, つきとめる.

'Aus|guss ['aʊsgʊs] 男 -es/⸚e 1 (台所の)流し, 排水管. 2 (ポットなどの)注ぎ口. 3《地方》汚水, 排水.
♦ ausgießen

'aus|ha·ben*《話》❶ 他 1 (↔ anhaben)(衣服を)脱いでいる(身につけていない). 2 (本を)読み終えている. 3《地方》(料理・飲物を)食べ(飲み)終えている. ❷ 自 勤め(授業)が終っている. Wann hast du heute aus? 今日はいつ仕事(学校)が終るの.

'aus|ha·ken ❶ 他 1 鈎・留め金・ホックをはずす.《再帰的に》sich⁴ ~ 鈎(留め金, ホック)がはずれる, (から)はずれる. 2《猟師》(野鳥の肛門から鈎で)臓物を取出す. ❷ 自《話》(記憶力・理解力が)急に働かなくなる, とぎれる. Hier hakt mein Gedächtnis aus. ここで私の記憶はとぎれる.《非人称的に》An diesem Punkt hakt es bei mir aus. この点で私は理解できなくなる.

'aus|hal·ten ['aʊshaltən アオスハルテン] ❶ 他 1 耐える, 我慢する. Schmerzen ~ 痛みをこらえる. Diese Ware hält den Vergleich mit den anderen aus. この品の品物はもう一方のものと比べてもひけを取りません.《不定の es¹ と》es vor Hitze nicht mehr ~ können 暑くても我慢できない.《非人称的に》Hier lässt es sich⁴ nicht ~. ここは暮らしにくい. Mit ihm ist es nicht mehr auszuhalten. 彼にはもう我慢できない.《中性名詞として》Es ist nicht zum Aushalten mit diesen Leuten. この連中は我慢ならない. 2《俗》(女¹の)生活の面倒を見てやる. eine Geliebte ~ 愛人を囲う. Er lässt sich⁴ von seiner Frau ~. 彼は女房に食わせてもらっている. 3《音楽》(音を)持続させる. ❷ 自 持ちこたえる, 辛抱する. Halt noch fünf Minuten aus! もう5分間辛抱しろ. Er hält in keiner Stellung lange aus. 彼はどの職場でも長続きしない.

❸ 再《sich³》《地方》sich et⁴ ~ 物¹(権利など)を留保する.

'aus|han·deln 他 討議(交渉)をして事⁴を取決める.

'aus|hän·di·gen ['aʊshɛndɪgən] 他 (人に物⁴を)手渡す, 交付する.

'Aus|hän·di·gung 女 -/ 引渡し, 交付. gegen ~ der Quittung 領収書と引換えに.

'Aus|hang ['aʊshaŋ] 男 -[e]s/⸚e 掲示, 貼り紙.

'Aus|hän·ge·bo·gen ['aʊshɛŋə..] 男 -s/(⸚) (印刷) 見本刷り, 刷り見本.

'aus|hän·gen¹* 自 1 (掲示・広告などが)出ている, 貼り出してある. Die Anzeige hing drei Wochen aus. その広告は3週間貼ってあった. 2 (選挙の候補者などの)名前(写真)が公示されている. Das Brautpaar hängt aus. 両人の結婚公示が出ている.

'aus|hän·gen² 他 1 (掲示・広告などに)貼り出す, 掲示する. (選挙の候補者の名前・写真を)公示する; 陳列(展示)する. 2 (戸・窓を蝶つがいから)取りはずす. sich³ den Arm ~《話》腕を脱臼する. ❷ 再 1 sich³ (戸・窓が)はずれる. 2 sich bei j³ ~《話》人³から(組んでいた)腕をはずす. 3 (衣服がハンガーに吊してある間に)型くずれが直る, (衣服のしわが)消える.

'Aus|hän·ger 男 -s/- =Aushängebogen

'Aus|hän·ge·schild 中 -[e]s/-er 掲示板, 看板. j⁴ als ~ benutzen《比喩》人⁴を表看板に利用する.

'aus|har·ren 他 持ちこたえる, 耐え抜く, 頑張り通す. auf seinem Posten ~ 自分の部署を死守する.

'aus|hau·chen《雅》(ausatmen) (息を⁴)吐出す; (言葉を)つぶやく, 洩らす; (ため息を)つく; (匂いを)放つ. sein Leben〈seinen Geist〉~ 息を引取る.

'aus|hau·en*(他) 1 (岩などに穴を⁴)穿(つ)つ, (岩を削って道を)切開く; (石を⁴に図像・文字を)刻む, 彫(ほ)る. ein Loch im Eis ~ 氷に穴を開ける. eine Schneise ~ 林道を切開く. 2《林業》間引く, 間伐する; 刈込む, 払う; (森・ぶどう畑を)開墾する;《坑夫》採掘する. einen Baum〈Zweige und Äste aus einem Baum〉~ 木の枝を払う. 3《地方》(獣を)解体する, ばらす; (人を)ぶん殴る, 叩きのめす.

'aus·häu·sig ['aʊshɔʏzɪç] 形《話》家の外での, 留守がちの. Er ist viel ~. 彼はしょっちゅう家をあける.

'aus|he·ben* ['aʊshebən] 他 1 (地面を)掘る, (溝などを)掘る, (土・砂を)掘って採取する, (樹木を)掘起こす. 2 (物⁴から)取出し, 持出す. ein Nest ~ 巣をあらす. einen Briefkasten ~《ちず》郵便箱を空にする(郵便物を収集する). ein Diebesnest ~《比喩》泥棒の隠れ家を手入れする. j³ den Magen ~《話》(検査のためゾンデで)人³の胃液(胃の内容物)を採取する. 3 (窓・戸などを蝶つがいからはずす; (組み版を)印刷機から取りはずす; (鋳鉄(ちゅうてつ)を)鋳型(いがた)から取出す. sich³ den Arm ~ 腕を脱臼する. 4《古》(新兵を)徴兵する. 5《レスリ》つり上げて倒す. 6 (時計が時報を打つために)ハンマーを持上げ始める.

'Aus·he·ber [..he:bər] 男 -s/-《レスリ》つり上げ倒し.

'aus|he·bern ['aʊshe:bərn] 他 (管などで物⁴の中の液体を⁴)吸出す. j³ den Magen ~ (検査のためゾンデで)人³の胃液(胃の内容物)を採取する.

'Aus·he·be·rung 女 -/-en《複数まれ》(胃液・胃の内容物の)採取.

'Aus·he·bung 女 -/-en《複数まれ》(堀などの)開削; (犯罪者の潜伏所・麻薬の密売所などの)手入れ;《古》(新兵・軍隊の)徴集;《ちず》(郵便物の)収集.

'aus|he·cken 他《話》[sich³] et⁴ ~ 事⁴(主として良からぬこと・馬鹿げたこと)を考え出す, たくらむ.

'aus|hei·len ❶ 圓(s) 全治する. ❷ 他 全治させる. ❸ 再(sich) 全快する.

'Aus·hei·lung 囡-/-en 全治, 全快, 快気.

'aus|hel·fen* 圓 **1** (人の急場を)助けてやる, (j³ mit et³ 人³に物³を)都合してやる. Könntest du mir mit hundert Euro ~？すまんが100ユーロ用立ててもらえないか. **2** (臨時に人³の)仕事を手伝う, 代理を勤める. Sie helfen sich³ [gegenseitig] bei der Ernte aus. 彼らは収穫の時は互いに助け合う(sich は相互代名詞).

'Aus·hil·fe 囡-/-n **1** 《複数なし》臨時の助け, 臨時の仕事. Stenotypistin zur ~ gesucht. 臨時の女性速記タイピストを求む. **2** (Aushilfskraft) 臨時雇い; 代役. ◆↑aushelfen

'Aus·hilfs·kraft 囡-/⁼e 臨時雇い.

'aus·hilfs·wei·se ❶ 間に合せに, 臨時(応急)に. ❷ 《比較変化なし／述語的には用いない》当座しのぎの, 間に合せの.

'aus|höh·len 他 **1** (物に)空洞をあける; (をくり抜く. **2** (物を)弱体化(空洞化)させる; (人⁴を)衰弱させる.

'aus|ho·len 他 **1** (打とうと投げようとするために)腕を後方に振り上げる. mit der Hand ― 手を振り上げる. zum Sprung〈Wurf〉 ~ 跳ぶ〈投げる〉構えをする. **2** 《過去のことにさかのぼって》詳しく話す. **3** (ausgreifen) 大股で(跳ぶように)歩く. ❷ 他 《地方》《話》(人⁴から)聞出す, (に)探りを入れる(über et⁴ 事⁴について).

'aus|hol·zen 他 (木を間引く, 伐を間伐(ぱつ)する; 下生(したば)えを刈る, (森の一部を)伐採する.

'Aus·hol·zung 囡-/-en 間伐, 下草刈り.

'aus|hor·chen 他 (j⁴ über et⁴ 人⁴から事⁴を)それとなく聞出す, 探り出す.

'Aus·hub ['aʊshuːp] 男-[e]s/⁼e **1** 《複数なし》(土・砂の)掘出し, 掘削. **2** 掘出された土砂. ◆↑ausheben

'aus|hun·gern 1 飢えによって苦しめる, 兵糧(ひょうろう)攻めにする. **2** den Gegner ~ 《比喩》相手のいない所へボールを打込む. **3** 《過去分詞で》ausgehungert sein 極度に空腹である. nach et⁴ ausgehungert sein 物³に飢えている.

'aus|hus·ten ❶ 他 (痰・血などを)咳をして吐き出す. ❷ 圓 再(sich) やむまで咳をする.

'aus|ixen ['aʊsɪksən] 他 **1** 《話》(タイプライターで不要の字を)その上に x を重ね打ちして抹消する. **2** 《地方》(計画などを)考え出す.

'aus|kau·fen 他 **1** 買占める. **2** 《まれ》(時間・機会を)うまく利用する.

'aus|ke·geln 他 1 einen Preis ~ 賞を賭けて九柱戯をする. **2** sich〈j³〉 den Arm ~ 《話》腕を脱臼する〈人³の腕を脱臼させる〉.

'aus|keh·len 他 《建築》(物⁴に)溝を彫る.

'aus|keh·ren 他 **1** (ごみなどを)掃き出す. **2** (部屋などを)掃いてきれいにする.

'aus|kei·len ❶ 圓 再(sich) 《地質》尖滅(せんめつ)する (地層・岩脈がくさび状に厚さを減じていって最後に消滅すること). ❷ 他 (馬などが暴れて)蹴る, はねる.

'aus|ken·nen* 再(sich) 精通している; 心得ている. Er kennt sich hier〈in Berlin〉 gut aus. 彼は当地〈ベルリーン〉は明るい. sich mit dem Vieh ~ 家畜の扱い方をよく知っている.

'aus|kip·pen 他 1 (容器を傾けて中身を)空にする. Zigarettenasche ~ たばこの灰を空にする. **2** (容器を)傾けて空にする. einen Eimer ~ バケツを空にする.

'aus|klam·mern 他 1 《数学》(共通の数・因子を)かっこの外にくくり出す. **2** 《比喩》(人・物⁴を)対象外にする, 除外する, 後回しにする. **3** 《文法》(文要素を)枠構造の外に配語する.

'aus|kla·mü·sern [ˈaʊsklamyːzərn] 他 《話》(頭をひねって)考え出す.

'Aus·klang 男-[e]s/⁼e **1** (音楽作品の)フィナーレ, 終結部. **2** 《比喩》歳末, (演説・物語などの)結び, 結末, (祭りの)フィナーレ.

'aus|klei·den ❶ 他 1 (et¹ mit et³ 物⁴の内部に物³を)貼る, 敷きつめる. **2** 《雅》(ausziehen) (人⁴の)衣服を脱がせる. ❷ 再(sich) 《雅》衣服を脱ぐ.

'Aus·klei·dung 囡-/-en 《複数なし》(部屋などの)内張り, 内装; 《軍army》(入隊時に貸与した)衣類・装備の回収. **2** 内張り材, 内装材.

'aus|klin·gen* 圓 **1** (h, s) **1** (音が)響き〈鳴り〉終る, (歌・曲が)終る, (物音が)次第に消えていく. Das Lied klingt in Moll aus. その歌は短調で終る. **2** (s) (演説・祭などが)終る, 幕を閉じる.

'aus|klin·ken ❶ 他 1 (留金をはずして)切離す, 落下させる. Bomben aus dem Flugzeug ~ 飛行機から爆弾を投下する. **2** die Tür ― ノブを押して下げて開ける. **3** eine Druckplatte ~ 《印刷》版木(版板)を取りはずす. ❷ 圓(s) 再(sich) (留金から)はずれる.

'aus|klop·fen 他 **1** (ほこり・灰などを)叩き出す (aus et³ 物³から). **2** (衣服・パイプなどを)叩いて掃除する. **3** 《戯》(人⁴を)軽く叩く.

'Aus·klop·fer [ˈaʊsklɔpfər] 男-s/- (衣服・じゅうたんなどの)ほこり叩き, 叩き棒.

'aus|klü·geln [ˈaʊsklyːɡəln] 他 念を入れて立案する.

'aus|knip·sen 他 《話》(電灯などの)スイッチをぱちんと音をさせて切る.

'aus|kno·beln [ˈaʊsknoːbəln] 他 **1** さいころによって決める. **2** 熟慮の末考え出す. einen Plan ~ 考えに考えて計画を立てる.

'aus|kno·cken [ˈaʊsnɔkən] 《ボクシング》ノックアウトする; 《話》(人⁴を)やっつける. ◆英語 knock out のドイツ語化. ↑Knock-out

'aus|ko·chen ❶ 他 1 (だし・ラードを取るためにがら・肉を)十分に煮る. ein Stück Fleisch für eine Suppe ~ スープを作るために肉切れをじっくり煮る. **2** (物の汚れを煮て煮込み, (医療器具などを)煮沸消毒する. **3** (悪事・いたずらなどを)じっくり取組んで解決する. **5** 《工学》(鋼を)焼きもどす. ❷ 圓 **1** (h, s) die Tür 〈für j⁴ 人⁴の)食事の面倒を見る. **2** (s) 煮こぼれる. **3** (s) 《鉱業》 《はっぱなどが)爆発しないで燃え尽きる. ◆↑ausgekocht

'aus|kof·fern [ˈaʊskɔfərn] 他 (↓ Koffer) (道路・鉄路を敷くために土地などを)掘返して路床を作る.

'Aus·kol·kung [ˈaʊskɔlkʊŋ] 囡-/-en 洗掘(水流によって川底がえぐられること).

'aus|kom·men [ˈaʊskɔmən] アオスコメン **1** (mit et³ 物³で)間に合せる, やりくりする; (mit j³) うまくやっていく; (ohne j〈et〉³ 人〈物〉³なしで)やっていく. mit seinem Geld gut ~ 自分の金で十分やっていける. Mit dir kann man nicht ~. 君とはうまくやっていけない. Man kann auch ohne Auto ~. 車なんかなくたって困りはしない. **2** 《南ドイツ・オーストリア》(囚人・家畜などが)逃出す, 脱走する. **3** 《地方》出て来る(笑が知れわたる, (秘密が)洩れる, (噂が)立つ; (火災が)起る; (卵が)孵(かえ)る. Ihm kommt nichts aus.《比喩》彼をさかんに振ってもびた一文出てきやしないよ.

'Aus·kom·men 甲-s/- **1** 生計, 暮し; (生計を立てていくための)収入. ein〈sein〉 gutes ~ haben 良い暮しをしている. **2** 折合い, つき合い. Mit ihm ist kein

~. 彼は一緒にやっていける相手じゃないよ.
'aus・kömm・lich ['ɑʊskœmlɪç] 形 《生計を立てていくのに》十分な. eine ~e Rente haben 食っていけるだけの年金を貰ってる.
'aus|kos・ten 他 存分に味わう(楽しむ); (苦しみ・悲しみ)をなめ尽くす.
'aus|kra・gen ❶ 自 《建物の一部が》張り(突き)出している. ❷ 他 《建物の一部を》張り(突き)出す.
'Aus・kra・gung 女 -/-en 1 《複数なし》《建物の一部が壁から》張出していること, 張出し部分をつけること. 2 張出し(突出)部分(バルコニー・出窓など).
'aus|kra・men 他 1 《物を》引張り出す(aus et³ 物³から). 《比喩》(思い出などを)打ち明ける. Briefe aus der Schublade ~ 手紙類を引出から引張り出す. 2 (引出し・箱などから)乱雑に中身を引っ張り出して空にする.
'aus|krat・zen ❶ 他 掻(か)き取る, そぎ落す; 《医学》掻爬(そうは)する. eine Schüssel ~ 鉢にこびりついた汚れを搔き落す. ❷ 自 (s) 《話》逃げ出す, ずらかる.
'Aus・krat・zung 女 -/-en 《医学》搔爬(そうは).
'aus|kris・tal・li・sie・ren ❶ 他 晶出させる. ❷ 自 (s) 再 《sich⁴》晶出する. ◆ 過去分詞 auskristallisiert
'aus|ku・geln ❶ 他 脱臼させる. j〈sich〉³ den Arm ~ 人³の腕を脱臼させる〈脱臼する〉. ❷ 自 (h, s) 《体操》(吊輪などで懸垂状態から体を振らずに肩の力で)倒立を行う.
'aus|küh・len ❶ 他 十分に冷やす, 《物⁴の温度が〈人⁴の体温⁴を〉》すっかり下げる. ❷ 自 (s) 十分に冷える, 冷えきる. et⁴ ~ lassen 物⁴をよく冷やす.
Aus・kul・ta・ti'on [aʊskʊltatsi'oːn] 女 -/-en (lat.) 《医学》聴診.
aus・kul'tie・ren [aʊskʊl'tiːrən] 他 (lat.) 聴診する.
'aus|kund・schaf・ten ['aʊskʊnt-ʃaftən] 他 見つけ(探り)出す.

'Aus・kunft ['aʊskʊnft アオスクンフト] 女 -/⁼e 1 案内, 情報, 《質問に対する》回答. eine ~ über et〈j〉⁴ einholen 事〈人〉⁴について問合せる, 照会する. 2 (駅などの)案内所, インフォメーション, (電話番号などの)案内係. sich⁴ bei〈in〉 der ~ erkundigen 案内所で尋ねる.
Aus・kunf'tei [aʊskʊnf'taɪ] 女 -/-en (とくに信用調査関係の)興信所.
'Aus・kunfts・bü・ro 中 -s/-s (観光)案内所.
'aus|ku・rie・ren 他 (人・病気を)全治(全快)させる. sich⁴ ~ 完治(全快)する. ◆ 過去分詞 auskuriert
'aus|la・chen ❶ 他 《人⁴をものにする, 嘲笑する. Lass dich nicht ~! 笑いものにされるような真似はおよし. ❷ 再 《sich⁴》ぞんぶんに笑う. ❸ 自 笑いやむ.
'Aus|lad ['aʊslat] 男 -s/ 《スイス》=Ausladung¹
'aus|la・den¹* ['aʊsla-] ❶ 他 1 (↔ einladen¹) (積荷などを)下ろす. 《物から》積荷を下ろす. ein Schiff ~ 船から荷物を下ろす. ❷ 自 (バルコニーなどが)張り(突き)出している. ▶ ↑ausladend
'aus|la・den²* 他 (↔ einladen²) 《話》(人⁴に出した)招待を取消す.
'aus・la・dend 現分 1 張り(突き)出た, (樹木が)広く枝を張った. ein ~es Dach 広い屋根. 2 《文体ばどが》まどろくどい, 冗長な. 3 (身ぶりなどが)大げさな.
'Aus・la・dung¹ 女 -/-en (↔ Einladung¹) 1 荷下ろし, 陸揚げ. 2 《建築》突出部(バルコニーなど).
'Aus・la・dung² 女 -/-en (↔ einladen²) 招待の取消し.

'Aus・la・ge ['aʊsla-gə] 女 -/-n (↓ auslegen) 1 陳列品; ショーウィンドー, 陳列棚. 2 《複数で》立替え金; 支出, 出費, 経費. 3 《スポ》(フェンシングなどの)競技開始の構え. 4 《狩猟》(鹿の角の)最大間隔. 5 クレーンの最大到達距離.
'aus|la・gern 他 1 (美術品などを)別の場所に移して保管(貯蔵)する, 疎開させる. 2 (↔ einlagern) 倉庫から出して売りに出す.
'Aus・la・ge・rung 女 -/-en (美術品などの)疎開.

'Aus・land ['aʊslant アオスラント] 中 -[e]s/ (↔ Inland) 外国; 《総称的に》外国人. ins ~ gehen 外国に行く. Handel mit dem ~ 対外取引き, 貿易.
*'Aus・län・der ['aʊslɛndər アオスレンダー] 男 -s/- 外国人.
'Aus・län・de・rei [aʊslɛndə'raɪ] 女 -/ 外国(人)の真似, 外国かぶれ.
'Aus・län・der・hass 男 -es/ 外国人への憎悪, 排外感情.
'Aus・län・de・rin ['aʊslɛndərɪn] 女 -/-nen (女性の)外国人.
*'aus・län・disch ['aʊslɛndɪʃ アオスレンディシュ] 形 1 《付加語的用法のみ》外国の, 外来の. 2 異国風の.
'Aus・lands・deut・sche 男女 《形容詞変化》在外ドイツ人.
'Aus・lands・ge・spräch 中 -[e]s/-e 国際電話.
'Aus・lands・kor・res・pon・dent 男 -en/-en 海外通信員(特派員).
'Aus・lands・rei・se 女 -/-n 海外旅行.
'Aus・lands・ver・tre・tung 女 -/-en (企業の)海外代理店, (政府の)在外公館.
'Aus・lass ['aʊslas] 男 -es/⁼e 1 (ガス・水道・電気の)引込み口; 開口部; 流出(排水, 排気)口. 2 《南ド》出口, ドア.
'aus|las・sen ['aʊslasən アオスラセン] ❶ 他 1 (語・文などを)読み(書き)落す, 抜かす, 省く; (順番を)とばす, (機会を)見のがす. einen Bus ~ バスを1台やりすごす. keine Chance ~ チャンスのがさない. 2 (水・煙などを)外に出す, 排出する. 3 (怒りなどを)ぶちまける(an j³ 人³に). 4 (衣服の縫上げをおろす, 縫込みを出す. 5 (バターなどを温めて)とかす. 6 《南ド・オストリア》(人・動物などを)放す, 自由にする; ほうっておく. Lass mich aus! ほっておいてくれ. 7 《話》(コートなどを)着ないでますよ; (灯りを)つけないでおく, (ストーブに)火を入れないでおく.
❷ 再 《sich⁴》くどくどと意見を述べる(über〈j〉⁴ 事〈人〉⁴について).
❸ 自 《南ド・オストリア》(身体・体力が)弱る, 衰える.
◆ ↑ausgelassen
'Aus・las・sung 女 -/-en 1 書き(読み)落し, 見落し, 脱落, 省略. 2 《複数で》意見(の表明), 論評.
'Aus・las・sungs・punk・te 複 省略符号(ふつうは3つの点, …³).
'Aus・las・sungs・satz 男 -es/⁼e 《文法》省略文. ↑Ellipse 2
'Aus・las・sungs・zei・chen 中 -s/- 《言語》(Apostroph) 省略符号, アポストロフィ(').
'Aus・lass・ven・til 中 -s/-e (蒸気・ガスなどの)排出(排気)バルブ(弁).
'aus|las・ten ['aʊslastən] 他 1 《物に》目いっぱい荷を積む. einen Lastwagen ~ トラックに荷を最大限に積む. 2 (機械などを)フルに動かす. einen Betrieb ~ 工場をフル操業させる. 3 (人⁴の)能力をフルに活用

aus|latschen

する; (人⁴を)満足させる. Ich bin in⟨mit⟩ meiner Arbeit voll *ausgelastet*. 私は今の仕事で手いっぱいだ. Die Hausarbeit *lastet* sie nicht *aus*. 彼女は家事だけでは満足していない.

ˈaus|lat·schen [ˈaʊslaːtʃən] ❶ 他《話》(靴を)履き古す, くたびれさせる. Das Thema ist schon *ausgelatscht*.《比喩》その話題は耳にたこが出来るほど聞いたよ. ❷ 自 (s) 《俗》不法なふるまいをする, 羽目をはずす. ❷《卑》不倫をする.

ˈAus·lauf [ˈaʊslaʊf] 男 –[e]s/-e **1**《複数なし》出港, 船出. **2**《複数なし》流出. **3** 排水口, 流出口;(ボットルなどの)注ぎ口. **4**(飛行機の)着陸滑走路, (ランナーがゴールに入った後の)惰走スペース, ランアウト;(スキーのジャンプ競技で着地後静止するのに必要な)スペース. **5**《複数なし》(子供が)自由に駆け回れる広場, 遊び場.

ˈaus|lau·fen* [ˈaʊslaʊfən] 自 (↔ einlaufen) (船が)出港する. **2**(液体が)流れ出る, 漏れる;(中身が漏れて容器が)空になる. **3**(インク・染料が)にじむ, まざる, ぼやける. **4**(モーター・車輪などが)ゆっくり静止する;(ランナーがゴールイン後も)ゆっくり走りつづける, ランアウトする. **5**(計画・プログラムなどが)終る, 終結する;(商品が製造中止になる);(契約・任期などが)切れる;(事件などがある結果に)終る;(道路などが)突き当る (in et¹ ³物へ). Der Vertrag *läuft* in drei Wochen *aus*. この契約はあと3週間で切れる. Dieses Geschirr ist schon *ausgelaufen*. この食器はもう製造中止になっている. Die Straße *läuft* in einen Teich *aus*. この街路は池に突き当る. ❷ **1** eine Kurve ~ カーブをコースからはずれないで走り抜ける. **2** Schuhe ~ 走って靴をくたびれさせる. **3**《話》(鬱積した感情を走ることによって)発散させる. ❸ 再 ⟨sich⟩ 《話》くたびれるまで走る; (運動のために)そんぶんに走る.

ˈAus·läu·fer [ˈaʊslɔʏfɐ] 男 –s/- **1**《地理》(山脈の)支脈, 山麓, すそ野;末端(周辺)部. **2**《気象》(高気圧・低気圧の)張出し部分. **3**《物理》地震波の末端. **4**《生物》走枝(ほう), 匍匐(ほく)枝, 匍匐枝. **5**《まれ》子孫. **6**《古》配達人, 使い走り.

ˈaus|lau·gen 他 **1** 灰汁(ぁ)(アルカリ液, 石けん水)で洗う. **2**《化学》(物*を*から)ある成分を)浸出(濾過, 抽出)する. **3**《地学》溶脱(洗脱)する. **4**《比喩》(人⁴物*を*)酷使する, 消耗(疲弊)させる. *ausgelaugt* sein 疲れはてている, へとへとである.

ˈAus·laut 男 –[e]s/-e (↔ Anlaut)(語・音節の)末尾音.

ˈaus|lau·ten 自 (↔ anlauten) auf einen Laut ⟨einen Buchstaben⟩ ~ (語・音節が)ある音⟨文字⟩で終る. *auslautend* 語末(音節末)の.

ˈaus|läu·ten ❶ 他 **1**《古》鐘を鳴らして触れ回る. **2** 鐘を鳴らして(事*の終りを告げる. das alte Jahr ~ 除夜の鐘を鳴らす. **3** einen Toten ~ 鐘を鳴らして死者を悼む. ❷ 自 (鐘が)ゆっくり鳴りやむ.

ˈaus|le·ben ❶ 他 **1**《雅》(才能・感情などを)そんぶんに発揮する, あらわにする. **2** 再 ⟨sich⟩ **1**(とくに性的な面で)奔放に生きる. **2**(才能・感情などが)そんぶんに発揮される, 十分に表現される.

*ˈaus|lee·ren** [ˈaʊslɛːrən アオスレーレン] ❶ 他 空(ぁ)にする, 空(ぁ)にする. das Glas in einem Zug ~ グラスを一気に飲みほす. ❷ 自 再 ⟨sich⟩¹《卑》脱糞する.

ˈaus|le·gen [ˈaʊslɛːɡən] 他 **1**(商品などを)陳列(ケーブル・わなどを)敷設する, 仕掛ける;(種子・苗などを)蒔(*)く, 植えつける. **2** (et¹ mit et³ ³物に¹物を)敷く, 敷きつめる, 張る;(³物*に)象嵌(がん)細工をほどこす. einen Raum mit Fliesen ~ 部屋にタイルを張る. **3**(金を)立替える, 用立てる. **4** 解釈する. j² Worte falsch ~ 人²の言葉を誤解する. **5** 調整する, セットする. Der Motor ist für 160 km/h Höchstgeschwindigkeit *ausgelegt*. このエンジンは時速160キロの最高スピードが出るように調整してある. **6** die Ruder ~《ボ》(減速・方向転換のために)オールを水平に構える. ❷ 再 ⟨sich⟩(ボートを漕ぐために)前かがみの姿勢になる;《フェンシング》身を低く構える. ❸《地方》太る.

ˈAus·le·ger [ˈaʊsleːɡɐ] 男 –s/- **1** 解釈者, 注釈者. **2**《工学》(クレーンなどの)ジブ, 腕. **3**(カヌーなどの転覆防止用の)舷外浮材;(ボートの)アウトリガー, クラッチ受け. **4** =Auslegerboot

ˈAus·le·ger·boot 中 –[e]s/-e アウトリガーつきレース艇.

ˈAus·le·ge·wa·re 女 –/-n 敷き物.

ˈAus·le·gung 女 –/-en **1** 説明, 解釈, 注釈;(聖書の)釈義;《法制》法解釈. **2** 陳列, 展示;(官庁文書などの)供覧. **3**(ケーブルなどの敷設, (わなどを)仕掛けること;種まき, 植えつけ.

ˈaus|lei·den* 《雅》❶ 他《まれ》(苦痛を)耐え抜く. ❷ 自《完了形アの》Unser Großvater hat gestern *ausgelitten*. 私どもの祖父は薬石の効なく昨日他界いたしました(とくに死亡広告で用いる表現).

ˈaus|lei·ern 他 ❶ 他 (使い古して)役に立たなくなる, 伸びて(ゆるんで)しまう. Das Gelenk ist völlig *ausgeleiert*. この蝶つがいはくらぐらになってしまった. ❷ 他 (使い古して)つぶす.

ˈAus·leih·bi·bli·o·thek [ˈaʊsl..] 女 –/-en Präsenzbibliothek) 貸出し図書館.

ˈAus·lei·he [ˈaʊslaɪə] 女 –/-n **1**《複数なし》(図書などの)貸出し. **2**(図書館の)貸出し窓口.

ˈaus|lei·hen* [ˈaʊslaɪən] 他 **1**(人³に)物*を)貸す, 貸出す. **2** sich¹ et¹ bei⟨von⟩ j³ ~ 物*を人³に借りる.

ˈaus|ler·nen 他 修業期間を終える. Man *lernt* [im Leben] nie *aus*.《諺》勉強に終りはない.

ˈAus·le·se [ˈaʊsleːzə] 女 –/-n **1**《複数なし》選び出すこと, 選出, 選抜. eine natürliche ~ 自然淘汰. eine ~ treffen 選び出す. **2** えり抜き, 精選. **3** アウスレーゼ(極上のワイン). **4** アンソロジー.

ˈaus|le·sen* ❶ 他 **1** 読了する. **2**《雅》(良いものを)選び出す. **3**(駄目なものを)取出す, 取除く.

ˈaus|leuch·ten 他 **1** くまなく照らす;《比喩》(秘密・裏面などを)あばく. **2**《写真》(人⁴物⁴に)ライトを当てる.

ˈaus|lich·ten 他 (樹木を)刈込む, 剪定(せんてい)する.

ˈaus|lie·fern [ˈaʊsliːfɐn] 他 **1**(犯罪人などを)引渡す;(城・都市などを)明渡す;(人⁴の運命を人³の手に)ゆだねる. einen Täter der Justiz ~ 犯人の身柄を司法の手に引渡す.《再帰的に》sich¹ selbst der Polizei ~ みずから警察に出頭する.《過去分詞で》j⟨et⟩³ *ausgeliefert* sein 人⟨事⟩³の手に運命を握られている, 首根っこを抑えられている. Ich war dem Unwetter völlig *ausgeliefert*. 私は嵐の中で途方に暮れていた. **2**(商品を小売り店に)引渡す, 配送する.

ˈAus·lie·fe·rung 女 –/-en (身柄・物件の)引渡し;(商品の)出荷, 配送.

ˈaus|lie·gen* 他 **1**(商品などが)陳列(展示)してある;(新聞などが)閲覧に供されている. **2**(網・わなどが)仕掛けてある.

ˈaus|löf·feln 他《話》スプーンですくって平らげる.

eine Schüssel ~ 鉢のものをスプーンで全部平らげる. Die Suppe, die man sich³ eingebrockt hat, muss man auch ~.《諺》蒔⁴いた種は刈らねばならぬ.

aus|log·gen ['aʊslɔgən] 圓 (**sich**) (↔ einloggen) 《コンピュ》ログアウトする. ◆英語 log out の翻訳借用語.

aus|lo·gie·ren ['aʊsloʒiːrən] 他 《古》=ausquartieren ◆過去分詞 auslogiert

aus|loh·nen, aus|löh·nen 他《解雇する際に人⁴に》賃金を支払う, 賃金を清算する.

Aus·loh·nung, Aus·löh·nung 囡 -/-en《解雇の際の》賃金の清算払い.

aus|lö·schen ['aʊsløʃən アオスレシェン] 他《火・文字などを》消す, 抹消(抹殺)する;《比喩》《感情・思い出などを》ぬぐい去る. j⁴《j² Leben》~ 人⁴,²を消す, 殺す.

aus|lö·schen²*¹ 自(s)《雅》《古》《火・文字などが》消える;《希望が》失せる; 死ぬ. ◆現在形が不規則変化のみ.

Aus·lö·se·me·cha·nis·mus ['aʊslø:zə..] 男 -/..men[..mən]《略 AM》《生物》解発機構, 発生機序《動物の行動を引起す神経系のメカニズム》.

aus|lo·sen 他《事⁴〈人⁴〉を》くじで決める, 選ぶ.

aus|lö·sen ['aʊsløːzən] ❶ 他 **1**《機械装置を》動かす, 作動させる. den Kameraverschluss ~ カメラのシャッターを切る. **2**《反応・感情などを》惹起する, 喚起する, 惹き起す. großen Beifall〈einen Tumult〉 ~ 大喝采を浴びる《騒ぎを惹き起す》. **3**《南⁴》《古》《骨から》切り離す. **4**《古》買戻す,《手形などを》回収する,《質草を》請け出す. **5**《古》《捕虜・人質を》身の代(しろ)金を払って自由にする, 身請けする. **6**《旧約》贖(あがな)う. ❷ 再《機械などが》作動する.

Aus·lö·ser ['aʊslø:zɐ] 男 -s/-《工学》起動装置《ボタン・スイッチなど》;《カメラの》シャッターボタン;《比喩》《事件などの》引金. **2**《生物》《動物の行動の引金となる》解発因, リリーサー. ⇒↑Auslösemechanismus

Aus·lo·sung 囡 -/-en くじ引き, 抽籤(ちゅうせん).

Aus·lö·sung 囡 -/-en **1**《複数なし》買戻し,《手形の》回収,《質草などの》請け出し,《捕虜・人質などの》身請け, 解放,《旧約》贖(あがな)い. **2**《機械装置の》作動; 惹起, 誘発. **3** 受出金, 保釈金. **4**《法制》外勤手当, 滞在手当, 出張手当. **5**《ピアノの》エスケープメント.

aus|lo·ten 他 **1**《測鉛で物⁴の》深さを測る. **2**《比喩》《人⁴の》本当の姿を見きわめる;《事⁴を》徹底的に検討する. **3**《錘重(おもり)で物⁴の》垂直を決める,《物⁴を》垂直に立てる.

Aus·lucht ['aʊsloxt] 囡 -/-en《建築》張出し空間.

aus|lüf·ten ❶ 他 十分に外気に当てる. Kleider ~ 衣類を虫干しする. ein Zimmer ~ 部屋に風を入れる. ❷ 再 (**sich**¹)《話》酔歩に出る. ❸ 自 (h, s)《衣類などが》戸外に干される, 虫干しされる.

Aus·lug ['aʊsluːk] 男 -[e]s/-e《古》**1**《複数なし》見張り, 監視. **2** 展望台; 監視所,《船舶の》見張り台. **3**《古》《地方》《nach j〈et〉³ 人〈物〉³の》様子を窺う, 見張る.

＊**aus|ma·chen** ['aʊsmaxən アオスマヘン] ❶ 他 **1**《話》(↔ anmachen 3)《火・灯りなどを》消す, (の)スイッチを切る. das Gas〈die Zigarette〉 ~ ガスを止める〈タバコを消す〉. **2** 取決める, 申合せる. einen Treffpunkt ~ 待合せ場所を決める. j⁴《für j¹》in Quartier ~ 人³,⁴のために宿を取ってやる. **3** 決着をつける, 片づける, 処理する. et⁴ in Güte ~ 事⁴を穏便にすます. et⁴ mit sich⁴ allein〈selbst〉 ~ 事⁴を自分で始末する. **4**《人〈物〉⁴の》実体・本質を》成っている. Ihm fehlt das Wissen, das einen großen Arzt ausmacht. 彼には名医たる者になくてはならぬ知識が欠けている. Dieses alte Klavier *macht* meinen ganzen Besitz *aus*. この古ピアノが私の財産のすべてである. **5**《金額・数量に》...になる. Alles zusammen *macht* 300 Euro *aus*. 全部ひっくるめて 300 ユーロである. **6**《**etwas**, **nichts**, **viel**, **wenig** などと》Das *macht* nichts *aus*. それは大したことではない. Die neue Tapete *machte* sehr viel *aus*.《話》新しい壁紙のおかげで部屋の感じがずいぶん変った. Es *macht* viel *aus*, ob er kommt oder ob er nicht *aus*kommt. 彼がやって来るかやって来ないかで大変違いだ. Würde es Ihnen etwas ~, den Platz zu wechseln? 恐れ入りますが席を代っていただけませんか. **7** 確認する, 見つける, 見定める;《猟師》《獲物を》嗅ぎつける, 捜し出す. ein Schiff am Horizont ~ 水平線上に 1 隻の船影を発見する. Es lässt sich⁴ nicht ~, ob sie dabei war. 彼女が同席していたかどうかは定かではない. **8** 田《鉱》掘り出す, 収穫する. ❷ 再 (**sich**¹)《卑》糞をたれる.

◆↑ausgemacht

aus|mah·len*¹ 他《穀物を》十分にひく, 製粉する.

aus|ma·len ❶ 他 **1**《物⁴の》内部に絵を描く; 色を塗る, 彩色(着色)する;《地方》《部屋などの》内部をくまなく塗装する. eine Kirche ~ 教会に壁画を描く. **2** 生き生きと描写(記述)する. ❷ 再 (**sich**¹)《話》sich et⁴ ~ 物⁴を生き生きと思い浮べる, 想像する. sich die Zukunft in den schönsten Farben ~ 未来をばら色に思い描く.

aus|ma·nö·vrie·ren 他《話》《人⁴の》裏をかく,《に》肩すかしを食わせる. ◆過去分詞 ausmanövriert

Aus·maß ['aʊsmaːs] 囲 -[e]s -e **1**《ふつう複数で》広さ, 大きさ, 範囲. **2** 程度, 規模. in〈von〉großem ~ 大規模に, 大量に.

aus|mer·geln 他 衰弱(消耗)させる, やつれさせる. ein *ausgemergeltes* Gesicht やつれ(疲れ)はてた顔.

aus|mer·zen ['aʊsmɛrtsən] 他 **1**《畜産》《飼育に適しない家畜を》えりのける, 廃畜する. **2**《害虫などを》駆除する. **3**《不要なもの・誤りなどを》取除く, 削除する. j⁴ aus dem Gedächtnis ~ 人⁴のことを記憶から消し去る.

aus|mes·sen*¹《物⁴の面積・容積を》精確に測る.

aus|mis·ten 他 **1**《家畜小屋を》清掃する. **2**《話》《引き出し・戸棚などを》整理する;《不要品を》処分する, 棄てる.《目的語なしでも》Ich muss bei mir wieder einmal ~. 私は家(部屋)の中を片づけなくちゃ.

aus|mit·tig ['aʊsmɪtɪç] 厖《工学》偏心的な.

aus|mün·den 自 (h, s)《川などが》注ぐ,《通りなどが》通じている. Diese Straße *mündet* auf einen〈einem〉 Platz *aus*. この通りは広場に通じている. Seine Rede *mündete* in einen Aufruf zur Mitarbeit *aus*.《比喩》彼の演説は協力への呼びかけで終った.

aus|mün·zen 他 **1**《金属を》貨幣に鋳造する. Gold [zu Geldstücken] ~ 金貨を鋳造する. **2**《自分に有利なように》利用する, 解釈する. et⁴ für *seinen* Zweck ~ 事⁴を自分の目的のために利用する.

aus|mus·tern 他 **1**《不用品・不良品をえりわける, 処分する. **2**《軍事》《兵役検査で》不適格にする;《病気などのために》除隊させる;《古》《話》《成績優秀な者だけを》選抜する. **3**《紡織》《新しい布地・型の》見本(試作品)を作る.

Aus·mus·te·rung 囡 -/ **1** 不用品を選び出すこと, 処分, 廃棄;《軍事》兵役不合格,《病気などによる》除

隊;《古》《話》選抜. **2**《紡織》(新製品の)見本作り.

'Aus·nah·me ['aʊsnaːmə アオスナーメ]《女》–/–n （↓ ausnehmen） **1** 例外, 特例; 例外扱い. eine ～ bilden〈machen〉例外をなす, 例外である〈von et⁴ 物⁴の〉. bei j³〈für j³ / mit j³〉 eine ～ machen 人³,⁴を例外(特別)扱いする. mit ～ zweier Schüler〈von zwei Schülern〉2 人の生徒を徐いて. ohne ～ 例外なく. Keine Regel ohne ～.《諺》例外のない規則はない. **2**《南ド, オーストリア》(Altenteil) 引退農民の扶養料; 隠居所. in die ～ gehen 隠居する.

'Aus·nah·me·fall《男》–[e]s/⁼e 例外的な場合, 特例.

'Aus·nah·me·zu·stand《男》–[e]s/⁼e 例外的な状態, 緊急事態;《法制》(Staatsnotstand) 非常事態.

'aus·nahms·los《形》例外のない.

'aus·nahms·wei·se《副》例外として, 例外的に.

'aus|neh·men* ['aʊsneːmən]《他》**1** (a)（巣の中のものを）取出す,（巣を）空にする;（鳥・魚のはらわたを抜く. die Eier〈den Honig〉～（巣から）卵（蜂蜜）を取出す. ein Vogelnest ～（巣・ひなを取出して）鳥の巣を空にする. ein Diebesnest ～ 泥棒の隠れ家を摘発(検挙)する. ein Huhn ～ にわとりの臓物を抜く. (b)《話》(人⁴から)金を巻上げる;(b)根掘り葉掘り聞く. **2** 除外する, 例外にする. Bitte *nehmen* Sie mich davon *aus*. 私のことは勘定に入れないで下さい. **3**《トリロ》見分ける, 識別する. **2**《再》(*sich*⁴)例外である. Jeder Mensch hat irgendeine Schwäche, ich *nehme* mich nicht *aus*. 人間は誰でもなにかしら弱点を持っている, 私とて例外ではない. *sich* gut〈schlecht〉～ 見ばえがする(しない). ♦ ausgenommen

'aus·neh·mend《現分・形》《述語的には用いない》《雅》例外的な, 特別の, 並はずれた.

'aus|nüch·tern《他》《自》(s) 酔いがすっかりさめる. **2**《他》(人⁴の)酔いをさます.

'Aus·nüch·te·rung《女》–/ 酔いざめ, 酔いざまし.

'aus|nut·zen, 'aus|nüt·zen《他》十分に利用する, 活用する. eine Gelegenheit ～ チャンスを活⁽⁻⁾かす. **2** 情容赦なく利用する, 食いものにする. 搾取する. Er hat ihre Notlage schamlos *ausgenutzt*. 彼は彼女の苦境をあくどく利用した.

'Aus·nut·zung, 'Aus·nüt·zung《女》–/ 利用, 活用; 悪用.

'aus|pa·cken ['aʊspakən アオスパケン] **1**《他》**1**（鞄・包みから）取出す,（包みを）解く. ein Paket〈einen Koffer〉 ～ 小包〈トランク〉の中のものを残らず出す. **2**《話》(秘密などを)ばらす, 洗いざらい話す.（目的語なしでも）*Pack aus!* 泥を吐け. **2**《自》《話》胸のうちをぶちまける; 言いたいことを言う.

'Aus·pend·ler [aʊspendlər]《男》–s/– (↔ Einpendler) 市外への遠距離通勤者.

'aus|pfei·fen* 《他》**1** (役者・出し物を)口笛で野次る. **2**（歌などを）口笛で終りまで吹く.

'aus|pflan·zen《他》**1**（植物を）移植する. **2**《医学》(↔ einpflanzen)（移植のために臓器を）摘出する.

'aus|pi·chen《他》（樽などに）ピッチを塗って漏れないようにする. ♦ ausgepicht

'Aus·pi·zi·um [aʊs'piːtsɪʊm]《中》–s/..zien [..tsiən] (*lat.*)《多く複数で》**1**（古代ローマの）鳥占い; 前兆, 見込み. **2** 後援, 後見⁽⁻⁾. unter den *Auspizien* von j³ 人³の後援(支援)のもとに.

'aus|plau·dern《話》**1**《他》(秘密などを)うっかり洩らす, べらべら喋る. **2**《再》(*sich*⁴) 心ゆくまでお喋りをする.

'aus|plün·dern（人⁴の）持物を残らず奪い取る; ほしいままに略奪する; 濫獲（乱開発）する. j⁴ bis aufs Hemd ～ 人⁴を身ぐるみ剝ぐ⁽⁻⁾する. den Kühlschrank ～《戯》冷蔵庫の中のものを残らず平らげる.

'Aus·plün·de·rung《女》–/–en 略奪; 乱開発.

'aus|po·sau·nen《他》**1**《古》(事⁴を)ラッパを吹いて知らせる, 大声で呼ばわる. **2**《話》言いふらす, 吹聴（ﾌｲﾁｮｳ）して回る. ♦ 過去分詞 ausposaunt

'aus|po·wern ['aʊspoːvərn]《他》《話》(国土・国民を)根こそぎ搾取する, 荒廃(疲弊)させる.

'aus|prä·gen ❶《他》**1** 鋳造する. Silber zu Münzen ～ / Münzen aus Silber ～ 銀貨を鋳造する. ❷《再》(*sich*⁴) はっきりした形をとる, 明確になる. Seine Charakterzüge haben *sich* immer mehr *ausgeprägt*. 彼の特徴がますます出てきた. Sein Pessimismus *prägt sich* in seinen Werken *aus*. 彼の厭世観は彼の作品の中にはっきり示されている. ♦ ausgeprägt

'Aus·prä·gung《女》–/–en **1**《複数なし》（貨幣などの）鋳造. **2** 刻印, 特徴, 持味.

'aus|pres·sen《他》**1**（果汁などを）搾る⁽ﾂ⁾. eine Zitrone ～ / den Saft aus einer Zitrone ～ レモン汁を搾る. **2** (人・土地などから)搾り取る, (を)搾取する. **3** (人⁴を)問いつめる, (に)しつこく尋ねる.

'aus|pro·bie·ren《他》（新製品などを）試しに使ってみる, テストする. ♦ 過去分詞 ausprobiert

'Aus·puff ['aʊspʊf]《男》–[e]s/–e 排気, 排気ガス; 排気室, 排気装置.

'Aus·puff·topf《男》–[e]s/⁼e（排気装置の）消音器, マフラー.

'aus|pum·pen《他》**1** (↔ einpumpen) ポンプで汲出す. den Keller〈das Wasser aus dem Keller〉 ～ 地下室の水をポンプで汲出す. j⁴ den Magen ～《医学》胃の内容物を胃管で採り出す. **2**《比喩》《話》(人⁴を)徹底的に尋問する; 疲れさせる.《過去分詞で》*ausgepumpt* sein へとへとに疲れている.

'aus|punk·ten《他》（ボクシングなどで人⁴に）判定勝ちする;（競争相手を）打ち負かす, 蹴落す.

'Aus·putz《男》–es/ 飾り, 装飾, 装身具.

'aus|put·zen ❶《他》**1** (物⁴の)内部を掃除する.《話》(皿などの)中のものをきれいに平らげる;（樹木の）枝を刈込む. j³ die Ohren ～ 人³の耳の穴を掃除する. **2**《比喩》《話》(人⁴を)利用する, 食いものにする. **3**《古》飾り, 飾り立てる;（人⁴に）晴着を着せる. **4**《話》こっぴどく叱⁽ｼｶ⁾る. **5**《古》(灯火を)消す.《古》（*sich*⁴）《古》めかし込む. ❸《自》《スイス》スウィーパーをつとめる.

'Aus·put·zer《男》–s/– **1**《スイス》スウィーパー. **2** 他人を食いものにする人. **3** 叱責.

'aus|quar·tie·ren ❶《他》**1** (一時的に)部屋（宿舎）から出て行ってもらう. **2**《再》(*sich*⁴) (一時的に)自分の部屋(宿, 住居)を明渡す. ♦ 過去分詞 ausquartiert

'aus|quet·schen《他》**1** (↔ einquetschen)（果汁などを）搾る⁽ﾂ⁾ (s²物²から),（物⁴の）果汁(油)を搾る. **2**《話》(人⁴を)問いつめる. j⁴ wie eine Zitrone ～ 人⁴を質問攻めにする; 徹底的に尋問する.

'aus|ra·die·ren《他》**1** (a)（消しゴムなどで）消す. (b)《話》(記憶から)消す, 忘れる. **2**《比喩》(都市などを)破壊する,（人⁴を）消す, 抹殺する. ♦ 過去分詞 ausradiert

'aus|ran·gie·ren ['aʊsrãʒiːrən]《他》（不用な衣類・家具などを）処分する, お払箱にする;《古》《軍事》定年除隊させる. ♦ 過去分詞 ausrangiert

'aus|ras·ten ❶《自》(s)《工学》 (↔ einrasten)（固定してある物が）はずれる (aus et³ 物³から). **2**《話》取乱し, 冷静を失う, 逆上する.《非人称的に》bei j³ *rastet es aus* 人³がかってとなる. ❷ 自 再 《**sich**⁴》《南ド・オーストリア》休息〈休憩〉する.

'**aus**|**rau**|**ben** 他 (店・住居などの)中の金品を残らず奪う, (人'の)所有物を残らず奪う.

'**aus**|**räu**|**bern** 他 =ausrauben

'**aus**|**räu**|**chern** 他 燻蒸する (害虫などを)いぶし出す, いぶし殺す; (部屋などを)燻蒸する ein Diebesnest ~《比喩》強盗のアジトを襲って一網打尽(いちもうだじん)にする. **2**《まれ》(部屋などに)香(こう)を焚きしめる.

'**Aus·räu·che·rung** 女 -/-en いぶし出し, 燻蒸.

'**aus**|**rau**|**fen**《古》(草などを)むしる, 引抜く.

'**aus**|**räu**|**men** ['aʊsrɔymən] 他 **1**(物'の)中のものを残らず取出す, 空(から)にする. den Magen ~ 胃を空にする. einen Tresor ~《話》金庫の中のものを全部盗み出す. **2**(障害などを)取除く. Missverständnisse ~ 誤解を一掃する.

*'**aus**|**rech**|**nen** ['aʊsreçnən アオスレヒネン] ❶ 他 (金額などを)計算して出す, 算出する; (計算問題を)解く. ❷ 再《**sich**⁴》**1**《話》(事⁴を)予測する. Das kannst du dir an den [fünf] Fingern ~. それくらいは分かりきったことじゃないか. **2**(事⁴を)当てこむ, 期待する. ♦↑ausgerechnet

'**Aus·rech·nung** 女 -/-en《複数まれ》算出, 算定, 勘定; (計算問題を)解くこと; 予測, 見当; 期待. **2** 計算の結果, 計算値.

*'**Aus·re·de** ['aʊsre:də アオスレーデ] 女 -/-n 言逃れ, 口実. nach einer ~ suchen 口実をさがす. nie um eine ~ verlegen sein 逃げ口上はお手のものである.

'**aus**|**re**|**den** ❶ 自 終りまで話す, 話し終える. j⁴ ~ lassen 人⁴に最後まで話させる. ❷ 他 (人³を説得して事⁴を)思いとどまらせる, (考えなどを)変えさせる. j³ ein Vorhaben ~ 人³に計画を思いとどまらせる. ❸ 再《**sich**⁴》**1**《地方》心中を打明ける(bei j³ 人³に). **2** *sich* mit et³〈auf et⁴〉 ~ 事³,⁴をしゃべる.

'**Aus·rei·ber** ['aʊsraɪbər] 男 -s/-《機械》リーマー.

*'**aus**|**rei**|**chen** ['aʊsraɪçən アオスライヒェン] 自 **1**(reichen) 足りる,足りている(für et¹ / zu et³ 事⁴,³のために). **2**《話》(mit et³ 物³で)やっていく, 間に合わせる.

*'**aus**|**rei**|**chend** ['aʊsraɪçənt アオスライヒェント] 形分 副 **1** 十分な. **2**(1を最高点とする6段階評価の)4.

'**aus**|**rei**|**fen** ❶ 他《印刷》(酒・チーズなどが)熟成する; (人が一人前になる); (計画などが)熟する. einen Plan noch ~ lassen 計画をさらに練り上げる. ❷ 他 (太陽・気温が果実を)十分に熟成させる.

'**Aus·rei·se** 女 -/-n (↔ Einreise) **1** 外国旅行, 外遊. **2** 出国, 国境通過; 出国許可.

'**aus**|**rei**|**sen** 自 (↔ einreisen) **1** 外国旅行, 外遊する. **2** 出国する, 国境を通過する.

'**aus**|**rei**|**ßen*** ['aʊsraɪsən] ❶ 他 引抜く, 引裂く. Unkraut〈einen Zahn〉 ~ 雑草をむしる〈歯を抜く〉. *sich*³ bei der Arbeit kein Bein ~《話》仕事にあまり精を出さない. einer Fliege kein Bein ~ können《話》虫も殺せない, 気が弱い. ❷ 自 (s) **1**(布地などが)裂ける, 引きちぎれる, (縫い目などが)ほころびる, (ボタン穴が)裂けて大きくなる. Meine Geduld ist *ausgerissen*. 《比喩》もはや私の我慢の緒(お)も切れた. **2**《話》逃出す, 逃亡する. Seine Frau ist ihm *ausgerissen*. 彼は女房に逃げられた. **3**(自転車競走などで)ラストスパートをかけて他を引離す.

'**Aus·rei·ßer** ['aʊsraɪsər] 男 -s/-**1**《話》逃亡(脱走)者, 家出人(とくに子供). **2**(自転車競走などで)ラストスパートをかけて先頭に立った選手;《射撃》射爆;《工学》(通常の値から大きくはずれた)例外的測定値.

'**aus**|**rei**|**ten*** ❶ 自 (s) 馬で外出する(立去る), 遠乗りする. ❷ 他 **1** 馬を外に連出する, 運動させる. **2** ein Pferd voll ~《馬術》馬を全力疾走させる. eine Reitbahn ~ コースを完走する. ein Rennen ~ 競馬を開催する.

'**aus**|**ren**|**ken** 他 (= einrenken) 脱臼させる. j〈*sich*³ das Bein〉 ~ 人³の脚の関節を脱臼させる〈自分の脚の関節を脱臼する〉. *sich*³ den Hals nach j〈et〉³ ~《話》人〈物〉³を見ようと首をねじまげる.

'**aus**|**rich**|**ten** 他 **1**(人〈物〉⁴を)一定の方向に向ける, まっすぐに並べる; (兵員などを)整列させる. *Ausrichten!* (号令)整列. eine Truppe〈einen Zaun〉 ~ 部隊を整列させる〈垣根をまっすぐにする〉. **2** et⁴ auf j〈et〉⁴ ~ / et⁴ nach〈an〉 j〈et〉³ ~ 物⁴を人〈物〉⁴,³に合せる, (考え方などを)ある方向に向ける. einen Zeiger auf einen Punkt ~ 指針をある点(目盛り)に合せる. das Warenangebot auf die Bedürfnisse〈nach den Bedürfnissen〉 ~ 商品の供給を需要に合せる.《過去分詞で》kommunistisch *ausgerichtet* sein 共産主義的な志向がある. **3**(伝言・用務などを伝える, 取次ぐ. einen Gruß von j³ ~ 人³からの挨拶を伝える. **4** 達成する, 成果をあげる. etwas〈viel〉 ~ いくらかの〈多くの〉成果をあげる. Mit Geld kannst du bei ihm nichts ~. 金を積んでも彼には効き目がないよ. **5**(催しなどを費用持ちで)挙行する. j³ ein Fest ~ 人³のために祝宴を開いてやる. **6**(款)(金)を支出する, (賞・賞金を)出す. **7**《鉱業》(鉱床を)見つける; (採掘場を)開く. **8**《南ド・オーストリア》(人⁴を)見下す, けなす. ❷ 再《**sich**⁴》整列する.

'**Aus·rich·tung** 女 -/ **1** 一定の方向に向けること; 整列; (機器などの)調整. **2** 伝達, 取次ぎ. **3**(行事などの)開催, 挙行. **4**《鉱業》開坑.

'**Aus·ritt** ['aʊsrɪt] 男 -[e]s/-e 馬で出かける(立去る)こと; 遠乗り.

'**aus**|**rol**|**len** ❶ 自 (s)(車などが)ゆっくりと止まる. ❷ 他 (巻いたものを)広げる; (こね粉などを)延ばす.

'**aus**|**rot**|**ten** 他 (雑草などを)根絶やしにする, (敵を)絶滅させる, (悪・弊害などを)根絶する, 一掃する.

'**Aus·rot·tung** 女 -/-en 根絶, 絶滅, 一掃, 除去.

'**aus**|**rü**|**cken** ❶ 自 (s)(軍隊などが)出動する. **2**《話》逃げる, 脱走する, 家出する. ❷ 他《印刷》(文字を欄外にはみ出させる);《工学》(ギアなどを)はずす.

'**Aus·ruf** ['aʊsru:f] 男 -[e]s/-e **1** 叫び(声). **2**《複数なし》大声で呼ばわること;《まれ》(口頭による)布令, 公示; せり, 競売.

'**aus**|**ru**|**fen*** ['aʊsru:fən] 他 **1** 叫ぶ, 大声で言う. „Nein!" *rief* sie *aus*. 「そうじゃないわ」と彼女は声をあげた. **2**(人〈物〉⁴の)名前を大声で呼ぶ, 告げる. eine Haltestelle ~ (車掌が)停留所の名を告げる. j⁴ durch〈über〉 Lautsprecher ~ lassen 人⁴をスピーカーで呼んでもらう. **3**(商品を)大声で呼ばわって売る; せり(競売)にかける. **4** 宣言する, 公告する. den Notstand〈einen Streik〉 ~ 非常事態宣言を出す〈ストライキを宣言する〉. j⁴ zum König〈als Präsidenten〉 ~ 人⁴を国王〈大統領〉として告示する. ein Paar ~ (款)カップルの婚約を公示する.

'**Aus·ru·fer** ['aʊsru:fər] 男 -s/- (布令による)触れ役, (新聞による)売り子; (競売の)立売り人.

'**Aus·ru·fe·satz** ['aʊsru:fə...] 男 -es/⁼e《文法》感嘆文.

'**Aus·ru·fe·zei·chen** 中 -s/- 感嘆符(!).

'**Aus·ru·fung** 女 -/-en《複数なし》宣言, 任命. die ~ der Republik 共和国の成立宣言. **2**《古》

(Ausruf 1) 叫び(声).

*'aus|ru·hen ['ausruːən アオスルーエン] ❶ 圓 再(sich) 休む(休養する), 休んで元気を取り戻す. sich von〈nach〉der Arbeit ～ 仕事の疲れをとる.《過去分詞で》Ich bin gut *ausgeruht*. 私は十分休養した. ❷ 他 休ませる. [sich³] *seine* müden Knochen ～《話》骨休めする.

'aus|rüs·ten 他 1 (人〈物〉³に)装備を施す(mit³ 物³で). ein Schiff ～ 船を艤装(ぎそう)する. j⁴ mit Waffen ～ 人⁴を武装させる. mit et³ *ausgerüstet sein* 物³を装備している.《再帰的に》sich⁴ für eine Reise ～ 旅行の支度をする. 2《紡織》(織物に防水などの)仕上げ加工をする. 3《建築》(物⁴から)枠枠を取りはずす.

'Aus·rüs·tung 囡 -/-en 1《複数なし》装備すること. 2 装備(一式), 設備, 装置, プラント; 武装. 3《紡織》(防水など織物に施す)仕上げ加工. 4《建築》(工事終了後の枠枠の取りはずし.

'aus|rut·schen 圓(s) 1 足を滑らせる, 滑って転ぶ;《話》へまをしでかす(言う), 失態を演じる. mit dem rechten Fuß ～ 右足を滑らせる. 2 (人³の)手から滑り落ちる. Das Messer ist [ihr] *ausgerutscht*. ナイフが(彼女の)手から滑り落ちた. Mir ist die Hand *ausgerutscht*.《話》私はつい手が出て(殴って)しまった.

'Aus·rut·scher ['ausrotʃɐ] 男 -s/- 1 足を滑らせること, 転倒;へま, しくじり, 失態, 失言. 2《話》(スポーツでの思いがけない敗北, 番狂わせ.

'Aus·saat 囡 -/-en 1《複数なし》種蒔(きま)き. 2 種子; 蒔くための種; 蒔いた種. die ～ des Bösen 悪の種子.

'aus|sä·en (種を)蒔(ま)く, (物⁴の)種を蒔く;《比喩》(事⁴の)種を蒔く. Hass ～ 憎悪の種を蒔く.

*'Aus·sa·ge ['auszaːgə アオスザーゲ] 囡 -/-n 1《意見·主張などの)表明, 陳述, 供述, 証言;《表明された》意見, 主張. eine ～ machen 意見を述べる, 証言する. bei *seiner* ～ bleiben 意見(供述)を変えない. laut〈nach〉～ von Experten 専門家の見解によれば. 2《芸術作品などの)精神的内容. Diesem Roman fehlt jede ～. この小説には訴えかけるものがない. 3《文法》陳述;《論理》賓辞(ひんじ).

'Aus·sa·ge·kraft 囡 ～ 訴えかける力, 説得力.

'aus|sa·gen ❶ 他《意見》を述べる, 表明する; 表現する, 言表す. Das Buch *sagt* etwas *aus*.《比喩》この本には訴えかけるものがある. 2 他《法廷·警察で》証言(供述)する. für〈gegen〉j⁴ ～ 人⁴に有利〈不利〉な証言をする.

'Aus·sa·ge·satz 男 -es/⁼e《文法》叙述文.

'Aus·sa·ge·wei·se 囡 -/-n《文法》=Modus 2

'Aus·satz ['auszats] 男 -es/《医学》(Lepra) ハンセン病.

'aus·sät·zig ['auszɛtsɪç] 形 ハンセン病の.

'Aus·sät·zi·ge 男囡《形容詞変化》ハンセン病患者.

'aus|sau·gen(*) 他 1 吸出す, 吸尽くす. eine Orange/den Saft aus einer Orange ～ オレンジの果汁を吸う. die Wunde ～ 傷口から毒を吸出す. 2 (人³から)絞り取る, 吸上げる, (を)搾取する;(土地を)酷使する. j⁴ bis aufs Blut〈Mark〉～ 人⁴を骨の髄(ずい)までしゃぶり尽くす.

'aus|scha·ben 他 1 削り取る,(果実などを)くり抜く. 2《医学》搔爬(そうは)する.

'Aus·scha·bung 囡 -/-en 削り取ること,(えぐり出す)こと;《医学》搔爬.

'aus|schach·ten 他 (地面を)掘る,(運河·地下室などを)掘って作る, 掘削する.

'Aus·schach·tung 囡 -/-en《土木》1《複数なし》掘削. 2 (掘削によって作られた)穴, 坑.

*'aus|schal·ten ['ausʃaltən アオスシャルテン] 他 1 (↔ einschalten)(物⁴のスイッチを)切る.(エンジンを)止める.《再帰的に》Die Heizung *schaltet* sich⁴ automatisch〈von selbst〉aus. この暖房装置は自動的に切れる. 2 締出す, 排除(除外)する,(敵·相手を)寄せつけない. alle Zweifel ～ あらゆる疑念を払いのける.

'Aus·schal·tung 囡 -/-en《電気回路の)遮断, スイッチ(電気)を切ること; 締出し, 排除, 除去.

'Aus·schank ['ausʃaŋk] 男 -[e]s/⁼e (↓ ausschenken) 1 (酒場などで)客に酒を出す(飲ませる)こと. 2 (小さな酒場, 飲食室;(飲食屋のカウンター.

'Aus·schau ['ausʃau] 囡 -/《次の成句で》nach j⟨et⟩³ ～ halten 人〈物⟩⁴を待受ける, 待望する.

'aus|schau·en 圓 1 (nach et³ 人〈物〉³)を待受ける, 見つけようとする.《地方》(nach et³ 物³)を捜し求める. 2《南ド·ニミニラ》(aussehen)…のように見える. Sie *schaut* glücklich *aus*. 彼女は幸福そうに見える.《非人称的に》Es *schaut* nach Gewitter aus. 雷雨になりそうだ. Wie *schaut's aus*?《話》元気かね, うまくいってるかね〈Wie geht's, Wie steht's?〉.

'aus|schei·den ['ausʃaɪdən アオスシャイデン] ❶ 他 1 体外に出す, 排泄(排出, 分泌)する;《化学》析出(分離)する. 2 (不用·不良のものを)取除く, 廃棄する;(人⁴を仲間あるいはずす, 除外する. 3《ニミニラ》区別する. ❷ 圓(s) 1 問題にならない, 考慮にあたいしない. Er *scheidet* als Kandidat *aus*. 彼は候補者としては落第だ. 2 脱退(退職)する(aus et³ 物³から);《ニミニラ》失格になる, 予選落ちする.

'Aus·schei·dung 囡 -/-en 1《複数なし》排泄, 排出, 分泌;析出, 分離;除去, 廃棄, 除外. 2《多く複数で》排泄(排出)物. 3《ニミニラ》予選.

'Aus·schei·dungs·kampf 男 -[e]s/⁼e《ニミニラ》予選.

'Aus·schei·dungs·spiel 中 -[e]s/-e《ニミニラ》予選.

'aus|schel·ten* 他《古》《地方》叱りつける.

'aus|schen·ken 他 1 (酒類をカウンターで)客に出す(飲ませる), 小売りする. 2《話》(コーヒー·スープなどを)カップ(皿)に容れる, 注ぎ分ける.

'aus|sche·ren 圓(s) 1 (↔ einscheren)《編隊·列》から)離れる, それる. 2《比喩》《同盟などから)はみ出す, 独自路線を歩む. 3 (車が)横滑りする. 4《海事》ボートからロープを引き出す.

'aus|schi·cken 他 使いに出す(やる), 遣(つか)わす. j⁴ nach Brot ～ 人⁴をパンを買いにやる.

'aus|schie·ßen* ❶ 他 1 (人³の物⁴を)撃落とす(抜く, 砕く). j⁴ ein Auge ～ 人⁴の片目を撃ち抜く. 2《猟師》(動物を)撃ち殺す, 撃ち尽くす. ein Revier ～ 猟区の動物を撃ち尽くす. 3《地方》(パンをオーブンから)取出す. 4《古》(不良品などを)選び出す. 5 einen Gewehrlauf ～ 銃に込めてある弾丸を撃ち尽くす. 6《印刷》(印刷物⁴を)組付ける. 7 einen Preis ～ 賞金つきの射撃大会を催す. den besten Schützen ～ 射撃大会で優勝者を選ぶ. ❷ 圓 1 (s, h)(船員)(風が)突然右向きに変る. 2 (s) 芽を出す. 3《南ド·ニミニラ》色あせる.

'aus|schif·fen (船客を)上陸(下船)させる,(船荷を)陸揚げする. sich⁴ ～ 上陸(下船)する.

'Aus·schif·fung 囡 -/-en《複数まれ》上陸, 下船, 荷揚げ, 陸揚げ.

'aus|schil·dern' 他 1 eine Straße ～ 道路に標識を

aus|schöpfen

'aus|schil·dern[2] 他 詳しく〈一部始終を〉記述する.
'aus|schimp·fen 他 叱りつける.
'aus|schir·ren 他 ein Pferd ~ 馬から馬具をはずす.
'aus|schlach·ten 他 1 〖屠殺された動物の〗内臓を取出す. 2 〘話〙〈古い機械・自動車などを〉ばらして部品を取出す. 3 〘話〙とことん利用する. einen Fall politisch ~ ある事件を政治的に利用する.
'aus|schlach·tung 女 -/-en 解体; 利用.
'aus|schla·fen ['aʊsʃlaːfən] アオスシュラーフェン]
❶ 自 (h, s) 再 (sich) たっぷり眠る. Na, hast du endlich ausgeschlafen?《話》やっと分かった〈気がついた〉のかい. ❷ 他 seinen Rausch〈seinen Ärger〉~〘話〙眠って酔いをさます〈腹いせを忘れる〉.
'Aus·schlag ['aʊsʃlaːk] 男 -[e]s/⸗e〘複数まれ〙1 発疹(ほっしん), 吹出物. 2 〖計器などの針の〗振れ, 〖秤の〗傾き; 〖振子の〗振幅. 3 den ~ geben 決定的な役割をはたす(↑ausschlaggebend). Seine Teilnahme gab den ~ für unseren Sieg. 彼の参加はわが方の勝利の決め手となった. 4《複数なし》《商業》〖量り売りするときの〗おまけ. 5 〖土木〗〖高潮のさい波が堤防に作る〗えぐり穴.
'aus|schla·gen* ['aʊsʃlaːgən] ❶ 他 1 打って〈叩いて〉取出す〈取除く〉, 打ち〈叩き〉壊す. ein Feuer ~ 火を〈濡れた毛布などで〉叩いて消す. j³ einen Zahn ~〈殴って〉人³の歯を1本叩き折る. Das schlägt dem Fass den Boden aus!〘戯〙それは何もかもぶち壊しに, 無茶にも程があるよ. 2〖金属を叩いて伸ばす〈成型する〉. Gold zu dünnen Blättchen ~ 金(きん)を伸ばして金箔にする. 3 〈申出などを〉断わる, 退ける. eine Erbschaft ~ 遺産の相続を放棄する. j² Hand ~ 人²の求婚を拒む. 4〖部屋などに布・紙を〗張る. ein Zimmer mit Stoff ~ 部屋にクロースを張る. 5 Die Wände haben Salpeter ausgeschlagen. 壁に硝石が浮き出た.
❷ 自 (s, h) 1 (h) 終りまで打つ. Die Uhr hat ausgeschlagen. 時計が時を打ち終えた. Sein Herz hat ausgeschlagen. 彼は心臓が止まった, 事切れた. 2 (s, h) 〖計器などの針が〗振れる, 〈秤が〉傾く. 3 (s, h)〖樹木が〗芽ぶく, 〖蕾が〗ふくらむ, ほころびる. 4 むやみに手足を振回す, vor Wut mit Händen und Füßen ~ 激怒して手足を振回す. Das Pferd schlägt aus. 馬が後脚で蹴る. 5 (s) …の結果になる. zum Guten〈Schlechten〉~ 〖事態が〗良い〈悪い〉方に展開する. Das wird dir zum Nutzen ~. それは君にとって有利な結果になるだろう. 6 (s) 《まれ》〈湿気などが壁に〉にじみ出る, 〈壁が〉汗をかく.
'aus|schlag·ge·bend 形 決定的な, 決め手となるような.
'aus|schlie·ßen ['aʊsʃliːsən] アオスシュリーセン]
1〖家・部屋から〗締出す〈鍵をかけて〉. Er hat sich⁴ selbst ausgeschlossen. 彼は自分を締出してしまった. 2〖通知から〗締出す, 村八分にする. j¹ aus der Partei ~ 人¹を党から除名する. 3 参加させない〈von et³ 事に〉. j¹ von einer Party ~ 人¹をパーティーに参加させない. 〈再帰的に〉Keiner schloss sich⁴ vom Ausflug aus. ピクニックに参加しない者は誰もなかった. 4 除外〈排除〉する, 考慮しない. Diese Möglichkeit möchte ich von vornherein ~. この可能性は最初から考慮に入れたくない. Unterwäsche im Umtausch ausgeschlossen. 〘お買い上げ後の肌着のお取替えご容赦願います〙.〖再帰的に〗Wir haben alle Schuld, ich schließe mich nicht aus. 私たちみんなのせいだ, 私も例外ではない. 5〖事³を〗起こらせない, 成立たせない. jeden Zweifel ~ どんな疑問の余地もない. Misstrauen schließt jede Zusammenarbeit aus. 不信の念があってはどんな共同作業もできない. 6〖相互代名詞と〗相容れない, 矛盾する. Diese zwei Erklärungen schließen sich⁴〈einander〉aus. これら2つの説明は互いに食違っている〈矛盾している〉. 7 Zeilen ~〖印刷〗語間隔を調整して行の長さを揃える.
◆ ↑ausgeschlossen

*'aus|schließ·lich ['aʊsʃliːslɪç, '-ˈ--, -ˈ-- アオスシュリースリヒ] ❶ 形〖述語的には用いない〗もっぱらの, 独占的な, 専用の. das ~e Recht von et³ haben 物³の独占権を持つ.
❷ 副 もっぱら, ただ…だけ. ~ dunkle Kleidung tragen 黒っぽい服しか着ない.
❸ 前〘2格支配〙(↔einschließlich)…を除いて. täglich ~ des Sonntags 日曜日を除いて毎日〈今日では täglich außer Sonntag がふつう〉. Preise ~ Mehrwertsteuer 消費税抜きの価格. ▶ 名詞に定冠詞・形容詞がつかない場合, 単数では2格の語尾 -[e]s が脱落し, 複数では2格ではなく3格を用いる. die Kosten ~ Porto 送料を除いた費用. der Preis für die Mahlzeiten ~ Getränken 飲物を除いた食事代.
'Aus·schließ·lich·keit 女 -/ 独占, 専有, 排他; 専念.
'Aus·schlie·ßung 女 -/-en 締出し, 除外; 排除, 除名; 失格;〖法制〗〈当該公務員の〉除斥;〖印刷〗行揃え.
'aus|schlüp·fen 自 (s) 這い〈抜け〉出す, 〈ひなが卵から〉孵(かえ)る,〈昆虫がさなぎから〉脱皮する, 羽化する.
*'Aus|schluss ['aʊsʃlʊs アオスシュルス] 男 -es/⸗e 1 (↓ausschließen) 締出し, 除外; 排除, 排斥, 除名. unter ~ der Öffentlichkeit 非公開で. mit ~ einer Person ある人物を除いて. 2〖印刷〗込め物, スペース. 3〖スポ〗出場停止, 失格.
'aus|schmie·ren 他 1〖物³の内側に塗りつける〈mit et³ 物³を〉;〖隙間などを塗りつぶす, ふさぐ〈mit et³ 物³で〉;〈文字などを〉塗りつぶす. 2〘話〙だます, ぺてんにかける. 3〘話〙〈秘密などを〉洩らす;〈人²を〉中傷する, 裏切る. 4〖地方〗叱る, 意見する; 殴る.
'aus|schmü·cken ❶ 他 1 飾り立てる, 飾り付けする. einen Saal mit Blumen ~ 広間を花で飾る. 2〘話などを〙粉飾する, 尾鰭(おひれ)をつける. ❷ 再 (sich) 身を飾る.
'Aus·schmü·ckung 女 -/-en 1《複数なし》飾り付け;〘話の〙粉飾. 2 飾り物, 装飾品;〘話の〙尾鰭(おひれ).
'aus|schnei·den ['aʊsʃnaɪdən] 他 1 切取る, 切抜く. eine Annonce aus der Zeitung ~ 新聞の広告を切抜く. Bäume ~ 木の枝打ちをする. Figuren aus Papier ~ 紙で切絵を作る. Stoffe ~ 布地を切売りする. 2 den Ausschnitt〈das Armloch〉am Kleid ~ ドレスの襟ぐり〈袖ぐり〉を大きくする.
*'Aus·schnitt ['aʊsʃnɪt アオスシュニット] 男 -[e]s/-e 1《複数なし》切抜く〈取る〉こと;〈木の〉枝打ち;〈布地の〉切売り. Stoffe im ~ verkaufen 布地を切売りする. 2〈新聞などの〉切抜いた個所;〈服の〉襟ぐり, ネックライン;〖数学〗扇形. ein Pullover mit spitzem ~ Vネックのセーター. 3〈全体の〉一部, 断片. einen ~ aus einem Film zeigen 映画の一部を見せる. ein Buch nur in ~en lesen 本を断片的に読む.
'aus|schöp·fen 他 1 〈水などを〉汲み出す, 〈器を〉空にする. ein Boot〈das Wasser aus einem Boot〉~

A

ボートの水をかい出す. **2** 《比喩》 利用し尽くす. ein Werk voll ～ 作品を味わい尽くす.

'aus|schrei·ben* ['aʊsʃraɪbən] [他] **1** (名前などを)全書する, (金額などを数字でなく)文字で書く. **2** (文書などを)作成(発行)する. [j³] ein Rezept⟨einen Scheck⟩ ～ (人³に)処方箋を書いて渡す⟨小切手を振出す⟩. **3** (新聞広告などで)一般に知らせる, 公示する. in der Zeitung Stellen ～ 新聞で社員を募集する. Wahlen ～ 選挙の公示をする. eine Wohnung ～ 貸家の広告を出す. **4** (本などの一部を)書抜く; (他の著者・著作を)盗用する, 剽窃(ひょうせつ)する.
♦ ↑ausgeschrieben

'Aus·schrei·bung [女] -/-en (文書による)公示, 新聞広告; 公募, 募集; (競技会などへの)参加の呼びかけ.

'aus|schrei·ten* 《雅》 ❶ [自] (s) 大股で歩く, どんどん歩いていく. ❷ [他] **1** (土地などを)歩測する. **2** 《比喩》(事⁴を)考えめぐらす, よく吟味する.

'Aus·schrei·tung [女] -/-en **1** 《多く複数で》 暴力行為(沙汰). **2** 《古》 無軌道, 逸脱.

'aus|schu·len [他] (親が子供を)退学させる; 《ｵｰｽﾄﾘｱ》 転校させる.

*__'Aus·schuss__ ['aʊsʃʊs アオスシュス] [男] -es/¨-e **1** 委員会. ein beratender⟨ständiger⟩ ～ 諮問⟨常任⟩委員会. **2** 《複数なし》 きず物, 不良品. **3** (貫通弾が体外に出た)傷口.

'Aus·schuss·sit·zung [女] -/-en 委員会.

'Aus·schuss·wa·re [女] -/ =Ausschuss 2

'aus|schüt·teln [他] **1** 振って取除く. die Kleider ⟨den Staub aus den Kleidern⟩ ～ 衣服のほこりを払い落とす. **2** 〖化学〗 振出する.

'aus|schüt·ten ['aʊsʃʏtən] ❶ [他] **1** (物⁴を)逆さに振って中身を全部出す, 空にする. einen Eimer ～ バケツ(の中のもの)をぶちまける. **2** (物⁴を)ぶちまける (aus et³ 物³から). Getreide aus einem Sack ～ 袋から穀物をぶちまける. **3** 《比喩》 どっさり与える. Geschenke über j⁴ ～ 人⁴にどっさり贈物をする. **4** 《比喩》(人³に悩み・苦しみを)ぶちまける. j³ *sein* Herz ～ 人³に心中を打明ける. **5** (収益金などを)分配(配当)する. ❷ [再] 《**sich**⁴》 *sich* vor Lachen ～ 《比喩》 笑いころげる.

'Aus·schüt·tung [女] -/-en **1** 利益配当, 配当金. **2** eine radioaktive ～ 放射能降下物, 死の灰, フォールアウト(↑Fall-out).

'aus|schwär·men [自] (s) **1** (虫・鳥が)群れをなして飛立つ(去る); (人が)大挙して出かける. **2** 《古》 〖軍事〗 散開する.

'aus|schwei·fen ['aʊsʃvaɪfən] ❶ [自] (s, h) **1** (s) 羽目をはずす, 度をすごす, 法(のり)を越える. in *seinen* Gefühlen ～ 感情が異常に高ぶる. ▸↑ausschweifend **2** (s) (話などが)本題からそれる. **3** (h) 《まれ》 (家具の脚などが)外側に反(そ)っている. ❷ [他] (家具の脚などを)外側に(弓形に)反らせる.

'aus·schwei·fend [現分] [形] **1** 度はずれた, 並はずれた. eine ～*e* Phantasie 奔放な空想力. **2** 常軌を逸した, 自堕落な, 無頼(ぶらい)の. ein ～*es* Leben führen 放埒(ほうらつ)な生活をする.

'Aus·schwei·fung [女] -/-en 羽目をはずすこと; 放蕩(ほうとう), 自堕落, ふしだら, 無軌道.

'aus|schwei·gen* [再] 《**sich**⁴》 沈黙を守り通す, 最後まで口を割らない (über et⁴ 事⁴について).

'aus|schwen·ken ❶ [他] **1** すすいで洗う. **2** (クレーンの腕を)外へ回す; 《船員》 (ボートを)水におろす. ❷ [自] (s) (部隊が)行進の向きを変える.

'aus|schwit·zen ❶ [他] **1** 汗とともに体外に出す. eine Erkältung ～ 《比喩》 汗をかいて風邪を治す. **2** (湿気などを)にじみ(しみ)出させる. Die Wände *schwitzen* Feuchtigkeit *aus*. 壁が汗をかく. **3** 〖料理〗 熱して湿気を取る; 炒(いた)める, 炒(い)る. ❷ [自] (s) (湿気などが)にじみ(しみ)出る.

'aus|seg·nen [他] 〖宗教〗 (人⟨物⟩⁴に)祝福を与える. einen Toten ～ (埋葬する前に)死者に祝福を授ける.

'Aus·seg·nung [女] -/-en 祝福; 〖ｶﾄﾘｯｸ〗 祝別式.

'aus|se·hen*

['aʊszeːən アオスゼーエン] ❶ [自] **1** …のように見える(思われる), (見たところ)…のようだ. Er *sieht* glücklich *aus*. 彼は幸福そうに見える. Sie *sieht aus*, als ob sie krank sei⟨wäre⟩. 彼女はまるで病気のように見える. Das *sieht* mir nach Ausrede *aus*. それは私には口実のように聞こえる. zum Fürchten ～ 恐ろしそうに見える. *Sehe* ich danach⟨so⟩ *aus*? 《話》 私がそんな風に見えますか. Das *sieht* nur so *aus*. それはそう見えるだけだ. So *siehst* du *aus*! 《話》 (君らしい考えだが)そうは問屋が卸さんよ, 君の勝手な思い込みだよ. Er ist nicht so alt, wie er *aussieht*. 彼は見かけほど年を食っていない. Das *sieht* wie ⟨nach⟩ Verrat *aus*. こいつはどうも裏切り臭いね. Wie *siehst* du denn *aus*? 君はなんて格好(顔)をしているんだ. Wie *sieht* es geschäftlich *aus*? 商売の方はどんな様子かね. nach etwas ～ 立派に見える. nach nichts ～ (服などが)みすぼらしい; 易しそうに見える. 《非人称的に》 Mit seiner Gesundheit *sieht es* schlecht *aus*. 彼の健康状態はよくないようだ. *Es sieht* nach Regen *aus*. 雨になりそうだ. Hier *sieht es* ja *aus*! ここはなんともひどい有様だ. **2** (nach j⟨et⟩³ 人⟨物⟩³の姿を目を凝らして)捜す, 待受ける. Er *sah* nach den Gästen *aus*. 彼は客の来るのを今か今かと待受けた.
❷ [他] sich³ die Augen nach j³ ～ いつまでも人³の姿を捜す.

'Aus·se·hen [中] -s/ 外見, 外観, 見かけ, 顔つき. ein gesundes ～ haben / von gesundem ～ sein 健康そうな様子である. nach dem ～ zu urteilen 外見から判断すると. dem ～ nach 見たところ. sich³ das ～ eines Dichters geben 詩人を気どる.

'aus sein*, °**'aus|sein*** [自] (s) 《話》 **1** 終った, おしまいである. Der Krieg *ist aus*. 戦争は終った. Es *ist aus* / Jetzt *ist* es⟨alles⟩ *aus*. もはや万事休すだ. Zwischen ihnen *ist* es⟨alles⟩ *aus*. 彼らの仲はもう終りだ. Es *ist* mit ihm *aus*. 彼はもうおしまいだ; お陀仏になった. ▸↑aus ② 2 **2** 外出している. Wir *sind* sonntags immer *aus*. 私たちは日曜日はいつも出かけている. 《多く **aus gewesen sein** の形で》 Gestern waren sie *aus gewesen*. 昨日彼らは外出していた. ▸↑aus ② 1 **3** auf et⁴ ～ 物⁴を追求める, 狙って(目指して)いる. Er *ist* nur auf Frauen *aus*. 彼は女あさりばかりしている. ▸↑aus ② 3 **4** 〖球技〗 (ボールが)ラインを割る; (野球で)アウトになる.

*__'au·ßen__ ['aʊsən アオセン] [副] (↓aus) **1** (↔innen) 外で(に), 外側に(で). ～ und innen 外側も内側も. ～ laufen 〖ｽﾎﾟｰﾂ〗 アウトコースを走る. ～ an der Tür ドアの外側に. nach ～ [hin] 外に向かって. Die Tür geht nach ～ auf. このドアは外側に開く. nach ～ hin den Schein wahren 《比喩》 外見をつくろう, 見栄(みえ)を張る. von ～ [her] 外から. Hilfe von ～ よそからの援助. *Außen* hui und innen pfui. 《諺》 見かけ倒しである. **2** 《ｵｰｽﾄﾘｱ》 (draußen) 戸外(野外)で.

'Au·ßen·an·ten·ne 囡 -/-n 屋外アンテナ.
'Au·ßen·auf·nah·me 囡 -/-n (ふつう複数で)《映画》ロケーション.
'Au·ßen·bahn 囡 -/-en 《スポーツ》アウトコース.
'Au·ßen·bord·mo·tor 男 -s/-en (ボートの)舷外モーター.
'au·ßen·bords ['aʊsənbɔrts] 副 (↔ binnenbords) (船員)舷外に(で, へ).
'aus|sen·den(*) 他 1 遣わす, 派遣する. einen Boten nach j³ ~ j³を呼びに使いを出す. 2《規則変化》《放送》放送する. 《物理》(エネルギー・光線などを)発する, 放射する.
'Au·ßen·dienst 男 -[e]s/ 1 (↔ Innendienst) 外勤, 外回り;(外交官の)外地勤務. 《軍事》野外勤務. 2 (本務外の)雑務.
'Au·ßen·han·del 男 -s/ 外国(海外)貿易.
'Au·ßen·mi·nis·ter 男 -s/- 外務大臣.
'Au·ßen·mi·nis·te·ri·um 由 -s/..rien [..riən] 外務省.
'Au·ßen·po·li·tik 囡 -/ 外交, 対外政策.
'au·ßen·po·li·tisch 形 外交上の, 対外政策の.
'Au·ßen·sei·te 囡 -/-n 外側, 外面, 表面;《比喩》外見, 見かけ, うわべ.
'Au·ßen·sei·ter ['aʊsənzaɪtər] 男 -s/- 1 アウトサイダー, 一匹狼;局外者;門外漢, 素人(½). 2《スポーツ》(↔ Favorit) 勝目のない選手(チーム);《競馬》穴馬. ◆英語 outsider の翻訳借用語.
'Au·ßen·spie·gel 男 -s/- (自動車の)サイドミラー.
'Au·ßen·stän·de ['aʊsənʃtɛndə] 複《経済》未回収金, 売掛け金.
'Au·ßen·ste·hen·de 形変 男囡《形容詞変化》局外者, 部外者. ◆außen Stehende とも書く.
'Au·ßen·stel·le 囡 -/-n 支部, 支店.
'Au·ßen·stür·mer 男 -s/- 《スポーツ》ウィングフォワード.
'Au·ßen·ta·sche 囡 -/-n (服の)外ポケット.
'Au·ßen·wand 囡 -/¨e 外壁.
'Au·ßen·welt 囡 -/ 外界, 外部世界;世間.
'Au·ßen·win·kel 男 -s/- 《幾何》外角.
*'au·ßer ['aʊsər アオサー] ❶ 前 (3·4·2格支配) Ⅰ (3格支配) 1《空間的》…の外に(で), …の外部に(で). ~ Haus[e] sein 外出している, 留守である (↑Ⅲ). ~ Sicht〈Hörweite〉sein 見えなく〈聞こえな い〉. Der Kranke ist schon ~ Bett. 病人はもう床を 上げした, 本復(½っ)した. 2《時間的》…の所定の時 間外に, 都合の悪い時間に. 3《比喩》et⁴ ~ Acht lassen 事⁴を顧慮しない, 無視する. ~ Atem sein 息 を切らしている. ~ Betrieb sein (機械·工場などが)運 転(操業)を休止している. ~ Dienst (略 a. D.)退職 (退官, 退役)した(↑Ⅲ). ~ Frage sein 疑いの余地が ない, 確実である. ~ Gefahr sein 危険を脱している. ~ Kraft sein (法律などが)効力を失っている. ~ sich³⁽⁴⁾ geraten 度を失う, 我を忘れる (↑Ⅲ). ~ sich³ sein 度を失っている, 取乱している. 4《除外·追 加》…を除いて, …のほかに. Außer ihren drei Katzen hat sie noch zwei Vögel. 彼女は 3 匹の 猫のほかにまだ小鳥を 2 羽飼っている.
Ⅱ (4格支配)《運動を表す動詞とともに》ein Schiff ~ Dienst stellen 船を廃船処分にする(↑Ⅰ 3). et⁴ ~ Kurs setzen 物⁴(貨幣·証券など)の流通を停止する. ~ sich⁴《Fassung》geraten 度を失う (↑Ⅰ Ⅲ).
Ⅲ (2格支配)《主として次の慣用的表現で》~ Hauses sein《雅》外出している(↑Ⅰ 1). ~ Landes

gehen〈leben〉国外に出る〈外国で暮している〉. ❷ 接 1《並列》…を除いて, …を別にして. Niemand kann mir helfen ~ ich selbst. 私自身のほかには私を 助けることができる者は誰もいない. Ich kann mit dieser Erkältung nicht ausgehen, ~ du nimmst mich im Auto mit. 私はこの風邪のほかには外出できない, 君が車で連れていってくれるのなら別だが. 2《dass, wenn とともに》Es gibt keinen Ausweg, ~ dass wir ihn um Hilfe bitten. 私たちは彼に助けを求める以外に 逃道がない. Ich gehe täglich spazieren, ~ wenn es regnet. 雨が降らないかぎり私は毎日散歩に出る.
*'äu·ßer ['ɔʏsər オイサー] 形《比較級なし / 付加語的 用法のみ》(↔ inner) 1 外の, 外部(外側, 表面)の. eine ~e Ähnlichkeit 外面の類似. der ~e Mensch 人間の外見. Du musst etwas für deinen ~en Menschen tun. 君は少しは身なりをきれいにしなさい. eine ~e Verletzung 外傷. 2 外部から来た. ein ~er Anlass 外的誘因, きっかけ. 3 対外的な, 外交 上の. ~e Angelegenheiten eines Staates 一 国の外交問題. ◆副詞としては außen を用いる. ↑ Äußere, äußerst.
au·ßer.. [aʊsər..]《接頭》形容詞に冠して「…外の」の 意を表す. außerdeutsch ドイツ国外の.
*'au·ßer·dem ['aʊsərdeːm, -'-] アオサーデーム] そのほかに, おまけに, かてて加えて.
'au·ßer·deutsch 形 ドイツ国外の, ドイツ(ドイツ人, ドイツ語)以外の.
*'Äu·ße·re ['ɔʏsərə オイセレ] 由《形容詞変化》1 外 面;外見, 外観, 見かけ;身なり, 容姿. ~s der Kirche 教会の外観. viel Wert auf sein ~ s legen 外見を大事にする, 身なりに気を使う. 2 対外関係, 外交. Minister des ~n 外務大臣(= Außenminister).
'au·ßer·ehe·lich 形 正式な結婚によらない, (子供が)庶出の;婚外の. ein ~es Kind 庶子.
'au·ßer·fahr·plan·mä·ßig 形 (列車などが)時刻表外の, 臨時の.
'au·ßer·ge·wöhn·lich 形 1 普通でない, 異常な. ein ~er Zustand 異常な事態. 2 並々ならぬ, 非凡な, 際立った. ein ~es musikalisches Talent 非凡 な音楽的才能. 3《副詞的用法で》ずばぬけて, 非常 に. ein ~ kalter Winter いつになく寒い冬.
'au·ßer·halb ['aʊsərhalp アオサーハルプ] ❶ 前《2格 支配》(↔ innerhalb) …の外(外部)に(で); …以外の 時間に. ~ des Hauses 家の外で. ~ der Dienstzeit 勤務時間外に. ▶ 2格支配の代りに von et³ を伴 うこともある. ❷ 副 外で, 郊外で, よその土地(外国)で. Er wohnt ~. 彼は郊外に住んでいる. sich⁴ ~ halten 局 外にいる. Briefe nach ~ 他地域あての郵便物. Ich komme von ~. 私はよその土地の出身である.
'au·ßer·ir·disch 形 地球外の. eine ~e Station 宇宙ステーション.
*'äu·ßer·lich ['ɔʏsərlɪç オイサーリヒ] 形 1 (↔ innerlich) 外の, 外面の. 2《薬学》外用の. ~es Mittel 外用薬. Das ist ~ nicht erkennbar. それは外部か らの, 表面的な, 皮相な. ein ~er Mensch 浅薄な人間. et⁴ nur ~ betrachten 事⁴を表面的にしか見ない.
'Äu·ßer·lich·keit 囡 -/-en 1 外面性, 外形, 体裁. 2《比喩》皮相, つまらぬこと.
'au·ßer·mit·tig ['aʊsərmɪtɪç] 形 = ausmittig
*'äu·ßern ['ɔʏsərn オイサーン] ❶ 他 1 言う, 述べる; 示

す, 表す. eine Meinung ～ 意見を述べる. ❷ 再 (sich) 1 自分の意見を言う(über et³ 事¹について), 自分の立場を明らかにする. Ich kann *mich* zu diesem Thema nicht ~. 私はこのテーマに対する自分の立場を明らかにできない. 2 (感情・症状などが)現れる. Die Grippe *äußert sich* zunächst durch hohes Fieber. 流感はまず高熱が出る.

*'au·ßer·or·dent·lich ['aʊsərˌɔrdəntlɪç アオサーオルデントリヒ] 形 1 正常でない, 異常な, 度はずれた. ein ～*es* Erlebnis 異常な体験. 2 特別の, 臨時の. ～*e* Ausgaben 特別(臨時)支出. ～*er* Professor (略 ao. Prof., a. o. Prof.)助教授. 3 並々ならぬ, 卓越した, 非凡な. 4 (副詞的用法で)非常に, きわめて, ひどく.

'au·ßer·par·la·men·ta·risch 形 議会外の. ～*e* Opposition (略 Apo, APO)議会外(院外)反対派(1966-1969の学生を中心とした反体制派).

'au·ßer·plan·mä·ßig 形 (略 Apl.)計画(予定)外の, 臨時の, 不定期の, 定員外の. ～*er* Professor (略 apl. Prof.)員外教授(大学で6年間教鞭を取ったDozent に与えられる称号).

*'äu·ßerst ['ɔysərst オイサースト] ❶ 形 (äußer の最上級/付加語的用法のみ) 1 最も外側の, 最も離れた. am ～*en* Ende des Waldes 森の一番はずれに. im ～*en* Norden 極北の地に. die ～*e* Linke〈Rechte〉極左(極右). 2 (程度が)最も大きい, 最大限の, 極度の. von ～*er* Bedeutung sein 極めて重要である. Hier ist ～*e* Vorsicht geboten. ここは細心の慎重さが要求されるところだ. 3 可能な限りの, ぎりぎりの. der ～*e* Preis〈Termin〉ぎりぎりの値段(期限). 4 最悪の. im ～*en* Fall 最悪(万一)の場合に, まさかのときには.

❷ 副 1 きわめて, 非常に. Das ist mir ～ unangenehm. それは私には大変不愉快である. (絶対的最上級 **aufs äußerste, auf das äußerste** の形で) aufs ～*e*〈*äußerste*〉erschrocken sein ひどく驚いている, 肝(きも)をつぶしている. ◆↑ Äußerste

au·ßer'stan·de [aʊsərˈʃtandə, ˈ–––ˈ–] 副 (～ imstande) ～ sein, ...zu tun ...することができない. Ich bin ～, ihn zu beurteilen. 私はそれに基づいて判断を下せる立場にない. Ich fühle mich ～, für ihn etwas zu tun. 私は彼のために何かしてあげる余力が自分にはと思う. j³ ～ setzen, ...zu tun ...する人¹をできないようにする. Durch diesen Unfall wurde er ～ gesetzt, auf die Party zu gehen. この事故のおかげで彼はパーティーに行けなくなった. ◆ außer Stande とも書く.

'Äu·ßers·te 中 (形容詞変化/複数なし)極端, 極度, 極限; 最悪(万一)の事態. das ～ befürchten 最悪の事態を恐れる. das ～ tun やれる限りのことをする. aufs ～ gefasst sein 最悪(万一)の場合を覚悟している. et⁴ aufs ～ treiben〈ankommen lassen〉事⁴を極限まで押し進める. bis zum ～*n* gehen 極端に走る. es⁴ zum ～*n* kommen lassen 最悪の事態に陥る. ◆↑ äußerst

'äu·ßers·ten'falls 副 万一(最悪)の場合には.

'Äu·ße·rung ['ɔysərʊŋ] 女 –/–en 1 発言, コメント, (意見・態度などの)表明, 申し立て, 言明; 不用意な発言. sich⁴ jeder ～² enthalten 一切のコメントを差し控える. eine ～ tun〈fallen lassen〉発言する. 2 (気持などの)表れ, 表出. Sein Benehmen ist eine ～ des Missfallens. 彼の行為は不快感の表れである.

'aus|set·zen ['aʊsˌsɛtsən] ❶ 他 1 外に出す(置く); 置去りにする, 棄てる. das Allerheiligste ～ 聖体を顕示する. ein Boot ～ ボートを(水面に)降ろす. einen Hund ～ 犬を棄てる. eine Leiche ～〈民俗〉死体を野辺に置き去りにする(鳥葬などの風習). Passagiere ～ 乗客を下船させる. Pflanzen〈Tiere〉(鉢・温室から)植物を露地に植栽える〈動物を森に放つ〉. Waren ～ 商業 (包装・梱包のために)商品を出して来る. 2 (人〈物〉³を物¹)にさらす. sich〈j³〉einer Gefahr ～ わが身〈人³〉を危険にさらす. (過去分詞で) et³ *ausgesetzt* sein 物³にさらされている. Hier sind wir der Ansteckung *ausgesetzt*. ここでは私たちは感染の危険にさらされている. 3 (zu 不定詞句で) viel an j(et)³ *auszusetzen* haben〈finden〉人〈物〉³をさんざん非難する, (に)けちをつける(否定形ではviel の代りに nichts を使う). Er hat〈findet〉an allem etwas *auszusetzen*. 彼は何にでもけちをつける. 4 中断(中止, 延期)する; 法制 (手続き・訴訟を)停止する. eine Strafe ～ 刑の執行を停止(延期)する. einen Streik ～ ストライキを中止する. 5 (報奨金・賞金などを)約束する, 設定する, 出す. j³〈für j¹〉ein Erbteil ～ 人³,¹ に相続分を与えると約束する. Auf seinen Kopf sind 10 000 Euro [Belohnung] *ausgesetzt*. 彼の首には1万ユーロ(の賞金)がかかっている. 6 Sägeblätter ～ 鋸刃(のこば)の目立てをする.

❷ 自 1 (モーター・脈などが)一時的に止まる, 途切れる, 停止する. Die Musik hat plötzlich *ausgesetzt*. 音楽が急にやんだ. 2 一時的にやめる(休む). mit der Arbeit ～ 仕事の手を休める, 一服する. ohne *auszusetzen* 休む間もなしに, 間断なく. Wenn man zu viert Skat spielt, muss immer einer ～. 4人でスカートをするときは1人が休んでいなくてはならない.

'Aus·set·zung 女 –/–en 1 置去り, 遺棄, 棄て子; ボート(舩客)を降ろすこと; (植物の露地への)移植. die ～ des Allerheiligsten 聖体顕示. 2 (報奨金・賞金・年金などの)設定, 約束. 3 中断, 中止, 停止, 延期. 4 (複数形で)非難, 難癖(なんくせ), いちゃもん, けち.

*'Aus·sicht ['aʊsɪçt アオスズィヒト] 女 –/–en 1 (将来への)見込み, 見通し, 望み, 可能性. ～ auf Erfolg 成功する見込み. gute〈düstere〉～*en* haben 見込みが明るい〈暗い〉. Das sind ja schöne ～*en*!〈反語〉こいつは先が思いやられる. Seine ～*en*, den Posten zu bekommen, sind gering. 彼がその地位に就ける見込みは小さい. et⁴ auf ～ haben 物⁴を獲得(実現)できる見込みがある. (を)あてにできる. j(et)⁴ in ～ nehmen 人〈物〉⁴を予定している(für et¹ 物¹に). in ～ stehen 見込まれる, 期待できる. j³ et⁴ in ～ stellen 人³に物⁴を約束する. ein Angestellter ohne große ～ あまり出世の見込みのないサラリーマン. 2 (複数なし)見晴らし, 展望, 眺め. die ～ aus dem〈vom〉Fenster 窓からの眺望. ein Zimmer mit ～ aufs Meer 海の見える部屋.

'aus·sichts·los 形 見込みのない, お先まっくらな.

'Aus·sichts·lo·sig·keit 女 –/ お先まっくら, 八方ふさがり, 絶望.

'Aus·sichts·punkt 男 –[e]s/–e 見晴らしのよい場所(地点).

'aus·sichts·reich 形 見込みのある, 有望な.

◆**'Aus·sichts·turm** 男 –[e]s/–e 展望塔(台), 望楼.

'Aus·sichts·wa·gen 男 –s/– (窓の大きな)展望車, (2階建ての)遊覧バス.

'aus|sie·deln 他 (強制的に)移住させる; (農場を村外へ)移転させる.

'**Aus·sie·de·lung** 囡 -/-en (強制)移住; (村の外の)移転農場.

'**Aus·sied·ler** ['aʊsziːdlər] 男 -s/- 強制移住者; (とくに東ヨーロッパからドイツへの)移住者.

'**Aus·sied·lung** 囡 -/-en =Aussiedelung

'**aus|söh·nen** ['aʊszø:nən] ❶ 他 j⁴ mit j³ ~ 人⁴を人³と和解させる. ❷ 再 (sich⁴) 1 (mit j³ 人³)と和解する. Wir haben uns [miteinander] endlich *ausgesöhnt*. 私たちはとうとう仲直りした. **2** (mit et³ 物³)に甘んじる, (と)折合う.

'**Aus·söh·nung** 囡 -/-en 和解, 仲直り; 妥協, 折合い.

'**aus|son·dern** 他 選び出す, えり分ける, 選別する; 分離(除去)する.

'**Aus·son·de·rung** 囡 -/-en 1《複数なし》えり分け, 選別, 分離, 除去. **2**《法制》(破産財団からの)取戻し. *Aussonderungs*recht 取戻し権(破産財団から破産者に属さない財産を取り戻す権利).

'**aus|sor·tie·ren** 他 えり分ける, 選び出す. ◆過去分詞 aussortiert

'**Aus·sor·tie·rung** 囡 -/ えり分け, 選び出し.

'**aus|span·nen** ['aʊsʃpanən] ❶ 他 1 (網·ロープなどを)張る. ein Netz⟨ein Tuch⟩ zum Trocknen ~ 網⟨布⟩をひろげて乾かす. **2** 他 (~ einspannen) はずしたもの·つないだものをはずす. einen Bogen [aus der Schreibmaschine] ~ 用紙をタイプライターからはずす. die Pferde⟨den Wagen⟩~ 馬を馬車からはずす. **3**《話》(人³から人⁴を)横取りする; (人³から物⁴を)借りて(譲って)もらう. j³ die Freundin ~ 人³から恋人を奪う. Darf ich dir heute Abend deine Frau ~?《戯》今晩君の奥さんを拝借してもいいかね. ❷ 自 (仕事を休んで)休養(静養)する.

'**Aus·span·nung** 囡 -/ 休養, 静養, 保養.

'**aus|spa·ren** 他 **1** (余地·余白を)あけておく. **2** (問題などを)棚上げ(先送り)する, 触れないでおく.

'**Aus·spa·rung** 囡 -/-en 1《複数なし》(余地·余白などを)あけておくこと. **2** 残してある場所, 余地, 空白.

'**aus|spei·en*** ❶ 他 (つばなどを)吐き出す, (食べたものを)もどす. Ein Vulkan *speit* Lava *aus*. 火山が溶岩を噴き出す. ❷ 自 つばを吐く. vor j³ ~ 人³の面前でつばを吐く.

'**aus|sper·ren** 他 **1** (ausschließen 1)(鍵をかけて)締出す, 家(部屋)に入(い)れない. **2** (共同の仕事などに)参加させない; (労働者を)ロックアウトする.

'**Aus·sper·rung** 囡 -/-en 1《複数なし》(家·部屋からの)締出し. **2** 排除, 除名. **3** ロックアウト.

'**aus|spie·len** ['aʊsʃpiːlən] ❶ 他 **1**《トランプ》(カードを)出す. einen Trumpf⟨einen König⟩ ~ 切札⟨キング⟩を出す. den letzten Trumpf ~ 最後の切札を出す.《比喩》最終回答をする, 奥の手を出す, 最後の試みをする.《目的語なしでも》[die erste Karte] ~ ゲーム開始の最初のカードを出す. Wer *spielt aus*? 誰から始めるの. **2** (取っておきの手を出す, (に)訴える. *seine Er*fahrung ~ 経験に物を言わせる. **3** (a)《演劇》(柄·場面を十二分に(たっぷり)演じる. (b)《とくに完了形で》Er hat [seine Rolle] *ausgespielt*. 彼はもう役割を終えた, 彼の時代はもう終った. **4**《宝くじ》(賞金·賞状などを), 与え, 設定する. In der Lotterie werden zwanzig Millionen *ausgespielt*. 今度の宝くじでは2000万ユーロの賞金が出る. Beim Fußball wurde ein Pokal *ausgespielt*. サッカーで優勝杯が争奪された. **5** den Gegner ~ 《球技》(サッカーなどで)敵の防御をかわす. **6** j⁴ gegen j⁴ ~ 人⁴と人⁴を争わせて漁夫(ぎょふ)の

利を占める.

'**Aus·spie·lung** 囡 -/-en **1** くじ, 抽籤. **2** 配当.

'**aus|spi·o·nie·ren** 他 **1** (秘密·情報などを)探り出す. **2** (人⁴から)秘密(情報)を聞出す. ◆過去分詞 ausspioniert

*'**Aus·spra·che** ['aʊsʃpraːxə アオスシュプラーヘ] 囡 -/-n **1** 発音(すること). eine gute ⟨schlechte⟩ ~ haben 発音が良い⟨悪い⟩. **2** 話合い, 意見の交換. eine ~ mit j³ haben 人³と話合う.

'**aus|spre·chen*** ['aʊsʃpreçən アオスシュプレヒェン] ❶ 他 **1** 発音する. ein Wort deutlich ~ ある語をはっきりと発音する. Wie *spricht* man dieses Wort *aus*? この語はどう発音するのですか. **2** (意見·希望などを)言う, 述べる, 表明する.
❷ 再 (sich⁴) **1** 発音される. Das Wort *spricht sich* schwer *aus*. この語は発音しにくい. **2** (a) (心中を明かす, 考えを述べる; 苦情(窮状)を訴える. *sich* für j⟨et⟩⁴ ~ 人⟨事⟩⁴に賛成する, (に)肩入れする. *sich* gegen j⟨et⟩⁴ ~ 人⟨事⟩⁴に反対する. *sich* über j⟨et⟩⁴⟨人⁴物⁴⟩について意見(見解)を言う; 人⁴⟨物⁴⟩についてじっくり語り合う(mit j³ 人³と). (b)《相互代名詞の *sich* と》互いによく話し合う.
❸ 他 終りまで話す. Lassen Sie ihn ~! 彼に最後まで話させてやりなさいよ.
◆↑ausgesprochen

*'**Aus·spruch** ['aʊsʃprʊx アオスシュプルフ] 男 -[e]s/ⁿe 名言, 箴言(しんげん), 格言.

'**aus|spu·cken** ❶ 他 (つばなどを)吐き出す, (食べたものを)もどす; (金銭を)支出する; (機械が製品を大量に)作り出す, (自動販売機が商品を)出す. Für die Hochzeit hat er viel Geld ~ müssen. 彼は結婚式で大変な物入りだった. Der Computer *spuckt* Informationen *aus*. コンピュータがいろんな情報を出してくる. ❷ 自 つばを吐く. vor j³ ~ 人³の面前でつばを吐き棄てる. *Spuck* schon *aus*!《話》さっさと泥を吐いてしまえ.

'**aus|spü·len** 他 **1** (容器などを)洗ってきれいにする, すく. **2** (汚れなどを)すすぎ落す. **3** (洪水などが地表を)浸食する.

'**aus|staf·fie·ren** 他 **1** (j⁴ mit et³ 人⁴に物³を)着せる, 持たせる; そろえてやる, 仕度して(もたせて)やる. das Kind neu ~ 子供に新調の服を着せてやる. *sich*⁴ Indianer ~ インディアンに扮装する. Sie wurde von ihren Eltern vor der Reise mit allem Nötigen *ausstaffiert*. 彼女は旅に出る前に両親に必要なものをすべて揃えてもらった. *sich*⁴ für eine Reise ~ 旅支度をする. **2** (古)(et⁴ mit et³ 物⁴に物³を)備えつける, 装備する. ein Zimmer mit Möbeln ~ 部屋に家具類を入れる. ◆過去分詞 ausstaffiert

'**Aus·staf·fie·rung** 囡 -/ 身仕度, いでたち; 装備.

'**Aus·stand** ['aʊsʃtant] 男 -[e]s/ⁿe (↓ausstehen) **1**《複数まれ》ストライキ. in den ~ treten ストライキに突入する. **2**《多く複数で》(Außenstände) 未回収金, 売掛け金. **3** (とくに南ドイツ)(↔Einstand) 退学, 退職.

'**aus|stat·ten** ['aʊsʃtatən] 他 **1** (j⁴ mit et³ 人⁴に物³を)持たせる, 支度してやる, 与える; 授ける; 着せる. j⁴ mit Vollmachten ~ 人⁴に全権を授ける. **2** (et⁴ mit et³ 物⁴に物³を)備えつける, 装備する. eine Wohnung mit Möbeln ~ 住居に家具を入れる, 備えつける. ein Buch ~ 本を装丁する.

'**Aus·stat·tung** 囡 -/-en 1《複数なし》(建物·部屋

に)設備を備えつけること．**2** 設備，装備，室内装飾；(商品などの)体裁，包装，(本の)装丁．**3** 家具，調度；嫁入り道具；舞台装置，(映画の)セット．**4** 《法制》(親が子に与える)独立資金，(結婚の)持参金，婚資．

'**Aus|stat·tungs·film** 男 -[e]s/-e スペクタクル映画．

'**Aus·stat·tungs·stück** 中 -[e]s/-e (装置や衣装の豪華な)スペクタクル劇．

'**aus|ste·chen*** ['aʊsʃtɛçən] 他 **1** 刺して(突いて)わす．j³ ein Auge ~ 人³の目を突いて傷つける．**2** (へら・ナイフで)取出す，取除く，掘出す，(溝などを掘る，(銅版にのみで)彫込む，刻む．Plätzchen ~ (型枠で)ビスケットをくり抜く．die Scheibe ~ 〖アイスホッケー〗(相手のスティックを打って)パックを奪い取る．**3** (人⁴を)のく，蹴落す．Er hat mich bei ihr *ausgestochen*. 彼は私から彼女を横取りした．

'**aus|ste·hen*** ['aʊsʃteːən] ❶ (h, s) **1** (h) (ショーウインドーに)陳列してある，展示してある．**2** (h) (返事がまだ来ない，(解決が)まだなされていない，(売掛金など)が入金していない．*ausstehende* Forderungen 未回収金．**3** (s) 《南ド》《南西ド》退職(退学)する．
❷ 他 耐える，我慢する．j⟨et⟩⁴ nicht ~ können 人⟨物⟩⁴が我慢ならない．mit j³ viel *auszustehen* haben 人³のことでさんざん手を焼かされる．Er hat im Altersheim nichts *auszustehen*. 彼は老人ホームで何不自由ない毎日を送っている．《過去分詞で》*ausgestanden* sein 《厄介なこと・辛いことが》終った，片がついた．

'**aus|stei·gen*** ['aʊsʃtaɪɡən アオスシュタイゲン] 自 (s) **1** (↔ einsteigen) (乗物から)降りる，下車する；(兵隊)(飛行機からパラシュートで)飛降りる，(沈みかけた船から)脱出する．aus dem Zug ~ 列車から降りる．Alles ~! みなさんお降り願います．**2** 《話》(事業などから)手(身)を引く，おりる．aus einem Geschäft ⟨einer Filmrolle⟩ ~ 商売から手を引く⟨映画の配役をおりる⟩．**3** 〖スキー〗棄権する．**4** den Gegenspieler ~ lassen (サッカーなどで)相手選手をかわす．**5** (かわそうなど)水から上がる．

'**Aus·stei·ger** [..ɡər] 男 -s/- 《話》(自分の意志で)身を引いた人；(人生から)ドロップアウトした人．

＊'**aus|stel·len** ['aʊsʃtɛlən アオスシュテレン] 他 **1** (商品・美術品などを)展示(陳列，出品)する．**2** (歩哨・道路標識などを)立てる，設置する．eine Falle ~ 罠(わな)を仕掛ける．**3** (証明書などを)発行(交付)する(人⁴に)．j⁴が(申し手などを割に非継(すくきた)出し，(ラジオ・エンジンなどを)止める，切る．**5** (窓などを)外側に押して開ける．**6** 《ふつう過去分詞で》(スカート・ズボンの)裾広がりに裁〈つ〉．eine *ausgestellte* Hose ベルボトムのズボン．**7** 《古》(et¹ an j⟨et⟩³ 人⟨物⟩³の事⁴に)文句をつける．

'**Aus·stel·ler** [..lər] 男 -s/- **1** (展示会などの)出品者．**2** (証明書・小切手などの)発行者，振出し人．

＊'**Aus·stel·lung** ['aʊsʃtɛloŋ アオスシュテルング] 女 -/-en **1** 《複数なし》展示，陳列，出品；(歩哨・道路標識などの)配置，設置；(証明書などの)発行，交付，(小切手の)振出し．**2** 展覧会，展示会，見本市．in eine ~ gehen / eine ~ besuchen 展覧会(展示会，見本市)に行く．**3** 《古》《複数なし》非難(すべき点)，苦情，文句．an j⟨et⟩³ ~*en* machen 人⟨物⟩³に文句をつける．

'**Aus·stel·lungs·stück** 中 -[e]s/-e (売却しない)展示品，出品物．

'**Aus·ster·be·etat** ['aʊsʃtɛrbəˌeːtaː] 男 -s/- 《次の成句で》auf dem ~ sein ⟨stehen⟩ 《話》消滅し(廃止され)かかっている．j⟨et⟩⁴ auf den ~ setzen 《話》人⟨物⟩⁴をお払い箱にする，そろそろ引退してもらう，(製品などを)もう生産しない．

'**aus|ster·ben*** ['aʊsʃtɛrbən] 自 (s) (生物・民族などが)死に絶える，絶滅する；(習俗・言語などが)消滅する．Die Dummen *sterben* nicht *aus*. 馬鹿はいつの世にもいるものだ．◆↑ausgestorben

'**Aus·steu·er** ['aʊsʃtɔɪər] 女 -/(-n) 嫁入支度，婚資 (↑ Ausstattung 4).

'**aus|steu·ern**¹ 他 **1** (人⁴に)嫁入支度をしてやる．**2** 《法制》人⁴に対する社会保険の給付を終了する．Sie ist *ausgesteuert*. 彼女はもう社会保険を受ける資格が切れている．

'**aus|steu·ern**² 他 **1** (ハンドル・舵を操作して)運転する，操縦する．**2** (増幅器・録音機などのレベル調節をする；(搬送波を)変調する．

'**Aus·stich** ['aʊsʃtɪç] 男 -[e]s/-e **1** (とくにワインの)極上品．**2** 《スイス》決勝戦．

'**Aus·stieg** ['aʊsʃtiːk] 男 -[e]s/-e (↓ aussteigen) **1** (乗物から)降りること，下車，(飛行機・船舶からの)脱出．**2** (電車・バスの)降車口，出口．**3** (かわうそなどが)水から上がる場所．**4** (事業などから)手を引くこと．~ aus der Atomenergie 脱核エネルギー．

'**aus|stop·fen** 他 **1** (物⁴に)詰める，(を)埋める，ふさぐ．die Ritzen mit Stroh ~ 割目をわらでふさぐ．eine Wissenslücke ~ 知識の欠落を勉強して補う．**2** 剥製にする．ein *ausgestopfter* Adler 鷲の剥製．

'**Aus·stoß** ['aʊsʃtoːs] 男 -es/-²e **1** 突いて出すこと，噴出すること；ビール樽の栓をぬくこと；(魚雷の)発射．**2** (一定時間内での)生産高．

'**aus|sto·ßen*** ['aʊsʃtoːsən] 他 **1** 突いて取除く，(動物の皮を)剝ぐ．j³ ein Auge ~ 人³の目を突いて傷つける(つぶす)．**2** (蒸気・煙などを)吹出す，噴出する，吐き出す；分娩する；(叫び声などを)発する．**3** 突き出す，締出す，(組合・班など)から，割目を追い出す；《言語》(音・つづり字を)とばす，落す．**4** (工場・機械が一定時間に)生産する．Die Maschine *stößt* alle drei Minuten eine Fertigware *aus*. この機械は3分ごとに完成品を1個ずつ作り出す．

'**Aus·sto·ßung** 女 -/ 排斥，除外，追放；《言語》(音・つづり字の)脱落．

'**aus|strah·len** ❶ 他 (光・熱を)出す，放射(放出)する；(ある場所を)広範に照らす；(雰囲気・情緒を)発散する；《電波》(プログラムを)放送する．❷ 自 (s, h) (光・熱が)出る，放射(放出)される，発せられる(von et¹ 物¹から)；影響(感化)をおよぼす(auf j⟨et⟩⁴ 人⟨物⟩⁴に)．

'**Aus·strah·lung** 女 -/-en **1** 《複数なし》放射，放熱，(光・電波の)発散．**2** (人物・人柄から出てくる)力，雰囲気，影響力，魅力．

＊'**aus|stre·cken** ['aʊsʃtrɛkən アオスシュトレケン] ❶ 他 (腕・脚を)伸ばす，差出す，(舌を)出す．die Hand nach j³ ~ 《比喩》人⟨物⟩³を手に入れようとする，(に)触手をのばす．❷ 再 (**sich**⁴) (手足を伸ばして)寝そべる．

'**aus|strei·chen*** ['aʊsʃtraɪçən] ❶ 他 **1** (語などを)線で消す，抹消する；(記憶・足跡などを)消す．**2** (パンの生地・塗料・衣服のしわを)のばす；(隙間などを)塗りつぶす，ふさぐ．**3** 《医学》(細菌などをプレパラートの上に)塗抹する．❷ 自 (s) 《狩》(動物が)巣から出る．einen Hund ~ lassen 猟犬を放つ．einen Vogel ~ lassen (撃つ前に)鳥を巣から飛立たせる．**2** 《多く現在形で》zutage ⟨zu Tage⟩ ~ 《地質・鉱山》(鉱脈が)露出する．

'**aus|streu·en** 他 **1** 散布する，まく；(噂を)ふりまく．

Lügen ～ 嘘を言いふらす. **2** (et⁴ mit et³ 物⁴に物³を)まき散らす. den Weg mit Blumen ～ 道に花をまき散らす.

'**aus**|**strö·men** ❶ 他 (熱・匂いなどを)放つ, 発散する. ❷ 自 (s) 流れ(漏れ)出る; 群れをなして(続々と)出て来る. Von ihm *strömt* Sicherheit *aus*. 彼は自信にあふれている. Die Menschen *strömten* von der Kirche *aus*. 人々が教会から続々と出て来る.

*'**aus**|**su·chen** ['aʊsuː·xən アオスズーヘン] 他 **1** 選び出す, えり出す. **2** (ある場所を)取交わす(nach et⁴ 物³ 物⁴を見つけようとして). ◆ ↑ausgesucht

'**aus**|**ta·pe·zie·ren** 他 ein Zimmer ～ 部屋に壁紙を張る. ◆過去分詞 austapeziert

*'**aus**|**tausch** ['aʊstaʊʃ アオスタオシュ] 男 -es/ 交換, 取替え; (人物・文化などの)交流. A⁴ im ～ für ⟨gegen⟩ B⁴ erhalten B と引換えに A を受取る.

'**Aus**·**tausch**·**dienst** 男 -[e]s/-e Deutscher Akademischer ～ (略 DAAD)ドイツ学術交流会.

*'**aus**|**tau·schen** ['aʊstaʊʃən アオスタオシェン] 他 **1** 交換する, (意見・手紙などを)取交わす(mit j³ 人³と). (相互代名詞 *sich*⁴ と) *sich* über et⁴ ～ 事⁴について意見を交わす, 語り合う. **2** (部品などを)取替える, (選手を)交替させる (gegen et⟨j⟩⁴ 物⟨人⟩⁴と). den Motor ～ エンジンを取替える. (過去分詞で) Er war plötzlich wie *ausgetauscht*. 彼は突然人が変った.

'**Aus**·**tausch**·**pro**·**fes**·**sor** 男 -s/-en 交換教授.

'**Aus**·**tausch**·**stu**·**dent** 男 -en/-en 交換学生.

'**aus**|**tei·len** 他 分ける, 分配する. die Karten ～ カードをくばる. Ohrfeigen ～ びんたを張る. den Segen ～ (司祭が会衆に)祝福を与える. 《目的語なしで》bei Tisch ～ 料理を取分ける, よそり分ける.

'**Aus**·**tei**·**lung** 女 -/-en 分配.

'**Aus**·**te**·**nit** [aʊsteˈniːt] 男 -s/-e 《化学》オーステナイト.

*'**Aus**·**ter** ['aʊstər アオスター] 女 -/-n 牡蠣(かき).

'**Aus**·**tern**·**bank** 女 -/⸚e (海底の)牡蠣(かき)の生息地帯(養殖床).

'**Aus**·**tern**·**fi**·**scher** 男 -s/- **1** 牡蠣(かき)漁師. **2** 《鳥》ミヤコドリ.

'**aus**|**til·gen** 他 消滅させる, 絶滅させる; (書いたものを)抹消する, (記憶から)消し(拭い)去る.

'**aus**|**to·ben** ❶ 他 (感情を)爆発させる. ❷ 再 (**sich**) 感情を爆発させる, あばれる, 羽目をはずす. Die Jugend muss *sich* ～. 《諺》やんちゃは若さのしるし. ❸ 自 (感情・嵐が)収まる.

'**Aus**·**trag** ['aʊstraːk] 男 -[e]s/⸚e **1** 《複数なし》(争いごとの)決着, 仲裁, 調停; (試合・競技の)実施, 開催. zum ～ kommen 決着がつく, 解決(調停)の運びとなる. **2** 《複数まれ》《南ド・オーストリア》隠居分(↑ Altenteil).

'**aus**|**tra·gen*** ['aʊstraːɡən] 他 **1** (新聞・手紙・商品を)配達(宅配)する; (噂などを)言いふらす. **2** (胎児を臨月まで)懐胎する, 持ちこたえる. **3** 決着をつける, 調停(解決)する; (試合などを)実施する. **4** (記入された)抹消する, 抹消する. *sich* aus der Anwesenheitsliste ～ 出席者名簿から自分の名前を消して退去する. **5** *sich*³ et⁴ ～ 《南ド・オーストリア》物⁴を自分のために取っておく.

'**Aus**·**trä**·**ger** [..trɛːɡər] 男 -s/- (新聞などの)配達人; (噂などを)言いふらす人.

'**Aus**·**trags**·**stü**·**bchen** [..ʃtyːpçən] 中 -s/- 《南ド・オーストリア》年金生活者の隠居部屋. im ～ sitzen 《戯》年金生活者(悠々自適の生活)をしている, ご隠居さんだ.

'**Aus**·**tra·gung** 女 -/-en 《複数まれ》臨月に達すること; (争いごとの)決着, 解決, 調停; (試合などの)実施; (記入された)抹消.

'**aus**·**trai·niert** [aʊstreˈniːɐt] 形 《口》(規則正しいトレーニングによって)絶好調(ベストコンディション)の.

aus·**tra'lid** [aʊstraˈliːt] オーストラリア原住民の.

Aus·**tra'li**·**de** [..ˈliːdə] 男 女 《形容詞変化》オーストラリア原住民.

*'**Aus**·**tra**·**li·en** [aʊsˈtraːli̯ən アオストラーリエン] 《地名》オーストラリア.

'**Aus**·**tra**·**li·er** [aʊsˈtraːliˌɐ] 男 -s/- **1** オーストラリア人. **2** =Australide ◆女性形 Australierin 女 -/-nen

aus·**tra**·**lisch** [aʊsˈtraːlɪʃ] 形 オーストラリア(人)の. ↑deutsch

'**aus**|**träu·men** 他 [einen Traum] ～ 夢からさめる; 夢想(妄想)を断ち切る.

'**aus**|**trei·ben*** ['aʊstraɪbən] ❶ 他 **1** (家畜を)牧場(ぼくじょう)へ追っていく. **2** 《雅》(人⁴を)追払う, 追放する. **3** (憑(つ)きものを呪文・祈祷によって)追出す, 《比喩》に落とす. **4** 《医学》体外に出す. die Leibesfrucht ～ 胎児を娩出(べんしゅつ)する. j³ den Schweiß ～ 人³に発汗させる. **5** (人³の事⁴を)やめさせる. Ich werde dir den Hochmut ～! お前の鼻っ柱をへし折ってやろう. **6** 《印刷》(語・行を)送る. **7** Teig ～ 《料理》こね粉(こ)でめん棒でのばす. **8** Gase ～ 《化学》ガスを抜く. ❷ 自 (植物などが)芽を出す, 蕾(つぼみ)をつける.

'**Aus**·**trei·bung** 女 -/-en 追放; 悪魔祓い; 《医学》娩出. die ～ des ersten Menschenpaares aus dem Paradies 人祖(アダムとエバ)の楽園追放.

'**aus**|**tre·ten*** ['aʊstreːtən] ❶ 自 (s) **1** (aus et⁴ 物⁴から)外へ出る; (猟師)(獣が森から)姿を現す; 《話》用足し(トイレ)に行く; (血・汗が)出てくる, (ヘルニアで)内臓の一部が突出する; (気体・光などが)漏れる, 《古》(川などが)氾濫する. **2** (↔eintreten) 脱党する, (教会から)離れる. ❷ 他 **1** (火・タバコを)踏み消す. **2** (道を)踏みならす, 踏み固める; (靴などを)履きならす; 履き古す; (階段などを)踏みへらす. *ausgetretene* Wege gehen 《比喩》安全な道を歩く.

'**aus**|**trick·sen** ['aʊstrɪksən] 他 《人⁴を)策略を使って締出す(だしぬく); (相手選手を)トリックプレーにかける.

'**Aus**·**trieb** ['aʊstriːp] 男 -[e]s/ 家畜を牧場(ぼくじょう)へ連れていくこと; 芽を出す, 蕾(つぼみ)をつけること. ↑austreiben

'**aus**|**trin·ken*** 他 飲みほす. eine Flasche Wein ～ ワインを1本空(あ)ける.

'**Aus**·**tritt** ['aʊstrɪt] 男 -[e]s/-e (↓austreten) **1** (外へ)出て行く(来る)こと; 退出; 《猟師》(獣が森の巣を出て)姿を現すこと; 出血, 溢血(いっけつ), (ヘルニアの)突出; (気体・光の)漏れ. **2** (↔Eintritt) (党派・教会などからの)離脱, 脱退. **3** 《古》《建築》(小さな)張り出し, 露台; (階段の)踊り場.

'**Aus**·**tritts**·**er**·**klä**·**rung** 女 -/-en 脱退声明.

'**aus**|**trock·nen** ❶ 自 (s) 完全に乾く, 干からびる, 干上がる. Mein Mund ist *ausgetrocknet*. 私は口の中がからからだ. ❷ 他 すっかり乾かす, 干上がらせる.

'**aus**|**trom·meln** 他 **1** 《古》(事⁴を太鼓を鳴らして知らせて回る, 大声で呼ばわる. **2** 《話》大仰にあちこち触れ歩く.

'**aus**|**trom·pe·ten** 他 《話》=ausposaunen ◆過去分詞 austrompetet

'**aus**|**tüf·teln** 他 《話》頭をしぼって考え出す, ひねり出す.

'aus|üben ['aʊsyːbən アオスユーベン] 他 **1** (仕事・活動を)行う, 営む. ein Amt ～ 公職についている. eine Pflicht ～ 義務を果たす. eine Praxis ～ (医者・弁護士が)開業している. **2** (権力を)行使する; (影響・作用を)およぼす (auf j⁴ ⟨et³⟩ 人⟨物⟩³に). Druck ～ 圧力をかける. einen starken Reiz auf j⁴ ～ …の心を強烈に惹きつける. *ausübende* Gewalt《法制》執行権, 行政権.

'Aus·übung 囡 -/-en 《ふつう単数で》**1** (職業の)遂行, 実行, 実施. in ～ *seines* Dienstes《書》執務中に. **2** (権限・権力の)行使, 執行. **3** (作用・影響を)およぼすこと, 発揮 (auf j⟨et³⟩ 人⟨物⟩³への).

'aus|ufern ['aʊsuːfərn] 自 (s) (川が)岸の外に溢れる, 氾濫する; 《比喩》(議論などが)収拾できなくなる.

'Aus·ver·kauf 男 -[e]s/²ᵉ クリアランスセール.

*'**aus|ver·kau·fen** ['aʊsfɛrkaʊfən アオスフェアカオフェン] 他《多く過去分詞で》売りつくす. Das Haus ist *ausverkauft*. (劇場・映画館の)入場切符はすでに売切である. vor *ausverkauftem* Haus spielen 大入満員の客を前にして芝居をする.

'aus|wach·sen* ['aʊsvaksən] ● (s) **1** 《多く過去分詞で》十分に成長(発育)する, 一人前になる. ein *ausgewachsener* Hund 成犬. **2** (穀物が穂の中で)異常発芽する. **3** 《話》我慢できなくなる, 頭にくる. Es ist zum *Auswachsen* mit dir! 君にはもう我慢がならない.

❷ 他 et⁴ ～ 成長して物(服など)が合わなくなる. ein *ausgewachsenes* Hemd 小さくなったシャツ.

❸ 再 《sich⁴》**1** (zu et³) 成長(発展)して物³になる. Die Unruhen im Volk haben *sich* zu einem Aufstand *ausgewachsen*. 民衆の騒ぎはエスカレートして反乱となった. **2** (欠点などが)成長につれて治る. Die Zahnstellung wird *sich* noch ～. この歯並びは大きくなるにつれて治るでしょう.

*'**Aus·wahl** ['aʊsvaːl アオスヴァール] 囡 -/ (↓ auswählen) **1** 選び出すこと, 選択, 選抜. die [freie] ～ haben (自由に)選ぶことができる. eine ～ treffen 選択する. **2** えり抜きの物(人間), 精選品, 選集, 選抜チーム. eine ～ von Goethes Werken ゲーテ選集. **3** 手持商品の量, 品数. wenig ～ bieten 品数が少ない. eine große ～ an⟨von⟩ et³ haben 物³を豊富にとり揃えている. in reicher ～ vorhanden sein たっぷり在庫がある.

'Aus·wahl·band 男 -[e]s/²ᵉ 1巻本の選集.

*'**aus|wäh·len** ['aʊsvɛːlən アオスヴェーレン] 他 選び出す. seinen Nachfolger ～ 自分の後継者を選ぶ. Thomas Manns *ausgewählte* Werke トーマス・マン選集.

'Aus·wahl·mann·schaft 囡 -/-en《スポーツ》選抜チーム.

'aus|wal·zen 他 (金属を)圧延する, (こね粉をめん棒で)のばす; 《話》(事³に)尾鰭(ひれ)をつける, 長々と話す.

'Aus·wan·de·rer ['aʊsvandərər] 男 -s/- (Emigrant) (国外への)移民, 移住者.

*'**aus|wan·dern** ['aʊsvandərn アオスヴァンダーン] 自 (s) (↔ einwandern) (国外へ)移住する.

'Aus·wan·de·rung 囡 -/-en 移住, 移民.

'aus·wär·tig ['aʊsvɛrtɪç] 形 外の, よその, 外部(から)の; 外国に関する, 対外的な; 《古》外国の. *Auswärtiges* Amt (略 AA)(ドイツの)外務省.

'Aus·wär·ti·ge 形《形容詞的変化》外国人.

*'**aus·wärts** ['aʊsvɛrts アオスヴェルツ] 副 **1** 自宅(居住地)の外で, よその(土地)で. ～ essen⟨schlafen⟩ 外食⟨外泊⟩する. ～ reden⟨sprechen⟩《戯》よその言葉で話す(土地の言葉を使わない). ～ spielen 遠征試合をする. nach⟨von⟩ ～ よその土地へ⟨から⟩. **2** (↔ einwärts) 外に向かって. ～ gehen 外股で歩く. Die Tür ist ～ zu öffnen. このドアは外側に開く.

'aus|wa·schen* 他 **1** 洗う, 洗い落す, 洗浄する. 《再帰的に》*sich*⁴ ～ 洗って色があせる, 洗いざらしになる. **2** (水・雨が)浸食する.

'aus·wech·sel·bar ['aʊsvɛksəlbaːr] 形 変換可能な.

*'**aus|wech·seln** ['aʊsvɛksəln アオスヴェクセルン] ● 他 取替える, 交換する, 交替させる. eine alte Birne gegen eine neue ～ 古い電球を新しいのに取換える. den Torwart ～ ゴールキーパーを交替させる. Er ist wie *ausgewechselt*. 彼はまるで人が変った. ❷ 自《猟師》(獣)が縄ばり(テリトリー)を移す.

'Aus·wech·se·lung, 'Aus·wechs·lung 囡 -/-en 交換, 交替.

*'**Aus·weg** ['aʊsveːk アオスヴェーク] 男 -[e]s/-e 出口; 逃道, 打開策. j³ den ～ abschneiden 人³の逃路を断つ. sich³ einen ～ offen halten 逃道を用意しておく. Ich sehe⟨weiß⟩ keinen anderen ～, als zu fliehen. ここは三十六計逃ぐるに如(し)かずだ.

'Aus·weg·los 形 出口(逃道)のない, 絶望的な.

'Aus·weg·lo·sig·keit 囡 -/ 出口(逃道)のないこと(状況), 袋小路, 手づまり, 絶望.

'Aus·wei·che ['aʊsvaɪçə] 囡 -/-n (狭い道での)退避所; (鉄道の)退避線.

*'**aus|wei·chen** ['aʊsvaɪçən アオスヴァイヒェン] 自 (s) **1** (人⟨物³⟩を)避ける, かわす, 回避する. j² Blick ～ 人²の視線を避ける. eine *ausweichende* Antwort geben のらりくらりと答える, 言(い)を左右(さう)にする. **2** (auf et⁴ 物⁴に)くら替えする, 乗りかえる.

'aus|wei·den 他 (獣)のはらわたを抜く.

'aus|wei·nen ❶ 自 泣きやむ. ❷ 他 *seinen* Kummer ～ 心痛を涙で和らげる. *sich*³ die Augen ～ 目を泣きはらす. ❸ 再 《sich⁴》思いきり(気が晴れるまで)泣く.

'Aus·weis ['aʊsvaɪs アオスヴァイス] 男 -es/-e **1** (身分・資格などの)証明書; (乗車・入場などの)許可書; 旅券. Fahrtausweis 乗車券. Personalausweis 身分証明書. einen ～ ausstellen⟨vorzeigen⟩ 証明書を発行⟨呈示⟩する. **2** 証拠, 根拠;《銀行》営業報告(書). nach ～ der Statistik《書》統計に基ついて. **3** 《スイス》(Zeugnis) 成績証明書.

'aus|wei·sen* ['aʊsvaɪzən] ❶ 他 **1** 追放する, 退去させる. j³ aus dem Land⟨der Schule⟩ ～ 人³を国外に退去させる⟨退学処分にする⟩. **2** (身分・能力などを)証明する. Mit dem Roman *wies* er sein Talent aus. この小説で彼はその才能を証明してみせた. **3** (計算・統計などが)明示する. wie die Statistik *ausweist* 統計がはっきり示しているように. **4** 《土木》(物⁴の)使途(設置)を予定する. ein Zimmer als Aufenthaltsraum ～ ある部屋を談話室にあてる予定である.

❷ 再 《sich⁴》**1** 自分の身分を証明する; 自分の力量(才能)を示す. Bitte *weisen* Sie *sich* aus! 身分を証明するもの(身分証明書など)をお見せ下さい. *sich* als großer Dichter ～ (自分が)偉大な詩人であることを証明する. **2** 判明する, 明らかになる. Das wird *sich* ～. それはすぐに明らかになるだろう.

'aus·weis·lich ['aʊsvaɪslɪç] 前 《2格支配》《古》…に基づいて, …によれば.

'**Aus·weis·pa·pier** 中 -[e]s/-e 《多く複数で》証明書類(身分証明書・運転免許証など).

'**Aus·wei·sung** 囡 -/-en 1 《法制》国外退去(令). 2 《土木》(土地の)建設予定.

'**aus|wei·ten** ❶ 他 1 (靴・手袋などを伸ばしたりして)大きくする;(着古して・履き古して)大きくしてしまう、だぶだぶにする. 2 《比喩》(規模・範囲を)拡大する. ein Thema ~ テーマを広げる. ❷ 再 《sich⁴》(話題・議論・紛争などが)広がる、エスカレートする.

'**Aus·wei·tung** 囡 -/-en 拡大, 拡張; エスカレーション.

*'**aus|wen·dig** ['aʊsvɛndɪç アオスヴェンディヒ] ❶ 副 1 暗記して, そらんじて. ein Gedicht ~ aufsagen 詩を暗誦する. et⁴ ~ kennen〈wissen〉物⁴を暗記している. et⁴ ~ lernen〈spielen〉物⁴を暗記する〈暗譜で演奏する〉. Das weiß ich schon ~!《話》それはもう耳にタコ(胼)ができるほど聞かされたよ. 2 《古》外部(外側)で. et⁴ in-und ~ kennen 物⁴を隅から隅まで知りつくしている. ❷ 形 《古》《稀》(↔ inwendig) 外部(外側)の.

'**aus|wer·fen*** 他 1 外に投げる, (網・錨を)投げる, (血・痰を咳とともに)吐き出す, (火山が熔岩を)噴出する;(衣服を)脱ぎすてする. 2 (機械が製品を)吐き出す, 生産する, (計算機が解答を)はじき出す. 3 (土を)掘り出す, (堀・溝を)掘る. 4 (支出額を)定める, (賃金を)決める. Gewinne ~ 儲けを分配する. 5 eine Summe ~ 合計額を離して(改行して)記入する.

'**Aus·wer·fer** [..vɛrfər] 男 -s/- (機械に付属する)放出装置, エジェクタ, (銃の)蹴子(ﾀｯｼ);(発砲後薬莢をはじき出す装置).

'**aus|wer·keln** 他 (器具などを)使いつぶす, 使い古す. ein ausgewerkeltes Türschloss 利(ｷ)かなくなったドアの錠.

'**aus|wer·ten** 他 (物⁴の)価値を計る, 評価する;(を)十分に利用(活用)する;(データなどを)よく吟味(検討)する. Erfahrungen ~ 経験を生かす. Umfrage ~ アンケートの結果を解析(判定)する.

'**Aus·wer·tung** 囡 -/-en 利用, 活用.

'**aus|wet·zen** 他 《次の成句で》eine Scharte ~ 研(ﾄ)いで刃こぼれを直す;《比喩》欠点を改める, 失敗をつぐなう.

'**aus|wi·ckeln** 他 (物⁴の)包装を解く, (くるまれたものを)ほどいて出す. ein Baby ~ 赤ん坊のおむつをはずす.

'**aus|wie·gen*** 他 1 (物⁴の)目方を正確に量る. Soll ich Ihnen das Stück Fleisch ~?この肉切れでは大きすぎますか(客の肉量りが大きすぎるときの問い). 2 量り分ける. Butter zu Portionen ~ バターを1ポーション(1人分)ずつ量り分ける. ♦ ↑ ausgewogen

'**aus|win·tern** 自 (s) (農作物が)霜害を受ける, (魚が氷の下で)窒息死する.

*'**aus|wir·ken** ['aʊsvɪrkən アオスヴィルケン] ❶ 再 《sich⁴》影響(作用)をおよぼす(auf et⁴ 物⁴に), ある結果を生む. Dieses Klima wirkte sich gut auf seine Gesundheit aus. この気候は彼の健康に幸いした. ❷ 他 《古》努力して手に入れる. 2 [古]《話》得させてやる. Ich habe dir bei ihr Verzeihung ausgewirkt. 私が彼女に頼んで君を赦してもらったのだ. 3 Teig ~ (パンなどの)生地を仕上げる.

'**Aus·wir·kung** 囡 -/-en 影響, 作用, 結果.

'**aus|wi·schen** ❶ 他 1 (物⁴の)汚れを拭き取る, (汚れを)拭い去る, (字などを)拭いて消す. sich³ die Augen ~ 目(涙)をぬぐう. 2 j³ eins ~ 《話》j³に意地悪(しっぺ返し)をする. ❷ 自 (s) entwischen)(人³から)するりと逃れる, 逃去る.

'**aus|wrin·gen*** 他 (洗濯物などを)絞(ｼﾎﾞ)る.

'**Aus·wuchs** ['aʊsvʊks] 男 -es/-se (↓ auswachsen) 1 異常増殖したもの(こぶ・腫れものなど). 2 《複数なし》(穀物の穂中での)異常発芽. 3 《多く複数で》行過ぎ、悪風. die Auswüchse der Bürokratie 官僚主義の弊害. Auswüchse der Phantasie 妄想.

'**aus|wuch·ten** 他 《工学》(車輪などの)バランスをとる.

'**Aus·wurf** ['aʊsvʊrf] 男 -[e]s/⁼e (↓ auswerfen) 1 《複数なし》投錨, 網打ち; 吐血, 喀痰(ｶｸﾀﾝ);(火山の噴出; 掘削. 2 《複数》(吐いた)血, 痰, (火山の噴出物. 3 《複数なし》《侮》くず. der ~ der Menschheit 人間のくず.

'**Aus·würf·ling** ['aʊsvʏrflɪŋ] 男 -s/-e 《地学》火山放出物(マグマ・熔岩の破片など)

*'**aus|zah·len** ['aʊstsaːlən アオスツァーレン] ❶ 他 1 (人³に物⁴を)現金で支払う. j³ seinen Anteil ~ 人³に分け前を支払う. sich³ einen Scheck ~ lassen 小切手を現金化する. 2 (人⁴に)支払うべきものを全部払う. ❷ 再 《sich⁴》報われる, 引合う. Verbrechen zahlen sich nicht aus. 犯罪は割りに合わない.

'**aus|zäh·len** 他 (員数・票数などを)数えて確かめる; 数を順に数えて選ぶ(鬼ごっこの鬼などを);《口語》(人⁴に)カウントアウトを宣告する.

*'**Aus·zah·lung** ['aʊstsa:lʊŋ アオスツァールング] 囡 -/-en 1 支払, 払出し. 2 《銀行》外国為替. ~ London イギリス・ポンド(外国為替取引での国際的呼称).

'**Aus·zäh·lung** 囡 -/-en 員数(票数)調べ;《口語》カウントアウト.

'**aus|zan·ken** 他 《地方》叱りとばす.

'**aus|zeh·ren** 消耗(衰弱)させる. 《再帰的に》sich⁴ ~ 衰弱する, やつれる.

'**Aus·zeh·rung** 囡 -/ 1 消耗, 衰弱. 2 《古》 (Schwindsucht) つかれ病(ﾔﾏｲ), 肺結核.

*'**aus|zeich·nen** ['aʊstsaɪçnən アオスツァイヒネン] ❶ 他 1 特別扱いをする;(勲章・称号などを与えて)表彰(顕彰)する. Er zeichnet sich durch besonderes Vertrauen aus. 彼は私に特別な信頼を寄せてくれる. j⁴ mit dem Nobelpreis ~ 人⁴にノーベル賞を授ける. 2 (能力・業績などが人〈物〉³を)際立たせる, 他にぬきんでさせる. Sein Fleiß zeichnet ihn [vor anderen] aus. 彼の勤勉さは抜群のものである. 3 (目立つように)印をつける. Bäume ~ 《林業》樹木に伐採予定の印をつける. 4 (商品に)値札をつける. 5 《印刷》(活字をイタリック体などにして)目立たせる;(原稿に)活字指定をする.

❷ 再 《sich⁴》際立つ, ぬきんでる, 抜群である. Das Gerät zeichnet sich durch einfache Bedienung aus. この器具は操作が抜群に簡単である.

♦ ↑ ausgezeichnet

*'**Aus·zeich·nung** ['aʊstsaɪçnʊŋ アオスツァイヒヌング] 囡 -/-en 1 《複数なし》表彰, 顕彰, 授賞, 栄誉. 2 《複数あり》賞, 称号, 勲記. 3 《複数なし》抜群; 優(成績評価の最高点). eine Prüfung mit ~ bestehen 優の成績で試験に合格する. 4 値札をつけること, 価格表示. 5 《印刷》(字体を変えたりして)目立たせること; 活字(組み)指定.

'**Aus·zeich·nungs·schrift** 囡 -/-en 《印刷》ディスプレイ, 意匠組み.

'**Aus·zeit** 囡 -/-en 1 《ｽﾎﾟｰﾂ》タイムアウト, 作戦タイム. 2 《採決前の)小休止.

'**aus·zieh·bar** ['aʊstsiː baːr] 形 (テーブルなどの)引出し式の, 伸縮自在の.

'aus|zie·hen* ['aʊstsiːən アオスツィーエン] ❶ 圓(s) **1** 〈遠くへ〉出かける;〈軍隊が〉出征する;〈猟師〉〈大物獣が〉森から出て来る. auf Abenteuer〈zum Krieg〉～ 冒険の旅に出る〈出征する〉. **2**(→ einziehen)〈住居を〉引払う. aus einem Haus ～ 家を引払う. **3**〈色・香りが〉ぬける.
❷ 他 **1** 引出す, 引伸ばす; 引抜く. ein Fernrohr ～ 望遠鏡を伸ばす. [Metall od Draht ～ 金属を伸ばして針金を作る. eine Pflanze mit der Wurzel ～ 根ごと植物を引抜く. einen Tisch halb ～〈引き出し式のテーブルを半分だけ伸ばす. j³ einen Zahn ～ 人³の歯を抜く. **2**〖化学〗(extrahieren)〈特定の成分を〉抽出する. **3**(exzerpieren)抜書きする, 抜粋する. ein Buch ～ ある本から抜粋する. **4**〈風・日光が湿気を〉蒸発させる,〈色を〉あせさせる. **5**〈線などを引く. Umrisse mit Tusche ～ 輪郭を墨でなぞる. **6**(→ anziehen)〈人⁴の〉衣服を脱がせる. ein Kind nackt ～ 子供を裸にする. j³ mit den Augen ～ 人⁴の裸体を想像する. j³ [bis aufs Hemd] ～〈比喩〉人⁴を身ぐるみ剥(は)ぐ.〈再帰的に〉sich⁴ ～ 着ているものを脱ぐ. **7**(→ anziehen)〈衣服などを〉脱ぐ; 脱がせる〈人³から〉. j³ das Hemd ～ 人³のシャツを脱がせる. die Kinderschuhe ～〈比喩〉大人になる. die Uniform ～ 制服を脱ぐ, 退役する.〈再帰的に〉sich³ den Mantel ～ コートを脱ぐ. **8** eine Quadratwurzel ～〖数学〗平方根を求める.

'Aus·zieh·tisch 男 -es/-e 引出し式の(伸縮自在の)テーブル.

'Aus·zieh·tu·sche 女 -/ 製図用インキ(墨汁).

'aus·zie·ren 他〈雅〉装飾する, 飾りつける.

'aus·zir·keln 他〈コンパスを使ったように〉正確に測る(線を引く);〈比喩〉〈チャンスなどを〉見きわめる.

'aus·zi·schen ❶ 他〈芝居・演説を〉しゅっしゅっと言ってやじる. ❷ 圓(s)〈火が〉しゅっと音を立てて消える.

'Aus·zu·bil·den·de 男女〖形容詞変化〗(略 Azubi)〈職業教育上の〉訓練生, 見習い(↑ausbilden).

***'Aus·zug** ['aʊstsuːk アオスツーク] 男 -[e]s/⸚e (↓ ausziehen)〈複数なし〉❶ = Einzug〈居住地・駐屯地などからの〉出発, 出征, 撤退; 引越し, 転出. ～ aus einem besetzten Gebiet 占領地区からの撤退. **2** 抜き書き, 抜粋; 要旨; 控え. einen ～ aus einem Buch machen ある本の抜書きを作る, 要旨をまとめる. ein ～ für Klavier(交響曲などの)ピアノ譜. im ～ / in Auszügen かいつまんで, 要約して. **3** 抽出物,〈薬草などの〉エキス, エッセンス;〈小麦粉などの〉極上品. **4**〈望遠鏡などの〉伸縮部分. **5**〈複数なし〉〈南ドイツ・オーストリア〉(Altenteil)隠居分, 隠居所. auf dem ～ sitzen / im ～ leben 隠居暮しをしている. **6**〈複数なし〉〈狩猟〉兵役義務のある年齢層(20–32 歳).

'Aus·züg·ler ['aʊstsyːklər] 男 -s/- 〈南ドイツ・オーストリア〉隠居している人. **2**〈狩猟〉(20–32 歳の)兵役該当者.

'Aus·zugs·hieb 男 -[e]s/-e〖林業〗間伐.

'aus·zugs·wei·se 要約(抜粋)して, かいつまんで.

'aus·zup·fen 他〈髪・毛などを〉抜く, むしり取る.

au'tark [aʊ'tark] 形 自給自足の.

Au·tar'kie [aʊtar'kiː] 女 -/ (gr.) **1** アウタルキー, 経済的自主独立, 自給自足. **2**〖哲学〗(ストア派の哲学で)賢者の理想とされる自足の境地.

Au·then'tie [aʊtɛn'tiː] 女 -/ =Authentizität

au·then·ti·fi'zie·ren [aʊtɛntifi'tsiːrən] 他 真実(確実)であることを証明(保証)する.

au'then·tisch [aʊ'tɛntɪʃ] 形 (gr.) 確実な, 真正の, 信頼できる, 折紙つきの. eine ～e Nachricht 信頼できる情報. ～er Modus / ～e Tonart 正格旋法. ～er Schluss 正格終止.

au·then·ti'sie·ren [aʊtɛnti'tsiːrən] 他 確かな(信頼)できるものにする.

Au·then·ti·zi'tät [aʊtɛntitsi'tɛːt] 女 -/ 真正, 信憑(しんぴょう)性, 確実性.

au·thi'gen [aʊti'geːn] 形〖地質〗自生の. ～es Mineral 自生鉱物(石英・長石類・雲母など).

Au'tis·mus [aʊ'tɪsmʊs] 男 -/〖医学〗自閉症.

Au'tist [aʊ'tɪst] 男 -en/-en 自閉症患者.

au'tis·tisch [..tɪʃ] 形 自閉(症)の.

'Aut·ler ['aʊtlər] 男 -s/-〈古〉(趣味の)ドライバー.

'Au·to ['aʊto アオト] 中 -s/-s **1** (Automobil の短縮)自動車. ～ fahren 自動車を運転する. im〈mit dem〉～ reisen 車で旅行する. wie ein ～ gucken〈blicken〉〈話〉驚いて目を見張る(車のヘッドライトのように目を大きくする意). **2**〖戯〗自転車. **3**〖印刷〗=Autotypie.

au·to··, Au·to·· [aʊto..]〖接頭〗(gr. autos, selbst')名詞・形容詞などに冠して「自身の」自己(の)」の意を表す. 母音の前では aut.., Aut.. になる. Autobiographie 自叙伝, autark 自給自足の.

'Au·to·at·las 男 -[es]/-se〈..lanten [..lantən]〉道路地図.

***'Au·to·bahn** ['aʊtoba:n アオトバーン] 女 -/-en アウトバーン.

'Au·to·bahn·meis·te·rei [..maɪstəraɪ] 女 -/-en アウトバーン管理事務所.

Au·to·bi·o·gra'fie 女 -/-n Autobiographie

au·to·bi·o'gra·fisch 形 =autobiographisch

Au·to·bi·o·gra'phie [..bi..'fiːən] 女 -/-n[..'fiːən] 自叙伝, 自伝.

au·to·bi·o'gra·phisch 形 自叙伝の, 自伝的な.

'Au·to·bus 男 -ses/-se (Omnibus) バス.

'Au·to·car [..kaːr] 男 -s/-s〈スイス〉(団体旅行用の)観光バス.

au·toch'thon [aʊtɔx'toːn] 形 (gr.) (↔ allochthon) 土着の;〖地学〗原地性の.

Au·toch'tho·ne 男女〖形容詞変化〗土着民, 現地人, 原住民.

Au·to·da'fé [aʊtoda'feː] 中 -s/-s (port.) **1**〖歴史〗アウトダフェー(15 世紀後半以後のスペイン・ポルトガルの宗教裁判所による死刑の判決の宣告と執行, とくに異教徒に対する火刑). **2**〈比喩〉焚書(ふんしょ).

Au·to·di'dakt [aʊtodi'dakt] 男 -en/-en 独学者, 独習者.

Au·to'drom [aʊto'droːm] 中 -s/-e **1** サーキット. **2**〈スイス〉ゴーカート専用ミニサーキット.

Au·to·ero'tik [aʊto'eːrotɪk] 女 -/〖医学〗自体愛, 自己発情(ナルシズム・自慰など).

'Au·to·fäh·re 女 -/-n カーフェリー.

'Au·to·fah·rer 男 -s/- ドライバー, 自動車運転者.

'Au·to·fahrt 女 -/-en ドライブ.

Au·to·fal·le [..'fa..] 女 -/-n**1**〈自動車強盗が路上に仕掛ける〉障害物. **2**〈スピード違反取締りのためのねずみ取り.

'au·to·frei 形〈場所・時間帯が〉自動車通行禁止の.

'Au·to·fried·hof 男 -[e]s/-e〈話〉自動車廃棄場.

au·to·gam [aʊto'ga:m]〖生物〗自家受粉の;〖植物〗(→ allogam)自花受粉の.

Au・to・ga・mie [..gaˈmiː] 女 -/-n 『ミːən』【生物】(原生動物・下等藻類における)オートガミー, 自家生殖; 【植物】(↔ Allogamie) 自花受粉.
au・toˈgen [aʊtoˈgeːn] 形 自力による, 自発的な, 自原の. ~*es* Schweißen 【工学】ガス溶接. ~*es* Training 【医学】(精神療法における)自力鍛錬.
Au・toˈgramm [aʊtoˈgram] 中 -s/-e (著名人の)自筆署名, サイン.
Au・toˈgramm・jä・ger 男 -s/- 《話》サイン収集狂.
Au・toˈgraph [aʊtoˈgraːf] 中 -s/-e[n] (著名人の)自筆原稿(書簡).
Au・to・graˈphie [aʊtograˈfiː] 女 -/-n [..ˈfiːən] 【印刷】オートグラフィー, 肉筆石版印刷.
au・to・graˈphie・ren [..graˈfiːrən] 他 1 自筆で書く, 自書する. 2 オートグラフィーで刷る.
ˈ**Au・to・hof** 男 -[e]s/ᵉe (給油・修理施設などがある)長距離トラック用駐車場.
Au・toˈhypˈnoˈse 女 -/-n 自己催眠状態.
Au・to・in・fekˈtiˈon 女 -/-en 【医学】自己感染.
Au・to・in・to・xi・kaˈtiˈon 女 -/-en 【医学】自家中毒.
ˈ**Au・to・kennˈzeiˈchen** 中 -s/- =Autonummer
ˈ**Au・toˈkiˈno** 中 -s/-s ドライブイン・シアター.
Au・toˈklav [aʊtoˈklaːf] 男 -s/-en[..ˈvən] オートクレーヴ(料理用高圧釜あるいは医療用高圧滅菌装置).
Au・toˈkrat [aʊtoˈkraːt] 男 -en/-en (*gr.*) (Alleinherrscher) 専制君主, 独裁者; 《比喩》ワンマン.
Au・toˈkraˈtie [..kraˈtiː] 女 -/-n [..ˈtiːən] 専制(独裁)政治.
au・toˈkraˈtisch [..kraˈtiːʃ] 独裁の, 独裁(専制)的な, 横暴な.
Auˈtoˈlyˈse [aʊtoˈlyːzə] 女 -/-n 【生物】自己分解, 自己消化.
****Au・toˈmat** [aʊtoˈmaːt アォトマート] 男 -en/-en (*gr.*) 1 自動販売機; 自動工作機, 自動装置. Briefmarken*automat* 切手自動販売機. Dreh*automat* 自動旋盤. 2 《コンピュ》オートマトン(自動的に情報処理を行うシステムの数学的モデル).
Au・toˈmaˈtie [..maˈtiː] 女 -/-n [..ˈtiːən] =Automatismus 2
Au・toˈmaˈtik [..ˈmaːtɪk] 女 -/-en 【工学】自動制御(装置); (自動車の)自動変速装置. ein Auto mit ~ オートマチック車.
Au・to・maˈtiˈon [..matsiˈoːn] 女 -/ オートメーション.
Au・to・ma・ti・saˈtiˈon [..matizatsiˈoːn] 女 -/ =Automation
****au・toˈmaˈtisch** [aʊtoˈmaːtɪʃ アォトマーティシュ] 形 1 自動(式)の, オートマチックの. ~*e* Kontrolle 自動制御. 2 (動作・反応が)自動的な, 機械的な, 無意識の. eine ~*e* Reaktion 無意識の反応. ~ antworten 機械的な(反射的)に答える.
au・to・maˈtiˈsieˈren [automatiˈziːrən] 他 einen Arbeitsgang ~ 作業過程をオートメーション化する.
Au・to・maˈtiˈsieˈrung 女 -/ =Automation
Au・toˈmaˈtisˈmus [..ˈtɪsmʊs] 男 -/..men [..mən] 1 【工学】自動機構. 2 【医学・生物】自動性; 【心理・医学】自動症.
ˈ**Au・to・meˈchaˈniˈker** 男 -s/- 自動車整備(修理)工.
ˈ**Au・to・miˈnuˈte** 女 -/-n 車で1分の距離. Der Strand ist zehn ~*n* entfernt. 海岸まで車で10分だ.
Au・toˈmoˈbil [aʊtomoˈbiːl] 中 -s/-e 自動車(ふつう短縮形 Auto が用いられる).

Au・to・moˈbiˈlist [..mobiˈlɪst] 男 -en/-en 《スイス》自動車運転手(とくに職業的な).
au・toˈnom [aʊtoˈnoːm] 形 (↔ heteronom) (行政面で)自立(独立)した, 自治の; 自律的な, 自主的な. ~*es* Nervensystem 自律神経系.
Au・toˈnoˈmie [aʊtonoˈmiː] 女 -/-n [..ˈmiːən] (*gr.*) (↔ Heteronomie) 自立, 独立(権); 自律性, 自主性; 【哲学】アウトノミー, 自律.
ˈ**Au・toˈnumˈmer** 女 -/-n 自動車のナンバー(登録番号).
auˈtoˈnym [aʊtoˈnyːm] 形 (↔ anonym) 実名の.
Auˈtoˈnym 中 -s/-e 実名.
ˈ**Au・toˈpiˈlot** 男 -en/-en (飛行機の)自動操縦装置.
Au・toˈplasˈtik 女 -/-en 【医学】(↔ Alloplastik) (組織の)自家移植形成.
Auˈtopˈsie [aʊtoˈpsiː] 女 -/-n [..ˈiːən] 1 自分の目で観察すること, 実地検証; 【医学】視診. 2 【医学】死体解剖, 検死.
ˈ**Auˈtor** [ˈaʊtoːr アォトーア] 男 -s/-en [aʊˈtoːrən] (*lat.*) 著者, 作者, 作家. ♦ 女性形 Autorin 女 -/-nen
ˈ**Au・toˈraˈdio** 中 -s/-s カーラジオ.
ˈ**Au・toˈreiˈseˈzug** 男 -[e]s/ᵉe 【鉄道】カー・スリーパー(自分の車を積んで旅行できる列車).
Auˈtoˈrenˈfilm [aʊˈtoːrən..] 男 -[e]s/-e 自作監督映画(自作のシナリオをみずから監督した映画).
ˈ**Auˈtoˈrenˈnen** 中 -s/- カーレース.
Au・to・riˈsaˈtiˈon [aʊtorizatsiˈoːn] 女 -/-en 1 権限の授与(承認), 全権委任. 2 【美術】(自作品であることを保証するための自筆署名, 自筆署名作品.
au・toˈriˈsieˈren [..ˈziːrən] 他 1 (j¹ zu et³ 人¹に事³の)権限を与える, 全権を委任する. 2 (事³を)認可する. eine *autorisierte* Übersetzung 著作権者の承認を得た翻訳.
au・to・riˈtär [aʊtoriˈtɛːr] 形 権威主義的な, 権威を笠に着た, 強制(強圧)的な; 独裁(専制)的な.
****Au・to・riˈtät** [aʊtoriˈtɛːt アォトリテート] 女 -/-en 《複数なし》権威, 威信. die väterliche ~ 父親の権威. die ~ des Staates 国家の威信. an ~ gewinnen〈verlieren〉威信を増す〈失墜する〉. 2 権威者, 大家, 泰斗. eine ~ auf diesem Gebiet〈in der Medizin〉この道〈医学〉のオーソリティ.
au・to・riˈtaˈtiv [..taˈtiːf] 形 《比較変化なし》権威ある, 信頼できる. eine Erklärung von ~*er* Seite 権威筋の説明.
au・to・riˈtätsˈgläuˈbig 形 権威を盲信する, 権威をありがたがる.
ˈ**Au・toˈkorˈrekˈtur** 女 -/-en 【印刷】著者校正.
ˈ**Auˈtorˈschaft** 女 -/ 著者(原作者)であること. j² ~ anzweifeln 人²が真作者であることに疑念を持つ.
ˈ**Au・toˈschlanˈge** 女 -/-n (渋滞した)自動車の列.
ˈ**Au・toˈschlüsˈsel** 男 -s/- 自動車のキー.
ˈ**Au・toˈskooˈter** [ˈaʊtoskuːtɐr] 男 -s/- (Skooter)ゴーカート.
ˈ**Au・toˈstop[p]** [..ʃtɔp] 男 -s/ (同乗させてもらうために)自動車を止めること. per ~ fahren ヒッチハイクをする.
Au・toˈstraˈda [aʊtoˈstraːda] 女 -/-s ハイウェー(Autobahn に対するイタリア語).
ˈ**Au・toˈstrich** 男 -[e]s/《話》ハイウェーでの売春行為; ハイウェーで売春婦がよく出没する場所.
ˈ**Au・toˈstunˈde** 女 -/-n 車で1時間の距離.
Au・to・sugˈgesˈtiˈon 女 -/-en 【心理】自己暗示.

ˈAu·to·te·le·fon, ˈAu·to·te·le·phon 中 -[e]s/-e カーテレホン.

Au·to·to·mie [aʊtotoˈmiː] 囡 -/-n [..ˈmiːən]《動物》(とかげの尾・かにの脚などの)自体切断, 自切;《病理》(病的発作に駆られた人間の)自己損傷.

Au·to·to·xin [aʊtoˈtɔksiːn] 中 -s/-e《医学》自家毒素.

Au·to·trans·fu·si·on 囡 -/-en《医学》自己輸血(法), 自己返血(法).

au·to·troph [aʊtoˈtroːf] 形《植物》(↔ heterotroph) 無機栄養(自家栄養)の.

Au·to·ty·pie [aʊtotyˈpiː] 囡 -/-n [..ˈpiːən]《印刷》1 オートタイプ, 網目(あみめ)版. 2 オートタイプ印刷物, 網目版写真.

ˈAu·to·un·fall 男 -[e]s/-e 自動車事故.

Au·to·vak·zi·ne 囡 -/-n《医学》自家(自己)ワクチン.

ˈAu·to·zu·be·hör 中 -s/- カーアクセサリー.

ˈAu·to·zug 中 -[e]s/⸚e =Autoreisezug

autsch [aʊtʃ] 間 Autsch! (突然の痛みを表して)あいたっ, いてて.

au·weh [aʊˈveː] 間 Auweh! (悲嘆・困惑を表して)あ あしまった(困った). Auweh, jetzt habe ich meinen Geldbeutel vergessen! しまった, さいふを忘れてきた.

Au·xi·li·ar·verb [aʊksiliˈaːrvɛrp] 中 -s/-en《古》《文法》(Hilfsverb) 助動詞.

Auˈxin [aʊkˈsiːn] 中 -s/-e《植物》オーキシン(植物の成長ホルモン).

a v.《略》=a vista

Aval [aˈval] 男(中) -s/- (fr.)《商業》(Wechselbürgschaft) 手形保証.

Avan·ce [aˈvãːsə] 囡 -/-n (fr.) 1 (Vorsprung) 優位, 優勢, リード. 2《古》収益, 儲け. 3《商業》(Geldvorschuss) 前払い. 4 好意, 言寄り, j³ ~ n machen j³ に取入る: (男女間で) 人に言寄る, (を)口説(くど)く. 5《記号 A》(ぜんまい式時計の緩急調節装置に表示する)速.

avanˈcie·ren [avãˈsiːrən] ❶ 自(s) 昇進(昇級, 昇格)する. zum Direktor ~ 取締役に昇進する. ❷ 他(ある地位を)前払いする.

Avantˈgar·de [aˈvãːgardə, avãˈgardə] 囡 -/-n (fr.) 1《古》《軍事》(Vorhut) 前衛(部隊). 2 (Vorkämpfer) (思想・運動の)先駆者, パイオニア; (芸術上の)前衛(派), アヴァンギャルド.

Avantˈgar·dis·mus [avãgarˈdɪsmʊs] 男 -/ (とくに芸術上の)前衛主義.

Avantˈgar·dist [..ˈdɪst] 男 -en/-en 前衛派(の人), 前衛芸術家.

avanˈti [aˈvanti] 間 (it., vorwärts¹) Avanti! 進め, 出発, さあ行こうぜ.

ˈAve [ˈaːve] 中 -[s]/-[s] (lat.) 1 Ave-Maria の短縮. das ~ läuten アンジェラスの鐘を鳴らす (↑Angelus²). 2《間投詞として》~! 今日は, ようこそ, さようなら.

ˈAve-Maˈria [ˈaːvemaˈriːa] 中 -[s]/-[s] (lat.) アヴェ・マリア, 天使祝詞, お告げの祈り, アンジェラス, めでたし. ein ~ beten 天使祝詞をとなえる. ▶聖母マリア天使 Gabriel が乙女 Maria に主の母となることを告げ お祝いの言葉で始まるので天使祝詞 (Engelsgruß) と言われ, その邦訳の冒頭句から「めでたし」とも呼ばれる. 祈文は新約聖書ルカ 1:28 以下その他から成っている (↑Angelus²). 2《音楽》アヴェ・マリアに対する祈願を歌った歌曲.

Aven·tuˈrin [avɛntuˈriːn] 男 -s/-e《鉱物》アヴェンチュリン (装飾用の美しい珪石).

Aveˈnue [avəˈnyː] 囡 -/-n [..ˈnyːən] (fr.) (門から屋敷までの)並木道. (大都会の並木のある) 大通り.

Aˈver·bo [aˈvɛrbo] 中 -/-s(..bi) (lat.)《文法》動詞の 3 基本形(例 trinken, trank, getrunken).

Avers [aˈvɛrs] 男 -es/-e (fr.)(↔ Revers²) (コイン・メダルなどの表(おもて))(メダルの場合は図像のある面).

Aˈver·sa [aˈvɛrza] Aversum の複数.

Averˈsal·sum·me [avɛrˈzaːlzʊmə] 囡 -/-n =Aversum

Averˈsi·on [avɛrziˈoːn] 囡 -/-en (lat.) 嫌悪, 反感 (gegen j⟨et⟩³ 人⟨物⟩³に対する).

Aver·si·oˈnal·sum·me [avɛrzioˈnaːl..] 囡 -/-n =Aversum

Aˈver·sum [aˈvɛrzʊm] 中 -s/..sa 補償額.

Aviˈa·ri·um [aviˈaːriʊm] 中 -s/..rien [..riən] (lat.) (動物園などの大きな)禽舎(きんしゃ).

Aviˈa·tik [aviˈaːtɪk] 囡 -/ 飛行術;《総称的に》航空.

Avis [aˈviː(s)] 男(中) ([aˈviː] のとき) -/-, ([aˈviːs] のとき) -es/-e (fr.) 通知, 通達, (とくに商品の)送り状.

aviˈsie·ren [aviˈziːrən] 他 (人³に事を)知らせる, 報知する, (とくに納品・送金を文書で)通知する.

Aˈvi·so [aˈviːzo] 中 -s/-s《古》=Avis

a ˈvis·ta [aˈvɪsta (it., bei Sicht¹) (略 a v.) 1 見てすぐに, 《銀行》(手形の)一覧次第, 一覧払いの. 2《音楽》初見で.

ˈAvis·ta·wech·sel [aˈvɪsta..] 男 -s/-《銀行》(Sichtwechsel) 一覧払いな替手形.

Avi·ta·miˈno·se [avitamiˈnoːzə] 囡 -/-n ビタミン欠乏症.

Aviˈva·ge [aviˈvaːʒə] 囡 -/-n (fr.)《紡織》つや出し加工.

Avoˈca·do [avoˈkaːdo] 囡 -/-s (sp.) 1 アボカド (常緑熱帯果樹, 和名になし). 2 アボカドの果実.

Avoˈca·to [avoˈkaːto] 囡 -/-s =Avocado

Avoˈka·do [avoˈkaːdo] 囡 -/-s =Avocado

ˈAvus [ˈaːvʊs] 囡 -/ アーヴス (1921 にオートレース用に建設されたベルリーンの高速道路. Automobil-Verkehrs- und Übungsstraße の略語.

axiˈal [aksiˈaːl] 形 (lat.) 軸(上)の, 軸性の, 軸方向の. ~e Bindung《化学》アキシャル結合, 軸結合.

Axi·a·liˈtät [aksialiˈtɛːt] 囡 -/ 軸性, 軸方向の配列.

axilˈlar [aksɪˈlaːr] 形《解剖》腋窩(えきか)の;《植物》葉腋の, 腋生の.

Axiˈom [aksiˈoːm] 中 -s/-e (gr.) 1 公理. 2 自明の理.

Axi·oˈma·tik [aksioˈmaːtɪk] 囡 -/ 公理論.

axi·oˈma·tisch [..ˈmaːtɪʃ] 形 1 公理の, 公理に基づく. 2 自明の, 確実な.

ˈAxis-hirsch [ˈaksɪshɪrʃ] 男 -[e]s/-e《動物》アクスジカ.

Aˈxo·lotl [aksoˈlɔtl] 男 -s/-《動物》アホロートル (メキシコ産のさんしょううお).

ˈAxon [ˈaksɔn] 中 -s/-en [aˈksoːnən] (gr.)《解剖》軸索突起.

Axo·no·meˈtrie [aksonomeˈtriː] 囡 -/-n [..ˈtriːən]《幾何》軸測投象法.

Axt [akst] 囡 -/Äxte 斧, まさかり. die ~ an die Wurzel[n] legen 悪を根絶やしにする, 禍根を断つ(↓《新約》マタ 3:10). sich⁴ wie die⟨eine⟩ ~ [im

Wald] benehmen がさつな振舞をする. mit der ~ modelliert 大ざっぱな言方をすれば；大筋だけ言うと. zur ~ greifen 暴力をふるう；ごり押しをする. Die ~ im Haus erspart den Zimmermann. 《諺》家に斧があれば大工は要らぬ，道具(と腕)があれば自分でなんとかやっていける (Schiler, *Wilhelm Tell* から).

'**Äx·te** ['ɛkstə] Axt の複数.

Aya'tol·lah [aja'tɔla, ajatɔ'la:] 男 -s/-s 《ｲｽﾗﾑ》アーヤトッラー (12 イマーム派の上級宗教法学者の称号. Ajatollah とも書く).

Aye-Aye [a'jai] 男 -[s]/-[s] 《動物》アイアイ.

Az. 《略》=Aktenzeichen 1

a. Z. 《略》=auf Zeit 掛けで，信用貸で.

Aza'lee [atsa'le:ə] 女 -/-n (*gr.*)《植物》アザレア, つつじ.

Aza·lie [a'tsa:liə] 女 -/-n = Azalee

Aze'tat [atse'ta:t] 中 -[e]s/-e 《化学》アセテート, 酢酸塩 (= Acetat).

Aze·ty'len [atsety'le:n] 中 -s/ 《化学》アセチレン.

Azid [a'tsi:t] 中 -[e]s/-e = Acid

Azi·di·me'trie [atsidime'tri:] 女 -/ = Acidimetrie

Azi·di'tät [atsidi'tɛ:t] 女 -/-en = Acidität

Azi'do·se [atsi'do:zə] 女 -/-n = Acidose

Azi·dum ['a:tsidom] 中 -s/..da = Acidum

Azi'mut [atsi'mu:t] 中 -s/-e (*arab.*)《天文・地図》方位角.

azi·mu'tal [atsimu'ta:l] 形 方位(方角)に関する.

'**Azo·farb·stoff** ['atso..] 男 -[e]s/-e 《化学》アゾ染料.

'**Azo·grup·pe** [..] 女 -/ 《化学》アゾ基.

Azo·i·kum [a'tso:ikom] 中 -s/ 《地質》無生代.

Azo·o·sper'mie [atsoosper'mi:] 女 -/-n [..'mi:ən]《医学》無精子(症).

Azo·ren [a'tso:rən] 複《地名》die ~ アゾレス諸島 (北大西洋中東部に点在, ポルトガル領).

Azo·ren·hoch 中 -s/ 《気象》アゾレス高気圧.

Azot [a'zo:] 中 -s/ 《化学》(Stickstoff) 窒素.

Azote [a'zɔt] 男 -/ = Azot

Az'te·ke [ats'te:kə] 男 -n/-n アステカ人.

az'te·kisch [ats'te:kɪʃ] 形 アステカ(人)の. ↑ deutsch

Azu·bi [a'tsu:bi, 'a(:)tsubi] 男 -s/-s (女 -/-s) (職業教育上の)訓練生, 見習い (↑ Auszubildende).

Azu'len [atsu'le:n] 中 -s/-e 《化学》アズレン (芳香族性の炭化水素).

Azur [a'tsu:r] 男 -s/ **1** 空色, 紺碧(ﾊｷ). **2** 青空, 蒼穹(ｿｳｷｭｳ).

azur·blau 形 空色の, 紺碧の.

Azu'rit [atsu'ri:t] 中 -s/-e 《鉱物》藍銅鉱.

azurn [a'tsu:rn] 形 =azurblau

'**azyk·lisch** ['atsy:klɪʃ, ,-'--] 形 **1** 非循環の, 非環状の. ~-*e* Verbindung 非環状(鎖式)化合物. **2** (時間が)不規則な；《医学》非周期的の, 不順な. **3** 《植物》非輪生の, 非環生の；《動物》非輪廻(ﾘﾝﾈ)性の.

'**Azy·mit** [atsy'mi:t] 男 -en/-en (*gr.*)《ｷﾘｽﾄ教》種なしパン派. ◆ ローマ教会ではミサ聖祭のさい聖別した種なしパン (↑ Azymon, Hostie) を主の聖体として奉献・拝領する. この習慣を持たないギリシア正教会では 11 世紀中葉以後ローマ・カトリック教徒のことをこのあだ名で呼ぶようになった.

'**Azy·ma** ['a(:)tsyma] Azymon の複数.

'**Azy·mon** ['a(:)tsymɔn] 中 -[s]/..ma (*gr.*) **1** 無酵パン (酵母を入れないで小麦粉と水だけで焼いたパン, 種なしパン・除酵パンともいう). **2**《複数で》《ｷﾘｽﾄ教》種入れぬパンの祭り. ◆ もと遊牧時代に起源するイスラエル人の農事祭, のち過越(ｽｷﾞｺｼ)の祭り (↑ Passah) と合体し, 祖先のエジプト脱出の苦難 (↑ 旧約聖書『出エジプト記』) を偲(ｼﾉ)ぶという意味が加わって, 過越の 8 日間は種なしパンを食べるようになった. この習慣はキリスト教にも新しい意味と役割を加えて受継がれた (↑ Azymit).

b, B

b¹, B¹ [beː] 回 —/— ドイツ語アルファベットの第 2 文字(子音字). ◆口語では単数 2 格および複数形を [beːs] と発音することがある.

b², B² [beː] 回 —/— 《音楽》**1** 変い音. **2** 《記号》b- *b*-Moll, B- *B*-Dur

b³ [barn] 《記号》《物理》=Barn バーン(衝突過程の断面積の単位).

B³ ❶ 《記号》**1** 《化学》=Bor **2** [bɛl] 《物理》=Bel **3** =Bundesstraße ❷ 《略》《金融》=Brief

b. 《略》=bei

Ba [beː] 《記号》《化学》=Barium

Baal [baːl] 男 —s/—e(Bealim)《人名》(hebr.,Herr') バアル(もとパレスチナ地方の肥沃神, 旧約時代には Jahve 神に対立する異教の神の名. 《旧約》士 2:11, 3:7, サム上 7:4, 12:10 ほか).

Baas [baːs] 男 —es/—e《北ド》主人, 親方, 上役, ボス.

ˈbab·beln [ˈbabəln] 自 《地方》**1** (幼児が)片言を言う. **2** 《俗》ぺちゃくちゃ(愚にもつかぬ)お喋りをする.

ˈBa·bel [ˈbaːbəl] (hebr.) ❶ 《地名》バベル(Babylon のヘブライ語形). der Turm zu ~ 《旧約》バベルの塔(創 11:1–9). ❷ 男 —s/《比喩》頽廃の都市; さまざまな言葉が話される世界都市, 言語の坩堝(ᵗるつぼ). ◆ ↑ Babylon

Baˈbu·sche [baˈbuːʃə, baˈbuːʃə] 女 —/—n (*pers.-papus*, Fußbekleidung')《地方》《多く複数で》(布製の)室内履き, 上履き.

ˈBa·by [ˈbeːbi, ˈbeɪbi] 中 —s/—s (*engl.*) 赤ん坊; 《話》子供っぽい(頼りない)人; かわい人, ベビー(恋人に対する愛称).

ˈBa·by·aus·stat·tung 女 —/—en ベビー用品.

ˈBa·by·jahr 中 —[e]s/—e **1** (出産によって加算される)年金保険年. **2** (1 年間の)育児休暇.

ˈBa·by·klap·pe 女 —/—n 子捨てポスト.

ˈBa·by·lon [ˈbaːbylɔn] (*gr.*) バビロン. ◆古代国家バビロニアの首都, 旧約の預言者たちによって悪徳・退廃の町と見なされ新約においても悪の力の象徴とされた. 《新約》黙 14:8, 16:19. ↑ Babel

Ba·by·lo·ni·en [baːbyˈloːniən]《地名》バビロニア.

ba·by·lo·nisch [..niʃ] 形 バビロンの. die ~e Gefangenschaft《歴史》(ユダヤ人の)バビロン捕囚(前 586–前 583, 《旧約》王下 24:1–16 ほか. ↑ Nebukadnezar). eine ~e Sprachverwirrung/ein ~es Sprachengewirr 言語の混乱(↓《旧約》創 11:9).

ˈba·by·sit·ten [ˈbeːbizitən] 自 《不定詞でのみ》《話》ベビーシッターをする.

ˈBa·by·sit·ter [ˈbeːbizitər] 男 —s/— (*engl.*) ベビーシッター. ◆女性形 Babysitterin 女 —/—nen

ˈba·by·sit·tern [..zitərn] 自 =babysitten

ˈBa·by·speck 男 —[e]s/《話》(幼児に特有の)丸々と太った体つき; ティーンエージャーの肥満.

ˈBa·by·strich 男 —[e]s/—e《話》**1** 《複数なし》少女売春. **2** 少女売春婦の出没する場所.

Bac·cha·nal [baxaˈnaːl] 中 —s/—ien [..liən] (—e)(*lat.*) **1** 《複数 —ien》 バッカナーレ(古代ローマの酒神 Bacchus の祭). **2** 《複数 —e》 飲めや歌えの乱痴気(ᵈんちき)騒ぎ, どんちゃん騒ぎ.

Bac·chant [baˈxant] 男 —en/—en (↓ Bacchus) **1** 《ギ神話》バッコス信徒, バッコス神の従者. **2** 《比喩》酒徒, 酔いどれ.

Bac·chan·tin [..tɪn] 女 —/—nen **1** 《ギ神話》(Bacchant の女性形)バッケー, バッコス信女バッコス神によって忘我の境に入り野山を乱舞する. Mänade とも呼ばれる. 《雅》酒に狂う女, 荒くれ女.

bac·chan·tisch [..tɪʃ] 形 乱痴気(どんちゃん)騒ぎの.

ˈbac·chisch [ˈbaxɪʃ] 形 バッコス神の.

ˈBac·chus [ˈbaxʊs] 《人名》《ロ神話》バッコス(ぶどう酒と豊饒の神 Dionysos の別称). [dem] ~ huldigen《雅》酒を飲む.

***Bach¹** [bax バハ] 男 —[e]s/Bäche **1** 小川, 細い流れ. Bäche von Schweiß〈Tränen〉 流れる汗〈涙〉. [einen] ~ machen《幼児》おしっこをする. Mit dem Geschäft geht es〈Das Geschäft geht〉 den ~ runter.《話》商売はあがったりだ. **2** 《狩》《船員》海, 湖, 沼.

Bach² 《人名》Johann Sebastian ~ ヨーハン・ゼバスティアン・バッハ(1685–1750, ドイツ・バロック音楽を代表する作曲家. 代表作『マタイ受難曲』 *Matthäus-Passion* など).

ˈBa·che [ˈbaxə] 女 —/—n (3 歳以上の)雌のいのしし.

ˈBä·che [ˈbɛçə] Bach¹ の複数.

ˈBä·chel·chen [ˈbɛçəlçən] 中 —s/— =Bächlein

ˈBa·che·lor [ˈbɛtʃələr] 男 —[s]/— (*engl.*) 学士(の学位).

ˈBa·cher [ˈbaxər] 男 —s/— (Keiler) (3 歳以上の)雄のいのしし.

ˈBach·fo·rel·le 女 —/—n《魚》ブラウン・トラウト(にじますの一種).

ˈBäch·lein [ˈbɛçlaɪn] 中 —s/— (Bach¹ の縮小形)小川, せせらぎ. [ein] ~ machen《幼児》おしっこをする.

ˈBach·stel·ze [ˈbaxʃtɛltsə] 女 —/—n《鳥》はくせきれい(白鶺鴒).

back [bak] 副 (*engl.*, zurück')《船員》バック, 後ろへ, 後方へ.

Back¹ [bɛk, bæk] 男 —s/— (*engl.*)《スポ・サッカー》(サッカーなどの)後衛, バックス.

Back² [bak] 女 —/—en (*lat. bacca*, Wassergefäß')《海事》**1** (船員が使う木製の)食器, 椀. **2** (船員たちの)食卓仲間. **3** (船員用の)折畳み式食卓. **4** 船首楼.

ˈback·bord [ˈbakbɔrt] 副 =backbords

ˈBack·bord [bak] 中 —[e]s/—e (*engl.*) (↔ Steuerbord)《海事》左舷; 《航空》左方向, 左側.

ˈback·bords [..bɔrts] 副 《海事》左舷に, 左に; 《航

空〉左方向(左側)に.

'**Bäck·chen** ['bɛkçən] 匣 -s/- 《Backe の縮小形》かわいい頬(霈), ほっぺ.

*'**Ba·cke** ['bakə バケ] 囡 -/-n **1** (Wange 1) 頬(霈). eine dicke〈geschwollene〉~ haben (歯痛などで)頬が腫(¹)れている. Dem〈Der〉kann man ein Vater- unser durch die ~*n* blasen. 〈戯〉あの男〈女〉は頬がすっかりこけている. mit vollen ~*en* kauen 口一杯にほおばっている. über beide ~*n* strahlen 《話》顔じゅうを輝かせる, 喜色満面である. Au ~ [, mein Zahn]! 《話》(右手を頬に当てながら)やゃっ, あれっ, なんてことだ. **2** (器具・道具類の側状にふくらんだ左右の)側面部;(万力などの)ジョー, (スキーの)バッケン, (銃を締めるのに頬に当てる)床尾(ፉ゚)の部分. **3** 《話》尻だくえ. et⁴ auf einer ~ absitzen 《卑》事を屁の河童(ダ³)でやってのける. **4** 《海事》船首側面のふくらみ; マスト上部の張出し.

'**ba·cken**¹[*] ['bakən バケン] backte(buk), ge- backen / du bäckst(backst), er bäckt(backt) ❶ 他 **1** (パン・ケーキ・煉瓦などを)焼く. Rosinen in den Kuchen ~ ケーキにレーズンを入れて焼く. frisch *ge- backen* 焼きたて; 新顔(入学)ほやほやの (↑frisch- backen). Du bist wohl nicht [ganz] *gebacken*. 《話》君は頭がどうかしたんじゃないのか. sich³ et⁴ ~ lassen 《比喩》物を特別に誂(🍂)える. Bei deinen Ansprüchen musst du dir wahrscheinlich eine Frau ~ lassen. 〈戯〉君みたいにそんなうるさいことばかり言ってると嫁さんの来手がないよ. **2** (魚・肉などを)揚げる, フライにする, いためる. **3** (果物などを)乾燥させる, 干し固める (加熱して).
❷ 圓 **1** パン(ケーキ)を焼く. Sie〈Der Ofen〉 *bäckt gut*. 彼女はパン(ケーキ)を焼くのが上手である〈このオーブンはよく焼ける〉. **2** (パン(ケーキ)が)焼ける. Der Kuchen muss eine Stunde ~. このケーキは1時間焼かなくてはならない.

'**ba·cken**² 《地方》 ❶ 圓 (s) くっつく, こびりつく. Der Schnee *backt* an den Absätzen. 雪が靴のかかとにくっつく. ~ bleiben 《話》落第する. ❷ 他 くっつける, 貼る(an〈auf〉et⁴ 物に).

'**ba·cken**³ 圓 (↑Back²) 《次の表現で》*Backen* und *banken*! 《船員》全員食事(食事の開始を命じる言葉). ↑banken

'**Ba·cken** 匣 -s/- 《南ドス》=Backe

'**Ba·cken·bart** 團 -[e]s/¨e 頬ひげ.

'**Ba·cken·bre·cher** 團 -s/- 《工学》ジョー・クラッシャ(砕石機の一種).

'**Ba·cken·kno·chen** 團 -s/- 《ふつう複数で》頬骨.

'**Ba·cken·streich** 團 -[e]s/-e 《古》(Ohrfeige) びんた.

'**Ba·cken·ta·sche** 囡 -/-n 《ふつう複数で》(りすなどの)頬袋.

'**Ba·cken·zahn** 團 -[e]s/¨e 白歯(𒇬ܬ).

*'**Bä·cker** ['bɛkɐr ベカー] 團 -s/- (↓backen¹)パン(ケーキ)屋, パン(ケーキ)職人.

'**Back·erb·se** 囡 -/-n 《ふつう複数で》《料理》(スープの浮きに使う豌豆(ᇄܭ)粒形の)クルトン.

*'**Bä·cke'rei** 囡 -/-en **1** ベーカリー, パン(ケーキ)屋, パン工場. **2** 《複数なし》パン(ケーキ)作り. **3** 《南ドイス・オースト》《多く複数で》クッキー, ビスケット.

'**Back·fisch** 團 -[e]s/-e **1** フライにした魚. **2** 《古》《話》(14歳から17歳くらいまでの)少女, 小娘(小魚をフ

ライにすることが多いことから).

'**Back·ground** ['bɛkɡraʊnt, 'bækgraʊnd] 團 -s/- (*engl.*) **1** バックグランド, 背景. **2** (事件などの)背景, 裏の事情; (人物の)素性(ᓐᔓ), 経歴; (家庭的・社会的・職業的)環境. **3** 《音楽》(ソロを支える)バック. **4** バックグラウンドミュージック. **5** 《映画・演劇》(現実の背景の代りに使う)バックプロジェクション.

'**Back·ground·mu·sik** 囡 -/ (*engl.*) バックグラウンドミュージック.

'**Back·hähn·chen** ['bak..] 匣 -s/- ローストチキン.

'**Back·hand** ['bɛkhɛnt, 'bækhænd] 囡 -/-s (團 -[s]/-s) (*engl.*) 《スポーツ》(↔ Forehand) バックハンド.

'**Back·hendl** ['bakhɛndɐl] 匣 -s/-n 《オーストリア》《料理》= Backhähnchen (オーストリアの名物料理).

'**Back·koh·le** 囡 -/-n 粘結炭.

'**Bäck·lein** ['bɛklaɪn] 匣 -s/- = Bäckchen

'**Back·obst** 匣 -[e]s/ (Dörrobst) 乾燥果実, ドライフルーツ. Ich danke für ~! 《反語》それは御免こうむりましょう; そんなことをするつもりはないよ.

'**Back·ofen** 團 -s/¨ パン焼き竈(貿); オーブン, 天火(ジン).

'**Back·pfei·fe** 囡 -/-n 《地方》(Ohrfeige) びんた.

'**Back·pul·ver** 匣 -s/- ベーキングパウダー.

'**Back·schaft** 囡 -/-en 《船員》(一緒に食事をする船員の)食事班. ~ machen 賄(ሗ́)当番をつとめる.

bäckst [bɛkst] backen¹ の現在 2 人称単数.

'**Back·stag** 團 -[e]s/-e[n] 《海事》バックスティ, 後方支索(帆船のマストを両舷後方より支持するロープ).

'**Back·stein** 團 -[e]s/-e (Ziegel) 煉瓦(ᖏ). Ich komme, und wenn es ~*e* regnet. 《話》たとえどんなにどしゃ降りでも私は必ず来るよ.

bäckt [bɛkt] backen¹ の現在 3 人称単数.

'**Back·trog** 團 -[e]s/¨e (パン生地(ஆ́)をこねるための)こね桶(ೀ゚).

'**Back-up** [bɛk|ap, -'-] 匣 -s/-s (*engl.*)《コンピュータ》バックアップ.

'**Back·wa·re** ['bak..] 囡 -/-n 《多く複数で》ベーカリーもの(パン・ケーキ・ビスケットなど).

'**Back·werk** 匣 -[e]s/- クッキー・ビスケット類.

'**Back·zahn** 團 -[e]s/¨e = Backenzahn

'**Ba·con**¹ ['beːkən, 'beɪkən] 團 -s/ (*engl.*, Speck*s*) ベーコン.

'**Ba·con**² ['beɪkən] 《人名》Francis Bacon フランシス・ベーコン (1561–1626, イギリスの哲学者・政治家).

Bad

[baːt バート] 匣 -[e]s/Bäder **1** 入浴; 水浴び, 海水浴. kaltes〈warmes〉~ 冷浴(温浴). das ~ in der Menge 《比喩》大衆との直接のふれ合い. ein ~ nehmen バスを使う; 水浴びをする. j³ *Bäder* ver- schreiben 人³に浴療法を処方する. **2** (a) (バスの湯, 風呂水, 浴槽. j² in ~ bereiten 人²のために風呂の用意をする. ein ~ einlaufen〈ablaufen〉lassen 浴槽に水(湯)を張る〈浴槽の水を落す〉. ins ~ stei- gen 浴槽につかる. das Kind mit dem ~ aus- schütten 《比喩》角(ᔁ)を矯(ድ)めて牛を殺す. (b) 温泉, 冷泉, 鉱泉. **3** バスルーム, 浴室; 湯治場, 温泉地; プール, 水浴場, 海水浴場. ein Zimmer mit ~ バスつきの部屋. ein ~ für Frauenleiden 婦人病に効く湯治場. ins ~ gehen プールに行く; 風呂に入る. ins ~ reisen 湯治(海水浴)に出かける. **4** 《工学・化学》(物を浸すための)液, 浴液; 《写真》現像(定着)液.

'**Ba·de·an·stalt** ['baːdə..] 囡 -/-en (公営の)水泳施設, プール.

'**Ba·de·an·zug** 團 -[e]s/¨e (女性用の)水着.

'Ba·de·arzt 男 -es/=e 浴療法の専門医.
'Ba·de·gast 男 -es/=e **1** 湯治客. **2** プールの客; 海水浴客.
'Ba·de·ho·se 女 -/-n (男性用の)水泳パンツ.
'Ba·de·kap·pe 女 -/-n 水泳帽; 浴用キャップ.
'Ba·de·kur 女 -/-en 温泉療法, 湯治.
'Ba·de·man·tel 男 -s/= 浴用ガウン, バスローブ.
'Ba·de·meis·ter 男 -s/- (公衆浴場・プール・水泳場などの)監視員.

'ba·den ['ba:dən バーデン] ❶ 自 入浴する, バスを使う; 水浴び(水泳)をする. heiß ⟨kalt⟩ ~ 熱いバスに入る(冷水浴をする). in der Sonne ~ 日光浴をする. in *seinem* Ruhm ~ 名声の上にあぐらをかく. ~ gehen 泳ぎに行く;《話》しくじる, 失敗する(bei⟨mit⟩ et³ 事³に). (事業・計画などが)つぶれる. ❷ 他 入浴させる, きれいに洗う (湯・水に浸す. das Baby ~ 赤ん坊を風呂に入れてやる. sich³ die Füße ~ 足湯(あしゆ)を使う; 足浴をする. eine Wunde ~ 傷口を洗浄する. den Wurm ~《戯》魚釣りをする. wie eine *gebadete* Maus aussehen 濡れねずみ(ずぶ濡れ)である. in Schweiß *gebadet* sein 汗びっしょりである.
❸ 再 ⟨**sich**³⟩ 入浴する, 水浴びをする.
'Ba·den《地名》バーデン(バーデン=ヴュルテンベルク州西半分の地名, Karlsruhe が中心都市).
'Ba·den-'Ba·den 《地名》バーデン=バーデン(バーデン地方の国際的湯治町).
'Ba·de·ner ['ba:dənər] 男, **Ba'den·ser** [ba'dɛnzər] ❶ -s/- バーデンの住民(出身者). ❷ 形《不変化》バーデンの.
'Ba·den-'Würt·tem·berg [..'vʏrtəmbɛrk]《地名》バーデン=ヴュルテンベルク(ドイツ南部の州, 州都 Stuttgart).
'Ba·de·ofen 男 -s/- 風呂のボイラー.
'Ba·de·ort 男 -[e]s/-e **1** 湯治場, 温泉地. **2** (海辺・湖畔などの)水浴場のある町.
'Ba·der ['ba:dər] 男 -s/- **1**《古》(a)(昔の公衆浴場の出013師, 浴場主(同時に理髪師を兼ね, 簡単な医療処置もほどこした). (b) 理髪師, 診療助手. **2**《地方》《古》やぶ医者; もぐりの医者.
'Bä·der ['bɛ:dər] 男 Bad の複数.
'Ba·de·strand 男 -[e]s/=e 水浴のできる浜; 海水浴場.
'Ba·de·tuch 中 -[e]s/=er バスタオル.
***'Ba·de·wan·ne** ['ba:dəvanə バーデヴァネ] 女 -/-n 浴槽, バスタブ.
'Ba·de·zeug 中 -[e]s/ 水浴用品(水着・タオルなど).
***'Ba·de·zim·mer** ['ba:dətsɪmər バーデツィマー] 中 -s/- 浴室, バスルーム.
Ba·di'na·ge [badi'na:ʒə] 女 -/-n (*fr.*, Spaß, Scherz ')《音楽》バディネリー(18世紀の組曲に含まれる軽快な舞曲).
Ba·di·ne'rie [..nə'ri:] 女 -/-n [..'ri:ən] =Badinage
'ba·disch ['ba:dɪʃ] 形 バーデンの.
'Bad·min·ton ['bɛtmɪntɔn] 中 -s/ (*engl.*) バドミントン. ◆1872 初めてこの競技が行われたイギリスの地名にちなむ.
'Bae·de·ker ['bɛ:dəkər] 男 -[s]/-《商標》ベーデカー(ドイツの出版業者 Karl Baedeker, 1801-1859 が創刊した旅行案内書).
'Ba·fel ['ba:fəl] 男 -s/- (*jidd.*, minderwertige Ware ')《南》》 **1** (Ausschussware) きず物, 不良品.

2《複数なし》くだらぬお喋り, 無駄話. ◆元来 Talmud の用語.
baff [baf] 形 ~ sein《話》あっけにとられている, あいた口がふさがらない.
BAföG, **'Ba·fög** ['ba:fœk] 中 -/ 《略》=Bundesausbildungsförderungsgesetz ドイツ連邦奨学資金法(による奨学資金).
Ba'ga·ge [ba'ga:ʒə] 女 -/-n (*fr.*, Reisegepäck ')《古》旅行手荷物. **2**《古》《軍事》輸送部隊, 輜重(しちょう)隊. **3**《俗》ならず者たち, ごろつき連中.
Ba'gas·se [ba'gasə] 女 -/-n (*lat.*) (砂糖きびの)搾(しぼ)りかす, バガス.
Ba·ga'tel·le [baga'tɛlə] 女 -/-n (*fr.*) つまらないもの(こと);《音楽》バガテル(やさしい小曲).
ba·ga·tel·li'sie·ren [bagatɛli'zi:rən] 他《事⁴を》つまらないことだと見なす, あなどる.
Ba·ga'tell·sa·che [baga'tɛl..] 女 -/-n 些細なこと;《法制》些細な事件(犯罪).
'Bag·dad ['bakdat]《地名》(*pers.*, Gottesgeschenk ') バグダード(イラクの首都).
'Bag·ger ['bagər] 男 -s/- (*ndl.*) **1** パワーショベル; 浚渫(しゅんせつ)船. **2** (バレーボールで)アンダーハンドパス(トス). **3**《歴史》バガー(オランダで泥炭の採掘などに人夫として働いた北ドイツ出身の農民労働者.
'Bag·ger·füh·rer 男 -s/- パワーショベル(浚渫(しゅんせつ)船)の操縦者.
'bag·gern ['bagərn] ❶ 自 **1** パワーショベル(浚渫(しゅんせつ)船)で作業する. **2** (バレーボールで)アンダーハンドパス(トス)をする. ❷ 他 パワーショベルで掘削(浚渫)する.
'Ba·gno ['banjo] 中 -s/-s, Bagni [..nji] (*it.*, Badehaus, Bad ')《古》バニョ(かつてイタリア・フランスで重刑囚を収容した監獄). ~ 船でコンスタンティノープルの古い浴場にあった, ガレー船に乗せる奴隷のための牢獄.
'Bag·stall ['bakʃtal] 男 -s/-e(い)《南バ》支柱.
Ba'guette [ba'gɛt] 女 -/-n (*fr.*, Stäbchen ') **1**《古》(Wünschelrute) 占い杖(先端が2股に分かれた柳・はしばみの棒で水脈・鉱脈を探り当てる力があるとされた). **2**《古》(先込め銃の)込め棒, 棚杖(さく). **3** (宝石, とくにダイヤモンドの)長方形カット. **4** バゲット(棒状のフランスパン).
bah [ba:] 間 *Bah!* (嘲り・蔑みを表して)うへー, うぇー, わーい. Er kann nicht ~ sagen.《話》彼は人前でモノも言え喋れない.
bäh [bɛ:] 間 *Bäh!* めえー(羊の鳴き声); うへー, うぇー, わーい(嫌悪・嘲りの叫び).
'bä·hen¹ ['bɛ:ən] 他 **1**《古》温める, 温湿布をする. **2**《南ズ》《スイス》(スライスしたパンを)軽くトーストする.
'bä·hen² 自《話》(羊が)めぇーと鳴く.

Bahn

[ba:n バーン] 女 -/-en **1** (切開かれた平坦な)道; 進路, 方向; 人生行路. Freie ~ dem Tüchtigen!人材に道をひらこう. et³ ~ brechen 事³のために道を切開く, 物¹(考え・理論などの)の普及に貢献する(↑bahnbrechend). sich³ ~ brechen 道を切開いて押し進む. Ein Talent bricht sich³ ~. 才能はかならず世に出る(認められる). j⟨et⟩³ die ~ ebnen《雅》人⟨物⟩³のゆく手の障害を除く, (に)道を開いてやる. freie ~ haben どんな障害もない; 自由に行動(活動)できる.《前置詞と》**auf** die schiefe ~ geraten⟨kommen⟩道(人生)を踏みはずす, 身を持ちくずす. sich³ auf die ~ machen 出発(出立)する. auf der rechten⟨auf rechter⟩ ~ sein 行くべき(正しい)道を歩んでいる.

Geh mir **aus** der ~! どいてくれ、私の邪魔をしないでく
れ。 j¹ aus der ~ bringen〈werfen/schleudern〉人¹
の人生を狂わせる。 sich¹ in〈auf〉 neuen ~ en bewe-
gen 雲行き(様子)ががらりと変る。 et² **in** die richtige
~〈in die richtigen ~en〉lenken 事¹が順調に進むよ
うに舵(ﾞ)をとる。 **2** (a)〈天体の〉軌道;〈ロケット・銃弾
の〉弾道。 eine kreisförmige ~ beschreiben 円軌道
を描く。 in die gewohnten ~en zurückkehren 元に
戻る, 旧に復する。 (b)〈自動車道の〉車線。 Die
Straße hat drei ~en. この道路は 3 車線である。 (c)
〖ｽﾎﾟｰﾂ〗〈競技の〉トラック; コース, 走路;〈ボウリングのレー
ン〉。 Die ~ ist sehr schnell. このトラックはよい記録が
出る。 auf ~ 5 laufen〈schwimmen〉5 コースを走る
〈泳ぐ〉。 **3** 鉄道。 die ~ nehmen 汽車で行く。
die ~ verpassen 列車に乗遅れる。〖前置詞と〗et⁴
auf die ~ bringen 事¹を軌道に乗せる;(を)話題にする。
sich¹ auf die ~ setzen 列車に乗込む。 **bei** der ~
sein〈arbeiten〉《話》鉄道に勤めている。 **mit** der ~
fahren 汽車で行く。 et⁴ **per** ~ schicken 物⁴を鉄道
便で送る。 (b)〈Bahnhof〉 j¹ aus der〈**zur**〉 ~
bringen 人⁴を駅まで送って行く。 eine Sendung frei
~ schicken 荷を無料の駅渡しで送る。 (c) 〈Straßen-
bahn〉市街電車。 **4**〈一定の幅の〉長い布地(紙);ス
カートなどの〉パネル。 Für die Gardine braucht man
vier ~ en des Stoffes. そのカーテンを作るには生地(ﾞ)が
4 幅必要だ。 **5**〈工具の〉使用面, フェース。
'Bahn·ar·bei·ter 男 -s/- 鉄道員, 保線工夫。
'Bahn·be·am·te 男《形容詞変化》鉄道の職員。 ◆
女性形 Bahnbeamtin 女 -/-nen
'bahn·bre·chend 形 (↑Bahn 1) 画期(先駆)的な。
'Bahn·bre·cher 男 -s/- 開拓(先駆)者, パイオニア。
'bah·nen ['baːnən] 他 **1** j³ einen Weg ~ 人³のため
に道を切開く(つけてやる)。 sich³ einen Weg durch
den Schnee ~ 雪をかき分けて進む。 ein gut *gebahn-
ter* Weg 平坦な道。 **2** j〈et〉³ den Weg ~《雅》人³を
援護してやる〈事¹を軌道に乗せる〉。 der Freiheit eine
Gasse ~ 自由の火を守る。
'bah·nen·wei·se 副 (↑Bahn 4)〈布地などを〉パネル
単位で。

'**Bahn·hof** ['baːnhoːf バーンホーフ] 男 -[e]s/-ﾞe
〈鉄道の〉駅, 駅舎, 停車場;〈バスの〉発着所。 j¹ vom
~ abholen 人⁴を駅へ迎えに行く。 [einen] großen ~
bekommen《話》盛大な出迎え〈歓迎〉を受ける。
[immer] nur ~ verstehen《話》何も分からない, ちんぷ
んかんぷんである。 Bescheid am ~ wissen《話》万事
勝手が分かっている。
'Bahn·hofs·hal·le 女 -/-n〈駅の〉コンコース。
'Bahn·hofs·mis·si·on 女 -/-en〈鉄道の駅で旅行
者・老人・子供などの世話をする教会関係の〉旅行援護
奉仕団;〈駅構内の〉旅行援護所。
'Bahn·hofs·vor·ste·her 男 -s/- 駅長。
'Bahn·kör·per 男 -s/- 軌道(鉄道の線路と路盤)。
'bahn·la·gernd 副 駅留めの。
'Bahn·li·nie 女 -/-n 鉄道の路線。
'Bahn·meis·te·rei [..maɪstəraɪ] 女 -/-en 鉄道保
線区。
'Bahn·po·li·zei 女 -/ 鉄道公安警察。
'Bahn·schran·ke 女 -/-n 踏切りの遮断機。
'Bahn·schwel·le 女 -/-n 枕木。
*'**Bahn·steig** ['baːnʃtaɪk バーンシュタイク] 男 -[e]s/-e
プラットホーム。
'Bahn·über·gang 男 -[e]s/-ﾞe 踏切り。

'Bahn·ver·bin·dung 女 -/-en 列車の接続(連絡)。
'Bahn·wär·ter 男 -s/- 保線係, 踏切り人。
'**Bah·re** ['baːrə] 女 -/-n 担架; 棺台, 棺架。 von der
Wiege bis zur ~ 揺り籠から墓場まで。
'**Bahr·ge·richt** ['baːr..] 中 -[e]s/-e〖民俗〗棺台裁
判。 ◆殺人容疑者を棺に寝かされた死者と対面させ、
死者の傷からふたたび血が流れ出したら有罪と宣告させ
る中世の神明裁判の 1 つ。
'Bahr·pro·be 女 -/-n =Bahrgericht
Bai [baɪ] 女 -/-en *(fr.)* 湾, 入江。
'bai·risch ['baɪrɪʃ] 形〖言語〗バイエルン方言の。 ~e
Mundart バイエルン方言。
Bai'ser [bɛ'zeː] 中 -/-s *(fr. ,Kuss')* (Meringe) メ
レンゲ(泡立てた卵白に砂糖を加えて焼いた菓子)。
'**Bais·se** ['bɛːsə] 女 -/-n *(fr. ,Senkung')* **1**〖金融〗
(↔ Hausse)〈相場の〉下落。 auf [die] ~ spekulie-
ren〈下落を見込んで〉思惑売り(見越し売り)をする;〈値
上りを当込んで〉思惑買い(見越し買い)をする。 **2**〖経
済〗不況, 不景気。
Bais·sier [bɛsi'eː] 男 -s/-s (↔ Haussier)〈相場の
下落を見越す〉弱気筋。
Ba·ja·de·re [baja'deːrə] 女 -/-n *(port. ,Tänze-
rin')*〈インドの〉神殿舞姫, 白拍子(ﾋﾞｮﾝ)。
Ba'jaz·zo [ba'jatso] 男 -s/-s *(it. ,Strohsack')*〖演
劇〗〈イタリア民衆喜劇の〉道化, ピエロ, パリアッチョ。
Ba·jo'nett [bajo'nɛt] 中 -[e]s/-e *(fr.)* 銃剣。 ◆製造
地であるフランスの都市バイヨンヌ Bayonne にちなむ。
ba·jo·net'tie·ren [bajonɛ'tiːrən] ❶ 自 銃剣で
戦う。 ❷ 他 銃剣で突刺す。
Ba·jo'nett·ver·schluss 男 -es/-ﾞe〈機械の〉銃剣
閉塞, 差込み継ぎ手。
Ba·ju'wa·re [baju'vaːrə] 男 -n/-n **1**《古》バヨゥア
リィ, バイエルン族〈現代バイエルン人の祖先〉。 **2**《戯》
(Bayer) 〈現代〉バイエルン人。
ba·ju'wa·risch [..rɪʃ] 形《古》**1** バヨゥアリィ(人)
の。 **2**《戯》(bayerisch) バイエルン(人)の。
'**Ba·ke** ['baːkə] 女 -/-n *(lat. ,Signalhorn')*〖海事〗
立標; 〖航空〗〈発着路などを示す〉灯光標識, 無線標
識; 〖交通〗〈踏切り・高速道路の出入口などへの〉予告
標識; 〖鉄道〗〈主信号機の〉予備標識; 〖測量〗標杆。
Ba·ke'lit [bakə'liːt] 中 -s/-e〖商標〗ベークライト。
◆発明者のベルギーの化学者 L. H. Baekeland,
1863-1944 のちなむ。
Bak·ka·lau·re'at [bakalaore'aːt] 中 -[e]s/-e
(lat.) バチェラー(イギリス・フランス・アメリカの, また中世の
大学で授与される最下位の学位)。
Bak·ka·lau·re·us [..'laoreʊs] 男 -/..rei [..reɪ] バ
チェラー学位の取得者。
'**Bak·ken** ['bakən] 男 -s/- *(norw. ,Hügel')*〖ｽﾎﾟｰﾂ〗ジ
ャンプ台, シャンツェ。
'**Bak·schisch** ['bakʃɪʃ] 中 -[e]s/-e *(pers. ,Ge-
schenk')* **1** 心づけ, チップ。 **2** 賄賂(ﾜｲﾛ), 袖の下。
Bak·te·ri·ämie [baktɛri'ɛmiː] 女 -/-n [..'miːən]
〖医学〗菌血症, 敗血症。
Bak'te·rie [bak'teːrɪə] 女 -/-n *(gr.)*《多く複数で》
〖生物・医学〗バクテリア, 細菌。
bak·te·ri'ell [baktɛri'ɛl] 形 細菌の; 細菌性の。
Bak·te·ri·en·krieg 男 -[e]s/-e〖軍事〗細菌戦。
Bak·te·rio·lo'gie [baktɛriolo'giː] 女 -/ 細菌学。
bak·te·rio'lo·gisch [..'loːɡɪʃ] 形 細菌学(上)の,
細菌学に基づく。
Bak·te·ri·o'pha·ge [..'faːɡə] 男 -n/-n《多く複数
で》〖細菌〗バクテリオファージ(食菌性ウイルス)。

Bak·te·ri·o·se [..'o:zə] 囡 -/-n《生物》《植物の》細菌性病害.
Bak·te·ri·um [bak'te:riom] 甲 -s/..rien [..riən] (gr., Stäbchen)《古》《生物・医学》=Bakterie
bak·te·ri·zid [bakteri'tsi:t] 形《薬学》殺菌性の.
Bak·te·ri·zid 甲 -s/-e《薬学》殺菌剤.
Ba·la·lai·ka [bala'laıka] 囡 -/-s (..ken [..kən]) (russ.)《楽器》バラライカ.
Ba·lan·ce [ba'lã:sə, ba'laŋsə] 囡 -/-n (fr.) **1** 平衡, バランス. die ~ halten〈verlieren〉バランスを保つ〈失う〉. aus der ~ kommen 心のバランス(平静さ)を失う. **2**《古》バランスシート, 貸借対照表.
Ba'lan·ce·akt 男 -[e]s/-e 平衡をとる曲芸(綱渡り・玉乗りなど).《比喩》綱渡り, 離れ業.
ba·lan'cie·ren [balã'si:rən, balaŋ..] ❶ 再《物》のバランスをとる. einen Wasserkrug auf dem Kopf ~ 水瓶を頭に載せて落さない. ❷ (h, s) (h) 身体の平衡をとる; (収支などが)バランスがとれている;《政治的》中道を歩む. **2** (s) バランスをとりながら進む.
Ba·la·ni·tis [bala'ni:tıs] 囡 -/..tiden [..ni'ti:dən] (gr.)《医学》亀頭炎.
'Ba·la·ta ['balata, ba'la:ta] 囡 -/ (sp.) バラタゴム.
bal'bie·ren [bal'bi:rən] 他《地方》=barbieren

bald
[balt バルト] eher (bälder), am ehesten (am bäldesten) 副 **1** まもなく, すぐに. ~ darauf その後まもなく. möglichst ~ / so ~ wie〈als〉möglich できるだけ早く. Bis〈Auf〉 ~!じゃまたあとで, また近いうちに. Junger Mitarbeiter für〈per〉~ gesucht! 若い従業員至急求む(求人広告). Hörst du ~ damit auf?《話》いい加減にやめないか. Nun, wird's ~?《話》まだかい, 早くしろよ. Das ist ~ gesagt, aber schwer getan. それを言うは易(やす)く行うは難(かた)しだ. **2**《話》(nahezu, fast) ほとんど, すんでのことで. Das hätte ich ~ vergessen. 私はそれをあやうく忘れるところだった. Wir warten ~ schon drei Stunden. 私たちはもう3時間近くも待っている. **3**《相関的に》~.., ~..... あるときは..., あるときは..... 《laut, ~ leise ときには大声で, ときには小声で. Bald lachte, ~ weinte sie vor Freude. 彼女は嬉しさのあまり笑ったり泣いたりした.
'Bal·da·chin ['baldaxi:n, --'-] 男 -s/-e (it. Baldacco, Bagdad)**1**《王座・寝台など式典用行列のさいなどにかざられる》天蓋.**2**《建築》祭壇天蓋;《美術》バルダッキーノ(説教壇・立像などの上の石の庇(ひさし)).
'bal·de ['baldə] 副《古》=bald
'Bäl·de ['bɛldə] 囡 -/ in ~《書》まもなく, 近々に.
'bal·dig ['baldıç] 形《付加語的用法のみ》すぐの, まもなくの. Baldige Genesung! (病人に向かって)1日も早いご恢復を祈ります. Auf ~es Wiedersehen! じゃ近いうちにまたね.
'bal·digst ['baldıçst] 副 できるだけ早く, 至急に.
'bald·mög·lichst 形《述語的には用いない》できるだけ早くの, 大至急の.
Bal·do·wer [bal'do:vər] 男 -s/- (hebr., Herr des Wortes) (隠)(泥棒団の)探り役.
Bal·dri·an ['baldria:n] 男 -s/-e **1**《植物》かのこそう(鹿の子草), きっそう(吉草). **2**《複数なし》鹿の子草のエキス(根から抽出した鎮静剤).
Balg[1] [balk] 男 -[e]s/Bälge **1**《猟師》《獣の》皮, 毛皮. **2**《卑》(人間の)皮膚, 体. einem Fuchs den ~ abziehen 狐の皮をはぐ. j³ den ~ abziehen《卑》a³ を身ぐるみ剥ぐ, (を)食いものにする. j³ auf den ~ rücken《卑》a³ にいやに近付いて(すり寄って)くる;(に)しつこく迫る. **2** (人形の胴体, 《動物の》剝製;《地方》たいこ腹. sich³ den ~ voll schlagen《古》腹一杯(たらふく)食べる. **3**《地方》(豆などの)さや, 殻. **4** (a)《楽器》(パイプオルガンなどの)ふいご, 送風装置. die Bälge treten《古》(オルガンの)ふいごを踏む;《比喩》縁の下の力持ちをする. (b)(アコーディオン・カメラ・列車連結部などの)蛇腹(じゃばら).
Balg[2] 甲 -[e]s/Bälger(Bälge)《話》わんぱく, やんちゃ坊主, 悪がき.
'Bal·ge ['balgə] 囡 -/-n (fr. baille, Kufe) **1**(干潮時の干潟にできる)水路. **2** 洗い桶, たらい, 手桶. **3** 小さな入江(湾). **4** 排水溝, 下水路.
'Bäl·ge ['bɛlgə] Balg[1], Balg[2] の複数.
'bal·gen ['balgən] ❶ 他《猟師》(獣の)皮を剝ぐ. ❷ 再 (sich[4])(子供・小犬などが遊び半分に)とっ組合いをする, とっ組合って床(地面)をころげ回る.
'Bal·gen 男 -s/-《写真》(カメラの)蛇腹.
'Bal·ger ['balgər] Balg[2] の複数.
Bal·ge'rei [balgə'raı] 囡 -/-en とっくみ(じゃれ)合い.
'Bal·je ['baljə] 囡 -/-n =Balge
Bal·kan[1] ['balkan] 男《地名》der ~ バルカン山脈(ブルガリア中央部を走る山脈), バルカン半島.
'Bal·kan·halb·in·sel 囡 -/《地名》die ~ バルカン半島.
bal·ka·ni·sie·ren [balkani'zi:rən] 他 (ある地域を)バルカン化する(第1次大戦前のバルカン半島のように小国に分裂させて紛争の火種をつくる).
Bal·ka·no·lo·gie [balkanolo'gi:] 囡 -/ バルカン学, バルカン研究.
*'**Bal·ken** ['balkən バルケン] 男 -s/- **1** 角材,《建築》梁(はり), 桁(けた), 垂木(たるき). lügen, dass sich[4] die Balken biegen《話》とんでもない嘘を言う, ほらを吹く. Wasser hat keine Balken.《諺》海や川には梁がない, 君子危うきに近寄らず. den Splitter im fremden Auge, aber nicht den ~ im eigenen sehen 他人の目にあるわら屑は見えるのに自分の目の中にある角材は見えない, 他人の小さな欠点は目ざとく見つけるが自分の大きな欠点には気づかない(↓《新約》マタ7:3). **2**《天秤》のさお,《畑の畝(うね)》;《紋章》《盾形紋章中央の横帯;《解剖》脳梁(のうりょう)《左右の大脳半球の間にある神経繊維の束》;《音楽》(音符をつなぐ)桁(けた);《体操》(Schwebebalken) 平均台.
'Bal·ken·code [..ko:t] 男 -s/-s バーコード.
'Bal·ken·über·schrift 囡 -/-en (新聞の)大見出し.
'Bal·ken·waa·ge 囡 -/-n 天秤, 皿秤(さらばかり).
***Bal'kon** [bal'kõ:, ..'kɔŋ, ..'ko:n バルコーン] 男 -s/-s (-e) (it.) **1** バルコン, バルコニー, 露台;(劇場の)バルコニー席, 2階桟敷席. ~ sitzen〈nehmen〉バルコニー席で見る(バルコニー席を買う). **2**《戯》豊満なバスト.

Ball
[bal バル] 男 -[e]s/Bälle **1** (a) ボール, まり. ~〈mit dem ~〉spielen ボール遊び(球技)をする. j³ die Bälle zuspielen〈zuwerfen〉人³ に助け舟を出してやる(議論などの際に), (に)加勢する. sich³《gegenseitig》die Bälle zuspielen〈zuwerfen〉(議論などの際に)互いに手を組む, ぐるになる. am ~ bleiben (サッカーなどで)終始よくボールについていている;《比喩》食いついて離れない, 諦めない. am ~ sein (サッカーなどで)ボールについている;《比喩》主導権をとっている, 攻勢に立っている. (b) 球形のもの. ein ~ aus Papier〈Wolle〉

***Ball**[bal バル]男 -[e]s/Bälle (*lat.* ballare, tanzen') 舞踏会, ダンスパーティー. einen ～ geben〈veranstalten〉舞踏会を催す. auf einen〈zu einem〉～ gehen 舞踏会に行く.

Bal·la·de[balaːdə]女 -/-n (*fr.*, Tanzlied')《文学》バラード, 物語詩, 譚詩(た~);《音楽》バラード(もと中世の舞踏歌).

bal·la·desk[balaˈdɛsk]形 バラード(物語詩)風の.

Bal·lad-Ope·ra[ˈbælæd ɔpərə]女 -/ (*engl.*) バードオペラ. ◆17-18世紀イギリスの民衆的な歌芝居, 代表作は J. Gay / Joh. Chr. Pepusch の『乞食オペラ』*Beggar's Opera*, 1728.

'**Bal·last**[ˈbalast, -ˈ-]男 -[e]s/-e《複数まれ》**1** バラスト(バラス), 底荷. **2**《比喩》お荷物, 厄介物.

Bal·last·stof·fe複《医学》(食物中の)夾雑物, 繊維成分.

Bal·la·watsch[ˈbalavatʃ]男 -[e]s/-e (*it.*)《オ~ス》**1** てんやわんや, ナンセンス. **2** 能なし, だめ男.

'**Bäl·le**[ˈbɛlə] Ball¹, Ball² の複数.

'**bal·len**[ˈbalən] ❶ 他 丸める, 固めてボール状にする;(力などを)集中する. die Faust ～ 拳(こぶし)を固める. Schnee ～ 雪玉をこしらえる. ❷ 再 (*sich*⁴)丸く固まる. Die Schwierigkeiten *ballen sich*. 難問が山積みになる. ❸ 自 ボール状に固まる. ◆↑geballt

'**Bal·len**男 -s/- **1** 梱包, 束(た). **2** バレン(紙・布地・皮などの度量単位);板に巻いた布地(反物). **3**《解剖》(母)指球, (動物の)肉趾. **4**《医学》内反足.

Bal·le·ri·na[balæˈriːna]女 -/-nen バレリーナ.

Bal·le·ri·ne[..nə]女 -/-n =Ballerina

'**bal·lern**[ˈbalərn] ❶ 自 **1** (a)《砲声などが》どーんと轟く, 《銃を乱射する. **2** どんどん叩く; どーんと音を立てる. an die Tür ～ ドアをどんどん叩く. Steine *ballerten* gegen die Tür. 石がドアに当って大きな音を立てた.
❷ 他 **1** どしんと力まかせに投げつける(ぶっつける). einen Stein gegen das Fenster ～ 石を力まかせに窓に投げつける. die Tür ins Schloss ～ ドアをばたんと閉める. j³ eine ～《話》人³の横っ面に一発食らわす. **2** (砲声などを)轟かす. einen ～《話》酒を一杯やる. **3** (サッカーでボールを)カ一杯シュートする.

'**Bal·lett**[baˈlɛt]中 -s/-e *it.* balleto, kleines Tanzfest') バレエ; バレエ団; バレエ曲. beim ～ sein《話》バレエのダンサーをしている.

Bal·let·teu·se[balɛˈtøːzə]女 -/-n (女性の)バレエダンサー.

Bal·lett·meis·ter男 -s/- バレエの振付師(教師).

Bal·lett·tän·zer男 -s/- (男性の)バレエダンサー.

Bal·lis·tik[baˈlɪstɪk]女 -/ 弾道学.

bal·lis·tisch[..tɪʃ]形 弾道(学)の, 弾道学上の. ～*e* Kurve 弾道曲線. eine interkontinentale ～*e* Rakete 大陸間弾道弾.

'**Ball·jun·ge**男 -n/-n (テニスなどの)ボールボーイ.

'**Ball·kleid**中 -[e]s/-er 舞踏会用ドレス.

Bal·lon[baˈlõː, baˈlɔŋ, bɑˈlõː [..loːnɑ])男 -s/-s [..lõːs] (*fr.*, «großer Ball») **1** 気球; (ゴム)風船. **2**《化学》球形フラスコ; 酸瓶, カルボイ(酸類を入れる籠状の大形瓶). **3**《話》頭. Tu mal deinen ～ weg! その頭が邪魔なんだよ. [so] einen ～ bekommen〈kriegen〉(怒り・恥ずかしさ・狼狽のために)あっ赤になる. eins an〈vor〉den ～ kriegen 頭に一発くらなる.

う. **4**《空》バルーン・セール(ふくらみ易い薄手の帆).

Bal·lot¹[baˈloː]中 -s/-s (*fr.*)(商品の)小さな包み(梱包).

'**Bal·lot**²[ˈbɛlət, ˈbæləːt]中 -s/-s (*engl.*)(イギリス・アメリカでの)秘密投票(↑Ballotage).

Bal·lo·ta·de[balɔtaːdə]女 -/-n (*fr.*)《馬術》バロタード(馬の跳躍の型の1つ).

Bal·lo·ta·ge[balɔtaːʒə]女 -/ (*fr.*) (黒白の小さな球を使ってする)秘密投票.

bal·lo·tie·ren[balɔtiːrən]自 黒白の小球による秘密投票をする.

'**Ball·saal**男 -[e]s/..säle 舞踏会用大広間.

'**Ball·spiel**中 -[e]s/-e **1** (子供たちの)ボール遊び. **2**《スポ》球技.

'**Bal·lung**[ˈbaluŋ]女 -/-en **1**《複数なし》球形に丸める(丸くなる)こと, 球状化. **2** (人口・産業などの)密集;(力・エネルギーなどの)集中. **3** (雲・霧などの)凝集の発生.

Bal·lungs·ge·biet中 -[e]s/-e 人口(産業, 工業)密集地帯.

'**Bal·me**[ˈbalmə]女 -/-n (*kelt.*)《地形》(風化による)岩壁のくぼみ, 岩屋, 洞窟.

Bal·neo·lo·gie[balneoloˈgiː]女 -/ 鉱泉(温泉)学.

Bal·neo·the·ra·pie[..teraˈpiː]女 -/-n [..piːən]《医学》鉱泉(温泉)療法.

'**Bal paˈré**[ˈbal paˈreː]男 -/-s -s (*fr.*)《雅》(豪華な衣装の)大舞踏会.

'**Bal·sa**¹[ˈbalza]中 -s/ (*sp.*) バルサ(中南米産のパンヤ科の木).

'**Bal·sa**²-s/-s (南米インディアンの)バルサ材の筏(いかだ).

'**Bal·sa·holz**中 -es/⁻er バルサ材.

'**Bal·sam**[ˈbalzaːm]男 -s/-e (*hebr.*) **1** バルサム, 香油(バルサムの木から採った乳色の芳香性の含油樹脂, 香料・鎮痛剤として用いられた). **2**《比喩》《雅》(不安・心痛を)和らげるもの, 慰め. Das ist ～ für mein verwundetes Herz. それは私の傷ついた心を癒やす慰めである.

bal·sa·mie·ren[balzaˈmiːrən]他 **1**《雅》バルサム(軟膏)をぬる. **2** (死体に)防腐処理を施す.

Bal·sa·mi·ne[balzaˈmiːnə]女 -/-n《植物》ほうせんか(鳳仙花).

bal·sa·misch[balˈzaːmɪʃ]形 **1** バルサムのバルサムを含んだ. **2** かぐわしい香りの, 鎮痛作用のある.

'**Bal·sam·tan·ne**女 -/-n《植物》カナダ・バルサムの木.

'**Bal·te**[ˈbaltə]男 -n/-n **1** バルト人, バルト3国(バルト海沿岸)の住民(出身者). ↑Baltikum **2** =Baltendeutscher ◆女性形 Baltin 女 -/-nen

'**Bal·ten·deut·sche**女《形容詞変化》ドイツ系バルト人.

'**Bal·tha·sar**[ˈbaltazar] (*hebr.*, Gott schütze den König')《男名》バルザル.

'**Bal·ti·kum**[ˈbaltikɔm]《地名》**1** バルト3国(エストニア・ラトヴィア・リトアニアの3国). **2** バルト海沿岸地方.

'**bal·tisch**[ˈbaltɪʃ]形 バルト諸国の, バルト海沿岸地方の. das *Baltische* Meer バルト海. ～*e* Sprachen バルト諸語(スラブ語族の1語派. Lettisch, Litauisch および AltpreußBisch をさす).

Ba·lus·ter[baˈlʊstər]男 -s/- (*gr.*)《建築》バラスタ, 手摺子(てすりこ) (欄干の笠木を支える小柱).

Ba·lus·tra·de[balʊsˈtraːdə]女 -/-n《建築》**1** バ

ラストレード(バルコニーなどの手摺り・欄干). **2** バラストレードのあるバルコニー.

Balz [balts] 囡 -/-en (複数まれ)〚猟師〛**1** (野鳥の)交尾期. auf die ~ gehen 交尾期の野鳥を狩る. **2** (野鳥の)求愛動作, ディスプレイ.

Bal'zac [bal'zak]〚人名〛Honoré de ~ オノレ・ド・バルザック(1799-1850, フランスの小説家).

'**bal·zen** ['baltsən] 圄 **1** (交尾期の)野鳥がディスプレイをして雌の気を引く. **2**〘古〙〚地方〛(子供・動物が)跳びはねる, ころげ回る.

'**Bam·berg** ['bambɛrk]〚地名〛バンベルク(バイエルン州北部の都市, 11世紀以来カトリック教会の司教座所在地).

'**Bam·bi** ['bambi] ❶ 男 -s/-s〚幼児〛バンビ, 仔鹿. ❷ 男 -s/-s〚映画〛バンビ賞(ファン投票によるドイツの映画賞).

Bam·bi·no [bam'bi:no] 男 -s/..ni [..ni] (-s) (it.) **1** 幼児, 男の子. **2**〘古〙〚美術〛幼児キリストの図像).

'**Bam·bus** ['bambʊs] 男 -ses/-se (mal.)〚植物〛竹.

'**Bam·bus·vor·hang** 男 -[e]s/ᵃe **1** 簾(ﾀﾞﾚ). **2**〚歴史〛竹のカーテン(東アジアにおける共産圏と非共産圏との間の境界線).

'**Bam·mel** ['baməl] 男 -s/ (jidd.)〘話〙不安, 恐怖. ~ vor et⟨j⟩³ haben 事⟨人⟩を恐れる.

'**bam·meln** ['baməln] 圄〘戯〙**1** (baumeln)(ぶら下がって)ぶらぶら揺れる. **2** (bimmeln) (鈴などが)ちりんちりん鳴る.

Ban¹ [ba:n] 男 -s/-e (serbokroat., Herr') **1** (ハンガリー南境を守る)太守, 総督. **2** (1918までのクロアチアの)高官.

Ban² 男 -[s]/Bani (Banu) (fr.) バーヌ(ルーマニアの小額通貨の単位).

ba'nal [ba'na:l] 形 (fr.) 平凡な, 並みな, つまらぬ.

ba·na·li'sie·ren [banali'zi:rən] 他 平凡化⟨陳腐⟩にする, つまらなくする.

Ba·na·li'tät [..'tɛ:t] 囡 -/-en **1** (複数なし) 平凡, 陳腐, 月並み. **2** 陳腐な言葉⟨話⟩.

Ba'na·ne [ba'na:nə] 囡 -/-n (port.) **1** (a)〚植物〛ばしょう(芭蕉)族, バナナ. (b) バナナ(の実). **2**〘戯〙タンデムローター式ヘリコプター.

Ba·na·nen·re·pu·blik 囡 -/-en〘卑〙バナナ共和国(バナナの栽培・輸出以外に産業がなく, また米国資本に牛耳(ｷﾞｭｳｼﾞ)られている熱帯アメリカ諸国に対する蔑称).

Ba·na·nen·ste·cker 男 -s/-〚電子工〛バナナプラグ.

Ba'nau·se [ba'naʊzə] 男 -n/-n (gr., Handwerker')〘侮〙(芸術を解さない)俗物, やぼ天.

Ba'nau·sen·tum [..zəntu:m] 中 -s/ (芸術を理解しない)俗物根性, 俗物性.

ba'nau·sisch 芸術の解らない, 俗物の.

band [bant] binden の過去.

***Band¹** [bant バント] 中 -[e]s/Bänder **1** (a) 紐, 帯, ベルト, リボン, テープ. als Erster das ~ durchreißen ⟨zerreißen⟩ (競走でトップでテープを切る. ein ~ im Haar tragen 髪にリボンをつけている. (b) (Messband) 巻尺. (Farbband) (タイプライターの)リボン. (勲章の)綬(ｼﾞｭ), (桶の)箍(ﾀｶﾞ); 帯鋸(ｵﾋﾞﾉｺﾞ). **2** 録音テープ, ビデオテープ. et⁴ auf ~ [auf]nehmen 物をテープに録(ﾛｸ)る. et⁴ auf ~ sprechen 事をテープに吹き込む. das ~ löschen テープを消す. **3** (Fließband) ベルトコンベヤー. am ~ arbeiten⟨stehen⟩流れ作業についている. am laufenden ~〘比喩〙たてつづけに, のべつ幕なしに. et⁴ auf ~ legen 物を大量生産のラインに乗せる. **4** (ふつう複数形)〚解剖〛靱帯(ｼﾞﾝﾀｲ). **5**〚放送〛周波数帯. **6**〚物理〛エネルギー帯⟨域⟩. **7**〚建築〛蝶番(ﾁｮｳﾂｶﾞｲ); 方杖(ﾎｳｼﾞｮｳ). **8**〚登山〛岩だな.

Band² 中 -[e]s/-e (多く複数形) **1**〘古〙〚雅〛枷(ｶｾ); 束縛. in ~ liegen 縛(ｼﾊﾞ)られている, 囚(ﾄﾗ)われている. j⁴ in ~e[n] schlagen 人⁴を鎖につなぐ, 拘束する. **2**〚雅〛絆(ｷｽﾞﾅ), 縁(ｴﾆｼ)の糸. das ~ der Ehe 夫婦のきずな. zarte ~e knüpfen (男と女が)契(ﾁｷﾞ)りを結ぶ.

***Band³** [bant フランス] 中 -[e]s/-e (略 Bd., 複数 Bde.) (本の)冊, 巻. ein ~ Gedichte 1冊の詩集. Rilkes Werke in 10 Bänden 10巻本のリルケ作品集. Darüber könnte man Bände erzählen⟨schreiben⟩. それについてははっきりわからない⟨言えない⟩. Bände sprechen⟨話⟩(ある事実・人の表情などが)多くのこと(すべて)を語っている, 意味深長である. Das spricht Bände!〚話〛それで何もかも読めた. **2** 装本, 装丁.

Band⁴ [bɛnt, bænd] 囡 -/-s (engl.)〚音楽〛バンド, 楽団.

Ban'da·ge [ban'da:ʒə] 囡 -/-n (fr., Verband') **1** 包帯, サポーター. **2**〚ボクシング〛バンデージ. mit harten ~n kämpfen 激しく戦う. **3** (汽車などの車輪を被覆する)鉄のタイヤ.

ban·da'gie·ren [banda'ʒi:rən] 他 包帯(サポーター, バンデージ)を巻く.

Ban·da'gist [..'ʒɪst] 男 -en/-en 包帯(サポーター, バンデージ, 義肢)製造(販売)業者.

'**Band·auf·nah·me** 囡 -/-n, '**Band·auf·zeich·nung** 囡 -/-en テープ録(ﾛｸ)り.

'**Band·brei·te** 囡 -/-n **1** リボン(テープ)の幅. **2**〚放送〛周波数の帯域幅. **3**〚経済〛(為替相場の)変動幅. **4** (教養・知識の)広さ.

'**Ban·de¹** ['bandə] 囡 -/-n (fr.) **1** (強盗・ギャングなどの)徒党, 一味;〘話〙(若者・子供たちの)うるさい一団. **2**〘侮〙〚演劇〛どさ回りの一座. **3**〚軍事〛パルチザンの戦闘集団.

Ban·de² [..] 囡 -/-n (fr., Binde') **1** (ビリヤード台の)クッション; (ボウリングレーンの)枠; (馬場・サーカス演技場などの)囲い, フェンス. **2**〚物理〛スペクトル吸収帯. **3** (織物の)織りむら.

'**bän·de** ['bɛndə] binden の接続法II.

'**Bän·de** ['bɛndə] Band³ の複数.

'**Bän·del** ['bɛndəl] 中 (ﾐｰ 男) -s/-〚地方〛(Band¹の縮小形) 紐, リボン. j⟨et⟩⁴ am ~ haben〘話〙人⁴の首根っこを押さえている, 人⁴を思いのままに操る; 人⁴⟨物⁴⟩に煩わされている(てこずっている). j³ am ~ hängen〘話〙人³にまとわりついて離れない. j⁴ am ~ herumführen〘話〙人⁴をからかう.

Ban·de'lier [bandə'li:r] 中 -s/-e (fr.)〘古〙肩帯; 弾薬帯.

'**Ban·den·spek·trum** 中 -s/..tren (..tra)〚物理〛帯スペクトル.

'**Bän·der** ['bɛndər] Band¹ の複数.

Ban·de·ril·la [bandə'rɪlja] 囡 -/-s (sp., Fähnchen') バンデリリャ(闘牛で牛の肩に刺す小旗などの飾りのついた槍).

Ban·de·ril'le·ro [..rɪl'je:ro] 男 -s/-s (sp.) バンデリリェーロ(闘牛でバンデリリャを打つ役目の闘牛士).

'**bän·dern** ['bɛndərn] 他 **1** (物⁴をリボンで飾る, (に)リボン(帯)状の模様(縞模様)をつける; (布地などに) 縞模様を織込む(プリントする). gebänderter Marmor 縞模様の大理石. **2** (物⁴を)帯状にする.

Ban·de'ro·le [bandə'ro:lə] 囡 -/-n (fr.) **1** (タバコ

の箱などに貼付される納税済みを証明する)帯封(封).
2《美術》(中世の絵画などに描き込まれた)銘文を記した帯飾り, 銘帯. **3**《軍事》(中世の騎士の槍先や船のマストなどに識別標識としてつけられた)小旗, 吹き流し.
ban·de·ro'lie·ren [..ro'li:rən] 他 帯封(封)を貼り.
'**Band·för·de·rer** 男 -s/- ベルトコンベヤー.
..**bän·dig** [..bɛndɪç]《接尾》(↓ Band³)「...巻(冊)の」の意の形容詞をつくる. mehrbändig 1巻の, 1冊本の mehrbändig 数巻(数冊)から成る.
'**bän·di·gen** ['bɛndɪgən] 他 (↓ Band²) (動物を)馴らす; (人⁴を)おとなしくさせる. widerspenstiges Haar in einem Knoten ~ 縺れ毛を束ねる. die Natur ~ 自然を制御する. seine Wut ~ 怒りを抑える.
'**Bän·di·ger** [..gɚ] 男 -s/- 猛獣使い, 調教師.
'**Bän·di·gung** 女 -/ (動物を飼い馴らすこと, 調教; (子供の)躾(しつけ); (自然力などの)制御, (困難などの)克服, (激情・衝動の)抑制.
Ban·dit [ban'di:t, ..'dɪt] 男 -en/-en (it.) **1** 盗賊, 追剥ぎ. **2**《俗》ならず者, やくざ, ごろつき. **3**《戯》やんちゃ坊主, いたずらっ子.
'**Band·ke·ra·mik** 女 -/-en《考古》**1** 帯文様土器. **2**《複数なし》(Bandkeramik-Kultur) 帯文様土器文化(ドーナウ川流域に栄えた新石器時代初期の文化).
'**Band·maß** 中 -es/-e 巻き尺.
'**Band·nu·del** 女 -/-n《多く複数で》ひも(帯)状パスタ.
Ban·do·la [ban'do:la] 女 -/-s (sp.)《楽器》バンドーラ(15 世紀スペインの撥弦楽器).
Ban·do·ne·on [ban'do:neɔn] 中 -s/-s《楽器》バンドネオン.
◆考案者バンドH. Band の名にちなむ.
Ban·do·ni·on ['..do:niɔn] 中 -s/-s =Bandoneon
'**Band·sä·ge** 女 -/-n 帯鋸(のこ).
'**Band·sa·la·lat** 男 -[e]s/-e《複数稀》《戯》テープのサラダ(リールからはずれて縺れてしまった録音テープ).
'**Band·schei·be** 女 -/-n《解剖》椎間板(椎間板).
'**Band·schei·ben·vor·fall** 男 -[e]s/-²e《医学》椎間板ヘルニア.
'**Bän·del** ['bɛntsəl] 男 -s/- **1**《海事》細引(細引)のロープ, 括着索. **2**《地方》小さな帯(リボン, 紐).
Ban·du·ra [ban'du:ra] 女 -/-s (gr.)《楽器》バンドーラ(ウクライナ地方の12弦の民俗楽器).
Ban·dur·ria [ban'doria] 女 -/-s =Bandola
'**Band·wurm** 男 -[e]s/²er《動物》条虫, さなだむし. Dieser Satz ist ein richtiger ~. この文章はじつに込み入っている.
bang [baŋ] banger (bänger), bangst (bängst) 形 = bange
Ban·ga·le [baŋ'ga:la] 男 -n/-n バングラデシュ人(の住民). ↑ Bangladesch
Ban·ga·li [..li] 男 -s/-s = Bangale
'**Bang·büx** ['baŋbʏks] 女 -/-en =Bangbüxe
'**Bang·bü·xe** [..ksə] 女 -/-n《北ドイツ》(戯) (Angsthase) 腰抜け, 臆病(小心)者.
'**ban·ge** [baŋə] banger (bänger), bangst (bängst) 形 **1** 不安な, 心配な, 気がかりな; 臆病な, 心配性の. ~ Erwartungen 不安な期待. Es ist mir ~ [Mir ist] ~ um ihn. 《地方》Ich bin ~ um ihn. 私は彼のことが心配だ. Vor ihm ist mir nicht ~. 《地方》Ich bin nicht ~ vor ihm. 私は彼をなんとも思わない. Ihr wird ~ und bänger. 彼女はますます心配になる. Mir ist angst und ~ geworden. 私は心配(不安)になった. **2**《古》《雅》恋しい, いとしい. Ihr ist ~ nach dem Kind. 彼女は子供が恋しい. ◆↑ Bange

'**Ban·ge** 女 -/《話》(Angst) 不安, おそれ. Hab keine ~ ! / Nur keine ~ ! びくびくするんじゃない. um et⁴ ⟨vor et³⟩ ~ haben 事⁴を心配する⟨事³をこわがる⟩. j³ ~ ⟨°bange⟩ machen j³を不安がらせる, こわがらせる. ~ machen⟨Bangemachen⟩ gilt nicht! 心配させる(おどかす)など, 通用(びくびく)するんじゃないよ.
'**ban·gen** ['baŋən] **❶** 自 心配する, こわがる. um j⟨et⟩⁴ ~ 人⟨物⟩⁴のことが心配(気がかり)である. vor j⟨et⟩³ ~《非人称的に》Mir bangt [es] vor der Zukunft. 私は将来のことが不安でならない. **❷** 再《sich⁴》《地方》**1** sich um j⟨et⟩⁴ ~ 人⟨物⟩⁴のことを心配する. sich³ vor j⟨et⟩³ ~ 人⟨物⟩³をこわがる. **2** sich nach j⟨et⟩³ ~ 人⟨物⟩³が恋しい.
'**bän·ger** ['bɛŋɚ] bang[e] の比較級.
'**Bang·ig·keit** ['baŋɪçkaɪt] 女 -/《まれ》不安, おそれ.
'**Bang·kok** ['baŋkɔk] 中名 バンコク.
Bang·la·desch [baŋla'dɛʃ] 中名 バングラデシュ (1971 パキスタンから独立した人民共和国, 首都ダッカ Dakka).
'**bäng·lich** ['bɛŋlɪç] 形 不安げな, 気がかりな, おどおどした. Mir war ~ [zumute]. 私は不安であった.
'**Bang·nis** ['baŋnɪs] 女 -/-se = Bangigkeit
bangsch [banʃ] 形 -e Krankheit《獣医》バング病.
◆デンマークの獣医 B.L.F. Bang, 1848-1932 にちなむ.
bängst [bɛŋst] 形 bang[e] の最上級.
'**Ba·ni** ['ba:ni] Ban² の複数.
'**Ban·jo** ['banjo, 'bɛndʒo, 'bandʒo] 中 -s/-s (engl.)《楽器》バンジョー.

Bank¹
[baŋk バンク] 女 -/Bänke **1** (a) ベンチ, 長椅子. et⁴ auf die lange ~ schieben《話》事⁴を先に延ばす, いつまでも棚上げにしておく. [alle] durch die ~《話》どれもこれも, ひとつ残らず. vor leeren Bänken《話》聞く(見る)人のほとんどいないところで, がらんとした劇場(教室)で. vor leeren Bänken predigen《話》わずかな聴衆(学生)を相手に講ずる. **1**《スポーツ》(交替選手用の)控えベンチ. **2** 作業台, 工作台(旋盤・かんな台など); (古)(肉屋・肉屋などの)売り台. **3** 砂州(す); (珊瑚などの)礁, 堆(た)(比較的浅い海底の平坦な隆起部); (雲, もやなどの)層; 《地質》岩層. **4**《ドッケ》Bankstellung パルテール・ポジション. **5**《宝》前回の(前の勝負と同じ)予想. eine ~ tippen (ナンバーくじで)もう 1 回同じ数字で勝負する.

Bank²
[baŋk バンク] 女 -/-en (it.) **1** 銀行. Geld auf der ~ [liegen] haben 銀行に預金がある. Geld auf der ~ einzahlen 銀行で金を振込む. ein Konto bei einer ~ eröffnen 銀行に口座を開く. bei der ~ sein 銀行に勤めている. Geld von der ~ holen 銀行から金を出金する (受取ってくる). **2** (賭博の)胴元, 親. die ~ halten 胴を取る, 胴元をつとめる. die ~ sprengen (ぼろ勝ちをして)親をつぶす.

'**Bank·an·ge·stell·te** 男女《形容詞変化》銀行員.
'**Bank·an·wei·sung** 女 -/-en 銀行小切手(為替).
'**Bänk·chen** ['bɛŋkçən] 中 -s/- Bank¹ の縮小形.
'**Bän·ke** ['bɛŋkə] Bank¹ の複数.
'**Bank·ei·sen** 中 -s/-(壁に打込んで木造部品を固定する)羽子板金物, 羽子板ボルト.
'**Bän·kel·lied** ['bɛŋkəl..] 中 -[e]s/-er 大道芸人(↑ Bänkelsänger)がうたう歌. ↑ Moritat
'**Bän·kel·sang** 中 -[e]s/-e《民俗・文学》大道芸人 (Bänkelsänger) の語り節.
'**Bän·kel·sän·ger** 男 -s/- **1**《民俗》(17-18 世紀に

年の市などでおどろおどろしい話を手回しオルガンで弾き語りをする旅回りの)大道芸人,モリタート語り. **2**〖文学〗Bänkelsang 風の詩を作る(現代の)詩人,モリタート詩人.

'**ban·ken** ['baŋkən] 圓(船員)(食事をするために)長椅子に座る(↑backen³).

'**Ban·ker** ['baŋkər] 男 -s/- (engl.) (話) **1** (Bankier) 銀行家, 銀行業者. **2** (正規の)銀行員.

ban·ke'rott [baŋkəˈrɔt] 厖 =bankrott

'**Ban·kert** ['baŋkərt] 男 -s/-e **1** 〘古〙不義の子, 私生子. ◆不義の子はベッドでなくベンチの上で作られるからという. **2**〘侮〙がき, こきがね.

Ban'kett¹ [baŋ'kɛt] 电 -[e]s/-e (it.) 祝宴, 饗宴.

Ban'kett² 电 -[e]s/-e (fr.) **1**(建物の基底に置く)根石(*'). **2**(要塞内側の)射撃用足場; (Berme)(堤防の)小段(*'). **3**(自動車道路沿いの)側道, 歩道.

Ban'ket·te [baŋ'kɛtə] 囡 -/-n = Bankett²

'**Bank·fach** 电 -[e]s/⁻er【複数なし】銀行の業務. im ~ tätig sein 銀行員をしている. **2**(銀行の)貸金庫.

'**Bank·ge·heim·nis** 电 -ses/-se 銀行の守秘義務(事項).

'**Bank·hal·ter** 男 -s/- (賭博の)胴元, 親.

Bank·ki·er [baŋˈkiːe:] 男 -s/-s (fr.) 銀行家, 銀行業者.

'**Bank·kauf·mann** 男 -[e]s/..leute (専門教育を受けた)銀行員. ◆女性形 Bankkauffrau 囡 -/-en

'**Bank·kon·to** 电 -s/..ten 銀行口座.

'**Bank·leit·zahl** 囡 -/-en《略 BLZ》【銀行】銀行の店番番号.

'**Bank·no·te** 囡 -/-n 銀行券, 紙幣.

Ban·ko'mat [baŋko'maːt] 男 -en/-en 《ﾊﾟｿﾞｯﾁｬｰｽﾞ》 = Geldautomat

'**Bank·räu·ber** 男 -s/- 銀行強盗.

bank'rott [baŋˈkrɔt] 厖(↑Bankrott) **1** 破産(倒産)した. **2**(精神的に)破滅した, 打ちのめされた.

Bank'rott 男 -[e]s/-e (it., zerbrochene Bank¹) **1** 破産, 倒産. ~°bankrott gehen / ~ machen〘話〙破産する. **3** 破滅, 挫折, 失脚.

Bank'rott·er·klä·rung 囡 -/-en 破産宣告.

Bank·rot'teur [baŋkrɔˈtøːɐ] 男 -s/-e 破産者.

bank·rot'tie·ren [..ˈtiːrən] 圓〘古〙破産する.

'**Bank·über·wei·sung** 囡 -/-en 銀行振込.

'**Bank·we·sen** 电 -s/- 銀行業; 銀行業務; 銀行制度.

Bann [ban] 男 -[e]s/-e **1**〘古〙(人・物・場所などに対する)禁忌(*'ﾝ), タブー. den ~ brechen 禁忌を破る, タブーを犯す. **2**〘歴史〙(a) (共同体からの)追放; (Kirchenbann) (教会からの)破門. j⁴ mit dem ~ belegen / j⁴ in den ~ tun 人⁴を追放(破門)する. (b) (中世の)領主権, 裁判権(の及ぶ範囲); (古くは農作物に関する)禁制, 専売令(小麦を特定の粉屋でしか挽(°)かせてはならないとか, 特定の醸造業者のビールしか買ってはならないという罰令). **3**〘比喩〙抗(*')がたい力, 魔力, 呪縛(*')力(の及ぶ範囲). der ~ der Musik 音楽の魔力. in j² ~ geraten 人²に呪縛される, 心を魅かれる. j⁴ in seinen ~ schlagen (ziehen) 人⁴を魅了する, とりこにする.

'**Bann·bruch** 男 -[e]s/⁻e **1**〘歴史〙(中世の)追放令違反. **2**〘法制〙関税法違反.

'**Bann·bul·le** 囡 -/-n (教皇の)破門状.

'**ban·nen** ['banən] 囮(↓Bann) **1**〘古〙(共同体から)追放する, 所払いにする; (教会から)破門する. **2**〘雅〙魔力で動けなくする, 呪縛(*')する, 魅了する. Sie bannte die Zuhörer mit ihrer Stimme. 彼女はその声で聴衆を魅了した. ans Bett gebannt sein 寝たきりである. wie gebannt stehen 金縛(*')にあったように立ちつくす. **3**(映像・音声)を記録する. et⁴ auf den Film 〈das Tonband〉 ~ 物⁴を写真に撮る〈テープに録音する〉. **4**〘雅〙(悪魔などを)祓(*')う, 調伏(*ﾞ)する. die Gefahr ~ 危険を回避する.

'**Ban·ner¹** ['banər] 电 -s/- **1** のぼり, 幟旗(*'). das ~ der Freiheit 〘比喩〙自由の旗じるし. **2**〘古〙(a) (中世の)軍旗, 馬印. (b) (軍旗のもとの)部隊.

'**Ban·ner²** 电 -s/- (↓bannen) (Beschwörer) (悪魔・悪霊を追放させる)祈祷師, 祓魔(*ｸ)師.

'**Ban·ner·trä·ger** 男 -s/- 旗手; 〘比喩〙旗振り(役), リーダー.

'**Bann·fluch** 电 -[e]s/⁻e〘古〙(中世におけるローマ教皇による)破門(教皇の呪いを伴った).

'**Bann·gut** 电 -[e]s/⁻er = Bannware

'**ban·nig** ['banɪç] 厖〘北ﾄﾞ〙非常な, とてつもない. eine ~e Erkältung ひどい風邪. ~ heiß ものすごく暑い.

'**Bann·kreis** 男 -es/-e〘雅〙影響圏; 勢力範囲. in j² ~ geraten 人²のとりこになる, (に)感化される.

'**Bann·mei·le** 囡 -/-n **1**〘歴史〙禁止区域(中世の都市では周辺1マイル四方分以内における外部者の商行為などを禁じた). **2**〘法制〙(議事堂の周辺などにおける)集会・デモ禁止区域.

'**Bann·wald** 男 -[e]s/⁻er (雪崩, 地ぐずれなどを防ぐための)保安林.

'**Bann·wa·re** 囡 -/-n (多く複数で) **1** 密輸品. **2**〘国際法〙戦時禁制品.

'**Ban·tam·ge·wicht** ['bantam..] 电 -[e]s/-e (ボクシング・レスリングの)バンタム級; バンタム級の選手.

'**Ban·tam·huhn** 电 -[e]s/⁻er〘鳥〙ちゃぼ(愛玩用の小形の鶏). ◆ジャワ島北西の港町バンタム Bantam (Bantan)にちなむ.

'**Ban·tu** ['bantu] ❶ 男 -[s]/-[s]〘民族学〙バンツー族(中央・南部アフリカのバンツー語系の諸種族). ❷ 电 -[s]/バンツー語.

'**Ba·o·bab** ['baːobap] 男 -s/-s〘植物〙バオバブ.

Bap'tis·mus ['bap'tɪsmʊs] 男 -/ (gr. baptizein, taufen)〖ｷﾘｽﾄ教〙浸礼主義. ◆17世紀に生まれたプロテスタントの1派であるバプテスト教会(浸礼派)の教説, 成人の全身を浸す浸礼だけを有効とした.

Bap'tist [bap'tɪst] (gr.) ❶ 男〘男名〙バプティスト. ◆本来 Täufer(洗礼者)の意, ふつう Johann Baptist という複合名になる(↑Täufer, Johann). ❷ 男 -en/-en〖ｷﾘｽﾄ教〙(浸礼派の信者)バプティスト, バプテスト教会.

Bap·tis'te·ri·um [baptɪsˈteːriʊm] 电 -s/..rien [..riən] **1**〖ｷﾘｽﾄ教・美術〙(a) (Taufkapelle) 洗礼堂. (b) (Taufbecken) 洗礼盤. **2** (古代ギリシア・ローマの)浴場.

*bar¹ [baːr] バール] 厖 **1**〘述語的には用いない〙現金の, 即金の. ~es Geld 現金. et⁴ für ~e Münze nehmen〘比喩〙事⁴を額面どおりに受取る. gegen ~ 現金払いで, et⁴ [in] ~ bezahlen 物⁴の代金を現金で払う. **2**〘付加語的用法のみ〙〘雅〙裸の, むきだしの. mit ~en Füßen 素足で(↑barfuß). **3**〘述語的用法のみ〙et² ~ sein〘雅〙物²を欠いている. Er ist ~ jeglichen Schamgefühls. 彼はおよそ羞恥心というものがない. **4**〘付加語的用法のみ〙〘雅〙まったくの, 純然たる. ~er Unsinn まったくのナンセンス.

bar²〘記号〙=Bar²

Bar¹ [baːr] 囡 -s/-s (engl.) **1** バー, 酒場, 飲み屋; (バ-

Bar² [..] -/- (*gr.*) 《記号》bar, b)《気象》バール(圧力・気圧の単位).

*****Bär** ['bɛːr ベーア] 男 -en/-en **1** (a)《動物》熊. Er ist ein rechter ~. 《話》彼はまるで熊だ(無作な男だ). wie ein ~ 《話》ものすごく. Hunger wie ein ~ haben《話》お腹がへって死にそうだ. wie ein ~ schlafen《話》鱶(ふか)のように眠る. j³ einen ~en aufbinden 人³をかつぐ,に一杯くわせる. sich³ einen ~en aufbinden lassen かつがれる,ぺてんに引っかかる. das Fell des ~en verkaufen, bevor man ihn [gefangen] hat 獲らぬ狸の皮算用をする. (b) Der Große 〈Kleine〉〈天文〉大熊〈小熊〉座. **2** (Bärenspinner)《虫》ひとりが(火取蛾). **3**《卑》(a)《女性の》陰毛. (b) 陰門.

Bär² -s/-en《工学・建築》(杭打ち用の)落とし槌.

..bar [..baːr]《接尾》**1**「担うことができる」の意の形容詞をつくる. frucht*bar* 肥沃な. **2** 一般に「可能」の意の形容詞をつくる. fahr*bar* 車で通ることができる.

Ba·ra·cke [ba'rakə] 囡 -/-n (*fr.*) **1** バラック,掘っ立て小屋. **2**《話》《政治》(1974までの) SPD 本部事務局.

Ba·ratt [ba'rat] 男 -[e]s/ (*gr.*)《商業》物々交換.

Bar·bar [bar'baːr] 男 -en/-en (*gr.*, Nichtgrieche, Ausländer') **1**《古》野蛮人,未開人. (b) 粗野な人,教養のない人. **2**《歴史》バルバロス,異邦人(古代ギリシア人の非ギリシア人に対する呼び名.複数バルバロイ).

Bar·ba·ra ['barbara]《女名》(*gr.*, die Fremde') バルバラ. die heilige ~ aus Nikomedien ニコメデイアの聖バルバラ(3-4世紀の人.↑付録「聖人録」12月4日).

Bar·ba·rei [barba'raɪ] 囡 -/-en **1** 野蛮,残虐;野蛮(残虐,非道)な行為. **2**《複数まれ》未開,文化(教養)の欠如,無知蒙昧(もうまい).

bar·ba·risch [bar'baːrɪʃ] 形 **1** 野蛮(残虐,非道)な. **2** 未開の,非文化的な,無知蒙昧の. **3**《まれ》(↑Barbar 2) 非ギリシア〈ラテン〉人の. **4**《話》ものすごい,べらぼうな. eine ~*e* Kälte どえらい寒さ.

Bar·ba·ris·mus [barba'rɪsmʊs] 男 -/..men **1**《言語》(a) (古代ギリシア語・ラテン語に入ってきた)異言語表現. (b) 一般に)破格用法,ひどい誤用. **2**《美術・音楽》バーバリズム(現代芸術において未開民族の芸術から触発を受けた表現形式).

Bar·ba·ros·sa [barba'rɔsa]《人名》(*it.*, Rotbart') バルバロッサ(「赤ひげ」の意,ドイツ王・神聖ローマ皇帝 Friedrich I., 位 1152-90 の異名).

'Bar·be [..] 囡 -/-n (*lat.*) **1**《魚》バルブス(こい科の熱帯淡水魚). **2**《服飾》(18-19世紀の婦人・子供のボンネットのひだ飾り).

'Bar·be·cue ['baːrbɪkjuː] 中 -[s]/-s (*engl.*) **1** バーベキュー,バーベキュー・パーティー. **2** バーベキューを焼く網. **3** バーベキューで焼いた肉.

'bär·bei·ßig ['bɛːrbaɪsɪç] 形 不機嫌な,とげとげしい. eine ~*e* Miene 苦虫(にがむし)を噛みつぶしたような顔つき.

Bar'bier [bar'biːr] 男 -s/-e (*fr.*)《古》床屋,理髪師.

bar·bie·ren [bar'biːrən] 他 **1**《古》(rasieren) (人⁴の)顔を剃る. **2** j⁴ über den Löffel ~《話》人⁴をだます.

'Bar·bi·ton ['barbitɔn] 中 -s/-e (*gr.*)《楽器》バルビトン(ハープに似た形状の古代ギリシアの弦楽器).

'Bar·bi·tos [..tɔs] 囡 《男》-/- (..toi|..tɔɪ) = Barbiton

Bar·bi'tur·säu·re [barbi'tuːr..] 囡 -/-n《化学》バルビツル酸.

Barch [barç] 男 -[e]s/-e (*lat.*) 雄の去勢豚.

Bar·ce·lo·na [bartse'loːna, barse..]《地名》バルセロナ(北スペインの港町).

'Bar·chent ['barçənt] 男 -s/-e (*arab.*)《紡織》バーシェント(片面をけば立てた綿布).

'Bar·da·me ['baːr..] 囡 -/-n 《話》バー(酒場)のホステス.

'Bar·de¹ ['bardə] 男 -n/-n (*kelt.*) **1** バード(9-15世紀ケルト人の吟唱詩人,宮廷歌人); (一般に)吟遊詩人. **2** (多く皮肉をこめて)詩人. **3**《比喩》(反体制的な strong そうなシンガーソングライター.

'Bar·de² -/-n (*fr.*)《料理》(鳥肉をくるんで焼く)薄切りベーコン.

bar'die·ren [bar'diːrən] 他 (鳥肉をベーコンで巻く).

'bar·disch ['bardɪʃ] 形 (↑Barde¹) バード(吟唱詩人)の,バードに由来する.

'Bä·ren·dienst [bɛː.rən..] 男 -[e]s/-e お節介だ. j³ einen ~ erweisen〈leisten〉人³にお節介をする,ありがた迷惑なことをする. ◆隠者に飼われていた熊が眠っている主人のために蚊を追払おうと石を投げ,誤って主人を殺してしまったという笑話から.

'Bä·ren·dreck 男 -[e]s/-e《南》(Lakritze) **1** 甘草(かんぞう). **2** 甘草エキスで作ったキャンディー,甘草飴.

'Bä·ren·fang 男 -[e]s/ **1** 熊狩り. **2** ベーレンファング(蜂蜜を入れた東プロイセン地方のリキュール).

'Bä·ren·füh·rer 男 -s/- **1**《古》(見世物の)熊使い. **2**《戯》(Fremdenführer) 旅行案内人,観光ガイド.

'bä·ren·haft 形 馬鹿でかい,くそ力のある大きな熊のような.

'Bä·ren·haut 囡 -/ⁿe 熊の毛皮. sich⁴ auf die ~ legen / auf der ~ liegen のらくら過ごす,三年寝太郎をきめこむ.

'Bä·ren·häu·ter [..hɔʏtər] 男 -s/- **1** のらくら者,なまけ者. **2** ベーレンホイター(7年間身体を洗わず,髪もとかず,ひげも剃らないという契約を悪魔と結んで熊の毛皮を貰ったという民話の主人公).

'Bä·ren·hun·ger 男 -s/《話》猛烈な空腹.

'Bä·ren·klau -/ (男 -s/)《植物》**1** アカンサス属の植物. **2** はなうど(花独活).

'Bä·ren·müt·ze 囡 -/-n 熊の毛皮の帽子; (一般に)大型の毛皮帽.

'Bä·ren·spin·ner 男 -s/- 《虫》ひとりが(火取蛾).

'bä·ren·stark 形 **1**《話》すごい腕力の. **2**《若者》すごい,最高の.

Ba'rett [ba'rɛt] 中 -[e]s/-e (*lat.*) ビレッタ(聖職者・裁判官・大学教授などがかぶる庇(ひさし)のない角帽または丸帽).

'Bar·fran·kie·rung 囡 -/-en《郵便》料金別納.

'Bar·frost 男 -[e]s/ⁿe (雪の降らない)からっ寒気.

*****bar·fuß** ['baːrfuːs] バールフース 形《付加語的には用いない》はだしの,素足の. ~ gehen はだしで歩く. ~ bis unter die Achseln〈die Arme〉一糸もまとっていない,丸はだかの. ~ mit dem Kopf gehen 帽子をかぶらずに出歩く. ~ nach Haus gehen はだしで家に帰る;《比喩》ひどい目に遭う, (賭け事などに負けて)すっからかんである.

'Bar·fü·ßer [..fy:sər] 男 -s/-《多く複数で》《カトリック》跣足(せんそく)修道会士. ◆苦行として靴をはかない,あるいは素足にサンダルをはく修道会を跣足修道会 Barfüßerorden と総称する.

'bar·fü·ßig [..fyːsɪç] 形 はだしの,素足の.

barg [bark] bergen の過去.

'bär·ge ['bɛrgə] bergen の接続法 II.

*****'Bar·geld** ['baːrgɛlt バールゲルト] 田 –[e]s/ 現金.

'bar·geld·los (支払いが)現金によらない，振替(手形，キャッシュカード)による.

'bar·haupt 副《古》帽子をかぶらずに，無帽で.

'bar·häup·tig [..hɔʏptɪç] 厖 同上.

'bä·rig ['bɛːrɪç] 厖 **1**《地方》熊のような，すごく強い，馬鹿力のある． **2**《南ジ・オージ》(großartig) すごい，すばらしい． ~*es* Wetter すばらしい好天気． Gestern Abned war es ~. 昨晩は素敵だった.

'Ba·ri·ton ['ba(ː)rɪtɔn] 男 –s/ –e [..toːnə] (*it.*)《音楽》**1** バリトン(声種)． **2**《複数なし》(オペラなどの)バリトン歌手．

Ba·ri·to'nist [baritoˈnɪst] 男 –en/–en バリトン歌手．

Ba·ri·um ['baːrɪʊm] 中 –s/ (*gr.*)《記号 Ba》《化学》バリウム．

Bark [bark] 女 –/–en (*engl.*) バーク(3–5 本マストの帆船)．

Bar·ka'ro·le [barka'roːlə] 女 –/–n (*it.*) **1**《古》(昔地中海諸国で使われた)手漕ぎの小舟． **2**《音楽》バルカロール(ゴンドラの船頭歌，また舟歌風の器楽曲)．

Bar'kas·se [barˈkasə] 女 –/–n (*ndl.*) (軍艦に搭載されている)大型ランチ; (港湾内交通用の)小型モーターボート．

'Bar·ke ['barkə] 女 –/–n (とくに地中海地方のマストもエンジンもない)小舟，ボート．

'Bar·kee·per ['baːrkiːpɐr] 男 –s/– (*engl.*) **1** 酒場の亭主，バーの経営者． **2** バーテン．

'Bar·lach ['barlax]《人名》Ernst ~ エルンスト・バルラッハ(1870–1938，ドイツの彫刻家・劇作家)．

'Bär·lapp ['bɛːrlap] 男 –s/–e《植物》ひかげのかずら．

'Bär·lauf ['bɛːrlaʊf] 男/《子供の遊び》(子供の遊び)．

'Bär·mann 男 –[e]s/–er =Barkeeper 2

'Bär·me ['bɛrmə] 女 –/《北ジ》**1** (Hefe) 酵母; イースト． **2** (ビールの)泡．

'bar·men ['barmən] ❶ 自《俚》《北ジ・東部ジ》泣きごとを言う，愚痴(ﾁﾞ)をこぼす． ❷ 自《地方》《古》(人⁴に)憐れみの心を起させる，(の)同情を買う．

barm'her·zig [barm'hɛrtsɪç] 厖《雅》情深い，思いやりのある． *Barmherziger* Himmel〈Gott〉! これはなんとしたことだ(驚き・不安の叫び)． *Barmherzige* Brüder〈Schwestern〉 慈悲の友修道会(修道女)会(1572 創立の主として病人看護に従事する修道会)． *Barmherzige* Schwester [ｼﾞｽﾀｰ]《教区の》奉仕婦人，看護婦人．

Barm'her·zig·keit 女 –/《雅》慈悲(心)，同情． j³ ~ erweisen 人に慈悲(思いやり)をかける．

'Bar·mi·xer ['baːrmɪksɐr] 男 –s/– (酒場の)バーテンダー．

Barn [barn] 中 –s/–s (*engl.*)《記号 b》《物理》バーン(素粒子などの衝突過程の断面積の単位，=10⁻²⁴ cm²).

ba'rock [baˈrɔk] 厖 (↓Barock) **1**《比較変化なし》バロック様式の，バロック(時代)の． **2** (装飾・表現などが)ごてごてした，装飾過剰な，誇張した． **3** 奇妙な，風変わりな，グロテスクな．

Ba'rock [baˈrɔk] 中《男》 –[s]/ (*port.*, schiefwort ') **1** バロック様式(17 世紀初頭から 18 世紀中葉の芸術様式)． **2** バロック時代．

ba·ro·cki'sie·ren [barɔkiˈziːrən] 他 バロック様式にする． eine Kirche ~ 教会をバロック様式の建築にする．

Ba·ro'graph [baroˈɡraːf] 男 –en/–en (*gr.*)《気象》自記気圧計．

*****'Ba·ro'me·ter** [baroˈmeːtɐr バロメーター] 中 《男》 –s/– (*gr.* baros, Schwere`)《気象》気圧計，晴雨計，バロメーター． Das ~ steht auf Sturm. 晴雨計は嵐を示している;《比喩》(会議などの)荒れ模様に，険悪な雰囲気だ． Die Börse ist ein ~ der Konjunktur. 株式市場は景気のバロメーターだ．

Ba·ro'me·ter·stand 男 –[e]s/ᵘe《気象》気圧計の示度．

ba·ro·me'trisch [..'meːtrɪʃ] 厖《気象》気圧計の(による); 気圧測定に関する． ~*es* Maximum 最高気圧．

Ba'ron [baˈroːn] 男 –s/–e (*fr.*) **1**《複数なし》(Freiherr) 男爵の称号，男爵位． **2** 男爵． **3**《業界の》指導的人物，大立物． Ölbaron 石油王．

Ba·ro'nat [baroˈnaːt] 中 –[e]s/–e (Baronie) **1** 男爵の称号，男爵位． **2** 男爵の世襲領地．

Ba·ro'nes·se [baroˈnɛsə] 女 –/–n (Freifräulein) 男爵令嬢．

Ba·ro'net ['barɔnɛt, 'bɛrɔnɛt] 男 –s/–s《複数なし》従男爵の称号，従男爵位(イギリスの baron と knight の間の爵位)． **2** 従男爵．

Ba·ro'nie [baroˈniː] 女 –/– [..'niːən] =Baronat

Ba·ro'nin [baˈroːnɪn] 女 –/–nen (Freifrau) 男爵夫人．

'Bar·ras [baras] 男 –/ (*jidd.*)《南ジ》**1** (Kommissbrot) 兵隊パン(粗びきの黒パン)． **2**《兵隊》軍隊，軍務，兵役． zum ~ gehen 兵隊に行く．

'Bar·re ['barə] 女 –/–n (*fr.*, Schranke`) **1**《地理》(河口などの)砂州(ｻﾊﾟ)． **2**《古》柵，横木． **3**[バレ練習用の]バー．

'Bar·rel ['bɛrəl, 'baːrəl] 中 –s/–s (*engl.*)《略 bbl》バレル(イギリス・アメリカでとくにビール・石油・ジャガイモなどに用いる容量の単位)．

'Bar·ren ['barən] 男 –s/– (*fr.*) **1** (金・銀の)インゴット，延べ棒． **2**《体操》平行棒．

Bar·ri'e·re [baˈrɪeːrə] 女 –/–n (*fr.*) **1** 柵，遮断機(棒);《比喩》障壁． ~*n* zwischen zwei Gruppen niederreißen 2 つの集団の間の障壁を取払う． **2**《馬術》(木柵)障害．

Bar·ri·ka·de [bariˈkaːdə] 女 –/–n (*fr.*) バリケード． auf die ~ gehen〈steigen〉蜂起(決起)する，立上がる(für〈gegen〉et¹ 真で人を守るために〈事に反抗して〉)．

barsch [barʃ] 厖 ぞんざいな，つっけんどんな，無愛想な． eine ~*e* Antwort 木で鼻をくくったような返答．

Barsch [barʃ] 男 –[e]s/–e《魚》すずき(鱸)目，パーチ．

'Bar·schaft [ˈbaːrʃaft] 女 –/–en (↓bar¹) **1**《複数まれ》現金で持っている全財産． **2**《複数なし》財布の中身，嚢中(ﾉｳﾁｭｳ)の現金．

'Bar·scheck 男 –s/–e《経済》現金小切手．

'Barsch·heit ['barʃhaɪt] 女 –/《複数なし》**1** 無愛想，ぞんざい． **2** 無愛想(つっけんどん)な言葉，ぞんざいな態度． **3**《複数なし》苦み(ｶﾞﾏ)，酸味．

Bar'soi [barˈzɔʏ] 男 –s/–s (*russ.*) ボルゾイ(ロシア産の猟犬・レース犬)．

'Bar·sor·ti·ment 中 –[e]s/–e《書籍》書籍取次業． ♦ もと取金取引(1 bar¹) したことから．

barst [barst] bersten の過去．

'bärs·te ['bɛrstə] bersten の接続法 II.

Bart [baːrt バールト] 男 –[e]s/Bärte **1** ひげ． Der ~ ist ab!《話》もうおしまいだ，どうにもならん． So'n〈So ein〉~!《話》その話はもう古い，興味ないよ． j³ den ~ anhängen《俗》人に責任をとらせる(なすりつける). einen ~ bekommen ひげが生える. einen ~ haben 無精ひげを生やしている; 怒った目つき(顔つき)をしている; 《俺》(話などが)もう何度も聞いた(先刻承知の)ことである. Der Witz hat einen ⟨so⟩ einen langen / einen ellenlangen⟩ ~.《話》そんな洒落(じゃ)は聞き飽きたよ. sich³ einen ~ stehen⟨wachsen⟩ lassen ひげを生やす. sich³ einen ~ machen⟨malen⟩《話》(飲食の際に)口のまわりをよごす.《前置詞と》Bei meinem ~! / Beim ~e des Propheten!《戯》名誉にかけて, 神かけて(誓いを強める語, ひげに手をやって誓うというイスラーム教徒の習慣から. この Prophet 預言者は Mohammed ではなく Moses をさす). ¹ein⟨seinen⟩ ~ brummen⟨murmeln⟩《話》事¹をぶつぶつ呟く. sich³ in den ⟨seinen⟩ ~ lachen《話》ひそかにほくそ笑む. j³ um den ~ gehen⟨streichen⟩ / j³ Honig ⟨Brei⟩ um den ~ schmieren《話》人³に取入る, ごまをする. [sich⁴] um des Kaisers ~ streiten つまらぬことで言い争う(sich は相互代名詞). **2** ひげ状のもの; (女性の)陰毛, (鳥の)肉垂《しゅん》,《麦·稲などの》芒《ぼう》. der ~ der Katze⟨eines Kometen⟩ 猫のひげ⟨彗星の尾⟩. **3**《地方》顎(あご). Das Baby hat sich³ den ~ verschmiert. 赤ん坊は(乳などで)口のまわりをよごした. sich³ den ~ reiben 顎を撫でながら考えに沈む. **4**(鍵の)歯, 掛かり.

Vollbart　Koteletten　Spitzbart

Kaiserbart　Schnurrbart　Knebelbart

Bart

'**Bärt·chen** ['bɛːrtçən] 匣 -s-/-《Bart の縮小形》ちょびひげ.

'**Bar·te** ['bartə] 囡 -/-n **1** (ひげ鯨の)ひげ. **2**《古》(武器使用者のまさかり, 戦斧(せんぷ). **3**《古》《民俗》(鉱山労働者の職能のシンボルとしての)つるはし.

'**Bär·te** ['bɛːrtə] 囡 Bart の複数.

'**Bar·teln** ['bartəln] 閉《動物》(魚の)ひげ.

'**Bar·ten·wal** ['bartənvaːl] 男 -[e]s/-e《動物》ひげくじら(鬚鯨).

'**Bar·terl** ['bartərl] 匣 -s/-[n]《幼児語》(Lätzchen) よだれ掛け.

'**Bart·flech·te** 囡 -/-n **1**《植物》さるおがせ(地衣類の一種). **2**《医学》毛瘡(もうそう).

'**Bart·gei·er** 男 -s/-《鳥》ひげわし(鬚鷲).

'**Bar·thel**¹ ['bartəl]《男名》バルテル(Bartholomäus の短縮).

'**Bar·thel**² 男 -s/-. バール, 金てこ.《次の用法で》wissen, wo ~ [den] Most holt《話》悪知恵に長(た)けている, 海千山千である. Ich werde dir sagen⟨zeigen⟩, wo ~ den Most holt!《こわ》ここでは誰が一番偉いのか思い知らせてやろう, 目に物見せてやろう.

Bar·tho·lo·mä·us [bartoloˈmɛːʊs]《男名》(hebr.) バルトロメウス. der heilige ~《新約》聖バルトロマイ(イエスの12使徒の1人, 聖人, マタ 10:3, マコ 3:18 ほか. ✝付録「聖人暦」8月24日).

Bar·tho·lo·mä·us·nacht 囡 -/《歴史》聖バルテルミの夜の大虐殺(1572年8月24日の夜パリで2千人の Hugenotten が殺された事件).

'**bär·tig** ['bɛːrtɪç] 形 **1** ひげを生やした; 無精ひげの伸びた. **2** (麦などに関して)芒(ぼう)のある, ひげ状の.

..**bär·tig**《接尾》「…のひげのある」の意の形容詞をつくる. rotbärtig 赤ひげの.

'**bart·los** 形 ひげのない.

'**Bart·mei·se** 囡 -/-n《鳥》ひげがら(鬚雀).

'**Bart·sche·rer** 男 -s/-《古》床屋.

'**Bart·tracht** 囡 -/-en ひげの恰好(スタイル).

Ba'rut·sche [baˈrʊtʃə] 囡 -/-n (it.)《古》**2** 輪の荷車, (向き合った2つの座席のある) 3 輪馬車.

Ba'ryt [baˈryːt] 男 -[e]s/-e《鉱物》重晶石, 《化学》重土, 水酸化バリウム.

Ba·ry·ton [baˈrytɔn] 匣 -s/-e (gr.)《楽器》**1** バリトン(17-18世紀に行われた共鳴弦をもつ弦楽器). **2** バリトンサックス.

'**Bar·zah·lung** 囡 -/-en 現金払い.

ba'sal [baˈzaːl] 形 (↓ Basis) 基礎(基底, 土台)の.

Ba'salt [baˈzalt] 男 -[e]s/-e (lat.)《鉱物》玄武岩.

Ba'sal·tem·pe·ra·tur 囡 -/《医学》基礎体温.

Ba'sar [baˈzaːr] 男 -s/-e (türk., Markt¹) **1** (中近東諸都市の)バザール, 市場. **2** (旧東ドイツの)百貨店, マーケット. **3** バザー.

'**Bäs·chen** ['bɛːsçən] 匣 -s/- Base¹ の縮小形.

'**Basch·lik** [ˈbaʃlɪk] 男 -s/-s (türk.) バシュリク(カフカズ地方の婦人がかぶる羊毛製の頭巾).

'**Ba·se**¹ ['baːzə] 囡 -/-n **1**《古》《南ドイツ》(Cousine) いとこ(従姉妹). **2**《古》(近所の)おばさん. **3**《こわ》叔母, 伯母.

'**Ba·se**² 囡 -/-n (gr.)《化学》塩基.

'**Base·ball** ['beːsbɔːl, ˈbeɪsbɔːl] 男 -s/ (engl.)《スポーツ》野球.

'**Ba·se·dow·krank·heit** ['baːzədo..] 囡 -/《医学》バセドウ病. ♦ ドイツ人医師 Karl von Basedow, 1799-1854 の名にちなむ. basedowsche Krankheit ともいう.

'**Ba·sel** ['baːzəl]《地名》バーゼル(スイス第2の都市, ライン川上流沿岸の河港).

'**Ba·sen** ['baːzən] 囡 Base¹, Base², Basis の複数.

BASIC ['beːsɪk] 匣 -[s]/ (engl.)《略》= Beginner's all purpose symbolic instruction code《コンピュータ》ベーシック,(タイムシェアリング用の)会話型言語.

ba·sie·ren [baˈziːrən] ❶ 自 (auf et³ 物³)に基づく, (を)根拠にしている. ❷ 他 A⁴ auf B³⟨⁴⟩ ~ (まれ) A⁴ の基礎(根拠)を B³⟨⁴⟩ に置く.

Ba·si'li·ka [baˈziːlika] 囡 -/ Basiliken (gr. stoa basilike , Königshalle¹) **1**《歴史》(古代ローマで裁判·集会·取引などに用いられた長方形の公共建築). **2**《宗教》バシリカ聖堂(初期キリスト教時代の長堂式の教会). **3**《建築》(教会建築の)バシリカ式. **4**《宗教》バシリカ聖堂(ローマ教会に与えられる名誉称号で, 大聖堂 Dom, Münster に次ぐ格式).

ba·si'li·kal [baziliˈkaːl] 形 バシリカ(式, 風)の.

Ba·si'li·ken [baˈziːlikən] 囡 Basilika の複数.

Ba·si'li·kum [baˈziːlikʊm] 匣 -s/ (gr. basilikos , königlich¹)《植物》バジル, めぼうき(目箒);《料理》バジル(香料の一種).

Ba·si·lisk [bazi'lɪsk] 男 -en/-en (*gr. basiliskos*, eine Schlangenart') **1**《動物》バシリスクとかげ(南米産, イグアナ科). **2** バシリスク(人をにらみ殺すと言われるオリエント起源の伝説上の動物, 蛇・とかげ・竜・にわとりなどの姿で想像された).

Ba·si'lis·ken·blick 男 -[e]s/-e 刺すような(気味の悪い, 恐ろしい)目つき.

*'**Ba·sis** ['ba:zɪs バーズィス] 女 -/Basen (*gr.*) **1** 基礎, 基盤, 土台. auf der ~ des Vertrauens 信頼に基づいて. die ~ für et¹ bilden 物¹の基礎(土台)をなす. **2**《建築》(柱・碑などの)基礎, 台座, 柱脚. **3**《軍事》基地. **4**《数学》底辺, 底面; (対数・累乗の)底; (ベクトルの)基底. **5**《文法》語根; 基礎語. **6**《政治・経済》(a) (Unterbau) (マルクス主義の用語で)下部構造(↑ Überbau). (b) (政党・組合・社会などの)底辺. **7** (三角測量の)基線. **8**《電子工》(トランジスタの)ベース.

'**ba·sisch** ['ba:zɪʃ] 形 (↓ Base²)《化学》塩基性の.

'**Ba·sis·de·mo·kra·tie** 女 -/ 草の根(底辺)民主主義.

Ba·si·zi·tät [bazitsi'tɛ:t] 女 -/《化学》塩基度.

'**Bas·ke** ['baskə] 男 -n/-n (*sp. Vasco*) バスク人(ピレネー山脈の両側に居住する民族). ♦ 女性形 **Baskin** 女 -/-nen

'**Bas·ken·müt·ze** 女 -/-n バスク帽, ベレー.

'**Bas·ket·ball** [ba(:)skətbal] (*engl.*)《球技》❶ 男 (田) -s/-e バスケットボール. ❷ [-e]s/¨e バスケットボール用のボール.

bas·kisch ['baskɪʃ] 形 バスク(人, 語)の. |- deutsch

Bas·kü·le [bas'ky:lə] 女 -/-n (*fr.*) **1**《ドア・窓に取付けるバスキュール錠. **2**《馬術》(跳躍するときの馬の)首筋から背中にかけての湾曲線.

'**Bas·re·li·ef** ['bareli:ef, - - - -'] 中 -s/-s(-e) (*fr.*)《彫刻》(↔ Hautrelief) 薄肉彫り.

bass, °**baß** [bas] 副《古》**1**《副詞的用法で》非常に, いたく. (ふつう次の用法で) ~ erstaunt (verwundert) sein / sich⁴ ~ [ver] wundern びっくり仰天する. **2**《まれ》《付加語的用法で》非常な, ものすごい. in ~*e* Verwunderung fallen ひどく驚く. **3**《音》=besser

Bass, °**Baß** [bas] 男 -es/Bässe (*lat.*)《音楽》**1**《声種》, バス・パート; (Bassist) バス歌手. **2** (Kontrabass) コントラバス, ベース. **3** 低音, 低音楽器. *Bassflöte* バスフルート. *Generalbass* 通奏低音.

'**Bas·sa** [basa] 男 -s/-s《古》=Pascha

'**Bass·ba·ri·ton** ['basba:riton, - - - -'] 男 -s/-e《音楽》バス・バリトン(声範); バス・バリトン歌手.

'**Bass·buf·fo** [ba-s..fi)《音楽》バス・ブッフォ(オペラの道化役・滑稽役に適したバス歌手).

'**Bäs·se** ['bɛsə] Bass の複数.

Basse·lisse ['baslɪs, - - -'] 女 -/-n (*fr.*)《紡織》バス織(たて糸を水平に並べる絨毯(じゅうたん)の織り方); バス織の絨毯. *Basselisse*stuhl バス織機, 臥機(がき).

'**Bas·set** [ba'se:, 'bɛsɪt] 男 -s/-s (*fr.*) バセット犬(短脚で胴と耳の長い猟犬).

'**Bas·sett·horn** [barelie:f..] 中 -[e]s/¨er《楽器》バセットホルン(18 世紀のクラリネット風木管楽器).

'**Bass·gei·ge** 女 -/-n《古》《楽器》=Kontrabass

Bas·sin [ba'sɛ̃:] 中 -s/-s (*fr.*) 水槽, (噴水)池; プール.

'**Bas·sist** [ba'sɪst] 男 -en/-en《音楽》**1** バス歌手. **2** コントラバス奏者; ジャズバンドのベーシスト.

'**Bas·so** [baso] 男 -/Bassi (*it.*, Bass')《音楽》低音. ~ continuo [.. kɔn'ti:nuo] バッソ・コンティヌオ, 通奏低音. ~ ostinato [.. ɔsti'na:to] 固執低音. ~ seguente [.. ze'guɛntə] バッソ・セグエンテ(通奏低音の前形式).

'**Bass·schlüs·sel** 男 -s/-《音楽》バス(ヘ音)記号.

Bast [bast] 男 -[e]s/-e **1**《植物》靱皮(じんぴ), 甘皮(あまかわ). **2**《紡織》絹糸膠, セリシン, シルクグルー. **3**《猟師》(鹿の)袋角の表皮.

'**bas·ta** ['basta] 間 (*it.*) Basta!《話》(相手の口答えなどを封じて)これ以上言うことはない, それでおしまい. Du kommst, [und damit] ~!来い, つべこべ言うな.

'**Bas·tard** [bastart] 男 -[e]s/-e (*fr.*)《生物》雜種. **1**《古》(貴族の落胤(らくいん), 落とし子. Du ~!《侮》このできそこないめ.

bas·tar·die·ren [bastar'di:rən] 他《生物》(異種どうしを)交配させる, 掛合せる.

'**Bas·tard·schrift** 女 -/-en《活字》**1** バスタード活字(中世の写本用書体とイタリック体とを合せたような 15 世紀のゴチック体). **2** 混種書体 (2 つの書体を混ぜた字体, とくに 19 世紀末に出現したドイツ字体とラテン字体とを折衷した書籍用活字).

Bas·tei [bas'taɪ] 女 -/-en (*it.*, Bollwerk') =Bastion

Bas·tel·ar·beit ['bastəl..] 女 -/-en **1**《複数なし》趣味の工作(手仕事). **2** 趣味の工作品.

*'**bas·teln** ['bastəln バステルン] (↓ Bast) ❶ 他 趣味(日曜大工)でこしらえる. dem Kind ein Spielzeug ~ 子供に玩具を作ってやる. ❷ 自 **1** 趣味の工作(日曜大工)をする. Ich *bast*[e]*le* gern. 私は工作(日曜大工)が好きである. **2** (an et¹ 物³を)趣味で工作(修繕)する, いじくる. an dem kaputten Motor ~ 壊れたエンジンをいじくる. **3**《古》繕(つくろ)い物をする.

Bas·til·le [bas'tɪjə, ..'tɪljə] 女 -/-n (*fr.*, Bastei') **1** (フランスの)城塞. **2** バスティーユ(国事犯の監獄として使用されたパリの城塞, フランス大革命の発端となった場所).

Bas·ti·on [basti'o:n] 女 -/-en (*it.*) (Bollwerk 1) 稜堡(りょうほ)(要塞の突出部); 要塞, 砦.

'**Bast·ler** ['bastlər] 男 -s/- (↓ basteln) 工作を趣味にする人, 日曜大工の好きな人.

Bas·to·na·de [basto'na:də] 女 -/-n (*sp.*)《歴史》(19 世紀中頃まで中近東で行われた, とくに足の裏に加えられる)杖刑.

bat [ba:t] bitten の過去.

BAT [be:|a:'te:] 男 -/《略》=**B**undes**a**ngestelltentarif (ドイツ)連邦公務員給与表.

Ba·tail·lon [batal'jo:n] 中 -s/-e (*fr.*) (略 Bat., Btl.)《軍事》大隊. **2**《比喩》大勢, 多勢.

Ba·ta·te [ba'ta:tə] 女 -/-n (*sp.*) さつまいも.

'**Ba·ta·ver** [ba'ta:vər] 男 -s/- (*lat.*) バタウィ人(ライン川の河口地帯にいたゲルマン人の 1 部族).

'**bä·te** ['bɛ:tə] bitten の接続法 II.

'**Bath·se·ba** ['batseba] [人名] (*hebr.*)《旧約》バト・シェバ, バテシバ. 勇士 Uria の妻, David 王に犯されのちの王の妻となって Salomon を生む. サム下 11, 主上 1:11-40.

Ba·thy'skaph [baty'ska:f] 男 -en/-en (*gr.*) バチスカーフ(スイス人海洋学者ピカール A. Picard, 1884-1962 が考案した研究用の深海潜水艇).

'**Ba·tik** [ba:tɪk] 女 -/-en (男 中) -s/-s (*javan.*)《工芸・紡織》**1** バチック染め(ジャワで発達したろうけつ染めの一種). **2** バチック染めされた布地, ジャワ更紗(さらさ).

'**ba·ti·ken** ['ba:tikən] 他 ろうけつ染にする.

Ba·tist [baˈtɪst] 男 -[e]s/-e (fr.)《紡織》バチスト, ローン(木綿・麻・絹などを素材にした平織りの薄地の布).

*__Bat·te·rie__ [batəˈriː] 囡 -/-[..ˈriːən] (fr.) **1**《電子工》《蓄》電池, バッテリー. eine ~ von 12 Volt 12 ボルトの電池. die ~ aufladen バッテリーを充電する.《比喩》休養する, 保養に出かける. Die ~ ist verbraucht. 電池が切れた, バッテリーがあがった. **2**《工学》(a) (作用を高めるための同じ器機を並列した)装置(器具)一式. eine ~ von Winderhitzern 熱風炉装置. (b) (Mischbatterie) (水道の温冷混合式水栓. **3**《話》多数の(同じもの). eine ~ [von] Bierflaschen ずらっと並んだビール瓶. **4**《略 Batt[r].》《軍事》砲兵中隊; 砲台, 砲列. **5**《音楽》(オーケストラやバンドの)打楽器群. **6**《芝》アントルシャ(跳上がって足を敏速に打合せる演技).

Bat·zen [ˈbatsən] 男 -s/- **1**《話》(土・粘土などの)塊(かたまり). ein ~ Lehm 粘土の塊. ein [schöner/hübscher] ~ Geld 大金. **2**《歴史》バッツェン(昔の貨幣の単位, ドイツでは 4 Kreuzer, スイスでは 10 Rappen に相当).

Bau¹

[bau バオ] 男 -[e]s/Bauten **1**《複数なし》建設, 建築, 建造;《話》建築(工事)現場. auf dem ~ 工事(建設)現場で. auf dem ~ arbeiten / auf den ~ gehen《話》建築の仕事をしている, 石工(いしく)(土工, 左官)である. im⟨in⟩ ~ sein / sich⁴ im⟨in⟩ ~ befinden 建築(建造)中である. vom ~ sein《話》現場を知っている, 玄人(くろうと)である. einer vom ~《話》現場の人間, 玄人, 専門家(複数では Leute vom ~). **2**《複数なし》構造, 構成, 体系, 体つき. der ~ eines Atoms⟨eines Dramas⟩ 原子の構造⟨ドラマの構成⟩. von starkem⟨zartem⟩ ~ sein 丈夫な⟨きゃしゃな⟩体つきである. **3** (比較的大きな)建物, 建造物;《ふつう複数で》(映画の)セット. **4**《南(独)》(複数なし)(Anbau) 植えつけ, 栽培.

Bau² 男 -[e]s/-e **1** (動物の)巣穴. **2**《複数なし》《話》わが家, ねぐら. nicht aus seinem ~ gehen⟨kommen⟩ 家から一歩も外に出ない. **3**《鉱業》採掘場, 坑道. **4**《複数なし》《兵隊》営倉; 営倉入りの罰). drei Tage ~ bekommen 3 日間の営倉をくらう.

'**Bau·amt** 囲 -[e]s/-̈er 建設局.

'**Bau·ar·bei·ter** 男 -s/- 建築現場の作業員(労働者), 建築労務者.

'**Bau·art** 囡 -/-en 建築方法; 建築様式; 構造.

'**Bau·auf·sicht** 囡 -/ **1**《法制》建築(土木)基準監督. **2**《話》建築基準監督局. **3**《軍事》戦艦建造の(現場)監視.

Bauch

[baux バオホ] 男 -[e]s/Bäuche **1** 腹, 腹部; おなか中; 太鼓腹(たいこばら). ein leerer ~ すき腹. Ein voller ~ studiert nicht gern.《諺》腹の皮が張れば目の皮がたるむ. Mir tut der ~ weh. 私はお腹が痛い. einen ~ ansetzen⟨bekommen/kriegen⟩ (太って)腹が出る, 太鼓腹になる. dem⟨seinem⟩ ~ dienen 口腹(こうふく)の欲にふける (1⟨新約⟩ ロマ 16:18). Er hat seinen ~ verloren. / Er hat keinen ~ mehr. 彼は腹の贅肉(ぜいにく)が無くなった. einen ⟨seinen⟩ ~ haben《話》腹に一物がある, ずる賢い. sich³ [vor Lachen] den ~ halten《話》腹をかかえて笑う. sich³ den ~ voll schlagen《話》たらふく食べる(mit et³ ものを).《前置詞と》**auf** den ~ fallen しくじる, どじを踏む (mit et³ 事に). auf den ~ landen (飛行機の)胴体着陸する. auf dem ~ liegen 腹ばいになっている.

vor j³ auf dem ~ liegen⟨kriechen⟩ 人³の前にはいつくばる, (に)へいこうする. **aus** dem hohlen ~《話》ろくすっぽ知り(調べ)もしないで. eine Wut **im** ~ haben《話》腹を煮えくり返っている. j³ Löcher⟨ein Loch⟩ in den ~ fragen 人³に次々に質問を浴びせる, 根掘り葉掘り尋ねる. **2** 内部, 空洞. im ~ der Erde⟨des Schiffes⟩ 地中深くに⟨船腹に⟩. **3**《瓶・壺などの》胴.

'**Bauch·bin·de** 囡 -/-n **1** 腹帯; 腹巻. **2** (葉巻の)帯紙, (本の)帯.

'**Bauch·de·cke** 囡 -/-n《解剖》腹壁.

'**Bäu·che** [ˈbɔʏçə] Bauch の複数.

'**Bäu·chel·chen** [ˈbɔʏçəlçən] 圉 -s/- Bauch の縮小形.

'**bau·chen** [ˈbaʊxən] ❶ 他 (sich⁴) (帆などが)膨らむ. ❷ 自 = beuchen

'**Bauch·fell** 囲 -[e]s/-e《解剖》腹膜. **2** (毛皮獣の)腹部の毛皮.

'**Bauch·fell·ent·zün·dung** 囡 -/-en《医学》腹膜炎.

'**Bauch·fü·ßer** [..ˈfyːsər], '**Bauch·füß·ler** [..ˈfyːslər] 男 -s/-《動物》腹足類(巻貝の類).

'**Bauch·grim·men** 匣 -s/《古》(Bauchschmerzen) 疝痛(せんつう), 腹痛, 差しこみ, 癇(かん).

'**Bauch·höh·le** 囡 -/-n《解剖》腹腔(ふっこう). Bauchhöhlenschwangerschaft 腹腔妊娠.

'**bau·chig** [ˈbaʊxɪç] 形 (瓶・壺などが)胴のふくらんだ.

'**Bauch·klat·scher** [..ˈklatʃər] 男 -s/- 腹打ち(水泳の飛込みの失敗).

'**Bauch·knei·fen**, '**Bauch·knei·pen** 匣 -s/《話》腹痛, 差しこみ.

'**Bauch·la·den** 男 -s/-̈ (駅弁売り・花売娘などが首から下げて腹で支えて持運ぶ)商品箱.

'**Bauch·lan·dung** 囡 -/-en《空》胴体着陸.

'**Bäuch·lein** [ˈbɔʏçlaɪn] 匣 -s/- Bauch の縮小形.

'**bäuch·lings** [ˈbɔʏçlɪŋs] 副 腹ばいで, うつぶせに.

'**Bauch·mus·kel** 男 -s/-n 腹筋.

'**Bauch·pilz** 男 -es/-e《植物》腹菌類(のきのこ).

'**bauch|re·den** 自 (不定詞・分詞の形でのみ) 腹話術で話す. Er kann ~. 彼は腹話術ができる. Er hat bauchgeredet. 彼は腹話術で話した.

'**Bauch·red·ner** 男 -s/- 腹話術師.

'**Bauch·schmer·zen** 複 腹痛.

'**Bauch·spei·chel·drü·se** 囡 -/-n《解剖》膵臓(すいぞう).

'**Bauch·tanz** 男 -es/-̈e ベリーダンス(腹部・腰をリズミカルに動かす中近東・アフリカの女性の踊り).

'**Bau·chung** 囡 -/-en (円柱・花瓶などの胴の)膨らみ.

'**Bauch·was·ser·sucht** 囡 -/《医学》腹水症.

'**Bauch·weh** 匣 -s/《幼児》おなかいた.

Baud [baʊt, boːt] 匣 -[s]/- 《通信》ボー(通信速度を示す単位, フランスの技師ボー J.M.E. Baudot, 1845-1903 にちなむ).

'**Bau·de** [ˈbaʊdə] 囡 -/-n (tschech.)《東中部(独)》(Bude) 小屋掛けの売店, 屋台. **2** 山小屋, 牧人小屋(とくにリーゼンゲビルゲ Riesengebirge 山中の). **3** 山中の宿, 山宿.

Bau·de·laire [bodəˈlɛːr, boˈdlɛːr]《人名》Charles ~ シャルル・ボードレール(1821-1867, フランス象徴派の詩人, 主著《悪の華》Les Fleurs du Mal).

'**Bau·ele·ment** 匣 -[e]s/-e = Bauteil 2

'bau·en

[ˈbaʊən バオエン] ❶ 他 **1** 建てる, 建築(建設)する; (機械・楽器などを)組立てる. eine Brükke〈eine Straße〉~ 橋を架ける〈道路をつける〉. ein Nest ~ 巣をつくる. *sein* Bett ~《話》ベッドをととのえる. sich³ einen Anzug ~ lassen《戯》服を仕立てさせる. Häuser auf j⁴ ~ 人⁴を信用する. Hier lasst uns Hütten ~.《話》私たちはここに腰を落着けようじゃないか. einen Satz ~《言語》文を作る. **3**《ニューモデルなどを》開発〔設計〕する. **3**《農業》《古》(a)〈穀物・野菜・果実を〉栽培する. (b) 〈土地を〉耕す. **4**《話》〈試験などを〉すます. *sein* Abitur ~ 高校卒業試験をすます〔にパスする〕. den Doktor ~ ドクターの学位を取る. **5**《話》(不都合なことを)やらかす. einen Unfall ~ 事故を起こす.

❷ 自 **1** 家を建てる; 設計〔施工〕する. Er hat kürzlich *gebaut*. 彼は最近家を建てた. Die Firma *baut* ganz solide. あの工務店の施工は全く安心できる. Unter unserem Dach haben Spatzen *gebaut*. うちの軒下に雀が巣をかけた. **2** (an et³ 物³の)建築〔建設〕に従事している. Das Mädchen hat am Wasser *gebaut*.《比喩》あの娘は涙もろい. **3** (auf j⁴ 人⁴〈物⁴を〉頼りにする. Ich *baue* auf dich. 私は君が頼りだ. Auf seine Erfahrungen können wir ~. 私たちは彼の経験をあてにできる.

'Bau·er[ˈbaʊər バオアー]男 -n(-s)/-n (↓bauen) **1** 農夫, 農民, 百姓;《話》田吾作(ごさく), 田舎者. Er ist ein richtiger ~.《俚》彼は田舎者もいいところだ. Die dümmsten ~*n* haben die dicksten〈größten〉Kartoffeln.《諺》馬鹿にも果報あり. Was der ~ nicht kennt, frisst er nicht.《諺》縁なき衆生(しゅじょう)は度しがたし. **2**《チェ°ス》ポーン, 歩(ふ);《トランプ》ジャック.

'Bau·er² 中(男) -s/- 鳥かご.

..bau·er[..baʊər]《接尾》「...を建築〔建造, 製作, 栽培〕する人」の意の男性名詞(つぎの語)をつくる. Straßen*bauer* 道路建設工事者. Geigen*bauer* バイオリン作り. Wein*bauer* ぶどう酒(ワイン)作り.

'Bäu·e·rin[ˈbɔyərɪn ボィアーリン]女 -/-nen (Bauer の女性形) 農婦, 百姓女; 農夫の妻.

'bäu·e·risch[ˈbɔyərɪʃ]形 =bäurisch

'bäu·er·lich[ˈbɔyərlɪç ボィアーリヒ]形 農民(農夫)の; 農村の, 田舎(風)の.

'Bau·ern·brot 中 -[e]s/-e 農家の自家製パン. **2** バウエルンブロート(ライ麦でつくった酸味の強い田舎風黒パン).

'Bau·ern·fän·ger 男 -s/- (相手の無知につけこむ)ぺてん師;(こみいった手を使わない)へたな詐欺師.

Bau·ern·fän·ge·rei[..fɛŋəˈraɪ]女 -/-en (へたな・単純な)詐欺, ペテン, いかさま.

'Bau·ern·früh·stück 中 -[e]s/-e 田舎風オムレツ (卵にハム・ソーセージを加えてオムレツ風にじゃがいもを炒めた料理).

'Bau·ern·gut 中 -[e]s/-er 農民の所有地, (家屋敷を含む)農場.

'Bau·ern·haus 中 -es/-er 農家, 百姓家.

'Bau·ern·hoch·zeit 女 -/-en **1** 農民(農村)の結婚式. **2** (都会人がする)田舎風結婚式.

'Bau·ern·hof 男 -[e]s/-e 農家(の家屋敷); 農場(家屋敷・家畜・近くの田畑を含む).

'Bau·ern·ka·len·der 男 -s/- 農事カレンダー (Bauernregeln を記載した暦).

'Bau·ern·knecht 男 -[e]s/-e 作男, 農場労働者.

'Bau·ern·krieg 男 -[e]s/-e《歴史》**1**《複数で》(14-16 世紀初頭までフランス・イギリス・ドイツの各地で起こった)農民一揆(いっき). **2**《複数なし》(1524-25 ドイツ南西部から起こり全ドイツに波及した)農民戦争.

'Bau·ern·le·gen 中 -s/《歴史》(三十年戦争以後, とくに 18 世紀にイギリス・東部ドイツで行われた大土地所有者による土地収奪を含む)農民追放.

'Bau·ern·re·gel 女 -/-n 農事金言(経験・迷信に基づく天候・収穫などについての格言・諺の類, ↑Bauernkalender.

'Bau·ern·schaft 女 -/《総称的に》農民.

'bau·ern·schlau《比較変化なし》こすっからい, 抜け目がない.

'Bau·ern·schläue[..ʃlɔyə] 女 -/ (農民の知恵のような)こすっからさ, 抜け目なさ.

'Bau·ern·stand 男 -[e]s/ 農民階級.

'Bau·ern·the·a·ter 中 -s/- **1** (中世伝来の)農民劇. **2** 農民劇団. **3** (とくにアルプス地方の)村芝居.

'Bau·ern·tum 中 -[tu:m]s/ **1** 農民であること, 農民的特性, 百姓気質(かたぎ). **2** 農民層(階級).

'Bau·ern·wet·zel[..vɛtsəl] 男 -s/《地方》(Mumps) おたふく風邪(流行性耳下腺炎).

'Bau·ers·frau 女 -/-en 農婦, 百姓女; 田舎女.

'Bau·ers·mann 男 -[e]s/..leute《雅》=Bauer¹

'Bau·er·war·tungs·land 中 -[e]s/《法制》建築(建設)予定地.

'Bau·fach 中 -[e]s/ **1** (Baugewerbe) 建築(建設)業. **2** =Bauhandwerk

'bau·fäl·lig[ˈbaʊfɛlɪç] 形 倒壊寸前の, 老朽化した.

'Bau·fir·ma 女 -/..men 建設会社.

'Bau·flucht 女 -/-en (↑Flucht²) **1**《古》《建築》家並み. **2**《法制》=Baulinie

'Bau·form 女 -/-en《建築》建築様式. **2**《工学》(機械などの)組立様式, 仕様. **3**《文学》(a)《複数なし》(作品の)形式. (b)(作品の)構成要素.

'Bau·füh·rer 男 -s/-《建築・土木作業》の現場監督.

'Bau·ge·län·de 中 -s/ **1** 建築用地. **2** 建設予定地.

'Bau·ge·neh·mi·gung 女 -/-en《法制》建築許可.

'Bau·ge·nos·sen·schaft 女 -/-en《経済》住宅協会(会員に安い住宅を建設・分譲・賃貸する共同組合).

'Bau·ge·rüst 中 -[e]s/-e 建築用足場.

'Bau·ge·wer·be 中 -s/《複数まれ》建築(建設)業.

'Bau·hand·werk 中 -s/-《建築関係の手職(塗装・指し物・板金・錠前などの仕事).

'Bau·haus 中 -es/《芸術》バウハウス. ◆ 建築を現代の総合芸術に高めることを目指して 1919 建築家グロービウス Walter Gropius, 1883-1969 がワイマールに創立した総合造形学校, 1933 ナチスの手によって閉鎖.

'Bau·herr 男 -[e]n/-en 建築主, 施主(せしゅ).

'Bau·holz 中 -es/ 建築用材.

'Bau·hüt·te 女 -/-n **1** 建設現場の仮設小屋, 飯場. **2**《複数なし》《歴史》バウヒュッテ. ▶ 12 世紀に結成された石工のツンフト的な友愛組織, ゴシック建築の衰退とともに同業組合という性格を薄め 17 世紀初頭ごろから Freimaurerei として政治的色彩の濃い結社に変身し現代に至る.

'Bau·in·ge·ni·eur 男 -s/-e 建築技師.

'Bau·jahr 中 -[e]s/-e **1** 建築(建設, 製造)年次. Das Auto ist ~ 1970. この車は 1970 年製だ. **2**《戯》生年.

'Bau·kas·ten 男 -s/‥ 積み木箱.

'Bau·klotz 男 -es/‥e[r]《複数で》積み木. *Bauklötze*[r] staunen《話》びっくり仰天する.

'Bau·kos·ten 圏 建築(建設)費.
'Bau·kunst 囡 -/⁼e 建築術.
'Bau·land 匣 -[e]s/ =Baugelände 1
'bau·lich ['baʊlɪç] 厖 建築(上)の.
'Bau·lich·keit 囡 -/-en 《多く複数で》建物, 建造物.
'Bau·li·nie 囡 -/-n 《建築》建築線.
'Bau·lö·we 男 -n/-n 《話》(多くの賃貸マンション・ビルを所有する)大物不動産屋, マンション王, ビル・キング.

Baum

 [baʊm バオム] 男 -[e]s/Bäume 1 木, 樹木, 立ち木. ein Kerl wie ein ~ 屈強な大男. der ~ der Erkenntnis des Guten und Bösen《旧約》善悪を知る木(創 2-9 ほか). der ~ des Lebens《旧約》命の木(創 2-9 ほか). Auf einen Hieb fällt kein ~.《諺》ひと打ちで倒れる木はない(何事にも根気が肝要). Es ist [immer] dafür gesorgt, dass die Bäume nicht in den Himmel wachsen.《諺》木はいくら伸びても天には届かないようになっている(物事にはおのずから限度がある). Einen alten 〈Alte Bäume〉 soll man nicht verpflanzen. 老木は植え替えてはならない(老人には住みなれた所が一番). Bäume ausreißen [können]《話》千人力である; 大きなことをやってのける能力(元気, 勢い)がある. keine Bäume mehr ausreißen [können] もう力がない, もう大したこと(一人前のこと)はできない.《前置詞と》auf dem ~ sein かんかんに怒っている. j¹ auf den ~ bringen《話》人を怒らせる. Das〈Es〉ist, um auf die Bäume zu klettern《話》それは絶望的だ, やりきれないね(↑Akazie). Das steigt ja auf die Bäume! そんな馬鹿な話があるものか. vom ~ der Erkenntnis essen 性に目ざめる(↓《旧約》創 2:17);《比喩》(経験を積んで)知恵がつく, 賢くなる. Er hat nicht gerade vom ~ der Erkenntnis gegessen. 彼はあんまり賢くない, たいして才能がない. den Wald vor [lauter] Bäumen nicht sehen 木を見て森を見ない. zwischen ~ und Borke stecken〈stehen〉板挟みになっている, 身動きできない. 2《話》(Weihnachtsbaum)クリスマスツリー. den ~ anzünden〈schmücken〉クリスマスツリーの蠟燭(????)に火をつける〈クリスマスツリーの飾りつけをする〉. 3 (a) 心棒, 軸; (織機の)経糸(????). (b) 横木, シャフト; (クレーンなどの)腕木. (c) 帆柱; ブーム.

'Bau·ma·te·ri·al 匣 -s/..lien 建築材料(資材).
'Baum·blü·te 囡 -/-n 樹木の開花; 樹木の開花期.
'Bäu·me ['bɔʏmə] Baum の複数.
Bau·mé·grad [bo'meːgraːt] 男 -[e]s/-e《記号 °Bé》《化学》ボーメ度(比重を表す単位, フランスの化学者 Antoine Baumé, 1728-1804 にちなむ).
'Bau·meis·ter 男 -s/- (工学士の学位をもつ)建築士.
'bau·meln ['baʊməln] 自《話》ぶら(垂れ)下がる, ぶらぶら揺れる. mit den Beinen ~ / die Beine ~ lassen 脚をぶらぶらさせる. Ich möchte ihn ~ sehen.《卑》やつが(絞首台に)ぶら下がっているのを見たいものだ.
'bäu·men ['bɔʏmən] ❶ 再《sich¹》(馬などが急に)後脚で立つ, 棒立ちになる. 2 (gegen et〈j〉⁴ 物〈人〉に)逆らう, 抵抗する. ❷ 他 1《農業》(車に積んだ干し草を)棹(????)で押える(崩れないように). 2《紡織》(経糸(????)を)ようかん巻きにする〈巻きつける〉.
'Baum·fal·ke 男 -n/-n《鳥》ちごはやぶさ(稚児隼).
'Baum·fre·vel 男 -s/-《法制》立木荒らし.
'Baum·gren·ze 囡 -/-n《植物》(高山・極地における)高木(喬木, 樹木)限界線.
'Baum·hei·de 囡 -/-n《植物》ブライヤー(地中海地域に生育するエリカの一種, 根がパイプの材料になる).

'Baum·kro·ne 囡 -/-n 樹冠.
'Baum·ku·chen 男 -s/- バウムクーヘン.
'baum·lang 厖《比較変化なし》《話》のっぽの.
'Baum·läu·fer 男 -s/-《鳥》きばしり(木走).
'Baum·mar·der 男 -s/- まつてん.
'Baum·öl 匣 -[e]s/-e (品質の悪い)オリーブ油.
'Baum·rin·de 囡 -/-n 樹皮.
'Baum·sä·ge 囡 -/-n《園芸》剪定(????)用の小型鋸(????).
'Baum·schei·be 囡 -/-n《園芸》果樹の根本の下草を刈取った円形の地面.
'Baum·sche·re 囡 -/-n《園芸》剪定(????)ばさみ.
'Baum·schu·le 囡 -/-n 樹木栽培園; 樹木(とくに果樹)の苗床, 苗圃(????).
'Baum·stamm 男 -[e]s/⁼e 木の幹, 樹幹.
'baum·stark 厖 (男が)頑丈な, がっしりした.
'Baum·stumpf 男 -[e]s/⁼e 木の切り株.
'Baum·wachs 匣 -es/-《林業》接(????)ぎ木用蠟薬.
*'Baum·wol·le ['baʊmvɔlə] 囡 -/-n 1《植物》綿(の木), 草綿(あおい科の 1 年生草本). 2 綿花. 3《紡織》綿糸, 綿布, 木綿(????).
'baum·wol·len 厖 木綿(????)の, 木綿製の.
'Baum·woll·garn 匣 -[e]s/-e 錦糸.
'Baum·woll·spin·ne·rei 囡 -/-en 1《複数なし》綿糸紡績. 2 綿糸紡績工場.
'Baun·zerl ['baʊntsərl] 匣 -s/-n《オーストリア》ミルクパン(ミルク入りのプチパン).
'Bau·op·fer 匣 -s/-《民俗》人柱(????).
'Bau·ord·nung 囡 -/-en 建築法規.
'Bau·plan 男 -[e]s/⁼e 1 建築(建設)計画. 2 建築設計図(見取図). 3《生物》体制, 構制.
'Bau·platz 男 -es/⁼e 建設用敷地, 建設予定地.
'Bau·po·li·zei 囡 -/《古》《法制》建築基準監督局(の職員).
'bäu·risch ['bɔʏrɪʃ] 厖 (↓Bauer) 1 農夫のような, 農民風の. 2《侮》武骨(粗野)な, 田舎くさい, 泥くさい, やぼ天の.
Bausch [baʊʃ] 男 -[e]s/Bäusche 1 (衣服・カーテンなどの)襞(????)の膨らみ. 2 (紙・綿などを小さく丸めたもの)詰め物, タンポン; (衣服などに入れる)綿, パッド; (馬の)鞍敷(????); 湿布, 圧迫包帯. 3 in ~ und Bogen 一切込みで, 十把(????)ひとからげに.
'Bau·schel 匣 -s/-《坑夫》大型ハンマー.
'bau·schen ['baʊʃən] (↓Bausch) ❶ 他 (風が)膨らませる(帆・カーテンなどを); (衣服・カーテンなどに)膨らみをつける. ❷ 自《sich¹》(布でできた物が)膨らむ; (衣服が)たるむ.
'bau·schig ['baʊʃɪç] 厖 ゆったり膨らんだ, だぶだぶの, たっぷり襞(????)をとった.
'Bau·schu·le 囡 -/-n 建築専門学校(1957 年以後は Ingenieurschule für Bauwesen と改称).
'Bau·schutt 男 -[e]s/ (建築現場で出る)瓦礫(????).
'bau·spa·ren 自《不定詞でのみ》住宅貯蓄組合に加入する.
'Bau·spar·kas·se 囡 -/-n 住宅貯蓄組合(金庫).
'Bau·spar·ver·trag 男 -[e]s/⁼e 住宅資金積立契約(低利の資金貸付が受けられる).
'Bau·sta·tik 囡 -/《構造力学.
'Bau·stein 男 -[e]s/-e 1 建築用石材;《ふつう複数で》(玩具の)積み木. 2《比喩》基礎(になるもの), 礎(????); 構成要素. ein ~ zum Gelingen eines Plans sein ある計画の成功に一役買っている.
'Bau·stel·le ['baʊʃtɛlə] 囡 -/-n 1 建築(工事)現場.

Vorsicht, ~! 工事中につき注意(道路の立て札). **2** 《戯》はげ頭.

'Bau·stil 男 -[e]s/-e《建築・美術》建築様式.

'Bau·stoff 男 -[e]s/-e **1** 建築資材(材料). **2**《生物》(細胞の)構成材料.

'Bau·ta·stein ['bauta..] 男 -[e]s/-e (nord.) (スカンディナヴィア地方、とくにノルウェーに多い青銅器時代の無碑銘の)自然石記念碑.

'Bau·tech·nik 囡 -/-en 建築技法(例えばプレハブ工法など). **2**《複数なし》建築工学.

'Bau·teil 男 囲 -[e]s/-e **1** 建物の一部(一角). **2**《建物・機械などの》部品.

'Bau·ten ['bautən] Bau¹ の複数.

'Bau·un·ter·neh·mer 男 -s/- 建設業者.

'Bau·vor·ha·ben 囲 -s/- **1** 建築(建設)計画. **2** 建築(建設)中の建物.

'Bau·wei·se 囡 -/-n **1** 建築方式, 施工法. **2**《法制》(都市計画などにおける)建物の配置. **3**《機械などの》型, 構造, モデル. **4**《鉱業》採掘方法.

'Bau·werk 囲 -[e]s/-e 建物, 建築物; (教会・宮殿のような芸術的にも価値のある堂々とした)建造物. ein historisches ~ 歴史的建造物.

'Bau·we·sen 囲 -s/ 土木建築.

'Bau·wich ['bauvıç] 男 -[e]s/-e (↑weichen¹)《法制》(防火・日照権などを考慮した)家屋間の距離.

Bau'xit [bao'ksi:t] 囲 -s/-e (fr.)《鉱物》ボーキサイト(アルミニウムの原鉱).

bauz [bauts] 間 Bauz! どさっ, どすん, どたん(人が倒れたり物が落ちたりする大きな音).

Ba·va·ria [ba'va:ria]《地名》バヴァーリア(バイエルン Bayern のラテン語形).

Ba·va·ria² [ba'va:ria] 囡 -/ die ~ バヴァーリア像(バイエルンを象徴する擬人化女神の像、ミュンヒェン市にある).

'Bay·er ['baiɐr] 男 -s/- バイエルン人.

bay·e·risch ['baiərıʃ] 形 バイエルン(人, 方言)の. ↑ deutsch

'Bay·ern ['baiɐrn]《地名》バイエルン(ドイツ南東部の州, 1871まで王国、州都 München).

Bay'reuth [bai'rɔyt]《地名》バイロイト(バイエルン州北東部, 作曲家 R. Wagner ゆかりの町, 毎夏の Bayreuther Festspiele で有名).

'bay·risch [bairıʃ] 形 =bayerisch

Ba'zar [ba'za:r] 男 -s/-e =Basar

Ba'zi [ba'tsi] 男 -s/-s《バィェルン》**1**(親しみをこめて)あいつ, やっこさん. **2**《俺》バイエルン野郎.

ba·zil'lär [batsılɛ:r] 形《医学》桿菌(ボルツ)の, 桿菌(ボルツ)性の, 結核性の.

Ba'zil·le [ba'tsılə, ba'tsij] 囡 -/-n = Bazillus

Ba'zil·len [ba'tsılən] Bazille, Bazillus の複数.

Ba'zil·len·trä·ger 男 -s/-《医学》保菌者.

Ba'zil·lus [ba'tsılus] 男 -/..zillen (lat., Stäbchen') **1**《医学》バチルス, 桿菌(ボルツ). **2**《複数なし》《比喩》伝染するもの, 蔓延するもの. der ~ der Gewalt 暴力のバチルス, 暴力の温床.

Ba'zoo·ka [ba'zu:ka] 囡 -/-s (engl.)《軍事》バズーカ砲(アメリカの対戦車ロケット砲).

BBC [bi:bi:'si:] 囡 -/《略》(engl.) =British Broadcasting Corporation イギリス放送協会.

bbl 《略》=Barrel

b.c., B.c. 《略》《音楽》=Basso continuo (↑Basso)

B.C. ['bi:'si:]《略》(engl.) =before Christ (vor Christus) 《西暦》紀元前.

Bd.《略》=Band³ 1

Bde.《略》=Bände (Band³ の複数.

'B-Dur ['be:du:r, '-'-] 囲《記号 B》《音楽》変ロ長調.

Be [be:'|e:]《記号》《化学》=Beryllium

be.. [bə..]《非分離前つづり/つねにアクセントをもたない》**1**《自動詞を他動詞に》bedrohen おどす. besitzen 所有する. **2**《自動詞に持続の意味を》bestehen 存続する. **3**《名詞を他動詞に》bekleiden (人¹に)服を着せる. **4**《形容詞を他動詞に》beengen 窮屈にする. **5**《他動詞の意味の強調》bedenken 熟考する. **6**《他動詞の目的語を替える》den Weg mit welken Blättern bewerfen 道に枯れ葉を投げ散らかす (welke Blätter auf den Weg werfen). **7**《名詞を過去分詞形の形容詞に》beleibt 太った.

*be·ab·sich·ti·gen [bə'|apzıçtıgən] ベアプズィヒティゲン (↓ Absicht) もくろむ, 意図する. Ich beabsichtige, nächste Woche nach Wien zu fahren. 私は来週ヴィーンへ行く積りだ. ein beabsichtigtes Verbrechen 計画的犯行.

*be'ach·ten [bə'|axtən] ベアハテン 他 気に留める, (に)注意を払う; (規則などを)守る, (忠告などに)従う. Sie beachtete ihn überhaupt nicht. 彼女は彼に目もくれなかった.

be'ach·tens·wert 形 注目に値する.

be'acht·lich [bə'|axtlıç] 形 注目すべき, かなりの, 相当な.

Be'ach·tung 囡 -/ 注意, 留意; (規則などの)遵守(ジュ̈ス). j⟨et⟩³ ~ schenken 人⟨物⟩に注目する.

be'ackern [bə'..] 他 **1** (畑を)耕す. **2**《話》(a)(事⁴を)徹底的に調べる. (b)(人⁴を)しつこく口説く.

Be'am·te

[bə'|amtə] ベアムテ 男《形容詞変化》公務員, 官吏, 役人, (公共機関の)職員. ↑Beamtin

Be'am·ten·be·ste·chung 囡 -/-en《法制》贈賄.

Be'am·ten·ge·nos·sen·schaft 囡 -/-en 公務員共済組合.

Be'am·ten·schaft 囡 -/《集合的に》公務員.

Be'am·ten·tum 囲 -s/ **1** 公務員の身分. **2** =Beamtenschaft

be'am·tet [bə'|amtət] 形《付加語的用法のみ》《書》官職(公職)にある. ein ~er Arzt 医療公務員.

Be'am·te·te 男《形容詞変化》《書》=Beamte, Beamtin

Be'am·tin [bə'|amtın] 囡 -/-nen (↑Beame) (女性の)公務員.

be'ängs·ti·gen [bə'|ɛŋstıgən] 他《古》不安にさせる, 心配させる.

be'ängs·ti·gend 現分 不安な, 気づかわしい; 恐ろしい, ものすごい. Der Zustand des Kranken ist ~. 病人の容態がとても気づかわしい. ein ~es Gedränge ものすごい人混み. ~ blass 恐ろしく青ざめた.

Be'ängs·ti·gung 囡 -/-en 不安, 心配, 恐怖.

*be·an·spru·chen [bə'|anʃpruxən] ベアンシュプルヘン 他 (↓ Anspruch) **1** (a)(権利などを)求める, 要求(請求)する. Schadenersatz ~ 損害賠償を求める. (b)(時間を)くう, (場所を)とる. (c)(援助・好意に)甘える, すがる. Ich möchte Ihre Hilfe noch weiter ~. 今後ともあなたのご援助に甘えさせていただきたい. **2** (人⁴物⁴に)大きな負担をかける. die Reifen stark ~ タイヤに大きな負担をかける. Ich bin zur Zeit sehr beansprucht. 私はこのところ大変忙しい.

Be'an·spru·chung 囡 -/-en **1** 要求, 請求; 必要

（とすること）；負担(をかけること)． **2**〖工学〗負荷，応力． zulässige ～ 許容応力．

be·an·stan·den [bəˈʔanʃtandən] 他 (物¹に)異議を唱える，苦情を言う．

be·an·stän·den [bəˈʔanʃtɛndən] 他 ［⤴］ =beanstanden

Be·an·stan·dung 女 -/-en **1** 異議(の申立て)，不服，苦情，クレーム． **2** 叱責(しっせき)，難詰(なんきつ)．

Be·an·stän·dung 女 -/-en ［⤴］ =Beanstandung

be·an·tra·gen [bəˈʔantraːɡən] 他 （↓Antrag）申請する，要請(要求)する；提案(提議)する． drei neue Mitarbeiter ～ 新規の協力者を3名申請(要求)する． für einen Angeklagten 2 Jahre Freiheitsstrafe ～ 〖法制〗被告人に自由(拘束)刑2年を求刑する．

* **be·ant·wor·ten** [bəˈʔantvɔrtən] ベアントヴォルテン 他 **1** (物¹に)答える，に対して答える． einen Brief〈eine Frage〉～ 手紙に返事を出す〈質問に答える〉． **2** (事¹に)応じる，応酬する(mit et³ 事³で)． eine Frage mit einem Lächeln ～ 質問に微笑で応じる．

Be·ant·wor·tung 女 -/-en **1** (複数なし)返答(すること)． in ～ Ihres Schreibens《書》貴信に答えて，拝復． **2**〖音楽〗(フーガの)応答．

be·ar·bei·ten [bəˈʔarbaɪtən] 他 **1** (a) (物¹に)手を加える，加工(細工)する．(b) (土地を)耕す．(c) (金属・木・石などを)彫る，磨く(mit et³ 物¹で)． **2** 問題・事件などを取扱う，処理する；(問題・テーマなどを)調査(研究)する． **3** (作品を)改作(改訂，脚色，編集，編曲)する． neu *bearbeitete* Auflage 改訂版． **4** (人¹に)働きかける，(を)説得に努める． **5** 《話》(人¹を)ぶん殴る；(楽器をむやみやたらに弾く(叩き)まくる． j⁴ mit Fußtritten ～ 人⁴を足蹴(あしげ)にする．

Be·ar·bei·tung 女 -/-en **1**(複数なし)加工，細工，処理，改作，改訂，脚色，編曲． Die Akte ist in ～. その書類は処理中である． **2** 翻案物，編曲物． einer Sage zu einem Drama 伝説を脚色したドラマ．

be·arg·wöh·nen 他《雅》(人⁴に)疑い〈嫌疑〉をかける，不信を抱く．

Beat [biːt] 男 -s/-s (*engl.*)〖音楽〗ビート；(Beatmusik) ビートミュージック．

Be·a·ta [beˈaːta] 女 (*lat. beatus*, glücklich') ベアータ． ◆Beatus の女性形．

Be·a·ta Ma·ri·a 'Vir·go [beˈaːta maˈriːa ˈvirgo] 女 --- (Beatae Mariae Virginis)/(*lat.*, Selige Jungfrau Maria') ［りゃくご］永福なる童貞聖マリア．

Be·a·te [beˈaːta] 女《女名》(*lat.*) ベアーテ．

'**Beat·ge·ne·ra·tion** [ˈbiːtdʒenəˈreːʃən] 女 -/- (*engl.*) ビートジェネレーション，ビート族．

Be·a·ti·fi·ka·ti·on [beatifikatsiˈoːn] 女 -/-en (*lat.*) ［カトリック］(Seligsprechung) 福者の列に加えること，列福(式)．

be·a·ti·fi·zie·ren [beatifiˈtsiːrən] 他 ［カトリック］(seligsprechen) (人⁴を)福者にする，列福する．

'**Bea·tle** [ˈbiːtəl] 男 -s/-s (*engl.*)〖話〗(イギリスのロックバンド「ザ・ビートルズ」をまねた)長髪の若者．

be·at·men [bəˈʔaːtmən] 他 (人⁴に)人工呼吸を施す．

Be·at·mung 女 -/-en《複数まれ》人工呼吸．

'**Beat·mu·sik** [ˈbiːt..] 女 -/〖音楽〗ビート音楽．

'**Beat·nik** [ˈbiːtnɪk] 男 -s/-s (*engl.*) ビート族（↑Beatgeneration）．

'**Beat·pad** [ˈbiːtpɛt, ..pæd] 男 -s/-s (*engl.*)〖隠〗麻薬密売所．

Be·a·tri·ce [beaˈtriːsə, ..ˈtriːtʃe] 女《女名》(*it.*) ベアトリーセ，ベアトリーチェ(Beatrix のイタリア語形)． ～ Portinari ベアトリーチェ・ポルティナーリ(1266–1290, ダンテの若き日の愛人、『神曲』の中で理想の女性として永遠化された)．

Be·a·trix [beˈaːtrɪks, ˈbeːatrɪks]《女名》ベアトリクス(Beatrice のラテン語形)．

Be·a·tus [beˈaːtos]《男名》(*lat.*, der Glückliche') ベアートゥス．

Beau [boː] 男 -[s]/-s (*fr.*)《俗》ハンサムボーイ，伊達(だて)男，しゃれ者．

be'auf·sich·ti·gen [bəˈʔaʊfzɪçtɪɡən] 他 監督(監視)する．

Be·auf·sich·ti·gung 女 -/-en 監督，監視．

be'auf·tra·gen [bəˈʔaʊftraːɡən] 他 j⁴ mit et³ ～ 人⁴に事³を委託(委任)する． *beauftragter* Richter 〖法制〗受命判事．

Be·auf·trag·te 男女〖形容詞変化〗受任者，代理人；(公法上の仕事を委託された)受託者，委員．

be'au·gen·schei·ni·gen [bəˈʔaʊɡənʃaɪnɪɡən] 他《書》《戯》実地検分する．

Beau·jo'lais [boʒoˈlɛː] 男 -[..ˈlɛː(s)]/-[..ˈlɛːs] ボジョレ(フランス東部 Beaujolais 地方産の赤ワイン)．

Beau'té [boˈteː] 女 -/-s (*fr.*, Schönheit') 美；美人．

be'bau·en [bəˈbaʊən] 他 **1** (土地に)建物を建てる． ein Grundstück mit einem Hochhaus ～ ある地所に高層建築を建てる． in dicht *bebautes* Stadtviertel びっしり建てこんだ市街区． **2** (畑などを)耕す；(に)作物を植える． den Garten mit Gemüse ～ 庭に野菜をつくる．

Be'bau·ung 女 -/(-en) **1**《複数なし》(ある地所に)建物を建てること，(畑などの)耕作． **2** 建造物．

Be'bau·ungs·plan 男 -[e]s/¨e〖法制〗地区整備計画．

Bé'bé [beˈbeː] 中 -s/-s (*fr.*) ［こども］赤ん坊，ベビー．

'**be·ben** [ˈbeːbən] 自 **1** (震度などで)激しく揺れる，震動する． **2**《雅》(体・声などが)激しく震える，わななく． **3**《古》vor j³ ～ 人³におびえる，(を)怖がる． um〈für〉j⁴ ～ 人⁴のことが心配でならない．

'**Be·ben** 中 -s/- **1** 震動，揺れ；(Erdbeben) 地震． **2**《雅》震え，おののき．

be'bil·dern [bəˈbɪldərn] 他 (本などに)さし絵(イラスト，図解)を入れる． eine *bebilderte* Handschrift さし絵入りの写本．

Be'bil·de·rung 女 -/-en **1**《複数なし》さし絵(イラスト，図解)を入れること． **2** (本・雑誌などの)さし絵(の全体)．

'**Be·bop** [ˈbiːbɔp] 男 -[s]/-s (*engl.*)〖音楽〗ビーバップ(1940 年代から流行したアメリカのジャズの一様式)；ビーバップ・ダンス．

be'brillt [bəˈbrɪlt] 形 （↓Brille）眼鏡をかけた．

'**Be·bung** [ˈbeːbʊŋ] 女 -/-en〖音楽〗ベーブング(高音のかすかな揺れ，クラヴィコードなどの演奏技法)．

Bé·cha·mel·so·ße [beʃaˈmɛlzoːsə] 女 -/-n〖料理〗ベシャメル・ソース． ◆ホワイト・ソースの一種。ルイ 14 世の大膳部(だいぜんぶ) Marquis de Béchameil, ?–1703 の創案であるという．

* '**Be·cher** [ˈbɛçər] 男 -s/- (*gr.* bikos, irdenes Gefäß') **1** (円筒状の)コップ，グラス，杯． ein ～ [voll] Wasser コップ1杯の水． den ～ des Leidens leeren《比喩》苦杯をなめる． den ～ nehmen〈trinken〉《雅》毒を仰ぐ，自殺する． zu tief in den ～

Becherglas

geschaut haben《話》いささか飲みすぎた，すっかりご機嫌である． **2** 杯（コップ）状のもの；（コンベヤーの）バイト，ダイスカップ，（木管楽器の）朝顔，（オルガンの）響鳴パイプ． **3**《植物》杯葉(はいよう)；(Fruchtbecher) 殻斗(かくと)．

'Be·cher·glas 田 -es/-er《化学実験用の》ビーカー．

'be·chern [bɛçərn] 自 (einen) ～《戯》酒を浴びるほど飲む，大酒を食らう．

'Be·cher·werk 田 -[e]s/-e《工学》(Eimerwerk) バケットコンベヤー．

'Becken ['bɛkən] 田 -s/- **1** 水盤，たらい，洗面器． **2** 水槽，貯水池，プール． **3**《地理》盆地；ベースン，盆状構造． **4**（ふつう複数で）《音楽》シンバル． **5**《解剖》骨盤．

'Beck·mes·ser ['bɛkmɛsər] 男 -s/-《侮》あら探しをする人，やかましや． ◆R. Wagner の楽劇『ニュルンベルクのマイスタージンガー』 *Die Meistersinger von Nürnberg* に出てくる杓子定規(しゃくしじょうぎ)な批評家 S. Beckmesser にちなむ．

Beck·mes·se·rei [bɛkmɛsəˈraɪ] 女 -/-en（複数まれ）《侮》あら探し，あげ足とり．

'beck·mes·sern ['bɛkmɛsərn] 自《侮》あら探し（あげ足とり）をする．

Bec·que·rel [bɛkəˈrɛl] 男 -s/-《記号 Bq》《物理》ベクレル（放射能の強さを示す SI 単位）． ◆フランスの物理学者 A. H. Becquerel, 1852–1908 にちなむ．

be·da·chen [bəˈdaxən] 他《物》に屋根をつける．

be·dacht¹ [bəˈdaxt] 過分形 **1** 思慮深い，慎重な． **2** (auf et⁴ 事⁴を) いつも考えている，に留意している． auf *seine* Gesundheit 〈*seinen* Vorteil〉～ sein 健康に気をつけている〈自分の利益ばかり追っている〉．

be·dacht² bedachen の現在 3 人称単数，過去分詞．

Be·dacht [bəˈdaxt] 男《次の用法で》mit 〔gutem〕 ～ 慎重に，入念に． ohne ～ よく考えないで，軽率に． voll ～ 熟考して，周到に． auf et⁴ ～ 〈keinen ～ nehmen〈事⁴を考慮する〈斟酌(しんしゃく)しない〉．

be·dacht·e [bəˈdaxtə] bedenken の過去．

be·däch·te [bəˈdɛçtə] bedenken の接続法 II．

be·däch·tig [bəˈdɛçtɪç] 形 落着いた，ゆっくりした，慎重な，思慮深い．

Be·däch·tig·keit 女 -/ 慎重，思慮深さ，周到さ．

be·dacht·sam [bəˈdaxtzaːm]《雅》= bedächtig

Be·dacht·sam·keit 女/《雅》= Bedächtigkeit

Be·da·chung 女 -/(-en) **1**（複数なし）屋根をつけること． **2** 屋根，覆い．

***Be·dan·ken** [bəˈdaŋkən ベダンケン] ❶ 再 *(sich⁴)* sich bei j³ für et⁴ ～ 人³に事⁴の礼を言う．Dafür *bedanke* ich *mich* [bestens]!《反語》そいつは大きなお世話だ，まっぴらごめんだ． *Bedanke dich* bei ihm!《反語》恨むなら彼を恨め． ❷ 自《南ドイツ・オーストリア》(人⁴ 事⁴) に感謝する． Sei *bedankt*!《雅》ありがとう．

be·darf [bəˈdarf] bedürfen の現在 1・3 人称単数．

***Be·darf** [bəˈdarf ベダルフ] 男 -[e]s/-e (↓ Bedürfnis)《複数まれ》 **1** 不足，欠乏；入用，需要． Dinge des täglichen ～s 日用品，生活必需品． der ～ an Arbeitskräften 労働力の不足． Kein ～!《話》興味なしね，おいずれだ． *seinen* ～ decken 必要なもの（食料品など）を買いととのえる． Mein ～ ist gedeckt.《話》もう沢山だ，うんざりだね． ～ an⟨in⟩ et¹ haben 物³を必要とする．(が)入用である． bei ～ 必要ならば．[je] nach ～ 必要に応じて． über ～ 必要以上に． **2** 必需品；《経済》需要量，需要高．

Be·darfs·ar·ti·kel 男 -s/- 必需品，入用品．

Be·darfs·fall 男 -[e]s/⁼e《書》《ふつう次の句で》für den ～ 必要に備えて． im ～ 必要な（緊急の）場合に，必要なら．

Be·darfs·gut 田 -[e]s/⁼er（多く複数で）生活必需品；《商業》消費財．

Be·darfs·hal·te·stel·le 女 -/-n（乗降客がある場合にだけ停車する）臨時停留所．

be·darfst [bəˈdarfst] bedürfen の現在 2 人称単数．

be·dau·er·lich [bəˈdaʊərlɪç] 形 気の毒な；遺憾な，残念な．

be·dau·er·li·cher·wei·se 副 残念ながら，あいにく．

***be·dau·ern** [bəˈdaʊərn ベダウアーン] 他 **1** (人¹に) 同情する，(を) 気の毒に思う． Er ist zu ～. 彼は気の毒だ． **2** (事⁴を) 残念 (遺憾) に思う．Ich *bedau*[*e*]*re*, dass … 私は…のことを残念に思います． *Bedau*[*e*]*re*, ich kann nicht kommen. 残念ですが参れません．

***Be·dau·ern** [bəˈdaʊərn ベダウアーン] 田 -s/ 同情，愛情；遺憾，残念なこと． *sein* ～ aus·drü·cken 人³に思いやりの言葉をかける，遺憾の意を表す． mit ～ 残念ながら． zu meinem großen ～ すみませんが，申訳ありませんが．

be·dau·erns·wert 形 **1** 気の毒な，かわいそうな． Er ist ～. 彼は気の毒だ． **2** 残念 (遺憾) な．

***be·de·cken** [bəˈdɛkən ベデケン] ❶ 他 **1** et⁴ mit et³ ～ 物⁴を物³でおおう，にかぶせる． Schnee *bedeckt* das Tal. 雪が谷をおおっている． den Tisch mit einem Tuch ～ 食卓にテーブルクロスをかける． j⁴ mit Küssen ～ 人⁴（の顔）に熱い雨を降らす． Der Rock *bedeckt* gerade noch die Knie. そのスカートははぎりぎり膝までしかない．[sich³] das Haupt ～《雅》帽子をかぶる． **2**《軍事》護衛 (援護) する． **3**《畜産》（家畜の雄が）交尾する． **4**（計算の対象を）過不足なく表現する，カバーする． **5** ein Defizit ～(きょうせい) 赤字を埋め合す． ❷ 再 *(sich⁴)* **1** (a) (mit et³ 物³で) 身をくるむ，(を) 身にまとう．(b)《古》帽子をかぶる． **2** 覆われる (mit et³ 物³で)；（空が）曇る． *sich* mit Ruhm〈Schande〉～ 栄誉に輝く〈恥さらしなことをする〉． ◆↑ *bedeckt*

be·deckt 過分形 **1** 帽子をかぶった． Bleiben Sie ～.《古》どうぞ帽子をかぶるな．《話》まあお楽に． sich¹ ～ halten《話》だんまりを決めこむ，立場を明確にしない． **2** （空が）曇った． **3**（声が）かすれた，しわがれた．

Be·deckt·sa·mer [..zaːmər] 男 -s/-（ふつう複数で）《植物》(↔ Nacktsamer) 被子植物．

Be·de·ckung 女 -/-en **1** 覆うこと． **2** 覆い，外被，カバー；且おけ，雨よけ，庇(ひさし)；衣服． **3** 護衛，護送． j⁴ militärische〈polizeiliche〉～ mit·geben 人⁴に軍隊〈警察〉の護衛をつける． **4** 雲；《天文》（天体の掩蔽(えんぺい)，食(しょく)． **5**《畜産》（家畜の）交尾． **6**《経済》（赤字などの）補填．

Be·de·ckungs·ver·än·der·li·che 女《形容詞変化》《天文》食変光星(しょくへんこうせい)，食連星．

***be·den·ken** [bəˈdɛŋkən ベデンケン] ❶ 他 **1** よく考える，熟考（熟慮）する；顧慮（配慮）する． Ich gebe [es][Ihnen] zu ～, dass … …のことを考慮に入れて〔慮して〕いただきたい． **2** (人⁴に) 贈る，贈与する (mit et³ 物³を)．Er hat sie in seinem Testament 物³を．彼は遺言で彼女に遺贈した．《相互代名詞と》*sich* mit Schimpfwörtern ～ たがいに悪態(あくたい)を吐(つ)き合う． ❷ 再 *(sich⁴)* ためらう，思案する，二の足を踏む． ◆↑ *bedacht*

***Be·den·ken** [bəˈdɛŋkən ベデンケン] 田 -s/- **1** 熟考，思案．nach langem ～ 長いこと思案したあげくに，よ

Bedingtheit

く考えてから. ohne ～ ろくすっぽ考えずに; ためらわずに. **2**《多く複数で》疑い, 疑義; 異議; ためらい. ～ gegen et⁴ einlegen et⁴に異議を申立てる. ～ hegen〈tragen〉, …zu tun …することに疑心を抱く, …することをためらう.

be·den·ken·los 形 **1** ためらうことのない. et³ ～ zustimmen 事³に無条件に賛成する. **2** 無思慮な, 軽率な.

*be'denk·lich [bəˈdɛŋklɪç ベデンクリヒ] 形 **1** 気づかわしい, 心配な. Das Wetter sieht ～ aus. 天気はどうも気がかりだ. **2** 疑わしい, あやしげな. ～e Geschäfte betreiben いかがわしい商売をする. **3** 疑いの念を抱いた. ein ～es Gesicht machen 不審そうな顔つきをする. Das stimmt〈macht〉mich ～. そいつは眉唾〈¹⁾³ᴹᴬ〉物だ.

Be'denk·lich·keit 女 -/-en **1**《ふつう複数で》《古》疑い, 疑念; 異議. **2**《複数なし》疑わしさ, うさん臭さ, いかがわしさ.

Be'denk·zeit 女 -/-en 熟考のための時間, 猶予期間. um ～ bitten 猶予を請う.

be·dep·pert [bəˈdɛpərt] 形 (jidd. bedibbern, beschwatzen)《話》**1** 当惑〈狼狽〉した, 泡を食った. **2** しょげた, がっかりした.

---

be'deu·ten [bəˈdɔytən ベドィテン] 他 **1** 意味する. Was soll das ～? それはどういうことか, 何のつもりか. Das *bedeutet* einen Eingriff in meine Rechte. それは私の権利の侵害だ. ▶目的語が無定詞の名詞である場合, 4 格の代りに 1 格を用いることがある. Mord *bedeutet elektrischer Stuhl*. 人を殺(ᵏᵒ)めたら電気椅子だよ. **2**《物⁴の》前兆である. Diese Wolken *bedeuten* Sturm. この雲は嵐の前ぶれである. **3**《etwas, nichts, viel などと》…な価値(意味)を持つ. etwas〈viel〉～ ちょっとしたもの〈大したもの〉である. wenig〈nichts〉 ～ 大したことでない, 重要でない. Die Familie *bedeutet* mir alles. 私には家族がすべてだ. Das hat nichts zu ～. それは大したことない, 重要ではない. **4** j⁴《古 j³》et⁴《雅》人⁴に事をそれとなく言う(知らせる);《古》分からせる, 教える. Er *bedeutete* mir zu schweigen. 彼は私に黙るようにと合図(命令)した. sich⁴ et⁴ ～ lassen 事⁴を気づかされる, 教えられる.

*be'deu·tend [bəˈdɔytənt ベドイテント] 現分 形 **1** 重要(重大)な; 著しい, 莫大な; 有名な, 有力な; 貴重な, すぐれた. um ein *Bedeutendes* 非常に, たいへん. **2**《副詞的用法で》非常に, 大いに.

be'deut·sam [bəˈdɔytza:m] 形 **1** 重要(重大)な. **2** 意味深長な, 含みのある. j⁴ ～ anblicken 人⁴をいわくありげに見つめる.

*Be'deu·tung [bəˈdɔytʊŋ ベドィトゥング] 女 -/-en **1** 意味. die ursprüngliche ～ eines Wortes ある語の原義. **2**《複数なし》重要性, 重大さ, 価値. et³ ～ beimessen 事³を重視する. von〈ohne〉 ～ sein 重要である〈でない〉. ein Mann von ～ 重要人物, 大物 (ᴵᴾ⁾ᴹ). Nichts von ～ ist vorgefallen. 大したことは起らなかった.

be'deu·tungs·los 形 無意味な; 重要でない.

be'deu·tungs·voll 形 **1** 意味(意義)深い, 重要な. **2** 意味深長な, 意味(いわく)ありげな.

---

be'die·nen [bəˈdi:nən ベディーネン] ❶ 他 **1** (人⁴に)仕える, (の)身のまわりの世話をする; 給仕をする. (客の)応待をする. Man muss den Kranken vorn und hinter ～. この病人は何から何まで世話をしてやらねばならない. In dem Geschäft wird man immer freundlich *bedient*. その店はいつ行っても気持ちのよいサービスをしてくれる. Werden Sie schon *bedient*?(顧客に向かって)もうご注文(ご用件)は承っておりますか. Den habe ich richtig *bedient*. あの男にはこってり意見してやった. Ich bin *bedient*!《話》もう結構ですよ;《反語》もううんざりだ. den Gast mit Bier〈die Bevölkerung mit Informationen〉 ～ 客にビールを出す〈住民に情報を公開する〉. Mit seinen Ratschlägen bin ich schlecht *bedient*. 彼の助言で私はひどい目にあった. Das ist gut *bedient*. 彼は良い助言を受けた. **2**(機械などを)動かす, 操作(運転)する. **3**《ᴷˢᴬᴷ》(人⁴に)ボールをパスする. **4**《ᴵᴰ³ᴳ》(切手などを)請求に応じて切出す. **5**《金融》(物⁴の)利子を支払う.

❷ 再 (sich⁴) **1**《雅》(物²を)使う, 使用する. Bitte *bedienen* Sie *sich* des Fahrstuhls! どうぞエレベーターをご利用下さい. **2** 自分で料理を皿に取る(グラスに注ぐ). Bitte *bedienen* Sie *sich*! どうぞご自由にお取り下さい.

Be'die·ner [bəˈdi:nər] 男 -s/- (機械などの)操作係.

Be'die·ne·rin [bəˈdi:nərɪn] 女 -/-nen 《南ド》派出婦, (パートの)家政婦.

be'diens·tet [bəˈdi:nstət] 形 bei j³ ～ sein 人³に雇われている, 仕えている.

Be'diens·te·te 男女《形容詞変化》 **1**(官公庁の)職員, 公務員. **2**《古》召使い, 従者.

Be'dien·te [bəˈdi:ntə] 男女《形容詞変化》《古》(Diener[in]) 召使い, 従者.

*Be'die·nung [bəˈdi:nʊŋ ベディーヌング] 女 -/-en **1** 仕える(奉仕)すること, 給仕, 応待, サービス. ～ im Preis eingeschlossen〈enthalten〉/ ～ einbegriffen〈inbegriffen〉 サービス料込み. Zur freien ～.(パンフレットなどを)自由にお取り下さい. **2**(機械などの)操作, 運転. **3** 給仕(人), ボーイ, ウェイター, 店員;《ᴵᴹᴼ》家政婦. **4**《軍事》砲兵隊.

Be'die·nungs·geld 中 -[e]s/-er (ホテル・レストランなどの)サービス料.

Be'die·nungs·vor·schrift 女 -/-en (機械・器具の)取扱説明書.

Be'ding [bəˈdɪŋ] 男 《中》 -[e]s/《古》(Bedingung) 条件. mit dem ～, dass… …の条件で.

be'din·gen¹* [bəˈdɪŋən] 他《古》sich³ et⁴ ～ 事⁴を約定する. der *bedungene* Lohn 契約賃金. ◆過去形は規則変化することもある (bedingte).

be'din·gen² [bəˈdɪŋən] 他 **1**(事⁴の)原因となる, (を)結果として惹き起す. Ein Unrecht *bedingt* das andere. 不正が不正を呼ぶ. Das ist psychisch *bedingt*. それは心理的なものに起因している. sich⁴ [gegenseitig] ～ 互いに関連(依存)し合っている (sich⁴ は相互代名詞). **2** 前提(条件)とする. Diese Arbeit *bedingt* großes Geschick. この仕事は腕が達者でなければできない.

be'dingt [bəˈdɪŋt] 過分 形 (↑bedingen²) 制限(制約)された, 条件(留保)つきの. ～e Annahme《商業》(手形の)制限引受け. ～e Entlassung《法制》仮釈放. ～e Reflexe《生理》条件反射. ～e Strafaussetzung / ～er Straferlass《法制》(刑の)執行猶予. ～er Vorsatz《法制》条件付き故意.

Be'dingt·heit 女 -/-en《複数まれ》**1** 制限(制約)を受けていること. **2** 前提, 条件.

Be'din·gung [bəˈdɪŋʊŋ ベディングング] 女 -/ -en **1** 条件, 制約; 前提. j³ eine ~ stellen 人³に条件を出す. sich⁴ auf eine ~ einlassen 条件をのむ. unter⟨mit⟩ der ~, dass... ...という条件で. unter jeder ~ どんな条件でも. unter keiner ~ いかなる条件でも...しない. et⁴ zur ~ machen 事⁴を条件にする. **2** 《ふつう複数で》状況, 事情; (生活)環境, 境遇. Unter diesen ~en könnte man nicht leben. こんな環境ではとても生きていけそうもない.

be'din·gungs·los 形 無条件の(無制約)の.

Be'din·gungs·satz 男 -es/⸚e 《文法》(Konditionalsatz) 条件文.

be'drän·gen [bəˈdrɛŋən] 他 **1** (人⁴に)しつこく迫る, (を)攻め立てる; (疑念・不安などが)苦しめる, さいなむ. Die Gläubiger haben ihn *bedrängt*. 債権者たちが彼を責め立てた. j⁴ mit Fragen ~ 人⁴を質問攻めにする. ein Mädchen ~ 女の子をうるさくつけ回す. sich⁴ in einer *bedrängten* Lage befinden 苦境にある, 困りはてている. **2** (陣地・町などを)攻撃する; 《スポ》(人⁴の)動きを封じる, (を)押え込む.

Be'dräng·nis [bəˈdrɛŋnɪs] 女 -/-se 《雅》苦境, 困窮.

be'dripst [bəˈdrɪpst] 形 《地方》途方に暮れた, 落込んだ, しょんぼりした.

*be'dro·hen** [bəˈdroːən ベドローエン] 他 おどす, 脅迫する; おびやかす. j⁴ mit dem Messer⟨mit dem Tode⟩ ~ 人⁴をナイフで⟨殺すぞと言って⟩おどす. Sein Leben ist *bedroht*. 彼の命があぶない.

be'droh·lich 脅迫的な, 威嚇的な; 危険な, 切迫した; (天候が)荒れ模様の.

Be'dro·hung 女 -/-en おどし, 脅迫; 危険.

be'dru·cken [bəˈdrʊkən] 他 (人⁴に)《まれ》(人⁴を)印刷する. eine Tischdecke mit Blumenmuster ~ テーブル掛けに花模様をプリントする.

be'drü·cken [bəˈdrʏkən ベドリュッケン] 他 **1** 《まれ》(人⁴を)抑圧する. **2** (苦しみ・困難などが)悩ませる, 悲しませる, 落込ませる. Sorgen *bedrücken* ihn. 心配事で彼は落込んでいる.

be'drü·ckend [bəˈdrʏkənt] 現分 形 息が詰まるような, 重苦しい; 意気消沈させる.

be'drückt [bəˈdrʏkt] 過分 形 落込んだ, 滅入った, ふさぎ込んだ; 圧迫された.

Be'drü·ckung 女 -/ **1** 気が滅入ること, ふさぎ, 気鬱. **2** 《強権による》圧迫, 弾圧.

Be·du'i·ne [beduˈiːnə] 男 -n/-n (*arab.*, Wüstenbewohner) ベドウィン人(アラブ系の遊牧民).

be'dun·gen [bəˈdʊŋən] bedingen の過去分詞.

be'dün·ken [bəˈdʏŋkən] 他 《古》*Es will mich ~⟨Es bedünkt* mich⟩, dass... 私には...と思われる.

Be'dün·ken -s/ 《古》《次の用法で》meines ~s / nach meinem ~ 私の考えでは, 私見では.

*be'dür·fen** [bəˈdʏrfən ベデュルフェン] 自 《雅》(物⟨人⟩²を)必要とする. Das *bedarf* keiner Erklärung. それは説明を要しない. ♦ まれに4格目的語をとることがある.

*be'dürf·nis** [bəˈdʏrfnɪs ベデュルフニス] 中 -ses/-se **1** (a) 必要, 欲求, 要求(nach et³ 物³への). einem ~ abhelfen / ein ~ befriedigen 必要(欲求)を満たす. Es ist mir ein ~, Ihnen zu danken. ぜひともお礼申上げたく存じます. (b) 《ふつう複数で》需要. **2** 《多く複数で》生活必需品. **3** 《古》生理的欲求, 便意. ein ~ haben 便意を催す. ein⟨sein⟩ ~ verrichten 用を足す.

Be'dürf·nis·an·stalt 女 -/-en 公衆(共同)便所.

be'dürf·nis·los 形 無欲の, つつましやかな.

be'durft [bəˈdʊrft] bedürfen の過去分詞.

be'durf·te [bəˈdʊrftə] bedürfen の過去.

be'dürf·tig [bəˈdʏrftɪç] 形 《副詞的には用いない》**1** 貧しい, 乏しい, 困窮している. die *Bedürftigen* 貧しい人々. **2** et⟨j⟩² ~ sein《雅》物⟨人⟩²を必要としている. Sie ist der Ruhe ~. 彼女には休養が必要だ.

Be'dürf·tig·keit 女 -/ 欠乏, 貧窮, 窮乏.

'Beef·steak [ˈbiːfsteːk] 中 -s/-s (*engl.*) **1** ビーフステーキ. [deutsches] ~ ハンバーグステーキ. **2** (Tatar²) タルタルステーキ.

be'eh·ren [bəˈʔeːrən] ❶ 他《雅》(人⁴に)栄誉を与える. *Beehren* Sie mich bald wieder [mit Ihrem Besuch]! 近いうちにまたご来光の栄を賜りますように. ❷ 再 (**sich⁴**) Ich *beehre* mich, Ihnen mitzuteilen, dass... 謹んで...をお伝え申上げます(形式的な挨拶用語).

be'ei·den [bəˈʔaɪdən] 他 (事⁴が)真実であることを誓う, 宣誓(して保証)する. eine Aussage vor Gericht ~ 法廷で宣誓供述する.

be'ei·di·gen [bəˈʔaɪdɪɡən] 他《雅》=beeiden **2** 《古》(vereidigen) (人⁴に)宣誓させる.

be'ei·len [bəˈʔaɪlən ベアイレン] 再《sich⁴》急ぐ. *sich* mit der Arbeit ~ 仕事を急ぐ. *sich* ~, ...zu tun ...するのを急ぐ; 躊躇(ちゅうちょ)なく...する; ...するのに懸命になる.

Be'ei·lung 女 -/ 急ぐこと. Bitte ~! お急ぎ下さい.

be'ein·dru·cken [bəˈʔaɪndrʊkən] 他 (人⁴に)深い印象(感銘)を与える. von et³ *beeindruckt* sein 事³に深い感銘を受けている.

be'ein·fluss·bar [bəˈʔaɪnflʊsbaːr] 形 影響を受けやすい.

*be'ein·flus·sen** [bəˈʔaɪnflʊsən ベアインフルセン] 他 (人⟨物⟩⁴に)影響を与える, 感化する. Er ist leicht zu ~. 彼は影響を受けやすい. von j⟨et⟩³ *beeinflusst* sein 人⟨物⟩³の影響を受けている.

Be'ein·flus·sung 女 -/(-en) 影響, 感化.

be'ein·träch·ti·gen [bəˈʔaɪntrɛçtɪɡən] 他 **1** 害する, 妨げる; 制限する. j⁴ in *seiner* Freiheit ~ 人⁴の自由を侵害(拘束)する. **2** (価値・効力などを)減少(低下)させる. die Wirkung von et³ ~ 物³の影響を減少させる.

Be'ein·träch·ti·gung 女 -/(-en) 妨害, 制限, 拘束; 減損, 損傷.

'Be·el·ze·bub [ˈbɛːltsəbuːp, beˈʔɛl..] 男 -/ (*hebr.*, Herr der Fliegen) 《新約》ベルゼブブ, ベルゼブル(悪鬼の頭目の名前で Satan の別名とされている, マタ 10:25 ほか). den Teufel mit⟨durch⟩ ~ austreiben 《比喩》小難を除こうとしてかえって大難を招く(↓マタ 12:24 以下).

*be'en·den** [bəˈʔɛndən ベエンデン] 他 終える, やめる, おしまいにする; (仕事などを)果たす, やり遂げる.

be'en·di·gen [bəˈʔɛndɪɡən] 他 =beenden

Be'en·di·gung, Be'en·dung 女 -/ 終了, 終結, 完了; (↔ Erwerbung) (権利・資格などの)消滅.

be'en·gen [bəˈʔɛŋən] 他 狭める, 窮屈にする; 圧迫する. Der steife Kragen *beengt* seinen Hals. 襟が硬くて彼は首が窮屈である. *sich⁴ beengt* fühlen 胸苦しい(窮屈な)感じがする. sehr *beengt* wohnen ひどく狭苦しいところに住んでいる.

Be·engt·heit 囡-/ 狭苦しさ, 窮屈さ, 圧迫感.
be·er·ben [bəˈʔɛrbən] 他 (人⁴の)遺産を相続する, 跡目を継ぐ.
Be·er·bung 囡-/ 遺産相続.
***be·er·di·gen** [bəˈʔe:rdɪgən ベエーアディゲン] 他 埋葬する.
Be·er·di·gung 囡-/-en 埋葬, 葬式. auf eine〈zu einer〉~ gehen 葬儀に出る. ~ erster Klasse〈話〉あっと驚くような大失敗; ものの見事な没落. auf der falschen ~ sein〈話〉場所を間違えている, 場違いである; ひどい思い違いをしている.
Be·er·di·gungs·in·sti·tut 中-[e]s/-e 葬儀社.
***Bee·re** [ˈbeːrə ベーレ] 囡-/-n 漿果(ふな), 液果(ぶどう・トマトなど). Johannisbeere いちご. Beeren holen ベーレン·ホーレン ベーレン摘み, くり. in die ~n gehen〈地方〉野生のいちご(こけもも)を摘みに森に出かける.
Bee·ren·aus·le·se 囡-/-n〖農業〗1 貴腐(または過熱)したぶどう粒の選摘. 2 (ワインの)ベーレンアウスレーゼ, 粒選り(コクのある甘味の強い高級ワイン. ↑Qualitätswein).
Bee·ren·obst 中-es/〖集合的に〗漿果(ふな), 液果.
Bee·ren·tang 男-[e]s/-e〖植物〗ほんだわら.
***Beet** [be:t ベート] 中-[e]s/-e 苗床, 花壇. ein ~ mit Blumen anlegen 花壇を作る.
Bee·te [ˈbeːtə] 囡-/-n〖複数まれ〗=Bete
'Beet·ho·ven [ˈbeːtho:fən]〖人名〗Ludwig van ~ ルートヴィヒ·ヴァン·ベートーヴェン (1770-1827, ドイツの作曲家).
be·fä·hi·gen [bəˈfɛ:ɪgən] 他 (j⁴ zu et³ 人⁴に事³をする)能力(資格, 権限)を与える. Seine Kenntnisse befähigen ihn zu dieser Arbeit. 彼はその知識のおかげでこの仕事に打ってつけである.
be·fä·higt [bəˈfɛ:ɪçt] 過分 形 (zu et³ / für et⁴ 事³·⁴をする)能力(資格)がある; (begabt) 才能のある, 有能な. ein ~er Künstler 天分に恵まれた芸術家.
Be·fä·hi·gung 囡-/(-en) 1〖複数なし〗(適性)能力, 有能さ. 2 才能, 天分. 3 資格. Er hat die ~ zum Arzt. 彼は医師の資格を持っている.
Be·fä·hi·gungs·nach·weis 男-es/-e 資格証明.
be·fahl [bəˈfa:l] befehlen の過去.
be·fäh·le [bəˈfɛ:lə] befehlen の接続法 II.
be·fahr·bar [bəˈfa:rba:r] 形 自動車(船舶)が通れ, 走行(航行)可能な.
be·fah·ren¹ [bəˈfa:rən] 他 1 (道路⁴を)自動車で走る, (水路⁴を)航行する. Ich habe viele Länder befahren. 私は多くの国を車で走った. Große Lastwagen können diese Straße nicht ~. 大型トラックがこの道路を走れない. Die Straße wird viel befahren. この道路は車の交通量が多い. ▶ ↑befahren² 2 eine Straße mit Kies ~ 車で道路に砂利を敷く. 3 ein Bergwerk ~ (坑夫)坑内に入る, 入坑する.
be·fah·ren² [bəˈfa:rən] 形 (↑befahren¹) 1 (車·船の)交通量の多い. eine stark ~e Straße 車の往来の激しい道路. 2 (船員)航海の経験を積んだ. ein ~es Volk ベテランのクルー. 3 ein ~er Bau〖猟師〗獣の棲(す)んでいる巣穴.
Be·fall [bəˈfal] 男-[e]s/- (とくに植物の)病(虫)害.
be·fal·len* [bəˈfalən] 他 (病気·災害·恐怖などが)襲う, 突然ふりかかる. Schwermut befiel ihn. 彼はふさぎの虫にとりつかれた.
be·fand [bəˈfant] befinden の過去.
be·fän·de [bəˈfɛndə] befinden の接続法 II.

be·fan·gen¹* [bəˈfaŋən] 他〖古〗〖雅〗とり囲む; とらえる.
be·fan·gen² [bəˈfaŋən] 過分 形 (↑ befangen¹) 1 気おくれした, おずおずした, こだわりのある. Die vielen Leute machten das Kind ~. 大勢の人がいるので子供は気おくれしてしまった. 2 先入観(偏見)にとらわれた, 予断をもった; 〖法制〗不公正な. ein ~er Richter 予断をもった裁判官. 3 in et³ ~ sein〖雅〗物³(誤解·錯覚など)のとりこになっている.
Be·fan·gen·heit 囡-/ 1 気おくれ, 戸惑い, はにかみ. 2 先入見, 偏見, 予断; 〖法制〗不公正.
be·fas·sen [bəˈfasən] 再 (**sich**) 1 (mit et³ 事³に)従事する, 携わる; (研究などに)取組む. sich mit Literatur ~ 文学をやっている. Die Zeitung befasste sich mit dem Fußballspiel. 新聞はそのサッカー試合を大々的に取上げた. 2 (mit j³ 人³に)かかずらう. Ich befasste mich oft mit den Kindern. 私はしょっちゅう子供たちの世話を焼いた.
❷ 他 1〖書〗j⁴ mit et³ ~ 人⁴を事³に従事させる, 人⁴に事³を委託する. das Gericht mit einer Anklage ~ 裁判所に公訴する. mit et³ befasst sein 事³に従事している, 取組んでいる. 2〖地方〗手でさわってみる.
be·feh·den [bəˈfe:dən] 他〖雅〗(人⁴·物⁴)と争う, 戦う; (に)攻撃する. sich〈einander〉~ たがいに争う, 反目(はんもく)し合う.
***Be·fehl** [bəˈfe:l ベフェール] 男-[e]s/-e 1 命令, 指図. einen ~ geben〈erteilen〉命令を与える. auf j² ~ [hin] 人²の命令により. Zu ~!〖軍事〗承知しました. Dein Wunsch ist〈sei〉mir ~.〖戯〗君の望みどおりにするよ. 2 命令(指揮)権, den ~ über et⁴ haben〈führen〉物⁴(部隊など)の指揮をとる, (を)率いる. unter j² ~ stehen 人²の指揮下にある. 3〖コンピュ〗コマンド.
be·feh·len [bəˈfe:lən ベフェーレン] befahl, befohlen / du befiehlst, er befiehlt ❶ 他 1 (人³に事⁴を)命じる, 命令(指図)する. Er befahl mir, den Mund zu halten. 彼は私に口をつぐんでいるように命じた. Von dir lasse ich mir nichts ~!君の指図なんか受けないよ. Wie Sie befehlen!〖古〗かしこまりました. 2《方向を示す語句と》行かせる, 来させる. j⁴ zu sich ~ 人⁴を呼びつける. j⁴ zum Rapport ~ 人⁴に報告にくるよう命じる. 3〖雅〗(人³に物⁴を)ゆだねる. Befiehl dem Herrn deine Wege!〖旧約〗あなたの道を主にまかせよ(詩 37:5). in deine Hände. 〖新約〗父よ, 私の霊をお手にゆだねます(ルカ 23:46). Gott³ befohlen!〖古〗(別れる際に)ご機嫌よろしく.
❷ 自 (über j⁴)人⁴·物⁴に対して) 命令(指揮)権を持っている, (を)意のままにできる. [über] ein Heer ~ 軍の指揮をとる. Befehlen Sie über mich!何なりとお申しつけ下さい.
be·feh·le·risch [bəˈfe:ləriʃ] 形 命令的な, 有無を言わさぬ, 権柄(けんぺい)ずくの.
be·feh·li·gen [bəˈfe:lɪgən] 他〖軍事〗(部隊などを)指揮(統率)する.
Be·fehls·emp·fän·ger 男-s/-〖軍事〗命令を受ける者.
Be·fehls·form 囡-/-en〖文法〗(Imperativ) 命令法; 命令形.
be·fehls·ge·mäß 形 命令どおりの, 命令に従った.
Be·fehls·ge·walt 囡-/ 命令(指揮)権.
Be·fehls·ha·ber [..ha:bər] 男-s/-〖軍事〗司令官, 指揮官.

be'fehls·ha·be·risch [..ha:bərɪʃ] 形 高圧的な, 権柄(けんぺい)ずくの.

Be'fehls·not·stand 男 -[e]s/⁼e 【法制】命令による緊急状態(良心に反する命令を強制された状態).

Be'fehls·ver·wei·ge·rung 女 -/-en 命令拒否, 抗命.

be'fein·den [bə'faɪndən] 他 《雅》(人〈物〉⁴に)敵対する, 敵意を抱く; (と)戦う. **sich**〈einander〉 ~ たがいに争う, 反目(はんもく)し合う.

*be'fes·ti·gen [bə'fɛstɪgən] ベフェスティゲン ❶ 他 1 (接着剤・釘などで)固定する, 貼り(打ち, 締め, 結び)つける(an et³ 物³に). ein Schild an der Tür ~ ドアに表札を取りつける. 2 (道・堤防などを)固める, 舗装する; (要塞・国境などの)防備を堅固にする. 3 (友情・信頼・名声などを)強める, 確固たるものにする. ❷ 再 《sich¹》固まる, 堅固(強固)になる; (物価などが)安定する.

Be'fes·ti·gung 女 -/-en 1 固定, 取付; 強固にすること, 強化, 確立. 2 (町などの)防備(工事); 【軍事】要塞.

be'feuch·ten 他 湿らせる, (少し)濡らす.

be'feu·ern [bə'fɔʏərn] 他 1 (暖炉・ストーブなどに)火をいれる, を焚きつける. 2 《雅》(人⁴を)鼓舞(激励)する. j⁴ durch Lob ~ 人⁴を誉めあげる. 3 【海事・航空】(航路などに)信号(標識)灯を設置する. 4 砲撃(銃撃)する. j⁴ mit et³ ~《話》人⁴に物³を投げつける.

Be'feu·e·rung 女 -/-en 1 【海事・航空】信号(標識)灯の設置; 灯火標識. 2 (ストーブなどを)焚くこと. 3 《雅》鼓舞, 激励. 4 砲撃, 銃撃.

'Beff·chen ['bɛfçən] 中 -s/- 《lat.》(ふつう複数で)(おもに聖職者の制服の)襟飾り, ジュネーブバンド(襟もとに垂らす2枚の細長い小さな白布).

Bef·froi [befro'a] 中 -s/-s 《fr.》1 《古》(Bergfried)(中世の城郭の)天守塔. 2 (フランドル地方の)鐘楼. ♦ ↑Belfried

be'fie·dert [bə'fi:dərt] 形 (↓ fiedern) 羽毛で覆われた, 羽毛のある.

be'fiehlst [bə'fi:lst] befehlen の現在2人称単数.

be'fiehlt [bə'fi:lt] befehlen の現在3人称単数.

***be'fin·den** [bə'fɪndən] ベフィンデン ❶ 再 《sich¹》(ある場所に)いる, のる, 存在する. Seine Wohnung befindet sich auf dem Land〈in der Stadt〉. 彼の住居は田舎〈町なか〉にある. sich auf einer Reise ~ 旅行中である. sich in einem Buch〈einem Katalog〉 ~ 本に出ている〈カタログに載っている〉. 2 《雅》…の状態にある; (気分・体調が)…である. sich in einer schwierigen Lage ~ むずかしい局面にある. Wie befinden Sie sich? 《古》お加減はいかがですか. sich wohl ~ 気分(体調)がよい.
❷ 他 1 …と見なす, 認める, 判断する. j〈et〉⁴ [für〈als〉] richtig ~ 人〈事〉⁴を正しいと思う. 2 きっぱり(はっきり)と言う.
❸ 自 (über j〈et〉⁴ 人〈事〉について)判断(判定)する. Hierüber haben nur Fachleute zu ~. このことに判断を下せるのは専門家だけである.

Be'fin·den [bə'fɪndən] 中 -s/- 1 健康状態, 体調. 2 《雅》判断. meinem ~ nach / nach meinem ~ 私の考えでは, 私見によれば.

be'find·lich [bə'fɪntlɪç] 形 《書》(ある場所・状態に)ある, いる. in dieser Bibliothek ~en Bücher この図書館にある本. die an der Macht ~e Partei 政権の座にある政党.

be'fin·gern 他 指でさわってみる.

be'flag·gen 他 旗で飾る.

be'fle·cken [bə'flɛkən] 他 1 よごす, しみをつける(mit et³ 物³で). 2 (名誉・評判などを)けがす.

Be'fle·ckung 女 -/ よごす(しみをつける)こと; (名誉・評判などを)けがすこと.

be'flei·ßen* [bə'flaɪsən] befliss, beflissen 再 《sich¹》↓ beflissen

be'flei·ßi·gen [bə'flaɪsɪgən] 再 《sich¹》(↓ fleißig) 《雅》sich et² 一事²に励む, いそしむ. sich größter Sorgfalt ~ この上なく綿密にやろうとつとめる.

be'flie·gen* [bə'fli:gən] 他 1 (ある航空路を)定期的に飛ぶ. eine stark beflogene Linie 便数の多い路線. 2 Blüten ~ 【植物】(蜂や蝶が)花に飛んできて授粉する.

be'flis·sen [bə'flɪsən] 過分 (↑ befleißen) 1 熱心な, 懸命の. ein ~er Schüler 勉強熱心な生徒. et²〈um et¹〉 ~ sein 事²〈を得ようと〉懸命になっている. 2 《副詞的用法で》わざと, 故意に.

Be'flis·sen·heit 女 -/ (Eifer) 熱心, 勤勉.

be'flis·sent·lich 副 1 故意に. 2 熱心に.

be'flü·geln [bə'fly:gəln] 他 《雅》1 (人〈物〉⁴に)翼をつける; 急がせる. seine Schritte ~ 足どりを早める. beflügelten Schrittes 飛ぶような足どりで, いそいそと. 2 活気づける, 鼓舞する.

be'föh·le [bə'fø:lə] befehlen の接続法 II.

be'foh·len [bə'fo:lən] befehlen の過去分詞.

be'fol·gen [bə'fɔlgən] 他 (命令・規則などに)従う, (を)守る, 遵守する.

Be'fol·gung 女 -/ (規則などの)遵守.

***be'för·dern** [bə'fœrdərn] ベフェルダーン 他 1 輸送(運送)する, 送り届ける. et⁴ mit der Post ~ 物⁴を郵送する. j⁴ an die frische Luft〈ins Freie〉 ~ 《話》人⁴を追出す, 叩き出す. 2 昇進(昇格)させる(zu et³ 職³に). 3 《雅》(fördern) 助長(促進, 援助)する.

Be'för·de·rung 女 -/-en 1 輸送, 運送. ~ zu Lande〈zur Luft〉 陸上輸送〈空輸〉. 2 昇進, 昇格(zu et³ 職³への).

Be'för·de·rungs·be·din·gung 女 -/-en 1 《多く複数で》【法制】運輸規定. 2 昇進(昇格)条件.

Be'för·de·rungs·kos·ten 複 運送(輸送)料, 運賃.

Be'för·de·rungs·mit·tel 中 -s/- 運送(輸送)手段, 交通手段.

be'frach·ten [bə'fraxtən] 他 1 (↓ Fracht) 1 (車などに)荷物を積込む. 2 (多く過去分詞で)(人〈物〉⁴に)重荷を負わせる, 一杯詰込む(mit et³ 物³を). ein mit Vorurteilen befrachteter Mensch 《比喩》偏見にみちみちた人間.

Be'frach·ter 男 -s/- 1 荷主, 荷送人. 2 用船(傭船)者.

be'frackt [bə'frakt] 形 燕尾服を着た.

be'fra·gen [bə'fra:gən] ❶ 他 1 (人⁴に)尋ねる, 質問する; インタビューする; (医者・弁護士などに)相談する. Er wurde um seine Meinung befragt. 彼は意見を求められた. 2 (辞書などを)引く, (に)当る. die Karten〈das Orakel〉 ~ 《雅》トランプ占いをする〈神託を伺う〉.
❷ 再 《sich¹》相談する, 意見を求める(bei〈mit〉 j³ 人³に). sich überall ~ みんなの意見を訊いて回る.

Be'fra·gung 女 -/-en 1 《複数まれ》質問, 問合せ, 相談, 照会. 2 アンケート.

***be'frei·en** [bə'fraɪən] ベフライエン (↓ frei) ❶ 他 1 自由にする, 解放(釈放)する, 救い出す. j⁴ aus der Gefahr〈von der Tyrannei〉 ~ 人⁴を危険から救出

〈圧政から解放する〉. **2** (j⟨et⟩⁴ von et³ 人⟨物⟩⁴の物³を)取除く, 除去する. die Schuhe vom Schmutz ~ 靴の汚れを落とす. j⁴ von Angst⟨Schmerzen⟩ ~ 人⁴の不安⟨苦痛⟩を取除く. *befreit* aufatmen ほっと安堵(ぁんど)の息をつく. **3** (j⁴ von et³ 人⁴に物³を)免除する. j⁴ vom Militärdienst ~ 人を兵役免除にする. **4**〖化学〗分離する(von et³ 物³から).
❷ 再 《sich⁴》自由になる, 解放〈釈放, 救出〉される; 脱する, 免れる (von et³ 物³を). *sich* von Schulden ⟨Vorurteilen⟩ ~ 借金を完済する⟨偏見を棄て去る⟩.

Be'frei·ung 女 -/-en 《複数まれ》解放, 釈放; 救出; 免除. Sein Tod war eine ~ für uns. 彼の死は私たちにとって救いであった. die ~ von Steuern 税金免除.

Be'frei·ungs·krieg 男 -[e]s/-e (Freiheitskrieg) **1** 民族解放戦争, 独立戦争. **2**《複数で》〖歴史〗解放戦争(1813-15 のプロイセンおよびロシアによる対ナポレオン戦争).

be'frem·den [bəˈfrɛmdən] 他 (↓ fremd) (人⁴に)違和感(意外の気持, 不審の念, 嫌悪)を起こさせる. ↑*befremdend*, *befremdet*

Be'frem·den -s/ 不審感, 意外(奇異)の念, 嫌悪感. mit ~ いぶかしげに, 妙に思って.

be'frem·dend 現分 形 不審感を抱かせる, 変な. et⁴ ~ finden 物⁴を変だなと思う.

be'frem·det 過分 形 不審に思った. j⁴ ~ anschauen 人⁴をいぶかしげに見つめる.

be'fremd·lich [bəˈfrɛmtlɪç] 形 = befremdend

be'freun·den [bəˈfrɔyndən] 再 《sich⁴》(↓ Freund) **1** (mit j³ 人³と)親しくなる, 友人になる. Die beiden haben *sich* [miteinander] *befreundet*. 2 人は仲よしになった. **2** (mit et³ 物³に)なじむ, 慣れる. *sich* mit dem Gedanken nicht ~ können, dass… …という考えになじむことができない.

*be'freun·det [bəˈfrɔyndət ベフロインデト] 過分 形《比較変化なし》親しい, 仲のよい. Sie sind eng ~ 彼らは昵懇(じっこん)の間柄である. das ~e Ausland 友好国.

be'frie·den [bəˈfriːdən] 他 (↓ Frieden) **1** (国土を)平和にする; 《婉》(植民地などを)制圧(征服)する. **2**《まれ》(土地を)柵(垣)で囲んで守る. **3** j⁴ ⟨j² Herz⟩ ~ 《雅》人⁴·²の心を静める, 安らかにする.

*be'frie·di·gen [bəˈfriːdɪɡən ベフリーディゲン] ❶ 他 **1** (人⁴を)満足させる; (欲求·必要を)満たす, (期待·要求に)応える, (渇きを)癒やす. Er ist schwer zu ~. 彼はとかく不満の多い男だ. mit et³⟨über et⁴⟩ *befriedigt* sein 物³·⁴に満足している. **2** (人⁴に)性的満足を与える. ❷ 再 《sich⁴》自慰をする.

be'frie·di·gend 現分 形 **1** 満足できる, 十分な. **2** (学校の成績で 1 を最高とする 6 段階評価の) 3.

Be'frie·di·gung 女 -/-en 満足, 充足.

Be'frie·dung 女 -/-en 《複数まれ》**1** 平和にすること, 平定, 鎮圧; 安心させること, 鎮静. **2**《まれ》(土地に)柵(垣)をめぐらすこと.

be'fris·ten [bəˈfrɪstən] 他 (事⁴に)期限をつける. Der Vertrag ist auf ein Jahr *befristet*. この契約は 1 年期限である. *befristetes* Eigentum〖法制〗期限つき所有権. *befristete* Einlage〖経済〗定期預金.

Be'fris·tung 女 -/-en 期限をつけること.

Be'fruch·ten [bəˈfrʊxtən] 他 (↓ Frucht) **1**〖生〗受精させる, 受胎(受粉)させる, 結実(結果)させる. Die Blüten werden von [den] Insekten⟨vom Wind⟩ *befruchtet*. これらの花は虫媒⟨風媒⟩によって受精⟨受粉⟩する. *sich*⁴ künstlich ~ lassen 人工受精する. ein *befruchtetes* Ei 受精卵. **(a)**(精神的に)活性化する, 豊かにする, 刺激⟨鼓舞⟩する. **(b)** (土地を)肥沃にする. Sonne und Regen *befruchten* die Erde. 太陽と雨は大地に恵みを与える.

Be'fruch·tung 女 -/-en〖生物〗配偶子融合, 受精(授精), 受粉(授粉), 受胎. künstliche ~ 人工受精, (とくに)人工受粉. **2** (生産的な活動への精神的な)刺激, 鼓舞, 活性化. ~ der poetischen Phantasie 詩的的空想力の活性化.

Be'fruch·tungs·op·ti·mum 中 -s/..ma〖生理〗受胎最適期.

be'fu·gen [bəˈfuːɡən] 他 (↓ Fug) (j⁴ zu et³ 人⁴に事³の権限(資格)を与える.

Be'fug·nis [bəˈfuːknɪs] 女 -/-se 権限, 資格.

be'fugt [bəˈfuːkt] 過分 形 zu et³ ~ sein 事³をする権限(資格)を有する.

be'füh·len 他 触ってみる.

Be'fund [bəˈfʊnt] 男 -[e]s/-e (↓ befinden) (調査·検査·鑑定などの)結果, (医師などの)所見. je nach ~ 調査(検査)の結果次第で. ohne ~ 《略 o.B.》〖医学〗所見(異常)なし.

be'fun·den [bəˈfʊndən] befinden の過去分詞.

*be'fürch·ten [bəˈfʏrçtən ベフュルヒテン] 他 恐れる, 心配する, 気づかう. Ich *befürchte* das Schlimmste. 私は最悪の事態を予想している. Es ist⟨steht⟩ zu ~, … …のおそれがある.

Be'fürch·tung 女 -/-en 恐れ, 心配, 懸念; 悪い予感. die ~ haben⟨hegen⟩, dass… …ではないかと危惧(ぐ)の念を抱く.

be'für·wor·ten [bəˈfyːrvɔrtən] 他 (↓ Fürwort 2) 強く支持(援護, 弁護)する, 推挙(推薦)する.

Be'für·wor·ter 男 -s/- 支持者; 推薦者.

Be'für·wor·tung 女 -/-en 支持, 後押し; 推挙.

be'gab [bəˈɡaːp] begeben¹ の過去.

be'ga·ben [bəˈɡaːbən] 他 (↓ Gabe) (j⁴ mit et³ 《雅》人⁴に物³に(とくに特権·能力など)を授ける, 賦与する.

*be'gabt [bəˈɡaːpt ベガープト] 過分 形 《副詞的にも用いない》天分(資質)に恵まれた, 才能のある, 有能な. vom Himmel ~ sein 天賦の才がある. für Musik ~ sein 音楽の天分がある. Das war ~ von dir.《話》(皮肉をこめて)そんなことをするとは君もなかなかの天才だね.

Be'gab·te 男女《形容詞変化》天分に恵まれた人, 天才, 俊才.

Be'gab·ten·för·de·rung 女 -/-en (奨学金などによる)育英事業.

*Be'ga·bung [bəˈɡaːbʊŋ ベガーブング] 女 -/-en **1** 才能, 天分, 天稟(てんぴん). ~ zum Lehrer 教師の素質. *seine* ~ entfalten⟨verkümmern lassen⟩ 天分を伸ばす⟨枯らしてしまう⟩. **2** 英才, 才子. **3**《古》贈与.

be'gaf·fen [bəˈɡafən] 他《侮》ぽかんと口をあけて見とれる; (厚かましく)じろじろ見る.

be'gan·gen [bəˈɡaŋən] 過分 形 (↑ begehen) (道などが)人の往来する. eine viel ~e Brücke 人の行き来の激しい橋.

be'gann [bəˈɡan] beginnen の過去.

be'gän·ne [bəˈɡɛnə] beginnen の接続法II.

be'ga·sen [bəˈɡaːzən] 他 (害虫を)ガスで駆除する.

Be'ga·sung [bəˈɡaːzʊŋ] 女 -/ ガスによる害虫駆除.

be'gat·ten [bəˈɡatən] 他 (雌と)つがう, 交尾する;《まれ》(女とセックスする.《相互代名詞と》*sich*⁴ ~ (動物が)交尾する.

Be·gat·tung 囡 -/-en 交尾; 性交.
be'gau·nern 他《俗》ぺてんにかける. だます.
be'geb·bar [bəˈgeːpbaːr]《商業》(手形などが)譲渡しうる.

be'ge·ben [bəˈgeːbən] ベゲーベン ❶ 再 (*sich*⁴)《雅》**1** 赴く, 行く. *sich* auf den Heimweg ~ 家路(帰途)につく. *sich* in ärztliche Behandlung ~ 医者に処置してもらう. *sich* in Gefahr ~ 危地に赴く. *sich zu* Bett ~ 床につく. **2** (in et⁴ 事⁴に)とりかかる, 着手する. *sich* an die Arbeit ~ 仕事にとりかかる. **3** 起る, 生じる. Damals begab es *sich*, dass... 当時...ということがあった. **4** (事²を)放棄(断念)する. *sich* eines Rechtes ~ 権利を放棄する.
❷ 他 **1**《商業》(手形を)振出し,(債権を)発行する;(商品を)売却する. zu ~ sein 売りに出ている. **2**《古》(娘を嫁にやる. **3**《雅》赴く. *Begebt* nicht der Sünde eure Glieder!《新約》あなたがたの五体を罪にまかせてはならない(ロマ 6:13).
Be'ge·ben² 中 過去分詞.
Be·ge·ben·heit 囡 -/-en《雅》出来事, 事件.
Be·geb·nis [bəˈgeːpnɪs] 中 -ses/-se《古》= Begebenheit

be'geg·nen [bəˈgeːgnən] ベゲーグネン 自 (s) **1** (人〈物³〉³に)ばったり出会う, 出くわす. Ich bin ihm auf der Straße *begegnet*. 私は彼に街頭でばったり出会った. Der kann mir mal im Mondschein ~!《話》あの男なんか顔も見たくない. Das Wort *begegnet* [uns] bei Kant.《雅》この語はカント(の著作)に出てくる.(相互代名詞と) *sich*³〈*einander*〉 ~ 出会う;(意見などが)一致する, 合う. Unsere Blicke *begegneten sich*³. 私たちの視線がばったり会った. Wir *begegneten uns*〈*einander*〉in der Ansicht, dass... 私たちは...という点で見解が一致した. **2**《雅》(人³の)身の上に起る. Ihr ist ein Unglück *begegnet*. 彼女は不幸に見舞われた. **3**《雅》(人³に)(...の態度で)接する, 対応する. j³ freundlich〈mit Spott〉 ~ 人³にねんごろに応対する〈人³を小馬鹿にする〉. **4**《雅》(事³に)対処する. Diesem Übel muss man rasch ~. この病気にはすばやく処置を講じなくてはならない. einer Gefahr ~ 危険を防止する.

*__Be'geg·nung__ [bəˈgeː·gnʊŋ] ベゲーグヌング 囡 -/-en **1** 出会い, 邂逅(こうき), 遭遇. **2**《スポーツ》試合, 対戦.
be'geh·bar [bəˈgeːbaːr] 形 (道などが)歩いて通れる.
*__be'ge·hen__ [bəˈgeːən] ベゲーエン 他 **1** (道·橋などを)歩いて通る;(線路などを)見て回る, 巡視する. ein viel *begangener* Weg. よく人の通る道. Felder ~ 畑を見て回る. **2** (悪事を働く,(罪)を犯す. eine Dummheit ~ 馬鹿なまねをする. Selbstmord ~ 自殺する. **3**《雅》(記念日などを)祝う;(祝典を)催す.
Be'gehr [bəˈgeːr] 中〈男〉-s/《雅》= Begehren

be'geh·ren [bəˈgeːrən] ❶ 他《雅》(物〈人〉⁴を)ほしがる, 望する, 求める;(異性に)欲情を抱く. ein Mädchen zur Frau ~ (昔話などで)ある娘を妻に望む. et⁴ zu wissen ~ 事⁴を知りたがる. ❷ 自《古》et² 〈nach et³〉 ~ 物²,³をほしがる. ◆ ↑ begehrt
Be·geh·ren 中 -s/-〈複数まれ〉《雅》欲求, 熱望, 願望, 要望; 欲情.
be'geh·rens·wert 形 望ましい, 願わしい.
be'gehr·lich [bəˈgeːrlɪç] 形 **1** 物ほしげな, 貪欲な. **2** 望ましい, 願わしい.
Be'gehr·lich·keit 囡 -/ 激しい欲求, 熱望, 貪欲; 欲情.

be'gehrt 過分 形 (↓ begehren) 需要の多い, 引く手あまたの, 人気のある.
Be'ge·hung 囡 -/-en **1** (道·橋などの)歩行; 見回り, 巡回, 巡視. **2** (悪事を)行うこと, 犯行. **3**《雅》(祝典などの)挙行.
be'gei·fern [bəˈgaɪfərn] 他 **1**《俗》(物〈人〉⁴を口汚く)罵る, そしる, 中傷する;(名誉などを)ひどく傷つける. **2**《まれ》(物〈人〉⁴を)よだれで汚す.

*__be'geis·tern__ [bəˈgaɪstərn] ベガイスターン ❶ 他 感激させる, 熱狂(熱中)させる,(夢中に)させる. j⁴ für et⁴ ~ 人⁴を事⁴に熱中(熱狂)させる. Er ist für nichts zu ~. 彼は何事にも感激しない. 夢中にならない. eine *begeisternde* Rede 感動的な演説. ❷ 再 (*sich*⁴) 感激する, 熱狂(熱中)する, 夢中になる (für et⁴〈an et³〉 事⁴,³に). ◆ ↑ begeistert
*__be'geis·tert__ [bəˈgaɪstərt] ベガイスタート 過分 形 感激(熱狂)した, 夢中になった; 心酔した; 霊感にみたされた. ein ~*er* Empfang 熱烈な歓迎. von et³ ~ sein 事³に感激している, うっとりして(夢中になって)いる.
*__Be'geis·te·rung__ [bəˈgaɪstərʊŋ] ベガイステルング 囡 -/ 感激, 感動, 熱狂, 恍惚. in ~ geraten 感激(熱狂)する, うっとりとなる. mit ~ 感激して, 熱狂して.
Be'gier [bəˈgiːr] 囡 -/《雅》= Begierde
be'gib [bəˈgiːp] begeben¹ の du に対する命令形.
be'gibst [bəˈgiːpst] begeben¹ の現在2人称単数.
be'gibt [bəˈgiːpt] begeben¹ の現在3人称単数.

*__Be'gier·de__ [bəˈgiːrdə] ベギールデ 囡 -/-n 強い欲望(欲求), 渇望, 熱望; 情欲. fleischliche ~*n* 肉欲. ~ nach Besitz〈Macht〉 所有欲〈権力欲〉. Herr seiner ~*n* sein 欲望を自制(コントロール)できる. Er brennt vor ~, sie zu sehen. 彼は彼女に会いたくてうずうずしている.

be'gie·rig [bəˈgiːrɪç] 形 熱望(渇望)している, ほしくてたまらない; 貪欲な(好奇心で)うずうずした. Ich bin ~ zu erfahren, ... 私は...を知りたくてたまらない. Wir sind ~ auf Ihren Besuch. 私たちはあなたの来訪を待ちこがれています. ~ nach et³ sein 物³がほしくてたまらない. ~ fragen〈lauschen〉熱心に尋ねる〈耳をそばだてて聞く〉.

be'gie·ßen* [bəˈgiːsən] 他 (人〈物〉⁴に)注ぐ, 浴びせる(mit et³ 物³を);(植物などに)水をやる,(焼肉に)たれをかける;《話》(事²の)祝杯をあげる. *sich*³ die Nase ~《戯》(したたかに)酒を飲む; 酔っ払う. wie ein *begossener* Pudel abziehen《話》(水をかけられたプードルのように)すごすごと引下がる.

be'ging [bəˈgɪŋ] begehen の過去.
be'gin·ge [bəˈgɪŋə] begehen の接続法 II.
*__Be'ginn__ [bəˈgɪn] ベギン 男 -[e]s/ 始まり, 開始; 初め, 発端, 端緒, 起源. am〈bei/zu〉 ~ 初めに. seit [dem] ~ / von ~ an 初めから. vor ~ der Schule 学校が始まる前に.

be'gin·nen* [bəˈgɪnən] ベギネン begann, begonnen ❶ 自 **1** 始まる. Das Konzert *beginnt* um acht Uhr. 演奏会は8時に始まる. im *beginnenden* 19. Jahrhundert 19世紀の初頭に. **2** (mit et³ 事³を)始める. mit einer Arbeit ~ 仕事にとりかかる.

❷ 他 **1** 始める, 開始する. einen Streit mit j³ ~ 人³ と喧嘩を始める.(**zu** 不定詞句を) Sie *begann* zu weinen. 彼女は泣きだした. **2**(本来の意味が薄れて)する, なす, 企てる. Was *beginnen* wir nun? 今度は何をしようか. Ich weiß nicht, was ich jetzt ~ soll.

私はこれからどうしたらよいか分からない．Was soll ich damit〈mit ihm〉~？私はそれを〈彼を〉どうすればいいのだろう．Ich kann mit ihm nichts ~．私は彼とは一緒にやっていけない(馬が合わない)．Mit der Maschine kann ich nichts ~．その機械を私は使いこなせない．

be'glau·bi·gen [bəˈglaʊbɪɡən] 他 1 《文書などを公的に》証明(保証)する；(公証人・官庁などが)認証する．2 《人⁴に》信任状を与えて派遣する(bei j³ 人³のもとに)．

Be'glau·bi·gung 女 -/-en 1 《複数なし》証明(保証)，認証)すること．2 《法制》証明，認証．3 《政治》(大使などの)信任(状)．

Be'glau·bi·gungs·schrei·ben 中 -s/- 《政治》(外交使節の)信任状．

be'glei·chen* [bəˈɡlaɪçən] 他 《雅》1 (bezahlen) (勘定を)支払う，清算する．2 (ausgleichen) (借金を)弁済する．

Be'glei·chung 女 -/-en 《複数まれ》支払い，清算；(借金の)弁済．

Be'gleit·brief [bəˈɡlaɪt..] 男 -[e]s/-e 添え状，送り状．

*be'glei·ten [bəˈɡlaɪtən] ベグライテン 他 1 《人⁴に》同伴する，(の)お供(ﾄﾓ)をする；(を)送っていく，護衛(護送)する．j⁴ auf der Reise ~ 人⁴の旅に同行する．j⁴ nach Hause〈zum Arzt〉~ 人⁴を家まで送っていく(医者にやれていく)．2 《雅》(事⁴に)伴う，結びつく，随伴(連関)してること．Das Glück begleitete seine ganze Reise. 彼の旅行にはずっと幸運がついて回った．Sein Streben wurde von Erfolg begleitet. 彼の努力は成功につながった．3 (et⁴ mit et³) 物³を添える，つけ加える．seine Worte mit Gesten ~ 身ぶりをまじえて話す．4 伴奏する．Sie begleitete ihn〈seinen Gesang〉auf dem Klavier. 彼女はピアノで彼〈彼の歌〉の伴奏をした．

Be'glei·ter [bəˈɡlaɪtər] 男 -s/- 1 同伴(同行)者，案内人，お供，乗船員，護衛；取巻き；伴侶，愛人．2 《音楽》伴奏者．3 《天文》伴星(ﾊﾝｾｲ)．◆女性形 Begleiterin 女 -/-nen

Be'gleit·er·schei·nung 女 -/-en 随伴(付随)現象；《医学》随伴症状．

Be'gleit·in·stru·ment 中 -[e]s/-e 伴奏楽器．

Be'gleit·mu·sik 女 -/(映画などの)伴奏音楽，バックグラウンドミュージック，BGM.

Be'gleit·pa·pier 中 -s/-e 《ふつう複数で》(貨物の)送り状，インボイス．

Be'gleit·schiff 中 -[e]s/-e 《軍事》護衛艦；(兵站(ﾍｲﾀﾝ))支援用の母艦，補給船．

Be'gleit·schrei·ben 中 -s/- = Begleitbrief

Be'gleit·text 男 -[e]s/-e (絵画・CDなどの)解説文，説明文．

Be'gleit·um·stand 男 -[e]s/ᴗe 付随(付帯)状況．

Be'glei·tung 女 -/-en 1 同伴，同行；護衛，随員．in ~ von j³ 人³と連立って．in〈mit〉großer ~ 大勢の人を引連れて(従えて)．2 《音楽》伴奏；伴奏音楽．

be'glü·cken [bəˈɡlʏkən] 他 幸福(幸せ)にする，喜ばせる(mit et³ / durch et⁴ 物³,⁴で)．Sie hat uns mit ihrem Besuch beglückt. 彼女は私たちを訪ねて喜ばせてくれた．《反語》彼女が訪ねてきて大変だった．ein beglückendes Erlebnis 楽しい(嬉しい)体験．《過去分詞で》über et⁴ beglückt sein 事⁴を喜んでいる．

Be'glü·ckung 女 -/-en 幸福にする(喜ばせる)こと；(深い)幸せ，幸福感，満足，喜び．zu meiner großen ~ erfuhr ich, dass... 私は…と知って非常に嬉しかった．

be'glück·wün·schen [bəˈɡlʏkvʏnʃən] 他 (人⁴に)祝詞を述べる，お祝いの言葉を言う，(を)祝福する．j⁴ zum Geburtstag ~ 人⁴に誕生日のお祝いを言う．《再帰的に》sich⁴ zu et³ ~ 事³を喜ぶ，誇りに思う．

Be'glück·wün·schung 女 -/-en お祝い，祝辞，祝詞．

Be'gna·den [bəˈɡnaːdən] 他 (j⁴ mit et³ 人⁴に物³の)恵み(恩恵)を与える，(を)授ける．Das Schicksal hat ihn mit großen musikalischen Fähigkeiten begnadet. 運命は彼にすぐれた音楽的能力を授けた．

Be'gna·det 過分形 天分(天賦の才)に恵まれた，天成の；恩寵にみちた．

be'gna·di·gen [bəˈɡnaːdɪɡən] 他 (人⁴に)恩赦を与える，(を)減刑する．

Be'gna·di·gung 女 -/-en 恩赦，減刑．

be'gnü·gen [bəˈɡnyːɡən] 《sich》(mit et³ 物³で)満足(得心)する，(に)甘んじる．

Be'go·nie [beˈɡoːnjə] 女 -/-n 《植物》ベゴニア．

be'gön·ne [bəˈɡœnə] beginnen の接続法IIの別形．

be'gon·nen [bəˈɡɔnən] beginnen の過去分詞．

be'gön·nern [bəˈɡœnərn] 他 1 庇護(後援)する，ひいきにする．2 (人⁴に)恩着せがましい態度をとる，パトロン風を吹かす．

begr. 《略》1 = begraben² 2 = begründet

be'gra·ben¹ [bəˈɡraːbən] ベグラーベン 他 1 葬る，埋葬する．j⁴ auf dem Friedhof〈in seiner Heimatstadt〉~ 人⁴を墓地〈故郷の町〉に埋葬する．《sich⁴ begraben lassen の形で》Er kann sich ~ lassen.《話》彼はどうしようもない男だ．sich mit et³ ~ können《話》事³はどうにもならない(まるで話にもならない)．Lass dich ~!《話》つべこべ言わずに引っ込んでいろ．《物が主語》Der Tunnel begrub drei Fahrer unter sich. トンネルが崩れて3人のドライバーが生き埋めになった．2 《比喩》(a) (希望などを)諦める，捨てる．das Kriegsbeil ~《戯》矛(ﾎｺ)を収める，和解する．(b) (秘密などを)葬り去る．~ in seiner Brust ~ 事⁴を胸の中にしまい込む．(c) (争いを)やめる，水に流す．《古》(a) (財宝などを)地中に隠す，埋蔵する．(b) (布団や枕などに体の一部を)埋める，沈める．《再帰的に》sich⁴ in die Kissen ~ ベッドで身を沈める．

be'gra·ben² 過分形 (↑ begraben¹)《略 begr. / 記号 □》埋葬された．Hier liegt Hauptmann N ~.《墓碑銘で》N 大尉ここに眠る．In dieser Stadt möchte ich nicht ~ sein.《話》この町で私はくすぶっていたくない．in den Wellen ~ sein《雅》海の藻屑(ﾓｸｽﾞ)となる．

Be'gräb·nis [bəˈɡrɛːpnɪs] 中 -ses/-se 1 埋葬，葬儀．2《まれ》墓，墓所．

be'gra·di·gen [bəˈɡraːdɪɡən] 他 (↓gerade) (道路・水路などを)まっすぐ(直線)にする．

be'grei·fen*

[bəˈɡraɪfən ベグライフェン] begriff, begriffen 他 1 理解する，分かる，把握(会得)する．Das ist mir nicht zu ~. それはまるで理解できない，ちんぷんかんぷんだ．Ich begreife dich sehr gut. 私は君の気持(立場)がよく分かる．Das begreife, wer will. こんなことが分かるものか，分かり方の分からない話だ．Es begreift sich⁴ [von selbst], dass... …は自明のことである．《目的語なしで》Das Kind begreift leicht〈schwer〉. その子は物分かりがよい〈悪い〉．2 et⁴ in sich³ ~《古》物⁴を含んでいる．Die Frage begreift die Lösung schon in sich. この問いはすでに答えを含んでいる．3《地方》触れる，さわる，つかむ．

be·greif·lich [bəˈgraɪflɪç] 形 理解(納得)できる, 分かりやすい. jʼ et⁴ ～ machen 人³に事³を理解(納得)させる. Er ist in ～er Erregung. 彼が興奮しているのも無理のないことだ.

be·greif·li·cher·wei·se 副 お分かりのように, 当然のことながら, 言うまでもなく, 勿論.

be·gren·zen [bəˈgrɛntsən] 他 1 (物¹に)境界を設ける, 区切る(durch et⁴ 物³で); (物⁴と)境を接する. den Garten durch eine Hecke ～ 庭に生け垣をめぐらす. Im Süden *begrenzen* Berge das Land. 南は山々が国境(ᶜᵏ)となっている. 2 制限(限定)する(auf et⁴ 物⁴に). die Geschwindigkeit ～ 速度を制限する. das Thema auf et⁴ ～ テーマを事⁴に限定する. die Redezeit auf fünf Minuten ～ 発言時間を5分間に制限する.

be·grenzt [bəˈgrɛntst] 過分 形 区切られた, 制限(限定)された; 偏狭な, 視野(知識)の狭い. ～er Angriff 《軍事》限定攻撃. einen ～en Horizont haben 視野が狭い. Meine Zeit ist ～. 私はそんなに暇がない; 私の余命はもう長くない.

Be·grenzt·heit 女 -/-en 《複数まれ》限られていること, 制限(限定)があること;《比喩》視野などの狭さ, 偏狭.

Be·gren·zung 女 -/-en 《複数まれ》制限(限定)すること, 枠をはめること. 2 境界, 限界, 枠.

be·griff [bəˈgrɪf] begreifen の過去.

***Be·griff** [bəˈgrɪf ベグリフ] 男 -[e]s/-e (↓ begreifen) 1 概念. der ～ ,,Staat" 国家という概念. 2 観念, 考え; 理解(力), 想像(力);《比喩》よく知られたもの. Der Name ist in der ganzen Welt ein ～. その名前はそれが分かるかの, それを知っている(思い当るふしがある)かい. einen deutlichen ～ von et³ haben 事³をはっきり知っている. sich¹ keinen ～ von et³ machen 事⁴がまるっきり理解できない, 想像もつかない. für meine ～e / nach meinen ～en 私の考えでは, 私見によると. über alle ～e 想像を絶して, 極度に, 非常に. Das geht über meine ～e. それは私の理解(想像)を越える. langsam〈schwer〉von ～ sein《話》物分かりが悪い, にぶい. 3《zu 不定詞句と》im ～ sein, ...zu tun しようとしているところである. Ich bin gerade im ～, wegzugehen. 私はちょうど行こうとしているところだ.

be·grif·fen [bəˈgrɪfən] 過分 形 (↑ begreifen) in et³ ～ sein 事³の途中である, に従事している. Sie sind im Aufbruch ～. 彼らはちょうど出発するところである. ein im Umbau ～*es* Haus 改築中の家.

be·griff·lich [bəˈgrɪflɪç] 形 (↔ gegenständlich) 概念的な, 概念上の; 抽象的な. ～es Hauptwort 抽象名詞.

Be·griffs·be·stim·mung 女 -/-en (Definition) 概念規定, 定義.

Be·griffs·schrift 女 -/-en 1 (↔ Buchstabenschrift) 表意文字(漢字など). 2 (数学・化学などの)記号.

be·griffs·stut·zig [..ʃtʊtsɪç] 形《侮》呑込みの遅い, 愚鈍な.

be·griffs·stüt·zig [..ʃtʏtsɪç] 形《ᵏᵘˡ》= begriffsstutzig

Be·griffs·ver·mö·gen 中 -s/- 理解(把握)力.

be·grub [bəˈgruːp] begraben¹ の過去.

***be·grün·den** [bəˈgrʏndən ベグリュンデン] 他 1 (物¹の)基礎を置く, 基礎づける, 確立する; 創立(設立, 創始)する. ein Geschäft ～ 新しい店を始める. eine literarische Richtung ～ 文学の新しい波を興(ᵒᵏ)す. seinen Ruhm ～ 名声を確立する. 2 理由(根拠)づける. *seine* Behauptung ～ 自説の根拠をあげる. Wie《Womit》willst du das ～? どうしてそうなると言うのかね, その理由(根拠)を言ってもらいたいものだ. Das ist durch nichts zu ～. それは根も葉もないことだ. ❷ 再《sich》もとづく, 原因している(aus〈in〉et³ 事³事⁴に). Das *begründet sich* in seiner Arroganz. その原因は彼の尊大さにある. ♦ ↑ begründet

be·grün·dend 現分 形《まれ》《言語》(kausal) 因由の. ～e Konjunktion 因由の接続詞(weil, denn など).

Be·grün·der [bəˈgrʏndər] 男 -s/- 創立(創始)者, 開祖.

be·grün·det 過分 形 1《略 begr.》創立された. ～ 1861 in Berlin ベルリーンで1861年創立. 2 根拠(理由)のある, 正当な, 当然の. ～e Ansprüche 正当な要求. in et³ ～ sein〈liegen〉/ durch et⁴ ～ sein 事³にもとづいている, 原因している. Das ist in seinem Charakter ～. その原因は彼の性格にある.

Be·grün·dung 女 -/-en《複数なし》基礎づけ, 確立; 創立, 創始. 2 理由(づけ), 根拠(づけ), 論証, 証拠. mit der ～, dass......という根拠にもとづいて. et⁴ zur〈als〉～ sagen 事⁴を理由(証拠)に挙げる.

Be·grün·dungs·satz 男 -es/-e《まれ》《文法》(Kausalsatz) 因由文.

be·grü·nen [bəˈgryːnən] ❶ 他 (土地などを)緑化する, (に)緑を植える. ❷ 再《sich》(草木・森などが春に)緑になる.

be·grü·ßen

[bəˈgryːsən ベグリューセン] 他 1 (人⁴に)挨拶する, ようこそと言う; 迎える, 歓迎する. 2 (計画・提案などを)歓迎する, (に)喜んで同意する. 3《ᵉᵏ》(人⁴に)伺いを立てる, 問い合せる. die zuständige Stelle ～ 当局に問合せる(相談する).

be·grü·ßens·wert 形 歓迎すべき, 喜んで同意できる; うれしい, ありがたい.

Be·grü·ßung 女 -/-en 1《複数なし》歓迎の挨拶をすること. einen Blumenstrauß zur ～ überreichen 歓迎の花束を贈呈する. 2 歓迎(会), レセプション; 歓迎の挨拶(言葉).

be·gu·cken [bəˈgʊkən] 他《話》じろじろ見る, しげしげと見る; じっと見詰める.

'Be·gum [ˈbeːgʊm, ..gam] 女 -/-en (*engl.*) ビーガム (インドのイスラーム教徒の王妃・王女・貴婦人に対する称号).

be·güns·ti·gen [bəˈgʏnstɪgən] 他 1 (人⁴物⁴に)好都合に働く, 幸いする(天候・事情などが), 優遇する, ひいきにする, 取り(引き)立てる. 《過去分詞で》vom Glück *begünstigt* sein 幸運に恵まれている. 2 助長(促進)する; 助成(後援)する; (犯罪を)幇助(ᵇᵘ)する.

Be·güns·ti·gung 女 -/-en ひいき, 取り(引き)立て, 優遇(措置); 援助, 支援; 《法制》(犯罪後の)犯人援助 (犯行の利益を確保させる意図をもって犯人に援助を与えること).

be·gut·ach·ten [bəˈguːt|axtən] 他 1 (人⁴物⁴に)専門的立場から判断を下す, 鑑定(査定)する. 2《話》小うるさく吟味する.

Be·gut·ach·tung 女 -/-en 1《複数なし》(専門的な)鑑定, 査定; 鑑識. 2 鑑定結果, 所見; 鑑定書.

be·gü·tert [bəˈgyːtərt] 形 資産のある, 裕福な;《古》領地を持っている. *begüterten* Schichten entstammen 有産階級の出である. Sie sind im Osten ～. 彼らは東部に領地を持っている.

be·gü·ti·gen [bəˈgyːtɪɡən] 他 (人⁴を)なだめる, 落着かせる.

be·haa·ren [bəˈhaːrən] 再 (sich⁴) 毛(髪)が生える.

be·haart 過分 形 毛(髪)の生えた, 有毛の;《植物》軟毛のある.

Be·haa·rung 囡 -/ **1** 毛の発生. **2**《総称的に》毛, 毛髪;《植物》の毛皮;《植物》の軟毛.

be·hä·big [bəˈhɛːbɪç] 形 (↓ Habe) **1** 肉づきのよい, でっぷりした. ein ~er Herr 恰幅(炒)のいい紳士. **2** (家具などが)大きい, どっしりした(ゆったりした). ein ~er Sessel ゆったりした安楽椅子. **3** (動作・態度などが)悠然とした, ゆったりした; のんびりした. ein ~es Leben ゆとりのある生活. **4**《独》裕福な.

Be·hä·big·keit 囡 -/ 肉づきのよいこと, 恰幅のよさ; ゆったり(のんびり)した態度(物腰).

be·ha·cken [bəˈhakən] 他 (↓ Hacke) **1** (物³の)回りの土を耕す. **1** (きつつきなどが樹皮を)つつく. **2** 《話》(人⁴を)だます. Er hat mich um 50 Eruo behackt. 彼は私から 50 ユーロだまし取った.

be·haf·tet [bəˈhaftət] 形《次の成句で》~ mit et³ ~ sein 物³がこびりついて(とりついて)いる. mit Schmutzflecken〈mit einer Krankheit〉~ sein 汚れがついている〈病気にとりつかれている〉.

be·ha·gen [bəˈhaːɡən] ❶ 自《雅》(人³の)心にかなう, 気に入る. Das Hotel behagt mir nicht. このホテルは私の気に入らない. ❷ 再 (sich³)《古》居心地よく思う, くつろいだ気分になる.

Be·ha·gen [bəˈhaːɡən] 中 -s/《雅》心地よさ, 快感, 満足感, 満悦, 快適. mit ~ essen 愉しく食事をする. [sein] ~ an⟨in⟩ et³ finden 物³を楽しむ. in Ruhe und ~ leben 悠々自適の生活をする.

***be·hag·lich** [bəˈhaːklɪç ベハークリヒ] 形 快適な, 安楽な; (部屋・家具などが)居心地(座り心地)のよい; くつろいだ. ~e Wärme やわらか暖かさ. Mir ist nicht ~ zu Mute⟨zumute⟩. 私は気分が落着かない. sich⁴ ~ fühlen 快適な気分である. es⁴ sich³ ~ machen くつろぐ.

Be·hag·lich·keit 囡 -/-en《複数なし》快適, 心地よさ, くつろぎ. mit ~ 快適に, 楽しく.

be·hält [bəˈhɛlt] behalten¹の現在3人称単数.

be·hal·ten¹ [bəˈhaltən] 他 **1** 取っておく, 手もとに置いておく; (ある場所に)とどめる. Bitte behalten Sie Platz! 座ったままでどうぞ. Den Rest können Sie ~. お釣りは取っておいてください. Wir hoffen, dass wir unseren Vater noch lange ~. 私たちは父にまだまだ長生きしてほしいと思う.《前置詞句と》den Hut auf dem Kopf ~ 帽子をかぶったままでいる. den Gast bei sich³ ~ 客を引きとめておく. Der Kranke kann nichts [bei sich³] ~. 病人は食事を受けつけない. et⁴ für sich⁴ ~ 事⁴(秘密など)を自分一人の胸にしまっておく. j⟨et⟩⁴ im Auge ~ 人⟨物⟩⁴から目を離さない. et⁴ in der Hand ~ 物⁴を手に持ったままでいる, 手放さない. et⁴ im Kopf ~ 事⁴を意識にとどめる, 記憶している(↑3). **2** (ある状態)を保つ. Das Gold behält seinen Glanz. 黄金はいつまでも輝きを失わない. den Kopf oben ~《比喩》くじけない, 動じない. die Nerven⟨die Ruhe⟩ ~ 落着きを失わない, 取り乱さない. die Oberhand ~ 優勢を保つ. Recht ~ (言うこと)があくまでも正しい. **3** 記憶にとどめる, 覚えておく. Das kann ich nicht alles ~. 私はそれを全部覚えておくことができない.

be·hal·ten² behalten¹の過去分詞.

Be·häl·ter [bəˈhɛltər] 男 -s/- **1** (主として貯蔵・輸送用の)容器, 入れ物(箱・缶・壺・タンク・水槽など), 貯蔵室. **2** コンテナ.

Be·hält·er·wa·gen 男 -s/- タンク車, タンクローリー.

Be·hält·nis [bəˈhɛltnɪs] 中 -ses/-se《雅》(Behälter 1)(主として貯蔵・保管用の)容器, 入れ物(長持・金庫・小物入・宝石箱など).

be·hältst [bəˈhɛltst] behalten¹の現在2人称単数.

be·häm·mert [bəˈhɛmərt] 形《話》頭がおかしい, いかれている; (寝ぼけて)頭がぼんやりした.

be·händ [bəˈhɛnt] 形 behände

be·hän·de [..də] 形 すばしこい, 敏捷(機敏)な; 機転のきく, 如才ない.

***be·han·deln** [bəˈhandəln ベハンデルン] 他 **1** (機械などを)取扱う, 操作する; 処理(加工)する(mit et³ 物³で). die Maschine sachgemäß ~ 機械を適切に操作する. et⁴ mit Wachs⟨gegen Rost⟩ ~ 物⁴をワックス処理⟨錆(⺆)止め処理⟩する. **2** (人⁴を)扱う, もてなす, あしらう. j⁴ kalt⟨wie ein Kind⟩ ~ 人⁴を冷たくあしらう⟨子供扱いする⟩. **3** (主題・題材を)扱う, 論じる, 取上げる; (問題を)処理(調査, 審理)する. **4** (病気・病人を)処置(治療)する. sich⁴ gegen Rheuma ~ lassen リューマチの治療を受ける. der behandelnde Arzt 主治医.

be·hän·di·gen [bəˈhɛndɪɡən] 他 **1**《雅》(übergeben²) (人³に物⁴を)手渡す. **2**《古》(人³に事⁴を)委ねる, まかせる. **3**《独》つかむ, わが物にする.

Be·hän·dig·keit 囡 -/ すばしこさ, 敏捷(機敏), 機敏, 如才なさ.

***Be·hand·lung** [bəˈhandlʊŋ ベハンドルング] 囡 -/-en **1** (機械などの)取扱, 操作; 処理, 加工. **2** (人に対する)扱い, あしらい, もてなし, 待遇. Er verdient eine bessere ~. 彼はもっといい扱いを受けてしかるべきだ. **3** (主題・案件などの)扱い, 処置; 論究, 論述; 描写, 叙述. **4** (病気・病人の)治療, 処置, 手当. sich⁴ in ärztliche ~ begeben 医者にかかる.

be·hand·schuht [bəˈhant-ʃuːt] 形 (↓ Handschuh) 手袋をはめた.

Be·hang [bəˈhaŋ] 男 -[e]s/⁼e **1** 掛けてある(垂下がっている)もの. **2**《タペストリーなど》壁飾り; クリスマスツリーの飾り; (木に出来た)実, 実の出来具合; (低く垂れこめた)雲;《猟師》(猟犬の)垂れ耳;《複数なし》(馬のひづめとくるぶしの間に生えた)長い毛.

be·han·gen [bəˈhaŋən] 形《副詞的には用いない》垂れ(ぶら)下がった, 掛かった; (mit et³ ~で) ~er Baum (果実などが生(⺆)って)重く垂れ下がった樹. ein mit Teppichen ~es Zimmer タペストリーが掛けてある部屋.

be·hän·gen [bəˈhɛŋən] 他 **1** (j⟨et⟩⁴ mit et³ 人⟨物⟩³を物⁴を)垂らす, 掛ける; 掛けて(吊るして)飾る. die Wände mit Bildern ~ 壁に絵を掛ける.《再帰的に》sich⁴ mit Schmuck ~ 装身具をごてごてつける.《猟師》(猟犬を)綱をつけて訓練する(獣の跡をつけるために).

be·har·ren [bəˈharən] 自 **1** (auf⟨bei⟩ et³ 事³を)固執する, 言い張る, 押し通す. auf seiner Meinung ⟨bei seinem Irrtum⟩ ~ あくまで自分の意見を押し通す⟨どうしても自分の間違いを認めようとしない⟩. **2**《雅》an einem Ort⟨in einem Zustand⟩ ~ ある場所⟨ある状態⟩にあくまでとどまる.

be·har·rlich [bəˈharlɪç] 形 ねばり強い, 根気のある, 頑固(強情)な. et⁴ ~ wiederholen 事⁴を執拗(ラ)に繰り返す.

Be·harr·lich·keit 囡 -/ ねばり, 根気, 頑張り, 持久力, しぶとさ, 頑固, 強情. ~ führt zum Ziel.《諺》石

の上にも三年.

Be'har·rung 囡-/ 固執, ねばり(頑張り)抜くこと.
Be'har·rungs·ver·mö·gen 中 -s/ 持久(持続)力. **2**〖物理〗慣性, 惰性.
be'hau·chen [bəˈhaʊxən] 他 **1**〈物⁴に〉息をふきかける. eine Brille ~ 眼鏡に息を吹きかける. **2**〖言語〗(aspirieren) 気息音を入れて発音する. *behauchter* Laut 帯気閉鎖音(=Aspirata).
be'hau·en(*) [bəˈhaʊən] behaute, behauen 他 〈木・石を〉切る, 削る; 切って(削って)加工する. den Stein ~ 石を削って形をととのえる.

be'haup·ten

[bəˈhaʊptən ベハオプテン]
他 **1** 主張する, 言い張る. et⁴ steif und fest ~ 事⁴をかたくなに主張する. *Man behauptet* von ihm, dass… / *Es wird* von ihm *behauptet*, dass… 世間では彼のことを…と言っている. 〈立場・地位などを〉守り通す, 確保する. das Feld ~ 優勢を保つ. seine Stellung ~ 自分の地位を守り抜く.
❷ 他(sich⁴) **1** もちこたえる, 頑張り通す; (トーナメントなどで)勝抜く. Das Gerücht *behauptet sich* hartnäckig. その噂はなかなか消えない. *sich* gegen j⁴ ~ 〖スポーツ〗人⁴に勝つ. *sich in seiner* Position ~ 自分の地位を守り通す. **2**《多く過去分詞で》〖金融〗(相場が)しっかりする, 手堅くなる. *behauptete* Kurse 手堅い相場.

*Be'haup·tung [bəˈhaʊptʊŋ ベハオプトゥング] 囡-/-en **1** 主張, 言明. eine ~ aufstellen ある主張をする. bei *seiner* ~ bleiben 自説をまげない, 譲らない. **2**《複数なし》〈立場・地位などの〉確保, 堅持, 固守. **3**〖数学〗(証明される)命題.
be'hau·sen [bəˈhaʊzən] 他 **1**〘雅〙〈人⁴を自宅などに〉泊めてやる, 〈に〉宿を貸す. **2**〘古〙〈ある住まいに〉住む, 居を構える.
be'haust [bəˈhaʊst] 過分 〘雅〙《副詞的にのみ用いない》(beheimatet) 住みついている. in Wäldern ~e Riesen 森に棲(す)む巨人たち.
Be'hau·sung 囡-/-en 〘雅〙(Wohnung) 住まい, 住居.
Be·ha·vio'ris·mus [bihevɪəˈrɪsmʊs] 男 -/ (engl.)〖心理〗行動主義.
be'he·ben* [bəˈheːbən] 他 **1**〈障害・弊害などを〉除く, 除去する, 〈故障を〉修理する, 〈悪習を〉絶つ. 〖オーストリア〗〈預金を〉下ろす; 引出す; 〈局留め郵便物などを〉取ってくる.
Be'he·bung 囡-/ 取除くこと, 除去, 修繕, 矯正. 〖オーストリア〗〈預金の〉引出し.
be'hei·ma·ten [bəˈhaɪmaːtən] 他 **1**〈人や動植物を新しい土地に〉定住させる, 帰化(土着)させる. **2**〈人〈物〉⁴の〉出身地(原産地)を特定する. Nach seiner Sprache könnte man ihn in der Schweiz ~. 言葉遣いからすると彼はスイスの出かも知れない.
be'hei·ma·tet 過分 形 〈ある土地に〉住み着いている, (…の)出身である; 〈動植物が〉…に生息している, (…の)原産である. eine in Südamerika ~e Pflanze 南アメリカ産の植物. in Berlin ~ sein ベルリーンに住んでいる, ベルリーンの出である.
Be'hei·zen [bəˈhaɪtsən] 他 **1** (部屋などを)暖房する, 暖める. eine Wohnung mit Gas ~ 部屋をガスで暖房する. **2**〖工学〗加熱する.
Be'helf [bəˈhɛlf] 中 -[e]s/-e **1** 応急措置, 一時しのぎ; 間に合わせ, 代用品. **2** 言逃れ, 口実.
be'hel·fen* [bəˈhɛlfən] 再(sich⁴) 間に合せる, 当座

(その場)をしのぐ(mit et³ 物³で). Du musst *dich* vorübergehend mit dem alten Mantel ~. 当分は古いコートで辛抱しなくちゃいけないよ. *sich* ohne j⟨et⟩¹ ~ 人⟨物⟩なしですごしていく.
Be'helfs·heim 中 -[e]s/-e 仮設住宅.
be'helfs·mä·ßig 形 当座の, 一時しのぎの, 応急の.
Be'helfs·maß·nah·me 囡-/-n 応急(緊急)措置.
be'hel·li·gen [bəˈhɛlɪɡən] 他 〈人⁴を〉煩わす, 〈に〉厄介(面倒)をかける(mit et³ 事³で). Darf ich Sie mit einer Bitte ~? ちょっとお願いしたいことがあるのですが. 《再帰的に》*sich* mit et³ ~ 事³で頭を悩ます.
be'helmt [bəˈhɛlmt] 形 (↓ Helm) ヘルメット(兜)をかぶった.
°**be'hend** [bəˈhɛnt], °**be'hen·de** [ˌ·də] 形 ↑ behänd, behände
°**Be'hen·dig·keit** 囡-/ ↑ Behändigkeit
be'her·ber·gen [bəˈhɛrbɛrɡən] 他 **1**〈人⁴に〉宿を提供する, 〈を〉泊める, 宿泊させる. **2**〈物⁴に〉場所を提供する. Das ehemalige Kloster *beherbergt* jetzt ein Restaurant. 昔の修道院は現在レストランになっている. **3** ein Gefühl⟨einen Gedanken⟩ ~ 〘雅〙ある感情⟨ある考え⟩を抱く.
*be'herr·schen [bəˈhɛrʃən ベヘルシェン] ❶ 他 **1** 支配(統治)する; 制圧する. Ägypten ~ エジプトを統治する. das Feld ~ 〖比喩〗優位に立っている, 追随を許さない. den Markt ~ 市場を制圧する. 《過去分詞で》von einer Idee *beherrscht* sein ある考えに取りつかれている. **2**〈感情・行動を〉抑える, 抑制する. *seinen* Zorn ~ 怒りを抑える. *seine* Worte⟨seine Zunge⟩ ~ 口を慎む. **3**〈機械などを〉使いこなす, 自在に扱う. ein Instrument ~ 楽器を弾きこなす. mehrere Sprachen ~ 数ヵ国語を自在に操る. **4**〈物⁴の景観・イメージを〉特徴づける, 〈の〉特徴となっている. Ein Reiterdenkmal *beherrscht* den Platz. 騎馬像が広場を睥睨(へいげい)している.
❷ 再(sich⁴) 自制する, 平静を保つ.
Be'herr·scher 男 -s/- 〘雅〙(Herrscher) 支配者, 統治者, 君主.
be'herrscht 過分 形 自制した, 控え目の; 支配された. ~ sprechen 慎重に(落着いて)話す. 《名詞的用法》Herrschende und *Beherrschte* 支配者と被支配者.
Be'herrscht·heit 囡-/ 自制, 慎重, 控え目, 落着き.
Be'herr·schung 囡-/ 支配, 統治, 制圧, 抑制; 自在に操ること, 駆使, 熟達, 精通.
be'her·zi·gen [bəˈhɛrtsɪɡən] 他 (↓ Herz) 〈忠告などを〉肝に銘じる, 〈に〉留意する, 〈に〉従う.
Be'her·zi·gung 囡-/ 肝に銘じること, 留意.
be'her·zi·gens·wert 形 肝に銘ずべき.
be'herzt [bəˈhɛrtst] 形 (↓ Herz) 勇敢な, 大胆な; 断固たる.
Be'herzt·heit 囡-/ 勇敢(大胆)なこと, 断固たる態度.
be'he·xen [bəˈhɛksən] 他 (↓ Hexe) 〈人〈物〉⁴に〉魔法をかける; 〖比喩〗〈人⁴を〉魅了(魅惑)する, とりこにする.
be'hielt [bəˈhiːlt] behalten¹ の過去.
be'hilf·lich [bəˈhɪlflɪç] 形 助けになる, 役に立つ. j³ ~ sein 人³を助ける, 〈の〉手伝いをする.
be'hin·dern [bəˈhɪndɛrn] 他 〈人〈物〉⁴の〉邪魔をする, 〈を〉妨害する. 〖スポーツ〗〈相手を〉反則行為で妨害する.
be'hin·dert 過分 形 〈身体・精神に〉障害のある, 不自由な. Heim für geistig *behinderte* Kinder 精神に障害をもった児童のための施設(ホーム).

bei..

Be·hin·der·te 形 女《形容詞変化》障害者.
be·hin·der·ten·freund·lich 形 障害者に親切な(やさしい).
be·hin·der·ten·ge·recht 形 障害者にふさわしい. eine ~e Telefonzelle 障害者にやさしい電話ボックス.
Be·hin·de·rung 女 -/-en 妨害, 邪魔だて; 《身体・精神の》障害.
be·hor·chen [bəˈhɔrçən] 他 1 j⟨et⟩ ... 人⁴の話〈事⁴〉を盗み(立ち)聞きする, (に)聞耳を立てる. 2《話》(人⁴を)聴診する, (に)聴診器をあてる.
＊**Be·hör·de** [bəˈhøːrdə ベヘーアデ] 女 -/-n 官庁, 役所, 当局. die staatlichen ~n 中央官庁. die zuständige ~ 管轄(\u3000)官庁.
be·hörd·lich [bəˈhøːrtlɪç] 形 官庁(役所, 当局)の, その筋の. auf ~e Anordnung 当局の指示で.
be·host [bəˈhoːst] 形 (↓Hose) 1《話》ズボンをはいた. kurz ~ sein つんつるてんのズボンをはいている. 2《猟師》(鳥の)脚に羽毛の生えた, 袴脚(\u3000)の.
Be·huf [bəˈhuːf] 男 -[e]s/-e《書》《古》(Zweck) 目的. 《ふつう次の用法で》zu diesem ⟨dem⟩ ~ [e] この(目的)のために. eigens zu diesem ~ とくにこの目的で. zu welchem ~ いかなる目的で.
be·hufs [bəˈhuːfs] 前《2格支配》《書》《古》...のために, ...の目的で.
be·hump·sen [bəˈhʊmpsən] 他《東中部\u3000》だます, 一杯食わせる.
be·hum·sen [bəˈhʊmzən] 他 = behumpsen
＊**be·hü·ten** [bəˈhyːtən ベヒューテン] 他 守る, 保護する (vor et³ 事³から). Behüt' dich Gott! / Gott behüte dich!《古》(別れの挨拶)ごきげんよう. [Gott] behüte [mich davor]!《話》(断固たる拒否を示して)とんでもない, まっぴらだ.
be·hut·sam [bəˈhuːtzaːm] 形 慎重な, 用心深い; (声などが)物静かな. et⁴ ~ aufheben 物⁴をそっと持ち上げる.
Be·hut·sam·keit 女 -/ 慎重, 用心深さ.

bei¹ [baɪ バイ] 前《3格支配》定冠詞 dem と融合して beim, 代名詞と融合して dabei, wobei, beieinander となる. **1**《近接・近傍》...の近くに, ...のそばに. Potsdam ~ Berlin ベルリーン近郊のポツダム. der Parkplatz beim Theater 劇場のわきの駐車場. dicht ~ der Kirche 教会のすぐそばに. ~ dem Kranken bleiben 病人のそばについていてやる. Hier steht Haus ~ Haus. このあたりは家が建てこんでいる. **2**《所在・活動場所》...のところに, ...の家に, ...のもとに, ...の間に(まじって). ~ uns [zu Hause] うち(わが家)では, 私たちの町(地方, 国)では. ~ j³ Unterricht haben 人³の授業を受けている. ~ j³ wohnen 人³の家に住んでいる, 同居(下宿)している. Bei Ackermanns ist ein Baby angekommen. アッカーマン家に赤ちゃんが生れた. ~ einer Bank arbeiten 銀行で働いている. ~ der Eisenbahn⟨der Post⟩ sein《話》鉄道〈郵便〉局に勤めている. Der Brief lag ~ seinen Papieren. その手紙は彼の書類と一緒にあった. Er war auch ~ den Verletzten. 彼も負傷者の1人だった. 《空間的意味が薄れて》Bei dieser Krankheit besteht Ansteckungsgefahr. この病気には伝染の危険がある. Dieses Motiv kommt ~ Wagner vor. この主題はワーグナーに出てくる. Kommt das oft ~ ihm vor? 彼にはよくあることなのか. Die Schuld liegt ~ ihm. 罪は彼にある. **3**《手がかり・接触点》j⁴ beim Arm nehmen 人³の腕を取る. et⁴ beim Henkel anfassen 物⁴の取っ手をつかむ. et⁴ beim Namen rufen 人⁴の名前を呼ぶ. **4** (bei sich⁴《人⁴の形で》) et⟨j⟩⁴ ~ sich haben 物⁴を持ち合せている, 身につけている; 人⁴を連れている. kein Geld ~ sich haben 金(\u3000)の持合せがない. ~ sich denken ひそかに考える. etwas ~ sich sagen 何やらぶつぶつつぶやく. nicht [ganz] ~ sich sein 頭がおかしい, どうかしている. **5**《時点・時期・期間》...の際に, ...の間に. ~ der Abfahrt⟨Ankunft⟩ des Zuges 列車が出発〈到着〉する際に. ~ zunehmendem Alter 年をとるにつれて. ~ meinem Aufenthalt in Paris 私のパリ滞在中に. ~ dieser Gelegenheit この機会に. Hamburg ~ Nacht 夜のハンブルク. ~ Tag und Nacht 昼も夜も. **6**《付随する状況》...の状況で, ...を伴って. Dora schläft immer ~ offenem Fenster. ドーラはいつも窓を開けたまま眠る. sich⁴ ~ einem Glas Bier unterhalten ビールを傾けながら語り合う. ~ dauerndem Lärm arbeiten 絶え間ない騒音の中で仕事をする. Betreten ~ Strafe verboten! 立ち入ると処罰されます. ~ Wasser und Brot sitzen 刑務所暮しをしている. **7**《条件》...の場合には. Wasser kocht ~ 100 Grad. 水は100度で沸騰する. Bei Regen fällt der Ausflug aus. 雨の場合は遠足は中止になる. **8**《原因・理由》...のために. Bei dem Regen sind die Wege unpassierbar. 雨のため道路は通行できない. Bei dieser Hitze bleibe ich lieber zu Hause. なにろこの暑さだから私は家にいる方がいい. **9**《譲歩／しばしば all や形容詞の最上級と》...にもかかわらず, ...であるが. ~ alledem それにもかかわらず. ~ all seinen Mängeln 彼にも欠点はいろいろあるが. beim besten Willen いくらそうしようとしても, どんなに努めても. **10**《従事・参加》...に従事(参加)して. ~ der Arbeit ⟨beim Arbeiten⟩ sein 仕事中である. j³ ~ der Arbeit helfen 人³の仕事を手伝う. ~ einem Gottesdienst sein ミサ(礼拝)にあずかっている. ~ Tisch sein 食事中である. **11**《所有の状態》...を持つ状態で. ~ Appetit ⟨Kräften⟩ sein 食欲がある〈元気がある〉. gut ⟨schlecht⟩ ~ Kasse sein《話》懐(\u3000)があたたかい〈寒い〉. ~ guter Laune sein 上機嫌である. nicht ~ Verstand sein 頭がおかしい. **12**《誓いの言葉》...にかけて. ~ Gott⟨meiner Ehre⟩ 神かけて〈私の名誉にかけて〉. **13**《程度》~ weitem はるかに, ずっと, 断然. Er ist ~ weitem der Beste. 彼が断然トップだ. ~ kleinem 《西北\u3000》少しずつ, 段々と. **14**《古》《おおよその期間》おおよそ, ほぼ...の間 (↑bei² 1). Er war ~ einem Jahr unterwegs. 彼はほぼ1年間旅に出ていた.
◆bei は, 古くは3・4格支配の前置詞であったために, 地方や口語的表現では方向を示す4格支配の用例もみとめられる (Gewehr ~ Fuß! 立て銃(\u3000). Komm ~ mich (=zu mir)! 私のところへ来たまえ). beiseite (↓bei Seite) はそのなごり.

bei² 副 **1**《古》およそ, 約. Es waren ~ 50 Männer anwesend. およそ50人ばかりの男たちがその場にいた (↑bei¹ 14). **2**《北\u3000》《dabei, hierbei, wobei が分離して》Machst du deine Schularbeiten? — Da bin ich ~. 宿題はやっているかい. — 今やってるよ.

bei.. [baɪ..]《分離前つづり／つねにアクセントをもつ》「近接, 接近, 付加」などの意を表す. beifügen 添える.

bei|behalten

*bei*stehen (人³に)味方する. *bei*stimmen (人³に)賛成する.

'**bei·be·hal·ten*** ['baɪbəhaltən] 他 持ち続ける, 保持(維持)する. eine Gewohnheit ~ 習慣を守り続ける. ◆過去分詞 beibehalten

'**Bei·be·hal·tung** 囡 -/- 保持, 維持, 持続.

'**bei·bie·gen*** ❶ 他 **1** (話) (人³に事⁴を)根気よく教え込む, 覚え込ませる; (悪い知らせなどを)上手に知らせる. **2** 〖古〗(beifügen) (手紙などに)添える.
❷ 自 (まれ) =beidrehen 1

'**Bei·blatt** 中 -[e]s/⸚er (新聞などの)折込み, 付録.

'**Bei·boot** 中 -[e]s/-e 〖海事〗(本船に搭載した)小型ボート, 救命艇; 艦載小艇.

*'**bei·brin·gen*** ['baɪbrɪŋən バイブリンゲン] 他 **1** (人³に事⁴を)教える, (の手ほどきをする). j³ gutes Benehmen ~ 人³に行儀作法を教える 〈テニスの手ほどきをする〉. dem japanischen Publikum einen Roman ~ 日本の読者にある小説を紹介する. Dem werde ich's schon noch ~! (話) あの男には今に思い知らせてやるぞ. **2** (悪い知らせなどを)上手に知らせる(人³に). Wie soll ich ihr die Nachricht ~? その知らせを彼女にどう伝えたものだろうか. **3** (有難くないものを)与える, (危害などを)加える(人³に). j³ eine Arznei ~ 人³に薬を飲ませる. j³ eine Wunde ~ 人³に傷を負わせる. **4** (書類などを)提出する; (証拠などを)持出す, 挙げる, (証人を)連れてくる; (金を)都合(調達)してくる.

Beicht [baɪçt] 囡 -/-en (南독)=Beichte

'**Beich·te** ['baɪçtə] 囡 -/-n **1** 自白, 白状. Ich muss dir eine ~ ablegen. (戯) 私は君にひとつ白状しなければならないことがある(↑2). **2** 〖カト教〗懺悔(ざんげ), 悔過(けか); 〖カト教〗告解(こくかい), (罪の)告白. die ~ ablegen 告解を行う(↑1). j³ die ~ abnehmen(hören) (司祭が)人³の告解を聴(き)く. ~ hören(sitzen) (司祭が告解を聴く.

'**beich·ten** [baɪçtən] 他 **1** 〖カト教〗告解(こくかい)(告白)をする. *seine* Sünde ~ 罪を告解する. 《目的語なしで》beim Pfarrer ~ 司祭に罪を告白する. ~ gehen 告解に行く. **2** (罪・過失を)白状する. j³ alles ~ 人³に一切を打ち明ける.

'**Beicht·ge·heim·nis** 中 -ses/-se (교회) (Beichtsiegel)告解(こくかい)の秘密(聴罪司祭は告解内容を守秘する義務がある).

'**Beicht·ti·ger** ['baɪçtɪɡər] 男 -s/- 〖古〗=Beichtvater

'**Beicht·kind** 中 -[e]s/-er (교회) (↔ Beichtvater) 告解(こくかい)者.

'**Beicht·ling** 男 -s/-e =Beichtkind

'**Beicht·sie·gel** 中 -s/- =Beichtgeheimnis

'**Beicht·stuhl** 男 -[e]s/⸚e (교회) 告解(こくかい)場(3つに仕切られた木造の部屋, 中央に聴罪司祭が入り, 左右の部分に告解者が交互に入る).

'**Beicht·va·ter** -s/⸚ (↔ Beichtkind) 聴罪司祭, 聴罪師.

'**beid·ar·mig** ['baɪt|armɪç] 形 (↑..armig) 両腕の, 両腕ききの.

'**bei·de** ['baɪdə バイデ] 囤 《不定》ふつう形容詞的格変化. **1** 《付加語的用法》(既知の二者, または一対を指して)両者の, 両方(双方)の; 2人(2つ)の. Die ~n Bücher gehören meiner Tochter. その2冊の本は私の娘のである. die ~n ersten Strophen (2つの詩の)双方の最初の1節. die ersten ~n Strophen (1つの詩の)最初の2節. meine ~n Söhne 私の2人の息子(はどちらも). 《無冠詞で》Beide Abgeordneten〈まれ Abgeordnete〉 stimmten dem Gesetzentwurf nicht zu. 2人の議員はともにその法案に賛成しなかった. Ich habe *beide* Eltern verloren. 私は父も母も失った. *beide* Hände voll zu tun haben 両手がふさがっている, いっぱい仕事を抱えている. mit ~n Beinen auf der Erde stehen (比喩) 両足が地についている, 地道な生活をしている. ▶¹ beide に後続する形容詞はふつう弱変化(まれに強変化). ~ jungen〈まれ junge〉 Mädchen 若い娘たち ▶² 既知の二者または一対を指すが, とくに無冠詞の場合は, 「両者ともに, 両者そろって」ということが強調される. Die ~n Kinder〈Beide Kinder〉 sind nicht zu Hause. 2人の子供は〈子供は2人とも〉家にいない.

2 《名詞的用法》(a) 《複数形で》両方, 両者; 2人(2つ)とも. *Beide* wohnen in Brasilien. 2人ともブラジルに住んでいる. *Beider*² Leben war schwer. 2人の生活は苦しかった. Willst du Wein oder Bier? — Keines von ~n. ワインかビールを飲むかい — どちらも要らないよ. einer〈jeder〉 von [den] ~n 両者のいずれか〈いずれも〉. 《同格で》Die Briefe sind ~e angekommen. その手紙は2通とも着いた. wir〈ihr〉 ~[n] (戯) 〈とくに北독〉 wir〈ihr〉 zwei ~[n] 私たち〈君たち〉 2人とも. Hallo, ihr ~n dort! よう, そこの君たち両人. Das ist unser ~r² Angelegenheit. それは私たち双方にかかわる問題だ. alle *beide* 2人とも. für euch *beide* 君たち2人にとって. (b) 《中性単数形で》(2つの事物を一括して)両方とも, 2つとも. *Beides* ist möglich. どちらもあり得ることだ. In ~m hast du Recht. どちらも君の言うことが正しい. 《同格で》Das ist mir ~s unbekannt. それはどちらも私の知らないことだ. alles ~s 両方とも. dies[es] ~s この2つとも.

'**bei·de Mal**, °'**bei·de·mal** 副 (↑Mal²) 2度(2回)とも.

'**bei·der·lei** ['baɪdər'laɪ, ˌ⸺⸺] 形 《不変化》両種(両様)の.

'**bei·der·sei·tig** [..zaɪtɪç] 形 (↓Seite) 両側(両面)の; 相互の, 双方の. Der Stoff kann ~ verwendet werden. この生地(きじ)は裏表とも使える.

'**bei·der·seits** [..'zaɪts] ❶ 副 両側に, 両面で; 双方に, 相互に. sich⁴ ~ missverstehen 互いに誤解し合う. ❷ 前 《2格支配》 …の両側に(で). ~ des Flusses 川の両側に.

'**Bei·der·wand** 囡 -/ (中 -[e]s/) 〖紡織〗リンゼイ・ウールゼイ(亜麻とウールを混ぜ織りにした粗布).

'**Beid·hän·der** ['baɪthɛndər] 男 -s/- (↓Hand) **1** 両手ききの人. **2** (Zweihänder) 両手で使う剣, 大太刀.

'**beid·hän·dig** [..hɛndɪç] 形 両手を使った. ~ zufassen 両手でつかむ. **2** 両手ききの.

'**bei·dre·hen** 自 **1** (船員) 船首を風上に向ける; (船首を風上に向けて)減速する, 停止する. **2** (比喩) 譲歩(妥協)する.

'**beid·sei·tig** ['baɪtzaɪtɪç] 形 =beiderseitig

'**bei·ei·nan·der** [baɪ|aɪ'nandər] 副 (bei+einander) 一緒に, 並んで, 集まって.

'**bei·ei·nan·der·ha·ben***, °'**bei·ein·an·der ha·ben*** 他 **1** まとめて持っている. eine Summe ~ ある金額の金を耳をそろえて用意している. Ich *habe* alle Unterlagen *beieinander*. 私はあらゆる書類をとりそろえている. **2** (精神を)集中している. Er *hat* seine Gedanken nicht *beieinander*. 彼は考えが集中

していない(散漫である). Der Mann *hat* nicht alle *beieinander*⟨hat sie nicht richtig *beieinander*⟩. 《話》あの男は頭が少しおかしい, どうかしている.

bei·ei·nan·der sein*, ⁎**bei·ein·an·der/ sein*** 自 (s)《話》 **1** 一緒にいる; 《南ドイツ》(コレクションなどが)まとまっている, よく揃っている. Abends *waren* wir alle wieder *beieinander*. 晩には私たちはみんなまた顔が揃った. **2** きちんと整頓されている. **3** gut ~ 元気である, 体の調子がよい; 少し太り気味である. **4** nicht ganz [richtig] ~ どうかしている, まともでない.

beif.《略》= beifolgend

ˈ**Bei·fah·rer** 男 -s/- (車の)助手席に乗っている人, (オートバイの)同乗者, (トラックの)運転助手, (オートレースの)副ドライバー. ♦女性形 Beifahrerin 女 -/-nen

⁎ˈ**Bei·fall** [ˈbaɪfal バイファル] 男 -[e]s **1** 喝采(かっさい), 拍手. ~ ernten 喝采を博する(↑2). j³ ~ ernten/finden⟩ 賛同を得る(↑1). Dieser Plan hat meinen ~. この計画に私は賛成だ.

ˈ**bei/fal·len*** 自 (s)《古》 **1** (人³に)同意(賛成)する. **2** (einfallen) (人³の)心に浮かぶ, 思い浮かぶ. Da *fiel mir bei*, dass... そのとき私は…ということを思い出した.

ˈ**bei·fäl·lig** [ˈbaɪfɛlɪç] 形《述語的にも用いない》同意(賛成)の, 好意的な. eine ~e Äußerung 賛成意見, 好意的な発言. ~ nicken 同意してうなずく.

ˈ**Bei·fall[s]·klat·schen** 中 -s/ 拍手喝采.
ˈ**Bei·falls·ruf** 男 -[e]s/-e 賛同の叫び声, 喝采声援.
ˈ**Bei·falls·sturm** 男 -[e]s/-ⁿe 嵐のような拍手喝采.
ˈ**Bei·film** 男 -[e]s/-e (本篇に併映される)短編映画.
♦↑Vorfilm

ˈ**bei·fol·gend** 形《古》《略 beif.》 (beiliegend) 同封(添付)の. ~*er* Brief 同封の手紙. *Beifolgend* sende ich die Fotos. 同封にて写真をお送りします.

ˈ**bei/fü·gen** 他 **1** (物³に物⁴を)添える, 添付(同封)する. **2** (事⁴を)ついでに言う, 言い添える, 付言する. **3** (現在分詞で) *beifügend*《文法》(attributiv) 付加語的.

ˈ**Bei·fü·gung** 女 -/-en **1**《複数なし》添加, 添付, 同封; ついでに述べること, 付言. unter ~ eines Lebenslaufes 履歴書を添えて. **2**《文法》(Attribut) 付加語.

ˈ**Bei·fuß** 男 -es/《植物》よもぎ(属).

ˈ**Bei·ga·be** 女 -/-n **1**《複数なし》添えること, 添加, 付加. **2** (Beilage) 添え物, (料理の)つけ合せの物, つま. **3**《考古》(Grabbeigabe) 副葬品.

beige [beːʃ, ˈbeːʒə] 形 (fr.)《不変化》ベージュ(色)の.
Beige 中 -/ ベージュ色.

ˈ**Bei·ge**² [ˈbaɪɡə] 女 -/-n《南ドイツ・オーストリア・スイス》(積み上げたもの)の山, 堆積. eine ~ Brennholz 薪(たきぎ)の山.

ˈ**bei/ge·ben*** ❶ 他 **1** (物³に物⁴を)添える, つけ加える. **2** (人³に人⁴を)つけてやる, 同行させる. ❷ 自 klein ~《話》ゆさずして引下がる, 屈服する.

ˈ**Bei·ge·schmack** 男 -[e]s **1** (本来の味に混じった)変な味, 嫌な味; (不快な)混り物. Der Wein hat einen [eigenartigen] ~. このワインは妙な味がする. **2**《比喩》(事物・事柄につきまとう)いやな感じ, 言外のニュアンス, 含み. Das Lob hat einen ~ von Ironie. その賛辞には何やら皮肉な含みがある.

ˈ**bei/ge·sel·len** ❶ 他《雅》 **1** (人⁴を人³の)仲間に加える. j³ einen Gehilfen ~ 人³に助手を 1 人つける. Es ist schwierig, Katzen und Hunde einander *beizugesellen*. 猫と犬を一緒にするのはむずかしい. **2** (物³に物⁴を)添える, 付け足す. ❷ 再 (sich⁴) sich³ j³ 人³の仲間に加わる.

ˈ**Bei/gnet** [bɛnˈjeː] 男 -s/-s (fr.)《料理》 **1** 揚げ物. **2** 揚げ菓子, フリッター(りんご・バナナなどを薄切りにして衣揚げにしたもの).

ˈ**Bei·heft** 中 -[e]s/-e 別冊, 付録.
ˈ**bei/hef·ten** 他 (物³に物⁴をクリップなどで)添付する.

ˈ**Bei·hil·fe** 女 -/(-n) **1** 補助(助成)金 (Stipendium) 奨学金; (出産・疾病などに対する)特別手当て. **2**《古》《複数なし》補助, 援助. **3**《複数》《法制》幇助(ほうじょ), 従犯(じゅうはん).

ˈ**Bei·hirsch** 男 -[e]s/-e《猟師》(発情期に強い雄鹿の率いる群れの後をついて歩く)弱い雄鹿, 振られ雄鹿.

ˈ**Bei·jing** [ˈbeɪdʒɪŋ, ..ˈdʒɪŋ]《地名》(Peking) 北京.

ˈ**Bei·klang** 男 -[e]s/ⁿe **1** (本来の音に混じる)耳ざわりな音; 伴音. **2**《比喩》言外の意味, 含み. Seine Rede hat einen ironischen ~. 彼の話は言外に皮肉な意味がこめられている.

ˈ**Bei·koch** 男 -[e]s/ⁿe 副コック, コックの助手(見習い).

ˈ**bei/kom·men** 自 (s) **1** (人³を)つかまえる, やっつける. Ihm ist nicht *beizukommen*. 彼は手に負えない. den Ratten durch Gift ~ 毒を使って鼠を退治する. **2** (事⁴を)処理(始末)する, 片づける. einem Problem ~ 問題を解決する. **3** (人³の)心に浮かぶ. es *kommt* mir bei, seinem Begehren nachzugeben. 彼の要求に屈服するなんて私には思いも寄らないことだ. sich³ et⁴ ~ lassen 事⁴を思いつく. **4**《地方》(人³に)追いつく; 匹敵する; (棚などに)手が届く. j³ an Schönheit nicht ~ 美しさの点では人³に及ばない. **5**《地方》こちらへ来る, やって来る.

Beil [baɪl] 中 -[e]s/-e (柄の短い)斧(おの), 手斧. **2** (Fallbeil) ギロチン, 断頭台. **3**《歴史》戦斧(せんぷ) (斧に似た武器).

beil.《略》= beiliegend

ˈ**bei/la·den*** 他 **1** (大きな積み荷のほかに)添え積みする, 積み足す, 混載する. **2**《法制》(参考人などを)呼出す.

ˈ**Bei·la·dung** 女 -/-en **1**《複数なし》《話》添え積み, 積み足し. **2** 積み足した荷物, 混載貨物. **3** (裁判所などからの)呼出し; 呼出状.

ˈ**Bei·la·ge** [ˈbaɪlaːɡə] 女 -/-n **1**《複数なし》添付, 付加. unter ~ eines frankierten Rückumschlages 切手を貼った返信用封筒を同封して. **2** (新聞・雑誌などの)付録, 折込み. **3** (料理の)つけ合せ. Reis als ~ zum Fleisch 肉のつけ合せとしてのライス. preußische ~《南ドイツ》じゃがいも. **4**《商業》(手紙などの)同封物. in der ~ 同封で.

ˈ**Bei·la·ger** [ˈbaɪlaːɡɐ] 中 -s/(-) **1**《歴史》(中世王侯の)床入りの儀式(新郎新婦が証人の見守る前で床入りをする儀式で, めでたく婚儀が成立したと見なされる); (とくに貴人の)婚礼, 結婚式. **2**《古》(Beischlaf) 同衾(どうきん).

ˈ**bei·läu·fig** [ˈbaɪlɔyfɪç] 形 **1** ついでの, 付随的な. ~ gesagt ついでに言うと, ちなみに. **2**《オーストリア》(ungefähr) おおよその, 約.

ˈ**Bei·läu·fig·keit** 女 -/-en **1** どうでもいいこと, 枝葉末節, 些事. **2**《複数なし》まるで気にしない態度, 無関心, 無頓着. **3** 副次的(付随的)現象.

ˈ**bei/le·gen** [ˈbaɪleːɡən] 他 **1** (物³に物⁴を)添える, 添付する; 同封する. **2** (称号などを)授ける, 与える(人³に). 《再帰的に》 *sich*³ einen Künstlernamen ~ 芸名(ペンネーム)を名のる. **3** (意義・価値を)与える, 認める(事⁴に). einem Vorfall zu viel Bedeutung ~ ある事件を重く見すぎる. **4**《話》(罪・責任を)かぶせる(人⁴物³に). j³ die Schuld daran ~ 人³にそのことの責

Beilegung

任を負わせる(なすりつける). **5** (争いなどを)片づける, 調停する. Die Meinungsverschiedenheit wurde *beigelegt.* その意見の違いは調整がついた. ❷ ⦅船員⦆(船が錨を下ろして)停泊する.

'**Bei·le·gung** 囡 -/-en ⦅複数まれ⦆調停, 仲裁.

bei·lei·be [baɪˈlaɪbə] 副 ⦅つねに否定詞と⦆決して(断じて)…でない. Das hat er ~ nicht gesagt. 彼は絶対にそんなことを口に出さなかった. Wir wollen ~ keinen Streit. 私たちは決して争いをしたくない.

'**Bei·leid** [ˈbaɪlaɪt] 中 -[e]s/ 弔意, お悔やみ. j³ *sein* ~ aussprechen⟨ausdrücken⟩ 人³にお悔やみを言う. [Mein] herzliches ~! 心からお悔やみ申し上げます, まことにご愁傷さまです; ⦅反語⦆おあいにくさまです.

'**Bei·leids·be·such** 男 -[e]s/-e 弔問.

'**Bei·leids·be·zei·gung** 囡 -/-en 弔意の表明, 悔やみの言葉.

'**Bei·leids·schrei·ben** 中 -s/- 悔やみ状.

'**bei·lie·gen*** 自 **1** (物³に)添えられている, 添付(同封)してある. Ihrem Brief *lag* ein Foto *bei.* 彼女の手紙には写真が1枚同封されていた. ↑beiliegend **2** ⦅古⦆(人³と)同衾(どうきん)する. **3** ⦅船員⦆(船が船首を風上に向けて)停泊している.

'**bei·lie·gend** 現分 形 ⦅略 beil.⦆同封(添付)の. *Beiliegend* erhalten Sie… 同封の…をお受取り下さい.

***beim** [baɪm バイム] 前置詞 bei と定冠詞 dem との融合形. ~ Bahnhof 駅の近くに. Ich bin gerade ~ Aufräumen. ちょうど片づけものをしているところです.

'**bei·men·gen** 他 (物³に物⁴を)混ぜる, 加える.

'**bei·mes·sen*** 他 (価値・意義などを)与える, 認める(人・物³に); (罪・責任を)負わせる. einer Angelegenheit besondere Bedeutung ~ ある事柄に特別に意義を認める(をとくに重要視する). j³ einen Teil der Schuld an et³ ~ 人³に事³の罪(責任)の一部を負わせる.

'**bei·mi·schen ❶** 他 (物³に物⁴を)混ぜる, 加える; ブレンドする. ❷ 再 ⟨**sich**³⟩ (物⁴と)混ざる.

Bein

[baɪn バイン] 中 -[e]s/-e **1** 脚(も), 足. die ~e des Hundes 犬の脚(足). hübsche⟨schlanke⟩ ~e きれいな⟨すらりとした⟩脚. ein künstliches ~ 義足. kein ~ ⦅話⦆誰一人…ない. Kein ~ ist zu sehen. ⦅強意⦆人っ子一人見あたらない. ⦅動詞と⦆ sich³ die ~ nach et³ **ablaufen⟨abrennen⟩** 副 足を棒にして物を探し回る. sich³ die ~e **abstehen** ⦅話⦆足が棒になるほど立ちつづける. sich³ kein ~ **ausreißen** ⦅話⦆(仕事などに)身を入れない, 骨を惜しむ. keiner Fliege ein ~ ausreißen können ⦅比喩⦆虫も殺せない. ~e **bekommen⟨kriegen⟩** ⦅話⦆(物が)なくなる, 盗まれる. alles, was ~e **hat** ⦅話⦆誰でも, みんな. jüngere ~e haben (他の人より)脚が速い(達者である). Lügen haben kurze ~e ⦅諺⦆嘘はすぐばれる. lange ~e haben 脚が長い; ⦅比喩⦆(仕事などが)まだ長くかかる. Der Hund **hebt** das ~. 犬が片足を上げておしっこをする. ein langes ~ **machen** ⦅サッカーで⦆相手選手の前に脚を出して妨害する. [lange] ~e machen ⦅地方⦆すばやく立ち去る. j³ ~e *machen* ⦅話⦆人³をせきたてる, (の)尻を叩く; j³ を追払う. die ~e ⦅話⦆人³をせきたて ⟨unter die Arme⟩ **nehmen** ⦅話⦆大急ぎで走る(逃げる). ein ~ über das andere **schlagen** / die ~e übereinander schlagen 足を組む. sich³ die ~e in den Bauch⟨den Leib⟩ **stehen** ⦅話⦆足が棒になるほど立ちつづける. ein ~ stehen lassen ⦅スポ⦆トリッピングの反則を犯す. j³ ein ~ **stellen** 脚を出して人³をつまず

かせる; ⦅比喩⦆人³の足をすくう, (を)罠(わな)にかける. die ~e unter den Tisch **stecken⟨strecken⟩** 働かないでぶらぶらしている. die ~e unter einen fremden Tisch stecken⟨strecken⟩ 他人の厄介になる. sich³ die ~e **vertreten** (長い間座っていたあとで)軽く足の運動をする, 足ならしをする.

⦅前置詞と⦆ j³ et⁴ **ans** ~ binden⟨hängen⟩ 人³に事⁴(面倒・厄介なこと)を押しつける. [sich³] et⁴ ans ~ binden 物事をないものと諦める, (の)出費を覚悟する; 事⁴を背負い込む. et⁴ am ~ haben 事⁴(借金・苦労の種など)を引きずっている, 背負い込んでいる; (の)前科がある. j³ am ~ hängen 人³の厄介(お荷物)になっている. Leute **auf** die ~e bringen ⦅比喩⦆人⁴の人数を集める. j³ [wieder] auf die ~e bringen 人⁴を助け起す; 立直らせる, 再起させる. et⁴ [wieder] auf die ~e bringen 事⁴を立直し, 再建⟨復興⟩する; 事⁴を軌道に乗せる, 実現(成立)させる; (事業などを)興す, 創設する. immer wieder auf die ~e⟨auf die Füße⟩ fallen 七転び八起きする. j³ auf die ~e helfen 人³を助け起す; 立直らせる, 再起させる. [wieder] auf die ~e⟨auf die Füße⟩ kommen 立直る, 健康⟨繁栄⟩をとり戻す. sich⁴ auf die ~e machen 出発する; 立去る. auf die ~e*n* sein 出歩いている, ほっつき回っている; 立働いている. schwach auf den ~en sein (身体が)衰弱している; (理論・論拠が)弱い, 頼りない. wieder auf den ~en sein (病気が治って)元気である; (経済的に)立直っている, 一息ついている. Auf einem ~ kann man nicht stehen. ⦅話⦆(酒をすすめて)さあもう一杯やりましょう. auf eigenen ~en stehen 自立(一本立ち)している. auf schwachen ~en stehen (理論・論拠が)弱い, 頼りない. Der Wein⟨Die Musik⟩ geht mir gleich **in** die ~e. 私はワインを飲むとじきに足を取られる⟨音楽を聞くとすぐに踊りたくなる⟩. Was man nicht im Kopf hat, [das] muss man in den ~en haben. ⦅諺⦆頭の働かない者は脚を働かすしかない, 頭が忘れたら(忘れ物をしたら)脚が苦労する. ein Schaf⟨ein Kalb⟩ **mit** fünf ~en 5本脚の羊(仔牛) (あり得ないもの・荒唐無稽(こうとうむけい)なもののたとえ). mit dem linken ~ zuerst aufgestanden sein ⦅諺⦆不機嫌である(朝起きるときまず左足から先にベッドを出ると縁起が悪いという迷信から). mit einem ~ im Grabe stehen 片足を棺桶に突っこんでいる. mit beiden ~en im Leben⟨auf der Erde⟩ stehen 足が地についている, 生き方が堅実である. **über** *seine* eigenen ~e stolpern ⦅比喩⦆ぶきっちょである. **von** einem ~ aufs andere treten ⦅話⦆(いらいらして)足踏みする. j³ einen Knüppel **zwischen** die ~e werfen 人³の邪魔をする.

2 ⦅テーブル・椅子・三脚などの⦆脚.
3 ⦅話⦆(自動車の車輪部分, 足まわり.
4 ⦅話⦆(Hosenbein) ズボンの脚の部分.
5 ⦅とくに東中部⦆(Fuß) 足. j⁴ aufs ~ treten 人⁴の足を踏む.
6 ⦅古⦆⦅南ド・スイ・オース⦆(Knochen)骨. Knöpfe aus ~ 骨製のボタン. j³ in die ~e fahren (驚き・恐怖などが)人³の全身を走る.

'**bei·nah** [ˈbaɪnaː, ˈ–ˈ–, –ˈ–] 副 =beinahe

***bei·na·he** [ˈbaɪnaːə, ˈ–ˈ––, –ˈ–– バイナーエ] 副 ほとんど; もう少しのところで, あやうく. ~ in allen Fällen / in ~ allen Fällen ほとんどすべての場合に. vor Angst ~ sterben 不安のあまり死にそうになる. Wir warteten ~ drei Stunden. 私たちは3時間近くも待った. Ich wäre ~ zu spät gekommen. 私はあや

うく遅刻するところだった.

'**Bei·na·he·zu·sam·men·stoß** -es/=e (航空機の)ニアミス.

'**Bei·na·me** 男 -ns/-n 別名, 異名, あだ名. Friedrich der Erste mit dem ~*n* „Barbarossa" バルバロッサ(赤ひげ王)という異名を持つフリードリヒ1世(↑ Barbarossa). ◆格変化は Name 参照.

'**Bein·ar·beit** 囡 -/-en 1《 》フットワーク. 2《ふつう複数で》脚部工.

'**Bein·bruch** 男 -[e]s/=e《古》脚の骨折.《今日では主として次の慣用的表現で》Das ist [doch] kein ~!《話》それは大したことじゃない; 大騒ぎするほどのことじゃない. Hals- und ~!《話》頑張れよ, 成功を祈る.

'**bei·nern** ['baɪnɐn] 形 1 (knöchern) 骨(製)の. 2 (まれ) (knochig) 骨ばった, 骸骨のような. 3 (elfenbeinern) 象牙製の.

'**be**|**in·hal·ten** [bəˈʔɪnhaltən] 他 (↓ Inhalt) 〈物⁴を〉内容とする, (内容として)含んでいる.

'**bein·hart** ['baɪnhart] 形《 ・南ド》 (knochenhart) 非常に硬い; 強靭(な)な. eine ~*e* Piste かちかちに凍ったコース(スキーなどの). ein ~*er* Spieler タフなプレーヤー.

'**Bein·haus** 中 -es/=er (墓地の)納骨堂(掘出した遺骨を納めておくための).

..**bei·nig** [..baɪnɪç]《接尾》数詞・形容詞の後につけて「…脚(足)の」の意の形容詞を作る. acht*beinig* 8本足の. kurz*beinig* 脚の短い.

'**Bein·kleid** 中 -[e]s/-er《ふつう複数で》《古》《雅》(Hose) ズボン.

'**Bein·ling** -s/-e 1《古》ストッキングの上部(脚部). 2 (Hosenbein) ズボンの脚部. 3 (片方半分の)ズボンの型紙. 4《歴史》(中世の)すね当て.

'**Bein·pro·the·se** 囡 -/-n 義足.

'**Bein·schie·ne** 囡 -/-n 1 (a) (よろいの)すね当て. (b)《 》(野球のキャッチャーの)レガース, すね当て; (ホッケー選手の)レッグガード. 2《医学》(下肢用)副木(ぎ).

'**Bein·schwarz** -es/《古》骨炭(たん)(印刷用インク・靴墨などに用いる).

'**Bein·well** ['baɪnvɛl] 男 -[e]s/《植物》ひれはりそう(昔その根と中や胸部疾患の治療薬として用い, 現在では葉・新芽を食用野菜とする).

'**bei**|**ord·nen** 他 1〈人〈物³〉に人〈物⁴〉を〉あてがう, つけそえる, 配属(配置)する. j³ Fachleute als Berater ~ 人³に専門家たちを助言者としてつける. j³ einen Anwalt ~《法制》人³に国選弁護人をつける. nur *beigeordnet* sein 国選弁護人にすぎない. 2《文法》(koordinieren 2) 〈人⁴を〉(別々の文を)並列する. *bei·ordnendes* Bindewort 並列の接続詞 (aber・oder・und など).

'**Bei·pack** 男 -[e]s/ 1 (積載量に余裕があるときの)添え荷, 埋め荷, 混載貨物. 2《通信》(広帯域ケーブルの)外部導体.

'**Bei·pferd** 中 -[e]s/-e《古》(Handpferd) 副え馬 (2頭立て馬車の右側の馬;《地方》(2頭立ての馬の)予備 (3頭目)の馬.

'**bei**|**pflich·ten** ['baɪpflɪçtən] 自〈人〈事³〉に〉賛意を表する, 賛同する.

'**Bei·pro·gramm** 中 -s/-e《映画》(本篇の前に上映される)付録番組(短編映画・ニュース映画など).

'**Bei·rat** 男 -[e]s/=e《古》(Berater) 助言者, 相談役. 2《法制》(行政官庁に設置される)顧問会, 審議会, 諮問機関.

be|**ir·ren** [bəˈʔɪrən] 他 惑(まど)わす, 困惑させる, うろたえさせる. sich⁴ durch et⁴〈von j³〉 ~ lassen 事〈人〉に惑わされる.

Bei·rut [baɪˈruːt, ˈ-ː-]《地名》ベイルート(レバノンの首都).

bei'sam·men [baɪˈzamən] 副 1 (beieinander) 一緒に, まとめて; 集まって, 同席して. Die ganze Familie war ~. 家族全員が集まっていた. gut ~ sein《話》元気である, 体調がよい. nicht ganz ~ sein《話》気分がすぐれない, 調子が悪い. alle Unterlagen ~ haben あらゆる証拠書類を集めている (↑ beisammenhaben). nicht alle ~ haben / *seine* fünf Sinne 〈*seinen* Verstand〉 nicht recht ~ haben 頭が少しおかしい, どうかしている. *seine* Gedanken nicht ~ haben 考えが集中していない, 散漫である. ▶ 1 beieinander haben, beieinander sein は 2《挨拶の言葉で》Grüß Gott ~! みなさん今日は.

Bei·sam·men|**ha·ben*** = beieinander haben
Bei·sam·men·sein 中 -s/ 集まり, 会合.

'**Bei·sas·se** ['baɪzasə] 男 -n/-n《歴史》市民権のない(市民権を制限された)市民(中世から19世紀まで).

'**Bei·satz** 男 -es/=e《文法》(Apposition) 同格.

'**Bei·schlaf** 男 -[e]s/《雅》(とくに法律慣用series) (Beiwohnung) 同衾, 性交渉, 性交. außerehelicher ~ 婚外性交渉.

'**bei**|**schla·fen*** 自 (まれ) 人³と同衾(性交渉)する.

'**Bei·schlä·fer** 男 -s/ (まれ) 性交渉の相手.

'**Bei·schlag** 男 -[e]s/=e 1《建築》(とくにルネサンス・バロック建築の)玄関前の階段つきのテラス. 2《冶金》融剤. 3 模造貨幣.

'**bei**|**schlie·ßen*** 他《 ・古》〈物⁴に物⁴を〉同封する.

'**Bei·schluss** 男 -es/=e《 ・古》 1《複数なし》同封, 封入. 2 同封(封入)物.

'**Bei·se·gel** 中 -s/《 》補助帆(弱風時に使う).

'**Bei·sein** 中《次の用法でのみ》in j² ~ / im ~ von j³ 人²,³のいるところで(の面前で). ohne j² ~ / ohne ~ von j³ 人²,³のいないところで.

bei'sei·te [baɪˈzaɪtə] 副 わきへ(に), かたわらへ(で). Spaß〈Scherz〉 ~! 冗談はさておき, 話を本題に戻そう. et⁴ ~ lassen 事⁴を無視する, 考慮に入れない. et⁴ ~ legen 物⁴をわきに置く; (金を)別に取っておく, 貯金する. (やりかけた仕事などを)途中で投出す. j⁴ ~ nehmen (内密の話をするために)人⁴をわきへ連れていく. Ich muss sie einmal ~ nehmen. 私は1度彼女と2人きりで話し合わなくてはならない. et⁴ ~ schaffen 物⁴(盗品・証拠品など)を隠す. j⁴ ~ schaffen 人⁴を片づける. j⟨et⟩⁴ ~ schieben 人⟨物⟩⁴を押しのけにする, 無視する. et⁴ ~ setzen 物⁴をないがしろにする, 軽視する. ~ sprechen《演劇》わきぜりふ(傍白)を言う. ~ stehen わきにつっ立っている, 挟手(きょう)傍観する.

'**Bei·sel** ['baɪzəl] 中 -s/-[n] 《jidd. bajis , Haus') 《 ・ 》 (Kneipe) 飲み屋, 居酒屋; (質素な)宿屋.

'**bei**|**set·zen** 他 1《古》添える, つけ加える. 2《雅》葬る, 埋葬する. 3《船員》補助帆をあげる.

'**Bei·set·zung** 囡 -/-en (Beerdigung) 《雅》埋葬.

'**Bei·sitz** 男 -es/-e《法制》陪審裁判官の職務. 2《自動車の助手席, (オートバイの)後部同乗者席.

'**Bei·sit·zer** 男 -s/- 1《法制》陪審裁判官. 2《平 》の委員, 理事.

Beisl ['baɪzəl] 中 -s/-[n] = Beisel

'**Bei·spiel** ['baɪʃpiːl] バイシュピール 中 -[e]s/-e 1 例, 実例. ein ~ geben 例をあげる (↑2). et⁴ als

~ anführen 物を例に引く. et⁴ an einem ~⟨an Hand eines ~s⟩ erklären 事を実例によって説明する. ohne ~ sein 例を見ない. Seine Freiheit ist ohne ~. 彼の厚かましさは度はずれだ. zum ~ 《略 z. B.》たとえば. wie zum ~ in München たとえばミュンヒェンにおけるように. **2** (Vorbild) 模範, 手本; 範例. ein ~ geben 手本を示す(↑1). sich³ ein ~ an j⟨et⟩³ nehmen 人⟨物⟩³を手本にする. j³ mit gutem ~ vorangehen 人¹に模範を示し, 範を垂れる. nach dem ~ von et³ 物³を手本にして. Schlechte ~e verderben gute Sitten.《諺》悪いつきあいは良き習慣を台なしにする《新約》I コリ 15 : 33).
'bei·spiel·ge·bend 模範的な, 手本となる.
'bei·spiel·haft 模範的な, 手本となる.
'bei·spiel·los 前例のない, 未曾有(ﾐﾁ)の.
'bei·spiels·hal·ber 例として, 例を挙げれば.
'bei·spiels·wei·se 圖 (zum Beispiel) 例えば.
'bei·sprin·gen* 圄 (s)《雅》(人³を)助けに駆けつける. j³ mit et³ ~ (急場を救うために)人³に物³(とくに金)を融通する.

'bei·ßen* ['baɪsən バイセン] biss, gebissen / du beißt, er beißt ❶ 囮 **1** 嚙む(咬む), 嚙みつく (人が餌に)食いつく. Der Hund beißt. この犬は咬み癖がある. Hunde, die [laut] bellen, beißen nicht.《諺》よく吠える犬は咬まない. Die Fische beißen heute gut. 今日は魚の食いがいい. 《前置詞と》an den Nägeln ~ 爪をかむ.《食事中に》物¹が歯に当たる. auf et⁴ ~ 物⁴をかむ. auf Granit ~ 人³にどうにも歯が立たない, (の)手ごわい抵抗(強硬な反対)に遭う. sich³(4) auf die Lippen ~ (悲しみ・笑いをこらえて)唇を嚙む. in einen Apfel ~ りんごをかじる. in den sauren Apfel ~ 気の進まぬことをする. ins Gras ~《話》死ぬ, くたばる. Der Hund biss ihm⟨ihn⟩ in die Hand = 犬が彼の手に咬みついた. Da beißt sich¹ die Katze⟨die Schlange⟩ in den Schwanz. それは堂々めぐりだ. Der Hund biss nach dem Gast. 犬が客に咬みつこうとした. um sich⁴ ~ (犬などが)あたりかまわず咬みつく. **2** ひりひりする, 刺すような感じがする. Die Kälte beißt. 寒気が肌を刺す. Der Rauch beißt mir ⟨mich⟩ in den Augen⟨in die Augen⟩. 煙が目にしみる. ein beißender Geruch 鼻をつく臭い. beißender Spott 辛辣な皮肉.

❷ 圄 嚙(咬)む, 咬みつく, (虫などが)刺す. nichts zu ~ und zu brechen haben 食べるものがない, 食うや食わずの暮らしをしている. Beiß mich bloß nicht! そんなにがみがみ言うな.《過去分詞で》vom [wilden] Affen gebissen sein《話》頭がおかしい, 気がふれている; 狂言している.

❸ 圄 (sich¹) (色彩が)調和しない, 合わない. Rot und Rosa — das beißt sich. / Rot und Rosa beißen sich. 赤とピンクは合わない.

Bei·ßer ['baɪsər] 團 -s/- **1** 咬み癖のある犬(馬). **2**《比喩》がみがみ屋. **3**《戯》(Zahn) 歯. **4**《幼》かなてこ.
Bei·ßer·chen ['baɪsərçən] 囲 -s/-《戯》(多く複数で)《幼児の》歯.
'Beiß·korb ['baɪs..] 團 -[e]s/²e (Maulkorb)《馬・犬の口にはめる》口輪, 口籠(ﾋ).
'Beiß·zan·ge 囡 -/-n **1** ペンチ, やっとこ, 鉗子(ｶﾝ). **2** うるさい(がみがみ言う)女.
'Bei·stand ['baɪʃtant] 團 -[e]s/²e **1**《複数なし》《雅》助力, 支援, 援助, 補佐. j³ ~ leisten 人³を助ける. 支援する. **2**《法制》(民事訴訟などにおける)訴訟助言人; (後見裁判所によって選定される)補佐人, 後見人. **3**《古》結婚立会い人.
'bei·ste·hen* 圄 (人³の)味方をする, 肩を持つ; (病人などの)そばについていてやる, そばにいて世話をする; (を)助ける, 援助(支援), 補佐する.
'bei·stel·len 圄 **1**《施設・資材・人材などを》提供する, 用立てる. **2**《地方》(補助テーブルなどを)付足す, 増やす. **3**《鉄道》(特別車両を)増結(連結)する.
'Bei·stell·tisch 團 -[e]s/-e 補助テーブル, サイドテーブル.
'Bei·steu·er 囡 -/-n《南ﾄﾞ》寄付金, 補助金, 拠出(分担)金.
'bei·steu·ern ❶ 圄 (et⁴ zu et³ 物⁴を事³のために)寄付(拠出)する. seinen Anteil ~ 分担金を出す. zu der Festschrift einen Aufsatz ~ 記念論集に論文を寄稿する. ❷ 圄 (mit et³ 物³を事⁴に)寄与(貢献)する. mit den besten Einfällen zur Diskussion ~ 名案を出して議論を進展させる.
'bei·stim·men 圄 (人⟨物⟩³に)賛成(同意)する.
'Bei·strich 團 -[e]s/-e (Komma) コンマ(,).
'Bei·tel ['baɪtəl] 團 -s/-《北ﾄﾞ》のみ, たがね.
'Bei·trag* ['baɪtra:k バイトラーク] 團 -[e]s/Beiträge **1** 関与, 寄与, 貢献, 協力. einen ~ zu et³ leisten 事³に貢献(寄与)する. **2** (新聞・雑誌・論文集の)論説, 評論, 論文; 寄稿. einen ~ liefern⟨einschicken⟩ 投稿(寄稿)する. Beiträge zu...(学術雑誌などの書名)...論集. **3** (定期的に支払う)会費, (保険の)掛け金; (受益者に課せられる)賦課, 分担金.
'bei·tra·gen* ['baɪtra:gən バイトラーゲン] 圄 圄 (et³ 事³に)寄与(貢献)する; 協力(加勢)する. zum Lebensunterhalt ~ 家計を助ける. das Sein[ig]e ~ 応分の援助(寄付, 協力)をする, 義務を果たす. sein Scherflein zu et³ ~ 事³に金一封を差し出す, 寸志を寄せる.
'Bei·trä·ger ['baɪtrɛːgər] 團 -s/- 新聞・雑誌の寄稿者, 協力者.
'bei·trags·pflich·tig (会費・掛金・分担金などの)負担義務のある.
'bei·trei·ben* 圄 **1**《法制》(税金・債権・債務などを)取立てる, 徴収する. **2**《古》《軍事》徴発する.
'bei·tre·ten* 圄 (s) **1**《物³に》加入(入会, 加盟)する. der NATO ~ 北大西洋条約機構に加盟する. **2**《古》(意見・提案などに)賛成(同意)する. **3**《法》(法的処置などに当事者として)参加する, 立会う; (訴訟で人³に)味方する. als Gläubiger einer Zwangsversteigerung ~ 債権者として強制競売に参加する.
'Bei·tritt 團 -[e]s/-e 加入, 加盟, 入会. der ~ in einen Verein⟨zu einem Verein⟩ ある協会への加入.
'Bei·wa·gen 團 -s/- **1** サイドカー. **2** (↔ Triebwagen) (電車の連結車(駆動装置のついていない)車).
'Bei·werk 囲 -[e]s/- 添え物, 飾り, アクセサリー. お飾り, どうでもよいもの, つけ足し.
'bei·woh·nen 圄 **1** (事³に)列席(出席, 参列)する, 立ち会う, 居合せる. **2**《古》(人⟨物⟩³に)そなわっている, 内在している. **3** einer Frau³ ~《古》女性と性交渉をもつ, (と)床入り(ﾄｺｲﾘ)する.
'Bei·woh·nung 囡 -/-en **1** 列席, 出席, 参列, 立会い. **2**《古》= Beischlaf
'Bei·wort 圉 -[e]s/²er **1**《まれ》《言語》(Adjektiv) 形容詞. **2**《修辞》修飾語.
Beiz [baɪts] 囡 -/-en《南ﾄﾞ》飲み屋, 居酒屋, 宿屋. ↑ Beisel

'**Bei·zahl** 囡 -/-en《数学》(Koeffizient) 係数.

'**Bei·ze** ['baitsə] 囡 -/-n **1**(木材の)ステイン塗料;《冶金》(金属の)防蝕剤;《織物》媒染剤;《製革》脱灰液;《農業》(種子類の)消毒液;《料理》漬け汁;(チーズの味つけをする)濃縮食塩水;(タバコ葉の刺激成分・ニコチン分などを除去する)酸性(またはアルカリ性)溶液. **2**《猟師》鷹狩り. **3**《地方》=Beiz

bei·zei·ten [baɪˈtsaɪtən] 副 ちょうどよい時に,間に合うように,遅くならないうちに. die Theaterkarten ~ bestellen 劇場の切符を早い目に手配する.

'**bei·zen** ['baɪtsən] ❶ 他 (↓Beize) **1**(家具などに)ステイン塗料(着色剤)を塗る;(金属を)腐食剤で処理する;(織物を媒染剤で処理する;(皮革を)脱灰処理(石灰戻し)する;(農作物の種子を消毒液で)消毒する;(チーズを)濃縮食塩水で味つけする;(魚・肉を)漬け汁につける;(タバコ葉を酸性またはアルカリ溶液で処理する;(傷口を)消毒する,焼灼(クッ)する. **2**(煙などが目・鼻を)鋭く刺激する,ひりひりさせる. *beizender* Geruch 刺激臭. die von Luft und Arbeit *gebeizten* Hände 戸外の労働で荒れた手. ❷ 直 《猟師》 mit Falken ~ 鷹狩りをする. Enten ~ 鴨猟をする.

'**bei·zie·hen*** 他 《南ド・スィース・オストリ》**1**(助言・協力を求めて)人⁴を呼ぶ,呼寄せる. einen Arzt ~ 医師の応診を求める. **2**(資料などを)取寄せる,集める.

'**Beiz·jagd** 囡 -/-en《狩猟》鷹狩り.

*be'**ja·hen** [bəˈjaːən ベヤーエン] 他 **1** eine Frage ~ 質問にイエスと答える. eine *bejahende* Antwort 肯定的な(承諾の)返答,色好い返事. **2** 肯(?")う,肯定(是認)する. das Leben ~ 人生を肯定する.

be'**ja·hen·den·falls** 副《書》肯定(同意,承諾)の場合には.

be'**jahrt** [bəˈjaːrt] 形《雅》年老いた,高齢の.

Be'**ja·hung** 囡 -/(-en) イエスという返答,肯定,同意,承諾.

Be'**ja·hungs·fall** 男《次の成句で》im ~*e*《書》肯定(同意,承諾)の場合には.

be'**jam·mern** [bəˈjamərn] 他 (人〈物〉⁴のことを)嘆き悲しむ. *sein* eigenes Los ~ わが身の不運をかこつ.

be'**jam·merns·wert** 形 悲しむべき,いたわしい.

be'**ju·beln** [bəˈjuːbəln] 他 (人〈物〉⁴を)歓呼して迎える,(人〈物〉⁴に)歓声をあげる.

be'**ka·keln** [bəˈkaːkəln] 他 《とくに北ド》(besprechen)(事⁴について)あれこれ論じる,談議する.

be'**kam** [bəˈkaːm] bekommen¹ の過去.

be'**kä·me** [bəˈkɛːmə] bekommen¹ の接続法 II.

be'**kämp·fen** [bəˈkɛmpfən] 他 (人〈物〉⁴と)戦う,(に)立向かう,(を)撲滅(阻止)しようとする. einen politischen Gegner〈ein Vorurteil〉~ 政敵〈偏見〉と戦う. Ungeziefer ~ 害虫駆除をする.

Be'**kämp·fung** 囡 -/-en 戦い,(疫病などの)撲滅(害虫の)駆除,(疫病の)予防.

be'**kannt**

[bəˈkant ベカント] 過分 形 (↑bekennen)《副詞的には用いない》**1** 知られた,既知の(周知の),見聞きしたことのある;有名な. eine ~*e* Tatsache 周知の事実. ein ~*er* Schauspieler 名の売れた俳優. Davon ist mir nichts ~. 私はそのことについて私は何一つ知らない. Die Melodie kommt mir ~ vor. このメロディーはどこかで聞いたような気がする. für et³〈wegen et²〉~ sein 事⁴,²で世に知られている. Er ist in dieser Stadt ~. 彼はこの町では有名である(↑2). **2** (mit j³ 人³)と知合いである,親しい仲である;(mit et³ 物³)を熟知している,(に)明るい,(の)勝手が分かっている. j⁴ mit j³ ~ machen 人⁴を人³に紹介する. j⁴ mit et³ ~ machen 人⁴を事³に精通(習熟)させる,人⁴に事³を教え込む(↑bekannt machen). sich⁴ mit et³ ~ machen 事³に精通する,(を)自家薬籠中(ዹ*ん*)のものにする. mit j〈et〉³ ~ werden 人³と知合いになる〈事³に精通する〉(↑bekannt werden). Er ist in dieser Stadt ~. 彼はこの町のことに明かるい(↑1). ♦ bekannt geben

be'**kann·te** [bəˈkantə] bekennen の過去.

*Be'**kann·te** [bəˈkantə ベカンテ] 男 囡《形容詞変化》**1** 知人,知合い,友だち. **2**《所有代名詞または2格を伴って》(話) (Freund[in]) 恋人. ~*r* meiner Schwester 私の姉(妹)のボーイフレンド.

Be'**kann·ten·kreis** 男 -es/-e 交際範囲,知人たち,人脈.

Be'**kann·ter·ma·ßen** 副《書》=bekanntlich

Be'**kannt·ga·be** 囡 -/-n 一般に知らせること,公表,告知.

be'**kannt ge·ben**, °be'**kannt**|**ge·ben*** 他 一般に知らせる,公表(公示,告知)する.

Be'**kannt·heit** 囡 -/**1** 有名(著名)であること. **2**《古》知識.

Be'**kannt·heits·grad** 男 -[e]s/ 知名度.

be'**kannt·lich** 副 周知のように,ご存じの通り.

be'**kannt ma·chen**, °be'**kannt**|**ma·chen** 他 公表(公開,公示,公告,公布)する. Die Presse machte die Nachricht *bekannt*. 新聞がそのニュースを報道した. Das neue Gesetz wird nächste Woche *bekannt gemacht*. 新しい法律は来週公布される. ♦ ↑bekannt 2

Be'**kannt·ma·chung** 囡 -/-en **1**《複数なし》公告,公示,(法律の)公布. **2** 公示文;貼紙,ポスター,ビラ.

Be'**kannt·schaft** 囡 -/-en《複数なし》知合うこと,面識;知合い,知識. Meine ~ mit ihm〈mit der japanischen Literatur〉ist jüngeren Datums. 私が彼と知合った〈日本文学を知った〉のはかなり最近のことだ. mit j³ ~ schließen 人³と知合いになる. **2** (Bekanntenkreis) 交友範囲,知人たち,人脈. einer aus meiner ~ 私の知友の1人. **3** (Bekannte) 知人. Er hat viele ~*en*. 彼には知人が多い.

be'**kannt wer·den**, °be'**kannt**|**wer·den*** 自 (s) 知れ渡る,公表される. Dieser Vorfall darf nicht ~. この事件は世間に知れてはならない. ♦ ↑bekannt 2

Be·**kas·si·ne** [bekaˈsiːnə] 囡 -/-n (fr.)《鳥》たしぎ.

be'**keh·ren** [bəˈkeːrən] (↓kehren²) ❶ 他 (人⁴の)考え方を変えさせる,(を)転向させる.《宗教》回心(改宗)させる. j⁴ zum Christentum〈zur Römischen Kirche〉~ 人⁴をキリスト教に回心させる〈ローマ教会に転向させる〉. ❷ 再 (sich⁴) 人生観を変える,転向する;回心(改宗)する(zu et³ 事³に).

Be'**keh·rer** [bəˈkeːrər] 男 -s/- 伝道者,布教者.

Be'**kehr·te** 男 囡《形容詞変化》転向者;回心(改宗)者.

Be'**keh·rung** 囡 -/-en **1** 転向,変節.《宗教》改宗,回心. **2** 回宗(改心)させること,伝道,布教.

be'**ken·nen*** [bəˈkɛnən] 他 ❶ (人⁴の)罪を)告白(白状)する,率直(正直)に言う. *seinen* Fehler〈die Wahrheit〉~ 自分の過ちを白状する〈真実を告白する〉. **2** [*seinen* Glauben] ~ 信仰を告白する,信徒であることを宣言する. die *Bekennende* Kirche 告白教会(ドイツ福音教会の反ナチス運動,Bekenntniskirche とも). **3** Farbe ~《カ?》同じ種類のカードを出す;《比喩》本音を

明かす, 旗幟(き)を鮮明にする. **4**〖商業〗(金銭の受領)などを確認(保証)する. Ich bekenne, die genannte Summe erhalten zu haben. 上記の金額を確かに受領しました.

❷ 匣 (*sich*⁴) 告白(白状)する, 認める. *sich* [als] schuldig ～ 自分に罪があることを白状する. Er *bekannte sich als meinen Freund*〈*mein Freund*〉. 彼は私の友人であることを認めた. *sich zu et*〈*j*〉³ ～ 事〈人〉³への信仰(帰依(き))を告白(宣言)する; (を)支持する態度を明らかにする. *sich zum Christentum* ～ キリスト教に対する信仰を告白する. *sich zu einer Lehre* ～ ある学説に対する支持を表明する. *sich zu seiner Tat* ～ 自分のしたことであると自認する.

Be'ken·ner [bəˈkɛnər] 男 -s/- (信仰)告白者; 信奉者, 帰依(き)者; 〖キリスト〗証聖者.

be'kenn·te [bəˈkɛntə] bekennen の接続法 II.

Be'kennt·nis [bəˈkɛntnɪs] 匣 -ses/-se **1**(イデオロギー・主義・見解などの)信奉, 支持, 信奉(支持)の表明. ～ *zur Demokratie* デモクラシーに対する支持表明. **2**(罪の)告白, 自白. **3**《ふつう複数で》告白録, 懺悔(ざんげ)録. **4**(Glaubensbekenntnis) 信仰告白, 信仰宣言; 〖キリスト〗告解(ぎょう). ～ *zum Christentum* キリスト教への信仰告白. **5**宗派. *evangelisches* ～ 福音教会派.

Be'kennt·nis·frei·heit 囡 -/ 信仰(信条)の自由.

Be'kennt·nis·kir·che 囡 -/ 告白教会. ↑bekennen ① 2

Be'kennt·nis·schu·le 囡 -/-n (← Gemeinschaftsschule) 宗派学校(生徒も教師も同一宗派に属する小学校).

****be'kla·gen** [bəˈklaːɡən] ベクラーゲン ❶ 匣 嘆く, 悲しむ; 悼(いた)む. *sein Schicksal* ～ 自分の運命をかこつ. *einen Toten* ～ 死者を悼む. *Bei dem Unglück waren keine Menschenleben zu* ～. その事故で人命にかかわるようなことはなかった. ❷ 匣 (*sich*⁴) 苦情(不平, 不満)を訴える〈*über et*⁴ *meegn et*² 事⁴·²のことで〉. Er hat *sich bei mir über seinen Vorgesetzten beklagt*. 彼は私に上役への不満を訴えた.

be'kla·gens·wert 形 嘆かわしい, かわいそうな, 残念な.

be'kla·gens·wür·dig 形 =beklagenswert

be'klagt 過分 形 (verklagt)〖民事で〗告訴された. *die beklagte Person*〖法制〗〖民事訴訟の被告人.

Be'klag·te 男 囡 〖形容詞変化〗(← Kläger)〖法制〗〖民事事件の被告(↑ Angeklagte).

be'klat·schen [bəˈklatʃən] 匣 **1**(人〈事〉⁴に)拍手喝采する. **2**〖話〗(人⁴の)陰口をきく, (人〈事〉⁴のことを)噂する.

be'klau·en [bəˈklaʊən] 匣 〖話〗(人⁴のものを)くすねる, 盗む.

be'kle·ben [bəˈkleːbən] 匣 (et⁴ mit et³ 物³を物³を)貼りつける.

be'kle·ckern [bəˈklɛkərn] 匣 〖話〗〖北ド・中部ド〗よごす, しみをつける. *das Tischtuch mit der Suppe* ～ テーブルクロスにスープのしみをつける. 《再帰的に》*sich*⁴ *nicht mit Ruhm* ～ しくじる, へまをする.

be'kleck·sen [bəˈklɛksən] 匣 よごす, しみをつける 〈mit et³ 物³で〉. *eine bekleckste Weste haben*《比喩》手が汚れている, やましいところがある.

****be'klei·den** [bəˈklaɪdən] 匣 ❶ **1**(人⁴に)衣服を着せる. 《再帰的に》*sich*⁴ ～ 服を着る. 《過去分詞で》mit et³ *bekleidet sein* 物³を着ている. *leicht bekleidet sein* 軽装である. **2**〖雅〗et⁴ mit et³ ～ 物³

を物³で覆う, 物に物³をかぶせる〈張る, 掛ける〉. *eine Wand mit Tapete* ～ 壁に壁紙を張る. *ein mit einem Stoff bekleidetes Sofa* カバーを掛けたソファー. **3**〖雅〗〖古〗j³ mit et³ ～ 人⁴に物³(権能・高位・地位など)を授ける, 人⁴を物³に就ける. *j⁴ mit Ämtern und Würden* ～ 人⁴を要職に就ける. 高官に任命する. **4**〖雅〗(職務・地位に)就いている. *einen bedeutenden Posten* ～ 重要なポストを占めている.

Be'klei·dung 囡 -/-en **1**《複数なし》(a) 衣服を着せる(着る)こと, 着衣. (b) 叙任, 就任. **2** 衣服. *Der Ertrunkene war ohne* ～ 溺死(できし)者は身に何もまとっていなかった. **3**《まれ》上張り, 外装, 覆い, カバー.

be'klem·men [bəˈklɛmən] 匣 (胸を)圧迫する, 息苦しくさせる, 不安にさせる. *Der Kragen*〈*Diese Stille*〉*beklemmt mich*. カラーが窮屈で私は息がつまりそうだ〈この静けさは私を胸苦しくさせる〉. j³ *das Herz*〈*die Brust*〉 ～ 人³の心⟨胸⟩をしめつける, 不安にさせる. 《過去分詞で》*sich*⁴ *beklemmt fühlen* 胸苦しい, 息がつまりそうだ, 不安でならない. 《現在分詞で》*beklemmendes* Angstgefühl 重苦しい不安感.

Be'klem·mung 囡 -/-en 胸苦しい感じ, 重圧感; 不安, 恐れ.

be'klom·men [bəˈklɔmən] 形 重苦しい, 不安な. *~en Herzens*² / *mit ~em Herzen* 重苦しい気分で, 心配で気もみながら.

Be'klom·men·heit 囡 -/ 胸苦しさ, 不安.

be'klop·fen [bəˈklɔpfən] 匣 **1**(物⁴を何度も)叩いて調べる. **2**〖医学〗(人⁴を)打診する.

be'kloppt [bəˈklɔpt] 形 〖話〗うすのろの, とんまな.

be'knackt [bəˈknakt] 形 〖話〗**1**(↓ Knacks)うすのろの, とんまな. **2** 腹立たしい, 不愉快な. Fünfzehn ist ein ganz schön *~es Alter*. 15歳というのはどうにも手に負えない年頃だ.

be'knei·pen [bəˈknaɪpən] 匣 (*sich*⁴)〖地方〗酔払う

be'knien [bəˈkniːn, bəˈkniːən] 匣 〖話〗(人⁴に)しつこくせがむ, ひざまづかんばかりに懇願する.

be'ko·chen 匣 〖話〗(人⁴のために)食事の世話をする.

be'kom·men¹* [bəˈkɔmən ベコメン] bekam, bekommen ❶ **1**手に入れる, 受取る; もらう, 授かる. *einen Brief*〈*eine Nachricht*〉 ～ 手紙を受取る〈知らせを受ける〉. Er *bekommt 20 Euro für die Stunde*. 彼は1時間に20ユーロ稼ぐ. Ich *bekomme noch 100 Euro von ihr*. 私は彼女からまだ 100 ユーロもらわなくてはならない. 彼女にまだ 100 ユーロの貸しがある. Er *bekommt immer seinen Willen*. 彼はいつでも自分の意志を通す, 自分の思った通りにする. *vier Wochen Urlaub*〈*Sozialhilfe*〉 ～ 4週間の休暇をもらう〈社会扶助を受ける〉. *Was bekommen Sie bitte?*(店員が客にむかって)何になさいますか, 何をさし上げましょうか. *Was bekommen Sie?*(客が店員にむかって)おくらですか. Du *bekommst was!*〖話〗ぶんなぐってやろうか. 《目的語なしで》*Bekommen Sie schon?* ご注文(ご用件)はもう承っておりましょうか. (**zu** 不定詞句と) *Was kann ich zu essen ～?* 何を食べさせてくれるのかね. Du *wirst es noch zu hören* ～. 君もそれを今に聞かせてもらえるだろう, そのうち君の耳にも入るにちがいない. *es*⁴ *mit der Angst zu tun* ～ 不安におそわれる. *es*⁴ *mit j*³ *zu tun* ～ 人³を相手にすることになる, (の)怖さを思い知らされる. 《過去分詞で》Ich habe das Buch geschenkt〈geborgt〉 *bekommen*. 私はこの本をプレゼントされた〈貸してもらった〉.

2（身に起る変化を）受入れる, こうむる. Angst〈Sicherheit〉 ~ 不安におそわれる〈自信がわく〉. Farbe ~ 顔色(血色)がよくなる. graue Haare ~ 髪の毛が白くなる. Sie *bekommt* ein Kind. 彼女はみごもって(妊娠して)いる. Sie hat ein Kind *bekommen*. 彼女は子供を生んだ. Knospen〈Blüten〉~ （植物が）つぼみ〈花〉をつける. eine Krankheit ~ 病気にかかる. Risse ~ （壁などに）ひび割れする. Heute *bekommen* wir Sturm. 今日は嵐になるよ. Zähne ~ 歯が生える. **3**（賞ařaní などを）受ける, 食らう. eine Ohrfeige ~ びんたを食らう. einen Tritt ~ 蹴とばされる, 首になる. einen Orden ~ 勲章をもらう. eine Strafe ~ 罰を受ける. einen Tadel ~ 非難される.
4（苦労して）手に入れる, 達成する. keinen Anschluss ~（電話が）いくら掛けてもつながらない. keine Arbeit ~ 仕事にありつけない. Du *bekommst* den Zug nicht mehr. 君はもう列車に間に合わないよ. eine Stellung ~ 勤め口を見つける. j⁴ aus dem Bett ~ 人⁴を起床させる, 起す. Man *bekam* das Klavier nicht durch die Tür. ピアノをドアから出す(入れる)ことができなかった. einen Platz im Bus ~ バスで座席にありつく. j⁴ zum Reden ~ 人⁴に口を開かせる(物を言わせる).
5 es⁴ nicht über sich⁴ ~, …zu tun どうしても…する決心(ふんぎり)がつかない. Er kann es nicht über sich *bekommen*, ihren Mann zu betrügen. 彼女はどうしても夫をうらぎる気になれなかった.

❷ (s) 君⁴[gut] ~ 人³に有益である, ためになる; 健康(からだ)によい(否定形では gut の代りに schlecht を用いる). Es *bekommt* ihm schlecht. それは彼のためにならない. Das Essen ist mir nicht *bekommen*. それが私に合わなかった. Wohl *bekommt*'s!（飲食のさいの挨拶）たくさん召上がれ, さあ乾杯といこう.

be·kom·men² bekommen¹ の過去分詞.
be'kömm·lich [bəˈkœmlɪç] 形 ためになる, 健康(からだ)によい;（食物が）消化しやすい. Fette Speisen sind schwer ~. 脂(あぶら)っこい食物はこなれが悪い.
be'kös·ti·gen [bəˈkœstɪɡən] 他（↓ Kost）（止宿人・寄宿者などに）日々の食事を出す, 賄(まかな)いをする.（再帰的に）sich⁴ ~ 自炊する.
Be'kös·ti·gung 女 -/-en 賄(まかな)い, 給食; 食事. ein Quartier mit ~ 賄いつきの宿.
be'kräf·ti·gen [bəˈkrɛftɪɡən] 他 **1** 請け合う, 保証する. seine Aussagen mit einem Eid〈durch einen Eid〉~ 自分の発言に嘘偽りのないことを誓約によって請け合う. **2** 強固にする, 強める, 支える. Das *bekräftigte* mich in meiner Überzeugung. そのことは私の確信をさらに強固なものにしてくれた.
Be'kräf·ti·gung 女 -/-en 請け合うこと, 確証, 保証;(学業・業績などの)表彰.
be'krän·zen [bəˈkrɛntsən] 他 **1** 花輪(花冠)で飾る. **2**（人⁴に）花冠をかぶせる. den Sieger mit Lorbeer ~ 勝利者の頭に月桂冠をかぶせる.
be'kreu·zen [bəˈkrɔʏtsən] 他 **1** 〈古〉（物⁴に）十字の印をつける. ❷ 再《*sich*⁴》（まれ）(sich bekreuzigen) 十字を切る.
be'kreu·zi·gen [bəˈkrɔʏtsɪɡən] 再《*sich*⁴》**1**〖カトリック〗十字を切る. **2**〈話〉sich vor j〈et〉³ ~ 人〈物⁴〉から身を守ろうとする(を忌み嫌って)十字を切る,（を）十字を切って退散させる.
be'krie·gen [bəˈkriːɡən] 他（人⁴と）戦争をする, 戦う. (相互代名詞として)*sich*⁴〈*einander*〉~ 交戦する, 矛(ほこ)を交える.

be'krit·teln [bəˈkrɪtəln] 他（人〈物〉⁴の）あら探しをする, にけちをつける.
be'krit·zeln [bəˈkrɪtsəln] 他〈話〉（物⁴に）走り(なぐり)書きする, 落書きする(mit et³ 物⁴を).
be'krö·nen [bəˈkrøːnən] 他 **1**（人⁴に）冠をかぶせる; (j〈et〉⁴ mit et³ 人〈物⁴〉に物³をかぶせる. den Sieger mit einem Lorbeerkranz ~ 勝利者の頭を月桂冠で飾る. einen Turm mit einer Kuppel ~ 塔にドーム(丸屋根)をつける. **2**（物³を）いただく,《比喩》の頂点をなす; 最後を飾る, 有終の美をなす. Eine Burg *bekrönt* den Berg. この山の頂上には城塞(じょうさい)がある. Der Roman *bekrönte* sein Schaffen. その長編小説は彼の創作活動の絶頂となった. Mit dieser Symphonie *bekrönte* er sein Lebenswerk. この交響曲で彼はライフワークの最後を飾った.
be'küm·mern [bəˈkʏmɐn] 他 ❶ (人⁴を)心配させる, 悲しませる;（人⁴の心を煩わす. Sein Zustand *bekümmert* mich sehr. 私は彼の容態が心配でならない. Das braucht dich nicht zu ~. そんなことを君が気にすることはないよ. Was *bekümmert* Sie das? それがあなたになんの関係があるのですか.
❷ 再《*sich*⁴》**1**〈古〉 sich über et⁴ ~ 事⁴のことで心を痛める,（を)悲しむ. **2** sich um j〈et〉³ ~ 人〈物〉⁴のことを気にかける;（の)面倒を見る, 世話をする. Sie sollte *sich* mehr um die Kinder ~ 彼女はもう少し子供たちの面倒を見てやるといいのに.
Be'küm·mer·nis [bəˈkʏmɐnɪs] 女 -/-se〈古〉〈雅〉心痛, 憂い.
be'küm·mert 過分 形 心配した, 悲しげな. mit einem ~*en* Gesicht 浮かぬ顔をして.
be'kun·den [bəˈkʊndən] 他 ❶〈雅〉**1**（言葉つき・顔つき・態度などで）はっきり示す, あらわにする. sein Einverständnis durch eifriges Nicken ~ しきりにうなずいて同意の気持を表す. **2**（弔意などを）述べる, 表明する. **3** 証言する(vor Gericht 法廷で). ❷ 再《*sich*⁴》《雅》に示される, 明らかになる, 露見する.
Bel [bɛl] 中 -s/-〈古〉《記号 B》〖物理〗ベル.　◆電圧などの減衰・利得を示す単位, アメリカの電話発明者 Alexander Graham Bell, 1847–1922 にちなむ. 現在ではデシベルが多く用いられる. ↑Dezibel
be'lä·cheln [bəˈlɛçəln] 他（人〈物〉⁴に対して）微苦笑する. Seine Bemühungen wurden nur *belächelt*. 彼の苦労も鼻で笑われただけだった.
be'la·chen [bəˈlaxən] 他（人〈物〉⁴を）笑う; 笑いものにする.
be'la·den¹ [bəˈlaːdən ベラーデン] 他 (et〈j〉⁴ mit et³（人〈物〉⁴に物³を）積載する, 積む, 背負わせる.《比喩》(いっぱいに・やたらに）積上げる, ごてごて飾る. ein Schiff mit Holz ~ 船に木材を積込む. einen Wagen ~ 車に荷物を積む.《過去分詞で》ein hoch mit Heu *beladenes* Fuhrwerk 干し草を満載した荷馬車. mit Sünden *beladen* sein 罪が深い. Ihr Leben ist mit einem Fluch *beladen*.《比喩》彼女の人生は呪われている. Sie ist mit Schmuck *beladen*.《比喩》彼女はごてごて飾りすぎだ. Kommt alle zu mir, die ihr mühselig und *beladen* seid.《新約》疲れた者, 荷を負う者は, だれでも私のもとに来なさい（マタ 11：28）.《再帰的に》*sich*⁴ mit et³ ~ 物³を背負う. Ich will *mich* nicht mit Sorgen ~. 私は心配事をしょいこむのはいやだ.
be'la·den² beladen¹ の過去分詞.
be'lädst [bəˈlɛːtst] beladen¹ の現在 2 人称単数.
be'lädt [bəˈlɛːt] beladen¹ の現在 3 人称単数.

Belag

Be·lag [bəˈlaːk] 男 –[e]s/Beläge (↓ belegen) (錆やかびの)被膜，(窓・鏡のガラス面の)くもり，(鏡の)裏箔; (道路のコンクリートやアスファルトの)舗装面; 床張り，内張り; (ブレーキの)ライニング; パンの上にのせるもの(チーズやハムなど)，スプレッド，ケーキの台生地(㊤)にのせたもの(果実など)，《医学》舌苔; 偽膜; 《服飾》(Besatz) 縁飾り，《Revers》服の折返し(コートの襟など).

Be·la·ge·rer [bəˈlaːɡərər] 男 –s/–《多く複数で》《軍事》包囲軍.

be·la·gern [bəˈlaːɡərn] 他 1《軍事》(都市・城郭を)包囲(攻囲)する. 2《比喩》(人〈物〉³を)取囲む，(記者・ファンなどが)周りに押しよせる(殺到する).

Be·la·ge·rung 女 –/–en 包囲，攻囲; 殺到すること. die ~ aufheben 包囲を解く.

Be·la·ge·rungs·zu·stand 男 –[e]s/ 戒厳状態. im ~ sein 戒厳令下にある.

Bel·ami [bɛlaˈmiː] 男 –[s]/–s (fr., schöner Freund) 色男，二枚目.

be·läm·mern [bəˈlɛmərn] 他《地方》1 (betrügen) だます，(人)の裏をかく. 2 煩わす，迷惑をかける.

be·läm·mert 過分 形 《話》1 困惑した，うろたえた，しょんぼりした. 2 ひどい，不快な，いやな. eine ~e Geschichte いやな話.

Be·lang [bəˈlaŋ] 男 –[e]s/–e 1《複数なし》重要性. von〈ohne〉~ sein 重要である〈ではない〉. 2《複数》利益，利害関係. 3《次の成句で》in diesem ～《書》この観点において，この点で.

be·lan·gen [bəˈlaŋən] 他 1 告訴する，責任を取らせる. j⁴ wegen Diebstahls ~ 人⁴を窃盗のかどで訴える. 2《次の用法で》Was j⟨et⟩ belangt, so... 人〈物〉³に関しては….

be·lang·los [bəˈlaŋloːs] 形 重要でない，瑣末(ᵃ⁼ᵗ)な.

Be·lang·lo·sig·keit 女 1 重要でないこと，瑣末なこと. 2 どうでもよい事柄(言葉).

be·lang·voll 形 重要な.

'Be·la·rus·se² [bɛlaˈrʊsə, 'beːla..] 男 –n/–n (Weißrusse) ベラルーシ人，白ロシア人. ◆ 女性形 **Belarussin** 女 –/–nen

be·la·rus·sisch [..ˈrʊsɪʃ] 形 (weißrussisch) ベラルーシ(人)の，白ロシア(人)の.

be·las·sen¹* [bəˈlasən] 他 1 (物〈人〉³を)そのままにしておく，(今ある場所・状態に)あるままにしておく. alles beim Alten ~ すべてをもとのままにしておく. Auch diesmal beließ man ihn in seiner Stellung. 今回も彼は昇進を見送られた.《不定のes⁴と》Heute wollen wir es dabei ~. 今日はこれくらいにしておこう，これで打切りにしよう. 2《雅》(人⟨物⟩³に物⁴を)ゆだねる，一任する.

be·las·sen² belassen¹ の過去分詞.

***be·las·ten** [bəˈlastən] ベラステン 他 (↓ Last) 1 (物に)荷重(⁽ᵏ⁾ᵘ)をかける. Die Brücke darf nicht noch mehr belastet werden. 橋にこれ以上の荷重を加えてはならない. 2 (人〈物〉³に)重荷を負わせる，(人)に)負担をかける，(を)苦しめる，悩ます，煩わす (mit et³ 物³). ein Pferd mit Gepäck ~ 馬に荷物を背負わせる. sein Gewissen mit Schuld ~ 罪の意識で良心を苦しめる. Ich will dich nicht mit meinen Sorgen ~. 私は君を私事で煩わしたくない. Was belastet dich? 君は何を悩んでいるのだ.《過去分詞で》mit Schulden belastet sein 借金を背負っている. erblich belastet sein (病的な)遺伝的素質を受けている. 3《商業》ein Konto mit 100 Euro ~ 100 ユーロを口座の借方に記入する. ein Haus mit einer Hypothek ~ 家を

抵当に入れる. 4《法制》(人に)罪を負わせる，不利な証言をする. belastendes Material 罪証.

***be·läs·ti·gen** [bəˈlɛstɪɡən] ベレスティゲン 他 悩ませる，煩わす，困らせる，閉口(⁽ᵏ⁾ᵘ)させる，辟易(⁽ᵏ⁾ᵉᵏⁱ)させる. Er hat sie immer wieder belästigt. 彼は彼女に何度もしつこくつきまとった.

Be·läs·ti·gung 女 –/–en 悩ませる(煩わす，困らせる)こと，しつこく頼む(せがむ)こと; 迷惑行為. sexuelle ~ 性的いやがらせ，セクシャルハラスメント，セクハラ.

***Be·las·tung** [bəˈlastʊŋ] ベラストゥング 女 –/–en 1 積載力，積載量; 負荷，荷重; 荷電. die zulässige ~ eines Fahrstuhls エレベーターの最大積載力. 2 負担，重圧; 負債，課税. eine finanzielle ~ 財政的負担. eine große seelische ~ 大きな心的重圧，ストレス. erbliche ~ 遺伝的素質. die ~ der Waren um 5% 5パーセントの物品課税. 3《法制》誣告(⁽ᶠ⁾ᵍᵒ)罪.《商業》(口座への)借方記入.《法制》(不動産に付帯する)抵当権の設定.

Be·las·tungs·pro·be 女 –/–n 負担(加重)試験. 2《比喩》試煉.

Be·las·tungs·zeu·ge 男 –n/–n《法制》被告に不利な証言をする証人，検事側証人.

be·lat·schern [bəˈlaːtʃərn] 他《話》1 (人⁴を)しつこく説得する，言いくるめよう(だまそう)とする. 2 (事⁴を)助言する，(の)相談に乗る.

be·lau·ben [bəˈlaʊbən] 再 (sich⁴) (樹木が)葉を出す，葉を茂らせる.《過去分詞で》eine belaubte Hecke 葉の生い茂った生け垣.

Be·lau·bung 女 –/ 葉が生い茂ること，葉をつけること. 2《集合的で》葉.

be·lau·ern [bəˈlaʊərn] 他 ひそかにうかがう，こっそり観察(監視)する.

Be·lauf [bəˈlaʊf] 男 –[e]s/–e《猟師》(森林官の)担当区，猟区. 2《古》(Betrag) 金額.

be·lau·fen¹* [bəˈlaʊfən] 1 他 (ある地域・区域を)見回る，巡視する; (買物などのためにあちこちの店を)歩き回る，探し歩く. 2 再 (sich⁴) (金額などが或る額に)達する. Die Zahl der Mitarbeiter beläuft sich auf 50. 協力者の人数は50名にのぼる. 3 自 (s) (ガラスなどが)くもる.

be·lau·fen² 過分 形 人出(人通り)の多い，活気のある. ein viel ~er Platz 人出の多い広場.

be·lau·schen [bəˈlaʊʃən] 他 1 (人⁴の言葉に)立聞きする，盗み聞きする，(に)聞耳を立てる. 2 (物⁴を)一心に理解しようと努める. die Natur ~ 自然を観察する.

Bel·can·to [bɛlˈkanto] 男 –s/ (it., schöner Gesang)《音楽》ベルカント唱法(17–19世紀イタリア・オペラにおける美声を堪能させる歌唱法).

be·le·ben [bəˈleːbən] 1 他 生き生きとさせる，元気にする，よみがえらせる. Der Kaffee hat mich [wieder] belebt. コーヒーのおかげで私は元気を取り戻した. alte Sitten und Gebräuche neu ~ 昔の風俗習慣を新たによみがえらせる. ein belebender Regen 恵みの雨. 2 生気(生彩)を与える，活発にする，活気づく; (ある場所を)賑(ᵏ⁾ᵎ)わす. Viele Touristen beleben im Herbst die kleine Stadt. 秋になると多くの観光客がその小さな町を賑わす. den Handel ~ 取引を活発にする. ein Zimmer durch Blumen ~ 花を飾って部屋に活気を与える. 3 (生物がある場所に)生息する. Der See kann von keinen Fischen belebt werden. この湖には魚が住めない.

❷ 再 (sich⁴) 生き生きとする，よみがえる; 活気づく，賑

わう． Ihre Gesichtszüge *belebten sich*. 彼女の表情に生気がみなぎった． ◆ belebt

*be'lebt [bəˈleːpt ベレープト] 過分形 活気のある，眼やかな；生気にみちた． eine ～e Straße 眼やかな通り，繁華街． sich¹ ～ fühlen 気分がはずんでいる，浮き浮きしている．

Be'le·bung 囡 -/-en 生き生きさせること，活発にすること；振興；生命を吹込むこと，蘇生(˶˝˶)．

be'le·cken [bəˈlɛkən] 他 (人〈物〉⁴を) 舐(ʜ)める． Der Hund *beleckt* seinen Herrn. 犬が主人をぺろぺろなめる． eine Briefmarke ～ 切手をなめる．《過去分詞で》von et³ wenig〈nicht〉*beleckt* sein《話》事³のことをあまり〈まったく〉知らない． Die Urbewohner der Insel sind von [der] Kultur kaum *beleckt*. その島の原住民は文明の息吹にほとんどふれたことがない．

Be'leg [bəˈleːk] 男 -[e]s/-e 1 証拠書類，証明書，証文；領収書，受領書． 2 (a)(語法・表現法などの) 用例，例証． (b)(Belegstelle)(引用文などの)出典，典拠． 3《考古》発掘(出土)品． 4 =Belegexemplar

*be'le·gen¹ [bəˈleːgən ベレーゲン] 他 1 (物⁴を)覆う(mit et³ 物³で)，(に)かぶせる(mit et³ 物³を)；(人⁴に)負わせる，課(科)す(mit et³ 物³を)． den Boden mit Fliesen ～ 床にタイルを張る． ein Brot mit Käse ～ パンにチーズをのせる． et⁴ mit Namen ～ 物⁴に名前をつける． ein Gebäude〈eine Stadt〉mit Truppen ～ 軍隊をある建物に宿営させる〈ある町に駐屯させる〉． eine Stadt mit Bomben ～ 町を絨毯(ʆʉˀ)爆撃する． j⁴ mit Geldstrafe ～ 人⁴に罰金を科す． 2 (場所などを)占める，ふさぐ，確保(予約)する． einen Platz ～ 席を取っておく． Er *belegte* den fünften Rang. 彼は5位に入った． im Seminar ～ ゼミの受講登録をする． ein Zimmer ～ 部屋を予約する． Wir sind voll *belegt*. 私どもはただいま満席(満室)です． 3 (証拠となる文書などで)証明する，裏づける． 4《船員》(船を繋留する；とも綱を結ぶ． 5《猟師》(雌と)交尾する，番(ʦʦʦ)う． 6 die Variablen einer Funktion ～《数学》関数の変数に元を割当てる． die Aussagenvariablen ～《論理》陳述の変数に真理値を与える． die Variablen eines Programms ～《ｺﾝﾋﾟｭｰﾀ》プログラムの変数に数値を指定する． ◆↑belegt

be'le·gen² [bəˈleːgən]《古》《書》(…に)存在する，ある． Die Stadt ist am Meer ～. その町は海辺にある．

Be'leg·exem·plar 中 -s/-e《書籍》(出版した証拠として著者に渡される)著者献本，(出版社の文庫などに収められる)保存本．

Be'leg·schaft 囡 -/-en (企業の)全従業員；(寄宿舎などの)同室者の全員．

Be'leg·stel·le 囡 -/-n 出典，典拠，引用箇所．

Be'leg·stück 中 -[e]s/-e《書籍》=Belegexemplar

be'legt 過分形 1 満席(満室)の，予約ずみの． 2 (声が)かすれた，しゃがれた． 3《医学》(舌が)舌苔(ʣʦʨ)におおわれた． 4 (パンにハムなどを)のせた，挟んだ． 5 証明された． urkundlich ～ 文書によって裏づけされた．

Be'leh·nen [bəˈleːən] 他 (↓Lehen) 1《歴史》(人⁴に)封土(ʟʦˀ)を与える． j⁴ mit et³ ～ 人⁴に物³(土地)を封土として授与する；物³(称号など)を授与する． 2 (ᓺ)(beleihen)(物⁴を)担保にして金を貸す．

Be'leh·nung 囡 -/-en 封土授与(式)；叙任(式)．

be'leh·ren [bəˈleːrən] 他 1 (人⁴に)教える，分からせる，(を)啓蒙する． Ein Blick auf sein Gesicht *belehrte* mich, dass es besser war, zu schweigen. 彼の顔をちらりと見て私は黙っている方がよいと知った． j⁴ über et⁴ ～ 人⁴に事⁴について教える，説明する，手ほどきする． ein *belehrendes* Buch 啓蒙書，教訓書． ein *belehrender* Ton 教えてやろうと言わんばかりの物の言い方，説教がましい口調． 2 (a)(人⁴の)考えを改めさせる，(に)忠告する． Er ist nicht zu ～. 彼には忠告のしようがない，つける薬がない． (b) j⁴ eines Besseren〈eines anderen〉～ 人⁴の誤りを正す． Die Erfahrung *belehrte* ihn eines Besseren. その経験は彼の考えが間違っていたことを彼に教えた． (c)(**lassen**) sich¹ von j³ ～ lassen 人³の忠告を受入れる．

Be'leh·rung 囡 -/-en 1《複数なし》教えること，啓蒙，啓発，手ほどき． 2 忠告． keine ～ annehmen 忠告(教え)を受けつけない． 3《侮》お説教．

be'leibt [bəˈlaɪpt] 形 (↓Leib) 太った，肉づきのよい，でっぷりした．

Be'leibt·heit 囡 -/ 肥満．

*be'lei·di·gen [bəˈlaɪdɪgən ベライディゲン] 他 (人⁴を)侮辱する，(の)感情を害する，(の)気を悪くさせる(mit et³ / durch et⁴ 事³,⁴で)；(耳・目に)不快感を与える；(名誉などを)傷つける，害する． Das *beleidigt* das Auge〈das Ohr〉. これは見る〈聞く〉に耐えない． j⁴ durch verächtliches Benehmen ～ 人⁴をさげすむような振舞で侮辱する． j² Ehre ～ / j⁴ in *seiner* Ehre ～ 人⁴,²の名誉を傷つける．《現在分詞で》Seine Äußerungen sind *beleidigend*. 彼の発言は侮辱的である． eine *beleidigende* Musik. 耳ざわりな音楽．《過去分詞で》Sie ist leicht〈schnell〉*beleidigt*. 彼女はすぐに気分を害する． sich¹ *beleidigt* fühlen 侮辱を感じる． ein *beleidigtes* Gesicht むっとした顔つき． die *beleidigte* Leberwurst spielen《話》(つまらぬ事で)むかっ腹を立てる，すねる，ふてくされる．

Be'lei·di·ger [bəˈlaɪdɪgər] 男 -s/- 侮辱する人．

*Be'lei·di·gung [bəˈlaɪdɪgʊŋ ベライディグング] 囡 -/-en 1《複数なし》侮辱(すること)． 2 侮辱的な言動，悪口，中傷，名誉毀損．

be'lei·hen [bəˈlaɪən] 他 1 (物⁴を)担保にして金を貸す． 2《古》(belehnen)(j⁴ mit et³ 人⁴に物³を)授ける，授与する．

Be'lei·hung 囡 -/-en 担保貸し，抵当貸付け．

°be'lem·mern [bəˈlɛmərn] ↑belämmern

°be'lem·mert ↑belämmert

Be·lem'nit [bɛlɛmˈniːt] 男 -en/-en《古生物》矢石類(ʦʦʞʦʦʦ)(ジュラ紀・白亜紀に栄えた化石動物)．

be'le·sen [bəˈleːzən] 形 本を沢山読んでいる，博識(博学)の．

Be'le·sen·heit 囡 -/ 博識，博学，物知り．

*be'leuch·ten [bəˈlɔʏçtən ベロイヒテン] 他 1 照らす，(に)光(照明)をあてる．《過去分詞で》Das Zimmer ist schlecht *beleuchtet*. この部屋は照明が悪い． 2《比喩》調査(検討，吟味)する． ein Problem von allen Seiten ～ 問題にあらゆる角度から光をあてる，(を)あらゆる方面から検討する．

Be'leuch·ter [bəˈlɔʏçtər] 男 -s/- (劇場の)照明係．

Be'leuch·ter·brü·cke 囡 -/-n (劇場の)ライトブリッジ．

*Be'leuch·tung [bəˈlɔʏçtʊŋ ベロイヒトゥング] 囡 -/-en 照明，照明；(問題の)検討，調査．

Be'leuch·tungs·an·la·ge 囡 -/-n 照明設備．

Be'leuch·tungs·kör·per 男 -s/- 照明器具，電灯．

be'leum·det [bəˈlɔʏmdət] 形 噂の，評判の． gut〈schlecht〉～ sein 評判がよい〈悪い〉．

be'leu·mun·det [bəˈlɔʏmʊndət] 形 =beleumdet

'bel·fern ['bɛlfərn] 圓 〔話〕 1 (犬が)きゃんきゃん吠える. 2 (大砲などが)とどろく. 3 がみがみ言う; がなりたてる.

'Bel·fried ['bɛlfri:t] 男 -[e]s/-e 1 〔古〕 (Bergfried) (中世の城郭の)望楼, 天守閣. 2 (フランドル地方の)鐘楼. ◆ =Beffroi

*'Bel·gi·en ['bɛlgiən ベルギエン] 【地名】ベルギー.

'Bel·gi·er ['bɛlgiər] 男 -s/- 1 ベルギー人. 2 ベルギー馬(強くて大きい荷車用の馬). ◆女性形 Belgierin [..giərin] 女 -/-nen

'bel·gisch ['bɛlgɪʃ] 形 ベルギー(人)の, ベルギー出身の.

'Bel·grad ['bɛlgra:t] 【地名】(serb., weiße Burg') (Beograd) ベオグラード, ベルグラード(ユーゴスラビア連邦ならびにセルビアの首都).

be·lich·ten [bəˈlɪçtən] 他 (↓Licht) 〖写真〗(フィルムを)露出する, 感光させる.

Be·lich·tung 女 -/-en 〖写真〗露出, 感光.

Be·lich·tungs·dau·er 女 -/ 〖写真〗露出時間.

Be·lich·tungs·mes·ser 男 -s/- 露出計.

be·lie·ben [bəˈli:bən] ❶ 他 〔雅〕 〖多く zu 不定詞句と〕 …したいと思う, 望む; ご所望である. Belieben Eure Majestät zu speisen? 陛下にはお食事を召上がりあそばされますか. Sie beliebte endlich, bei mir anzurufen. 彼女はやっと私に電話をする気になってくれた. Sie belieben zu scherzen. ご冗談ばっかり. Wie Sie [das/es] belieben! ご随意に, お好きなように. ❷ 自 〔雅〕 (gefallen) (人³の)気に入る. Was beliebt [Ihnen]? 何をさし上げましょうか, どんなご用件でしょうか. Wie beliebt [es Ihnen]? 〔古〕なんとおっしゃいましたか(=Wie bitte?). 〖zu 不定詞句と〕 Beliebt es Ihnen, einen Spaziergang zu machen? 散歩をなさいますか. ◆この語を用いると慇懃(いんぎん)な, 転じて皮肉っぽいニュアンスを帯びる. ⇨ beliebt

Be·lie·ben 中 -s/ 1 (Gefallen) 気に入ること, 喜び, 楽しみ. an et³ ~ haben〈finden〉物³が気に入る, (を)喜ぶ, 楽しむ. 2 (自分なりの)判断, 考え, 意向. in j² ~ stehen〈liegen〉人²の意向にまかされている. nach ~ 随意に, 好きなように.

*be·lie·big [bəˈli:bɪç ベリービヒ] 形 1 任意の, 随意の; ある. ein ~es Beispiel ある任意の例. 〖名詞的用法〗 ein Beliebiger〈° =er〉(任意の)あるひと. jeder Beliebige〈° =e〉誰でも. 2 思い通りの, 随意の. Du kannst hier ~ spazieren gehen. 君はここでは好きなように散歩していいよ. ~ lange 好きなだけ長い間.

*be·liebt [bəˈli:pt ベリープト] 過分詞 人気のある, 評判(受け)のよい. ein ~er Vorwand よく使われる口実. bei j³ ~ sein 人³の受けがよい, 覚えがめでたい. sich⁴ ~ machen 気に入られれる, いい子になる; 取り入る(bei j³ 人³に).

Be·liebt·heit 女 -/ 人気, 好評. sich⁴ großer ~² erfreuen たいへん人気がある, 評判が高い.

be·lie·fern [bəˈli:fərn] 他 (人⁴に)品物を供給(納入)する; (j⁴ mit et³ 人⁴に物³を)納品する.

Be·lie·fe·rung 女 -/-en (得意先への)品物を供給(納入), 納品.

Bel·kan·to [bɛlˈkanto] 男 -s/ 〖音楽〗 =Belcanto

Bel·la·don·na [bɛlaˈdɔna] 女 -/..nen (it., schöne Dame') 1 〖植物〗 (Tollkirsche) ベラドンナ(なす科の薬用植物). 2 〖薬学〗ベラドンナ製剤.

*'bel·len ['bɛlən ベレン] 自 1 (犬·狼が)吠える. Hunde, die [laut] bellen, beißen nicht. 〔諺〕能ある犬は吠えるが吠える犬は咬まぬ. 2 激しく咳(せき)こむ. 3 (大砲などが)とどろく, 轟音(ごうおん)を発する; 大声で出す, がなる, どなる.

Bel·le·trist [bɛləˈtrɪst ベレトリスト] 男 -en/-en 文芸作家; (とくに)大衆作家.

Bel·le·tri·stik [bɛləˈtrɪstɪk] 女 -/ (fr. belles lettres, schöne Literatur') 文芸; 大衆文学.

bel·le·tri·stisch 形 文芸の; 大衆文学の.

Belle·vue¹ [bɛlˈvy:] 女 -/..'vy:ən] (fr., schöne Aussicht') 見晴らし場所, 展望台.

Belle·vue² 中 -[s]/-s ベルヴュー(宮殿·ホテルなどの名前, 多くを見晴らしのよい場所にある).

Bel·li·zist [bɛliˈtsɪst] 男 -en/-en (lat.) (↔ Pazifist) 主戦(好戦)論者.

be·lo·ben [bəˈlo:bən] 他 〔古〕 他 =belobigen

be·lo·bi·gen [bəˈlo:bɪɡən] 他 称賛(表彰)する.

Be·lo·bi·gung 女 -/-en 1 〖複数なし〗称賛, 表彰. 2 称賛の言葉, 賛辞.

be·log [bəˈlo:k] belügen の過去.

be·lo·gen [bəˈlo:gən] belügen の過去分詞.

*be·loh·nen [bəˈlo:nən ベローネン] 他 (人¹に)報いる, 報酬を与える. j⁴ für seine Mühe ~ 人⁴の労をむくいる. j⁴ mit Undank ~ 人⁴に忘恩で報いる, 恩を仇(あだ)で返す. So belohnst du mein Vertrauen! これが私の信頼に対する君のお返しか.

Be·loh·nung 女 -/-en 報酬, 謝礼, ねぎらい, 報い.

'Be·lo·rus·se ['bɛlorosə, 'beˈlo..] 男 -n/-n =Belarusse ◆女性形 Belorussin 女 -/-nen

'be·lo·rus·sisch 形 =belarussisch

Bel·pa·e·se [bɛlpaˈe:za] 男 -/ (it.) ベルパエーゼ(乳で作った半硬のイタリア産チーズの商品名).

Bel·sa·zar [bɛlˈza:tsar] 男 〖旧約〗ベルシャツァル, ベルシャザル(ダニエル書に出てくるバビロン最後の王, 酒宴の席上ふしぎな指が現れて壁に文字を書き彼の死を告げたという. ダニ 5:1 以下).

Belt [bɛlt] 男 -[e]s/ 〖地名〗 der Große〈der Kleine〉 ~ 大〈小〉ベルト海峡 (Ostsee にある 2 つの海峡).

be·lud [bəˈlu:t] beladen¹ の過去.

be·lüf·ten [bəˈlyftən] 他 (↓Luft) 1 (物¹の)換気をする. 2 Mineralwässer ~ 〖化学〗鉱水(ミネラルウォーター)の鉄分と硫化水素を分離する.

Be·lüf·tung 女 -/ 換気.

Be·lu·ga¹ [bəˈluːga] 女 -/-s (russ.) 1 〖動物〗 (Weißwal) ベルーガ, しろいるか(北極海に生息). 2 〖魚〗 (Hausen) ベルーガ(カスピ海·黒海水域に生息するちょうざめ).

Be·lu·ga² 男 -s/ ベルーガ (Beluga¹ の卵のキャビア).

be·lü·gen [bəˈly:gən ベリューゲン] 他 だます, 欺く, (に)嘘をつく. 《再帰的に》sich⁴ selbst ~ 思い違い(勘違い)する.

be·lus·ti·gen [bəˈlʊstɪɡən] ❶ 他 楽しませる, 面白がらせる, 笑わせる. et⁴ belustigend finden 事⁴を面白いと思う, 面白がる. ❷ (sich⁴) 〖自〗 sich⁴ über j⟨et⟩⁴ ~ 人⟨物⟩⁴を笑いものにする, からかう. 2 〔古〕楽しむ, 打ち興じる.

Be·lus·ti·gung 女 -/-en 楽しみ, 娯楽, お祭こと.

Bel·ve·de·re [bɛlveˈde:rə] 中 -[s]/-s (it., schöne Aussicht') 1 〔古〕見晴らし場所, 展望台. 2 ベルヴェデーレ(宮殿·ホテルなどの名前).

Bem. 〔略〕 = Bemerkung

be·mäch·ti·gen [bəˈmɛçtɪɡən] 他 (sich⁴) (↓Macht) 1 sich⁴ et² ~ 物²を力づくで奪う, 占領(奪取)する. 物²を捕える, つかまえる. 2 sich⁴ j² ~ 人²を捕える. 3 sich⁴ j² ~ (不安·恐怖などが)人²をおそう. Furcht bemächtigte sich seiner. 恐怖が彼をとらえた.

Be·mäch·ti·gung 囡 -/ 強奪, 奪取; 占領, 占拠.
be'mä·keln [bəˈmɛːkəln] 他《話》(物〈人〉⁴の)あら探しをする.
be'ma·len [bəˈmaːlən] ❶ 他 (物⁴に)色を塗る; 模様を描く. eine Wand mit Ölfarbe ー 壁に油性ペイントで色を塗る. den Teller mit Blümchen ー 皿に花模様を描く. ❷ 再《sich⁴》1 (とくに熱帯地方の自然民族に見られるように)身体彩色(ボディーペインティング)をする. 2《戯》けばけばしい化粧をする.
Be'ma·lung 囡 -/-en 1《複数なし》彩色, 絵つけ. 2 (壁などに描かれた)絵, 壁面装飾; (食器などの)色彩模様. 3 (自然民族などに見られる)身体彩色, ボディーペインティング. 4《戯》厚化粧.
be'män·geln [bəˈmɛŋəln] 他 (↓ Mangel) (物⁴を)非難する, (に)文句(けち)をつける.
Be'män·ge·lung 囡 -/-en 非難, あら探し.
be'man·nen [bəˈmanən] 他 (船・飛行機などに)乗員を乗込ませる, 乗組員を配置する. 《過去分詞で》ein mit acht Ruderern *bemanntes* Boot 8人漕ぎのボート, エイト(=Achter). ein *bemanntes* Raumschiff 有人宇宙船. ❷ 再《sich⁴》《戯》1 ボーイフレンドがいる, 男性と同伴で出かける. Sie kam *bemannt* zur Party. 彼女は同伴でパーティーにやって来た. 2 (女性が)結婚する. Sie wollte *sich* endlich ー. 彼女はとうとう結婚する気になった.
Be'man·nung 囡 -/-en 1《複数なし》(船・飛行機などの)乗員配置. 2 (ボートの)乗員, クルー.
be'män·teln [bəˈmɛntəln] 他 (失敗などを)隠す, 取りつくろう, ごまかす. *seine* wahren Absichten ー 本当の意図を隠す.
be'meis·tern [bəˈmaɪstərn] ❶ 他《雅》(感情などを)支配(制御)する, 抑制する, 克服する. *seinen* Unmut ー 不機嫌を押し殺す. ❷ 再《sich⁴》1 自制する. 2《雅》《über j² ー》(想念・感情などが)人²をとらえる. Angst *bemeisterte sich* seiner. 不安が彼をとらえた.
be'merk·bar [bəˈmɛrkbaːr] 形 気づきうる, 目につく. *sich*⁴ ー machen (身振りなどで)人目を引く; (影響・傾向などが)はっきり現れる, 目につく.

be'mer·ken [bəˈmɛrkən] 他 1 認める, 気づく. j⁴ nicht ー wollen 人⁴にわざと知らぬ顔をする, (を)無視する. 2 (手短かに)言う. *nebenbei bemerkt* ついでに言うと, ちなみに. 3《まれ》(人〈物〉⁴に)注意を払う, 関心を持つ. Sein Werk wurde viel *bemerkt*. 彼の作品は大方の注目を浴びた. 4《中性名詞として》mit dem *Bemerken*《書》付属つきで.
be'mer·kens·wert 形 1 注目に値する, すばらしい, すぐれた, 著しい. eine ーe Leistung 注目すべき(すばらしい)業績. 2《副詞的用法で》非常に, 並はずれて.
***Be'mer·kung** [bəˈmɛrkʊŋ] 囡 -/-en (略 Bem.) 1 所見, コメント, 寸(短)評; (簡単な)覚書き, メモ. eine ー über et⁴〈zu et³〉machen 事⁴,³について所見(意見)を述べる. sich³ eine ー erlauben さし出て一言コメントする. 2《古》《まれ》認める(気づく)こと, 観察. Da machte er eine seltsame ー. そのとき彼は珍しいものを目にした.
be'mes·sen¹ [bəˈmɛsən] ❶ 他 1 (寸法・距離・目方・容積・時間などを)測る, 計算する, はかって(見積って)割当てる, 配分する. den Zeitraum lang genug ー 時間を十分に取る. das Trinkgeld reichlich ー チップをたっぷり見込んでおく. eine genau *bemessene* Dosis 正確に量られた服用量. knapp *bemessene* Zeit ぎりぎりに見積った時間. ❷ 再《sich⁴》算定される. Die Steuern *bemessen sich* nach dem Einkommen. 税金は収入に応じて査定される.
be'mes·sen² bemessen¹ の過去分詞.
Be'mes·sung 囡 -/-en 測定, 計量; 算定, 査定, 見積り.
be'mit·lei·den [bəˈmɪtlaɪdən] bemitleidete, bemitleidet 他 (人⁴に)同情する, 慰めの言葉をかける, (を)気の毒に思う.
be'mit·lei·dens·wert 形 同情すべき, 気の毒な.
be'mit·telt [bəˈmɪtəlt] 形《古》(↓ Mittel¹) 資産のある, 裕福な.
'Bemm·chen [ˈbɛmçən] 中 -s/- Bemme の縮小形.
'Bem·me [ˈbɛmə] 囡 -/-n《東中部方》バターを塗ったパン(切れ).
be'mo·geln [bəˈmoːɡəln] 他《戯》(人⁴をちょっとだます(ごまかす).
be'moo·sen [bəˈmoːzən] 再《sich⁴》苔(こけ)でおおわれる.
be'moost [bəˈmoːst] 過分形 1 苔(こけ)におおわれた, 苔むした. 2《戯》年老いた, 年季の入った. ein ー*es* Haupt 古株の学生, 万年学生; 老人, じいさん. ein Karpfen mit ー *em* Haupt 劫(ごう)をへた大鯉. 3《地方》裕福な, 金持ちの.

be'mü·hen [bəˈmyːən ベミューエン] ❶ 他《雅》(人⁴の)手を煩わせる, (に)面倒をかける, 手数をかけさせる; (物⁴の)助けを借りる. Darf ich Sie noch einmal ー? もう一度面倒をお願いできますか. um ein altes japanisches Sprichwort zu ー 古い日本の諺を援用する.
❷ 再《sich⁴》1 苦労する, 骨折る, 努力する. Ich *bemühte mich*, meinen Zorn zu unterdrücken. 私はやっとのことで怒りを抑えた. Bitte bemühen Sie *sich* nicht! どうぞお構いなく. *sich* für j⁴ ー 人⁴のために尽力する, 一肌ぬぐ. *sich* um et⁴ ー 物⁴を手に入れようと骨折る. Ich *bemühte mich* vergebens um ein Lächeln. 私はなんとか作り笑いをしようとしたが無駄であった. *sich* um j⁴ ー 人⁴の歓心を買おうとする, (に)取入る; (のことを)心配する, (の)世話(面倒)をみる. um einen Kranken〈ein Mädchen〉ー 病人のことを気にかける〈ある娘の心を射止めようとする〉. 2《方向を示す語句と》《雅》…へ出向く, (わざわざ)出かける. Würden Sie *sich* bitte hierher〈ins Nebenzimmer〉ー? ご足労ですがこちらへ〈隣室へ〉おいでいただけませんか.
Be'mü·hen 中 -s/ 骨折り, 努力, 苦労.
be'mü·hend 現分 形 1 努力して(頑張って)いる, 一生懸命の. 2《ス》厄介(面倒)な, しんどい, いやな.
be'müht 過分 形 必死の, ー ー sein, …zu tun …しようと努力する(骨を折る). Er war ー, seinen Missmut nicht zu zeigen. 彼は不機嫌なようすを見せないようにと必死だった.
***Be'mü·hung** [bəˈmyːʊŋ ベミューウング] 囡 -/-en 1《多く複数で》努力, 苦労, 骨折り; 苦労の結果, 労作. 2《複数で》(とくに医師・弁護士の職業上の)仕事, 尽力. Der Arzt berechnete für seine ー ー en 1000 Euro. 医者は診療報酬として1000ユーロ請求した.
be'mü·ßi·gen [bəˈmyːsɪɡən] 他《雅》《まれ》j⁴ ー, …zu tun 人⁴に…するように強いる, (わざわざ)せざるをえないようにしむける. 《過去分詞で》*sich*⁴ *bemüßigt* finden〈fühlen/sehen〉, …zu tun …せざるをえないと感じる. Er fand sich⁴ *bemüßigt*, ihr zu helfen. 彼は彼女を

助けてやらずばなるまいと思った.

be'mus·tern [bəˈmʊstərn] 他《商業》(物⁴に)商品見本をつける.

be'mut·tern [bəˈmʊtərn] 他 (人⁴の)母親代わりをする, (母親のように)世話をする.

Ben [bɛn]《男名》ベン(Benjamin の短縮).

be'nach·bart [bəˈnaxbaːrt] 形 隣の; 近隣の, 隣接した.

be'nach·rich·ti·gen [bəˈnaːxrɪçtɪɡən] 他 (人⁴に)報告する, 知らせる, 通知する(von et³ 事⁵について).

Be'nach·rich·ti·gung 女 -/-en 1《複数なし》知らせる(通知する)こと. 2 知らせ, 報告, 通知.

be'nach·tei·li·gen [bəˈnaːxtaɪlɪɡən] 他 (人⁴を)不利に扱う, (に)不利益を与える, 損をさせる. Er *benachteiligt* seinen Sohn gegenüber der Tochter. 彼は娘に較べて息子には冷たい. sich⁴ *benachteiligt* fühlen 不公平をされた(冷遇された)と思う, ひがむ.

Be'nach·tei·li·gung 女 -/-en 1《複数なし》不利益を与えること. 2 不公平な扱い, 冷遇.

be'na·gen [bəˈnaːɡən] 他 (物⁴を齧じる.

be'nä·hen [bəˈnɛːən] 他 1 (et⁴ mit et³ 物⁴に物³を)縫いつける. 2《家庭》(ある人や人形に)服を縫ってやる.

be'nahm [bəˈnaːm] benehmen の過去.

be'näh·me [bəˈnɛːmə] benehmen の接続法 II.

be'nam·sen [bəˈnaːmzən] 他 (↓ Name)《戯》(人⁴物³に)おどけた名(愛称)をつける. Er hat sie „Schnuckelchen" *benamst*. 彼は彼女に「子羊ちゃん」というあだ名をつけた.

be'nannt [bəˈnant] 過分 形 (↑benennen) 命名された, 指定の.

°**'Ben·del** [ˈbɛndəl] ↑Bändel

be'ne·beln [bəˈneːbəln] 他 1 (物⁴を)霧の中に包みこむ. Dunst *benebelte* die Gipfel. もや(靄)や峰々を包んでいた. 《再帰的に》 Dieses Tal *benebelt sich⁴* am Abend.《雅》この谷間は夕方になると霧に包まれる. 2 (人⁴を)朦朧(らう)とさせる, 酔を混乱させる. Der Wein *nebelte* seinen Kopf(ihm den Kopf). ワインが彼の頭を混乱させた. *benebelt* sein 酩酊(ふひ)している. 《再帰的に》Er *benebelte sich⁴* mit Erfolgen. 彼は成功に酔った(天狗(てぐ)になった).

be·ne'dei·en [beneˈdaɪən] 他 benedeite, [ge]benedeit (*lat.*)《聖書》《古》1 (segnen) 祝福する. 《過去分詞の名詞的用法で》die *Gebenedeite* unter den Frauen 女たちの中で祝福せられし者, 聖母マリア(《新約》ルカ1:28). 2 (lobpreisen) たたえる. *Gebenedeit* seist du, Maria. マリアさま, おんみがたたえられてありますように.

Be·ne'dic·tus [beneˈdɪktʊs] ❶ 中 -/- (*lat.*, gebenedeit sei°)《カト》1 ザカリア頌歌(ふう). ▶ 聖務日課中で唱えられる賛歌(《新約》ルカ1:68 以下のラテン語冒頭句から. 2 ベネディクトゥス. ▶ ミサ通常式文中の Sanctus(サンクトゥス, 三聖頌)の終りの部分, またその音楽(《新約》マタ21:9のラテン語による. ❷《男名》=Benediktus

'Be·ne·dikt [ˈbeːnedɪkt]《男名》ベネディクト. der heilige Benedikt[us] von Nursia ヌルシアの聖ベネディクトゥス(480?-547, イタリアのノルチア出身の聖人, 西欧型修道生活の創始者. ◆付録「聖人暦」7月11日).

Be·ne·dik'ti·ner [benedɪkˈtiːnər] 男 -s/- 1 ベネディクト修道会の修道士, ベネディクト会士. ◆女性形 Benediktinerin 女 -/-nen 2 ベネディクティン(フランス, ノルマンディー Normandie 地方のベネディクト会修

道院で最初に造られた高級リキュール酒).

Be·ne·dik'ti·ner·or·den 男 -s/《略 OSB》《カト》ベネディクト(修道)会. ▶ ヌルシアの聖ベネディクトゥス Benedikt が定めた戒律に従う修道会, 529創立, 中世を通じて西欧の精神生活に指導的役割を果たした.

Be·ne·dik·ti·on [benedɪktsi̯ˈoːn] 女 -/-en (*lat.*)《カト》(Segnung) 祝福, 祝別(しゅく); 祝別式(人または物を聖なるものとして神に捧げる祈りまたは儀式).

Be·ne'dik·tus [beneˈdɪktʊs]《男名》ベネディクトゥス. ↑Benedikt

Be·ne'fiz [beneˈfiːts] 中 -es/-e (*fr.*) 1 =Benefizvorstellung 2《古》=Benefizium 1

Be·ne·fi'zi'ar [benefɪtsi̯ˈaːr] 男 -s/-e =Benefiziat

Be·ne·fi·zi'at [..ˈaːt] 男 -en/-en《カト》教会(聖職)禄受領者.

Be·ne'fi·zi·um [..ˈfiːtsi̯ʊm] 中 -s/..zien [..tsi̯ən] (*lat.*) 1《歴史》(中世の封建領主が封臣に与える)家禄, 封土(さ). 2《カト》教会(聖職)禄.

Be·ne'fiz·kon·zert 中 -[e]s/-e 慈善演奏会, チャリティーコンサート.

Be·ne'fiz·vor·stel·lung 女 -/-en (↑Benefiz) 1《古》(すぐれた芸術家を顕彰し, その収益を寄贈する)記念公演; 引退公演. 2 (一般の)チャリティーショー, 慈善公演(興行).

*****be'neh·men*** [bəˈneːmən] ベネーメン ❶ 他 1《雅》(人³から物⁴を)取去る, 奪う. Der Schreck *benahm* mir den Atem. 私は驚きのあまり息もつけなかった. 2 (まれ) (人⁴を)ぼうっと(呆然と)させる.《非人称的にも》Es *benahm* mich. 私は呆然となった.

▶ ↑ benommen

❷ 再 (sich⁴) 1《様態を示す語を》…の振舞をする, 態度をとる(gegen j⁴/j³ gegenüber 人⁴·³に対して). sich⁴ höflich(wie ein Schuft) ~ 丁重に振舞う(ぐらず者のような態度をとる). 2 行儀よくする. sich⁴ zu ~. 彼は礼儀作法をわきまえている. *Benimm* dich (anständig)! (子供にむかって)お行儀よくなさい.

*****Be'neh·men*** [bəˈneːmən] ベネーメン 中 -s/ 1 振舞, 態度, 物腰; 行儀. kein ~ haben 行儀知らず(不作法)である. 2《成句で》 sich⁴ mit j³ ins ~ setzen (許人⁴と話合う, 協議(相談)する, 了解し合う(über et⁴ / wegen et² 事⁴·²のことで).

*****be'nei·den*** [bəˈnaɪdən] ベナイデン 他 (j⁴ um et⁴〈wegen et²〉人⁴の事⁴·²を / 古 j¹ et⁴ 人³の事⁴を)羨(ぢ)む.《カト》Er ist nicht zu ~. 彼は羨ましがられるような身分じゃない. Besser *beneidet*, als bemitleidet. 《諺》気の毒がられるよりねたまれる方がまし.

be'nei·dens·wert 形 羨(うら)むべき, ねたましい.

'Be·ne·lux [ˈbeːnelʊks, beneˈlʊks] 固 -/《ふつう無冠詞で》ベネルクス3国. ◆ Beneluxstaaten の短縮形, 1944年に関税・通貨同盟を結んだ Belgien・Niederlande・Luxemburg (ベルギー・オランダ・ルクセンブルク)の3国, その頭文字を組合せた呼称.

'Be·ne·lux·län·der 複 =Beneluxstaaten

'Be·ne·lux·staa·ten 複 ベネルクス3国. ↑Benelux

be·nen·nen* [bəˈnɛnən] 他 1 (人⁴〈物³〉に)名前をつける, 命名する (nach j⁴〈et³〉 人⁴〈物³〉にちなんで). Das Rote Meer wurde nach seiner Farbe *benannt*. 紅海はその色にちなんで命名された. 2 (物⁴の)名前を言う, eine Pflanze nicht ~ können ある植物の名前を言えない(名前を知らない). 3 (人⁴の)名前を挙げて言う, (を)名指す, 指名(指定)する. j⁴ als Kandidaten ~ 人⁴を候補者に指名する. ◆↑benannt

Be·nen·nung 囡 -/-en **1**《複数なし》命名；指名. **2** 名前, 名称, 呼称.

be·net·zen [bəˈnɛtsən] 他《雅》(軽く)濡らす, 湿らせる.

Ben·ga·le [bɛŋˈgaːlə] 男 -n/-n **1** (インドの)ベンガル地方の住民, ベンガル人. **2** (Bangale) バングラデシュの住民.

Ben·ga·len [bɛŋˈgaːlən] 中《地名》ベンガル(インド北東部の西ベンガル州とバングラデシュにまたがる地方).

Ben·ga·li¹ [bɛŋˈgaːli] 中 -[s]/ ベンガル語(インドの西ベンガル州の公用語にしてバングラデシュの国語).

Ben·ga·li² 男 -[s]/-s =Bengale

ben·ga·lisch [..lɪʃ] 形 ベンガル(人, 語)の. ~*es* Feuer ベンガル花火(鮮青色の持続性花火). ◆↑ deutsch

'Ben·gel [ˈbɛŋəl] 男 -s/-(北ﾄﾞｲﾂ -s) **1** (a) 若者, 若い衆(ｼｭｳ)；(生意気な)若造. (b) (しばしば親しみをこめて)わんぱく坊主, いたずらっ子. den ~ zu hoch〈zu weit〉werfen(ｶﾞｴﾝ) 無茶な要求をする. **2**《古》《地方》棍棒, 棒きれ. **3** (Morgenstern) モルゲンシュテルン(中世の武器).

'Ben·gel·chen [ˈbɛŋəlçən] 中 -s/- Bengel 1 の縮小形.

be·nie·sen [bəˈniːzən] 他《戯》(事が本当であることをくしゃみをして請け合う(保証する). ◆迷信に由来する.

be·ni·gne [beˈnɪɡnə] 形 (*lat.*, gutartig') 《医学》(↔ maligne) 良性の. ~ Geschwulst 良性腫瘍(ｼｭﾖｳ).

be·nimm [bəˈnɪm] benehmen の du に対する命令形.

Be·nimm [bəˈnɪm] 男 -s/《話》(Benehmen) 振舞, 態度, 物腰；行儀. keinen ~ haben 行儀知らず(不作法)である.

be·nimmst [bəˈnɪmst] benehmen の現在 2 人称単数.

be·nimmt [bəˈnɪmt] benehmen の現在 3 人称単数.

'Ben·ja·min [ˈbɛnjamiːn] ❶《男名》ベンヤミーン. ❷《人名》《旧約》ベニヤミン(イスラエルの太祖 Jakob の 12 人の息子たちの末子, 母親はラケル Rahel). ❸ 男 -s/-e《比喩》**1** 末っ子, おとご(乙子), 愛児；最年少者,〈der Familie〈der Belegschaft〉一家の愛児〈同室者の中の最年少者〉. **2** (Stutzer 2) (男性用の)ダブルのショートコート.

Benn [bɛn]《人名》Gottfried ~ ゴットフリート・ベン(1886-1956, ドイツ表現主義の代表的詩人).

'Ben·no [ˈbɛno]《男名》ベノー (Bernhard の短縮). der heilige ~ 聖ベノー(1066-1106, マイセンの司教, ヴェンド人 Wenden の使徒といわれる聖人. ↑付録「聖人暦」6 月 16 日).

be·nom·men [bəˈnɔmən] 過分形 (↑benehmen) (意識が)ぼんやりした, 朦朧(ﾓｳﾛｳ)とした. ~ blicken 空(ｳﾂ)ろなような目つきをする, ぼんやりと見つめる.

Be·nom·men·heit 囡 -/ (意識の)混濁, 昏迷, 思考力の麻痺；《医学》昏睡(ｺﾝｽｲ).

be·no·ten [bəˈnoːtən] 他 (↓ Note) (人〈物〉に)点数をつける,(を)採点する. eine Prüfungsarbeit mit einer Eins ~ 試験の答案に評点 1 (最高点)をつける.

be·nö·ti·gen [bəˈnøːtɪɡən] 他 (物〈人〉を)必要とする.

Be·no·tung 囡 -/-en **1**《複数なし》採点, 評価. **2** 評点, 成績.

Ben·thal [bɛnˈtaːl] 中 -s/《海洋》(底生生物の群生する海洋・湖沼・河川などの)基底, 底生域.

'Ben·thos [ˈbɛntɔs] 中 -/(*gr.*, Tiefe')《生物》底生生物(海洋・湖沼・河川などの水底で生活する生物の総称).

be·num·mern [bəˈnʊmərn] 他 (nummerieren) (物に)番号をつける.

be·nutz·bar [bəˈnʊtsbaːr] 形 使用(利用)可能な.

****be·nut·zen** [bəˈnʊtsən] 他 使用する, 使用(利用)する. das Auto ~ 車を使う, 車で行く. 《**als**, **für**, **zu**》 j〈et〉¹ als Alibi ~ 人〈物〉³をアリバイに使う. j¹ für *seine* Geschäfte ~ 人³を自分の商売に利用する. den freien Tag zum Lesen ~ 休みの日を読書にあてる.

be·nüt·zen [bəˈnʏtsən] 他《南ﾄﾞ･ｵｰｽﾄﾘ･ｽｲｽ》=benutzen

Be·nut·zer [bəˈnʊtsər] 男 -s/- (図書館などの)利用者, ユーザー. ◆女性形 Benutzerin 囡 -/-nen

Be·nüt·zer [bəˈnʏtsər] 男 -s/-《南ﾄﾞ･ｵｰｽﾄﾘ･ｽｲｽ》= Benutzer

be·nut·zer·freund·lich 形 使いやすい, ユーザー本位の.

****Be·nut·zung** [bəˈnʊtsʊŋ] ベヌツング 囡 -/-en《複数まれ》使用, 利用. unter ~ von et³ 物³を用いて, 利用して.

Be·nüt·zung [bəˈnʏtsʊŋ] 他 -/-en《南ﾄﾞ･ｵｰｽﾄﾘ･ｽｲｽ》=Benutzung

Benz [bɛnts]《人名》Carl Friedrich ~ カール・フリードリヒ・ベンツ(1844-1929, ドイツの自動車技師, ↑Mercedes).

'Benz·al·de·hyd [ˈbɛnts|aldehyːt, - - -ˈ-] 男 -s/-e《化学・食品》ベンズアルデヒド, 苦扁桃油(ｸﾍﾝﾄｳﾕ).

'ben·zen [ˈbɛntsən] 自《オーストリ》**1** しつこく頼む, せがむ, ねだる. **2** (まれ)ぶつぶつ不平をこぼす, 文句をつける.

****Ben'zin** [bɛnˈtsiːn] ベンツィーン 中 -s/-e (↑Benzoe) 《化学》ガソリン；ベンジン, 揮発油.

Ben'zi·ner [bɛnˈtsiːnər] 男 -s/-《話》ガソリン車(ディーゼル車などに対して).

Ben'zin·ka·nis·ter 男 -s/- 携帯用ガソリン容器.

Ben'zin·kut·sche 囡 -/-n《戯》=Auto

Ben'zin·uhr 囡 -/-en ガソリンメーター, 燃料計.

Ben'zin·ver·brauch 男 -[e]s/ ガソリン消費(量).

'Ben·zoe [ˈbɛntsoe] 囡 -/ (*fr.*) 安息香(ｱﾝｿｸｺｳ)(あんそくこうの樹脂から作ったバルサム).

'Ben·zoe·säu·re 囡 -/《化学・食品》安息香酸.

Ben'zol [bɛnˈtsoːl] 中 -s/-e《化学》ベンゾール, ベンゼン.

Ben'zyl [bɛnˈtsyːl] 中 -s/《化学》ベンジル.

be·o·bach·ten
[bəˈoːbaxtən] ベオーバハテン 他 (↓Obacht) **1** じっと見守る, 観察(監視)する；(を)認める, 見て取る. Vögel〈die Sterne〉~ バード・ウォッチング〈天体観察〉をする. an et〈j〉³ nichts Besonderes ~ 物〈人〉³に異常を認めない. j¹ ~ lassen 人⁴を監視させる,(に)見張りをつける. *sich⁴ ärztlich* ~ *lassen* 医師に看てもらう, 医者にかかる. *beobachtende* Fahndung (要注意人物・グループに対する警察の)監視, マーク. **2**《雅》(規則などを)守る, 遵守(ｼﾞｭﾝｼｭ)する；守りつづける. Stillschweigen ~ 沈黙を守る.

Be·o·bach·ter [bəˈoːbaxtər] 男 -s/- **1** 観察者；目撃者；オブザーバー. **2**《軍事》監視員, 偵察員.

****Be·o·bach·tung** [bəˈoːbaxtʊŋ] ベオーバハトゥング

Beobachtungsflugzeug

女 -/-en ① 観察, 観測, 監視; 観察結果, 所見; 〖社会学〗(実態)調査. ~en anstellen 観察を行なう. unter ärztlicher〈polizeilicher〉~ stehen 医師の観察〈警察の監視〉下にある. **2** 《複数なし》遵守(じゅん), 厳守.

Be·o·bach·tungs·flug·zeug 中 -[e]s/-e 〖軍事〗偵察機.

Be·o·bach·tungs·ga·be 女 -/ 観察力.

Be·o·bach·tungs·pos·ten 男 -s/- 監視所; 監視哨(しょう).

Be·o·bach·tungs·sta·ti·on 女 -/-en 〖気象・天文〗観測所, 観測所〈ステーション〉; 〖医学〗観察病棟; 〖生物〗観察センター.

Beo·grad [bɛˈɔgrad] 〖地名〗ベオグラード, ベルグラード〈ユーゴスラビア連邦共和国ならびにセルビア共和国の首都〉. ◆ ↑ Belgrad のセルビア語形.

be·or·dern [bəˈʔɔrdərn] 他 **1** 《方向を示す語句と》(…へ行くように)指示する, 命じる. Truppen an die Grenze ~ 部隊に国境への移動命令を出す. j¹ zu sich³ ~ 人⁴を呼びつける. **2** 《zu 不定詞句と》j⁴ ~ , …zu tun 人⁴に…するように命じる, 言いつける. **3** 〖商業〗発注する, 取寄せる.

be·pa·cken 他 (物⁴に)荷を積む; (人⁴に)荷を負わせる. das Auto mit Koffern ~ 自動車にトランクを積む.

be·pflan·zen [bəˈpflantsən] 他 (物⁴に)植える(mit et³ 物³を). den Acker mit Kartoffeln ~ 畑にじゃがいもを植えつける.

be·pflas·tern 他 **1** (道路などを)舗装する(mit et³ 物³で). **2** (傷⁴に)絆創膏を貼る. **3** 〖兵隊〗(陣地などに)集中砲火を浴びせる.

be·quas·seln [bəˈkvasəln] 他 〖話〗=bequatschen

be·quat·schen [bəˈkvatʃən] 他 〖話〗**1** 《事⁴について》長々と話す; 事細かに話合う. **2** (人⁴を)説得する, 口説(く).

be'quem [bəˈkve:m ベクヴェーム] 形 **1** 気持ちのよい, 快適な, 楽な, 居心地(具合)のよい; 〈衣服などが〉着心地(履心地)がよい. ~e Schuhe はきやすい靴. ein ~er Sessel 座り心地のよい安楽椅子. ein ~er Weg 快適な道. es sich³ ~ machen くつろぐ. Stehen Sie ~! (号令)やすめ. **2** 容易な, たやすい. Man kann den Bahnhof ~ in einer halben Stunde erreichen. 駅まで半時間でらくに着ける. Er ist nicht ~ im Umgang. 彼とつき合うのはらくじゃない. **3** 不精な, ものぐさな. Er wird im Alter etwas ~. 彼は年のせいで少し無精(うき)になりだした.

be·que·men [bəˈkve:mən] 再 《sich⁴》**1** (いやいやながら)…する決心をする, …する気になる. Er bequemte sich schließlich, Platz zu machen. 彼もやっと席をゆずる気になった. sich zu einer Erklärung ~ しぶしぶ説明をする. **2** 《古》(事³に)順応〈適応〉する. Langsam bequemten die Augen sich dem Dunkel. 徐々に目が暗がりに慣れてきた.

be'quem·lich [..lɪç] 形 《古》ものぐさな, 無精な. Der alte Hund wird dick und ~. この老犬も太ってものぐさになりだした.

Be'quem·lich·keit 女 -/-en **1** 《複数なし》快適な生活, 安楽. Sie liebt die ~. 彼女はこの快適な生活を愛している. **2** 《複数なし》ものぐさ, 無精. aus ~ おっくうがって. **3** 便利な設備〈備品〉. eine Wohnung mit allen ~en あらゆる(便利な)設備のととのった住宅. **4** 〖話〗《古》 (Abort) 便所.

Be'rapp [bəˈrap] 男 -[e]s/〖土木〗(モルタルの)荒塗り, 粗面仕上げ.

be'rap·pen¹ [bəˈrapən] 他 (壁面などをモルタルで)荒塗りする. 〖林業〗(木材を)荒削りする, 樹皮を剝く.

be'rap·pen² 他 〖話〗(しぶしぶ)支払う. Ich musste mal wieder die Zeche ~. 私がまたしても飲み代を持つはめになった.

be'rät [bəˈre:t] beraten¹ の現在 3 人称単数.

be'ra·ten¹ [bəˈra:tən ベラーテン] ❶ 他 **1** (人⁴に)助言(忠告)する. sich⁴ von j³ ~ lassen 人³に助言を求める, 相談に乗ってもらう. berratendes Mitglied der Firma 会社の相談役(顧問). 《過去分詞で》Damit bist du gut〈wohl〉beraten. 君それはよい考えだ(ぜひ実行したまえ). **2** (事³について)協議〈審議, 諮議〉相談)する. ❷ 《sich⁴》(mit j³ 人³と)相談(協議)する(über et³ 事³について). ❸ 自 (über et³ 事³について)相談(協議)する.

be'ra·ten² beraten¹ の過去分詞.

Be'ra·ter [bəˈra:tər] 男 -s/- 助言者, 相談役, 顧問, コンサルタント. ◆女性形 Beraterin 女 -/-nen

be'rat·schla·gen [bəˈra:t-ʃla:gən] beratschlagte, beratschlagt 他 (beraten) (mit j³ 〖über〗et³ 人³と事³について)相談(協議)する.

Be'rat·schla·gung 女 -/-en 相談, 協議, 審議.

be'rätst [bəˈre:tst] beraten¹ の現在 2 人称単数.

Be'ra·tung [bəˈra:tʊŋ ベラートゥング] 女 -/-en **1** 《複数なし》助言(忠告)すること, アドバイス. **2** 相談, 協議, 話合い. **3** (Beratungsstelle)(健康・納税などの)相談室(所)〈鉄道・電話などの)相談係(所).

Be'ra·tungs·aus·schuss 男 -es/ː̈e 協議委員会, 審議会.

Be'ra·tungs·stel·le 女 -/-n (無料)相談所.

be'rau·ben [bəˈraʊbən] 他 (人⁴から物²を)奪う, 強奪する. j⁴ seines Geldes〈seiner Freiheit〉~ 人⁴から金〈自由〉を奪う. aller Hoffnung〈allen Trostes〉beraubt すべての希望〈慰め〉を奪われて. 《2 格目的語なしで》Ich möchte Sie nicht ~. こんなに(こんな物を)いただいている罰が当ります(相手の好意ある申出を丁重に断る).

Be'rau·bung 女 -/-en 奪うこと, 強奪, 略奪.

be'rau·schen [bəˈraʊʃən] 他 ❶ **1** (人⁴を)酔わせる, うっとりさせる. berauschende Getränke〈Mittel〉酒類〈麻酔剤〉. **2** 〖比喩〗酔わせる, 感激(熱狂)させる. 《現在分詞で》nicht berauschend sein 出来良くも悪くもない, まあまあである. ❷ 再 《sich⁴》酔う, 感激(興奮)する, うっとりさせる(an et³ 物³に). sich an seinen eigenen Worten ~ 自分の言葉に酔う.

'Ber·ber [ˈbɛrbər] 男 -s/- **1** ベルベル人(北アフリカ西部に分布するベルベル諸語を話す住民の総称). **2** ベルベル馬. **3** ベルベル絨毯(じゅうたん). **4** 《隠》ホームレスの人, 浮浪者. ◆女性形 Berberin 女 -/-nen

'ber·be·risch [ˈbɛrbərɪʃ] 形 ベルベル(人, 語)の. deutsch

Ber·be·rit·ze [bɛrbəˈrɪtsə] 女 -/-n (arab.)〖植物〗めぎ(属).

Ber'ceu·se [bɛrˈsøːzə] 女 -/-n (fr., Wiegenlied)〖音楽〗ベルセーズ, 子守歌(子守歌風の器楽曲, とくにピアノのための小品).

Bercht [bɛrçt] 女 -/-en **1** 《複数なし》ベルヒト(南ドイツの民間信仰, 12 月 21 日から 1 月 6 日にかけての「十二夜」に出没して女や子供を脅して回るという女の霊鬼. **2** 《複数》=Percht 2

be're·chen·bar [bəˈrɛçənbaːr] 形 算定(算出)可能な, 計算(予測)できる.

be·rech·nen [bəˈrɛçnən] 他 **1** 算定(算出)する. den Inhalt eines Kreises ~ 円の面積を計算する. die Kosten ~ コストをはじき出す. die Wirkung seiner Worte genau ~ 自分の言葉の効果を正確に計算する. **2** 見積る, 考慮する. die Bauzeit auf 6 Monate ~ 建築期間を6ヵ月と見積る. 《過去分詞で》Seine Worte sind nur auf Effekt berechnet. 彼の言葉は効果を狙ったものでしかない. Der Aufzug ist für 6 Personen berechnet. このエレベーターは6人用である. **3** 支払いを請求する. Wir berechnen Ihnen das, nur mit zwölf Euro. 私どもはその代金としてあなたに12ユーロしか請求しません. Für die Verpackung berechnen wir nichts. / Die Verpackung berechnen wir Ihnen nicht. 梱包料はいただきません.

be·rech·nend 現分 形 打算的な, 計算高い.

Be·rech·nung 女 -/-en **1** 計算, 算出. nach meiner ~ 私の計算では. **2** 見積, 見込み, 予測. 《侮》打算.

*__be·rech·ti·gen__ [bəˈrɛçtɪɡən ベレヒティゲン] 他 **1** (人⁴に)権限(資格, 権能, 権利)を与える. Nichts berechtigte ihn zu solchem Schritt. 彼はそのような処置を取る権限など何もなかった. 《目的語なしで》Die Einladung berechtigt zum kostenlosen Eintritt. 招待状ご持参の方は無料で入場できます. Seine Begabung berechtigt [uns/alle] zu großen Hoffnungen. 彼はどの天分があれば大いに期待できる.

be·rech·tigt [bəˈrɛçtɪçt] 過分形 **1** (権利(根拠)のある, 正当な, 当然の. **2** zu et³ ~ sein 事³をする権限(資格)がある. Er ist nicht ~, sich³ die Dokumente auszuleihen. 彼にはその記録文書を借出す権限がない.

Be·rech·ti·gung 女 -/-en 《複数まれ》正当(合法)性; 根拠, 権限, 権能, 資格, 権利.

be·re·den [bəˈreːdən] 他 **1** (et¹ mit j³ 事³について人³と)話合う, 協議する. **2** (j⁴ zu et³ 事³をするように人⁴を)説得する, 説きすすめる. Wir haben ihn beredet, mitzukommen. 私たちは一緒に来るよう彼を説得した. **3** (j³の)(人⁴の事⁴の)悪口を言う. Es gibt Leute, die alles und jeden ~ müssen. 何にでも難にでもけちをつけずにはおれないような人たちがいるものだ. ❷ 再 《sich⁴》(mit j³ 事³と)話合う, 相談(協議)する (über et⁴ 事⁴について).

be·red·sam [bəˈreːtzaːm] 形 雄弁な, 弁の立つ, 口の達者な, 多弁な.

Be·red·sam·keit 女 -/ 雄弁, 能弁, 弁舌の才. Die Schleusen seiner ~ öffneten sich⁴. 彼の弁舌の堰(せき)が切って落された, 彼は滔々(とうとう)と話し始めた.

be·redt [bəˈreːt] 形 **1** 雄弁な, 弁の立つ, 口の達者な, 多弁な. **2** 《比喩》意味深長な, いわくありげな. ein ~es Schweigen 雄弁な沈黙. mit ~er Miene いわくありげな(物言いたげな)表情で.

be·reg·nen [bəˈreːɡnən] 他 (物⁴に)水を撒(ま)く, 灌水(かんすい)する.

Be·reich [bəˈraɪç] 男(中) -[e]s/-e (↓Reich) 範囲, 区域, 領域; 領分, 勢力範囲; (専門)分野. ein Problem aus dem ~ der Naturwissenschaft 自然科学の領域の問題. im ~ der Stadt 市の区域内に. im ~ seiner Macht 自分の権力の及ぶ範囲に. im ~ der Möglichkeit liegen 十分可能である.

be·rei·chern [bəˈraɪçərn] (↓reich) ❶ 他 **1** (知識・コレクションなどを)豊かにする, 大きくする, 広げる. **2** (人⁴を)豊かにする(人間的・知的に), 成熟させる. Er fühlte sich⁴ durch diese Reise sehr bereichert. 彼はこの旅行によって自分がとても豊かになった気がした. ❷

再 《sich⁴》抜け目なく(汚いやり口で)儲ける, 金を貯めこむ. sich am Eigentum anderer ~ 他人の財産で私腹をこやす. sich durch Ausbeutung ~ 搾取によって肥えふとる.

Be·rei·che·rung 女 -/(-en) **1** 豊かにすること, 充実; 私腹をこやすこと. **2** 利益, 利得. ungerechtfertigte ~《法制》不当利得.

be·rei·fen¹ [bəˈraɪfən] 他 (↓Reif¹) 霧氷でおおう.

be·rei·fen² [bəˈraɪfən] 他 (↓Reif², Reifen) (車に)タイヤをつける, (樽に)たがをはめる.

Be·rei·fung 女 -/-en **1** 《複数なし》タイヤをつけること. **2** (車につける)タイヤ一式.

be·rei·ni·gen [bəˈraɪnɪɡən] ❶ 他 **1** (困難・障害・誤解などを)取除く, 除去する; (紛争などを)解決する, 正常化する; (借金を清算する. **2** 《まれ》(テキストの)間違いを訂正する; (じゃがいもの病気にかかった苗を取除く. ❷ 再 《sich⁴》(誤解などが)解消される; (紛争が)解決する, (事態が)正常化する.

Be·rei·ni·gung 女 -/(-en) (困難・誤解・誤解などの)除去, 一掃; (紛争の)解決, (借金の)清算.

be·rei·sen [bəˈraɪzən] 他 (ある土地を)旅行して(して回る). Griechenland ~ ギリシアを旅行して回る. 《過去分詞で》ein bereister Mann 方々を旅して来た男. eine bereiste Stadt かつて訪れたことのある町.

be·reit [bəˈraɪt ベライト] 形 《副詞的には用いない/付加語的用法まれ》(zu et³ / für et⟨j⟩⁴ 事³·⁴⟨人⁴⟩のための用意ができた, 準備のととのった; (zu et³ 事³を)する気のある, (の)心積もり(覚悟)ができた. Wärst du ~, mir zu helfen? 手を貸してもらえるだろうか. sich³ zu et³ ~ erklären いつでも事³をする用意ある(心積もりができている)と申出る. ↑bereithaben

..be·reit [..bəraɪt] 《接尾》名詞や動詞の語幹などと結びついて「...の用意(準備)のできた, ...する覚悟のある」などの意の形容詞を作る. fahrbereit 出発準備のととのった, 整備できた. schussbereit 射撃準備のできた.

*__be·rei·ten__¹ [bəˈraɪtən バライテン] (↓bereit) ❶ 他 **1** 用意(準備)する. das Essen ~ 食事の支度をする. j³⟨für j⁴⟩ einen Kaffee ~ 人³·⁴のためにコーヒーを入れる. Häute ~ 皮をなめす. **2** (人³に喜び・苦しみなどを)与える, もたらす. j³ Freude ~ 人³を喜ばせる. ❷ 再 《sich⁴》《雅》(zu et³ 事³の)用意(準備)をする. sich zum Tod ~ 死支度をする, 死を覚悟する.

be·rei·ten²* (↓reiten) 他 **1** (馬を)調教する. **2** (ある土地を)馬で見てまわる. ♦ ↑beritten

Be·rei·ter [bəˈraɪtər] 男 -s/- **1** 料理人, 調理師. **2** (馬の)調教師, **3** 騎馬巡察官.

be·reit|ha·ben*, **be·reit ha·ben*** 他 用意(準備)してある.

be·reit|hal·ten* ❶ 他 (すぐ使えるように)用意(準備)しておく. ❷ 再 《sich⁴》待機している.

be·reit|ma·chen ❶ 他 用意(準備)する. ❷ 再 《sich⁴》支度(用意, 心構え)をする (für j⁴ / zu et³ 事⁴·³のために).

*__be·reits__ [bəˈraɪts ベライツ] 副 **1** (schon) すでに, もう. ▶schon と重複させて schon ~ という使い方はできない. **2** 《口》《方》(fast, beinahe) ほとんど.

Be·reit·schaft [bəˈraɪt·ʃaft] 女 -/-en **1** 《複数なし》用意, 準備, 即応態勢, 備え, 覚悟. ~ zum Kampf 戦闘準備, 臨戦態勢. ~ ~ haben 物⁴を用意してある(いつでも使える). j⟨et⟩⁴ in ~ halten人⟨物⟩⁴を待機させておく. in ~ sein 用意(下地)ができている. **2** 《複数なし》(Bereitwilligkeit) やる気になっ

ていること, 乗り気. Sie ging mit großer ~ auf meinen Vorschlag ein. 彼女は大いにその気になって私の提案に乗ってきた. **3**《複数なし》(医師などの)救急(待機)勤務. **4**（警察・消防などの)待機部隊(班).
Be'reit･schafts･dienst 男 -[e]s/-e《警察・消防・医療機関》の待機(業務, 勤務);《軍事》の待機要員.
Be'reit･schafts･po･li･zei 囡 -/ 緊急警察, 機動隊.
be'reit|ste･hen* 自 待機している; 用意してある.
be'reit|stel･len ❶ 他《機器・資材・資金などを》用意(準備)する;《部隊などを》待機させる. ❷ 再《sich》《部隊などが》待機する, 出撃(出動)態勢にある.
Be'rei･tung 囡 -/-en《複数まれ》《古》(Zubereitung) 調製, 調理,（薬などの）調合.
be'reit･wil･lig 形 進んで(喜んで)してくれる, 世話好きな, 好意的な. Er kam ~ mit. 彼は喜んでついて来た.
Be'reit･wil･lig･keit 囡 -/ 乗気, 親切, 好意, 世話好き.
be'ren･nen* 他《物に》殺到する, 押寄せる;（に）猛攻を加える. das Tor ~（サッカーなどで）ゴールをくりかえし襲う.
be'ren･ten [bəˈrɛntən] 他《書》(人に)年金を支給(給付)する,（の)年金支給額を決める. j⁴ mit 1000 Euro ~ 人に1000ユーロの年金を支給する. *berentete* Personen 年金受給者たち.
be'reu･en [bəˈrɔyən] ベロイエン 他《事⁴を》後悔する, 残念に思う.

Berg
[bɛrk] ベルク 男 -[e]s/-e **1** 山;《複数で》山岳地帯, 山地, 山なみ. ein hoher〈steiler〉~ 高い〈けわしい〉山. Die Zugspitze ist der höchste ~ Deutschlands. ツークシュピッツェ山はドイツの最高峰である. der Gipfel〈der Fuß / der Hang / der Kamm〉des ~es 山頂〈山麓 / 山腹 / 尾根〉. Der ~ [kreißt und] gebiert eine Maus.《諺》泰山鳴動して鼠一匹. Die ~*e* haben ihn behalten.《雅》彼は山で遭難した. Wenn der ~ nicht zum Propheten kommt, muss der Prohpet [wohl] zum ~*e* kommen.《諺》相手が折れてこちらから引き寄せねばならぬ, 互いに我(が)を張っていたのでは事は始まらない(山が預言者のもとに来なければ預言者が山まで出向かなくてはならない, 譲歩を教えた Mohammed の言葉). einen ~ besteigen 山に登る. ~*e* versetzen [können]《比喩》山をも動かす, 不可能なことを可能にする(↓《新約》I コリ 13:2). j³ goldene ~*e* versprechen《比喩》人³に実現できそうにもない約束をする.《前置詞と》auf einen ~ steigen 山に登る. Hinter dem ~*e* wohnen auch Leute.《諺》山の向こうにも人間が住んでいる, 世の中は広い. hinter'm〈hinter dem〉 ~ halten [話] 事³を秘密にして(伏せて)おく. in die ~*e* fahren 山地へ行く(ドライブする). j³ über den ~ helfen 人³の苦境を救ってやる. über den ~ sein [話] 峠を越えている, 難関を突破している. [längst] über alle ~*e* sein [話] とっくに姿をくらましている. **2** 山の(ほどの)分量. ein ~ Akten 書類の山. **3**《複数で》《鉱山》[坑], ずり, 廃石.
berg'ab [bɛrk'ap] 副 (↔ bergauf) 山を下って. Mit ihm geht es ~.《比喩》彼は落ち目だ, 下り坂に.
berg'ab･wärts 副 = bergab
'Berg･aka･de･mie 囡 -/-n [..miːən] 鉱山大学.
Ber･ga'mas･ca [bergaˈmaska] 囡 -/-s (*it*.)《音楽》ベルガマスク. ◆もと北イタリアのベルガモ Bergamo 地方の舞踊歌およびその伴奏曲, 19 世紀ではそれから発展した 6/8 拍子の舞曲.
Ber･ga'mot･te [..ˈmɔtə] 囡 -/-n《植物》**1** ベルガモット(イタリア原産のだいだいに似た柑橘類). **2**（フランスの)ベルガモット梨, 西洋梨.
Ber･ga'mott･öl 中 -[e]s/- ベルガモット油 (Bergamotte 1 の果皮から得られる香料).
'Berg･amt 中 -[e]s/⸚er 鉱山監督局.
berg'an [bɛrk'an] 副 = bergauf
'Berg･ar･bei･ter 男 -s/- (Bergmann) 鉱山労働者, 坑夫.
berg'auf [bɛrk'aof] 副 (↔ bergab) 山を登って. Der Pfad führt steil ~. 小道は急な上り坂になっている. Mit dem Geschäft geht es wieder ~.《比喩》商売はふたたび上向いてきた.
berg'auf･wärts 副 = bergauf
'Berg･bahn 囡 -/-en 登山鉄道, ケーブルカー, ロープウェイ.
'Berg･bau 男 -[e]s **1** 採鉱, 採掘. **2** 鉱(山)業.
'Berg･be･woh･ner 男 -s/- 山の住人, 山岳住民.
'ber･ge･hoch 形 山のように高い.
'ber･gen ['bɛrgən] ベルゲン barg, geborgen / du birgst, er birgt 他 **1** 安全な場所へ移す, 救出(救助)する; (遺体などを)収容する. die Ernte vor dem Regen ~ 雨にならないうちに収穫物を取入れる. eine gesunkene Jacht ~ 沈没したヨットを収容する. die Leiche eines Ertrunkenen ~ 溺死(ぎ)者の遺体を収容する. die Opfer des Unglücks ~ 事故の犠牲者たちを収容する. Segel ~《船員》帆をたたむ. j⁴ lebend〈tod〉~ 人⁴を生存したまま救出(する〈遺体で収容〉する). **2**《雅》(人・物)⁴を隠す, かくまう, 庇護する. das Gesicht in den Händen ~ 顔を手で覆い隠す.《再帰的に》*sich*³ ~ 隠れる, 身を隠す. **3**《雅》(et¹ [in sich³] 物¹を含んでいる, 秘めている. Die Erde *birgt* viele Schätze. 大地は多くの宝を秘めている. ◆↑ geborgen.
'Ber･gen ['bɛrgən, 'bærgən] 《地名》ベルゲン. ◆ノルウェー南西部の港町, 中世を通じハンザ同盟の商館がおかれ北方貿易の拠点の 1 つとして繁栄した.
'Ber･ges･hö･he 囡 -/-n《雅》山頂.
'Berg･fach 中 -[e]s/- 鉱山学.
'Berg･fahrt 囡 -/-en (↔ Talfahrt) **1** (船での)川のぼり, 溯航(そこう). **2** 乗物による登山; (ケーブルカーなどの)のぼり. **3** 登山旅行.
'Berg･fex ['bɛrkfɛks] 男 -es/-e《南ド》《蔑》**1** 登山狂. **2** 山男を気どる人, 自称アルピニスト.
'Berg･fried ['bɛrkfriːt] 男 -[e]s/-e (中世城郭の)望楼, 天守閣.
'Berg･füh･rer 男 -s/- **1** (登山の)ガイド. **2** 登山ガイドブック.
'Berg･geist 男 -[e]s/-er (民話・伝説の)山の精.
'Berg･gip･fel 男 -s/- 山頂.
'Berg･hang 男 -[e]s/⸚e 山腹.
'Berg･haupt･mann 男 -[e]s/⸚er (..leute) **1** (上級)鉱山監督局長. **2**《古》鉱山署長.
'berg･hoch 形 = bergehoch
'ber･gig ['bɛrgɪç] 形 山の多い, 山がちの.
'Berg･kamm 男 -[e]s/⸚e (狭隘な)山の尾根, 山稜.
'Berg･ket･te 囡 -/-n 山脈, 連山.
'Berg･krank･heit 囡 -/《医学》高山病.
'Berg･kris･tall 男 -[e]s/-e《鉱物》水晶.
'Berg･land 中 -[e]s/⸚er 山国, 山岳地帯.
'Berg･leu･te Bergmann の複数.

'Berg·mann 男 -[e]s/..leute(⁼er) 鉱山労働者, 鉱夫; 鉱山技術者.
'berg·män·nisch 形 鉱山労働者の, 鉱夫の.
'Berg·not 女 -/ 山での(遭難の)危険. in ~ geraten 山で遭難する.
'Berg·pre·digt 女 -/《新約》(キリストの)山上の説教(垂訓)(キリストがガリラヤ Galiläa の丘で行なった説教, マタ 5-7).
'Berg·recht 中 -[e]s/《法制·鉱業》鉱業法規.
'Berg·rei·hen 男 -s/《多く複数で》(16 世紀に流行した)鉱夫たちの舞踏歌.
'Berg·ren·nen 中 -s/《スポーツ》山岳ラリー; モトクロス.
'Berg·rü·cken 男 -s/ 山の背, 山稜.
'Berg·rutsch 男 -[e]s/-e 山崩れ, 地滑り.
'Berg·scha·den 男 -s/《ふつう複数で》鉱業による環境汚染, 鉱害.
'Berg·schuh 男 -[e]s/-e 登山靴.
'berg·schüs·sig [ˈbɛrkʃʏsɪç] 形《坑夫》貧鉱の, 廃石を多く含んだ.
'Berg·spit·ze 女 -/-n (尖った)山頂.
'Berg·sport 男 -[e]s/ 山岳スポーツ; 登山.
'berg|stei·gen* 自 (s, h) (不定詞または過去分詞でのみ) 登山する. Ich bin damals oft berggestiegen. 私は当時たびたび登山した.
'Berg·stei·gen 中 -s/ 登山の.
'berg·stei·ge·risch 形 登山の.
'Berg·stei·ger 男 -s/- 登山家, アルピニスト. ◆女性形 Bergsteigerin 女 -/-nen
'Berg·stock 男 -[e]s/⁼e 1 登山杖. 2《地質》岩株(がんしゅ).
'Berg·stra·ße ❶ 女 -/-n 山岳(山間)道路, 山並街道. ❷《地名》ベルクシュトラーセ. ▶ ダルムシュタットからハイデルベルクに至る風光明媚な街道. ワイン産地としても知られる.
'Berg·sturz 男 -es/⁼e 山崩れ, 崖崩れ.
'Berg·tour 女 -/-en 山岳ツアー, 山歩き.
'Berg-und-'Tal-Bahn 女 -/-en《古》(Achterbahn) ジェットコースター.
'Berg-und-'Tal-Fahrt 女 -/-en 1 (登山電車などの) 上り下り, 往復. 2 (為替相場などの)乱高下.
'Ber·gung 女 -/-en 引揚, 救出; (とくに)海難救助, サルベージ.
'Ber·gungs·ak·ti·on 女 -/-en 救助活動.
'Ber·gungs·dienst 男 -[e]s/-e 救援(海難救助)サービス(会社), サルベージサービス(会社).
'Ber·gungs·mann·schaft 女 -/-en 救助隊, 救助チーム.
'Berg·wacht 女 -/ 山岳救助組織.
'Berg·wand 女 -/⁼e 山の絶壁.
'berg·wärts ['bɛrkvɛrts] 副 (↔ talwärts) 山へ, 山の方へ, 流れを遡(さかのぼ)って.
*'Berg·werk ['bɛrkvɛrk ベルクヴェルク] 中 -[e]s/-e《鉱業》鉱山, 採鉱所, 採掘場, 採掘坑, 鉱坑. ein ~ anlegen〈stilllegen〉鉱山を開発する〈閉山する〉.
Be·ri·be·ri [beriˈbeːri] 女 -/ (singhal.)《医学》脚気(かっけ)(ビタミン B₁ の欠乏症).
*Be'richt [bəˈrɪçt ベリヒト] 男 -[e]s/-e (文書または口頭による)報告, 報道, ルポルタージュ, レポート. einen ~ abfassen 報告書を作成する. ~ erstatten《書》(口頭で)報告する. einen ~ über et⁴〈von et³〉geben 事⁴,³について報告する.
*be'rich·ten [bəˈrɪçtən ベリヒテン] 他 ❶ 1 (人³に事⁴を)報告する, 伝える; (事実に即して, 客観的に)話して聞かせる, 教える. Der Korrespondent berichtete, dass der Aufruhr sofort unterdrückt worden sei. 特派員は騒乱はただちに鎮圧されたと報道した. wie soeben berichtet wird たったいま入った報道によると. 2《古》(j⁴ et² 人⁴に事²について)話して聞かせる, 教える. falsch〈recht〉berichtet sein 間違った〈正しい〉話を聞かされている.
❷ 自 1 (j³ über et⁴〈von et³〉人³に事⁴,³について)報告する, 伝える; 話して聞かせる, 教える. 2 miteinander ~ (人³と)お喋りをする, 歓談する.
Be'richt·er·stat·ter 男 -s/- (新聞社などの)取材記者, 特派員, 通信員, 報道員, レポーター;《法制》(合議制裁判所の判決文の)仮報告者.
Be'richt·er·stat·tung 女 -/-en 報告; 報道.
*be'rich·ti·gen [bəˈrɪçtɪɡən ベリヒティゲン] 他 (誤りなどを)正す, 直す, 訂正(修正, 是正)する.《再帰的に》sich⁴ ~ 自分の発言を訂正する.
Be'rich·ti·gung 女 -/-en 1《複数なし》訂正, 修正. ~ des Grundbuchs《法制》土地登記簿の更正. 2 訂正(修正)されたもの.
Be'richts·jahr 中 -[e]s/-e 報告年度.
be'rie·chen* [bəˈriːçən] 他 (物⁴の)匂いを嗅ぐ.《相互代名詞と》sich⁴〈gegenseitig〉~《比喩》互いに相手の出方(胸のうち)を探りあう.
be'rief [bəˈriːf] berufen¹ の過去.
be'rie·seln [bəˈriːzəln] 他 1 (物⁴に)撒水(さっすい)する. ein Feld〈den Rasen〉~ 畑に灌水(かんすい)する〈芝生に撒水する〉. 2 (まれ) (物⁴の上に)降りそそぐ. Feine Eiskristalle berieselten die Felder. 細かい氷の粒が野原に降りそそいだ. 3《話》(j⁴ mit et³ 人⁴に物³を)繰返し聞かせる. die Käufer mit Werbung ~ 顧客にコマーシャルをひっきりなしに流す. sich⁴ stundenlang mit Radiomusik ~ lassen ラジオの音楽を何時間もかけっぱなしに聞く.
Be'rie·se·lung 女 -/-en 撒水(さっすい), 灌水(かんすい), 灌漑(かんがい). Berieselungsanlage 撒水装置, スプリンクラー.
Be'rie·se·lungs·an·la·ge 女 -/-n 撒水装置, スプリンクラー.
Be'ries·lung 女 -/-en = Berieselung
be'riet [bəˈriːt] beraten¹ の過去.
be'rin·gen [bəˈrɪŋən] 他 (↓ Ring) (物⁴に)輪(腕輪, 指輪, 首輪)をはめる. Störche ~ こうのとりに脚輪(標識)をつける.
be'rit·ten [bəˈrɪtən] 過分 形 (↑ bereiten²) 騎馬の. die ~e Polizei 騎馬警察.
Ber'ke·li·um [bɛrˈkeːliʊm] 中 -s/《記号 Bk》《化学》バークリウム(放射性元素).
Ber'lin [bɛrˈliːn]《地名》ベルリーン, ベルリン(ドイツ連邦共和国の首都).
Ber·li·na·le [bɛrliˈnaːlə] 女 -/-n ベルリーン映画祭. ↑ Biennale
Ber'li·ner [bɛrˈliːnər] ❶ 男 -s/- 1 ベルリーン市民, ベルリーン出身者. ▶女性形 Berlinerin 女 -/-nen 2 = Berliner Pfannkuchen (↑ ❷)
❷《不変化》ベルリーンの. Blau《化学》ベルリーン青, ベレンス, 紺青. die ~ Mauer《歴史》ベルリーンの壁 (1961 年 8 月–1989 年 11 月). ~ Pfannkuchen ベルリーン風パンケーキ(醗酵生地を揚げたイーストドーナツ). ~ Weiß《化学》(Bleiweiß) 鉛白, 白鉛. ~ Weiße ベルリーン風白ビール(きいちごジュースを混ぜたビールでベルリーン名物).
ber'li·ne·risch [..nərɪʃ] 形 = berlinisch
ber'li·nern [bɛrˈliːnərn] 自 ベルリーン言葉(なまり)で

ber·li·nisch [..nɪʃ] 形 ベルリーンの, ベルリーン産の; ベルリーン言葉(なまり)の.

'**Ber·litz-schu·le** ['bɛrlɪts..] 囡 -/-n ベルリッツ外国語学校〈アメリカ人の創立者 M. D. Berlitz, 1852–1921 にちなむ〉.

Ber·lo·cke [bɛr'lɔkə] 囡 -/-n 〈fr.〉(18世紀後半に流行した時計の鎖などに吊るす金・銀・象牙製の小さな飾り.

'**Ber·me** ['bɛrmə] 囡 -/-n 〈ndl.〉〖土木〗犬走り, 小段(だん).

Bern [bɛrn]〖地名〗**1** ベルン〈スイス中西部の州, またその州都にして同国の首都, フランス語形 Berne〉. **2** ヴェローナ〈イタリア北部の都市 Verona の古いドイツ名〉.

'**Ber·ner** ['bɛrnər] ❶ 男 -s/- ベルンの人. ❷ 形〈不変化〉ベルンの.

'**Bern·hard** ['bɛrnhart] ❶〖男名〗ベルンハルト. der heilige ~ von Clairvaux クレルヴォーの聖ベルナルドゥス(1090/91–1153, シトー会士, フランス中北部 Clairvaux の大修院長, 歴史上屈指の神秘家にして教会政治家, 第2回十字軍の推進者, ラテン語形 Bernardus, フランス語形 Bernard, 〖付録「聖人暦」〗8月20日). ❷ 男 -[e]s/-e〖地名〗der Große (Kleine) Sankt ~ 大(小)サン・ベルナール〈スイス・イタリア(フランス・イタリア)国境の峠〉.

Bern·har·di·ner [bɛrnhar'di:nər] 男 -s/- **1** シトー会修道士 (↑ Bernhard ❶). **2** (Bernhardinerhund) セントバーナード犬〈もとスイスの大サン・ベルナール峠付近の修道院に飼われて雪中での遭難救助に活躍, ↑ Bernhard ❷〉.

Bern·har·di·ner·hund 男 -[e]s/-e = Bernhardiner 2

'**Bern·stein** ['bɛrnʃtain] 男 -[e]s/- 琥珀(こはく).

'**bern·stein·far·ben** 形 琥珀色の.

Be·ro·li·na [bero'li:na] 囡 -/ 〈lat.〉ベロリーナ. ◆ ベルリーン市の象徴としての女性像, しばしばベルリーン方言で「豊満な女性」を指して用いられる.

Ber·sa'glie·re [bɛrzal'je:rə] 男 -[s]/..ri[..ri] 〈it.〉〈ふつう複数で〉イタリア陸軍の狙撃隊員.

Ber'ser·ker [bɛr'zɛrkər] 男 -s/- 〈anord.〉 **1**〖北欧神話〗ベルゼルカー, 熊戦士〈戦場で狂暴な猛勇を発揮する熊の毛皮をまとった戦士〉. **2**〖比喩〗狂暴な人, 力自慢の男.

'**bers·ten**[*] ['bɛrstən] barst〈古 borst, berstete〉, geborsten / du birst〈古 berstest〉, er birst〈古 berstet〉 自 (s)〈雅〉**1** 破裂する, 割れる, くだける, はじける. Das Eis ist *geborsten*. 氷が割れた. mit *geborstener* Stimme 声をどぎらせながら, 声をつまらせて. 〈中性名詞として〉[bis] zum *Bersten* voll〈gefüllt〉 sein 〈ふつう大げさに〉超満員である. zum *Bersten* satt〈voll〉 sein〈話〉満腹である; 飽き飽きしている. **2** (vor〈von〉 et³ 物³ で) 一杯である, はち切れんばかりである. Der Saal *birst* von Menschen. 広間ははち切れんばかりの人である. vor Lachen ~ 腹がねじれるほど笑いこける. Er *birst* fast vor Tatendrang. 彼は何もしたくてうずうずしている. vor Ungeduld ~ ひどくいらだっている.

'**Ber·ta**, '**Ber·tha** ['bɛrta]〖女名〗ベルタ.

'**Bert·hold** ['bɛrt(h)ɔlt]〖男名〗ベルトルト.

'**Ber·told** [bɛrtɔlt]〖男名〗ベルトルト.

'**Ber·tolt** [..tɔlt]〖男名〗ベルトルト.

'**Bert·ram** ['bɛrtram] ❶〖男名〗ベルトラム. Meister ~ von Minden マイスター・ベルトラム・フォン・ミンデン(1340頃–1414/15, ドイツにおける国際ゴシック様式の代表的画家). ❷ 男 -s/〖植物〗あなきくらず(属).

be'rüch·tigt [bə'rʏçtɪçt] 形 香(こう)しくない, 悪名高い, 札つきの. eine ~e Kneipe いかがわしい飲屋. ♦ ↑ berühmt-berüchtigt

be'rü·cken [bə'rʏkən] 他〈雅〉(bezaubern) 魅惑(魅了)する, うっとりさせる. 《現在分詞で》ein Mädchen von *berückender* Schönheit うっとりするほど美しい少女. ~ nicht gerade *berückend*. 〈話〉 それではあんまり素敵だとは言えないな(もうひとつだな).

*****be'rück·sich·ti·gen** [bə'rʏkzɪçtɪgən] 他 (↓ Rücksicht) 顧慮する, 考慮に入れる, 斟酌(しんしゃく)する, 尊重する. j² Alter ~ 人²の年齢を考慮(斟酌)する. ein Gesuch ~ 申請を受け付ける.

Be'rück·sich·ti·gung 囡 -/(-en)〖複数なし〗顧慮, 考慮. unter ~ der Tatsache, dass... ...の事実を考慮(斟酌)して. **2**〖書〗(申請などの)受け付け, 認可.

Be'ruf

[bə'ru:f ベルーフ] 男 -[e]s/-e **1** 職業, 生業(なりわい), 仕事, 職務. ein freier ~ 自由業. ein technischer ~ 技術職. einen ~ ausüben ある職業を営む. einen ~ ergreifen ある職に就く. einen festen ~ haben 定職がない. Du hast deinen ~ verfehlt. 君は職業を間違えたね; 〈相手の余技をほめて〉そっちの方が君の本業じゃないか. 《前置詞と》 im ~ stehen 職に就いている. ohne ~ sein 職(仕事)がない. Was sind Sie **von** ~ ? ご職業は何ですか. Ich bin von ~ Arzt. 私の職業は医師です. von ~ wegen 職業上, 商売柄. **2**〖複数まれ〗(Berufung) (神の)召命, 天職, 使命. den ~ zum Maler in sich³ fühlen 画家こそ自分の天職だと自覚する, 画家になる使命感をおぼえる.

be·ru·fen[1*] [bə'ru:fən] ❶ 他 **1** (人⁴を)任命(任用)する, 招聘(しょうへい)する. j⁴ als Professor〈an eine Universität〉 ~ 人⁴を教授として〈ある大学に〉招聘する. j⁴ zum Nachfolger *seines* Vaters ~ 人⁴を父親の後継者に任命する. einen Spieler ~ 〖スポ〗ある選手を選抜チームに迎える. **2**〖古〗(einberufen) (人⁴を) 呼寄せる; (会議などを)招集する. j⁴ zu sich³ ~ 人⁴を呼寄せる. den Reichstag ~ 〖歴史〗帝国議会を招集する. **3** 《ふつう否定形で》〈話〉(よけいな口が禍(わざわい)して挙して しまう)(めでたいことを喜ばしいことなどを声高に吹聴すると悪魔がそれを聞きつけてじゃまをするという俗信にちなむ, ↑ beschreien). ein Unglück ~ 不幸を招いしまう. et⁴ nicht ~ wollen 事⁴を口にして台無しにしたくない. Ich will es nicht ~, aber bisher hat die Sache immer geklappt. いい気になって言うつもりはないが, これまでのところこの件はずっとうまく行ってたんだ. **4**〈とくに北ド〉叱る, たしなめる. ❷ 自 gegen ein Urteil ~ 〖法〗判決を不服として控訴する. ❸ 再 (sich⁴) (auf j〈et〉⁴ 人〈物〉⁴を拠りどころにする, 証人(証拠)にする, 引合いに出す. *sich* auf die Aussage des Zeugen ~ 証人の陳述を盾(たて)に取る.

be·ru·fen[2] 過分 形 (↑ berufen¹) (zu et³ 事³の)能力(資格, 権限)のある; (の)使命(天命)を授かった, (に)向いている; 〖付加語的用法で〗天成の. ein ~*er* Dichter 天成の詩人. aus ~*em* Mund 確かな筋(情報源)から. zu et³ ~ sein 事³の能力(資格, 権限)がある, (に)向いている. sich⁴ zu et³ ~ fühlen 事³に向いていると感じる, (が)自分の使命(天職)だと思う. Ich fühle mich nicht ~, einen Hund zu halten. 私は犬を飼う

ことには向いていないようだ.

*be'ruf·lich [bəˈruːflɪç ベルーフリヒ] 形 職業(職務)上の,仕事(商売)柄の. Wie geht es Ihnen ~? 仕事の方はどうですか. Ich habe ~ in Berlin zu tun. 私はベルリーンで仕事がある. ~e Fortbildung 職能研修.

Be'rufs·aus·bil·dung 囡 -/-en 職業教育(訓練).

Be'rufs·aus·sicht 囡 -/-en《ふつう複数で》就職状況, 昇進の見込み.

be'rufs·be·dingt 形 職業にかかわる, 職業上の.

Be'rufs·be·glei·tend 形 職業に伴う(付随する).

Be'rufs·be·ra·ter 男 -s/- 職業相談員(指導員).

Be'rufs·be·ra·tung 囡 -/-en 職業相談(指導).

Be'rufs·be·zeich·nung 囡 -/-en (公式の)職業名.

Be'rufs·bild 中 -[e]s/-er **1** 職業便覧(ある職業に必要な学力・能力・収入・昇進の可能性などを記載した案内書). **2** 職業観, 職業像. das ~ des Lehrers 学校教師の職業像.

be'rufs·er·fah·ren 形 職業経験のある, 熟練の.

Be'rufs·er·fah·rung 囡 -/-en 職業経験.

Be'rufs·fach·schu·le 囡 -/-n 職業専門学校(就業年限1年から2-3年の全日制の学校).

Be'rufs·frei·heit 囡 -/《法制》職業の自由.

be'rufs·fremd 形 仕事に未経験の, (仕事の上で)専門外の. ein ~er Arbeiter 未経験労働者.

Be'rufs·ge·heim·nis 中 -ses/-se **1**《複数なし》(医師・弁護士などの)職業上守るべき秘密, 守秘義務. **2** 職業上のノウハウ.

Be'rufs·ge·nos·sen·schaft 囡 -/-en 同業組合(労災保険の保険会であり産業別に種々の組合がある).

Be'rufs·klei·dung 囡 -/ 業務用制服, 作業衣.

Be'rufs·krank·heit 囡 -/ 職業病.

Be'rufs·le·ben 中 -s/ 職業生活, 職業人の人生.

be'rufs·los 失職(失業)中の.

be'rufs·mä·ßig 形 職業としての, 専門的な, プロの, 本職の.

Be'rufs·mu·si·ker 男 -s/- プロの音楽家.

Be'rufs·rich·ter 男 -s/-《法制》(↔ Laienrichter) 職業裁判官.

Be'rufs·schau·spie·ler 男 -s/- プロの役者.

Be'rufs·schu·le 囡 -/-n 職業学校(義務教育の一環として Hauptschule 修了後に週1-2日通う定時制の学校).

Be'rufs·schü·ler 男 -s/- 職業学校生徒.

Be'rufs·sol·dat 男 -en/-en 職業軍人.

Be'rufs·sport 男 -[e]s/ プロスポーツ.

Be'rufs·sport·ler 男 -s/- (Profi) プロスポーツ選手.

*be'rufs·tä·tig [bəˈruːfstɛːtɪç ベルーフステーティヒ] 形 職業に就いている.

Be'rufs·tä·ti·ge 男女 -n/-n《形容詞変化》就業者.

be'rufs·un·fä·hig 形 就労不能の.

Be'rufs·un·fä·hig·keit 囡 -/《法制》就労不能.

Be'rufs·ver·band 男 -[e]s/ ̈e 職業別組合.

Be'rufs·ver·bot 中 -[e]s/-e《法制》(不適格者に対する)就職禁止; 公職禁止(令).

Be'rufs·ver·bre·cher 男 -s/- 職業的犯罪人, 常習犯.

Be'rufs·ver·kehr 男 -[e]s/ 通勤ラッシュ.

Be'rufs·wahl 囡 -/ 職業の選択.

Be'rufs·ziel 中 -[e]s/-e 志望職種.

Be'ru·fung [bəˈruːfʊŋ] 囡 -/-en **1** (高職・重職への)招請(しょうせい), 任命, 任用; (代表チームなどのメンバーに選手を)招くこと;《古》(会議などの)招集. eine ~ nach Bonn erhalten ボン(大学)に招聘される. **2**《複数まれ》《雅》(職業・職務に対する)使命(感), 責任(感). **3**《法制》証人(証拠)として引合いに出すこと, 援用. unter ~ auf ein Gesetz ある法律を援用して(楯に取って). **4**《法制》資格, 該当. ~ als Erbe 相続人としての資格, 相続人に該当すること. **5**《法制》控訴. gegen das Urteil ~ einlegen 判決を不服として控訴する. **6**《北ドッ》叱責, たしなめること.

Be'ru·fungs·ge·richt 中 -[e]s/-e 控訴裁判所.

Be'ru·fungs·in·stanz 囡 -/-en 控訴審.

*be'ru·hen [bəˈruːən ベルーエン] 自 (auf et³ ben³ に)基づく, 基因する, 依拠している. Das beruht auf Gegenseitigkeit. それはお互い様だ. et⁴ auf sich³ ~ lassen 事をそれ以上問題にしない(そのままにしておく).

*be'ru·hi·gen [bəˈruːɪɡən ベルーイゲン] (↓ ruhig) ❶ 他 (人を)鎮める, 落着かせる, なだめる. sein Gewissen ~ 良心の呵責(かしゃく)を静める を慰める. Sei ganz beruhigt! すっかり安心していいよ. ❷ 再〈sich⁴〉鎮まる, 落着く, (激情・嵐などが)静まる. Beruhige dich! 落着きたまえ. sich mit et³ ~ 物³で満足する, に)甘んじる.

Be'ru·hi·gung 囡 -/-en **1**《複数なし》鎮(しず)める(落ち着かせる, なだめる)こと; (激情・嵐などの)鎮静. **2** 安心. Das hat mir ein Gefühl der ~ gegeben. それは私に安心感を与えた.

Be'ru·hi·gungs·mit·tel 中 -s/- 鎮静剤.

be'rühmt [bəˈryːmt ベリュームト] 形 有名(著名, 高名)な, 評判の高い. ein ~er Arzt 高名な医師. Er ist durch seinen Roman〈wegen seiner Mildtätigkeit〉~ geworden. 彼はその長編小説によって〈慈善行為によって〉有名になった. Diese Gegend ist für seine Weine ~. この地方はその ワインで有名だ. nicht [gerade] ~ sein (皮肉) あんまり大したものでない, もうひとつである. Sein neues Werk ist nicht ~. 彼の新作はまあまあのできである.

be'rühmt-be'rüch·tigt 形 悪名高い, 札つきの.

Be'rühmt·heit 囡 -/-en **1**《複数なし》名声, 高名, 評判. ~ erlangen 名声を得る. zu trauriger ~ erlangen / es⁴ zu trauriger ~ bringen 悪名を売る. **2**《話》有名人, 名士.

*be'rüh·ren [bəˈryːrən ベリューレン] ❶ 他 **1** (人〈物〉⁴に)触れる, さわる; 立寄る;《幾何》接する. et⁴ mit der Hand ~ 物⁴に手を触れる. Die Waren bitte nicht ~! 商品に触れないで下さい. das Essen nicht ~ 食事に手をつけない. Das Schiff berührte diesen Hafen nicht. 船はこの港に寄港しなかった. **2** 関係する, かかわる. Diese Entscheidung berührt mich nicht. この決定は私には関係がない. **3** (人⁴の)心に触れる, 感動させる. Der Film hat mich tief berührt. その映画は私に深い感動を与えた. von et³ unangenehm berührt sein 事³のせいで不愉快な思いをしている(胸くそが悪い). **4** (事に言葉で)触れる, 言及する.

❷ 再《sich⁴》触れ合う, 似ている, 通じ合う (mit et³ 物³と). Unsere Interessen berühren sich. 私たちの利害は相通じている. Seine Meinung berührt sich mit der meinen. 彼の意見は私の意見と触れ合うところがある.

*be'rüh·rung [bəˈryːrʊŋ ベリュールング] 囡 -/-en 接触(すること), 関係, コンタクト, つき合い. j⁴ mit et³ in ~ bringen 人⁴を物³と接触させる. Die Reise brachte mich erstmals mit der Antike in ~. この旅

Berührungsgift

おかげで私は初めて古代というものを知った． mit j³ in ～ kommen 人³と知合うようになる． Ich bin mit ihm nicht mehr in ～ gekommen. 私は彼とはもうコンタクトがない． mit j³ in ～ stehen 人³と接触している，関係(交渉)がある． **2** 言及，言及する． die ～ des Themas vermeiden そのテーマに言及することを避ける．

Be'rüh·rungs·gift 甲 -[e]s/-e (Kontaktgift) **1** 接触毒(昆虫などの身体に触れると効果を発揮するタイプの殺虫剤成分)．

Be'rüh·rungs·punkt 男 -[e]s/-e 《幾何》接点．《比喩》(意見・利害などの)一致点，共通点，接点．

Be'rüh·rungs·span·nung 女 -/-en **1** 《物理》接触電位差． **2** 《工学》接触電気．

Be'ryll [be'rYl] 男 -s/-e (gr.) 《鉱物》緑柱石(りょくちゅうせき)．

Be'ryl·li·um [be'rYliʊm] 甲 -s/ (↓ Beryll) (記号 Be)《化学》ベリリウム．

bes. (略) =besonders

be'sa·gen [bəˈzaːɡən] 他 言い表して(意味して)いる． Das besagt viel⟨nichts⟩. それは重要である，意味深長であるくなんの意味もない)． Sein Schweigen besagte alles. 彼の沈黙がすべてを物語っていた．

be'sagt 過分《付加語的用法のみ》《書》上述(前述)の． ～er Herr Heller 上述のヘラー氏． der Besagte 前述の男．

be'sai·ten [bəˈzaɪtən] 他 (↓ Saite) **1** eine Geige ～ バイオリンに弦を張る． **2** 《過去分詞で》fein⟨zart⟩ besaitet《比喩》感情(神経)の細やかな，繊細な．

be'sa·men [bəˈzaːmən] 他 (↓ Samen) **1** eine Eizelle ～ (魚の雄が)卵細胞に精子をふりかける． **2** (家畜などの雌を人工)受精させる，(人工)授精させる．

Be'sa·mung 女 -/-en 《複数まれ》(人工)授精，(人工)授粉．

Be'san [beˈzaːn] 男 -s/-e (it.)《海事》**1** スパンカー(横帆船の後檣(こうしょう)の下部に張る縦帆)． **2** (Besanmast) 後檣．

be'sänf·ti·gen [bəˈzɛnftɪɡən] ❶ 他 (人³を)落着かせる，なだめる；(激情などを)鎮(しず)める，やわらげる． ❷ 再《sich⁴》落着く，鎮(しず)まる，(激情・興奮などが)鎮まる，やわらぐ．

Be'sänf·ti·gung 女 -/-en 落着かせる(なだめる)こと，緩和，抑制，鎮静．

Be'san·mast 男 -[e]s/-e[n] = Besan 2

be'sann [bəˈzan] besinnen の過去．

be'saß [bəˈzaːs] besitzen の過去．

be'sä·ße [bəˈzɛːsə] besitzen の接続法 II.

Be'satz [bəˈzats] 男 -es/..sätze (↓ besetzen) **1** 《服飾》(襟・袖の)縁飾り． **2** 《複数なし》《狩猟》猟区内の獣の頭数；《農業》(単位面積当たりの)家畜数；《水産》(川・池の)魚の数；《製粉》穀物に付着(混入)している不純物の総量．

Be'sat·zung 女 -/-en **1** 《軍事》(要塞などの)守備隊；《複数なし》占領(状態)；《複数なし》占領(進駐)軍． **2** (船舶・飛行機などの)乗組員．

Be'sat·zungs·macht 女 -/..⸺e 占領国．

Be'sat·zungs·trup·pen 複《軍事》占領(進駐)軍．

Be'sat·zungs·zo·ne 女 -/-n 《軍事》占領地区．

be'sau·fen* [bəˈzaʊfən] 再《sich⁴》《話》へべれけになるまで飲む，泥酔する．

Be'säuf·nis [bəˈzɔYfnɪs] ❶ 甲 -ses/-se《話》酒宴． ❷ 女 -/-se《複数なし》《話》泥酔．

*****be'schä·di·gen** [bəˈʃɛːdɪɡən ベシェーディゲン] 他 (物⁴を)傷つける，(に)損害(与害)を与える；(verletzen) (人⁴を)負傷させる．

Be'schä·di·gung 女 -/-en **1** 《複数なし》損傷，毀損(きそん)． **2** 破損箇所．

be'schaf·fen¹ [bəˈʃafən] 他 **1** (人³のために物⁴を)調達する，工面(くめん)する． **2** (不法に)手に入れる．

be'schaf·fen² 形 (述語的用法のみ)…の性質をもった，…にできている；…の状態にある． Er ist von Natur nicht anders ～. 彼は生れつきああいうやつだ． Wie ist es mit deiner Gesundheit ～? 君の健康状態はどう．

Be'schaf·fen·heit 女 -/ 性質，性向；状態．

Be'schaf·fung 女 -/ 調達，工面；(不法な)入手．

be'schäf·ti·gen [bəˈʃɛftɪɡən ベシェフティゲン] ❶ 他 **1** (人⁴を)雇う． Wir beschäftigen zur Zeit zehn Arbeiter. 私たちのところでは目下労働者を10人雇っている． **2** (j¹ mit et³)(人⁴に物³の)仕事をさせる． die Arbeiter mit dem Zusammenschweißen von Maschinenteilen ～ 労働者たちに機械部品を溶接する仕事をさせる． die Kinder mit Bauklötzen ～ 子供たちに積木遊びをさせる． **3** (人³の思考力・想像力などを)働かせる，刺激する． Die Sache beschäftigt ihn sehr. その一件で彼は頭が一杯だ． Das beschäftigte meine Phantasie lange. それは長いこと私の空想力をかき立てた．

❷ 再《sich⁴》**1** 働く，仕事をする． Ich beschäftige mich immer. 私はいつも多忙である，手がふさがっている． sich im Garten ～ 庭仕事をする． Er kann sich gar ⟨nicht [allein]⟩ ～. 彼は一人でもこつこつやれるタイプだ⟨一人では何もできない男だ⟩． **2** (mit et³ 事³に)従事する，かかわる，取組む，専念する． sich mit einem Problem ～ ある問題に取組む． sich mit Philosophie ～ 哲学の研究に打込む． **3** (mit j³ 人³の)世話をする，面倒をみる，(人³のことを)気にかける． sich mit einem Kranken ～ 病人の世話をする．

♦ ↑ beschäftigt

*****be'schäf·tigt** [bəˈʃɛftɪçt ベシェフティヒト] 過分《付加語的に》ein ～er Arzt 忙しい医者． **2** 《述語的に》sehr⟨stark⟩ ～ sein 多忙である，忙殺されている． bei j³⟨der Post⟩ ～ sein 人³のもとに雇われて⟨郵便局に⟩勤めている． mit et³ ～ sein 人³の仕事に従事している，取組んでいる，専念している． mit j³ ～ sein 人³の面倒をみている．

Be'schäf·tig·te [bəˈʃɛftɪçtə] 男女《形容詞変化》被雇用者，従業員．

*****Be'schäf·ti·gung** [bəˈʃɛftɪɡʊŋ ベシェフティグング] 女 -/-en **1** 《複数なし》働かせること，雇用；従事，取組み，専念． Die ～ von Kindern in Fabriken ist nicht erlaubt. 子供を工場に雇うことは許されていない． **2** 仕事，用件． j⁴ bei⟨in⟩ seiner ～ stören 人⁴の仕事中を邪魔する． **3** 職，勤め． ohne ～ sein 勤め口がない，失業している．

Be'schäf·ti·gungs·grad 男 -[e]s/-e《経済》**1** 雇用率，就労率． **2** 稼動率．

Be'schäf·ti·gungs·los 形 **1** 仕事のない，ぶらぶらしている． **2** 無職の，失業中の．

Be'schäf·ti·gungs·the·ra·pie 女 -/-en [..piːən] **1** 《医学》(Arbeitstherapie) 作業療法． **2** 《話》《俗》暇つぶしの仕事．

be'schä·len¹ [bəˈʃɛːlən] 他 Ein Hengst beschält eine Stute. 雄馬(種馬)が牝馬と交尾する．

be'schä·len² 他 (↓ Schale) einen Baum ～《古》の皮を剥く(部分的に)．

Be'schä·ler [..lər] 男 -s/- 種馬(たねうま)．

be·schal·len [bəˈʃalən] 他 **1**〈室内・街頭などに〉スピーカーで音をがんがん鳴りひびかせる. einen ganzen Fußballplatz ～ サッカー場いっぱいに音を鳴らす. **2** 音波(超音波)を使って調べる. **3**〖医学〗〈人〈物〉⁴に〉超音波治療(検査)をほどこす.

Be·schäl·seu·che [bəˈʃɛːl..] 女 -/-n〖獣医〗交疫(えき)〈交尾のさいに伝染する馬の性病〉.

*be·schä·men [bəˈʃɛːmən ベシェーメン] 他 恥じ入らせる, 恐縮(赤面)させる. beschämt sein 恥じ入る, 恐縮している.

be·schä·mend 現分 **1** 恥ずかしい, 不面目な, みっともない; 恥ずべき. **2**〈副詞的用法で〉ひどく, ものすごく. Das ist ～ wenig. それはひどく少ない.

Be·schä·mung 女 -/-en〈複数まれ〉**1**〈複数なし〉恥じ入ること, 恐縮, 不面目. zu meiner ～ お恥ずかしいことに, 面目ないことに. j² eine ～ ersparen 人³に恥ずかしい思いをさせない. **2** 屈辱(感), 恥ずべき行為.

be·schat·ten [bəˈʃatən] 他 **1**〈人〈物〉⁴を〉影でおおう, 日陰(ヵヶ)にする,〈に〉影を落す. die Augen mit der Hand ～ 手に手をかざして眩(ま)しさを避ける. **2**〈比喩〉〈気分・喜びなどを〉暗くする, 損なう,〈人間関係などを〉まずくする. **3**〈比喩〉〈人⁴を〉こっそりつける, 見張る;〔スポ〕マークする.

Be·schau [bəˈʃau] 女 -/〈食肉の品質, 金・銀の純度などの当局による〉検査.

be·schau·en [bəˈʃauən] 他〈地方〉注意深く(じっくり)見る, 観察する, 点検する. sich⁴ im Spiegel ～ 鏡のわが姿をつくづくと見る.

be·schau·lich [bəˈʃauliç] 形 **1** のんびりした, 平穏な. ～er Charakter おだやかな人柄. **2** 夢想の(瞑想, 観照, 内省)的な.

Be·schau·lich·keit 女 -/ 平穏; 冥想.

Be·schau·ung 女 -/-en **1** 観察, 検査, 点検. **2** 冥想, 観照, 静観;〔キリスト〕〈神に対する〉観想, 観想的修道生活.

Be·schau·zei·chen 中 -s/-〈貴金属の品質を保証する〉刻印,〈食肉の品質を証明する〉検査スタンプ.

*Be·scheid [bəˈʃait ベシャイト] 男 -[e]s/-e (↓ scheiden) **1**〈複数なし〉通知, 回答, 情報, 案内. j³ ～ geben 人³に通知(回答)する. j³ ～ sagen 人³に知らせる. Bitte sagen Sie mir ～, wo ich umsteigen muss. どこで乗換えるか教えて下さい. j³ [ordentlich] ～ sagen(stoßen) 人³に言うべきこと(言いたいこと)をきちんと言う. ～ wissen 事情に明るい, 精通(通暁)している. Danke, ich weiß ～! ありがとう, 分かりましたよ. Ich weiß hier nicht ～. 私は当地に不案内です. mit et³ ～ wissen 物³〈機械など〉を使いこなせる. **2**〔書〕決定. Der endgültige ～ geht Ihnen schriftlich zu. 最終的な決定は書面で通知します. **3** j³ ～ tun 人³に乾杯のお返しをする.

be·schei·den¹* [bəˈʃaidən] 他 (↓ Bescheid) ❶ 再〈sich⁴〉(mit et³)物³で満足する, 我慢する. ❷ 他〈雅〉〈多く受動態で〉〈神・運命が〉授ける, 恵む. Ihm war kein Erfolg beschieden. 彼は成功に恵まれずじまいだった. **2**〔雅〕行かせる. j⁴ vor Gericht〈zu sich³〉～ 人⁴を出廷させる〈自分の所に呼寄せる〉. **3**〔書〕〈事について〉決定を下す,〈人⁴に〉通知(回答)する. Der Antrag wurde ablehnend beschieden. その申請は却下された.

*be·schei·den² [bəˈʃaidən ベシャイデン] 形 (↓ scheiden) **1** つつましい, 謙虚な, 控え目な; 〈食事・生活などが〉ささやかな, つましい; 分をわきまえた, ほどほどの, あまの; 〈報酬・収入などが〉僅かばかりの, 取るに足らな

い. eine ～e Mahlzeit ささやかな食事. ～ leben つましい生活をしている. Wie geht es dir? ― Beschieden! ご機嫌いかがですか ― まあまあです. **2**〔話〕(beschissenの婉曲な言い方)とんでもない. Er ist ein ～er Typ. やつはひどい人間だ. Das ist ～ schön. こいつはすごいきれいだな.

Be·schei·den·heit 女 -/ つましさ, 謙虚, 謙遜, 遠慮.

be·schei·nen* [bəˈʃainən] 他〈人〈物〉⁴を〉照らす.

*be·schei·ni·gen [bəˈʃainigən ベシャイニゲン] 他 (↓ Schein) 文書で保証(証明)する. den Tod ～ 死亡診断書を書く.

*Be·schei·ni·gung [bəˈʃainigʊŋ ベシャイニグング] 女 -/-en **1**〈複数なし〉証明, 確認. **2** 証明書.

be·schei·ßen* [bəˈʃaisən] 他 (↓ Scheiße) **1**〈人〈物〉⁴に〉糞をひっかける. **2**〔話〕(betrügen) だます, ぺてんにかける. j⁴ um et⁴ ～ 人⁴から物⁴をだまし取る.

be·schen·ken [bəˈʃɛŋkən] 他〈人⁴に〉贈物(プレゼント)をする. j⁴ mit Blumen ～ 人⁴に花を贈る.

be·sche·ren [bəˈʃeːrən] 他〈人³に〉物⁴を授ける, 恵む(神・運命などが). Der Himmel bescherte uns herrliches Wetter. おかげですばらしい天気に恵まれた. **2**〈人³に〉贈り物を贈る(とくにクリスマスに). Was hat dir das Christkind beschert? クリストキントは君に何をくれたの. **3**〈人⁴に〉クリスマスプレゼントを渡す. Wir bescheren die Kinder erst nachmittags um 25. Dezember〈nachmittags um fünf Uhr〉. 私どもは12月25日の朝になってから〈イヴの午後5時に〉クリスマスプレゼントを子供たちに渡します.

Be·sche·rung 女 -/-en **1** 贈物(とくにクリスマスプレゼント)を渡す(分配する)こと. Am 24. Dezember abends ist [die] ～. 12月24日の晩はプレゼントがもらえるんですよ. **2** クリスマスプレゼントの山. **3**〈複数なし〉〈戯〉〈ありがたくない〉驚き, 突発事件. [Das ist] eine schöne〈nette〉 ～. まったくついてないよ. Da haben wir die ～! (いやな目に遭って)だから言わないことじゃない.

be·scheu·ert [bəˈʃɔyərt] 形 (↑ scheuern)〔話〕**1** 薄のろの, 頭の弱い. **2**〈事物が〉いやな, 腹立たしい. ein ～es Wetter いやな天気. **3** 頭がぼんやりした, 注意散漫な.

be·schich·ten [bəˈʃɪçtən] 他 et⁴ mit et³ ～ 物⁴に物³(ニスなど)を上塗りする, コーティングする.

be·schi·cken [bəˈʃɪkən] 他 **1** et⁴ mit et³ ～ 物³(見本市・展覧会などに)物⁴を送る, 出品する.〖冶金〗物⁴(機械・設備などに)物³を送り込む, 装入する. eine Ausstellung mit Bildern ～ 展覧会に絵を出品する. einen Hochofen mit Erz, Koks und Zuschlägen ～ 高炉に鉄鉱石とコークスと融剤を入れる. **2**〈会議などに〉代表を送る, 派遣する. eine Tagung mit drei Vertretern ～ 会議に3人の代表を送り込む. **3**〔古〕片づける, 整理する.

Be·schi·ckung 女 -/-en **1**〈複数なし〉〈見本市・展覧会などへの〉出品;〖冶金〗〈高炉への原料・材料などの〉装入;〈会議などへの〉代表者派遣. **2**〖冶金〗〈高炉の〉装入物.

be·schied [bəˈʃiːt] bescheiden¹ の過去.

be·schie·de [bəˈʃiːdə] bescheiden¹ の接続法 II.

be·schie·den [bəˈʃiːdən] bescheiden¹ の過去分詞.

be·schie·ßen* [bəˈʃiːsən] 他 **1**〈物⁴に〉射撃(銃撃, 砲撃)を加える. j⁴ mit Fragen〈Vorwürfen〉～ 人⁴に質問〈非難〉を浴びせる. **2**〖核物理〗〈物⁴に〉衝

Be·schie·ßung 囡 -/-en 射撃, 砲撃, 銃撃.

be·schil·dern [bəˈʃɪldərn] 他 (↓Schild) (物'に)標識(名札)をつける. eine Kreuzung 〜 十字路に交通標識をつける.

Be·schil·de·rung 囡 -/-en 1《複数なし》(道路)標識(名札)をつけること. 2 (ある地区につけられた)道路標識(の全体); (陳列品などの)名札.

be·schimp·fen [bəˈʃɪmpfən] 他 口汚くののしる, 罵倒する.

Be·schimp·fung 囡 -/-en ののしり, 罵倒, 侮辱;《多く複数で》ののしりの言葉, 罵言雑言(ぞうごん).

be·schir·men [bəˈʃɪrmən] 他 (↓Schirm) 1《雅》守る, 庇護する(vor et³ 物³から). 2 傘(かさ)のようなもので). die Augen [mit der Hand] 〜 額(ひたい)に手をかざす. eine blau *beschirmte* Lampe 青いシェードのついたランプ.

Be·schiss, °**Be·schiß** [bəˈʃɪs] 男 -es/ (↓bescheißen 2)《卑》ぺてん, いんちき, いかさま.

be·schis·sen [bəˈʃɪsən] 過分 形 (↑bescheißen)《卑》ひどく不愉快な, いやみな; 最悪の, ひどい.

Be·schlächt* [bəˈʃlɛçt] 田 -[e]s/-e (厚板の)護岸壁.

be·schla·fen* [bəˈʃlaːfən] 他 1 (事'を)一晩まんじりともしないで考える. 2《古》(人'と)同衾(どうきん)する.

Be·schlag [bəˈʃlaːk] 男 -[e]s/⸗e 1《多く複数で》(家具・ドア・窓などの金具一般)留め金, 帯金, 蝶番(ちょうつがい), 飾り鋲(びょう)など), 角金具など(複数まれ) 蹄鉄(ていてつ). 2 被膜, コーティング, (鏡などの滑らかな表面に生じる)曇り, 結露. 3《複数なし》《猟師》(鹿などの)交尾. 4《成句で》j⟨et⟩⁴ mit 〜 belegen / j⟨et⟩⁴ in 〜 nehmen / auf j⟨et⟩⁴ 〜 legen 人⟨物⟩⁴を一人占めにする, 独占する. Mein Wagen ist von meinen Söhnen ständig in 〜 genommen. 私の車はいつも息子たちが使っている.

be·schla·gen¹* [bəˈʃlaːgən] ❶ 他 1 (et⁴ mit et³ 物³を)打付ける, 固定する; (馬などに)蹄鉄(ていてつ)を打付ける. ein Fass mit Reifen 〜 樽(たる)に箍(たが)をはめる. 2《猟師》(雌'と)交尾する(雄鹿などが). 3 (鏡面などを)曇らせる. 4 (公文)(人·物'に)かかわる. Sein Vorwurf *beschlägt* mich allein. 彼の非難は私一人に向けられたものだ. ❷ 再《sich¹》(ガラスなどが)曇る. ❸ 自(s) (ガラス·金属などが)曇る, さびる, かびる.

be·schla·gen² 過分 形 (↑beschlagen¹) 通暁している, 詳しい, 明るい(auf⟨in⟩ et³ 事³に). auf⟨in⟩ einem Fachgebiet gut⟨sehr⟩ 〜 sein 専門分野のことに大変明るい.

Be·schlag·nah·me [bəˈʃlaːknaːmə] 囡 -/-n 押収, 差押え, 没収, (交戦国·中立国船舶の)拿捕(だほ).

be·schlag·nah·men [..naːmən] 他 (↓Beschlagnahme) 1 差押える, 押収(没収)する, 拿捕(だほ)する. 2《戯》(人'に)うるさくつきまとう, 忙しい目をさせる, (を)煩わす. Seine Arbeit *beschlagnahmt* ihn völlig. 彼は仕事に忙殺されている.

be·schlei·chen* [bəˈʃlaɪçən] 他 1 (人'に)忍び寄る. 2《比喩》(恐れ·不安などの感情が人'の)心に忍び寄る.

***be·schleu·ni·gen** [bəˈʃlɔʏnɪgən ベシュロイニゲン] (↓schleunig) ❶ 他 (早)める, 加速する. die Abreise 〜 出発を早める, 繰上げる. die Arbeit⟨den Schritt⟩ 〜 仕事の手を早める⟨歩みを早める⟩. et⁴ negativ 〜 物'にブレーキをかける. ein *beschleunigtes* Verfahren《法制》急速(訴訟)手続, 略式手続. ❷ 自 (車が)加速する. Das Auto *beschleunigt* leicht. この車は加速が楽だ. ❸ 再《sich¹》速くなる, 早める. Sein Puls hat *sich beschleunigt*. 彼の脈が早くなった.

Be·schleu·ni·ger [..gər] 男 -s/-《核物理》(荷電粒子の)加速器;《化学》(化学反応などの)促進剤, 加媒剤.

Be·schleu·ni·gung 囡 -/-en 1《複数なし》早める(早まる)こと, 促進, 亢進. mit größter 〜 大急ぎで. 2《物理》加速. 3《話》(車の)加速力.

be·schlie·ßen [bəˈʃliːsən ベシュリーセン] ❶ 他 1 決める, 決定(決心)する; 議決(表決)する. Er *beschloss*, morgen Abend abzureisen. 彼は明日の夕方出立することに決めた. ein neues Gesetz 〜 新しい法案を議決する. 2 終える, 締めくくる. einen Brief mit den Worten...〜 ...という言葉で手紙を結ぶ. *seine* Tage⟨*sein* Leben⟩ 〜 生涯の幕を閉じる, 往生(おうじょう)をとげる. 3 《過去分詞で》in et³ *beschlossen* liegen⟨sein⟩ 物³の中に含まれて(こめられて)いる. ❷ 自 議決する(über et⁴ 事'について).

be·schloss [bəˈʃlɔs] beschließen の過去.

be·schloss·se [bəˈʃlɔsə] beschließen の接続法II.

be·schlos·sen [bəˈʃlɔsən] beschließen の過去分詞.

***Be·schluss** [bəˈʃlʊs ベシュルス] 男 -es/⸗e 1 決定, 決議, 表決, 議決. einen Antrag zum 〜 erheben 動議を採択(表決)する. einen 〜 fassen 決定(決議)する(über et⁴ 事'に関して). 2《複数なし》おしまい, 終り. zum 〜 おしまいに, 締めくくりとして.

be·schluss·fä·hig 形 (会議などが定足数を満たして)議決可能な状態にある.

be·schmie·ren [bəˈʃmiːrən] 他 1 (物'に)塗りつける(mit et³ 物³を). das Brot mit Butter 〜 パンにバターを塗る. 2 (人·物)'を汚す. *sich*³ die Hände mit Farbe 〜 手をペンキで汚す. 3 (物'に)なぐり書き(落書き)する.

be·schmut·zen [bəˈʃmʊtsən] ❶ 他 よごす(mit et³ 物³で);《比喩》(名誉などを)けがす. Kleider 〜 衣服をよごす. j² Ruf 〜 人²の名声をおとす, 顔に泥を塗る. ❷ 再《sich¹》衣服(からだ)をよごす, よごれる.

be·schnei·den* [bəˈʃnaɪdən] 他 1 (物'の一部を)切除む, 切って短くする, 切揃える, (木の枝などを)刈込む. Ränder 〜 縁(ふち)を切り揃える. j⟨sich⟩³ die Nägel 〜 人³の爪を切ってやる⟨自分の爪を切る⟩. 2 制限(削減)する. die Ausgaben 〜 支出をカットする. j² Freiheit⟨j² die Freiheit / j⁴ in *seiner* Freiheit⟩ 〜 人²,³,⁴の自由を制限する. 3《宗教》(人'に)割礼(かつれい)をほどこす(↑Beschneidung 3);《医学》包皮(ほうひ)切開をする.

Be·schnei·dung 囡 -/(-en) 1《複数なし》切除む(切揃える), 刈込む)こと. 〜 von Bäumen 樹木の剪定(せんてい). 2《医学》包皮手術. 3《宗教》割礼(かつれい). (ユダヤ人およびイスラム教徒の宗教儀礼. 旧約はユダヤ人およびアブラハムとの契約のしるしとされ, 割礼を受ける者は異邦人と同様と見なされたが, 新約で廃止された).

be·schnüf·feln [bəˈʃnʏfəln] 他《話》1 (物'のにおいを)くんくん嗅(か)ぐ. 2《比喩》(人·事)'のことを探る, 嗅(か)ぎ回る, 慎重に調べる.

be·schö·ni·gen [bəˈʃøːnɪgən] 他 (↓schön) (欠点·過失などを)言い(取り)つくろう, (実際以上に)よく見せる, 美化(粉飾)する. ein *beschönigender* Ausdruck 婉曲な表現.

Be·schö·ni·gung 囡 -/-en **1**《複数なし》言いつくろう(美化する)こと，粉飾．**2** 言いつくろい(のことば)，婉曲な言回し，巧言令色(ホャネャェシ)．

*be·schrän·ken [bəˈʃrɛŋkən ベシュレンケン] (↓ Schranke) ❶ ㉠ 枠をはめる，制限(制約，限定)する．die Ausgaben auf das Notwendigste ~ 支出を必要最小限度に抑える．Das beschränkt meine Freiheit〈mich in meiner Freiheit〉. そのために私の自由は制限される．❷ ㉾ (sich⁴) **1** (auf et³ 物で)足もりとする，我慢する．**2** (auf et⁴〈人〉に)制限(限定)される．Diese neue Maßnahme beschränkt sich auf die Rentner. この新しい措置は年金受給者にのみ適用される．

*be·schränkt [bəˈʃrɛŋkt ベシュレンクト] 過分形 **1** 限られた，限定(制限，制約)された，僅かな，乏しい，狭い，窮屈な．in ~ en Verhältnissen leben 切詰めた生活をする．Gesellschaft mit ~er Haftung (略 GmbH) 有限(責任)会社．**2** 考え(視野)が狭い，偏狭な，愚昧(ネ<ェネ)な．

Be·schränkt·heit 囡 -/ **1** 視野の狭さ，偏狭，狭量，固陋(ฉฺฺ)，愚昧(ฉฺฺ)．**2** 限られていること，有限，限界性．

Be·schrän·kung 囡 -/-en **1**《複数なし》制限(限定，制約)すること．**2** 制約，限定．j³ ~en auferlegen 人³にあれこれ制限をつける．

be·schrei·ben [bəˈʃraɪbən ベシュライベン] ㉠ **1** (物¹に)文字を書く．**2** 描写(描出)する，叙述(記述)する，説明する．den Täter genau ~ 犯人の特徴を正確に説明する．j³ den Weg ~ 人³に道を詳しく教えてやる．Das ist nicht zu ~. それは言葉では表現できない，筆舌に尽くしがたい．**3** (円・弧・軌跡を)描く．

*Be·schrei·bung [bəˈʃraɪbʊŋ ベシュライブング] 囡 -/-en (口頭・文書による)描写，叙述，記述，説明(書)，仕様書．Nach deiner ~ muss sie sehr klug sein. 君の話だと彼女はずいぶんと利口に違いない．aller〈jeder〉~² spotten 話にならないほどひどい，言語道断(どう)である．eine ~ für den Gebrauch 使用説明書．

be·schrei·en *[bəˈʃraɪən] ein Unglück ~ (悪魔の妬みを買うようなことを口にして)災いを招く (↑ berufen 3).

be·schrei·ten *[bəˈʃraɪtən] ㉠《雅》(ある道・方角を)取って進む，歩む．neue Wege ~ 新しい道を歩む，新機軸を出す．den Rechtsweg ~ 法律に訴える，裁判にかける．

be·schrieb [bəˈʃriːp] beschreiben の過去．

be·schrie·be [bəˈʃriːbə] beschreiben の接続法II．

be·schrie·ben [bəˈʃriːbən] beschreiben の過去分詞．

be·schrif·ten [bəˈʃrɪftən] ㉠ (↓ Schrift)(物¹に)上書(標題・日付・分類など)の文字を書き込む．Einmachgläser ~ 貯蔵(漬け物)瓶にラベルを貼る．ein Heft mit *seinem* Namen ~ ノートに名前を書く．

Be·schrif·tung 囡 -/-en **1**《複数なし》(標題・日付・分類などの)文字を書き込むこと，ラベル(レッテル)を貼ること．**2** (説明・表示・分類などのために)書込まれた文字，標題，題辞，銘，(書込みのある)ラベル，レッテル．

*be·schul·di·gen [bəˈʃʊldɪgən ベシュルディゲン] ㉠ (人⁴1事の)罪を帰する，(人⁴を事²で)とがめる，責める；《法制》告発する．j⁴ falsch〈zu Unrecht〉~ 人⁴に濡れ衣(ネ)を着せる，(を)中傷する；《法制》誣告(ニッ)する．sich⁴ selbst ~ 自分を責める．

Be·schul·dig·te 男囡《形容詞変化》容疑者；《法制》被疑者．

Be·schul·di·gung 囡 -/-en 罪を負わせる(負わせられる)こと，転嫁；非難；告発．~en gegen j⁴ erheben 人⁴を告発する．

be·schum·meln [bəˈʃʊməln] ㉠《話》だます，ぺてんにかける，一杯くわす．j⁴ um 20 Euro ~ 人⁴から20ユーロちょろまかす．

be·schüt·zen [bəˈʃʏtsən] ㉠ (人⁴を)守る，守護する (vor j⁽et³⁾·⁴〈物⁾から)．*beschützende* Werkstätten (障害者援護のための)福祉作業場．

Be·schüt·zer [..tsər] 男 -s/- 保護者，守護者，後援者，パトロン；《婉曲》(Zuhälter)(売春婦の)ひも．

be·schwat·zen [bəˈʃvatsən] ㉠《話》**1** 説き伏せる，口説き落す(zu et¹ 事¹をするように)．sich⁴ immer wieder ~ lassen 性懲(ショゥ)りもなく口車に乗せられる．**2** (事¹について)おしゃべりをする，取沙汰する．

be·schwät·zen [bəˈʃvɛtsən] ㉠《南》《話》= beschwatzen

Be·schwer [bəˈveːr] ㊥ -[e]s/ (囡 -/) (↓ schwer) **1**《雅》労苦，苦労，骨折り．ohne große ~ さしたる苦労もしないで，らくに．**2**《法制》不利．

*Be·schwer·de [bəˈʃveːrdə ベシュヴェーアデ] 囡 -/-n (↓ schwer) **1** 苦労，労苦，骨折り，難儀．**2**《複数で》(肉体的)苦痛，不快，変調．körperliche ~n haben 体の具合が悪い．**3** 苦情，不平(の訴え)；《法制》抗告，異議．~ einlegen〈einreichen〉苦情(抗議)を申入れる．~ führen 異議を唱える，申立てる (gegen j⁴ 人⁴に対して / über et⁴ 事⁴に関して)．bei j³ ~ vorbringen 人³に苦情(不平)を訴える，聞いてもらう．

Be·schwer·de·füh·rer 男 -s/- 《法制》抗告人，控訴人．

*be·schwe·ren [bəˈʃveːrən ベシュヴェーレン] (↓ schwer) ❶ ㉠ **1** 重たくする，(物¹に)重しを載せる(置く)．das Dach mit Steinen ~ 屋根に石(の重し)を置く．**2** (精神的に)重苦しくする，のしかかる，圧迫する；苦しめる，煩わす．Die Nachricht *beschwerte* ihn sehr. その知らせは彼の胸に重くのしかかった．j⁴〈j² Herz / j³ das Herz〉~ 人⁴·²·³の心を苦しめる，悩ませる．❷ ㉾ (sich⁴) **1**《古》(mit et³ 物³を)背負い込む．**2** 苦情を訴える，泣きごとを言う．j³ gegenüber ~ 人³に苦情(不平)を訴える (über j〈et〉⁴ 人〈事〉⁴について / wegen et² 事²のことで)．

be·schwer·lich [bəˈʃveːrlɪç] 形 骨の折れる，厄介な，面倒な，煩わしい．eine lange und ~e Reise 長くてきつい旅．j³ ~ fallen《古》人³にとって重荷である，煩わしい．

Be·schwer·lich·keit 囡 -/-en **1**《複数なし》煩わしさ，厄介号加減．**2**《複数で》辛苦，苦労，厄介．

be·schwich·ti·gen [bəˈʃvɪçtɪgən] ㉠ なだめる，落着かせる，和らげる．

Be·schwich·ti·gung 囡 -/-en なだめる(和らげる)こと；宥和(ュゥゎ)，鎮静．

be·schwin·deln [bəˈʃvɪndəln] ㉠《話》(人⁴に)ちょっとした嘘をつく，(を)だます．

be·schwin·gen [bəˈʃvɪŋən] ㉠ (↓ Schwinge) **1**《古》(物¹に)翼をつける．**2** (人⁴の)心を弾(ੁ)ませる，浮きうきさせる．

be·schwingt 過分形 **1**《古》翼(羽)のある．**2** 弾(੶)んだ，浮きうきした，陽気な，軽やかな．~er Rhythmus 弾むようなリズム．~en Schrittes / mit ~en Schritten 足どりも軽く．

be·schwip·sen [bəˈʃvɪpsən] ㉾ (sich⁴) (↓ Schwips)《話》ほろりと酔う．《過去分詞で》be-

schwipst sein ほろ酔い(一杯機嫌)である.

be'schwor [bəˈʃvoːr] beschwören の過去.

be'schwo·ren [bəˈʃvoːrən] beschwören の過去分詞.

be·schwö·ren* [bəˈʃvøːrən] 他 **1** 〈事⁴を〉誓う, 〈の〉真実性(確実性)を誓って保証する. Kannst du das ~? それは確かかい. **2** 〈人⁴に〉懇願(哀願, 嘆願)する, せがむ. Ich *beschwöre* dich, heute Abend zu Hause zu bleiben. 後生(ごしょう)だから今晩は家にいてくれ. **3** 〈悪魔・悪霊を〉祓(はら)う, 追払う; 〈魔術・呪文で魔神・霊などを〉呼出す; 〈災いなどを〉招く; 〈過去を〉思い出す, 呼びさます.

Be'schwö·rer [..rər] 男 -s/- **1** 霊を呼ぶ人, エクソシスト, 祈祷(きとう)師, 降魔(ごうま)師, 魔法使い; 《カトリ》祓魔(ふつま)師(現在では聖職者の下級品級の1つで名目のみ). **2** 誓約者, 誓約人. ein ~ des menschlichen Gewissens 人間的良心を呼びさます人.

Be'schwö·rung 女 -/-en **1** 懇願, 哀願, 嘆願. **2** 《複数まれ》悪魔(悪霊)祓い, 祓魔(ふつま); 〈霊などを〉呼出すこと, まじない. **3** 祈祷の文句, 呪文.

be'schwur [bəˈʃvuːr] 《古》beschwören の過去.

be·see·hen [bəˈzeːən] 他 (↓ Seele) 《雅》〈人〈物〉に〉魂(生命, 生気)を与える, 吹込む;〈人⁴の心を満たす(mit et³ 事³で). ein *beseelter* Blick 生き生きした(心のこもった)眼差(まなざし). von Hoffnung *beseelt* sein 希望にあふれている.

Be·see·lung 女 -/-en **1** 《複数なし》魂(生命, 生気)を賦与すること. **2** 《神話・童話などにおける無生物・樹木・抽象観念等の》有情化, 擬人化.

be·se·hen* [bəˈzeːən] 他 よく見る, 観察する. [sich³] ein Bild genau ~ 絵を丹念に見る. 《過去分詞で》bei Licht[e] *besehen* / aus der Nähe *besehen* 厳密に言うと, よくよく考えてみると.

be·se·hen¹ beshen¹ の過去分詞.

***be·sei·ti·gen** [bəˈzaɪtɪɡən ベザイティゲン] 他 **1** 取除く, 除去する, 片づける, 〈汚れを〉落とす, 〈欠点などを〉矯正(きょうせい)する, 〈疑いを〉晴らす. **2** 《婉曲》〈人⁴を〉片づける, 消す.

Be·sei·ti·gung 女 -/-《複数まれ》除去, 排除, 始末, 矯正, 消去.

be·se·li·gen [bəˈzeːlɪɡən] 他 《雅》至福感を与える, 大喜びさせる, 有天頂させる. ein *beseligendes* Erlebnis 有天頂にさせるような体験.

***Be·sen** [ˈbeːzən ベーゼン] 男 -s/- **1** 箒(ほうき). Neue *Besen* kehren gut. 《諺》新しい箒はきれいに掃(は)ける, 新入りはよく働く. Ich fresse einen ~ [mit Stiel] 〈Ich will einen ~ fressen〉, wenn das richtig ist. 《話》それが正しいのなら箒でも食ってやる(絶対に間違いないの意). j⁴ auf den ~ laden 人⁴をかつぐ. mit eisernem ~ [aus]kehren (不法・無秩序などを)きびしく取締まる. unter dem ~ getraut sein 《話》同棲している. **2** 《漆喰用の》ブラシ; 《音楽》《ドラムの》ブラシ; 《Schneebesen》《クリームなどの》泡立て器. 《話》男, 野郎, ごろつき; 《卑》あばずれ, 尻軽な女〈学生〉《ぎる》女の子; 《卑》まら, ペニス.

'Be·sen·gins·ter 男 -s/- 《植物》えにしだ.

'be·sen·rein 箒(ほうき)できれいに掃除した, ちりひとつない.

'Be·sen·stiel 男 -[e]s/-e ほうきの柄. steif wie ein ~ sein 《話》こちこちに(固く)なっている.

be'ses·sen [..] 過分 (↑ besitzen) **1** 〈悪霊・魔物に〉とり憑(つ)かれた, 狐憑きの, 狂った. wie ~ schreien 狂ったように喚(わめ)く. **2** von et³ ~ 物³〈考え・願望など〉に憑かれた, 夢中になった, 〈て〉頭が一杯の, 熱狂的な.

Be·ses·se·ne 男 女 《形容詞変化》悪魔(悪霊, 魔物)に憑〈つ〉かれた人, もの狂い; 狂信家.

Be·ses·sen·heit 女 -/ **1** 《悪霊などに》憑〈つ〉かれている状態, 憑依(ひょうい). **2** 物狂い, 熱狂, 夢中, 狂乱.

***be·set·zen** [bəˈzɛtsən] 他 **1** 〈空間・場所を〉取っておく, 〈席などを〉確保(予約)する; 占める, ふさぐ. einen Stuhl für j⁴ ~ 人⁴のために席を取っておく. einen Tisch ~ テーブルを予約する. den Tisch mit Speisen ~ 食卓に料理を並べる. Das Telefon ist *besetzt*. 電話は通話中である. **2** 〈国・地域・建造物などを〉占領(占拠)する. **3** 〈et⁴ mit et³ 物⁴の縁に物³を〉縫い(張り)つける. einen Mantel mit Pelz ~ コートに毛皮を(縫い)つける. **4** 〈空いたポストなどを〉埋(う)める, 補充する;《演劇》《配役を決める, 割振る;《会議などに》代表を送り込む;《法廷を》構成する. einen Posten mit einem Spezialisten ~ あるポストに専門家をあてる. Der Ausschuss ist ausschließlich mit Professoren *besetzt*. その委員会はもっぱら大学教授で構成されている. **5** ein Revier ~ 《狩猟》猟場に獲物を補充する. einen Teich mit Karpfen ~ 《水産》養魚池に鯉(こい)を放つ.

be'setzt ↑ besetzt

be'setzt [bəˈzɛtst] 過分 形 予約済みの, ふさがった, 満席(満員)の, 占め(埋め)られた, 占領(占拠)された, 〈電話〉が通話中の. Die nächste Woche bin ich〈sie bei mir〉schon ~. 来週は私はもう予定が詰まっている. Das Theater war voll ~. 劇場は大入満員であった. *Besetzt*(トイレの表示)使用中.

Be'setzt·zei·chen 中 -s/- 〈電話の〉話し中の信号音.

Be'set·zung 女 -/-en **1** 〈座席を〉ふさぐこと, 〈劇場などの〉予約, 確保; 〈欠員の〉補充; 〈芝居の役の〉割振り, 配役, キャスティング. **2** 〈集合的に〉配役, キャスト;〈出場チームの〉編成メンバー. **3** 《複数まれ》占領, 占拠. **4** 〈猟場に〉獣を放つ(補充する)こと, 〈川・池に〉魚を放流すること.

***be·sich·ti·gen** [bəˈzɪçtɪɡən ベズィヒティゲン] 他 (↓ Sicht) 視察(巡視)する, 見て回る, 見学(見物)する.

***Be'sich·ti·gung** [bəˈzɪçtɪɡʊŋ ベズィヒティグング] 女 -/-en 視察, 巡視, 見学, 見物.

be·sie·deln [bəˈziːdəln] 他 **1** 〈ある土地に〉入植する;〈政府などが土地に〉入植させる, 植民する(mit j³ 人³を). **2** 〈動植物がある土地に〉棲んでいる, 生息している.

Be·sie·de·lung, Be·sied·lung 女 -/-en 入植, 植民;〈動植物のある地域での〉生息.

be·sie·geln [bəˈziːɡəln] 他 (↓ Siegel) **1** 《古》封印する. **2** 保証する, 証(あかし)しする. **3** 決定づける, 動かしがたいものにする. Sein Schicksal ist damit *besiegelt*. これで彼の運命は決した.

***be·sie·gen** [bəˈziːɡən ベズィーゲン] 他 〈人〈物〉⁴に〉勝つ, 〈を〉打負かす;〈困難・障害を〉克服する, 〈激情などを〉抑える. sich⁴ [für] *besiegt* erklären 敗北宣言をする. Sich⁴ selbst ~ ist der größte〈schönste〉Sieg. 《諺》自分に打ち克つことこそ至上の勝利である.

be'sin·gen* [bəˈzɪŋən] 他 **1** 〈雅〉〈人⁴を〉讃(たた)える歌をうたう. die Liebe ~ 愛の賛歌をうたう. **2** eine Platte〈ein Tonband〉~ レコード〈テープ〉に歌(曲)を吹込む.

be·sin·nen [bəˈzɪnən ベズィネン] 他 (sich⁴) **1** 考(熟慮, 思索)する. bevor ich *mich* ~ konnte 考える間もなく, あっと言うまに. 《中性名詞として》nach kurzem *Besinnen* ちょっと考えてから. ohne langes *Besinnen* よく考えもしないで. **2** 思い出す (auf j⟨et⟩⁴ / 雅 j⟨et⟩² 人⟨物⟩⁴,²を). Jetzt *besinne* ich *mich* wieder. やっと思い出した(分かった)ぞ. wenn ich *mich* recht *besinne* 私の思い違いでなければ. *sich auf sich⁴ selbst ~* 我に返る, 思慮(分別)を取り戻す. **3** (auf et¹ / 雅 et² 事⁴,²,)気にかける.

be·sinn·lich [bəˈzɪnlɪç] 形 瞑想的な, 沈思黙考の; 考え込ませるような.

***Be·sin·nung** [bəˈzɪnʊŋ] 女 -/-en **1** 意識, 正気; 分別, 思慮. die *~ verlieren* 意識を失う, 失神する; 思慮(分別, 自分, 度)を失う. bei(ohne) *~ sein* 意識がある(ない), 正気である(正気でない). j⁴ zur *~ bringen* 人⁴の意識を取り戻させる, (を)正気に返らせる. [wieder] zur *~ kommen* 意識(分別)を取り戻す, 我(正気)に返る. **2** 熟考, 瞑想, 沈思黙考. **3** 想起. die *~ auf den Ursprung des Weihnachtsfestes* 降誕祭の起源を想起する(に思いを寄せる)こと.

be·sin·nungs·los 形 **1** 意識を失った, 失神状態の. **2** 我を忘れた, 思慮分別のない. **3** 極度の, 非常な. *~e Angst* 極度の不安.

***Be·sitz** [bəˈzɪts] 男 -es/ **1** 持っていること, 所有, 所持;【法制】占有. unerlaubter *~ von Waffen* 武器の無許可所持. mittelbarer(unmittelbarer) *~* 【法制】間接占有(直接占有). et⁴ in *⟨im⟩ ~ haben* 物⁴を所有している. et⁴ in *~ nehmen* 物⁴を手に入れる, わが物にする. im *~ von et³ sein* 物³を所有している. im vollen *~ seiner Kräfte sein* 力に満ちあふれている. 《気取っぱい表現. von et³ *~ ergreifen* 物³を入手(取得)する. von j³ *~ ergreifen* 人³を独占する, ひとり占めにする;(感情などが)人³の心をとらえる. **2**《話》(Eigentum) 所有物, 財産, 身上(しんしょう). **3**《古》(Besitzung) 所有地, 地所, 領地.

be·sitz·an·zei·gend 形《比較変化なし》【文法】所有を示す. *~es Fürwort* 所有代名詞.

be·sit·zen* [bəˈzɪtsən] ベズィッツェン) besaß, besessen 他 **1** 持っている, 所有(占有)している. Sie *besitzen* ein schönes Haus, zwei Autos und einen Hund. 彼らは大きな家があり, 車を2台持ち, 犬を1匹飼っている. die *besitzende* Klasse 有産階級. Mut⟨große Kenntnisse⟩ *~* 勇気がある⟨該博な知識を持っている⟩. j² Vertrauen *~* 人²に信頼されている. **2**《まれ》(悪霊・観念などが)取り憑⟨つ⟩く(↑besessen). **3** eine Frau *~* ある女を愛人(妻)にしている;《隠》ある女と関係がある.

***Be·sit·zer** [bəˈzɪtsər] 男 -s/- 所有者, 持主;【法制】占有者;(うち)家主, 地主.

Be·sitz·tum [..tuːm] 中 -s/¨-er **1** (かなり大きな)所有地, 地所, 領地, 所領. **2**(総称的に)財産, 資産. *sein ~ vermehren* 資産を増やす.

Be·sit·zung 女 -/-en《雅》= Besitztum 1

be·sof·fen 過分 形 (↑besaufen) 泥酔した, べろべろの.

be·soh·len [bəˈzoːlən] 他 (靴に)靴底を張る, (の)靴底を張替える. die Schuhe *~ lassen* 靴底を張替えてもらう.

be·sol·den [bəˈzɔldən] 他 (↓Sold) (人⁴に)俸給を支給する. eine gut⟨schlecht⟩ *besoldete* Stelle 高給⟨薄給⟩のポスト.

Be·sol·dung 女 -/-en **1**《複数なし》俸給の支給.

2 俸給, 給与.

be·söm·mern [bəˈzœmərn] 他 (畑を)夏にだけ利用する. 《夏耕地だけを栽培する。

***be·son·der** [bəˈzɔndər] ベゾンダー 形《付加語的用法のみ》特別(格別)の, 特殊な; 特異な, 異常な, めざましい; 固有な, 独特の. ein *~er Reiz* 独特の魅力. zur *~en Verwendung*《略 z.b.V.》【軍事】特務用の. im Besonderen⟨*~en*⟩ とくに, とりわけ; 個々に, 個別的に. im Allgemeinen⟨*allgemeinen*⟩ und im Besonderen⟨*~en*⟩ 一般的にも個別的にも. sich⁴ für etwas *Besonderes halten* 自分を別格の存在だと思う.

Be·son·der·heit 女 -/-en 特性, 特色, 特徴; 特殊性, 特異性; 独自の性癖.

***be·son·ders** [bəˈzɔndərs] ベゾンダース 副 **1** 特別に, 別個に, 切り離して. eine Frage *~ besprechen* ある問題を別個に論議する. **2** とくに, 殊に; とりわけ, なかんずく; 格別に. et⁴ *~ betonen* 事⁴をとくに強調する. Er arbeitet *~* gut. 彼は格別よく働く. *~ wenn...* とりわけ...の場合に. (**nicht besonders** の形で) Ich habe jetzt nicht *~* viel Zeit. 私は今あまり時間がない. Wie geht es dir? — Nicht *~*. 元気かい？— まあまあです.《述部的に》Der Film ist nicht *~*. 《話》この映画はすごいことはない. **3**《地方》《述部的に》(sonderbar) 風変わりな, 奇態な(きたい). Seine Verhaltensweisen sind etwas *~*. 彼の態度は少しおかしいね.

be·son·nen [bəˈzɔnən] 過分 形 (↑besinnen) 思慮(分別)のある, 落着いた, 冷静な, 慎重な; 考え抜かれた.

Be·son·nen·heit 女 -/ 思慮深さ, 分別; 落着き, 慎重さ.

be·sonnt [bəˈzɔnt] 形 (↓Sonne)《雅》陽の当たった, 陽当りのよい; 明るい, 晴れやかな.

***be·sor·gen** [bəˈzɔrgən] ベゾルゲン 他 **1** 買い求める, 手に入れる, 調達(工面)する. j³ *eine Stelle⟨ein Taxi⟩ ~* 人³のために勤め口を世話する⟨タクシーを呼ぶ⟩. **2**《話》(人³から物⁴を)くすねる, 失敬する. **3**《不定の es⁴ と》es j³ *~* 《話》人³にしっぺ返しをする; 言って聞かせる, 意見する. **4** (仕事・用事をする, 果たす. einen Botengang⟨einen Einkauf⟩ *~* 使いに行く⟨買物をする⟩. eine Ausgabe *~*《出版》 古典作品の)新版を出す. Was du heute kannst *~*, das verschiebe nicht auf morgen.《諺》今日できることを明日に延ばすな, 思い立ったら吉日(きちにち). ein Tor *~* ⟨サッカーで⟩ゴールを決める(得点する). **5** (病人・子供・家事などの)世話をする, 面倒を見る. **6**《古》心配(懸念)する, 危ぶむ. ▶過去分詞で用いることが多い(↑besorgt).

Be·sorg·nis [bəˈzɔrknɪs] 女 -/-se 心配, 憂慮, 懸念, 気がかり.

be·sorg·nis·er·re·gend 形 不安(心配)の念を起こさせる, 気がかりな. ◆*Besorgnis erregend* とも書く.

be·sorgt [bəˈzɔrkt] 過分 形 心配(気くばり)している; 気がかりな (um j⟨et⟩⁴/wegen j⟨et⟩² 人⟨事⟩⁴,²のことが). ein guter *~er* Katalog 入念に作られた(行届いた)カタログ. mit *~er* Miene 思わしげな顔つきで.

Be·sor·gung 女 -/-en **1**《複数なし》入手, 工面, 調達;(仕事・要件の)処理;(病人・子供の)世話. **2**《ふつう複数で》買物, 使い走り.

be·span·nen [bəˈʃpanən] 他 **1** (et⁴ mit et³ 物³を張る. eine Geige mit neuen Saiten *~* バイオリンに新しい弦を張る. eine Wand mit Stoff *~* 壁に布を貼る. **2** einen Wagen [mit Pferden] *~* 車に馬をつなぐ. **3** einen Teich mit Karpfen *~* 養魚池に

Be'span·nung 囡 -/-en **1** (楽器に)弦を張ること, (壁・椅子などに)布を貼ること, (馬車に)馬をつなぐこと. **2** 張られたもの, (楽器の)弦, 壁紙, 壁布, (テニスのラケットの)ガット. **3** 《古》(車につながれた)輓(ばん)馬(牛).

be'spie·geln [bəˈʃpiːɡəln] 他 **①** (物を)鏡で照らす; 《比喩》(問題などに)スポット(照明)を当てる,(を)解明する. ein Ereignis ~ ある事件にスポットを当てる. **②** 再 (**sich**) 鏡に姿を映す; 鏡にうっとり見入る, 悦に入る; 《比喩》うぬぼれる, 自慢話をする.

be'spie·len [bəˈʃpiːlən] 他 **1** (テープなどに)録音する. **2** (ある場所を)上演の場とする. eine Stadt 〈eine Bühne〉 ~ ある町〈舞台〉で上演する. einen Fußballplatz ~ あるサッカー場で試合をする.

be'spit·zeln [bəˈʃpɪtsəln] 他 (人を)こっそり探る, スパイする.

be'sprach [bəˈʃpraːx] besprechen の過去.

be'sprä·che [bəˈʃprɛːçə] besprechen の接続法 II.

***be'spre·chen** [bəˈʃprɛçən ベシュプレヒェン] **①** 他 **1** (...について)論じる, 論議(議論, 協議)する(mit j³ 人³と). **2** (新聞・雑誌・テレビなどで)批評(論評)する. **3** (病人・病気を)治す呪文を唱える, まじないをかける. **4** (テープなどに)吹込む, 録音する(mit et³ 物³を). ein *besprochenes* Band 録音済みテープ. **②** 再 (**sich**) 相談(協議)する(mit j³ 人³と).

***Be'spre·chung** [bəˈʃprɛçʊŋ ベシュプレヒュング] 囡 -/-en **1** 論議, 討議, 協議, 検討, 相談, 話合い. **2** 批評, 論評. **3** お祓(はら)い, まじない, 悪霊おろし.

Be'spre·chungs·exem·plar 中 -s/-e 《書籍》書評用献本.

be'sprich [bəˈʃprɪç] besprechen の du に対する命令形.

be'sprichst [bəˈʃprɪçst] besprechen の現在 2 人称単数.

be'spricht [bəˈʃprɪçt] besprechen の現在 3 人称単数.

be'sprin·gen* [bəˈʃprɪŋən] 他 (動物の雄が雌と)交尾する.

be'sprit·zen [bəˈʃprɪtsən] 他 (人く物)⁴にはねかける(mit et³ 物³を).

be'spro·chen [bəˈʃprɔxən] besprechen の過去分詞.

be'sprü·hen [bəˈʃpryːən] 他 (人く物)⁴にふりかける, 噴霧する(mit et³ 物³を).

Bes·se·mer·bir·ne [ˈbɛsəmərbɪrnə] 囡 -/-n 《冶金》ベッセマー転炉.

bes·ser ['bɛsər ベサー] 形 《gut の比較級 / 副詞的には wohl の比較級としても用いる》より良い, もっと良い, 良い方の. Er ist ein ~*er* Schwimmer als du. 彼は君よりも泳ぐのが上手だ. Er ist ~ als sein Ruf. 彼は評判よりくれている. ~ als nichts 何もないよりはまし. Das wäre ja noch ~. 《反語》それはてんテン話(問題)にもならない. Besser ist ~. 《諺》念には念を入れ. meine ~*e* Hälfte《戯》マイ・ベターハーフ, 私のつれあい(夫または妻). mein ~*es* Ich 私の良心. ~*e* Kreise〈Leute〉上流階級〈上流の人々〉. Er hat ~ *e* Tage gekannt〈gesehen〉. 彼もいい日を見た(羽振りのよかった)時代があった. 《副詞的用法で》~ gesagt より正確に言うと. Es kommt noch ~. さあこれから(話が)面白くなるよ, 佳境に入るよ. alles ~ wissen wollen 知ったかぶりをする. Du kämst ~ sofort. すぐ来た方がいいよ.

◆ ↑ besser stellen

'Bes·se·re [ˈbɛsərə] 中 《形容詞変化》《複数なし》より良いもの(こと). Ich habe ~s zu tun. 私はそんな下らないことにはかかずらっておれない, そんなことをやっている場合ではないんだ. Das ~ ist des Guten Feind. 《諺》角(つの)を矯(た)めて牛を殺す(より良いものは良いものの敵, 完全を求めすぎてはならぬの意). eine Wendung zum ~n 好転. j³ eines ~n belehren 人³の誤りを指摘する, 間違った考えを改めさせる. sich⁴ eines ~n besinnen 考え直す. 《**etwas, nichts** と同様で》Haben Sie nicht noch etwas ~s? もっと上等のものはありませんか(買い物で). Es kommt selten etwas ~s nach. 《諺》足るを知り分に安んずる(あとからもっと良いものがあらわれるなんてことは滅多にあるものではない). Wenn du nichts ~s vorhast, … 君にもっとましな計画(予定)がないのなら….

***'bes·sern** [ˈbɛsərn ベサーン] **①** 他 (より)良くする, 改良(改善)する; 好転させる; 訂正(修正, 是正)する; 矯正する; 改心(更正)させる. die Verhältnisse ~ 情勢を好転させる. eine Weste ~ チョッキの寸法直しをする. 《目的語なしで》an einem Artikel immer wieder feilen und ~ 論文を何度も手直しする, 彫琢(ちょうたく)する. **②** 再 (**sich**) (より)良くなる, 改良(改善)される; 好転する, 上向く; 改心(更正)する. *Bessere dich!* お大事に. ▶ スイスでは再帰代名詞を省くこともある. Seine Gesundheit hat [*sich*] *gebessert*. 彼の健康はよくなった.

'bes·ser stel·len, °**'bes·ser|stel·len** 他 (人⁴の)待遇を改善する,(を)昇給させる.

***'Bes·se·rung** [ˈbɛsərʊŋ ベセルング] 囡 -/-en 向上, 改心, 更正; 改善, 改良; 好転, 上昇; 是正. auf dem Wege der ~ befinden 快方に向かっている. Gute ~! (病人にむかって)お大事に.

'Bes·ser·wes·si [ˈbɛsərvɛsi] 男 -s/-s 《話》(旧東ドイツの人々に対して)高慢な旧西ドイツ人.

'Bes·ser·wis·ser [..vɪsər] 男 -s/- 知ったかぶりをする人, 天狗(てんぐ); 一言居士(いちげんこじ).

Bes·ser·wis·se'rei [bɛsərvɪsəˈraɪ] 囡 -/ 知ったかぶり.

'Bess·rung [ˈbɛsrʊŋ] 囡 -/-en = Besserung

best [bɛst ベスト] 形《gut の最上級 / 副詞的にも wohl の最上級としても用いる》最も良い, 最上(最高, 最善)の. mein ~*er* Freund 私の一番の親友. Was ist das ~*e* [Buch] deiner Bücher? 君の持っている本の中で一番いいものは何ですか. der〈die / das〉 erste〈nächste〉~*e*… 手近の, 行当りばったりの. Sie hat den ersten ~*en* Mann 〈den ersten *Besten*〉 geheiratet. 彼女は行当りばったりの男と結婚した. Wir sind in das nächste ~*e* Lokal gegangen. 私たちは適当に手近な飲屋に入った. ein Mann im ~*en* Alter〈in ~*en* Jahren〉男盛り(働き盛り)の男. in [den] ~*en* Händen sein きちんと処理(世話, 保護, 管理)される. sich⁴ von *seiner* ~*en* Seite zeigen 自分の一番いいところを見せる; 《反語》まずいところ(欠点)をさらけ出す; im ~*en* Zuge beim Reden〈Arbeiten〉sein 話〈仕事〉の最中である. 《述語的用法で》Dieser Wein ist der ~. このワインが一番いい. Sie ist die *Beste* in der Klasse. 彼女がクラスのトップだ(↑ Beste ①). Ich halte es für das *Beste*(°das ~*e*), wenn du kommst. 君が来てくれるのならそれが一番そうだと思う(↑ 1 Beste ②). Es ist am ~*en*, er tut das. 彼がそれをすれば一番いい. 《副詞的用法で》Das musst

du selbst am ~en wissen. それは君自身が一番よく知っているはずだ. Sie gehen am ~en diese Straße. この通りを行かれるのが一番いいでしょう. Es war alles aufs Beste〈~e〉bestellt. 準備万端申し分なくとのっていた. ♦°zum besten の形については Beste 参照.
be'stach [bəˈʃtaːx] bestechen の過去.
be'stä·che [bəˈʃtɛːçə] bestechen の接続法 II.
be'stal·len [bəˈʃtalən] 他 (↓ bestellen)《書》(j⁴ zu et³ 人⁴を物³に)任ずる, 任命する.
Be'stal·lung 囡 /-en 《法制》 **1** 任命, 任用, (後見人などの)選任, (医師・薬剤師・公証人などの)認可, 免許. **2** 辞令書, 就任証書; 免許証書.
be'stand [bəˈʃtant] bestehen の過去.
Be'stand [bəˈʃtant] 男 -[e]s/~e (↓ bestehen) **1** 《複数なし》存立, 存続. 《諺》~e 存続期間. von ~ sein / ~ haben 長続きする, 持続する. Die Firma hat das Jubiläum ihres 50-jährigen ~es gefeiert. その会社は創業 50 周年を祝った. **2** 現在高, 保有数(量); 残高; 在庫品, 手持品, ストック. ~ an Büchern 蔵書数. eiserner ~ 非常用の貯え, 備蓄. Das Stück gehört zum eisernen ~ unseres Theaters. その芝居はうちの劇場のレパートリーの 1 つだ. **3** 《林業》(ある区画内の)立ち木(の総量). **4** 《南ドイツ》賃貸借. et⁴ in ~ geben〈haben〉物⁴を賃貸し〈賃借り〉する.
be'stän·de [bəˈʃtɛndə] bestehen の接続法 II.
be'stan·den [bəˈʃtandən] (**1** bestehen) 《副詞的には用いない》 **1** nach ~em Examen 試験に合格してから. **2** 生い茂った, 繁茂した (mit et³ 物³が). ein mit alten Bäumen ~er Garten 古木の生い茂った庭. ein dünn ~er Wald 樹木のまばらな森. **3** 《雅》年配(熟年)の.
*__be'stän·dig__ [bəˈʃtɛndıç ベシュテンディヒ] ❶ 形 **1** 長続きする, 持続的な, 不断の, ひっきりなしの. der ~e Regen 長雨. Diese Pflanzen sind ~. これらの植物は花期が長い. **2** 《副詞的には用いない》耐久性(抵抗力)のある (gegen et¹ / gegenüber et³ 物⁴·³に対し); 持ちがよい. Der Stoff ist sehr ~ gegen Wasser. この布地は水に強い, 耐水性にすぐれている. ~es Wetter 安定した天候. **3** 辛抱強い, 根気のよい, 移り気でない. ein ~er Mensch 辛抱強い(心変りをしない, 誠実な)人間.
❷ 副 たえず, しょっちゅう, いつも. Er hat ~ etwas zu meckern. 彼はいつもなにか不平をこぼしている.
Be'stän·dig·keit 囡 -/ **1** 長続き, 持続, 恒常, 不易(ﾈｷ). **2** 耐久性, 不壊(ﾌｴ).
Be'stands·auf·nah·me 囡 -/-n **1** 在庫調べ, 棚卸(ｵﾛｼ)し. **2** 《比喩》(仕事・人生などの)締めくくり, 総括.
Be'stand·teil [bəˈʃtanttaıl] 男 -[e]s/-e 成分, (構成)要素, 部分. die ~e einer Uhr 時計の部品. eine Uhr in ihre ~e zerlegen 時計を分解する. sich⁴ in seine ~e auflösen 分解してばらばらになる.
be'stär·ken [bəˈʃtɛrkən] 他 強くする, 強化する(補強する), 力づける, 支持(後押)しする. Ich bestärke ihn in seiner Meinung. 私は彼の意見を支持する. 《再帰的に》sich⁴ ~ 強まる.
Be'stär·kung 囡 -/-en 強めること, 強化, 支援, 後押し.
*__be'stä·ti·gen__ [bəˈʃtɛːtıgən ベシュテーティゲン] ❶ 他 **1** (事⁴が)正しい(真実, 正当, 妥当である)ことを認める, 確認する. j² Meinung ~ 人²の意見が正当であることを認める. **2** (事⁴が)正しい(真実である)ことを立証

する, 裏づける. Seine Aussage *bestätigte* meinen Verdacht. 彼の発言は私の疑念を裏づけた. Die Ausnahme *bestätigt* die Regel. 《諺》例外は規則である証拠. **3** 《法制》追認する, (裁判所などが)承認(認可, 許可)する. einen Beschluss ~ 決議を承認する. j⁴ als Bürgermeister ~ 人⁴を市長として承認する; (を)市長に再選する. j⁴ im〈in seinem〉Amt ~ 人⁴のポストを承認する. **4** 《商業》(受領書・請書(ｳｹｼｮ)などによって)認める. eine Bestellung ~ 注文を請(ｳ)ける. **5** 《猟師》(獣の存在・生息を)確認する.
❷ 再 (sich⁴) 正しいことが分かる, 立証(裏づけ)される.
Be'stä·ti·gung [bəˈʃtɛːtıgʊŋ ベシュテーティグング] 囡 -/-en **1** 認めること, 確認; 追認, 承認, 認可, 許可; 立証, 裏づけ. **2** 許可(免許)書; 受領書, 請書(ｳｹｼｮ).
be'stat·ten [bəˈʃtatən] 他 埋葬する.
Be'stat·tung 囡 埋葬, 葬儀.
Be'stat·tungs·in·sti·tut 中 -[e]s/-e 葬儀社.
be'stau·ben [bəˈʃtaʊbən] 埃(ﾎｺﾘ)だらけにする. sich⁴ ~ 埃にまみれる.
be'stäu·ben [bəˈʃtɔʏbən] 他 **1** (et⁴ mit et³ 物¹に物³を)ふりかける. einen Kuchen mit Puderzucker ~ ケーキに粉砂糖をふりかける. sich⁴ mit Parfüm ~ 香水を身にふりかける. **2** 《植物》(植物)を受粉させる.
Be'stäu·bung 囡 -/-en 《植物》受粉.
be'stau·nen [bəˈʃtaʊnən] 他 (人⁴物⁴を)驚いて見つめる, 目をみはって見る.
*__'Bes·te__ [ˈbɛstə ベステ] ❶ 男 囡《形容詞変化》一番すぐれた人, 最良(最高)の人, ナンバーワン; 最愛の人. Er ist der ~ in der Klasse. 彼はクラストップ(首席)である. mein ~r〈meine ~〉私の大事な(大好きな)人.
❷ 中《形容詞変化／複数なし》一番すぐれた物, 最もよい事. Bitte, ein Glas vom ~n! 極上のやつ(ワイン)を一杯やって下さい. Vergiss das ~ nicht! 《戯》肝心のもの(お金・財布など)を忘れちゃだめだよ. Es ist das ~, du kommst gleich zurück. 君がすぐ帰ってくるのが一番いい. Das ~ ist für ihn gerade gut genug. 彼とても彼には次善にすぎない(欲が深いの意). fürs gemeine ~ 公共の福祉のために. Ich will nicht das erste ~〈°beste〉. 手近なもので間に合せるのはやだ. [nur] das ~ in j² Auge haben ひたすら人²の幸によかれと願う. aus et³ das ~ machen 物³を最大限に利用(活用)する; 事³を最後まで投げない(あきらめない). sein/~s tun ベストをつくす. **(zum Besten** の形で) in Konzert zum ~n der Behinderten 身障者のためのチャリティーコンサート. Es ist nur zu deinem ~n. ただただ君のためを思ってのことだ. et⁴ zum ~n〈besten〉geben 物⁴(歌などの)を座興に披露する(酒などをふるまう). j⁴ zum ~n〈besten〉haben〈halten〉人⁴をからかう. Es〈Die Sache〉steht mit ihm nicht zum ~n〈°besten〉. 彼の体の具合(経済状態)は思わしくない.
__be'ste·chen__ [bəˈʃtɛçən ベシュテヒェン] 他 **1** (人⁴を)買収する, (に)賄賂(ﾜｲﾛ)を使う. einen Beamten mit Geld ~ 役人を金で買収する. sich⁴ leicht ~ lassen 買収(賄賂)に弱い. **2** (人⁴の)心を惹きつける, 魅了する. 《目的語なしで》Sie *besticht* durch ihre Schönheit. 彼女はその美貌で人を悩ませる. 《現在分詞で》ein *bestechendes* Lächeln 魅惑的な微笑.
be'stech·lich [..lıç] 形 賄賂(ﾜｲﾛ)のきく, 買収できる.
__Be'ste·chung__ [bəˈʃtɛçʊŋ ベシュテヒュング] 囡 -/-en 買収, 贈収賄, 袖(ｿﾃﾞ)の下. aktive〈passive〉~ 贈賄〈収賄〉.
__Be'steck__ [bəˈʃtɛk ベシュテク] 中 -[e]s/-e 《口語では複数 -s とも》食事用具一式(各種のナイフ・フォーク・

スプーンをさす). **2** 道具(器具, 用具)一式; 道具箱, 用具ケース, (とくに医療用の)器具箱. **3** 〖海事〗(推測航法による船舶の)推測位置. das ~ nehmen 船の位置を推測(推定)する. **4** 《話》《侮》木石の女, 魅力のない女.

be'ste·cken [bə'ʃtɛkən] [他] (et^4 mit et^3 物^{4}に物^{3}を)差込む. den Christbaum [mit Kerzen] ~ クリスマスツリーに蠟燭を立てて飾る.

Be'ste·der [bə'ʃte:dər] [男] -s/- 《北ドイツ》船舶の建造者, 発注主.

be'ste·hen* [bə'ʃte:ən ベシュテーエン] bestand, bestanden ❶ [自] **1** ある, 存在する; (法律などが)有効である. Unser Geschäft *besteht* erst zwei Jahre⟨seit zwei Jahren⟩. 私どもの店はできてからやっと2年です. Darüber *besteht* kein Zweifel. それには疑問の余地がない. alles, was *besteht* 存在するすべてのもの. zu Recht ~ 正当(もっとも)である, 有効である. die *bestehenden* Gesetze 現行法. 《**es besteht...** の形で》Es *besteht* keine Aussicht auf Erfolg. 成功の見込みはない. **2** 存続(持続)する. Schönheit vergeht, Tugend *besteht*. 《諺》美は移ろうが徳は滅びない. Bei diesen Preisen kann das Theater nicht ~. こんな料金では劇場はやっていけない. Ohne Wasser kann man nicht ~. 水がなくては生きられない. ▶↑bestehen bleiben **3** 持ちこたえる, 耐える. Mit deinen Fähigkeiten kannst du vor jedem ~. 君ほどの能力があれば誰にもひけをとらない. **4** aus et^3 ~ 物^{3}から成る, (で)できている. aus Holz⟨Metall⟩ ~ 木製⟨金属製⟩である. nur aus Komplexen ~ コンプレックスの塊(かたまり)である. **5** in et^3 ~ 事^{3}にある, (に)存する, (で)ある. Meine Aufgabe *besteht* im Planen und Rechnen. 私の任務は企画と見積りである. Die Ursache *besteht* darin, dass... 原因は…にある. **6** auf et^3⟨まれ auf et^4⟩ ~ 物^{3,4}を強く要求(主張)する, (に)固執する. Er *besteht* immer auf seinem Recht. 彼はいつも自分の権利に固執する. immer auf *seinem* Kopf ~ 《話》強情(頑固)である, 我を通す.
❷ [他] **1** (試練などを)耐え抜く, (に)打ち克つ, (試験に)合格する. einen Kampf⟨eine Krankheit⟩ ~ 屈しないで戦い抜く⟨病気を克服する⟩. eine Prüfung knapp ~ 試験にかろうじて合格する. **2** 《話》《地方》賃借りする. ♦↑Bestand, bestanden

Be'ste·hen [中] -s/ **1** 存在していること, 存続, 存立; 存続期間; 創立, 創業, 開始. seit ~ des Unternehmens 事業を始めた当初から. **2** (試練などを)耐え抜く(乗り切る)こと, 克服. **3** 固執. das ~ auf *seinem* Willen 我意を通すこと.

be'ste·hen blei·ben*, °**be'ste·hen|blei·ben*** [自] (s) 持続(存続)する, 消滅しない, 滅びない.

be'steh·len [bə'ʃte:lən] [他] (人^{4}から)盗む(um et^4 物^{4}を).

be'stei·gen [bə'ʃtaɪgən ベシュタイゲン] [他] (物^{4}の上に)上がる, (山などに)登る, (馬・自転車などに)乗る. den Thron ~ 王座にのぼる(つく). Der Hahn *besteigt* die Henne. にわとりの雄が雌と番(つが)う, 交尾する.

Be'stei·gung [女] -/-en (物の上に)上がること. die ~ des Thrones⟨des Zuges⟩ 即位⟨乗車⟩.

be'stel·len [bə'ʃtɛlən ベシュテレン] [他] **1** 注文する, 予約する. ein Taxi auf⟨für⟩ 9 Uhr ~ 9時に来てくれるようにタクシーを予約する. ein Zimmer im Hotel ~ ホテルの部屋を取る. Haben Sie schon *bestellt*? 注文はもうおすみでしょうか. Sie hat sich^3 etwas [Kleines] *bestellt*. 《戯》彼女は身ごもった. 《過去分詞で》*bestellte* Arbeit 注文仕事. wie *bestellt* お誂えむきに, 願ってもないときに. **2** 来させる, 来てもらう, 呼ぶ. Ich bin um 4 Uhr beim⟨zum⟩ Arzt *bestellt*. 私は4時に来るようにと医者に言われている. dastehen, wie *bestellt* und nicht abgeholt 《戯》所在なげにぼんやり突っ立っている. **3** (職・地位・役目などに)任命(指名)する, 選ぶ. einen Vormund ~ 後見人を指名する. j^4 zum Nachfolger ~ 人^{4}を後継者に選ぶ, 指名する. **4** 伝える, 伝言を伝える; (頼まれたものを)届ける, 配達する; (頼まれたことを)果たす. die Post⟨einen Brief⟩ ~ 郵便を配達する⟨手紙を出しにいく⟩. Ich soll Ihnen ~, dass meine Mutter nicht kommen kann. 私は母が来れないことをあなたに伝えるように言いつかって来ました. *Bestelle* ihr⟨an sie⟩ einen Gruß von mir. 彼女に私からよろしくと伝えてくれたまえ. nichts⟨nicht viel⟩ zu ~ haben 《話》発言力がない. **5** 《**es ist ... bestellt** の形で》es ist gut⟨schlecht⟩ mit et^3 *bestellt* 事^{3}が正常(順調)である. es ist gut⟨schlecht⟩ um et^4 *bestellt* 事^{4}がうまくいっている⟨いっていない⟩, 好調である⟨ない⟩. es ist nicht gut⟨es ist schlecht⟩ um j^4 *bestellt* 人^{4}が病気である, (の)容態が思わしくない; (が)金に困っている. **6** das Feld ~ 畑を耕す. **7** 《古》*sein* Haus ~ (長期の旅行の前や死を予期して)家(身辺)の整理をする.

Be'stel·ler [bə'ʃtɛlər] [男] -s/- 注文主, 予約者.

Be'stell·num·mer [女] -/-n (カタログ商品などの)注文番号.

Be'stell·schein [男] -[e]s/-e 注文票; 〖書籍〗図書注文カード; 〖図書館〗貸出証.

Be'stel·lung [bə'ʃtɛlʊŋ] [女] -/-en **1** 《複数なし》注文, 予約; (後継者などの)選任, 任命, 指名. eine ~ aufgeben⟨einnehmen⟩ 注文を出す⟨受ける⟩. **2** 《総称的に》注文品. **3** 伝言, 言いつけ. eine ~ überbringen 言いつけを伝える. **4** 予約患者; 《古》人と会う約束. **5** 耕作; (用件の)処理.

'bes·ten'falls ['bɛstən'fals] [副] 最もうまくいった場合には(でも), 運がよければ(よくても). Berta kann ~ in einer Stunde da sein. ベルタが着くのは運がよくても(早くても)1時間後だ.

'bes·tens ['bɛstəns] [副] **1** きわめてよく, 申分なく, 最高に. Wie geht es dir? — *Bestens*. 元気かい — 上々さ. **2** 心から, 衷心より. Danke ~! どうもありがとう; 《反語》いやあ願い下げにしたいところだよ. Grüße deine Frau ~ von mir! 奥さんにくれぐれもよろしく.

be'steu·ern [bə'ʃtɔʏərn] [他] (人⟨物⟩^{4}に)課税する.

'Best·form [女] -/ 〖スポーツ〗ベストコンディション.

'best·ge·hasst ['bɛst..] [形] 《話》《付加語的用法のみ》(人物などが)最も嫌われた.

bes·ti'a·lisch [bɛsti'a:lɪʃ] [形] (↓Bestie) **1** 獣のような, 残忍(狂暴)な. **2** 《話》耐えがたい, ものすごい, ひどい.

Bes·ti·a·li'tät [..ali'tɛ:t] [女] -/-en **1** 《複数なし》獣性, 残忍, 狂暴. **2** 残忍な行為.

Bes·ti'a·ri·um [..'a:riʊm] [中] -s/..rien [..riən] (*lat.*) 〖書籍〗(中世の)動物誌, 動物寓話集.

be'stich [bə'ʃtɪç] bestechen の du に対する命令形.

be'stichst [bə'ʃtɪçst] bestechen の現在2人称単数.

be'sticht [bə'ʃtɪçt] bestechen の現在3人称単数.

'**Bes·tie** ['bɛstiə] 囡 -/-n (*lat.*) **1** 野獣, 猛獣. **2** 残忍(狂暴)な人間, 人でなし, 畜生.

be'stieg [bəˈʃtiːk] besteigen の過去.

be'stie·ge [bəˈʃtiːgə] besteigen の接続法 II.

be'stie·gen [bəˈʃtiːgən] besteigen の過去分詞.

*__be'stim·men__ [bəˈʃtɪmən ベシュティメン] ❶ 他 **1** 決める, 決定(確定)する, 取決める, アレンジ(手配)する. den Preis〈die Zeit〉～ 価格〈時間〉を決める. nichts zu ～ haben 決定権(発言権)がない. sich⁴ von *seinen* Gefühlen ～ lassen 感情に左右される, 流される. eine *bestimmende* Rolle 主導的な役割. **2** 定める, 予定する, 指定する, 選定する. den Gewinner durch das Los ～ くじによって勝者を決める. j⁴ als Stellvertreter〈zum Stellvertreter〉 ～ 人⁴を代理人に指定する. Das habe ich dir〈für dich〉 *bestimmt*. これは君にあげようと予定して(考えて)いたものなんだ. Ihm war eine große Zukunft [vom Schicksal] *bestimmt*. 彼には偉大な未来が(運命によって)約束されていた. **3** (概念などを)規定(定義)する; (学問的に)推定(算定)する; 〖植物〗分類する; 〖化学〗分析する; 〖文法〗(語を)規定(修飾)する. das Alter eines Baums ～ 樹齢を推定する. **4** j⁴ zu et³ ～ 人⁴を促して事³をさせる, 事³をするように人⁴に働きかける.

❷ 再 (über et⁴ 物⁴を)意のままにする, 自由に使う. Über mein Geld *bestimme* ich selbst. 私の金はどう使おうと私の勝手だ. Hier habe ich zu ～! ここでは(この場合は)私が決めるんだ.

*__be'stimmt__ [bəˈʃtɪmt ベシュティムト] 過分 形 **1** (付加語的用法のみ) 定まった, 一定の, ある種の. Das betrifft ～*e* Leute. そのことはある種の人々に当てはまる. ～*er* Artikel 〖文法〗定冠詞. für einen ～*en* Zweck 一定の目的のために. zur ～*en* Zeit 決まった時間に. **2** はっきりした, 確定的な, 確固(断固)とした. eine ～*e* Antwort 確答. höflich aber ～ ablehnen 丁重ではあるがきっぱりと断る. 〖名詞的用法で〗 Er weiß noch nichts *Bestimmtes* 彼はまだはっきりしたことは知らない. **3** zu et³ ～ sein 物³になる定め(運命)にある, 物³が約束されている (↑bestimmen ❶ 2). Der Held war im Feld zum Tode ～. その英雄は戦場で落命する運命にあった. **4** 〖副詞的用法で〗 確かに, きっと. Er wird ～ kommen. 彼はきっと来る. Ich kann das nicht ～ sagen. 私はそれを確言できない. Ja, ～! ええ, その通りだとも.

Be'stimmt·heit 囡 -/ **1** 断固(確固)としていること. mit aller ～ 断固として. **2** 明確さ, 確実性. mit ～ きっぱりと, はっきりと; 確実(明確)に. et⁴ mit ～ sagen〈wissen〉事⁴を明言(確言)する 確実に知っている.

*__Be'stim·mung__ [bəˈʃtɪmʊŋ ベシュティムング] 囡 -/-en **1** 決定, 確定. **2** (学術的)規定, 定義, 推定, 算定; 〖植物〗分類; 〖化学〗分析; 〖文法〗(語の)規定. Selbst*bestimmung* 自己規定. eine adverbiale ～ 〖文法〗副詞規定. **3** 取決め, きまり, 規則, 規約. **4** 任命, 指名; 任務, 使命. die ～ des Menschen 人間の使命. ～ *seiner* ～ getreu sein 自分の任務(使命)に忠実である. **5** 定め, 運命, (天の)配剤. **6** (使用)目的; 目的地.

Be'stim·mungs·ort 男 -[e]s/-e (商品の)発送先, 仕向け地; (交通機関・旅行などの)行先, 目的地.

Be'stim·mungs·wort 甲 -[e]s/ⁿer 〖文法〗 (↔ Grundwort) 規定語; 限定語 (Blumengarten では基礎語は Garten で, Blumen が規定語).

be'stirnt [bəˈʃtɪrnt] 形 (副詞的には用いない) 〖雅〗 星をちりばめた. ～*er* Himmel 星空.

Best'leis·tung ['bɛst..] 囡 -/-en 〖スポ〗最高記録.

'best'mög·lich [bɛst..] 形 (述語的には用いない) できるだけよい. ein Teppich in ～*er* Ausführung 最高級の絨毯(じゅう). 《名詞的用法》 das *Bestmögliche* tun ベストを尽くす.

be'sto·ßen¹* [bəˈʃtoːsən] 他 **1** 〖機械〗 (物の)角を削って仕上げる; 〖印刷〗 縁(ふち)を削って版面をととのえる. **2** 〖製本〗 (印刷紙を)突いて揃える. **3** ぶっつけて損傷する.

be'sto·ßen² bestoßen¹ の過去分詞.

*__be'stra·fen__ [bəˈʃtraːfən ベシュトラーフェン] 他 罰する, 処罰する (wegen et² …のかどで). j⁴ mit Freiheitsstrafe〈mit dem Tode〉 ～ 人⁴を自由刑〈死刑〉に処する.

Be'stra·fung 囡 -/-en 《複数なし》 罰すること, 処罰. **2** (Strafe)罰, 刑罰.

be'strah·len [bəˈʃtraːlən] 他 照らす; 〖医学〗 照射する (et⁴ mit et³ 物⁴に物³を).

Be'strah·lung 囡 -/-en 〖医学〗 照射 (療法).

be'stre·ben [bəˈʃtreːbən] 再 (sich⁴) (zu 不定句句と) …しようと努める, 努力する, 一生懸命に…しようとする. ◆↑bestrebt

Be'stre·ben 甲 -s/ 努力, 尽力, 志向.

be'strebt [bəˈʃtreːpt] 過分 形 ～ sein, …zu tun をしようと努めている. Er ist ～, noch mehr zu leisten. 彼はさらに業績をあげようと努めている.

Be'stre·bung [bəˈʃtreːbʊŋ] 囡 -/-en 《多く複数で》 (執拗で持続的な)努力, 骨折り, 試み.

be'strei·chen* [bəˈʃtraɪçən] 他 **1** (et⁴ mit et³ 物⁴に物³を)塗りつける. ein Brot mit Marmelade ～ パンにマーマレード(ジャム)を塗る. **2** 〖比喩〗 (物⁴の上を)なでる, 掠(かす)める. Der Wind *bestreicht* die Felder. 風が野面(のづら)を渡っていく. **3** 〖軍事〗 掃射する.

be'strei·ken [bəˈʃtraɪkən] 他 (物⁴に対して)ストライキをする.

*__be'strei·ten*__ [bəˈʃtraɪtən ベシュトライテン] 他 **1** (事⁴に)異議(異論)を唱える, 疑いをはさむ, 反論(反駁)する, 否定(否認)する. Das lässt sich nicht ～. それは疑いをはさむ余地がない, 否定しようがない. **2** 《古》 (人⁴と事⁴を)争う, (人⁴と)争う, 戦う. j⁴ mit Worten ～ 人⁴と口論する. sich⁴ auf Leben and Tod ～ 生死を賭(と)して渡り合う (sich は相互代名詞). **3** (物⁴の費用を持つ(負担する), (に)資金を提供する, (を)財政的に支える. et⁴ aus eigener Tasche 〈Kasse〉 ～ 物⁴に自腹を切る. seinen Unterhalt ～ 生計を立てる. **4** 〖比喩〗 (行事・放送などを)実施する, 引受ける. einen Teil des Programms ～ 番組の一部を1人でやる(担当する). das Gespräch allein ～ 1人で話を取り持つ. **5** ein Spiel〈ein Rennen〉 ～ 〖スポ〗 試合〈競走〉に出る, 参加する.

Be'strei·tung 囡 -/(-en) **1** 異議(を唱えること), 反論, 反駁. **2** (費用の)負担, 支弁, 資金提供.

'best·re·nom·miert ['bɛstrənɔmiːrt] 形 大変評判のよい. ein ～ *es* Hotel 一流ホテル.

be'streu·en [bəˈʃtrɔyən] 他 (et⁴ mit et³ 物⁴に物³を)ふりかける. einen Kuchen mit Zucker ～ ケーキに砂糖をふりかける. *sein* Haupt mit Asche ～ 〈古〉頭に灰をかぶる, 悔い改める, 非を認める.

be'stri·cken [bəˈʃtrɪkən] 他 **1** (↓Strick) (人⁴の)心をとらえる, (を)魅惑(悩殺)する. ein Mädchen von *bestrickender* Anmut ほれぼれするほど愛らしい少女.

2（↓stricken）《話》(j⁴ mit et³ 人⁴に物³を)編んでやる.
be'stritt [bəˈʃtrɪt] bestreiten の過去.
be'strit·te [bəˈʃtrɪtə] bestreiten の接続法 II.
be'strit·ten [bəˈʃtrɪtən] bestreiten の過去分詞.
'**Best·sel·ler** [ˈbɛstzɛlər] 男 -s/- (engl.) ベストセラー.
be'stü·cken [bəˈʃtʏkən] 他 (↓ taub) (et⁴ mit et³ 物³を) 備えつける, 装備(装着)する.
be'stuh·len [bəˈʃtuːlən] 他 (↓ Stuhl) (劇場・ホールなどに)椅子を入れる, 座席を設ける.
Be'stuh·lung 女 -/-en **1** 《複数なし》椅子を入れる(座席を設ける)こと. **2** (劇場などの)全座席, 座席の総数.
be'stün·de [bəˈʃtʏndə] bestehen の接続法 II.
be'stür·men [bəˈʃtʏrmən] 他 襲う, 襲撃する. j⁴ mit Fragen〈Bitten〉 ～ 人⁴を質問攻めにする〈人⁴にしつこくせがむ〉.
be'stür·zen [bəˈʃtʏrtsən] 他 驚かせる, 狼狽(ろうばい)させる, 度を失わせる. 《過去分詞で》Sie fragte bestürzt. 彼女は面くらって尋ねた. über et⁴ bestürzt sein 事⁴に驚く, びっくりする, 動転する.
Be'stür·zung 女 -/ 驚き, 驚愕, 狼狽.
'**Best·wert** [ˈbɛst..] 男 -[e]s/-e (Optimum) 最適値, 最適条件.
'**Best·zeit** 女 -/-en 《競技》ベスト(最高)タイム.

Be'such [bəˈzuːx] ベズーフ 男 -[e]s/-e **1** 訪問, 参加, 出席; 見物, 見学; 見舞い, 往診. j⁴ einen ～ abstatten / [bei] j³ einen ～ machen 人⁴を訪問する. ～ einer Schule〈eines Theaters〉通学〈観劇〉. **2** (客としての)滞在, 逗留. bei j³ zu〈auf〉～ sein 人³を訪ねている, (の)ところへ(遊びに)行っている. **3** 参加(出席)者の人数, 客の入り. **4** 訪問者(たち), 来客(たち). Wir haben heute ～ 今日はお客がある. [sich³] ～ einladen 客を招く, 呼ぶ.

be'su·chen [bəˈzuːxən] ベズーヘン 他 **1**（人⁴を)訪ねる, 訪問する. einen Kranken ～ 病人を見舞う; (医者が)患者を往診する. **2**（劇場・音楽会・美術館などに)通う, 出かける, 見学(見物)に行く; (会議などに)参加(出席)する, (学校・講習会などに)通う. 《過去分詞で》gut〈schlecht〉besucht sein 参加者が多い〈少ない〉, 客の入りが良い〈悪い〉.

Be'su·cher [bəˈzuːxər] 男 -s/- 訪問者, 来客; 見舞い客; 来場者, 観客, 見物客. ein häufiger ～ des Theaters 劇場(芝居)の常連.

Be'suchs·kar·te 女 -/-n (Visitenkarte) 名刺.
Be'suchs·zeit 女 -/-en (病院・刑務所などの)面会時間, (美術館などの)開館時間.
Be'suchs·zim·mer 中 -s/- 面会室.
be'su·deln [bəˈzuːdəln] 他 ひどくよごす, (体面・名誉などに)けがす. sich⁴ mit Blut ～ 殺人を犯す.
'**Be·ta** [ˈbeːta] 中 -[s]/-s ベータ(ギリシア語アルファベットの第2文字 B, β).
be'tagt [bəˈtaːkt] 形 高齢の.
be'tas·ten [bəˈtastən] 他 (品定めのために)手でさわってみる; (医者が)触診する.
'**Be·ta·strahl** [ˈbeːta..] 男 -[e]s/-en 《ふつう複数で》《記号 β-Strahlen》《物理》ベータ線.

be'tä·ti·gen [bəˈtɛːtɪɡən] 他 **1**《sich⁴》働く, 活動する, 従事する, 手を貸す. sich sozial ～ 社会活動をする. sich im Haushalt ～ 家事に手を貸す. **2** **1**（機械などを)動かす, 操作する. die Bremse ～ ブ

ーキをかける. **2** 実行に移す, 実現させる. seine Gesinnung ～ 自分の信念を実行に移す.
Be'tä·ti·gung 女 -/-en **1** 活動, 従事. **2**《複数なし》(機械などの)操作, 運転.
'**Be·ta·tron** [ˈbeːtatroːn] 中 -s/-e(-s) 《物理》ベータトロン.

be'täu·ben [bəˈtɔʏbən] 他 (↓ taub) **1**《医学》〈物⁴に〉麻酔をかける(durch et⁴ / mittels et² 物¹·²を用いて); (を)麻痺させる. j⁴ örtlich ～ 人⁴に局部麻酔をかける. **2**（人⁴の)意識を朦朧(もうろう)とさせる, 聴覚を失わせる, 失神させる. 《過去分詞で》betäubt sein 気を失っている; ぼうとなっている, 呆然としている. 《現在分詞で》betäubender Lärm 耳を聾(ろう)さんばかりの騒音. ein betäubender Duft von Blüten むせかえるような花の匂い. **3**（痛み・苦しみなどを)抑える, 一時的に消す; 紛らす, 忘れる. seinen Kummer durch Alkohol ～ アルコールの力で憂さを紛らす. 《再帰的に》sich⁴ ～ 気を紛らす, 憂さを忘れる.

Be'täu·bung 女 -/-en **1** 麻酔, 麻痺(状態). eine allgemeine〈örtliche〉～ 全身〈局部〉麻酔. **2** 失神, 呆然自失. eine schwere ～ 昏睡状態.
Be'täu·bungs·mit·tel 中 -s/- 麻酔剤.
'**Bet·bru·der** [ˈbeːt..] 男 -s/¨ 《話》《侮》しょっちゅう教会詣でをしてお祈りをする人, 信心屋. ↑Betschwester

'**Be·te** [ˈbeːtə] 女 -/-n《複数まれ》《植物》甜菜(てんさい), ビート. rote ～ 赤カブ.
*be'tei·li·gen [bəˈtaɪlɪɡən] ベタイリゲン (↓ Teil) **①** 他 (j⁴ an et³ 人⁴を事³に)参加(関与)させる, (人⁴に物³の)分け前を与える. die Arbeiter am Gewinn ～ 労働者たちに利益を配分する. an et³ beteiligt sein 事³に参加(関与)している, 一枚噛んでいる. alle an dem Unternehmen Beteiligten その事業のすべての参加者(関係者)たち. **②**《sich⁴》(an et³ 事³に)参加(関与)する. sich am Gespräch ～ 話に加わる.
Be'tei·lig·te 男 -n/-n《形容詞変化》参加者, 関係者; 出資者.
*be'tei·li·gung [bəˈtaɪlɪɡʊŋ] ベタイリグング 女 -/-en **1** (an et³ 事³への)参加, 関与, 協力; 資本参加, 共同出資(経営). **2** (an et³ 物³の)分配にあずかること, 配当, 配分.

'**Be·tel** [ˈbeːtəl] 男 -s/ (port.) キンマ(熱帯産のこしょう科の植物, その葉にびんろうじと少量の石灰をくるんだもので, 熱帯原住民の常習的に嚼む嗜好品).

*be·ten [ˈbeːtən] ベーテン **❶**（神に)祈る, 祈願する. für j⁴ ～ 人⁴のために祈る. um〈für〉et⁴ ～ 事⁴を神に祈願する. vor〈nach〉Tisch ～ 食前〈食後〉のお祈りを唱える. zu Gott ～ 神に祈る. Not lehrt ～. 《諺》苦しいときの神頼み. 《中性名詞として》Da hilft kein Singen und kein Beten. じたばたしても始まらない. **❷** 他 (祈りなどを)唱える. den Rosenkranz〈das Vaterunser〉 ～ ロザリオの祈り〈主の祈り〉を唱える.
be'teu·ern [bəˈtɔʏərn] 他 (↓ teuer) 誓う, 断言(言明)する. seine Unschuld ～ 無実を誓う, 強く主張する.
Be'teu·e·rung 女 -/-en **1**《複数なし》誓う(断言する)こと. **2** 断言, 主張, 確言.
be'tex·ten [bəˈtɛkstən] 他 (絵・図などに)テキスト(説明文)をつける, (メロディーに)歌詞をつける.
'**Beth·le·hem** [ˈbeːtlehɛm] 《地名》ベツレヘム(エルサレムの南 9 km, イエス・キリストの生誕地).
beth·le·he·mi·tisch [beːtlehe'miːtɪʃ] 形 ベツレヘムの.

'Be·ting ['be:tɪŋ] 男 -s/-e (女 -/-e)《海事》(錨鎖を巻いておく)繋柱(けいちゅう), ピット.

be·ti·teln [bə'ti:təln] 他 (↓Titel) **1**《書物・論文などに》題名(標題)をつける. 《再帰的に》*sich* ~《書物などが…という》題名を持っている. **2** 称号(肩書き)で呼ぶ. j⁴ [mit] Professor ~ 人⁴に教授と呼びかける. j⁴ [mit] Dummkopf ~ 人⁴を馬鹿よばわりする.

'Be·ton [be'tõ:, be'toŋ, be'to:n ベトーン] 男 -s/-s ([be'to:n] のとき -e) コンクリート, ベトン. ~ gießen コンクリートを流し込む.

be·to·nen [be'to:nən ベトーネン] 他 強調(力説)する, 力点(重点)を置く, (ひときわ)目立たせる;《音節・語に》アクセントを置く. ◆↑betont

be·to·nie·ren [beto'ni:rən] 他 **1** (↓Beton) **1**《物⁴を》コンクリートで固める, (に)コンクリートを流し込む. **2**《立場・態度などを》変えない, 動かされない. **2** 自《球技》ディフェンスを固める.

Be'ton·misch·ma·schi·ne 女 -/-n コンクリートミキサー.

be'tont 過分 強調された, ことさらの, 故意の, 目立った; アクセントを置かれた.

*Be·to·nung [bə'to:nʊŋ ベトーヌング] 女 -/-en 強調, 力説, 重視; 力点, 重点;《音声》アクセント.

be'tö·ren [bə'tø:rən] 他 (↓Tor¹) 惑わせ, 魅了(魅惑)する. Er hat sich⁴ von ihrer Schönheit ~ lassen. 彼は彼女の美しさにぞっこん惚れ込んでしまった. j⁴ *betörend* anlächeln 人⁴に妖(あや)しい笑い⁴を送る.

'Bet·pult ['bet..] 中 -[e]s/-e (きょう) 祈禱台.

betr.《略》**1** = betreffend **2** = betreffs

Betr. 《略》**1** = Betreff **2** = Betriff (↑ betreffen 1)

Be'tracht [bə'traxt] 男 -[e]s/ **1**《次の成句で》außer ~ bleiben 無視されたままである, 考慮されていない. j⟨et⟩⁴ außer ~ lassen 人⟨物⟩⁴を度外視(無視)する. in ~ kommen 考慮される, 問題とされる. j⟨et⟩⁴ in ~ ziehen 人⟨物⟩⁴を考慮する. **2**《古》観点. in jedem ~ どの点においても. in keinem ~ いかなる点でも…ない.

*be'trach·ten [bə'traxtən ベトラハテン] 他 **1** よくよく見る, じっくり眺める, 観察する, 観賞(鑑賞)する. j⁴ prüfend ~ 人⁴をじっくりみる. sich⁴ im Spiegel ~ 鏡の中のわが顔をじっと見つめる.《過去分詞で》genau *betrachtet* つくづく見ると, 詳しく観察すると. **2** ⟨als と⟩ …と見なす, と思う. j⁴ als *sein*[en] Feind ⟨et⁴ als erledigt⟩ ~ 人⁴を敵と見なす⟨事⁴を片づけたと思う⟩.

Be'trach·ter [..tər] 男 -s/- 眺める人, 観察者. vom ~ aus gesehen von der linken Seite 向かって左側.

*be'trächt·lich [bə'trɛçtlɪç ベトレヒトリヒ] 形 **1** かなりの(量)の, 相当な. ein Grundstück von ~*em* Umfang かなりの面積の土地. **2**《副詞的用法で》ひどく, いちじるしく. Die Preise sind ~ ⟨um ein *Beträchtliches*⟩ gestiegen. 物価はぐんと上がった.

*Be'trach·tung [bə'traxtʊŋ ベトラハトゥング] 女 -/-en **1**《複数なし》じっくり眺めること, 熟視, 観察. **2** 考察, 熟考, 思案. ~*en* über et⁴ anstellen 事⁴について考察する, あれこれ思案をめぐらす.

be'trach·tungs [bə'tra:f] betreffen の過去.

be'trä·fe [bə'trɛ:fə] betreffen の接続法 II.

*Be'trag [bə'tra:k ベトラーク] 男 -[e]s/Beträge 金額. j³ einen ~ überweisen 人³にある金額を振込む. eine Rechnung in ~ ⟨über einen ~⟩ von 100 Euro 100 ユーロの勘定書.

be'tra·gen¹ [bə'tra:gən ベトラーゲン] 他 **1** (…の量・金額に)達する, なる. Die Kosten *betragen* 150 Euro. 費用は 150 ユーロになる. **2** 再⟨sich⁴⟩ (…の)態度をとる, 振舞う. *sich* anständig ~ 礼儀正しく振舞う.

be'tra·gen² betragen の過去分詞.

Be'tra·gen 中 -s/ 振舞, 態度, 品行. Er hat in ~ eine Eins. 彼は操行点で優をもらった.

be'trägst [bə'trɛ:kst] betragen の現在2人称単数.

be'trägt [bə'trɛ:kt] betragen の現在3人称単数.

be'tram·peln [bə'trampəln] 他《話》どたどた(どしんどしん)と踏みつける.

be'trat [bə'tra:t] betreten¹ の過去.

be'trä·te [bə'trɛ:tə] betreten の接続法 II.

be'trau·en [bə'trauən] 他 (j⁴ mit et³ 人⁴に事³を)任せる, 委託する.

be'trau·ern [bə'trauərn] 他 (死・死者を)悲しみ嘆く, 悼む.

be'träu·feln [bə'trɔyfəln] 他 (et⁴ mit et³ 物⁴に物³を)したらす. das Schnitzel mit Zitronensaft ~ シュニッツェルにレモンの汁をかける.

°be'treff [bə'trɛf] ↑ Betreff

Be'treff 男 -s/《書》《略 Betr.》関係, 関連. ~ ⟨Betr.⟩: Ihr Schreiben vom 1. 4. 1995 (公用文・商用文の冒頭で) 1995年4月1日付け貴信の件. in ~ ⟨*betreff*⟩ Ihrer Anfrage ご照会の件に関して.

be'tref·fen [bə'trɛfən ベトレッフェン] 他 **1** (人⟨物⟩³に)関係(関連)する, かかわる, 当てはまる, 該当する. Das *betrifft* dich. それは君にかかわること, それは君のことだ. was mich *betrifft* 私に関しては, 私はどうかと言うと. *Betrifft* ⟨*Betr.*⟩: Ihren Antrag auf… (商用文などの冒頭で)貴殿の…のお申出の件. ▶ ↑betreffend **2** (不幸・災難などが人⟨物⟩⁴を)襲う, (に)ふりかかる. ▶この意味のとき今日では過去分詞の形でのみ用いられる. Ihn hat ein schmerzlicher Verlust *betroffen*. 彼は手痛い損失を蒙った. die von der Überschwemmung *betroffenen* Häuser 洪水に見舞われた家々. **3**《古》(人⁴を)つかまえる, (に)出くわす. j⁴ bei et³ ~ 人⁴が事³をしているところに行きあわせる(事³をしている現場を押える).

be'tref·fend [bə'trɛfənt] 現分 形 当該の, 該当する, 問題の. die diesen Fall ~e Regel この事件に該当する規則. der ~e Berater 担当の顧問.《4格を伴て前置詞的に》in ~ der Anfrage ~ on the Ausgang des Warentestes 商品検査の結果に関する問合せ.

Be'tref·fen·de 男女《形容詞変化》該当者, 当事者, 当人.

be'treffs [bə'trɛfs] 前《2格支配》《古》《略 betr.》…に関して.

be'trei·ben [bə'traɪbən] 他 **1** (事⁴に)たずさわる, 精を出す. das Fotografieren eifrig ~ 写真に凝る. **2** (職業的に)従事する, (を)する, 営む. einen Handel mit Antiquitäten ~ 骨董(とう)品を商(あきな)う. **3** 推し進める, 促進する, 促す, 急がせる. einen Plan ~ 計画を推進する.《中性名詞として》auf sein Betreiben / auf Betreiben von ihm 彼にせっつかれて. **4** (機械などを)動かす, 作動させる. ein atomar *betriebenes* Schiff 原子力船. **5** j⁴ für et⁴ ~ ⟨方⟩ 人⁴から物⁴を強制的に取立てる.

Be'trei·bung 女 -/-en **1**《複数なし》催促, 促進, 急がせること. **2**⟨方⟩強制執行, 差押え.

be'tresst [bə'trɛst] 形 (↓ Tresse) モールのついた.

be'tre·ten¹ [bə'tre:tən ベトレーテン] 他 **1** (物⁴の上

e)踏む，(踏んで)歩いていく；〈物に〉入る，立入る，踏込む，入っていく〉．《中性名詞として》[Das] *Betreten* [ist] verboten! 立入り禁止． **2**〈雄鳥が雌鳥の上に〉乗りかかる，(と)交尾する，番(gai)う． **3**《古》(ﾄﾗｴﾙ) (ertappen) 捕らえる．

be·tre·ten 過分形 (↑betreten¹) **1** ein häufig ~er Weg 人がよく通る道． **2** 困惑(当惑)した，うろたえた，泡を食った，きまり悪い，気まずい． Er schaute ~ zu Boden. 彼はきまり悪そうに目を伏せた．

Be·tre·ten·heit 囡 -/ 困惑，狼狽(ﾛｳﾊｲ)．

be·treu·en [bəˈtrɔyən] 他 **1** (人〈物〉の)面倒を見る，世話をする．einen Säugling ~〈den Haushalt〉~赤ん坊の世話をする〈家事の面倒を見る〉． **2** (仕事のある部分を)受持つ，担当する；(ある部門を)取りしきる，(の)チーフをつとめる．

Be·treu·er [..ər] 男 -s/- 世話人，接待係，介護人；〖ｽﾎﾟｰﾂ〗トレーナー． ◆女性形 Betreuerin 囡 -/-nen

Be·treu·ung 囡 -/-en **1**（複数なし）面倒を見ること，世話，介護，看護． **2** =Betreuer

be·trieb [bəˈtriːp] betreiben の過去．

***Be·trieb** [bəˈtriːp ベトリーブ] 男 -[e]s/-e (↑betreiben) **1** 経営体，企業，会社；工場，制作(製造)所；全従業員．einen ~ aufbauen 企業(会社)を創設(創立)する．Heute gehe ich nicht in den ~. 今日は会社(工場)に行かない． **2**（複数なし）(企業·会社·工場の)活動，営業，操業，作業；(機械などの)運転，作動，始動．den ~ aufnehmen 操業(業務)を開始する．außer ~ [gesetzt] sein 運転を休止(操業を停止)している．et⁴ in ~ nehmen〈setzen〉物⁴を作動させる，物の営業(操業)を始める．in ~ sein 作動(運転，操業，営業)している． **3**（複数なし）往来，交通，雑踏，賑わい，活況，大騒ぎ．Hier herrscht viel ~〈gar kein ~〉. ここは大変賑やかだ〈まるで火が消えたようだ〉． ~ machen 乱痴気(ﾗﾝﾁｷ)騒ぎをする，気勢をあげる． **4**（複数なし）好ましくない状況(環境，雰囲気)．Ich habe den ~ hier gründlich satt. 私はここの空気にも飽き飽きした，まったくへどが出るよ．

be·trie·ben [bəˈtriːbən] betreiben の過去分詞．

be·trieb·lich [bəˈtriːplɪç] 形 企業(会社，工場)に関する，営業上の．

be·trieb·sam [..zaːm] 形 活動的な，仕事熱心な，やる気満々の；《俗》仕事一点ばりの，せかせかした．

Be·trieb·sam·keit 囡 -/ 活動的なこと，勤勉さ，仕事熱心さ，やる気満々さ；《俗》仕事一点ばり．

Be·triebs·an·lei·tung 囡 -/-en (機械などの)操作マニュアル．

Be·triebs·blind 形 会社や仕事に埋没して欠点や弊害が見えなくなった，会社(仕事)音痴．

Be·triebs·ei·gen 形 企業が所有している．ein ~*es* Erholungsheim 社員保養所．

Be·triebs·ge·heim·nis 中 -ses/-se 企業秘密．

Be·triebs·in·tern 形 企業内部の．Das ist eine ~*e* Angelegenheit. それは企業内の問題だ．

Be·triebs·ka·pi·tal 中 -s/ 《経済》経営資本．

Be·triebs·kli·ma 中 -s/ 社内の空気(人間関係·労使関係などの)，職場の雰囲気．

Be·triebs·kos·ten 複 営業経費，(機械などの)運転経費，維持費．

Be·triebs·lei·ter 男 -s/- 経営責任者，支配人．

Be·triebs·nu·del 囡 -/-n《戯》座持ちのうまい人，ひょうきん者．

Be·triebs·ob·mann [..ɔpman] 男 -[e]s/ˇ-leute《法制》(中小企業において)従業員代表(大企業の Betriebsrat に相当する役割をはたす)．

Be·triebs·rat 男 -[e]s/ˇe **1**（大企業の）経営協議会． **2** 経営協議会委員．

Be·triebs·still·le·gung, °**Be·triebs·stille·gung** 囡 -/-en 操業休止．

Be·triebs·sys·tem 中 -s/-e〖ｺﾝﾋﾟｭｰﾀｰ〗オペレーティングシステム，OS．

Be·triebs·wirt 男 -[e]s/-e **1** 大学で経営学を専攻した人，経営学の専門家． **2** 経営学専攻の学生．

Be·triebs·wirt·schaft 囡 -/ =Betriebswirtschaftslehre

Be·triebs·wirt·schafts·leh·re 囡 -/ 経営学．

Be·triebs·wis·sen·schaft 囡 -/ 経営科学．

be·triff [bəˈtrɪf] betreffen の du に対する命令形．

be·triffst [bəˈtrɪfst] betreffen の現在2人称単数．

be·trifft [bəˈtrɪft] betreffen の現在3人称単数．

be·trin·ken* [bəˈtrɪŋkən]《sich⁴》酔っ払う．↑betrunken

be·tritt [bəˈtrɪt] betreten¹ の現在3人称単数および du に対する命令形．

be·trittst [bəˈtrɪtst] betreten¹ の現在2人称単数．

be·trof·fen [bəˈtrɔfən] 過分 (↑betreffen) **1** 驚いた，狼狽した． **2** 当惑(困惑)した，むっとした，呆れた． **3** (不幸·災厄などに)襲われた (↑betreffen 2)．

Be·trof·fe·ne 男囡《形容詞変化》**1** 被害者，罹災(ﾘｻｲ)者；《措置·処置などの》該当者，対象者．

Be·trof·fen·heit 囡 -/ おどろき，狼狽；当惑，困惑．

be·trog [bəˈtroːk] betrügen の過去．

be·trö·ge [bəˈtrøːgə] betrügen の接続法II．

be·tro·gen [bəˈtroːgən] betrügen の過去分詞．

be·trü·ben [bəˈtryːbən] 他 悲しませる，滅入らせる．ein *betrübtes* Gesicht 悄然(ｼｮｳｾﾞﾝ)とした顔．Meine Seele ist *betrübt* bis an den Tod.《新約》私の魂は死ぬばかりに悲しい(マタ 26 : 38)．《再帰的に》*sich*⁴ über et⁴ ~《古》事を悲しむ，(で)心を傷(ｲﾀ)める．

be·trüb·lich [bəˈtryːplɪç] 形 悲しむべき，痛ましい．

Be·trüb·nis [..nɪs] 囡 -/-se 悲しみ，愁(ｳﾚ)い，悲哀．zu meiner großen ~ 大変悲しいことに．

be·trug [bəˈtruːk] betragen の過去．

***Be·trug** [bəˈtruːk ベトルーク] 男 -[e]s/ 欺瞞(ｷﾞﾏﾝ)，詐着，ぺてん；《法制》詐欺．einen ~ begehen 詐欺を働く．auf j² ~ hereinfallen 人²のぺてんにひっかかる．ein frommer ~〈自分を納得させるための〉美しい嘘，(他人を慰めるための)善意の嘘(ラテン語 pia fraus の翻訳借用表現)．

be·trü·gen [bəˈtryːgən ベトリューゲン] 他 **1** 欺(ｱｻﾞﾑ)く，だます，ぺてんにかける，裏切る．seine Frau〈*ihren* Mann〉~ 妻〈夫〉を裏切る(mit j³ 人³と浮気して)．Ich sah mich in meinen Hoffnungen *betrogen*. 私は自分の希望に裏切られた，私の希望は水の泡だった．《再帰的に》*sich*⁴ ~ 自分を欺く，勘違いする；幻想を抱く，真実に目をつぶる． **2** (j¹ um et⁴ 人¹から物⁴を)だまし取る，詐取する，騙(ﾀﾞﾏ)す． **3**《目的語なしで》Er *betrügt* öfter. 彼はよく人を欺く．beim〈im〉Spiel ~ 博打(ﾊﾞｸﾁ)でいかさまをする．Wer lügt, der *betrügt* [auch].《諺》嘘は詐欺の始まり．

***Be·trü·ger** [bəˈtryːgər ベトリューガー] 男 -s/- 詐欺師，ぺてん(いかさま)師，騙(ﾀﾞﾏ)り．

Be·trü·ge·rei [bətryːgəˈraɪ] 囡 -/-en 詐欺，欺瞞，ぺてん，裏切り．

be·trü·ge·risch [bəˈtryːgərɪʃ] 形 詐欺の，いかさまの，欺瞞的な，いんちきな．

be·trun·ken [bəˈtrʊŋkən ベトルンケン] 過分形 (↑ betrinken) **1** 酔っ払った. **2** 頭がどうなった, 正気でない.

Be·trun·ke·ne 男 女 《形容詞変化》酔っ払い.

Be·trun·ken·heit 女 -/ 酩酊(めいてい).

'Bet·schwes·ter ['bɛt..] 女 -/-n 《俗》しょっちゅう教会詣でをしてお祈りをする女, 信心屋の女. ↑Betbruder

'Bet·stuhl 男 -[e]s/ⁿe 《カトリック》祈禱台.

Bett [bɛt ベット] 中 -[e]s/-en **1** ベッド, 寝台, 寝床. ein ~ aufschlagen〈aufstellen〉~ ベッドをこしらえる, 組立てる. das ~ hüten〈数日間〉病気で寝ている, 床(とこ)に就いている. das ~ machen〈bauen〉ベッドをととのえる, ベッドメーキングする. das ~ mit j³ teilen《古》人³と寝床を共にする, (と)夫婦である. 《前置詞と》**ans** ~ gefesselt sein〈病気で〉寝たきりである. j³ **aus** dem ~ holen〈klingeln/trommeln〉人³を叩き起す. ein Kind **ins** ~〈zu ~〉bringen 子供を寝かしつける. ins ~〈zu ~〉gehen 床に入る, 寝る. mit j³ ins ~ gehen〈steigen〉人³と寝る, 情交する. sich⁴ ins ~〈zu ~〉legen〈hauen〉ベッドに横になる; 病臥する. sich⁴ in ein gemachtes ~〈ins gemachte ~〉legen / in ein gemachtes ~〈ins gemachte ~〉kommen 〈結婚相手の財産・地位のおかげで〉結構ずくめの生活ができる身分になる. **von** Tisch und ~ getrennt sein 〈夫婦が〉別居している. **2** (Federbett) 羽根布団, 夜具. die ~en frisch beziehen 夜具のカバーを替える. **3**《猟師》(鹿など大物動物の)巣. **4**(工作機械などの)台座. **5** (Flussbett) 河床, 川床.

'Bett·be·zug 男 -[e]s/ⁿe 掛布団のカバー.

'Bett·couch 女 -/-en ソファーベッド.

'Bett·de·cke 女 -/-n 掛け布団(毛布); ベッドカバー.

'Bet·tel ['bɛtəl] 男 -s/ **1**《まれ》乞食をすること, 物乞い. **2** つまらぬもの, がらくた. j³ den ganzen ~ vor die Füße schmeißen〈werfen〉人³に愛想をつかして〈腹を立てて〉仕事から手を引く.

'bet·tel·arm 形《比較変化なし》《話》乞食同然の, 素寒貧(すかんぴん)の.

'Bet·tel·brief 男 -[e]s/-e 無心の手紙.

Bet·te·lei [bɛtəˈlaɪ] 女 -/-en **1**《複数なし》乞食をすること, 物貰い. **2** しつこくねだること, 無心.

'Bet·tel·geld 男 -[e]s/-er 《複数まれ》《侮》わずかな金, 目くされ金, はした金, 涙金.

'Bet·tel·mönch 男 -[e]s/-e 《カトリック》(Mendikant) 托鉢(たくはつ)修道会の修道士 (Dominikaner・Franziskaner などとする. ↑Bettelorden)

*'**bet·teln** ['bɛtəln ベッテルン] ❶ 自 **1** (ベッドなどに)そっと寝かせる, そっと置く. j⁴ aufs Sofa ~ 人⁴をソファーにそっと寝かせる. den Kopf des Verletzten auf ein Kissen ~ 負傷者の頭をそっと枕の上にのせる. j⁴ zur letzten Ruhe ~ 人⁴を埋葬する.《過去分詞で》weich *gebettet* sein 夜具が十分である, 裕福である暮しをしている. nicht auf Rosen *gebettet* sein 暮しが楽でない. **2**(einbetten) 埋込む, 嵌(は)め込む.

❷ 再《sich》床(とこ)に入る, 就寝する; らくらくと寝そべる. *sich* weich ~〈結婚などによって〉結構ずくめの暮しができる身分になる. Wie man *sich* bettet, so liegt 〈schläft〉man.《諺》人生どうなるかは自分次第, 自業自得.

❸ 他《古》ベッドをととのえる, 床をとり直す.

'Bett·häs·chen ['bɛthɛːsçən] 中 -s/-《話》尻軽娘.

'Bett·ha·se 男 -n/-n《話》**1**《まれ》=Betthäschen **2** (Bettschatz) いろ, 情婦(ベッドの上の愛人).

'Bett·him·mel 男 -s/-(ベッドの)天蓋(てんがい).

'Bett·hup·ferl [..hʊpfərl] 中 -s/- (↓ hupfen) **1** 子供が就寝のときに貰えるキャンディー. **2**(子供が就寝してから見るテレビの)アダルト番組.

Bet·ti·na [bɛˈtiːna]《女名》ベッティーナ (Elisabeth の短縮). ~ von Arnim ベッティーナ・フォン・アルニム (1785-1859, Goethe と親交のあった女流詩人).

'bett·lä·ge·rig ['bɛtlɛːɡərɪç] 形《副詞的には用いない》病床にある, 寝たきりの.

'Bett·la·ken 中 -s/- (Betttuch) 敷布, シーツ.

'Bett·ler ['bɛtlər] 男 -s/- 乞食, おもらい, 物乞い.

'Bett·ler·lei·er 女 -/-n (Drehleier) 手回しオルガン.

'Bett·näs·sen ['bɛtnɛsən] 中 -s/- 寝小便, 夜尿症.

'Bett·näs·ser [..nɛsər] 男 -s/- 寝小便をする人, 夜尿症の人.

'Bett·pfan·ne 女 -/-n (Schieber)(病人用の)差込み便器, おまる.

'Bett·ru·he 女 -/ ベッドでの安静. j³ ~ verordnen (医者が)人³に絶対安静を言う.

'Bett·schatz 男 -es/ⁿe《古》=Betthase 2

'Bett·schwe·re 女 -/《話》(とくに飲酒後の)眠気(ねむけ). noch nicht die nötige ~ haben (寝酒をやってもまだ眠くならない.

'Bett·statt 女 -/ⁿen《地方》ベッド, 寝台; 寝所, ねぐら.

'Bett·tuch, °**Bett·tuch¹** ['bɛttuːx] 中 -[e]s/ⁿer 敷布, シーツ.

Bet·tuch² ['beːt..] 中 -[e]s/ⁿer (↓ beten)(男子ユダヤ教徒の)祈禱マント(頭からかぶる肩掛けのような布).

'Bet·tung 女 -/-en (機械などの)据え付け台, (鉄道の)道床, (大砲の)砲台.

*'**Bett·wä·sche** ['bɛtvɛʃə ベットヴェシェ] 女 -/ 夜具, 寝具(シーツ・枕カバー・布団カバーなど).

'Bett·zeug 中 -[e]s/ **1** =Bettwäsche **2** シーツ類(に使う布地).

be·tucht [bəˈtuːxt] 形《話》**1** 裕福な. **2**《隠》静かな, 音を立てない, 忍び足の.

be·tu·lich [bəˈtuːlɪç] 形 **1** 世話好きな, まめな, おせっかいな. **2** 慎重な, もの静かな; のんびりした.

be·'tun [bəˈtuːn] 再《sich⁴》**1** 気取る, (いい格好をして)遠慮する. **2** 世話を焼く, おせっかいをする.

'Beu·che ['bɔʏçə] 女 -/-n (綿花を漂白する)灰汁(あく), アルカリ液.

'beu·chen ['bɔʏçən] 他 (綿花を)アルカリ液で煮て漂白する.

'beug·bar ['bɔʏkbaːr] 形《比較変化なし》**1** 曲げることができる. **2**《文法》(flektierbar) 語形変化する.

'Beu·ge ['bɔʏɡə] 女 -/-n 屈曲, 湾曲;《体操》屈曲運動; (樽の)たが曲げ機;(腕・脚の)湾曲部, 肘(ひじ), ひか

Beu・ge・haft 囡/-/『法制』強制拘禁.
Beu・ge・mus・kel 男-s/-n『解剖』(Beuger) 屈筋.
*__beu・gen__ ['bɔygən ボイゲン] ❶ 他 **1** 折曲げる,（下向きに）曲げる,屈曲させる,屈める. die Knie〈den Rumpf〉~ 膝〈身〉を屈める. j³ den Nacken ~ 人³に頭を下げさせる,屈服させる. vor j³ den Nacken ~ 人³に頭を下げる. vom Alter gebeugt sein 年を取って腰が曲がっている. **2** 屈服(降参)させる；打ちのめす,くじく. Das Unglück hat ihn gebeugt. 不幸が彼を打ちのめした. j² Hochmut ~ 人²の高慢の鼻をへし折る. **3**（法を）曲げる,悪用する；『物理』(光・音を)回折させる,偏光させる；『文法』活用(語形変化)させる,屈折させる.
❷ 自『文法』語形変化(屈折)する. schwach〈stark〉~ 規則(不規則)変化する.
❸ 再 (sich⁴) **1** 屈む,身を屈める. sich aus dem Fenster ~ 窓から身を乗りだす. sich über den Tisch ~ 机の上におおいかぶさる. **2** [vor] j³ 人³に)屈する,降参する.
Beu・ger ['bɔygər] 男-s/-『解剖』= Beugemuskel
Beu・gerl ['bɔygərl] 中-s/-『(菓子)』クロワッサン.
Beu・gung 囡-/-en **1** 屈曲,湾曲. **2**（法の曲解,恣意(シイ)的解釈,悪用. **3**『物理』(光・音の)回折,屈折；『文法』語形変化,活用. **4**『医学』屈筋の収斂(シュウレン).
Beu・le ['bɔylə] 囡-/-n **1** 瘤(こぶ),打撲傷,腫瘍(シュヨウ). **2** (物をぶつけてできた)へこみ,ふくらみ,でこぼこ.
Beu・len・pest 囡-/『医学』腺ペスト.
be・un・ru・hi・gen [bə'ʊnruːɪgən] 他 **1** 不安にさせる,心配させる. den Feind durch Geschützfeuer ~ 砲火によって敵を震え上がらせる. eine beunruhigende Nachricht 気がかりな知らせ. ❷ 再 (sich⁴) 不安になる,心配する(um j‹et› 人‹物›⁴のことで).
Be・un・ru・hi・gung 囡-/-en **1**（複数なし）不安にさせる(心配させる)こと. **2** 不安,心配,気がかり.
be・ur・kun・den [bə'ʊːrkʊndən] ❶ 他 **1** 文書で証明する,公証する. **2** 文書(証書)に記す,記録に残す,登録する. ❷ 再 (sich⁴) 〈古〉あらわれる,示される.
Be・ur・kun・dung 囡-/-en **1** 文書による証明,公証. **2** 文書(証書)を作成すること,登録.
be・ur・lau・ben [bə'ʊːrlaʊbən] ❶ 他 **1**（人⁴に）休暇を与える；(を)休職にする. **2** (sich⁴) 休暇(休職)を申し出る(bei j³ 人³に)；〈古〉辞去する.
Be・ur・lau・bung 囡-/-en **1** 休暇. **2** 休職；一時解雇.
*__be・ur・tei・len__ [bə'ʊrtaɪlən ベウルタィレン] 他 判断する,判定を下す. j¹ nach seiner Kleidung ~ 人⁴を身なりで判断する. j² Arbeit richtig ~ 人²の仕事を正しく評価する.
Be・ur・tei・lung 囡-/-en 判断,評価,品定め；批評,鑑定.
Beu・schel ['bɔyʃəl] 中-s/-『(料理)』**1** ボイシェル(仔牛・子羊の臓物,またこれを使った料理). **2** 鯉(コイ)の臓.
Beu・te¹ ['bɔytə ボィテ] 囡-/ **1** 獲物,戦利品,略奪物. leichte ~ たやすく手に入る獲物,棚ぼた. ~ machen 略奪をする. ~ schlagen 獲物(とくに熊・猛禽類)を仕留める. auf ~ ausgehen〈ausziehen〉狩りに出かける(犯人捜しにでかける). ~ fallen 人³の餌食になる,(の)手に落ちる.
Beu・te² 囡-/-n **1**（パン生地の）捏(こ)ね桶. **2**（養蜂用の）巣箱.

'Beu・tel ['bɔytəl] 男-s/- **1** 袋；〈話〉財布. seinen ~〈sich³〉 den ~ füllen 金を貯める,懐(フトコロ)〈私腹〉を肥やす. Der eine hat den ~, der andere hat das Geld.〈諺〉財布の中のあるやつは金がなく金のあるやつは財布がない,とかく浮世はままならぬ. Das Reißt ein großes〈schönes〉 Loch in meinen ~. それは私の懐に大きな穴を開ける,私には大きな出費である. den ~ ziehen〈aufmachen〉財布の紐をゆるめる,金を出す. den ~ zuhalten〈festhalten〉財布の紐をしめる,けちる.『前置詞』Das geht an den ~. それは財布にひびく,金がかかる. die Hand auf dem ~ haben〈auf den ~ halten〉財布の紐が堅い,けちである. tief in den ~ greifen müssen 大金を払わされる. sich³ in seinen ~ lügen 高く買ったものを偽って安く言う. **2** （有袋動物の）腹袋,〈卑〉ふぐり. **3**『（古語）』〈卑〉馬鹿,間抜け.
'Beu・tel・bär 男-en/-en『動物』(Koala) コアラ.
'beu・teln ['bɔytəln] ❶ 他 **1** (人⁴を)ゆさぶる,ゆり動かす. j⁴ am Kragen packen und ~ 人⁴の襟元をつかんでゆさぶる(とくに叱責のために). vom Leben tüchtig gebeutelt werden 人生の荒波にもまれる,辛酸(シンサン)をなめる. **2** 〈話〉(人⁴に)法外な値段を吹っかける,(人⁴から)ぼる,金を巻き上げる. **3** Mehl ~〈古〉粉をふるいにかける. ❷ 再 (sich⁴) (衣服が)しわになる,だぶつく,(ズボンの膝などが)伸びて丸くなる.
'Beu・tel・schnei・der 男-s/- **1**〈古〉巾着(キンチャク)切り,すり. **2** 暴利をむさぼる人,悪徳商人.
'Beu・tel・tier 中-[e]s/-e『動物』(Beutler) 有袋類(カンガルー・コアラなど).
'beu・te・lus・tig 形『動物』(獲物を狙っている).
'Beu・te・zug 男-[e]s/¨-e (Raubzug) 略奪行.
'Beut・ler ['bɔytlər] 男-s/- **1**〈古〉袋物職人. **2**『動物』= Beuteltier
'Beut・ner ['bɔytnər] 男-s/- (↓ Beute²) (とくに中世の)野生蜜蜂の飼育者,養蜂(ヨウホウ)家.
*__be'völ・kern__ [bə'fœlkərn ベフェルケーン] ❶ 他 **1**（ある場所に）居住(定住)している,生息している. Viele Vogelarten bevölkern diese Inseln. これらの島には多くの種類の鳥たちが棲息(セイソク)している. ein dicht〈dünn〉bevölkertes Gebiet 人口密度の高い〈低い〉地域. **2** 移住(移住,定住,入植)させる. ein Land mit Ansiedlern ~ ある土地に移住者を入植させる. **3**（ある場所に）大勢で押しかける,群がる. ❷ 再 (sich⁴) 人が多くなる,人口が増える.
*__Be'völ・ke・rung__ [bə'fœlkərʊŋ ベフェルケルング] 囡-/-en **1**（ある土地の）住民(全体),人口. **2**『複数なし』移住,定住,入植.
Be'völ・ke・rungs・dich・te 囡-/-n 人口密度.
be'voll・mäch・ti・gen [bə'fɔlmɛçtɪgən] 他 (↓ Vollmacht)(j¹ zu et³ 人⁴に事³の)権限(全権)を与える,委任(委譲)する. Dazu bin ich nicht bevollmächtigt. 私にはその権限を与えられていない.
Be'voll・mäch・tig・te 男囡『形容詞変化』全権を与えられた者,代理人,全権委員,全権使節.
Be'voll・mäch・ti・gung 囡-/-en『複数なし』全権委任,授権. **2** (Vollmacht) 全権.

be'vor

[bə'foːr ベフォーア] 接『従属／定動詞後置』…する前に,…しないうちに. Er ging, ~ der Film zu Ende war. 彼は映画が終らないうちに出てしまった. [Tür] nicht öffnen, ~ der Wagen hält! 車が止まるまでドアを開けないで下さい(列車内の掲示). 《無用の nicht と》Ich unterschreibe nicht, ~ ich es [nicht] gründlich durchgelesen habe. 私はそれに十分目を通さないうちは署名をしない(この副文中の nicht は不要で, bevor...nicht の方が条件が強調される. ただし, この形式は主文が否定文のときに限られる).

be·vor·mun·den [bəˈfoːrmʊndən] 他 (↓Vormund) **1**（人⁴を）後見する, (の)後見人をつとめる. **2**（人⁴の）自由にさせない, (を)束縛する, (に)指図(干渉)する. Ich lasse mich von dir nicht ~. 私は君の指図を受けない(君の言いなりにはならない).

Be·vor·mun·dung 女 -/-en 後見; 監督, 束縛, 指図, 干渉.

be·vor·ra·ten [bəˈfoː.rraːtən] 他 (↓Vorrat)《書》(et⁴ mit et³ 物⁴に物³を)貯える, 貯蔵する. Diese Buchhandlung ist immer gut bevorratet. この書店はいつも在庫がそろっている.

be·vor·rech·ten [bəˈfoː.rrɛçtən] 他 =bevorrechtigen

be·vor·rech·ti·gen [bəˈfoː.rrɛçtɪɡən] 他 (↓Vorrecht)（人⁴〈物³〉に)特権(優先権)を与える(認める).

Be·vor·rech·ti·gung, Be·vor·rech·tung 女 -/-en 特権(優先権)を与える(認める)こと.

be·vor·schus·sen [bəˈfoː.rʃʊsən] 他 (↓Vorschuss) **1**（人⁴に）前払い(前貸し)する. **2**（物⁴を）前払い(前貸し)として支払う.

be·vor|ste·hen* [bəˈfoː.rʃteːən] 自 目前(間近)に迫っている;（人³の身に）まもなく起る. Seine Abreise steht bevor. 彼の出発はまもなくだ. die bevorstehende Gefahr さし迫った危険.

be·vor·tei·len [bəˈfoːrtaɪlən] 他 (↓Vorteil) **1**（人⁴〈物³〉に）利益を与える, (を)ひいきにする. **2**《古》(übervorteilen)（人⁴を)だまして得をする.

be·vor·zu·gen [bəˈfoː.rtsuːɡən] 他 (↓Vorzug) **1**（人⁴〈物⁴〉を)優遇(優先)する, ひいきにする. einen Schüler vor den anderen ～ ある生徒を他の生徒よりもひいきする. **2** 好む. Ich bevorzuge Wollstoffe. 私はウール地が好きだ.

Be·vor·zu·gung 女 -/-en《複数なし》優遇, 優先, ひいき. **2** 好意, 恩恵.

*be·wa·chen [bəˈvaxən] ベヴァヘン 他 **1** 見張る, 監視する;《球》(相手の選手を)マークする. **2** 守る, 番をする. Der Hund bewacht das Kind. 犬が子供のお守りをしている.

be·wach·sen¹* [bəˈvaksən] 他（物⁴に）生い茂る, (を)おおう. Efeu bewächst die Mauer. 蔦(ツタ)が壁を一面におおっている.

be·wach·sen² bewachsen¹ の過去分詞.

Be·wa·chung 女 -/-en **1** 見張り, 監視, 警備. j³ unter ~ stellen 人³を監視下に置く, 監視する. **2** 監視隊, 警備隊.

*be·waff·nen [bəˈvafnən] ベヴァフネン 他（人⁴を武装させる(mit et³ 物³で). schwer〈bis an die Zähne〉bewaffnet sein 重装備である(完全武装している). bewaffnete Aufklärung《軍事》武装偵察. mit bewaffnetem Auge《戯》眼鏡をかけて, 望遠鏡(天眼鏡, ルーペ, 顕微鏡)で.《再帰的に》sich⁴ mit einer Pistole ~ ピストルで武装する.

Be·waff·nung 女 -/-en 武装, 軍備, 装備, 武器.

be·wah·ren [bəˈvaːrən] 他 **1** j〈et〉⁴ vor et³ 人⁴〈物⁴〉を物³から守る, 保護する. j〈et〉⁴ vor einer Gefahr ~ 人⁴〈物⁴〉を危険から守る. Gott bewahre mich davor! どうかそんな目にあいませんように. [Gott] bewahre! / I bewahre!《話》絶対にそんなことはない, とんでもない, まさか. **2**《雅》保管する, しまって

おく. Briefe in einem Kasten ~ 手紙類を箱にしまっておく. et⁴ bei sich³ ~ 事⁴を忘れない. et⁴ im Gedächtnis〈Herzen〉~ 事⁴を記憶に留める〈肝(キモ)に銘じる〉. **3** 保持する, (態度・習慣などを)いつまでも守っている, 変えない. Haltung〈kaltes Blut〉~ 態度を崩さない〈冷静さを保つ〉. über et⁴ Stillschweigen ~ 事⁴について沈黙を守る. j³ Treue 人³に信義を守る. ❷ 再 《sich³/sich⁴》 **1** 《sich³》（態度・習慣などを)いつまでも守っている, 変えない. sich seine Unabhängigkeit ~ 自分の独立性を失わない. **2** 《sich⁴》 自分を保ちつづける, 変らない, 廃(スタ)れない, 維持される. Dieser Brauch hat sich bis heute bewahrt. この風習は今日まで廃れなかった.

*be·wäh·ren [bəˈvɛːrən] ベヴェーレン (↓wahr) ❶ 他《古》《雅》実証(証明)する. seine Tapferkeit ~ 勇敢であることを証明してみせる. ❷ 再《sich⁴》 **1** 信頼できる(適任である, 有能である, 役に立つ)ことを実証してみせる, ...であることが分かる. sich als guter Schwimmer〈als Lehrer〉~ 泳ぎが上手である〈教師に向いている〉ことを実証する. Diese Maschine hat sich gut〈schlecht〉bewährt. この機械はテストをクリアーした〈テストの結果がよくなかった〉. ◆ ↑ bewährt

be·wahr·hei·ten [bəˈvaːrhaɪtən] (↓Wahrheit) 再《sich⁴》真実である(正しい)ことが証明される, 判明する.

be·währt [bəˈvɛːrt] 過分 実証ずみの, 信頼できる, 確かな, 定評のある. ein ~er Handwerker 腕の確かな(折紙つきの)職人.

Be·wah·rung 女 -/(-en) **1**《複数なし》守護, 保護; 保管; 保存; 保持, 維持. **2**（保護施設・鑑別所などへの)収容.

Be·wäh·rung [bəˈvɛːrʊŋ] 女 -/(-en) **1**（真価・能力・適性などの)実証, 証明, 発揮; 検査, 性能テスト. j³ zur ~ eine Aufgabe übertragen 人³に試しに仕事をやらせてみる. **2**《法制》保護観察. 執行猶予. eine Strafe zur ~〈auf ~〉aussetzen 刑の執行を停止(猶予)する. j³ zu zwei Jahre Gefängnis ohne ~ verurteilen 人⁴を禁固2年の実刑に処する.

Be·wäh·rungs·frist 女 -/-en **1** 試験(検査, テスト)期間. **2**《法制》保護観察(執行停止, 執行猶予)期間.

Be·wäh·rungs·hel·fer 男 -s/-《法制》保護観察司.

Be·wäh·rungs·pro·be 女 -/-n テスト, 検査, 試験.

be·wal·den [bəˈvaldən] ❶ 他 ein Gebiet ~ ある地域に植林する. ❷ 再《sich⁴》森林でおおわれる, 木々が生い茂る. ein bewaldeter Hügel 森におおわれた丘.

be·wäl·ti·gen [bəˈvɛltɪɡən] 他 (↓walten)（仕事などを)やりこなす, 片づける, (困難などを)克服する. viele Aufgaben ~ 多くの任務(宿題)をこなす.

Be·wäl·ti·gung 女 -/-en（困難などの)克服; (仕事などの)成就.

be·wan·dert [bəˈvandɐrt] 形《副詞的には用いない》(in〈auf〉et³ 事³に)造詣(ケゼイ)が深い, 詳しい; 熟練した, 経験を積んだ. Er ist im Musik〈auf dem Gebiet der Biologie〉sehr ~. 彼は音楽に詳しい〈生物学の分野に精通している〉. eine ~e Sekretärin ベテランの女性秘書.

be·wandt [bəˈvant] 形 (↓bewenden)《述語的用法の》《古》...の状況(事情)にある. Damit ist es so ~, dass... それには...のような事情がある. Damit ist es folgendermaßen ～. それは以下のような次第である.

Be'wandt·nis [bə'vantnɪs] 囡 -/-se《古》状況, 事情.《今日では次の用法で》Mit j⟨et⟩³ hat es eine ⟨seine⟩ besondere⟨eigene⟩ ～. 人⟨物⟩³には特別な事情がある. Damit hat es folgende ～. それは次のような次第だ. Was hat es damit für eine ～? それはどうなっているのか, どういうことなのか.

be'warb [bə'varp] bewerben の過去.

be'warf [bə'varf] bewerfen の過去.

be'wäs·sern [bə'vɛsərn] 他 (土地に) 水を引く, 灌漑(かんがい)する.

Be'wäs·se·rung, Be'wäss·rung 囡 -/-en 灌漑(かんがい), 供水.

Be'wäs·se·rungs·an·la·ge 囡 -/-n 灌漑(かんがい)設備.

be'weg·bar [bə've:kba:r]《比較変化なし》動かしうる.

be'we·gen¹

[bə've:gən] ベヴェーゲン ❶ 他 **1** 動かす, 移動させる. et⁴ in seinem Herzen ～ 事⁴をあれこれ考えめぐらす. Maria aber behielt alle diese Worte und bewegte sie in ihrem Herzen.《新約》しかしマリアはこれらの言葉をすべて心におさめて, 思いめぐらしていた (ルカ 2:19). **2** (人⁴の) 心を動かす (とらえる, かき立てる), (を) 感動させる. Seine Worte haben sie tief bewegt. 彼の言葉は彼女を深く感動させた.

❷ 再 ⟨sich⟩ 動く, 移動(運動)する; 振舞う, 行動する; (相場が) 変動する. Der Zug war so überfüllt, dass man sich kaum ～ konnte. 列車はすし詰め満員で身動きもままならなかった. Ich muss mich ein bisschen ～. 私はすこし運動(散歩)をしなくてはならない. sich im Kreis ～ 回転(循環, 堂々めぐり)する. sich in den höheren Kreisen ～ 上流社会に出入りしている. sich frei ～ 自由に (のびのびと) 振舞う.

♦ ↑ bewegt

be'we·gen² [bə've:gən] 他 (j³ zu et³ 人⁴に事³を)する気を起こさせ, する気にさせる. Was hat dich [dazu] bewogen, dieses Haus zu verkaufen? 君はどうしてこの家を売る気になったのか.

Be'weg·grund [bə've:k..] 男 -[e]s/-e《多く複数》動機, きっかけ, 理由.

be'weg·lich [bə've:klɪç] **1** 動かすことができる, 可動性の; 機動的な. Die Puppe hat ～e Glieder. この人形は手足が動く. ～e Habe 動産. ～es Kapital 流動資本. ein ～es Fest 移動祝日 (復活祭など). **2** 敏捷な, 活発な; 柔軟な, 適応性(順応性)のある. ein ～er Bursche すばしこい若者. **3**《古》感動的な, 心を動かすような.

Be'weg·lich·keit 囡 -/-en **1**《複数なし》可動性, 可変性, 機動性; 活発さ, 敏捷, 機敏, 柔軟性. ～ der Zunge 能弁, 饒舌(じょう). **2**《物理》移動度, 易動度;《工学》応答性, 即応性.

be'wegt 過分 形 (↑bewegen¹) **1** 激しく動く, (海などが) 波立ち騒ぐ, (議論などが) 活発な. ～es Bild 《映画》カメラを急速に動かして撮影した映像. **2** 感動(感激)した, 動揺した. mit ～er Stimme 感激(興奮)した声で. ein ～es Leben führen 波瀾万丈の人生を送る. Wir leben in ～en Zeiten. 私たちは激動の時代に生きている.

Be'wegt·heit 囡 -/ **1** 不安, 動揺, 激動; 感動, 感激, 興奮.

Be'we·gung [bə've:ɡʊŋ] ベヴェーグング 囡 -/-en **1** 動かす(動く)こと, 運動, 移動, 変動; 身動き, 身なし, 動作. anmutige ～en 優雅な身ごなし. j⁴ mit einer ～ der Hand zurückweisen 手を振って人⁴を追い返す. ～en machen 身体を動かす, 運動(スポーツ・散歩など)をする. Keine ～! 動くな(強盗などだ). Wir werden ihn schon in ～ bringen⟨halten⟩.《話》私たちは彼をきっと動かして(その気にさせて)みせるよ. et⁴ in ～ setzen 物⁴を動かす, 作動させる. alles⟨alle Hebel / Himmel und Hölle⟩ in ～ setzen《話》ありとあらゆる手段を講ずる, 手を尽くす. sich⁴ in ～ setzen (乗物・機械などが) 動き出す, 作動しだす. **2** 感動, 感銘, 興奮, (内心の) 動揺. seine ～ nicht verbergen können 感動(興奮, 動揺)を隠し切れない. **3** (政治的・社会的・芸術的な) 運動; (そのような運動に参加している) グループ, 党派. Arbeiterbewegung 労働運動. Friedensbewegung 平和運動. **4**《音楽》(旋律の進行, 流れ;《哲学》(物質の) 運動. Bewegungsgesetz《力学》(ニュートンの) 運動の法則.

Be'we·gungs·frei·heit 囡 -/ 活動(運動)の自由; 行動の自由.

Be'we·gungs·krieg 男 -[e]s/-e《軍事》(↔ Stellungskrieg) 機動戦.

be'weh·ren [bə've:rən] 他 **1**《古》(j¹ mit et³ 人⁴を物³で) 武装させる. **2** 強化(補強)する. bewehrter Beton 鉄筋コンクリート.

be'wei·ben [bə'vaɪbən] 再 ⟨sich⟩ (↓Weib)《話》女房をもらう.

be'weibt [..'vaɪpt] 過分 形 女房持ちの.

be'weih·räu·chern [bə'vaɪrɔʏçərn] 他 (mit Weihrauch) **1** (物⁴に) 香(こう) をたきしめる. **2**《話》(侮) 大げさにほめる, ほめちぎる. sich⁴ selbst ～ 手前味噌(みそ) を並べる, 自画自賛する.

be'wei·nen [bə'vaɪnən] 他 (人⟨物⟩⁴のことを) 嘆き悲しむ, 惜しむ.

Be'weis [bə'vaɪs] ベヴァイス 男 -es/-e **1** 証明(立証, 論証); 証拠, 証(ぁゕ)し. den ～ für et⁴ antreten ⟨führen⟩ 事⁴の証拠を提出する, (を) 証拠だてる. ～ erheben⟨2⟩《法制》証拠調べをする. j⁴ aus Mangel an ～en freisprechen / j⁴ mangels ～en freisprechen《法制》人⁴に証拠不十分のため無罪判決を下す. et⁴ unter ～ stellen《法制》事⁴(の正しさ)を立証する. **2** (ある事を明示的に示す) しるし, あらわれ. Die Äußerung ist ein ～ seiner Schwäche. その言葉は彼の弱さのあらわれである. j³ einen ～ seines Vertrauens geben 人³に信頼の証しを示す. als ～⟨zum ～⟩ seiner Dankbarkeit 感謝のしるしとして. **3**《哲学》推論;《数学》証明, 論証.

be'wei·sen [bə'vaɪzən] ベヴァイゼン 他 証明(立証, 論証)する, 証拠だてる (durch et⁴ / mit [Hilfe von] et³ 物³によって); (事⁴のしるしを見せる. (目に見える形で) 示す. Das beweist gar nichts. それは何の証拠にもならない. j³ seine Treue ～ 人³に誠意のしるしを見せる, 実(じつ)のあるところを示す.

Be'weis·füh·rung 囡 -/-en 証明, 論証; 立証, 挙証.

Be'weis·grund 男 -[e]s/-e 論拠, 理由.

Be'weis·kraft 囡 -/《法制》証明(立証)力.

be'wen·den [bə'vɛndən] 他《次の用法でのみ》es bei⟨mit⟩ et³ ～ lassen 事³でよいとしておく, すませる, (これ以上追求(論議)しない. Wir wollen es diesmal noch bei⟨mit⟩ einer Vorwarnung ～ lassen. 今回は警告を発するだけにしておこう. (中性名詞として) Damit⟨Dabei⟩ soll es sein Bewenden haben. これで一件落着としておこう, 片がついたことにしておこう.

♦↑bewandt

be·wer·ben* [bəˈvɛrbən ベヴェルベン] 再 (**sich**⁴) (um et⁴ 物³)を得ようとする, 志望(志願)する(bei j³ 人³ に). *sich* bei einer Firma〈um eine Stellung〉~ ある会社の求人に応募する〈職を求める〉. *sich* um j² Gunst ~ 人²のご機嫌をとりむすぶ. *sich* um j⁴ ~ 人⁴ に取入る. Ich habe *mich* dort als Buchhalter *beworben*. 私はそこの簿記係に応募した.

Be·wer·ber [bəˈvɛrbɐr] 男 -s/- 志願者, 応募者;《古》求婚者, 求愛者.

Be·wer·bung 女 -/- en **1** 志望, 志願, 応募;《古》求婚. **2** 願書, 申込書. **3** (Bemühung) 努力, 苦心.

be·wer·fen* [bəˈvɛrfən] 他 **1** (j〈et〉⁴ mit et³ 人〈物〉³に物³を)投げつける. j⁴ mit Schmutz〈Dreck〉 ~ 《比喩》人⁴を中傷(侮辱)する, 悪しざまに言う. **2**《土木》塗りつける. eine Mauer mit Mörtel ~ 壁にモルタルを塗る.

be·werk·stel·li·gen [bəˈvɛrkʃtɛlɪɡən] 他 (困難なことを)成しとげる, 成功(達成)する.

Be·werk·stel·li·gung 女 -/-en《複数まれ》成就, 実現, 達成.

be·wer·ten* [bəˈveːrtən ベヴェーアテン] 他 (人〈物〉⁴ を)評価する, 値踏みする. j⁴ nur nach dem Äußeren ~ 人⁴を外見だけで判断する. Das Gemälde wurde mit 10 000 Euro *bewertet*. その絵は1万ユーロの値がつけられた.

Be·wer·tung 女 -/-en **1**《複数なし》評価, 値踏み. **2** 評点. **3**(土地・仕事などの)評価(査定)額.

Be·wet·te·rung [bəˈvɛtərʊŋ] 女 -/《鉱業》(坑内の)換気, 通気.

be·wies [bəˈviːs] beweisen の過去.

be·wie·sen [bəˈviːzən] beweisen の過去分詞.

be·wil·li·gen [bəˈvɪlɪɡən] 他 (公的に)認める, 認可(承認, 承諾)する. Wir *bewilligen* 2% Skonto. (当店では) 2 パーセント割引いたします. j³ eins〈eine / ein Ding〉~《卑》人³に一発(びんた)を食らわせる.

Be·wil·li·gung 女 -/-en 認可, 承認, 承諾, 許可.

Be·will·kom·men [bəˈvɪlkɔmən] 他《古》=bewillkommnen

be·will·komm·nen [bəˈvɪlkɔmnən] 他《雅》歓迎する.

be·wirb [bəˈvɪrp] bewerben の du に対する命令形.

be·wirbst [bəˈvɪrpst] bewerben の現在 2 人称単数.

be·wirbt [bəˈvɪrpt] bewerben の現在 3 人称単数.

be·wir·ken [bəˈvɪrkən] 他 (結果を)惹き起し, 招く, 実現する. Damit *bewirkst* du nur das Gegenteil. 君はそんなことをしたって逆効果にしかならないよ. *bewirkendes* Zeitwort《文法》作為動詞.

be·wir·ten [bəˈvɪrtən] 他 **1** (j⁴ mit et³ 人⁴に物³を)ご馳走する, (を)もてなす. **2** (⁴) =bewirtschaften 1

be·wirt·schaf·ten [bəˈvɪrtʃaftən] 他 **1** (農場・旅館などを)経営する, 営業する. **2** (畑を)耕す, 耕作する. **3**《経済》管理(統制)する.

Be·wirt·schaf·tung 女 -/-en **1** (農場・旅館などの) 経営, 営業. **2** (土地の) 耕作. **3**《経済》管理, 統制.

Be·wir·tung 女 -/-en **1**《複数まれ》もてなし, 接待. **2** ご馳走.

be·wit·zeln [bəˈvɪtsəln] 他 (人〈物〉⁴ にからかう, 冷やかす.

be·wog [bəˈvoːk] bewegen² の過去.

be·wo·gen [bəˈvoːɡən] bewegen² の過去分詞.

be·wohn·bar [bəˈvoːnbaːr] 形《比較変化なし》住むことができる, 居住に適した.

be·woh·nen* [bəˈvoːnən ベヴォーネン] 他 (ある場所に)住む, 居住する. Die Insel ist nicht *bewohnt*. その島は人が住んでいない, 無人島である.

Be·woh·ner* [bəˈvoːnɐr ベヴォーナー] 男 -s/- **1** 居住者, 住民. **2**《多く複数で》《戯》(社会の)害虫, (町の)だに.

be·wöl·ken [bəˈvœlkən] 再 (**sich**⁴) (↓Wolke) **1** (空が)雲におおわれる, くもる. en leicht *bewölkter* Himmel うす曇りの空. **2** (顔色が)くもる, 暗くなる.

Be·wöl·kung 女 -/-en《複数まれ》(空が)曇ること; 曇り空, 雲天; 雲.

be·wor·ben [bəˈvɔrbən] bewerbern の過去分詞.

be·wor·fen [bəˈvɔrfən] bewerfen の過去分詞.

Be·wuchs [bəˈvuːks] 男 -es/ (草木の)茂み.

Be·wun·de·rer [bəˈvʊndərɐr] 男 -s/- 賛美者, 崇拝者, ファン. ♦女性形 Bewunderin 女 -/-nen

be·wun·dern* [bəˈvʊndɐrn ベヴンダーン] 他 称賛(感嘆, 賛嘆, 感心)する, 舌を巻く.

be·wun·derns·wert 形 驚嘆すべき, すばらしい.

Be·wun·de·rung 女 -/ 称賛, 驚嘆, 賛嘆.

be·wun·de·rungs·wür·dig 形 (bewundernswürdig) 称賛にあたいする.

be·wür·be [bəˈvʏrbə] bewerben の接続法 II.

Be·wurf [bəˈvʊrf] 男 -[e]s/¨-e (↓bewerfen) (壁に塗った)しっくい, (壁の)あら塗り, ラフコート.

be·wur·zeln [bəˈvʊrtsəln] 再 (**sich**⁴) (植物が)根を張る, 根づく.

be·wusst, °be·wußt* [bəˈvʊst ベヴスト] 形 **1** 意識(自覚)している, 知っている. ein ~*er* Anhänger はっきりした(断固たる)支持者. ~ oder unbewusst 意識しているとは無意識にせよ. sich³ et² ~ sein 事²を意識(自覚)している, 分かって〈気づいて〉いる. Er ist *sich* seines Fehlers ~. 彼は自分の間違い(欠点)が分かっている. sich³ *seiner* selbst ~ werden (未成年者が大人としての)自覚を持つようになる. j³ et⁴ ~ machen 人³に事⁴を意識(自覚)させる. j³ ~ sein 人³の意識(記憶)の中にある. Das ist mir nicht mehr ~. 私はもうそれを覚えていない. **2**《比較変化なし》故意の, 意識的な. ~ lügen わざと嘘を言う. **3**《付加語的用法のみ/比較変化なし》ご存じの, 前述した, 例の, くだんの. Das ist das ~*e* Buch. これが例の本だよ. 《名詞的用法で》der Bewusste 前述(くだん)の人物.

Be·wusst·heit 女 -/ 自覚, 分別, 思慮; 意識, 故意. ein Mensch von hoher ~ 思慮深い人. mit ~ それと知って, 故意に, わざと.

Be·wusst·los 形 **1**《比較変化なし》気を失った, 失神した. **2**《述語的には用いない》無意識の.

Be·wusst·lo·sig·keit 女 -/ **1** 意識不明, 失神, 人事不省(?). et¹ bis zur ~ tun 事¹をいつまでもやりつづける, ぶっ倒れるまでやる. **2** 意識のなさ, 無自覚. soziale ~ 社会意識の欠如.

Be·wusst·sein* [bəˈvʊstzaɪn ベヴストザィン] 中 -s/ **1** (医学的な意味での)意識, 正気, 知覚. das ~ verlieren 意識を失う, 失神する. bei ~ sein 正気である. j⁴ ins ~ zurückrufen 人⁴を正気に返す. wieder zu[m] ~ kommen 意識をとり戻す, 正気づく. **2** (それと)知って〈分かって〉いること, 自覚, 故意. im〈mit〉~ *seiner* Schwäche 自分の弱さを自覚して, (を)承知の上で. mit [vollem] ~ わざと. j³ et⁴ zum ~ bringen 人³に事⁴をはっきり分からせる, 自覚させる. Erst jetzt ist das mir zum ~ gekommen. 今やっと私にはそのことがはっきりと分かった. **3**『心理』(自己および他者に対する)意識. Selbst*bewusstsein* 自意識. **4**『哲学』(知・情・意の内容としての)意識. **5**(世界・人生に対する)意識. geschichtliches⟨moralisches⟩ ~ 歴史⟨倫理的⟩意識.

bez.《略》**1** =bezahlt **2** =bezüglich ②
Bez.《略》**1** =Bezeichnung **2** =Bezirk 2

be'zah·len [bəˈtsaːlən ベツァーレン] **1**(物¹の)代金を支払う. et¹ [in] bar⟨mit Scheck⟩ ~ 物¹の代金を現金⟨小切手⟩で支払う. Herr Ober, ich möchte ~! ボーイさん, お勘定を願います. Das ist nicht mit Geld zu ~. それは金では買えない. et¹ *bezahlt* bekommen 物¹の代金を(払って)もらう. Er isst, als ob er's *bezahlt* bekäme⟨kriegte⟩. (戯)彼は無茶ぐちゃに早食いである. **2**(人¹に)賃金(報酬)を支払う(für et¹ 事¹に対する). den Zimmermann ~ 大工に労賃を払う. **3**(ある金額を)払う; (借金を)返済する, (勘定を)清算する. j¹⟨et¹⟩ 50 Euro für et¹ ~ 事¹に対して人¹に 50 ユーロ払う. die Miete ~ 家賃を払う. **4**(事¹のために)代償(犠牲)を払う. (多くmüssen と)et¹ teuer ~ müssen 事¹に高い代償を払わされる, (が)高いものにつく. Sie hat ihren Leichtsinn mit dem Leben *bezahlt*⟨~ müssen⟩. 彼女は持前の軽率さのために命を失う羽目になった. die Zeche ~ müssen 尻ぬぐいをさせられる(für j¹ 人¹の).
♦ ↑bezahlt

be'zahlt [bəˈtsaːlt]過形《略 bez.》支払われた, 支払い済みの; 有給の. sich¹ ~ machen 引合う, 割に合う. ~*er Urlaub* 有給休暇.

*Be'zah·lung [bəˈtsaːluŋ ベツァールング] 囡 -/-en (複数稀)支払い, 報酬, 賃金, 給金.

be'zäh·men [bəˈtsɛːmən] 他 (↓zahm) **1**(激情・欲望などを)抑える. seinen Hunger ~ 空腹をこらえる. ~ 自制する. **2**《古》(動物が飼い馴らす, 馴致⟨*きち*⟩する.

*be'zau·bern [bəˈtsaʊbərn ベツァオベルン] 他 (人⟨物⟩¹に)魔法をかける, (を)魅惑する, うっとりさせる.

*be'zau·bernd [bəˈtsaʊbərnt ベツァオベルント] 現分形 魅惑的な, チャーミングな, うっとりするような, すてきな, すばらしい.

be'ze·chen [bəˈtsɛçən] sich¹ 《sich¹》酔っぱらう.

be'zeich·nen [bəˈtsaɪçnən ベツァイヒネン] 他 **1**(物¹に)しるし(記号, 標識)をつける. die Sitzplätze mit Nummern ~ 座席に番号をつける. **2**(しるし・標識などが)示す, 表す. Dieser Name *bezeichnet* mehrere Pflanzen. この名前で呼ばれる植物がいくつかある. **3**(詳しく)述べる, 説明する; (人⟨物⟩¹を)特徴づける. Kannst du den Mann näher ~? その男のことをもっと詳しく言ってくれないか. im Einzelnen ~ 事細かに述べる. Diese Tat *bezeichnet* seinen Freund. この仕事⟨*はか*⟩はいかにも彼の友人のやりそうなことだ. **4**(als……と)呼ぶ, 名づける. j¹ als Betrüger ~ 人¹を詐欺師と呼ぶ. ♦ ↑bezeichnend

*be'zeich·nend [bəˈtsaɪçnənt ベツァイヒネント] 現分形 特徴的な. Dieses Verhalten ist ~ für ihn. この振舞いはいかにも彼らしい.

*Be'zeich·nung [bəˈtsaɪçnuŋ ベツァイヒヌング] 囡 -/-en 《略 Bez.》**1** しるし(標記, 記号)をつけること. **2** 名称, 呼称, 名前. unter verschiedenen ~*en* im Handel sein いろいろな商品名で出回っている.

be'zei·gen [bəˈtsaɪɡən] ❶ 他《雅》(言葉・態度で)表す, 表明する, 述べる. j¹ Achtung ~ 人¹に敬意を表する. j¹ *seine Dankbarkeit* ~ 人¹に謝意を述べる. ❷ 《sich¹》 sich¹ dankbar gegen j¹ ~ 人¹に感謝の気持を表す.

Be'zei·gung 囡 -/-en《雅》(気持の)表明, 表示.

Be'zeu·gen [bəˈtsɔʏɡən] 他 **1** 証言(証明)する. Ich kann ~, dass er um diese Zeit dort gewesen war. 私は彼がこの時刻にそこにいたことを証言ができる. **2**(謝意などを)表明する. ▶ bezeigen の誤用.

Be'zeu·gung 囡 -/-en **1** 証言, 証明. **2**(誤用)=Bezeigung

be'zich·ti·gen [bəˈtsɪçtɪɡən] 他 (人¹に事²の)罪を着せる, (人¹を事²の)かどで訴える. Er wurde des Diebstahls *bezichtigt.* / Er wurde *bezichtigt*, den Diebstahl begangen zu haben. 彼は盗みの罪を着せられた. j¹ als Mitschuldigen ~ 人¹に同罪者として罪を負わせる. 《再帰的に》sich¹ [selbst] des Verrates ~ 裏切ったことで自責する.

Be'zich·ti·gung 囡 -/-en 罪を着せること.

be'zie·hen [bəˈtsiːən ベツィーエン] ❶ 他 **1**(物¹にカバーなどを)かける, (弦楽器に弦を)張る. ein Kissen ~ 枕にカバーをつける. **2**(家などに)移る, 入居する. eine neue Wohnung ~ 新しい住居に引越す. eine Universität ~ 《古》大学に入学する. **3**(ある部署に)つく. [einen] Posten ~ 『軍事』歩哨(*しょう*)につく. zu et¹ einen Standpunkt ~ 事¹に対してある立場をとる. zu et³ Stellung ~ 事³に対する態度を明らかにする. [die] Wache ~ 『軍事』歩哨に出る, 見張りに立つ. **4**(給料などを)もらう, (商品などを)送ってもらう, 取寄せする. ein Gehalt⟨eine Rente⟩ ~ 給料をもらう⟨年金を支給される⟩. Prügel ~ 《話》平手打ちをくらう. Waren aus dem Ausland ~ 商品を海外から取寄せる. eine Zeitschrift ~ 雑誌を定期購読する. Steuern ~ 《古》税金を取立てる. **5**(et¹ auf j⟨et⟩¹) 人⟨物⟩¹に関係づける, 当てはめる, 適用する. Die Regel kann man nicht auf diesen Fall ~. その規則はこのケースには適用できない.

❷《再》《sich¹》**1** Der Himmel *bezieht sich* [mit Wolken]. / Es *bezieht sich*. 空が雲におおわれる, 曇る. **2**(人が主語)(auf j⟨et⟩¹ ~) 人¹を引合いに出す. Wir *beziehen uns* auf Ihr Schreiben vom 4. November… 11月4日づけのお手紙の件ですが…. **3** 《物が主語》(auf j⟨et⟩¹~) 人⟨物⟩¹に関係している, (の)ことを指している. Sein Vorwurf *bezieht sich* nicht auf dich. 彼の非難は君のことを言っているのではない.

be'zie·hent·lich [bəˈtsiːəntlɪç] 前《2格支配》《書》…に関して.

Be'zie·her [bəˈtsiːɐ] 男 -s/- (新聞・雑誌などの)定期購読者.

Be'zie·hung [bəˈtsiːʊŋ ベツィーウング] 囡 -/-en **1** (ふつう複数で)関係, 結びつき, コネ, 縁故. die ~*en* zu j³ abbrechen 人³との関係を断つ. ~ haben 有力なコネ(つて)がある. intime ~*en* mit⟨zu⟩ j³ haben (男女の間柄に関して)人³とわりない仲である. Er hat keine ~ zur Musik. 彼は音楽には無縁である. seine ~*en* spielen lassen コネにものを言わせる. mit ⟨zu⟩ j⟨et⟩¹ in ~ stehen 人⟨物⟩¹とかかわり(交渉)がある. **2**(内的な)つながり, 関連, 相互関係. die ~ zwischen Angebot und Nachfrage 供給と需要との関連, 需給関係. et¹ mit⟨zu⟩ et¹ in ~ bringen ⟨setzen⟩ 物¹を物³と関連づける, 結びつける. mit

be'zie·hungs·los 形 無関係な, 没交渉の, ばらばらの.

Be'zie·hungs·wahn 男 -[e]s/ 《心理》自己関係妄想(すべての事象を自分に関係づける妄想).

be'zie·hungs·wei·se 副《並列》《略 bzw.》**1** または, あるいは, ないし. Er wird Donnerstag ~ Freitag zu mir kommen. 彼は木曜日か金曜日に私のところに来るだろう. **2** というよりむしろ, はっきり言えば. **3** および, でなければ. die beiden Autos mit französischem ~ deutschem Kennzeichen フランスおよびドイツの標識をつけたその2台の自動車.

be'zif·fern [bəˈtsɪfərn] ❶ 他 **1**〈物に〉番号(ページ数)をつける, ナンバーを打つ. *bezifferter Bass*『音楽』数字つき低音. **2** 数字で見積る. Wir *beziffern* die Anzahl der Toten auf(mit) etwa 500. 私たちの見積りでは死者の数は約500人に達する. ❷ 再《sich⁴》…に達する. Die Verluste *bezifferten sich* auf über 5000 Euro. 損失は5000ユーロ以上に達した.

Be'zif·fe·rung 女 -/-en 番号(ナンバー)をつけること, 数字で表す(見積る)こと;『音楽』(通奏低音に)数字をつけること; (つけられた)番号, 数字, ページ数.

*****Be'zirk** [bəˈtsɪrk] 男 -[e]s/-e **1** (区切られた)地域, 区域, 地区, region, **2**《略 Bez., Bz.》行政区, 管轄区域. (オーストリアの)郡, (スイスの)管区. Amts*bezirk* (行政の)管轄区域. Stadt*bezirk* 市区. **3** 領域, 分野, 範囲.

be'zir·zen [bəˈtsɪrtsən] 他 (↓Circe)《戯》(男性を)惑わす, とりこにする.

Be'zo·ar [betsoˈaːr] 男 -s/-e 牛黄(ごおう), 糞石(ふんせき), ベゾアル(牛の胃中の結石で解熱剤に用いられた).

Be'zo·ar·stein 男 -[e]s/-e =Bezoar.

be'zog [bəˈtsoːk] beziehen の過去.

be'zö·ge [bəˈtsøːgə] beziehen の接続法 II.

be'zo·gen [bəˈtsoːgən] beziehen の過去分詞.

Be'zo·ge·ne [bəˈtsoːgənə] 男 女《形容詞変化》(↑ beziehen)『銀行』(Akzeptant) 手形引受人(業者).

be'zog [bəˈtsuːk] ↑ Bezug 4

*****Be'zug** [bəˈtsuːk] ベツーク 男 -[e]s/ⁿe **1** 覆い, カバー, 外被; (楽器の)弦, (ラケットの)ガット. **2** (新聞・雑誌の)定期購読, (商品の)仕入れ, (情報・知識などの)入手, (給料・年金の)受給. **3**《複数で》収入, 所得, 俸給. ▶ オーストリアでは単数でも用いる. **4** 関係, 結びつき, 関連, つながり, 脈絡. auf j〈et〉⁴ ~ haben 人〈物〉⁴に関連ある, かかわりがある. auf j〈et〉⁴ ~ nehmen 人〈物〉⁴を引合いに出す, (に)関連づける. ~ nehmend〈Wir nehmen ~〉auf Ihr Schreiben vom 5. November… 《書》《商業》11月5日づけのお手紙の件ですが… mit〈unter〉~ auf et〈j〉⁴《書》(物〈人〉に関して, (の)件で. in ~《ᵖbezug》auf et⁴ 物に関して.

Be'zug·er [bəˈtsyːgɐ] 男 -s/-《ᵂ》=Beziehier

be'züg·lich [bəˈtsyːklɪç] ❶《付加語的用法のみ》(auf et⁴ 物に)関係のある, 関連した. ein auf die Gegenwart ~*es* Buch 現代に関する本. ❷ Fürwort《文法》(Relativpronomen) 関係代名詞. ❸ 前《2格支配》《略 bez.》…に関して. *Bezüglich der Preise teilen wir Ihnen mit, dass*… 値段の点に関しては下記のとおり申し上げます. ▶ 官庁用語・商業語であって, 一般には in Bezug auf を用いる.

Be'zug·nah·me [bəˈtsuːknaːmə] 女 -/-n《書》引合いに出す(関連づける)こと. *Unter ~ auf Ihr letztes Schreiben*… 先日のお手紙の件につきましては…

be'zugs·fer·tig 形《副詞的には用いない》(住居などが)いつでも入居できる.

Be'zugs·grö·ße 女 -/-n (比較・計算などの目安にする)基準数量.

Be'zugs·per·son 女 -/-en《社会学・心理》(とくに人格形成の初期にある子供にとって価値判断の目安になる)基準人物.

Be'zugs·preis 男 -es/-e 購入(仕入れ)価額, (新聞・雑誌の)定期講読価額.

Be'zugs·punkt 男 -[e]s/-e (思考・行動の)関係する点, 志向点, 狙い.

Be'zugs·quel·le 女 -/-n 仕入先.

Be'zugs·sys·tem 中 -s/-e **1** 関係体系(人間が関係する諸関係の総体), (存在の)座標軸. **2** (価値判断の)尺度の体系.

be'zu·schus·sen [bəˈtsuːʃusən] 他 (↓Zuschuss) (事に)補助(助成)金を出す.

be'zwe·cken [bəˈtsvɛkən] 他 (↓Zweck) (事⁴を)目的とする, 意図する, もくろむ.

*****be'zwei·feln** [bəˈtsvaɪfəln] ベツヴァイフェルン] 他 疑う, 疑問視する, 問題にする.

be'zwin·gen* [bəˈtsvɪŋən] 他 (人〈物〉⁴を)打負かす, 征服する, 屈服させる. (困難・障害を)克服する. einen Berg ~ 山を征服する, (の)登頂に成功する. eine Stadt ~ 町をたたき落す, 攻略する. *seinen* Zorn ~ 怒りを抑える. 《再帰的に》 *sich⁴* ~ 自制する.

Be'zwin·ger 男 -s/- 征服者, 克服者, 勝利者.

Bf. (略)

BfA [beːʔɛfˈʔaː] 女 -/(略)=Bundesversicherungsanstalt für Angestellte 連邦被用者保険局.

bfr [beːʔɛfˈʔɛr]《略》=belgischer Franc (ユーロ導入前の)ベルギー・フラン(複数 bfrs).

Bg. [beːˈgeː](略)=Bogen 4

BGB [beːgeːˈbeː] 中 -s/(略)=Bürgerliches Gesetzbuch 民法典; 民法.

BGBl. [beːgeːbeːˈʔɛl] 中 -s/(略)=Bundesgesetzblatt

BGH 男 -s/(略)《法制》=Bundesgerichtshof

BH 男 -s/-s(略)《話》=Büstenhalter

Bhf. (略)=Bahnhof

'Bhu·tan [ˈbuːtan]《地名》ブータン(ヒマラヤ山脈東部の王国, 首都ティンプー Thimbu.

bi [biː] 形《話》《不変化》(bisexuell の短縮) 両刀使いの, 両性愛の.

bi.., Bi.. [biː(..)] (*lat.*)《接頭》形容詞・名詞に冠して「2つの, 両…, 双…, 2重の」などの意を表す. 母音の前では bin.., Bin.. となることがある. *bi*sexuell 両性具有の, 両性愛の. *Bi*gamie 重婚. *Bi*nokel 両眼用眼鏡, 双眼鏡.

Bi'an·ca, Bi'an·ka [biˈaŋka]《女名》(*it.*, die Weiße⁵) ビアンカ.

bi·an·nu'ell [bianuˈɛl] 形 (biennal) 2年ごとの, 1年おきの;《植物》(bienn) 2年生の.

Bi·ar'chie [biarˈçiː] 女 -/-n [..ˈçiːən] 2重支配(2名の支配者が同時に政治を行うこと).

'Bi·as [ˈbiːas, ˈbaɪas] 中 -/- (*engl.*)《社会学》(統計調査などのさい調査者の質問の仕方や回答方法によって生じる回答の)偏り, バイアス.

'Bi·ath·let [ˈbiːatleːt] 男 -en/-en《スポーツ》バイアスロン競技者.

'Bi·ath·lon [ˈbiːatlon] 中 -s/-s《スポーツ》バイアスロン(距

'bib·bern ['bɪbərn] 自《話》**1** ぶるぶる震える. am ganzen Körper vor Kälte 寒さで全身がたがた震える. **2** um et⁴ ～ 事⁴が心配(気がかり)である.

*'Bi·bel ['biːbəl ビーベル] 女 -/-n (gr. biblia, Bücher') **1**《複数なし》《宗教》聖書 (die Heilige Schrift). Das steht schon in der ～.《話》それは昔から言われていることだ. **2** 聖書の刊本;《話》分厚い本. eine alte ～ 昔の(古版の)聖書. **3**《比喩》バイブル, 座右の書; 権威, 規範, 金科玉条(きんかぎょくじょう). Goethes „Faust" ist meine ～. ゲーテの『ファウスト』は私の座右の書(バイブル)である.

'bi·bel·fest 形《副詞的には用いない》聖書に精(くわ)しい(強い).

'Bi·bel·spra·che 女 -/ 聖書用語, 聖書の語法(とくに Luther 訳ドイツ語聖書の).

'Bi·bel·spruch 男 -[e]s/-e (よく引用される)聖書の言葉, 聖書に出てくる名言(格言), 聖句.

'Bi·bel·stel·le 女 -/-n = Bibelspruch

'Bi·ber¹ ['biːbər] 男 -s/- **1**《動物》ビーバー, 海狸(かいり). **2** ビーバーの毛皮. **3**《戯》顔一面のひげ; ひげ男.

'Bi·ber² 男 -[e]s/- (↓ Biber¹ 2) フランネル, ビーバーティーン(ビーバーの毛皮に似せた綾(あや)織り綿布).

Bi·be·ret·te [bibəˈrɛtə] 女 -/-n ビーバーレット(うさぎの毛皮をビーバーの毛皮に似せて加工したもの).

'Bi·ber·geil 中 -[e]s 海狸香(かいりこう)(ビーバーの肛門腺からの分泌物, 香料として用いられた).

'Bi·ber·pelz 男 -es/-e ビーバーの毛皮.

'Bi·ber·schwanz 男 -es/-e **1** ビーバーの尻尾. **2**《比喩》(屋根の)平瓦(ひらがわら).

'Bib·lia 'Pau·pe·rum ['biːblia 'paʊperʊm] 女 -/..liae-- (lat., Armenbibel)《宗教》(13 世紀末に初めて作られた, 教養の低い平信徒のための)絵解き聖書.

bi·blio.., **Bi·blio..** [biblio..] (接頭) (gr. biblion, Buch') 形容詞・名詞に冠して「本, 図書, 書籍」を表す. Bibliothek 図書館.

Bi·bli·o'graf [biblioˈɡraːf] 男 -en/-en = Bibliograph

Bi·bli·o·gra'fie [biblioɡraˈfiː] 女 -/-n [..'fiːən] = Bibliographie

Bi·bli·o'graph [biblioˈɡraːf] 男 -en/-en《書籍》**1** 書誌学者. **2** 図書(文献)目録の編者.

Bi·bli·o·gra'phie [..ɡraˈfiː] 女 -/-n [..'fiːən]《書籍》**1** (Bücherkunde) 書誌学. **2** 図書(文献)目録. 書籍解題.

bi·bli·o·gra'phie·ren [..rən] 他 **1** (ある本を)図書(文献)目録に加える. **2** einen Titel ～ 本の解題を作る. 書誌学的的に出版データを調査(確定)する.

Bi·bli·o'klast [..ˈklast] 男 -en/-en 書物破壊者, 本切り魔(図表や写真を本から切取る泥棒).

Bi·bli·o'ma·ne [..ˈmaːnə] 男 -n/-n 蔵書狂, ブックマニア.

Bi·bli·o·ma'nie [..maˈniː] 女 -/ 本の収集癖, 蔵書癖, 本狂い.

bi·bli·o'phil [..ˈfiːl] 形 **1** 本好きの. **2** 愛書家向きの. ～e Ausgabe 愛蔵版.

Bi·bli·o'phi·le 女・男《形容詞変化》(↔ Bibliophobe) 愛書家, 本好き.

Bi·bli·o·phi'lie [..fiˈliː] 女 -/ 愛書三昧(ざんまい), 本道楽.

Bi·bli·o'pho·be [..ˈfoːbə] 女・男《形容詞変化》(↔ Bibliophile) 書物嫌悪者, 本嫌い.

Bi·bli·o·pho'bie [..foˈbiː] 女 -/ 書物嫌悪, 本嫌い.

Bi·bli·o'thek [biblioˈteːk ビブリオテーク] 女 -/-en **1** 図書館, 文庫, 図書室, 書庫. in die ～ gehen 図書館へ行く. **2** 蔵書;《古》(タイトルとして)叢書, 文庫.

Bi·bli·o·the'kar [..teˈkaːr] 男 -s/-e 司書, 図書館員. ◆ 女性形 Bibliothekarin 女 -/-nen

'bi·blisch ['biːblɪʃ] 形 聖書の(に関する), 聖書による. ein ～es Alter 高齢. die ～en Bücher 聖書の諸書(諸篇), 聖書.

Bi·bli'zis·mus [bibliˈtsɪsmʊs] 男 -/ 聖書主義. ◆ 18-19 世紀ドイツに現れた福音教会の一傾向, 一切の教義・信条を拒否し, 「ただ聖書のみを」信仰の基準とすることを主張.

Bi·ci·ni·um [biˈtsiːniʊm] 中 -s/..nien [..niən] (lat.)《音楽》ビチニウム(15-16 世紀に行われた 2 声の組合せによる短い声楽または器楽曲).

'Bick·bee·re ['bɪkbeːrə] 女 -/-n 《北ドイツ》(Heidelbeere) こけもも.

bi'derb [biˈdɛrp]《古》《雅》= bieder

Bi'det [biˈdeː] 中 -s/-s (fr.) ビデ.

Bi·don'ville [bidõˈvɪl] 中 -s/-s (fr.) (本来は北アフリカの, 転じて一般に大都会周辺部の)貧民街, スラム.

'bie·der ['biːdər] 形 **1** 正直(誠実, 律義, 実直)な, 信頼できる. **2**《侮》ばか正直(愚直, 単純)な, お人好しの.

'Bie·der·keit 女 -/ **1** 正直(誠実)なこと. **2** ばか正直(愚直)なこと.

'Bie·der·mann 男 -[e]s/-er **1** 正直(誠実, 実直, 律義)な人. **2**《侮》町人風情(ふぜい), 小市民, プチブル, 俗物.

'Bie·der·mei·er ['biːdərmaɪər] 中 -[s]/ **1** (ドイツ 19 世紀前半の)ビーダーマイアー時代(とくに 1815-1848 をさす). **2** ビーダーマイアー様式(19 世紀前半のドイツ文化・美術, とくに家具・室内装飾など工芸品に顕著に見られ, 過度の装飾を嫌い単純明快な形を好む, この時代の小市民的生活感情を反映した様式). ◆ 1855 に „Fliegende Blätter" 紙上に掲載された風刺詩に登場する村の小学校の実直な校長先生のあだ名 Gottlieb Biedermaier に由来する呼称.

'Bie·der·sinn 男 -[e]s/ 正直な心, 実直さ.

'Bie·ge ['biːɡə] 女 -/-n 《地方》(Biegung) 湾曲(部), カーブ, 曲り角.

'bie·gen* ['biːɡən ビーゲン] bog, gebogen ❶ 他 **1** 曲げる, 撓(たわ)める. einen Draht〈einen Zweig〉～ 針金を曲げる〈枝を撓める〉. das Knie vor j³ ～《古》人³に屈服する. eine gebogene Nase かぎ鼻, わし鼻. **2**《比喩》(道理などを)ねじ曲げる;《古》(法を)曲げる. **3**《古》《文法》語形変化(活用, 屈折)させる. ❷ 自 (s, h) **1** (s) 曲がる. auf die Landstraße ～ 曲がって国道に出る. um die Ecke〈einen Hügel〉～ 角を曲がる〈丘を迂回する〉. zur Seite ～ 脇へよける. **2** (h)《話》《慣用句》mag es ～ oder brechen / auf Biegen oder Brechen あらゆる手を尽くして, 是が非でも. ein Kampf auf Biegen oder Brechen 天下分け目の戦い, 正念場. Es geht auf Biegen oder Brechen. ここは伸(の)るか反(そ)るかだ. auf Biegen oder Brechen vorwärts kommen しゃにむに突き進む.

❸ 再 (sich⁴) 曲がる,橈む,湾曲する,屈する. Die Bäume *biegen sich* im Wind. 木々が風に橈んでいる. Er lügt, dass sich die Balken *biegen*.《話》彼はとてつもない(べらぼうな)嘘をつく(彼の嘘言の重みで梁も橈む). Lieber [*sich*] *biegen* als brechen《諺》柳に雪折れなし. *sich* vor Lachen ~ 身をよじって(腹をかかえて)笑う.

'**bieg·sam** ['biːkzaːm] **1** 曲げ(曲がり)やすい,しなやかな. **2**《比喩》従順な,御(ぎょ)しやすい.

'**Bieg·sam·keit** 囡 -/ 曲げやすさ,しなやかさ,フレキシビリティー;従順さ,融通性.

***Bie·gung** ['biːɡʊŋ ビーグング] 囡 -/-en **1** 曲げる(曲がること,湾曲,反(そ)り),橈(たわ)み. **2** 湾曲部,カーブ. **3**《古》〚文法〛(Flexion) 語形変化,活用,屈折.

Bien [biːn] 男 -s/《総体として》蜜蜂.

***Bie·ne** ['biːnə ビーネ] 囡 -/-n **1** 蜂,蜜蜂. emsig〈fleißig〉 wie eine ~ 蜜蜂のように勤勉な. eine ~ drehen〈machen〉《話》あっと言うまに姿をくらます. **2**《比喩》少女.

'**Bie·nen·fleiß** 男 -es/ 蜜蜂のような勤勉さ.
'**bie·nen·flei·ßig** 蜜蜂のように勤勉な.
'**Bie·nen·fres·ser** [..fresər] 男 -s/-〚鳥〛はちくい.
'**Bie·nen·ho·nig** 男 -s/ 蜂蜜.
'**Bie·nen·kö·ni·gin** 囡 -/-nen 《養蜂》女王蜂.
'**Bie·nen·korb** 男 -[e]s/⸚e《養蜂》蜜蜂の(籠状の)巣箱.
'**Bie·nen·stich** 男 -[e]s/-e **1** 蜂の刺し傷(刺し痕). **2** ビーネンシュティヒ(蜂蜜を塗りアーモンドをのせて焼いたパン菓子).
'**Bie·nen·stock** 男 -[e]s/⸚e《養蜂》蜜蜂の巣箱.
'**Bie·nen·va·ter** 男 -s/⸚ 《養蜂》養蜂家.
'**Bie·nen·wachs** 中 -es/-《養蜂》蜜蠟.
'**Bie·nen·wei·de** 囡 -/-n《養蜂》蜜蜂の好む植物.
'**Bie·nen·zucht** 囡 -/ 養蜂.
'**Bie·nen·züch·ter** 男 -s/- 養蜂家.

bi'enn [biˈɛn]形 《付加語的用法のみ》(*lat.*) 2 年間の;〚植物〛2 年生の. ~e Pflanzen 2 年生植物.
bi·en'nal [biɛˈnaːl]形 (*lat.*) 2 年ごとの,1 年おきの;〚植物〛(bienn) 2 年生の.
Bi·en'na·le [..naˈlaː] 囡 -/-n ビエンナーレ(2 年ごとに催される国際美術展・映画祭,イタリアのヴェネツィアのものがとくに有名).

Bier

[biːr ビーア] 中 -[e]s/-e ビール. dunkles〈helles〉~ 黒ビール〈淡色ビール〉. Drei [Glas] ~, bitte! ビールを 3 杯頼むよ. beim ~ sitzen (酒場で)一杯やっている. Das ist mein ~〈nicht mein ~〉. それは私の問題だ〈私の知ったことじゃない〉. et⁴ wie sauer〈saures〉~ anpreisen〈anschreien/anbieten〉ろくでもない物をしきりに売りつけようとする.

'**Bier·bass** 男 -es/⸚e《戯》低い声.
'**Bier·brau·er** 男 -s/- ビール醸造業者.
'**Bier·brau·e·rei** 囡 -/-en **1**《複数なし》ビール醸造業. **2** ビール醸造所(工場).
'**Bier·de·ckel** 男 -s/- ビールマット,ビールコースター(ビールジョッキの下に敷く厚紙・フェルト・革製の下敷き).
'**Bier·ei·fer** 男 -s/ 《話》異常な熱心,度はずれな勤勉さ.
'**bier·eif·rig**形 《話》異常に熱心な.
'**bier·ernst**形 《話》くそ真面目な.
'**Bier·fass** 中 -es/⸚er ビール(ビア)樽(たる);《比喩》《話》でぶ.

'**Bier·filz** 男 -es/-e =Bierdeckel
'**Bier·fla·sche** 囡 -/-n ビール瓶.
'**Bier·gar·ten** 男 -s/⸚ ビアガーデン.
'**Bier·glas** 中 -es/⸚er ビールのグラス.
'**Bier·he·fe** 囡 -/-n ビール酵母.
'**Bier·idee** 囡 -/-n《戯》(Schnapsidee) らちもない考え,愚にもつかぬ思いつき.
'**Bier·krug** 男 -[e]s/⸚e (陶製の)ビールジョッキ.
'**Bier·lei·che** 囡 -/-n《戯》ビールの酔いどれ.
'**Bier·rei·se** 囡 -/-n《戯》ビールの飲み歩き,はしご酒.
'**Bier·ru·he** 囡 -/《戯》梃(てこ)でも動かない態度,自若(じじゃく),磐石(ばんじゃく)不動.
'**Bier·schin·ken** 男 -s/- ゆでソーセージ(ハムを加えて燻製したポークソーセージをゆでた料理).
'**Bier·ver·lag** 男 -[e]s/-e ビール卸業(卸問屋).
'**Bier·wär·mer** [..vɛrmər] 男 -s/- ビールあたため器(金属製の管で,湯を満たしたジョッキの中に入れビールをあたためる器具).
'**Bier·zei·tung** 囡 -/-en ほろよい新聞(飲仲間の間で回覧するコミック新聞).
'**Bier·zelt** 中 -[e]s/-e (年の市・祭りのときなどに野外に設けられるテント掛けの)仮設ビヤホール.
'**Bier·zip·fel** 男 -s/- (学生組合によって色分けした)懐中時計につける飾りリボン.
'**Bie·se** ['biːzə] 囡 -/-n (ドレスなどの細い)シーム,飾りひだ;(軍服などの色つきの)モール,ブレード;飾り紐(ひも);(靴の)飾り縫い.
'**bie·sen** ['biːzən]自 (家畜が蛇(へび)などに刺されて)狂ったように走り回る,暴走する.
'**Bies·flie·ge** 囡 -/-n〚虫〛うしばえ(牛蠅).

Biest [biːst] 中 -[e]s/-er **1**(北ドイツ)家畜,(とくに)牛. **2**(危険な・不快な・うるさい)動物,畜生. ~ an die Leine nehmen 犬を綱にしばる. **3**《侮》いやな(ひと嫌みる,腹黒い)奴,食わせ者,古狸. ein süßes ~《侮》いろけのある(ひと癖ある)美人. **4**《侮》ぽんこつ,ばかでかい代物.

Biest² 男 -[e]s =Biestmilch
'**Biest·milch** 囡 -/(乳牛の)初乳.

Biet [biːt] 中 -s/-e (きょう)(Gebiet) 地域,地区. 《ふつう都市名を伴って》Bern*biet* ベルン地区.

bie·ten*

['biːtən ビーテン] 他, geboten **❶** 他 **1** (物⁴)の提供を申出る,(を)約束する,(金額などを)呈示する. j³ eine hohe Belohnung〈eine Entschädigung〉~ 人³に高い報酬を約束する(弁償を申出る). j³ eine Chance ~ 人³にチャンスを与える. Was〈Wie viel〉*bietest* du mir dafür? それに対していくら払ってくれるのかね. Wir wollen unserem Gast etwas ~. お客様には十分サービスさせて頂きます. **2**《雅》差出す. j³ den Arm ~ 人³に腕を貸す. j³ eine Blöße ~ 人³に隙(弱み)を見せる. j³ die Hand ~ 人³に(和解の)握手を求める. j³ Obdach ~ 人³に宿を貸す,(を)泊めてやる. j³ die Spitze〈die Stirn〉~ 人³に激しく抵抗する,楯(たて)をつく. **3**《古》(挨拶の言葉を)言う. **4** (ある状態を)示す,見せる,呈する. Die Unfallstelle *bot* einen schrecklichen Anblick. 事故現場はすさじい惨状を呈していた. Am nächsten Sonnabend *bietet* das Theater ein neues Programm. 次の土曜日から劇場の出し物が新しくなる. Die Arbeit *bietet* keine Schwierigkeiten. この仕事は少しもむずかしくない. **5** (競売などで)値をつける,指し値をする (auf et⁴ 物⁴に);〚とらんぷ〛ビッドをする. auf eine Vase 50 000 Euro ~ 壺に 5 万ユーロの値をつける. Wer *bietet*

Bieter 230

mehr? 《競売で》もっと値を出す人はいませんか.《目的語なしで》Du *bietest*! さあ君がビッドする番だ. **6**(人⁴に物⁴を)無理に要求する. Das darf man sich¹ nicht ~ lassen. こんなこと許して〈認めて〉はならない.
❷ 再 (**sich**⁴) 現れる,(眼前に)浮かび上がる,(機会などが)生じる,到来する. Unseren Augen *bot sich* ein herrliches Anblick. 私たちの目の前にすばらしい光景が現れた.

'**Bie·ter** ['biːtər] 男 -s/- 《競売の》入札者,せり手.
bi·fi'lar [bifi'laːr] 形 (*lat.*) 2本糸〈線〉の. **~e Wicklung**《電子工》《抵抗器の》2本巻き.
Bi·fo'kal·glas [bifoˈkaːl..] 中 -es/⸚er《光学》2重焦点レンズ,バイフォーカル.
Bi·fur·ka·ti'on [biforkatsiˈoːn] 囡 -/-en (器官・導管・河川などの)分岐,分岐部(点).
Bi'ga ['biːɡa] 囡 -/Bigen (古代ローマの) 2頭立て2輪馬車.
Bi·ga'mie [biɡaˈmiː] 囡 -/-n [..ˈmiːən] (Doppelehe) 重婚,二重結婚.
bi'ga·misch [biɡaˈmɪʃ] 形 重婚の.
bi'ga·mist [biɡaˈmɪst] 男 -en/-en 重婚者.
'**Big'bang** ['bɪkˈbɛŋ, bɪɡˈbæŋ] 男 -s/-s (*engl.*,großer Knall‹) ビッグバン. ◆**Big Bang** とも書く.
'**Bi·gen** ['biːɡən] Biga の複数.
Bi·gno·nie [bɪˈɡnoːnia] 囡 -/-n 《植物》つりがねかずら,のうぜんかずら.
bi'gott [biˈɡɔt] 形 (*fr.*, bei Gott‹) **1** 信心に凝り固まった,盲信的な. **2** 信心ぶった〈めかした〉.
Bi·got·te'rie [bigɔtəˈriː] 囡 -/-n [..ˈriːən] **1** (複数なし)小心翼々たる信心,信心一点張り. **2** 信心ぶった〈めかした〉態度〈言動〉.
Bi·jou [biˈʒuː] 中 (田) -s/-《ちりとりの》宝石,装身具.
Bi·jou·te'rie [biʒuːtəˈriː] 囡 -/-n [..ˈriːən] (*fr.*) **1** (安物の) 装身具. **2**《ちり》装身具商(店).
Bike [baɪk] 中 -s/-s (*engl.*) **1** バイク. **2** マウンテンバイク. **3** 自転車.
'**bi·ken** ['baɪkən] 自 **1** バイクに乗る. **2** 自転車に乗る.
Bi'ki·ni [biˈkiːni] 男 -s/-s ビキニ(女性用水着).
bi·kon'kav [bikɔnˈkaːf,..bikɔnˈkaːv] 形《光学》(↔ bikonvex) 両凹(のー³)の. **~e Linse** 両凹レンズ.
bi·kon'vex [bikɔnˈvɛks] 形《光学》(↔ bikonkav) 両凸(のー³)の. **~e Linse** 両凸レンズ.
bi·la·bi'al [bilabiˈaːl] 形《音声》両唇(音)の.
Bi·la·bi'al 男 -s/-e 《音声》両唇音.
'**Bi'lanz** [biˈlants] 囡 -/-en (*it.*) **1**《経済》バランス・シート,貸借対照表;《年度末》決算. **eine ~ aufstellen** バランスシートを作成する. **eine ~ frisieren〈verschleiern〉** 決算を粉飾する. **~ machen**《話》懐具合を調べる. **2** 残高;《比喩》成果,結果,総括. **[die] ~ aus et³ ziehen** 事³を総括する.
bi·lan'zie·ren [bilanˈtsiːrən] 《経済》❶ 自 帳じりが合う. ❷ 他 (ある期間の)貸借対照表を作成する,収支計算をする;《比喩》(事⁴を)総括する.
'**bi·la·te·ral** ['biːlateˌraːl, bilateˈraːl] 形 両面のある,両側の,《法律》双方の,相互的な,互恵(双務)的な. **~e Verträge** 双務契約.

Bild

[bɪlt ビルト] 中 -es/-er **1** 描かれたもの,絵,スケッチ;像,画像,彫像,塑像;写真,映像,画像. **ein ~ aufnehmen〈malen〉** 写真を撮る〈絵を描く〉. **lebendes ~** 活人画. **Sie betrachtete ihr ~ im Spiegel.** 彼女は鏡に映った自分の姿を見つめた. **2** 具象化,象徴(比喩),権化(ごんげ),典型. **ein ~ von einem Mädchen** 絵のように美しい少女. **3** 似姿,生き写し. **Er ist ganz das ~ seines Vaters.** 彼は父親に生き写しだ. **Gott schuf den Menschen ihm zum ~e.**《旧約》神はご自分にかたどって人を創造された(創 1:27). **4** 眺め,光景. **Das äußere ~ der Stadt war ein ~ des Jammers**《雅》見るも痛ましい光景(姿). **ein ~ für [die] Götter sein**《戯》見るからにグロテスク(珍無類)な光景(格好)である. **5** 心の中の像,イメージ,心像,表象,観念. **die ~er meiner Fantasie** 私の空想力の産物. **Sein ~ ist mir gut im Gedächtnis geblieben.** 彼の面影は私の記憶の中にはっきり焼きついている.《動詞》**ein falsches ~ von et³ haben** 事³について間違った観念を抱いている. **sich³ ein ~ von j‹et³› machen** 人〈物⁴〉について明確なイメージを抱く,(を)はっきり理解する. **Wer es nicht erlebt hat, kann sich kein ~ davon machen.** 体験したことのない者にはそれは想像もつかない. **im ~e sein** はっきり分かっている,万事承知している(über et⁴/von et³ 事³,⁴について). **j⁴ über et³ ins ~ setzen** 人⁴に事³についてはっきりしたことを知らせる〈教える〉. **6** 修辞的比喩(隠喩,直喩). **in ~ern sprechen** 比喩を使って話す,たとえ話をする. **7**《演劇》場;《映画》《特定の》場面,シーン. **8**《数学》像,写像. **9**《医学》類型,病状.
'**Bild·band** 男 -[e]s/⸚e 写真集,画集;図版多色《本の図版だけを収載した画集や写真を集めた別巻》.
'**Bild·be·richt** 男 -[e]s/-e《新聞などの》写真報道.

'**bil·den**
['bɪldən ビルデン] (↓ Bild) ❶ 他 **1** 形づくる,形成する,作り出す;《美術》造形する. **eine Figur aus‹in› Marmor ~** 大理石で像を作る. **einen Laut ~** 発音する. **sich³ eine Meinung ~** 自分なりの意見を持つ (über et⁴ 事⁴について). **die Regierung〈einen Ausschuss〉 ~** 組閣する〈委員会をこしらえる〉. **Dieses Verb bildet keinen Passiv.** この動詞は受動態を作らない. **Der Baum bildet Blätter.** 木が葉をつける. **ein schön gebildetes Gesicht** 美しい顔だち. **2**(物⁴を)表す,(を)成す,(と)なる,(で)ある. **die Nachhut ~** しんがり(後衛)をつとめる. **Der Markt bildet den Mittelpunkt der Stadt.** この市場が町の中心である. **Die Straßen bilden hier einen Stern.** ここでは街路は放射状になっている. **3** (人〈物⁴〉を)教育(教化)する,啓蒙(啓発)する,陶冶(とうや)する. **Jugendliche geistig ~** 青少年を精神的に教育する. **j⁴ Verstand ~** 人²の理解力を高める.《目的語なしで》**Reisen bildet.** 旅は人を作る.
❷ 再 (**sich**⁴) **1** 生じる,発生する,できる. **Nebel bildet sich.** 霧が湧く. **In der Klasse haben sich mehrere Gruppen gebildet.** クラスにいくつかのグループができた. **2** 自己形成(修養)する,教養を身につける. **sich durch Lesen ~** 本を読んで教養を高める.
◆↑ **gebildet**
'**bil·dend** 現分形 **1** 造形的な. **die ~e Kunst** 造形美術. **2** 教育的な. **~e Bücher** 教養書. **Museen wirken ~.** 博物館は教育に役立つ.
'**Bil·der·bo·gen** 男 -s/-(⸚) 絵草紙(えぞうし).
*'**Bil·der·buch** ['bɪldərbuːx ビルダーブーフ] 中 -[e]s/⸚er 絵本. **Bilderbuchlandschaft** 絵本のようにきれいな風景. **Bilderbuchwetter** すばらしい天気.
'**Bil·der·rät·sel** 中 -s/- 判じ絵,隠し絵,絵解き.
'**Bil·der·rah·men** 男 -s/- 額縁.
'**bil·der·reich** 形 **1** (新聞などの)さし絵(写真)の豊富

な. **2** 比喩に富んだ.
'**Bil·der·schrift** 囡 -/-en 絵文字; 象形文字.
'**Bil·der·streit** 男 -[e]s/ 《歴史》(8世紀のとくに東方教会で起こった)聖画像論争.
'**Bil·der·sturm** 男 -[e]s/⁼e 《歴史》(Ikonoklasmus) (8世紀キリスト教世界の, またとくに宗教改革時代の)聖画像破壊(破棄), 毀棄(ﾞ)運動.
'**Bil·der·stür·mer** 男 -s/- **1** 《歴史》(Ikonoklast) (とくに8世紀キリスト教世界の聖画像破壊論者(主義者). **2** 《比喩》因習破壊論者.
'**Bild·flä·che** 囡 -/-n **1** (Gesichtsfeld) 視界, 視野. **2** (映画などの)画面, スクリーン. auf der ~ erscheinen 《話》(不意に)姿を現す, 現れる. von der ~ verschwinden 《話》忽然(ぇ)としていなくなる, こっそり姿を消す; 世間から忘れられる.
'**Bild·fre·quenz** 囡 -/-en (映画の)秒間こま数; (テレビの)秒間映像数.
'**Bild·funk** 男 -s/ 複写電送(ファクシミリなど).
'**bild·haft** ['bɪlthaft] 形 **1** 絵のような. **2** 具体(具象)的な, 生き生きした.
'**Bild·hau·er** ['bɪlthaʊər] 男 -s/- **1** 彫刻家. **2** der ~ 《天文》彫刻室座, アトリエ座.
Bild·hau·e·rei [bɪlthaʊəˈraɪ] 囡 -/-en **1** 《複数なし》彫刻, 彫塑(ﾞ). **2** 《古》彫刻作品.
'**Bild·hau·er·kunst** 囡 -/ = Bildhauerei 1
'**bild·hübsch** 形 絵のように美しい, 非常に美しい.
'**Bild·kon·ser·ve** 囡 -/-n 《話》(テープなどに)録画どりしてあるもの.
'**Bild·kraft** 囡 -/ 造形(描写)力.
'**bild·kräf·tig** 形 造形(描写)力のある, (造形·描写が)生き生きした.
'**bild·lich** ['bɪltlɪç] 形 **1** 絵(写真)で表した, 図版を使った. **2** 比喩を用いた. ~*er* Ausdruck 比喩的表現.
'**Bild·ma·te·ri·al** 囡 -s/-ien [..li̯ən] 図版資料, 視覚教材.
'**Bild·mi·scher** [..mɪʃər] 男 -s/- 《ど》ミキサー.
'**Bild·ner** ['bɪldnər] 男 -s/- **1** 《雅》造形芸術家, 彫刻家. Bühnen*bildner* 舞台装置家. Kostüm*bildner* 服飾(衣裳)デザイナー. **2** 《古》教育者.
Bild·ne·rei [bɪldnəˈraɪ] 囡 -/-en **1** 《複数なし》彫刻, 彫塑(ﾞ). **2** 美術品(図版)リース業.
'**Bild·nis** ['bɪltnɪs] 中 -ses/-se 《雅》(Porträt) 肖像, 肖像画(写真).
'**Bild·plat·te** 囡 -/-n 《ど》ビデオディスク.
'**Bild·röh·re** 囡 -/-n (テレビの)ブラウン管.
'**bild·sam** ['bɪltzaːm] 形 《雅》**1** 造形しやすい, やわらかい. **2** (資質などが)教育しやすい, 柔軟な.
'**Bild·säu·le** 囡 -/-n 彫像, 立像.
'**Bild·schirm** ['bɪlt·ʃɪrm] 男 -[e]s/-e **1** 《映画》スクリーン. **2** (テレビの)画面; 《話》テレビ(受像機). Sie hocken jeden Abend vor dem ~. 彼らは毎晩テレビにかじりついている.
'**Bild·schirm·scho·ner** 男 -s/- 《ど》スクリーンセーバー.
'**Bild·schirm·text** 男 -[e]s/-e ビデオテックス.
'**Bild·schnit·zer** 男 -s/- 木彫家, 木版師(象牙などの彫刻家をもさす).
Bild·schnit·ze·rei 囡 -/-en **1** 《複数なし》木彫(象牙などの彫刻もさす). **2** 木彫家の仕事場. **3** 木彫作品.
'**bild·schön** 形 絵のように美しい, 美麗な.
'**Bild·sei·te** 囡 -/-n **1** (本·雑誌などの)図版(写真)ページ, グラビアページ. **2** (コイン·メダルなどの)肖像·図柄のある)表側. **3** 《映画》(映画台本の情景·人物·衣裳などの絵を描いた)ト書.
'**Bild·stock** 男 -[e]s/⁼e **1** (台座にのせて路傍などに立てられた)キリスト十字架像, 聖人像. **2** 《印刷》(図版印刷用の)凸版; カット.
'**Bild·te·le·fon** 中 -s/-e テレビ電話.
'**Bild·te·le·gra·fie** 囡 -/ 写真電送.
'**Bild·te·le·gramm** 中 -s/-e 電送写真, ファクシミリ.
'**Bild·tep·pich** 男 -s/-e タピストリー(絵画的主題を表現したゴブラン織りの壁掛け).
* '**Bil·dung** ['bɪldʊŋ ビルドゥング] 囡 -/-en **1**《複数なし》形づくること, 形成, 造形; 形づくられる(生じる)こと, 発生. die ~ von Nebel 霧の発生. die ~ eines Kabinetts 組閣. die ~ eines Wortes 造語, 語の成立. **2** 形づくられたもの, 形, 姿, 形状. Gesichts*bildung* 顔だち. Wolken*bildung* 雲の形. **3** 《複数なし》人格(自己)形成, 教育; 教養, 学識. keine ~ haben 教養(常識)がない, 礼節を知らない. ein Mann von ~ 教養の高い人物. Das gehört zur allgemeinen ~. そんなことは常識だ.
'**bil·dungs·fä·hig** 形 教育を受ける素質がある, 教養を身につける能力がある.
'**Bil·dungs·ge·we·be** 中 -s/- 《植物》分裂組織.
'**Bil·dungs·grad** 男 -[e]s/-e 教育レベル.
'**bil·dungs·hung·rig** 形 知識欲の旺盛な.
'**Bil·dungs·lü·cke** 囡 -/-n 教養の不足(欠落).
'**Bil·dungs·phi·lis·ter** 男 -s/- 《侮》教養俗物 (Nietzscheの造語).
'**Bil·dungs·rei·se** 囡 -/-n 教養を深めるための(自己形成のための)旅.
'**Bil·dungs·ro·man** 男 -s/-e 《文学》教養小説(主人公の人間形成を主題にしたドイツ文学に固有の小説ジャンル).
'**Bil·dungs·ur·laub** 男 -[e]s/-e 修養(研修)のための休暇.
'**Bil·dungs·we·sen** 中 -s/ 教育制度.
'**Bild·wer·bung** 囡 -/-en 視覚に訴える宣伝.
'**Bild·werk** 中 -[e]s/-e 彫刻(作品).
'**bild·wirk·sam** 形 映像(視覚)効果のある.
'**Bild·wir·kung** 囡 -/-en 映像(視覚)効果.
'**Bild·wör·ter·buch** 中 -[e]s/⁼er 図解辞典.
'**Bil·ge** ['bɪlgə] 囡 -/-n (*engl.*) ビルジ(船底の最下部の, 汚水のたまる個所).
bi·lin·gu·al [bilɪŋɡuˈaːl, ˈbiːlɪŋɡuaːl] 形《言語》(zweisprachig 2) 2カ国語を話す, 2カ国語による.
bi·lin·gu·isch [biˈlɪŋɡuɪʃ, ˈbiːlɪŋ..] 形 = bilingual
Bi·li·ru·bin [biliruˈbiːn] 中 -s/ (*lat.* bilis, Galle') ビリルビン(茶褐色の胆汁色素).
'**Bil·lard** ['bɪljart, 《ど》ˈbjaːr] 男 -s/-s (《ど》-[e]s/-e) (*fr.*) **1** 玉突き, 撞球(ﾞ), ビリヤード. eine Partie ~ spielen ビリヤードを1ゲームする. **2** 玉突き台. **3** 《馬術》障害用土塀.
bil·lar·die·ren [bɪljarˈdiːrən, 《ど》bijar..] 自 (ビリヤードで)反則突き(2度突き)する.
'**Bil·lard·ku·gel** 囡 -/-n ビリヤードの玉.
Bil·let·doux [bijeˈduː] 中 -/- (*fr.* Liebesbriefchen') 《古》つけ文(ﾞ), 恋文.
Bil·le·teur [bɪljəˈtøːr] 男 -s/-e (-s) (↓Billett) 《ど》(劇場の)案内係; 《ど》(電車·バスの)車掌.
Bil·lett [bɪlˈjɛt, 《ど》biˈjɛː, 《ど》biˈjɛt] 中 -[e]s/ (-e) 《古》《ど》**1** 切符, 入場券. **2** 紙切れに走り書きした手紙, メモ. **3** 《ど》グリーティングカード.
Bil·li·ar·de [bɪlˈjardə] 囡 -/-n (1000 Billionen) 千

兆.

'bil·lig [ˈbɪlɪç ビリヒ] 形 **1** 安い, 安価(廉価)な; 安物の, 安手の, 安っぽい.《経済》低金利の. ~*e* Waren 安い品物. ~*es* Geld 金利の安い金. et⁴ ~ einkaufen 物を安く買う; 《比喩》私は軽い(お目玉)ですんだ.《比喩》中身のない, うわべだけ. eine ~*e* Ausrede 下手くそな言逃れ. **3** 公正な, 正当な, 当然の. eine ~*e* Forderung 正当な要求. Sein Verlangen ist nicht mehr als ~. 彼の要求は当然至極だ. ~*es* Ermessen 《法制》公正な裁量. Was dem einen recht ist, ist dem andern ~.《諺》道理に二つなし.

'bil·li·gen [ˈbɪlɪɡən] 他 是認(承認, 賛同)する.
'Bil·lig·flug 男 -[e]s/⁻e ディスカウントフライト.
'Bil·lig·keit 女 -/ **1** 安値, 安価, 低価. **2** 安手, 安っぽさ. **3** 正当, 妥当; 公正.
'Bil·lig·la·den 男 -s/⁻ 安売り店.
'Bil·lig·lohn 男 -[e]s/⁻e 低賃金.
'Bil·lig·löh·ner 男 -s/- 低賃金労働者.
'Bil·lig·lohn·land 中 -[e]s/⁻er 低賃金国.
'Bil·li·gung 女 -/-en 是認, 承認, 賛同.
'Bil·lig·wa·re 女 -/-n 特価品, 見切品.
Bil·li'on [bɪliˈoːn] 女 -/-en (eine Million Millionen, 10¹²) 1兆; (アメリカ合衆国・ロシアでは) 10億.
Bil·li'on[s]·tel [..(s)təl] 中 -s/- 1兆分の1.
'Bil·sen·kraut [ˈbɪlzənkraʊt] 中 -[e]s/《植物》ひよす(なす科の毒草).
'Bi·lux·lam·pe [ˈbiːlʊks..] 女 -/-n (ヘッドライト用の減光可能な)バイルックス・ランプ.
bim [bɪm] 間 *Bim!* カーン(鐘の音).
'bim'bam [ˈbɪm'bam] 間 *Bimbam!* カーンカーン, カランカラン(鐘の音).
'Bim'bam 男 ❶《成句で》Ach du heiliger ~!《戯》ああびっくりした, これはこれは, 驚き桃の木山椒の木. ❷ 中 -s/-s カーンカーン(カランカラン)という音.
'Bi·me·tall [ˈbiːmetal] 中 -s/-e 《工学》バイメタル.
Bi·me'tal·lis·mus [bimetaˈlɪsmʊs] 男 -/《経済》(金・銀)両貨本位制, 複本位制.
'Bim·mel [ˈbɪməl] 女 -/-n 《話》鐘, 鈴, ベル.
'Bim·mel·bahn 女 -/-en 《話》ちんちん電車, 軽便鉄道.
'bim·meln [ˈbɪməln] 自《話》(鐘・鈴・ベルなどが)カーンカーン(ちりんちりん)と鳴る.
Bims [bɪms] 男 -es/-e 《古》=Bimsstein
'bim·sen [ˈbɪmzən] ❶ 他 **1** 軽石でこする(磨く, 研(と)ぐ). **2**《話》(物)を苦労して覚える, 詰込む. das Einmaleins ~ 九々を覚える. 《目的語なしでも》vor der Prüfung tüchtig ~ 試験前にがり勉をする. **3**《話》ぶん殴る. **4**《兵隊》(新兵)をきびしく訓練する, しぼる. ❷ 自《俗》セックスをする.
'Bims·stein 男 -[e]s/-e 軽石.
bin [bɪn] sein¹ の現在1人称単数.
bi'när [biˈnɛːr] 形 -/-(成分, 単位, 部分)から成る. ~*e* Nomenklatur《生物》二名法. ~ Verbindung《化学》二元化合物. ~*es* Zahlensystem《数学》二進法.
'Bin·de [ˈbɪndə] 女 -/-n (↓ binden) **1** (布製の)帯(状のもの), 包帯, 眼帯;《話》(Damenbinde) 生理帯. den Arm in der ~ tragen 包帯で腕を吊る. Mir fiel die〈eine〉~ von den Augen. 私は目から鱗(うろこ)が落

ちた, 合点(がてん)がいった. j³ eine ~ um die Augen legen 人³に真相(事実)を隠す. j³ die ~ von den Augen nehmen〈reißen〉人³の蒙(もう)を啓(ひら)く, 誤りを正す. **2**《飾り・目印としての》リボン, 腕章, 鉢巻き;《古》ネクタイ. [sich] eins〈einen〉hinter die ~ gießen〈kippen〉《戯》一杯ひっかける.
'Bin·de·ge·we·be 中 -s/-《医学》結合組織.
'Bin·de·glied 中 -[e]s/-er **1** (鎖の)連結環. **2**《比喩》つなぐ(結合する)もの, 仲介者, 縁故, つて.
'Bin·de·haut 女 -/⁻e《医学》結膜.
'Bin·de·mit·tel 中 -s/- **1** 接着剤, 接着剤. **2** (塗料の)展色剤.

'bin·den* [ˈbɪndən ビンデン] band, gebunden 他 **1** 結ぶ, しばる, 束ねる; 束縛(拘束)する. Blumen [zum Strauß] ~ 花束を編む. einen Gegenspieler ~ 《スポーツ》敵手の注意を惹きつける. j³ die Hände ~ / j⁴ an Händen ~ 人³の両手を縛りあげる. Mir sind die Hände *gebunden*. 私は手を縛られている, 発言(行動)の自由がない, 動きがとれない. feindliche Kräfte ~《軍事》敵軍を釘付けにする. eine Krawatte ~ ネクタイを結ぶ. den Kahn an einen Pfahl ~ 小舟を杭(くい)に繋ぐ. et⁴ in Garben ~ 麦を束ねる. ein Band ins Haar ~ 髪にリボンを結ぶ. eine Schnur um das Paket ~ 包みに紐をかける. Sie ist schon *gebunden*. 彼女はもう相手が決まっている. *bindende* Kraft 強い絆(きずな), 紐帯(ちゅうたい). eine *bindende* Zusage 確約.《再帰的に》*sich* an j⁴ ~ 人⁴と(結婚の)約束をとり交わす, 契(ちぎ)りを結ぶ. **2** 結んで(束ねて, しばって)作る, まとめる, 繋ぐ, 固める; 装丁(製本)する. einen Kranz [aus Blumen] ~ 花輪をこしらえる. eine Suppe〈eine Soße〉~ スープ〈ソース〉を濃くする. ein Album in Leder ~ アルバムを革の装丁にする. 《目的語なしで》Der Klebstoff *bindet* gut. この接着剤はよく付く. **3**《音楽》レガート(スラー)で弾く(歌う); 韻文にする.
◆ ↑ gebunden

'Bin·der [ˈbɪndər] 男 -s/- ネクタイ. **2**《農業》バインダー(麦を刈取って束(たば)ねる機械). **3**《建築》(↑ Läufer)(積んだ煉瓦の)小口(こぐち). **4**《建築》(屋根の)小梁. **5** (顔料の)展色剤. **6** (Buchbinder) 製本屋, 製本工. **7**《南ドイツ・オーストリア》桶(おけ)(樽)屋.
Bin·de'rei [bɪndəˈraɪ] 女 -/-en 製本所; 花輪屋.
'Bin·de-s [ˈbɪndəʔɛs] 中 -/-《文法》接合のs(複合語のつなぎ目に挿入される -s-, 例 Liebespaar の s).
'Bin·de·strich 男 -[e]s/-e ハイフン, 連字符.
'Bin·de·wort 中 -[e]s/-er《文法》(Konjunktion) 接続詞.
'Bind·fa·den [ˈbɪnt..] 男 -s/⁻ 細紐, 細引き. Es regnet *Bindfäden*.《話》(雨が)どしゃ降りだ.
'bin·dig [ˈbɪndɪç] 形 **1** (土などが)ねばり気がある, ねばっこい. **2** 軽くくっついた.
..bin·dig [接尾](↓ Bindung 3)「...織りの, ...編みの」の意の形容詞を作る. köper*bindig* 綾(あや)織りの.
'Bin·dig·keit 女 -/ 粘性, ねばり気.
'Bin·dung [ˈbɪndʊŋ] 女 -/-en **1** (精神的な)結びつき, つながり, 関係; 愛着, 執心. eine menschliche〈vertragliche〉~ 人間的な結びつき〈契約関係〉. die ~ ans Vaterland 祖国への愛着. eine neue ~ eingehen 新たな関係を結ぶ. eine alte ~ lösen 過去の関係を清算する. **2**《化学・物理》結合;《建築》(建物などの)接合. **3**《紡織》織り(方), 編み. **4**《スキー》ビンディング;《スキー》バインド. **5**《音楽》スラー;《印刷》

続け字.
'**Bin·ge** ['bɪŋə] 囡 -/-n《鉱業》(坑道の陥没によって生じた)漏斗(状)の穴.
'**Bin·gel·kraut** ['bɪŋəl..] 囲 -[e]s/⸗er《植物》やまあい.
'**Bin·gen** ['bɪŋən]《地名》ビンゲン(ドイツ西部, ライン河畔の小都市).
'**Bin·go** ['bɪŋgo] 囲 -[s]/ 《engl.》ビンゴ.
***bin·nen** ['bɪnən] ビネン] 前《3格支配, まれに2格支配》…以内に, …のうち(あいだ)に. ~ drei Tagen 〈dreier Tage〉3日以内に. ~ kurzem 近いうちに, ほどなく.
bin·nen.., Bin·nen.. [bɪnən..]《接頭》「内部の, 内陸の, 内水面の」の意を表す. *Binnen*land 内陸.
'**bin·nen·bords** [..bɔrts] 圓《船員》(↔ außenbords) 船内で(に).
'**Bin·nen·fi·sche·rei** [..] 囡 -/ 内水面(淡水)漁業.
'**Bin·nen·ge·wäs·ser** 囲 -s/- 内水面(河川・湖沼など).
'**Bin·nen·ha·fen** 囲 -s/⸗ 河(湖)の港.
'**Bin·nen·han·del** 囲 -s/ 国内商業, 国内取引.
'**Bin·nen·land** 囲 -[e]s/ 内陸.
'**Bin·nen·markt** 囲 -[e]s/⸗e 国内市場.
'**Bin·nen·meer** 囲 -[e]s/-e **1** 内海. **2** (Binnensee) 湖, 沼.
'**Bin·nen·schiff·fahrt** 囡 -/ 内陸航行, 内陸水運.
'**Bin·nen·staat** 囲 -[e]s/-en 内陸国家(スイス・オーストリアのように海に接しない国).
'**Bin·nen·wan·de·rung** 囡 -/-en (山村過疎化のような住民の)国内移動.
Bi'no·kel [bi'no:kəl, bi'nɔkəl] ❶ 囲 -s/- (両眼用の)眼鏡, 顕微鏡, 双眼鏡. ❷ 囲 (囲) -s/ **1** ビノーケル(スイスで行なわれるトランプ遊びの一種). **2** ビノーケル(1のトランプ遊びの役の1つ).
bi·no·ku·lar [binoku'la:r] 形 両眼(用)の.
Bi'nom [bi'no:m] 囲 -s/-e《数学》二項式.
bi'no·misch [..mɪʃ] 形《数学》二項式の.
'**Bin·se** ['bɪnzə] 囡 -/-n《植物》いぐさ(藺草). in die ~*n* gehen《話》失われる, 駄目になる, しくじる.
'**Bin·sen·wahr·heit, 'Bin·sen·weis·heit** 囡 -/-en 分かりきったこと, 誰でも知っている事実. Das ist doch eine ~. 分かりきった話じゃないか.
bio.., Bio.. [bio.., bi:o..]《接頭》(*gr.* bios , Leben') 「生命, 生物, 生活, 人生」などの意を表す. *Bio*logie 生物学.
Bio·che'mie [bioçe'mi:, 'bi:oçemi:] 囡 -/ 生化学.
'**Bio·chip** ['bio..] 囲 -s/-s 《engl.》バイオチップ, 生物化学素子.
'**Bio·ethik** 囡 -/ 生命倫理学.
'**Bio·gas** 囲 -es/-e バイオガス(代替エネルギーの一種).
bio'gen [bio'ge:n] 形 生物による, 生物に由来する. ~*es* Sediment《地質》生物岩.
Bio·ge'ne·se [..ge'ne:zə] 囡 -/《生物》生物発生.
bio·ge'ne·tisch [..] 形《生物》生物発生の.
Bio·geo·gra'phie [biogeogra'fi:, 'bi:ogeografi:] 囡 -/ 生物地理学.
Bio'graf [bio'gra:f] 囲 -en/-en = Biograph
Bio·gra'fie [..gra'fi:] 囡 -/-n [..'fi:ən] = Biographie
Bio'gramm [bio'gram] 囲 -s/-e (個人または集団の)生活録, 生活誌.
Bio'graph [bio'gra:f] 囲 -en/-en 伝記作者.

Bio·gra'phie [..gra'fi:] 囡 -/-n [..'fi:ən] 伝記.
bio·gra'phisch [..'gra:fɪʃ] 形 伝記の.
Bio·kli·ma·to·lo'gie [bioklimatolo'gi, 'bi:oklimatologi:] 囡 -/ 生物気候学.
'**Bio·kost** ['bi:o..] 囡 -/ 自然食品.
'**Bio·la·den** ['bi:o..] 囲 -s/⸗《話》自然食品の店.
Bio'lith [bio'li:t] 囲 -s(-en)/-e[n]《地質》生物岩.
Bio'lo·ge [bio'lo:gə] 囲 -n/-n 生物学者.
***Bio·lo'gie** [biolo'gi:] 囡 -/ 生物学.
bio'lo·gisch [bio'lo:gɪʃ] 形 生物学の, 生物学的な; 生物による. ~*es* Kampfmittel / ~*e* Waffe 生物兵器(細菌など). ~*es* Reinigungsverfahren (汚水の)生物学的浄化.
Bio·lu·mi·nes'zenz [..luminɛs'tsɛnts] 囡 -/《生物》生物発光(ほたるような生体による発光現象).
Bi'om [bi'o:m] 囲 -s/-e《生態》バイオーム(ある生活帯に存在する生物群の総体を示す単位).
'**Bio·mas·se** ['bi:omasə] 囡 -/《生物》生物体量(一定の生活空間内にある生物体の量).
Bio·me'trie [biome'tri:] 囡 -/ 生物測定学.
Bio'me·trik [..'me:trɪk] 囡 -/ = Biometrie
Bio·mor'pho·se [biomɔr'fo:zə] 囡 -/-n《生物》**1** 生物の形態変化. **2** エイジング, 加齢, 老化.
'**Bio·müll** ['bi:o..] 囲 -[e]s/ 生ゴミ.
Bio·nik [bi'o:nɪk] 囡 -/ バイオニクス, 生体工学.
Bio·phy'sik [biofy'zi:k, 'bi:ofyzi:k] 囡 -/ 生物物理学.
'**Bio·pro·dukt** ['bi:o..] 囲 -[e]s/-e バイオ製品.
Bi·op'sie [bɪɔp'si:] 囡 -/-n《生物・医学》バイオプシー, 検査.
'**Bio·rhyth·mus** ['bi:o..] 囲 -/..men [..mən]《生物》生物リズム, バイオリズム.
Bio·so·zio·lo'gie [biozotsiolo'gi:, 'bi:ozotsiologi:] 囡 -/ 生物社会学.
Bio'sphä·re [bio'sfɛ:rə, 'bi:osfɛ:rə] 囡 -/《生態》生物圏, 生活圏.
'**Bio·tech·nik** [bio'tɛçnɪk, 'bi:otɛçnɪk] 囡 -/ 生物工学.
'**Bio·tech·no·lo'gie** ['bi:otɛçnologi:, biotɛçnolo'gi:] 囡 -/-n バイオテクノロジー, 生物工学.
Bio'tin [bio'ti:n] 囡 -s/《生化》ビオチン, ビタミンH.
bi'o·tisch [bi'o:tɪʃ] 形《生態》生物の, 生物(生命)に関する. ~*e* Umgebung 生物の環境.
'**Bio·ton·ne** [bi:o..] 囡 -/-n 生ゴミ容器.
Bio'top [bio'to:p] 囲 -s/-e《生態》ビオトープ, 生息場所.
Bio'zid [bio'tsi:t] 囲 (囲) -[e]s/-e **1**《化学》= Pestizid **2** ビオトープの破壊.
Bio·zö'no·se [..tsø'no:zə] 囡 -/-n《生態》生物群集.
Bi'pe·de [bi'pe:də] 囲 -n/-n《生物》2足動物.
bi·po'lar [bipo'la:r] 形 (zweipolig) 両極(双極)の.
'**Bir·die** ['bø:rdi, 'bœrdi] 囲 -s/-s 《engl.》《ゴルフ》バーディー.
Bi'rett [bi'rɛt] 囲 -[e]s/-e = Barett
birg [bɪrk] bergen の命令形.
birgst [bɪrkst] bergen の現在2人称単数.
birgt [bɪrkt] bergen の現在3人称単数.
***'Bir·ke** ['bɪrkə ビルケ] 囡 -n **1**《植物》かば, しらかば(白樺). **2**《複数なし》(Birkenholz) しらかば材.
'**bir·ken** ['bɪrkən] 形 しらかば材の.
'**Bir·ken·pilz** 囲 -es/-e = Birkenröhrling
'**Bir·ken·röhr·ling** 囲 -s/-e《植物》やまいぐち(しら

Birkenwasser

かばに生える食用きのこ).
Bir·ken·was·ser 中 -s/= しらかば水(しらかばの樹液から作った整髪剤).
Bir·ma ['bɪrma] 《地名》ビルマ(1989 ミャンマー連邦と改称, 首都ヤンゴン Yangon, 旧名 Rangun).
Bir·ma·ne [bɪr'maːnə] 男 -n/-n ビルマ人(族).
bir·ma·nisch [bɪr'maːnɪʃ] 形 ビルマ(人, 語)の. ↑ **deutsch**
Birn·baum ['bɪrn..] 男 -[e]s/-e なし(梨)の木.

Birne
['bɪrnə ビルネ] 女 -/-n **1** なし(梨), ようなし. **2** (Glühbirne) 電球; なし形のフラスコ; アンプル; 〖冶金〗転炉; 〖音楽〗(クラリネットの)受け口(歌口と管との接合部). **3** 〖戯〗頭. eine dicke ~ haben 頭がずきずきする. 二日酔いである. eine weiche ~ haben 頭が弱い, だし. j³ eins auf〈vor〉die ~ geben 人³の頭をばかりとやる.

bir·nen·för·mig 形 洋梨(電球)形の.
Birsch [bɪrʃ] 女 = **Pirsch**
birst [bɪrst] bersten の現在 2 人称・3 人称単数.
Bi'rut·sche [bi'rotʃə] 女 -/-n =**Barutsche**

bis
[bɪs ビス] ❶ 前 《4 格支配》他の前置詞を後ろに伴って用いることが多く, その場合の格支配は後の前置詞による. 単独には無冠詞の名詞・副詞・数詞とともに用いる. 終点・限度を示す.
1 《空間的》…まで(に). von hier ~ dorthin ここからあそこまで. von Berlin ~ München ベルリーンからミュンヒェンまで. von oben ~ unten 頭の天辺から足の爪先まで. von A ~ Z 1 から 10 まで, 何もかも. Bis wohin fahren Sie? どちらまで行かれますか. 《他の前置詞と》~ **ans** Ende der Welt 地の果てまでも, どこまでも. j⁴ ~ **an** die Tür begleiten 人⁴を玄関まで送って出る. ~ **an〈auf〉** die Zähne bewaffnet sein 完全武装している. j⁴ ~ **aufs** Blut schikanieren 人⁴にひどい危害惨めをする, (を)いじめ抜く. einen Becher ~ auf den Grund leeren 杯を空ける, 飲み干す. ~ auf die Haut nass werden ずぶ濡れになる. ~ **ins** Kleinste〈Letzte〉細かな点にいたるまで, 微に入り細(^^)を穿(^^)つ. ~ **zum** Gehtnichtmehr ぎりぎりのところまで.
2 《時間的》…まで(に). von morgens ~ abends 朝から晩まで. Bis bald〈gleich〉! じゃあまたあとで. ~ kommenden Freitag, den 3. April 来る金曜日の 4 月 3 日まで. Kinder ~ 12 Jahre 12 歳までの子供たち. Er ist ~ 7 Uhr hier. 彼は 7 時まではここにいる; 彼は 7 時までここに来る. Bis wann bleiben Sie hier? 当地にいつまでおられるのですか. 《他の前置詞と》 **auf** den heutigen Tag 今日(::)まで. ~ auf weiteres 当分のあいだ. ~ **auf** Widerruf 取消があるまで. ~ **gegen** Mitternacht 真夜中近くまで. ~ in den Abend〈in die Nacht [hinein]〉 晩まで〈夜中まで〉. ~ **nach** Weihnachten クリスマスのあとまで. ~ **um** sieben 7 時まで(には). ~ **vor** fünfzig Jahren 50 年前までは. ~ vor kurzem すこし前までは. vom Morgen ~ **zum** Abend 朝から晩まで. ~ [zu dem Jahr] 1945, dem Jahr des Kriegsendes 終戦の年の 1945 年まで.
3 《とくに bis auf et〈j〉⁴ の形で》(a) …の上まで. ~ aufs Dach 屋根の上まで. (b) …にいたるまで. ~ auf 800 Meter von der Grenze 国境から 800 メートルの地点まで. …まで含めて. Das Theater war ~ auf den letzten Platz ausverkauft. 劇場は全席が売切れだった. (d) …を除いて. Wir waren alle da ~ auf einen oder zwei. 私たちは 1, 2 人を除いて全員集まっていた.
4 《bis zu+数詞の形で》 (最大限)…まで. Jugendliche ~ zu 18 Jahren haben keinen Zutritt. 18 歳までの青少年は入場(立入り)できません. 《格支配なしで副詞的に》 Durch dieses Stipendium können ~ zu 150 Studenten gefördert werden. この奨学金では 150 名までの学生が援助を受けられる.
❷ 接 **1** 《並列》 …ないし…. fünf ~ sechs Euro 5 ないし 6 ユーロ. drei- ~ viermal 3, 4 回. Das Stück ist mittelmäßig ~ schlecht. この芝居は平凡でなければ ~ ひどく悪さだ.
2 《従属 / 定動詞後置》(a) …するまで, …するときまで. Ich werde warten, ~ sie kommt. 私は彼女が来るまで待ちましょう. Er war nicht eher zufrieden, als ~ man ihm alles erzählt hatte. 彼は一部終始を残らず聞かせるまで満足しなかった. 《否定文に従属する条件文を導いて》 Du darfst nicht fernsehen, ~ deine Schulaufgaben gemacht sind. 宿題がすむまではテレビを見てはいけないよ. 《bis dass… の形で》 ~ dass der Tod uns scheidet 〈古〉死が私たちを引離すまで. (b) 〖スイス〗《話》(sobald) …するやいなや, …したらすぐに. Darüber kann ich erst Auskunft geben, ~ der Chef zurück ist. それにつきましては店長が戻りしだいお返事することができます.

Bi·sam ['biːzam] 男 -s/-e(-s) **1** じゃこうねずみ(麝香鼠)の毛皮. **2**《古》 (Moschus) じゃこう.
Bi·sam·rat·te 女 -/-n 〖動物〗 じゃこうねずみ.
Bi·schof ['bɪʃɔf, 'bɪʃoːf] 男 -s/Bischöfe **1**《カトリック》 司教, 〖プロテスタント〗監督; 《東方教会》主教. Eine Bischöfe 酒(赤ワイン)に砂糖・だいだいの皮を入れた冷たい飲物.
bi·schöf·lich ['bɪʃœflɪç, ..ʃøːf..] 形 司教(監督, 主教)の, 司教の権限に属する.
Bi·schofs·amt 中 -[e]s/=er 司教(監督, 主教)職.
Bi·schofs·hut 男 -[e]s/=e 《カトリック》 司教帽.
Bi·schofs·kreuz 中 -es/-e 《カトリック》 司教用胸十字架.
Bi·schofs·müt·ze 女 -/-n **1** (Mitra) 司教冠(教・枢機卿・大修院長の典礼用冠), 主教冠, ミトラ, マイター. そう. **2** 〖植物〗らんきょうぎょく(サボテンの一種);ちゃるめるそう. **3** 〖貝〗ちょうちょうがい.
Bi·schofs·ring 男 -[e]s/-e 《カトリック》 司教指輪.
Bi·schofs·sitz 男 -es/-e 司教座, 司教座聖堂の所在地.
Bi·schofs·stab 男 -[e]s/=e 《カトリック》 司教杖(^^)(司教の職能を表わす, 上方の曲がった象牙の杖).
Bi·schofs·wei·he 女 -/-n 《カトリック》 (司教の)叙階式.
Bi·schofs·wür·de 女 -/ 司教職位.
Bi·se ['biːzə] 女 -/ 〖気象〗 ビーゼ(スイスの北部およびレマン湖に吹く乾燥した冷たい北または北東風).
Bi·se·xu·a·li·tät [bizɛksualiˈtɛːt, ˈbiːzɛksualitɛːt] 女 -/ 〖生物・医学〗(雌雄)両性; 両性特徴; 両性愛.
bi·se·xu·ell [bizɛksuˈɛl, ˈbiːzɛksuɛl] 形 **1**〖生物〗両性(具有)の, 両性生殖の. **2** 両性愛の.
*__bis'her__ [bɪsˈheːɐ ビスヘーア] 副 これまで, 従来.
bis·he·rig [bɪsˈheːrɪç] 形 《付加語的用法のみ》これまでの, 従来の. der ~e Außenminister 前外務大臣. im Bisherigen これまでの個所で.
Bis'kot·te [bɪsˈkɔtə] 女 -/-n 《オーストリア》 ビスコッテ, フィンガー・ビスケット.
Bis'kuit [bɪsˈkviːt, ..kuˈiːt] 中 -[e]s/-s(-e) (it. bis-

cotto , zweimal gebacken') **1** 《非常・携帯用の》乾パン. **2** ビスケット. **3** = Biskuitporzellan

Bis'kuit·por·zel·lan 囲 -s/-e 《窯業》(2度焼きの)素焼き陶器.

bis'lang [bɪs'laŋ] 副 《地方》= bisher

Bis·marck ['bɪsmark] 《人名》Otto von ~ オットー・フォン・ビスマルク(1815-98, ドイツ統一を実現したプロイセンの政治家).

Bis'mu·tum [bɪs'mu:tʊm] 囲 -s/ 《記号 Bi》《鉱》(Wismut) ビスマス, 蒼鉛.

'Bi·son ['bi:zɔn] 男 -s/- 《動物》アメリカバイソン.

biss, °**biß** [bɪs] beißen の過去.

Biss, °**Biß** [bɪs] 男 -es/-e (↓ beißen) **1** 咬(嚙)むこと; 咬み傷; 《比喩》刺すような痛み. Gewissens*bisse* 良心の呵責(%%). **2** 《医学》(歯の)咬合(%%), 咬み合せ. **3** 《話》やる気, 気合, ファイト.

*°**'biss·chen**, °**'biß·chen** ['bɪsçən ビスヒェン] 代《不定》《不変化》僅か, 少々, ちょっとばかり. das ~ Geld 目くされ金, はした金. mein ~ Hoffnung 私の一縷(%%)の望み. Du liebes ~! 《驚いて》これはしたり, おやまあ. ⟨ein bisschen の形で⟩ ein ~ Brot 僅かばかりのパン. Nur ein (klein)⟨ein kleines⟩ ~ Geduld! ほんのちょっぴり我慢すればいいんだ. Es regnet ein ~. すこし雨が降っている. nicht ein ~ 少しも…ない. ⟨kein bisschen の形で⟩ Es ist kein ~ Wurst mehr da. もうソーセージのかけらも残っていない. Sie hat kein ~ geweint. 彼女は少しも泣かなかった. ◆ 本来は Biss, Bissen の縮小形 Bisschen から.

'bis·se ['bɪsə] beißen の接続法 II.

'bis·sel [bɪsəl] 代 《不定》《不変化》= bisschen

Bis·sen ['bɪsən] 男 -s/- (↓ beißen) **1** (食べ物の)ひと口, 少量(の食べ物). ein ~ Brot ひとかけのパン. ein fetter ~ うまい話, ぼろ儲け. ein harter ~ つらい(厄介な, 面白くない)こと. Mir blieb der ~ im Hals stecken. 私はのどがつまるほど驚いた. sich³ den letzten ~ ⟨jeden ~⟩ vom Mund[e] absparen 食うも食わずで節約をする. keinen ~ anrühren 食事に手をつけない. j³ keinen ~ ⟨nicht den ~ Brot⟩ gönnen 《比喩》人³にいけず(意地悪)をする; (を)ねたむ. j³ die *Bissen* im Mund ⟨in den Mund⟩ zählen 《比喩》(相手がおいしいものを食べているときなどに)指をくわえて見ている. j³ die besten *Bissen* zuschieben 《比喩》人³をひいきにする. **2** ちょっとした食事, 軽食. Iss doch einen ~ mit uns! 一緒にちょっとつまんでいけよ.

'Biss·gurn ['bɪsgʊrn] 囡 -/- 《%%》小言おばさん.

'bis·sig ['bɪsɪç] 肜 (↓ beißen) **1** (犬・馬などが)咬み癖のある. **2** (痛み・寒さなどが)きびしい, 刺すような. **3** (意見・批判などが)手きびしい, 痛烈(辛辣)な. **4** 《話》気合の入った.

'Bis·sig·keit [-] 囡 -/-en **1** 《複数なし》(犬・馬などの)咬み癖; 《話》ファイト, 闘志. **2** 《複数なし》(筆舌の)辛辣(痛烈)さ, 鋭鋒(%%). **3** 辛辣な言葉(意見), 酷評.

'Biss·wun·de 囡 -/-n 咬み傷.

bist [bɪst] sein の現在 2 人称単数.

'Bis·ter ['bɪstɐr, 'bi:...] 男 (囲) -s/ ビスタ(煤(&&)から作った濃褐色の水彩絵具).

'Bis·tro ['bɪstro, bɪs'tʁoː] 囲 -s/-s (*fr.*) ビストロ(ちょっとした食事も出す居酒屋).

'Bis·tum ['bɪstuːm] 囲 -s/°er 《%%》司教区.

bis'wei·len [bɪs'vaɪlən] 副 《雅》ときおり, ときたま.

bi·syl'la·bisch [bizyˈlaːbɪʃ, biˈzyːla...] 肜 《言語》(zweisilbig) 2 シラブル(2 音節)の.

Bit [bɪt] 囲 -[s]/-[s] 《記号 bis, bit》《電子工》ビット (情報量の最小単位). ◆ 英語 binary digit (2 進法)からの造語.

°**'Bit·tag** ['bɪtaːk] ↑ Bittag

'Bitt·brief 囲 -[e]s/-e 請願(嘆願)書; 無心の手紙.

'bit·te ['bɪtə ビテ] 副 ⟨ich bitte の省略形 / 丁寧語的表現として間投詞のように用いる⟩ **1** (願い・頼み・求め・勧誘などを表して)どうぞ, どうか, すみませんが. Kommen Sie ~ herein! どうぞお入り下さい. *Bitte* Tür schließen! ドアをお閉め下さい(貼り紙などの文句). Sagen Sie mir ~ …. お尋ねしますが…. Ist der Platz hier frei? — Ja, ~! この席は空いていますか — ええ, どうぞ. *Bitte* wenden! (略 b.w.) 裏面をご覧下さい. ~, ~ machen《幼児》おちょうだいをする. **2** (礼を言われたときなどに)どういたしまして. Vielen Dank! — *Bitte* [sehr]! ありがとう — どういたしまして. Oh, Verzeihung! — *Bitte* sehr! あら, ごめんなさい — いや, なんでもないですよ. **3** (質問に添えて) Was wünschen Sie, ~? 何を差上げましょうか. [Na], ~?《電話を受けて》はい, どんなご用でしょうか. [Na] ~! hab' ich's nicht gesagt? それ見ろ, 私の言った通りじゃないか. [Wie] ~? (相手の言葉を聞返すときに)え, なんとおっしゃいました. ◆ ↑ bitten

*'**Bit·te** ['bɪtə ビテ] 囡 -/-n (↓ bitten) 願い, 頼み, (神・聖人などに対する)祈願. eine ~ um Hilfe 援助の依頼. die sieben ~*n* des Vaterunsers 《新約》主禱文(主の祈り)の 7 つの礼禱(マタ 6:9 以下). Heiße ~, kalter Dank.《諺》借りるときの地蔵顔, 返すときの閻魔(&&)顔. eine ~ erfüllen ⟨gewähren⟩ 願いを聞きとどける. Ich habe ⟨hätte⟩ eine ~ an Sie. あなたにひとつお願いがあるのですが. an j⁴ eine ~ richten ⟨stellen⟩ 人⁴に願う(頼む). auf seine ~ [hin] 彼に頼まれて(請われて).

'bit·ten* ['bɪtən ビテン] bat, gebeten ❶ 他 **1** 願う, 頼む, 求める (j⁴ um et⁴ 人⁴に物⁴を). j⁴ dringend ⟨herzlich⟩ ~ 人⁴に切に頼む. j⁴ um Geld ⟨Hilfe⟩ ~ 人⁴に金を無心(%%)する(助けを求める). Ich bitte [Sie] um Ihren Namen. お名前をお聞かせください. Ich bat ihn um die Hand seiner Tochter. 《雅》私は彼に彼の娘との結婚の許しを求めた. Ich *bitte* Sie, mir zu helfen. どうかお助けください. Ich *bitte* dich um alles in der Welt, das nicht zu tun. お願いだからそんなことはしないでくれ. Um pünktliches Erscheinen wird *gebeten*. 時間どおりにおこしください. [Aber] ich *bitte* Sie! まあどい, とんでもない; これはこれは, なんとまあ. Aber ich *bitte* dich! あたりまえだ. 《4 格目的語を 2 つ伴って》《古》Ich möchte Sie etwas ~. ちょっとお願いしたいことがあるのですが. Ich *bitte* dich um eins, tu das nicht! ひとつ願いがある, そんなことはするな. 《目的語なしでも》Darf ich um das Salz ~? 食塩をとっていただけませんか. Darf ich ~? お願いできますか(ダンスの申込み). wenn ich ~ darf おそれいりますが. Da muss ich doch sehr ~. 聞捨てにできない話だ. Darum möchte ich doch sehr *gebeten* haben! 《話》ぜひともそう願いたいものだ. Er lässt sich⁴ gerne ~. 彼は何度も頼まないと言うことを聞いてくれない. um et⁴ ~ und betteln 物⁴をねだる, せびる. **2**《方向を示す語句で》(a)《雅》…に招く. j⁴ ins Zimmer ~ 人⁴を部屋に呼び入れる. j⁴ zum Tee ~ 人⁴をお茶に招く. j⁴ zu sich³ ~ 人⁴を招く. j⁴ auf ein Glas Wein ~ 人⁴にワインを一杯すすめる. (b) j⁴ zur Kasse ~ 《話》人⁴に金を請求する.

'**Bit·ten** 田 -s/ 願う(頼む、請う、求める)こと. auf ~ von Herrn X X 氏の依頼により. sich⁴ aufs ~ verlegen 〈一転して〉拝み倒し戦術に出る.

'**bit·ter** ['bɪtər ビター] 形 **1** にがい. ~*e* Schokolade にがいチョコレート. **2** つらい、過酷な. ~*e* Erfahrungen にがい経験、辛酸. ~*e* Tränen weinen 悲嘆の涙を流す. ~*e* Wahrheit つらい真実. **3** (意見・批評などが)手きびしい、痛烈な、辛辣(らつ)な. **4** にがり切った、不機嫌な、世をすねた、陰険〈邪険〉な. **5** 《比喩》非常な、ひどい、べらぼうな. eine ~*e* Kälte 厳寒. Es ist mir ~ ernst damit! それにかんして私は大まじめなんだ. et¹ ~ nötig haben 物¹がどうしても必要である. ♦ ↑bitterkalt

'**bit·ter·bö·se** 形 ひどく憤慨した; 極悪の.
'**Bit·te·re** 〖形容詞的変化〗ビタース(木の実・薬草のエキスに苦みをつけたリキュール類).
'**bit·ter·ernst** 形 きわめて重大な、非常に真剣な.
'**bit·ter·kalt**, '**bit·ter 'kalt** 形 ひどく寒い.
'**Bit·ter·keit** 囡 -/-en **1** (複数なし) にが味. **2** つらさ、不機嫌、やり切れない思い、怨憾(こん).
'**bit·ter·lich** [..lɪç] 形《述語的には用いない》 **1** にが味のある、ほろにがい. 特に: 悲痛な. ~〈~*e* Tränen〉 weinen さめざめと泣く.
'**Bit·ter·ling** ['bɪtɐrlɪŋ] 男 -s/-e 〖魚〗はらたなご;〖植物〗にがいぐち.
'**Bit·ter·man·del·öl** 田 -[e]s/-e 苦扁桃油(扁桃・あんず・桃などから得る精油);〖化学〗ベンズアルデヒド.
'**Bit·ter·mit·tel** 田 -s/- 〖薬学〗苦味剤(薬).
'**Bit·ter·nis** ['bɪtɐrnɪs] 囡 -/-se **1** (複数なし) にがさ、にが味. **2** 苦しい(つらい)こと、苦渋.
'**Bit·ter·salz** 田 -es/- 〖鉱物・化学・医学〗瀉利塩、硫酸マグネシウム、硫苦.
'**Bit·ter·was·ser** 田 -s/⁼ 苦味泉(硫酸鉱泉).
'**Bitt·gang** ['bɪt..] 男 -[e]s/⁼e **1** 請願(嘆願)運動. **2** 〖宗教〗礼願行列、礼願祭の行列(↑Bittag).
'**Bitt·ge·such** 田 -[e]s/-e (書面による)請願、嘆願.
'**bitt·lich** ['bɪtlɪç] 形《古》《次の表現で》 wenn ich ~ sein darf おそれ入りますが.
'**Bitt·schrift** 囡 -/-en 請願書、上申書.
'**Bitt·stel·ler** 男 -s/- 請願〈陳情〉者.
'**Bitt·tag** ['bɪtta:k] 男 -[e]s/-e 《ふつう複数で》〖宗教〗祈願祭(キリスト昇天の大祝日 Christi Himmelfahrt の前3日間).
Bi·tu·men [bi'tu:mən] 田 -s/-(..mina [..mina]) 〖化学〗瀝青(れきせい)、ビチューメン.
'**bit·zeln** ['bɪtsəln] 自 《↓beißen》 **1** 《南ドイツ》(舌・指などが)ひりひりする(ちくちくする). **2** an et³ ~《中部ドイツ》物³から小片を切り取る、(を)細かくちぎる.
'**Bitz·ler** ['bɪtslər] 男 -s/-《南西ドイツ》(発酵を始めたばかりの)ぶどうの果汁.
bi·va·lent [biva'lɛnt] 形 〖化学〗2価の.
'**Bi·wa** ['bi:va] 田 -s 《*jap.*》〖音楽〗琵琶(びわ).
'**Bi·wak** [bi:vak] 田 -s/-e(-s) 〖軍事〗野営、露営;〖登山〗ビバーク.
bi·wa·kie·ren [biva'ki:rən] 自 〖軍事〗野営(露営)する;〖登山〗ビバークする.

bi'zarr [bi'tsar] 形 奇妙な、風変りな、異様な.
Bi·zar·re'rie [bitsarə'ri:] 囡 -/-n [..'ri:ən] 奇妙な(おかしな、変てこりんな)態度(考え).
'**Bi·zeps** ['bi:tsɛps] 男 -[es]/-e 〖解剖〗上腕二頭筋.
Bk [be:'ka:] 田 〖記号〗〖化学〗=Berkelium
Bl. 《略》=Blatt **2** ↓
Bla·bla ['bla:bla:] 田 -[s]/《話》むだ話(口)、~reden むだ口をたたく.
'**Bla·che**¹ ['blaxə] 囡 -/-n《南ドイツ》(粗い)麻布.
'**Bla·che**² -/-n《古》〖雅〗 **1** 平原. **2** 戦場
'**Blach·feld** ['blax..] 田 -[e]s/-er《古》〖雅〗=Blache² **1**
'**Black·out** ['blɛk|aut, ',-', '-,'] 田 -[s]/-s 《*engl.*》 **1** 〖軍事〗灯火管制. **2** 〖演劇〗(舞台の暗転;暗転で終る)寸劇. **3** 〖医学〗(飛行機の操縦士が急降下時などに襲われる突然の一時的な)意識喪失、黒くらみ;《話》ど忘れ. **4** 〖航空〗(地上との一時的な)交信途絶. **5** (都会などの大規模な)停電.
'**blaf·fen** ['blafən] 自 ① 〖地方〗 **1** (銃などが)パンと鳴る. **2** (犬が)わんわん吠える. ❷ 自 《卑》のしる、わめき立てる.
Blag [bla:k] 田 -s/-en (↓Balg) **1** 〖北西部ドイツ〗悪たれ小僧、悪がき. **2** (Balg) 動物の皮. **3**《卑》野郎、やつ.
'**Bla·ge** ['bla:gə] 囡 -/-n〖北西部ドイツ〗 **1** おてんば娘. **2** =Blag **1**
'**blä·hen** ['blɛ:ən] 他 ❶ (食物が腸内に)ガスを発生させる、鼓腸させる. ❷ 他 ふくらませる. Der Wind *bläht* die Segel. 風が帆をふくらませる. ❸ 再 (*sich*) **1** ふくらむ. **2**《侮》威張る.
'**Bläh·sucht** ['blɛ:..] 囡 -/=Blähung **2**
'**Blä·hung** 囡 -/-en **1** (腸内の)ガス、放屁. **2** 風気症、鼓腸. an ~ leiden 風気症を病む.
'**bla·ken** ['bla:kən] 自 〖北ドイツ〗(ランプなどが)くすぶる、煙(煤けむり)を出す.
'**blä·ken** ['blɛ:kən] ❶ 自 〖中部ドイツ〗《卑》(子供などが)泣く、わめく、ほざく. ❷ 他 〖地方〗 die Zunge ~ をつき出す、べろを出す.
bla·ma·bel [bla'ma:bəl] 形 恥さらしな、けしからん.
Bla·ma·ge [bla'ma:ʒə] 囡 -/-n 恥さらし、不面目.
bla·mie·ren [bla'mi:rən] 他 さらし(笑い)者にする、(に)恥をかかせる. sich⁴ ~ 恥をさらす.
blan·chie·ren [blã'ʃi:rən] 他 **1**〖料理〗(肉などを)湯びきする. **2**〖製革〗(皮革を)漂白する、晒(さら)す.
***blank** [blaŋk ブランク] 形 **1** ぴかぴか光った、きらきら輝く; ぴかぴか(つるつる)の、光沢のある、まばゆい(光る). 《話》(衣服などが)黒光りした. den Fußboden ~ scheuern 床(ゆか)をぴかぴかに磨く. der *Blanke* 〈°~*e*〉 Hans 〖北ドイツ〗〖雅〗(嵐の)北海. mit ~*en* Talern bezahlen 《古》現金で払う. ~*e* Waffen 刀剣(類). **2** むきだしの、裸の. auf der ~*en* Erde sitzen 地べたに座っている. et¹ auf der ~*en* Haut tragen 物¹を素肌にまとう. ~ gehen 《古》コートを着ないで出歩く. eine Farbe ~ haben 〖トランプ〗ある種類のカードを 1 枚しか持っていない. ~ sein 《話》おけら(無一文)である. 《名詞的用法》der *Blanke* むきだしのお尻. **3** 明々白々たる、まるっきりの. eine ~*e* Lüge 真っ赤な嘘.
'**Blän·ke** ['blɛŋkə] 囡 -/-n (↓blank) **1**《まれ》ぴかぴか光っていること. **2** (まれ) (森の中の)空(あ)き地. **3** (小さな)沼地、水たまり. **4** (船員)(水平線上の雲の切れ目); 曙光. **5** (凍結した湖などにできる)氷の裂け目.
Blan·kett [blaŋ'kɛt] 田 -[e]s/-e (↓blanko) 〖経済〗白地小切手(手形); 白紙委任状.

'**blan·ko** ['blaŋko] 形《不変化 / 付加語的には用いない》(*it.* blanco, weiß*) **1**《書類・小切手などが》無記入の, 空欄のままの. **2**《まれ》白紙の.
'**Blan·ko·scheck** 男 -s/-e《古》白地小切手.
'**Blan·ko·voll·macht** 女 -/-en《法制》白紙委任(状).
'**Blank·vers** 男 -es/-e (*engl.* blank verse)《韻律》ブランク・ヴァース(5脚抑揚格の無韻詩).
'**blank|zie·hen*** 他 自 《剣などを》抜く; 抜刀する.
'**Bläs·chen** ['blɛːsçən] 中 -s/- 《Blase の縮小形》小さな気泡;《医学》小水疱.
'**Bla·se** ['blaːzə] 女 -/-n **1** 泡, 気泡, 水泡; 水ぶくれ, 火ぶくれ. sich³ ~n [an den Füßen] laufen 足にまめができるほど歩く. ~n werfen 泡を立てる.《話》世間を騒がせる. ~n ziehen 泡を生じる.《話》いやな結果になる, 尾を引く(↑Blasen ziehend). **2**《解剖》(Harnblase) 膀胱(ぼうこう); (Gallenblase) 胆嚢; (Fruchtblase) 胎嚢; (Schwimmblase) (魚類の)浮き袋. **3**《古》《化学》蒸留器, ランビキ(蘭引). **4**《複数なし》《侮》連中, 一味.
'**Bla·se·balg** 男 -[e]s/²e ふいご, (オルガンの)送風器.
*'**bla·sen*** ['blaːzən ブラーゼン] blies, geblasen / du bläst, er bläst ❶ 他 **1** 息を吹きかける. gegen die Scheibe〈in die Hände〉~ 窓ガラス〈手〉に息を吹きかける. j³ in die Ohren ~《話》人³にしつこくねだる, せがむ. **2** (楽器を)吹く. auf der Flöte〈ins Horn〉~ フルート〈ホルン〉を吹く(↑①②). zum Angriff ~ 突撃ラッパを吹く. (中性名詞として) von Tuten und *Blasen* keine Ahnung haben《話》まるで訳(わけ)が分かっていない, しろうとである. **3** (風が)吹く, 吹きつける. Ein eisiger Wind *blies* mir ins Gesicht. 氷のように冷たい風が私の顔に吹きつけた.《非人称的に》*Es bläst* ganz schön draußen. 外はすごい風だ. Daher *bläst* der Wind. そうだったのか. Woher *bläst* der Wind?《話》仕掛人(黒幕)は誰だ.
❷ 自 **1** 吹く. j³ Rauch ins Gesicht ~ 人³の顔にたばこの煙を吹きかける. den Staub von den Büchern ~ 本のほこりを吹いてはらう. die Suppe ~《地方》スープを吹いてさます. j³ et¹ in die Ohren ~《話》人³に事⁴を耳打ちする, こっそり告げる. **2** 鳴らす, 吹奏する. Marsch ~ フルートを吹く(↑①②). einen Marsch ~ 行進曲を吹奏する. j³ den Marsch ~《話》人³に雷を落とす. Trübsal ~《話》ふさぎ込んで(しょげかえって)いる. j³ [et]was〈eins〉~《話》人³の頼みにべもなくはねつける. j³ einen ~《卑》人³に尺八(フェラチオ)をしてやる.
'**Bla·sen·ent·zün·dung** 女 -/-en《医学》膀胱炎.
'**Bla·sen·ka·tarrh** [blaːzənkaˈtar] 男 = Blasenentzündung
'**Bla·sen·stein** 男 -[e]s/-e《医学》膀胱結石.
'**Bla·sen zie·hend**, °'**bla·sen·zie·hend** 形 (皮膚に)水疱をつくる(発疱性の).
'**Blä·ser** ['blɛːzər] 男 -s/- **1** 吹く人; (管楽器の)吹奏者; ガラス吹き職人. **2** (坑夫) 坑内ガスを噴出する割れ目; 坑内ガスの噴出(爆発).
bla'siert [blaˈziːrt]《侮》思い上がった, 尊大な.
Bla'siert·heit 女 -/-en《侮》**1**《複数なし》思い上がり, うぬぼれ, 尊大. **2** 思い上がった(尊大な)言動.
'**bla·sig** [ˈblaːzɪç] 形 泡だらけの, 水疱のできた; 泡状の, 泡のような.
'**Blas·in·stru·ment** ['blaːs..] 中 -[e]s/-e 管(吹奏)楽器.
'**Bla·si·us** [ˈblaːzi̯ʊs] 男名 ブラージウス. der heilige ~ 聖ブラシウス(アルメニアの医師・司教, 316 ごろ殉教. ギリシア名 Blasios, 14 救難聖人の 1人. ↑付録「聖人暦」2月3日).

'**Blas·mu·sik** 女 -/-en 吹奏楽.
Blas·phe'mie [blasfeˈmiː] 女 -/-n[..ˈmiːən] 神聖冒瀆, 瀆神(の言動).
blas·phe·misch [..ˈfeːmɪʃ], **blas·phe'mis·tisch** [..feˈmɪstɪʃ] 形 神聖を冒瀆する, 瀆神の.
'**Blas·rohr** 中 -[e]s/-e **1** (吹き矢をとばす)吹き筒. **2** (蒸気機関車の)排気(送気)管.
***blass**, °**blaß** [blas プラス] blasser(blässer), blassest(blässest) 形 -er/-[e]s **1** 青白い, 青ざめた. ein ~es Gesicht 青白い顔. vor Schreck ~ werden 恐怖のあまり色を失う. ~ wie eine Wand sein (顔面)蒼白である. Diese Farbe macht dich ~.《話》この色は君に似合わない. (b) (色が)うすい, くすんだ; (光が)弱い. ein ~es Rot 淡い赤. ~ schimmern ほのかに光る. **2**《比喩》生気のない, 精彩を欠いた; 弱々しい, かすかな. eine ~e Erinnerung an et³〈j³〉haben 事〈人〉³をかすかに覚えている. keine ~e Ahnung〈keinen ~en Dunst〉von et³ haben《話》事³についてまったく知らない(分からない). **3**《比喩》明らかな, まぎれもない. Aus seinen Worten spricht der ~e Neid. 彼の言葉は嫉妬心むき出しである.
'**Bläs·se** ['blɛsə] 女 -/ 蒼白, 生気のなさ, 血色の悪さ; 生彩に欠けていること.
'**bläs·ser** ['blɛsər] blass の比較級.
'**bläs·sest** ['blɛsəst] blass の最上級.
'**Bläss·huhn** [ˈblɛshuːn] 中 -[e]s/²er《鳥》おおばん.
'**bläss·lich** [ˈblɛslɪç] 形 **1** いくらか青い, 少し青ざめた. **2** 色あせた, 生彩のない.
bläst [blɛst] blasen の直・現 2・3 人称単数.
Blas'tem [blasˈteːm] 中 -s/-e《生物》芽体(が...).
'**Blas·tu·la** [ˈblastula] 女 -/《生物》胞胚.
***Blatt** [blat ブラット] 中 -[e]s/Blätter (単位 -) **1** 葉, 花葉, 花弁, 萼(片). Die *Blätter* fallen〈sprießen〉. 葉が落ちる〈出る〉. Die Bäume treiben *Blätter*. 木々が葉を出す. (sich³) kein ~ vor den Mund nehmen《比喩》歯に衣着せない, 思ったことをずけずけ言う. **2** (1 枚の)紙, 紙きれ; (紙の) 1 枚, 1 ページ; 楽譜; 版画, プリント;《古》手紙, 報告(文書). fliegende *Blätter* 綴じていない紙, ルーズリーフ; ちらし, ~ für〈um〉~ 1 枚ずつ. ein ~ aus dem Heft herausreißen ノートから 1 ページ破ってとる. ein neues ~ der Geschichte《比喩》歴史の新しい 1 ページ. [noch] ein unbeschriebenes〈leeres〉 ~ sein《話》知られていない; 白紙状態(未経験, 駆け出し)である. Das steht auf einem [ganz] anderen ~.《比喩》それは別の話(別問題)だ; それは問題(疑問)である. vom ~ spielen《音楽》初見で演奏する. ▶単位(...枚, ...葉など)を表すとき複数形は Blatt (略 Bl.). **3** 新聞, 雑誌. **4** (器具・道具の)平板部分, (扉などの)刃, (オールの)水かき, (靴の)舌革, (機械の)扁平部分, (プロペラの)羽, (織機の)筬(おさ); (管楽器の)マウスピース; 箔, 薄片. **5** (牛の)肩肉;《狩猟》(獣の)肩胛(けんこう)骨;《射撃》(的の中心の)黒点. **6**《トランプ》(1 揃いの)カード, (配られた)手札. ein ~ spielen トランプをする. ein gutes〈schlechtes〉~ haben 手がよい〈わるい〉. Das ~ hat sich⁴ gewendet. 《比喩》状況(局面)が一変した.
'**Blätt·chen** [ˈblɛtçən] 中 -s/- 《Blatt の縮小形》 **1** 小さな葉;《植物》(複葉を構成する)小葉(しょうよう). **2** 小新聞, 地方紙.
'**Blat·ter** [ˈblatər] 女 -/-n **1**《複数で》《医学》(Pocken) 痘瘡, 天然痘. **2**《古》皮疹.
'**Blät·ter** [ˈblɛtər] Blatt の複数.

Blätterchen 238

'**Blät·ter·chen** ['blɛtərçən] 中 -s/- Blättchen
'**blät·te·rig** ['blɛtərɪç] 形 = blättrig
'**Blät·ter·ma·gen** 男 -s/- 《動物》葉胃(反芻動物の第3胃).
*'**blät·tern** ['blɛtərn] ブレターン ❶ 自 (h, s) 1 (h) in einem Buch ～ 本のページをぱらぱらめくる. 2 (s) (塗料・漆喰などが)はがれる, 剥落する. ❷ 他 1 (紙幣などを)1 枚ずつ出す, 出して数える. 2 《農業》葉を摘む.
'**Blät·ter·nar·be** 女 -/-n 痘痕, あばた.
'**Blät·ter·nar·big** ['blɛtr̩ɪç] 形 痘痕の多い, あばたのある.
'**Blät·ter·pilz** 男 -es/-e 《植物》はらたけ.
'**Blät·ter·schwamm** 男 -[e]s/ⁿe = Blätterpilz
'**Blät·ter·teig** 男 -[e]s/-e パイ生地(ジ).
'**Blät·ter·wald** 男 -[e]s/-e 《戯》《総称的に》新聞, 雑誌, 言論界. im deutschen ～ ドイツのマスコミで.
'**Blatt·gold** 中 -[e]s/ 金箔.
'**Blatt·grün** 中 -s/ クロロフィル, 葉緑素.
'**Blatt·laus** 女 -/ⁿe 《虫》ありまき, あぶらむし.
'**Blatt·pflan·ze** 女 -/-n 観葉植物.
'**blätt·rig** ['blɛtrɪç] 形 1 葉の多い, 葉の茂った. 2 葉の形をした. 3 (菓子などが)薄くはがれる.
'**Blatt·sa·lat** 男 -[e]s/-e レタス, サラダ菜; レタス類のサラダ.
'**Blatt·wei·se** 副 (blätterweise) 1 枚ずつ.
'**Blatt·werk** 中 -[e]s/-e (Blätterwerk) 1 (1 本の木がつけている)葉全体. 2 (絵画・彫刻における)葉模様.
'**Blatt·zeit** 女 -/-en 《狩猟》のろ鹿の交尾期.

blau
[blau ブラオ] 形 1 青い, ブルー(空色, 藍色, 紺色)の. ～e Augen 青い目. ～er Anton 《話》デニムのオーバーオール, 菜っ葉服. das *Blaue* Band ～・リボン賞(北大西洋横断のスピード記録を更新した客船に与えられる). ein ～er Brief 解雇通知, 免官辞令; (落第しそうな生徒の父兄に出される)注意書. ～ Jung[en]s マドロス. Das *Blaue* Kreuz 青十字. ～er Lappen 《話》青札(旧 100 マルク紙幣の, ↑Blaue ① 2). ～er Milch 青味のミルク. der *Blaue* Planet 我が惑星, 地球. ～e Zone ブルー・ゾーン(駐車時間制限のあるパーキング・エリア). Die Nacht war ～ 《雅》夜空には星が輝いていた. 《不変化で》Forelle ～ 《料理》かわすずのオ・ブルー(熱した酢をかけて青味を帯びさせたもの, ↑blauen). 2 (皮膚の色について)青い, 蒼白な, 血色の悪い. ～ werden 青ざめる. ein ～*es* Auge (殴られて)青痣(ホネ)のできた目. mit einem ～en Auge davonkommen 《話》軽い怪我(罰)ですむ, 大事にならずにすむ. ～*es* Blut [in den Adern] haben 名家(貴族)の出である. ～e Lippen haben 唇に血の気がない. ～er Montag 《戯》急な休みした月曜日. zwei Tage ～ machen 2 日つづけずる休みする (↑blaumachen). sich⁴ grün und ～ ärgern 《話》ひどく腹を立てる, 青筋を立てる. j¹ grün und ～ schlagen 《話》人⁴を青痣(ミネ)ができるほど(こっぴどく)殴る. ～ sein [wie ein Veilchen] 《話》べれべれに酔っている. 3 青くかすんだ, はるか遠くの. die ～e *Blume* 青い花(ドイツロマン派の憧憬の象徴). j³ ～en Dunst vormachen 《話》人³にまことしやかに嘘をつく. die ～e *Stunde* たそがれ時; かわたれ時. sein ～*es* Wunder erleben 《話》胆(ホ)をつぶす, おったまげる.
♦ ↑Blaue

Blau 中 -s/-[s] 青, 青色. das ～ des Himmels 空の青さ. Sie trägt gerne ～ . 彼女はブルー(の服)を着るのが好きだ. ganz in ～ 〈衣装を〉上から下までブルーでまとめて, ブルーずくめで.

'**blau·äu·gig** 形 1 青い目の, 碧眼の. 2 《比喩》純真(純情)な, うぶな.
'**Blau·bart** ❶ 《男名》(fr. Barbe-bleue) 青ひげ(フランス作家ペロー Charles Perrault, 1628-1703 の同名の童話に出てくる次々に 6 人の妻を殺した騎士). ❷ 男 -[e]s/ⁿe 女殺し, 残忍な夫.
'**Blau·bee·re** 女 -/-n 《植物》ブルーベリー.
'**blau·blü·tig** [.bly:tɪç] 形 名門(貴族)の出の.
'**Blau·buch** 中 -[e]s/ⁿer (engl. blue book) 青書(イギリス政府発行の公報).
'**Blaue** ['blauə] ❶ 《形容詞変化》《話》1 警官(制服の色から). 2 (blauer Lappen) (旧) 100 マルク紙幣(紙幣の色から). ❷ 中 《形容詞変化 / 複数無し》青, 青いもの; 青がすむ彼方, 夢幻, とらえようもないもの. 《話》j³ 〈für j³〉 das ～ vom Himmel [herunter]holen 人³·⁴のためにできる限りのことをしてやる. das ～ vom Himmel [herunter]lügen 嘘八百を並べ立てる. das ～ vom Himmel versprechen 出まかせの口約束をする. eine Fahrt ins ～ あてどない(風まかせの)旅. ins ～ arbeiten やみくもに仕事をする. ins ～ hineinreden 好き勝手なことを言う, 雲をつかむような話をする. ins ～ schießen 的はずれな批評をする.
'**Bläue** ['blɔyə] 女 -/ 1 ブルー, 青さ, 青色. 2 = Blaufäule
'**blau·en** ['blauən] ❶ 自 《雅》(空などが)青い, 青くなる. ❷ 他 1 einen Fisch ～ 魚に熱した酢をかけて青味を帯びさせる (↑blau 1). 2 = bläuen 1
'**bläu·en** ['blɔyən] 他 1 (布・紙などを)青く染める. 2 (白い肌着などを洗濯用青色着色剤で)漂白する.
'**Blau·fäu·le** [.fɔylə] 女 -/ 青変(ﾍﾝ)(松材などがある種の菌類の作用で青く変色する現象).
'**Blau·ja·cke** 女 -/-n 《話》水夫, 船乗り, 水兵.
'**Blau·kohl** 中 -[e]s/, '**Blau·kraut** 中 -[e]s/ⁿer = Rotkohl
'**Blau·kreu·zer** 男 -s/ = Blaukreuzler
'**Blau·kreuz·ler** 男 -s/ 青十字社員.
'**bläu·lich** ['blɔylɪç] 形 薄い青色の, 青みがかった.
'**Blau·licht** ['blaulɪçt] 中 -[e]s/-er 1 《複数なし》(医療用の)青色光. 2 (救急車・パトカーなどの)点滅青色警告灯.
'**blau·machen** 他 《話》仕事をずる休みする, 勤めをさぼる. zwei Tage ～ 2 日間ずる休みをする (↑blau 2).
'**Blau·mann** 男 -[e]s/ⁿer デニムのオーバーオール.
'**Blau·mei·se** 女 -/-n 《鳥》あおがら.
'**Blau·pa·pier** 中 -s/ (複写用の)青色カーボン紙.
'**Blau·pau·se** 女 -/-n 青写真.
'**Blau·säu·re** 女 -/ 青酸.
'**Blau·strumpf** 男 -[e]s/ⁿe 1 ブルーストッキング, 青鞜(ﾄｳ)派(18 世紀中葉ロンドンのサロンに集まって文学談義などに熱中した婦人たちをからかった呼称, 転じてインテリ女性をさす. 英語 bluestokking の翻訳借用語). 2 《侮》《歴史》(17-18 世紀の)廷吏(お仕着せの靴下の色から).
'**Blau·wal** 男 -[e]s/-e 《動物》しろながすくじら.
'**Bla·zer** ['ble:zər] 男 -s/- (engl.) 《服飾》ブレザーコート.
*'**Blech** [blɛç ブレヒ] 中 -[e]s/-e 1 鈑金(ｷﾝ), 板金(ｷﾝ), ブリキ, トタン(板); 箔. auf ～ hauen 《話》大きな口をきく. 2 パン菓子焼き用鉄板, 天パン. 3 《複数なし》(1 楽団のすべての)金管楽器. 4 《隠》(Geld) 金(ﾈ), ぜに. 5 《複数なし》《侮》勲章; 安物の装身具. 6 《複数なし》《俗》くだらぬこと, ナンセンス. Red nicht solches ～! そんなつまらない話はよしてくれ.
'**Blech·blas·in·stru·ment** 中 -[e]s/-e 金管楽器.

'Blech·büch·se 女 -/-n ブリキ缶.
'ble·chen ['blɛçən] 自 他 (↓ Blech 4)《話》金を払う.
'ble·chern ['blɛçərn] 形《付加語的用法のみ》ブリキ(製)の. **2**《比喩》(声が)金属音的な, 暖かみのない.
'Blech·in·stru·ment 中 -[e]s/-e 金管楽器.
'Blech·la·wi·ne 女 -/-n《話》車の洪水.
'Blech·mu·sik 女 -/ 吹奏楽.
'Blech·ner ['blɛçnɐr] 男 -s/-《南西部》(Klempner) ブリキ屋, ブリキ職人, 鈑金工.
'Blech·scha·den 男 -s/=《自動車の》ボディーの損傷.
'ble·cken ['blɛkən] ❶ 他 die Zähne ~《犬などが》歯をむきだす. ❷ 自《まれ》《雅》見える, 現れる.
*****Blei** [blaɪ ブライ] 中 -[e]s/-e **1**《複数なし》《記号 Pb》鉛. ~ gießen 鉛占いをする(大晦日の夜熔かした鉛を水に入れ, その形状によって吉凶を占う). Die Müdigkeit lag ihm wie ~ in den Gliedern〈den Knochen〉. 彼の体は疲れはてて鉛のように重かった. **2** 下げ振り, 測錘. **3**《古》鉛玉(なまりだま)(銃弾のこと).
Blei 男(中) -[e]s/-e《話》(Bleistift) 鉛筆.
Blei 男 -[e]s/-e《魚》ブリーム(鯉の一種).
'Blei·be ['blaɪbə] 女 -/《話》宿, ねぐら.

'blei·ben* ['blaɪbən ブライベン] blieb, geblieben 自 (s) **1**《ある場所に》とどまる, 滞在する. Wo bleibt er denn? 彼はどこにいるのか, どうして来ないのか. Willst du nicht zum Essen ~? うちで食事をしていかないか. Bleiben Sie immer links! 左側通行を守って下さい. Bleiben Sie bitte am Apparat!《電話で》切らずにそのままお待ち下さい. an der Macht ~ 権力の座にすわりつづけている. Kein Stein ist auf dem anderen geblieben. 跡かたもなく破壊されていた. bei j³ ~ 人³のところにとどまる. für sich³〈unter sich³〉~ wollen 仲間だけで群れたがる. im Bett ~ いつまでも起きて来ない; 病臥している. j³ in Erinnerung〈im Gedächtnis〉~ 人³の記憶に残っている. Das bleibt unter uns! これはここだけの(内緒の)話だよ. Bleibe mir vom Halse〈Leibe〉! 私に近寄らないでくれ, かまわないでくれ. zu Haus[e] ~ 家にいる, 在宅している.
2《ある状態に》とどまる, いつまでも...である. Die Tür bleibt geöffnet. ドアは開いたままである. Bleiben Sie gesund! お達者で. ledig ~ いつまでも独身である. j(et)³ treu ~ 人〈物〉³に忠実である. Seine Tat kann nicht unbestraft〈verborgen〉~. 彼の所業は罰を受けずに〈露見せずに〉すまない. Das Werk blieb Fragment. 作品は断片のままに終った. Er ist derselbe geblieben. 彼は少しも変っていない. Bleibe, was du bist! そのままの君でいてほしい. Dumm bleibt dumm. 馬鹿は死ななきゃ治らない.《非人称的に》Es bleibt sich³ gleich. どっちにしても同じことだ.《前置詞と》**am** Leben ~ 生きている. bei guter Laune ~ ずっとご機嫌である. bei et³ ~ 事³に固執する. bei seiner Meinung〈seinem Entschluss〉~ 自分の意見〈決心〉を変えない. bei der Sache〈der Stange〉~ 話題〈核心〉から逸脱しない. Bei dieser Zigarettenmarke bleibe ich. 私はこの(銘柄の)タバコに決めている. Alles bleibt beim Alten. 万事もとのままである. Ich bleibe dabei, dass er lügt. 彼は嘘をついているとあくまでも私は信じる.《非人称的に》Es bleibt dabei! / Und dabei bleibt's! それでよし, それに決めた. **in** Bewegung〈Ruhe〉~ 動いて〈静止して〉いる. in Kraft ~ (法律などが)有効である. Das wird nicht **ohne** Folgen ~. それには何か報いがあるだろう.
3 残る, 残っている. Es blieb ihnen nur eine schwache Hoffnung. 彼らにはかすかな希望しか残っていなかった. Von ihren Kindern war [ihnen] noch eins geblieben. 彼らの子供たちのなかで残ったのは1人だけだった. Es blieb ihnen keine andere Wahl. 彼らにはほかに選択のしようがなかった. Fünf weniger drei bleibt zwei.《古》5引く3は2.
4《**zu** 不定詞句と》bleibt abzuwarten, ob ... かどうかは先にならないと分からない. Es bleibt zu hoffen, dass ... ということが望まれる. Es bleibt nichts weiter [zu tun], als ... 私は...するほかない.
5《他の動詞の不定詞と》**hängen** ~ 掛かっている(↑hängen bleiben). **liegen** ~ 横になったままでいる(↑liegen bleiben). **sitzen** ~ 座ったままでいる(↑sitzen bleiben). **stehen** ~ 立ったままでいる(↑stehen bleiben).
6《雅》(戦場・異郷などで)帰らぬ人となる, 不帰の客となる. im Krieg〈auf See〉~ 戦争で〈航海中に〉命を落とす.

◆ bleiben lassen

'blei·bend ['blaɪbənt] 現分 形《述語的には用いない》持続〈永続〉的な, 変らない. von ~em Wert sein 永続的な価値がある.
'blei·ben las·sen*, °**'blei·ben|las·sen*** 他《話》開始〈着手〉しない, やめる. das Rauchen ~ タバコをやめる. Lass das lieber bleiben! それはやめておくほうがよい. ◆ 過去分詞 bleiben lassen(まれ bleiben gelassen)
*****bleich** [blaɪç ブライヒ] 形 **1** 青ざめた, 青白い, 血の気の失せた. ~ sein wie Wachs 蝋(ろう)のような白い顔をしている. vor Schreck ~ werden 驚きのあまり顔色を失う. die ~e Furcht ぞっとするような恐怖. **2**《雅》ほのかな, 淡い. das ~e Licht des Mondes 月の淡い〈白い〉光.
'Blei·che ['blaɪçə] 女 -/-n **1**《複数なし》青ざめていること, 蒼白. **2** 晒白; 漂白剤. **3**《古》(洗濯物の)天日晒し用草地.
'blei·chen(*) ['blaɪçən] bleichte (blich), gebleicht (geblichen) ❶ 他《規則変化》**1** 晒(さら)す, 漂白する. vom Alter gebleichtes Haar 年で白くなった髪. **2** (髪の毛を)ブロンドに染める. ❷ 自 (s) 晒(さら)されて白くなる, 色あせる.
'Bleich·er·de 女 -/《地質》漂白層.
'Bleich·ge·sicht 中 -[e]s/-er **1**《話》顔色の青白い(血色の悪い)人. **2** 白人(もと北米インディアンがヨーロッパ人を見て).
'Bleich·mit·tel 中 -s/- 漂白剤.
'blei·ern ['blaɪərn] 形 (↓ Blei¹) **1** 鉛(製)の. wie eine ~e Ente schwimmen《話》金槌(かなづち)である, まったく(ほとんど)泳げない. **2** 鉛色の. **3**《比喩》鉛のような, 重たい, しんどい. ~er Schlaf 重苦しい眠り.
'blei·frei 鉛を含まない. ~es Benzin 無鉛ガソリン.
'Blei·gie·ßen 中 -s/ 鉛占い(↑ Blei¹ 1).
'Blei·glanz 男 -es/-e 方鉛鉱.
'Blei·glas 中 -es/=er **1** 鉛ガラス. **2** 硫化鉛鉱.
'blei·hal·tig 形 鉛を含んだ.
'Blei·kam·mer 女 -/-n **1**《冶金》(硫酸製造用の)鉛室. **2**《歴史》鉛牢(昔ヴェネツィアの元首宮殿の鉛の屋根の下にあった未決監).
'Blei·ku·gel 女 -/-n 鉛製の銃弾.
'blei·schwer 形 鉛のように重い. Die Lider wurden mir ~. (眠くて)私は瞼(まぶた)が重くなった.
'Blei·sol·dat 男 -en/-en (おもちゃの)鉛の兵隊.

Bleistift

'**Blei·stift** ['blaɪʃtɪft] ブライシュティフト 男 -[e]s/-e **1** 鉛筆. mit spitzem ~ rechnen 細かく計算する. **2** 《話》痩せっぽち;《戯》おさんちゃん.
'**Blei·stift·ab·satz** 男 -es/=e 〈細くて高い〉ハイヒール.
'**Blei·stift·spit·zer** 男 -s/- 鉛筆削り.
'**Blei·ver·gif·tung** 女 -/-en 《医学》鉛中毒.
'**Blei·was·ser** 中 -s/ 《化学・医学》ゴーラルド水.
'**Blei·weiß** 中 -es/ 鉛白, 白鉛.
'**Blen·de** ['blɛndə] 女 -/-n (↓ blenden) **1** 遮光装置, ブラインド, 〈眼の〉虹彩(ホッ), 〈カメラの〉絞り, 〈馬の目かくし, 〈船の円窓の内戸, 信号灯の色ガラス. **2** 〈射撃場の〉弾よけ, 〈掩護用の〉装甲〔板〕. **3** 《建築》〈装飾のための〉壁のへこみ(盲窓・壁龕(ﾍﾞｷ)など). **4** 〈衣服の〉ふち飾り. **5** 《鉱物》閃亜鉛(ﾈﾝｱｴﾝ)鉱.

*'**blen·den** ['blɛndən] ブレンデン] ❶ 他 **1** 〈目を〉眩(ﾏﾌﾞ)ませる, まぶしくする. Das Licht *blendet* mich 〈meine Augen〉. 私は光のために目がまぶしい. 《目的語なしで》Die Sonne *blendet*. 太陽がまぶしい. **2** 眩惑〈魅惑〉する (durch et⁴ / von et³ 物⁴,³で). sich⁴ durch den äußeren Schein ~ lassen 外見にだまされる. **3** 盲目にする 《歴史》〈昔の刑罰で人の〉目をえぐる. **4** 〈毛皮を暗色に染める. **5** 遮蔽(ｼｬﾍｲ)する 〈窓などにブラインドをつける〉《軍事》擬装する. **6** 《猟師》〈獣をおどし布で追払う.
❷ 自 **1** (auf〈in〉et⁴ 物⁴を〉照らす. mit einer Taschenlampe in den Raum ~ 懐中電灯で部屋の中を照らす. **2** 照り輝く, 反射する.

'**blen·dend** ['blɛndənt] 形《述語的には用いない》《話》めくるめくような, とてもすばらしい, ピカ一の. eine Frau von ~*er* Schönheit まばゆいばかりに美しい女性. sich⁴ ~ amüsieren 大いに楽しむ. Mir geht es ~. 私は快調そのものだ.
'**Blen·der** ['blɛndər] 男 -s/- **1** 見かけ倒しの人間. **2** 《林業》〈若木に〉陽が当たるのを遮る樹木.
'**Blend·fens·ter** ['blɛnt...] 中 -s/- 《建築》めくら窓.
'**Blend·ling** ['blɛntlɪŋ] 男 -s/-e 《生物》雑種.
'**Blend·rah·men** 男 -s/- **1** カンヴァス(画布)を張るための木枠. **2** 〈窓・ドアの〉外枠.
'**Blend·stein** 男 -[e]s/-e 〈壁などの〉化粧石材.
'**Blen·dung** 女 -/-en 《複数なし》目をくらます〈くらむ〉こと, 眩惑する〈される〉こと. **2** 〈小さな〉地下壕.
'**Blend·werk** 中 -[e]s/-e 《雅》まやかし, ごまかし.
'**Bles·se** ['blɛsə] 女 -/-n 〈牛などの額にある〉白い斑(ﾏﾀﾞﾗ), 白斑(ﾊｸﾊﾝ); 白斑のある動物(とくに牛・馬).
'**Bless·huhn** ['blɛshu:n] 中 -[e]s/=er =Blässhuhn
bles·sie·ren [blɛ'si:rən] 他《古》負傷させる.
Bles·sur [blɛ'su:r] 女 -/-en《古》負傷, 怪我.
bleu [blø:] 形 《fr.》《不変化》淡い青色(スカイブルー)の.
Bleu·el ['blɔyəl] 男 -s/- 〈洗濯用の〉叩き棒.
blich [blɪç] 《古》bleichen ❷ の過去.
'**bli·che** ['blɪçə] 《古》bleichen ❷ の接続法 II.

*'**Blick** [blɪk ブリク] 男 -[e]s/-e **1** 見ること, 一瞥(ﾍﾞﾂ), 視線, 眼差(ｻﾞ). auf den ersten ~ ちらっと見ただけで, ひと目で. Liebe auf den ersten ~ ひと目惚れ. auf den zweiten ~ よく見ると. mit einem ~ すぐに. mit einem halben ~ ろくに見ずに. Wenn ~*e* töten könnten! にらみ殺すかのこわい形相(ｷﾞｮｳ)をしている. et³〈j⁵〉⁴ keines ~*es* würdigen 物〈人〉に目もくれない. den ~ heben〈senken〉 目を上げる〈伏せる〉. den ~ auf j〈et〉⁴ richten 人〈物〉に目を向ける. einen ~ in et⁴ tun 物〈本など〉をちらりと覗く. ~*e* wechseln 視線をかわす. keinen ~ von j³ wenden

人³ から目を離さない. einen ~ hinter die Kulissen werfen〈tun〉 舞台裏を覗く. **2** 《複数なし》目つき, 目の色. der böse ~ (見ただけで災いが起ると信じられた)不吉な目, 魔性(ﾏｼｮｳ)の目. **3** 眺望, 展望, 眺め. ein Zimmer mit ~ aufs Meer 海の見える部屋. **4** 《複数なし》眼力(ｶﾞﾝﾘｷ), 鑑識眼. einen ~ den richtigen ~〉 für et⁴ haben 物に眼が利〈く, (を)見る眼がある. keinen ~ für et⁴ haben 物〈人〉を見る眼がない;〈を〉眼中に入れない. einen weiten ~ haben (先の)見通しがきく. **5** 《古》閃光.

*'**bli·cken** ['blɪkən ブリケン] 自 **1** 目〈視線〉を向ける, 見る, 眺やる. beisette〈zur Seite〉 ~ わきを見る. Das lässt tief ~.《話》それはなかなか意味が深い. auf die Uhr〈nach der Uhr〉 ~ 時計に目をやる. Das Zimmer *blickt* auf die Straße〈nach der Straße〉. この部屋は街路に面している. aus dem Fenster ~ 窓から外を見る. j³ in die Augen ~ 人³ の目を見る. et³ ins Auge ~ 事³ を直視する. j⁴ in *sein* Herz ~ lassen 人⁴ に胸襟(ｷｮｳｷﾝ)を開く. in die Zeitung ~ 新聞を読む. in die Zukunft ~ 将来のことに目を向ける. Die ganze Welt *blickt* nach Peking. 全世界の目が北京に向けられている. vor sich³ hin ~ ぼんやりする目をする. finster〈sanft〉 ~ sehen 暗い〈おだやかな〉目つきをしている. Ihre Augen *blickten* fragend. 彼女の目はもの問いたげであった. **3** 顔〈姿〉を見せる, 現れる. Der Mond *blickte* durch die Wolken. 月が雲間から顔をのぞかせた. Der Zorn *blickte* aus ihren Augen. 怒りが彼女の目にあらわれていた. sich¹ ~ lassen 《話》姿を見せる. Lass dich nicht wieder hier ~！ 2度とここに姿を見せるな.

'**Blick·fang** 男 -[e]s/=e 人目を引くもの.
'**Blick·feld** 中 -[e]s/-er 視野. j〈et〉⁴ ins ~ rücken 《比喩》人〈物〉⁴ に対して世間の関心を喚起する.
'**blick·los** 形 〈目つきの〉表情のない, うつろな.
'**Blick·punkt** 男 -[e]s/-e 視線が向けられる点. im ~ der Öffentlichkeit stehen 世間の注目の的になっている. **2** 《比喩》観点, 見地.
'**Blick·win·kel** 男 -s/- **1** 視角. **2** 観点, 見地.
blieb [bli:p] bleiben の過去.
'**blie·be** ['bli:bə] bleiben の接続法 II.
blies [bli:s] blasen の過去.

*'**blind** [blɪnt ブリント] 形 **1** 目の見えない, 盲目の. von Geburt an ~ sein 生れつき目が見えない. Er ist auf dem rechten Auge ~. 彼は右目が見えない. ~*er* Fleck《医学》〈網膜の〉盲点. von Tränen ~ sein 涙で目が見えない. Bist du ~？《話》君の目は穴(ｱﾅ)かい. für〈gegen〉 et⁴ ~ sein《比喩》事⁴ に対してみる目がない. Sie ist ~ gegen seine Schwäche. 彼女は彼の欠点が見えない. sich⁴ ~ verstehen《口》たがいに息がぴったり合っている(sich は相互代名詞). Ein ~*es* Huhn findet auch〔einmal〕 ein Korn.《諺》下手な鉄砲も数打てばあたる. **2**《比喩》盲目的な, 思慮〔分別〕を欠いた, 見境のない. ~*er* Gehorsam〈Glaube〉 盲従〈盲信〉. ~*er* Zorn 見境のない怒り. ein ~*er* Zufall まったくの偶然. j³ ~ vertrauen 人³ に盲目的に信用する. Er war ~ vor Eifersucht. 彼は嫉妬のあまり分別を失っていた. Liebe macht ~.《諺》恋は盲目.《名詞的用法で》im *Blinden* tappen 闇中模索する. **3** 目に見えない, 隠れた. eine ~*e* Klippe 暗礁. ein ~*er* Passagier 無賃乗車客; 密航者. **4** 見せかけの, 無用の, 無益(ﾑｴｷ)の. 〈道の〉行きどまりの, 出〈入〉口のない. ~*er* Alarm 虚

報, 誤報. ein ~es Fenster 〖建築〗めくら窓. eine ~e Gasse 袋小路. ein ~es Knopfloch 飾りボタン穴. この通りは袋小路である. ~er Schuss 空砲射撃. Die Straße endet ~. 5 〖ガラスなどが〗曇った.
♦ ¦ blind fliegen, blind schreiben, blind spielen
'**Blind·darm** 男 -[e]s/¨e 1 〖医学〗盲腸. 2 〖話〗虫垂(ｽｲ).
'**Blind·darm·ent·zün·dung** 女 -/-en 盲腸炎, 虫垂炎.
'**Blin·de** [blɪndə] 男 女 〖形容詞変化〗盲人. Das sieht〈fühlt〉doch ein *Blinder* [mit dem Krückstock]. 〖話〗それはしごく明瞭な〈分かりきった〉ことだ. von et³ reden wie ein *Blinder* [mit dem Krückstock] von der Farbe 分かりもしないのに事³について話す. Unter [den] *Blinden* ist der Einäugige König. 〖諺〗鳥なき里のこうもり(盲人の国では片目が王様).
'**Blin·de·kuh** 女 〖次の用法でのみ〗~ spielen 目隠し鬼ごっこをする.
'**Blin·den·an·stalt** 女 -/-en 盲学校; 盲人施設.
'**Blin·den·hund** 男 -[e]s/-e 盲導犬.
'**Blin·den·schrift** 女 -/-en (Punktschrift) 点字.
'**blind flie·gen***, °'**blind¦flie·gen*** 自 (s) 〖航空〗盲目(計器)飛行をする.
'**Blind·flug** 男 -[e]s/¨e 〖航空〗盲目(計器)飛行.
'**Blind·gän·ger** [..gɛŋɐr] 男 -s/- 1 〖軍事〗不発弾. 2 〖話〗だめ男, ろくでなし.
'**blind·gläu·big** 形 盲信的な.
'**Blind·heit** 女 -/ 1 盲, 盲目. die völlige ~ 全盲. 2 〖比喩〗無知, 蒙昧(ﾓｳﾏｲ), 無分別. [wie] mit ~ geschlagen sein 目つぶしを食らったようになる, 何も分からなくなる(↓〖旧約〗列王19:11, 申命28:28).
'**Blind·holz** 中 -es/ (合板の芯にする)心板.
'**blind·lings** [blɪntlɪŋs] 副 盲目的に, 無批判に; 見さかいもなく, やみくもに.
'**Blind·schlei·che** [ˈblɪnt-ʃlaɪçə] 女 -/-n 1 〖動物〗あしなしとかげ. 2 〖隠〗目の見えない(盲人のふりをしている)乞食(ｵﾓﾅｲ).
'**blind schrei·ben***, °'**blind¦schrei·ben*** 自 (キーを見ないで)ブラインドタッチでタイプライターで打つ.
♦ 専門用語では分離動詞の形も用いる.
'**Blind·spiel** 中 -[e]s/¨e チェスの空(ｿﾗ)指し.
'**blind spie·len**, °'**blind¦spie·len** 自 チェスの空指しをする. ♦ 専門用語では分離動詞の形も用いる.
blink [blɪŋk] 形 〖成句で〗~ und blank ぴかぴかの.
'**blin·ken** [ˈblɪŋkən] ❶ 自 ぴかぴか光る, 輝く; 光を点滅させる. Die Sterne *blinken* am Himmel. 空に星がまたたいている. Der Wagen *blinkte* links. 車が左折のウインカーを出した. mit den Augen ~ 目をぱちぱちさせる. ❷ 他 (事を)点滅信号で知らせる.
'**Blin·ker** [ˈblɪŋkɐr] 男 -s/- 1 スプーン(釣りに使う金属製ルアー). 2 (自動車の)ウインカー.
'**blin·kern** [ˈblɪŋkɐrn] 自 1 (blinken) ぴかぴか光る, 輝く. 2 mit den Augen ~ 目をぱちぱちさせる. 3 スプーンを使う(釣り). ▶↑Blinker 1
'**Blink·feu·er** 中 -s/- (Leuchtfeuer)(航空・船舶のための)標識灯火(灯台など).
'**Blink·licht** 中 -[e]s/-er 点滅式交通信号.
'**Blink·zei·chen** 中 -s/- 点滅(閃光)信号.
'**blin·zeln** [ˈblɪntsəln] 自 まばたきする; 目くばせ(ウィンク)する.
Blitz [blɪts ブリッツ] 男 -es/-e (↓blitzen) 1 稲妻, 稲光, 雷光. Der ~ hat in den Baum eingeschlagen. 雷がその木に落ちた. ein kalter ~ 火災にならない落

雷. ein ~ des Geistes 〖比喩〗才気のひらめき. einschlagen wie ein ~ (ニュースなどが)突然入って大騒ぎをひき起こす. mit den Augen ~ e schießen 目をみはって(激怒して)にらみつける. vom ~ erschlagen〈getroffen〉werden 雷に打たれる. wie vom ~ getroffen 雷に打たれたように. [schnell] wie der ~ / wie ein geölter ~ 電光石火のごとく. wie ein ~ aus heiterem Himmel 青天の霹靂(ﾍｷﾚｷ)のように. Polz ~! 〖古〗こいつはおったまげた. 2 〖話〗(Blitzlichtの短縮)フラッシュ.
blitz.. [blɪts..] 〖接頭〗形容詞につけて意味を強める. *blitz*dumm 大馬鹿の. *blitz*schnell 電光石火の.
'**Blitz·ab·lei·ter** 男 -s/- 避雷針. j¹ als ~ benutzen〈vorschieben〉〖比喩〗人¹に八つ当りする.
'**blitz·ar·tig** 形 (光・輝きなどが)稲妻のような; 電光石火の, きわめて迅速な.
'**blitz·blank** 形 ぴかぴかの, 真新しい.
★'**blit·zen** [ˈblɪtsən ブリッツェン] ❶ 非人称 *Es blitzt*. 稲光がする, 稲妻が走る. Bei dir *blitzt es*. 〖戯〗下着(ｽﾘｯﾌﾟ)がのぞいていますよ. ❷ 自 1 ぴかっと光る, 閃(ﾋﾗﾒ)く; (掃除・手入れをして)ぴかぴかである. Ein Dolch *blitzte* in seiner Hand. 彼の手に七首(ｱｲｸﾁ)がきらりと光った. Die Küche *blitzt*. 台所がぴかぴかに掃除してある. 2 〖古〗ストリーキングをする(全裸で駆抜ける). ❸ 他 〖話〗フラッシュをたいて撮影する.
'**Blit·zes·schnel·le** 女 〖次の成句で〗mit〈in〉~ 電光石火のように, きわめて迅速に.
'**Blitz·ge·rät** 中 -[e]s/-e 〖写真〗フラッシュ(装置).
'**Blitz·ge·spräch** 中 -[e]s/-e 特別至急通話.
'**Blitz·kar·rie·re** 女 -/-n (話)とんとん拍子の出世.
'**Blitz·krieg** 男 -[e]s/-e 〖軍事〗電撃戦.
'**Blitz·licht** 中 -[e]s/-er 〖写真〗フラッシュ.
'**Blitz·licht·auf·nah·me** 女 -/-n フラッシュ撮影.
'**Blitz·mä·del** 中 -s/- 1 〖軍〗(第2次世界大戦のときの)女子通信助手. 2 〖古〗才たけた(利口な)娘.
'**Blitz·mer·ker** 男 -s/- 1 〖話〗呑込み(理解)の早い人. 2 〖反語〗呑込みの遅い(のろまな)人.
'**blitz·sau·ber** 形 1 〖話〗きれいに掃除した, ぴかぴかの. 2 〖南ド〗(女の子が)小ざっぱりしてチャーミングな.
'**Blitz·schlag** 男 -[e]s/¨e 落雷.
'**blitz·schnell** 形 電光石火の.
'**Blitz·strahl** 男 -[e]s/-en 稲妻.
'**Blitz·zug** 男 -[e]s/¨e 超特急列車.
'**Bliz·zard** [ˈblɪzɐrt, ˈblɪzəd] 男 -s/-s (*engl.*)〖気象〗ブリザード(極地に吹く猛烈な雪あらし).
Bloch¹ [blɔx] 男 中 -[e]s/-e (Blöcher)(↓Block)〖南ド〗(Holzblock) 丸太.
Bloch² 〖人名〗Ernst ~ エルンスト・ブロッホ(1885-1977, ドイツの哲学者).
★**Block** [blɔk ブロック] 男 -[e]s/Blöcke(-s) 1 〖複数 Blöcke〗(木材・金属・岩石などの)大きな塊(ｶﾀﾏﾘ), ブロック; 丸太, 切株; 切石, 石材, コンクリートブロック; 鋳塊(ﾁｭｳｶｲ). 2 (都市の)1 区画, ブロック; 〖政治〗ブロック, 圏, 連合. 3 (はぎ取り式の)1 とじ, 1 冊; 〖郵趣〗(切手の)シート. 4 台木, 台盤; まな板, 調理台;(刑具としての)さらし台, 断頭(斬首)台. 5 〖複数 Blocks〗〖鉄道〗閉塞(信号操作によって1区間内に1列車しか入れないようにすること); 〖ﾃﾆｽ〗ブロック; 〖球技〗(バレーボールなどの)ブロック. 6 〖複数 Blöcke〗〖医学〗心ブロック; 〖心理〗(思考・言語の)途絶, 阻害.
Blo·cka·de [blɔˈkaːdə] 女 -/-n (↓blockieren) 1 封鎖. eine ~ über ein Land verhängen ある国を封鎖する. 2 〖印刷〗げたばき箇所(伏せ字の箇所).

Blö·cke ['blœkə] Block の複数.
'blo·cken ['blɔkən] 他 **1** 〖鉄道〗(ある区間を)閉塞する(↑Block 5). **2** 〖蹴球〗(相手の攻撃を)ブロックする. **3** 《南ヾ》(床を)磨きたてる.

'Block·flö·te 女 -/-n 〖楽器〗ブロックフレーテ, リコーダ, 縦型フルート.
'block·frei 形 〖政治〗どのブロック(陣営)にも属さない. ~e Staaten / die Blockfreien 非同盟諸国.
'Block·haus 中 -es/⸚er 丸太小屋.
'blo·ckie·ren [blɔ'kiːrən] 他 **1** 〖鉄道〗(ある区間を)閉塞する(↑Block 5); (国・都市・港湾などを)封鎖する, (道路・交通を)ふさぐ, 遮断する; (供給を)止める, 断つ; (機器を)一時的に止める; (人%の行動を邪魔(妨害)する. **2** 〖医学〗(神経節・神経を)遮断する. **3** 〖球技〗(相手を)ブロックする. **4** 〖印刷〗げたをはかせる(↑Blockade 2). ❷ 自 (機械などが)動かない.
Blo·ckie·rung 女 -/-en **1** 閉塞(する)こと. **2** 〖心理〗(思考・言語の)途絶, 阻害.
'Blocks·berg 男 -[e]s/〖地名〗der ~ ブロックスベルク(魔女たちが集まる場所とされたブロッケン山の民間伝承での呼び名, ↑Brocken²).
'Block·schrift 女 -/〖活字〗ブロック(字)体.
'Block·stun·de 女 -/-n 〖教育〗2時間授業.
'Block·sys·tem 中 -s/-e 〖鉄道〗閉塞装置 (↑Block 5).
blöd [bløːt] 形 **1** =blöde. **2** 《ミ》(料理が)水くさい, 風味がない. **3** 《ミ》(布地などが)すり切れた.
'blö·de ['bløːdə] 形 **1** 《古》精神薄弱の. **2** 《話》退屈な, 面白くない. **3** 《話》馬鹿な, のろまな, くずな. Sei doch nicht so ~, das abzulehnen! それを断るなんて馬鹿なことはするな. **4** 《話》いやな, 具合の悪い. So ein ~s Wetter! なんていやな天気なんだ. Es ist zu ~, dass er noch nicht hier ist. 彼がまだ来ていないなんてまったく頭にくる. ❷ 副 頑張の.
Blö·de·lei [bløːdə'laɪ] 女 -/-en わざと馬鹿の真似をすること, おどけ.
'blö·deln ['bløːdəln] 自 《話》わざと馬鹿の真似をする, おどける, 下らないことを言う.
'Blöd·heit 女 -/ **1** 精神薄弱. **2** 愚かさ; 馬鹿な真似; つまらぬ事, 退屈さ.
'Blö·di·an ['bløːdiaːn] 男 -[e]s/-e のろま, くず, すかたん.
'Blö·dig·keit ['bløːdɪçkaɪt] 女 -/ 《古》 **1** 内気, はにかみ. **2** のろさ, 無知.
'Blöd·ling ['bløːtlɪŋ] 男 -s/-e 馬鹿者, うすのろ.
'Blöd·mann ['bløːtman] 男 -[e]s/⸚er 《話》馬鹿, うすのろ.
*_**'Blöd·sinn**_ ['bløːtzɪn] 男 -[e]s/ **1** 〖医学〗精神薄弱, 痴呆. **2** 《話》下らない(馬鹿げた)こと, 愚行. höherer ~ / ~ zum Quadrat 《戯》愚にもつかぬこと, ナンセンス. ~ machen 馬鹿な真似をする.
'blöd·sin·nig [...zɪnɪç] 形 **1** 〖医学〗精神薄弱の, 痴呆の. **2** 《侮》下らない, つまらない, 愚かな.
'blö·ken ['bløːkən] 自 (羊・牛が)めえ(もお)と鳴く.
*_**blond**_ [blɔnt ブロント] 形 ブロンドの, 亜麻色の(髪)の, 金髪の; 淡黄色の. ~es Bier (ふつうの)淡色ビール. ein ~es Gift 《戯》(妖しい)金髪美人.
'Blon·de¹ ['blɔndə] [形容詞変化] ❶ 男女 ブロンドの女(男). ❷ 中(女)ein [kühles]~s / eine [kühle]~ 1杯の淡色ビール; 《ベル》1杯のヴァイスビール(Berliner Weiße).
'Blon·de² ['blɔndə, blõːd] 女 -/-n (fr.) ブロンド亜麻色の絹のレース.

'blon·die·ren [blɔnˈdiːrən] 他 (髪を)ブロンドに染める.
Blon·di·ne [blɔnˈdiːnə] 女 -/-n ブロンドの女.

bloß

[bloːs ブロース] ❶ 形 《比較変化なし》 **1** 裸の, むきだしの, 裸形の《名》. auf der ~en Erde 地べたにじかに. mit ~em Auge 肉眼(裸眼)で. mit ~en Händen〈Füßen〉素手〈はだし〉で. mit ~em Kopf 帽子をかぶらずに. nackt und ~ まる裸で. **2** ただそれだけの, 単なる. Der ~e Gedanke daran macht mich schaudern. そう考えただけで私は身の毛がよだつ. auf den ~en Verdacht hin 疑わしいというだけで. im ~en Hemd シャツ1枚で. mit ~en Worten 口先だけで.
❷ 副 (nur) 単に, ただ…だけ. Er denkt ~ an sich⁴. 彼は自分のことしか考えない. ~ noch もう…しかない. Sie ist nicht ~ schön, sondern auch reich. 彼女は美人であるだけでなく金もある. 《命令・疑問を強めて》Geh mir ~ aus dem Wege! どいてくれないか. Was soll ich ~ machen? 一体どうしろと言うんだ.
'Blö·ße ['bløːsə] 女 -/-n **1** はだか, 裸体, 裸形《名》. **2** 弱点, 弱み, すき. sich³ eine ~ geben 弱み(すき)を見せる, 恥をかく. dem Gegner eine ~ bieten 相手につけ入るすきを与える. **3** 〖スポーツ〗タッチ(タッチ)の有効面. **4** (森の)空き地. **5** 毛を抜いた原皮.
'bloß·le·gen 他 (隠れているものを)掘出す, 明るみに出す.
'bloß·lie·gen* 自 露呈している, むきだしになっている.
'bloß·stel·len 他 (blamieren)(人⁴の)欠点(弱み, 無知)をさらけだす, (を)さらし者(物笑い)にする. sich⁴ ~ さらし者(物笑い)になる, 恥をかく.
'Bloß·stel·lung 女 -/-en さらし者(物笑い)にする(される)こと, 恥さらし; (秘密などの)暴露.
Blou·son [bluˈzõː] 男中 -s/-s (fr.) 〖服飾〗ブルゾン(裾を絞ったジャンパー型のジャケット).
'blub·bern ['blʊbərn] 自 《話》 **1** ぶくぶく泡だつ. 《非人称的に》 Es blubbert in meinem Bauch. 私はお腹がごろごろ鳴る. **2** ぼそぼそと話す.
'Blue·jeans ['bluːdʒiːns, ˌbluːˈdʒiːnz] 複 (-/-s) (engl.) ブルージーンズ, ジーパン.
Blues [bluːs, bluːz] 男 -/-〖音楽〗ブルース.
Bluff [blʊf, blaf, blœf] 男 -s/-s (engl.) 空威張り, はったり, こけおどし; ぺてん.
'bluf·fen ['blʊfən, 'blafən, 'blœfən] 他自 はったり(こけおどし)でだます, 一杯食わせる.

'blü·hen

['blyːən ブリューエン] 自 **1** 花が咲いている, 花をつけている, 花盛りである. Die Rosen blühen. ばらの花が咲いている. Der Garten blüht / 《非人称的に》Es blüht im Garten. 庭は花盛りである. Sie blüht wie eine Rose. 《比喩》彼女はばらのように美しい. **2** 《比喩》(商売などが)栄えて(繁盛して)いる, 活気を呈している. Sein Weizen blüht jetzt. 彼は今仕事(商売)が大いに栄えている. **3** 《話》j³ ~ (好ましくないこと)が³の身にふりかかる. Das kann mir auch noch ~. いずれは私もそんな目にあうかもしれない. Wer weiß, was uns noch blüht. 私たちの身にこの先どんなことがふりかかるか知れたものではない. **4** (鉱脈が)地表に露出している.
'blü·hend 現分 形 **1** 花盛りの, 花やいだ, 若々しい; 栄えて(繁盛して)いる. ~er Stil 華麗な文体. **2** はなはだしい. eine ~e Phantasie 奔放な空想. einen ~en Schnupfen haben ひどい鼻風邪を引いている.

'**Blüm·chen** ['bly:mçən] 田 -s/- 《Blume の縮小形》小さな花, 可憐な花.
'**Blüm·chen·kaf·fee** 男 -s/-s 《話》《戯》(茶碗の底の花模様が見えるほどの)うすいコーヒー.

Blu·me

['blu:mə ブルーメ] 囡 -/-n **1** 花, 草花. die blaue ～ 青い花(ドイツロマン派の憧憬の象徴). künstliche ～n 造花. ～n in Vasen ordnen 花を花瓶に活ける. ～n streuen (結婚式で)花を蒔(ま)く. j³ ～n auf den Weg streuen《比喩》人³を喜ばせるようなことをする. ～n〈Blümchen〉suchen gehen《婉曲》はばかり[トイレ]に行く. et⁴ durch die ～ sagen 事⁴(批判など)を遠回しに言う. Vielen Dank für die ～n!《反語》(批判などに対して)よく言ってくれたものだね. **2** (ワインの香り, アロマ; ビールの花(注ぎたてのビールの泡). **3** 牛のもも(肉). **4**《猟師》(兎の尻尾, 〈狐・狼の尾の末端の白い部分〉, (馬の額の白斑(はん)).
'**Blu·men·ar·ran·ge·ment** [..arãʒəmã:] 田 -s/-s 盛り花, 生け花.
'**Blu·men·beet** 田 [e]s/-e 花壇.
'**Blu·men·bin·der** 男 -s/- 《学》Florist 1
'**Blu·men·blatt** 田 -[e]s/⸚er 花弁, 花びら.
'**Blu·men·er·de** 囡 -/-n 草花栽培用の土.
'**Blu·men·ge·schäft** 田 -[e]s/-e 花屋, 生花店.
'**Blu·men·kas·ten** 男 -s/⸚ プランター.
'**Blu·men·kohl** 男 -[e]s/-e カリフラワー, 花キャベツ.
'**blu·men·reich** 形 **1** 花の多い, 花いっぱいの. **2**《比喩》美辞麗句の多い.
'**Blu·men·spra·che** 囡 -/ 花言葉.
'**Blu·men·stock** 男 -[e]s/⸚e 鉢植えの草花.
*'**Blu·men·strauß** ['blu:mənʃtraʊs ブルーメンシュトラォス] 男 -es/⸚e 花束, ブーケ.
'**Blu·men·stück** 田 -[e]s/-e 花を描いた静物画.
'**Blu·men·tier** 田 -[e]s/-e (ふつう複数で)《動物》さんご(虫), 花虫類.
'**Blu·men·topf** 男 -[e]s/⸚e 植木鉢. Damit kannst du[bei mir] keinen ～ gewinnen.《話》そんなことをしたってどうにもならないよ, 私には効き目がないよ.
'**Blu·men·zwie·bel** 囡 -/-n 草花の球根; 花木(ほくぼく)の鱗茎.
blü·me'rant [blymə'rant] 形《話》気分が悪い, 目まいがする. Mir wird ～ vor den Augen. 私は目の前がくらくらする.
'**blu·mig** ['blu:mɪç] 形 **1** 花のある, 花が咲き乱れた; 花のような. **2** (ワインなどについて)香り(アロマ)のある. **3**《比喩》美辞麗句をちりばめた, 美文調の.
*'**Blu·se** ['blu:zə ブルーゼ] 囡 -/-n **1** ブラウス; アノラック, ヤッケ, (軍服などの)上衣. ein [satt] gefüllte ～ haben / [ganz schön] etwas in〈unter〉der ～ haben《卑》(女性について)いい胸をしている. **2**《若者》女の子, ギャル. eine heiße ～ ぴちぴちギャル.
'**blu·sig** ['blu:zɪç] 形 ブラウスのような.

Blut

[blu:t ブルート] 田 -[e]s/-e《医学》血液. j³ ～ entnehmen人³から採血する. ～ husten〈spucken〉喀血(かっけつ)〈吐血〉する. das ～ stillen 止血する. ～ übertragen〈spenden〉輸血〈献血〉する. **2**《複数なし》血. 血統の, 血の気, 血の色, 血統, 血統, 気質, 気性. das ～ Christi [e][宗教]キリストの血, 聖血(ミサ・聖餐式のさいに拝領する聖別された赤ぶどう酒). ～ und Boden《歴史》血と土(民族と領土との結びつきを強調するナチスのスローガン). das mütterliche ～ 母方の血筋. sein eigen Fleisch und ～《雅》彼の血

分けた子供(たち). ein junges ～《雅》若い人. wie Milch und ～ aussehen 血色がよい. Das ～ stieg ihm in den Kopf. 彼は頭に血が上った. Das ～ erstarrte ihm in den Adern. 彼は全身の血が凍りついた. Ihm kochte das ～ in den Adern.《雅》彼は全身の血が煮えくり返った. Alles ～ war aus ihrem Gesicht gewichen. 彼女の顔から血の気が引いた. Vor Scham schoss ihr das ～ ins Gesicht. 恥ずかしさのあまり彼女の顔に朱(しゅ)がさした. An seinen Händen klebt ～. 彼の手は血に汚れている(彼は人を殺した). [Nur] ruhig ～!《話》落着くんだ. die Bande des ～es《雅》血の絆. kaltes ～ bewahren 冷静を保つ. blaues ～ [in den Adern] haben 名家(貴族)の出である. dickes ～ haben 鈍重(のろま)である. feuriges〈heißes〉～ haben 気性が激しい. ～ geleckt haben《話》味をしめる. böses ～ machen〈schaffen〉不興を買う. ～ und Wasser schwitzen《話》ひどく興奮(心配)する; 四苦八苦(悪戦苦闘)する. neues〈frisches〉～ zuführen《話》(職場などに)新しい血を入れる.《前置詞と》bis aufs ～ 徹底的に, とことん. ein Kampf bis aufs ～ 血みどろの戦い. j⁴ bis aufs ～ peinigen 人⁴をとことん苦しめる. **in** seinem ～ liegen 血まみれである. Die Musik liegt〈steckt〉ihm im ～. 彼は生まれつき音楽の才能がある. im ～ waten《雅》大量殺戮をする. Diese Musik geht ins ～. この音楽は大いに血を沸かせる. **mit** kaltem ～ 冷静に. mit ～ getränkt sein (土地などが)血に塗られている, 血にまみれている. wie mit ～ übergossen 顔を真赤にして.
♦↑blutbildend, blutreinigend, blutstillend
'**Blut·ader** 囡 -/-n (Vene) 静脈(じょうみゃく).
'**Blut·al·ko·hol** 男 -s/《医学》血中アルコール.
'**Blut·an·drang** 男 -[e]s/-e 充血, 鬱血(うっけつ). ～ nach dem Kopf《話》のぼせ.
'**blut·arm** 形 **1**《医学》貧血(症)の. **2**《話》虚弱な, ひ弱い. **3** ['--] 非常に貧しい, 赤貧の.
'**Blut·ar·mut** 囡 -/《医学》(Anämie) 貧血(症).
'**Blut·bad** 田 -[e]s/⸚er 虐殺, 大量殺戮(さつりく).
'**Blut·bahn** 囡 -/-en 血行路, 血管網.
'**Blut·bank** 囡 -/-en 血液銀行.
'**Blut·bild** 田 -[e]s/-er《医学》**1** 血液検査. **2** 血液像.
'**blut·bil·dend** 形 造血力(造血作用)のある. ♦Blutbildend とも書く.
'**Blut·bla·se** 囡 -/-n 血まめ.
'**Blut·bre·chen** 田 -s/ 吐血.
'**Blut·druck** 男 -[e]s/《医学》血圧.
'**Blut·durst** 男 -[e]s/《雅》血に対する渇き(飢え), 殺意, 嗜虐(しぎゃく)癖.
'**blut·durs·tig** 形 血に渇いた(飢えた), 残忍な.
*'**Blü·te** ['bly:tə ブリューテ] 囡 -/-n **1**《植物》花;《比喩》華(はな), 精華, えり抜きのもの. eine männliche〈weibliche〉～ 雄花〈雌花〉. Die ～ öffnet sich⁴. 花が開く. ～n treiben (植物が)花をつける. seltsame〈sonderbare/wunderliche〉～n treiben《比喩》妙な結果を惹き起す. üppige ～n treiben 花をいっぱいつける;《比喩》根も葉もない話を次々に考えだす. aus jeder ～ Honig saugen wollen あらゆるものからただ利益を得たい. **2**《複数なし》開花, 花盛り, 開花期, 全盛期. in voller〈höchster〉～ stehen 満開(花盛り)である; 絶頂期(最盛期)にある. in der ～ des Lebens〈seiner Jahre〉生涯の一番よい時期に. **3**《話》にせ札. **4**《話》吹き出物. **5**《俗》役立たず, ぼんくら.
'**Blut·egel** 男 -s/-《動物》蛭(ひる).

bluten

*'**blu·ten** ['blu:tən] ブルーテン 自 **1** 出血する,血を流す.Seine Nase *blutet*. / Er *blutet* aus der Nase. 彼は鼻血を出す.wie ein Schwein ~ 《話》おそろしく出血する.für die Freiheit ~ 自由のために血を流す(死ぬ).《再帰的に》*sich*⁴ zu Tode ~ 出血多量で死ぬ.Mir schlägt das Herz, wenn ich daran denkt.《比喩》それを思うと私は胸が痛む.《現在分詞で》*blutenden* Herzens / mit *blutendem* Herzen 断腸の思いで.**2**《比喩》(樹木が切口から)樹脂を出す,(ぶどうが)果汁を滴(シタタ)らす.(漆喰が)汗をかく;《下地の顔料が)にじみでる.**3** tüchtig⟨schön⟩ ~ müssen《話》(金を)たっぷりしぼり取られる.

'**Blü·ten·blatt** 中 -[e]s/ⸯer 花弁,花びら.
'**Blü·ten·knos·pe** 女 -/-n 花芽(ハナメ),蕾(ツボミ).
'**Blü·ten·le·se** 女 -/-n 詞華集,アンソロジー.
'**Blü·ten·pflan·ze** 女 -/-n《植物》顕花(ケンカ)植物.
'**Blü·ten·stand** 男 -[e]s/ⸯe《植物》花序(カジョ).
'**Blü·ten·staub** 男 -[e]s/《植物》(Pollen) 花粉.
'**Blut·ent·nah·me** 女 -/-n《医学》採血.
'**blü·ten·weiß** 形《比較変化なし》純白の.
'**Blu·ter** ['blu:tər] 男 -s/-《医学》血友病患者,出血性素因者.
'**Blut·er·guss** 男 -es/ⸯe《医学》血腫.
'**Blu·ter·krank·heit** 女 -/《医学》(Hämophilie) 血友病.
'**Blut·er·satz** 男 -es/《医学》血液代替剤,代用血液.
'**Blü·te·zeit** 女 -/-en 開花期;《比喩》最盛(全盛)期.
'**Blut·farb·stoff** 男 -[e]s/-e《生物》(Hämoglobin) 血色素,ヘモグロビン.
'**Blut·ge·fäß** 中 -es/-e《医学》(Ader) 血管.
'**Blut·geld** 中 -[e]s/ **1**《歴史》(a) (Wergeld)(古代ゲルマン法で殺人者側から被害者の氏族に支払われる)贖罪(ショクザイ)金.(b)(中世に行われた)殺人犯密告(引渡し)報償金.**2**(暗殺依頼または寝返りに対する)謝金.
'**Blut·ge·rinn·sel** 中 -s/- 凝血塊.
'**Blut·ge·rüst** 中 -[e]s/-e《雅》断頭(処刑)台.
'**Blut·gier** 女 -/=Blutdurst
'**blut·gie·rig** 形 =blutdürstig
'**Blut·grup·pe** 女 -/-n 血液型.
'**Blut·hoch·druck** 男 -[e]s/《医学》高血圧(症).
'**Blut·hoch·zeit** 女 -/ die Pariser ~《歴史》パリの血の結婚式,聖バルテルミの夜の大虐殺(↑Bartholomäus).
'**Blut·hund** 男 -[e]s/-e **1**《動物》ブラッドハウンド(イギリス産の猟犬).**2**《比喩》血に飢えた(残忍な)人間.
*'**blu·tig** ['blu:tɪç] ブルーティヒ 形 **1** 血のついた,血まみれの.~*e* Hände 血まみれの手.~*er* Kot《医学》血便.sich³ die Hände ~ machen 手を血で汚す.sich⁴ ~ machen《話》血まみれになる.j⁴ ~ schlagen 人⁴を殴って血を流させる.~*es* Handwerk《比喩》血なまぐさい職業(殺し屋).ein ~*er* Kampf 血みどろの戦い.~*e* Rache nehmen 残虐な復讐をとげる.**3**《付加語的用法のみ》非常な,まったくの.ein ~*er* Anfänger⟨Laie⟩ ずぶの素人.Es ist mein ~*er* Ernst. / Mir ist es ~ *er* Ernst. (それについて)僕は大まじめなんだ.~*e* Tränen weinen 血涙(ケツルイ)をしぼる.
'**blut·jung** ['blu:t'jʊŋ] 形 うら若い.
'**Blut·kon·ser·ve** 女 -/-n 保存血液.
'**Blut·kör·per·chen** 中 -s/-《解剖》血球.rotes ⟨weißes⟩ ~ 赤⟨白⟩血球.
'**Blut·krebs** 男 -es/-e《医学》白血病.

'**Blut·kreis·lauf** 男 -[e]s/ⸯe《医学》血液循環.
'**blut·leer** 形 **1** 血の気のない,貧血の.**2**《比喩》表現力の乏しい,精彩のない.
'**Blut·lee·re** 女 -/《医学》駆血,虚血(キョケツ).
'**Blut·op·fer** 中 -s/《雅》(戦争などの)犠牲者.
'**Blut·plas·ma** 中 -s/..men [..mən]《医学》血漿(ケッショウ).
'**Blut·pro·be** 女 -/-n《医学》血液検査;(検査のための)採血.
'**Blut·ra·che** 女 -/ 血讐(ケッシュウ).♦ 古代ゲルマン社会で氏族の一員が別の氏族の者に殺されたとき加害氏族に対して行われた血の復讐.
'**blut·rei·ni·gend** 形 浄血作用のある.♦ Blut reinigend とも書く.
'**blut·rot** 形 血のように赤い,真っ赤な.
'**blut·rüns·tig** [..rʏnstɪç] 形 血に飢えた;血なまぐさい,残酷な.ein ~*er* Roman 残酷小説.
'**Blut·sau·ger** [..zaʊɡər] 男 -s/- **1**《動物》吸血虫(蚤・蚊など);吸血こうもり.**2** 吸血鬼,ヴァンパイア;《比喩》他人を食いものにする人.
'**Bluts·bru·der** 男 -s/ⸯ 血盟の友,盟友.
'**Bluts·brü·der·schaft** 女 -/-en 血盟関係.
'**Blut·schan·de** 女 -/ **1**《法制》(Inzest) 血族間の性交,近親相姦.**2** 血の汚辱(ナチス時代の異人種間の,とくにユダヤ人との性交).
'**blut·schän·de·risch** 形 近親相姦の.
'**Blut·schuld** 女 -/《雅》殺人罪.
'**Blut·sen·kung** 女 -/-en《医学》血球沈降,血沈.
'**Blut·se·rum** 中 -s/..ren [..rən] (..ra [..ra])《医学》血清.
'**Bluts·freund** 男 -[e]s/-e =Blutsbruder
'**Blut·spen·der** 男 -s/- 供血者;献血者.
'**Blut·spur** 女 -/-en 血痕.
'**Blut·stau·ung** 女 -/-en《医学》鬱血.
'**blut·stil·lend** [..ʃtɪlənt] 形 止血(用)の.♦ Blut stillend とも書く.
'**Blut·stuhl** 男 -[e]s/《医学》血便.
'**Blut·sturz** 男 -es/ⸯe **1**《医学》大出血.**2**《話》(口・鼻からの)ひどい出血.
'**bluts·ver·wandt** 形 血縁の,近親の.
'**Bluts·ver·wandt·schaft** 女 -/-en 血縁(関係).
'**Blut·tat** 女 -/-en《雅》兇行,殺人.
'**Blut·tau·fe** 女 -/-n《キリスト教》血の洗礼(受洗前の殉教死).
'**Blut·trans·fu·si·on**, '**Blut·über·tra·gung** 女 -/-en《医学》輸血.
'**Blu·tung** ['blu:tʊŋ] 女 -/-en **1** 出血.**2** 月経.
'**blut·un·ter·lau·fen** 形 皮下溢血(イッケツ)した,(目が)充血した.
'**Blut·un·ter·su·chung** 女 -/-en 血液検査.
'**Blut·ver·gie·ßen** 中 -s/ 流血(の惨事).
'**Blut·ver·gif·tung** 女 -/-en《話》(Sepsis) 敗血症.
'**Blut·wä·sche** 女 -/-n《医学》**1** 血液透析.**2** 交換輸血.
'**blut·we·nig** 形《付加語的には用いない》《話》ごく僅かの.
'**Blut·wurst** 女 -/ⸯe ブラッド・ソーセージ(豚の肉・脂に血をまぜて作る).
'**Blut·zeu·ge** 男 -n/-n (Märtyrer) 殉教者.
'**Blut·zoll** 男 -[e]s/ (戦火・災害などの)犠牲者.
'**Blut·zu·cker** 男 -s/《医学》血糖.

BLZ [beːʔɛlˈtsɛt]《略》=Bankleitzahl

b.m.《略》=brevi manu

'b-Moll [ˈbeːmɔl, '-'-]中《記号 b》《音楽》変ロ短調.

BMW [beːʔɛmˈveː] ❶ 女-/《略》=Bayerische Motorenwerke AG バイエルン自動車製造株式会社. ❷ 男-[s]/-s ベーエムヴェー(その車の商標名).

BMX-Rad [beːʔɛmˈʔɪks..]中-[e]s/ʺer マウンテンバイク.

Bö [bøː] 女-/-en (ndl.) 突風, はやて.

Boa [ˈboːa] 女-/-s **1**《動物》ボア, 王蛇. **2**《服飾》ボア(毛皮・羽毛で作った女性用のえり巻き).

Bob [bɔp] 男-s/-s (↓ Bobsleigh) ボブスレー.

'bob·ben [ˈbɔbən] 自(ボブスレーで)上体を断続的に前倒しにしてスピードをつける.

'Bob·sleigh [ˈbɔpsle, ˈbɔbsleɪ] 男-s/-s (engl.; ↑ Bob) ボブスレー.

Boc·'cac·cio [bɔˈkatʃo]《人名》Giovanni ～ ジョヴァンニ・ボッカッチョ(1313–75, イタリアの小説家, 『デカメロン』 Il Decamerone の作者).

'Boc·cia [ˈbɔtʃa] 中(女)-[s]/-s (it. boccia, Kugel') ボッチャ(イタリアで盛んなボウリングに似た屋外ゲーム).

Boche [bɔʃ] 男-/-s (fr.) ボッシュ, ドイツ人(とくに第1次世界大戦時の, フランス人のドイツ人に対する蔑称).

'Bo·chum [ˈboːxʊm]《地名》ボーフム(ドイツ中西部, ノルトライン=ヴェストファーレン州の鉱工業都市).

Bock[1] [bɔk] 男-[e]s/Böcke **1** (山羊・羊・鹿・兎などの)雄. stur〈steif〉 wie ein ～ sein《話》頑迷〈石頭〉である. Das Kind hat einen ～. / Das Kind stößt der ～. 子供がだだをこねる. einen ～ auf et⁴ haben《卑》事⁴をする気がある. wenn die *Böcke* lammen 太陽が西から昇るなら. den ～ zum Gärtner machen 猫にかつお節の番をさせる(山羊に庭番をさせる). den ～ melken 無駄な(不可能な)ことをしようとする. die *Böcke* von den Schafen〈die Schafe von den Böcken〉scheiden〈sondern/trennen〉《新約》羊と山羊を分ける(マタ 25:32); 悪いものと良いものを分ける. einen ～ schießen くじる, へま(ばか)をやる. et⁴ aus ～ tun《卑》事⁴を面白半分にする. **2**《侮》野郎, やつ. So ein sturer ～! この石頭め. **3** (載せかける)台, スタンド, 架台, 脚立(㌀), スツール, ジャッキ; (体操の)跳馬; 馭者台. **4** (中世の攻城に用いた)破城槌(㌀), ラム. **5** ボック(手足の親指を締めあげる拷問具).

Bock[2] 男-s/- =Bockbier

'Bock·bei·nig 形《話》=bockig 1

'Bock·bier 中-[e]s/-e ボックビール(アルコール度の高いドイツ産黒ビール, Einbeck にちなむ).

'Böck·chen [ˈbœkçən] 中-s/- 《Bock¹の縮小形》小山羊.

'Bö·cke [ˈbœkə] Bock¹の複数.

'bo·cken [ˈbɔkən] ❶ 自 **1** (馬などが)前脚を突っぱって動かない; 後脚で跳ねる, 馬とびをする. **2**《話》(子供が)言うことをきかない; (自動車などが)てこでも動かない. **3** (山羊・羊の雌が)雄を求める, 発情している; 《卑》性交する. **4** 角(㌀)で突く. ❷ 再(sich)《地方》退屈(うんざり)する.

'bo·ckig [ˈbɔkɪç] 形 **1** 反抗的な, 強情な, 言うことをきかない. **2**《地方》退屈な. **3**《兵隊》(飛行機がエアポケットに入って)不安定な飛行状態にある.

'Bock·kä·fer 男-s/- 《虫》かみきり虫, 天牛.

'Bocks·bart 男-[e]s/-e やぎひげ. **2**《植物》ばらもんじん.

'Bocks·beu·tel 男-s/- **1** ボックスボイテル(「山羊の睾丸」の意, 18世紀以来フランケン・ワインに使用されている丸型扁平瓶). **2**《話》《複数なし》=Frankenwein

'Bocks·horn 中-es/ʺer **1** 山羊の角(㌀). **2**《複数なし》《成句で》j⁴ ins ～ jagen《比喩》人⁴を縮み上がらせる, 威圧する. sich⁴ ins ～ jagen lassen 縮み上がる, おびえる, びくびくする.

'Bock·sprin·gen 中-s/ (↓ Bock¹ 3) 馬跳び(子供の遊び)《体操》跳馬.

'Bock·sprung 男-[e]s/ʺe **1** =Bockspringen **2** 不格好な跳躍. **3**《戯》(自動車の)ノッキング.

'Bock·wurst 女-/ʺe ボックヴルスト(長いゆでソーセージ, Bockbier が出てくる 6 月頃に食べるのが).

'Bo·den [ˈboːdən ボーデン] 男-s/Böden **1** 土地, 土壌, 耕地. fruchtbarer〈sandiger〉 ～ 肥えた土地〈砂地〉. jungfräulicher〈heiliger〉 ～ 処女地〈聖地〉. Grund und ～ 地所. den ～ bearbeiten〈雅 brechen〉 土地を耕す. den ～ für j〈et〉⁴ [vor]bereiten《比喩》人〈事〉⁴のために地ならしをする. günstigen〈guten〉 ～ für et⁴ finden《比喩》事⁴をする好機を見出す. auf fruchtbaren ～ fallen《比喩》よい結果が出る, 功を奏する(↓《新約》マタ 13:8 ほか). et⁴ aus dem ～ stampfen (手品のように)物⁴をぱっと出(作り出)す. wie aus dem ～ gestampft〈gewachsen〉降って湧いたように, 突然. Vor Scham wäre er am liebsten in den ～〈im ～〉versunken. 恥ずかしさのあまり彼は穴があったら入りたかった.

2 地面; 床, 足もと. Ihm wurde der ～ unter den Füßen zu heiß. / Ihm brannte der ～ unter den Füßen.《話》彼は足もと(尻)に火がついた, やばいことになった. den ～ unter den Füßen verlieren 足元がふらつく; よりどころを失う. am ～ zerstört sein《話》打ちのめされて(へばって)いる. j⁴ zu ～ drücken《比喩》人⁴を意気消沈させる, 滅入らせる. zu ～ gehen《ｽﾎﾟｰﾂ》ダウンする. die Augen zu ～ schlagen 目を伏せる. j⁴ zu ～ strecken〈schlagen〉人⁴を打ちのめす, 殴り倒す. **3**《複数なし》《比喩》基盤, 基礎, 土台. et³ den ～ entziehen 事³(噂など)の根を絶つ. festen ～ unter den Füßen haben 立脚点がしっかりしている; 経済的に安定している. j³ den ～ unter den Füßen wegziehen 人³を経済的に破滅させる, (の)息の根を止める. sich⁴ auf schwankendem〈unsicherem〉 ～ bewegen 確固とした根拠がない. auf den ～ der Tatsache stehen 事実に立脚している. sich⁴ auf den ～ der Tatsache stellen 事実に立脚する.

4《複数なし》領域, 地域. historischer ～ 歴史的な地域. ～ gutmachen〈wettmachen〉《話》挽回する, 盛返す. [an] ～ gewinnen 勢いを得る, 広まる. 地歩を固める. [an] ～ verlieren 落目になる, 勢力を失う. auf deutschem ～ ドイツ国内(領内)で.

5 底; (河川の)床(㌀), 川底, (ケーキの)台. ein Koffer mit doppeltem ～ 二重底のトランク. eine Moral mit doppeltem ～ 二重底道徳(状況しだいでどうにも転べる道徳観), ご都合主義.

6 (Dachboden) 屋根裏部屋, 天井裏.

7《化学》蒸留塔の底の受皿.

8《体操》(Bodenturnen) 床(ﾕｶ)運動.

'Bo·den·be·ar·bei·tung 女-/-en **1**《複数なし》耕作, 2 土壌改良.

'Bo·den·be·lag 男-[e]s/ʺe (タイルなどの)床張り, 敷物.

'Bo·den·be·schaf·fen·heit 女-/ **1** 地質, 地味.

'Bo·den·fens·ter 囲 -s/- 屋根窓; 天窓.

'Bo·den·frei·heit 囡 -/《自動車》グラウンド・クリアランス(自動車の車体底面と地面との間隔).

'Bo·den·frost 囲 -[e]s/‥e 地表の霜(凍結); 地中(土壌)の凍結.

'Bo·den·haf·tung 囡 -/《自動車》(タイヤの)接地性, ロードホールディング.

'Bo·den·kam·mer 囡 -/-n 屋根裏部屋.

'Bo·den·kun·de 囡 -/ 土壌学.

bo·den·los 形《比較変化なし》1 底なしの, 底知れぬほど深い. die ~e Tiefe 底なしの深淵. 2《話》底抜けの, ひどい. ～ dumm 度しがたいほど馬鹿な.

'Bo·den·per·so·nal 囲 -s/《航空》地上勤務員.

'Bo·den·re·form 囡 -/-en《政治》土地(農地)改革.

'Bo·den·satz 囲 -es/ 1 (液体中の)沈澱物, おり. 2《俗》社会の最下層の人たち.

'Bo·den·schät·ze 地下資源.

'Bo·den·see [ˈboːdənzeː] 囲 -s/《地名》der ～ ボーデン湖(ドイツ・スイス・オーストリア 3 国にまたがる湖).

'bo·den·stän·dig 形 1 土着の, 生え抜きの, その土地(地方)特有の. 2《生物》(植物・動物が)その土地(地域)の自然環境に適した.

'Bo·den·sta·ti·on 囡 -/-en《宇宙》(人工衛星などの)地上監視中.

'Bo·den·trep·pe 囡 -/-n 屋根裏部屋への階段.

'Bo·den·tur·nen 囲 -s/《体操》床(ゆか)運動.

'Bo·den·wel·le 囡 -/-n 1 地面の(小さな)起伏. 2《放送》地上波.

Bo·dhi·satt·wa [bodiˈzatva] 囲 -s/-s (sanskr.)《仏教》菩提薩埵(ぼだいさった), 菩薩(ぼさつ).

Bod·me'rei [boːdmoˈraɪ] 囡 -/-en《経済》冒険貸借, 船舶抵当貸借.

Bo'do·ni [boˈdoːni], **Bo·do·ni-An·ti·qua** [..] 囡 -/《印刷》ボドーニ・ローマン体(イタリアの印刷業者ボドーニ Giambattista ～, 1740-1813 創案の欧文活字書体).

'Bo·dy·buil·ding [ˈbɔdibɪldɪŋ] 囲 -[s]/ (engl.) ボディービル.

'Bo·dy·check [..tʃɛk] 囲 -s/-s《アイスホッケー》ボディーチェック.

Böe [ˈbøːə] 囡 -/-n = Bö

'Bo·fist [ˈboːfɪst, boˈfɪst] 囲 -[e]s/-e = Bovist

bog [boːk] biegen の過去.

'bö·ge [ˈbøːɡə] biegen の接続法 II.

*'**Bo·gen** [ˈboːɡən] 囲 -s/- (Bögen) 1 弧, 円弧; 弓形, 湾曲, カーブ; 迂回, 回り道. einen ～ beschreiben 円弧を書く. den ～ [he]raushaben《話》こつをわきまえている, 自家薬籠中(やくろうちゅう)のものである. einen ～ machen (道・川などが)曲がる, カーブする. einen ～ um j(et) machen 人(物)をを避ける. einen ～ schlagen 弧を描く. große *Bogen* spucken《話》大ほらを吹く, 大きな顔をする. im hohen ～ hinausfliegen〈rausfliegen〉叩き(放り)出される. j⁴ im hohen ～ hinauswerfen〈rauswerfen〉人⁴を叩き(放り)出す. 2 弓; (弦楽器の)弓. ～ ansetzen (弓を弦にあてて)弾き始める. den ～ überspannen 度を過ごす. 3 (鞍の)前弓, 前橋;《建築》アーチ, 迫持(せりもち);《音楽》スラー;《体操》前方ブリッジ連続. 4《略 Bg.》(規格のサイズに裁断した) 1 枚の紙;《印刷・製本》全紙. 5 アンケート(質問)用紙; (切手の)シート; (債券・証書などの) 1 綴りの.

'Bo·gen·fens·ter 囲 -s/《建築》アーチ型の窓.

'bo·gen·för·mig 弓状の, アーチ形の.

'Bo·gen·fries 囲 -es/-e《建築》アーチ形のフリーズ.

'Bo·gen·füh·rung 囡 -/《音楽》運弓(法).

'Bo·gen·gang 囲 -[e]s/‥e 1 アーケード, 拱廊. 2《解剖》(内耳の)(三)半規管. 3《体操》倒立回転.

'Bo·gen·lam·pe 囡 -/-n アーク灯.

'Bo·gen·schie·ßen 囲 -s/ アーチェリー, 弓術.

'Bo·gen·schüt·ze 囲 -n/-n (弓の)射手; アーチェリーの選手.

'bo·gen·wei·se 全紙 1 枚ずつ. *Briefmarken* ～ kaufen 切手をシート単位で買う.

'Bo·gey [ˈboːɡi, ˈboʊɡi] 囲 -s/-s (engl.)《ゴルフ》ボギー.

'bo·gig [ˈboːɡɪç] 形 弓形の, アーチ状の.

Bo·he·me [boˈ(h)eːm, boˈ(h)ɛːm] 囡 -/ (fr.) 1 ボヘミアン(自由放縦に生きる芸術家などの総称). 2 ボヘミアンの生活, 放浪無頼.

Bo·he·mi·en [bo(h)emiˈɛː] 囲 -s/-s ボヘミアン(= Boheme).

'Boh·le [ˈboːlə] 囡 -/-n 1 厚板. 2《古》(ゆか)丘.

'Böh·me [ˈbøːmə]《男名》Jakob ～ ヤーコプ・ベーメ (1575-1624, ドイツの神秘主義的哲学者).

'Böh·me² 囲 -n/-n ベーメン(ボヘミア)人. ◆ 女性形 *Böhmin* 囡 -/-nen

'Böh·men [ˈbøːmən]《地名》ベーメン, ボヘミア(チェコの西部地方).

'Böh·mer·wald [ˈbøːmɐ..] 囲 -[e]s/《地名》der ～ ボヘミア山脈.

'böh·misch [ˈbøːmɪʃ] 形 ベーメン(ボヘミア)(人)の. *Das kommt mir* ～ *vor.* それは私にはどうも腑(ふ)に落ちない. *Das sind für mich* ～*e Dörfer.* それは私にはちんぷんかんぷんである. *et*⁴ ～ *einkaufen*《古》(とくに蚤(のみ)の市で)物⁴をくすねる.

*'**Boh·ne** [ˈboːnə] 囡 -/-n 1 豆(豆科植物, とくにインゲンまめの属をさす); コーヒー豆, カカオ豆. *blaue* ～*n*《戯》鉄砲玉. *grüne〈weiße〉* ～*n* さや隠元〈隠元豆〉. ～ *n in den Ohren haben*《話》耳が聞こえない, (人の言葉に)耳を貸さない. *nicht die* ～ ⟨*kein*⟩ *verstehen*《話》全然理解できない. *Nicht die* ～! / *Nicht die Spur von einer* ～!《話》全然, ちっとも. 2 (動物の)歯茎(はぐき). 3《服飾》ボーネ(ブラウンシュヴァイクの古い民族衣装につけた楕円形の銀ボタン).

'Boh·nen·fest 囲 -[e]s/-e《地方》豆祭り. ◆ *Dreikönige*(ご公現の祝日, 1 月 6 日)の別名. この日豆を 1 粒入れたケーキを焼く習慣から.

'Boh·nen·kaf·fee 囲 -s/ 1 コーヒー豆. 2 レギュラーコーヒー.

'Boh·nen·kraut 囲 -[e]s/‥er《植物》セイバリー.

'Boh·nen·stan·ge 囡 -/-n 1 豆の蔓(つる)を這(は)わせるための支え棒. 2《話》痩せののっぽ, 痩せぽっち.

'Boh·nen·stroh 囲 -[e]s/ 豆殻(まめがら).《比喩的に》《話》 *dumm wie* ～ ひどく鈍(にぶ)い. *grob wie* ～ ひどくがさつな. *hart wie* ～ (マットなどが)ひどく固い. *trocken wie* ～ (サラダなどが)ぱさぱさの. ～ *im Kopf haben*《話》頭が空っぽである.

'Boh·ner [ˈboːnɐ], **'Boh·ner·be·sen** 囲 -s/- 床みがきブラシ.

'boh·nern [ˈboːnɐn] 他 (床などを)磨きたてる.

'Boh·ner·wachs 囲 -es/-e 床みがきワックス.

*'**boh·ren** [ˈboːrən ボーレン] ❶ 他 1 (穴を)あける, 穿(うが)つ, (井戸などを)掘り抜く. *ein Loch in die Wand* ⟨*durch das Brett*⟩ ～ 壁(板)に穴をあける. *Metall* ⟨*Stein*⟩ ～ 金属に穴をあける《石を穿つ》. *hartes Holz* ～《比喩》困難に挑む, 労力をいとわない. *das*

Holz〈das Brett〉～, wo es am dünnsten ist《比喩》骨惜しみをする. **2** 突き刺す, 突き通す. j³ ein Messer in die Erde ～ 棒を地面に突き立てる. j³ ein Messer in〈zwischen〉die Rippen ～ 人³の胸をナイフで刺す. ein Schiff in den Grund ～ 船を撃沈する.

❷ (**sich**) (in et¹ について中に)食込む, 突き刺さる; (水が)沁込通る. Eine Zecke *bohrt sich* ins Fleisch. だにが肉に食込む. Das Flugzeug *bohrte sich* in den Boden. 飛行機が(墜落して)地面に突っ込んだ. Seine Augen *bohrten sich* in die ihren. 彼の目は食入るように彼女の目を見つめた. 《現在分詞で》ein *bohrender* Blick 食入るような視線.

❸ **1** 穴(孔)をあける; (指で)ほじくる; 試掘(ボーリング)する. in der Nase ～ 鼻をほじくる. nach〈auf〉Erdöl ～ 石油を試掘する. **2** (in j〈et〉³ 人〈物〉³に)激しい苦痛を与える, (を)ひどく苦しめる. In ihm *bohrte* die Angst, dass ……という心配が彼の心を苦しめた. ein *bohrender* Schmerz im Knie 膝の激しい疼痛(とうつう). **3** 《話》(an〈bei〉j³ 人³に)執拗にせがむ; しつこく(根掘り葉掘り)質問する.

'**Boh·rer** ['bo:rər] 男 -s/- **1**《工学》穴(孔)をあける器具; 錐(きり), ドリル, 穿孔(せんこう)器. **2** ボーリング工, 掘鑿(さく)工, 鑿岩工.

'**Bohr·fut·ter** ['bo:r..] 中 -s/-《工学》ドリル・チャック (ドリルの錐を固定する部分).

'**Bohr·in·sel** 女 -/-n 海底掘削基地.

'**Bohr·loch** 中 -[e]s/-er **1**《工学》(ドリル・中ぐり棒などによって)穿った孔, 中ぐり孔. **2**《鉱業》ボーリング孔; 発破(はっぱ)であけた孔. **3** (木材の虫食い穴.

'**Bohr·ma·schi·ne** 女 -/-n《工学》穿孔(せんこう)機, ボール盤, 中ぐり盤; 電気ドリル; 鑿岩(さくがん)機, ボーリング機.

'**Bohr·turm** 中 -[e]s/-e 油井櫓(ゆせいやぐら), ボーリング櫓.

'**Boh·rung** ['bo:ruŋ] 女 -/-en 穿孔, 中ぐり; ボーリング.=Bohrloch

'**bö·ig** ['bø:ıç] (↓ Bö) 突風(性)の, 突風を伴う, 荒れ模様の.

'**Boi·ler** ['bɔylər] 男 -s/- (*engl.*) ボイラー.

'**Bo·je** ['bo:jə] 女 -/-n ブイ, 浮標.

'**Bok·mål** ['bo:kmo:l] 中 -[s] (*norw.*) ボークモール(デンマーク語の影響を受けたノルウェー公用語の1つ).

..bold [..bɔlt] 《接尾》名詞などにつけて「習慣的に…する人」を表す男性名詞(-[e]s/-e)をつくる. Trunken-*bold* 飲んだくれ. Tugend*bold* 美徳居士.

Bo·le·ro [bo'le:ro] 男 -s **1**《音楽》ボレロ(³⁄₄拍子のスペインの民俗舞踊・舞曲). **2**《服飾》ボレロ(婦人用の短いスペイン風ジャケット).

Bo·lid [bo'li:t] 中 -[e]s/-en[-e]n 《天文》火球 (明るい流星のこと). **2**《カーレース》重量級のレーシングカー.

Bo·li·var [bo'li:var] 男 -[s]/-[s]《略 B》ボリバール(ベネズエラの通貨単位).

Bo·li·via [bo'li:via, bo'liβia] 中 (地名) =Bolivien

Bo·li·vi·a·ner [bolivi'a:nər] 男 -s/- ボリビア人.

Bo·li·vi·en [bo'li:viən] 中 (地名) ボリビア(南米中央部の共和国).

Bo·li·vi·er [bo'li:viər] 男 -s/- =Bolivianer

Böll [bœl] 《人名》Heinrich ～ ハインリヒ・ベル(1917-85, ドイツの作家).

'**Bol·le** ['bɔlə] 女 -/-n (方) **1** (Zwiebel) 玉ねぎ. **2** つぼみ, 葉芽(ようが), 花芽(かが). **3**《植物》胞子嚢. **4**《戯》(大きな)鼻. **5**《戯》靴下の穴. **6**《戯》(大きな厚みのある)懐中時計. **7** (言) じゃがいも.

'**Böl·ler** ['bœlər] 男 -s/- 《南ドイツ》**1** (16世紀の投石用)臼砲(きゅうほう). **2** (号砲・祝砲用の)小口径臼砲. **3** 大きな音をたてる花火玉.

'**böl·lern** ['bœlərn] 自 (小臼砲(きゅうほう)で)祝砲を撃つ.

'**Boll·werk** ['bɔl..] 中 -[e]s/-e **1** (軍事用の)砦(とりで), 要塞, 堡塁. **2** 防壁, とりで; (Kai) 防波堤. ein ～ des Glaubens 信仰のとりで.

Bo·lo·gna [bo'lɔnja, bo'lɔɲɲa] 中 (地名) ボローニャ(イタリア中北部の都市, 世界最古の大学がある).

Bo·lo·gne·ser [bolɔn'je:zər] **1** ボローニャの住民. **2** ボローニャ犬. ❷ 形 《不変化》ボローニャの.

Bo·lo·me·ter [bolo'me:tər] 中 -s/-《物理》ボロメーター(輻射エネルギーを測定する抵抗温度計).

Bol·sche·wik [bɔlʃe'vık] 男 -en/-i[..ki] (-en) (*russ.*) **1** (↔ Menschewik)《歴史》ボルシェヴィキ. ▶多数派の意, 1917まではレーニンに率いられたロシア社会民主労働党左派党員の別称, 1918からはロシア共産党員, 1925以後1952まではソ連共産党員をさす. **2**《俗》アカ(共産党員).

bol·sche·wi·sie·ren [..vi'zi:rən] 他 ボルシェヴィズム化する.

Bol·sche·wis·mus [..'vısmus] 男 -/《歴史》ボルシェヴィズム,《俗》(少数精鋭による一党独裁の)ソ連型共産主義.

Bol·sche·wist [..'vıst] 男 -en/-en =Bolschewik

bol·sche·wis·tisch [..'vıstıʃ] 形 ボルシェヴィズムの (ボルシェヴィキの).

'**Bo·lus** ['bo:lus] 男 -/ **1**《鉱物・彫刻》膠灰(こうかい)粘土. **2**《医学》ボールス(摂取した食物の塊(かたまり)). **3**《獣医》(牛・馬などに投与する)大粒の丸薬.

'**bol·zen** ['bɔltsən] 自《話》❶ **1** 蹴とばす, (サッカーで)ボールをやみくもに蹴る. **2**《話》殴る, (サッカーで)ラフプレーをする.

'**Bol·zen** ['bɔltsən] 男 -s/- **1** ボルト, 締め釘, ピン; 鉄栓, (昔のアイロンの)加熱部. einen ～ drehen〈loslassen〉《話》馬鹿げた(けしからん)ことをやらかす. **2** 弩(おおゆみ)の矢. **3**《鉱業》(坑道の枠開けにする)丸太の支柱. **4**《話》お手伝いさん.

'**bol·zen·ge·ra·de** 形 真っすぐな, 直立の.

Bom·ba·ge [bɔm'ba:ʒə] 女 -/-n (↓ bombieren) **1** (ガラス板・金属板の)曲げ工程. **2** (缶詰の中身が腐敗して起こる缶の膨らみ.

Bom·bar·de [bɔm'bardə] 女 -/-n **1** (中世の投石用の)臼砲(きゅうほう); (旧式の)臼砲. **2**《楽器》(オルガンの)ボンバルドン音栓; ポマー, ボンバルド(オーボエの前身).

Bom·bar·de·ment [bɔmbardə'mã:] 中 -s/-s (*fr.*) **1**《軍事》砲撃, 爆撃. ein ～ mit Briefen 手紙の殺到. **2** (サッカーで)波状攻撃.

bom·bar·die·ren [bɔmbar'di:rən] 他 **1**《軍事》爆撃(砲撃)する. **2** (に) j³(et¹)～ mit et³ 人〈物〉³に物²を投げつける. j² mit Fragen〈Vorwürfen〉～ 人²に質問(非難)の矢を浴びせる.

Bom·bast [bɔm'bast] 男 -[e]s/ (*engl.*) **1** (衣服の)詰め綿, パット. **2**《俗》誇張, 大仰な表現.

bom·bas·tisch [..tıʃ] 形 誇張した, 大仰な.

*'**Bom·be** ['bɔmbə ボンベ] 女 -/-n (*lat.* bombus, dumpfes Geräusch) **1** 爆弾. Die ～ ist geplatzt. **1**《比喩》恐れていたことがついに起こった. wie eine ～ einschlagen《比喩》(世間の)度肝を抜く. ～n und Granaten!《古》こいつは驚いた. ～n und Granaten durchfallen《話》ものの見事に落っこちる(in der Prüfung 試験に). ～n abwerfen 爆弾を投下する. mit ～n belegen 爆撃する. 《複数なし》(Atombombe) 原子爆弾. **2**《地質》火山弾. **4** (a) ～

Eisbombe (b)（ガスの）ボンベ．(c)（銀行の夜間窓口用の）手さげ金庫．(d)《山高帽》弾丸シュート．

'**bom·ben** ['bɔmbən] 他 **1** 爆撃する．Das Haus wurde *gebombt*. その家は爆撃にやられた．den Feind aus der Stadt ～ 空爆によって敵軍に町を放棄させる．**2** den Ball aufs⟨ins⟩ Tor ～《話》強烈なシュートを放つ．

'**Bom·ben·an·griff** 男 -[e]s/-e 爆撃．
'**Bom·ben·an·schlag** 男 -[e]s/-e 爆弾テロ．
'**Bom·ben·er·folg** 男 -[e]s/-e《話》大成功，大当り．
'**bom·ben·fest** 形 **1** 爆撃にも耐える．**2** [´--´-]《話》ゆるぎない，絶対確実な．Das steht ～. それは絶対大丈夫だ．
'**Bom·ben·ge·schäft** 中 -[e]s/-e《話》大儲け，大商い．
'**Bom·ben·rol·le** 女 -/-n《話》もうけ役（役者にとって受けること間違いなしの役）．
'**bom·ben·si·cher** 形 **1** 爆撃にも耐える．**2** [´--´--]《話》絶対安全（確実）な．
'**Bom·ben·stim·me** 女 -/-n（俳優・歌手の）すばらしい声（大きなよく通る声）．
'**Bom·ben·stim·mung** 女 -/…《話》愉快な気分．
'**Bom·ben·tep·pich** 男 -s/-e 絨毯（じゅうたん）爆撃．
'**Bom·ben·tref·fer** 男 -s/- **1** 直撃（命中）弾．**2** [´--´--]（みごとに決った）強烈なシュート．
'**Bom·ber** ['bɔmbər] 男 -s/- **1** 爆撃機．**2** （サッカーなどの）ポイントゲッター．

bom·bie·ren [bɔm'bi:rən] **❶** 他（ガラス板・金属板を）曲げる．**❷** 自（中身が腐敗して缶詰の缶が）膨らむ．

'**bom·big** ['bɔmbɪç] 形《話》すごい，すばらしい．
'**Bom·mel** ['bɔməl] 男 -s/-n《話》（とくに北独）(Troddel)（帽子などの）飾り総（ふさ）．
'**Bom·mer·lun·der** [bɔmər'lʊndər] 男 -s/- ボンマールンダー（ドイツから北ドイツに産する穀物酒）．
Bon [bɔŋ, bõ:] 男 -s/-s **1**（飲食物の）引換券，食券．**2**（レジで受取る）レシート．

'**bo·na fi·de** ['bo:na 'fi:də] (*lat.*, in gutem Glauben*) 善意で．
Bo·na·par·te [bona'partə]《人名》ボナパルト (Napoleon I 世の家系）．
Bo·na·par·tis·mus [bonapar'tɪsmʊs] 男 -/《歴史》ボナパルティズム（フランス 19 世紀の，Napoleon I 世の政策・家系の再興を意識する立場）．

»**Bon·bon** [bõ'bõ:, bɔŋ'bɔŋ; ボンボン] 男 -s/-s（スでは [bõ'bõ:] 中 -s/-s）(*fr.*) **1** ボンボン．sich einen⟨ein⟩ ～ ans Hemd kleben（卑）人をからかう．Mach dir keinen⟨kein⟩ ～ ins Hemd!（卑）そんな真似はよせ．**2**《比喩》逸品，魅力（みりょく）的なもの．Dieser Film ist für Kenner ein echter⟨echtes⟩ ～. この映画は通にはこたえられない．**3**《話》（丸形の）党員バッジ．

Bon·bo·n[n]·ie·re [bõbɔni'e:ra, bɔŋb..] 女 -/-n (*fr.*) **1**（ガラス・陶器などの）キャンデー入れ．**2**（キャンデー・チョコレートなどの進物用の）詰合せ．

Bond [bɔnt] 男 -s/-s (*engl.*)《経済》（とくに英米の）債券．
'**bon·gen** ['bɔŋən] 他（↓Bon）《話》（商店・飲食店で）物の代金をレジに打ち込む．
'**Bon·go**¹ ['bɔŋɡo] 中 -s/-s《楽器》ボンゴ．
'**Bon·go**² 男 -s/-s《動物》ボンゴ（アフリカ産の偶蹄目）．
'**Bön·ha·se** ['bø:nha:zə] 男 -n/-n《北》もぐり職人；へぼ職人．
'**Bon·ho·mie** [bɔno'mi:] 女 -/-n [..'mi:ən] (*fr.*) 人のよさ，好々爺（ごうごうや）ぶり；愚直さ．
Bon·homme [bɔ'nɔm] 男 -s/-s (*fr.*)《古》好人物，お人好し．
'**Bo·ni** ['bo:ni] Bonus の複数．
Bo·ni·fa·ti·us [boni'fa:tsiʊs]《男名》ボニファーティウス．der heilige ～ 聖ボニファテュウス（ドイツ人の使徒）とよばれる聖人，754 フリースラントで殉教，↑付録「聖人暦」6 月 5 日）．
Bo·ni·faz [bo:ni'fa:ts, 'bo:nifa:ts]《男名》ボニファーツ（Bonifatius のドイツ語形）．
Bo·ni·fi·ka·ti·on [bonifikatsi'o:n] 女 -/-en (*fr.*) **1** 補償，賠償．**2**《商業》値引き．**3**（税金などの）払戻し，割戻し．
bo·ni·fi'zie·ren [..'tsi:rən] 他（物）の補償をする．
Bo·ni'tät [boni'tɛ:t] 女 -/ -en (*lat.*) **1**《林業・畜産》（品質の良さ；《農業》（土地の）肥沃度，地味（ちみ）．**2**《複数なし》《商業》支払能力．
bo·ni'tie·ren [boni'ti:rən] 他（土地・生産品などを）査定する，等級づける．
Bo·ni·to [bo:'ni:to] 男 -s/-s (*sp.*)《魚》かつお．
Bon'mot [bõ'mo:] 中 -s/-s (*fr.*) うまい言回し，洒落（しゃれ），名文句，名言．
Bonn [bɔn]《地名》ボン（ドイツ連邦共和国の 1991 までの首都，Beethoven の生誕地）．
'**Bon·ne** ['bɔnə] 女 -/-n (*fr.*)《古》子守女．
'**Bon·sai** ['bɔnsai] (*jap.*) **❶** 中 -[/] 盆栽．**❷** 男 -s/-s 盆栽によって育てられた木．
'**Bo·nus** ['bo:nʊs] 男 -[ses]/-[se] (Boni) (*lat.*, gut*) **1** 特別配当金，ボーナス；割戻し（金），特別割引；奨励金；（自動車保険の）無事故割引．**2**《教育》（↔Malus 2）（条件の不利な者に与えられる）プラス点．
Bon·vi'vant [bõvi'vã:] 男 -s/-s (*fr.*) **1** 道楽者，遊冶郎（ゆうやろう）．**2**《演劇》二枚目（役）．
'**Bon·ze** ['bɔntsə] 男 -n/-n (*jap.*) **1**（仏教の）僧侶，坊主．**2**（侮）（政党などの）親分，ボス．
Bon·zo·kra'tie [bɔntsokra'ti:] 女 -/-n [..'i:ən]（侮）ボス支配，ボス政治．
'**Book·mark** ['bʊkma:k] 女 -/-s, 中 -s/-s (*engl.*)《コン》ブックマーク．
Boom [bu:m] 男 -s/-s (*engl.*) **1**《経済》好景気，にわか景気；（相場の）値上り．**2**《話》ブーム．einen ～ erleben ブームになる．
'**boo·men** ['bu:mən] 自 ブームになる．

Boot¹
[bo:t ボート] 中 -[e]s/-e (Böte) ボート，小舟．in ～ aussetzen（救命）ボートを降ろす．～ fahren ボートをこぐ．in⟨mit⟩ einem ～ fahren ボートで行く．in einem⟨im gleichen / im selben⟩ ～ sitzen《話》同じ立場（境遇，運命）にある．
Boot² 男 -s/-s (*engl.*)《コン》**1**（ふつう複数で）**1** ブーツ，長靴．**2**（馬の脚・ひづめをおおうゴム製の）馬靴．
'**boo·ten** ['bu:tən] 他 (*engl.*)《コン》起動する，立ち上げる．
Bö·o·ti·en [bø'o:tsiən]《地名》ボイオチア（ギリシア中部の地方）．
Bö·o·ti·er [..tsiər] 男 -s/- ボイオチアの人；《比喩》愚鈍な人．
bö·o·tisch [..tɪʃ] 形 ボイオチアの；《比喩》愚鈍な．
'**Boot·leg·ger** ['bu:tlɛgər] 男 -s/- (*am.*) 酒類密輸（密売，密造）者．
'**Boots·haus** ['bo:ts..] 中 -es/⸚er **1** ボートハウス，艇庫．**2**（水上スポーツの）クラブハウス．
'**Boots·mann** 男 -[e]s/-leute **1**（商船の）ボースン，甲

板(㌜)長. **2** (海軍の)一等兵曹.

Bor [bo:r] 男 -s/《記号 B》〖化学〗硼素(㌜).

'**Bo·ra** ['bo:ra] 囡 -/-s (*gr.* boreas)〖気象〗ボラ(冬アドリア海北東岸に吹く北北東の冷たい季節風).

'**Bo·rax** ['bo:raks] 男 (甲) -[es]/〖化学〗硼砂(㌝).

***Bord**[1] [bɔrt ボルト] 甲 -[e]s/-e 棚;（壁）板,ボード.

***Bord**[2] [bɔrt ボルト] 甲 -[e]s/-e ふなべり,舷側; デッキ; (上)甲板;船(飛行機)の内部.《前置詞 **an, über, von** と》**an** ～ 船内(機内)で. Alle Mann an ～! 全員甲板へ(号令). an ～ gehen 乗船(搭乗)する. **über** ～ 船上から海へ. Mann über ～! 海に落ちた者がいるぞ. über ～ gehen 船から落ちる. et⁴ über ～ werfen 物⁴を船から海に投じる;《比喩》事⁴(心配・思い出など)をかなぐり棄てる,断ち切る. **von** ～ gehen 船(飛行機)から降りる.

Bord[3] 甲 -([e]s)/-e 1 斜面, 土手, 岸辺. **2** (衣服の)へり,(織物の端.

Bör·de ['bœrdə] 囡 -/-n 沃野(㌝).

Bor·deaux [bɔr'do:] ❶ -/[..'do:s] /〖地名〗ボルドー(フランス南西部の都市). ❷ 男 -/ [..'do:(s)] / -[..'do:s] (Bordeauxwein) ボルドーワイン. -[..'do:s] (Bordeauxrot) ワインカラー,深紅色.

Bor·deaux·brü·he 囡 -/ ボルドー液(農薬).

Bor·dell [bɔr'dɛl] 甲 -s/-e 娼家, 売春宿.

'**bör·deln** ['bœrdəln] 他 (↓ Bord[2])（ブリキなどの)縁(端)を折り曲げる;（とくに)フランジを取りつける.

'**Bord·funk** 甲 -s/（船・飛行機の)無線.

bor·die·ren [bɔr'di:rən] 他 (↓ Bord[3])（衣服・織物に)縁(端)をつける.

'**Bord·kan·te** 囡 -/-n (歩道の縁石(㌝)).

'**Bord·kar·te** 囡 -/-n (飛行機の搭乗券.

'**Bord·stein** 男 -[e]s/-e Bordkante

Bor·dun [bɔr'du:n] 男 -s/-e〖音楽〗1 ブルドン(低音),保続音. **2** (オルガンのブルドン音栓,弦楽器のブルドン弦,（バグパイプの)ブルドン管.

Bor·dü·re [bɔr'dy:rə] 囡 -/-n （衣服・卓布などの)へり,縁飾り. **2** (絵画などの周りに描く飾り模様.

'**Bord·waf·fe** 囡 -/-n〖軍事〗（飛行機・軍艦・戦車などの)搭載砲.

'**Bord·zeit** 囡 -/-en （移動している飛行機・船舶の)現地時間.

bo·re·al [bore'a:l] 形 (↓ Boreas) 北の, 北方の, 亜寒帯の. ～**er** Nadelwald 北方針葉樹林(帯).

'**Bo·re·as** ['bo:reas] 男 -/ (*gr.*) **1** 《雅》北風(寒い海に吹く)北風,《雅》(一般に)冷たい北風. **2**〖ギリシア神話〗ボレアース(北風の擬人化神).

Borg [bɔrk] 男 -([e]s)/ (↓ borgen)《古》借金,掛け. 《今日では **auf Borg** の形でのみ》j³ et⁴ auf ～ geben 人³ に物⁴を掛けで売る. et⁴ auf ～ kaufen 物⁴を掛けで買う. auf ～ leben 借金暮しをする. auf ～ nehmen 物⁴を借用する.

***bor·gen** ['bɔrgən ボルゲン] 他 **1** (人³に物⁴を)貸す. **2** (sich³ von j⁴ et⁴ 人³から物⁴を)借りる, 掛けで買う;（他人の文章・考えなどを)借用(盗用,剽窃)する.《引算で》上の位から借りる.《中性名詞として》*Borgen* macht 〈bringt〉Sorgen.〖諺〗借金は心配の種. **3** (sich³ von j³ et⁴ haben) 物⁴を失敬する.

'**Bor·gia** ['bɔrdʒa]〖人名〗(*it.*) ボルジア（スペイン系イタリア貴族の家名）. Cesare ～ チェーザレ・ボルジア (1475-1507, ルネサンス期イタリアの政治家・枢機卿).

'**Bor·ke** ['bɔrkə] 囡 -/-n **1** 樹皮. **2**《とくに北ドイツ》さぶた. **3**《話》(皮膚にこびりついた)垢(㌶), 汚れ.

'**Bor·ken·kä·fer** 男 -s/-〖動物〗木食い虫.

'**bor·kig** ['bɔrkɪç] 形 **1** (樹皮のように)ひび割れた,ざらざらした. **2** かさぶたに覆われた.

Born [bɔrn] 男 -[e]s/-e《雅》(Brunnen) 泉; 源泉.

'**Bor·neo** ['bɔrneo]〖地名〗ボルネオ(マレー諸島中にある大きさ世界第 3 位の島).

bor'niert [bɔr'ni:rt] 形 偏狭な, 石頭の, 愚昧な.

Bor'niert·heit 囡 -/-en **1** (複数なし)偏狭さ, 頑迷固陋(㌝). **2** 頑迷固陋な言動.

'**Bor·retsch** ['bɔrɛtʃ] 男 -[e]s/〖植物〗るりちしゃ.

'**Bor·sal·be** 囡 -/-n 硼酸(㌝)軟膏.

Borschtsch [bɔrʃtʃ] 男 -/ (*russ.*, Bärenklau*⁵*) ボルシチ(ロシア料理独特の実の多いスープ).

*'**Bör·se** ['bœrza, 'bœrzə ベルゼ] 囡 -/-n **1**〖経済〗(為替・証券などの)市場. an der ～ spekulieren 相場を張る. **2** （株式・先物商品の)取引所, 立会い所. **3** （古）紙入れ, 財布. eine dicke ～ haben ふところが暖かい. **4** （ボクシングの)ファイトマネー.

'**Bör·sen·be·richt** 男 -[e]s/-e 株式市況ニュース.

'**Bör·sen·job·ber** [..dʒɔbər] 男 -s/- 相場師.

'**Bör·sen·kurs** 男 -es/-e〖経済〗株式(証券)相場.

'**Bör·sen·mak·ler** 男 -s/- (取引所の)仲買人.

'**Bör·sen·spe·ku·lant** 男 -en/-en 相場師, 投機家.

'**Bör·sen·ver·ein** 男 -[e]s/ ～ des deutschen Buchhandels ドイツ書籍(出版)協会.

Bör·si'a·ner [bœrzi'a:nər] 男 -s/- 《話》**1** =Börsenmakler **2** =Börsenspekulant

borst [bɔrst]《古》bersten の過去(今日では barst).

'**Bors·te** ['bɔrstə] 囡 -/-n **1** (豚・猪などの)剛毛(ごうもう) (かたい)毛(ひげ). *seine Borsten* zeigen〈aufstellen / hervorkehren〉反抗的な態度をとる. **2** (複数で)（ブラシ・刷毛(㌼)の)毛.

'**börs·te** ['bœrstə] bersten の接続法 II.

'**bors·tig** ['bɔrstɪç] 形 **1** 剛毛のある; こわい毛の, もじゃもじゃの. **2**《話》粗野な, 無愛想な, 反抗的な.

'**Bors·tig·keit** 囡 -/-en **1** (複数なし)粗野, 無愛想, ぶっきらぼう. **2** がさつ(無愛想)な言動.

'**Bor·te** ['bɔrtə] 囡 -/-n （衣服などの)縁飾り.

bös [bø:s] 形 =böse

'**bös·ar·tig** ['bø:s,ɑ:rtɪç] 形 **1** 悪意のある, 意地の悪い, 陰険な. **2**〖医学〗悪性の.

'**Bös·ar·tig·keit** 囡 -/ **1** 意地悪, 陰険さ. **2**〖医学〗悪性.

'**bö·schen** ['bœʃən] 他〖土木〗(物⁴を)法面(㌝)にする, (に)傾斜をつける.

'**Bö·schung** ['bœʃʊŋ] 囡 -/-en （道路・堤防などの)法面(㌝), 土手, 傾斜, スロープ.

'**Bö·schungs·win·kel** 男 -s/-〖測量〗傾斜角.

'**bö·se** ['bø:zə ベーゼ] 形 **1** 悪い, よくない, いやな, 不快な; 困った. eine ～ Ahnung いやな予感. eine ～ Ecke 危険な曲り角. ～*s* Wetter いやな天気. *böse* Zeiten 悪い時代. ～ ausgehen/ein ～*s* Ende nehmen 悪い結果に終る. Der Kranke ist ～ dran.《話》病人の容態が思わしくない. **2** (道徳的・宗教的に)悪い, 不道徳な; (子供が)行儀の悪い. ein ～*s* Gewissen haben 良心がとがめる. ein ～*r* Mensch 悪人. eine ～ Tat 悪い行為. **3** 悪意(敵意)のある, 陰険な, 邪悪な. der ～ Feind《婉曲》悪魔? der ～ Geist〖宗教〗悪霊, 悪魔. ein ～*r* Geist コーボルト, 小妖精. ～*r* Glaube〖法制〗悪意. ein ～*s* Mundwerk〈eine ～ Zunge〉haben 口が悪い. die ～ Sieben〖トランプ〗厄病神の 7. eine ～ Sieben 口やか

ましい女. j³ ~ Worte geben 人³に悪態(あくたい)をつく. Ich habe es nicht ~ gemeint. それは他意があって言ったことではない. **4** 怒った, 立腹した. j³ ~ machen 人⁴を怒らせる. auf j⁴〈[mit] j³ / über et³〉~ sein 人⁴に〈事⁴に〉腹を立てている. **5** 《付加語的用法のみ》《話》傷れた, 病んだ. ein ~s Knie haben 膝を傷めている. **6** 《述語的には用いない》《話》非常に(たいへん)な, ひどい. sich⁴ ~ blamieren ひどい恥さらしをする. ◆ Böse

'Bö·se [′bøːzə]《形容詞変化》❶ 男 1 悪人, 罪人. **2** der ~ 悪魔. ❷ 中 悪, 悪いこと, 悪事, 災難. nichts ~s ahnend まさか〈よもや〉と思っていたら, のんきに構えていると. das Gute und das ~ unterscheiden 善悪(正邪)の別をする. j³ etwas ~s wünschen 人³の身に悪いことがあれかしと願う. 《前置詞と》 im ~n 力ずくで. im ~n〈°bösen〉auseinander gehen 喧嘩別れする. Gutes **mit** ~n vergelten 善に報いるに悪をもってする, 恩を仇(あだ)で返す. **vom** ~n [ab]lassen 悪と手を切る. sich⁴ **zum** ~n wenden 悪化する.

'Bö·se·wicht [′bøːzəvɪçt] 男 −[e]s/−er (- - -e) **1** 《古》悪人, 悪者. **2**《話》いたずら小僧, 悪がき.

'bos·haft [′boːshaft] 形 邪悪な, 意地の悪い, 陰険な, 陰険さ. **2** 意地悪い言動, へんねし, 意地悪.

'Bos·heit [′boːshaɪt] 女 −/−en **1**《複数なし》悪意, 陰険さ. mit konstanter ~ しつこく. **2** 意地悪い〈邪険な〉言動, 嫌がらせ, いじめ.

Bos′kett [bɔs′kɛt] 中 −[e]s/−e (fr.)（ルネサンス・バロック時代の庭園の植えこみ.

'Bos·kop [′bɔskɔp] 男 −/− ボスコプ(りんごの 1 品種).

Bos·ni′a·ke [bɔsni′aːkə] 男 −/−n **1** =Bosnier **2** (18 世紀ポーランドおよびプロイセンのスラブ系の)槍騎兵. **3**《動物》ボスニア馬.

Bos·ni·en [′bɔsniən]《地名》 (Bosna) ボスニア, ボスナ (Jugoslawien 中部の地方). ~ und Herzegowina ボスニア・ヘルツェゴビナ共和国(旧ユーゴスラビア連邦を構成した共和国の 1 つ, 首都サラエボ Sarajevo).

'Bos·ni·er [′bɔsniər] 男 −s/− ボスニア(ボスナ)人.

'Bos·po·rus [′bɔspɔrʊs]《地名》der ~ ボスポラス(黒海とマルマラ海を結ぶ海峡).

Boss, °Boß [bɔs] 男 −es/−e (engl.)《話》ボス.

'Bos·se² [′bɔsə] 女 −/−n (fr.) **1**《建築》(切出した石の)粗削りな面. **2**《彫刻》(粗仕上げの)石像. **3** (金属・象牙細工などの面に盛上げた)装飾, 浮上げ彫り.

'Bo·ßel [′bɔːsəl] 男 −s/−（女 −/−n)《北ドイツ》(カーリングに似た球投げゲームの)球.

'bos·seln [′bɔsəln] ❶《話》自 **1** (an et³ 物³に)こつこつと作る, 念入りに仕上げる. **2** ボウリング(カーリング)をする. ❷ 自 =bossieren

'bo·ßeln [′boːsəln]《北ドイツ》自 球投げをする(木製のボールをすべらせて遊ぶカーリングに似たゲーム).

bos′sie·ren [bɔ′siːrən] 他 **1** (石材の)粗削りする. **2** 粘土などやわらかい素材をる)型どる.

'Bos·ton [′bɔstən, ′bɔstan] ❶《地名》ボストン((a) 米国の都市, マサチューセッツ州の州都. (b) イングランド中部の古い港町). ❷ 中 −s/− ボストン(4 人でするトランプのゲーム). ❸ 男 −s/−s ボストン・ワルツ(テンポのゆっくりしたアメリカの社交ダンス).

'bös·wil·lig [′bøːsvɪlɪç] 形 悪意の(ある); 故意の.

'Bös·wil·lig·keit 女 −/− 悪意.

bot [boːt] bieten の過去.

Bot [boːt] 中 −[e]s/−e（↓ bieten) **1**《古》命令, 召喚.

2《スイス》(Versammlung) 集会.

Bo′ta·nik [bo′taːnɪk] 女 −/ (Pflanzenkunde) 植物学.

Bo′ta·ni·ker [..nɪkər] 男 −s/− 植物学者; 植物学専攻学生.

bo′ta·nisch [..nɪʃ] 形 植物学(上)の. ein ~er Garten 植物園.

bo·ta·ni′sie·ren [botani′ziːrən] 自 植物採集をする.

Bo·ta′ni·sier·trom·mel 女 −/−n 胴乱(植物採集用の, 肩から下げる円筒状の容器).

'Böt·chen [′bøːtçən] 中 −s/− 《Boot の縮小形》小さなボート, 小舟, 扁舟(へんしゅう).

*⁎**Bo·te** [′boːtə ボーテ] 男 −n/−n **1** 使い, 使者; (郵便・新聞の)配達人, (公文書の)送達吏; (商店・会社の)使い走り. einen ~n schicken 使者を派遣する. Der hinkende ~ kommt hinterher(nach). 《諺》良いことばかりは続かない. ~ bezahlt! 配達料支払済み. **2**《雅》前触れ, きざし. Schneeglöckchen als erste ~n des Frühlings 春の先触れのゆきのはな.

'bö·te [′bøːtə] bieten の接続法 II.

'Bö·te [′bøːtə]《地方》 Boot の複数.

'Bo·ten·brot 中 −[e]s/−e《古》=Botenlohn

'Bo·ten·gang 中 −[e]s/=e 使い走り(に行くこと). j⁴ auf ~ schicken 人⁴を使いにやる.

'Bo·ten·lohn 男 −[e]s/=e 使いの駄賃.

'Bo·tin [′boːtɪn] 女 −/−nen 女の使者.

'bot·mä·ßig [′boːtmɛːsɪç] 形《古》《雅》**1** 臣従(隷属)した, 貢納の義務のある. **2** 従順な, 言いなりの.

'Bot·mä·ßig·keit 女 −/《古》《雅》支配. j⁴ unter seine ~ bringen 人⁴を自分の支配下に置く.

Bo·to′ku·de [boto′kuːdə] 男 −n/−n **1** ボトクード族 (ブラジル南部に住むインディアン). **2**《卑》無学者.

*⁎**'Bot·schaft** [′boːt·ʃaft ボートシャフト] 女 −/−en **1** 知らせ, 通知, 報告; (大統領などの)教書; 《宗教》福音(ふくいん). die Frohe ~《キリスト教》福音(主の悦ばしい知らせ). eine gute(traurige) ~ 吉報〈悲報〉. **2**《政治》草案, 勧議. **3** 大使館.

*⁎**'Bot·schaf·ter** [′boːt·ʃaftər ボートシャフター] 男 −s/− 大使.

'Bot·schafts·rat 男 −[e]s/=e 大使館付き参事官.

Bott [bɔt] 中 −[e]s/−e《スイス》=Bot

'Bött·cher [′bœtçər] 男 −s/− 桶屋(おけや), 桶職人.

Bot·ti·cel·li [bɔtti′tʃɛlli]《人名》Sandro ~ サンドロ・ボッティチェッリ(1444-1510, イタリアルネサンス期の画家).

'Bot·tich [′bɔtɪç] 男 −[e]s/−e 木桶.

Bo·tu′lis·mus [botu′lɪsmʊs] 男 −/《医学》(おもに食肉による)ボツリヌス中毒.

Bou·clé [buˈkleː] (fr.) ❶ 男 −s/−s《紡織》わなより糸, ふし毛糸. ❷ 男 −s/−s《紡織》ブークレ(わなより糸・ふし毛糸を使った織物・絨毯(じゅうたん)).

Bou·doir [budo′aːr] 中 −s/−s (fr.) 婦人の居間.

Bou·gain·vil·lea [buːgɛ̃′vɪlea]《植物》ブーゲンビレア(フランスの世界周航者 Louis Antoine de Bougainville, 1729-1811 の名にちなむ).

Bou·gie [buːˈʒiː] 女 −/−s (fr.)《医学》ブージー, 消息子(食道・尿道を広げる器具).

bou′gie·ren [buˈʒiːrən] 他《医学》(食道・尿道を)ブージー(消息子)で広げる.

Bouil·la′baisse [buja′bɛːs] 女 −/−s (fr.)《料理》ブイヤベース(魚介類を寄せ鍋風に煮こんだ料理).

Bouil′lon [bʊl′jɔ̃ː, bʊl′jɔŋ, buˈjɔː] 女 −/−s (fr.)

【料理】ブイヨン;【細菌】(細菌培養用の)肉汁.
Bouil·lon·wür·fel 男 -s/- 固形スープ.
Bou·le·vard [bulaˈvaːr] 男 -s/-s (*fr.*) ブルヴァール, (並木のある)大通り, (とくにパリの環状道路).
Bou·le·vard·pres·se 女 -/ (主として街頭で売られ低俗かつ大衆新聞, 赤新聞).
Bou·quet [buˈkeː] 中 -s/-s (*fr.*) =Bukett
Bou·qui·nist [bukiˈnɪst] 男 -en/-en (*fr.*) (とくにパリの道端で屋台で古本を売る)露天商.
Bour·bon [ˈbɔːban] 男 -s/-s バーボンウィスキー.
Bour·bo·ne [burˈboːnə] 男 -n/-n ブルボン家の人. ◆ブルボン家 die Bourbonen はフランス国王ルイ9世の孫ブルボン公ルイから始まる家系, 7月革命(1830)でシャルル10世が退位するまで続く.
bour·geois [burʒoˈa] 形 (*fr.*) ブルジョア(階級)の, ブルジョア的な.
Bour·geois 男 -/- 1 (有産)市民階級の人. 2 (侮)ブルジョア, 金持, 俗物.
Bour·geoi·sie [burʒoaˈziː] 女 -/-[..ˈziːən] 1 (有産)市民階級. 2 (侮)金持連中, ブルジョワジー. 3 (← Proletariat) 資本家階級.
Bour·rée [buˈreː, buːˈreː] 女 -/-s (*fr.*)【音楽】ブーレ(もとフランスの輪舞, 17世紀に宮廷舞曲に取入れられ, またバロック組曲の1楽章になった).
Bour·ret·te [buˈrɛta, buːˈrɛta] 女 -/-n (*fr.*) 1 (繭のいちばん外側の)つむぎ糸. 2 つむぎ糸で織った布.
Bou·teille [buˈtɛːjə, ..ˈtɛljə] 女 -/-n (*fr.*)《古》瓶(づ), ボトル.
Bou·tique [buˈtiːk] 女 -/-n [..kən] (-s [..ˈtiːks]) (*fr.*) ブティック.
Bou·ton [buˈtoː] 男 -s/-s (*fr.*) (ボタンや蕾の形をした)耳飾り.
Bo·vist [ˈboːvɪst, boˈvɪst] 男 -[e]s/-e【植物】(Bofist) しばふだんごたけ(腹菌類の一種).
Bow·den·zug [ˈbaudn̩tsuːx] 男 -[e]s/⸚e【工学】ボーデン・ケーブル(運動伝達用の鋼(ミネン)の索, 英国の発明家 H. Bowden, 1880-1960 の名にちなむ).
Bo·wie·mes·ser [ˈboːvimɛsər] 中 -s/- ボーイナイフ(米国で作られる鞘つきの片刃猟刀, 考案者 James Bowie, 1796-1836 の名にちなむ).
Bow·le [ˈboːlə] 女 -/-n 1 パンチ(ワインにシャンペン・果実・香料・砂糖を加えた冷たい飲物). 2 (パンチ用の)深鉢, ボール.
Bow·ler [ˈboːlər, ˈboulə] 男 -s/- 1 (Melone) 山高帽(1860頃この帽子を考案したロンドンの帽子商人の名前から). 2 ボウリングをする人, ボウラー.
Bow·ling [ˈboːlɪŋ, ˈboulɪŋ] 中 -s/-s ボウリング(芝生で行なうイギリスの)ローン・ボウリング.
Box [bɔks] 女 -/-en (*engl.*) 1 (厩舎(キ゚ュ)の)馬房, (駐車場の壁で仕切られた) 1区画; (展示場の)コーナー, 展示台; (オートレースの)ピット. 2 箱, 容器, ボックスカメラ; スピーカーボックス; ジュークボックス.
Box·calf [ˈbɔkskalf, ..kaːf] 中 -s/-s (*engl.*) =Box-kalf
bo·xen [ˈbɔksən] ❶ 自 (gegen j⁴ \mit j³\) 人⁴,³と)ボクシングをする. ❷ 他 (こぶしで)打つ, 殴る, 小突く, j³ \ j⁴\) in die Seite ~ 人³,⁴の脇腹を小突く. den Ball ins Aus ~ ボールを(打って)ラインの外に出す. ❸ 再 〈sich⁴〉(こぶしや肘で)押分けて進む. *sich durch die Menge〈die Welt〉~* 人ごみを〈世の荒波を〉乗切っていく.
Bo·xer [ˈbɔksər] 男 -s/- 1 ボクサー, 拳闘選手. 2 《南ドイツ, オーストリア》拳固, パンチ. 3 ボクサー(ドイツでブルドッグとテリアの種類をかけ合せて作った犬の品種). 4【歴史】(清朝中国の)義和団員, 拳匪(セミ).
'Bo·xer·auf·stand 男 -[e]s/【歴史】義和団(拳匪(セミ))の乱(1899 中国で起った反帝国主義運動).
'Box·hand·shuh [ˈbɔks..] 男 -[e]s/-e (ボクシングの)グローブ.
'Box·kalf 中 -s/-s (*engl.*) ボックスカーフ(靴に用いる仔牛の皮).
'Box·kampf 男 -[e]s/⸚e ボクシングの試合.
'Box·ring 男 -[e]s/-e (ボクシングの)リング.
Boy [bɔy] 男 -s/-s (*engl.*) 1 (ホテルなどの)ボーイ. Liftboy エレベーターボーイ. 2 男の子, 少年.
Boy'kott [bɔyˈkɔt] 男 -[e]s/-s(-e) (*engl.*) ボイコット, (経済的・社会的・政治的)排斥, 不買(不売, 排貨)同盟; (参加などの)拒否, 無視. j³ den ~ erklären 人³にボイコットを宣言する. den ~ über et⟨j⟩⁴ verhängen / et⟨j⟩³ mit ~ belegen 物⟨人⟩⁴をボイコットする. ◆1880頃この戦術に苦しめられたアイルランドの土地管理人 Charles C. Boycott の名前から.
boy·kot'tie·ren [bɔykɔˈtiːrən] 他 ボイコットする.
BP [beːˈpeː] 女 -/《略》1 = **B**ayernpartei バイエルン党(1947 に設立されたドイツの政党). 2 =**B**undes**p**ost
Br [beːˈɛr] 中 《記号》【化学】=Brom
BR 《略》=**B**ayerischer **R**undfunk バイエルン放送.
br. 《略》=broschiert 1
Br. 《略》 1 =**Br**eite 3 2 =**Br**uder 1
brab·beln [ˈbrabl̩n] 自他《話》ぼそぼそ(ぶつぶつ)つぶやく.
brach¹ [braːx] 形 (述語的には用いない) 1 耕作(作付け)されていない, 休閑(休耕)中の. 2 《比喩》活用されていない. seine ~e Fähigkeiten 彼の中に眠っている能力.
brach² brechen の過去.
'Bra·che [ˈbraːxə] 女 -/-n 1 (Brachland) 休閑(休耕)地. 2 休閑, 休耕. 3 休閑(休耕)期間.
'brä·che [ˈbrɛːçə] brechen の接続法II.
'bra·chen [ˈbraːxən] 他 1 (畑を)休ませる, 休閑(休耕)地にする. 2 (休閑地を)鋤(ケ)き返す, ふたたび耕す.
'Bra·chet [ˈbraːxɛt, -xət] 男 -s/-e (-[e]s) (Juni) 1 月(休耕地にふたたび鋤を入れるので, ↑brachen 2).
bra·chi'al [braxiˈaːl] 形 (*lat.*) 1【医学】上膊(ミシュ゚)の. 2 《雅》腕(力)づくの, 暴力的な.
Bra·chi'al·ge·walt 女 -/ 腕力. mit ~ 腕ずくで, 力ずくで.
'brach|lie·gen* 自 (畑が)休閑中である; 《比喩》(才能・金などが)活用されていない, 遊んで(眠って)いる. Der Acker *liegt* jetzt *brach*. この農地は今休耕中である. *brachliegende* Talente 眠っている才能.
'Brach·mo·nat, 'Brach·mond 男 -[e]s/-e 《古》=Brachet
'Brach·schwal·be 女 -/-n (↓Brache)【鳥】ねずみつばめちどり(燕千鳥).
'Brach·se [ˈbraksə] 女 -/-n【魚】=Blei³
'Brach·sen [..sən] 男 -s/-【魚】=Blei³
'brach·te [ˈbraxtə] bringen の過去.
'bräch·te [ˈbrɛçtə] bringen の接続法II.
'Brach·vo·gel 男 -s/⸚ (↓Brache)【鳥】しゃくしぎ(杓鴫). Großer ~ だいしゃくしぎ.
bra·chy.. [braxy..] (接頭) (古ギリシャ語の)「短い」の意を表す. 主として医学用語. *Brachy*basie【医学】(老人の)小股歩行.
bra·chy·ke'phal [braxyke'faːl] 形【医学】短頭(短頭蓋)の.

'Bra·chy·ke·pha'lie [..kefa'li:] 囡 -/-n 〖医学〗短頭, 短頭蓋.
'bra·chy·ze'phal [..'tse'fa:l] 形 =brachykephal
'Bra·chy·ze·pha'lie [..tsefa'li:] 囡 -/-n [..'li:ən] =Brachykephalie
'bra·ckig ['brakɪç] 形《北ドイツ》(水が塩分を含んだ, 飲料に適しない); 腐敗した.
'bra·ckisch ['brakɪʃ] 形 **1** =brackig **2**〖地質〗汽水域(成層)の.
'Brack·was·ser ['brak..] 匣 -s/〖地質〗汽水(潟・河口などの半淡半鹹(はんかん)の水). *Brackwassersee* 汽水湖. *Brackwassertier* 汽水動物.
'Brä·gen ['brɛ:gən] 男 -s/- =Bregen
'Brah·ma ['bra:ma] 男 -s/ 《sanskr.》〖印神話〗ブラフマー, 梵天(ぼんてん)(ブラフマンの擬人化梵神, 梵天はその漢訳語).
'Brah·man ['bra:man] 匣 -s/ 《sansk.》(↔Atman)〖印哲〗ブラフマン, 梵(ぼん)〖古代インド哲学における究極の原理, 梵はその漢訳語, [Brahma].
Brah'ma·ne [bra'ma:nə] 男 -n/-n 《sanskr.》バラモン(インドの四姓(しせい)制度の最上位をなす僧侶階級, 婆羅門(ばらもん)はその音写).
brah'ma·nisch [bra'ma:nɪʃ] 形 バラモン教の.
Brah·ma'nis·mus [brama'nɪsmus] 男 -/ バラモン教. ◆ 仏教以前にバラモン教時代からヴェーダ Weda を聖典として成立した宗教, ただし, この語はインドの土着要素を吸収して大きくなっていったヒンズー教 Hinduismus と区別するためにヨーロッパの学者が与えた呼称, 広義でヒンズー教と言う場合はバラモン教をも含む.
Brah'mi·ne [bra'mi:nə] 男 -n/-n =Brahmane
Brahms [bra:ms]〖人名〗Johannes ~ ヨハネス・ブラームス(1833-1897, ドイツのロマン派の作曲家).
'Braille·schrift ['bra:jə..] 囡 -/〖ブライユ点字(フランス人 Louis Braille, 1809-1852 が考案した世界共通の点字).
'Brain·drain [bre:ndre:n] 男(匣) -s/ 《engl.》頭脳流出.
Brak·te'at [brakte'a:t] 男 -en/-en 《lat.》**1** ブラクテアート(5-7世紀に用いられた金の吊り装身具). **2** ブラクテアート(片面だけを刻印した中世の銀貨).
Bram [bra:m] 囡 -/-en〖船員〗=Bramstenge
'Bra'mar·bas [bra'marbas] 男 -/ 大ほら吹き. ◆ 1710 年に匿名で発表された風刺詩 „*Cartell des Bramarbas an Don Quixote*"『ブラルマルバスがドン・キホーテにつきつけた挑戦状』の大ほら吹きの名前から.
bra·mar·ba'sie·ren [bramarba'zi:rən] 自 (↓Bramarbas)《雅》大ぼらを吹く, 大ぶろしきを広げる.
'Brä·me ['brɛ:mə] 囡 -/-n《古》**1**(衣服の縁飾り). **2**(畑・牧草地の周囲に植えられた)林, 木立.
'Bram·se·gel 匣 -s/-《船員》トガンスル(トガンマストについている横帆).
'Bram·sten·ge 囡 -/-n《船員》トガンマスト(上から2番目の継ぎマスト).
Bran·che ['brɑ̃:ʃə] 囡 -/-n《fr., Zweig》**1**(企業などの)部門. in der Auto~ tätig sein 自動車部門で働いている. **2**《話》(学問などの)部門. die ~ wechseln 専門分野を変える. **3**《隠》前科(とくに窃盗の).
'Bran·che[n].kennt·nis 囡 -/-se《多く複数で》専門知識.
'Bran·chen·ver·zeich·nis 匣 -ses/-se 職業別住所録(電話帳).
***Brand** [brant ブラント] 男 -[e]s/Brände **1** 燃えること, 炎上, 火事, 火災. einen ~ eindämmen 延焼を食いとめる. in ~ geraten 火がつく, 燃えだす. et¹ in ~ setzen〈stecken〉物¹に火を放つ, 放火する. *seine Pfeife in ~ setzen*〈戯〉パイプに火をつける. in ~ stehen 燃えている, 炎上中である. **2**《雅》灼熱; 熱情, 激情. **3**(煉瓦・陶器を焼くこと.〖医学〗(とくに電気ヌスによる)焼灼(しょうしゃく). **4** 焼き印, 烙印(らくいん). **5**《多く複数で》燃え木, 燃えさし;《地方》(暖房用の)薪, 薪炭(しんたん)〖《雅》激しいのどの渇き. **6**《複数なし》〖病理〗壊疽(えそ), 脱疽(だっそ);〖植物〗黒穂(くろほ)病, さび病, べと病, feuchter〈trockner〉~ 湿性〈乾性〉壊疽.
brand.. [brant..]《接頭》形容詞に冠して「非常に」の意を表す. *brandaktuell* きわめてアクチュアルな.
'Brand·bla·se 囡 -/-n(やけどによる)火ぶくれ.
'Brand·bom·be 囡 -/-n 焼夷(しょうい)弾.
'Brand·brief 男 -[e]s/-e **1**《話》督促(警告)状, (火急の)依頼状. **2**《古》(火事の罹災(りさい)者に交付される)物乞い許認証.
'Brän·de ['brɛndə] Brand の複数.
'brand·ei·lig 形《話》大急ぎの, 火急の.
'bran·den ['brandən] 自《雅》(波が岩などに当って)砕ける. Die Wellen *branden* an die Küste. 波が岸に当って砕け散る. Die Wogen des Beifalls *brande*ten um ihn. 拍手の波が彼の周りにとどめいた.
'Bran·den·burg ['brandənbɔrk]〖地名〗ブランデンブルク(ドイツ北東部の州, 古くはプロイセン王国の中心部をなした地方).
'Bran·den·bur·ger [..burgər] ❶ 男 -s/- ブランデンブルクの住民. ❷ 形《不変化》ブランデンブルクの. ~ Phase〖地質〗(約2万年前の)ブランデンブルク亜氷期(あひょうき). das ~ Tor(ベルリン市の)ブランデンブルク門.
'Bran·der [brandər] 男 -s/- **1**《古》(爆薬の信管(しんかん)). **2**《古》(Brandschiff)(火薬などを満載して敵陣に突っ込ませる)火船(かせん).
'Brand·fa·ckel 囡 -/-n **1**(放火用の)松明(たいまつ). **2**《雅》(紛争・戦争などの)火種(ひだね).
'Brand·gas·se 囡 -/-n 延焼防止用路地.
'brand·heiß 形《話》(ニュースなどが)最新の, 非常にアクチュアルな.
'Brand·herd 男 -[e]s/-e(火事・騒動の)火元.
'bran·dig ['brandɪç] 形《比較変化なし》**1** 焦げた, 焦げ臭い. ~ schmecken 焦げたような味がする. **2**《病理》壊疽の(脱疽にかかった.〖植物〗黒穂(くろほ)病にかかった.
'Brand·kul·tur 囡 -/ 焼畑農業.
'Brand·mal 匣 -[e]s/-e(er) **1**(中世の犯罪人の肌に押しつけた)罪の烙印;《比喩》烙印, 汚名. **2**(生まれつき肌にある)赤痣(あかあざ), 母斑. **3**(家畜の)焼き印.
'Brand·ma·le·rei 囡 -/-en(焼き鉄筆で木板に絵を描く)焼き絵(術).
'brand·mar·ken [..markən] 他 **1**(人¹に)犯罪者の烙印を押す(中世の刑罰). **2**《侮》(人¹に)烙印を押す. *j¹ als Dieb* ~ 人¹に泥棒の烙印を押す, (の)汚名を着せる. ◆ 過去分詞 gebrandmarkt
'Brand·mau·er 囡 -/-n(Brandwand)(隣接する建物間の)防火壁.
'Brand·maus 囡 -/¨e《動物》せすじねずみ.
'Brand·meis·ter 男 -s/- 消防隊長(分隊長).
'brand·neu 形《話》最新の, 真新しい; 新品の.
'Brand·op·fer 匣 -s/- **1**《旧約》燔祭(はんさい)(旧約の最も古い最高の供犠(きょうぎ), 犠牲獣のすべてを焼いて神に奉献する). **2** 火災の犠牲者.
'Brand·pilz 男 -es/-e(↓Brand 7)〖植物〗黒穂(くろほ)

'**Brand·re·de** 囡 -/-n 糾弾(劾)演説；アジ演説.
'**brand'rot** (feuerrot) 火のように赤い，真っ赤な.
'**Brand·sal·be** 囡 -/-n やけど用軟膏(ﾅﾝｺｳ).
'**brand·schat·zen** ['brant-ʃatsən] 他 囲 (町などを)焼き払うと金品をゆすり取る；略奪する. ◆過去分詞 gebrandschatzt
'**Brand·schutz** 男 -es/ 防火対策.
'**Brand·soh·le** 囡 -/-n (靴の)内底(Brandledersohle の略，焼き印などに損傷した皮革を内底に使ったので，↑Brand 4).
'**Brand·stif·ter** 男 -s/- 放火犯人，失火者；《雅》(事件などの)仕掛け人.
'**Brand·stif·tung** 囡 -/-en 放火.
Brandt [brant]《人名》Willy ~ ヴィリー・ブラント(1913-92, ドイツの政治家, 1969-74 旧西ドイツ首相).
***Bran·dung** ['brandʊŋ] 囡 -/(-en)(岸・岩に当って)砕ける波, 打寄せる波, 波の花, 白波.
'**Brand·wa·che** 囡 -/-n (消防隊が 2 次火災に備えて現場に残す)残留警備(員).
'**Brand·wun·de** 囡 -/-n やけど.
'**Bran·dy** ['brɛndi] 男 -s/-s (engl. ›Branntwein‹) ブランデー(ワインを蒸留して作る).
'**Brand·zei·chen** 囡 -s/- =Brandmal 3
'**Bran·le** ['brã:lə] 男 -s/-s 《音楽》ブランル(15-16 世紀フランスの民族舞踊・舞曲).
'**brann·te** ['brantə] brennen の過去.
'Brannt·wein ['brantvaɪn] 男 -[e]s/-e 火酒(ｶｼｭ), シュナップス(ブランデー・ウィスキー・ジン・焼酎などアルコール度の高い蒸留酒の総称, ↑brennen ② 4).
Bra·sil [bra'zi:l] 男 -s/-e(-s) **1** (Brasiltabak) ブラジルタバコ. **2** ブラジルコーヒー. ❷ 囡 -/-[s] ブラジル葉巻.
Bra·sil·holz 男 -es/⸚er ブラジル蘇芳(ｽｵｳ)材. ◆赤色染料, またバイオリンの弓などの木工材としても使われる, ブラジルの国名はこの木材の名前に由来する.
Bra·si·li·a·ner [brazili'a:nər] 男 -s/- ブラジル人.
bra·si·li·a·nisch 形 ブラジル(人)の, ブラジル産の. ↑deutsch
Bra·si·li·en [bra'zi:liən] 《地名》ブラジル(ブラジル連邦共和国, 首都 Brasilia).
Bra·si·lin [brazi'li:n] 囲 -s/ ブラジリン(Brasilholz から得られた赤色染料).
'**Bras·se** ['brasə] 囡 -/-n **1** 《海事》ブレース, 転桁索(ﾃﾝｺｳｻｸ), 帆桁(ﾎｹﾞﾀ)を回す綱. **2**《魚》=Blei³, Brachse
Bras·se·lett [brasə'lɛt] 囲 -s/-e (fr.) **1**《古》(Armband) ブレスレット, 腕輪. **2**《隠》手錠.
'**bras·sen** ['brasən] 他 Segel ~《海事》ブレース(転桁索)を操作して帆を風の方に向ける.
brät [brɛ:t] braten の現在 3 人称単数.
Brät [brɛ:t] 囲 -s/《地方》(ソーセージに詰める)挽き肉.
'**Brat·ap·fel** ['bra:t..] 男 -s/⸚ 焼きりんご.

'**bra·ten*** ['bra:tən ブラーテン] briet, gebraten/ du brätst, er brät ❶ 他 (肉・魚・じゃがいもなどを)焼く, 炒る(ｲﾙ)。 et⁴ in Butter〈Öl〉~ 物⁴をバター焼き〈油炒め〉にする. Da brat' mir [aber] einer einen Storch!《話》こいつは驚いた. sich⁴ in〈von〉der Sonne ~ lassen《話》(日光浴をして)肌を焼く, 日焼けする. Die gebratenen Tauben fliegen einem nicht ins Maul〈in den Mund〉.《諺》棚ぼた餅は落ちてこない(焼いた鳩は口に飛び込んでこない). Ge-

bratenes und Gesottenes たくさんのご馳走, 山海の珍味(童話などによく使われる表現). ❷ 自 焼かれる, 焼ける. Der Fleisch muss eine Stunde ~. この肉は 1 時間かけて焼かなくてはならない. in der Sonne ~《話》日焼けする.
*'**Bra·ten** ['bra:tən ブラーテン] 男 -s/- **1** 焼き肉, ロースト. ein fetter ~《話》儲けの多い仕事, いい商売. Da haben wir den ~!《話》こいつは弱った, まずいことになった. den ~ riechen〈merken〉《話》何やらくさい(おかしな)匂いがする, うさん臭い感じがする. dem ~ nicht trauen《話》怪しいとにらみ, 信用しない. **2** ロースト用の肉.
'**Bra·ten·rock** 男 -[e]s/⸚e《戯》(Gehrock) フロックコート(ローストビーフが出るような祝宴に着用したもの).
'**Brat·fisch** 男 -es/-e 魚のソテー；ソテー用の魚.
'**Brat·hähn·chen** 囡 -s/- ローストチキン.
'**Brat·hen·del**, '**Brat·hendl** 囡 -s/-[n]《南ｵｰ》=Brathähnchen
'**Brat·he·ring** 男 -s/-e 空揚げにしん(の酢漬け).
'**Brat·huhn** 囡 -[e]s/⸚er ローストチキン.
'**Brat·kar·tof·fel** 囡 -/-n《ふつう複数で》フライドポテト.
'**Brat·ling** ['bra:tlɪŋ] 男 -s/-e **1** (青麦・きのこ・大豆粉・じゃがいもなど野菜の揚げ団子. **2** =Brätling
'**Brät·ling** ['brɛ:tlɪŋ] 男 -s/-e《植物》(Milchbrätling) ちちたけ(乳茸).
'**Brat·pfan·ne** 囡 -/-n フライパン.
'**Brat·rost** 男 -[e]s/-e 焼き網, グリル.
'**Brat·sche** ['bra:tʃə] 囡 -/-n《音楽》(Viola²) ビオラ.
'**Brat·scher** ['bra:tʃər] 男 -s/- ビオラ奏者.
'**Brat·schist** [bra'tʃɪst] 男 -en/-en ビオラ奏者.
'**Brat·spieß** 男 -es/-e (回転式の)焼き串.
'**Brat·spill** 男 -[e]s/-e《海事》ウインドラス(錨を巻き揚げる機械, Bratspieß と形が似ているので).
brätst [brɛ:tst] braten の現在 2 人称単数.
'**Brat·wurst** 囡 -/⸚e 焼きソーセージ；焼いて食べるソーセージ.
'**Bräu** [brɔy] 囲 -[e]s/-e(-s) (↓brauen) **1** 醸造酒. **2** 1 度に醸造されるビールの量. **3** (Brauerei) (ビール)醸造所. **4** (醸造所直営の)ビヤホール.
***Brauch** [braʊx ブラオホ] 男 -[e]s/Bräuche **1** しきたり, 慣わし, 慣習, 風習. Das ist hier so ~. それが当地のやり方だ. außer ~ kommen (行事・風習などが)すたれる. nach altem ~ 昔どおりに, 古式にのっとって. **2**《古》(Gebrauch) 使用. Missbrauch 悪用, 乱用.
'**brauch·bar** ['braʊxba:r] 形 (副詞的には用いない) 使用(利用)できる；役に立つ, 有用(有益)な, 有能な. Der Besen ist noch gut ~. この箒(ﾎｳｷ)はまだ結構使えるよ. ~e Bücher ためになる本. ein zu nichts ~er Mensch 役に立たない人間, 無能な.
'**Brauch·bar·keit** 囡 -/ 有用性, 有能性.
'**Bräu·che** ['brɔyçə] Brauch の複数.

'**brau·chen** ['braʊxən ブラオヘン] ❶ 他 **1** 必要とする. Dafür braucht sie viel Geld. そのために彼女はたくさん金が要るんだ. Ich kann dich jetzt nicht ~. 今は君が邪魔だ. **2** (für et⁴ / zu et³ 事⁴·³をするのに) …の時間がかかる. Er hat zum Studium vier Jahre gebraucht. 彼は研究に 4 年かかった. Wie lange braucht man bis dahin? そこまでどれくらい(時間が)かかりますか. **3**《zu 不定詞句と / 過去分詞＋brauchen》(a) …する必要がある, …しなくてはならない；《否定文で》…する必要がない, …するにおよばない. Du

bräuchte

brauchst nicht zu kommen. 君は来なくていいよ. Er hätte es ihr nicht zu sagen *brauchen*. 彼は彼女にそんなことを言わなくてもよかったのに. (b) 《**nur, bloß** と》…しさえすればよい. Du *brauchst* es nur zu sagen. 君さえそう言うだけでよい. ▼口語では zu 不定詞の zu は省略されることがある. **4**(gebrauchen) 使う, 用いる. Das Gerät kann ich gut ～. 私はこの器具を重宝している. Er ist zu allem zu ～. 彼は何にでも役立つ(重宝な)男だ. **5**(verbrauchen)(ある量を)消費する. Das Auto *braucht* viel Benzin. この車はガソリンをよく食う, 燃費が悪い.

❷《非人称》 *Es braucht* et². 物²が必要である. *Es braucht* noch vieler Erklärungen. まだまだよく説明する必要がある.

'**bräuch·te** ['brɔyçtə]《南独》(brauchte) brauchen の接続法 II.

'**Brauch·tum** ['brauxtu:m] 中 -s/(-̈er)《雅》(ある民族・社会・時代全体の)しきたり, 慣わし, 習俗, 風習. das alte ～ pflegen 旧習を守る.

'**Brauch·was·ser** -s/(↔ Trinkwasser) (飲用以外の未浄化の)用水, 工業用水.

'**Braue** ['brauə] 女 -/-n (Augenbraue) 眉(毛).

'**brau·en** ['brauən] ❶他(ビールを)醸造する; (混合ドリンクを)調合する, こしらえる; (コーヒーなどを淹(い)れる. ❷自《雅》(霧などが)沸き立つ, 立ちこめる.

'**Brau·er** ['brauɐ] 男 -s/- ビール醸造業者, ビール醸造職人, ビール杜氏(とうじ).

Brau·e·rei [brauə'rai] 女 -/-en **1**(複数なし)ビール醸造(法). **2**(複数なし)ビール醸造業. **3** ビール醸造工場, ビール会社.

'**Brau·haus** 中 -es/-̈er =Brauerei 3

*'**braun** [braun] 形 **1** 茶色(褐色)の; 鳶(とび)色の, きつね色の; (馬が)栗毛の, 日焼けした. sich von der Sonne ～ brennen lassen 肌を日光でこんがりと焼く. j⁴ ～ und blau schlagen《話》人⁴を散々殴る. *Brauner* Jura《地質》褐ジュラ統, ドッガー統 (Dogger). **2**《俗》ナチスの(ナチスの党員の制服の色から).
◆↑Braune

Braun 中 -s/-[s] 茶色, 褐色, 鳶(とび)色. in ～ gekleidet sein 茶色の服を着ている. Meister ～ (動物寓話などの)熊の親方, 熊公.

'**braun·äu·gig** [..ɔygɪç] 形 茶色の目をした.

'**Braun·bär** 男 -en/-en《動物》ヒグマ.

'**Braun·bier** 中 -[e]s/-e (Malzbier) 麦芽ビール, マルツビール(麦芽の甘さのある, アルコール度の低い黒ビール). wie ～ und Spucke aussehen《話》顔色が悪い.

'**Brau·ne**《形容詞変化》❶ 男 女 **1**(肌が)褐色の(浅黒い)人; 栗色の髪をした人, ブルネットの人. **2**《俗》ナチス党員. ❷ 男 **1** 栗毛の馬. **2**《話》(旧) 50マルク紙幣. 中《ブラウネア》ミルク(生クリーム)入りのモカ・コーヒー. ❸ 中《複数なし》褐色のものに変色した個所.

'**Bräu·ne** ['brɔynə] 女 -/ **1**(肌の)褐色, 健康色. **2**《話》のどやま(アンゲーナ・ジフテリアなどの俗称).

'**bräu·nen** ['brɔynən] ❶他 褐色にする, 日焼けさせる, (肉・パンなどを)こんがり焼く. Zwiebeln in Butter ～ たまねぎをバターで炒める.《再帰的に》Im Herbst *bräunen sich⁴* die Blätter. 秋になると木の葉が褐色に色づく. *sich⁴* in der Sonne ～ 日に当って肌を小麦色に焼く. ❷自(s)褐色になる, 日焼けする, (肉・パンなどの)こんがり焼ける. Ich *bräune* leicht. 私は日焼けしやすい.

'**braun ge·brannt**, °'**braun·ge·brannt** 形 まっ黒に日焼けした.

'**Braun·hemd** 中 -[e]s/-en **1**(ナチスの制服である)カーキ色のシャツ. **2** ナチス党員.

'**Braun·kehl·chen** [..ke:lçən] 中 -s/-《鳥》まむじろのびたき.

'**Braun·koh·le** 女 -/-n 褐炭, 亜炭.

'**bräun·lich** ['brɔynlɪç] 形《比較変化なし》茶色がかった.

'**Braun·schweig** ['braunʃvaik]《地名》ブラウンシュヴァイク(ドイツ中北部ニーダーザクセン州の工業都市).

Braus [braus] 男 -es/(↓ brausen) 雑踏, 混雑.《今日では次の成句でのみ》in Saus und ～ leben 錦衣玉食(きんいぎょくしょく)の暮しをする, 贅沢三昧をする.

*'**Brau·se** ['brauzə ブラオゼ] 女 -/-n **1**(じょうろ・シャワーなどの)散水口; (Dusche) シャワー(装置), 灌水器. **2**《話》=Brauselimonade

'**Brau·se·bad** 中 -[e]s/-er《古》(Duschbad) **1** シャワールーム. **2** シャワー浴.

'**Brau·se·kopf** 男 -[e]s/-̈e《まれ》怒りっぽい人.

'**Brau·se·li·mo·na·de** 女 -/-n レモンスカッシュ, ラムネ.

'**Brau·se·pul·ver** -s/- 粉末ソーダ, 沸騰散.

*'**brau·sen** ['brauzən ブラオゼン] ❶自 (h, s) **1** (h)(波・風が)立騒ぐ, 荒れ狂う, 鳴りどよめく. Die Brandung〈Der Wind〉 braust. 打寄せる波がどよめく(風がごうごうと鳴る). *brausender* Beifall 万雷の(嵐のような)拍手.《非人称的に》*Es braust* mir in den Ohren. 私は耳鳴りがする. **2** (h)(湯・血が)沸きたつ, たぎる. **3** (h)シャワーを浴びる. **4** (s)《話》(列車・自動車などが)音を立てて疾走する, 驀進(ばくしん)する.
❷他 (人¹に)シャワーを浴びさせる.《再帰的に》*sich⁴* ～ シャワーを浴びる.

*'**Braut** [braut ブラオト] 女 -/ Bräute **1**(結婚式当日の)新婦, 花嫁; 婚約者(女性), 許嫁(いいなずけ). sich⁴ nach einer ～ umsehen《話》嫁さがしをする. ～ werden 婚約(結婚)する. ～ Christi〈unseres Herrn〉《カト》主キリストの花嫁, 修道女. **2**(若者)女(の子). Das ist aber eine tolle ～. あれはなかなかいかす子だよ. **3** ～ in Haaren《植物》くろたねそう(黒種草).

'**Braut·bett** 中 -[e]s/-en 新婚の床.

'**Bräu·te** ['brɔytə] Braut の複数.

'**Braut·exa·men** -s/-(..mina[..mina])《カト》花嫁試問(司祭が挙前の花婿・花嫁に夫婦の道を教える試問).

'**Braut·fahrt** 女 -/-en《古》(花婿の)花嫁出迎えの(旅).

'**Braut·füh·rer** 男 -s/- 結婚式の行列の際の新婦の付添人.

*'**Bräu·ti·gam** ['brɔytigam ブロイティガム] 男 -s/-e (-s) (結婚式当日の)新郎, 花婿; 婚約者(男性), 許嫁(いいなずけ). der himmlische ～《カト》天上の花婿, キリスト(↑ Braut 1).

'**Braut·jung·fer** 女 -/-n (結婚式で)新婦に付添う未婚の女性.

'**Braut·kleid** 中 -[e]s/-er 花嫁衣裳, ウエディングドレス.

'**Braut·kranz** 男 -es/-̈e (結婚式で花嫁の花冠 (多く Myrtenkranz).

'**Braut·leu·te** 複 =Brautpaar

'**bräut·lich** ['brɔytlɪç] 形 花嫁の, 花嫁らしい.

'**Braut·nacht** 女 -/ 新婚の夜, 初夜.

'**Braut·paar** 中 -[e]s/-e **1** 婚約中の男女. **2**(結婚式当日の)新郎新婦.

'**Braut·raub** 男 -[e]s/《民俗》(略奪婚社会における)嫁取り, 嫁さらい.

'Braut·schau 囡 -/ 1 嫁もらい. ▶昔若い男性が自分に定められた女性の顔を見るために，またはその両親に結婚の許可を求めるために出向いていくこと，その旅. 2 《今日では次の成句で》auf ~ gehen〈sein〉《話》嫁さん(結婚相手)をさがしている.
'Braut·schlei·er 男 -s/- 花嫁のヴェール.
'Braut·stand 男 -[e]s/ 1 婚約(状態). 2 (婚約から挙式までの)婚約期間，婚約時代.
'Braut·wer·ber 男 -s/-《古》(男の代理として娘の両親に結婚の申込みをする)仲人(仲).
'Braut·zeit 囡 -/ =Brautstand 2
*brav [bra:f ブラーフ] 形 1 (子供が)聞分けのよい，行儀のよい，おとなしい，お利口な. Sei ~! 言うことをよく聞きなさい，お行儀よくしなさい. 2《古》誠実(実直)な; しっかりした，感心な，けなげな. eine ~e Frau しっかり者の奥さん. 3 型どおりの，面白味のない. eine Klaviersonate ~ [herunter]spielen ピアノソナタを教科書どおりに弾く. 4《古》《述語的には用いない》(tapfer)勇敢な. sich⁴ ~ halten 毅然(キ)たる態度をとる.
'Brav·heit 囡 -/ (子供が)おとなしいこと; 誠実さ.
'Bra·vi ['bra:vi] Bravo ② の複数.
bra'vis·si·mo [bra'vɪsimo] 間《it.》《bravo の最上級》Bravissimo! お見事，でかした，すばらしい.
'bra·vo ['bra:vo] 間《it.》Bravo! ブラボー，いいぞ，すてきだ.
'Bra·vo ❶ 中 -s/-s ブラボー(の叫び), 拍手喝采. 男 -s/-s(Bravi) 殺し屋, 強盗. ▶19世紀イタリアの作家 Alessandro Manzoni の代表作『婚約者』I Promessi sposi に出てくる人物のあだ名.
Bra'vour [bra'vu:r] 囡 -/-en《fr.》《複数なし》勇気. 2《複数なし》すぐれた技巧. 3《複数で》名人芸.
Bra'vour·arie [bra'vu:r|a:riə] 囡 -/-n《音楽》アリア・ディ・ブラヴーラ(華麗で高度のテクニックを要求する, 主として女声のためのアリア).
bra·vou'rös [bravu'rø:s] 形 1 高度のテクニックを要する. 2 (技巧的に)すばらしい，みごとな.
Bra'vour·stück [bra'vu:r..] 中 -[e]s/-e 1 (高度のテクニックを要する)難曲. 2 名作，当り芸.
Bra'vur [bra'vu:r] 囡 -/-en =Bravour
BRD [be:|ɛr'de:] 中 -/《略》=Bundesrepublik Deutschland ドイツ連邦共和国.
break [bre:k, breɪk] 間《engl.》Break!《ボクシング》ブレーク(離れよ).
Break [bre:k] 中 -s/-s《engl.》 1《スポーツ》(テニスの)サービス・ブレーク; (アイスホッケーのブレーク(ディフェンスラインの単独突破); 《ボクシング》のブレーク. 2 (ジャズのブレーク(即興的なカデンツァ). 3《古》(狩猟・行楽用の)屋根なし馬車.
'Brec·cie ['brɛtʃə] 囡 -/-n =Brekzie
'Brech·boh·ne ['brɛç..] 囡 -/-n《植物》さやいんげん.
'Brech·durch·fall 男 -[e]s/ⁿe《医学》吐瀉(ヒ̇シャ)，吐きくだし.
'Brech·ei·sen 中 -s/-《工学》鉄梃(デ).

'bre·chen* ['brɛçən ブレヒェン] brach, gebrochen / du brichst, er bricht ❶ 他 1 折る，破る，割る，くだく，壊す. Äste ~ 枝を折る. Blumen ~ (雅) 花を手(扌)折る，摘む. Brot ~ パンを割(ﾜ)く，ちぎる(↓『新約』マタ 14:19, 26:26 など). Körner ~ 穀物を碾(ﾋ)く. nichts zu ~ und zu beißen haben 食べるものがない，食うや食わずの暮しをしている. Not bricht Eisen.《諺》窮すれば通ず，窮鼠(ｷｭｳ)猫を噛む. ein Loch durch die Mauer ~ 壁に穴をあけ sich³ den Arm ~ 腕を折る. j³ das Genick ~ 人³の首の骨を折る;《比喩》人³を破滅させる. j³ das Herz ~ 人³を悲嘆に暮れさせる. an gebrochenem Herzen stirbt man nicht. 心痛のあまり死ぬということはない. Er hat viele Herzen gebrochen. 彼は多くの女たちを泣かせた.
2 (敵・記録を)打破る，くじく，屈服させる. einen Rekord ~ 記録を破る. den Widerstand ~ 抵抗を制する. Bundesrecht bricht Landesrecht. 連邦法は州法に優先する(Grundgesetz Art. 31).
3 (平和・沈黙などを)破る，乱す，終らせる. das Schweigen ~ 沈黙を破る.
4 (法律・約束などを)破る，犯す. die Ehe ~ 姦通する. einen Eid ~ 誓いを破る.
5 (紙などを)折る，折曲げる. einen Rand im Heft ~ ノートの縁を折る.
6 (光・波などの)方向を変える，屈折させる. Der Felsen bricht die Wellen. その岩が波の力をくじく.
7 Farben ~ (他のきつい色を添えて)色の明度(色調)を弱める.
8 (石などを)切出す，採掘する.
9 (畑を)鋤(す)き返す，耕す.
10 吐く，嘔吐する. das ganze Essen ~ 食べたものを全部もどす.
❷ 自(s, h) 1 (s) 折れる，破れる，割れる，こわれる，つぶれる. Seine Augen sind gebrochen. 彼の目は光を失った，永遠の眠りについた. brechenden Auges はまわの際(ﾜ)に. Das Eis ist gebrochen. 氷が割れた; 《比喩》わだかまりが解けた，対立(誤解, 緊張)が氷解した. Das Leder beginnt zu brechen. 革にひびが入り始める. Seine Stimme brach. 彼は声をつまらせた; 彼は声変りした.
2 (h)《mit j〈et〉³ 人〈物〉³と》関係を断つ，手(縁)を切る，(習慣など)をやめる. mit einem Freund ~ 友人と絶交する. mit der Tradition ~ 伝統の殻を脱ぎすてる.
3 (s)《aus et³ / durch et⁴ ³,⁴ の中から》突然出てくる，出現する，(を)突破する. Eine Quelle brach aus dem Felsen. その岩から泉が噴き出した. Plötzlich bricht die Sonne durch die Wolken. 突然太陽が雲間から顔をのぞかせる.
4 (h)《話》吐く，嘔吐する.
5 (s) Milch bricht.《ﾗ³》牛乳が凝固する. Wein bricht. ワインが濁る.
❸ 再《sich⁴》(an et³ 物³に当たって)向きを変える，屈折する. Die Brandung bricht sich an den Felsen. 打寄せる波が岩に当たってくだけ散る. Die Strahlen brechen sich im Wasser. 光が水中で屈折する.
'Bre·chen 中 -s/ 1 破損, 破壊; 中断; 絶交; 折り目; 違反. zum ~〈brechend〉voll sein はち切れんばかりに一杯である，超満員である. 2 嘔吐. et¹ zum ~ finden《比喩》物¹を胸くそが悪いと思う，毛嫌いする.
'bre·chend 現分 形 折れ(割れ，砕れ)そうな. ~ voll sein はち切れんばかりに一杯である，ずし詰め満員である.
'Bre·cher ['brɛçər] 男 -s/- 1 (海岸などのくだけ波, (暗礁の上などの)荒波. 2《工学》破砕機，砕岩(砕炭)機.
'Brech·mit·tel 中 -s/- 1《薬学》催吐(ﾄ)剤. 2《話》《比喩》胸のくその悪い(いけ好かない)やつ(もの).
'Brech·nuss 囡 -/ⁿe《植物》馬銭子(ﾁ̇ﾝ), ホミカ(馬銭子の種子, 下剤・催吐剤の原料).
'Brech·reiz 男 -es/-e 吐き気.
'Brech·stan·ge 囡 -/-n =Brecheisen

Brecht [brɛçt]《人名》Bertolt ～ ベルトルト・ブレヒト (1898-1956, ドイツの劇作家,『三文オペラ』*Die Dreigroschenoper* など).

'**Bre·chung** ['brɛçʊŋ] 囡 -en **1**〖物理〗屈折. **2**〖言語〗(ゲルマン語における)母音屈折(後続するある種の母音または子音の影響で先行の母音が変化する現象. 例 Erde → irdisch). **3**〖韻律〗句の跨ぎ.

'**Bre·chungs·feh·ler** 男 -s/- 〖医学〗(眼の)屈折異常.

'**Brech·wein·stein** 男 -[e]s/ 〖化学〗吐酒石(酒石酸アンチモニル・カリウム).

'**Brech·wurz** 囡 -/-en 〖植物〗吐根(ᡊ)(ブラジル原産のあかね科の木, その根を吐剤として用いる).

'**Brech·wur·zel** 囡 -/-n =Brechwurz

Bre·douil·le [brəˈdʊljə] 囡 -/-n (*fr.*, Matsch') (話)(Bedrängnis) 苦境, 困惑. in der ～ sein ほとほと困り(弱り)はてる.

'**Bre·gen** ['bre:gən] 男 -s/-〈北ⁿ〉**1**〖料理〗(牛·豚などの)脳みそ. **2**〖戯〗頭.

'**Bre·gen·wurst** 囡 -/-ᵉe ブレーゲンヴルスト(仔牛または豚の脳みそを入れたソーセージ, 北ドイツの特産料理).

'**Bre·genz** ['bre:gɛnts]《地名》ブレゲンツ(オーストリア, フォアアールベルク州の州都).

***Brei** [braɪ ブライ] 男 -[e]s/-e 粥(ᠴ); 粥状のもの, どろどろしたもの. ein ～ aus Haferflocken オートミール粥. ein ～ von tauendem Schnee 雪どけのぬかるみ. Den ～ kannst du selbst auslöffeln! (話)あとの責任はお前がとるんだよ, 後始末は君がするんだよ. Das wird einen schönen ～ geben. それはてんやわんやの大騒ぎになるだろう. j³ ～ um den Mund〈ums Maul〉schmieren〈streichen〉(話)人³に言葉巧みに取入る, 胡麻(⁵ᠴ)をする. Viele Köche verderben den ～. (諺)船頭多くして船山に登る(料理人が多すぎると粥を台なしにしてしまう). um et⁴ wie die Katze um den heißen ～ herumgehen〈herumschleichen〉(話)物⁴(いやな話·面倒なこと)を避けて通る. um den [heißen] ～ herumreden (話)肝心な点に言及しない, 持って回った言い方でごまかす. j⁴ zu ～ schlagen (卑)人⁴をめった打ちにする. et⁴ zu ～ zerstampfen 物⁴をつぶして(砕いて)どろどろにする.

'**brei·ig** ['braɪç] 形〈比較変化なし〉粥(ᠴ)状の, どろどろした.

breit

[braɪt ブライト] 形 **1**〈長さを示す４格名詞と〉…の幅のある. Dieser Schrank ist 2 m ～. この箪笥(ᠴ)は幅２メートルである. Das Messer ist kaum einen Finger ～. このナイフはかろうじて指１本の幅しかない. Er ist so ～ wie lang.〈戯〉彼はまるで酒樽みたいだ(横幅と背丈が同じである). **2** (↔ schmal) 幅の広い, ゆったりした, 広々とした. eine ～e Straße 広い街路. ～ dastehen 両脚を広げて(仁王ᢪ)立ちになって)立っている. vor j³ groß und ～ stehen 人³の前に立ちはだかっている. die Schuhe ～ treten 靴を履きつぶす(↑ breittreten). **3** 広範囲にわたる, 大々的な. ein ～es Echo finden 大々的な反響をよぶ. die ～e Öffentlichkeit 一般大衆. weit und ～ あたり一帯, 見渡すかぎり, いたるところ. weit und ～ bekannt sein 広く知れ渡っている, 顔が売れている. An der Wand steht es groß und ～ [geschrieben]. 壁にでかでかと書いてある. **4** 回りくどい, 冗長な. Deine Darlegungen waren zu ～. 君の説明はくどすぎる. et⁴ lang und ～ erzählen 事⁴を長々と(くどくどと)話す(↑ lang). **5** (発音が)間のびした, しまりがない;〖音楽〗

(largo) ラルゴ(ゆっくりと表情をつけて). **6** 酔っぱらった;〖麻薬〗薬が効いている, 薬に酔っている. ◆↑breit machen, breit schlagen

'**Breit·band·stra·ße** 囡 -/-n 〖工業〗圧延機.

'**breit·bei·nig** 形 脚を広げた, 大股の.

*'**Brei·te** ['braɪtə ブライテ] 囡 -/-n **1** 幅, 横幅. ein Weg von drei Meter ～ 幅員３メートルの道. et⁴ der ～ nach falten 物⁴を横に折畳む. **2** 横への(大きな)ひろがり; 詳細, 冗漫. Die ～ der Straßen erstaunte uns alle. 街路の広さは私たち一同を驚かせた. in die ～ gehen 太る, 恰幅(ᠴ)がつく(話などがくどくなる). et⁴ in aller〈epischer/großer〉 ～ schildern 事⁴を延々と物語る. et⁴ in die ～ ziehen 事⁴ (話·会議など)を長引かせる, 引き延ばす. **3** 〈複数なし〉〖地理〗緯度;〖天文〗黄緯, 銀緯;〈複数で〉(緯度から見た)地帯, 地方, 一帯. nördlicher〈südlicher〉 ～ (略 n. ～ Br., nördl.〈südl.〉Br.) 北緯……〈南緯……〉. auf dem 45. Grad〈auf Grad 45〉〈auf 45°〉nördlicher ～ liegen 北緯45度に位置する. in unseren ～n この辺りでは.

'**brei·ten** ['braɪtən] 動 ❶ 他(雅) (ausbreiten) (布·腕·翼などを)広げる, (肥料などを)撒(ᠴ)く. ❷ 再 (**sich**⁴) 広がる.

'**Brei·ten·grad** 男 -[e]s/-e 〖地理〗(↔ Längengrad) 緯度.

'**Brei·ten·kreis** 男 -es/-e 〖地理〗(↔ Längenkreis) 緯線, 緯度圏.

'**Brei·ten·sport** 男 -[e]s/ (マスゲームのように勝敗を争わず, あらゆる年齢層の人が参加できる)民衆スポーツ.

'**Brei·ten·wir·kung** 囡 -/-en 大衆(広い範囲の人々)におよぼす影響(効果, 作用).

'**Breit·for·mat** 匣 -[e]s/-e (↔ Hochformat) 横長のサイズ. ein Bild im ～ 横長の絵(写真).

'**breit·krem·pig** [..krɛmpɪç] 形 (↓ Krempe) (帽子などが)つばの広い.

'**breit ma·chen**, °'**breit|ma·chen** 動 (**sich**⁴) (話) **1** (電車·バスなどで)人⁴の席を占める, でんと座る. **2** (悪習などが)広まる, 幅を利かせる. In letzter Zeit hat *sich* diese Unsitte *breit gemacht*. 近ごろはこういう悪習がはびこっている. **3** ふんぞり返る, でかい面(ᠴ)をする. *sich* in j² Wohnung ～ 人²の家で大きな顔をする, (に)居座る.

'**breit·ran·dig** [..randɪç] 形 〈副詞的には用いない〉(紙などの)余白の大きい; (帽子が)つばの広い.

'**breit|schla·gen**¹* 他 (話)(人⁴を)説得する, 説き伏せる. sich⁴ ～ lassen 言いくるめられる.

'**breit schla·gen**², °'**breit|schla·gen**²* 他 (物⁴を)過度に重視する. die Formalitäten ～ 形式をひどく大事にする, 墨守(ᠴ)する.

'**breit·schul·te·rig**, '**breit·schult·rig** 形 肩幅の広い.

'**Breit·schwanz** 男 -es/ カラクル毛皮(ロシア·ウズベク共和国のブハラ Bukhara 地方の Karakul 種の子羊の毛皮).

'**Breit·sei·te** 囡 -/-n **1** (テーブルなどの)長い方の側; (船の)舷側. ～ bieten 弱みを見せる, 弱点をさらけ出す. **2** 舷側砲(の一斉射撃). eine ～ abgeben 一斉射撃(集中攻撃)を浴びせる.

'**Breit·spur** 囡 -/-en (↔ Schmalspur, Normalspur) 〖鉄道〗広軌(1,435 m 以上の軌道).

'**breit·spu·rig** [..ʃpuːrɪç] 形 **1** 〖鉄道〗広軌の. **2** 〈俚〉ふてぶてしい, 傲岸(横柄)な.

'**breit|tre·ten*** 他 (話) (面白くもないことを)長々とくど

どくどくと)述べる.
Breit・wand 囡 -/-e《映画》ワイドスクリーン.
Brek・zie ['brɛktsiə] 囡 -/-n《地質》角礫岩(かくれきがん).
Bre・me ['breːma] 囡 -/-n = Bremse²
***Bre・men** ['breːmən]《地名》ブレーメン(ドイツ北部, ヴェーザー川にある港湾都市); die Freie Hansestadt ~ 自由ハンザ都市ブレーメン(ブレーメン州のこと)(↑Bremerhaven).
***Bre・mer** ['breːmər] ❶ 男 -s/- ブレーメン市民. ❷ 形《不変化》ブレーメンの.
Bre・mer・ha・ven [breːmərˈhaːfən]《地名》ブレーマーハーフェン(ドイツ北部, ヴェーザー河口にある港, ブレーメンと合してブレーメン州 die Freie Hansestadt Bremen を構成する).
'**Brems・ba・cke** ['brɛms..] 囡 -/-n (↓ Bremse¹)《自動車》ブレーキシュー, 制動子.
'**Brems・be・lag** 男 -[e]s/-e《自動車》ブレーキライニング.
'**Brems・berg** 男 -[e]s/-e《鉱業》自動斜坑.
'**Brem・se**¹ ['brɛmzə ブレムゼ] 囡 -/-n《工学》ブレーキ, 制動機. die — betätigen〈[an]ziehen〉ブレーキをかける〈引く〉. Zieh die ~ an!《話》もういい加減にしろよ. die ~ lösen ブレーキをはずす, ゆるめる. [auf] die ~ treten ブレーキを踏む. als ~ wirken ブレーキになる, 水を差す(bei et³ 事³に). **2**(調馬に使う)鼻ばさみ.
'**Brem・se**² ['brɛmzə] 囡 -/-n《動物》吸血性双翅(ばねし)類, 虻(あぶ).
***brem・sen** ['brɛmzən ブレムゼン] ❶ 自 ブレーキをかける. Der Fahrer〈Das Auto〉bremste vor der Kurve. ドライバー〈自動車〉はカーブの手前でブレーキをかけた. scharf〈kurz〉~ 急ブレーキをかける. Wir müssen [mit den Ausgaben] ~.《話》私たちは財布の紐を締めなくてはならない. ❷ 他 (物¹に)ブレーキをかける; (人⁴の)言動を制止する;《比喩》(人⁴の)動きを封じる. die Einfuhr〈die Konjunktur〉~ 輸入を制限する〈景気を抑制する〉. Wenn er ins Erzählen kommt, ist er nicht zu ~. 彼が喋りだすともう止めようがない.《再帰的に》*sich*⁴ ~ 自制する. Ich kann *mich* ~.《話》大丈夫無茶はしないよ.
'**Brem・ser** ['brɛmzər] 男 -s/-《鉄道》(貨車の)制動手;《スキー》(ボブスレーの)ブレーカー.
'**Brems・klotz** 男 -es/-̈e (車輪の)制動片, 制輪子.
'**Brems・licht** 中 -[e]s/-er《自動車》ブレーキランプ.
'**Brems・pe・dal** 中 -s/-e《工学》ブレーキペダル.
'**Brems・schuh** 男 -[e]s/-e (Hemmschuh)(車輪の下に置く)車輪止め.
'**Brems・spur** 囡 -/-en (路上に残った)急ブレーキの跡.
'**Brems・weg** 男 -[e]s/-e《交通》(ブレーキをかけてから停止するまでの)制動距離.
'**brenn・bar** ['brɛnbaːr] 形 燃えやすい, 可燃性の.
'**Brenn・ei・sen** 中 -s/- **1**(整髪用の)焼き鏝(ごて). **2**《医学》焼灼(しょうしゃく)器. **3** 焼き印, 烙印(らくいん).
bren・nen ['brɛnən ブレネン] brannte, gebrannt ❶ 自 **1** 燃える, 発火する, 火がつく, 燃えている. Das Haus *brennt*. 家が燃えている. Das Streichholz *brennt* nicht. マッチは火がつかない. Hass *brannte* in ihm. 憎悪が彼の心に燃え立った. Die Arbeit *brennt* ihm auf den Nägeln〈den Nähten〉. その仕事は彼にのっぴきならない(火急のことだ). Das Geheimnis *brennt* mir auf der Seele〈der Zunge〉. 私はその秘密をもう隠してはおけない. Ihm *brennt* der Boden unter den Füßen. 彼は足もと(尻)に火がついた, やばい(危険な)ことになった.《非人称的に》*Es brennt*! 火事だ; ぐずぐずしておれないぞ;(宝さがしゲームやクイズなどで)宝は近くぞ, (正解まで)あと一歩ぞ. Wo *brennt*'s [denn]? 火事はどこだ;《話》どうしたのか, 何事か. Es *brennt* ihm auf der Seele, auszugehen. 彼は遊びに出たくてうずうずしている. **2**(太陽が)ぎらぎらと照りつける;(明りが)ともっている. Der Himmel *brennt* in der Glut der Abendsonne. 夕日を浴びて空が赤々と燃えている. **3**(傷などが)はげしく痛む, うずく. Meine Haut *brennt*. (日に焼けて)肌がひりひりする. Der Paprika *brennt* auf der Zunge. パプリカで舌がひりひりする.
4 はげしい感情を抱く, 情熱に燃える. auf et⁴〈nach et³〉~ 物⁴,³を熱望している. Ich *brenne* darauf, meine Mutter zu sehen. 私は母に会いたくて一日千秋の思いである. vor Ehrgeiz〈Erwartung〉~ はげしい野心に燃えている〈期待に胸をふくらませている〉.
❷ 他 **1** 燃やす, 焼く. Holz zu Kohlen ~ 木を焼いて炭を作る, 炭を焼く.
2(明りを)ともす. Kerzen ~ ろうそくに火をつける.
3 焦がす, (文字・図形を)焼きつける, 焼き印を捺す;《地方》(人⁴に)火傷(やけど)をさせる. mit der Zigarette ein Loch ins Tischtuch ~ タバコの火でテーブルクロスに焦げ穴を作る. ein Fass〈ein Pferd〉~ 樽〈馬〉に焼き印を捺す. j⁴ am Arm ~ 人⁴の腕に火傷させる. Was dich nicht *brennt*, das blase nicht!〈versuche nicht zu löschen〉!《諺》関係のないことに手を出すな(火傷をしない火は消そうとするな). [Ein] *gebranntes* Kind scheut [das] Feuer.《諺》羹に懲りる. **4** 加熱する, 熱で処理する;《古》蒸留する. Erze ~ 鉱石を焙焼する. sich³ das Haar〈die Haare〉~《古》髪にアイロンをあてる. Porzellan ~ 陶器を焼く. aus Obst Branntwein ~ 果実でシュナップスを作る. *gebrannte* Wasser (シュナップス(焼酎)類.《目的語なしで》Er *brennt* heimlich. 彼は酒の密造をしている.
❸ 再 (*sich*⁴) **1** 火傷(やけど)する, 焼けるように痛む. *sich* an Bügeleisen ~ アイロンで火傷する. *sich* an den Brennnesseln ~ いらくさで刺される.
2 *sich* weiß ~《比喩》身のあかしを立てる, 嫌疑を晴らす.
***bren・nend** ['brɛnənt]《現分形》**1** 燃えさかる, 灼熱の; 燃える〈焼ける〉ような. ein ~er Durst のどが焼けつくような渇き. ein ~es Geheimnis 胸に秘めておれないような秘密(↑ brennen ① 1). ~e Liebe《地方》《植物》アメリカせんのう(仙翁); けまんそう(華鬘草). **2** 緊急(火急, 焦眉)の, 切実な. ein ~es Problem 急を要する問題. **3**《副詞的用法で》非常に, たいへん. Ich möchte es ~ gern wissen. 私はそれをどうしても知りたい.
'**Bren・ner**¹ ['brɛnər] 男 -s/- **1** 燃焼器, バーナー; 火口(ひぐち);《医学》焼灼人(しょうしゃくじん). **2** 焼酎作り. **3** 炭焼き, 陶工, 煉瓦焼き職人. **4** さび病(植物, とくに穀物の病気).
'**Bren・ner**² 男 -s/-《地名》(der) ブレンナー峠(オーストリアとイタリアの間のアルプス越えの峠, イタリア語形 Brennero).
Bren・ne'rei [brɛnəˈraɪ] 囡 -/-en **1**《複数なし》蒸留酒(火酒, シュナップス)の製造. **2** 蒸留酒製造所. **3** コーヒー焙煎工場; 煉瓦工場, 陶器製造所(工房).
'**Brennes・sel** ['brɛnnɛsəl] ↑ Brennnessel
'**Brenn・glas** 中 -es/-̈er《光学》凸レンズ.
'**Brenn・haar** 中 -[e]s/-e (ふつう複数で)(毛虫・植物などの)刺毛(しもう).
'**Brenn・holz** 中 -es/ 薪(たきぎ).

'**Brenn·ma·te·ri·al** ⊞ –s/-ien 燃料.
'**Brenn·nes·sel** ['brɛnnɛsəl] 囡 –/-n《植物》いらくさ(刺草).
'**Brenn·punkt** ['brɛnpʊŋkt] 男 –[e]s/-e 1《光学》焦点. den ~ einer Linse bestimmen レンズの焦点を定める. 2《幾何》(円錐曲線の)焦点. 3《比喩》(物事の)焦点, 中心(点), 的(⁑). der ~ des Verkehrs 交通の要所. im ~ des allgemeinen Interesses stehen 世の人々の関心の的になっている.
'**Brenn·sche·re** 囡 –/-n (整髪用の)焼き鏝(⁑), ヘアアイロン.
'**Brenn·stab** 男 –[e]s/-e (原子炉の)燃料棒.
***'Brenn·stoff** ['brɛnʃtɔf] 男 –[e]s/-e 1 燃料(とくに暖房用の). 2 (Kernbrennstoff) 核燃料.
'**brenn·te** ['brɛntə] brennen の接続法 II.
'**Brenn·wei·te** 囡 –/-n《光学》焦点距離.
Bren·ta·no [brɛn'ta:no]《人名》Clemens ~ クレーメンス・ブレンターノ(1778–1842, ドイツロマン派の詩人).
Brenz [brɛnts] 囲 –es/-e 1《古》= Branntwein 2《複数で》可燃性鉱石.
'**bren·zeln** ['brɛntsəln] 圊 (地方)1《非人称的に》焦げる臭いがする. Es brenzelt in der Küche. 台所が焦げくさい. 2 = brenzen.
'**brenz·lich** ['brɛntslɪç] 厖 (話) = brenzlig
'**brenz·lig** ['brɛntslɪç] 厖 1 焦げくさい, きな臭い. 2 (話)(副詞的にも用いない)容易ならぬ, ゆゆしい, 面倒(厄介)な. eine ~e Situation むずかしい局面.
'**Bre·sche** ['brɛʃə] 囡 –/-n《軍事》(城壁・戦線などの)突破口. eine ~ schlagen 突破口を開く; 難局を打開する. für j⁴ in die ~ springen〈treten〉/ sich⁴ für j⁴ in die ~ werfen 身を挺して人⁴を助ける(かばう), (の)身替わりになる, 代理をつとめる.
Bres·lau ['brɛslau]《地名》ブレスラウ(ポーランド南西部, シュレーズィエン地方の都市, 現在のヴロツワフ Wrocław).
'**brest·haft** ['brɛsthaft] 厖《比較変化なし / 副詞的には用いない》《古》虚弱な, 病身の, 弱々しい.
Bre·ta·gne [bre'tanjə, bra.., bra'taɲ] 囡 –/《地名》die ~ ブルターニュ(フランス西部の半島).
Bre·to·ne [bre'to:nə] 男 –n/-n 1 ブルトン人(ブルターニュ地方のケルト系住民).
bre·to·nisch [..nɪʃ] 厖 ブルターニュの; ブルトン人, 語)の. ↑deutsch
***Brett** [brɛt ブレト] ⊞ –[e]s/-er 1 板. schwarzes ~ (黒く塗った)掲示板. das ~ bohren[wollen], wo es am dünnsten ist《話》楽な仕事ばかりを選ぶ, 労をいとう, 手を抜く. ein ~ vor den Augen haben《話》目が節穴(⁑)である. ein ~ vor dem Kopf haben《話》呑み込みが悪い, 鈍(⁑)である.《前置詞と》et⁴ auf einem ~ bezahlen 人⁴の代金を即金で支払う. Das steht auf einem [ganz] anderen ~. それは別の話(別問題)だ; そいつは問題(疑問)だ(↑Blatt 2). durch drei〈sechs/zehn〉 ~er sehen《話》目先がきく, 利口である. Er ist [wie] mit ~ern vernagelt. 彼はまるで物分かりが悪い, 頑迷である. Hier ist die Welt [wie] mit ~ern vernagelt. ここで行きどまりだ; 万事休すだ. 2 台(板), 飛込台, アイロン台; 棚(板), ボード, 書架; 掲示板; (チェスなどの)盤, 配電盤, 計器板; 《古》盆;(弦楽器の)指板. sich⁴ an das ~ setzen 将棋盤にむかう. Die Figuren auf ~ setzen〈stellen〉(チェスの)駒を並べる. bei j³ einen Stein im ~ haben《話》人³に受けがよい, (の)覚えがめでたい. 3《複数で》スキー(板). sich³ die ~er anschnallen〈abschnallen〉スキーをつける〈はずす〉. Sie ist〈steht〉 noch unsicher 〈nicht sicher〉 auf den ~ern. 彼女はまだスキーの上に立つのがやっとだ. 4《複数で》(劇場の)舞台; (ボクシングの)床, マット. die ~er[, die die Welt bedeuten] 舞台(Fr. Schiller の詩『歓喜に寄す』An die Freude から). auf die ~er gehen 役者になる; (ボクシングで)ダウンする. j⁴ auf die ~er schicken 人⁴をマットに沈める. auf den ~ern stehen 舞台に立つ. über die ~er gehen (作品が)上演される.
'**Bret·ter·bu·de** 囡 –/-n 板小屋, バラック.
'**Bret·ter·zaun** 男 –[e]s/-e 板塀, 板囲い.
Brettl ['brɛtl] ⊞ –s/-[n] 1《南ド・スィス》《多く複数で》板ぎれ, スキー(板). 2《話》(Kabarett) カバレット
'**Brett·spiel** ⊞ –[e]s/-e 盤上ゲーム(チェスなど).
Breu·ghel ['brɔygəl, 'brø:jəl] = Brueg[h]el
'**Bre·ve** ['bre:və] ⊞ –s/-s〈⁑⁑〉1 (本来は教皇の)小勅書(大勅書 Bulle² の略式のもの). 2 (今日では教皇の)赦免状.
Bre'vet [bre·'ve:, brə've:] ⊞ –s/-s (fr.) 1《歴史》(フランス王の)赦免状. 2《古》特許証, 免許状.
Bre·vi·ar [brevi'a:r] ⊞ –s/-e (lat.) 要約, 抜粋.
Bre·vi·a·ri·um [..'a:riʊm] ⊞ –s/..rien[..riən] (lat.) = Breviar
Bre'vier [bre'vi:r] ⊞ –s/-e (lat.) 1《カトリック》聖務日課(教会が司祭・修道士に命じた日々の祈祷の務めで, 賛歌・祈り・聖書読誦などの組合わせから成る). das ~ beten 聖務日課を唱える. 2 聖務日課(祈祷書. 3 (文芸作品からの)抜粋, 文選. Goethe-~ ゲーテ文選. 4 摘要, 要覧;(簡単な)入門書, 手引. ~ der Mode〈für gutes Benehmen〉ファッション《礼儀作法》の手引.
'**bre·vi 'ma·nu** ['bre:vi 'ma:nu] (lat., kurzerhand ')《略 b[r].m.》手っとりばやく, 即座に, 簡単に.
'**Bre·zel** ['bre:tsəl] 囡 –/-n ブレーツェル(8字型のパン菓子).
'**Bre·zen** ['bre:tsən] 男 –s/- (囡 –/-) 《南ド》= Brezel
brich [brɪç] brechen の du に対する命令形.
brichst [brɪçst] brechen の現在2人称単数.
bricht [brɪçt] brechen の現在3人称単数.
Bridge [brɪtʃ, brɪdʒ] ⊞ –/〈⁑⁑〉ブリッジ.

Brief

[bri:f ブリーフ] 男 –[e]s/-e (lat.) 1 手紙, 書簡, 書状; 書面, 文書. ein ~ Brauer = 解雇通知, 免職辞令; (落第しそうな生徒の親にあてた)注意書. ein offener ~ 公開書簡. j⁴〈an j⁴〉 einen ~ schreiben 人³,⁴に手紙を書く. j³ ~ und Siegel auf et⁴ geben 人³に事⁴を保証する, 請け合う. 2《金融》有価証券, 手形;《略 B.》(Briefkurs) 相場売値. 3 (紙にくるんだ小さな)包み. ein ~ Nähnadeln 縫い針1包み.
'**Brief·be·schwe·rer** [..bəʃve:rər] 男 –s/- ペーパーウェイト, 文鎮.
'**Brief·bo·gen** 男 –s/- 《南ド・スィス》便箋(⁑⁑).
'**Brief·bom·be** 囡 –/-n (開封すると爆発する)手紙爆弾.
'**Brief·freund** 男 –[e]s/-e ペンフレンド.
'**Brief·ge·heim·nis** 男 –ses/-《法制》信書の秘密.
'**Brief·kar·te** 囡 –/-n (封筒に入れて送る)グリーティングカード.
'**Brief·kas·ten** 男 –s/⁑ 1 郵便ポスト. 2 (住宅に取りつけた)郵便受. lebender ~ 諜報機関とスパイの中継ぎ人. toter ~ スパイ情報の受渡場所. 3 (新聞・雑誌などの)読者欄, 投書欄.

'**Brief·kas·ten·fir·ma** 囡 -/..men (郵便受しかない)架空会社.
'**Brief·kopf** 男 -[e]s/¨e レターヘッド(便箋上部に印刷された差出人名・会社名・所在地など).
'**Brief·kurs** 男 -es/-e 《金融》(↔ Geldkurs) 売相場;(銀行が外国為替を売るときの相場売価.
'**brief·lich** ['bri:flɪç] 形《述語的には用いない》手紙(文書)による.
'**Brief·mar·ke** ['bri:fmarkə ブリーフマルケ] 囡 -/-n (郵便)切手. platt sein wie eine ~ 《話》たまげた、びっくりした.
'**Brief·mar·ken·samm·lung** 囡 -/-en 切手収集.
'**Brief·öff·ner** 男 -s/- ペーパーナイフ.
'**Brief·pa·pier** ['bri:fpapiːɐ] 中 -s/-e レターペーパー、レターセット、便箋(と封筒).
'**Brief·por·to** 中 -s/-s(..ti) 郵便料金.
'**Brief·ro·man** 男 -s/-e 《文学》書簡体小説.
'**Brief·schaf·ten** [..ʃaftən] 腹《古》郵便物.
'**Brief·schuld** 囡 -/-en **1** 書くべき返事を不義理していること. Ich habe noch eine ~ zu erledigen. 私は手紙の返事をもう1通書かねばならない. **2** 証文を入れた借金.
'**Brief·stel·ler** 男 -s/- **1**《古》筆耕(人), 代書(士). **2** 手紙用例集.
'**Brief·stem·pel** 男 -s/- 郵便スタンプ, 消印.
'**Brief·ta·sche** ['bri:ftaʃə ブリーフタッシェ] 囡 -/-n 財布, 紙入. eine dicke ~ haben《話》金持である.
'**Brief·tau·be** 囡 -/-n 伝書鳩.
'**Brief·trä·ger** 男 -s/- 郵便配達人.
'**Brief·um·schlag** [..ʃlaːk] 男 -[e]s/¨e 封筒.
'**Brief·waa·ge** 囡 -/-n 手紙用はかり.
'**Brief·wahl** 囡 -/-en《法制》書面投票.
'**Brief·wech·sel** ['bri:fvɛksəl ブリーフヴェクセル] 男 -s/- **1** 文通. mit j³ einen ~ führen 人³と手紙をやりとりする. mit j³ in〈im〉 ~ stehen 人³と文通している. **2** 往復書簡(集). ~ zwischen Goethe und Schiller ゲーテとシラーの往復書簡集.
Bries [bri:s] 中 -es/-e (仔牛などの)胸腺(ホッカ).
'**Bries·chen** ['bri:sçən] 中 -s/-《料理》仔牛の胸腺を使った肉(だしスープなどに入れる).
brief [bri:t] braten の過去.
'**brie·te** ['bri:tə] braten の接続法II.
Bri·ga·de [briga:də] 囡 -/-n (*it.*) **1**《軍事》旅団. **2**《総称的に》(レストランの)料理人、調理師. **3**(旧東ドイツの工場の)作業グループ, 班.
Bri·ga·di·er [brigadi:ɐ̯] 男 -s/-s **1**《軍事》(Brigadegeneral)旅団長, 准将(ミャショウ)少将. **2** [..'di:ɐ̯ とも]《複数 -e も》(旧東ドイツの工場の)班長.
Bri'gant [bri'gant] 男 -en/-en (*it.*)《古》(イタリア・フランスなどの)追いはぎ, ごまの蠅(ハエ), 野盗.
Bri·gan'ti·ne [brigan'ti:nə] 囡 -/-n (*it.*) **1**《歴史》(中世の)小札(ㄷジャ)を打ちつけた胸甲. **2** =Brigg
Brigg [brɪk] 囡 -/-s (*it.*) ブリッグ (2本マストの帆船).
Bri'ghel·la [bri'gɛlla] 男 -/-s (..lli[..lli]) (*it.*)《演劇》ブリゲッラ(イタリア 16-18 世紀の仮面劇コメディア・デッラルテに登場する抜け目のない下男).
Bri'git·ta [bri'gɪta]《女名》ブリギッタ (Brigitte の別形).
Bri'git·te [bri'gɪtə]《女名》ブリギッテ. ◆↑付録「聖人暦」2月1日.
Bri'kett [bri'kɛt] 中 -s/-s(-e) 練炭(炭), たどん.
bri·ket'tie·ren [brikɛ'tiːrən] 他 (石炭など)ブロック(豆炭)状に固める.

bril'lant [bril'jant] 形 輝かしい, 華々しい, みごとな, すばらしい. ~ Klavier spielen 華麗にピアノを演奏する. ein ~*er* Redner 才気煥発な話し手.
Bril'lant ❶ 男 -en/-en ブリリアントカットの宝石(とくにダイアモンド). ▶ ダイアモンドなどがきらきらと輝くように研磨するのをブリリアントカットという, ふつう 56 面体. ❷ 囡 -/《印刷》ブリリアント活字(活字の大きさを表す古い呼称, 3 ポイント活字).
Bril'lan'tin [brɪljan'ti:n] 中 -s/-e (ホマ․ド) =Brillantine
Bril·lan'ti·ne [brɪljan'ti:nə] 囡 -/-n ブリリャンティン(頭髪用の艶出しポマード).
Bril'lant·ring 男 -[e]s/-e ブリリアントカットのダイアモンドを嵌(ハ)めた指輪.
Bril'lanz [brɪl'jants] 囡 -/ **1**《Glanz》輝き, 光輝, 光沢, 光彩. **2**《写真・色彩の》鮮明さ、(再生音の)鮮烈さ、輝き. **3** 名技, 名人芸, (技芸などの)冴え.
'**Bril·le** ['brɪlə ブリレ] 囡 -/-n **1** めがね(眼鏡);(コブラ・めがねざるなどの)めがね模様. eine ~ für die Ferne〈die Nähe〉/ eine ~ für weit〈nah〉遠用〈近用〉めがね. die ~ aufsetzen〈abnehmen〉眼鏡をかける〈はずす〉. eine ~ tragen 眼鏡をかけている. et⁴ durch eine fremde〈andere〉 ~ sehen 物⁴を他人(ξラ)ごととして(のように)見る. et⁴ durch eine gefärbte 〈durch *seine* eigene ~〉見る, 判断する. alles durch eine rosa〈rosige/rosarote〉 ~ [an]sehen 何事もばら色の眼鏡で見る, 楽天家である. et⁴ durch eine〈die〉 schwarze ~ sehen 事⁴を悲観的に見る. j⁴ über die ~ sehen 人⁴を眼鏡ごしに見る. **2** (Klosettbrille) 便器の腰掛, トイレット・シート.
'**Bril·len·fas·sung** 囡 -/-en 眼鏡のフレーム.
'**Bril·len·fut·te·ral** 中 -s/-e 眼鏡ケース.
'**Bril·len·ge·stell** 中 -[e]s/-e =Brillenfassung
'**Bril·len·schlan·ge** 囡 -/-n **1**《動物》コブラ. **2**《戯》眼鏡をかけた女性.
'**Bril·len·trä·ger** 男 -s/- 眼鏡をかけた人.
bril'lie·ren [brɪl'ji:rən] 自 (能力・技芸によって)人目を惹く, 光彩(異彩)を放つ, 他にぬきんでる.
Brim'bo·ri·um [brɪm'boːriom] 中 -s/ (*lat.*)《話》くだらぬこと, から騒ぎ. viel〈ein großes〉 ~ machen 大騒ぎをする(um et⁴ 事⁴で).
'**Brim·sen** ['brɪmzən] 男 -s/-《食品》羊乳チーズ.
Bri'nell·här·te [bri'nɛl..] 囡 -/《略 HB》《物理》ブリネル硬さ(工業材料の硬度を示す単位, スウェーデンの物理学者 Johann August Brinell, 1849–1925 にちなむ).

'**brin·gen*** ['brɪŋən ブリンゲン] brachte, gebracht 他 **1**(物⁴を)持ってくる(いく), 運ぶ, 届ける;(人⁴を連れてくる(いく), 伴う. Der Postbote hat ein Paket *gebracht*. 郵便配達人が小包みを持ってきた. Sie *bringt* die Kinder zu ihrer Mutter. 彼女は子供たちを母親のところへ連れていく. Was *bringen* Sie Neues? 何か耳よりなこと(新しいニュース)でもありますか. j³ Blumen ~ 人³に花を届ける. j³ eine Tasse Tee ~ lassen 紅茶を1杯そって来てもらう. 《前置詞句で》einen Brief **auf** die Post ~ 手紙を郵便局へ出しにいく. den Kranken **ins** Krankenhaus ~ 病人を入院させる. das Kind in die Schule ~ 子供を学校へ送っていく. sich⁴ von j³ **zum** Arzt ~ lassen 人³に医者へ連れていってもらう.
2《方向を示す前置詞句で》(ある状態・状況・場所など

に)置く, 移す, 導く. j⁴ an den Bettelstab ~ 人⁴を無一文にする, 零落させる. zwei aneinander ~ 2人を仲たがいさせる. et⁴ **ans** Licht ~ 事⁴を解明する; (を)明るみに出す; 物⁴(文書など)を公開する. et⁴ an sich⁴ 《話》物⁴を懐(をる)に入れる, 着服(横領)する. einen Satelliten **auf** die Bahn ~ 人工衛星を軌道に乗せる. j⁴ auf eine gute Idee ~ 人⁴によいことを思いつかせる. das Gespräch auf ein anderes Thema ~ 話題を変える. et⁴ mit auf die Welt ~ 物⁴(性格・資質など)を持って生れる. j⁴ **aus** Amt und Brot ~ 人⁴を失職させる. j⁴ aus der Fassung ~ 人⁴を狼狽させる. et⁴ **hinter** sich⁴ ~ 事⁴を済ます, 片づける. et⁴ **in seinen** Besitz⟨seine Hand⟩ ~ 物⁴を手に入れる, わが物にする. j⁴ et⁴ in Erinnerung ~ 人⁴に事⁴を思い出させる. j⁴ ins Grab ~ 人⁴をあの世に送り込む, 殺す. et⁴ ins Reine ~ 事⁴を解決(処理)する, 片をつける. et⁴ **nach** Hause ~ 人⁴を家へ送っていく. et⁴ nicht **übers** Herz⟨über sich⁴⟩ ~ 事⁴をする決心がどうしてもつかない, するにしのびない. j⁴ **um** et⁴ ~ 人⁴から物⁴を奪う. j⁴ um den Verstand ~ 人⁴の頭を変にする. et⁴ **von** der Stelle ~ 物⁴を動かす, どかす. die Kinder **zu** Bett ~ 子供たちを寝かせる. ein Kind zur Welt ~ 子供を生む. Man kann ihn nicht dazu ~, dorthin zu gehen. 彼をそこへ行かせることはできない. 《不定の **es**⁴ と》es dahin ~, dass…….にまでこぎつける. Du wirst es noch dahin ~, dass man dir kündigt. (そんなことをしていたら)君はいずれ首を切られるのが落ちだよ. es weit ~ 《話》成功(出世)する. Du hast es weit *gebracht*. 君もずいぶんえらくなったものだ, 功成り名を遂げたね. es auf et⁴ ~ 《話》物⁴にまでこぎつける. Sie hat es auf 100 Jahre *gebracht*. 彼女は100歳まで生き長らえた. Der Wagen *bringt* es auf 180 Stundenkilometer. この車は時速180キロまで出せる. Er hat es bis zum Minister *gebracht*. 彼はついに大臣にまで登りつめた. es zu Ansehen ~ 名声(信望)を得る. es zu etwas⟨nichts⟩ ~ ひとかどのことをやってのける⟨大したことができない⟩.

3 もたらす, 惹起する, 招来する;(利益)を生む,(感情)を呼び起す. j⁴ Ärger ~ 人⁴を怒らせる, 困らせる. Scherben *bringen* Glück.《諺》食器が割れるのは幸福の訪れ. Neid kann nichts Gutes ~.《諺》妬(½)みはわが身のあだ. j⁴ Hilfe ~ 人⁴のためにひと肌ぬぐ. j⁴ Nutzen⟨Schaden⟩ ~ 人⁴の得⟨損⟩になる. Unglück⟨Unheil⟩ ~ 禍(½)を招く (über j⁴ 人⁴の身に). Zinsen ~ 利子を生む. Der Oktober hat viel Regen *gebracht*. 10月はよく雨が降った. Der Boden *bringt* nicht mehr viel. この土地はもうあまり収穫があがらない. Was *bringt* das Haus monatlich an Miete? この家から月々いくら家賃があがりますか. et⁴ mit sich³ ~ 事⁴を結果として必然的に伴う. Dieses Unternehmen wird Gefahren mit sich ~. この企てには危険が伴うにちがいない. Das *bringt* die Zeit mit sich. これも時代のせい⟨今時世⟩だ. Sein Alter hat es mit sich *gebracht*, dass er sehr friedlich ist. 彼も歳(½)のせいでずいぶん穏やかになったものだ.《不定の **es**¹**, nichts, was** と》Das *bringt*'s!《話》そいつはすごい! Der⟨Die⟩ *bringt*'s!《話》あれはなかなかのやつだ. Der Gitarrist *bringt*'s [voll]!《話》このギタリストは最高だ. Das *bringt* nichts.《話》これはくだらない, 何にもならない. Was *bringt* das?《話》それでどうなるの, どんな得があるの.

4《話》本にする(出版する);(新聞・雑誌に)出す, 載せる; 電波に乗せる. Das Staatstheater *bringt* dieses Jahr zwei Opern von Mozart. 国立劇場は今年モーツァルトのオペラを2本上演する. Was *bringt* das Wetterbericht? 天気予報はどう言っている. **5**《話》やれる, やってのける力がある. Das *bringe* ich nicht mehr. これはもう私の手に余る.

'**Bring·schuld** 囡 -/-en《法制》(↔ Holschuld) 持参債務.

Brink [brɪŋk] 男 -[e]s/-e 《北ダ》草丘.

Bri·oche [bri'ɔʃ] 囡/-s《fr.》ブリオシュ(祝祭日などによく焼かれるパン菓子の一種).

bri·o·so [bri'o:zo] 副《it.》《音楽》(lebhaft) 生き生きと, 力強く.

bri'sant [bri'zant] 厖《副詞的には用いない》《fr.》**1**《軍事·鉱業》爆発(破壊)性の. ~er Stoff 発破(½). **2**《比喩》物議をかもすような, 物騒な, センセーショナルな. ~es Thema 物議をかもすテーマ.

Bri'sanz [bri'zants] 囡 -/-en **1**《軍事·鉱業》(火薬の破砕(爆破)力. **2**《複数なし》(議論·紛争などの)きっかけ, 起爆剤, 火種(½).

'**Bri·se** ['bri:zə] 囡 -/-n 微風, そよ風.

Bri·tan·ni·en [bri'tanjən]《地名》《歴史》ブリタニア(古代ローマの属州であったイングランド・スコットランドの古称).

'**Bri·te** ['brɪtə, 'bri:tə] 男 -n/-n **1**《歴史》ブリトン人(古代ローマ人侵入当時ブリタニアに住んでいたケルト系住民). **2**《今日》ブリテン人, イギリス人.

'**bri·tisch** ['brɪtɪʃ, 'bri:tɪʃ] 厖 大ブリテンの, イギリスの. die *Britischen* Inseln イギリス諸島. ◆ふつう政治的意味で用い, 一般には englisch を使う.

br.m.《略》= brevi manu

'**Broc·co·li** ['brɔkoli]《it.》ブロッコリ.

Broch [brɔx]《人名》Herrmann ~ ヘルマン・ブロッホ (1886-1951, オーストリアの作家,『ヴェルギリウスの死』*Der Tod des Vergil* など).

'**brö·cke·lig** ['brœkəlɪç] 厖 = bröcklig

'**brö·ckeln** ['brœkəln] ● (h, s) **1** (h) 細かく(ぼろぼろに)くだける. **2** (s) (漆喰などが)ぼろぼろになって崩れ(剝がれ)落ちる. ❷ 他 細かく砕く, 細切れにする. das Brot in die Suppe ~ パンをちぎってスープに入れる.

'**bro·cken** ['brɔkən] 他 **1** 細かく砕く, 細切れにする. **2**《南ダ》(花などを)摘む.

'**Bro·cken**¹ ['brɔkən] 男 -s/- **1** (石・肉・パンなどの)1片, かたまり(塊), ブロック. ein ~ Fleisch 肉のひと塊. ein dicker ~《話》難儀(厄介)な仕事. dicke⟨schwere⟩ *Brocken*《話》砲弾. ein fetter ~ 割のよい(たんまり儲かる)仕事. gelehrte *Brocken* 上っ面の知識. mit gelehrten *Brocken* um sich werfen 知識をひけらかす. ein harter ~《話》つらい(しんどい)仕事. an einem harten ~ zu kauen haben 苦労する. die *Brocken* aus der Suppe fischen 一番いところだけを取る, うまい汁を吸う. die *Brocken* hinwerfen⟨hinschmeißen⟩《話》(腹を立てて)すべてを投げ出す. ein paar *Brocken* Russisch können / ein paar russische *Brocken* können《話》片言(½)のロシア語ができる. **2**《猟師》罠(½)に仕掛ける餌. **3**《話》がっしり(どっしり)した人.

'**Bro·cken**² ['brɔkən] 男《地名》der ~ ブロッケン山(ハルツ地方の最高峰, 標高 1,142 m). ↑ Blocksberg

'**Bro·cken·ge·spenst** 匣 -[e]s/-er (↓ Brocken²)《民俗》ブロッケン山の妖怪(ブロッケン山頂にかかった霧に映る観察者自身の巨大な影法師).

'**bröck·lig** ['brœklɪç] 厖 **1** ぼろぼろに砕けた, 剝げ落ちた. **2** 砕けやすい, もろい.

'**Bro·del** ['bro:dəl] 男 –s/(–) (↓brodeln) 蒸気, 濃霧.

'**bro·deln** ['bro:dəln] 自 **1** 沸騰する, 煮えたぎる; (霧・蒸気が)《非人称的に》騒動が起きる, 広がる. *Es brodelt im Volk.* 民衆のあいだに騒動が持上がる. **3**《(方)》なまけて暮す.

Bro·de·rie [brodaˈri:] 女 –/..ˈri:ən (*fr.*) **1**《古》刺繍(ゅう). **2**《音楽》(メロディーラインの)装飾.

Bro'kat [broˈka:t]男 –[e]s/–e (*it.*)《紡織》金襴(えん), 錦織り.

'**Brok·ko·li** ['brɔkɔli] 複 (*it.*) =Broccoli

Brom [bro:m] 中 –s/ (*gr.*)《化学》(略 Br) 臭素.

Bro·ma·to·lo'gie [bromatoloˈgi:] 女 –/ 食品学.

'**Brom·bee·re** ['brɔmbeːrə] 女 –/–n《植物》ブラックベリー, 黒いちご(の実).

'**Brom·sil·ber** 中 –s/《写真》臭化銀.

bron·chi'al [brɔnçiˈa:l] 形《解剖・医学》気管支の.

Bron·chi·al·ka·tarr[h] 男 –s/–e《複数まれ》《病理》=Bronchitis

'**Bron·chie** ['brɔnçiə] 女 –/–n (*gr.*)《ふつう複数で》《解剖》気管支.

Bron'chi·tis [brɔnˈçi:tɪs] 女 –/..tiden [..çiˈti:dən]《病理》気管支炎.

Bronn [brɔn] 男 –[e]s/–en =Bronnen

'**Bron·nen** ['brɔnən] 男 –s/《古》《雅》=Brunnen

Bron·to'sau·rus [brɔntoˈzaʊrʊs] 男 –/..rier [..riər] 《古生物》ブロントザウルス(竜脚類にぞくする巨大な恐竜).

*'**Bron·ze** ['brõ:sə, 'brɔŋsə ブローンセ] 女 –/–n (*fr.*) **1**《複数なし》青銅, ブロンズ; 銅合金. **2** 青銅製品(作品), ブロンズ像;《複数なし／無定詞で》《(えん)》銅メダル(↑Bronzemedaille). **3**《複数なし》青銅色, 唐金(からかね)色; 金属粉末をまぜた顔料.

'**Bron·ze·ar·tig** 形 青銅(ブロンズ)のような.

'**Bron·ze·krank·heit** 女 –/《医学》アジソン病(副腎機能の減退により皮膚が青銅色になる).

'**Bron·ze·me·dail·le** 女 –/–n《(えん)》(オリンピック競技などの)銅メダル(↑Bronze 2).

*'**bron·zen** ['brõ:sən, 'brɔŋsən ブローンセン] 形《副詞的には用いない》青銅(ブロンズ)の; 青銅(唐金色)の.

'**Bron·ze·zeit** 女 –/《先史》青銅器時代(石器時代につづく人類文化発達の第2段階).

bron'zie·ren [brõ:siˈri:rən, brɔnˈzi:rən] 他《物に》ブロンズめっきを施す, (を)ブロンズ色に仕上げる.

'**Bro·sa·me** ['bro:za:mə] 女 –/–n《ふつう複数で》《雅》(パン・ケーキなどの)屑, かけら. *die ~n, die von des Reichen Tische fallen*《新約》金持ちの食卓から落ちるパン屑(マタ 15:27).

brosch.《略》=**broschiert** 1

'**Bro·sche** ['brɔʃə] 女 –/–n ブローチ, (飾り)留めピン.

'**Brös·chen** ['brø:sçən] 中 –s/– =Briesschen

bro'schie·ren [brõ:ˈʃi:rən] (*fr.*) 他 **1** (本を)仮綴(じ)じにする. **2**《紡織》紋織りにする.

bro'schiert 区分 形 **1**《略 brosch.》(本が)仮綴じの. *~e Bücher* 仮綴じの本. **2**《紡織》紋織りの.

Bro'schur [brɔˈʃu:r] 女 –/–en **1**《複数なし》仮綴製本. **2**

*=**Bro'schü·re** [brɔˈʃy:rə ブロシューレ] 女 –/–n 仮綴(じ)本, 小冊子, パンフレット, ペーパーバックス.

'**Brö·sel** ['brø:zəl] 男 (^(えん)/_(えん)) –s/–[n] パン屑.

'**brö·seln** ['brø:zəln] ❶ 他 (パンなどを)細かく砕く, 粉々にする. ❷ 自 (パンなどが)粉々になる.

Brot [bro:t ブロート] 中 –[e]s/–e パン; 糧(かて), 生計(費), めしの種. *ein Laib*〈*eine Scheibe*〉*~* パン 1 個〈ひと切れ〉. *~ und Salz* パンと塩(最低の食物). *~ und Wein*《(えん)》(ミサの際に拝領する)ホスティアとぶどう酒(キリストの聖体と聖血, ↑Hostie). *dunkles*〈*helles*〉*~* / *schwarzes*〈*weißes*〉*~* 黒〈白〉パン. *flüssiges ~*《戯》ビール. *ein hartes*〈*schweres*〉*~* つらい仕事. *Unser täglich ~ gib uns heute.*《新約》私たちに必要なパンを今日与えて下さい(マタ 6-11 他). *et*⁴ *nötig haben wie das tägliche*〈*liebe*〉*~* 物⁴がどうしても必要である, (を)欠かせない. *ungesäuertes ~* 酵母を入れずに焼いた平たいパン;《聖書》種(に)入れぬパン(ユダヤ教の過越しの祭りのときに食べるパン). *Wes*〈*Wessen*〉*~ ich ess', des*〈*dessen*〉*Lied ich sing'.*《諺》私は自分を食わせてくれる人を賛める歌をうたう. *~ backen* パンを焼く. *Dem ist sein ~ gebacken.*《話》あの男ももう先が見えた, もう年貢の納め時だ(あの男のパンはもう焼き上っている). *wissen, auf welcher Seite das ~ gebuttert*〈*gestrichen*〉*ist*《話》どうするのが身のためであるか(金のなる木がどこにあるか)を心得ている. *Dazu gehört mehr als ~ essen.*《話》それは生やさしいことじゃない. *mehr als ~ essen können*《話》なかなかのやり手である. *sein eigen*[*es*] *~ essen* 自分で稼いでいる, 一本立ちしている. *anderer*〈*fremder*〉*Leute ~ essen* 他人の飯を食わってもらっている, 宮仕えの身である. *sein ~ finden* 食い扶持(ちち)《勤め口》にありつく. *sein sicheres ~ haben* しっかりした職についている, 食いはぐれがない. *[sich³] sein ~ sauer verdienen / sein saures*〈*schweres*〉*~ verdienen* 生活が苦しい.《前置詞と》*j³ et⁴ aufs ~ schmieren*《話》人³に事⁴のことくどくど小言を言う; 人³に事⁴をしょっちゅう自慢する. *für ein Stück ~* 二束三文で.

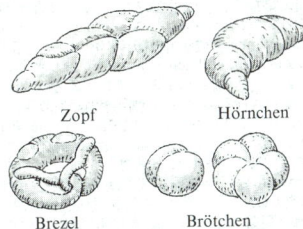

Zopf Hörnchen

Brezel Brötchen

Brot

*'**Bröt·chen** ['brø:tçən] 中 –s/– (Brot の縮小形) **1** ブレートヒェン, プチ・パン(ドイツで常食される丸い小型のパン, 南ドイツでは Semmel と言う). *belegtes ~* バターとソーセージ, またはチーズをはさんだブレートヒェン. *kleine*〈*kleinere*〉 *Brötchen backen*《話》大きすぎる要求(約束)を縮小する, 少し遠慮する. **2**《(えん)》開きそこなったパラシュート.

'**Bröt·chen·ge·ber** 男 –s/–《戯》(Arbeitgeber) 雇い主, めしの親方.

'**Brot·ein·heit** 女 –/–en《略 BE》《栄養》(糖尿病などの食餌療法において)食物に含まれる炭水化物の量を示す単位(1 BE はパン 20 g).

'**Brot·er·werb** 男 –[e]s/ パンを稼ぐこと, 生業(なりわ).

'**Brot·frucht·baum** 男 –[e]s/=e《植物》パンの木(ポリネシア Polynesien 原産).

'**Brot·herr** 男 –[e]n/–en《古》(Arbeitgeber) 雇い主, めしの親方.

'**Brot·korb** 男 -[e]s/~e パンかご. j³ den ~ höher hängen j³に食事を十分与えない, (の)給金を減らす.
'**Brot·kru·me** 女 -/-n パンくず.
'**brot·los** 形 **1** 失職(失業)している. ~ werden 首になる, 食えなくなる. **2** 金にならない, 実入りのない.
'**Brot·mes·ser** 中 -s/- パン切りナイフ.
'**Brot·neid** 男 -[e]s/ 他人の収入(地位)に対する嫉妬.
'**Brot·rin·de** 女 -/-n パンの皮.
'**Brot·rös·ter** 男 -s/- トースター.
'**Brot·schei·be** 女 スライスしたパン.
'**Brot·stu·di·um** 中 -s/..dien [..diən] パン(就職)目当ての大学での勉学.
'**Brot·zeit** 女 -/-en《南ダ》おやつ(間食); おやつ(間食)の時間.
'**brot·zeln** ['brɔtsəln] 自 他《話》=brutzeln
'**Brow·ning** ['braʊnɪŋ] 男 -s/-s (engl.) ブローニング(米国ブローニング社製自動ピストルの総称, 発明者 John M. Browning, 1855-1926の名から).
'**brow·sen** ['braʊzən] 自《コンピュ》(インターネットで)検索する, 調べる.
'**Brow·ser** ['braʊzər] 男 -s/- (engl.)《コンピュ》ブラウザー.
brr [br] 間 **Brr!** (寒さ・恐怖で身震いする様子)ぶるぶる;(牛馬を停止させるときの掛け声)どうどう.
BRT [be:|ɛr'te:]《略》=Bruttoregistertonne
*'**Bruch**¹ [brʊx ブルフ] 男 -[e]s/Brüche (↓ brechen) **1** 破断, 崩壊, 破損, (関係の)中断, 断絶, 破裂;(契約)の解消, 破棄, 違反. der ~ eines Dammes 堤防の決壊. der ~ der Treue 背信, 裏切り. der ~ des Verlöbnisses 婚約の解消, 破談. ein ~ mit der Vergangenheit 過去との断絶, 決別. ein ~ machen《話》物をぶっこわす;《ピッ》(着陸の際に)機体(の一部)を毀損する. ein Auto zu ~ fahren (事故で)車を破損する; 車を乗りつぶす. zu ~ gehen 壊れる(される), つぶれる(される). Es kam zum ~ zwischen 〈mit〉 ihnen. 彼らの仲は決裂した〈彼らとは手が切れた〉. es⁴zum völligen ~ kommen lassen きれいにけりをつける, きっぱりとおしまいにする. **2** 破片, かけら;《商業》くず(商品), 屑もの;《話》駄作, 失敗作. Das ist alles ~. どれもこれも屑ばかりだ. in die Brüche gehen 壊れる, つぶれる; うまくいかない, 破綻する. **3** 割れ(裂け)目, 破れ口,(鉱物の)断口(ピョ);《地質》(Verwerfung) 断層;《医学》骨折, ヘルニア, 脱腸;《林業》(樹木の)雪折れ, 風折れ;《猟師》折取った小枝(獣の足跡や射手の居場所の目印, また帽子の飾りにする). eingeklemmter ~ 嵌頓(ダラ)ヘルニア(脱出したまま腹腔に戻らない状態). sich³ einen ~ heben 重いものを持上げようとしてヘルニアになる. sich³ einen ~ lachen《話》腹の皮がよじれるほど笑いこける. **4**《古》石切り場, 採石場. **5**《衣服・シーツなどの》折り目, たたみ目, すじ, ひだ. einen ~ in die Hosen bügeln アイロンがけをしてズボンに筋をつける. **6**(チーズ製造の際の)乳凝固;(醸造酒の)濁り, 変色. **7**《数学》分数. ein echter 〈unechter〉 ~ 真〈仮〉分数. einen ~ erweitern 〈kürzen〉 通分〈約分〉する. **8**《隠》押込み(強盗).
Bruch² [brʊx, bru:x] 男(中) -[e]s/Brüche(Brücher) 沼地, 沼沢, 湿地(帯).
'**Bruch·band** ['brʊx..] 中 -[e]s/¨er 脱腸帯, ヘルニアバンド.
'**Bruch·bu·de** 女 -/-n《話》やぶれ屋, あばら家.
'**Brü·che** ['bryçə] Bruch¹の複数.
'**Brü·che** ['bryçə, 'bry:çə] Bruch²の複数.

'**Brü·cher** ['brʏçər, 'bry:çər] Bruch²の複数.
'**bruch·fest** ['brʊxfɛst] 形 壊れ(割れ)にくい.
'**bru·chig** ['brʊxɪç, 'bru:..] 形 (↓ Bruch²) 沼地(湿地帯)の.
'**brü·chig** ['brʏçɪç]《副詞的には用いない》(↓ Bruch¹) **1** 壊れ(砕け, 破れ)やすい, もろい; 壊れ(砕け, 破れ)た. ~es Mauerwerk 崩れかかった壁. ~e Moral 崩壊に瀕したモラル. ~es Verhältnis ひびの入った関係(間柄). **2**(声が)かすれた, しゃがれた.
'**bruch|rech·nen** 動《不定詞でのみ》分数計算をする. Das Kind kann ~. この子は分数計算ができる.
'**Bruch·stück** 中 -[e]s/-e **1**(全体の)断片, 破片, 切れはし, かけら. ~e einer Vase 花瓶のかけら. **2** (Fragment) (作品の)断片, 未完の作品;《彫刻》(Torso) トルソー(頭部および四肢のない胴体だけの彫像).
'**bruch·stück·haft** 形 断片的な, とぎれとぎれの. Ich erinnere mich nur ~ daran. このことは断片的にしか覚えていない.
'**Bruch·teil** ['brʊxtaɪl] 男 -[e]s/-e **1**(全体の)一部分. der ~ einer Summe 総額の一部, ごく僅か. im ~ einer Sekunde 一瞬のうちに.
'**Bruch·zahl** 女 -/-en 分数.

'**Brü·cke** ['brʏkə ブリュケ] 女 -/-n **1** 橋, 橋梁, かけ橋. eine fliegende ~ ロープ・フェリー. alle ~n hinter sich³ abbrechen 〈verbrennen〉 一切のしがらみを振りすてる. über einen Fluss eine ~ bauen〈schlagen〉川に橋を架ける. j³ eine [goldene] ~ 〈goldene ~n〉 bauen j³(敵・相手)に逃げ道(退路)はまだ残してやる, 敵に塩を送る. j³ die ~ [ver]treten 人(被疑者など)の力になってやる, (を)弁護する. über die ~ fahren 〈gehen〉 橋を渡る. Über die ~ möchte ich nicht gehen. / Wenn das Wort eine ~ wäre! 私はそんな話には乗らないよ. **2**《医学》(義歯の)ブリッジ;《海事》船橋, 艦橋, 桟橋, 船着き場;《演劇》(舞台の上げ下げする)吊り橋, ブリッジ. **3**《体操·ジャ》ブリッジ;《工学》(検流計などの)2分岐の回路網, ブリッジ;《化学》(分子間の)橋状結合, 橋かけ;《解剖》脳橋, 橋. **4** 細長いじゅうたん, (エン) 足(載せ)台;(エン)(牛馬屋の天井裏のほし草棚;(ジャ)屠殺場. **5**《絵画》Die ~「橋(ディ·ブリュッケ)」(1905 ドレスデンで結成された表現主義芸術家たちの集団, またその同人雑誌名).
'**Brü·cken·bil·dung** 女 -/-en《自動車》(エンジンの)点火不良.
'**Brü·cken·ech·se** [..ɛksə] 女 -/-n《動物》むかしかけ(ニュージーランド原産).
'**Brü·cken·kopf** 男 -[e]s/¨e《軍事》橋頭堡(ホウ).
'**Brü·cken·kran** 男 -[e]s/¨e(-e) 橋形クレーン.
'**Brü·cken·pfei·ler** 男 -s/- 橋脚.
'**Brü·cken·schlag** 男 -[e]s/ **1** 橋を架けること, 架橋. **2**《比喩》橋渡し. ~ zwischen zwei Kulturen 2つの文化の間の橋渡し.
'**Brü·cken·waa·ge** 女 -/-n (重い貨物などの重量を計る)計量台.
'**Bruck·ner** ['brʊknər]《人名》Anton ~ アントーン·ブルックナー(1824-96, オーストリアの作曲家).

'**Bru·der** ['bru:dər ブルーダー] 男 -s/Brüder **1**《略 Br.》兄弟, 兄, 弟. ~!/《話》mein älterer〈jüngerer〉~. mein großer〈kleiner〉 ~ わたしの兄〈弟〉. der große ~ 兄貴; 強力な同盟国;《戯》(同機種の)デラ

クスタイプ;《複数なし》(全体主義国家の)独裁者, 指導部(イギリスの作家オーウェル G. Orwell の未来小説『1984年』から). sich³ wie die feindlichen *Brüder* gegenüberstehen 仇どうし同士のようにいがみ合っている. **2** 友だち, 仲間, 同業, 相棒, 同志, 《話》やつ, 野郎, ...君(ù). ~ Leichtfuß《戯》おっちょこちょい. ~ Liederlich《戯》遊び人. ~ Lustig《戯》おどけ者. ein nasser ~《話》飲んべえ. ein warmer ~《卑》ホモ, 男色家. unter *Brüdern*《戯》掛値なして, 正直に言って. **3**《カトリック》(Ordensbruder)(司祭叙品を受けていない)修道士, 労働修道士, 助修士. Gleiche *Brüder*, gleiche Kappen.《諺》類は友を呼ぶ(修道士が同じならマントもお揃い).
'**Brü·der** ['bryːdər] Bruder の複数.
'**Brü·der·ge·mei·ne** ['bryːdərgəmaɪnə]囡-/《宗教》(ヘルンフート)兄弟団. ↑Herrnhuter
'**Bru·der·hand**囡-/-¨e《雅》兄弟の(のように親しい友人)の手. j³ die ~ reichen 人³に和解の手をさしのべる,(と)仲直りをする.
'**Bru·der·haus**囲-es/-¨er《プロテスタント》兄弟の家(国内伝道のための宣教師養成所).
'**Bru·der·herz**囲《不変化》-/-!《戯》ねえ君(兄弟・友人に対する親愛の呼びかけ).
'**Bru·der·kind**囲-[e]s/-er《古》兄弟の子供(甥・姪).
'**Bru·der·krieg**囲-[e]s/-e 内戦, 内乱.
'**brü·der·lich** ['bryːdərlɪç]厖 兄弟の, 兄弟のような, 仲のよい, 親切な.[sich³] et⁴ ~ teilen 物⁴を仲よく(半分ずつ)分け合う.
'**Brü·der·lich·keit**囡-/ 兄弟愛, 親愛, 友愛.
'**Bru·der·lie·be**囡-/ **1** 兄弟愛;兄弟姉妹に対する兄(弟)の愛. **2** 隣人愛.
'**Bru·der·schaft** ['bruːdərʃaft]囡-/-en《キリスト教》信心会(修道誓願からなく, 信心・礼拝上の義務を伴わむ団体). **2**《プロテスタント》信仰団体(カトリック教会の修道会に似ているが, ヨハネ騎士団がそうであるように家族を持つ職業についたまま加入することもできる).
'**Brü·der·schaft** ['bryːdərʃaft]囡-/-en **1**《複数なし》親交, 親しい仲. j³ ~ anbieten〈antragen〉人³に「俺お前の仲」になろうと言う. mit j³ ~ trinken 兄弟固めの杯を交わす. **2** 同志会.
'**Brue·g[h]el** ['broːɡəl, 'broːɣəl]《人名》Pieter ~ ピーター・ブリューゲル(1525頃-69, フランドルの画家, 農民の素朴な風俗画で知られる).
'**Brü·he** ['bryːə]囡-/-n **1**《肉・骨・野菜などの煮出し汁(スープ・ソースなど). ~ von Geflügel 鳥肉のブイヨン. **2**《話》濁った液体, 汚水;灰汁(≜), 染料液;まずいコーヒー(紅茶). in der ~ sitzen〈stecken〉《話》困窮している. **3**《話》不必要なこと(くだらないこと). viel zu viel ~ mit j³ machen 人³にあまりに仰々(ぎょう)しいもてなしをする. eine lange ~ um et⁴ machen 事⁴について愚にもつかぬことを長々と話す. **4**《話》汗.
'**brü·hen** ['bryːən] ⃝ **1** 煮る, 煮沸(ぶつ)する, 熱湯を注ぐ. Gemüse ~ 野菜をゆでる. Tee〈Kaffee〉~《地方》お茶〈コーヒー〉を沸かす(淹(いれる). ❷ 国 (sich) (熱湯·湯気で)やけどする.
'**brüh'heiß** ['bryːˈhaɪs]厖《副詞的には用いない》熱湯のように熱い(ものすごく熱い).
Brühl [bryːl]囲-[e]s/-e《古》沼地, 湿地帯.
'**brüh'warm**厖《比較変化なし》《比喩》厖《副詞的用法で》すぐさま, 即座に. et⁴ ~ weitererzählen 事⁴をすぐに言いふらす.

'**Brüh·wür·fel**囲-s/- (さいころ形の)固形ブイヨン.
'**Brüh·wurst**囡-/-¨e ゆでソーセージ.
Bru·i'tis·mus [bryiˈtɪsmus]囲-/ (fr. bruit ,Geräusch')《音楽》騒音主義(騒音を音楽に取入れようとする未来派音楽の一傾向).
'**Brüll·af·fe** ['brʏl..]囲-n/-n《動物》ほえざる(吠え猿).《俺》わめきちらす人.
*'**brül·len** ['brʏlən ブリュレン] ❶ 他 **1**《動物が》うなる, 吠える;(雷·風·海が)とどろく, ごうごう鳴る, どよめく. Gut gebrüllt, Löwe! よくぞ言った (Shakespeare の『真夏の夜の夢』のせりふ). **2** わめく, どなる, (大声をあげて)騒ぐ. Die Kinder *brüllen* auf dem Hof. 子供たちが中庭で騒いでいる. vor Dummheit ~《話》どうしようもない馬鹿である. vor Schmerz〈Schmerzen〉~ 苦痛に大騒ぎする.《中性名詞として》zum *Brüllen* sein《話》ひどく滑稽(ボ)である, 噴飯(ホ)ものである. **3**《話》わんわん泣く. wie am Spieß ~ 火がついたように泣く.
❷ 他 大声で言う, 叫ぶ. Kommandos ~ 号令をかける.《再帰的に》sich⁴ heiser ~ どなりすぎて声をからす.
'**Brül·ler** ['brʏlər]囲-s/- **1**《俺》大声でどなる人, がなり屋. **2**《話》吠え声, どなり声. **3**《話》滑稽(ボ)なこと.
'**Brumm·bär** ['brʊm..]囲-en/-en《話》不平家, 気むずかし屋.
'**Brumm·bass**囲-es/-¨e《話》コントラバス;(とくに低音の)バス.
'**Brumm·ei·sen**囲-s/- **1**《楽器》(Maultrommel)びやむり, **2**《隠》監獄(刑務所).
'**brum·meln** ['brʊməln]自 《↓brummen》小声でぼそぼそ(ぶつぶつ)言う, つぶやく.
'**brüm·meln** ['brʏməln]自《地方》= brummeln
'**brum·men** ['brʊmən] ❶ 自 **1** 唸るような音(声)を発する,(熊などが)うなる,(蜂などが)ぶんぶんいう,(鐘が)低く鳴りひびく,(雷が)とどろく,(エンジンが)轟音を立てる. Einer im Chor *brummt*. コーラスの中で1人だけが低い声で調子をはずしている. Mir *brummt* der Kopf〈der Schädel〉.《話》私は頭がずきずき(がんがん)する. **2** ぶつぶつ言う, 不平をこぼす. vor sich⁴ hin ~ ぶつぶつひとり言を言う. **3**《話》刑務所に入る;(学校で罰として)居残りをする.
❷ 他 不機嫌にぶっきら言う;低い声でつぶやく(ロぎむ). eine Antwort ~ もそもそ返事をする. Was *brummst* du da in deinen Bart? 君は口の中で何をぶつくさ言っているんだい. eine Melodie [vor sich⁴ hin] ~ メロディーを口ずさむ, 鼻歌をうたう.
'**Brum·mer** ['brʊmər]囲-s/- **1** ぶんぶん羽音を立てる虫,(とくに)あおばえ. **2** うなる動物,(とくに)雄牛. **3**《俺》下手くそな歌手. **4** うなりを立てるもの(砲弾·爆撃機·大型トラックなど). **5** 太った(鈍重そうな)人. **6**《話》かわいい娘.
'**brum·mig** ['brʊmɪç]厖《話》不機嫌な, 気むずかしい.
'**Brumm·krei·sel**囲-s/- (金属製の)うなりごま.
'**Brumm·ochs**囲-en/-en **1**《話》雄牛. **2**《卑》まぬけ.
'**Brumm·och·se**囲-n/-n = Brummochs
'**Brumm·schä·del**囲-s/-《話》(二日酔いなどで)痛む頭, ぼんやりした頭. einen ~ haben 頭がずきずき(ふらふら)している.
Brunch [brantʃ, branʃ]囲-(-[e]s)/-e(-[e]s) (*engl*.) ブランチ(昼食兼用の遅い朝食). ◆breakfast+lunch の短縮語.

brü·nett [bryˈnɛt] 形 (fr.) (髪・肌・目の色が)ブルネット(黒みがかった茶色の).

Brü·net·te 女 《形容詞変化》ブルネットの人.

Brunft [brʊnft] 女 -/Brünfte (↑Brunst)《猟師》(鹿などの)発情(期), 交尾(期), さかり.

ˈbrunf·ten [ˈbrʊnftən] 自《猟師》(鹿などが)発情している, さかりがついている.

ˈbrunf·tig [ˈbrʊnftɪç] 形《猟師》発情(交尾)期にある, さかりがついている.

ˈBrun·hild [ˈbruːnhɪlt], **ˈBrun·hil·de** [..hɪldə]《女名》ブルーンヒルト, ブリューンヒルデ. ◆中世の Nibelungen 伝説に出てくるブルグント王グンター Gunther の妻の名として知られる. また R. Wagner の楽劇『ニーベルンゲンの指輪』 *Der Ring des Nibelungen* にも登場する.

ˈBrün·ne [ˈbrʏnə] 女 -/-n (中世の)鎖かたびら.

*ˈ**Brun·nen** [ˈbrʊnən] ブルンネン 男 -s/- **1** 井戸; 泉水, 噴水. einen ~ anlegen〈bohren〉井戸を掘る. den ~ [erst] zudecken, wenn das Kind hineingefallen ist 泥棒を見てから縄をなう. **2** 泉, 湧き水, 鉱泉(水);《雅》源泉. ein salziger〈warmer〉~ 食塩泉〈温泉〉. **3** 湯治場. **4**《俗》蛇口(と流し). einen ~ machen 小便をする.

ˈBrun·nen·kres·se 女 -/-n《植物》クレソン, オランダがらし, みずがらし.

ˈBrun·nen·kur 女 -/-en 鉱泉飲用療法.

ˈBrun·nen·stu·be 女 -/-n 井戸水を貯える給水槽.

ˈBrun·nen·ver·gif·ter 男 -s/- **1**《古》《法制》井戸水に毒を入れた者, 浄水毒物混入者. **2**《比喩》《侮》(Verleumder) 中傷者.

ˈBru·no [ˈbruːno]《男名》ブルーノ. der heilige ~ von Köln ケルンの聖ブルーノ(カルトゥジオ会 Kartäuserorden の創設者,↑付録「聖人暦」10月 6日).

Brunst [brʊnst] 女 -/Brünste **1**(哺乳動物の)発情, さかり; 発情(交尾)期. **2**《古》情炎, 熱情.

ˈbruns·ten [ˈbrʊnstən] 自 発情期にある, さかりがついている.

ˈbrüns·tig [ˈbrʏnstɪç] 形 **1**(動物が)発情(交尾)期にある, さかりのついた. **2**(人間が)好色な, みだらな. **3**《雅》熱烈な.

brüsk [brʏsk] 形 ぶっきらぼうな, 無愛想な. eine ~*e* Antwort そっけない返事. j⁴ ~ den Rücken kehren 人⁴にぶっきら棒を向ける.

brüsˈkie·ren [brʏsˈkiːrən] 他 (人⁴に)無愛想に(そっけなく)する. sich⁴ *brüskiert* fühlen すげなくされたと思う.

ˈBrüs·sel [ˈbrʏsəl]《地名》ブリュッセル(ベルギー王国の首都, フランス語形 Bruxelles).

ˈBrüs·se·ler [ˈbrʏsələr] ❶ 男 -s/- ブリュッセルの人(市民). ❷《不変化》ブリュッセルの. ~ Spitze ブリュッセル·レース. ~ Vertrag ブリュッセル条約(1948 イギリス·フランス·ベネルクス 3国の 5 カ国間で締結, のちドイツ·イタリアを加えて西欧同盟 WEU に発展).

***Brust** [brʊst] ブルスト 女 -/Brüste **1**《複数なし》胸, 胸部(とくに肺). Die ~ schwillt ihm vor Freude. 彼は喜びに胸がふくらむ. j³ die ~ abhorchen 人³の胸に聴診器をあてる. ~ heraus! (号令)胸を張れ.《前置詞と》j⁴ an die ~ drücken 人⁴を抱きしめる. sich⁴⁽³⁾ an die [eigene] ~ schlagen 後悔する, ほぞを噬(か)む. sich⁴ auf der ~ haben《話》胸(肺)を患っている. schwach auf der ~ sein《話》胸(肺)が悪い; 懐(ふところ)がさびしい; (in et³)事に暗い, 弱い. j³ die Pistole auf die ~ setzen 人³に詰め寄る, 決断をうながす. aus voller ~ 声を張りあげて. et⁴ in seiner ~ verschließen〈begraben〉事⁴(秘密·悲しみなど)を胸に秘める. ~ heraus! = in die ~ werfen ふんぞり(そっくり)返る. mit geschwellter ~ 胸を張って, 誇らしげに. einen zur ~ nehmen《話》一杯引っかける. **2** 乳房. dem Kind die ~ geben 子供に乳をやる. **3**《食品》胸肉, ばら肉, 三枚肉. **4**《水泳》ブレスト, 平泳ぎ.

ˈBrust·bein 中 -[e]s/-e《解剖》胸骨.

ˈBrust·beu·tel 男 -s/- 首からつるす財布.

ˈBrust·bild 中 -[e]s/-er 上半身の肖像(写真).

ˈBrust·drü·se 女 -/-n《解剖》(Mamma) 乳腺.

ˈBrüs·te [ˈbrʏstə] Brust の複数.

ˈbrüs·ten [ˈbrʏstən] 他《sich》(↓Brust) 自慢する, ふんぞり返る. *sich mit seinen* Erfolgen ~ 成功を鼻にかける.

ˈBrust·fell 中 -[e]s/-e **1**《解剖》肋膜(ろくまく), 胸膜. **2**(動物の)胸部の毛皮.

ˈBrust·flos·se 女 -/-n《解剖》(魚の)胸びれ.

ˈbrust·hoch 形 胸の高さの. eine *brusthohe* Mauer 胸の高さの壁.

ˈBrust·kind 中 -[e]s/-er (↔Flaschenkind) 母乳栄養児.

ˈBrust·korb 男 -[e]s/-⸚e《解剖》胸郭.

ˈBrust·kreuz 中 -es/-e《キリスト》(Pektorale) (司教·大修道院長などがつける)佩用(はいよう)十字架, 胸十字架.

ˈbrust·rei·ni·gend 形 痰(たん)を取除く, 去痰性の.

ˈbrust·schwim·men 中《不定詞でのみ》平泳ぎで泳ぐ.

ˈBrust·schwim·men 中 -s/《水泳》ブレスト, 平泳ぎ.

ˈBrust·stim·me 女 -/-n《音楽》(↔Kopfstimme) 胸声.

ˈBrust·ta·sche 女 -/-n 胸ポケット.

ˈBrust·tee 男 -s/-s《薬学》和胸煎剤, 痰(咳)どめの煎じ薬.

ˈBrust·ton 男 -[e]s/⸚e《音楽》胸声(Bruststimme). im ~ der Überzeugung 確信にみちた声で.

ˈBrust·um·fang 男 -[e]s/⸚e 胸囲.

ˈBrüs·tung [ˈbrʏstʊŋ] 女 -/-en **1** 胸壁, (露台などの)手すり, 欄干. **2** 窓敷居(窓と床との間の壁).

ˈBrust·war·ze 女 -/-n《解剖》乳首, 乳頭.

ˈBrust·wehr 女 -/-en《軍事》(城·要塞などの)胸壁, 塁壁.

Brut [bruːt] 女 -/-en **1** 卵をかえすこと, 孵化(ふか), 繁殖. bei〈in〉 der ~ sein 卵を抱いている. **2**《複数まれ》(動物の)ひな, 稚魚, 幼虫;《戯》(一家の)子供たち. künstliche ~ 人工孵化したひな(稚魚, 幼虫). **3**《複数なし》《侮》悪(わる)ども. **4**《植物》新株を増殖させる植物の部分(匍匐(ほふく)枝·珠芽(しゅが)·無性芽·球根など).

bruˈtal [bruˈtaːl] 形 **1** 粗暴(野蛮)な, 残忍な, 血も涙もない. **2** 容赦(仮借(かしゃく))のない, あけすけな. mit ~*er* Offenheit ずけずけと, 遠慮会釈もなく. **3**《若者》すてきな, すごい.

Bru·ta·liˈtät [brutaliˈtɛːt] 女 -/-en **1**《複数なし》粗暴, 野蛮, 残忍さ, 容赦ないこと, 仮借(かしゃく)なさ; ひどさ, 苛酷. **2** 粗暴(野蛮, 残忍)な行為.

ˈBrut·ap·pa·rat 男 -[e]s/-e 孵卵(ふらん)器.

***ˈbrü·ten** [ˈbryːtən] ブリューテン ❶ 自 **1**(鳥が)卵を抱く, 巣につく. **2**(空気·気温が)重苦しい, むっと(むっ)する. Die Sonne *brütet*. 太陽がじりじり照りつける. Es ist *brütend* heiß. むしむしと暑い. **3** じっ

Buche

くりくよくよ, あれこれ)思案する《über et⁴ について》.
《中性名詞として》in tiefes *Brüten* versinken 深い物思いに沈む. ❷ 田 **1**《復讐・裏切りなどを》たくらむ, 画策する. **2**《核物理》《核分裂物質を》増殖する.
'**Brü·ter** [ˈbryːtɐr] 男 -s/- 《核物理》増殖炉.
'**Brut**'**hit·ze** 安 -/- **1** むし暑さ, うだるような暑さ, 炎暑.
'**bru·tig** [ˈbruːtɪç] 形《鳥》=brütig 1
'**brü·tig** [ˈbryːtɪç] 形 **1**《親鳥が》抱卵の用意ができた. **2**《南ドィッ・ォスト・ルヶセンブルク》むし暑い, うだるような.
'**Brut·kas·ten** 男 -s/= **1**《医学》(Inkubator)《未熟児用の》保育器. **2**《話》非常に暑い部屋. Hier ist es wie im ~. ここはまるで蒸し風呂みたいだ.
'**Brut·pa·ra·si·tis·mus** 男 -/-《生態》托卵《カッコウのように, 他の種の鳥の巣に産卵し, 抱卵・育雛(いく)をその鳥にさせる習性》.
'**Brut·platz** 男 -es/=e =Brutstätte 1
'**Brut·re·ak·tor** 男 -s/-en《核物理》増殖炉.
'**Brut·schrank** 男 -[e]s/=e 人工孵化器.
'**Brut·stät·te** 安 -/-n **1** 孵化(孵卵)の場所. **2**《比喩》《疫病・害虫・犯罪などの》温床.
'**brut·to** [ˈbrʊto] 形《付加語的には用いない》《略 btto.》《商業》(↔ netto) **1** 風袋(ふうたい)込みで. ~ für netto 風袋込みの価額で. **2** 総計で, 差引かずに; 割引《値引》なしで; 税込で.
'**Brut·to·ein·kom·men** 田 -s/-《税金その他の諸経費を差し引く前の総収入》.
'**Brut·to·ge·wicht** 田 -[e]s/-e 総重量.
'**Brut·to·in·lands·pro·dukt** 田 -[e]s/-e《略 BIP》《経済》国内総生産.
'**Brut·to·preis** 男 -es/-e《値引なしの》総価格.
'**Brut·to·re·gis·ter·ton·ne** 安 -/-n《略 BRT》《海事》《船舶の》総登録トン数.
'**Brut·to·so·zi·al·pro·dukt** 田 -[e]s/-e《略 BSP》《経済》国民総生産.
'**brut·zeln** [ˈbrʊtsəln] 自 他《肉などが》じゅうじゅう焼ける; 《肉などを》じゅうじゅう焼く.
Bru·yère·holz [bryˈjɛːr..] 田 -es/=er ブライアー材《パイプを作る材料》.
Bry·o·lo·gie [bryolo'giː] 安 -/《植物》苔(こけ)類学.
BSE [beːˌɛsˈeː] 安 -/《略》=bovine spongiforme Enzephalopathie (Rinderwahnsinn) 狂牛病.
btto.《略》=brutto
'**Bub** [buːp] 男 -en/-en《南ドィッ・ォスト・ルヶセンブルク》男の子, 少年; 息子.
'**bub·bern** [ˈbʊbɐrn] 自《話》《胸などが》どきどきする, わななく, 震える.
'**Bu·be** [ˈbuːbə] 男 -n/-n **1**《古》(Bub) 男の子, 少年, 若者; 息子; 徒弟, 見習; 騎士見習, 《騎士の》楯持. **2**《トランプ》ジャック. **3**《古》ならず者, 悪漢.
'**Bu·ben·streich** 男 -[e]s/-e **1**《子供の》いたずら. **2**《古》悪事, 悪行.
'**Bu·ben·stück** 田 -[e]s/-e《古》破廉恥な行為, 悪行.
Bü·be·rei [byːbəˈraɪ] 安 -/-en =Bubenstück
'**Bu·bi** [ˈbuːbi] 男 -s/-s《Bub の愛称形》**1** 坊や. **2**《侮》ちんぴら, 青二才.
'**Bu·bi·kopf** 男 -[e]s/=e《古》《女性の》ボーイッシュなヘアスタイル, ショートカット.
'**Bü·bin** [ˈbyːbɪn] 安 -/-nen《古》あばずれ女.
'**bü·bisch** [ˈbyːbɪʃ] 形 **1**《古》卑劣な, 下司(げす)な. **2** いたずらっぽい, こましゃくれた.
'**Bu·bo** [ˈbuːbo] 男 -s/-nen [buˈboːnən] 《gr.》《医学》鼠径(そけい)腺腫, 横痃(おうげん).

Bu·bo·nen·pest [buˈboːnən..] 安 -/《医学》=Beulenpest

Buch [buːx ブーフ] 田 -[e]s/Bücher (↓Buche) **1** 本, 書物, 図書. das ~ der *Bücher* 本の中の本, 聖書. das ~ des Monats 今月の1冊《新刊市場でとくに推奨された本》. ein schlaues ~《話》あんちょこ, 虎の巻. Das ist mir〈für mich〉ein ~ mit sieben Siegeln.《話》これは私にはまるでちんぷんかんぷんだ. (↓《新約》黙 5:1-5). Er ist für mich wie ein aufgeschlagenes〈offenes〉~. 彼のことなら私は何もかも分かっている. *Bücher* wälzen あれこれ本をひろげて勉強する. das ~ des Lebens〈der Natur〉lesen《比喩》人生〈自然〉から学ぶ. die 〈*seine*〉Nase ins ~ stecken《話》がり勉をする. ein Lehrer, wie er im ~ steht《話》典型的な〈模範的な〉教師. über den〈*seinen*〉*Büchern* sitzen〈hocken〉本と首っ引きである, 一生けんめい勉強している. wie ein ~ reden《話》立て板に水を流すように《のべつ幕なしに》まくし立てる.
2 巻, 篇;《聖書》書, 記. ein Roman in vier *Büchern* 全4巻の長編小説. die fünf *Bücher* Mose モーセ五書《旧約聖書の冒頭に置かれた5篇の文書, モーセの筆になるとされた》. das ~ Hiob ヨブ記.
3 帳面, ノート; 《多く複数で》帳簿, 出納(すいとう)《会計》簿, 元帳, 台帳; 名簿. das Goldene ~《市の》来客芳名簿. ~ führen 簿冊《ノート》に記入する, メモしておく. j³ die *Bücher* führen 人³の帳簿《会計, 台所》を預かる. sich⁴ mit et³ ins ~ der Geschichte eintragen 事³で歴史に名を残す. bei j³ im ~[*e*] stehen 人³に借りがある. bei j³ im schwarzen ~[*e*] stehen 人³に嫌われている, 評判《受け》が悪い. zu ~[*e*] schlagen 効果があがる, 得になる. 《古》《経済》《予算, 家計》にひびく. Dieses Geschäft〈Eine solche Maßnahme〉schlägt nicht sehr zu ~. この取引は大した儲けにならない〈そのような措置はあまり効果がない〉. mit 80000 Euro zu ~ stehen《商業》《物件などが》8万ユーロと登記されている.
4 脚本, 台本, リブレット. das ~ zum Film 映画のシナリオ.
5《競馬》《競馬の》賭け帳.
6《トランプ》ein ~ Spielkarten カード1組.
7《複数なし》《単位》帖《ちょう》; ein ~ Papier 紙1帖《=100 Bogen, 古くは 24–25 Bogen》. ein ~ Goldblatt 金箔1帖《=250 Blatt》.

Bu·cha·ra [buˈxaːra] 男 **1**《地名》ブハラ (Seidenstraßen の古いオアシス, ウズベキスタン共和国中部の都市). ❷ 男 -s/-s ブハラ産じゅうたん.
'**Buch·be·spre·chung** 安 -/-en 書評.
'**Buch·bin·der** 男 -s/- 製本業者, 製本職人.
Buch·bin·de·rei [buːxbɪndəˈraɪ] 安 -/-en **1**《複数なし》製本業. **2** 製本所.
'**Buch·de·ckel** 男 -s/-《本の》表紙.
'**Buch·druck** 男 -[e]s/ 書籍印刷; 活版印刷.
'**Buch·dru·cker** 男 -s/- 印刷工, 印刷業者.
Buch·dru·cke·rei [buːxdrʊkəˈraɪ] 安 -/-en **1**《複数なし》印刷業. **2** 印刷所. **3**《虫》きくいむし《木喰虫》の一種.
'**Buch·dru·cker·kunst** 安 -/ 印刷術.
＊'**Bu·che** [ˈbuːxə ブーヘ] 安 -/-n **1**《植物》ぶな《山毛欅》. **2**《複数なし》ぶな材. ◆古代ゲルマン文字 Rune はぶなの木に刻まれたと言われ, Buche から Buch が生れた.

'Buch·ecker 囡 -/-n ぶなの実.
'Buch·el ['buxəl] 囡 -/-n《南》=Buchecker
*'bu·chen ['bu:xən] ブーヘン 他 (↓Buch) 1 記帳〈記録〉する. eine Summe auf j² Konto ~ ある金額を人²の口座に記帳する. 2 (als et¹ 事¹だと) 見なす, 決め込む. et¹ als Erfolg *seiner* Bemühungen ~ 事¹を自分の努力の結果であると見なす. 3 (部屋・座席などを) 予約する. eine Reise ~ ツアーの予約をする.
'bu·chen² 形 ぶな材の.
'bü·chen ['by:çən] 形 =buchen²
'Buchen·ge·wächs 中 -es/-e ぶな科の植物.
'Buchen·wald¹ 男 -es/⁻er ぶなの森.
'Buchen·wald² 《地名》ブーヘンヴァルト (ヴァイマル近郊, 第2次世界大戦中ナチスの Konzentrationslager のあった場所).
'Bü·cher ['by:çər] Buch の複数.
'Bü·cher·brett 中 -[e]s-er (壁に取付けた) 本棚.
*Bü·che'rei [by:ça'raı ビューヒェライ] 囡 -/-en 1 (比較的小規模の) 図書館, 図書室, 文庫. 2 叢書, 文庫.
'Bü·cher·kun·de 囡 -/ (Bibliographie 1) 書誌学.
'Bü·cher·laus 囡 -/²e《虫》(本・紙・クッションなどを粉々にしてしまう) こなむし, こなちゃたてむし.
'Bü·cher·narr 男 -en/-en《話》愛書狂.
'Bü·cher·re·gal 中 -s/-e 書架, 本棚.
'Bü·cher·re·vi·sor 男 -s/..'vizo:rən] 帳場審査人 (公認会計士 Wirtschaftsprüfer とは異なり, 職業上の肩書きとすることは許されない).
'Bü·cher·schrank 男 -[e]s/²e 本箱.
'Bü·cher·skor·pi·on 男 -s/-e《動物》(Afterskorpion) かにむし (古書に巣くい, Bücherlaus を食う).
'Bü·cher·stüt·ze 囡 -/-n 本立て, ブックエンド.
'Bü·cher·ver·bren·nung 囡 -/-en 焚⦅ふん⦆書.
'Bü·cher·ver·zeich·nis 中 -ses/-se 図書目録.
'Bü·cher·weis·heit 囡 -/ 書物からだけ得られた知識, 机上の学問.
'Bü·cher·wurm 男 -[e]s/²er 1 本や木材を食う虫, (とくに) 紙魚⦅しみ⦆. 2《比喩》本の虫, 読書狂.
'Buch·fink 男 -en/-en《鳥》ずあおあとり.
'Buch·for·mat 中 -[e]s/-e《書籍》本のサイズ, 判型.
'Buch·füh·rung 囡 -/-en《経済》(Buchhaltung 1) 簿記. einfache〈doppelte〉~ 単式〈複式〉簿記.
'Buch·ge·mein·schaft 囡 -/-en (出版社が自社の出版物を安く提供する会員制の) ブッククラブ.
'Buch·ge·wer·be 中 -s/ 出版産業 (出版・印刷・製本・販売などの業種の総称).
'Buch·hal·ter 男 -s/-《経済》簿記 (会計) 係.
'Buch·hal·tung 囡 -/-en《経済》1 (Buchführung) 簿記. 2 (会社の会計 (経理) 課.
'Buch·han·del 男 -s/ 書籍販売業, 図書販売業.
'Buch·händ·ler 男 -s/- 1 書籍販売業者, 出版業者, 本屋. 2 本屋の店員.
*'Buch·hand·lung ['bu:xhandloŋ ブーフハンドルング] 囡 -/-en 1 (Buchladen) (小売り) 書店, 本屋. 2 《古》出版社.
'Büch·lein ['by:çlaın] 中 -s/- (Buch の縮小形) 小さい (小型の) 本, 小冊子, ペーパーバックス.
'Buch·ma·cher 男 -s/- (私設) 馬券業者, 賭け屋.
Buch·ma·le'rei 囡 -/-en (昔の写本などのページに描かれた) 彩飾 (細密) 画, 彩飾模様, 彩飾文字.
'Buch·mes·se 囡 -/-n (国際) 書籍見本市.
'Büch·ner ['by:çnər]《人名》Georg ~ ゲーオルク・ビューヒナー (1813-37, ドイツの劇作家).
'Buch·prü·fer 男 -s/- =Bücherrevisor
'Buchs [buks] 男 -es/-e =Buchsbaum
'Buchs·baum 男 -[e]s/²e《植物》つげ (黄楊) の木.
'Buch·se ['bʊksə] 囡 -/-n 1《工学》ブッシュ, ライナー. 2《電子工》コンセント, ジャック.
*'Büch·se ['bʏksə ビュクセ] 囡 -/-n 1 (木・金属などのあまり大きくない) 容器, ケース, 箱, 缶, 筒; 缶詰 (の缶);《話》(空き缶を使った) 募金箱. eine ~ Fisch 魚の缶詰. die ~ der Pandora《ギリシア神話》(あらゆる禍の詰まった) パンドラの箱. ein Geldstück in die ~ werfen 硬貨を1枚献金する. 2 猟銃:《話》小銃, 短筒, ライフル銃, 散弾銃. Wild vor die ~ bekommen 獲物に出くわす.
'Büch·sen·licht 中 -[e]s/《猟師》朝晩の薄明時の獲物を撃つのにかろうじて足りる明るさ.
'Büch·sen·ma·cher 男 -s/- 鉄砲鍛冶⦅かじ⦆, 猟銃 (小銃) 製作者.
'Büch·sen·milch 囡 -/ (Dosenmilch, Kondensmilch) 缶入りミルク, コンデンスミルク.
'Büch·sen·öff·ner 男 -s/- 缶切り.
'Büchs·flin·te ['bʏks..] 囡 -/-n (狩猟用) 双身銃 (ライフル銃身と散弾銃身とをもった 2連銃).
*'Buch·sta·be ['bu:xʃta:bə ブーフシュターベ] 男 2格 -ns(-n), 3格 -n, 4格 -n, 複数 -n 1 文字, 字母. deutsche〈griechische〉~ ドイツ〈ギリシア〉文字. sich⁴ auf *seine* vier ~n hinsetzen《戯》腰をおろす, 座る (尻 Popo という単語が 4文字であることから). Schreiben Sie 17 in ~n! 17を文字 (綴り字) で書きなさい. 2 字句, 字義,《修》字面. am ~n kleben / sich⁴ an den ~n klammern〈halten〉字句 (字面) にばかり拘泥⦅こうでい⦆する. auf den ~n genau 一字一句たがわずに. et¹ bis auf den letzten ~n erfüllen 事¹を (約束・契約など) を 100パーセント (完全に) 履行する. zu sehr nach dem ~n gehen / sich⁴ nach dem ~n richten あまりにも字句予定型である, 言われた通りにしかしない (自分では何も考えない). j¹ nach dem toten ~n richten〈verurteilen〉人⁴を法律一点張りで裁く, (に) 血も涙もない判決を下す.
'Buch·sta·ben·glau·be 男 -ns/ 文字信仰 (書かれたものを絶対視する態度), 教条主義; 聖書至上主義 (聖書に書いてあることを金科玉条とする傾向). ◆書変化は Glaube 参照.
'buch·sta·ben·gläu·big 形 書かれたものをありがたがる, 教条主義的な; 聖書崇拝の.
'Buch·sta·ben·rät·sel 中 -s/- =Anagramm 2
'Buch·sta·ben·rech·nung 囡 -/《数学》代数.
'Buch·sta·ben·schrift 囡 -/-en (↔ Begriffsschrift 1) 表音文字 (アルファベット・かなど).
*buch·sta'bie·ren [bu:xʃta'bi:rən ブーフシュタビーレン] 他 1 (語の綴りを唱える), 一字一字切って読む. 2 (読みにくい文書・文字を) 苦労して判読 (解読) する.
Buch·sta'bier·ta·fel 囡 -/-n (電報・電話などで相手に綴り字を明示するための) アルファベット換算表 (例 A wie Anton, B wie Berta, C wie Cäsar...).
'buch·stäb·lich [bu:xʃtɛːplɪç] 形 1《述語的には用いない》(まれ) 字句通りの, 逐語的の. et¹ ~ übersetzen 物¹を逐語訳する. 2《副詞的用法で》文字通り, 実際に, 本当に. Ich bin ~ vor Schreck umgefallen. 私は本当に驚きのあまり転倒してしまった.
*'Bucht [bʊxt ブフト] 囡 -/-en 1 湾, 入江. 2 三方を山に囲まれた平地. 3 歩道に入り込んだバスの停留所, 引込み. 4《海事》甲板の縁の湾曲部, 綱のルー

う. **5** 豚小屋，追込み．

'Bu·chung ['buːxʊŋ] 囡 -/-en **1** 記帳，記載，記録；登記. **2**《座席などの》予約．

'Buch·ver·leih [..ɛɐ..] 男 -[e]s/-e **1**《複数なし》図書の貸出し. **2** (Leihbücherei) 貸出し文庫(図書館)．

'Buch·wei·zen 男 -s/《植物》そば(蕎麦)．

'Buch·wert 男 -[e]s/-e《経済》(不動産などの)帳簿価額(貸借対照表に記載された価額).

'Buch·wis·sen 中 -s/ =Bücherweisheit

'Buch·zei·chen 中 -s/- (Lesezeichen)《本の》栞(しおり).

Bu·cin'to·ro [butʃɪn'toːro] 男 -s/ (*it.*) =Buzentaur

'Buckel ['bʊkəl] ❶ 男 -s/- **1**《話》(Rücken) 背中. einen breiten ~ haben 我慢強い，(物事に)動じない(↑Rücken 1). j³ den ~ voll hauen 人³をどやしつける, ぶん殴る(↑Frack). den ~ hinhalten (悪い結果などの)責任をとる, 尻ぬぐいをする. den ~ voll kriegen ぶん殴られる(↑Jacke 1). j³ den ~ voll lügen 人³をぬけぬけとだます(↑Jacke 1). einen krummen ~ machen ぺこぺこ(ぺこぺこ)する, 言いなりになる. Er kann(soll) mir den ~ raufsteigen〈runterrutschen〉. 彼のことなんか私にはどうでもよい, 彼の顔なんか見たくもない. viel〈genug〉auf dem ~ haben 仕事(用務, 借金)をたくさんかかえている. 30 Jahre auf dem ~ haben 齢(とし)30歳である. Es läuft ihm [eis]kalt über den ~. / Es läuft ihm [eis]kalt den ~ hinunter. 彼は背筋がぞっとする. **2**《医学》背中のこぶ(瘤), 脊柱, 佝僂(くる), 猫背. sich³ einen ~ lachen《話》腹よじれるほど笑う. **3** 隆起, 突起, こぶ；《話》丘, 丘陵. ❷ 男 -s/-(囡 -/-n)《楯などについた》山状の装飾.

'bu·cke·lig ['bʊkəlɪç] 形 =bucklig

'buckeln ['bʊkəln] ❶ 自 **1** 背中を丸める. **2**《侮》(vor j³ 人³に)へいこら(ぺこぺこ)する, こびへつらう. ❷ 他 **1**〈物³を〉背負って運ぶ, 担いでいく. **2**《古》〈楯の面などに〉いぼ状の突起装飾をほどこす.

'bü·cken ['bʏkən ビュケン] 他 (**sich**~) 腰を屈める, かがむ. *sich* nach et³ ~ 物³をとろうとして身を屈める. *sich* vor j³ ~ 人³にへつらう；《古》人³にお辞儀をする. *gebückt* gehen 腰を屈めて(背を丸めて)歩く．

'buck·lig ['bʊklɪç] 形 **1** 背中の曲がった, せむしの, 猫背の. **2**〈板金に〉いぼ状の装飾をほどこした. **3**〈道路などが〉でこぼこの.

'Bück·ling' ['bʏklɪŋ] 男 -s/-e (↓ bücken) お辞儀. einen tiefen ~ machen 深々とお辞儀をする, 平身低頭する.

'Bück·ling² 男 -s/-e 薫製(くんせい)にしん．

'Buck·ram ['bʊkram] 男 -s/ (*engl.*) (↓ Buchara)《製本》バックラム(亜麻布をのり・にかわなどで堅くした製本用材料).

'Buck·skin ['bʊkskɪn] 男 -s/-s《紡織》バックスキン(鹿・羊のやわらかい皮, またそれを模造した織物).

'Bu·da ['buːda, 'budə] 地名 ブダ. ↑Budapest

'Bu·da·pest [bu'dapɛst, 'budapɛʃt] 地名 ブダペスト(ハンガリー共和国の首都, 1872 ドーナウ川右岸のBuda と左岸の Pest が合併して成立).

'Bu·del ['buːdəl] 囡 -/-n《話》(Flasche) 瓶．

'bud·deln ['bʊdəln] ❶ 自 掘る, 掘返す, 砂遊びをする. ❷ 他 掘る, 掘って作る. ein Loch in die Erde ~ 地面に穴を掘る. Kartoffeln ~ じゃがいもを掘りもる.

'Bud·dha ['buda] (*sanskr.*) ❶《人名》仏陀(ぶっだ), 釈尊, 釈迦(仏教の開祖 Gautama (Gotama) Siddhartha, 前 463 頃-383 頃). ❷ 男 -s/-s《美術》仏陀像.

Bud'dhis·mus [bʊ'dɪsmus] 男 /《宗教》仏教.

Bud'dhist [bʊ'dɪst] 男 -en/-en 仏教徒.

bud'dhis·tisch [bʊ'dɪstɪʃ] 形 仏教(徒)の．

'Bu·de ['buːdə ブーデ] 囡 -/-n **1** (掘っ立て)小屋(とくに飯場の); 小屋掛け, 出店, 露店, 屋台(のみせ). eine ~ aufschlagen 露店を出す, 店を張る. **2**《話》粗末な家, あばら家, 陋屋(ろうおく); わが家, ねぐら(塒), 住まい, 宿; 《学生》学生の下宿の部屋. eine sturmfreie ~ 専用の玄関つきの下宿(家主にプライバシーを覗かれる心配がない). Mir fiel die ~ auf den Kopf. 私は部屋にじっとしておれなくなった, 息苦しくなって外に飛び出した. j³ die ~ einlaufen〈einrennen〉人³のもとにしつこく押しかける, 日参する(↑Haus 2). die ~ auf den Kopf stellen どんちゃん騒ぎ(ばか騒ぎ)をする. j³ auf die ~ rücken〈steigen〉《談判・催促のために》人³の家に押しかける. Leben in die ~ bringen 座を盛上げる. **2**《話》店；飲屋, 居酒屋. die ~ zumachen〈dichtmachen〉店を閉める, 休業する.

'Bu·den·angst 囡 -/-¨e 家に長く独りでいたときの不安, 息づまり, 孤独感, 人恋しさ.

'Bu·den·zau·ber 男 -s/《自宅・自室での》どんちゃん騒ぎ．

Bud'get [by'dʒeː] 中 -s/-s (*engl.*) **1** (政府などの)予算案, 予算額；(家庭などの)予算, 家計, 生活費；(特定の目的のための)予算, 経費. **2**《経済》予算案.

bud·ge'tär [bydʒe'tɛːɐ] 形 予算上の, 予算に関する.

Bu·di·ke [bu'diːkə] 囡 -/-n《地方》(↓ Boutique) 小さな店, 小間物屋；飲屋, ブティック.

Bu·di·ker [..kɐr] 男 -s/-《地方》ブティック(小間物屋)の主人.

'Büd·ner ['bʏːdnɐr] 男 -s/-《北ドイツ》(Kleinbauer) 小農.

'Bu·do ['buːdo] 中 -s/ (*jap.*) 武道.

Bu·e·nos 'Ai·res [bu'eːnɔs 'aɪrɛs]《地名》ブエノスアイレス(アルゼンチン共和国の首都).

Bu·en Re'ti·ro [bu'ɛn re'tiːro] 中 -[s]/-s (*sp.*) 保養地, リゾート.

Bü'fett [by'fɛt ビュフェト] 中 -[e]s/-e(-s) (*fr.*) **1** 食器棚, サイドボード. **2**（軽食用の)カウンター,（駅・列車などの)軽食堂, ビュッフェ；立食用のテーブル, 立食用の料理. kaltes ~（立食用の)冷製料理. am ~ stehen（椅子席に座らないで)カウンターに立っている. Zigaretten [gibt es] am ~. タバコはカウンターでお求め下さい.

'Buf·fa ['bʊfa] 囡 -/-s (*it.*)《音楽》ブッファ(Opera buffa の略).

'Büf·fel ['bʏfəl] 男 -s/-《動物》アジアすいぎゅう(水牛).

'büf·feln ['bʏfəln] 自他 (↓ Büffel)《話》がり勉をする, 丸暗記する.

Buf'fet [by'feː, by'fɛ] 中 -s/-s (スイス) =Büfett

Buf'fet [by'feː] 中 -s/-s (オーストリア・南ドイツ) =Büfett

'Buf·fi ['bʊfi] 男 Buffo の複数.

'Büff·ler ['bʏflɐr] 男 -s/-《話》がり勉屋.

'Buf·fo ['bʊfo] 男 -s/-s(Buffi) (*it.*)《音楽》ブッフォ(オペラの道化役の歌手).

buf·fo'nesk [bʊfo'nɛsk] 形《比較変化なし》ブッフォ・スタイルの, 道化風の.

'Buf·fo·oper 囡 -/-n《音楽》ブッフォ・オペラ, 喜歌劇.

Bug¹ [buːk] 男 -[e]s/Büge(-e) **1**《複数 Buge》軸

Bug

(ぷ), 船首; (飛行機の)機首; (戦車の)前部. j⁴ eine vor den ～ knallen《話》面と向かって人⁴を叱りとばす, (に)雷を落す.　**2**《複数 Buge, Büge》〔牛・馬・大物獣の〕肩;〔食品〕肩肉.　**3**《複数 Büge》《建築》《屋根の骨組の》筋交(す)い.

'Bug² [bak, bag] 男 -s/-s 《engl.》バッグ.

'Bü·gel ['by:gəl] 男 -s/- 《物を支えるための曲がった形状のものを指して》衣類掛け, ハンガー; (Steigbügel)《馬のあぶみ(鐙)》; (眼鏡の)つる; (ハンドバッグ・財布などの)口金; (電車のパンタグラフ; (貯蔵棚のふたについている)止め金具; (糸鋸の)弓; (銃の爆発防止用の)用心鉄(鉄).

'Bü·gel·brett 中 -[e]s/-er アイロン台.

'Bü·gel·ei·sen 中 -s/- アイロン.

'Bü·gel·fal·te 女 -/-n 〈ズボンの〉折り目, 筋.

'bü·gel·frei 形 《洗った後アイロンがけの要らない.

'Bü·gel·horn 中 -[e]s/⁼er《楽器》ビューゲルホルン (軍楽隊などで用いられる種々の角笛の総称).

*****'bü·geln** ['by:gəln ビューゲルン] 他 **1** 《物⁴に》アイロンをかける. Wäsche⟨an den Hemden⟩ ～ 洗濯物⟨ワイシャツ⟩にアイロンをかける. Wachs auf die Schier ～ 鑞(ろう)でスキーにワックスをかける. et⁴ gerade ～《比喩》物⁴（損害など）を償う, 補填（埋め合せ）する.《過去分詞で》gebügelt sein《話》びっくりして声もでない, 啞然（呆然）としている. stets geschniegelt und gebügelt sein《話》いつもきちんとした身なりをして（めかしこんで）いる.　**2**《スポ》（相手に）圧勝する, （を）一蹴する.　**3** ein Mädchen ～ （卑）女の子をものにする.

'Bug·gy ['bagi] 男 -s《engl.》**1** （ふつう幌なしの）軽装2輪(4輪)馬車.　**2** レジャー用のオープンカー.　**3** （折畳式の）ベビーカー.

bug'sie·ren [bu'ksi:rən] 他 （↓ Bug）**1** （船員》《船を》曳航(えいこう)する.　**2**（人⁴物⁴をある場所へ）つれて（引張って）いく, 運んでいく.

'Bug·spriet 中 -[e]s/-e《船員》（帆船の）船首斜檣(しゃしょう), バウ・スプリット.

buh [bu:] 間 Buh!　ブー（劇場などで不満を表す叫び）.

Bü·hel ['by:əl] 男 -s/- = Bühl

'bu·hen ['bu:ən] 自《話》ブーイングをする.

Bühl [by:l] 男 -[e]s/-e（南ド）(Hügel) 丘, 丘陵.

'Buh·le ['bu:lə] **❶** 女 -/-n（古）恋人, 情婦.　**❷** 男 -n/-n（古）恋人, 情人.

'buh·len ['bu:lən] 自 **1** （古）(mit j³ ³を）わりない仲になる, 愛を交わす.　**2** （雅）《um et⁴ 物⁴をはげしく求める, 熱望（切望）する; (um j⁴ j⁴を）くどく, 誘惑する; (um et⁴ ～ 物⁴を手に入れようとしてj³と争う, 張り合う.

Buh·le'rei [bu:lə'raɪ] 女 -/-en（古）色ごと, 火遊び.　**2**（雅》《um et⁴⟨j³⟩物⁴⟨人⁴⟩を得ようとしてのはげしい争い, つばぜり合い.

'Buh·le·rin ['bu:lərɪn] 女 -/-nen （古）情婦(ふ); 遊女, 娼婦.

'Buh·mann ['bu:man] 男 -[e]s/⁼er《話》**1**（他人をおどすための）悪役, 憎まれ役.　**2** (Sündenbock) 身代わり, スケープゴート. j⁴ zum ～ aufbauen⟨machen⟩ 人⁴をスケープゴートに仕立てる.

'Buh·ne ['bu:nə] 女 -/-n《土木》（護岸用の）突堤, 水制(い).

*****'Büh·ne** ['by:nə ビューネ] 女 -/-n **1** 舞台, ステージ; 劇場, 芝居小屋. eine drehbare⟨versenkbare⟩ ～ 回り舞台⟨せり出し⟩. die ～ betreten 舞台に登場する. 《前置詞》で an der ～ sein《話》芝居の世界で暮している, 役者である. et¹ auf die ～ bringen やり芸を舞台にかける. auf der ～ stehen 舞台に出て（出演している）. hinter der ～ 舞台裏で, 見えないところで, こっそり. et⁴ über die ～ bringen《話》事⁴をやりとげる, 仕上げる. über die ～ gehen 《作品が》上演される; 〈物事が〉進行する. von ～ abtreten 舞台から身をひく; 世を去る. zur ～ gehen⟨wollen⟩ 役者になろうとする.　**2** 壇, 演壇, 講壇.　**3**《鉱山》足場組, (とくに縦坑の)足場;《冶金》（溶鉱炉用の）組み桁, 棚; (Hebebühne) リフト.　**4**《地方》屋根裏の物置き; 《納屋の2階の》干し草置場.

'Büh·nen·aus·spra·che 女 -/ 舞台発音（ドイツ語の標準発音のもとになった）.

'Büh·nen·be·ar·bei·tung 女 -/-en《演劇》（舞台上演のための）脚色.

'Büh·nen·bild 中 -[e]s/-er《演劇》舞台装置.

'Büh·nen·bild·ner 男 -s/-《演劇》舞台装置家.

'büh·nen·fä·hig 形 上演可能な.

'Büh·nen·fas·sung 女 -/-en《演劇》上演用脚本.

'büh·nen·ge·recht 形 上演に適した. ein Stück ～ umarbeiten ある戯曲を舞台向きに改作する.

'Büh·nen·künst·ler 男 -s/- ステージアーティスト, 舞台俳優（歌手）.

'Büh·nen·lo·ge [..lo:ʒə] 女 -/-n (劇場の)桟敷席, ボックス.

'Büh·nen·ma·ler 男 -s/-《演劇》舞台装置画家.

'Büh·nen·meis·ter 男 -s/-《演劇》裏方頭(がしら).

'Büh·nen·mu·sik 女 -/《演劇》舞台音楽.

'büh·nen·reif 形 上演に適した, 上演可能.

'Büh·nen·rei·fe 女 -/ 上演可能性（適性）.

'Büh·nen·sän·ger 男 -s/- 舞台歌手, オペラ歌手.

'Büh·nen·spra·che 女 -/ = Bühnenaussprache

'Büh·nen·stück 中 -[e]s/-e 劇作, 戯曲, 舞台作品.

'Büh·nen·tanz 男 -[e]s/⁼e = Ballett

'Büh·nen·werk 中 -[e]s/-e 舞台作品（戯曲・オペラなど）.

'büh·nen·wirk·sam 形 舞台効果のある.

'Buh·ruf 男 -[e]s/-e ブー (buh) という叫び, 野次.

'Bu·hurt [bu'hʊrt] 男 -[e]s/-e (中世の, 組に分かれての)騎士の馬上試合.

buk [bu:k]（古）backen¹ の過去.

Bu·ka·nier [bu'ka:niər] 男 -s/- (fr.) (17世紀にカリブ海 die Karibik を荒らした)海賊.

'Bu·ka·rest ['bu:karɛst]《地名》ブカレスト（ルーマニア共和国の首都）.

'bü·ke [by:kə] (古) backen¹ の接続法 II.

Bu'kett [bu'kɛt] 中 -[e]s/-e⟨-s⟩ (fr.) **1** 《雅》(大きな)花束, ブーケ.　**2** （熟成につれて形成されるワインの）香り, ブーケ.　**3** （古）(混合香料の)匂い, 香り.

Bu·ki'nist [buki'nɪst] 男 -en/-en = Bouquinist

Bu·klee [bu'kle:] 中 -s/-s = Bouclé

Bu·ko·lik [bu'ko:lɪk] 女 -/ (gr.)《文学》牧歌, 牧人文学, 田園詩.

Bu·ko·li·ker [bu'ko:likər] 男 -s/- 牧歌詩人.

bu'ko·lisch [..lɪʃ] 形 牧歌的な; 牧人風の.

'Bul·bus ['bʊlbʊs] 男 -/Bulbi⟨..bi⟩ / Bulben⟨..bən⟩ **1** 《植物》球茎, 球根.　**2**《解剖》球状膨大部; 眼球; 延髄.

Bu'let·te [bu'lɛtə] 女 -/-n (fr.)《地方》《料理》(Frikadelle) ブーレット (焼いた肉団子). Ran an die ～ n!《話》さあ始めよう.

Bul'ga·re [bʊl'ga:rə] 男 -n/-n ブルガリア人.

Bul'ga·ri·en [bʊl'ga:riən]《地名》ブルガリア（ヨーロッパ南東部に位置する共和国, 首都ソフィア Sofia).

bul'ga·risch [..rɪʃ] 形 ブルガリア（人, 語）の.　↑

deutsch
Bu'lin [buˈliːn] 囡 -/-en =Buline
Bu'li·ne [..nə] 囡 -/-n 〖海事〗(横帆の)のはらみ綱、ボーライン.
'Bull·au·ge [ˈbʊl..] 围 -s/-n (舷側の)円窓.
'Bull·dog [ˈbʊldɔk] 围 -s/-s (engl.) (1気筒エンジンの)小型トラクター、牽引車. ◆本来は商品名.
'Bull·dog·ge [..dɔgə] 囡 -/-n (engl.) ブルドッグ.
'Bull·do·zer [..doːzər] 围 -s/- (engl.) ブルドーザー.
'Bul·le[1] [ˈbʊlə] 围 -n/-n **1** (成熟した去勢してない)雄牛. **2** (象・さい・鯨など大物獣の)雄. **3** がっしりした大男. **4** 〖話〗警官、刑事、でか. **5** 〖兵隊〗隊長.
'Bul·le[2] 囡 -/-n **1** 印章を入れたケース；印章；封印. **2** (中世の)封印文書、勅書. die Goldene ~ 〖歴史〗金印勅書(とくに1356 神聖ローマ皇帝 Karl 4世が発した勅書). **3** (2)(教皇の)大勅書(教皇印を捺した公式の勅書, ↑Breve).
'Bul·len·bei·ßer 围 -s/- ブルドッグ系の犬の祖先. **2** 〖比喩〗がみがみ屋、辛辣居士(㊨).
'Bul·len·hit·ze 囡 -/- 〖話〗ひどい暑さ、猛暑.
'bul·le·rig [ˈbʊlərɪç] 厖 〖地方〗がみがみ言う、口うるさい、怒りっぽい.
'bul·lern [ˈbʊlərn] 圓 **1** (湯が)ぐらぐらと沸きたぎる、(暖炉の薪(㊨)が)ごうごうと燃える. **2** (戸口を)どんどん叩く. **3** どなりつける、がなり立てる.
Bulle'tin [bʏlˈtɛ̃ː] 围 -s/-s (fr.) **1** (政府などが特定の事柄に関して出す)日報、公告；戦況報告；(定期的に刊行される学会などの)報告書、紀要. **2** (要人の病気などに関する医師の)病状発表、容態報告書.
'bul·lig [ˈbʊlɪç] 厖 〖話〗**1** (体格などが)がっしりした. **2** (暑さなどが)ひどい、すごい.
'Bul·li·on [ˈbʊliɔn] 围 -s/-s (貴金属の)地金(㊨)、(金・銀の)延べ棒.
'bull·rig [ˈbʊlrɪç] 厖 =bullerig
'Bull·ter·ri·er [ˈbʊltɛriər] 围 -s/- 〖畜産〗ブルテリア (Bulldogge と Terrier との混血種).
'Bul·ly [ˈbʊli] 囲 -s/-s 〖㊨〗ブリー(試合開始のさいのボールの投合い).
Bult [bʊlt] 围 -s/Bülte(-en) =Bülte
'Bül·te [ˈbʏltə] 囡 -/-n 〖北㊨〗(沼地の中に浮かぶ)みずごけの生えた小さな島.
'Bult·sack 围 -s/-e 〖船員〗船員用のマットレス.
bum [bʊm] 間 Bum! どんん、ごうん、どん、ごーん〖落下・衝突・打撃・砲撃・鐘などの低いとどろく音〗.
'Bum·boot [ˈbʊmboːt] 囲 -s/-e 物売り舟(港に碇泊中の船のそばへ物品を売りに来る小舟).
'Bu·me·rang [ˈbuːməraŋ, ˈbum..] 围 -s/-s(-e) (austr. wumera, Wurfbrett') **1** ブーメラン(的に当らないと自分の手もとに戻ってくる狩猟用の飛道具). **2** 〖比喩〗自分の墓穴を掘る(自分で自分の首を絞める)ような言動、やぶへび.
'Bum·mel [ˈbʊməl] 围 -s/- 〖話〗ぶらぶら歩き、散歩、飲み歩き einen ~ durch die Geschäftsstraße machen 商店街をぶらつく. auf den ~ gehen 飲み歩く、しごとをする.
'Bum·mel[2] 囡 -/-n 〖話〗〖北㊨〗=Bommel
Bum·me'lant [bʊməˈlant] 围 -en/-en (↓bummeln) 〖㊨〗仕事ののろい人、ぐず(愚図)；なまけ者.
Bum·me'lei [..ˈlaɪ] 囡 -/(-en) 〖話〗**1** くずぐずのろのろすること. **2** なまけ、ずぼら、さぼり.
'bum·me·lig [ˈbʊməlɪç] 厖 〖話〗のろい、ぐずぐずばらな.
'Bum·mel·le·ben 囲 -s/ 〖話〗のらくら暮し.

*'**bum·meln** [ˈbʊməln] ブメルン 圓 (s, h) 〖話〗**1** (s) ぶらぶら歩く、ぶらつく； 飲み歩く、はしごをする. Wenn wir ~ gehen, wird es immer spät. 私たちははしごをやりだすといつも夜遅くなる. **2** (h) (仕事に)手間どる、ぐずくずする. **3** (h) 〖㊨〗のらくら日を送る、なまける、無為徒食する.
'Bum·mel·streik 围 -[e]s/-s 〖法制〗怠業、順法闘争、ゴースロー.
'Bum·mel·zug 围 -[e]s/⸚e 〖㊨〗鈍行(㊨)、各駅停車の列車.
'Bumm·ler [ˈbʊmlər] 围 -s/- 〖話〗ぶらぶら歩く人、散歩者；なまけ者、ずぼら、三年寝太郎.
'bumm·lig [ˈbʊmlɪç] 厖 =bummelig
bums [bʊms] 間 Bums! (衝突・落下の音)ずしん、どん.
Bums 围 -es/-e **1** 〖話〗どしん(ばたん)という音. **2** 〖㊨〗安キャバレー. **3** (サッカーで)強烈なシュート力.
*'**bum·sen** [ˈbʊmzən] **①** 圓 (h, s) **1** (h) 〖話〗ずしん(どん)という音を発する.《非人称的にも》Es bumste furchtbar, als die zwei Wagen aufeinander prallten. 2台の車がぶつかったときものすごい音がした. An der Kreuzung hat es wieder einmal gebumst. 交差点でまたもや衝突があった. Jetzt hat es [bei uns] gebumst! もう堪忍袋の緒(㊨)が切れた. **2** 〖話〗(h) (an ⟨gegen⟩ et[1] 物[3]を)どんどんたたく；(s) どんとぶつかる. mit dem Kopf an die Wand ~ 壁に頭をはげしくぶつける. **3** 〖球技〗シュートする.
② 圓他 〖卑〗(j[1]⟨mit j[3]⟩ 人[4]と)セックスする.
'Bu·na [ˈbuːna] 围(囡) -[s]/ ブナ(ドイツ製合成ゴム、もと商標名).

*'**Bund**[1] [bʊnt] ブント 围 -[e]s/Bünde (↓binden) **1** (人と人との)結びつき、結束、提携、盟約、契(㊨)り；〖宗教〗(神との)契約；同盟、連合、連盟；組合、連合、協会、結社；〖政治〗連邦； (→ Länder) 連邦国家、(とくに)ドイツ連邦共和国 (die Bundesrepublik Deutschland の略称). ein ~ der Freundschaft 友愛同盟. der ~ der Kommunisten (1847 に結成された)共産主義者同盟、ブント. der Alte⟨Neue⟩ ~ 〖㊨教〗旧約⟨新約⟩. der Deutsche ~ 〖歴史〗ドイツ連邦(1815 に結成されたオーストリアをも含む古い同盟的政治組織). ~ und Länder 連邦(政府)と各州(政府). einem ~ beitreten 同盟(連盟)に加入する. einen ~ eingehen⟨schließen⟩ 同盟を結ぶ. den ~ fürs Ehe eingehen ⟨schließen⟩ ~ fürs Leben schließen 〖雅〗夫婦(㊨)の契りを結ぶ、結婚する(mit j[3] 人[3]と). mit j[3] im ~ e sein⟨stehen⟩ 人[3]と手を結んでいる、提携(結託)している. **2** 〖兵隊〗連邦国軍 (Bundeswehr の略). Er muss bald zum ~. 彼はもうすぐ国防軍に入らなくてはならない. **3** (ズボン・スカートの)ウエスト・バンド、インサイド・ベルト；(複数で)〖製本〗背綴じ糸；〖楽器〗(ギター・ベースの)フレット；〖工学〗軸受け、つば、カラー. den ~ an der Hose⟨die Hose am ~⟩ enger machen ズボンのウエストを詰める.
Bund[2] 田 -[e]s/-e (Bündel) 束(㊨)、一束(把、荷).
'Bünd·chen [ˈbʏntçən] 田 -s/- (袖・襟の)折返し.
'Bün·de [ˈbʏndə] Bund[1] の複数.
'Bün·del [ˈbʏndəl] 田 -s/- **1** 束(㊨). ein ~ Stroh 1 束の藁(㊨). Sie ist nur ein ~ Nerven. 〖比喩〗彼女はひどく神経質だ. **2** 包み、小包、荷物. sein ~ schnüren⟨packen⟩ 荷物をまとめる、出発(旅立ち)の支度をする；職場を去る、お払い箱になる. Jeder hat sein ~ zu tragen. 人それぞれに苦労(悩み)があるものだ. **3** 〖戯〗赤ちゃん. **4** 〖古〗束(㊨)(糸の分量を示す単位). **5** 〖数学〗束線.

Bündelei

Bün·de·lei [bʏndəˈlaɪ] 囡 -/-en《古》**1** 紐でくくる(束ねる)こと. **2** 結託, 陰謀.

'**bün·deln** [ˈbʏndəln] ❶ 他 束ねる, ひとまとめにする. *gebündelte* Versicherung 総合保険. ❷ 自《古》結託(共謀)する, 陰謀をたくらむ.

'**Bün·del·pfei·ler** 男 -s/-《建築》(ゴシック建築の)束ね柱(なばしら).

'**Bun·des·amt** [ˈbʊndəsamt] 中 -[e]s/-̈er《法制》連邦官庁(連邦直属の上級官庁で, あとに管轄分野名をつける). ~ für Finanzen 連邦財務庁.

'**Bun·des·an·stalt** 囡 -/-en《法制》**1** 連邦官庁(連邦直属の上級官庁で, Bundesamt と同義). ~ für Flugsicherung 連邦航空安全庁. **2** 連邦施設(公法上の独立法人である連邦行政施設). ~ für Arbeit 連邦労働施設.

'**Bun·des·au·to·bahn** 囡 -/-en《略 BAB》連邦自動車道路(アウトバーンと略称される高速道路).

'**Bun·des·bahn** 囡 -/-en (旧西ドイツ・オーストリア・スイスの)連邦鉄道. die Deutsche ~《略 DB》連邦鉄道(1994 に旧東ドイツの Deutsche Reichsbahn と合併・民営化して Deutsche Bahn AG となった). die Österreichischen〈Schweizerischen〉~*en*《略 ÖBB〈SBB〉》オーストリア〈スイス〉連邦鉄道.

'**Bun·des·bank** 囡 -/ Deutsche ~ ドイツ連邦銀行(ドイツの中央銀行).

'**Bun·des·be·am·te** 男《形容詞変化》連邦公務員, 国家公務員.

'**Bun·des·be·hör·de** 囡 -/-n《行政》(↔ Länderbehörde) 連邦官庁(各州ではなく連邦直属の官庁).

'**Bun·des·bru·der** 男 -s/-̈ (同じ組織・団体, とくに学生組合に属する)仲間, メンバー.

'**Bun·des·bür·ger** 男 -s/- ドイツ連邦共和国市民, ドイツ国民.

'**bun·des·deutsch** 形 ドイツ連邦共和国の.

'**Bun·des·deut·sche** 男囡《形容詞変化》ドイツ連邦共和国民.

'**Bun·des·ebe·ne** 囡 -/ 《次の成句で》auf ~ (各州ではなく)連邦レベルで; ドイツ連邦共和国全体に関する.

'**bun·des·ei·gen** 形 (付加語的用法のみ)ドイツ連邦共和国所有(直属, 直轄)の. ~*e* Verwaltung 連邦固有行政(州にまかせないで連邦政府が直接行う連邦の行政).

'**Bun·des·ge·biet** 中 -[e]s/《法制》連邦領域(ドイツ連邦共和国の全領域).

'**Bun·des·ge·nos·se** 男 -n/-n 同盟者, 同盟国.

'**Bun·des·ge·nos·sen·schaft** 囡 -/-en 同盟, 連合, 国家連合.

'**Bun·des·ge·richt** 中 -[e]s/-e《法制》(ドイツの)連邦裁判所.

'**Bun·des·ge·richts·hof** 男 -[e]s/《略 BGH》《法制》(ドイツの)連邦通常裁判所(民事・刑事など通常裁判権の最高裁判所).

'**Bun·des·ge·setz·blatt** 中 -[e]s/《略 BGBl.》(ドイツの)連邦官報.

'**Bun·des·grenz·schutz** 男 -es/ (ドイツの)連邦国境警備隊.

'**Bun·des·haupt·stadt** 囡 -/ (ドイツの)連邦首都(ベルリーン).

'**Bun·des·haus** 中 -es/ (ドイツの)連邦議会議事堂, (スイスの)連邦評議会議場.

'**Bun·des·ka·bi·nett** 中 -s/-e (ドイツの)連邦政府内閣.

'**Bun·des·kanz·lei** 囡 -/ (スイスの)連邦評議会事務局.

'**Bun·des·kanz·ler** 男 -s/- (ドイツ・オーストリアの)連邦総理大臣(首相, 宰相). **2** (スイスの)連邦評議会事務局長.

'**Bun·des·la·de** 囡 -/《旧約》契約の箱(モーセの十戒(じっかい)を書きつけた石板を納めた箱, 神の箱, あかしの箱ともいう. 出 25-10 以下ほか).

'**Bun·des·land** [ˈbʊndəslant] 中 -[e]s/-̈er (連邦を構成する)州. die alten *Bundesländer* 旧連邦諸州(旧西ドイツの諸州). die neuen *Bundesländer* 新連邦諸州(旧東ドイツの諸州).

'**Bun·des·li·ga** 囡 -/(..ligen[..liːgən]) **1** (ドイツおよびオーストリアのサッカーの)連邦(全国)リーグ. **2** (ドイツのアイスホッケー・室内ハンドボールなどの)連邦リーグ.

'**Bun·des·mi·nis·ter** 男 -s/- (ドイツ・オーストリアの)連邦大臣.

'**Bun·des·mi·nis·te·ri·um** 中 -s/..rien (ドイツ・オーストリアの)連邦省.

'**Bun·des·nach·rich·ten·dienst** 男 -[e]s/《略 BND》(ドイツの)連邦情報局.

'**Bun·des·post** 囡 -/《略 BP》連邦郵便. Deutsche ~《略 DBP》ドイツ連邦郵便(1995 に民営化して Deutsche Post AG となった).

'**Bun·des·prä·si·dent** 男 -en/-en **1** (ドイツ・オーストリアの)連邦大統領. **2** (スイスの)連邦大統領(内閣に相当する連邦参事会によって選任される任期 1 年の内閣首班で, ドイツ・オーストリアの連邦大統領および総理大臣 Bundeskanzler とは性格が異なる).

'**Bun·des·rat** 男 -[e]s/-̈e **1**《複数なし》(ドイツの)連邦参議院(各州の州大臣の中から選任される代表によって構成). **2**《複数なし》(オーストリアの)連邦評議会. **3**《複数なし》(スイスの)連邦参事会(評議会)(内閣に相当). **4** (スイスの)連邦参事会員(内閣・大臣に相当).

'**Bun·des·re·gie·rung** 囡 -/-en 連邦政府.

'**Bun·des·re·pu·blik** 囡 -/ 連邦共和国. ~ Deutschland《略 BRD》ドイツ連邦共和国.

'**Bun·des·staat** 男 -[e]s/-en《法制・政治》**1** 連邦国家. **2** (連邦国家を構成する)州.

'**Bun·des·stadt** 囡 -/ (スイスの)連邦首都(ベルン).

'**Bun·des·stra·ße** 囡 -/-n (ドイツ・オーストリアの)連邦道路, 国道.

'**Bun·des·tag** 男 -[e]s/ **1** (ドイツの)連邦議会(衆議院). **2**《歴史》= Bundesversammlung 3

'**Bun·des·tags·prä·si·dent** 男 -en/-en (ドイツの)連邦議会議長.

'**Bun·des·ver·fas·sungs·ge·richt** 中 -[e]s/ (ドイツの)連邦憲法裁判所.

'**Bun·des·ver·samm·lung** 囡 -/-en **1** (ドイツの Bundespräsident を選挙することだけを任務とする)連邦会議. **3** (スイスの)連邦議会. **3**《歴史》(1815 に成立したドイツ連邦 Deutscher Bund の)連邦議会(通称では Bundestag ともいう. ↑ Bund¹ 1).

'**Bun·des·wehr** 囡 -/《軍事》(ドイツの)連邦国防軍.

'**bun·des·weit** 形 ドイツ連邦共和国全体にわたる.

'**bün·dig** [ˈbʏndɪç] 形 **1** 説得力のある, 明快(的確)な. **2** 簡潔(簡明)な. **3**《比較変化なし》《建築》同一平面上の.

'**Bün·dig·keit** 囡 -/ 明快(的確)さ; 簡潔(簡明)さ.

'**bün·disch** [ˈbʏndɪʃ] 形《述語的には用いない》同盟(団体)に属している.

'**Bünd·ner** [ˈbʏndnər] 男《不変化》(Graubündner) グラウビュンデン(Graubünden, スイス東部の州)の

Fleisch ビュンドナー・フライシュ〖食品〗(塩漬けした乾燥牛肉, グラウビュンデン地方の特産品).

'**Bünd·nis** ['byntnɪs ビュントニス] 匣 –ses/-se 同盟, 盟約; 連合(とくに国家間の). ~ 90〖政治〗同盟90 (旧東ドイツの市民政治グループの連合体). ~ 90 / Die Grünen〖政治〗同盟90／緑の党(同盟90と緑の党が合併してできたドイツの政党).

'**Bünd·nis·grü·ne** 陽陰〖形容詞変化〗同盟90／緑の党の党員.

'**Bund·schuh** ['bʊnt..] 陽 –[e]s/-e (↓binden, Bund) **1** (長い革紐をくるぶしのところで結ぶ中世の農民靴. **2**〖歴史〗ブントシュー(1500頃西南ドイツで起こった農民一揆, 農民戦を旗印とした).

'**Bund·steg** 陽 –[e]s/-e〖製本〗のど, のどあき(糸とじをするための見開きページ中央部の余白).

'**bund·wei·se** 副 束(<ku>)に分けて, 束ねて.

'**Bun·ga·low** ['bʊŋgalo] 陰 –s/-s (*Hindi* bangla, bengalisch*) バンガロー.

'**Bun·ge** ['bʊŋə] 陰 –/-n **1**〖水産〗(魚をとる)やな. **2**〖植物〗くわがた草.

'**Bun·gee·jum·ping** ['bandʒidʒampɪŋ] 中 –s/ (*engl.*) バンジージャンプ.

'**Bun·ker** ['bʊŋkər] 陽 –s/- (*engl.*) **1** (コンクリートの)掩蔽(<en>)壕, 防空壕, シェルター. **2** (石炭・穀物・油などの)貯蔵庫, 倉庫.〖古〗(船の)燃料庫. **3**〖ゴルフ〗バンカー. **4**《兵隊》営倉(<ei>), 監獄.

'**bun·kern** ['bʊŋkərn] 他 **1** (石炭・穀物・鉱石などを)貯蔵する. **2** (船に)燃料を積込む.

'**Bun·sen·bren·ner** ['bʊnzən..] 陽 –s/- ブンゼンバーナー(発明者であるドイツの化学者 Robert Wilhelm Bunsen, 1811–1899にちなむ).

* **bunt** [bʊnt ブント] 形 **1** (白・灰色・黒以外の)色のついた; 色とりどりの, 色彩豊かな; 色物の, 派手な; 斑(ぶち)の, まだらの. eine ~e Blumenwiese 色とりどりの花の咲き乱れている牧場(ほくじょう). wie ein ~er Hund bekannt sein《多く皮肉に》どこへ行っても顔が売れている. der ~e Rock〖古〗軍服. den ~en Rock anziehen 軍人になる, 入隊する. ~《in Bunt》gekleidet sein 色物を着ている, 派手な身なりをしている. **2** 多彩な, 変化にとんだ; 盛沢山の, 払やかな. ein ~er Abend にぎやかな夕べの催し. eine ~e Platte いろんな種類のハムやソーセージの取合わせ. ein ~er Teller フルーツと菓子の盛合せ. ~e Reihe machen 男女交互に並ぶ. **3** ごたごたした, 乱雑な, とり散らかした; 複雑な, 行過ぎの. ein ~es Treiben 大騒ぎ, 大賑わい. ~ durcheinander ごちゃごちゃに, 雑然と. Es wird mir zu ~ [mit et¹].〖話〗私は事³がもう我慢ならない, 堪忍袋の緒が切れる. es³ zu ~ treiben〖話〗やり過ぎる, 常軌を逸する(mit et³ で et³を). ~ zugehen 乱痴気(<ra>)騒ぎになる, どんちゃん騒ぎをやらかす.

'**Bunt·druck** 陽 –[e]s/-e〖印刷〗多色刷り, カラー印刷.

'**Bunt·heit** 陰 –/ **1** 色とりどり, 千紫万紅(<se>). **2** 多様, 千変万化, 充溢.

'**Bunt·me·tall** 中 –s/-e (貴金属以外の)非鉄重金属(鉛・銅・錫など).

'**Bunt·pa·pier** 中 –s/-e 色紙, 千代紙.

'**Bunt·sand·stein** 陽 –[e]s/-e〖地学〗ブントザントシュタイン, 斑砂統, ブンター統(ドイツ相三畳系下部統の総称).

'**Bunt·specht** 陽 –[e]s/-e〖鳥〗あげげら.

'**Bunt·stift** 陽 –[e]s/-e 色鉛筆.

'**Bunt·wä·sche** 陰 –/-n 色物の肌着.

'**Burck·hardt** ['bʊrkhart]《人名》Jakob ~ ヤーコプ・ブルクハルト(1818–97, スイスの歴史家, 『イタリアルネサンスの文化』 *Kultur der Renaissance in Italien* など).

'**Bür·de** ['byrdə] 陰 –/-n〖雅〗**1** 重い荷, 重荷; (比喩)負担, 苦労. Die Äste brechen unter der ~ des Schnees. 枝が雪の重みで折れる. eine ~ auf sich¹ nehmen 重荷(苦労)を引受ける. **2**〖古〗胎児.

'**Bür·del** ['byrdəl] 陽 –s/- = Bündel 1

'**Bu·re** ['bu:rə] 陽 –n/-n (*ndl.* boer, Bauer*) ボーア(ブール)人(オランダ系の南アフリカ人).

'**Bu·ren·krieg** ['bu:rən..] 陽 –[e]s/〖歴史〗ボーア戦争(ボーア人が南アフリカに建設したトランスヴァール共和国およびオレンジ自由国とイギリスとの間に起こった戦争, 1899–1902).

'**Bü'ret·te** [by'rɛtə] 陰 –/-n (*fr.*)〖化学〗ビュレット(目盛りのついたガラス管).

* **Burg** [bʊrk ブルク] 陰 –/-en **1** (中世領主の居宅として用いられた堅固な石造りの)城, 城塞(<jo>), 城館. eine ~ belagern 城を包囲する. eine ~ brechen 城を陥落させる. eine ~ aus Sand ほうち家, あばら家. **2** (砂遊びの)砂の城; (ビーチ・チェアのまわりに塁壁のようにめぐらす)砂山. **3**〖猟師〗ビーバーの巣. **4** die ~〖話〗(Burgtheater) ブルク劇場(の略称).

'**bür·ge** ['byrgə]〖古〗(bärge) bergen の接続法II.

* '**Bür·ge** ['byrgə ビュルゲ] 陽 –n/-n 保証人, (身元)引受人. einen ~n stellen 保証人を立てる. Der Name der Firma war uns ~ für Qualität. この会社の名前は私たちにすれば品質の保証であった. ◆ 女性形 '**Bür·gin** 陰 –/-nen

* '**bür·gen** ['byrgən ビュルゲン] 自 (für et⟨j⟩⁴ 事⟨人⟩⁴を)保証する, (のことを)請け合う(j³ 人³に);〖法制〗保証人になる. Ich *bürge* für diesen Mann. 私はこの人物の保証人になる.

'**Bur·gen·land** ['bʊrgənlant]《地名》ブルゲンラント(オーストリア東部の州).

'**Bür·ger** ['byrgər ビュルガー] 陽 –s/- **1** (フランス革命以後は自治体または国に所属する)市民, 公民, 国民. eine ~ der Vereinigten Staaten 合衆国民. ~ in Uniform (ドイツ)連邦国防軍軍人. akademischer ~〖古〗大学生. **2** ブルジョア, 市民階級の人間, 町衆(<ma>). ◆ 女性形 '**Bür·ge·rin** 陰 –/-nen

'**Bür·ger·haus** 中 –es/⸚er **1** (公共の)市民の家, 市民会館. **2**〖古〗ブルジョアの一家(家族). **3** (とくに15–17世紀の)町家(<ma>), 都市市民の住宅.

'**Bür·ge·rin** ['byrgərɪn] 陰 –/-nen Bürger の女性形.

'**Bür·ger·ini·tia·ti·ve** 陰 –/-n 市民(住民)運動.

'**Bür·ger·krieg** 陽 –[e]s/-e 市民戦争, 内乱, 内戦.

* '**bür·ger·lich** ['byrgərlɪç ビュルガーリヒ] 形 **1**〖法制〗〖付加語的用法のみ〗公民権(市民権)にかかわる, 公民(市民)としての. die ~e Ehe 戸籍係の前で行う結婚). die ~en Ehrenrechte 公民権. das ~e Gesetzbuch(略 BGB) ドイツ民法典. das ~e Recht 市民権; 民法, 私法. **2** 市民(ブルジョア)的な, 市民の; 民間人の, 民衆の; 市民風の. die ~e Demokratie ブルジョア民主主義. die ~e Gesellschaft 市民社会. aus ~em Haus stammen 中流家庭の出である. **3** 庶民的な, 素朴な. eine ~e Küche 庶民の料理. **4** プチブルの, 俗物的な, 偏狭な. ~e Vorurteile プチブルの偏見.

'**Bür·ger·lich·keit** 陰 –/ 市民的であること, 市民性.

Bürgermeister

*'**Bür·ger·meis·ter** ['byrɡərmaɪstər ビュルガーマイスター] 男 -s/- 市(町、村)長.

'**Bür·ger·recht** 中 -[e]s/-e 市民権、公民権.

'**Bür·ger·recht·ler** 男 -s/- 《政治》公民権運動家.

'**Bür·ger·rechts·be·we·gung** 女 -/-en 《政治》公民権運動.

'**Bür·ger·schaft** ['byrɡərʃaft] 女 -/(-en) 1 (総称的に自治体の)市民、住民. 2 (ハンザ同盟都市であるハンブルクおよびブレーメンの)市州民会、市州議会.

'**Bür·ger·schreck** 男 -[e]s/- 《話》(市民的良風美俗に冷水を浴びせる)無頼(*)の徒、アウトロー.

'**Bür·ger·sinn** 男 -[e]s/- 市民としての心ばえ、庶民感覚、市民精神.

'**Bür·ger·stand** 男 -[e]s/- 市民(ブルジョア)階級.

'**Bür·ger·steig** 男 -[e]s/-e 歩道、人道.

'**Bür·ger·tum** [..tu:m] 中 -s/- 市民(ブルジョア)階級.

'**Burg·fräu·lein** 中 -s/- (中世の)領主の姫君.

'**Burg·frie·de** -ns/-n 1 (中世において)城主権のおよぶ領域；城域内での法的保護、平和維持；(城域内・都市内での)抗争禁止令. 2 (議会内の党派抗争の一時的停止. ◆ 格変化は Friede 参照.

'**Burg·graf** -en/-en (中世の)城伯(ドイツ南部・西部では皇帝の軍事司令官、東部では裁判官を兼ねた).

'**Burg·herr** 男 -[e]n/-en (中世の)城主.

'**Bür·gin** ['byrɡɪn] 女 -/-nen Bürge の女性形.

'**Burg·sas·se** 男 -n/-n 家臣(城域に住む)領民.

'**Bürg·schaft** ['byrkʃaft] 女 -/-en 保証、保証金、担保；保証契約. für j⁴ eine ~ leisten〈stellen/übernehmen〉人⁴を保証する、(の)保証人になる.

'**Burg·the·a·ter** 中 -s/ das ~ ブルク劇場(ヴィーンにあるオーストリアの国立劇場).

Bur'gund [bɔr'ɡʊnt] (地名) 1 ブルゴーニュ(Bourgogne のドイツ語形、フランス中東部の地方). 2 《歴史》ブルグント王国 (Burgunder が 443-534 ローヌ川流域に建設した国).

Bur'gun·der [bɔr'ɡʊndər] ❶ 男 -s/- 1 ブルグント人. ▶東ゲルマン族の1部族、北欧から次第に南下し、5世紀にライン川西岸まで進出したが、フン族 Hunnen に一旦滅ぼされた。この悲劇が中世叙事詩 Nibelungenlied の題材となった。のちブルグント王国を建設. 2 ブルゴーニュの住民(出身者). 3 ブルゴーニュ・ワイン (Burgunderwein の略称). ❷ 形 《不変化》ブルグント(ブルゴーニュ)の.

'**Burg·ver·lies** 中 -es/-e (城内の)地下牢.

'**Burg·vogt** 男 -[e]s/-ᵉ 《歴史》1 城代(ﾄﾞｳ). 2 = Burggraf

'**bu·risch** ['bu:rɪʃ] 形 (↓ Bure) ボーア人の.

Bur'lak [bɔr'la:k] 男 -en/-en 《russ., Treideler》《古》(ヴォルガ川 die Wolga の)曳き舟人夫.

bur'lesk [bɔr'lɛsk] 形 《it., possenhaft》おどけた、滑稽な、野蛮な.

Bur'les·ke [..kə] 女 -/-n 1 《演劇》道化芝居、笑劇、茶番、あちゃらか. 2 《音楽》ブルレスク(陽気でおどけた器楽曲).

Bur'ma·ne [bɔr'maːnə] 男 -n/-n = Birmane

'**Bur·nus** ['bɔrnʊs] 男 -[ses]/-se 《arab.》バーヌース(北アフリカやアラビアで防砂・防熱用に着用されるフード付きのマント、またそれに似た婦人用のコート).

Bü·ro

[by'ro: ビューロー] 中 -s/-s 《fr. bureau, Schreibtisch》1 事務室、事務所、オフィス、役所、(小規模の)会社；営業所. in einem ~ arbeiten《地方》aufs ~ gehen オフィス(会社、役所)勤めをしてい

る. in allen großen Städten ~s unterhalten すべての大きな町に営業所を置く. 2 (小規模な)会社の全従業員、事務所の職員・社員全体. den ganzen ~ einen Ausflug machen オフィスの同僚みんなと遠足に行く.

Bü·ro·an·ge·stell·te 男 《形容詞変化》事務員.

'**Bü·ro·ar·beit** 女 -/-en オフィスワーク.

'**Bü·ro·be·darf** 男 -[e]s/ 事務用品、文房具.

Bü·ro·klam·mer 女 -/-n (書類を綴じる)クリップ.

Bü·ro·krat [byro'kra:t] 男 -en/-en 1 官僚、役人. 2 《侮》役人根性の人、融通(*)のきかない男.

***Bü·ro·kra'tie** [byrokra'tiː ビュロクラティー] 女 -/-n [..'ti:ən] 1 官僚制、官僚機構、官僚政治(支配). 2 《総称的に》官僚、役人. 3 《侮》官僚主義.

***bü·ro·kra'tisch** [byro'kra:tɪʃ ビュロクラーティシュ] 形 1 官僚制機構の、官僚政治の. 2 《侮》官僚主義的な、役人根性の、(お役所的)形式主義の、杓子定規(ﾁｮｳｷ)な.

Bü·ro·kra'tis·mus [..'kra'tɪsmɔs] 男 -/ 官僚主義(政治)；お役所風(ﾌｳ).

Bü·ro·kra'tius [..'kra:tsios] 男 -/ 《話》お役所大権現(ﾇﾞﾝ)(官僚主義に対する揶揄的擬人化). Heiliger ~! 《戯》いやはやお役所大権現さまときたら.

Bursch [bɔrʃ] 男 -en/-en 《地方》= Bursche

*'**Bur·sche** ['bɔrʃə ブルシェ] 男 -n/-n 1 少年、男の子. 2 若者；《侮》がき、ちんぴら. Alter ~! ねえ君、大将. ein toller ~ 無鉄砲な(向こう見ずな)やつ. Den ~n werde ich dir noch〈mal〉kaufen〈vorknöpfen/vornehmen〉. 《話》あの若造はいずれとっちめてやるさ. 3 (ホテルなどの)ボーイ、給仕、使い走り；(昔の軍隊で将校の)従卒(ﾉﾗ); 《古》(Geselle) 職人. 4 《古》学生組合の正会員. 5 《話》(猟・釣りなどの)獲物をさしていうことば. Dieser Lachs ist ein prächtiger ~. この鮭はみごとなやつだ.

'**Bur·schen·schaft** ['bɔrʃənʃaft] 女 -/-en 学生組合(1815以降).

'**Bur·schen·schaf·ter** 男 -s/- 学生組合の会員.

bur·schi·kos [bɔrʃi'ko:s] 形 (↓ Bursche) 1 (若い女性に関して)ボーイッシュな、おてんばな. Sie hat eine ~e Sprechweise. 彼女は男の子みたいな話し方をする. 2 (話し方などが)ぞんざいな.

'**Bur·se** ['bɔrzə] 女 -/-n 1 (中世の)学生寮. 2 胴巻.

*'**Bürs·te** ['byrstə ビュルステ] 女 -/-n 1 ブラシ、刷毛(ﾊｹ). 2 《電子工》ブラシ. 3 歯ブラシのようなひげ、ちょびひげ；《理容》(Bürstenfrisur) ブラシ・カット、角刈り.

*'**bürs·ten** ['byrstən] ❶ 他 1 (物⁴に)ブラシをかける、(物⁴を)ブラシで除去する. die Jacke〈Fäserchen vom Anzug〉~ 上着にブラシをかける〈スーツの糸くずをブラシで払い落とす〉. j³ das Haar ~ 人³の髪をブラッシングしてやる. sich³ die Zähne ~ 歯をみがく. 2 《古》(trinken) 飲む. ❷ 自 《卑》性交する.

'**Bürs·ten·ab·zug** 男 -[e]s/-ᵉ 《古》(手刷り印刷機時代の)試し刷り(ブラシで叩いて紙を揃えたことから).

'**Bürs·ten·bin·der** 男 -s/- ブラシ(ほうき)製造職人. wie ein ~ laufen〈rennen〉《話》疾駆する、脱兎(ﾀﾞﾂﾄ)のように走る. wie ein ~〈wie die *Bürstenbinder*〉trinken〈saufen〉《話》大酒を食らう.

'**Bür·zel** ['byrtsəl] 男 -s/- 1 (鳥の)尾羽のつけ根. 2 《猟師》(熊・狸・いのししの)尾.

Bus

[bɔs ブス] 男 -ses/-se 《Omnibus, Autobus

Butter

の省略形) バス.

*'**Busch** [bʊʃ ブシュ] 男 -[e]s/Büsche **1** (低木・灌木の)茂み, やぶ, 木立ち, 叢林; 原生(原始)林, 密林; 〖地理〗(熱帯の)ブッシュ; 〖古〗生垣, 植込み. Du kommst wohl aus dem ~? 〖話〗君はジャングルにでもいたのか(世の中のことがわかっていないの意). Es ist etwas im ~. 〖話〗何か裏に秘密があるらしい. bei j³ auf den ~ klopfen 〖話〗人³に探りを入れる, それとなく当ってみる. mit et³ hinter dem ~〈dem Berg〉halten 〖話〗事³を秘密にして(伏せて)おく. sich⁴ [seitwärts] in die Büsche schlagen 〖話〗そっと姿をくらます, ずらかる. **2** 束(な), 房(な); (大きな)花束.

'**Bü·sche** ['bʏʃə] Busch の複数.

'**Bü·schel** ['bʏʃəl] 中 -s/- (↓ Busch) **1** (小さな)束(な), 房(な). **2** 〖数学〗束(な).

'**Bu·schen·schen·ke** ['bʊʃən..] 囡 -/-n《南ド・オーストリア》=Straußwirtschaft

'**bu·schig** [ˈbʊʃɪç] 形 茂み(密林)のような; (毛などが)もじゃもじゃの.

'**Busch·klep·per** 男 -s/- 密猟者, 追剝(にぎ).

'**Busch·mann** [ˈbʊʃman] 男 -[e]s/=er ブッシュマン(カラハリ砂漠一帯に住む南西アフリカの原住民).

'**Busch·meis·ter** 男 -s/- 〖動物〗ブッシュマスター, ブッシュマスター(中南米に棲む巨大な毒蛇).

'**Busch·mes·ser** 中 -s/- (木の枝を払う)鉈(な).

'**Busch·ne·ger** 男 -s/- マルーン(西インド諸島などの山中に住む黒人, 脱走奴隷の子孫).

'**Busch·werk** 中 -[e]s 灌木林.

'**Busch·wind·rös·chen** 中 -s/- 〖植物〗=Anemone

'**Bü·se** ['byːzə] 囡 -/-n 〖海事〗にしん漁船.

'**Bu·sen** ['buːzən] 男 -s/- **1** (女性の)胸. ein üppiger ~ 豊満なバスト. 〖雅〗(Brust)胸. sich⁴ am ~ des Freundes ausweinen 友人の胸にすがって気が晴れるまで泣く. am ~ der Natur 自然のふところで, 野外で. **3** 〖雅〗胸中, 心中. einen Wunsch im ~ hegen 心にある願望を抱く. j³ *seinen* ~ öffnen 人³に胸襟(ポポ)を開く. **4** (Meerbusen) 入江, 湾.

'**Bu·sen·freund** 男 -[e]s/-e 〖戯〗(Herzensfreund) 親友, 心の友.

'**Bus·hal·te·stel·le** 囡 -/-n バス停.

'**Bu·shel** [ˈbʊʃəl] 男 -s/-[s] ブッシェル(イギリス・米国における穀物の量目単位, 約36 *l*).

'**Busi·ness**, ᵒ'**Busi·neß** [ˈbɪznɪs] 中 -/- (*engl.*) 取引, 商売, 実業, ビジネス.

'**Bus·li·nie** 囡 -/-n バスの路線.

'**Bus·sard** ['bʊsart] 男 -s/-e 〖鳥〗のすり.

*'**Bu·ße** [ˈbuːsə] ブーセ] 囡 -/-n **1** 《複数なし》贖罪(しくぎい), 罪の償い, 贖罪の行為(断食・祈り・巡礼など). j³ eine ~ auferlegen 人³に贖罪をするように命じる. ~ tun 贖罪する. das Sakrament der ~ 〖カトリック〗悔悛の秘蹟(なき). **2** 〖法制〗賠償金; (パ)科料, 罰金. **3** 〖歴史〗(ゲルマン時代)人³に事⁴のかどで罰金を科する. j⁴ für et² mit einer ~ belegen 人⁴に事²のかどで罰金を科する.

*'**bü·ßen** ['byːsən ビューセン] ❶ 他 **1** (事¹を)償(な)う, (の)埋合せをする(mit et³ 事³で). *seine* Sünden ~ 犯した罪を痛悔する. et² mit dem Tod ~ 事²を死をもって贖(な)う, (の)いで命を落とす. Das sollst〈wirst〉du mir ~! いずれこの償いはしてもらうよ, ただですむとは思うなよ. **2** 〖法制〗(人¹に)罰金(科料)を科する. Er wurde mit einer harten Strafe *ge-büßt*. 彼はひどい罰金を払わされた. **3** 〖古〗(欲望を)満足させる.

❷ 自 償いをする(für et⁴ 事⁴の). für *seine* Sünden ~ 罪を償う. schwer für et¹ ~ 事¹のためにひどい目にあう.

'**Bü·ßer** [ˈbyːsər] 男 -s/- 〖宗教〗贖罪(痛悔)者.

'**Bü·ßer·ge·wand** 中 -[e]s/-er 〖宗教〗Büßerhemd

'**Bü·ßer·gür·tel** 男 -s/- 〖宗教〗贖罪帯, 苦行帯.

'**Bü·ßer·hemd** 中 -[e]s/-en 〖宗教〗贖罪衣(粗布の簡単な肌着, 贖罪者のしるし).

'**Bü·ße·rin** [ˈbyːsərɪn] 囡 -/-nen (Büßer の女性形) 〖宗教〗贖罪の女, 痛悔女 (Maria Magdalena, Maria von Ägypten などの聖女がその代表的形姿).

'**Bü·ßer·kleid** 中 -[e]s/-er = Büßerhemd

'**Bus·serl** [ˈbʊsərl] 中 -s/-[n]《南ド》(Kuss) キス.

'**buß·fer·tig** [ˈbuːs..] 形 〖宗教〗罪を贖(な)う気持の ある, 悔悛の念を抱いた.

'**Buß·geld** 中 -[e]s/-er 〖法制〗科料, 罰金.

'**Bus·si** [ˈbʊsi] 中 -s/-s《南ド》〖幼児〗= Busserl

Bus·so·le [bʊˈsoːlə] 囡 -/-n **1** 〖海事〗磁気コンパス. **2** 〖電子工〗磁針羅電流計.

'**Buß·psalm** 男 -s/-en 〖旧約〗悔悛(贖罪)詩篇(悔悛の苦しみを内容とした詩篇 6, 31, 37, 50, 101, 129, 142 の 7 篇).

'**Buß·tag** 男 -[e]s/-e 〖カトリック〗贖罪日(四旬節など). ◆ ↑ Buß- und Bettag

'**Buß·übung** 囡 -/-en 〖カトリック〗贖罪の行(断食・祈り・喜捨など).

'**Buß- und Bet·tag** 男 -[e]s/-e 〖プロテスタント〗懺悔(さん)と祈りの日(教会暦の最後の日曜日の前の水曜日).

'**Büs·te** [ˈbʏstə] 囡 -/-n **1** 胸像. **2** 〖服飾〗ボディ, 人台. **3** (女性の)胸部, バスト.

'**Büs·ten·hal·ter** 男 -s/- (略 BH) ブラジャー.

Bus·tro·phe·don [bustroˈfeːdɔn] 中 -s/- 〖印刷〗ブストロフェドン, 牛耕体(最初の行を左から右へ書くと次の行は右から左へ書くギリシア語の古い書法).

Bu·ta·di·en [butadiˈeːn] 中 -s/- 〖化学〗ブタジエン.

Bu·tan [buˈtaːn] 中 -s/- 〖化学〗ブタン.

Bu·ti·ke [buˈtiːkə] 囡 -/-n 〖地方〗= Budike

'**But·ler** [ˈbatlər, ˈbœtlər] 男 -s/- (*engl.*)(とくにイギリスの)執事, 家令, 支配人.

Butt [bʊt] 男 -[e]s/-e 〖魚〗ひらめ, おひょう, かれい.

Bütt [bʏt] 囡 -/-en 〖地方〗(カーニバルで使う樽型の)演壇. ↑ Büttenrede

'**But·te** [ˈbʊtə] 囡 -/-n **1** (ソーセージの外皮に使う牛・羊の)盲腸. **2**《南ド》=Bütte 1

'**Büt·te** [ˈbʏtə] 囡 -/-n **1** 桶(な), 樽, 盥(然); (ぶどう摘みの)背負い桶; (紙すき用の)水槽. **2** (まれ) =Bütt

'**But·tel** [ˈbʊtəl] 囡 -/-n 〖地方〗=Buddel

'**Büt·tel** [ˈbʏtəl] 男 -s/- **1** 〖古〗廷丁(にう), 廷吏. **2** (侮)ポリ公. **3** (侮)使い走り, 雑役夫.

'**Büt·ten** [ˈbʏtən] 中 -s/-, '**Büt·ten·pa·pier** 中 -s/-e 〖製紙〗手すき紙.

'**Büt·ten·re·de** 囡 -/-n (Bütt に登ってするおどけた)カーニバル演説.

'**But·ter** [ˈbʊtər ブター] 囡 -/ バター. ~ aufs Brot streichen / das Brot mit ~ bestreichen パンにバターを塗る. et⁴ in〈mit〉~ braten 物⁴をバター炒(な)めする. 《比喩的に》Ihm ist die ~ vom Brot gefallen. 《話》彼はがっかり(びっくり)した. j³ die ~ auf dem Brot nicht gönnen 《話》人³をねたむ. j³ dem Kopf haben《南ド・オーストリア》《話》気がとがめる. j³ die ~ vom Brot nehmen《話》人³の機先を制する, 出鼻をくじく. sich³ nicht die ~ vom Brot nehmen lassen《話》負けず嫌いである，他人の言いなりにはならない．Es ist alles in [bester] 〜.《話》万事うまく行っている．ein Herz [so weich] wie 〜 haben / weich wie 〜 sein《話》情(ﾅｻｹ)にもろい，涙もろい．wie 〜 an der Sonne dastehen《話》万策尽きた，途方に暮れている．wie 〜 an der Sonne zerrinnen《dahinschmelzen》《話》(金などが)たちまちなくなる，どんどん出ていく．

'But·ter·blu·me 囡 -/-n 1 黄色い花をつける植物(たんぽぽ，きんぽうげ). 2《戯称》カンカン帽.

*'But·ter·brot ['bʊtərbro:t ブターブロート] 田 -[e]s/-e バターを塗ったパン．sich³ ein 〜 schmieren パンにバターを塗る．belegtes 〜 オープンサンド．j³ et⁴ aufs 〜 schmieren〈streichen〉《話》人に事⁴をたえずうるさく言う(叱る). für〈gegen/um〉 〜《話》ただ同然で，二束三文で．

'But·ter·brot·pa·pier 田 -s/-e (サンドウィッチなどを包む)パラフィン紙．

'But·ter·fly ['batərflaɪ] 男 -s/- (engl.) 1 (幅の広い)蝶ネクタイ. 2《ﾌｧｯｼｮﾝ》バタフライ. 3《水泳》バタフライ. 4《体操》=Schmetterling 2

'but·te·rig ['bʊtərɪç] 形 =buttrig

'But·ter·milch 囡 -/ バターミルク(バターを取った後の脱脂乳).

'but·tern ['bʊtərn] ❶ 自 1 バターを作る. 2 バターになる. Es buttert〈buttert nicht〉.《話》(物事が)うまく行く〈行かない〉. 2《話》(傷が)膿(ｳﾐ)をもつ. ❷ 他 1 (物⁴に)バターを塗る；(を)バターで炒(ｲﾀ)める. 2 Geld in et⁴ 〜《話》事⁴(事業など)に金をつぎ込む. 3 den Ball 〜《ｽﾎﾟｰﾂ》強烈なシュートをする.

'But·ter·pilz 男 -es/-e《植物》ぬめりいぐち(食用きのこ).

'But·ter·röhr·ling 男 -s/-e =Butterpilz

'But·ter·säu·re 囡 -/ 酪酸(ﾗｸｻﾝ).

'But·ter·schmalz 田 -es/《料理》溶かしたバターからとった料理用油脂，溶かしバター．

'But·ter·sei·te 囡 -/-n パンのバターを塗った側；《比喩》(人生の)明るい側，サニー・サイド. [stets] auf die 〜 fallen《話》いつも運がいい，ついている．

'but·ter·weich 形 1 バターのようにやわらかい，非常にやわらかい. 2《話》(人間が)温厚な，おだやかな，思いやりのある. 3《ｽﾎﾟｰﾂ》迫力がない，おとなしい，気が弱い．

'Bütt·ner ['bʏtnər] 男 -s/- (↓ Bütte)《中部ﾄﾞ》(Böttcher) 桶屋，桶職人．

'But·ton ['batən] 男 -s/-s (engl.) (服の襟などにつける)バッジ，記章．

'butt·rig ['bʊtrɪç] 形《比較変化なし》1 バターを使った，バターを入れた. 2 (バターのように)やわらかい，脂肪分の多い．

'But·ze·mann ['bʊtsə..] 男 -[e]s/-̈er 1 (Kobold) コーボルト，家の精. 2 (子供をおどすための仮装の)おばけ. 3 かかし．

'But·zen ['bʊtsən] 男 -s/- 1 (りんごの)芯. 2 小さな塊. 3 (ろうそくの燃えさしの)黒くなった芯. 4 鼻(ﾊﾅ)，目やに，鼻くそ，鼻水. 5 (窓ガラスなどの)中央の厚くなった部分. 6《坑夫》鉱床.

'But·zen·schei·be 囡 -/-n 中央部の厚くなった円い小さな窓ガラス(採光用).

Büx [bʏks] 囡 -/-en =Buxe

'Bu·xe ['bʊksə] 囡 -/-n《北ﾄﾞ》(Hose) ズボン．

Bux·te·hu·de [bʊkstə'hu:də] ❶《地名》ブクステフーデ(ハンブルクの近くにある町). in〈aus/nach〉 〜《話》どこか遠くの田舎(ｲﾅｶ)(知らないところ)〈から/へ〉. ❷《人名》Dietrich 〜 ディートリヒ・ブクステフーデ (1637頃-1707, Händel や J. S. Bach に大きな影響を与えたドイツのオルガニスト・作曲家).

Bu·zen·taur [butsɛn'taʊər] 男 -en/-en (it. bucintoro) 1《ｷﾞﾘｼｬ神話》ブケンタウロス(半牛半人の怪物). 2 ブチントロ(ヴェネツィア共和国の首長 Doge が儀式・祝典のときに用いた豪華御座船，ブケンタウロスの彫像が舳(ﾍｻｷ)を飾っていたのでこの名で呼ばれた).

b. w.《略》=bitte wenden! 裏面をご覧下さい．

BWV《略》=Bach-Werke-Verzeichnis《音楽》バッハ作品目録．

bye-'bye ['baɪ'baɪ] 間 (engl.) Bye-bye!《話》バイバイ，さよなら．

'By·pass ['baɪpas] 男 -[es]/-e 1《医学》(血管などの)バイパス. 2《工学・電子工》バイパス．

'Bys·sus ['bʏsʊs] 男 -/ 1 ビサス(古代人がミイラなどをくるむのに用いた細かい亜麻布). 2《生物》(斧足(ﾌﾗﾝｿｸ)類の)足糸．

Byte [baɪt] 田 -[s]/-[s] (engl.)《電子工》バイト(記憶容量の単位).

By·zan'ti·ner [bytsan'ti:nər] 男 -s/- 1 ビザンティン人. 2《古》お追従(ﾂｲｼｮｳ)屋，おべっか使い．

by·zan·ti·nisch [..nɪʃ] 形 1 ビザンティンの. 2《古》おべっか使いの，追従的な．

By·zan·ti·nis·mus [..ti'nɪsmʊs] 男 -/ 1 ビザンティン様式の芸術. 2《ｷﾘｽﾄ教》ビザンティン式典礼様式. 3《歴史》(Cäsaropapismus) (ビザンティン帝国の)皇帝大主教主義(皇帝が大主教を兼ねる政教合一主義．大主教はローマ教会の教皇に当たる). 4《古》おべっか，追従(ﾂｲｼｮｳ).

By·zan·ti·nist [..'nɪst] 男 -en/-en ビザンティン学者．

By·zan·ti·nis·tik [..'nɪstɪk] 囡 -/ ビザンティン学．

By'zanz [by'tsants]《地名》ビザンティン(旧称 Konstantinopel, 現イスタンブール).

Bz.《略》=Bezirk 2

bzw.《略》=beziehungsweise

c, C

c¹, C¹ [tse:] 甲 -/- ドイツ語アルファベットの第3文字(子音字). ◆¹口語では単数2格および複数形を[tse:s]と発音することがある. ◆²cはドイツ語ではch, ck, schという複合形で用いられ, 単独で現れるのは外来語に限られる. cの項に出てこない語はkまたはzの項を検索されたい.

c², C² [tse:] 甲 -/- 【音楽】**1** ハ音. **2**【記号】c=*c*-moll, C=*C*-dur

c³（略）**1** =Cent **2** =Centime

c⁴【記号】**1** =Zenti.. **2** =Kubik..

C⁵【記号】**1** 【化学】=Carboneum **2** ['tsɛlzios]【物理】=Celsius **3** [ku'lōː]【物理】=Coulomb **4** ['hʊndərt]（ローマ数字の）100.

Ca [tse:']a:] 甲 -/- 【記号】【化学】=Calcium (Kalzium)

ca. ['tsɪrka]（略）=circa, zirka

Ca·bal·le·ro [kabal'je:ro, kava..] 男 -s/-s (*sp.*) **1**（昔のスペインの）騎士,（馬に乗った）貴人. **2** (Herr)（スペインで男子に対する呼びかけ）だんな, おねし.

Ca·bo·chon [kabo'ʃōː] 男 -s/-s (*fr.*) **1** カボション（頂部または下部を丸く研磨した宝石）. **2**《複数なし》カボション研磨.

Ca·che'nez [kaʃ(ə)'ne:] 甲 -/[..'ne:(s)]/-[..'ne:s] (*fr.*)（絹の）マフラー, スカーフ.

Cä·ci·lia [tsɛ'tsi:lia]《女名》ツェツィーリア.

Cä·ci·lie [tsɛ'tsi:liə]《女名》ツェツィーリエ. die heilige ~ 聖カエキリア(3世紀頃のローマの童貞殉教聖女, オルガンの発明者という伝説があり教会音楽の保護者とされる. ↑付録『聖人暦』11月22日).

'Cad·die ['kɛdi] 男 -s/-s (*engl.*) **1**（ゴルフ）(a) キャディー. (b) キャディーカート. **2**（スーパーマーケットの）ショッピングカート.

'Cad·mi·um ['katmiʊm] 甲 -s/- =Kadmium

'Cae·si·um ['tse:ziʊm] 甲 -s/- =Cäsium

*****Ca'fé** [ka'fe: カフェー] 甲 -s/-s (*fr.*) コーヒー店, 喫茶店.

Ca·fé 男 -s/-s《とくにオーストリア》=Kaffee¹

Ca·fé com·plet [kafekō'plɛ] 甲 - -s/- -s [kafekō'plɛs] (*fr.*) カフェ・コンプレ（ミルク・コーヒー・パン・バター・ジャムの揃った朝食）.

Ca·fe·te·ria [kafetə'ri:a] 囡 -s/-s (..rien [..ri:ən]) (*sp.*) カフェテリア.

Ca·fe·ti·er [kafeti'e:] 男 -s/-s (*fr.*)（古）コーヒー店の主人, マスター.

Ca·fe·ti·e·re [..ti'e:rə] 囡 -/-n (*fr.*) **1** Cafetier の女性形. **2** (Kaffeekanne) コーヒーポット.

Cais·son [kɛ'sōː] 男 -s/-s (*fr.*)【工学】（水中作業用の）潜函（せんかん）, ケーソン.

Cais·son·krank·heit 囡 -/【病理】潜函病, 潜水病.

cal [kalo'ri:]【記号】=Kalorie

Cal [kilokalo'ri:]【記号】（古）=Kilokalorie

'Ca·la·mus ['ka:lamʊs] 男 -/..mi [..mi] (*gr.*)（パピルスや羊皮紙に字を書くのに用いた古代の）籐（とう）ペン.

ca'lan·do ka'lando] 副（*it.*, nachlassend'）【音楽】カランド, 次第に緩やかに弱く.

Cal'cit [kal'tsi:t] 男 -s/-e【鉱物】=Kalzit

'Cal·ci·um ['kaltsiʊm] 甲 -s/-【化学】=Kalzium

Cal·de·rón ['kaldərɔn, kalde'rɔn]《人名》Pedro ~ de la Barca ペドロ・カルデロン・デ・ラ・バルカ(1600-1681, スペイン最大の劇作家, 代表作『人生は夢』*La vida es sueño*).

Ca·lem·bour[g] [kalā'bu:r] 男 -s/-s (*fr.*, Wortspiel')（古）言葉の遊び, だじゃれ, 地口（じぐち）.

Ca·li'for·ni·um [kali'fɔrniʊm] 甲 -s/【記号 cf】【化学】カリフォルニウム. ◆初めて製造した米国カリフォルニア大学にちなむ.

'Call·boy ['kɔːlbɔɪ] 男 -s/-s (*engl.*) コールボーイ,（電話で呼出す）売春少年. ◆Callgirl の男性形.

'Call-by-'Call ['kɔːlbaɪ'kɔːl] 甲 -/ (*engl.*)（通話前に特定の番号をダイヤルすることによる）電話会社選択.

'Call·cen·ter ['kɔːlsɛntər] 甲 -s/- (*engl.*) 電話相談窓口, コールセンター.

'Call·girl ['kɔːlɡøːrl, ..ɡœrl] 囡 -s/-s (*engl.*) コールガール,（電話で呼出す）売春婦.

Cal·va·dos [kalva'dɔs] 男 -/- (*fr.*) カルヴァドス（フランス北西部ノルマンディー地方のカルヴァドス県を中心に生産されるりんごブランデー）.

Cal'vin [kal'vi:n, kal'vɛ̃]《人名》Jean ~〈Johann Kalvin〉ジャン・カルヴァン(1509-1564, フランス生れのスイスの宗教改革家).

cal·vi'nisch [kal'vi:nɪʃ] 形 =kalvinisch

Cal·vi'nis·mus [kalvi'nɪsmʊs] 男 -/【宗教】Kalvinismus

Cal·vi'nist [kalvi'nɪst] 男 -en/-en =Kalvinist

'Ca·mem'bert ['kamǝmbɛːr, ..bɛːr, kamā'bɛːr] 男 -s/-s (*fr.*)【食品】カマンベール（フランス北西部ノルマンディー地方カマンベール村原産の柔らかい白かびチーズ）.

'Ca·me·ra ob'scu·ra ['kamera ɔps'ku:ra, ..rae ..rae [..rɛ ..rɛ] (*lat.*, dunkle Kammer')【写真】カメラ・オブスクラ, ピンホールカメラ.

Ca·mi'on [kami'ōː] 甲 -s/-s (*fr.*, Lastwagen')（スイス）トラック.

Ca·mi·on'na·ge [kamiɔ'naːʒə] 囡 -/ (*fr.*)（スイス）運送（業）; 運送料.

Ca·mi·on'neur [kamiɔ'nøːr] 男 -s/-e (*fr.*)（スイス）運送業者.

Ca·mou'fla·ge [kamu'flaːʒə] 囡 -/-n (*fr.*, Tarnung')（古）カムフラージュ, 偽装, 迷彩.

Camp [kɛmp] 甲 -s/-s (*engl.*) **1** キャンプ場, 野営地. **2** 捕虜収容所. ◆↑Campus

Cam·pa'ni·le [kampa'ni:lə] 男 -[s]/-[s] (*it.*) =Kampanile

Cam·pa·ri [kamˈpaːri] 男 -s/-[s] 《商標》カンパリ(イタリア産の深紅色のリキュール, もとミラノのメーカー名).

Cam·pe·che·holz [kamˈpɛtʃə..] 中 -es/ 《植物》ログウッド. ◆ Campeche は原産地メキシコの州の名.

'**cam·pen** [ˈkɛmpən] 自 (↓ Camp) キャンプをする.

'**Cam·pher** [ˈkamfər] 男 -s/ = Kampfer

Cam·pi'gnien [kãpiˈnjɛː] 中 -[s]/ 《地質》カンピニー文化(北フランスの Campigny 丘陵地帯で発見された新石器時代前期の文化).

'**Cam·ping** [ˈkɛmpɪŋ] 中 -s/ (engl.) (余暇などにする)キャンプ生活, キャンピング.

'**Cam·ping·platz** 男 -es/=e キャンプ場.

Cam·po'san·to [kampoˈzanto] 男 -s/-s(..ti[..ti]) (it., ‚heiliges Feld') (イタリア式の)墓地. ~ Teutonico [tɔyˈtoːniko] (ローマのサンピエトロ大聖堂の南側にある)ドイツ人墓地.

'**Cam·pus** [ˈkampʊs, ˈkɛmpəs] 男 -/ (lat., ‚Feld') (大学などの)キャンパス, 構内.

Ca'nail·le [kaˈnaljə] 女 -/-n (fr.) = Kanaille

Ca'nas·ta [kaˈnasta] 中 -s/ (sp., ‚Körbchen') 《遊戯》カナスタ(南米発祥のトランプ遊び, ラミーに似る).

Can'can [kãˈkãː] 男 -s/-s (fr.) (フレンチ)カンカン.

'**can·celn** [ˈkɛntsəln] 他 (lat.) キャンセルする.

cand. [kant] (略) (lat.) =candidatus [kandiˈdaːtʊs] ↑Kandidat 3

Can·de'la [kanˈdeːla] 女 -/- (lat., ‚Kerze') 《記号 cd》《物理》カンデラ(光度の単位).

Ca'net·ti [kaˈnɛti] 《人名》Elias ~ エリーアス・カネッティ(1905-94, ブルガリア生れのユダヤ系イギリス人作家, 作品はドイツ語で発表, 81 ノーベル文学賞受賞. 『群集と権力』Masse und Macht ほか).

'**Can·na·bis** [ˈkanabɪs] 男 -/ (gr.) **1** 《植物》大麻(たいま). **2** (Haschisch) ハシッシュ(インド大麻から採った麻薬の一種).

Can·nel'lo·ni [kanɛˈloːni] 複 (it.)《料理》カネローニ(肉入りの大型パスタ).

'**Ca·ñon** [ˈkanjɔn, kanˈjoːn] 男 -s/-s (sp.) 《地理》 **1** 峡谷, (とくに北米西部の)キャニヨン. **2** 海底峡谷.

Ca·no'ni·cus [kaˈnoːnikʊs] 男 -/..ci[..tsi] (lat.) = Kanoniker, Kanonikus

Ca'nos·sa [kaˈnɔsa] 《地名》カノッサ(上部イタリアの村, 1077 ドイツ皇帝 Heinrich IV. がここの岩壁の城の門前に3日3晩立ちつくして教皇 Gregorius VII. に破門の赦免を乞うた「カノッサの屈辱」によって有名). Nach ~ gehen wir nicht. われわれはカノッサ参りはしない(Kulturkampf のとき宰相ビスマルク Bismarck が吐いた言葉). ◆↑Kanossa

Cant [kɛnt] 男 -s/ (engl.) **1** (口先だけの)偽善的な言葉使い, 巧言令色(こうげんれいしょく), 空念仏(からねんぶつ). **2** (Gaunersprache) 悪党間の隠語, 符丁.

can'ta·bi·le [kanˈtaːbile] (it., ‚gesanglich') 《音楽》カンタービレ, 歌うように.

Can'ta·te [kanˈtaːtə] 中 (無冠詞 / 不変化) (lat., ‚singet!') =Kantate[2]

'**Can·to** [ˈkanto] 男 -s/-s(..ti[..ti]) (it., ‚Gesang') 《音楽》歌, 旋律.

'**Can·tus 'fir·mus** [ˈkantʊs ˈfɪrmʊs] 男 - -/- -firmi [ˈkantuːs ˈfɪrmi] (lat.) 《音楽》(ポリフォニー音楽における)定旋律.

'**Ca·pa** [ˈkapa] 女 -/-s (sp.) カパ(闘牛士の着る赤いケープ).

Cape [keːp] 中 -s/-s (engl.) 《服飾》ケープ.

Cap·puc'ci·no [kapʊˈtʃiːno] 男 -[s]/-[s] (it.) カプチーノ(ミルク入りエスプレッソコーヒー).

Ca·pric'cio [kaˈprɪtʃo] 中 -s/-s (it.) **1**《音楽》カプリッチョ, 奇想(狂想)曲. **2** (Laune) 気まぐれ, わがまま. voller ~s stecken ひどく気まぐれ(わがまま)である.

ca·pric'cio·so [..ˈprɪtʃo:zo] (it.) 《音楽》カプリッチョーソ, 気まぐれに, 気ままに.

Ca'price [kaˈpriːsə] 女 -/-n (fr.) **1** 《音楽》カプリース(↓Capriccio 1). **2** = Kaprice

Cap·ta·tio Be·ne·vo'len·ti·ae [kapˈtaːtsio beneˈvoːlɛntsiɛ] 女 - -/ (lat., ‚das Trachten nach Wohlwollen') 《修辞》聴衆(読者)への迎合, 受けを狙った表現.

Ca·pu'chon [kapyˈʃõː] 男 -s/-s (fr., ‚Kapuze') **1** (修道服の)頭巾(ずきん). **2**《服飾》フード付婦人用ケープ.

'**Ca·put 'mor·tu·um** [ˈka(ː)pʊt ˈmɔrtuʊm] 中 -- / (lat., ‚toter Kopf') **1** ベンガラ, 鉄丹(酸化鉄を原料とする赤色顔料). **2** 《古》無価値なもの.

Car [kaːr] 男 -s/-s (engl., ‚Wagen') 《旅》観光バス (Autocar の短縮).

ca'ram·ba [kaˈramba] (sp., ‚verdammt, Donnerwetter') ~!《古》いやいまいましい, えい畜生.

'**Ca·ra·van** [ˈka(ː)ravan, karaˈvaːn] 男 -s/-s (engl.) **1**《商標》キャラバン(ライトバンの商標名). **2** キャンピングカー, トレーラーハウス. **3** (野菜・果物などの)販売カー.

Car'bid [karˈbiːt] 中 -[e]s/-e 《化学》=Karbid

Car·bo'ne·um [karˈboːneʊm] 中 -s/ (lat.)《記号 C》《古》《化学》(Kohlenstoff) 炭素.

'**Car·di·gan** [ˈkardigan] 男 -s/-s 《服飾》カーディガン(英国ウェールズの一伯爵領の名から).

'**care 'of** [ˈkɛːr ˈɔf] (engl.) (略 c/o) (bei) (手紙の宛名に添えて)…気付, …様方.

Ca·ril'lon [kariˈjõː] 中 -[s]/-s (fr.) **1** カリヨン(フランス革命時代に流行したダンス). **2** カリヨン(教会などにある調律された1組の鐘, 本来は4個からなる), 合鳴鐘. **3**《楽器》グロッケンシュピール, 鉄琴. **4**《音楽》グロッケンシュピールのための楽曲.

Ca·ri'o·ca [kariˈoːka] (it.) -/-s (port.) 《音楽》カリオカ(Carioca samba の略, 1930 年代に流行したラテン・アメリカのダンス曲).

'**Ca·ri·tas** [ˈkaːritas] 女 -/ (lat.)《宗教》 **1** =Karitas **2** (Deutscher Caritasverband の略) ドイツ・カリタス会(カトリック系の福祉厚生事業団体).

Carl [karl] 《男名》= Karl

Car·ma'gno·le [karmanˈjoːlə] 女 -/-n (fr.) **1** (複数なし)カルマニョール(フランス革命当時の革命歌・ダンス曲). **2** カルマニョール・ジャケット(フランス革命の革命派市民たちが着用した短い上着, 本来イタリア北西部の町 Carmagnola の農民服).

'**Car·mi·na Bu'ra·na** [ˈkarmina buˈraːna] 複 (lat.) カルミナ・ブラーナ(「ブラ詩歌集」の意で, 1300 頃に成立したラテン語とドイツ語による放浪詩人たちの詩集. Bura はこれが発見された南ドイツのベネディクト会修道院のラテン語名).

Ca'ros·sa [kaˈrɔsa] 《人名》Hans ~ ハンス・カロッサ (1878-1956, ドイツの作家).

Ca·ro'tin [karoˈtiːn] 中 -s/《化学》=Karotin

'**car·pe 'di·em** [ˈkarpe ˈdiːɛm] (lat., ‚Nutze den Tag!') 今日の日を無駄にするな, 現在を楽しめ(古代ローマの詩人 Horatius の詩句).

'**Carte 'blanche** [ˈkart ˈblãːʃ] 女 - -/- -s [ˈkart-

'blā:ʃ] (fr., Weiße Karte') 白紙委任(状), 全権委任(状).
car·te·si·a·nisch [kartezi'a:nɪʃ] 形 =kartesianisch
car'te·sisch [kar'te:zɪʃ] 形 =kartesisch
Car'te·si·us [kar'te:zios] 《人名》カルテーシウス(フランスの哲学者デカルト Descartes のラテン語名).
Car'toon [kar'tu:n] 中 -/-s (engl.) **1** 漫画, ポンチ絵, 諷刺画. **2** コミックス, アニメ.
Ca·sa'no·va [kaza'no:va, kasa'no:va] 男 ❶《人名》Giacomo Girolamo ~ ジャーコモ・ジローラモ・カサノヴァ (1725-1798, 漁色家として有名なイタリアの山師・文筆家). ❷ 男 -[s]/-s 女たらし, 漁色家.
'Cä·sar ['tsɛ:zar] ❶《人名》Gaius Julius ~ ガイウス・ユリウス・カエサル, シーザー (前 102 頃-44, ローマ帝国の基礎を築いた政治家・軍人, ラテン語形 Caesar). ❷ 男 -en/-en **1**《歴史》カエサル (Augustus 帝以後ローマ皇帝に冠せられる名誉称号). **2**《歴史》カエサル, 副帝 (Diocletianus 帝以後は正帝を Augustus, 副帝をカエサルと呼んだ). **3**（ある分野での）第一人者. Er ist der ~ der modernen Kunst. 彼は現代芸術の帝王だ.
Cä·sa·ren·herr·schaft [tsɛ'za:rən..] 女 -/ 皇帝支配, 独裁政治.
cä·sa·risch [tsɛ'za:rɪʃ] 形 **1** (kaiserlich) 皇帝の. **2** 独裁的な. **3** ユリウス・カエサルの(に関する, に由来する).
Cä·sa'ris·mus [tsɛzaropa'pɪsmʊs] 男 -/ 皇帝主義, 独裁君主政治.
Cä·sa·ro·pa'pis·mus [tsɛzaropa'pɪsmʊs] 男 -/ 皇帝大主教主義, (皇帝による)政教合一主義.
Ca·se'in [kaze'i:n] 中 -s/《化学》=Kasein
cash [kɛʃ] (engl.) 現金払いの(で).
Cash 中 -/ (engl.) **1** 現金. **2** 現金, キャッシュ.
'cash and 'car·ry ['kɛʃ ɛnt 'kɛri] (engl., bar zahlen und [selbst] mitnehmen') (略 C und C) (スーパーマーケットのように掛売りも配達もしない) 現金払い店頭渡しで.
'Cash and 'Car·ry - - - -/- -s (engl.) 現金払い店頭渡しの店 (の販売法).
'Ca·shew·nuss ['kɛʃu..] 女 -/-e (port.)《植物・食品》カシューナッツ.
'Cä·si·um ['tsɛ:ziom] 中 -s/《化学》=Zäsium
'Cas·sa ['kasa] 女 -/ (it.) **1** (Kasse) 現金. per ~ 現金で. **2**《楽器》太鼓.
Cas·sa·ta [ka'sa:ta] 女 -/-s (it.)《料理》カッサータ(砂糖漬けの果物などを入れたイタリア式アイスクリーム).
Cas·si·o·'peia [kasio'paɪa] 女 -(..peiae[..'paɪɛ])/ =Kassiopeia
Cast [ka:st] 中 -/ (engl.)《映画》キャスト.
Cas'ti·zo [kas'ti:tsa] 男 -n/-n (sp.) カスティーソ (ラテンアメリカにおいて白人と Mestize との混血).
'Ca·sus ['ka:zʊs] 男 -/[..zu:s] =Kasus
'Catch-as-'catch-'can ['kɛtʃɛs'kɛtʃ'kɛn] 中 -/ (engl., Greif, wie du greifen kannst') **1**《スポーツ》フリースタイル, ランカシア式レスリング. **2**《俗》(目的のためには手段を選ばない) なりふりかまわない手. ein politisches ~ veranstalten 政治的泥試合を演じる.
'Cat·cher ['kɛtʃər] 男 -s/- (engl.) **1** プロレスラー. **2**《野球》キャッチャー, 捕手.
Cau'dil·lo [kaʊ'dɪljo] 男 -[s]/-s (sp.) **1** カウディーリョ, 統領, 指導者. **2**（スペイン・南米の政治的・軍事的)大物, ボス. **3**《歴史》[El] ~ 総統 (スペインの独

裁者フランコに冠する公的称号).
'Cau·sa ['kaʊza] 女 -/..sae[..zɛ] (lat.) **1**（法的な）原因, 事由. **2** 法律事件, 訴訟問題.
'Cause cé'lè·bre ['koːs seːlɛːbrə] 女 - -/- -s ['koːs seːlɛːbrə] (fr.) 耳目(じもく)を聳動(しょうどう)するような訴訟事件, センセーショナルな裁判沙汰.
Cau·se'rie [kozə'ri:] 女 -/..ri:ən] (fr., Plauderei')《古》**1** 雑談, おしゃべり. **2** 肩のこらない (分かりやすい) 話(講演); エッセイ, 随筆.
Cau'seur [ko'zøːr] 男 -s/-e (fr.)《古》話のうまい人;《俺》おしゃべりな人.
Cau'seu·se [koʼzø:zə] 女 -/-n **1**《古》《Causeur の女性形》(a) 話上手な女性. (b) おしゃべり女. **2**《家具》(アンピール様式の 2 人掛けの) 小ソファー.
Ca'yenne·pfef·fer [ka'jɛn..] 男 -s/《食品》カイエンペッパー (とうがらしの赤い実を粉末にした香辛料). ♦ Cayenne は南米仏領ギアナの首都.
cbm [ku'bi:kmeːtər] 男《古》《記号》=Kubikmeter
CC (略) =Corps consulaire
ccm [ku'bi:ktsɛntime:tər] 男《古》《記号》=Kubikzentimeter
cd [kan'deːla] 女《記号》《物理》=Candela
Cd [tseːˈdeː] 《記号》《化学》=Cadmium
CD' [tseːˈdeː] 《略》=Corps diplomatique
CD² [tseːˈdeː] 女 -/-s 中 -/-s =CD-Platte ♦ 英語 Compact Disc の略.
c. d. [tseːˈdeː] 《音楽》=colla destra
CD-Plat·te [tseːˈdeː..] 女 -/-n コンパクトディスク, CD.
CD-Rom [tse:deːˈrɔm] 女 -/-[s]《コンピュ》CD ロム.
CD-Spie·ler [tseːˈdeː..] 男 -s/- CD プレーヤー.
CDU [tseːdeːˈʔuː] 女 -/《略》=Christlich-Demokratische Union [Deutschlands] ドイツ・キリスト教民主同盟 (政党名).
'C-Dur ['tse:du:r, '-'-] 中 -/《記号 C》《音楽》ハ長調.
Ce [tseː'eː] 《記号》《化学》=Cer (Zer)
Ce'dil·le [seˈdɪja] 女 -/-n [..jən] (fr.)《言語》セディーユ (フランス語・ポルトガル語などで c が a, o, u の前で [s] の音になるとき c の下につける符号, 例 ça).
Ce'lan [tseˈlaːn]《人名》Paul ~ パウル・ツェラーン (1920-70, 詩人, ドイツ語を母語としたユダヤ系ルーマニア人).
Ce'les·ta [tʃeˈlɛsta] 女 -/-s(..ten[..tən]) (it.)《楽器》チェレスタ (鍵盤つきグロッケンシュピールに似た楽器).
'Cel·la ['tsɛla] 女 -/Cellae[..lɛ] (lat., Kammer, Zelle') **1** ケラ (古代ギリシア・ローマの神殿の神像を安置した内室). **2**《古》（修道院の）僧房, 庵室. **3**《古》食料保存室. **4**《生物・医学》(Zelle) 細胞.
'Cel·li ['tʃɛli] Cello の複数.
'Cel·list [tʃɛˈlɪst] 男 -en/-en チェリスト, チェロ奏者. ♦ 女性形 Cellistin 女 -/-nen
'Cel·lo ['tʃɛlo] 中 -s/-s (Celli)《楽器》チェロ (Violoncello の短縮).
Cel·lo'phan [tsɛloˈfaːn] 中 -s/-e (fr.)《商標》セロファン.
'Cel·si·us ['tsɛlzios]《記号 C》《物理》摂氏 (スウェーデンの天文学者 Anders Celsius, 1701-1744 が定めた温度の単位). 10 Grad ~《略 10°C》摂氏 10 度.
Cem·ba'list [tʃɛmbaˈlɪst] 男 -en/-en チェンバロ奏者, チェンバリスト. ♦ 女性形 Cembalistin 女 -/-nen
'Cem·ba·lo ['tʃɛmbalo] 中 -s/-s(..li[..li]) (it.)《楽器》チェンバロ, ハープシコード.

Cent [sɛnt, tsɛnt] 男 -[s]/-[s] (*engl.*) (略 c, ct, 複数 cts) セント(アメリカ・カナダ・オランダなどの基本通貨の、またユーロ Euro の補助通貨単位).

Cen'ta·vo [sɛn'ta:vo] 男 -[s]/-[s] (*port.*) 《略 ctvo》センターボ(ポルトガル・ラテン・アメリカ諸国の小額貨幣).

'**Cen·ter** ['sɛntər] 中 -s/- (*engl.*) センター、中心部. Einkaufs*center* ショッピングセンター.

Cen·te'si·mo [tʃɛn'te:zimo] 男 -[s]/..mi[..mi] (*it.*) 《略 ctmo》チェンテージモ(イタリアなどの小額貨幣).

Cen'té·si·mo [tsɛn'te:zimo] 男 -[s]/-[s] (*sp.*) 《略 ctmo》センテーシモ(パナマ・チリなどの小額貨幣).

Cen'time [sã'ti:m] 男 -[s]/-[s] (*fr.*) (略 c, ct, 複数 ct, cts) サンチーム(ユーロ導入前のフランス・ベルギーなどの小額貨幣).

'**Cén·ti·mo** ['sɛntimo] 男 -[s]/-[s] (*sp.*) 《略 ctmo》センティモ(ユーロ導入前のスペインの、またコスタリカなどの小額貨幣).

'**Cen·to** ['tsɛnto] 男 -s/-s (-nes [tsɛn'to:ne:s], -nen [..'to:nən]) (*lat.*, Flickwerk》)《文学》チェント(他人の作品からの引用をつなぎ合せた詩または曲、とくに中世からバロック期にかけて作られた).

Cer [tse:r] 中 -s/- (*lat.*)《記号 Ce》《化学》セリウム.

'**Cer·cle** ['sɛrkəl] 男 -s[..kəl(s)]/-s[..kəl(s)] (*fr.*) 1 《古》(上流社会の)社交サークル、サロン; 社交会. 2 《古》(宮廷での謁見; レセプション. ~ halten (宮廷で)レセプションを催す. 3 《演劇》(劇場などの)最前列席.

Ce·re·a'li·en [tsere'a:liən] 複 (*lat.*) (↓ Ceres) (古代ローマのケレスの祭り(4 月 12–19 日)).

'**Ce·res** [tse:rɛs] 女 -/ 《人名》《ロ神話》ケレース(豊穣の女神、ギリシア神話の Demeter に当たる).

Cer'van·tes [sɛr'vantɛs] 《人名》Miguel de ~ Saavedra ミゲール・デ・セルバンテス・サーベドラ(1547–1616, 風刺的長編小説『ドン・キホーテ』*Don Quichotte de la Mancha* の作者として知られるスペインの作家).

'**Cer·ve·lat** ['sɛrvəla] 男 -s/-s (*fr.*) 《ス》セルヴレ(ビーフを原料にした茹でソーセージ).

ces, Ces [tsɛs] 中 -/- 《音楽》変ハ音. *ces*-Moll 変ハ短調. *Ces*-Dur 変ハ長調.

C'est la 'guerre [sɛla'gɛ:r] (*fr.*, Das ist der Krieg!) ~ ! これが戦争というものだ.

C'est la 'vie [sɛla'vi] (*fr.*, Das ist das Leben!) ~ ! これが人生というものさ.

'**ce·te·ris 'pa·ri·bus** ['tse:teris 'pa:ribʊs] (*lat.*, [wenn] das Übrige gleich [ist]) 他の事情が同じであるならば.

Če'vap·ci·ci [tʃe'vaptʃitʃi] 中 -[s]/-[s] (*serbokroat.*)(多く複数で)チェヴァプチチ(挽き肉を丸めて串に刺してグリルした代表的な東欧料理の一種).

'**Cey·lon** ['tsaɪlɔn] 《地名》セイロン(スリランカ Sri Lanka の旧称).

Cey·lo'ne·se [tsaɪlo'ne:zə] 男 -n/-n セイロン人、セイロン島の住民.

cey·lo'ne·sisch [..zɪʃ] 形 セイロン(島、人)の.

cf(略) (*engl.*) =cost and freight ['kɔst ənd 'freɪt] 運賃込みの値段.

cf.(略) (*engl.*) =confer

cg [tsɛnti'gram] 《記号》= Zentigramm

CGS-Sys·tem [tse:ge:'ɛs..] 中 -s/-《略》=Zentimeter-Gramm-Sekunder-System 《物理》CGS 単位系.

CH [tse:'ha:] (略) =Confoederatio Helvetica スイス連邦(共和国).

Cha'blis [ʃa'bli] 男 -[..'bli:(s)]/-[..'bli:s] (*fr.*) シャブリ(ブルゴーニュ地方の町 Chablis を中心に生産される緑黄色の白ワイン).

'**Cha-'Cha-'Cha** ['tʃa'tʃa'tʃa] 男 -[s]/-s (*sp.*) 《2° 競技》チャチャチャ(キューバで生れたダンス曲).

Cha'conne [ʃa'kɔn] 女 -/-[..nən] (*fr.*) 1 (Ciacona) チャコーナ(スペインの古典舞曲). 2 《音楽》シャコンヌ(スペインから伝わり 17–18 世紀にヨーロッパ諸国で愛好されたゆったりとしたテンポの変奏形式の舞曲).

cha·cun à son 'goût [ʃakœ̃asõ'gu] (*fr.*, jeder nach seinem Geschmack*)) 人は誰でも自分の好みがある、《ラ》蓼(たで)食う虫も好き好きだ.

Cha'grin [ʃa'grɛ̃] 男 -s/ (*fr.*, Kummer*)) 《古》心痛、心配; 不機嫌、痛痒(つうよう).

Cha'grin [ʃa'grɛ̃] 男 -s/ 1 《紡織》シャグランシルク(皮のような感じの平織の絹布). 2 シャグラン皮革、粒起皮(表面に粒状突起をつけたなめし皮).

cha·gri'nie·ren [ʃagri'ni:rən] 他 Leder ~ 皮の表面に粒状突起をつける.

'**Chai·se** ['ʃɛ:zə] 女 -/-n (*fr.*) 1 《古》(背もたれのある)椅子、安楽椅子、チェア. 2 《古》半幌つきの馬車. 3 《俺》おんぼろ車. 4 《古》《俺》自動車、興(こし).

Chai·se'longue [ʃɛza'lɔŋ, ..'lõ:k] 女 -/-n [..'lɔŋən, ..'lõ:gən] (-s [..'lɔŋs]) -s/-s (*fr.*) (背もたれのない)寝椅子、デッキチェア.

Chal'däa [kal'dɛ:a] 《地名》カルデア. ♦ チグリス川とユーフラテス川の両川下流地域の古代名でバビロニアの別称、イスラエル人の太祖 Abraham はカルデアのウル Ur に生れたと伝えられる. 《旧約》創世 11:31.

Chal'dä·er [kal'dɛ:ər] 男 -s/- カルデア人(じん).

Cha'let [ʃa'le:, ʃa'lɛ] 中 -s/-s (*fr.*) 1 《ス》シャレー(アルプスの放牧地にある山小屋). 2 シャレー風の別荘.

Chal'ko·gen [çalko'ge:n] 中 -s/-e (ふつう複数で)《化学》カルコゲン、酸素族元素.

Chal·ze'don [kaltse'do:n] 男 -s/-e (*gr.*) 《鉱物》玉髄(ぎょくずい)(石英の微小結晶が網目状に集ったもの、小アジアにあった古代ギリシアの町 Chalcedon にちなむ).

Cha·mä·le·on [ka'mɛ:leɔn] 中 -s/-s (*gr.*) 1 《動物》カメレオン. 2 移り気な人、無節操な人. 3 das ~ 《天文》カメレオン座.

'**Cham·bre sé·pa·rée** ['ʃã:brə zepa're:] 中 -/-s -s ['ʃã:brə zepa're:] (*fr.*) 《古》(レストランやバーの)小別室.

Cha'mis·so [ʃa'mɪso] 《人名》Adelbert von ~ シャーデルベルト・フォン・シャミッソー(1781–1838, 後期ロマン派に属するドイツの詩人).

cha·mois [ʃamo'a] (*fr.*) 《不変化》シャモア色の.

Cha·mois 中 -/- シャモア色(シャモア、すなわちアルプスかもしかの毛色のような、やや灰色がかった黄褐色). 2 =Chamoisleder

Cha·mois·le·der 中 -s/- セーム革、シャミ革(シャモア・山羊・鹿・れいようなどのやわらかくなめした皮).

Cham'pa·gne [ʃam'panjə]《地名》シャンパーニュ(フランス東北部の地方(シャンパンの産地として知られる).

cham'pa·gner [ʃam'panjər] (*fr.*) 《不変化》シャンパーニュ(シャンパン)色の、琥珀(こはく)色の.

Cham'pa·gner 男 -s/- (*fr.*) シャンパーニュ、シャンパン酒(シャンパーニュ地方特産の発泡酒).

'**Cham·pi·gnon** ['ʃampɪnjɔŋ, 'ʃa:pɪnjõ] 男 -s/-s 《植物》シャンピニョン、マッシュルーム、つくりたけ(作茸).

'**Cham·pi·on** ['tʃɛmpiən, ˌʃapi'ō:] 男 -s/-s 《*engl.*》〚竸技の〛優勝者, チャンピオン, 選手権保持者.
Cham·pi·o'nat [ʃampio'na:t] 中 -s/-s 《*fr.*》〚*競技*〛（とくに馬術の）選手権, チャンピオンシップ.
Cham'sin [xam'zi:n] 男 -s/-e =Kamsin
Chan [ka:n, xa:n] 男 -s/-e =Khan
*   **Chan·ce** ['ʃã:sə, ʃã:s, 'ʃaŋs(ə) シャーンセ] 女 -/-n 《*fr.*》 **1** 好運, 好機, 機会, チャンス. j³ eine ~ bieten 〈geben〉人³にチャンスを与える. eine ~ ausnutzen 〈wahrnehmen〉チャンスを有効に利用する, ものにする. eine ~ verpassen〈versäumen〉チャンスをのがす（逸する）. **2**《多く複数で》（成功の）見込み, 望み, 公算, 成算. sich³ eine ~ ausrechnen 望みをかける (bei〈in〉et³ 事³に). keine ~ auf den Sieg haben 勝算がない. ~ haben (話) 人³を説得する成算がある. Du hast bei ihr keine ~. 君は彼女に脈がないよ.
'**Chan·cen·gleich·heit** 女 -/ 機会均等.
chan'geant [ʃã'ʒã:] 形《*fr.*》《不変化》（布地などが光の具合によって）いろんな色に見える, 玉虫色の.
Chan'geant 男 -[s]/-s **1**《紡織》玉虫織（の布）. **2**《鉱物》玉虫色に光る宝石, （たとえば）曹灰長石.
chan'gie·ren [ʃã'ʒi:rən] 《*fr.*》❶ 他《古》（考え・習慣・計画などを）変える;（金を）両替する. 《再帰的に》sich¹ ~ 変る. ❷ 自 **1**（布地が）さまざまな光沢をはなつ, 玉虫色に光る. **2**《馬術》（馬がギャロップで右から左へ, または左から右へ）踏み足を変える. **3**《猟師》（猟犬がそれまでつけていた獣の足跡を棄てて）別の足跡を追いだす. **4**《古》変る.
Chan'son [ʃã'sõ:] 《*fr.*》❶ 女 -/-s **1** 歌, 詩歌（いろ）, 歌謡, シャンソン. **2**《文学》（中世フランスの）武勲詩, シャンソン・ド・ジェスト. **3**《音楽》シャンソン（15-16世紀のフランス語による多声の歌曲）. ❷ 中 -s/-s シャンソン（現代フランスのポピュラーソング）.
Chan·son de 'Geste [ʃãsõd'ʒɛst] 女 - - -s - 《*fr.*》《文学》シャンソン・ド・ジェスト（中世フランスの叙事詩・武勲詩）.
Chan·so'net·te [ʃãso'nɛtə] 女 -/-n =Chansonnette
Chan·so·ni'e·re [ʃãsoni'e:rə] 女 -/-n =Chansonniere
Chan·son'net·te [ʃãso'nɛtə] 女 -/-n **1** シャンソネット（小さなシャンソン, 小粋で諷刺のきいたフランス語の小唄）. **2**（ドイツ語ではふつう）寄席の歌姫, シャンソン歌手.
Chan·son·nier [ʃãsoni'e:] 男 -s/-s 《*fr.*》 **1** (a)（中世フランスの）吟遊詩人, トルバドゥール. (b)《文学》（トルバドゥールの）歌謡集. **2** シャンソン歌手（詩人）, シャンソニエ.
Chan·son·ni'e·re [ʃãsoni'e:rə] 女 -/-n (女性の) シャンソン歌手.
*   '**Cha·os** ['ka:ɔs カーオス] 中 -/ 《*gr.*》 **1**《神話》カオス（天地創造以前の混沌）. **2** 混沌, 混乱, 無秩序.
Cha'ot [ka'o:t] 男 -en/-en (↓Chaos) **1**《多く複数で》既成秩序の暴力的破壊をめざす過激派, 政治的カオス派. **2** 混乱を招く人. ◆ 女性形 Chaotin -/-nen
*   **cha'o·tisch** [ka'o:tɪʃ カオーティシュ] 形 混乱した, 混沌とした, 無秩序な.
Cha'peau [ʃa'po:] 男 -s/-s 《*fr.*》《古》《戯》シャッポ, 帽子.
Cha'peau 'claque [ʃa'po: 'klak] 男 - - -x -s [ʃa'po:'klak] オペラハット（仕掛けで折畳めるシルクハット）.

Charakterstück

Cha'rak·ter [ka'raktər カラクター] 男 -s/-e [..'te:rə] 《*gr.*》 **1**《複数なし》特色, 特質, 特性; 性格, 人柄, 気質; 品性, 節操. der ~ eines Volkes 民族性. ein Mann von ~ 気骨のある人物, 廉潔の士. ~ beweisen〈zeigen〉毅然とした態度をとる, 頼もしいところを見せる. ~〈keinen ~〉haben 気骨がある〔節操がない〕. einen guten ~ haben 人間がよい. Die Besprechung trug〈hatte〉vertraulichen ~. 相談は内々のものだった. **2** (a)（ひとかどの）人物, 個性. Er ist ein ~. 彼はなかなかの人物（人格者）である. (b)《戯曲・小説などの》登場人物, キャラクター, 役柄. **3** (a)《複数なし》書体, 字体. (b)《ふつう複数で》文字. （物理学などで用いられる）記号. **4**《古》地位, 身分, 資格.
Cha'rak·ter·bild 中 -[e]s/-er 性格描写, 人物像.
Cha'rak·ter·bil·dung 女 -/ 性格形成; 人格教育.
Cha'rak·ter·dar·stel·ler 男 -s/-《演劇》（Charakterspieler) 性格俳優.
Cha'rak·ter·ei·gen·schaft 女 -/-en 《ふつう複数で》（人の）性格, 性質.
Cha'rak·ter·feh·ler 男 -s/- 性格上の欠陥, 性格異常.
cha'rak·ter·fest 形 性格のしっかりした, 気骨のある.
*   **cha·rak·te·ri'sie·ren** [karakteri'zi:rən カラクテリズィーレン] 他 **1**（人〈物〉⁴の）特徴を描写（叙述）する. **2** 特徴づける, (の) 特徴をなす.
Cha'rak·te·ri'sie·rung 女 -/-en 特徴づけ, 性格描写.
Cha'rak·te'ris·tik [..'rɪstɪk] 女 -/-en **1** 特徴づけ, 性格描写. **2**《工学》特性曲線;《数学》（常用対数の）指標, 標数.
Cha'rak·te·ri's·ti·kum [..'rɪstɪkʊm] 中 -s/..ka [..ka] 特徴, 特色, 特性, 特質.
*   **cha·rak·te·ri'stisch** [karakte'rɪstɪʃ カラクテリスティシュ] 形 特徴的な, 特色のある, 特有（固有）の (für j〈et〉³ 人〈物〉³に); 特性的な. Das ist ~ für ihn. それはいかにも彼らしい.
Cha'rak·ter·kopf 男 -[e]s/⁼e 特徴的な顔（の人）, 印象的な顔（の人）.
cha'rak·ter·lich [..lɪç] 形《述語的には用いない》性格的な, 性格上の. ~ -e Schwäche 性格上の弱点.
cha'rak·ter·los 形 **1** 気骨（節操）のない, 無定見な. **2** 特徴（特色）のない, ありふれた.
Cha'rak·ter·lo·sig·keit [..loːzɪçkaɪt] 女 -/ **1** 無節操, 無定見, だらしなさ. **2** 特徴（特色）のないこと, 月並み.
Cha'rak·te·ro·lo'gie [karakterolo'gi:] 女 -/《心理》性格学.
Cha'rak·ter·rol·le 女 -/-n《演劇》性格的（個性的）な役柄.
Cha'rak·ter·schwach 形 性格の弱い, 意志薄弱な; 気の変りやすい.
Cha'rak·ter·schwä·che 女 -/-n 性格（意志）の弱さ.
Cha'rak·ter·spie·ler 男 -s/-《演劇》=Charakterdarsteller
cha'rak·ter·stark 形 性格の強い, 意志強固な; 気骨のある.
Cha'rak·ter·stär·ke 女 -/ 性格（意志）の強さ.
Cha'rak·ter·stück 中 -[e]s/-e **1**《演劇》性格劇

（人物たちの行動よりもその性格によってドラマが展開する劇作）． **2**〖音楽〗性格的小品，キャラクター・ピース（主として抒情的な内容のピアノなどのための小品で標題をもつことが多い）．

cha'rak·ter·voll 形 性格のしっかりした，はっきりとした性格の；個性的な．

Cha'rak·ter·zug 男 -[e]s/-e（性格を形づくる個々の）特徴，特質，特色．

'Char·ge ['ʃarʒə] 女 -/-n (fr.) **1** (a) 官職，地位，位階．地位のある人．(b) （学生組合などの）幹部役，三役．(c)〖軍事〗階級．〖複数で〗die ～ 下士官．**2**〖工学〗（高炉への鉱石の）装入，（機械・装置などへの）原料・燃料の）1 回分の装入（投入）量，チャージ．**3**〖演劇〗（作者による性格づけが簡略でしばしば誇張ぎみの演技を要求される）わき役．

char'gie·ren [ʃar'ʒiːrən] (fr.) ❶ 他 **1**〖古〗(a) （銃に）弾をこめる．(b) (j⁴ mit et³) 人⁴に事³の任務（使命）を負わせる．(c) (et⁴ mit et³) 物⁴に物³を積込む，つめ込む．den Wagen mit Geräten ～ 車に道具を積込む．ein Bild mit Verzierungen ～ 絵をごてごて飾り立てる．**2** einen Hochofen ～〖工学〗高炉に鉄鉱石とコークスを装入する．❷ 自 **1**（学生）（学生組合の代表としての）正装で現れる．**2**〖演劇〗大げさな（あくの強い）演技をする；（大げさな演技で）脇役を演じる．

Char'gier·te [ʃar'ʒiːrtə] 女〖形容詞変化〗(↑ chargieren)（学生組合の）代表，幹部．

'Cha·ris ['ça(ː)rɪs] 女 -/Chariten [ça'riːtən] **1**〖ふつう複数形で〗〖ギリ神話〗カリス（美と優雅の 3 女神のひとり）．〖複数形はふつうカリテスと訳される．**2**〖複数なし〗美，優美．

'Cha·ris·ma ['ça(ː)rɪsma, ça'rɪsma] 中 -s/Charismen [ça'rɪsmən] (..mata [ça'rɪsmata]) (gr., Gnadengeschenk')〖宗教〗カリスマ．**1**〖神学〗〖神から授けられた予言・病気治癒のような非凡な能力．転じて，多くの人々を心服させる個人の卓越した思想的・政治的能力などをさして．

Cha·ris·ma·ti·ker [çarɪs'maːtikər] 男 -s/- カリスマの所有者，カリスマの存在．

cha·ris'ma·tisch [..tɪʃ] 形 カリスマをもった，カリスマ的な．

Cha·ri·té [ʃari'teː] 女 -/ (fr.) **1**〖古〗カリタス，愛徳．**2**〖古〗慈愛院，シャリテ（女子修道会などが経営した慈善病院などの名前．現在もパリの大学付属病院などがこの名を冠している）．

Cha·ri·ten [ça'riːtən] 女 -/-nen ⇒Charis 1.

Cha·ri·va·ri [ʃari'vaːri] 中 -s/-s (fr.) **1**〖民俗〗シャリヴァリ（中年の再婚者などの家の前で釜・鍋などを叩いてはやし立てる南ドイツに残っている習俗）．**2**（転じて）混乱，どんちゃん騒ぎ．**3** (Katzenmusik)（やかましいだけの）的ざわりな音楽．

'Charles·ton ['tʃarlstən, 'tʃaːlstən] 男 -/-s (engl.)〖ダンス・競技〗チャールストン（1920 年代に流行したダンス音楽）．

Char'lot·te [ʃar'lɔtə] ❶〖女名〗シャルロッテ．❷ 女 -/-n シャルロット（小さなバケツ状の型の内側にパンやビスケットなどをはりつけ，中にりんごなどの果物やクリームをつめて焼いた菓子）．

char'mant [ʃar'mant] 形 (fr.) チャーミングな，魅力的な，愛らしい．

Charme [ʃarm] 男 -s/ (fr.) 魅力．

Char'meur [ʃar'møːr] 男 -s/-s(-e) (fr.) 女性を魅惑する男，色男．

Char'meuse [..'møːs] 女 -/ (fr.)〖紡織〗シャルムーズ（軽くてやわらかい化学繊維の女性用肌着）． ◆ 本来は Charmeur の女性形．

'Cha·ron ['çaːrɔn]〖人名〗〖ギリ神話〗カロン，カローン（冥府の川の渡し守）．

Chart [tʃart, tʃaːrt, ʃ..] 男 -s/-s (engl.)〖複数で〗ヒットチャート．**2**〖銀行・金融〗罫線表，グラフ；（とくに）株式チャート，罫線図．

'Char·ta ['karta] 女 -s (lat., Papier')**1**（中世の）文書，証書．**2**〖歴史〗Magna ～ マグナカルタ（1215 年に発布されたイギリス憲法の基幹となる文書）．die ～ der Vereinten Nationen 国連憲章．

'Char·te ['ʃartə] 女 -/-n (fr.) = Charta

'Char·ter ['tʃartər, 'tʃaːrtər, ʃ..] 男 -s/-s (engl.) **1** (Freibrief)（国王・国家などが発給する）勅許状，認可状．**2**（船・飛行機の）チャーター，貸切契約．

'Char·te·rer ['tʃartərər, 'tʃaːrtərər, ʃ..] 男 -s/-（飛行機・船舶の）チャーター主．

'Char·ter·flug 男 -[e]s/-e（飛行機の）チャーター便．

'Char·ter·flug·zeug 中 -[e]s/-e チャーター機．

'Char·ter·ge·sell·schaft 女 -/-en チャーター便会社．

'Char·ter·ma·schi·ne 女 -/-n チャーター機．

'char·tern ['tʃartərn, 'tʃaːrtərn, ʃ..] 他 (engl.)（船舶・飛行機を）チャーターする．

Char·treu·se [ʃar'trøːzə] 女 -/ (fr.) ❶ -/〖商標〗シャルトルーズ（フランス南東部，グルノーブル Grenoble 市近在のカルトゥジア修道会で初めて作られた薬草入りの黄色または緑色のリキュール）．❷ -/-n〖料理〗シャルトルーズ（野菜・肉・ベーコンを湯煎したカルトゥジア修道会伝来の料理）． ◆ ↑ Kartäuser

Cha'ryb·dis [ça'rʏpdɪs] 女 -/〖ギリ神話〗カリュブディス． ◆ 海の渦潮を擬人化した女怪．イタリアのメッシーナ Messina 海峡のスキュラ Scylla に向かい合ったところに棲み，そこを通りかかる船を 1 日に 3 度呑吐したという． ↑ Szylla

Chas·si·dim [xasi'diːm] 男 (hebr., die Frommen')ハシディズムの信奉者たち．

Chas·si·dis·mus ['dɪsmʊs]〖ユダヤ教〗ハシディズム（18 世紀にポーランドをはじめ東欧に起こったユダヤ教内の敬虔主義的な信仰復興運動）．

Chas'sis [ʃa'siː] 中 -[..'siː(s)]/-[..'siː] (fr.) **1** シャシー，シャーシー（自動車の車台，あるいはテレビ・ラジオ・ビデオデッキなどのセットを組込む台）．**2**（戯）足．

Chat [tʃɛt] 男 -s/-s (engl.)〖コンピュータ〗チャット．

Châ'teau [ʃaˈtoː] 中 -s/-s (fr., Schloss')**1** 城，館（たて），宮殿．**2**（フランス，とくにボルドー地方の）ぶどう農園．

Cha·teau·bri·and [ʃatobri'ã] 男 -[s]/-[s] (fr.)〖料理〗シャトーブリアン（ふつうの 2 倍もの厚さのフィレ肉のステーキ．フランスの作家で美食家 François-René Vicomte de ～, 1768-1848 にちなむ）．

'chat·ten ['tʃɛtən] 自 (engl.) チャットする．

Chau·deau [ʃo'doː] 中 -[s]/-s (fr.)〖料理〗ショドー，コードール（ブイヨンにワイン・卵・砂糖・香辛料を加えたソース，または古くは滋養飲物．

＊Chauf'feur [ʃɔ'føːr ショフェーア] 男 -s/-e (fr.)（自動車の職業的）運転手．

chauf'fie·ren [ʃɔ'fiːrən] 自 **1**〖古〗(einen Wagen) ～ 車を運転する．**2**（職業的運転手として）人⁴を車で運ぶ．Darf ich dich nach der Party

Chaus·see [ʃɔ'se:] 囡 -/-n [..'se:ən] (fr.)(舗装された)国道, 街道.

'**Chau·vi** ['ʃo:vi] 男 -s/-s《話》=Chauvinist 2

Chau·vi·nis·mus [ʃovi'nɪsmʊs] 男 -/..men (fr.)《侮》1 ショーヴィニズム, 盲目的愛国主義, 狂信的国粋主義(排外主義). 2 männlicher ~ 男性優越主義, 女性蔑視, 男尊女卑. ◆コニャール Cogniard 兄弟の喜劇《三色記章》La cocarde tricolore (1831)で揶揄(⑨)されたナポレオン崇拝者の兵士 Nicolas Chauvin の名前から.

Chau·vi'nist [ʃovi'nɪst] 男 -en/-en《侮》1 ショーヴィニスト, 盲目的愛国者, 狂信的国粋論者(排外主義者). 2 男性優越論者, 女性蔑視者.

chau·vi·nis·tisch [..tɪʃ] 形《侮》1 ショーヴィニズムの, 盲目的愛国主義の. 2 男尊女卑の.

Check¹ [tʃɛk] 男 -s/-s (engl.)《スポーツ》(相手選手に対する)チェック, 妨害.

Check² [ʃɛk] 男 -s/-s《スイス》=Scheck¹

'**che·cken** ['tʃɛkən] 他 1《スポーツ》(人⁴を)チェックする, 妨害する. 2 (機械・装置などを)チェックする, 点検(検査・調査・照合)する. das Flugzeug vor dem Start noch einmal ~ 飛行機を離陸前にもう一度点検する. 3《話》(事⁴を)理解する, のみこむ.

'**Check·lis·te** ['tʃɛk..] 囡 -/-n 1 (点検・検査・調査などのための)チェックリスト. 2《航空》チェックイン(搭乗手続き)をすませた旅客の名簿.

'**Check·point** [..pɔɪnt] 男 -s/-s (engl.) チェックポイント, 国境検問所;《航空》チェックポイント(標識となる地形).

'**chee·rio** ['tʃi:rio] 間 (engl.)《話》Cheerio! (別れの言葉)じゃまたね, 元気でね;(乾杯の言葉)おめでとう, 乾杯.

*****Chef** [ʃɛf シェフ] 男 -s/-s (fr.)(会社・工場・ホテルの)経営者, オーナー;(企業・職場の)長, 社長, 所長, 店長, 局長, 部(課)長, 係長, 主任; 上役, 上司, チーフ;(組織・団体・集団の)指導者, まとめ役, リーダー. ~ des Stabes《軍事》参謀長, 幕僚長. ~ vom Dienst《新聞》主筆, 主幹, 編集長. 2 Hallo ~!《戯》(知らない人への呼びかけ)ちょっとあなた, そこの大将(親方, 旦那). 3《話》トップ, ぴかいち. Er war der ~ in allen Fächern. 彼は全科目でトップだった. ◆女性形 Chefin 囡 -/-nen

Chef.. [ʃɛf..]《接頭》《主任-..., ...長》を意味する複合名詞をつくる. Chefarzt (病院の)医長. Chefdirigent 首席指揮者. Chefpilot 機長.

'**Chef·arzt** 男 -es/..ärzte 医長, 主任医師.

'**Chef·di·ri·gent** 男 -en/-en 首席指揮者.

Che'feu·se [ʃɛ'fø:zə] 囡 -/-n《戯》=Chefin ↑ Chef ◆

'**Chef·pi·lot** 男 -en/-en 機長.

'**Chef·re·dak·teur** 男 -s/-e 編集長, 主筆.

'**Chef·vi·si·te** 囡 -/-n (病院での)医長回診, 主任教授回診.

Che·ro·no·mie [çairono'mi:] 囡 -/ (gr.) 1《音楽》カイロノミー(一定の手の合図や腕の位置によって特定の高音を合唱隊に指示する古代および中世初期の教会音楽における指揮法). 2 カイロノミー(舞踊芸術で身ぶりや手話の語りによってストーリー・思想・感情を表現するパントマイムの技法).

*****Che'mie** [çe'mi: ヒェミー] 囡 -/ (gr.) 1 化学. angewandte ~ 応用化学. organische(anorganische)~ 有機(無機)化学. 2《話》(とくに消費者の用語として)化学製品, 化学薬品. Das schmeckt nach ~. これは薬品っぽい味がする. ◆南ドイツ・オーストリアでは [ke'mi:].

Che·mie·fa·ser 囡 -/-n《紡織》(↔ Naturfaser) 化学繊維.

Che·mi·ka·lie [çemika'li:ə] 囡 -/-n《ふつう複数で》化学物質, 化学製品, 化学薬品.

'**Che·mi·ker** ['çe:mikər] 男 -s/- 化学者.

Che·mi·née [ʃəmi'ne] 回 -s/-s (fr.)《スイス》(暖炉の)マントルピース.

*'**che·misch** ['çe:mɪʃ ヒェーミッシュ] 形 化学(上)の, 化学的な. et⁴ ~ reinigen lassen 物⁴をドライクリーニングに出す. ein ~es Element 化学元素. eine ~e Formel 化学式. ein ~es Präparat 化学製剤. eine ~e Verbindung 化合物.

Che'mise [ʃə'mi:z(ə)] 囡 -/-n《服飾》(18世紀に流行した)シュミーズドレス. 2《古》(上着の)シャツ.

Che·mi'sett [ʃəmi'zɛt] 回 -[e]s/-s(-e) (fr.)《服飾》1 シュミゼット(首や胸の部分を覆うレースの袖なしブラウス). 2 (男子礼服の)飾り胸当て, ディッキー.

Che·mi'set·te [..tə] 囡 -/-n =Chemisett

Che·mis·mus [çe'mɪsmʊs] 男 -/..men [..mən]《生化学》(生物体内の)化学反応機構.

'**Chem·nitz** ['kɛmnɪts]《地名》ケムニッツ(ザクセン州の町. 旧東ドイツ時代は Karl-Marx-Stadt と呼ばれた).

che·mo'tak·tisch [çemo'taktɪʃ] 形《生化学》化学走性の, 化学走性にもとづく.

Che·mo'ta·xis [..'taksɪs] 囡 -/..taxen [..'taksən]《生化学》化学走性(化学物質の刺激に反応する走性).

Che·mo'tech·ni·ker 男 -s/- 化学技術者.

Che·mo·the·ra'pie 囡 -/-n《医学》化学療法.

..chen [..çən]《接尾》中性の縮小名詞(-chen)をつくる接尾辞で,「小さい, かわいい」の意味を添える. das Bett(ベッド)→ das Bettchen(小さなベッド). 基礎語の幹母音 a, o, u, au は変音する. der Hand (手)→ das Händchen(小さい手). der Baum (手)→ das Bäumchen(小さい木). 基礎語の語尾 -e, -en は脱落することが多い. der Garten (庭)→ das Gärtchen (小さな庭). ◆↑..lein

Che'nil·le [ʃə'nɪljə, ʃə'ni:jə] 囡 -/-n (fr.)《紡織》シュニール(糸), 毛虫糸.

Cher·chez la 'femme [ʃɛrʃela'fam] (fr. Sucht nach der Frau!') 女を洗え, 事件の陰に女あり.

'**Cher·ry·bran·dy** ['tʃɛri'brɛndi, 'ʃɛ..] -s/-s (engl.) チェリー・ブランデー(さくらんぼうをブランデーに浸して加糖したリキュール, またはさくらんぼうを発酵させたブランデー).

'**Che·rub** ['çe:rʊp] 男 -s/Cherubim ['çe:rubi:m] (Cherubinen [çeru'bi:nən]) (hebr.)《旧約》ケルビム, 智天使. ◆天使の階級秩序のうち上級 3 隊に属する天使. 旧約聖書では楽園を守護し, 神の知恵と正義を司るとされ, 有翼のライオンまたは人の姿で想像された.

che·ru'bi·nisch [çeru'bi:nɪʃ] 形 ケルビム(智天使)の; 天使のような.

Che·rus·ker [çe'rʊskər] 男 -s/- ケルスキ族(古代ゲルマンの 1 部族で Arminius に率いられてトイトブルクの森でローマ軍を破ったことで知られる).

che·va·le'resk [ʃəvala'rɛsk] 形 (fr.) (ritterlich) 騎士のような, 騎士道にかなった, 礼儀正しい, 慇懃(⑨)な.

Che·va·li'er [ʃəvali'e:] 男 -s/-s (fr.) 1 (中世の騎

士. **2** シュヴァリエ(フランスの爵位, またこの爵位をもっている人).

Che·vau·le'ger [ʃəvoleˈʒeː] 男 -s/-s (fr.)《古》軽騎兵.

'Che·vi·ot [ˈʃɛviɔt, ˈtʃɛviɔt, ˈʃɛ:viɔt] 男 -s/-s 《紡織》チェヴィオット(イギリスの Cheviot Hills 原産の羊毛, またその毛から作った厚手の毛織物).

Che'vreau [ʃəˈvroː, ˈʃɛvro] 男 -s/-s (fr.) =Chevreauleder

Che'vreau·le·der 中 -s/- (靴用の)子山羊の革, キッド.

Chi [çiː] 中 -[s]/-s キー(ギリシア語アルファベットの第22文字 X, χ).

Chi'an·ti [kiˈanti] 男 -[s]/ (it.) キアンティ, キャンティ(イタリアのトスカーナ地方産の赤ワイン, 籠入りのフラスコ型の瓶が特徴).

Chi'as·ma [çiˈasma] 中 -s/..men[..mən] (-ta[..ta]) (↓ Chi) 交差(ギリシア文字 X, χ の形から);《遺伝》キアズマ(染色体上の交差部位);《複数 -ta》《解剖》(繊維束などの)交差. ~ opticum [ˈɔptikum] 視(神経)交差.

Chi'as·mus [..mus] 男 -/..(gr.)《修辞》交差配列法(対照的な語句を反復するときその順序を逆にすること).

chic [ʃik] 形 (fr.) =schick

'Chi·co·rée [ˈʃikore, ʃikoˈreː] 女 -/ (-s/) (fr.)《植物》チコリ(その葉をサラダにして食べる).

'Chiem·see [ˈkiːmzeː] 男 -s/《地名》キームゼー(バイエルンにある湖).

'Chif·fon [ˈʃifɔ̃, ʃiˈfõː] 男 -s/-s (fr.)《紡織》シフォン(絹または人絹の極めて薄い織物).

'Chif·fre [ˈʃifrə, ˈʃifər] 女 -/-n (fr., Ziffer2) **1** 数字. **2** 暗号, 符号, 符牒, 暗号文字, 組合せ文字. **3**《文学》(とくに現代詩における)符号, 暗号.

chif'frie·ren [ʃiˈfriːrən] 他 (fr.) 暗号で書く, 暗号にする.

Chi'hua·hua [tʃiˈuaua] 男 -s/-s (sp.) チワワ(メキシコ原産の小型の吠えない犬).

'Chi·le [ˈtʃiːle, ˈçiːle]《地名》チリ(南米の太平洋岸の共和国, 首都サンチアゴ Santiago).

Chi·le'ne [tʃiˈleːnə, çi..] 男 -n/-n チリ人.

chi·le'nisch [tʃiˈleːnɪʃ, çi..] 形 チリ(人)の. ↑deutsch

'Chi·le·sal·pe·ter 男 -s/《化学》チリ硝石.

'Chi·li [ˈtʃiːli] 男 -s/-es (Chillies) **1**《植物》チリ(熱帯アメリカ産の赤とうがらし). **2**《複数なし》《食品》チリペッパー. **3**《複数 -es》《料理》(Chilisoße) チリソース.

Chi·li'a·de [çiliˈaːdə] 女 -/-n (gr. chilioi , tausend') **1** 千, 千という数字, 千の集まり. **2** (Jahrtausend) 1 千年.

Chi·li'as·mus [..asmus] 男 -/..(gr.)《宗教》千福年説, 千年王国説. ◆キリストが再来し平和と至福の王国を千年間統治した後世界の終末が来るという初期キリスト教内部にあった信仰. ↑《新約》黙 20:4.

Chi'mä·ra [çiˈmɛːra] 女 -/Chimären (gr.) Chimäre 1

Chi'mä·re [çiˈmɛːrə] 女 -/-n (gr. chimaira , Ziege') **1**《神話》キマイラ(ライオンの頭・蛇の尾・山羊の胴体をした怪獣, 神馬 Pegasus に乗った英雄ベレロフォン Bellerophon に退治された). **2**《生物》キメラ, 混合染色体. **3** (Schimäre) 奇怪な幻想, 荒唐無稽な妄想, 絵空事.

*'**Chi·na** [ˈçiːna, 南..]·'**ki·na** ヒーナ》《地名》中国. die Volksrepublik ~ 中華人民共和国.

'Chi·na·kohl 男 -[e]s/-e《植物・食品》白菜.

'Chi·na·rin·de 女 -/-n《薬学》キナ皮(キナの木の樹皮, キニーネの原料).

Chin'chil·la [tʃinˈtʃila] ❶ 女 -/-s (中 -s/-s) (sp.)《動物》Große ~ チリやまビスカーチャ. kleine ~ チンチラ. ❷ 男 -s/-s チンチラの毛皮.

Chi'ne·se [çiˈneːzə, ki.. ヒネーゼ》] 男 -n/-n 中国人. ◆女性形 Chinesin[..zɪn] 女 -/-nen

chi'ne·sisch [çiˈneːzɪʃ, ki.. ヒネーズィシュ》] 形 中国(人, 語)の. die Chinesische Mauer 万里の長城. ~e Nachtigall《鳥》相思鳥. ~e Schrift 漢字. ~e Tinte 墨. ~es Wachs 白蠟, いぼた蠟. **2**《話》ちんぷんかんぷんの. Das ist ~ für mich. これは私にはちんぷんかんぷんだ. ◆↑deutsch

Chi'ne·sisch 中 -[s]/ 中国語. ↑Deutsch

Chi'ne·si·sche 中《形容詞変化／定冠詞と》das ~ 中国語; 中国的なもの(特色). ◆↑Deutsche ②

Chi'nin [çiˈniːn, ki..] 中 -s/《薬学》キニーネ(マラリアの特効薬, ↑Chinarinde).

Chi·noi·se'rie [ʃinoazəˈriː] 女 -/-n [..ˈriːən] (fr.) (↓ China) **1** シノワズリー(フランスで, とくにロココ美術で流行した中国・東洋趣味, またその美術工芸品). **2**《比喩》没趣味, 野暮.

Chintz [tʃɪnts] 男 -[es]/-e (engl.)《紡織》インド更紗, チンツ.

Chip [tʃɪp] 男 -s/-s (engl.) **1** (ルーレットなどで使うチップ, 賭札);(スロットマシンなどのチップ, コイン. **2**《多く複数で》ポテトチップス:《複数で》(キナ・シナモンなどの)樹皮のかけら. **3**《電子工》(集積回路の)チップ.

Chip·kar·te 女 -/-n IC カード.

Chip·pen·dale [ˈtʃɪpəndeːl, ˈʃɪp..] 中 -[s]/《家具》チッペンデール様式(18 世紀半ば以後に流行したロココ風の家具の装飾様式), チッペンデール式の家具. ◆イギリスの家具製作者 Thomas ~, 1718-1779 の意匠.

'Chi·ra·gra [ˈçiːragra] 中 -s/ (gr.)《医学》指痛風.

chi·ro.., **Chi·ro..**, **chi·r..**, **Chi·r..** (接頭) (gr. cheir , Hand') 形容詞・名詞につけて「手」を意味する. 母音の前では chir.., Chir.. となる. Chiromant 手相見. Chirurg 外科医.

Chi·ro·lo'gie [çiroloˈgiː] 女 -/ **1** (Handlesekunst) 手相占い, 手相学. **2** 手話(術).

Chi·ro'mant [çiroˈmant] 男 -en/-en 手相見.

Chi·ro·man'tie [..manˈtiː] 女 -/ 手相術.

Chi·ro·no'mie [çironoˈmiː] 女 -/ =Cheironomie

Chi·ro·prak'tik 女 -/《医学》脊椎指圧療法, カイロプラクティック.

Chi'rurg [çiˈrʊrk] 男 -en/-en (gr.)《医学》外科医.

Chi·rur'gie [çirʊrˈgiː] 女 -/(-n [..ˈgiːən])《医学》**1** 外科学. **2**《話》外科診療所, 外科部門(病棟).

chi'rur·gisch [çiˈrʊrgɪʃ] 形 外科(学)の; 外科手術の.

Chi'tin [çiˈtiːn] 中 -s/《生化学》キチン(節足動物・軟体動物の外殻の主成分).

chi·ti'nös [çitiˈnøːs] 形 キチン質の, キチンのような.

Chi'ton [çiˈtoːn] 男 -s/-e (gr.) キトーン(古代ギリシア人が肌につけた 1 枚布の衣服).

'Chla·mys [ˈçlaːmys, çlaˈmys] 女 -/- (gr.) クラミス(古代ギリシアの騎乗者・戦士が右肩のところで留めてとめてまとった短いマント).

Chlor [kloːr] 中 -s/《化学》(記号 Cl)《化学》塩素.

'chlo·ren [ˈkloːrən] 他 (水を)塩素で殺菌(消毒)する.

Chlo'rid [kloˈriːt] 中 -[e]s/-e《化学》塩化物.

chlo'rie·ren [klo'ri:rən] 他 (gr.) **1**《化合》(化合物を塩素置換する. **2**(水を)塩素で殺菌(消毒)する. **3**《紡織》(羊毛を)塩素処理する.
Chlo'rit[1] [klo'ri:t] 男 -[e]s/-e《化学》亜塩素酸塩.
Chlo'rit[2] -s/-e《鉱物》緑泥石.
'Chlor·kalk [klo:r..] 男 -[e]s/《化学》漂白(晒し)粉.
Chlo·ro'form [kloro'form] 中 -s/《化学》クロロホルム(麻酔・鎮痛・洗剤剤).
chlo·ro·for'mie·ren [..for'mi:rən] 他 クロロホルムで麻酔にかける. ein *chloroformierter* Wattebausch クロロホルムを浸ひませた綿球.
Chlo·ro'phyll [..'fyl] 中 -s/-e (gr.)《生化学》クロロフィル, 葉緑素.
Chlo·ro·se [klo'ro:zə] 女 -/ (gr.)《植物》退緑(おういろ), 白化, 黄化(葉緑素が不足する植物の病気).
'Chlor·was·ser 中 -s/ **1** 塩素水. **2**《話》塩素で殺菌処理した水.
Chlor·was·ser·stoff 男 -[e]s/《化学》塩化水素.
'Cho·le·ra ['ko:lera] 女 -/ (gr.)《病理》コレラ.
Cho'le·ri·ker [kole'ri:kər] 男 -s/- (gr. chole, Galle, Zorn')胆汁質の人, 怒りやすい人.
cho'le·risch [kole'ri:ʃ] 形 胆汁質の, 怒りやすい.
Cho·les·te'rin [kolɛste'ri:n, ço..] 中 -s/《生化学》コレステリン, コレステロール.
Cho'pin [ʃɔ'pɛ̃]《人名》Frédéric François ~ フレデリック・フランソワ・ショパン(1810–1849, ポーランド生れのピアニスト, 作曲家).
*****Chor** [ko:r コーア] (gr. choros, Reigentanz') **❶** 男 -[e]s/Chöre **1**(古代ギリシアの)コロス(宗教的祭祀のさい歌舞を演じる場所, またその歌舞団. **2**《演劇》(古代ギリシア劇で民衆の意見などを述べる)コロス, 合唱. **3**《音楽》コーラス, 合唱団, 聖歌隊; 合唱(曲). gemischter ~ 混声合唱団. im ~ 声を合せて, 一斉に. **4**《音楽》(同種の器楽の)合奏; 《音楽》(オルガンの)1つの鍵(ケン)で鳴らすことのできる管(パイプ)の全体. **❷** 男 -[e]s/Chöre (-e)《建築》内陣(聖堂内部の主祭壇のある部分); (Empore) 聖歌隊席(聖堂の2階, ふつうオルガンもここにある.)
Cho'ral [ko'ra:l] 男 -s/Choräle (↓ Chor ①) **1**《クスト》(単声の)聖歌, グレゴリオ聖歌. **2**《プロテスト》コラール(会衆の歌うドイツ福音教会派の讃美歌).
Cho'ral·be·ar·bei·tung 女 -/-en《音楽》(コラール旋律を定旋律にした)コラール編曲.
Cho'ral·buch 中 -[e]s/-̈er《書籍》(オルガニスト用の)コラール曲集.
Cho'ral·fan·ta·sie -/-n [..i:ən]《音楽》コラール・ファンタジー(器楽, とくにオルガンのための幻想曲風なコラール編曲).
Cho'ral·kan·ta·te -/-n《音楽》コラール・カンタータ(コラールにもとづいた教会カンタータ).
Cho'ral·no·ta·ti·on 女 -/-en《音楽》(12世紀に行われたグレゴリオ聖歌の)聖歌記譜法.
'Chor·al·tar 男 -s/-̈e (↓ Chor ②) (聖堂内陣の)主祭壇.
'Chör·chen ['kø:rçən] 中 -s/-《Chor ② の縮小形》小内陣.
'Chor·da ['kɔrda] 女 -/..den [..dən]《解剖》腱(ケン), 索. ~ dorsalis《生物》脊索.
'Chö·re ['kø:rə] Chor ①, ② の複数.
Cho'rea [ko're:a] 女 -/ (gr.) **1**《病理》(Veitstanz) 舞踏病, ヱピレプシー. **2**(中世の)輪舞, コレア.
Cho're·en [ko're:ən] Choreus の複数.
Cho're·ge [ço're:gə, ko..] 男 -n/-n (gr., Chorfüh-

rer')(古代アテネの Dionysos 祭の合唱隊を自費で維持・運営した)合唱団長, 合唱指揮者.
Cho·re·o'graf [koreo'gra:f] 男 -en/-en =Choreograph
Cho·re·o·gra'fie ..gra'fi:] 女 -/-n [..'fi:ən] =Choreographie
Cho·re·o'graph [..'gra:f] 男 -en/-en (gr.)(バレーの)振り付け師.
Cho·re·o·gra'phie [..gra'fi:] 女 -/-n [..'fi:ən] 振り付け.
'Cho·re·us [ço're:os] 男 -/Choreen (gr.)《韻律》= Trochäus
'Cho'reut [ço'rɔyt] 男 -en/-en (gr.)(古代ギリシアの宗教的なコロスの)踊り手.
'Cho'reu·tik [..tik] 女 -/(古代ギリシアの)歌舞術.
'Chor·frau [..] 女 -/-en《クスト》(Kanonisse) 共誦祈禱修道会修道女.
'Chor·füh·rer 男 -s/- =Chorege
'Chor·ge·sang 男 -[e]s/-̈e《音楽》合唱(曲).
'Chor·ge·stühl 中 -[e]s/-e =Chorstuhl
'Chor·hemd 中 -[e]s/-en《クスト》スペルペリチェウム, 短上衣(司祭や司祭 Chorknaben が内陣に入るときにつける膝までの短い白い上衣).
'Chor·herr 男 -[e]n/-[e]n =Kanonikus
'Cho·ri·on ['ko:riɔn] 中 -s/ (gr.)《生物》絨毛膜.
Cho'rist [ko'rist] 男 -en/-en (↓ Chor ①) 合唱団員; 聖歌隊員. ◆女性形 Choristin 女 -/-nen
'Chor·kna·be ['ko:r..] 男 -n/-n **1** (↓ Chor ①)(教会に所属する)少年聖歌隊員. **2** (↓ Chor ②)《クスト》(Messdiener) (ミサのとき司祭を助ける)聖餐侍者, ミサ答え.
'Chör·lein ['kø:rlain] 中 -s/-《Chor ② の縮小形》**1** =Chörchen **2**《建築》(中世住宅の)小さな張出し窓(本来は家庭礼拝堂として使われた).
'Chor·lei·ter 男 -s/- 合唱指揮者.
Cho·ro·gra'phie [çorogra'fi:, ko..] 女 -/-n [..fi:ən] (gr. chora, Landstrich')《地理》地誌.
Cho·ro·lo'gie [çorolo'gi:, ko..] 女 -/-n [..'gi:ən] (gr.) **1**《地理》地誌学. **2**《生物》生物分布学.
'Chor·re·gent [..] 男 -en/-en《古》聖歌隊長(指揮者), 司教座聖堂儀典係.
'Chor·rock 男 -[e]s/-̈e =Chorhemd
'Chor·sän·ger 男 -s/- 合唱歌手, 聖歌隊員.
'Chor·schran·ke 女 -/-n (信者席との間を仕切る)内陣格子.
'Chor·schwes·ter 女 -/-n《クスト》共誦祈禱修道女.
'Chor·stuhl 男 -[e]s/-̈e (↓ Chor ②)《多く複数で》(聖堂内陣に用意される)聖職者用の椅子.
'Chor·um·gang 中 -[e]s/-̈e (↓ Chor ②)《建築》内陣回廊(内陣のまわりの歩廊).
'Cho·rus ['ko:ros] 男 -/-se (gr.)《音楽》**1** 合唱団, 合唱曲. **2**(ポピュラー音楽の)合唱部分, 繰返し部分. **3**《ジャズの》コーラス.
'Cho·se ['ʃo:zə] 女 -/-n (fr.) =Schose
Chow-'Chow [tʃaʊ'tʃaʊ, ʃaʊ'ʃaʊ] 男 -s/-s (engl.) チャウチャウ(中国原産の犬大).
Chres·to·ma'thie [krɛstoma'ti:] 女 -/-n [..'ti:ən] (gr.) 教材用の散文の詞華集.
'Chri·sam ['cri:zam] 中 (中) -s/ =Chrisma
'Chris·ma ['crɪsma] 中 -s/ (gr.)《クスト・正教会》聖香油(洗礼・堅信・終油などのさいに塗油する).

Christ

*'**Christ** [krɪst クリスト] (gr. Christus) ❶ 男 -en/-en キリスト教徒, クリスチャン, キリスト者. ❷ 男 -/ **1** 《地方》《古》(Christus) キリスト. ~ ist erstanden. キリストはよみがえられた(復活祭用カンタータの1節). **2** der Heilige ~ クリストキント; クリスマス・プレゼント; クリスマス. ▶↑Christkind

'**Chris·ta** [ˈkrɪsta] 《女名》クリスタ (Christiane の短縮).

'**Christ·baum** 男 -[e]s/ᵉe **1** クリスマスツリー. nicht alle auf dem ~ haben 《卑》頭がどうかしているといわれている. **2** 《話》(空襲に先だって投下する)照明弾.

'**Christ·dorn** 男 -[e]s/-e =Christusdorn

'**Chris·te** [ˈkrɪstə] Christus のラテン語形呼格 (Vokativ).

'**Chris·ten·ge·mein·de** [ˈkrɪstən..] 女 -/-n 《キリスト教》(Christenheit) **1** 全キリスト教徒. **2** (初代教会時代の)信者団, 教団.

'**Chris·ten·ge·mein·schaft** 女 -/ 《キリスト教》キリスト者教会(神学者リテルマイアー Fr. Rittelmeyer が R. Steiner の人智学の影響下に1922に結成した宗教団体).

'**Chris·ten·heit** 女 -/ (総称的に)キリスト教徒.

'**Chris·ten·pflicht** 女 -/-en (複数まれ)キリスト者の義務(隣人愛).

'**Chris·ten·see·le** 女 -/-n キリスト者, キリスト教信者. Weit und breit war keine ~ (=niemand) zu sehen. 《話》見渡すかぎり猫の子一匹見えなかった.

*'**Chris·ten·tum** [ˈkrɪstəntuːm クリステントゥーム] 中 -s/ キリスト教; キリスト教の信仰(教義, 精神); キリスト教会(教界). das griechisch-orthodoxe ~ ギリシア正教会. ein praktisches ~ 実践的キリスト教, キリスト教の実践. sich⁴ zum ~ bekehren〈bekennen〉キリスト教に帰依〈信仰告白をする〉.

'**Chris·ten·ver·fol·gung** 女 -/-en キリスト教徒迫害(とくに古代ローマ, ネロ皇帝治下の).

'**Christ·fest** 中 -[e]s/-e 《地方》(Weihnachtsfest) 降誕祭, クリスマス(12月25日).

'**Chris·ti** [ˈkrɪsti] Christus のラテン語形属格(2格).

'**Chris·ti·an** [ˈkrɪstian] 《男名》クリスティアン(ドイツで宗教改革以後に広まった名前).

Chris·ti·a·ne [krɪstiˈaːnə] 《女名》クリスティアーネ.

chris·ti·a·ni'sie·ren [krɪstianiˈziːrən] 他 キリスト教に改宗させる; キリスト教化する.

Chris'ti·ne [krɪsˈtiːnə] 《女名》クリスティーネ.

'**Christ·kind** 中 -[e]s/ **1** (降誕祭などでまぐさ桶の中に描かれている)おさな子キリスト. **2** クリストキント(クリスマスに天童の姿で贈物を運んでくると想像される幼児キリスト). **3** 《話》(とくに南ゲ)クリスマスプレゼント.

'**Christ·kindl** [..kɪndəl] 中 -s/- 《南ゲ》《オース》=Christkind

'**Christ·kö·nigs·fest** 中 -[e]s/-e 《カト》王たるキリストの祝日(10月の最終日曜日).

christl. 《略》=christlich

*'**christ·lich** [ˈkrɪstlɪç クリストリヒ] 形 《略 christl.》キリストの, キリスト教(教会)の, キリスト者(として)の. *Christlich*-Demokratische Union [Deutschlands] 《略 CDU》キリスト教民主同盟. *Christlich*-Soziale Union 《略 CSU》キリスト教社会同盟. *Christlicher* Verein Junger Männer 《略 CVJM》キリスト教青年会, YMCA. ~ handeln キリスト者らしく振舞う. et⁴ ~ mit j³ teilen 物⁴を人³に気前よく分けてやる(相手に大きい方を与える).

'**Christ·lich·keit** 女 -/ キリスト教的であること, キリスト教的な考え方.

'**Christ·mes·se** 女 -/-n 《カト》クリスマス(降誕祭)のミサ(夜半・早朝・日中の3度のミサが行われる.

'**Christ·met·te** 女 -/-n 《カト》クリスマス降誕祭夜半のミサ(3回行われる降誕祭のミサ聖祭の第1のミサ). **2** 《プロテ》クリスマス夜半の礼拝.

'**Christ·nacht** 女 -/ᵉe (イヴから25日にかけての)クリスマスの夜.

'**Chris·to** [ˈkrɪsto] Christus のラテン語形与格(3格).

Chris·to·lo'gie [krɪstoloˈgiː] 女 -/-n [..ˈgiːən] 《神学》キリスト論.

'**Chris·tof** [ˈkrɪstɔf] 《男名》=Christoph

'**Chris·toph** [ˈkrɪstɔf] 《男名》クリストフ.

Chris·to·pho·rus [krɪsˈtoːforʊs] 《人名》der heilige ~ 聖クリストポルス. ♦Christusträger の意, 幼児キリストを背負って水嵩(ॏॢ)の増した大河を渡った巨人で殉教聖人, 時代・場所不明, 14 救難聖人の1人. ↑付録「聖人暦」7月24日.

'**Christ·stol·le** 女 -/-n =Christstollen

'**Christ·stol·len** 男 -s/- クリスマス用シュトレン. ↑ Stollen

'**Chris·tum** [ˈkrɪstʊm] Christus のラテン語形対格(4格).

*'**Chris·tus** [ˈkrɪstʊs クリストゥス] 男 -/ (gr., der Gesalbte') 無冠詞のときは2格(属格) Christi, 3格(与格) Christo, 4格(対格) Christum, 呼格 Christe の形もある. **1** キリスト. Jesus ~ イエス・キリスト(「油を注がれた者」の意で, イエスに対する尊称). in Christi Namen キリストの御名において. [im Jahre] 70 nach ~ 〈Christi / Christi [Geburt]〉 [im Jahre] 70 n. Chr. 紀元70年に. [im Jahre] 586 vor ~ 〈Christi / Christi [Geburt]〉 [im Jahre] 586 v. Chr. 紀元前586年に. wie das Leiden *Christi* aussehen《話》顔色ひどく悪い. *Christe,* eleison キリステ, エレイソン, 憐れみ給え(ギリシア語によるミサ通常文中の「キリエ(求憐誦)」の第2句. ↑Kyrie). **2** キリストの(彫)像.

'**Chris·tus·dorn** 男 -[e]s/-e キリストのいばら(キリストの荊冠を編んだと伝えられるとげのある植物のこと).

'**Chris·tus·mo·no·gramm** 中 -s/-e キリストの組合せ文字(ギリシア文字の X=Ch と P=R との組合せ).

Chrom [kroːm] 中 -s/ (gr. chroma , Farbe') (記号 Cr) 《化学》クロム.

Chro·ma·tik [kroˈmaːtɪk] 女 -/ (gr. chroma , Farbe') **1** 《音楽》(↔ Diatonik) 半音階(法), 半音階(クロマティック)組織. **2** 《光学》(Farbenlehre) 色彩論, 色学.

Chro·ma'tin [kromaˈtiːn] 中 -s/-e (gr.) 《遺伝》クロマチン, 染色質.

chro·ma·tisch [kroˈmaːtɪʃ] 形 **1** 《音楽》半音の. ~e Tonleiter 半音音階. **2** 《光学》色彩の. ~e Aberration 色収差.

Chro·ma·to·gra'phie [kromatograˈfiː] 女 -/ (gr.) 《化学》クロマトグラフィー, クロマトグラフ法, 色層分析法.

Chro·ma·to'phor [..ˈfoːr] 中 -s/-en (gr.)(多く複数で) **1** 《植物》色素体. **2** 《動物》色素胞.

'**Chrom·gelb** [ˈkroːm..] 中 -s/ 《化学》クロム黄, 黄鉛.

Chro'mit¹ [kroˈmiːt] 中 -s/-e 《化学》亜クロム酸塩.

Chro'mit² -s/-e 《鉱物》(Chromeisenstein) クロム鉄鉱.

'**Chrom·le·der** 中 -s/- クロム革(クロムなめしをした皮革).

Chro·mo·li·tho·gra·phie [kromo..] 囡 -/-n [..'fi:ən]〖印刷〗クロモ石版(技法).

Chro·mo'som [..'zo:m] 囲 -s/-en (*gr.* Soma , Körper)〖遺伝〗染色体.

Chro·mo'sphä·re [..'sfɛ:rə] 囡 -/ (太陽を取り巻く)彩層.

'Chro·nik ['kro:nɪk] 囡 -/-en (*gr.* chronos 'Zeit') **1** 年代記, 編年史; 歴史, 記録, 物語. Familien*chronik* 家族の年代誌. eine lebende〈wandelnde〉 ~ (戯) 生き字引, 博識家. **2**〖複數なし〗〖旧約〗歴代誌(上・下の2書をさすときは Chronika).

'Chro·ni·ka ['kro:nika] 阃〖旧約〗歴代誌.

chro·ni'ka·lisch [kroni'ka:lɪʃ] 圏 編年体の, 年代記風の.

Chro'nique scan·da'leuse [kro'nɪk skādā-'lø:s] - -/- -s [kro'nɪk skādā'lø:s] (*fr.*, Skandalchronik) 醜聞録, ゴシップ集.

'chro·nisch ['kro:nɪʃ] 圏 (*gr.*) **1**〖医学〗(↔ akut) 慢性の. **2** (話) 不断の. ~*er* Geldmangel (戯) 慢性的金欠病.

Chro'nist [kro'nɪst] 男 -en/-en 年代記作者(史家).

Chro·no'gramm [krono'gram] 囲 -s/-e (*gr.*) **1** クロノグラム(文中の特定の文字を大文字で書き, これをローマ数字に見立てて合算すると年代が分かる仕組で書かれたラテン語の銘文・詩文). **2** クロノグラフによる記録.

Chro·no'graph [..'gra:f] 男 -en/-en (*gr.*) **1** =Chronist **2**〖工学〗クロノグラフ(時刻の信号を記録する装置). **3** ストップウォッチつきの腕時計.

Chro·no·gra'phie [..gra'fi:] 囡 -/-n [..'fi:ən] (*gr.* chronos 'Zeit') 年代記(編年史)叙述.

Chro·no·lo'gie [..lo'gi:] 囡 -/-n **1** 年代学. **2** 年代記, 年表.

Chro·no'lo·gisch [..'lo:gɪʃ] 圏 年代順(編年体)の.

Chro·no'me·ter 囲 (男) -s/- **1** クロノメーター, 経線儀. **2** (戯) (懐中)時計.

Chry·san'the·me [kryzan'te:mə] 囡 -/-n (*gr.*) 〖植物〗きく(菊).

chry·so.., **Chry·so..** [çryzo..]《接頭》(*gr.*) 主として名詞につけて「金」を意味する. 母音の前では chrys.., Chrys.. になる.

Chry·so·be'ryll [çryzobe'rʏl] 囲 -s/-e〖鉱物〗金緑石(きんりょくしゃく).

Chry·so'pras [..'pra:s] 囲 -es/-e〖鉱物〗クリソプレース(Chalzedon の一種, 美しい緑色の飾り石).

'chtho·nisch ['çto:nɪʃ] 圏 (*gr.* chthon 'Erde') 大地の, 地下の. ~*e* Götter〖ギ神話〗冥界(めいかい)の神々.

'Chy·lus ['çy:lʊs] 男 -/ (*gr.* chylos 'Saft')〖生理〗乳糜(にゅうび)(リンパ液の一種, 脂肪分を含み乳白色).

Ci [tse:'iː, ky'ri:]〖記号〗=Curie

CIA [si:aɪ'eɪ] 囡 (囲) -/ (*engl.*)《略》=Central Intelligence Agency (米国の)中央情報局.

Cia'co·na [tʃa/ko:na] 囡 -s (*it.*) =Chaconne

ciao [tʃau] 圃 (*it.*) Ciao! (話) (別れの挨拶で)バイバイ.

'Ci·ce·ro ['tsi:tsero] ❶《人名》Marcus Tullius ~ マルクス・トゥリウス・キケロ(前 106-43, 古代ローマの雄弁家・政治家). ❷ 男 -/ 〖印刷〗キケロ(12 ポイント活字の古い名称).

Ci·ce'ro·ne [tʃitʃe'ro:nə] 男 -[s]/-s [..ni[..ni]) (*it.* ↓ Cicero) (戯) **1** 観光案内人(キケロのように能弁なので). **2** 特に美術史に詳しい観光案内書.

Ci·cis'beo [tʃitʃɪs'be:o] 男 -[s]/-s (*it.*) **1** (16–19 世紀イタリアの)貴婦人の従者, 愛人, 男妾. **2** (既婚婦人の)公然たる愛人, 情人.

Cid [tsi:t, si:t]《人名》der〈El〉~ エル・シッド. ◆中世スペインの国土回復運動における国民的英雄ロドリゴ・ディアス Rodrigo Diaz, 1043?-1099 の通称.

Ci·ne'ast [sine'ast] 男 -en/-en (*fr.*) **1** 映画マン, 映画制作者. **2** 映画ファン.

Ci·ne·ma'scope [sinema'sko:p] 囲 -/ (*engl.*)〖商標〗〖映画〗シネマスコープ.

Ci·ne'ra·ma [sine'ra:ma] 囲 -[s]/ (*engl.*)〖商標〗〖映画〗シネラマ.

Cin·que·cen'tist [tʃɪŋkvetʃɛn'tɪst] 男 -en/-en チンクエチェントの芸術家(文人).

Cin·que·cen'to [..'tʃɛnto] 囲 -[s]/ (*it.*, 500') チンクエチェント(イタリア 16 世紀の時代, またその美術様式).

'cir·ca ['tsɪrka ツィルカ] 圃 (略 ca.) (*lat.*, um... herum') 約, ほぼ, およそ. ↑zirka

'Cir·ce ['tsɪrtsə] ❶《人名》〖ギ神話〗(Kirke) キルケー(伝説上の島アイアイエー Aiaie に棲む魔法に長(た)けた女神, Homer『オデュッセイア』Odyssee に登場する). ❷ 囡 -/-n 魔性の女, 魔女.

'Cir·cu·lus vi·ti'o·sus ['tsɪrkulos vitsi'o:zʊs] 男 - -/..li ..si[..li ..zi] (*lat.*) **1**〖哲学〗(Zirkelschluss) 循環論法. **2** (Teufelskreis) 悪循環.

cis, Cis [tsɪs] 囲 -/-〖音楽〗**1** 嬰ハ音. **2**〖記号〗《複數なし》cis=*cis*-Moll 嬰ハ短調. Cis=*Cis*-Dur 嬰ハ長調.

ci'tis·si·me [tsi'tɪsime] 圃 (*lat.*, schnellstens') 大急ぎで, 大至急(文書などの注意書き).

'ci·to ['tsi:to] 圃 (*lat.*, schnell') 至急(文書などの注意書き).

Ci·to'yen [sitoa'jɛ:] 男 -s/-s (*fr.*, Bürger') 市民, 公民, 国民.

'Ci·ty ['sɪti] 囡 -/-s (..ties[..ti:z]) (*engl.*) (大都市の)中心部, 都心.

'Ci·vi·tas 'Dei ['tsi:vitas 'de:i] - - / (*lat.*) 神の国 (Augustinus の主著の表題).

cl [tsɛnti'li:tər] =Zentiliter

Cl [tse:'ɛl]〖記号〗〖化学〗=Chlor

Clan [kla:n, klɛ(:)n] 男 -s/-e ['kla:nə] (-s [klɛ(:)ns]) (とくにスコットランドの)氏族, 一族; 《話》一族郎党, 親類縁者.

'Cla·que ['klak(ə)] 囡 -/ (*fr.* claquer, klatschen') (劇場などで雇われて拍手をする)さくらの観客グループ.

Cla'queur [kla'kø:r] 男 -s/-e (↓ Claque) (劇場などで雇われて拍手をする)さくらの観客.

Cla·vi'cem·ba·lo [klavi'tʃɛmbalo] 囲 -s/-s (..li [..li]) (*it.*)〖楽器〗=Cembalo

'Cla·vis ['kla:vɪs] 囡 -/- (Claves [..ve:s]) (*lat.*) **1**〖音楽〗音記号. **2** (オルガンの)鍵盤. **3** (古) (古典作品などの)辞典式注解書.

clean [kli:n] 圏 (*engl.*) **1** (話) 麻薬から足を洗った. **2** (卑) きれいな.

'Clea·rance ['klɪrəns] 囡 (囲) -/-s (*engl.*) **1** クリアランス(航空機の離着陸許可, 人・物の出入許可). **2**〖医学〗クリアランス.

'Clea·ring ['klɪrɪŋ] 囲 -s/-s (*engl.*)〖経済〗(手形の)交換決済.

'Cle·mens ['kle:məns]《男名》(Klemens) クレーメンス. der heilige ~ von Rom ローマの聖クレメンス(第 4 代教皇クレメンス 1 世. ↑付録「聖人暦」11 月 23 日).

'cle·ver ['klɛvər] 形 (engl.) 賢い, 利口な, 抜け目のない, ずるい, 駆引きがうまい.

'Cle·ver·ness, 'Cle·ver·neß [..nɛs] 女 -/ (engl.) 抜け目のなさ, 才覚.

Clinch [klɪntʃ, klɪnʃ] 男 -[e]s/-es 1 〖スポーツ〗 クリンチ. 2 〖話〗 対決, 争い. mit j³ in den ~ gehen 人³ に激しく迫る, 詰めよる. mit j³ in ~ liegen 人³ とけんか中である.

'Clip [klɪp] 男 -s/-s =Klipp

'Clip·per ['klɪpər] 男 -s/- =Klipper

'Cli·que ['klɪkə, 'kli:kə] 女 -/-n (fr.) 仲間, 同志; 《侮》一味, 派閥, 徒党.

'Cli·quen·wirt·schaft 女 -/《話》派閥支配, 同族経営.

'Cli·via ['kli:via] 女 -/Clivien[..vɪən] 〖植物〗 クリビア, 君子蘭(くんし).

'Clo·chard [klɔ'ʃa:r] 男 -s/-s (fr.) 浮浪者, 宿なし.

Cloi·son·né [kloazo'ne:] 中 -/-s (fr.) 〖芸術〗 七宝(しっぽう).

Clo·qué [klo'ke:] 男 -[s]/-s (fr.) 〖紡織〗 クロッケ(表面に凹凸のある織物).

Clou [klu:] 男 -s/-s (fr.) (催しなどの)呼び物, ハイライト, クライマックス; 当り狂言.

Clown [klaun] 男 -s/-s (engl.) 1 (サーカス・寄席の)クラウン, 道化. 2 おどけ者, ひょうきん者.

'Clow·ne·rie [klaunə'ri:] 女 -/-n [..'ri:ən] おどけ, ひょうきんな仕草.

clow'nesk [klau'nɛsk] 形 道化のような, おどけた.

Club [klʊp] 男 -s/-s =Klub

cm [tsɛnti'me:tər] =Zentimeter

cm² [kva'dra:ttsɛntime:tər] 〖記号〗 =Quadratzentimeter

cm³ [ku'bik..] 〖記号〗 =Kubikzentimeter

Cm [tse:'ɛm] 〖記号〗〖化学〗 =Curium

CMB [tse:ɛm'be:] 《略》 =Caspar, Melchior, Balthasar (おさな子イエス Jesus を来拝した東方の3人の博士または王の伝説上の名前。とくに南ドイツの公現際 Dreikönigsfest のとき、この3字を十字架で結んで家の戸口の上にチョークで C+M+B と書いておくと魔除けになると信じられた).

'c-Moll ['tse:mɔl, '-'-] 中 -/ 〖記号 c〗〖音楽〗 ハ短調.

Co [tse:'o:] 〖記号〗〖化学〗 =Cobaltum, Kobalt

Co. [ko:] 《略》(↓ fr. Compagnon) 仲間, 共同出資者. ♦ ドイツ語の商号で Co. を用いるときは Compagnie, Kompanie (会社)の略語ではなく, Teilhaber (仲間・共同経営者)の意味.

c/o 《略》=care of

Coach [ko:tʃ] 男 -[s]/-s (engl.) 1 (スポーツの)コーチ. 2 〖馬術〗 4頭立ての4輪馬車.

'coa·chen ['ko:tʃən] 他 (↓ Coach) (人⁴を)コーチする.

Co'bal·tum [ko'baltʊm] 中 -s/ =Kobalt

'Cobb·ler ['kɔblər] 男 -s/-s コブラー(ワインまたはウィスキーに砂糖・果実・氷を混ぜて作るカクテル).

Co·ca-'Co·la [koka'ko:la] 男 -[s]/-, 女 -/-《商標》コカコーラ(略して Coca, Coke ともいう).

Co·ca'in [koka'i:n] 中 -s/ =Kokain

Co·chon·ne·rie [kɔʃɔnə'ri:] 女 -/-n [..'ri:ən] (fr.) 《古》下品(粗野), みだらな言動, 猥談.

'Cocker·spa·ni·el ['kɔkərʃpaniəl, ..spɛniəl] 男 -s/-s (engl.) コッカースパニエル(イギリス産の猟犬).

'Cock·ney ['kɔkni] (engl.) ❶ 中 -[s] コクニー弁, ロンドン訛(なまり)(ロンドンの East End 地区で話される下町英語). ❷ 男 -s/-s 1 ロンドンっ子, 下町っ子. 2 コクニー弁を話す人.

'Cock·pit ['kɔkpɪt] 中 -s/-s (engl.) 1 〖海事〗(ヨットなどの)操船(だ)席. 2 〖航空〗 操縦席, コックピット. 3 (レーシングカーの)運転席. 4 (カヤックの)漕手席.

'Cock·tail ['kɔkte:l] 男 -s/-s (engl.) 1 カクテル(混合酒). 2 カクテル(前菜). 3 カクテルパーティー.

'Cock·tail·kleid 中 -[e]s/-er カクテルドレス.

'Cock·tail·par·ty 女 -/-s (..ties) カクテルパーティー.

cod., Cod. 《略》=Codex

'Co·da ['ko:da] 女 -/-s (it.) 〖音楽〗=Koda

Code [ko:t, kɔd, kood] 男 -s/-s =Kode

'Code ci'vil ['ko:t si'vil] 男 -/ (fr.) フランス民法典.

'Code Na·po·lé·on ['ko:t napoleo:] 男 --/ 〖歴史〗 ナポレオン法典.

'Co·dex ['ko:dɛks] 男 -/Codices =Kodex

'Co·dex ar·gen·te·us [.. ar'gɛnteus] 男 --/ (lat.) 〖書籍〗 ゴート語訳の聖福音集銀字手写本.

'Co·dex 'au·re·us [.. 'aureus] 男 --/Codices aurei [.. 'aurei] (lat.) 〖書籍〗(中世の豪華な)金装聖福音集.

'Co·dex 'Ju·ris Ca'no·ni·ci [.. 'ju:ris ka'no:nitsi] 男 --/ (lat.) 《略 CIC》 〖カトリック〗(現行)教会法典(1918 制定. ↑ Corpus 3).

'Co·di·ces ['ko:ditse:s] Codex の複数.

'co·die·ren [ko'di:rən] 他 国 =kodieren

Cœur [kø:r] 中 -[s]/-[s] (fr.) 〖トランプ〗 ハート.

'co·gi·to, 'er·go 'sum ['ko:gito 'ɛrgo 'zʊm] (lat., Ich denke, also bin ich') われ考える, ゆえにわれ在り(フランスの哲学者 Descartes の基本命題).

'Co·gnac ['kɔnjak] 男 -s/-s =Kognac

Coif'feur [koa'fø:r] 男 -s/-e (fr., Friseur') 《雅》理容(理髪)師, 美容師. ♦ 女性形 Coiffeuse [koa'fø:zə] 女 -/-n

co·i'tie·ren [koi'ti:rən] 他 国 =koitieren

'Co·i·tus ['ko:itus] 男 -/-[se] (lat.) 性交. (ラテン語の医学用語として) ~ a tergo 馬乗り性交. ~ condomatus コンドーム性交. ~ per anum 肛門性交. ~ per os (Fellatio) 口唇性交. ~ primarius 初体験性交.

Coke [ko:k] 男 -s/-s 《商標》=Coca-Cola

'Co·la ['ko:la] 中 -s/- (女 -/-) 《話》《商標》=Coca-Cola

'col·la 'des·tra ['kɔla 'dɛstra] (it., mit der rechten Hand') 《略 c.d.》〖音楽〗右手で(弾け).

Col'la·ge [kɔ'la:ʒə] 女 -/-n (fr.) 1 〖美術〗コラージュ(新聞や広告の切抜き・断片などを貼り合せて作品を構成するシュルレアリスムの技法, またこの技法を取入れた作品). 2 〖文学・音楽〗コラージュ(既製の作品からの引用で構成された作品).

coll' 'ar·co [kɔl arko] (it., mit dem Bogen') 《略 c.a.》〖音楽〗弓を使って(弾け).

'col·la si'nis·tra ['kɔla si'nistra] (it., mit der linken Hand') 《略 c.s.》〖音楽〗左手で(弾け).

'Col·lege ['kɔlɪtʃ, 'kɔlɪdʒ] 中 -[s]/-s [..lɪtʃ(s), ..lɪdʒɪz] (engl.) (英国の)カレッジ(大学・学寮・パブリックスクール); (米国の)(単科)大学; 一般教養学部; (専門)学部, 研究所.

Col'lège [kɔ'lɛ:ʃ, kɔ'lɛ:ʒ] 中 -[s]/-s [..'lɛ:ʃ(s), ..'lɛ:ʒ(s)] (fr.) コレージュ(フランス・ベルギー・フランス語圏スイスの高等中学校).

Col'le·gi·um Ger'ma·ni·cum [kɔ'le:gium

gɛr'ma:nikom] 中 --/ (lat.) (ローマにある)ドイツ人司祭養成神学校(↑Kollegium).

Col·le·gi·um 'mu·si·cum [..'mu:zikom] 中 --/..gia ..ca [..gia ..ka] (lat.) コレギウム・ムジクム(とくに17-18世紀における大学生の音楽同好会、また一般の音楽愛好者の団体。↑Kollegium).

Col·le·gi·um 'pu·bli·cum [..'pu:blikom] 中 --/gia ..ca [..gia ..ka] (lat.) (大学の)公開講座. ↑ Kollegium

'Col·lie ['kɔli] 男 -s/-s (engl.) コリー(スコットランド産の牧羊犬).

Co·lom'bi·na [kolom'bi:na] 女 -/-s(..ne[..nə]) = Kolombine

Co'lom·bo [ko'lombo] 【地名】コロンボ(スリランカ共和国の首都).

Co'lón [ko'lon] 男 -[s]/-[s] コロン(コスタリカおよびエルサルヴァドルの通貨単位). ◆探検家 Kolumbus にちなむ.

Co'lo·nel [kolo'nɛl] 男 -s/-s (engl.) (英国・フランス・スペインの)陸軍大佐.

Colt [kɔlt] 男 -s/-s (商標) コルト式自動拳銃(アメリカ人の製作者 Samuel Colt, 1814-62 にちなむ).

'Com·bo ['kɔmbo] 男 -s/-s (engl. combination)〖音楽〗コンボ(小編成のジャズ・アンサンブル).

'Come·back [kam'bɛk, '--] 中 -[s]/-s (engl.) (芸能人・政治家などの)返り咲き、カムバック.

'Co·mic ['kɔmɪk] 男 -s/-s (engl.) 《ふつう複数で》(Comicstrip の短縮)コミックス、漫画、劇画.

'Co·mic·strip ['kɔmɪkstrɪp] 男 -s/-s =Comic ◆ Comic Strip とも書く.

comme 'ci, comme 'ça [kɔm'si kɔm'sa] (fr., wie dies, wie das') まあまあ(ぼちぼち)である.

Com'me·dia dell'Ar·te [kɔ'me:dia dɛl'arte] 女 -/-s -- (it.)〖演劇・文学〗コメディア・デラルテ(16-18世紀に流行したイタリアの即興仮面劇).

comme il 'faut [kɔmɪl'fo:] (fr., wie es [sein] muss') 申分なく、みごとに.

Com'mis [kɔ'mi:] 男 -/- (fr.)《古》(Kommis) 店員. ~ voyageur [kɔmivoaja'ʒø:r] 出張販売員.

'Com·mon 'Sense ['kɔmən 'sɛns, - 'zɛns] 男 --/-- (engl.) 常識、コモンセンス.

'Com·mon·wealth ['kɔmənvɛlθ] 中 -/ (engl.) 連邦(イギリス連邦の自治領としての).

Com·mu·nio Sanc'to·rum [kɔ'mu:nio zaŋk-'to:rom] 女 --/ (lat., Gemeinschaft der Heiligen')〖キリスト教〗諸聖人の通功(ツ')(交流)(地上の教会の信者と天国の聖人たちと煉獄の霊魂とがたがいに結ばれてキリストの神秘体を構成する超自然的共同体).

Com·mu·ni'qué [kɔmyni'ke:] 中 -s/-s (fr.) = Kommuniqué

Com·pact 'Disk [kɔm'pakt 'dɪsk, kɔm'pɛkt..] 女 ---/-s (engl.) コンパクトディスク、CD.

Com'po·ser·satz [kɔm'po:zər..] 男 -es/ 〖印刷〗電子組版.

Com'pound·kern [kɔm'paunt.., '---] 男 -[e]s/-e〖核物理〗複合核.

Com'pound·ma·schi·ne [kɔm..] 女 -/-n 1〖工学〗複式(二段膨張)機関. 2〖電子工〗複巻き電動機.

Comp·toir [kõto'a:r] 中 -s/-s (fr.)《古》=Kontor

Com'pu·ter [kɔm'pju:tər] 男 -s/- (engl.) コンピュータ、電子計算機. den ~ programmieren〈füttern〉コンピュータのプログラミングをする.

com'pu·ter·ge·steu·ert 形 コンピュータ制御の.

Com'pu·ter·ge·stützt 形 コンピュータを用いた.

Com'pu·ter·gra·phik 女 -/-en コンピュータグラフィック.

Com'pu·ter·kri·mi·na·li·tät 女 -/ コンピュータ犯罪.

Com'pu·ter·lin·gu·is·tik 女 -/ コンピュータ言語学.

Com'pu·ter·pro·gramm 中 -s/-e コンピュータプログラム.

com·pu·te·ri'sie·ren [kompjutəri'zi:rən] 他 1 (データ・情報を)コンピュータにインプット(入力)する、コンピュータで処理する. 2 (会社などを)コンピュータ化する、(に)コンピュータを導入する. die Gesellschaft ~ 《俗》社会をコンピュータ化(非人間化)する.

Com'pu·ter·satz 男 -es/〖印刷〗コンピュータ組版.

Com'pu·ter·si·mu·la·ti·on 女 -/-en コンピュータシミュレーション.

Com'pu·ter·spiel 中 -s/-e コンピュータゲーム.

Com'pu·ter·spra·che 女 -/-n コンピュータ言語.

Com'pu·ter·ter·mi·nal 中 -s/-s コンピュータの端末.

Com'pu·ter·vi·rus 中 -/..viren 《ふつう複数で》〖電子〗コンピュータウィルス.

Comte [kõ:t] 男 -/-s (フランスの)伯爵.

Com'tesse [kõm'tɛs] 女 -/-n (fr.) =Komtesse

con af'fet·to [kɔn a'fɛto] (it.)〖音楽〗情感をこめて.

con 'brio [kɔn 'bri:o] (it., mit Schwung')〖音楽〗活気をもって、いきいきと.

Con'cen·tus [kɔn'tsɛntus] 男 -/- (lat.)〖グレゴリオ聖歌の〗歌唱部分.

Con·cer'tan·te [kɔntsɛr'tantə, kɔntʃɛ..] 女 -/-n (it.)〖音楽〗コンチェルタンテ(複数のソロ楽器のための協奏的交響曲).

Con·cer'ti·no [kɔntʃɛr'ti:no] 中 -s/-s (it.)〖音楽〗1 小協奏曲. 2 コンチェルティーノ(合奏協奏曲における独奏楽器群、またその楽節).

Con'cer·to 'gros·so [kɔn'tʃɛrto 'grɔso] 中 --/..ti grossi [..ti .. si] (it.)〖音楽〗コンチェルト・グロッソ、合奏協奏曲(バロック時代の管弦楽曲形式).

Con·ci'erge [kõsi'ɛrʃ] 男 -/-s [..si'ɛrʃ(s)] (fr.) 1《古》(牢獄などの)監守. 2 管理人、門衛. 3 (ホテルの)接客係. ◆男性にも女性にも用いる.

Con'di·tio si·ne 'qua non [kɔn'di:tsio 'zi:ne 'kva: 'no:n] 女 ----/ (lat., notwendige Bedingung')〖論理〗必須条件;〖法制〗必然的条件、条件関係.

'con·fer ['kɔnfɛr] (lat.) Confer! (略 cf., cfr., conf.) (vergleiche!) 参照せよ.

Con·fé'rence [kõfe'rã:s] 女 -/ (fr.) (寄席・テレビなどの)司会、口上.

Con·fé·ren·ci'er [..rãsi'e:] 男 -s/-s (fr.) (寄席・テレビなどの)司会者.

Con'fes·sio [kɔn'fɛsio] 女 -/-nes [..si'o:ne:s] (lat.) (Konfession) 1〖キリスト教〗告解(ﾂ')、(罪の)告白、懺悔(ｻﾞﾝ'). 2〖歴史〗(Glaubensbekenntnis) (宗教改革時代の)信仰告白(書)、信条(書). 3 (祭壇の下にある)殉教者の墓の前室(のち地下墓地 Krypta となる). 4 聖ペテロの墓. 5〖キリスト教〗信経(ｼﾝ'). 6 宗派.

Con'fes·sor [kɔn'fɛso:r] 男 -s/..es [..'so:re:s] (lat., Bekenner.)〖キリスト教〗証聖者(昔の迫害時代に殉教はしなかったが、その聖性の生涯によってキリスト教の信仰を敢然と告白した人に与えられた称号).

Confiteor

Con·fi·te·or [kɔnˈfiːteoːr] 中 -/ (lat. , ich bekenne') 《カトリ》 コンフィテオル, 告白の祈り.

Con·foe·de·ra·tio Hel·ve·ti·ca [kɔnfødeˈraːtsio hɛlˈveːtika] 女 --/ (lat.) 《略 CH》 スイス連邦(共和国).

con fuˈo·co [kɔn fuˈoːko] (it. , mit Feuer') 《音楽》 コン・フオーコ, 情熱をもって.

con ˈmo·to [..ˈmoːto] (it. , bewegt') 《音楽》 コン・モート, 元気よく.

Conˈnec·tion [kɔˈnɛkʃən] 女 -/-s (engl.) 関係, コネ; (とくに麻薬を密輸入する)ルート.

Conˈsen·sus [kɔnˈzɛnzus] 男 -/ [..zuːs] (lat.) Konsens

Con·siˈli·um [kɔnˈziːliʊm] 中 -s/..lien [..liən] (lat.) **1** =Konsilium **2** ~ Abeundi [abeˈʊndi] 《古》退学勧告.

Con·somˈmé [kõsɔˈmeː] 女 -/-s (中 -s/-s) (fr.) 《料理》コンソメ.

con sorˈdi·no [kɔn zɔrˈdiːno] (it. , mit Dämpfer') 《音楽》 コン・ソルディーノ, 弱音器をつけて.

conˈspi·ri·to [kɔnˈspiːrito] (it. , spritzig') 《音楽》 コン・スピーリト, 才気をもって, 威勢よく.

Conˈtai·ner [kɔnˈtɛːnər] 男 -s/- (engl.) 《貨物用の》コンテナ; (書籍輸送用の)段ボール箱.

Conˈter·gankind [kɔntɛrˈgaːn] 中 -s/ 《商標》 コンテルガン(睡眠薬, 胎児に影響があるとの販売を停止された). Contergankind [話] サリドマイド児.

Conˈti·nuo [kɔnˈtiːnuo] 男 -s/-s (it.) (Basso continuo の略) 《音楽》コンティヌオ, 通奏低音.

conˈtra [ˈkɔntra] 前 (lat.) (↔ pro)

Con·tra·dicˈtio in adˈjec·to [kɔntraˈdɪktsio ɪn atˈjɛkto] 女 ---/ (lat. , Widerspruch in der Beifügung') 《修辞》 形容矛盾(例 die größere Hälfte 大きい方の半分).

conˈtre cœur [kõˈtrə ˈkœːr] (fr. , wider Willen') 意に反して, 不本意ながら. etˈ~ tun 事をいやいやする. Das geht mir ~. それは私の意にそわない.

Conˈtre·danse [kõtrəˈdãːs] 女 -/-s [..dãːs] (fr.) 《音楽》=Kontertanz

Conˈtrol·ler [kɔnˈtroːlər, kənˈtroʊləʳ] 男 -s/- (engl.) 《経済》(企業の)経理担当重役.

cool [kuːl] 形 (engl.) 《話》 **1** クールな, 冷静な. **2** 危険のない, 安全な. ein ~es Versteck 安全な隠れ家. **3** 申分のない. ein ~er Preis 文句のない値段. **4** すてきな. Ich fühlte mich echt ~. 私は気分がよかった.

ˈCool ˈjazz [ˈkuːlˈdʒɛs] 男 -/ (engl.) 《音楽》 クールジャズ.

ˈCo·py·right [ˈkɔpirait] 中 -s/-s (engl.) 《略号 ©》 著作権, 版権.

coˈram ˈpu·bli·co [koˈram puˈbliko] (lat. , in aller Öffentlichkeit') 公然と, 公衆の面前で. etˈ~ sagen 事を公言する.

Cord [kɔrt] 男 -[e]s/-e =Kord

Corˈdon bleu [kɔrˈdoː bløː] 中 --/--s [kɔrˈdoː bløː] (fr.) **1** 《歴史》 青綬章 (フランスのブルボン王朝時代の最高位勲章). **2** 《戯》 名コック(とくに女性の). ▶ ルイ Louis 15 世がすばらしい料理を作った料理女に青綬章を授けたことから. **3** 《料理》 コルドン・ブルー(2枚の仔牛肉の間にハムとチーズを詰めてフライにした料理).

ˈCor·ned ˈbeef [ˈkɔːrnətˈbiːf] 中 -/ (engl.) 《食品》 コンビーフ.

ˈCor·ner [ˈkɔːrnəʳ, ˈkɔːnə] 男 -s/- (engl.) **1** 《サッカー》 (Eckball) (サッカーの)コーナーキック. **2** (Ecke) (ボクシングの)コーナー. **3** 《金融》 (Korner) (株式の)買い占めグループ, 仕手筋.

ˈCorn·flakes [ˈkɔːrnfleːks, ˈkɔːnfleɪks] 複 (engl.) 《食品》 コーンフレーク.

Corˈni·chon [kɔrniˈʃoː] 中 -s/-s (fr.) 《食品》コルニション(酢漬けの小さなきゅうり).

ˈCor·po·ra [ˈkɔrpora] Corpus の複数.

Corps [koːr] 中 -/- [..zuːs] (fr.) 《略 CC》 =Korps

ˈCorps con·suˈlaire [ˈkoːr kõsyˈlɛːr] 中 ---/-s [..ˈlɛːr] (fr.) 《略 CC》(ある国に駐在している外国の全領事館員.

ˈCorps de Balˈlet [ˈkoːr də baˈleː] 中 ---/- (fr. , Ballettkorps') コール・ド・バレエ(ソロではなく群舞を踊るダンサーたち).

ˈCorps di·plo·maˈtique [ˈkoːr diplomaˈtɪk] 中 --/-s [..ˈtɪk] (fr.) 《略 CD》 外交団(その国の認証を得た大使以下の外交官の総称).

ˈCor·pus [ˈkɔrpʊs] 中 -/-Corpora (lat.) (↑ Korpus) **1** 《解剖》 (Körper) 体(tái), 身体. **2** 《植物》 コルプス, 内体(ないたい). **3** 《書籍》(古文書などの集成, 全集. ~ Juris Canonici 《カトリ》 カノン法全典(中世におけるカトリック教会の全法規を集めた旧教会法典. ↑ Codex Juris Canonici). ~ Juris Civilis [..ˈtsiːviːlɪs] ローマ法全典(東ローマ皇帝 Justinianus I 世によって530ごろ集成されたもの). **4** ~ Christi 《カトリ》 (ミサのとき奉献・拝領されるホスティアの中に現存する) キリストのからだ, 聖体; (Fronleichnam) 聖体の祝日. ~ Christi mysticum [..ˈmystikum] キリストの神秘体(キリスト教会のこと). **5** ~ Delicti [..deˈlɪkti] 《法制》 有罪認定証拠; (一般的に)証拠(物件).

cor·riˈger la forˈtune [kɔriʒelaˈforˈtyn] (fr. , das Glück berichtigen') 《賭博》 いかさまする.

ˈCor·tes [ˈkɔrtɛs, ..tes] 複 die — コルテス(スペイン・ポルトガルの国会, 上院・下院から成る).

cos [ˈkoːzinus] 《記号》=Cosinus, Kosinus

Coˈsi ˈfan ˈtut·te [koˈziː ˈfan ˈtʊte] (it. , so machen's alle [Frauen]') 『コシ・ファン・トゥッテ』(女はみなこうしたものさ) (Mozart のオペラの題名).

ˈCoˈsi·nus [ˈkoːzinus] 男 -/[-se] (lat.) =Kosinus

ˈCos·ta ˈRi·ca [ˈkɔstaˈriːka] 《地名》 コスタリカ(中央アメリカにある共和国, 首都サンホセ San José).

cot [ˈkoːtangɛns] 《記号》《幾何》=Cotangens, Kotangens

ˈCo·tan·gens [ˈkoːtangɛns] 男 -/- (lat.) =Kotangens

ˈCot·ta [ˈkɔta] 《人名》 Johann Friedrich ~ Cottendorf ヨーハン・フリードリヒ・コッタ・フォン・コッテンドルフ (1764-1832, ドイツ出版界の老舗コッタ社の社主, 当時 Goethe, Schiller はじめ著名な詩人たちの作品を数多く世に出した).

ˈCot·tage [ˈkɔtɪʃ, ˈkɔtɪdʒ] 中 -/-s [..tɪʃ(s), ..dʒɪz] (engl.) **1** (田舎の)小さな別荘. **2** 《アメリカ》 高級住宅街.

ˈCot·ton [ˈkɔtən] 中 (男) -s/ (engl.) 木綿 (もめん); 綿布.

Couch [kaʊtʃ] 女 -/-s(-en) (engl.) ソファーベッド, 長(寝)椅子.

Couˈleur [kuˈløːr] 女 -/-s(-en) (fr. , Farbe') **1** (複数なし) (ある人間の思想的・政治的などの)色合い, 傾向, 特色. Personen verschiedener ~ さまざまな色合いの人物たち. **2** 《学生》 (赤または黒の)組礼・スーツ. **3** (学生組合の所属を示す)色, シンボルカラー.

Cou·lomb [ku'lõ:] 男 -s/- 〖記号 C〗〖物理〗クーロン(電気量の実用単位. フランスの物理学者 Charles A. de Coulomb, 1736–1806 にちなむ).

Count·down ['kaʊntdaʊn] 中 -[s]/-s (engl.) **1** カウントダウン(ロケット発射などの前の秒読み). **2** (ある事を開始する前の)準備(時間), (最後の)総点検.

Coun·ter ['kaʊntər] 男 -s/- (engl.) (空港・旅行社などで切符を発売する)窓口, カウンター.

Coup [ku:] 男 -s/-s (fr., Schlag, Stoß') **1** 〖古〗打撃. **2** 策略, 大胆な企て. einen [großen] ~ machen〈landen〉大ばくちを打つ. **3** 突発事件. ~ de Main [..də 'mɛ̃:] 奇襲. ~ d'Etat [..de'ta:] クーデタ, 政変.

'Coup d'État ['ku: de'ta:] 男 --/-s -['ku:..] Coup 3

Cou·pé [ku'pe:] 中 -s/-s (fr.) **1** 〖古〗(列車の)車室, コンパートメント. **2** クーペ(2人乗りの自動車・馬車).

Cou·plet [ku'ple:] 中 -s/-s **1** (寄席などで歌われる政治諷刺のきいた)戯(ざ)れ歌. **2** 〖音楽〗クプレ(ロンドの中間部).

Cou·pon [ku'põ:] 男 -s/-s (fr.) (Kupon) **1** クーポン, (切取式の)切符, 引換券, 請求券, (書式用紙の)控えの半券. **2** (債券などの)利札. **3** (ある長さに裁断した)布切れ.

Cour [ku:r] 女 -/ (fr., Hof') 〖古〗宮廷; (宮廷での)接見, レセプション. einer Dame die ~ machen〈schneiden〉ある婦人のご機嫌をとる, (に)言い寄る.

Cou·ra·ge [ku'ra:ʒə] 女 -/ 〖話〗勇気, 肝っ玉.

cou·ra·giert [kura'ʒi:rt] 胸 度胸のある, 勇敢な.

Cou·ran·te [ku'rã:t(ə)] 女 -/-n (fr.) 〖音楽〗クーラント(16–17 世紀フランスの舞曲, のちバロック組曲の早い楽章となる).

Cour·ta·ge [kʊr'ta:ʒə] 女 -/-n (fr.) (証券取引における)委託手数料, 仲介手数料, コミッション.

Cour·toi·sie [kʊrtoa'zi:] 女 -/-n [..'zi:ən] (fr., Höflichkeit') 〖古〗**1** 〖複数なし〗(女性に対する)礼節, 慇懃(いんぎん)さ. **2** 礼儀正しい心づかい, 慇懃な物腰.

Cou·sin [ku'zɛ̃:] 男 -s/-s (fr., Vetter') 従兄弟(いとこ).

Cou·si·ne [ku'zi:nə] 女 -/-n (Kusine) 従姉妹(いとこ).

Cou·ture [ku'ty:r] 女 -/ (fr., Näherei') **1** 裁縫, 仕立. 仕立屋. **2** =Haute Couture

Cou·va·de [ku'va:də] 女 -/-n (fr., Männerkindbett') 〖民俗〗擬娩(ぎべん), 男子産褥(妻の出産前後に夫も妻の出産に付随するさまざまな行為を模倣する習俗).

'Co·ver ['kavər] 中 -s/-s (engl.) **1** (グラフ雑誌の)表紙. **2** レコード・ジャケット.

'Co·ver·coat ['kavərko:t] 男 -[s]/-s (engl.) **1** 〖紡織〗カバートクロス(ウールに少量の綿などを混紡し防水加工を施した布地). **2** 〖服飾〗(カバートクロスで作った男性用の軽い)ハーフコート.

'Co·ver·girl ['kavərgə:rl, ..gœrl] 中 -s/-s (engl.) (雑誌の表紙を飾る)カバーガール.

'Cow·boy ['kaʊbɔy] 男 -s/-s (engl.) カウボーイ.

Co'yo·te [kɔ'jo:tə] 男 〖動物〗=Kojote

cr. [kɔ'rɛntɪs] 〖略〗=currentis

Cr [tse:'|ɛr] 〖記号〗〖化学〗=Chrom

Crack [krɛk] 男 -s/-s (engl.) **1** (スポーツの)名選手; (競走用の)名馬, 優駿(ゆうしゅん).

'Cra·cker ['krɛkər] 男 -s/-[s] (engl.) **1** 〖食品〗クラッカー. **2** かんしゃく玉, (おもちゃの)爆竹.

'Cra·nach ['kra:nax] 〖人名〗Lucas ~ der Ältere 父ルーカス・クラーナハ(1472–1553, ドイツ・ルネサンス期の画家). Lucas ~ der Jüngere 子ルーカス・クラーナハ(1515–1586, ドイツの画家, 父クラーナハの次男).

Cra·que'lé [krakə'le:] (Krakelee) ❶ 男〈中〉 -s/-s 〖紡織〗クレープ(表面に縮みのある布地), 縮緬(ちりめん). ❷ 中 -s/-s 〖複数なし〗(ガラス・陶器の)ひび割れ模様. **2** ひび割れ模様のある陶器.

'Cre·do ['kre:do] 中 -s/-s (lat.) (Kredo) **1** 〖カトリック〗使徒信経(しとしんけい), (ミサ通常文中の)クレド. ▶この祈りのラテン語文の冒頭句 Credo (=Ich glaube) から名で呼ばれる(↑Apostolikum). **2** 〖プロテスタント〗使徒信条. **3** (一般に)信条, 信念.

Creme [krɛ:m, krɛ:m] 女 -/-s(-n) (fr.) **1** クリーム(乳製品); クリーム(化粧品). **2** 〖複数なし〗えり抜きのもの. die ~ der Gesellschaft 上流階級.

'creme·far·ben 胸 クリーム色の.

'cre·men ['krɛ:mən, 'krɛ:mən] 他 (人³の物⁴に)クリームを塗る.

'cre·mig ['krɛ:mɪç, 'krɛ:mɪç] 胸 クリーム状の.

Crêpe¹ [krɛp] 男 -s/-s (fr.) 〖紡織〗(Krepp) クレープ(ちぢみ織の布). ~ de Chine ['krɛp də 'ʃi:n] クレープデシン. ~ Georgette [..ʒɔr'ʒɛt] ジョーゼット. ~ Satin [..za'tɛ̃:] クレープ・サテン.

Crê·pe² [krɛp] 男 -s/-s (fr.) 〖料理〗クレープ. ~ Suzette ['krɛp zy'zɛt] クレープ・シュゼット(クレープを4つ折りにしてリキュールでフランベしたもの).

cresc. [krɛ'ʃɛndo] 〖略〗=crescendo

cre'scen·do [krɛ'ʃɛndo] 副 (it., anschwellend') 〖音楽〗(↔ decrescendo) クレシェンド, だんだん強く.

Cre'scen·do 中 -s/-s(..di[..di]) (it.) 〖音楽〗クレシェンドの楽句; 〖比喩〗(長距離競走のラストスパート.

'Creutz·feldt-'Ja·kob-'Krank·heit ['krɔytsfɛlt'ja:kɔp..] 女 -/ 〖医学〗クロイツフェルト・ヤコブ病. ◆ドイツの神経科医 H. G. Creutzfeldt と A. Jakob の名にちなむ.

Crew [kru:] 女 -/-s (engl.) (船舶・航空機の)乗組員, 搭乗員, クルー; (ボートの)チーム, クルー; (海軍士官学校の)同期生; (共同作業をする)仲間, 班.

Crois'sant [kroa'sã:] 中 -[s]/-s (fr.) クロワッサン.

Cro·ma'gnon·ras·se [kroman'jõ:..] 女 -/ クロマニョン人(後期旧石器時代の化石人類, 南西フランスの Crô-Magnon の洞穴で発見された).

Cross [krɔs] 中 - (engl.) 〖スポーツ〗**1** (ボクシングの)クロス打法. **2** =Crosscountry

Cross'coun·try [krɔs'kantri] 中 -[s]/-s (engl.) 〖スポーツ〗クロスカントリー(競技); 〖馬術〗クロスカントリー・レース.

'Cross·sing-'over ['krɔsɪŋ'|o:vər] 中 -/ 〖遺伝〗=Cross-over 2

'Cross-over ['krɔso:vər, -'--] 中 -[s]/- (engl.) **1** (音楽などの異なるジャンルの融合, クロスオーバー. **2** 〖遺伝〗交差(相同染色体間に起る部分交換).

Crou·pi'er [krupi'e:] 男 -s/-s (fr.) クルピエ(カジノの賭博台でルーレットを回したり賭札を集めたりする役).

Croû'ton [kru'tõ:] 男 -s/-s 〖ふつう複数で〗〖料理〗クルトン(さいの目に切ったパンの小片を揚げたもの, スープに浮かしたり料理のつけ合せに用いる).

'Cruise'mis·sile ['kru:zˈmɪsail, -ˈmɪsɪl] 中 -s/-s 〖軍事〗クルージングミサイル, 巡航ミサイル.

Crux [krʊks] 女 -/ (lat., Kreuz') **1** 十字架. ~ Christi キリストの十字架. **2** 重荷, 苦難; 難問. ~ interpretum 〖文語〗(写本などの)難解な箇所. **3** die ~ 〖天文〗南十字星.

Cru'zei·ro [kru'ze:ro] 男 -[s]/-s (port.) クルゼイロ

(ブラジルの貨幣単位).

Cs [tseː'ɛs]《記号》『化学』=Cäsium, Zäsium

c. s.《略》=colla sinistra

'Csar·das, 'Csár·dás ['tʃardas, 'tʃaˈrdaːʃ] 男 -/- (ung.)『音楽』チャールダーシュ(ハンガリーの民族舞踊・舞曲).

'C-Schlüs·sel ['tseː...] 男 -s/- 『音楽』ハ音記号.

ČSFR [tʃɛːɛsɛfˈɛr] 女 -/《略》=Česka a Slovenská Federativná Republika (旧)チェコスロヴァキア連邦共和国(1990-92).

'Csi·kós ['tʃiːkoːʃ, 'tʃikoːʃ] 男 -/- (ung.) チコーシュ(ハンガリーの馬飼い).

CSU [tseːɛsˈuː] 女 -/《略》=Christlich-Soziale Union キリスト教社会同盟(バイエルン州におけるCDUの同系政党).

ct《略》1 =Cent 2 =Centime

Ct.《略》=Centime(s)

c. t.《略》=cum tempore

Cu [tseː'uː]《記号》『化学』=Cuprum, Kupfer

'cui 'bo·no? ['kuːi 'boːno] (lat., Wem [dient es] zum Guten?') それは誰のためにしたのか, それによって得をする(した)のは誰か(Ciceroの言葉, 犯罪追求の核心点).

'cu·ius 're·gio, 'eius re'li·gio ['kuːjɔs 'reːgio, 'eːjɔs reˈliːgio] (lat., wessen Land, dessen Religion') 領主の宗教がその国の宗教である(1555 のアウクスブルクの宗教和議で決議された原則).

Cul de Pa'ris ['kyː də paˈriː] 男 - - -/-s - ['kyː..] (fr., Pariser Gesäß') 『服飾』キュ・ド・パリ(18世紀の女性のスカートの下, 臀部のあたりに腰のラインを際立たせるためにつけた一種の腰当て).

'Cum·ber·land·sau·ce, 'Cum·ber·land·so·ße ['kambərlɛnt.., 'kambələnd..] 女 -/-n 『料理』カンバランド・ソース(辛口の冷製ソース. Cumberlandはイングランド北西部の地方).

cum 'gra·no 'sa·lis [kʊm 'graːno 'zaːlɪs] (lat., mit einem Körnchen Salz') (話を)いくらか割引して, 話半分に.

cum 'lau·de [kʊm 'laʊdə] (lat., mit Lob') (ドイツのドクター試験で)良で(上から3番目の評点). magna ~ ['magna ..] 優で. summa ~ ['zʊma ..] 秀で. ↑ rite

cum 'tem·po·re [kʊm 'tɛmpore] (lat., mit Zeit')《略 c. t.》(↔ sine tempore) (大学の講義を)定刻より(15分)遅れて(=mit dem akademischen Viertel, ↑akademisch 1).

C und C《略》=cash and carry

Cun·ni'lin·gus [kʊniˈlɪŋgʊs] 男 -/..gi[..gi] (lat.) ニリングス(女性の陰門に対する口唇愛撫).

Cup [kap, kʌp] 男 -s/-s (engl.)《スポーツ》カップ, 優勝杯. Davis-Cup (テニスの)デビスカップ.

Cu'pi·do [kuˈpiːdo]《人名》『神話』クピードー, キューピッド(恋の神, Venus 女神の息子, ギリシア神話の Eros のローマ名. ↑Kupido).

'Cu·prum ['kuːprʊm] 中 -s/《記号 Cu》『化学』Kupfer

Cu·ra'çao [kyraˈsaːo] 男 -[s]/-s キュラソー(オレンジの皮で風味をつけた甘口リキュール. カリブ海 die Karibik にある同名の島の名前から).

Cu'rie [kyˈriː] 中 -/《記号 Ci》『物理』キュリー(放射能の単位. フランスの物理学者 Pierre Curie, 1859-1906 と Marie Curie, 1867-1934 にちなむ).

'Cu·ri·um ['kuːriʊm] 中 -s/ (↓Curie)《記号 Cm》『化学』キュリウム(放射性元素の1つ).

'Cur·ling ['kø:rlɪŋ, 'kœrlɪŋ] 中 -s/《スポーツ》カーリング.

cur'ren·tis [kʊˈrɛntɪs] (lat., des laufenden [Jahres od. Monats])《略 cr.》今年(今月)の.

Cur'ri·cu·lum [kʊˈriːkulʊm] 中 -s/..la[..la] (lat.)『教育』カリキュラム, 教科課程.

Cur'ri·cu·lum 'Vi·tae [..ˈviːtɛ] 中 - -/(..la -) (lat., Lebenslauf') 経歴, 履歴(書).

'Cur·ry ['kari, 'kœri, 'karɪ] (engl.) ❶ 中 (男) -s/ カレー粉. ❷ 中 -s/-s カレー料理.

'Cur·sor ['kø:rzər, 'kœrzər] 男 -s/-s (engl.)《コンピュータ》カーソル.

Cut [kœt, kat, kʌt] 男 -s/-s (engl.) 1 『服飾』=Cutaway 2 (ボクシングでの)裂傷(とくに目の付近の).

'Cu·ta·way ['kœtəve, 'katəve] 男 -[s]/-s 『服飾』モーニング(コート).

'cut·ten ['katən] 他 (engl. cut) (撮影したフィルム・録音したテープを)編集する.

'Cut·ter ['katər] 男 -s/- (engl.) 1 (フィルム・テープの)編集者. 2 肉ひき機.

CVJM [tseːfaʊjɔtˈʔɛm]《略》=Christlicher Verein Junger Menschen キリスト教青年会, YMCA.

Cy'an [tsyˈaːn] 中 -s/ 『化学』=Zyan

'Cy·ber·space ['saɪbərspeːs] 男 -/-s[..sɪs] (engl.) サイバースペース(電子メディアが生み出す仮想空間).

'Cy·ber·ter·ror ['saɪbər..] 男 -s/ サイバーテロ.

'Cy·borg ['saɪboːg] 男 -s/-s (engl. cybernetic organism) サイボーグ.

cy·clo.., Cy·clo.. [tsyklo.., tsyːklo..]《接頭》=zyklo.., Zyklo..

d, D

d¹, D¹ [de:] 中 -/- ドイツ語アルファベットの第4文字(子音字). ◆口語では単数2格および複数形を [de:s] と発音することがある.

d², D² [de:] 中 -/- 〚音楽〛**1** 二音. **2**〚記号〛d= d-Moll, D=D-Dur

d³ 〚略〛**1**〚薬学〛=**detur**['de:tʊr] (*lat.*) (処方箋で)投薬せよ. **2** =**Denar 3**《イタリック》〚数学〛= **Durchmesser 4**〚物理・天文〛=**dies**['di:ɛs] (*lat.*) 日.

d⁴〚記号〛**1**〚数学〛=**Differential 2**〚化学〛=**dextrogyr 3**〚数学〛=**Dezi**..

D¹〚記号〛**1**〚電報〛=**dringend** 至急, ウナ電. **2** = **Damen** 婦人用(トイレなどの表示). **3**《国籍を示す自動車標識》=**Deutschland 4** =**Dinar**

D²〚記号〛**1**《ローマ数字の》500. **2**〚化学〛=**Deuterium 3**〚時刻表で〛=**D-Zug**

D.〚略〛**1** =**Doktor der evangelischen Theologie (ehrenhalber)** 福音教会派の(名誉)神学博士. **2** 〚音楽〛=**Deutsch-Verzeichnis**

da

[da: ダー] ❶ 圖 **1**《空間的》(a) そこに, あそこに, ここに《距離感が曖昧で, 指さすなど身振りを伴うことが多い》. *Da* kommt ein Hund. (あそこへ)犬が1匹やってくる. *das* Kind ~ あそこにいるあの子供. Hallo, Sie ~! 《話》もしそこの人. Das ~!《店屋で》それ(これ)ください. Dieser ~ ist ein besserer Wein. こっちの方がいいワインですよ. Platz ~! そこをどいて(あけて)くれ. Wo liegt meine Brille? — *Da* [liegt sie]! 私の眼鏡はどこへいったんだろう《指さして》そこに(ここに)ありますよ. Lass das ~ liegen! それはそのままにしておけ. Halt, wer ~? 止まれ, 誰か《歩哨などの誰何(ホホ)の文句》. Ist jemand ~? 誰かいませんか. Da sind wir! さあ着いたよ. *Da* ist keiner, der so was tut. そんなことをする者はここにはいないよ. Ich bin bald wieder ~. すぐ戻ります. *Da* haben wir's! 《話》《注文した料理などが)さあ来たぞ;《怖れていたことが)実現して)やっぱりこうなった》. Nichts ~!《話》それは駄目だ. 話にならんね. (b)《他の副詞規定と》Ich warte ~ draußen〈an der Ecke〉. そこの表で《そこの街角で》待ってるよ. ~ herum あたりに《その辺り》. Weg ~! どいてくれ, あっちへ行ってくれ. Er wohnt in Köln oder ~ in der Nähe. 彼はケルンかその近くに住んでいる. (c)《成句で》~ und dort / hier und ~ あちこちに, ここかしこに, 方々に. von ~ an〈ab〉そこから, ここから(↑2(d)). (d)《間投詞的に》*Da*! そら(あげよう, お取り). Sieh ~! そら見てごらん;それ見ろ, 言わないことじゃない. *Da*, horch! そら耳を澄ませてごらん. *Da*, es klingelt! ほらベルが鳴っているよ. *Da* nimm das! これを取っておきなさい, これをあげよう. *Da* schau her!《地方》なんだこれは. (e)《形式主語 es の代理》*Da*(=Es) wohnt in einem bayerischen Dorf eine alte Frau, die hatte früher drei Söhne. バイエルンのある村に1人の老婆が住んでいて, もとは3人の息子たちがいた. (f)《関係副詞 wo と》Er soll ~ bleiben, wo er ist. 彼は今いるところを動くべきだろう. (g) als ~ sind〈ist〉たとえば, すなわち(↑1 als 3). ▶↑da sein

2《時間的》(a) そのとき. *Da* lachte er plötzlich. そのとき彼は急に笑った. Sie war ~ noch jung. 彼女はその時分まだ若かった. *Da* siehst〈hast〉du's! やっと分かったろう. Es schlug gerade zehn, ~ kam er. ちょうど10時を打ったとき彼がやってきた. Ich schimpfte das Kind. *Da* fing es an zu weinen. 私はその子を叱った. すると子供は泣きだした. (b)《時を示す副詞(句)を受けて》Gestern〈Vor einer Woche〉, ~ war hier ein Unfall.《話》昨日〈1週間前〉のこと, ここで事故があったんだ. (c)《接続詞 **als, nachdem** などに導かれる副文を受けて》Als es schließlich soweit war, ~ sank ihm der Mut. 事態がついにここまで来たとき彼は気力が失せてしまった. Bevor Sie sich⁴ beschweren, ~ erkundigen Sie sich⁴ erst einmal genau. 苦情を言ってやる前にまず詳しく問合せてみなさい. (d)《成句で》hier und ~ ときおり(↑1(c)). von ~ an そのときから, それ以来(↑1(c)).

3《状況・条件などを示して》(a) そういうことなら, その場合には, その点では. *Da* haben Sie Recht! それならあなたのおっしゃる通りです. *Da* bin ich ganz deiner Meinung. その点では私は君とまったく同意見だ. *Da* will ich nicht stören. そういうことでしたらお邪魔しないことにしましょう. Was soll man ~ noch sagen? 今さら何を言うことがあるんだ. Es liegt Schnee, ~ kann man Ski laufen. 雪が積もっている, (これなら)スキーができるぞ. (b)《状況・条件を示す副詞(句)を受けて》Bei Sonnenschein, ~ braucht man keinen Schirm. お天気だったら傘など要らないよ. (c)《接続詞 **wenn** に導かれる副文を受けて》Wenn ich schon gehen muss, ~ gehe ich lieber gleich. どうせ行かなくてはならないのなら私はむしろすぐ行った方がいい.

4《譲歩を示して / **noch** と》それでも, とは言うものの. Er ist ein guter Handwerker, ~ ist er aber noch lange kein Meister. 彼は腕のいい職人ではあるが親方になるのはまだまだ無理だ.

5《関係代名詞的に後に添えて》alles, was ~ lebt 生きとし生けるすべてのもの. Wer ~ hat, dem wird gegeben.《新約》持っている人にはさらに与えられる(マタ13:12).

6《話》《代名詞と前置詞との融合形 (**da**[r]..) があとに来ることを予告して》*Da* ist er nicht dran schuld. それは彼のせいではない. *Da* werde ich nicht draus klug. 私はそれがさっぱりのみ込めないんだ.

7《北ドイツ》《代名詞と前置詞との融合形 (**da**[r]..) が分離して》*Da* bin ich auch für. 私もそれに賛成だ(=Ich

bin auch dafür.).
8《古》《関係副詞として／定動詞後置》(a)《時間的》zu der Zeit, ~ viele Hunger litten 多くの人々が空(っ)き腹をかかえていた時代に. (b)《場所的》die Stelle, ~ (=wo) er begraben liegt 彼が葬られている場所.
❷ 圏《従属／定動詞後置》**1** (a)《理由》…だから,…なので. Da er krank ist, kann er nicht kommen. 彼は病気だから来られない. Da die Auflage zu niedrig war, ging die Zeitschrift ein. / Die Zeitschrift ging ein, ~ die Auflage zu niedrig war. 発行部数がひどく低かったのでその雑誌は廃刊になった.
▶¹ weil にくらべて, da はあまり理由づけに力点が置かれていない.
▶² 理由が話者以外の人の挙げたものである場合ふつう weil ではなく da を用いる. Er sagte mir, er könne nicht mitkommen, ~ er keine Zeit habe. 彼は暇がないので同行できないと私に言った.
▶³ 理由が既知の事実である場合 da を用いるのが一般的. 多く ja, doch, bekanntlich, wie schon gesagt などを伴う. Da sie, wie schon gesagt, in Urlaub ist, kann sie an der Feier nicht teilnehmen. すでに言ったように彼女は休暇中だから祝典に出ることができない. (b)《反語的疑問文の理由づけ》Was sollte ich antworten, ~ ich genau wusste, dass es darauf keine Antwort gibt? それには答えなんかありっこないとを百も承知だった以上, 私はなんと返事をしたらよかったのよう. (c)《**zumal da** の形で》…なので, …だからなおさら. Du sollst bei diesem Wetter nicht auf die Straße gehen, zumal ~ du stark erkältet bist. こんなお天気の上に外へ出ていけないよ, ましてお前はひどい風邪なんだから.
2《過去の時を示して》(als) …したとき, (während) …しているあいだに, (nachdem) …したあとで. An dem Tage, ~ ich zum ersten Mal das Meer erblickte 私が初めて海を見た日に. Sie lächelte, ~ sie die Serviette entfaltete. 彼女はナプキンを広げながらにこにこしていた.
3《古》《譲歩・相反／しばしば **doch** を伴って》(obwohl, während) …であるのに. Er bemühte sich⁴ weiterhin, ~ er doch wusste, dass es erfolglos war. 彼は成功するはずがないと分かっていながらなおも頑張りつづけた.

da.. [da:..] 《分離前つづり／つねにアクセントをもつ》**1**《話し手の近くの場所を示して》dableiben そこに〈ここに〉留まる. **2**《場所を特定せず漠然と存在を示して》daliegen（物がある場所・状態に）ある.
❷ [da.., da..]《前置詞と》事物を代理する人称代名詞・指示代名詞および文末に zu 不定詞を受ける代名詞 es が前置詞とともに用いられるとき, 代名詞を da に置き替えて前置詞との融合形をつくる. dabei, dadurch, dafür など. 前置詞が母音で始まるときは dar.. となる. daran, darauf, darin など. **2**《場所・方向を示す副詞と》daher, dahin; darinnen など.

d. Ä.《略》=der Ältere (↑Ältere 2)
DAAD [de:|a:|a:'de:]《略》=Deutscher Akademischer Austauschdienst ドイツ学術交流会.
DAB [de:|a:'be:]《略》=Deutsches Arzneibuch ドイツ薬局方.

'da|be·hal·ten* ['da:..] 囮（人⁴を）引き留めておく;（物⁴を）手もとに取っておく, 返さない.

*__da'bei__ [da'baɪ, 指示強調 'da:baɪ ダバイ] 囮 前置詞 bei と事物を代理する人称(指示)代名詞との融合形.

1 そのそば（近く, わき）に, それに付属して（添えて）. Vor dem Tor parkte ein Wagen, und ~ stand ein Polizist. 門の前に車が停まっていてそばに警官が1人立っていた. Die Sendung ist gekommen, aber die Rechnung ist nicht ~. 小包は届いたが請求書が付いていない. ein Haus mit einem kleinen Garten ~ 小さな庭つきの家. nahe ~ すぐ近くに.
2 そのとき, そのさい; それとともに, それと同時に. Sie kann stricken und ~ lesen. 彼女は編み物をしながら本を読むことができる. Was nützt es dem Menschen, wenn er die ganze Welt gewinnt, aber ~ sich⁴ selbst verliert?《新約》人間はたとえ全世界を手に入れても自分自身を失ったらなんの得があろうか（ルカ9:25）.
3 ~ sein, …zu tun ちょうど…しているところである. ↑dabei sein 2
4 それに関して, そのことで, その点で. Du bekommst das Geld, aber ~ handelt es sich⁴ nur um einen Zuschuss. 君にそのお金が貰えるよ, といってもそれは補助金が出ただけのことだが. ohne sich³ etwas ~ zu denken それとも思わずに; 他意なしに. Ich habe mir nichts ~ gedacht. そんなことは私はなんとも思わなかった; それには私は他意はなかったのです. Dabei kommt nichts heraus. そんなことをしても何にもならない, 無駄である.
5《成句・慣用句で》Er bleibt ~. 彼は自分の意見を変えない. Es bleibt ~!／Und ~ bleibt es! それに決めたぞ. Lass ihn doch ~. 彼がそう思うなら思わせておくさ. Es ist nichts ~./Ich finde nichts ~./Was ist denn 〈schon〉 ~?《話》べつに何てことはないよ.
▶ ↑dabeibleiben, dabei sein
6 それでいて, その上. Sie ist schön und ~ klug. 彼女は美人でおまけに頭がいい.
7 もっとも, とはいえ. Er ist berühmt und ~ bescheiden. 彼は名士であるのに腰が低い.

◆¹ 北ドイツでは da と bei が分離することがある. Da ist nichts bei, wenn du kommst. 君が来たってちっともかまわないよ.
◆² ↑dabei sein

da'bei|blei·ben* [da'baɪ..] 囮（s）それを続ける, やめない; それに居続ける. Ich habe einmal angefangen, also will ich auch ~. 私はいったんやり始めたからにはずっと続けていきたい. Sie ist bis zum Schluss dabeigeblieben. 彼女はおしまいまで残っていた. ◆dabei は副詞としての性格が保持されているときは dabei bleiben と書く. 以下 dabeihaben, dabeisitzen, dabeistehen についても同じ. ↑dabei 5

da'bei|ha·ben* [da'baɪ..] 囮 **1**（物⁴を）携えている;（人⁴を）連れている. Er hat kein Geld〈einen Hund〉 dabei. 彼は金を持合せていない〈犬を1匹連れている〉. **2**《話》（人⁴を）参加させる, 仲間に加える. ◆↑dabeibleiben

◆

da'bei sein*, °**da'bei|sein*** 囮（s）**1** その場にいる, 居合せる; 出席(参加)している. Er ist immer dabei, wenn ein Streich geplant ist. 悪戯（いたずら）をするときは彼がいつも一枚加わっている. Als sie in unsere Firma eintrat, war ich schon vier Jahre dabei.《話》彼女が私たちの会社に入ってきたとき私はすでに勤めて4年になっていた. Ich bin dabei!《話》合点だ, 私もその話に乗るよ.《中性名詞として》Dabeisein ist alles! 百聞は一見に如（し）かず. **2**（zu 不定詞と）ちょうど…しているところである. Als sie kam, war ich gerade dabei, an sie zu schreiben. 彼女が来たとき私はちょうど

と彼女に手紙を書いているところだった. Ich *bin* schon *dabei*! (何かを言いつけられたようなとき)今やっているところ…

daˈbei|sitˈzen* 圓 (h, s) そば(傍)に座っている. Er möchte gern ~, wenn wir plaudern. 私たちが話をしていると彼はそばに座っている. ◆↑dabeibleiben◆

daˈbei|steˈhen* 圓 (h, s) そば(傍)に立っている. Er *stand dabei*, als es passierte. 事件があったとき彼はそれを傍観していた. ◆↑dabeibleiben◆

daˈbleiˈben* ['da:..] 圓 (s) そこに(ここに)留まる, 残る; (放課後学校に)残される. Du kannst die Nacht über ~. 君は一晩中いても(泊まっていっても)いいよ. Der Gast *bleibt* immer lange *da*. お客はいつも尻が長い. ◆ただし, Du hättest da bleiben sollen. 君はその場にじっとしていなければならなかったんだ.

da ˈcaˈpo [da ˈka:po] (*it.*, vom Kopf an') 《音楽》 **1** (略 D.C.) ダ・カーポ, 始めから繰返せ, 反復演奏せよ. **2** *Da capo*! アンコールっ. ~ rufen アンコールを求めて叫ぶ.

DaˈcaˈpoˈArie 囡 -/-n 《音楽》ダ・カーポ・アリア.

Dach [dax ダハ] 囲 -[e]s/Dächer **1** 屋根; 庇(*^), 軒; 《話》頭, (頭の)鉢. das ~ der Welt 世界の屋根(パミール高原). ein ~ decken 屋根を葺(*)く (mit Ziegeln 瓦で). kein ~ überm Kopf haben 《話》住む家がない, 宿なしである. eins aufs ~ bekommen〈kriegen〉《話》ぽかっとつかれる; 大目玉をくう. j³ eins〈etwas〉 aufs ~ geben 《話》人³の頭をぽかりとやる; (に)意見(説教)をする, お灸(*^)をすえる. j³ aufs ~ steigen 《話》人³に意見(説教)をする, 言って聞かせる. gleich Feuer im ~ haben すぐにかっとなる. unter ~ sein (家などが)あらかた出きあがっている. et⁴ unter ~ und Fach bringen 物⁴を安全な場所に移す; 事⁴をぶじ仕上げる(やり遂げる), うまく始末する (↑ Fach). unter ~ und Fach sein 安全なところに収まっている; できあがって(仕上がって)いる, 片ついて(落着いて)いる. mit j³ unter einem ~ wohnen〈leben〉人³とひとつ屋根の下で暮す. unterm ~ [juchhe] 屋根裏(部屋)で. Bei ihm ist es unterm ~ nicht ganz richtig. 《話》彼は頭がちょっと変だ. Das pfeifen die Spatzen schon von ~〈von den *Dächern*〉. それはもう町じゅうの噂になっている, 誰でも知っている. **2** 《鉱業》天盤(坑道・切羽の天井をなす岩石・岩盤).

ˈDaˈchau [ˈdaxaʊ] 《地名》ダッハウ(バイエルン州の都市, ナチスの時代に強制収容所があった).

ˈDachˈbalˈken 男 -s/- 垂木(*^), 棟木(*^).

ˈDachˈboˈden 男 -s/⸚ 屋根裏部屋.

ˈDachˈdeˈcker 男 -s/- 屋根葺(*)き職人.

ˈDäˈcher ['dɛçər] Dach の複数.

ˈDachˈfensˈter 中 -s/- 天窓, 屋根窓.

ˈDachˈgarˈten 男 -s/⸚ 屋上庭園; 屋上テラス.

ˈDachˈgeˈschoss 中 -es/-e 《建築》屋階.

ˈDachˈgeˈsellˈschaft 囡 -/-en 《経済》(コンツェルンなどの)親会社.

ˈDachˈgleiˈche 囡 -/-n (⸚^)=Richtfest

ˈDachˈhaˈse 男 -n/-n (戯) 猫.

ˈDachˈkamˈmer 囡 -/-n 屋根裏部屋.

ˈDachˈluˈke 囡 -/-n 天窓.

ˈDachˈorˈgaˈniˈsaˈtion 囡 -/-en 上部組織(団体).

ˈDachˈpapˈpe 囡 -/-n 《建築》タール板紙(タールを塗み込ませた丈夫な板紙), ルーフィングシート.

ˈDachˈpfanˈne 囡 -/-n 《建築》桟瓦(*^), パンタイル(断面が波形になった屋根瓦).

ˈDachˈreiˈter 男 -s/- 《建築》棟(½)の上の小塔(教会の上の小さな鐘楼など).

ˈDachˈrinˈne 囡 -/-n 雨桶(*^).

Dachs [daks] 男 -es/-e **1** 《動物》 ~ あなぐま(穴熊). ~ schlafen ぐっすり(正体なく)眠りこけている. **2** 《話》若造, 青二才.

ˈDachsˈbau [daks..] 男 -[e]s/-e あなぐまの巣穴.

ˈDachˈschaˈden [dax..] 男 -s/⸚ 屋根の破損個所. einen ~ haben 《話》頭がいかれている.

ˈDächˈsel ['dɛksəl] 男 -s/- =Dachshund

ˈDachsˈhund [daks..] 男 -[e]s/-e 《動物》ダックスフント(あなぐま狩りなどに適した短足胴長の猟犬).

ˈDachˈstuhl [dax..] 男 -[e]s/⸚e《建築》小屋(½)組み (屋根を支える骨組み). den ~ aufsetzen 小屋組みをする.

ˈdachˈte ['daxtə] denken の過去.

ˈdächˈte ['dɛçtə] denken の接法 II.

ˈDachˈtel ['daxtəl] 囡 -/-n 《地方》《話》(Ohrfeige) びんた.

ˈDachˈverˈband 男 -[e]s/⸚e =Dachorganisation

ˈDachˈwohˈnung 囡 -/-en 屋階の住まい.

ˈDachˈzieˈgel 男 -s/- 屋根瓦.

ˈDaˈckel ['dakəl] 男 -s/- **1** (Dachshund) ダックスフント. **2** 《話》うすのろ, ぼんくら.

Daˈdaˈisˈmus [dada'ɪsmʊs] 男 -/ (*fr.*) 《美術・文学》ダダイズム(第1次世界大戦後に国際的に展開された芸術・文学上の急進的な革命運動).

Daˈdaˈist [dada'ɪst] 男 -en/-en ダダイスト.

daˈdaˈisˈtisch [..tɪʃ] 肥 ダダイズムの, ダダイズム的な.

däˈdaˈlisch [dɛ'da:lɪʃ] 肥 (↓Dädalus) **1** (ダイダロスのように)発明の才のある, 創意工夫に富んだ. **2** 《美術》古代ギリシア美術草創期の.

ˈDäˈdaˈlus ['dɛ:dalʊs] 男 《人名》《ギ神話》ダイダロス (偉大な工匠, クレタ島に有名な迷宮を作り, のちそこに監禁されると人工の翼を作って息子 Ikaros とともに空から脱出した).

***daˈdurch** [da'dʊrç, 指示強調 'da:dʊrç ダドゥルヒ] 圓 前置詞 durch と事物を代理する人称(指示)代名詞との融合形. **1** (つねに [da'dʊrç]) そこを通って(通り抜けて). Soll ich durch diese Tür gehen oder ~? このドアを通っていくのですか, それともそちらからですか. **2** それによって. Er hat mir das Medikament gegeben, und ich bin ~ wieder gesund geworden. 彼が薬をくれた, おかげで私は再び元気になった. Hoffentlich haben Sie ~ keinen Nachteil. あなたがそのために損をなさらなければよいのですが. (dass が導かれた副文と)つねに ['da:dʊrç]) *Dadurch*, dass mein Zug Verspätung hatte, konnte ich nicht rechtzeitig kommen. 列車が遅れたので私は時間どおりに来られなかった.

***daˈfür** [da'fy:r, 指示強調 'da:fy:r ダフューア] 圓 前置詞 für と事物を代理する人称(指示)代名詞との融合形. **1** (a) 《目的・目標を示して》 そのために, この(その)ために. Ich habe ~ viel Geld ausgegeben. 私はそのために随分金をつぎこんだ. Er ist ~ noch nicht vorbereitet. 彼はまだそのための準備ができていない. Dies ist die Voraussetzung ~. これがそのための前提条件だ. Ich werde ~ sorgen, dass bald mit der Arbeit begonnen wird. そろそろ仕事が始まるように私が手配しよう. (b)《用途・適性》 *Dafür* kann man das Werkzeug nicht gebrauchen. それにはこの道具は役に立たない. Er ist ~ geeignet. 彼はそれに打ってつけである. (c) 《賛成・支持》 *Dafür*! (賛否を言うとき)賛成 (↔ dage-

gen). Wer ist〈stimmt〉 ~? 誰が賛成ですか. Das ist noch kein Beweis ~. これではまだそのことの証明になっていない. Alles spricht ~, dass er das getan hat. すべての点から見てそれは彼の仕業(しわざ)であるらしい (↑dafürsprechen).
2 (a) 《報酬・代償・対価を示して》それに対して. Sie hat zwanzig Euro ~ bezahlt. 彼女はその代金(礼金)として20ユーロ払った. Das ist ~, dass du gelogen hast. これは君が嘘をついた報いだ. Und das ist nun der Dank ~!《反語》これがそのお礼ってわけか. (b)《補償・埋め合せ》Ich helfe dir bei den Schularbeiten, und ~ musst du mir im Garten helfen. 君の宿題を手伝ってやるからその代りに私の庭仕事を手伝うんだよ. Er arbeitet langsam, ~ aber gründlich. 彼は仕事が遅いがそのぶん丁寧だ. (c)《対抗・阻止》Sei mir nicht böse! Ich konnte ja nichts ~. 悪く思わないでくれよ, 私にはどうすることもできなかったんだから (↑dafürkönnen).
3《動詞 ansehen, halten などと》Er ist kein Arzt, wird aber oft ~ angesehen〈gibt sich⁴ aber ~ aus〉. 彼は医者でもないのによく間違えられる〈そう自称している〉. Er ist kein Schriftsteller, hält sich⁴ aber ~. 彼は作家ではないが自分ではそのつもりでいる (↑dafürhalten).
4 その割に, それにしては. Dafür, dass sie erst ein Jahr hier ist, spricht sie die Sprache schon sehr gut. ここへ来てやっと1年にしかならない割には彼女はもう当地の言葉をとてもうまく話す.
5 それに関して. Er hat ~ nichts übrig. 彼はそれに興味がない. Dafür habe ich kein Verständnis. 私はそれを納得(了承)できない. Er ist bekannt ~, schnell zu handeln. 彼は行動が早いことで知られている. Ich bin ~ bestraft worden, dass ich den Fernseher kaputtgemacht habe. 僕はテレビを壊したことで罰を受けました.
6《話》《接続詞的に》だって, なんと言ったって. Er wird nicht seekrank, ~ ist er ja Seemann. 彼は船に酔わない, なんと言ったって船乗りなんだから.
◆北ドイツでは da と für が分離維持することがある. Da kann ich nichts für. 私はそれをどうすることもできない.
da'für|hal·ten* [da'fy:r..] （古）《dass に導かれた副文と》…と思う, …と考える. Ich halte dafür, dass es besser sei, es zu sagen. 私はそれを言った方がよいと思う.《中性指示代名詞として》nach meinem Dafürhalten 私の意見(考え)では. ◆dafür halten とも書く. ↑dafür 3
da'für|kön·nen etwas ~（いささか）責任がある. Er kann nichts dafür. それは彼のせいではない. ◆dafür können とも書く. ↑dafür 2
da'für|spre·chen* 《dass に導かれた副文と》…であることを証拠だてる. Manches spricht dafür, dass er der Täter ist. いくつかの点から見てどうやら彼が犯人であるらしい. ◆dafür sprechen とも書く. ↑dafür 1
da'für|ste·hen* (h, s) **1** (h, s)《古》j³ ~, dass …. …ということを請け合う, 保証する. **2** (s)《古》やり甲斐がある. Das steht nicht dafür. それは割に合わない, しても無駄だ. ◆dafür stehen とも書く.
dag《記号》=Dekagramm
DAG [de:|a:'ge:]《略》=Deutsche Angestellten-Gewerkschaft ドイツ被傭者（勤労者）労働組合.
***da'ge·gen** [da'ge:gǝn], 指示強調 'da:ge:gǝn ダーゲーゲン 前置詞 gegen と事物を代理する人称(指示)代名詞との融合形. **1** それに(その方に)向かって, それに向けて. Er ging unter den Baum und lehnte sich ~. 彼はその木の下へ歩いていって, それに寄りかかった. それに対抗(抵抗)して, それに反対して. Wir kämpfen ~, solange wir können. 私たちは力の続くかぎりそれに対し戦う. Weißt du ein neues Mittel ~? 君はこれに対く新薬を知らないか. Dagegen!《賛否を言うとき》反対(↔ dafür). Ich habe nichts ~ einzuwenden 私はそれに反対しない. wenn Sie nichts ~ haben あなたにご異存がなければ. Dagegen ist nichts zu machen. それはどうにも手の施し(打ち)ようがない. Wer ist ~? 反対の人はいませんか. **3** それに比べて Dein Plan ist hervorragend, ~ ist der meine ein Kinderspiel. 君のプランはすばらしい, それに比べると私のなんてまるで子供の遊びだ. **4**《接続詞的に》(hingegen, indessen) それに反して, けれども. Bier mag er nicht, ~ trinkt er Wein. 彼はビールは好まないがワインは飲む. ◆北ドイツでは da と gegen が分離することがある. Ich habe nichts was gegen. 私はそれに反対しない.

da'ge·gen|hal·ten* [da'ge:gǝn..] それと比べる, 対比する. Wir haben die Kopie betrachtet und das Original dagegengehalten. 私たちはそのコピーをつくつて眺めてオリジナルとつき合せてみた. **2** 反対意見として述べる. seine Meinung ~ 反対意見を持出す. Ich habe ihm nichts dagegenzuhalten. 私は彼に向た何も答えることができない.

da'ge·gen|set·zen (dagegenhalten 2) 反対意見として述べる. Ich habe nichts Besseres dagegenzusetzen. 私には異を唱えるだけの名案もない.

da'ge·gen|stel·len (sich⁴) それに反対する, 異を唱える.

da'ge·gen|wir·ken 反対行動に出る, 抵抗(阻止, 妨害)する. Wir müssen unbedingt ~, dass dies geschieht. こんなことが行われることを私たちは絶対に阻止しなくてはならない.

Da·guer·reo·ty'pie [dagǝroty'pi:] [..'pi:ǝn] **1**《複数なし》(昔の)銀板写真法. **2** (Daguerreotyp) 銀板写真, ダゲレオタイプ. ◆フランスの画家・発明家 Louis Daguerre, 1787-1851 にちなむ.

'da·ha·ben **1** 貯えである, 手元に置いている. Ich habe kein Bier da. ビールを切らしてしまった. **2** (お客・手伝いなどとして)来てもらっている.

***da'heim** [da'haɪm ダハイム] **1** わが家で, 故郷(故国)で. ~ bleiben 在宅している. ~ bei uns 私たちの家(町, 国)では. eine Nachricht von ~ 家(故郷)からの便り. Wie geht's ~? お宅では皆さんお元気でしょうか. Heute bin ich für niemanden ~.《話》私は今日は誰が来ても留守だよ, 誰にも会わないよ. Daheim ist ~! やっぱりわが家が一番だ. Er ist in Hamburg ~. 彼はハンブルクの生れだ. **2**《比喩》auf einem Gebiet ~ sein ある分野に精通している, 詳しい.

Da'heim -s/ わが家; ふるさと. kein ~ haben 帰るわが家がない.

***da'her** [da'he:r, 指示強調 'da:he:r ダーヘア] （dahin) **1**《場所》そこから. Von ~ muss er gekommen sein. 彼はそこから来たにちがいない, その出身にちがいない. Daher《Von ~》weht [also] der Wind. なるほどそういうことだったのか. ▶ ↑daherkommen. **2**《理由・原因 / つねに ['da:he:r]》それゆえに. Sein Kind ist krank und ~ kann er nicht kommen. 子供が病気なので彼は来られないんだ. Daher kommt es, dass… これが理由(原因)で…なのだ.《dass または weil に導かれた副文を伴って》Seine Krankheit kommt ~, dass〈weil〉er lange Jahre im Krieg hat hungern müssen. 彼の病気は戦争中何年にもわたってろくなものを食べられなかったせいだ。 **3**《地方》(hierher) こちらへ，ここへ． Setz dich ~! ここへ座りなさい． ◆口語では da と her が分離することがある． Ach *da* kommt das *her*! ああそれでこうなったのか．

da·her·brin·gen* [ˈdaːheːr..] 他《南ﾄﾞ・ｽｲｽ》**1**(物⁴を)運んで来る，(人⁴を)連れて来る． **2**《俗》(daherreden) 見さかいもなくべらべら喋る．

da·her·flie·gen* 自 (s) **1** 飛んで来る． **2** 飛び回って来る．

da·her·ge·lau·fen 形《俗》どこの馬の骨ともつかぬ．

da·her·kom·men* 自 (s) (こちらへ)やって来る，近づいて来る． ↑daher 1

da·her·re·den 他《俗》見さかいもなくべらべら喋る．

da·hin [daˈhɪn, 指示強調 ˈdaːhɪn] 副 **1**《動⇒ ﾀﾞﾋﾝ》(↔ daher) **1**《場所》そこへ，そちらへ． Ich fahre oft ~. わたしはよくそこへ出かける(ドライブをする)． Bis ~ ist es noch weit. そこまではまだ遠い． Ich hab's bis ~ satt. / Mir steht's〈geht's〉 bis ~. 私はもうそれにうんざりだ． ~ und dorthin あちこちへ． **2**《意向・目標・結果 / しばしば dass に導かれた副文または zu 不定詞句と》つねに [ˈdaːhɪn] *Dahin* hat ihn seine Vernunft gebracht. 彼の思いやりのなかったのは彼の無分別のせいだ． Wir müssen ihn ~ bringen, dass er es von selbst eingesteht. 私たちは彼がそれを自分から白状するように仕向けなくてはならない． es³ durch List ~ bringen, dass... 策略によって…を達成する． Seine Meinung geht ~, dass... 彼の意見は…ということである． Mein Bestreben geht ~, sofort von hier wegzukommen. 私の努力は早くここから出ていくことに向けられている． Er hat seine Meinung ~ [gehend] formuliert, dass... 彼は自分の意見を…のように要約した． Ich habe seine Worte ~ gehend verstanden. 私は彼の言葉をそのように理解した． Es ist schon ~ gekommen. 事態はもうここまで来た． *Dahin* ist es mit ihm gekommen. 彼はこんなことになってしまった，ここまで落ちぶれた． ▶ ↑dahingehend **3**《時間》bis ~ それ(そのとき)まで． **4** ~ sein (物が)壊れた，なくなった; (人が)亡くなった． Meine Jugend ist ~. 私の青春は過ぎ去った．

da·hin.. [daˈhɪn..] 《分離前つづり / つねにアクセントをもつ》**1**《話し手から遠ざかっていく動きを示す》 *dahin*fahren (乗物が)走り去る． **2**《漫然・無為》 *dahin*leben 漫然と日々を過ごす． **3**《とりとめない行為》 *dahin*reden 見さかいもなくべらべら喋る． **4**《消滅・死去》 *dahin*schwinden 消え去る．

da·hiˈnab [daˈhɪˌnap, 指示強調 ˈdaːhɪnap] 副 そこを下(ｼﾀ)って，その下の方へ．

da·hiˈnauf [daˈhɪˌnaof, 指示強調 ˈdaːhɪnaof] 副 そこを上がって，その上の方へ．

da·hiˈnaus [daˈhɪˌnaos, 指示強調 ˈdaːhɪnaos] 副 そこを(そこから)外へ．

da·hin·däm·mern [daˈhɪn..] 自 (s, h) ぼんやり(うつらうつら)と日々を過ごす．

da·hin·ei·len 自 (s) 急いで行く(去る)． Die Zeit *eilt* nur so *dahin*. 光陰(ｺｳｲﾝ)は矢のように早い．

da·hiˈnein [daˈhɪˌnaen, 指示強調 ˈdaːhɪnaen] 副 その(そこの)中へ．

da·hin·fah·ren* 自 (s) **1** 走り去る． **2**《雅》逝く，みまかる．

da·hin·flie·gen* 自 (s) **1** 飛去る． **2** 飛ぶように速く過ぎ去る．

da·hin·ge·ben* 他《雅》(生命などを)犠牲にする，捧げる．

da·hin·ge·gen [daːhɪnˈgeːgən] それに反して．

da·hin·ge·hen* [daˈhɪn..] 自 (s) **1** すたすた歩いていく． Ohne sich⁴ umzusehen, *ging* sie *dahin*. 彼女は振返りもしないで歩み去った． **2** (時が)過ぎ去る． **3**《雅》世を去る，他界する．

ˈda·hin·ge·hend [ˈdaːhɪn..] 形分《dass に導かれた副文と》 sich⁴ ~ äußern, dass... …という旨の発言をする． ↑dahin 2

da·hin·ge·stellt [daˈhɪŋgəʃtɛlt] 形《述語的用法のみ》未決定の，不確かな． et¹ ~ sein lassen 事⁴を未決定のまま(ペンディング)にしておく，棚上げにする． Es bleibe〈sei〉 ~, ob sie schon verheiratet ist, ... 彼女がすでに結婚しているかどうかはさておいて…

da·hin·le·ben 自 (s)《雅》(のんびりと，無為に)日を過ごす． **2** 細々と(なんとか)暮らす．

da·hin·plät·schern 自 (s) (小川などが)さらさら(ちょろちょろ)流れて行く． Ihr Gespräch *plätscherte* so *dahin*. 彼らはただとりとめもないおしゃべりを続けた．

da·hin·re·den 他 出まかせにしゃべる，いい加減に言う．

da·hin·sa·gen 他 =dahinreden

da·hin·schei·den* 自 (s) 《婉曲》世を去る，逝く．

da·hin·sie·chen 自 (s)《雅》(長患いで)病み衰える．

da·hin·ste·hen* 自 未定(不確か)である，疑わしい． Es *steht* noch *dahin*, ob sie kommt. 彼女が来るかどうかはまだはっきりしない．

da·hin·ten [daˈhɪntən, 指示強調 ˈdaːhɪntən] 副 その後ろに，その奥に．

***da·hin·ter** [daˈhɪntər, 指示強調 ˈdaːhɪntər ﾀﾞﾋﾝﾀｰ] 副 前置詞 hinter と事物を代理する人称(指示)代名詞との融合形． **1**(↔ davor) その後ろに(へ)，背後に(へ)． ein Haus mit einem Garten ~ 裏に庭のある家． **2**《比喩的に》その裏(背後，奥)に． Es nichts ~. これには裏(の意味)などない． viel Gerede und nichts ~ 口数ばかり多くて中身のないおしゃべり，空疎な饒舌． ◆↑dahinter klemmen, dahinter knien, dahinter kommen, dahinter setzen, dahinter stecken, dahinter stehen

da·hin·terˈher [daˈhɪntərˈheːr] 副《次の用法で》 ~ sein (話) 一所懸命である．

da·hin·ter klem·men, ˚**daˈhin·ter|klem·men** [daˈhɪntər..] 再 (sich⁴)《話》=dahinter knien

da·hin·ter knien, ˚**daˈhin·ter|knien** 再 (sich⁴)《話》精魂(ｾｲｺﾝ)を傾ける． Du musst dich mehr ~. 君はもっと頑張らなくてはならない．

da·hin·ter kom·men*, ˚**daˈhin·ter|kom·men*** 自 (s)《話》探り出す，見つけ出す，嗅ぎつける． Ich bin jetzt endlich *dahinter gekommen*, wie es zusammenhängt. 私はどういう経緯(ｹｲｲ)でそうなっているのか今やっと分かった．

da·hin·ter set·zen, ˚**daˈhin·ter|set·zen** 再 (sich⁴)《話》本腰を入れて取組む．

da·hin·ter ste·cken*, ˚**daˈhin·ter|stecken*** 自 (話) **1**(隠れた事情・理由・意図などが)裏にある． Es *steckt* nichts *dahinter*. これはなんでもないことだ． **2**(誰かが)裏で糸を引いている，陰で操っている． Eine Frau *steckt dahinter*. 女が裏にいる．

da·hin·ter ste·hen*, ˚**daˈhin·ter|ste·hen*** 自 (話) **1** 事を支持する，その後盾(ｺﾞｼﾀﾞﾃ)になる． **2** その裏(背後)にある．

da·hiˈnü·ber [daˈhɪˌnyːbər, 指示強調 ˈdaːhɪnyːbər] 副 それを越えて，その向こうに(へ)．

da·hi'nun·ter [dahɪˈnʊntər, 指示強調 ˈdaːhɪnʊntər] 圖 そこを下って.

da'hin|ve·ge·tie·ren [daˈhɪn..] 圓 かろうじて露命をつなぐ，惨めな日々を送る.

da'hin|zie·hen* ❶ 圓 (s) 〈雲などが〉流れて行く. ❷ 再 (*sich*⁴) 〈道などが〉延々と続く.

'Dah·lie [ˈdaːliə] 囡 -/-n 〖植物〗ダリア(フィンランドの植物学者 Andreas Dahl, 1751-1789 にちなむ).

Da'ka·po [daˈkaːpo] 中 -s/-s (↓ da capo) 〖音楽〗 **1** ダ・カーポ, 繰返し, 反復. **2** アンコール. auf ein ~ warten アンコールを待つ.

Dak'ty·len [dakˈtyːlən] Daktylus の複数.

dak'ty·lisch [dakˈtyːlɪʃ] 形 (↓ Daktylus)〖韻律〗ダクテュロスの, 長短短(揚抑抑, 強弱弱)格の.

'Dak·ty·lo [ˈdaktylo] 囡 -/-s (略) (Daktylographin の短縮)女性タイピスト.

dak·ty·lo.., **Dak·ty·lo..** [daktylo..]〖接頭〗(*gr.*) 名詞その他に冠して「指, 足趾」の意を表す. 母音の前では daktyl.., Daktyl-. となる.

Dak·ty·lo'gramm 中 -s/-e 指紋.

dak·ty·lo·gra'phie·ren [daktylograˈfiːrən] 佃 (略) タイプする, タイプライターで打つ.

Dak·ty·lo·gra'phin [..ˈgraːfɪn] 囡 -/-nen (略) 女性タイピスト.

Dak·ty·lo·lo'gie [..loˈgiː] 囡 -/ 手話法(術).

Dak·ty·lo·sko'pie [..skoˈpiː] 囡 -/-n [..ˈpiːən] 指紋検出法, 指紋検査.

'Dak·ty·lus [ˈdaktylʊs] 男 -/..len (*gr.*) 〖韻律〗ダクテュロス, 長短短(揚抑抑)格, 強弱弱格.

'Da·lai-'La·ma [ˈdaːlaɪˈlaːma] 男 -[s]/-s (*mong.* , Meer'+*tibet.* , der Obere') ダライ・ラマ(チベットラマ教の最高支導者の称号).

'da|las·sen* 他 (h, s) **1** 置いておく, あとに残す. Kann ich den Koffer ~? トランクを置いていってもかまいませんか. **2** (ある場所・状態に)ある. Schau doch richtig hin, es *liegt* doch *da*! よく見てごらん, ちゃんとあるじゃないか. Die See *lag* ruhig *da*. 海は穏やかに凪(な)いでいた.

'Dal·be [ˈdalbə] 囡 -/-n 〖船員〗(Duckdalbe の短縮)ドルフィン, 係船杭.

'Dal·ben [ˈdalbən] 男 -s/- 〖船員〗=Dalbe

dal'bern [ˈdalbərn] 圓 〖地方〗〖話〗=albern²

'da|lie·gen* (h, s) **1** (長々と)横になっている, 寝そべっている. Der Kranke *lag* still *da*. 病人は静かに臥(が)せっていた. **2** (ある場所・状態に)ある. Schau doch richtig hin, es *liegt* doch *da*! よく見てごらん, ちゃんとあるじゃないか. Die See *lag* ruhig *da*. 海は穏やかに凪(な)いでいた.

Dalk [dalk] 男 -[e]s/-e (バイエルン・オーストリア) **1** (Geschwätz) おしゃべり, むだ話. **2** 間抜け, うすのろ.

'Dal·ken [ˈdalkən] 複 (バイエルン・オーストリア)〖料理〗ダルケン(ボヘミアのパンケーキの一種).

'dal·kert [ˈdalkərt] 形 (バイエルン・オーストリア)〖話〗間抜けな, とんまな.

'dal·ket [ˈdalkət] 形 (南ドイツ) =dalkert

'Dal·les [ˈdaləs] 男 -/ (*hebr.* dalluth , Armut')〖話〗 **1** 無一文, 金欠, 貧乏. im ~ sein 金に困っている. den ~ haben 金に困っている；(器物などが)割れて(壊れて)いる. **2** (体・気分の)不調；風邪ひき.

'dal·li [ˈdali] 間 (*poln.*)〖話〗速く, 急いで. Jetzt aber ~, ~! さあ急いだ急いで.

Dal·ma·ti·en [dalˈmaːtsiən]〖地名〗ダルマーティア (クロアチア西部, アドリア海に面する地方).

Dal·ma·tik [dalˈmaːtɪk], **Dal'ma·ti·ka** [..tika] 囡 -/..ken[..kən]〖キリスト教〗ダルマティカ(助祭・司教が着用する膝までの祭服). ◆発祥の地 Dalmatien にちなむ.

Dal·ma'ti·ner [dalmaˈtiːnər] 男 -s/- **1** ダルマーティア地方の住民. **2** ダルマーシアン(白毛に黒または赤褐色の斑点のあるポインターに似た犬). **3** ダルマーティア・ワイン(アルコール度が高い).

dal·ma'ti·nisch [..ˈtiːnɪʃ] 形 ダルマーティア(地方)の.

dal'ma·tisch [dalˈmaːtɪʃ] 形 =dalmatinisch

dal 'seg·no [dal ˈzɛɲo] (*it.* , vom Zeichen an') 《略 d.s.》〖音楽〗ダル・セーニョ(:§:記号のところから反復せよ).

'da·ma·lig [ˈdaːmaːlɪç] 形《付加語的用法のみ》当時の, その頃の.

*** 'da·mals** [ˈdaːmaːls ダーマールス] 副 当時, その頃.

Da'mas·kus [daˈmaskʊs]〖地名〗ダマスクス(シリアラブ共和国の首都, 世界最古の都市の1つ, 使徒Paulus の回心の地. 邦訳聖書の表記はダマスコ).

Da'mast [daˈmast] 男 -[e]s/-e (*it.*)〖紡績〗ダマスク, ダマスク織り. ◆ Damaskus を主産地とする緞子(どんす)に似た紋織物の一種.

da'mas·ten [daˈmastən] 形《付加語的用法のみ》ダマスク織りの.

Da·mas'ze·ner [damasˈtseːnər] ❶ 男 -s/- ダマスクスの市民. ❷ 形《不変化》ダマスクスの.

Da·mas·ze·ner·klin·ge [..] 囡 ダマスクス刀(波状紋様のあるダマスクス鋼製のサーベル).

'Däm·chen [ˈdɛːmçən] 中 -s/- (Dame の縮小形) **1** 小柄な(かわいい)婦人. **2** (侮)レディーをきどる小娘. **3** 淑女めかした売春婦.

'Da·me [ˈdaːmə ダーメ] 囡 -/-n (*fr.*) **1** 〖古〗貴婦人. **2** 淑女, レディー；(女性のことを丁寧に言う語として)婦人. eine alte〈junge〉 ~ 老婦人〈若い婦人〉. meine alte ~〖戯〗わが母君, おふくろ様. die ~ des Hauses (客を迎えた家の)女主人, ホステス. die ~ *seines Herzens*〖戯〗意中の女性. eine ~ von Welt 上流社会の婦人, 名流婦人. Meine ~n und Herren! (スピーチの冒頭で)紳士淑女の皆さま. [für] ~n 御婦人用(トイレの表示). **3** (ダンスの女の)パートナー；(パーティーの)同伴の女性. **4** 〖ﾁｪｽ･ﾄﾗﾝﾌﾟ〗クイーン. **5** (a)《複数なし》(Damespiel) チェッカー. (b) (チェッカーの)成り駒.

'Dä·mel [ˈdɛːməl] 男 -s/-〖話〗=Dämlack

'Da·men·be·such 男 -[e]s/-e (男性の所への)女性の客.

'Da·men·bin·de 囡 -/-n 生理帯, ナプキン.

'Da·men·dop·pel 中 -s/-〖ｽﾎﾟｰﾂ〗女子ダブルス.

'Da·men·ein·zel 中 -s/-〖ｽﾎﾟｰﾂ〗女子シングルス.

'Da·men·ge·sell·schaft 囡 -/-en **1** レディーだけの集まり, 女性ばかりのパーティー. **2**《複数なし》女性同伴. ein Herr in ~ 女連れの紳士.

'da·men·haft [ˈdaːmənhaft] 形 **1** レディー(淑女)にふさわしい, しとやかな. **2** (衣装などが)上品な.

'Da·men·mann·schaft 囡 -/-en (スポーツの)女子チーム.

'Da·men·sa·lon 男 -s/-s **1** (婦人専用の)美容院. **2** (理容店の)婦人専用室.

'Da·men·sat·tel 男 -s/⸗ (横乗りができる)女性用の鞍(くら).

'Da·men·schnei·der 男 -s/- 婦人服の仕立屋.

'Da·men·wahl 囡 -/ (ダンスパーティーで)女性の方からパートナーを選ぶこと.

'Da·men·welt 囡 -/ 《集合的に》ご婦人方.

'Da·me·spiel 中 -[e]s/-e チェッカー(盤上ゲームの一種)；チェッカーの一勝負.

Dam·hirsch ['dam..] 男 -[e]s/-e《動物》ダマじか(鹿).

da·misch ['daːmɪʃ] 形《南ド》**1** 愚かな, 馬鹿げた. **2** 頭がぼうっとなった, ふらふらする. **3** 非常な, ものすごい.

da'mit ❶ [daˈmɪt, 指示強調 ˈdaːmɪt ダミト] 副 前置詞 mit と事物を代理する人称(指示)代名詞との融合形. **1** それを持って(携えて), 身に着けて. Er nahm den Koffer und ging ~ aus dem Zimmer. 彼はトランクを手に取るとそれをさげて部屋から出ていった. **2** それをもって, それを使って. Sie nahm den Schlüssel und wollte ~ den Schrank öffnen. 彼は鍵を取っso戸棚を開けようとした. Was will er ~ sagen? 彼はそれで(その言葉で)何が言いたいのか. Was soll ich ~ [anfangen]? 私はそれをどうしたらいいんだ. **3** それとともに, それと同時に. Er zitierte Goethe und beendete ~ seine Rede. 彼はゲーテを引用しそれで講演を終えた. **4** それに関して. Damit ist es aus! この件(話)はこれでおしまいだ. Wie steht's ~? それ(その件)はどんな具合ですか. **5** それによって, のために. Er hat mich zum Arzt gebracht und mir ~ das Leben gerettet. 彼は私を医者に連れていき, それによって私の命を救ってくれた. **6**《慣用句で》Und ~ basta! 〈話〉言うことはこれだけだ, 分かったな. Her ~ !〈話〉それをよこしなさい. Heraus ~ !〈話〉さっさと白状するんだな. Weg ~ !〈話〉そんなものは棄ててしまえ.

▶ 北ドイツでは da と mit が分離することがある. Da habe ich nicht mit gerechnet. 私はそれを計算に入れていなかった.

❷ [daˈmɪt] 接《従属/定動詞後置》...するために, ~するように. Ich muss mich beeilen, ~ ich nicht zu spät komme. 私は遅れないように急がなくてはならない. Sie zog die Vorhänge zu, ~ niemand hereinsah〈hereinsähe/hereinsehe/hereinsehen sollte〉. 彼女は誰にも覗かれないようにカーテンを閉めた. ▶ 定動詞は古くは接続法を用いたが, 現在は直説法がふつう.

'Däm·lack [ˈdɛːmlak] 男 -s/-e(-s)〈話〉うすのろ, すかたん, のろま.

'däm·lich [ˈdɛːmlɪç] 形〈俗〉愚鈍な, とろい. Mach kein so ~es Gesicht! そんな馬鹿面をするな.

*****Damm** [dam ダム] 男 -[e]s/Dämme **1** (a) 土手, 堤防, 堰堤, ダム, 堤. (b) 防波(防潮)堤; (道路·鉄道の)築堤. (b)《北ド》車道. j⁴ wieder auf den ~ bringen〈話〉人⁴を元通り健康(元気)にする. auf den ~ sein〈話〉健康(元気)である. **2**《比喩》抵抗, 阻止. j⟨et⟩⁴ einen ~ entgegensetzen/gegen j⟨et⟩⁴ einen ~ aufrichten 人⟨物⟩⁴に抵抗する, (を)阻む, 食い止める. **3**《解剖》会陰. **4**《楽器》ダム(オルガンの魂柱 Stimmstock を支える横木).

'Damm·bruch 男 -[e]s/⸚e 堤防(ダム)の決壊.

'Däm·me [ˈdɛmə] Damm の複数.

'däm·men [ˈdɛmən] 他 **1** (a) (流水を)堰(ᵏ)き止める. (b)《工学》(熱·音などを)遮断する. **2** 阻止(制限, 緩和)する. j² Rede⟨Zorn⟩ ~ 人²の話をさえぎる〈怒りをなだめる〉.

'Däm·mer [ˈdɛmər] 男 -s/〈雅〉(Dämmerung) 薄明, 薄暗がり. im ~ der Träume 夢うつつで.

'däm·me·rig [ˈdɛməriç] 形《副詞的には用いない》薄明の, 薄明り. どんよりした. ein ~er Tag 曇り日. Es wird ~. たそがれる; 空が白む.

*****'däm·mern** [ˈdɛmərn] デメーン 自 **1** Der Morgen〈Der Abend〉 dämmert. 夜が明ける〈日が暮れる〉.《非人称的に》Es dämmert. 夜が明ける〈たそがれる〉. **2** 半睡状態である. Er dämmert den ganzen Tag [vor sich⁴ hin]. 彼は一日中うつらうつら(ぼんやり)している. **3**《比喩》Endlich dämmerte mir die Wahrheit. やっと私は本当のことが分かってきた.《非人称的に》Es dämmerte ihm〈bei ihm〉 langsam. 彼はだんだん事情(様子)がはっきりしてきた.

'Däm·mer·schlaf 男 -[e]s/ **1** 半睡, 夢うつつ. **2**《医学》(病気治療のための睡眠薬による)軽い昏睡状態.

'Däm·mer·schop·pen 男 -s/- (↔ Frühschoppen) 夕方の一杯(夕食前に親しい仲間と軽く一杯引っかけること).

'Däm·mer·stun·de 女 -/-n 黄昏どき. ~ halten くつろいだ語(ᵇ)いで黄昏のひとときを楽しむ.

*****'Däm·me·rung** [ˈdɛmərʊŋ デメルング] 女 -/-en **1**《複数なし》薄明, うす暗がり. **2** (Morgendämmerung) 夜明け, 明け方, 黎明(ʳᵉᵃ); (Abenddämmerung) 夕暮れ, 暮れがた, 黄昏(ʰᵒʳᵒ).

'Däm·mer·zu·stand 男 -[e]s/ **1** 半睡(夢うつつの)状態. **2**《医学》朦朧状態.

'däm·me·rig [ˈdɛmərɪç] 形 =dämmerig

'Damm·riss [ˈdam..] 男 -es/-e《医学》分娩の際に起こる会陰(ᵉⁱⁿ)裂傷.

'Damm·schnitt 男 -[e]s/-e《医学》会陰切開(術).

'Dämm·stoff [ˈdɛm..] 男 -[e]s/-e 断熱(遮音)材.

'Däm·mung [ˈdɛmʊŋ] 女 -/ (熱·音の)遮断.

'Dam·na [ˈdamna] Damnum の複数.

dam·na·tur [damˈnaːtʊr] (lat., es wird verworfen*)《書籍》(↔ imprimatur) 印刷不許可(昔の検閲用語).

'Dam·no [ˈdamno] 男 (中) -s/-s (it.) =Damnum 2

'Dam·num [ˈdamnʊm] 中 -s/..na (it.) **1** 損害, 損失. **2**《金融》天引額(貸付けの際の抵当権設定額と実際に顧客に渡す金額との差額. ↑Disagio).

'Da·mo·kles·schwert [ˈdaːmɔkləs..] 中 -[e]s/ ダモクレスの剣(幸福をおびやかす絶えざる危険のたとえ).

◆ シチリア島シラクサの僭主ディオニュソス 1 世(紀元前 404-367)が, 王の幸福を羨む廷臣ダモクレスを玉座につかせ, その頭上に馬毛 1 本で剣を吊して現世の幸福の危うさを教えた故事による.

'Dä·mon [ˈdɛːmɔn] 男 -s/-en [dɛˈmoːnən] (gr.) **1** 霊, 魔神, 鬼神; (Teufel) 悪霊(ˢʰⁱ), 悪魔. **2** デーモン(人間に内在する超自然的な力).

Dä·mo'nie [dɛmoˈniː] 女 -/-n[..ˈniːən] 超自然的な威力, 摩訶(ᵐᵃ)不思議な力, 霊威, デモニー.

dä·mo·nisch [dɛˈmoːnɪʃ] 形 **1** デーモン(鬼神, 魔神)の; 悪魔的な. **2** 霊にとり憑(ᵗˢⁱ)かれたような, デモーニッシュな. ein ~er Mensch 悪魔にとり憑かれたような人間. Er hat etwas Dämonisches in seinem Wesen. 彼の人柄には憑かれたようなところがある.

Dä·mo'nis·mus [dɛmoˈnɪsmʊs] 男 -/ 霊崇拝; 悪魔信仰.

Dä·mo·no·lo'gie [dɛmonoloˈgiː] 女 -/-n[..ˈgiːən] 鬼神(魔神, 妖怪)論, 悪魔学.

*****Dampf** [dampf ダンプフ] 男 -[e]s/Dämpfe **1** 水蒸気, 湯気; 霧, 靄(ᵏᵃˢᵘᵐⁱ), 煙;《物理·工学》(液体·固体の)蒸気. Aus dem Tal steigen wallende Dämpfe auf. 谷間からもうもうたる霧が湧いてくる. et⁴ im ~ gar machen〔料理〕物⁴を蒸(ᵐᵘ)す, ふかす. et⁴ mit ~ betreiben 物⁴を蒸気で駆動する. einen Kessel unter ~ halten ボイラー(釜)を焚(ᵗᵃ)いている. unter

Dampfbad

~ sein〈stehen〉《古》(船・機関車が)出航(出発)の準備ができている. **2**《話》(比喩) (a) 圧力; 勢い; 緊迫(感). ~ in der Waschküche (父親・上役などの不機嫌による)ぴりぴりした雰囲気. Daraus ist der ~ raus.《話》それはもう気が抜けて(つまらなくなって)しまった. Der Boxer hat ~ in den Fäusten. このボクサーはパンチに威力がある. ~ ablassen《話》愚痴(ぐち)をぶちまける. ~ draufhaben《話》(車を)猛スピードで飛ばす; はしゃぐ; 調子に乗る. j³ ~ machen〈setzen〉《話》人³に圧力をかける, (の)尻を叩く. ~ hinter et⁴ machen〈setzen〉《話》事⁴を急がせる, (に)はっぱをかける. mit ~ arbeiten《話》仕事に精を出す. 不安. möchtig(en)] ~ vor j〈et〉³ haben《話》人〈物〉をひどく怖(おじ)る. **3**《話》空腹. ~ haben〈bekommen〉腹ぺこである(になる). **4**《猟師》im ~ liegen (獣が)撃たれてたばる. **5**《話》酔い. ~ einen ~ haben酔っぱらっている. **6** (Hansdampf) 知ったかぶりの出しゃばり野郎.

'Dampf·bad 田 –[e]/⁼er 蒸し風呂, サウナ; 蒸気浴.
'Dampf·druck 男 –[e]s/⁼e 蒸気圧;《気象》湿度.
'Dämp·fe ['dɛmpfə] Dampf の複数.
'damp·fen ['dampfən] 圓 (h, s) **1** 蒸気を出す, 湯気を立てる; (湯気を出ているほど)大汗をかく. Die Suppe *dampft*. スープが湯気を立てている. ein *dampfendes* Pferd 大汗をかいている馬.《非人称的に》*Es dampft* in der Wiese. 牧場(ばに)に水蒸気が立ちこめている. **2** (s) (汽船・汽車が)蒸気で走る;《話》汽車(汽船)で行く. nach Amerika ~ 船でアメリカに渡る.

*'**dämp·fen** ['dɛmpfən デンプフェン] 他 **1** (木材・布などを)蒸気で処理する. eine Hose ~ ズボンにスチームアイロン(湯のし)をかける. **2**《料理》蒸(ム)して, ふかす, ゆでる. Gemüse〈den Fisch〉~ 野菜をゆでる〈魚を蒸し焼きにする〉. **3**《工学》(溶鉱炉の)火を落とす. **4** (光・音などを)弱める, 和らげる; (激情・興奮・苦痛などを)抑える, 鎮める. den Aufruhr ~ 暴動を鎮圧する. die Kinder ~ 子供たちを静かにさせる. das Licht ~ 灯りを暗くする. einen Stoß ~ 衝撃を和らげる. *gedämpfte* Farben くすんだ色. mit *gedämpfter* Stimme 声をひそめて. mit *gedämpften* Trompeten spielen ミュートつきのトランペットで演奏する.

*'**Damp·fer** ['dampfər ダンプファー] 男 –s/– **1** (Dampfschiff) 汽船. ein flotter ~《話》ぴちぴちした女の子, かわい子ちゃん. auf dem falschen ~ sein〈sitzen/sich¹ befinden〉《話》勘違いをしている. **2**《話》2階だてバス, トラック, 戦闘機(いずれものすごい排気ガスを出すので).

'Dämp·fer ['dɛmpfər] 男 –s/– **1**《音楽》弱音器, ミュート, (ピアノの)ダンパー;《機械》(機械・自動車などの)制動装置, ダンパー. j〈et〉³ einen ~ aufsetzen《話》人³の気勢をそぐ〈事³に水をさす〉. einen ~ bekommen たしなめられる, 意気をそがれる; 水をさされる. **2**《料理》蒸(む)し器.

'Dampf·ham·mer 男 –s/⁼ 《工学》スチームハンマー.
'Dampf·hei·zung 女 –/–en スチーム暖房.
'damp·fig ['dampfɪç] 形 蒸気(湯気, 霧)の立ちこめた.
'dämp·fig ['dɛmpfɪç] 形 **1** (kurzatmig) (馬が)息切れを起こした. **2**《地方》むし暑い.
'Dämp·fig·keit 女 –/ 《獣医》(馬の)呼吸障害症.
'Dampf·kes·sel 男 –s/– 《工学》蒸気ボイラー.
'Dampf·koch·topf 田 –[e]s/⁼e 《料理》圧力鍋(釜).
Dampfl [dampfl] 田 –s/–[n]《南ドイツ》《料理》(酵母ケーキを作るときの)パン生地(き).
'Dampf·lo·ko·mo·ti·ve 女 –/–n 蒸気機関車.

'Dampf·ma·schi·ne 女 –/–n 《工学》蒸気機関.
'Dampf·nu·del 女 –/–n **1**《料理》(酵母入り)蒸(む)しだんご. aufgehen wie eine ~《話》ぶくぶく太る. **2**(ルメァ)《戯》葉巻.
'Dampf·schiff 田 –[e]s/–e =Dampfer 1
'Dampf·tur·bi·ne 女 –/–n 《工学》蒸気タービン.
'Dämp·fung ['dɛmpfʊŋ] 女 –/–en **1** (↑dämpfen 4) 弱めること, 緩和, 抑制. ~ der Konjunktur 景気の抑制. **2**《物理》制動, (振動の)減衰; 減衰装置. **3**《医学》(打診上の)濁音.
'Dampf·wal·ze 女 –/–n **1**《工学》(地ならし用の)蒸気ローラー. **2**《話》でぶ(とくに女性の).
'Dam·tier ['dam..] 田 –[e]s/–e 《動物》ダマじか(鹿)の雌(↑Damhirsch).
'Dam·wild –[e]s/ 《動物》ダマじか(Damhirsch) 属.

Dan [dan] 男 –/– (*jap.*) (武道の)段.

*'**da·nach** [da'na:x, 指示強調 'da:na:x ダナーハ] 副 前置詞 nach と事物を代理する人称(指示)代名詞との融合形. **1** (a)《空間的》それに向かって, その方へ. die Hände ~ ausstrecken 両手をその方に差出す. Er ging vorbei, ohne sich⁴ ~ umzuschauen. 彼はそっちをふり向きもしないで通り過ぎていった. (b)《目標を示して》それを目指して. Wir werden ~ streben. 我々はそれを目指して努力するつもりだ. Sie sehnte sich⁴ ~, Filmstar zu werden. 彼女は映画スターになりたいと憧れた. *Danach* steht mir jetzt nicht der Sinn. /《話》Mir ist jetzt nicht ~ [zumute / zu Mute]. いま私にはその気はない.

2 (a)《時間的》そのあとで. Eine Stunde ~ kam er wieder. それから1時間すると彼は戻って来た. Sie nahm die Tabletten, und ~ ging es ihr wieder besser. 彼女はその錠剤を飲んでしばらくすると気分が治った. (b)《順番・順位を示して》Sie war die beste in der Klasse, ~ kam ihre Freundin. 彼女がクラスのトップで次が彼女の女友達であった. Voran gingen die Kinder, ~ kamen die Eltern. 前を子供たちが歩き両親がそれに続いた.

3 それに従って; それによると. Er hat feste Grundsätze und lebt auch ~. 彼は確固たる原則をもっていてその事実それに則(のっと)って生きている. Es liegt ein Bericht vor, und ~ ist die Produktion um 5 Prozent gestiegen. ここに報告書があるがそれによると生産は5パーセント上昇している.

4 それに相応(比例)して. Der Käse ist sehr billig, und er schmeckt auch ~.《話》このチーズは大変安いが値段なりの味しかしない. Er hat früher sehr verschwenderisch gelebt und heute geht es ihm auch ~. 彼は以前ひどく金遣いの荒い生活をしていたが, 今じゃ自業自得ですっかり尾羽打ち枯らしている. Das Wetter ist heute nicht ~. 今日は天気がそれに不向きだ.《**aussehen** と》Der sieht [mir] nicht ~ aus, als ob er das wüsste. あの男がそれを知っているとは思えないんだが. Du willst auf den Baum klettern? Du siehst gerade ~ aus!《反語》君があの木に登るんだって. とてもじゃないが無理だね.

♦ 北ドイツでは da と nach が分離することがある. *Da* sollst du heute nicht *nach* fragen. 君は今日はその質問をしてはならないよ.

'Da·nae ['da:nae] 女《人名》《神話》ダナエー(アルゴス王アクリシオス Akrisios の娘, 黄金の雨に姿を変えた王神 Zeus と交わって英雄 Perseus を生む).

'Da·na·er·ge·schenk ['da:naər..] 田 –[e]s/–e **1**

【ギリシャ神話】ダナオイ(ギリシア人)の贈物(トロイアの木馬のこと). **2** 《話》不幸(禍)をもたらす贈物, ありがたくない贈物. ◆ Danaer (ギリシア語形 Danaoi) は Homer が与えたギリシア人の総称. ↑ Danaidenarbeit

Da·na'i·den·ar·beit [dana'iːdən..] 囡 -/-en ダナイデスの苦役, 無益な(甲斐のない)仕事. ◆ギリシア神話より. Danaiden (ギリシア語形 Danaides) はギリシア人に Danaioi の名を与えた祖 Danaos の 50 人の娘たち, 1 人を除いて新婚の床でその良人たちを殺したため穴のあいた桶(½)で水を汲むという永劫の罰を受けた.

'Dan·dy ['dɛndi] 男 -s/-s 《engl.》 ダンディー, 伊達(¾)男.

'Dä·ne ['dɛːnə] 男 -n/-n デンマーク人.

＊**da'ne·ben** [daˈneːbən, 指示強調 ˈdaːneːbən ダネーベン] 副 前置詞 neben と事物を代理する人称(指示)代名詞との融合形. **1** 《空間的》 その横(となり)に(へ), それと並んで. das Haus ～ そのとなりの家. ～ stehen そのそばに立っている. sich¹ ～ setzen そのそば(その横)へ腰をかける. **2** それに加えて, それと同時に; Er ist Metzger und betreibt ～ eine kleine Gaststube. 彼は肉屋だがかたわら小さなレストランを営んでいる. **3** それに比べると. Sein Spiel war hervorragend, ～ fiel das der anderen Schauspieler stark ab. 彼の演技はすばらしくそれに比べると他の俳優たちの演技はひどく見劣りがした. ◆↑ daneben sein

da·ne·ben.. [daneːbən..] 《分離前つづり / つねにアクセントをもつ》「その横(となり)に」という原意から転じて「的はずれた, 仕損じた」の意を表す. danebenfallen そばに落ちる, 当たらない.

da'ne·ben|be·neh·men* [sich¹) 再 《話》 変な(無作法な)まねをする.

da'ne·ben|fal·len* 自 (s) (目標をそれて)そばに落ちる.

da'ne·ben|ge·hen* 自 (s) **1** (弾丸などが)的をはずれる, 命中しない. **2** 《話》 失敗に帰する, うまくいかない.

da'ne·ben|ge·lin·gen* 自 (s) =danebengeraten

da'ne·ben|ge·ra·ten* 自 (s) 《話》 失敗に帰する, うまくいかない.

da'ne·ben|grei·fen* 自 **1** 拥(⅛)みそこなう. beim Klavierspielen ～ ピアノの演奏でミスタッチをする. **2** 《話》 しくじる, やりそこなう.

da'ne·ben|hau·en* 自 **1** 《不規則・規則両変化》打ち(叩き, 切り)そこなう, 当てそこなう. mit dem Hammer ～ ハンマーを打ちそこなう. **2** 《過去分詞のみ不規則変化》 《話》 やりそこなう, 間違える. Mit dieser Behauptung haute er kräftig daneben. こう主張したのは彼のひどい誤まりだった.

da'ne·ben|lie·gen* 自 (h, s) 《話》 間違って(思い違いをして)いる. Mit seiner Meinung liegt er aber sehr daneben. 彼の意見はえらく的はずれている.

da'ne·ben|schie·ßen* 自 **1** 射損じる, 的をはずす. **2** 《話》 ほかをやる, 間違える.

da'ne·ben sein*, °**da'ne·ben|sein*** 自 (s) 《話》 ぼうとなっている, 呆然(⅗)としている; 気分が悪い. Als der Unfall geschah, war er ganz schön daneben. 事故が起こったとき彼は呆然自失の体(⅗)であった.

da'ne·ben|tref·fen* 自 **1** (矢などが)的をはずれる. **2** 《話》 的はずれな事を言う.

'Da·ne·brog [ˈdaːnəbrɔːk] 中 -s/ (dän., Dänentuch¹) ダンネブロー(デンマーク国旗の呼称).

＊**'Dä·ne·mark** ['dɛːnəmark デーネマルク] 《地名》デンマーク(王国, 首都 Kopenhagen). Etwas ist faul im Staate ～. 《話》 こいつはなにやらうさん臭い (Shakespeare 『ハムレット』Hamlet 1. 4. 90 から).

dang [daŋ] dingen の過去.

'dän·ge ['dɛŋə] dingen の接続法 II.

da'nie·den [daˈniːdən] 副 《古》 ここ, この世で.

da'nie·der [daˈniːdər] 副 下に, 下方へ. ◆動詞と結合して分離前つづりとなることがある.

da'nie·der|lie·gen* 自 **1** 《雅》 (病気で)臥(ᵍ)せっている, ～ 風邪で寝込んでいる. **2** 《比喩》 (商売などが)不振である; (土地・財産などが)利用されていない. seine Fähigkeiten ～ lassen 自分の才能をあたら眠らせておく.

'Da·ni·el [ˈdaːniːl, ..niːɛl] (hebr., Gott richtet') ❶ 《男名》 ダーニエール. ❷ 《人名》 《旧約》 ダニエル(a) エゼ 14:14, 20 その他で Noah, Niob とともに名を挙げられる義人. (b) 『ダニエル書』の主人公, しばしば「預言者ダニエル」と呼ばれるが実在の人物ではない.

'dä·nisch ['dɛːnɪʃ] 形 デンマーク(人, 語)の. ↑ deutsch

'Dä·nisch ['dɛːnɪʃ] 中 -[s]/ ↑ Deutsch

'Dä·ni·sche [..nɪʃə] 中 《形容詞変化 / 定冠詞と》 das ～ デンマーク語; デンマーク的なもの(特色). ◆↑ Deutsche ②

dank [daŋk] 前 《3 格または 2 格支配》 …のおかげで, …のせいで. ～ einem Zufall 〈eines Zufalls〉偶然によって. ◆複数名詞を伴うときは多く 2 格支配.

Dank

[daŋk ダンク] 男 -[e]s/ 感謝(の念); 謝意, 謝辞; お礼. j³ seinen ～ abstatten 〈aussprechen〉 人³ に謝意を表する〈謝辞を述べる〉. j³ ～ sagen 人³ にお礼を言う(für et⁴ 事⁴のことで). Herzlichen ～! 心からありがとう. Haben Sie vielen ～! 大変ありがとうございました. Vielen ～! ほんとにどうもありがとう. 《反語》ごめんこうむりたいね. Gott³ sei [Lob und] ～! ありがたいね, やれやれ助かったよ. Es ist Gott sei ～ noch einmal gut gegangen. ありがたいことに今度もうまくいった. Ist das der ～ dafür! (反語) これがそのお礼ってわけか. [es] j³ ～ wissen 《雅》 人³ に恩義を感じている(es は古い 2 格形). nicht auf 〈mit〉 ～ rechnen 感謝(お礼)を当てにしない. Ihre freundliche Hilfe nehme ich mit ～ an. ご援助をありがたくお受けします. j³ zu ～ verpflichtet sein 人³ に感謝しないではおれない. zum ～ für Ihre Bemühungen あなたのご尽力に対する感謝の しるしとして. j³ et⁴ zu ～[e] machen 《地方》人³ の意に叶うように事⁴をする.

'Dank·adres·se 囡 -/-n (正式の)招待状.

＊**'dank·bar** ['daŋkəːr ダンクバール] 形 **1** 感謝の念に満ちた, ありがたいと思っている. ein ～er Blick 感謝の眼差(⅜). j³ für et⁴ ～ sein 事⁴ に対して人³ に感謝している. **2** 報われることの多い. eine ～e Aufgabe 〈Rolle〉割りのよい任務〈得な役〉. **3** (a) (布地などが)持ちのよい, 丈夫な. (b) eine ～e Pflanze 手のかからない(園芸)植物.

'Dank·bar·keit 囡 -/ **1** 感謝の念. **2** 《まれ》 (仕事などの)割りのよさ. **3** 《話》(a) (布地などの)丈夫さ. (b) 園芸植物の手のかからないこと.

'Dank·brief 男 -[e]s/-e 礼状.

'dan·ke [daŋkə] (↓ danken) (ich danke の省略形) ありがとう. Danke schön 〈sehr〉! どうもありがとう. Ja, ～! (他人から物をすすめられて)はいいただきます. Nein, ～! という結構です. j³ 〈Danke〉 schön sagen 人³ にありがとうと言う. ◆↑ Dankeschön

'dan·ken

[ˈdaŋkən ダンケン] ❶ 自 **1** (人³に)感

謝する,礼を言う(für et⁴ 事⁴に対して). Ich danke Ihnen herzlich für Ihre Freundlichkeit. あなたのご親切に対して心からお礼申上げます. Er lässt von Herzen ~. 心からお礼を申上げてほしいと彼が言っています. Nichts zu ~! お礼にはおよびません,どういたしまして. eine Einladung dankend annehmen 招待をありがたくお受けする. Ihr Schreiben habe ich dankend erhalten.《書》貴翰拝受いたしました. **2**(人³に)挨拶を返す. Er grüßte sie und sie dankte [ihm] freundlich. 彼が彼女に挨拶をすると彼女はにこやかにそれに応えた. **3**《反語的に》謝絶する,断る(für et⁴ 事⁴を). Na, ich danke, mir reicht's! いや,ありがとう,足りてるよ. Ich danke für Freunde [bestens], die mich im Stich lassen. 私を見棄てるような友人はまっぴらごめんだ.
❷ **1**《雅》(verdanken)(人〈物〉³に事⁴を)負うている. Ich danke ihr meine Genesung. 私の病気が治ったのは彼女のお陰である. **2**(vergelten)(人³の事⁴に)報《分》いる. Er hat mir meine Hilfe übel gedankt. 私が助けてやったのに彼は恩を仇で返えしたことをした.

'**dan·kens·wert** 形 (副詞的には用いない) 感謝に値する,感謝すべき,ありがたい.

'**dank·er·füllt** 形 感謝に満ちた.

'**Dan·kes·be·zei·gung** 女 -/-en (ふつう複数で) 謝意の表明.

'**Dan·ke·schön** 中 -s/ **1** (ありがとうという) お礼の言葉. **2** ちょっとしたお礼の品.

'**Dan·kes·schuld** 女 -/《雅》感謝の義務, 恩義. bei j³ in großer ~ stehen 人³に大きな恩義がある.

'**Dank·ge·bet** 中 -[e]s/-e《宗教》感謝の祈り.

'**Dank·op·fer** 中 -s/-(神への感謝の捧げ物(供物).

'**dank·sa·gen** 他《雅》礼を述べる. ◆ 過去分詞 danksagt, zu 不定詞 danzusagen ↑Dank

'**Dank·sa·gung** 女 -/-en **1** 謝辞, 礼状(とくに会葬者・悔やみ状に対する). **2**《宗教》=Dankgebet

'**Dank·schrei·ben** 中 -s/- 礼状.

'**dann** [dan ダン] 副 **1** (a)《時間的継起》それから, そのあと. Erst spielten sie zusammen, ~ stritten sie sich⁴. 彼らは初めは仲良く遊んでいたたが やがて 喧嘩になった. Und was geschah ~? それからどうなったんだ. (b)《順番・順位》An der Spitze marschierten sie, ~ folgten wir. 先頭を彼らが行進し 私たちがあとに続いた. Damals warst du der Klassenbeste, ~ kam er und ~ ich. あの頃君がクラスのトップで次が彼, そしてその次が私だった. **2**《一定の時点または条件を受けて》そのときに,その場合には. Wenn du wieder gesund bist, ~ ruf mich bitte an! また元気になったらそのときは電話をよこせよ. Wenn du mitfahren willst, ~ beeil dich! 車に乗せていってほしいのなら早くしろよ. Auch wenn das nicht klappt, selbst ~ hat er noch eine andere Möglichkeit. それがうまくいかなくても,その場合でも彼にはまだべつの可能性が残っている. Also ~ bis morgen! それじゃ明日また. Und ~ musst du noch eins bedenken. それから彼が考慮に入れておかなくてはならぬことがもうひとつある. **4**《成句で》Bis ~!《話》じゃまたね. ~ und ~ しかじかのときに. ~ und wann のときどき, ときおり. von ~ bis ~ いついつからいついつまで(の間).

'**dan·nen** ['danən] 副《雅》《次の用法で》von ~ そこから. von ~ eilen 急いで立去る.

'**Danse ma'ca·bre** ['dɑ̃:s ma'ka:brə] 男 - -/-s -d
 [dɑ̃smaˈkaːbr] (fr.) (Totentanz) 死の舞踏.

'**Dan·te** ['danti]《人名》~ Alighieri ダンテ・アリギエーリ (1265–1321, イタリアの詩人, 『神曲』 Divina Commedia の作者).

'**Dan·zig** ['dantsıç]《地名》ダンツィヒ(ポーランド北部の港湾都市, もとドイツ領, 現グダニスク Gdańsk).

'**Dan·zi·ger** ['dantsıgɐ] **❶** 男 -s/- ダンツィヒの住民(市民). **❷** 形《不変化》ダンツィヒの. ~ Goldwasser ダンツィヒの黄金 酒 (オレンジの香りをつけ金箔を入れたダンツィヒ特産の甘口リキュール).

'**Daph·ne** ['dafnə] (gr. ,Lorbeerbaum')《人名》《ギ神話》ダフネー, ダフネ (Apollon 神の求愛を逃れて月桂樹に変身した妖精).

dar.. **❶** [daːr..]《分離前つづり/つねにアクセントをもつ》「そこへ (hin)」の原意から提出・表出などの意味を強める. darbieten 差出す. darstellen 表現する.
❷ [dar.., daːr..]《接頭》↑ da.. ②

*'**da'ran** [da'ran, 指示強調: 'daːran ダラン] 副 前置詞 an と事物を代理する人称(指示)代名詞との融合形. **1**《空間的》それに(へ), それに接して, それに付着して. ein Hut mit einer Feder ~ 羽根飾りのついた帽子. dicht ~ そのすぐそばに. Komm nicht ~! それに触りるな. Er will nicht recht ~. 彼はそれをする気がない. **2**《時間的》それに続いて, そのあと. Es wurde ein Film gezeigt und im Anschluss ~ wurde diskutiert. 映画を見せられそれに引続いて討論が行われた. **3**《前置詞 an を伴って用いられる動詞・形容詞などと》(a)《思考の対象》Daran denke ich gern zurück. 私はそれを回想するのが好きだ. Ich denke gar nicht ~.《話》私にはそんな気は毛頭ない. (b)《認識の根拠》Man erkennt ihn ~, dass er einen Hut trägt. 帽子をかぶっているので彼だと分かる. (c)《事柄の内容・属性》Das Schlimmste ~ ist, dass das gegen die Abmachung ist. それの一番よくない点はそれが協定違反であるということだ. Es ist etwas Wahres ~. それには本当のことが含まれている. Was liegt [schon] ~? それが一体何だというのか. Daran ist keinem etwas gelegen. それは誰にとっても大した問題ではない. Diamant ist eins von den teuersten Edelmetallen, und die Gegend ist reich ~. ダイアモンドは最も高価な貴金属の1つだがこの地域はそれに富んでいる. Er ist nicht schuld ~. それは彼のせい(責任)ではない. (d)《原因》Mein Vater hatte Krebs und ist ~ gestorben. 父は癌にかかってそれで亡くなりました. (e)《従事・関与》Er arbeitet schon lange ~. 彼はもう長いことそれに従事している. Ich bin gerade ~.《話》今ちょうどそれをやっているところだ. Jetzt bist du ~. さあ君の番だよ. Sie war nahe(dicht) ~ zu weinen. 彼女はいまにも泣きそうになった. Du tust gut ~, das vor ihm zu verschweigen. 君はそのことを彼に黙っている方がいいよ.
 ◆ ↑ dran

da'ran|ge·ben* [da'ran..] 他《雅》捧げる, 犠牲にする(für j〈et〉⁴ 人〈物〉⁴のために).

da'ran|ge·hen* 自 (s)《多く zu 不定詞句と》始める, 取りかかる. Ich muss endlich ~, meine Bücher zu ordnen. 私はそろそろ蔵書の整理に取りかからなくてはならない.

da'ran|hal·ten* 再《sich⁴》《まれ》=dranhalten
da'ran|ma·chen 再《sich⁴》《話》(anfangen) 始める, 取りかかる. sich ~, das Zimmer aufzuräumen 部屋を片づけにかかる.

da'ran|set·zen **❶** 他(生命・財産などを) 賭 にする.

alle seine Kräfte ~, das Ziel zu erreichen 目標を達成するために全力を傾ける. ❷ 再 (**sich**⁴)《話》(仕事などに)取りかかる.

*da'rauf [da'raʊf, 指示強調 'da:raʊf ダラオフ] 副 前置詞 auf と事物を代理する人称(指示)代名詞との融合形. **1**《空間的》その上に(へ). Am Fenster ist ein Tisch und ~ steht eine Vase. 窓ぎわにテーブルがあってその上に花瓶が置かれている. Stellen Sie die Vase ~! 花瓶をその上に置いて下さい. ein Haus mit einem Türmchen ~ 上に小さな塔のある家. **2**《方向・目標》それにむかって, それを目ざして. Am See steht eine Hütte, ~ müsst ihr zugehen. 湖畔に1軒の小屋がある, 君たちはそれに向かって進んでいくんだ. Ich werde noch ~ zurückkommen. 私はあとでまたこの問題に戻ってくる(言及する)つもりだ. Die Hand ~! さあ握手をしてそれを約束してくれ. **3**《継起》(a)《時間的》そのあと, それから. am Tage ~ その次の日に. eine Woche ~ それから1週間して. Darauf sagte er… それから彼は…と言った. Erst ein Blitz, gleich ~ ein Donnerschlag. まず稲妻が走り, 間髪を容れずに雷鳴が轟(とどろ)いた. (b)《空間的》その次に. Zuerst kamen die maskierten Frauen, ~ viele Kinder. 初め仮面をつけた女性たちが来, そのあとに大勢の子供が続いた. **4**《原因・理由》そのために, それがもとで. Er hat gestohlen, und wurde ~ bestraft. 彼は盗みを働き, その廉(かど)で罰を受けた. **5**《前置詞 auf を伴った用いられる動詞・形容詞などと》基礎・論拠》それに基いて. Sein Missverständniss beruht ~, dass du Zweideutiges gesagt hast. 彼の誤解の原因は君が曖昧なことを言ったことにあるのだ. Es kommt ganz ~ an! 肝心なのはその点だ. Sie können sich⁴ ~ verlassen. あなたはそれを信用してよろしい. Sie ist ~ stolz. 彼女はそれが自慢だ. (b)《対応・応答》それに対して, それに応じて. eine Antwort ~ it に対する返事(答). Er winkte ihr. Darauf nickte sie leicht. 彼が彼女に合図を送ると彼女は軽くうなずいた. Darauf möchte ich dich aufmerksam machen. 私はこのことに君の注意を向けておきたい. Darauf kann ich keine Rücksicht nehmen. 私はそのことを斟酌(しんしゃく)するわけにはいかない.

♦↑drauf, darauf folgend

da'rauf fol·gend, °dar·auf·fol·gend 形《付加語的用法のみ》それに続く, その次の. am ~en Tag あくる日に.

da·rauf'hin [daraʊf'hɪn, 指示強調 'da:raʊfhɪn] 副 **1** それに向かって, それを目ざして. **2** その後で. Daraufhin drehte er sich⁴ um und ging. そう言うと彼は踵(きびす)を返して去っていった. **3** それに基いて, その結果. Es begann zu regnen, ~ ging ich nach Hause. 雨が降りだした, それで私は家に帰った. **4** その点《見地》から. et⁴ ~ prüfen. ~の点から検討する. ob es noch brauchbar ist 物がまだ使えるかという点からテストする.

*da'raus [da'raʊs, 指示強調 'da:raʊs ダラオス] 副 前置詞 aus と事物を代理する人称代名詞との融合形. **1**《空間的》その中から, そこから. Die Kasse war verschlossen, trotzdem ist ~ Geld verschwunden. 金庫は鍵がかかっていた, それでもそこから金がなくなっている. **2**《素材・材料》それでもって. Es ist noch Stoff übrig, ~ kann man einen Rock nähen. まだ布地が余っている, これでスカートの1枚ぐらいは縫えるよ. **3**《理由・根拠など》それでもって, それに基いて. Daraus folgt, dass er eine graue Eminenz ist. ということはつまり彼が黒幕ということだ. Er hat ihr nie einen Vorwurf ~ gemacht. 彼はそれを盾(たて)に取って彼女に文句を言ったことはついぞなかった. **4**《machen, werden と》Ich mache mir nichts ~. 私はそんなのはいっこう気にしない; 私はそんなものには全然興味がない. Was soll ~ werden? これはこの先どうなるのだろう. Ich werde nicht klug ~. 私はそれがさっぱり理解できない. ♦↑draus

'dar·ben ['darbən] 自《雅》不自由をしのぶ, 飢えに苦しむ. ~, um Geld zu sparen 金を貯めるために飲食物の生活をする.

'dar·bie·ten* ['da:r..] 他 **1**《雅》(人³に物⁴を)差出す. j³ die Hand zum Gruß ~ 挨拶のために人³に手を差出す. den Gästen Getränke ~ 客たちに飲物を出す. **2** 上演(演奏)する, (詩などを)朗読する. Es wurden Gedichte und Lieder *dargeboten*. 詩が朗読され歌がうたわれた. ❷ 再 (**sich**⁴) 現れる; (チャンスなどが)到来する. Ein herrlicher Anblick *bot sich* mir⟨meinen Augen⟩ *dar*. すばらしい眺めが私の前に〈私の眼前に〉見えてきた.

'Dar·bie·tung 女 -/-en **1**《複数なし》(a) (演劇・音楽・舞踊などの)上演, 演奏. (b)《教育》演示, 示範(実験・実演・映像などによる教育方法). **2** 出し物, 演目.

'dar|brin·gen* 他《雅》(人³に物⁴を)捧げる, 贈る. den Göttern ein Opfer ~ 神々に供物(くもつ)を捧げる.

Dar·da·nel·len [darda'nɛlən] 地名 die ~ ダーダネルス海峡(トルコ北西部, エーゲ海とマルマラ海とを結ぶ現チャナカレ Çanakkale 海峡のこと; ギリシア神話のトロイア市の建設者ダルダノス Dardanos 王の名にちなむ).

da'rein [da'raɪn, 指示強調 'da:raɪn] 副《4格支配をするときの前置詞 in と事物を代理する人称(指示)代名詞との融合形》その中へ. Sie nahm ein Tuch und wickelte das Obst ~. 彼女は布を取出すとそれに果物をくるんだ. Du musst dich ~ schicken.《雅》君はそれに順応しなくてはならない. ♦↑drein

da'rein|fin·den* [da'raɪn..] 再 (**sich**⁴)《雅》それに順応する, 甘んじる.

da'rein|mi·schen 再 (**sich**⁴) それに口出しする.

da'rein|re·den 自《まれ》口出しする.

da'rein|set·zen 他《雅》(力・金などを)投入(傾注)する.

darf [darf] dürfen の現在 1・3 人称単数.

darfst [darfst] dürfen の現在 2 人称単数.

Darg [dark] 男 -s/-e《北ドイツ》(低温地帯の)泥炭土.

*da'rin [da'rɪn, 指示強調 'da:rɪn ダリン] 副 **1** 3格支配をするときの前置詞 in と事物を代理する人称(指示)代名詞との融合形. **1** その(この)点では, それに関しては. *Darin* gebe ich dir Recht. その点では(このことに関しては)君の言い分が正しいことを認めよう. **2**《空間的》その中に, 内部(屋内, 室内)に. ein Zimmer mit einem Kamin ~ 暖炉のある部屋. ♦↑drin, darin stehen

da'rin·nen [da'rɪnən, 指示強調 'da:rɪnən]《古》=darin 2

da'rin ste·hen*, °dar·in|ste·hen* [da'rɪn..] 自 in et³ [3格支配]《まれ》に含まれている, 記載している.

Da·ri·us [da'ri:ʊs]《男名》ダリーウス. ~ der Große 大王ダリーウス1世(前約522-486, 古代ペルシアのアケメネス朝 Achaimeniden の王, バビロン捕囚後のユダヤ人にエルサレム神殿の再建を許した. 邦訳聖書ではダレイオスまたはダリヨス.《旧約》エズ 4:24 ほか).

Dark [dark] 男 -s/-e《北ドイツ》=Darg

*'**dar|le·gen** ['daːrleːgən] ダールレーゲン 他 (詳しく)説明する.

'**Dar·le·gung** 女 -/-en 説明, 詳述.

'**Dar·le·hen** ['daːrleːən] 中 -s/-《銀行》貸付け(金), ローン;《法制》消費貸借. ein ~ aufnehmen〈bekommen〉貸付を受ける, ローンを借りる. j³ ein ~ gewähren 人³に金を貸付ける.

'**Dar·lehn** [..leːn] 中 -s/- (まれ) =Darlehen

'**dar|lei·hen*** [..] 他 (古) (金を)貸付ける.

'**Dar·lei·hen** 中 -s/- (古) =Darlehen

'**Dar·ling** ['daːrlɪŋ] 男 -s/-s 〈engl.'Liebling'〉(愛する人に少しふざけて)かわいい人, ダーリン.

'**Darm** [darm] 男 -(e)s/Därme 1《解剖》腸. 2 (屠殺した蓄獣の)腸; ガット;《食品》ソーセージの皮.

'**Darm·bak·te·rie** 女 -/-n (ふつう複数で)《生理》腸内細菌.

'**Darm·ent·zün·dung** 女 -/-en《病理》腸炎.

'**Darm·ka·tarrh** 男 -s/-e《病理》腸カタル.

'**Darm·krebs** 男 -es/《病理》腸癌.

'**Darm·sai·te** 女 -/-n《楽器》腸弦, ガット弦.

'**Darm·stadt** ['darmʃtat]《地名》ダルムシュタット(ヘッセン州南部の工業都市).

'**Darm·städ·ter** [..ʃtɛtər] ❶ 男 -s/- ダルムシュタットの住民. ❷ 形 (不変化) ダルムシュタットの.

'**Darm·träg·heit** 女 -/《病理》便秘.

'**Darm·ver·schlin·gung** 女 -/-en《病理》腸捻転.

'**Darm·ver·schluss** 男 -es/¨e《病理》腸閉塞.

'**Darm·wind** 男 -(e)s/-e (Blähung) 腸内ガス, おなら.

dar'nach [dar'naːx, '--] 副 =danach

dar'nie·der [dar'niːdər] 副 (古) =danieder

da'rob [da'rɔp, 指示強調 'daːrɔp] 副 (古) 前置詞 ob と事物を代理する人称(指示)代名詞との融合形. **1** (darüber) それについて. Ich war ~ sehr erstaunt. 私はそれにひどく驚いた. **2** (deshalb) それ故に.

'**Dar·re** ['darə] 女 -/-n **1** (木材·穀物などの)乾燥装置, タル, 乾燥窯, 乾燥室. **2** (複数なし) 乾燥装置での乾燥. **3** (古) =Darrsucht

'**dar|rei·chen** ['daːr..] 他 (雅) (人³に物⁴を)差出す, 手渡す. j³ Arznei ~ 人³に薬を与える.

'**dar·ren** [darən] 他 (穀物·材木などを)乾燥させる(乾燥装置 Darre で).

'**Darr·malz** ['dar..] 中 -(e)s/ 乾燥麦芽.

'**Darr·sucht** 女 -/ (古) (仔馬などの若い家畜に多い)消耗病, 衰弱症.

*'**dar|stel·len** ['daːrʃtɛlən] ダールシュテレン ❶ 他 **1** (言葉で)述べる, 叙述する. einen Vorfall objektiv ~ 出来事を客観的に述べる. j⁴ als einen großen Maler ~ 人⁴のことを大画家だと言う. et⁴ so ~, als ob..事⁴を...であるかのように述べ立てる. **2**《絵画·彫刻などで》表す, 描写(表現)する. Was stellt dieses Bild dar? この絵は何を描いているのか. Der Bildhauer versuchte, in seinem neuen Werk die Lebenslust darzustellen. その彫刻家は新しい作品で生きる喜びを表現しようとした. die darstellende Geometrie 画法幾何学. die darstellenden Künste 描写芸術(彫刻·絵画·演劇·舞踊をさす). **3** (ある役を)演じる. den Mephisto ~ メフィストを演じる. etwas〈nichts〉~《話》よい印象を与える〈見た目がさっぱりしてある〉. Du musst das Geschenk hübsch verpacken, damit es auch etwas darstellt. 見た目もいいように君はその贈物をきれいに包まなくてはならない. **4** (bedeuten, sein)...である. Das Feuerwerk stellte den Höhepunkt des Abends dar. この花火はその晩のクライマックスであった. **5**《化学》(化合物を)作り出す, 合成する.

❷ 再 (sich⁴) **1** ...と見える, 思われる, ...であることが分かる. Die Sache stellt sich schwieriger dar als erwartet. この問題は思ったよりもむずかしそうに見える. Es stellte sich als Betrug dar. それはペてんであることが分かった. so, wie es sich mir darstellt 私の見るところでは. **2** (a) sich als...~ ...であると思われようとする. sich als Künstler ~ 芸術家を気取る, 芸術家ぶる. (b) sich j³ ~ 人³の前に姿を現わす.

'**Dar·stel·ler** ['daːrʃtɛlər] 男 -s/- 演技者, 俳優, 役者; オペラ歌手. der ~ des Hamlet ハムレットの俳優. Charakterdarsteller 性格俳優. ◆女性形 Darstellerin 女 -/-nen

'**dar·stel·le·risch** [..lərɪʃ] 形《述語的には用いない》演技上の, 俳優としての. ~ begabt sein 役者としての天分がある.

*'**Dar·stel·lung** ['daːrʃtɛlʊŋ] ダールシュテルング 女 -/-en **1** 叙述. **2** (絵画などによる)描写, 表現. die ~ der Natur in der modernen Malerei 近代絵画における自然描写. eine graphische ~ 図表. **3** (舞台で)役を演じること, 演技. Seine ~ des Othello war recht gut. 彼のオセロの演技はなかなかよかった. **4**《化学》合成.

'**dar|tun*** 他 (雅) 示す, 明らかにする. seine Meinung eindeutig ~ 自分の意見をきっぱり表明する.《再帰的に》Sein Talent hat sich⁴ glänzend dargetan. 彼の才能はすばらしいことが分かった.

*'**da'rü·ber** [da'ryːbər, 指示強調 'daːryːbər ダリューバー] 副 前置詞 über と事物を代理する人称(指示)代名詞との融合形. **1** (空間的) (↔ darunter 1) その上に(へ), その上方に(へ). das Zimmer ~ 一階上の部屋. An der Wand steht ein kleiner Tisch, ~ hängt ein Bild. 壁ぎわに小さな机がありその上に1枚の絵が掛かっている. Sie trägt eine Bluse und ~ einen Pullover. 彼女はブラウスを着てその上にさらにセーターを羽織っている.《比喩的に》Sie sitzt schon lange ~, trotzdem wird die Arbeit nicht fertig. 彼女はもう長いことひま目もふらず頑張っている. だのに仕事は片づかない. Darüber ist längst Gras gewachsen. それはもう過去のことだ, もうかびの生えた話だ.

2 (a) それを越えて; それを通り越して. Der Ball flog weit ~ hinaus. ボールはそれを越えて遠くへ飛んでいった. Die Grenze läuft ~ [hinweg/hinaus]. 国境線はそれより向こうを走っている. Ich bin ~ hinaus.《話》私はもうそんなことは卒業しました. ~ hinweggehen それを無視する, 問題にしない. ~ hinweggekommen sein それ(障害·不幸など)をすでに乗え越して(克服して)いる. (b) それより多く, それ以上に. 20 Euro und nichts 〈etwas〉~ 20ユーロかっきり〈20ユーロと少々〉. Die Kinder sind 8 Jahre alt und ~. その子供たちは8歳およびそれより年長である.

(c)《darüber hinaus の形で》その上, おまけに. Er hat nicht nur gelogen, sondern uns ~ hinaus verraten. 彼は嘘をついただけでなく, その上私たちのことを売りわたした.

3《時間的》(a) (währenddessen) その間に, そうしているうちに. Es vergingen Jahre ~. その間に何年かの歳月が過ぎていった.《原因の意味が加わって》Ich habe mich in die Arbeit vertieft und ~ das Versprechen versäumt. 私は仕事に夢中になっていたために約束を忘れてしまった. (b) それ(その時点)を過ぎて. Der Zug

sollte um 9 Uhr einlaufen, jetzt ist es schon eine halbe Stunde ~. 列車は9時に着くはずなのに今もう半時間も遅れている.
4 《前置詞 **über** を伴って用いられる動詞・形容詞などと》それについて, そのことに関して. *Darüber sind wir noch nicht einig*. その点に関しては私たちはまだ折合いがついていない. *Ich freue mich* ~, *dass Sie bei guter Gesundheit sind*. あなたがご健勝でいらっしゃることを私は嬉しく思います.
◆↑darüber fahren, darüber machen, darüber schreiben, darüber stehen

da·rü·ber fah·ren*, °**dar·über|fah·ren*** [daˈryːbər..] 圓(h, s)《話》mit der Hand〈mit einem Lappen〉~ それを手でそっと撫でる〈布きれで軽く拭く〉.

da·rü·ber ma·chen, °**darü·ber|ma·chen** 再 《sich[4]》《話》それ〈仕事など〉に取りかかる, それを始める.

da·rü·ber schrei·ben, °**darü·ber|schrei·ben*** 他 その上に書く.

da·rü·ber ste·hen*, °**darüber|ste·hen*** 圓 それに対して超然としている. *Du solltest doch* ~! 君はそんなことを気にするんじゃないよ.

***da·rum** [daˈrom, 指示強調 ˈdaːrom ダルム] 圓 前置詞 **um** と事物を代理する人称(指示)代名詞との融合形. **1** そのまわりに. *ein Blumentopf mit einer Manschette* ~ 飾りカバーを巻いた植木鉢. 《比喩的に》*Man kommt nicht* ~ *herum*. これを避けて通るわけにはいかない. *Rede doch nicht* ~ *herum*. のらりくらり話をそらすのはよせ. **2** 《前置詞 **um** を伴って用いられる動詞・名詞などと》(a) それを求めて. *Hilf mir beim Koffertragen, ich bitte dich* ~. トランクを運ぶのを手伝ってくれ, たのむよ. (b) それに関して. *Darum kümmert sich[4] niemand*. 誰もそれを気にかけない, 知らん顔をしている. *Sie macht sich[3] keine Sorge* ~. 彼女はそのことを少しも心配していない. *Darum weiß er genau*. そのことは彼がよく知っている. **3** 《理由を示して》(a) それゆえに, そのために. *Der Zug hatte Verspätung*, ~ *komme ich erst jetzt*. 列車が遅着してね, そのためやっと今着いたところなんだ. *Warum hast du das gesagt? — Darum!* 《話》なぜそんなことを言ったんだ — なぜですね. 《理由を表す副文を先取りして》 *Er hat es nur* ~ *getan, weil er keinen anderen Ausweg wusste*. 彼がそんなことをやらかしたのはほかにべを知らなかったからにすぎない. (b) それだからって. *Niemand hat mich eingeladen, aber* ~ *gehe ich doch hin*. 誰も私を招待してくれないないがそれでも私は行くんだ.

da·rum|kom·men* [daˈrom..] 圓(s) それを失う, 逸する. *Auf diese Weise sind wir darumgekommen, eine schöne Reise zu machen*. こういう次第で私たちはすてきな旅をしそこねた.

da·rum|le·gen 他《包帯などを》その周りに巻く.

***da·run·ter** [daˈrontər, 指示強調 ˈdaːrontər ダルンター] 圓 前置詞 **unter** と事物を代理する人称(指示)代名詞との融合形. **1** その下に. *Sie trägt nur einen Bademantel und nichts* ~. 彼女はバスローブを羽織っているだけで下には何もまとっていない. *Seine Wohnung ist im 2. Stock und die unsere genau* ~. 彼の住まいは3階で我々はその丁度真下に住んでいる. 《比喩的に》*Sie litt sehr* ~. 彼女はそれにひどく苦しんだ. *Darunter kann ich mir nichts vorstellen*. それがどういうことか私には想像もつかない. *Was verstehen Sie* ~? あなたはそれをどう理解しますか. **2** それより少量で, それ以下で. *Kinder von drei Jahren und* ~ 3歳およびそれ以下の子供たち. *Darunter können wir das Gemälde nicht verkaufen*. この値段ではこの絵はお売りいたしかねます. **3** それらの中に. *Es waren etwa 100 Personen anwesend*, ~ *viele junge Leute*. およそ100人ほどが参列していてその中に若い人々が多くいた. mitten ~ そのまん中に(へ).
◆↑darunter fallen, darunter liegen, darunter schreiben

da·run·ter fal·len*, °**dar·un·ter|fal·len*** [daˈront..] 圓(s) その中に数え入れられる, それに当てはまる. *Die Vorschrift betrifft nur Erwachsene, Kinder fallen nicht darunter*. この規則は成人に関するもので子供は含まれない.

da·run·ter lie·gen*, **dar·un·ter|lie·gen*** **1** その下に横たわっている. **2** それ以下である, それより下回っている.

da·run·ter schrei·ben*, °**dar·un·ter|schrei·ben*** 他 その下へ書く.

ˈ**Dar·win** [ˈdaːrvin] 《人名》Charles ~ チャールズ・ダーウィン(1809–1882, イギリスの博物学者, 進化論の主唱者).

Dar·wi·nis·mus [darviˈnɪsmʊs] 男 -/ ダーウィニズム, ダーウィンの進化論.

das [das ダス] ❶ 図《定冠詞》der ① の単数中性1·4格.
❷ 代 [Ⅰ] 《指示》der ② [Ⅰ] の中性単数1·4格. **1** 《名詞に冠して》その, この. **2** 《独立的に》(a) それ, これ. *Das kommt nicht wieder*. こんなことは2度と起らない. 《命名文·紹介文》*Das ist ein Füller*. これはペンである. ▶↑der ② [Ⅰ] 2(e) *Das sind Blumen*. それは花(複数)である. (b) 《述語としての名詞・形容詞を代理して》*Ist sie die Frau? — Ja*, ~ *ist sie*. あの問題の女かい — うん, あれがそうなんだ. *Ich bin betrunken*, ~ *bist du nicht*. 私は酔っ払ってるが君はそうじゃない. **3** (a) 《先行の関係代名詞 **was** を受けて》*Was man nicht weiß, [*~*] macht einen nicht heiß*. 知らないことには腹が立たない, 知らぬが仏( ). ▶was が1格·4格のときこの das の1格·4格は省略されることがある. (b) 《関係代名詞の先行詞として》*Das, was ich dir soeben gesagt habe, muss noch unter uns bleiben*. 私が今君に言ったことはまだ内密にしておいてもらいたい.
[Ⅱ]《関係》der ② [Ⅱ] の単数中性1·4格.

das. 《略》=daselbst

ˈ**da sein***, °ˈ**da|sein*** 圓(s) **1** ある, いる; 居合せる, 来ている. *Es ist niemand da*. 誰もいない(来ていない). *Es ist kein Brot mehr da*. もうパンが切れている. *Ich bin gleich wieder da*. 私はすぐに戻って来ます. *Dafür bin ich nicht da, dass ich diese Arbeit erledige*. 私はこんな仕事を片づけるためにいるんじゃない. *Du kannst das Geld verbrauchen, dazu ist es ja da*. 君はその金を使ってしまっていいよ, そのために用意しておいた金なんだから. **2** 《話》意識(頭)がはっきりしている; 《スポーツ選手などが》本調子である. **3** 存在(生存)する. *Er war nur für sie da*. 彼は彼女のためにだけ生きていた. *Von meinen Mitschülern sind nur noch zehn da*. 私の同級生たちのうち生き残っているのはわずかに10名だけである. **4** 起る, 生じる, 出来( )する. *Solch ein Fall ist noch nie da gewesen*. そんな例は今までにあってたためしがない. *Endlich war der lang ersehnte Tag da*. 長らく待ち望んでいた日がようやく到来した.

*ˈ**Da·sein** [ˈdaːzain ダーザイン] 匣 -s/ **1** 生存, 生活.

Daseinsberechtigung

der Kampf ums ~ 生存競争. ein elendes ~ führen 悲惨な日々を送る. **2**《哲学》存在, 現存在. das ~ Gottes leugnen 神の存在を否定する. **3** 居合わせること, 出席していること. Sein bloßes ~ beruhigte sie. 彼がそばにいるだけで彼女は落着いた.
'**Da·seins·be·rech·ti·gung** 囡 -/ 生存権; 存在理由(資格).
'**Da·seins·form** 囡 -/-en 生存形式, 生き方; 存在形態.
'**Da·seins·kampf** 男 -[e]s/⁼e 生存競争.
da'selbst [da'zɛlpst] 副 《略 das.》《古》そこに(で).
Dash [deʃ] 中 -s/-s 《engl., Zuschuss"》(カクテルなどに加える)少量(の液体). ein ~ Zitronensaft レモンの汁少々.
'**da·sig**¹ ['da:zɪç] 形 《ドイツ南東部》 ここ(そこ)の, 当地の.
'**da·sig**² ['da:zɪç] 形 《オーストリア》 **1** (頭が)混乱した. **2** おどおどした. j⁴ ~ machen 人⁴を脅す, おびえさせる.
'**da·sit·zen*** ['da:zɪtsən] 自 (h, s) じっと座っている.
'**das·je·ni·ge** ['dasjeːnɪɡə] 代 《指示》derjenige の単数中性 1・4 格.

dass, °**daß** [das ダス] 接 《従属/定動詞後置》

1《名詞的意味の副文を導いて》…ということ. Dass du mich angerufen hast, [das] hat mich sehr gefreut. / Es hat mich sehr gefreut, ~ du mich angerufen hast. 君が電話をくれたことは私を大変喜ばせた. Du weißt [es], ~ ich ihn nicht leiden kann. 私が彼を好きになれないことは君のご存じの通りだ. ▶ この副文を代理する語で始まる前置詞と結びつくときは融合して da[r]+前置詞となる(↑da.. ②). Wir sind nicht dagegen, ~ du mit uns kommst. 私たちは君が私たちに同行することに反対はない.
2《先行する名詞の内容を示す副文を導いて》Ich habe die Hoffnung, ~ sich⁴ alles noch zum Guten wenden wird. 私は今に万事が好転するだろうという望みを抱いている. im Fall[e], ~ …の場合には.
3《前置詞・副詞・接続詞と》**auf** ~…するように, …するために(今日では単に dass または damit を用いることの方が多い). Iss mehr, [auf] ~ du kräftig wirst. 丈夫になるようにもっと食べなさい. **außer** ~… …のことは別にして. Ich weiß nichts, außer ~ er krank ist. 私は彼が病気であるということ以外には何も知らない. **Kaum** ~ er da war, begann er schon Streit. 彼はやってくるやいなや早速喧嘩を始めた. **nur** ~… ただし. Ich will es mitmachen, nur ~ ich zurzeit keine Zeit habe. 私もそれを一緒にやりたいと思う, ただし目下のところ暇がない. **ohne** ~… …することなしに. Er kaufte das Haus, ohne ~ wir es wussten. 彼は私たちの知らないうちにその家を買った. **statt** ~… …する代りに, …するどころか.
4《so と呼応して》(a) …であるほどに, …な風(ﾌﾘ)に. Er weiß so zu schreiben, ~ es auch Kinder verstehen können. 彼は子供たちにも分かるように書くすべを知っている. (b) so ~… その結果, …そのために. Der Fluss trat über die Ufer, [so] ~ die Wiesen überschwemmt wurden. 川の水は岸をのり越えた, そのために牧場(ﾎﾞｸ)は水浸しになった. ▶ sodass とも書く (↑sodass). (c)《so+形容詞(副詞), **dass**…の形で》Wir mussten so lange auf den Bus warten, ~ wir zu spät kamen. 私たちは長いことバスを待たされた, 遅刻してしまった程長いことバスを待たされた.
5《zu+形容詞(副詞), **als dass**… の形で》↑als¹ 10
6 (seitdem)…以来. Es ist schon fünf Jahre her, ~ der Sohn unser Haus verlassen hat. 息子が家を出てからもう 5 年になる.
7《判断の根拠を示して》…てあるところを見ると. Er hat wohl die Prüfung nicht bestanden, ~ er so niedergeschlagen ist. あんなにがっかりしているところを見ると試験に失敗したに違いない.
8《話》《副文の独立的用法》(a)《願望・呪詛・慨嘆などを表して》*Dass* dich doch der Teufel [hole]! 貴様なんか消えちまえ. *Dass* ich das vergessen habe, ~ er so etwas wirklich tut! 彼がそんなことをするだろうとしたことがそのことを度忘れしたとは. (b)《挿入文として》*Dass* ich dir offen sage, dein Vorschlag ist nicht vernünftig. はっきり言うがね, 君の提案は筋が通らないよ. ~(**nicht, dass**…の形で) Ist sie krank? — Nicht, ~ ich wüsste. / *Dass* ich [nicht] wüsste. 彼女は病気かい —さあどうですかねえ.
9《定動詞を **denken, glauben, wissen** などを定動詞とする主文を先行させる場合の用法》Was denkst du, ~ geschehen ist? 君は何が起こったと思いますか. Mit wem glaubst du, ~ du redest? 君は誰と話していると思っているんだい. Wo wissen Sie, ~ sie wohnt? 彼女がどこに住んでいるかご存知ですか.

das'sel·be [das'zɛlbə] 代 《指示》derselbe の単数中性 1・4 格.
das'sel·bi·ge [..bɪɡə] 代 《指示》=dasselbe
'**Das·sel·flie·ge** ['dasəl..] 囡 -/-n 《動物》牛蝿(ﾐｭｳｶﾞﾝ).
'**da·ste·hen*** ['da:ʃteːən] 自 (h, s) **1** じっと立っている, 立ちつくす. Er *stand* wie versteinert *da*. 彼はまるで石になったみたいに立ちすくんだ. Wenn das nicht klappt, dann *stehen* wir *da*. これがうまく行かなければ私たちはお手あげだ. **2**《話》…の状態にある. Seit dem Tod ihrer Mutter *steht* sie allein *da*. 母親に死なれてから彼女は身寄りがいなくなった. Die Firma *steht* gut *da*. この会社は好調だ. mittellos ~ 一文無しである. Wie *stehe* ich nun *da*? 俺はなんという体たらくだ. **3**《まれ》起こる. Das ist eine einmalige *dastehende* Unverschämtheit! これは稀代の恥さらしだ!
DAT [dat] 《略》《engl.》《音響》=Digital Audio Taperecorder デジタル・オーディオ・テープレコーダー.
Dat.《略》=Dativ
Date [de:t] 中 -[s]/-s 《engl.》 **1**《話》(とくに異性との)待合せ(の約束), デート. mit j¹ ein ~ haben 人¹とデートする. デートの約束がある. **2** デートの相手.
Da'tei [da'taɪ] 囡 -/-en 《コンピュータ》データファイル.
'**Da·ten** ['da:tən] 複 **1** Datum の複数. **2** 資料, データ, 数値;《コンピュータ》データ.
'**Da·ten·au·to·bahn** 囡 -/-en 情報ハイウェイ(マルチメディア対応の未来型高速ネットワーク).
'**Da·ten·bank** 囡 -/-en データバンク.
'**Da·ten·ba·sis** 囡 -/..basen 《コンピュータ》データベース.
'**Da·ten·er·fas·sung** 囡 -/ 《コンピュータ》データ収集(捕捉).
'**Da·ten·netz** 中 -es/-e 《コンピュータ》データ網, データネットワーク.
'**Da·ten·schutz** 男 -es/ 《法制》データ保護.
'**Da·ten·schutz·be·auf·trag·te** 男囡 《形容詞変化》情報保護専門委員.
'**Da·ten·trä·ger** 男 -s/- 《コンピュータ》データ記憶媒体(磁気テープ・フロッピーディスク・CD-ROM など).
'**Da·ten·über·tra·gung** 囡 -/-en 《コンピュータ》データ通信, データ伝送.
'**Da·ten·ver·ar·bei·tung** 囡 -/ (略 DV)《コンピュータ》デ

ータ処理.

'**Da·ten·ver·ar·bei·tungs·an·la·ge** 囡 -/-n 《ﾃﾞｰﾀ》データ処理装置, データプロセッサ; データ処理(計算機)システム.

da'tie·ren [daˈtiːrən] (↓ Datum) ❶ 他 **1** (手紙・書類などに)日付(年月日)を記入する. Der Brief ist vom 5. Januar *datiert*. この手紙は1月5日付になっている. **2** (芸術作品などの成立時期を決める, 《出土品などの》)年代を決定(推定)する.

❷ 自 再 〈**sich⁴**〉 [*sich*] aus〈von〉…~ …の日付をもっている, …から始まったものである. Von diesem Augenblick *datierte* [*sich*] unsere Freundschaft. この瞬間から私たちの友情が始まった. Die Orgel *datiert* aus dem 18. Jahrhundert. このオルガンは18世紀のものである.

'**Da·tiv** [ˈdaːtiːf] 男 -s/-e[..və] (*lat.*, Gebefall') (略 Dat.)《文法》与格, 3格.

'**da·to** [ˈdaːto] 副 (*lat.*) 《古》《商業》(heute) 本日. bis ~ 《話》今日まで, 今までのところ. drei Monate [nach] ~ 3ヵ月後に.

'**Da·to·wech·sel** 男 -s/-《銀行》日付後定期払い手形.

'**Dat·scha** [ˈdatʃa] 囡 -/-s(..schen) =Datsche

'**Dat·sche** [ˈdatʃə] 囡 -/-n (*russ.*) (ロシアの)夏の別荘, 山荘, ロッジ.

'**Dat·tel** [ˈdatəl] 囡 -/-n (*gr.*) なつめやし(棗椰子)の実.

'**Dat·tel·pal·me** 囡 -/-n《植物》なつめやし(棗椰子).

'**Da·tum** [ˈdaːtʊm] 中 -s/..ten (*lat.*) **1** 日付. unter dem heutigen ~ 今日の日付で. Welches ~ haben wir heute? 今日は何日ですか. Das ist neueren ~*s*. それはつい最近のことだ. **2** (Faktum) 事実. **3** 《複数で》データ, 資料.

'**Da·tums·gren·ze** 囡 -/《地理》日付変更線.

'**Da·tum[s]·stem·pel** 男 -s/-《日付印; (郵便物の)消印.

Dau [dao] 囡 -/-en (*arab.*) ダウ(アラビア・東アフリカ沿岸で用いられる2本マストの大型帆船).

'**Dau·be** [ˈdaʊbə] 囡 -/-n **1** 樽板, 桶板. **2**《ｽﾎﾟｰﾂ》カーリングの的(た).

*'**dau·er** [ˈdaʊər ダオアー] 囡 -/ (↓ dauern)¹ **1** 時間の長さ, 期間. die ~ unseres Aufenthaltes 私たちの滞在期間. für die ~ von drei Jahren 3年の期限(任期)で. **2** (長時間の)持続, 継続. auf[die] ~ 長期にわたって; 長期的にわたると, 長い間には. von ~ sein 長続き(長持ち)する. nur von kurzer ~ sein 長続きしない, 線香花火である.

'**Dau·er·auf·trag** 男 -[e]s/ⁿe《銀行》(口座からの)自動振込の依頼(委託).

'**Dau·er·aus·stel·lung** 囡 -/-en 常設の展示(会).

'**Dau·er·bren·ner** 男 -s/- **1** (長時間連続使用できる)貯炭式ストーブ. **2**《話》ロングランの芝居(映画); 息の長い流行歌. **3**《戯》長いキス.

'**Dau·er·er·folg** 男 -[e]s/-e (芝居・映画の)ロングラン.

'**Dau·er·fes·tig·keit** 囡 -/《工業》=Dauerschwingfestigkeit

'**Dau·er·frost·bo·den** 男 -s/ 永久凍土層.

'**Dau·er·gast** 男 -[e]s/ⁿe **1** 長期宿泊(滞在)客. **2**《話》(酒場などの)常連.

'**dau·er·haft** [..haft] 形 長続きする, 長持ちする, 永続的な.

'**Dau·er·haf·tig·keit** 囡 -/ 永続性, 耐久性.

'**Dau·er·kar·te** 囡 -/-n 定期乗車券, (劇場などの)

定期会員権.

'**Dau·er·lauf** 男 -[e]s/ⁿe ジョギング, 長距離(耐久)レース.

'**Dau·er·leis·tung** 囡 -/-en 持続(耐久)能力;《工学》連続出力.

'**Dau·er·ma·gnet** 男 -en/-en《物理》永久磁石.

'**dau·ern**¹ [ˈdaʊərn ダオアーン] 自 **1** (一定の時間)続く, 持続する. Das stürmische Wetter *dauert* schon zwei Wochen. 荒天はもう2週間も続いている. Wie lange *dauert* es noch? まだどれくらいかかりますか. Es *dauert* nicht lange, so〈dann〉 wird sich⁴ die Sache erledigen. もう間もなくこの件は片づくだろう. **2** 長続き(長持ち)する. Der Krieg *dauerte* und *dauerte*. 戦争は果てしもなく続いた.

'**dau·ern**² 他《雅》悲しませる; 残念だ(惜しい)と思わせる. Der Kranke *dauert* mich sehr. 私は病人を大変気の毒に思う. Ihn *dauert* das viele Geld. 彼はその大金を惜しがっている.

*'**dau·ernd** [ˈdaʊərnt ダオアーント] 現分 形 永続(持続)的な. eine ~*e* Krise いつまでも続く不景気. Er kommt ~ zu spät. 彼はしょっちゅう遅れてくる.

'**Dau·er·re·gen** 男 -s/ 長雨.

'**Dau·er·scha·den** 男 -s/ⁿ 後遺症.

'**Dau·er·schwing·fes·tig·keit** 囡 -/《工学》(工業材料の)持続耐震限度.

'**Dau·er·sel·ler** [..zɛlər] 男 -s/- 《話》(本の)ロングセラー.

'**Dau·er·ver·such** 男 -[e]s/-e《工学》(工業材料の)耐久テスト.

'**Dau·er·wel·le** 囡 -/-n パーマネントウェーブ. zur ~ gehen パーマをかけに行く.

'**Dau·er·wir·kung** 囡 -/-en 持続作用.

'**Dau·er·wurst** 囡 -/ⁿe ドライ(ハード)ソーセージ(サラミなど長期保存のきくソーセージ).

'**Dau·er·zu·stand** 男 -[e]s/ⁿe 持続している状態, 常態.

'**Däum·chen** [ˈdɔʏmçən] 中 -s/-《Daumenの縮小形》小さな親指. ~ drehen《話》↑Daumen 1

*'**Dau·men** [ˈdaʊmən ダオメン] 男 -s/- **1** (手の)親指. ~〈die *Daumen*〉 drehen / Däumchen drehen《話》何もしないでぶらぶらしている, 暇を持てあましている. den ~ auf et³ drücken《話》事⁴(自説など)に固執する. den ~ auf et⁴ halten〈auf et³ haben〉《話》物⁴·³(金銭・貯えなど)を自分でがっちり握っている. (に)しっかり注意を払っている. j³〈für j⁴〉 den ~〈die *Daumen*/beide *Daumen*〉 halten〈drücken〉《話》j³·⁴の成功を祈る, (に)無言の声援を送る. j³ den ~ aufs Auge setzen《話》人³に無理やり言うことをきかせる. am ~ lutschen 親指をしゃぶる《幼児等がしている》. j⁴ über den ~ drehen《話》人⁴をだます, ぺてんにかける. et⁴ über den ~ schätzen〈peilen〉《話》物⁴(距離・金額など)を大ざっぱに見積. **2**《工学》カム.

'**Dau·men·ab·druck** 男 -[e]s/ⁿe 親指の指紋, 拇印(ぼいん).

'**Dau·men·lut·scher** 男 -s/-《侮》親指をしゃぶる癖のとれない子.

'**Dau·men·schrau·be** 囡 -/-n《ふつう複数で》親指ねじ(ねじで親指を締めつける昔の拷問具). j³ [die] ~*n* anlegen〈ansetzen/aufsetzen〉《比喩》人³に対して残忍な手段をとる, (を)手荒なやり方で責めたてる.

'**Däum·lein** [ˈdɔʏmlaɪn] 中 -s/- =Däumchen

'**Däum·ling** [ˈdɔʏmlɪŋ] 男 -s/-e **1** 親指用サック;

Daune

《地方》手袋の親指. **2** 《複数なし》(童話に出てくる)親指小僧, 親指太郎.

'Dau·ne ['daunə] 囡 -/-n **1** (鳥の)綿毛, にこ毛. **2** ダウン(羽根布団・防寒衣料用の水鳥の羽毛).

'Dau·nen·de·cke 囡 -/-n 羽毛(羽根)布団.

Dau'phin [do'fɛ̃ː] 男 -s/-s 《fr.》 **1** 《歴史》ドーファン, ドファーン(1349-1830のフランス国王の第1王子・王位継承者の称号). **2** 《比喩》(首相などの)後継者.

Daus¹ [daus] 匣 -es/-e(Däuser) 《lat. duo 'zwei'》 **1** (ドイツ式トランプの)エース. **2** (ダイスの)2の目.

Daus² 匣《次の成句のみ》Ei der ~!/ Was der ~! (怪訝・驚きの表現)おやあ, これはこれは, すごいすごい. **◆** Teufel の婉曲表現.

'Da·vid ['daːfɪt, ..vɪt] 《hebr., 'Liebling'》 **❶** 《男名》ダーフィト. **❷** 《人名》《旧約》ダビデ. **◆** イスラエル王国第2代の王、『詩篇』の作者、イエス・キリストの祖先の1人とされる. サム上・サム下, マタ1:6ほか.

'Da·vid[s]·stern 男 -[e]s/-e ダビデの星(2個の正3角形を60度ずらして重ねた6角星形、ユダヤ教のシンボルマーク)(右図).

'Da·vis·cup ['deːvɪskap, 'deɪvɪskʌp] 男 -s/ 《engl.》=Davispokal

'Da·vis·po·kal 男 -s/《スポ》デビスカップ, デ杯(アメリカのテニス選手 Dwight F. Davis, 1879-1945 が寄贈した純銀製の心臓のシンボルマーク).

David[s]-stern

'Da·vit ['deːvɪt] 男 -s/-s 《engl.》《船舶》ダビット, 吊り柱(船の舷側に救命ボートを吊っておくための支柱).

*****da'von** [da'fɔn, 指示強調 'daː.fɔn ダフォン] 副 前置詞 von と事物を代理する人称(指示)代名詞との融合形. **1** (a) 《出発点・起点》そこから. Die Entfernung ~ beträgt 20 Meter. そこからの距離は20メートルである. Ich wohne zwei Kilometer ~ entfernt 〈ab〉. 私はそこから2キロ離れたところに住んでいる. Ich bin weit ~ entfernt, das zu glauben. 《比喩》私はそれを信じる気はまったくない. Hände weg ~! それに手を触れないで下さい. ~ nicht loskommen können それらから逃れられない. sich⁴ ~ trennen それを手放す, 棄てる. (b)《指示性が失われて》《話》(weg, fort) auf und ~ gehen〈laufen〉立去る. Er ist auf und ~ 〈gegangen〉. 彼はそそくさと姿を消した. **2** 《起源・由来・因由・原因》それから, それによって. Das kommt ~, dass... ということに起因している, それは…のせいだ. Das kommt ~! それ見たことか, 言わんこっちゃない. Die Folge ~ ist, dass...その結果(帰結)は…である. Es hat jemand laut gerufen. Davon ist er aufgewacht. 大声で叫んだ声で彼の目がさめてしまった. Davon hast du nur Ärger. そんなことをしても腹が立つだけだ. Was hast du ~? それをしたことで何になるんだ. どんな得があるんだ. Ich habe nichts ~. そんなことを何にもならない. **3** 《材料・手段》それで, それを使って. Sie bekam Wolle geschenkt und konnte sich³ ~ einen Pullover stricken. 彼女は毛糸を貰ったのでそれでプルオーバーを編むことができた. **4** 《関連》それについて, それに関して. Reden wir nichts mehr ~! もうその話はよそう. Er weiß nichts ~. 彼はそのことを全く知らない. **5** (a) 《部分》Fünf ~ gingen zu Fuß. そのうちの5人は歩いていった. die Hälfte ~ その半分. (b)《2格の代用》ein Freund ~ それの愛好者. das Gegenteil ~ その反対.

6 《前置詞 von を伴って用いられる動詞と》 Selbst wenn ich ~ absehe, dass mir das Geld für die Reise fehlt, ... その旅行に必要な金が私にないということをさておいても.... ~ abgesehen / abgesehen ~ の点は別として, それはともかく. Davon hängt viel für mich ab. それは私(の将来)にとって重要である. Er kann nicht ~ lassen. 彼はそれをやめ(変え)られない. Davon kann man nicht leben〈existieren〉. こればっちじゃ食っていけない. **◆** 北ドイツでは da と von が分離することがある. Du hast du nichts von. 君はそんなことをしたって何にもならないよ.

da·von.. [dafɔn..] 《分離前つづり/つねにアクセントをもつ》「去って, あちらへ, 離れて」の意を表す. davongehen 立去る.

da'von|blei·ben* 自(s)《話》(そこから)離れている; (それに)手を触れない.

da'von|ei·len 自(s) 急いで去る.

da'von|ge·hen* 自(s) **1** 立去る. **2** 《雅》逝〈ゆ〉く, 逝去する.

da'von|kom·men* [da'fɔnkɔmən] 自(s) 逃れる, 免れる, 助かる. glücklich ~ 事無きを得る, 無事に助かる. mit einer Geldstrafe ~ 罰金だけですむ. mit dem Leben ~ 助かる, 命からがら助かる.

da'von|lau·fen* [da'fɔnlaufən] 自(s) **1** 走り去る, 逃亡する. j³ ~ 人³から逃げ出す(《中性名詞主語として》Es ist zum Davonlaufen. 《話》これはひどい. **2** 制御できなく(手に負えなく)なる. Die Preise laufen davon. 物価はどんどん上がってどうしようもない.

da'von|ma·chen [da'fɔnmaxən] 再 (sich⁴) 《話》こっそり逃げ出す, 姿をくらます.

da'von|tra·gen* 他 **1** 運び(持ち)去る, 片づける. **2** (a) 《雅》(栄冠などを)かち取る, 獲得する. (b) (被害などを)こうむる, 受ける.

*****da'vor** [da'foːr, 指示強調 'daː.foːr ダフォーア] 副 前置詞 vor と事物を代理する人称(指示)代名詞との融合形. **1** 《空間的》その前に(へ). ein Haus mit einem Garten ~ 前に庭のある家. Stellen Sie bitte den Blumenkorb ~. 花籠はその前に置いて下さい. **2** 《時間的》(↔ danach) その前に, それ以前に. unmittelbar ~ その直前に. Ich muss heute zur Untersuchung, ~ darf ich nichts essen. 私は今日検診に行かなくてはならない, その前には何も食べていけないんだ. **3** 《前置詞 vor を伴って用いられる動詞・名詞と結びついて》Er hat keinen Respekt ~. 彼はそれに対して少しも敬意をはらわない. Davor hüte dich Gott! 神が君をそれから守って下さるように. **◆** 北ドイツでは da と vor が分離することがある. Da habe ich keine Angst vor. 私はそれを少しも心配していない.

da'vor le·gen, °**da'vor|le·gen** 他 その前に置く.

da'vor ste·hen*, °**da'vor|ste·hen*** 自 **1** その前に立っている(ある). **2** それを目前にしている.

Da'vos [da'voːs] 《地名》ダヴォース(スイス東部 Graubünden 州の保養地).

da'wi·der [da'viːdər, 指示強調 'daː.viːdər] 副 《古》《地方》(前置詞 wider と事物を代理する人称(指示)代名詞との融合形)それに反対して(逆らって). Ich habe nichts ~. 私はそれに異存はない.

da'wi·der|re·den 自 《古》《地方》それに反対する, 異を唱える.

*****da'zu** [da'tsuː, 指示強調 'daː.tsuː: ダツー] 副 前置詞 zu と事物を代理する人称(指示)代名詞との融合形. **1** 《目的・目標・到達点・成果などを示して》そこへ, そこまで, そのために. Ich habe ~ keine Zeit. 私はそのた

めの時間がない. Er ist nicht ~ geeignet. 彼はそれに適していない. Was hat ihn ~ gebracht, so etwas anzunehmen? 何が彼にそんなことを引受ける気にさせたのか. Sie ist ~ da, um Filmdiva zu werden. 彼女は映画スターになるために生まれてきた女だ, 映画スターになることが彼女の人生の目的だ.《**kommen** と》Wie komme ich ~? どうして私がそんなことをするだろう. Wie kommt er ~? 彼はどうしてそんなことを言うのだろう(そんな気を起したのだろう). Du hast das Buch? Wie bist du ~ gekommen? どうして手に入れたの? *Dazu* wird es nicht kommen. そうはならないだろう, そうは問屋(とんや)が卸(おろ)すまい. **2**《関与》それに対して, それについて. *Dazu* will ich nicht mich äußern. それについては私はコメントをさし控えた. Was sagen〈meinen〉Sie ~? それに対してあなたはどうお考えですか. **3**《帰属・所属》その中(部類, グループ)に. Sie gehört nicht ~, sondern zu einer anderen Gruppe. 彼女はそのグループではなく別のグループに属している. Die Gäste saßen auf der Terrasse, ~ spielten unsere Kinder. 客たちはテラスに腰を下ろしていて, それにまじってうちの子供たちが遊んでいた. **4**《付加・追加》それに加えて, さらに. Man gebe etwas Salz ~. さらに塩を少々加えて下さい. Er ist klein und ~ mager. 彼は小柄でおまけに痩せている. Sie sang und spielte ~ Gitarre. 彼女は歌をうたいそれに合わせてギターをつま弾いた. ◆北ドイツでは da と zu が分離することがある. *Da* habe ich keine Lust *zu*. 私にはその気がない.

da·zu·ge·hö·ren [da'tsu:…] 圓 **1** そこに所属している, その一員である. das Gefühl *dazugehörens* 自分もその一員であるという感情, 連帯感. **2**(それに)必要である. Es *gehört* schon einiges *dazu*, so etwas zu wagen. そういうことを断行するにはそれなりの根性(こんじょう)がなくっちゃね.

da·zu·ge·hö·rig 形《付加語的用法のみ》それに所属(付属)している; それに必要な. die ~en Einzelteile 付属部品.

da·zu·hal·ten* 囮 (**sich⁴**)《地方》急ぐ.

da·zu·kom·men* 圓 (s) **1**(その場に)来合せる, 通りかかる. **2** つけ加わる. Folgendes wird noch ~. さらに次のことがつけ加えられよう. *Kommt* noch etwas *dazu*? (店員が)まだほかにご注文がございますか.

'**da·zu·mal** ['da'tsuma:l] 副《古》(damals) その頃, 当時. Anno〈anno〉~《話》昔, ずっと以前に.

'**da·zu·schrei·ben*** 囮 (さらに)書き加える.

'**da·zu·tun*** [da'tsu:…] 囮 つけ加える, 添える.

Da·zu·tun 囲《次の用法で》ohne j² ~ 人²の援助(関与)なしに.

***da·zwi·schen** [da'tsvɪʃən, 指示強調 'da'tsvɪʃən ダッヴィシェン] 副 前置詞 zwischen と事物を代理する人称(指示)代名詞との融合形. **1**《空間的》両者の間に, 中間に. zwei Häuser mit einer Hecke ~ 間に生け垣のある2軒の家. sich⁴ ~ quetschen 強引に割込む. **2**《時間的》間に. *Dazwischen* liegen immerhin fünf Jahre. その間には少なくとも5年の歳月が横たわっている. **3**《話》(darunter) それらの中に. Man hat mir alle gefundenen Sachen gezeigt, mein Regenschirm war nicht ~ 拾得物を残らず見せてくれたが私の雨傘はその中になかった.

da·zwi·schen·fah·ren* [da'tsvɪʃən…] 圓 (s)(他人の話に強く)口出しをする, 割込む; (喧嘩などに)割って入る.

da·zwi·schen·fun·ken (h, s) (h)《放送》放

送(通信)を妨害する. **2** (h, s)《話》(j³の)邪魔をする. bei einem Vorhaben ~ 計画を妨害する.

da·zwi·schen·kom·men* 圓 (s) **1**(思いがけないこと・困ったことなどが)起る, 降って湧く. Wenn [mir] nichts *dazwischenkommt*, nehme ich teil. 予期しないことが起らなければ私も参加します. **2** j² ~ 人²のすることに介入(干渉)する. **3**(列などに)割込む; (図表・写真などが)間に挿入される.

da·zwi·schen·re·den 圓 人の話に口をさしはさむ, (人³に)干渉する. **2** ❷ dummes Zeug ~ 馬鹿な奴の手をかりて話の腰を折る.

da·zwi·schen·ru·fen* 圓囮 野次をとばす.

da·zwi·schen·tre·ten* 圓 (s) 1人の間に入って仲裁する. **2**(友人関係などの)あいだに割って入る.

dB《略》= Dezibel

DB [de:'be:]《略》**1** = Deutsche Bundesbahn ドイツ連邦鉄道(1993までの旧西ドイツの国鉄). **2** = Deutsche Bahn ドイツ鉄道(1994以後のドイツ国鉄).

DBB [de:be:'be:]《略》**1** = Deutsche Bundesbank ドイツ連邦銀行. **2** = Deutscher Beamtenbund ドイツ公務員労組.

DBP [de:be:'pe:]《略》**1** = Deutsche Bundespost ドイツ連邦郵便. **2** = Deutsches Bundespatent ドイツ連邦特許権.

d. c.《略》**1**《音楽》= da capo **2** (*engl.*)《電気》= direct current 直流.

d. d.《略》(*lat.*)《商業》= de dato [de:'da:to] 日付の日から, 日付後.

Dd.《略》(*lat.*) Doktorand

DDR [de:de:'ɛr]《略》= Deutsche Demokratische Republik ドイツ民主共和国(旧東ドイツ, 1949–1990). *DDR*-Bürger (旧)東ドイツ国民. ↑BRD

DDT [de:de:'te:] 囲 –[s] / (*engl.*)《薬学》ディーディーティー(殺虫剤の商標名).

'**D-Dur** ['de:du:r, '–'–'] 囲 –/《記号 D》《音楽》ニ長調.

Deal [di:l] 囲 –s/–s (*engl.*) 商売, 取引.

'**dea·len** ['di:lən] 圓 (↓ Deal) 麻薬の取引(密売)をする.

'**Dea·ler** ['di:lər] 囲 –s/– (*engl.*) **1** 麻薬商人. **2** = Jobber 1

Dean [di:n] 囲 –s/–s **1**(イギリス国教会の)主席司祭. **2**(アメリカの大学の)学部長.

De·ba·kel [de'ba:kəl] 囲 –s/– (*fr.*, Zusammenbruch') 瓦解, 崩壊, 倒産; 壊滅, 敗北.

de·bar·die·ren [debar'di:rən] 囮 (*fr.*)《古》ein Schiff ~ 船の積荷を下ろす, 荷下しをする.

De·bat·te [de'batə] 囡 –/–n (*fr.*) **1** 討議, 討論, 論争. zur ~ stehen 討議される. et⁴ zur ~ stellen 事⁴を討議にかける. **2**(国会での)討論, 審議.

de·bat·tie·ren [deba'ti:rən] 圓囮 et⁴〈über et⁴〉~ 事⁴を討議する, (に)ついて討論する.

'**De·bet** ['de:bɛt] 囲 –s/–s (*lat.*)《略 D》《銀行》(↔ Kredit) (帳簿の借方(かりかた)), 債務. in das ~ stellen 借方に記帳する.

de·bil [de'bi:l] 形 (*lat.*) 魯鈍な, 軽度の精神薄弱の.

De·bi·li·tät [debili'tɛ:t] 囡 –/ 虚弱 ;《医学》軽度の精神薄弱.

De·bit [de'bi:t] 囲 –s/–s (*fr.*) **1**《古》《複数なし》(商品の)販売, 小売り. **2** (Ausschank¹) (酒場などで)酒を出すこと.

de·bi·tie·ren [debi'ti:rən] 囮《商業》**1** j⁴〈j² Konto〉mit 100 € ~ 人⁴〈人²の口座〉の借方(かりかた)に

100 ユーロを記入する. **2** 販売する.

'De·bi·tor ['de:bito:r] 男 -s/-en[debi'to:rən] (*fr.*) **1**〚経済〛(↔ Kreditor) 債務者, 借り主. **2**〚複数で〛(a)〚簿記〛売掛金, 未収金. (b)〚銀行〛(貸借対照表の)借り方の項目.

de·blo'ckie·ren [deblɔ'ki:rən] 他 **1**〚印刷〛eine Blockierung ~ げた(伏せ字)を正しい活字に差替える. **2**〈物の〉封鎖(ブロック)を解く.

'De·bre·[c]zi·ner ['dɛbrɛtsi:nər] 田 -s/-〘ふつう複数で〙デブレツェン・ソーセージ(ハンガリー産の薬味のきいた小型ソーセージ. ハンガリー東部の都市デブレツェン Debrecen にちなむ).

De'bug·ging [di'bagɪŋ] 田 -[s]/-s (*engl.*)〚コンピュータ〛デバッギング(プログラムの誤りや欠陥を除去すること).

De'büt [de'by:] 田 -s/-s (*fr.*, Anfang*) **1** デビュー, 初登場, 初舞台. *sein* ~ geben〈liefern〉デビューする, 初舞台を踏む. **2**〈古〉宮廷に初参内(はか)する.

De·bü'tant [deby'tant] 男 -en/-en (俳優・音楽家などの)デビューをする(した)人, 新人.

de·bü'tie·ren [deby'ti:rən] 自 デビューする, 初舞台を踏む.

De·ca·me'ro·ne [dekame'ro:ne] 田 -s/〚文学〛=Dekameron

De·cha'nat [deça'na:t] 田 -[e]s/-e〚カト〛=Dekanat 2

De'chant [dɛ'çant] 男 -en/-en〚カト〛(とくに南ドイツで) =Dekan 2

De'char·ge [de'ʃarʒə] 女 -/-n (*fr.*)〈古〉**1** 荷揚げ, 荷おろし. **2**〚商業〛(債務の)弁済; 弁済証書.

de·char'gie·ren [deʃar'ʒi:rən] 他〈古〉(entlasten)〈人[4]の〉責任(義務)を免除(軽減)する.

'De·cher ['dɛçər] 男 (田) -s/- (*lat.*)〈古〉デヒャー(毛皮・毛皮製品を数える単位で 10 枚を 1 デヒャーとする).

de·chif'frie·ren [deʃɪ'fri:rən] 他 (*fr.*, entzifern*) (読みにくい文字などを)判読する; (↔ chiffrieren)(暗号文などを)解読する.

Dech·sel ['dɛksəl] 女 -/-n 手斧(鉞型の斧).

Deck [dɛk] 田 -[e]s/-s(-e) (*engl.*) **1** (船の)甲板, デッキ; (船室の)階層, 階. das mittlere ~ 中甲板. Alle Mann an ~! 総員甲板へ!. Klar ~! 戦闘準備をせよ(戦闘のために甲板を片づけよ). nicht [recht] auf ~ sein〈話〉体調がよくない, 気分がすぐれない. **2** (2 階建てバスの)上階; (Parkdeck)(駐車場ビルの)階層.

'Deck·adres·se 女 -/-n (受取人を知られないための)仮の宛名, 偽名の宛名.

'Deck·an·schrift 女 -/-en =Deckadresse

'Deck·an·strich 男 -[e]s/-e (塗装の)上塗り.

'Deck·bett 田 -[e]s/-en 掛けぶとん, 羽根ぶとん.

'Deck·blatt 田 -[e]s/⸚er **1** (地図などに重ねて用いる)透明紙, オーバーレイ. **2** (補充・訂正のために本や冊子に挟む)差込みページ. **3** (葉巻の)外巻き葉. **4**〚植物〛苞葉(ほうよう). **5**〚書籍〛(写真ページを保護するために挟む)薄い透明紙, 間紙(あいし). **6** (本・ノートのタイトルページ, 扉. **7**〚ズベ〛(重ねたカードの)最上のカード.

'De·cke ['dɛkə デケ] 女 -/-n **1** 覆い, (Bettdecke) 掛けぶとん; (Wolldecke) 毛布; (Tischdecke) テーブルクロス. eine ~ auflegen テーブルクロスをかける. sich[4] in eine ~ hüllen〈weckeln〉ふとん(毛布)にくるまる. sich[4] nach den ~ strecken 貧しいなりにつましく暮らす, 貧乏を苦にしない. mit j[3] unter einer ~ stecken 人[3]と共謀する, ぐるになる. **2** (Zimmerdecke)

天井. ein Raum mit tiefer ~ 天井の低い部屋. an die ~ gehen〈話〉かっとなる, 逆上する. vor Freude [bis] an die ~ springen〈話〉大喜びする, 欣喜雀躍(きんきじゃくやく)する. Mir fällt die ~ auf den Kopf.〈話〉私は鬱屈したい思いがする. (ここは)息がつまりそうだ. **3** 一面に覆うもの; 雪面, 氷面; (Straßendecke) 路面; (Reifendecke) (タイヤの)トレッド, 路面; 〚製本〛(本の表紙); 〚地質〛デッケ. **4**〚猟師〛(獣の)毛皮. **5**〚楽器〛(弦楽器の)共鳴板.

'De·ckel ['dɛkəl デケル] 男 -s/- (↓ decken) **1** (容器・箱などの)蓋(ふた). Sie passen zusammen wie Topf und ~.〈話〉彼らはうまが合う, お似合いである. Jeder Topf findet seinen ~. / Für jeden Topf findet sich[4] ein ~.〈諺〉われ鍋にとじ蓋. **2**〚製本〛(背・おもて・うらを含めての本の)表紙. **3**〚戯〛帽子; 頭. eins auf den ~ bekommen〈kriegen〉一発くらう; 大目玉をくう, こっぴどく叱られる. **4**〈話〉(Bierdeckel) (ビール用の)コースター. j[3] einen ~ machen 人[3]の飲み代をツケにしてやる.

'De·ckel·glas 田 -es/⸚er (ガラス製の蓋(ふた)つきのコップ(ジョッキ).

'De·ckel·krug 男 -[e]s/⸚e 蓋(ふた)つきのジョッキ.

'de·ckeln ['dɛkəln]〈話〉❶ 他 **1** 〈物に〉蓋をつける; 蓋をする. **2** 〈話〉(人[4]を)こっぴどく叱りつける, やりこめる. **3** 〈話〉(支出などを)抑える. ❷ 自〚戯〛帽子をとって挨拶する.

'de·cken ['dɛkən デケン] ❶ 他 **1** (物[4]を)覆う (mit et[3] 物[3]で). das Dach ~ 屋根を葺(ふ)く. den Tisch ~ テーブルに食器類を並べる, 食事の用意をする. den Tisch für 6 Personen ~ 6 人分の食事の支度をする. Es ist *gedeckt*! 食事の用意ができたよ. **2** (et[4] über j(et)[4] 物[4]を人(物)[4]の上に)かぶせる. die Hand über die Augen ~ 手で目をおおう. **3** 覆いかくす, すっぽり包む. Schnee *deckte* die Erde. 雪が大地を覆いかくした. Ihn *deckt* nun schon der grüne Rasen. 〚雅〛彼はすでに亡くなっている. **4** (概念が対象を)カバーする. Der Begriff Umweltschutz *deckt* den Problemkreis nicht ganz. 環境保護という概念ではこの問題の全容をカバーすることができない. **5** 守る, かばう, 掩護する. Sie hat den Alten mit ihrem Körper *gedeckt*. 彼女はその老人を身をもって守った. einen Komplizen ~ 共犯者をかばう. den Rückzug ~ 退却を掩護する. 〚目的語なしで〛Der Boxer *deckt* schlecht. このボクサーはガードが下手だ. **6**〚商業〛(需要を)満たす. Mein Bedarf ist *gedeckt*!〈話〉私はもううんざりだ, もう沢山だ. **7**〚経済〛補填(ほてん)する, (手形などを)裏づけする, (赤字を)埋める, カバーする. einen Fehlbetrag ~ 欠損を補填する. Der Scheck ist nicht *gedeckt*. この小切手は裏づけがない, 不渡りである. **8**〚ズベ〛(相手選手を)マークする; (守備範囲などを)カバーする. **9** (bedecken) (雄が)交尾する. eine Stute ~ lassen 雌馬に種づけをする. **10**〚猟師〛ein Wild ~ (猟犬が)獣におそいかかる, (を)しっかりつかまえる.

❷ 再 (*sich*[4]) 重なり合う, 合致(一致)する; 〚幾何〛(3 角形が)合同である. Ihre Aussage *deckt* sich nicht mit der seinen. 彼女の発言は彼の発言と符合しない.

❸ 自 Die Flinte *deckt* gut. この猟銃は散弾を散らさない.

'De·cken·be·leuch·tung 女 -/-en 天井照明.

'De·cken·ge·mäl·de 田 -s/-〚美術〛天上画.

'De·cken·lam·pe 女 -/-n 天井灯.

¹**Deck·far·be** 囡 -/-n (↔ Lasurfarbe)(下塗りを隠すための)不透明顔料(絵の具), 上塗り塗料.

¹**Deck·frucht** 囡 -/¨e 【農業】間作(ホホツ)の主作物(例えばクローバのような飼料作物の畑に蒔かれた麦類など).

¹**Deck·hengst** 男 -es/-e 【畜産】種馬(ｼｭﾊ).

¹**Deck·man·tel** 男 -s/¨ 隠れ蓑(ﾐﾉ), 見せかけ, 口実. Das geschah alles unter dem ～ der Befreiung. これはすべて解放にかこつけてなされたことだ.

¹**Deck·na·me** 男 -ns/-n (Pseudonym) 仮名, 偽名, ペンネーム, 暗号名. ◆格変化は Name 参照.

¹**Deck·of·fi·zier** 男 -s/-e (旧ドイツ海軍の)准士官.

¹**De·ckung** ['dεkʊŋ] 囡 -/(-en) **1**【複数なし】(見解・形状などの)一致; 【幾何】合同, 一致. et⁴ mit et³ zur ～ bringen 物⁴と物³を一致させる. **2**【複数なし】防護, 掩蔽; 掩蔽物, 遮蔽(ｼｬﾍｲ), 隠蔽(ｲﾝﾍﾟｲ), もみ消し; 【ｽﾎﾟｰﾂ】ディフェンス, ガード, マーク; 【ﾁｪｽ】守り駒. Volle ～! (軍隊command)掩護せよ. ～ geben 掩護射撃をする. j³ bei der Verheimlichung einer Tat ～ geben (leisten) 人³の犯行のもみ消し工作に手をかす. ～ suchen 掩蔽(遮蔽)物をさがす. die ～ vernachlässigen (サッカーなどで)ディフェンスを手抜きする. die Dame ohne ～ lassen (チェスで)女王を守り駒なしにする, 孤立無援にする. zur ～ die Rechte benutzen (ボクシングで)右でガードする. **3**【商業】需要を満たすこと, 応需. **4**【経済】資金の裏づけ, 資金準備, 保証, 担保; (欠損などの)埋め合せ, 補填(ﾎﾃﾝ), 補償; (発券銀行の)正貨準備, 外貨準備. ～ in bar 現金保証. Der Scheck hat keine ～. この小切手は(預金の)裏づけがない, 不渡りである. **5**【畜産】(Bedeckung)(家畜の)交尾, 種つけ. **6**【まれ】覆い, カバー; 屋根. eine ～ aus Stroh わら屋根.

¹**De·ckungs·feh·ler** 男 -s/- 【ｽﾎﾟｰﾂ】ディフェンス(ディフェンダー)のミス.

¹**de·ckungs·gleich** 形 (副詞的には用いない)【幾何】(kongruent) 合同の; (意見などが)完全に一致した.

¹**Deck·weiß** 中 -[es]/ (上塗り用の)白色不透明顔料.

¹**Deck·wort** 中 -[e]s/¨er 暗号.

De·co·der [de'ko:dər] 男 -s/- (engl.)【ｺﾝﾋﾟｭｰﾀ】デコーダー.

de·co·die·ren [deko'di:rən] 他 =dekodieren

De·co·ding [di'ko:dɪŋ] 中 -s/-s (engl.) =Dekodierung

De·col·la·ge [deko'la:ʒə] 囡 -/-n (fr.)【美術】デコラージュ(表面をつぶしたり別の素材を貼りつけたりして作ったオブジェ).

de·cresc. 《略》=decrescendo

de·cre·scen·do [dekrεs'ʃendo] 副 (it., abnehmend')《略 decresc.》【音楽】(↔ crescendo) デクレシェンド, だんだん弱く.

De·di·ka·ti·on [dedikatsi'o:n] 囡 -/-en (lat.) **1** (a) 献呈, 寄贈. (b) 寄贈品, 贈物. (c) 献詞(18世紀頃まで自著に書いた献呈の辞または署名). **2**【ｶﾄ教】奉献, 奉献式; (教会などの)献堂式.

de·di·zie·ren [dedi'tsi:rən] 他【雅】(widmen)(人¹に)物⁴を捧げる, 献呈(贈呈, 寄付)する.

De·duk·ti·on [dedʊktsi'o:n] 囡 -/-en (lat.) (↔ Induktion)【哲学・数学】演繹(ｴﾝｴｷ), 演繹法;【論理】三段論法による推論.

de·duk·tiv [..'ti:f] 形 (↔ induktiv) 演繹的な. ～er Schluss 演繹的推論.

de·du·zie·ren [dedu'tsi:rən] 他 (lat.) (↔ induzieren) 演繹(ｴﾝｴｷ)する(et⁴ aus et³ 事³を事⁴から).

Deern [de:rn] 囡 -/-s 【北ﾄﾞ】Mädchen 娘っこ. ↑ Dirne

De·es·ka·la·ti·on [de|εskalatsi'o:n] 囡 -/-en (軍備などの)段階的な縮小.

de·es·ka·lie·ren [de|εska'li:rən] 他 (戦争・紛争・計画などを)段階的に縮小する, 緩和する.

de 'fac·to [de:'fakto] (lat.)(↔ de jure) 事実上. einen neuen Staat ～ anerkennen 新国家を事実上承認する.

De·fai·tis·mus [defε'tɪsmos] 男 -/ (fr.) 《ﾏﾚ》 = Defätismus

De·fä·ka·ti·on [defεkatsi'o:n] 囡 -/-en (lat., Reinigung') **1** (液などの)浄化, 純化; (製糖の)清澄法. **2**【医学】排便, 便通.

de·fä·kie·ren [defε'ki:rən] 自【医学】排便する.

De·fä·tis·mus [defε'tɪsmus] 男 -/ (fr.) 敗北主義, 悲観論, 弱気.

De·fä·tist [defε'tɪst] 男 敗北主義者, 悲観論者.

de·fä·tis·tisch 形 敗北主義的な.

de'fekt [de'fεkt] 形 (lat., mangelhaft') 欠陥(欠点)のある, 瑕(ｷｽ)のある, 不完全な, (機械などが)故障(破損)した.

De'fekt [de'fεkt] 男 -[e]s/-e **1** 欠陥, 欠如. ein körperlicher ～ 身体的な欠陥. **2** 故障, 破損, 損害. **3** 不足額, 欠損. **4**【複数ﾉ】【印刷】余剰(予備)活字(の総称);【書籍】落丁(乱丁, 破損)本, 欠陥本.

de·fek'tiv [defεk'ti:f] 形 (lat.) **1** 欠陥のある, 欠落のある, 不完全な. ～es Substantiv【文法】欠如名詞(語形変化が全部揃っていない名詞, 例えば複数形を欠く Durst, 単数形のない Leute など).

De·fek·ti·vum [..vʊm] 中 -s/-va 欠如語(語形変化が全部揃っていない語, 例えば命令形から können, mögen のような助動詞, 複数形や単数形を欠いた名詞, 比較変化しない形容詞など). ↑ defektiv

de·fen·siv [defεn'zi:f] 形 (lat.)(↔ offensiv) 防御(防衛)の, 守勢の;【ｽﾎﾟｰﾂ】守備の, ディフェンスの. ein ～es Bündnis 防衛同盟. ～es Fahren (車の)安全運転.

De·fen·si·ve [..və] 囡 -/-n (fr.) 防衛, 防御; 守勢. aus der ～ zum Angriff〈in die Offensive〉übergehen 守勢から攻勢に転じる. j⁴ in die ～ drängen 人⁴を守勢に追込む. die ～ bevorzugen (スポーツで)守りに徹する.

De·fen·siv·krieg 男 -[e]s/-e 防衛戦争, 自衛戦.

De·fi·lé [defi'le:] 中 -s/-s 《ﾏﾚ･ｽｲｽ》 =Defilee

De·fi·lee [defi'le:] 中 -s/-n[..'le:ən] (-s) (fr.) **1** (高位者の前での)分列行進, パレード. **2**【地理】(Engpass) 狭い山道, 隘路(ｱｲﾛ).

de·fi·lie·ren [defi'li:rən] 自 **1** 分列行進(パレード)をする, 縦隊を組んで練り歩く. **2** 隘路(狭い山道)を通り抜ける.

de·fi·nie·ren [defi'ni:rən] (lat., abgrenzen') **❶** 他 精確に説明する; 定義する. ein Wort exakt ～ ある言葉を正確に定義する. Diese Farbe ist schwer zu ～. この色ははっきりとは言いにくい. **❷** 再 (sich⁴)(durch〈über〉j〈et〉⁴) 人⁴〈物⁴〉のいかんによって)立場(地位)が決まる. sich durch den Beruf ～ 職業によって自分の立場(地位)が決まる.

de·fi·nit [defi'ni:t] 形 はっきり限定された, 確定的な; 【数学】定符号の.

De·fi·ni·ti·on [..nitsi'o:n] 囡 -/-en **1** 定義. **2**【ｶﾄ教】(教皇または公会議による)教理(教義)の決定.

de·fi·ni·tiv [..'ti:f] 形 決定的な, 最終(確定)的な.

defizient

Ich weiß es ~. 私はそれをはっきり(正確に)知っている。
de·fi·zi·ent [defitsiɛnt] 形 《雅》(肝心のものが)不足している, 不完全で十分に;欠陥のある, 病身の.
De·fi·zi·ent 男 -en/-en 《カトリ・南ド》(高齢・病気のために)執務不能になったカトリックの聖職者. **2**《古》就業不能者, 職務不適格者.
'De·fi·zit ['de:fitsɪt] 中 -s/-e 《lat., Mangel ›》不足, 欠乏;赤字, 損失, 損害.
de·fi·zi·tär [defitsitɛːr] 形 赤字(欠損)のある;赤字を出すような. ein ~es Unternehmen 赤字企業.
De·fla·ti·on [deflatsi'o:n] 女 -/-en 《lat.》 **1** 《経済》(↔ Inflation) デフレーション, デフレ, 通貨収縮. **2** 《地質学》(風による)浸食, 乾蝕(訳), 風蝕.
de·fla·ti·o·när [..tsio'nɛːr] 形 =deflatorisch
de·fla·ti·o·nis·tisch [..'nɪstɪʃ] 形 =deflatorisch
de·fla·to·risch [defla'to:rɪʃ] 形 デフレーションの; (政策・措置などが)デフレを招来する.
De·flo·ra·ti·on [deflorasi'o:n] 女 -/-en (Entjungferung) 処女を奪うこと, 破瓜(訳).
de·flo·rie·ren [..'ri:rən] 他 《lat., der Blüte berauben ›》(人*の)処女を奪う.
de'form [de'fɔrm] 形 《lat.》 形のくずれた, 変形した, 奇形の, 不格好な.
De·for·ma·ti·on [deformatsi'o:n] 女 -/-en **1** = Deformierung **2** 《医学》(Deformität) 変形, 奇形;《物理・工学》変形, ひずみ.
de·for·mie·ren [..'mi:rən] 他 《lat.》 (人<物>*の)形を歪(ゆが)める, 変形させる, 醜くする;《芸術》 デフォルメする.
De·for·mie·rung 女 -/-en **1** 《複数なし》変形させること, 歪曲(訳); **2** 《芸術》デフォルマシオン, デフォルメ(造形芸術などで自然の対象を変形分離して表現すること). **3** 《民俗》身体変工(中国の纏足(訳))のように身体の一部分に人為的な変形・毀損を加える習俗).
De·for·mi·tät [..mi'tɛːt] 女 -/-en 《医学》 変形, 奇形.
De·frau·dant [defrau'dant] 男 -en/-en 《lat.》《古》 詐欺師;横領(着服)者;脱税者.
De·frau·da·ti·on [..datsi'o:n] 女 -/-en (lat., Betrug ›) 《古》詐欺;横領, 着服;脱税.
de·frau·die·ren [..'di:rən] 他 《lat.》 詐欺(横領, 着服)する, (税金を)ごまかす; (人*を)だます.
De'fros·ter [de'frɔstər] 男 -s/- (engl., Entfroster ›) (車・飛行機などのフロントガラスや冷蔵庫などの霜取り器(装置), デフロスター.
'def·tig [dɛftɪç] 形 《話》《地方》**1** (tüchtig) ものすごい, ひどい. **2** (kräftig) (食物が)栄養たっぷりの, こってりした. **3** (derb) 粗野な, 下卑(訳)た.
'De·gen¹ ['de:gən] 男 -s/- (古代ゲルマンの)戦士, 勇者.
'De·gen² ['de:gən] 男 -s/- 《fr.》**1** (細身で両刃の)剣. die Degen kreuzen 剣を交える. den ~ ziehen 剣を抜く. **2** 《スポーツ》エペ(突きだけの剣).
De·ge·ne·ra·ti·on [degenerasi'o:n] 女 -/-en (↔ Regeneration) 退廃, 堕落, 衰退;《生物》退化;《医学》(器官・組織などの)退行, 変性, 変質.
de·ge·ne·rie·ren [..'ri:rən] 自 《lat.》 **1** 《生物・医学》退化(退廃, 変質)する. **2** 堕落(退廃)する.
De'gout [de'gu:] 男 -s/- 《fr.》 不快(嘔吐)感, むかつき, おぞましさ.
de·gou'tant [degu'tant] 形 嫌悪すべき, おぞましい.
de·gra·die·ren [degra'di:rən] 他 《fr.》 **1** 《軍隊》(人*の)階級(位)を下げる, (を)降格させる;《カトリ》(人*の)聖職を剥奪する. **2** (人<物>*を)おとしめる, 格下げする

(zu et³ 物³に). das Handtuch zum Putzlumpen ~ タオルを雑巾(ぞうきん)代わりに使う. **3** den Boden ~ 《農業》地力を低下させる.
De·gra'die·rung 女 -/-en 《軍隊》降格, 格下げ;《カトリ》聖職剥奪;《農業》(地味・地力の)低下.
De·gres·si·on [degresi'o:n] 女 -/-en 《fr.》《経済》逓減(商品の売行が増えるにつれて一個あたりの価額が低くなること).《金融》累減(訳)(収入が減るにつれて課税率が小さくなること).
de·gres·siv [..'si:f] 形 漸減(逓減, 累減)的.
'dehn·bar ['de:nbaːr] 形 伸ばすことのできる, 伸縮(弾力)性のある;《比喩》拡大解釈のできる, 曖昧な, 玉虫色の.
'Dehn·bar·keit 女 -/ 伸縮性;《比喩》(概念などの)曖昧さ, 融通性.
*'**deh·nen** ['de:nən] デーネン **❶** 他 伸ばす. ein Gummiband ~ ゴムバンドを伸ばす. einen Vokal ~ 母音を長く発音する. **❷** 再 (sich*) (物質が)伸びる; (人が)手足を伸ばし, 伸びをする; (会議などが)長引く; (野原などが)広がっている.
'Deh·nung 女 -/-en 引き伸ばす(伸びる)こと, 伸び, 伸長.
'Deh·nungs-h [..ha:] 中 -/- 《言語》長音符号としての h (例 dehnen の h).
'Deh·nungs·zei·chen 中 -s/- **1** 《言語》長音符号. **2** 《音楽》フェルマータ, 延音記号.
de·hu·ma·ni·sie·ren 他 (人*の)人間としての尊厳を奪う.
'Dei·bel ['daɪbəl] 男 -s/- 《地方》《話》 (Teufel) 悪魔. Pfui ~! ちぇ, けっ, おおいやだ.
*'**Deich** [daɪç ダイヒ] 男 -[e]s/-e 堤防, 堰堤(えんてい), 土手. mit et³ über den ~ gehen 《地方》 物*をくすねて姿をくらます.
'Deich·bruch 男 -[e]s/⸗e 堤防決壊.
'Deich·graf 男 -en/-en = Deichhauptmann
'Deich·haupt·mann 男 -[e]s/..leute 水防組合長;堤防管理責任者.
'Deich·sel ['daɪksəl] 女 -/-n (車の)轅(ながえ), 梶棒.
'deich·seln ['daɪksəln] 他 《話》 うまくやっている.
'Dei 'Gra·tia [de:i 'gra:tsia] (lat., von Gottes Gnaden ›) 《略 D. G.》 神の恵みによって.

dein [daɪn ダイン] 代 **I** 《所有》(2人称親称単数の所有代名詞は mein を, 格変化は付録「品詞変化表」III を参照)君の, おまえの. ▶旧正書法では手紙の文中で頭文字を大書したが, 新正書法ではこの規則は廃されている.
II 《人称》 人称代名詞 du の2格 deiner の古形. Ich gedenke ~. 私は君のことを忘れない.
'dei·ner [daɪnər] 代 《人称》 人称代名詞 du の2格. ↑meiner
'dei·ner·seits [..'zaɪts] 副 君の方では, 君の側から言えば. ↑meinerseits
'dei·nes·glei·chen [daɪnəs'glaɪçən] 代 《不定》《不変化》君のような人(たち). ↑meinesgleichen
'dei·net·hal·ben ['daɪnət'halbən] 副 =deinetwegen
'dei·net·we·gen [..'ve:gən] 副 君のために, 君のせいで.
'dei·net·wil·len [..'vɪlən] 副 (次の形で) um ~ 君のために.
'dei·ni·ge [daɪnɪgə] 代 《所有》《雅》(つねに定冠詞を伴って名詞的に用いる / 変化は形容詞の弱変化に準じ

Deis·mus [deˈɪsmʊs] 男 -/ (*lat.* deus, Gott')《哲学》理神論.

Deˈist [deˈɪst] 男 -en/-en 理神論者.

deˈis·tisch [deˈɪstɪʃ] 形 理神論の, 理神論的な.

'Dei·wel [ˈdaɪvəl] 男 -s/- 《地方》=Deibel

'Dei·xel [ˈdaɪksəl] 男 -s/- 《地方》=Deibel

Dé·jà-vu [deʒaˈvyː] 中 -[s]/-s (*fr.* déjà, schon'+vu, gesehen')《心理》既視感, 既視体験, デジャヴュ.

Dé·jà-vu-Er·leb·nis [..] 中 -ses/-se =Déjà-vu

de juˈre [deːˈjuːrə] (*lat.*) (↔ de facto) 法律上, 法的に.

'Deˈka [ˈdɛka] 中 -[s]/- デカグラム (Dekagramm の短縮).

de·ka.., **De·ka..** [deka..] (接頭) (*gr.*, zehn') 単位呼称などにつけて「10」を意味する. 母音の前では dek.., De.. となる.

Deˈka·de [deˈkaːdə] 女 -/-n (10 を単位とする個数・期間などを表して) 10 日(間), 10個(枚, 冊).

deˈka·dent [deka'dɛnt] 形 (*fr.*) 衰退した, デカダンの; 退廃的な, デカダンの.

De·ka·denz [..'dɛnts] 女 -/ (文化の)衰退; (道徳的)退廃, 堕落, デカダンス.

de·ka·disch [deˈkaːdɪʃ] 形 10 を基礎とする, 10 の部分からなる. ~**es** System 《数学》十進法. ~**er** Logarithmus 《数学》常用対数(10 を底とする対数).

Deˈka·gramm [..ˈɡram] 中 -s/-(単位 -)《記号 Dg, dag, 古 dkg》デカグラム (=10 g).

Deˈka·log [deˈkaːlɔk] 男 -[e]s/ (*gr.*) 《旧約》(die Zehn Gebote) (モーセの)十戒(ﾓｰｾﾉｼﾞｯｶｲ) (出 20:1-17).

De·ka·me·ron [deˈkaːmerɔn] 中 -s/- (*gr.* Deka..+hemera ,Tag')《文学》デカメロン, 十日物語. Boccaccio

Deˈkan [deˈkaːn] 男 -s/-e (*lat.* ,Führer von 10 Mann') **1** (大学の)学部長. **2** (a) 《ｶﾄﾘｯｸ》教区監督者, 地区長, 主任牧師. (b) 《ｶﾄﾘｯｸ》(数室堂区の)首席司祭, ベネディクト会修道院長; (10 人以上の修道士の上に立つ)首席修道士, 聖堂参事会員.

Deˈka·nat [dekaˈnaːt] 中 -[e]s/-e **1** (大学の)学部長室, 学部本部; 学部長の職. **2** 《ｶﾄﾘｯｸ》教区監督者の職(管轄区). **3** 《ｶﾄﾘｯｸ》首席司祭の職(管轄区).

de·kan·tie·ren [dekanˈtiːrən] 他 (*fr.*)《化学》(溶液の)上澄みを流し去る, 傾瀉(ｹｲｼｬ)する;《料理》(ワインを)デカンター(カラッフ)に移す.

de·kaˈtie·ren [dekaˈtiːrən] 他 (*fr.*)《紡織》(毛織物に)デカタイジング(蒸気処理)を施す.

De·kla·ma·tiˈon [deklamatsiˈoːn] 女 -/-en **1** (詩などの)朗読. **2**《音楽》デクラメーション, 朗唱; (器楽における)旋律の効果的なフレージング. **3** (話) (多く複数で)空疎なおしゃべり, 大演舌.

De·kla·maˈtor [deklaˈmaːtoːr] 男 -s/-en [..maˈtoː-rən] 朗読者;《戯》熱弁家.

de·kla·ma·to·risch [..maˈtoːrɪʃ] **1** 朗読の, 朗読調の. **2** (話) 熱弁調の, 大演舌の. **3** 《音楽》デクラメーションの, 朗唱の.

de·kla·mie·ren [deklaˈmiːrən] デクラミーレン (*lat.*) **❶** 他 (詩などを)朗読する. **❷** 自 **1** 《音楽》(旋律または歌詞に重きを置いて)朗唱する. **2** (話) 熱弁をふるう, 雄弁にまくしたてる.

De·kla·ra·tiˈon [deklaratsiˈoːn] 女 -/-en (*lat.*) **1** 《法制》宣言, 宣告, 布告. **die** ~ **der Menschenrechte** 人権宣言. **2** 《経済》(税関などの)課税品の)申告; (運送業における)貨物の内容(価格)表記.

de·kla·rie·ren [deklaˈriːrən] 他 (*lat.*) **1** 宣言(宣告, 布告)する. **2** 《経済》(課税品を)申告する; (貨物の内容・価格を)表記する. **3** A⁴ als B⁴ ~ A⁴ を B⁴ と呼ぶ, 称する. geschmuggelte Ware als Geschenk ~ 密輸品を贈物だと言う. sich⁴ als Arzt ~ 医者だと自称する. j⁴ zu *seinem* Nachfolger ~ 人⁴を自分の後継者に指名する.

de·klas·sie·ren [deklaˈsiːrən] 他 (*fr.*) **1** (人⁴を)下の階級に落す; 零落させる. j⁴ zum Handlanger ~ 人⁴を下働きに格下げする. **2** 《ｽﾎﾟｰﾂ》(相手を)圧倒的に打負かす.

de·kli·na·bel [dekliˈnaːbəl] 形《文法》(名詞・代名詞・形容詞・数詞などの)語形変化(格変化)できる.

De·kli·na·tiˈon [deklinatsiˈoːn] 女 -/-en (*lat.*) **1** 《文法》(名詞・代名詞・形容詞・数詞などの)語形変化, 格変化. starke(schwache) ~ 強(弱)変化. **2** 《天文》赤緯;《地球物理》磁気偏角.

de·kli·nier·bar [dekliˈniːrbaːr] 形 =deklinabel

de·kli·nie·ren [..ˈniːrən] 他《文法》(名詞・代名詞・形容詞・数詞などの)語形変化させる, 格変化させる.

de·ko·die·ren [dekoˈdiːrən] 他 (*engl.*, entschlüsseln') (↔ enkodieren) 《ｺﾐｭﾆｹｰｼｮﾝ》デコードする, 復号する; 解読する.

De·ko·die·rung [..] -/-en デコーディング, 復号; 解読.

De·kol·leˈté, **De·kol·leˈtee** [dekɔlˈteː] 中 -s/-s (*fr.*) デコルテ(婦人服の深い襟くり). **ein gewagtes** ~ 大胆なデコルテ(のドレス).

de·kol·leˈtie·ren [dekɔlˈtiːrən] **❶** 他 (ドレスなどの)襟くり(胸くり)を広くとる, (をデコルテにする. **❷** 再 (*sich*⁴) (話) 人目を引く, さらしものにする.

de·kol·leˈtiert 過分 デコルテの; デコルテのドレスを着た.

De·kon·strukˈtiˈon [dekɔnstrʊkˈtsjoːn] 女 -/-en (*engl.*) 《哲学・文学》脱構築, デコンストラクション.

De·kon·zen·traˈtiˈon [dekɔntsɛntratsiˈoːn] 女 -/-en ≠Konzentration 拡散, 分散.

de·kon·zen·trie·ren [..] 他 拡散(分散)させる.

Deˈkor [deˈkoːr] 男 (中) -s/-s(-e) (*fr.*) **1** 装飾, 飾り; (ガラス・陶器の)模様, 図柄. **2** (複数なし) 《演劇》舞台装置, 書割り;《映画》セット.

De·ko·raˈteur [dekoraˈtøːr] 男 -s/-e (*fr.*) **1** インテリアデザイナー, 室内装飾家. **2** 《演劇》舞台装置係;《映画》セットデザイナー. ♦女性形 **Dekorateurin** 女 -/-nen

De·ko·raˈtiˈon [..tsiˈoːn] 女 -/-en (*fr.*) **1** (複数なし)飾りつけること. **2** 飾りつけ, 装飾. **3**《演劇》書割り, 舞台装置;《映画》セット. **4** (a) (勲章・メダルなどの)授与; 叙勲. (b) (反語的にも)勲章, お飾り.

De·ko·raˈtiˈons·ma·ler [..] 男 -s/- 室内装飾家;《演劇》(舞台の)背景画家, 書割画家.

de·ko·raˈtiv [..ˈtiːf] 形 **1** 装飾的な, 見ばえのする, 派手な. **2** 舞台装飾的な, (映画の)セットの.

de·koˈrie·ren [dekoˈriːrən] 他 (*lat.*) **1** 飾る, 飾りつける, 装飾する. **2** (人⁴に)勲章(メダル)を授ける, (を)表彰する.

Deˈkort [deˈkoːr, deˈkɔrt] 男 -s/-e (*it.*)《商業》(包装不良・量目不足などの理由による)値引, 割引.

de·korˈtie·ren [dekɔrˈtiːrən] 他 値引く, 割引く.

Deˈko·rum [deˈkoːrʊm] 中 -s/ (*lat.*)《古》体裁, 身だしなみ; 礼儀作法.

Deˈkret [deˈkreːt] 中 -[e]s/-e (*lat.*) (官公庁の)通達, 布告, 指令;(裁判所の)命令;(教会の)決定, 決議,

de·kre'tie·ren [dekre'ti:rən] 他 通告(布告)する, 指令する; 決定する.

del. 《略》 (lat.) 1 《印刷》 (a) =deleatur (b) =Deleatur 2 =delineavit

de·le'a·tur [dele'a:tʊr] (lat., ,es möge gestrichen werden‵) 《略 del. / 記号 ♎》《印刷》 トル, 削除せよ.

De·le'a·tur 田 -s/- 《略 del.》《印刷》 《校正の》削除記号 (♎).

De·le'gat [dele'ga:t] 男 -en/-en (lat.) 受任者, 代理者; 全権使節. apostolischer ~ 《カトリック》 教皇節.

*****De·le·ga'ti·on** [delegatsi'o:n デレガツィオーン] 女 -/-en 1 《複数なし》(全権を委任された)代表(使節)の派遣;(全権)代表権委任. 2 (全権)代表団, 使節.

de·le·gie·ren [dele'gi:rən] 他 1 (人⁴を代表(使節)として派遣する, 代表に選ぶ. j³ zu einer Konferenz⟨in ein Komitee⟩ ~ 人⁴を会議(委員会)に代表として派遣する. 2 (任務・権限などを委ねる, 委任する(an⁴(auf⁴) j⁴ 人に).

De·le'gier·te 男 女 《形容詞変化》代表委員, 派遣使節.

de·lek'tie·ren [dɛlɛk'ti:rən] (lat.) 1 他 喜ばせる, 楽しませる(mit et³ 物³で). 2 再 《sich⁴》楽しむ, 楽しんで食べる(an et³ 物³を).

Del'fin [dɛl'fi:n] 男 -s/-e =Delphin

de·li·kat [deli'ka:t] 形 (fr.) 1 美味な, おいしい, 素晴らしい. Es schmeckt ~. とてもおいしい. 2 繊細な, 感じやすい. 3 デリケートな, 微妙な;(問題などが)むづかしい, 厄介な.

De·li·ka'tes·se [delika'tɛsə] 女 -/-n (fr.) 1 おいしいもの, ご馳走, 珍味, 佳肴, 高級食料品, デリカテッセン. 2《複数なし》《雅》気くばり, 思いやり, デリカシー, 慎重さ.

De·li·ka'tes·sen·ge·schäft 田 -[e]s/-e 高級食料品店.

De'likt [de'lɪkt] 田 -[e]s/-e (lat.) 《法制》 不法行為.

De·li'la [de'li:la] 《人名》《旧約》 デリラ(イスラエルの怪力の勇者サムソン Simson の愛を受けたが, のち彼を裏切ったペリシテ人の女, 士 16:4-22).

delin. 《略》=delineavit

de·li·ne'a·vit [deline'a:vɪt] (lat., ,hat es gezeichnet‵) 《略 del., delin.》《絵画の署名につけて》… 描く, … 作.

de·lin'quent [delɪŋ'kvɛnt] 形 (lat.) 《雅》(straffällig) 処罰に値する, 違法の.

De·lin'quent 男 -en/-en (lat.) 違法行為者, 犯罪人.

de·li'rie·ren [deli'ri:rən] 自 うわごとを言う, 譫妄(せんもう)状態にある.

De·li'ri·um [de'li:riʊm] 田 -s/..ien [..iən] うわごと, 譫妄(せんもう), 錯乱状態.

de·li·zi'ös [delitsi'ø:s] 形 (fr.) 《雅》 美味な, おいしい, すばらしい, デリシャスな.

Del'kre·de·re [dɛl'kre:dərə] 田 -/- (it.) 《経済》 (代理商の)売り先資金保証.

'Del·le [dɛl] 女 -/-n 1 《話》へこみ, くぼみ. 2 《地形》くぼ地, 凹地(おうち).

'Del·phi ['dɛlfi] 《地名》デルポイ(ギリシアのパルナッソス山の南斜面にある町, 神話では Apollon 神の聖座とされ古代の神託所があった).

Del'phin [dɛl'fi:n] ❶ 男 -s/-e 1 《動物》 いるか(海豚). 2 der ~ 《天文》 いるか座. ❷ 田 -s/ 《ふつう無冠詞で》《話》 =Delphinschwimmen

Del'phin·schwim·men 田 -s/ 《水泳》 バタフライ.

'del·phisch ['dɛlfɪʃ] 形 (↓ Delphi) 1 デルポイの. das *Delphische* Orakel デルポイの神託(所). 2 《比喩》(神託のように)謎めいた, どのようにも解釈できる.

'Del·ta ['dɛlta] ❶ 男 -[s]/-s 1 デルタ(ギリシア語アルファベットの第4文字 Δ, δ). 2 《記号》《数学》 デルタ. ❷ 田 -s/-s (Delten) 《地理》 (河口の)三角州, デルタ(地帯).

'Del·ta·mus·kel 男 -s/-n 《解剖》 三角筋.

dem ❶ [dem, dəm] 冠 《定冠詞》 der の単数男性・中性3格. ❷ 代 [I] [de:m] 《指示》 der の [I] の単数男性・中性3格. [II] [dem, dəm] 《関係》 der の [II] の単数男性・中性3格.

dem.., **Dem..** [dem..] 《接頭》(gr.) ↑demo.., Demo..

De·ma'go·ge [dema'go:gə] 男 -n/-n (gr.) 1 古代ギリシアの民衆指導者. 2 《侮》 扇動政治家, アジ演説家, デマゴーグ.

De·ma·go'gie [..go'gi:] 女 -/《侮》(大衆)扇動, デマゴギー, デマ, 悪宣伝.

de·ma'go·gisch [..'go:gɪʃ] 形 《侮》 扇動的な.

'De·mant ['de:mant, de'mant] 男 -[e]s/-e 《雅》 =Diamant ❶

de'man·ten [de'mantən] 形 《雅》 =diamanten

De'mar·che [de'marʃ(ə)] 女 -/-n (fr.) 《政治》 外交的措置(口頭による抗議・異議申立てなど).

De·mar·ka'ti·on [demarkatsi'o:n] 女 -/-en 《複数まれ》 1 《政治》(国家間の)境界画定. 2 《医学》 分画.

De·mar·ka'ti·ons·li·nie 女 -/-n 《政治》暫定境界線; 停戦ライン.

de·mar'kie·ren [demar'ki:rən] 他 (abgrenzen) (ある地域などの)境界を画定する.

de·mas'kie·ren [demas'ki:rən] ❶ 他 (人⁴の)仮面を剥(は)ぐ, 正体をあばく;《軍事》(大砲などの迷彩(偽装)を取除く. ❷ 再 《sich⁴》 仮面をぬぐ; 正体を露(あらわ)す.

De·mas'kie·rung 女 -/-en 仮面を剥(は)ぐ(脱ぐ)こと.

De'men·ti [de'mɛnti] 田 -s/-s (fr.) (発言の)否定, 否認, 取消, 撤回;(誤報などに対する公式の)訂正.

De'men·tia [de'mɛntsia] 女 -/..tiae [..tsiɛ] (lat.) 《医学》 痴呆.

de·men'tie·ren [demɛn'ti:rən] 他 (事⁴を)否定(否認)する, (に)異議を唱える;(言説・報道を公式に)打消す, 訂正する.

'dem·ent'spre·chend ['de:mɛnt'ʃprɛçənt] 形 それに応じた. eine ~e Tat それに見合った行動. ~ handeln それにふさわしい振舞をする.

De'menz [de'mɛnts] 女 -/-en =Dementia

De·me·ter [de'me:tər] 《人名》《ギリシア神話》 デーメーテール, デメテル(豊穣の女神). ↑ Ceres

'dem·ge·gen'über ['de:mge·gən'|y:bər] 副 それに対して(反して), 他方では.

'dem·ge'mäß ['de:mgə'mɛ:s] 形 =dementsprechend

de·mi·li·ta·ri'sie·ren [demilitari'zi:rən] 他 (entmilitarisieren) 非武装化する.

De·mi'mon·de [dəmi'mõ:də] 女 -/ (fr.) =Halbwelt

De·mis·si'on [demisi'o:n] 女 -/-en (fr.) (大臣・高官の)辞職, 辞任;(内閣の)総辞職.

de·mis·si·o'nie·ren [..sio'ni:rən] 自 (大臣・高官が)辞職(辞任)する; (内閣が)総辞職する.

De·mi'urg [demi'ʊrk] 男 –s(–en) (gr.)〖哲学〗デミウルゴス(Platon 哲学における世界創造神).

'dem·je·ni·gen ['de:mje:nıgən] 代〖指示〗derjenige の単数男性・中性 3 格.

'dem·nach ['de:m'na:x] それによれば、それに従って; それゆえに.

'dem·nächst ['de:m'nɛ:çst] 副 **1** (bald) まもなく、やがて. **2** (danach) そのあとで、ついで、それから.

'De·mo ['de:mo, 'dɛmo] 女 –/–s (話) (Demonstration の短縮)デモ.

de·mo.., **De·mo..** [demo..]〖接頭〗(gr., Volk⁴) 名詞んに冠して「民衆、大衆」の意を表す. 母音の前ではdem..、Dem..となる.

De·mo·bi·li·sa·ti'on [demobilizatsi'o:n] 女 –/–en 戦時体制解除、平時体制への移行; 動員解除、復員.

de·mo·bi·li'sie·ren [demobili'zi:rən] 他 (fr.) **1** (国・地域の)戦時体制を解く; (軍隊の)動員を解除する. **2** (人⁴を)除隊(復員)させる.

De·mo·du·la·ti'on [demodulatsi'o:n] 女 –/–en〖放送〗復調.

De·mo·gra'fie [demogra'fi:] 女 –/..fien [..'fi:ən] =Demographie

De·mo·gra'phie [demogra'fi:] 女 –/..phien ['fi:ən] 人口統計学.

De·mo'krat [demo'kra:t] 男 –en/–en **1** デモクラート、民主主義者. **2** 民主党員.

*De·mo·kra'tie** [demokra'ti:] 女 –/–n [..'ti:ən] (gr.) 〖政治〗デモクラシー、民主主義、民主制. **2** 民主主義国家.

*de·mo·kra·tisch** [demo'kra:tɪʃ] デモクラーティシュ 形 **1** デモクラシーの、民主主義の; 民主的な. **2** 民主党の.

de·mo·kra·ti·sie·ren [demokrati'zi:rən] 他 民主化する; 大衆化(庶民化)する. das Theater ~ 演劇を大衆に親しみやすくする.

De·mo·kra·ti·sie·rung 女 –/–en 民主化.

De·mo·kra·tis·mus [..'tɪsmʊs] 男 –/(悔) (悪い意味で)形式民主.

De·mo'krit [demo'kri:t]〈人名〉デモクリトス、デモクリトス(前 460 頃–370 頃、原子論を唱えたギリシアの哲学者、ギリシア語形 Demokritos).

de·mo'lie·ren [demo'li:rən] 他 (fr.) (暴力的に)壊す、とり壊す、破壊(損傷)する.

*De·mons'trant** [demɔn'strant] デモンストラント 男 –en/–en (lat.) デモ(デモンストレーション)参加者.

*De·mons·tra·ti'on** [demɔnstratsi'o:n] デモンストラツィオーン 女 –/–en **1** デモンストレーション、デモ、示威運動、抗議運動. eine ~ gegen Kernkraft 反核デモ. an einer ~ teilnehmen デモに参加する. **2** (意思・感情などの)表明; 示威. **3** (実物・模型・映像などによる)具体的な説明(証明)、実演; 実物宣伝.

de·mons·tra'tiv [..'ti:f] 形 **1** 明示的な. ein ~es Beispiel 実例. **2** デモ(示威)的な、これ見よがしな. **3**〖文法〗指示的な.

De·mons·tra'tiv 中 –s/–e =Demonstrativpronomen

De·mons·tra'tiv·pro·no·men 中 –s/– (..mina)〖文法〗指示代名詞.

*De·mons'trie·ren** [demɔn'stri:rən] デモンストリーレン ❶ 他 **1** (実物・模型・映像などによって)具体的に説明(証明)する、実演する、実物宣伝する. **2** (意思・感情などを)はっきり示す. sein Missfallen ~ 不快感を露(あらわ)にする. ❷ 自 デモをする(für〈gegen〉et⁴ 事⁴に賛成〈反対〉して).

De·mon'ta·ge [demɔn'ta:ʒə] 女 –/–n (fr.) **1** (工場設備などの)取壊し、解体、分解; (機械部品の)取はずし.

de·mon'tie·ren [demɔn'ti:rən] 他 **1** (工場設備などを)取壊す、解体する; (機械の部品を)取はずす. **2** (評判・人気を傷つけ)失う、損ずる.

De·mo·ra·li·sa·ti'on [demoralizatsi'o:n] 女 –/ (–en) (fr.) **1** モラルの低下、退廃、堕落. **2**〖心理〗意気阻喪. **3** 士気の沮喪、軍紀素乱(しそうらん).

de·mo·ra·li'sie·ren [..'zi:rən] 他 (人⁴のモラルを)低下させる、(を)荒(すさ)ませる、(を)意気阻喪させる.

de 'mor·tu·is 'nil 'ni·si 'be·ne [de: 'mɔrtuis 'ni:l 'ni:zi 'be:nə] (lat.) 死者については良いことしか言ってはならぬ、死者に鞭を打つな.

'De·mos ['de:mɔs] 男 –/..men [..mən] (gr., Volk⁴) **1** デモース(古代ギリシアの、ポリスの下部組織としての行政単位およびこれに属する民衆・市民の全体、あるいは都市国家そのものをさすなど多義的に用いられた). **2** (現代ギリシアの最小行政単位としての)デーモス.

De·mo·sko'pie [demosko'pi:] 女 –/–n (gr.) 世論調査.

de·mo·sko'pisch [..'sko:pɪʃ] 形 世論調査の.

dem'sel·ben [de:m'zɛlbən, dəm..] 代〖指示〗derselbe の単数男性・中性 3 格.

'dem 'un·er·ach·tet, °**'dem'un·er·ach·tet** ['de:m 'ʊn|ɛr|axtət, '–––'––] 副〖古〗=dessen ungeachtet

'dem 'un·ge·ach·tet, °**'dem'un·ge·ach·tet** [..'ʊngə|axtət, '–––'––] 副〖古〗=dessen ungeachtet

'De·mut ['de:mu:t] 女 –/ 謙遜、謙虚、へりくだり.

'de·mü·tig ['de:my:tıç] 形 謙遜した、謙虚な、へりくだった、うやうやしい.

'de·mü·ti·gen ['de:my:tıgən] 他 (人⁴を)辱める、(の)自尊心を傷つける、(に)恥をかかせる. sich ~ vor j³ ~ 人³にへりくだる、かしこまる.

'De·mü·ti·gung 女 –/–en 辱め、侮辱; 屈辱、不面目. eine ~ einstecken (話) 赤恥をかかされる.

'dem·zu·fol·ge ['de:mtsu'fɔlgə] 副 その結果、それに従って(従えば)、ゆえに、そのために.

den ❶ [den, dən] 冠〖定冠詞〗der ① の男性単数 4 格、複数 3 格. ❷ 代〖I〗[de:n]〖指示〗der ②〖I〗の男性単数 4 格. 〖II〗[den, dən]〖関係〗der ②〖II〗の男性単数 4 格.

De'nar [de'naːr] 男 –s/–e (lat. denarius)〖略 d〗デナリウス(古代ローマ帝国の銀貨、青銅貨 10 枚に相当). **2** デナール(メロヴィング朝およびカロリング朝時代の小額銀貨で後のペニと Pfennig に相当する).

De·na·tu·ra·li·sa·ti'on [denaturalizatsi'o:n] 女 –/–en 市民権(国籍)剥奪.

de·na·tu·ra·li'sie·ren [denaturali'zi:rən] 他 (人⁴の)市民権(国籍)を剥奪する.

de·na·tu·rie·ren [denaturi'ri:rən] (fr.) ❶ (人〈物〉⁴の)特性(本性)を失わせる、〖化学〗変性(変質)させる. Alkohol ~ アルコールを変性させる(飲用に適さないものに). Eiweiß ~ 卵白を凝固させる. ❷ 自 (s) 特性(本性)を失う; 変性(変質)する.

de·na·zi·fi'zie·ren [denatsifi'tsi:rən] 他 =entnazifizieren

Den·dro·lo·gie [dɛndrolo'gi:] 囡 -/ (*gr.* dendron, Baum')《植物》樹木学.

'de·nen ['de:nən] 代 Ⅰ《指示》der ②Ⅰ の複数3格. Ⅱ《関係》der ②Ⅱ の複数3格.

'Den·gue·fie·ber ['dɛŋɡə..] 中 -s/ (*sp.*)《医学》デング熱.

Den 'Haag [de:n 'ha:k, dɛn 'ha:x]《地名》デン・ハーグ, ハーグ(オランダの準首都, 単に Haag とも). im〈in [Den]〉 Haag ハーグで.

De·nier [dəni'e:, da..] 中 -[s]/ (*fr.*) **1** ドゥニエ(フランスの古い青銅貨). **2**《略 den》デニール(生糸・人造繊維の太さを示す単位).

'den·je·ni·gen ['de:njɛ:niɡən] 代《指示》derjenige の単数男性4格・複数3格.

'Denk·art ['dɛŋk|a:rt] 囡 -/-en **1** 考え方, 思考法. **2**（Gesinnung）心的態度, 心根(ﾆ^ろ), メンタリティー. ein Mensch von niedriger ～ 心根の卑しい人.

'Denk·auf·ga·be 囡 -/-n 頭の体操, なぞなぞ, パズル, クイズ.

***'denk·bar** ['dɛŋkba:r デンクバール] 形 **1** 考えられる, 想像できる;（möglich）あり得る. Das ist nicht ～. それは考えられない(あり得ない)ことだ. **2**《副詞的用法で》考えられるかぎり; 非常に, きわめて. ein ～ großzügiger Mensch きわめてスケールの大きな人物.

'den·ken* ['dɛŋkən デンケン] dachte, gedacht ❶ 自 **1** 考える, 思考(思索)する. Ich denke, also bin ich. 我思う, 故に我在り(Descartes の命題, もとのラテン語では cogito, ergo sum.). Der Mensch denkt, Gott lenkt. 《諺》計画は人にあり, 成否は神にあり. Erst ～, [und] dann handeln! まず考えてから行動しろ. Bei dieser Arbeit muss man ～. この仕事は頭を使わねばならない. Du sollst nicht so viel ～. 《話》あれこれ考えてはだめだよ. nur an von hier bis zur nächsten Ecke ～ können《話》目先のことしか考えない, 先のことが読めない. Wo denkst du hin!《話》なんてことを考えるんだ, とんだ考え違いだよ. Denk mal, die beiden sind geschieden.《話》ねえねえ, あのふたりは離婚したんだよ. laut ～《話》独り言を言う. Das gibt mir zu ～.《話》これは考えものだ, そいつは頭が痛い.

2《様態を示す語句と》…の考え方をする. edel〈gemein〉 ～ 心根(ﾆ^ろ)が気高い〈卑しい〉. Du denkst richtig〈falsch〉. 君の考え方は正しい〈間違っている〉. logisch〈praktisch〉 ～ 論理的な〈実務的な〉考え方をする.

3 (a) 〈an j〈et〉⁴ 人〈事〉⁴のことを〉考える, 思う, 顧慮する; 思い出す, 思い浮かべる. Ich denke oft an meine Kindheit. 私はしじゅう子供の頃を思い出す. solange ich [daran] ～ 私の覚えているかぎりでは, 物心がついて以来. Ich habe bei dieser Arbeit an dich gedacht. 私はこの仕事で君にひと肌ぬいでもらうつもりでいた. nur an sich⁴ ～ わが身のことしか考えない. Ich denke gar nicht daran.《話》私はそんなことは夢にも考えていない, そんなことはまって話にならない. Denk daran!《話》このことを忘れるな. (b)《zu 不定詞句と》…するつもりである. Er denkt [daran], sein Auto zu verkaufen. 彼は車を売るつもりである. Ich denke gar nicht daran, dir zu helfen. 私は君を助けるつもりなどさらさらない. (c)《雅》〈j〈et〉² 人〈事〉²のことを〉考える, 思う; 思い出す.

4《様態を示す語句と》〈von j〈et〉³／über j〈et〉⁴ 人〈事〉^{3,4}について〉…と思う, …と考える, …と判断(評価)する. Wie denken Sie darüber? あなたはそれについてどう考えますか. ganz anders über j〈et〉⁴ ～《事》についてまったくちがう判断(評価)をもっている. von ～ gering ～ 人³を見くびる. gut〈schlecht〉 von ～ 人³のことを良く〈悪く〉思う. Denken Sie bitte nicht schlecht von mir! 私のことを悪く言わないでください.

5《³》〈über et⁴ 事〉について〉思案する.

❷ 他 考える, 思う. Was denken Sie davon? ～についてあなたはどう思いますか. Wie können Sie so [et]was ～? あなたはどうしてそんなことが考えられるのですか. Das hätte ich nicht gedacht.《話》こんなことになろうとは私は思いもよらなかった. et⁴ zu Ende ～ 事⁴をとことん考え抜く. et⁴ bei sich³ ～ 事⁴を心中ひそかに考える.《副文や zu 不定詞句と》 Ich dachte, es sei schon höchste Zeit sei. 私はもう潮時だと思った. „Das ist aber falsch!", dachte er.「それは間違いだ」と彼は思った. Er dachte, im Recht zu sein. 彼は自分が正しいと思った.

❸ 他《sich³/sich⁴》 **1**《sich³》 sich j〈et〉⁴ ～ 人〈事〉⁴のことを思い描く(思い浮かべる); 想像する. Ich kann es mir ～. それは想像できる, 察しのつくことだ. Das habe ich mir gleich gedacht. そうだろうと私には察しがついた. Ich habe mir nichts Böses dabei gedacht. 私は下心があってのことではなかったんだ. Das hast du dir [so] gedacht!《話》とんでもない, 何を考え違いしているんだ.《様態を示す語句と》 sich j〈et〉⁴ ～ ～ 人〈事〉⁴のことを…と思う. Ich denke sie mir groß und blond. 私は彼女が大柄で金髪であると思う. **2**《sich⁴》 Denken Sie sich mal in meine Lage〈an meine Stelle〉! ひとつ私の身になって考えてみてください. sich in j² Situation ～ 人²の立場にたって考える.

'Den·ken 中 -s/ 考えること, 思考, 思索, 思惟(ｲ); 思想, 考え.

'Den·ker ['dɛŋkər] 男 -s/- 思想家; 思索する人.

'den·ke·risch ['dɛŋkərɪʃ] 形 思想(思索)的な; 思想家のような.

'Den·ker·stirn 囡 -/-en《話》《戯》(広くて皺の深い)思想家風のおでこ.

'Denk·fa·brik 囡 -/-en シンクタンク.

'denk·fä·hig 形 思考力のある.

'Denk·fä·hig·keit 囡 -/ 思考能力, 思考力.

'denk·faul 形 考えること(頭を使うこと)が嫌いな.

'Denk·feh·ler 男 -s/- 思考ミス, 考え間違い; 推論(論証)の誤り.

'Denk·frei·heit 囡 -/ 思想の自由.

'Denk·hil·fe 囡 -/-n 考えるヒント.

***'Denk·mal** ['dɛŋkma:l デンクマール] 中 -[e]s/-["]er **1** 記念碑像. ein ～ errichten〈enthüllen〉記念碑を建てる〈記念碑の除幕式を行う〉. j³ ein ～ setzen 人³のために記念碑を建てる. **2**（文学・芸術上の）不滅の業績. sich³ ein ～ setzen 不滅の業績を残す, 金字塔をうち建てる.

'Denk·mal[s]·pfle·ge 囡 -/ 文化財(記念物)の保護.

'Denk·mal[s]·schutz 男 -es/ = Denkmal[s]pflege

'Denk·mo·dell 中 -s/-e 思考モデル.

'Denk·pau·se 囡 -/-n（考えをまとめるための）中休み, 小休止.

'Denk·schrift 囡 -/-en **1**（当局に出す）覚書, 報告書; 上申書. **2** 追悼(記念)論文集.

'Denk·spiel 中 -[e]s/-e 頭脳ゲーム; 頭の体操.

'Denk·sport 男 -[e]s/ 頭の体操, クイズ, パズル.

'Denk·spruch 男 -[e]s/-["]e 金言, 格言; モットー.

'denks·te ['dɛŋkstə] 囲 Denkste [Frieda]! 《話》とんでもない、何を考えているんだ(=Das hast du dir [so] gedacht!). (ist das [ein] typischer Fall von ~. 《話》そいつはとんだ考え違いだ. ◆denkst du がつづまってきた言回し.
'Denk·stein 男 –[e]s/–e 石碑, 碑(ぐ).
'Denk·ver·mö·gen 囲 –s/ 思考能力, 思考力.
'Denk·wei·se 囡 –/–n =Denkart
'denk·wür·dig 肥 記憶(記念)すべき.
'Denk·wür·dig·keit 囡 –/–en 1 記憶(記念)すべき出来事; (出来事などの)重要性. 2《古》《複数で》(Memoiren) 回想(回顧)録.
'Denk·zet·tel 囲 –s/– 《話》(昔学校で同じ過ちを繰返させないために生徒にその行為を記した木札を吊るさせたことから)おしおき, お目玉. j³ einen ~ geben〈verpassen〉人に大目玉を食らわせる, お灸(ὅ)をすえる.

denn [dɛn デン] ❶ 腰《並列》 1《文頭に置かれ, 先行文の発言理由を述べる》というのは(だって, なにしろ, つまり)…なのだから. Ich blieb zu Hause, ~ das Wetter war schlecht. 私は家にいたよ、だってお天気が悪かったからね. ▶denn と weil — 先行文を受けての発言者が発言理由をあとから補足的に述べるのが denn であって、denn 以下に述べられる理由と先行文との間に事実上の因果関係がないこともあり得る. これに対して、主文で述べられる事柄の事実理由をなす(従属の接続詞) weil である. 従って事柄の事実理由を訊かれた場合は weil を用いて答える. Sie kommt nicht mit, ~ sie ist krank. 彼女はいっしょに来ない、病気なんだ. Draußen ist es kalt, ~ es hat begonnen zu schneien. 外は寒いよ、なにしろ雪になったからね. Sie kommt nicht mit, weil sie krank ist. / Weil sie krank ist, kommt sie nicht mit. 彼女がいっしょに来ないのは病気だからである. Warum kommt sie nicht mit? — Weil sie krank ist. 彼女はなぜついて来ないのかね — 病気だからですよ.
2《比較級》(a)《古》(als)…よりも. Geben ist seliger ~ Nehmen.《新約》受けるよりは与える方が幸いである(使 20:35). ▶今日では als を用いるのが一般的. (b) 《van je〈zuvor〉の形で》 Er ist viel reicher ~ je〈zuvor〉. 彼は以前よりもずっと金持である. (c)《als の重複を避けて》Er ist berühmter als Gelehrter ~ als Politiker. 彼は政治家としてよりも学者としての方が有名である.
3 《es sei denn の形で》 es sei ~, dass… …の場合を除いて, …であれば話は別だが(=außer wenn…). Ich kann nicht kommen, es sei ~, dass ich mit dem Auto abgeholt werde. 自動車で迎えに来てくれるのでなければ私は行けない. ▶古くは denn だけで同じ意味を表した. Es ist nicht mehr zu retten, es müsste ~ ein Wunder geschehen. 奇跡でも起らないかぎり彼はもう救いがようがない. Ich lasse dich nicht, du segnest mich ~.《旧約》私を祝福してくださるまではあなたを離しません(創 32:27).
4《geschweige denn》↑geschweige
❷ 副《文頭には置かれない》 1《疑問の意味を強めて》いったい、いったい全体. Was ist ~ geschehen? いったい何が起ったのか. Ist das ~ denkbar? 一体こんなことで考えられようか. ▶強調の意味を失ってほとんど形式的に疑問文に挿入されることもある. Bist du ~ taub? 君は耳が聞こえないのかね.
2《先行文の内容を受けて》(a) そういうわけで. Meine Tochter hatte hohes Fieber. So konnte ich ~ auf die Party nicht gehen. 娘がひどい熱だった. そんなわけで私はパーティーに行かれなかった. (b)《denn auch の形で》はたして, 事実また. Das schien ihm ~ auch genug. 実際また それで彼には十分だと思えた. (c)《denn doch の形で》ところが実際は, 結局は, やはり. Ihr war es ~ doch zu anstrengend. 彼女にはそれはやはり大変つらい仕事だった.
3《北ド》 (dann) それでは、そんなら. Na, ~ nicht. そうか, それなら駄目(だめ)だったやめておこう. ▶denn はもと dann と同じであった. この用法はその名残りである.

>*'**den·noch** ['dɛnɔx デノホ] 副 (trotzdem) それにもかかわらず、それでもやはり. Er war krank, ~ wollte er ausgehen. 彼は病気だったが, それでもやはり出かけようとした.

'denn·schon ['dɛnʃo:n] 副 ↑wennschon
De·no·ta·ti·on [denotatsi'o:n] 囡 –/–en (lat.) 1《論理》(Extension) 外延. 2《言語》(↔ Konnotation)(言葉の)明示的意味.
de·no·ta'tiv [..'ti:f] 肥《言語》明示的な, 外示的な.
den'sel·ben [dɛ(:)n'zɛlbən, dan..] 代《指示》derselbe の単数男性 4 格・複数 3 格.
den'tal [dɛn'ta:l] 肥 (lat.) 1《医学》歯の, 歯に関する. 2《音声》歯音の.
Den'tal 囲 –s/–e《音声》歯音([d][t] など).
Den'tist [dɛn'tɪst] 囲 –en/–en 《古》歯科療法士 (Zahnarzt より格が下で、大学教育を受けていず、限られた範囲の診療活動しかできない. 1952 に廃止).
De·nun·zi'ant [denʊntsi'ant] 囲 –en/–en (lat.) 誣告(ぶ)者, 密告者.
De·nun·zi·a·ti'on [denʊntsiatsi'o:n] 囡 –/–en (lat.) 誣告(ぶ), 密告.
de·nun'zie·ren [..'tsi:rən] 他 1 誣告(ぶ)(密告)する. 2 公然と非難する, 弾劾(だん)する; 中傷する. et⁴ als Kitsch ~ 物にキッチュだという烙印を捺す.
'Deo [de:o] 囲 –s/–s 《話》Deodorant の短縮形.
De·o·do'rant [de|odo'rant] 囲 –s/–s(–e) (engl.) 体臭防止剤, デオドラント.
de·o·do'rie·ren [de|odo'ri:rən] ❶ 他 (物の)臭気を消す.《再帰的にも》sich⁴ ~ 体臭を防止する(消す). ❷ 自 体臭を防止する(消す).
de·o·do·ri'sie·ren [de|odori'zi:rən] 他《自》=deodorieren
De·par·te'ment [departə'mã:, ⁿ'mɛnt] 囲 –s/–s(ⁿ –e) (fr.) 1 (フランスの)県. 2 (スイスの)省庁. 3 《古》業務分野, 部門.
De·pen'dance [depã'dã:s] 囡 –/–n[..sən] (fr.) 1 (会社などの)支店, 支社. 2 (ホテルなどの)別館, 別棟.
De·pen'denz [depɛn'dɛnts] 囡 –/–en (fr.) 1 (↔ Independenz) 依存, 従属(関係);《言語》依存関係. 2 《ゞ》 =Dependance 2
De·'pe·sche [de'pɛʃə] 囡 –/–n (fr.)《古》急報; 電報.
de·pe'schie·ren [depɛ'ʃi:rən] 自他《古》電報で知らせる, 電報を打つ.
de·pla'ciert [depla'si:rt, ..'tsi:rt] 肥 (fr.)《古》= deplatziert
de·pla'tziert [..'tsi:rt] 肥 (fr.) 所をわきまえない, 場違いな.
De·po'nent [depo'nɛnt] 囲 –en/–en (lat.) 供託(寄託)者, 預け主.
De·po'nie [depo'ni:] 囡 –/–n[..i:ən] 1 ごみ集積場,

ごみ捨て場. **2** ごみの投棄, ごみ捨て.

de·po·nie·ren [depo'niːrən] 他 (*lat.*) 預ける, 供託〈寄託〉する. et⁴ beim Portier〈im Safe〉~ 物を門衛〈金庫〉に預ける.

De'port [de'pɔrt, de'poːr] 男 –s/–e(-s) (*fr.*)【経済】**1** (株式の)引渡し延期(金), 逆日歩（ぎゃくひぶ）. **2** (外国為替での)先物ディスカウント.

De·por·ta·ti'on [deportatsi'oːn] 女 –/–en (*fr.*) (国外)追放, 強制移送; 流刑（るけい）.

de·por'tie·ren [depɔr'tiːrən] 他 (国外)追放する, (収容所などに)強制移送する; 流刑に処する.

De·po'si·ten [depo'ziːtən] 複 (↓ Depositum) 預金.

De·po'si·ten·bank 女 –/–en【銀行】預金銀行.

De·po'si·ten·ge·schäft 中 –[e]s/–e【経済】(銀行の)預金業務.

De·po·si·ti'on [depozitsi'oːn] 女 –/–en (*lat.*)【法制】寄託, 供託. **2**〔カトリック〕(聖職者の)罷免（ひめん）.

De·po'si·tum [de'poːzitom] 中 –s/..siten **1**〔複数で〕預金, 信託金. **2**【法制・銀行】寄託(供託)物, 預け入れ品. **3** ~ irregulare[regu'laːra]【経済】消費寄託, 不規則寄託. ~ regulare[regu'laːra]【経済】寄託, 寄託. **4** ~ fidei[fi'deːi]【キリスト教】(キリストから教会と使徒に託された)信仰の遺産.

De'pot [de'poː] 中 –s/–s (*fr.*) (↓ Depositum) **1** (a) 貯蔵所, 保管庫. **b** (銀行の保管金庫, 貸金庫(室). et⁴ ins ~ geben 物⁴を貸金庫に預ける. **(c)** (バス・市電の)車庫. ins ~ fahren 入庫する. **2** 貯蔵（保管）物, 預かり物, 寄託（供託)品; (空き瓶を回収するための)預かり金. et⁴ als ~ hinterlegen 物⁴を供託する. **3**【医学】貯留, 沈着, 沈渣; デポ剤, 寄託剤. **4**【料理】(赤ワインなどの)澱（おり）. **5**【軍事】兵站（へいたん）部.

De'pot·fett 中 –[e]s/【医学】皮下脂肪.

De'pot·fund 男 –[e]s/–e【考古】(まとまって発見された)出土品, 発掘物.

Depp [dεp] 男 –s(–en)/–e(–en) 〔とくに南ドイツ・オーストリア・スイス〕薄のろ, とんま, 間抜け.

'dep·pert ['dεpərt] 形〔とくに南ドイツ・オーストリア・スイス〕とんまな, 間抜けな.

De·pra·va·ti'on [depravatsi'oːn] 女 –/–en **1**〔道徳的〕腐敗, 堕落, 退廃. **2**【医学】(病状の悪化;【心理】(とくに中毒症による)人格の崩壊. **3** (貨幣の)品位(品質)低下.

de·pra·vie·ren [depra'viːrən] (*lat.*) ❶ 自 (貨幣の品位(品質)が低下する, 価値が下がる. ❷ 他 (人⁴を)堕落させる.

De·pres·si'on [deprεsi'oːn] 女 –/–en (*lat.*) **1**〔ふつう複数で〕気鬱, ふさぎの虫;【心理・医学】抑鬱（よくうつ）, 鬱病. **2**【経済】不景気, 不況, (相場の下落). **3**【気象】(気圧の低下, 低気圧(域). **4**【地理】海面より低い土地, 低地, 凹地（おうち）. **5**【天文】(水平)俯角, 負高度;【海洋・測量】(Kimmtiefe) 水平俯角. **6**【鉱業】(坑内通気の)低圧, 負圧. **7**【物理】(標準値以下への)下降. **8**【解剖】(骨の)陥没, 陥凹.

de·pres'siv [..'siːf] 形 **1** ふさぎ込んだ, 意気消沈した; 鬱病の. **2** 不景気(不況)の.

de·pri·mie·ren [depri'miːrən] 他 (*lat.*) (人⁴を)沈入らせる, 意気消沈させる.

De·pri·va·ti'on [deprivatsi'oːn] 女 –/–en **1**【心理】環境剝奪. **2**〔カトリック〕聖職剝奪.

De·pu'tant [depu'tant] 男 –en/–en (*lat.*) 現物給与の受給者.

De·pu'tat [depu'taːt] 中 –[e]s/–e (*lat.*) **1**【法制】現物給与(支給). **2** (教師の)義務担当授業時間数.

De·pu·ta·ti'on [deputatsi'oːn] 女 –/–en (*lat.*) (Abordnung)（請願・陳情のための)代表(派遣)団.

De·pu'tier·te [..'tiːrtə] 男女《形容詞変化》**1** 代表者, 派遣団員. **2** (フランスなどで)議員, 代議士.

der

❶ [der, dɛr デァ] 冠《定冠詞》単数男性1格, 単数女性2・3格, 複数2格. 本来は指示代名詞から派生したものだが, アクセントを持たない. 格変化は付録「品詞変化表」Ⅰ参照. **1**〔既知・既知の概念を表して〕Dort steht ein Gebäude. *Das* Gebäude ist das Rathaus der Stadt. あそこに建物がある. あの建物は町の市役所なんだ.

2〔熟知・周知概念を表して〕Wann beginnt *die* Schule? 学校は何時に始まりますか. *Die* Erde läuft um *die* Sonne. 地球は太陽のまわりを回る. am Montag 月曜日に. im Sommer 夏に. im Westen Europas ヨーロッパ西部に.

3《2格名詞・副詞(句)・関係文などに規定された名詞と》*der* Geburtstag des Lehrers 先生の誕生日. Wie heißt *der* Baum dort? あそこにある木はなんという名前ですか. *der* Mensch als denkendes Wesen 考える存在としての人間. *die* Frau, der ich gestern in der Stadt begegnete 昨日私が町でばったり出会った女. mit *dem* Wunsch, Venedig zu besuchen ヴェニスを訪れたいという願いを抱いて.

4〔最上級形容詞に規定された名詞と〕*die* älteste Universität in Europa ヨーロッパで最も古い大学. Er ist *der* Fleißigste in der Klasse. 彼はクラスで一番勤勉である.

5〔類全体を代表する単数名詞と〕*Der* Mensch kann nicht ewig leben. 人間というものは永遠に生きることはできない.

6〔ほぼ類全体を表す複数名詞と〕*Die* Japaner baden jeden Tag.（たいていの)日本人は毎日入浴する. **7**〔単位を表す名詞と〕*Das* Jahr hat 365 Tage. 1年は365日である.《"…につき"の意を表して》Die Äpfel dort kosten 1 Euro *das* Stück. そこのりんごは1個1ユーロである. 60 km *die* Stunde〈in *der* Stunde〉時速60キロ. dreimal *die* Woche〈in *der* Woche〉週に3回.

8〔固有名詞と〕(a)〔格を明示する必要がある場合に〕das Ei *des* Kolumbus コロンブスの卵. Er zieht Hans *dem* Karl vor. 彼はカールよりもハンスをひいきする.(b)《形容詞に規定された固有名詞と》*der* junge Goethe 若きゲーテ. *das* alte Prag 古きプラハ. (c)《中性以外の地名・国名と》*die* Niederlande オランダ. *die* Riviera リビエラ地方. *die* Schweiz スイス. *die* Türkei トルコ. *die* Vereinigten Staaten von Amerika アメリカ合衆国. ▶地名・国名の大半は中性名詞でふつう無冠詞. 定冠詞を伴うのは複数および女性名詞. またいくつかの男性名詞と中性名詞も定冠詞を付すことがあり, とくにそれらが前置詞を伴うときはつねに融合形を用いる. [*der*] Iran イラン. im Libanon レバノンで. (d)《山・半島・河川・湖・海などの名前と》*der* Alpen アルプス山脈. *der* Balkan バルカン半島(山脈). *der* Bodensee ボーデン湖. *die* Nordsee 北海. *der* Rhein ライン川. (e)《船舶・施設・建物・通りなどの名前と》*die* Frauenkirche フラウエン教会. *das* [Hotel] „Rebstock" ホテル・レープシュトック. *die* Talstraße タール通り. *die* Titanic タイタニック号. ▶船舶名はふつう女性, またホテル名は中性.

(f)《新聞・雑誌などの名前と》*der* „Spiegel" シュピーゲル誌. *die* „Zeit" ツァイト紙. (g)《戯曲の役名などになった人名と》*den* Hamlet lesen〈spielen〉ハムレットを読む〈演じる〉. ▶ただし戯曲名の場合は定冠詞を付さない形もある. Heute Abend spielt man [*den*] „Egmont". 今晩『エグモント』が上演される. (h)《家族・門閥の名前と》*Der* Meyer ist gestern gestorben. マイヤー家のご主人が昨日亡くなった. *die* Meyers マイヤー家の人々. *die* Habsburger ハーブスブルク家の一族. (i)《親しい間柄の人名と》《話》Wo ist *der* Anton? アントンはどこにいるんだ. Ich heiße *die* Britta. わたしブリッタよ. ▶日常語ではこの用法は増える傾向にあり、とくに女優の名前などによく用いられる. また南ドイツでも多く見られる.

▶定冠詞は前置詞と融合することがある. a*m*<an *dem*, i*m*<in *dem*, vo*m*<von *dem*, zu*r*<zu *der*, an*s*<an *das*, für*s*<für *das*, in*s*<in *das*, vor*s*<vor *das* など. ただし定冠詞にいくらかでも指示性があるときは融合しない. Er ist i*m* Zimmer. 彼は部屋にいる. Er ist in *dem* Zimmer. 彼はその部屋にいる.

❷《形》① [deːr デーア]《指示》《つねにアクセントをもつ》 **1**《付加語的用法》《格変化は定冠詞と同じ. 付録「品詞変化表」IV-1-1 参照》その, この, あの, 例の. *Die* Dame dort kenne ich nicht. あそこのご婦人を私は知りません. *Die* Tasche ist preiswerter als diese hier. そのバッグはこちらのものよりお買得です.《次のような成り行きの》um *die* und jenem Grund これやあれやの理由で. um *die* und *die* Zeit しかじかの時刻に. ▶活字の場合は定冠詞と区別するために隔字体 d e r, またはイタリック体 *der* を用いることもある.

2《名詞的用法》格変化は付録「品詞変化表」IV-1-2 参照. 複数 2 格 deren・derer のうち deren は先行する名詞を指示する場合に, derer は定冠詞関係代名詞の先行詞となる場合や前置詞句などによって規定される場合に用いる.
(a)《直接目で指で指して, また現在話題となっている人・事物を指して》Ach, *der* kommt. Das ist der Martin. ああ, やつがきた. あれがマルティンだよ. *Das* wollte ich dir eben sagen. それがまさしく君に言いたかったことだ. (b)《前方の発言中の人・事物を指して》Wo ist denn Willy? — *Der* ist im Keller. ヴィリーはどこにいるんだ — やつだったら地下室だよ. Es war einmal ein Jäger, *der* hatte einen alten Hund. 狩人は 1 匹の老犬を飼っておりました.《先行する文の全体またはその一部を受けて》Ist das wahr? — *Das* weiß ich leider nicht. それはほんとうか — 残念だが分からないよ. (c)《同語反復を避けて》Mein Haus ist kleiner als *das* meines Bruders. 私の家は兄弟のものよりも小さい. (d)《近接指示の働きをして》Der Onkel ist einem Sohn, und *der* schenkte ihm ein schönes Auto. 叔父には息子がひとりいて、その息子は彼にすてきな車をプレゼントした. Sie lebt mit seiner Tante und *deren* Freund. 彼女は叔母と叔父の恋人とともに暮している. (e)《紹介の das として/性・数に関わりなく「それは…です」の文で用いられる》Wer ist *Das*? — *Das* ist mein neuer Boss. あれは誰なの — あれは私の新しいボスです. *Das* sind alle seine Hunde. それらはぜんぶ彼の犬です. Hier ist meine Mutter, und links daneben, *das* bin ich. こちらのがお母さんで、その左隣のが、それが私です.

▶定動詞 sein の人称変化は述語名詞の人称・数に従う. (f)《関係代名詞の先行詞として》*die*, die in diesem Sommer ins Ausland reisen この夏外国に旅行

する人々. Ich bin der Freund *derer*, die den Frieden lieben. 私は平和を愛する人たちの味方である. (g)《関係代名詞 wer, was に導かれる関係文の後置詞として》Wer nicht in den Himmel will, [*der*] braucht keine Predigt.《諺》天国に行く気のない者は説教を必要としない, 縁なき衆生は度し難し. Was man nicht weiß, [*das*] macht einen nicht heiß.《諺》知らないことには腹が立たない, 知らぬが仏. (h)《次のような成り行きで》*der* und *die* これこれしかじかの男, 某氏. *die* und *die* これこれしかじかの女, 某女. *der* und jener これこれの人, いろんな人. von *dem* und jenem sprechen これこれのことを話す.

② [der, dər]《関係／定動詞後置》性・数は先行詞と一致し, 格は関係文中での役割に従う. 格変化は付録「品詞変化表」V-1 参照. **1** …であるところの(人, 物・事). Der Mann, *der* dort mit ihnen zu Hund geht, ist unser Hausarzt. あそこを犬をつれて歩いている男の人はわが家のホームドクターです. Hier ist ein Buch, *das* man nur selten finden kann. ここに 1 冊の本があります. めったに手に入らない本です. Das ist Frau Stolze, *deren* Mann mein Mitarbeiter ist. こちらはシュトルツェ夫人です, 彼女の夫は私の仕事仲間です. Gestern habe ich das Museum besucht, von *dem* du mir einmal erzählt hattest. 昨日私は以前君から話を聞いたことのあった美術館を訪ねた. Die Vase, *die* ich in Athen gekauft hatte, ist heute zerbrochen. 私がアテネで買った花瓶がきょう割れた. ▶ ¹先行詞が 1・2 人称の人称代名詞である場合, その人称代名詞と関係代名詞の性・数は一致する. またこの場合関係文中に先行詞の人称代名詞を繰返すことがあるが, そのとき関係文の定動詞は繰返された人称代名詞に応じた変化をする. Ich will mich dir eröffnen, *der* mein wahrer Freund ist〈*die* meine wahre Freundin ist〉. / Ich will mich dir eröffnen, *der* du mein wahrer Freund *bist*〈*die* du meine wahre Freundin *bist*〉. 私は真の友人である君に心の内をうち明けるつもりだ. ▶² 単数女性 2 格および複数 2 格に derer が用いられることがあるがこれは誤用. Es ist die Zeit, während *derer*（正 *deren*）er in Wien war. それは彼がウィーンにいた時期だ.

2《強調構文で／先行詞は主語の es または das である が, 関係代名詞の性・数は主文の述部名詞のそれに一致する》〈Das〉Es ist Ihr Vater, *der* mich gerettet hat. 私を救ってくれたのはあなたのお父さんです. Es〈Das〉sind Ihre Eltern, *die* mich gerettet haben. 私を救ってくれたのはあなたのご両親です. ▶ 主文の主語が es で述部が人称代名詞の場合, 主文は定動詞倒置文になる（das のときは定動詞正置）. Ich bin es〈Das bin ich〉, *der* diesen Brief schrieb. この手紙を書いたのは私です.

3《先行詞としての指示代名詞の役割を兼ねて》《話》 *Der* mich liebt und kennt, ist in der Weite. 私を愛し知ってくれる人は遠くにいる(Goethe).

de・ran・giert [derãˈʒiːrt]《形》(*fr.*)（頭が）混乱(錯乱)した,（衣服・毛髪が）乱れた.

'der・art ['deːɐ̯|aːrt デーアアールト]《副》(↓ der Art²) (so, in solchem Maße) そんなに, それほどに, かくも. Sie hat sich⁴ ~ aufgeregt, dass... 彼女は…するほどに興奮した. Einen ~ heißen Sommer haben wir nicht erlebt. こんな暑い夏は経験したことがない.

'der・ar・tig [..|..aːrtɪç]《形》❶ こんな, それほどの. eine ~e Kälte これほどの寒さ. ❷《副》=derart

*****derb** [dɛrp デルプ]《形》**1** がっちりした, 頑丈な,（布・皮な

どが)ごわごわした、手ざわりの粗い、(岩石が)ごつごつした、粒の粗い(不揃いな)、(岩石が)こってりした. **2** 粗野な、無作法な、がさつな、ぶっきらぼうな.

'**Der.by** ['dεrbi] 田-[s]/-s (*engl.*) **1**《馬術》(Derbyrennen) ダービー(1780 Derby 伯爵によって創設されたイギリスの3歳馬レース). **2** (一般に) 大レース, 競技.

de·re·gu·lie·ren [deregu'li:rən] 他《物*を》の規制を撤廃(緩和)する.

De·re·gu·lie·rung 因 -/-en 規制撤廃(緩和).

der'einst [de:r'ainst] 副 (einst) **1** いつか、他日. **2**《古》《雅》かつて、以前、むかし.

'**de·ren** ['de:rən] 代《指示》《関係/定動詞後置》der ② の単数女性2格、複数2格.

'**de·rent'hal·ben** ['de:rənt'halbən] 副《古》=derentwegen

'**de·rent'we·gen** [..'ve:gən] 副 (先行する女性・複数の名詞・代名詞を受けて)彼女(それ、彼ら、それら)のために: Im Dom der Stadt ist eine alte Orgel, ~ sind wir dorthin gefahren. その町の大聖堂には古いオルガンがある。 私たちがそこへ出かけていったのはそのためであった.《関係副詞的に》die Nachrichten, ~ er seinen Urlaub unterbrach 彼がそのために休暇を一時取止めることにしたニュース. ◆↑dessentwegen

'**de·rent'wil·len** [..'vɪlən] 副《次の用法で》um ~ (先行する女性・複数の名詞・代名詞を受けて)彼女(それ、彼ら、それら)のために(↑dessentwillen).

'**de·rer** ['de:rər] 代《指示》der ②Ⅰ の複数2格. おもに関係代名詞の先行詞として用いる. die Leiden ~, die ihr Vaterland verlassen müssen 祖国を離れなくてはならない人たちの悩み.

der·ge'stalt ['de:rgə'ʃtalt] 副《雅》(derart) そんなに、それほどに、かくも.

'**der'glei·chen** ['de:r'glaiçən] 代《指示/不変化》 **1**《付加語的に》(solch) そのような. Dergleichen Dinge habe ich schon oft erlebt. そのようなことを私はすでに何度も体験した. **2**《独立的に》《略 dgl.》(so etwas) そのようなもの(の). Dergleichen geschieht immer wieder. そういうことは繰返し起るものだ. Es geschah nichts ~. そういうことは何も起らなかった. nicht ~ tun 反応しない、答えない. Ich winkte ihm zu, aber er tat nicht ~. 私は彼に目くばせしたが彼は知らんぶりであった. und ~ mehr(略 u. dgl. m.)... 等々.

De·ri'vat [deri'va:t] 田 -[e]s/-e (*lat.*)《化学》誘導体;《生物》派生器官;《言語》派生体.

*'**der·je·ni·ge** ['de:rje:nɪgə デーアイェーニゲ] 代《指示》der- は定冠詞の変化, -jenige は形容詞の弱変化(↑付録「品詞変化表」Ⅳ-3). der ②Ⅰを強めたもの. 関係代名詞を伴うことが多い.《付加語的用法》その、あの、この. diejenige Dame その婦人. derjenige Herr, der mich grüßte 私に挨拶したあの紳士. **2**《独立的用法》それ、その人; ...それ(その人). Derjenige, der daran teilgenommen hat, soll sich⁴ melden. それに参加した者は名乗り出るように. dasjenige, was sie am liebsten tut 彼女が一番したいこと. Du bist also derjenige, welcher!《話》じゃ君のことだったのか、君がその本人なのか、仕掛け人は君なんだな.《名詞の反復を避けて》Meine Brille ist schärfer als diejenige meines Bruders. 私の眼鏡は弟のそれよりも度が強い.

'**der'lei** ['de:r'lai] 代《指示/不変化》=dergleichen

'**der'ma·ßen** ['de:r'ma:sən] 副 =derart

Der·ma'ti·tis [dεrma'ti:tis] 因 -/..titiden [..'ti:dən] (*gr.*)《病理》皮膚炎.

Der·ma·to'lo·ge [dεrmato'lo:gə] 男 -n/-n 皮膚科医.

Der·ma·to·lo'gie [dεrmatolo'gi:] 因 -/ (*gr.*) 皮膚科学.

Der·ni'er 'Cri [dεrni'e: 'kri:] 男 --/-s[dεrni'e: 'kri:] (*fr.*, letzter Schrei') 最新流行. nach dem ~ gekleidet sein 最新流行の服装をしている.

'**de·ro** ['de:ro] 代《指示》《古》=deren

*'**der'sel·be** [de(:)r'zεlbə デーアゼルベ] 代《指示》der- は定冠詞の変化, -selbe は形容詞の弱変化(↑付録「品詞変化表」Ⅳ-4). der- の部分が前置詞と融合すると -selbe は分離する. **1**《付加語的用法》(a) 同じ、同一の. Sie trägt denselben Hut wie gestern. 彼女は昨日と同じ帽子をかぶっている. Sie wohnen in demselben(im selben) Haus wie ich. 彼らは私と同じ家に住んでいる. (b)《ein und derselbe の形で、ein はしばしば不変化》まったく同一の. ein und derselbe Sänger まったく同じ歌手. mit ein[em] und demselben Zug 同じ列車で. Das ist doch ein und dasselbe. それじゃまるで同じことじゃないか. **2**《独立的用法》(a) 同じ(同一の)人(物). Sie ist immer dieselbe. 彼女はいつまでも昔のままだ. (b)《同一性の意味が弱まり人称代名詞や指示代名詞 dieser の代りに用いられ》《古》《書》(まさに)その, それ. Er legte seinen Hund an die Kette, da derselbe schon mehrmals Vorübergehende angegriffen hat. 彼は飼い犬がこれまでに何度か通行人に襲いかかったので鎖につないだ. das Haus, vor allem das Dach desselben その家, とりわけその屋根.

◆derselbe は正しくは「同一の」ものを指すが、日常語ではしばしば der gleiche の意(「同様の、同種の」)に誤用される. Unser Kind hat dasselbe Fahrrad wie sein Kind.《話》うちの子は友達と同じ型の自転車に乗っている.

der'sel·bi·ge [..'zεlbɪgə] 代《指示》《古》=derselbe ◆格変化についても derselbe に同じ.

'**der'weil** ['de:r'vail]《古》❶ 副 (inzwischen) その間に、そうこうするうちに. ❷ 接《従属/定動詞後置》(während) ...している間に.

'**der'wei·len** [..'vailən] 副 接 =derweil

'**Der·wisch** ['dεrvɪʃ] 男 -[e]s/-e (*pers.*) デルヴィーシュ(イスラム神秘主義教団の修道僧).

'**der'zeit** [de:r'tsait] 副 (略 dz.) **1** 今のところ、目下、さしあたり. **2** そのころ、当時、かつて.

'**der'zei·tig** [..'tsaitɪç] 形 今の、目下の; その当時の.

des¹ [dεs, das] ❶ 代《定冠詞》der ② の単数男性・中性2格. ❷ 代《指示》der ②Ⅰ の単数男性・中性2格 dessen の古形. Ⅱ《関係/定動詞後置》der ② の単数男性・中性2格 dessen の古形.

des² [dεs] 田 -/-《音楽》**1** 変ニ音. **2**《記号》《複数なし》=des-Moll

Des [dεs] 田 -/《音楽》**1** 変ニ音. **2**《記号》《複数なし》=Des-Dur

De'sas·ter [de'zastər] 田 -s/- (*fr.*) 災難, 不幸; (破局的な)失敗, 挫折.

des·avou'ie·ren [dεsavu'i:rən, deza..] 他 (*fr.*) **1** (事⁴を)否認(拒否)する、認めない. **2** (人⁴を)さらし者(笑い者)にする.

Des'cartes [de'kart]《人名》René ~ ルネ・デカルト(1596-1650, フランスの哲学者・数学者).

'**Des-Dur** ['dεsdu:r, '-'-] 田 -/《記号 Des》《音楽》変ニ長調.

De·ser·teur [dezɛr'tø:r] 男 -s/-e (fr.)『軍事』脱走(逃亡)兵.

de·ser'tie·ren [dezɛr'ti:rən] 自 (h, s)『軍事』(兵士が)脱走(逃亡)する. zum Feind ~ 敵方に投降する.

De·ser·ti·fi·ka·ti·on [dezɛrtifikatsi'o:n] 女 -/-en (lat.) 砂漠化.

De·ser·ti·on [dezɛrtsi'o:n] 女 -/-en 脱走, 逃亡.

desgl. 《略》=**desgleichen**

'**des·glei·chen** ['dɛs'glaɪçən] 副《略 desgl.》 (ebenso, ebenfalls) 同様に, 同様に.

'des·halb ['dɛs'halp デスハルブ] 副 それゆえに, だから. Er war krank, ~ konnte er〈er konnte ~〉 nicht kommen. 彼は病気だった, そのために来れなかったのだ. 《aber, doch など》 Er hat eine gute Arbeit geleistet, aber ~ ist er noch kein Meister. 彼はいい仕事をしたが, だからといってまだ名人というわけではない. 《weil に導かれる副文を伴って》 Er hat nur ~ geleugnet, weil er Angst vor der Strafe hatte. 彼が否認したのは罰が怖かったからにすぎない.

De·si·de·rat [dezide'ra:t] 中 -[e]s/-e (lat. „das Gewünschte') **1** なくて困っているもの, ぜひとも欲しいもの. Die Lösung dieses Problems war ein ~ der Wissenschaft. この問題の解決は学界の切なる願いであった. **2**『図書館』(全集などの)欠本; 購入希望図書.

De'sign [di'zaɪn] 中 -s/-s (engl.) デザイン, 図案, 模様, 意匠.

De'si·gner [di'zaɪnər] 男 -s/- (engl.) デザイナー.

de·si'gnie·ren [dezɪ'gni:rən] 他 (lat.) **1** (人を)あらかじめ指名(任命)する, 内定する. der designierte Minister 大臣内定者. **2**《լատ.》(事を)前もって指示(指定)する, 予定する (zu et³ 事³に).

Des·il·lu·si·on [dɛsɪluzi'o:n, dezɪ..] 女 -/-en (fr.) **1**《複数なし》幻滅させる(する)こと, 迷いをさますこと, (からめる)こと. **2** 幻滅(の体験). eine ~ erleben 幻滅を味わう.

des·il·lu·si·o·nie·ren [dɛsɪluzio'ni:rən, dezɪ..] 他 (人⁴を)幻滅させる, (の)迷いをさます.

Des·in·fek·ti·on [dɛsɪnfɛktsi'o:n, dezɪ..] 女 -/-en (lat.) 消毒, 殺菌.

Des·in·fek·ti·ons·mit·tel [dɛs'ɪnfɛktsi'o:ns..] 中 -s/- 消毒(殺菌)剤.

des·in·fi'zie·ren [dɛsɪnfi'tsi:rən, dezɪn..] 他 消毒(殺菌)する.

Des·in·te·gra·ti·on [dɛsɪntegratsi'o:n] 女 -/-en (lat.) (↔ Integration) 分解, 分裂, 崩壊;『心理』(人格の)分裂, (精神の)錯乱;『社会学』価値体系などの分散, 拡散;《環境との》不調和.

Des·in·te·res·se [dɛsɪntə'rɛsə, dezɪ.., 'dɛsɪ..] 中 -s/- (fr.) (↔ Interesse) 無関心, 冷淡.

des·in·te·res'siert [dɛsɪntərɛ'siːrt, dezɪ.., 'dɛsɪ..] 形 **1** 興味のない, 無関心な. **2**《古》第三者的な, 中立の.

'**des·je·ni·gen** ['dɛsjəːnɪgən] 代《指示》derjenigeの単数男性・中性 2 格.

De·skrip·ti·on [dɛskrɪpti'o:n] 女 -/-en (lat. „Beschreibung') 記述, 叙述.

de·skrip'tiv [dɛskrɪp'ti:f] 形 (lat.) 記述(叙述)的な.

'**Desk·top'pu·bli·shing** ['dɛsktɔp'pabliʃɪŋ] 中 -[s]/- (engl.)『コンピュータ』デスクトップパブリシング.

'**des-Moll** ['dɛsmɔl, '-'-] 中 -/-《記号 des》『音楽』変ニ短調.

Des·o·do'rant [dɛs|odo'rant, dezo..] 中 -s/-e(-s) =Deodorant

des·o·do'rie·ren [dɛs|odo'ri:rən, dezo..] 他 =deodorieren

des·o·do·ri'sie·ren [dɛs|odori'zi:rən, dezo..] 他 =desodorieren

de·so'lat [dezo'la:t] 形 (lat.) **1** 絶望的な, 暗澹たる, 惨めな. **2**《古》荒涼たる, わびしい.

Des·or·ga·ni·sa·ti·on [dɛs|ɔrganizatsi'o:n, dezo..] 女 -/-en (lat.) **1** (組織・秩序・人事などの)解体, 崩壊, 分裂. **2** 無秩序, 混乱.

des·or·ga·ni'sie·ren [dɛs|ɔrgani'zi:rən, dezo..] 他 (組織・秩序などを)解体する, 崩壊(瓦解)させる, 混乱させる.

des·or·ga·ni'siert 形 無秩序な, 乱脈な.

des·ori·en'tie·ren [dɛs|orien'ti:rən, dezo..] 他 (人¹に)間違ったことを教える; (を)混乱(慌て)させる.

des·ori·en'tiert [dɛs|orien'ti:rt, dezo..] 形 (lat.) 方向を見失った, 不案内な, まごついた; (誤った情報や不十分な情報をもつて)混乱した.

Des·oxy·ri·bo·nu·kle·in·säu·re [dɛs|ɔksyribonukle'i:nzɔyrə, dezo..] 女 -/《略 DNS.》『生化』デオキシリボ核酸, DNA.

des·pek'tier·lich [dɛspɛk'ti:rlɪç] 形《雅》(lat.) 敬意を欠いた, 無礼(非礼)な, 侮辱的な.

Des·pe·ra·do [dɛspe'ra:do] 男 -s/-s (sp.) **1**(政治的な)過激分子, 強硬派. **2** (Bandit) (アメリカ西部開拓時代の)強盗, 追いはぎ, 無法者.

des·pe'rat [dɛspe'ra:t] 形《雅》(lat.) 絶望的な, やぶれかぶれの.

Des'pot [dɛs'po:t] 男 -en/-en (gr.) 独裁者, 専制君主, 暴君. ◆女性形 Despotin 女 -/-nen

Des·po'tie [dɛspo'ti:] 女 -/-n[..'ti:ən] 独裁(専制)政治, 暴政, 圧政.

des'po·tisch [dɛs'po:tɪʃ] 形 **1** 独裁(専制)的な. **2** 横暴(横柄)な, 威張りくさった.

Des·po'tis·mus [dɛspo'tɪsmus] 男 -/- 独裁(専制)君主制, 独裁(専制)政治; 暴政.

'**Des·sau** ['dɛsaʊ]『地名』デッサウ(ザクセン・アンハルト州の工業都市).

des'sel·ben [dɛs'zɛlbən, dɛs..] 代《指示》derselbe の単数男性・中性 2 格.

'**des·sen** ['dɛsən] 代 **1**《指示》der ②①の単数男性・中性 2 格. **2**《関係 / 定動詞後置》der ②II の単数男性・中性 2 格.

'**des·sent·hal·ben** ['dɛsənt'halbən] 副《古》=dessentwegen

'**des·sent'we·gen** ['dɛsənt've:gən] 副 (先行する男性・中性の名詞・代名詞を受けて)彼(それ)のために. Dass der Vortrag ausfiel, war schade, denn ich war nur ~ in die Stadt gekommen. その講演が中止になったのは残念であった, というのは私はそれが聞きたいばかりに町に出てきたのだから. 《関係副詞的に》der Vortrag, ~ ich in die Stadt gekommen bin その聞くために私が町に出てきた講演. ◆↑derentwegen

'**des·sent'wil·len** ['dɛsənt'vɪlən] 副《次の用法で》um ~ (先行する男性・中性の名詞・代名詞を受けて)彼(それ)のために. Das Museum hat ein berühmtes Gemälde, und um ~ bin ich einen Tag länger geblieben. その美術館にはある有名な絵があって, 私はそれを見るために 1 日滞在を延ばしたのである. 《関係副詞的に》der berühmte Garten, um ~ ich einen Tag länger geblieben bin そのために私が滞在を 1 日延ばし

dessen ungeachtet

た有名な庭園.

'des·sen 'un·ge·ach·tet, °'des·sen'un·ge·ach·tet ['dɛsən 'ʊngəaxtət, '- - - '- - -] 副 (trotzdem, dennoch) それにもかかわらず.

Des·sert [dɛˈsɛːr, deˈseːr, dɛˈsɛrt] 中 -s/-s (fr., Nachtisch) デザート.

Des·sin [dɛˈsɛ̃ː] 中 -s/-s (fr.) **1** デッサン, 素描, 下絵; 構想, 計画. **2** 模様, 図案, 意匠, デザイン. **3** 〚ビリヤード〛球の配置具合(模様).

Des·sous [dɛˈsuː] 中 -[dɛˈsuː(s)]/-[dɛˈsuːs] (fr.) (ふつう複数で)(婦人用)下着.

Des·til·lat [dɛstɪˈlaːt] 中 -[e]s/-e (lat.) 〚化学〛留出物, 蒸留液.

Des·til·la·ti·on [..latsiˈoːn] 女 -/-en **1** 〚化学〛蒸留. **2** (木材の)乾留. **3** 〈古〉=Destille

Des·til·le [dɛsˈtɪlə] 女 -/-n (地方)〈古〉**1** 居酒屋. **2** 蒸留酒製造所.

des·til·lie·ren [dɛstɪˈliːrən] 他 **1** 蒸留する. **2** 《比喩》(テキスト・論文などを)要約する.

Des·ti·na·ti·on [dɛstinatsiˈoːn] 女 -/-en **1** 最終目的, 究極の目標. **2** (運命・摂理による)定め, 宿命. **3** (飛行機の)行先, 目的地.

*'des·to [ˈdɛsto] 副 (umso) (比較級を伴って) それだけいっそう(ますます). 《je+比較級に導かれる副文と》Je höher die Sonne steigt, ~ wärmer wird es. 日が高く昇るにつれてますます暖かくなる. Je mehr, ~ besser. 多ければ多いほど結構だ. 《als, da, weil に導かれる副文と》Ich las seine Bücher ~ lieber, als 〈weil〉ich ihn persönlich kannte. 私は彼を個人的に知っていたのだから, 彼の作品を読むのがなおさら好きだった. 《先行文の内容を受けて》Die Sache ist bereits erledigt. — Desto besser! その件ならもう片づきましたよ—すまず結構だね.

de·stru·ie·ren [dɛstruˈiːrən] 他 (lat.) (まれ)(zerstören) 破壊する, 破滅(荒廃)させる.

De·struk·ti·on [dɛstrʊktsiˈoːn] 女 -/-en **1** (Zerstörung) 破壊. **2** 〚地質〛表層風化.

de·struk·tiv [..ˈtiːf] 形 **1** 破壊的な. **2** 〚医学〛破壊性の, 悪性の.

'des 'un·ge·ach·tet, °'des'un·ge·ach·tet ['dɛs ʊngəaxtət, '- - -'- -] 副 =dessen ungeachtet

*'des·we·gen ['dɛsˈveːgən] 副 (deshalb) それゆえに, だから.

'des·wil·len ['dɛsˈvɪlən] 副 〈古〉=dessentwillen

Des·zen·dent [dɛstsɛnˈdɛnt] 男 -en/-en (lat.) (↔ Aszendent) **1** 〚系図〛(Nachkomme) 子孫, 後裔; 〚法術〛卑属. **2** 〚天文〛下降する天体(, 天体の降交点). **3** 〚占星〛下降点(人間の運命を左右することが最も少ないとされる星の位置).

Des·zen·denz [..ˈdɛnts] 女 -/-en **1** 《複数なし》《集合的に》〚系図〛子孫, 後裔; 卑属. **2** 〚天文〛天体の下降(地平線に沈むこと).

De·tail [deˈtaɪ, ..ˈtaːj] 中 -s/-s (fr.) 細部, 細目, 詳細, ディテール. auf jedes ~ eingehen / ins ~ gehen 委曲を尽くす, 細部にわたる. bis ins kleinste ~ von et³ berichten 事³について微(ｷﾋﾞ)に入り細(ｻｲ)にわたって報告する. et⁴ im ~ verkaufen 物⁴を小売する.

De·tail·han·del [deˈtaɪ..] 男 -s/- 〈古〉(Einzelhandel) 小売(業).

de·tail·lie·ren [detaˈjiːrən] 他 **1** 詳細に説明(描写)する, 委曲を尽くす. **2** 〈古〉(物⁴を)小売する.

De·tek·tei [detɛkˈtaɪ] 女 -/-en 探偵事務所, 探偵社, 興信所.

De·tek·tiv [detɛkˈtiːf] 男 -s/-e (engl.) (私立)探偵; (英米の)私服刑事.

De·tek·tiv·ro·man [deˈtɛkˈtiːfroˌmaːn] 男 -s/-e 探偵(推理)小説.

De·tek·tor [deˈtɛktoːr] 男 -s/-en [..ˈtoːrən] (lat.) 〚工学〛探知(検出)器; 〚放送〛検波器, 検電器.

Dé·tente [deˈtãːt] 女 -/ (fr., Entspannung) 〚政治〛(とくに国際関係の)緊張緩和(政策), デタント.

De·ter·gens [deˈtɛrgɛns] 中 -/..gentia [deˈtɛrgɛntsia] (..genzien[..ˈgɛntsiən]) (lat.) **1** 《複数で》洗剤, 清浄剤; 界面活性剤. **2** 〚医学〛創面清浄薬.

De·ter·mi·nan·te [detɛrmiˈnantə] 女 -/-n **1** 決定因, 決定要素. **2** 〚生物〛(遺伝・発生を支配する)デテルミナント, 決定子. **3** 〚数学〛行列式.

De·ter·mi·na·ti·on [detɛrminatsiˈoːn] 女 -/-en **1** 決定, 規定, 限定. **2** 〚哲学〛概念規定. **3** 〚生物〛決定(胚の発生の運命を確定すること). **4** 〚心理〛(心的事象の)決定.

De·ter·mi·nie·ren [detɛrmiˈniːrən] 他 (bestimmen) (前もって)決定する, 規定する.

De·ter·mi·nis·mus [..ˈnɪsmʊs] 男 -/ 〚哲学〛決定論.

De·to·na·ti·on¹ [detonatsiˈoːn] 女 -/-en (fr.) (大音響を伴う)爆発, 爆裂.

De·to·na·ti·on² [..] 女 -/ (fr.) 〚音楽〛調子はずれの歌唱(演奏).

de·to'nie·ren¹ [detoˈniːrən] 自 (s) (大音響とともに)爆発する.

de·to'nie·ren² [..] 自 〚音楽〛(歌唱・演奏で)調子はずれる, 調子はずれに歌う(演奏する).

'det·to [ˈdɛto] 副 (it.) (ﾋﾞｼﾞﾈｽ・〈ｵｰｽﾄﾘｱ〉)=dito

deuchst [dɔyçst] dünken の現在2人称単数の古形.

deucht [dɔyçt] dünken の現在3人称単数の古形.

'deuch·te [ˈdɔyçtə] dünken の過去および接続法II の古形.

'De·us ex 'Ma·chi·na [ˈdeːʊs ɛks ˈmaxina] 男 - - -/-(Dei[ˈdeːiː] - -)〈gr., Gott aus der Maschine〉 デウス・エクス・マキナ, 機械仕掛の神(古代ギリシア演劇で神が機械仕掛で突然舞台に現れて決着をつけたことから); 唐突で意外な救い手, その場しのぎの安易な解決(策).

Deut [dɔyt] 中 -s/-s ドイト(オランダの昔の小額銅貨). 《今日では次の用法で》keinen〈nicht einen〉~ 少しも〈これっぽっちも〉…ない. keinen〈nicht einen〉~ wert sein 鐚(ｾﾞﾆ)一文の値打ちもない. sich³ keinen ~ aus et³ machen 事³にまるで関心(興味)がない. keinen ~ von et³ verstehen 事³がまったく解(ﾜｶ)らない.

Deu·te·lei [dɔytəˈlaɪ] 女 -/-en こじつけ, 屁理屈, 詭弁(ｷﾍﾞﾝ).

'deu·teln ['dɔytəln] 自 (an et³ 事³に)こじつけの解釈をする, 屁理屈をこねる. Daran gibt es nichts zu ~. それはあれこれ言う余地のないことだ.

*'deu·ten [ˈdɔytən ドイテン] ❶ 他 解釈(説明, 判断)する; (比喩・夢などを)解く. einen Text ~ テキストを解釈する. Träume ~ 夢判断をする. j³ die Zukunft ~ 人³の未来を占う. Ich deutete ihr Nicken als Zustimmung. 私は彼女がうなずいたのを同意のしるしと見た.

❷ 自 **1** (auf et⟨j⟩³ 物⟨人⟩³を)指し示す. auf et³ mit dem Finger ~ 物³を指でさす. nach Norden ⟨in eine andere Richtung⟩ ~ 北⟨別の方角⟩をさす. **2** (物が主語)(auf et³ 物³を)予示(暗示)する, (の)前ぶれである. Das deutet auf eine Wetterveränderung 〈auf nichts Gutes〉. これは天候が変る前ぶれであるくめでたい前兆がない〉.

'**Deu·ter** ['dɔytər] 男 -s/- **1** 解釈(注釈)者, 占い師. **2** (古語)(Wink) 合図.

Deu·ter·ago·nist [dɔyterago'nist] 男 -en/-en (gr.) (古代ギリシア演劇における)第2俳優, わき(役). ↑ Protagonist

Deu·te·ri·um [dɔy'te:riom] 田 -s/ (gr. deuteros , der zweite") (記号 D)『化学』デューテリウム, 重水素.

..deu·tig [..dɔytɪç]〔接尾〕数詞などと結びついて「…の意味の, …義的な」の意の形容詞詞をつくる. ein*deutig* 一義的な, 明白な. viel*deutig* 多義的な. zwei*deutig* 二義的な, 曖昧な.

'**deut·lich** ['dɔytlɪç ドイトリヒ] 形 はっきりした, 明白(明瞭)な, 分かりやすい, あからさまな. klar und ~ はっきりして分かりやすい, 明晰判明な. Das war ~ seine Absicht. これは明らかに彼の意図であった. Er wurde ziemlich ~. 彼はかなりあけすけな態度になった, ずけずけとものを言ididic.

'**Deut·lich·keit** 囡 -/-en **1** (複数なし)はっきりしていること, 明白, 明瞭; 平明, 平易. **2** (話)無遠慮な言葉, あけすけな物言い. j³ eine ~ sagen 人³に身も蓋(ふた)もないことをいう.

deutsch [dɔytʃ ドイチュ] 形 (比較変化なし) ドイツ(人)の, ドイツ(人)的な, ドイツ風の, ドイツ製の. die ~e Bundesrepublik ドイツ連邦共和国 (Bundesrepublik Deutschland の非公式な呼称). ~er Gruß ナチス式挨拶(右手を挙げて „Heil Hitler" と叫ぶナチス時代の挨拶). der ~e Michel ドイツのミヒェル(お人好しで政治的に視野の狭い小市民的ドイツ人に対する揶揄). die ~e Sprache ドイツ語. das ~e Volk ドイツ民族. ein ~er Wagen ドイツ車. ein *deutsch*-französischer Krieg ドイツとフランスの戦争. Das ist typisch ~. それはまさにドイツ的だ. 《公的機関名・作品名・歴史概念などは大文字で》*Deutscher* Akademischer Austauschdienst《略 DAAD》ドイツ学術交流会 (1924 創設). *Deutsche* Bahn [AG] 《略 DB》ドイツ鉄道株式会社 (1994 以来). *Deutsche* Bundesbahn《略 DB》ドイツ連邦鉄道(1933 までのドイツ国鉄). *Deutsche* Bundesbank《略 DBB》ドイツ連邦銀行. der *Deutsch*-Französische Krieg『歴史』独仏戦争(1870-71). *Deutsche* Mark《略 DM》(旧)ドイツ・マルク. das Heilige Römische Reich *Deutscher* Nation『歴史』(ドイツ国民の)神聖ローマ帝国 (962-1806). *Deutsche* Demokratische Republik《略 DDR》ドイツ民主共和国(旧東ドイツ, 1949-90). **2** ドイツ語の. die *deutsche* Sprache ドイツ語. die *deutsche* Schweiz スイスのドイツ語圏. *Deutsch*-Englisches Wörterbuch 独英辞典(表題として). 《副詞的用法》ein Fremdwort ~ aussprechen 外来語をドイツ語式に発音する. mit j³ ~ reden〈sprechen〉(話)人³と腹蔵なく(腹を割って)話合う. ~ sprechen ドイツ語で話す(ただし, Deutsch sprechen ドイツ語を話す). sich⁴ ~ unterhalten ドイツ語で話し合う. ~ unterrichten ドイツ語で教える(ただし, Deutsch unterrichten ドイツ語を教える). ▶ ↑ Deutsch

Deutsch 田 -[s]/ **1** (a)《規定詞を伴って》(特定の個人・集団・地域・時代の)ドイツ語. Sein ~ ist einwandfrei. 彼のドイツ語は申分ない. das ~ des Mittelalters 中世のドイツ語. gutes ~ sprechen 良いドイツ語を話す. (b)《規定詞なしで》(一般的に)ドイツ語. Er kann ~〈kein ~〉. 彼はドイツ語ができ・結婚した. ~ sprechen ドイツ語を話す. ~ unterrichten ドイツ語を教える. Du verstehst wohl nicht mehr ~〈kein ~ mehr〉?《話》君は聞く耳がないのかなぜ人の言うことを聞かない. auf〈in/zu〉 ~〈°deutsch〉ドイツ語で. Wie heißt das auf ~〈°deutsch〉? これはドイツ語でどう言いますか. auf [gut] ~〈°deutsch〉《話》はっきり(ずばり)言うと. **2**《無冠詞で》(学科目としての)ドイツ語. ~ unterrichten ドイツ語の授業をする.

◆ ↑ deutsch 2, Deutsche ②

'**Deutsch·ame·ri·ka·ner** 男 -s/- ドイツ系アメリカ人.

'**deutsch-'deutsch** 形 (1949-90 の)東西ドイツの.

'**Deut·sche** ['dɔytʃə ドイチェ]《形容詞変化》
❶ 男囡 ドイツ人. alle ~n すべてのドイツ人. Sie hat einen ~n geheiratet. 彼女はドイツ男性と結婚した. Sie spricht nur französisch, ist aber ~. 彼女はフランス語しか話せないがドイツ人である.
❷ 田《複数なし/定冠詞と》**1** (一般的に, また外国語に対する)ドイツ語. Das ~ ist eine germanische Sprache. ドイツ語はゲルマン語の1つである. die Aussprache des ~n ドイツ語の発音. et⁴ aus dem ~n ins Japanische übersetzen 物⁴をドイツ語から日本語に翻訳する. **2** ドイツ的なもの, ドイツの特質(特性).

'**Deut·schen·feind** 男 -[e]s/-e ドイツ嫌いの人.
'**Deut·schen·freund** 男 -[e]s/-e ドイツびいきの人, 親独家.
'**deutsch·feind·lich** 形 反ドイツ的な, ドイツ嫌いの.
'**deutsch·freund·lich** 形 親ドイツ的な, ドイツびいきの.
'**Deutsch·her·ren** 履『歴史』ドイツ騎士団. ↑ Deutschritterorden
'**Deutsch·kun·de** 囡 -/ (20世紀前半に流行した)ドイツ学.
*'**Deutsch·land** ['dɔytʃlant ドイチュラント]《地名》ドイツ. die Bundesrepublik ~《略 BRD》ドイツ連邦共和国. das Junge ~『文学』若きドイツ派(1930-50 頃の文学流派). in ~ ドイツで. nach ~ ドイツへ.

'**Deutsch·land·lied** 田 -[e]s/ ドイツの歌(ファラースレーベン Fallersleben 作の „Deutschland, Deutschland über alles…" という歌詞に Haydn 作曲の弦楽四重奏曲からのメロディーをつけたもの. もとドイツ帝国の国歌, 今日では原詩の第1・2 節を省いて第3 節がドイツ連邦共和国の国歌になっている).
'**Deutsch·leh·rer** 男 -s/- ドイツ語教師.
'**Deutsch·meis·ter** 男 -s/-『歴史』ドイツ騎士団長.
Deutsch'rit·ter·or·den ['-----とも] 男 -s/『歴史』(Deutscher Orden)ドイツ騎士団(1190 創設の騎士修道会).
'**Deutsch·schwei·zer** 男 -s/- ドイツ語圏の(ドイツ系)スイス人.
'**deutsch·schwei·ze·risch** 形 **1** ドイツ語圏スイスの. **2** ['-'---]《付加語的用法のみ》ドイツ・スイス両国(間)の.
'**deutsch·spra·chig** [..ʃpra:xɪç] 形 (deutschsprechend) ドイツ語を話す, ドイツ語による.
'**deutsch·sprach·lich** [..ʃpra:xlɪç] 形 ドイツ語の

(に関する). ~er Unterricht ドイツ語の授業.
'Deutsch·stun·de 囡 -/-n ドイツ語の授業時間.
'Deutsch·tum ['dɔʏtʃtuːm] 囲 -s/ 1 ドイツ人気質(かたぎ), ドイツ精神. 2 das ~ im Ausland《古》《集合的》在外ドイツ人.
Deutsch·tü·me·lei [dɔʏtʃtyːməˈlaɪ] 囡 -/《侮》(度はずれな)ドイツ主義; ドイツかぶれ, ドイツ狂い.
'Deutsch·un·ter·richt 囲 -[e]s/ ドイツ語の授業.
'Deutsch-Ver·zeich·nis 中 -ses/《略 D.》《音楽》ドイッチュ編シューベルト作品目録(オーストリアの音楽学者 Otto Erich Deutsch, 1883-1967 が編んだ Franz Schubert の年代順全作品目録. 各作品の番号は D. 番号として示される).

*'Deu·tung ['dɔʏtʊŋ ドイトゥング] 囡 -/-en (↓ deuten) 解釈, 説明; (夢などの)判断, 占い.
De·val·va·ti'on [devalvatsi'oːn] 囡 -/-en (fr. dévaluation)《経済》(Abwertung) 平価切下げ.
de·val·vie·ren [..ˈviːrən] 他 (fr.)《経済》(abwerten)(物の)平価を切下げる.
De'vi·se [deˈviːzə] 囡 -/-n (fr.) 1 (a) (Wahlspruch) 標語, モットー, スローガン. (b)《音楽》(バロック時代のモットーアリアの)モットー. 2《複数で》《経済》(広義で)外国通貨, 外貨;(狭義で)外国為替.
De'vi·sen·be·stim·mung 囡 -/-en《ふつう複数で》外国為替管理規定.
De'vi·sen·han·del 囲 -s/ 外国為替取引, 外貨取引.
De'vi·sen·kurs 囲 -es/-e《経済》外国為替相場.
De'vi·sen·markt 囲 -[e]s/ːe《経済》外国為替市場.
De'vi·sen·re·ser·ve 囡 -/-n《複数で》《経済》外貨保有高.
De·von [deˈvoːn] 中 -[s]/《地質》デボン紀. ◆英国デボン州にちなむ.
de·vot [deˈvoːt] 厖 (lat.) 1《侮》(卑屈なまでに)へりくだった, かしこまった, 低姿勢の. 2《古》敬虔な, 信心深い.
De·vo·ti'on [devotsi'oːn] 囡 -/ 1《侮》卑屈, 卑下, 低姿勢, へつらい. 2《古》信心, 敬虔, 恭順.
De·vo·tio·na·li·en [..tsioˈnaːliən] 複 信心書(礼拝のための本); 信心用具(十字架・聖人像・ロザリオなど).
dex·tro'gyr [dɛkstroˈgyːr] 厖 (engl.)《記号 d》《化学》右旋性の.
Dez [deːts] 囲 -es/-e《地方》(Kopf) 頭.
Dez.《略》= Dezember

De'zem·ber [deˈtsɛmbɐr デツェンバー] 囲 -[s]/-《複数まれ》12月(ラテン語 december, der zehnte [Monat]'. 古代ローマの1年は3月から始まった).
De·zen·ni·um [deˈtsɛniom] 中 -s/..nien [..niən] (lat. ˌJahrzehnt') 10年(間).
de·zent [deˈtsɛnt] 厖 (lat.) 1 (anständig) 上品(端正)な, 奥ゆかしい; 穏当な, しかるべき. 2 (unauffällig) 控え目な, 目立たない, 地味な.
de·zen'tral [detsɛnˈtraːl] 厖 (↔ zentral) 中心から離れた; 分散した.
De·zen·tra·li·sa·ti'on [..tralizatsi'oːn] 囡 -/-en (権限などの)分散, 分立, 分権.
de·zen·tra·li·sie·ren [..ˈziːrən] 他 (物を)分散させる,(の)権限(機能)を分散させる.
De·zer'nat [detsɛrˈnaːt] 中 -[e]s/-e (lat.)《官庁・

企業の)部門, 部局, 部課.
De·zer'nent [..ˈnɛnt] 囲 -en/-en (官庁・企業の)部(部門)の長.
de·zi.., De·zi.. [detsi-, deˈtsi..]《接頭》(lat.) 単位呼称の前につけて「10分の1」を意味する. dezimal 10進法の. Deziliter デシリットル.
De·zi'bel [detsiˈbɛl, deˈtsiːbɛl] 中 -s/-《物理》《記号 dB》デシベル (¹/₁₀ Bel).
de·zi'die·ren [detsiˈdiːrən] 他 (lat. ˌentscheiden') 決定する.
de·zi'diert 過分厖 断固とした, きっぱりした.
De·zi'gramm [detsiˈgram, deˈtsi..] 中 -s/-e(単位 -) 《記号 dg》デシグラム (= ¹/₁₀ g).
De·zi'li·ter [detsiˈliːtɐr, deˈtsi..] 囲 中 -s/-《記号 dl》デシリットル (= ¹/₁₀ l).
de·zi'mal [detsiˈmaːl] 厖 10進法の.
De·zi'mal·bruch 囲 -[e]s/ːe《数学》1 分母が10の累乗である分数 (⁷/₁₀, ⁴¹/₁₀₀ など). 2 (Dezimalzahl) 少数.
De·zi·ma·le 囡《数学》小数位.
de·zi·ma·li·sie·ren [detsimaliˈziːrən] 他 十進法にする.
De·zi·mal·klas·si·fi·ka·ti·on 囡 -/《略 DK》《図書館》(図書の)十進分類法.
De·zi·mal·sys·tem 中 -s/《数学》十進法.
De·zi·mal·waa·ge 囡 -/-n 十分度秤(ばかり)《計量される重さの ¹/₁₀ のおもりで釣合う》.
De·zi·mal·zahl 囡 -/-en《数学》少数.
'De·zi·me ['deːtsimə, deˈtsiːmə] 囡 -/-n (lat.) 1《音楽》10度(音程). 2《貨幣》(フランス第1共和制下の) 10サンチーム銅貨. 3《文学》(スペインの) 10行詩.
De·zi'me·ter [detsiˈmeːtɐr, deˈtsi..] 囲 中 -s/-《記号 dm》デシメートル (= ¹/₁₀ m).
de·zi·mie·ren [detsiˈmiːrən] ❶ 他 1 ein Volk ⟨eine Truppe⟩ ~ 民衆《部隊》を10人に1人の割合で(の10の1を)殺す. 2 (戦争・疫病などが人間や家畜を)大量に死なせる,(に)壊滅的な被害を与える. ❷ 再 (sich⁴) 激減する, 壊滅的打撃をこうむる.
DFB《略》= Deutscher Fußball-Bund ドイツサッカー連盟.
dg《略》= Dezigramm
Dg《略》= Dekagramm
D. G.《略》= Dei gratia
DGB [deːgeːˈbeː]《略》= Deutscher Gewerkschaftsbund ドイツ労働組合連盟.
dgl.《略》= dergleichen
d. Gr.《略》= der Große 大王, 大帝. Friedrich ~ フリードリヒ大王.

*d. h.《略》= das heißt すなわち.
Di.《略》= Dienstag
d. i.《略》= das ist すなわち.
'Dia ['diːa] 中 -s/-s《話》《略》= Diapositiv
Di·a'be·tes [diaˈbeːtɛs] 囲 -/ (gr.)《病理》1 (Harnruhr) 尿崩症. 2 糖尿病. ~ mellitus [mɛ-ˈliːtʊs] 真性糖尿病.
Di·a'be·ti·ker [..ˈbeːtikɐr] 囲 -s/- 糖尿病患者.
di·a'be·tisch [..ˈbeːtiʃ] 厖《医学》糖尿病の.
di·a'bo·lisch [diaˈboːlɪʃ] 厖 (gr. diabolos, Teufel') (teuflisch) 悪魔の(ような).
Di·a·chro'nie [diaxroˈniː] 囡 -/《言語》(↔ Synchronie) 通時態; 通時論.
di·a·chro·nisch [diaˈkroːnɪʃ] 厖《言語》(↔ syn-

chronisch) 通時(論)的な、通時態の.

Di·a'dem [dia'de:m] 中 -s/-e (gr.) ダイアデム(宝石をちりばめた豪華な頭飾り).

Di·a'do·che [dia'dɔxə] 男 -n/-n (gr. diadochos 'Nachfolger') 《多く複数で》 **1**《歴史》ディアドコイ(アレクサンドロス大王の跡目を争った将軍たち). **2**(跡目を狙う)後継者.

Di·a'do·chen·kämp·fe 跡目争い、王位継承戦争.

Di·a'gno·se [dia'gno:zə] 女 -/-(gr.) **1**《医学・心理学》診断;《生物》記相, 標徴(分類のための動物の特性の簡潔な記述);《気象》(天候の)判断, 解析.

di·a·gnos·ti'zie·ren [..gnɔsti'tsi:rən] 他 診断する. eine Krankheit als Gicht ~ 病気を痛風と診断する.

di·a·go'nal [diago'na:l] 形 (lat.) **1**《幾何》対角線の. **2**(線・模様などが)斜めの. ein Buch ~ lesen 《話》本を斜め読みする.

Di·a·go'nal 男 -[s]/-s《紡織》斜子(ﾅﾅｺ)織り.

Di·a·go'na·le 女 -/-n《幾何》対角線.

Di·a'gramm [dia'gram] 中 -s/-e **1**《数学》図表, ダイヤグラム, グラフ. **2**《植物》花式図. **3**(チェスの)棋譜.

Di·a'kon [dia'ko:n] 男 -s(-en)/-e[n] 《カトリック》助祭,《プロテスト》執事;《正教会》輔祭.

Di·a·ko'nie [diako'ni:] 女 -/《プロテスト》(教区の職業的な)社会奉仕活動.

Di·a·ko'nis·se [..'nısə] 女 -/-n《プロテスト》女執事;(教区の社会奉仕活動に従事する)奉仕女.

Di·a·ko'nis·sin [..'nısın] 女 -/-nen =Diakonisse

***Di·a'lekt** [dia'lɛkt] ディアレクト 男 -[e]s/-e (gr.) (Mundart) 方言, お国言葉, 訛(ﾅﾏ)り.

di·a·lek'tal [..lɛk'ta:l] 形 方言の、お国訛(ﾅﾏ)りの.

di·a'lekt·frei 形 訛(ﾅﾏ)りのない.

Di·a'lek·tik [dia'lɛktık] 女 -/ **1**《哲学》弁証法. **2** 弁論術.

Di·a'lek·ti·ker [..'lɛktikər] 男 -s/- **1**《哲学》弁証家, 弁証法論者. **2** 弁論家, 雄弁家.

di·a'lek·tisch [..'lɛktıʃ] 形 **1**《哲学》弁証法の. ~er Materialismus 弁証法的唯物論. ~e Therapie (精神病の)対話療法. **2** 鋭敏な, 頭の切れる; 重箱のすみをつつくような. **3** =dialektal

Di·a·lek·to·lo'gie 女 -/《言語》方言学.

Di·a'log [dia'lo:k] 男 -[e]s/-e (gr.) 対話, 問答; (映画・演劇・小説などの)ダイアローグ, 会話部分;《ｺﾝﾋﾟｭｰﾀｰ》ダイアローグ.

di·a'lo·gisch [..'lo:gıʃ] 形 対話体(形式)の.

Di·a'ly·se [dia'ly:zə] 女 -/-(n)《化学》透析;《医学》人工透析.

Di·a'mant [dia'mant] ❶ 男 -en/-en (gr.) **1**《鉱物》ダイヤモンド; 金剛石(堅固不壊なものの象徴). ein ~ von 3 Karat 3カラットのダイヤ. schwarze ~en 石炭. **2**《多く複数で》ダイヤの装身具. ❷ 女 -/《印刷》ダイヤモンド活字(4ポイント活字).

di·a'man·ten [..'mantən] 形 **1** ダイヤモンドの, ダイヤを嵌(ﾊ)めこんだ(ちりばめた). **2**《副詞的には用いない》(硬度・輝きが)ダイヤモンドのような. ~e Hochzeit ダイヤモンド婚式(60年目の結婚記念日).

Di·a'mat, DIAMAT [dia'mat] 男 -/-《略》=dialektischer Materialismus 弁証法的唯物論.

Di·a'me·ter [dia'me:tər] 男 -s/- (gr. 'Durchmesser')《幾何》直径.

di·a·me'tral [diame'tra:l] 形 **1** 正反対の, 対立的

な. **2**《幾何》直径上の, 対蹠(ﾀｲｾｷ)点の. ~e Punkte (直径の両端の)対蹠点.

di·a·me'trisch [dia'me:trıʃ] 形《幾何》直径の.

Di·a'na [di'a:na]《人名》《ﾛｰﾏ神話》ディアーナ, ディアナ(月と狩猟を司る処女神, ギリシア神話の Artemis と同一視される).

'Dia·po·si·tiv ['di:apoziti:f, diapozi'ti:f] 中 -s/-e《略 Dia》《写真》スライド.

'Dia·pro·jek·tor ['di:a..] 男 -s/-en [..to:rən] スライド映写機, プロジェクター.

Di·a'ri·um [di'a:rium] 中 -s/..rien [..riən] (lat.) 《古》**1** 日記; 帳簿. **2**(表紙のついた厚手のノート).

Di·ar'rhö [dia'rø:] 女 -/-en《病理》下痢.

Dia'skop [dia'sko:p] 中 -s/-e =Diaprojektor

Di·as·po·ra [di'aspora] 女 -/(gr. 'Zerstreuung') **1**《歴史》ディアスポラ(バビロン捕囚後パレスチナ以外の土地に離散したユダヤ人たち, またその居住地). **2** ディアスポラ(他民族・他宗派地域に住む少数派, またその地域). die katholische ~ in Großbritannien イギリスでは少数派であるカトリック信徒.

Di·as'ta·se [di'asta:zə] 女 -/-(n) (gr.) **1**《化学》ジアスターゼ, アミラーゼ. **2**《医学》(筋肉・骨の)離開, 断裂.

Di·as'to·le [di'astole, dia'sto:lə] 女 -/-n (gr.) **1**《医学》心臓)拡張(期). **2**《詩学》音節延長.

di'ät [di'ɛ:t] =Diät

Di'ät [di'ɛ:t] 女 -/ ダイエット, 食餌療法, 食養生; 病人用規定食. ~《"diät》essen〈leben〉ダイエットする. strenge ~ [ein]halten 厳格なダイエットを守る.

Di'ät·as·sis·tent [di'ɛ:t..] 男 -en/-en (患者のために食餌療法プランを組み立てる)栄養士. ♦ 女性形 Diätassistentin 女 -/-nen

Di'ä·ten [di'ɛ:tən] 複 (lat.) 日当, 日給; (日当のかたちで支給される)議員手当; (大学の)非常勤講師手当.

Di·ä'te·tik [di'ɛ:te:tık] 女 -/-en《医学》食餌療法(学), 栄養学.

di·ä'te·tisch [diɛ'te:tıʃ] 形《医学》食餌療法の.

Di·a'the·se [dia'te:zə] 女 -/-n (gr.) **1**《医学》病的素因, 特異体質. **2**《文法》(Genus verbi)(動詞の)態.

di'ä·tisch [di'ɛ:tıʃ] 形 栄養の, 栄養に関する.

Di'ä·tis·tin [diɛ'tıstın] 女 -/-nen (Diätassistentin) 女性栄養士.

Di'ät·kost 女 -/ (食餌療法の規定食, 食餌.

Di'ät·kü·che 女 -/-n **1**(病院などの)規定食調理室. **2**《複数で》規定食; 規定食料理(法).

Di'ät·kur 女 -/-en 食餌療法.

Dia·to·nik [dia'to:nık] 女 -/《音楽》(↔ Chromatik) 全音階(法).

di·a'to·nisch [..nıʃ] 形《音楽》全音階の.

'Dia·vor·trag ['di:a..] 男 -[e]s/..e Lichtbildervortrag

dich [dıç] 代《人称》du の4格. ♦ du の4格再帰代名詞としても用いる.

Di·cho·to'mie [diçoto'mi:] 女 -/-n [..'mi:ən] **1**《植物》二叉分枝. **2**《哲学・言語》二分法. **3**《古》《法制》(犯罪の)二分法(重罪と軽罪に分けること).

***dicht** [dıçt] ディヒト ❶ 形 **1** 密な, 密生(密集)した. ~es Gewebe 目のつんだ織物. ein ~es Programm 盛り沢山の(中身の濃い)プログラム. ein ~er Wald

鬱蒼(うっ)たる森，密林．~ beieinander stehende Häuser びっしり並んだ家々．**2** 見通しがたい．~*e* Finsternis ぬばたまの闇，暗闇．~*er* Nebel 濃霧．~*es* Schweigen 深い沈黙．**3** 《水・空気・光を通さない．やや古》~*es* Faß 水もれのしない樽(た)．nicht [ganz] ~ sein《話》頭がすこしどうかしている．

▶ ↑ dicht bevölkert, dicht gedrängt

❷ 《前置詞と結びついて》密接して．j³ ~ auf den Fersen bleiben〈sein〉《比喩》人³の後にぴったりついている．~ neben dem Haus 家のすぐ横に．Das Fest steht ~ davor. 祭りはもうすぐだ．

ˈdicht·be·vöḻ·kert, °ˈdicht·be·vöḻ·kert 形 人口密度の高い．

ˈDich·te ['dɪçtə] 女 -/ **1**（霧・闇などの）深さ，濃さ．**2** 密度，濃度，比重．

*ˈdich·ten¹ ['dɪçtən ディヒテン] ❶ 他 **1**（詩・小説などを）創作する．ein Drama ~ ドラマを書く．**2**《話》夢想する．Das hat er alles nur *gedichtet*. それはすべて彼のでっち上げにすぎない．❷ 自 詩を書く，詩作する．Er *dichtet*. 彼は詩を書いている．

ˈdich·ten² 他自（↓dicht）（物の）穴（破れ）をふさぐ，密閉する．ein Leck im Boot ボートの漏れ口をふさぐ．

ˈDich·ten 中 -s/ **1** 創作，詩作．**2** 思念，思い．~ und Trachten《雅》（人の）思い計らうこと（↓《旧約》創 6:5）．Sein ~ und Trachten ist nur auf Gelderwerb gerichtet. 彼の眼中には金もうけのことしかない．Das ~ des menschlichen Herzens ist böse von Jugend auf.《旧約》人が心に思うことは幼いときから悪いのだ（創 8:21）．

*ˈDich·ter ['dɪçtɐ ディヒター] 男 -s/- **1** 詩人，作家．**2** 夢想家．◆ 女性形 Dichterin 女 -/-nen

ˈdich·te·risch ['dɪçtərɪʃ] 形 詩の，詩的（文学的）な；詩人の．ein ~er Einfall 詩的着想．~*e* Freiheit 詩的自由（伝統的な規則や約束，また史実などに縛られずに詩的空想力をはばたかせる文学的自由）．

ˈDich·ter·le·sung 女 -/-en 詩人（作家）の自作朗読会．

ˈDich·ter·ling ['dɪçtɐlɪŋ] 男 -s/-e《侮》へぼ詩人，三文(もん)文士．

ˈDich·ter·ross 中 -es/-e《ギ神話》(Pegasos) ペーガソス，ペガサス（有翼の天馬で詩文の象徴）．das ~ besteigen《戯》詩作をする．

ˈDich·ter·tum 中 -s/ **1** 詩人（作家）としての在りよう，詩人（作家）気質(かたぎ)．

ˈdicht ge·drängt, °ˈdicht ge·drängt 形 密集した，すし詰めの．

ˈdicht|hal·ten* 自《話》秘密を守る，口が堅い．

ˈDicht·kunst 女 -/ **1**《複数なし》詩作，創作．**2**（ジャンルとしての）詩，詩歌；文学．

ˈdicht|ma·chen ['dɪçt] ❶ 他 ~ den Laden ~ 店を閉める（閉店・廃業のどちらにも）．j³ die Bude ~ 人³の店を営業停止にする．❷ 自 **1** 店を閉める．**2**《球技》守り（ディフェンス）を固める．

*ˈDich·tung¹ ['dɪçtʊŋ ディヒトゥング] 女 -/-en（↓dichten¹）**1** 詩，文学，文芸；詩作，創作；文学作品．die ~ der Romantik ロマン派の文学．symphonische ~《音楽》交響詩．**2**《比喩》夢想，虚構，絵空事．Das ist reine ~. それはまったくの作り話だ．

ˈDich·tung² 女 -/-en（↓dichten²）**1**《複数なし》密閉，密封．**2**《工学》ガスケット，パッキング．

dick

[dɪk ディク] 形 **1** (a) 厚い，分厚い；太い．ein ~*es* Buch〈Seil〉分厚い本〈太いロープ〉．ein ~*es* Fell haben《話》面(つら)の皮が厚い，鈍感（無神経）である．einen ~*en* Schädel haben《話》頑固（強情）である．ein Brot ~ mit Schinken belegen パンにハムを分厚くのせる．mit j³ durch ~ und dünn gehen《比喩》人³と苦楽をともにする．(b) ～ の厚さ（太さ）の．Das Brett ist 3 cm ~. その板は厚さ 3 センチメートルである．**2** 太った，でぶの《話》孕(はら)んだ．Er hat einen ~*en* Bauch. 彼は太鼓腹をしている．ein ~*er* Junge でぶの男の子．Das Baby ist ~ und rund. その赤ん坊はまるまると肥えている．sich⁴ ~ [und rund] essen《話》たらふく食べる．j⁴ ~ machen《話》人⁴を孕ませる．sich⁴ ~ machen《戯》（車中などで）広い場所（席）を取る；威張る．自慢する（mit et³ 事³のことで）．**3**（身体・顔などが）腫(は)れた，むくんだ．Sie hat ~*e* Beine. 彼女は足がむくんでいる．mit einer ~*en* Backe 片頬をはらして．~*e* Mandeln 腫れ上がった扁桃腺．einen ~*en* Kopf haben《話》（二日酔いで）頭が重い；（心配事で）頭が上がらない．**4** (a) 濃密な，密集（密生）した．~*er* Nebel〈Rauch〉濃霧〈濃い煙〉．im ~*sten* Verkehr ひどい交通渋滞のなかで．(b) 濃厚な，とろりと（どろっと）した．~*er* Kaffee 濃いコーヒー．~*e* Milch 固まって酸っぱくなった牛乳．凝乳．eine ~*e* Suppe 濃厚なスープ．Die Luft ist hier ~. ここは空気がよどんでいる；《比喩》ここはひどく重苦しい雰囲気だ．Blut ist ~*er* als Wasser.《諺》血は水よりも濃い．**5**《話》(a) たいへんな，ぞべぅほうな，すごい，でかい．ein ~*es* Auto すごい自動車．ein ~*er* Auftrag でかい注文．Das ~*e* Ende kommt nach〈kommt noch〉. たいへんなことはまだこれからだ．Sie sind ~*e* Freunde. 彼らは大の親友どうしだ．ein ~*es* Gehalt べらぼうな給料．(b)《副詞的用法で》(sehr) 大いに，たっぷりと（↑dicke）．~ auftragen おおげさに言う．~ mit j³ befreundet sein 人³と大の仲良しである．es⁴ ~ hinter den Ohren haben 海千山千である．es⁴ [e] haben たっぷりお金がある．j⟨et⟩⁴ ~ [e] haben 人⟨事⟩⁴にうんざりしている．

ˈDick·bauch 男 -[e]s/ꟷe《戯》太鼓腹の人．

ˈDick·bau·chig [..bauxɪç] 形（瓶・壺などが）胴のふくらんだ．

ˈdick·bäu·chig [..bɔyçɪç] 形 太鼓腹の．

ˈDick·darm 男 -[e]s/ꟷe《解剖》大腸．

ˈdi·cke ['dɪkə] 副 大いに，たっぷり（↑dick 5(b)）．Ich bin ~ satt. 私はもう腹一杯である．

ˈDi·cke¹ 女 -/(-n) **1**《複数なし》太っていること，肥満．ein Kind von krankhafter ~ 病的に肥満している子供．**2** 厚さ，厚み，太さ．Die Mauer hat eine ~ von 2 m. 城壁は 2 メートルの厚さがある．**3**《印刷》活字の線の太さ．**4**《複数なし》（スープなどの）濃さ．

ˈDi·cke² 男 女《形容詞的変化》太った人；（愛称として）でぶちゃん．

ˈdi·cke·fel·lig [..fɛlɪç] 形 =dickfellig

ˈdi·cke|tun 再《sich⁴》=dicktun

ˈdick·fel·lig [..fɛlɪç] 形《話》面(つら)の皮の厚い，無神経な，ずうずうしい．

ˈdick·flüs·sig 形（スープなどが）とろりとした，どろっとした，ねばっこい．

ˈdick·häu·ter 男 -s/- 厚皮類（象・さい・かばなど）．

ˈDi·ckicht ['dɪkɪçt] 中 -s/-e **1** 茂み，藪(やぶ)，叢林．**2**《比喩》もつれ，錯綜．im ~ von Problemen いろいろな問題が錯綜する中で．

ˈDick·kopf 男 -[e]s/ꟷe（↑dick 1）《話》頑固な人，石頭．seinen ~ haben〈aufsetzen〉頑固である．

'**dick·köp·fig** [..kœpfɪç] 形《話》頑固な, 強情な, 意地っぱりの.

'**dick·lei·big** [..laɪbɪç] 形 **1** (korpulent) 太った, 肥満した. **2** (本が)分厚い, 大部(ﾀｲﾌﾞ)の.

'**dick·lich** [..lɪç] 形 **1** 小太りの, 太り気味の. **2** (スープなどが)濃厚な, どろっとした.

'**Dick·milch** 女-/ 凝乳.

'**Dick·schä·del** 男-s/- (↑dick 1)《話》=Dickkopf

'**Dick·tu·er** [..tuːɐr] 男-s/-《話》威張り屋.

'**dick|tun*** 自《話》威張る, えらぶる; 自慢する (mit et³ 物³を).

'**Dick·wanst** ['dɪkvanst] 男-es/ˀe《話》でぶ, 太っちょ; 太鼓腹の人.

Di·dak·tik [di'daktɪk] 女-en (gr.)《教育》**1**《複数なし》教授学. **2** 教授法.

di·dak·tisch [..tɪʃ] 形 **1** 教授法の, 教授法にもとづく. **2** 教訓(教育)的な. ein ~es Märchen ためになる童話.

di·del·dum [diːdəl'dʊm], **di·del·dum'dei** [..dʊm'daɪ] *Dideldum*!/*Dideldumdei*!《俗》ぶうぶう, ぴーひゃらら(バグパイプや手回しオルガンなどの音をまねた擬音語. 歌謡などの合い手・はやし言葉).

'**Di·do** ['diːdo]《人名》《ﾛｰﾏ神話》ディード (Vergil の『アエネイス』*Äneide* に登場するカルタゴの女王, アイネイアース Äneas との悲恋で知られる).

die ❶ [diː, di] 冠《定冠詞》der ① の単数女性1·4格, 複数1·4格. ❷ 代 [Ⅰ]《指示》der ② [Ⅰ] の単数女性1·4格, 複数1·4格. [Ⅱ] [diː, di]《関係/定動詞後置》die ② [Ⅱ] の単数女性1·4格, 複数1·4格.

*'**Dieb** [diːp ディープ] 男-[e]s/-e 泥棒, 盗人(ﾇｽﾋﾞﾄ), こそ泥. wie ein ~ in der Nacht《雅》人目を忍んで, こっそり. Der ~ meint, es stehlen alle.《諺》とかく盗人は自分をもって他人を律するものだ. Ein ~ stiehlt ~s selten reich.《諺》悪銭は身につかない. Kleine ~e hängt man, große lässt man laufen.《諺》小盗は吊され, 大盗は見逃がされる. ◆女性形 Diebin 女-/-nen

Die·be·rei [diːbə'raɪ] 女-/-en《話》《俑》(ちょっとした)盗み; 盗み癖.

'**Die·bes·gut** 甲-[e]s/ˀer 盗品.

'**Die·bes·si·cher** 形 盗難に対して安全な, 盗難防止の. et⁴ ~ aufbewahren 物⁴を安全な所に預ける.

'**die·bisch** ['diːbɪʃ] 形 **1** 《ふつう付加語的用法で》盗癖のある. eine ~e Elster《比喩》手癖の悪い人. **2** ひそかな, 意地の悪い. eine ~e Freude an et³ haben 事³をひそかに(ざま見ろと言わんばかりに)喜ぶ. 《副詞的に》sich⁴ ~ freuen ついに心ない気味だと喜ぶ.

*'**Dieb·stahl** ['diːpʃtaːl ディープシュタール] 男-[e]s/ˀe 盗み,《法律》窃盗(ｾｯﾄｳ). einen ~ begehen 盗みをはたらく. geistiger ~ 剽窃(ﾋｮｳｾﾂ), 盗作.

'**Dieb·stahl·ver·si·che·rung** 女-/-en 盗難保険.

'**die·je·ni·ge** ['diːjeːnɪɡə] 代《指示》derjenige の単数女性1·4格.

'**die·je·ni·gen** 代《指示》derjenige の複数1·4格.

'**Die·le** ['diːlə] 女-/-n **1** 床板; 板張りの床. ~n legen 床板を張る. **2** (ふつう衣服掛けのある)玄関の間, 控えの間. **3** (ホテルなどの)ラウンジ, 娯楽室.《古》(Tanzdiele) ダンスホール. **4**《建築》(北ドイツの農家・町家における居間・台所・作業場兼用の)大板間, ディール. **5**《南ﾄﾞ》部屋の天井.

'**die·len** ['diːlən] 他 (物⁴に)床板を張る.

*'**die·nen** ['diːnən ディーネン] 自 **1** (人³〈物³〉に)仕える, 奉仕する. Er hat der Firma viele Jahre als Buchhalter *gedient*. 彼は会社のために長年簿記係として勤務した. Gott³ ~ 神に仕える. Niemand kann zwei Herren ~.《新約》誰も2人の主人に仕えることはできない(マタ6:24). dem König〈dem Staat〉~ 王に仕える〈公務員として〉国家に奉仕する. *dienender* Bruder《ｶﾄﾘｯｸ》(正規の修道士ではないが修道院内の医療や雑役に服する)労働修士, 助修士. **2** (とくに軍隊に)勤務する, 兵役に服する. bei der Luftwaffe ~ 空軍に勤務する. Er hat noch nicht *gedient*. 彼は兵役をまだ終えていない. **3** (事〈人〉³の)役に立つ, (のために)なる. dem Wohl der Menschheit ~ 人類の福祉に役立つ. Das *dient* gar nichts. それは何の役にも立たない, 無駄なことだ. Mit 50 Euro wäre mir schon *gedient*. 50ユーロもあれば大助かりなんだが.《店員の決り文句で》Womit kann ich Ihnen ~? 何にいたしましょうか. Damit können wir Ihnen leider nicht ~. それはあいにく手持ちがございません, 当店では扱っておりません. **4** …として使われる, 利用される. Das alte Haus *dient* jetzt als Altersheim. その古い建物は今は老人ホームとして使われている. j³ als〈zur〉Nahrung ~ 人³の食料に使われる. j³ zum Spott ~ 人³の笑い種(ｸﾞｻ)にされる.

'**Die·ner** ['diːnɐr] 男-s/- **1** 召使い, 従僕. stummer ~ 物言わぬ給仕(配膳台・サイドテーブルなどのこと). **2**《雅》仕える者, しもべ; 奉仕者, 尽力者. ein ~ Gottes 神のしもべ. ein ~ des Staates 国家のしもべ, 公僕. Ergebenster ~! / Ihr ~!《古》頓首再拝(手紙の結びの文句). **3**《幼児》おじぎ. einen ~ machen おじぎをする.(↑dienern).

'**Die·ne·rin** ['diːnərɪn] 女-/-nen《Diener の女性形》(女性の)召使い, お手伝い, 女中. **Die·nern** ['diːnərn] 自《俑》へいこら(ぺこぺこ)する.

'**Die·ner·schaft** 女-/《総称的に》召使い, 使用人.

'**dien·lich** ['diːnlɪç] 形 役に立つ, 便利な(有用)な.

*'**Dienst** [diːnst ディーンスト] 男-[e]s/-e (↓dienen) ❶ **1** 勤め, 勤務, 職務, 仕事; 勤務時間. seinen ~ antreten 職に就く, 仕事を始める. von acht bis fünf Uhr ~ haben 8時から5時まで勤務する. Welcher Arzt hat heute ~? 今日はどの医者が当番ですか. den ~ kündigen 職を辞める. j³ den ~ kündigen 人³を解雇する. nachts ~ tun 夜勤をする. j³ des ~es entheben 人³を解雇する. ~ nach Vorschrift 順法闘争. außer ~ 勤務時間外の, 非番の.《略 a.D.》(公職を)退官(退役)した. j⁴ in ~ nehmen 人⁴を雇う. im ~ 勤務中の, 当番の. bei j³ in ~ stehen / in j² ~ [en] stehen 人³,²のもとに雇われている. bei j³ in [den] ~ treten / in j² ~ [e] treten 人³²に雇われる. ~ ist ~, und Schnaps ist Schnaps!《諺》仕事は仕事, 酒は酒 (公私のけじめをはっきりさせよの意). **2** (器機などが)役立つこと, 動くこと. seinen ~ 〈seine ~e〉tun 役立つ, 有用である. Das Gerät tut mir gute ~e. この器械はたいへん役に立つ, よく働いてくれる. ein Schiff in ~ stellen 船を就航させる. **3** (他人に対する)尽力, 奉仕, 援助, サービス. ~ am Kunden 顧客サービス. j³ *seine* ~e anbieten 人³に援助(尽力)を申出る. im ~ für die Allgemeinheit sein 公共のために奉仕している. Was steht zu ~en? 何をなしましょうか, 何か御用ですか《古》なんなりとお申つけ下さい. **4** (交通・郵便・電話などの)公共事業(施設). öffentlicher ~ 公共のサービス. **5** (Gottesdienst) 礼拝, お勤め; (とくに)ミサ.

6 (ゴシック建築における)添え柱.
▶↑Dienst habend, Dienst tuend
❷ 男 -en/-en《古》《地方》(多く複数で)(家の)召使い, 使用人.
'**Dienst·ab·teil** 中 -[e]s/-e《鉄道》乗務員室.

'**Diens·tag** ['di:nsta:k ディーンスターク] -[e]s/-e (略 Di) 火曜日.

'**Diens·tag'abend** ['--'-- とも] 男 -s/-e 火曜日の晩. [am] ～ 火曜日の晩に.

'**diens·tag'abends** ['--'-- とも] 副 火曜日の晩に.

'**diens·tä·gig** ['di:nstɛ:gɪç] 形 火曜日の, 火曜日に行われる.

'**diens·täg·lich** [..tɛ:klɪç] 形 火曜日ごとの, 毎火曜日の.

'**Diens·tag'mit·tag** ['--'-- とも] 男 -s/-e 火曜日の正午.

'**diens·tag'mit·tags** ['--'-- とも] 副 火曜日の正午に.

'**Diens·tag'mor·gen** ['--'-- とも] 男 -s/- 火曜日の朝.

'**diens·tag'mor·gens** ['--'-- とも] 副 火曜日の朝に.

'**Diens·tag'nach·mit·tag** ['--'--- とも] 男 -s/-e 火曜日の午後.

'**diens·tag'nach·mit·tags** ['--'--- とも] 副 火曜日の午後に.

'**Diens·tag'nacht** ['--'- とも] 女 -/⁼e 火曜日の夜.

'**diens·tag'nachts** ['--'- とも] 副 火曜日の夜に.

'**diens·tags** 副 (毎火曜日に, 火曜日ごとに).

'**Diens·tag'vor·mit·tag** ['--'--- とも] 男 -s/-e 火曜日の午前.

'**diens·tag'vor·mit·tags** ['--'--- とも] 副 火曜日の午前に.

'**Dienst·al·ter** 中 -s/《法制》(とくに公務員・軍人の)勤務(勤続)年数.

'**Dienst·äl·tes·te** 女《形容詞変化》最先任者, 最古参者.

'**dienst·bar** ['di:nstba:r] 形 かいがいしい, 骨身を惜しまない; 役に立つ. ein ～er Geist《新約》奉仕する霊 (天使のこと, ヘブ 1:14);《戯》こまめに尽くしてくれる人, 調法な使用人. sich⟨et⟩³ j⟨et⟩⁴ ～ machen 自分⟨事⟩のために人⟨物⟩を利用する, 便利使いする, 意のままにする.

'**Dienst·be·flis·sen** 形 仕事熱心な, かいがいしい.

'**dienst·be·reit** 形 **1** 仕事熱心な, 親切な, かいがいしい. **2** (薬局などが)時間外(休日)でも店を開けている.

'**Dienst·bo·te** 男 -n/-n《古》召使い, 奉公人.

'**Dienst·eid** 男 -[e]s/-e 服務宣誓.

'**Dienst·eif·rig** 形 仕事熱心な, 勤勉な, 親切な.

'**dienst·fä·hig** 形 勤務(兵役)に耐えられる.

'**dienst·fer·tig** 形 =dienstbereit

'**dienst·frei** 形 勤務のない, 非番の.

'**Dienst·ge·heim·nis** 中 -ses/-se **1** 職務上の秘密. **2** (複数なし)(職務上の)守秘義務.

'**Dienst·ge·spräch** 中 -[e]s/-e **1** 職務上の会話. **2** 公用電話.

'**Dienst·grad** 男 -[e]s/-e《軍事》(軍人の)階級.

'**Dienst ha·bend**, °'**dienst·ha·bend** 形 (付加語的用法のみ) 勤務中の, 当直(当番)の.

'**Dienst·herr** 男 -n/-en **1** 雇い主. **2**《法制》監督官庁.

'**Dienst·jahr** 中 -[e]s/-e《多く複数で》勤続年数.

'**Dienst·leis·tung** 女 -/-en **1** 職務の遂行; 奉仕, サービス. **2**《ふつう複数で》《経済》サービス業(業務). **3**《軍事》(他の部隊への)一時的転属.

*'**dienst·lich** ['di:nstlɪç ディーンストリヒ] 形 **1** 職務上の, 公用の. ein ～er Befehl 業務命令. **2** 事務的な, 堅苦しい, 四角ばった.

'**Dienst·mäd·chen** 中 -s/- お手伝いさん, メイド.

'**Dienst·mann** 男 -[e]s/..leute (..mannen, ..männer) **1**《複数 ..leute, ⁼⁼ ..männer》《古》荷物運搬人, 赤帽, ポーター. **2**《複数 ..mannen, ⁼⁼ ..leute》《歴史》(封建領主の)家臣, 封臣.

'**Dienst·mar·ke** 女 -/-n (刑事などの)身分証バッジ.

'**Dienst·per·so·nal** 中 -s/《集合的に》(ホテルなどの)従業員(一同).

'**Dienst·pflicht** 女 -/-en **1** (市民が果たすべき)奉仕義務; (とくに)兵役義務. **2** 服務義務.

'**Dienst·rei·se** 女 -/-n 職務上の旅行, 出張.

'**Dienst·sa·che** 女 -/-n **1** 職務, 公用. **2** 公用書簡.

'**Dienst·schluss** 男 -es/ 終業(時刻).

'**Dienst·stel·le** 女 -/-n **1** 役所, 官庁. **2** 職場, 事務所.

'**Dienst·stun·de** 女 -/-n《多く複数で》執務時間; (窓口などの)受付時間.

'**dienst·taug·lich** 形 服務能力のある; (とくに)兵役に耐えられる.

'**Dienst tu·end**, °'**dienst·tu·end** 形 =Dienst habend

'**dienst·un·fä·hig** 形 勤務(兵役)に耐えられない.

'**Dienst·ver·ge·hen** 中 -s/《法制》職務違反.

'**Dienst·ver·hält·nis** 中 -ses/-se (官庁と職員との間の)雇用関係. ein ～ eingehen 雇用関係を結ぶ.

'**Dienst·wa·gen** 男 -s/- 公用車.

'**Dienst·weg** 男 -[e]s/ (官庁の)事務手続き. auf dem ～ (定められた)事務手続きをふんで.

'**dienst·wil·lig** 形 =dienstbereit

'**Dienst·woh·nung** 女 -/-en 官舎, 公務員宿舎; 社宅.

'**Dienst·zeit** 女 -/-en **1** 勤務時間. **2** (公務員・軍人の)勤務年限.

dies [di:s ディース] 代《指示》dieser の単数中性 1・4 格 dieses の別形.

'**Di·es 'ater** ['di:ɛs 'a:tər] 中 --/《lat., schwarzer Tag'》厄日.

'**dies·be·züg·lich** ['di:sbətsy:klɪç] **❶** 形 これに関する. **❷** 副 これに関して, この点で.

'**die·se** ['di:zə] 代《指示》dieser の単数女性 1・4 格, 複数 1・4 格.

'**Die·sel** ['di:zəl] **❶**《人名》Rudolf ～ ルードルフ・ディーゼル(1858-1913, ディーゼル機関の発明者). **❷** 男 -[s]/- **1** (Dieselmotor) ディーゼル・エンジン(機関). **2** ディーゼル車. **3** ディーゼル・エンジン用燃料, 軽油.

'**die·sel·be** [di(:)'zɛlbə] 代《指示》derselbe の単数女性 1・4 格.

'**die·sel·ben** 代《指示》derselbe の複数 1・4 格.

'**Die·sel·mo·tor** 男 -s/-en[..moto:rən]《工学》ディーゼル・エンジン(機関).

'**die·sem** ['di:zəm] 代《指示》dieser の単数男性・中性 3 格.

'**die·sen** ['di:zən] 代《指示》dieser の単数男性 4 格, 複数 3 格.

'die·ser ['di:zər ディーザー] 代《指示》格変化は付録「品詞変化表」IV-2参照. **1**《付加語的用法》この, こちらの. *dieser* Mann この男. *diese* Puppe この人形. *dieses* Mal 今回(は). Anfang *dieser* Woche 今週の初めに. am 1.5. *dieses* Jahres〈略 *d. J.*〉今年の5月1日に. am 20. *dieses* Monats〈略 *d.M.*〉今月20日に. in *diesen* Tagen / *dieser* Tage[2] 近日中に, 近いうちに; このごろでは. **2**《独立的用法》この, この人(物). Welches Buch kaufen Sie? — *Dieses* hier. どの本を買いますか — これにします. Ich habe ihn mit seinem Sohn eingeladen, *dieser* aber kam nicht. 私は彼と彼の息子を招待しておいたんだが, こちら(息子の方)は来なかった. ▶ 単数男性・中性の2格 dieses が独立的に用いられるのは, 次のような場合に限られる. Überbringer *dieses* [Briefes] 本状の持参者. am 10. *dieses* [Monats] 今月10日に. (b)《jener と相関的に》Ein Auto und ein Motorrad standen da; *dieses* war alt, jenes neu. 車とオートバイが停めてあった. 後者(オートバイ)は古かったが前者(車)は新品だった.《とくに成句で》*dieser* order jener 誰かある人. *dieser* und jener あれこれの人, 何人かの人. mit *diesem* und jenem sprechen いろんな人と話をする. (c)《dies[es] の形で先行ílyあとに続く文を指して》*Dies*[*es*] alles〈All *dies*[*es*]〉wusste ich nicht. これらすべてのことを私は知らなかった. Wir wissen nur *dies*[*es*], dass… 我々が分かっているのは…ということだけだ. (d)《dies[es] ist〈sind〉… の形で》これ(これら)は…です. *Dies*[*es*] ist meine Tochter〈sind meine Töchter〉. これは私の娘(たち)です. ▶ この単数中性の dies[es] は人称代名詞 es, 指示代名詞 das と同様に, 述語名詞の性・数に関係なく sein の主語として用いられる. このとき動詞 sein の数は述語名詞の数に従う.

'**die·ses** ['di:zəs] dieser の単数男性2格, 単数中性の1・2・4格.
'**die·sig** [di:zɪç] 形 どんよりした, 雨もよいの.
'**Di·es 'Irae** ['di:ɛs 'i:rɛ] 中 –/– 《lat., Tag des Zorns'》怒りの日. ◆死者のためのミサ(レクイエム)の続誦(セクエンツィア), またその冒頭句.
'**dies·jäh·rig** ['di:sjɛ:rɪç] 形 今年の, 本年度の.
***dies·mal** ['di:sma:l] ディースマール 副 今度(今回)は.
'**dies·ma·lig** [..ma:lɪç] 形 今度(今回)の.
'**dies·sei·tig** [..zaɪtɪç] 形 **1** こちら側の. **2**《雅》この世の, 現世の.
'**dies·seits** [..zaɪts] **1** 前《2格支配》…のこちら側に. **2** 副 **1** ～ vom Fluss 川のこちら側に. **2** この世(現世)で.
'**Dies·seits** 中 –/《雅》(↔ Jenseits) この世, 現世.
'**Die·ter** ['di:tər]《男名》ディーター.
'**Diet·rich** ['di:trɪç] **1** 男 –s/–e 合鍵. **2**《男名》ディートリヒ(↑Theoderich). ～ von Bern ベルン(ヴェローナ)のディートリヒ(5–6世紀, 中世の英雄伝説で知られる東ゴート族の王).
dif·fa·mie·ren [dɪfa'mi:rən] 他 《lat.》(人ᵒのことを)悪しざまに言う, 中傷する.
dif·fe'rent [dɪfə'rɛnt] 形 《lat.》《副詞的には用いない》異なった, 違った.
dif·fe·ren·ti·al [dɪfərɛntsi'a:l] 形 差異(区別)のある.
Dif·fe·ren·ti·al 中 –s/–e **1**《記号 d》《数学》微分. **2**《工学》= Differentialgetriebe.
Dif·fe·ren·ti·al·ge·trie·be 中 –s/– 《工学》(自動車などの)差動歯車(装置), ディファレンシアルギア.
Dif·fe·ren·ti·al·glei·chung 女 –/–en《数学》微分方程式.
Dif·fe'renz [dɪfə'rɛnts] 女 –/–en **1** 相違, 差異. **2**《数学》差;《商業》差額, 不足額, 赤字. **3**《多くは複数で》意見の相違, 食違い, 不和, 争い, 紛争.
dif·fe·ren·zi·al [dɪfərɛntsi'a:l] 形 =differential
Dif·fe·ren·zi·al 中 –s/–e =Differential
Dif·fe·ren·zi·al·ge·trie·be 中 –s/– =Differentialgetriebe
Dif·fe·ren·zi·al·glei·chung 女 –/–en =Differentialgleichung
dif·fe·ren'zie·ren [dɪfərɛn'tsi:rən] ❶ 自 細かく判断(弁別)する. *differenziert* argumentieren 微に入り細をうがって論証する. ❷ 他 **1** 区別(識別)する, 見分ける. **2** 細かくする, 細分化する, 洗練する. **3**《医学・生物》(組織を)弁色(分染)して鑑別する. **4**《数学》微分する. ❸ 再《sich》(器官・種・言語が)分化する.
dif·fe'rie·ren [dɪfə'ri:rən] 自《fr.》(意見・金額などが)異なる, 食違う.
dif·fi'zil [dɪfi'tsi:l] 形 《fr., schwierig'》**1** むずかしい, 手に負えない; 気むずかしい, 扱いにくい. **2** 極めて綿密(厳密)な.
dif'form [dɪ'fɔrm] 形 《fr.》《医学》奇形の.
dif'fus [dɪ'fu:s] 形 《lat., zerstreut'》**1**(考え・計画・話などが)まとまりのない, 散漫(冗漫)な. **2**《物理・化学》(光などが)散乱(分散)した. ～e Reflexion 拡散反射. **3**《医学》広汎性の, 瀰漫(ヨマ)性の.
Dif·fu·si'on [dɪfuzi'o:n] 女 –/–en **1** (文化などの)普及, 伝播, 混淆(ڑاقی). **2**《物理》(光の)拡散. **3**《化学・生物》混和, 浸透.
di·ge'rie·ren [dige'ri:rən] 他 《lat.》《化学》浸出する. **2**《医学》消化する.
'**Di·gest** ['daɪdʒɛst] 男(中) –[s]/–s 《engl.》要約, ダイジェスト; ダイジェスト雑誌.
Di'ges·ten [di'gɛstən] 複 《lat. digesta ,Geordnetes, Sammlung'》《法制》(古代ローマ法典の)学説集成, 学説彙纂(ヘホンチ)(ユスティニアヌス Justinian I世の治下で編纂される).
di'ges·tiv [digɛs'ti:f] 形 《医学》消化の; 消化を促進する. ～es Mittel 消化剤.
di·gi'tal [digi'ta:l] 形 《lat. digitus ,Finger'》**1**《医学》指の, 指による. ～e Untersuchung 指(頭)診. **2**《工学》(↔ analog) デジタル(方式)の.
Di·gi'tal·an·zei·ge 女 –/–n デジタル表示.
Di·gi·ta'lis [digi'ta:lɪs] 女 –/– 《lat., Fingerhut'》《植物》ジギタリス, きつねのてぶくろ.
Di·gi·ta'lis² 中 –/ 《薬学》ジギタリス強心剤.
di·gi·ta·li·sie·ren [digitali'zi:rən] 他 デジタル化する.
Di·gi'tal·ka·me·ra 女 –/–s デジタルカメラ.
Di·gi'tal·rech·ner 男 –s/– デジタル計算機.
Di·gi'tal·uhr 女 –/–en デジタル時計.
Dig·ni'tar [dɪgni'ta:r], **Dig·ni'tär** [..'tɛ:r] 男 –s/–e 《lat.》《キッチ》高位聖職者.
Di·gni'tät [..'tɛ:t] 女 –/–en **1**《複数なし》(精神・人格の)尊厳, 高貴, 品位. **2**《キッチ》高位聖職(者).
Di·gres·si'on [digrɛsi'o:n] 女 –/–en 《lat.》**1**(本題からの)逸脱, 脱線. **2**《天文》離角.
'**Dik·ta** ['dɪkta] Diktum の複数.
Dik·ta'fon, Dik·ta'phon [dɪkta'fo:n] 中 –s/–s 《商標》ディクタフォン(口述用録音機).

Dik'tat [dɪk'ta:t ディクタート] 田 -[e]s/-e (*lat.*) **1** 《筆記のための》口述. ~ nach ~ schreiben 口述筆記をする. **2** 《学校での》書取り. ein ~ schreiben 書取りをする. **3** 《比喩》《厳しい》命令, 押しつけ. sich⁴ einem ~ fügen 言いつけに従う. im ~ der Mode stehen 流行に流されている.

Dik'ta·tor [dɪk'ta:to:r] 男 -s/-en [..ta:'to:rən] (*lat.*) **1** 《歴史》ディクタトル(古代ローマ共和制時代非常時にだけ6ヵ月を限って任命された独裁官). **2** 独裁者; 暴君, ワンマン.

dik·ta'to·risch [dɪkta'to:rɪʃ] 形 **1** 独裁者の, 独裁的な. **2** 命令的な, 権柄ずくの.

Dik·ta'tur [dɪkta'tu:r ディクタトゥーア] 女 -/-en **1** 《複数なし》独裁, 権力支配. **2** 独裁国家.

dik'tie·ren [dɪk'ti:rən ディクティーレン] 他 (*lat. dictare, vorsprechen*) **1** 口述する, 書取らせる. **2** (人)に事を厳しく命令する, 強制する, 押しつける. Er lässt sich³ nichts ~. 彼は強制を受けつけない. **3** (一方的に)決める, 指図する.

Dik'tier·ge·rät [dɪk'ti:r..] 田 -[e]s/-e 口述用録音機, テープレコーダー.

Dik·ti'on [dɪkʦi'o:n] 女 -/-en (*lat.*) **1** 《修辞》語法, 言いまわし, 言葉づかい, 文体. **2** 《演劇》身ぶり, しぐさ, 演技法.

'**Dik·tum** ['dɪktʊm] 田 -s/Dikta (*lat.*) **1** 《雅》名言, 格言. **2** 《古》命令, 指図.

Di'lem·ma [di'lɛma] 田 -s/-s(-ta) (*gr.*) **1** 《論理》ディレンマ, 両刀論法. **2** ジレンマ, 板ばさみ. aus dem ~ wieder herauskommen 窮地を脱する.

Di·let'tant [dile'tant] 男 -en/-en (*it.*) ディレッタント(芸術・学問などを愛好する素人(しろうと)), 好事家(こうずか).

di·let'tan·tisch [..tɪʃ] 形 ディレッタント(好事家)の; 素人(しろうと)の, 半可通の.

Di·let·tan'tis·mus [..tan'tɪsmʊs] 男 -/ ディレッタンティズム, 道楽, 物好き.

di·let'tie·ren [dile'ti:rən] 自 (in et³ 事³を)道楽(趣味)でやる. im Klavierspiel ~ 趣味でピアノを弾く.

Dill [dɪl] 男 -s/-e 《植物》イノンド(実・葉は香味料).

'**Dil·le** ['dɪlə] 女 -/-n =Dill

'**Dil·they** ['dɪltaɪ] 《人名》Wilhelm ~ ヴィルヘルム・ディルタイ(1833–1911, ドイツの哲学者).

Di'lu·vi·um [di'lu:viʊm] 田 -s/ (*lat.*) 《地質》洪積層.

dim. 《略》=diminuendo

Di·men·si'on [dimɛnzi'o:n] 女 -/-en (*lat.*) **1** 《縦・横・高さ・厚さの》次元, 寸法; 次元. **2** 規模, 範囲, スケール; (問題などの)重要性, 意義. eine andere ~ bekommen 別の重要性を帯びる, 別の様相を呈する.

di·men·si·o'nal [..ʦio'na:l] 形 次元の; ある寸法(大きさ, 広がり)を持った. drei*dimensional* 3次元の.

di·mi·nu'en·do [diminu'ɛndo] (*it.*) 《音楽》(decrescendo) ディミヌエンド, しだいに弱く.

Di·mi·nu'tiv [diminu'ti:f] 田 -s/-e[..va] (*lat.*) 《文法》縮小詞, 縮小名詞(Mädchen, Röslein など).

Di·mis·si'on 女 -/-en = Demission

'**Dim·mer** ['dɪmər] 男 -s/- (*engl.*) 《電子工》《白熱灯の明るさを調節する》調光スイッチ.

DIN [dɪn] 《略》=Deutsche Industrie-Norm ドイツ工業規格(1975年以降は Deutsches Institut für Normung ドイツ規格統一協会の略).

Di'nar [di'na:r] 男 -s/-e (↓ Denar) 《略 D》ディナール(ユーゴスラヴィア・イラン・イラクなどの通貨).

Di'ner [di'ne:] 田 -s/-s (*fr.*) ディナー, 正餐(ドイツではふつう午餐, フランスでは晩餐).

Ding¹ [dɪŋ ディング] 田 -[e]s/-e (↓ Ding³) **1** もの, こと, 物事, 事柄. bedeutende⟨erfreuliche⟩ ~e 重要な⟨嬉しい⟩こと. leckere ~e ご馳走. ein an sich² 《哲学》物自体. Ist das ein ~! 《話》そいつはけしからん, べらぼうな話だ; それはすごい. Das ist ein ~ der Unmöglichkeit. それはありえないことだ. Er hat immer andere ~e im Kopf. 彼はいつもほかのことに気をとられている, 上の空である. das ~ beim rechten Namen nennen はっきり(包み隠さずに)ものを言う. sich⁴ mit großen ~en tragen 壮大なことをもくろんでいる. 思い切った手を打つ. Gut ~ will Weile haben. 《諺》よい仕事には時間がかかる, 大器晩成. Aller guten ~ e² sind drei. 《諺》良いことはみんな数三つ. Alles⟨Jedes⟩ ~ hat seine Zeit. 《諺》ものにはすべて時がある. Bei Gott ist kein ~ unmöglich. 《諺》神に不可能なし. **2** 《複数で》出来事, 事件, 事態, 世の流れ. die Letzten ~e² 《死・最後の審判・天国・地獄をさす》, 世の終り. guter ~e² sein 《雅》ご機嫌である; 楽観している. unverrichteter ~e² 成果なしに, 目的を達しないで. den ~en ihren Lauf lassen 事態を成行きにまかせる. so wie ich die ~e sehe 私の見るところでは. Das geht nicht mit rechten ~en zu. それは普通ではありえない(考えられない)ことだ; それはまっとうなやり方ではない. über den ~en stehen 物事(世事)に超然としている. vor allen ~en とりわけ, なかんずく (vor allem).

Ding² 田 -[e]s/-er (↓ Ding¹) 《話》**1** (はっきり言うべきでない・言えない)もの; 変なもの, がらくた; (陰部なども)あれ. das ~ da そこにあるそれ. ein dickes ~ 大事(だいじ), とんでもないこと. Was sind das denn für komische ~er? これらはなんて変てこりんなものなんだ. ein ~ mit 'nem⟨mit'm⟩ Pfiff あっと言わせるようなの. ein ~ drehen 悪事を働く(とくに押入り・強盗); 飲лиや歌えのお祭り騒ぎをする. krumme ~er drehen 曲がったことをする. Mach keine ~er! (驚きの叫び)な そっ, 冗談言うなよ. j³ ein ~ verpassen 人³に痛烈な一撃をお見舞いする; (を)叱りとばす. **2** 小娘, ちびっ子. ein junges ~ 若い娘っこ. Du dummes ~! おまえは何て馬鹿なんだ.

Ding³ 田 -[e]s/-e 《歴史》(↑Thing) (古代ゲルマン人の)民会(政治集会にして軍事・裁判集会).

'**Din·gel·chen** ['dɪŋəlçən] 田 -s/- 《Ding の縮小形》《話》**1** 小さな(かわいい)もの. **2** つまらないもの. **3** かわいい少女.

'**din·gen**(*) ['dɪŋən] dingte(dang), gedungen(gedingt) ❶ 他 (↓ Ding³) **1** 《古》(使用人などを)雇う. **2** 《俺》(殺し屋などを)雇う. ❷ 自 《古》値切る.

'**ding·fest** (↓ Ding³) j⁴ ~ machen 人⁴を逮捕する

'**ding·lich** 形 (↓ Ding¹) **1** 物に即した, 具体的な. **2** 《法制》物に関するの, 物的の, 物件の. ~*er* Anspruch 物権的の請求権, 物上請求権. ~*es* Recht 物権.

Dings [dɪŋs] (↓ Ding²) 《話》❶ 田 -/ (名前を忘れたか知らないかのを指して)それ, あれ, なんとかいうもの. Gib mir mal das ~ dort! あそこのあれを取ってくれ. 所を指すときは無冠詞で)nach ~ fahren なんとかいうところへドライブする. ❷ 男 女 -/ なんとかいう人. dieser Herr ~ このなんとか氏.

'**Dings·bums** [..bʊms] 男 女 -/ 《話》=Dings

'**Dings·da** [..da:] 男 女 田 -/ =Dings

Dings·kir·chen ['dɪŋskɪrçən, -'- -] 田 -s/-《戯》《無冠詞で》(名前を忘れたかはっきり言いたくない場所を指して)なんとかいうところ,某所.

Ding·wort 囲 -[e]s/⸚er《古》(Substantiv) 名詞.

di·nie·ren [di'ni:rən] 圁 (fr.) (↓ Diner)《雅》ディナー(正餐)をとる.

Dink [dɪŋk] 男 -s/-s (engl. **d**ouble **i**ncome, **n**o **k**ids)《多く複数で》共働きで子供のない夫婦(カップル).

'Din·kel ['dɪŋkəl] 男 -s/- スペルト小麦(家畜飼料用).

'Din·kels·bühl ['dɪŋkəlsby:l]《地名》ディンケルスビュール(バイエルン州中西部の町).

'Din·ner ['dɪnər] 囲 -s/-[s] (engl.) (↑ Diner) ディナー(イギリスでは晩餐).

Di·no·sau·ri·er [dino'zauriər] 男 -s/- (gr.)《古生物》ディノザウルス, 恐竜.

Di'o·de [di'|o:də] 囡 -/- (gr.)《電子工》ダイオード, 2極管.

Di·o·ny·si·en [dio'ny:ziən] 複 (古代アテネ市の)ディオニューソスの祭, バッコス(バッカス)祭.

di·o·ny·sisch [dio'ny:zɪʃ] 厖 **1** ディオニューソスの. **2**《哲学》(↔ apollinisch) ディオニューソス的な, 陶酔的な, 狂乱的な.

Di'o·ny·sos [di'o:nyzɔs]《人名》《ギ神話》ディオニューソス(酒と豊穣の神, 別名 Bacchus).

Di·os'ku·ren [diɔs'ku:rən] 複 **1**《ギ神話》ディオスクーロイ (Zeus と Leda の間に生まれた2人の息子 Kastor と Pollux をさす). **2**《比喩》離れがたい友人どうし. ◆単数 Dioskur 男 -en/-en

'Di·oxid ['di:|ɔksi:t, di|ɔ'ksi:t] 田 -[e]s/-e (gr.)《化学》二酸化物.

Di·o'xin [diɔ'ksi:n] 田 -s/-e (gr.)《化学》ダイオキシン.

Di·ö'ze·se [diø'tse:zə] 囡 -/-n (gr.)《カトリック》司教区;《プロテスタント》教区.

Diph·the'rie [dɪftɛ'ri:] 囡 -/-n [..'ri:ən]《病理》ジフテリア.

Diph'thong [dɪf'tɔŋ] 男 -s/-e《音声》複母音, 二重母音 ([au] [ɔy] など).

Dipl.《略》= Diplom

Dipl.-Dolm.《略》= **Dipl**om**dolm**etscher

Dipl.-Hdl.《略》= **Dipl**om**h**an**d**e**l**slehrer

Dipl.-Ing.《略》= **Dipl**om**ing**enieur

Dipl.-Kfm.《略》= **Dipl**om**k**au**fm**ann

Dipl.-Ldw.《略》= **Dipl**om**l**an**dw**irt

Di'plom [di'plo:m] 田 -[e]s/-e (gr.) **1**《略 Dipl.》ディプローム(大学の課程修了試験や技能国家試験の合格者に与えられる免状・証書). **2** ディプローム試験. das〈sein〉~ machen ディプロームを受ける. **3** 学位;賞状, 表彰状. **4**《古》公文書.

Di·plo'mand [diplo'mant] 男 -en/-en ディプロームの受験準備師.

Di'plom·ar·beit [di'plo:m..] 囡 -/-en ディプローム (↑ Diplom 1) 請求論文.

*****Di·plo'mat** [diplo'ma:t] 男 -en/-en (fr.) **1** 外交官. **2** 外交的な手腕に長(⌃)けた人, かけ引き上手な人.

Di·plo·ma'tie [..ma'ti:] 囡 -/ **1** 外交(術). **2**《総称的に》外交官. **3**《話》かけ引き, 術策.

Di·plo'ma·tik [..'ma:tɪk] 囡 -/ (fr., Urkundenlehre)(↓ Diplomat) 古文書学.

*****di·plo'ma·tisch** [diplo'ma:tɪʃ] ディプロマーティッシュ 厖 **1** 外交上の. ~es Korps 外交団(国に駐在している外交官とその家族の全体). **2**《話》かけ引きのうま

い, 抜け目のない. **3** 古文書学の(にもとづいた).

Di'plom·dol·met·scher 男 -s/- 《略 Dipl.-Dolm.》大学出の通訳.

Di'plom·han·dels·leh·rer 男 -s/- 《略 Dipl.-Hdl.》大学出の商業学校教員.

di·plo'mie·ren [diplo'mi:rən] 匝 (↓ Diplom) (人に)ディプロームを授ける.

di·plo'miert 過分厖《略 dipl.》ディプロームを取得した. ~er Dolmetscher ディプロームをもつ通訳.

Di'plom·in·ge·ni·eur 男 -s/-e《略 Dipl.-Ing.》工学士.

Di'plom·kauf·mann 男 -s/..leute《略 Dipl.-Kfm》商学士.

Di'plom·land·wirt 男 -[e]s/-e《略 Dipl.-Ldw》農学士.

'Di·pol ['di:po:l] 男 -s/-e (gr.) **1**《電子工・磁気》双極子. **2**《電子工》ダイポール(双極)アンテナ.

'dip·pen ['dɪpən] 匝 (engl.) **1**《地方》(eintauchen) (物を)ちょっと浸す (in et¹ 物の中に); (物¹を)きれいに食べる(パンなどですくいとって). **2**《船員》(船旗を)ちょっと降ろしてすぐまた揚げる(他船への挨拶として). **3**《畜産》(疥癬(⸛ᵻ)の羊を)薬浴させる.

dir [di:r] 代《人称》du の3格. Ich zeige ~ die Fotos. 君にその写真を見せてあげよう. mir nichts, ~ nichts いきなり, 突然. ◆du の3格再帰代名詞としても用いる. Hast du ~ die Hände gewaschen? 手を洗ったかい.

Dir.《略》= Direktor 2

di·rekt [di'rɛkt] ディレクト 厖 (lat.) **1** まっすぐな, 直行(直通)の. eine ~e Verbindung von München nach Rom ミュンヒェンからローマまでの直行列車. ein ~er Weg もっとも近い(一番近い)道. vom Theater ~ nach Hause gehen 劇場からまっすぐ帰宅する. **2** あからさまな;率直な. eine ~e Frage あけすけな(単刀直入の)質問. ganz ~ in der Nähe《vor》der Post 郵便局のすぐそば(くすぐ前)に. **4** 直接の, じきじきの. sich¹ ~ an j¹ wenden 人¹に直接交渉する. ~er Rede《文法》直接話法. ~e Steuer 直接税. **5**《副詞的用法で》《話》(geradezu) まさしく, まったく;(genau) 正確に. Das ist ja ~ gefährlich. それはまったく危険だ. Der Stein flog mir ~ ins Gesicht. 石はまさに私の顔に飛んできた.

Di'rekt·flug 男 -[e]s/⸚e《飛行機の》直行便.

Di·rek·ti'on [dirɛktsi'o:n] 囡 -/-en **1** (会社などの)管理(部). Unsere ~ besteht aus fünf Personen. 当社の管理職は5人と多い. **2**《総称的に》首脳陣, 幹部. **3** 管理部の部屋(オフィス). **4**《古》方向, 方面. **5**《ス》(各州の)省.

Di·rek'ti·ve [dirɛk'ti:və] 囡 -/-n《ふつう複数で》指令, 訓令, 指針.

*****Di·rek'tor** [di'rɛkto:r ディレクトーア] 男 -s/-en [dirɛk'to:rən] **1** 管理者, 支配人. 《略 Dir.》(各種の)長(校長・館長・所長・社長・部長など), (会社の)重役, 取締役. **3**《映画》監督;《演劇》舞台監督;ディレクター. ◆女性形 Direktorin 囡 -/-nen

Di·rek·to'rat [dirɛkto'ra:t] 田 -[e]s/-e 校長(その他の長)の職(在職期間); (校長などの)執務室, オフィス.

Di·rek·to'ri·um [..'to:riom] 田 -s/..rien[..riən] **1** 幹部, 首脳陣, 管理部. ~ der Deutschen Bundesbank ドイツ連邦銀行理事会. **2**《歴史》(フランス革命末期に成立した)総裁政府(1795-99, フランス語directoire). **3**《カトリック》(教会暦に従った)聖務規定

書, 聖務案内; (修道会の)会憲.
Di·rek·tri·ce [dirɛkˈtriːsə] 囡 -/-n (fr.) (とくに婦人服店の)女性支配人(主任).
Diˈrekt·senˌdung, **Diˈrekt·überˌtraˌgung** 囡 生(実況)放送.
Diˈret·tisˌsiˌma [dirɛˈtisima] 囡 -/..men (it.)〖登山〗直線登攀(とはん), ダイレクトクライミング(またそのルート, コース).
ˈDiˌrex [ˈdiːrɛks] 男 -/-e《複まれ》《古》《生徒》級長. ◆ラテン語 rex, König' から.
Diˈriˌgent [diriˈgɛnt] 男 -en/-en (lat.) **1**《オーケストラなどの》指揮者. **2** 指導者, リーダー.
*__diˌriˈgieˌren__ [diriˈgiːrən] ディリギーレン 他 (lat.) **1** 指揮する. einen Chor〈eine Oper〉～ 合唱団〈オペラ〉を指揮する. 〖目的語なしで〗Heute Abend dirigiert Karl Böhm. 今晩棒を振るのはカール・ベームだ. **2** 指導(管理)する. eine Firma ～ 会社の舵(かじ)取り〈切盛り〉をする. eine Partei ～ 政党を引っぱっていく. **3** 導く, 案内する. j³ zum Ausgang ～ 人を出口に案内する. den Verkehr ～ 交通整理をする.
Diˌriˈgisˌmus [diriˈgɪsmʊs] 男 -/〖経済〗統制主義, 統制経済.
Dirndl [ˈdɪrndəl] 甲 -s/-(↓ Dirne)《南トき》 **1** 少女, 女の子. **2** =Dirndlkleid
ˈDirndlˌkleid 甲 -[e]s/-er ディルンドゥル(バイエルン・オーストリアの女性用民族衣装).
ˈDirˌne [ˈdɪrnə] 囡 -/-n《古》 **1**《地方》少女, (とくに)田舎娘. **2** 遊女, 娼婦.
dis, **Dis** [dɪs] 甲 -/-《音楽》 **1** 嬰(えい)ニ音. **2**《記号》dis=*dis*-Moll, Dis=*Dis*-Dur
dis.., **Dis..** [dɪs..]《接頭》(lat.) 形容詞・名詞に冠して「分離・不一致・逆・否定」などの意を表す. di.., Di..となることもあり, f の前では dif.., Dif.. となる.
Disˈagio [dɪsˈaːdʒo] 甲 -s/-s (it.)〖金融〗(↔ Agio) 逆打歩(うちぶ), 額面未満発行差額(割合), 天引額.
Disˈcount [dɪsˈkaʊnt] 男 -[s]/ (engl.) ディスカウント, 廉売. *Discount*geschäft ディスカウントショップ.
ˈDis-Dur [ˈdɪsduːr, ˈ-ˈ-] 甲 -/《記号 Dis》〖音楽〗嬰ニ長調.
Dis·harˌmoˌnie [dɪshamoˈniː] 囡 -/-n [..ˈniːən] **1**〖音楽〗不協和(音), 不調和. **2** 不一致, 不和.
dis·harˈmoˌnisch [..ˈmoːnɪʃ] 形 **1**〖音楽〗不協和(不調和)の; 不一致の, ぎくしゃくした.
Disˌjunkˈtiˌon [dɪsjʊŋktsiˈoːn] 囡 -/-en (lat.) **1**《古》分離, 切断. **2**〖論理〗選言, 離接. **3**〖生物〗(動植物の)不連続分布.
disˈjunkˌtiv [..ˈtiːf] 形 **1** 分離的な, 相反する. **2**〖論理〗選言(離接)的な. ～e Konjunktion〖文法〗選言的接続詞(entweder... oder...).
Disˈkant [dɪsˈkant] 男 -s/-e (lat.)《複まれ》〖音楽〗 **1** ディスカント, 上部対声. **2** 最上声部, ソプラノ. **3** (楽器の)最高音域; (ピアノなどの)鍵盤の右半分; (ハーモニカの)高音部.
ˈDisˌken [ˈdɪskən] Diskus の複数.
Disˈketˌte [dɪsˈkɛtə] 囡 -/-n (engl.)〖コンピュータ〗フロッピーディスク.
Disˈketˌtenˌlaufˌwerk 甲 -[e]s/-e〖コンピュータ〗フロッピーディスクドライブ.
ˈDisk·jockei, **ˈDisk·jockey** [ˈdɪskdʒɔke, ..dʒɔːki, ..dʒɔkaɪ, ..jɔkaɪ] 男 -s (engl.) ディスクジョッキー, DJ.
ˈDisˌko [ˈdɪsko] 囡 -/-s (Diskothek の略) ディスコ.
Disˌkoˈgraˌfie, **Disˌkoˈgraˌphie** [..graˈfiː] 囡

-/-n レコード目録(カタログ).
Disˈkont [dɪsˈkɔnt] 男 -s/-e (it.)〖銀行〗 **1** (手形割引の際の)天引利息. **2** (手形などの)割引率. **3**《複などて》内国手形(為替).
Disˈkontgeˌschäft 甲 -[e]s/-e 手形割引業務.
disˌkonˈtieˌren [dɪskɔnˈtiːrən] 他 (↓ Diskont) 〖銀行〗(手形を)割り引く.
dis·konˌtiˌnuˈierˌlich [dɪskɔntinuˈiːrlɪç] 形 (lat.) 非連続的な, 断続的な.
Dis·konˌtiˌnuˈiˌtät [..nuiˈtɛːt] 囡 -/-en **1** 非(不)連続(性), 断続. **2**〖法制〗会期不継続性の原則(議会の次の会期には議事が継続しないという原則). **3**〖地質〗(地震波による)岩石層のゆがみ, 断層.
Disˈkonˌto [dɪsˈkɔnto] 甲 -[s]/-s(..ti) (it.) =Diskont
Disˈkontˌsatz 男 -es/ᵉe =Diskont 2
Disˈkorˌdanz [dɪskɔrˈdants] 囡 -/-en (lat.) **1** (↔ Konkordanz 1) 不一致, 不調和;〖音楽〗不協和音;〖地質〗(地層の)不整合;〖遺伝〗(双生児における性格・特徴の)相違. **2** 不和, いざこざ.
Disˌkoˈthek [dɪskoˈteːk] 囡 -/-en (engl.) **1**《古》(公的な)レコードライブラリー. **2** (Disko) ディスコテーク, ディスコ.
dis·kreˈdiˌtieˌren [dɪskrediˈtiːrən] 他 (lat.) (↓ Kredit) (人の)信用を失墜させる, 面目を失わせる.
Dis·kreˈpanz [dɪskreˈpants] 囡 -/-en (lat.) 不一致, 食違い, 不和.
disˈkret [dɪsˈkreːt] 形 (fr.) **1** 寡黙(かもく)な, 口数の少ない, 口の堅い, 慎重な. **2** 目立たない, 地味な, 控え目な. **3**〖数学・物理〗(↔ kontinuierlich) 不連続の, 離散の, 離れ離れの.
Dis·kreˈtiˌon [dɪskretsiˈoːn] 囡 -/ **1** 思慮分別, 慎重さ, 寡黙, 口の堅さ. **2** ～ [ist] Ehrensache! (異性との交際を求める広告などに添えて)秘密は厳守します.
dis·kri·miˈnieˌren [dɪskrimiˈniːrən] (lat., trennen) **❶** 他〖心理〗(信号・刺激などを)識別(弁別)する. **❷** 他 差別する; 侮辱する; 人〈物〉のことをおとしめて言う. Er wurde wegen seiner Hautfarbe *diskriminiert*. 彼は肌の色のために差別された.
ˈDisˌkurs [dɪsˈkʊrs] 男 -es/-e (fr.) **1** 討論, 論争, 話し合い. **2** (学術)論文, 論攷(こう).
ˈDisˌkus [ˈdɪskʊs] 男 -[ses]/Disken(-se) (gr.)〖スポーツ〗 **1** 円盤; (Diskuswerfen) 円盤投げ. **2**〖解剖〗(関節などの)円盤層, 円皿;〖植物〗花盤. **3**《正教会》聖体拝領皿.
ˈDisˌkusˌwerˌfen 甲 -s/ 円盤投げ.
*__Disˌkusˈsiˌon__ [dɪskʊsiˈoːn] ディスクスィオーン 囡 -/-en (fr.) 討論, 討議, ディスカッション; 論争, 対決. außer ～ stehen 議論の余地がない, 異論がない.
dis·kuˈtaˌbel [dɪskuˈtaːbəl] 形 (fr.) (副詞的には用いない) 議論する(問題にする)余地のある.
*__dis·kuˈtieˌren__ [dɪskuˈtiːrən] ディスクティーレン 自他 (lat.) 議論する, 討議する, 討議する. [über] einen Vorschlag ～ ある提案を討議する.
Dis·loˈkaˌtiˌon [dɪslokatsiˈoːn] 囡 -/-en (fr.) 位置を変えること;〖軍事〗(部隊の)配置, 展開;〖地質〗(岩石層の)転位;〖医学〗(骨の)転位, 脱臼;〖遺伝〗染色体変異.
dis·loˈyal [dɪsloaˈjaːl, ˈ----] 形 (fr.) 反政府的な.
ˈdis-Moll [ˈdɪsmɔl, ˈ-ˈ-] 甲 -/《記号 dis》〖音楽〗嬰ニ短調.
Disˈpaˌche [dɪsˈpaʃə] 囡 -/-n (fr.)〖経済〗海損計算(書).

dis·pa·rat [dɪspa'raːt] 形 (*lat.*) 異種の、相違した、相反する。 ~e Begriffe 乖離(%)概念。

Dis'pens [dɪs'pɛns] 中 -es/-e 《義務・規則などからの》解放、《適用》免除。 ❷ 女 -/-en 《カトリック》《教会法からの》特免。

Dis·pen·sa·ti·on [dɪspɛnzatsi'oːn] 女 -/-en (*lat.*) **1** 《義務・規則などの》免除。 **2** 《薬学》調剤、投薬。

Dis'play [dɪs'pleː, ..'pleɪ] 中 -s/-s (*engl.*) **1** 《商品などの》展示、陳列; 見せびらかし、誇示。 **2** 《コンピュ》ディスプレー、表示画面。

Dis·po'nent [dɪspo'nɛnt] 男 -en/-en (*lat.*) 《ある程度の裁量権を与えられた》店長、支配人、マネージャー。

dis·po'ni·bel [dɪspo'niːbəl] 形 (*fr.*) 《自分の責任で》自由に使える、裁量できる。

dis·po·nie·ren [dɪspo'niːrən] (*lat.*) ❶ 他 《古》整える、きちんと並べる、配列する; 《論文・講演などの》草案を練る。 ❷ 自 **1** (über j⟨et⟩³ 人〈物〉³を)自由に使う《処理する》。 **2** 計画を立てる、手順を整える、やりくりする。 ◆ ↑disponieren

dis·po'niert 過分 形 **1** gut⟨schlecht⟩ ~ sein 調子《気分》が良い《悪い》。 **2** zu einer Krankheit ~ sein 病気にかかりやすい。

Dis·po·si·ti·on [dɪspozitsi'oːn] 女 -/-en (*lat.* dispositio 'Einteilung') **1** 処分、処理、裁量(権)。freie ~ über et⁴ haben 物⁴を自由にできる。 et⁴ zu *seiner* ~ freien ~ haben を好き勝手に使える。 j³ zur ~ stehen 人³の自由裁量に任されている。 j⁴ zur ~⟨略 z. D.⟩ stellen《書》人⁴に休職を命ずる。 **2** (a) 準備、計画。 *seine* ~en treffen 準備《計画》をする《et⁴ 事⁴の》。 (b) 構想。 zu et³〈für et⁴〉 eine ~ machen 事³·⁴の構想をたてる。 **3** (a) 気質、傾向。eine ~ zum Künstlerischen〈für das Künstlerische〉 芸術的なものを愛好する気質。 (b) 《医学》素因、素質《罹病しやすい体質》。 (c) 気分、コンディション。 **4** 《楽器》《オルガンの》音栓配置。

Dis'put [dɪs'puːt] 男 -[e]s/-e (*fr.*) 論争、議論。

dis·pu'tie·ren [dɪspu'tiːrən] 自 論争《討論》する《mit j³ über et⁴ 人³と物⁴について》。 **2** 《話》一方的にまくしたてる。

Dis·qua·li·fi·ka·ti·on [dɪskvalifikatsi'oːn] 女 -/-en (*lat.*) 資格剝奪、不適格の宣告; 《スポーツ》失格。

dis·qua·li·fi'zie·ren [..'tsiːrən] 他 (人⁴を)不適格であると宣告する; 《スポーツ》失格にする。 《再帰的に》 *sich*⁴ ~ 不適格であることが分かる、失格する。

Dis'sens [dɪ'sɛns] 男 -es/-e (↔ Konsens) 意見の不一致。

Dis·ser·ta·ti·on [dɪsɛrtatsi'oːn] 女 -/-en (*lat.*) 《略 Diss.》 (Doktorarbeit) 学位《請求》論文。

Dis·si'dent [dɪsi'dɛnt] 男 -en/-en (*lat.*) **1** 離教者、教会離脱者; 無宗教者。 **2** 異端者、異端分子、反体制派。

Dis·si·mi·la·ti·on [dɪsimilatsi'oːn] 女 -/-en **1** 《生理》異化《作用》。 **2** 《音声》異化。 **3** 《社会学》《本質的特性の》崩壊、分解。

dis·si·mi'lie·ren [dɪsimi'liːrən] 他 **1** 《生理》《食物を》異化《分解》する。 **2** 《音声》異化する。

Dis·so·lu·ti·on [dɪsolutsi'oːn] 女 -/-en (*lat.*) **1** 《医学》分解、溶解。 **2** 《古》放縦、放埒(%)。

dis·so'nant [dɪso'nant] 形 (*lat.*) 《音楽》不協和《音》の。 **2** 《比喩》《雅》調和しない、不一致の。

Dis·so'nanz [..'nants] 女 -/-en 《音楽》(↔ Konsonanz) 不協和《音》。 **2** 《比喩》《雅》不調和、不一致、不和。

Dis·so·zi·a·ti·on [dɪsotsiatsi'oːn] 女 -/-en (*lat.*, Trennung) **1** 《心理》《精神活動的》分離。 **2** 《化学》《分子の》解離。 **3** 《社会学》= Dissimilation 3

dis·so·zi'ie·ren [..'iːrən] (*lat.*, vereinzeln, trennen') ❶ 他 **1** 《心理》《分離、分裂》させる。 《再帰的に》 *sich*⁴ ~ 分離《分解、分裂》する。 **2** 《化学》解離させる。 ❷ 自 (s) 《化学》分解《分離》する。

Dis'tanz [dɪs'tants] 女 -/-en (*lat.*) **1** 《空間的な》距離、間隔。 soziale ~ 社会的格差。 et⁴ auf eine ~ von 10 m erkennen 物⁴を10メートル離れたところから見分ける。 das Rennen über eine ~ von 5000 m 5000メートルレース。 **2** 《時間的な》隔たり; 《ボクシング》《ラウンド数《時間》。 Der Kampf geht über die ~ von 12 Runden. 試合時間は12ラウンドである。 **3** 《対人的な》距離、遠慮、控え目。 j³ gegenüber ~ halten 人³に対して距離を置く。

Dis'tanz·ge·schäft 中 -[e]s/-e 《経済》《カタログなどによる》隔地取引。

dis·tan'zie·ren [dɪstan'tsiːrən] ❶ 他 《スポーツ》(相手を)引き離す、(に)水をあける。 ❷ 再 *(sich*⁴) *sich* von j⟨et⟩³ ~ 人⟨物⟩³から離れる、手を切る、(を)袖(%)にする。

'Dis·tel ['dɪstəl] 女 -/-n 《植物》あざみ《薊》。

'Dis·tel·fink 男 -en/-en 《鳥》ごしきひわ。

'Dis·ti·chon ['dɪstiçɔn] 中 -s/..chen [..çən] (*gr.*) 《詩学》ディスティヒョン(Hexameter と Pentameter から成る2行詩節)。

dis·tin'guiert [dɪstɪŋ'giːrt] 形 (*fr.*) 際(%)だった、卓越した、垢抜けた; やんごとない、上品な。

dis'tinkt [dɪs'tɪŋkt] 形 (*lat.*) 明瞭な、分かりやすい。

Dis·tink·ti·on [dɪstɪŋktsi'oːn] 女 -/-en 《複数まれ》高雅、非凡、《人》品格、品位。 **2** 《複数なし》尊敬、敬意。 j³ mit ~ begegnen 人³を丁重に遇する。 **3** 《カト》階級章。

dis·tink'tiv [..'tiːf] 形 **1** はっきり区別《判別》できる。 **2** 卓越した、抜群の。

Dis·tor·si·on [dɪstɔrzi'oːn] 女 -/-en (*lat.*) **1** 《医学》捻転、関節捻挫。 **2** 《光学》歪曲、ひずみ。

Dis·tri·bu·ti·on [dɪstributsi'oːn] 女 -/-en (*lat.*) **1** 分配、配分。 **2** 《言語》分布; 《生物》《動植物の》分布; 《経済》所得の配分。 **3** 《数学》超関数。 **4** 《心理》《注意の》分散。

Dis'trikt [dɪs'trɪkt] 男 -[e]s/-e (*lat.*) **1** 《とくにアングロ・サクソン諸国で》行政区(市区・郡区)、管轄区、地区。 **2** 《まれ》地域、地方; 特別区。

Dis·zi'plin [dɪstsi'pliːn] 女 -/-en (*lat.*) **1** 《複数なし》規律。 eiserne ~ 鉄の規律。 keine ~ haben だらしがない。 **2** 学科、課目、分野; 《スポーツ》種目。

dis·zi·pli'när [dɪstsipli'nɛːr] 形 《スポーツ》= disziplinarisch

Dis·zi·pli'nar·ge·walt [dɪstsipli'naːr..] 女 -/ 《法制・軍事》懲戒権。

dis·zi·pli'na·risch [..'naːrɪʃ] 形 **1** 《法制・軍事》規律上の、懲戒権《服務規定》にもとづく、懲戒処分による。 **2** 《比喩》厳格な、厳しい。

Dis·zi·pli'nar·stra·fe 女 -/-n 《法制》《公務員・軍人に対する》懲戒罰、懲戒処分。 **2** 《選手に対する》懲戒処分、《アイスホッケーで》10分間の退場処分。

Dis·zi·pli'nar·ver·ge·hen 中 -s/- 《法制》懲戒法《服務規定》違反。

dis·zi·pli'nell [..'nɛl] 形 = disziplinarisch 1

dis·zi·pli·niert [..'ni:rt] 形 よく訓練された，規律(しつけ)正しい；折目正しい；節度ある．

Di·thy·ram·be [dity'rambə] 女 -/-n (gr.) **1** 《文学》ディテュランボス，酒神讃歌 (Dionysos に捧げられた古代ギリシアの無定型で熱狂的な合唱歌．前600頃から定型化された Ode 風の Hymne となる)．**2** 《比喩》熱狂的な賛美(称賛).

di·thy·ram·bisch [..'rambɪʃ] 形 《文学》ディテュランボス(酒神讃歌)風の；《比喩》熱狂(陶酔)的な．

Di·thy·ram·bos [..'rambos] 男 -/-, **Di·thy·ram·bus** [..'rambʊs] 男 -/-.ben = Dithyrambe

'di·to ['di:to] 副 (it. ,ebenso') (略 do., dto.)《商業》上と同じ, 同上, 同前. Ich ~. 《戯》(誰かが注文したのと同じものを注文するときに)私も同じで．◆↑ detto

'Di·va ['di:va] 女 -/-s(..ven[..vən]) (it. ,Göttin') **1** 花形女優(歌手), スター, プリマ. **2** 《話》《俗》けばけばしい格好をした女.

di·ver'gent [divɛr'gɛnt] 形 (fr.) **1** 異なる方向にむかう, 分散(放散)する. **2** 《数学》発散の. ~e Reihe 発散級数. **3** 《心理》拡散的な.

Di·ver'genz [..'gɛnts] 女 -/-en (fr.) (↔ Konvergenz) **1** 方向の違い. **2** 《ふつう複数で》意見の相違. **3** 《生物》拡散, 分岐; 《植物》開度; 《数学》発散.

di·ver'gie·ren [..'gi:rən] 自 (fr.) **1** 分かれる, 分岐(相違)する. **2** 《数学》発散する.

di'vers [di'vɛrs] 形 (lat.) 《比較級なし／付加語的用法のみ》いろいろな, さまざまの.

Di·ver·si·fi·ka·ti·on [divɛrzifikatsi'o:n] 女 **1** 変化, 多様化；多様性. **2** 《経済》(生産品目の)多様化；(経営の)多角化.

Di·vi'dend [divi'dɛnt] 男 -en/-en (lat.) 《数学》(↔ Divisor) 被除数; (Zähler) 分子.

Di·vi·den·de [..'dɛndə] 女 -/-n 《経済》利益配当.

di·vi'die·ren [divi'di:rən] 他 (lat. ,teilen') 《数学》割る. eine Zahl durch 5 ~ ある数を5で割る.

Di·vi·na·ti·on [divinatsi'o:n] 女 -/-en (lat. ,Ahnung') (とくに宗教学的意味での)予覚(能力), 予見, 予言.

di·vi·na·to·risch [..'to:rɪʃ] 形 予覚(予言)能力のある.

Di·vis [di'vi:s] 中 -es/-e (lat.) ハイフン．

Di·vi·si·on [divizi'o:n] 女 -/-en (lat.) **1** 《数学》(↔ Multiplikation) 割算, 除法. **2** (a) 《陸軍》師団；(海軍の)戦隊. (b) 《経済》(企業の)部門. (c) 《スポ》(サッカーなどの)リーグ.

Di·vi·sor [di'vi:zo:r, ..'vi:zo:rən] 男 -s/..vi'zo:ren] (lat.) 《数学》(↔ Dividend) 除数, 約数; (Nenner) 分母.

'Di·wan ['di:va:n] 男 -s/-e (pers.) **1** (背もたれのない)トルコ風の低い寝椅子. **2** (オリエントの個人)詩集. „Westöstlicher ~" (Goethe の) 『西東詩集』. **3** 《歴史》(a) (とくにオスマン・トルコ帝国の)会計帳簿；(戦利品を管理する)会計検査院. (b) (オリエント諸国の)御前会議, 国政会議；枢密院, 枢密顧問官.

d. J. 《略》**1** =dieses Jahres 今年の. am 3. Mai ~ 本年5月3日に. **2** =der Jüngere (人名の後につけて)小..., ジュニア(同名の年少者の意). Cranach ~ 小クラーナハ.

DJH [de:jɔt'ha:] 《略》=Deutsche Jugendherberge ドイツ・ユースホステル.

DK [de:'ka:] 女 -/ 《略》=Dezimalklassifikation

dkg 《記号》《ﾃﾞｶｸﾞﾗﾑ》=Dekagramm

DKP [de:ka:'pe:] 女 -/ 《略》=Deutsche Kommunistische Partei ドイツ共産党.

dkr 《記号》=dänische Krone デンマーク・クローネ．

dl 《記号》=Deziliter

DLG 《略》=Deutsche Landwirtschafts-Gesellschaft ドイツ農業協同組合.

dm 《記号》=Dezimeter

DM ['de:mark] 女 -/ 《略》=Deutsche Mark (旧)ドイツマルク.

d. M. 《略》=dieses Monats 今月の.

'd-Moll ['de:mɔl, '-'-] 中 -/ 《記号 d》《音楽》ニ短調.

DNS [de:|ɛn'|ɛs] 女 -/ 《略》=Desoxyribonukleinsäure

do. 《略》=dito

Do. 《略》=Donnerstag

d. O. 《略》=der〈die〉Obrige 上述(前記)の者(手紙の追伸などの末尾に添える).

'Do·ber·mann ['do:bərman] 男 -[e]s/..er 《動物》ドーベルマン(ドイツ産の番犬. 飼育家 K. F. Louis Dobermann, 1834-94 にちなむ).

doch

[dɔx ドホ] ❶ 副 **1**《文頭に置いて／強く発音されうる》しかし，でも．Ich wartete lange, ~ kam sie nicht. 私は長いこと待っていたのに彼女は来なかった (↑ ②).

2 《文中に置いて／つねに強く発音される》それにもかかわらず，それなのに．Trotz der Dunkelheit habe ich Sie ~ erkannt. 暗かったけれどもあなただと分かりました．《しばしば **und, aber, denn** と》Die Luft war kalt und ~ angenehm. 風は冷たいけれども心地よかった．Es war ihm zwar verboten worden, aber das Kind ging ~ in den Garten. その子はいけないと言われていたのに庭に入っていた．Das schien ihr denn ~ sehr schwierig. それでも彼女にはそれがとても困難なように思えた．《**wenn nicht..., so doch...** の形で》Er ist, ~ wenn nicht so großzügig, so ~ gütig. 彼はさほど気前がよくはないが親切ではある．

3 (a)《先行文に対する理由づけ／定動詞倒置》だって…なんだから．Er schwieg, sah er ~, dass alle Worte sinnlos waren. 彼は黙っていた，なにしろどんな言葉も無意味であることを知っていたものだから．(b)《釈明のニュアンスを加えて／定動詞正置》Ich kann ihm das nicht antun, er bleibt ~ immer mein Bruder. 私は彼にそんなことはできないよ，なんといっても彼はとにかく私の兄であることに変りはないんだから．

4 (a)《事柄を再確認または想起する気持を示す》さすがに，やっぱり，なんといっても．Es ist ~ herrlich hier. ここはさすがに素晴らしい．Dieser Plan lässt sich⁴ ~ nie verwirklichen. なにしろこんな計画は実現できるわけがないから．Er hat es ~ schon gesagt. 彼は確かそう言ったはずだ．Das weißt du ~ am besten. なんといって⁷君がそれをよく知っているはずだ．(b)《**also doch** の形で期待通りであったことを示す》Also ~！ やっぱりそうだった．Es ging also ~!やっぱりきたか(うまくいった)じゃないか．(c)《不確かな気持を表して》たしか…だろう．Er hat dir ~ geschrieben? 彼はたしか君に手紙を書いたはずだ．Du hast ~ meine neue Adresse? 君はたしか私の新しい住所を知っているはずだが．Das ist ~ nicht dein Ernst! 君はまさか本気じゃないよね．

5《平叙文の語順の疑問文で相手の賛成・同意を期待して》たしか…だね．Du hast ~ morgen Geburtstag, nicht wahr? 明日はたしか君の誕生日だろう．Sie wollte ~ Lehrerin werden, oder nicht? 彼女はたしか教師になりたがっていたのではなかったかね．Du

verlässt mich ~ nicht? まさか私を見捨てないだろうね. **6**《感嘆・驚き・憤り・不快の気持を強めて》いくらなんでも, それにしても, まさか. Wie seltsam ist ~ das Menschenherz! 人間の心ってなんとも奇妙なものだ. Das ist ~ zu schlimm! いくらなんでもこいつはひどすぎる. Das darf ~ nicht wahr sein! そんなことがあってたまるものか. Sie muss ~ immer zu spät kommen muss! それにしても彼女が遅刻ばかりしているのはおかしいじゃないか.
7《命令文で促し・いらだちの気持を表して》どうか, ぜひ, いいかげんに. Komm ~ endlich! いいかげん来いよ(来なさい). Seid ~ mal still! 君たちいいかげんに静かにしているんだ.
8《接続法 II を用いた願望文で》どうか, なんとか. Wenn er ~ endlich käme! / Käme er ~ endlich! なんとか彼が来てくれればなあ. Möchtest du das ~ nie vergessen! このことはぜひとも忘れないでもらいたい.
9《否定詞を含む問いまたは否定の返事を期待する問いに対して》いいえ, とんでもない. Hast du nichts gewünscht? — *Doch*! 君に何も欲しくなかったのか — いや, 欲しかったとも. Kommst du nicht mit? — *Doch*! 君は一緒に来ないだろう — いいえ, 行きますよ. 《南ドイツでは決定疑問文に対する返答で **ja** の代りに》はい, ええ. Liebst du mich? — *Doch*! 私を愛しているかい — ええ, 愛してるわ.
10《補足疑問文で忘れたことを思い出そうとして》ええと, はて, さて. Wie war das ~? ええと, あれはどうだったかな. Wie ist ~ gleich ihr Name? はてさて彼女の名前はなんといったけな.
11《肯定・否定を強めて》Ja ~! そうだとも, 当り前だよ. Gewiss ~! もちろんだとも. Nein ~! 違うよ, とんでもない. Nicht ~! まさかそんなわけないよ.
❷圏《並列》《文頭に置いて/強く発音されない》(aber) しかし, だが, でも. Ich wartete lange, ~ sie kam nicht. 私は長いこと待ったが彼女は来なかった(↑① 1).

Docht [dɔxt] 男 -[e]s/-e (ろうそく・ランプなどの)芯, 灯心《ﾄｳｼﾝ》.
Dock [dɔk] 中 -[e]s/-s(-e) (*engl*.)『海事』ドック; 船だまり.
'Do·cke ['dɔkə] 女 -/-n **1** 糸の束, かせ糸. **2** (穀物の)刈り束. **3**『建築』欄干《ﾗﾝｶﾝ》の小柱, 手摺子《ﾃｽﾘｺ》. **4** (a)『猟師』(肘に巻きつける)汗とり用バンド. (b) (円筒形の)栓. (c) (ローラーの)心棒. **5**《南ﾄﾞ》(Puppe) 人形.
'do·cken[1] ['dɔkən] (↓Dock) **❶** 他 **1** (船員)(船を)ドックに入れる. **2** (宇宙船を)ドッキングさせる. **❷** 自 (船員)(船が)ドックに入っている. **2** (宇宙船が)ドッキングする.
'do·cken[2] 他 (↓Docke) (糸・穀物などを)束にする, 束ねて撚《ﾖ》る.
'Do·cker ['dɔkər] 男 -s/- (*engl*.) ドックの労働者.
'Do·cking ['dɔkɪŋ] 中 -s/-s (*engl*.)『宇宙』(宇宙船の)ドッキング.
Do·de·ka·e·der [dodeka|e:dər] 中 -s/- (*gr*.)『幾何』12面体.
Do·de·ka·fo·nie, Do·de·ka·pho·nie [..fo'ni:] 女 -/ (*gr*.)『音楽』ドデカフォニー, 12音技法.
Do·ga'res·sa [doga'rɛsa] 女 -/..ssen[..sən] (*it*.)『歴史』ドージェ夫人(↑Doge).
'Do·ge ['do:ʒə] 男 -n/-n (*it*.)『歴史』(ヴェネツィアおよびジェノヴァ共和国の)ドージェ, 百首長, 統領.
'Dog·ge[1] ['dɔgə] 女 -/-n (*engl*. dog) ドッグ(短毛で番犬用の大型犬). deutsche ~ グレートデーン.
'Dog·ge[2] 女 -/-n (↓Docke) (宝石研磨用の)枠, つかみ台.
'Dog·ma ['dɔgma] 中 -s/Dogmen (*gr*., ‚Meinung') **1**《ｷﾘｽﾄ教》教理, 信条, 教義. **2**《俗》ドグマ, 教条, 独断.
Dog'ma·tik [dɔg'ma:tɪk] 女 -/-en **1**《ｷﾘｽﾄ教》教義学, 教理神学. **2**《俗》かたくなな公式主義, 教条主義, 独断論.
Dog'ma·ti·ker [..'ma:tikər] 男 -s/- **1**『神学』教義学者, 教理神学者. **2**《俗》教条主義者, 独断論者.
dog·ma·tisch [..'ma:tɪʃ] 形 **1**《比較変化なし》教義上の, 教義にもとづいた. **2**《俗》教条(独断)的な.
Dog·ma'tis·mus [dɔgma'tɪsmʊs] 男 -/ ドグマティズム, 教条主義, 独断論.
'Dog·men ['dɔgmən] Dogma の複数.
'Doh·le ['do:lə] 女 -/-n **1**『鳥』(にし)こくまるがらす(西黒丸鴉). **2**《ｵｰｽﾄﾘｱ》『戯』山高帽.
'Doh·ne ['do:nə] 女 -/-n『狩猟』(捕鳥用の)括罠.
'dok·tern ['dɔktərn] 自《話》(↓Doktor) 素人《ｼﾛｳﾄ》療法を試みる; (故障などを自分で修理しようとして)あれこれいじってみる.

'Dok·tor ['dɔkto:r ドクトーア] 男 -s/-en [dɔk'to:rən] (*lat*.) **1** (a)《複数なし》(学位)ドクター, 博士号. (b)《複数 Dr., 複数 Dres.》(ドクターの)学位取得者, ドクター. **2**《話》(ドクターの)学位取得試験. den《*seinen*》~ machen《bauen》ドクターの学位(博士号)を取る. **3**《話》(Arzt) 医者. zum ~ gehen 医者へ行く.
♦[1](a) 学位としては女性に対しても用い, Doktorin とはいわない. また人名に添えるときは Dr. は~ der Philosophie. 彼女は哲学(文学)博士である. [Herr] ~ Ungers Vortrag / der Vortrag des ~ Unger ウンガー博士の講演. (b) 手掛けの場合は相手の名前の前につける. Herr〈Frau〉~ Unger ウンガー先生(名前をつけない Herr〈Frau〉~ は丁重な呼掛け). (c) 書くときはふつう Dr. と略す. ただし名前をつけない場合は含まれる. Sehr geehrter Herr Dr. Unger!(手紙での呼掛け)ウンガー博士様 (Sehr geehrter Herr ~ !).
♦[2]主な省略形として Dr.-Ing. (=Doktoringenieur), Dr. jur. (=~ juris), Dr. med. (=~ medicinae), Dr. phil. (=~ philosophiae) などがある.
♦[3] 1つの人名に2個以上の学位がつくときはそれらを並べるけれど, コンマで区切ることはしない. Dr. phil. Dr. med. Hans Unger 文学博士並びに医学博士ハンス・ウンガー先生.
Dok·to'rand [dɔkto'rant] 男 -en/-en《略 Dd.》(ドクターの)学位取得試験志願者. ♦女性形 Doktorandin 女 -/-nen
'Dok·tor·ar·beit 女 -/-en (Dissertation) ドクター(博士)論文.
Dok·to'rat [dɔkto'ra:t] 中 -[e]s/-e **1**《古》=Doktorgrad **2**《ｵｰｽﾄﾘｱ》=Doktor 2
'Dok·tor·grad 男 ドクターの学位, 博士号.
'Dok·tor·hut 男 -[e]s/-e **1** (かつてドクター学位取得者に授けられた)学位帽. **2**《話》学位. den ~ erwerben ドクター学位を取る.
dok·to'rie·ren [dɔkto'ri:rən] 自《古》(promovieren) 学位取得試験を受ける, 学位を取る.
'Dok·tor·va·ter 男 -s/= 《複数まれ》ドクター論文指

導教授.

Dok·trin [dɔk'tri:n] 囡 -/-en 〈lat.〉 **1** 教義, 教理; (神学上の)学説. **2** 《俺》空理, 妄論. **3** 〖政治〗(基本)原則, 主義.

dok·tri·när [dɔktri'nɛːr] 形 〈fr.〉 **1** 〖比較変化なし〗教義(教理)にもとづいた, 教義風の. **2** 《俺》教条的な, 理論一点ばりの, 偏狭な.

***Do·ku·ment** [doku'mɛnt ドクメント] 中 -[e]s/-e 〈lat.〉 **1** 〖記録〗文書, 書類, 公文書; 証書. **2** (文書・図版・映像などによる)記録, ドキュメント. **3** 〖コンピュ〗ドキュメント, ファイル.

Do·ku·men·ta'list [dokumɛnta'lɪst] 男 -en/-en =Dokumentar

Do·ku·men·tar [..'taːr] 男 -s/-e ドキュメンタリスト (図書館・資料館などで整理・編集に従事する専門家).

Do·ku·men·tar·film [..'taːr..] 男 -[e]s/-e 記録映画.

do·ku·men·ta·risch [..'taːrɪʃ] 形 **1** 公文書(書類)にもとづいた. **2** ドキュメンタルな, 事実に忠実な.

Do·ku·men·ta'rist [..'tarɪst] 男 -en/-en 記録映画(ドキュメント文学)の作家.

Do·ku·men·ta·ti·on [dokumɛntatsi'oːn] 囡 -/-en **1** 資料(記録)の整備. **2** (整備された)文献, 資料. **3** 〖比喩〗(意図などの)裏うち, 証拠.

do·ku·men·tie·ren [dokumɛn'tiːrən] 他 **1** (証拠書類などによって)証明する, 裏づける; ドキュメントとして残す, 記録する. **2** はっきりとかす ‖ (再帰的に) *sich*[1] in et[3] ~ 事の中にはっきり表れている.

'**dol·ce** ['dɔltʃə] 副 〈it.〉〖音楽〗ドルチェ, やさしく, 甘美に.

'**dol·ce 'far ni·en·te** ['dɔltʃə 'fa:r ni'ɛnta] 〈it., süß [ist es], nichts zu tun〉「無為は楽しきかな(処世訓)」.

Dol·ce·far·ni·en·te [dɔltʃəfa:rni'ɛntə] 中 -/ 〈it.〉無為安逸な生活.

'**Dol·ce 'Vi·ta** ['dɔltʃə 'vi:ta] (囡) -- / 〈it., süßes Leben〉 甘い生活(放縦で安逸をむさぼる生き方, F. フェリーニ監督の同名の映画によって一般化した).

Dolch [dɔlç] 男 -[e]s/-e 短剣, 短刀; 《話》ナイフ.

'**Dolch·stoß** 男 -es/⸚e 短剣で刺すこと. ~ von hinten 〖比喩〗卑劣な仕打, 裏切.

'**Dol·de** ['dɔldə] 囡 -/-n 〖植物〗散形(繖形)花序.

'**Dol·den·ge·wächs** 中 -es/-e 〖植物〗散形科.

'**Do·le** ['do:lə] 囡 -/-n (暗渠になった)下水溝.

doll [dɔl] 形 《とくに北公》=toll

'**Dol·lar** ['dɔlar] 男 -[s]/-s 〈単位-〉(記号 $) ドル(アメリカ・カナダなどの通貨).

'**Dol·le** ['dɔlə] 囡 -/-n ボートのオール受.

'**Dol·men** ['dɔlmɛn] 男 -s/- 〈breton.〉 ドルメン(先史時代の巨石墳).

'**Dol·metsch** ['dɔlmɛtʃ] 男 -[e]s/-e 〈türk.〉 **1** 《雅》代弁人. **2** 《オーストリア》=Dolmetscher

*'**dol·met·schen** ['dɔlmɛtʃən ドルメチェン] ❶ 自 通訳をする ‖ für die ⟨bei der⟩ UN ~ 国連で通訳を勤める. simultan ~ 同時通訳する. ❷ 他 **1** 通訳する. **2** 《古》(気持・考えなどを)説明する.

*'**Dol·met·scher** ['dɔlmɛtʃər ドルメチャー] 男 -s/- 通訳. ◆女性形 Dolmetscherin 囡 -/-nen

Do·lo'mit [dolo'miːt] 男 -s/-e 〖鉱物〗苦灰石(くがいせき); 苦灰岩. ◆フランスの鉱物学者 Déodat de Dolomieu, 1750-1801 にちなむ.

***Dom**[1] [doːm ドーム] 男 -[e]s/-e **1** 大聖堂(町の主教会), 司教座聖堂. ▶ 南ドイツでは Münster, フランス語では cathédrale という. **2** (Hamburg の大聖堂広場での)クリスマスの市.

Dom[2] 男 -[e]s/-e **1** (半球状の)ドーム, 円蓋; 丸天井. der ~ des Himmels 《雅》蒼穹(そうきゅう), 大空. **2** (ボイラーなどの)鐘形汽室. **3** 〖地質〗ドーム, 円頂丘.

Do'main [dɔˈmeːn, dɔˈmɛɪn] 中 -/-s 〈engl.〉〖コンピュ〗ドメイン.

Do·mä·ne [dɔˈmɛːnə] 囡 -/-n 〈lat.〉 **1** 領有地, 版図(はんと). eine königliche⟨staatliche⟩ ~ 王領⟨国有地⟩. **2** 〖複数まれ〗(学問・活動などの)領域, 専門分野.

'**Dom·chor** ❶ 男 -[e]s/⸚e 司教座聖堂(大聖堂)聖歌隊. ❷ 中 -[e]s/⸚e(-e) 司教座聖堂(大聖堂)の内陣.

Do·mes'tik [dɔmɛsˈtiːk] 男 -en/-en 〈fr.〉 **1** 《古》《俺》 召使い, 家の子. **2** (自転車レースで主力選手を補助する)伴走選手.

Do·mes·ti·ka·ti·on [dɔmɛstikatsi'oːn] 囡 -/-en 〖複数まれ〗〈fr., Zähmung〉 (野生動物の)家畜化, (野生植物の)栽培種化.

do·mes·ti·zie·ren [dɔmɛsti'tsiːrən] 他 〈lat.〉 **1** (野生動物を)家畜化する, 飼いならす; (野生植物を)栽培種に改良する. **2** 〖比喩〗(人・物[4]を)おとなしくさせる, 手なづける; (物を)軟化化させる.

'**Dom·herr** 男 -n/-en 《古》司教座聖堂参事会員.

do·mi'nant [dɔmi'nant] 形 〈lat.〉 支配的な, 優勢な; 〖遺伝〗優性の. (↔ rezessiv)

Do·mi'nan·te [..'nantə] 囡 -/-n **1** (主な)特徴; 〖生物〗優占種. **2** 〖音楽〗属音, 属和音, 属調.

Do·mi'nanz [..'nants] 囡 -/-en **1** 〖遺伝〗優性; 〖生物〗優勢. **2** 優越, 優勢, 優位, 支配欲.

Do·mi·ni·ca[1] [do'miːnika] 〖地名〗 ドミニカ(西インド諸島の一部をしめる共和国, 首都 Santo Domingo).

Do·mi·ni·ca[2] 囡 -/ 〈lat., [der Tag] des Herrn〉〖カトリック〗主日(しゅじつ), 日曜日.

Do·mi·ni·cus [do'miːnikʊs] 《男名》=Dominikus

do·mi'nie·ren [dɔmi'niːrən] 〈lat., herrschen〉 ❶ 自 優勢である, 支配的である. ❷ 他 支配(制圧)する.

Do·mi·ni'ka·ner [dɔmini'kaːnər] 男 -s/- **1** ドミニコ会士. ▶ ドミニコ会(修道会) Dominikanerorden は説教修道会 Predigerorden ともいれ, 1216 聖ドミニクスが創立. ↑ Dominikus **2** ドミニカ人(↑ Dominica[1]). ◆女性形 Dominikanerin 囡 -/-nen

Do·mi·ni·kus [do'miːnikʊs] 《男名》ドミニクス. der heilige ~ 聖ドミニクス(1170-1221, スペイン生れの聖人, ドミニコ会の創始者. ↑ Dominikaner).

'**Do·mi·no** [doːmino] 男 -s/-s 〈ital., Herr〉 ❶ 男 -s/-s **1** ドミノ(黒い絹のマントに頭巾をかぶり小さな仮面をつける仮装舞踏会用衣装). **2** ドミノをつけた人. ❷ 中 -s ドミノ(ふつう 28 個の牌の目の数を比べるゲーム).

Do'mi·nus [do:minus, 'dɔm..] 男 〈lat., Herr〉〖無冠詞〗〖カトリック〗主(神に対する呼掛け). ~ vobiscum! 〈lat., Der Herr sei mit euch!〉「主があなたがたとともにありますように」(ミサのときなどに司祭が会衆にむかって述べる典礼的挨拶).

Do·mi'zil [domi'tsi:l] 中 -s/-e 〈lat., Wohnsitz〉 **1** 居所, 住居. **2** 〖経済〗(手形の)支払い場所. **3** 〖占星〗(黄道12宮の)宮.

do·mi·zi'lie·ren [domitsi'liːrən] ❶ 自 住まう, 居住する. ❷ 他 〖経済〗(手形の)支払場所を指定(記入)する.

Do·mi'zil·wech·sel 男 -s/- **1** 〖経済〗第 3 者方(他所)払い手形. **2** (店舗などの)移転.

Dom·ka·pi·tel 男 -s/- (↓Dom¹)〖カトリ〗司教座聖堂参事会.

Dom·ka·pi·tu·lar 男 -s/-e =Domherr

Dom·pfaff 男 -s(-en)/-en〖鳥〗(Gimpel) うそ.

Dom·propst 男 -[e]s/-⁼e〖カトリ〗司教座聖堂参事会会長.

Domp'teur [dɔmp'tø:r] 男 -s/-e (fr.) 猛獣使い, 調教師. ◆ 女性形 Dompteuse [..tø:zə] 女 -/-n

Dom·schu·le 女 -/-n〖歴史〗(中世の)司教座聖堂付属学校.

Don [dɔn] 男 -[s]/-s (lat. dominus, Herr')《無冠詞》ドン(スペインでは男名につける敬称, イタリアでは聖職者と貴族に対してのみ用いる). ~ Quichotte ドン・キホーテ. ~ Giovanni ドン・ジョヴァンニ(Don Juan のイタリア語形). ◆ ↑Doña, Donna

Do·ña ['dɔnja, 'dɔɲa] 女 -/-s (sp., Herrin')《無冠詞》ドニャ(スペインで女名につける敬称).

Do·nar ['do:nar]《人名》〖ゲルマン神話〗ドーナル(北欧神話の雷神 Thor のドイツ語形. ↑Donner).

Do·nau ['do:nao] 女 -/《地名》die ~ ドーナウ川, ドナウ川(英語形 Danube).

Don Ju'an [dɔnxu'an, dɔn'ju:an] ❶《人名》ドン・ファン(色事師として鳴らしたスペインの伝説的人物. ↑Don). ❷ -s/-s 色事師, 女たらし, 漁色家.

Don·na ['dɔna] 女 -/-s (it., Herrin') 1《無冠詞》ドンナ(イタリアで貴婦人の名前につける敬称. ↑Doña, Madonna) 2《戯》女中さん.

Don·ner ['dɔnər]《ドナー》男 -s/- (↑Donar, Thor) 雷, 雷鳴. 轟音. wie vom ~ gerührt stehen bleiben〈dastehen〉雷に打たれたように(茫然として)突っ立っている. der ~ der Geschütze すさまじい砲撃の音. ~! / ~ und Blitz! / ~ und Doria!(驚き・怒りなどを表して)たいへんだ, しまった, こん畜生め.

'Don·ner·gott 男 -[e]s/〖ゲルマン神話〗雷神ドーナル. ↑Donar

'Don·ner·keil 男 -[e]s/-e **1** (Belemnit) 矢石(ぶ)(海生化石動物). **2** (先史時代の)石斧. **3** [ˈ--ˈ-]《間投詞として》~! これはたまげた, たいへんだ.

'don·nern ['dɔnərn ドナーン] ❶ 非人称 Es donnert. 雷が鳴る. ❷ (h, s) **1** (h) とどろく, 轟音を発する. donnernder Applaus 万雷の拍手. **2** (s) 轟音を立てて進んでいく. Die Züge donnerten über die Brücke. 列車はごうごうと鉄橋を渡っていった. **3** (h)《話》強く(激しく)叩く(an〈auf〉et⁴ 物を). an die Tür ~ ドアをどんどん叩く. mit der Faust auf den Tisch ~ こぶしでテーブルをどんと打つ. **4** (s)《話》どすんとぶつかる(gegen et⁴ 物に). **5** (h)《話》怒鳴る, 怒鳴りつける. ❸ 他《話》勢いよく投げつける. die Schulbücher in die Ecke ~ 教科書を部屋の隅に力まかせに投げつける. den Ball ins Tor ~ ボールをゴールにシュートする. j³ eine〈ein paar〉~ 人³にびんたを食らわせる.

'Don·ner·schlag 男 -[e]s/-⁼e **1** 激しい雷, 雷鳴. **2** ~!《話》(驚き・怒りを表して)こりゃすごい, くそう.

'Don·ners·tag ['dɔnərstaːk ドナースターク] 男 -[e]s/-e (↓Donar)《略 Do.》木曜日.

  Don·ners·tag'abend ['---'-- とも] 男 -s/-e 木曜日の晩.

  don·ners·tag'abends ['---'-- とも] 副 木曜日の晩に.

  'Don·ners·tä·gig ['dɔnərstɛːgɪç] 形 木曜日の.

  'don·ners·täg·lich [..tɛːklɪç] 形《述語的には用いない》木曜日ごとの.

  Don·ners·tag'mit·tag ['---'-- とも] 男 -s/-e 木曜日の正午.

  don·ners·tag'mit·tags ['---'-- とも] 副 木曜日の正午に.

  Don·ners·tag'mor·gen ['---'-- とも] 男 -s/- 木曜日の朝.

  don·ners·tag'mor·gens ['---'-- とも] 副 木曜日の朝に.

  Don·ners·tag'nach·mit·tag ['---'--- とも] 男 -s/-e 木曜日の午後.

  don·ners·tag'nach·mit·tags ['---'--- とも] 副 木曜日の午後に.

  Don·ners·tag'nacht ['---'- とも] 女 -/⁼e 木曜日の夜.

  don·ners·tag'nachts ['---'- とも] 副 木曜日の夜に.

  'don·ners·tags 毎週木曜日に.

  Don·ners·tag'vor·mit·tag ['---'--- とも] 男 -s/-e 木曜日の午前.

  Don·ners·tag'vor·mit·tags ['---'--- とも] 副 木曜日の午前に.

'Don·ner·stim·me 女 -/-n ばかでかい声, 大音声(だいおんじょう).

'Don·ner·wet·ter 男 -s/- **1**《古》雷雨. **2**《話》大目玉. Wenn du das tust, gibt's ein ~! そんなことをしたら大目玉を食らうぞ. Ein ~ ging auf ihn nieder. 彼は雷を落とされた. **3**《話》《間投詞的に》(a)《感嘆・驚き》~, sieht die Frau gut aus! すごい, あの女は美人じゃないか. (b)《不満・怒り・いらだち》Zum ~! くそう, いまいましい, こん畜生. Zum ~ [noch einmal], wo bleibt er denn? 何てことだ, 彼は一体どこにいるんだ. **4**《話》《慣用的表現で》wie ein heiliges〈mit einem heiligen〉~ dreinfahren 厳しく抗議する, 怒鳴り込む. Da soll doch gleich ein〈das〉~ dreinschlagen〈dreinfahren〉. ひとつどかんと雷を落としてやろう.

Don Qui'chotte [dɔnki'ʃɔt, doː..] ❶《人名》ドン・キホーテ(Cervantes 作の同名の長編小説の主人公). ❷ --s/-s (ドン・キホーテのような)現実離れした夢想家.

Don·qui·chot·te'rie [..ʃɔta'ri:] 女 -/-n [..i:ən] ドン・キホーテ流の生き方, 夢想的で突飛な行動.

doof [doːf] 形《俗》**1** 耳の遠い, 血のめぐりの悪い, とろい. **2**《北ドイツ》退屈な, ぱっとしない, つまらない.

'do·pen ['doːpən, 'dɔpən] ❶ 他 (engl.)〖スポーツ〗(人⁴に)興奮剤を与える. ❷ 再 (sich¹) ドーピングをする.

'Do·ping ['doːpɪŋ, 'dɔpɪŋ] 男 -s/-s〖スポーツ〗ドーピング.

'Dop·pel ['dɔpəl] 男 -s/- (↔ Einzel) **1** (文書類の)写し, コピー; 副本. **2**〖スポーツ〗(Doppelspiel) ダブルス.

dop·pel··, Dop·pel·· [dɔpəl..]《接頭》形容詞・名詞に冠して「2重の, 2様の, 2倍の」の意を表す. doppelgemischtes ~ 混合ダブルス.

'Dop·pel·ad·ler 男 -s/-〖紋章〗双頭の鷲.

'Dop·pel-b [..beː] 男 -/-〖音楽〗ダブル・フラット (bb).

'Dop·pel·bett 男 -[e]s/-en ダブルベッド.

'Dop·pel·de·cker 男 -s/- **1** 複葉機. **2**《話》2階つきバス. **3**《戯》サンドイッチ.

'dop·pel·deu·tig [..dɔytɪç] 形 (zweideutig) どちらの意味にもとれる, 両義的な, 曖昧な.

'Dop·pel·ehe 女 -/-n 重婚.

'Dop·pel·fens·ter 男 -s/- 2重窓.

'Dop·pel·gän·ger [..gɛŋər] 男 -s/- 瓜(うり)二つの人, そっくりさん; 分身, 影法師. ◆女性形 Doppelgängerin 女 -/-nen

'dop·pel·glei·sig 形 《比較変化なし》1 (鉄道が)複線の. 2 曖昧な, あやふやな.

'Dop·pel·haus 中 -es/..'er 2戸建て住宅.

'Dop·pel·kinn 中 -[e]s/-e (Unterkinn) 2重あご.

'Dop·pel·klick 男 -s/-s 《コンピュ》ダブルクリック.

'Dop·pel·kopf 男 -[e]s/ ドッペルコップ(2組のカードで4人から6人でするトランプゲーム).

'Dop·pel·laut 男 -[e]s/-e 《音声》1 重音(2個の同じ子音または母音が続くこと), 重子音, 重母音. 2 = Diphthong

'Dop·pel·le·ben 中 -s/ ein ~ führen (世間を欺いて)二重生活をする.

'dop·peln ['dɔpəln] 他 1 2重にする, (物に)裏をつける, 裏打ちする. 2 Schuhe ~ 靴に底革を張る. 3 Garne ~ 《紡織》糸を撚(よ)り合せる. 4 《コンピュ》(パンチカードを)複写[複製]する.

'Dop·pel·na·me 男 -ns/-n 複合名(2 つの名前を組合せた人名・地名. Hans-Georg, Fischer-Dieskau など). ◆格変化は Name 参照.

'Dop·pel·pass 男 -es/..'e 1 《スポ》ワンツーパス. 2 《話》二重国籍.

'Dop·pel·punkt 男 -[e]s/-e 《文法》(Kolon) コロン(:); 《音楽》複(2 重)符点.

'dop·pel·rei·hig [..raɪç] 形 2 列の; (背広などが)両前の, ダブルの.

'Dop·pel·schlag 男 -[e]s/..'e 1 《音楽》ターン. 2 《スポ》(ボクシングの)ダブルパンチ; (バレーボールなどの)ドリブル.

'Dop·pel·sei·tig [..zaɪtɪç] 形 (身体の)両側(両面)の, 左右の; (本・新聞などの) 2 ページにまたがる, 見開きの.

'Dop·pel·sinn 男 -[e]s/ ふたとおりにとれる意味, 裏の(隠された)意味.

'dop·pel·sin·nig 形 ふたとおりの意味にとれる, 両義的な, 曖昧な.

'Dop·pel·spiel 中 -[e]s/-e 1 《スポ》ダブルス. 2 《比喩》裏表のある態度, 陰日向(かげひなた)のある; mit j³ ein ~ treiben 人³に対して裏表のある態度をとる.

'Dop·pel·staa·ter [..ʃta:tər] 男 -s/- 二重国籍者.

'Dop·pel·stern 男 -[e]s/-e 《天文》(複数で)二重星, 連星(れんせい)/二重星の片方.

'dop·pel·stö·ckig 形 2 階建ての.

*'dop·pelt ['dɔpəlt ドペルト] 形《比較変化なし》1 2重の, 2 倍の; ~e Breite〈Länge〉倍の幅〈長さ〉. ~e Buchführung 複式簿記. ein Blatt Papier ~ falten 1 枚の紙を 2 つ折りにする. den Stoff ~ legen 布地を 2 重(2 枚重ね)にする. Der Stoff liegt ~. この生地はダブル幅である. ~ gemoppelt sein 《話》余計である, 蛇足である. [alles] ~ sehen (酔っぱらって)ものが 2 重に見える. Das Buch ist so dick wie das andere. この本はもう一方の本の倍の厚さがある. Doppelt gibt, wer schnell gibt. 《諺》明日の百より今日の五十(早く与えると倍も与えたことになる). Doppelt genäht hält gut. 《諺》念には念を入れよ(2 重に縫えば長持する). ~ und dreifach 2 重にも 3 重にも, 念入りに; 並はずれて. Das zählt〈wiegt〉~ und dreifach. これはたいへん重大な問題だ. 《名詞的用法で》Das kostet das Doppelte. これは倍の値段である. Die Preise sind ums〈auf das〉Doppelte gestiegen. 物価は倍になった. einen Doppelten trinken 《話》(ウィスキーなどを)ダブルで飲む. 2 裏のある, 2 重の; ~e

まかしの. eine Moral mit ~em Boden / eine ~ Moral 二重底道徳(状況次第でどちらにでも転ぼうとする道徳観), ご都合主義. eine Komödie mit ~em Boden 含みのある(本心を秘めた)喜劇. ein ~es Spiel spielen 敵も味方も欺く, 二股膏薬(にまたこうやく)である. ◆ Doppelte

'dop·pelt·koh·len·sau·er 形 《化学》重炭酸の.

'Dop·pel·ver·die·ner 男 -s/- 1 《複数で》共働きの夫婦. 2 2 重所得者.

'Dop·pel·zent·ner 男 -s/- 《略 dz》2 ツェントナー (100 kg).

*'Dop·pel·zim·mer ['dɔpəltsɪmər ドペルツィマー] 中 -s/- (ホテル・病院の) 2 人部屋, ツインルーム.

'dop·pel·zün·gig [..tsʏŋɪç] 形 二枚舌の.

'Dopp·ler·ef·fekt ['dɔplər..] 男 -[e]s/ 《物理》ドップラー効果. ◆オーストリアの物理学者 Christian Doppler, 1803-53 にちなむ.

'Do·ra ['do:ra] 《女名》ドーラ (Dorothea, Theodora の短縮).

Do'ra·do [do'ra:do] 中 -s/-s (sp.) = Eldorado

Dorf

[dɔrf ドルフ] 中 -[e]s/Dörfer 1 村; 田舎(いなか). das olympische ~ オリンピックの選手村. Die Welt ist [doch] ein ~! 世界はなんとも狭いものだね(思いもかけない土地でひょっこり知人に出会ったときの驚きの言葉). auf dem ~ wohnen 田舎に住んでいる. aus ~ gehen 田舎へ出かける. 《比喩的用法》auf〈über〉die Dörfer gehen やり方がもたもたしている, くどくど話す. auf die Dörfer gehen 《トランプ》(スカートで)(切札でなく)別の組札を出す. aus〈in〉jedem ~ einen Hund haben 《トランプ》どの色もばらばらである. j³〈für j³〉böhmische Dörfer sein 人³には何のことやら全くわからない(ボヘミアの村の名がドイツ人には聞取れなかったことから). 2 村人たち. Das ganze ~ war versammelt. 村じゅうの人が残らず集められていた.

'Dorf·be·woh·ner 男 -s/- 村人, 村民.

'Dör·fer [′dœrfər] Dorf の複数.

'Dörf·ler ['dœrflər] 男 -s/- (根っからの)村育ち, 田舎っぺ. ◆女性形 Dörflerin 女 -/-nen

'dörf·lich ['dœrflɪç] 形 《比較変化なし》村(田舎)の; 田舎風の, ひなびた.

'Dorf·schö·ne 女 《形容詞変化》=Dorfschönheit

'Dorf·schön·heit 女 -/-en 《話》村小町, 田舎美人.

'Dorf·schul·ze 男 -n/-n 村長.

'Do·ria ['do:ria] 《人名》ドーリア(イタリアの貴族の家名). Donner und ~! たいへんだ(↑Donner).

'Do·ris¹ [do:rɪs] 《女名》ドーリス (Dorothea, Theodora の短縮). ↑Dora

'Do·ris² 《地名》ドーリス(ギリシア中部の地方).

'do·risch ['do:rɪʃ] 形 (↓Doris²) ドーリス(人)の; ドーリス(ドーリア)式の. ~e Säule 《建築》(留め金の)つめ, (蝶番の)ピン. ~e Tonart 《音楽》ドーリア旋法.

Dorn¹ [dɔrn ドルン] 男 -[e]s/-en (話 Dörner) 1 《植物》《比喩》痛み, 痛苦. j³ ein ~ im Auge sein 人³にとって目の上のたんこぶ(しゃくの種)である. sich³ einen ~ in den Fuß treten 踏んづけてとげが足に刺さる. Keine Rose ohne ~en. 《諺》とげのないばらはない, 楽には苦がつきもの. 2 《雅》(Dornenstrauch) いばらの茂み.

Dorn² -[e]s/-e (ドリルの)芯, 錐(きり), 千枚通し; (スパイク・シューズの)スパイク; (留め金の)つめ, (蝶番の)ピン.

'Dor·nen·he·cke 女 -/-n いばらの生け垣.

'Dor·nen·kro·ne 女 -/-n 1 いばらの冠. ~ Christi

『(いばら)』キリストのいばらの冠(四旬節の第1または第2金曜日がその祝日). **2**《比喩》いばらの冠(苦難・受苦の象徴).

'**dor·nen·reich** 形 いばら(とげ)の多い, 苦難に満ちた.
'**Dor·nen·weg** 男 -[e]s/- いばら(苦難)の道.
'**Dör·ner** ['dœrnər]《話》Dorn の複数.
'**dor·nig** ['dɔrnɪç] 形《副詞的には用いない》**1** とげのある, とげだらけの. eine ~*e* Hecke いばらの生垣. **2**《比喩》苦難にみちた. einen ~*en* Weg gehen いばらの道を歩く.

'**Dorn·rös·chen** ['dɔrnrøːsçən] 中 -s/- いばら姫(童話の主人公, 呪いにかけられていばらに覆われた城の中で100年間眠っていたという王女).
'**Dorn·rös·chen·schlaf** 男 -[e]s/《比喩》長い眠り, 安逸, 太平の夢.

Do·ro·thea [doro'teːa]《女名》(*gr.*, Gottesgeschenk「神の賜物」)ドロテーア. die heilige ~ 聖ドロテーア(3-4世紀の殉教聖女, 斬首されるとき1人の童子が花と果実の入った籠を天国から持ってきたという. ↑付録「聖人録」2月6日).

'**dor·ren** ['dɔrən] 自 (s) (↓ dürr)《雅》からからに乾く, 干からびる, 枯れる.
'**dör·ren** ['dœrən] **❶** 乾かす, 乾燥させる, 枯らす. **❷** 自 (s) =dorren
'**Dörr·ge·mü·se** ['dœr..] 中 -s/- 乾燥野菜.
'**Dörr·obst** 中 -[e]s/- 乾燥果実.
dor·sal [dɔr'zaːl] 形 (*lat.* dorsum「背」)《医学》背前(背側)の. ~*er* Laut《音声》舌背音(ich, ch など).
Dorsch [dɔrʃ] 男 -[e]s/-e《魚》**1**《広義で》たら科の魚. **2**《狭義で》たらの幼魚.(バルト海産の)小たら. ↑ Kabeljau

dort [dɔrt ドルト] 副 (↔ hier) そこに(で), あそこに(で). der Baum ~ あそこにある木. ~ drüben あの向こうに. ~ oben あの上に. Wer ist ~ ?(電話で)そちらはどなたですか. da und ~ あちこちで, ここかしこに. Von ~ aus sind es noch 10 km. そこからまだ10キロメートルある.

*'dort'her ['dɔrt'heːr, -'-, 指示強調 '-- ドルトヘーア] 副 von ~ そこから, あそこから.
*'dort'hin ['dɔrt'hɪn, -'-, 指示強調 '-- ドルトヒン] 副 そこへ, あそこへ. bis ~ あそこまで.
'**dort·hi'nab** ['dɔrthɪ'nap, --'-, 指示強調 '---] 副 あそこを下へ.
'**dort·hi'nauf** ['dɔrthɪ'nauf, --'-, 指示強調 '---] 副 あそこを上へ.
'**dort·hi'naus** ['dɔrthɪ'naus, --'-, 指示強調 '---] 副 そこから外へ, そこを出て. bis ~《話》ひどく, すっかり. Er ärgert sich⁴ bis ~. 彼はかんかんに怒る.
'**dort·hi'nein** ['dɔrthɪ'naɪn, --'-, 指示強調 '---] 副 あそこを中へ.
'**dort·hi'nun·ter** ['dɔrthɪ'nɔntər, --'--, 指示強調 '----] 副 あそこを下って.
'**dor·tig** ['dɔrtɪç] 形《付加語的用法のみ》**1** そこの, その他の. **2** そこで起った(起っている).
'**Dort·mund** ['dɔrtmʊnt]《地名》ドルトムント=ヴェストファーレン州中部の工業都市.
'**Dort·mun·der** [..dər] **❶**《不変化形》ドルトムントの. **❷** 男 -s/- ドルトムント市民(出身者).
'**dort'selbst** ['dɔrt'zɛlpst, -'-, 指示強調 '--] 副《雅》dort の強調) まさしくそこで, 同地(同所)で.
'**dort·zu·lan·de** ['dɔrttsulandə] 副《雅》その土地

(国, 地方, 町)では. ♦ dort zu Lande とも書く.

Dos [doːs] 男 -/Dotes (*lat.*, Mitgift) **1**『古法』婚資. **2**《(いばら)》修道会入会金(修道志願者が持参金として修道会に納める寄付金).

'**Dös·chen** ['døːsçən] 中 -s/- (Dose の縮小形)(円筒形の)小さな入れもの, 小缶.

*'Do·se ['doːzə] 女 -/-n **1** (ふつう円筒形または楕円形の蓋つきの小さな)容器, 缶, 筒. Tabaks*dose* タバコの缶. **2**《話》(Konservendose) 缶詰. Bier in ~*n* 缶ビール. **3** (Steckdose)《電気の》コンセント. **4**《まれ》=Dosis **1 5**《卑》=Vagina

'**Do·sen** ['doːzən] Dose, Dosis の複数.
'**dö·sen** ['døːzən] 自《話》**1** うとうとする, まどろむ. **2** ぼんやりしている.
'**Do·sen·bier** 中 -[e]s/- 缶ビール.
'**Do·sen·milch** 女 -/ コンデンスミルク, 練乳.
'**Do·sen·öff·ner** 男 -s/- 缶切り.
do'sie·ren [do'ziːrən] (↓ Dosis) **1** (薬などを)必要量だけ量る(量って配分する). **2** 小出しにして(加減して)与える.
do'siert 過分 形 少しずつの, 徐々の.
'**dö·sig** ['døːzɪç] 形 (↓ dösen)《話》**1** ねぼけた, うとうとした. **2** ぼんやり(うっかり)した, 空(う)けた.
'**Do·sis** ['doːzɪs] 女 -/Dosen (*gr.*, Gabe「与えること」) **1** (薬の)投薬(服用)量. Einzel*dosis* 1回分. eine tödliche ~ 致死量. eine kleine〈geringe〉 ~ Chinin 少量のキニーネ. **2** (一般に)量, 分量. eine ~ Mut かなりの勇気. in kleinen Dosen 少量(少し)ずつ, 徐々に, だんだんに. **3**《物理》(放射線照射の)線量.
'**Dös·kopf** ['døːs..] 男 -[e]s/-*e* =Döskopp
'**Dös·kopp** ['døːskɔp] 男 -s/..köppe [..kœpə] (↓ dösen)《卑》間抜け, うつけ者.
Dos·sier [dɔsi'eː] 中 (男) -s/-s (*fr.*) **1** (ある事柄・人物に関する)書類一式, 一件書類. **2** (不利になるような)註(«»)書類.
Dos·to'jew·ski [dɔsto'jɛfski]《人名》Fjodor Michailowitsch ~ フョードル・ミハイロヴィチ・ドストイェフスキー(1821–81, ロシアの小説家).
Do·ta·ti·on [dotatsi'oːn] 女 -/-en (↓ dotieren) **1** 贈与, 寄付, (公共施設などへの)財政的援助; (国家の功労者への)褒賞. **2**『カトリック』教会財産への寄付, (教会維持のための)永続的寄付. **3**《まれ》婚資, 持参金.
'**Do·tes** ['doːteːs] Dos の複数.
do'tie·ren [do'tiːrən] 他 (*lat.*) **1** (ある職) eine Stellung〈einen Preis〉 mit 10000 Euro ~ あるポスト〈賞金〉に1万ユーロ出す. Der Preis ist reich *dotiert*. 賞品はたっぷり出る. ein mit Geldpreisen *dotiertes* Rennen 賞金付きレース. **2**《古》(人⁴に)俸給(報酬)を支払う. **3**《電子工》 Halbleiter ~ 半導体結晶に他の元素を組み込む.
'**Dot·ter** ['dɔtər] 男 (中) -s/- (Eigelb) 卵黄, 黄身. **2**《植物》なずな.
'**Dot·ter·blu·me** 女 -/-n《植物》黄色い花をつける植物; 《狭義で》 りゅうきんか(立金花).
'**Dot·ter·sack** 男 -[e]s/..säcke《動物》卵黄嚢.
'**dou·beln** ['duːbəln] (↓ Double) 《映画》 **❶ 1** (人⁴の)スタンドイン(代役)を演じる. **2** (事⁴に)スタンドインを当てる. die Tanzszene ~ ダンスのシーンに代役を起用する. **3** (synchronisieren) (物⁴の)画面と音声を一致させる, アフレコ(当てレコ)をする, (外国映画の)吹替えをする. **❷** 自 スタンドインとして働く.
'**Dou·ble** ['duːbəl] 中 (*fr.*, doppelt「二重の」) **❶** 中 -s/-s **1** = Doppelgänger **2**《映画》代役, スタンドイン. **3**

《音楽》ドゥーブル(フランス17-18世紀の音楽、とくに舞曲の変奏形式の1つ). **4** 《スポーツ》2冠(同一年度にMeisterschaftとPokalwettbewerbの両方に優勝すること). ━━ 男 -/-s ≪紡織≫(Doubleface)ダブルフェース、二重織.

down [daʊn] (*engl.*, unten, nieder'). ❶ 間 Down! (犬にむかって)おすわり. ❷ 副 へばって、落込んで.

'**Down·load** ['daʊnloːt, ..loːd] 男 -s/-s (*engl.*) 《コンピュータ》ダウンロード.

'**down·loa·den** ['daʊnloːdən, ..loːdən] 他 (*engl.*) 《コンピュータ》ダウンロードする.

'**Down·syn·drom** ['daʊn..] 中 -s/ (Mongolismus) 《病理》ダウン症候群.

Do'yen [doaˈjɛ̃ː] 男 -s/-s ≪複数まれ≫ (*fr.*) 外交団の首席、(グループの)最年長者、最古参、親玉.

***Do·zent** [doˈtsɛnt ドツェント] 男 -en/-en (*lat.*) **1** 大学教員. **2** 講師(まだ教授の地位についていない大学教員). **3** (Privatdozent) 私講師(州の文部省または関係の大学自身が任用した教員). ◆女性形 Dozentin 女 -/-nen

Do·zen'tur [dotsɛnˈtuːr] 女 -/-en **1** 大学講師の委嘱、辞令. **2** 大学講師の職(ポスト).

do·zie·ren [doˈtsiːrən] 自 (*lat.* docere, lehren') **1** (大学で)教える、講義する(an einer Universität ある大学で/über et⁴ 事⁴について). **2** ≪俗≫講義(教師)口調で話す.

dpa [deːpeːˈʔaː] (略) = Deutsche Presse-Agentur ドイツ通信社.

DR [deːˈʔɛr] (略) = Deutsche Reichsbahn (旧東ドイツの)ドイツ国有鉄道.

Dr. (略) = Doktor

'**Dra·che** ['draxə] 男 -n/-n (*lat.*) **1** ≪神話≫竜(旧約のヨブ記その他の記述から全身鱗におおわれ、翼をつけ複数の首をもつ大を吐く怪物の姿で想像されることが多い。キリスト教では悪魔の化身、ゲルマン神話では宝の守護者). **2** der ～ ≪天文≫竜座. **3** = Drachen 2

'**Dra·chen** ['draxən] 男 -s/- (↓ Drache) **1** 凧(たこ). einen ～ basteln ⟨steigen lassen⟩ 凧を作る⟨あげる⟩. **2** ≪話≫がみがみうるさい女. / ≪スポーツ≫(ヨットの)ドラゴン·クラス; (Drachenflieger) ハング·グライダー. **4** = Drache 1

'**Dra·chen·blut** 中 -[e]s/ **1** 竜の血(神話ではこれを浴びると不死身になるという). **2** ≪植物≫ りゅうけつじゅ(竜血樹 Drachenbaum). 熱帯産のゆり科の巨木の樹脂. **3** ドラッヘンブルート (Siebengebirge の山中で産する赤ワイン、またはシャンパンを混ぜたボウル酒).

'**Dra·chen·brut** 中 -/ 竜の族(やから)、悪漢、ならず者.

'**Dra·chen·flie·gen** 中 -s/ **1** ハンググライダーを使っての水上スキー. **2** ハンググライディング.

'**Dra·chen·saat** 女 -/-en ≪複数まれ≫ ≪雅≫ 《ギリシア神話》不和の種(Ovidの『変身物語』*Metamorphosen*によると、Kadmosが大地に蒔(ま)いた竜の牙から戦士が生れ互いに殺し合ったという).

'**Drach·me** ['draxmə] 女 -/-n (*gr.*) **1** ドラクマ((a)古代ギリシアの重量および貨幣の単位. (b) 現代ギリシアの旧通貨単位). **2** ≪古≫ドラフマ(薬局で使われた重量単位, =3.75 グラム).

Dra·gee, **Dra·gée** [draˈʒeː] 中 -s/-s (女 -/-s) (*fr.*) **1** ドラジェー(アーモンドなどを砂糖またはチョコレートでくるんだ菓子)、ボンボン. **2** ≪薬学≫糖衣錠.

dra·gie·ren [draˈʒiːrən] 他 (↓ Dragee) (アーモンドなどを)砂糖(チョコレート)でくるむ、糖衣する.

Dra·go·ner [draˈgoːnər] 男 -s/- **1** 《軍事》竜騎兵(18世紀までは dragon と呼ばれる銃で武装し、移動時にだけ馬に乗った歩兵だった). **2** ≪話≫ (上着·コートの背中の)留め金. **3** (卑) 男まさりの女、鉄火肌.

***Draht** [draːt ドラート] 男 -[e]s/Drähte (↓ drehen) **1** 針金、金属線、ワイヤー; 《兵隊》 (Stacheldraht) 有刺鉄線. *Drähte* [aus]ziehen 針金を製造する. **2** 《話》電話(電信)線; 《比喩》関係、つながり、接触. ein heißer ～ ホットライン(とくに国家間の非常用の直通電話). den ～ zu j³⟨nach Moskau⟩ nicht abreißen lassen 人³⟨モスクワ⟩との関係を断たない、維持する. *Drähte* ziehen 針金を張る;《とくに》電話線(電話ケーブル)を引く. **3** 《慣用句》 an den *Drähten* ziehen 陰で糸を操っている、黒幕である(↑Drahtpuppe, Drahtzieher). j⁴ auf ～ bringen ≪話≫ 人⁴の尻を叩く, (に)活を入れる. auf ～ sein 障(ぬか)りがない、元気である;抜け目(ぬかり)がない、機敏である. wie auf ～ gezogen (写真をとるときなど)行儀よく並んで、しゃちこばって. **4** (Pechdraht) 靴の縫い糸. **5** (隠) ≪古≫銭(ぜに).

'**Draht·an·schrift** 女 -/-en 《古》(電報用の)宛名略号.

'**Draht·ant·wort** 女 -/-en 《古》返電.

'**Dräh·te** ['drɛːtə] Draht の複数.

'**drah·ten** ['draːtən] 他 **1** 《古》(telegrafieren) 電報で知らせる、打電する. **2** ⟨物⁴を⟩針金で編み合せる、結びつける.

'**drah·ten**² 針金でできた、針金製の.

'**Draht·fens·ter** 中 -s/- 金網を張った窓.

'**Draht·funk** 男 -s/ 有線放送.

'**Draht·ge·flecht** 中 -[e]s/-e (フェンスなどに使う目の粗い)金網.

'**Draht·ge·we·be** 中 -s/- (籠などに使う目の細かい)金網.

'**Draht·git·ter** 中 -s/- (目の粗い)金網、針金格子.

'**draht·haa·rig** 剛毛の、ワイヤーヘアーの.

'**drah·tig** ['draːtɪç] 形 **1** 針金のような. **2** (肉体が)ひきしまった、しなやかな.

'**Draht·kom·mo·de** 女 -/-n (戯) ピアノ.

'**draht·los** 形 無線による.

'**Draht·nach·richt** 女 -/-en (古) 電信による報知、電報.

'**Draht·pup·pe** 女 -/-n **1** 針金人形. **2** 操り人形、マリオネット.

'**Draht·seil** 中 -[e]s/-e 鋼索、ワイヤー·ロープ.

'**Draht·seil·bahn** 女 -/-en ロープウェイ.

'**Draht·ver·hau** 男 (中) -[e]s/-e 鉄柵網; 《兵隊》乾燥野菜.

'**Draht·zan·ge** 女 -/-n ペンチ.

'**Draht·zie·her** 男 -s/- **1** (↑Draht 1) 針金製造人. **2** (↑Draht 3) 陰で糸を操る者、仕掛人、黒幕.

Drai·na·ge [drɛˈnaːʒə] 女 -/-n (*engl.*) **1** 《医学》ドレナージ、排膿法、排液法. **2** = Dränage 1

drai·nie·ren [drɛˈniːrən] 他 (*engl.*) **1** 《医学》(傷などを)排膿(排液)する. **2** = dränieren 1

Drai·si·ne [draɪˈziːnə] 女 -/-n **1** ドライジーネ(足げ式 2 輪車、自転車の前身). **2** 《鉄道》(保線用の)軌道車両. ◆いずれもその発明者ドライス Karl Friedrich Drais, 1785-1851 にちなむ.

dra'ko·nisch [draˈkoːnɪʃ] 形 (法的措置などが)苛酷きわまる、容赦ない. ◆古代ギリシアの厳格な立法者 Drakon の名前から.

drall [dral] 形 (とくに若い娘や子供が)がっしりした、まるまる太った、むっちりした.

Drall 男 -[e]s/-e ≪複数まれ≫ **1** (物体の)回転、自転.

Dra·ma ['dra:ma ドラーマ] 中 -s/Dramen (gr.) **1** 《複數なし》《文学》(文学ジャンルとしての)演劇. **2** ドラマ,戯曲,劇作. **3** 劇的(悲劇的)な出来事(事件).

Dra·ma·tik [dra'ma:tik] 囡 -/ **1**《文学》劇文学. **2** 劇的盛上がり.

Dra·ma·ti·ker [dra'ma:tikər] 男 -s/- 劇作家.

*__Dra·ma·tisch__ [dra'ma:tiʃ ドラマーティシュ] 形 **1** 演劇(劇文学)の. **2** ドラマチックな,劇的な.

dra·ma·ti·sie·ren [dramati'zi:rən] **1** (小説などを)芝居に仕立てる,脚色する. **2** 芝居がかった(大げさな)述べ方をする.

Dra·ma·turg [drama'turk] 男 -en/-en (劇場・テレビ局などの)文芸部員.

Dra·ma·tur·gie [..tor'gi:] 囡 -/-n[..gi:ən] **1** 演劇論; 作劇術; 劇評集. **2** (劇場などの)文芸部. **3** 脚色.

'**Dra·men** ['dra:mən] Drama の複数.

dran [dran] 副《話》**1** daran の口語的表現. **2** 《慣用的表現で》Ich denke gar nicht ~. 私はそんなことをする気は毛頭ない. Er hat jung ~ glauben müssen. 彼は若くして世を去らなくてはならなかった. ~ sein (誰々の)順番である(↑dransten). Jetzt bist du ~. さあ君の番だ. gut〈schlecht〉~ sein 調子がよい〈悪い〉, うまく行っている〈いない〉. Ich bin gut 〈schlecht〉mit ihm ~. 私は彼とうまく行っている〈いない〉. Man weiß nicht, wie man mit ihr ~ ist. 彼女のことをどう考えたらよいのか分からない. Da ist alles ~. 結構(よいこと)ずくめである(反語的にも). An dem Gerücht ist [schon] etwas ~. その噂は根も葉もないとではない. dran~ sein, ...zu tun ちょうど...しようとしているところである; あやうく...するところである.

Drä·na·ge [drɛ'na:ʒə] 囡 -/-n (fr.) **1** (湿地などの)排水[設備]. **2** = Drainage 1

'**dran|blei·ben*** 自 (s)《話》**1** その場を動かない. **2** an j³ ~ 人³にくっついて離れない.

drang [draŋ] dringen の過去.

*__Drang__ [draŋ] 男 -[e]s/-e《複数まれ》**1** 《まれ》圧迫, 重圧, 強制. im ~ der Geschäfte 仕事に追われて. **2** 衝動, 衝迫, 欲求. ~ nach Freiheit 自由への憧れ. aus innerem ~ やむにやまれぬ胸の思いに促されて. **3** 生理的欲求, 尿意, 便意.

'**drän·ge** ['drɛŋə] dringen の接続法 II.

Drän·ge·lei [drɛŋə'laɪ] 囡 -/-en **1** (Gedränge) 大混雑, 押合いへし合い. **2** うるさくせがむ(せっつく)こと.

'**drän·geln** ['drɛŋəln]《話》**1** 他 ❶ くいくい押す, 押しのける. j¹ in eine Ecke〈aus der Tür〉~ 人⁴を片隅に押しこめる(ドアの外に押し出す). **2** 人⁴にうるさくせがむ, (を)せっつく. ❷《sich⁴》割込む, 押合いへし合いする. sich durch die Menge ~ 人ごみを押分けて進む. ❸ 自 **1** (人ごみの中で)押す. Nicht so ~! そんなに押すな. **2** せがむ, せっつく.

*'__drän·gen__ ['drɛŋən ドレンゲン] **1** 他 ❶ 押しやる, 押しつける. j¹ an die Wand ~ 人⁴を壁ぎわに押しやる. sich⁴ an die Wand ~ lassen《比喩》冷遇される; おとなしすぎる. j¹ in die Defensive ~ 人⁴を守勢に追込む. j¹ zur〈auf die〉Seite ~ 人⁴をわきに押しのける. **2** せき立てる. Drängen Sie mich nicht so! そんなにせき立てないで下さい.《j¹ zu et³ drängen の形で》j¹ zur Eile〈zur Entscheidung〉~ 人⁴をせき立てる〈人⁴に決断をせまる〉. Lass dich nicht zum Handeln ~! 君はあわてて行動を起すことはないよ. sich⁴ gedrängt fühlen, sich⁴ zu entschuldigen 謝しか手がないと思う.《非人称的に》Es drängt mich, Ihnen zu danken. 私はどうしてもあなたにお礼を言わなくては気がすまない.

❷ 自 **1** 押しかける, 殺到する; (サッカーなどで)猛攻をかける. Bitte nicht ~! 押さないで下さい. Alles drängte zum Ausgang. みんなわれ先にと出口に殺到した.《過去分詞で》Der Saal war gedrängt voll. 広間は押すな押すなの満員であった. **2** (auf et⁴ 事⁴を)催促する, せっつく. auf die Entscheidung ~ 決断をせまる.《中性名詞として》auf Drängen des Vorstandes 上司に催促されて. **3** (時間・事態が)切迫している. Die knappe Zeit drängt zur Entscheidung. 決断の時が一刻の猶予もなく迫っている. eine drängende Aufgabe 焦眉(しょうび)の課題.

❸《sich⁴》(人ごみなどを)押分けて進む; 割込む. sich durch die Menge ~ 人ごみをかき分けて進む. Dazwischen drängte sich ein plötzlicher Einfall. そうしているうちに突然ある妙案が浮かんだ. sich in den Vordergrund ~ 目立ちたがる, しゃしゃり出る. sich zu et³ ~ しゃにむに物³(よい地位など)を得ようとする. sich zwischen die Streitenden ~ 争っている者たちの間に割って入る, 仲裁に入る. **2** 押しへし合いする, もみ合う. Die Leute drängten sich in die Halle. 人々はホールにどっとなだれ込んだ.

'**Drang·sal** ['draŋza:l] 囡 -/-e (中 -[e]s/-e)《雅》苦難, 苦境, 逼迫(ひっぱく).

drang·sa·lie·ren [draŋza'li:rən] 他 j¹ mit et³ ~ 人⁴を事³(質問・催促など)で苦しめる, 悩ます.

'**drang·voll** 形《雅》**1** 混雑した, 混み合った. **2** 重苦しい, 切迫した.

'**dran|hal·ten*** 再《sich⁴》《話》**1** 急ぐ. **2** (人の嫌がることを)いつまでもやめない.

'**dran|hän·gen¹*** 他《話》付随する, 関連(関係)がある.

'**dran|hän·gen²** ❶ 他 noch drei Tage an seinen Urlaub ~《話》休暇をさらに 3 日延ばす. ❷ 再《sich⁴》sich an j〈et〉³ ~《話》人〈事〉³の仲間になる, (に)加わる.

drä'nie·ren [drɛ'ni:rən] 他 (↓ Dränage) **1** Boden ~ 土地の水はけをよくする. **2** = drainieren 1

'**dran|kom·men*** 自 (s)《話》順番がくる(なる); (授業中に)当てられる.

'**dran|neh·men*** 他《話》**1** (順番がきた人⁴に)応待する. den nächsten Patienten ~ 次の患者を診る. **2** (授業に)当てる.

Dra·pe'rie [drapə'ri:] 囡 -/-n[..'ri:ən] (fr.) **1** (衣服・カーテンなどの)ひだ飾り, ドレープ. **2** 《美術》ドラペリー, 衣文(えもん)《着衣の波形の重わやひだの表現法》.

dra·pie·ren [dra'pi:rən] 他 **1** (衣服・カーテンなどに)ひだ飾りをつける, ドレープをとる. **2** 優美に飾る(とくに美しい布や紙などで).

drasch [draʃ] dreschen の過去 drosch の古形.

'**dras·tisch** ['drastɪʃ] 形 **1** (処置・手段が)思い切った, 断固とした; (効き目が)強烈な; (程度が)いちじるしい. Die Preise wurden ~ erhöht. 物価がひどく上がった. **2** (表現などが)露骨な, あからさまな.

dräu·en ['drɔyən] 圓《雅》=drohen

drauf [drauf] 圓《話》1 darauf の口語的表現. Auf dem Tisch liegt nichts mehr ~. テーブルの上にはもう何も残っていない. 2《成句で》gut〈schlecht〉~ sein 機嫌(体の具合)がよい〈悪い〉. ~ sein《麻薬》薬と手が切れない, ...と dran sein, ...zu tun やっとさに...しようとしている. 3《間投詞的に》Immer feste ~! (けんかなどのときに)やってしまえ.

Drauf·ga·be 囡 -/-n 1《法制》(Handgeld) 手付金. 2《商業》おまけ; 《音楽》アンコール・ピース.

'Drauf·gän·ger [..gɛŋər] 男 -s/- 大胆な(向こう見ずな, 無鉄砲な)男.

'drauf·gän·ge·risch [..gɛŋərɪʃ] 形 向こう見ずな, 無鉄砲な, 怖いもの知らずの.

'drauf|ge·ben* 他 1 (人³に物⁴を)おまけとして与える, 割増しとして払う. 2《音楽》アンコールに応じて演奏する. 2 j³ eins ~《話》人³に一発くらわす.

'drauf|ge·hen* 圓 (s)《話》1 (使って)なくなる, こわれる. All mein Geld ist *draufgegangen*. 私は全財産を使い果たしてしまった. 2 命を落とす, お陀仏になる; (獣が仕留められて)死ぬ.

'Drauf·geld 中 -[e]s/-er =Draufgabe 1

'drauf|ha·ben* 他《話》1 (事⁴を能く)くする, (が)お手のものである. ein Musikstück ~ ある曲目を得意にしている, レパートリーの中に入れている. nichts ~ 能無し(役立たず)である. Der neue Mitarbeiter *hat* wirklich was *drauf*. こんどの同僚はじつに優秀だ. 2 (あるスピード)を出す(車などで). Er *hatte* 160 Sachen *drauf*. 彼は160キロの猛スピードでぶっ飛ばしていた.

'drauf|hal·ten* 《話》❶ 他 1 狙いを定める. 2 急ぐ, 飛ばす. ❷ 圓 einen Finger ~ 指で押える.

'drauf|kom·men* 圓 (s)《話》(人・事)³の背後関係を探り出す.

'drauf|krie·gen 他 einen〈eins/etwas〉~《話》大目玉をくらう; ひどい目に遭う; 不運に見舞われる.

drauf·los [drauf'lo:s] 圖《目標に向かって)まっしぐらに, どんどん. Immer ~! どんどん進め(やれ).

drauf'los|ar·bei·ten 圓 猛烈に働きだす.

'drauf|ma·chen 他 einen ~《話》(飲んで)大いにはめをはずす.

'drauf|zah·len《話》❶ 圓 金を余計に払う(払いすぎる). ❷ 他 (ある額を)追加払いする.

draus [draus]《話》daraus の口語的表現.

'drau·ßen ['drausən ドラオセン] 圓 外(外部, 戸外)で〈に〉; はるか遠くで〈に〉. Bleib ~! 外で待っていろ! Er ist wieder ~.《話》彼は刑務所から出てきた. unsere Brüder und Männer ~《古》遠い戦地にいる私たちの兄弟や夫たち. Er ist ~ geblieben. 彼は二度と戻らなかった(戦死した, 行方不明だ). Das Boot ist noch ~. そのボートはまだ沖に出たままである. ~ in der Welt 広い世間で. nach ~ gehen 野外に出る.

'drech·seln ['drɛksəln] 他 1 旋盤(ろくろ)にかけて作る. 2《比喩》(文章などを)技巧をこらして作る. Gedichte〈Schmeicheleien〉~ 詩をひねり出す〈せじをいおい世辞を言う〉. 《過去分詞で》*gedrechselte* Sätze 凝った文章. wie *gedrechselt* sprechen わざとらしい(気取った)言い方をする. 《目的語なしで》an et³ ~ 物³をひねくりまわす.

'Drechs·ler ['drɛkslər] 男 -s/- 木工旋盤職人, 挽き物師, ろくろ師.

*****Dreck** [drɛk ドレク] 男 -[e]s/-《話》1 泥, 汚泥; 糞 (だ), くそ, 糞尿, 汚物, ごみ, あくた. Mäuse*dreck* ねずみの糞. ein〈der letzte〉~ sein 人間のかす(くず)である. frech wie ~ と厚かましい, けばしゃしゃくれている. Geld wie ~ haben 掃(は)いて捨てるほど金を持っている. j⁴ wie [den letzten] ~ [am Schuh] behandeln 人⁴をぞんざいに扱う. ~ am Stecken haben 人に傷をもっている, やましいところがある. Ich habe ihm seinen ~ nachgeräumt〈weggeräumt〉. 私は彼の不始末の尻ぬぐいをしてやった. j⁴〈et⁴〉durch〈in〉den ~ ziehen j〈et〉⁴ mit ~ bewerfen 人〈物〉⁴のことをくそみそに言う. im ~ stecken bleiben ぬかるみにはまって身動きがとれない. in den ~ fallen 地べたに倒れる. et⁴ in den ~ schmeißen ものを無ぞうさに捨てる, 浪費する. mit ~ und Speck 泥だらけで. Er aß den Apfel mit ~ und Speck. 彼はよごれたまま(洗わないで)りんごを食べた. Er starrt vor ~. 彼は全身泥まみれである. 2 窮地, 苦境. aus dem größten〈tiefsten〉~ herausseinn 最大の難局を乗り越した. im ~ sitzen〈stecken〉にっちもさっちも動きがとれない, 八方ふさがりである. 3 事柄, 仕事. seinen ~ alleine machen 自分のことは自分で始末する. den alten ~ wieder aufführen 古い(不愉快な)話をまたぞろ蒸し返す. Kümmere dich um deinen eigenen ~! 自分の身のしまつを心配したら. 4 つまらない(些細な)こと. einen ~ wert sein なんの価値もない, 一文の値打ちもない. sich⁴ um jeden ~ kümmern どんな瑣末なことにも目を光らせる, 細かなことにもいちいち口をはさむ. 5《次の用法で》einen ~ ...ってない(sehr wenig, gar nicht). Das geht dich einen [feuchten] ~ an. それは君にはなんの関係もないことだ.

'Dreck·ar·beit 囡 -/-en《話》よごれ仕事.

'Dreck·fink 男 -en/-en《話》(Schmutzfink) きたない(不潔な, いかがわしい)やつ; 泥だらけのきたない子供.

*****'dre·ckig** ['drɛkɪç ドレキヒ]《話》1 泥だらけの, きたない. Sie macht sich⁴ nicht gern ~. 彼女は汚れ仕事をきらいがる. ~ und speckig きたならしい. 2 卑猥(ひわい)な, 下品な, いやらしい. 3 意地悪い. 4 Es geht ihm finanziell〈gesundheitlich〉~. 彼は金に困っている(体の調子が思わしくない).

'Dreck·nest 中 -[e]s/-er《話》ぱっとしない(むさくるしい)田舎町.

'Dreck·sau 囡 -/-e《俗》1 不潔な(きたならしい)やつ. 2 下品な(いやらしい)人間, 下司(げす).

'Dreck·schwein 中 -[e]s/-e《俗》=Drecksau

'Drecks·kerl 男 -[e]s/-e《俗》1 不潔な男. 2 いやらしい男, 下司(げす).

Dreh [dre:] 男 -[e]s/-s⟨-e⟩(↓drehen) 1 (Drehung) 回転, ひねり, 方向転換. 2《話》こつ, 方法; 着想, (うまい)考え; 手管(てくだ), 策略. bei et³ den [richtigen〈rechten〉] ~ finden 事³の正しいやり方〈解決法〉を見つける. et³ den [richtigen] ~ geben 事³をうまく処理する. den [richtigen] ~ [he]raushaben⟨weghaben⟩こつを心得ている. auf einen ~ kommen⟨verfallen⟩うまいやり方(妙案)を思いつく. hinter j² ~ kommen 人²の策略を見抜く. 3 im ~ sein 仕事に没頭している. [so] um den ~ (概数をしめして)およそ(ほぼ)それくらい(↑Drehe).

Dr. e. h., Dr. E. h.《略》《古》=Doktor ehrenhalber, Doktor Ehren halber 名誉博士.

'Dreh·ach·se 囡 -/-n 回転軸; 《結晶》対称軸.

'Dreh·ar·beit 囡 -/-en 1《工学》旋盤(ろくろ)削りの仕事. 2《工学》ろくろ細工, 挽(ひ)き物. 3《多く複数で》《映画》撮影.

Dreh·bank 囡 -/-e 〖工学〗旋盤; ろくろ.
'dreh·bar ['dre:baːr] 形 回転できる, 回転式の.
'Dreh·blei·stift 男 -[e]s/-e (回転式の)シャープペンシル.
'Dreh·brü·cke 囡 -/-n 旋開橋.
'Dreh·buch 回 -[e]s/=er〖映画〗(撮影用の)台本, コンテ.
'Dreh·büh·ne 囡 -/-n〖演劇〗回り舞台.
'Dre·he ['dre:ə] 囡 -/〖地方〗(Nähe) 近く, 近辺.

'dre·hen ['dreːən ドレーエン] ❶ 他 **1** 回す, 回転させる. einen Kreisel⟨eine Kurbel⟩ ～ こま⟨クランク⟩を回す. das Gas auf klein⟨groß⟩ ～ ガスのコックで火を小さく⟨大きく⟩する. den Lichtschalter nach rechts ～ 電灯のスイッチを右にひねる. **2** (人・物⁴)の向きを変える,〈を〉方向転換させる. den Kopf nach links ～ 顔を左に向ける. j⟨et⟩³ den Rücken ～ 人⟨物⟩³に背を向ける, そっぽを向く. **3** (verdrehen)〈強引に〉ねじ曲げる. Er *dreht* alles, wie er es braucht. 彼はどんなことでも自分の都合のよいようにこじつける. et⁴ zu *seinem* Vorteil ～ 事⁴を自分の得になるように利用する, 我田引水する. wie man es auch *dreht* und wendet それをどんなにひねり回したところで. **4** 回して(丸めて)こしらえる; 旋盤(ろくろ)を使って作る. einen Film ～ 映画を撮(ʾ)る, 撮影する. Garn ～ 糸を撚(ʾ)る. Pillen ～ 丸薬(ʾ)を作る. eine Zigarette ～ タバコを巻く. **5** それにやってのける. Das hat sie sehr geschickt *gedreht*. 彼女はそれを抜かりなくやってのけた. ein Ding ～〖卑〗悪事を働く, わるさをする.

❷ 再 (*sich⁴*) **1** 回る, 回転する; (um et⟨j⟩⁴ 物⟨人⟩⁴のまわりに,〈を〉中心にして). Alles *dreht sich* mir⟨in meinem Kopf⟩. 私は頭がくらくらする, 目まいがする. Die Gedanken *drehen sich* im Kreise⟨im Kopf⟩. 考えが堂々めぐりをする. Die Erde *dreht sich* um ihre Achse⟨die Sonne⟩. 地球は自転する⟨太陽のまわりを回る⟩. Das Gespräch *drehte sich* um einen Roman. 話題はある長編小説のことであった.《非人称的に》*Es dreht sich* um et⁴. 事⁴が問題である, 大事なのは事⁴である. Hierbei *dreht es sich* um Geld. こさい問題は金である. **2** 向きが変る, 方向転換する. Der Wind *dreht [sich]* nach Nordwest. 風向きが北西に変る. **3** *sich* ～ und winden《比喩》あれこれ言逃れをする, じたばたする. **4** 立上る, 立止る, 出立する.

❸ 自 **1** (an et¹ 物¹)を回す, ねじる, ひねる. am Gashahn⟨am Radio⟩ ～ ガスのコックを回す⟨ラジオのつまみをひねる⟩. Da hat doch einer dran *gedreht*!《比喩》誰かいじったやつがいるね(調子がおかしいぞ). **2** 向きが変る, 方向転換する.

'Dre·her ['dreːər] 男 -s/- **1** 旋盤工, ろくろ師. **2** (回すための)握り, つまみ, ハンドル, (ドアの)取っ手, ノブ. **3**〖解剖〗軸椎, 第 2 頚椎(ʾʾ). **4**〖音楽〗ドレーアー(18 世紀に南ドイツ・オーストリアで流行した 3 拍子の舞曲). **5**〖話〗(車の横滑り, スピン.

'Dreh·ge·stell 回 -[e]s/-e (車両の)ボギー台車.
'Dreh·krank·heit 囡 -/〖獣医〗(羊などの)旋回病, 眩冒病; (紅鱒の幼魚などの)平衡障害.
'Dreh·kreuz 回 -[e]s/-e (改札口などにある十字形の)回転柵, 回り木戸; (ルーレット盤の十字形)スピン; (タレット旋盤の)星形車; (交通の)分岐点.
'Dreh·lei·er 囡 -/-n〖楽器〗ハーディ・ガーディ(9 世紀から 18 世紀まで用いられた大型の弦楽器).
'Dreh·mo·ment 回 -[e]s/-e〖機械〗回転(ねじり)モーメント, トルク.

'Dreh·or·gel 囡 -/-n〖楽器〗(Leierkasten) 手回しオルガン.
'Dreh·punkt 男 -[e]s/-e 回転(旋回)の中心点, 支点. *Dreh-* und Angel*punkt*《比喩》(物事の)要(ʾʾ), 核心.
'Dreh·schei·be 囡 -/-n **1**〖鉄道〗転車台. **2** ろくろ台; 回転盤. **3**《比喩》流通(交流)の要(ʾʾ),（文化的・経済的)中心点.
'Dreh·strom 男 -[e]s/〖電子工〗3 相交流.
'Dreh·stuhl 男 -[e]s/=e 回転椅子.
'Dreh·tür 囡 -/-en 回転ドア.
'Dre·hung ['dreːʊŋ] 囡 -/-en **1** 回転, 旋回; ねじれ. **2** 方向転換.
'Dreh·wurm 男 -[e]s/=er〖生物〗コエヌルス(coenurus), 共尾虫(羊の Drehkrankheit を惹起する). den⟨einen⟩ ～ haben⟨kriegen⟩《戯》目まいがする.
'Dreh·zahl 囡 -/-en〖機械〗回転数. *Drehzahl*messer 回転速度計, タコメーター.

drei [draɪ ドライ] 数 3, 3 つの.《原則として語尾変化しないが, 付加語的用法のときその前に格を明示する語がない場合は 2 格 ～er, また独立的用法は 1・4 格 ～e, 2 格 ～en という語尾をつけることがある》～ Freunde 3 人の友人たち. Es ist ～ [Uhr]. 3 時である. Das Kind ist ～ [Jahre alt]. その子供は 3 歳である. *Drei* plus ～ ist gleich sechs. 3＋3＝6. Wir sind [unser] ～. / Wir sind zu ～*en*. 私たちは 3 人である. die Aussage ～*er*⟨der ～⟩ Zeugen 3 人⟨その 3 人⟩の証人たちの証言. Ich habe mit ihm keine ～ Worte gewechselt. 私は彼とはほとんど言葉を交わしたことがない. Sie können alle nicht auf⟨bis⟩ ～ zählen.《話》あの連中ときたら揃いも揃って馬鹿ばかりだ. ehe man⟨ich⟩ auf⟨bis⟩ ～ zählen kann あっという間に. für ～ essen《話》3 人分平らげる. 大食する. Hunger für ～ haben ひどく腹が空(ʾ)いている. in ～ Tagen 3 日後に. et⁴ in ～ Worten erklären 事⁴を手短に説明する. zu je ～*en* / zu ～ und ～ 3 人ずつ. sechs zu ～ gewinnen 6 対 3 で勝つ.

♦ ¹dreier の後に置かれた形容詞は強変化. この形容詞が名詞化した場合も同じく(まれに弱変化). die Auszeichnung ～*er* japanischer Mitarbeiter 3 人の日本人協力者の表彰. die Flucht ～*er* Gefangener ⟨まれ ～*er* Gefangenen⟩ 3 人の捕虜たちの脱走.

♦ ² ↑ **vier**

Drei 囡 -/-en 3 という数(数字); (バス・電車の) 3 番(路線); (トランプの) 3 の札, (さいころの) 3 の目; (学校の評点の) 3. in die ～ umsteigen 3 番(バス, 電車)に乗り替える. Er hat im Zeugnis zwei ～*en*. 彼の成績表には 3 が 2 つある. ♦ ↑ Dreier, Eins

Drei'ach·tel·takt [draɪ'axtəl..] 男 -[e]s/〖音楽〗8 分の 3 拍子.
'Drei·ak·ter 男 -s/- (↓..akter)〖演劇〗3 幕物.
'drei·bei·nig 形 3 本足の.
'Drei·blatt 回 -[e]s/=er **1**〖話〗3 つ葉の植物. (とくに)クローバー. **2**〖建築〗(ゴシック建築の)三葉アーチ.
'Drei·bund 男 -[e]s〖歴史〗3 国同盟(1882–1915 ドイツ・オーストリア＝ハンガリー・イタリア間に締結された).
'drei·di·men·si·o·nal 形 3 次元の. ～*er* Film 《略 3-D-Film》立体映画.
*'**Drei·eck** ['draɪɛk ドライエク] 回 -[e]s/-e 3 角(形); 3 角地帯; (サッカーの)ゴール上部の隅.
'drei·eckig 形 3 角(形)の. ein ～*es* Verhältnis 三

角関係(Dreiecksverhältnis とも).

'Drei·ecks·ver·hält·nis 田 -ses/-se《話》(男女間の)三角関係.

'drei·ein'halb ['draɪ|aɪn'halp] 形 3と2分の1(の) (3½).

drei'ei·nig [draɪ'|aɪnɪç] 形《キリスト教》(dreifaltig) 三位(ぶん)一体の. der ~e Gott 三位一体の神(↑次項).

Drei'ei·nig·keit 囡 -/《キリスト教》(Dreifaltigkeit, Trinität)《父と子と聖霊の》三位(ぶん)一体. die Heilige ~ 聖三位一体(三位一体の神のこと).

Drei'ei·nig·keits·fest 田 -[e]s/-e《キリスト教》(Trinitatis) 聖三位一体の祝日(聖霊降臨後の最初の日曜日).

'Drei·er ['draɪər] 男 -s/-(↓drei) **1** (16-18世紀北ドイツの) 3ペニヒ硬貨(銀貨, のち銅貨). Das ist keinen ~ wert. それは三文(焚)の値打ちもない. seinen ~ dazu geben《dazugeben》〈訊かれもしないのに〉自分の意見を述べる, ひとこと言わずにはおれない. nicht für einen ~ 少しも…ない. **2**《話》《南ド》(数字の) 3; (宝くじの) 当り数字; (バス・電車の) 3番(路線); (トランプの) 3の札, (さいころの) 3の目; (学校の評点の) 3; (フィギュアスケートで描く) 3の字型. ▶ ↑ Drei, Achter

'drei·er·lei ['draɪərlaɪ] 形《不変化》3種類の, 3通りの.

'Drei·er·rei·he 囡 -/-n 3列. in ~ 3列にならんで.

'drei·fach 形 3倍の, 3重の. Ein ~[es] Hoch auf j[!] 人〈ためにゝ乾杯! doppelt und ~ 2重にも3重にも; くどいほど.《名詞的用法》das Dreifache 3倍.

'drei·fal·tig [..faltɪç] 形 =dreieinig

'drei·fäl·tig [..fɛltɪç] 形《古》=dreifach

Drei'fal·tig·keit 囡 -/ =Dreieinigkeit

'Drei·far·ben·druck 男 -[e]s/-e《複数なし》3色版印刷. **2** 3色刷りの印刷物.

'drei·far·big 形 3色の.

Drei'fel·der·wirt·schaft [draɪ'fɛldər..] 囡 -/《農業》三圃(ﾎ)制度. ♦農地を小麦などの冬蒔き地, 豆類・燕麦などの春蒔き地, 家畜の放牧地と3分する中世以来の農法.

'Drei·fuß 男 -es/-e 3脚, 3脚台; (くつ底修理用の3本足の)鉄鐙(ﾆﾖ);《古》(3本足の)五徳(ﾀｸ).

'drei·fü·ßig 形 3脚の, 3本足の.

'drei·hun·dert ['draɪ'hondərt] 数 300, 三百(の).

'drei·jäh·rig [..jɛːrɪç] 形《付加語的用法》3年の, 3歳の; 3年間の.

'drei·jähr·lich 形《述語的には用いない》3年ごとの.

'Drei·kant 中《男》-[e]s/-e 3面角, 3稜角.

Drei'kä·se·hoch ['draɪ'kɛːzəhoːx] 男 -s/-[s]《戯》(丸いチーズを3個重ねたほどの背丈の意から)ちびっこ, 小さな男の子.

'Drei·klang 男 -[e]s/-e《音楽》3和音.

Drei'kö·ni·ge [draɪ'kø:nɪgə] 複《無冠詞で》=Dreikönigsfest

Drei'kö·nigs·fest 田 -[e]s/-e《キリスト教》(Epiphanie, Erscheinungsfest) ご公現の祝日, 顕現(ｹﾝ)祭. ♦1月6日, 東方の3博士の幼な子イエス来拝を異邦人に対する主のご公現の日として祝う.《新約》マタ2:1-2, 7, 16.

'drei·mal ['draɪma:l] 副 3度, 3回, 3倍に. ♦ 3-mal とも書く.

'drei·ma·lig [..ma:lɪç] 形《付加語的用法》3度の, 3回の.

'Drei·mas·ter [..mastər] 男 -s/- 3本マストの帆船;

(つばの広い)三角帽子.

'drei·mo·na·tig [..mo:natɪç] 形《付加語的用法のみ》生後3カ月の; 3カ月間の.

'drei·mo·nat·lich 形 3カ月毎の.

drein [draɪn] 副《話》=darein

'drein·bli·cken 自 (…の)目つきをする. traurig ~ 悲しそうな目つき(顔つき)をする.

'drein·fah·ren* 自 (s)《話》(けんかなどのときに)割って(止めに)入る.

'Drein·ga·be 囡 -/-n《地方》付録, 景品; 値引.

'drein·ge·ben* **❶** 他《雅》諦(ｱｷﾗ)める, 我慢する, 放棄(断念)する(für et⟨j⟩[4] 事⟨人⟩[4]のために). **❷** 再《sich[4]》《まれ》運命に身を委ねる, 観念する.

'drein·re·den 自《話》(人[3]に)口出しをする, (人[3]の)話にくちばしをはさむ. Ich lasse mir in meine Arbeit nicht⟨von niemandem⟩ ~. 私は仕事のことでは誰の干渉も受けない.

'drein·schau·en 自 =dreinblicken

Drei'pha·sen·strom [draɪ'fa:zən..] 男 -[e]s/《電子工》=Drehstrom

'Drei·rad 田 -[e]s/-er **1** (子供用の) 3輪車. **2** オート3輪.

'drei·sei·tig [..zaɪtɪç] 形 3辺の; 3ページの; 3方の, 3者の.

'drei·sil·big [..zɪlbɪç] 形《韻律》3音節の.

'drei·spal·tig [..ʃpaltɪç] 形《印刷》3段組みの.

'Drei·spitz -[e]s/-e (↓Spitze) 三角帽子.

'drei·spra·chig 形 3ヵ国語の(を話す).

'Drei·sprung 男 -[e]s/-e《陸上競技》三段跳び.

*'**drei·ßig** ['draɪsɪç ドライスィヒ] 数 30, 三十(の). ↑ achtzig

Drei·ßig 囡 -/-en **1** 30という数(数字). **2**《複数なし》30歳代. ♦ ↑ Achtzig

'Drei·ßi·ger [draɪsɪgər] 形《不変化》**1** 30の. **2** (ある世紀の) 30年代の; 30歳代の. ♦ 30er とも書く. ↑ achtziger

'Drei·ßi·ger 男 -s/- **1** 30歳の男; 30歳代の男; 30年産のワイン. **2**《複数で》30歳代; (ある世紀の) 30年代. ♦ ↑ Achtziger

'Drei·ßi·ger·amt 田 -[e]s/-er《キリスト教》30日忌(故人没後・埋葬後30日目にあげるミサ).

'Drei·ßig·jäh·rig 形《付加語的用法のみ》**1** 30歳の. **2** 30年の. der Dreißigjährige Krieg《歴史》三十年戦争(1618-1648).

'drei·ßigst ['draɪsɪçst] 形《序数》第30の, 30番目の.

dreist [draɪst] **❶** 形 厚かましい, 図々しい, 不遜な. **❷** 副 ためらわずに, 物怖じせずに. Frag nur ~ drauflos! さあ遠慮せずに質問を.

'Dreis·tig·keit ['draɪstɪçkaɪt] 囡 -/-en **1**《複数なし》厚かましさ, 図々しさ. **2** 厚かましい(図々しい)言動.

'drei·stim·mig [..ʃtɪmɪç] 形《音楽》3声の.

'drei·stö·ckig [..ʃtœkɪç] 形 4階建ての; 3階建ての.

'drei·stün·dig 形 3時間の.

'drei·stünd·lich 形 3時間ごとの.

Drei'ta·ge·fie·ber [draɪ'ta:gə..] 田 -s/-《医学》三日熱, パパタチ熱.

'drei·tä·gig [..tɛ:gɪç] 形《付加語的用法のみ》**1** 生後3日の, 3日目の. **2** 3日間の.

'drei·täg·lich 形 3日ごとの.

'drei·tau·send 数 3000, 三千(の).

'**drei·tei·lig** [..taɪlɪç] 形《副詞的には用いない》3つの部分から成る、3つ1組の;《服飾》3つ揃いの. ◆3-teilig とも書く.

'**drei 'vier·tel**, °'**drei'vier·tel** [..'fɪrtəl] 形《不変化》4分の3の(³/₄). ~ drei [Uhr] 2時45分.

'**Drei'vier·tel·mehr·heit** 囡 -/-en (採決などで)4分の3以上の多数.

'**Drei'vier·tel·stun·de** 囡 -/-n 4分の3時間, 45分.

'**Drei'vier·tel·takt** 男 -[e]s/《音楽》4分の3拍子.

'**Drei·zack** 男 -[e]s/-e (↓Zacke) **1**《[ギリシア]神話》(海神 Poseidon の)3股の戟(ほこ). **2**《植物》しばな科.

*'**drei·zehn** ['draɪtseːn ドライツェーン] 数 13(の). um [das Jahr] dreizehnhundert 1300年に. Jetzt schlägt's [aber] ~!《話》いかになんでもひどすぎる、開いた口がふさがらぬ.

'**drei·zehnt** [..tseːnt] 形《序数》第13の, 13番目の.

Drei'zim·mer·woh·nung 囡 -/-en 3室の住居(台所・風呂場つき).

Drell [drɛl] 男 -s/-e (北ドイツ) =Drillich

Dres. [dɔk'toːreːs]《略》=**doctores** (lat., Doktoren') Doktor 1つの複数を示す略号. ↑Doktor

'**Dre·sche** ['drɛʃə] 囡 -/《話》(Prügel) 殴打(だ). ~ bekommen 殴られる.

'**dre·schen*** ['drɛʃən] drosch (drasch), gedroschen / du drischest (drischst), er drischt ❶ 他 **1**《穀物・豆を》脱穀(打穀)する. leeres Stroh ~《話》むだな仕事(ちもない お喋り)をする. Karten⟨Skat⟩ ~ トランプ⟨スカート⟩に熱中する. Phrasen ~ 美辞麗句を並べる. **2**《話》殴る. **3**《話》勢いよく叩く, 叩きつける. den Ball ins Tor ~ ボールをゴールに叩きこむ. einen Walzer ~ （ピアノで)へたなワルツを弾く. ❷ 自 *jn* ⟨auf/gegen/über⟩ *et⁴* ~《話》物⁴を力まかせに叩く.

'**Dre·scher** ['drɛʃər] 男 -s/- **1** 脱穀する人. **2**《製紙》ビーター(古紙などを叩いてほぐす機械);《紡織》ビーター, 解繊機.

'**Dresch·fle·gel** ['drɛʃ..] 男 -s/- (打穀用の)穀竿(さお).

'**Dresch·ma·schi·ne** ['drɛʃ..] 囡 -/-n 脱穀機.

'**Dres·den** ['dreːsdən]《地名》ドレースデン(ドイツ東部、エルベ川中流、ザクセン州の古都).

'**Dres·de·ner** ['dreːsdənər], '**Dresd·ner** ['dreːsdnər] ❶ 男 -s/- ドレースデンの住民(出身者). ❷ 形《不変化》ドレースデンの.

Dress, °**Dreß** [drɛs] 男 -[es]/-e (↑ティー) 囡 -/-en (engl.)《複数まれ》**1** (特定の機会に着用する)衣服,(とくに)スポーツウェア. **2** (人目をひく)最新流行の服. in vollem ~ sein《話》ドレスアップしている、めかしこんでいる.

Dres'seur [drɛˈsøːr] 男 -s/-e (fr.) 調教師.

dres'sie·ren [drɛˈsiːrən] 他 (fr.) **1**《動物を》仕込む, 調教する;《子供などを》しつける(auf *et⁴* 事⁴をするように / für ~ 事⁴のために). einen Hund auf *jn* ~ 人⁴に飛びかかるように犬を仕込む. das Kind auf Gehorsam ~ 子供をよく言うことを聞くようにしつける. **2**《料理》(焼く前に)肉を糸でしばる(形を整えるために);(とくにケーキなどに)デコレーションをつける(mit *et⁴* 物⁴で); (チューブから生クリームなどを)しぼり出す (auf *et⁴* 物⁴の上に). **3**《紡織》(フェルト帽などに)ブレスする;(くず絹糸を)すく. **4**《工学》(圧延鋼板など平たいものを)仕上げる.

'**Dres·sing** ['drɛsɪŋ] 中 -s/-s (fr.)《料理》ドレッシング.

Dress·man ['drɛsmən] 男 -s/..men [..mɛn] (engl.) **1** 男性ファッション(写真)モデル. **2**《婉曲》ドレスマン(ゲイを相手に売春する若い男).

Dres'sur [drɛˈsuːr] 囡 -/-en (fr.) **1**《複数まれ》調教, 訓練. **2**（動物の)芸当, 曲芸. **3**《複数なし》《馬術》調教馬術.

Dres'sur·prü·fung 囡 -/-en (犬・馬の)調教テスト.

Dr. h. c. ['dɔktoːr ha: 'tseː]《略》=**Doktor honoris causa** 名誉博士.

'**drib·beln** ['drɪbəln] 自 (engl.)《球技》ドリブルする.

Drift [drɪft] 囡 -/-en (engl.) 吹送(ふうそう)流;風の力に起こる潮の流れ);(機体・船体の)偏流; 漂流(物);《工学》(温度などの緩慢な影響による計器の)偏差.

'**drif·ten** [ˈdrɪftən] 自 (s) (潮流・風に)流される, 漂流する.

Drill¹ [drɪl] 男 -[e]s/ (↓drillen) **1** (きびしい)訓練;《軍事》教練. **2** かかった魚を泳がせて弱らせること.

Drill² 男 -[e]s/-e 《地方》=Drillich

Drill³ 男 -s/-e (engl.)《動物》ドリル(アフリカ産ひひの一種).

'**Drill·boh·rer** 男 -s/- (手動式の)螺旋(らせん)ドリル.

'**dril·len** ['drɪlən] 他 **1** (反復して)訓練する, きびしく鍛える (auf *et⁴* 反射的に事⁴が行われるように / für *et⁴* 事⁴のために). Rekruten ~ 新兵を教育する. auf *et⁴* gedrillt sein 事⁴ができるように仕込まれている. **2**（木に)ドリルで穴をあける. **3** die Saat ~《農業》条播(じょうは)機で種を筋まきする. **4** (かかった魚を泳がせてだんだんに弱らせる. **5** 回転させる、(糸を)撚(よ)る.

'**Dril·lich** ['drɪlɪç] 男 -s/-e《紡織》太綾織り(かつらぎ織り)の綿布(亜麻布).

'**Dril·ling¹** ['drɪlɪŋ] 男 -s/-e (↓drillen 5) (水車の)輪軸.

'**Dril·ling²** 男 -s/-e (↓drei) **1** 3つ子の1人;《複数で》3つ子. ▶↑Zwilling **2** 3連戦銃; 3股の釣針.

'**Drill·ma·schi·ne** 囡 -/-n《農業》条播(じょうは)機, 筋まき機.

drin [drɪn] 副《話》**1** darin の口語的表現. **2** (drinnen) ~ bleiben ずっと屋内にいる. **3**《慣用的表現で》Das ist nicht ~. それは話が違う, 勘定に入ってない; それは無理だ, できない. Da ist noch alles ~. まだまだ見込みがある. in *et³* ganz ~ sein 事³がお手のものである,(に)習熟している.

Dr.-Ing.《略》=**Doktoringenieur** 工学博士.

*'**drin·gen*** ['drɪŋən ドリンゲン] drang, gedrungen 自 (s, h) **1** (s) 押しのけて進む, 突き進む; 噴出する;(やっとのことで)到着する. Aus dem Kessel *dringen* Dämpfe. 湯沸かしから湯気が吹き出している. Wasser *dringt* durch⟨in⟩ die Schuhe. 水が靴の中にしみこむ. Das Gerücht ist auch zu mir *gedrungen*. 噂は私の耳にも達している.《慣用的表現で》*et¹* auf den Grund ~ 事¹を根ほり葉ほり調べる. Es *dringt* mir durchs Herz. それは私の胸をえぐる. in die Öffentlichkeit⟨die Welt⟩ ~ (噂などが)世間に広まる. Das Lied *dringt* zu Herzen. その歌は胸を打つ. **2** (s, まれに h) (in *j⁴* 人⁴に)せまる, 食い下がる, つきまとう. Versuche nicht, in mich zu ~! 私から無理に聞出そうとするな. in *j⁴* mit Fragen ~ 人⁴を質問攻めにする. **3** (h) (auf *et⁴* 事⁴を)しつっこく要求(催促)する, せがむ. **4** sich³ zu *et¹ gedrungen fühlen*《古》事¹をしないでは気がすまない(↑drängen ① 2).

*'**drin·gend** ['drɪŋənt ドリンゲント] 現2分 形 **1** 急を要する, 火急(緊急)の. eine ~*e* Arbeit 急ぎの仕事. ein ~*er* Brief 速達. **2** 切迫した, うむを言わせぬ; 明白

'**dring·lich** ['drɪŋlɪç] 形 dringend

Drink [drɪŋk] 男 -[s]/-s 〈engl.〉飲物, ドリンク(多くアルコール入りのもの, とくにカクテル).

*'**drin·nen** ['drɪnən ドリネン] 副 (↔ draußen) 中で(に), 屋内で(に).

'**drin|sit·zen*** 自 《話》八方ふさがりである, 苦境にある.

'**drin|ste·cken*** 自 《話》**1** (in et¹ 事³に)どっぷり浸かっている, 熱中している, 手こずっている. **2** (粟醤 証券などとして)ひそんでいる (in j⟨et⟩³ 人⟨物⟩³の中に). **3** in et³ nicht ~ 事³の勝手が分からない.

drisch [drɪʃ] dreschen の命令形.

'**dri·schest** ['drɪʃəst], **drischst** [drɪʃst] dreschen の現在 2 人称単数.

drischt [drɪʃt] dreschen の現在 3 人称単数.

*'**dritt** [drɪt ドリト] 形 《序数》(↓ drei) 第 3 の, 3 番目の. Heute ist der ~e⟨der 3.⟩ Mai. 今日は 5 月 3 日である. *Dritter* Orden 〖宗〗第 3 会(男子修道会の第 1 会, 女子修道会の第 2 会に対して平信徒の修道会をいう). das *Dritte* Reich 〖歴史〗第 3 帝国 (1933-45, Hitler のドイツ). der ~e Stand 第 3 階級(貴族・聖職者階級に対する市民階級). die *Dritte* ⟨~e⟩ Welt 第 3 世界, 発展途上国. Das ist sein ~es Wort. 彼はふた言目にはそう言う. zu ~ 3 人で, zum *Dritten* ⟨~en⟩ (列挙して)第 3 に, 3 番目に. **2** 第三者の, 当事者でない, 局外(中立)の. aus ~er Hand 間接的に. ♦ ↑ Dritte, viert

dritt.. [drɪt..] 《接頭》形容詞の最上級に冠して「3 番目」の意を表す. *dritt*best 3 番目に良い. der *dritt*höchste Berg 3 番目に高い山. der *dritt*letzte Läufer 最後から 3 番目のランナー.

'**Drit·te** ['drɪtə] 《形容詞変化》❶ 1 3 番目の人; 3 世. Im Wettlauf wurde er ~r. 競争で彼は 3 等になった. Friedrich der ⟨III.⟩ フリードリヒ 3 世. **2** 《女性形で》die ~ von Beethoven ベートーヴェンの交響曲第 3 番. **3** 第三者, 局外者. der lachende ~ 漁夫の利を占める人. Sprich bitte nicht vor ~n darüber! 関係のない人たちの前ではそのことを言わないでもらいたい. ❷ 《形容詞変化》第 3 のこと(もの). Es gibt kein ~s. 第 3 道はない.

'**dri·tel** ['drɪtəl] 形 《不変化》3 分の 1 の.

'**Drit·tel** ['drɪtəl] 〈小男〉 -s/ **1** 3 分の 1. **2** 〖アイスホッケー〗ゾーン; ピリオド.

'**drit·teln** ['drɪtəln] 他 3 つに分ける, 3 分する.

'**drit·tens** ['drɪtəns] 副 第 3 に, 3 番目に.

'**dritt·klas·sig** ['drɪtklasɪç] 形 3 流の.

'**Dritt·mit·tel** 複 (国公立大学など公共の機関・団体に企業から提供される)枠外(予算外)資金.

Dr. jur. ['dɔkto:r 'juːr] 〈略〉=Doktor juris 法学博士.

DRK [deːʔɛrˈkaː] 中 -[s] 〈略〉=Deutsches Rotes Kreuz ドイツ赤十字社.

Dr. med. ['dɔktor 'meːt, ..'meːt] 〈略〉=Doktor medicinae 医学博士.

Dr. med. dent. [..'dɛnt] 〈略〉=Doctor medicinae dentariae 歯科医学博士.

Dr. med. vet. [..'veːt] 〈略〉=Doktor medicinae veterinariae 獣医学博士.

'**dro·ben** ['droːbən] 副 《雅》《南ドイツ》(dort oben) あの上の方で. ~ im Himmel⟨Zimmer⟩ 天上で⟨上の部屋で⟩.

Dr. oec. [ˈdɔktoːr ˈœk] 〈略〉=Doktor oeconomiae 経済学博士.

'**Dro·ge** ['droːɡə] 女 -/-n 〈fr.〉**1** 薬種, 生薬(きぐすり), 売薬. **2** (Rauschgift) 麻薬.

'**dro·gen·ab·hän·gig** 形 麻薬中毒の.

'**Dro·gen·han·del** 男 -s/ 麻薬取引.

'**Dro·gen·sucht** 女 -/ 麻薬中毒.

'**Dro·gen·sze·ne** 女 -/ 麻薬の世界(業界).

*'**Dro·ge·rie** [droɡəˈriː ドロゲリー] 女 -/-n [..ˈriːən] ドラッグストア, 薬屋.

Dro'gist [droˈɡɪst] 男 -en/-en 薬屋の店主(店員).

'**Droh·brief** ['droː..] 男 -[e]s/-e 脅迫状.

'**dro·hen** ['droːən ドローエン] 動 **1** (人³を)おどす, 脅迫する. j³ mit der Faust⟨dem Finger⟩ ~ こぶしをあげて⟨指を立てて⟩人³をおどす. j³ mit der Polizei ~ 人³を警察に告げるぞと言って脅迫する. j³ ⟨damit⟩ ~, ihn j³ zu entlassen 人³を解雇すると言っておどす. **2** (a) (危険・変事などが)迫っている. Ein Gewitter *droht*. 夕立が来そうだ. eine *drohende* Krise 迫り来る危機. (b) 《zu 不定詞句を》今にも…しそうだ. Das Dach *droht* einzustürzen. 屋根が今にも落ちそうだ.

'**Droh·ne** ['droːnə] 女 -/-n **1** (蜜蜂の)雄(蜂). **2** 《比喩》ごくつぶし, 居候. **3** 《軍事》無人偵察機.

'**dröh·nen** ['drøːnən] 動 **1** 鳴り響く, とどろく, どよめく, 鳴動する. Der Lärm *dröhnt* mir in den Ohren. / Vom Lärm *dröhnen* mir die Ohren. 騒音で耳がガンガンする. Mein Kopf *dröhnt*. / Mir *dröhnt* der Kopf. (頭痛で)頭がガンガンする. *dröhnender* Beifall 割れるような拍手. **2** 《北ドイツ》むだ口をたたく. **3** 《隠》薬(ヤク)をやる.

'**Droh·nen·da·sein** 中 -s/ (↑ Drohne) ごくつぶしの生活. ein ~ führen くうたらな生活をする.

'**Droh·nen·schlacht** 女 -/-en (↑ Drohne) 〖生物〗雄蜂殺し(女王蜂との交尾を終えた雄蜂を働き蜂の雌が巣から追出して殺してしまうこと).

*'**Dro·hung** ['droːʊŋ ドローウング] 女 -/-en おどし, 脅迫, 恐喝. eine leere ~ こけおどし.

Dro·le'rie [droləˈriː] 女 -/-n [..ˈriːən] 〈fr.〉**1** 《複数なし》滑稽, おかしさ. **2** (滑稽な)小咄, 一口話; 茶番劇. **3** 《美術》(中世の木彫の装飾などに見られる)グロテスクで滑稽な像, ドロレリー.

*'**drol·lig** ['drɔlɪç ドロリヒ] 形 〈ndl.〉**1** 面白い, 滑稽な, おどけた. ~ erzählen 面白おかしく話して聞かせる. **2** (子供の仕草などが)おかしくてかわいい, 愛くるしい.

Dro·me'dar [droməˈdaːr, ˈdroːmedaːr] 中 -s/-e 〈lat.〉〖動物〗ひとこぶらくだ. ↑ Kamel

'**Drop-out** ['drɔpˌaʊt, -'-] 男 -s/-s 〈engl.〉**1** 落ちこぼれ, 落伍者. **2** 〖工学〗ドロップアウト. **3** 〖ゴルフ〗ドロップアウト.

Drops [drɔps] 男 (中) -/- 〈engl.〉《ふつう複数で》ドロップ(あめ玉).

drosch [drɔʃ] dreschen の過去.

'**drö·sche** ['drœʃə] dreschen の接続法 II.

'**Drosch·ke** ['drɔʃkə] 女 -/-n 〈russ.〉(昔の)辻馬車; 《古》タクシー.

'**Dros·sel**¹ ['drɔsəl] 女 -/-n 〖鳥〗つぐみ(鶫).

'**Dros·sel**² 女 -/-n **1** 〖狩猟〗(獣ののど). **2** 〖工学〗スロットルバルブ, 絞り弁; 〖電子工〗チョークコイル.

'**Dros·sel·ader** 女 -/-n 〖解剖〗頸静脈.

'**Dros·sel·bart** 男 -[e]s/ (↑ Drossel¹) König ~ つ

くみのひげの王様(顎につくみのくちばしに似たひげを生やした王、ドイツの童話中の人物).

Dros·sel·klap·pe 囡 –/–n 〖工学〗スロットルバルブ、絞り弁.

'dros·seln ['drɔsəln] 他 **1**〈物⁴の〉流れを絞る；働きを抑える；抑制(制限)する．die Heizung〈Einfuhr〉~ 暖房を弱くする〈輸入を抑える〉．**2**《古》〈人⁴の〉首を絞める．

Dros·sel·spu·le 囡 –/–n 〖電子工〗チョークコイル．
Dros·se·lung, Dross·lung 囡 –/–en (弁による)絞ること，(回転数などの)落とすこと，抑制，制限．
Drost [drɔst] 男 –[e]s/–e 〖歴史〗(Landvogt) (中世のニーダーザクセン地方の)代官，知事．
Dros·te-'Hüls·hoff ['drɔstə·'hylshɔf] 《人名》Annette von ~ アネッテ・フォン・ドロステ＝ヒュルスホフ (1797–1848，ドイツの女流詩人).
Dr. phil. ['dɔktɔːɐ ˈfiːl, ˌ..ˈfiːl] 《略》= Doktor philosophiae 哲学博士，文学博士．
Dr. rer. nat. [ˌ..ˈreːɐ ˈnat] 《略》= Doktor rerum naturalium 理学博士．
Dr. theol. [ˌ..ˈteːɔl, ˌ..teˈɔl] 《略》= Doktor theologiae 神学博士．

'drü·ben ['dryːbən] 副 (話) 向こう(側)に．da〈dort〉~ あの向こうに．~ über dem Rhein ライン川の向こうに．nach ~ gehen 向こう側へ行く；あちら(外国，海外)へ行く；(とくに)アメリカへ行く．◆ドイツが東西に分割されていた時代にはたがいに相手の地域のことを drüben と言った．

'drü·ber ['dryːbɐ] 副《話》darüberの口語的表現．↑drunter

Druck¹ [drʊk ドルク] 男 –[e]s/Drücke (↓drücken) **1**《複数なし》押(圧)すこと，握ること；圧迫感．Händedruck 握手．Es bedarf nur eines leichten ~s auf den Knopf. ボタンを軽く押すだけでよい．einen ~ im Magen verspüren 胃が重たい．**2**〖物理〗圧力．Wasserdruck 水圧．**3**《複数なし》(精神的な)圧迫，重圧；強要，強制，窮迫．einen ~ auf j⁴ ausüben 人⁴に(圧力)をかける．hinter et⁴ ~ machen〈setzen〉事⁴を急がせる．im〈in〉 ~ sein / im ~ sitzen (経済的・時間的に)切羽詰まっている．j⁴ unter ~ setzen 人⁴に圧力をかける，強制(強要)する．et⁴ unter ~ tun 事⁴を無理やりやらされる．

*'**Druck²** [drʊk ドルク] 男 –[e]s/–e(–s) (↓drucken) **1**《複数なし》印刷．in ~ geben 物⁴を印刷に入れる(まわす)．**2** 印刷物，刊本，(印刷複製された)絵，版画；(出版物の)版，刷(ｽﾘ)．Erstdruck 初版，初度刷り．Nachdruck 増刷，重版；リプリント，翻刻．**3** 活字の大きさ，字体．**4**《複数 –s》〖紡織〗プリント地．

'Druck·an·zug 男 –[e]s/²e 〖工学〗与圧服，宇宙服．
'Druck·blei·stift 男 –[e]s/–e ノック式シャープペンシル．
'Druck·bo·gen 男 –s/–（南ｵｰｽﾄ・ｽｲｽ · ･) 〖印刷〗印刷全紙．
'Druck·buch·sta·be 男 –n[s]/–n 活字体の(文字)．
'Drü·cke ['drʏkə] Druck¹ の複数．
'Drü·cke·ber·ger ['drʏkəbɛrgɐr] 男 –s/–（戯）(仕事・義務などを)回避する人，横着者，卑怯者；兵役忌避者．◆住民を意味する Heidelberger などに倣って sich drücken から造られた語．

*'**dru·cken** ['drʊkən ドルケン] 他 印刷(コピー，プリント)する．活字にする．Blumenmuster auf Stoffe ~ 花模様を布地にプリントする．ein Buch in 2000 Exemplaren ~ 本を2千部刷る．et⁴ ~ lassen 物⁴(論文など)を活字にする，本にして出す．Er lügt wie gedruckt. 彼は新聞顔負けの(ひどい)嘘をつく．《目的語なしで》Die Maschine druckt sehr sauber. この印刷機は刷りが実にきれいだ．

*'**drü·cken** ['drʏkən ドリュケン] ❶ 他 **1** 押(圧)す；押しつける；握る，抱きしめる．j³ die Hand ~ 人³の手を握る，(と)握手する．Die Schuhe drücken ihn. その靴は彼には窮屈だ．Sie drückte das Kind. 彼女は子供を抱きしめた．Bitte Knopf ~! ボタンを押して下さい．die Schulbank ~《戯》(卒業できないで)まだ学校に通っている．j³ eine ~《卑》人³に一発食らわせる．das Taschentuch an die Augen〈auf die Wunde〉 ~ ハンカチを目にあてる〈ハンカチで傷口を抑える〉．j⁴ an seine Brust〈ans Herz/an sich⁴〉 ~ 人⁴を抱しめる．j⁴ an die Wand ~ 人⁴を壁に押しつける，《比喩》人⁴を押しのける，蹴落す．Der Rucksack drückt mich auf den Schultern. 私はリュックが肩にこたえる(↑❷ 1)．j³ Geld in die Hand ~ 人³に金を握らせる．j⁴ zur Seite ~ 人⁴を脇へ押しやる．

2 (精神的に)圧迫する，締めつける；苦しめる，悩ます．Ihn drückt der Magen. 彼は胃がもたれる．Sorgen drücken mich. 私は心配事で気が重い．in gedrückter Stimmung sein 気が滅入っている．《非人称的に》Wo drückt's [dich]?《話》なにが心配なんだい．

3〈人⁴を〉抑えつける，押しつける；抑圧する．Er wurde ständig vom Vater gedrückt. 彼はずっと父親に抑えつけられていた．j⁴ im Gehalt ~ 人⁴の給料を抑える．

4 押出す，搾(ｼﾎﾞ)り出す．den Saft aus der Zitrone ~ レモンをしぼる．

5 押して跡をつける，捺(ｵ)す．das Siegel auf den Brief ~ 手紙に封印を捺す．《再帰的に》Das Erlebnis hat sich⁴ mir ins Herz gedrückt. その体験は私の心に深く刻み込まれた．

6 (価額などを)下げる，(記録・タイムを)縮める，更新する；〖航空〗(機首を)下げる．die Miete ~ 家賃を安くする．den Rekord um zwei Sekunden ~ 記録を2秒縮める．

7《ﾄﾗﾝﾌﾟ》(手札を)伏せて捨てる．

8《猟師》(獲物を)追撃する．

9 180 kg ~《ｳｪｲﾄﾘﾌﾃｨﾝｸﾞ》プレスで 180 キロ上げる．

❷ 自 **1** 押す，圧迫する．Der Rucksack drückt mir auf den Schultern〈auf den Schultern〉. リュックサックが肩にこたえる(↑❶ 1)．Die Speise drückt [im Magen]. この料理は腹にもたれる．Unsere Mannschaft drückte ständig. 私たちのチームは終始押しまくった．aufs Gemüt〈auf die Stimmung〉 ~ 気分を滅入らせる．Der Film drückt auf die Tränendrüse.《話》この映画はお涙頂戴ものである．aufs Tempo ~《話》スピードを上げる．auf die Tube ~《話》(自転車の)速度を上げる；馬力をかける．

2《卑》糞(ｸｿ)を打つ．

3 ~ müssen《卑》便意を辛抱できない．

❸ 再 (**sick⁴/sich³**) **1** (**sich⁴**)《話》姿をくらます，ずらかる；(仕事・義務などを)ずるける．sich in das Dunkel des Gartens ~ 庭の暗がりに身をひそめる．sich von〈vor〉 der Arbeit〈um die Arbeit〉 ~ 仕事を逃げまわる，さぼる．

2 (**sich³**) sich eins〈eine/was〉 ~《卑》糞(ｸｿ)を打つ．◆↑gedrückt

'drü·ckend 現分 形 重苦しい，圧迫するような．eine ~e Hitze むしむしする暑さ．ein ~es Schweigen 重苦しい沈黙．Es ist ~ heiß. ぐったりするほど暑い．

'**Dru·cker** ['drʊkər] 男 -s/- **1** 印刷屋(業), 印刷工. **2**《コンピュ》プリンタ. **3**《絵画》(濃い色を塗った)強調個所.

'**Drü·cker** [dryk*ə*r] 男 -s/- **1**《古》(Türklinke)(ドアの把手(で)), ノブ. **2** 自動的にロックされるドアの錠. **3** 押しボタン. am ~ sitzen〈sein〉《比喩》(物事の)鍵(決定権)を握っている. auf den letzten ~《話》最後の瞬間に. **4**《猟銃の》引き金. die Hand am ~ haben《比喩》いつでも対処できる用意ができている. **5**(新聞・雑誌の)勧誘員.

***Dru·cke'rei** [drʊkəˈraɪ ドルケライ] 女 -/-en **1** 印刷所; 印刷業. **2**《紡織》プリント工場.

'**Dru·cker·pres·se** 女 -/-n 印刷機.

'**Dru·cker·schwär·ze** 女 -/ (印刷用の)黒いインキ.

'**Dru·cker·zei·chen** 中 -s/- 【書籍】印刷業者のマーク.

'**Druck·er·zeug·nis** 中 -ses/-se 印刷物.

'**Druck·fah·ne** 女 -/-n 【印刷】ゲラ刷り.

'**Druck·far·be** 女 -/-n 【印刷】インキ.

'**Druck·feh·ler** 男 -s/- 誤植, ミスプリント.

'**Druck·feh·ler·teu·fel** 男 -s/-《戯》誤植の悪魔(どんなに注意しても誤植が残ってしまうことから).

'**druck·fer·tig** 形 校了の.

'**Druck·fes·tig·keit** 女 -/-en 【工学】圧縮強度.

'**druck·frisch** 形 刷り上がったばかりの.

'**Druck·ka·bi·ne** 女 -/-n 【航空】与圧室.

'**Druck·knopf** 男 -[e]s/⸚e (電気器具などの)押しボタン; (衣服の)ホック, スナップ.

'**Druck·le·gung** 女 -/-en 【印刷】印刷作業; (原稿を)印刷に入れること, 印刷開始.

'**Druck·luft** 女 -/ 【工学】圧縮空気.

'**Druck·luft·brem·se** 女 -/-n 【工学】エアブレーキ.

'**Druck·ma·schi·ne** 女 -/-n 印刷機.

'**Druck·mes·ser** 男 -s/- 【工学】圧力計.

'**Druck·mit·tel** 中 -s/- 抑圧(強制)手段.

'**Druck·plat·te** 女 -/-n 【印刷】版板.

'**Druck·pos·ten** 男 -s/-《戯》(とくに戦争で)安全な部署(勤務).

'**Druck·pro·be** 女 -/-n 【印刷】試し(見本)刷り.

'**Druck·pum·pe** 女 -/-n 押し(圧縮)ポンプ.

'**druck·reif** 形 そのまま印刷に入れてよい, 校了の. eine ~e Rede halten 十分練りあげた演説をする.

***'Druck·sa·che** ['drʊksaxə ドルクザッヘ] 女 -/-n **1**《郵便》印刷物. **2**【印刷】端物(は)(便箋・名刺などの印刷物).

'**Druck·schrift** 女 -/-en **1**【印刷】活字の書体. **2** 活字体. **3**【書籍】(製本しない)印刷物.

'**Druck·sei·te** 女 -/-n 印刷ページ.

'**druck·sen** ['drʊksən] 自《↓drucken》《話》口ごもる, 言いよどむ.

'**Druck·stock** 男 -[e]s/⸚e 【印刷】(凸版などの)版.

'**Druck·ver·band** 男 -[e]s/⸚e 【医学】圧迫包帯.

'**Druck·ver·fah·ren** 中 -s/- 【印刷】版式.

'**Druck·werk** 中 -[e]s/-e 【書籍】印刷物.

'**Dru·de** ['druːdə] 女 -/-n 【ゲルマン神話】(女の)夢魔, 魔女.

'**Dru·den·fuß** 男 -es/⸚e 【神話】5角星形(☆; Drude の足跡で魔よけになると信じられた).

Dru'i·de [druˈiːdə] 男 -n/-n (*kelt.*) (古代ケルト人の)ドルイド僧.

Dru'i·den·stein 男 -[e]s/-e (古代ケルトのドルイド教の)巨石祭壇.

drum [drʊm] 副《話》**1** darum の口語的表現. **2**《慣用的表現で》Sei's ~! それでよかろう, それで我慢しておこう. **~ und dran** その回りに, それに付属(付随)して. alles, was ~ und dran hängt〈ist〉それに伴うすべてのこと(一切合切).《中性名詞として》 das ganze *Drum und Dran* それに付随するすべての細々(ミミザ)とした雑事. mit allem〈dem〉 *Drum und Dran* それに付属する一切のものを含めて.

'**drun·ten** ['drʊntən] 副《南ド・オーストリア》(da〈dort〉unten) あの下の方に. **~ sein** 下にいる; 落ちぶれている.

'**drun·ter** ['drʊntər] 副《話》**1** darunter の口語的表現. **2**《慣用的表現で》Es geht alles **~ und drüber**. 上を下への大騒ぎ(大混乱)である.《中性名詞として》das *Drunter und Drüber* 大騒ぎ, てんやわんや.

Drusch [drʊʃ] 男 -[e]s/-e (↓dreschen) 脱穀; 脱穀量.

'**Dru·se** ['druːzə] 女 -/-n **1**【鉱物】晶洞. **2**【獣医】(馬の)鼻疽(ピ゚), 腺疫(ヒニ゚).

'**Dru·se** ['druːzə] 男 -/-n (*arab.*) ドゥルーズ派(シリアに多いイスラームの民族主義的な一派).

'**Drü·se** ['dryːzə] 女 -/-n **1**【生理】腺. **2**《話》リンパ節.

Dry'a·de [dryˈaːdə] 女 -/-n 【ギリシャ神話】ドリュアス(木の精であるニンフ).

'**Dschai·na** ['dʒaɪna] 男 -[s]/-[s] (*sanskr.* jina , Sieger') ジャイナ教徒.

Dschai'nis·mus [dʒaɪˈnɪsmʊs] 男 -/ ジャイナ教(仏教と同じ頃に興ったインドの非バラモン宗教).

Dschinn [dʒɪn] 男 -[s]/-[en] (*arab.*) (アラビアの民間伝承に出てくる)ジン, 魔神, 鬼.

'**Dschiu-'Dschit·su** ['dʒiːuˈdʒɪtsu] 中 -[s]/ (*jap.*) =Jiu-Jitsu.

'**Dschun·gel** ['dʒʊŋəl] 男 (中) -s/- (まれ -/-n) (*Hindi.* dschangal, öder , unbebauter Boden') ジャングル, 密林. das Gesetz des ~s ジャングルの掟; 無法.

'**Dschun·ke** ['dʒʊŋkə] 女 -/-n (*mal.*) ジャンク(中国の大型帆船).

dt.《略》=deutsch

D. theol. = Doctor theologiae 【カトリック】名誉神学博士(↑Dr. theol.).

D. theol. ['dɔktoːr teˈoːl, ..teˈɔl]《略》= Doctor theologiae 【カトリック】名誉神学博士(↑Dr. theol.).

dto.《略》=dito

Dtzd.《略》=Dutzend

du [duː ドゥー] 代《人称》2人称親称単数1格. 格変化は付録「品詞変化表」VII 参照. **1**《家族・友人のような親しい間柄で, また小児・動物・神・事物に対して》君, あんた, お前; 汝. Du läufst schnell. 君は足が速い. Wir erinnern uns *deiner*. 私たちは君のことを覚えている. Das sieht *dir* ähnlich. それはいかにも君らしい. Sie liebt *dich* nicht. 彼女は君を愛していない. Nun leb wohl, ~ mein Heimatland! いざさらば, わが故郷よ. *Du* Dummkopf! きさまなんて間抜けなんだ. Du, ~!(子供に対して)こらこら. j¹ ~ nennen / zu j³ ~ sagen 人³に「きみ」と呼びかける. mit j³ auf *Du* und *Du*(~ und ~) stehen 人³と「俺, お前」の仲である. Wie ~ mir, so ich *dir*.《諺》そっちがそうするならこっちもそうするぞ, 万事そっちの出方いかんだ. **2**《話》(一般化して man と同義に)(世間一般の)ひと. Daran kannst ~ nichts ändern(=kann man) nichts ändern. それは何ひとつ変えようがない. [und] hast ~, was kannst ~ すばやく, 大急ぎで. Und hast ~ nicht gesehen, ... たちまち, あっと言うまに…

Du 囲 -[s]/-[s] du という呼びかけ．j³ das ~ anbieten 人³にたがいに du で呼び合おうと申出る．zum ~ übergehen 親密(理(りか))な仲になる． ♦↑du 1

'Du·al [du:a:l, dua:l] 男 -s/-e[dua:lə] (*lat.*)【文法】双数，両数(スラブ語などで 2 個ほは 1 対を表す概念)．**2**〘(将棋)〙別解.

Du·a·lis [dua:lɪs] 男 -/Duale[dua:lə]=Dual

Du·a·lis·mus [dua:lɪsmʊs] 男 -/ **1**【哲学・宗教】二元論．**2** 二元性，対立．

du·a·lis·tisch [..'lɪstɪʃ] 形 二元論的な；二元論の．

Du·a·li·tät [duali'tɛ:t] 囡 -/ 二元性，二重性，相互性；【数学】双対性．

Du'al·sys·tem [dua:l..] 囲 -s/-e【数学】2 進法．**2**【社会学】双分制．

'Dü·bel [dy:bəl] 男 -s/- **1**【建築】合せ釘，太柄(ふと)，柄(え)，ジベル．**2**〘(方言)〙こぶ(瘤)；てこぼこ．

du·bi·os [dubi:o:s], **du·bi·ös** [..'ø:s] (*lat.*) 疑わしい，不確かな．

Du·bi·o·sa [dubi:o:za], **Du·bi·o·sen** [..zən] 複 **1** 不確かな事物(事柄)．**2**【経済】不良債権．

Du'blee [du'ble:] 囲 -s/-s (*fr.*) **1** かぶせ金，貴金属張り．**2**〘(ビリヤード)〙空(くう)クッション．

Du'blet·te [du'blɛtə] 囡 -/-n (*fr.*) **1**(収集品の)ダブリ．**2**『書籍』複本．**3** タブレット，模造宝石．**4**【印刷】ぶれ，ずれ．**5**〘(ボクシング)〙ダブルパンチ．**6**【猟師】(連発して仕留めた)2 頭の獲物．

du'blie·ren [du'bli:rən] (*fr.*) ❶ 他【**1**(物に)かぶせ金を張る，貴金属をかぶせる．**2**【紡織】合糸する．**3**(絵画に)裏打ちする．**4**〘(ビリヤード)〙(球を)クッションに当てる．**5**【印刷】ずれる，ぶれる．

Ducht [dʊxt] 囡 -/-en【船員】**1**(ボート・ヨットの)漕手席，艇座．**2** マストの支柱．

'Duck·dal·be [dʊkdalbə], **'Dück·dal·be** ['dvk..] 囡 -/-n (ふつう複数で)『船員』係船柱．

'du·cken ['dʊkən] ❶ 他 **1**(頭・肩を)ひょいと下げる，引っ込める，すくめる．**2**〘(古)〙(人⁴の)頭を抑えつける；(人⁴を)抑えつける，屈服させる．❷ **sich** **1**(さっと)身をかがめる，しゃがみ込む(vor et³ 事³を避けて)．*sich* hinter die<der> Mauer ~ 塀のかげに身を隠す．**2** 屈服する，言いなりになる(vor j<et>³ 人〈事〉³に対して)．*sich* nach j² Willen ~ 人²の言いなりになる．

'Duck·mäu·ser ['dʊkmɔʏzər] 男 -s/-〘(侮)〙小心者のおべっか使い，いくじなし．

Du·de·lei [du:də'laɪ] 囡 -/-en〘(侮)〙(手回しオルガンなどによる)単調で長ったらしい音楽．

'du·deln ['du:dəln] (*bulgar.*)〘(話)〙❶ 他 **1** だらだらと下手くそに演奏する(歌う)．j³ das Ohren voll ~ 下手な演奏(歌)をいつまでも続けて人³をうんざりさせる．**2** einen 《地方》 大酒を食らう．❷ 自(楽器などが)つまでもうるさく鳴っている．

'Du·del·sack ['du:dəl..] 男 -[e]s/⁼e【楽器】バッグパイプ．

'Du·den ['du:dən] ❶〘(人名)〙Konrad ~ コンラート・ドゥーデン(1829–1911，言語学者，ドイツ正書法辞典の編集者)．❷ 男 -[s]/-『商標』ドゥーデン(Bibliographisches Institut 発行の辞書類に冠せられる)．

Du'ell [du'ɛl] 囲 -[e]s/-e (*lat.*)(Zweikampf)決闘，果たし合い；〘(比喩)〙試合，(2 者間の)論争，論戦． ein ~ auf Pistolen ピストルによる決闘．

Du·el'lant [duɛ'lant] 男 -en/-en 決闘者．

du·el'lie·ren [duɛ'li:rən] 再(**sich⁴**)決闘する(mit j³ 人³と)．

Du'ett [du'ɛt] 囲 -[e]s/-e (*it.*) **1**【音楽】デュエットで，2 重奏(曲)，2 重唱(曲)．[im] ~ singen デュエットで歌う．**2**〘(戯)〙2 人組． ♦↑Duo

*****'Duft** [dʊft ドゥフト] 男 -[e]s/Düfte **1** 香り，匂い．einen süßen ~ von sich³ geben 甘美な香りを放つ．**2**〘(雅)〙かすみ，靄(もや)．**3**〘(スキー)〙霧氷(むひょう)．**4**〘(比喩)〙雰囲気，ムード，気分，味わい．

'duf·te ['dʊftə] 形〘(話)〙**1** すばらしい，すごい．Das ist ~! こいつは素敵だ． eine ~ Biene〘(卑)〙かわい子ちゃん．**2** ずるい，抜け目のない．

'Düf·te [dʏftə] Duft の複数．

*****'duf·ten** ['dɔftən ドゥフテン] 自 **1** 香り(よい匂い)がする． Die Blume *duftet* süß. この花は甘い香りがする． Der Käse *duftet*.〘(反語)〙このチーズは臭(くさ)う(臭い)．**2** (nach et³ 物³の)匂い(臭い)がする． Er *duftet* stark nach Schnaps. 彼は焼酎の臭いをぷんぷんとさせている．**3** 〘(雅)〙Hier *duftet* es angenehm〈nach Rosen〉. ここは心地よい匂い〈ばらの香り〉がする．

'duf·tig ['dʊftɪç] 形 **1** あえかな，淡い，薄い，かすかな，軽やかな．~*e* Spitzen 細かなレース．**2**〘(雅)〙靄(もや)の，かすんだ，かすんだ．

'Duft·stoff 男 -[e]s/-e **1** 香料．**2**【生物】嗅物質．

'Duis·burg ['dy:sbʊrk]〘(地名)〙デュースブルク(ノルトライン＝ヴェストファーレン州中部の工業都市)．

Du'ka·ten [du'ka:tən] 男 -s/- (*it.*) ドゥカーテン(13 世紀から 19 世紀まで全ヨーロッパで用いられた金貨)．

Du'ka·ten·gold 囲 -[e]s/-(金貨などに使う)純度の高い金．

Duk·ti·li·tät [dʊktili'tɛ:t] 囡 -/ (*fr.*)【工学】(金属の)延性．

'Duk·tus ['dʊktʊs] 男 -/- (*lat.*) 書体；筆跡．

*****'dul·den** ['dʊldən ドゥルデン] 他/自 **1** 不本意ながら許す，大目に見る． Ich kann dein Betragen nicht länger ~. 私はもうこれ以上君の態度を我慢できない． Er *duldet* [es], dass die Kinder im Garten spielen. 彼は子供たちが庭で遊ぶのを大目に見ている． keinen Widerspruch ~ 反対(反論)を許さない． Die Sache *duldet* keinen Aufschub. 事態は一刻の猶予も許さない． Sie sind hier nur *geduldet*. 彼らはここにお情けで置いてもらっている．**2** 〘(雅)〙耐え忍ぶ，甘受する． Leid und Not ~ müssen 辛酸(しんさん)をつぶさになめる． ~ ohne zu klagen 痛痒(つうよう)ひとつこぼさずに耐える．

'duld·sam ['dʊldza:m] 形 我慢づよい，寛容な．

'Duld·sam·keit 囡 -/ 忍耐，寛容．

'Dul·dung 囡 -/-en 忍耐；黙認．

Dult [dʊlt] 囡 -/-en〘(南独)〙歳の市．

Dul·zi'nea [dʊltsi'ne:a] **1**〘(女名)〙~ del Toboso ドゥルシネーア・デル・トボーソ(Don Quichotte の空想が作り出した恋人)．**2** 囡 -/-s (Dulzineen [..'ne:ən])〘(戯)〙恋人，愛人．

Dum'dum [dʊm'dʊm] 囲 -[s]/-[s] (*engl.*) (Dum-dumgeschoss の短縮)ダムダム弾．

dumm

[dʊm ドゥム] dümmer, dümmst **1** 馬鹿な，愚かな． der ~*e* August 阿呆(あほう)のアウグスト(サーカスの道化)． Du ~*es* Ding! なんて馬鹿なんだ． ein ~*er* Kerl 馬鹿なやつ． *Dumm* bleibt ~. 馬鹿は死ななきゃ治らない． *sich⁴* ~ stellen〘(話)〙とぼける．**2** 無知な，未経験な． ein ~*es* Kind 世間知らずの子供． Ich lasse mich nicht für ~ verkaufen.〘(話)〙私はそう簡単には騙(だま)されないぞ．〘(名詞的用法で)〙 der *Dumme* sein / den *Dummen* machen 馬鹿を見る． einen *Dummen* finden カモを見つける． an j³ einen

Dummen finden 人³をカモにする. **3** 無分別(無思慮)な, 視野の狭い. Sei doch nicht so ~ ! わけた真似はいい加減にしろ. Es ist ~, zu glauben, man könnte so was tun. そんなことができると思うんておめでたい話だ. **4**《話》腹立たしい, 不快な. ein ~*es* Gefühl 不快感. Das ist wirklich ~. これは本当に腹立たしい(困った)ことだ. Die Sache wird mir zu ~. こんなことはもう我慢ならない. **5** 厚かましい. Er ist mir ~ gekommen.《話》彼は私に対して厚かましい態度をとるようになった. sich³ ~ kommen lassen [müssen] 馬鹿を見る, なめられる. **6**《話》頭がくらくらした. Mir ist ganz ~ im Kopf. 私は頭がくらくらする. j' ~ und dämlich reden 人⁴の頭がこんがらがるほど長々とまくし立てる.

'**dumm·dreist** いけ図々しい, ど厚かましい.
Dum·me·jun·gen·streich [domə'jɔŋən..] Dumme[n]jungenstreich[e]s / Dumme[n]jungenstreiche 悪ふざけ, いたずら.
'**düm·mer** ['dʏmər] dumm の比較級.
'**Dum·mer·chen** [doməɾçən] 男 -s/- 《話》(子供に向かって)おばかさん.
'**Dum·mer·jan** [doməɾjan] 男 -s/-e《卑》(↓ dummer Johann) あほ太郎, いくぼ野郎.
'**dum·mer·wei·se** 副 愚かな(まずい)ことに.
*'**Dumm·heit** ['domhaɪt] 囡 -/-en **1**《複数なし》愚かさ, 無知. mit ~ geschlagen sein《卑》根っからの馬鹿である. vor ~ brüllen〈schreien〉《卑》底抜けの馬鹿である. Wenn ~ weh tät, müsste〈würde〉er den ganzen Tag schreien. 彼はどうしようもないほど馬鹿である. ~ und Stolz wachsen auf einem Holz.《諺》自慢高慢も馬鹿のうち. Gegen ~ ist kein Kraut gewachsen.《諺》馬鹿につける薬はない. **2** 愚行, いたずら;《婉曲》火遊び, 浮気. eine ~ machen〈begehen〉馬鹿なことをする.
'**Dumm·kopf** 男 -[e]s/*ᵉ*e《話》馬鹿, 間抜け.
'**dümm·lich** ['dʏmlɪç] 形 馬鹿みたいな, 薄のろの.
'**Dumm·ling** [domlɪŋ], '**Dümm·ling** ['dʏm..] 男 -s/-e《話》馬鹿者, お人好し.
'**Dumms·dorf** 男《次の用法で》nicht aus ~ sein《卑》阿呆村の生まれではない, ぼんくら(間抜け)ではない.
'**dümmst** [dʏmst] dumm の最上級.
'**Dum·my** ['dami] 男 -s/-s (Dammies [..miːs])(*engl.*) **1** (a) =Attrappe **2** (b) (とくに本の)見本. **2** ダミー, (災害テスト用の等身大の)人体模型. **3**《⸺》(ブリッジの)ダミー.
dumpf [dompf] 形 **1** (空気・食物などが)湿った, かび臭い, むっとするような, 息苦しい, うっとうしい. **2** (音などが)陰にこもった. mit ~*er* Stimme こもった声で. **3** (感覚などが)鈍い, 鈍りかけた; 鈍感(無関心)な, 活気のない. eine ~*e* Ahnung おぼろげな予感. ein ~*er* Schmerz 鈍痛. in ~*em* Schweigen dasitzen ぼんやり黙って座っている. ~ dahinleben ぼんやりと日をすごす.
'**dump·fig** ['dompfɪç] 形 かび臭い, むっとするような, 湿っぽい.
'**Dum·ping** ['dampɪŋ] 中 -s/ (*engl.*)《経済》ダンピング.
'**Dü·ne** ['dy:nə] 囡 -/-n 砂丘.
Dung [doŋ] 男 -[e]s/ こやし, たい肥, (とくに)厩肥(ゆうひ).
'**dün·ge** dingen の接統法II.
'**Dün·ge·mit·tel** 中 -s/- =Dünger
'**dün·gen** ['dʏŋən] ❶ 他 den Boden〈die Pflanzen〉~ 土〈植物〉に肥料をやる. ❷ 自 **1** (mit et³ 物³を)こやしにする. **2** こやしになる. Das faulende Laub düngt [gut]. 朽葉(くちば)は良いこやしになる.
'**Dün·ger** ['dʏŋər] 男 -s/- 肥料. organischer〈natürlicher〉~ 有機(自然)肥料.
'**Dün·gung** 囡 -/-en **1**《複数なし》施肥. **2**《まれ》肥料, こやし.

'**dun·kel** ['doŋkəl ドゥンケル] 形 **1** (↔ hell) 暗い, 真っ暗な. eine *dunkle* Nacht 真っ暗な夜. Draußen war es schon ~. 外はもう暗かった. Mir wurde ~ vor den Augen. 私は目の前がまっ暗になった. **2** (↔ hell) (色が)黒い, 黒っぽい; (髪・肌が)茶色(褐色)の, ブルネットの; (声・音が)低い, 太い. *dunkles* Bier〈Brot〉黒ビール〈黒パン〉. der *dunkle* Erdteil 暗黒大陸(アフリカ). ein *dunkles* Rot 暗赤色. eine *dunkle* Stimme 低い響の声. sich⁴ ~ kleiden 黒っぽい服装をする. **3** (↔ hell) 陰鬱な, わびしい. die ~*sten* Stunden seines Lebens 彼の生涯の一番暗い時期. **4** (↔ klar) はっきりしない, ぼんやりした. eine *dunkle* Ahnung おぼろげな予感. eine *dunkle* Stelle (文中の)不明の個所. in *dunkler* Vorzeit はるか大昔に.《名詞的用法》j' im *Dunkeln*〈~*n*〉lassen 人⁴を煙に巻く. Die Sache liegt noch im *Dunkeln*〈~*n*〉. 事件はまだ藪(やぶ)の中だ. im *Dunkeln*〈~*n*〉tappen 五里霧中である, 暗中模索している. **5** 怪しい, うさんくさい. *dunkle* Geschäfte やみ商売. eine *dunkle* Vergangenheit haben うさんくさい(暗い)過去を持っている.
'**Dun·kel** 中 -s/ 《雅》闇, 暗黒. zwischen Licht und ~ 光と闇のはざまで. 暗昧, 謎. im ~ der Vergangenheit 暗い過去の藪(やぶ)の中に.
'**Dün·kel** ['dʏŋkəl] 男 -s/ (↓ dünken) 思いあがり, うぬぼれ. einen akademischen ~ haben 大学出であることを鼻にかけている.
'**dun·kel·äu·gig** 形 黒い目の.
'**dun·kel·blau** 形 紺色(暗青色)の, ダークブルーの.
'**dun·kel·far·big** 形 色の黒い, 黒っぽい.
'**dün·kel·haft** 形《侮》思いあがった, 高慢ちきな.
'**dun·kel·häu·tig** 形 浅黒い肌の.
*'**Dun·kel·heit** ['doŋkəlhaɪt] 囡 -/-en **1**《複数なし》闇, 暗がり. bei Eintritt der ~ たそがれどきに. **2**《複数なし》黒っぽい色. **3**《複数なし》暧昧, 難解;《多く複数で》暧昧(難解)な点(個所).
'**Dun·kel·kam·mer** 囡 -/-n《写真》暗室.
'**Dun·kel·mann** 男 -[e]s/*ᵉ*er **1** 影の仕掛け人, 黒幕. **2**《古》反啓蒙主義者.
'**dun·keln** ['doŋkəln] 自 (h, s) **1** (h)《雅》暗くなる. Der Abend〈Die Nacht〉*dunkelt*. 夜のとばりが降りる.《非人称的に》Es *dunkelt*. たそがれる, 日が暮れる. **2** (s) 黒ずむ, 黒っぽくなる. **3** (h)《雅》黒々と見える. Der Wald *dunkelte* in der Ferne. 森は遠くに黒い姿を見せていた.
'**Dun·kel·zif·fer** 囡 -/-n (統計などで)表に出てこない数(値).
'**dün·ken** ['dʏŋkən]《雅》❶ 他 自 (人⁴,³に)…てあると思われる, …であるように見える. Sein Vortrag *dünkt* mich gut. 彼の講演は私にはすばらしいと思われる.《非人称的に》Es *dünkt* mich〈mir〉, dass… 私には…であると思われる. ❷ 再 (**sich⁴,³**)(自分は…であると)思いあがっている, 自負している. *sich dünken* ein Held〈古 einen Helden〉. 彼は英雄気取りだった. ◆古くは不規則変化 (deuchte, gedeucht). また単数 2·3 人称現在に du deuchst, er deucht という古形があった.

'Dun·kle ['dʊŋklə] 田《形容詞変化》**1** 暗がり，闇．Im *Dunkeln* ist gut munkeln.《諺》暗がりは密事(ﾐｿﾃｺ)のねぐら．Herr Ober, ein ~s! ｳｪｰｲさん，黒ビール 1 杯．◆↑dunkel

dünn

dünn [dyn デュン] 形 **1** (↔ dick) 薄い；細い．ein ~*er* Ast 細い枝．ein ~*er* Schleier 薄いヴェール．Sie will ~*er* werden. 彼女は痩せたいと思っている．sich⁴ ~ machen （席をつめるために)体をちぢめる (↑dünn[e]machen). **2** (↔ dicht) まばらな，希薄な，水っぽい．~*es* Haar 薄い(まばらな)毛髪．ein ~*es* Lächeln 薄笑い．der ~*en* Luft wegen 空気が希薄なために．ein ~*er* Regen 小雨．eine ~*e* Stimme 弱々しい声．eine ~*e* Suppe 薄いスープ．~*er* Wein 水っぽいワイン．Seine Rede war ziemlich ~. 彼の話はかなり内容が乏しかった．~ gesät sein 多くいない，少数である．

dünn be·sie·delt, **'dünn be·völ·kert** 形 人口の希薄な．
'Dünn·bier 田 –[e]s/-e ｱﾙｺｰﾙ度の低いビール．
'Dünn·darm ['dʏndarm] 田 –[e]s/ꠜe《解剖》小腸．
'Dünn·druck 男 –[e]s/-e **1**《複数なし》《印刷》薄葉印刷．**2**《書籍》薄葉印刷物．
'Dün·ne¹ ['dʏnə] 女 –/ (↔ Dicke¹) 薄い(細い，痩せている，まばらな，内容が乏しい)こと．
'Dün·ne² 男女《形容詞変化》(↔ Dicke²) 痩せている人．
'Dün·ne³ 男 –n/-n 《卑》(Durchfall) 下痢．
'dün·ne|ma·chen 再 (**sich**⁴)《話》(こっそり・素早く)逃げ去る，ずらかる．↑dünn 1
'dünn·flüs·sig 形 水っぽい，《化学》希液の．
'Dünn·heit 女 –/ =Dünne¹
'dünn|ma·chen 再 (**sich**⁴)《話》=dünnemachen
'Dünn·pfiff 男 –[e]s/-, **'Dünn·schiss** 男 –es/《卑》=Dünne³
'Dünn·schliff 田 –[e]s/-e (鉱物の)プレパラート．
'dünn·wan·dig [..vandɪç] 形 (グラスなどが)薄手の，薄壁の．

*Dunst [dʊnst ﾄﾞｩﾝｽﾄ] 男 –[e]s/ Dünste **1**《複数なし》もや，かすみ，煙霧，スモッグ．keinen [blassen] ~ haben《話》まるっきり無知である(von et³ 事³について)．j³ blauen ~ vormachen《話》人³を煙に巻く．in ~ und Rauch aufgehen (計画などが)霧散する，水泡に帰す．**2** もうもうたる煙，湯気，熱気，臭気．**3**《複数なし》《猟師》(鳥を撃つための)散弾；《兵》銃(砲)撃．**4**《複数なし》中ぼきの小麦粉．
'duns·ten ['dʊnstən] 自 –[e]s/ **1** 湯気(蒸気)を立てる，霧が立つ；ほそかく，臭気を放つ，(悪臭が)立ちこめる．《非人称的に》*Es dunstet*. 霧が立つ；臭気がする．**2** j⁴ ~ lassen《話》人⁴に本当のことを言わないでおく．
'düns·ten ['dʏnstən] **❶** 他《料理》蒸(ﾑ)す，とろ火で煮る．**❷** 自 =dunsten 1
'Dunst·glo·cke, **'Dunst·hau·be** 女 –/-n ｽﾓｯｸﾞ．
'duns·tig ['dʊnstɪç] 形 もやのかかった，かすんだ；(部屋などが)よごれた空気でうっとうしい；湯気の一杯のような．
'Dunstkreis 男 –es/《雅》雰囲気，影響圏．
'Dü·nung ['dy:nʊŋ] 女 –/-en《複数まれ》(とくに嵐の前後に起る海面の)うねり．
'Duo ['du:o] 田 –s/-s (*it.*) **1**《音楽》2重奏(唱)曲；2重奏(唱)団．**2**《戯》2人組．◆↑Duett
Du·o·'de·num [duo'de:nʊm] 田 –/Duodena[..na] (*lat.*)《解剖》十二指腸．
Du·o'dez [duo'de:ts] 田 –es/ (*lat.*)《記号 12°》《書籍》12 進法．
Du·o'dez·fürst 男 –en/-en 小国の君主．
Du·o·de·zi'mal·sys·tem [duodetsi'ma:l..] 田 –s/ (*lat.*)《数学》12 進法．
Du·o'dez·staat 男 –[e]s/-en 小国．
dü'pie·ren [dy'pi:rən] 他 (*fr.*)《雅》欺く，だます．
Du'plik [du'pli:k] 女 –/《古》《法制》再抗弁 (Replik) に対する抗弁，再々抗弁．
Du·pli'kat [dupli'ka:t] 田 –[e]s/-e (*lat.*) **1** 副本，謄本．**2**《書類などの)写し，控え，コピー．
Du·pli·ka·ti'on [duplikatsi'o:n] 女 –/-en (*lat.*, Verdopp[e]lung) 複写，複製；《遺伝》(遺伝子)重複．
du·pli'zie·ren [dupli'tsi:rən] 他 **2** 重(2倍)にする．
Du·pli·zi'tät [..tsi'tɛ:t] 女 –/-en **1** 重性，重複，(類似の事柄の)同時発生．**2**《古》2 義性，曖昧さ．
Dur [du:r] 田 –/-《音楽》(↔ Moll) 長調．
du'ra·bel [du'ra:bəl] 形 (*lat.*) 持続する，長持する．
'Du·ra·lu·min ['du:ralumi:n] 田 –s/《商標》ジュラルミン．

durch

durch [dʊrç ﾄﾞｩﾙﾋ] **❶** 前《4 格支配》定冠詞 das と融合して durchs, また代名詞と融合して dadurch, wodurch, durcheinander となることがある．**1**《空間的》(a) …を通って，通り抜けて，貫いて．*durchs* Examen fallen《比喩》試験に落っこちる．~ den Garten gehen 庭を抜けて行く．Der Kugel ging ihm *durchs* Herz. 弾丸は彼の心臓を貫いた．Da schoss ihm ein Gedanke ~ den Kopf.《話》そのときある考えが彼の脳裡によぎった．~ ein Loch schauen 穴から覗く．sich⁴ ~ die Menge [hindurch] drängen 人ごみをかき分けて進む．~ die Nase atmen 〈sprechen〉鼻で息をする(鼻声で話す)．(b) 《ある場所の全域を示す》…じゅうを，…をゆるく．Der Ruf schallte ~ den Wald. 叫び声は森じゅうに響き渡った．sich⁴ ~ das Dunkel tasten 暗がりを手さぐりで進む．
2《時間的》《多く副詞 **hindurch** を伴って》…の間じゅう．~ das ganze Jahr〈Leben〉[hindurch] まる 1 年にわたって〈全生涯を通じて〉．den Winter ~ 冬の間じゅう(↑hindurch ② 5).
3《仲介者・媒体を示す》(mittels) …を通じて，介して．j³ et⁴ *durchs* Telefon sagen 人³に事⁴を電話で言う．Wir haben den Wagen ~ Vermittlung eines Freundes bekommen. 私たちはこの車を友人の斡旋で手に入れた．
4《原因》…によって，(の)せいで．*Durch* einen dummen Fehler hat er sich³ seine Arbeit verdorben. 彼はつまらぬ過失によってせっかくの仕事を台なしにしてしまった．
5《受動文で》(a)《受動文の主語が行為の直接の主体でない場合 von の代りに》Er wurde ~ einen Schuss getötet. 彼は 1 発の銃撃によって殺された(Er wurde von dem Unbekannten getötet. 彼はその見知らぬ男に殺された)．Zehn [geteilt] ~ zwei ist fünf. 10÷2 ＝5. (b)《能動文の主語が自然現象の場合》Die kleine Stadt wurde ~ ein Erdbeben fast völlig zerstört. その小さな町は地震によってほとんど完全に破壊された．(c)《受動の意の動作名詞など》die Erfindung der Buchdruckerkunst ~ Gutenberg グーテンベルクによる印刷術の発明．

durch..

❷ 副《話》**1**《durch..を前つづりにした分離動詞の動詞部分が脱落したと考えられる用法／**sein, haben**, 話法の助動詞とともに用いて》通り過ぎて，通り抜けて．Darf ich bitte ~? 通していただけませんか．Der Bus ist gerade eben ~. バスは今行ったところですよ．Er ist ~. 彼はパスした(試験に). Er hat seinen Plan ~. 彼は計画をやりとげた．Es ist schon 7 Uhr ~. もう7時をすぎた．Ich habe das Buch ~. 私はその本を読み終えた．Der Käse ist gut ~. このチーズはよく熟成している．Ihr Vorschlag ist ~. あなたの提案は通った．Wir müssen ~. 我々はやり抜かねばならない．Er hat den Ast ~. 彼はその枝を折った．Der Ast ist ~. 枝は折れている．Meine Hose ist ~. 私のズボンはすり切れている．

2《durch und durch の形で》完全に，まったく．Er ist ~ und ~ nass. 彼はずぶ濡れだ．Sie kennen wir ~ und ~. 彼女のことなら私たちは何から何まで知っている．j³ ~ und ~ gehen 人³の心底に達する，(に)深い印象を与える．Der Schrei ging mir ~ und ~. その悲鳴は私の胸にひどくこたえた．Immer wenn ich den Roman lese, geht es mir ~ und ~. 私はその小説を読むといつも深い感動を覚える．

3 bei j³ unten〈darunter〉~ sein 人³に愛想(をつ)かしきれている．Der ist bei mir völlig unten ~. 彼はあの男はもうごめんだ．

4《4格名詞を伴って hindurch の代りに》die ganze Nacht〈den Winter〉~ 夜通し〈冬の間じゅう〉(↑durch ① 2).

♦ durch sein

durch.. [dʊrç..] ❶《分離前つづり／つねにアクセントをもつ》(↓durch ②) **1**《通過・貫通を表す》*durch*fahren 通過する．*durch*bohren 穴をあける．**2**《障害の克服・完逐・徹底》*durch*arbeiten 念入りに仕上げる．**3**《破壊・分割》*durch*brechen 割る，折る．❷ (↓durch ①)《非分離前つづり／つねにアクセントをもたず，他動詞または「通って，貫いて」の意を表す》*druch*reiten (川などを)馬で渡る．**2**《「...じゅう，くまなく」》*durch*reisen (ある地域を)旅行して回る．《「...の間じゅう」》*durch*arbeiten (ある時間のあいだ)働きつづける．

'durch|ackern ❶《非分離動詞としても．その場合 [-'--]》**1** (田畑を)入念に耕す．**2**《話》《比喩》徹底的に研究する(読む). ❷ 再《sich⁴》《分離動詞としてのみ》*sich* durch ein Buch ~ 本を労苦して読み通す．

*'**durch|ar·bei·ten** ['dʊrçʔarbaɪtən ドゥルヒアルバイテン] ❶ 自 休まずに働く．Wir *arbeiten* heute *durch*. 私たちは今日はぶっ通しで仕事をする．❷ 他 **1** 徹底的に研究する(読破する). **2** (原稿などを)丹念に仕上げ，推敲(こう)する．eine *durchgearbeitete* Neuauflage 改訂新版．**3** (粉・粘土などを)十分に練る，こねる．❸ 再《sich⁴》*sich* durch et⁴ ~ 物⁴(人垣など)の中を苦労して(かき分けて)突き進む；(難解な専門書などを)苦心して読破する．

durch'ar·bei·tet 形 働いて過ごした．eine ~e Nacht 働き通した一夜．

'durch|at·men 自 深々と息をする，深呼吸する．

***durch'aus** [dʊrç'|aʊs, '-'-, '--ドゥルヒアオス] 副 **1** まったく，すっかり，完全に．Das ist ~ richtig. それは完全に正しい．Ich bin ~ deiner Meinung, möchte allerdings dazu sagen... 私はまったく君と同じ意見だが，むろん…のことは言い添えておきたい．**2**《否定詞と》けっして(全然)…ない．Was Sie sagen, ist ~ nicht richtig. あなたが言っていることはまったく正しくない．**3** (unbedingt) どうしても，ぜひとも．Sie will ~ mitkommen. 彼女はどうしても行きたいと言うんだ．

'durch|ba·cken⁽*⁾ ❶ 他 (パン・菓子を)十分に焼く．❷ 自《話》休まずに焼きつづける．

'durch|bei·ßen¹* ['dʊrçbaɪsən] ❶ 他 噛み切る(ぎる). ❷ 再《sich⁴》《話》切抜ける，耐え抜く(durch et⁴ 事を).

'durch|be·kom·men* 他 **1** =durchbringen 1 **2** =durchbekommen **3** うまく2つに切る(割る). ♦ 過去分詞 durchbekommen

'durch|bet·teln 再《sich⁴》物乞いで露命をつなぐ．

durch'bei·ßen²* 他 噛み砕く，食い破る．

'durch|bil·den 完全に作り上げる；鍛え上げる．

'durch|bla·sen* ❶ 他 **1** (a) (風が)吹き抜ける．(b) durch das Mundstück ~ マウスピースをくわえて吹く．**2** 休まなく吹奏し続ける．❷ 他 **1** (管などを)吹いてきれいにする．**2** (楽曲を)終りまで吹奏する．**3** A⁴ durch B⁴ ~ A⁴をB⁴の中を通して吹き送る．**4**《非分離動詞としても．その場合 [-'--]》j⁴ ~ (風が)人⁴の体にしみ通る．

*'**durch|blät·tern**¹ ['dʊrçblɛtərn ドゥルヒブレターン] 他 (物の)ページをぱらぱら繰る，(に)ざっと目を通す．

durch'blät·tern² =durchblättern¹

'durch|bleu·en 他《話》(さんざん)ぶん殴る．

'Durch|blick ['dʊrçblɪk] 男 -[e]s/-e **1** 覗き見(できる場所). **2**《複数なし》概観，展望．

'durch|bli·cken 自 **1** 覗いて見る，覗き込む；(星などが)顔を覗かせる，現れる．durch ein Mikroskop ~ 顕微鏡を覗き込む．Lass mich auch einmal ~ 私にも一度覗かせてくれ(顕微鏡などを). **2**《話》見抜く，理解する．**3** et⁴ ~ lassen 事⁴をほのめかす．

'durch|blu·tet [dʊrç'bluːtət] 形 **1** 血色のよい．**2** 血のにじんだ．

Durch'blu·tung 女 -/ 血行．

'durch|boh·ren¹ ❶ 自 (durch et⁴ 物に)穴をあけて通り抜ける．❷ 他 die Wand ~ 壁をくり抜く．ein Loch ~ 穴をあける(durch die Wand 壁に). ❸ 再《sich⁴》(虫が)穴をあける (durch das Brett 板に).

durch'boh·ren² (人や物⁴を)突き刺す，貫く．j⁴ mit Blicken ~《比喩》人⁴を射抜くような視線で見る．

'durch|bo·xen ❶ 他《比喩》(計画などを)強引にやり遂げる，(議案などを)ごり押しで通す．❷ 再《sich⁴》(こぶしや肘で)押分けて進む；《比喩》(困難・障害を)断固として乗切っていく．

'durch|bra·ten* ❶ 他 (肉などを)十分に焼く．❷ 自 (s) よく焼ける．

*'**durch|bre·chen**¹* ['dʊrçbrɛçən ドゥルヒブレッヒェン] ❶ 他 **1** (2つに)割る，折る．ein Brot ~ パンを割る(さく). **2** ぶち抜く，穴をあける．eine Wand ~ 壁をぶち抜く．Wir haben ein Fenster *durchgebrochen*. 私たちは壁を打ち抜いて窓をつけた．

❷ 自 **1** (s) 2つに折れる(壊れる). **2** durch et⁴ ~ 物⁴(とくに敵の囲みなど)を突破する．**3** (怒りなどが)爆発する；(潰瘍などが)破れ噴き出す；(歯が初めて)生(は)えだす；芽ぐむ．Erst am Nachmittag ist die Sonne *durchgebrochen*. 午後になってやっと太陽が顔を出した．**4** (durch et⁴ 物⁴を)破って落ちる．durch den Bretterboden ~ 板張りの床を破って下に落ちる．

***durch'bre·chen**²* [dʊrç'brɛçən ドゥルヒブレヒェン] 他 **1** (障害物・敵陣などを)突破する．**2** (法律・きまりなどを)破る，犯す，(に)違反する．**3**《多く過去分

詞）小さな孔をあける、透かしにする. ▶↑durchbrochen

'durch|bren·nen* ❶ 圓 (s, h) 1 (s) (ヒューズ・フィラメントなどが)(焼き)切れる；(木・炭などが)灼熱する、赤く燃える. 2 (s) 《話》逃亡する、ずらかる (人³のもとから). zu Hause ~ 家出をする. 3 (s) 《古》防御(マーク)をかわす(人³の). 4 (h) 燃えつづける. ❷ 他 焼き切る.

'durch|brin·gen* ❶ 他 1 救いだす(苦境・病気などから)；当選(合格)させる；(家族などを)苦労して養う、(の)面倒を見てやる. 2 (狭いところを通って)運び入れ(出す)、(禁制品などを)持込む(出す)；(提案などを)反対を押切って通過させる. Man bringt den Schrank durch die Tür nicht durch. このたんすを戸口から出し入れすることは無理だ. 3 《比喩》浪費する、使い果たす. ❷ (sich⁴) 1 どうにか食って〔暮らして〕いく. sich ehrlich ~ 堅気(ﾋｰﾋﾟ)の暮らしをする.

durch'bro·chen 過分 形 (↑ durchbrechen²) 透かしの. ~e Arbeit 透かし彫り；《手芸》透かし編み.

'Durch·bruch ['dʊɐçbrɔx] 男 -[e]s/²e (↑ durchbrechen¹·²) 1 突き破ること、突破、進出；《軍事・ᐟ》敵軍突破；躍進、成功、(不意の)出現、(激情・病気などの)突発；(歯が)生えること；《医学》発疹. der ~ einer Krankheit 発疹. der ~ zur Spitzenklasse トップクラスへの躍進. zum ~ kommen 現れる；世間に認められる. et⁴ zum ~ verhelfen 事⁴を実現(成功)させる；世間に認めさせる. 2 突き破られた個所；(壁などの)裂け目；(切り開かれた)通路；(堤防などの)決壊個所；水路、峡谷；《医学》腫瘍の自潰.

'Druch·bruch·ar·beit 囡 -/-en 1 《工芸》(金属・木材の)透かし彫り. 2 《手芸》透かし編み.

'durch/che·cken 他 1 念入りにチェック(点検、調査、照合)する. 2 ＝durchdenken²

'durch'den·ken¹* 他 初めから終りまで考える. ein Problem noch einmal ~ 問題をもう1度洗い直す.

'durch'den·ken²* 他 じっくり考える、熟考する. ein gut durchdachter Plan よく練り上げられた計画.

'durch·dis·ku·tie·ren 他 徹底的に討議(討論)する.

'durch|dre·hen ❶ 他 (肉などを)ミンチにする；(洗濯物を)機械的に絞る. ❷ 圓 (h, s) 1 (人³)頭がおかしくなる. durchgedreht sein 前後のみさかいがつかない、取り乱している. 2 (h) (車輪が)空転する. ❸ 圓 他 《映画》ワンカット撮影で撮る.

'durch|drin·gen¹* 圓 (s) 突き抜ける；(水などが)浸透する；(太陽が雲間から)顔をのぞかせる；(声が)通る、(噂が)届く([bis] zu j³ 人³のもとまで)；(要求などが)通る (mit et³ 事³を)；貫徹する(bei j³ 人³に対して). mit seiner Meinung ~ 自分の意見を押通す. Seine Stimme dringt nicht durch. / Er dringt [mit seiner Stimme] nicht durch. 彼の声は通らない；彼は言うことが分かってもらえない. ◆ ↑ durchdringend

durch'drin·gen²* 他 1 貫く、貫通する；(に)くまなく浸透する、溶け込む. Diese Idee hat ihn völlig durchdrungen. この思想は彼の中に完全に浸透した. sich⁴(einander) ~ (液体などが)均等に混じり合う. von dem Gefühl der Verantwortung durchdrungen sein 《雅》責任感に満ちあふれている. 2 ein Thema⟨einen Stoff⟩ ~ (論文・創作などで)テーマ⟨素材⟩を完全に把握(消化)する、こなす.

'durch·drin·gend 現分 形 (↑ durchdringen¹) しみ通るような、(寒さが)骨身にこたえるような、(声・音が)つんざくような、鋭い、(臭いが)鼻をつくような、(視線・洞察力などが)射るような、鋭い.

Durch'drin·gung 囡 -/ (↓ durchdringen²) 1 貫通、浸透、融合する(mit et³ 物³を)；融合. 2 (素材などの)完全な消化.

'durch|drü·cken 他 1 (a) 濾(ﾛ)す. et⁴ durch ein Sieb ~ 物⁴を篩(ﾌﾙｲ)にかけてしぼる. 2 《レバーなどを》止まるまで押す(踏む)；(膝・肘・腰などを)ぴんと(まっすぐに)伸ばす. 3 《話》(意見などを)押通す、ごり押しする.

'durch|ei·len¹ 圓 (s) 急いで通り抜ける.

durch'ei·len² 他 1 急いで通る(横断する). Die Nachricht durcheilte die ganze Welt. 《比喩》ニュースはあっというまに全世界を駆けめぐった. 2 《話》すばやく(そそくさと)やってのける.

*durch·ei·nan·der [dʊɐçʔaɪˈnandɐr ドゥルヒアィナンダー] 副 (durch + einander) 入り乱れて、混乱して、ごちゃごちゃに. Ich bin noch ganz ~. 《話》私はまだ頭がすっかり混乱している. ◆ ↑ durcheinander bringen, durcheinander gehen, durcheinander reden, durcheinander werfen

Durch·ei·nan·der 中 -s/ 混乱、乱雑、てんやわんや. lärmendes ~ von Stimmen がやがやと騒々しい声.

Durch·ei·nan·der brin·gen*, °durch·ein·an·der|brin·gen* 他 1 (人⁴を)混乱させる、うろたえさせる、(の)心をかき乱す(mit et³ 事³で)；(物⁴を)ごちゃごちゃにする. 2 取違える、ごっちゃにする(A⁴ und B⁴ A と B を).

Durch·ei·nan·der ge·hen*, °durch·ein·an·der|ge·hen* 圓 (s) 《話》大混乱(てんやわんや)になる.

Durch·ei·nan·der re·den, °durch·ein·an·der|re·den 1 (何人かが)口々にてんでんばらばらに)語る. 2 《話》とりとめのないことを喋る.

Durch·ei·nan·der wer·fen*, °durch·ein·an·der|wer·fen* 他 《話》1 投げ散らかす. 2 取違える.

'durch·exer·zie·ren 他 《話》1 念入りに(徹底的に)練習(学習)する. 2 検討する. ◆ 過去分詞 durchexerziert

'durch|fah·ren¹* ['dʊɐçfaːrən] 圓 (s) 1 (乗物で・乗物が)通り抜ける. durch einen Tunnel⟨unter einer Brücke⟩ ~ トンネルを抜ける⟨橋の下を通る⟩. In diesem Dorf fährt der Zug dreimal täglich durch. この村は日に3回列車が通る. 2 通過する. Der Zug fährt hier durch. 列車はここには停まらない. 3 (乗物が・乗物で)走りつづける. die ganze Nacht ~ 一晩じゅう走りつづける. bis Paris ~ パリまで直行する.

durch'fah·ren²* 他 1 (乗物で)(ある土地を)通る、周遊する. ein Land mit dem Auto ~ ある土地をドライブして回る. 2 (乗物が・乗物で)(ある区間を)終りまで走る、走破する. 3 《比喩》(人⁴の心に突然浮かぶ、ひらめく. Da durchfuhr ihn ein Gedanke. そのとき彼の脳裡にある考えがひらめいた. 《非人称的に》Es durchfuhr sie kalt. 冷たいものが不意に彼女の身内を走った.

*'Durch·fahrt ['dʊɐçfaːrt ドゥルヒファールト] 囡 -/-en 1 (複数なし)(車での)通行、通過、通り抜け. ~ verboten! 車両の通行禁止. auf der ~ sein (乗物での)旅行の途中である. Wir sind hier nur auf der ~. 私たちは当地に立寄っただけだ(滞在ではない). 2 出入口、通路. Bitte [die] ~ freihalten! 出入口につき駐車お断り.

'Durch·fahrts·stra·ße 囡 -/-n (市中の渋滞をさけ

Durchfall

るための)通過車専用道路.

'Durch|fall ['dʊrçfal] 男 -[e]s/⁼e **1**《複数まれ》下痢. **2**《話》(演劇作品の)不評;(試験などの)失敗.

*'**durch|fal·len** ['dʊrçfalən ドゥルヒファレン] 自 (s) **1** (durch et⁴ 物⁴を)通り抜けて落ちる(こぼれる). **2**《比喩》(芝居を比喩として)不評を買う;(試験・選挙などに)落ちる. **3**《古》(失速して)落下する.

'durch|fech·ten* ❶ (訴訟・戦争などを)あくまで戦い抜く, 要求などを貫徹する. ❷ 再 (sich⁴) 辛苦して生きていく;《地方》おもらい暮しをする.

'durch|fei·len 他 やすりで切る;《比喩》十分練り上げる(推敲する.

'durch|feuch·ten 他 ぐっしょり濡らす.

'durch|fin·den 自 再 (sich⁴) (行くべき)道が分かる;勝手が分かる. **I** [sich] nicht mehr ~ もうどうしてよいか分からない, 五里霧中である.

'durch|flie·gen¹* 自 (s) **1 (a)** (ボール・石などが飛び込む(durch das Fenster 窓から); (飛行機が通り抜ける(durch eine Wolke 雲の中を). **(b)** ノンストップで飛ぶ;(渡り鳥が)渡る. **2**《話》(durchfallen) 落ちる (in einer Prüfung 試験に).

durch'flie·gen²* 他 **1** (飛んで・飛ぶように)通り抜ける;(風が)吹き抜ける;(ある区間を)飛行する. die Atmosphäre ~ 大気圏上を通過する. die Strecke Hamburg — Frankfurt in einer Stunde ~ ハンブルク―フランクフルト間を 1 時間で飛ぶ. **2**《話》ざっと目を通す. **3**《雅》(人⁴を)襲う(感情が).

'durch|flie·ßen¹* 自 (s) (durch et⁴ 物⁴の中を)通って流れる, 貫流する. Hier *fließt* das Wasser unten *durch*. ここは水流が地下を通っている.

durch'flie·ßen²* 他 (物⁴の中を)通って流れる, 貫流する. Ein Bach *durchfließt* die Wiese. 1 本の小川がその牧場を流れている.

'durch|flu·ten 自《雅》**1** (川がある地域を)滔々と流れる, 貫流する. **2**《比喩》(光などがある場所を満たす. Ein unangenehmes Gefühl *durchflutete* ihn. 彼の心に不快感がひろがった.

'durch|for·men 他 念入りに形づくる(仕上げる).

'durch|for·schen 他 **1** (土地を)踏査する. **2** (学問的に)研究する;詳しく調べる.

Durch'for·schung 女 -/-en 研究, 調査;踏査.

'durch|for·sten, **durch'for·sten** 他 **1**《林業》間伐する. **2**《比喩》(書類などを)整理する.

'durch|fra·gen ❶ みんなに尋ねる, 訊いて回る. ❷ 再 (sich⁴) (目的地に着くまで)何度も道を尋ねる.

'durch|fres·sen¹* 他 **1** (鼠などが)かじって壊す, 穴をあける;腐食(侵食)する. Der Rost hat das Eisen *durchgefressen*. 錆(さび)が鉄を腐食した. ❷ 再 (sich⁴) **1**《話》(他人に)食わせてもらう, たかる(bei j³ 人³に). **2** (かじって)腐食・侵食などによって穴をあける(durch et⁴ 物⁴に); (火が燃え広がる(durch et⁴ 物⁴の中に). Die Säure hat *sich* durch den ganzen Bodenbelag *durchgefressen*. 床の建材が底のためにすっかり腐食されている. **3**《比喩》(たくさんの仕事をてこずりながら(やっとのことで)仕上げる.

durch'fres·sen² 形 (虫などに)食い荒らされた, かじられた; 腐食(侵食)された.

'durch|frie·ren 自 (s) **1** (池などが)すっかり凍る, 凍結する. **2** (体が)芯まで冷える. *durchgefroren* sein (体が)こごえている.

'Durch·fuhr ['dʊrçfuːr] 女 -/-en《経済》(外国貨物の)通過(輸送).

durch·führ·bar ['dʊrçfyːrbaːr] 形 実行できる, 実施可能の.

*'**durch|füh·ren** ['dʊrçfyːrən ドゥルヒフューレン] 他 **1** 実行(実施)する; やり遂げる, 遂行する; 挙行する, 催す. **2** (人⁴を)案内してまわる(durch ein Museum 美術館を). ❷ 自 (道などが)通って(走って)いる.

'Durch·füh·rung 女 -/-en **1** 実行, 実施; 挙行, 開催. zur ~ gelangen〈kommen〉実行される. zur ~ bringen 事⁴を実行する. **2**《音楽》(ソナタ形式の)展開部. **3**《電子工》引込み線の碍子(がいし).

'Durch·füh·rungs·be·stim·mung 女 -/-en 実施規定;《複数で》《法制》(法律の)施行令.

'Durch·gang ['dʊrçgaŋ] 男 -[e]s/⁼e **1**《複数なし》通り抜け, 通行. 〜 verboten! 通り抜け禁止. **2** 通過;《天文》(Passage) 通過. **3** (狭い)通路, 抜道, 出入口;(渡り)廊下. **4**《商業》(外国貨物の)通過輸送. **5 (a)**《スポ》イニング, ラウンド, 前(後)半. **(b)** (選挙・投票などの) 1 回. **6**《音楽》経過音.

'Durch·gän·ger [..gɛnɐr] 男 -s/- **1** 逸走しやすい(驚きやすい)馬. **2**《古》《地方》逃亡者, 家出人.

'durch·gän·gig [..gɛnɪç] 形《比較変化なし》首尾一貫した, 普遍的な, 例外のない.

'Durch·gangs·bahn·hof 男 -[e]s/⁼e《鉄道》(↔ Kopfbahnhof) 通過(式)駅.

'Durch·gangs·la·ger 中 -s/- (難民などの)一時収容所.

'Durch·gangs·stra·ße 女 -/-n 通り抜け道路.

'Durch·gangs·ver·kehr 男 -[e]s/ **1** 通過交通(貿易). **2**《経済》=Durchfuhr

'Durch·gangs·zug 男 -[e]s/⁼e (まれ) =D-Zug

'durch|ge·ben* みんなに順に伝える, 流す(渡す); (情報・指令などを)次々に伝える, 流す, 伝達する.

*'**durch|ge·hen*** ['dʊrçgeːən ドゥルヒゲーエン] ❶ 自 (s) **1** 通っていく, 通り抜ける, (検問・検閲を)パスする; 《話》(ねじ・糸などが)穴に通る; (雨水・寒さが)しみ通る. Der Tisch *geht* durch die Tür nicht *durch*. この机は戸口を通らない. **2** (提案・要求などが)通る, 承認される; 通用する, 容認される. Sie *geht*〈glatt〉für 18 *durch*. 彼女は 18 歳で通るよ. j³ et⁴ ~ lassen 人³の事⁴を大目に見る, 許す. **3** (ある所まで)歩き続ける; 歩きまわる; (道・パイプなどがずっと続いている; (会議などが長時間)続く; (列車が)直行する; (主張が)首尾一貫している. drei Stunden zügig ~ 3 時間ずんずん歩き続ける. Bitte im Wagen weiter ~! (車内で)とまらずに奥へ詰めて下さい. Der Zug *geht* bis München *durch*. この列車はミュンヒェン行き直行便である. Das Thema *geht* durch das ganze Stück *durch*. この主題は作品全体を貫いている. 《人称的に》Hier *geht* es zum Park *durch*. ここを行けば公園に出ますよ. **4** (馬が驚いて)逸走(する; 逃げ去る, 逐電する; (原子炉が)制御不能におちいる. Die Nerven *gingen* ihm *durch*. 彼は自制心を失った. mit einem anderen Mann〈mit der Kasse〉~《話》別の男と駆落ちする〈金を持逃げする〉. Seine Wut ist mit ihm *durchgegangen*. 彼は激怒のあまり我を忘れた. ❷ 他 (s, h) 吟味(検討, 点検)する.

'durch·ge·hend 現分 形 **1** 連続の, 中断なしの. Das Geschäft ist ~ von 9 bis 18 Uhr geöffnet. その店は 9 時から 18 時までずっと開いている. **2** 一貫した, 例外なしの. **3**《鉄道》直通(直行)の.

'durch·ge·hends [..gəˈɛnts] 副(ペコペン）**1** 中断(休憩)なしに, ずっと. **2** 一貫して.

durch'geis·tigt [dʊrçˈɡaɪstɪçt] 形 理知的な.

'durch|gie·ßen* 他 (フィルターなどに注いで)濾(ろ)す.

durch|glü·hen[1] ❶ 国 (s) **1** まっ赤に燃える, 灼熱する. **2** (電線などが)焼き切れる.

durch|glü·hen[2] 他 《雅》(陽光などが)燃えるような(まっ赤な)色に染める. ein von der Abendsonne *durchglühter* See 夕陽にまっ赤に染められた湖. Er ist von Leidenschaft *durchglüht*. 《比喩》彼は情熱で燃えたっている.

durch|grei·fen[*] ['dʊrçɡraɪfən] 国 **1** 手を突っ込む(差し込む)(durch et⁴ 物⁴の間から). **2** 《比喩》断固たる処置を取る(gegen j(et⁴) 人⁴〈事⁴に対して).

durch·grei·fend 現分 断固たる; 抜本的な.

durch|hal·ten[*] ['dʊrçhaltən] 他 持ちこたえる, 耐え抜く; やり通す, 貫徹する; 固持(固執)する. bis zum Schluss ～ 最後までやり抜く.

Durch·hang 男 -[e]s/ (ロープなどの)たるみ.

durch|hän·gen[*] 国 **1** (ロープなどが)たるんでいる, (板などが)撓んでいる. **2** (疲れて)ぐったりしている. **3** 《卑》(番組などが)たるんでいる, 面白くない.

durch|hau·en[1*] 他 **1**《過去 hieb durch, 口語では haute durch》2つに切断する. **2** 切開く (sich¹ einen Weg 道を). **3**《話》《過去 haute durch》(落雷などが電線・ヒューズなどを)切る. **4**《過去 haute durch》ぶん殴る, 打ちのめす. **5**《地方》(困難などに)打ち勝つ. ❷ 国 (s)《話》(ヒューズなどが)切れる. Bei ihm ist die Sicherung *durchgehauen*. 《比喩》彼は堪忍袋の緒(⁴)が切れた. ❸《**sich**¹》道を切開く; 血路を開く.

durch|hau·en[2*] 再 = durchhauen¹① **1 2** den Wald ～ 《林業》森に道を切開く.

Durch·haus 中 -es/⸗er (¨⁴) **1** 通り抜け通路(アーケード)のある家屋. **2**《比喩》(a) 緊急避難策, 当座の解決(策). (b) 発展(経過)段階.

durch|he·cheln 他 **1** (亜麻などを十分に)梳(⁴)く. **2**《話》けなす, こきおろす.

durch|hei·zen ❶ 他 十分に暖める(暖房する). ❷ 国 ずっと暖房する.

durch|hel·fen[*] ❶ 国 (人³を)助けて通り(切り)抜けさせる. Er *half* mir durch das Fenster *durch*. 彼は私が窓から抜け出すのを助けてくれた. ❷ 他《**sich**³》(困難などを)切抜ける. Ich *helfe* mir schon *durch*. 私はちゃんとしのいでいくよ.

durch|hö·ren 他 〔〕 das Gespräch durch die Wand ～ 壁ごしに話を聞く. et⁴ durch j² Worte ～ 人²の言葉つきから事を察する.

'durch|hun·gern 再《**sich**¹》食うや食わずの暮しをする.

durch|ir·ren 他 (ある場所を)さまよい歩く.

'durch|ixen ['dʊrç|ɪksən] 他《話》(タイプライターで間違って印字した語を)xを重ね打ちして消す.

'durch|ja·gen[1] ❶ 国 **1** 駆け抜ける. ❷ 他 **1** 追立て(駆立て)て行く. **2** 手早く片づける(処理する).

durch|ja·gen[2] 他 (ある場所を)駆け抜ける(狩り抜ける). In Schreck *durchjagte* ihn. 《話》恐怖が彼の体を走った.

'durch|käm·men 他 **1** 櫛(⁴)で念入りに梳(⁴)く(とかす). j⁴ ～ / j³ das Haar ～ 人⁴の髪を念入りにとかす. sich¹ ～ (自分の)髪をとかす. **2**《非分離動詞としても. その場合 [-'--]》(人海戦術で)徹底的に捜索する, 虱(⁴⁴)つぶしに調べる.

'durch|kämp·fen ❶ 他 **1** (事⁴を)戦い抜く, (に)耐え抜く, 打ち勝つ. **2** やり遂げる, 貫徹する. **3** (ある時間を)戦い続ける. ❷ 再《**sich**¹》**1** 戦って突破する

る(durch et⁴ 物⁴の中を), 血路を開く, 苦労してたどり着く. **2** 迷わしあげなくに決心する(zu et³ 事³を).

durch|kämp·fen[2] 他 (ある期間を)戦って過ごす.

'durch|kau·en 他 **1** 十分に噛む. **2**《話》(事⁴を)とことん(うんざりするほど)話合う.

'durch|klin·gen[1*] ❶ 国 **1** (声などが)よく通る. **2** (h, s) Durch seine Worte *klang* Unsicherheit *durch*. 彼の言葉から自信のなさが窺えた.

durch|klin·gen[2] 他 (物⁴の)中に響きわたる.

'durch|kne·ten 他 **1** 十分にこねる. **2**《話》(よく)マッサージする.

'durch|kom·men[*] ['dʊrçkɔmən] 国 (s) **1** 通り抜ける, 通過する(durch et⁴ 物⁴を); 通りかかる;〔軍〕敵陣を突破する. 《中性名詞として》Es gab kein *Durchkommen*. (ものすごい人ごみで)通り抜けることができなかった. **2** 外に現れる, 出る(芽・錆(³)などが)出てくる; (水がもれる. Da *kommt* der Lehrer bei ihm *durch*. そんなとき彼の教師タイプのところが顔を出す. **3**《話》難事にきり抜ける, なんとか助かる; やり遂げる(bei〈mit〉et³ 事³を); うまくいく, 成功する, 通用する (mit et³ 事³で / bei j⁴ 人⁴に対して); なんとかやりくりする, 間に合せる(mit et³ 物³で). ～ bei einer Prüfung〈einer Wahl〉～ 試験に合格する〈当選する〉. Damit *kommst* du bei ihm nicht *durch*. そんなことは彼には通用しないよ. **4**《話》電話連絡がつく. [mit *seinem* Anruf] nach Hause ～ 家に電話連絡する. **5**《話》(ニュースなどが)放送される.

'durch|kön·nen 国《話》通り抜けることができる.

'durch|kos·ten, durch'kos·ten 他《雅》味わいつくす.

'durch|kreu·zen[1] 他 (文字・行を)×印をつけて消す.

'durch|kreu·zen[2] 他 **1**《雅》ein Gebiet ～ ある地域を縦横に(くまなく)旅する. **2**《比喩》(計画などを)妨害する, つぶす.

'Durch·lass, °**Durch·laß** 男 -es/⸗e **1** 《複数なし》《雅》通行, 通行許可. **1** ～ geben〈gewähren〉人³に通行を許可する. **2** (狭い)通路, 出入口, 門. **3**〔土木〕(道路などの下の)排水溝, 暗渠(⁴⁴).

*'durch|las·sen[*] ['dʊrçlasən ドゥルヒラセン] 他 **1** 通り抜けさせる; (光・水を)通す; 濾(⁴)す, 濾過する. j⁴ durchs Examen ～ 人⁴を試験に合格させる. **2**《話》大目に見る([bei] j³ et⁴ 人³の事⁴を).

'durch·läs·sig 形 **1** (光・水などを)通す; 透過性の, 通気性の. **2** 変更しうる, 融通性のある.

'Durch·laucht ['dʊrçlaʊxt, -'-] 女 -/-en 殿下 (Fürst・Fürstin に対する尊称および呼掛け). Seine〈Ihre〉～ 殿下〈妃殿下〉. Euer〈Eure〉～ ! 殿下(呼掛け).

durch|lauch·tig [..'laʊxtɪç] 形《Fürst・Fürstin に冠する尊敬の形容詞》. der ―e Herr 殿下. *Durchlauchtigste* Prinzessin! 妃殿下(呼びかけ).

'durch|lau·fen[1*] ['dʊrçlaʊfən] ❶ 国 (s) **1** 走り抜ける, 横切る, 渡る; 通りかかる, 通り過ぎる;〔球技〕敵のディフェンスを抜く. durch die Ausstellung ～ 展覧会を駆け足で見て回る. **2** (水などがしみ通る, 漏れる. Kaffee [durch den Filter] ～ lassen コーヒーを(フィルターで)濾(⁴)す. **3**《話》(休まずに)走り続ける. bis zum Ziel voll ～ ゴールまで完走する. **4** (スケジュールなどが)よどみなく進行する;〔建築〕(壁などが)切れ目なしに続く. ❷ 他 (靴などを)履(⁴)きつぶす. sich³ die Füße ～ 走って足を痛める; 靴ずれができる.

durch|lau·fen[2*] 他 **1** (ある距離・場所を)走り(通り)抜ける; 走り回る; ひと回り(1 巡, 1 周)する. die 100

'durch|lau·fend 形 切れ目のない，連続した．~ numeriert sein 通し番号がついている．

'Durch·lauf·er·hit·zer 男 -s/- 瞬間湯沸かし器．

durch'le·ben 他 (ある時間・状況を)過ごす，生き抜く．schwere Jahre ~ 苦しい歳月を生き抜く．mit j³ eine schöne Jugend ~ 美しい青春時代を人³と倶(ﾄﾓ)にする．

*__'durch|le·sen*__ ['dʊrçlɛːzən] ドゥルヒレーゼン 他 《古》通読する．

'durch|leuch·ten¹ 自 (光が)漏れる，差込む．

durch'leuch·ten² 他 1 X線で透視する．2 《雅》くまなく照らす．3 《比喩》こと細かに(意地悪く)調べる，解明する．j³ auf seine Vergangenheit hin ~ 人³の過去を洗い出す．

Durch'leuch·tung 女 -/-en レントゲン透視．

'durch|lie·gen 他 ❶ (ベッド・マットを)使い古す．❷ 再 《sich》床ずれができる．

durch'lö·chern 他 1 穴だらけにする．durchlöchert sein 穴だらけである．2 《比喩》(a)(法律・制度などを)骨抜きにする，(破る)．(b) die Abwehr ~ 《ｽﾎﾟｰﾂ》ディフェンスをくずす(破る)．

'durch|lüf·ten¹ 自 他 [ein Zimmer] ~ 部屋に十分風を通す，換気する．

durch'lüf·ten² 他 (物⁴に)十分風を入れる，(の)換気をする，(を)よく風に当てる．

durch'ma·chen [dʊrçmaxən] 《話》❶ 他 1 (苦難などを)くぐり抜ける，乗切る；(病気を)克服する．viel ~ 多くの辛酸をなめる．2 修了(卒業)する．❷ 自 (ある時間まで)休まずに仕事をする；夜どおし楽しむ．An meinem Geburtstag machen wir durch. 私の誕生日には夜どおしやろうぜ．

'Durch·marsch 男 -[e]s/ﾞe 1 (軍隊などの)通過行進．2 《複数なし》《俗》下痢．3 《ｶｰﾄﾞ》ひとり勝ち．

'durch|mar·schie·ren 自 (s) 行進して通過する．◆過去分詞 durchmarschiert

'durch|mes·sen¹* 他 くまなく測る(測量する)．

durch'mes·sen²* 他 歩いて通り抜ける；踏破する．die Welt mit dem Wanderstab ~ 《古》世界中を遍歴する．

*__'Durch·mes·ser__ ['dʊrçmɛsɐ] ドゥルヒメサー 男 -s/- (記号 d, ø) 《幾何》直径．Der Kreis hat einen ~ von 30 cm. / Der Kreis misst 30 cm im ~. その円は直径 30 cm である．

'durch|müs·sen* 自 《話》通り抜けなくてはならない，通らなくてはならない．

durch'näs·sen 他 びしょ濡れにする．Ich bin〈Die Kleidung ist〉völlig durchnässt. 私は〈衣服が〉びしょ濡れだ．

*__'durch|neh·men*__ 他 1 授業で取上げる(扱う)．2 《話》(人⁴のことを口々に言う，こきおろす．

'durch|num·me·rie·ren 他 (物⁴に)通し番号をつける．◆過去分詞 durchnummeriert

'durch|or·ga·ni·sie·ren 他 十分に(入念に)組織(準備)する．◆過去分詞 durchorganisiert

'durch|pau·sen 他 トレース(透写)する．

'durch|peit·schen 他 1 鞭(ﾑﾁ)で打ちすえる．2 (議案などを)強引に(ばたばたと)通す．

'durch|pres·sen 他 1 (じゃがいもなどを)裏ごしする．2 (計画などを)ごり押しする．

'durch|pro·ben 他 (芝居などを)通して稽古する．

'durch|prü·geln 他 《話》(さんざん)ぶん殴る．

durch'pul·sen 他 《雅》1 Blut durchpulst die Adern. 血が血管を脈打って流れる．2 《比喩》活気づける．eine vom Verkehr durchpulste Straße 人通りで賑(ﾆｷﾞ)わっている街路．

*__'durch'que·ren__ [dʊrç'kveːrən] ドゥルヒクヴェーレン 他 横切る，横断する，渡る．

Durch'que·rung 女 -/-en 横断．

'durch|ras·seln 自 (s) 《卑》durch eine Prüfung ~ 試験に落っこちる(すべる)．

'durch|ra·ti·o·na·li·sie·ren 他 徹底的に合理化する．◆過去分詞 durchrationalisiert

'durch|rech·nen 他 入念に計算(検討)する．

'durch|reg·nen¹ 非人称 Es regnet durch. 雨漏りする．

durch'reg·nen² 非人称 Es durchregnet j⟨et⟩⁴. ⟨物⟩⁴が雨でびしょ濡れになる．

'Durch·rei·che ['dʊrçraɪçə] 女 -/-n ハッチ(台所と食堂との間の料理などを出し入れするための窓口．

'durch|rei·chen 他 1 (料理・食器などを)ハッチまで渡す，(書類などを)窓から差出す．2 《話》順番に渡す．

'Durch·rei·se ['dʊrçraɪzə] 女 -/-n 1 (旅行の途中での)通過．auf der ~ sein 旅の途中である．2 Berliner ~ ベルリーン服飾見本市．

'durch|rei·sen¹ 自 (s) (滞在しないで)通過する，素通りする．Ich bin durch die Stadt nur durchgereist. 私はその町をただ通過しただけだ．2 (休まずに)旅を続ける．

durch'rei·sen² 他 (ある土地を)くまなく旅行(見聞)する，遍歴(周遊)する．

'Durch·rei·se·vi·sum 中 -s/..sa[..za][..sen[..zən]](Durchreiseerlaubnis) 通過(トランジット)ビザ．

'durch|rei·ßen ❶ 他 引き裂く，引きちぎる．❷ 自 (s, h) 1 (s) ちぎれる．2 (h) 《軍事》(あわてて)銃の引金をひく．

'durch|rie·seln¹ 自 (s) 1 (水・砂などが)さらさらと流れ落ちる．2 (ぶどうの実が)落ちる．

durch'rie·seln² 他 j⁴ ~ (恐怖・驚愕・喜悦などが)人⁴の身内を走る．Ein Schauer durchrieselte mich. 恐怖が私をぞっとさせた．《非人称的に》Es durchrieselte ihn kalt. 彼は寒さに鳥肌だった．

'durch|rin·gen 再 《sich》(zu et³ 事³を)やっと踏みきる，で決心する，(に)やっと踏みきる．

'durch|ros·ten 自 (s) すっかり錆(ｻﾋﾞ)びつく，腐食する．

'durch|ru·fen* 他 《話》電話で伝える．

'durch|rüh·ren 他 1 よくかき回す．2 (durch et⁴ 物⁴で)漉(ｺ)す．

durchs [dʊrçs] 前置詞 durch と定冠詞 das との融合形．

'durch|sa·cken 自 (s) (飛行機が失速して)落下する．

'Durch·sa·ge ['dʊrçzaːgə] 女 -/-n (ラジオ・電話などによる)伝達，連絡．Es folgt eine ~ der Polizei. ついで警察からのお知らせがあります．

'durch|sa·gen 他 (放送・電話などで)知らせる；(口づてに)伝える．

'durch|sau·sen 自 (s) 《話》1 ものすごい音を立てて通り抜ける．2 《卑》(試験に)落ちる．

'durch|schal·len¹⁽*⁾ 自 durch et⁴ ~ (音が)物⁴(壁

Durchschrift

durch'schal·len²⁽*⁾ ㊀ **1** (物)(じゅうに)響きわたる. Sein Ruf *durchschallte*〈*durchscholl*〉 die Nacht. 彼の叫び声は夜の闇の中に響きわたった. **2** 〖工学〗(物)に超音波を通す.

durch'schau·bar [dʊrçˈʃaʊbaːr] ㊈ 見通しうる, 分かりやすい.

durch'schau·en¹ ㊀ 〖地方〗=durchsehen

durch'schau·en² ㊀ (人〈物〉⁴の)本心(本質)を見抜く, 見破る; 理解(会得)する. Jetzt *durchschaue* ich dich! さあ君の本心が読めたぞ.

durch'schau·ern ㊀ 〖雅〗(恐怖·喜びなどが)人⁴を震え上がらせる, ぞくぞくさせる. 〖非人称的にも〗 *Es durchschauerte* ihn. 彼はぞくぞくした.

durch'schei·nen¹* ㊀ **1** (光が)差込む, 漏れてくる (durch et⁴ 物を通して); 透けて見える, 透きとおる. **2** 〖比喩〗(durch et⁴ 事¹によって/aus et³ 事³から)分かる, 察しられる. Aus seinen Worten *scheint* seine politische Gesinnung *durch*. 言葉の端々から彼の政治的信念がうかがえる.

durch'schei·nen²* ㊀ くまなく(一面に)照らす.

durch'schei·nend ㊈ 透明の, 透きとおった.

'**durch\|scheu·ern** ❶ ㊀ 擦り切らせる. die Ärmel〈sich¹ die Haut〉~ 袖を擦りきらす〈肌を擦りむく〉. ❷ ㊉(**sich**⁴) (袖などが)擦り切れる.

durch'schie·ßen* ㊀ **1** 撃ち抜く, 射抜く. **2** 〖印刷〗(ページ·文章の)行間をあける(インテルを入れて)(↑Durchschuss 2). **3** 〖製本〗Bücher ~ 本に間紙(印刷されたページの間に挿入する白紙)をはさむ. **4** 〖紡織〗ein Gewebe mit Silberfäden ~ 織物に銀糸をまぜて織る. **5** 〖比喩〗(人⁴の)脳裡にひらめく(想念などが).

'**durch\|schim·mern**¹ ㊀ **1** (光が)差込む, 漏れる. **2** 〖雅〗それとなく分かる, 表に現れる.

durch'schim·mern² ㊀ 光で満たす.

'**durch\|schla·fen**¹* ㊀ ぐっすり眠る.

durch'schla·fen²* ㊀ (ある時間)を眠ってすごす.

'**Durch·schlag** [ˈdʊrçʃlaːk] ㊚ -[e]s/-⸚e **1** カーボンコピー. **2** 〖食〗(こし)器. **3** 穴あけ器, パンチ, 千枚通し. **4** 〖電子工〗破壊放電, 絶縁破壊. **5** (タイヤの)釘穴. **6** 〖鉱業〗(2つの坑道の)合流点.

'**durch\|schla·gen**¹* [ˈdʊrçʃlaːɡṇ] ❶ ㊀ **1** (薪(ま)などを)打ち割る, (杭などを)打ち込む, 打ち抜く. ein Loch durch die Wand ~ 壁に穴をあける. einen Nagel durch ein Brett ~ 釘を板に打込む. einen Ziegelstein mit einem Hammer ~ 煉瓦を金槌で割る. **2** (じゃがいもなどを)裏ごしする. **3** einen Brief ~ 手紙をタイプしてカーボンコピーを取る. ein Schnittmuster ~ 型紙を布地に写し取る. ❷ ㊀ (s, h) **1** (s) 突抜ける, (湿気などが)しみ通る. Die Tinte *schlägt durch*. インキが紙の裏ににじむ. **2** (s) (ヒューズが)とぶ. **3** (s) 影響が表れる (auf j⟨et⟩⁴ 人⟨物⟩⁴に); (遺伝素質などが)現れる (in⟨bei⟩ j³ 人³に). Die Kostensteigerungen *schlagen* voll auf die Preise *durch*. 原価の上昇が物価にもろに撥ね返る. In dem Jungen schlägt der Großvater durch. この少年は生れつき祖父の素質を強く受継いでいる. **4** (h) (薬が)よく効く; (飲食物が)下痢を起こさせる. ❸ ㊉(**sich**⁴) **1** 血路を開く, 苦境をなんとか切抜ける. Ich konnte mich bis in die Heimat ~. 私はやっとのことで故郷までたどりつくことができた. **2** どうにか暮していく. ♦ ↑durchschlagend

durch'schla·gen²* ㊀ (物⁴を)突破する, 貫通する.

'**Durch·schla·gend** ㊉ ㊈ 効き目のいちじるしい; 効果的な, 決定的な. ein ~er Beweis 有力な証拠. ein ~er Erfolg 圧倒的な成功.

'**Durch·schlag·pa·pier** ㊥ -s/-e 〖製紙〗(カーボンコピー用の)薄いタイプ用紙.

'**Durch·schlags·kraft** ㊛ -/ **1** (砲弾などの)貫通力. **2** 〖比喩〗説得力, 効力.

'**Durch·schlag·tuch** ㊥ -[e]s/⸚er 濾過布.

'**durch\|schlän·geln** ㊉ (**sich**⁴) (durch et⁴ 物¹の間を)身をくねらせて(器用に, うまく)通り抜ける;〖比喩〗(難局などを)たくみに切抜ける.

'**durch\|schlei·chen*** ㊀ (s) ㊉ (**sich**⁴) こっそり通り抜ける.

'**durch\|schlep·pen** 〖話〗 ❶ ㊀ **1** (物⁴を)引きずっていく (durch et⁴ 物¹の中を); (間違いなどをいつまでも)引きずっていく. **2** 〖しばしば **mit** を伴って〗〖侮〗(人⁴を)引っぱっていく; (の)面倒を見てやる. ❷ ㊉ (**sich**⁴) sich mühsam ~ やっとこさ食いついていく.

'**durch\|schleu·sen** ㊀ **1** ein Schiff ~ 水門を開いて船を通過させる. **2** 誘導して通過させる. **3** (難民などを)こっそり入国させる, (禁制品を)こっそり持込む.

'**Durch·schlupf** ㊚ -[e]s/-e くぐり抜けの穴(隙間), ぬけ穴.

'**durch\|schlüp·fen** ㊀ (s) くぐり抜ける; 警戒の目をくぐって逃げる. durch den Zaun ⟨unter dem Netz⟩ ~ 垣根の間⟨網の下⟩をくぐり抜ける. Der Dieb ist der Polizei [zwischen den Fingern] *durchgeschlüpft*. 泥棒は警察の警戒網をかいくぐって逃げた. In diesem Buch sind noch einige Fehler *durchgeschlüpft*. この本にはまだいくつかの誤植が残っている.

'**durch\|schnei·den**¹* ㊀ **1** (ナイフ·鋏で)切る, 切断する. **2** 〖猟師〗(罠·網を)食いちぎる, 食い破る.

durch'schnei·den²* ㊀ 〖雅〗**1** =durchschneiden¹ **2** 横断する, 分断する. Ein Bach *durchschneidet* die Wiesen. 小川が牧草地を2分(貫流)している. Das Schiff *durchschneidet* die Wellen. 船が波を切って進んでいく. 〖非人称的に〗 *Es durchschneidet* mir das Herz. 〖比喩〗私は胸を裂かれる思いだ.

*'**Durch·schnitt** [ˈdʊrçʃnɪt ドゥルヒシュニット] ㊚ -[e]s/-e **1** 断面(図). **2** 平均(値), 標準. im ~ 平均して. über⟨unter⟩ dem ~ liegen 平均(標準)以上⟨以下⟩である. guter⟨unterer⟩ ~ sein いい線をいっている⟨もうひとつである⟩. **3** 大半, 大部分. der ~ der Bewohner 住民の多く.

*'**durch·schnitt·lich** [ˈdʊrçʃnɪtlɪç ドゥルヒシュニットリヒ] ㊈ **1** 平均的な, 普通の, 並みの. **2** 〖副詞的用法で〗〖話〗平均して, 概して, おおむね.

'**Durch·schnitts·al·ter** ㊥ -s/- 平均年齢.

'**Durch·schnitts·ein·kom·men** ㊥ -s/- 平均所得.

'**Durch·schnitts·ge·schwin·dig·keit** ㊛ -/-en 平均速度.

'**Durch·schnitts·mensch** ㊚ -en/-en 並みな(普通の)人, 凡人, 平均的人間.

'**Durch·schrei·be·block** ㊚ -[e]s/⸚e(-s) 複写用紙の一綴じ, 複写用のブロックペーパー.

'**durch\|schrei·ben*** ㊀ **1** 複写する, カーボンコピーを取る. **2** テレタイプで伝達(送信)する.

'**durch\|schrei·ten**¹* ㊀ (s) (durch et⁴ 物¹の中を)通り抜ける.

durch'schrei·ten²* ㊀ (物¹の中を)通って行く.

'**Durch·schrift** ㊛ -/-en カーボンコピー, 複写.

'**Durch·schuss** 男 -es/¨e (↓ durchschießen) **1** 貫通(銃創). **2** 《複数なし》〖印刷〗インテル(組版の行間をあけるために挿入する合金製の詰めもの), あき. **3** 《複数なし》〖紡織〗緯糸(よこいと).

'**durch|schwim·men**[1*] 自(s) **1** 泳いで通り抜ける. unter dem Floss ~ 筏(いかだ)の下を泳ぎ抜ける. **2** (休まずに)泳ぎ切る.

durch'schwim·men[2*] 他 (川などを)泳いで渡る.

'**durch|schwin·deln** 他 《sich[4]》ごまかして切抜ける. sich durchs Examen ~ カンニングで試験にパスする.

'**durch|schwit·zen** ❶ 他 《非分離動詞として用いることもある. その場合 [-'--]》汗びっしょりにする. Ich bin durchgeschwitzt〈durchschwitzt〉. 私は汗びっしょりだ. ❷ 自 (s) (水分が)しみ出る, にじみ出る.

'**durch|se·geln** 自(s) **1** ヨットで通り抜ける. **2** im Examen ~ (俗) 試験におちる.

durch'se·geln 他 (雅) **1** (海洋などを)ヨットで横断する. **2** die Luft ~ (鳥・グライダーが)滑空する.

*'**durch|se·hen*** ['dʊrçzeːən ドゥルヒゼーエン] ❶ 自 **1** durch et[⁴] 〈物[⁴]を通して見る(覗く), 透かして見る. Lass mich mal ~! 私に覗かせてくれ(durch das Fernglas 双眼鏡を). Sie sah durch ihn durch. 彼女は彼を見ぬいていた. **2** (話) (全体の様子・連関などが)見える, のみ込める. Ich sehe nicht mehr durch. (どうなっているのやら)私にはもう見当もつかない. ❷ 他 (書類・郵便物などを)よく調べる(器具などを)点検(チェック)する. die Liste auf Fehler [hin] ~ リストに目を通して間違いがないかどうか調べる. **2** (新聞などに)ざっと目を通す.

'**durch|sei·hen** 他 濾(こ)す.

'**durch sein*, 'durch'sein*** 自(s) (話) **1** (列車などが)通過したあとである; (時刻が)過ぎている. **2** bei j[³] unten〈darunter〉 ~ 人[³] のもとで信用(評判)を失っている, 見限られている. **3** (難局などを)克服した, 切抜けた; (議案などが)通った; 試験にパスした. **4** (肉などが)よく焼けている, (チーズが)成熟している. **5** (衣服・靴などが)すり切れている, 破れている. ◆↑durch

*'**durch|set·zen*** ['dʊrçzɛtsən ドゥルヒゼッツェン] ❶ 他 (意志・要求などを)貫徹する, (権利・主張などを)押し通す, (意見など)承認させる; 断行する, やり抜く(遂げる). seinen Kopf ~ (話) 我(が)を通す. et[⁴] mit Gewalt〈durch Beharrlichkeit〉 ~ 事[⁴]を強引に(ねばり強く)やってのける. ❷ 他 《sich[⁴]》 **1** 我(が)を通す, 節(せつ)を持する(曲げない)(gegen j[⁴] 人[⁴]に対して). sich mit seiner Behauptung ~ 自説を通す. **2** (理念・改革・作品などがだんだんに)受入れられる, 世に認められる.

durch'set·zen[2] 他 (et[⁴] mit et[³] 物[⁴]に物[³]を)混ぜる, 混入する. Wein mit Fusel ~ ワインにフーゼル(安酒)を混ぜる. einen Betrieb mit Spitzeln ~ ある企業にスパイをもぐり込ませる. Der Rasen ist mit Klee durchsetzt. この芝生はあちこちにクローバが混じっている.

'**Durch·sicht** ['dʊrçzɪçt] 女 -/ **1** 点検, チェック. bei ~ unserer Bücher 当社の帳簿を調べましたところ. **2** (まれ) 見通し, 展望.

*'**durch|sich·tig*** ['dʊrçzɪçtɪç ドゥルヒズィヒティヒ] 形 **1** 透明な, 透き通った. eine ~e Bluse 透けて見えるブラウス. **2** (肌が)透けるような, (顔色が)蒼白な. **3** (嘘などが)見えすいた; 分かりやすい.

'**Durch·sich·tig·keit** 女 -/ 透明性, 透明度.

'**durch|si·ckern** 自(s) (水などが)洩れる, にじみ出る. (噂・秘密が)洩れる, 知れ渡る.

'**durch|sie·ben** ふるい; 篩(ふるい)にかける.

'**durch|sit·zen*** 他 座りすぎて傷める. Ich habe [mir] die Hose durchgesessen. 私のズボンは尻がすり切れてしまった. **2** 《sich[⁴]》スプリング(ばね)が駄目になる; (ソファーのカバーなどが)すり切れる.

'**durch|spie·len** ❶ 他 **1** 終りまで演奏する(演じる). eine Szene noch einmal ~ ある場面をもう1度通してやる. **2** (計画・成行きなどを)じっくり検討する. ❷ 自 (スポーツ)〈交替・中断なしに〉プレーし続ける. ❸ 他 《sich[⁴]》 (スポ) 相手のディフェンスを突破する.

'**durch|spre·chen*** ['dʊrçʃprɛçən] ❶ 自 (すき間・窓などを)通して話す. Sprechen Sie bitte hier durch. ここ(この窓口)から話して下さい. ❷ 他 **1** (電話・ラジオなどで)伝える. **2** (問題・計画などを細かく検討する, じっくり話し合う(論じる).

'**durch|star·ten** 自(s) **1** (着陸に失敗した飛行機がやりなおしのために)再び高度を上げる. **2** (停車してから)急にまたスピードを上げる. **3** (エンジンを始動させるために)アクセルを強く踏む.

'**durch|ste·chen**[1*] 他 **1** 突き(刺し)通す. mit der Nadel sorgfältig durch den Saum ~ 針を慎重に縁(ふち)に刺す. Die Nadel sticht durch. 針が(裏まで)通った. **2** (古) 人をだます.

durch'ste·chen[2*] 他 突き(刺し)通す(針などで), (に)穴をあける, (トンネルなどを)掘削する.

Durch·ste·che·rei [dʊrçʃtɛçəˈraɪ] 女 -/-en (雅) 欺瞞, 瞞着, ぺてん.

'**durch|ste·hen*** 他 《非分離動詞としても. その場合 [-'--]》耐え抜く, 頑張り通す. **2** (スキー競技で)(跳躍・滑走を)うまくやり遂げる.

'**durch|stei·gen**[1*] 自(s) **1** よじ登って逃出す. **2** (話)=durchblicken 2

durch'stei·gen[2*] 他 《登山》 (山を頂上まで)登攀(とうはん)する.

'**durch|stel·len** 他 (話)(電話をほかの電話に)つなぐ.

'**Durch·stich** 男 -[e]s/-e **1** 刺して(掘って)穴をあけること, (運河・トンネルなどの)掘削(口). **2** (河川の湾曲部を真っすぐに直した)人工の流路.

durch|stö·bern 他 《分離動詞としても. その場合 ['---]》徹底的に(念入りに)探す, 探索する.

'**durch|sto·ßen*** ❶ 他 **1** 突き進む, 突き破る. 〖軍事〗(前線を)突破する; 突進する. **2** 突き通す. den Stock durch die Zaunlücke ~ 棒を垣根のすき間から突っ込む. **2** (袖などを)すり切らせる. 《再帰的に》sich[⁴] ~ (袖などが)すり切れる.

durch'sto·ßen[2*] 他 突き刺す, 突き破る.

*'**durch|strei·chen**[1*] ['dʊrçʃtraiçən ドゥルヒシュトライヒェン] 他 **1** (字句を)線を引いて抹消する. **2** 〖料理〗裏ごしする.

durch'strei·chen[2*] 他 (雅) (ある土地を)遍歴(放浪)する, さすらう.

'**durch|strei·fen** 他 **1** (ある土地を)あてもなくさすらう, 放浪する. **2** (ある地域を虱(しらみ)つぶしに捜索する.

'**durch|strö·men** 自(s) 流れ通る, 貫流する.

durch'strö·men[2] 他 (ある地域を)流れ通る, 貫流する. Ein Glücksgefühl durchströmte mich. 《比喩》幸福感が私の全身にみなぎった.

durch|su·chen [dʊrçˈzuːxən] 他 《分離動詞としても. その場合 ['---]》徹底的に(くまなく)探す.

Durch·su·chung 女 -/-en 捜索.

'**durch|tan·zen** ❶ 他 **1** 踊りながら通る(durch einen Raum 部屋の中を). ❷ 他 **1** (1曲を)踊り通す. **2** (一定時間を)踊り続ける. **3** (靴を)ダンスで履きつぶす.

durch·tan·zen 他 (ある時間を)ダンスで過ごす.

durch|trai·nie·ren ['dʊrçtreni:rən] [他] (身体を)鍛え抜く. ♦過去分詞 durchtrainiert
durch'trän·ken [他] 《雅》 (mit et³ 物³で)よく濡らす. Gebäck mit Rum ～ ビスケットにラム酒をたっぷり含ませる. 《過去分詞で》 von et³ *durchtränkt* sein 物³(感情・教養などに)満ちている, (で)一杯である.
'durch|trei·ben* [他] (durch et⁴ 物⁴の中を)通す. das Vieh durch ein Gatter ～ 家畜を追立てて柵を通らせる. einen Nagel ganz ～ 釘を打込んでしまう.
'durch|tren·nen [他] 《非分離動詞としても. その場合 [–'– –]》 切断する, ばらばらにする.
'durch|tre·ten* ❶ [他] **1** (ペダルなどを)いっぱいに踏む. **2** 踏みつけて傷める. Schuhe ～ 靴を履きつぶす. sich³ den Fuß ～ 扁平足になる. ❷ [自] (s) **1** (ガス・液体が)漏れる. **2** 《話》 (乗物の中で)奥へ進む. *Treten* Sie bitte *durch*! 中へお詰め下さい.
durch'trie·ben [dʊrç'tri:bən] [形] 《侮》 抜け目のない, 悪賢い.
durch'wa·chen [他] 《雅》 (ある時間を)眠らずに過ごす.
'durch|wach·sen¹* [自] (s) durch et⁴ ～ (植物が)物⁴(垣根など)を突き抜けて成長する(伸びる).
durch'wach·sen²* [他] (ある場所に)一面に生える, はびこる. Der Urwald ist von Schlingpflanzen *durchwachsen*. その原生林はいたるところに蔓(つる)植物が繁茂している.
durch'wach·sen³ [過分] [形] (↑durchwachsen²) **1** mit〈von〉 et³ ～ sein 物³がまじって生えている. ein von Gebüsch ～*er* Hochwald 灌木のまじった喬林. ～*er* Speck 《比喩》 脂身のまじったベーコン. **2** 《戯》 (身体の具合が)良かったり悪かったりの. „Wie geht es dir?" — „Danke, ～!" 元気かね — うん, まずまずだよ.
'Durch·wahl [女] –/ ダイヤル通話.
'durch|wäh·len [自] ダイヤル通話する.
'durch|wal·ken [他] **1** (毛皮・布を)よく縮絨(しゅくじゅう)する. **2** 《話》 ぶん殴る, 打ちのめす.
'durch|wan·dern [自] (s) 歩き続ける(通す).
durch'wan·dern [他] (ある土地を)歩き回る; 歩いて横断する.
'durch|wär·men [他] 《非分離動詞としても. その場合 [–'– –]》 よく暖める. 《再帰的に》 sich⁴ ～ 十分暖まる.
'durch|wa·schen* [他] 《話》 すばやく(そそくさと)洗う.
'durch|wa·ten¹ [自] (s) 歩いて渡る.
durch'wa·ten² [他] 《雅》 (川などを)歩いて渡る.
'durch|we·ben¹⁽*⁾ [他] (絨毯・織物を)2重織りする.
durch'we·ben²⁽*⁾ [他] ein Gewebe mit et³ ～ 織物に物³(模様・別色の糸など)を織込む. Der Wald ist von Nebelschleiern *durchwoben*. 《雅》 森には霧のヴェールがたなびいている.
'durch·weg ['dʊrçvɛk, –'–] [副] いつでも, いたるところで, 例外なく. Es waren ～ junge Leute da. どこへ行っても若者たちがいた.
'durch·wegs ['dʊrçve:ks, –'–] [副] 《オース・スイ トリア・ス》 = durchweg
'durch|wei·chen¹ [自] (s) (濡れて)ぐしゃぐしゃになる.
durch'wei·chen² [他] **1** 濡らしてすっかりやわらかくする. **2** びしょ濡れにする. Ich bin vom Regen ganz *durchweicht*. 私はすっかり雨に濡れてしまった.
'durch|win·den* ❶ [再] 《sich⁴》 身をくねらせて通り抜ける. sich durch die Menschenmasse〈durch Schwierigkeiten〉 ～ 人垣の中をすり抜けていく〈難局をたくみに切り抜ける〉. ❷ [他] しぼり器でしぼる.

durch'win·tern [他] (植物を)越冬させる.
'durch|wir·ken¹ ❶ [自] 影響(作用)を及ぼす. damit die Feuchtigkeit nicht *durchwirkt* 湿気の影響が及ばないように. ❷ [他] 十分に捏(こ)ねる.
durch'wir·ken² [他] et⁴ mit et³ ～ 物⁴に物³を織込む(まぜて織る).
'durch|wol·len* [自] 《話》 通り抜けようとおもう.
'durch|wüh·len¹ ❶ [再] 《sich⁴》 *sich* durch die Erde ～ (もぐらなどが)土を掘って進む. *sich* durch die alten Akten ～ 昔の書類を引っかき回して調べる. ❷ [他] =durchwühlen² 2, 3
durch'wüh·len² [他] **1** (土・畑を)掘返す, 掘返して探す(進む). **2** 《分離動詞としても. その場合 ['– – –]》 (部屋・戸棚などを)引っかき回して調べる(探す). **3** 《卑》 《分離動詞としても》 (資料・書類などを)とことん(隅々まで)調べる.
'durch|wursch·teln [再] 《sich⁴》 =durchwursteln
'durch|wurs·teln [再] 《sich⁴》 《話》 どうにかやりくりしていく.
durch'wur·zeln [他] die Erde ～ (植物が)土に根を下ろす.
'durch|zäh·len ❶ [自] (点呼などで順番に)番号を言う. ❷ [他] 数えあげる, 終わりまで数える.
'durch|ze·chen¹ [自] 《話》 (ずっと)飲み続ける. bis zum Morgen ～ 朝まで飲み明かす.
durch'ze·chen² [他] (ある時間を)飲んで過ごす. eine Nacht ～ 一晩飲み明かす.
'durch|zie·hen¹* ❶ [自] (s) **1** (軍隊・人の列などが)通り過ぎていく, 通過する, (風が)吹抜ける, (鳥が)渡っていく. ～ lassen 風を入れる. **2** 〘料理〙 (酢漬けの肉や野菜がマリナードなどの中に)寝かされている, 寝かされていて味がよくなる(食べ頃になる). Der Salat muss einige Zeit ～. このサラダはしばらく寝かしておかなくてはならない.
❷ [他] **1** (糸などを)通す(durch et⁴ 物⁴の中に). **2** (線を)引く, (壁などを)長くめぐらす. **3** 《話》 (仕事などを)やり抜く(遂げる). **4** (オール・のこぎりなどを)いっぱいに引く. **5** eine[n] ～ 〘麻薬〙 ハシッシュ(マリファナ)を吸う.
❸ [再] 《sich⁴》 (durch et⁴ 物⁴の中を)貫いている. Die Risse *ziehen sich* durch die ganze Mauer *durch*. 亀裂は壁全体に走っている. Das Motiv *zieht sich* [wie ein roter Faden] durch den Film *durch*. このモティーフは映画の中に一貫して流れている.
durch'zie·hen²* [他] **1** (ある地域を)横断する, (の)方々を動き回る(移動する), あちこちに出没する. **2** (川・道路などがある地域を)走っている, (亀裂が)一面に広がっている. **3** (匂い・感覚などが)満たす, しみわたる. Ein süßer Duft *durchzog* das Zimmer. 甘い匂いが部屋を満たした. Ein plötzlicher Schmerz *durchzieht* ihn. 突然の痛みが彼の全身を走る. **4** et⁴ mit et³ ～ 物⁴に物³(別色の糸・模様など)を織込む. den Acker mit Furchen ～ 畑に畝(うね)をつける.
durch'zu·cken [他] Ein Blitz *durchzuckt* den Himmel. 稲妻が空を走る. Ein Gedanke〈Ein Schmerz〉 *durchzuckte* ihn. ある考えが彼の脳裡にひらめいた〈痛みが彼の体を走った〉.
'Durch·zug ['dʊrçtsu:k] [男] –[e]s/⸚e (↓durchziehen¹) **1** (鳥の)渡り, (軍隊などの)通過, 移動. **2** 《複数なし》 (部屋を)吹き抜ける風, 通気. ～ machen 風を入れる. auf ～ schalten / die Ohren auf ～ stellen 《卑》 人の言葉に耳を貸さない, 馬耳東風である. **3** (カーテン・ドレスなどの)縁飾り. **4** (ボート・カヌーの)スト

ロークひと漕ぎ．
'Durch·züg·ler [..tsy:klər] 男 -s/- 旅寝鳥, 旅の鳥 (渡りの途中で立寄った鳥).
'durch|zwän·gen 他 押し込む. sich⁴ ～ (人ごみを) 押しのけて進む.
'Dü·rer ['dy:rər]《人名》Albrecht ～ アルブレヒト・デューラー (1471-1528, ドイツ・ルネサンス期の画家).

'dür·fen* ['dyrfən デュルフェン] durfte, dürfen (gedurft) / ich darf, du darfst, er darf ▶本動詞を伴うときの過去分詞には不定詞形の dürfen を, 本動詞を伴わない独立的用法のときは gedurft を用いる. ❶ 他《話法》Ⅰ《本動詞を伴って》《過去分詞 dürfen》《許可・資格》…してもよい, …することを許されている, する資格(権利)がある. Darf ich um das Salz bitten? 塩を取っていただけませんか. Darf man eintreten? 入ってもかまいませんか. Du darfst jetzt nach Hause gehen. 君はもう帰ってもいいよ. Darf es etwas mehr sein? 目方がちょっとオーバーするようないでしょうか(店員が客にむかって). Was darf es sein? 何にいたしましょうか(店員の問い). Ich bitte, mich verabschieden zu ～. そろそろおいとまさせていただきます. Darf ich bitten? こちらへおいでいただけませんか; どうぞお入り下さい; お願いできますか(ダンスの相手などを).《nicht を伴って禁止を表す》Hier darf man nicht parken. ここは駐車禁止. Das darf doch nicht wahr sein.《話》そんなことがあってたまるか, まさかそんなことはあるまい. **2**《理由》…してもよい十分な理由がある. Er darf stolz auf seinen Erfolg sein. 彼は自分の成功を誇ってもよい. Darf man sich⁴ darauf verlassen? 当てにできることなのかね. Darüber darf man sich⁴ nicht wundern. それは驚くに当らないことだ. **3**《必要》《nur を伴って》…しさえすればよい. Sie dürfen es nur sagen. あなたはそうおっしゃるだけでいいのですよ. ▶この用法は古くて, 今日では brauchen を用いるのがふつう(→ brauchen 3). **4**《接続法Ⅱ dürfte で婉曲な表現・推測を表す》Morgen dürfte es schneien. 明日は雪になりそうだ. Es dürfte ein Irrtum sein. これはたぶんまちがいでしょう. Ⅱ《独立的用法》《過去分詞 gedurft》**1**《本動詞を省略する場合／しばしば方向を示す語句を》Ich darf zu ihm hinein. 私は彼の部屋に入ることを許されている. Willst du mitkommen? — Ich darf nicht. 君も来るかい. — 私よりご一緒できないの. **2**《本動詞を es¹, das¹ で代理する場合》Er hat es nicht gedurft. 彼はそんなことをしては(言ってはいけなかった.
▶完了形については wollen の項の末尾を参照. ❷ 自《古》(bedürfen)(物〈人〉²を)必要とする.
'durf·te ['durftə] dürfen の過去.
'dürf·te ['dyrftə] dürfen の接続法Ⅱ.
*'**dürf·tig** ['dyrftiç デュルフティヒ] 形 (↓ dürfen) 不十分な, 乏しい; 貧しい, 不如意な; 粗末な. ein ～es Ergebnis 不十分な(貧しい)成果. eine ～ Wohnung 粗末な(みすぼらしい)住居. ～ leben 貧乏暮しをする.
'Dürf·tig·keit 安 -/ 不十分さ, 乏しさ, 貧しさ.
dürr [dyr] 形 **1** 乾燥した, 干からびた, 枯れた. **2** 雨の少ない, 日照りの. ein ～es Jahr 乾燥(ホッシ)の年. **3**《土地がやせた》不毛の. **4** 痩せこけた, がりがりの. **5**《仕事の》成果の上がらない, 不毛の. **6** in〈mit〉～en Worten そっけない言葉で, ぶっきらぼうに.
'Dür·re ['dyrə] 安 -/-n **1**《複数なし》乾燥, 不毛; 乾魃(かんばつ), 日照り. **2** 乾季.

Durst [durst ドゥルスト] 男 -[e]s/ **1** (のどの)渇き. ～ haben のどが渇いている. ～ löschen〈stillen〉渇きをいやす. ～ auf Bier〈Kaffee〉haben ビール〈コーヒー〉が飲みたい. ein Glas〈einen/eins〉über den ～ trinken《話》飲みすぎる, 酔っぱらう. **2**《雅》渇望, 熱望. ～ nach Wissen 知識欲.
'durs·ten ['dʊrstən] 自《雅》**1** ひどく渇く. Er hat zwei Tage lang ～ müssen. 彼は2日間のどが渇きっぱなしであった. **2**《非人称的に》=dürsten
'dürs·ten ['dyrstən]《雅》❶《非人称》Mich dürstet. / Es dürstet mich. 私はのどが渇いている. Es dürstet ihn nach Rache. 彼は復讐心に燃えている. ❷ 自 渇望(熱望)する(nach et³ 事を).
*'**durs·tig** ['dʊrstɪç ドゥルスティヒ] 形 **1** (のどの)渇いた. Das Kind ist ～. この子はのどが渇いている. ～ e Erde 乾きはてた大地. eine ～e Seele《戯》飲み助, 飲んべえ. **2**《雅》渇望(熱望)している(nach et³ 事を). ～ nach Freiheit sein 自由を熱望している.
'Durst·stre·cke 安 -/-n 欠乏(不景気)の時期.
'Dusch·bad ['dʊʃba:t] 中 -[e]s/¨er シャワー(浴); シャワールーム. ein ～ nehmen シャワーを使う.

'Du·sche ['dʊʃə, 'du:ʃə ドゥシェ] 安 -/-n (fr.) **1** シャワー(設備). **2** シャワー浴. eine ～ nehmen / unter die ～ gehen シャワーを浴びる. Seine Kritik war für mich eine kalte ～.《話》彼の批評は私には冷水を浴びせられたようなものであった. Ich habe eine ～ abgekriegt.《話》私は(雨で)ずぶ濡れになった.
*'**du·schen** ['dʊʃən, 'du:ʃən ドゥシェン] ❶ 他 シャワーを浴びさせる. ❷ 自 再 (sich⁴) [sich] ～ シャワーを浴びる. ❸《非人称》Es duscht.《話》どしゃ降りの雨だ.
'Dusch·ka·bi·ne 安 -/-n (シャワーが1つの)シャワー室.
'Dusch·raum 男 -[e]s/¨e (シャワーのいくつもある)シャワールーム.
'Dusch·vor·hang 男 -[e]s/¨e シャワーカーテン.
'Dü·se ['dy:zə] 安 -/-n (tschech.)《工学》(気体・液体の)噴射口, ノズル.
'Du·sel ['du:zəl] 男 -s/ **1**《地方》めまい, 放心, 寝ぼけ, ほろ酔い. **2**《話》(不相応な)幸運, 僥倖(ぎょうこう). ～ haben えらく運にめぐまれる.
'du·se·lig ['du:zəliç] 形《話》ぼうっとした, 寝ぼけた.
'du·seln ['du:zəln] 自《話》ぼうっとしている, 夢うつつである.
'dü·sen ['dy:zən] 自 (s)《話》**1** ジェット機で飛ぶ. **2** 急いで行く, すっ飛ぶ.
'Dü·sen·an·trieb 男 -[e]s/-e《工学》ジェット推進.
'Dü·sen·flug·zeug 中 -[e]s/-e ジェット機.
'Dü·sen·jä·ger 男 -s/- ジェット戦闘機.
'Dü·sen·trieb·werk 中 -[e]s/-e《工学》ジェットエンジン.
'Dus·sel ['dʊsəl] 男 -s/- (↓ Dusel)《話》間ぬけ, ぼんくら.
'Düs·sel·dorf ['dʏsəldɔrf]《地名》デュッセルドルフ (ドイツ中西部のビジネス都市, ノルトライン=ヴェストファーレン州の首都).
'dus·se·lig ['dʊsəliç] 形《話》**1** うかつな, とんまな. **2**《地方》ぼうっとした, (意識が)もうろうとした.
Dust [dʊst] 男 -[e]s/《北ドツ》**1** =Dunst **2** ほこり, ちり, ダスト.
'dus·ter ['du:stər] 形《地方》うす暗い.
*'**düs·ter** ['dy:stər デュースター] 形 **1** (うす)暗い, (空が

Düs·ter·heit, **'Düs·ter·keit** 囡 -/ 暗がり, 闇; 暗さ.

Dutt [dʊt] 男 -[e]s/-s(-e) 《地方》髷.

Dut·zend ['dʊtsənt ドゥツェント] 中 -s/-e (fr.)《複数なし》《略 Dtzd.》12 個, ダース. zwei ~ frische ⟨frischer⟩ Eier 新鮮な卵 2 ダース. Ein ~ Taschentücher kostet⟨kosten⟩100 Euro. ハンカチ 1 ダースは 100 ユーロである. Im ~ ist die Ware billiger. この品物はダースでなら安くなります. Davon gehen zwölf auf ein⟨aufs⟩~. それは大したものじゃない. Er ist unterm ~.《話》彼は大した男じゃない. **2** ein kleines ~ 二, 三, 若干. **3**《複数で》幾十, 多数. ~e⟨dutzende⟩von Menschen 大勢の人々. Zu ⟨In⟩~en⟨dutzenden⟩strömten die Studenten herein. 学生たちは大勢でなだれ込んで来た.

dut·zend·fach ❶ 形 多くの. ❷ 副 たびたび, しょっちゅう.

Dut·zend·ge·sicht 中 -[e]s/-er どこにでもある(十人並みの)顔.

dut·zend·mal 副 12 回; 何度も, しばしば.

Dut·zend·mensch 男 -en/-en《侮》並みの人間, 凡人.

Dut·zend·wa·re 囡 -/-n《侮》大量販売の安物.

dut·zend·wei·se 副 **1** ダースで. **2** たくさん.

Du·um·vir [duˈɔmvɪr] 男 -n/-n(-i[..viri]) (lat.)《ふつう複数で》《歴史》(古代ローマの)二頭政官吏(2 名連帯で同一職務についている役人); 二頭政治家.

Du·um·vi'rat [duɔmviˈraːt] 中 -[e]s/-e (lat.)《歴史》(古代ローマの)二頭連帯職; 二頭政治.

Duve'tine [dyfˈtiːn] 男 -s/-s (fr.)《紡織》デュベティン(羊毛に絹や木綿をまぜて織った織物).

'Duz·bru·der ['duːts..] 男 -s/-= 親しい友人, du で呼合える友人.

* **'du·zen** ['duːtsən ドゥーツェン] (↓ du) ❶ 他 (人⁴を) du で呼ぶ, (に) du で話しかける. ❷ 再 (sich⁴) たがいに du で呼合う(mit j³ を). ◆ ↑ siezen

'Duz·freund 中 -[e]s/-e =Duzbruder

'Duz·fuß 男 mit j³ auf ~ stehen《話》人³ と du で呼合う, 俺とお前の仲である.

DVD 囡 -/-s (engl.)《略》=digital versatile disc DVD.

'Dvo·řák ['dvɔrʒak, 'dvɔrʒaːk]《人名》Antonín ~ アントニーン・ドヴォルジャーク(1841-1904, チェコの代表的作曲家).

DW《略》=Deutsche Well ドイチェ・ヴェレ(ドイツの海外向放送).

dwars [dvars] 副《北ド》(quer) 斜めに, 横切って.

Dy [deːˈʏpsilɔn, dʏsˈproːziʊm]《記号》《化学》=Dysprosium

Dyn [dyːn] 中 -s/- (gr.)《記号 dyn》《物理》ダイン(力の大きさをあらわす CGS 単位).

Dy·na·mik [dyˈnaːmɪk] 囡 -/ (gr.) **1**《物理》(↔ Statik) 力学, 動力学. **2** 活力, ダイナミズム. **3**《音楽》デュナーミク, 強弱法.

'Dy·na·mis ['dyːnamɪs] 囡 -/ (gr.) (↔ Energeia) デューナミス, 可能態 (Aristoteles 哲学の用語).

* **dy'na·misch** [dyˈnaːmɪʃ] 形 **1**《物理》動力学の. **2** ダイナミックな, 動的な, 活力のある, 活発な. ~e Rente スライド制年金. **3**《音楽》強弱法の. ~es Zeichen 強弱記号.

Dy·na'mis·mus [dyna'mɪsmʊs] 男 -/..men **1**《複数なし》《哲学》力本説, ダイナミズム. **2**《複数なし》《民族》呪力信仰. **3** 動力, 活動(推進)力.

Dy·na'mit [dynaˈmiːt] 中 -s/ ダイナマイト. mit ~ spielen《比喩》危険な遊びをする. ~ in den Fäusten ⟨im Bein⟩ haben 強烈なパンチ⟨シュート⟩力がある.

Dy·na·mo [dyˈnaːmo, ˈdyːnamo] 男 -s/-s (engl.)《工学》(Dynamomaschine の短縮)ダイナモ, 発電機.

Dy·na·mo'me·ter [dynamo..] 中 -s/-《工学・電子》動力計; 《医学》力量計.

Dy'nast [dyˈnast] 男 -en/-en (gr.) (歴代王朝の)君主, 支配者.

Dy·nas'tie [dynasˈtiː] 囡 -/-n [..ˈtiːən] **1** 王朝, 王家. **2** (ある分野で勢力のある)名門, 一家, ファミリー. die ~ der Krupps クルップ一家.

dy'nas·tisch [dyˈnastɪʃ] 形《付加語的用法のみ》王朝(王家)の.

dys.., **Dys..** [dys..]《接頭》(gr.) 形容詞・名詞に冠して「不良・不全・障害」などの意を表す.

Dys·funk·ti'on 囡 -/-en 機能障害.

Dys·me·nor'rhö [dysmɛnɔˈrøː] 囡 -/-en《病理》月経困難.

Dys'pnoe [dysˈpnoːə] 囡 -/《医学》(Atemnot) 呼吸困難.

Dys'pro·si·um [dysˈproːziʊm] 中 -s/《記号 Dy》《化学》ジスプロシウム.

dys'troph [dysˈtroːf] 形 **1**《医学》栄養失調による. **2**《生態》(土壌・湖沼などは)栄養素には乏しいが腐植質にとんだ.

dz《略》=Doppelzentner

* **'D-Zug** ['deːtsuːk デーツーク] 男 -[e]s/=e (Durchgangszug の短縮)《鉄道》急行列車. Ein alter Mann⟨Eine alte Frau⟩ist doch kein ~.《話》(私のような)年寄りはそう急がせたのは無理だよ. im ~ durch die Kinderstube gefahren sein《話》(子供のときに)よい躾(しつけ)を受けていない, 躾が悪い.

e, E

e¹, E¹ [eː] 田 -/- ドイツ語アルファベットの第5文字(母音字). ◆ 口語では単数2格および複数形を[eːs]と発音することがある.

e², E² [eː] 田 -/-〖音楽〗**1** ホ音. **2**〖記号〗e=*e*-Moll, E=*E*-Dur

E³ [iːst]〖記号〗(*engl.*)〖地理〗東.

E⁴〖記号〗**1**〖鉄道〗=Eilzug **2**〖交通〗=Europastraße ヨーロッパ自動車道路(道路番号の前につく). **3**〖貨幣〗(貨幣の刻印で) Dresden 造幣局 (1872-1886), Freiberg 造幣局 (1887-1936). ▶ ↑ A³ 4

€〖記号〗(記号)=Euro

Ea·gle [ˈiːgəl] 男 -s/-s (*engl.*, Adler') イーグル.

Earl [əːrl, œrl, aːl] 男 -s/-s (*engl.*) (イギリスの)伯爵.

Eau de Co'lo·gne [ˈoː də koˈlɔnjə] 田 (女) ---/Eaux--[ˈoː..] (*fr.*, Wasser aus Köln') オーデコロン (Kölnischwasser).

Eau de 'vie [ˈoː də ˈviː] 田 (女) ---/Eaux--[ˈoː..] (*fr.*, Lebenswasser') 蒸留酒, 火酒.

***'Eb·be** [ˈɛbə エベ] 女 -/-n 引潮, 干潮. Es ist ~. 引潮である. In meinem Geldbeutel ist〈herrscht〉~.《話》懐(ふところ)がさびしい.

ebd.(略)=ebenda 2

'eben
[ˈeːbən エーベン] ❶ 形 **1** 平らな, 平坦な. ein ~*er* Weg 平坦な道. den Boden ~ machen 地面をならす. Der Keller hat ein Fenster zu ~*er* Erde. 地下室には地面(通り)と同じ高さに窓がついている. zu ~*er* Erde wohnen 1階に住んでいる. **2** 一様な, 乱れ(むら)のない. der ~*e* Atemzug 規則正しい呼吸. Unser Wagen hat eine ~*e* Fahrt. 私たちの車は揺れない.

❷ 副 **1** (gerade) まさに, まさしく. *Eben*! まったくその通りだ, まさに君の言う通りだ. Das ist ja ~! (私が言いたいのは)まさにそのことだよ. *Eben* danach wollte ich Sie fragen. 私があなたにお尋ねしたかったのはまさしくそのことなんですよ. **2**(時間的)(a) ちょうど, ちょうどそのとき. *Eben* kommt er! ちょうど彼が来た. Ich war ~ dabei, dich anzurufen. ちょうど君に電話しようと思っていたところだ. Sie wollte ~ zu Bett gehen, als es klingelte. 彼女がまさに就寝しようとしたときにブザーが鳴った. (b) (soeben, gerade jetzt) たった今, さっき. der ~ *erwähnte* Vorfall 今述べた出来事. jetzt ~, vor fünf Minuten 今さっき5分前に. *Eben* habe ich mit ihnen gesprochen. 私はついさっき彼らと話合ったところだ. **3** (gerade noch) ようやく, かろうじて. Das reicht [so] ~ [noch] aus. それでかつかつ(なんとか)足りるだろう. Er hat die Prüfung ~ noch bestanden. 彼はかろうじて試験に合格した. **4** (**nicht** と) nicht ~ / ~ nicht 必ずしも…ない. Sie ist nicht ~ hübsch, aber ein guter Kerl. 彼女は可愛いとは言えないかもしれないがなかなかいい子だよ. Das nun ~ [gerade] nicht. 必ずしもそうとは言えない. **5**(変えようのない事実を示して)(nun einmal) Das ist ~ so. これはそうしたものだよ. Wenn du nicht mitkommen willst, dann bleibst du ~ hier. 君は一緒に来たくないのならここにいるしかないよ. **6**《話》(命令文で) (schnell einmal) ちょっと. Komm ~ mal her! ちょっとこっちへおいで. Kann ich ~ mal das Buch haben? ちょっとその本を貸してくれないか.

'Eben·bild 田 -[e]s/-er 似姿, 生き写し.

'eben·bür·tig [..byrtɪç] 形《副詞的には用いない》(能力・地位・家柄が)同等(対等)の. j¹ an e¹ ~ sein …と肩を並べる, …に匹敵する, …に比肩する. j⁴ sich³ ~ machen …を自分の対等者とみる, …の相手として扱う.

'eben\`**da** [ˈeːbənˈdaː 指示強調 --ˈ-] 副 **1** ちょうどそこに. ~ geboren in Berlin, gestorben ~ ベルリーンで生れ同地で没. **2**(略 ebd.)(学術論文で引用個所を示して)同書に, 同ページに.

'eben\`**da·her** [ˈeːbəndaˈheːr 指示強調 eːbənˈdaːheːr] 副 **1** =ebendeshalb **2** ちょうどそこから. Ich komme [von] ~. 私はそこから来た.

'eben\`**da·hin** [ˈeːbəndaˈhɪn 指示強調 eːbənˈdaːhɪn] 副 ちょうどそこへ(そちらの方に).

'eben\`**da·rum** [ˈeːbəndaˈrʊm 指示強調 eːbənˈdaːrʊm] 副 =ebendeshalb

'eben·da\`**selbst**《古》《文》=ebenda

'eben\`**der** [ˈeːbənˈdeːr 指示強調 --ˈ-] 代《指示》(der ②①の強調形, der ②①と同じ格変化)まさにその; まさにそれ(その人). *Ebender* war es, der mich damals hereinlegen wollte. あのとき私をだまそうとしたのはあの男だった.

'eben·der\`**sel·be** [ˈeːbəndeːrˈzɛlbə 指示強調 --ˈ--ˈ--] 代《指示》(derselbe の強調形, -derselbe の部分は derselbe と同じ格変化) =ebender

'eben·des\`**halb** [ˈeːbəndɛsˈhalp 指示強調 --ˈ--] 副 まさにそれだからこそ.

'eben\`**dort** [ˈeːbənˈdɔrt 指示強調 --ˈ-] 副 ちょうどそこに(で).

***'Ebe·ne** [ˈeːbənə エーベネ] 女 -/-n **1** 平地, 平原, 平野, 台地. **2**〖幾何〗平面. eine schiefe ~ 斜面. auf die schiefe ~ geraten〈kommen〉道を踏みはずす; 身を持ちくずす, 零落する. **3** 段階, レベル, 水準, 立場. auf gleicher ~ 同じ次元で(低次元をさすことが多い). auf höchster ~ トップレベルで.

'eben·er·dig 形《副詞的には用いない》道路(地面)と同じ高さの; 1階の(にある)(↑eben ①).

***'eben**\`**falls** [ˈeːbənfals エーベンファルス] 副 同様に, 同じに. Ich habe ~ ein Buch geschenkt bekommen. 私も本を1冊もらった. Danke, ~! (挨拶を受けて)ありがとう, あなたもご同様に(お元気で).

'Eben·heit 女 -/-en **1**《複数なし》平らであること, 平坦. **2**〖地形〗台地.

'Eben·holz [ˈeːbən..] 田 -es/⁼er (*ägypt.*)〖植物〗

'**Eben·maß** 中 -es/ (Gleichmaß) 均整.
'**eben·mä·ßig** 形 均整のとれた, 形の美しい; 眉目(ぼく)うるわしい; むらのない, 一様な.
*'**eben·so** ['e:bənzo: エーベンゾー] 副 (↓ ebenso) まったく同じように. ein ～ großes Zimmer ちょうど同じ大きさの部屋. Darüber denkt sie ～. その点では彼女も同じ考えた. 《**wie** と》Wir mussten ～ lange wie gestern warten. 私たちは昨日と同じくらい長く待たされた. Wir mussten ～ lange wie vergebens warten. 私たちは長く待たされ, おまけに待ちぼうけだった. ◆↑ ebenso gern, ebenso gut, ebenso häufig, ebenso lang(e), ebenso sehr, ebenso viel, ebenso wenig
'**eben·so gern**, °'**eben·so·gern** ['e:bənzo..] 副 同じように好んて(喜んで). Das tue ich ～. それなら私だって喜んでやりますよ.
'**eben·so gut**, °'**eben·so·gut** 副 同じくらいよく. Wir hätten es ～ auch anders machen können. 私たちは別なやり方だってできたであろう.
'**eben·so häu·fig**, °'**eben·so·häu·fig** 副 同じくらいしばしば.
'**eben·so lange**, °'**eben·so·lan·ge** 副 同じくらい長いあいだ.
'**eben·so oft**, °'**eben·so·oft** 副 同じくらい頻繁に.
'**eben·so sehr**, °'**eben·so·sehr** 副 同じくらいに, 同程度に.
'**eben·so viel**, °'**eben·so·viel** 代《不定》同じだけの(もの), 同数の(もの).
'**eben·so we·nig**, °'**eben·so·we·nig** 代《不定》同じくらい少ない, 同じように…ない. Das weiß er ～. 彼も(同じように)それを知らない.
'**Eber** ['e:bər] 男 -s/- 雄豚(↑Sau).
'**Eber·esche** ['e:bər|ɛʃə] 女/-n 《植物》ななかまど.
'**Eber·hard** ['e:bərhart] 《男名》エーバーハルト.
'**Ebert** ['e:bərt] 《人名》Friedrich ～ フリードリヒ・エーバート (1871-1925, SPD の政治家, 1919 ヴァイマル共和国初代の大統領となる).
'**eb·nen** ['e:bnən] 他 平らにする, ならす. j³ den Weg ～ 《比喩》人³ の行く手を阻む障害をとり除いてやる.
Ebo'nit [ebo'ni:t] 中 -s/ (engl.) エボナイト.
EC [e:'tse:] 中《略》=Eurocityzug
'**E-Cash** ['i:kɛʃ] 中 -/ =Electronic Cash
'**Ec·ce** ['ɛktsə] 《**Siehe da!**》 (チュムナージウムにおける)物故者追悼記念会.
'**Ec·ce-'Ho·mo** ['ɛktsə'ho:mo] 中 -[s]/-[s] (lat. Sehet, welch ein Mensch!) 《美術》エッケ・ホモ. ◆「この人を見よ」の意. 総督 Pilatus がいばらの冠をかぶったキリストを指して祭司長や群集にむかって言った言葉. キリスト教美術の主題の1つ. 《新約》ヨハ 19: 5.
Ec'cle·sia [ɛ'kle:zia] 女 -/ (gr., Volksversammlung) 《エクレーシアー》1 (信者の集まりとしての)教会. ～ militans ['mi:litans] 戦いの教会(地上の信者たちのこと). ～ patiens ['pa:tsiens] 苦しみの教会 (煉獄にある義人たち). ～ triumphans [tri'ʊmfans] 凱旋の教会(天国にある聖人たち). 2 《美術》エクレシア(新約聖書の擬人化としての女性像). 3 聖堂, 天主堂. 4 司祭 (↑《新約》マタ 18:17).
echauf'fie·ren [eʃɔ'fi:rən] 再 (**sich**⁴) 興奮(逆上)する, かっとなる.
echauf'fiert 過分形 興奮(逆上)した, いきりたった; 〈顔が〉火照(ほて)った.

*'**Echo** ['ɛço エヒョ] **❶** 《人名》《神話》エーコー(「こだま」の意. 美少年 Narziss に叶わぬ恋をした森のニンフ, Zeus の情事を助けようとして Hera の不興を買いこだまにされてしまった. **❷** 中 -s/-s 1 こだま, 山彦. Sie ist sein getreues ～. 《話》彼女は彼の言葉をそっくり受売りしているだけだ. 2 反響, 共鳴. ein lebhaftes 〈starkes〉 ～ finden めざましい反響(共鳴)を呼ぶ. 3 《通信》反射波; 《音楽》エコー, 残響; 《音楽》エコー (先行の楽句を弱音で静かに反復すること).
'**echo·en** ['ɛçoən エヒョーエン] **❶** 自 こだまする. 《非人称的に》Es echot. こだまが聞こえる, 山彦が返ってくる. **❷** 他 〈言葉〉を繰返す. „Jetzt ist es aus", echote sie nachdenklich.「これでもう終ったのね」と彼女はしんみりと繰返した.
'**Echo·lot** 中 -[e]s/-e 《工学》音響測深器; 反響高度計.
'**Ech·se** ['ɛksə] 女/-n 《動物》とかげ. ◆Eidechse の間違った分綴からできた語.

echt
[ɛçt エヒト] 《比較変化なし》1 真正の, 本物の, 純粋の, 純血の. ～er russischer Kaviar 本物のロシア産キャビア. ～e Perlen (模造でない)天然真珠. ein ～er Pudel 純血種のプードル. ein ～er Rembrandt レンブラントの真作. ～e Spitzen (手編みの)本レース. ～es Wachs 《話》蜜蠟(ろう). 2 嘘偽りのない, 本当の, 正真正銘の. ein ～er Freund in der Not 困ったときに助けてくれる真の友人. Ihre Trauer ist nicht ～. 彼女の悲しみは見せかけの. 3 (typisch) 典型的な. ein ～er Berliner 生粋(きっすい)の(典型的な)ベルリーンっ子. ～ französisch いかにもフランス風の. eine ～ mozartische Arie いかにも(まさしく)モーツァルト的なアリア. Das ist mal wieder ～ Franz. ～ それはいかにもフランツらしいぜ. ～ Franz. 4 《話》(wirklich) 本当の, 掛値なしの. Das ist doch ein ～es Problem. それこそまさに問題じゃないのか. Der Film war ～ gut. その映画はすごく良かった. 5 《染色・化学》褐色(色落ち)しない. ～e Farbe 堅牢色. 6 ein ～er Bruch 《数学》真分数.
'**Echt·heit** 女 -/ 本物,本当, 純正, 正真正銘, 典型的であること; (染料の)堅牢度.
'**Echt·zeit** 女 -/ 《コンピュ》リアルタイム.
Eck [ɛk] 中 -[e]s/-e[n] (オーストリ -en) 1 《南ドイツ》(Ecke) 角(かど), 隅. im ～ sein 《比喩》調子(体調)が悪い. über[s] ～ 斜めに, 対角線方向に. j³ über ～ ansehen〈anschauen〉 人³ をじろりと横目て見る. 2 《球技》(サッカーなどの)ゴールの隅. 3 《地理》砂嘴(さし). das Deutsche ～ ドイチェ・エック(ライン川とモーゼル川の合流点の三角地帯).
..**eck** [..ɛk] 《接尾》(↓ Eck, Ecke) 数詞などにつけて中性名詞 (-[e]s/-e) をつくる. Dreieck 3 角形, Viereck 4 角形. Rechteck 長方形.
'**Eckart** ['ɛkart] 《男名》エッカルト (Eckehard の別形). ein getreuer ～ いつでも助けてくれる忠実な友, 朋友, 守護者, 警告者 (中世の英雄譚に出てくる伝承上の人物 der getreue Eckart「忠実なエッカルト」にちなむ).
ec-Kar·te [e:'tse:..] 女 -/-n =Eurochequekarte
'**Eck·ball** 中 -[e]s/ᵉe 《球技》(サッカーの)コーナーキック; (ハンドボールの)コーナースロー; (ホッケーの)コーナーヒット.

'**Ecke**
['ɛkə エケ] 女 -/-n 1 角(かど). eine ～ des Tisches テーブルの角. 2 隅. an allen ～n [und Enden〈Kanten〉] 《話》いたる所で. Es brennt an

Eckehard

allen ~n [und Enden]. てんやわんやの大騒ぎである. et¹ in die ~ stellen 物を片隅に置く(片づける). ein Kind in die ~ stellen 生徒を(教室の隅に)罰として. von allen ~n und Enden《話》いたる所から, 方々から. **3** 街角, 曲がり角. eine böse ~ 危険な(事故の多い)曲がり角. an der ~ stehen (売春婦が)街角に立ち, 客を引く. Ein Eisverkäufer steht an der ~. アイスクリーム売りが街角に立っている. um die ~ biegen 角っこを曲がる. et¹ um die ~ bringen《話》物を失敬する, くすねる; を浪費する, むだ遣いする. j¹ um die ~ bringen《話》人を殺す, ばらす. um die ~ gehen《話》横死(おう)をとげる. längst um die ~ sein《話》とっくに済んだことである. j¹ nicht um die ~ trauen人をまったく信用しない. mit j³ um ein paar ~n《um sechs ~n/um sieben ~n》verwandt sein 人と遠い親戚である. gleich um die ~《話》すぐ近くに住んでいる. **4**《地方》(小さな)地域, 土地, 片隅. sich³ eine stille ~ suchen どこか静かな所を探す. **5**(先のとがった)小片, 切れはし. eine ~ Käse チーズのかけら. **6** 道のり, 道程. eine ganze 〈ganz schöne〉~《話》かなりの道のり. **7**《幾何》3角形などの頂点. **8**〘競技〙(a) (Eckball)《サッカーの》コーナーキック. (b)《レスリング・ボクシングの》コーナー.

'**Ecke·hard** [ˈɛkəhart]《男名》エッケハルト.↑Eckart, Eckhard, Eckhart

'**Ecken·ste·her**《男》-s/- **1**(昔ベルリーンの街角にいた)赤帽, 荷物運搬人. **2**(街角にたむろしている)ぶらくら者.

'**Ecker** [ˈɛkər]《女》-/-n **1** (Buchecker) ぶな(椈)の実; 〘植〙(Eichel 1)《複数で》ふつう無冠詞》〘トランプ〙(Eichel 2) アイヒェル(ドイツトランプの札).

'**Ecker·mann** [ˈɛkərman]《人名》Johann Peter ~ ヨーハン・ペーター・エッカーマン(1792-1854, Goethe 晩年の秘書.『ゲーテとの対話』Gespräche mit Goethe の著者).

'**Eck·fah·ne**《女》-/-n〘球技〙コーナーフラッグ.

'**Eck·hard** [ˈɛk(h)art]《男名》エックハルト(Eckehard の別形).

'**Eck·hart** [ˈɛk(h)art]《男名》エックハルト. Meister マイスター・エックハルト(1260 頃-1328, ドミニコ会士, 卓越した神秘主義的神学者).

'**Eck·haus**《中》-es/¨er 角屋(かどや), 曲がり角にある建物.

*'**eckig** [ˈɛkɪç エキヒ]《形》**1** 角(かど)のある, 角ばった, とがった. **2**(身ごなしがぎこちない, ぎくしゃくした. **3** (schroff) そっけない, にべもない. **4**《成句で》sich¹ ~ lachen《戯》笑いこける, 腹をかかえて笑う.

..**eckig** [..ɛkɪç]《接尾》数詞などにつけて「角が…の, …角形の」の意の形容詞をつくる. dreieckig 3 角形の. rechteckig 長方形の.

'**Eck·lohn**《男》-[e]s/¨e〘経済〙標準賃金, 基準賃金(標準的専門職の時間給, 他の職種の賃金の基準になる).

'**Eck·pfei·ler**《男》-s/- **1**〘建築〙隅柱(ぐうちゅう). **2**《比喩》(理論などの)支柱.

'**Eck·platz**《男》-es/¨e 端席(列の一番端の座席).

'**Eck·schlag**《男》-[e]s/¨e〘球技〙コーナーヒット.

'**Eck·stein**《男》**1** -[e]s/¨e **1** (建物の)隅石; (塀・壁・地域などの)境界石; (交差道路の)角石, (道端の)縁石. **2**《比喩》基軸, 基礎, 土台. ❷《中》-[e]s/《無冠詞》〘トランプ〙(Karo) ダイヤ(のカード).

'**Eck·stoß**《男》-es/¨e〘サッカー〙コーナーキック.

'**Eck·wert**《男》-[e]s/¨e 標準(基準)値.

'**Eck·wurf**《男》-[e]s/¨e〘球技〙コーナースロー.

'**Eck·zahn**《男》-[e]s/¨e 犬歯.

Eclair [eˈkleːr]《中》-s/-s (fr., Blitz')(菓子の)エクレア.

Eclat [eˈkla(ː)]《男》-s/-s (fr.) =Eklat

'**E-Com·merce** [ˈiːkɔməːs]《男》-/ =Electronic Commerce

Eco·no·my·class [iˈkɔnəmiklaːs]《女》-/ (engl.)(飛行機の)エコノミークラス.

Eco·no·my·class-Syn·drom《中》-s/ エコノミークラス症候群.

Ecu, ECU [eˈkyː]《男》-[s]/-[s] (engl.)-/-) エキュ (1990 までの欧州共同体 EG の通貨単位, ↑Euro). ◆ European Currency Unit の略.

Ecu·a·dor [ekuaˈdoːr]《地名》エクアドル(南米の共和国. 首都キト Quito).

ed. [ˈeːdidit]《略》=edidit (lat., hat herausgegeben')《書籍》(本の扉で単数の編・著者名の前につけて)…編(著). Die Geschichte Roms, ~ Reumont レモン編(著)ローマ史. ◆ ↑edd.

Ed. [eˈdiːtsio, ediˈtsioːn]《略》=Edition 1

'**Eda·mer** [ˈeːdamər] ❶《男》-s/- **1** エダムの人; Edam [ˈeːdam, eˈdam] はオランダ西部の港湾都市. **2** = Edamer Käse ❷《形》《不変化》エダム(産)の. ~ Käse チーズのエダム・チーズ.

eda·phisch [eˈdaːfɪʃ]《形》(gr.)〘生態〙土壌に関する, 土壌による.

edd. [ˈeːdi(ˈdeːrunt]《略》=ediderunt (lat., haben [es] herausgegeben')《書籍》(本の扉で複数の編・著者名の前につけて)…編(著). ◆ ↑ed.

'**Ed·da** [ˈeda] ❶《女》-/-Edden (anord.) エッダ. ~ 古アイスランド語で書かれた古代北欧の神話詩・英雄詩・教訓詩を集成したもの, 8-11 世紀の成立. 別に 13 世紀に散文で書かれた詩学入門書『エッダ』があり, 前者を『古エッダ』後者を『新エッダ』と区別してよぶ. ❷《女名》エッダ.

*'**edel** [ˈeːdəl エーデル]《形》edler, edelst (↑Adel) **1**《古》(付加語的用法のみ)(adlig) 身分の高い, 高貴な, 貴族の. ein Mann aus edlem Geschlecht 名門の士. **2** 高品質の, 上等の, 貴重な. edle Metalle 貴金属. ein edler Wein 極上のワイン. **3**《雅》(姿・形の)美しい, 優美な. ein Mann von edlem Wuchs 容姿の典雅な人. eine ~ geformte Vase 品のいい形の花瓶. **4**(馬などが)血統のいい, 優良種の. **5** 高潔(気高い)な, 心の豊かな. ein edler Mensch 高潔な人. von edler Gesinnung sein 志が高い. **6**《若者》きまじめな, ご立派な.《反語》ちゃっかりした,(やりがなどが)汚い. ◆ ↑edel geboren, edel gesinnt

'**Edel·da·me**《女》-/-n《古》貴族の婦人;(昔宮廷に出仕した)貴婦人, 女官.

'**Edel·fäu·le**《女》-/〘農業〙(ぶどうの)貴腐(きふ).

'**Edel·frau**《女》-/-en《古》貴族の(既婚)婦人.

'**Edel·gas**《中》-es/-e〘化学〙希ガス.

°**edel ge·bo·ren**, °**edel·ge·bo·ren**《雅》貴族の生まれの.

°**edel ge·sinnt**, °**edel·ge·sinnt**《形》志の高い, 高潔な.

'**Edel·hirsch**《男》-es/-e〘動物〙(Rothirsch) あかしか(赤鹿).

'**Edel·holz**《中》-es/¨er《多く複数で》高級木材.

'**Edel·kas·ta·nie**《女》-/-n **1**〘植物〙くり(栗). **2**《複数なし》くり材.

'**Edel·kitsch**《男》-[e]s/(芸術品めかした)きわ物, まがいもの.

Edel·kna·be 男 -n/-n《古》(Page) 小姓(こしょう)、近習(きんじゅ).

Edel·kom·mu·nist 男 -en/-en《俗》お坊ちゃんコミュニスト.

Edel·ko·ral·le 女 -/-n《動物》赤さんご(珊瑚).

Edel·leu·te 複 Edelmann の複数.

Edel·mann 男 -[e]s/..leute **1**《古》(Adlige) 貴族. **2**《雅》高潔の士, 志操の気高い人.

Edel·me·tall 中 -s/-e《化学》貴金属.

Edel·mut 男 -[e]s/《雅》気高い心, 雅量.

edel·mü·tig [..my:tɪç] 形《雅》心の気高い, 高潔(高邁)な, 雅量のある.

Edel·obst 中 -[e]s/《園芸》(品種改良した)高級果物.

Edel·reis 中 -es/-er《農業》接(つぎ)木の穂, 接ぎ穂.

Edel·rost 男 -[e]s/ (Patina)(銅器の)青さび, パティナ.

Edel·stahl 中 -[e]s/ᵘe《複数まれ》(硬質で錆(さび)の生じない)特殊鋼.

'Edel·stein ['e:dəlʃtaɪn] 男 -[e]s/-e 宝石.

'Edel·tan·ne 女 -/-n《植物》(Silbertanne) おうしゅうもみ(欧州樅).

'Edel·weiß ['e:dəlvaɪs] 中 -[es]/-[e]《植物》エーデルヴァイス, エーデルワイス, 西洋薄雪草(アルプスなどの高山に自生するきく科の多年草, 花はスイスの国花).

Edel·wild 中 -[e]s/ =Rotwild, Edelhirsch

Edel·zwi·cker 男 -s/- (↑Zwicker¹) エーデルツヴィッカー (2 種類のぶどう汁をブレンドして醸造したエルザス地方産白ワイン).

'Eden ['e:dən] 中 -s/ (hebr., Wonne, Lust*) **1**《無冠詞》der Garten 〜《旧訳》エデンの園(人類の始祖 Adam と Eva が最初に置かれたとされる庭. 創 2:8 以下). **2**《比喻》楽園, 楽土, 極楽.

edie·ren [e'di:rən] 他 (lat., herausgeben*) **1**(論集などを編集する, 編纂刊行する. ▶ ↑ed., edd. **2** =editieren

Edikt [e'dɪkt] 中 -[e]s/-e (lat.) **1**《歴史》勅令. 〜 von Nantes ナントの勅令(1598). **2** 布告, 公示.

'Edith ['e:dɪt]《女名》エーディット.

edi'tie·ren [edi'ti:rən] 他 (lat.)《コンピュータ》(プログラムを)編集する.

Edi·ti'on [editsi'o:n] 女 -/-en (lat. editio, Herausgabe*) **1**《略 Ed.》(Ausgabe 2) 出版, 刊行. **2** (出版物の)版. **3**《まれ》(Verlag) (社名として)...出版社. **4**《法制》(民事で立証側の持っていない)証書(文書)の提出.

Edi·tio 'prin·ceps [e'di:tsio 'prɪntsɛps] 女 -/-nes principes [editsi'o:ne:s ..tsipe:s] (lat., Erstausgabe*)(書物の)初版本.

'Edi·tor¹ ['e:dito:r, e'di:to:r] 男 -s/-en[edi'to:rən] (lat., Herausgeber*) 編集(編纂)者.

Edi·tor² ['ɛdɪtər] 男 -s/-s (engl.)《コンピュータ》エディター.

'Ed·le ['e:dlə] 女 (形容詞変化) (↓edel) **1**《古》(Adlige) 貴族;(オーストリア・バイエルンで貴族に許された称号として)...卿. Nikolaus, *Edler* von Strehlenau シュトレーレナウ卿ニコラウス, ニコラウス・フォン・シュトレーレナウ卿. **2**《雅》高潔な人.

'Ed·mund ['ɛtmunt]《男名》エトムント. ◆女性形 Edmonda, Edmunda, Edmunde

'Edu·ard ['e:duart]《男名》エードゥアルト. ◆女性形 Eduarde, Eduardine, Edwardine

Edukt [e'dʊkt] 中 -[e]s/-e (lat.) **1** (原料からの)抽出物;《化学》遊離体. **2**《地質》(変成岩の)源岩.

'E-Dur ['e:du:r, '-'-] 中 -/《記号 E》《音楽》ホ長調.

EDV [e:de:'faʊ] 女 -/《略》=elektronische Datenverarbeitung《コンピュータ》電子データ(情報)処理.

'Ed·ward ['ɛtvart]《男名》エドヴァルト.

EEG [e:le:'ge:] 中 -[s]/-[s]《略》=Elektroenzephalogramm 脳電図.

Efen·di [e'fɛndi] 男 -s/-s (türk., Herr*)《古》先生 (昔のトルコで貴人・学者に対する呼掛け).

'Efeu ['e:fɔy] 男 -s/《植物》きづた(木蔦).

Eff'eff [ɛf'ɛf, '-'-, '--] 中 -[s]/《話》(次の成句でのみ) aus dem 〜 十分に, しっかり; みごとに. et⁴ aus dem 〜 beherrschen〈können/verstehen〉事⁴を自家薬籠中(じかやくろうちゅう)のものにしている. ◆ ↑f²

Ef'fekt [ɛ'fɛkt] 男 -[e]s/-e (lat.) **1** 効果, 効き目, 作用; 成果; 成功. Seine Rede machte einen großen 〜 auf die Zuhörer. 彼の演説は聴衆に大きな感銘を与えた. **2**《物理》効率.

Ef'fek·ten 複 (fr.)《経済》**1**(資本市場で取引される)有価証券(株券・国債など). **2**《古》動産.

Ef'fek·ten·bör·se 女 -/-n《経済》証券取引所.

Ef'fek·ten·han·del 男 -s/《銀行》証券取引.

Ef·fekt·ha·sche'rei [ɛfɛkthaʃə'raɪ] 女 -/-en《俗》(複数なし)大受けを狙うこと.**2**《多く複数で》(受けを狙ったしかけ, スタンドプレー, 人気取り.

ef·fek'tiv [ɛfɛk'ti:f] 形 (↑Effekt) **1** 実際の, 事実上の, 実質的な. der 〜*e* Gewinn 実質利益. die 〜*e* Leistung (機械の)実効率. die 〜*e* Spielzeit (スポーツで中断時間を除いた)実試合時間, (演劇などの)実上演(上映, 演奏)時間. die 〜*e* Temperatur《天文》(天体の)有効温度. **2** 有効な, 効率のよい. **3**《副詞的用法で》《話》確かに, 本当に. Das ist 〜 falsch. それは本当に間違いだ.《しばしば否定語と》Ich habe 〜 keine Zeit. 私は全然暇がないんだ. Dazu weiß ich 〜 nichts zu sagen. それに対して私はまったく何も言うことがない.

Ef·fek'tiv·be·stand 男 -[e]s/ᵘe《経済》実際在高(残高);《軍事》実兵力.

Ef·fek·ti·vi'tät [ɛfɛktivi'tɛ:t] 女 -/ 有効性, 実効, 効率.

Ef·fek'tiv·lohn 男 -[e]s/ᵘe 実質賃金.

Ef·fek'tiv·wert 男 -[e]s/-e《電子工》実効値.

ef·fek·tu'ie·ren [ɛfɛktu'i:rən] 他 (fr.)《商業》❶ 他 (注文・発送・支払などの業務を)行う, 果たす. ❷ 再 ⟨sich⟩ やり甲斐がある, 報われる, 儲(もう)かる.

ef'fekt·voll 形 効果的な, 感銘深い.

Ef·fe·mi·na·ti'on [ɛfeminatsi'o:n] 女 -/-en (lat.)《医学・心理》(男性の)女性化.

ef·fe·mi'nie·ren [..ni:rən] 他 (s) (lat.)《医学・心理》(男性が)女性化する.

ef·fe·mi'niert 過分 形《医学・心理》(男性が)女性化した, 女々しい.

Ef'fet [ɛ'fe:] 男 (中) -s/-s (fr.)《スポーツ》スピン, ひねり.

ef·fi'lie·ren [ɛfi'li:rən] 他 (fr.) (髪を)梳(す)く.

ef·fi·zi'ent [ɛfitsi'ɛnt] 形 (lat.) 効果的な, 効率のよい.

Ef·flo·res'zenz [ɛflorɛs'tsɛnts] 女 -/-en (lat.)《植物》開花(期);《鉱物》露華, 吹出し華;《医学》発疹, 皮疹.

Ef·fu·si'on [ɛfuzi'o:n] 女 -/-en (lat.)《地質》(マグマ・溶岩の)噴出.

EFTA ['ɛfta] 女 -/ (engl.)《略》=European Free Trade Association 欧州(ヨーロッパ)自由貿易連合.

EG [e:'ge:] 女 -/《略》=Europäische Gemeinschaft(en) 欧州(ヨーロッパ)共同体(英語の EC).

*egal¹ [e'gaːl エガール] 形 (fr.)《比較変化なし》**1** 同じ，一様な． ～e Schuhe《話》揃いの(同じ型の)靴． Äste ～ schneiden《話》枝を均等な長さに切る． **2**《述語的用法のみ》《話》どちらでもよい，どうでもよい． Das ist mir ～. そのことは私にはどうでもよい．

'egal² [eˈgaːl エガール]《とくに北ドイツ》たえず，しょっちゅう． Es hat ～ geregnet. ずっと雨続きだった．

ega·liˈsie·ren [egaliˈziːrən] 他 (↓egal¹) **1**《工学・紡績・手工業》(製品を)均質(均等)化する，ならす．《紡織》むらなく染める． **2**《スポ》タイ(同点)にする． den Vorsprung des Gegners ～ 相手のリードに追いつく． einen Rekord ～ タイ記録を出す．

ega·liˈtär [..ˈtɛːr] 形 (fr.)《雅》(政治的・社会的に)平等をめざす．

Ega·liˈtät [..ˈtɛːt] 女 -/ (政治的・社会的な)平等．

'Egart [ˈeːgart] 女 -/-en 休閑地, 草地．

'Egar·tenˌwirtˌschaft 女 -/《農業》(昔の)輪作式農業．

'Egel [ˈeːɡəl] 男 -s/-《動物》ひる(蛭)．

'Eg·ge¹ [ˈɛɡə] 女 -/-n (↓Ecke)《紡織》織り耳．

'Eg·ge² 女 -/-n《農業》馬鍬(まぐわ)，ハロー．

'eg·gen [ˈɛɡən] 自他《農業》馬鍬(まぐわ)で耕す．

'Eggˌhead [ˈɛkhɛt, ˈɛɡhɛd] 中 -[s]/-s (engl., Eierkopf¹)《俗》インテリ．

EGKS 女 -/《略》=Europäische Gemeinschaft für Kohle und Stahl 欧州石炭鉄鋼共同体．

eGmbH, EGmbH [eːɡəːɛmbeːˈhaː] 女 -/-s《略》=eingetragene〈Eingetragene〉Genossenschaft mit beschränkter Haftpflicht 登記済有限責任協同組合．

'Eg·mont [ˈɛɡmɔnt]《人名》Lamoral Graf von ～ ラモラル・フォン・エグモント伯爵(1522-1568, オランダの反スペイン独立運動の指導者, Goethe の同名の戯曲の主人公)．

eGmuH, EGmuH [eːɡəːɛmuːˈhaː] 女 -/-s《略》=eingetragene〈Eingetragene〉Genossenschaft mit unbeschränkter Haftpflicht 登記済無限責任協同組合．

'Ego [ˈeːɡo] 中 -s/ (lat., 'Ich')《哲学・心理》我, 自我, 自己．

*Egoˈis·mus [eɡoˈɪsmʊs エゴイスムス] 男 -/..men [..mən] エゴイズム, 利己主義, 身勝手．

*Egoˈist [eɡoˈɪst エゴイスト] 男 -en/-en エゴイスト, 利己主義者．

*egoˈis·tisch [eɡoˈɪstɪʃ エゴイスティシュ] 形 エゴイスティクな, 利己的な, 身勝手な．

'Egon [ˈeːɡɔn]《男名》エーゴン．

Egoˈtis·mus [eɡoˈtɪsmʊs] 男 -/ (fr.) エゴチズム, 自我主義, 自己中心癖, 唯我独尊．

Egoˈtist [eɡoˈtɪst] 男 -en/-en **1** エゴチスト, 自我主義者, 自尊家． **2**《文学》私小説家．

'Egoˌtrip [ˈeːɡotrɪp] 男 -s/-s (engl.)《複数まれ》《話》自分本位の(身勝手な)言動, 唯我独尊．

Egoˈzen·trik [eɡoˈtsɛntrɪk] 女 -/ 自己中心主義, 自分勝手な生き方．

Egoˈzen·tri·ker [eɡoˈtsɛntrɪ..] 男 -s/- 自己中心的な人．

egoˈzen·trisch [eɡoˈtsɛntrɪʃ] 形 自己本位の, 自分勝手な, 身勝手な．

Egoˌzen·trisˈmus [eɡotsɛnˈtrɪsmʊs] 男 -/ = Egozentrik

eh¹ [eː] **❶** 副《従属 / 定動詞後置》《話》=ehe **❷ 1** (eh und je の形で) seit ～ und je ずっと前から昔から． wie ～ und je 以前と同じように, あいも変らず． **2**《南ドイツ》(sowieso, ohnehin) どっちみち, いずれにしても．

eh² 間《話》Eh!(驚きを表して)へえ, ええっ; (呼掛けに)え, よお; (問返し)ええそうなんだ．

e. h.¹《略》=eigenhändig[abzugeben].

e. h.², E. h.《略》=ehrenhalber, Ehren halber (‡Dr. e. h., Dr. E. h.).

'ehe [ˈeːə エーエ] 接《従属 / 定動詞後置》(bevor)...するより前に, ...しないうちに． Ehe ich weggehe, rufe ich dich an. 出かける前に君に電話するよ． ◆ ehe が条件文を導く場合, 主文が否定文のとき, 強調のために条件文に無用の否定詞を用いることがある． Ehe das Kind nicht eingeschlafen ist, können wir nicht weggehen. 子供が寝ついてくれないことには私たちは出かけられない．

'Ehe [ˈeːə エーエ] 女 -/-n (合法的な)婚姻, 結婚(生活), 夫婦(関係)． die ～ brechen 不義(不貞)を働く． die ～ mit j³ eingehen〈schließen〉人³と結婚する． eine glückliche ～ führen 幸福な結婚生活をしている． eine ～ zu dritt《戯》三角関係． eine ～ zur linken Hand《古》左手結婚(貴族と平民の女性との身分違いの結婚)． Sakrament der ～《宗》《雅》婚姻の秘跡． mit j³ in wilder ～ leben《古》人³と同棲している, 内縁関係である． Kinder in die ～ mitbringen 連れ子をする． in die ～ tanzen《戯》浮ついた気持で(軽はずみに)結婚する． Es ist kein' Eh ohne Weh.《諺》苦しみのない結婚はない．

'Ehe·be·ra·tung 女 -/-en **1** 結婚(生活)に関する助言(とくに教会的なものによる)． **2** 結婚相談所．

'Ehe·bett 中 -[e]s/-en 夫婦用ベッド, ダブルベッド．

'ehe·bre·chen* 自《不定詞と現在分詞でのみ》不義を働く, 姦通(姦淫)する． Du sollst nicht ～.《旧約》あなたは姦淫してはならない (出 20:14).

'ehe·bre·che·risch [..brɛçərɪʃ] 形 不義(密通, 不倫)の．

'Ehe·bruch 男 -[e]s/ⁿe 不義, 密通, 不倫．

'Ehe·bund 男 -[e]s/《雅》夫婦の契り．

'ehe·dem [ˈeːəˈdeːm] 副《雅》(früher, einst) かつて, 昔は, 以前に．

'Ehe·frau [ˈeːəfrau] 女 -/-en (↔ Ehemann) 妻, 夫人． ◆ 所有代名詞を伴うときは単に Frau という． seine Frau 彼の妻．

'Ehe·gat·te 男 -n/-n《雅》=Ehemann

'Ehe·gat·tin 女 -/-nen《雅》=Ehefrau

'Ehe·ge·mahl ❶ 男 -[e]s/-e《古》《戯》=Ehemann **❷** 中 -[e]s/-e《古》《戯》=Ehefrau

'ehe·ges·tern 副 =vorgestern

'Ehe·hälf·te 女 -/-n《戯》連れ合い, 妻． meine [bessere] ～ 私のベターハーフ．

'Ehe·hin·der·nis 中 -ses/-se《法制》婚姻障害(近親婚・重婚など)．

'Ehe·krach 男 -[e]s/-e(-s, ⁿe)《話》夫婦喧嘩．

'Ehe·krüp·pel 男 -s/-《戯》(女房に頭のあがらぬ)亭主．

'Ehe·le·ben 中 -s/ 結婚(夫婦)生活．

'Ehe·leu·te 複 (Ehepaar) 夫婦, 夫妻．

'ehe·lich [ˈeːəlɪç] 形 **1** 婚姻の, 結婚に伴う; 夫婦間の． ～er Güterstand《法制》夫婦財産制． sich¹ [mit] j³ ～ verbinden《古》人³と結婚する． 婚姻によって生まれた, 嫡出の． ein ～es Kind 嫡出子．

'ehe·li·chen [ˈeːəlɪçən] 他《古》《戯》(人⁴と)夫婦になる

'ehe・los ['eːəloːs] 形 未婚の, 独身の.
'ehe・ma・lig ['eːəmaːlɪç] 形《付加語的用法のみ》以前の, かつての, 昔の. ein ～er Offizier 退役将校. ihr Ehemaliger《話》彼女のかつての夫(恋人).
'ehe・mals ['eːəmaːls] 副 (früher, einst) かつて, 以前, 昔.
'Ehe・mann ['eːəman] 男 -[e]s/-er (↔ Ehefrau) 夫. ◆所有代名詞を伴うときは単に Mann という. mein Mann 私の夫.
'Ehe・nich・tig・keit 女 -/《法制》婚姻の無効.
'Ehe・paar ['eːəpaːr エーエパール] 中 -[e]s/-e (Eheleute) 夫婦, 夫妻.
'Ehe・part・ner 男 -s/- 配偶者, 連れ合い. ◆女性形 Ehepartnerin 女 -/-nen
'eher ['eːər エーアー] 副 (bald および eh¹② の比較級) 1 より以前に, もっと早くに. Er war ～ da als ich. 彼は私よりさきに来ていた. Komm doch ein paar Minuten ～！もう数分早く来てくれ. Je ～, desto besser. 早ければ早いほど結構だ. 2《話》(a) (lieber) ～する方がよい, ましである. Wir gehen ～ etwas früher weg, als dass wir ein Taxi nehmen müssen. 私たちはタクシーで行くよりは少し早目に出かけた方がよい. Eher will ich sterben als ihn heiraten. 彼と結婚するくらいなら死んだ方がましだ. (b) (leichter) より容易に, …の方がむしろあり得る. Das ist schon ～ möglich. その方が確かに可能性が高い. (c) (mehr) もっとかと言えば(むしろ)…の方である. Er ist ～ faul als fleißig. 彼は勤勉と言うよりむしろ怠け者だ. Er ist ～ zurückhaltend. 彼はどちらかと言うと控え目だ. Sie führen ein ～ bescheidenes Leben. 彼らはかなりつましい生活をしている. Sein Verhalten war alles ～ als tapfer. 彼の態度はまったく勇敢ではなかった.
'Ehe・recht 中 -[e]s/《法制》婚姻法.
'Ehe・ring 男 -[e]s/-e 結婚指輪.
'ehern ['eːərn] 形 1《付加語的用法のみ》《雅》青銅の, 鉄の. et⁴ mit ～er Stirn behaupten 事⁴を臆面もなく(ぬけぬけと)主張する. 2《雅》堅固な, 不動の. ein ～es Gesetz 鉄則. ein ～er Wille 鉄の意志.
'Ehe・sa・che 女 -/-n《法制》婚姻に関する係争, 婚姻事件.
'Ehe・schei・dung 女 -/-en《法制》離婚.
'Ehe・schlie・ßung 女 -/-en《法制》婚姻の締結, 結婚.
'Ehe・se・gen 男 -s/《古》子宝.
'ehest ['eːəst] ❶ 形 (bald および eh¹② の最上級)《述語的には用いない》最も早い, できるだけ早い. bei ～er Gelegenheit できるだけ早い機会に. mit Ehestem(～-em)《商業》近いうちに, なるべく早く.
❷ 副 (am ehesten の形で) 1 最も早く, 真っ先に. Er war am ～ hier. 彼が一番早くここに着いた. 2 (a) (am liebsten) 最も好んで. Am ～en würde er sein Studium aufgeben. 彼はとりわけ大学をやめたがっている. (b) (am leichsten) 一番容易に, 十中八九. So geht es am ～en. たぶんそうなるだろう; そうするのが一番楽だ. Das ist doch am ～en möglich. それが十中八九は可能である. (c) (am meisten) 最も多く, いちばん. Das ist noch am ～ brauchbar. これがまだしもいちばん役に立つ. 3《方言》(baldmöglichst) できるだけ早く.
'Ehe・stand 男 -[e]s/ 結婚していること. in den ～ treten 結婚する.
'ehes・tens ['eːəstəns] 副 1 (frühestens) 早くとも. ～ [am] Freitag 早くても金曜日に. 2《方言》なるべく早く.
'Ehe・stif・ter 男 -s/- 仲人(なこうど), 媒酌人.
'Ehe・ver・mitt・lung 女 -/-en 1 結婚の斡旋(仲介). 2 結婚紹介所.
'Ehe・ver・spre・chen 中 -s/- 結婚の約束.
'Ehe・ver・trag 男 -[e]s/-̈e《法制》夫婦財産契約.
'Ehe・weib 中 -[e]s/-er《古》《戯》妻, 女房.
'Ehr・ab・schnei・der ['eːr..] 男 -s/-《古》中傷(誹謗)者.
'ehr・bar ['eːrbaːr]《雅》1 尊敬すべき, れっきとした, 立派な. 2 品行正しい, 身持ちのよい, 実直な.

'Eh・re ['eːrə エーレ] 女 -/-n

1 名誉, 栄誉, 誉れ; 面目(めんぼく), 体面. j³ die ～ abschneiden 人³の面目をつぶす, (を)中傷する. mit j⟨et⟩³ ～ einlegen 人³のおかげで⟨事³で⟩面目をほどこす, 評判を博する. auf dem Feld der ～ fallen 名誉の戦死を遂げる. [Ich] hab'⟨habe⟩ die ～!《南ド・オーストリア》はじめまして, こんにちは, さようなら. j⁴ [alle] ～ machen 人³の名声を高める, (にとって)栄誉である. ～ sei Gott³ in der Höhe!《新約》いと高きところには栄光神にあれ(ルカ 2:14). seine ～ in et⁴ setzen《雅》事⁴に自分の名誉(すべて)をかける. ～ verloren, alles verloren.《諺》名誉を失うはすべてを失ったにひとしい.《前置詞と》Auf ～! / Bei meiner ～! 私の名誉にかけて. eine Prüfung in⟨mit⟩ allen ～n bestehen 優秀な成績で(みごとに)試験に合格する. in ～n ergraut sein《雅》栄光に包まれた老年を送っている, 功成り名遂げている. et⟨j⟩⁴ in [allen] ～n halten 物⟨人⟩⁴を尊重する, あがめおろがめにしない. Den ⟨Sein⟩ Wort in ～n, aber… 君⟨彼⟩の言葉にケチをつけるわけではないんだがね… et⁴ in allen ～n sagen ⟨tun⟩ 事⁴をまっ正直に言う⟨誠実に行う⟩. Das brachte ihn um seine ～. そのことで彼の名誉は失墜した(彼は面目を失った). sich³ et⁴ zur ～ anrechnen 事⁴を名誉(誇り)と思う. j⁴ wieder zu ～n bringen ⟨kommen lassen⟩ 人⁴の名誉を回復する. zu ～n kommen 評判になる, 人気の的(まと)になる.《儀礼的慣用表現で》Wir geben uns die ～, Ihnen mitzuteilen, dass… 謹んで貴下に…のことをお知らせ申上げます. Ich hatte schon die ～, Sie kennen zu lernen. 以前お目にかかったことがございます. Mit wem habe ich die ～? どちら様でいらっしゃいますか. Was verschafft mir die ～ [Ihres Besuches]? どういうご用件でおいで下さいましたか.

2 敬意, 賞賛. j³ die ～ antun / j³ ～ erweisen 人³に敬意を表する. j³ die letzte ～ erweisen《雅》人³の葬儀に参列する. Gott³ die ～ geben 神を賛美する. um der Wahrheit die ～ zu geben《雅》本当のことを言うと, 正直言って. j³ zu ～n / zu j³ ～n 人³,²に敬意を表して, (の)名誉のために. Das aller ～n wert. これは大いに称賛に値する.

3《複数なし》名誉心, 自尊心. ein Mann von ～ 誇り高き男, 廉潔の士. ～ im Leib haben《話》礼節をわきまえている(破廉恥である). auf ～ und Gewissen 誓って, 本当に, 正直に言って. Sein Wort packte mich bei meiner ～. 彼のひと言が私の自尊心を打った. Das geht ihm gegen die ～. そういうことは彼の矜持(きょうじ)が許さない.

4《雅》(Jungfräulichkeit) (乙女の)純潔, 操(みさお). einem Mädchen die ～ nehmen⟨rauben⟩ 乙女の純潔を奪う, 操をとる. Sie hat ihre ～ verloren. 彼女は処女を失った.

5 〖ゴルフ〗オナー(ティーショットの優先権).

*'**eh·ren** [′e:rən エーレン] 他 **1** (人を/物⁴を)敬う, 尊敬する, (に)敬意を表する. Du sollst deine Eltern ~. 父と母を敬いなさい. Der Sieger wurde mit einem Pokal *geehrt*. 勝者に優勝杯が授与された. Er fühlte sich⁴ durch die Einladung sehr *geehrt*. 彼は招待を受けたことを身にあまる光栄(名誉)だと感じた. Sehr *geehrter* Herr Müller! (手紙の冒頭句)拝啓ミュラー様. **2** (人⁴にとって)名誉なことである. Ihr Vertrauen *ehrt* mich. ご信頼いただいて光栄です. Deine Bescheidenheit *ehrt* dich. その謙虚さが君のいいところだ. **3** 《古》(事⁴を)尊重する. Ich *ehre* deinen Schmerz durchaus, aber… 君の苦しみはよく分かるんだが…

'**Eh·ren·amt** 中 -[e]s/⁻er (無給の)名誉職.
'**eh·ren·amt·lich** 形 名誉職の, 無償での. ～ mitarbeiten 無償で協力する. ～ *er* Richter 《法制》(↔ Berufsrichter) 名誉(職)裁判官, 素人(ビン)裁判官(職業裁判官以外の裁判官).
'**Eh·ren·be·zei·gung** 女 -/-en (軍隊の)敬礼.
'**Eh·ren·bür·ger** 男 -s/- 名誉市民(の称号).
'**Eh·ren·dok·tor** 男 -s/-en 《略 Dr. e. h., Dr. E. h., Dr. h. c.》名誉博士.
'**Eh·ren·er·klä·rung** 女 -/-en 《法制》名誉毀損の公式謝罪(謝罪広告).
'**Eh·ren·for·ma·ti·on** 女 -/-en 《軍事》(国賓などを迎える)儀仗隊.
'**Eh·ren·ga·be** 女 -/-n 表彰の記念品(贈物).
'**Eh·ren·gast** 男 -[e]s/⁻⁻e 賓客, 貴賓, 主賓.
'**Eh·ren·ge·leit** 中 -[e]s/-e (賓客につける)随行(員).
'**Eh·ren·ge·richt** 中 -[e]s/-e 《法制》名誉裁判所 (弁護士・医師・会計士などの職業別に設けられた半自律的な懲戒裁判所).
'**eh·ren·haft** [′e:rənhaft] 形 (人柄・態度が)立派な, 非の打ちどころのない, 実直な.
'**eh·ren·hal·ber** [..halbər] 副 《略 e. h., E. h.》名誉としての. den Doktortitel ～ bekommen 名誉博士号を受ける. Doktor ～ 名誉博士.
'**Eh·ren·han·del** 男 -s/⁻⁻ 名誉に関わる係争.
'**Eh·ren·jung·frau** 女 -/-en 《古》賓客を歓迎(接待)する乙女.
'**Eh·ren·kleid** 中 -[e]s/-er 《雅》礼装, 礼服.
'**Eh·ren·ko·dex** 男 -[es]/-e(..dizes) (ある集り・グループの中での)礼儀作法.
'**Eh·ren·krän·kung** 女 -/-en 《法制》名誉毀損.
'**Eh·ren·le·gi·on** 女 -/- レジョン・ドヌール勲章 (Napoleon I 世が1802に創設したフランスの最高勲章).
'**Eh·ren·mal** 中 -[e]s/-e(-⁻er) 顕彰記念碑.
'**Eh·ren·mann** 男 -[e]s/⁻⁻er 立派な(信用できる)人物, 紳士. ein dunkler ～ 食わせ者.
'**Eh·ren·mit·glied** 中 -[e]s/-er 名誉会員. *Eh-renmitglied*schaft 名誉会員の身分(称号).
'**Eh·ren·na·me** 男 -ns/-n 美称(敬意を表すためにつけられた別名・異名). ♦ 格変化は Name 参照.
'**Eh·ren·platz** 男 -es/⁻⁻e 貴賓席, 上席(の).
'**Eh·ren·preis**¹ 男 -es/-e 褒賞, 栄誉賞.
'**Eh·ren·preis**² 男.(中) -es/- 《植物》くわがたそう(鋏形草).
'**Eh·ren·rech·te** 複 bürgerliche ～ 公民(市民)権.
'**Eh·ren·ret·tung** 女 -/-en 名誉の擁護(回復).
'**eh·ren·rüh·rig** 形 名誉(体面)を傷つける, 侮辱的な, 自尊心を逆なでするような.
'**Eh·ren·run·de** 女 -/-n 〖スポーツ〗優勝選手の場内一周, ヴィクトリー・ラン. eine ～ drehen (優勝者が)場内を

一周する; 《話》(生徒が)落第する.
'**Eh·ren·sa·che** 女 -/-n **1** 名誉に関する係争. **2** 《話》名誉にかかわること, 当然の義務. Machst du mit? — ～! 《戯》一緒にやるかい — もちろんだとも.
'**Eh·ren·sal·ve** 女 -/-n 祝砲, 礼砲.
'**Eh·ren·schuld** 女 -/-en 《多く複数で》信用借り(賭博の賭け金など).
'**Eh·ren·sold** 男 -[e]s/-e (給与として支給される)功労金.
'**Eh·ren·stra·fe** 女 -/-n **1** 《古》《法制》公民権剝奪刑. **2** 不名誉な(屈辱的な)罰.
'**Eh·ren·tag** 男 -[e]s/-e 《雅》(誕生日・結婚記念日など)私的な記念日.
'**Eh·ren·ti·tel** 男 -s/- **1** 名誉称号. **2** =Ehrenname
'**Eh·ren·tor** 中 -[e]s/-e 〖スポーツ〗負けたチームがあげた唯一の得点.
'**Eh·ren·ur·kun·de** 女 -/-n 表彰状, 賞状.
'**eh·ren·voll** 形 名誉ある, 名誉をもたらす, 立派な.
'**Eh·ren·wa·che** 女 -/-n 儀仗(ジョ)衛兵. [die] ～ halten 儀仗衛兵に立つ.
'**eh·ren·wert** 形 《雅》尊敬すべき, 立派な, 品位のある.
'**Eh·ren·wort** [′e:rənvɔrt] 中 -[e]s/-e 名誉をかけた誓約. [Ich gebe dir / Du hast] mein ～ darauf! 私は名誉にかけて君にそれを誓おう. sich⁴ auf ～ verpflichten, …zu tun …すると名誉にかけて約束する. Auf ～! / [Darauf] mein ～! / 《話》[Großes] ～! たしかにその通りです, 本当だとも.
'**Eh·ren·zei·chen** 中 -s/- 栄誉章, 功労章.
'**ehr·er·bie·tig** [′e:r|ɛrbi:tɪç] 形 《雅》敬意をこめた, うやうやしい, 丁重な.
'**Ehr·er·bie·tung** 女 -/- 《雅》敬意, 尊敬. mit ～ うやうやしく, 謹んで, 丁重に.
'**Ehr·furcht** [′e:rfʊrçt] 女 -/- 畏敬(の念). vor j⟨et⟩³ ～ haben 人⟨物⟩⁴に畏敬の念をいだく.
'**ehr·fürch·tig** [..fʏrçtɪç] 形 畏敬の念をもって, うやうやしく, かしこまって.
'**ehr·furchts·voll** 形 《雅》=ehrfürchtig
'**Ehr·ge·fühl** 中 -[e]s/ 自尊心, プライド. kein⟨keinen Funken⟩ ～ im Leibe haben 《話》自尊心のかけらもない, 破廉恥である.
'**Ehr·geiz** [′e:rgaɪts] 男 -es/-e 《複数člen》名誉欲, 功名心, 野心, 野望.
'**ehr·gei·zig** 形 功名心の強い, 野心的な.
*'**ehr·lich** [′e:rlɪç エーアリヒ] 形 **1** 誠実な, 正直な, 嘘偽りのない, 実直(律儀)な. ein ～ *er* Freund 誠実な友. eine ～ *e* Haut 《話》正直者, 律儀者. Er hat ～ *e* Absichten mit ihr⟨auf sie⟩. 彼はまじめに彼女との結婚を考えている. *Ehrlich* währt am längsten. 《諺》正直が一番長続きする. Wie ～ ist dieser Tacho? このタコメーターはどれくらい正確ですか. ～ verdientes Geld 地道に稼いだ金. ～ gesagt 正直言って. **2** まっとうな, 見かけのない. ein ～ *es* Handwerk treiben まっとうな(堅気の)仕事をしている. einen ～ *en* Namen tragen 人にうしろ指をさされるようなことをしていない. **3** 《副詞的用法で》(a) 本当に, 実際. Aber ～! 本当だとも. Ich habe sie ～ nicht gesehen. 私は彼女に本当に会っていません. (b) 非常に. Er ist ～ verzweifelt. 彼はひどく絶望している.
'**Ehr·lich·keit** 女 -/- 誠実, 正直さ, 実直さ.
'**Ehr·lie·be** 女 -/ 《古》名誉欲, 功名心.
'**ehr·los** [′e:rlo:s] 形 **1** 恥知らずの, 破廉恥な. **2** う

'**Ehr·lo·sig·keit** [..loːzɪçkaɪt] 囡 -/-en **1**《複数なし》不名誉〈な行為〉,破廉恥〈な態度〉. **2** 公民権喪失(中世の刑罰).

'**ehr·sam** [ˈeːɐ̯zaːm] 形《雅》=ehrbar

'**Ehr·sucht** 囡 -/ 名誉欲, 功名心.

'**ehr·süch·tig** 形 名誉欲の強い, 野心満々の.

'**Eh·rung** 囡 -/-en **1**《複数なし》表彰, 顕彰; 表彰式. **2** 表彰の辞, 褒賞.

'**ehr·ver·ges·sen** 形《雅》誇りを失った, 恥知らずの.

'**Ehr·ver·lust** 男 -es/ **1** 名誉失墜. **2**《古》《法制》公民権喪失.

'**Ehr·wür·den** [ˈeːɐ̯vyːɐ̯dən] —[s]/《無冠詞》《古》《カトリック》《修道士・修道女に対する呼掛けおよび尊称として》ブラザー様, シスター様. Darf ich Euer〈Eure〉~ etwas fragen? / ~, darf ich Sie etwas fragen? ブラザー〈シスター〉さま, お訊きしてよろしいのですが. ~ Schwester Alberta (手紙の宛名として)シスター・アルベルタ様(文面での略語は Ew.).《2格の場合》[Euer] ~s Buch / das Buch Euer ~ あなた様のご本.

'**ehr·wür·dig** [..vʏrdɪç] 形《雅》畏敬の念を起こさせ, 尊敬すべき, 尊い; (年をとって)威厳〈気品〉のある. *Ehrwürdiger* Vater!〈*Ehrwürdige* Mutter!〉《カトリック》尊父さま〈尊母さま〉(修道司祭・尼僧院長に対する呼掛け).

'**Ehr·wür·di·ge** 男 囡《形容詞変化》《カトリック》尊者(学識すぐれた高徳の聖職者に与えられる称号, 続いて福者・聖人とすすむ).

ei [aɪ] 圖 **1** *Ei*! (驚き・怒り・嘲りの気持を表して)おや, あれっ, うへー. **2**《幼児》[~] machen なでなで(のれかかわいわする. *Ei, ~*! これこれいいわね). **3**《肯定の強調》*Ei* freilich〈gewiss〉! もちろんだとも.

Ei [aɪ アイ] 甲 -[e]s/-er **1** 卵, (とくに鶏の)玉子, 鶏卵;《生物》卵(次), 卵子. das ~ des Kolumbus コロンブスの卵(言われてみればしごく簡単な解決策. ただしこの逸話は史実ではない). ein hart〈weich〉 gekochtes ~ / ein hartes〈weiches〉~ 固ゆで〈半熟〉の卵. ein ~ legen 卵を生む;《話》計画を練る〈立てる〉, よからぬことをたくらむ;《卑》糞をたれる. ein ~ trennen 卵の黄身と白身を分ける. sich³ gleichen〈sich³ ähnlich sehen〉 wie ein ~ dem andern 互いに瓜二つである (sich は相互代名詞). j〈et〉⁴ wie ein rohes ~ behandeln〈anfassen〉 人〈物〉を腫〈シン〉れものにさわるように扱う.《前置詞と》wie **auf** ~ern gehen《話》用心しながら〈こわごわ〉歩く. kaum wie **aus** dem ~ gekrochen sein《話》まだひよっこ(青二才)である. wie aus dem ~ gepellt〈geschält〉 sein《話》しゃれた(小ざっぱりした)服装をしている. sich⁴ **um** ungelegte ~*er* kümmern《話》取越し苦労をする.《その他の慣用的表現で》Das hat seine ~*er*. (話)つまりは一筋縄ではかないよ. das ~ unterm Huhn verkaufen müssen《話》ひどく金に困っている. Das ist ein [dickes] ~.《話》これは困った(厄介な)ことだ; これは大したもんだ. Ach, du dickes ~!《話》いやいや(驚きの叫び). Das ~ will klüger sein als die Henne.《諺》子は親よりも利口ぶる. **2**《複数で》《話》お金, とくに《旧》マルク. Wie viel ~*er* verdienst du im Monat? 君は月にいくら稼ぐの. Leih mir mal 20 ~*er*. ちょっと 20 マルク貸してくれ. **3**《多く複数で》《卑》きんたま. dicke ~*er* haben 性病にかかっている. j³ die ~*er* polieren 人³をこっぴどく殴りつける. j³ die ~*er* schleifen《兵隊》人³をしごく. **4**《兵隊》投下爆弾. ~*er* legen (飛行機から)爆弾を投下する. **5**《侮》やつ. ein dummes ~ 間抜け. **6**《話》(サッカー・バスケットのボール. ♦ ↑ Eier legend

..**ei** [..aɪ]《接尾》女性名詞 (-/-en) をつくりアクセントをもつ. **1**《軽蔑的な行為を表す》Plauder*ei* おしゃべり. Kinder*ei* 子供のような振舞(ねるさ). Lieb*ei* 遊び(の恋). **2**《職業および人を営む場所》Brauer*ei* ビール醸造業(醸造所). Fischer*ei* 漁業. **3**《集合体》Bücher*ei* 蔵書, 叢書. **4**《反復》Singer*ei* のべつ歌うこと.

ei·a·po·peia [aɪapoˈpaɪa, ˈ‒‒‒ˈ‒] 圖 (*gr.*)《幼児》*Eiapopeia*! ねんねんころりおころりよ. ~ machen ねんねんころりん(子守唄)を歌ってやる, 子供を寝かしつける; おねんねする.

'**Ei·be** [ˈaɪbə] 囡 -/-n《植物》いちい.

'**ei·ben** [ˈaɪbən] 形 いちい材の.

'**Ei·bisch** [ˈaɪbɪʃ] 男 -[e]s/-e《植物》**1** たちあおい(立葵). **2** ハイビスカス, ふよう(芙蓉).

'**Eich·amt** [ˈaɪç..] 甲 -[e]s/-er 計量検定所.

＊'**Ei·che** [ˈaɪçə] 囡 -/-n **1**《植物》子ばら・かし・かしわなどの総称); オーク材. Eine ~ fällt nicht auf einen Streich.《諺》大事は一日にして成らず(樫は一撃では倒せない).

'**Ei·chel** [ˈaɪçəl] 囡 -/-n **1** オーク(みずなら)の実, どんぐり. **2**《無冠詞》《カルタ》(*Ecker*) アイヒェル(ドイツトランプのクラブ). **3**《解剖》(a) 亀頭. (b) 陰核頭.

'**Ei·chel·hä·her** [..hɛːɐ̯] 男 -s/-《鳥》かけす(懸巣).

'**ei·chen¹** [ˈaɪçən] 形 オーク材の.

'**ei·chen²** [ˈaɪçən] 他 (*lat.*)(計量器を)検定する. auf et⁴ geeicht sein《話》事4に精通している,(は)お手のものである. auf Bier *geeicht* sein ビールに強い. Er ist *geeicht*. 彼は酒に強い.

'**Ei·chen·dorff** [ˈaɪçəndɔrf]《人名》Josef Freiherr von ~ ヨーゼフ・フォン・アイヒェンドルフ男爵 (1788-1857, ドイツロマン派の詩人).

'**Eich·horn** [ˈaɪçhɔrn] 甲 -[e]s/-er《動物》=Eichhörnchen.

'**Eich·hörn·chen** [..hœrnçən] 甲 -s/-《*Eichhorn* の縮小形》《動物》りす(栗鼠). Mühsam baut sich³ das ~ sein Nest. / Mühsam nährt sich⁴ das ~.《戯》これは手間暇かかる仕事だわい.

'**Eich·maß** 甲 -es/-e《計量器の》検定基準器, 度量衡原器.

'**Eich·strich** 男 -[e]s/-e《グラスなどの定量を示す》目盛り, 定量線.

'**Ei·chung** 囡 -/-en **1**《計量器の》検定. **2**《測定器の目盛りの》較正《ﾆ》, キャリブレーション.

＊**Eid** [aɪt アイト] 男 -[e]s/-e 誓い, 誓約, 宣誓. ein falscher ~ 偽りの宣誓. einen ~ ablegen〈leisten / schwören〉誓約(宣誓)する. einen ~ auf et⁴ ablegen 事⁴を誓約する. Ich kann einen ~ darauf ablegen! 私はそれ(が真実であること)を誓ってもいい. einen ~ auf die Bibel schwören 聖書にかけて誓う. den ~ ableisten (話) 宣誓を無効にする(手を上に挙げながら左手を下に向けることによって). j³ einen ~ abnehmen 人³に宣誓させる. *seinen* ~ brechen〈halten〉誓約を破る〈守る〉. an ~*es* statt〈*Statt*〉《法制》宣誓に代る保証(聖書を Eid を禁じていると解するキリスト教の一派が Eid に代えて行う保証・宣言, 法的には Eid と同等. ↑ eidesstattlich). et⁴ auf *seinen* ~ nehmen 事⁴を請け合う. durch einen ~ gebunden sein 宣誓に縛られている. j³ in ~ und Pflicht nehmen《雅》人³に就任の宣誓をさせ

る. unter ~ aussagen 宣誓をして証言する. j⁴ unter ~ nehmen 人⁴に宣誓をさせる. unter ~ stehen《法制》宣誓に縛られている.

'**Ei·dam** ['aɪdam] 男 -[e]s/-《古》(Schwiegersohn) 娘婿.

'**Eid·bruch** 男 -[e]/⸚e 宣誓違反.

'**eid·brü·chig** ['aɪtbrʏçɪç] 形 宣誓(誓約)に違反した. ~ werden 誓約をやぶる, (に)違反する.

'**Ei·dech·se** ['aɪdɛksə] 女 -/-n《動物》とかげ(蜥蜴).

'**Ei·der·dau·ne** ['aɪdər..] 女 -/-n 毛綿鴨のダウン(綿毛). ↑ Eiderente

'**Ei·der·en·te** [aɪdər|entə] 女 -/-n《鳥》けわたがも(毛綿鴨).

'**Ei·des·fä·hig·keit** ['aɪdəs..] 女 -/《法制》宣誓能力. ♦ 16歳から認められる. ↑ Eidesmündigkeit

'**Ei·des·for·mel** 女 -/-n《法制》宣誓の方式(定則).

'**Ei·des·mün·dig·keit** 女 -/《法制》宣誓可能年令.

'**ei·des·statt·lich** 形 (↓ an Eides statt) 宣誓に代えての. eine ~e Erklärung 宣誓供述.

eidg.《略》=**eidgenössisch**

Eidg.《略》=**Eidgenossenschaft** 2

'**Eid·ge·nos·se** ['aɪtgənɔsə] 男 -n/-n **1** 誓約によって結ばれた仲間, (宗教的・政治的)同盟者, 同志; 誓約を交わした友人, 盟友. **2** (Schweizer) スイス国民. die ~n《略》スイス代表チーム.

'**Eid·ge·nos·sen·schaft** 女 -/-en **1** (宗教的・政治的)同盟, 連盟. **2** die Schweizerische ~《略 Eidg.》スイス連邦(共和国).

'**eid·ge·nös·sisch** ['aɪtgənœsɪʃ] 形 同盟(連盟)の;《略 eidg.》スイス連邦(共和国)の.

'**eid·lich** ['aɪtlɪç] 形《述語的には用いない》宣誓(誓約)による. eine ~e Aussage 宣誓陳述.

'**Ei·do'phor** [aɪdo'fo:r] 中 -/-e (gr.)《工学》アイドホール(テレビ画面の拡大装置).

'**Ei·dos** ['aɪdɔs] 中 -/ (gr., Urbild)《哲学》エイドス, 形相.

'**Ei·dot·ter** [aɪ..] 男 (中) -s/- 卵の黄身, 卵黄.

'**Ei·er** ['aɪər] Ei の複数.

'**Ei·er·be·cher** 男 -s/- **1** ゆで卵立て, エッグカップ. **2**《戯》(a) 男子用パンツ, ブリーフ; ズボン下. (b) (乳房・陰嚢用の)提举帯.

'**Ei·er·bri·kett** 中 -s/-s⟨-e⟩ 卵形卵豆炭.

'**Ei·er·frau** 女 -/-en《話》卵売りのおばさん.

'**Ei·er·frucht** 女 -/⸚e《植物》(Aubergine) なす(茄子).

'**Ei·er·kopf** 男 -[e]s/⸚e《話》**1** 卵形の頭. **2** 馬鹿, 間抜け. **3**《侮》=**Egghead**

'**Ei·er·ku·chen** 男 -s/- **1**《料理》(Pfannkuchen) パンケーキ. Wer ~ will, muss Eier einschlagen.《諺》虎穴に入らずんば虎児を得ず(パンケーキを作ろうと思ったら卵を割らなくてはならない). **2**《戯》《印刷》パイ(用済みの崩された組版).

'**Ei·er le·gend**, '**ei·er·le·gend** 形《動物》(↔ lebend gebärend) 卵生の.

'**Ei·er·li·kör** 男 -s/-e 卵リキュール, 卵ブランデー.

'**ei·ern** [aɪərn] 自 (h, s)《話》**1** (h) (車輪・ディスクなどが)いびつな回転をする. **2** (h, s) よろよろ(よたよた)歩く. ein eierndes Gang 千鳥足.

'**Ei·er·scha·le** 女 -/-n《話》卵の殻. Er hat noch die ~n hinter den Ohren.《話》彼はまだ嘴(くちばし)の黄色いひよっ子だ.

'**Ei·er·schaum** 男 -[e]s/ =**Eierschnee**

'**Ei·er·schnee** 男 -s/ メレンゲ, 泡立て卵白.

'**Ei·er·schwamm** 男 -[e]s/⸚e《南バ・スイス》(Pfifferling) 杏茸.

'**Ei·er·stab** 男 -[e]s/⸚e《建築》卵鏃(らんぞく)文様, エッグ・アンド・ダート(卵形と鏃(やじり)または錨のような形を交互に配した古代建築の装飾文様).

'**Ei·er·stand** 男 -[e]s/⸚e (昼の)卵巣.

'**Ei·er·stock** 男 -[e]s/⸚e《解剖》卵巣.

'**Ei·er·tanz** 男 -es/⸚e 卵ダンス(床に並べた卵の間を目隠しして踊り抜ける曲芸的ダンス). einen ~ aufführen《比喩》(難局を切抜けるために)離れ業をやってのける.

'**Ei·er·uhr** 女 -/-en ゆで卵用の砂時計(タイマー).

*'**Ei·fer** ['aɪfər アイファー] 男 -s/ **1** 熱意. Blinder ~ schadet nur.《諺》短気は損気, せいては事を仕損じる. **2** 熱中, 没頭. beim Reden in ~ geraten / sich⁴ in ~ reden 話しているうちに興奮する(夢中になる). im ~ des Gefechts《話》興奮のあまり, 無我夢中になって. mit großem ~ 熱心に, 夢中になって.

'**Ei·fe·rer** ['aɪfərər] 男 -s/- (とくに政治的・宗教的な)狂信者.

'**ei·fern** [aɪfərn] 自 熱中する. für j⟨et⟩⁴ ~ 人⟨物⟩⁴に熱狂的に賛成する. gegen die Neuerung ~ 改革に猛反対する. nach et³ ~《雅》物³を得ようとして躍起になる.

*'**Ei·fer·sucht** ['aɪfərzuxt アイファーズフト] 女 -/⸚e 嫉妬, 嫉妬心.

'**Ei·fer·süch·te·lei** [aɪfərzyçtə'laɪ] 女 -/-en《多く複数で》嫉妬の言葉, 焼もち; 痴話喧嘩.

*'**ei·fer·süch·tig** ['aɪfərzʏçtɪç アイファーズュヒティヒ] 形 嫉妬深い. auf j⁴ ~ sein 人⁴を嫉妬する.

'**Ei·fel·turm** ['aɪfəlturm] 男 -[e]s/ der ~ エッフェル塔(フランスの建築家 Alexandre Gustave Eiffel, 1832-1923 が1898年建造).

'**ei·för·mig** ['aɪfœrmɪç] 形 卵形の.

*'**eif·rig** ['aɪfrɪç アイフリヒ] 形 熱心な; 熱烈な. ein ~er Anhänger⟨Schüler⟩ 熱烈な支持者⟨熱心な生徒⟩.

'**Ei·gelb** 中 -[e]s/-e (単位 -) (↔ Eiweiß) 卵黄.

'**ei·gen** ['aɪgən アイゲン] 形 **1** 自分の, 自身の. Er hat ein ~es Auto. 彼は自分の車を持っている. Sein ~er Sohn hat ihn verraten. 彼の実の息子が彼を裏切ったのだ. Das ist deine ~ste Angelegenheit. それはまったく君自身の問題だ(他人事じゃない). mit [seinen] ~en Augen わが目で. auf ~er Beinen ⟨Füßen⟩ stehen (経済的に)自立している. auf ~e Faust 独力(自力)で; 自分の一存で. sein ~[es] Fleisch und Blut《雅》(血肉を分けた)わが子. auf ~e Gefahr 自分の責任で; 損害自己負担で. j³ et⁴ zu ~ in Händen übergeben 人³に物⁴を直接手渡す. sein ~er Herr sein 独立(一本立ち)している. keine ~e Meinung haben 自分独自の意見がない. in ~er Person 自分で. et⁴ aus ~er Tasche bezahlen 物⁴の代金を自腹を切って(自前で)払う. seine ~en Wege⟨seinen ~en Weg⟩ gehen わが道を行く.《名詞的用法で》Das ist alles unser Eig[e]nes. これらはすべて我々のものだ. **2** 固有の, 特有の. Jedes Zimmer hat ~en Eingang. どの部屋にも専用の入口がついている. ein Gemälde von ~em Reiz 独特の魅力のある絵. Er hat einen ~en Stil. 彼は独自の文体を持っている. Das ist ihm ~. それはいかにも彼らしい(彼の特徴だ). mit dem ihm ⟨für ihn⟩

~en Humor 彼一流のユーモアをまじえて. **3** 奇妙な, 風変りな. ein ~er Charakter 特異な性格. Mir war so ~ zumute. 私はとても変な気持がした. **4**《副詞的にしか用いない》好き嫌いのうるさい, 几帳面な. Sie ist darin sehr ~. 彼女はその点ではひどくうるさい, とても几帳面だ. **5** ~er Wechsel〖経済〗= Eigenwechsel ◆↑Eigen

'**Ei·gen** 甲 -s/〘雅〙財産, 所有物. Das ist mein ~〈°eigen〉. それは私のものだ. et⁴ sein〈°eigen〉 nennen 物を自分のものだと言う. j³ et⁴ zu〈°eigen〉 geben 人³に物を進呈する. et⁴ zu〈als ~°eigen〉 haben 物を所有している. sich³ et⁴ zu〈°eigen〉 machen 事⁴をわがものにする, 習得する, (習慣などを)身につける.

'**Ei·gen·art** ['aɪgən|a:rt] 女 -/-en **1**《複数なし》特色, 特性, 特質. **2**《個々の》特徴.

*'**ei·gen·ar·tig** ['aɪgən|a:rtɪç アイゲンアールティヒ] 形 独特な, 奇妙な, 風変りな.

'**Ei·gen·bau** 男 -[e]s/ 自分で作った(組立てた, 建てた)もの, 自家製. Der Wein ist [Marke] ~. (戯)このワインは自家製だ.

'**Ei·gen·be·darf** 男 -[e]s/ 自己需要, 自家用.

'**Ei·gen·brö·te·lei** [aɪgənbrø:'taɪ] 女 -/ (↓Eigenbrötler) 偏屈, 奇行, ひねくれ.

'**Ei·gen·bröt·ler** [aɪgənbrø:tlər] 男 -s/- すね者, 奇人, 変人.

'**Ei·gen·bröt·le·rei** [aɪgənbrø:tlə'raɪ] 女 -/ = Eigenbrötelei

'**Ei·gen·dün·kel** 男 -s/-〘雅〙増長慢, 思い上がり, うぬぼれ.

'**Ei·gen·fi·nan·zie·rung** 女 -/-en《複数まれ》〖経済〗資本の自家調達.

'**ei·gen·ge·setz·lich** 形 それ自身に固有の法則に従った, 自身固有の, 自律的な.

'**Ei·gen·ge·wicht** 甲 -[e]s/-e (車両などの)自重;〖商業〗正味の目方, 内容量;〖物理〗比重.

'**Ei·gen·goal** [..go:l] 甲 -s/-s (サッカー) = Eigentor

'**Ei·gen·han·del** 男 -s/〖経済〗**1** 自己の危険負担で行う商取引, (証券会社などがする)自己売買. **2** (一国の, 通商貿易を除いた)実質貿易総量.

'**ei·gen·hän·dig** ['aɪgənhɛndɪç] 形 **1** 直筆(自筆)の. ~es Testament〖法制〗自筆証書による遺言. **2** 手ずからの. ~es Delikt〖法制〗自分でだけしか得ない犯罪. einen Baum ~ pflanzen 木を手ずから植える. ~ abzugeben ((略. e. h.)) 親展.

'**Ei·gen·heim** 甲 -[e]s/-e (所有者が自身で住んでいる)持ち家, マイホーム.

'**Ei·gen·heit** 女 -/-en = Eigenart 2

'**Ei·gen·ka·pi·tal** 甲 -s/-e (カピ ーien[..liən]) **1**〖経済〗自己資本. **2** 自己資金.

'**Ei·gen·kir·che** 女 -/-n (中世の世俗領主が所有する)領主私立聖堂.

'**Ei·gen·le·ben** 甲 -s/ 個人の生活, 私生活; 自分流儀の生活.

'**Ei·gen·lie·be** 女 -/ 自己愛, ナルシシズム.

'**Ei·gen·lob** 甲 -[e]s/-e《複数まれ》(自画)自賛, 自慢. ~ stinkt.〘諺〙手前みそは鼻持ちならぬ.

'**ei·gen·mäch·tig** 形 身勝手な, 独断(専断)の.

'**Ei·gen·mäch·tig·keit** 女 -/-en **1**《複数なし》身勝手, 専断. **2** 身勝手な言動, 独断専行.

'**Ei·gen·na·me** 男 -ns/-n〖言語〗固有名詞. ◆格変化は Name 参照.

'**Ei·gen·nutz** 男 -es/ 私利私欲, 利己心.

'**ei·gen·nüt·zig** 形 利己的な, 自分本位の.

'**ei·gens** ['aɪgəns] 副 (ausschließlich) もっぱら; (besonders) わざわざ, ことさら. ~ zu diesem Zweck とくにこの目的のために. Ich bin deswegen ~ aus München gekommen. 私はそのためにわざわざミュンヒェンから出てきたんだ.

*'**Ei·gen·schaft** ['aɪgənʃaft アイゲンシャフト] 女 -/-en **1** 性質, 特性, 特徴. **2** 資格; 役目, 職務. in amtlicher ~ sprechen 職務上の発言をする. in seiner ~ als Vorsitzender 議長の資格で, 議長として.

'**Ei·gen·schafts·wort** 甲 -[e]s/-er〖文法〗(Adjektiv)形容詞.

'**Ei·gen·sinn** 男 -[e]s/ 我意, 頑固, わがまま. ein kleiner ~〘話〙意地っぱりの子供.

*'**ei·gen·sin·nig** ['aɪgənzɪnɪç アイゲンズィニヒ] 形 強情な, 頑固な, 意地っぱりの.

'**ei·gen·staat·lich** 形 **1** 主権を有する; 主権にかかわる. **2** 自国の, 自国民に関する.

'**ei·gen·stän·dig** 形 自立的な, 自主的な; 独自の.

'**Ei·gen·sucht** 女 -/ (Selbstsucht)利己心, エゴイズム.

'**ei·gen·süch·tig** [..zʏçtɪç] 形 利己的な.

'**ei·gent·lich** ['aɪgəntlɪç アイゲントリヒ] ❶ 形 本来(元来)の, 本当の, 実際の. ihr ~er Name 彼女の本当の名前. die ~e Bedeutung des Wortes この語の本来の意味. Eigentlich hast du Recht. 本当を言うと君の言い分は正しい. **2**《疑問文で》(überhaupt, denn) そもそも, 一体. Was ist ~ los? 一体何が起こったのか.

'**Ei·gen·tor** 甲 -[e]s/-e〖球技〗自殺点, (サッカーの)オウンゴール.

*'**Ei·gen·tum** ['aɪgəntu:m アイゲントゥーム] 甲 -s/ 所有物, 財産;〖法制〗所有, 所有権. geistiges ~ 精神的所有権(著作権など).

'**Ei·gen·tü·mer** [..ty:mər] 男 -s/-〖法制〗所有者, 所有権者.

*'**ei·gen·tüm·lich** ['aɪgənty:mlɪç, --'-- アイゲンテュームリヒ] 形 **1**《副詞的には用いない》(人や物³に)特有(固有)の, 特徴的な. die ihm ~e Sprechweise 彼一流の話ぶり. **2** 変な, 奇妙な. ein ~es Lächeln 含み笑い. sich⁴ ~ verhalten 妙な振舞をする.

'**Ei·gen·tüm·lich·keit** [--'---- とも] 女 -/-en **1** 特徴, 独自性. **2**《妙な》癖.

'**Ei·gen·tums·recht** 甲 -[e]s/〖法制〗所有権.

'**Ei·gen·tums·woh·nung** 女 -/-en (マンションなどの)分譲住宅(の1戸分).

'**ei·gen·ver·ant·wort·lich** 形《述語的には用いない》自己の責任による.

'**Ei·gen·wech·sel** 男 -s/-〖経済〗約束手形.

'**Ei·gen·wert** 男 -[e]s/《複数なし》固有の価値, 真価, 実質. **2**〖数学〗固有値.

'**Ei·gen·wil·le** 男 -ns/-n《複数まれ》自分の意志, 個性; 我意, わがまま. ◆格変化は Wille 参照.

'**ei·gen·wil·lig** ['aɪgənvɪlɪç] 形 **1** 個性的な, 独自な. **2** (eigensinnig) わがままな, 強情な.

'**Ei·gen·wil·lig·keit** 女 -/-en **1**《複数なし》独自性, わがまま, 強情. **2** わがままな言動.

'**eig·nen** ['aɪgnən] ❶ 自〘雅〙(人や物³に)もともと具(そな)わっている, 特有である; (の)持ち味(持ち前)である. Ihm eignet eine gewisse Schüchternheit. 彼にはどこか内気なところがある, 一種の内気さが彼らしいところだ. ❷ 再《sich⁴》(als et¹ / für et¹ / zu et² 事¹,³,³ に)適して

いる, 向いている, ふさわしい. Er *eignet sich* als〈zum〉 Lehrer. 彼は教師に向いている. Dar Film *eignet sich* nicht für Kinder. この映画は子供向きでない. Das *eignet sich* vortrefflich als〈zum〉 Geschenk. これは贈物にもってこいだ. Du wirst *dich* sicherlich [dafür/dazu] ~. 君ならきっと打ってつけ(はまり役)だよ. ◆ ↑geeignet

'**Eig·ner** ['aɪɡnər] 男 -s/- **1** 〈古〉(Besitzer) 所有者, 持ち主. **2** (Schiffseigner) 船主.
'**Eig·nung** ['aɪɡnʊŋ] 女 -/-en 《複数まれ》適性, 能力.
'**Eig·nungs·prü·fung** 女 -/-en 適性検査.
'**ei·groß** 形 卵大の.
eigtl. 〈略〉= eigentlich
'**Ei·haut** 女 -/=e, '**Ei·hül·le** 女 -/-n 〖生物〗**1** 卵膜. **2** (多く複数で) 胚膜.
'**Ei·keim** 男 -[e]s/-e 〖生物〗**1** 卵核. **2** 卵細胞.
'**Ei·land** ['aɪlant] 中 -[e]s/-e 〈雅〉(Insel) 島.
'**Ei·bo·te** [aɪl..] 男 -n/-n **1** 急使. **2** 〖郵便〗速達便の配達員.
'**Eil·brief** 男 -[e]s/-e 〖郵便〗速達(の手紙).
*'**Ei·le** ['aɪlə アイレ] 女 -/ 急ぎ, 時間がせまっていること. Er hat ~. 彼は急いでいる. Das hat keine ~./Damit hat es keine ~. それは少しも急がなくてもよい. Ich bin in ~. 私は急いでいるんだ. in aller 〈größter〉 ~ 大急ぎで, 大至急. In der ~ habe ich das vergessen. 急いでいたので私はそれを忘れた. j² zur ~ treiben人を急がせる.
'**Ei·lei·ter** 男 -s/- 〖解剖〗卵管.
*'**ei·len** ['aɪlən アイレン] ❶ 自 (s, h) **1** (s) 急ぐ, 急いで行く. nach Hause ~ 急いで帰る. j³ zu Hilfe ~ 人³を助けに駆けつける. Die Zeit *eilt*. 光陰矢の如し. *Eile* mit Weile! 〈諺〉急がばまわれ. *eilenden* Fußes 大急ぎで, すぐさま. **2** (h) 急を要する, 急ぐ. Die Angelegenheit *eilt* sehr. この問題はきわめて急を要する. *Eilt*!〔書類などの上書きで〕至急! 〔非人称的に〕*Es eilt* sehr mit der Sache. その件はとても急ぎます. *Es eilt* mir nicht damit. 私にはそれを急ぐ必要はないのです.
❷ 再 (**sich**) 〈話〉(sich beeilen) 急ぐ. *sich* mit et³ ~ 事³を急ぐである.
'**ei·lends** ['aɪlənts] 副 急いで, あわてて; すぐに.
'**eil·fer·tig** ['aɪlfɛrtɪç] 形 **1** まめまめしい, てきぱきした. **2** せっかちな, あわてた.
'**Eil·fracht** 女 -/-en 〖商業〗急送(速達)貨物.
'**Eil·gut** 中 -[e]s/=er 〖鉄道〗急行便貨物.
*'**ei·lig** ['aɪlɪç アイリヒ] 形 **1** 急いだ, あわただしい. ~e Schritte せかせかした(あわただしい)足どり(足音). Nur nicht so ~! そんなに急がないでよ, 慌(^)てるな. es ~ haben 急いでいる. Ich habe es mit der Sache nicht so ~. 私はその件をそれほど急いではいない. **2** 〔副詞的には用いない〕緊急の, さしせまった. ~e Mitteilung 緊急の知らせ. 〔名詞的用法で〕wenn du nichts *Eiligeres* zu tun hast 君がほかに急ぎの用事がなければ. Sie hatte nichts *Eiligeres* zu tun, als die Sache weiterzuerzählen. 彼女は何はともあれさっそくその話を言い触らした.
'**ei·ligst** ❶ eilig の最上級. ❷ 副 大急ぎで, 大至急.
'**Eil·marsch** 男 -[e]s/=e 〖軍事〗急行軍.
'**Eil·post** 女 -/ 〖郵便〗速達便.
'**Eil·schrift** 女 -/ 速記(術).
'**Eil·schritt** 男 -[e]s/-e 早足, 早足. im ~ 急ぎ足で, 足早に.

'**Eil·sen·dung** 女 -/-en 〖郵便〗速達.
'**Eil·tem·po** 中 -s/ 〈話〉早いテンポ. im ~ 大急ぎで.
'**Eil·zug** 男 -[e]s/=e 〖記号 E〗〖鉄道〗準急(快速)列車.
'**Eil·zu·stel·lung** 女 -/-en 〖郵便〗速達便.
*'**Ei·mer** ['aɪmər アイマー] 男 -s/- (*gr.* amphoreus, Gefäß´) **1** バケツ, 手桶; 〖工学〗(浚渫(ﾚﾂ)機など の)バケット. Mülleimer ごみバケツ. ein ~ [voll] Wasser バケツ1杯の水. Es gießt wie aus〈mit〉 ~n. 〔比喩〕どしゃ降りの雨である. in den ~ gehen 〈話〉つぶれる, 台無しになる. in den ~ gucken 〈話〉おこぼれにもありつけない, 指をくわえて見ている. im ~ sein 〈話〉壊れている, 使いものにならない; 台無しである. Damit ist mein Urlaub natürlich im ~. おかげで私の休暇はもちろんおじゃんだ. **2** 〈古〉アイマー(液体の単位, =56-77 リットル). **3** 〈話〉おんぼろ船. **4** 〔侮〕間抜け. Du [blöder] ~! この馬鹿者め.
'**ei·mer·wei·se** 副 バケツ何杯も, バケツに入れて. Er trinkt Wein ~. 〈戯〉彼は大酒食らいだ.
'**Ei·mer·werk** 中 -[e]s/-e 〖工学〗バケツエレベータ, バケットコンベヤー.

ein¹

[aɪn アイン] ❶ 冠 《不定冠詞》アクセントをもたず, 原則として普通名詞に冠するが複数形にはならない. 格変化は付録「品詞変化表」II 参照. **1** (a) 《初めて述べられる, あるいは任意の具体的個物に冠して》ある, ひとつの, ひとりの. Es war einmal ~ Mann. Der Mann hatte ~e Tochter. 昔ある男がいた. その男にはひとりの娘があった. in ~er kleinen Stadt とある小さな町に. Wenn du irgend ~en〈irgendeinen〉 Grund hast... 君になんらかの理由があるのなら... (b) 《抽象名詞に冠して/具体的な個別現象・程度の高さなどを表す》~e günstigere Gelegenheit もっといい機会. ~ wahres Glück 本当の幸福. Das war dort ~e Hitze. そこはちょうどひと暑さだった. Ich habe ~en Hunger! 私は腹ペこだ. (c) 《物質名詞に冠して/具体的な量・性質を示す》Herr Ober, 私は~ Bier〈~en Kaffee〉 bitte! ボーイさん, ビールを1杯〈コーヒーを1つ〉ください. Das ist ~ guter Wein. これはいいワインだ. (d) 《人名に冠して》…のような人; …家のひとり; …という名前の人; …の一作品. ~ Sokrates ソクラテスのような人(哲人). ~ [Herr] Meyer マイアー氏という名の人. ~ Habsburger ハープスブルク家のひとり(一員). ~ Rembrandt レンブラントのある作品. 〔**so, solch, welch, was für** と〕 solch〈so〉 ~ Haus そういう家. Welch〈Was für〉 ~e Freude! なんと嬉しいことだろう.
2 (a) 《類概念に冠して》…のひとつ. Der Wal ist ~ Säugetier. 鯨は哺乳動物(のひとつ)である. (b) 《一般化》…なら何(誰)でも. *Ein* Kind will spielen. 子供は〈子供なら誰でも〉遊びたがるものだ. Mit ~em Messer darf man nicht spielen. ナイフを(どんなナイフでも)おもちゃにしてはいけないよ. (c) 《属性の強調/述語動詞は **sein, bleiben**》Er ist [und bleibt] ~ Kind. 彼はつまずっと子供だ(ちっとも大人らしくならない). Er ist ~ Clown. 彼は道化だ(おどけた真似ばかりする). Er ist ~ Arzt. 彼はれっきとした(立派な)医者である. ▶ ただし, Er ist Arzt. 彼の職業は医者である.
❷ 数 つねにアクセントをもつ. **1** (a) 《付加語的用法で》《格変化は不定冠詞と同じ(付録「品詞変化表」II). ただし冠詞類に準じた変化をする規定語があるときは形容詞の変化(付録「品詞変化表」X)に従う》ひとつの, 唯一の, 同一の. *Ein* Mann,

~ Wort.《諺》男子に二言なし. Tausendund*eine* Nacht 千一夜物語. zwei neue Anzüge und ~ alter 新しい服 2 着と古いのが 1 着. mit ~ em Schlag 一撃で. Sie hat nicht ~*en* Tag gefehlt. 彼女は 1 日も欠席しなかった.　der ~*e* Gott ただひとりの神.　die Ereignisse dieses ~*en* Jahres この 1 年間の出来事.　eine ~*e* Freund 彼の友人の 1 人.　eine Frau, deren ~*es* Bein verletzt ist 片足を負傷している婦人.《成句で》~ Herz und ~*e* Seele sein《話》一心同体である(mit j³ と). ~*er* Meinung² sein 同じ意見である(mit j³ と).《唯一性を強めて **ein-zig** と) mit ~*em* einzigen Sprung ひとっとびで.《同一性を強めて **ein und derselbe** の形で) mit ~[*em*] und demselben Zug 同じ列車で.(↑derselbe 3).　(b)《独立的用法で》(dieser (付録「品詞変化表」IV-2)と同じ格変化をする) ~*er* von ihnen 彼らのうちの 1 人.　~*e* meiner Schwestern 私の姉妹の 1 人. Zwei Augen sehen mehr als ~[*e*]*s*.《諺》3 人寄れば文珠(もんじゅ)の知恵(2 つの目は 1 つの目よりもよく見える). *Ein*[*e*]*s* muss ich dir sagen. ひとつ君に言っておかなくてはならないことがある.
2《語尾変化なしで》Die kleine Anna war mein *Ein* 〈゜~〉 und Alles〈゜alles〉. 小さなアンナは私のかけがえのない宝であった.　Das ist doch ~ und dasselbe. それじゃまさに同じことじゃないか.　in ~ bis〈oder〉zwei Tagen 一両日したら.　um ~ Uhr 1 時に.
3《慣用的表現で》~ für alle Mal[e]〈allemal〉もうこれっきりで, これを最後に, 断固として, きっぱりと.(↑allemal).　in ~*em* /〈話語〉unter ~*em* 同時に, 一緒に; ひっきりなしに.　in ~*em* fort〈weg〉たえず, 引続いて, ひっきりなしに.
4《**eins** の形で独立的に》**1**(↑eins ① 1).　Einmal ~ *s* ist ~ *s*. 1×1=1.　um halb ~ *s* 12時半に.　hundert[und]*eins* 101.　
❸ 氏《不定》つねにアクセントをもつ.　単独で用いると き, および前に語尾変化をする語がないときは dieser に準じた格変化(付録「品詞変化表」IX-2)をし, その前に定冠詞または dieser に準じた変化をする語があるときは形容詞の弱変化(付録「品詞変化表」X-1-1)をする.　男性 1 格 einer, 女性 1 格 eine, 中性 1·4 格 ein[e]s. **1** 誰かある人, ひとり.　~[*e*]*s* seiner Bücher 彼の本の 1 冊. Das wird kaum ~*er* erfreulich finden. それを結構なことだと思う人はいないだろう.　Hans ist geschickt wie nur ~*er*. ハンスは誰にも負けないほど(ものすごく)腕がよい.　Du bist [mir] ~*er*! 君はひどい者じゃないな(感嘆または非難の言葉).　*Ein*[*e*]*s* schickt sich[4] nicht für alle. 十人十色(あるものが万人に適するとは限らない).　*Ein*[*e*]*s* will ich dir sagen. 君に言っておきたいことがある.　Das ist die Ansicht ~*es*², der so etwas noch nie erlebt hat. それはまだそういう体験をしたことのない人間の意見だ.　(manch と) manch ~*er* かなり多くの(少なからざる)人たち.
2《話》《男性形 **einer** を》(man) (世間一般の)ひと, 人. Das soll ~*er* wissen! そんなこと知ってなくちゃいけないかね.　▶¹ 2·3·4 格 eines, einem, einen は man の 2·3·4 格に用いられる. Das macht sich weiß, macht ~*en* nicht heiß.《諺》知らぬが仏(知らないにはいらだたない).　▶² man は er で代理できないが, einer は er で代理される. Es sollte ~*er* nicht von etwas reden, wovon er nichts versteht. 自分で分かっていないようなことを口にするものではない.　▶³ man と同じく特定の人をさすこともある.　Das machte ~*en*(=mich, uns) ganz trübsinnig. それはすっかり気が滅入ってしまった.
3(**ander** と呼応して)(↑ander 4)~*er*..., der andere... 一方は...他方は... Sie stören ~*er* den anderen. 彼らはたがいに邪魔し合っている.　Sie helfen ~*er* dem anderen. 彼らはたがいに助け合う.　♦定冠詞を冠することもある.　この場合は複数形も使われる. Entweder das ~*e* oder das andere! あれかこれか(二者択一)だ.　Die ~*en* lachen, die anderen weinen. 笑う人たちもいれば, 泣いている人たちもいる.
4《話》sich³ ~*en* genehmigen / ~*en* heben 一杯飲む.

ein² 副 (↓ in¹) (↔ aus) **1** (hinein, herein) 中へ. bei j³ ~ und aus gehen 人³の家にしょっちゅう出入りする.　nicht ~ noch aus〈weder ~ noch aus / weder aus noch ~〉wissen どうしてよいか分からない, 途方に暮れている.　**2** (スイッチを)オンヘ.　Licht ~! 明かりをつけろ.

ein..¹ [aın..]《分離前つづり / つねにアクセントをもつ》(↓ein²) **1**《中・内側への方向を表す》einfassen 嵌(は)める.　*ein*steigen (乗物に)乗込む.　*ein*wickeln くるむ.　**2**《自分の方への方向》*ein*kaufen 買入れる.　*ein*laden 招待する.　**3**《方向の転換》*ein*biegen (車などが)曲がる.　**4**《状態の変化》*ein*schlafen 寝入る.　**5**《破壊》*ein*schlagen 打壊す.　**6**《強調》*ein*stürmen どっと襲いかかる.

ein..², **Ein..**《接頭》形容詞・名詞に冠して「1 つの」の意を表す.　*ein*stimmig 単声の.　*Ein*akter 1 幕物.

'**ein·ach·sig** ['aınʔaksıç] 形《自動車》単車軸の, 2 輪の.

'**Ein·ak·ter** ['aınʔaktər] 男 -s/-《演劇》1 幕物.

*'**ei·nan·der** [aı'nandər アイナンダー] 代《相互》《不変化》《雅》相互に, たがいに.　Sie helfen ~. 彼らはたがいに助け合う.　♦今日ではふつう sich を用いる.　ただし前置詞と結合するときは einander を用いて an*einander*, mit*einander*, nach*einander* などと 1 語に綴る.

*'**ein·ar·bei·ten** ['aınʔarbaıtən アインアルバイテン] 他 **1** (人¹に)仕事の手ほどきをする, (を)仕込む.　gut ein*gearbeitet* sein 仕事をよく心得ている.《再帰的に》*sich*¹ in eine neue Aufgabe ~ 新しい仕事に慣れる, (を)覚える.　**2**(追加・訂正などを)挿入(加筆)する, (装飾などをはめこむ, とりつける, (刺繍・編み物に模様などを)入れる.　**3**(仕事の遅れを)取り戻す(根(ね)をつめたりして).

'**ein·ar·mig** ['aın|armıç] 形 **1** 片腕しかない.　**2** (↔ beidarmig) 片腕だけを使う.　~ Fahrrad fahren 片手で自転車に乗る.

'**ein·äschern** ['aınʔɛʃərn] 他 (↓ Asche) **1** (建物・村などを)焼払う, 灰燼(かいじん)に帰せしめる.　**2** (遺体を)火葬する, 茶毘(だび)に付す.

'**Ein·äsche·rung** 女 -/-en 火葬, 茶毘(だび).

'**Ein·äsche·rungs·hal·le** 女 -/-n (Krematorium) 火葬場.

'**ein·at·men** ['aınʔa:tmən] 他 (↔ ausatmen) (空気・香りなどを)吸い込む; 息を吸う.

'**ein·äu·gig** ['aın|ɔʏɡıç] 形 **1** 片目の, 隻眼(せきがん)の; 単眼(に)の.　~ Riese 1 眼の巨人 (↑ Zyklop).　**2**《比喩》単眼の, 物事の片面しか見ない.

'**Ein·äu·gi·ge** 《形容詞変化》❶ 男 **1** 片目の男.　**2**《戯》ランプをつけた自転車(バイク); 片方のヘッドライトしかついていない自動車.　❷ 女 **1** 片目の女性.　**2** 1 眼レフのカメラ.

'**ein·bah·nig** ['aınba:nıç] 形 一方通行の; 1 車線の.

'Ein·bahn·stra·ße 女 -/-n 一方交通路.
'ein|bal·sa·mie·ren 他 《雅》einen Toten〈einen Leichnam〉～ 遺体にバルサムを塗り込む(ミイラにするために). 防腐処理をする. Der kann sich～ lassen! 《話》あんなやつはお払い箱に. ❷ 再 《sich⁴》《戯》こってりと厚化粧をする. ◆過去分詞 einbalsamiert
'Ein·band ['aɪnbant] 男 -[e]s/-e《製本》(本の)装丁. Leinen*einband* クロス装.
'Ein·band·de·cke 女 -/-n《製本》(定期購読雑誌などの)合本用表紙.
'ein·bän·dig [..bɛndɪç] 形 1巻(1冊)本の.
'ein·ba·sisch 形《化学》1塩基の.
'Ein·bau ['aɪnbau] 男 -[e]s/-ten 1《複数なし》(家具などの)作り付け; (器具の)取付け, 組込み; 《引用文などの》挿入. 2 作り付けの家具, 設備, 内蔵装置.
'ein|bau·en ['aɪnbauən] 他 1《機械・器具を据えつける, 取付ける; 〈家具などを〉作り付けにする, はめこむ. in einen〈まれ einem〉Wagen einen neuen Motor ～ 車に新しいエンジンを取り付ける. eine Kamera mit *eingebautem* Belichtungsmesser 露出計内蔵カメラ. 2 (あとから)組み込む, 組入れる; 《引用文などを》挿入する. eine Anekdote in den Roman ～ 小説に逸話を1つ挿入する.
'Ein·bau·kü·che 女 -/-n システムキッチン(のセット).
'Ein·baum 男 -[e]s/-e 丸木舟.
'Ein·bau·mö·bel 中 -s/- (多く複数)作り付け家具.
'ein|be·grei·fen* 他《雅》1 数に入れる. Wollen wir bei der Party nicht auch unsere Geschwister ～? パーティーにはうちの弟と妹も数の内に入れてやらないか. 2 含む. Freiheit *begreift* Gleichberechtigung [mit] *ein*. 自由というものは権利の平等を含む. ◆↑einbegriffen
'ein·be·grif·fen ['aɪnbəɡrɪfən] 過分 数の内に入っている. Porto und Verpackung sind im Preis nicht [mit] ～. 郵送料と包装費は値段に含まれていません. Alle, der Pilot ～, sind ums Leben gekommen. パイロットを含めて全員が死亡した.
'ein|be·hal·ten* 他 1 (金などを)渡さないでおく; (給料から)天引する. 2《書》(a) (免許証などを)預かっておく. (b) 〈人⁴を〉留置(拘留)する. ◆過去分詞 einbehalten
'ein·bei·nig ['aɪnbaɪnɪç] 形 (↓Bein) 1 片足の, 1本足の. ein ～er Tisch 1 本脚のテーブル. 2 片足しか使えない. ein ～er Sprung 片足跳び. 3《スポーツ》片方の足にしかシュート力がない.
'ein|be·ken·nen* 他 (オーストリア)《雅》1 告白する, 打明ける. 2 (税金を)申告する.
'ein|be·ru·fen* ['aɪnbəru:fən] 他 1 (会議などを)招集する. j³ zu et³ ～ 人³〈複数〉を事³に招集する. 2《軍事》〈人⁴を〉召集する. ◆過去分詞 einberufen
'ein|be·to·nie·ren コンクリートで固める(固定する); コンクリート詰めにする. ◆過去分詞 einbetoniert
'ein|bet·ten 他 埋込む(in et⁴ 物⁴の中に). ein Kabel tief in die Erde ～ ケーブルを地中に深く埋込む. Das Gedicht ist in seinen〈seinem〉neuen Roman *eingebettet*. その詩は彼の新作の小説の中に挿入されている.
'ein·bet·tig ['aɪnbɛtɪç] 形 シングルベッドの.
'Ein·bett·zim·mer 中 -s/- (ホテルの)シングルルーム, (病院などの)個室.
'ein|be·zie·hen* ['aɪnbətsi:ən] 他 1 引入れる, 取入れる(in et⁴ 物⁴に). j⁴ in die Unterhaltung [mit] ～ 人⁴を話の仲間に入れる. et⁴ in *seine* Überlegun-gen [mit] ～ 事⁴を考慮する. 2 数の内に入れる. ◆過去分詞 einbezogen

'ein|bie·gen ['aɪnbi:ɡən] アインビーゲン ❶ 自(s) 1 (人・車が)道を曲がる. nach rechts ～ 右折する. 2 (道路が)合流する(in eine andere Straße 別の道に). ❷ 他 (内側に)曲げる, 折る. 《再帰的用法で》*sich⁴* ～ 折れ曲がる, たわむ.
*'ein|bil·den ['aɪnbɪldən] アインビルデン 他 《sich³》 1 *sich* et⁴ ～ 事⁴を誤って(勝手に)そうだと思い込む. Was *bildest* du *dir* eigentlich *ein*? 君はいったいなんてことを考えているんだ. Sie *bildet sich nicht ein*, schön zu sein. 彼女は美人であるなどとうぬぼれてはいない. 2 *sich etwas*〈viel〉auf et⁴ ～ 事⁴をいくらか〈大いに〉自慢する. *sich* nichts auf *seinen* Reichtum ～ 自分の富を少しも鼻にかけない. 3 *sich* et⁴ ～ 《地方》《話》物⁴をどうしても欲しがる. ◆↑eingebildet
'Ein·bil·dung ['aɪnbɪldʊŋ] 女 -/-en 1 思い込み, 妄想, 空想. unter〈an〉krankhaften ～*en* leiden 異常な妄想にとりつかれている. 2《複数なし》思い上がり, うぬぼれ. an ～ leiden ひどいうぬぼれ屋である. ～ ist auch eine Bildung. 《戯》これはまたずいぶん天狗(てんぐ)になったものだ(うぬぼれも教養のうち). 3《複数なし》= Einbildungskraft
'Ein·bil·dungs·kraft 女 -/ 想像力, 構想力.
'ein|bin·den* 他 1 (物⁴を)くるむ, 包む(in et⁴ 物⁴に); (に)包帯をする. 2《製本》表紙をつける, 装丁(製本)する. et⁴ in rotes〈rotem〉Leder ～ 物⁴に赤い革表紙をつける. 3 組入れる(システム・ネットワークなどの中へ). Rosen in einen Kranz ～ ばらを花輪に編む. et⁴ in die Tradition ～ 事⁴を伝統に取入れる. in Sachzwänge *eingebunden* sein 職務上の制約に縛られている. 4《演劇》(einhängen)〈装置などを〉舞台の天井に吊す. 5 j³ et⁴ ～《スイス》(人³(代子・受洗者)に洗礼のお祝いに物⁴を贈る(代父母が)(昔お金をむつきに包んで洗礼の贈物にしたことから. ↑Einbund).
'ein|bla·sen* ❶ 他 1 (気体を)吹込む, 送込む(in et⁴ 物⁴の中に). 2《話》〈人⁴に〉事⁴を告げる(教える). j³ Klatsch ～ 人³の耳に噂を吹込む. 入れ知恵する, そそのかす. Das muss ihm der Teufel *eingeblasen* haben. 彼にどんな悪魔のしわざに違いない. 3《暴風が建物を吹倒す, 倒壊させる. 4《音楽》(einspielen)(新しい管楽器を)吹きならす. 5《まれ》《雅》(ラッパを吹奏して時刻を)告げる. den Morgen ～ ラッパを吹いて朝を告げる. ❷ 自 1 〈人³に〉答えをこっそり教えてやる. 2 (プロンプターが役者に)台詞を小声で教える. ❸ 再《sich⁴》*sich* auf der Trompete ～ トランペットの吹き慣らしをする.
'Ein·blä·ser ['aɪnblɛːzɐ] 男 -s/- 1《俗》入れ知恵をする人. 2 (芝居の)プロンプター.
'Ein·blatt·druck 男 -[e]s/-e《美術》(多く片面だけの)1 枚刷り(の印刷物), ブロードサイド(木版画・ポスターなど).
'ein·blätt·rig 形《植物》単葉の.
'ein|bläu·en¹ 他 (↓blau)(布・紙を)青く染める.
'ein|bläu·en² 他 (人³に事⁴を)叩き込む, 強く言い聞かせる.
'ein|blen·den《放送・映画》❶ 他 (↔ ausblenden)(音声・映像を)フェードインする; はめこむ, 挿入する. ein Interview in eine Reportage ～ ルポルタージュの中にインタビューを入れる. ❷ 再《sich⁴》(フェードインしながら)次の番組に入る. Wir *blenden uns* in wenigen Minuten in die zweite Halbzeit *ein*. まもなく後半戦の放送に入ります.

'ein|bleu·en ↑einbläuen²

'Ein·blick ['aɪnblɪk] 男 -[e]s/-e《複数まれ》**1** 内部を見ること. Er hatte ~ in den düsteren Hinterhof. 彼はうす暗い裏庭をのぞくことができた. **2** 目を通すこと; わが目で確かめて知ること. ~ in die Unterlagen nehmen 書類に目を通す. **3** 認識, 理解(in et⁴ 物³ についての). ~ in et⁴ bekommen〈gewinnen〉事をよく認識(理解)する.

'ein·bre·chen ['aɪnbrɛçən アインブレヒェン] ❶ 自 (s, h) **1** (a) (s) 盗みに入る. Sie sind in das Lager eingebrochen. 彼らはその倉庫に盗みに入った. (b) (h) 押込み(強盗)を働く. Letzte Nacht hat man in dem Lager〈bei unserem Nachbarn〉eingebrochen. 昨夜その倉庫〈隣家〉に泥棒が入った. **2** (s) 侵入する. in die gegnerische Stellung ~ 敵陣に侵入する. Wasser ist in den Stollen eingebrochen. 横坑に浸水した. Wölfe sind in die Herde eingebrochen. 狼が家畜の群れを襲った. **3** (s) 《雅》(季節・夜などが)急に始まる, 訪れる. Der Winter brach ein. 冬がきた頃. **4** (s) mit einbrechender Nacht 夜のとばりが下りる頃. **4** (s) (a) (壁などが)崩れて落ちる. Die Zimmerdecke ist eingebrochen. 天井が抜けた. (b) auf dem Eis ~ 氷が割れて水の中に落ちる. **5** 《話》(思わぬ)敗北を喫する, 不覚をとる(選挙・試合などで). Die Partei ist bei der letzten Wahl ganz schön eingebrochen. その政党は前回の選挙で惨敗を喫した.

❷ 他 **1** (扉・壁などを)ぶち破る, 壊す. **2** 《話》(馬を)乗り馴らす, 調教する.

*'ein·bre·cher ['aɪnbrɛçɐr アインブレッヒャー] 男 -s/- 侵入者; 押込み強盗.

'Ein·bren·ne ['aɪnbrɛnə] 女 -/-n《南ドイツ・オーストリア》《料理》ルー.

'ein·bren·nen* ['aɪnbrɛnən] 他 **1** 焼き付ける. einem Tier ein Zeichen ~ 動物に焼印を押す. j³ ein Brandmal ~ 人³ に烙印をつける(中世の刑罰). **2** 《料理》Mehl [in Fett] ~ 小麦粉を炒める. eine Suppe ~ ルーを使ってスープを作る(↑Einbrenne). **3** 《紡織》(毛織物に)クラッピングをする, 湯熨斗をかける. **4** 《地方》(人⁴の)肌を焼く(日光が).

❷ 他《sich⁴》(比喩) (記憶)に焼きつく. Das Bild hat sich meinem〈in mein / mir ins〉 Gedächtnis eingebrannt. その光景は私の脳裏に焼きついている.

❸ (s)《地方》日光けする.

'ein·brin·gen ['aɪnbrɪŋən アインブリンゲン] 他 **1** (in et⁴ 物³ の中へ)入れる, 運び入れる. das Getreide [in die Scheune] ~ 穀物を納屋にしまいこむ. Koks [in den Hochofen] ~ コークスを高炉に入れる. ein Schiff [in den Hafen] ~ 船を港に入れる. **2** (犯罪者を)収監する. **3** (利益・収穫・成果を)もたらす, 生む. Das bringt nichts ein. そんなことをしてもなんの得にもならない. **4** (婚資として)持参する, (資本参加するために)資金を持込む. eingebrachte Sachen 《法制》(土地・家の賃借人, また旅客などが)持込んだ物. eingebrachtes Vermögen 《法制》婚資, 持参財産. **5** (議案を提出(上程)する. **6** (損失・遅れた時間を)取戻す, 償う. Den Verlust [wieder] ~ 損失の穴埋めをする. **7** eine Zeile ~ 《印刷》 1行分詰める.

'ein·bring·lich ['aɪnbrɪŋlɪç] 形 収益の多い, 有利な.

'ein·bro·cken 他 **1** (物⁴を)砕いて入れる(in et⁴ 物³ の中に). Brot in die Suppe ~ パンをちぎってスープに入れる. **2** 《話》j³ eine böse Sache〈etwas Schönes /

'ein|decken

eine schöne Geschichte〉 ~ 人³ に迷惑をかける, (を)不愉快な目にあわせる. Was hast du uns da eingebrockt! なんてことをしてくれたんだ. sich³ etwas [Schönes] ~ 困った事態を招く. Diese Strafe hast du dir selber eingebrockt. こんな罰を受けたのは身から出た錆（ｻﾋﾞ）だよ. Was man sich³ eingebrockt hat, muss man auch aussesen〈auslöffeln〉.《諺》 蒔（ﾏ）いた種は刈らねばならぬ.

'Ein·bruch ['aɪnbrʊx] 男 -[e]s/⸚e (↓einbrechen) 押込み, 押入り強盗; 侵入, 襲撃. einen ~ in eine Bank verüben 銀行強盗をはたらく. ein ~ von Kaltluft 寒波の襲来. ein ~ von Wasser in den Stollen 横坑内への浸水. **2** 《複数なし》《雅》(季節・夜などの)(突然の)始まり, 到来. vor ~ des Winters 冬が来る前に. **3** (a) 急変. ein ~ der Kurse 相場の急落. (b) (壁などの)崩壊, 崩壊. (c)《地質》陥没. **4** 《話》(予期しない)敗北. **5** 《鉱業》切り羽(⁴), 切り場.

'Ein·bruch[s]·dieb·stahl 男 -[e]s/⸚e 《法制》侵入窃盗.

'Ein·bruch[s]·si·cher 形 (金庫・錠前などが)侵入(強盗)の心配のない.

'Ein·bruch[s]·ver·si·che·rung 女 -/-en 盗難保険.

'ein·buch·ten ['aɪnbʊxtən] 他 **1** (↓Bucht) 鋸（ﾉｺ）の歯状にする, (に)ぎざぎざの刻み目(切込み)をつける. eine eingebuchtete Küste 入江(切れ込み)の多い海岸線. **2** 《話》(人⁴を)監獄にぶち込む, 牢送りにする.

'Ein·buch·tung 女 -/-en (海岸線の)切れ込み, 湾入部, 入江. **2** (道の)屈曲. **3** くぼみ, へこみ. **4** 《話》投獄.

'Ein·bund 男 -[e]s/⸚e (↓einbinden 5)《方言》(代父・代母から代子への)受洗の贈物.

'ein·bür·gern ['aɪnbʏrgɐrn] 他 ❶ (↓Bürger) **1** (人³に)市民権を与える. Sie ist in die〈der〉 Schweiz eingebürgert worden. 彼女はスイスの市民権を取得した, スイスに帰化した. **2** (の習慣などを)取入れる, 普及させる. **3**《生態》(動植物を)帰化させる. ❷ 他《sich⁴》(よその習慣などが)定着(普及)する, 根づく. Dieser Brauch hat sich vor zwei Jahrhunderten bei uns eingebürgert. この風習は 2 世紀前からわが国で行われるようになった.

'Ein·bür·ge·rung 女 -/-en **1** 帰化, 市民権(国籍)取得. **2**《生態》(動植物の)帰化.

'Ein·bu·ße 女 -/-n 損失, 損害. ~ erleiden 損害をこうむる. ~ an Prestige 威信の失墜.

'ein·bü·ßen ['aɪnbyːsən] 他 ❶ 失う. sein Vermögen ~ 財産を失う. ❷ 自 (an et³ 物³ の)一部を失う. Dadurch hat er sehr an Ansehen eingebüßt. そのことで彼は大いに面目を失した.

'ein·che·cken ['aɪntʃɛkən]《航空》❶ 他 (乗客・荷物を)チェックインする. ❷ 自 チェックイン(搭乗手続き)をする.

'ein·cre·men ['aɪnkreːmən, ..krɛː..] 他 クリームを塗込む. sich³ das Gesicht ~ / sich⁴ ~ 顔にクリームを塗る.

'ein·däm·men ['aɪndɛmən] 他 **1** (流水を)堰（ｾｷ）で止める. **2** (火事・伝染病などを)食いとめる, 阻止(抑制)する; (怒りなどを)なだめる.

'ein·dampf·en 他《化学》(溶液を)蒸発乾燥させる, 蒸発濃縮する.

'ein·de·cken ❶ 他 **1** (物⁴を)覆う, (に)カバーをかける. die Rosen für den Winter mit Stroh ~ 冬に備えて

ばらに藁(ぢぢ)の覆いをかける. das Dach mit Schiefer ~ 屋根をスレートで葺(ふ)く. 2 《話》(人⁴に)どっさり与える(mit et³). j³ mit Fragen ~ 人⁴を質問攻めにする. mit Arbeit *eingedeckt* sein 仕事に忙殺されている. 3 den Tisch ~ 《地方》食事の仕度をする. ❷ 再 (*sich*) *sich* mit et³ ~ 物³を買いためておく, 備蓄する(für et¹ 事¹に備えて).

'**Ein·de·cker** 男 -s/- 1 (↔ Doppeldecker) 単葉機. 2 1層(単層甲板)船.

'**ein|dei·chen** ['aɪndaɪçən] 他 (物⁴を)堤防で囲む, (に)堤防をめぐらす.

'**ein·deu·tig** ['aɪndɔʏtɪç] 形 一義的な, 疑問の余地のない; 明白(明瞭)な, はっきりした; あからさまな. eine ~*e* Abfuhr bekommen きっぱり断られる. ◆ ↑ zweideutig, vieldeutig

'**Ein·deu·tig·keit** 女 -/-en 1 《複数なし》一義性, 明白(明瞭)なこと. 2 あからさま(ぶっきらぼう)な発言, 露骨な冗談.

'**ein|deut·schen** ['aɪndɔʏtʃən] 他 1 (人⁴を)ドイツに帰化させる; (ある土地⁴を)ドイツの領土にする. 2 (外国語⁴を)ドイツ語化する(発音・綴りなど).

'**ein|di·cken** ❶ 他 (液体を)濃くする, 濃縮する, 煮つめる. ❷ 自 (s) (液体が)濃くなる, 煮つまる.

'**ein|do·sen** (↓ Dose) 缶詰めにする.

'**ein|drän·gen** ❶ 他 1 (ドアなどを)押破る. ❷ 再 (*sich*) *sich* in ein Haus ~ 家の中に押入る. *sich* in fremde Angelegenheiten ~ 他人のことに口出し(介入)する. ❸ 自 (s) 《雅》(auf j⁴ 人⁴に)どっと押寄せる. Die Fans *drängten* auf den Star *ein*. ファンたちがそのスターにおしよせて殺到した. Erinnerungen *drängten* auf mich *ein*. さまざまな思い出が彼の脳裡によみがえる.

'**ein|dre·hen** ❶ 他 1 (ねじ・電球などを)ねじって入れる, 中へねじ込む; sich³ die Haare ~ 髪をカーラーに巻きつける. ❷ 自 (旋回して)向きを変える. zum Angriff ~ 反転して攻勢に転じる.

'**ein|drin·gen*** ['aɪndrɪŋən] 自 (s) 1 (in et⁴ 物⁴の中に)入り込む, 浸透する; 侵入(侵略)する. Der Splitter ist tief ins Bein *eingedrungen*. 破片が足に深く食い込んだ. in ein Haus ⟨das benachbarte Land⟩ ~ 家屋に押入る⟨隣国を侵略する⟩. 2 (in et¹ 事¹に)精通する, (を)究める. in ein Geheimnis ~ 秘密を知る. in die moderne Musik *eingedrungen* sein 現代音楽に造詣が深い. 3 (auf j⁴ ~ 人⁴に迫る, 詰め寄る, 責めたてる. auf j⁴ mit Fragen ~ 人⁴を質問攻めにする. Erinnerungen drangen auf mich *ein*. さまざまな思い出が胸によみがえってきた.

'**ein·dring·lich** 形 1 (a) 強く訴えかける, 激しい調子の. (b) しつこい. 2 (色・香りなどが)強烈な.

'**Ein·dring·ling** ['aɪndrɪŋlɪŋ] 男 -s/-e 闖入(ちんにゅう)者, 招かれざる客.

'**Ein·druck**¹ ['aɪndruk アインドルク] 男 -[e]s/ⁿe 1 印象, 感銘. der erste ~ 第一印象. einen guten ~ von j³ haben 人³について好い印象をもつ(受ける). keinen ~ auf j⁴ machen 人⁴になんの印象(感銘)も与えない. neue *Eindrücke* sammeln 新しい体験を重ねる. bei j³ ~ schinden 《話》人³の受けを良くしようとする. Sie steht immer noch unter dem ~ des schönen Frühlings. 彼女はいまだにその美しかった春の印象が忘れられない. 2 持って生じたへこみ, 凹み. der ~ des Fußes im weichen Boden 柔らかい地面に残された足跡.

'**Ein·druck**² 男 -[e]s/-e 1 《複数なし》捺染(なっせん). 2 《印刷》挿し絵・図表などの刷り込み.

'**ein|dru·cken** 1 (挿し絵・模様などを)刷り込む, プリントする. 2 《話》(ぎゅっ)=eindrücken

'**ein|drü·cken** ['aɪndrʏkən] 他 1 (押しつぶす, へこませる; (窓・ドアなどを)破る. 2 (auf⟨in⟩ et⁴ 物に)おしつける. eine Spur in Schnee ~ 雪に跡をつける. 《再帰的に》 *sich*³ ~ 跡を残す. sich ins Gedächtnis ~ いつまでも記憶に残る. 3 den Ball ~ 《球技》ボールをゴールに押し込む.

'**ein·drucks·fä·hig** 形 感受性のある.

'**ein·drucks·los** 形 感銘をうけない.

'**ein·drucks·voll** 感銘(印象)ぶかい.

'**ei·ne** ['aɪnə] ↑ ein¹

'**ein|eb·nen** ['aɪn|ɛbnən] 他 (でこぼこを)平らにする, ならす; (不公平を)取除く, 均等化する.

'**Ein·ehe** 女 -/ (Monogamie) 一夫一婦制.

'**ein·ei·ig** ['aɪn|aɪɪç] 形 《遺伝》(↔ zweieiig) 一卵性の. ~*e* Zwillinge 一卵性双生児.

'**ein·ein·halb** ['aɪn|aɪn'halp] 形 《不変化》1 と 2 分の 1 (の). ~ Pfund Mehl 小麦粉 1 ポンド半.

'**ei·nem** ['aɪnəm] ↑ ein¹

'**ei·nen** ['aɪnən] ↑ ein¹

'**ein|en·gen** ['aɪn|ɛŋən] (↑ eng) 1 狭くする. Der große Schrank *engt* den Raum *ein*. 大きな戸棚のせいで部屋が狭くなっている. 2 (概念などを)限定する. 3 (自由などを)制限(規制)する. 4 (人⁴を)しめつける (衣服などが). j³ das Herz ~ 《比喩》人³の胸をしめつける. sich *eingeengt* fühlen 窮屈な思いをする. 5 eine Lösung ~ 《化学》溶液を濃縮する.

'**ei·ner** ['aɪnər] ↑ ein¹

'**Ei·ner** 男 -s/- 1 《数学》《多く複数で》1 桁の数(1から9まで); 1 の位の数字. 2 《水上競技》シングルスカル. 3 (しゅ)1901 年生まれの人.

*'**ei·ner·lei*** ['aɪnərˈlaɪ, '---- アイナーライ] 形《不変化》1 《述語的用法のみ》《話》どうでもよい. Das ist [mir] ~. それはどうでもいいことだ, 重要なことじゃない. *Einerlei*, was er tut, es glückt ihm auf jeden Fall. 何をしようと彼はついてるてうまくいくんだ. 2 《付加語的用法のみ》同じ種類の, 一様な, 単調な. Kleider von ~ Farbe 無地の服. Es gibt immer nur ~ Kost. いつも同じような食事しか出ない.

'**Ei·ner·lei** 中 -s/ 同一, 同様; 単調, 変化に乏しいこと. Immer das ewige ~ ! いつも同じことの繰返しで, 千篇一律だ.

*'**ei·ner·seits*** ['aɪnər'zaɪts アイナーザイツ] 副 一方では, 一面においては《ふつう次の形で》 ~ ..., andererseits... 一方では...他方では....

'**ei·nes** ['aɪnəs] ↑ ein¹

'**ei·nes·teils** ['aɪnəsˈtaɪls] 副 (einerseits) ~..., ander[e]nteils... 一方では...他方では....

'**Ein·eu·ro·stück** 中 -[e]s/-e 1 ユーロ硬貨. ◆ 1-Euro-Stück とも書く.

'**ein|exer·zie·ren** 訓練して教えこむ(人³に). 過去分詞 einexerziert

'**ein·fach** ['aɪnfax アインファハ] ❶ 形 1 単一の, 1 回の, シングルの. ~*e* Buchführung 単式簿記. ~*e* Fahrkarte 片道乗車券. Einmal ~ bitte! 片道 1 枚下さい. ein ~*er* Knoten 1 重の結び目. ~*e* Mehrheit 単純多数, 相対的多数. 2 (a) 簡素な, 単純な. ~*er* Diebstahl 《法制》単純窃盗. ein ~*er* Trick 簡単なトリック(策略). et⁴ in ~ *en* Worten erklären 事⁴を分かりやすい言葉で説明する. Diese Arbeit ist sehr ~ zu erledigen. この仕事を片

づけるのは朝飯前だ. Der Fall liegt nicht so ~. 事件はそれほど簡単ではない. (b) 明白な, 疑問の余地のない. aus dem ~*en* Grund 分かりきった理由から. eine ~*e* Wahrheit 明々白々な真実. **3** 簡素な, 質素な; 普通の, 並の. ein ~*es* Leben 簡素な生活, シンプルライフ. ein ~*es* Mahlzeit つましい食事. ein ~*er* Mann von der Straße 市井(ﾅｲ)の名もなき庶民. ~ gekleidet sein 質素(簡素)な服装をしている. ❷ 圖 **1** (a) (回りくどいことなしに)あっさり, さっさと. Er ist ~ davongelaufen. 彼はさっさと逃げて行った. (b) 要するに, つまりは. Die Sache ist ~ die, dass... つまりは…ということなのだ. **2** まったく. Ich verstehe dich ~ nicht mehr. 私はもう君をまったく理解できない.

'**Ein·fach·heit** 囡-/ **1** 質素, 簡素, つましさ. **2** 単純, 簡単. der ~*2* halber 事(話)を簡単にするために.

'**ein·fä·deln** ['aınfɛːdəln] 働 **1** (a) einen Faden [in eine Nadel] ~ 糸を針に通す. eine Nadel ~《話》針に糸を通す. (b) (テープ・フィルムなどを)装填する. **2**《話》(事)をたくみに進める. Er hat die Sache schlau *eingefädelt*. 彼は事を巧妙に運んだ. eine Intrige ~ 陰謀を仕組む. ❷ 囲 [ein Tor] ~《ｽｷｰ》(スラロームの)旗門にスキーを引っかける. ❸ 再 (*sich*) (込合う道路で)うまく車の流れに乗り入れる.

'**ein·fah·ren*** ❶ 囮 (s) (↔ ausfahren) **1** (列車・船などが)入ってくる. auf Gleis 3〈dem Bahnsteig 5〉~ 3番線〈5番ホーム〉に入ってくる. in den Hafen ~ 入港する. **2**《鉱業》入坑する. **3**《猟師》(狐・兎などが)巣穴にもぐり込む. **4**《話》服役を始める. ❷ 囲 **1** (a) (収穫物などを)車で運び入れる, 搬入する (納屋に). [Heu]~《比喩》たらふく食べる. (b) (車を)ガレージに入れる. **2** 車をぶつけて壊す. Unser Zaun wurde gestern von einem Betrunken *eingefahren*. うちの垣根は昨日酔っぱらいに車をぶつけられて壊された. **3** (自動車)を乗り慣らす;(馬を)馬車を挽けるように訓練する. ▶↑eingefahren **4** (車のアンテナ・飛行機の脚などを)引っ込める. ❸ 再 (*sich*) **1** *sich* mit dem neuen Wagen ~ 新しい車の運転に慣れる. **2** 習慣化(固定化)する. Es hat *sich* so *eingefahren*. それが習慣(決り)になってしまった. ▶↑eingefahren

*'**Ein·fahrt** ['aınfaːrt アインファールト] 囡-/-en **1** (列車・船などが)入ってくること; (列車の)入構, 入線; (船の)入港;《鉱業》入坑. Der Zug hat noch keine ~. 列車はまだ入構(入線)許可を得ていない. **2** (ガレージへの)入口, (玄関の)車寄せ, (高速道路への)進入路. **3**《猟師》巣穴の入口.

*'**Ein·fall** ['aınfal アインファル] 男 -[e]s/-e **1** 思いつき, 着想, 発想. ein genialer〈launiger〉~ 天才的な着想〈気まぐれ〉. *Einfälle* wie ein altes Haus《話》835変な(変った)思いつき. Er kam auf den ~, sie anzurufen. 彼は彼女に電話をかけることを思いついた. **2**《複数なし》(光が)射し込むこと, 入射. **3**《敵の)侵入, 来襲. der ~ der Hunnen《歴史》フン族の侵寇(ｼﾝｺｳ). **4**《複数なし》《雅》(季節などの)突然の到来, 始まり. (b)《音楽》(合奏・合唱への)入り. **5**《まれ》(建物の)崩壊, (鳥が)舞い降りること.

*'**ein·fal·len*** ['aınfalən アインファレン] 囮 (s) **1** (人*3*の)脳裡にひらめく, 浮かぶ, (人*3*が)ふと思いつく, 思い出す. Plötzlich fiel ihm *ein*, dass er eine Verabredung hatte. 突然彼は約束があったことを思い出した. Mir *fällt* nichts Besseres *ein*. 私はほかにいい知恵が浮かばない. Sein Name fällt mir nicht ein. 彼の名前

が思い出せない. Das *fällt* mir nicht [im Traum / im Schlaf] *ein*.《話》そんなことは夢にも考えない. Was *fällt* dir *ein*! なんてことをする(言う)んだ. *sich3 et4* ~ lassen [müssen] 事(解決策・逃道など)をなんかして考え出す, 無理にでもひねり出す. Lass dir das ja nicht ~! そんな変な考えを起すんじゃない, そんな逃口上は通らないよ. **2** (光が)射し込む. **3** (ある国・土地に)侵入(侵寇)する. **4**《猟師》(鳥が)舞降りる. **5** (a) (合奏・合唱などに)途中から加わる. Alle *fielen* in das Gelächter *ein*. みんな一緒にどっと笑った. (b) 口をはさむ, (話)に割込む. **6** (嵐・寒気・夜闇が)急に始まる, 訪れる. **7** (建物が)崩れる, 倒壊する. **8** (頬などが)落ちくぼむ, 痩せこける. (建物の)*eingefallene* Auge 落ちくぼんだ目. **9**《鉱業・地質》(鉱床などが)傾く, 沈む.

'**ein·fall·reich** 厖 =einfallsreich

'**ein·falls·los** 厖 発想(着想)の貧しい, アイデアに乏しい.

'**ein·falls·reich** 厖 発想の豊かな, アイデアに富んだ.

'**Ein·fall[s]·tor** 囲 -[e]s/-e 侵入しやすい場所, 突破口.

'**Ein·fall[s]·win·kel** ['aınfalt] 男 -s/-《光学》入射角.

'**Ein·falt** ['aınfalt] 囡 -/《雅》純心, 素朴, 無垢. **2**《侮》単純, 愚直, 幼稚. [Du] heilige ~! なんてお人好しなんだ. **3**《美学》簡素の美.

'**ein·fäl·tig** [..fɛltıç] 厖 純心の, 単純な.

'**Ein·falts·pin·sel** 男 -s/-《侮》お人好し, 間抜け.

'**Ein·fa·mi·li·en·haus** 囲 -es/¨er (多く一戸建ての)一世帯用住宅.

'**ein·fan·gen*** ❶ 囲 **1** (逃げた動物・脱走者などを)捕らえる. **2**《雅》(絵筆・文筆などで)的確に捉える, 表現する. die Atmosphäre der zwanziger Jahre ~ 20年代の雰囲気をみごとに活写する. ❷ 再 (*sich3*) *sich et4* ~《話》物(いやなもの)をもらい受ける, しょいこむ. *sich* eine Grippe〈eine Ohrfeige〉~ インフルエンザにかかる〈平手打ちをくらう〉.

'**ein·fär·ben** 囲 **1** (布地を)1色に染める. **2**《印刷》(版型に)インクを塗る.

'**ein·far·big** ['aınfarbıç] 厖 単色(1色)の, 無地の.

'**ein·fas·sen** ['aınfasən] 囲 **1** 囲む, 縁(ﾌﾁ)どる (mit et3 物3で). einen Garten mit einer Mauer ~ 庭を塀で囲む. Edelsteine in Gold ~ 宝石に金の台をつける. ein Kleid ~ ドレスに縁飾りをつける. Eine Hecke fasste den Park *ein*. 公園には生垣がめぐらされていた. **2** Heringe ~ 鰊(ﾆｼﾝ)を樽(ﾀﾙ)に漬けこむ.

'**Ein·fas·sung** 囡-/-en **1**《複数なし》取囲む〈縁(ﾌﾁ)どりする〉こと. **2** 回りを囲むもの, 縁飾り, (宝石の)台.

'**ein·fet·ten** 囲 脂を塗りこむ. das Gesicht mit einer Creme ~ 顔にクリームをぬりこむ. eine Maschine ~ 機械に油をさす.

'**ein·fin·den*** ['aınfındən] 再 (*sich3*) **1** 姿を見せる, やってくる. *sich* auf der Party ~ パーティーに姿を現す. **2** *sich* in eine neue Umgebung ~ 新しい環境に慣れる (とけこむ).

'**ein·flech·ten*** 囲 **1** (in *et4* 物4に)編み込む. ein Band ins Haar ~ 髪にリボンを結う. **2** (髪を)束ねる, 編む, 結(ﾕ)う. **3** (会話・文章の中に)さしはさむ. Er *flicht* immer ein paar Zitate in seine Rede *ein*. 彼はいつも演説の中に引用を2つ3つ織り混ぜる. Sie *flocht* ein, dass... 彼女は話の合間に…と言った.

'**ein·fli·cken** 囲《話》**1** in die Hose ein Stück ~ ズボンに継ぎを当てる. **2** Zitate in die Rede ~《侮》演説の中に引用を取ってつけたようにさしはさむ.

ein|flie·gen* 自 (s, h) **1** (s) (a)(飛行機などが)侵入する. Ein feindliches Kampfflugzeug ist in unser Gebiet *eingeflogen*. 敵の爆撃機が1機わが国の領土に侵入した. (b)(まれ)飛んで入っていく;(ボール・石などが)とび込む. **2** (h)(航空事業で)利益をあげる. **2** 他 **1** 慣らし飛行(テスト飛行)をする.(再帰的に)*sich* ~ 飛行訓練を受ける,飛行に慣れる. **2** 空輸する.

'ein|flie·ßen* 自 (s) **1** (a)(液体・気体が)流れ込む.(b)(資金が)流入する,投入される. **2** et¹ ~ lassen 事¹にそれとなく言及する.

'ein|flö·ßen ['aɪnflø:sən] 他 **1** (人³の口に物¹を)流し込む. einem Kranken Arznei ~ 病人の口に薬を流し込んでやる. **2** (不安などを)吹込む. Seine Worte haben uns Furcht *eingeflößt*. 彼の言葉は私たちに恐怖心を抱かせた.

'Ein·flug 男 –[e]s/¨e (↓ einfliegen)(飛行機などが)飛んでくること,飛来,進入,侵入.

'Ein·fluss ['aɪnflʊs アインフルス] 男 –es/¨e **1** 影響(力),感化(auf j⟨et⟩¹ 人⁴(物)¹に対する):発言力,勢力. [einen] ~ auf j¹ haben⟨ausüben⟩ 人⁴に対して影響力がある⟨影響力を行使する⟩,顔がきく⟨顔をきかせる⟩. Das hat auf meine Meinung keinen ~. 私の意見はそれに左右されない. Ich will auf diese Entscheidung keinen ~ nehmen. 私はこの決定にいかなる影響も及ぼさない. unter j² ~ stehen 人²の影響下にある,(の)感化をうけている. ein Mann mit ~ ⟨von großem ~⟩ 有力者,顔役. **2** (まれ)(液体・気体・資金の)流入.

'Ein·fluss·nah·me 女 –/–n 《複数まれ》影響力の行使.

'ein·fluss·reich 形 大きな影響力をもった,勢力のある,有力な.

'ein|flüs·tern **1** 他 **1** (人¹に事⁴を)耳打ちする,こっそり教える. **2** (噂・悪口などを)吹込む. **3** (俳優に台詞(ゼリフ)を)小声で教える⟨プロンプターが⟩. **2** 自 auf j¹ ~ 人⁴を小声でかき口説く.

'Ein·flüs·te·rung 女 –/–en 耳打ち,そそのかし.

'ein|for·dern 他 きびしく取立てる,強く請求する. ein verliehenes Buch ~ 貸した本の返却を迫る.

'ein·för·mig ['aɪnfœrmɪç] 形 単調な,退屈な.

'Ein·för·mig·keit 女 –/ 単調さ,退屈.

'ein|fres·sen* 他 (sich⁴)(酸などが)腐蝕する(in et¹ 物¹を). Groll *frass sich* in ihn *ein*. 恨みが彼の心に深く食入った.

'ein|frie·den ['aɪnfri:dən] 他 《雅》(物¹を)囲いをめぐらす. den Garten mit einer Hecke ~ 庭に生垣で囲いをする.

'ein|frie·di·gen [..fri:dɪɡən] 他 《雅》=einfrieden

'Ein·frie·di·gung 女 –/–en =Einfriedung

'Ein·frie·dung 女 –/–en 《複数なし》まわりを囲むこと. **2** 囲い,垣,塀.

'ein|frie·ren* ['aɪnfri:rən] **1** 自 (s) **1** (船が)氷に閉じこめられる. **2** 凍りつく,凍結(氷結)する. Die Wasserleitung ist *eingefroren*. 水道管が凍った. die Gerichte ~ lassen 料理を⟨冷蔵庫で⟩凍らせる. **3** (表情などが)凍りつく,こわばる. Die Unterhaltung *friert ein*. 会話がとだえる. **4** (外交関係・債権などが)凍結される. Der Kredit *friert ein*. 貸付金がこげつく. **2** 他 **1** (食品を)冷凍する. **2** (プロジェクト・外交関係などを)凍結する,現状のままにしておく. die Ver-

handlungen⟨die Löhne⟩ ~ 交渉を中断する⟨賃金を凍結する⟩.

'ein|fü·gen ['aɪnfy:ɡən] **1** 他 はめ込む,挿入する,つけ加える(in et¹ 物¹に). **2** 再 (sich⁴) *sich* in et¹ ~ 事¹に順応⟨適応⟩する,なじむ.

'Ein·fü·gung 女 –/–en 《複数なし》はめこみ,挿入. **2** 挿入(追加)されたもの,(原稿などの)加筆部分. **3** 順応,適応.

'ein|füh·len 再 (sich⁴) *sich* in j¹ ~ 人¹の身になって(立場に)立っている. Ich konnte *mich* gut in ihn ~. 私は彼の気持を十分に理解することができた. In diesem Gedicht kann ich *mich* nur schwer ~. この詩には私はなかなか感情移入できない.

'ein·fühl·sam 形 人の気持が分かる,思いやりのある.

'Ein·füh·lung 女 –/ **1** (他人の気持・立場に対する)思いやり,理解. **2** 感情移入.

***'Ein·fuhr** ['aɪnfu:r アインフーア] 女 –/–en (↔ Ausfuhr) **1** 《複数なし》(Import) 輸入. **2** 輸入品.

***'ein|füh·ren** ['aɪnfy:rən アインフューレン] 他 **1** (in et¹ 物¹に)入れる,挿入する. **2** (↔ ausführen) 輸入する. **3** (新しい商品・制度・流行などを)導入する,とり入れる. die Sommerzeit ~ 夏時間を採用する. gut *eingeführt* sein 《商業》(商品などが)普及している,よく売れている;(商店が)名が売れている,繁盛している. **4** (a)(人⁴に)新しい仕事の紹介(指導)をする. einen neuen Mitarbeiter ~ 新しい同僚に仕事の手ほどきをする. (b) j¹ in die Philosophie ~ 人¹に哲学への入門を指導する. ein *einführender* Aufsatz 序論,序説. **5** (a) 公式に紹介する,引合せる. Er *führt* sie heute bei seinen Eltern *ein*. 彼は彼女を今日両親に引合せる. j¹ in den Klub ~ 人¹をクラブに紹介する. 《再帰的に》*sich⁴* gut ~ (紹介・入会などの際に)よい印象を与える,快く迎えられる;(商品が)好評を博する. (b)(小説などで人物・モティーフを)初めて登場させる.

'Ein·fuhr·han·del 男 –s/ 《経済》輸入貿易.

***'Ein·füh·rung** ['aɪnfy:rʊŋ アインフュールング] 女 –/–en **1** 《複数なし》(管などの)挿入. **2** 《複数なし》(新しい商品・制度・流行などの)導入,採用. **3** (a)(新人⁴に対する)仕事の紹介,職務指導. (b)(初心者に対する)入門指導,手ほどき. (c) 入門書;序論. **4** (新人の)引合せ,紹介.

'Ein·füh·rungs·ge·setz 男 –es/–e 《法制》施行法. ~ zum BGB⟨HGB⟩ 民法⟨商法⟩施行法.

'Ein·füh·rungs·preis 男 –es/–e (新製品を宣伝するための)発売特価.

'Ein·fuhr·ver·bot 中 –[e]s/–e 《経済》輸入禁止.

'Ein·fuhr·zoll 男 –[e]s/¨e 《法制》輸入関税.

'ein|fül·len 他 (in et¹ 物¹に)詰める,注ぎこむ,満たす.

'Ein·fül·lig 中 –s/ =einbeinig

'Ein·ga·be ['aɪŋɡa:bə] 女 –/–n **1** 《複数なし》(a)(薬の)投与. (b)(書類の提出. **2** 請願書. **3** 《コンピュータ》(↔ Ausgabe)《複数なし》インプット,入力. (b) 入力データ.

'Ein·ga·be·ge·rät 中 –[e]s/–e 《コンピュータ》入力装置.

'Ein·gang ['aɪŋɡaŋ アインガング] 男 –[e]s/¨e **1** (↔ Ausgang) 入口. **2** 《複数なし》入ること;立入り,入場,入会. ~ verboten! 立入り禁止. ~ bei j³ finden 人³のところに近づきになる. sich³ in die Gesellschaft ~ verschaffen その会に入会を認められる. **3** 《複数なし》始まり,冒頭;導入部. am ~ der Veranstaltung ⟨der Rede⟩ 催し⟨演説⟩の冒頭で. **4** 《複数なし》(郵

Eingeweidebruch

便物・商品などの到着, 入荷, 入金. ～ vorbehalten《略 E. v.》《銀行》入金を条件に. **5**《多く複数で》(その日に)到着した郵便物の全体(その日の)入金全体.

'**ein·gän·gig** [..gɛŋɪç] 形 分かりやすい, 覚えやすい.

'**ein·gangs** [..gaŋs] ❶ 副《書》はじめに. wie ～ erwähnt 最初に述べたように. ❷ 前《2格支配》…のはじめに. ～ des zweiten Kapitels 第 2 章の冒頭に. ～ des Waldes 森の入口に.

'**Ein·gangs·hal·le** 女 -/-n 入口(玄関)のホール.

'**Ein·gangs·tür** 女 -/-en 入口のドア.

'**ein|ge·ben*** 他 **1** einem Kranken eine Arznei〈eine Suppe〉～ 病人に薬を投与する〈スープを飲ませてやる〉. **2**〈考え・気持などを〉吹込む, 抱かせる. **3**《コンピュータ》入力(インプット)する. **4**《古》(請願書などを)提出する.

'**ein·ge·bil·det** ['aɪŋgəbɪldət] 過分形 **1** 空想上の, 妄想による. ein ～er Kranker 病気だと思い込んでいる人, 気病み患者. **2**《侮》うぬぼれた, 思いあがった. Er ist maßlos auf seine Stellung ～. 彼は自分の地位をおっも鼻にかけている.

'**ein·ge·bo·ren**[1] ['aɪŋgəbo:rən] 形 **1**《付加語的用法のみ》その土地に生れついた, 土着の. **2**《雅》天性の, 生れつきの, 生得の.

'**ein·ge·bo·ren**[2] 形 der ～e Sohn Gottes〈unseres Herren〉《キリスト教》神〈われらが主〉の独り子(イエス・キリスト). ◆ ラテン語 unigenitus (「(神の)独り子として生れた」の翻訳借用語.

'**Ein·ge·bo·re·ne** 男女《形容詞変化》(↑ eingeboren[1]) 原住民, 土着民.

'**Ein·ge·bung** 女 -/-en ひらめき, 直感, 霊感.

'**ein·ge·denk** ['aɪŋgədɛŋk] 形 et² ～ sein〈bleiben〉事²をよく覚えている, 忘れずにいる. ～ deiner Warnung 君の警告を忘れずに.

'**ein·ge·fah·ren** 過分形 (↑einfahren) 乗り慣れた;(道などが)走り固められた. ein ～er Chauffeur ベテランの運転手. sich⁴ auf⟨in⟩ ～en Bahnen⟨Gleisen⟩ bewegen きまりきった行動パターンを脱けられない.

'**ein·ge·fal·len** 過分形 (↑einfallen) (目・頬などが)落ちくぼんだ.

'**ein·ge·fleischt** ['aɪŋgəflaɪʃt] 形 (↓Fleisch) **1**《付加語的用法のみ》根っからの, 度しがたい. ein ～er Optimist 根っからの楽天家. **2**《副詞的には用いない》(習慣などが)身に染みついた, 習い性となった. ◆ ラテン語 incarnatus (「肉と化した」)の翻訳借用語用法.

'**ein·ge·fuchst** ['aɪŋgəfʊkst] 形《副詞的には用いない》よく仕込まれた, 腕ききの, 老練な.

*'**ein|ge·hen*** ['aɪŋge:ən アインゲーエン] ❶ 自 (s) **1** (in et⁴ 物⁴の中に)入っていく. in die Geschichte ～ 歴史に残る. in den ewigen Frieden⟨zur ewigen Ruhe⟩ ～《雅》永眠(他界)する. **2**《話》(人³に)受入れられる, 分かって〈喜んで〉もらえる. Das will mir nicht ～. 私はどうしてもそれが腑に落ちない. Das Lob geht jedem glatt⟨süß/wie [Milch und Honig]⟩ ein. 誰でも褒められるのは嬉しいものだ. **3**《郵便物・物品など》到着する, 届く. **4** (布が)縮む. **5** (a) (店が)つぶれる, (工場が)閉鎖になる, (新聞などが)廃刊になる. (b) (植物が)枯死する, (動物が)死ぬ. (c)《話》(人間)がくたばる. **6**《話》(精神的に)落込む, 参る. **7** (a) auf j⁴ ～ 人⁴の言うことに理解をしめす, (動物が)なつく. (b) auf ein Kind ～ 子供の言うことを聞いてやる. (b) auf et⁴ ～ 事⁴を取上げる, 論じる; (に)同意する. Auf diese Frage werde ich nachher noch näher ～. この問題には後でもっと詳しく立入ることにする. Darauf kann ich jetzt nicht ～. そんなこと今入れられないんだ. auf einen Vorschlag ～ 提案に同意する.

❷ 他《ふつう s》(契約などを)結ぶ, (に)同意する. mit j³ die Ehe ～ 人³と結婚をする. ein Risiko ～ リスクを冒す. eine Verbindung ～《化学》化合する. eine Verpflichtung ～ 義務を引受ける. eine Wette ～ 賭けをする.

*'**ein·ge·hend** ['aɪŋgə:ənt アインゲーエント] 現分形《述語的には用いない》立入った, 詳しい, 綿密な.

'**Ein·ge·mach·te** 中《形容詞変化》(↓einmachen) (果物・野菜などの)びん詰め〈とくに自家製のジャム・ピクルスなど〉. ans ～ gehen《戯》取って置きのもの(資産など)にやむなく手をつける. Jetzt geht es ans ～. さあこれから肝腎要《かんじんかなめ》の話だ.

'**ein·ge·mein·den** ['aɪŋgəmaɪndən] 他《市町村を》合併(併合)する(in eine Stadt ある市に).

'**ein·ge·nom·men** ['aɪŋgənɔmən] 過分形 (↑einnehmen) **1** (a) für j⁴⟨von j³⟩ ～ sein 人⁴,³に好意をもっている, (が)好きである. von et³ ～ sein 事³に心を奪われている. von sich³ ～ sein 自惚《うぬぼ》れている. (b) gegen j⟨et⟩³ ～ sein 人⟨物⟩³に反感(偏見)をもっている, ～に含むところがある. **2** (頭が)ぼんやりしている.

'**Ein·ge·richt** ['aɪŋgərɪçt] 中 -[e]s/-e (↓einrichten) ボトルシップ(ガラス瓶の中に船の模型などを詰込んだ細工物).

'**Ein·ge·rich·te** 中 -s/- (↓einrichten) ウォード(一定の刻みのある鍵しか通さないための錠前内部の突起).

'**Ein·ge·sandt** ['aɪŋgəzant] 中 -s/-《複数まれ》 **1**(読者の)投書. **2**《新聞・雑誌などの》投書欄.

'**ein·ge·schlech·tig** ['aɪŋgəʃlɛçtɪç] 形《植物》単性の.

'**ein·ge·schrie·ben** ['aɪŋgəʃri:bən] 過分形 (↑einschreiben) **1** 登録済みの. ein ～er Mitglied 正会員. **2**《郵便》書留の. **3**《数学》内接する.

'**ein·ge·schwo·ren** ['aɪŋgəʃvo:rən] 過分形 (↑einschwören) 決意の固い, 断固たる. ein ～er Anhänger 熱烈な信奉者.

'**ein·ge·ses·sen** 過分形 (↑einsitzen) (何代にもわたって)住みついている, 土着(地元)の.

'**ein·ge·stan·de·ner·ma·ßen** ['aɪŋgəʃtandənɐ'ma:sən] 副 本人の自状する〈認める〉ところによれば.

'**Ein·ge·ständ·nis** 中 -ses/-se (↓eingestehen) (失敗・過失などを)認めること; 自白, 白状.

'**ein|ge·ste·hen*** ['aɪŋgəʃte:ən] 他 自白(白状)する; (失敗・過失などを)認める.

'**ein·ge·stellt** 過分形 **1** auf et⁴ ～ sein 事⁴に対する心構えができている, (を)覚悟している; (を)心待ちにしている. Mit leerem Magen bin ich nicht auf Größe ～. 腹がへっているので考えが浮かばぬ. **2** (gesinnt) …の考えをもった. Wie ist er politisch ～? 彼は政治的にどういう考えをもっているか, どういう立場にある. Sie ist anders ～ als ich. 彼女は私とは考え方が違う. ein fortschrittlich ～er Mann 進歩的な考えの人. gegen j⁴ ～ sein 人⁴に対して含むところがある, 反感を抱く.

'**ein·ge·stri·chen** ['aɪŋgəʃtrɪçən] 形《音楽》1 点音の.

'**Ein·ge·wei·de** ['aɪŋgəvaɪdə] 中 -s/-《多く複数で》内臓. bis in die ～ [hinein] traurig sein 断腸の思いである.

'**Ein·ge·wei·de·bruch** 男 -[e]s/"-e《医学》(Her-

Ein·ge·weih·te [ˈaɪngəvaɪtə] 男女《形容詞変化》(↑einweihen) その道に通じた人, 玄人(ふ), 事情(消息)通.

'ein·ge·wöh·nen [ˈaɪngəvøːnən] 他 1 《まれ》~人⁴を物³に慣れさせる(なじませる). 2 《多く再帰的に》 sich⁴ in einer neuen Umgebung ~ 新しい環境に慣れる. ◆過去分詞 eingewöhnt

'ein·ge·wur·zelt 過分形 深く根を下ろした, 昔(古く)からの. ~e Feindschaft 積年の敵意.

'ein·ge·zo·gen 過分形 (↑einziehen) 世間から引きこもった, 遁世した, 孤独な.

'ein·gie·ßen* 《飲物を)注ぐ. Darf ich Ihnen Wein〈noch ein Glas〉 ~? ワインを〈もう1杯〉お注ぎしましょうか. Metall in die Form ~ 溶かした金属を鋳型に流し込む.

'ein·gip·sen 他 1 (骨折した脚などを)ギプスで固定する, (に)ギプスをはめる. 2 漆喰(ふい)を塗って固定する.

'Ein·glas 中 -es/-er 《古》(Monokel) モノクル, 片眼鏡.

'ein·glei·sig [ˈaɪnɡlaɪzɪç] 形 (↓Gleis) 1 (鉄道が)単線の. 2 (考え方・行動が)単線的(一方的)な, 偏狭な.

'ein·glie·dern 組入れる, 編入する(et³ in et⁴ 物³,⁴に); 適応(順応)させる. 《再帰的に》 sich⁴ einer neuen Umgebung³〈in eine neue Umgebung〉 ~ 新しい環境に適応する.

'Ein·glie·de·rung 女 -/-en 編入, 合併; 適応.

'ein·gra·ben* 他 1 (a) 埋める, 埋込む; 〈宝物などを)地中に隠す. (b) 〈植物を〉植える. 2 《雅》 in et⁴ 物⁴に刻み込む, 彫りつける. ❷ 再 (sich) 1 《動物が)穴を掘ってもぐり込む; 【軍事】塹(塔)を掘って隠れる. 2 (in et⁴ 物⁴に)刻み込まれる, 跡を残す. Das Erlebnis grub sich ihm tief ins Herz ein. その事件は彼の心に深く刻みこまれた. (b) (水流などが)侵食する(in et⁴ 物⁴を).

'ein·gra·vie·ren 他 刻み込む, 彫り込む(in et⁴ 物⁴に). ◆過去分詞 eingraviert

'ein·grei·fen* 自 1 (歯車が)はまる, 噛み合う. Das Zahnrad greift ins Getriebe ein. 歯車がガチンと噛み合う. 2 (in et⁴ 事³に)介入する, 口出し(手出し)する, 割って入る. Hier muss ich ~. ここは私が乗り出さなくてはならぬ. in einen Streit ~ 諍(ずか)いを仲裁する. 3 in j² Rechte ~ 人²の権利を侵害する.

'ein·grei·fend 過分形 決定的な. von ~er Bedeutung〈Wichtigkeit〉 sein 決定的な重要性をもつ.

'ein·gren·zen 1 (物⁴の)周りを囲む(垣根・柵などが). 2 (論点などを)限定する, しぼる(auf et⁴ 事⁴に).

'Ein·griff [ˈaɪngrɪf] 男 -[e]s/-e 1 介入, 干渉, (権利の)侵害. 2【医学】(Operation) 手術. verbotener ~ 《話》堕胎. 3 im ~ stehen (歯車が噛み合っている(mit et³ 物³と).

'Ein·guss [ˈaɪngʊs] 男 -es/-e【冶金】1 《複数なし》鋳型に注ぐこと, 注入. 2 (鋳型の)湯口.

'ein·ha·ken ❶ 他 1 (フック・留め金などを)固定する, 留める. die Fensterladen ~ 窓の鎧戸の掛金を掛ける. die Daumen in die Hosenträger ~ ズボン吊りに親指をひっかける. 2 (人³に)腕を組む. mit〈bei〉 j³ eingehakt gehen 人³と腕を組んで歩く. ❷ 自 《話》(話に)横槍を入れる, くちばしをはさむ. ❸ 再 (sich⁴) (bei j³ 人³に)腕を組む.

'ein·halb·mal [aɪnˈhalpmaːl] 副 2分の1倍. ~ soviel 《話》1倍半.

'Ein·halt [ˈaɪnhalt] 男 -[e]s/《次の成句で》 j〈et〉³ ~ gebieten〈tun〉 《雅》人〈事〉³を阻止する, 食止める. einer Seuche ~ gebieten 伝染病の流行を食止める.

'ein·hal·ten [ˈaɪnhaltən アインハルテン] ❶ 他 1 (時間・約束・規則などを)守る, 遵守する; 《間隔・方向などを)守る. 2 《服飾》(ひだを作って)寸法をつめる. 3 《地方》 es ~ 大(小)便を我慢する. die Milch ~ 乳を出さない. mit eingehaltenem Atem 息を殺して. 4 《古》(悍馬(勺)を)押しとどめる, なだめる. ❷ 自 (mit〈in〉 et³ 事³を)やめる, 中止する.

'Ein·hal·tung 女 -/-en 《複数まれ》(時間・約束・規則などの)遵守.

'ein·häm·mern ❶ 他 1 (a) 《まれ》ハンマーで打込む(in et⁴ 物⁴に). (b) Rillen in den Beton ~ 金槌でコンクリートに溝を刻む. 2 《話》(人³に事⁴を)きびしく教え込む, 叩き込む. ❷ 自 1 (auf et⁴ 物⁴を)ハンマーで何度も打つ. auf das Klavier 〈seinen Gegner〉 ~ ピアノをがんがん鳴らす〈相手ボクサーに連打を浴びせる〉. Lärm hämmerte auf uns ein. 騒音が我々の耳をがんがん打った.

'Ein·hand·boot 中 -[e]s/-e 1人用ヨット.

'ein·han·deln ❶ 他 1 (交換して)手に入れる. Brot gegen〈für〉 Zigaretten ~ タバコを出してパンを手に入れる. ❷ 再 (sich) sich et⁴ ~ 事⁴(ありがたくない事)を身に招く. sich eine Strafe〈eine Erkältung〉 ~ 罰を受ける〈風邪をもらう〉.

'ein·hän·dig [ˈaɪnhɛndɪç] 形 片手だけの.

'ein·hän·di·gen [ˈaɪnhɛndɪgən] 他 (人³に物⁴を)手渡す; 交付する.

'ein·hän·gen ❶ 他 1 掛ける, 吊す(in et⁴ 物⁴に). die Tür [in die Angeln] ~ ドアを蝶番(ちょう)にはめて固定する. [den Hörer] ~ 受話器を掛ける(旧式の電話で), Dekorationen ~ 《演劇》(einbinden) 書割を(舞台の)天井に吊す. 2 《製本》(einbinden) (本に)表紙をつける. 3 (腕⁴を)からませる. Sie hängte ihren Arm in seinen ein. 彼女は彼の腕に腕をからませた. ❷ 再 (sich⁴) (bei j³〈in j⁴〉 人³,⁴と)腕を組む.

'ein·hau·chen 他 《雅》吹込む. j³ neues Leben ~ 人³に新しい生命を吹込む.

'ein·hau·en(*) ❶ 他 《規ण変化》1 (a) (釘などを)打込む. (b) 彫りつける. eine Inschrift in den〈dem〉 Stein ~ 石に碑文を刻む. Löcher in eine Wand ~ 壁に穴をあける. 2 打壊す, 叩き割る. ❷ 自 《規則・不規則変化》 1 (auf j〈et〉⁴ 人物⁴を)さんざん殴りつける, (に)めったやたらに斬りかかる. 2 《話》 (食物が)つがつく(もりもり, むしゃむしゃ)食う(in et⁴ 物⁴を).

'ein·häu·sig [ˈaɪnhɔyzɪç] 形 《植物》(↔ zweihäusig) 雌雄同株の.

'ein·he·ben* 他 1 (持上げて)掛ける, はめる. eine Tür wieder ~ (はずれた)ドアをもと通りにはめる. 2 《南》《料金・家賃などを)徴収する. 3 (組版を)印刷機にかける.

'ein·hef·ten 他 1 (書類などを)綴じ込む(in einen Ordner ファイルに). 2 (袖などを)仮に縫いつける.

'ein·he·gen 他 (物⁴の)周りを囲む(mit et³ 物³で). den Garten mit einer Hecke ~ 庭に垣をめぐらす.

'ein·hei·misch [ˈaɪnhaɪmɪʃ] 形 その土地の, 生え抜きの, 土着の. ~e Bevölkerung その土地の住民, 現地人. die ~e Industrie 地場(国内)産業. die ~e Mannschaft 地元チーム. die ~e Produkte 国産品.

'Ein·hei·mi·sche 男女《形容詞変化》土地の人, 現地人.

'ein·heim·sen ['aɪnhaɪmzən] 佲 (↓Heim) **1** 取入れる, 収穫する. **2**《話》がっぽり(ごっそり)手に入れる;(成功・賞賛)を得る. viele Gewinne ~ ぼろ儲けする.

'Ein·hei·rat 囡 -/-en **1** 婿(嫁)入り. **2** 結婚によって財産を引き継ぐ(共同所有者になること.

'ein·hei·ra·ten 佲 **1** 婿(嫁)入りする(in eine Familie ある家庭に). **2** in das Geschäft ~ 結婚してその店の共同経営者になる.

*'**Ein·heit** ['aɪnhaɪt] 囡 -/-en **1** 統一, まとまり, 一体性. die ~ unseres Vaterlandes〈von Form und Inhalt〉祖国〈形式と内容〉の統一. die drei ~en im Drama《演劇》演劇における三一致(さんいっち)の法則(18世紀演劇論で重視された時・所・筋の統一). eine ~ bilden 一体をなす. **2**《計量・通貨などの》単位; 《装置などの》ユニット. Die ~ unserer neuen Währung ist der Euro. 私たちの新しい通貨単位はユーロだ. dreitausend ~en Penizillin. 3千単位のペニシリン. **3**《軍事》部隊.

*'**ein·heit·lich** ['aɪnhaɪtlɪç アィンハィトリヒ] 形 **1** 統一的な, まとまった, 一貫した. ein ~es Werk まとまりのある作品. **2** 一様な, 均一な. ~e Kleidung お揃いの服装, 制服. ~e Preise 均一価格.

'Ein·heit·lich·keit 囡 -/ 統一性, 一貫性; 一様(均一)性.

'Ein·heits·front 囡 -/-en 統一(共同)戦線.

'Ein·heits·kurz·schrift 囡 -/ 統一速記文字(1924制定).

'Ein·heits·par·tei 囡 -/-en 統一党. [die] Sozialistische ~ Deutschlands《略 SED》(旧東ドイツの)社会主義統一党.

'Ein·heits·preis 男 -es/-e 均一価格. *Einheitspreisgeschäft* 均一価格店, ワンプライス・ストア.

'Ein·heits·staat 男 -[e]s/-en《政治》単一国家.

'Ein·heits·wert 男 -[e]s/-e《法制》(課税対象の)標準評価額.

'ein|hei·zen 佲 ❶ 佲 den Ofen〈das Zimmer〉~ ストーブを焚く〈部屋を暖房する〉. ❷ 自 **1** 暖房する, 火をたく. In diesem Jahr musste man schon im September ~. 今年はもう9月から暖房を入れなくてはならなかった. **2** j³ [tüchtig] ~《話》人³に雷をおとす, (を)きつく叱りつける; (に)はっぱをかける. **3**《話》大酒を食らう.

'ein|hel·fen* 自《地方》(人³に)こっそり教えてやる. einem Schauspieler ~ (台詞(せりふ)を忘れた)役者に助け舟を出す.

'Ein·hel·fer 男 -s/-《まれ》(芝居の)プロンプター.

'ein·hel·lig ['aɪnhɛlɪç] 形 全員(満場)一致の.

'ein|hen·keln ['aɪnhɛŋkəln] 佲 (sich⁴) j⁴〈sich bei j³〉~《地方》(人⁴,³と)腕を組む.

ein'her [aɪn'he:r, '−−] 副 [《雅》](herein)(内部から見て)中へ. Komm ~! (こちらへ)お入り. ◆ しばしば分離前つづりとして場所の移動を表す動詞と結合し,「悠然と, あちこち」などを表す.

ein'her|fah·ren* 自 (s) mit *seinem* neuen Wagen ~《雅》(自慢げに)新車を乗回す.

ein'her|ge·hen* 自《雅》**1** 大股で(悠然と, いばって)歩き回る. prächtig gekleidet ~ 派手な服装をしていかにもいゃれそうに歩く. **2** mit et³ ~ 物³と一緒に現れる, (を)伴う. Masern *gehen* mit Fieber und Ausschlag *einher*. 麻疹(はしか)には熱と発疹がつきものである.

Ein'he·ri·er [aɪn'he:riər] 男 -s/- (anord. einheri

, vortrefflicher Kämpfer") 《北欧神話》ヴァルハラの戦士(戦死後 Walhall に招かれ Odin 神に仕えている勇士). ↑ Walküre

'ein·hö·cke·rig 形 (ラクダが) 1こぶの.

*'**ein|ho·len** ['aɪnho:lən アィンホーレン] 佲 **1**《雅》出迎える. **2** 片付ける, しまう; (帆・旗を)おろす, (網・錨(いかり)・ロープなどを)引上げる. **3** (人に)追いつく; (遅れ・損失を)取戻す. **4** (情報・指図・許可などを)受ける, 貰う. **5** (einkaufen 1)《話》(食料・日用品などを)買ってくる. ~ gehen 買物(ショッピング)に行く.

'ein|hö·ren 佲 (sich⁴) sich in et⁴ ~ 物⁴(音楽など)をじっくり聞込む, 何度も聞いてなじむ.

'Ein·horn ['aɪnhɔrn] 中 -[e]s/-er《神話》一角獣, ユニコーン(伝説上の動物で純潔の象徴).

'Ein·hu·fer ['aɪnhu:fər] 男 -s/-《動物》奇蹄類.

'ein|hül·len 佲 包む, くるむ. sich⁴ in eine Decke ~ 毛布にくるまる.

'ein·hun·dert ['aɪn'hʊndərt] 数 100, 百(の).

*'**ei·nig** ['aɪnɪç アィニヒ] 形 **1** 統一された, 一体になった. Wir müssen ~ sein. 私たちは団結していなくてはならない. **2** (考えが)一致した, 同意見の, 合意した. [sich³] mit j³ in et⁴〈über et⁴〉~ 人³と事³の点で〈事⁴に関して〉考え(意見)が一致している. Über den Preis sind wir miteinander ~ geworden. 値段の点は私たちは互いに ~ になった. Die beiden sind sich³ ~. **2**《戯》2人は結婚するつもりだ. [sich³] mit sich³ selbst noch nicht ~ sein まだ考えがまとまっていない, まだふんぎり(決心)がつかない. Er ist heute mit sich selbst nicht ~. 彼は今日は気分が冴えない, 落込んでいる. **3**《宗教》(einzig) 唯一の. der ~e Gott 唯一の神. ◆ ↑ einig gehen

'ei·ni·ge ['aɪnɪgə アィニゲ] 代《不定 / 変化は形容詞に準じる》**1**《複数》(a)《付加語的用法 / 複数名詞を伴って》いくつかの, 2, 3の, 若干の. *einige* Leute 2, 3人の人々. *einige* Mal[e]《*einige*mal》2, 3回, 数度. *einige* Stunden später 2, 3時間後. ▶ 形容詞をともなう場合, 後続する形容詞はふつう強変化. *einige* kleine Kinder 2, 3人の子供たち. die Taten *einiger* guter〈まれ guten〉Menschen 何人かの善男善女の行い. (b)《名詞的用法》いくつか; 何人か. *einige* der schönsten Städte もっともすてきな都市のうちのいくつか. *Einige* von ihnen wussten das nicht. 彼らのうちの何人かはそのことを知らなかった. **2**《単数で》(a)《付加語的用法 / 物質名詞・抽象名詞などをともなって》少しばかりの, 多少の. *einiges* Geld 若干の金. Er hatte noch *einige* Hoffnung. 彼はまだ若干の希望を抱いていた. nach *einiger* Zeit しばらくして. ▶ 形容詞をともなう場合, 後続する形容詞は男性1格および女性2・3格で強変化, その他はふつう弱変化. *einiger* musikalischer Sinn 多少の音楽的センス. die Vorhandensein *einiger* politischer Begabung 少しばかり政治的才能があること. mit *einigen* guten〈まれ gutem〉Willen 多少の善意をもって. (b)《名詞的用法で》少しばかりのこと(もの). Hier fehlt noch *einiges*. ここにはまだ若干の不備がある. *einiges*, was ich nicht weiß 私の知らないなにがしかのこと. **3** (beträchtlich) 少なからぬ, かなりの. Das bringt noch *einige* Überlegungen mit sich³. それにはなお相

ein|igeln

当よく考えてみるべき点がある. 《名詞的用法で》Diese Reise wird sicher wieder *einiges* kosten. この旅行にはきっとまた少なからぬ金がかかるだろう. **4**《数詞と》(a)《十位の数と》《話》…をすこし越えた. Er ist *einige* vierzig (=vierzig und *einige*) Jahre alt. 彼は40歳をすこし回っている. (b)《百・千と》*einige* hundert〈tausend〉Bücher / *einige* Hundert〈Tausend〉Bücher 数百〈数千〉冊の本.

'ein|igeln ['aɪnɪɡəln] 他 (*sich⁴*) (↓ Igel) **1** (はりねずみのように) 体を丸める. **2** (a)《軍事》(陣地に) 立てこもる. (b)《話》(世間から) 引きこもる, 隠遁する.

'ei·ni·ge Mal, **'ei·ni·ge·mal** ['---'- とも]回 2, 3度, 数回.

*'**ei·ni·gen** ['aɪnɪɡən アイニゲン] (↓ einig) ❶ 他 ひとつにまとめる, 統一する. **2** 和解させる. ❷ 再 (*sich⁴*) 意見が一致する, 合意する (mit j³ 人³と). Ich habe mich mit ihm auf einen Preis von 100 Euro *geeinigt*. 私は彼と100ユーロの値段で話がついた. *sich auf einen* Kompromiss ~ 妥協案をのむ.

*'**ei·ni·ger'ma·ßen** ['aɪnɪɡər'ma:sən アイニガーマーセン] 副 **1** いくらか, いくぶん, やや. Wie geht es dir? — *Einigermaßen*! 元気かい — まあまあだよ. **2**《話》かなり, 相当. Auf diesem Gebiet weiß ich ~ Bescheid. この方面の話になると私はちょっとうるさいんだ.

'ei·nig ge·hen*, **'ei·nig|ge·hen*** 自 (s)《話》(in et⁴ 事³の点で) 意見が一致する (mit j³ 人³と).

'Ei·nig·keit 女 -/ (意見・意志の) 一致, 合意, 団結. ~ macht stark.《諺》団結こそ力.

'Ei·ni·gung 女 -/ **1**《法制》物権的合意. ~ erzielen 合意に達する. **2** 統一, 統合.

'ein|imp·fen 他 **1** (ワクチンなどを) 接種する. **2**《話》~ 人³に物⁴ (思想・感情などを) 吹込む, (子供などに) きつく言って聞かせる. j³ Hass gegen j⁴ ~ 人³に人⁴に対する憎悪の念を植えつける. Mir ist von Jugend an *eingeimpft* worden, dass… 私は若い頃から…と言い聞かされてきた.

'ein|ja·gen 他 **1**《猟師》(犬を) 狩りに馴れさせる. **2** j³ Angst〈einen Schreck〉~ 人³を怖がらせる〈ぎょっとさせる〉.

'ein·jäh·rig ['aɪnjɛ:rɪç] 形 **1** 1年にわたる, 1年間の. **2** 1歳の. **3**《植物》1年生の.

'Ein·jäh·ri·ge ❶ 中《形容詞変化》-n Einjährig-Freiwillige **2**《古》《形容詞変化》《古》中等教育修了資格 (これが ① の資格になった).

'Ein·jäh·rig-'Frei·wil·li·ge 男《形容詞変化》《第1次世界大戦までの》1年志願兵.

'ein|kal·ku·lie·ren 他 計算 (勘定) に入れる. Porto und Verpackung ~ 郵送料と包装費を価格に含める. ein Risiko ~ リスクを予め見込んでおく. ◆過去分詞 einkalkuliert

Ein·kam·mer·sys·tem 中 -s/-e《法制》(国会の) 一院制.

'ein|kap·seln ['aɪnkapsəln] ❶ 他 カプセルに入れる; 密封する. ❷ 再 (*sich⁴*) 自分の殻に閉じこもる.

'ein|kas·sie·ren ❶ 他 徴収 (集金) する. ❷ 他 **1**《話》(人⁴を) 平気で殴り倒する. **2**《話》(犯人などを) ひっ捕まえる. ◆過去分詞 einkassiert

*'**Ein·kauf** ['aɪnkaʊf アインカオフ] 男 -[e]s/ᵘᵉ **1** (a) 買入れ, 購入; (商品の) 仕入, (日常の) 買物; (プロのスポーツ選手を) 買う (雇い入れる) こと, スカウト. billiger ~《戯》万引. *Einkäufe* machen 買物〈ショッピング〉をする. Da hast du einen guten ~ gemacht. 君はよい買物をしたね. *Einkäufe* im Ausland tätigen 国外で

仕入をする. (b) 買った品物; 雇い入れた (スカウトしてきた) 選手. **2**《複数なし》《経済》(デパートなどの) 仕入れ部門. **3** 入会 (入社) の権利を買うこと. ~ in ein Altersheim〈eine Lebensversicherung〉老人ホーム入居の権利の取得〈生命保険への加入〉.

*'**ein|kau·fen** ['aɪnkaʊfən アインカオフェン] 他 **1** (日用品・食料品を) 買入れる. ~ gehen 買物 (ショッピング) に行く. et⁴ billig〈ohne Geld〉~《戯》物⁴を万引する, スカウトする. **2** (商品を) 仕入れる; (プロのスポーツ選手を) 買う, スカウトする. **3** j⁴ in et⁴ ~ (金を払って) 人⁴を物⁴に加入 (入会) させる. *seine* Frau in eine Lebensversicherung ~ 妻を生命保険に加入させる. 《多く再帰的に》*sich⁴* in et⁴ in einem Altersheim in einer Firma ~ 老人ホームの入居権を得る〈ある会社の株主になる〉.

'Ein·käu·fer 男 -s/- 仕入 (買いつけ) 係, バイヤー; 《話》スカウト.

'Ein·kaufs·bum·mel 男 -s/-《話》買物をしながらぶらつくこと, ショッピング.

'Ein·kaufs·netz 中 -es/-e 買物用の網袋.

'Ein·kaufs·preis 男 -es/-e《商業》仕入値段.

'Ein·kaufs·wa·gen 男 -s/- ショッピングカート.

'Ein·kaufs·zen·trum 中 -s/..tren ショッピングセンター.

'Ein·kehr ['aɪnke:r] 女 -/ **1**《雅》自省, 内省. [bei sich¹] ~ halten 反省 (自省) する. j⁴ zur ~ bringen 人⁴を反省させる. **2**《古》飲食店などに立寄ること. in einem Café ~ halten 喫茶店で休憩の一服する.

'ein|keh·ren ['aɪnke:rən] 自 (s) **1** (a) ちょっと立寄る (in einem〈まれ ein〉Wirtshaus 飲食店に). in einem Café ~ 喫茶店で一服する. (b) bei j³ ~《雅》人³の所に立寄る. **2**《雅》(空腹・不安などが) きざす, 生じる (bei j³ 人³に); (季節などが) 到来する. Endlich ist bei uns wieder Friede *eingekehrt*. やっとまた我が家に平和が戻った.

'ein|kei·len 他 **1** (まれ) 楔 (くさび) で固定する (in et⁴ 物⁴に). **2** im Gedränge *eingekeilt* sein 人混みの中で身動きがとれない.

'ein·keim·blätt·rig ['aɪnkaɪmblɛtrɪç] 形《植物》(↔ zweikeimblättrig) 単子葉の.

'ein|kel·lern ['aɪnkɛlərn] 他 地下室に保存する.

'ein|ker·ben (物⁴に) 刻み目をつける; (文字・印・記号などを) 刻む (in et⁴ 物⁴に).

'Ein·ker·bung 女 -/-en **1**《複数なし》刻み目をつけること; (文字・印などを) 刻みこむこと. **2** 刻み目, (刻みつけた) 溝.

'ein·ker·kern 他 (↓ Kerker)《雅》投獄 (幽閉) する.

'ein·kes·seln 他 包囲する, 袋の鼠にする.

'ein|kla·gen 他《賠償金などの》請求の訴訟を起こす.

'ein|klam·mern 他 括弧 (かっこ) でくくる (に入れる).

'Ein·klang ['aɪnklaŋ] 男 -[e]s/ᵘᵉ **1**《複数なし》一致, 調和. et⁴ mit et³ in ~ bringen 物⁴を物³と一致 (調和) させる. mit et³ im〈in〉~ stehen 物⁴と一致 (調和) している. mit j³ im schönsten〈besten〉~ stehen 人³との仲がとてもうまくいっている. **2**《音楽》(Unisono) 同音, 同度, ユニゾン.

'ein|kle·ben 他 (in et⁴ 物⁴に) 貼り付ける.

'ein|klei·den 他 **1** (人⁴に) 新しい服・晴着などを着せる; 制服 (軍服, 修道会服) を初めて着せる. eine Nonne ~《カトリック》修道女に修道会服を授ける (入会の着衣式で). ↑Einkleidung 2). **2** A⁴ in B⁴ ~《雅》A⁴ (考えなど) を B⁴ の形で述べる, A⁴ に B⁴ の衣をまとわせる. *seine* Meinung in eine Frage〈ein Gleichnis〉~ 自分の意見を質問の形で述べる〈自分の

意見に比喩の衣をまとわせる〉. eine *eingekleidete* Rechenaufgabe 算数の文章問題.

Ein·klei·dung 囡 ~/-en 新しい服(晴着, 制服)を初めて着せること. **2**〔ﾄﾞｲﾂ〕着衣式 (1 einkleiden 1). **3**〈考えなどを〉表現を変えて述べること, 言換え, 婉曲な言回し.

ein·klem·men 他 挟み込む. das Monokel [ins Auge] ~ モノクル(片眼鏡)をはめる. den Schwanz ~〈犬が〉尻尾を巻く;〈人が〉怖れる. sich³ den Finger ~〈ドアなどに〉指をはさむ. *eingeklemmter* Bruch〖医学〗ヘルニア嵌頓(ｶﾝﾄﾝ).

'ein·klin·ken ❶ 他 1 掛金を掛けて留める(閉める). eine Tür ~ ノブを回してドアを閉める. **2**〔話〕j ⟨sich⟩⁴ ~ 人⁴をまともな生活に連れもどすく立直る, 堅気に戻る〉. ❷ 自 (s) 掛金がかかる, カチリ(ガチャッ)と閉まる. Er hörte, wie die Tür *einklinkte*. 彼はドアの鍵(ｶｷﾞ)が下りる音を聞いた.

'ein·kni·cken ❶ 他 1 折曲げる. ❷ 自 (s)〈稲穂などが〉折れる;〈膝などが〉がくっと折れる. mit den Knien ~ がっくり膝を折る.

'ein·knöp·fen ボタンで留める (in et⁴ 物⁴に).

'ein·ko·chen ❶ 他 1〈肉・野菜・果物を〉煮て瓶詰めにする. **2** (a)〔戯〕口説き落とす. (b) だます. ❷ 自 (s) 煮つまる, 水気がなくなる.

'ein·kom·men* 自 (s) 1〔古〕〈金が〉入ってくる. **2**《雅》(um et⁴ 物⁴を)願い出る, 申請(請願)する. um *seine* Versetzung ~ 配置転換を願い出る. **3**〔ﾄﾞｲﾂ〕ゴールインする. **4**〔古〕〔地方〕〈人³の心にふと浮かぶ.

'Ein·kom·men ['aınkɔmən アインコメン] 中 -s/- (定期的な)収入, 所得. kein festes ~ haben 定収入がない.

'ein·kom·mens·schwach 形 低所得の.

'ein·kom·mens·stark 形 高所得の.

'Ein·kom·men[s]·steu·er 囡 ~/〖法制〗所得税.

'Ein·kom·mens·ver·tei·lung 囡 ~/-en (階層別の)所得分布.

'ein·krat·zen ❶ 他〈引っ掻いて〉刻みつける (in et⁴ 物⁴に). *seinen* Namen in den Baum ~ 自分の名前を木の幹に刻む. ❷ 再 ⟨sich⁴⟩〈卑〉(bei j³ 人³に)入り入る, 胡麻(ｺﾞﾏ)をする.

'ein·krei·sen 他 1 円(輪)で囲む. ein Datum rot ~ 日付に赤丸をつける. **2** 取囲む, 包囲する. **3**〈物⁴の〉核心に迫る. **4** eine Stadt ~〈書〉町を郡 (Kreis) に編入する.

'Ein·krei·sung 囡 ~/-en 円で囲むこと; 包囲.

'Ein·krei·sungs·po·li·tik 囡 ~/〖政治〗包囲政策.

'ein·krie·gen ❶ 他〈人⁴に〉追いつく. ❷ 再 ⟨sich⁴⟩ 落着きを取り戻す.

'Ein·künf·te ['aınkynftə] 複 収入, 所得,〖法制〗課税所得.

'Ein·lad ['aınla:t] 男 -s/〔ｵｰｽﾄﾘ〕(Einladung¹) 積込み, 積載.

'ein|la·den¹* 他 (↓ laden¹) 積込む(船・車に).

ein|la·den²* ['aınla:dən アインラーデン] 他 (↓ laden²) **1** 招待する. j⁴ in *sein* Heim⟨ins Konzert⟩ ~ 人⁴を自宅〈音楽会〉に招待する. j⁴ für Sonntag zum Essen ~ 人⁴を日曜の食事に誘う. j⁴ mit einer Handbewegung zum Platznehmen ~ 人⁴にお座りなさいと手で合図する.《目的語なしで》zu et³ ~ 事³をしたい気持にさせる. Das schöne Wetter *lud* zum Spaziergang *ein*.《雅》つい散歩に出かけたく

なるようないい天気だった.《再帰的に》Er hat *sich*⁴ [selbst] *eingeladen*. 彼は呼ばれもしないのに勝手にやって来た. **2** j⁴ zu et³ ~〔ｽｲｽ〕人⁴に事³を要請(要求)する. **3**〔話〕たらふく食う(詰めこむ).

'ein·la·dend 現分 形 (↑ einladen²) 人心の心を惹く, 魅惑的な. ein ~es Gasthaus 思わず入ってみたくなるようなレストラン. Der Braten sieht ~ aus. この焼肉は見るからにおいしそうだ.

'Ein·la·dung 囡 ~/-en〖複数まれ〗(荷物の)積込み, 積載.

*'**Ein·la·dung**² ['aınla:duŋ アインラードゥング] 囡 ~/-en **1** (a) 招待. eine ~ annehmen⟨ablehnen⟩招待に応じる(招待を断る). (b) 招待状. (c)〖ﾄﾞｲﾂ〗誘い(わざとつくった隙). **2**〔ﾄﾞｲﾂ〕要請, 勧誘.

'Ein·la·dungs·kar·te 囡 ~/-n (はがきによる)招待状.

'Ein·la·dungs·schrei·ben 中 -s/- (手紙による)招待状.

'Ein·la·ge ['aınla:gə] 囡 ~/-n (↓ einlegen) **1** (郵便の)同封物;(小包の)中身;(葉巻の中に包まれる葉),(靴の)中敷(足の変形などを矯正するための);〖服飾〗芯,〖料理〗(スープの)具, 浮き実. **2** (工芸品などに施す)象眼(ｿﾞｳｶﾞﾝ). **3**〖医学〗(歯に詰める)セメント. **4**〈プログラムのつなぎに出す〉余興的な出し物, つなぎ. **5**〖複数で〗〖金融〗預金. **6**〖経済〗出資額.

'ein|la·gern ❶ 他 1 倉庫に入れる;(地下室に)貯蔵する. ❷ 再 ⟨sich⁴⟩ 沈積(沈着)する (in et³⁽⁴⁾ 物³⁽⁴⁾に).

'Ein·la·ge·rung 囡 ~/-en **1**〖複数なし〗倉庫に入れること, 貯蔵. **2** 沈積(沈着)物;〖地質〗(岩石の)中間層.

'ein|lass,°**'Ein·laß** ['aınlas] 男 -es/-e (↓ einlassen) **1**〖複数なし〗中に入れること, 入室, 入場, 開場. Ab 19 Uhr ist ~. 19時開場です. Kein ~! 立入禁止. **2**〔ﾄﾞｲﾂ〕入り戸.

'ein|las·sen* ['aınlasən] ❶ 他 **1** (a) 人⁴を入れる;入室(入場)させる. (b) Wasser in die Badewanne ~ 浴槽に水を入れる. frische Luft ~ に新鮮な空気を入れる. **2** (in et⁴ 物⁴に)嵌(ﾊ)込む, 打込む. **3**《南》〔ｵｰｽﾄﾘ〕(et⁴ mit et³ 物⁴に物³を)塗る. eine Bank mit blauer Farbe ~ ベンチに青いペンキを塗る. den Fußboden ~ 床(ﾕｶ)にワックスをかける. ❷ 再 ⟨sich⁴⟩ **1**〈俗〉*sich* mit j³ ~ 人⁴(とくにくだらぬ相手)とつきあう. **2** (auf⟨in⟩ et⁴ 事⁴に)かかり合う, 手を出す, 巻込まれる. Darauf kann ich *mich* nicht ~. 私はそんなことにかかずらっていられない.

'Ein·lass·kar·te 囡 ~/-n 入場券.

'Ein·lauf ['aınlaof] 男 -[e]s/~e **1** (列車の)入構,(船の)入港. **2**〖ﾄﾞｲﾂ〗(a)〖複数なし〗ゴールイン. (b) 着順. (c) ゴール(ライン). (d)〖複数なし〗beim ~ in die Zielgerade ホームストレッチにかかったところで. **3** (郵便物などの)到着,(郵便物の)到着;(商品の)入荷, 入金. **4**〖医学〗浣腸(ｶﾝﾁｮｳ). j³ einen ~ machen 人³に浣腸をする. **5**〖猟師〗(獣の)追込み柵(ｻｸ). **6**〖料理〗浮き実(スープに浮かべるかき玉子). **7**〖ﾄﾞｲﾂ〗水の流入口 (雨どいなどの).

'ein|lau·fen* ['aınlaofən] ❶ 自 (s) **1** (a) (列車が)入ってくる, 入構する;(船が)入港する. (b)〖ｽﾎﾟｰﾂ〗(選手・チームが)駆足で入場する(競技場へ). (c) in die letzte Runde⟨die Zielgerade⟩ ~ 最後の1周(ホームストレッチ)に入る. **2** (液体が)流れ込む (in et⁴ 物⁴に). Wasser in die Wanne ~ lassen 湯船に水を入れる. **3**〖猟師〗(獣が)追込み柵(ｻｸ)に入る (↑ Einlauf 5). **4** (郵便物が)届く, 郵送されてくる (bei j³ 人³のもとに). Bei der Behörde *laufen* täglich Be-

Einlaufsuppe

schwerden *ein*. 役所には毎日苦情が舞込む。 **5**〈布地が〉縮む。〈猟銃が〉〈獣の足跡が〉雨に洗い流される。 ❷ 自(**sich**⁴)**1**〈スㇾ°ﾂ〉ウォーミングアップのためランニングをする。 **2**〈機械が〉調子よく動きだす、なじむ;〈事業などが〉軌道に乗る。

❸ 他 **1**〈靴を〉はき慣らす。 **2** j^3 das Haus〈die Wohnung / die Tür〉~〈話〉人³のところにしょっちゅう押しかけてくる。

'**Ein|lauf·sup·pe** 囡 -/-n《料理》浮き実入りスープ。↑Einlauf 6

'**ein|läu·ten** 他〈事⁴の〉開始を鐘の音で知らせる。 Die Glocken *läuten* das neue Jahr *ein*. 鐘の響きが新しい年の始まりを告げる。

'**ein|le·ben** ['aɪnlebən] 再(**sich**⁴)**1** *sich* in einem neuen Kreis〈an einer neuen Arbeitsstätte〉~ 新しい家〈新しい職場〉に慣れる(なじむ、とけ込む)。**2**(in et⁴ 物³の)世界に没入する。 *sich* in ein Bild〈eine Rolle〉~ 絵の世界に没入する〈役になり切る〉。

'**Ein|le·ge·ar·beit** 囡 -/-en **1**〈複数なし〉嵌(は)め込むこと(象眼すること)。 **2** 象眼細工。

'**ein|le·gen** ['aɪnle·gən] 他 **1** 入れる。 Bilder in den Brief ~ 手紙に写真を同封する。 einen Film [in die Kamera] ~ フィルムを装填する。 den Rückwärtsgang ~ (自動車の)ギアをバックに入れる。 Sohlen in die Schuhe ~ 靴に中敷きを入れる。 **2**《料理》〈野菜・果物・魚などを〉漬ける、酢漬(塩漬)にする。 **3**《工芸》象眼する。 Perlmutter in eine Tischplatte ~ / eine Tischplatte mit Perlmutter ~ 机の表板に螺鈿(らでん)細工をした箪笥(たんす)。 *ein eingelegter* Schrank 象眼細工をした箪笥(たんす)。 **4**《銀行》〈金を〉払込む;預金する。 **5** 途中にはさむ、挿入する。 Pause ~ 休憩をはさむ;間をおく。 Sonderzüge ~ 臨時列車を増発する。 **6** die Stimmzettel ~ 投票する。 **7**《古》〈槍(やり)などを〉構える;〈矢を〉つがえる。 die Hörner ~ (雄牛が)角を構える。 für j^4 eine Lanze ~ 人⁴をかばう、(の)味方をする。 **8** j^3 die Haare〈das Haar〉~ 人³の髪をカラーに巻いてやる。 **9** (公式に)申し入れる、申立てる。 Berufung〈Revision〉~ 控訴する。 Verwahrung ~ 抗議をする。 *sein* Veto ~ 拒否権を行使する。 **10** 〈慣用的表現で〉(a) mit et〈j〉³ Ehre ~ 事⁵で〈人³のお蔭で〉面目を施す、賞賛される。 (b) bei j^4 ein gutes Wort〈eine Fürsprache / eine Fürbitte〉für j^4 ~ 人³に人⁴のことをとりなす(よしなに言う)。

*'**ein|lei·ten** ['aɪnlaɪtən] アインライテン 他 **1** 着手(開始)する、取りかかる。 eine Untersuchung ~ 調査に取りかかる。 ein Verfahren gegen j^4 ~ 人⁴に対する訴訟手続きをとる。 **2** 導入する;〈音楽〉(曲の)導入部をなす。 Wer hat die neue Epoche *eingeleitet*? 新しい時代の幕を切って落としたのは誰であったか。 ein Buch ~ 本に序文をつける。 eine Geburt künstlich ~ 人工的に陣痛を誘発する。 eine Veranstaltung mit Musik ~ 音楽でイベントを開幕する。 *Einleitend* möchte ich sagen... 開会にあたって挨拶の言葉を述べさせていただきます。 *einleitende* Worte 前置き、開会の辞。 **3**(下水・電気などを)導く、引く。 Abwässer in einen Fluss ~ 汚水を川に流す。

*'**Ein|lei·tung** ['aɪnlaɪtʊŋ] アインライトゥング 囡 -/-en **1** 着手、開始。 **2** 冒頭、導入(部);前書き、序論;手引、入門(書);《音楽》導入部、序奏。 eine theoretische ~ in die Mengenlehre 集合論への理論的手引。

'**ein|len·ken** ['aɪnlɛŋkən] ❶ 自(h, s) **1** (h) 折れる、譲歩する;態度(言葉つき)を和らげる。 **2** (h, s)〈車で・車が〉曲がる。 in eine Seitenstraße〈nach rechts〉

~ 脇道に〈右に〉折れる。 ❷ 他〈物⁴の〉進路を変える eine Rakete in eine andere Bahn ~ ロケットを別の軌道に乗せる。

'**ein|ler·nen** 他 (人³に事⁴を)丸暗記させる。

'**ein|le·sen*** ❶ 再(**sich**⁴) *sich* in ein Buch〈einer Schriftsteller〉~ ある本〈ある作家の作品〉を熟読玩味する。 ❷ 他〈ﾃﾞｰﾀ〉〈データ〉を読取らせる。 **3** 《古》〈地方〉(ぶどう・いちごなどを)摘み取る、(落ち穂を)拾い集める。

*'**ein|leuch·ten** ['aɪnlɔʏçtən] アインロイヒテン 自 (人³に)はっきり分かる、合点がいく。 Das will mir nicht ~. 私はその点がなかなか納得できない。

'**ein|leuch·tend** 形容 分かりやすい、納得できる。

'**ein|lie·fern** ['aɪnlifərn] 他 **1** (人⁴を)引渡す。 j^4 ins Gefängnis〈Krankenhaus〉~ 人⁴を刑務所〈病院〉に入れる。 j^4 einem Spital ~《ｽｲｽ》人⁴を病院に送り込む。 **2**(しかるべき場所に)提出する。 ein Paket bei der Post ~ 小包を郵便局に差出す。

'**Ein|lie·fe·rung** 囡 -/-en〈複数なし〉(人の)引渡し(病院・刑務所などへの);(書類などの)提出。 **2** 引渡された人(病人・囚人など);提出された(差出された)もの。

'**Ein|lie·fe·rungs·schein** 男 -[e]s/-e 受領証、引渡証。

'**Ein|lie·fe·rungs·ter·min** 男 -s/-e 引渡期限。

'**ein·lie·gend**《書》同封の。

'**Ein|lie·ger** ['aɪnligər] 男 -s/- **1** 間借り人。 **2**《古》(ふつう農家に間借りしている)季節労働者。

'**Ein|lie·ger·woh·nung** 囡 -/-en (1世帯用住宅に建増しされた)賃貸用小住居。

'**ein|lo·chen** 他 **1** (↓ Loch)〈卑〉ムショにぶちこむ。 **2** [den Ball] ~〈ｺﾞﾙﾌ〉パットを沈める。

'**ein|log·gen** ['aɪnlɔgən] 自 (*engl.* log in)〈ｺﾝﾋﾟｭｰﾀ〉ログインする。

'**ein|lo·gie·ren** ['aɪnloʒirən] 他 (人⁴を)泊める(bei sich⟨in einem Hotel⟩ 自宅〈ﾎﾃﾙ〉に)。(再帰的に) *sich*⁴ ~ 泊まる、宿泊する。 ♦過去分詞 einlogiert

'**ein·lös·bar** ['aɪnlø:sba:r] 形容〈担保などが〉請け出せる;〈手形などが〉換金できる。

'**ein|lö·sen** ['aɪnløzən] 他 **1** (担保を)請け出す;〈手形などを〉現金化する。 **2** *sein* Versprechen〈Wort〉~《雅》約束を守る(果たす)。

'**ein|lul·len** 他〈話〉**1** 子守歌で寝かしつける。 **2**(だまして)安心させる、丸めこむ。 j^4 mit schönen Worten ~ 人⁴を甘言でだます。

'**ein|ma·chen** ['aɪnmaxən] 他 **1** (肉・野菜・果実を)びん詰めにする。 **2** viele Gläser mit Kirschen ~ さくらんぼのびん詰めをたくさん作る。 Damit kannst du dich ~ lassen!《話》そんなことを言って(して)いるようじゃ君も駄目だね。 Lass dich ~!《卑》君なんか出る幕じゃないよ、世迷言(ﾖﾏｲｺﾞﾄ)でも言い加減にしろ。 **2**《地方》差込む、はめ込む。 einen Besen〈einen Besenstiel〉~ ほうきの柄(え)に差込む(ほうきの柄をとりつける)。

'**Ein·mach·glas** 中 -es/⁼er (食品保存用の)密閉びん。

'**ein|mäh·dig** ['aɪnmɛ:dɪç] 形容 (牧草地・羊などが) 1回刈りの。

'**ein·mal** ['aɪnma:l,'-'-] アインマール 副 (↓ Mal²) **1** ['--] 1 回、1 度;(切符・料理などの) 1 人分、1 人前。 ~ in der Woche〈im Monate〉週〈月〉に 1 度。 *Einmal* ist keinmal.《諺》1 度は数のうちにぞ。 Ich habe sie noch nicht ~ gesehen. 私は彼女にまだ一度も会ったことがない。 Bitte ~ Wien hin und zurück! ヴィーンまで往復1枚下さい. *einmal* für allemal もうこれっきりで, これを最後に. ~ mehr またしても, またひとたび《英語の once more から. wieder eimal と言う方が正調》. noch ~ もう一度. Ich sage es jetzt noch ~ [und dann nicht wieder]. これを言うのも今度限りだよ. Das gibt's nur ~. こんなことは一度しかない. ~ übers⟨über das⟩ andere / ~ ums ⟨um das⟩ andere 何度も, 再三再四.《前置詞と》 **auf** ~ 一度に, いちどきに; 不意に, だしぬけに. **für** ~ 一度ぐらいは, 今度だけは.《相関的に》~…, ~…, あるときは…, またあるときは… Er sagte ~ dies, ~ das. 彼はこう言ったりああ言ったりする. ~…, zum andern… ひとつには…に, それにまた…《でもある》. *Einmal* habe ich heute keine Zeit, zum andern auch keine Lust dazu. ひとつには今日は暇がないし, それにまたその気もないんだ.

2 1倍. *Einmal* sechs ist sechs. 1×6=6. noch ~ so… 2倍も…. Er ist noch ~ so alt wie sie. 彼は彼女の倍ほどの年齢だ. Nun habe ich sie noch ~ so gern. 私は今では彼女が以前にもまして好きである.

3 ['- -, -'-] (a)《過去の不定の時》かつて, むかし, あるとき. Ich war schon ~ dort. 私は(いつだったか)そこへ行ったことがある. Es war ~ ein Jäger. 昔むかし猟師がいました(童話の書出し). Das war ~. それはもう過ぎたことさ. (b)《未来の不定の時》いつか, そのうちに, 他日. Du wirst noch ~ an mich denken! 君はいつか私のことを思い出すにちがいない. Komm doch ~ bei mir vorbei! そのうちぜひ一度私の家に寄ってくれよ. Er wollte ~ die Kirche besuchen. 彼は一度その教会に詣でたいと思っていた.

4《アクセントなしで》(a)《命令文を強めて》さあ, まあ. Denk nur ~! まあ考えてみろよ. Komm doch ~ her! さあこっちへ来るんだ. (b)《条件文を強めて》Wenn man es ~ versprochen hat, muss man ihn besuchen, auch wenn es regnet. いったん約束したからには雨が降っても彼を訪ねなくてはならない. Wenn es ~ sein muss, dann komme ich hin. どうしてもというのなら私が参ります. (c) nun ~ (いったんこうなってしまった以上どうにもしようがないという気持を表して)どうしようもなく, とにかく. Das ist nun ~ so im Leben. これが人生というものさ. (d) nicht ~ …ですら(さえも). Er hat nicht ~ an seine Familie geschrieben. 彼は家族にさえ手紙を出さなかった. (e)《他の副詞の意味を補強して》endlich ~ とうとう, ついに. erst ~ まず初めに, とにかく. wieder ~ またしても, またぞろ. zunächst ~ まず第一に, 何はさておき.

Ein·mal·eins [aınma:l'aıns] 囲 -/ 九九, 掛け算表. kleines ~ 小さい九九(1から9までの数字の積の表). großes ~ 大きい九九(11から20までの数と1から10までの数との積の表). Das ist doch das ~ der Liebe.《比喩》そんなことは恋というものだ.

*'**ein·ma·lig** ['aınma:lıç, '- - -'] アインマーリヒ 厖 **1** [- - - -]ただ一度の, 一回限りの. **2** ['- - -', '-' - -] たとない, 無類の.

'**Ein·ma·lig·keit** 囲 -/ 一回性; 比類なさ.

Ein'mann·be·trieb [aın'man..] 囲 -[e]s/-e 〈従業員のいない〉個人営業〈企業〉.

Ein'mann·ge·sell·schaft 囲 -/-en《経済》一人(公)会社(社員が1人だけの会社).

Ein'mann·wa·gen 囲 -s/- (市電の)ワンマンカー.

Ein'mark·stück [aın'mark..] 囲 -[e]s/-e (旧)1マルク硬貨.

'**Ein·marsch** 囲 -[e]s/ⁿe 入場(行進); (軍隊の)進駐.

'**ein·mar·schie·ren** 自 **1** (列を組んで)入場する. **2** (軍隊が)進駐する. ◆ 過去分詞 einmarschiert

'**Ein·mas·ter** ['aınmastɐr] 囲 -s/- (船員)1本マストの帆船.

'**ein·mas·tig** 厖 1本マストの.

'**ein·mau·ern** 他 **1** 壁に塗り込める;〈壁の中に〉閉める. **2**〈掛け釘・銘板などを〉壁に埋め(込め)込む.

'**ein·mei·ßeln** 他 (碑銘などを)彫り(刻み)つける.

'**ein·mie·ten** 他 j⁴ ~ 人⁴のために部屋を借りてやる. sich⁴ bei j³ ~ 人³の所に間借りする.

'**ein·mie·ten** 他《農業》(作物を)室(むろ)に入れる, 囲う.

'**ein·mi·schen** ❶ 他 混ぜ込む(in et⁴ 物⁴に). ❷ 再 (sich⁴) (in et⁴ 事⁴に)口をはさむ, 割り込む, 介入する.

'**Ein·mi·schung** 囲 -/-en 干渉, 介入, 差し出口.

'**Ein·mo·na·tig** 厖 1ヶ月の.

'**Ein·mo·nat·lich** 厖 月に1度の.

'**ein·mo·to·rig** [..moto:rıç] 厖 (飛行機などが)単発の.

'**ein·mot·ten** ['aınmɔtən] 他 (↓ Motte) **1** 〈衣類を〉防虫剤を入れてしまっておく. **2**《軍事》(兵器・機械などを)手入れして保管しておく.

'**ein·mum·me[l]n** 他《話》毛布(衣類)で暖かくくるむ. sich⁴ ~ ぬくぬくとくるまる.

'**ein·mün·den** 自 (s, h) =münden

'**ein·mü·tig** [aınmy:tıç] 厖 意見が一致した, 満場一致の.

'**ein·nach·ten** 非人称〈雅〉*Es nachtet ein.* 夜になる.

'**ein·na·geln** 他 釘で打付ける(in die Wand 壁に). **2**《話》(釘などを)打込む.

'**ein·nä·hen** 他 縫いつける, 縫い込む(in et⁴ 物⁴に). die Taille etwas ~ ウエストを少し詰める.

*'**Ein·nah·me** ['aına:mə アインナーメ] 囲 -/-n **1** (複数なし)(薬の)服用, (飲食物の)摂取. **2** (複数なし)《軍事》占領. **3** (多く複数で)(↔ Ausgabe) 収入.

'**Ein·nah·me·quel·le** 囲 -/-n 収入源.

'**ein·näs·sen** ❶ 自 尿をもらす, 失禁する. ❷ 他 das Bett ~ / sich⁴ ~ おねしょ(寝小便)をする.

'**ein·ne·beln** ['aınnebəln] 他 煙幕でおおう, カムフラージュする.《非人称的に》*Es nebelt sich ein.*《話》霧が立ちこめる.

*'**ein·neh·men*** ['aınne:mən アインネーメン] 他 **1** (金を)受取る, 稼ぐ; (税金を)徴収する. monatlich 3 500 Euro ~ 月収3500ユーロである. Er hat heute viel⟨wenig⟩ *eingenommen*. 彼は今日は実入りが多かった⟨少なかった⟩. **2**《雅》(薬を)服用する, (食物を)摂取する. **3** (貨物・燃料を)積込む. **4** (a) (席に)着く; (地位に)就く, (を)占める. *seinen* Platz ~ 席に着く. Er *nimmt* diese Stelle schon seit Jahren *ein*. 彼はもう年来この地位についている. j² Stelle ~ 人²の代理をつとめる; (の)後釜にすわる, 後を継ぐ. (b) (場所をとる, ふさぐ. Der Tisch *nimmt* sehr viel Platz ⟨Raum⟩ *ein*. このテーブルはたいへん場所をとる. Dieser Gedanke hat mich völlig *eingenommen*. この考えで私は頭がいっぱいになった. j³ den Kopf ~ 人³の頭をぼうっと(くらくら)させる. sich⁴ von et¹ ~ lassen 事¹に夢中になる. **5** (町・要塞を)占領(攻略)する. **6** (a) (ある態度・立場を)とる. eine abwartende Haltung ~ 日和見的態度をとる, (洞ヶ)峠を張りきめこむ. **6** (a) (人⁴に)好感を抱かせる(für j⁴; et⁴〈人・物〉に対して). Sein heiteres Wesen *nahm* alle Kollegen für ihn *ein*. / Er *nahm* durch sein heiteres Wesen alle Kollegen für sich⁴ *ein*. 彼はその明るい人柄で同僚の

みんなに好感を持たれた．《目的語なしで》Seine Art nimmt für ihn ein. 彼の態度は好感がもてる．(b)（人⁴に）反感を抱かせる(gegen j⁴et)⁴人⁴く物⁴に対して)．Er nimmt alle gegen sich⁴ ein. 彼はみんなの反感を買っている．◆↑eingenommen, einnehmend

'ein|neh·mend 現分 彫 **1** 好感のもてる，魅惑的な．**2**《戯》欲ばりの，取込屋の．

'ein|ni·cken《話》❶ 他 (s) 居眠りをする，こっくり舟をこぐ．❷ 他 den Ball ~《サッカー》やすやすとヘディングシュートを決める．

'ein|ni·sten 再《sich⁴》**1**（鳥が）巣を作る(かける)；【医学】(受精卵が)着床する．**2**（人間が)住みつく，居すわる．Er nistet sich bei seiner Tante ein. 彼は叔母の家に居候している．

'**Ein·öde** ['aɪnˌøːdə] 囡 -/-n **1** 荒涼とした土地，荒れ野，荒地．**2** =Einödhof

'**Ein·öd·hof** ['aɪnøːt..] 男 -[e]s/⁼e 寂しい野原に1軒だけある農家．

'ein|ölen 他 **1**（機械などに）油を差す．**2**（物⁴に）油を塗りこむ．j³ den Rücken gegen Sonnenbrand ~ 人³の背中に日焼けどめのオイルを塗ってやる．**3** j³ et⁴ ~ 人³の気持を物⁴の方へ上手に向けさせる．

'ein|ord·nen ['aɪnˌɔrdnən] 他 ❶ 整理する，分類(配列)する．et⁴ alphabetisch ~ 物⁴をアルファベット順に並べる．❷ 再《sich⁴》**1** (in et⁴ 物⁴に)適応(順応)する．**2** (車で)定められた車線に入る．sich falsch ~ 間違った車線に入る．

＊'ein|pa·cken ['aɪnpakən] アインパケン ❶ 他 **1** 包む，包装する，荷造(梱包)する．**2** j⁴ in eine（まれ einer）Decke ~《話》人⁴を毛布にくるむ．❷ 圓《話》**1**（出立の）荷拵(にごしら)えをする，荷物をまとめる．Pack ein!《話》さっさと立去れ；やめろ，黙れ．~ können《話》成功の見込みがない．Wenn das stimmt, was über ihn geklatscht wird, kann er ~.《話》彼の噂が本当なら彼ももうおしまいだね．Mit solchen Gründen kannst du ~.《話》そんな理由では駄目だ．Lass dich mit deinen Witzen ~./Du kannst dich mit deinen Witzen ~ lassen. 君の洒落(しゃれ)なんか聞きたくないんだよ．**2**《スポーツ》大勝する．

'ein|par·ken 圓（狭い駐車地に）車を入れる，割込んで駐車する．

'ein|pas·sen ❶ 他 きっちりはめ込む(作り付ける)．❷ 再《sich⁴》適応(順応)する．

'ein|pau·ken 他《話》**1**（人³に事⁴を）無理やり覚えさせる．**2**《古》（人⁴に）つめこみ勉強をさせる．

'**Ein·pau·ker** 男 -s/-《話》つめこみ主義の教師；(とくに)受験準備講師．

'ein|peit·schen **1** 圓 auf das Pferd ~ 馬を鞭(むち)で打つ．❷ 他 j³ et⁴ ~ 人³に事⁴を強要する．

'**ein·peit·scher** ['aɪnpaɪtʃɐ] 男 -s/- **1** 煽動者，アジテーター．**2**（イギリス議会の）院内幹事(議員の登院を督励する)．**3**《南ドイ・ガ《話》=Einpauker

'ein|pen·deln ❶ 再《sich⁴》(変動しているものが)しだいに落着く，安定する．❷ 圓 (s) (市外から)遠距離通勤してくる．

'**Ein·pend·ler** ['aɪnpɛndlɐ] 男 -s/- (↔ Auspendler) 市外からの遠距離通勤者．

'**Ein·per·so·nen·stück** [ˌaɪnpɛrˈzoːnən..] 中 -[e]s/⁼e《演劇》一人芝居．

'ein|pfer·chen 他（家畜を）囲いの中へ入れる．Gefangene in einen Zug ~ 捕虜を列車にすし詰めにする．

'ein|pflan·zen 他 **1**（植物を）植える(in die Erde 中に / im Garten 庭に)．j³ eine fremde Niere ~【医学】人³に他人の腎臓を移植する．**2** j³ et⁴ ~《比喩》（人³に事⁴を）しっかり教える，叩き込む．

'ein|pfrop·fen 他 **1**【園芸】接ぎ木する．**2** j³ et⁴ ~ 人³に事⁴を苦労して教えこむ．

Ein|pha·sen·strom [aɪnˈfaːzn..] 男 -[e]s/⁼e（複数まれ）【電子工】単相交流．

'ein|pla·nen 予定に入れる，計画に組込む．nicht eingeplante Ausgabe 予定外の出費．

'ein|pö·keln =einsalzen 1, 2

'**ein|prä·gen** ['aɪnprɛːɡən] ❶ 他 **1** 刻みつける，彫り込む(in et⁴ 物⁴に)．**2**（人³に事⁴を）よく言って聞かせる 肝(きも)に銘じさせる．sich³ et⁴ ~ 事⁴を肝に銘じる，頭に叩き込んでおく．❷ 再《sich⁴》（人³の）心(記憶)に刻み込まれる．Die Melodie prägt sich leicht ein. このメロディーは覚えやすい．

'**ein·präg·sam** ['aɪnprɛːkzaːm] 彫 印象(感銘)深い；覚えやすい．

'ein|pu·dern 他 粉おしろい（パウダー）をつける．

'ein|pup·pen 他 再《sich⁴》**1**【動物】蛹(さなぎ)になる．**2**《比喩》(自分の殻に)閉じこもる．**3**《地方》服を着る．sich fein ~ 洒落たなりをする．

'**ein|quar·tie·ren** 他 宿泊(宿営)させる．sich⁴ ~ 泊まる，宿泊(宿営)する．◆過去分詞 einquartiert

'**Ein·quar·tie·rung** 囡 -/-en **1** 宿泊，宿営；宿舎，宿泊所．**2**《複数なし》宿泊者，宿営兵士．

'**ein|rah·men** 他 **1** 枠（額縁）に入れる．Das kannst du dir ~ lassen.《話》そんなものは額にでも入れて飾っておくんだな(私はそんなものに価値を認めないよ)．Er wurde bei Tisch von zwei hübschen Mädchen eingerahmt.《戯》彼は食事のとき2人のかわいい女の子に挟まれて両手に花だった．**2** 取囲む，縁どる．

'ein|ras·ten 圓 **1**（錠がカチりと）かかる，おりる，(歯車が)噛み合う．**2**《話》あからさまに腹をたてる．

＊'**ein|räu·men** ['aɪnrɔʏmən] アインロイメン 他 **1** den Bücherschrank ~ 本棚に本をおさめる(並べる)．eine Wohnung（ein Zimmer）~ 家⁴《部屋⁴》に家具を入れる．**2**（然るべき場所に）しまう，片付ける．Bücher ~ 本⁴を(本棚に)しまう．**3**（人³に物⁴を譲る，（権利・主張などを）認める，容認する．j³ seinen Platz ~ 人³に自分の席を譲る．Ich muss [allerdings] ~, dass du Recht hast. たしかに君の言い分が正しいことは認めざるをえない．einräumende Konjunktion【文法】認容（譲歩）の接続詞．

'**Ein·räu·mung** 囡 -/-en **1**《複数なし》整理，片付け，始末；家具を備えつける(入れる)こと．**2** 譲歩，認容．

'**Ein·räu·mungs·satz** 中 -es/⁼e【文法】(Konzessivsatz) 認容文，譲歩文．

'ein|rech·nen 他 計算(勘定)に入れる；考慮に入れる．《過去分詞で》50 Personen, die Kinder eingerechnet 子供たちを入れて50人．❷ 再《sich⁴》sich in et⁴ ~ 物⁴の計算に慣れる．sich in die neuen Maße und Münzen ~ 新しい尺度(貨幣)に慣れる．

'**Ein·re·de** 囡 -/-n 異議，抗議；【法制】抗弁（権）．

'**ein|re·den** ❶ 他（人³に事⁴を）説得する，説いて信じ込ませる，吹込む．Wer hat dir das eingeredet? 誰にそんなことを吹込まれたんだい．sich³ et⁴ ~ 事⁴を勝手に思い込む．Das lasse ich mir nicht ~! そんなこと誰が本気にするものか．❷ 圓 **1** auf j⁴ ~ 人⁴を一生懸命説得する，説き勧める．**2**《古》（人³の話をさえぎる，(に)口をさしはさむ．**3**【法制】抗弁する．

'ein|reg·nen ❶ 非人称《再帰的に》Es regnet sich⁴

ein. なかなか降りやまない，本降りになる．❷ 圓 (s, h) **1** (s) (a) 雨に降りこめられる．(b) 雨でびしょ濡れになる．**2** (h) 〈auf j¹ 人⁴の上に〉雨あられと降りそそぐ(非難などが)，〈富・名誉などが〉どっと集まる．

ein|rei·ben* 他 **1** 擦り(塗り)こむ．eine Salbe in die Haut 〈an den Arm〉 ~ 軟膏(ﾅﾝｺｳ)を皮膚に擦りこむ〈腕に塗る〉．**2** et⁴ mit et³ ~ 物⁴に物³(クリーム・オイルなど)を塗る(塗りつける)．j³ den Rücken [mit Sonnenöl] ~ 人³の背中にサンオイルを塗ってやる．

ˈEin·rei·bung 囡 -/-en 〈複数なし〉(化粧品・軟膏などを)塗る(擦りこむ)こと．**2**【医学】塗擦(療法)．

ˈein|rei·chen 他 **1** (書類を)提出する．ein Gesuch ~ 申請書を提出する．**2** 文書で申出る．den Abschied〈den Urlaub〉 ~ 辞表〈休暇願〉を出す．die Scheidung bei Gericht ~ 裁判所に離婚を申立てる．**3** 〈話〉(j¹ zu et²〈für et⁴〉人¹を事³·⁴に)文書で推薦(推挙)する．j¹ für einen Orden ~ 人¹を叙勲に推挙する．

ˈein|rei·hen 他 (in et¹ 物⁴の中に)加える，編入(配属)する．(再帰的に) sich⁴ ~ (列に)加わる，仲間入りする．

ˈEin·rei·her 閉 -s/- シングルの背広．

ˈein·rei·hig [..raɪç] 形 **1** (洋服が)シングルの，片前の．**2** 1列の．sich⁴ ~ aufstellen 1列に並ぶ．

ˈEin·rei·se ['aɪnraɪzə] 囡 -/-n (↔ Ausreise) **1** 入国．**2** (Einreiseerlaubnis) 入国許可．

ˈEin·rei·se·er·laub·nis 囡 -/-se 入国許可．

ˈein|rei·sen 圓 (s) 入国する．in die Schweiz〈nach Frankreich〉 ~ スイス〈フランス〉に入国する．

ˈEin·rei·se·ver·bot 伊 -[e]s/-e 入国禁止．

ˈEin·rei·se·vi·sum 伊 -s/..sa(..sen) 入国ビザ．

ˈein|rei·ßen* ['aɪnraɪsən] **1** 他 **1** (布・紙などの)端に裂け目を入れる．**2** (建造物を)取壊す，撤去する．❷ 圓 (s) **1** (布・紙などが)端から裂けだす，綻(ﾎｺﾛ)びる，やぶける．die eingerissenen Hände haben 荒れた手をしている．**2** (悪習などが)広まる，広がる，はびこる．❸ 再 《sich³》 sich einen Dorn ~ 棘(ﾄｹﾞ)を刺す．

ˈein|ren·ken ❶ 他 **1** (脱臼した腕・肩などを)整復する．**2** 〈話〉正常な状態にもどす，修復する．❷ 再 《sich⁴》 正常な状態にもどる，修復される，まるく収まる．

ˈEin·ren·kung 囡 -/-en【医学】整復，整骨．

ˈein|ren·nen* 他 (走ってきて)突き破る，突きとばす．j³ das Haus〈die Wohnung / die Tür〉 ~ 〈話〉人³の家にしげしげと(うるさく)やって来る．sich³ den Kopf an einer Wand ~ 頭を壁にぶつけて怪我をする．

*ˈEin|rich·ten ['aɪnrɪçtən アインリヒテン] ❶ 他 **1** (家・部屋に)家具(調度)を備えつける．ein Zimmer mit neuen Möbeln ~ 部屋に新しい家具を入れる．j³ ein Zimmer〈sich³ ein Werkstatt〉 ~ 人³のために部屋を用意する〈自分の仕事場を持つ〉．Sie ist sehr hübsch eingerichtet. 彼女は部屋をとても小ぎれいにして住んでいる．**2** (学校・出張所などを)開設する．einen neuen Lehrstuhl ~ 新しい講座を開設する．**3** 調整する，塩梅(ｱﾝﾊﾞｲ)する，都合をつける．Das musst du [dir] besser ~. それはもっとうまくやりくりしなくちゃ．Gott hat es eben so eingerichtet. それは神がそうお決めになったことだ．Komm, wenn du es ~ kannst. 都合がつけられたら来てくれよ．Das lässt sich³ gut ~. それはそうという風にはなる．/ それはそう ~ lassen. それはなんとかできるだろう．**4** 脚色(編曲)する，アレンジする．ein Musikstück für Klavier ~ 楽曲をピアノ用に編曲する．**5** eine gemischte Zahl ~【数学】帯分数を仮分数に直す．**6**【医学】(骨折・脱臼を)整復する；接骨(整骨)する．**7** 〈話〉(人⁴に)新しい仕事(職務)の手ほどきをする．**8** Waffen〈ein Revier〉 ~【猟師】(猟にそなえて)銃〈猟区〉の手入れをする．❷ 再 《sich⁴》**1** 家具(調度)を新調する．sich bei j³ häuslich ~〈話〉人³の家で羽をのばす(くつろぐ)；人³の家に腰を落着ける(居つく)．**2** つましく暮す．**3** (auf et⁴ 事⁴にそなえて)用意(心づもり)をする．sich auf Regen ~ 雨にそなえる，雨具を用意する．

*ˈEin·rich·tung ['aɪnrɪçtʊŋ アインリヒトゥング] 囡 -/-en **1** 〈複数なし〉家具(調度)を備えつけること(整えること)；(学校・出張所などの)開設；脚色，編曲，アレンジ；【医学】接骨，整骨．**2** 家具調度(一式)，設備，備品．**3** (公的な)施設，設備．**4** (機械的な)装置，設備．**5** 習慣，慣行，作法．

ˈEin·rich·tungs·ge·gen·stand 閉 -[e]s/⸚e 家具，調度品．

ˈEin·riss ['aɪnrɪs] 閉 -es/-e (↓ einreißen) (小さな)裂け目，ひび；【医学】裂傷．

ˈein|rol·len ❶ 他 **1** (紙・絨毯(ｼﾞｭｳﾀﾝ)などを)丸く巻く．j³ die Haare ~ 人³の髪をカールしてやる．**2** (ﾎﾞｰﾙを)フィールド内に転がして入れる，ロールインする．❷ 再 《sich⁴》(猫などが)体を丸くする．❸ 圓 (s) **1** (列車などが)入ってくる．**2** (ﾎﾞｰﾙが)ゴールに転がりこむ．

ˈein|ros·ten 圓 (s) (金具などが)錆(ｻﾋﾞ)つく．Meine Glieder sind mangels Bewegung eingerostet. 《戯》私は運動不足のせいで体が錆ついてしまった．

ˈein|rü·cken ❶ 圓 (s) **1** (列を組んで)入場する，(軍隊が)進駐(入城)する．in die Garnison〈Quartiere〉 ~ 帰営する．**2** 昇進(昇格)する．in eine höhere Gehaltsstufe ~ 昇給する．**3**【軍事】入隊(入営)する．❷ 他 **1** 挿入する；(広告などを)新聞に載せる．**2**【印刷】(行を)引込ませる，(行の頭を)下げる．Einrücken! 行頭を下げよ(原稿に付した指示)．**3**【工学】(クラッチ・ギアなどを)入れる．

ˈein|rüh·ren 他 **1** 掻きまぜながら入れる，まぜ入れる(in et¹ 物⁴の中へ)．ein Ei in die Suppe ~ 卵をスープに落としてかきまぜる．die Farbe ~ 顔料を水で溶く．**2** j³ et¹ ~ 〈話〉人³に事⁴(不快なこと)をする．Das hast du dir eine dumme Sache eingerührt. 君は馬鹿なことをしかねんね．

ˈein|rüs·ten 他 (建築物に)足場を組む．

eins [aɪns アインス] ❶ 數 独立して用いるときだけ eins の形になり，付加語的用法の場合の格変化については ein¹ ② を参照．**1** (数の)一，1．Eins und ist〈gibt/macht〉 zwei. 1足す1は2 (1+1=2)．Es schlägt ~. 時計が1時を打つ．um ~ 1時に．Das Spiel steht zwei zu ~. ゲームは1対1である．hundert[und]eins 101．**2** Sport ist sein Hobby Nummer ~. スポーツは彼の一番のホビーである．~ a 〈商業〉 (ausgezeichnet, prima) 極上の．~ a〈I a〉 Leberwurst 特上のレバーソーセージ．Der Wein schmeckt ~ a. このワインはぴきりうまい．Er war ~, zwei, drei damit fertig. 《話》彼はあっというまにそれを終えてしまった．**4** Eins zu null für dich! 《話》負けたよ，君に．

❷ 代 《不定》ein¹ ③ の中性1・4格形．**1** どれかあるもの，ひとり；《話》ひとり．noch ~ もうひとつ，もう一度．Eins muss ich dir noch sagen. もうひとつ君に言ってあかなくてはならぬことがある．Eins nach dem andern! 《話》順に並んで下さい，そんなに押合わないで．Es kam ~ zum andern. いろんなことが一時に重なった．

2 (ein und dasselbe) 同じこと. Das alles kommt ⟨läuft⟩ auf ～ hinaus. どれもこれも結局は同じことだ. **3** (同時に起こった)ひとつのこと. Blitz und Donner war[en] ～. ピカッと光ったかと思うとバリバリと鳴った.

❸ 形 《述語的用法のみ》 **1** (↔ uneins) (einig, eines Sinnes) (考えなどが)一致した, 同一の, 同じ ⟨über j ⟨et⟩³ 人⟨物³⟩について⟩. mit j³ ～ sein 人³と意見が一致している. Er ist mit sich selbst noch nicht ～. 彼はまだ心が決まっていない, まだふんぎり⟨決心⟩がつかない. mit j⟨et⟩³ ～ werden 人³と合意する⟨物³と一体になる, と⟩溶け合う⟩. Der Schauspieler wurde mit seiner Rolle ～. その役者は自分の役と一体になった. Sie wurden miteinander ～. 彼らは仲良くなった. sich⁴ mit j³ ～ fühlen⟨wissen⟩ 人³と同じ考えであると思う. **2** 《古》 彼らは睦⟨む⟩じかった. **3** 《話》(einerlei, gleichgültig) どうでもよい. Das ist mir ～. それは私にはどうでもよいことだ, 重要なことじゃない.

❹ 副 《地方》 (einmal) いちど, ひとつ. Ich will auch ～ tanzen. ぼくもひとつダンスがしてみたい. 《主に次の形で》 mit ～ 突然, だしぬけに.

Eins 女 -/-en **1** ―(1)という数. **2** (Einser) (数字の) 1, 1の字. eine arabische ～ アラビア数字の1. eine römische ～ ローマ数字のI. eine ～ malen 1の字を描く. wie eine ～ 数字の1の字のように; まっすぐに. (評点の)1(最高点, 優). eine ～ mit Stern 最高得点賞. eine ～ schreiben 優の答案を書く; 1の字を書く. **4** (運転系統など)1番の市電(バス). mit der ～ fahren 1番の電車(バス)で行く. **5** (さいころの) 1の目. eine ～ würfeln 1の目を出す.

ein|sa·cken¹ 他 (↓ sacken¹) **1** 袋に詰める. **2** 《話》 ポケットに入れる, くすねる, 着服する.

ein|sa·cken² 自 (s) (↓ sacken²) (einsinken) 沈む, 陥没する; はまり込む. Die Straßendecke ist *eingesackt*. 路面が陥没した. im Schlamm ～ ぬかるみにはまる, 足を取られる.

ein|sa·gen 他 《南ド・オーストリア》 (einflüstern) (人³に事⁴を)そっと教える.

ein|sal·ben 他 **1** (人⁴に)軟膏⟨なんこう⟩を塗る. einen Leichnam ～ 遺体に聖油を塗る. **2** 《比喩》 (人⁴に)胡麻⟨ごま⟩を擂⟨す⟩る.

ein|sal·zen(*) 他 **1** 塩漬けにする. **2** 《比喩》 Der kann⟨soll⟩ sich⁴ ～ lassen. あの男は使いものにならない, どうしようもないやつだ. Lass dich ～ ! 《ののしり》言わずに引込んでいろ. **3** eine Lösung ～ (可溶性を高めるために)溶液に塩分を加える.

*__ein·sam__ ['aınza:m アインザーム] 形 (↓ ein ②) **1** (allein, verlassen) ひとりぼっちの, 孤独な. ein ～*er* Mensch 孤独な人間, 身寄りのない人. sich⁴ ～ fühlen 寂しい思いをする. Auch zu zweit kann man ～ sein. 2人でいても孤独なこともある. **2** 人里はなれた, 人気⟨ひとけ⟩のない, ひっそりした. **3** ひとつきりの. ein ～*es* Boot ぽつんと1隻だけ浮かんでいる小舟.

*__Ein·sam·keit__ ['aınza:mkaıt アインザームカイト] 女 -/-en (↑ ein ②) **1** (複数なし)ひとりぼっち, 孤独, 寂しさ, 寂寥⟨せきりょう⟩. **2** 人里離れた(寂しい)場所.

ein|sam·meln 他 **1** 拾い集める, 採集する. Weintrauben in einen Korb ～ ぶどうの房を摘んで籠に入れる. **2** (会費・書類などを)集める.

ein|sar·gen ['aınzargən] 他 (↓ Sarg) **1** 棺に納める. **2** 《話》 =einsalzen 2

*__Ein·satz__ ['aınzats アインザッツ] 男 -es/⁼e (↓ einsetzen) **1** (掛け子・入れ子式の箱・鍋などの)中子⟨なかご⟩; 《服飾》 飾り用の当て布. **2** 《複数まれ》 (人員・機械などの)投入, 配備, 使用; 出勤, 出動; 《軍事》 出撃 ein ～ der Polizei 警察の出動(投入). den vollen ～ verlangen 全力の傾注を. im ～ stehen 出動(出撃)している. in den ～ gehen 出動(出撃)する, 投入(配備)される mit⟨unter⟩ ～ der letzten Kräfte 最後の力をふりいって. mit körperlichem ～ spielen 体当たりでプレーする. ohne ～ 全力を出さずに. von einem ～ nicht zurückkehren 出撃から帰還しない, 戦死する. j⟨et⟩ zum ～ bringen 人⟨物⟩⁴を投入(配備, 使用)する zum ～ gelangen 投入(配備, 使用)される. **3** 賭け金; (レンタルの)保証金. zehn Cent ～ bezahlen 10セントの保証金を払う(für eine Flasche びん1本につき). den ～ des eigenen Lebens nicht scheuen 生命を賭ける, 死をもいとわない. mit dem ～ herauskommen 賭け金の元だけは取返す, とんとんである. j⁴ unter dem ～ des eigenen Lebens retten 人⁴を命がけで助ける. **4** 《音楽》 (歌・演奏の)出だし, アインザッツ, イントロ, 入り; (指揮者が出す)入りの合図.

'**Ein·satz·be·fehl** 男 -[e]s/-e 出動(出撃)命令.

'**ein·satz·be·reit** 形 **1** 出動(出撃)準備のできている, 出動(出撃)態勢にある, スタンバイした. **2** いつでも(喜んで)助力をする用意のある, 進んで助けてくれる, 親切な.

'**ein·satz·fä·hig** 形 **1** 出動(出撃)準備のできた. **2** 《転》 いつでも出場可能な.

'**Ein·satz·kom·man·do** 中 -s/-s (コマンドーデン) 出動(出撃)部隊; 突入部隊.

'**Ein·satz·trup·pe** 女 -/-n =Einsatzkommando

'**Ein·satz·wa·gen** 男 -s/- **1** (ラッシュ時の)増結車両, 増発バス. **2** (警察の)出動車.

ein|sau·en ['aınzauən] 他 (↓ Sau) 《卑》 (beschmutzen) ひどく汚す.

ein|sau·gen(*) 他 **1** (液体を)吸う, 吸込む, 吸取る. et¹ mit der Muttermilch *eingesogen* haben 《比喩》 物¹に幼い頃から慣れている, を子供の頃から知っている. *eingesogene*⟨*eingesaugte*⟩ Lippen 薄い唇. **2** (不規則変化) (空気を)吸込む.

ein|säu·men 他 **1** (衣類・布地などに)縁を付ける, 縁取りをする. **2** (並木や生垣で道路・公園などを)縁取る, 囲む.

ein|scan·nen 他 (画像・文書データなどを)スキャナーで取込む.

*__ein|schal·ten__ ['aınʃaltən アインシャルテン] ❶ 他 (↔ ausschalten) (電灯・ラジオ・モーターなどの)スイッチを入れる. (自動車の)ギアを入れる. den ersten Gang ～ ギアをローに入れる. **2** 挿入する, 挟む. eine Pause ～ 休憩をはさむ. einen Widerstand ～ 《電子工》 抵抗を挿入する. **4** (人⁴を)関与(介入)させる. den Arzt⟨die Polizei⟩ ～ 医師の意見⟨警察の協力⟩を求める. ❷ 再 (*sich*⁴) **1** (自動的に)スイッチが入る. **2** (他人の議論に途中から)割込む, (を)引き継ぐ. **3** (in et¹ 物¹に)割って入る, 関与(介入)する.

'**Ein·schalt·quo·te** [..kvo:tə] 女 -/-n (ラジオの)聴取率, (テレビの)視聴率.

'**Ein·schal·tung** 女 -/-en **1** スイッチ(ギア)を入れること. **2** (会話などの)割込み, 介入. **3** 装入(文).

ein|schär·fen 他 (人³に事⁴を)肝⟨きも⟩に銘じさせる, よく言って聞かせる.

*__ein|schät·zen__ ['aınʃɛtsən アインシェッツェン] 他 **1** 評価(判断)する. eine Situation richtig ～ 状況を正しく判断する. Als hinterlistig⟨als Feigling⟩ ～ 腹黒いと思う⟨腰抜けだと見なす⟩. 《再帰的に》 *sich*⁴ zu hoch ～ うぬぼれる, 天狗⟨てんぐ⟩になる. **2** j⁴ (zur Steuer) ～ 人⁴の税額を査定する.

Ein·schät·zung 女 -/-en 評価, 判断; 査定.

ein|schen·ken ['aɪnʃɛŋkən アインシェンケン] 他《(飲物を)グラスに注(°)ぐ》Darf ich Ihnen noch einmal [Wein] ~? もう1杯お注ぎしましょうか. j³ reinen <klaren> Wein ~《比喩》人⁴に本当のことを言う.

ein|sche·ren ❶ 自 (s) (↓scheren²)《車線·隊列の中に》入る, 戻る. hinter dem Bus ~《走行中に》バスの後につく. nach rechts ~ 右の車線に入る. ❷ 他《船員》(ロープを滑車などに)通す.

'Ein·schicht 女 -/《南》=Einöde

ein·schich·tig ['aɪnʃɪçtɪç] 形《比較変化なし》1 単層の, 一重(½)の. ~e Muschel 巻き貝. 2〖産業〗1交替制の. Die Fabrik arbeitet ~. この工場は1交替制である. 3《南》孤独な, ひとりぼっちの, 独身の, 人里離れた. ~ leben 独り暮らしをしている. ein ~es Haus 一軒家.

'ein·schi·cken《役所などに》送付する.

'ein|schie·ben* ❶ 他 1 押込む(in et⁴ 物³の中に). das Brot zum Backen [in den Backofen] ~ パンを焼たれる. den Ball ~《サッカーでボールをゴールに押込む. 2 (余分に)割込ませる; 挿入する. einen Satz nachträglich ~ 文を書き加える(挿入する). Können Sie mich nicht ~?《面会時間などに予定外として》なんとか割込ませていただけませんか. eingeschobener Satz〖文法〗挿入文.

❷ 再《sich⁴》《猟師》(いのししが)巣穴にもぐりこむ.

'Ein·schieb·sel ['aɪnʃi:psəl] 中 -s/- 挿入されたもの, 挿入句(文); 書込み, 加筆.

'Ein·schie·bung 女 -/-en 1《複数なし》押込むこと, 挿入. 2 =Einschiebsel

'Ein·schie·nen·bahn ['aɪnʃi:nən..] 女 -/-en モノレール.

'ein|schie·ßen* ❶ 他 1 射撃して《物を投げつけて》破壊する. ein Fenster mit dem Ball ~ ボールをぶつけて窓ガラスを割る. 2《狩猟·軍事》(anschießen)《照準を定めるために》試し射ちする, (新しい銃を)試射する. 3 《装置を使って》差し込む, 挿入する. Fäden ~《紡織》糸を通す, (とくに)横糸を縦糸に通す, 織込む. Papier ~《印刷》(色移りしないように)印刷した紙のあいだに)間紙を挟む. Spikes in die Reifen ~ タイヤにスパイクを打込む. 4 Geld ~ 預金をする; 出資する; 醵金(?)する. 5 Brot ~《地方》パンをオーブンに入れて焼く. 6 den Ball ~ 〖球技〗シュートを決める.

❷ 再《sich⁴》1《試し射ちをして》照準が定まる, 命中するようになる(auf et⁴ 物¹に);《サッカー》シュートが決りだす. 2 sich auf j⁴ ~ 人⁴を激しく(執拗に)攻撃する, 非難の対象にする《メディアなどが》.

❸ 自 (s) (液体が)流れ込む(in et⁴ 物³に), (流れ込んで)一杯になる. Die Milch schießt ein. (産婦の)乳が張る《乳腺に一杯になる》.

'ein|schif·fen ['aɪnʃɪfən] ❶ 他 船に積込む, 乗船させる. ❷ 再《sich⁴》乗船する; 船出する.

'Ein·schif·fung 女 -/ 船積み; 乗船.

einschl.《略》=einschließlich

'ein|schla·fen* ['aɪnʃla:fən アインシュラーフェン] 自 (s) 1 眠りに入る. nur schwer ~ 寝つきが悪い. beim<über dem> Lesen ~ 本を読んでいるうちに眠り込む. Schlaf nicht ein!《話》眠っちゃいかん; ぐずぐず(ぼやぼや)するんじゃない, さっさとしろ. 2《婉曲》永眠する. 3 (手足が一時的に)痺れする, しびれる. 4《比喩》しだいに衰える, 途絶える, 消える. Unser Briefwechsel ist eingeschlafen. 私たちの文通は途絶えた.

'ein·schlä·fe·rig ['aɪnʃlɛ:fərɪç] 形 =einschläfrig

'ein|schlä·fern ['aɪnʃlɛ:fərn] 他 1 (人³の)眠気を誘う, (を)眠りに誘う. Diese Musik schläfert mich ein. この音楽を聞くと私は眠くなる. eine einschläfernde Musik 眠りに誘う音楽. Die schwache Beleuchtung wirkt einschläfernd. 弱い照明は眠気を催させる. 2 (人⁴に)麻酔をかける; (動物を薬で)安楽死させる. ein einschläferndes Mittel 催眠(麻酔)剤. 3 (良心などを)麻痺させる, (不安などを)まぎらす. j⁴ durch schöne Redensarten ~ 人⁴を口先三寸で(うまいこと言って)安心させる《丸めこむ》.

'ein·schlä·fig ['aɪnʃlɛ:fɪç] 形《ベッドが》シングルの.

'ein·schläf·rig ['aɪnʃlɛ:frɪç] 形《ベッドが》シングルの.

'Ein·schlag ['aɪnʃla:k] 男 -[e]s/~e 1《雷·砲弾などが》落ちること, 落雷, 弾着; 落雷(命中)地点, 弾着点, 弾痕. 2〖林業〗伐木(:), 伐採; 伐(?)られた木; 伐採量. 3〖農業〗(仮植えのさいの)かぶせ土, 土囲い. 4《服飾》(裾·縁などの)縫上げ, 縫込み, (袖の)折返し, タック. 5《自動車の動輪の)旋回. 6〖紡織〗横糸, 緯(?)糸. 7《比喩》(人物·民族·文化などに)混入した特徴, …の気味. Sie hat einen kleinen ~ von Leichtsinn. 彼女はちょっとおっちょこちょいの気味がある. ein Mädchen mit italienischem ~ イタリア人の血が混じった娘. ein Werk mit einem ~ von Barock. バロック的要素の混じった作品. 8《書》包装(紙).

'ein|schla·gen ['aɪnʃla:gən アインシュラーゲン] ❶ 他 1 (釘·杭などを)打込む, 叩き込む(in et⁴ 物³の中に). einen Nagel in die Wand ~ 壁に釘を打ち込む. ein Ei ~ 卵を落とす(スープなどに). seine Krallen<seine Zähne> ~ 爪を突立てる(歯を食込ませる). 2《窓·戸などを)打壊す, 叩き割る. j³ den Schädel ~ 人³の脳天を叩き割る. sich³ die Zähne ~ 歯を折る. 3〖林業〗伐採する. Brennholz ~ 薪(?)を採る. 4 包む, くるむ(in et⁴ 物⁴に); 包装する. ein Buch [in einen Umschlag] ~ 本にカバーをつける. ein Geschenk in rotes Papier ~ 贈り物を赤い紙に包む. 5〖農業〗(移植前の苗·球根などに)土をかぶせる, 仮植えする;(根菜などを)土中に囲う, 土囲いする. 6 (a) den Daumen ~ 親指を曲げる. (b)《服飾》(裾·縁などを)折込む, 縫込む(詰める). die Ärmel ~ 袖(?)を折込む. ein Tischtuch [um] 5 cm ~ テーブルクロスを5センチ縫詰める. 7《針路·方策など)とる, 選んで進む. einen neuen Kurs ~ 新しいコースをとる. die juristische Laufbahn ~ 法界に入る. den Weg nach Süden ~ 道を南にとる. 8 《ハンドルを》回す, 切る (nach rechts<links> 右<左>に). 9 Fäden ~ 横糸(緯)糸を通す, 織込む.

❷ 自 (h, s) 1 (h)《雷·砲弾などが》落ちる, 命中する;《サッカーでボールが》ゴールを割る. Der Blitz hat eingeschlagen. 雷が落ちた. Die Bombe schlug in das Nebenhaus ein. 爆弾が隣家に命中した. Die Nachricht schlug wie eine Bombe ein. その知らせは寝耳に水であった.《非人称的に》Es hat eingeschlagen. 雷が落ちた. 2 (h) (auf j<et¹> 人<物>³めがけて)めくら滅法に殴りかかる, (を)打ちすえる. Besinnungslos von Wut schlug er auf das Kind ein. 怒りでわれを忘れて彼は子供を滅多打ちにした. mit der Peitsche auf das Pferd ~ 馬に鞭(?)をくれる. 3 (h)《約束·同意などに》握手する;《比喩》承諾(同意)する, 応じる. Es gilt, schlag ein! よし承知だ, 手を打とう. in eine dargebotene Hand ~《承諾·同意のしるしに》差出された手を握る. 4 (h, s)《話》(新商品·新作が)当

einschlägig

る，好評を博する；(新人などが期待どおりに)伸びる，育つ． Der Roman wird ～ wie eine Bombe. その小説は爆発的にヒットするだろうね． Der Mitarbeiter hat(ist) gut *eingeschlagen*. この協力者は立派にものになった． **5** (h) [nach] rechts⟨links⟩ ～ ハンドル(舵)を右⟨左⟩に切る． **6** (s) (油絵具が)乾く，光沢を失う．

'ein|schlä·gig ['aɪnʃlɛːgɪç] 形 (その分野に)関連した，関係のある，当該の． die ～*e* Literatur 関連文献． sich ～ vorbestraft sein 同じ罪の前科がある．

'Ein·schlag·pa·pier 中 -s/ 包装紙.

'ein|schlei·chen* ❶ 再 (**sich⁴**) **1** 忍び込む，潜入(侵入)する． *sich* bei j³⟨in den Keller⟩ ～ ⟨地下室に⟩忍び込む． *sich* in j² Herz⟨Vertrauen⟩ ～ 《比喩》人²の歓心を買う，たくみに人²に取入る． **2** 気づかないうちに起る，しのび寄る，ひそかに紛れこむ；いつのまにか広まる(はびこる)． Ein Verdacht *schleicht sich ein*. ある疑念が心にきざしてくる． In letzter Zeit hat *sich* eine Unsitte *eingeschlichen*. 最近おかしな風習がはびこりだした． ❷ 他《医学》(投薬量を)徐々に増やす．

'ein|schlep·pen 他 **1** (タグボートで船を)港内に曳航する． **2** (疫病・害虫などを)持込む，媒介する；《話》(厄介な人⟨物⟩⁴を)こっそり連込む． Was für Leute hast du bei uns *eingeschleppt*? 君はなんという連中を引入れてしまったんだ．

'ein|schleu·sen ❶ 他 **1** (水門から船を)入れる(通す)． **2** (監視の目をくぐってスパイなどを)送り込む，潜入させる；(禁制品を)持込む． Agenten in ein Land ～ スパイたちをある国に送り込む． ❷ 再 (**sich⁴**) 潜入する，もぐり込む．

'ein|schlie·ßen ['aɪnʃliːsən] アインシュリーセン ❶ 他 **1** (鍵をかけて)しまい込む(in et⁴ ⟨物³·⁴の中に⟩)；(鍵をかけて)閉込める． 《再帰的に》*sich⁴* in sein⟨seinem⟩ Zimmer ～ 自室に閉じこもる． **2** 取囲む(巻く)，包囲する，封じ込める． den Feind⟨eine Stadt⟩ ～ 敵⟨町⟩を包囲する． einen Satz in Klammern ～ 文を括弧(⟨ ⟩)でくくる． **3** 含める，加える(in et⁴ ⟨物⁴に⟩)． *sich⁴* in sein Gebet [mit] ～ 人⁴のことも祈りに加える． alle, mich *eingeschlossen* 私も含めて全員．

'ein·schließ·lich ['aɪnʃliːslɪç] (略 einschl.) ❶ 副 …を含めて． vom 1. bis ～ 15. September 9月1日から15日まで(15日を含む)． ❷ 《2格支配》…を含めて． Europa ～ Englands イギリスを含めてヨーロッパ． die Kosten ～ des Portos⟨～ Porto⟩ 送料込みの費用． aller Besitz ～ Büchern 本を含めて全財産． ♦ 地名以外の冠詞類や形容詞を伴わない名詞には変化しない形に，複数では3格の変化形になる．

'Ein·schlie·ßung 囡 -/(-en) **1** 閉込めること(に)；包囲，封じ込め． **2** 《法制》(旧刑法およびスイス刑法で)禁錮． **3** 《文法》挿入付加語(付加語形形容詞と名詞の間に挿入してさらに意味を限定する付加語形容詞． 例 dunkels *bayrisches* Bier バイエルン産黒ビール).

'ein|schlum·mern (s) **1**《雅》(うとうと)眠り込む，こっくり眠る． **2**《婉曲》(安らかに)永眠する． **3**《話》しだいに廃(続)れる，先細りになる．

'Ein·schluss 男 -es/-e (↓einschließen) **1** (複数なし) 閉込めること；(囚人・捕虜などの)収容，拘禁． **2** 閉込められている場所；(家畜などを入れる)囲い． **3** 《地質》捕獲岩(火成岩中に含まれる別の岩石片)． **4** (次の用方で) mit⟨unter⟩ ～ von et⟨j⟩³ 物⟨人⟩³を含めて． alle Schulen unter ～ von Kindergärten 幼稚園も含めてすべての学校．

'ein|schmei·cheln 他 (**sich⁴**) 取入る，へつらう(bei j³ 人³に)． 《現在分詞で》eine *einschmeichelnde* Musik⟨Stimme⟩ 耳にこころよい音楽⟨猫なで声⟩.

'ein|schmel·zen* ❶ 他 **1** (金属を)溶かす，鋳つぶす． (et)⁴ in et³ 人⟨物⟩³に融(⟨ ⟩)けさせる，融合(同和)させる． dieses Erlebnis in einen neuen Roman ～ この体験を新作の小説に盛込む． ❷ 自 (s) (金属が)溶ける．

'ein|schmie·ren ❶ 他 **1** 《話》(a) (人⁴に)油(クリーム・軟膏)を塗込む． j⁴ mit Sonnenöl ～ 人⁴に日焼けクリームを塗る． (b) (物⁴に)油を差す． die Bremsen ～ ブレーキに油を差す． **2** (南部)(物⁴を)汚す． *seinen* Mund ～ 口のまわりをべたべたにする． ❷ 再 (**sich⁴**) (自分の体に)油(クリーム・軟膏)を塗込む．

'ein|schmug·geln 他 **1** (物⁴を)密輸入する；こっそり持込む． **2** (人⁴を)密入国させる；こっそり入れる，潜入させる． ❷ 再 (**sich⁴**) こっそり入る，紛れ込む．

'ein|schnap·pen 自 (s) **1** (扉が)パタンと閉まる；(錠が)カチャンとおりる． **2** 《話》気を悪くする，つむじを曲げる． leicht ～ すぐにむくれる．

'ein|schnei·den* ❶ 他 (物⁴に)切れ目(刻み目)を入れる；(を切って)刻んで)入れる(in et⁴ 物³に)；《映画》(あるシーンやコマを別の個所に)はめ込む，挿入する． die Nagelhaut ～ (爪を切っていて)甘皮(⟨ ⟩)まで傷つけてしまう． Namen in die Baumrinde ～ 名前を樹皮に刻みつける．

❷ 自 **1** (in et⁴ 物⁴に)食込む(入る)． Der Ring *schneidet* [in die Haut] *ein*. 指輪が皮膚に食込む． tief ins Herz ～ 心に深く食入る，深い悲しみを与える． **2** 《比喩》(in et⁴ 物⁴に)甚大な(深刻な)影響を及ぼす． **3** 《医学》(分娩のさい胎児の頭が)見えてくる，排臨する．

'ein·schnei·dend 現分 形 その影響の深甚な，重大な，ゆゆしい；徹底的な，決定的な．

'ein|schnei·en 自 (s) **1** 深い雪に覆われる，一面の銀世界になる． **2** 雪に降り込められる(足留めを食らう)．

'Ein·schnitt ['aɪnʃnɪt] 男 -[e]s/-e (↓einschneiden) **1** 切れ込み，切れ(刻み)目；切り傷，切開(部)，切り口． tiefer ～ 深い切れ込み． **2** 峡谷，掘割り，切通し． **3** 《比喩》(決定的な)変化，変動；転機，節目，変り目；区切り，段落． Die Heirat ist ein ～ im Leben. 結婚は人生のひとつの節目である． ein ～ im Text 本文中の1つの段落． **4** 《地方》刈入れ，刈取り．

'ein|schnü·ren 他 **1** (小包などを)紐でしばる． **2** (ベルト・コルセットなどが)締めつける． Der Gummi *schnürt* mir das Bein *ein*. ゴムが私の脚を締めつける． Angst *schnürte* ihr die Kehle *ein*. 《比喩》不安のあまり彼女はのどをしめつけられる思いがした． 《再帰的に》*sich⁴* ～ コルセットをきつく締める，きついコルセットをはく． **3** dem Gegner ～ 《競技》(サッカーなどで)敵の動き(攻撃)を封じる；(相手陣内に)敵を封じ込める．

'Ein·schnü·rung 囡 **1** (複数なし) 紐で縛ること；《比喩》締めつけ，圧迫． **2** 締めつけられた個所；みぞおれ． **3** (川などの)狭くなった個所，狭隘部；隘路(⟨ ⟩).

***'ein|schrän·ken** ['aɪnʃrɛŋkən] アインシュレンケン ❶ 他 **1** 制限(限定)する，減らす． Ausgaben ～ 支出を減らす． das Rauchen auf 10 Zigaretten pro Tag ～ 喫煙量を日に10本に制限する． **2** 制約する． Ich wurde in meiner Bewegungsfreiheit *eingeschränkt*. 私は行動の自由を制約された．《過去分詞

て) sich eingeschränkt fühlen 窮屈な思いがする. ❷ 再 《sich》 つましく暮す. 《過去分詞で》 eingeschränkt leben切りつめた生活をする.

*'Ein·schrän·kung ['aɪnʃrɛŋkʊŋ アインシュレンクング] 女 -/-en 1 制限,限定;節減,節約;制約. 2 保留条件. mit der …, dass……という条件(留保)をつけて. ohne ~ 無条件に.

'ein·schrau·ben 他 (物⁴を)ねじ込む,ねじで留める(in et⁴ 物に).

'Ein·schreib·brief, 'Ein·schrei·be·brief 男 -[e]s/-e 書留の手紙.

'Ein·schrei·be·ge·bühr 女 -/-en 1 書留料金. 2 (大学の)入学金,学籍登録手数料;入会金.

'ein|schrei·ben* ['aɪnʃraɪbən アインシュライベン] ❶ 他 1 書込む,記入(記帳)する;(会員として)登録する. Einnahmen und Ausgaben in ein Haushaltsbuch ~ 収入と支出を家計簿につける. einen Schüler ins Klassenbuch ~ ある生徒をクラスに編入する.《再帰的で》sich⁴ in ein Album ~ (ある人の)アルバムに記念の署名をする. sich⁴ als Mitglied in einen Verein ~ ある団体(クラブ)に入会の手続きをとる. sich⁴ als Student ~ [lassen] 大学に入学手続きをする.《過去分詞で》ein eingeschriebenes Mitglied 登録メンバー,正会員. 2 《郵便》書留扱いにする. einen Brief ~ lassen 手紙を書留にしてもらう.《過去分詞で》et⁴ eingeschrieben schicken 物⁴を書留で送る. einen Füller ~ 万年筆を書き慣らす. ❷ 再 《sich》 sich⁴ auf einer Schreibmaschine ~ タイプライターに慣れる(を使いこなす). sich⁴ in einen Stoff(ein Thema) ~ ある題材(テーマ)に慣れる(何度も書いて).

'Ein·schrei·ben 中 -s/- 《郵便》 1《複数なし》書留. et⁴ per ~ versenden 物⁴を書留で送る. 2 書留郵便(物).

'Ein·schrei·be·päck·chen 中 -s/- 《郵便》書留小包.

'Ein·schrei·ber 男 -s/- 《話》書留郵便(物).

'Ein·schrei·ben·dung 女 -/-en 書留郵便(物).

'Ein·schrei·bung 女 -/-en 1 記入;登録. 2 入札.

'ein|schrei·ten* ['aɪnʃraɪtən] 自 (s) 1 歩み入る. 2 割って入る,介入(干渉)する;断固たる処置をとる(gegen j⁴et³ 人⁴物³に対して). Bei⟨In⟩ solchen Fällen müsste die Polizei ~ こうしたケースには警察が乗出してくれなくてはね.

'ein·schrum·peln 自 (s) 《地方》=einschrumpfen

'ein·schrump·fen 自 (s) 1 (花・果実が乾燥して)しぼむ,しなびる. 2 (肌などが)痩せてかさかさになる,しわが寄る. 3 《戯》(年をとって)縮む,小さくなる;(貯えなどが)減る.

'Ein·schub ['aɪnʃu:p] 男 -[e]s/-e (↓ einschieben) 挿入されたもの;挿入文(句);書込み,書入れ;(引出し式テーブルの)引出し板; 野天井(天井裏の梁⁽³⁾と梁の間に入れる防音・断熱・防湿用の補強板).

'ein|schüch·tern ['aɪnʃʏçtɐn] 他 恐がらせる,おびえさせる.《過去分詞で》ein eingeschüchtertes Kind おどおどした(おびえた)子供.《現在分詞で》mit einschüchternden Gebärden おどかすような身ぶりで.

'Ein·schüch·te·rung 女 -/-en おどかし,脅迫,威圧,恐喝.

'ein·schu·len 他 ein Kind ~ (就学年齢に達した)子供を学校に上げる,就学させる.

'Ein·schu·lung 女 -/-en 小学校入学,就学(手続).

'ein·schü·rig ['aɪnʃy:rɪç] 形 (↓ Schur¹)(羊・牧草地が)年1回刈りの.

'Ein·schuss 男 -es/-e (↓ einschießen) 1 (貫通銃創の)射入口;(ロケットなどの)軌道への打上げ. 2 混入物,夾雑(⁽⁾)物. 3 《紡績》緯糸(⁽⁾). 4 出資(投資)金,払込み金;(証券の発注者が支払う)マージン;(賭博の)賭け金. 5 《獣医》(馬の脚の下皮の)急性炎症,リンパ管炎. 6 《ᵃ》シュート.

'ein·schüt·ten 他 1 (水・小麦粉などを)流し(注ぎ)込む(in et⁴ 物⁴の中に). 2 《話》(人⁴の口に物⁴を)流し(注ぎ)込む,飲ませる. sich³ ein Glas Bier ~ グラス1杯のビールをぐっとあおる.

'ein·schwär·zen 他 1 黒く塗る. sich³ das Gesicht ~ (謝肉祭などで)顔を黒く塗る. 2《古》(einschmuggeln)密輸入する.

'ein·schwe·ben 他 (飛行機などが滑空して)進入する. in den Flughafen ~ 空港に進入する.

'ein·schwen·ken ❶ 自 (s) 1 方向転換する,曲る. nach rechts⟨in eine Seitenstraße⟩ ~ 右に折れる⟨裏通りに曲がる⟩. 2《比喩》見解(意見)を変える,節⁽³⁾を曲げる. ❷ 他 den Kran ~ クレーンの腕を内側に曲げる(旋回させる).

'ein·schwö·ren* ❶ 他 1 (人⁴に)忠誠を誓わせる. 2 j⁴ auf j⟨et⟩⁴ ~ 人⁴に人⟨事⟩⁴に対する断固たる支持を誓約させる,義務づける. auf j⟨et⟩⁴ eingeschworen sein 人⟨事⟩⁴を断固支持する. ❷ 再 《sich⁴》 sich⁴ auf j⟨et⟩⁴ ~ 人⟨事⟩⁴を断固支持する.

'ein·seg·nen 他 1 (人⁴物⁴に)祝福を与える,祝別(聖別)する. eine neue Kirche ~ 新しい教会を祝別する. 2 (konfirmieren)(人⁴に)堅信礼(⁽ᵏ⁾)を施す.

'Ein·seg·nung 女 -/-en 1 祝福,祝別,聖別. 2 (Konfirmation) 堅信(⁽ᵏ⁾)礼.

'ein|se·hen ['aɪnze:ən] 他 1 (物⁴の内部を)覗き見る. Von hier aus kann man den Garten gut⟨nicht⟩ ~. ここからだと庭の中がよく見える⟨見えない⟩. 2 念入りに見る,調べる;(書類などを)閲覧する. Kann ich die Daten ~? データを見せていただけませんか. 3 分かる,理解する. sein Unrecht ⟨seinen Irrtum⟩ ~ 自分の非を悟る⟨間違いに気づく⟩. Ich sehe durchaus nicht ~, warum ich das tun soll. 私は何故そんなことをやらされるのか全く納得がいかない.

'Ein·se·hen 中 《次の成句で》 ein ~ haben 理解がある,物分かりがいい.

'ein|sei·fen 他 (↓ Seife) 1 (人⁴物⁴に)石鹸を塗る. 2 j⁴ mit Schnee ~ 《話》(雪合戦などをしていて)人⁴の顔に雪をなすりつける.

'ein|sei·fen 他 《話》(うまいこと言って)くどく,だます.

'ein·sei·tig ['aɪnzaɪtɪç アインザイティヒ] 形 (↓ Seite) 1 片側(片面)だけの. ~ e Kopfschmerzen (Lähmung) 偏頭痛(半身不随). Der Stoff ist nur ~ gemustert. この生地(⁽ᵏ⁾)は捺染(⁽ᵃ⁾)である(プリント柄である). 2 一方的な. Seine Liebe ist ~. 彼の恋は片思いである. ~ er Vertrag 片務契約. 3 一面的な,主観的な; 片寄った,偏狭な,不完全な. eine ~ e Meinung 一面的(主観的)な意見. ~ ausgebildet sein 片寄った教養を受けている.

'Ein·sei·tig·keit 女 -/-en 一方的(一面的)であること;不公平,偏り.

'ein|sen·den*¹ 他 (einschicken)(投書・照会状・証明書などを)送る,送付する. ein Gedicht einer⟨an eine⟩ Zeitung ~ 詩を新聞に投稿(寄稿)する.

'Ein·sen·der 男 -s/- 送付者;投稿(寄稿)者.

'**Ein·sen·dung** 囡 -/-en **1**《複数なし》送付; 投書, 投稿, 寄稿. **2** 送付されたもの, 送付書類; 投稿(寄稿)原稿, 投書文.

'**ein·sen·ken ❶** 他 **1**《物⁴を》沈める, 埋込む(in et⁴ 物⁴の中に). **2**《工学》(プレス型を)刻印する. ❷ 再 (sich⁴) sich j³ in die Seele ～《雅》人³の心の中に刻みこまれる.

'**Ein·ser** ['aɪnzɐr] 男 -s/-《とくに南》**1**(数字の)1. **2**(評点の最高点) 1. **3** 01 年産(1801·1901 年産)のワイン. **4** 1 番系統の市電(バス).

*'**ein·set·zen** ['aɪntsɛtsən] アインゼッツェン **❶** 他 **1** 入れる, はめ込む, 装填(ﾃﾝ)する(in et⁴ 物⁴に). eine Anzeige ～ [lassen] 新聞に広告を載せる. einen Edelstein ～ 宝石を台にはめる. Entlastungszüge ～《交通》(混雑緩和のために)臨時列車を増発する.《eine neue Fensterscheibe ～ 新しい窓ガラスを入れる. Fische ～ 魚を養魚池に放つ. einen Flicken in eine Hose⟨auf die Ellbogen⟩～ ズボン⟨肘⟩に継ぎを当てる. Setzen Sie hier Ihr Geburtsdatum *ein*. ここに(この欄に)あなたの生年月日を記入して下さい. Pflanzen ～ 植物を植える. **2**(地位·職などに)就ける; 任命(指名)する. einen Bürgermeister ～ 市長を任命する. j⁴ als Richter ～ 人⁴を裁判官に任命する. j⁴ als⟨zum⟩ Erben ～ 人⁴を相続人に指定する. **3**(人⟨物⟩⁴をある目的のために)投入する; (軍隊などを)動員する; 出撃(出動)させる; 力を尽くす; (生命などを賭(ｶ)する; (金を)賭ける. all seine Kräfte ～ 全力を傾ける. Maschinen⟨Truppen⟩～ 機械(部隊)を投入(配備)する. 10 Euro ～ 10 ユーロを賭ける. bei et³ *seine* Ehre ～ 事³に自分の名誉をかける. **4** einen Spieler ～《スポ》選手を試合に出場させる. aufgrund der Verletzung vier Wochen lang nicht *eingesetzt* werden 負傷のために 4 週間出場させてもらえない. **5**(地方)(einmachen)(野菜·果実などを煮詰めたり漬物にして)瓶詰めする.

❷ 再 (sich⁴) **1**(勉強·スポーツなどに)一生懸命にやる, 頑張る. *sich* voll ～ 全力を尽くす. **2** *sich* für j⟨et⟩⁴ ～ 人⟨物⟩⁴のために尽力する, (に)肩入れする. *sich* für Lohnerhöhungen ～ 賃上げのために尽力する.

❸ 自 **1**(beginnen)(またしても)始まる, 起る; (風·熱などが)出る. Der Lärm hat wieder *eingesetzt*. またぞろ騒ぎが始まった.《現在分詞に》mit *einsetzendem* Herbst 秋になると. **2**《音楽》(演奏に)加わる, 歌い(弾き)始める. Die Bläser *setzen* im 3. Takt *ein*. 管楽器は 3 小節目から入る.

'**Ein·set·zung** 囡 -en 入れること, はめ込むこと; (衣服の)継ぎ当て; 植えつけ; (臨時列車の)増発. **2** 任命, 指名, (相続人などの)指定, (委員会などの)設置. **3**(人員·機械などの)投入, 配備, 出動, 動員. ◆ Einsatz

'**Ein·sicht** ['aɪnzɪçt] 囡 -en (↓ einsehen) **1**《複数なし》中を見ること, 覗くこと. **2**(書類などに)念入りに目を通すこと, 調査, 閲覧, 閲読. ～ in et⁴ nehmen 物⁴を閲覧(閲読)する. **3** (a)《複数なし》理解, 合点, 納得. Haben Sie doch ～! 分かって下さい. mit j³ ～ haben 人³と理解し合っている. zur ～ kommen 合点がいく, 悟る, 分別がつく. (b) 認識, 洞察, 悟り; (専門的)知見. neue ～ *en* gewinnen 新たな知見を得る. Ich will mich seiner besseren ～³ fügen. 私は彼の卓見に従おう.

'**ein·sich·tig** [..zɪçtɪç] 形 **1**(人が)賢明な, 洞察力のある. **2**(議論などが)分かりやすい, もっともな.

'**Ein·sicht·nah·me** 囡 -/《書》(書類などの)閲覧, 閲読.

'**ein·sichts·los** 形 物の分からない, 物の見えない, 不見識な.

'**ein·si·ckern** 自 (s)(水などが)しみ込みする, しみ入る(in et⁴ 物⁴の中に); (スパイなどが)ひそかに潜入する.

Ein·sie·de·lei [aɪnzi:də'laɪ] 囡 -/-en **1** 隠者(隠修士)の庵(ｲﾛﾘ). **2**《戯》人里はなれた住まい, わび住まい. **3** in die ～ flüchten 隠遁生活をする. in der ～ leben 隠遁生活をする.

'**Ein·sied·ler** ['aɪnzi:dlɐr] 男 -s/- (Eremit) **1**《宗》隠遁修士, 隠者. **2** 隠遁者, 世捨て人; 独居者.

'**ein·sied·le·risch** [..lərɪʃ] 形 隠遁者(隠者, 世捨て人)のような.

'**Ein·sied·ler·krebs** 男 -es/-e《動物》やどかり.

'**Ein·sil·ber** [aɪnzɪlbɐr] 男 -s/- **1**《韻律》単音節の脚韻, 男性韻. **2**《言語》単音節の語.

'**ein·sil·big** ['aɪnzɪlbɪç] 形《比較変化なし》**1**《言語》1 音節の, 単音節の. ein Reim《韻律》男性韻 (Einsilber). ein ～ *es* Wort 1 音節(シラブル)の語. **2**《比喩》口数の少ない, 無口な(寡黙)な.

'**Ein·sil·bler** [..zɪlblɐr] 男 -s/- = Einsilber

'**ein·sin·gen ❶** 他 **1** ein Kind ～《まれ》子守歌で子供を眠らせる. **2** Lieder ～ 歌曲を吹込む(録音する). **❷** 再 (sich⁴)(舞台などに立つ前に)発声(歌唱)練習する.

'**ein·sin·ken*** 自 (s) **1** 沈み込む, 沈下する; (ぬかるみなどに)没する, はまり込む; (盛上がっているべきものが)平らになる. へこむ, 陥没する. bis zu den Knien ～ 膝まで没する. im Schnee ～ 雪に足を取られる. ein *eingesunkener* Brustkorb 扁平な胸部. ein Gesicht mit *eingesunkenen* Wangen 頬のこけた顔. **2** (建造物が)崩れ落ちる, 崩壊する.

'**ein·sit·zen*** 自 (h, s) **1** (h, 南》 s)(刑務所に)収監されている, 服役中である. **2** (s)(乗物に)乗込む; 鞍にまたがる. 他(クッションなどを)座ってへこませる.《再帰的に》Das Sofa *sitzt sich*⁴ leicht *ein*. そのソファーはすぐに座りくせがつく.

'**Ein·sit·zer** ['aɪntsɪtsɐr] 男 -s/- 1 人乗りの車, 単座機.

'**ein·sit·zig** [..zɪtsɪç] 形 1 人乗りの, 単座の.

'**ein·sor·tie·ren** 他 分類して入れる. ◆過去分詞 einsortiert

'**ein·span·nen** 他 **1**(弦などを)張る; (張って)装着(装填)する, はめ込む, 挟む(in et⁴⟨³⟩ 物⁴⟨³⟩に). Saiten in den Tennisschläger ～ テニスのラケットにガットを張る. **2**(馬などを)車につなぐ. ins Joch *eingespannt* sein《比喩》軛(ｸﾋﾞｷ)につながれている, 重荷を負っている. **3**《話》(人⁴を)仕事に駆り出す(für et⁴⟨zu et³⟩ 事⁴·³のの仕事に). j⁴ zum Möbelräumen ～ 家具を動かすのに人⁴を駆出す. von früh bis spät in *seinem* Beruf *eingespannt* sein 朝から晩まで仕事に追いまくられている.

'**Ein·spän·ner** ['aɪnʃpɛnɐr] 男 -s/- **1** (↔ Mehrspänner) 1 頭立ての馬車. **2** 独居者, 人嫌い; 独り者, 独身男; 《戯》妻が長期不在中の夫, 一時やもめ. **3**《オーストリア》(パンに挟んで食べる)小型ソーセージ, ウィンナーソーセージ. **4** ウィンナーコーヒー(の 1 杯).

'**ein·spän·nig** [..ʃpɛnɪç] 形 **1**(馬車が)1 頭立ての. **2**《戯》独り身の; 独り暮しの. **3**《古》(ベッドが)1 人用の, シングルの.

'**ein·spa·ren** 他 **1**(出費などを)抑える, 切詰める. **2**(資材などを)節約する, 使わないでおく. **3**(組織のポス)

Ein·spa·rung 女 -/-en 節約, 切詰め; 削減.

ein|spei·chern 他 1 (倉庫に)貯える, 貯蔵する. 2 Daten ~ 《コンピュータ》データを書込む(記憶させる). 2 《比喩》記憶にとどめる, 覚えておく.

ein|spei·sen 他 1 (電気・水道などを)供給する. 2 《コンピュータ》(einspeichern)(データなどを)書込む, 記憶させる.

ein|sper·ren ['aɪnʃpɛrən アインシュペレン] 他 閉じ込める, 監禁する;《話》拘留する. den Hund in die ⟨in der⟩ Wohnung ~ 犬を家の中につないでおく. 《再帰的に》sich⁴ in sein⟨seinem⟩ Zimmer ~ 自室にこもる.

ein|spie·len ❶ 他 1 (楽器を)使いならす, (使って)エージングする. eine Geige ~ バイオリンを弾き込む. 2 Kosten ~《映画・演劇》(興行収入によって)製作費を回収する. 3 (楽曲を)録音する, 吹込む. 4《放送》(すでに収録した番組の中に伴奏音楽・CMなどを)挿入する. Wir *spielen* jetzt ein Interview mit Herrn X. *ein*. ここで X 氏とのインタビューを挟ませていただきます.
❷ 再《sich⁴》1 (曲目・役柄などを)練習して覚える, ものにする;(ゲームにそなえて)ウォーミングアップする. 2 *sich* aufeinander ~ 互いに協力する, 呼吸を合せる. 《過去分詞で》gut aufeinander *eingespielt* sein 互いに息があうまく合っている. 3 (新しい方法・規定などが)なじむ, 根を下ろす; (手続きが)スムーズに行く. Die neue Methode hat *sich* noch nicht ganz *eingespielt*. 新方式はまだ完全には定着していない. 4 (測定器などの指針がある目盛りのところで)静止する, (測定器の)結果が出る.

'Ein·spie·lung 女 -/-en 1《複数なし》録音, 吹込み. 2 録音された楽曲. zwei neue ~*en* des Violinkonzertes von Beethoven ベートーベンのバイオリン協奏曲の 2 つの新録音.

'ein|spin·nen* ❶ 再《sich⁴》1 (蚕が)繭にをつくる, さなぎになる, 閉込もる(in et¹ 物³に); 《比喩》引込もる. sich in seine Träumereien ~ 自分の夢想にひたる. ❷ 他 1《卑》(einsperren)監獄にぶち込む. 2《雅》(人⁴の)心をとらえる, とりこにする.

'Ein·spra·che ['aɪnʃpraːxə] 女 -/-n 《オーストリア・スイス》(Einspruch) 異議, 抗議.

'ein·spra·chig ['aɪnʃpraːxɪç] 形 1 1 ヵ国語だけの. ein ~*es* Wörterbuch 1 ヵ国語だけで書かれた辞書. 2 1 ヵ国語しか話さない. ~ aufwachsen 1 ヵ国語(母国語)だけで大きくなる.

'ein|spre·chen* ❶ 自 1 (auf j⁴ 人⁴に)しつこく説得する. 2《古》(bei j³ 人³のもとに)立寄る(相談事など). ❷ 他 einen Text ~ (テープなどに)テキストを吹込む.

'ein|spren·gen 他 1 (物⁴に)霧を吹きかける(アイロンをかける前に); (地面・芝生などに)水を撒(ﾏ)く. 2 (爆破して穴などをあける). ein Loch in den Felsen ~ 岩にハッパをかけて穴をあける. 3 (ドアなどを)むりやりにこじ開ける. 4《過去分詞で》in et³⁽⁴⁾ *eingesprengt* sein 物³,⁴の中に点在している(含まれている). In das Gestein sind Kristalle *eingesprengt*. この岩石には斑晶が含まれている.

'Ein·spreng·ling ['aɪnʃprɛŋlɪŋ] 男 -s/-e 《地学》斑晶(はん).

'ein|sprin·gen ❶ 自 (s) 1 (für j⁴ 人⁴に)助け舟を出す;《一時的な》財政的な援助をする, 金を立替える. (人⁴の)代理

(代役)をつとめる. Kannst du heute einmal ~? 今日はちょっと手を貸してもらえるかね. für einen erkrankten Schauspieler ~ 病気の俳優の代役をつとめる. 2《体操・スケート》(演技に)跳躍から入る. in eine Pirouette ~ ジャンプからスピンに入る. 3 (錠前などが)パチンとかかる, カチャッとおりる. 4 (壁などが)内側へ反(そ)っている, へこんでいる.《現在分詞で》*ein-springender* Winkel 凹角(180° より大きい角).
❷ 再《sich⁴》《体操》(ウォーミングアップのために)跳躍練習を始める;《スキー》跳んでジャンプ台に慣れる.

'ein|sprit·zen 他 1 (液体を)注入する(in et¹ 物⁴に). Öl in ein Schloss ~ 錠前に油をさす. 2 (人³に)物⁴を注射する. 3 (einsprengen)(物⁴に)水を撒(ﾏ)く(ふりかける). 4 (燃料を)噴射する.

'Ein·sprit·zung 女 -/-en 1 注入. 2 注射. 3 (燃料などの)噴射.

'Ein·spruch ['aɪnʃprʊx] 男 -[e]s/⸚e 異議, 抗議. gegen et⁴ ~ erheben 事⁴に抗議する, 異議を唱える. 2《法制》故障の申立て. ~ einlegen 故障の申立てをする.

'Ein·spruchs·recht 中 -[e]s/-e 異議申立ての権利.

'ein·spu·rig ['aɪnʃpuːrɪç] 形 (↓Spur) 1《鉄道》単線の;《道路》1 車線の. 2《交通》轍(わだち)が 1 本の, 2 輪の. ein ~*es* Fahrzeug 2 輪車.

***einst** [aɪnst アインスト] 副 1 かつて, 昔は. 2 いつか, 将来, いつかは.

Einst 中 -/ 過去. 《多くの用法で》das ~ und das Jetzt 昔と今.

'ein|stamp·fen 他 1 (土などを)踏んで固める; 踏んで(突いて)砕く. Kohl ⟨Kraut⟩ ~ キャベツを踏んで樽(たる)に詰込む(漬ける). Pfeffer ~ 胡椒(こしょう)の実をつき砕く. 2 (a) (再生紙にするために古紙を)つき砕く, 搗(つ)砕(くだ)する, パルプにする. (b) (売れ残った本を)廃棄処分にする.

'Ein·stand ['aɪnʃtant] 男 -[e]s/⸚e 1《南ドイツ・オーストリア》(↔ Ausstand) 就任, 就職; 就任(就職)披露の小パーティー. ~ *seinen* ~ geben 就任披露会を催す. 2《複数なし》(テニスの)ジュース. Das Spiel steht auf ~. ゲームは今ジュースである. 3《狩猟》(鹿・猪などの)居場所.

'ein|stau·ben ❶ 自 (s) (本棚の本などが)ほこりまみれになる. ❷ 他 1 (物⁴を)ほこりまみれにする. 2《料理》(物⁴を)粉まみれにする. einen Kuchen mit Puderzucker ~ ケーキに粉砂糖をまぶす.

'ein|ste·chen* ❶ 他 1 (in et¹ 物⁴に)突刺す(mit et³ 物³に). 2 (auf j⁴ 人⁴や動物を)突きまくる(mit et³ 物³で). 3 (とげなどが)突きささる. 4《裁縫》切れ亡て切る. ❷ 自 1 (物⁴を)突刺す(in et¹ 物³に). 2 (物⁴に)突刺す(mit et³ 物³に); 突刺して(物⁴に)穴をあける. 3 (穴をあける(in et¹ 物¹に).

***'ein|ste·cken** ['aɪnʃtɛkən アインシュテケン] 他 1 差込む, 挟み込む(in et¹ 物⁴に). einen Brief ~《話》手紙を投函する. Briefmarken in ein Album ~ 切手をアルバムに挟む. eine Rose ins Haar ~ ばらの花を髪にさす. den Stecker in die Steckdose ~ プラグをコンセントに差込む. 2 (物⁴を)ポケットに突っこむ; ポケットに入れて持ってくる, 携行する. Vergiss nicht, deine Brille *einzustecken*! 忘れずに眼鏡を持っていくんだよ. 3《話》(儲けた金などを)自分の懐(ふところ)に入れる, ひとりで占めにする. 4《話》(人⁴を)刑務所にぶち込める. 5《話》(人⁴を)上回る, 凌(しの)ぐ. Den *steckst* du doch zehnmal *ein*! あんな男なら君の方が 10 倍も上だよ. 6《話》(事⁴を)だまって耐え忍ぶ, 甘受する. Was

'ein|ste·hen* 自(s) **1**（für et⟨j⟩⁴ 事⟨人⟩⁴を）保証する，請け合う；（に対して）責任を負う．Ich *stehe* dafür *ein*, dass... 私は…ことを請け合う．für den Schaden⟨für *seinen* Sohn⟩ ～ 損害を補償する⟨息子の借金を肩代わりする⟩．für *seine* Tat ～ 自分のしたことに責任を負う．**2**《南与·西中》bei j⁴ ～ 人³のところに雇われる．in die Schule ～ 学校にあがる．

'ein|stei·gen* [ˈaɪnʃtaɪɡən アインシュタイゲン] 自(s) **1** 乗車(乗船, 搭乗)する．in den Bus ～ バスに乗る．*Einsteigen!* ご乗車願います．**2**（塀·窓などを乗越えて）忍び込む，侵入する．**3**《話》（事業などに）一口乗る，参加する．in die Politik ～ 政治に頭を突っ込む．**4**《口語》体ごとぶつかっていく，全力を尽す．voll ～ 全力を尽す．**5**《登山》（岩壁などに）とりつく．**6**《猟師》（かわうそなどが）水に入る．

'Ein·stein [ˈaɪnʃtaɪn]《人名》Albert ～ アルベルト·アインシュタイン（1879-1955，ドイツ生れのアメリカの物理学者，相対性理論の樹立者）．

Ein·stei·ni·um [aɪnˈʃtaɪniom] 中 -s/《記号 Es》《化学》アインスタイニウム．

'Ein·stell·bar [ˈaɪnʃtɛlbaːr] 形 調節(加減)できる．

***'ein|stel·len** [ˈaɪnʃtɛlən アインシュテレン] 他 **1**（しかるべき場所に）入れる，しまう；（一時的に）入れておく．Bücher ～ 本を(本棚に)しまう．Kann ich meine Sachen bei dir ～? 私の持物を君のところに置いておいてもいいですか(預かってもらえますか)．den Wagen in die⟨in der⟩ Garage ～ 車をガレージに入れる．**2**（人⁴を）雇い入れる，採用する．einen neuen Koch ～ 新しい料理人を雇う．Rekruten ～ 新兵を入隊させる．**3**（機械·器具などを）調節(調整)する．die Entfernung ～（カメラなどの）距離を調整する．ein Fernglas [scharf] ～ 望遠鏡のピントを合す．einen Fotoapparat auf die richtige Entfernung ～ 写真機のピントを正しい距離に合せる．die Lautstärke ～ 音量を加減する．*seine* Rede auf die Kinder ～ 話の内容を子供たちに合せる．**4**（活動·行為をやめる，中止(停止)する．die Arbeit ～ 作業を打切る，ストライキに入る．das Feuer ～ 射撃(砲撃)を中止する．**5** j⁴ im⟨vom⟩ Dienst ～ 《文》人⁴に停職を命じる．j⁴ in den bürgerlichen Ehrenrechten ～ 《法制》人⁴の公民権を停止(剥奪)する．**6** einen Rekord ～ 《スポ》タイ記録を出す．

❷ 再（**sich⁴**）**1**（人が）姿を見せる，現れる．*sich* pünktlich ～ 時間通りにやって来る．**2**（季節が）やって来る；（現象·事態が）起る，生じる；（熱などが）出る．Dieses Jahr *stellt* sich *der* Winter zeitig *ein*. 今年は冬の訪れが早い．Zweifel *stellten* sich in⟨bei⟩ *ihr ein*. 疑いの念が彼女の心にきざした．**3**（auf j⟨et⟩⁴ 人⟨物⟩⁴に）合せる，順応(適応)する．*sich* auf *seine* Umwelt ～ 環境に適応する．*sich* auf die Zuhörer ～ 聞き手に話を合せる．**4**（auf et⁴ 事⁴に対する）準備をする，心構えをする；（を）心待ちする，当てこむ．*sich* auf Besuch⟨viele Besucher⟩ ～ 客を心待ちする⟨大勢のお客を当てこむ⟩．*sich* auf die Prüfung ～ 試験に備える．

◆ †eingestellt

'ein|stel·lig [ˈaɪnʃtɛlɪç] 形（↓ Selle）1桁(けた)の．

'Ein·stell·ska·la [..ska:la] 女 -/..len[..lən] 調整目盛り．

'Ein·stel·lung 女 -/-en **1**《複数なし》入れる(しまうこと，収納，格納．**2**（機械·器具などの）調節，調整（カメラなどの）ピント合せ．**3**《映画》カット，ショット．**4**《複数なし》雇用，採用；（新兵の）入隊．**5**《複数なし》（活動·行為の）中止，停止，打切り；（公民権などの）停止，剥奪．**6**（精神的な）態度，心構え，考え方，立場．meine politische ～ mit der Zeit eine andere ～ bekommen 時がたつにつれて考え方が変る．**7**《スポ》タイ記録の樹立．

'eins·tens [ˈaɪnstəns] 副 =einst

'Ein·stich [ˈaɪnʃtɪç] 男 -[e]s/-e **1**《複数なし》（針などで）刺すこと，刺入．**2** 刺した(刺される)個所，刺入口．

'Ein·stieg [ˈaɪnʃtiːk] 男 -[e]s/-e **1**《複数なし》乗船，搭乗；(住居などへの)侵入．**2**（乗物への）乗船(搭乗)口；（地下道への）入口；《登山》（岩壁ルートの）取りつき(点)，登山口．**3**（問題などへの）取っかかり，アプローチ．Diese Sinfonie eignet sich⁴ zum ～ in Mahlers Musik. この交響曲はマーラー音楽へのアプローチ(入門)として格好のものである．

'eins·tig [ˈaɪnstɪç] 形 **1**《雅》かつての，昔の．**2**《古》将来の．

'ein|stim·men [ˈaɪnʃtɪmən] ❶ 他 **1** ein Instrument ～ 《音楽》楽器の調子(音程)を合せる(auf einen Ton ある音に)．**2**《比喩》(j⁴ auf⟨für⟩ et⁴ 人⁴をするように⟨人⁴に⟩)気分をみちびく，気分を盛上げる．j⁴ auf die Feier ～ 人⁴をお祭り気分にさせる．Wir sind⟨haben uns⟩ schon aufs beste für die Olympiade *eingestimmt*. 私たちはオリンピックに向けてすでに最高に盛上がっている．

❷ 自 **1**《音楽》演奏(合奏)に加わる．[mit] in den Chor ～ 合唱に加わる．**2** in das Lachen⟨den Jubel⟩ ～ 声を合せて笑う⟨歓呼の声に唱和する⟩．**3**《比喩》(in et⁴ 事⁴に)同意(同調)する．

***'ein|stim·mig** [ˈaɪnʃtɪmɪç アインシュティミヒ] 形（↓ Stimme）**1**《音楽》単音声(単旋律)の．～ singen ⟨spielen⟩ 斉唱する⟨ユニゾンで弾く⟩．**2**《比喩》全員(満場)一致の，全員同意の．

'Ein·stim·mig·keit 女 -/ **1** 単音声，単旋律．**2** 満場一致．Zu diesem Beschluss ist ～ nötig. この議決には全員の賛成が必要である．

'Ein·stim·mung 女 -/(-en) **1**（楽器の)音合せ；調律．**2** 気分を盛上げること，気分の盛上がり(高潮)．

'einst·mals [ˈaɪnstmaːls] 副《雅》《古》=einst

'ein·stö·ckig [ˈaɪnʃtœkɪç] 形 2階建ての．

'ein|sto·ßen* ❶ 他 **1**（物⁴を突き刺す，突き立てる(in et⁴ 物⁴の中に)．einen Stock in die Erde ～ 棒を地面に突き立てる．**2**（物⁴を）突き壊す(砕く，破る)．die Tür ～ ドアを突き破る．《再帰的に》*sich³* die Knie ～ ぶつけて膝頭を痛める．*sich³* die Köpfe ～《比喩》(やっかいな問題で)頭を痛める．❷ 自 (mit et⁴ auf j⁴ 物⁴を人⁴に)突き刺す．Er *stieß* mit einem Dolch auf sein Opfer. 彼はナイフを犠牲者に突き立てた．

'ein|strah·len ❶ 自(h, s) (光が)射し込む(in et⁴ 物⁴の中に)．❷ 他（太陽が熱·光を)放射する，照射する．

'Ein·strah·lung 女 -/-en《気象》(太陽光などの)照射，日射．

'ein|strei·chen* 他 **1**（物に）塗りつける，こすりつける(mit et⁴ 物³を)．die wunde Stelle mit einer Salbe ～ 傷口に軟膏を塗る．**2**《話》（多く悪い意味で）(einstecken)（金などを）平然と自分の懐に入れる，わが物にする．Beifall ～（あたり前のように）拍手喝

采を受ける． große Gewinne ～ 大もうけを一人占めにする． **3**《演劇》(上演用に原作を)一部カットして縮める．

'ein|streu·en 他 **1** (a)《物⁴を》蒔(ま)く(in et⁴ 物⁴の中に)． Samenkörner in die Erde ～ 穀粒を土中に蒔く． (b) (et⁴ mit et³ 物³に物³を)一面にまき散らす；まぶす． den Tisch mit Mehl ～ テーブルを粉まみれにする． **2**《比喩》(引用・警句などを)ちりばめる，織込む；(コメントなどを)さしはさむ(in et⁴ 物⁴に)．

ein|strö·men 自 (s) **1** (水・空気などが)流れ込む(in et⁴ 物⁴に)；《比喩》(幸福感・安らぎ・力などが)湧いて(みなぎって)くる(in j⁴ 人⁴の中に)． **2** (人間・動物が群をなして)なだれ込む(in et⁴ 物⁴に)．

ein|stu·die·ren 他 **1** (芝居の役・楽曲などを)稽古して(しっかり)覚える，ものにする． **2** (人³に物⁴を)教え込む，叩き込む．《再帰的に》sich³ et⁴ ～ 物⁴を稽古して(しっかり)覚える，自家薬籠(ろう)中のものにする． ♦ 過去分詞 einstudiert

'ein|stu·fen 他 (↓Stufe) (物⁴を)等級分け(ランク付け)する(in et⁴ 物⁴に)．

'ein·stu·fig ['aɪnʃtuːfɪç] 形 **1** 段(式)の． eine ～e Rakete 1段式ロケット．

Ein·stu·fung 女 -/-en 等級分け，ランク分け．

'ein·stün·dig 形 1時間の，1時間にわたる．

'ein·ständ·lich 形 1時間ごとの．

'ein|stür·men 自 (s) (auf j⁴ 人⁴をめがけて)突進する，襲いかかる．《比喩》et⁴ の敵に襲いかかる． Er-innerungen stürmten auf mich ein. さまざまな思い出がどっとよみがえった．

'Ein·sturz ['aɪnʃturts] 男 -es/⸚e 倒壊，崩落．

'ein|stür·zen ['aɪnʃtrʏtsən] ❶ 自 (s) **1** 崩れ落ちる，崩壊(倒壊)する． Ihr Kartenhaus stürzte ein.《比喩》彼女のトランプの家(砂上の桜閣)は崩れ去った． **2** (auf j⁴ 思い出などが人⁴の)心にどっと押し寄せてくる． ❷ 他 取壊す，破壊する，崩壊させる．

'einst·wei·len ['aɪnstvaɪlən] 副 **1** (vorläufig) さしあたり，当分は． Einstweilen wohnt er noch bei den Eltern. 今のところ彼はまだ両親の家に住んでいる． **2** (inzwischen) その間に．

'einst·wei·lig [..lɪç] 形《付加語的用法のみ》《書》仮の，一時的な，暫定的な． ～e Anordnung (裁判所が出す)仮の命令． ～e Unterbringung (被疑者の医療施設)への一時的収容，仮収容． ～er Ruhestand (公務員の)休職． ～e Verfügung 仮処分．

'ein·tä·gig ['aɪntɛːgɪç] 形 (↓ein Tag) **1** 1日経った；生後1日の． **2** 1日だけの，1日限りの．

'Ein·tags·fie·ber ['aɪntaks..] 中 -s/《医学》一日熱．

'Ein·tags·flie·ge 女 -/-n《動物》かげろう；《比喩》一時的現象(流行)，長つづきしないもの．

'ein|tan·zen (sich⁴) (バレエの本番の前などに)ダンスの足ならしをする．

'Ein·tän·zer 男 -s/- (Gigolo) ジゴロ(ダンスホールに雇われて女客の相手をする職業ダンサー)． ♦ 女性形 Eintänzerin 女 -/-nen

'ein|tas·ten 他《電算》(データなどを)入力する，打込む．

'ein|tau·chen ['aɪntaʊxən] ❶ 他 浸(ひた)す，漬ける，沈める(in et⁴ 物⁴の中に)． ❷ 自 (s) もぐる，沈む，没する(in et⁴ 物⁴の中に)．

'Ein·tausch 男 -[e]s/-e 交換． et⁴ im ～ für 〈gegen〉 bekommen 物⁴と交換に物⁴を手に入れる．

'ein|tau·schen 他 et⁴ für 〈gegen〉 et⁴ ～ 物⁴と交換して物⁴を手に入れる．

'ein·tau·send ['aɪntaʊzənt] 数 千, 1000．

*'ein|tei·len ['aɪntaɪlən] アインタイレン 他 **1** (部分に)分ける，区分する． eine Torte in 6 Stücke ～ トルテ(ケーキ)を6つに切る． die Stadt in 5 Bezirke ～ 町を5つの市区に分割する． ein Buch in 10 Kapitel ～ 本を10章に分ける． **2** 分類する． Personen in mehrere Gruppen ～ 人員をいくつかのグループに束ねる． **3**《話》(人³に物⁴の分配分)する．《再帰的に》sich³ die Arbeit ～ きちんと仕事の段取をつける． **4**《話》(金・時間を)やりくりする．(計画を立てて)上手に使う． Er kann sein Geld nicht ～. 彼は金遣いが下手だ． Du musst deine Zeit besser ～. 君は時間をもっとうまくやりくりしなくちゃ．《目的語なしで》Sie kann eben nicht ～. 彼女はおせじにもやりくり上手とは言えない． **5** j³ zu et³ 〈für et⁴〉 ～ 人³に物³(任務など)を割当てる(割振る)． Er wurde zum Außendienst 〈für den Nachtdienst〉eingeteilt. 彼は外勤〈夜勤〉を割当てられた．《als... と》j¹ als Ordner ～ 人¹に整理係をやらせる．

'ein·tei·lig ['aɪntaɪlɪç] 形 (↓ein Teil) 1つの部分から成っている；ワンピースの．

'Ein·tei·lung 女 -/-en **1** 分割，区分；分配，配分；割り振り． **2** (金・時間などの)やりくり． Sie hat 〈kennt〉 keine ～. 彼女はやりくりができない． Es gab keine ～ mehr. もはややりくりがつかなかった．

'Ein·tel ['aɪntəl] 中 (数学) 1分の1, 全体．

'ein|tip·pen 他 Daten in den Computer ～ データをコンピュータに打込む．

'ein·tö·nig ['aɪntøːnɪç] 形 (↓ein Ton) 単調な，一本調子の；退屈な．

'Ein·tö·nig·keit 女 -/ 単調なこと，一本調子；退屈．

'Ein·topf ['aɪntɔpf] 男 -[e]s/⸚e = Eintopfgericht

'Ein·topf·ge·richt 中 -[e]s/-e (野菜・肉などを入れて煮込んだ簡素な)煮込み料理，シチュー．

'Ein·tracht ['aɪntraxt] 女 -/ (↓ein Tragen) **1** 一致，和合，協調． in Liebe und ～ leben 仲睦(むつ)まじく暮す． ～ stiften 和解させる，調停する． **2** (サッカーチームなどの名前として)連合． ～ Frankfurt フランクフルト連合．

'ein·träch·tig [..trɛçtɪç] 形 一致団結した；和(なご)やかな，仲睦まじい．

'Ein·trag ['aɪntraːk] 男 -[e]s/⸚e **1** 記入，記載，記帳，登録；《学校》(えんま帳に記入する)譴責(けんせき)，注意． einen ～ ins Klassenbuch bekommen えんま帳につけられる． **2** et³ keinen ～ tun 物³に害を及ぼさない，(を)損なわない． **3**《紡織》緯糸(ぬきいと)．

'ein|tra·gen ['aɪntraːgən] アイントラーゲン 他 **1** 記入(記載，登録，登記)する．《再帰的に》Tragen Sie sich⁴ in diese Liste ein. この名簿に名前を記入して下さい．《過去分詞で》ein eingetragener Verein (略 e. V., E. V.)《法制》登記済み社団． ein eingetragenes Warenzeichen 登録商標． **2** (収益・儲けなどを)もたらす． Diese Bäume haben uns dieses Jahr wenig Obst eingetragen. これらの木は今年あまり実がならなかった． Sein Versuch zu helfen hat ihm nur Undank eingetragen. 彼は助けてやろうと試みたが恩を仇で返されただけであった． **3** (鳥などが巣に餌などを)集める，貯える．

'ein·träg·lich ['aɪntrɛːklɪç] 形 儲け(収入)の多い，採算のとれる，実入りのいい．

'Ein·tra·gung 女 -/-en **1**《複数なし》記入，記載；《法制》登録，登記． **2** 記入(記載)されたもの(記事，事項)，書込み．

ein|tränken

'ein|trän・ken 佌 **1** 浸(㆑)す，びしょ濡れにする．**2**《話》(比喩)(人に事¹の仕返しをする．《不定のes⁴と》es j³ ～ 人³にしっぺ返しをする．j³ gehörig ～ 人³にしっかり言って聞かせる，きつく意見する．▶ Schwedentrunk から生れた用法．

'ein|träu・feln 佌 (薬などを)滴下する，垂らして入れる．j³ Arznei ins Ohr ～ 人³の耳に薬剤をさす．j³ Hass [in die Seele] ～《比喩》(少しずつ)人³の心に憎しみを植えつける．

*'**ein|tref・fen*** ['aɪntrɛfən アイントレフェン] 自 (s) **1** (人・物が)到着する．Heute sind die bestellten Bücher *eingetroffen*. 今日注文しておいた本が到着(入荷)した．**2** (予想・予期したことが)現実に起る，的中する．

'ein|trei・ben* 佌 **1** (杭・釘などを)打込む(in et⁴ 物⁴に)．**2** (家畜を小屋に)追込む．**3** (税金・売掛金などを)取立てる，回収(徴収)する．

*'**ein|tre・ten*** ['aɪntreːtən アイントレーテン] ❶ 自 (s, h) **1** (s) (中に)入る．Darf ich ～? 入ってよろしいですか．Bitte *treten* Sie *ein*! どうぞお入り下さい．in ein Zimmer ～ 部屋に入る．**2** (s) (団体・結社などに)加入する．in eine Firma〈einen Orden〉～ 会社〈修道会〉に入る．《ある領域・局・局面などに》入る．auf〈in〉eine Umlaufbahn ～ (人工衛星などが)軌道に乗る．in das 50. Lebensjahr〈ein neues Stadium〉～ 50歳になる(新しい段階に入る)．Der Fluss *tritt* hier in das Tal *ein*. 川はここで谷に流れ込む．**4** (s) (ある事象が)現れる，始まる；(出来事が)起る，生じる；(予期・予想したことが)現実になる．Es ist noch keine Besserung *eingetreten*. まだ回復のきざしは見えなかった．Bald *trat* Dunkelheit *ein*. やがて夕闇が訪れた．wenn der Fall *eintritt*, dass… 万一…の場合には．《現在分詞で》*eintretenden* Fall[e]s 万一の場合は《=eintretendenfalls》．bei *eintretendem* Bedarf 必要になったときは．**5** (s) (für j⟨et⟩) 人⟨物⟩⁴の味方をする，(を)弁護(支援)する．für *seinen* Freund 〈einen Vorschlag〉～ 友人の肩を持つ⟨ある提案を支持する⟩．**6** (s) (㆓ఽ㆒) auf et⁴ ～ 事⁴を取上げる，問題にする，詳しく論じる(↑eingehen ① 7)．**7** (h) (まれ) auf j⁴ ～ 人を蹴とばす，足蹴(㆓ఽ㆒)にする．❷ 他 **1** (戸などを)蹴破る，(水面などを)踏み破る．**2** (踏んで)地面にめり込ませる．einen Stein [in die Erde] ～ 石を踏んで地面に埋める．**3** (靴を)履きならす．**4** sich³ einen Nagel〈einen Dorn〉～ 釘を踏み抜く⟨足の裏にとげを刺す⟩．

'ein|tre・ten・den'falls ['aɪntreːtəndən'fals] 副《書》(↑eintreten ① 4) 万一の場合には．

'Ein・tre・tens・de・bat・te 安 -/-n (㆓ఽ㆒)(議会での個別討議に入る前の)一般討論．

'ein|trich・tern ['aɪntrɪçtərn] 他 (↑Trichter) **1** (水などをじょうご(漏斗)で注ぐ．**2**《話》(a) (薬などを)苦しんで飲ませる．(b)《比喩》(人³に事⁴を何とかして教え込む(覚えさせる，しつける)．▶ ↑Trichter

*'**Ein・tritt*** ['aɪntrɪt アイントリット] 男 -[e]s/-e (↓eintreten) **1** 中に入ること．*Eintritt* verboten! 入室禁止，立入りお断り．**2** (金を払って)入ること，入場；入場料．Was kostet der ～ ins Museum? 美術館の入場料はいくらですか．*Eintritt* frei!. 入場無料．Er hat freien ～. 彼は無料で入場できる，顔パスがきく．**3** (↔ Austritt)(団体・結社などへの)加入；入社，入団，入会，入学．**4** (ある局面・状況に)入ること；(事象・出来事が)起る(始まる)こと；出来(㆓ఽ㆒)，始まり．der ～ Frankreichs in den Krieg フランスの参戦．bei ～ der Dunkelheit 夕闇せまるころに，たそがれどきに．**5** (㆓ఽ㆒) 出場資格，出場権．

'Ein・tritts・geld 中 -[e]s/-er 入場料；入会金，入会金．

'Ein・tritts・kar・te 安 -/-n 入場券．

'ein|trock・nen 佌 (s) **1** 干上がる，乾く；乾いてかさかさになる(しなびる)；(皮革などが)乾燥して硬くなる．**2** (インクなどが)乾く，蒸発する．

'ein|trü・ben 佌 ❶ (窓ガラスなどを)曇らせる．❷ (sich⁴) (空模様が)曇り，どんよりする．Der Himmel *trübt sich ein*. 空がどんよりする．《多く非人称的に》*Es trübt sich ein*. 空がどんよりする．

'ein|tru・deln 佌 (s)《話》ゆっくり(遅れて)到着する，のっそりやって来る．

'ein|tun・ken《地方》= eintauchen ①

'ein|tü・ten ['aɪntyːtən] 佌 (↓ Tüte) 紙袋に入れる，袋詰めにする．

'ein|üben ❶ 佌 **1** (事⁴を)しっかり練習(稽古)して覚える(身につける)．**2** (et⁴ mit j³ / 話 j³ et⁴ 人³に事⁴を)教え込む，覚えさせる．❷ (sich⁴) *sich⁴ in et⁴* ～ 事⁴に習熟する，(を)練習して身につける．Er ist *eingeübt* in alle Finessen seines Handwerks. 彼は自分の仕事のあらゆるノウハウを知り尽くしている．

'Ein・übung 安 -/-en 習練，習得．

'ein・und・ein'halb 数《不変化》= eineinhalb

'ein・ver・leib・en* ['aɪnfɛrlaɪbən]《現在形と過去分詞では分離動詞となることが多い；過去分詞はつねに einverleibt》佌 **1** (物⁴に物⁴を)加える，組入れる，合併(併合)する．seiner Bibliothek ein Buch ～ ある本を自分の蔵書に入れる(自分のものにしてしまう)．**2** (再帰的に) sich⁴ et⁴ ～ 物⁴をわがものにする，取込む；(知識などを)摂取する；(戯)(飲食物を)食う，平らげる．sich ein Land ～ ある土地を取込む．Er hat sich den ganzen übrig gebliebenen Kuchen *einverleibt*. 彼は残っていたケーキをすっかり平らげた．

'Ein・ver・lei・bung 安 -/-en 合併，併合；取込み；(知識などの)摂取，吸収．

'Ein・ver・nah・me ['aɪnfɛrnaːmə] 安 -/-n (ｵｰｽﾄﾘｱ・ｽｲｽ)【法制】(Vernehmung, Verhör) (法廷での)尋問，事情聴取．

'ein|ver・neh・men* 佌 (ｵｰｽﾄﾘｱ・ｽｲｽ)【法制】(vernehmen)(人⁴を)尋問する，(から)事情聴取する．◆ 過去分詞 einvernommen

'Ein・ver・neh・men 中 -s/ 一致，合致，合意；協議，和合．mit j³ im ～ stehen⟨leben⟩人³と仲がよい(仲むつまじく暮らす)．sich⁴ mit j³ ins ～ setzen《書》人³と協議する，意見の一致をはかる．

'**ein・ver・stan・den** ['aɪnfɛrʃtandən アインフェアシュタンデン] 形 **1** 了解(了承)した．*Einverstanden*! 了解，分かった，結構だ．Ich bin damit ～. 私はそれに賛成である．**2** (a) mit et³ ～ sein 事に賛成である．Ich bin mit seinem Vorschlag ～. 私は彼の提案に賛成だ．(b) mit j³ ～ sein 人³に同意できる；《話》人³が好きだ，気に入っている．Sie ist nicht mit ihm ～. 彼女は彼の(意見に)賛成しているわけではない．Die Kinder sind mit der neuen Lehrerin ～. 子供たちは新しい女教師が気に入っている．

'ein・ver・ständ・lich [..ʃtɛntlɪç] 形 同意(賛成)した，合意の上での．ein ~es Schweigen 同意の沈黙．

'**Ein・ver・ständ・nis** 中 -ses/-se 同意，合意，了解．stillschweigendes ～ 暗黙の了解．im ～ mit j³ handeln 人³の合意の下(㆘)に行動する．

Ein・waa・ge 女-/ **1** 量り減り. **2**〈容器や包装などを除いた〉正味重量. **3**〖化学〗定量.

ein|wach・sen¹ 他〈床・スキーなどに〉ワックスを塗り込む.

ein|wach・sen²* 自 (s) **1**〈植物が〉根づく, 根を張る. **2** 成長して食込む. Der Nagel ist ins Fleisch *eingewachsen*. 爪が伸びて肉に食込んだ.

ein|wäh・len 再 (sich⁴)〈電話回線を通じて〉インターネットに接続する.

Ein・wand ['aɪnvant アインヴァント] 男-[e]s/⁼e (↓ einwenden) 異議, 異論, 反対;〖法制〗抗弁. einen ~ erheben〈vorbringen〉異議を唱える, 反対する (gegen j⁴ 人⁴に).

Ein・wan・de・rer 男 -s/- (↔ Auswanderer)〈他国からの〉移住者, 移民, 来住者, 入植者.

ein|wan・dern ['aɪnvandərn アインヴァンダーン] 自 (s)〈他国から〉移民する, 入植する.

Ein・wan・de・rung 女 -/-en〈他国からの〉移住, 来住, 入植.

Ein・wan・de・rungs・land 中 -es/⁼er 移民受入れ国.

ein・wand・frei ['aɪnvantfraɪ アインヴァントフライ] 形 **1**〈商品などが〉申分のない, 欠陥のない. Sein Deutsch 非の打ちどころのない〈完璧な〉ドイツ語. Sein Benehmen war ~. 彼の立居振舞は申分なかった. **2** 異論〈疑問〉の余地のない.

ein・wärts 副 (↔ auswärts) **1** 内側へ, 内に向かって. ~ gehen 内股で歩く. **2**〖スキー〗軸足の内側のエッジを立てて. ◆ しばしば名詞と結びついた形で用いられる. stadt*einwärts* 市中へ. wald*einwärts* 森の中へ.

'**ein|we・ben**(*) 他 (in et⁴ 物⁴の中に) 織込む. ein Muster in den Stoff ~ 布地に模様を織出す.

'**ein|wech・seln** 他 **1**〈お金などを〉くずす; 両替する (in et⁴ /まれ gegen et⁴ 物⁴に). Können Sie mir einen Hunderteuroschein *einwechseln*? 100 ユーロ紙幣をくずしてもらえますか. **2**〖スポーツ〗〈控え選手を〉試合に出す (gegen j⁴ 人⁴と交替に).

'**ein|we・cken** ['aɪnvɛkən] 他 (einkochen, einmachen)〈肉・野菜・果実を味付けして保存するために〉びん詰めにする. Mein Vater ist ein Mann zum ~! 〘話〙君はどうしようもない男だ, 君なんかの出る幕じゃないさ. ◆ このような保存法を考案した Johann Weck, 1841-1914 の名前から.

'**Ein・weck・glas** 中 -es/⁼er (Einmachglas, Weckglas)〈食品保存用の〉密閉びん. ヴェックびん.

Ein・weg.. [aɪnve:k..]〘接頭〙名詞に冠して「1方向に限られた, 使い捨ての」の意を表す. Einwegmagischspiegel〈裏側からは透けて見える鏡〉. Einwegspritze 使い捨て注射器.

'**Ein|weg・fla・sche** 女 -/-n 使い捨ての瓶.

'**Ein|weg・hahn** 男 -[e]s/⁼e(-en)〖工学〗ワンウェイコック (1 方向にしか通さない栓).

'**Ein|weg・ver・pa・ckung** 女 -/-en 使い捨ての包装〈容器〉.

'**ein|wei・chen** 他 **1**〈水などに〉漬ける, 漬けて柔らかくする, ふやかす. die Bohnen über Nacht ~ 豆を一晩水に漬けてふやかす. schmutzige Wäsche ~ よごれ物を洗剤に漬ける. **2** 〘話〙ずぶ濡れにする. Wir wurden vom Regen völlig *eingeweicht*. 私たちは雨でびしょ濡れになった.

'**ein|wei・hen** ['aɪnvaɪən アインヴァイエン] 他 〖キリスト教〗(a)〈物⁴を〉神に捧げる, 奉献する; 祝別〈聖別〉する. eine Kirche ~ 教会を聖別する, (の)献堂式を行

う. (b) j⁴ zum Priester ~ 人⁴に司祭の資格を授け, (を)司祭に叙品(らくと)する. **2**〈物⁴の〉完成式, 除幕, 開通)を祝う. die neue Sporthalle ~ 新しい体育館の落成式を行う. **3** 〘戯〙〈新しい服などを〉おろす, 初めて袖を通す;〈器具などを〉初めて使用する. die neue Kamera ~ 新しいカメラの使い初(ぞ)めをする. **4** j⁴ in et⁴ ~ 人⁴に事⁴の奥義(おうぎ)を授ける, (を)打明ける〈明かす〉. j⁴ in einen Plan〈ein Geheimnis〉~ 人⁴にある計画を明かす〈秘密を打明ける〉. Sie hat ihn noch nicht *eingeweiht*. 彼女は彼にまだ打明けていない. Er ist noch nicht *eingeweiht*. 彼はまだよく事情を知らない; 彼はまだ素人(しろうと)だ. ▶ ↑Eingeweihte

'**Ein|wei・hung** 女 -/-en **1** 〖キリスト教〗奉献, 祝別, 聖別;〈聖堂の〉献堂式;〈聖職者の〉叙品. **2** 完成〈落成, 除幕, 開通〉式. **3**〈衣服の〉着初め,〈器具などの〉使い初め, 筆おろし. **4** 奥義(おうぎ)の伝授;〈秘密・情報などの〉打明け, 開陳.

'**ein|wei・sen*** 他 **1**〈人⁴を〉就任させる, 任用する (in ein Amt ある職に). **2**〈人⁴に〉教える, 手ほどきする. j⁴ in *eine* neue Aufgabe ~ 人⁴に新しい任務の手ほどきをしてやる. **3** j⁴ in einen Ort ~ 人⁴にある場所に入るよう指示する, (を)収容する, (を)ある場所へ誘導する. einen Patienten ins Krankenhaus ~ 患者を入院させる. einen Fahrer〈einen Wagen〉in eine Parklücke ~ ドライバー〈自動車〉を駐車場の空いた場所に誘導する.

'**Ein|wei・sung** 女 -/-en 任用, 任命;〈仕事などの〉手ほどき;〈入院などの〉指示.

'**ein|wen・den**(*) ['aɪnvɛndən アインヴェンデン] 他 異論を唱える, 反対理由を述べる. etwas gegen et⁴ ~ 事⁴に反対する. Ich habe nichts dagegen *einzuwenden*. 私はそれに異存はない.

'**Ein|wen・dung** 女 -/-en (Einwand) 異論, 反対;〖法制〗抗弁.

*'**ein|wer・fen*** ['aɪnvɛrfən アインヴェルフェン] ❶ 他 **1** 投げ入れて破壊する. ein Fensterscheibe mit einem Stein ~ 石を投げて窓ガラスを割る. **2** 投込む (in et⁴ 物⁴の中に). einen Brief [in den Briefkasten] ~ 手紙を投函する. **3** [den Ball] ~ 〖スポーツ〗スローインする. **4** 口をはさむ. ein Wort ~ はたから一言口をはさむ. **5** einen Trip ~ 〘隠〙ヤクをきる. ❷ 再 (sich⁴)〈練習によって〉正確なスローイングを身につける.

'**ein・wer・tig** ['aɪnvɛːrtɪç] 形 (von 1 Wert)〖化学・文法〗1 価の. ~es Element 1 価元素.

*'**ein|wi・ckeln** ['aɪnvɪkəln アインヴィケルン] 他 **1** 包む, くるむ (in et⁴ 物⁴に). **2** 〖比喩〗〈人⁴を〉丸めこむ. sich⁴ von j³ ~ lassen 人³に丸めこまれる.

'**Ein・wi・ckel・pa・pier** 中 -s/-e 包装紙.

'**ein|wie・gen**¹* 他 (↓ wiegen¹)〈容器などに〉量って入れる.

'**ein|wie・gen**² 他 (↓ wiegen²)〈子供などを〉ゆすって眠らせる.

'**ein|wil・li・gen** ['aɪnvɪlɪɡən] 自 (in et⁴ 事⁴に)同意〈賛成〉する, (を)承諾する.

'**Ein|wil・li・gung** 女 -/-en 同意, 賛成, 承諾;〖法制〗(vorherige Zustimmung) (↔ Genehmigung) 事前の同意.

'**ein|win・tern** ❶ 他〖地方〗〈野菜などを雪(ゆき)に囲ったりして〉寒さ〈霜害〉から守る, 越冬させる. ❷ 自 〘非人称的に〙 *Es wintert ein*. 冬本番になる.

'**ein|wir・ken** ['aɪnvɪrkən] ❶ 他 〖紡織〗(einweben)〈模様などを〉織り〈編み〉込む. ❷ 自 (auf j⟨et⟩⁴) 人⟨物⟩⁴に影響〈作用〉する, 感化をおよぼす, 効果がある.

Einwirkung

Diese Salbe *wirkt* auf die Haut *ein*. この軟膏は皮膚に効き目が. Kannst du auf ihn ~? 君は彼を説得することはできないか.

'Ein·wir·kung 囡 -/-en 影響, 作用.
'ein·wö·chent·lich 厖 1週間ごとの.
'ein·wö·chig 厖 (生後) 1週間の, 1週間にわたる.
*'**Ein·woh·ner** ['aɪnvoːnər アインヴォーナー] 男 -s/- 1 住民, 居住者. 2《まれ》《ある家の)住人.
'Ein·woh·ner·mel·de·amt 囲 -[e]s/¨-er (市町村役場の)住民登録課, 戸籍係.
'Ein·woh·ner·schaft 囡 -/《総称的に》(ある地域の)住民.
'Ein·woh·ner·zahl 囡 -/-en 居住者数, 人口.
'Ein·wurf ['aɪnvɔrf] 男 -[e]s/¨-e (↓ *einwerfen*) 1 (自動販売機などの)コインの)投入, (手紙の)投函; 投入口. 2《スポーツ》スローイン. 3 差出(し)口, 口出し. *Einwürfe* gegen j⟨et⟩⁴ *machen* 人⟨物⟩⁴に反対して口をはさむ, (に)いちゃもんをつける.
'ein·wur·zeln ❶ 圓 (s) 1 根づく, 根を張る. Diese Birke muss noch ~. この白樺はもっと根を張らなくてはならない.《過去分詞で》*wie eingewurzelt* [da]stehen⟨stehen bleiben⟩《比喩》立ちすくむ, 立ちつくす. eine *eingewurzelte* Abneigung gegen j⁴ *haben* 人に対して根深い反感を抱いている. 2 ある土地に)住みつく, なじむ; (風習などが)定着(普及)する, 一般に行われる. In dieser Stadt konnte sie [*sich*] nicht ~. 彼女はこの町の水になじむことができなかった. ❷ 圓 (*sich*¹) 根づく, 根を張る; なじむ.
'Ein·zahl 囡 -/ (↓ *eine Zahl*)《文法》(Singular) (↔ Mehrzahl) 単数.
*'**ein·zah·len** ['aɪntsaːlən アインツァーレン] 他 (金を)払込む, 振込む; 入金する, 預金する. einen Betrag bei einer Bank⟨auf ein Konto⟩ ~ ある金額を銀行に払込む⟨口座に振込む⟩.
*'**Ein·zah·lung** ['aɪntsaːlʊŋ アインツァールング] 囡 -/-en 1 払込み, 入金, 預金. 2 払込み(入金, 預金)額.
'Ein·zah·lungs·schein 男 -[e]s/-e 1 貯金預入票. 2《ミウィス》(Zahlkarte) 郵便振替用紙.
'ein·zäu·nen ['aɪntsɔʏnən] 他 (↓ *Zaun*) 垣(棚), 塀)で囲う.
'Ein·zäu·nung 囡 -/-en《複数なし》(垣・柵・塀などで)囲うこと. 2 垣, 柵, 塀, フェンス.
'ein|zeich·nen 他 書込む, 記入する. Die Stadt ist in⟨auf⟩ der Karte nicht *eingezeichnet*. その町はこの地図に載ってない.《再帰的に》*sich*¹ in eine Liste ~ 自分の名前を名簿に書込む(登録する). In seinem Gesicht hatten *sich*¹ tiefe Falten *eingezeichnet*.《比喩》彼の顔には深い皺(ゥェ)が刻まれていた.
'Ein·zeich·nung 囡 -/-en 書込み, 書入れ; 登録.
'Ein·zel ['aɪntsəl] 囲 -s/-《スポーツ》(Einzelspiel) (↔ Doppel) (テニス・バドミントンなどの)シングルス.
'Ein·zel·aus·ga·be 囡 -/-n《出版》単行本.
'Ein·zel·fall 男 -[e]s/¨-e 1 唯一の(例外的な)事例(ケース), 特殊ケース, 特例. 2 個々のケース(場合).
'Ein·zel·gän·ger ['aɪntsəlgɛŋər] 男 -s/- 1 単独歩行者, 独行者; 一匹狼, マーヴェリック; 非社交的な変人. 2《狩猟》群れを離れた獣.
'Ein·zel·haft 囡 -/《法制》単独拘禁.
'Ein·zel·han·del 男 -s/ (↔ Großhandel) 小売.
'Ein·zel·han·dels·ge·schäft 囲 -[e]s/-e 小売店.
'Ein·zel·han·dels·kauf·mann 男 -[e]s/..leute

小売業者.
'Ein·zel·han·dels·preis 男 -es/-e 小売価格.
'Ein·zel·händ·ler 男 -s/- 小売業者, 小売商人.
'Ein·zel·haus 男 -es/¨-er 一戸建ての家, 独立家屋.
*'**Ein·zel·heit** ['aɪntsəlhaɪt アインツェルハイト] 囡 -/-en《ふつう複数で》(全体の中の)個々の事柄, 細目, 細部. bis in alle ~ en 細部にわたって, 事細かに.
'Ein·zel·kampf 男 -[e]s/¨-e 個人戦;《軍事》各個戦闘, 白兵戦.
'Ein·zel·kind 囲 -[e]s/-er ひとりっ子.
'Ein·zel·ler ['aɪntsɛlər] 男 -s/- (↓ *eine Zelle*)《生物》単細胞生物.
'ein·zel·lig [..tsɛlɪç] 厖《生物》単細胞の.

'ein·zeln ['aɪntsəln アインツェルン] ❶ 厖 (述語的には用いない) 1 単独の, 個々の, 個別的の, 1人(1つ)だけの. ein ~er Baum ぽつんと1本だけ立っている木. jeder ~e Schüler どの生徒もみな(jeder Schüler の強調). die ~en Teile (機械などの)個々の部分, 部品 (1 Einzelteil).《名詞的用法》das *Einzelne*⟨°~e⟩ 細部, 個別, 特殊. Ein *Einzelner*⟨°~er⟩ kann wenig ausrichten. 1人でできることは高(ミミ)が知れている. jeder *Einzelne*⟨°~e⟩ 各人, めいめい. Auf den *Einzelnen*⟨°~en⟩ kommt es an. それはめいめいの問題である, それぞれ本人次第である. in *Einzelnen*⟨°~en⟩ 個々に, 細かに. ins *Einzelne*⟨°~e⟩ 細部に入り, 微に入り細を穿(う)つ. *bis ins Einzelne*⟨°~e⟩ *erzählen* 逐一すべてを話す. vom *Einzelnen ins Ganze gehen* 細部から出発して全体におよぶ. vom *Einzelnen zum Allgemeinen* 個別から普遍へ. 2 2, 3の, 若干の, ばらばらの. *Einzelne*⟨°~e⟩ von uns 私たちの中の若干名. *Einzelnes*⟨°~es⟩ *hat mir gefallen.* 私の気に入ったことも少しはあった. ▶ 1 *einzeln stehend*
❷ 剘 個々に, 別々に, ばらばらに. Er begrüßte die Gäste ~. 彼は客たちに1人ずつ挨拶した. Jeder Band ist ~ zu kaufen. 各巻ばらで買うことができます.
'ein·zeln ste·hend, 'ein·zeln·ste·hend 厖《付加語的用法のみ》1人(1つ)だけ離れて立っている.
'Ein·zel·preis 男 -es/-e 単価.
'Ein·zel·spiel 囲 -[e]s/-e 1《スポーツ》(a) (Einzel) シングルス. (b)《複数なし》個人プレー, 単独プレー. 2《音楽》(Solospiel) 独奏, ソロ.
'Ein·zel·stück 囲 -[e]s/-e 1 個々のもの; 単品. 2 1つしかないもの, 珍品, 逸品.
'Ein·zel·teil 囲 -[e]s/-e (機械などの)個々の部分, 部品.
'Ein·zel·ver·kauf 男 -[e]s/¨-e 小売.
'Ein·zel·we·sen 囲 -s/- (Individuum) 個体, 個人.
*'**Ein·zel·zim·mer** ['aɪntsəltsɪmər アインツェルツィマー] 囲 -s/- (ホテルの)シングルルーム, 1人部屋; 個室. ↑ Doppelzimmer
*'**ein|zie·hen** ['aɪntsiːən アインツィーエン] ❶ 他 1 入れる; はめ込む. einen Faden in ein Nadelöhr ~ 糸を針の耳に通す. 2 (香りなどを)吸込む, 吸引する. 3 引込める. den Kopf ~ 頭を引込める. den Schwanz ~ (犬が)しっぽを巻く;《比喩》しっぽを巻いて引下がる, おじけつく. die Segel ~ 帆を降ろす. 4 (会費・税金などを)徴収する, (財産などを)没収(押収)する; 回収する. Banknoten ~ 銀行券を回収する. 5 (職務・ポストを)廃止(撤廃)する. 6 (einholen) (情報などを)得る, 貰う. über et⁴ Erkundigungen ~ 事に

ついて照会する． **7**（兵士を）徴集(召集)する．**8**〘印刷〙行の頭を下げる．
❷ 自 (s) **1**（↔ausziehen）入居する．in eine neue Wohnung ～ 新しい住居に入居する．**2**（行進して）入って来る，入場する．**3**（季節などが）やって来る，訪れる．**4** しみ込む．Die Feuchtigkeit ist in die Mauer eingezogen. 湿気が壁にしみ込んだ．

'Ein·zie·hung 囡 -/ **1**〘書〙（税金・未回収金などの）取り立て，徴収，回収．**2**〘法制〙没収，押収．**3**（兵役への）徴集，召集．**4**〘書〙（情報などの）収集，照会．

'ein·zig [ˈaɪntsɪç アインツィヒ] ❶ 形 **1** 唯一の，1人(1つ)だけの．nur ein ～es Mal たった1度(回)．unser ～er Sohn / unser Einziger 私たちのひとり息子．ihr ～er Trost im Alter 彼女の老後の唯一の慰め．Du bist der Einzige⟨°～e⟩, der mir hilft. 君は私を助けてくれるたった1人の人だ．Das ist das Einzige⟨°～e⟩, was ich kann. これは私にできる唯一のことです．Sie hat als Einzige⟨°～e⟩ keinen Fehler gemacht. ミスをしなかったのは彼女ただ1人であった．＊einzig は意味上比較変化をしないが，口語では最上級語尾の -st をつけて意味を強めることがある．Das wäre das Einzigste(=Einzige), was ich für dich tun kann. これが私が君のためにしてあげられるたったひとつのことだろうね．**2**（付加語的にしか用いない）無比(無類)の，卓越した．In diesem Gebiet ist er ～. この分野では彼は比肩する者がいない．eine ～ schöne Plastik たぐいなく美しい塑像．
❷ 副《多く次の成句で》Das ist das ～ Wahre ⟨Richtige⟩. 〘話〙ただただそれが本当の⟨正しい⟩ことなんだ．～ und allein ただただ，ひたすら，ひとえに．Einzig und allein das ist der Grund. 理由はただただこれだけなんだ．

'ein·zig·ar·tig [ˈaɪntsɪçˌaːɐtɪç] 形 無類(無比)の．eine ～e Gelegenheit またとない⟨絶好の⟩チャンス．～ schön sein たぐいなく美しい．

'Ein·zig·ar·tig·keit 囡 -/-en 無類，無比，唯一，絶無．

'Ein·zug [ˈaɪntsuːk] 男 -[e]s/～e（↓einziehen）**1**（↔Auszug）入居．**2**入場；（部隊などの）入城，進駐；（季節などの）到来．**3**（金の）徴収．**4**〘印刷〙字下がり，インデント．

'Ein·zü·ger [ˈaɪntsyːɡɐ] 男 -s/- **1**（ᐯᐯ）(Kassierer) 会計(出納)係．**2**〘古〙(Einwanderer)（他国からの）移住者，移民，入植者．

'Ein·zugs·be·reich 男囡 -[e]s/-e **1**〘交通〙交通圏，サービスエリア．**2**〘経済〙Einzugsgebiet 2

'ein·zugs·fer·tig 形 即刻入居可能な．

'Ein·zugs·ge·biet 囲 -[e]s/-e **1**〘地学〙(川などの)流域，集水域．**2**〘経済〙経済圏，流通圏．

'ein|zwän·gen 他 **1** 無理やり押し込む(in et⁴ 物の中に)．❷ 再 (sich⁴) 無理やり身体を入れる(割り込む)．sich in ein beengendes Kleid ～ 窮屈なドレスを無理して着る．

'Ei·pul·ver 囲 -s/-〘料理〙粉末卵．

'ei·rund 形 (oval) 卵形の，楕円形の．

'eis, 'Eis¹ [ˈeːɪs] 囲 -/-〘音楽〙嬰ホ音．

Eis² [aɪs アイス] 囲 -es/ **1** 氷．ein Block⟨eine Stange⟩ ～ 塊⟨棒状⟩状の氷．eine dicke ⟨dünne⟩ Schicht ～ 厚い⟨薄い⟩氷(の層)．ein Herz von⟨aus⟩ ～《比喩》氷の心，冷酷な心．Das ～ bricht⟨schmilzt⟩. 氷が割れる⟨溶ける⟩. das ～ brechen 氷を割る；《比喩》(交流を妨げる)障壁(隔壁)を打破する．Das ～ ist gebrochen. 障壁が除かれた(消えた)；気づまり(堅苦しさ)がほぐれた．Das ～ trägt noch nicht.（スケートをするにはまだ氷の厚さが足りない．《前置詞で》auf dem ～ [Schlittschuh] laufen アイススケートをする．et⁴ auf ～ legen⟨in ～ stellen⟩ ワインの瓶を氷に載せて⟨氷の中に立てて⟩冷やす．et⁴ auf ～ legen〘話〙事⁴をしばらく凍結する，さしあたり問題にしない，棚上げにする．j⁴ auf ～ legen《話》人⁴を用いない，一時待機させる．j⁴ aufs ～ führen《話》人⁴を(だまして)窮地に陥れる，はめる．aufs ～ tanzen gehen《話》浮かれて調子に乗る(そして失敗をする)．Wenn's dem Esel zu wohl ist, geht er aufs ～ tanzen [und bricht ein Bein]. ⟨諺⟩阿呆は ご機嫌になるとつい調子に乗ってしくじる．[zu] ～ werden 氷になる，凍る．**2**〘스ᐯ〙スケートリンク．**3** (Speiseeis) アイス，アイスクリーム．
♦↑Eis laufen

'Eis·bahn 囡 -/-en **1** スケートリンク．**2**〘話〙アイスアリーナ(競技場)．

'Eis·bär [ˈaɪsbɛːɐ] 男 -en/-en 北極熊，白熊．

'Eis·beil 囲 -[e]s/-e〘登山〙アイスバイル(柄の短いアイスピッケル)．

'Eis·bein 囲 -[e]s/-e **1**〘料理〙アイスバイン（茹でて塩漬けにした豚の足）．**2**〘猟師〙（鹿・いのししの）腰骨(仙骨)．**3**（複数）〘戯〙冷たい足．～e bekommen 足が冷える．

'Eis·berg 男 -[e]s/-e 氷山，巨大な氷塊．

'Eis·beu·tel 男 -s/- 氷嚢(º°)．

'eis·blau 形 緑がかった青色の．ein ～er Himmel アイスブルーの空．

'Eis·blink [ˈaɪsblɪŋk] 男 -[e]s/-e〘気象〙アイスブリンク，氷光，氷映(氷原の反映で地平線のあたりに見える黄色がかった光)．

'Eis·blu·me 囡 -/-n（窓ガラスなどにできる花模様の）氷の結晶，氷の花．

'Eis·bom·be 囡 -/-n 半円形のアイスクリーム．

'Eis·bre·cher 男 -s/- **1** 砕氷船．**2**（橋脚などを流氷から守るための）流氷よけ．

'Eis·schnee 囲 -s/〘料理〙泡立てた卵白．

'Eis·creme [ˈaɪskreːm, ..krɛːm] 囡 -/-s (engl. ice-creme) アイスクリーム．

'Eis·de·cke 囡 -/-n（川・池などの表面に）張りつめた氷；氷床(しょう)．

'Eis·die·le 囡 -/-n アイスクリームパーラー．

'ei·sen [ˈaɪzən] ❶ (h, s) **1** (h) 氷採水する．**2** (s) 氷が張る，凍結する．Das Wasser ist geeist. 川(池，湖)が凍った．**3**（非人称的に）Es eist.〘地方〙氷が張る，凍(º°)てつく．❷ 他（食品を）冷凍する；氷で冷やす．

'Ei·sen [ˈaɪzən アイゼン] 囲 -s/- **1**（記号 Fe) 鉄；〘薬学・栄養〙鉄剤，鉄分．Ein ～ macht das andere scharf. / Ein ～ wetzt das andere.《諺》世の中は持ちつ持たれつだ(鉄を研(º°)ぐのは鉄である)．～ schmieden 鉄を鍛える．Man muss das ～ schmieden, solange es heiß ist.《諺》鉄は熱いうちに鍛えねばならぬ，好機を逃してはならない．ein heißes ～《比喩》厄介な⟨危険な⟩事柄．Die Bürokratie zu kritisieren ist bei uns oft ein heißes ～. 官僚政治を批判するのはわが国ではしばしば熱い鉄を素手で掴むようなものだ(きわめて危険である)．ein Schloss aus ～ 鉄製の錠前．ein Herz von⟨aus⟩ ～ haben 強心臓である．

Er ist wie von ~. 彼は頑健(強靱)である. **2** 《鉄製の器具を表して》(Bügel*eisen*) アイロン; (Brech*eisen*) 鉄梃(ﾃｺ); (Brenn*eisen*) 焼き印; (Hufeisen) 蹄鉄; (Schieß*eisen*) 銃器, 飛道具; [登山] (Steige*eisen*) アイゼン; [ｽﾎﾟ] アイアン; [猟師] (鉄製の)罠(ﾜﾅ). viele 〈mehrere/zwei〉~ im Feuer haben 《比喩》まだ多くのいくつかの/第2の)手(可能性)を残している. ein Pferd mit ~ beschlagen 馬に蹄鉄を打つ. zum alten ~ gehören《話》(高齢のため)もう仕事につけない, お払い箱である. et' zum alten ~ werfen〈legen〉《話》物を廃品(ほんこつ)処分にする. **3** 《複数》(Ketten, Fesseln) (人をつなぐ)鎖, 鉄鎖. j' in ~ legen〈schließen〉人を鎖につなぐ. (に)足枷(ｶｾ)をはめる. **4** [ｸｽﾞﾘ] (Klinge) 刀身, ブレード.

'**Ei·se·nach** ['aɪzənax]《地名》アイゼナハ(チューリンゲン州の都市, J. S. Bachの生地, 近くにSängerkriegで有名なヴァルトブルクの古城がある).

'**Ei·sen·bahn** ['aɪzənbaːn アイゼンバーン] 囡 -/-en 鉄道; 列車. die ~ benutzen 鉄道を利用する. in die ~ steigen 列車に乗車する. mit der ~ fahren 列車で行く. Das Kind spielt mit seiner ~. 子供はおもちゃの鉄道で遊んでいる. Jetzt ist es [die] höchste ~, dass du dich zur Schule fertig machst.《話》さあ大急ぎで学校に行く支度をする時間だよ. **2** (鉄道の)線路; 路線. ~en legen 線路を敷設する. **3** 鉄道(会社). Er arbeitet〈ist〉bei der ~. 彼は鉄道に勤めている.

'**Ei·sen·bah·ner** 男 -s/-《話》鉄道従業員, 鉄道員.
'**Ei·sen·bahn·fahrt** 囡 -/-en 鉄道の旅.
'**Ei·sen·bahn·kno·ten·punkt** 男 -[e]s/-e 鉄道連絡駅(接続駅).
'**Ei·sen·bahn·li·nie** 囡 -/-n 鉄道路線.
'**Ei·sen·bahn·netz** 中 -es/-e 鉄道網.
'**Ei·sen·bahn·über·gang** 男 -[e]s/¨-e 鉄道踏切.
'**Ei·sen·bahn·un·glück** 中 -[e]s/-e 鉄道事故.
'**Ei·sen·bahn·wa·gen** 男 -s/- 鉄道客車.
'**Ei·sen·bart[h]** ['aɪzənbaːrt] 男《戯》《次の成句で》ein Doktor ~ ドクトル・アイゼンバールト(荒療治する医者に対する異名; 腕は確かだが荒っぽくて奇行のゆえに悪名を売って俗謡にまで歌われた実在の外科医 Johannes Andreas Eisenbarth, 1661-1727 にちなむ).
'**Ei·sen·be·schla·gen** 彫 鉄張りの.
'**Ei·sen·be·ton** 男 鉄筋コンクリート.
'**Ei·sen·blech** 中 -[e]s/-e 薄鉄板, 薄鋼板.
'**Ei·sen·erz** ['aɪzənˌɛrts, ..ˌɛrts] 中 -es/-e 鉄鉱石.
'**Ei·sen·far·be** 囡 -/-n 酸化鉄鉱鉄色.
'**Ei·sen·fle·ckig·keit** [..flɛkɪçkaɪt] 囡 -/ (じゃがいもの)赤さび病.
'**Ei·sen·fres·ser** 男 -s/-大ほら吹き, 威張りたがり.
'**Ei·sen·gie·ße·rei** 囡 -/-en (1 Eisen gießen) **1**《複数なし》鋳鉄(ﾁｭｳﾃﾂ)製品の製造. **2** 鋳鉄工場.
'**Ei·sen·glanz** 男 -es/-e [鉱物] 鏡鉄鉱(ｷｮｳﾃｯｺｳ), 赤鉄鉱.
'**Ei·sen·guss** 男 -es/¨-e (↓ Eisen gießen) **1**《複数なし》鉄の製造. **2** 鋳鉄(ﾁｭｳﾃﾂ).
'**ei·sen·hal·tig** 彫 鉄分を含んだ.
'**Ei·sen·ham·mer** 男 -s/¨- **1** 鍛冶用のハンマー; 鍛鉄機械の大ハンマー. **2**《古》鍛冶屋の仕事場.
'**ei·sen·hart** 彫《比較変化なし》鉄のように硬い;《比喩》不屈の, 妥協しない. einen ~*en* Willen haben 鋼鉄の意志の持主である.
'**Ei·sen·hut** 男 -[e]s/¨-e **1** (中世のつばの広い)鉄兜(ｶﾌﾞﾄ). **2** [植物] とりかぶと; [薬理] アコニチン(↑ Akonitin).

'**Ei·sen·hüt·te** 囡 -/-n 製鉄所, 鉄工所.
'**Ei·sen·in·dus·trie** 囡 -/-n 鉄鋼業.
'**Ei·sen·kern** 男 -[e]s/-e [電子工] 鉄心(ﾃｯｼﾝ).
'**Ei·sen·kies** 男 -es/-e [鉱物] (Pyrit) 黄鉄鉱.
'**Ei·sen·kitt** 男 -[e]s/-e 鉄セメント.
'**Ei·sen·lack** 男 -[e]s/-e 鉄材用ワニス.
'**Ei·sen·oxid** 中 -[e]s/-e 酸化鉄.
'**Ei·sen·prä·pa·rat** 中 -[e]s/-e [薬学] 鉄剤.
'**Ei·sen·säu·er·ling** 男 -s/-e 炭酸鉄泉.
'**ei·sen·schüs·sig** ['aɪzənʃʏsɪç] 彫 [鉱物] 鉄分を多く含んだ.
'**Ei·sen·schwamm** 男 -[e]s/¨-e スポンジ状鉄.
'**Ei·sen·spat** 男 -[e]s/-e(¨-e) [鉱物] (Siderit) 菱(ﾘｮｳ)鉄鉱.
'**Eis·en·te** ['aɪs..] 囡 -/-n [鳥] こおりがも(氷鴨)
'**Ei·sen ver·ar·bei·tend**, °**ei·sen·ver·ar·bei·tend** 彫 鉄を加工する.《次のような成語で》die ~*e* Industrie 鉄鋼品工業.
'**Ei·sen·wa·re** 囡 -/-n《ふつう複数で》鉄製品, 鉄器類, 金物.
'**Ei·sen·werk** 中 -[e]s/-e **1** 鉄製の備品類(手すり・コートハンガーなど). **2** 鉄製品工場.
'**Ei·sen·wich·ser** 男 -s/- 金属塗装工.
'**Ei·sen·zeit** 囡 -/ [先史] (石器時代; 青銅器時代につづく鉄器時代(紀元前9世紀以降).

*'**ei·sern** ['aɪzərn アイゼーン] 彫 **1**《ふつう付加語的用法で》鉄の, 鉄製の. ein ~*es* Gitter 鉄格子. *Eiserne* Jungfrau [歴史] 鉄の乙女(↑ Jungfrau). *Eisernes* Kreuz (略 EK) 鉄十字勲章(プロイセン王国およびドイツの軍人勲章). ~*er* Vorhang [演劇] (客席と舞台との間の)防火鉄幕. **2**《比喩》 鉄のような, 堅固な, 揺るぎない, 不動(不屈)の; きびしい, 仮借(ｶｼｬｸ)ない; 非常時の, 常備の.《付加語的用法で》~*er* Bestand (非常用の)常備ストック. ~*e* Disziplin 鉄の規律. ~*e* Energie 不屈のエネルギー. eine ~*e* Gesundheit haben 鉄のように頑健である. ~*e* Hochzeit 鉄婚式(結婚後65年目). ~*e* Ration 非常用携帯口糧. das *Eiserne* Tor [地名] 鉄門峡(ﾙｰﾏﾆｱとユーゴスラヴィアとの国境にドナウ川がカルパート山脈を貫流する約3kmの峡谷名). der *Eiserne* Vorhang 鉄のカーテン(チャーチル Churchill 英首相が1946年共産圏諸国の閉鎖性を言った言葉). *mit dem* ~*en* Besen auskehren 事をびしびし取締る. mit ~*er* Faust 厳しく; 容赦なく. mit ~*er* Stirn 毅然として; 鉄面皮に. ~*er* Bestand eines Theaters gehören ある劇場(劇団)の十八番(ｵﾊｺ)の一つである.《述語的用法で》Er war darin ~. 彼はその点では容赦なかった(一歩も退かなかった).《副詞的用法で》~ arbeiten 夜を日について働く. ~ durchsetzen 毅然として持ちこたえる. ~ schweigen 絶対に口を割らない. **3**《古》当然の, もちろんの. [Aber] ~! もちろんだとも.

'**Ei·ses·käl·te** 囡 -/ 凍てつく寒さ, 極寒.
'**Eis·es·sig** ['aɪsˌɛsɪç] 男 -s/ [化学] 氷酢酸.
'**Eis·fach** 中 -[e]s/¨-er (冷蔵庫の中の)製氷室, 冷凍室(0°C以下の).
'**Eis·far·be** 囡 -/-n《ふつう複数で》[紡織] (Azofarbstoff) アゾ染料.
'**Eis·feld** 中 -[e]s/-er 氷原.
'**Eis·flä·che** 囡 -/-n 氷結面, 氷面.
'**eis·frei** 彫 **1** (河川・湖などが)氷の張らない, 不凍の,

Eis·fi·sche·rei 囡 -/ 〖漁業〗穴釣り(凍結した川・湖の表面に穴を割ってする冬季の魚釣り).

'Eis·fuchs 男 -es/⸚e 〖動物〗(Polarfuchs) ほっきょくぎつね(北極狐).

'Eis·gang 男 -[e]s/ **1** 解氷(凍結した河川が春先に解けだすこと). **2** 流氷(解けた河川の氷が流れだすこと).

'eis·ge·kühlt 形 氷(冷蔵庫)で冷した.

'eis·glatt 形 **1** (道路などが)氷のように、つるつるに凍った. **2** [´-´] 〘話〙氷のようにつるつるの.

'eis·grau 形 〘比喩〙(髪・ひげが)白い, 銀髪の.

'Eis·ha·ken 男 -s/- 〖登山〗アイスハーケン.

'Eis·hei·li·ge [´aıshaılıgə] 形 〘形容詞変化〙 **1** 〘カトリック〙氷の聖人. ⇒ Pankratius, Servatius, Bonifatius を氷の 3 聖人という. **2** 《複数で》寒の戻り(5 月 12 日から 5 月 14 日または 15 日までの期間中の). ▶前記の 3 聖人の祝日は 5 月 12 日、13 日、14 日で、この期間によく気温が急に下がり、霜が降りることから農民たちにこれを die Eisheiligen と呼んで怖れた. Bonifatius の代りに聖 Mamertus (祝日 5 月 11 日)を加える地方もある. ◆↑付録「聖人暦」5 月 12・13・14 日.

'Eis·ho·ckey [..hɔki, ..hɔkə] 中 -s/ 〘スポーツ〙アイスホッケー.

'ei·sig [´aızıç アイシィヒ] 形 **1** 氷のように冷たい(寒い). ein ⸚er Wind 寒風. Es ist ⸚ kalt. ひどく寒い. **2** ぞっとするような. ein ⸚er Schreck 冷水を浴びせられたような恐怖. **3** (眼差し・返事が)冷ややかな, 冷淡な.

'Eis·jacht 囡 -/-en 氷上ヨット.

'Eis·kaf·fee 男 -s/-s コーヒーフロート(コーヒーにアイスクリームを浮かべてもの).

'eis·kalt 形 **1** 氷のように冷たい, ひどく寒い. **2** (態度・口ぶりが)冷ややかな, 冷淡(冷酷)な.

'Eis·kel·ler 男 -s/- **1** 氷室(ひむろ). **2** 〘比喩〙(氷室のように)寒い部屋.

'Eis·kris·tall 男 -s/-e 《多く複数で》〖気象〗氷晶.

'Eis·kunst·lauf 男 -[e]s/ 〘スポーツ〙フィギュアスケート.

'Eis·kunst·läu·fer 男 -s/- フィギュアスケート選手. ◆女性形 Eiskunstläuferin 囡 -/-nen

'Eis·lauf [´aıslaof] 男 -[e]s/ アイススケート.

'Eis lau·fen, °**'eis|lau·fen*** 自 (s) アイススケートをする.

'Eis·läu·fer 男 -s/- アイススケーター, スケーター. ◆女性形 Eisläuferin 囡 -/-nen

'Eis·mann 男 -[e]s/⸚er **1** アイスクリーム売り. **2** 〘キリスト〙《複数で》=Eisheiligen (↑ Eisheilige 2)

'Eis·ma·schi·ne 囡 -/-n **1** 製氷機. **2** アイスクリーム製造機, アイスクリームフリーザー.

'Eis·meer 中 -[e]s/-e **1** 〖地理〗氷洋. das Nördliche 〈Südliche〉 ⸚ 北〈南〉極海. **2** 〘比喩〙広大な氷原.

'Eis·mo·nat 男 -[e]s/ 〘古〙(Januar) 1 月.

'Eis·mond 男 -[e]s/ =Eismonat

'Eis·na·del 囡 -/-n 《多く複数で》〖気象〗針状氷晶.

'Eis·ne·bel 男 -s/- 〖気象〗氷霧.

'Eis·pi·ckel 男 -s/- 〘登山〙(アイス)ピッケル.

'Ei·sprung [´aı..] 男 -[e]s/⸚e 〖生理〗排卵.

'Eis·punkt 男 -[e]s/ 〖物〗氷点.

'Eis·re·gen 男 -s/ 〖気象〗氷雨(ひさめ); 霰(あられ), 雹(ひょう).

'Eis·schie·ßen 中 -s/ 〘スポーツ〙カーリング.

'Eis·schnell·lauf 男 -[e]s/ 〘スポーツ〙スピードスケート.

'Eis·schol·le 囡 -/-n (川などに浮かぶ)氷塊, 流氷.

'Eis·schrank 男 -[e]s/⸚e **1** 氷冷蔵庫, アイスボックス. **2** 〘古〙(Kühlschrank) 冷蔵庫.

'Eis·se·geln 中 -s/ 水上ヨット競技(遊び).

'Eis·sport 男 -[e]s/ 水上スポーツ.

'Eis·sta·di·on 男 -s/..dien [..diən] スケートリンク, アイススケート競技場.

'Eis·stock 男 -[e]s/⸚e (カーリングで使用される柄のついた円盤状の)石, ストーン.

'Eis·stock·schie·ßen 中 -s/ = Eisschießen

'Eis·sturm·vo·gel 男 -s/⸚ 〖鳥〗フルマかもめ.

'Eis·tag 男 -[e]s/-e 《ふつう複数で》〖気象〗真冬日(最高気温が 0°C 以下の日).

'Eis·tanz 男 -es/ アイスダンス.

'Eis·vo·gel 男 -s/⸚ **1** 〖鳥〗かわせみ(翡翠). **2** 〖虫〗いちもんじちょう(一文字蝶).

'Eis·wein 男 -[e]s/-e アイスヴァイン(収穫を遅らせて凍らせた果実を絞って作った糖分の多い極上の白ワイン).

'Eis·wür·fel 男 -s/- 角氷, アイスキューブ.

'Eis·zap·fen 男 -s/- つらら(氷柱).

'Eis·zeit 囡 -/-en 〖地質〗 **1** 《複数なし》(Eiszeitalter) 氷河時代(更新世の通称). **2** (↔ Warmzeit) 氷期.

'Eis·zeit·al·ter 中 -s/ 〖地質〗(Pleistozän) 更新世, 洪積世.

'eis·zeit·lich 形 氷河時代の; 氷期の.

'ei·tel [´aıtəl アイテル] 形 **1** 虚栄心の強い, うぬぼれた. ⸚ wie ein Pfau sein 孔雀(くじゃく)のように見栄っぱりである. auf et⁴ ⸚ sein うぬぼれている. **2** 〘副詞的には用いない〙〘雅〙空(むな)しい, 空虚(空疎)な. eitles Gerede むだ話. eitle Wünsche 空望み. **3** 〘古〙〘不変化〙(lauter) ただ...だけ, ...ばかり. aus ⸚ Gold 純金製の. Wir sind ⸚ arme Sünder. 私たちは哀れな罪人(ざいにん)ばかりである.

'Ei·tel·keit 囡 -/(-en) **1** 虚栄心, うぬぼれ, 見栄っぱり. **2** 〘まれ〙〘雅〙空しさ, 儚(はかな)さ, 無常, 空虚, 空疎.

'Ei·ter [´aıtər] 男 -s/ 膿(うみ), 膿汁. In der Wunde hat sich⁴ ⸚ gebildet. 傷口が膿んできた(化膿した).

'Ei·ter·beu·le 囡 -/-n 膿瘍(のうよう), 膿腫.

'Ei·ter·herd 男 -[e]s/-e 化膿部, 膿巣(のうそう).

'ei·te·rig [´aıtərıç] =eitrig

'ei·tern [´aıtərn] 自 (h) 膿(う)む, 化膿する.

'Ei·te·rung 囡 -/-en 化膿.

'eit·rig [´aıtrıç] 形 (eiterig) 化膿した, 化膿性の.

'Ei·weiß [´aıvaıs アイヴァィス] 中 -es/-e (単位 -) **1** 《複数まれ》(↔ Eigelb) 卵白, 卵の白身. drei ⸚ 卵 3 個分の白身. Dotter und ⸚ trennen 黄身と白身を分ける. **2** 〖生化〗蛋白(質).

'ei·weiß·hal·tig 形 蛋白質を含んだ.

'Ei·zahn 男 -[e]s/⸚e 〖動物〗卵歯(鳥や爬虫類が孵化するさいに殻を破るために使う突起).

'Ei·zel·le 囡 -/-n 〖生物〗卵細胞.

Eja·cu·la·tio 'prae·cox [ejaku´la:tsio ´prɛ:kɔks] (*lat.*) 〖医学〗早漏.

Eja·ku·la·ti·on [ejakulatsi´o:n] 囡 -/-en (*lat.*) 〖医学〗射精.

eja·ku·lie·ren [ejaku´li:rən] 自 射精する.

EK [e:´ka:] (略) =Eisernes Kreuz 鉄十字勲章.

Ekar·té [ekar´te:] 中 -s/-s (*fr.* écarté) エカルテ(a) 2 人でするフランスのトランプ遊びの一種. (b) 両足を広げたフェンシングの姿勢. ↑ Grätsche (c) クラシックバレエで両足を広げたポーズ.

EKD [e:ka:´de:] (略) =Evangelische Kirche in Deutschland ドイツ福音教会.

'ekel [´e:kəl] 形 〘古〙〘雅〙《付加語的用法のみ》(ekel-

'**Ekel**¹ ['eːkəl] 男 -s/ 吐き気, むかつき, 嘔吐(嫌悪)感. Da kam mich [ein] ~ an. そのとき私は吐き気に襲われた. über et⁴〈vor et³〉~ empfinden 物⁴に吐き気を催す(はげしい嫌悪感を覚える). Er wurde sich³ selbst zum ~. 彼は自分がたまらなく嫌になった. ❷

'**Ekel**² 男 -s/- 《話》いやなやつ. Du ~! いやなやつめ.

'**ekel·er·re·gend** 形 吐き気を催すよう, むかむかさせるような, いやな, 不快な. ◆ Ekel erregend とも書く.

***ekel·haft** ['eːkəlhaft エーケルハフト] 形 **1** 吐き気を催すような, むかむかするような, いやな, 不快な. ~er Geruch〈Anblick〉いやな臭い〈光景〉. ~ schmecken むかつくような味がする. **2** 《話》ひどい. eine ~e Hitze ひどい暑さ. Es ist ~ kalt. やけに寒い.

'**eke·lig** ['eːkəlɪç] 形 =eklig

'**ekeln** ['eːkəln] ❶ 再 (sich⁴) (vor j〈et〉³) 人〈物〉³に反吐(へど)を催す, (が)たまらなく嫌である. Ich ek[e]le mich vor diesem Geruch〈vor Schlangen〉. 私はこの臭いを嗅ぐとむかむかする〈蛇が大嫌いである〉. ❷ 自 《非人称的に》Es ekelt mich〈mir〉vor j〈et〉³. / Mich〈Mir〉ekelt vor j〈et〉³. 私は人〈物〉³に吐き気を催す(がたまらなくいやだ). ❸ 他 **1**（人⁴に)吐き気を催させる, 嫌悪感を起こさせる. **2** j⁴ aus et³ ～ いじめて〈嫌がらせをして〉人⁴を物³〈職場・集団など〉から追出す.

'**Ekel·na·me** ['eːkəlnaːmə] 男 -ns/-n 《germ.》(Bei-, Spitzname) 異名, 別名, あだ名. ◆ 格変化は Name 参照.

Ekg, EKG [eːkaː'geː] 中 -[s]/-[s] 《略》=Elektrokardiogramm

Ek·kle·sia [ɛ'kleːzia] 女 -/ 《gr., Volksversammlung》 **1** 《歴史》集会; (とくに古代ギリシアの)人民集会, 民会. **2** 《キリスト》(Ecclesia) (信者の集まりとしての)キリスト教教会.

Ek·kle·si·as·tik [ɛkleziˈastɪk] 女 -/ =Ekklesiologie

Ek·kle·si·o·lo·gie [ɛkleziolo'giː] 女 -/ 《神学》教会論, 教会学.

Eklat [eˈkla(ː)] 男 -s/-s 《fr.》 **1** 大騒ぎ, 騒動. **2** センセーション, スキャンダル. einen ~ erregen〈verursachen〉センセーションを巻起す.

ekla·tant [eklaˈtant] 形 《fr.》 **1** 明白な. ~e Unterschiede 明々白々な差異. **2** センセーショナルな. Sie hat ~e Erfolge errungen. 彼女は華々しい成功を収めた.

Ek·lek·ti·ker [ɛk'lɛktikər, e'k..] 男 -s/- 《gr.》 **1** 《哲学》折衷(せっちゅう)主義者. **2** 《俗》(独創性のない)折衷主義の芸術家(思想家), 亜流.

ek·lek·tisch [ɛkˈlɛktɪʃ, eˈk..] 形 **1** 折衷主義的な. **2** 《俗》折衷的な, 独創性を欠いた.

Ek·lek·ti'zis·mus [ɛklɛktiˈtsɪsmʊs, ek..] 男 -/ **1** 折衷主義. **2** 《俗》(芸術・思想の分野での)独創性のなさ, 亜流(模倣)主義.

'**ek·lig** ['eːklɪç] 形 (↓ Ekel) **1** (ekelhaft) 吐き気を催すような, むかむかするような, いやな, 不快な. **2** 《話》(態度などが)感じの悪い, 思いやりのない, 冷たい. ein ~er Vorgesetzter 感じの悪い上司. Sie ist ~ in ihrer Wirtschaft. 彼女は金銭にはきたない. Sei doch nicht so ~! そんなに冷たくするなよ. Du, ich kann ganz schön ~ werden. 君, 私をあまり怒らせるんじゃないよ. **3** 《副詞的用法で》《話》(sehr) ひどく. Hier ist es ja ~ schwül. ここはひどくむし暑い.

Ek·lip·se [ɛk'lɪpsə, e'k..] 女 -/-n 《gr.》《天文》食 (日食・月食).

Ek·lip·tik [ɛk'lɪptɪk, e'k..] 女 -/-en 《天文》黄道.

ek·lip·tisch [ɛk'lɪptɪʃ, e'k..] 形 食(日食, 月食)の.

Ek'lo·ge [ɛk'loːgə] 女 -/-n 《文学》(古代ローマの)牧歌, 田園詩(牧人を扱った対話形式の短詩).

Ekos'sai·se [ekɔˈsɛːzə] 女 -/-n 《fr.》《音楽》エコセーズ(スコットランド起源の速い3拍子の舞曲).

Ek·pho'rie [ɛkfoˈriː] 女 -/-n [..ˈriːən] 《gr.》《心理》(記憶を喚起する過程での)連想.

ekrü [eˈkryː] 形 《不変化》《fr.》(生糸・羊毛などに関した)自然色の, 無漂白の.

Ekrü·sei·de 女 -/-n (Rohseide) 生糸(きいと).

Eks'ta·se [ɛkˈstaːzə, eksˈtaːzə] 女 -/-n 《gr.》 **1** (宗教的)エクスタシー, トランス状態, 脱魂(だっこん), 法悦, 忘我, 恍惚. **2** 有頂天, 熱狂, 感激.

Eks'ta·ti·ker [ɛkˈstaːtikər, eksˈt..] 男 -s/- **1** トランス状態にある(になりやすい)人, 法悦家. **2** 熱狂者, 感激家, 夢中になりやすい人.

eks'ta·tisch [ɛkˈstaːtɪʃ, eksˈt..] 形 **1** トランス状態の, 恍惚とした, 法悦の, 忘我の. **2** 無我夢中の, 熱狂した.

Eku·a'dor [ekuaˈdoːr] 《地名》=Ecuador

Ek'zem [ɛkˈtseːm] 中 -s/-e 《gr.》《病理》湿疹(しっしん).

Ela·bo'rat [elaboˈraːt] 中 -[e]s/-e 《lat.》 **1** 《雅》(推敲をへた)労作, 完成稿. **2** 《話》《俳》やっつけ仕事, 駄作.

Elan [eˈlaːn, eˈlã] 男 -s/ 《fr.》はずみ, 勢い, 飛躍; 高揚, 感激. mit ~ 元気よく, 熱っぽく. ~ vital [elãviˈtal] 《哲学》生命の飛躍 (Bergsonの用語).

Elas·tik [eˈlastɪk] 中 -s/-s 女 -/(-en) (↓ elastisch) 伸縮性のある織物.

***elas·tisch** [eˈlastɪʃ エラスティシュ] 形 《fr.》 **1** 伸縮性(弾性)に富んだ. ~e Faser 《医学・生物》弾性繊維. **2** (態度などが)柔軟な, しなやかな, 融通性のある. eine ~e Politik 柔軟性のある政策. sich⁴ ~ bewegen 身動きがしなやかである.

Elas·ti·zi'tät [elastitsiˈtɛːt] 女 -/ **1** 《物理》弾性; 伸縮性. **2** 《比喩》柔軟性, しなやかさ, 融通自在.

Elas·ti·zi'täts·gren·ze 女 -/-n 《力学》弾性限界.

'**Ela·tiv** ['eːlatiːf] 男 -s/-e 《lat.》《文法》絶対的最上級.

'**El·be** ['ɛlbə] 女 -/ 《地名》die ~ エルベ川(チェコからドイツ東部を北上し北海に注ぐ大河).

'**Elb·Flo·renz** ['ɛlp-florɛnts] 《地名》エルベ河畔のフィレンツェ (Dresdenの美称).

'**el·bisch** ['ɛlbɪʃ] 形 (↓ Alb²) 《古》=elfisch

Elch [ɛlç] 男 -[e]s/-e 《動物》ヘラジカ.

'**Elch·test** 男 -[e]s/-e (自動車の)急ハンドル走行テスト(急に路上に飛び出してくる障害物をよけることから).

El·do·ra·do [ɛldoˈraːdo] 中 -s/-s 《sp.》 **1** エルドラド(植民時代のスペイン人がアマゾン川の上流域にあると想像した黄金郷. el dorado, das Vergoldete [Land]"). **2** 《比喩》理想郷, 楽園, 夢の国.

Ele·a·te [eleˈaːtə] 男 -n/-n 《ふつう複数で》(古代ギリシアの)エレア学派の哲学者.

Elec'tro·nic Cash [ɪlɛk'trɔnɪk kɛʃ] 中 --/ 《engl.》電子マネー.

Elec'tro·nic 'Com·merce [..'kɔmərs] 中 --/ 《engl.》電子商取引.

Ele'fant [eleˈfant] 男 -en/-en 《gr.》《動物》象. sich⁴ wie ein ~ im Porzellanladen benehmen 《話》場違いなことをやらかしてなにもかもぶち壊しにする, 場所

柄をわきまえないへまをする.

Ele·fan·ten·hoch·zeit 囡 -/-en《話》巨大合併.

Ele·fan·ten·laus 囡 1《まれ》《植物》(Cashewnuss) カシューナッツ. 2《動物》そうじらみ(象虱).

Ele·fan·ti·a·sis [elefanˈtiːazɪs] 囡 -/..tiasen [..tiˈaːzən]《病理》象皮病.

***ele·gant** [eleˈgant エレガント] 形 (fr.) 1 (人柄・趣味・言行・服装・調度・文体などが)エレガントな, 洗練された, 品のよい, 優雅(優美)な. 2 (ワインが)エレガントな(味と香りのバランスがとれているさま).

Ele·gant [eleˈgãː] 男 -s/-s (fr.)《古》伊達(だて)男, 洒落(しゃれ)者, 気取屋.

Ele·ganz [eleˈgants] 囡 -/ エレガンス, 上品, 優美, 洗練.

Ele·gie [eleˈgiː] 囡 -/-n [..ˈgiːən] (gr.) 1《文学》エレゲイア, 悲歌(古代ギリシア・ローマのディスティヒョンから成る詩型). ↑Distichon. 2 (詩型にかかわりなく一般に)エレジー, 悲歌, 哀歌. Goethes „Römische ~n" ゲーテ作『ローマ悲歌』.

Ele·gi·ker [eˈleːgikɐr] 男 -s/- (Elegiendichter) エレゲイア作者, 悲歌詩人.

ele·gisch [eˈleːgɪʃ] 形 1《文学》エレゲイア体の, 悲歌(哀歌)風の. 2《比喩》哀調をおびた, 悲しみをたたえた.

Elei·son [eˈlaɪzɔn] 中 -s/-s (gr., Erbarme dich!')《キリスト教》エレイソン(↑Kyrie eleison を簡略化したもの).

Elek·tra [eˈlɛktra] (人名)《ギリシア神話》エーレクトラー, エレクトラ(Agamemnon 王の娘, 父を殺した母に復讐をとげる).

Elek·tra·kom·plex 男 -es/《心理》エレクトラ・コンプレックス(女性が父親に対して抱く近親愛的コンプレックス. ↑Ödipuskomplex).

elek·tri·fi·zie·ren [elɛktrifiˈtsiːrən] 他 (工場・鉄道などを)電化する.

Elek·tri·fi·zie·rung 囡 -/-en《複数まれ》電化.

Elek·trik [eˈlɛktrɪk] 囡 -/-en 1 (車などの)電気設備(装備)の全体, 電気系統. 2《複数なし》《話》(Elektrotechnik) 電気工学.

Elek·tri·ker [eˈlɛktrikɐr] 男 -s/-《話》電気技術者, (とくに)電気工事士, 配線工.

***elek·trisch** [eˈlɛktrɪʃ エレクトリシュ] 形 電気の, 電気的な, 電気による; 電気を発生させる; 電気を帯びた. ~es Feld 電場. ein ~er Generator 発電器. ~es Licht 電灯. eine ~e Lokomotive 電気機関車. ~e Spannung 電圧. ~er Strom 電流. einen ~en Schlag bekommen 感電する. et¹ ~ betreiben 物¹を電気で動かす. Die Maschine geht ⟨läuft⟩ ~. その機械は電気で動く(電動式である). ~ heizen 電気暖房する.

Elek·tri·sche 囡《形容詞変化》《話》《古》市電.

elek·tri·sie·ren [elɛktriˈziːrən] (fr.) ❶ 1 (人⟨物⟩³に)電気を通す, 電気を帯びさせる, 帯電させる. 2《医学》(人⁴に)電気療法をほどこす. j³ Muskulatur ~ 人³の筋肉組織に電気ショックを与える. 3《比喩》(人⁴を)あっと言わせる, (の)度肝(どぎも)を抜く; 感動させる. das Publikum ~ 観客をしびれさせる. ❷ 再 ⟨sich⁴⟩ 感電する.

Elek·tri·sier·ma·schi·ne 囡 -/-n (実験用・デモ用)発電機.

***Elek·tri·zi·tät** [elɛktritsiˈtɛːt エレクトリツィテート] 囡 -/ 1《物理》電気. positive⟨negative⟩ ~ 陽⟨陰⟩電気. statische ~ 静電気. ~ erzeugen 発電する. 2 電力; 電流. eine Stadt mit ~ versorgen ある都市に電力を供給する.

Elek·tri·zi·täts·werk 中 -[e]s/-e 発電(変電, 配電)所.

Elek·tri·zi·täts·zäh·ler 男 -s/- 積算電力計.

elek·tro..., Elek·tro.. [elɛktroː..]《接頭》形容詞・名詞に冠して「電気(の)」の意を表す.

Elek·tro·akus·tik [elɛktroaˈkʊstɪk, -ˈ----] 囡 -/ 電気音響学.

Elek·tro·au·to [-ˈ----] 中 -s/-s 電気自動車.

Elek·tro·che·mie [-ˈ----] とも 囡 -/ 電気化学.

Elek·tro·de [elɛkˈtroːdə] 囡 -/-n《電子工》電極. negative⟨positive⟩ ~ カソード⟨アノード⟩. 2《医学》(心電図などの)導子.

Elek·tro·dia·gnos·tik [-ˈ-----] 囡 -/《医学》電気診断法.

Elek·tro·dy·na·mik [-ˈ----] とも 囡 -/ 電気力学.

Elek·tro·en·ze·pha·lo·gramm [..ɛntsefaloˈgram] 中 -s/-e (略 EEG)《医学》脳波図.

Elek·tro·fahr·zeug [-ˈ----] 中 -[e]s/-e 電気自動車.

Elek·tro·ge·rät [-ˈ----] 中 -[e]s/-e 電気製品, 電気器具.

Elek·tro·gi·tar·re [-ˈ----] 囡 -/-n《楽器》エレキギター.

Elek·tro·herd [-ˈ---] 男 -[e]s/-e 電気レンジ, 電気調理器.

Elek·tro·in·dus·trie [-ˈ----] 囡 -/-n 電気機械産業.

Elek·tro·in·ge·ni·eur [-ˈ------] 男 -s/-e (高等専門教育を受けた)電気技術者, 電気技師.

Elek·tro·in·stal·la·teur [-ˈ------] 男 -s/-e 電気設備工, 電気工事工.

Elek·tro·kar·dio·gramm 中 -s/-e (略 EKG, Ekg)《医学》心電図.

Elek·tro·kar·ren [-ˈ----] 男 -s/- (小型の)荷物運搬用電動車, 電動トロッコ.

Elek·tro·kaus·tik [-ˈ----]《医学》電流焼灼(しょうしゃく)法.

Elek·tro·ly·se [..ˈlyːzə] 囡 -/-n《化学》電気分解, 電解.

Elek·tro·lyt [..ˈlyːt] 男 -s(-en)/-e[n]《化学》電解質(物質).

Elek·tro·lyt·ei·sen 中 -s/《化学》電解鉄.

elek·tro·ly·tisch [..ˈlyːtɪʃ]《化学》電解の, 電解による; 電解質の. ~e Dissoziation 電離, イオン化. ~e Raffination 電解精錬.

Elek·tro·ma·gnet [-ˈ----] とも 男 -en(-[e]s)/-e[n] 電磁石.

elek·tro·ma·gne·tisch 形 電磁気(電磁)の. ~e Einheit 電磁単位. ~es Feld 電磁場. ~es Spektrum 電磁スペクトル. ~e Wellen 電磁波.

Elek·tro·ma·gne·tis·mus [-ˈ------] 男 -/ 電磁気現象, 電磁相互作用.

Elek·tro·me·cha·nik 囡 -/ 電気工学.

Elek·tro·me·ter 中 -s/- 電位計.

Elek·tro·mo·bil [..moˈbiːl] 中 -s/-e =Elektrofahrzeug.

Elek·tro·mo·tor [eˈlɛktromo(ː)tor] 男 -s/-en《工学》電気モーター, 電動機.

'**Elek·tron** [eˈlɛktrɔn, eˈlɛkrɔn, elɛkˈtroːn] 中 -s/-en[elɛkˈtroːnən] (gr., Bernstein')《物理》電子, エレクトロン.

Elek·tron[2] [eˈlɛktrɔn] 田 -s/ **1**《商標》エレクトロン，マグネシウム合金. **2**（古代ギリシアで貨幣に用いられた）琥珀金（ごん）, エレクトラム（金と銀との自然合金）.

Elek·tro·nen·blitz [elɛkˈtroːnən..] 男 -es/-e（カメラの）ストロボ.

Elek·tro·nen·ge·hirn 中 -[e]s/-e《話》電子頭脳（コンピュータの少し古い俗称）.

Elek·tro·nen·mi·kro·skop 中 -s/-e 電子顕微鏡.

Elek·tro·nen·op·tik 女 -/ 電子光学.

Elek·tro·nen·or·gel 女 -/-n 電子オルガン.

Elek·tro·nen·röh·re 女 -/-n《電子工》電子管.

Elek·tro·nen·schleu·der 女 -/-n《原子物理》(Betatron) ベータトロン.

Elek·tro·nen·strahl 男 -[e]s/-en《原子物理》電子線.

Elek·tro·nen·volt 中 -(-[e]s)/-《記号 eV》《原子物理》電子ボルト（素粒子・原子核・原子・分子などのエネルギーを表す単位）.

Elek·tro·nik [elɛkˈtroːnɪk] 女 -/ **1** エレクトロニクス，電子工学. **2**《話》(テレビ・カメラなどに組込まれている) 電子部品(の全体).

Elek·tro·ni·ker [..troːnikər] 男 -s/- (Elektroniktechniker の短縮) (高等専門教育を受けた) エレクトロニクス技術者，電子工学技師.

elek·tro·nisch エレクトロニクスの, 電子工学に基づいた. ~*e* Datenverarbeitung《略 EDV》電子データ処理. ~*e* Musik 電子音楽.

ˈElek·tron·volt 中 -(-[e]s)/- =Elektronenvolt

Elek·tro·ofen [eˈlɛktro..] 男 -s/⸚《工学》電気炉.

elek·tro·phil [elɛktroˈfiːl] 肜《化学》求電子(親電子)の. ~*e* Reagens 求電子試薬.

Elek·tro·pho·re·se [..foˈreːza] 女 -/《化学》電気泳動.

Elek·tro·ra·sie·rer [-ˈ-----] 男 -s/-《話》電気かみそり.

Elek·tro·schock [-ˈ---] 男 -[e]s/-s(-e)《医学》電気ショック.

Elek·troˈskop 中 -s/-e《物理》検電器.

Elek·tro·smog [-ˈ---] 男 -[s]/-s 電磁波ノイズ.

Elek·tro·sta·tik 女 -/《電気》静電気学.

Elek·tro·tech·nik [-ˈ----- とも] 女 -/ 電気工学.

Elek·tro·tech·ni·ker [-ˈ------ とも] 男 -s/- (高等専門教育を受けた) 電気技師(技術者).

Elek·tro·the·ra·pie [-ˈ------ とも] 女 -/《医学》電気療法.

Elek·tro·to·mie [..toˈmiː] 女 -/-n [..ˈmiːən]《医学》電気切開術.

*Ele·ment [eleˈmɛnt] エレメント 中 -[e]s/-e (*lat.*) **1** (Urstoff) (古代哲学で自然界を構成すると考えられた) 根本要素, 元素;《ふつう複数で》自然力. das gefräßige ~《戯》火. das nasse ~《雅》水. die vier ~*e* 四大（し）(地・水・火・風). das Toben der ~*e* 自然の猛威, 暴風雨. **2** 構成要素, 成分. der Spitzbogen als ~ der Gotik ゴシック美術の根本要素をなす尖頭（せんとう）アーチ. Wegen seiner Abwesenheit fehlte das belebende ~ in der Gesellschaft. 彼がいなかったものだから座は生彩を欠いていた. **3**《ふつう複数で》《話》(あやしげな・不穏な連中の, やから)《反社会的な団体の) 構成員. asoziale⟨gefährliche⟩ ~*e* 反社会的⟨危険⟩分子. **4**《複数で》初歩, 基礎. die ~*e* einer Fremdsprache 外国語の初歩. **5**《複数なし》《話》本来のすみか, 固有の活動領域. Er fühlt sich in seinem ~. / Er ist ganz in seinem ~. 彼は水を得た魚のようだ. **6**《化学》元素. das periodische System der ~*e* 元素周期律表. **7**《数学》(微分方程式の数値解法における)要素; (集合などの)元, 要素(行列の)成分; 要素アイデアル. **8**《電子工》電池. galvanisches ~ ガルヴァーニ電池.

*ele·men·tar [elemɛnˈtaːr エレメンタール] **1** 自然の, 自然力の; 自然のままの, 荒々しい, すさまじい, 猛烈な. ~*e* Kräfte 自然力, 荒ぶる力. mit ~*er* Gewalt 荒々しい力で, 猛烈に. **2** 基本(基礎)的な; 初歩的な. ~*e* Bedürfnisse 基本的欲求. *Elementares Deutsch* 基礎ドイツ語. **3**《化学》元素の.

Ele·men·tar·buch 中 -[e]s/-⸚er《古》入門書.

Ele·men·tar·geist 男 -[e]s/-er《民俗》(四大を支配すると信じられた) 精霊. ◆ 地の精 Erdgeist (Gnom), 水の精 Wassergeist (Undine), 火の精 Feuergeist (Salamander), 風の精 Luftgeist (Sylphe).

Ele·men·tar·ge·walt 女 -/-en 自然の根源的な力, 自然力; 自然の猛威.

Ele·men·tar·la·dung 女 -/-en《記号 e》《原子物理》電気素量.

Ele·men·tar·schu·le 女 -/-n《古》初等学校(今日の Grundschule).

Ele·men·tar·teil·chen 中 -s/-《物理》素粒子.

Ele·men·tar·un·ter·richt 男 -[e]s/ 初等教育(の授業).

ˈElen [ˈeːlɛn] 男(中) -s/-《動物》=Elch

ˈElen·an·ti·lo·pe [..antiloˌpeː] 女 -/-n《動物》イランド, エランド (アフリカ中南部原産のかもしか).

*ˈelend [ˈeːlɛnt エーレント] 肜 **1** 惨めな, 悲惨な. ein ~*es* Leben みじめな人生. Er ist ~ zugrunde gegangen. 彼は悲惨な最期をとげた. **2** 粗末な, みすぼらしい. in ~*en* Verhältnissen leben 貧乏世帯である. **3** 体調(気分)がすぐれない. Mir ist ~ zumute. 私は気分がすぐれない. **4**《付加語的用法のみ》見下げはてた, くだらない. ein ~*er* Kerl 下司（げす）野郎. eine ~*e* Verleumdung 浅ましい中傷. **5**《話》《述語的には用いない》ひどい, 大変な. Das war eine ~*e* Arbeit. それはひどい仕事だった. Es ist heute ~ heiß. 今日はものすごく暑い.

*ˈElend [ˈeːlɛnt エーレント] 中 -[e]s **1** 不幸, 悲惨. Es ist ein ~ mit ihm. 彼はもうどうにもならない, 救いようがない. Er ist nur noch ein Häufchen ~. / Er ist wie ein Häufchen ~.《話》彼はすっかりしょげ返っている, しゅんとしている. Sie sieht aus wie das leibhaftige ~. 彼女は見るからに加減が悪そうだ(重い病気のようだ). das heulende⟨graue/große⟩ ~ kriegen⟨haben⟩《話》意気消沈する⟨している⟩. sich[3] ins ~ bringen 零落する, 尾羽打ち枯らす. **2** 貧困, 困窮. j⸗ ins ~ stoßen⟨stürzen⟩ 人～をどん底の生活に突き落し, 困窮に迷わせる. **3**《話》《戯》ein langes ~ のっぽ(のやせ男).

ˈelen·dig [ˈeːlɛndɪç, -ˈ---] 肜《地方》=elend

ˈelen·dig·lich [ˈeːlɛndɪklɪç, -ˈ---] 肜《雅》=elend

ˈElends·quar·tier [ˈeːlɛnts..] 中 -s/-e ぼろ家, あばらや.

ˈElends·vier·tel 中 -s/- スラム, 貧民街.

Ele·oˈno·re [eleoˈnoːrə] 女名 エレオノーレ.

Ele·phan·ti·a·sis [elefanˈtiːazɪs] 女 -/..tiasen [..tiˈaːzən] =Elefantiasis

Eleu·si·ni·en [ɛləʏ'ziːniən] 图 (gr.) エレウシース祭 (Eleusis の町で初秋に行われた Demeter 女神のための盛大な秘数的儀式).

Eleu·sis [e'lɔʏsɪs] 《地名》エレウシース、エレウシス(ギリシアのアッティカ地方の町の名).

Ele·va·ti·on [elevatsi'oːn] 囡 -/-en (lat., Erhöhung*) **1**《雅》(精神の)高揚. **2**《カトリ》(ミサの)聖体奉挙. **3**《天文》(天体の)高度, 仰角. **4**《軍事》射角.

Ele·va·tor [ele'vaːtoːr] 围 -s/-en [eleva'toːrən] (lat.)《工学》(Becherwerk) バケットコンベヤー.

Ele·ve [e'leːvə] 围 -n/-n **1**《古》弟子, 生徒. **2**(演劇やバレーの学校の)生徒, 研究生. **3** 農業(林業)実習生. ◆女性形 **Elevin** 囡 -/-nen

elf [ɛlf エルフ] 圏 11, 十一(の). Wir sind ~. 私たち は 11 人である. Es ist ~ [Uhr]. 11 時である. von ~, bis es läutet ほんのわずかな間も.

Elf[1] 囡 -/-en **1** 11 という数(数字);《話》(バス・電車の)11 番線, 11 番系統. mit der ~ zum Bahnhof fahren 11 番で駅へ行く. **2**(サッカー・ハンドボールなど)11 人で構成されるチーム, イレブン.

Elf[2] [ɛlf] 围 -en/-en (engl.)(↑Alb[2])《ゲルマン神話》小妖精, エルフ.

'El·fe ['ɛlfə] 囡 -/-n 《ゲルマン神話》Elf[2] の女性形.

'El·fen·bein ['ɛlfənbaɪn] 囲 -[e]s/-e **1**《複数なし》象牙(ぞう). **2**《ふつう複数で》象牙細工(品). **3** vegetabilisches ~ 植物象牙(象牙の代用品としてボタンなどにする象牙やしの胚乳).

'el·fen·bei·nern [..nɐrn] 厖 象牙製の.

'el·fen·bein·far·ben 厖 象牙色の, アイボリーの.

'El·fen·bein·küs·te 囡 -/《地名》**1** die ~ 象牙海岸(西アフリカ上部ギニアの海岸地帯). **2** die ~ / die Republik ~ コート・ジボアール (Côte d'Ivoire) 共和国.

'El·fen·bein·schwarz 田 -es/ アイヴォリーブラック (象牙や動物の骨を焼いてつくる黒色顔料).

'El·fen·bein·turm 围 -[e]s/-e《複数まれ》象牙の塔 (現実から遊離した思索や研究の象徴, フランスの批評家サント・ブーブ Saint-Bouve, 1804-69 の言葉, フランス語では tour d'ivoire). im ~ sitzen 象牙の塔にこもっている.

'El·fen·kö·nig 围 -s/-e 妖精の王さま.

'El·fer ['ɛlfɐ] 围 -s/- **1**《地方》11 という数(数字). **2**《スポ》=Elfmeter

'El·fer·rat 围 -[e]s/-e 謝肉祭を企画・運営する十一人委員会.

'el·fisch ['ɛlfɪʃ] 厖 妖精のような, 妖精の国の.

'Elf·me·ter [ɛlf'meːtɐ] 围 -s/-《スポ》(サッカーの)ペナルティキック. ↑Elfer

***elft** [ɛlft エルフト] 圏《序数》(↓elf) 11 番目の. der ~e Juli 7 月 11 日. das ~e Gebot《話》第 11 戒 (Moses の die Zehn Gebote をもじった表現で, たとえば「つかまえられてはならない」などを意味する). in ~er 〈zwölfter〉Stunde まぎわ(どたんば)になって.

'elf·tel ['ɛlftəl] 厖《不変化》11 分の 1 の.

'Elf·tel 田 -s/- 11 分の 1.

'elf·tens ['ɛlftəns] 圃 第 11 に, 11 番目に.

Eli·as [e'liːas] (hebr.) **❶**《男名》エリーアス. **❷**《人名》《旧約》エリヤ(前 900-850 頃の北王国 Israel の預言者; 王上 17-19). der feurige ~《古》《戯》(旧式の蒸気機関車をさして)火の戦車(王下 2:11 の記述にちなむ).

eli·die·ren [eli'diːrən] 画 (lat.) (streichen) 省く, 削除する;《言語》(母音)を省略する.

Eli·mi·na·ti·on [eliminatsi'oːn] 囡 -/-en 除去, 排除;《数学》消去(法);《薬学》(薬物の)効力の消滅;《遺伝》遺伝素質の喪失.

eli·mi·nie·ren [elimi'niːrən] 画 (fr., entfernen, beseitigen) **1** 除去(排除, 削除)する;(問題などを)棚上げする, 先送りする;(競争相手を)ふり落とす, 打負かす, 退ける. **2**《数学》消去する.

Eli·sa [e'liːza] 囡《女名》エリーザ. ↑Elise

Eli·sa·beth [e'liːzabɛt] (hebr.) **❶**《女名》エリーザベト. **❷**《人名》die heilige ~ 聖エリザベト(洗礼者ヨハネの母,《新約》ルカ 1:5 以下. †付録「聖人暦」11 月 5 日). ~ I, Königin von England イギリス女王エリザベス 1 世(位 1558-1603).

eli·sa·be'tha·nisch [elizabe'taːnɪʃ] 厖 (イギリスの)エリザベス女王(エリザベス 1 世)の, エリザベス女王時代の. ~e Möbel エリザベス朝様式の家具. das Elizabethanische England《歴史》エリザベス朝時代のイギリス.

Eli·se [e'liːzə] 囡《女名》(Elisabeth の略称)エリーゼ. Für ~ エリーゼのために (Beethoven 作のピアノ小品).

Eli·si'on [elizi'oːn] 囡 -/-en (lat.)《言語》(母音)の省略(例 Das hör[e] ich gern. Freud[e] und Leid).

eli'tär [eli'tɛːr] 厖 (↓Elite) **1** エリートの, エリートたちの. **2** エリート的な, エリート特有の. ~es Denken エリート風の考え方. **3**《悔》エリートぶった, 高慢ちきな.

Eli·te [e'liːtə] 囡 -/-n (fr., Auslese*) **1** エリート, えり抜き, 選良; (社会の)上層. die geistige ~ unseres Landes わが国の精神的選良. **2**(軍隊の)精兵, 精鋭部隊. **3**《印刷》エリート(タイプライター活字の規格化された大きさの 1 つ).

Eli'xier [eli'ksiːr] 田 -s/-e (lat.) **1**《錬金術》霊薬, 霊液, 万能薬. Die ~e des Teufels 悪魔の霊薬 (E.T.A. Hoffmann の小説). **2**《薬学》エリキシル (主薬に香料・甘味料をまぜたアルコール性液剤).

..ell [..ɛl]《接尾》名詞と結びついて「...の, ...的な, ...上の, ...に関する」などの意の形容詞を作る. finanziell 財政上の. formell 正式の, 形式的な. prinzipiell 原則的な.

***'Ell·bo·gen** ['ɛlboːɡən エルボーゲン] 围 -s/- 肘(ひじ). die ~ auflegen (aufstützen) 肘をつく. auf die Ellbogen gestützt 肘をついて.《慣用的表現で》seine Ellbogen [ge]brauchen しゃにむに突き進む, がむしゃらにやる. keine Ellbogen haben 意気地(いくじ)がない, 押しがきかない.

'Ell·bo·gen·frei·heit 囡 -/《話》(楽に肘を動かせるほどの)身動きの自由, ゆとり; (人を押しのけて手に入れた)行動の自由.

'Ell·bo·gen·ge·sell·schaft 囡 -/ 他人を押しのけて自己を主張するのが通例の社会.

'Ell·bo·gen·men·sch 围 -en/-en 他人を押しのけて自己を主張しようとする人間.

'El·le ['ɛlə] 囡 -/-n **1**《解剖》尺骨. **2** エレ(前腕の長さを表した昔の尺度, 60-80cm); エレ尺(1 エレの長さの物指). vier ~n Tuch 4 エレの布. jʼ mit der ~ messen《話》人*をさんざん殴る. alles mit der gleichen ~ messen 何もかも同じように扱う, すべてを一律に論じる. Er geht, als ob er eine ~ verschluckt hätte.《話》彼ははまるで棒でも飲んだような歩き方をしている.

'El·len·bo·gen ['ɛlən..] 围 -s/- =Ellbogen

'el·len·lang 1 1 エレの長さの. 2《話》何エレもの長さの, ひどく(やたらに)長い.

'El·ler [ɛlər] 図 -/-n 《北ドイツ》【植物】(Erle) はんの木.

El'lip·se [ɛ'lɪpsə] 囡 -/-n (gr.) 1【幾何】楕円. 2【文法】(文の構成要素の)省略; 省略文(例 Ende gut, alles gut).

el'lip·tisch [ɛ'lɪptɪʃ] 形 1 楕円の. eine ~e Bahn 楕円軌道. ~e Geometrie 楕円幾何学. 2《文法》(文の構成要素を)省略した. ein ~er Satz 省略文.

Elms·feu·er [ˈɛlms..] 中 -s/-【物理】セント・エルモの火(船のマストや塔の尖端に見られる放電現象. 船乗りの守護聖人とされる聖エラスムス der heilige Erasmus のロマンス語形 Sant' Elmo にちなむ).

El Ni‍ño [ɛl ˈninjo] 男[中]〘s/-s (sp. , Christkind‛) エル・ニーニョ(ペルー沖の海水温上昇現象).

Elo·ge [e'lo:ʒə] 囡 -/-n (fr.) 1 賞賛, 賛辞. eine ~ auf j⁴ halten 人⁴に賞賛の辞を述べる. 2 お世辞. j³ ~ n machen 人³におべっかを言う.

'E-Lok ['e:lɔk] 囡 -/-s《古》(elektrische Lokomotive の短縮)電気機関車.

Elon·ga·ti‍on [elɔŋgatsi'o:n] 囡 -/-en (lat.) 1【物理】(振り子の)振幅. 2【天文】離角.

elo'quent [elo'kvɛnt] 形 (lat.) 雄弁(能弁)な.

Elo'quenz [..'kvɛnts] 囡 -/ 雄弁, 能弁.

Elo'xal [elɔ'ksa:l] 中 -s/【商標】(↓ elektrisch oxidiertes Aluminium) アルマイト.

'El·rit·ze [ˈɛlrɪtsə] 囡 -/-n【魚】ひめはや.

'El·sa [ˈɛlza] 《女名》エルザ (Elisabeth の短縮). ~ von Brabant エルザ・フォン・ブラバント, ブラバントのエルザ姫(ローエングリーン Lohengrin 伝説, また Wagner の歌劇 Lohengrin に登場する女主人公).

El Sal·va'dor [ɛl zalvaˈdo:r]《地名》エルサルバドル(中央アメリカの共和国, 首都サンサルバドル San Salvador).

'El·sass, °'El·saß [ˈɛlzas]《地名》das ~ エルザス, アルザス(フランス北東部の地方, フランス語では Alsace). im ~ エルザスで.

'El·säs·ser [ˈɛlzɛsər] 男 -s/- (↓ Elsass) 1 エルザスの住民(出身者). 2 アルザスワイン(白ワイン).

'el·säs·sisch [ˈɛlzɛsɪʃ] 形 エルザス(アルザス)の.

'El·sass-'Loth·rin·gen《地名》エルザス・ロートリンゲン(フランス北東部, ドイツとの国境に近い地方. フランス語ではアルザス・ロレーヌ Alsace-Lorraine, ただしフランスでは地名としては用いない).

'El·se [ˈɛlzə]《女名》エルゼ (Elisabeth の短縮).

'Els·ter¹ [ˈɛlstər] 囡 -/-n 1【鳥】かささぎ. 2《話》《比喩》おしゃべり; 盗癖のある人. Sie ist eine diebische〈schwartzhafte〉~. 彼女は(かささぎのように)手癖が悪い〈おしゃべりだ〉.

'Els·ter² 囡 -/《地名》die ~ エルスター川. die Schwarze ~ 黒いエルスター(エルベ川の支流). die Weiße ~ 白エルスター(ザーレ川の支流).

'El·ter [ˈɛltər] 男〘中〙-s/-n (↓ Eltern)【生物】(Elternteil)(生物学や統計用語で)親の片方).

'el·ter·lich [ˈɛltərlɪç] 形 親の, 両親の, ~e Gewalt【法制】親権. das ~e Haus 両親の家, 生家, 実家.

'El·tern [ˈɛltərn エルターン] 圏 親, 両親. nicht von schlechten ~ sein《話》なかなかのものである. 悪くない. Der Wein war nicht von schlechten ~. そのワインはなかなかの上物(じょうもの)であった.

'El·tern·abend 男 -s/-e【学校】(夕方行われる)父母会.

'El·tern·bei·rat 男 -[e]s/¨-e【学校】父母会の役員(会).

'El·tern·haus 中 -es/¨er 両親の家, 生家, 実家; しつけ・教育の場としての家庭. aus einem ~ stammen しつけの良い家庭(良家)の出である.

'El·tern·lie·be 囡 -/ 親の愛.

'el·tern·los 形 両親のいない, 親のない, 孤児の.

'El·tern·recht 中 -[e]s/-e 1《複数なし》【法制】親権. 2 親の務め.

'El·tern·schaft 囡 -/-en《複数まれ》(ある学校の父母, 父兄(の全体). 2《複数なし》父母であること.

'El·tern·teil 男 -[e]s/-e 両親のうちの一方, 片親.

'El·tern·ver·samm·lung 囡 -/-en 父母会, PTA総会.

ely'sä·isch [elyˈzɛ:ɪʃ] 形 (↓ Elysium) 1 エーリュシオンの, エリュシオンの. 2《雅》(paradiesisch) 楽園の.

ely'sisch [eˈly:zɪʃ] 形 (↓ Elysium) =elysäisch

Ely'si·um [eˈly:ziɔm] 中 -s/ (lat.) 1【ギリシア神話】エーリュシオン, エリュシオン(世界の西のはてにあり, 英雄たちをはじめ神々に愛された人々が不死の生を楽しんでいるとされる至福にみちた野). 2《雅》楽園, 楽土.

em.(略) =emeritiert, emeritus

Email [eˈma:, eˈma:j エマイ] 中 -s/-s (fr.) ほうろう(琺瑯), うわぐすり(釉), エナメル; 七宝(しっぽう).

'E-Mail [ˈi:me:l, ˈi:meɪl] 囡 -/-s (engl.) 電子メール, e メール. eine ~ schicken〈senden〉e メールを送る. eine ~ empfangen e メールを受取る.

'emai·len, 'e-mai·len [ˈi:me:lən, ˈi:meɪlən] 他 中 (engl.) e メールで送る.

Email·le [eˈmaljə, eˈmaɪ, eˈma:j] 囡 -/-n [eˈmaljən, eˈmaɪən, eˈma:jən] (fr.) =Email

Email'leur [emaˈjø:r, emalˈjø:r] 男 -s/-e ほうろう(琺瑯)職人, 七宝(しっぽう)焼き職人.

email'lie·ren [emaˈji:rən, emalˈji:rən] 他 (物)にエナメル塗装する, ほうろう(琺瑯)を塗る; (を)七宝焼きにする.

Ema·na·ti‍on [emanatsi'o:n] 囡 -/-en (lat., Ausströmen‛) 1 流出, 放射, 放散. 2【哲学】エマナティオ, 流出(新プラトン主義の哲学における神からの万物の流出). 2《複数なし》【記号 Em】【化学】エマネーション, エマナチオン(ラドンの旧名).

ema'nie·ren [emaˈni:rən] (lat.)(s, h) 1 (s)(新プラトン主義の哲学において)(万物が神から)流出する. 2 (h) 放射線を出す.

Ema·nu'el [ˈe:manue:l, ..nuɛl]《男名》(gr.) エマーヌエール (=Immanuel).

Eman·ze [eˈmantsə] 囡 -/-n《話》《しばしば侮蔑的に》解放された女性, 権利意識の強い女性.

Eman·zi·pa·ti‍on [emantsipatsi'o:n] 囡 -/-en (lat.)(社会的・道徳的・政治的束縛からの)解放;(とくに)女性解放.

eman·zi·pa'to·risch [..paˈto:rɪʃ] 形 解放をめざした.

eman·zi'pie·ren [emantsiˈpi:rən] 他 (lat., entlassen, befreien‛)(人⁴を)解放する, 自由にする.《再帰的に》sich⁴ ~ 解放される, 自由になる.

eman·zi'piert 過去分 解放された;(偏見・因習などにとらわれない, 自由な. eine ~e Frau (伝統・偏見から)解放された女性; 自由な女.

emas·ku'lie·ren [emaskuˈli:rən] 他 (lat., entmannen') 去勢する;《比喩》無力(無気力)にする.

Em·bal·la·ge [āba·laːʒə] 女 -/-n (fr., Verpackung)《商業》包装, 荷造り, 梱包.

Em'bar·go [ɛm'bargo] 男 -s/-s (sp.) **1**（政治など）船舶の抑留, 出入港禁止. **2**《法制》〈兵器などの特定品目の〉輸出(供給)禁止措置.

Em'blem [ɛm'bleːm, a'bleːm] 中 -s/-e《文学·美術》エンブレム(標章・銘文などを添えた 16-17 世紀の寓意画). **2** 象徴, シンボル; 標章, 紋章, 記章. der Lorbeer als ~ des Ruhms 栄誉の象徴としての月桂樹. **3** 国章.

Em·bo'lie [ɛmbo'liː] 女 -/-n[..'liːən] (gr.)《医学》塞栓(ｿｸｾﾝ)症.

Em·bryo ['ɛmbryo] 男 (ｴﾝﾌﾞﾘｵ) -s/-s(-nen[..'oː-nən]) (gr.)《生物》胚(ﾊｲ), 胎児(人間の場合は受胎後 4 カ月目の終りまでの);《植物》胚.

em·bry·o'nal [ɛmbryo'naːl] 形 **1**《生物》胚(ﾊｲ)の, 胎児の;《比喩》未発達(未成熟)の. **2**《比喩》発展段階の最初期の, 萌芽期の.

em·bry'o·nisch [ɛmbry'oːnɪʃ] 形 =embryonal

Em·en·da·ti'on [ɛmɛndatsi'oːn] 女 -/-en (lat.)校訂する. **2**《古》訂正, 修正.

emen'die·ren [ɛmɛn'diːrən] 他 (lat.) **1**（本文を）校訂する. **2**《古》（間違いを）訂正(修正)する.

Eme'rit [eme'rɪt] 男 -en/-en (lat.) = Emeritus

eme·ri'tie·ren [emeri'tiːrən] 他 (lat.) (↓ Emeritus)（聖職者・大学教授を）定年退職させる. *emeritiert werden* 定年退職する.

eme·ri'tiert 過分形 (略 em.)（聖職者・大学教官が）定年退職した.

Eme·ri·tus [e'meːritʊs] 形 (lat.)（不変化 / 称号などに後置されて）（略 em.) 定年退職した.

Eme·ri·tus [e'meːritʊs] 男 -/Emeriti[..ti] (lat.) (↑ Emerit)（聖職者・大学教授の）定年退職者.

Emi'grant [emi'grant] 男 -en/-en (lat.) (↔ Immigrant) 国外移住者; 亡命者. ◆ 女性形 Emigrantin 女 -/-nen

Emi·gra·ti'on [emigratsi'oːn] 女 -/-en (lat.) **1** (↔ Immigration) 国外移住; 亡命. **2**《複数なし》国外移住地; 亡命地. **3**《複数なし》《総称的に》国外移住者.

emi'grie·ren [emi'griːrən] 自 (s) 国外に移住する; 亡命する.

Emil ['eːmɪl]《男名》(fr. Emile) エーミール.

Emi·lia [e'miːlia]《女名》《Emil の女性形》エーミーリア.

Emi·lie [e'miːliə]《女名》《Emil の女性形》エーミーリエ.

emi'nent [emi'nɛnt] 形 (lat.)《比較変化なし》きわめて, 非凡な, 卓越した, 並はずれた, いちじるしい. ein ~er Unterschied 顕著な相違.

Emi'nenz [..'nɛnts] 女 -/-en **1**《複数なし》貌下(ｹﾞﾂｶ)（枢機卿に対する尊称）. Eure ~!（呼掛け）枢機卿貌下. **2** 枢機卿(ｹｲｷｷｮｳ). graue ~《比喩》陰の実力者, 黒幕(フランスの宰相リシュリュー Richelieu の筆頭ブレーンであったカプチン会士 Joseph 師, 1577-1658 のあだ名 l'Eminence grise から).

Emir ['eːmɪr, e'miːr] 男 -s/-e (arab., Befehlshaber') アミール(アラブ諸国の首長・王侯, またイスラーム教徒の族長の地位を示す称号).

Emi'rat [emi'raːt] 中 -[e]s/-e (↓ Emir) **1** アミールの地位. **2** アミールの領地, 首長国. die Vereinigten Arabischen ~e アラブ首長国連邦(首都アブダビ Abu Dhabi).

Emis'sär [emɪ'sɛːr] 男 -s/-e (fr.)（特命を帯びた）使者, 特使; 密使.

Emis·si'on [emɪsi'oːn] 女 -/-en (lat.) (↑ emittieren) **1**《経済》（紙幣・債権・切手などの）発行. **2** (a)《物理》（光・熱・ガス・電磁波・電子などの）放出, 放射, 排出. (b)《工学》（廃ガス・廃水などの）排出. (c)《医学》排泄, 排出. **3**（ﾗｼﾞｵ）ラジオ放送.

Emis·si'ons·kurs 男 -es/-e《経済》（有価証券の）発行相場.

Emit'tent [emɪ'tɛnt] 男 -en/-en (↓ emittieren) **1**《経済》有価証券発行者. **2** 汚染物質排出源(廃水たれ流し)工場.

emit'tie·ren [emɪ'tiːrən] 他 (lat., aussenden, entlassen') **1**《経済》（紙幣・切手などを）発行する. **2** (a)《物理》（光・熱・放射線・電子などを）放射(放出)する. (b)（廃ガス・廃水などを）排出する, たれ流す.

'Em·ma ['ɛma]《女名》エマ(Ermgard, Irmgard など Erm.., Irm.. の形になる名前の短縮形).

'Em·maus ['ɛmaʊs]《地名》《新約》エマウ(ルカ 24: 13-35 によれば復活したイエスがこの地で 2 人の旅人の前に姿を現したとされる).

'Emm·chen ['ɛmçən] 中 -s/-《戯》M ちゃん(ドイツのユーロ導入前の通貨 Mark をもじった造語). hundert ~ 100 マルク.

'Em·men·tal ['ɛmənta:l]《地名》das ~ エメンタール(スイス, ベルン県の 1 地方).

'Em·men·ta·ler ❶ 形《不変化》エメンタールの. ❷ 男 -s/-《Emmentaler 住民》エメンタール(出身者). **2** (Emmentaler Käse) エメンタール・チーズ.

'Em·mer ['ɛmər] 男 -s/《南ﾄﾞ》エンマー小麦.

'e-Moll [eː'mɔl, '-'-]《記号 e》《音楽》ホ短調.

Emo·ti'on [emotsi'oːn] 女 -/-en (fr.) 心（感情）の動き, 情緒, 《心理》情動.

emo·ti·o'nal [emotsio'na:l] 形《述語的には用いない》**1** 感情に関する, 情緒面の. **2** (emotionell) エモーショナルな, 感情的な, 感情にとらわれた; 感情に左右されやすい, 情緒的な.

emo·ti·o'nell [..'nɛl] 形 =emotional 2

emp.. [ɛmp..]《非分離前つづり / つねにアクセントをもたない》=ent.. (f で始まる動詞の前では emp.. となる)

Em·pa'thie [ɛmpa'tiː] 女 -/ (engl.)《心理》感情移入(能力), 共感(能力).

Em'pe·do·kles [ɛm'peːdɔkles]《人名》エンペドクレス(前 5 世紀のギリシアの哲学者, 万物の生滅は地・水・火・風の四大の離合であると説いた).

emp'fahl [ɛm'pfa:l] empfehlen の過去.

emp'fäh·le [ɛm'pfɛːlə] empfehlen の接続法 II.

emp'fand [ɛm'pfant] empfinden の過去.

emp'fän·de [ɛm'pfɛndə] empfinden の接続法 II.

∗Emp'fang [ɛm'pfaŋ] エンプファング 男 -[e]s/=e (↓ empfangen) **1**《複数なし》受取ること, 受領. et¹ in ~ nehmen 物¹を受取る, 受領する. **2** (a)《複数なし》《雅》(公式の)出迎え, 歓迎. j¹ in ~ nehmen《話》人¹を出迎える. (b) 歓迎パーティー, レセプション. **3**《複数なし》《放送》(電波の)受信. Heute ist guter 〈schlechter〉 ~. 今日は受信状態が良い〈悪い〉. **4**（ホテルの）受付, フロント.

∗emp'fan·gen[¹＊] [ɛm'pfaŋən] エンプファンゲン
empfing, empfangen / du empfängst, er empfängt
他 **1** 受ける, 受取る, 受領する. das heilige Abendmahl ~《ｷﾘ》(ミサで)聖体を拝領する. einen Befehl ~ 命令を受ける. ein Geschenk dankend ~

贈物をありがたく受取る. Ohrfeigen ~ 平手打ちを食らう. die Weihen ~ 《聖職に》叙品される, 叙品式を受ける. **2**(刺激・示唆・感銘などを)受ける. **3** 受信する, 受像する. **4**(客を)迎える, 歓迎する, 応接する, 接待する. **5**《雅》《古》[ein Kind] ~(子を)身ごもる. Sie empfing ein Kind von ihm. 彼女は彼の子供を身ごもった.

emp'fan·gen[2] empfangen[1] の過去分詞.

***Emp'fän·ger**[εm'pfεŋɐ エンプフェンガー]男 -s/- **1**(↔ Absender) 受取人, 受領者, 荷受人. ~ unbekannt 受取人不明. **2**(↔ Sender) 受信者, 受像者; 受信機(装置). ◆女性形 Empfängerin 女/-nen

emp'fäng·lich[εm'pfεŋlɪç]形 **1** 感じやすい, 敏感な, 感受性のある; 影響を受けやすい. ~ für neue Eindrücke sein 新しい印象に敏感である. **2** 感染しやすい. Er war von Kindheit an für Erkältungen ~. 彼は幼い頃から風邪を引きやすかった.

Emp'fäng·lich·keit女 -/ 感じやすさ, 感度, 敏感さ, 感受性, 影響を受けやすい気質;(病気などに)感染しやすい体質.

Emp'fäng·nis[εm'pfεŋnɪs]女 -/-se《複数まれ》受胎, 懐妊. die unbefleckte ~ Mariä 〈Mariens〉《カト》聖母マリア無原罪の御宿り. eine ~ verhüten 避妊する.

emp'fäng·nis·ver·hü·tend形 避妊用の.

Emp'fäng·nis·ver·hü·tung女 -/-en 避妊.

emp'fangs·be·rech·tigt形 受取る資格のある.

Emp'fangs·be·rech·tig·te男女《形容詞変化》受取資格者.

Emp'fangs·be·schei·ni·gung女 -/-en 受領証, 領収証.

Emp'fangs·be·stä·ti·gung女 -/-en =Empfangsbescheinigung

Emp'fangs·bü·ro中 -s/-s(会社・ホテルなどの)受付.

Emp'fangs·chef男 -s/-s(百貨店・ホテルなどの)応接係, 受付係. ◆Empfangsdame

Emp'fangs·da·me女 -/-n(Empfangschef の女性形)女性の応接係, 受付嬢.

Emp'fangs·raum男 -[e]s/ue 応接室.

Emp'fangs·schein男 -[e]s/-e =Empfangsbescheinigung

Emp'fangs·sta·ti·on女 -/-en **1**《商業》(商品の)仕向け先, 送り先. **2**《放送》(ラジオ・テレビの)受信局.

Emp'fangs·stö·rung女 -/-en 受信(受像)障害.

emp'fängst[εm'pfεŋst] empfangen の現在2人称単数.

Emp'fangs·zim·mer中 -s/- 応接室.

emp'fängt[εm'pfεŋt] empfangen の現在3人称単数.

*__emp'feh·len__[εm'pfe:lən エンプフェーレン] empfahl, empfohlen / du empfiehlst, er empfiehlt ❶他 **1**(人³に人〈物〉⁴を)勧める, 推薦(推奨)する; 紹介する. j³ einen Arzt ~ 人³に医者を紹介する. Was kannst du mir davon ~? 君にその中のどれを推薦するか. j³ ein Buch zum Lesen ~ 人³にある本を読めと勧める. 《物を主語にして》Der hübsche Einband empfiehlt das Buch. 美しい装丁がその本を引立てている. 《再帰的に》Gute Ware empfiehlt sich⁴ selbst. 良い品物はひとりでに(宣伝しなくても)売れる. Es emp-

fiehlt sich⁴, ...zu tun. / Es wird empfohlen, ...tun. ...するのが適当(得策)である. Es empfiehlt sie 〈Es wird empfohlen〉, noch ein wenig zu warten もうしばらく待ったほうがよい. **2**(古風な挨拶だが)よろしくと伝える. Bitte ~ Sie mich Ihren Eltern. ご両親さまに私からよろしくとお伝え下さい. 《再帰的に》Ic lässt sich⁴ dir ~. 彼から君によろしくとのことだよ. 《雅》(人⁴を〈物〉³に)信頼して)委(ゆだ)ねる, 任せる. Ic empfehle das Kind deiner Obhut. 私はこの子を君保護に委ねる.

❷自《雅》別れを告げる, 辞去する.

emp'feh·lens·wert形《副詞的には用いない》推奨(推薦)に値する. **2** 得策な, 望ましい.

*__Emp'feh·lung__[εm'pfe:loŋ エンプフェールング]女 -en **1** 推薦, 推奨, 推挙; 推薦状, 紹介状. auf des Arztes 医師の勧めで. **2**《雅》丁重な挨拶 [Ich bitte um] eine ~ an Ihre Eltern! ご両親にくれもよろしくお伝え下さい. mit freundlichen〈den besten〉~en (手紙の結びで)敬具.

Emp'feh·lungs·brief男 -[e]s/-e =Empfehlungsschreiben

Emp'feh·lungs·schrei·ben中 -s/- 推薦状, 紹介状.

emp'fiehl[εm'pfi:l] empfehlen の du に対する命令形.

emp'fiehlst[εm'pfi:lst] empfehlen の現在 2 人称単数.

emp'fiehlt[εm'pfi:lt] empfehlen の 3 人称単数.

Emp·fin·de'lei[εmpfɪndə'laɪ]女 -/-en《侮》(過度の)センチメンタリズム, 感傷過多, お涙頂戴的な態度

__emp'fin·den__[εm'pfɪndən エンプフィンデン empfand, empfunden 他 **1**(刺激・空腹などを)感る, 知覚する. **2**(感情・感慨などを)感じる, おぼえる Angst〈Ekel〉vor j⟨et⟩³ ~ 人⟨物⟩³に不安〈嫌悪〉をぼえる. et⁴ als Wohltat〈als kränkend〉~ 事⁴を切〈侮辱〉だと思う. nichts für j⁴ ~ 人⁴に愛情はじない, 全く感じられない. 《目的語なしで》Ich em, finde mit Ihnen. 私はあなたの気持が分かる, あなたに感をおぼえる(同情する). 《再帰的に》sich⁴ glücklic ~ 幸せだと感じる. sich⁴ als Außenseiter ~ 自分局外者だと感じる.

Emp'fin·den中 -s/ **1**《雅》感じ, 感情. Du darf dein subjektives ~ nicht zum Maßstab mache 君は自分の主観的な感情を尺度にしてはならない. (Gespür)感覚, 勘. Ihm fehlt jedes ~ für G rechtigkeit. 彼には正義に対する感覚がまったく欠けいる.

*__emp'find·lich__[εm'pfɪntlɪç エンプフィントリヒ]形 感じやすい, 敏感な;(計器などが)鋭敏な,(フィルムが)度が高い. eine ~e Haut haben(刺激に対して)皮が敏感である. für et⁴ ~ sein 事⁴に鼻が利く, 勘がい. ~ gegen Kälte sein 寒さに弱い. **2**(心理的に傷つきやすい, 繊細な, 神経質な. eine ~e Seele 傷きやすい魂. Er traf mich an meiner ~sten Stell 彼は私のいちばん痛いところをついた. **3**《侮》弱虫(泣虫)の. Sei nicht so ~. そんなにめそめそするんじゃない. **4**(品物などが)(傷に)弱い, 壊れやすい, 傷みやすい. Beige ist eine ~e Farbe. ベージュは汚れやす色である. ein ~er Stoff 傷みやすい布地. **5** 病気かかりやすい, 蒲柳(ほりゅう)の質(たち)の.

Emp'find·lich·keit女 -/-en **1**《複数なし》感じやすさ, 敏感; 高感度; 傷つきやすさ, 神経過敏; 傷み(実際

emp'find·sam [ɛm'pfɪntzaːm] 形 **1** (sensibel) 感じやすい, 繊細な, 敏感な. ~*e* Nerven haben 神経が繊細である. **2** (sentimental) センチメンタルな, 感傷的な; 多感な. ~*e* Dichtung (18世紀後半の)感傷文学(↑ Empfindsamkeit 2). ▶英語 sentimental のドイツ語訳.

Emp'find·sam·keit 女 -/ **1** 感じやすさ, 繊細さ, 多感. **2** 感傷主義(18世紀後半の精神態度および文芸潮流).

Emp'fin·dung [ɛm'pfɪndʊŋ エンペフィンドゥング] 女 -/-en **1** 感覚, 知覚. **2** 感じ, 気持, 感情. Ich kann meine ~*en* nicht in Worte fassen. 私は自分の感覚を言葉に言いあらわすことができない. **3** (Erregung) 興奮. mit viel ~ ひどく興奮して.

emp'fin·dungs·los 形《比較変化なし》**1** 無感覚の, 知覚を失った. **2** 感情のない, 無感動の, 冷淡な.

Emp'fin·dungs·ver·mö·gen 中 -s/《雅》感覚(知覚)能力.

Emp'fin·dungs·wort 中 -[e]s/⸚er《文法》(Interjektion) 感嘆詞.

emp'fing [ɛm'pfɪŋ] empfangen の過去.

emp'fin·ge [ɛm'pfɪŋə] empfangen の接続法 II.

emp'föh·le [ɛm'pføːlə] empfehlen の接続法 II.

emp'foh·len [ɛm'pfoːlən] empfehlen の過去分詞.

emp'fun·den [ɛm'pfʊndən] empfinden の過去分詞.

Em'pha·se [ɛm'faːzə] 女 -/-n (gr.)《複数まれ》(言語表現における)強調, 強勢, エンファシス. mit ~ 強調して, 力をこめて.

em'pha·tisch [ɛm'faːtɪʃ] 形 強調された, 強勢のある. ~ sprechen 力をこめて(...を)話す.

Em'pire¹ [ãˈpiːr] 中 -[s]/ (fr., Kaiserreich') **1** (Napoleon I 世および III 世治下の)フランス帝国(第 1 帝政時代 1804–1815, 第 2 帝政時代 1842–1870). **2**《美術》(Empirestil) アンピール様式(Napoleon I 世時代の工芸・室内工芸・服飾などの様式).

Em·pire² ['ɛmpaɪər] 中 -[s]/ (englisch) (とくに植民地時代の)大英帝国.

Em·pi'rem [ɛmpiˈreːm] 中 -s/-e (↑ Empirie)《哲学》経験的事実.

Em'pire·stil [ãˈpiːr..] 男 -[s]/ =Empire¹ 2

Em·pi'rie [ɛmpiˈriː] 女 -/ (gr., Erfahrung') **1** 経験, 経験的認識, 経験的知識. **2** (科学的方法としての)経験法.

Em·pi'ri·ker [ɛmˈpiːrikər] 男 -s/- 経験論者, 経験主義者.

Em·pi·rio·kri·ti'zis·mus [ɛmpiːrio..] 男 -/《哲学》経験批判論.

em'pi·risch [ɛmˈpiːrɪʃ] 形 経験の, 経験による, 経験的な, 経験上の.

Em·pi'ris·mus [ɛmpiˈrɪsmʊs] 男 -/《哲学》(↔ Rationalismus) 経験論.

em'por [ɛmˈpoːr] 副《雅》(nach oben, in die Höhe) 上へ, 上方へ, 高く.

em·por.. [ɛmpoːr..]《分離前つづり／つねにアクセントをもつ》「上へ, 上方へ, 高く」の意を表す.

em'por|ar·bei·ten 再 (sich⁴)《雅》(刻苦精励して)立身出世する, 精進する.

em'por|bli·cken 自《雅》(zu j⟨et⟩³ 人⟨物⟩³に)見上げる; (畏敬の念をもって)仰ぎ見る.

Em'po·re [ɛmˈpoːrə] 女 -/-n (↓ empor)《建築》(聖堂の回廊風の) 2 階席(多く聖歌隊席, またオルガンの演奏台が置かれる); (劇場の) 2 階桟敷.

*em'pö·ren [ɛmˈpøːrən エンペーレン] ❶ 他 (人³を)憤慨(激怒)させる. Seine Frechheit *empörte* mich. 彼の厚かましさが私は腹に据えかねた. ❷ 再 (sich⁴) **1** sich gegen j⟨et⟩¹ ~ 人⟨物⟩¹に反抗する, (に)叛逆する. **2** sich [über j⟨et⟩⁴] ~ (人⟨物⟩⁴のことで)憤慨(激怒)する. ♦ empörend, empört

em'pö·rend《現分》形 腹に据えかねる, けしからぬ.

Em'pö·rer 男 -s/-《雅》反逆者, 反乱者, 謀反人.

em'por|fah·ren* 自 (s) **1** (エレベーターなどに乗って)上にあがる. **2** (驚いて)飛上がる.

em'por|ge·hen* 自 (s) **1** (階段・坂道などを)登っていく. **2** (旗が)揚がる.

em'por|hel·fen* 自《雅》**1** (人³を)助け起す. **2**《比喩》(人³の)昇進(出世)に力を貸す.

em'por|kom·men* 自 (s) **1** 上にあがる(あがって来る). **2** 昇進(出世)する; 成上がる. **3** 起る, 現れる. Eine neue Mode *kommt empor*. 新しい流行が生れる.

Em'por·kömm·ling [..kœmlɪŋ] 男 -s/-e《侮》(Parvenü) 成上がり者, 成金.

em'por|ra·gen 自 (aus et³ / über et⁴ 物³,⁴を凌駕して)そそり立つ, 高くそびえる, ぬきん出ている. über den Durchschnitt ~ 平均をはるかに越えている.

em'por|schau·en 自《雅》**1** 見あげる, 仰ぎ見る; (読んでいる本などから)目を上げる. von *seiner* Arbeit ~ 仕事から目を上げる. zu den Sternen ~ 星を見あげる. **2**《比喩》(zu j³ 人³に)敬意を払う, (を)仰ぎ見る.

em'por|schwin·gen* ❶ 他 振り(投げ)あげる. ❷ 再 (sich⁴) **1** ひらりと跳びあがる, (鳥が)飛立つ. **2**《比喩》(zu et³ 事³を)成し遂げる, 成就する.

em'por|seh·en* 自 =emporschauen

em'por|stei·gen* 自 (s) 登っていく, 上がっていく; (霧などが)立昇る, (凧・照明弾などが)ゆらゆらと舞上がる; (怒りの感情などが)こみ上げてくる; 《比喩》立身出世する. Nebel *steigt* aus dem Tal *empor*. 霧が谷から湧いてくる. einen Drachen ~ lassen 凧(⸚)を揚げる. die Stufen des Erfolgs ~ 成功の階段を一歩一歩登っていく.

em'por|stre·ben 自 (s)《雅》上をめざして努力する, 向上(立身出世)につとめる.

em'pört [ɛmˈpøːrt] 過分 形 激昂した; (波・風が)荒れ狂った.

em'por|trei·ben* ❶ 他 **1** (人・動物を)上へ上へと追立てる. **2**《比喩》(値段・物価を)つり上げる.

Em'pö·rung [ɛmˈpøːrʊŋ] 女 -/-en **1**《複数なし》憤り, 憤慨, 激昂. **2** 反乱, 反逆, 暴動.

Em·py'em [ɛmpyˈeːm] 中 -s/-e (gr.)《医学》**1** 蓄膿(症). **2** 膿胸.

em·py're·isch [ɛmpyˈreːɪʃ] 形 (gr.) (↓ Empyreum)《まれ》至高天の; 光り輝く, 燃えさかる.

Em·py're·um [ɛmpyˈreːʊm] 中 -s/ (gr. empyros, im Feuer stehend') エンピュロス, 至高天, 火天(ギリシア哲学・ユダヤ教では天は 5 つまたは 7 つあるとされ, その中の最高天. キリスト教神学にも取り入れられ, 神と天使たちの住む至聖のところと考えられた).

Ems [ɛms] 女 -/《地名》die ~ エムス川(ドイツ北西部を流れる).

'em·sig [ˈɛmzɪç] 形 せっせと励む, 熱心な, 勤勉な.

'Em·sig·keit 女 -/ たゆまぬ勤勉(熱心)さ, 精励.

'Emu [ˈeːmu] 男 -s/-s (englisch)《鳥》エミュー(オーストラ

リアに生息する走禽類).
Emul·ga·tor [emʊl'ga:toːr] 男 -s/-en[..ga'to:rən]（↓emulgieren）乳化剤.
emul'gie·ren [emʊl'giːrən] ❶ 他 乳化させる. ❷ 自 乳化する.
Emul·si·on [emʊlzi'oːn] 女 -/-en 1《化学》乳化; 乳濁, 乳濁液, エマルジョン. 2《写真》(フィルムなどの)感光乳剤.
'E-Mu·sik ['eːmuziːk] 女 -/《略》(↔ U-Musik) = ernste Musik クラシック音楽.
en avant [ā: na'vā:] (*fr.* , vorwärts‹) 《古》*En avant!* (号令)前へ進め, 前進.
en 'bloc [ā: 'blɔk] (*fr.* , im ganzen‹) ひとまとめにして, 一括して.
en·chan'tiert [āʃā'tiːrt] 形 (*fr.* , entzückt‹)《古》魅惑された, 大喜びの, 有頂天の.
'End·bahn·hof ['ɛnt..] 男 -[e]s/¨e 終着駅.
'End·be·scheid 男 -[e]s/-e 最終決定, 最後通牒.
'End·chen ['ɛntçən] 中 -s/- (Ende の縮小形)《話》(糸などの)小さな切れっぱし. ein ~ Garn 糸くず. ein ~ Weges ほんのわずかな道のり.

'En·de

['ɛndə エンデ] 中 -s/-n **1**《複数なし》終り, 最後; 終了, 終結; 終末, 結末, 結末. Anfang und ~ 始めと終り. ein ~ mit Schrecken 恐ろしい結末, 悲惨な最期(↓『旧約』 詩 73:19). das ~ vom Lied 《話》期待はずれの結末. Das ~ vom Lied war, daß... とどのつまりは…という始末さ. Es war des Staunens kein ~.《雅》驚きはとどまるところを知らなかった, ただただ驚くばかりであった. ~ gut, alles gut.《諺》終りよければすべてよし.《副詞的 2 格で》letzten ~s 結局は, とどのつまりは.《副詞的 4 格で》~ April 4 月末に. ~ des Jahres‹der Woche› 年末‹週末›に. ~ der dreißig‹°Dreißig›. Er ist ~ der Dreißiger. 彼は 30 代の終りだ.《動詞と》Bei seinen Erzählungen **findet** er kein ~. 彼は話しだすととどまるところを知らない. et³ ein ~ **machen‹bereiten/setzen›** 事³を終らせる, 《比》に幕を下ろす. *seinem* Leben ein ~ machen‹setzen›《雅》みずから命を絶つ. ein‹kein› ~ **nehmen** 終る‹切りがない›.《前置詞と》**am** ~ 終りに, 最後に; 結局, とどのつまりは(『北』)ひょっとすると. am ~ des Monates 月末に. Ich bin völlig am ~.《話》私はもうくたくただ. Ich bin am ~ meiner Kraft. 私は力が尽きた. mit *seinem* Latein‹*seiner* Kunst / *seiner* Weisheit› am ~ sein《話》万策尽きている, 途方に暮れている. von Anfang **bis** ~ 始めから終りまで, なにもかも, 一切合切(『北』). et³ **zu** ~ bringen‹führen› 事³を終える, 片づける. zu ~ **gehen** 終る; 尽きる. Mit ihm geht es zu ~. 彼はもう助からない. Meine Geduld ist zu ~. 私は堪忍袋の緒が切れた.
2《雅》(Tod) 最期, 死.
3《古》(Zweck) 目的. zu welchem ~ どのような目的で, 何のために.
4 (空間的)終り, 果て, はずれ. das ~ der Straße 通りのはずれ. am ~ der Welt wohnen《戯》地の果てに住んでいる. an allen [Ecken und] ~n あちこちで, いたるところに. bis ans ~ der Welt 地の果てまでも, どこへでも. eine Schraube ohne ~ sein 切りがない, 果てしがない.
5 (物の)端, 末端. die beiden ~n der Schnur 紐の両端. Das dicke ~ kommt noch [nach].《話》本当にこわい(恐ろしい)のはこれからだ. Da ist das ~ vom weg‹ab/fort›.《話》これはひどい, あんまりだ. Du fass die Sache am falschen‹verkehrten› ~ an.《話》きみはやり方を間違っている, 順序があべこべだ.
6 《話》切れ端 (↑Endchen). ein ~ Wurst 1 切れのソーセージ.
7 《話》《複数あり》(残りの)距離. Bis dahin ist es noch ein ganzes ~. そこまではまだかなりの道のりだ.
8 (布地の)耳.
9 《猟詞》(鹿の)枝角の先, 尖(󠄀).
10 『海事』太綱索(󠄀).
11 《紡織》(織物の)耳.

'End·ef·fekt ['ɛnt..] 男 -[e]s/-e 最終的な効果(帰結), 《多く次の成句で》im ~ 結局のところ, つまりは.
En·de·mie [endeːmi:] 女 -/-n [..'miːən] (*gr.*)『医学』(↔ Epidemie) 風土病.
en·de·misch [en'deːmɪʃ] 形 **1**(↑ Endemie) = (einheimisch) ある土地に固有の, 土着の. **2** 《生物》ある地域に固有の, 固有種の. **3** 《医学》風土病の 風土性の.
En·de·mis·mus [ɛndeˈmɪsmʊs] 男 -/《生物》固有(ある生物の分布が特定の地域に限定される現象).
En·de·mit [ɛndeˈmiːt] 男 -en/-en《ふつう複数で》《生物》固有種.

*'**en·den** ['ɛndən エンデン] ❶ 自(h, s) **1**(h)終る, 終結(終止, 終了)する. Der Film *endet* glücklich. この映画はハッピーエンドだ. Diese Straße *endet* an einem Platz. この街路はある広場で尽きる. Das Wort *endet* auf‹mit› n. この語は n で終る. Das soll‹wird› das ~? それはどういう結末(結果)になるのだろうか. nicht ~ wollender Beifall 鳴りやまぬ拍手. **2** (h, s) 死ぬ, 果てる. ❷ 他《古》《雅》(beenden) 終える, 止める. einen Krieg ~ 戦争を終結する.
'End·er·geb·nis ['ɛnt..] 中 -ses/-se 最終結果; 『スポーツ』最終スコア.
'En·des·un·ter·fer·tig·te ['ɛndəs..] 男 《形容詞変化》=Endesunterzeichnete
'En·des·un·ter·zeich·ne·te 男《形容詞変化》《書》(手紙・文書の末尾の)署名者.
en dé'tail [ā: de'taɪ] (*fr.*) **1** (in Einzelheiten) 個々に, 詳細に. **2** 『商業』(↔ en gros) 小売りで.
*'**end·gül·tig** ['ɛntgʏltɪç エントギュルティヒ] 形 最終的な, 決定的な. eine ~e Entscheidung treffen 最後の断を下す.
'End·gül·tig·keit 女 -/ 最終的(決定的)であること.
'en·di·gen ['ɛndɪɡən]《雅》《古》❶ 自 (enden) 終る. ❷ 他 (beenden) 終える.
En'di·vie [ɛnˈdiːvia] 女 -/-n (*ägypt.*)『植物』エンダイブ, きくちしゃ, オランダぢしゃ.
'End·kampf 男 -[e]s/¨e 決戦; 『スポーツ』決勝戦.
'End·la·ger 中 -s/- (核廃棄物などの)最終貯蔵場.
'end·la·gern 他《ふつう不定詞か過去分詞で》(核廃棄物などを)最終貯蔵処理する.
'End·la·ge·rung 女 -/-en (核廃棄物などの)最終貯蔵.
'End·lauf 男 -[e]s/¨e (陸上競技などの)決勝レース.

'end·lich

['ɛntlɪç エントリヒ] ❶ 形 **1** (↔ unendlich) 有限の, 終りある; 無常の. **2** 最後の, 最終の. **3** 待ちに待った. ❷ 副 **1** 終りに, 最後に. **2** ついに, やっと, とうとう. *Endlich* ist es so weit. とうとうここまで来たか. Da bist du ~! やっと来てくれたか. **3** (焦燥の気持を表して)もうそろそろ, いい加減に. Ich muss ~ einen Brief an ihn schreiben. 私は今度こそ彼に手紙を書かなくてはならない. Komm doch ~! いい加減に来てくれろよ.

'End·lich·keit 囡 -/ 有限(性), 限界, はかなさ, 無常.

'end·los ['ɛntloːs] 肥 **1** 末端のない, 継ぎ目のないの, エンドレスの. ein ~er Riemen 継ぎ目なしのベルト, 循環ベルト. **2**《比喩》終りのない, 限界のない, 果てしない; 無限の, 永久の; 絶間ない, 不断の. ~es Gerede 果てしないお喋り.

'End·lo·sig·keit 囡 -/ 果てしなさ, 無際限, 間断ないこと, 無限.

'End·los·pa·pier 田 -s/ (コンピュータ用の)連続用紙.

'End·lö·sung 囡 -/-en **1** 最終(究極)的解決(法). **2**『歴史』(ナチスが使った婉曲用語で, ユダヤ問題の最終解決法, すなわち)ユダヤ人絶滅計画.

'End·maß 田 -es/-e『工学』ブロックゲージ, ヨハンソンゲージ.

en·do.., En·do.. [ɛndoː..]《接頭》(gr.)(↔ exo.., Exo..)「内の, 内部の」の意で形容詞・名詞を作る. 母音の前では end.., End.. となることがある.

En·do·ga·mie [ɛndoga'miː] 囡 -/-n [..'miːən] (gr.)『民族・社会』(↔ Exogamie) 族内(同族)結婚.

en·do·gen [ɛndoˈgeːn] 肥 (gr.)『生物・心理』(↔ exogen) 内生の, 内因(性)の;『地質』内成の.

En·do·kard [..'kart] 田 -[e]s/-e『解剖』心内膜.

En·do·krin [..'kriːn] 肥『医学』内分泌の. ~e Drüsen《Organe》内分泌腺(器).

En·do·skop [..'skoːp] 田 -s/-e『医学』内視鏡, 直達鏡.

En·do·sko·pie [..skoˈpiː] 囡 -/-n [..'piːən] (gr.)『医学』内視法, 直達検査法.

'End·pha·se ['ɛnt..] 囡 -/-n 最終局面, 最終段階.

'End·punkt 男 -[e]s/-e 終点, 究極点, 目的地.

'End·reim 男 -[e]s/-e 脚韻.

'End·run·de 囡 -/-n《スポーツ》決勝戦; 最終ラウンド.

'End·sil·be 囡 -/-n (語または詩行の)最終音節.

'End·spiel 田 -[e]s/-e《スポーツ》決勝戦;《チェス》終盤, 詰め.

'End·spurt 男 -[e]s/-s(-e)《スポーツ》ラストスパート.

'End·sta·di·um 田 -s/..dien 最終段階.

'end·stän·dig 肥 末端(先端)にある, (花などが)枝の先についている.

'End·sta·ti·on 囡 -/-en 終着駅, 終点.

'End·sum·me 囡 -/-n 総計.

'En·dung ['ɛnduŋ] 囡 -/-en『文法』**1** (Suffix) 接尾辞. **2** 語尾; 語末つづり.

'End·ur·teil 田 -s/-e **1** 最終的な判断. **2**『法制』最終判決.

'End·ver·brau·cher 男 -s/- 末端消費者, エンドユーザー.

'End·ziel 田 -[e]s/-e 最終目標(目的地).

'End·zweck 男 -[e]s/-e 最終(究極)目的.

Ener·geia [e'nɛrgaɪa] 囡 -/ (gr.)(↔ Dynamis) エネルゲイア, 現実態 (Aristoteles 哲学の用語).

Ener·ge·tik [enɛrˈgeːtɪk] 囡 -/ (↓ Energie)『哲学・化学』エネルゲーティク, エネルギー論(ドイツの化学者・哲学者オストヴァルト W. Ostwald, 1853-1932 らによって唱えられたエネルギー一元論).

ener·ge·tisch [..tɪʃ] 肥 **1** エネルゲーティクに関する(に基づく). **2** エネルギーの, エネルギーに関する.

*****Ener'gie** [enɛrˈgiː] 囡 -/-n [..'giːən] エネルギー, 《一般に》(↓ Tatkraft) **1**《複数なし》精力, 活動力, エネルギー, パワー. Er hat ~《keine ~》. 彼はパワーがある《ない》. Er steckt voller ~. 彼は活力に満ちあふれている. mit ~ 精力的に; 力いっぱい, 断固として. **2**『物理・化学』エネルギー. ~ kinetische《potentielle》~ 運動(位置)エネルギー. **3**《複数なし》『哲学』=Energeia

Ener'gie·be·darf 男 -[e]s/ エネルギー需要.

Ener'gie·ein·spa·rung 囡 -/-en エネルギー節約.

Ener'gie·haus·halt 男 -[e]s/-e (国・企業などの)エネルギー事情(需給関係).

Ener'gie·kri·se 囡 -/-n エネルギー危機.

Ener'gie·los 肥 活力(精力, パワー)のない.

Ener'gie·po·li·tik 囡 -/ エネルギー政策.

Ener'gie·quel·le 囡 -/-n エネルギー源.

Ener'gie·spa·rend 肥 エネルギー節約の, 省エネの.

Ener'gie·ver·brauch 男 -[e]s/-e エネルギー消費(量).

*****ener·gisch** [e'nɛrgɪʃ] 肥 **1** 精力(活力)のある, 活動的な, エネルギッシュな. **2** 力をこめた, 断固たる. ~e Maßnahmen 断固とした(強力な)措置.

ener·vie·ren [enɛrˈviːrən] 他 (fr. ‚entnerven') **1**『医学』(身体のある部分の)神経を切除する. **2**《雅》(人の)神経を疲れさせる, (を)無気力にする.

en 'face [ãː 'fas] (fr. ‚ins Gesicht')(↔ en profil) 前面から, 真正面から.

en fa'mille [ãː fa'miː] (fr. ‚in der Familie') 家族(身内)で, 内輪(うちわ)で.

En'fant ter'ri·ble [ã'fãː tɛˈriːbəl] 田 -/-s -s (fr. ‚schreckliches Kind') アンファン・テリブル, 怖るべき(手に負えない)子供, (社会・集団の)異端児, 反抗者.

en·fi'lie·ren [ãfiˈliːrən] 他 (fr.)《古》**1** (真珠などを)糸に通す; 数珠(じゅず)つなぎにする(並べる). **2**『軍事』掃射(縦射)する.

eng [ɛŋ エング] 肥 **1** 狭い, 狭隘(きょうあい)な. ein ~er Gang 狭い通路. ein ~es Zimmer 狭苦しい部屋. Es wurde ihm ~ um die Brust. (興奮のあまり)彼は胸苦しくなった. **2** (衣服などが)ぴったり身にあった, タイトな. ein ~es Kleid ぴったり身についたドレス. Der Rock ist mir zu ~. そのスカートは私にはきつい. die Hose ~er machen ズボンのサイズをつめる(細身にする). **3** 目の詰った, 密な; 密接した, 密度高い. Die Bäume stehen ~ [nebeneinander]. 樹木が密生している. Schreib nicht so ~! そんなに詰めて書くな. **4**《しばしば比較級・最上級で》(選択・行動・思考の範囲が)狭い, 狭小な; 限られた, 局限(限定)された. ein ~erer Ausschuss 小委員会. einen ~en Horizont haben 視野が狭い. im ~eren Sinn 狭い意味で, 狭義で. im ~sten Sinn 最も限定された内容の. in ~en Verhältnissen leben つましい暮しをしている. in die ~ere Wahl kommen 1 次選考にパスする. geistig ~ sein 固陋(ころう)である, 偏狭(頑迷)である. **5** 親密な. ein ~er Freund 親密な友人. in ~er Beziehung zu j³ stehen 人と親密な間柄である. im ~sten Kreise ごく内輪(うちわ)の集まりで, 内々で. ♦↑

En·ga·ge·ment [ãgaʒə'mãː] 田 -s/-s (fr.) **1** 約束;『商業』金銭上の約束, 債務; (債券取引における)売買契約履行の義務. **2** (俳優・音楽家が劇場などと結ぶ)雇用契約; 雇用. ein ~ am Theater bekommen 劇場と契約ができる. **3**《複数まれ》(社会的・政治的問題への)参加, 関与, アンガジュマン; 責任, 責務. das ~ des Bürgers 市民の社会参加. **4**《古》アンガジュマン(剣と剣との結び). **5**《古》ダンスの申込み.

en·ga·gie·ren [ãgaˈʒiːrən] (fr. engager, verpflichten') ❶ 他 雇う, 雇用する. einen Privatlehrer ~ 家庭教師を雇う. 2《古》(人''に)ダンスを申込む. ❷ 再 (**sich**) 1 関与する, 携わる; 拘束される, 義務を負う. sich finanziell ~ 財政的に関与する. 2 (in et³ 事''に)肩入れする, (積極的に)関与する, 打込む. Die Amerikaner hatten sich zu sehr in Vietnam engagiert. アメリカ人たちはベトナムに深入りしすぎてしまった. 3《過去分詞で》 engagierte Literatur 《文学》アンガジュマン(政治参加, 社会参加)の文学.

'**eng an·lie·gend**, °**eng·an·lie·gend** 形 (衣服などが)ぴったり身によった.

'**eng be·freun·det**, °**eng·be·freun·det** 形 とても親密な.

'**eng·brüs·tig** [ˈɛŋbrʏstɪç] 形 (↓eng+Brust) 1 胸幅の狭い, 華奢な''. 2《雅》(家などが)狭苦しい. 3《古》息切れしやすい; 喘息持ちの.

***'En·ge** [ɛŋə エンゲ] 女 -/-n (↓eng) 1《複数なし》狭さ, 狭隘さ; 窮屈(さ); (心の)狭さ, 固陋, 頑迷, 偏狭. 2 狭いところ, 隘路(ﾛ''); (狭い)海峡. in die ~ geraten《比喩》窮地に陥る. jⁿ in die ~ treiben《比喩》人''を窮地に追込む.

***'En·gel** [ˈɛŋəl エンゲル] 男 -s/- (gr., Bote') 1《宗教》天使. die Engel des Herrn 主の御使(ﾂ''ｶﾋ)たち. der ~ der Verkündigung お告げの天使(大天使 Gabriel のこと).《新約》ルカ1:26). ein gefallener ~ 堕天使, 悪魔. die gelben Engel《話》(故障のときにくれる)ADACのサービス員(車). ein guter ~ 善天使;《比喩》守り神. Das hat dir ein(dein) guter ~ eingegeben. そいつは君にしては上出来の考えだ, なかなか感心なことだ. ein rettender ~ 救いの天使(神), 思いがけない助け手. ein ~ mit einem B davor《話》悪魔, わんぱく小僧(↑Bengel). Es geht ein ~ durchs Zimmer.《話》会話が不意にとぎれる(天使が現れると人々は狼狽してものも言えなくなると信じられたので). Sie ist auch nicht gerade ein ~. 彼女とて天使というわけではない. Engel haben ihn in den Schlaf gesungen.《比喩》彼はやすらかに永眠した. die Engel(im Himmel) singen⟨pfeifen⟩hören《話》(痛さのあまり)気が遠くなる, 激痛に襲われる, あまり天にも昇る心地がする. 2《比喩》天使のような(無垢な, 親切な)人. Mein ~！《古》私の天使, 目の中に入れても痛くない子(子供に対する愛称). [Ach] du ahnungsloser ~！《話》ああ, なんてお人好しななだ, Sie ist ein wahrer ~. 彼女は本当にやさしい(親切な)人だ.

'**En·gel·amt** 中 -[e]s/-̈er《ｶﾄﾘｯｸ》(Engelsmesse) 1 子供の死者ミサ. 2 降誕祭の第1ミサ(深夜のミサ). 3《地方》(待降節期間中に行われる)聖母マリアにささげるミサ.

'**En·gel·chen**, '**En·ge·lein** [ˈɛŋəlain] 中 -s/-《Engel の縮小形》小天使, かわいい天使, 天童(ﾄｳ).

'**en·gel·gleich** 形《雅》天使のような.

'**en·gel·haft** 形 天使のような.

'**En·gel·ma·che·rin** 女 -/-nen《古》1 (不義の子などを貰い食べ物を与えず養育費をだまし取りする)貰子殺しの女. 2 (非合法の堕胎を行う)闇産婆''(ﾊﾞﾋ).

'**En·gels** [ˈɛŋəls]《人名》Friedrich ~ フリードリヒ・エンゲルス(1820-95, ドイツの社会主義思想家).

'**En·gels·burg** 女 -/《古》~ サンタンジェロ城, 聖天使城(ローマの歴史建造物. イタリア語形 Castel Sant'Angelo).

'**En·gels·ge·duld** 女 -/ (人間離れした)大忍耐心.

'**En·gels·gruß** 男 -es/《ｶﾄﾘｯｸ》(Englischer Gruß) 天使祝詞, アヴェ・マリア. ↑Avemaria

'**En·gels·gü·te** 女 -/ 天使のような人のよさ.

'**En·gels·mie·ne** 女 -/-n 天使のような顔.

'**En·gels·zun·gen** 複 天使のような弁舌(雄弁の意).《次の成句で》mit ~ reden 弁舌さわやかに話す, よどみなく(とうとうと)話す.

'**eng·her·zig** 形 心の狭い, 狭量な.

engl.《略》= englisch

*'**Eng·land** [ˈɛŋlant エングラント]《地名》(engl., Land der Angeln) 1 イギリス, 英国 (das Vereinigte Königreich von Großbritannien und Nordirland の通称). 2 イングランド(イギリスのグレートブリテン島の南半分からウェールズを除いた部分, 中心都市 London).

'**Eng·län·der** [ˈɛŋlɛndər] 男 -s/- 1 イギリス人, 英国人, (狭義)イングランドの住民. ▶女性形 **Engländerin** 女 -/-nen 2《工学》自在スパナ. 3《ｽﾎﾟｰﾂ》エングレンダー(アーモンドやピーナッツを入れたクッキーの一種).

'**Eng·lein** [ˈɛŋlain] 中 -s/-《Engel の縮小形》= Engelein

*'**eng·lisch**¹ [ˈɛŋlɪʃ エングリッシュ] 形 (↓England) 1 イギリス(人)の, イギリス(人)特有の, 英国風の, 英国製の. ~er Garten イギリス式庭園(18世紀にイギリスで生れた庭園様式). ~e Krankheit《古》イギリス病, くる病. 2 英語の. ~e Sprache 英語. ~ einkaufen《卑》盗む. ♦↑deutsch, Englische

'**eng·lisch**² 形《古》(↓Engel) 天使の, 天使のような. Englischer Gruß《ｶﾄﾘｯｸ》= Engelsgruß

'**Eng·lisch** 中 -[s]/ 1 イギリス(英)語の, (一般的に)英語. ~ lernen⟨sprechen⟩英語を学ぶ⟨話す⟩. Er kann ~⟨kein ~⟩. 彼は英語ができる⟨できない⟩. auf⟨in⟩~⟨englisch⟩英語で話す. (b)《規定詞を伴って》(特定の個人・集団・時代の)英語. Ihr ~ ist einwandfrei. 彼女の英語は申分がない. das ~ des Mittelalters 中世の英語. ein gutes ~ sprechen 良い英語を話す.《学科目としての》英語.《冠詞なしで》♦↑Deutsch, englisch² 2, Englische

'**Eng·li·sche** 中《形容詞変化/複数なし》《定冠詞つきで》1 英国風の物, 英国風. die Aussprache des ~n. 英語の発音. 2 イギリス的(英国風)なもの, イギリス的特質(特性). ♦↑Deutsche ②

'**Eng·lisch·horn** 中 -[e]s/-̈er《楽器》イングリッシュ・ホルン.

'**Eng·lisch·le·der** 中 -s/《紡織》モールスキン(作業衣などに使う厚手の綿布).

'**Eng·lisch·rot** 中 -s/《化学》(Caput mortuum) ベンガラ.

'**En·glish ·spo·ken** [ˈɪŋlɪʃ ˈspoːkən] (engl., [Hier wird] Englisch gesprochen') 英語話します(商店・ホテルなどの店頭にかかげる表示).

eng·li·sie·ren [ɛŋ(g)liˈziːrən] 他 = anglisieren

'**eng·ma·schig** [ˈɛŋmaʃɪç] 形 (編み物・網などの)目の細かい, 目のつんだ.

En·go·be [aˈɡoːbə] 女 -/-n (fr.)《窯業》エンゴベ, 化粧掛け, スリップ.

'**Eng·pass** 男 -es/-̈e《古》(Engweg) 1 (交通の障害となる)狭い道(通路), 隘路(ﾛ''); ネック, 障害. 2《話》《比喩》(事業のネックとなる資材・労働力の)不足, 払底. Kühlschränke sind augenblicklich ein ~. 冷蔵庫は目下品不足である.

en ·gros [ã: ˈɡroː] (fr., im großen')《商業》(↔ en détail) 卸(ｵﾛｼ)で.

En·gros·han·del [ā'gro..] 男 -s/ 《古》《商業》(Großhandel) 卸売業.

En·gros·preis 男 -es/-e 《商業》卸(セ")値, 卸売価格.

En·gros·sist [āgro'sɪst] 男 -en/-en (↓ en gros) 《商業》(Großhändler) 卸売業者.

'eng·stir·nig ['ɛŋʃtɪrnɪç] 了見(視野)のせまい, 偏狭な.

En·har·mo·nik [ɛnhar'mo:nɪk] 女 -/ (gr.) 《音楽》異名同音(手法), エンハーモニック.

en·har·mo·nisch 形 《音楽》異名同音の. ~e Verwechslung 異名同音的変換.

En·jam·be·ment [ãʒãbə'mã:] 中 -s/-s (fr., Hinübergreifen*) 《韻律》句またがり, 行またがり(詩行の意味・構文が次行にまたがること).

En·kaus·tik [ɛn'kaʊstɪk] 女 -/ (gr.) 《美術》エンカウスティク, 蠟画(法)(蠟に溶かした顔料を熱した鏝(テ)で焼きつける古代ローマ時代の画法).

*En·kel¹ ['ɛŋkəl エンケル] 男 -s/- **1** 孫. **2** 《複数で》(Nachkommen) 子孫, 末裔, 後世の人々.

'En·kel² 男 -s/- 《地方》(Fußknöchel) くるぶし.

'En·ke·lin ['ɛŋkəlɪn] 女 -/-nen (Enkel¹ の女性形) (Enkeltochter) 孫娘.

'En·kel·kind ['ɛŋkəlkɪnt] 中 -[e]s/-er 孫.

'En·kel·sohn 男 -[e]s/¨e 孫(の男の子).

'En·kel·toch·ter 女 -/¨ (Enkelin) 孫(の女の子), 孫娘.

En·kla·ve [ɛn'kla:və] 女 -/-n (fr.) (↔ Exklave)(自国の領土内にある他国の)飛び領土, 飛び地.

en·ko·die·ren [ɛnko'di:rən] 他 (engl.) (情報を)エンコード(記号化)する.

En·ko·mi·on [ɛn'ko:mion] 中 -s/..mien [..miən] (gr., Lobrede*) 《修辞》(公式の, 転じて大げさな)賛辞, 称賛の演説(詩).

En·ko·mi·um [..miom] 中 -s/..mien = Enkomion

en 'masse [ã: 'mas] (fr.) 《話》大量に, たくさん.

en mi·ni·a'ture [ā: minia'ty:r] (fr., in Miniatur*) ミニアチアで, 縮尺の, 小型の.

En·nui [ãny'i:] 男 -/ (fr.) 《古》《雅》アンニュイ, けだるさ, 倦怠, 退屈.

en·nu'yant [ãny'jant, an..; ..'jã:] 形 (↓ Ennui) けだるい, もの憂い, 退屈な.

en·nu'yie·ren [ãny'ji:rən, an..] 他 (↓ Ennui) 退屈させる, うんざりさせる. sich⁴ ~ 退屈する, うんざりする.

enorm [e'nɔrm] 形 (fr.) **1** 非常に大きな, 巨大な. ~e Summe 莫大な金額. ~ groß⟨hoch⟩ものすごく大きい⟨高い⟩. **2** 《話》驚くべき. Das ist ja ~! それはすごい. **3** 《話》(herrlich) すばらしい, すてきな.

en pas'sant [ã: pa'sã:] (fr., im Vorübergehen*) **1** 《雅》アンパサンで, 通過中に. **2** (beiläufig) ついでに.

en pro'fil [ã: pro'fi:l] (fr.) (↔ en face) 側面から, 横から.

En'quete [ã'ke:t(ə), ã'kɛ:t(ə)] 女 -/-n (fr., Umfrage*) **1** (大規模な)アンケート, (政府が行う)アンケート調査. **2** 《古》研究集会.

En·sem·ble [ã'sã:bəl] 中 -s/-s (fr.) **1** アンサンブル(調和のとれた家並). ein ~ von Gebäuden um einen Platz 広場の周囲の調和のとれた(美しい)町並. **2** 《演劇》アンサンブル(ある劇場に所属する全俳優). **3** 《音楽》アンサンブル(共演する演奏家の集団). **4** 《音楽》(小人数のための)合奏(重唱)曲. **5** 《音楽》アンサンブル(オペラの重唱場面). **6** 《服飾》アンサンブル(ドレス・帽子・靴などの調和のとれた1揃え). **7** アンサンブル(家具などの調和のとれた1セット).

en 'suite [ã: 'svi:t] (fr.) **1** (im Anschluß) 次いで, 以下に. **2** つづいて, 引きつづいて, 次々に.

ent.. [ɛnt..] 分離前つづり / つねにアクセントをもたない) **1** 《除去・分離・離脱・解放の意を表す》entfernen 遠ざける. entlaufen 走って逃げる. **2** 《開始・発展・生成》entbrennen 燃え上がる. ◆副詞・前置詞の合成することもある. entgegen, entzwei; entlang

ent'ar·ten [ɛnt'|a.rtən] 自 (s) (↓ Art 4) **1** 退化(退行)する. **2** 退廃(堕落)する, 悪くなる. entartete Kunst 退廃芸術(ナチスが前衛芸術をおとしめるために使った用語). **3** 《病理》(細胞)変生(変質)する.

Ent'ar·tung 女 -/-en **1** 《複数なし》退化, 変性; 堕落, 退廃. **2** 退化(退廃, 堕落)現象. **3** 《物理》縮退.

En'ta·se [ɛn'ta:zə] 女 -/-n (gr.) 《建築》エンタシス(円柱の中ほどのふくらみ).

En'ta·sis ['ɛntazɪs] 女 -/..tasen[ɛn'ta:zən] (gr.) = Entase

ent'äu·ßern 再 (sich⁴) sich et² ~ 物²を放棄(断念)する; を手放す, 譲渡する.

*ent·beh·ren [ɛnt'be:rən エントベーレン] ❶ 他 **1** 〈人⟨物⟩が〉いない(ない)ので寂しい(不自由している). einen Kaffee sehr ~ コーヒーがほしくてならない. 《können, müssen, sollen》〈人⟨物⟩を〉なしですます. Ich kann das Buch nicht länger ~. 私はもうこれ以上その本なしではすまない. Du sollst nichts ~. 君には何ひとつ不自由させないよ. ❷ 自 〈物²を〉欠いている. Sein Vorwurf entbehrt jeder Grundlage. 彼の非難は根も葉もないことだ.

ent'behr·lich [ɛnt'be:rlɪç] 形 《副詞的には用いない》なくてもすむ, 余計な.

Ent'beh·rung 女 -/-en 欠乏, 不如意, 不自由.

ent'bie·ten* 他 **1** j³ et⁴ ~ 《第三者を介して》人³に事⁴(挨拶などを)述べる, 伝える. **2** 《古》j⁴ zu sich³ ~ 人⁴を(自分のところへ)招く, 呼寄せる.

ent'bin·den* [ɛnt'bɪndən] ❶ 他 **1** (j⁴ von et³ / 雅》j⁴ et²) 人⟨物³,²から〉解放する, 免除する. **2** (妊婦を)分娩(出産)させる. Sie ist von einem Jungen entbunden worden. 彼女は男の子を出産した. ❷ 自 子供を生む, 出産(分娩)する. in der Klinik⟨zu Hause⟩ ~ 産院⟨家⟩で出産する.

Ent'bin·dung 女 -/-en **1** (義務・束縛などからの)解放, 免除. **2** 分娩, 出産.

Ent'bin·dungs·ab·tei·lung 女 -/-en 産科病棟.

Ent'bin·dungs·sta·ti·on 女 -/-en (病院の)産科.

ent'blät·tern ❶ 他 (樹木を)落葉させる. ❷ 再 《sich⁴》(樹木が)落葉する; 《話》衣服を脱ぐ, 裸になる.

ent'blö·den [ɛnt'blø:dən] 再 《sich⁴》《次の成句で》sich nicht ~, ...zu tun 臆面もなく…する.

ent'blö·ßen [ɛnt'blø:sən] 他 (↓ bloß) **1** 裸にする, むき出しにする, 露出させる. die Arme⟨die Brust⟩ ~ 腕をまくる⟨胸をはだける⟩. seine Schwäche ~ 自分の弱点をさらけだす. sich⁴⟨sein Innerstes⟩ vor j³ ~ 人³に自分の本心をさらけだす. mit entblößtem Kopf 帽子をとって. **2** (j⟨et⟩⁴ et² / j⟨et⟩⁴ von et³) 人⟨物⟩⁴から物²,³を奪う, 取上げる. die Stadt von Truppen ~ 町から守備隊を引揚げる. aller Mittel ⟨von allen Mitteln⟩ entblößt sein 無一物(すってんてん)である.

ent'bren·nen* 囲 (s) **1** (火が)燃え上がる;(戦い・争いの)火の手が上がる, 突発(勃発)する. In Nu *entbrannte* ein heftiger Streit. たちまち激しい争いが始まった. **2** in〈von〉et³ ~ 事³(情熱など)に燃え立つ(かっとしている). Er ist in〈von〉 heißer Liebe zu ihr 〈für sie〉 *entbrannt*. 彼は彼女への激しい恋情に燃え立った. in〈von〉 Zorn ~ かんかんに怒る, 激怒する. **3** für j⁴ ~ 人⁴に熱を上げている.

ent'bü·ro·kra'ti·sie·ren [ɛntbyrokrati'ziːrən] 囲 (物⁴)を官僚政治から解放する.

ent'de·cken [ɛnt'dɛkən エントデケン] 囲 **1** 発見する, 見いだす. ein Land〈ein Naturgesetz〉 ~ 土地を発見する〈自然法則を見いだす〉. **2** 見つける, 気づく. j〈et〉⁴ in der Ferne ~ 人〈物〉を遠くから見つけだす. einen Dieb〈einen Fehler〉 ~ 泥棒を見つける〈間違いに気づく〉. sein Herz für j〈et〉⁴ ~ 人〈物〉⁴に自分が関心(共感)を持っていることに気がつく, (に)心を惹かれるようになる. **3** (雅)〈人³に〉打ち明ける. j³ ein Geheimnis〈sein Herz〉 ~ 人³に秘密〈思いのたけ〉を打ち明ける. 《再帰的に》 *sich*¹ j³ ~ 人³に本心を明かす.

Ent'de·cker 男 -s/- 発見者.

***Ent'de·ckung** [ɛnt'dɛkʊŋ エントデックング] 安 -/-en 発見(物); 露見, 発覚.

Ent'de·ckungs·rei·se 安 -/-n 探険旅行. auf ~ gehen (戯)あたりを嗅ぎ回る, 隣近所に探りを入れる.

'En·te ['ɛntə] 安 -/-n **1**(鳥)かも(鴨); かもの雌;(無冠詞で)かもの焼肉, かも料理. wie eine bleierne ~ schwimmen (話)泳ぎが下手である, 金槌(⁻づち)である. kalte ~ カルテエンデ(レモンのスライスを添えたパンチの一種). eine lahme ~ (話)うすのろ, くず. wilde ~ 野鴨. zahme ~ あひる(家鴨). ▶↑Enterich **2** (医学)(男子用の)尿瓶(⁻びん), おまる. **3** (話)流言, デマ, (とくに新聞・ニュースなどの)誤報, 虚報. **4** (話)エンテ(シトロエン 2CV 型の小型自動車).

ent'eh·ren 囲 (人⁴の)名誉を傷つける, (を)辱める, (名)を汚す. 《再帰的に》 *sich*⁴ ~ (古) 恥ずかしい〈破廉恥な〉ことをやらかす.

ent'eh·rend 現分 形 屈辱的な.

ent'eig·nen 囲 (人⁴の)財産を没収(接収, 収用)する. **2** (物⁴)を没収, 収用)する.

Ent'eig·nung 安 -/-en 没収, 収用; (法制) 公用徴収.

ent'ei·len 囲 (s) 急いで立ち去る. Die Zeit *enteilt*. 光陰矢のごとし.

ent'ei·sen [ɛnt'aɪzən] 囲 (物⁴に付着した)氷を溶かす(除去する).

ent'ei·se·nen [ɛnt'aɪzənən] 囲 (物⁴から)鉄分を除く.

En·te·le'chie [ɛntelɛ'çiː] 安 -/-n [..'çiːən] (gr., in Vollendung sein') **1** (哲学) エンテレケイア, 完現態 (Aristoteles の用語, 質料において実現される形相). **2** (生物) エンテレヒー(新生気論の用語).

'En·ten·bra·ten 男 -s/- かものロースト.

'En·ten·schna·bel 男 -s/- **1** 鴨(^{かも})のくちばし. **2** (ふつう複数形で)(15 世紀末から 16 世紀初頭に流行した鴨のくちばしに似た格好の先のとがった鴨はき靴.

En'tente [ã'tɛːt(ə)] 安 -/-n (fr., Einvernehmen') 協約, 協商(相互理解・合意の意で, 国家間の外交上の約束. 条約ほどの拘束力はない). ~ cordiale [ãtãtkɔr'djal] (1904 年に結ばれた)英仏親善協商. die Große ~ (第 1 次世界大戦のとき英仏を中心に結ばれた)大国協商. die Kleine ~ (第 1 次大戦後 1920-39 チェコスロバキア・ユーゴスラビア・ルーマニアの 3 国間で結ばれた)小国協商.

'En·ten·wal 男 -[e]s/-e (動物)北とっくりくじら.

ent'er·ben 囲 (人⁴の)相続からはずす, 廃嫡する, (の)相続権を奪う.

Ent'er·bung [ɛnt'ɛrbʊŋ] 安 -/-en (複数まれ)相続からの排除, 相続権剝奪.

'En·ter·ha·ken ['ɛntɐ..] 男 -s/- (↓entern) (昔海戦で敵船を引寄せるために使った長い)鳶口(^{とび}_{ぐち}).

'En·te·rich [ˈɛntərɪç] 男 -s/-e (↓Ente) (鳥) 鴨(^{かも})の雄.

En·te'ri·tis [ɛntə'riːtɪs] 安 -/..tiden [..'riːtidən] (gr.) (病理) 腸炎, 腸カタル.

'en·tern [ˈɛntɐn] 囲 (lat. intrare ,hineingehen') ❶ (船員) によじ登る. in die Masten ~ マストによじ登る. ❷ 囲 **1** (敵船) を乗っ取る. **2** (話) (壁などに)よじ登る.

ent'fa·chen 囲 **1** (火を)煽(^{あお})る, 燃え立たせる. **2** (比喩) (激情・怒り・情欲などを)かき立てる, (戦争を)誘発する.

ent'fah·ren* 囲 (s) **1** (人³の口から言葉などが)思わず出る(漏れる). Ihm *entfuhr* ein Schimpfwort〈ein Seufzer〉. 彼は罵(^{のの})りの言葉を口走った〈思わずため息を漏らした〉. **2** (雅)(物³から)不意に出てくる.

ent'fal·len* 囲 (s) **1** (雅) (人・物³から)落ちる. Der Brief *entfiel* ihm〈seiner Hand〉. 手紙が思わず彼の手からすべり落ちた. **2** (人³の)記憶から抜け落ちる, 消え失せる. Der Titel des Buchs ist mir *entfallen*. その本の表題を私は忘れています. **3** (auf j〈et〉⁴) 人〈物〉に取分(分前)になる. **4** (書) 行われない, 中止(棚上げ)になる.

***ent'fal·ten** [ɛnt'faltən エントファルテン] ❶ 囲 **1** (畳んだものを)ひらく, ひろげる. eine Zeitung ~ 新聞をひろげる. **2** (意見・考えなどを)詳しく説明(開陳)する. **3** (素質・才能を)伸ばす, 発展させる. seine Begabung ~ 天分を伸ばす. **4** (運動・活動を繰広げる; (軍事) 展開する. eine vielseitige Tätigkeit ~ 多面的な活動を繰広げる. **5** (秘めた力・勇気などを)見せる, 発揮する. Charme ~ 魅力があるところを示す.

❷ 再 **(sich⁴)** **1** (畳んだものが)ひろがる, ひらく, (蕾が)綻(^{ほころ})びる. **2** 発達(発展, 展開)する; 人間が大きくなる. Hier kann man *sich* nicht voll ~. ここでは自分を大きく伸ばすことはできない.

Ent'fal·tung 安 -/-en 発展, 展開, 開示, 開陳. seine Fähigkeiten zur ~ bringen 自分の力を伸ばす(発展させる). zur ~ kommen〈gelangen〉発展(展開, 伸展)する, 伸びる, 花ひらく.

ent'fär·ben ❶ 囲 (物⁴の)色抜きをする(漂白, 脱色)をする. ❷ 再 **(sich⁴)** (本来の)色を失う, (木の葉が)黄ばむ; (人が)顔色を失う, 青白くなる.

Ent'fär·ber 男 -s/- 脱色剤.

***ent'fer·nen** [ɛnt'fɛrnən エントフェルネン] (↓fern) ❶ 囲 遠ざける, (遠くへ)持っていく, 引離す, どける, 取除く, 除去する (aus〈von〉 et³〈von⁴〉); (医学) (物⁴を) 切除する (人⁴から). einen Flecken ~ しみを抜く. Bitte *entferne* den Hund aus meiner Nähe! 犬を私の近くからどけてくれ. j⁴ aus〈von〉 dem Amt ~. einen Schüler aus〈von〉 der Schule ~ 生徒を退学させる(放校にする).

❷ 再 **(sich⁴)** 遠ざかる, 去る, 離れる, それる (aus〈von〉

et³ 物¹から);(von j³ 人³と) 疎遠になる. *sich* heimlich ～ こっそり立去る. *sich* vom Thema⟨von der Wahrheit⟩ ～ 主題からそれる⟨真実から逸脱する⟩.
♦ ↑entfernt

ent'fernt [ɛnt'fɛrnt エントフェルント] 過分 形 **1** 遠く離れた. Der Park ist nicht sehr weit ～. 公園はほど遠くないところだ. Das Dorf liegt 10 km⟨zwei Stunden⟩ von hier ～. その村はここから10キロ⟨2 時間⟩のところにある. Ich habe nicht das Entfernteste⟨≈～esten⟩ vor, ihn zu besuchen. 私は彼を訪問するつもりなど毛頭ない. (nicht と) nicht ～ / nicht im Entferntesten⟨⁼～esten⟩ すこしも⟨まったく⟩…ない. Er ist nicht ～ so intelligent wie sein Bruder. 彼はけっして兄弟ほど聡明ではない. **2** 《比較変化なし》《述語的には用いない》〔血縁関係などが〕薄い,遠縁の. ～e Verwandte 遠い親戚. Sie ist ～ mit mir verwandt. 彼女は私の遠縁にあたる. mit j³ nur in ～em Briefwechsel stehen 人³とほんのたまにしか手紙のやりとりをしない. **3** 《比較変化なし》わずかな, ほのかな. eine ～e Ähnlichkeit ちょっぴり似たところ. sich⁴ nur ～ an j⁴ erinnern können 人⁴のことをぼんやりとしか思い出せない.

Ent'fer·nung [ɛnt'fɛrnʊŋ エントフェルヌング] 女 -/-en **1** 距離, へだたり; 《話》(Ferne) 遠方. eine ～ messen 距離を測る. auf eine ～ [hin] 遠くまで. Aus⟨In⟩ der ～ sieht sie ganz anders aus. 遠目〈近く〉には彼女はまるで別人に見える. aus einiger ～ すこし離れたところから, いくらか距離を置いて. sich⁴ in gebührender ～ halten 相応の距離を保つ. **2** 遠ざける⟨取除く⟩こと, 除去, 排除; 解職, 罷免; 〖医学〗切除. ～ aus dem Dienstverhältnis 〖軍事〗免官.

Ent'fer·nungs·mes·ser 男 -s/- 距離計.

ent'fes·seln 他 〔人⁴を束縛・いましめから〕解き放つ, 解放する;〔戦争・騒乱などを〕惹起する, 誘発する,〔激情・欲情などを〕かき立てる. die *entfesselten* Elemente 解き放たれた〔猛威をふるう〕四大〔自然力〕. *entfesselte* Leidenschaft 自由奔放な情熱. der *entfesselte* Prometheus 〖ギリシア神話〗鎖を解かれたプロメーテウス(Äschylus のプロメーテウス 3 部作の第 3 作).

ent'fet·ten 他 〔物⁴から〕脂肪分〔油〕を取る, 脱脂する. *entfettete* Milch 脱脂ミルク.

Ent'fet·tungs·kur 女 -/-en 減量療法.

ent'flam·men ❶ 他 **1** 〔物⁴を燃し上がらせる〕ein Streichholz ― マッチに火をつける. sich⁴ ～ 燃上がる, 引火する. **2** 《比喻》〔感情を燃上がらせる,〔人⁴を〕熱中⟨感激⟩させる, 鼓舞する. j² Hass⟨Zorn⟩ ～ 人²の憎悪心に火をつける⟨人²を怒らせる⟩. ❷ 自 (s) **1** 〔まれ〕〔物が〕燃えだす, 発火する. **2** 《比喻》〔激情・争いなどが〕燃上がる, 突発する;〔für et⁴ 事⁴に〕熱中する,〔für j⁴ 人⁴に〕熱を上げる, ぞっこん惚れ込む.

Ent'flam·mungs·punkt 男 -[e]s/-e =Entflammungstemperatur

Ent'flam·mungs·tem·pe·ra·tur 女 -/-en 〖化学〗引火点.

ent'flech·ten⁽*⁾ 他 **1** 〔もつれたものを〕ほぐす, ほどく. **2** 〔財閥・大企業などを〕解体する.

Ent'flech·tung 女 -/-en 《複数まれ》ほぐすこと;〔財閥・企業などの〕解体.

ent'flie·gen* 自 (s) 飛去る.

ent'flie·hen* [ɛnt'fliːən] 自 (s) **1** 逃出する, 遁走〔脱走〕する. **2** 〔物⁴から〕身を引く, 手を引く. der Menschenmenge ～ 群衆から逃れる. **3** 〔時間などが〕飛ぶように過ぎ去る.

ent'frem·den [ɛnt'frɛmdən] 他 (↓ fremd) **1** 〔人⁴を〕〔人³から〕遠ざける, 遠ざける, 疎遠にする. Die lange Trennung hat ihn seiner Frau *entfremdet*. 長い別居のせいで彼は妻との仲が冷えてしまった. *entfremdete* Arbeit 疎外された労働. **2** 〔物⁴を本来の用途・目的以外のことに〕転用する.

Ent'frem·dung 女 -/-en 疎遠, 疎隔;〖哲学・社会学〗疎外.

ent'fros·ten 他 〔窓ガラスや冷蔵庫の〕霜を取る;〔冷凍食品を〕解凍する, もどす.

Ent'fros·ter 男 -s/- =Defroster

ent'füh·ren 他 **1** 誘拐する, かどわかす. ein Flugzeug ～ 飛行機を乗っ取る. **2** 《戯》〔ちょっと〕借りていく〔連れていく〕. Darf ich Ihnen kurz das Buch ～? ちょっとその本をお借りしてかまいませんか.

Ent'füh·rer 男 -s/- 誘拐〔乗っ取り〕犯人.

Ent'füh·rung [ɛnt'fyːrʊŋ] 女 -/-en 誘拐, 乗っ取り. Flugzeug*entführung* ハイジャック.

ent'gan·gen [..'gaŋən] entgehen の過去分詞.

ent'ga·sen 他 (↓ Gas) 〔物⁴から〕ガスを抜く〔取出す〕.

***ent'ge·gen** [ɛnt'geːgən エントゲーゲン] ❶ 前 **1** 《ふつう 3 格名詞の後ろに置かれて》…の方に向かって, 〔…の方〕へ, ～をめざして, (を)迎えて. dem Feind ～ 敵に向かって. neuen Abenteuern ～ 新しい冒険をめざして. ▶動詞と結びついて分離前つづりとなることが多い. ↑ entgegen.. **2** 〔人⟨物⟩³に〕反して, 逆らって. (sein とともに述語形容詞のように) Das war seinen Wünschen völlig ～. それは彼の願いにまったく反していた. ❷ 副 《3 格支配》**1** 〔人⟨物⟩³の〕方に向かって, 〔の方〕へ, 〔を〕めざして, 〔を〕迎えて. ▶この意味では後置がふつうで, 副詞と感じられることもある. 動詞と結びついて分離前つづりとなることが多い（↑ ❶ ▶）. **2** …に反して, 逆らって, そむいて;…とは反対に, 異なって, 逆に. ～ meinem Befehl / meinem Befehl ～ 私の命令に反して. Dem ～ müssen wir feststellen, dass… それとは逆に私たちは…であることを確認しておかなくてはならない.

ent'ge·gen.. [ɛntgeːgən..] 《分離前つづり / つねにアクセントをもつ》〔人⟨物⟩³に対する反対・抵抗・拒絶〕*entgegen*wirken 妨害する. 《〔人⟨物⟩³への接近・対向・歓迎〕*entgegen*blicken 〔人⟨物⟩³の〕方を見る.

ent'ge·gen|ar·bei·ten 自 〔人⟨物⟩³に〕反対する, 抵抗する.

ent'ge·gen|brin·gen 他 **1** 〔人³に〕物⁴を持っていく, もたらす. **2** 〔人⟨物⟩³に〕物⁴を示す, 表する. et³ großes Interesse ～ 物³に大きな関心を寄せる.

ent'ge·gen|ei·len 自 (s) j⟨et⟩³ ～ 人⟨物⟩³の方へ向かって急ぐ, 駆け寄る.

ent'ge·gen|fah·ren* 自 (s) j⟨et⟩³ ～ 人⟨物⟩³を〔車で〕迎えに出て行く. der Sonne ～ 太陽〔南〕に向かって車を走らす.

ent'ge·gen|ge·hen* 自 (s) **1** 〔人⟨物⟩³の方に〕かっていく, 近寄る, (を)迎える. **2** 《比喻》〔破滅・終末・完成・より良い時代などに〕向かって進んでいく.

***ent'ge·gen·ge·setzt** [ɛnt'geːgəŋəzɛtst エントゲーゲンゲゼツト] 形 **1** 《比較変化なし》方向が逆の, 反対向きの; 相対〔立〕する, にらみ合った. in ～er Richtung gehen 逆方向に進む. **2** 〔立場・意見などが〕逆の, 反対の, 相反する, 対立する. Wir sind ～er Meinung². 私たちは意見が相反する. im ～en Fall 逆の場合には, そうでなければ.

ent'ge·gen·ge·setz·ten·falls 他 《書》(im entgegengesetzten Fall) 逆の場合には, さもなければ.

ent·ge·gen|hal·ten* 他 **1** (人。物³の方に物⁴を)差出す. j³ die Hand ~ 人³に手を差しのべる. das Gesicht dem Wind ~ 顔を風に向ける. **2** (人。物³に物⁴で)反対意見(異論)として突きつける. Dieser Behauptung muss man ~, dass... この主張に対しては...という異論をさし挟まなくてはならない.

ent·ge·gen|kom·men [ɛntˈgeːgənkɔmən エントゲーゲンコメン] 自 (s) **1** (人。物³の方に向かってくる, 近寄る, (を)出迎える. 人³の態度で迎える, 遇する. j³ freundlich ~ 人³を愛想よく迎える; j³ auf halbem Wege ~ 人³を途中まで出迎える;(の)意向に幾ぶんか容れる(しる). j³ mit Achtung ~ 人³に敬意をもって遇する. **2** 《比喩》(人。物³)に歩み寄る, 譲歩する;(人³の)意向に沿う(かなう). j³〈j² Wünschen〉 ~ 人³の²の意を迎え(入れる). Sein Vorschlag *kommt* mir sehr *ent·gegen*. 彼の提案は大いに私の意にかなう. sich³〈einander〉 ~ 互いに譲り合う.

Ent'ge·gen·kom·men 中 -s/ 出迎え; もてなし, 歓待, 好意; 歩み寄り, 譲歩.

ent'ge·gen·kom·mend 現分 **1** 向かって来る. ein ~*er* Wagen 対向車. **2** 親切な, 好意的な, 愛想のよい, 協力的な. in ~*er* Weise/*entgegenkommender*weise 親切に, 愛想よく.

ent'ge·gen|lau·fen 自 (s) **1** (人。物³)に駆け(走り)寄る. **2** (事³)に対立する, 相反する.

ent'ge·gen|neh·men [ɛntˈgeːgənneːmən エントゲーゲンネーメン] 他 (手紙・贈物・代金などを)受取る, (注文・祝詞・訪問)を受ける.

ent'ge·gen|se·hen* 自 (s) **1** (人。物³)が来るのが見える, (の)方を見やる. Von diesem Zimmer kannst du ihr ~. この部屋から彼女が来るのが見えるよ. **2** (物⁴)を待ち望む, 期待する.

ent'ge·gen|set·zen ❶ 他 (人。物³)に反対して物⁴を持出す, 対置する. j³ Widerstand ~ 人³に抵抗(反対)する, 楯(たて)をつく. ❷ 再 《sich⁴》(人。物³)に反対する, 異をとなえる. ◆ ↑entgegengesetzt

ent'ge·gen|ste·hen* 自 **1** (人。事³)の妨げになっている, (を)邪魔している. Dem steht nichts entgegen. それを妨げているものは何もない. **2** 《比喩》(事³)と対立(矛盾, 相反)している.

ent'ge·gen|stel·len [ɛntˈgeːgənʃtɛlən] ❶ 他 (人。物³に物⁴を)対置する, 反論として突きつける. dem Feind neue Truppen ~ 敵に対して新手を繰出す. ❷ 再 《sich⁴》**1** (人。物³)を妨げる, 妨害する. **2** (人。物³)に反対(抵抗)する, 異をとなえる.

ent'ge·gen|tre·ten 自 **1** (人。物³)に向かっていく, 立向かう, (の行く手に)立ちはだかる. dem Feind mutig ~ 敵に勇敢に応戦する. **2** (人³)の身に起る. Diese Erscheinung *tritt* einem häufig *entgegen*. こうした現象はよく身に起ることだ.

ent'ge·gen|wir·ken 自 (人。事³)を妨害(阻止)する, 食止める. einer Krankheit ~ 病気の進行(蔓延)を食止める.

***ent'geg·nen** [ɛntˈgeːgnən] 他 (↓ entgegen)(erwidern) (人。事³)に答える(auf eine Frage 問いに対して); 反論する. Darauf wusste er nichts zu ~. それには彼は何も答える(やり返す)ことができなかった.

Ent'geg·nung 女 -/-en 答えること, 返答, 応答; 応酬, やりとり, 反論.

ent'ge·hen [ɛntˈgeːən エントゲーエン] 自 (s) **1** (人。物³)から逃れる, (を)免れる. einer Gefahr〈den Verfolgern〉 ~ 危険を免れる〈追手から逃れる〉. 《物が主語》(人³に物⁴が)逸する, 取込まずに終る; 見(聞き)落す; (意識)を失う. Diese Gelegenheit soll mir nicht ~! この機会を逃してはならない. Der Fehler ist mir *entgangen*. 私はその間違いに気づかなかった. **3** sich³ et⁴ ~ lassen 物⁴を逸する, 見落す, 聞きもらす. Er lässt sich keinen Vorteil ~. 彼は儲かる話は逸さない. Ich will mir diesen Anblick nicht ~ lassen. 私はこの光景を絶対に見のがしたくない. 《過去分詞で》 *entgangener* Gewinn 《法制》逸失利益, 得べかりし利益.

ent'geis·tert [ɛntˈgaɪstərt] 形 (↓ Geist) 度肝(ぎも)を抜かれた, 放心状態の. mit ~*er* Miene 呆然とした顔つきで.

Ent'gelt [ɛntˈgɛlt] 中 (古くは中)-[e]s/(-e) (↓ ent·gelten)(労働・骨折りに対する)報酬, 代償, 補償, 埋合せ. gegen ein geringes ~〈ohne ~〉arbeiten わずかな報酬(無報酬)で働く.

ent'gel·ten* [ɛntˈgɛltən] 他 **1** (人³に事⁴の)報酬(代償)を支払う, 償い(埋合せ)をする. j³ die Arbeit〈die Mühe〉 ~ 人³の労働(骨折り)に対して報酬を支払う. Ich werde es dir später einmal ~. いずれこのお返しをしてやるからな. **2** 《成句として》j⁴ et⁴ ~ lassen 人⁴に事⁴のおとしまえをつけさせる(の仕返しをする). et⁴ [schwer] ~ müssen 事⁴(罪・過失など)の罰を受ける, 償い(贖い)をさせられる.

ent'gelt·lich 《書》有償の.

ent'gif·ten (物⁴の)毒性(毒気)を抜く, 解毒する.

Ent'gif·tung 女 -/ 解毒.

ent'ging [ɛntˈgɪŋ] entgehen の過去.

ent'gin·ge [..ˈgɪŋə] entgehen の接続法 II.

ent'glei·sen [ɛntˈglaɪzən] 自 (s) (↓ Gleis) **1** 車が脱線する. **2** 《比喩》脱線する, (社交の場などで)非礼(無礼)な発言(振舞)をする;(議論などが)本題からそれる, (社会的・道徳的に)逸脱する, 正道を踏みはずす, 常軌を逸する.

Ent'glei·sung 女 -/-en 脱線; 逸脱, 無礼(非礼, ぶしつけ)な言動.

ent'glei·ten* 自 (s) **1** (人。物³から)滑り落ちる. Der Teller *entglitt* ihm〈seinen Händen〉. 皿は彼の手から滑り落ちた. **2** 《比喩》(人。物³の)影響・監督から抜け出す, 離れ去る. der elterlichen Fürsorge ~ 両親の手に負えなくなる.

ent'göt·tern [ɛntˈgœtərn] 他 (↓ Gott) **1** (物⁴の)神(神々)に対する信仰を失わせる, 非宗教化する. eine *entgötterte* Welt 信仰を失った(神のいない)世界. **2** (人⁴の)神性を剥奪する, 神格化(個人崇拝)をやめる. ein *entgötterter* Kaiser 神でなくなった(非神格化された)皇帝.

ent'grä·ten [ɛntˈgrɛːtən] 他 (↓ Gräte) einen Fisch ~ 魚の小骨を取る.

ent'haa·ren (身体の部位を)脱毛する. sich³ die Beine ~ 脚の毛を除く.

Ent'haa·rungs·mit·tel 中 -s/- 脱毛剤.

ent'hal·ten [ɛntˈhaltən エントハルテン] ❶ 他 (ento..+halten) 含んでいる, 含有する. Die Flasche *enthält* nur Wasser. この瓶には水しか入っていない. Das Buch *enthält* viele Abbildungen. この本には多くの図版が入っている. ❷ 再 《sich⁴》(↓ ent..+halten) **1** (物²)を控える, やめ, 抑制する. sich des Alkohols ~ 酒を控える.《2 格目的語なしでも》sich [der Stimme] ~ 棄権する. sich geschlechtlich ~ セックスを慎む. **2** sich et⁴ nicht ~ können 事²を禁じえない, ...せざるをえない. Ich konnte *mich* des Lachens nicht ~. 私は笑わずに

はおれなかった. 《**zu** 不定詞句と》Ich konnte *mich* nicht ~, ihn zu tadeln. 私は彼を非難しないではおれなかった.

ent·hal·ten 過分 形 (↑enthalten¹) in et³ ~ sein 物³の中に含まれている, 入っている. Wie oft ist 3 in 15 ~? 15 は 3 の何倍か. Das Porto ist im Preis [mit] ~. 郵送料は値段の中に含まれています. ◆ この過去分詞を werden とで受動態に用いることはできない. Das Porto wird im Preis ~. という言い方は不可.

ent·halt·sam [ɛnt'haltza:m] 形 (↓enthalten² ②) 節度のある, 控え目な, 禁欲的な.

Ent·halt·sam·keit 女 -/ 節制, 控え目; 禁欲, 禁酒.

Ent·hal·tung 女 -/-en (↓enthalten² ②) **1** 《複数なし》節制, 禁欲. **2** (Stimmenthaltung) 《選挙の》棄権.

ent·här·ten 他 (↓hart) やわらかくする. Wasser ~ 《化学》軟水にする.

ent·haup·ten [ɛnt'hauptən] 他 (↓Haupt) (人⁴の) 首を刎(は)ねる, (を)斬首する, 斬首刑(打ち首)にする.

Ent·haup·tung 女 -/-en 打ち首, 斬首(だ).

ent·häu·ten 他 (↓Haut) 皮を剝(は)ぐ.

ent·he·ben* 他 《雅》(人⁴を物²から) 解放する, (人⁴の 物²を) 免除する. Man hat ihn seines Amtes *enthoben*. 彼は免職になった.

ent·hei·li·gen 他 (物⁴の) 神聖を汚(けが)す.

ent·hem·men 他 (人⁴の) 自制心を失わせる. Alkohol *enthemmt* den Menschen. 酒は憂いを払う玉帚(たまぼうき)だ. völlig *enthemmt* sein すっかり自制心をなくしている (大いにリラックスしている). **2** 《機械の》ロック (制動装置) をはずす.

ent·hielt enthalten¹ の過去.

ent·hiel·te enthalten¹ の接続法 II.

*****ent·hül·len** [ɛnt'hʏlən エントヒュレン] ❶ 他 (↓Hülle) **1** 《雅》(物⁴の) 覆いを取除く. ein Denkmal ~ 記念碑の除幕式を行なう. **2** 《雅》(事⁴を) 明るみに出す, 公にする, 暴露する; 打明ける (人³に). ein Geheimnis ~ 秘密を明かす. j⟨et⟩⁴ als et⁴ ~ 人⟨物⟩⁴ (の正体) が物⁴であることを暴露する. Man hat ihn als Betrüger *enthüllt*. 彼がさぎ師であることが暴露された. ❷ 再 (*sich*⁴) **1** (次第に) 見えてくる, 姿を現す. **2** 明らかになる, 公になる, 露見する (人³に). **3** 《戯》衣装を脱ぐ.

ent·hül·lung 女 -/-en **1** 覆いを取除くこと; 除幕 (式); 暴露, 露見. **2** 《多く複数で》暴かれた (打明けられた) 事実 (真相, 秘密).

ent·hu·ma·ni·sie·ren (人⟨物⟩⁴から) 人間性を剝奪する, 人間味を奪う.

en·thu·si·as'mie·ren [ɛntuzias'mi:rən] 他 (*gr.*) 感激させる. 《再帰的に》*sich*⁴ ~ 感激 (熱狂, 心酔) する (für et⁴ 事⁴に).

En·thu·si·as·mus [..zi'asmʊs] 男 -/ (*gr.*, Gottbegeisterung') 感激, 熱狂.

En·thu·si·ast [..zi'ast] 男 -en/-en 熱狂的な賛美者, 心酔者, ファン.

en·thu·si·as·tisch [..zi'astɪʃ] 形 熱狂的な, 感激 (心酔) した.

ent·ide·o·lo·gi·sie·ren [ɛnt|ideolo'gi:zi:rən] 他 イデオロギーから解放する, 非イデオロギー化する.

ent·jung·fern [ɛnt'jʊŋfərn] 他 (↓Jungfer) (人⁴の) 処女を奪う.

ent·kal·ken (物⁴の) 石灰分を除く, (を) 脱灰する.

ent·kei·men ❶ 他 **1** (物⁴の) 芽を摘む. Kartof- feln ~ じゃがいもの芽を取る. **2** (牛乳・飲用水などを) 殺菌 (滅菌) する. ❷ 自 (s) 芽ぶく, 芽ばえる (et³ 物³から).

ent·ker·nen 他 (↓Kern) **1** (果実の) 芯(しん)(種子) を取る. **2** eine Stadt ~ 町の活抜きをする (町の中心部の過密状態を解消するために建物などを移築させる).

ent·klei·den 他 《雅》**1** (人⁴の) 服を脱がせる. *sich*⁴ ~ 服を脱ぐ. **2** 《比喩》(人⁴から物²を) 奪う, 取去る. ein Zimmer jedes Schmuckes ~ 部屋から装飾品をことごとく取去る. Er wurde seines Amtes *entkleidet*. 彼は解任された.

ent·kof·fe·i'nie·ren [ɛntkɔfei'ni:rən] 他 (↓Koffein) Kaffee ~ コーヒーのカフェインを減らす.

*****ent·kom·men*** [ɛnt'kɔmən] 自 (s) **1** (人⟨物⟩³ から) 逃去る, 逃れる. den Verfolgern ~ 追手の手を逃れる. [aus] dem Gefängnis ~ 脱獄する. über die Grenze ~ 国外に落ちのびる. **2** 免れる. einer Gefahr ~ 危険を免れる.

ent·kor·ken [ɛnt'kɔrkən] 他 eine Flasche ~ 瓶のコルク栓を抜く.

ent·kräf·ten [ɛnt'krɛftən] 他 (↓Kraft) **1** (人⁴の) 力を奪う (そぐ), (を) 衰弱させる. Das Fieber hat ihn *entkräftet*. 高熱が彼の体力を弱らせた. **2** (学説・主張を) 論駁(ばく)する (論破) する, 無効にする. eine Behauptung ⟨einen Verdacht⟩ ~ 主張をやりこめる ⟨嫌疑を晴らす⟩.

Ent·kräf·tung 女 -/-en **1** 衰弱, 疲労, 消耗; 無気力, 虚弱. **2** 《複数なし》論駁, 論破, やりこめること, (疑いなどを) 晴らすこと.

ent·kramp·fen (人⟨物⟩⁴の) 痙攣を鎮める, 緊張をほぐす. die Muskeln ~ 筋肉の緊張をほぐす. 《再帰的に》Die angespannte Situation hat *sich*⁴ *entkrampft*. 《比喩》緊張した局面がほぐれた.

*****ent·la·den*** [ɛnt'la:dən] ❶ 他 **1** (↔ beladen) (物⁴から) 積荷を降ろす. einen Lastkraftwagen ~ トラックの荷を降ろす. **2** (↓ laden) (銃から) 弾丸を抜く. **3** 《物理》(↔ aufladen) 放電させる. ❷ 再 (*sich*⁴) **1** (雷雨などが) にわかに起こる, 突発する. **2** (心的緊張が) 一挙に吹出す, 爆発する. Seine Wut *entlud sich* auf uns. 彼の怒りが私たちめがけて爆発した.

Ent·la·dung 女 -/-en **1** 荷おろし. **2** (感情の) 爆発, 豪雨などの突発. **3** 《物理》放電.

*****ent·lang** [ɛnt'laŋ エントラング] ❶ 前 **1** 《4 格支配: ふつう後置》…に沿って. den Fluss ⟨das Ufer⟩ ~ 川に沿って ⟨岸づたいに⟩. ▶ 前置詞される場合は主として 3 格支配 (まれに 2 格支配) で, 4 格支配されているときは (~ dem Fluss ⟨des Flusses⟩ / 古 ~ den Fluss 川に沿って). また, 後置される場合でもまれに (とくにスイスで) 3 格支配となることがある (dem Fluss ~). **2** 《比喩》《4 格支配 / つねに後置》…の間じゅうずっと. die Nacht ~ 夜どおし, 夜っぴて.

❷ 副 《前置詞 an と》…に沿って. am Fluss ~ 川に沿って. Gehen Sie bitte hier ~! どうぞこっち (この道) を行ってください. ▶ 動詞と結びついて分離前つづりとなることがある. eine Allee *entlanggehen*

ent·lar·ven [ɛnt'larfən] 他 (↓Larve) (人⟨物⟩⁴の) 仮面を剝ぐ, 正体をあばく. einen Schwindler ~ ぺてん師の正体をあばく. j⁴ als Betrüger ~ 人⁴が詐欺師であることをあばく.

*****ent·las·sen*** [ɛnt'lasən エントラセン] 他 **1** 去らせる, 出ていかせる; 解放する; 免除する. einen Gefangenen ~ 囚人 (捕虜) を釈放する. j⁴ aus dem Kran-

kenhaus〈der Schule〉 ～ 人⁴を退院〈卒業〉させる. j¹ aus dem Militärdienst ～ 人⁴を兵役免除にする(除隊させる). j¹ aus dem Prozess ～ 人⁴を訴訟から解放する. **2** 解雇(罷(°)免)する. j¹ aus dem Amt ～ 人⁴を解職処分にする, 罷免する.
ent'las·sen² entlassen¹ の過去分詞.
ent'lässt entlassen¹ の現在 2 人称複数および ihr に対する命令形.
ent'lässt entlassen¹ の現在 2 人称・3 人称単数.
Ent'las·sung 囡 -/-en **1** 釈放, 放免; 退院, 卒業; 解除, 免除;《軍事》兵役免除, 除隊;《法制》退学処分;(国籍の)離脱. **2** 解雇, 解職, 罷免; 解雇通知. fristlose ～ 即時解雇. seine ～ einreichen 退職願を出す.
Ent'las·sungs·fei·er 囡 -/-n 卒業式.
Ent'las·sungs·ge·such 中 -[e]s/-e 辞表.
Ent'las·sungs·schein 男 -[e]s/-e 退院許可証; 退役(除隊)証書; 釈放証.
ent'las·ten 他 (↔ belasten) **1** (人〈物〉³の重荷(負担)を軽くする(軽減する)〈von et³ 事³から〉. j⁴ im Geschäft ～ 人⁴の仕事を軽くしてやる. sein Gewissen ～ 良心の重荷を降ろす. den Verkehr ～ 交通量を緩和する. j¹ von Verpflichtungen ～ 人⁴の義務(業務)を軽減(免除)してやる. **2**《法制》(人⁴を)負い目から解放してやる, 有利にする. einen Angeklagten ～ 被告人を有利にする. ein entlastender Umstand 有利な事情(状況). **3**《商業》(人⁴の)業務執行を認める. **4**《金融》j² Konto ～ 人²の赤字を帳消しにする.
Ent'las·tung 囡 -/-en 重荷軽減(心の重荷も), 交通量の緩和, 責任解除;《法制》負担の軽減, 債務免除, 免責.
Ent'las·tungs·stra·ße 囡 -/-n 迂回路, バイパス.
Ent'las·tungs·zeu·ge 男 -n/-n 被告人に有利な証言をする人.
Ent'las·tungs·zug 男 -[e]s/⸚e 臨時(増発)列車.
ent'lau·ben [ɛnt'laʊbən] 他 (↓ Laub) (木の)葉を落とす. Der Wind entlaubt die Bäume. 風が木々の葉を落とす. ❷ 再 (sich⁴) (木が)葉を落とす, 落葉する.
ent'lau·fen* (s) (人〈物〉³から)逃去る, 逃出す. von zu Hause ～ 家出する. Unser Hund ist entlaufen. 家の犬が逃出した.
ent'le·di·gen [ɛnt'le:dɪɡən] 再 (sich⁴) (↓ ledig)《雅》**1**(人〈物〉²から)解放される. sich eines Mitwissers ～ 秘密を知っている男を片づける(殺す). sich seiner Schulden〈eines Schuldgefühls〉～ 借金のかたをつける〈罪悪感から解放される〉. **2**(任務・用件などを)まっとうする, 片づける. sich eines Versprechens〈einer Aufgabe〉～ 約束を果たす〈使命をやり遂げる〉. **3**(衣服を)脱ぐ.
ent'lee·ren ❶ 他 (容器などを)からにする. die Blase〈den Darm〉～ 小便〈大便〉をする. den Magen ～ 胃をからっぽにする(絶食などで). ❷ 再 (sich⁴) からになる;《話》用便(嘔吐)する;《比喩》内容が空っぽ(空疎)になる.
Ent'lee·rung 囡 -/-en からにすること; 用便.
ent'le·gen [ɛnt'le:ɡən] 形 (副詞的には用いない) **1**(abgelegen) 人里離れた, 辺鄙(゜)な. **2**《比喩》(abseitig) (考えなどが)的はずれの, 突拍子もない.
ent'leh·nen 他 **1**《古》(entleihen) 借りる. **2**(言葉などを)借用(転用)する. einen Begriff aus der Naturwissenschaft ～ 自然科学の概念を借用する. ein entlehntes Wort 借用語.

Ent'leh·nung 囡 -/-en **1**《複数なし》借用. ～ aus dem Französischen フランス語からの借用. **2** 借用語. **3** (他の本からの)引用.
ent'lei·hen [ɛnt'laɪən] 他《sich⁴》(↓ Leib)《古》自殺する.
ent'lei·hen* [ɛnt'laɪən] 他 **1** sich³ et⁴ ～ 物⁴(金銭・本など)を借りる. sich ein Buch von j³〈aus der Bibliothek〉～ 本を人³から借りる〈図書館から借り出す〉. **2** =entlehnen 2
ent'ließ [..'li:s] entlassen¹ の過去.
ent'lie·ße [..'li:sə] entlassen¹ の接続法 II.
ent'lo·ben 他 (sich⁴) (↔ sich verloben) 婚約を解消する.
Ent'lo·bung 囡 -/-en 婚約解消.
ent'lo·cken 他 (人³から物⁴を)巧みに引出す. j³ ein Geheimnis〈Tränen〉～ 人³から秘密を聞出す〈人³を涙ぐませる〉. Sie entlockte der Flöte herrliche Weisen. 彼女はフルートからすばらしい調べを引出した.
ent'loh·nen 他 (人⁴に)賃金(労賃)を支払う. gut〈schlecht〉～ 払い(賃金)がよい〈悪い〉.
ent'löh·nen 他《スイス》=entlohnen
Ent'loh·nung 囡 -/-en 賃金の支払; 給料, 報酬.
ent'lüf·ten 他 (部屋を換気(排気)する, (の)通風をする;《工学》気泡を取除く.
Ent'lüf·ter 男 -s/- 換気(排気, 通風, 脱臭)装置;《戯》(After) 肛門.
Ent'lüf·tung 囡 -/-en 《複数まれ》**1**《複数なし》換気, 排気. **2** 換気(排気)装置.
ent'mach·ten [ɛnt'maxtən] 他 (↓ Macht) 力(の力, 勢力)を奪う, 無力化する.
ent'ma·gne·ti·sie·ren 他《物理》消磁する;《造船》(鋼鉄船に)排磁装置をつける.
ent'man·nen [ɛnt'manən] 他 (↓ Mann) **1** 去勢する. **2** (schwächen) 無気力化(軟弱)にする.
ent'menscht [ɛnt'mɛnʃt] 形 人間らしさをなくした, 非人間的な.
ent'mie·ten 他 (借家などを)賃借人を立ち退かせて空家とする.
ent'mi·li·ta·ri·sie·ren 他 (国・地域を)非武装化する.
Ent'mi·li·ta·ri·sie·rung 囡 -/-en 非武装化(すること).
ent'mi·nen [ɛnt'mi:nən] 他 (↔ verminen) (ある地域・海域の)地雷(機雷)を取除く.
ent'mün·di·gen [ɛnt'myndɪɡən] 他 (↓ mündig) (人⁴に)行為能力の剥奪(制限)の宣告を下す(日本の禁治産・準禁治産の宣告に相当).
Ent'mün·di·gung 囡 -/-en **1**《複数なし》行為能力の剥奪(制限)の宣告を下される(下ること). **2**《法制》行為能力の剥奪(制限)の宣告, 禁治産(準禁治産)の宣告.
ent'mu·ti·gen [ɛnt'mu:tɪɡən] 他 落胆(がっかり)させる.
ent·my·thi'sie·ren [ɛntmyti'zi:rən] 他 =entmythologisieren
ent·my·tho·lo·gi'sie·ren [ɛntmytologi'zi:rən] 他 (物³から)神話的要素を払拭(゜゜)する, (を)非神話化する.
ent'nahm entnehmen の過去.
Ent'nah·me [ɛnt'na:mə] 囡 -/-n (↓ entnehmen) (バッグ・容器・金庫・倉庫などから)取出すこと; 採取(取水・採血・サンプル抽出など).
ent'näh·me entnehmen の接続法 II.

ent·na·ti·o·na·li·sie·ren 他 **1** (人〈物〉⁴から)国民的性格(ナショナリティー)を失わせる. **2** (社会化・国有化された財産などを)再私有化する. **3** (ausbürgern)(人⁴の)国籍(市民権)を剥奪する.

ent·na·zi·fi·zie·ren [ɛntnatsifi'tsi:rən] 他 (denazifizieren)(↓Nazi) **1**〖歴史〗(人⁴を)非ナチ化審査にかける. **2**(企業・官庁から)ナチス色を一掃する,(を)非ナチ化する.

Ent·na·zi·fi'zie·rung 女 -/-en〈複数まれ〉非ナチ化. ナチス色の一掃(1945 から連合国によって実施された元ナチス党員の審査・追放).

ent'neh·men [ɛnt'ne:mən] エントネーメン 他 **1** (et³⟨aus et³⟩) et⁴ 物³から物⁴を取出す, 取上げる, 取除く, 奪い取る; 採取する. 引用する. aus der Vene Blut 〜 静脈から血を採る. seiner Brieftasche einen Hunderteuroschein 〜 札入れから 100 ユーロ紙幣を1枚取出す. dem Lager Waren 〜 倉庫から商品を出してくる. Waren beim Großhändler 〜 品物を卸(おろ)し屋で仕入れる. Der Autor hat vieles den Schriftstellern des 18. Jahrhunderts entnommen. 著者は 18 世紀の作家たちから多くの引用をしている. **2** (et³⟨aus et³⟩) et⁴ 事³から事⁴を推定(察知)する, 知る. [Aus] seinem Bericht lässt sich⁴ nicht⁴, was wirklich geschehen ist. 彼の報告からは実際に何が起こったのかを知ることができない.

ent'ner·ven [ɛnt'nɛrfən] 他 **1** (人⁴の)神経を参らせる. ein entnervender Lärm 神経を参らせるような騒音. **2**〖医学〗(薬剤の人⁴の)神経を鈍らせる.

ent'nimm entnehmen の du に対する命令形.
ent'nimmst entnehmen の現在 2 人称単数.
ent'nimmt entnehmen の現在 3 人称単数.
ent'nom·men entnehmen の過去分詞.

en·to..., **En·to...** [ɛnto..] (接頭)(gr. ,drinnen') 名詞・形容詞に冠して「内部の」の意を表す. 母音の前などでは ent..., Ent... となる. Entoderm〖生物〗内胚葉(はい);. enthalten 含んでいる.

ent'ölen 他 (物⁴の)脂肪分を除く,(を)脱脂する.
En·to·mo·lo'gie [ɛntomolo'gi:] 女 -/ (gr.)(Insektenkunde)昆虫学.

ent·per'sön·li·chen [ɛntpɛr'zø:nlɪçən] 他 (人〈物〉⁴を)非人格化する.

ent'pflich·ten [ɛnt'pflɪçtən] 他 (↓Pflicht)(聖職者・役人・大学教授などの)職務を免除する,(を)定年退職にする.

ent'pup·pen [ɛnt'pʊpən] 再 (sich⁴) **1** 蛹(さなぎ)から出る, 羽化する. **2**〈比喩〉本領を発揮する, 正体をあらわす. sich als ein begabter Musiker 〜 音楽家としての才能を発揮する. sich als Betrug 〜 詐欺であることがばれる. Er hat sich ganz schön entpuppt!〈話〉彼も成長したな;〈反語〉あいつの化けの皮がみごとにはげたね.

ent'quel·len* 自 (s) (物³から)湧きだす.
ent'rah·men 他 (↓Rahm) Milch 〜 牛乳の乳脂を分離する, 牛乳を脱脂する.
ent'ra·ten* 他〈古〉〖雅〗(人〈物〉²を)欠いている(なしですます).

ent'rät·seln [ɛnt'rɛ:tsəln] 他 ❶ (物⁴の)謎を解く,(秘密などを)解明する,(暗号などを)解読する. ❷ 自 (sich⁴) 謎が解ける, 明らかになる.

En·tre'akt [ātrəˈakt, āˈtrakt] 男 -[e]s/-e (fr. ,Zwischenakt')〖演劇〗幕間(まくあい)劇;〖音楽〗間奏曲.

ent'rech·ten 他 (人⁴の)権利(人権)を剥奪する.

En'tree [āˈtre:] 中 -s/-s (fr. ,Eingang') **1** 入口, 玄関; 玄関(控え)の間. **2** 登場, 入場, 入会;(宮廷)入場料. **3**〖料理〗アントレ(ポタージュまたは前菜の次に出す軽い料理). **4**(バレエなどの)アントレ, 登場の曲, 導入曲.

ent'rei·ßen* [ɛnt'raɪsən] 他 (人〈物〉³から物⁴を)ひったくる, もぎ取る, 強奪する. j³ die Handtasche 〜 人³のハンドバッグをひったくる. j⁴ den Flammen ⟨dem Wasser⟩ 〜 人⁴を炎の中から⟨人⁴が溺れかけているのを⟩助ける. j³ ein Geheimnis 〜 人³から無理やり秘密を聞出す.

En·tre'lacs [ātrəˈla(:)] 中 -[..ˈla(:s), ..ˈla(s)]/-[..ˈla(:)s] (fr. ,Flechtwerk')〖美術〗組紐文(くみひももん).

En·tre'mets [ātrəˈme:] 中 -[..ˈme:(s)]/-[..ˈme:s] (fr. ,Zwischengericht')〖料理〗アントルメ(メーンディッシュのあとに出す軽い食べ物).

'en·tre 'nous [ātrə ˈnu:]〖雅〗(fr. ,unter uns') 私たちだけで, 内々に. Hier sind wir 〜. ここには私たちしかいない.

En·tre'pot [ātrəˈpo:] 中 -/-s (fr.) **1** 倉庫. **2** (税関の)保税倉庫.

En·tre'sol [ātrəˈsɔl] 中 -s/-s (fr. ,Zwischenstock')〖建築〗中二階.

En·tre'vue [ātrəˈvy:] 女 -/-n (fr. ,Zusammenkunft')(とくに国家元首どうしの)会談, 会見.

ent'rich·ten 他 (税金・分担金・会費などを)納める, 払込む(an j⁴ 人⁴に). die Raten an die Bank 〜 割賦金を銀行に払込む. seinen Obolus 〜〈戯〉分担金(入場料)を払う. seinen Tribut 〜 犠牲を払う.

Ent'rich·tung 女 -/-en (役所への)納付, 納入;〖雅〗奉納.

ent'rie·geln [ɛntˈri:gəln] 他 (物⁴の)閂(かんぬき)を抜く. ein Tor 〜 門を抜いて門を開ける.

ent'rin·den [ɛntˈrɪndən] 他 (↓Rinde) =abrinden
ent'rin·gen* ❶ 他〖雅〗(人⁴から物⁴を)もぎ取る, はぎ取る. j³ ein Geständnis 〜 人³に無理やり白状させる. dem Verbrecher die Waffe 〜 犯人から武器を取上げる. ❷ 再 (sich⁴) **1** 身を振りほどく. **2**〈比喩〉(声などが)漏れる. Ein Seufzer entrang sich ihm ⟨seiner Brust⟩. 彼の胸からため息が漏れた.

ent'rin·nen* 自 (s)〖雅〗 **1** (物³から)流れ出る. Tränen entrannen seinen Augen. 彼の目から涙が流れ出た. **2** (時間が)過ぎ去る. **3** (人³〈物³〉から)逃れる, まぬかれる. einer Gefahr 〜 危険をまぬかれる.〈中性名詞として〉Es gibt kein Entrinnen mehr. もはや逃道がない.

ent'rol·len ❶ 他 (巻いたものを)ひろげる;〈光景などを〉繰広げる. ❷ 自 (s) (物³から)転がり落ちる. Dem Beutel entrollte ein Goldstück. 財布から金貨が1枚転げ落ちた. ❸ 再 (sich⁴) ひろがる,〈光景などが〉繰広げられる, 展開する.

En·tro'pie [ɛntroˈpi:] 女 -/-n [..ˈpi:ən] (gr.)〖物理・数学〗エントロピー.

ent'ros·ten 他 (物⁴の)錆(さび)を落す(取る).

ent'rü·cken ❶ 他 **1** (人⁴を)連去る(とくにこの世のものならぬ力によって). Er wurde zu den Göttern entrückt. 彼は神々のところに連去られた. **2** (人⁴を物⁴から)引離す, 遠ざける. Er ist dem Leben⟨allem Irdischen⟩ entrückt. 彼は恍惚境にいる;彼はもうこの世にいない. **3** (人⁴を)放心させる, 夢見ごこちにさせる. Die Musik hat ihn entrückt. その音楽は彼をうっとりさせた.

❷ 自 (s) (人⟨物⟩³から)遠ざかる, 見えなくなる. Sie ist

plötzlich unseren Blicken *entrückt*. 彼女は急に私たちの目の前から消え去った.

ent'rückt 過分 形 放心した, 夢うつつの. ~ auf et⁴ blicken うっとりした目つきで物を見つめる.

Ent'rü·ckung 女 -/-en《複数まれ》《雅》**1**《現実などからの》遊離, 離脱. **2** 恍惚, 忘我.

ent'rüm·peln [ɛntˈrʏmpəln] 他 (↓Rumpel)(ある場所から)がらくたを取除く(片づける).

ent'rüs·ten [ɛntˈrʏstən] 他 **1**《道義的な理由から》憤激(憤慨)させる. Diese Bemerkung hat ihn sehr *entrüstet*. この発言は彼をいたく憤慨させた. **❷** 再 (sich)《über j⟨et⟩⁴ или人(物)⁴》《道義的な理由から》憤慨する, (が)腹に据えかねる.

ent'rüs·tet 過分 形 腹を立てている(über et⁴ 事⁴に).

Ent'rüs·tung 女 -/-en《複数まれ》憤慨, 憤懣.

ent'saf·ten 他 (果実・野菜の)汁をしぼる.

ent'sa·gen [ɛntˈzaːɡən] 自《雅》《事³を》諦める, 断念(放棄)する. dem Rauchen⟨dem Trinken⟩ ~ 禁煙(禁酒)する. dem Thron ~ 退位する. der Welt ~ 世を捨てる, 遁世(ﾄﾝｾｲ)する.

Ent'sa·gung 女 -/-en 断念, 見切り, 諦め, 諦念.

ent'sa·gungs·voll 形 あきらめた, 忍従の, 献身的な, 捨て身の.

ent'sal·zen 他 (海水などの)塩分を除く.

Ent'satz [ɛntˈzats] 男 -es/ (↓entsetzen)《軍事》**1** 救援, (包囲されている町・要塞などの)救出. **2** 援軍, 増強部隊.

***ent'schä·di·gen** [ɛntˈʃɛːdɪɡən] エントシェーディゲン 他 (人⁴に)償いをする, 補償(賠償, 弁償)する(für et⁴ 事⁴の / mit et³ 事³で). (再帰的に) *sich*⁴ für einen Verlust ~ 損失分を取り戻す.

Ent'schä·di·gung 女 -/-en 償い, 埋合せ; 賠償, 弁償. j³ eine ~ zahlen 人³に弁償金を払う.

ent'schär·fen 他 **1** (爆弾などの)信管をはずす. eine Granate ~ 手榴弾(ﾘｭｳﾀﾞﾝ)の信管を抜く. **2** (事⁴の)鋭さ(激しさ, 行過ぎ)を和らげる, 緩和する. eine Diskussion ~ 過熱した議論を冷ます. ein Buch⟨einen Film⟩ ~ 本⟨映画⟩の過激な部分を緩和(削除, 骨抜きに)する.

Ent'scheid [ɛntˈʃait] 男 -[e]s/-e (役所・裁判所などの)決定, 裁定, 判定.

ent'schei·den*

[ɛntˈʃaidən] エントシャイデン entschied, entschieden **❶** 他 ([über] et⁴ 事⁴を)決定する, (に)決定(判定, 判決)を下す, (の)黒白(ｺｸﾋﾞｬｸ)をはっきりさせる. Das Gericht wird [über] den Streit ~. 裁判所がこの争いの黒白を明らかにするにちがいない. Die Schlacht *entschied* den Ausgang des Krieges. この戦いは戦争の帰趨(ｷｽｳ)を決定した. Das Los soll ~! 籤(ｸｼﾞ)で決めよう. das Spiel für sich⁴ ~ (試合・ゲームの)勝利を決める(ものとする).

❷ 再 (sich)⁴ **1** 決心する. *sich* für j⟨et⟩⁴ ~ 人⟨事⁴⟩を選ぶことに決める. Wir *entschieden uns* gegen seinen Vorschlag. 我々は彼の提案に反対することにした. **2**《未来の時をしめす語と》(いずれ)決着がつく(はっきりする). Morgen wird [es] *sich* ~, ob er mitkommen kann. 彼が同行できるかどうかは明日はっきりするだろう.

◆ entscheidend, Entscheidung

***ent'schei·dend** [ɛntˈʃaidənt] エントシャイデント 現分 形 決定的な, ゆゆしい. im ~*en* Augenblick 決定的な瞬間に. Die Begegnung war ~ für ihr Leben. その出会いは彼女の人生にとって決定的であった.

***Ent'schei·dung** [ɛntˈʃaidʊŋ] エントシャイドゥング 女 -/-en 決定, 裁定, 判定; 決心, 決意, 決断;《法制》裁判(Urteil 判決・Beschluss 決定・Verfügung 処分を総称した裁判所の決定). eine ~ treffen《書》決定を下す. zu einer ~ kommen 決定を見る; 決心するに至る.

Ent'schei·dungs·fra·ge 女 -/-n《文法》決定疑問文.

Ent'schei·dungs·kampf 男 -[e]s/¨e 決戦, 決勝戦.

Ent'schei·dungs·spiel 中 -[e]s/-e《ｽﾎﾟｰﾂ》優勝決定戦, プレーオフ.

Ent'schied entscheiden の過去.

***ent'schie·den** [ɛntˈʃiːdən] エントシーデン 過分 形 (↑entscheiden) **1** 決然たる, きっぱりした. eine ~*e* Haltung einnehmen 毅然(ｷﾞｾﾞﾝ)とした態度をとる. **2**《述語的には用いない》はっきりした, 明白な, 紛(ﾏｷﾞ)れもない. Das geht ~ zu weit. それは明らかに行過ぎだ.

Ent'schie·den·heit 女 -/ 決然(毅然)としていること, 断固たる態度. mit [aller] ~ 断固として.

ent'schla·cken 他 (↓Schlacke) **1** (物⁴から)燃えがら(コークス・スラグ・鉱滓)を除去する. **2** den Körper ~ 体内の老廃物を取除く, 血液(血管)をきれいにする.

ent'schla·fen 自 (s)《雅》(einschlafen) 眠りにつく. **2** (婉曲) 永眠する.

Ent'schla·fe·ne 女 男《形容詞変化》物故者, 故人.

ent'schla·gen *再*《古》《雅》**❶** 再 (sich)⁴ (物²を)諦める, 放棄する; (不安・恐れ・疑念などを)追出す, 払いのける, 忘れる. **❷** 他 einem Stein Funken ~ 石を打って発火させる.

ent'schlei·ern [ɛntˈʃlaiərn] 他 (↓Schleier) (人⁴のベールを脱がせる; 《比喩》(物⁴を)あばく. **2** (再帰的に) *sich*⁴ ~ ベールを脱ぐ; 《比喩》あばかれる, ばれる.

ent'schlie·ßen*

[ɛntˈʃliːsən] エントシュリーセン entschloss, entschlossen 再 (sich)⁴ 決心⟨決断⟩する(zu et⁴ 事⁴をする). Sie hat *sich* zur Heirat *entschlossen*. 彼女は結婚しようと心を決めた. Ich kann *mich* noch nicht ~, es ihr mitzuteilen. 私はそのことを彼女に知らせるふんぎりがまだつかない. ◆ entschlossen

Ent'schlie·ßung 女 -/-en **1** 決心, 決意, 決断. **2** (官庁・議会などの)決定, 決議. eine ~ annehmen⟨einbringen⟩ 決議案を採択(提出)する.

ent'schloss entschließen の過去.

ent'schlös·se entschließen の接続法 II.

***ent'schlos·sen** [ɛntˈʃlɔsən] エントシュロッセン 過分 形 (↑entschließen) **1** 決心した, 決意を固めた(zu et³ 事³をする), fest ~ sein, ...zu tun ...をする覚悟を決めている. In seiner Verzweiflung war er zu allem ~. 絶望のあまり彼は火に飛込むことも辞さなかった(やけくそになっていた). kurz ~ とっさに(すばやく)決心して. **2** 決然たる, 断固とした, 果敢な. ein ~*es* Handeln 毅然たる行動.

Ent'schlos·sen·heit 女 -/ 決心(毅然)としていること, 断固たる態度, 果敢さ.

ent'schlum·mern 自 (s) =einschlummern

ent'schlüp·fen 自 **1** (人³から)こっそり逃げる, ずらかる. **2** (言葉が人³の口から)思わずもれる. Mir ist eine unpassende Äußerung *entschlüpft*. 私は場所が

いな言葉をつい口にしてしまった.

*Ent'schluss [ɛnt-'ʃlʊs エントシュルス] 男 -es/¨-e 決心, 決断. einen ~ fassen 決心する. zu einem (keinem) ~ kommen ふんぎりがつく(つかない).

ent'schlüs·seln [ɛnt-'ʃlʏsəln] 他 (↓Schlüssel) 1 〖コンピュ〗 =dekodieren 2 解読(解明)する.

ent'schuld·bar [ɛnt-'ʃʊltba:r] 形 (過失などが)許される, 申訳の立つ.

ent'schul·den 他 (人〈物〉⁴の)負債(債務)を免除する.

ent'schul·di·gen [ɛnt-'ʃʊldɪgən エントシュルディゲン] ❶ 他 1 赦す, 大目に見る, 容赦する. Entschuldigen Sie bitte die Störung! お邪魔してすみません. Entschuldigen Sie mich bitte einen Augenblick! (中座するさいに)ちょっと失礼します. Entschuldigen Sie, dass〈wenn〉... 申訳ありませんが...《目的語なして》Entschuldigen Sie! すみません, ごめんなさい, 失礼ですが. 2 (人〈事〉⁴の)弁明(弁解, 釈明, 申開き)をする (bei j³ 人³に / mit et³ 事³を理由に / wegen et² 事²のことで). seine Verspätung ~ 遅刻の言訳をする. entschuldigende Worte 弁解の言葉. 3 (人⁴の)欠席を詫びる. ein Kind in der Schule ~ 子供の欠席を学校に届ける. Mein Sohn lässt sich ~. (欠席を届けたさいに)息子がよろしくと申しております. 4 《事柄が主語》(事¹の)言訳になる. Das entschuldigt sein unhöfliches Benehmen nicht. だからと言って彼の不躾(ぶしつけ)な振舞の言訳にはならない. entschuldigender Notstand 〖法制〗宥恕(ゆうじょ)すべき緊急避難.

❷ 《sich⁴》謝る, 詫びる, 弁明(弁解, 釈明, 申開き)をする (bei j³ 人³に / für et⁴〈wegen et²〉事⁴,²のことで / mit et³ 事³を理由に). Ich muss mich vielmals bei dir ~, dass... 私は...のことで君に重々お詫びを言わなくてはならない. sich mit der Krankheit ~ 病気を理由に断わりを言う. Wer sich entschuldigt, klagt sich⁴ an. 〖諺〗問うに落ちず語るに落ちる(弁解する者は落ち度を認めたも同じだ).

Ent'schul·di·gung [ɛnt-'ʃʊldɪgʊŋ エントシュルディグング] 女 -/-en 1 赦し, 謝罪. ~! 失礼, ごめん. j⁴ um ~ bitten 人⁴に詫びる (für et¹ / wegen et² 事¹,²を). Ich bitte tausendmal um ~. 重々お詫びします. 2 弁明, 釈明, 申開き. 3 欠席の詫び(断り). einem Kind eine ~ schreiben 子供の欠席届を書く.

Ent'schul·di·gungs·brief 男 -[e]s/-e =Entschuldigungsschreiben

Ent'schul·di·gungs·schrei·ben 中 -s/- 弁明書, 断り状; 欠席届.

ent'schwe·ben 自 (s) 《雅》ふわふわと飛び(消え)去る.

ent'schwin·den* 自 (s) 《雅》1 (verschwinden) 消え去る, 姿を消す; (人⁴の)記憶から消え去る. 2 (時間などが)過ぎ去る, 流れ去る.

ent'seelt [ɛnt'ze:lt] 形 《比較変化なし》(↓Seele) 1 魂の抜けた, 生気のない. 2 (tot) 生命の消えた, 死んだ.

ent'sen·den*) 他 《雅》1 派遣する. 2 (werfen) (槍を)投げる, (矢・光線を)放つ.

*ent'set·zen [ɛnt'zɛtsən エントゼッツェン] ❶ 他 《sich⁴》驚く, ぎょっとする, 仰天する. ❷ 他 1 驚かせ, ぞっとさせる. 2 〖軍事〗(包囲された町・要塞などを)

救出(解放)する. 3 j¹ et² ~ 《古》人¹から物²(とくに地位・職能など)を奪う, 取上げる. ♦↑entsetzt

*Ent'set·zen [ɛnt'zɛtsən エントゼッツェン] 中 -s/ (恐怖・不快感を伴った)驚き, 仰天. Ich habe mit ~ bemerkt, dass... 私は...に気づいてぎょっとした. zu unserem ~ 私たちが驚くことに私たちの驚いたことには.

*ent'setz·lich [ɛnt'zɛtslɪç エントゼッツリヒ] ❶ 形 恐ろしい, ぎょっとする(身の毛もよだつ)ような, 驚くべき; 《話》途方もない, ひどい. ein ~er Anblick すさまじいような光景. einen ~en Hunger haben 猛烈にお腹がすいている. ❷ 副 《話》恐ろしく, ひどく. ~ langweilig sein 非常に退屈である.

*ent'setzt [ɛnt'zɛtst エントゼッツト] 過分 驚いた, びっくりした. ein ~er Blick 仰天した目つき. Ich war darüber völlig ~. 私はそれを見て(聞いて)びっくり仰天した.

ent'seu·chen [ɛnt'zɔyçən] 他 (↓Seuche) (↔verseuchen) 1 (人〈物〉⁴の)(放射能・化学兵器・生物兵器による)汚染を除去する. 2 =desinfizieren

Ent'seu·chung 女 -/-en 1 (放射能などの)汚染除去. 2 消毒, 殺菌.

ent'si·chern 他 (銃などの)安全装置をはずす.

ent'sin·ken* 自 (s) 《雅》1 (人³の)手から抜け(すべり)落ちる. 2 《比喩》(力・勇気などが)抜ける, なくなる.

ent'sin·nen* [ɛnt'zɪnən] 再 《sich⁴》sich j〈et〉² ~ / sich an j〈et〉⁴ ~ 《話》²,⁴を思い出す, 覚えている. Ich kann mich des Tages〈an den Tag〉nicht mehr ~. 私はその日のこともどう覚えていない. soweit ich mich entsinne 私が覚えているかぎりでは.

ent'sitt·li·chen [ɛnt'zɪtlɪçən] 他 堕落させる, 風紀を乱す.

ent'sor·gen 他 (人〈物〉⁴の)ごみ(廃棄物)を処理する.

Ent'sor·gung 女 -/ ごみ処理, 産業廃棄物(核廃棄物)処理.

ent'span·nen [ɛnt-'ʃpanən] ❶ 他 1 (筋肉などの)緊張をほぐす, (表情・雰囲気を)和らげる, (国際緊張などを)緩和する; (人⁴を)くつろがせる. ❷ 再 《sich⁴》緊張が解ける, くつろぎ, 羽をのばす, リラックスする.

Ent'span·nung 女 -/ 1 緊張緩和; 《政治》デタント. 2 くつろぎ. 3 (腕由・射精による性的満足).

Ent'span·nungs·po·li·tik 女 -/ 《政治》緊張緩和(デタント)政策.

ent'spin·nen* 再 《sich⁴》(会話などが)始まる, (関係などが)芽ばえる, 起こる, 生じる.

ent'spre·chen [ɛnt-'ʃprɛçən エントシュプレヒェン] 自 1 (事³に)相当(符応)する, 一致(合致)する, 合う. den Tatsachen ~ 事実に符号する. meinem Geschmack〈meinem Zweck〉~ 私の趣味に合う(私の目的に合致する). 2 (人〈物〉³の)期待・要望などに応える, 沿う. ♦↓entsprechend

*ent'spre·chend [ɛnt-'ʃprɛçənt エントシュプレヒェント] ❶ 現分 形 1 (人〈物〉³に)相応の, 見合った(合致)した, ふさわしい. eine ~e Belohnung 相応の報酬. ~e Anwendung finden (法律の条項などが)準用される. Sie fühlte sich⁴ erkältet und zog sich⁴ ~ [warm] an. 彼女は風邪気味だったのでそれなりの暖かい衣類を着こんだ. 2 (zuständig) しかるべき, 当該の. bei der ~en Behörde anfragen 所管官庁に照会する. ❷ 副 《3格支配》...に応じて. ~ meinem Antrag / meinem Antrag ~ 私の申出に応じて.

Ent'spre·chung 女 -/-en 1 相応, 対応; 一致, 合致, 符号; 対応関係, アナロジー. 2 対応物. Das Wort hat keine ~ im Deutschen. この語に相当する

ent·sprie·ßen* 圓(s) 《雅》 **1** (植物が)芽ばえる, 萌え出る (dem Boden 地面から). **2** (事³から)生じる, 生れる.

ent·sprin·gen* 圓(s) **1** (川などが)源を発する. Der Rhein *entspringt* in den Alpen. ライン川はアルプス山中に源を発する. **2** 《雅》(et³ aus et³) 事³から)生じる, 発生する, (に)淵源(起因)する. Daraus *entspringt* die Meinung, dass... そのことから…という意見が生れる. Diese Geschichte ist ihrer Phantasie *entsprungen*. この話は彼女の空想の産物である. **3** 《古》(物³の)出身である. **4** 《雅》(et³ aus et³ 物³から)逃げ出す, 脱走する. **5** (人³の)手から飛出す. Der Ball ist ihm *entsprungen*. ボールは彼の手から飛出した.

ent·staat·li·chen [ɛnt-'ʃta:tlɪçən] 他 **1** (自治州などを連邦から)分離(独立)させる. **2** (= verstaatlichen) (国営・国有のものを)民営(民有)化する.

ent·stam·men 圓(s) 《完了形まれ》 **1** (人〈物〉³の)出身である, 子孫である. einer Bauernfamilie ~ 農家の出である. **2** (事³に)由来する. Dieser Begriff *entstammt* der goetheschen Farbenlehre. この概念はゲーテの色彩論から来ている.

ent·stand entstehen の過去.
ent·stän·de entstehen の接続法II.
ent·stan·den entstehen の過去分詞.

ent·ste·hen* [ɛnt-'ʃte:ən エントシュテーエン] entstand, entstanden 圓(s) 起る, 生じる, 発生する; 成立する. Wie ist das Leben *entstanden*? 生命はどのようにして発生したのか. Hoffentlich *entsteht* daraus kein Krieg. それから戦争にならなければよいのだが.

Ent·ste·hung 囡 -/-en 《複数まれ》 発生, 成立; 起源.

Ent·ste·hungs·ge·schich·te 囡 -/-n **1** 成立史, 発生史. **2** 《旧約》(Genesis) 創世記.

ent·stei·gen* 圓(s) 《雅》 **1** (乗物・ベッドから)降りる, (風呂から)あがる. **2** (霧などが)立ちのぼる(物³から).

ent·stei·nen [ɛnt-'ʃtaɪnən] 他 (↓Stein) (果実から)種(å)を取る.

ent·stel·len 他 **1** 歪める, 醜くする, 不具にする. **2** (事実などを)歪曲(%₍)する, ねじ曲げる. einen Text ~ 原文を改竄(%₁)する. die Wahrheit ~ 真実を歪める. eine Äußerung *entstellt* wiedergeben 発言を歪めて伝える.

Ent·stel·lung 囡 -/-en **1** 歪め(醜くする)こと; 破損. **2** 歪曲(%₍), 改竄(%₁).

ent·stör·en 他 《電子工》(物に)電波障害(雑音)防止策をほどこす, (物から)電波障害を取除く.

ent·strö·men 圓(s) 《雅》 (物³から)流れ(あふれ)出る.

ent·stün·de entstehen の接続法II.

ent·süh·nen 他 (人⁴の)罪を取除く(清める). Christ ist erschienen, uns zu ~. キリストはわれらの罪を贖(æĕ)うために降誕された. 《再帰的に》 sich⁴ ~ 罪を贖う.

ent·ta·bu·ie·ren [ɛnttabu'i:rən] 他 =enttabuisieren

ent·ta·bu·i·sie·ren [ɛnttabui'zi:rən] 他 (↓Tabu) (人〈物〉⁴を)タブー視することをやめる.

ent·tar·nen 他 (人〈物〉⁴の)偽装(カムフラージュ)を取去る, (人⁴が)スパイであることをあばく. sich⁴ ~ 偽装を脱ぐ.

Ent·tar·nung 囡 -/ **1** 正体暴露(とくにスパイの). 《化学》 破敵, デマスキング.

***ent·täu·schen** [ɛnt'tɔʏʃən エントトイシェン] 他 (人⁴を)失望(幻滅)させる, がっかりさせる, (信頼・期待を)裏切る. Er hat mich sehr *enttäuscht*. 彼は私をひどく失望させた. Er hat meine Erwartungen *enttäuscht*. 彼は私の期待を裏切った. von et³ 〈über et³〉 *enttäuscht* sein 事³,⁴にがっかりしている. *enttäuscht* fühlen〈sehen〉 幻滅を覚える. angenehm *enttäuscht* sein 《話》 うれしい誤算である.

***Ent·täu·schung** 囡 -/-en 失望, 幻滅, 期待はずれ. j³ eine ~ bereiten 人³をがっかりさせる. zu unserer ~ 私たちががっかりしたことには.

ent·thro·nen 他 (皇帝・国王などを)退位させる, 廃する; (大臣などを)権力の座から追払う, 更迭(%₁)する;《比喩》(チャンピオンの)王座を奪う.

ent·trüm·mern [ɛnt'trʏmərn] 他 (↓Trümmer) (ある場所から)瓦礫(åæ)を取除く.

ent·völ·kern [ɛnt'fœlkərn] 他 (ある土地の)人口を減らす, (を)過疎にする. sich⁴ ~ 人口が減少する, 過疎になる.

Ent·völ·ke·rung 囡 -/ (村などの)過疎化.

ent·wach·sen* [ɛnt'vaksən] 圓(s) **1** dem Boden〈der Erde〉 ~ 《雅》(植物が)地面から生え出る. **2** et³ ~ 成長して物³から抜け出す(離れる). der elterlichen Fürsorge ~ (子供が)親の手を離れる. den Kinderschuhen ~ 大人になる, 大きくなる.

ent·waff·nen [ɛnt'vafnən] 他 **1** (人⁴の)武器を取上げる, (を)武装解除する. **2** (人⁴の)闘争心(敵意)を失わせる(くじく). j⁴ durch Späße ~ 冗談を言って人⁴をいなす. Ihre Unbekümmertheit ist *entwaffnend*. 彼女の呑気さにはかなわない(お手あげだ). eine *entwaffnende* Antwort なごやかな(腹も立たなくなるような)返答.

Ent·waff·nung 囡 -/(-en) **1** 武装解除, 軍備撤廃(縮少). **2** 《スポ》相手の剣を叩き落す攻撃.

ent·wal·den [ɛnt'valdən] 他 (ある地域の)森を伐り払う, 皆伐(å₁)する.

ent·warf entwerfen の過去.

ent·war·nen 他《ふつう受動態で》(空襲)警報を解除する. Es ist *entwarnt* worden. 空襲警報が解除された.

Ent·war·nung 囡 -/-en **1** 《複数なし》 (空襲)警報解除. **2** 警報解除の合図.

ent·wäs·sern ❶ 他 (湿地などの)水をはかる(抜く), 排水する;《化学》 脱水する;《医学》 (水腫患者の)水を抜く. ❷ 圓 (ある場所へ水が)流出(流入)する, はける.

Ent·wäs·se·rungs·gra·ben 男 -s/- 排水溝.

***ent·we·der** ['ɛntve:dɐ, -'-- エントヴェーダァ] 接《並列》《**entweder...oder**...の形で》 ...かまたは..., か...かどちらか. ~ alles oder nichts 一切かしからずんば無. Er kommt ~ heute oder morgen. 彼は今日か明日来る. *Entweder* spielt er Tennis, oder er hört Musik zu Hause. 彼はテニスをしているか, 家で音楽を聞いているかのどちらかだ(oder の前にはコンマを置かないのが普通であるが文と文を接続する場合には置く). *Entweder*, oder! これかあれかだ, どちらかを選ぶんだ. *Ent oder weder*!《話》 さあどっちにするんだ, いい加減に決めてくれ. ◆¹ oder を 2 個以上重ねることもある. Die Farbe ist ~ rot *oder* weiß *oder* blau. 色は赤か白か青のどれかだ. ◆² entweder が文頭に位置するとき定動詞は正置・倒置両のいずれも可能. *Entweder* er ist〈ist er〉im Park oder im Museum. 彼は公園にいるか美術館にいるかどちらかだ. ◆³ 主語だけを接続する

'Ent·we·der·'o·der 中 -/-《複数まれ》二者択一，あれかこれか． Hier gibt es kein ～． ここには選択の余地はない．

ent'wei·chen* 自 (s) **1** (ガスなどが)漏れる． **2** 逃れる，逃亡する． der Gefahr〈aus dem Gefängnis〉～ 危険を逃れる〈脱獄する〉． **3**《比喩》消える，消え去る． Aus ihrem Gesicht *entwich* alles Blut. 彼女の顔から血の気がすっかり引いた． Ihr Zorn *entwich* allmählich. 彼女の怒りはしだいに収まった．

ent'wei·hen 他 汚(ｹｶﾞ)す．

Ent'wei·hung 女 -/-en《複数まれ》冒瀆，瀆神，(聖堂・祭壇などの)聖(祝)別喪失．

ent'wen·den 他《雅》(人³の物⁴を)盗む，くすねる，着服する．

ent'wer·fen [ɛnt'vɛrfən エントヴェルフェン] 他 **1** (物⁴の)下絵(見取図，略図)を描く，(設計図を)描く． **2** 立案する，(作品・講演・法案などの)草稿を書く，起草する，下書きをする．

ent'wer·ten [ɛnt'veːrtən] 他 **1** (物⁴の)値打ち(価値)を下げる，無価値にする． das Geld ～《話》平価を切下げる． in Grundstück ～ 土地の値打ちを下げる． **2** (再度の使用を防止するために)無効にする． eine Briefmarke ～ 切手に消印を捺(ｵ)す． einen Fahrschein ～ 乗車券に鋏(ﾊｻﾐ)を入れる，切符を切る，消印を入れる(自動改札機で)．

Ent'wer·ter 男 -s/- (乗車券の)自動改札機．

ent'we·sen [ɛnt've:zən] 他 (↓ Unwesen) **1** (物⁴から)害虫を駆除する． **2**《雅》(人⁴物⁴の)本質を骨抜きにする，性格を変える．

ent'wi·ckeln [ɛnt'vɪkəln エントヴィケルン]

❶ 他 **1** 発展(成長)させる． einen Betrieb zur Fabrik ～ 事業所を工場にまで大きくする． **2** (計画・考えなどを)詳しく説明する． **3** (素質・能力などを)伸ばす，発揮する，(新製品などを)開発する． **4** (物が主語)(生み)出す，発生させる． eine Geschwindigkeit von zweihundert Kilometern in der Stunde ～ 時速200キロのスピードを出す． große Hitze ～ 高熱を発する． **5**《写真》現像する． **6**《軍事》(部隊を)展開させる． **7**《古》(包みなどを)解く，広げる．

❷ 再《sich⁴》**1** 発展(発達，進展)する． Die Verhandlungen *entwickeln sich* günstig. 折衝はうまく運んでいる． **2** 成長(発育，成長)する． Das Kind *entwickelt sich* schneller als andere. その子供はみんなより成長が早い． Sie ist körperlich schon voll *entwickelt*. 彼女は肉体的にはもう十分一人前になっている． **3** (徐々に・段階的に)生じる，発生する． Es *entwickelten sich* Dämpfe〈Gase〉. 水蒸気〈ガス〉が発生する． **4** 《sich aus et³ entwickeln の形で》Aus der Puppe *entwickelt sich* der Schmetterling. 蛹(ｻﾅｷﾞ)が蝶になる．《sich zu et³ entwickeln の形で》Japan hat *sich* zu einer Supermacht *entwickelt*. 日本は今や超大国に発達した． *sich* zu einem Künstler ～ 長じて芸術家になる．

Ent'wick·ler 男 -s/- **1**《話》(新製品などの)開発者． **2**《写真》現像液．

Ent'wick·lung [ɛnt'vɪkluŋ エントヴィクルング] 女 -/-en **1** 発展，発達，進展． **2** 成長，成育，(才能などの)開発，発揮． **3** 説明，陳述，(数式などの)展開． **4** (新製品・技術などの)開発；新製品，ニューモデル． **5** 発生；《生物》進化． **6**《写真》現像． **7**《軍事》(部隊の)展開．

Ent'wick·lungs·dienst 男 -[e]s/ 発展途上国援助サービス．

ent'wick·lungs·fä·hig 形 **1** 開発の可能性のある． **2** 発展の可能性(将来性)のある，前途有望な．

Ent'wick·lungs·ge·schich·te 女 -/-n《複数まれ》発展(発達)史；《生物》発生学．

Ent'wick·lungs·hel·fer 男 -s/- 発展途上国援助協力要員．

Ent'wick·lungs·hil·fe 女 -/ 発展途上国援助(資金)．

Ent'wick·lungs·jah·re 複 (Pubertät) 思春期．

Ent'wick·lungs·land 中 -[e]s/⸚er 発展途上国．

Ent'wick·lungs·leh·re 女 -/《生物》進化論．

Ent'wick·lungs·pha·se 女 -/-n 発展段階．

Ent'wick·lungs·ro·man 男 -s/-e《文学》発達小説（↑ Bildungsroman）．

ent'wid·men 他《法制》(↔ widmen ① 2) (物⁴の)公共物指定を解除する．

ent'win·den* ❶ 他 (人³から物⁴を)もぎ取る；《比喩》(特権などを)取上げる． ❷ 再《sich⁴》(人⁴物⁴から)身をもぎ放す(振りほどく)．

ent'wirf entwerfen の du に対する命令．

ent'wirfst entwerfen の現在2人称単数．

ent'wirft entwerfen の現在3人称単数．

ent'wir·ren 他 (↓ verwirren) **1** (もつれ)をほぐす，解く． Knoten〈Knäuel〉～ 結び目〈糸玉〉を解く(ほどく)． **2** 解明する；解決(収拾)する． ein Rätsel〈ein Durcheinander〉～ 謎を解く〈紛糾を収拾する〉． *sich* ～ 解明(解決，収拾)される．

ent'wi·schen [ɛnt'vɪʃən] 自 (s)《話》(こっそり)逃去る，ずらかる(j⟨et⟩³ / aus et³ 人⟨物⟩³から)．

ent'wöh·nen 他 (↓ Wohnen) ❶ 他 **1**《雅》(人⁴に事²の習慣をやめさせる． et² *entwöhnt* sein 事²をやめている． Er ist des öffentlichen Redens *entwöhnt*. 彼は公けの場で語ることをやめている． ein Kind ～ 子供を離乳させる． ❷ 再《sich⁴》《雅》(事²の習慣をやめる． *sich* des Rauchens〈des Trinkens〉～ タバコ〈酒〉をやめる．

ent'wöl·ken [ɛnt'vœlkən] 再《sich⁴》(↓ Wolke) **1** 晴れる，雲がなくなる． Der Himmel hat *sich entwölkt*. 空は晴れあがった． **2**《比喩》(顔色が)晴ればれと(明るく)なる．

ent'wor·fen entwerfen の過去分詞．

ent'wür·di·gen 他 (↓ Würde) (人⁴の)品位(面目，名誉，尊厳)を傷つける(おとしめる)． *entwürdigend* behandelt werden 屈辱的な扱いを受ける．

Ent'wurf [ɛnt'vʊrf エントヴルフ] 男 -[e]s/⸚e (↓ entwerfen) **1** 設計(図)，見取図，略図，下絵，スケッチ，デザイン． **2** 草案，下書，構想；輪郭，アウトライン；(Gesetzentwurf) 法案． **3**《古》(Plan) 計画；《哲学》企投(ｷﾄｳ)(Heidegger の用語)．

ent'würfe entwerfen の接続法 II．

ent'wur·zeln [ɛnt'vʊrtsəln] 他 **1** (植物を)根こそぎにする；《比喩》(物⁴を)根絶する，払拭(ﾌｯｼｮｸ)する． **2** (人⁴を)根なし草(浮き草)にする．

ent'zau·bern 他 **1** (人⟨物⟩³にかけられた)魔法(呪い)を解く． **2** (人⟨物⟩³の)魔力(魅力)を失わせる，(にまつわる)神話を打破する．

ent'zer·ren [ɛnt'tsɛrən] 他 **1** (物⁴の航空写真の)歪みを補正する． **2** (偏見を)正す．

ent'zie·hen * [ɛnt'tsiː ən エントツィーエン] ❶ 他 **1**

(人〈物〉³から物³を)取去る，奪い取る；(それまで与えていたものを)与えることを止める，(権利・特典などを)取上げる，(許可・認可を)取消す．j³ Alkohol〈Kaffee〉~ 人³に酒類〈コーヒー〉を禁じる．j³ Blut ~ 人³から血を採る．Die Pflanzen *entziehen* dem Boden Nährstoffe. これらの植物は地面から養分を摂取する．j³ den Pass ~ 人³の旅券を取上げる．j³ *seine* Unterstützung ~ 人³に対する援助を打切る．Das kalte Wasser *entzieht* dem Körper Wärme. 冷水は身体から熱を奪う．j³ das Wort ~ (会議などで)人³の発言を封じる．**2** 〖話〗(麻薬中毒者などに)禁断療法を施す．

❷ 再 (**sich**⁴) **1** (人〈物〉³から)逃れる，(を)避ける．Warum *entziehst* du *dich* uns? 君はどうして私たちを避けるのか．*sich* dem Zugriff der Polizei ~ 警察の追及を逃れる．**2** (義務などを)果さない，忌る．*sich seinen* Aufgaben ~ 任務をなまける．**3** (観察力・注意力などの)のがれる．Das *entzieht sich* meiner Kenntnis. そこまでは私の知識は及ばない，私はそんなこととは知らない．Der See war meinem Blick durch eine Baumgruppe *entzogen*. 木立にさえぎられて湖は私の目には見えなかった．

❸ 自 〖話〗禁断療法を受ける．

Ent'zie·hung 囡 -/-en **1** 取上げること，召上げ，取消し，剥奪．**2** 〖話〗禁断(療法)．

Ent'zie·hungs·kur 囡 -/-en 禁断療法．

ent'zif·fern [ɛnt'tsɪfərn]他 (↓ Ziffer)(難読のものを)判読する，(暗号などを)解読する．

ent'zog entziehen の過去．

ent'zö·ge entziehen の接続法 II．

ent'zo·gen entziehen の過去分詞．

*ent'zü·cken [ɛnt'tsʏkən エントツュケン]他 **1** うっとりさせる，夢中にさせる，魅了する．Ihr Gesang *entzückte* mich. 彼女の歌は私をうっとりさせた．(再帰的に)*sich*⁴ [an j(et)³] ~ (人〈物〉³に)夢中になる，魅了される．(過去分詞で)von et³ nicht [gerade] *entzückt* sein ~ 必ずしも物³を大喜びして(に満足して)いるわけではない．**2** (古)=entrücken ①

*ent'zü·ckend [ɛnt'tsʏkənt エントツュケント]現分 形 うっとりするような，すばらしい，魅惑的な．

Ent'zü·ckung 囡 -/-en 恍惚，有頂天，大喜び．in ~ geraten 有頂天になる．

Ent'zug [ɛnt'tsu:k] 男 -[e]s / (↓ entziehen) 取上げること，取消，撤回，打切．

Ent'zugs·er·schei·nung 囡 -/-en 禁断症状．

ent'zünd·bar [ɛnt'tsʏntbaːr] 形 (比較変化なし／副詞的にも用いない) **1** 燃えやすい，可燃性の．**2** 興奮しやすい，激しやすい．

*ent'zün·den [ɛnt'tsʏndən エントツュンデン] ❶ 他 **1** (雅)(anzünden)(物¹に)火をつける，点火する，発火させる．ein Feuer ~ 火をつける(もやす)．[sich¹] eine Zigarette ~ タバコに火をつける．**2** (雅)(愛情・憎悪などに)火をつける，(を)燃え立たせる．**3** 〖医学〗(物¹に)炎症を起こさせる．

❷ 再 (**sich**⁴) **1** 火がつく，燃え出す，発火する．*sich* [von] selbst ~ 自然発火する．An seinem Bruder 〈diesen Worten〉 *entzündete sich* sein Haß. (比喩)兄のこと(この言葉)で彼の憎しみに火がついた．**2** 〖医学〗炎症を起す．Sein Hals hat *sich entzündet*. 彼の喉(º)は炎症を起した．

ent'zünd·lich [ɛnt'tsʏntlɪç]形 (比較変化なし／副詞的にも用いない) **1** =endzündbar **2** 〖医学〗炎症(性)の．

*Ent'zün·dung [ɛnt'tsʏndʊŋ エントツュンドゥング]囡 -/-en **1** (複数なし)点火，発火．**2** 〖医学〗炎症．Lungen*entzündung* 肺炎．

ent'zwei [ɛnt'tsvai] 副 (述語的用法のみ)(↔ ganz) 2つに割れた，引き裂かれた；粉々になった，壊れた，故障した．Das Glas〈Das Radio〉 ist ~. コップが(粉々に)割れた〈このラジオは壊れている〉．

ent·zwei.. [ɛntstsvar..]〖分離前つづり／つねにアクセントをもつ〗「2つに，粉々に，壊れた」の意を表す．*entzwei*brechen (2つに)割れる．

ent'zwei·en [ɛnt'tsvaiən] ❶ 他 仲たがいさせる，仲を裂く，離間する．❷ 再 (**sich**⁴) 仲たがいする，不和になる(mit j³ 人³と)．

ent'zwei·ge·hen* [ɛnt'tsvaigə:ən] 自 (s) 壊れる，割れる，折れる；(夢・結婚などが)破れる，つぶれる．

Ent'zwei·ung 囡 -/-en (↓ entzweien) 離間；仲たがい，不和，反目．

Enu·me·ra·ti·on [enumeratsi'o:n] 囡 -/-en (lat., Aufzählung*) 数え上げること，列挙，枚挙．

Enun·zi·a·ti·on [enʊntsiatsi'o:n] 囡 -/-en (lat., Aussage*) (古) 陳述；(Erklärung) 言明．

En·ve·lop·pe [ãvəˈlɔp(ə)] 囡 -/-n [..pən] (fr., Hülle*) **1** 〖数学〗包絡線．**2** 〖服飾〗アンヴェロップ(19世紀初期に流行した細身のコート風の服)．**3** (古) 覆い；封筒．

en 'vogue [ã: 'voːk] (fr.) ~ sein 流行している，はやっている．

En·ze·pha·li·tis [ɛntsefa'li:tɪs] 囡 -/..litiden[..ti:dən] (gr.) 〖医学〗 (Gehirnentzündung) 脳炎．

'En·zi·an [ˈɛntsia:n] 男 -s/-e (lat.) **1** 〖植物〗リんどう．**2** エンツィアーン(りんどうの根で風味をつけた紫色の Branntwein)．

En'zy·kli·ka [ɛn'tsy:klika] 囡 -/..ken[..kən] (gr., im Kreise laufend*) 〖カト〗回勅(º)(教皇が全教会の総大司教・首座司教・大司教・司教に送る書簡)．

En·zy·klo·pä'die [ɛntsyklopɛ'di:] 囡 -/-n[..'di:ən] (gr.) 〖出版〗百科事典(辞典)，百科全書．eine lebende 〈wandelnde〉 ~. (話) 生き字引．

En·zy·klo·pä'di·ker [..'pɛ:dikər] 男 -s/- 百科事典(辞典)編集者．

en·zy·klo·pä·disch [..'pɛ:dɪʃ] 形 百科事典(辞典)の；該博な，博識な．

En·zy·klo·pä'dist [..pɛ'dɪst] 男 -en/-en 〖哲学〗(フランス18世紀後半の)百科全書家(派)．

En'zym [ɛn'tsy:m] 男 -s/-e (gr.) 〖生化〗 (Ferment) 酵素．

'**eo ip·so** [ˈeːo 'ɪpso] (lat., durch sich selbst*) おのずから，当然；(ebendadurch) まさにそれゆえに．

Eo·lith [eo'liːt] 男 -s(-en)/-e[n] エオリス，原石器(第3紀層から発見される人類最古の石器)．

'Eos [ˈeːɔs] 囡 (人名) 〖ギ神話〗 (Morgenröte) エーオース(曙の女神，ローマ神話の Aurora に当たる)．

Eo'sin [eo'ziːn] 中 -s/ (gr.) (↓ Eos) エオシン(鮮紅色の染料)．

Epa·go·ge [epago'ge:] 囡 -/-n (gr., Hinaufführung*) 〖哲学〗 エパゴゲー，帰納法 (Induktion)．

Eparch [e'parç] 男 -en/-en (gr., Statthalter*) **1** 〖歴史〗(東ローマおよびビザンティン帝国の)属州総督．**2** 〖正教会〗(ギリシア正教会の)主教．

Epar'chie [epar'çiː] 囡 -/-n [..'çi:ən] (↓ Eparch) **1** 〖歴史〗(東ローマおよびビザンティン帝国の)属州．**2** 〖正教会〗(ギリシア正教会の)主教区．

Epau'lett [epo'lɛt] 中 -s/-s =Epaulette

Epau·let·te [..'lɛt..] 囡 -/-n (fr.) (士官制服の)肩章.

'Epen ['e:pən] Epos の複数.

Ephe·be [e'fe:bə] 團 -n/-n (gr.,Jüngling') (古代ギリシアの壮年(18–20歳の若者).

Ephe·drin [efe'dri:n] 田 -s/ 〖化学〗エフェドリン(アルカロイドの一種,鎮咳剤).

ephe·mer [efe'me:r] (fr., für einen Tag') (副詞的には用いない)〖生物〗1日だけの命の;〖医学〗一過性の;〖比喩〗はかない.

Ephe·me·ri·de [efeme'ri:də] 囡 -/-n (gr.) 1 〖動物〗(Eintagsfliege) かげろう. 2 (多く複数で) (a) 〖天文〗天文位置(天文の天球上の位置). (b) 天体位置推算表,天体暦. 3 〖複数で〗〖古〗日記,定期刊行物.

epi.., **Epi..** [epi..] 〖接頭〗(gr.) auf, darüber, an der Oberfläche, hinzu などの意味を持つ. 母音の前では ep..., Ep... となり, h の前では eph.., Eph.. となる.

Epi·de·mie [epide'mi:] 囡 -/-n [..'mi:ən] (gr.) 〖医学〗(↔ Endemie) 伝染病, 流行病, 疫病.

epi·de·misch [epide'mɪʃ] 形 〖医学〗伝染(流行)性の.

Epi·der·mis [epi'dɛrmɪs] 囡 -/..men[..mən] (gr.) 〖動物・植物・医学〗(Oberhaut) 上皮,表皮.

Epi·di·a·skop [epidia'sko:p] 田 -s/-e エピディアスコープ(Episkop と Diaskop を合わせた実物兼過投影機).

epi·go·nal [epigo'na:l] 形 (比較変化なし) =epigonenhaft

Epi·go·ne [epi'go:nə] 團 -n/-n (gr.) エピゴーネン,亜流,模倣者.

epi·go·nen·haft [..nənhaft] 形 亜流の,人真似の.

Epi·go·nen·tum [..tu:m] 田 -s/ 亜流,模倣主義.

Epi·graf [epi'gra:f] 田 -s/-e =Epigraph

Epi·gra·fik [..'gra:fɪk] 囡 -/ =Epigraphik

Epi·gramm [epi'gram] 田 -s/-e (gr.) 〖文学〗エピグラム,(短い)諷刺詩,寸鉄詩,警句.

Epi·gramm·ma·ti·ker [..'gra'ma(:)tikər] 團 -s/- 〖文学〗エピグラム詩人,諷刺詩人,警句作家.

epi·gram·ma·tisch [..'ma(:)tɪʃ] 形 エピグラム(諷刺詩,警句)風の,寸鉄人を刺すような.

Epi·graph [epi'gra:f] 田 -s/-e (gr.) (とくにギリシアの)金石文,碑文,碑銘.

Epi·gra·phik [..'gra:fɪk] 囡 -/ 金石学,碑文学.

'Epik ['e:pɪk] 囡 -/ (lat.) 〖文学〗叙事詩,叙事文学. ↑Lyrik, Drama

'Epi·ker [e'pi:kər] 團 -s/- 〖文学〗叙事詩人,叙事作家(小説家).

Epi'kur [epi'ku:r] 〖人名〗エピクーロス(前341–271, ギリシアの快楽主義の哲学者,ギリシア語形 Epikuros).

Epi·ku·re·er [epiku're:ər] 團 -s/- 1 エピクーロス派(の哲学者). 2 快楽(享楽)主義者,エピキュリアン.

epi·ku·re·isch [..'re:ɪʃ] 形 1 (比較変化なし) エピクーロス(派)の. 2 享楽的な,快楽主義の.

Epi·ku·re·is·mus [..re'ɪsmʊs] 團 -/ 1 エピクーロスの哲学,エピクーロス主義. 2 享楽(快楽)主義.

Epi·lep·sie [epile'psi:] 囡 -/-n [..'psi:ən] (gr.) 〖病理〗(Fallsucht) てんかん(癲癇).

Epi·lep·ti·ker [epi'lɛptikər] 團 -s/- てんかん(癲癇)患者.

epi·lep·tisch [..tɪʃ] 形 てんかん(性)の.

Epi·log [epi'lo:k] 田 -s/-e (gr.) (↔ Prolog) (書物の)結語,跋文,あとがき;(演説の)結びの言葉;〖演劇〗結びの口上;〖音楽〗後奏(曲).

Epi·pha·nie [epifa'ni:] 囡 -/ (gr., Erscheinung') 1 〖宗教〗(キリストの)公現. 2 〖宗教〗(Epiphanienfest) (主の)公現の祝日《新約》マタ2:1–12; 東方の3博士がおさな子イエスを礼拝したことを異邦人に対する主の最初の神性顕現としたことを記念する祝日, 1月6日);〖宗教〗公現日(ルター派では)顕現祝日.

Epi·pho·ra [e'pi:fora] 囡 -/..rä[..rɛ] (gr., das Hinzufügen') 1 〖医学〗流涙(ルイ). 2 〖修辞・文体〗 ↔ Anapher 2) 結句反復.

'episch ['e:pɪʃ] 形 (比較変化なし) (↓ Epos) 叙事詩(叙事文学)の,物語風の.

Epi'skop [epi'sko:p] 田 -s/-e エピスコープ,実物投影機. ↑Epidiaskop

epis·ko·pal [epɪsko'pa:l] 形 〖宗教〗監督(司教,主教)の,監督制の. *Episkopal*kirche 英国聖公会, 英国国教会.

Epis·ko·pal·sys·tem 田 -s/-e 1 〖宗教〗(↔ Papalsystem) 司教団首位制(至高の教会権を Papst にではなく Konzil におく制度). 2 〖宗教〗監督制, 司教制.

Epis·ko·pat [epɪsko'pa:t] 田(男) -[e]s/-e 1 (複数なし) Episkopus の職. 2 司教(主教)団.

Epis·ko·pus [e'pɪskopʊs] 團 -/..pi[..pi] (gr., Aufseher') 〖宗教〗監督,司教,主教.

Epi'so·de [epi'zo:də] 囡 -/-n (gr.) 1 〖演劇・文学〗(小説などの)挿話,エピソード,(戯曲の本筋とは関係のない)脇筋;(古代ギリシア劇の)合唱の間に挿入された対話部. 2 〖音楽〗エピソード,挿入部,間奏. 3 (一般に)挿話的な出来事(事件).

epi'so·den·haft [epi'zo:dənhaft] 形 エピソード風の,挿話的な.

Epis·tel [e'pɪstəl] 囡 -/-n (gr., Brief') 1 〖新約〗使徒の手紙,使徒書簡;〖宗教〗(ミサのさいの)書簡朗読 (↑Epistelseite). j³ die ~ lesen(話)人³にお説教を垂れる. 2 〖文学〗書簡体の作品. 3 (とくに儀礼的な)手紙.

Epis·tel·sei·te 囡 -/-n 〖宗教〗(↔ Evangelienseite)書簡側(信者席から見て祭壇の右側をいう.ミサのさい司祭がここに立って使徒言行録・使徒書簡を朗読したことから).

Epis·to·lar [epɪsto'la:r] 田 -s/-e (↓ Epistel) 1 〖宗教〗(副助祭のための)朗読用書簡集. 2 《古》(著名人の)書簡集.

Epis·to·la·ri·um [..'la:riom] 田 -s/..rien[..riən] (lat.) =Epistolar

Epi'taph [epi'ta:f] 田 -s/-e (gr., Grabschrift') 1 墓碑銘. 2 銘板(碑文などを記して教会の壁などに掲げる板). 3 〖正教会〗キリストの墓を表す飾板(聖金曜日に十字架よりキリスト像を降ろしてこの柩に納め,かついで行列をする).

Epi'thel [epi'te:l] 田 -s/-e (gr.) 〖動物・医学〗上皮(組織),上覆.

epo'chal [epɔ'xa:l] 形 (↓ Epoche) 1 (新)時代の,画期的な. Du hast wieder mal eine ~e Idee. (戯)君はまたしても大変なことを思いついたものだね. 2 〖教育〗~er Unterricht 科目別総合学習.

*Epo·che [e'pɔxə エポヘ] 囡 -/-n (gr.) 1 (歴史上の)時代,時期. eine ~ der Revolution 革命の時代. der Baustil einer ~ ある時代の建築様式. 2 新時代(の始まり), 新紀元. am Beginn einer neuen ~ stehen 新しい時代の入口に立っている. ~ machen 新時代を画する, 新紀元を開く. 3 〖地質〗世(ギ)(地

Epoche 424

質学的な年代区分の単位). **4**《天文》元期(ﾓﾄ).

Epo·che² [eːpɔˈxeː] 囡 -/ 〈*gr.*, Innehalten〉《哲学》エポケー,判断中止(古代ギリシアのストア派,とくに懐疑学派の根本概念).

epo·che·ma·chend [eˈpɔxəm..] エポックメーキングな,画期的な. ◆ Epoche machend とも употр.

Epo·de [eˈpoːdə] 囡 -/-n 〈*gr.*〉《文学》エポード((a) Triade のひとつをなす古代ギリシアの詩形. (b) 長短句が交互に表れる古代の抒情詩形).

'Epos [ˈeːpɔs] 匣 -/《文学》(長編の)叙事詩,(とくに中世の)叙事文学. Helden*epos* 英雄叙事詩. höfisches ～ 宮廷叙事詩.

Epo'xid [epɔˈksiːt] 匣 -[e]s/-e《化学》エポキシド.

'Ep·pich [ˈɛpɪç] 男 -s/-e 《話》エッピヒ(セロリ・きずたに対する俗称).

'Ep·si·lon [ˈɛpsilɔn] 匣 -[s]/-s エプシロン(ギリシア語アルファベットの第 5 文字 Ε, ε).

Eques·trik [eˈkvɛstrɪk] 囡 -/ 〈*lat.*〉《古》《雅》曲馬術.

Equi'pa·ge [ek(v)iˈpaːʒə] 囡 -/-n 〈*fr.*〉**1**(王侯・貴族の)豪華馬車. **2**《古》(昔の士官の)供回り(馬車・馬・従者など一式). **3**《古》(船員)乗組員.

equi'pie·ren [ek(v)iˈpiːrən] 阤 〈*fr.*〉《古》=ausrüsten, ausstatten

---

er [eːr エーア] 阨《人称》3 人称単数男性. 格変化は付録「品詞変化表」Ⅶ参照. 《単数の男性名詞を代理する》**1**《人間をさす場合は》彼,あの人(男). Dort kommt ein Mann. *Er* ist mein Bruder. あそこへ男の人がやって来ます. 彼は私の兄弟です. **2**《事物・事柄をさす場合》Am Fenster steht ein Tisch. *Er* ist alt und groß. 窓ぎわに机がある. それは古くて大きい.

Er¹ 匣 -/-s (↓er)《ふつう不定冠詞と》男(性),雄(ｵｽ). Der Hund ist ein ～. この犬は雄である. Ist das Baby ein ～ oder eine Sie? この赤ちゃんは男ですか女ですか. ein ～ und eine Sie. カップル.

Er² 阨《人称》(↓er)《古》er を大書したもので,2 人称に転用され男性に対する敬称(あなた,そなた)として用いられたが,やがてこの用法は廃(ｽﾀ)れ,16 世紀からは目下の者に対する呼掛け(おまえ)に用いられるようになった. 格変化は er と同じ. Geh ～ und seh ～ nach! お前さんが行って確かめてくれ.

Er³ 阨《人称》神に対する代名詞(3 人称,格変化は er と同じ). Aber ～ hält seine Hand schützend über uns. 主はその手を私たちの上に置いて守ってくださる.

Er⁴ [eːr], 'erbium] 匣 -/《化学》= Erbium

er.. [ɛr..]《非分離前つづり／つねにアクセントをもたない》**1**《動作の開始を表す》*er*tönen 響きだす. **2**《ある性質への移行・変化》*er*bleichen 蒼白になる. **3**《目的の達成》*er*zielen 達成する. **4**《獲得》*er*lernen 習得する.

..er¹ [..ər]《接尾》**1** 動詞の語幹または名詞につけて職業的にその行為をする人間または道具を表す男性名詞(-s/-)をつくる. Schneid*er* 仕立屋(↓schneiden). Physik*er* 物理学者(↓Physik). Fernseh*er* テレビ受像機(↓fernsehen). Benzin*er* ガソリン車(↓Benzin). Dreimast*er* 3本マストの船(↓drei Masten). **2** 地名につけて住民を表す男性名詞(-s/-)を作る. London*er* ロンドンっ子. Sauerländ*er* ザウアーラント地方の住民. **3** 都市名につけて不変化の形容詞を作る. Berlin*er* ベルリンの. Mün[e]chn*er* ミュンヒェンの. **4** 年齢・年号を表す基数につけて男性名詞(-s/-)

を作る. ein Fünfzig*er* 50 歳台の男(複数では「50 歳台」の意); (19)50 年産のワイン. Er steht in den Fünfzig*ern*. 彼は 50 歳台である.《形容詞として Jahre に付加するときは小書して不変化》Er steht in den fünfziger Jahren. 彼は 50 歳台である. Ende der neunziger Jahre 90 年代の終りに.

..er² 《接尾》形容詞・副詞の比較級をつくる語尾. schnell*er* より速い(↓schnell). ält*er* 年上の,より古い(↓alt).

er'ach·ten [ɛrˈʔaxtən] 阤《雅》(A⁴ für⟨als⟩ B⁴ A⁴ B⁴) 見なす,思う. j¹ für *seinen* Feind ～ 人を敵と見なす. den Zeitpunkt für gekommen ～ 時機が到来したと判断する.《中性名詞として次の成句で》meinem *Erachtens* nach / meines *Erachtens* 私の考え(見解)では.

er'ar·bei·ten 阤 **1** 働いて手に入れる(地位・家などを); 勉強して身につける,習得する. [sich²] *seine* Position allein ～ 自分独りの力で苦労して今の地位を手にする. **2** (草案・報告書などを)作成する,仕上げる.

Eras·mus [ˈerasmʊs]《人名》**1** ～ von Rotterdam ロッテルダムのエラスムス(1466-1536, ルネサンス期オランダの人文主義者,『愚神礼賛』など). **2** der heilige ～ 聖エラスムス(303 頃殉教したイタリアの聖人,14 Nothelfer の 1 人,†付録「聖人暦」6 月 2 日).

'Erb·adel [ˈɛrp..] 男 -s/ 世襲貴族.

'Erb·an·la·ge 囡 -/-n (↓ Erbe)《遺伝》遺伝的素質.

'Erb·an·spruch 男 -[e]s/ⁿe 相続請求権.

'Erb·an·teil 男 -[e]s/-e《法制》= Erbteil

Er'bärm·de·bild [ɛrˈbɛrmdəbɪlt] 匣 -[e]s/-er (↓ erbarmen)《美術》キリスト受難像(いばらの冠をかぶったキリスト像).

Er'bärm·de·chris·tus 男 -/ = Erbärmdebild

er'bar·men [ɛrˈbarmən] 阤 **1** 匣 (**sich⁴**)《雅》**1** (j² ⟨über j²⟩) 人²,⁴を憐れむ,気の毒に思う,なんとか助けてやりたいと思う. Er hat *sich* der alten Frau⟨über die alte Frau⟩ *erbarmt*. 彼は老婆が気の毒でなんとか力になってやりたいと思った. Herr, *erbarme dich* unser⟨über uns⟩! 主よ,われらを憐れみたまえ. **2** 《戯》(et²⟨über et⟩) 物²,⁴を引き受ける.
❷ 匣 (人²に)同情の念を起こさせる. Das kranke Kind ⟨Ihr Unglück⟩ *erbarmt* ihn. 彼はその病気の子供⟨彼女の不運⟩を気の毒に思う. Sie sah so elend aus, dass [es] Gott *erbarm*'!《古》彼女はひどく惨めに見えた.

Er'bar·men 匣 -s/ 憐れみ,同情. mit j¹ ～ haben⟨fühlen⟩ 人¹に同情する,を不憫(ﾌﾋﾞﾝ)に思う. kein ～ kennen 情け知らず(無慈悲)である. zum ～《話》哀れな,惨めな,ひどい. Er spielt zum ～. 彼の演奏はひどく下手だ.

er'bar·mens·wert 形 憐れむべき,気の毒な.

Er'bar·mer 男 -s/-《雅》**1** 同情者,助け手. **2**《宗教》慈悲深き神,助け主なる神.

er'bärm·lich [ɛrˈbɛrmlɪç]《話》**1** 憐れむべき,惨めな. sich⁴ in ～en Verhältnissen befinden 惨めな境遇にいる. **2** みすぼらしい,貧しい. ein ～es Dorf⟨Essen⟩《寒村⟨粗末な食事⟩. **3** 取るに足らぬ,つまらない. eine ～e Leistung⟨Rede⟩ おそまつな成績⟨くだらぬ演説⟩. **4**《侮》卑劣な,浅ましい. ein ～er Mensch 卑劣漢. **5**《話》《述語的には用いない》大変な,ものすごい. einen ～en Hunger haben ひどくお腹が空(ｽ)いている.

Er'bärm·lich·keit 囡 -/ 悲惨,惨めさ; 乏しさ,みす

ぼらしさ, 貧困; 卑劣さ.

Er·bar·mung 囡 -/-en《複数まれ》憐れみ, 同情. Ach ~!《話》(不快を表して)あれあれ, なんてことか, 参ったな.

er·bar·mungs·los 厖 **1** 無慈悲な, 非情な, 情け容赦ない. **2** ひどい, 殺生な. eine ~e Hitze むちゃくな暑さ.

er·bar·mungs·wür·dig 厖《雅》=erbarmenswert

er·bau·en [ɛr'baʊən] ❶ 他 **1** 建てる, 建設(建立)する. eine Kirche ~ 教会を建てる. Rom ist [auch] nicht an〈in〉einem Tage *erbaut* worden.《諺》ローマは1日にして成らず. **2**《雅》(人⁴の)心を高める, (を)感動させる, 喜ばせる; 敬虔な気持にさせる, 教化する. Die Lektüre〈Die Predigt〉*erbaute* ihn. その読書によって〈その説教を聞いて〉彼は心を洗われる思いがした. **3**《話》〈成句として / 多く否定形で〉von et³ 〈über et⁴〉nicht〈wenig〉*erbaut* sein 事³,⁴に心を動かされない, 〈嬉しいと思わない. Von ihrem Besuch war er nicht sehr *erbaut*. 彼は彼女の訪問を大して喜ばなかった.
❷ 再 (sich)《雅》心を洗われる, 感動する, 敬虔な気持になる. *sich* an Musik ~ 音楽に感動する.

Er·bau·er 男 -s/- 建設者; 設計者.

er·bau·lich [ɛr'baʊlɪç] 厖 心を高める, ありがたい, 信仰の糧になる, 教化的な. ~e Bücher ありがたい〈教化的な〉書物. Das ist wenig ~. これはあまりありがたくない〈もうひとつ頂けない(ぞ¨)〉.

Er·bau·ung 囡 -/-en 心を洗われる〈高められる〉こと, 宗教的教化, 精神修養, 建徳. et⁴ zu *seiner* ~ lesen 物⁴を修養のために〈信心を高めるために〉読む.

'Erb·bau·recht ['ɛrp..] 中 -[e]s/ (↓Erbe)《法制》地上権.

'Erb·be·gräb·nis 中 -ses/-se《古》先祖代々の墓所.

'erb·be·rech·tigt 厖《法制》相続権のある.

* **'Er·be** ['ɛrbə エルベ] ❶ 男 -n/-n 相続人; 跡取り;《多く複数で》(Nachfahren) 後継者. die lachenden ~n《戯》遺産がころがりこんだ縁者. j⁴ zum〈als〉~ einsetzen 人⁴を相続人に指定する. ❷ 中 -s/《雅》(Erbschaft) 遺産. ein ~ antreten〈ausschlagen〉遺産を相続する〈相続を放棄する〉. das kulturelle ~ 文化遺産.

er·be·ben [ɛr'be:bən] 自 (s) 揺れる, 震動する;《雅》(心の動揺などで)身震いする. vor Zorn ~ 怒りのあまり心が震える〈身をふるわす〉.

'erb·ei·gen ['ɛrp|aɪɡən] 厖 相続した, 世襲の.

* **er·ben** ['ɛrbən エルベン] 他 (↓Erbe ②) **1** (遺産を)相続する(von j³ 人³から). ein riesiges Vermögen ~ 莫大な遺産を相続する.《目的語なしで》Du hast wohl *geerbt*?《戯》遺産でもころがりこんだのかい(いやに景気がいいじゃないか). **2**《素質・体型などを》受け継ぐ. Die blauen Augen〈Den Eigensinn〉hat sie von der Mutter *geerbt*. 彼女の青い目〈頑固さ〉は母親ゆずりである. **3**《話》貰う, 頂戴する. Bei ihm〈Dabei〉ist nichts zu ~. あいつのところからは金目の物は何ひとつないよ〈そんなことしたって何の得にもならないよ〉. **4**《学生》カンニングする.

er·be·ten [ɛr'be:tən] 他 [sich³] et⁴ ~ 祈り〈神頼り〉によって物⁴を得ようとする(達成しよう)とする.

er·bet·teln 他 **1** (物⁴を)恵んでもらう(人³から). **2** しつこく頼んで手に入れようとする.

er·beu·ten [ɛr'bɔʏtən] 他 -[e] (↓Beute) ぶんどる, 捕獲(鹵獲(ろ)する);(賞品などを)かっさらう.

'erb·fä·hig ['ɛrp..] 厖 =erbberechtigt

'Erb·fak·tor 男 -s/-en《遺伝》遺伝子.

'Erb·fall 男 -[e]s/¨e《法制》被相続人の死亡, 相続開始.

'Erb·feh·ler 男 -s/- 遺伝的欠陥, 宿痾(しゅくあ).

'Erb·feind 男 -[e]s/-e **1** 宿敵, 不倶戴天(ふぐたいてん)の敵. **2**《複数なし》(Teufel) der ~ 悪魔(Erbsünde にならった造語).

'Erb·fol·ge 囡 -/-n《法制》**1** 相続. **2** 相続の順位. **3** (Thronfolge) 王位(帝位)継承.

'Erb·fol·ge·krieg 男 -[e]s/-e 王位(帝位)継承戦争.

'Erb·gang 男 -[e]s/¨e **1**《法制》相続. **2**《生物》遺伝方式.

'Erb·grind 男 -[e]s/ 黄癬(おうせん)(Favus の俗称).

'Erb·gut 中 -[e]s/¨er **1** 世襲(相続)財産; 世襲地, 世襲領; 世襲農場. **2**《複数なし》《遺伝》遺伝素質.

er·bie·ten* 再 (sich)《雅》(zu 不定詞句と) ~, zu tun ...しようと申出る.

'Er·bin ['ɛrbɪn] 囡 -/-nen《Erbe の女性形》女相続人.

er·bit·ten* [ɛr'bɪtən] 他 **1** [sich³] et⁴ ~ 物⁴を懇願する, せがむ. **2** sich⁴〈nicht ~〉lassen (願いを)聞入れる〈がんとして聞入れない〉.

er·bit·tern [ɛr'bɪtərn] (↓bitter) ❶ 他 激怒(憤激)させる. ❷ 再 (sich) 激怒(憤激)する(gegen j⁴ 〈über et⁴〉人⁴〈事⁴〉に). ◆ erbittert

er·bit·tert [ɛr'bɪtərt] 過分 厖 **1** 激怒(憤慨)した. gegen j⁴〈über et⁴〉~ sein 人⁴〈事⁴〉に憤慨している. **2** 激しい, 執拗な. ein ~er Kampf 激戦.

Er·bit·te·rung 囡 -/-en 憤慨, 立腹.

'Er·bi·um ['ɛrbiʊm] 中 -s/《記号 Er》《化学》エルビウム.

'Erb·krank·heit 囡 -/-en 遺伝病.

er·bla·ssen [ɛr'blasən] 自 (s)《雅》(↓blass) **1** (顔色が青ざめる;(空が)白(し)む. vor Neid ~《比喩》激しい妬(ねた)みをおぼえる. **2**《比喩》顔色を失う, 色あせて見える(vor j〈et〉³ 人〈物〉³に比べると). Ich *erblasse* vor ihm. 彼にはとてもかなわない. **3**《詩》sterben

'Erb·las·ser ['ɛrplasər] 男 -s/- (↓das Erbe hinterlassen)《法制》被相続人. ◆ 女性形 Erblasserin 囡 -/-nen

er·blei·chen* 自 (s)《雅》(↓bleich) **1**《規則変化》青ざめる, 色を失う, 色あせる. **2**《不規則変化》《詩》=sterben

er·blich¹ [ɛr'blɪç] erbleichen の過去.

'erb·lich² [..lɪç] 厖 相続(性)の, 親譲りの. ~ belastet sein (悪性の)遺伝的素質を持っている. Er ist von der Mutter her ~ belastet. 彼は母親から悪いところを受け継いでいる.

'Erb·lich·keit 囡 -/ 世襲; 遺伝.

* **er·bli·cken** [ɛr'blɪkən エアブリッケン] 他 **1**《雅》目にとめる, 見つける, 認める. ein Schiff am Horizont ~ 水平線の彼方に船影を認める. das Licht der Welt ~《比喩》この世の光を見る, 生まれる. **2** (in A³ B⁴ A³を B⁴と見なす. In ihm *erblicke* ich meinen Gegner. 私は彼を敵とみなす.

er·blin·den [ɛr'blɪndən] 自 (s) (↓blind) 失明する; (ガラスなどが)曇る. ein *erblindeter* Musiker〈Spiegel〉盲目の音楽家〈映らなくなった鏡〉.

Er·blin·dung 囡 -/-en《複数まれ》失明; (ガラスの)白濁, 結露.

er·blü·hen 自 (s)《雅》**1** (つぼみが)綻(ほころ)びる, 開花

Erbmasse

する, 花盛りになる. **2** (女としての)盛りを迎える;(文明などが)花開く, 盛期を迎える.

'Erb·mas·se 囡 -/-n 『法制』遺産(の全部), 相続財産. **2** 『遺伝』遺伝素質(の総体).

'Erb·on·kel 男 -s/-[s] 〔戯〕(遺産を当てにできそうな)金持ちの叔父さん. ↑Erbtante

er'bo·sen [ɛr'boːzən] (↓böse) ❶ 他 怒らせる, 憤慨させる. Sein Verhalten *erboste* sie sehr. 彼の態度は彼女をひどく立腹させた. ❷ 再 (*sich*⁴) 怒る, 腹を立てる〈über j⟨et⟩⁴ 人〈物〉⁴のことで〉.

er'bö·tig [ɛr'bøːtɪç] 形 (↓erbieten)〈*zu* 不定詞句と〉(…する)用意のある, 心づもりをしている. Sie war stets ~, ihm zu helfen. 彼女はいつでも彼に手を貸してやるつもりであった.

'Erb·pacht 囡 -/-en 『法制』(1947 以前の)永小作権, 世襲借地権.

'Erb·prinz ['ɛrpprɪnts] 男 -en/-en 皇(王)太子.

er'bre·chen* [ɛr'brɛçən] ❶ 他 **1** 壊して(破って)開ける, こじ開ける. **2** 吐く, 吐き出す. die Speisen ~ 食べた物をもどす.《中性名詞として》bis zum *Erbrechen*〔話〕うんざりするほど, へどが出るほど, いやと言うほど. Darüber redete er bis zum *Erbrechen*. そのことについて彼はいやと言うほど長々と(くどくど)と弁じていた. ❷ 自 再《*sich*⁴》吐く, 嘔吐する.

'Erb·recht 囲 -[e]s/-e 『法制』**1**《複数なし》相続法. **2** 相続権.

er'brin·gen* 他 (結果を)もたらす,(費用などを)調達(工面)する. Leistungen ~〔書〕仕事をする, 成果をあげる. den Beweis⟨Nachweis⟩ ~〔書〕証明する.

***'Erb·schaft** ['ɛrpʃaft] エルプシャフト 囡 -/-en《『法制』(Erbe ❷)遺産. eine ~ antreten⟨ausschlagen⟩ 遺産を相続する(相続を放棄する). eine große ~ machen 莫大な遺産を相続する.

'Erb·schafts·steu·er 囡 -/-n 『法制』相続税.

'Erb·schein 囲 -[e]s/-e 『法制』相続証書.

'Erb·schlei·cher 男 -s/- 遺産横領者.

'Erb·schlei·che·rei [ɛrpʃlaɪçə'raɪ] 囡 -/- 遺産横領.

***'Erb·se** ['ɛrpsə エルプセ] 囡 -/-n **1**『植物』えんどう;《ふつう複数で》えんどう豆. grüne ~*n* グリーンピース. Auf seinem Gesicht hat der Teufel ~*n* gedroschen. 彼の顔はあばた面(:)である(そばかすだらけである). **2**《話》(Kopf)頭. etwas in⟨an⟩ der ~ haben 頭が少しおかしい.

'Erb·sen·brei 囲 -[e]s/- 『料理』マッシュした(つぶした)えんどう豆.

'Erb·sen·sup·pe 囡 -/-n えんどう豆のスープ.

'Erb·stück 囲 -[e]s/-e 相続品, 遺品, 形見.

'Erb·sün·de 囡 -/-《『宗教』原罪.

'Erb·tan·te 囡 -/-n〔戯〕(遺産を当てにできそうな)裕福な叔母さん. ↑Erbonkel

'Erb·teil 囲 -[e]s/-e **1**『法制』相続分. **2** 親(先祖)ゆずりの素質(天分).

'Erb·toch·ter 囡 -/- 女性相続人(最後の男系相続人の娘).

'Erb·übel 囲 -s/- 先祖代々の悪弊(因習), 宿弊.

'erb·un·ter·tä·nig 形 『歴史』(封建領主に対する農民の)世襲的隷属の.

'Erb·un·ter·tä·nig·keit 囡 -/ 『歴史』(17–18 世紀の)世襲隷属制(農民と封建領主の世襲従属関係).

'erb·un·wür·dig 形 『法制』相続権失格(欠格)の.

'Er·da ['ɛrda]《人名》エーアダ, エールダ(北欧神話の大地の女神, Richard Wagner の『ニーベルンゲンの指環』

Der Ring des Nibelungen に登場する).

'Erd·ach·se ['eːrt|aksə] 囡 -/ (↓ Erde) 地軸.

'Erd·al·ka·li·me·tall 囲 -s/-e《ふつう複数で》『化学』アルカリ土類金属.

'Erd·ap·fel 囲 -s/= **1**《地方》(Kartoffel)じゃがいも. **2** (Topinambur) きくいも.

'Erd·ar·bei·ten 複 土木工事.

'Erd·bahn 囡 -/ 『天文』地球の軌道.

'Erd·ball 囲 -[e]s/《雅》地球.

***'Erd·be·ben** ['eːrtbeːbən エーアトベーベン] 囲 -s/- 地震.

'Erd·be·ben·herd 囲 -[e]s/-e 震源(地).

'Erd·bee·re 囡 -/-n いちご(の実).

'Erd·be·stat·tung 囡 -/-en 土葬, 埋葬. ↑Feuerbestattung

'Erd·bir·ne 囡 -/-n **1**《地方》(Kartoffel)じゃがいも. **2**『植物』ほどいも(まめ科).

'Erd·bo·den 囲 -s/ 地面, 土地, 大地;(Fußboden)床(ゆ). et¹ dem ~ gleichmachen 物〈家・町など〉を完全に破壊する. Er wäre am liebsten in den ~ versunken. 彼は(恥ずかしくて)穴があったら入りたい思いだった. Der Zwerg ist wie vom ~ verschluckt. その小人は忽然(ぎ)と姿を消し去った. vom ~ verschwinden (地上から)姿を消す; 絶滅する.

***'Er·de** ['eːrdə エーアデ] 囡 -/-n (↓ Erda) **1** 土, 土壌. fette⟨magere⟩ ~ 肥えた⟨やせた⟩土壌. feuchte ~ 湿った土. das Land der Roten ~ 赫土(ホホッ)の地(Westfalen 地方の異名). ~ zu ~ 土は土に(埋葬の際の言葉). Die ~ sei ihm leicht! (死者を悼んで)彼の眠りが安らかならんことを. **2**《複数なし》地面, 土地, 大地;(Land) 地. die ~ der Verheißung 『聖書』約束の地(=Kanaan). afrikanische⟨heimatliche⟩ ~ アフリカ⟨故郷⟩の土. auf die ~ fallen 地面に落ちる(倒れる). auf der blanken⟨bloßen⟩ ~ 地べたに. auf der ~ bleiben《比喩》平静を保っている, 自制心を失わない; 現実から遊離しない. mit beiden Beinen⟨Füßen⟩ [fest] auf der ~ stehen しっかり足が地についている. Ich hätte [am liebsten] in die ~ versinken mögen. (恥ずかしくて・つらくて)私は穴があれば入りたい気持だった. in fremder⟨geweihter⟩ ~ ruhen《雅》異国の地⟨草葉の陰⟩で眠っている. unter der ~ liegen 草葉の陰で眠っている. j¹ unter die ~ bringen 人¹を埋葬する;(の)寿命を縮める. zu ebener ~ 1 階に. **3**《複数なし》(↔ Himmel) 地, 地上, この世, 現世. auf ~n この世で(Erden は単数 3 格の古形, =auf der ~). die Hölle auf ~ この世の地獄. **4**《複数なし》地球;世界. **5**《複数で》『化学』土類. alkalische⟨seltene⟩ ~*n* アルカリ土類⟨稀土類⟩. **6**『電子工』接地, アース.

'er·den ['eːrdən] 他 (物⁴を)接地させる, (に)アースする.

'Er·den·bür·ger 男 -s/- 人間. ein neuer kleiner ~《雅》生まれたばかりの子供.

'Er·den·glück 囲 -[e]s/《雅》現世の幸福.

'Er·den·gü·ter 複《雅》現世の(物質的な)財宝.

er'den·ken* 他 考え出す. eine *erdachte* Geschichte 作り話, 絵空事(ネミッ).

'Er·den·kind 囲 -[e]s/-er《雅》地上の子, 浮世の子.

er'denk·lich [ɛr'dɛŋklɪç] 形《付加語的用法のみ》考えられる限りの, ありとあらゆる.

Er·den·kloß 男 -es/《雅》土くれ(哀れな罪深い人間,の意).

Er·den·le·ben 中 -s/《雅》現世(浮世)の生活, 人生.

Er·den·nah《比較変化なし》=erdnah

Er·den·rund 中 -[e]s/《雅》地球, 全世界.

Er·den·wal·len 中 -s/《雅》人生行路.

Er·den·wurm 男 -[e]s/=er《雅》(土の上を這(ﾊ)うまわる)虫けら(哀れな人間, の意).

Erd·er·wär·mung 女 -/-en 地球温暖化.

erd·fern ['eːrt..] 形 **1**《天文》地球から遠く離れた. **2**《雅》浮世離れした.

Erd·fer·ne 女 -/ **1**《天文》(↔ Erdnähe) 遠地点. **2**《雅》浮世離れ, 忘我の境.

Erdg.(略)=**Erdgeschoss**

Erd·gas 中 -es/ 天然ガス.

Erd·geist 男 -[e]s/=er《民俗》地霊(大地を支配する精霊). ↑ Elementargeist

Erd·ge·schich·te 女 -/ 地史, 地史学.

Erd·ge·schoss ['eːrtɡəʃɔs エーアトゲショス] 中 -es/-e(略 Erdg.)(Parterre) 1 階.

erd·haft ['eːrthaft] 形《副詞的には用いない》**1** 土のような, 土状の. **2**《比喩》大地に根ざした, 土着の.

erd·hal·tig [..haltɪç] 形 土を含んだ, 土の混じった.

Erd·hü·gel 男 -s/- 盛り土, 堆土(ﾂﾁ).

er·dich·ten [ɛr'dɪçtn̩] 他 (架空のものを)作り上げる, でっち上げる, 虚構する. *sich*³ einen Vorwand ~ 口実をもうける.

'er·dig ['eːrdɪç] 形 (↓ Erde) **1** 土を含んだ, 土まじりの, 土だらけの. Meine Schuhe sind ganz ~. 私の靴は泥まみれである. ~ *e* Säuerlinge 天然炭酸水. **2**(匂い・味などが)土の. Der Wein hat einen ~ *en* Geschmack. このワインは土の風味がある.

Erd·kar·te 女 -/-n 世界地図.

Erd·kern 男 -[e]s/《地質》地核.

Erd·kreis 男 -es/《雅》地球全体, 全世界.

Erd·krö·te 女 -/-n《動物》ひきがえる.

Erd·krus·te 女 -/-n《地質》地殻.

Erd·ku·gel 女 -/ **1** 地球. **2** (Globus) 地球儀.

Erd·kun·de ['eːrtkʊndə エーアトクンデ] 女 -/ (Geographie) 地理学(学科目としての)地理.

Erd·lei·tung 女 -/-en《電子工》**1** アース(接地)線. **2** 地下ケーブル.

Erd·licht 中 -[e]s/-er《天文》地球照.

'erd·ma·gne·tisch 形《地球物理》地磁気の. ~ *es* Feld 地球磁場.

Erd·ma·gne·tis·mus 男 -/《地球物理》地磁気.

Erd·männ·chen 中 -s/- **1**《民俗》(Alraune 2)(地中に住むとされた)小人, 小妖精. **2**《動物》スリカータ(マングース科).

erd·nah 形 (↔ erdfern) **1**《天文》地球に近い. **2**《雅》現世的な.

Erd·nä·he 女 -/ **1**《天文》(↔ Erdferne) 近地点. **2**《雅》現世本位.

Erd·nuss 女 -/=e **1**《植物》落花生(ﾗｯｶｾｲ). **2** 落花生の実, ピーナッツ.

Erd·öl 中 -[e]s/ 石油.

er·dol·chen [ɛr'dɔlçən] 他 (↓ Dolch) (短刀で)刺し殺す.

Erd·pech 中 -[e]s/《古》《地質》(Bitumen) 瀝青(ﾚｷｾｲ), アスファルト.

Erd·py·ra·mi·de 女 -/-n《地質》土柱(ﾄﾞﾁｭｳ).

Erd·reich 中 -[e]s/ (Erde 1) 土, 土壌, 土地.

er'dreis·ten [ɛr'draɪstən] 他 (*sich*⁴) (↓ dreist)《雅》(et²<zu et³)事²,³をあえてする, 大胆にも(厚かましくも)する. *sich* zu einem Entschluss ~ 思い切って決心する.

'Erd·rin·de 女 -/ =Erdkruste

er'dröh·nen 自 とどろく, 鳴りひびく, (エンジンなどが)唸る.

er'dros·seln 他 **1**(人⁴を)絞め殺す, 絞殺する. **2**《比喩》(反対意見などを)押し込む, (の)息の根をとめる.

er'drü·cken 他 **1** 押しつぶす, 押し殺す. **2**《比喩》ひしく, 打ちのめす, 圧倒する. Die vielen Schulden *erdrückten* ihn. 多くの借財が彼を打ちひしいだ.

er'drü·ckend 現分 形 圧倒的な, 優勢な, 強力(大)な. ~ *es* Beweismaterial 決定的な証拠物件. eine ~ *e* Hitze 殺人的な暑さ.

'Erd·rutsch 男 -[e]s/-e (Bergrutsch) 地滑り, 山崩れ; (比喩)地滑り的変化(とくに政治上の).

'Erd·schicht 女 -/-en **1** 土の層. **2**《地質》地層.

'Erd·schluss 男 -es/=e《電子工》接地, アース.

'Erd·schol·le 女 -/-n 土くれ, 土塊.

'Erd·sicht 女 -/ (航空機からの)地上視界.

'Erd·stoß 男 -es/=e (地震の際の)大地の衝撃的な揺れ.

'Erd·strah·len 複 地球放射線(人間や動物に有害な影響を与えるが物理学的には証明できない放射線).

'Erd·strö·me 複《物理》地電流.

'Erd·teil 男 -[e]s/-e (Kontinent) 大陸, 州. die fünf(sieben) ~ *e* 5 大州(7 大陸).

er'dul·den [ɛr'dʊldən] 他 耐え忍ぶ.

'Erd·um·krei·sung 女 -/-en (衛星などの)地球回.

'Erd·um·se·ge·lung 女 -/-en (帆船による)世界一周航.

'Erd·ung ['eːrdʊŋ] 女 -/-en (↓ erden)《電子工》**1**(複数なし)接地, アース. **2** 接地(アース)線.

'Erd·zeit·al·ter 中 -s/-《地質》地質年代.

er'ei·fern [ɛr'|aɪfɐn] 他 (*sich*⁴)興奮する, いきり立つ, むきになる(über j<et>⁴・人<事>⁴のことで).

✱**er'eig·nen** [ɛr'|aɪɡnən エアアイグネン] 他 (*sich*⁴) 起る, 生じる; 行われる. Hat *sich* heute irgend etwas [Besonderes] *ereignet*? 今日は何か変わったことがあったかい.

Er'eig·nis
[ɛr'|aɪɡnɪs エアアイグニス] 中 -ses/-se 出来事, 事件. ein freudiges ~ おめでた(出産). Große ~ *se* werfen ihre Schatten voraus.《諺》大事には前触れがあるものだ.

er'eig·nis·reich 形 事件の多い, 多事(多端)な, 波瀾に富んだ.

er'ei·len 他《雅》(運命・死などが人⁴を)不意に襲う(つかまえる).

erek'til [erɛk'tiːl] 形 (*lat.*) 勃起能力のある.

Erek·ti·on [erɛktsi'oːn] 女 -/-en (*lat.*, Emporrichten⁾) 勃起.

Ere·mit [ere'miːt] 男 -en/-en (*gr.*) **1** (Einsiedler) 隠者, 世捨て人;《ｷﾘｽﾄ教》隠修士. **2**《動物》(Einsiedlerkrebs) やどかり; (Pinselkäfer) はなむくり(黄金虫の一種).

Ere·mi·ta·ge [eremi'taːʒə] 女 -/-n (↓ Eremit) **1** (Einsiedelei) 隠者(隠修士)の庵(ｲｵﾘ). **2** (18 世紀庭園の東屋(ｱｽﾞﾏﾔ). **3**《複数なし》(ロシアのサンクト・ペテルブルク Sankt Petersburg にある)エルミタージュ美術館 (Ermitage とも).

'Eren ['eːrən] 男 -/- 《南ドイツ》(Hausflur) 玄関.

er·er·ben [ɛrˈʔɛrbən] 他《古》相続する, 相続によって手に入れる; 遺伝によって受継ぐ. eine *ererbte* Musikalität 親譲りの音楽性.

ere·thisch [eˈreːtɪʃ] 形 (gr.)《医学》(erregbar) 過敏性の, 刺激性の.

er·fah·ren[1]*

[ɛrˈfaːrən エアファーレン] erfuhr, erfahren / du erfährst, er erfährt ❶ 他 **1** 聞いて(読んで)知る. et⁴ durch die Zeitung ⟨durch Zufall⟩ ~ 事⁴を新聞で⟨偶然⟩知る. wie ich aus zuverlässiger Quelle *erfahre* 私が確かな筋から聞くところは. **2** 経験する; こうむる, 受ける, …に出会う. Er hat in seinem Leben viel Glück *erfahren*. 彼は生涯に多くの幸運に恵まれた. manch Böses ~ 幾多の辛酸(㌻)をなめる. Die Fabrik hat großen Aufschwung *erfahren*. その工場は大躍進をとげた.《受動態の書替えとして》 eine Demütigung⟨eine Begünstigung⟩ ~ 《書》辱(㌻)めを受ける⟨厚遇される⟩(=gedemütigt⟨begünstigt⟩ werden). eine Veränderung ~ 変更される(=verändert werden).

❷ 自 (von et³ 事³について)聞いて(読んで)知る.

*****er·fah·ren**[2] [ɛrˈfaːrən エアファーレン] 過分 形 (↑erfahren[1]) 経験を積んだ, 熟練した. ein ~er Arbeiter 熟練労働者. Er ist in allen Fragen der Eisenbahn ~. 彼は鉄道のあらゆる問題に通じている.

er·fährst erfahren の現在 2 人称単数.

er·fährt erfahren の現在 3 人称単数.

Er·fah·rung [ɛrˈfaːrʊŋ エアファールング] 女 -/-en 経験, 見聞;《複数まれ》熟練, 慣れ. bittere ~en machen 苦い経験をする. Zu diesem Geschäft gehört einige ~. この商売には若干の経験(慣れ)がものを言う. ~ ist die beste Lehrmeisterin.《諺》経験は最上の教師である. aus eigener ~ 自分の経験から. et⁴ in ~ bringen《書》事⁴を知る.

er·fah·rungs·ge·mäß 副 経験によると, 経験上.

Er·fah·rungs·tat·sa·che 女 -/-n 経験的事実.

er·fand erfinden の過去.

er·fän·de erfinden の接続法 II.

er·fas·sen [ɛrˈfasən] 他 **1** 《まれ》(手で)つかむ, つかまえる. j⁴ am⟨beim⟩ Arm ~ 人⁴の腕をつかむ. **2** 《物が主語》(人⟨物⟩⁴を)ひっとらえる. von einem Auto ⟨einem Strudel⟩ *erfasst* werden 自動車にはねられる⟨渦に巻込まれる⟩. **3** (激情などが)襲う, とらえる. Ein heftiges Verlangen *erfasste* ihn. 激しい欲望が彼をとらえた. von blinder Wut *erfasst* 盲目的な怒りに駆られて. **4** 把握(理解)する, とらえる(㌻)する. et⁴ intuitiv ~ 事⁴を直観的に把握する. **5** (人⟨物⟩⁴に関する)データ(情報)を把握する, (を)リストアップする, 目録(統計)に入れる, 登録(記録)する. et⁴ statistisch ~ 物⁴の統計を取る. alle diesjährigen Schulabgänger ~ 今年の卒業資格者全員をリストアップする. **6** 含む, 包含する, 考慮に入れる. Der Begriff *erfasst* nicht alle Nuancen. この概念は微妙なニュアンスをすべてカバーしているわけではない. Das Gesetz *erfasst* alle Steuerpflichtigen. この法律はすべての納税義務者に該当する.

Er·fas·sung 女 -/-en **1** 理解, 把握. **2** 《書》登録, 収録; 徴兵登録. **3** 《化学》検出.

er·fech·ten* 他 [sich³] et⁴ ~ 物⁴を戦い取る, 勝ち取る.

er·fin·den*

[ɛrˈfɪndən エアフィンデン] erfand, erfunden 他 **1** 発明(考案, 工夫)する. eine Maschine ~ 機械を発明する. Er hat das Pulver [auch] nicht [gerade] *erfunden*.《話》彼はあまり賢くない, 頭の切れる方でない. **2** 虚構(捏造)によってでっちあげる; 創作する. eine Ausrede ~ 口実を作る(設ける). Das ist von A bis Z *erfunden*. それはでたらめでっちあげだ. **3** 《古》(finden) 見いだす. er *funden* werden 明かになる, …であることが分かる. ◆↑erfunden

Er·fin·der [ɛrˈfɪndər] 男 -s/- 発明(考案)者; 発明家.

er·fin·de·risch [..dərɪʃ] 形 発明の才がある, (工夫)に富んだ, 利発な. Not macht ~.《諺》必要は発明の母.

*****Er·fin·dung** [ɛrˈfɪndʊŋ エアフィンドゥング] 女 -/-er **1** 《複数なし》発明, 考案, 工夫. **2** 発明品, 新工夫. **3** 捏造(ねつぞう)(したこと), でっちあげ, 虚構; 創作, 作り事.

er·fin·dungs·reich 形 発明の才がある, 創意(工夫)に富んだ.

er·fle·hen 他《雅》懇願する, 嘆願して得る, (神に)祈念する.

Er·folg

[ɛrˈfɔlk エアフォルク] 男 -[e]s/-e 成果, 効果, 成功, 上首尾. ein glänzender ~ 輝かしい成果. ~⟨keinen ~⟩ haben 成功する⟨不首尾に終る⟩. ~[e] bei Frauen haben 女性によくもてる. Er hatte zweimal ~.《サッカーで》彼は 2 度シュートを決めた. mit ~ 首尾よく, 成功裏に. ein Mittel mit ~ anwenden ある手を使って成功する. ohne ~ 効果なく, 不首尾で.

er·fol·gen [ɛrˈfɔlɡən] 自 (s) (引続いて・結果として) 起る, 生じる; 行われる. Kurz darauf *erfolgte* eine Explosion. その直後に爆発が起った.《機能動詞的に》 Es *erfolgte* keine Antwort. 回答はなかった. Die Auszahlung der Zinsen ist noch nicht *erfolgt*.《書》利子の支払いはまだなされていない. nach *erfolgter* Montage《書》(機械の)組立て(据えつけ)後に.

er·folg·los [ɛrˈfɔlkloːs] 形 成果のない, 不成功の, 不首尾の. ~*es* Bemühen 徒労, むだ骨.

*****er·folg·reich** [ɛrˈfɔlkraɪç エアフォルクライヒ] 形 成果の多い, 効果のある, 成功した. mein ~*ster* Roman 私の最も成功した小説.

Er·folgs·mensch 男 -en/-en 成功者, (職業上の)敏腕家, やり手.

er·folgs·si·cher 形 **1** 成功確実な, 有望な. **2** 成功を確信している, 自信満々の.

er·folg·ver·spre·chend 形 成功の見込みのある, 有望な. ◆ Erfolg versprechend とも書く.

*****er·for·der·lich** [ɛrˈfɔrdərlɪç エアフォルダーリヒ] 形 《比較変化なし》必要な, 必須の, 不可欠な.

er·for·der·li·chen·falls 副《書》必要な場合には.

er·for·dern [ɛrˈfɔrdərn] 他 (物⟨人⟩⁴を)必要とする. Das *erfordert* viel Geld. それには多くの金が要る.

Er·for·der·nis [ɛrˈfɔrdərnɪs] 中 -ses/-se 必要(なもの, なこと); 必要(前提)条件.

er·for·schen 他 調査(研究, 探索)する, 探検(踏査)する, (秘密などを)探り出す. *sein* Gewissen ~ 自分の良心を吟味する. den tieferen Sinn des Ausspruches ~ 発言のより深い意味を探る.

Er·for·scher 男 -s/- 探求者; 探検家.

Er·for·schung [ɛrˈfɔrʃʊŋ] 女 -/-en 探求, 探検;《宗教》(罪の)糾明.

er·fra·gen 他 **1** 尋ねて知る, 教えてもらう, 聞出す.

Näheres zu ~ bei Herrn X 詳細はX氏に照会されたい. **2** 懇願する. **j² Genehmigung ~** 人²の認可を求める.

er·fre·chen [ɛrˈfrɛçən] 再 (**sich¹**) (↓frech)《古》《雅》=erdreisten

er·freu·en [ɛrˈfrɔʏən] ❶ 他 (人⁴を)喜ばせる, 楽しませる. ❷ 再 (**sich¹**) **1** (an et³ 物³を)喜ぶ, 楽しむ. *sich* an den Blumen ~ 花を愛(め)でる. **2**《雅》*sich et² ~* 物²を(持続的に)享受している, 受けている, (に)恵まれている. *sich* bester Gesundheit ~ 健康に恵まれている. *sich* eines ausgezeichneten Rufes als Künstler ~ 芸術家としての抜群の評判をとっている. Er *erfreut sich* eines gesegneten Appetits. 彼はなかなかの健啖家である. ◆erfreut

er·freu·lich [ɛrˈfrɔʏlɪç エアフロイリヒ] うれしい, 喜ばしい; 好都合な. eine ~e Nachricht うれしい知らせ.《名詞的用法》Erfreuliches berichten können 喜ばしい内容を伝えることができる.

er·freu·li·cher·wei·se 副 うれしいことに, 幸いにも.

er·freut [ɛrˈfrɔʏt エアフロイト] 過分 形 über et⁴ ~ sein (を)喜んでいる(うれしく思っている). Sehr ~!《古》(人に紹介されたときの挨拶)初めまして, 何分ともよろしく.

er·frie·ren* [ɛrˈfriːrən] ❶ 自 (s) **1** 凍死する. Wir sind ganz〈völlig〉 erfroren.《話》私たちはすっかり凍えてしまった. **2** (手足・耳などが)凍傷にかかる, しもやけになる, かじかむ. **3** (植物が)寒さで枯れる(いたむ), 霜枯れる. **4**《比喩》凍りつく, 硬直する, こわばる. Das Lächeln *erfror* auf ihrem Gesicht. 微笑(びしょう)は彼女の顔の上で凍りついてしまった. ❷ 再 (**sich¹**) *sich et¹ ~* 物¹(手足・耳などが)凍傷にかかる. Ich habe *mir* die Zehen *erfroren*. 私は足の指が凍傷にかかった(しもやけになった).

***er·fri·schen** [ɛrˈfrɪʃən エアフリシェン] ❶ 他 (人〈物〉⁴を)元気(活気, 生気)づける, 爽やかな気分にさせる. Eine Tasse Kaffee hat mich *erfrischt*. 1杯のコーヒーで私は元気を回復した.《目的語なしで》An heißen Tagen *erfrischt* eine kalte Dusche am besten. 暑い日は冷たいシャワーにかぎるよ. ❷ 再 (**sich¹**) 元気を回復する, 生気を取り戻す, さっぱりする.

er·fri·schend [ɛrˈfrɪʃənt] 現分 形 さわやかな, すがすがしい. ~e Getränke 清涼飲料. mit ~er Deutlichkeit 目から鱗(うろこ)が落ちるような明快さで.

***Er·fri·schung** [ɛrˈfrɪʃʊŋ エアフリシュング] 女 -/-en **1**《複数なし》リフレッシュすること, リフレッシュメント, 元気回復. **2** リフレッシュするもの, 軽食, 茶菓, 清涼飲料; 休息, 休養. Diese herrliche Aussicht ist eine kleine ~ für die Wanderer. このすばらしい眺めは旅人たちの疲れをいやす一服の清涼剤だ.

Er·fri·schungs·ge·tränk 中 -[e]s/-e 清涼飲料水.

Er·fri·schungs·raum 男 -[e]s/¨e (駅・劇場・デパートなどの)休憩所, 軽食堂, 喫茶室.

er·fuhr erfahren¹の過去.

er·füh·re erfahren¹の接続法II.

***er·fül·len** [ɛrˈfʏlən エアフュレン] ❶ 他 **1** いっぱいにする, 満たす. Rauch *erfüllte* den Saal. 煙が広間に充満した. Die Blumen *erfüllen* das Zimmer mit ihrem Duft. 花はその香りで部屋じゅうを満たしている. **2** (人⁴の)心(感情)を満たす. Tiefe Trauer *erfüllte* sie. 深い悲しみが彼女(彼ら)の心を満たした. Der Brief *erfüllte* mich mit Freude. その手紙は私の胸を喜びでいっぱいにした. Er ist von dem Erlebnis noch ganz *erfüllt*. 彼はいまなおその体験のことでまだ胸がいっぱいだ. **3**《比喩》(条件などを)満たす, (任務・義務など⁴を)果たす, (目的⁴を)実現(成就)する. Das Gerät *erfüllt* seinen Zweck vollkommen. その器具は役割を完璧に果たしている(たいへん役に立っている). Die Zeit ist *erfüllt*.《雅》時は満ちた.
❷ 再 (**sich¹**) (願望などが)満たされる, 実現する, (予兆などが)的中する. Jetzt hat *sich* mein Traum *erfüllt*. 今こそ私の夢が叶(かな)えられた.

***Er·fül·lung** [ɛrˈfʏlʊŋ エアフュルング] 女 -/ 満たす(満たされる)こと, 充満; 実現, 成就, 達成; 遂行, 満足, 充足. ~ in *seiner* Arbeit finden 自分の仕事に満足を見いだす. in ~ gehen 実現(成就)する.

Er·fül·lungs·ort 男 -[e]s/-e 《商業》履行地; 支払い(引渡し)地.

er·fun·den 過分 形 (↑erfinden) 考え出された, 架空(虚構)の, 作りごとの.

'Er·furt [ˈɛrfʊrt]《地名》エアフルト(チューリンゲン州の州都, Martin Lutherの学んだ大学がある).

Erg [ɛrk] 中 -s/- (*gr.*, Arbeit「)《記号 erg》《物理》エルグ(エネルギーおよび仕事のCGS単位).

erg.《略》=ergänze! (語句などを)補え, 埋めよ.

er·gab ergeben¹の過去.

er·gä·be ergeben¹の接続法II.

***er·gän·zen** [ɛrˈgɛntsən エアゲンツェン] (↓ganz) ❶ 他 **1** (欠けたものを)補う. **2**《物⁴の)不足分を補充(補給)する; (美術品などを)修復する. eine Sammlung ~ 収集品(コレクション)を完全なものにする. Vorräte ~ 在庫(ストック)を補充する. ❷ 再 (**sich¹**) 補われる, 補充される; 相互に補いあう(sich は相互代名詞).

***Er·gän·zung** [ɛrˈgɛntsʊŋ エアゲンツング] 女 -/-en **1**《複数なし》補充, 補足. **2** 補われたもの; 補遺(ほい);《文法》補足語.

Er·gän·zungs·band 男 -[e]s/¨e《書籍》(書物の)別巻; 補遺(ほい).

Er·gän·zungs·far·be 女 -/-n《物理》補色.

Er·gän·zungs·fra·ge 女 -/-n《文法》補足疑問文.

Er·gän·zungs·win·kel 男 -s/-《数学》補角; 余角.

er·gat·tern [ɛrˈgatərn] 他 (↓gatter)《話》[sich³] *et¹ ~* 物¹をまんまと手に入れる(せしめる).

er·gau·nern 他《話》[sich³] *et¹ ~* 物¹をだまし取る.

***er·ge·ben** [ɛrˈgeːbən エアゲーベン] ❶ 他 …という結果を生む, …という結果になる; (…の額・分量に)なる, 達する; (読などを)생む, あげる. 20 durch 4 geteilt *eright* 5. 20割る4は5である(20÷4=5). Die Sammlung *ergab* eine Summe von 2000 Euro. 募金は総額2000ユーロに達した. Die Untersuchung hat *ergeben*, dass... 調査の結果…ということが明らかになった.
❷ 再 (**sich¹**) **1** 結果として生じる, 明らかになる(aus et³ から). Daraus hat *sich* nichts Neues *ergeben*. そのことからは何も新しい事実は出て来なかった. **2** (人〈事〉³に)身を捧げる(ゆだねる), 献身する; (に)没頭する, 耽(ふけ)る; (比喩などに)生む, あげる. 20 durch 4 getellt *eright* 5. *sich* dem Schicksal ~ 運命に身を委(ゆだ)ねる, 運を天にまかせる. *sich* der Arbeit〈dem Trunk〉 ~ 仕事に没頭する〈酒におぼれる〉. **3** (in et⁴事⁴に)甘んじる, (を)甘受する. *sich* in Gottes Willen ~ 神の意志に従う. **4** (人³に)屈服(降参)する.

er·ge·ben 過分 形 (↑ergeben¹) 身を捧げた, 献身的な, 従順(忠実)な. j〈et〉³ ~ sein 人〈事〉³に心服して

Ergebenheit

いる, 夢中になっている, 帰依(き)している. Ihr [sehr] ~er⟨~ster⟩ Otto Müller 《古》(手紙の結辞)オット-・ミュラー拝, 敬具. sich⁴ ~ verneigen うやうやしくお辞儀をする.

Er・ge・ben・heit 囡 -/ **1** 献身, 心服, 帰依(き). **2** 服従, 甘受. die ~ in sein Schicksal 運命の甘受.

Er・geb・nis [ɛrˈgeːpnɪs エアゲープニス] 囲 -ses/-se (↓ergeben¹) 結果, 成果, 結論; 成績; 〖数学〗答え. zu einem ~ kommen⟨gelangen⟩, dass… …という結論(結果)に達する. im ~ つまるところ, 結局, 結論としては.

er'geb・nis・los 形 成果(効果)のない, 無益な.

Er'ge・bung 囡 -/ **1** 服従, 降参. **2** 従順, 忍従. sein Schicksal mit ~ tragen 自分の運命に甘んじる. voll ~ すっかり諦めて.

er・ge・hen* [ɛrˈgeːən] **❶** 自 (s, h) **1** (s) (法令・命令などが)発布(発令)される, 出される(an j³ 人⁴に対して). Ein neues Gesetz ist ergangen. 新しい法律が発布された. An ihn ist ein Ruf an die Universität Bonn ergangen. 彼はボン大学に招聘(しょうへい)された. Gegen ihn erging eine gerichtliche Entscheidung. 彼に判決が下った. **2** (h) ⟨**lassen** と⟩ einen Befehl ~ lassen 命令を発する. Gnade vor⟨für⟩ Recht ~ lassen 寛大な処置をする, 恩赦を与える. et⁴ über sich⁴ ~ lassen 事⁴を我慢する, 耐え忍ぶ, なすがままにさせる. **❷** 《非人称》 (s) Es ergeht j³… 人³が…の状態(身の上)にある. Es ergeht ihm schlecht. 彼はひどい目に会っている. Wie ist es dir in der Zwischenzeit ergangen? その間に君の身にどんなことがあったのか. **❸** 再 (**sich⁴**) **1** (in⟨über⟩ et⁴ 事⁴を)長々と続ける, (に)ふける. sich in Dankesworten⟨in Schmähungen gegen j⁴⟩ ~ 大げさに感謝の言葉を並べたてる⟨人⁴に延々と悪口を浴びせる⟩. **2** 《雅》(場所を示す語句と)散歩(散策)する. sich im Park⟨an der Luft⟩ ~ 公園を散歩する⟨戸外をぶらつく⟩.

Er'ge・hen 中 -s/ 《雅》安否, 体調.

er'gib ergeben¹ の du に対する命令形.

er'gibst ergeben¹ の現在 2 人称単数.

er'gibt ergeben¹ の現在 3 人称単数.

er・gie・big [ɛrˈgiːbɪç] 形 (副詞的には用いない)(↓ ergeben¹) 成果(収穫, 収益)の多い, (土地が)肥沃な; 有益(有用)な, 生産的な; 豊富な, 量が多くの, 丈夫な. eine ~e Kakaosorte 収穫量の多いカカオの品種. Die Untersuchung war sehr ~. 調査は非常に有益であった. Die Wolle ist ~. この羊毛は丈夫である.

Er・gie・big・keit 囡 -/ **1** 多産, 豊富, 豊作, 豊穣, (土地の)肥沃, 豊饒. **2** 〖化学〗収量.

er・gie・ßen* [ɛrˈgiːsən] **❶** 再 (**sich⁴**) **1** (川・水・光が大量に)流れこむ, 降り注ぐ, あふれる. Das Wasser ergoss sich über die Wiesen. 川の水が草地にあふれ出た. Der Rhein ergießt sich in die Nordsee. ライン川は北海に注ぐ. **2** 《比喩》(多くの人間が)あふれる, (悪口などが)どっと浴びせられる(über j³ 人⁴に). Die Menschenmenge ergoss sich in den Konzertsaal. 群衆はコンサートホールに押しかけた. **❷** 他 (水・光などを)注ぎかける. Der Mond ergießt sein Licht auf den Garten. 月が庭に光を注いでいる. **2** (感情を)吐露する. sein Herz seinem Freund ~ 思いのたけを友人に打明ける.

er'glän・zen 自 (s) 輝き始める, 輝く, きらめく; (顔が)輝く, (人が)顔を輝かせる.

er'glü・hen 自 (s) **1** 赤々と(炎を発して)輝きだす. Die Berge erglühen im Abendrot. 山々は夕日を浴びて赤く輝いている. **2** 顔を赧(あか)らめる. vor Scham bis an die Ohren ~ 恥ずかしさで耳のつけ根まで赧くなる. **3** 《比喩》心を燃やす. in Zorn ~ かんかんになって怒る.

'er・go [ˈɛrgo] (lat., also, folglich) それゆえ, 従って. ↑cogito, ergo sum

Er・go.., **Er..go..** [ɛrgo..] 《接頭》(gr. ⟨Werk⟩の) 「仕事」を意味し, 形容詞・名詞をつくる. Ergometer エルゴメーター, 筋力計.

Er・go・no・mie [ergonoˈmiː] 囡 -/ (engl.) (↓Erge..+[eco]nomy) エルゴノミクス, 人間工学.

er'göt・zen [ɛrˈgœtsən] **❶** 他 《雅》楽しませる, 喜ばせる, 面白がらせる, 慰める. j⁴ mit Späßen ~ 冗談を言って人⁴を面白がらせる. Das Grün ergötzt das Auge. 緑は目を喜ばせる(目の疲れをいやす). **❷** 再 (**sich⁴**) (an et³ 物³を)楽しむ, 興じる. sich an eine Lektüre ~ 読書を楽しむ. Sie ergötzten sich an meiner Verlegenheit. 彼らは私が狼狽(ろうばい)するのを見て面白がった.

er'götz・lich [ɛrˈgœtslɪç] 《雅》面白い, 楽しい, 愉快な.

er'grau・en (s) **1** 《ふつう完了形で》白髪になる. Er ist leicht ergraut. 彼は白髪まじりだ. **2** 年を経る, 古参になる. **3** vor j⟨et⟩³ 《古》《雅》人⟨物⟩³をこわがる.

er'grei・fen [ɛrˈgraɪfən エアグライフェン] 他 **1** つかむ, 握る; 捕える. ein Glas ~ グラスを手にとる. einen Dieb ~ 泥棒をつかまえる. j⁴ am Arm ~ 人⁴の腕をとる. **2** (が主語) Das Feuer ergriff die Gardinen. 火がカーテンに燃え移った. **2** 《比喩》(不安などが人⁴を)襲う, とらえる. von einer Krankheit⟨von Fieber⟩ ergriffen werden 病気にかかる⟨熱に冒される⟩. **3** 《比喩》(人⁴の)心をとらえる, (を)感動させる. Die Klaviersonate hat mich tief ergriffen. そのピアノソナタは私を深く感動させた. ▶↑ergreifend, ergriffen **4** 《慣用句で》einen Beruf ~ ある職につく. von et³ Besitz ~ 物⁴を手に入れる(占有する). die Feder ~ 筆を執る. die Flucht ~ 逃出す. eine Gelegenheit ~ チャンスをつかむ. die Macht ~ 権力を手に入れる, 実権を握る. Maßnahmen ~ 措置をとる. für j³ Partei ~ 人⁴に味方する. das Wort ~ 発言する.

er'grei・fend 現分 形 感動的な, 胸を打つ.

Er'grei・fung 囡 -/-en 《複数まれ》つかむ(握る)こと; 逮捕; (権力などの)掌握.

er'griff ergreifen の過去.

er'grif・fe ergreifen の接続法 II.

er'grif・fen 過分 形 (↑ergreifen) 感動した, 胸を打たれた.

Er'grif・fen・heit 囡 -/ 感動.

er'grim・men 《雅》 **❶** 自 (s) über et⁴ ~ 事⁴に激怒(憤激)する. **❷** 他 激怒させる.

er'grün・den 他 (事の)根底を究める, (原因などを)究明(解明)する, 突きとめる.

Er'guss* [ɛrˈgʊs] 囲 -es/⸗e (↓ergießen) **1** 流出(物), 〖地質〗(Lavaerguss) 溶岩の流出, 溶岩流. **2** 〖医学〗漏出, 浸出(体液が器官からにじみ出ること); 溢血, 内出血. **3** (Samenerguss) 射精. **4** 《比喩》(心情の)吐露, 流露. langatmige Ergüsse 長談義.

er'ha・be [ɛrˈhaːbən] 形 (erheben の古い過去分詞) **1** 隆起した, 盛上がった. eine ~e Arbeit 浮彫り, レリーフ. **2** über et⁴ ~ sein 物⁴を越えている, 超

Er·ha·ben·heit 囡 -/-en **1**《複数なし》崇高さ, 荘重さ, 気高さ. **2**《まれ》隆起, 盛り上がり, ふくらみ, こぶ.
Er·halt [ɛrˈhalt] 男 -[e]s/ **1**《書》(Empfang) 受納, 領収. **2** 保存, 維持.
er·hält erhalten の現在3人称単数
er·hal·ten¹* [ɛrˈhaltən エアハルテン] ❶ 他 囲 **1** 受取る, 貰う, 手に入れる, 得る. einen Befehl ~ 命令を受ける. einen Brief ~ 手紙を受取る. ein Buch als《zum》Geschenk ~ 本を贈られる. einen Eindruck ~ 印象を受ける. Sein Aufsatz hat eine neue Fassung *erhalten*. 彼の論文は新しく手直しされた. drei Jahre Gefängnis ~ 3年の懲役刑をくらう. **2**(ある状態に)保つ, 保存(維持)する;(機械などを)保守する. ein historisches Gebäude ~ 歴史的建造物を保存する. den Frieden ~ 平和を維持する. Gott *erhalte* den König! 国王万歳. j¹ am Leben ~ 人⁴の生命を維持する, (を)生かしておく. *Erhalten* Sie mir bitte Ihr Wohlwollen! 今後とも変らぬご愛顧をお願いします. ein gut *erhaltenes* Auto 手入れの行届いた車. Er ist noch recht gut *erhalten*.《戯》彼はまだまだ達者である. **3**(家族などを)養う, 扶養する
❷ 再《sich⁴》**1** 保存(維持)される. Dieser Brauch hat *sich* bis heute *erhalten*. この風習は今日まで廃れなかった. Dieser Stoff *erhält sich* gut. この布地は持ちがよい. *sich* im Preis ~《商業》相場が持ち合う. **2** 身を保つ(持する). *sich* gesund《jugendlich》~ 健康《若さ》を保つ. **3** 食べていく(von et³ 物³で / durch et⁴ 事⁴で).
er·hal·ten² erhalten¹の過去分詞.
er·hält·lich [ɛrˈhɛltlɪç] 形 手に入る, 買うことができる. ein nicht mehr ~*es* Buch 今では入手不可能な本. Nur auf Rezept ~. 処方箋のご持参の人にしかお売りできません(薬に関して).
er·hältst erhalten¹の現在2人称単数.
Er·hal·tung 囡 -/ 保存, 保守, 維持; 扶養.
Er·hal·tungs·satz 男 -es/¨e《物理》(エネルギーなどの)保存則.
er·hän·gen [ɛrˈhɛŋən] ❶ 他 (人⁴を)絞首刑にする. ❷ 再《sich⁴》首吊り自殺をする, 縊死(ぃぃ)する.
'Er·hard [ˈerhart]《男名》(↓ Ehre +hart) エーアハルト. der heilige ~ 聖エーアハルト(7-8世紀, レーゲンスブルクの司教.「付録「聖人暦」1月8日).
er·här·ten [ɛrˈhɛrtən] ❶ 他 **1** 固くする, 固める, 硬化させる. Ton durch Brennen ~ 粘土を焼いて固くする. **2**《比喩》裏づける, 確実にする. eine Behauptung durch Beweise ~ 証拠をあげて主張を裏づける. et⁴ experimentell ~ 事⁴を実験で確認する. ❷ 再《sich⁴》**1** 固くなる, 固まる, 硬化する. Mörtel *erhärtet* an der Luft. 漆喰(ⅼっくい)が空気にふれて固まる. **2**《比喩》(ふと・ちらりと)小耳にはさむ(目にする), 盗み聞きする.
er·ha·schen 他 **1** 素早くつかむ(くわえる), ひっつかむ. **2**《比喩》(ふと・ちらりと)小耳にはさむ(目にする), 盗み聞きする.
*****er·he·ben*** [ɛrˈheːbən エアヘーベン] ❶ 他 囲 **1** 上げる, 持ちあげる, かかげる. das Glas《die Gläser》~ 杯を上げる, 乾杯する. die Hand《die Waffe》gegen j¹ ~(殴りかかろうとして)人⁴にむかって手を上げる《武器を構える》. die Hand zum Gruß ~ 手を上げて挨拶する.《過去分詞で》mit *erhobenem* Haupt / *erhobenen* Hauptes 頭(ⅼらを上げて, 昂然と. **2**(叫び声などを)上げる, 立てる;(争いなどを)起す;(異議・要求などを)申立てる, 唱える. Anklage gegen j¹ ~ 人⁴を告訴する. Einwände《Forderungen》~ 異議を唱える《要求する》. ein großes Geschrei ~《話》大声で抗議する. die Stimme ~ 話し始める;声を立てる;声を大にする. **3**(人⁴物⁴を)格上げする, 昇格(昇進)させる. j⁴ auf die Macht《den Thron》~ 人⁴を権力の座《王座》に就ける. j⁴ in den Adelsstand ~ 人⁴を貴族に列する. eine Zahl ins Quadrat《in die dritte Potenz》~《数学》ある数を2乗《3乗》する. eine Ortschaft zur Stadt ~ 村を市に昇格させる. et⁴ zum System ~ 事⁴を体系化する. **4**《雅》(人⁴の)心を高める, 高揚させる; 厳粛(崇高)な気持にさせる. ▶↑*erhebend* **5**《古》ほめる, たたえる;《聖書》あがめる(↑《新約》ルカ1:46). **6**(料金・税金などを)取立てる, 徴収する. **7**《書》(とくに南ドイツ・ォ一ストリア)(公的に)調査(検証, 査定)する. die Hochwasserschäden ~ 高潮の被害を調査する. **8**《まれ》(sammeln)収集する.
❷ 再《sich⁴》**1** 起きる, 起上がる, 立上がる, 起床する. *sich* aus dem Bett《vom Stuhl》~ ベッドから起上がる《椅子から立上がる》. **1** 上昇する, あがる. Die Sonne *erhebt sich*.《雅》日が昇る. *sich* in die Luft ~(飛行機・鳥が)空に飛上(舞上)がる. **3** そびえ立つ, 突き出る. Auf dem Platz *erhebt sich* ein Denkmal. 広場に記念碑があれ立っている. **4**《傲》(über j⁴《et¹》人⁴《もの⁴》よりも)自分が上位だと思い上がる, (を)見くだす. Er *erhebt sich* zu gern über die anderen. 彼はすぐに人を見くだしたがる(お高くとまる). **5** (über et⁴ 物⁴を)越える, 凌駕する, 超越する. *sich* über das Alltägliche ~ 世俗を超越する. *sich* über den Schmerz ~ 苦痛にうち勝つ(を克服する). **6** *sich* zu et³ ~ 物³(身分・地位など)に達する. *sich* zu menschlicher Größe ~ 大人物の域に達する. **7**《雅》(争い・疑問などが)起る, 発生する. Hier *erhebt sich* ein Widerspruch. ここに矛盾が頭をもたげる. Ein Wind hat *sich erhoben*. 風が起った. **8** 立上がる, 蜂起する(gegen j¹ 人¹に反抗して). *sich* gegen den Unterdrücker ~ 圧政者に対して反抗の狼煙(のろし)を上げる.
er·he·bend 現分 形 心を高揚させる, 感動的な, 荘厳な. eine ~*e* Feier 荘厳な祝典.
er·heb·lich [ɛrˈheːplɪç エアヘープリヒ] 形 **1** かなりの, 容易ならぬ, 相当の, 重大な, ゆゆしい. **2**《副詞的用法で》かなり, 相当に.
Er·he·bung 囡 -/-en **1** 高所, 山, 山頂, 丘陵. **2**(身分・地位の)上昇, 上達, 昇格, 格上げ;《数学》累乗(法). **3**(心・胸の)高まり, 高揚. **4**(税金などの)取り立て, 徴収. **5** 蜂起, 反乱. **6**《書》(公的な)調査, 検証;アンケート調査. **7**《法制》(訴えの)提起.
er·hei·tern [ɛrˈhaɪtərn] (↓ heiter) ❶ 他 愉快な気分にする, 陽気にする. Der Vorfall hat uns sehr *erheitert*. その椿事(ⅼんじ)は私たちを大変楽しませてくれた. ❷ 再《sich⁴》**1** *sich* über et⁴ ~ 事⁴を面白がる. **2**(空・顔色が)晴れる.
Er·hei·te·rung 囡 -/-en《複数まれ》愉快《陽気》にさせること;気晴らし, 娯楽. zur [allgemeinen] ~ beitragen みんなを面白がらせる.

er'hel·len [ɛrˈhɛlən] (↓hell) ❶ 他 1 明るくする, 照らす. den Raum mit einer⟨durch eine⟩ Lampe ~ 部屋を電灯で明るくする. ein vom Mond *erhellter* See 月明かりの湖. 2 晴れやかにする. Sein Brief *erhellte* ihr Gesicht. 彼の手紙を読んで彼女の顔は晴ればれとなった. 3《比喩》明らかにする, 解明する. Das *erhellte* unsere Situation. そのことは私たちの置かれた状況に光を当ててくれた.
❷ 再 ⟨sich⟩ 1 明るくなる. Ein Fenster⟨Der Himmel⟩ *erhellt sich*. 窓に灯がともる⟨空が明るくなる⟩. 2 （顔などが）晴れやかになる. 3《比喩》明らかになる, 解明される. Ein Problem hat *sich erhellt*. 問題が解明された.
❸ 自 (aus et³ 事³から)明らかになる, 判明する. Daraus *erhellt*, dass… そのことから…ということが分かる（判明する）.

er'heu·cheln ❶ 他 …のそぶりをする, 装う. Seine Treue ist nur *erheuchelt*. 彼の忠実さは見せかけにすぎない. ❷ 再 ⟨sich⟩ *sich* et⁴ ~ 猫かぶりをして（いい子になって）物⁴を手に入れる(せしめる).

er'hielt erhalten¹ の過去.
er'hiel·te erhalten¹ の接続法 II.
er'hit·zen [ɛrˈhɪtsən エアヒッツェン] (↓Hitze) ❶ 他 1 熱する, 加熱する. Wasser auf 100°C ~ 水を摂氏 100 度に熱する. 2《比喩》興奮させる. die Gemüter ~ 人々(人心)を興奮させる. *seine* Phantasie ~ 空想をたくましくする. ❷ 再 ⟨sich⟩ 1 熱くなる, ほてる. *sich beim* Tanzen ~ ダンスをして身体が熱くなる. 2《比喩》興奮する, 逆上する.
er'hob erheben の過去.
er'hö·be erheben の接続法 II.
er'ho·ben erheben の過去分詞.
er'hof·fen [ɛrˈhɔfən] 他 期待する, 待望する. [sich¹] vom Leben viel⟨nichts⟩ ~ 人生に多くの期待を抱く（何も期待しない）.
*er'hö·hen [ɛrˈhø:ən エアヘーエン] (↓hoch) ❶ 他 1 高くする. eine Mauer um einen Meter ~ 塀を1メートル高くする. 2 （賃金・速度・湿度・能率などを）上げる, 高める. die Geschwindigkeit ~ スピードアップする. die Produktion um 10%⟨auf das Doppelte⟩ ~ 生産を 10 パーセント⟨2倍に⟩高める. die Steuern ~ 増税する. *seinen* Verdacht ~ 疑いを強める. *erhöhe* Temperatur 微熱. 3《比喩》昇進(昇格)させる. 4《音楽》半音上げる. C zu Cis ~ ハ音を嬰ハに上げる.
❷ 再 ⟨sich⟩ 高くなる, 高まる, 上がる, 増す, 強まる. Die Zahl der Opfer hat *sich auf* 32 *erhöht*. 犠牲者の数は 32 名になった. Wer *sich selbst erhöht*, der wird erniedrigt.《新約》誰でも高ぶる者は低くされる（マタ 23:12）.
Er'hö·hung 女 -/-en 1《複数なし》高くする(高くなる)こと, 引上げ, 上昇, 増大, 増加, 強化; 昇進, 昇格. 2 高まり, 小山, 丘, 隆起. 3《音楽》半音上げること.

er'ho·len [ɛrˈho:lən エアホーレン] ❶ 再 ⟨sich⁴⟩ 元気を回復する, 静養(休養)する. *sich* von et³ ~ 物³(病気・ショックなど)から立直る. 《商業》(相場などが)持直す. Er hat *sich* am See gut *erholt*. 彼は湖畔で十分静養した. 《von der Grippe⟨von einem Schreck⟩ ~ 流感が治る⟨驚愕から立直る⟩.
❷ 他 sich³ bei j³ Rat⟨Rates⟩ ~《古》人³に助言(忠告)を仰ぐ.

er'hol·sam [ɛrˈho:lza:m] 形 元気を回復させる, 休養(保養, 気晴らし)になる.
*Er'ho·lung [ɛrˈho:lʊŋ エアホールング] 女 -/ 休養, 保養; 元気回復, 立直り. die ~ der Wirtschaft 景気回復. j⁴ in ~ schicken 人⁴を保養地にやる. zur ~ fahren 保養地に行く.
Er'ho·lungs·heim 中 -[e]s/-e 保養所.
Er'ho·lungs·pau·se 女 -/-n 休憩時間.
er'hö·ren [ɛrˈhø:rən] 他 1《雅》聞入れる, 叶える. j¹⟨j² Bitte⟩ ~ 人¹⟨の願い⟩を聞入れる. Gott hat ihn *erhört*. 神は彼の願いを聞届けてくださった. 2《古》（女性が人⁴の）求婚を承諾する. 3《話》我慢して聞く. et⁴ nicht ~ 何か聞いていられない, (に)我慢がならない.
'Erich [ˈe:rɪç]《男名》エーリヒ. ↑Erik, Erika¹
'Erik [ˈe:rɪk]《男名》(↑Erich) エーリク. Köing ⟨Erich⟩ IX. von Schweden スウェーデン王エーリク IX.
'Eri·ka¹ [ˈe:rika]《女名》エーリカ(Erik の女性形).
'Eri·ka² [ˈe:rika, eˈri:ka] 女 -/..ken[..kən] (gr.)《植物》エリカ, ヒース.
er'in·ner·lich [ɛrˈʔɪnɐlɪç] 形《述語的用法のみ》（人³の）記憶に残っている, 思い出せる. Seine Worte sind mir deutlich ~. 彼の言葉を私ははっきりと覚えている.

er'in·nern [ɛrˈʔɪnɐn エアイナーン] (↓inner) ❶ 他 1 (j⁴ an j⟨et⟩⁴ 人に人⟨物⟩を)思い出させる, （忘れないように）注意する. Die Dame *erinnert* mich an meine Tante. その婦人は私に叔母のことを思い出させる. j⁴ an *sein* Versprechen⟨an die Zahlung⟩ ~ 人⁴に約束を思い出させる⟨支払を催促する⟩. 《目的語なしで》Das alles *erinnert* an vergangene Zeiten. そうしたすべてのことが往時を彷(しの)ばせる. 2《雅》(gegen et⁴ 事に)異(い)をとなえる. Ich habe manches dagegen zu ~. 私はそれに対していくつか言いたいことがある. 3 （とくに北ᴺ） (人⟨物⟩のことを思い出す, 覚えている. ❷ 再 ⟨sich⟩ 思い出す, 覚えている(an j⟨et⟩ 人⟨物⟩のことを). Ich kann *mich noch* gut an den Tag ~. 私はその日のことを今でもよく覚えている. wenn ich *mich* recht *erinnere* 私の記憶が正しければ. ▶ 古くは sich j⟨et⟩² ~ という形が用いられた. またとくにオーストリアでは sich auf j⟨et⟩⁴ ~ という言い方も行われる.

Er'in·ne·rung [ɛrˈʔɪnərʊŋ エアイネルング] 女 -/-en 1《複数なし》記憶(力), 想起. bei der ~ an j⟨et⟩⁴ 人⟨物⟩を思い出すと. j³⟨et⟩⁴ in ~ bringen ⟨rufen⟩ 人³に人⟨物⟩を思い出させる. j⟨et⟩⁴ in ~ haben⟨halten⟩ 人⟨物⟩のことを覚えている. wenn mich meine ~ nicht täuscht 私の記憶違いでなければ. nach meiner ~ / meiner ~ nach 私の記憶によると. 2 思い出, 回想, 追憶(an j⟨et⟩⁴ 人⟨物⟩⁴に対する); 記念(品). liebe⟨traurige⟩ ~ 懐かしい⟨悲しい⟩思い出. zur ~ an j⟨et⟩⁴ 人⟨物⟩⁴の記念に(献辞などで). 3《複数で》回想録(本の表題). 4 (支払期限などについての)警告, 督促. 5《法制》異議.
Er'in·ne·rungs·ver·mö·gen 中 -s/ 記憶力.
Erin·nye [eˈrɪnyə], **Erin·nys** [eˈrɪnys] 女 -/Erin·nyen《ふつう複数で》《神話》エリーニュス(復讐の女神, 3人).
'Eris [ˈe:rɪs]《女名》《神話》エリス(不和・争いの擬人化女神, Zeus と Hera の娘, 軍神 Ares の双生姉妹. ローマ神話では Discordia と呼ばれる. ↑Erisapfel).
'Eris·ap·fel 男 -s/(¨) 1《神話》エリスの林檎(…

erklettern

(不和の女神 Eris は神々の宴席に「最も美しき者に」と刻んだ黄金の林檎を投込み, Hera, Aphrodite および Athene の3女神の間に争いを惹き起し, Troja 戦争の原因を作った. ↑Paris). **2**《比喩》不和の種(࿁).

er'ja·gen 他 **1**〈獲物を〉猟して仕留める, 狩る. **2**《比喩》努力して手に入れる.

er'kal·ten [ɛrˈkaltən] 自(s) (↓kalt) 冷たくなる, 冷える;〈愛情などが〉冷める. Sein Leib ist *erkaltet*. 彼の身体は冷たい骸(ૻ)となった.

*****er'käl·ten** [ɛrˈkɛltən エアケルテン] (↓kalt) ❶ 再 (sich⁴) 風邪を引く. ❷ 1 sich³ den Magen〈die Blase〉~ 冷えて腹をこわす〈ぼうこう炎になる〉. **2**《雅》〈人⁴の〉気持を冷ます, (に)冷や水を浴びせる.

er'käl·tet 過分形 風邪を引いた. stark ~ sein ひどい風邪を引いている.

*****Er'käl·tung** [ɛrˈkɛltʊŋ エアケルトゥング] 囡 -/-en 風邪. eine ~ haben 風邪を引いている. sich³ eine ~ holen〈zuziehen〉風邪を引く.

er'kämp·fen 他 戦い取る. 勝ち取る. den Sieg〈einen Titel〉~ 勝利を戦い取る〈タイトルを獲得する〉. [sich³] Anerkennung〈sein Recht〉~ 称賛〈自分の権利〉を勝ち取る.

er'kannt erkennen の過去分詞.

er'kann·te erkennen の過去.

er'kau·fen 他 **1**[sich³] j⁴ ~ 人⁴を買収する. **2** [sich³] et⁴ ~ 買収によって物⁴を得る. sich³ j² Schweigen ~ 人²を賄賂(ૻ)で黙らせる. **3**《雅》贖(ੋ)う, 犠牲を払って手に入れる. *seine* Freiheit teuer ~ müssen 自由を得るために高い代償を払わされる. den Sieg mit viel Blut ~ 多くの血を流して勝利を獲得する.

er'kenn·bar [ɛrˈkɛnbaːr] 形《副詞的には用いない》はっきりそれと分かる, 見分けのつく, 見覚えのある; 識別可能な. ein ~*er* Mangel はっきりそうと分かる欠点.

er'ken·nen* [ɛrˈkɛnən エアケネン] erkannte, erkannt ❶ 他 **1** 認識する, 知る, 分かる, 判別〈識別〉する, 見〈聞〉分ける, 見抜く, 悟る, 気づく. Ich habe dich sofort *erkannt*. すぐに君だと分かったよ. Können Sie ~, was dort geschrieben steht? あそこになんと書いてあるか分かりますか. *seinen* Fehler ~ 自分の間違いに気づく. *Erkenne* dich selbst! 汝みずからを知れ. Sein Verhalten lässt deutlich ~, dass er… 彼の素振りを見れば彼が…ということがはっきりと分かる. et⁴ als *seine* Pflicht ~ 事⁴が自分の義務であると悟る〈知る〉. et⁴ als richtig ~ 事⁴が正しいと認める. j⁴ an et³ ~ 物³で人⁴であることが分かる. Ich *erkannte* sie an der Stimme〈am Gang〉. 私は声〈歩き方〉で彼女だということが分かった. et⁴ zu ~ geben 事⁴を分からせる, ほのめかす; (を)顔色〈態度〉に出す. Er hat sein Missfallen deutlich zu ~ gegeben. 彼は不機嫌さをはっきり色に出した. sich⁴ zu ~ geben 自分の素性を〈正体を〉明かす. **2** j⁴ für eine Summe ~《商業》ある金額を人⁴の貸し方に記入する. **3**《古》《雅》(人⁴と) 睦み合う;《聖書》(異性を)知る.

❷ 自 auf et⁴ ~ 《法制》事⁴という判決を下す;《ૻ》判定を下す. auf Elfmeter ~ (サッカーで)ペナルティキックを宣告する.

er'kenn·te erkennen の接続法 II.

er'kennt·lich [ɛrˈkɛntlɪç] 形 **1** ~ sein〈werden〉はっきりする, 分かる. Die Bedeutung seines Unternehmens ist〈wird〉damit klar ~. 彼の計画の意味がこれではっきり分かる. **2** sich⁴ ~ zeigen〈erweisen〉感謝の意を表わす, お礼〈お返し〉をする(bei j³ 人³に / für et⁴ 事⁴に対して). j³ ~ sein 人³に感謝している.

Er'kennt·lich·keit 囡 -/-en **1**《複数なし》感謝, 謝意. **2** 感謝のしるし(品), お礼, お返し.

*****Er'kennt·nis¹** [ɛrˈkɛntnɪs エアケントニス] 囡 -/-se 認識, 洞察, 理解; 知識; 知見, 知識; 情報〈情報機関など〉. 《哲学》認識. der Baum der ~ 《旧約》知恵の木(創2:17他). intuitive ~ 直観的認識. zur ~ kommen〈gelangen〉認識する, 知る.

Er'kennt·nis² 中 -ses/-se《古》《ૻ》判決, 宣告.

Er'kennt·nis·leh·re 囡 -/《哲学》認識論.

Er'kennt·nis·the·o·rie 囡 -/ =Erkenntnislehre

Er'ken·nung 囡 -/ 認識, 識別; 鑑識;《化学》検出.

Er'ken·nungs·dienst 男 -[e]s/-e (警察の)鑑識(課).

Er'ken·nungs·mar·ke 囡 -/-n《軍事》認識票.

Er'ken·nungs·zei·chen 中 -s/- 目じるし; 記号; 航空標識.

'Er·ker [ˈɛrkər] 男 -s/- **1**《建築》張出し. **2**《戯》(Nase) 鼻.

'Er·ker·fens·ter 中 -s/- 張出し窓, 出窓.

er'kie·sen* [ɛrˈkiːzən] 他《古》《今日ではふつう過去形と過去分詞しか用いない / ↑kiesen²》(erwählen) 選び出す, 選び出す. **I** erkor, erkoren

er'klär·bar [ɛrˈklɛːrbaːr] 形 =erklärlich

er'klä·ren [ɛrˈklɛːrən エアクレーレン] ❶ 他 **1** 明らかにする; 説明〈解明〉する, 解釈〈解説〉する. j³ et⁴ ausführlich ~ 人³に事⁴を詳しく説明する. et⁴ an einem Beispiel〈durch ein Beispiel〉~ 事⁴を1つの例で説明する. Das kann ich mir nicht ~. それは私には合点がいかない. Das lässt sich⁴ leicht ~. それは容易に説明がつく〈見やすい道理だ〉. **2**《はっきりと・公式に》表明する; 断言(明言, 公言)する; 宣言(声明, 布告)する. *seinen* Austritt ~ 脱会(脱党)を表明する. einem Staat den Krieg ~ ある国に宣戦布告する. einem Mädchen *seine* Liebe ~ ある少女に愛を打明ける. j⁴ für tot ~ 人⁴の死亡宣告をする. et⁴ für eine Lüge〈als [eine] Lüge〉~ 事⁴を嘘だと断言する. **3** 指名する. j⁴ zum Vorsitzenden ~ 人⁴を議長に指名する.

❷ 再 (sich⁴) **1** 明らかである, 説明がつく(aus et³ 事³から). **2** 自分の意見〈意見, 態度〉をはっきり表明する. *Erkläre* dich deutlicher! (思っていることを)もっとはっきり言いたまえ. sich⁴ einem Mädchen ~《古》ある少女に愛を告白する. sich⁴ für〈gegen〉j⁴ ~ 人⁴に賛成〈反対〉すると言明する.

er'klär·lich [ɛrˈklɛːrlɪç] 形 説明のつく, 合点のいく.

er'klärt 過分/形 公然の, 隠れもない, 断固たる. ein ~*er* Gegner der Todesstrafe 死刑の断固たる反対者.

er'klär·ter·ma·ßen 副 はっきり意思を表明して, きっぱりと.

Er'klä·rung [ɛrˈklɛːrʊŋ エアクレールング] 囡 -/-en **1** 説明, 解明; 解釈, 註釈; 解説. **2**(意思・見解・態度などの)表明; 断言, 明言, 公言; 宣言, 声明, ステートメント, 布告;《法制》意志表示; (国際法での)宣言. eine ~ abgeben 声明を出す.

er'kleck·lich [ɛrˈklɛklɪç] 形 (数・価値などが)かなりの, 相当な. eine ~*e* Anzahl〈Erbschaft〉かなりの数〈大きな遺産〉.

er'klet·tern 他 (物⁴の)上まで攀じ登る.

er'klim·men* 他《雅》(物⁴の)上までよじ登る. einen Berg ~ 登攀(とうはん)する. den höchsten Posten ~《比喩》(努力して)最高の地位に登りつめる.

er'klin·gen* 自 (s) 鳴出す, 聞こえてくる, 鳴響く, 響き渡る.

er'klü·geln 他 (頭をひねって)考え出す, 案出する.

er'kor [ɛr'ko:r] erkiesen, erkürenの過去.

er'kö·re [ɛr'kø:rə] erkiesen, erkürenの接続法 II.

er'ko·ren [ɛr'ko:rən] 過分 (↑erkiesen, erküren) 選ばれた, えり抜きの.

***er'kran·ken** [ɛr'kraŋkən エアクランケン] 自 (s) 病気になる. an [einer] Grippe ~ 流感にかかる.

Er'kran·kung 女 -/-en **1**《複数なし》発病, 罹病(りびょう). **2** (Krankheit) 病気, 疾患.

er'küh·nen [ɛr'ky:nən] 他 (sich⁴)《↓kühn》《雅》《zu 不定詞句と》大胆にも(あえて)…する. Er erkühnte sich, zu behaupten, dass… 彼は大胆にも…と主張した.

er'kun·den [ɛr'kʊndən] 他《↓kund》《多く軍事用語として》探り出す, 探知(偵察)する.

***er'kun·di·gen** [ɛr'kʊndɪɡən エアクンディゲン] 再《sich⁴》尋ねる, 問合せる, 照会する(bei j³ 人³に / nach j⁽ᵉ⁾t³ 人⁴(物³)のことを). sich nach j³ Befinden ~ 人³の安否を尋ねる. Ich werde mich ~, ob er… 彼が…かどうか私が問合せてみよう.

Er'kun·di·gung 女 -/-en **1** 問合せ, 照会. **2** 調査. ~en einziehen 調査(照会)する.

Er'kun·dung 女 -/ 探索, 探知, 偵察.

er'kü·ren⁽*⁾ [ɛr'ky:rən] erkürte(erkor), erkürt (erkoren) 他 =erkiesen

Er'lag·schein [ɛr'la:k..] 男 -[e]s/-e《オーストリア》(Zahlkarte)(郵便振替の)払込用紙.

er'lah·men 自 (s) **1**《雅》麻痺(まひ)する. Sein rechtes Bein ist erlahmt. 彼の右脚は麻痺している. **2** (身体が)疲れる, かったるくなる, 弛緩(しかん)する. Beim Laufen erlahmt sie schnell. 彼女は走るとすぐに疲れる. **3**《雅》(嵐・熱意・注意力などが)弱まる, 衰える, 消滅する. Sein Interesse für das Theater erlahmte immer mehr. 演劇に対する彼の関心はますます衰えていった. **4** et¹ ~ lassen《比喩》物¹(交通など)を麻痺(停滞)させる.

er'lan·gen [ɛr'laŋən] 他 獲得する, やっとのことで手に入れる. Wir konnten endlich Gewissheit über sein Schicksal ~. 私たちはやっとのことで彼の運命についての確かなことを知ることができた. die absolute Mehrheit ~ 絶対多数を獲得する.

Er'lass, °**Er'laß** [ɛr'las] 男 -es/-e(エアレセ) **1**《複数なし》(職務命令などの)発令, (法規の)発布, 布告. **2** (官公庁が出す)公示, 通達, 指示, 訓令. **3**《義務・借金・刑罰・税・債務などの)免除.

er'las·sen* [ɛr'lasən] 他 **1** (職務命令などを)発する, (法規を)発布する, 布告する. **2** (人⁴に事¹を)免除する. Bitte, erlassen Sie es mir, darauf zu antworten. どうかそれに答えることはご勘弁ください.

Er'lass·jahr 中 -[e]s/-e =Jubeljahr 2, 3

er'lau·ben [ɛr'laʊbən エアラオベン] **❶** 他 (↔ verbieten)(人³に事⁴を)許す, 許可する. Erlauben Sie mir, Ihnen eine Tasse Tee anzubieten? お茶を一杯いかがですか. wenn Sie [es] erlauben お許しいただければ, 恐縮ですが. Erlauben Sie mal!《話》どうしてそんなことを言う(する, 考える)のですか(dass ich widerspreche. という副文を補ってみよ). Die Verhältnisse erlauben so etwas nicht. そんなことは事情が許さない. wenn es das Wetter erlaubt お天気がよければ.

❷ 再《sich》(事⁴を)あえてする. Darf ich mir einen Vorschlag ~? ひとつ提案させてもらってもよろしいでしょうか. Ich habe mir erlaubt, Sie sofort anzurufen. 失礼とは思いましたが早速ães我にお電話をした次第です. Was erlauben Sie sich eigentlich? いったい何ということをする(言う, 考える)のですか. Ich kann mir ein zweites Auto nicht ~. 私は2台目の車を持つ余裕なんかとてもありません.

***Er'laub·nis** [ɛr'laʊpnɪs エアラオプニス] 女 -/-se 許可, 認可, 同意. j³ die ~ zu et³ geben〈erteilen〉《書》人³に事³をする許可を与える. mit Ihrer ~ あなたのお許しを得て, ご免こうむって.

er'laucht [ɛr'laʊxt] 形《↓erleuchten》《雅》《付加語的用法のみ》高貴な, 貴顕の. der ~e Kaiser 皇帝陛下. ◆ ラテン語 illustris (strahlend, berühmt)からの翻訳借用語(15世紀).

Er'laucht 女 -/-en《古》Graf (伯爵)に対する尊称. Seine ~ [der Graf] 伯爵閣下(3人称). Eure〈Euer〉~! 閣下(呼掛け).

er'lau·schen 他 (事⁴を)盗み(立ち)聞きする, (に)聞耳を立てる.

er'läu·tern [ɛr'lɔʏtərn] 他《↓lauter》(物⁴を)詳しく解説(説明)する, 注釈する.

Er'läu·te·rung 女 -/-en 説明, 解説; 注釈, 校注.

'**Er·le** ['ɛrlə] 女 -/-n **1**《植物》はんのき. **2**《複数なし》はんのき材.

er'le·ben [ɛr'le:bən エアレーベン] 他 体験(経験)する, 身をもって知る(味わう); (事⁴に)生きてめぐり会う. etwas Schönes ~ すばらしい体験をする. eine Enttäuschung〈eine Niederlage〉~ 幻滅を味わう〈敗北の憂き目を見る〉. einen Verkehrsunfall ~ 交通事故に出くわす. Das Konzert muss man unbedingt erlebt haben.《話》そのコンサートは聞かなくては損だ. So deprimiert habe ich sie noch nie erlebt. 私は彼女がそんなに落込んでいるのをまだ見たことがない. Er hat seinen 80. Geburtstag noch erlebt. 彼ははめでたく80歳の誕生日を迎えた. einen gewaltigen Aufschwung ~ (経済などが)大躍進をとげる. Hat man so was schon erlebt!《話》こんなことってあるだろうか, 前代未聞の話だ(驚き・憤激の叫び). Wenn du nicht pünktlich bist, kannst du noch was ~! 時間をきちんと守らないと怒るぞ. eine Situation als angenehm ~ ある状況を快適だと感じる. sich⁴ als ein Zahnrädchen der Gesellschaft ~ 自分が社会の一歯車にすぎないことを思い知る. erlebte Rede《文体》体験話法.

Er'le·bens·fall 男 -[e]s/ im ~ (生命保険の被保険者が)満期時に生存している場合には.

***Er'leb·nis** [ɛr'le:pnɪs エアレープニス] 中 -ses/-se (印象に残る・人生の節目になるような)経験, 体験, (忘れがたい)出来事, 事件; 性体験. ein schönes 〈unangenehmes〉~ 美しい〈嫌な〉体験. Das war ein ~. それはまさに大事件(忘れがたい体験)だった. Die Reise ist ihm zum ~ geworden. その旅行は彼にとって貴重な体験となった.

***er'le·di·gen** [ɛr'le:dɪɡən エアレーディゲン] **❶** 他 **1** (仕事⁴などを)かたずける, 片づける; 配達する. eine Arbeit ~ 仕事を片づける. einen Auftrag ~ 任務を果たす. einen Streit〈einen Zweifel〉~ 争いにけりをつ

er'le-digt [ɛr'li:dɪçt] 形 **1** 処理(解決)済み. Wird ~! 《書類などの上に記す文句》処理済み, 既決. **2** 世間から葬られた. Er ist ~. 彼はもう用済みの(誰からも相手にされない)人間だ. **3** 《話》(erschöpft) 疲れはてた. Ich bin völlig ~. 私はへとへとだ. **4** 《古》空位の, 欠員の.

Er'le-di-gung 女 -/-en **1** 処理, 解決. in ~ Ihres Auftrages《書》貴殿のご依頼に応じて. **2** 《多く複数で》(Besorgung)(果たさなくてはならない)用務, 用足し, 用事(買物など).

er'le-gen [ɛr'le:gən] 他 **1** 《雅》〈獲物を〉射止める, 倒す. **2** 〈とくに代金〉(料金などを)支払う.

..er'lei [..əˈlaɪ] (mhd. lei[e],Art') 《接尾》基数・代名詞などにつけて「…種類の」の意の形容詞(不変化)をつくる. zweierlei 2種類の. mancherlei さまざまな.

*er'leich·tern [ɛrˈlaɪçtərn エアライヒテルン] ❶ 他 **1** 軽くする, 軽減する; 楽にする, 容易にする; 〈苦しみなど〉和らげる. seinen Koffer ~ トランクを軽くする. j³ die Arbeit ~ 人³の仕事を楽にする(軽減してやる). sein Herz〈sein Gewissen〉 ~ 胸の重荷をおろす〈良心を安らかにする〉.《過去分詞》erleichtert aufatmen ほっと息をつく. **2** j⁴ um et⁴ ~ 《戯》人⁴から物⁴を巻上げる, ふんだくる.
❷ 再 (sich⁴) **1** 胸の重荷をおろす, 安堵する, ほっとする. sich durch Tränen ~ 泣いて心が軽くなる. **2**《話》身軽になる, くつろぐ. **3** 《婉曲》身軽になる(用便). Er ging hinaus, um sich zu ~. 彼は外に出て用を足した.

Er'leich·te·rung 女 -/-en **1** 《複数なし》軽減, 緩和. **2** (税などの)軽減措置; (痛みの)緩和剤. **3** 《複数なし》安堵, 安心.

er'lei·den [ɛrˈlaɪdən エアライデン] 他 《苦しみ・損害などを》受ける, こうむる; (erdulden) 耐え忍ぶ. eine Niederlage〈einen Rückfall〉 ~ 敗北を喫する〈病気がぶりかえす〉. Schiffbruch ~ 難破する; 失敗する〈mit et³ 事³に〉. den Tod ~ 落命する. eine Unterbrechung ~ 中断される.

'er·len [ˈɛrlən] 形 (↓Erle) 《副詞的には用いない》はんの木材の.

er'lern·bar [ɛrˈlɛrnbaːr] 形 習得可能な, 身につけることのできる.

er'ler·nen 他 学んで身につける, 習得する.

er'le·sen¹* 他 **1** 《雅》選ぶ, 選び出す. **2** 《文章》(えんどうなどを)選別する. **3** sich³ et⁴ ~ 《まれ》読書によって物⁴を身につける.

er'le·sen² 過分 形 (↑erlesen¹) 精選された, えり抜きの, 極上の.

er'leuch·ten [ɛrˈlɔʏçtən エアロイヒテン] ❶ 他 **1** (暗がり・部屋などを)照らす, 明るくする. **2** 《雅》(人⁴に)啓示の光を与える, 〈の〉目から鱗⟨²⁴⟩を落とさせ, 啓発(啓蒙, 教化)する. Ein Einfall hat ihn plötzlich erleuchtet. 彼はふとアイデアが浮かんで目から鱗が落ちるようだった. ❷ 再 (sich⁴) (街などが)明るくなる, 灯がともり始める; (顔などが)ぱっと輝く, 明るくなる.

er'leuch·tet 過分 形 悟得した. der Erleuchtete 覚者(Buddha のこと).

Er'leuch·tung 女 -/-en **1** 《複数なし》照明. **2** 《雅》啓示の光, ひらめき; 悟得, 開眼.

er'lie·gen* [ɛrˈliːɡən] 自 (s) **1** (人⟨物⟩³)に負ける, 敗れる, 屈する. dem Gegner ~ 敵に屈服する. einer Krankheit ~ ある病気で死ぬ. 《機能動詞的に》einem Einfluss〈einer Verlockung〉 ~ 影響を受ける〈誘惑される〉.《中性名詞として》das Erliegen 停止, 中断. eine Schifffahrt zum Erliegen bringen 航行を中止させる. zum Erliegen kommen 停滞する, 行詰まる. **2** 《受動》(ある場所に)保管されている, 預けられている.

er'li·schest erlöschen の現在 2 人称単数.

er'lischst erlöschen の現在 2 人称単数.

er'lischt erlöschen の現在 3 人称単数.

er'litt erleiden の過去.

er'lit·te erleiden の接続法 II.

er'lit·ten erleiden の過去分詞.

'Erl·kö·nig [ˈɛrlkøːnɪç] 男 -s/-e **1** 《複数なし》妖精の王, 魔王. **2** 《話》覆面テスト車. ♦ Schubert が曲をつけた Goethe の有名な Ballade『魔王』Erlkönig の冒頭の 1 行 „ Wer reitet so spät durch Nacht und Wind?" をもじった戯語.

er'lo·gen [ɛrˈloːɡən] 過分 形 (↑erlügen) 嘘ばっちの, でっちあげの.

Er'lös [ɛrˈløːs] 男 -es/-e (↓erlösen 3) 売上, 収益(金).

er'losch erlöschen の過去.

er'lö·sche erlöschen の接続法 II.

er'lö·schen erlöschen の過去分詞.

er'lö·schen* [ɛrˈlœʃən エアレッシェン] 自 (s) **1** (火・光などが)消える. Die Kerze erlischt. ろうそくが消える. Seine Augen sind erloschen. 彼の目から光が消えた(臨終). Sein Leben〈Er〉 ist erloschen.《雅》彼は命の火が消えた, 事切れた. mit erlöschender Stimme 消え入りそうな声で. ein erloschener Vulkan 死(休)火山. **2** (愛情などが)冷める, 弱まる. **3** (契約・権利が)切れる, 失効(消滅)する. **4** (会社などが)解散する; (家系などが)絶える; (疫病が)終息する.

er'lö·sen [ɛrˈløːzən] 他 **1** (人⁴を)自由にする, 解放する, 救い出す; 救済する. j⁴ aus großer Not ~ 人⁴を大きな苦境から救い出す. Erlöse uns von dem Bösen! 《新約》私たちを悪い者から救ってください(マタ 6:13). Der Tod hat ihn von seinem Leiden erlöst. 死が彼を苦しみから解き放った. Ich bin erlöst.《話》ほっとしました(いっさい知らせなどを聞いて). Sie atmete erlöst auf. 彼女はほっとして大きく息をついた. **2** 《話》(人⁴を仕事・義務から)楽にしてやる, 免除してやる. Ich werde dich ~. 私が代りにやってやるよ. **3** 《雅》(物を売って代金を)受取る, 手にする, 得る. Er hat aus dem Verkauf des Hauses 6000 Euro erlöst. 彼は家を売って 6000 ユーロ手に入れた.

Er'lö·ser [ɛrˈløːzər] 男 -s/- **1** 救済者; 解放者. **2** 《キ教》救い主, 救世主(キリスト).

Er'lö·sung 女 -/-en **1** 救出, 解放;《婉曲》お迎え(永眠). **2** 《複数なし》《キ教》救済, 救霊; 贖罪.

er'lü·gen* 他 **1** (事⁴を)でっちあげる, 嘘で固める. **2** sich³ et⁴ ~ 《まれ》物⁴をだまし盗(⟨⟩⁴)る. ♦ ↑erlogen

er'mäch·ti·gen [ɛrˈmɛçtɪɡən] 他 (↓ mächtig) (j³ zu et³ 人³に事³をする)権限(資格)を与える. Er ermächtige Sie zum Abschließen des Vertrags. 私はあなたに契約を結ぶ権限を与える. Dazu bin ich nicht ermächtigt. 私にはそうする資格(権限)がない.

Er'mäch·ti·gung 女 -/-en **1** 《複数まれ》権限付与(委任). **2** 権限, 権能.

*er'mah·nen [ɛrˈmaːnən エアマーネン] 他 (j⁴ zu et³

人'に事'をするように)促す，警告する，注意する，諭(ﾂﾞ)す．j' zum Nachgeben ～ 人'に譲歩するように言聞かせる．Er ermahnte mich, meine Pflicht zu tun. 彼は私に自分の本分を果たせと戒(ｲﾏｼ)めた．

Er'mah·nung 囡 -/-en 警告, 注意, 戒め．

er'man·geln 圁 **1**《属》(物'を)欠いている，不足している．Sein Klavierspiel *ermangelt* jeglicher Leidenschaft. 彼のピアノ演奏には一切の情熱が欠けている．(非人称的)*Es ermangelt* ihm〈Ihm *ermangelt*〉der Übung. 彼は練習不足である．**2** nicht ～, ...zu tun《書》必ず...する．Ich werde nicht ～, dorthin zu gehen. 私は必ずそこへ行きましょう．

Er'man·ge·lung 囡 -/〈次の用法で〉in ～ et² で²が ないので．in ～ eines Besseren ベターなものがないので．

er'man·nen [ɛrˈmanən] 再《**sich¹**》(↓Mann)《雅》勇気(元気)を出す, 奮起する．

er'mä·ßi·gen **1** 他 (値段・料金などを)安くする, 割引く; (税金・刑罰を)軽減する．die Gebühren um 15 Prozent ～ 料金を15パーセント割引く．zu er*mäßigtem* Preis 割引価格(特価)で．**2** 再《**sich¹**》(値段などが)割引かれる, 安くなる．

Er'mä·ßi·gung 囡 -/-en 割引; 軽減．

er'mat·ten [ɛrˈmatən] (↓Matt) **1** 他 (人'をぐったりさせる, 疲労(衰弱)させる．Die Hitze hat ihn er*mattet*. 暑さが彼をぐったりさせた．**2** 自 (s) 疲れる, 弱る, 衰弱する; 衰える, 褪(ｱ)せる．Ich bin ganz er*mattet*. 私はすっかりくたびれた．Sein Interesse er*mattet*. 彼の関心が薄れる．Die Sonne〈Das Gold〉 er*mattet*. 陽光しが薄れる〈金が輝きを失う〉．

er'mes·sen* 他 推し測る, 見積る, 理解する．Das lässt sich¹ leicht ～. それはたやすく理解できることだ．

Er'mes·sen 中 -s/ 評価, 判断, 裁量．Ich stelle es deinem ～ anheim. 私はそれを君の判断(裁量)に委ねる．et³ in j² ～ stellen 事³を人²の判断に任せる．nach〈aus〉eigenem ～ 自分の判断で．nach menschlichem ～ 常識的に言って, 十中八九は．

Er'mes·sens·fra·ge 囡 -/-n 自由裁量(個人の判断)に委ねられた問題．

Er·mi'ta·ge [ɛrmiˈtaːʒə] 囡 -/ =Eremitage 3

er'mit·teln [ɛrˈmɪtəln] (↓Mittel) **1** 他 (犯人・隠れ家などを)探り(捜し)出す, 突止める, (真理などを)究明する;〖数学〗(数値を)算出する, もとめる．**2** 自 **1** 〖法制〗(gegen j¹ 人¹を)取調べる．**2** (警察が)捜査する．

Er'mitt·lung 囡 -/-en 探り出すこと, 探索;〖化学〗検出．**2** 調査．～des Bedarfs 需要調査．**3**《ふつう複数で》〖法制〗捜査．

Er'mitt·lungs·ver·fah·ren 中 -s/- 〖法制〗捜査手続き．

er'mög·li·chen [ɛrˈmøːklɪçən] 他 (↓möglich) (事³を)可能にする(人³に)．Die reiche Tante hat mir eine Auslandsreise *ermöglicht*. 裕福な叔母のおかげで私は海外旅行をすることができた．

*****er'mor·den** [ɛrˈmɔrdən] 他 (意図的に)殺す, 殺害する．

Er'mor·dung 囡 -/-en 殺害．

er'mü·den [ɛrˈmyːdən] (↓müde) **1** 他 疲れさせる, 飽き飽き(うんざり)させる．Das Sprechen er*müdet* den Kranken. しゃべることは病人を疲れさせる．Es ist er*müdend*, seinen langweiligen Reden zuzuhören. 彼の退屈な話を拝聴するのはうんざりだ．er*müdende* Arbeit 面白くない仕事．**2** 自 (s) 疲れる, 飽きる, うんざりする;〖工学〗(金属が)疲労する．

von der Arbeit *ermüdet* 仕事に疲れて．er*müdete* Augen 疲れ目．ein nie er*müdender* Wille 不撓(ﾌﾄｳ)不屈の意志．

Er'mü·dung 囡 -/-en 疲れ, 眠気; 金属疲労．

*****er'mun·tern** [ɛrˈmʊntərn] エアムンテルン (↓munter) **1** 他 励(ﾊｹﾞ)ます, 元気づける(zu et³ 事³をするように)．Er *ermunterte* mich zur Vollendung des Romans. / Er *ermunterte* mich, den Roman zu vollenden. 彼は私を長編小説を完成するように私を励ましてくれた．《現在分詞で》j' er*munternde* Worte sagen 人'に励ましの言葉をかける．j' er*munternd* ansehen 励ますような眼指しで人'を見つめる．**2** (人'の)目を覚まさせる, 眠気を抜う．Man kann ihn morgens kaum ～. 毎朝彼を起すのが大変だ．

2 再《**sich¹**》**1** 目が覚める．*sich* morgens mit einer kalten Dusche ～ 朝冷水シャワーで目を覚ます．**2** 元気を出す, 奮起する(zu et³ 事³をするように)．

Er'mun·te·rung 囡 -/-en **1**《複数なし》励まし, 鼓舞．**2** 励ましの言葉．

er'mu·ti·gen [ɛrˈmuːtɪɡən] 他 (↓Mut) 勇気(元気)づける, 励ます(zu et³ 事³をするように)．Das waren keine er*mutigenden* Nachrichten. それは勇気凛々(ﾘﾝﾘﾝ)とするような吉報ではなかった．

Er'mu·ti·gung 囡 -/-en **1**《複数なし》励まし, 激励, 鼓吹(ｽｲ)．**2** 励ましの言葉, 激励の辞．

*****er'näh·ren** [ɛrˈnɛːrən] エアネーレン **1** 他 **1** (人'に)食物(栄養, 養分)を与える．ein Baby mit der Flasche〈an der Brust〉～ 赤ん坊をミルク〈母乳〉で育てる．schlecht er*nährt* sein 栄養不良である．**2** (家族'などを)養う, 扶養(養育)する．**3** (慣用的表現で) Das Geschäft *ernährt* seinen Mann.《話》この商売は実入りがよい．**2** 再《**sich¹**》生きていく(von et³ 物³を食べて); 生計を立てる(von〈mit〉et³ / durch et³ 事³, で)．

Er'näh·rer 男 -s/- 扶養者, 養育者; (一家の)稼ぎ手, 養い手, 大黒柱．

*****Er'näh·rung** [ɛrˈnɛːrʊŋ] エアネールング 囡 -/-en **1** 扶養, 養育．**2** 家計, 生計．**3** 食餌(ｼﾞ), 食物．

Er'näh·rungs·krank·heit 囡 -/-en 〖医学〗栄養疾患(障害)．

Er'näh·rungs·stö·rung 囡 -/-en 栄養障害．

Er'näh·rungs·the·ra·pie 囡 -/-n 〖医学〗食餌療法．

er'nen·nen* 任命(指名)する．einen Nachfolger〈einen Vertreter〉～ 後継者〈代理人〉を指名する．j' zum Minister ～ 人'を大臣に任命する．

Er'nen·nung 囡 -/-en 任命, 指名, 辞令．

er'neu·en [ɛrˈnɔʏən] (↓neu) =erneuern ↑ erneut

er'neu·ern [ɛrˈnɔʏərn] 他 (↓neu) **1** 新しいものと取替える, 修理(修復)する．die Reifen〈den Fußboden〉～ タイヤを交換する〈床を張替える〉．**2** (思い出・友情などを)新たにする, 復活させる; (契約などを)新たにする; (陳情などを)繰返す．eine alte Freundschaft ～ 旧交をあたためる．einen Pass ～ パスポートを更新する．**2** 再《**sich¹**》(友情などが)新たによみがえる, 復活する; (皮膚・細胞が)再生する．

Er'neu·e·rung 囡 -/-en 新しくすること, 修理, 修復, 交換; 更新; 復興, 復活．

*****er'neut** [ɛrˈnɔʏt] エアノイト 副分 他 (↑erneuen) **1**《付加語的用法のみ》新たな; 再度の．**2**《副詞的用法で》新たに, あらためて, 再度．

er'nied·ri·gen [ɛrˈniːdrɪɡən] (↓niedrig) **1** 他

(人⁴を)貶(けな)める、辱(はずかし)める、侮辱する。 öffentlich *erniedrigt* werden 公然と(人前で)辱めを受ける。 sich⁴ *erniedrigende* Behandlung erfahren 人を愚弄するような扱いを受ける。 **2** 〖音楽〗(→ erhöhen ①4) 半音下げる。 **3** (温度・家賃などを)下げる、低くする。 ❷ 再 (**sich**⁴) **1** 卑下する、へりくだる。 **2** (温度・家賃などが)下がる。 **3** 〖猟師〗(熊などが立ち上がった姿勢から)再び前足をおろす。

Er·nied·ri·gung 囡 -/-en **1** 辱(はずかし)め、侮辱。 **2** (温度・家賃などの)低下、降下。 **3** 〖音楽〗半音下降。

***ernst** [ɛrnst エルンスト] 形 **1** 真面目な、真剣な、本気の。 ein ~*es* Buch 真面目な本。 ein ~*er* Mensch 真面目な人物。 ~*e* Musik クラシック音楽(↔ Unterhaltungsmusik)。 Er meint es ~ 〈Es ist ihm ~〉 mit et³. 彼は事³を本気で考えている。 et¹ [für] ~ nehmen 事¹を本気にする。 j¹ ~ nehmen 人¹の言う(する)ことを本気に取る。 **2** 厳粛(厳格)な;重大な、ゆゆしい、深刻な。 ~*e* Bedenken haben 重大な疑念を抱いている。 Die Lage ist sehr ~. 事態は切羽(せっぱ)つまっている。 ◆↑ernst gemeint

***Ernst**¹ [ɛrnst エルンスト] 男 -es/ **1** 真面目;本気、真剣。 Ist das [dein] ~? 本気なのかね。 Es ist ihm völliger ~ damit. 彼はそれについて大真面目なんだ。 mit et³ ~ machen 事³を実行する(やってのける)。 im ~ 本気に、真剣に。 in〈mit〉vollem ~ / allen ~*es* 大真面目に。 ~ *beiseite*! ほんと、冗談だろ。 mit tierischem ~ 〘話〙くそ真面目に。 **2** 厳粛さ、厳しさ;重大(深刻)さ。 der ~ des Lebens 人生の厳しさ。 der ~ der Lage 事態の深刻さ。

Ernst² 〘男名〙 エルンスト。

'Ernst·fall 男 -[e]s/ 緊急事態、危急の時。 im ~ 万一のときは。

'**ernst ge·meint**, °'**ernst·ge·meint** 形 冷やかしでない、本気の、本心からの。

'**ernst·haft** ['ɛrnsthaft] 形 **1** 真面目だろ、本気の。 ein ~*er* Mensch 生(き)真面目な人物。 **2** 重大な、深刻な。 eine ~ Verletzung 重傷。

'**Ernst·haf·tig·keit** 囡 -/ 真面目〔さ〕;真剣さ。

'**ernst·lich** ['ɛrnstlɪç] 形 **1** 真面目な、本気の。 j³ ~ böse sein 人³に本気で腹を立てている。 **2** 重大な、ゆゆしい。 ~ krank sein 重病である。

***'Ern·te** ['ɛrntə エルンテ] 囡 -/-n **1** 取入れ、刈入れ、収穫。 bei〈mitten〉in ~ sein 収穫の最中である。 reiche〈schreckliche/furchtbare〉 ~ halten (疫病などが)多くの人命を奪う。 Ohne Saat keine ~. 〘謎〙蒔(ま)かぬ種は生えぬ。 **2** 収穫物、収穫高;〘比喩〙成果、収益。 eine gute〈schlechte〉 ~ 豊作(不作)。 die ~ an Getreide 穀物の収穫(高)。 Ihm ist die ganze ~ verhagelt.〘話〙彼はひどい目にあった。 die ~ des Fleißes 勤勉の賜物(たまもの)。

'Ern·te·dank·fest 中 -[e]s/-e 〘キリスト教〙(教会の)収穫(感謝)祭。

'Ern·te·fest 中 -[e]s/-e =Erntedankfest

'Ern·te·mo·nat, **'Ern·te·mond** 男 -[e]s/-e〘古〙 =Ernting

*'**ern·ten** ['ɛrntən エルンテン] 他 取入れる、刈入れる、収穫する。〘比喩〙(結果として)得る。 Kartoffeln ~ じゃがいもを収穫する。 Lob〈Spott〉 ~ 称賛を博する〈嘲笑を買う〉。〘目的語なして〙Wir haben in diesem Jahr noch nicht *geerntet*. 私たちは今年はまだ取入れを済ませていない。 ~, ohne gesät zu haben / ~, wo man nicht gesät〈hat〉 他人(ひと)かずして穫(かる)、労せずして儲ける。

'Ern·ting ['ɛrntɪŋ] 男 -s/-e 〘古〙収穫月、8月。

er'nüch·tern [ɛrˈnʏçtɐrn] 他 **1** (人⁴の)酔いをさます。 **2** (人⁴の)妄想(興奮)をさます、がっかりさせる。

Er'nüch·te·rung 囡 -/-en **1** 酔いをさますこと、酔いざめ。 **2** 興(きょう)ざめ、しらけ、幻滅。

Er'o·be·rer [ɛrˈoːbərɐ] 男 -s/- 征服(侵略)者。

***er'o·bern** [ɛrˈoːbɐrn エアオーベルン] 他 (↓ober) 征服する、侵略(攻略)する。 eine Festung ~ 要塞を攻略する。 neue Märkte ~ 新しい市場を開拓する。 **2** (人⁴の)心を征服する。 eine Frau ~ 女性の心を射止める。 [sich³] die Herzen ~ 人心をつかむ。

***Er'o·be·rung** [ɛrˈoːbərʊn エアオーベルング] 囡 -/-en **1** 征服、侵略、攻略、占領。 **2** 征服によって得たもの、占領地、戦利品;獲物。 **3** 〘話〙~*en*〈eine ~〉machen ナンパする。 auf ~*en* ausgehen ナンパに行く。

Er'o·be·rungs·krieg 男 -[e]s/-e 侵略戦争。

Er'o·be·rungs·lust 囡 -/-"e 征服欲。

***er'öff·nen** [ɛrˈʔœfnən エアエフネン] ❶ 他 **1** 開く、始める、開設する。 eine Ausstellung〈eine Sitzung〉 ~ 展覧会を開会する〈会議を始める〉。 das Feuer ~ 火ぶたを切る、戦端を開く。 ein neues Geschäft ~ 新しい店を開く。 das Hauptverfahren ~ 〘法制〙主要手続きを開始する。 ein Konto ~ 口座を開設する。 eine Praxis ~ (医師・弁護士が)開業する。 ein Testament ~ 遺言状を開封する。〘目的語なして〙Wir *eröffnen* nächste Woche. 開店は来週です。 Die Börse *eröffnete* ruhig. 相場の寄り付きは低調だった。 **2** (人³に事⁴を)打明ける。 ❷ 再 (**sich**⁴) **1** 開かれる;(展望・見込みなどが)開ける、現れる。 **2** (人³に)心中を打明ける。

***Er'öff·nung** [ɛrˈʔœfnʊŋ エアエフヌング] 囡 -/-en **1** 開く(始める)こと、開始、開店、開業、開催、(遺言状の)開封;〖医学〗切開、(子宮口などの)開大。 **2** (思いがけない)告知。 Sie machte mir die ~, dass sie schwanger sei. 彼女は私に妊娠したと打明けた。 **3** 〖音楽〗序盤。 **4** (相場の)寄付き。

Er'öff·nungs·pe·ri·o·de 囡 -/-n〘複数まれ〙〖医学〗開口期、分娩第一期。

ero'gen [eroˈgeːn] 形 (gr.) 性欲を刺激する、性的刺激に敏感な。 ~*e* Zonen 性感帯。

Ero·i·ca, Ero·i·ka [eˈroːika] 囡 -/〖音楽〗エロイカ交響曲(Beethoven の第3交響曲『英雄』)。 ◆イタリア語 eroico, heldenhaft から。

er'ör·tern [ɛrˈʔœrtɐrn] 他 (↓Ort) 詳しく論議する、討論(論究、検討)する。

Er'ör·te·rung 囡 -/-en 論議、討議;検討、吟味。

'Eros ['eːrɔs] ❶ 〘人名〙〖ギ神話〙(Liebe) エロース。▶愛の擬人化神、Aphrodite の子、ローマ神話の Kupido または Amor に当たる。 古くは美しい若者の姿で想像されたが、時代とともに若くなり、弓矢をもつ有翼の童子になった。 ❷ 男 -/ **1** (↔ Agape, Karitas) (肉の)愛、性愛、エロス。 **2** 〖哲学〗認識衝動。 **3** der ~〖天文〗エロス(地球と火星との間にある小惑星)。

Ero·si·on [eroziˈoːn] 囡 -/-en (lat.) **1** 〖地形〗侵食(作用)。 **2** 〖医学〗(皮膚・粘膜などの)糜爛(びらん)、表皮剝脱。

Ero·tik [eˈroːtɪk] 囡 -/ (↓ Eros) 愛、性愛;エロティシズム、好色、色ごのみ;恋愛術、色仕掛け。

Ero·ti·ka [eˈroːtika] Erotikon の複数。

Ero·ti·ker [eˈroːtikɐ] 男 -s/- **1** (とくに古代ギリシアの)恋愛詩人;好色作家。 **2** 好色家。

Ero·ti·kon [eˈroːtikɔn] 中 -s/Erotika (gr.)〘ふつう

複数で》**1** 恋愛文学書, 好色本, 艶本. **2** 催淫剤.

ero·tisch [ero:tɪʃ] 形 **1** 性愛の, 恋愛の. **2** エロチックな. ～e Literatur 好色文学.

ero·ti·sie·ren [eroti:zi:rən] 他 **1** 〈物⁴を〉エロチックな内容のものにする. **2** 〈人⁴の〉色情をそそる.

Ero·to·ma·nie [erotoma:ni:] 女 -/ (*gr*.) 《心理》色情狂, 色狂い.

'Er·pel [ˈɛrpəl] 男 -s/- (Enterich) 雄鴨(ポポ).

er·picht [ɛrˈpɪçt] 形 (↓Pech) 《話》 auf et⁴ ～ sein 物⁴に執着している, 〈を〉欲しがっている. aufs Geld ～ sein 金に執着する. Sie war nicht sehr ～ [darauf], ihn kennen zu lernen. 彼女は彼とそれほど知りになりたいと思ってはいなかった.

er·pres·sen 他 **1** 〈人⁴を〉おどす, ゆする, 恐喝する. **2** (et⁴ [von] j³ 人³から)物⁴をおどし取る, ゆすり取る.

Er·pres·ser 男 -s/- 恐喝者, ゆすり.

er·pres·se·risch [ɛrˈprɛsərɪʃ] 形 恐喝(脅迫)的な.

Er·pres·sung 女 -/-en 恐喝(罪).

er·pro·ben [ɛrˈpro:bən] 他 試(な)す, 検査(テスト)する. ein Mittel klinisch ～ 薬を臨床試験する. j³ auf *seine* Treue hin ～ / j² Treue ～ 人⁴,²の誠実さを試す. ♦↑erprobt

er·probt 過分 形 **1** 検査済みの, 信頼できる. ein ～es Medikament 検査済みの薬. ein ～er Mitarbeiter 信頼できる協力者. **2** 《まれ》旧来の.

Er·pro·bung 女 -/-en 検査, 試験, テスト.

er·qui·cken [ɛrˈkvɪkən] **①** 他 生き生きとさせる, 元気(活気)づける, 爽快にする. **②** 再 (*sich*⁴) 元気になる.

er·quick·lich [ɛrˈkvɪklɪç] 形 《雅》こころよい, 爽快な, うれしい. wenig〈nicht sehr〉～ sein 《皮肉》良いとは言いかねる, もうひとつである.

Er·qui·ckung 女 -/-en 《雅》**1** 《複数なし》元気回復. **2** 清涼剤.

er·ra·re hu·ma·num 'est [ɛ'ra:rə hu'ma:nʊm 'ɛst] (*lat.*, 'Irren ist menschlich') 迷いは人の常.

er·rät erraten の現在 3 人称.

Er·ra·ta [ɛ'ra:ta] Erratum の複数.

er·ra·ten¹ [ɛrˈra:tən] 他 (秘密などを)言い当てる, 推察する, (謎を)解く. Ich habe ihn an seiner Stimme erraten. 私は声を聞いて彼だと読めた.

er·ra·ten² erraten¹ の過去分詞.

er·ra·tisch [ɛ'ra:tɪʃ] 形 (*lat.*, umherirrend ') 道に迷った. ～er Block 《地質》迷子石(ﾎﾞｲ).

er·rätst erraten の現在 2 人称単数.

Er·ra·tum [ɛ'ra:tʊm] 中 -s/Errata (*lat.*, 'Irrtum') 誤り, 間違い, 《複数で》誤植, 正誤表.

er·rech·nen [ɛrˈrɛçnən] **①** 他 算出(算定)する. **②** 再 (*sich*¹/*sich*⁴) **1** (*sich*¹) 算出される. **2** (*sich*¹) *sich* et⁴ ～ 〈を〉見込む, 予測する.

Er·reg·bar·keit 女 -/ 興奮しやすいこと(激しやすいこと); 《医学》神経過敏(症); 《生理》(組織・細胞の)興奮性, 被刺激性.

*****er·re·gen** [ɛrˈre:gən] [ɛr're:gən] エアレーゲン **①** 他 **1** 興奮させる, 刺激する. Der Vorfall hat sie sehr *erregt*. その事件は彼女をひどく興奮させた. **2** 惹き起す, かき立てる, 生じさせる. Aufsehen ～ センセーションを巻起す. Mitleid〈Haß〉～ 同情心をそそる〈憎しみの念をかき立てる〉. elektrischen Strom ～ 電流を発生させる. **②** 再 (*sich*⁴) 興奮する, 激する (über j〈et〉⁴ 人〈物〉⁴の ことで). ♦ ↑erregend, erregt

er·re·gend 過分 形 興奮させる. ein ～es Erlebnis 刺激的な体験.

Er·re·ger [ɛr're:gər] 男 -s/- 惹き起すもの; 《医学》(Krankheitserreger) 病原体.

er·regt 過分 形 興奮した, 激した. Das Meer ist ～. 《雅》海は荒れている(波立ち騒いでいる).

er·regt·heit 女 -/ 興奮(状).

*****Er·re·gung** [ɛr're:gʊŋ] エアレーグング 女 -/-en **1** 《複数なし》興奮させる(させられる)こと. **2** 興奮(状態), 激昂. ～ erregen ひどく興奮する. **3** 惹起, 誘発.

er·reich·bar [ɛrˈraɪçba:r] 形 (手などが)届く; 到達(入手)可能な, 連絡のつく. in ～er Nähe すぐ手近に. Er ist jederzeit ～. 彼はいつでも連絡がとれる.

er·rei·chen

[ɛr'raɪçən] エアライヒェン 他 **1** (物⁴に)届く. den Balken [mit der Hand] ～ 梁(ﾞｺ)に手が届く. **2** (手紙などが)届く. Das Telegramm *erreichte* ihn zu spät. 電報が彼に届くのが遅すぎた. **3** (ある地点・水準・段階に)到達する. das Ziel der Reise ～ 旅の目的地に到達する. ein hohes Alter ～ 高齢に達する. einen Höhepunkt ～ 頂点(絶頂)を極める. j〈et〉⁴ an Stärke ～ 人〈物〉⁴に匹敵する強さにこぎつける. **4** (列車などに)間に合う. den Zug gerade noch ～ 列車にかろうじて間に合う. **5** (人³に)連絡がつく. Unter welcher Nummer kann ich Sie ～? (相手の電話番号を尋ねて)何番におかけすればよいのでしょうか. Er ist tagsüber nicht zu ～. 彼は昼間はずっと連絡がつかない. **6** (目的・望みなどを)達成する. *seinen* Zweck ～ 目的を遂げる. Bei ihr kann man alles ～. 彼女のところへ行けばどんな望みでも叶えてくれる. Es ist *erreicht!* やった, 成功だ.

er·ret·ten [ɛr'rɛtən] 他 《雅》救い出す. j⁴ aus Not ～ 人⁴を苦境から救い出す. j⁴ vom〈vorm〉Tod ～ 人⁴の命を救う.

Er·ret·tung 女 -/-en 救出, 救助, 救命.

*****er·rich·ten** [ɛrˈrɪçtən] エアリヒテン 他 **1** (立・建)てる, 築く. ein Denkmal〈eine Kirche〉～ 記念碑を立てる〈教会を建立する〉. ein Gerüst ～ 足場を組む. **2** 設立(創立)する. **3** ein Testament ～ 《法制》遺言する. **4** ein Lot ～ 《数学》垂線を立てる.

Er·rich·tung 女 -/ 建立, 建設; 創立.

er·riet erraten の過去.

er·rie·te erraten の接続法 II.

er·rin·gen* [ɛrˈrɪŋən] 他 (*sich*³) et⁴ ～ (苦労して)物⁴をかち取る, 獲得する. einen Preis〈den Sieg〉～ 賞を獲得する〈勝利を手中に収める〉.

er·rö·ten [ɛrˈrø:tən] 自 (s) 顔を赤らめる. vor Scham ～ 恥ずかしくて赤くなる. über j〈et〉⁴ ～ 人〈物〉⁴のことで赤面する.

Er·run·gen·schaft [ɛrˈrʊŋənʃaft] 女 -/-en 獲得物, 成果, 業績.

*****Er·satz** [ɛr'zats] エアザッツ 男 -es/ (↓ersetzen) (für j〈et〉⁴ 人〈物〉⁴の)代り, 補充; 代用品; 予備(品), スペア; 交替要員; 予備兵; 《軍事》予備兵(部隊). als ～ für den kranken Freund 病気の友人の代りに. **2** 償い, 代償, 補償, 弁償. für et⁴ ～ fordern〈leisten〉事⁴の補償を求める〈行う〉.

Er·satz·an·spruch 男 -[e]s/ü̈e 損害賠償請求権.

Er·satz·dienst 男 -[e]s/ 《法制》(Zivildienst) (兵役拒否者に課せられる)代替役務(社会奉仕など).

Er·satz·er·be 男 -n/-n 《法制》予備相続人.

Er·satz·hand·lung 女 -/-en 《心理》代償行動.

Er·satz·kas·se 女 -/-n 任意疾病保険金庫.

Er'satz·mann 男 -[e]s/=er(..leute) 代役; 補欠(選手), 控え.

Er'satz·mi·ne 女 -/-n (シャープペンシル・ボールペンなどの)替え芯, スペアインク.

Er'satz·pflicht 女 -/-en 賠償(補償)義務.

Er'satz·rei·fen 男 -s/- スペアタイヤ.

Er'satz·re·ser·ve 女 -/-n 〖軍事〗予備(後備)軍.

Er'satz·spie·ler 男 -s/- 補欠(予備)選手.

Er'satz·teil 中(男) -[e]s/-e 予備(交換)部品.

Er'satz·wahl 女 -/-en 補欠選挙.

er'satz·wei·se 副 代り(埋合せ)に.

er'sau·fen* 自 (s) **1** (ertrinken) 溺れる. **2** 《話》(畑・穀物が水浸しになる, 〖鉱業〗(坑道が)浸水で使えなくなる; (水車が水位の上昇のために)回転しなくなる; 〖工学〗(モーターが燃料過剰のために)動かなくなる.

er'säu·fen 他《話》**1** (ertränken) 溺れさせる, 水死させる. 《比喩》*seinen* Kummer im Alkohol ~ 酒で憂(さ)を紛らす(晴らす).

er'schaf·fen* [ɛr'ʃafən] 他 《雅》(schaffen) 創造する. Gott hat Himmel und Erde *erschaffen*. 神は天と地をお創りになった.

Er'schaf·fung 女 -/ 〖天地〗創造.

er'schal·len(*) 自 (s) 《雅》鳴りひびく, 響きわたる.

er'schau·dern 自 《雅》震え上がる, ぎょっとする.

er'schau·en 他 **1** 《雅》(直感的に)見てとる, 悟る. **2** 《地方》見る.

er'schau·ern 自 (s) 《雅》身震いする, そっとする.

er'schei·nen* [ɛr'ʃaɪnən エアシャイネン] erscheinen, erschienen 自 (s) **1** 現れる, 出現する, 姿を見せる. Am Himmel *erschien* der Mond. 空に月が出た. auf der Bildfläche ~ (映画・テレビの)画面に現れる; 《話》不意に現れる. zum ersten Mal auf der Bühne ~ 初めて舞台に登場する. in anderem Licht ~ (以前とは)違って見える. vor Gericht ~ 出廷する. Es *erschien* die Stunde, da...《雅》いよいよ...する時が来た. **2** (亡霊・幻影などが)出る, 現れる. j³ im Traum ~ 人³の夢枕に立つ. **3** (本・新聞などが)出る, 発行(刊行)される. täglich⟨monatlich⟩ ~ 日刊⟨月刊⟩で発行される. **4** (人³に)...に見える, (と思われる. Das *erscheint* mir unmöglich. それは私には不可能と思われる. ▶ scheinen と同義であるが, zu 不定詞を伴うときは erscheinen ではなく scheinen を用いる. Das *scheint* mir unmöglich zu sein.

Er'schei·nen 中 -s/ **1** 出現; 出席, 登場. **2** (本の)刊行.

*Er'schei·nung [ɛr'ʃaɪnʊŋ エアシャイヌング] 女 -/-en **1** 現れ, 出現, 現象. eine seltene ~ 珍しい現象. in ~ treten 出現する; (効果・意図などが)現れる, 明らかになる. **2** 〖宗教〗(神の)顕現. [Fest der] ~ Christi⟨des Herrn⟩『顕現祭』(主のご公現の祝日(↑ Epiphanie). **3** 出席, 出頭; 登場; 刊行(物). **4** (人の)外見, 風貌; (...の外見をした)人物. eine stattliche ~ 堂々とした風貌の人. in seiner äußeren ~ / seiner äußeren ~ nach 彼の外見からすると. **5** 幻影, 幻覚; 亡霊. ~*en* haben 幻影を見る.

Er'schei·nungs·bild 中 -[e]s/-er **1** (町などの)外観; 外見. **2** 〖遺伝〗(Phänotypus) 表現型.

Er'schei·nungs·fest 中 -[e]s/-e =Epiphanie

Er'schei·nungs·form 女 -/-en 現象形態.

Er'schei·nungs·jahr 中 -[e]s/-e 〖書籍〗(図書の)発行(出版)年.

er'schien erscheinen の過去.

er'schie·ne erscheinen の接続法 II.

er'schie·nen erscheinen の過去分詞.

er'schie·ßen* [ɛr'ʃiːsən] 他 《雅》射殺する; 銃殺刑にする. die gegnerische Mannschaft ~ (サッカーなどで)相手チームをこてんこてんに打負かす.《再帰的》*sich*³ ~ ピストルで自殺する. ◆ ↑ erschossen

Er'schie·ßung 女 -/-en 射殺, 銃殺(刑).

er'schlaf·fen [ɛr'ʃlafən] **1** 自 (s) ぐったりする; だらける, たるむ; (抵抗などが)弱まる, 衰える; (皮膚がし)なびる. **2** 他 だらけさせる, 弛緩(しかん)させる. ◆ ↑ er'schlafft

er'schlafft 過分 形 ぐったりした, 力の抜けた; しなびた;《比喩》(モラル・士気などが)たるんだ.

Er'schlaf·fung 女 -/-en たるみ, ゆるみ, 無気力.

er'schla·gen* [ɛr'ʃlaːgən] 他 **1** 殴り殺す; 打ちのめす, 圧倒する. j⁴ mit einem Knüppel ~ こん棒で打殺す. vom Blitz *erschlagen* werden 雷に打たれて死ぬ. **2** *erschlagen sein*《話》疲れ切っている; びっくり仰天する, 泡を食う.

er'schlei·chen* 他 sich¹ et⁴ ~ 物⁴をかすめ(だまし)取る, 横領する; 媚びて手に入れる. sich³ j² Gunst ~ 人にへつらって可愛がられる.

Er'schlei·chung 女 -/-en 詐取(さしゅ), 横領; 〖哲学〗詭弁(きべん).

er'schlie·ßen* [ɛr'ʃliːsən] **1** 他 **1** (市場・販路などを)開拓する, (土地・資源などを)開発する. neue Absatzgebiete ~ 新しい販路を開拓する. ein Gebiet touristisch ~ ある地域を観光開発する. **2** (人⁴に事⁴を)明らかにする, 明かす. j³ *sein* Herz ~ 人³に心中を打明ける. **3** (et⁴ aus et³ 事³から)事⁴を推論(推定)する. die Bedeutung eines Wortes aus dem Kontext ~ 語の意味をコンテクストから推定する. **2** 他《sich⁴》**1** (誰か)開く. **2** 明らかになる. Der Sinn des Textes *erschließt sich* nur dem aufmerksamen Leser. テキストの意味は注意深い読者にだけ理解される. **3** 心中を打明ける(j³ 人³に).

*er'schöp·fen [ɛr'ʃœpfən エアシェプフェン] **1** 他 **1** 使い尽くす. Vorräte ~ 蓄えを使い果たす. alle Möglichkeiten ~ あらゆる可能性(手段)を尽くす. Meine Geduld ist *erschöpft*. 私の忍耐力は尽きた. **2** (問題を)論じ尽くす, とことん検討する. **3** へとへとに疲れさせる. Ich bin völlig *erschöpft*. 私はへとへとに疲れ果てている.

2 再《sich⁴》**1** (ストックなどが)尽きる, 底をつく. **2** (in et³ 事³に)尽きる. Mein Auftrag *erschöpft sich* darin, dass... 私の任務は...ということに尽きる. *sich* in Entschuldigungen⟨Mutmaßungen⟩ ~ 何度も何度も詫びを言う⟨当てずっぽうを言う⟩. **3** 疲れ果てる, 力尽きる.

◆ ↑ erschöpfend, erschöpft

er'schöp·fend 現分 形 余すところのない, 遺漏(いろう)のない. et⁴ ~ behandeln 事⁴を余すところなく論じる.

*er'schöpft [ɛr'ʃœpft エアシェプフト] 過分 形 **1** 尽きた, 使いつくされた. **2** 疲れ果てた, 疲労困憊した.

Er'schöp·fung 女 -/-en **1** 使い尽くす(底をつく)こと, 消尽; 渇. **2** 疲れ果てること, 疲労困憊(こんぱい).

er'schos·sen 過分 (erschießen) **1** 射殺された. **2** ~ sein《話》へとへとに疲れた, たまげた.

er'schrä·ke erschrecken の接続法 II.

*er'schre·cken(*) [ɛr'ʃrɛkən エアシュレケン] **1** 自 (s)《不規則変化》驚く, びっくりする. Ich *erschrak* bei dieser Nachricht⟨über sein Aussehen⟩. 私はこ

の知らせを聞いて〈彼の様子を見て〉驚いた．　vor einer Schlange ~ 蛇に驚く．❷《規則変化》驚かす，びっくりさせる．❸ 再《sich》《不規則変化 / 規則変化》《話》びっくりする，ぎょっとする．　◆ ↑erschrocken

er'schrickst erschrecken の現在 2 人称単数．
er'schrickt erschrecken の現在 3 人称単数．
er'schro·cken [ɛrˈʃrɔkən] 過分 形 (↑erschrecken) びっくりした，ぎょっとした，おびえた．
*er'schüt·tern [ɛrˈʃʏtərn エアシュテルン] 他 **1**（激しく）揺り動かす，ゆさぶる．Die Detonation *erschütterte* das Haus. 爆発は家を激しく振動させた．**2**《比喩》(世間などを)震撼(震駭)させる; (信念・権威などを)揺るがす，くらつかせる．Mein Vertrauen ist *erschüttert*. 私の信頼は揺らいでいる．**3**（人⁴を)深く感動させる; 動揺させる, (に)衝撃を与える．Die Nachricht hat mich tief *erschüttert*. その知らせは私にひどいショックを与えた．Ihn kann so leicht nichts ~. 《話》彼はちょっとやそっとのことではうろたえない．über et⁴ *erschüttert* sein 事⁴に深い感銘(衝撃)を受けている．
◆ ↑erschütternd
er'schüt·ternd 現分 形 感動的な，胸を打つ; 衝撃的な．ein ~er Bericht ショッキングな報告．Das Resultat ist nicht gerade ~. その結果はとくにどうというものではない．
Er'schüt·te·rung 女 -/-en **1**（激しい）振動，揺れ; 震撼, 震駭; (信念・権威などの)動揺;〘医学〙震盪(とう)．**2** 感動，感銘; 衝撃，ショック．
er'schüt·te·rungs·frei 形（機械などが）無振動の，ショックのない．
er'schwe·ren [ɛrˈʃveːrən] 他（↓schwer）❶（より）困難にする，妨げる，阻害する．j³ das Leben ~ 人³の生活を苦しくする．Dein Verhalten *erschwert* es mir, dir zu helfen. 君がそんな態度をとっている限り私が君を助けるのはむずかしい．Dieser Umstand kommt ⟨tritt⟩ noch *erschwerend* hinzu. こうした事情が事を一層困難にする．ein *erschwerender* Umstand〘法制〙加重的情状．unter *erschwerten* Bedingungen arbeiten より悪い条件で働く．
❷ 再《sich³》一層困難に(悪く)なる．
Er'schwer·nis [ɛrˈʃveːrnɪs] 中 -/-se 困難, 障害．
Er'schwe·rung 女 -/-en 困難にする(される)こと, 障害, 妨害．
er'schwin·deln〖sich³〗et⁴ ~《話》物⁴をだまし取る, 詐取(さしゅ)する．
er'schwin·gen* (金を)調達(工面)する, 支払う．《多く否定形で》das Geld für die Reise nicht ~ können 旅行の費用を工面できない(払えない)．
er'schwing·lich [ɛrˈʃvɪŋlɪç] 形（費用などが）調達可能な．
er'se·hen* 他 **1** 見て取る，察する (aus et³ から). soviel ich aus Ihrem Brief *ersehe* お手紙から拝察する限りでは．**2** j⟨et⟩⁴ nicht mehr ~ können《地方》人⟨物⟩⁴がもう我慢ならない．**3**《古》見出す．
er'seh·nen 他《雅》待ちこがれる, 熱望する．
er'setz·bar [ɛrˈzɛtsbaːr] 形 =ersetzlich
*er'set·zen ɛrˈzɛtsən エアゼッツェン 他 **1**（人⟨物⟩⁴の）代りをする, 代行する．einem Kind die Mutter ~ 子供の母親代りをする．Einen Toten kann man nicht ~. 死人の身代りはできぬ．**2** (取り)替える, 交替させる(durch j⟨et⟩⁴ 人⟨物⟩³で); 補う, 補充する (durch j⟨et⟩⁴ 人⟨物⟩³で). alte Reifen ~ 古いタイヤを交換する．den verletzten Spieler durch einen anderen ~ 怪我したプレーヤーを別の選手と交替さ

せる．Talent durch Fleiß ~ 才能を努力で補う．**3** 補償(弁償)する．j³ einen Verlust ~ 人³の損失分を補塡(補償)する．Die Fahrkosten werden nicht *ersetzt*. 交通費は支払ってもらえない．
er'setz·lich [ɛrˈzɛtslɪç] 形 代り(補充)のきく; 交換(交替)可能な; 補償(補塡)することができる．
er'sicht·lich [ɛrˈzɪçtlɪç] 形（↓ersehen）はっきり目に見える(分かる), 明白な．
er'sin·nen* 他（[sich³] et⁴ 事⁴を）考え出す．
er'sit·zen* 他 **1**（座り）j⟨et⟩⁴ ~ 物⁴を何もしないで手に入れる．sich *seine* Beförderung im Amt ~ 役所でトコロテン式に(年功序列で)昇進する．**2**〘法制〙時効によって取得する．
er'spä·hen 他 探り出す, 探知(察知)する．
er'spa·ren [ɛrˈʃpaːrən] ❶ 他 **1** 貯える, ため込む; 節約して手に入れる．sich³ Geld ~ と金を貯える．Ich habe mir ein Häuschen *erspart*. 私は金を貯めて小さな家を手に入れた．10 000 Euro *erspartes* Geld auf der Bank haben 銀行に 10000 ユーロの貯金がある．von *seinem* Ersparten leben 貯金で暮す．**2**（人³に事⁴を）免除(容赦)する．j³ eine Arbeit ~ 人³に仕事を免除する．Ich möchte ihm den Ärger ~. 私は彼に不愉快な思いをさせたくない．Diesen Vorwurf kann ich Ihnen nicht ~. 私のこの非難をあなたに向けざるをえない．《**erspart bleiben** の形で》Diese Szene blieb uns *erspart*. この騒ぎには巻込まれずにすんだ．Ihm blieb nichts *erspart*. 彼はとことんひどい目にあった．
❷ 再《sich³》sich et⁴ ~ 事⁴を免れる, しないですむ．Diesen Umweg hättest du *dir* ~ können. 君はこんな回り道なんかしないですんだのに．
Er'spar·nis [ɛrˈʃpaːrnɪs] 女 -/-se(じ) 中 -ses/-se 節約．**1** 節約 (an et⁴ 物³の). **2**《ꠖ》貯金．
er'spie·len 他（競技によって）獲得する．den Preis ~ 賞を取る．den Sieg ~ 勝利を収める．
er'sprie·ßen* 自 (s) **1** 芽ぐむ, 芽ばえる．Daraus wird nichts Gutes ~.《話》そんなことをしたってろくなことにならないよ．**2**（植物が）繁茂する．
er'sprieß·lich [ɛrˈʃpriːslɪç] 形《雅》有益な, 有利な, 役に立つ．

erst [eːrst エーアスト] ❶ 形《eins ① の序数》元来 は eh[er] の最上級．**1** 第 1 の, 1 番目の; 最初の．die ~e Auflage《本》の初版．der ~e Eindruck 第 1 印象．~er Fall〘文法〙(Nominativ) 1 格．~e ⟨*Erste*⟩ Hilfe（けがをしたまでの)応急手当．Sie war seine ~e Liebe. 彼女は彼の初恋の人だった．die ~en beiden Strophen eines Gedichts ある詩の最初の 2 連(ただし後述の ~en Strophen zweier Gedichte 2 つの詩のそれぞれの第 1 連). das ~e Mal⁴ / zum ~en Mal 初めて, 最初に．aus ~er Hand 直接に, じかに; 確かな筋から．bei der ~en Gelegenheit 最初の機会, 近々に．in ~er Linie まず第 1 に．《名詞的用法で》der ~e Mai 5 月 1 日．der *Erste* Mai メーデー．Wilhelm der *Erste* ヴィルヘルム 1 世 (Wilhelm I.). das *Erste* und das Letzte 始めと終り．Er war der *Erste*⟨~e⟩, der das erwähnte. 彼はそのことに言及した最初の人であった．In München war es das *Erste*⟨~e⟩, einen alten Freund zu besuchen. ミュンヒェンで私がした最初のことは古い友人を訪ねることだった．als *Erstes*⟨~es⟩ まず最初(第 1)に．am *Ersten*⟨~en⟩ まず初めに.

am ~*en* Juni 6月1日に. am *Ersten* [*des Monats*] 一日(ﾂｲﾀﾁ)に. aufs *Erste*(°~*e*) まず初めに. fürs *Erste*(°~*en*) さしあたり, 当分は. zum *Erste*(°~*en*) まず第1に. der〈die/das〉~*e* beste... 手当りしだいの..., 行当りばったりの..., 手近の...(↑*erstbest*). das ~*e* Beste~*en* wählen 行当りしだいに選ぶ. bei der ~*en* besten Gelegenheit 機会がありしだい. der〈die/das〉*Erste*(°~*e*)..., der〈die/das〉 *Letzte*(°*letzte*)... 前者は...後者は...(↑*erster*). **2**《順位・序列》首位(首席)の, 第1級の, 1流の, 最高(最上)の;《ｷｮｳｷﾞ》1着(1位)の. das ~*e* Hotel am Platze 当地最高のホテル. *Erster* Offizier 1等航海士. ~*er* Klasse² fahren 【鉄道】1等車に乗って行く. eine Ware von ~*er* Güte〈Qualität〉極上品.《名詞的用法》Lieber der *Erste* hier als der Zweite in Rom.《諺》鶏口(ｹｲｺｳ)となるも牛後(ｷﾞｭｳｺﾞ)となるなかれ(ローマの第2の人になるよりも当地の第一人者になりたい). Er ist *Erster*〈der *Erste*〉in der Klasse. 彼はクラスのトップだ. *Erster* von hinten《戯》びり(後ろから1番). Er ist *Erster*(°~*er*) durchs Ziel gehen トップでゴールインする. Er hat es als *Erster*(°~*er*) getan. それをしたのは彼が最初だった. **❷** 圓 **1** 最初に, 初めに; まず, 前もって, あらかじめ. *Erst* herrschte Stille im Saal. 最初はホールじゅうが静まりかえっていた. Sprich ~ mit deinen Eltern! まず両親と話し合うことだな. *Erst* überlegen, dann handeln! よく考え, それから行動せよ. **2**《ある時点になって》初めて, ようやく, やっと. Er hat es ~ gestern erfahren. 彼はそれをつい昨日知ったばかりだ. Sie kommt ~ morgen zurück. 彼女はあすにならないと戻らない. Er erschien ~, als alles vorbei war. 彼は万事が終ったのちにやっと姿を見せた. eben ~ たった今, 今しがた. Er ist eben ~ nach Hause gekommen. 彼はたった今帰宅したばかりだ. **3**《ある時点・状態に達したばかりであることを示して》ようやく, やっと(...したところである). Das Kind hat ~ zwei Zähne. その子にはやっと2本生えたばかりだ. Es ist ~ 8 Uhr. やっと8時になったところだ. **4**《条件文・願望文で》とかく, まず, ...になりさえすれば. Wäre es nur ~ Frühling! 春であればなあ. Wir wollen ~ einmal hören, was er sagt. ともかく彼の言い分を聞いてみよう. **5**《程度を強めて》ましてや, いわんや, いよいよ, ますます. Er ist schon geizig, aber ~ seine Frau. 彼もけっこう貧欲だが彼の女房ときたらなおさらけちいよ. ~ recht〈richtig〉ますますもって, いよいよ. Deine Bemerkung hat ihn ~ recht verstimmt. 君の発言で彼はいっそう不機嫌になった. Jetzt geht es ~ richtig los. これからいよいよ本番だ. **6**《地方》(vorhin) つさっき, 今しがた.

er'star·ken [εr'ʃtarkən] 圓 (s) (↓ stark) 強く(丈夫に)なる, 強化される.

er'star·ren [εr'ʃtarən] 圓 (s) **1** (液体が)凝固する. Der See war zu Eis *erstarrt*. 湖は凍結していた. Vor Furcht *erstarrte* ihm das Blut in den Adern. 恐怖のあまり彼は血の凍る思いがした. **2** (身体が)硬直する, (手足が)硬くなる, かじかむ. zu Stein ~ 石のように突っ立っていた. Er stand wie *erstarrt*. 彼は石と化したように突っ立っていた. **3** (芸などが)柔軟性を失う. Seine Kunst *erstarrte* zu reiner Routine. 彼の芸は硬直してマンネリ化した.

Er'star·rung 囡 -/ 凝固, 硬直, 凍結.

er'stat·ten [εr'ʃtatən] 他 (↓ **Statt**) **1** (経費・運賃などを)返す, 払い戻す, 弁済(補塡)する. j³ die Auslagen ~ 人³に立替金を返す. Alle Unkosten werden *erstattet*. 費用はすべて支給される. **2**《書》《機能動詞として》j³ Bericht über et⁴ ~ 人³に事⁴について報告する. gegen j⁴ Anzeige ~ 人⁴を告発する.

'erst·auf·füh·ren ['e:rst..] 他 (↓ *erst*..)《不定詞・過去分詞でのみ》(芝居を)初演する, (映画を)封切上映する.

'Erst·auf·füh·rung 囡 -/-en 初演, 封切.

*****er'stau·nen** [εr'ʃtaʊnən エアシュタオネン] **❶** 他 驚かす, びっくりさせる; 驚嘆させる(durch et⁴ 事⁴で). **❷** 圓 (s)《古》(über et⁴ 事⁴に)驚く, 目を見はる; 怪訝(ｹｹﾞﾝ)の念を抱く, あきれる; 驚嘆する. **❸** 画 (**sich**⁴) (また ~) (über et⁴ 事⁴に)驚く. ◆ ~t *erstaunt*.

*****Er'stau·nen** [εr'ʃtaʊnən エアシュタオネン] 田 -s/ 驚き; 怪訝(ｹｹﾞﾝ)の念; 驚嘆. j⁴ in ~ [ver]setzen 人⁴を驚かせる. zu meinem ~ 驚いたことには.

*****er'staun·lich** [εr'ʃtaʊnlɪç エアシュタオンリヒ] 圏 驚くべき, びっくりするような; 奇異な, 不思議な; 驚嘆すべき, すばらしい. Sie sieht ~ (=sehr) jung aus. 彼女は驚くほど若く見える.

er'staun·li·cher·wei·se 圓 驚くべきことに.

*****er'staunt** [εr'ʃtaʊnt エアシュタオント] 過分 圏 驚いた, びっくりした. Ich war sehr ~ darüber. 私はそれにひどく驚いた. mit ~*er* Miene 驚いた顔つきで.

'Erst·aus·ga·be 囡 -/-n (本の)初版; 初版本.

'erst'best 圏 (↑ *erst* ① 1) 手当たりしだいの, 行当りばったりの; 手近の.

'Erst·be·stei·gung 囡 -/-en 【登山】初登頂.

'Erst·druck 男 -[e]s/-e **1** (本の)初版. **2**【印刷】初稿.

er'ste·chen* 他 刺し(突き)殺す.

er'ste·hen* [εr'ʃte:ən] **❶** 圓 (s) **1**《雅》【宗教】(auferstehen) よみがえる, 復活する. Christus ist aus dem Grab〈vom Tode〉*erstanden*. キリストは墓の中から〈死よりよみがえられた. **2**《雅》(entstehen) 発生する, 生じる. Hier *ersteht* ein großer Park. ここに大きな公園ができる. Daraus sind uns nur Schwierigkeiten *erstanden*. そのことから私たちにいろいろの面倒なことばかり起こった. **❷** 他 (うまく)手に入れる, 買う. ein Grundstück billig ~ 地所を安く手に入れる.

er'stei·gen* 他 (山などに)登りつめる, 頂上まで登る.

er'stei·gern 他 ([sich³] et⁴ 物⁴を競(ｾ)り落す.

Er'stei·gung 囡 -/-en てっぺんまで登ること, 登頂.

er'stel·len 他《書》**1** (建物などを)建造(建設)する. **2** (計画書・計算書などを)作成(制作)する. **3** (商品・サービスなどを)提供する.

'ers·te Mal, °**'er·ste·mal** 圓 (↑ *erst* ① 1)《次の用法で》das ~ / zum *ersten Mal* 初めて, 最初に. beim *ersten Mal* 最初のときに.

'ers·tens ['e:rstəns] 圓 まず最初に, 1番目に.

'ers·ter ['e:rstər] 圏 *erst* の比較級.《名詞的用法で》(↔ *letzter*) der〈die/das〉*Erstere*(°~*e*)..., der 〈die/das〉 *Letztere*(°*letztere*)..., / *Ersterer*〈*Erste·re/Ersteres*〉..., *Letzterer*〈*Letzte·re/Letzteres*〉... 前者は...後者は... Die beiden berühmtesten Maler dieser Zeit sind X und Y, *Ersterer* hat vor allem Landschaften, Letzterer Porträts gemalt. その時代の2人の最も有名な画家がXとYである, 前者はとくに風景画を, 後者は肖像画を描いた.

er'ster·ben* 圓《雅》**1** (sterben) 死ぬ, 滅びる. **2** (音の響きが)次第にやむ, 消えていく. Das Wort *erstarb* ihr auf der Zunge. その言葉は彼女の舌の上で(口に出ないで)消えてしまった.

'**erst·er·wähnt** 初めに述べた, 上述の.
'**Erst·ge·bä·ren·de** 女《形容詞変化》【医学】初産婦.
'**erst·ge·bo·ren** 形 最初に生まれた, 長子の.
'**Erst·ge·bo·re·ne** 男《形容詞変化》der〈die〉~ 長男〈長女〉.
'**Erst·ge·burt** 女 -/-en **1** 長子; (動物の)初子. **2** 処女作, 第1作. **3**《複数なし》【法制】=Erstgeburtsrecht
'**Erst·ge·burts·recht** 中 -[e]s/ 【法制】長子(相続)権.
'**erst·ge·nannt** 形 =ersterwähnt

*er'**sti·cken** [ɛrˈʃtɪkən エアシュティケン] ❶ 自 (s) **1** 窒息(死)する, 息がつまる. an den Kohlengasen 〈aus Sauerstoffmangel〉~ 石炭ガスで〈酸素欠乏のために〉窒息する.《中性名詞として》Die Luft hier ist zum Ersticken. ここの空気は息がつまりきそうだ. Es ist zum Ersticken heiß. 息苦しいほど暑い. Der Zug war zum Ersticken voll. 列車は息もできないほど込員であった. **2** 消えていく, 失われる, 消滅する. Sein Talent ist allmählich erstickt. 彼の才能は徐々に衰えていった. Das Feuer ist unter der Asche erstickt. 火は灰の下で消えた. **3**《比喩的表現で》[noch] in der Arbeit〈im Geld〉~ 仕事が山とあって押し潰されそうだ〈腐るほど金がある〉.
❷ 他 **1** 窒息(死)させる, 絞め殺す. j⁴ durch Erdrosseln ~ 人⁴を絞め殺す. Es war erstickend heiß. 息苦しいほど暑かった. eine erstickende Hitze 息苦しいほどの暑さ. **2**(声·感情などを)抑える;(火を)消す; (反乱などを)鎮圧する. Tränen erstickten ihre Stimme. 涙が彼女の声をつまらせた. et⁴ im Keim ~ 物⁴を芽のうちに摘み取る, 未然に防ぐ. mit erstickter Stimme 声を押し殺して.
Er'sti·ckung 女 -/-en 窒息(死).
'**erst·klas·sig** [ˈeːrstklasɪç] 形 第1級の, 1流の;《球技》1部リーグの(に属する).
'**Erst·kläss·ler** [..klɛslər] 男 -s/- 《南ドイツ·スイス》(学校の)1年生.
'**Erst·kom·mu·ni·kant** 男 -en/-en《カトリック》初聖体拝領者. ◆女性形 Erstkommunikantin女《カトリック》
'**Erst·kom·mu·ni·on** 女 -/《カトリック》初聖体拝領. ↑ Kommunion
'**erst·lich** [ˈeːrstlɪç] 副《古》=erstens
'**Erst·ling** [ˈeːrstlɪŋ] 男 -s/-e **1** 第1子, 初児. **2**(動物の)初子. **3** 第1作, 処女作. **4**(季節の)はしり, 初物.
'**Erst·lings·ar·beit** 女 -/-en 処女作.
'**Erst·lings·aus·stat·tung** 女 -/-en ベビー用品, うぶ着.
'**Erst·lings·wä·sche** 女 -/-n =Erstlingsausstattung
'**Erst·lings·werk** 中 -[e]s/-e 処女作.
'**erst·ma·lig** [ˈeːrstmaːlɪç] 形 第1回目の, 初回の.
'**erst·mals** [..maːls] 副 (zum erstenmal) 初めて.
'**Erst·milch** 女 -/【医学】初乳.
er'strah·len 他 輝き始める, 光り出す;(顔が喜びに)ぱっと輝く, 喜色をみなぎらす.
'**erst·ran·gig** [ˈɛːrstranɪç] 形 **1** =erstklassig **2** 非常に重要な, 焦眉の.
er'stre·ben [ɛrˈʃtreːbən] 他《雅》得ようと励む,(に)到達しようと努力する.
er'stre·bens·wert 形 獲得(到達)しようと努める値打ちのある, 努力の甲斐のある.

er'stre·cken [ɛrˈʃtrɛkən] ❶ 再《sich⁴》 拡がる, 延びる, 達する, 及ぶ. Dieses Verbot erstreckt sich nicht auf Touristen. この禁令は旅行者には適用されない. Der Wald erstreckt sich bis zum Flussufer 森は川岸まで延びている. Seine Forschungen erstreckten sich über fünf Jahre. 彼の研究は5年以上に及んだ. ❷《カトリック》(期間を)延長する, 延期する.
'**Erst·stim·me** 女 -/-n【法制】(ドイツ連邦選挙で候補者に投じられる)第1投票.
er'stun·ken [ɛrˈʃtʊŋkən] 形《ふつう次の用法で》Das ist ~ und erlogen. 《話》それは嘘八百だ.
er'stür·men 他《要塞·山賊などを》攻略(征服)する.
er'su·chen [ɛrˈzuːxən] 他 乞い願う, 請願する. j⁴ um Antwort ~ 人⁴に返答を乞う.
er'tap·pen ❶ 他(人⁴を)捕える,(の)不意を襲う(bei et³ 事³をしている最中に). j⁴ auf frischer Tat ~ 人⁴を現行犯で逮捕する. j⁴ beim Lügen ~ 人⁴の嘘を見破る. ❷ 再《sich⁴》(自分の魂胆·願望などに)はっと気づく. Er ertappte sich bei dem Gedanken, das Geld an sich⁴ zu nehmen. 彼は自分がその金を着服しようと考えていることにはっと気づいた. sich bei der Nachlässigkeit ~ 自分のだらしなさにはっとする.
er'tas·ten 他 手さぐりで探す(見つける), 手で触って知る. die Blindenschrift ~ 点字を指読する.
er'tau·ben [ɛrˈtaʊbən] 自 (s)(↓taub) **1** 聴覚を失う. auf einem Ohr ~ 片方の耳が聞こえなくなる. **2** しびれる, 麻痺する.
er'tei·len [ɛrˈtaɪlən] 他 j³ et⁴ ~ 人³に物⁴を与える, 授ける. j⁴ einen Auftrag erteilen〈einen Befehl〉~ 人⁴に任務〈命令〉を与える. Unterricht ~ 授業をする.
er'tö·nen [ɛrˈtøːnən] 自 (s) **1**(歌声·鐘などが)突然響き始める, 鳴り出す, 聞こえてくる. **2**《雅》(von et³ 物³の)音で満ちられる. Der Wald ertönte von frohen Liedern. 森じゅうに陽気な歌声が満ちあふれた.
er'tö·ten 他《雅》(感情·欲望などを)押し殺す.
Er'trag [ɛrˈtraːk] 男 -[e]s/Erträge **1** 収穫(高)量. **2** 収益, 儲け, 上がり. **3**(労働·研究などの)実り, 成果.
*er'**tra·gen**¹* [ɛrˈtraːɡən エアトラーゲン] 他 耐える, 我慢する. sein Leiden mit Geduld ~ 苦悩を我慢強く耐える. Ich kann ihn nicht ~. 私は彼が我慢ならない.
er'tra·gen² ertragen¹の過去分詞.
er'träg·lich [ɛrˈtrɛːklɪç] 形 **1**(なんとか)耐えられる, 我慢できる. **2**《話》まずまずの, そこそこの.
Er'träg·nis [ɛrˈtrɛːknɪs] 中 -ses/-se《まれ》=Ertrag
er'trag·reich 形 収穫(収益)の多い.
Er'trag[s]·steu·er 女 -/-n 収益税, 所得税.
er'trägst ertragen¹の現在2人称単数.
er'trägt ertragen¹の現在3人称単数.
er'trank ertrinkenの過去.
er'trän·ke ertrinkenの接続法II.
er'trän·ken 他 **1** 溺死させる. sich⁴ ~ 入水(じゅすい)する. **2**《比喩》seinen Kummer in〈im〉Alkohol ~ 憂いさを酒に紛らす.
er'träu·men [ɛrˈtrɔʏmən] 他《sich³》et〈j〉⁴ ~ 事〈人〉⁴のことを)夢想する. Sie hatte sich immer einen Maler zum Mann erträumt. 彼女はつねづね画家を夫にしたいと夢みていた.
*er'**trin·ken*** [ɛrˈtrɪŋkən エアトリンケン] 自 (s) **1** 溺れる, 溺死する. **2**《比喩》in Arbeit ~ 仕事に忙殺される. im Lärm ~ 騒音にかき消される. Die Berge ertranken im Regen. 山々は雨に煙っていた.

er'trot·zen 他 [sich³] et⁴ 物³を強引に手に入れる. sich die Erlaubnis zu et³ ~ 無理を言って事³をする許可を得る.
er'trug ertragen¹ の過去.
er'trü·ge ertragen¹ の接続法 II.
er'trun·ken ertrinken の過去分詞.
er'tüch·ti·gen [ɛr'tyçtɪɡən] 他 (↓ tüchtig) (人⁴を) 鍛錬する, トレーニングする.
er'üb·ri·gen [ɛr'|yːbrɪɡən] ❶ 他 (節約して) 残しておく, とっておく. Geld〈Zeit〉für et⁴ ~ 事⁴をするための金〈時間〉を残しておく. ❷ 再《sich⁴》余計である, 必要ない. Jedes weitere Wort erübrigt sich. もうこれ以上の言葉は不要である. ❸ 自《古》《書》Es erübrigt noch, näher darauf einzugehen. この件をもっと立入って検討してみることがさらに必要である.
eru'ie·ren [eru'iːrən] 他 (lat., heraus graben') **1** (事⁴を) 探り出す, 究明 (調査) する. **2** (人⁴を) 捜し出す, 見つけ出す.
Erup·ti·on [eroptsi'oːn] 女 -/-en (lat., Ausbruch') **1**〖地学〗(火山などの)噴火, 爆発; (溶岩・蒸気などの)噴出. **2**〖天文〗(太陽・星の表面に起る)ガスの爆発. **3**〖医学〗発疹. **4**《比喩》(笑い・怒りなどの)爆発.
erup'tiv [..'tiːf] 形 **1**〖地質〗噴火作用による. ~es Gestein 火成岩. **2**〖医学〗発疹性の. **3**《比喩》(怒り・笑いなどの)爆発的な.
Erup'tiv·ge·stein 中 -[e]s/-e 〖地質〗火成岩.
*__er'wa·chen__ [ɛr'vaxən エアヴァヘン] 自(s)《雅》**1** 目を覚ます, 醒(さ)める. aus einer Ohnmacht ~ 失神から我に返る. aus dem〈vom〉Schlaf ~ 眠りから目覚める. aus seinen Träumen ~ 夢想から目覚める. **2** (心に)きざす, 芽ばえる. Erinnerungen erwachten in ihr. さまざまな思い出が彼女の心によみがえった. Endlich ist sein Gewissen erwacht. ついに彼の良心がよみがえった. **3** Der Morgen〈Der Frühling〉erwacht. 朝があける〈春になる〉.
__er'wach·sen__¹ [ɛr'vaksən エアヴァクセン] 自(s) **1** 生じる, 起きる (aus et³ 物³から). Daraus erwächst uns nur Ärger. そのことから私たちに不愉快なことしか起らない. Ein Gerücht erwächst schnell. 噂は 1 日で千里を走る. **2**《古》成長する. Die Bäume sind aus Samen erwachsen. これらの樹木は種子から育ったものだ. zum Manne ~ 成人する. ▶ ↑erwachsen²
er'wach·sen² (↑erwachsen¹) 成人した, 大人 (おとな) の. ↑Erwachsene
*__Er'wach·se·ne__ [ɛr'vaksənə エアヴァクセネ] 男女《形容詞変化》成人, 大人.
Er'wach·se·nen·bil·dung 女-/ 成人教育.
er'wäch·sest erwachsen¹ の現在 2 人称単数.
er'wächst erwachsen¹ の現在 2 人称・3 人称単数.
__er'wä·gen__ [ɛr'vɛːɡən エアヴェーゲン] 他 よく考える, 考量 (吟味) する. alle Möglichkeiten gründlich ~ あらゆる可能性を徹底的に検討する.《zu 不定詞句と》et⁴ neues Haus zu kaufen. 彼は新しい家を買おうかと思案を重ねている.
er'wä·gens·wert 形 考慮 (検討) に値する.
*__Er'wä·gung__ [ɛr'vɛːɡʊŋ エアヴェーグング] 女 -/-en 考量, 吟味, 検討.
er'wäh·len [ɛr'vɛːlən] 他《雅》**1** [sich³] j〈et〉³ 人〈物〉³を選ぶ, 選び出す. sich eine Frau ~ 妻を選ぶ. **2** (j⁴ zu et³ 人⁴を物³に)選ぶ.
__er'wäh·nen__ [ɛr'vɛːnən エアヴェーネン] ❶ 他 (人〈事〉⁴に) 言及する, 触れる. Davon hat er nichts erwähnt. 彼はそのことには一言も触れなかった. Der Name wird [urkundlich] erstmals im 9. Jahrhundert erwähnt. この名前が初めて記録に出てくるのは 9 世紀のことである. wie oben erwähnt 上述のように. ❷ 自《古》(が²) (人〈事〉²に) 言及する, 触れる.
er'wäh·nens·wert 形 言及する値打ちある.
Er'wäh·nung 女 -/-en 述べること, 言及. keine ~ verdienen 言及するに値しない. j〈et〉² ~ tun《古》人〈事〉²に言及する.
er'wan·dern 他 [sich³] ein Gebiet ~ ある地域のことを歩いて知る.
er'warb erwerben の過去.
er'war·men [ɛr'varmən] 自(s) (↓warm)《古》暖かくなる, 暖まる.
*__er'wär·men__ [ɛr'vɛrmən] ❶ 他 **1** 暖 (温) める;《比喩》(心を)朗(ほが)らかにする. Wasser auf 50 Grad ~ 水を 50 度に温める. Ihr Lächeln erwärmte ihm das Herz. 彼女の微笑は彼の心をなごませた. **2**《比喩》(j⁴ für j〈et〉⁴ 人⁴に人〈事〉⁴に対する)熱い関心(興味)を起させる, 好感を抱かせる. Ich versuchte, ihn für den Gedanken zu ~. 私は彼をその思想に共鳴させようとした. ❷ 再《sich⁴》**1** 暖かくなる, 暖まる, (水が)ぬるむ; (心・表情などが)和 (なご) む. sich mit einem Schnaps ~ 一杯ひっかけて体を暖かくする. **2** 共感 (共鳴) する, 好意を持つ (für j〈et〉⁴ 人〈事〉⁴に). Ich kann mich für den Boxsport nicht ~. 私はボクシングが好きになれない.
Er'wär·mung 女 -/-en 暖める (温まる) こと.

er'war·ten [ɛr'vartən エアヴァルテン] 他 **1** (人⁴が) 来るのを待つ, (事⁴が) 起こるのを待受ける; 待望む, 待望する. Ich erwarte Sie um zehn Uhr am Bahnhof. 10 時に駅でお待ちしています. Besuch〈Gäste〉 ~ 客が来る予定である. ein Baby〈ein Kind〉~ 身ごもっている. Eine schwierige Arbeit erwartet mich. 厄介な仕事が私を待受けている.《成句と》et⁴ kaum ~ können 事⁴を待ちかねている. Sie können die Sommerferien kaum ~. 彼らは夏休みを待ちかねている. **2** (事⁴を) 期待 (予期) する, 当てにする. Von ihm ist nicht viel Gutes zu ~. 彼にいいことは期待できない. Es steht zu ~, dass...…てあると期待 (予想) される.《sich³ et⁴ erwarten の形で》Wir erwarten uns viel von ihm. 私たちは彼に多大の期待を寄せている.
Er'war·ten 中 -s/ 期待, 予期. über ~ 期待 (予想) 以上に. wider [alles] ~ 期待に反して.
Er'war·tung [ɛr'vartʊŋ エアヴァルトゥング] 女 -/-en **1**《複数なし》期待, 待望. voll[er] ~ 期待に満ちて, 固唾 (かたず) をのんで. **2**《ふつう複数で》予期, 見込. in der ~, dass… …ことを期待 (予想) して. sich⁴ in seinen ~en getäuscht sehen 当てがはずれる.
er'war·tungs·voll 形 期待に満ちた.
er'we·cken [ɛr'vɛkən] 他 **1**《雅》目覚めさせる, 起す. j⁴ aus dem Schlaf ~ 人⁴を眠りから起す. **2**〖宗教〗よみがえらせる;〖神学〗回心させる. nach dem Tode zum ewigen Leben erweckt werden 死後によみがえって永遠の生命にあずかる. alte Bräuche wieder zum Leben ~《比喩》昔の風習を復活させる. **3** (感情などを) 呼起す. den Anschein ~, als ob... ...であるかのような印象を与える. Hoffnungen in j³ ~ 人³の心に希望の火を点じる.
Er'we·ckung 女 -/-en **1**《複数なし》目ざめ, 覚醒. **2**〖神学〗回心.

er·weh·ren (sich⁴) 《雅》(人〈物〉²から)身を守る，(を)遠ざける，寄せつけない． Ich kann *mich* seiner Aufdringlichkeit kaum ~. 彼の厚かましさにはほとほとお手挙げだ． *sich* des Lachens nicht ~ können 笑いをこらえきれない．

er·wei·chen [ɛrˈvaɪçən] ❶ 他 **1** 《物⁴を柔らかくする． Die Sonne *erweicht* das Wachs. 太陽が蠟(ﾛｳ)を柔らかくする． **2** 《比喩》(人⁴を)軟化させる，(の)態度(気持)を和らげる． Ihre Tränen haben mein Herz *erweicht*. 彼女の涙が私の心を和らげた． Ich habe mich durch Bitten schließlich ~ lassen. 拝み倒されて私はついに説得に応じた． ❷ 自 (s) 柔らかくなる；態度を和らげる，軟化する． Der Asphalt ist in der Sonne *erweicht*. アスファルトが太陽に当って柔らかくなった．

Er·wei·chung 女 -/-en 柔らかくする(なる)こと，軟化． Gehirn*erweichung*《医学》脳軟化．

Er·weis [ɛrˈvaɪs] 男 -es/-e (↓erweisen)《雅》証拠． den ~ für et⁴ erbringen 事⁴を立証する．

er·wei·sen* [ɛrˈvaɪzən] ❶ 他 **1** 《雅》証明(立証)する． Das ist noch nicht *erwiesen*. それはまだ証明されていない． eine These als richtig ~ あるテーゼの正しさを証明する． **2** (好意・敬意などを)示す，表す． j³ eine Achtung〈einen Dienst〉 ~ 人³に敬意を表す〈の世話をしてやる〉．
❷ (sich⁴) 明らかになる，判明する，証明される． *sich* als einen Fehler〈als unbegründet〉 ~ 誤りであることが明らかになる〈根も葉もないことだと判明する〉． Er hat *sich* als ein tüchtiger Mitarbeiter *erwiesen*. 彼は有能な協力者であることを実証した． *sich* gegen j⁴ dankbar ~ 人⁴に感謝する． Es hat *sich erwiesen*, dass... ...であることが明らかになった．

*er·wei·tern [ɛrˈvaɪtɐn] ❶ 他 広げる，拡大(拡張)する． Koffein *erweitert* die Blutgefäße. カフェインには血管を広げる作用がある． *seinen* Horizont ~ 《比喩》視野を広げる． eine *erweiterte* Auflage (本の)増補版． ❷ 再 (sich⁴) 広がる，拡大する；(心臓などが)肥大する．

Er·wei·te·rung 女 -/-en 拡大，拡張．

Er·wei·te·rungs·bau 男 -[e]s/..bauten **1**《複数なし》拡張工事，建て増し，増築． **2** 増築部分．

Er·werb [ɛrˈvɛrp] 男 -[e]s/-e **1**《複数なし》入手，獲得，取得，購入． **2**《複数なし》習得． **3** 取得(購入)物． **4** 稼ぎ，儲け，収益． von *seinem* ~ leben 自活している． **5** 生業，職業． *seinem* ~ nachgehen 生業にいそしむ．

er·wer·ben [ɛrˈvɛrbən] エアヴェルベン 他 **1** 得る，入手する；《比喩》(尊敬・信用などを)かち取る，博する． den Doktortitel ~ 博士号を取得する． ein Grundstück〈ein Verlagsrecht〉 ~ 土地を購入する〈版権を取得する〉． *sich*³ *sein* Brot ~ 生計を立てる． *sich*³ Ruhm ~ 名声を博する． **2** [*sich*³] et⁴ ~ 事⁴(知識・技術など)を習得する，身につける． *sich seine* Wissen im Selbststudium ~ 独学で知識を身につける． ◆↑ erworben

er·werbs·be·schränkt 形 (身体障害などにより)就業困難な．

er·werbs·fä·hig 形 働くことのできる，就業可能な．

er·werbs·los 形 **1** (arbeitslos) 無職の，失業した． **2** 未就職の(学校は出たが就職口のない)．

Er·werbs·lo·se 男女《形容詞変化》失業者．

er·werbs·tä·tig 形 働いている，職に就いている．

Er·werbs·tä·ti·ge 男女《形容詞変化》就業者．

er·werbs·un·fä·hig 形 働けない，就業(生計)能力のない．

Er·wer·bung 女 -/-en **1**《複数なし》獲得，取得，購入；習得． **2** 獲得(取得)物，購入品．

*er·wi·dern [ɛrˈviːdɐn] エアヴィーダーン 他 (↓wider) **1** ...と答える，返答(応答)する． Sie *erwiderte* auf meine Frage nichts. 彼女は私の質問に何も答えなかった． Er *erwidert* mir, dass... 彼は私に...と答える．《目的語なし》Sie *erwiderte* mit scharfer Worten. 彼女はきつい言葉で言返した． **2** (事⁴に)応える，報いる，(の)お返しをする． Er *erwiderte* meiner Gruß. 彼は私の挨拶に応えた． einen Besuch ~ 返しの訪問をする． das Feuer ~《軍事》応射する Böses mit Gutem ~ 悪に報いるに善をもってする．

Er·wi·de·rung 女 -/-en **1**《複数なし》応答(すること)． Seine Liebe fand keine ~. 彼の愛は報われなかった． **2** 答え，返事；返礼，お返し．

er·wie·se·ner·ma·ßen [ɛrˈviːzənɐˈmaːsən] 副 立証(証明)されたように，明らかに．

'Er·win [ˈɛrviːn] 男名 (↓Herwin) エルヴィーン． ~ von Steinbach エルヴィーン・フォン・シュタインバッハ (Straßburg の大聖堂を建立した建築家，1318 没)．

er·wirbst erwerben の現在 2 人称単数．

er·wirbt erwerben の現在 3 人称単数．

er·wir·ken 他 苦労して手に入れる，なんとか実現する． bei j³ eine Erlaubnis ~ 人³から許可を得る． für j⁴ eine Vergünstigung ~ 人⁴のために便宜をはかってもらう． eine Zahlung ~ やっとのことで支払ってもらう．

*er·wi·schen [ɛrˈvɪʃən] エアヴィッシェン 他《話》**1** (犯人などを)引っ捕える，つかまえる． j⁴ beim Stehlen ~ 人⁴の盗みの現場を押える． Lass dich nicht ~! つかまるなよ． **2** (素早く)掴む，手に入れる． j⁴ am Kragen ~ 人⁴の襟首を掴む． das Glück beim Zipfel ~ 《比喩》好機をとらえる． Wir haben den letzten Bus gerade noch *erwischt*. 私たちは最終のバスにぎりぎり間に合った． einen Sitzplatz ~ 運よく空(ｱ)いた座席が見つかる． **3**《非人称的に》Es *erwischt* j⁴.《俗》人⁴がひどい目に会う，くたばる(死ぬ)；一杯食わされる；(頭がいかれる；恋に落ちる． Mich hat die Grippe diesmal verschont, dafür hat's meinen Mann ganz schlimm *erwischt*. 私は今度はインフルエンザにやられなかったけれど，その代り夫がひどい目に合ったわ． Den hat's *erwischt*. Er hat eine neue Freundin. あの男は恋にうつつを抜かしている． 新しいガールフレンドができたんだよ． Muss es ausgerechnet immer mich ~. よりにもよっていつも私が貧乏くじを引かされるとは．

er·wog erwägen の過去．

er·wö·ge erwägen の接続法 II．

er·wo·gen erwägen の過去分詞．

er·wor·ben [ɛrˈvɔrbən] 過分 形 (↑erwerben) 入手(獲得)した；習得した；(↔angeboren) 後天性の．

er·wuchs erwachsen の過去．

er·wüch·se erwachsen¹ の接続法 II．

er·wünscht [ɛrˈvʏnʃt] 形 望ましい，願ったり叶ったりの，好都合の． j³ ~ sein〈kommen〉 人³にとって好都合である． Englischkenntnisse ~ (求人広告で)英語のできる人．

er·wür·be erwerben の接続法 II．

er·wür·gen 他 絞め殺す；《比喩》(思想・自由などを)抑圧(圧殺)する．

Ery·si'pel [eryziˈpeːl] 中 -s/-e (*gr.*)《病理》丹毒．

Ery'them [eryˈteːm] 中 -s/-e (*gr.*)《病理》紅斑．

ery·thrä·isch [eryˈtrɛːɪʃ] 形 (*gr.*) エリュトラーの，

das *Erythräische* Meer エリュトラー海(字義的には「紅海」の意であるが、今日の紅海およびインド洋をさす古名).

*****Erz** [eːrts, erts エーアッ] 匣 -es/-e **1** 鉱石, 粗鉱. ~ gewinnen 採鉱する. **2**《複数なし》《雅》金属, (とくに)鉄, 銅, 青銅. wie aus⟨in⟩ ~ gegossen dastehen《比喩》不動の姿勢で(こちこちになって)突っ立っている.

erz.., **Erz..** [erts..]《接頭》(*gr.* archi.., *der erste, oberste*) 形容詞・名詞に冠する. **1**「第 1, 最高」の意を表す *Erz*bischof 大司教. *Erz*engel 大天使. **2**《侮》《意味の強調》*erz*dumm 大馬鹿の. *Erz*gauner 大詐欺師.

'Erz·ader [ˈeːrts.., ˈerts..] 囡 -/-n《地質》鉱脈.

er'zäh·len

[ɛrˈtsɛːlən エアツェーレン] 他 語る, 物語る; 話して聞かせる(人に). Die Großmutter *erzählte* den Kindern ein Märchen. 祖母は子供たちにおとぎ話をしてやった. *Erzähle* keine Märchen!《話》でたらめを言うんじゃない. Mir kannst du viel ~. / Das kannst du einem anderen⟨deiner Großmutter⟩ ~.《話》よく言うよ, 信じるものか. Dem werde ich was ~.《話》あの男にひとつ言い聞かせてやろう. Man *erzählt* sich⟨*dat.*..., (世間では)…と噂し合っている. Ich habe mir ~ lassen, dass... 私は…であると人伝で(噂)聞いた. *erzählende* Dichtung《文学》叙事詩, 叙事文学.《目的語なしで》Er *erzählte* von seiner Reise⟨aus seiner Kindheit⟩. 彼は旅行⟨子供の頃⟩の話をした.

Er'zäh·ler [ɛrˈtsɛːlər] 男 -s/- **1** 語り(話し)手. **2** 物語作家, 小説家. **3**《文学》(小説中の)語り手. ◆女性形 Erzählerin 囡 -/-nen

er'zäh·le·risch [ɛrˈtsɛːləriʃ] 形 語り手としての; 物語の.

*****Er'zäh·lung** [ɛrˈtsɛːluŋ エアツェールング] 囡 -/-en **1**《複数なし》話, 語り. **2**《文学》物語.

'Erz·amt [ˈerts..] 匣 -[e]s/-⁼er《ふつう複数で》(神聖ローマ帝国の)最高宮中職.

'Erz·bi·schof [ˈɛrtsbɪʃɔf] 男 -s/-⁼e《カトリック教》大司教;《プロテスタント教》大監督;《ギリシャ正教》大主教.

'erz·bi·schöf·lich 形 大司教(大主教)の.

'Erz·bis·tum 匣 -s/-⁼er《カトリック教》大司教区.

'Erz·dia·kon [ˈerts diakoːn] 男 -s(-en)/-e[n]《カトリック教》 =Archidiakon 1

'erz·dumm 形《侮》大馬鹿の.

er'zei·gen [ɛrˈtsaɪɡən]《雅》❶ 他 *j*³ *et*⁴ ~ 人³に事⁴(敬意・信頼・好意など)を態度で示す, 表する. ~ 囲 (*sich*⁴)**1** ~の気持であることを表す(人³に). sich seinen Eltern dankbar ~ 両親に感謝の気持を表す. **2** *sich* als...~ …であることが明らかになる. Seine Behauptung *erzeigte* sich als Irrtum. 彼の主張は誤りであることが分かった.

'er·zen [ˈeːrtsən, ˈertsən] 形 (↓ Erz)《雅》**1** 青銅(製)の, ブロンズの. **2**《比喩》(声・音が)金属的な.

'Erz·en·gel [ˈerts..] 男 -s/-《カトリック教》大天使(Michael・Gabriel・Raphael および Uriel をさす).

*****er'zeu·gen** [ɛrˈtsɔʏɡən エアツォイゲン] 他 **1** 産する, 生産する. Milch⟨Maschinen⟩ ~ 牛乳を産する⟨機械を生産する⟩. **2** 生じさせる. Langeweile⟨Spannung⟩ ~ 退屈⟨緊張⟩させる. Reibung *erzeugt* Wärme. 摩擦は熱を発生させる. **3** ein Kind ~《古》子をもうける(男性を主語にして).

Er'zeu·ger [ɛrˈtsɔʏɡər] 男 -s/- **1** 実父. mein ~《戯》=mein Vater **2** 生産者, 製造者, メーカー.

Er'zeu·ger·land 匣 -[e]s/-⁼er 生産地(国). ~

Er'zeu·ger·preis 男 -es/-e 生産者価格.

*****Er'zeug·nis** [ɛrˈtsɔʏknɪs エアツォイクニス] 匣 -ses/-se 生産物, 製品; 作品. ein deutsches ~ ドイツ製品. landwirtschaftliche ~*se* 農産物. ein literarisches ~ 文学作品.

*****Er'zeu·gung** [ɛrˈtsɔʏɡuŋ エアツォイグング] 囡 -/-en 生産, 産出, 製造.

'Erz·feind [ˈerts..] 男 -[e]s/-e **1** 宿敵, 不倶戴天の敵. **2**《キリスト教》(Teufel) 悪魔, サタン.

'Erz·gang [ˈeːrts.., ˈerts..] 男 -[e]s/-⁼e《地質》鉱脈.

'Erz·ge·bir·ge《地名》エールツ山脈(ドイツとチェコの国境地帯にある).

'Erz·her·zog [ˈeːrts..] 男 -[e]s/-e(-⁼e) 大公(オーストリア皇子の称号, 1453-1918).

'Erz·her·zo·gin 囡 -/-nen 大公妃.

'Erz·her·zog·tum 匣 -s/-⁼er 大公領.

er'zieh·bar [ɛrˈtsiːbaːr] 形 教育できる.

er'zie·hen*

[ɛrˈtsiːən エアツィーエン] erzog, erzogen 他 **1** 教育(養育, 訓育)する, しつける. ein Kind streng ~ 子供を厳しくしつける. *j*⁴ zu einem ehrlichen Menschen ~ 人⁴を誠実な人間に育てる. ein gut *erzogenes* Kind しつけの良い子供. **2**《園芸・林業》(植物の)そだてる, 保育する.

Er'zie·her [ɛrˈtsiːər] 男 -s/- **1**(子供の)養育者. **2** 教育者, 教師. ◆女性形 Erzieherin 囡 -/-nen

er'zie·he·risch [..ərɪʃ], **er'zieh·lich** [..lɪç] 形 教育上の, 教育的な.

Er'zie·hung

[ɛrˈtsiːuŋ エアツィーウング] 囡 -/ **1** 教育, 訓練, しつけ. *j*⁴ eine gute ~ geben 人⁴に十分な教育を受けさせる. **2** 礼儀作法. Ihm fehlt jede ~. 彼は礼儀作法をわきまえない(人間的教養が欠けている).

Er'zie·hungs·bei·hil·fe 囡 -/-n 教育助成金, 奨学金.

er'zie·hungs·be·rech·tigt 形 教育権を有する.

Er'zie·hungs·be·rech·tig·te 男囡《形容詞変化》教育権利者, 親権者.

Er'zie·hungs·geld 匣 -[e]s/ (国から支給される)育児手当.

Er'zie·hungs·ur·laub 男 -[e]s/-e 育児休暇.

Er'zie·hungs·we·sen 匣 -s/ **1** 教育制度. **2** 教育活動.

Er'zie·hungs·wis·sen·schaft 囡 -/-en **1** 教育科学. **2** (Pädagogik) 教育学.

er'zie·len [ɛrˈtsiːlən] 他 (物⁴を)獲得する, 達成する. große Erfolge ~ 大きな成功をおさめる.

er'zit·tern 圓 (s) **1** (地面・家屋などが)震えだす. **2** (不安・恐怖・喜びなどのために)体が震える.

er'zog erziehen の過去.

er'zö·ge erziehen の接続法 II.

er'zo·gen erziehen の過去分詞.

er'zür·nen ❶ 他 怒らせる, 立腹させる. ❷ 囲 (*sich*⁴) *sich* über *j*⁴⟨*et*⁴⟩ ~ 人⟨事⟩⁴のことで腹を立てる. ❸ 圓 (s)《古》怒る.

'Erz·va·ter [ˈerts..] 男 -s/-⁼ =Patriarch

er'zwin·gen* [ɛrˈtsvɪŋən] 他 無理やりに(力ずくで)手に入れる. Liebe lässt sich⁴ nicht ~. 愛は力ずくで手に入るのではない. ◆↑erzwungen

er'zwun·gen 過分 形 (↑erzwingen) 強要された, 無

理やりの; わざとらしい. ein ~es Geständnis 強要された自白. ein ~es Lächeln 作り笑い.

er'zwun·ge·ner'ma·ßen 圓 強制(強要)されて.

es[¹] [ɛs エス] 四《人称》3人称単数中性. 格変化は付録「品詞変化表」VII参照. **1**《単数の中性名詞を代理する》Da kommt ein Mädchen. あそこへ女の子がやってくる. あれは隣の娘さんです. Auf dem Tisch liegt ein Buch. Ich habe ~ gestern gekauft. 机の上に本が1冊載っている. 私はそれを昨日買いました.
2《性・数に関係なく単数・複数の名詞を代理することもある》Hier wohnt seine Schwester, ~ ist eine bekannte Ärztin. ここに彼の姉が住んでいるのだが, 有名な女医だ. ▶[1] 複数名詞を代理するときは定動詞も複数形になる. Dort spielen zwei Kinder. *Es sind* meine Enkel. あそこで子供が2人遊んでいる. あれは私の孫です. ▶[2] wer で始まる疑問文に対しては es でこれを受ける. Wer reitet so spät durch Nacht und Wind? *Es* ist der Vater mit seinem Kind. こんな夜更けに闇と風をついて馬を駆ってくるのは誰ですか. あれは子供をつれた父親だよ(Goethe, *Erlkönig*). ▶[3] Es ist…《それは…である》という3人称単数名詞が人称代名詞であるときは, 人称代名詞を文頭に置き定動詞の形も人称代名詞に従う(↑ der ② [II] 2). Wer ist ~? — Ich bin(Wir sind) ~. 誰だい — 私(私たち)です.
3《先行文の一部または全体の文意を受ける》Onkel Fritz war schon in Japan angekommen, aber ich wusste ~ noch nicht. フリッツ叔父はすでに日本に着いていたが私はまだそのことを知らなかった.
4《先行文の述語である動詞・名詞・形容詞を代理する》Sie kann Auto fahren, ich kann ~ aber nicht. 彼女は車の運転ができるが私はできない. Bist du sein Mitschüler? — Ja, ich bin ~. 君は彼の同級生かい — うん, そうだよ. Sie ist sehr zufrieden damit, und ich bin ~ auch. 彼女はそれに大満足だし私もそうだ.
5《非人称主語として／自然現象を表す場合が多い》*Es* regnet. 雨が降る. *Es* spukt. 幽霊が出る. *Es* ist heiß. 暑い. *Es* ist Frühling. 春である. Wie spät ist ~? — *Es* ist schon elf. 何時ですか — もう11時です. 《感情・感覚を表す場合／感情・感覚の主体となる人間は3格または4格で示される》*Es* schwindelt mir. 私は目まいがする. *Es* ekelt mich. 私は吐気がする. ▶感情・感覚を表す場合の es は, 文頭に置かないときはふつう省略される. 自然現象を表す場合の es は省略されることがある. Davor ekelt [*es*] mich. それを見ると私は吐き気を催す. Morgen regnet *es*. 明日は雨である.
6《文の非人称化／真の主語を後に置き es を形式上の主語として文頭に置く. 真の主語が複数であれば定動詞の形もそれに従う》*Es* war einmal ein König. むかし王さまがいました. *Es* irrt der Mensch, solang er strebt. 人間は努力している限り迷うものだ(Goethe, *Faust*). *Es* gingen drei Burschen über den Rhein. 3人の若者がライン川を越えていった. *Es* lebe die Freiheit! 自由ばんざい. ▶詩や俗語ではこの es は脱落することがある. Sah ein Knab' ein Röslein stehn. 少年が小さなばらの花が咲いているのを見た(Goethe, *Heidenröslein*).
7《人称動詞の非人称化／動作の主体よりも動作そのものに力点を置いた表現》*Es* grünt schon überall. もういたるところで若葉が萌(も)え出ている. *Es* klopft an die(der) Tür. ドアを叩く音がする.
8《従属の接続詞 **dass**, **ob** に導かれる副文を先取りして／主文の主語または目的語となる》*Es* ist schade, dass du nicht mitkommen kannst. 君が一緒に来れないのは残念だ. Ich weiß [~], dass sie morgen kommt. 彼女が明日来ることを私は知っている. *Es* fragt sich¹, ob sie ihn liebt. 彼女が彼を愛しているかどうかは疑わしい.
9《**zu** 不定詞句を受けて／主語または目的語となる》*Es* ist nicht leicht, eine fremde Sprache zu lernen. 外国語をおぼえるのは容易ではない. Ich halte *es* für besser, zu Hause anzurufen. 家に電話をしておく方がよいと思うよ.
10《後続の関係文の意味上の先行詞として》*Es* ist dein Nachbar, der mir geholfen hat. 私を助けてくれたのは君の隣人だ. ▶↑ der ② [III] 3
11《関係代名詞 **was** の先行詞として》*Es* ist nur ihre Liebe, was ihn retten kann. 彼を救うことができるのは彼女の愛だけである.
12《自動詞の受動態の主語として》*Es* wird heute getanzt. / Heute wird getanzt. 今日ダンスがある. ▶文頭に置かないときは省略る.
13《自動詞を再帰化した文の主語として》*Es* fährt sich⁴ bequem in diesem Auto. この車は乗り心地がよい. Auf diesem Papier schreibt ~ sich¹ gut. この紙は字が書きやすい. ▶この es は省略され得ない.
14《重要な非人称熟語》*Es* kommt auf j⟨et⟩⁴ an. 人〈物〉⁴しだいである,〈に〉かかっている,〈が〉重要である. *Es* fehlt mir an Geld. 私はお金がない. *Es* gibt ⟨j⟩⁴. 物⁴がある〈人⁴がいる〉. In dieser Stadt gibt ~ nur einen Buchladen. この町には本屋が1軒しかない. Wie geht ~ Ihnen? — Danke, [~ geht mir] gut. お元気ですか — ありがとう, 元気です. *Es* handelt sich⁴ hier um eine Frage der Ehre. ここは名誉にかかわる問題である. Mit ihm ist ~ aus. 彼はもう駄目だ, おしまいだ. Wie steht ~ mit seiner Gesundheit? 彼の健康状態はどうですか.
15《無意味な4格目的語として／熟語・成句的な表現に多い》Er hat ~ weit gebracht. 〈話〉彼は成功(出世)した. Ich habe ~ eilig. 私は急いでいる. Er hat ~ gut. 彼は運が良い. Sie hat ~ schwer im Leben. 彼女は生きるのに苦労している. Machen Sie ~ sich³ bequem! どうぞお楽になさってください. Er meint ~ gut mit dir. 彼は君に好意を持っている. Mit meiner Arbeit nehme ich ~ ernst. 私は自分の仕事については本気である.
16《古形 2格の es として》Ich bin ~ (=dessen) satt. 私はそれにうんざりしている. Ich bin ~ (=damit) zufrieden. 私はそれに満足である. ▶ es はもと 3 人称単数の男性・中性代名詞の 2 格形.
◆[1] 短縮形 — 前にある語と接合して 's という短縮形になることがある. Ich bin's (=Ich bin ~). Was gibt's (=Was gibt ~)?
◆[2] 前置詞との融合形 — 事物を代理する es が前置詞を伴うとき, da-(前置詞が母音で始まるときは dar-)という形で前置詞と融合する. da**r**an, da**r**auf, da**d**urch, da**f**ür, da**g**egen, da**r**um など. ただし融合形をつくらない場合もある.

es², **Es**[¹] 囲 -/- 《音楽》 **1** 変ホ音. **2**《記号》《複数なし》es=*es*-Moll, Es=*Es*-dur

Es[²] 囲 -/- **1**《言語》人称代名詞 es という語. **2**《心理》イド, 無我意識.

Es[³] [eː'ʔɛs]《記号》《化学》=Einsteinium

'Esau [ˈeːzau]《人名》(hebr.)《旧約》エサウ(Isaak の

子、Jakobの兄、エドム人Edomiterの族長；創25：25以下）．ein haariger ～《戯》毛深い男．

Esc [ɛs'ku:do]《略》=**Escudo**

Es·cha·to·lo·gie [ɛsçatoloˈgiː] 囡 -/-n [..iːən] (gr.)《神学》終末論，終末神学，四終論．

es·cha·to·lo·gisch [..'loːɡɪʃ] 形 終末論的，終末論に基づく．

'Esche [ˈɛʃə] 囡 -/-n 1《植物》とねりこ（秦皮）．2《複数なし》とねりこ材．

'eschen [ˈɛʃən] 形 とねりこ（材）の．

Es'cu·do [ɛsˈkuːdo] 男 -[s]/-[s]《略 Esc》エスクード（ポルトガル・チリなどの通貨）．

'Es-Dur [ˈɛsduːr, '-ˈ-] 中 -/《記号 Es》《音楽》変ホ長調．

'Esel [ˈeːzəl エーゼル] 男 -s/- 1《動物》ろば（驢馬）．störrisch sein wie ein ～ ろばのように強情である．ein ～ in der Löwenhaut《比喩》虎の威を借る狐．《比喩》馬鹿，とんま，まぬけ． Du [alter] ～！この間抜けめ．Dich hat wohl der ～ im Galopp verloren.《話》おまえはどこの馬の骨なんだ；とんでもない間抜けだな．Wenn man den ～ nennt, kommt er [schon] gerennt.《話》噂をすれば影とやら．Der ～ nennt sich[4] [selbst] zuerst.《話》馬鹿は出しゃばる．Wenn es dem ～ zu wohl wird, geht er aufs Eis tanzen [und bricht ein Bein].《諺》愚者はすぐ図に乗ってへまをする．3《話》木挽(ﾋﾞ)台．4《話》自転車、オートバイ，スクーター．

Ese'lei [eːzəˈlaɪ] 囡 -/-en《話》馬鹿なまね，愚行．

'Ese·lin [ˈeːzəlɪn] 囡 -/-nen 雌のろば．

'Esels·brü·cke [ˈeːzəls..] 囡 -/-n 1 理解を助けるためのヒント，記憶の手がかり．sich[3] eine ～ bauen 記憶の手がかりを作る．2《学生》虎の巻，あんちょこ．

'Esels·ohr 中 -[e]s/-en 1 ろばの耳．2（本・ノートのページの隅の）耳折れ．

..esk [..ɛsk]《接尾》名詞などにつけて「…のような，…風の」の意の形容詞をつくる．balladesk バラード風の．

Es·ka'dron [ɛskaˈdroːn] 囡 -/-en (fr.)《古》= Schwadron

Es·ka·la·ti'on [ɛskalatsi'oːn] 囡 -/-en (engl.) エスカレーション，（軍備などの）段階的増強（拡大），（物価などの）段階的上昇．

ea·ka'lie·ren [ɛskaˈliːrən] 自他 (engl.) エスカレートする（させる）．

Es·ka'pa·de [ɛskaˈpaːdə] 囡 -/-n (fr., Seitensprung) 1《馬術》（馬の）横跳び，逸走．2《比喩》羽目をはずすこと，脱線．

Es·ka'pis·mus [ɛskaˈpɪsmʊs] 男 -/ (engl.)《心理》現実逃避（主義）．

'Es·ki·mo [ˈɛskimo] (indian., Rohfleischesser') ❶ 男 -[s]/-[s] 1 エスキモー；イヌイト．↑Inuk 2 -s/-s) エスキモー織．3 エスキモー（ブランデーにミルク・卵・砂糖を加えた飲料）．❷ 中 -/- エスキモー語．

es·ki'mo·isch [ɛskiˈmoːɪʃ] エスキモー（人，語）の． ↑deutsch

Es'kor·te [ɛsˈkɔrtə] 囡 -/-n (fr., Geleit') 1 護衛（隊），護送（隊）．2 随伴，エスコート．

es·kor'tie·ren [ɛskɔrˈtiːrən] 他 護衛（護送）する；お供（エスコート）する．

'es-Moll [ˈɛsmɔl, '-ˈ-] 中 -/《記号 es》《音楽》変ホ短調．

Eso'te·rik [ezoˈteːrɪk] 囡 -/-en (gr.) 1 秘教，密教．2 秘伝，奥義．

eso'te·risch [..rɪʃ] (↔ exoterisch) 秘教の，秘伝の．

教的な；秘伝の．

Es·pa'gno·le [ɛspanˈjoːlə] 囡 -/-n (fr., spanisch) 1 エスパニョール，スペイン舞踊．2《料理》ソース・エスパニョール（スペイン風ソース）．

Es'par·to [ɛsˈparto] 男 -s/-s (sp., trocknes Gras')《植物》エスパルト（製紙原料に使う地中海沿岸原産の種々の草の総称）．

'Es·pe [ˈɛspə] 囡 -/-n《植物》やまならし．

'Es·pen·laub [ˈɛspən..] 中 -[e]s/- やまならしの葉．wie ～ zittern ぶるぶる震える．

Es·pe·ran'tist [ɛsperanˈtɪst] 男 -en/-en エスペランティスト，エスペラント語使用者（学者）．

Es·pe'ran·to [ɛspeˈranto] 中 -/《言》エスペラント語． ◆スペイン語 esperanto , der Hoffende'に由来する．ポーランド人 L. ザメンホフ Zamenhof が 1887 年に考案・発表したエスペラント語．

es·pres·si·vo [ɛsprɛsˈiːvo] (it., ausdrucksvoll')《音楽》エスプレッシーヴォ，表情豊かに．

Es'pres·so [ɛsˈprɛso] (it.) ❶ 男 -[s]/-s (..pressi) エスプレッソコーヒー．❷ 中 -[s]/-s エスプレッソコーヒーを飲ませる店．

Es'prit [ɛsˈpriː] 男 -s/- (fr., Geist') 精神，知性；エスプリ，才気，機知．

'Es·ra [ˈɛsra]《人名》《旧約》エズラ（Ezra とも．エズラ記に述べられているユダヤ人祭司）．

Es'sai, 'Es·say [ɛˈseː, ɛ'seː] 男 (中) -s/-s (fr., Versuch') 1《文学》エッセイ，試論，小論文．

Es'say·ist [ɛseˈɪst] 男 -en/-en エッセイスト，評論（随筆）家．

'ess·bar [ˈɛsbaːr] 形 食べられる．

'Es·se [ˈɛsə] 囡 -/-n 1《地方》(Schornstein) 煙突，（かまどなどの上に取りつけた排気用の）フード．et[4] in die ～ schreiben《話》…を無くなったものと見なす（諦める）．2《戯》(Zylinderhut) シルクハット，山高帽．

'es·sen* [ˈɛsən エッセン] aß, gegessen / du isst (°ißt), er isst(°ißt) 自他 食べる；食事をする．Fleisch (Suppe) ～ 肉を食べる(スープを飲む)．eine Kleinigkeit ～ 軽いものをつまむ．～ gehen 食事に行く．auswärts ～ 外で食事をする．dreimal täglich ～ 日に 3 度食事をとる．Dort kann man gut ～. あの店は料理がおいしい．gern und gut ～ 食いしんぼう(食い道楽)である．gut ～ und trinken 暮しが豊かである．viel (tüchtig) ～ 大食する(もりもり食べる)．warm (kalt) ～ あたたかい (ハム・ソーセージなどの)冷たい)食事をとる．j[4] arm ～ 人の財産を食いつぶす．den Teller leer ～ (皿の)料理を残さず食べる．aus der Schüssel (vom Teller) ～ 鉢(皿)のものを食べる．für drei (vier) ～《話》大食いに(大食漢)である．zu Abend (Mittag) ～ 夕食(昼食)をとる．j[3] etwas zu ～ geben 人に食べるものを与える．Was gibt es heute zu ～? 今日の料理は何ですか．《再帰的に》Das isst sich[4] gut. / Das lässt sich[4] gut ～. これはうまい(おいしい)．sich[4] krank (satt) ～ 食あたりする(腹いっぱい食べる)．Wer ～ will, muss auch arbeiten.《諺》働かざる者は食うべからず．Selber ～ macht fett.《諺》わが身第 1（自分の物を人と分けない）．Es wird nichts so heiß gegessen, wie es gekocht wird.《諺》待てば海路の日和(ﾋ)あり；案ずるより産むがやすし（煮たての熱さで食べられるものはない）．

'Es·sen [ˈɛsən エッセン] 中 -s/- 1《複数なし》食べること，食事．beim ～ 食事中に．nach (vor) dem ～ 食後(食前)に．zum ～ gehen 食事に行く．2 食べ

Essen

もの,料理. Das ~ steht auf dem Tisch. 食事の用意ができている. [das] ~ kochen〈machen〉料理を作る. **3** 宴会, 会席. ein ~ geben 宴('⁺)を催す.

'**Es·sen**² [ɛsən]〖地名〗エッセン(ドイツ中西部,ノルトライン=ヴェストファーレン州中部ルール地方の工業都市).

'**Es·se·ner**¹ [ɛsənər] (↓ Essen²) ❶ 男 -s/- エッセンの市民(出身者). ❷ 形〖不変化〗エッセンの.

'**Es·se·ner**² [ɛ'se:nər] 男 -s/- (aram., die Frommen ') 〖ふつう複数で〗〖歴史〗エッセネ派(イエスの時代に活躍したユダヤ教の禁欲主義的なセクト).

'**Es·sen·mar·ke** 女 -/-n 食券.

'**Es·sens·zeit** 女 -/-en 食事時間.

es·sen·ti'al [ɛsɛntsi'a:l] 形 (lat.) =essentiell 1

es·sen·ti'ell [ɛsɛntsi'ɛl] 形 (fr.) **1** 〖哲学〗(↔ akzidentell) 本質的な,重要な;〖化学〗不可欠な. **2**〖医学〗真性(真正)の.

Es'senz [ɛ'sɛnts] 女 -/-en (lat., Wesen ') **1**〖複数なし〗本質,精髄,真髄,エッセンス;基本概念. **2**〖植物などから〗エキス,エッセンス. **3**〖料理〗濃縮ソース.

es·sen·zi·ell [..tsi'ɛl] 形 =essentiell

'**Es·ser** [ɛsər] 男 -s/- 食べる人. ein starker 〈guter〉 ~ よく食べる人,大食漢. ein schlechter ~ 食の細い人. Er hat fünf Esser zu versorgen 彼は 5 人の口を食わせていかなくてはならない.

Es·se·rei [ɛsə'raɪ] 女 -/-en (話)(侮) **1** よく(しきりに)食べること. **2** (無作法な)食べ方. Was ist denn das für eine ~! なんという食べ方をするんだ.

'**Ess·ge·rät** [ɛs..] 中 -[e]s/-e 食器.

'**Ess·ge·schirr** 中 -[e]s/-e 食器.

*'**Es·sig** [ɛsɪç エスィヒ] 男 -s/-e 酢(⁺). milder 〈scharfer〉~ マイルドな〈きつい〉酢. ~ an eine Speise geben〈tun〉料理に酢を加える. zu ~ werden (ワインが)すっぱくなる. (話) 台無しに(おじゃんに)なる. Unser Plan ist〈Mit unserem Plan ist es〉~. 私たちの計画はおじゃんになった.

'**Es·sig·es·senz** 女 -/-en〖食品〗濃縮酢酸溶液.

'**Es·sig·es·ter** 男 -s/-〖化学〗酢酸エステル.

'**Es·sig·flie·ge** 女 -/-n〖虫〗しょうじょうばえ.

'**Es·sig·gur·ke** 女 -/-n 酢漬けきゅうり,ピクルス.

'**es·sig·sau·er** 形 酢酸の,酢を含んだ,酢っぱい.

'**Es·sig·säu·re** 女 -/〖化学〗酢酸.

'**Ess·löf·fel** 男 -s/- **1** スープ·スプーン,大さじ. **2** 大さじ 1 杯の分量.

'**Ess·lust** 女 -/ (Appetit) 食欲.

'**Ess·stäb·chen** 中 -s/-〖ふつう複数で〗箸.

'**Ess·tisch** 男 -[e]s/-e 食卓.

'**Ess·wa·re** 女 -/-n〖ふつう複数で〗食料品.

*'**Ess·zim·mer** [ɛstsɪmər エスツィマー] 中 -s/- **1** 食堂,ダイニングルーム;食堂用家具セット. **2** (話) 口,(入れ)歯.

Es'tab·lish·ment [ɪs'tɛblɪʃmənt] 中 -s/-s (engl.) 支配層,支配階級,体制側.

'**Es·te** [ɛstə, 'ɛstə] 男 -n/-n 女 -/-n エストニア人(出身者). ◆女性形 Estin 女 -/-nen

'**Es·ter** ['ɛstər] 男 -s/- (↓ Es[sig]+[Ä]ther) 〖化学〗エステル.

'**Es·ther** [ɛstər]〖女名〗(hebr., Stern ') エスター;〖旧約〗エステル(ユダヤの乙女,ペルシア王 Ahasver¹ の妻,エステル記の女主人公).

'**Est·land** [ɛ:stlant, 'ɛstlant]〖地名〗エストニア(バルト 3 国に数えられる共和国, 1991 独立, 首都タリン Tallinn).

'**Est·län·der** ['e:stlɛndər, 'ɛst..] 男 -s/- =Este ◆女性形 Estländerin 女 -/-nen

'**est·län·disch** [e:stlɛndɪʃ, 'ɛst..] 形 =estnisch

'**est·nisch** [ɛstnɪʃ] 形 エストニア(人,語)の. ~-e Sprache エストニア語. ↑deutsch

Es·to·mi·hi [ɛsto'mi:hi]〖無冠詞〗(lat.)〖ケ〗五旬節の主日(復活祭前 7 番目の日曜日). ◆この日のミサの入祭文の冒頭句 esto mihi (, Sei mir [ein starker Fels]') から. ↑〖旧約〗詩 31:3.

Es'tra·de [ɛs'tra:də] 女 -/-n (fr.) **1**〖建築〗壇,高座. **2** (旧東ドイツの)演芸会.

'**Es·tra·gon** ['ɛstragɔn] 男 -s/- (fr.)〖植物〗エストラゴン(香草の一種).

'**Es·trich** [ɛstrɪç] 男 -s/-e **1** (セメントなどの)床張り,たたき. **2** (ズ) (Dachboden) 屋根裏(部屋).

Es'zett [ɛs'tsɛt] 中 -/- ß の文字.

et [ɛt] 接〖記号 &〗および, そして.

'**Eta** [e:ta] 中 -[s]/-s エータ(ギリシア語アルファベットの第 7 文字 Η, η).

eta·blie·ren [eta'bli:rən] 動 (fr., gründen, festsetzen') **1** (会社などを)設立(創立)する,(学説·理論を)確立(樹立)する. eine Fabrik〈ein Geschäft〉~ 工場を設立する〈店を構える〉. eine neue Wissenschaft ~ 新しい学問を樹立する. eine etablierte Machtposition 確固たる権力の座. etablierte Verlage 著名出版社.

❷ 再 (sich⁴) **1** (会社などが)設立される;開業する. sich als Arzt ~ 医師を開業する. **2** 居を構える,住みつく. sich in einem Zimmer ~ ある部屋に住みつく. **3** 地歩を築く,一般に認められる. Seine Gruppe hat sich etabliert. 彼のグループは確固たる地歩を獲得した.

Eta·blis·se·ment [etablɪsə'mã:, ..'mɛnt] 中 -s/-s〈-e〉(fr.) 〖雅〗**1** 商店;会社. **2** (洒落た)ホテル,レストラン. **3** 〖婉曲〗妓楼,娼家.

*'**Eta·ge** [e'ta:ʒə エタージェ] 女 -/-n (fr.) **1** (Stockwerk) (建物の)階 (2 階から上をさす). Das Haus hat vier ~n. この家は 5 階建てである. in〈auf〉der ersten ~ wohnen 2 階に住んでいる. **2** =Etagenwohnung **3**〖比喩〗(社会的)階層.

Eta·gen·bett [e'ta:ʒən..] 中 -[e]s/-en 2 段ベッド.

eta·gen·för·mig 形 階段(ひな壇)状の.

Eta·gen·hei·zung 女 -/-en フロアヒーティング(階ごとのセントラルヒーティング).

Eta·gen·woh·nung 女 -/-en 単層住宅(アパート·マンションなど), フラット.

Etap·pe [e'tapə] 女 -/-n (fr.) **1** (旅行などの) 1 行程. **2** 区切り,(ロードレースなどの) 1 区間. **2** (発展·過程の)段階. eine wichtige ~ des Lebens 人生の重要な 1 段階. **3**〖軍事〗(↔ Front 2) 後方地域,兵站(⁺)基地.

etap·pen·wei·se [e'tapənvaɪzə] 副 段階的に, だんだんに.

Etat [e'ta:] 男 -s/-s (fr., Stand, Zustand ') **1** (国家)予算, 予算案;〖軍事〗定員. den ~ aufstellen 予算を組む. Das geht über meinen ~. (話) それは私の予算をオーバーする. **2** (ケ) 名簿, 一覧表. **3**〖美術〗エタ, ステート(銅版画·エッチングを試し刷りを重ねながら制作していく過程の各段階を示す名称).

eta·ti·sie·ren [etati'zi:rən] 動 予算に組込む.

Etat·jahr [e'ta:..] 中 -[e]s/-e 会計年度.

etat·mä·ßig [e'ta:mɛ:sɪç] 形 予算上の;定員(内)の.

etc.《略》=et cetera

et ˈce·te·ra [ɛt ˈtseːtera] (*lat.* 「und so weiter」)《略 etc.》等々，…など，うんぬん．

et ˈce·te·ra pp. [..peˈpeː] (*lat.*)《戯》等々，…などなど．◆pp.=perge, perge (fahre fort)

ete·peˈte·te [eːtəpeˈteːtə, ..pəˈteː..] 形 (*fr.*)《話》お上品ぶった，気どった；気むずかしい． Ihr Benehmen ist sehr ～． 彼女の態度はひどく気どってるぜ．

Ethaˈnol [etaˈnoːl] 中 -s/《化学》エタノール．

Ethik [ˈeːtɪk] 女 -/-en (*gr.*) **1** 倫理学．**2** 倫理学書．**3**《複数なし》道徳，倫理，徳義．ärztliche ～ 医師の倫理． Das verstößt gegen unsere ～． それは私たちの倫理感に悖(もと)る．

Ethi·ker [ˈeːtɪkər] 男 -s/- 倫理学者；道徳家．

ethisch [ˈeːtɪʃ] 形 **1** 倫理学の．**2** 道徳的な，倫理上の．

eth·nisch [ˈɛtnɪʃ] 形 (*gr.*) 種族(民族)の，人種(上)の，民族的な．

Eth·no·graˈfie, Eth·no·graˈphie [ɛtnograˈfiː] 女 -/-n [..ˈfiːən] (*gr.*) 民族誌(学)．

Eth·no·loˈgie [ɛtnoloˈgiː] 女 -/-n [..ˈgiːən] (*gr.*) (Völkerkunde) 民族学．

Etho·loˈgie [etoloˈgiː] 女 -/ (*gr.*) 生態学, 動物行動学, エソロジー．

Ethos [ˈeːtɔs] 中 -/ (*gr.*, Gewohnheit, Sitte) **1** (個人・集団・社会の)気質, 品性. **2**《哲学》(↔Pathos) エートス, 道義性. **3**《社会学》エートス(社会に内在する倫理意識・価値);《文化人類》エートス(ある文化に固有の習俗の全体).

Ethyl [eˈtyːl] 中 -s/-e《化学》エチル．

Ethyl·alˈko·hol [..] 中 -s/《化学》(Ethanol) エチルアルコール, エタノール, 酒精．

Ethyˈlen [etyˈleːn] 中 -s/《化学》エチレン．

Etiˈkett [etiˈkɛt] 中 -[e]s/-en(-e, -s) (*fr.*) ラベル, レッテル; 値札, 正札. Er trug von nun an das ～ eines Versagers.《比喩》彼はそれからは無能なというレッテルを貼られることになった.

Etiˈket·te[1] [etiˈkɛtə] 女 -/-n《まれ》(ちい·さな·ふだ)=Etikett

Etiˈket·te[2] 女 -/-n (↓Etikett) エチケット, (社交上の)作法.

Etiˈket·ten·schwin·del 男 -s/ 偽ブランド.

etiˈket·tieˈren [etikɛˈtiːrən] 他 (↓Etikett) **1** (物⁴に)ラベル(値札)を貼る. **2**《俗》《比喩》j⟨et⟩⁴ als … レッテルを貼る. j⁴ als Linken ⟨links⟩ ～ 人⁴に左翼だというレッテルを貼る.

ˈet·li·che [ˈɛtlɪçə] 不代《不定》格変化および後続の形容詞の変化は einige と同じ. **1** (einige) 2, 3 の, いくつかの(もの);《数詞の前で》おおよそ, 約. ～ dieser Beispiele これらの例のうちのいくつかのもの. *Etliche* stimmten zu. 2, 3 の人たちが賛成した. ～ Mal[e] 2, 3 度, 数回. Es liegt schon ～ Tage zurück. それはもう数日も前のことだ. **2**《話》かなりの, 相当の.

ˈet·li·che Mal, °ˈet·li·che·mal [ˈ---ˈ-- とも] 副 =etliche Male (↑etliche), einige Mal

ˈEt·mal [ˈɛtmaːl] 中 -[e]s/-e《船員》**1** (正午から翌日の正午までの)1 昼夜. **2** 1 昼夜の航程.

Etru·ri·en [eˈtruːriən]《地名》(*it.*) エトルリア(イタリア中部, 現トスカーナ Toskana 州を中心とする地方の古称).

Etrus·ker [eˈtrʊskər] 男 -s/- エトルリア人(紀元前 9-3 世紀).

etrus·kisch [eˈtrʊskɪʃ] 形 エトルリア(人, 語)の. ↑deutsch

Etüde [eˈtyːdə] 女 -/-n (*fr.*)《音楽》エチュード, 練習曲.

Etui [ɛtˈviː, etyˈiː] 中 -s/-s (*fr.*) (万年筆・タバコ・眼鏡などの)ケース；《戯》細長いベッド.

ˈet·wa [ˈɛtva エトヴァ] 副 **1** (ungefähr) 約, およそ. [so] ～ 5 Meter 約 5 メートル. So ～ ⟨Etwa so⟩ habe ich mir das gedacht. 私はそれをおよそそんな風に想像していた. Wann ～ geschah das Unglück? 大体いつごろその事故は起こったのか. ～ an dieser Stelle / an dieser Stelle ～ ほぼこの辺りで. **2** in ～ ある点では, ほぼ, およそ, かなり. Das ist in ～ dasselbe. それはほぼ同じことだ. Er stimmt in ～ mit der Meinung seines Gegners überein. 彼はある点では(かなり)彼の敵の意見と一致している. **3** (zum Beispiel) たとえば. Das wäre ～ in Frankreich möglich. それはたとえばフランスでなら起こりうることかもしれない. an einem anderen Tag, [so] ～ am Sonntag いつか別の日に, たとえば日曜日にでも. einige Dichter, wie ～ Goethe, Schiller, Heine 2, 3 の詩人たち, たとえばゲーテ, シラー, ハイネなど. **4**《疑問文・条件文で》(vielleicht) もしや, ひょっとして, あるいは, まさか. Ist er ～ krank? まさか彼は病気になるまいね. wenn ～ die Rede davon sein sollte 万一そのことが話に出るようなことにでもなれば. **5** nicht ～ (否定を強めて)まさか…なんてではない. Glaube nicht ～, dass du mich betrügen könntest! まさか私を欺くことができるなんて思うなよ. Ich bin nicht ～ dagegen, sondern... 私は決してそれに反対しているのではなくて… Nicht ～, dass ich dich vergessen hätte, aber... まさか君のことを忘れたわけではないんだが… **6**(古)(manchmal) ときどき, ときたま. Ich sah sie ～ in der Stadt. 私はときおり町で彼女に会った. **7**(古)(irgendwo) どこかで; (irgendwann) いつか(あるとき).

ˈet·wa·ig [ˈɛtvaɪç, ɛtˈvaːɪç] 形 (↓etwa)《付加語的用法のみ》万一の; 不時の.

ˈet·was [ˈɛtvas エトヴァス] 代 《不定 / 不変化》 **1** (a) (何か)あるもの, あること. Es lief ～ im Dunkeln. 暗闇の中を何かが走った. Hast du ～ dazu zu sagen? それに何か言い分があるかい. ohne ～ zu sagen 何も言わずに. j³ ～ [an]tun j³ に危害を加える. sich³ ～ antun 自殺する. ～ gegen j⁴ haben 人⁴に対して含むところがある, (を)嫌っている. Die beiden haben ～ miteinander.《話》2 人はもうできている. wie nur ～《話》(程度を強めて)なんて, 何とも言えようもないぜ. (b) irgend*etwas*⟨°irgend ～⟩(不定の意味を強めて)何かあるもの(こと). (c) so ～ そのようなもの(こと). Wie kannst du so ～ behaupten? 君はどうしてそんなことを主張するんだね. Nein, so ～!《話》いや, そんなことがあってたまるか. Er ist so ～ wie ein Dichter. 彼には詩人のようなところがある.

2《中性名詞化した形容詞と同格的に》～ Neues 何か新しいもの(こと). Das ist ～ ganz⟨ganz ～⟩ anderes! それはまったく別のことだ. Er hat ～ Kaufmännisches. 彼には商人風なところがある.

3《関係代名詞の先行詞として》～, was⟨das⟩ ich einfach nicht glauben kann 私がとても信じられないようなこと.

4 (～ nichts) 相当なもの, 重大なこと; ひとかどの人物. Das ist doch wenigstens ～. それは少なくとも何かではある, ない(しない)よりはずっとましだ. Es will schon ～ heißen. それはそれで確かに意味のあることだ. Der

Etwas

Plan hat ~ für sich⁴. その計画にはいいところがある. Wird daraus ~ werden? なんとか収まりがつくのだろうか. Aus ihm wird noch ~. 彼は今にひとかどの人物になるだろう. es zu ~ bringen 成功する.
5 《不定数詞的に》(ein wenig) いくらか, 多少, 少し. Du musst ~ essen. 君は少しは食べなくてはいけない. Er hat ~ von dem Geld für den Urlaub zurückgelegt. 彼はその金の一部を休暇のために残しておいた. Er hat ~ von einem Künstler [an sich]. 彼にはどこか芸術家気質(ﾟ)のところがある. 《名詞に付加して》~ Butter 少量のバター. Ich habe ~ Hunger. 私は少しおなか腹がへっている. mit ~ Geduld 少し我慢して. 《副詞的に》Ich bin ~ müde. 私は少しくたびれた. Er spricht ~ Deutsch. 彼はドイツ語を少し話す. Ich will noch ~ schlafen. 私はもうしばらく眠りたい.
◆口語では was という短縮形を用いることもある. ↑was Ⅲ

'**Et·was** 中 -/- (↓etwas) **1** あるもの. Ein wuscheliges ~ kam unter dem Sofa hervor. なにやら毛むくじゃらなものがソファーの下から出てきた. Er hat das gewisse〈so ein gewisses〉~. 彼には何かいわく言いがたい魅力がある. **2** 《小さな》生きもの.

'**et·wel·che** [ˈɛtvɛlçə] 代《不定》《古》(↓etliche+welch)(格変化および後続の形容詞の変化は einige と同じ) =einige

Ety·mo·lo·ge [etymoloˈɡə] 男 -n/-n (gr.) 語源学者.

Ety·mo·lo·gie [etymoloˈɡiː] 女 -/-n [..ˈɡiːən] (gr.) 《言語》**1** 《複数なし》語源学. **2** 語源.

ety·mo·lo·gisch [..ˈloːɡɪʃ] 形 《言語》語源の; 語源学(上)の.

ety·mo·lo·gi·sie·ren [etymologiˈziːrən] 他 《物》の語源を調べる.

Eu [eːˈuː] 《記号》《化学》=Europium

EU [eːˈuː] 《略》=Europäische Union ヨーロッパ(欧州)連合(1993年11月以降).

eu.., **Eu..** [ɔy..]《接頭》(gr.)「良い, 美しい」の意の形容詞・名詞をつくる. Eudämonie 幸福.

euch [ɔyç] 代《人称》Ihr Ⅱ の3格および4格の再帰・相互代名詞としても用いる. ◆ihr Ⅰ の3格および4格.

Euch 代《人称》《古》Ihr Ⅱ の3格・4格. ◆Ihr Ⅱ の3格および4格の再帰・相互代名詞としても用いる.

Eu·cha·ris'tie [ɔyçarɪsˈtiː] 女 -/ 《キリ教》**1** 感謝の祈り. **2** 《ｶﾄﾘｯｸ》聖体(の秘跡). die heilige ~ empfangen 聖体(パンとぶどう酒)を拝領する. **3** 《ｷﾘｽﾄ教》聖餐(ﾊﾞﾝ)式.

eu·cha·ris·tisch [..ˈrɪstɪʃ] 形 聖体の. Eucharistisches Hochgebet 感謝の祈り(Eucharistie 1). Eucharistischer Kongress 《ｶﾄﾘｯｸ》聖体大会.

Eu·dä·mo'nie [ɔydɛmoˈniː] 女 -/ (gr. , glückselig) 《哲学》幸福.

Eu·dä·mo·nis·mus [..ˈnɪsmos] 男 -/ 《哲学》幸福主義(幸福を人生の究極的目的とする哲理).

'**eu·er** [ˈɔyər オイアー] 代Ⅰ《所有》(2人称親称複数の所有代名詞. 用法は mein を, 格変化は付録「品詞変化表」Ⅲを参照). 君(おまえ)たちの. ◆格語尾がつくとしばしば-e-を省いて euer, euerm〈euerm〉, euren〈euern〉, eurer, eures〈euers〉などとなる. Ⅱ《人称》人称代名詞 ihr Ⅰ の2格. Ich gedenke ~. 私は君たちのことを忘れない.

'**Eu·er** 代Ⅰ《所有》《古》《略 Ew.》Ihr Ⅱ に対応する所有代名詞. 身分の高い人の称号に添えるときは語尾変化しないで用いることもある. ~〈Eure〉Majestät 王(皇帝)陛下. ▶↑euer Ⅰ▶ Ⅱ《人称》《古》Ihr Ⅱ の2格.

'**eu·er·seits** [ˈɔyərˈzaɪts] 副 =eurerseits

'**eu·ers·glei·chen** [ˈɔyərsˈɡlaɪçən] 代《不定》=euresgleichen

'**eu·ert·hal·ben** [ˈɔyərthalbən] 副 =eurethalben

'**eu·ert·we·gen** [..ˈveːɡən] 副 =euretwegen

'**eu·ert·wil·len** [..ˈvɪlən] 副 =euretwillen

'**Eu·gen** [ˈɔyɡeːn, -ˈ-] 《男名》(gr. , wohlgeboren) オイゲーン. Prinz ~ von Savoyen サヴォヤ公オイゲーン(1663-1736, オーストリアの将軍・政治家, 1697 対トルコ戦争で輝かしい勝利を収める).

Eu'ge·nia [ɔyˈɡeːnia], **Eu'ge·nie** [..nia] 《女名》(Eugen の女性形) オイゲーニア, オイゲーニエ.

Eu·ge·nik [ɔyˈɡeːnɪk] 女 -/ (gr.) 優生学.

eu·ge·nisch [..nɪʃ] 形 優生学(上)の.

Eu·ka·lyp·tus [ɔykaˈlyptʊs] 男 -/-(..ten) (gr.) 《植物》ユーカリ(属の木).

Eu'klid [ɔyˈkliːt] 《人名》(gr.) エウクレイデース, ユークリッド(紀元前300頃 Alexandria で活躍した数学者, ギリシア語形は Eukleides).

eu·kli·disch [ɔyˈkliːdɪʃ] 形 エウクレイデース(ユークリッド)の. ~e Geometrie ユークリッド幾何学.

EU-Land [eːˈuː..] 中 -[e]s/-er ヨーロッパ連合加盟国.

'**Eu·le** [ˈɔylə] 女 -/-n **1** 《鳥》ふくろう(梟)(ギリシア神話では女神 Athene の聖鳥, 知恵・学芸の象徴とされる. 民間伝承では妖怪・悪魔に関係づけられ, 醜悪で無愛想な鳥, また魔除け・火難除けの力があると考えられた). eine alte ~《侮》じじむさい婆さん. ein Gesicht wie eine ~ am Mittag machen 《話》寝ぼけた顔をしている. klug wie eine ~ sein ふくろうのように賢い. ~n nach Athen tragen 《比喩》よけいなことをする. eine ~ fangen《船員》前方から突風を食らう. **2** 夜蛾(ﾎ). **3** 《北ﾄﾞ》毛ブラシ; ちりはたき. **4** 土笛.

'**Eu·len·spie·gel** [ˈɔylənˈʃpiːɡəl]《人名》Till〈Tyll〉~ ティル・オイレンシュピーゲル(転じていたずら者, 特に下層民の側に立って権威あるものに対し, ふざけ者の代名詞). ◆この名前は現代語の Eule+Spiegel と同解釈(低地ドイツ語の Ule+spёgel に由来し(↑Eule 3), Wisch [mir] den Hintern! (尻ぬぐいは頼んだぜ)の意, いたずらをやらかしたティルがずらかるときの捨てぜりふ.

Eu·len·spie·ge'lei [ɔylənʃpiːɡəˈlaɪ] 女 -/-en (↓Eulenspiegel) いたずら, 悪ふざけ, わるさ.

'**Eu·mel** [ˈɔyməl] 男 -s/-《卑》代物(ﾆﾙ); 野郎. ein blöder ~ うすのろ.

Eu·me·ni·de [ɔymeˈniːdə] 女 -n 《ｷﾞﾘｼｱ神話》(die Wohlgesinnte) エウメニス(復讐の女神 Erinnye に対する美称, ふつう複数で).

Eu·nuch [ɔyˈnuːx] 男 -en/-en (gr. , Bettḥüter) **1** 《医学》去勢された男性. **2** 《歴史》(中国などの)宦官(ﾊﾝ).

Eu·nu·che [..xə] 男 -n/-n =Eunuch

Eu·phe·mis·mus [ɔyfeˈmɪsmʊs] 男 -/..men [..mən] (gr.) 《修辞》婉曲(ﾊﾟ)語法, 婉曲表現.

eu·phe·mis·tisch [..ˈmɪstɪʃ] 形 婉曲の.

Eu·pho'nie [ɔyfoˈniː] 女 -/-n [..ˈniːən] (gr.) 《音楽・言語》快い響き(口調), 音便.

eu'pho·nisch [ɔyˈfoːnɪʃ] 形 音調(口調)のよい.

Eu'pho·ni·um [ɔyˈfoːniʊm] 中 -s/..ni·en [..niən] (↓Euphonie) ユーフォニアム(チューバ系の金管楽器).

Eu·pho'rie [ɔyfoˈriː] 女 -/-n [..ˈriːən] (gr.

, Wohlbefinden') (↔ Dysphorie) **1** (一時的な)至福感, 有頂天, 上機嫌. **2**《複数なし》〖医学・心理〗多幸感.

eu·pho·risch [ɔy'fo:rɪʃ] 形 至福感に満たされた;〖医学・心理〗多幸症の.

Eu·phrat ['ɔyfrat] 男 -[s]/《地名》der ～ ユーフラテス川.

Eu·ra·si·en [ɔy'ra:ziən] 《地名》(↓ Europa＋Asien) ユーラシア(大陸).

Eu·ra·si·er [ɔy'ra:ziər] 男 -s/- ユーラシア人(ヨーロッパ人とアジア人との混血児). ◆女性形 **Eurasierin** [..siə..] 女 -/-nen

eu·ra·sisch [..zɪʃ] 形 ユーラシア(人)の. ↑deutsch

Eu·ra'tom [ɔyra'to:m] 男 -/《略》ユーラトム, ヨーロッパ原子力共同体(**Europäische Atomgemeinschaft** の略).

'eu·re ['ɔyrə], **'eu·rem**, **'eu·ren**, **'eu·rer** 代《所有》↑euer ①

'eu·rer'seits ['ɔyrər'zaɪts] 副 君たちの方では, 君たちの側から言えば.

'eu·res'glei·chen ['ɔyrəs'glaɪçən] 代《不定》君たちのような人(たち). ↑meinesgleichen

'eu·ret'hal·ben ['ɔyrət'halbən] 副 =euretwegen

'eu·ret'we·gen [..'ve:gən] 副 君たちのために, 君たちのせいで.

'eu·ret'wil·len [..'vɪlən] 副 um ～ 君たちのために.

Eu·rhyth'mie [ɔyryt'mi:] 女 -/ (gr. eu.－＋lat. rhythmus) **1**〖ダンス・体操〗調和(均整)のとれた動き, 整調リズム. **2**〖医学〗整調脈. **3** オイリュトミー(人智学者 Rudolf Steiner によって始められた言葉や音, 身体の動きを用いる表現術).

'eu·ri·ge ['ɔyrɪgə] 代《所有》(つねに定冠詞を伴って名詞的に用いられる. 格変化は形容詞の弱変化に準じる)君たちのもの. ↑euer ①, meinige

Eu'ri·pi·des [ɔy'ri:pidɛs] 《人名》エウリーピデース(ギリシアの悲劇詩人, 前406頃没).

'Eu·ro ['ɔyro] 男 -[s]/-[s] 《記号 €》ユーロ(1999 から導入された EU の単一通貨単位, ただし現金流通は2002年1月1日より).

'Eu·ro·cheque ['ɔyroʃɛk] 男 -s/-s (engl.) ユーロチェック(ヨーロッパ諸国で使用できる小切手).

'Eu·ro·cheque·kar·te 女 -/-n ユーロチェック・カード.

'Eu·ro'ci·ty ['ɔyro'sɪti] 男 -s/-s〖鉄道〗=Eurocityzug

'Eu·ro'ci·ty·zug 男 -[e]s/⁻e《略 EC》〖鉄道〗オイロシティ(それまでの TEE に代って1987 より運転が開始されたヨーロッパ都市間特急).

'Eu·ro·land 中 -[e]s/⁻er ユーロ参加国.

***Eu'ro·pa** [ɔy'ro:pa オィローパ] **❶**《人名》〖ギリシア神話〗エウローペー(Tyros 王の娘, 白い牡牛に化けた主神 Zeus に Kreta 島へ誘拐された. Zeus は彼女の子孫が住む土地は彼女にちなんだ名前で呼ばれることになるだろうと予言した). **❷** 《地名》ヨーロッパ(大陸), 欧州.

Eu·ro'pä·er [ɔyro'pɛ:ər] 男 -s/- ヨーロッパ人. ◆女性形 **Europäerin** 女 -/-nen

***eu·ro'pä·isch** [ɔyro'pɛ:ɪʃ オィロペーイシュ] 形 ヨーロッパ(欧州)の. *Europäische* Gemeinschaft[en] 《略 EG》ヨーロッパ(欧州)共同体(英語 EC). *Europäisches* Parlament 欧州議会. *Europäische* Union《略 EU》欧州連合(↑Union). *Europäische* Wirtschaftsgemeinschaft《略 EWG》欧州経済共同体(英語 EEC).

eu·ro·pä·i'sie·ren [ɔyropɛi'zi:rən] 他 ヨーロッパ(欧州)化する, ヨーロッパ風にする.

Eu'ro·pa·meis·ter 男 -s/-〖スポーツ〗ヨーロッパ選手権保持者.

Eu'ro·pa·meis·ter·schaft 女 -/-en〖スポーツ〗ヨーロッパ選手権(試合).

Eu'ro·pa·rat 男 -[e]s/ 欧州会議(ヨーロッパ統合を目標に1949に設立された).

eu'ro·pa·weit 形 全ヨーロッパの.

Eu'ro·pi·um [ɔy'ro:piʊm] 中 -s/《記号 Eu》〖化学〗ユーロピウム.

'Eu·ro·scheck -s/-s〖銀行〗=Eurocheque

Eu·ro·vi'si·on [ɔyrovizi'o:n] 女 -/ ユーロビジョン(西欧各国間のテレビ中継組織).

'Eu·ro·Wäh·rung 女 -/ 欧州通貨. ↑Euro

Eu'ry·di·ke [ɔy'ry:dike, ..ry'di:ke]《人名》〖ギリシア神話〗エウリュディケー(木の精のニンフ, Orpheus の妻).

Eu·se'bie [ɔyzɛ'bi:] 女 -/ (gr.)《古代ギリシアで》神々に対する畏敬の念, 敬神, 敬度.

'Eu·ter ['ɔytər] 中 -s/-〖動物〗(牛などの)乳房.

Eu'ter·pe [ɔy'tɛrpə] 《人名》〖ギリシア神話〗エウテルペー(Muse たちの1人, 抒情詩の女神).

Eu·tha·na'sie [ɔytana'zi:] 女 -/ (gr.)〖医学〗安楽死, 安死術.

eu'troph [ɔy'tro:f] 形 (gr.)〖生態〗(湖沼などが)富栄養の.

Eu·tro'phie [..'tro'fi:] 女 -/〖生態〗(湖沼などの)富栄養;〖医学〗栄養佳良.

Eu·tro'phie·rung 女 -/-en〖生態〗(湖沼などの)富栄養化.

eV [elɛk'tro:nənvɔlt] 《記号》〖原子物理〗=Elektronenvolt

ev. 《略》=evangelisch 2

Ev. 《略》=Evangelium

e. V., E. V. [e:'faʊ] 《略》=eingetragener Verein (登記済)社団法人.

'Eva ['e:a, 'e:va] (hebr. , Leben') **❶**《人名》〖旧約〗エバ, イブ(人類最初の女, Adam の妻. 創3:20). **❷** 女 -/-s 《比喩》女, 女性. **❸**《戯》裸の女(↓〖旧約〗創2:25). **❹**《女名》エーファ, エーヴァ.

'Eva·kos·tüm 中 -s/ =Evaskostüm

eva·ku'ie·ren [evaku'i:rən] 他 (fr. , entleeren') **1** (容器などを)空(カラ)にする;〖物理〗排気する, 真空にする. **2** (人を)避難(疎開)させる;〖軍事〗(物′から)軍隊を撤退させる. eine Stadt ～ 町の住民を立退かせる; 町から軍隊を引揚げる(撤収する).

Eva·ku'ier·te 形《形容詞変化》避難民, 疎開者.

Eva·ku'ie·rung 女 -/-en (住民の)立退き, 避難, 疎開; (軍隊の)撤収, 撤収.

eva·lu'ie·ren [evalu'i:rən] 他 (fr.) (物′の)価値を(綿密に)検討する, 評価する.

Evan·ge·li'ar [evaŋgeli'a:r] 中 -s/-e (-ien [..'a:riən])(↓ Evangelium)〖キリスト教〗(助祭用の)聖福音集.

Evan·ge·li'a·ri·um [..'a:riʊm] 中 -s/..rien[..riən] (lat.) =Evangeliar

Evan·ge·li·en [evaŋ'ge:liən] Evangelium の複数.

Evan·ge·li·en·har·mo·nie 女 -/-n〖キリスト教〗対観福音書(四福音書を対照させてイエスの生涯を叙述したもの).

Evan·ge·li·en·sei·te 女 -/-n〖カトリック〗(↔ Epistelseite) 福音側(信者席から見て祭壇の左側をさす. ミサのさいここで福音書が奉読されたことから).

evan·ge·li·kal [evaŋgeli'ka:l] 形 (engl.)《キリスト教》**1** 福音書の, 福音書の. **2** 福音教会派の(↑ evangelisch 2). **3** 福音書絶対主義の.

Evan·ge·li·mann [evan'ge:liman] 男 –[e]s/⸚er《古》《キリスト教》福音書吟い(聖句などを歌いながら喜捨を求め歩く門付け芸人).

Evan·ge·li·sa·ti·on [evangelizatsi'o:n] 女 –/–en 福音伝道, (キリスト教の)宣教.

***evan·ge·lisch** [evaŋ'ge:lɪʃ エヴァンゲーリッシュ] 形《キリスト教》**1** 福音(書)の, 福音書にもとづく. ~e Räte《カトリック》福音書的勧告(従順・貞潔・清貧のすすめ). **2**《略 ev.》プロテスタントの, 福音主義の. ~e Kirche 福音教会.

evan·ge·lisch-'lu·the·risch [..'lu:tərɪʃ] 形《略 ev.-luth.》《キリスト教》(福音)ルター派の.

evan·ge·lisch-re·for'miert 形《略 ev.-ref.》《キリスト教》(福音)改革派の, カルヴァン派の.

evan·ge·li·sie·ren [evaŋgeli'zi:rən] 他 (人⁴を)福音書の教えに帰依させる, キリスト教に改宗させる.

Evan·ge·list [evaŋe'lɪst] 男 –en/–en **1** 福音史家(四福音書の著者とされる Matthäus, Markus, Lukas, Johannes の 4 人). **2**《アメリカ》巡回説教師. **3**《正教会》福音書を奉読する輔祭.

Evan·ge·li·um [evaŋ'ge:liom] 中 –s/..lien (gr., gute Botschaft')《キリスト教》**1**《複数なし》(イエス・キリストの教え) das ~ verkünden 福音を宣べ伝える. Alles, was er sagt, ist für sie ein ~.《比喩》彼が言うすべてのことは彼女にとって福音である(絶対である). Der „Faust" ist sein ~.《比喩》『ファウスト』は彼のバイブルである. **2**《略 Ev.》(新約聖書の)福音書. das ~ des Matthäus マタイによる福音書. **3**《キリスト教》聖福音(ミサの一部をなす福音書奉読のこと); (聖福音で朗読される)福音書章句.

Eva·po·ra·ti·on [evaporatsi'o:n] 女 –/–en (lat.) 蒸発, 気化.

eva·po'rie·ren [evapo'ri:rən] (lat., verdampfen') ❶ 自 (s) 蒸発(気化)する. ❷ 他 蒸発させる, (の)水分を抜く, 濃縮する. evaporierte Milch エバミルク, 練乳.

'Evas·kos·tüm ['e:fas.., 'e:vas..] 中 –s/《話》(女の)裸. im ~ (女が)素はだかで.

'Evas·toch·ter 女 –/⸚《戯》女(の子).

'Ev·chen ['e:fçən] 女(名)《Eva ④ の縮小形》エーフヒェン, エーファちゃん.

Even·tu'al·fall [eventua'a:l..] 男 –[e]s/⸚e 万一(不測)の場合.

Even·tu·a·li'tät [eventuali'tɛ:t] 女 –/–en 偶発性, 万一の場合, 不測の事態. sich⁴ gegen alle ~en schützen 起きるかもしれないあらゆる事態にそなえる.

even·tu'ell [eventu'ɛl] 形 (fr.) **1**《付加語的用法み》偶発的な, 万一の, 不測(不慮)の. ~er Vorsatz《法制》未必の故意. **2**《副詞的用法で》《略 evtl.》ひょっとしたら, 場合によっては.

'Eve·rest ['ɛvərɛst] 男 –s/《地名》Mount ~ エベレスト山(チベット語ではチョモランマ Tschomolungma). ◆ インドの測量技師 Sir George Everest, 1790–1866 の名にちなむ.

'Ever·green ['ɛvərgri:n] 男 (中) –s/–s (engl.) エヴァーグリーン(長年人気の衰えないジャズなどの名曲).

evi'dent [evi'dɛnt] 形 (lat.) **1** 明らかな, 明白な. **2** et¹ ~ halten《法制》=et¹ in Evidenz halten

Evi'denz [..'dɛnts] 女 –/ (lat.) **1** 明白さ, 自明(の理);《哲学》明証(性). **2**《書》《法制》一覧表, 登録簿. j⟨et⟩⁴ in ~ führen 人⟨物⟩⁴を登録する, リストに載せる. et⁴ in ~ halten 物⁴を一覧表にしておく; 記録しておく.

ev.-luth.《略》=evangelisch-lutherisch

Evo·ka·ti'on [evokatsi'o:n] 女 –/–en (lat., Hervorrufen) **1** (記憶・感情・イメージなどの)喚起. **2**《法制》(下級裁判所から上級裁判所への)移審. **3** 招神(古代ローマで敵の都市からその守護神を奪ってローマに招致すること).

Evo·lu·ti'on [evolutsi'o:n] 女 –/–en (lat., Entwicklung) **1** (ゆるやかで持続的な)展開, 発展, 進展. **2**《生物》進化.

evo·lu·tio·när [evolutsio'nɛ:r] 形 進化の, 進化にもとづく.

Evo·lu·ti'ons·the·o·rie 女 –/《生物・天文》進化論.

ev.-ref.《略》=evangelisch-reformiert

evtl.《略》=eventuell 2

ev'vi·va [ɛ'vi:va] 間 (it.) Evviva! ばんざい.

Ew.《略》《古》=Euwer(Euer, Eure の古形. ↑Euer ①)

'Ewald ['e:valt] 男(名) エーヴァルト.

'Ewer ['e:vər] 男 –s/– エーヴェル船(小型帆船).

'E-Werk 中 –[e]s/–e 発電所(Elektrizitätswerk の短縮).

EWG [e:ve:'ge:]《略》=Europäische Wirtschaftsgemeinschaft ↑europäisch

***'ewig** ['e:vɪç エーヴィヒ] 形 **1** 永遠の, 永久の; 不滅の. ~er Friede 永遠の平和. der Ewige Jude 永遠のユダヤ人, さまよえるユダヤ人 (↑Ahasver²). eine ~e Rente 終身年金. die ~e Ruhe finden / ins ~e Leben eingehen《雅》永眠する. ~er Schnee 万年雪. die Ewige Stadt 永遠の都(ローマ).《前置詞と》**auf(für)** ~ 永遠に, いつまでも. seit ~en Zeiten ずっと以前から.《名詞的用法》der Ewige 永遠の存在, 神. das Ewige 永遠なるもの, 永遠. **2** たえまない, ひっきりなしの; はてしない. in ~er Angst leben たえまない不安の中で暮す. ein ~er Student / ein Ewiger《戯》(いつまでたっても卒業できない)万年学生. **3**《副詞的用法で》《話》(sehr lange) ずっと, 長い間; (sehr) 非常に. Das dauert ja ~[lange]! やれやれいつまでかかることやら. ~ und drei Tage⟨Jahre⟩ いつまでも, ずっと長いこと. Das ist ~ schade. それはとても残念なことだ.

'Ewig·ge·stri·ge 男女《形容詞変化》《侮》時代遅れ(保守的)な人.

***'Ewig·keit** ['e:vɪçkaɪt] 女 –/–en **1** 永遠, 永久; 不滅. in die ~ 永遠に. von ~ zu ~ 永久に, とこしえに. **2**《複数なし》(死後の)永遠の生, 来世. in die ~ eingehen⟨abberufen werden⟩《雅》永眠する. **3**《話》非常に長い時間. in ~ nicht 金輪際(ごんりん...)..ない. [bis] in alle ~ いつまでも. seit einer ~ / seit ~en ずっと以前から.《副詞的の 4 格で》eine [halbe] ~ dauern 延々と続く.

'ewig·lich ['e:vɪklɪç] 副《雅》(ewig) 永遠(エェン)に, とこしえに.

EWS《略》=Europäisches Währungssystem 欧州通貨制度.

EWU《略》=Europäische Währungsunion 欧州通貨同盟.

EWWU《略》=Europäische Wirtschafts- und Währungsunion 欧州経済通貨同盟.

ex [ɛks] ● 圏 (*lat.*, aus‘) **1**《ラテン語成句で》~ oriente lux [.. ori'ɛnto 'loks] 光は東方より. **2**《場所を示す語と》~ Quai《商業》波止場渡しで. ● 圏《話》**1** ~ trinken 一気に飲み干す. **2** (aus ②) 終わった, なくなった. die Freundschaft zwischen den beiden ist ~. 2人の友情はもうおしまいだ. **3**《卑》(tot) 死んだ.

ex..[1], **Ex..**[1] [ɛks..]《接頭》(*lat.*) 名詞・形容詞・動詞などに冠して「外へ, (起点・由来を示して)…から」の意を表す. fの以外の子音の前ではしばしばe..., E..となり, fの前ではef..., Ef..となる. *Ex*port 輸出. *ev*ident 明白な. *Eff*ekt 効果.

ex..[2], **Ex..**[2] [ɛks..]《接頭》(*gr.*) ~exo.., Exo..

Ex..[3] [ɛks..]《接頭》(*lat.*) 身分・地位を示す名詞に冠して「前(元)の」の意を表す. *Ex*kaiser 前(元)皇帝.

ex ab'rup·to [ɛks ap'rʊpto, ..a'br..] (*lat.*, überraschend‘) 不意に, 思いがけず, 突然.

ex 'ae·quo [ɛks 'ɛːkvo] (*lat.*, in derselben Weise‘) 同じやり方で, 同様に.

★**exakt** [ɛ'ksakt エクサクト] 形 (*lat.*, genau‘) 正確な, 厳密(精密)な. ~e Wissenschaften 精密科学(数学・物理学など).

Exakt·heit [ɛ'ks-] 囡 -/ 正確(精密)さ.

Exal·ta·ti'on [ɛksaltatsi'oːn] 囡 -/-en (*fr.*)《心理》(精神の)高揚(興奮)状態.

exal'tiert [ɛksal'tiːrt] 形 (*fr.*) 異常に興奮した, ヒステリックな, 常軌を逸した.

★**Exa·men** [ɛ'ksaːmən エクサーメン] 囲 -s/-(..mina) (*lat.*, Prüfung‘) 試験(とくに大学の卒業試験や国家試験など). das mündliche〈schriftliche〉 ~ in Physik 物理学の口述〈筆記〉試験. ein ~ bestehen 試験に合格する. ein ~ machen〈bauen〉試験を受ける. Er hat das ~ mit Eins gemacht. 彼は最高点で試験に合格した(↑Eins 3). j[4] einem ~ unterziehen《比喩》人[4]を尋問(審問)する. durchs ~ fallen〈fliegen〉/ im〈beim〉 ~ durchfallen 試験に落第する. im ~ stehen 試験中である. ins ~ gehen〈steigen〉受験する.

Exa·mens·ar·beit 囡 -/-en 審査論文.

Exa·mi·na [ɛ'ksaːmina] Examen の複数.

Exa·mi'nand [ɛksami'nant] 男 -en/-en (*lat.*) 受験者, 受験生; 被験者.

Exa·mi·na·tor [ɛksami'naːtor] 男 -s/-toren [..na'toːrən] (*lat.*) 試験官, 審査員.

exa·mi'nie·ren [ɛksami'niːrən] 他 (*lat.*, prüfen‘) **1**(人[4]を)試験(審査)する, 試問する. eine *exa*minierte Krankenschwester 資格試験をパスした看護婦, 正看護婦. **2**(人[4]を)詳しく調べる, (に)問いただす. **3**(物[4]を)綿密に検査(調査)する.

Exan'them [ɛksan'teːm, ɛks|an..] 中 -s/-e (*gr.*, das Aufgeblühte‘)《病理》発疹, 皮疹.

Exarch [ɛ'ksarç, ɛks'|arç] 男 -en/-en (*gr.*, Vorsteher‘) **1**《歴史》(ビザンチン帝国がイタリアに派遣した)総監, 太守(ˉ͜ˉ). **2**《東方教会》副総大主教, 総大主教.

Exau·di [ɛ'ksaʊdi, ɛks'|aʊdi] (*無冠詞 / 不変化*) (*lat.*, [Herr], erhöre [meine Stimme]‘) 復活祭後の第6日曜日(この日の入祭文の冒頭語から.《旧約》詩 27:7).

exc. (*略*) =excudit

ex 'ca·the·dra [ɛks 'ka:tedra] (*lat.*, vom Lehrstuhl aus‘) **1**《ˉ͜ˉ》(教皇座の権威をもって, 不可謬(ˉ͜ˉ)の). ▶ cathedra はもと教皇聖座を意味し, 成句は教皇宣言の不可誤性(Infallibilität) に関して用いられることが多い. **2**《比喩》《侮》権力にものを言わせて, 天の声で.

Ex'change [ɪks'tʃeːntʃ, ..'tʃeɪndʒ] 囡 -/-n [..ndʒən] (*engl.*, Austausch‘) **1** 両替; 相場. **2** 両替所.

excud. =excudit

ex'cu·dit [ɛks'kuːdɪt] (*lat.*, er hat [es] gedruckt‘)《略 exc., excud.》…がこれを印刷した. ◆ 銅版画などの作者の名前のあとに記した.

Exe'ge·se [ɛkse'geːzə] 囡 -/-n (*gr.*) 解釈; 聖書釈義.

Exe'get [..'geːt] 男 -en/-en (*gr.*) 解釈(注釈)学者; 聖書釈義家.

Exe'ge·tik [..'geːtɪk] 囡 -/ 聖書釈義学.

exe'ge·tisch [..'geːtɪʃ] 形 解釈に関する; 聖書釈義上の.

exe·ku'tie·ren [ɛkseku'tiːrən] 他 (↓Exekution) **1** 処刑する. **2**《古》《法制》(判決を)執行する;(一般的に)実行する. **3**《ˉ͜ˉ》j⟨et⟩[4] ~ 人[4]の担保物件〈物[4]〉を差押さえる.

Exe·ku·ti'on [ɛksekutsi'oːn] 囡 -/-en (*lat.*, Vollzug‘) **1** 処刑, 死刑執行. **2**《古》《法制》(判決の)執行. **3**《ˉ͜ˉ》差押え.

exe·ku'tiv [..'tiːf] 形《述語的には用いない》《政治・法制》執行に関する, 行政上の.

Exe·ku'ti·ve [..'tiːvə] 囡 -/-n《政治・法制》**1** 行政権, 執行権. **2** 行政機関, 執行機関.

Exe·ku'tiv·ge·walt 囡 -/ =Exekutive 1

Exe·ku·tor [ɛkse'kuːtor] 男 -s/-en [..ku'toːrən] **1**(遺言などの)執行人. **2**《ˉ͜ˉ》執達吏(ˉ͜ˉ).

Exem·pel [ɛ'ksɛmpəl] 中 -s/- (*lat.*, Beispiel‘) **1** 例, 実例; 手本, 模範; 見せしめ. ein ~ statuieren 見せしめにする(an j⟨mit et⟩ 人⟨物⟩を). et[4] an einem ~ erläutern 事[4]を例を挙げて説明する. zum ~《古》たとえば(zum Beispiel). sich[3] ein ~ an j⟨et⟩[3] nehmen / sich[3] j⟨et⟩[4] zum ~ nehmen 人〈物〉を手本にする. **2**《古》《計算》問題. die Probe aufs ~ machen 実際に試してみる.

★**Exem'plar** [ɛksɛm'plaːr エクセンプラール] 中 -s/-e (*lat.*《古》Expl.) (動植物・商品などが同種のものの中の)1つのもの; 見本, サンプル, 標本, (出版物の)1部, 1冊. 100 ~e der ersten Auflage 初版本100部. Von dieser Serie existiert nur noch ein ~. このシリーズのものはあとひとつしか残っていない. Hans ist ein prächtiges ~.《戯》ハンスはすばらしい男だよ.

exem·pla·risch [..'plaːrɪʃ] 形 **1** 見本(実例)による. **2** 模範的な.

exem·pli 'cau·sa [ɛ'ksɛmpli 'kaʊza] (*lat.*, beispielsweise‘) 例をあげると, たとえば.

Exem·pli·fi·ka·ti'on [ɛksɛmplifikatsi'oːn] 囡 -/-en 例をあげての解説(説明), 例証.

exem·pli·fi'zie·ren [ɛksɛmplifi'tsiːrən] 他 例をあげて解説(説明)する, 例証する.

exemt [ɛ'ksɛmt] 形 (*lat.*) **1**《法制》(義務・負担を)免除された; 治外法権の. **2**《ˉ͜ˉ》免属の(修道会が司教区に属さないこと); 教皇庁直属の.

Exe'qua·tur [ɛkse'kvaːtor] 中 -s/-en [..kva'tuːrən] (*lat.*, man möge vollziehen‘) **1**《法制》(外国の領事に国が与える)同意(承認)書. **2**(教皇教書などに国家君主が与える)同意(承認)書.

Exe·qui·en [ɛ'kseːkvi̯ən] 複 (*lat.*)《ˉ͜ˉ》**1** 埋葬式, 葬儀. **2**(教会での)死者ミサ, 赦祷式.

exer'zie·ren [ɛksɛr'tsiːrən] 他 (*lat.*, üben‘) ●

Exerzierplatz

(部隊が)訓練(演習)をする. ❷ 他 1 (部隊・兵士を)訓練する. 2 《話》《事⁴を》繰返し練習する(稽古する). 3 《話》(新しい方法などを)実際にやってみる, 実地にテストする.

Exer·zier·platz 男 -es/=e 〖軍事〗練兵場.

Exer·zi·ti·um [ɛksɛr'tsi:tsiʊm] 中 -s/..tien [..tsiən] (lat., Übung') 1 《複数で》《カトリック》心霊修業, 黙想(とくに Ignatius de Loyola の). 2 《古》(学校の)宿題.

ex·hi·bie·ren [ɛkshi'bi:rən] 他 (lat., darbieten') 1 展示(陳列)する. 2 見せる, 提示する.

Ex·hi·bi·ti·on [ɛkshibitsi'o:n] 女 -/-en 〖心理〗(性器の)露出. 2 誇示. 3 展示, 陳列.

Ex·hi·bi·ti·o'nis·mus [..tsio'nɪsmʊs] 男 -/ 〖心理〗(性器)露出症(癖).

ex·hu'mie·ren [ɛkshu'mi:rən] 他 (lat.) eine Leiche ~ 〖法制〗(検死・解剖のために)屍体を発掘する.

Exil [ɛ'ksi:l] 中 -s/-e (lat., Verbannung') 1 追放, 流刑, 亡命. ins ~ gehen 追放(流刑)される, 亡命する. 2 流刑地, 亡命地. im ~ leben 流謫(るたく)の日々を送る.

exi'lie·ren [ɛksi'li:rən] 他 (↓ Exil) (国外に)追放する, 島流しにする.

Exil·li·te·ra·tur [ɛ'ksi:l..] 女 -/-en 亡命文学(とくにナチス時代の).

Exil·re·gie·rung 女 -/-en 亡命政府.

exi'mie·ren [ɛksi'mi:rən] 他 (lat., freimachen') 〖法制〗(人⁴の)法的義務を免除する.

exi'miert 過分 形 〖法制〗=exemt 1

exis'tent [ɛksɪs'tɛnt] 形 (lat.) 存在する, 実在(現存)の.

Exis·ten·ti'al [ɛksɪstɛntsi'a:l] 形 =existentiell

Exis·ten·ti·a'lis·mus [ɛksɪstɛntsia'lɪsmʊs] 男 -/ 〖哲学〗実存主義.

Exis·ten·ti·a'list [..'lɪst] 男 -en/-en 実存主義者.

exis·ten·ti·a'lis·tisch [..'lɪstɪʃ] 形 実存主義の.

Exis·ten·ti·al·phi·lo·so·phie 女 -/ =Existenzphilosophie

exis·ten·ti'ell [ɛksɪstɛntsi'ɛl] 形 1 〖哲学〗実存的な, 実存にかかわる. 2 (lebenswichtig) 死活にかかわる. ein ~es Problem 死活問題.

***Exis'tenz** [ɛksɪs'tɛnts エクスィステンツ] 女 -/-en (lat.) 1 《複数なし》(Dasein) 存在, 現存;〖哲学〗実存. Sie leugnete die ~ des Kindes. 彼女はその子供がいることを否定した. 2 生存. eine kümmerliche ~ fristen 露命をつなぐ. nur die nackte ~ retten 身一つでかろうじて(命からがら)逃出す. 3 暮し, 生計. sich¹ eine ~ aufbauen⟨gründen⟩ 生計を立てる. j³ eine ~ geben 人³が食っていけるようにしてやる, (に)職を与える. keine sichere ~ haben 生活が安定していない. 4《話》《ふつう悪い意味の形容詞と》人間. eine fragwürdige ~ うさん臭い人物.

Exis'tenz·angst 女 -/=e 1 実存的不安.

Exis'tenz·be·rech·ti·gung 女 -/-en 生存権.

Exis'tenz·grund·la·ge 女 -/-n 生活基盤.

exis·ten·zi'al [ɛksɪstɛntsi'a:l] 形 =existential

Exis·ten·zi·a'lis·mus [ɛksɪstɛntsia'lɪsmʊs] 男 -/ =Existentialismus

Exis·ten·zi·a'list 男 -en/-en =Existentialist

exis·ten·zi·a'lis·tisch 形 =existentialistisch

Exis·ten·zi·al·phi·lo·so·phie 女 -/ =Existentialphilosophie

exis·ten·zi'ell [ɛksɪstɛntsi'ɛl] 形 =existentiell

Exis'tenz·mi·ni·mum 中 -s/ 最低生活費.

Exis'tenz·phi·lo·so·phie 女 -/ 実存哲学.

***exis'tie·ren** [ɛksɪs'ti:rən エクスィスティーレン] 自 (lat.) 1 存在する, ある, いる. Das Schloss existiert nicht mehr. その城は今はもうない. 2 (mit⟨von⟩物³で)なんとか暮していく. Damit⟨Davon⟩ kann ji niemand ~. これっぱっちで誰が暮していけるものか.

'Exi·tus [ɛksitus] 男 -/ (lat.) 〖医学〗死亡.

Ex·kar·di·na·ti·on [ɛkskardinatsi'o:n] 女 -/-en (lat.) 《カトリック》(聖職者の)教区転出.

exkl. 《略》=exklusive

Ex'kla·ve [ɛks'kla:və] 女 -/-n (lat.) (↔ Enklave) (他国の領内にある)飛び領土.

ex·klu·die·ren [ɛksklu'di:rən] 他 (lat., ausschließen') 排除する, 締め出す, 除名する.

ex·klu'siv [ɛksklu'zi:f] 形 1 排他的の, 独占(閉鎖)的な. 2 内輪だけの, 会員制の. 3 高級な.

ex·klu'si·ve [..və] 前 《2格支配》《略 exkl.》(↔ inklusive) …を除いて, 別にして. ♦ 無冠詞の名詞につくときはふつう名詞の2格語尾 -s を省く. ~ Mehrwertsteuer 付加価値税別にして.

Ex·klu'siv·in·ter·view 中 -s/-s 独占インタビュー.

Ex·kom·mu·ni·ka·ti·on [ɛkskɔmunikatsi'o:n] 女 -/-en (lat.) 《カトリック》破門.

ex·kom·mu·ni'zie·ren [..'tsi:rən] 他 (lat.) 破門する.

Ex·kre'ment [ɛkskre'mɛnt] 中 -[e]s/-e (lat.) (ふつう複数で)排泄物(糞・尿など).

Ex'kret [ɛks'kre:t] 中 -[e]s/-e (lat.) 〖生理〗排泄物.

Ex'kurs [ɛks'kʊrs] 男 -es/-e (lat., Auslaufen') 1 (論文の)補説, 余論. 2 (講演などでの)脱線, 余談.

Ex·kur·si'on [ɛkskʊrzi'o:n] 女 -/-en 研修(見学)旅行; 遠足.

Ex'li·bris [ɛks'li:brɪs] 中 -/- (lat., aus den Büchern [des…]') 蔵書票.

Ex·ma'tri·kel [ɛksma'tri:kəl] 女 -/-n (lat.) (大学の)卒業(修了)証書.

Ex·ma·tri·ku·la·ti·on [..trikulatsi'o:n] 女 -/-en (↔ Immatrikulation) (大学からの)除籍, 退学.

ex·ma·tri·ku'lie·ren [..'li:rən] 他 (↔ immatrikulieren) 除籍する. sich⁴ ~ 退学手続をとる.

'Ex·mi·nis·ter [ɛks..] 男 -s/- (↑ Ex.) 前(元)大臣.

Ex·mis·si·on [ɛksmɪsi'o:n] 女 -/-en (lat.) (家屋などの)強制撤去, (住居・土地からの)強制立退き.

ex·mit'tie·ren [..mɪ'ti:rən] 他 (lat., ausschicken') (人⁴を)強制的に立ち退(の)かせる.

exo.., Exo.. [ɛkso..] 《接頭》(gr.) 名詞・形容詞などに冠して「外へ, 外部に」などの意を表す. 母音の前ではex..², Ex..² となる. Exobiologie 地球外生物学.

'Exo·dos ['ɛksodos] 男 -/- (gr., Ausgang') エクソドス(古代ギリシア演劇の幕切れの合唱歌, また終幕・大団円).

'Exo·dus ['ɛksodʊs] 男 -/ (gr., Ausgang') 1 〖旧約〗出エジプト記. 2 (一斉)脱出(退場, 脱退).

ex of'fi·cio [ɛks ɔ'fi:tsio] (lat., aus dem Amt') 職務上, 職権によって.

Exo·ga'mie [ɛksoga'mi:] 女 -/-n [..'mi:ən] (gr.) 〖民族学〗(↔ Endogamie) 族外(異族)結婚.

exo'gen [ɛkso'ge:n] 形 (gr.) (↔ endogen) 〖医学・生物・心理〗外生の, 外因(性)の;〖地学〗外成の.

exor·bi'tant [ɛksɔrbi'tant] 形 (lat.) (außeror-

Exposition

dentlich) 法外な, 度はずれの.

exor·zie·ren [ɛksɔrˈtsiːrən] 他 (gr. , beschwören') 《宗教》(悪魔・悪霊を呪文で)追出す, 調伏(ちょうぶく)する, 祓(はら)う.

Exor·zi·sie·ren [..tsiˈziːrən] 他 =exorzieren

Exor·zis·mus [..ˈtsɪsmʊs] 男 −/..men [..mən] 悪魔祓(ばら)い; 祓魔(ふつま)式.

Exor·zist [..ˈtsɪst] 男 −en/−en 悪魔祓(ばら)いをする人, 調伏(ちょうぶく)者; 祓魔(ふつま)師(下級聖職者の位).

Exo·sphä·re [ˈɛksosfɛːrə] 女 −/−n (gr.) 外気圏, 逸出圏(大気圏の最外縁部分).

Exot [ɛˈksoːt] 男 −en/en, **Exo·te** [..tə] 男 −n/−n (gr.) **1** 渡来人, 異人; (とくに熱帯地方からの)外来種, 渡来種(の動植物). **2** 《複数で》《金融》外国証券. ◆ 女性形 Exotin 女 −/−nen

exo·te·risch [ɛksoˈteːrɪʃ] 形 (gr.) (↔ esoterisch) **1** 部外者(一般人)にも開かれた, 公開の; 誰にでも理解できる, 通俗的な. **2** 公教的な, 顕教(けんぎょう)の.

exo·tisch [ɛˈksoːtɪʃ] 形 (gr. , ausländisch) **1** (動植物などが)外来の(とくに南方・熱帯地方からの), 外来種(外国産)の. **2** 異国風の, 異国情緒の, エキゾチックな. **3** 《地質》(岩石が)外来の, 異地性の.

ex 'ovo [ɛks ˈoːvo] (lat. , vom Ei an') =ab ovo

Ex·pan·der [ɛksˈpandər] 男 −s/− (engl.) 《スポーツ》エキスパンダー.

ex·pan·die·ren [ɛkspanˈdiːrən] (lat. , ausbreiten') **❶** (h, s) **1** (h) 広がる, 膨(ふく)らむ **2** (h) (政治的・経済的に)勢力を拡大する. **3** (s) 《物理》(気体が)膨張する. **❷** 他 (気体を)膨張させる.

Ex·pan·si·on [ɛkspanziˈoːn] 女 −/−en **1** 膨張, 拡張; (政治的な)勢力拡大, 興隆; (経済的な)好況, 隆盛. **2** 《物理》膨張.

ex·pan·siv [..ˈziːf] 形 膨張性の; 膨張主義的な.

Ex·pe·di·ent [ɛkspediˈɛnt] 男 −en/−en (lat.) **1** 発送係, 発送人. **2** 旅行社の社員, 旅行業者.

ex·pe·die·ren [ɛkspeˈdiːrən] 他 (lat.) 発送する.

Ex·pe·di·ti·on [ɛkspeditsiˈoːn] 女 −/−en **1** 調査旅行, 探検; 探検隊, 調査団. eine ∼ zum Nordpol antreten 北極へ探検に出かける. **2** (外国への派遣団. **3** 《古》出兵, 出征. **4** (商店などの)発送部. **5** (新聞社の)広告部.

*__Ex·pe·ri·ment__ [ɛkspɛriˈmɛnt エクスペリメント] 中 −[e]s/−e (lat. , Probe, Versuch') **1** 実験. ∼e an 〈mit〉 Tieren 動物実験. ∼ machen〈anstellen〉実験をする. **2** 《比喩》大胆な企て(試み).

ex·pe·ri·men·tal [..menˈtaːl] 形 =experimentell

Ex·pe·ri·men·tal·phy·sik [..ˈtaːl] 女 −/ 実験物理学.

Ex·pe·ri·men·ta·tor [..ˈtaːtoːr] 男 −s/−en [..ˈtoːrən] 実験者.

ex·pe·ri·men·tell [..ˈtɛl] 形 実験にもとづく; 実験的な. ein ∼er Film 実験的な映画.

ex·pe·ri·men·tie·ren [ɛkspɛrimɛnˈtiːrən] 自 実験する. an〈mit〉 Tieren ∼ 動物実験をする.

ex·pert [ɛksˈpɛrt] 形 (lat. , erfahren') 《古》熟練した, 精通した. in〈auf〉 einem Gebiet ∼ sein ある分野のエキスパートである.

Ex·per·te [ɛksˈpɛrtə] 男 −n/−n 専門家, 熟練者, エキスパート. ◆ 女性形 Expertin 女 −/−nen

Ex·per·ti·se [ɛkspɛrˈtiːzə] 女 −/−n (fr.) (専門家の)鑑定(書).

Expl. (略) =Exemplar

Ex·pla·na·ti·on [ɛksplanatsiˈoːn] 女 −/−en (lat.)《文学》(Erklärung) 説明, 解説.

Ex·plan·ta·ti·on [ɛksplantatsiˈoːn] 女 −/−en (lat.) 《生物・医学》外植(がいしょく), 体外培養.

Ex·pli·ka·ti·on [ɛksplikatsiˈoːn] 女 −/−en (lat.) **1** (意義の)説明, 解説. **2** 《哲学》(概念の)解明.

ex·pli·zie·ren [ɛksˈpliːtsirən] 他 (lat. , entfalten') 説明する, (に)注釈を加える.

ex·pli·zit [ɛksˈpliːtsiːt] 形 (lat.) (↔ implizit) (言葉・表現などが)明白な, 明確な, 細密な.

ex·pli·zi·te [ɛksˈpliːtsite] 副 (↔ implizite) 明確に, はっきりと.

*__ex·plo·die·ren__ [ɛksploˈdiːrən エクスプロディーレン] 自 (s) (lat.) **1** 爆発(破裂)する. **2** 《比喩》(人口などが)爆発的に増加する, (物価などが)急騰する. **3** 《話》感情を爆発させる. vor Zorn ∼ 怒りを爆発させる. **4** 《話》(サッカーなどで)がぜん攻勢に出る.

*__Ex·plo·si·on__ [ɛksploziˈoːn エクスプロスィオーン] 女 −/−en (lat.) **1** 爆発. et[was] zur ∼ bringen 物を爆発させる. **2** 《比喩》(価格などの)急騰, 急増. **3** 《話》感情(怒り)の爆発. **4** 《ゴルフ》バンカーショット. **5** 《言語》(閉鎖音の)破裂.

Ex·plo·si·ons·ar·tig 形 爆発的な, 急激な.

Ex·plo·si·ons·ge·fahr 女 −/−en 爆発の危険.

Ex·plo·si·ons·si·cher 形 爆発のおそれのない.

*__ex·plo·siv__ [ɛksploˈziːf エクスプロズィーフ] 形 (fr.) **1** 爆発しやすい, 爆発性の. **2** 《比喩》(人口増加などが)爆発的な, 急激な; (雰囲気などが)一触即発の. **3** 《話》感情を爆発させやすい, 激しやすい. **4** 《スポーツ》闘志満々の. **5** 《言語》破裂音の.

Ex·plo·siv·laut 男 −[e]s/−e 《音声》破裂音.

Ex·plo·siv·stoff 男 −[e]s/−e 爆発物; 爆薬.

Ex·po·nat [ɛkspoˈnaːt] 中 −[e]s/−e (lat.) 展示品, 陳列物.

Ex·po·nent [ɛkspoˈnɛnt] 男 −en/−en **1** 《数学》冪(べき)指数. **2** (政党などの)代表者, 代表的人物.

ex·po·nie·ren [ɛkspoˈniːrən] **❶** 他 (lat. , öffentlich darstellen') **1** 人目にさらす, 目立たせる. **2** 危険にさらす. **3** 説明する. **4** 《写真》露出する. **❷** 再 《sich》 人目に立つ; 危険に身をさらす. ◆ ↑exponiert

ex·po·niert 過分形 目立った, 危険にさらされた, 風当りの強い.

*__Ex·port__ [ɛksˈpɔrt エクスポルト] 男 −[e]s/−e (engl.) (↔ Import) **1** 輸出. **2** 《複数なし》輸出貿易.

Ex·por·te [ɛksˈpɔrtə] 女 −/−n 《ふつう複数で》(↔ Importe) 輸出品.

Ex·por·teur [ɛkspɔrˈtøːr] 男 −s/−e 輸出業者; 輸出会社, 輸出国.

Ex·port·han·del 男 −s/ 輸出貿易.

*__ex·por·tie·ren__ [ɛkspɔrˈtiːrən エクスポルティーレン] 他 (lat. , hinaustragen') 輸出する.

Ex·po·sé [ɛkspoˈzeː] 中 −s/−s (fr. , Darstellung') **1** 報告(書), 陳述(書). **2** 《論文・著作などの)草案, 計画(書). **4** (映画の台本・コンテのための)スケッチ, (小説・論文などのあら筋.

Ex·po·si·ti [ɛksˈpoːziti] Expositus の複数.

Ex·po·si·ti·on [ɛkspozitsiˈoːn] 女 −/−en (lat. , Darlegung') **1** (まれ)展示, 陳列. **2** 説明, 解説; 注解. **3** (Einleitung) 序論, 序説. **4** 《文学》(劇

の)導入部; 〖音楽〗(ソナタ形式・フーガの主題の)提示(部). **5** 〖古〗〖写真〗露出. **6** 〖ﾐｻ〗(聖体・聖遺物の)顕示, 開帳.

Ex·po·si·tur [εkspoziˈtuːr] 囡 -/-en **1** 支店. **2** 〖ｶﾄﾘｯｸ〗支쳾堂区. **3** 〖ｶﾄﾘｯｸ〗分쳾.

Ex·po·si·tus [eksˈpoːzitʊs] 男 -/..ti (lat.) 支쳾堂区付き司祭.

ex·press, °**ex·preß** [εksˈprεs] 副 (lat.) **1** 急いで, 速達便で. eine Ware ~ schicken 品物を速達便で送る. **2** 〖地方〗(ausdrücklich) はっきりと, 念を押して; (eigens) 特別に, わざわざ.

Ex·press[1], °**Ex·preß**[1] 男 -es/-züge 〖鉄道〗特急列車.

Ex·press[2], °**Ex·preß**[2] 男 〖次の成句でのみ〗et[4] per ~ schicken 物[4]を速達便で送る.

Ex·press·gut 中 -[e]s/-ˊer 急行便小荷物.

Ex·pres·si·on [εksprεsiˈoːn] 囡 -/-en (lat., Ausdruck) **1** 表現. **2** 〖医学〗手圧法, 圧出法.

Ex·pres·si·o·nis·mus [εksprεsioˈnɪsmʊs] 男 -/ 表現主義(ドイツを中心に興った 20 世紀初頭の芸術運動).

Ex·pres·si·o·nist [..ˈnɪst] 男 -en/-en 表現主義の芸術家(作家).

ex·pres·sio·nis·tisch [..ˈnɪstɪʃ] 形 表現主義の. ~e Literatur 表現主義文学.

ex·pres·siv [εksprεˈsiːf] 形 (fr., ausdrucksvoll) 表現力の豊かな, 表現に富んだ.

ex pro·fes·so [εks proˈfεso] (lat., von Amts wegen) 職務上.

Ex·pro·pri·a·ti·on [εksproprijatsiˈoːn] 囡 -/-en (lat.) 〖法制〗(財産などの)没収, 収用.

ex·qui·sit [εkskviˈziːt] 形 (lat., auserlesen) えり抜きの, みごとな. ~er Wein 極上ワイン.

Ex·sik·ka·tor [εksziˈkaːtɔr] 男 -s/..kaˈtoːrən] (lat.) 〖化学〗乾燥器, 除湿器.

Ex·spi·ra·ti·on [εkspiratsiˈoːn] 囡 -/-en (lat.) 〖医学〗(↔ Inspiration) 呼息, 呼気.

ex·spi·rie·ren [εkspiˈriːrən] 自 **1** 〖医学〗息を吐き出す. **2** 〖比喩〗(sterben) 息が絶える, 絶命する. **3** 〖比喩〗(事柄が)終熄(ｼｭｳｿｸ)する, 終焉(ｼｭｳｴﾝ)する.

Ex·tem·po·ra·le [εkstεmpoˈraːlə] 中 -s/..lien [..liən] (lat.) (↓ ex tempore) 〖古〗抜打ちテスト.

ex tem·po·re [εks ˈtεmpore] (lat., aus dem Augenblick) 〖演劇などで〗即興(即席)の.

Ex·tem·po·re 中 -s/-s 即興演技(演奏), アドリブ, 即席のスピーチ.

ex·tem·po·rie·ren [εkstεmpoˈriːrən] 自 即興で演技(演奏)する, 即席のスピーチをする.

Ex·ten·si·on [εkstεnziˈoːn] 囡 -/-en (lat., Ausdehnung) **1** 伸ばすこと, 拡大, 拡張. **2** 〖医学〗牽引(法). **3** 〖論理〗(↔ Intension) (概念の)広がり.

ex·ten·siv [εkstεnˈziːf] 形 **1** (↔ intensiv) 伸びた, 広がった, 広範な, 包括的な. **2** 〖農業〗(↔ intensiv) 粗放な. **3** 〖法制〗(↔ restriktiv) ~e Auslegung eines Gesetzes 法律の拡大解釈.

Ex·te·ri·eur [εksteriˈøːr] 中 -s/-e (fr.) (↔ Interieur) 外部, 外面, 外観, 外装.

ex·tern [εksˈtεrn] 形 (lat.) (↔ intern) 外の, 外部の, 外来の. ~er Schüler (寄宿生に対する)通学生.

Ex·ter·nat [εkstεrˈnaːt] 中 -[e]s/-e (↔ Internat) (寄宿制でない)通学制の学校.

Ex·ter·ne [εksˈtεrnə] 囡/男 〖形容詞変化〗(↓ extern) **1** (↔ Interne) 通学生(寄宿生の反対). **2** 卒業試験の学外受験者.

Ex·ter·nist [εkstεrˈnɪst] 男 -en/-en (↓ extern) 〖ｵｰｽﾄﾘｱ〗〖医学〗(↔ Internist) 外科医. **2** 外来患者. **3** 〖ｵｰｽﾄﾘｱ〗~Externe 1 **4** 〖演劇〗客演者.

ex·ter·ri·to·ri·al [εksteritoriˈaːl] 形 (lat.) 〖ex..!, Ex..!〗(↔ territorial) 〖法制〗治外法権の.

Ex·ter·ri·to·ri·a·li·tät [..rialiˈtεːt] 囡 -/ 治外法権.

Ex·tink·ti·on [εkstɪŋktsiˈoːn] 囡 -/-en (lat., Verˊnichtung) **1** 〖古〗消去; 抹消; 抹殺. **2** 〖光学〗吸光, 減光. 〖天文〗減光. **3** 〖心理〗消去.

***'ex·tra** [ˈεkstra エクストラ] (lat., außerhalb) ❶ 副 **1** (besonders) とくに, 特別に. ein ~ starker Kaffee 特別強いコーヒー. Es geht mir nicht ~ 〖話〗私の調子は上々とは言えない. **2** 別に, 別途に; 余分に; わざわざ. Er bekam noch 10 Euro ~. 彼にさらに 10 ユーロ余分にもらった. Sie ist heute ~ für dich gekommen. 彼女は今日わざわざ君のために来たんだよ. **3** 〖話〗(absichtlich) わざと. Das macht er immer ~! 彼はいつもわざとそういうことをするんだ. ❷ 形 〖中性名詞として用いられる場合以外は不変化〗 **1** 〖話〗特別の, 極上の. eine ~ Belohnung 特別報酬. ein ~ Zimmer 専用の部屋, 個室. 〖中性名詞として〗etwas Extras 特別なもの(こと), 極上品. **2** 〖ｵｰｽﾄﾘｱ・ｽｲｽ〗選り好みのはげしい, 贅沢(ｾﾞｲﾀｸ)な.

'Ex·tra ❶ 中 -s/-s 〖多く複数で〗(自動車などの)オプション類. ❷ 中 -s/-s 〖映画〗エキストラ.

ex·tra.., **Ex·tra..** [εkstra..] 〖接頭〗形容詞・名詞に冠して「特別の, 臨時の, 外部の」の意を表す. extrafein fein にまさる. Extraausgaben 臨時(不時)の出費.

'Ex·tra·aus·ga·be 囡 -/-n **1** (新聞の)号外, (雑誌の)臨時増刊号. **2** 〖ふつう複数で〗不時の出費, 特別支出.

'Ex·tra·blatt 中 -[e]s/ˊer (新聞の)号外.

'ex·tra·fein 形 **1** 極上の. **2** 特別に細かな.

ex·tra·ga·lak·tisch [εkstragaˈlaktɪʃ] 形 (gr.) 〖天文〗銀河系外の.

ex·tra·hie·ren [εkstraˈhiːrən] 他 (lat., herausˊziehen) **1** 〖化学〗抽出する. **2** 〖医学〗摘出する, (歯を)抜いて妺出する. **3** 〖古〗(exzerpieren) (書物から)書抜く, 抜粋する.

'Ex·tra·klas·se 囡 -/-n 〖話〗極上品; とくに優れた(一流の)人.

Ex·trakt [εksˈtrakt] 男 -[e]s/-e **1** 〖化学〗抽出物, エキス. ▶ この意味では中性名詞としても. **2** (書物などの)要約, 抜粋.

Ex·trak·ti·on [..traktsiˈoːn] 囡 -/-en **1** 〖化学〗(成分の)抽出. **2** 〖医学〗摘出; 抜歯, (胎児の)妺出.

ex·tra·or·di·när [εkstraˌɔrdiˈnεːr] 形 (fr.) 〖雅〗= außergewöhnlich 1

Ex·tra·or·di·na·ri·um [..ˌɔrdiˈnaːriʊm] 中 -s/..rien [..riən] (lat.) (国の)特別会計予算.

Ex·tra·or·di·na·ri·us [..ʊs] 男 -/..rien [..riən] (lat.) (außerordentlicher Professor) 助教授.

Ex·tra·po·la·ti·on [εkstrapolatsiˈoːn] 囡 -/-en 〖数学〗(↔ Interpolation) 外挿法, 補外法.

'Ex·tra·tour [ˈεkstratuːr] 囡 -/-en **1** 〖話〗自分勝手な行動. ~en machen 気ままな振舞をする. **2** 〖古〗(女性がパートナー以外と踊る)番外ダンス.

ex·tra·ute·rin [εkstraˌuteˈriːn] 形 (lat.) 〖医学〗子宮外の.

ex·tra·va·gant [εkstravaˈgant, '----] 形 (lat.) 常軌を逸した, 奇矯(ｷｷｮｳ)な, 奇抜な.

Ex·tra·va'ganz [..va'gants, '- - - -] 囡 -/-en **1** 《複数なし》常軌を逸していること, 無軌道, 無頼(な.), 奇抜. **2** 奇行, 突飛な行動.

ex·tra·ver'tiert [ɛkstraver'tiːrt] 形 (lat.) 〖心理〗 (↔ introvertiert) 外向的な.

'Ex·tra·wurst 囡 -/⸚e **1** (リョン風) (Lyoner) リヨン風ソーセージ. **2** 《戯》《特製ソーセージの意から転じた成句で》j³ eine ~ braten 人³を優遇(ひいき)する. eine ~ [gebraten] kriegen 優遇される.

ex'trem [ɛks'treːm エクストレーム] 形 (lat.) **1** 極端な, 極度の. ein ~es Beispiel 極端な例. Hier sind die Preise ~ hoch. 当地では物価がべらぼうに高い. **2** 度を越した, 過度の. **3** 〖政治〗 (radikal) 過激な. die ~e Linke〈Rechte〉 極左〈極右〉. eine ~e Partei 急進的な政党. **4** ~e Unktion 〖カトリック〗 終油の秘跡.

Ex'trem 中 -s/-e 極端, 極度; 過度, 過激. von 〈aus〉einem ~ ins andere ~ fallen 極端から極端に走る. Die ~e berühren sich⁴. 《諺》両極端は一致する.

Ex·tre'mis·mus [ɛkstre'mɪsmʊs] 男 -/..men [..mən] 急進主義, 過激論.

Ex·tre'mist [..'mɪst] 男 -en/-en 急進主義者, 過激論者.

Ex·tre·mi'tät [..mi'tɛːt] 囡 -/-en **1** 先端, 末端. **2** 極端さ, 極端な行為. **3** 《ふつう複数で》四肢, 手足. die oberen〈unteren〉 ~en 上肢〈下肢〉.

ex'trin·sisch [ɛks'trɪnzɪʃ] 形 (engl.) 〖心理・教育・医学〗 (↔ intrinsisch) 外部からの, 外因性の.

ex·tro·ver'tiert [ɛkstrover'tiːrt] 形 (lat.) =extravertiert

'Ex-und-'hopp-Fla·sche 囡 -/-n (↓ ex² +hopp) 《話》(Einwegflasche) 使い捨ての瓶.

ex 'vo·to [ɛks 'voːto] (lat., aufgrund eines Gelübdes ') 誓願により (古代ローマで奉納物に記した定詞).

Ex'vo·to 中 -s/-s(..ten[..tən]) (↓ ex voto)〖宗教〗(感謝・願かけのための)奉納物(ろうそく・絵馬など).

Exz. 《略》=Exzellenz

ex·zel'lent [ɛkstsɛ'lɛnt] 形 (lat., hervorragend ') 卓越した, 優秀な.

Ex·zel'lenz [..'lɛnts] 囡 -/-en 《略 Exz.》閣下(大臣その他の高官・司教に対する尊称; 直接本人に対しては Euer〈Eure〉~, 3 人称としては Seine ~ と言う).

ex·zel'lie·ren [ɛkstsɛ'liːrən] 自 卓越している, ずば抜けている.

Ex·zen'trik [ɛks'tsɛntrɪk] 囡 -/ **1** 突飛(奇矯)な振舞. **2** (サーカスなどの)おどけた曲芸.

Ex·zen'tri·ker [ɛks'tsɛntrɪkər] 男 -s/- **1** 奇人, 変人, 偏屈者. **2** (サーカスなどの)道化師.

ex·zen'trisch [..trɪʃ] 形 (lat.) (↓ Ex..¹+Zentrum) **1** 中心をはずれた; 〖数学〗離心の; 〖機械〗偏心の. **2** 常軌を逸した, 奇矯な, エキセントリックな.

Ex·zen·tri·zi'tät [ɛkstsɛntritsi'tɛːt] 囡 -/-en **1** 〖数学〗離心率; 〖機械〗偏心度. **2** 《複数なし》常軌を逸していること. **3** 奇矯な振舞, 突飛な行動, 奇例の.

Ex·zep·ti'on [ɛkstsɛptsi'oːn] 囡 -/-en (lat.)《古》 **1** (Ausnahme) 例外. **2** 〖法制〗(Einrede) 抗弁.

ex·zep·ti·o'nell [..tsio'nɛl] 形 (fr.) 例外的な, 異例の.

ex·zer'pie·ren [ɛkstsɛr'piːrən] 他 (lat., herausnehmen ') (書物から)書抜く, 抜粋する.

Ex'zerpt [ɛks'tsɛrpt] 中 -[e]s/-e 抜粋, 抄録.

Ex'zess, °**Ex'zeß** [ɛks'tsɛs] 男 -es/-e (lat.) 過度, 過剰, やり過ぎ, 不摂生. bis zum ~ 度を越して, 過度に. alkoholische Exzesse (酒の)飲過ぎ.

ex·zes'siv [ɛkstsɛ'siːf] 形 過度の, 極端な, 法外な.

Eyck [aɪk] 《人名》van ~ ヴァン・エイク, ヴァン(ファン)・アイク (兄 Hubert ヒュベルト 1370 頃-1426, 弟 Jan ヤン, 1390 頃-1441, フランドルの画家).

'Eye-cat·cher ['aɪkɛtʃər] 男 -s/- (engl.) =Blickfang

'Eye·li·ner ['aɪlaɪnər] 男 -s/- (engl.) アイライナー(まぶたに線状に塗る化粧品).

'Ey·rir ['aɪrɪr] 男 (中) -s/Aurar['aʊrar] エイリール(アイスランドの補助通貨単位).

Eze·chi·el [e'tseːçieːl, 'tsiɛl]《人名》〖旧約〗エゼキエル(バビロン捕囚時代のユダヤ人の預言者・指導者. ↑ babylonisch).

f, F

f¹, F¹ [ɛf] 甲 -/- ドイツ語アルファベットの第6文字(子音字). nach Schema *F*《俗》杓子定規に, 型どおりに, おざなりに. ◆口語では単数2格および複数形を[ɛfs]で発音することがある.

f², F² 甲-/-《音楽》 **1** ヘ音. **2**《記号》f-*f*-Moll, F- *F*-Dur ◆f¹, F¹の◆を参照.

f³ ['fɔrta]《略》《音楽》=forte

F³ ❶《記号》**1**《物理》=Farad **2**《物理》=Fahrenheit **3**《化学》=Fluor **❷**《略》=französischer Franc (旧)フランス・フラン.

f.《略》**1**=[und] folgende [Seite] および次のページ. **2**=für **3**《文法》=Femininum **4**=fecit

Fa. [faː]《略》=Firma

***'Fa·bel** ['faːbəl] ファーベル 囡 -/-n (*lat.*) **1**《文学》寓話. Äsopische ~*n* イソップ寓話集. **2** 作り話(事);《話》嘘, 絵空事. Das gehört ins Reich der ~ それはただのお話だ. Er hat uns eine schöne ~ aufgetischt. 彼は私たちに結構な嘘っぱちを聞かせてくれた. **3**(劇・小説の)粗筋(ﾙﾞ).

Fa·be·lei [faːbəˈlaɪ] 囡 -/-en **1**《複数なし》作り話をすること. **2** 作り話, 絵空事, 嘘.

***'fa·bel·haft** ['faːbəlhaft] ファーベルハフト 形《話》**1** すばらしい, 素敵な. ein ~*er* Film 素敵な映画. **2** 莫大な, 途方もない. ein ~*er* Reichtum 巨万の富. **3**《古》作り話の, 架空の. ein ~*es* Tier 架空の(想像上の)動物. **4**《副詞的用法で》非常に, ものすごく. ~ reich sein 信じられないほど金持である.

'fa·beln ['faːbəln] 自動《稀》でたらめを言う. von Gespenstern ~ 幽霊の話(怪談)をする. dummes Zeug ~《話》よた話をする.

'Fa·bel·tier 中 -[e]s/-e 想像上の動物.

***Fa'brik** [faˈbriːk, -rɪk] ファブリーク 囡 -/-en (*lat.*, Handwerkerarbeit') **1** 工場, 製造(製作)所. eine ~ gründen〈stillliegen〉工場を設立〈閉鎖〉する. in die ~ gehen《話》工場に勤めている. **2**《複数なし》工場の全労働者.

Fa'brik·an·la·ge 囡 -/-n 工場施設.

Fa·bri'kant [fabriˈkant] 男 -en/-en (*fr.*) 工場主, 製造者, メーカー.

Fa·bri'kat [fabriˈkaːt] 中 -[e]s/-e (*lat.*, das Hergestellte') **1**(工場)製品. **2**(製品の)型, タイプ. Kameras verschiedener ~*e* さまざまな型のカメラ.

Fa·bri·ka·ti'on [fabrikatsiˈoːn] 囡 -/-en (*lat.*, Herstellung') (工場での)生産, 製造, 製作.

Fa'brik·mar·ke 囡 -/-n 製造元商標.

fa'brik·mä·ßig 形《述語的には用いない》工場生産の, 大量生産(方式)の.

fa'brik·neu 形 新品の.

fa·bri'zie·ren [fabriˈtsiːrən] 他動 (*lat.*) **1**《古》(工場で)生産(製造)する. **2**《話》素人仕事でこしらえる. **3**《話》(馬鹿なこと)でかす.

Fa·bu'lant [fabuˈlant] 男 -en/-en (*lat.*) **1** 話上手な人. Dieser Schriftsteller ist ein amüsanter ~ こ の作家は読者を飽かせない語り手だ. **2**《侮》ほら吹き, 千三つ, おしゃべり.

fa·bu'lie·ren [fabuˈliːrən] (*lat.*, plaudern') **❶** 自動 **1**(小説・物語を)創作する, 物語る. **2**《雅》空想をまじえて物語る.《中性名詞として》Er gerät leicht ins *Fabulieren*. 彼はともすれば話に空想をまじえる. **3**《話》作り話をする. **❷** 他動 **1** 空想物に物語る(von et³ / über et⁴ 事³について). **2**《話》作り話をする(von et³ 事³について).

Fa·bu'list [fabuˈlɪst] 男 -en/-en (*fr.*) **1**《古》寓話作家. **2**《雅》(まれ)おしゃべり(な人).

fa·bu'lös [fabuˈløːs] 形 (*fr.*)《話》作り話の(おとぎ話の)ような. 本当とは思えない, ありそうもない.

Fa·cet·te [faˈsɛtə] 囡 -/-n (*fr.*) **1**(宝石・カットグラスなどの)切り子面.**2**《比喩》《雅》(物事の)側面, 位相. **2**《印刷》(ステロ版の)みみ, ファセット. **3**《動物》複眼の(個眼). **4**《医学》(差し歯の)前装.

Fa·cet·ten·au·ge 中 -s/-n《動物》複眼.

fa·cet'tie·ren [fasɛˈtiːrən] 他動 (宝石・ガラスなどを)カットする.

Fach

Fach [fax] ファハ 中 -[e]s/Fächer **1**(戸棚・ロッカーなどの)仕切り, 棚, 引出し. das rechte ~ im Schrank 戸棚の右の引出し. Die Aktentasche hat mehrere *Fächer*. この書類鞄にはいくつもの仕切がある. unter Dach und ~ 屋内に; 安全な場所に;《比喩》完成して, 仕上がって(↑Dach 1). die Ernte〈das Projekt〉 unter Dach und ~ bringen 収穫を納屋に収める〈プロジェクトを完成する〉. Sie ist unter Dach und ~《戯》彼女は家庭に収まっている(結婚している). mit et³ [gut] zu ~*e* kommen《話》事³をうまく片づける(処理する). **2**《建築》(窓枠・壁面内の)区切り, 区画; 格間(ﾋﾟ), 小間(ｺﾞ)壁; 羽目(ﾊﾒ), パネル; 《紡織》たて糸の(筬の通る)隙間. **3**(学問などの)専門分野, 学科, 科目. sein ~ beherrschen〈verstehen〉自分の専門に精通している. das ~ Chemie studieren 化学を専攻している. Er ist im Meister seines ~ *es* (in seinem ~). 彼はその道の大家だ. Er ist [ein Mann] vom ~ 彼は専門家である. Das schlägt nicht in mein ~ それは私の専門外だ. **4**(俳優・オペラ歌手などの)得意な役柄.

..fach [..fax] (接尾) 数詞などにつけて「…倍の, ..重の」の意の形容詞を作る. zwei*fach* 2倍の, 2重の.

'Fach·ar·bei·ter 男 -s/-(職業教育を受けた)専門(熟練)労働者.

'Fach·arzt 男 -es/ⁿe 専門医.

'Fach·aus·bil·dung 囡 -/-en 専門教育.

'Fach·aus·druck 男 -[e]s/ⁿe 専門用語, 術語.

'Fach·be·reich 男 -[e]s/-e **1**(大学における伝統的

な Fakultät に代る)学科群, 学群. **2** =Fachgebiet
ˈFach·buch 中 -[e]s/¨er 専門書.
ˈfä·cheln [ˈfɛçəln] **❶** 自《雅》(風が)そよぐ, (木の葉が)風にそよぐ(ゆらぐ). **❷** 《雅》**1** 扇ぐ. (再帰的に) *sich*⁴ mit einem Fächer ~ 扇で風を入れる. **2** (風が涼しく吹きつける(ほてった顔などに), (草・葉などを)そよがせる.
ˈfa·chen [ˈfaxən] 他《古》**1** (火を)おこす, 燃立たせる. **2** 《比喩》(情欲などを)あおる, 搔立てる.
ˈfa·chen² 他 **1** Flachs ~ 亜麻をほぐす. **2** (羊毛などを)フェルトにする.
ˈFä·cher¹ [ˈfɛçər] Fach の複数.
ˈFä·cher² [ˈfɛçər] 男 -s/- **1** 扇, 扇子, 団扇(^{うちわ}). **2** 《猟師》(大雷鳥の)扇形の尾羽(^{おばね});《植物》(棕櫚(^{しゅろ})などの)掌状(^{しょうじょう})葉.
ˈfä·cher·för·mig 形 扇状の, 扇形の.
ˈfä·che·rig [ˈfɛçəriç] 形 =fächerförmig
ˈfä·chern [ˈfɛçərn] 他 (↓Fach) **1** (まれ)《物⁴に》仕切りをつける, (を)区切る. **2** 《教育》(授業を)科目別にする. *gefächerter* Unterricht 科目別の授業(↔ Gesamtunterricht). **3** 《品物などを》仕分けする.
ˈfä·chern² 他 (↓Fächer²) **1** 扇状に広げる. *sich*⁴ ~ 扇状に広がる. **2** (まれ) =fächeln ②
ˈFä·cher·pal·me 女 -/-n《植物》掌状葉の椰子の木の科植物(棕櫚(^{しゅろ})やパルミラ椰子など).
ˈFach·frau 女 -/-en《話》女性の専門家(Fachmann の女性形).
ˈFach·ge·biet 中 -[e]s/-e 専門分野.
ˈFach·ge·lehr·te 男女《形容詞変化》専門学者, 専門家.
ˈfach·ge·mäß 形 専門的な, 専門的にみて適切な.
ˈfach·ge·recht 形 =fachgemäß
ˈFach·ge·schäft 中 -[e]s/-e 専門店.
ˈFach·grup·pe 女 -/-n **1** (工場・特殊部門などの中の)作業班, 専門グループ. **2** (仕事などを共にする)部, 集り. die ~ Frauen innerhalb der Gewerkschaft 労働組合内の婦人部.
ˈFach·hoch·schu·le 女 -/-n 専門単科大学(多く 3 年制).
ˈFach·idi·ot 男 -en/-en《俗》専門馬鹿.
ˈFach·kennt·nis 女 -/-se《多く複数で》専門の知識.
ˈfach·kun·dig 形 専門知識のある; 専門知識に基づいた.
ˈFach·leh·rer 男 -s/- 学科担任の教師.
ˈfach·lich [ˈfaxliç] 形 専門の, 専門的な.
ˈFach·li·te·ra·tur 女 -/-en 専門文献, 専門書.
*ˈFach·mann [ˈfaxman ファハマン] 男 -[e]s/..leute (まれ..männer) (↔ Laie) 専門家, 玄人, プロ. Da staunt der ~ [und der Laie wundert sich⁴].《戯》いやはやこいつは驚いた. ♦ ↑Fachfrau
ˈfach·män·nisch [..mɛniʃ] 形 専門家の, 専門家らしい.
ˈFach·ober·schu·le 女 -/-n 専門(実業)上級学校 (Fachhochschule の入学資格が得られる).
ˈFach·rich·tung 女 -/-en (専門分野内での)専攻, (とくに大学での)専攻学科.
ˈFach·schaft [ˈfaxʃaft] 女 -/-en **1** 同業者グループ. **2** (専攻を同じくする)学生の団体.
ˈFach·schu·le 女 -/-n 専門学校.
ˈfach·sim·peln [ˈfaxzimpəln] 自《話》専門(仕事)の話に熱を上げる.
ˈFach·spra·che 女 -/-n 専門用語, 術語.

ˈFach·stu·di·um 中 -s/..dien (大学での)専門科目の勉強.
ˈFach·werk 中 -[e]s/-e (a)《複数なし》《建築》木骨造りの, ハーフティンバー(柱・梁(^{はり})などの骨組を外面に出し, その間を粘土・レンガ壁で埋める木造建築の一様式. とくに 16-17 世紀に愛好された). (b)《建築》(木骨造り家屋の)骨組. (c)《土木》骨組構造による施工法, トラス. **2** (かなりの大きさの)専門書.

Fachwerk

ˈFach·werk·haus 中 -es/¨er 木骨造りの家.
ˈFach·wis·sen·schaft 女 -/-en (哲学のような普遍的・総合的な学問に対して特定の専門領域を研究する)個別科学.
ˈFach·wort 中 -[e]s/¨er 専門用語, 術語.
ˈFach·zeit·schrift 女 -/-en 専門誌.
ˈFa·ckel [ˈfakəl] 女 -/-n (*lat.*) **1** 松明(^{たいまつ}), 炬火(^{きょか}), トーチ. **2** (文明の光, 光明;(戦乱・破壊の)火の手. **3**《天文》(太陽の)白斑(^{はくはん}), ファキュラ.
ˈfa·ckeln [ˈfakəln] 自《話》ためらう, ぐずぐずする. **2**《古》=flackern
ˈFa·ckel·zug 男 -[e]s/¨e 松明(^{たいまつ})行列.
Fa·ˈçon [faˈsõː] 女 -/-s (*fr.*) =Fasson
fad [faːt] 形《とくに南ドイツ・オーストリア》=fade
ˈFäd·chen 中 -s/- (↓Faden の縮小形) 細い糸. Kurze ~, fleißige Mädchen, lange ~, faule Mädchen (諺) 下手(^{へた})の長糸, 上手の小糸(なまけ者は無駄が多い).
ˈfa·de [ˈfaːdə] 形 (*fr.*, schal¹) **1** 風味のない, こくのない, 気の抜けた. **2** おもしろ味のない, 退屈な. **3**《南ドイツ・オーストリア》びくびく(おどおど)した.
ˈfä·deln [ˈfɛːdəln] 他 **❶** (糸を)通す. einen Faden durch⟨in⟩ das Öhr ~ 糸を針の穴に通す. **2** 数珠(^{じゅず})つなぎにする. Perlen auf eine Schnur ~ 真珠を紐に通してつなぐ. **3**(まれ)器用に(抜け目なく)やってのける. **❷** (まれ) (布地が)糸を引く, ほつれる.
*ˈFa·den [ˈfaːdən ファーデン] 男 -s/Fäden(-) **1**《複数 -*n*》(a) 糸. ein dünner⟨langer⟩ ~ 細い⟨長い⟩糸. einen ~ einfädeln in das Öhr ~ 糸を針に通す. einen Knoten in den ~ machen 糸に結び目を作る. mit Nadel und ~ umgehen können 針仕事(裁縫)ができる.《慣用的表現で》Alle *Fäden* laufen in seiner Hand zusammen. / Er hat⟨hält⟩ alle⟨die⟩ *Fäden* [fest] in der Hand. 彼がすべてをとりしきっている. Zwischen den beiden scheinen sich⁴ zarte *Fäden* anzuspinnen⟨zu spinnen⟩. どうやら 2 人の間には恋が芽ばえているようだ. Da⟨Davon⟩ beißt die Maus keinen ~ ab. / Da⟨Davon⟩ beißt keine Maus einen ~ ab.《話》それは動かしようのない事実だ. keinen trockenen ~ mehr am Leib haben《話》全身ずぶ濡れである. keinen guten ~ an ⟨jet⟩³ lassen《話》人⟨物⟩⁴のことをくそみそに言う. immer den gleichen ~ spinnen.《話》いつも同じ話ばかりする. Sie spinnen keinen guten ~ miteinander.《話》彼らはたがいに折合いが悪い. *seinen* ~ spinnen 好きなように生きる. die *Fäden* ziehen 裏で糸を引く. an einem [seidenen⟨dünnen⟩] ~ hängen 非常な危機に瀕している, 命脈がつきかけている. nach Strich und ~《話》さんざんに, こっぴどく. (b)《比喩的に》糸のような(糸状の)もの.

ein dünner ~ Blut 1筋の細い血の流れ. Silberne *Fäden* durchziehen ihr Haar. 白いものが彼女の髪にまじっている. die *Fäden* von den Bohnen abziehen 豆の莢(ᵃᶜ)の筋をとる. Dieser Gedanke zieht sich⁴ wie ein roter ~ durch das ganze Werk hindurch. この思想が作品全体を貫いて流れている. Der Sirup zieht *Fäden* シロップが糸を引く. (c)〖紋章〗〈縦・横・斜めの〉極細術.

2〖複数 ⁻〗関係,結びつき. den ~ zu j³ abreißen a³との関係を断つ. die zerrissenen *Fäden* wieder anknüpfen 切れた関係を再び結ぶ,縒(ᵧ)りを戻す.

3〖複数 ⁻〗〈話の〉筋道,つながり. Der ~ der Rede reißt ab. 話の糸が切れる, 話が続かなくなる. den ~ des Gesprächs wieder aufnehmen とぎれた話題をまた続ける. den ~ verlieren《話・思考の》脈絡を見失う.

4〖複数 ⁻〗《話》衣服. ohne einen ~ 一糸もまとわずに.

5〖複数 -〗《古》(a)〖海事〗尋(ᵑᵉ)《長さの単位, 約1.8 m》. (b)〖林業〗棚《木材の単位, 約=3 m³》.

'**Fa·den·kreuz** 甲 -es/-e〖光学〗《望遠鏡などのレンズにつけられた照準用の》十字線. j⁴ im ~ haben《比喩》人⁴を鋭く〈きびしく〉観察する.

'**Fa·den·nu·del** 囡 -/-n《多く複数形》〖料理〗《スープの具などに用いる》極細物のヌードル.

'**fa·den·schei·nig** [..ʃaɪnɪç] 形 **1**《着古して》糸目もあらわな,すり切れた. **2**《喩》《口実などが》見えすいた.

'**Fa·den·wurm** 男 -[e]s/⁼er《ふつう複数形》〖動物〗線形動物, 線虫類《回虫・ぎょう虫など》.

'**Fad·heit** ['faːthaɪt] 囡 -/-en (↓ fade) **1**《複数なし》風味(こく)のなさ; おもしろ味のなさ. **2** おもしろ味のない〈退屈な〉話.

'**Fa·ding** ['feːdɪŋ, 'feɪdɪŋ] 甲 -s/《engl.》**1**〖通信〗フェーディング《信号強度が変動する現象》. **2**〖自動車〗フェード現象《ブレーキが熱を帯びて利き方が鈍ること》.

Fa'gott [fa'gɔt] 甲 -[e]s/-e《it.》〖楽器〗ファゴット.

Fa·go'ttist [fagɔ'tɪst] 男 -en/-en ファゴット奏者.

'**Fä·he** ['fɛː] 囡 -/-n〖猟師〗《狐・穴熊などの》雌.

*'**fä·hig** ['fɛːɪç フェーヒヒ] 形 **1**《副詞的には用いない》能力〈才能〉のある, 有能な 〈~er Arzt 優秀な医師. **2** zu et³ ~ sein / 《雅》et² ~ sein 事³に⁴が才能がある. Er ist zu keinem Gedanken mehr ~. 彼はもう何も考えられない《思考力を失っている》. Er ist zu allem ~. 彼はどんなことでもやりかねない. ein des Mordes ~er Mensch 人殺しもやりかねない人間. Das Problem ist keiner Lösung ~. この問題は解決不可能だ. 《**zu** 不定詞句と》Sie ist nicht ~, ihren Mann zu betrügen. 彼女は夫を裏切ることはできない.

..fä·hig [..fɛːɪç]《接尾》**1** 動詞・名詞につけて「…しう《されうる》, …する能力のある」の意を表す. trag*fä·hig* 積載可能な. arbeits*fähig* 働ける, 労働可能な.
2 名詞につけて「…に適した」の意を表す. bühnen*fähig*《戯曲が》舞台向きの;上演可能な. weltmarkt*fähig* 世界市場で通用する.

*'**Fä·hig·keit** ['fɛːɪçkaɪt フェーヒヒカイト] 囡 -/-en **1**《ふつう複数なし》才能, 素質. künstlerische *~en* 芸術的才能. ein Mann von großen ~en 有能な人, 逸材. **2**《複数なし》能力 (zu et³ 事³をする). die ~ zur Abstraktion 抽象能力. die ~, logisch zu denken 論理的に思考する力.

fahl [faːl] 形《色・光の淡い, にぶい》青白い, 青ざめた;《雅》生彩を欠いた, 生気を失った, 力のない.

'**Fähn·chen** ['fɛnçən] 甲 -s/《Fahne の縮小形》**1** 小旗. **2**《話》あっぱっぱ《簡単なぺらぺらの婦人用夏服》.

'**fahn·den** ['faːndən] 自 nach j⟨et⟩³ ~ 人⟨物⟩³をさがす《とくに警察が》, 捜査《捜索》する.

'**Fahn·dung** 囡 -/-en 捜査, 捜索.

'**Fahn·dungs·buch** 甲 -[e]s/⁼er 手配書.

*'**Fah·ne** ['faːnə ファーネ] 囡 -/-n **1** 旗, 旗じるし, 旗幟(ᵏ). Die ~ weht im Wind. 旗が風にひるがえる. eine ~ aufziehen⟨hissen⟩旗を掲げる. eine ~ einholen⟨einziehen⟩旗を降ろす. eine ~ auf halbmast ziehen 半旗を掲げる. die schwarze ~ 弔旗(ᶜᵏᵍ). die schwarzrotgoldene / die ~ Schwarz-Rot-Gold 黒赤金の三色旗《ドイツ国旗》. die ~ hinaushängen⟨zeigen⟩白旗を掲げる.《慣用的表現で》die ~ nach dem Wind drehen⟨hängen⟩風向きの良い側につく, 日和見(ᵘˢᵇ)をする. 《洞(ᵃ)ケ峠をきめこむ. die ~ der Freiheit hochhalten 自由の旗を高く掲げる. die ~ verlassen《古》《軍隊から》逃亡⟨脱走⟩する. den Sieg an *seine* ~ heften《雅》勝利を収める. et⁴ auf *seine* ~ schreiben 事⁴を標榜(ᵇᵘᵏ)する, 旗じるしにする. mit fliegenden ~n zu j³ übergehen⟨überlaufen⟩さっさと人³の側に寝返る. zu den ~n eilen⟨j³ folgen⟩軍旗のもとに馳⟨ˢ⟩せ参じる, 志願して兵役に就く. **2**《旗の形をした》風見(ᵏᵃˢ), 風見旗. **3**(a)《たなびく》煙, 雲. 《話》酒臭い息. eine ~ haben 息が酒臭い. (b)〖印刷〗棒組みのゲラ刷り. ~n lesen⟨korrigieren⟩棒組みを校正する. **4**〖植物〗《蝶形花冠の》旗弁(ᵏᵃ);〖動物〗《羽毛の》羽弁;〖猟師〗《猟犬の尾の》ふさふさした毛;《りすの》尻尾;〖魚〗《川鱒の》背びれ;《話》《Fähnchen 2》薄い安物のドレス, あっぱっぱ.

'**Fah·nen·eid** 男 -[e]s/-e〖軍事〗《軍旗への》忠誠の誓い.

'**Fah·nen·flucht** 囡 -/〖軍事〗逃亡, 脱走.

'**fah·nen·flüch·tig** 形〖軍事〗逃亡《脱走》した.

'**Fah·nen·flüch·ti·ge** 男囡《形容詞変化》〖軍事〗《Deserteur》逃亡《脱走》兵.

'**Fah·nen·jun·ker** 男 -s/- **1**〖軍事〗士官候補生. **2**〖歴史〗《17-18 世紀頃の軍隊の》旗手.

'**Fah·nen·kor·rek·tur** 囡 -/-en〖印刷〗棒組み校正.

'**Fah·nen·schwin·gen** 甲 -s/《祝祭の行列などで行う》旗振り.

'**Fah·nen·stan·ge** 囡 -/-n 旗竿(ᵏᵃ).

'**Fah·nen·trä·ger** 男 -s/- 旗手.

'**Fah·nen·wei·he** 囡 -/-n〖軍隊〗軍旗授与式.

'**Fähn·lein** ['fɛnlaɪn] 甲 -s/-《Fahne の縮小形》**1**《雅》=Fähnchen 1. **2** (a)〖歴史〗《独自の軍旗を持つ》部隊《16-17 世紀ドイツ・スイスで 300-600 名の歩兵または 250 名の騎兵から成る傭兵部隊》. (b)《青少年団の》下部小隊.

'**Fähn·rich** ['fɛnrɪç] 男 -s/-e **1**〖軍事〗士官候補生. ~ zur See 海軍見習士官. **2**〖歴史〗(a)《中世の》旗手《に選ばれた勇敢な兵隊》. (b)《プロイセンの中隊での》最年少士官.

'**Fahr·aus·weis** ['faːr..] 男 -es/-e **1** 乗車券, 乗船券. **2**《Führerschein》運転免許証.

'**Fahr·bahn** ['faːrbaːn] 囡 -/-en 車道.

'**fahr·bar** ['faːrbaːr] 形 **1** 脚輪《キャスター》付きの;移動式の. eine ~e Bibliothek 移動図書館. **2**《古》《befahrbar》通行可能の.

'**fahr·be·reit** 形 出発準備の整った;《車が整備できている.

Fahr·be·reit·schaft 女 -/-en **1**《複数なし》(運転手・車が)出発準備完了の状態. **2**(企業などの)専用車管理部.

Fähr·boot ['fɛːr..] 中 -[e]s/-e 渡し船, フェリーボート.

Fahr·damm 男 -[e]s/ー e《地方》(Fahrbahn) 車道.

Fahr·dienst 男 -[e]s/-e **1** 運搬業務, 乗務. **2**《鉄道》運行業務.

Fahr·dienst·lei·ter 男 -s/-《鉄道》運行業務主任.

Fäh·re ['fɛːrə フェーレ] 女 -/-n **1** フェリー, 渡し船. **2**《宇宙》(Mondfähre) 月面着陸船.

Fahr·ei·gen·schaft 女 -/-en(多く複数で)(車の)運転性能.

fah·ren ['faːrən ファーレン] fuhr, gefahren / du fährst, er fährt ❶ 自 (s) **1** (a) 乗物で行く, 乗って行く(乗物で)旅をする. Gehen wir zu Fuß, oder *fahren* wir? 歩いて行こうかそれとも乗って行こうか. Ich bin *gefahren*. 私は車(電車, バス)で来たんだ. Wie lange *fahren* wir bis Frankfurt? フランクフルトまで(車で)どれくらいかかりますか. *Fahr* wohl! 元気で行ってらっしゃい, さようなら. Lieber schlecht *gefahren* als gut gelaufen.《諺》乗心地が悪い乗物でも歩いて行くよりはましだ. erster Klasse[2] ~ 1等車に乗って行く.《前置詞と》**an** die See/nach Berlin ~（車・列車で)海辺へ出かける(ベルリンへ行く). Christus ist **gen** Himmel *gefahren*. キリストは天に昇られた. **in**〈**auf**〉Urlaub ~ 休暇旅行に出かける. in die Grube ~《鉱業》入坑する;《話》墓に入る, 死ぬ. **mit** dem Auto〈Zug〉~ 車/列車で行く. **per** Anhalter ~ ヒッチハイクをする. j[4] **über** den Fuß ~ 人[3]の足を轢(ひ)く. *Fahr* **zur** Hölle〈zum Teufel〉! くたばりやがれ, 消えうせろ.《諺》人〈職業名〉船員である.《副詞的4格と》Auto〈Eisenbahn〉~ 車〈鉄道〉で行く. Karussell ~ メリーゴーラウンドに乗る. Ski〈Rollschuh〉~ スキー〈ローラースケート〉をする. (b)車を運転する. Sie *fährt* gut. 彼女は(車の)運転が上手だ. Er ist seit 20 Jahren unfallfrei *gefahren*. 彼は20年来無事故運転である. ~ lernen 運転を習う. j[4] ~ lassen 人に運転させる(↑ fahren lassen).《副詞的4格と》eine Kurve ~（車で)カーブを切る. Er *fährt* diese Strecke täglich. 彼はこの区間を毎日車で走っている. Ich *fahre* nur Super. 私はスーパーガソリンしか使わない. ▶ 場所の移動より行為そのものが強く意識されるとき完了の助動詞に haben を用いることもある. Wer hat〈ist〉von euch *gefahren*? 君たちの中でハンドルを握っていたのは誰だ.

2 (乗物が)走る, 動く. Der Zug *fährt* von München nach Rom. この列車はミュンヘン発ローマ行である. Der Bus *fährt* nur sonntags. このバスは日曜日しか運行していない. Der Fahrstuhl *fährt* bis zur siebten Etage. このエレベーターは8階まで参ります. elektrisch〈mit Benzin〉~ 電気〈ガソリン〉で走る.

3《方向を示す語句と》すばやく動く. aus dem Bett ~ ベッドから跳び起きる. sich[3] [mit der Hand] durch das Haar ~ 指で髪の毛をかき上げる. Ein Gedanke *fuhr* mir durch den Kopf. とっさにある考えが私の頭に浮かんだ. mit dem Kopf gegen die Wand ~ 頭を壁にぶつける. Der Blitz ist in den Baum *gefahren*. 雷はその木に落ちた. Der Schreck ist mir in die Glieder *gefahren*. 恐怖が私の全身を走った. in die Höhe ~（びっくりして)跳び上がる. Was ist bloß in ihn *gefahren*? 彼は一体どうしたのか. Der Teufel ist in ihn *gefahren*. 悪霊が彼にとりついた, 彼は気がふれた. in die Kleider ~ すばやく服を着る. mit der Hand in die Tasche ~ 手をポケットに突っこむ. Der Biber *fuhr* ins Wasser. ビーバーはさっと水に飛込んだ.

4(über et[4] 物)を撫(な)でる, 拭く. j[3] über das Haar〈den Kopf〉~ 人[3]の髪の毛〈頭〉を撫でる. mit dem Schwamm über die Wandtafel ~ スポンジで黒板を拭く.

5 mit et[3] gut〈schlecht〉~《話》事[3]をうまくやってのける〈失敗する〉. Ich mache es immer so und bin immer gut damit *gefahren*. 私はそれをいつもこんなふうにやり, 首尾はいつも上々だった.

6 ~ einen [Wind] ~ lassen《卑》屁(へ)をひる.

❷ 他 **1** (a)（乗物を)運転する, 操縦する. Er *fährt* einen Mercedes. 彼はメルセデス(ベンツ)に乗っている(を持っている). den Traktor aufs Feld ~ トラクタを運転して野良(のら)に出かける. den Wagen in die Garage ~ 車を車庫に入れる. den Karren in den Dreck ~《比喩》事態を手におえ〈収拾がつか〉なくする. j〈et〉[4] **über** den Haufen ~ 人〈物〉[4]を轢(ひ)く(轢倒す). den Wagen zu Bruch ~（運転を誤って)車を破損する. (b)（乗物に乗って)行う, する, 果たす. einen Angriff ~（戦車・戦艦などが)攻撃をしかける. eine Aufnahme ~《映画》撮影を行う. einen Rekord ~ カーレースで新記録を出す. ein Rennen ~（カー)レースに出る.

2（車で)運んでいく. j[4] nach Hause ~ 人[4]を車で家まで送っていく. Kohlen ~ 石炭を運搬する.

3（器具・機械を)操作する. einen Hochofen ~ 高炉を操作する. die Kamera ~《映画・テレビ》カメラを回す.

❸ 再 (**sich**~) Sein neuer Wagen *fährt sich* gut〈leicht〉. 彼の新しい車は運転しやすい.《非人称的に》Auf dieser Straße *fährt es sich* schlecht. この道は運転しにくい.

♦ ↑ fahrend, fahren lassen, Fahrt

'fah·rend 現分《付加語的用法のみ》**1** 運行(走行)中の. **2**《法制》動産の. ~e Güter 動産(↔ liegende Güter). **3** 旅をしている, 遍歴の. ~er Schüler（中世の)遍歴学生. ~es Volk 流浪の民(旅芸人・行商人・ジプシーなど).

'Fah·ren·de 男女《形容詞変化》**1** 乗物に乗っている人; 乗客, 旅客. **2** 運転者, ドライバー. **3** (a) 遍歴の人(中世の遍歴の騎士・遍歴学生など). (b)《多く複数で》流浪の民(旅芸人・ジプシーなど).

'Fah·ren·heit ['faːrənhaɪt]《記号 F》《物理》華氏(物理学者ファーレンハイト D. G. Fahrenheit, 1686-1736 の創案による温度の単位, 0°C=32°F).

'fah·ren las·sen*, °**'fah·ren**|**las·sen*** 他 過去分詞 fahren lassen(又は fahren gelassen) **1** 手放す. **2**（希望・計画などを)放棄(断念)する. Lasst alle Hoffnung *fahren*! すべての望みを棄てよ(地獄の入口に掲げられているという言葉. ダンテ『神曲』地獄篇より). ♦ ↑ fahren ① 1(b), ②

Fah·rer ['faːrər ファーラー] 男 -s/- **1**（自動車・オートバイなどの)運転者, ドライバー. **2**（電車・バスなどの)運転手(士). **3**《古》レーサー.

'Fah·rer·flucht 女 -/《古》《法制》運転者の逃亡; ひき(当て)逃げ.

'fah·rer·flüch·tig 形 ひき逃げをした.

'Fah·rer·haus 中 -es/ー er（トラック・クレーンなどの)運転台.

'Fahr·er·laub·nis 女 -/-se《法制》運転許可.

'**Fah·rer·sitz** 男 -es/-e 運転席.
'**Fahr·gast** 男 -[e]s/²e 旅客, 旅客.
'**Fahr·geld** 中 -[e]s/-er (旅客)運賃.
'**Fahr·ge·le·gen·heit** 女 -/-en 乗物(汽車・船など)の便.
'**Fahr·ge·stell** 中 -[e]s/-e **1**(自動車の)車台. **2**(飛行機の)脚(ᵃˢʰ). **3**《戯》(人間の)足,下半身.
'**fah·rig** [ˈfaːrɪç] 形 落着きのない, せわしない, 注意が散漫な.

'**Fahr·kar·te** ['faːrkartə ファールカルテ] 女 -/-n 乗車(乗船)券, 切符. eine einfache ～ 片道切符. eine ～ hin und zurück 往復切符. eine ～ nach Bonn lösen ボン行きの切符を買う. eine ～ schießen《兵隊》(射撃訓練で)的をはずす.

'**Fahr·kar·ten·au·to·mat** 男 -en/-en 自動券売機.
'**Fahr·kar·ten·schal·ter** 男 -s/- 出札口.
'**Fahr·kos·ten** 複 交通費, 旅費.
'**fahr·läs·sig** 形 不注意な, 軽率な; 過失の.
'**Fahr·läs·sig·keit** 女 -/-en **1**《複数なし》不注意, 軽率. **2**《法制》過失.
'**Fahr·leh·rer** 男 -s/- 自動車教習所の指導員.
'**Fähr·mann** [ˈfɛːrman] 男 -[e]s/²er(..leute) フェリーボートの運転士; 渡し守.
'**Fahr·nis** [ˈfaːrnɪs] 女 -/-se《古》動産.
'**Fähr·nis** [ˈfɛːrnɪs] 女 -/-se (Gefahr)《雅》危険.
'**Fahr·plan** 男 -[e]s/²e **1**(列車・バスなどの)時刻表, ダイヤ. **2**《話》(a) 予定, スケジュール. (b) (演劇仲間で)上演予定.
'**fahr·plan·mä·ßig** 形 時刻表通りの.
'**Fahr·preis** 男 -es/-e 運賃.
'**Fahr·prü·fung** 女 -/-en (自動車の)運転免許試験.

'**Fahr·rad** [ˈfaːrraːt ファールラート] 中 -[e]s/²er 自転車. ～〈auf dem ～/mit dem ～〉fahren 自転車で行く.
'**Fahr·rin·ne** 女 -/-n《海事》(航路標識によって標示された)水路, 澪(ᵐⁱᵒ).
＊'**Fahr·schein** [ˈfaːrʃaɪn ファールシャイン] 男 -[e]s/-e (Fahrkarte) 乗車(乗船)券, 切符.
'**Fähr·schiff** [ˈfɛːr..] 中 -[e]s/-e (大型)フェリー.
'**Fahr·schu·le** 女 -/-n 自動車学校(教習所);《話》教習所の授業.
'**Fahr·schü·ler** 男 -s/- **1** 自動車教習所の生徒. **2** 電車(バス)で通学する生徒.
'**Fahr·spur** 女 -/-en (走行)車線, レーン.
fährst [fɛːrst] fahren の現在 2 人称単数.
'**Fahr·stra·ße** 女 -/-n 自動車(専用)道路;《鉄道》(駅構内での列車の)進路, 路線.
＊'**Fahr·stuhl** [ˈfaːrʃtuːl ファールシュトゥール] 男 -[e]s/²e **1** (Aufzug) エレベーター. **2** (Rollstuhl) 車椅子.

Fahrt [faːrt ファールト] 女 -/-en **1** (a) (車・船などによる)旅行, ドライブ, 船旅, 航海. Gute ～! よいご旅行を. die ～ zweimal unterbrechen 2回途中下車する. auf der ～ nach Hamburg ハンブルクへ行く途中で. (b) (テントを携帯しての)グループ旅行, キャンプ旅行(とくに若者たちの). auf ～ gehen キャンプ旅行に出かける. **2**《複数なし》(車・船などの)走行, 進行, 航行. die ～ durch die Stadt (車の)市内通過. Nach vier Stunden ～ kamen wir endlich an. 4時間走って私たちはやっと着いた. Während der ～ sprach er kein Wort. 走行中彼は一言も話さなかった. freie ～ haben (列車など)が自由に進行できる, (に)青信号が出ている;《比喩》自由に行動できる. Der Signal steht auf ～. 信号が青である. ein Schiff in ～ setzen《船員》船の出航準備をする. **3**《複数なし》(車・船などの)速度, スピード. ～ aufnehmen 速度を上げる. gute〈wenig〉～ machen《船員》速く〈ゆっくり〉走る. Volle〈Halbe〉voraus!《海事》全速〈半速〉前進(機関士への指図). in voller ～ 全速力で. **4**《複数なし》《話》乗り気, 上機嫌; 腹立ち. j⁴ in ～ bringen 人⁴を上機嫌にする;(を)勢い(調子)づかせる;(を)怒らせる. in ～ kommen〈geraten〉上機嫌になる; 勢いづく; 腹を立てる. **5**《海事》航行(許可)区域. große〈mittlere/kleine〉～ 外洋〈近海/沿岸〉航路. Er ist Kapitän für〈auf〉große ～. 彼は外洋航路の船長である. **6**(坑夫)縦坑の梯子(ᵏᵃⁱᵈᵃⁿ); 鉱石運搬用コンベヤー.
fährt [fɛːrt] fahren の現在 3 人称単数.
'**Fahrt·aus·weis** 男 -es/-e = Fahrausweis 1
'**Fähr·te** [ˈfɛːrtə] 女 -/-n《猟師》(鹿・猪などの)足跡;《比喩》手掛り. Der Hund hat eine frische〈warme〉～ aufgenommen. 犬が真新しい足跡を見つけた. eine ～ verfolgen 足跡を追いかける. auf eine ～ stoßen 足跡にぶつかる; 手掛りをつかむ. auf der falschen〈richtigen〉～ sein 見当違いを追っている〈見当違いをしていない〉.
'**Fahr·ten·buch** 中 -[e]s/²er **1** (タクシー運転士などの)運転日誌. **2** 旅程日誌.
'**Fahr·ten·mes·ser** 中 -s/- (鞘(ˢᵃʸᵃ)入りの)登山ナイフ.
'**Fahrt·kos·ten** 複 =Fahrkosten
'**Fahrt·rich·tungs·an·zei·ger** 男 -s/-《自動車》=Blinker 2
'**Fahrt·schrei·ber** 男 -s/-《自動車》タコグラフ.
'**fahr·tüch·tig** 形 (肉体的・精神的に)運転できる状態にある;(車が)走行しても運転可能な.
'**Fahr·ver·bot** 中 -[e]s/-e《法制》運転禁止.
'**Fahr·was·ser** 中 -s/(船員の)水路, 航路. Unsere Unterhaltung ist in [ein] politisches ～ geraten.《話》私たちのおしゃべりはいつの間にやら政治の話になった. in j³ ～ geraten《話》人²の考えにかぶれる. in j³ ～ schwimmen〈segeln〉《話》人²の意見を鵜(ᵘ)呑みにしている. in seinem〈im richtigen〉～ sein《話》水を得た魚のようである.
'**Fahr·weg** 男 -[e]s/-e **1**(車の)走行距離. **2** 車道.
'**Fahr·werk** 中 -[e]s/-e (自動車の)車台, 足回り;(飛行機の)脚(ᵃˢʰ).
'**Fahr·wind** 男 -[e]s/-e **1** 追風, 順風. **2**(車をとばしたときに起きる)向い風.
'**Fahr·zeit** 女 -/-en (乗物での)所要時間, 乗車(乗船)時間; 走行(航行)時間.
＊'**Fahr·zeug** [ˈfaːrtsɔyk ファールツォイク] 中 -[e]s/-e 乗物(自動車・船・飛行機などの総称).
'**Fahr·zeug·brief** 男 -[e]s/-e 車検証.
'**Fahr·zeug·pa·pie·re** 複 (車の)車検証と登録証.
'**Fai·ble** [ˈfɛːbəl] 中 -s/-s《fr.》偏愛. ein ～ für et〈j〉⁴ haben 物に目がない〈人⁴に弱い〉.
fair [fɛːr] 形《engl.》公正な, フェアな.
'**Fair'play** [ˈfɛːrˈpleː] 中 -/《engl.》《ˢᵘᵖᵒ》フェアプレー. ◆Fair Play とも書く.
'**Fait ac·com·pli** [ˈfɛː takõˈpliː] 中 --/-s -s [ˈfɛːza..]《fr.》, vollendete Tatsache') 既成事実.

fä'kal [fɛ'kaːl] 形 (lat.) 【医学】排泄物(糞尿)の.

Fä·ka·li·en [..liən] 複 (lat.) 【医学】排泄物, 糞尿.

Fake [feɪk] 男 (中) -s/-s (engl.) (話) まやかし, 偽造, 捏造.

'fa·ken ['feɪkən] 他動 (話)(データなどを)偽造(捏造)する; (インターネットなどで)偽名を使う.

'Fa·kir ['faːkiːr] 男 -s/-e (arab.) 1 (イスラーム諸国とインドの)苦行者, 行者(ヤネネ). 2 (念力によって曲芸などをやって見せる)大道芸人, 手品師.

Fak'si·mi·le [fak'ziːmile] 中 -s/-s (lat., mach[es] ähnlich) 複写, 複製; ファクシミリ.

fak·si·mi'lie·ren [fakzimi'liːrən] 他動 複写する, (の)ファクシミリをつくる.

Fakt [fakt] 中 -[e]s/-en(-s) =Faktum

'Fak·ta ['fakta] 《古》Faktum の複数.

'Fak·ten ['faktən] Faktum の複数.

Fak·ti'on [faktsi'o:n] 女 -/-en (lat.) 《古》(過激な)分派, 派閥(とくに政党内の).

'fak·tisch ['faktɪʃ] 形 (↓ Faktum) 1 事実上の, 実際の. 2 (副詞的用法で)(a) 実際に, 本当に. Das ist ~ unmöglich. それは実際不可能なんだ. (b) (話)いわば, ほとんど. Das ist ja ~ dasselbe. それはほとんど同じことじゃないか.

'Fak·tor ['faktoːr] 男 -s/-en[fak'toːrən] (lat., Macher) 1 (構成)要素, 因子, 要因; 【医学】遺伝因子;【数学】因数. 2 (まれ) (印刷所・製本所などの)職工長. 3 《古》(植民地時代の在外商館の)支配人.

Fak·to'rei [fakto'raɪ] 女 -/-en 《古》(植民地時代の)在外商館, 海外駐在所.

Fak'to·tum [fak'toːtʊm] 中 -s/-s(..ten[..tən]) (lat., tu alles`) 1 (家事一切を任されている)お手伝いさん; (会社などで)なんでも屋, 便利屋. 2 (年とった)変り者.

'Fak·tum ['faktʊm] 中 -s/Fakten(古 Fakta) (lat.) 1 (厳然たる)事実. 2 出来事, 事件.

Fak'tur [fak'tuːr] 女 -/-en (it.) 1 【商業】納品書, 送り状, インボイス. 2 【音楽】(曲の)構成.

*Fa·kul'tät [fakʊl'tɛːt ファクルテート] 女 -/-en (lat.) 1 (大学の)学部; 学部の建物. die philosophische ~ 文学部. an der medizinischen ~ studieren 医学部の学生である. die ~ wechseln 転学部する. Er ist von der ~ der anderen ~. 《話》彼は別の考え方の持主だ; 彼はあっちの方の趣味(ケイ)である. 2 学群. 3 (教師と学生を含めた)学部構成員. 4 《古》能力, 才能. 5 《複数なし》(記号 !)【数学】階乗. 5~〈5!〉5の階乗.

fa·kul·ta'tiv [fakʊlta'tiːf] 形 (fr., beliebig`) (↔ obligatorisch) 自由選択の, 任意(随意)の.

falb [falp] 形 灰黄色の, くすんだ黄色の, 黄色がかった(とくに馬の体色について).

'Fal·be ['falbə] 男 《形容詞変化》川原毛(タズャチ)の馬.

'Fal·ke ['falkə] 男 -n/-n 1 【鳥】鷹(タカ). 2 《ふつう複数で》【比喩】(↔ Taube 2) タカ(強硬)派.

'Fal·ken·au·ge 中 -s/-n (鷹の目のように)油断のない鋭い目.

Fal'ke·nier [falkə'niːr] 男 -s/-e 《古》=Falkner

'Falk·ner ['falknər] 男 -s/- 鷹匠(ジョウ).

Falk·ne'rei [falknə'raɪ] 女 -/-en 《狩猟》1 《複数なし》鷹狩, 鷹狩り術. 2 鷹の訓練場; 鷹場.

*Fall[1] [fal ファル] 男 -[e]s/Fälle (↓ fallen) 1 《複数なし》(a) 落ちること, 落下; (価格などの)下落. der freie ~ 【物理】自由落下. (b) 倒れること; 転倒, 堕落. Man hörte einen dumpfen ~. 物が倒れるような鈍い音が聞こえた. der ~ Adams 《聖書》アダムの堕罪. Aufstieg und ~ einer Familie ある一族の栄枯盛衰. der ~ Trojas トロイの落城. einen schweren ~ tun はげしく転倒する. [auf] Knall und ~ / Knall auf ~ 藪(セリ)から棒に, だしぬけに, 即座に. Hochmut kommt vor dem ~. 《諺》驕(ヒヘ)る者久しからず《旧約》箴 16:18). et[1] zu ~ bringen 事[1]を挫折(失敗)させる, 却下(拒否)する. j[1] zu ~ bringen 人[1]を転倒させる; 破滅(失脚)させる. zu ~ kommen 転倒する; 堕落する; 破滅(失脚)する(durch〈über〉et[1] 事[1]が原因で). Das Mädchen ist zu ~ gekommen〈gebracht worden〉.《古》乙女は純潔を失した.
2 (a) 《殺されて》死ぬこと; 戦死. (b) (家畜・獣の)死. 3 (布地・衣服などの)垂下がり具合(↑ fallen 3). Das Kleid hat einen schönen ~. そのドレスは線(シルエット)が美しい.

4 《ふつう単数》場合, ケース, 事態. ein bedenklicher ~ 憂慮すべき事態. setzen wir den ~, dass... / gesetzt den ~, dass... ...と仮定すれば, ...の場合には. 《前置詞と》**auf** alle Fälle / auf jeden ~ どんな場合でも, とにかく, 必ず. auf〈in〉keinem ~ 決して...ない, 全然...でない. **für** alle Fälle あらゆる場合に備えて. für den ~, dass... ...の場合に備えて. **im** ~[e], dass... ...の場合には. **von** ~ **zu** ~ ケース・バイ・ケースで. 出来事, 事例. ein alltäglicher ~ 日常茶飯事. Klarer ~! 《話》もちろんだとも, 分かり切ったことさ. Das ist mein ~. それは好きだ, その通りだ. Das ist nicht mein ~. 《話》それは私の好みではない. Er ist ein hoffnungsloser ~. 《戯》あれは箸(サ゛)にも棒にもならない男だ. Das ist ein typischer ~ von denkste. これはとんでもない思い違いだよ.

5 【法制】(訴訟)事件. der ~ Dreyfus ドレフュス事件(19 世紀末フランスに起きたユダヤ人陸軍将校をめぐる事件). einen ~ erneut aufrollen 事件を洗い直す.

6 【医学】症例, 症状(の患者). ein klinischer ~ 臨床例. ein ~ von Masern 麻疹(ハシカ)の患者. Der ~ verlief tödlich. 治療は助からなかった.

7 【文法】(Kasus) 格.

Fall[2] 中 -[e]s/-en 【海事】突(帆を上げ下げするための)揚げ綱, ハリヤド. 2 (煙突・マストの)傾斜.

'Fall·beil 中 -[e]s/-e =Guillotine

'Fall·brü·cke 女 -/-n 跳(¹⁾ね橋.

'Fal·le ['falə] 女 -/-n 1 罠(ピ), 落し穴. Mausefalle ねずみ落し. eine ~ aufstellen 罠を仕掛ける. 2 《比喩》計略, たくらみ. j[3] eine ~ stellen 人[3]に罠を仕掛ける. j[3] in die ~ gehen 人[3]の罠にかかる. in die ~ gehen《話》床につく. in die ~ ~ sitzen 動きが取れない, 八方ふさがりである. 3《戯》寝床, ベッド. in die ~ gehen 寝る. 4 (a) (錠前の)ばね閂(¹⁵³), ラッチボルト. (b)《南ド》(ドアの)取手, ハンドル.

'Fäl·le ['fɛlə] Fall[1] の複数.

'fal·len ['falən ファレン] fiel, gefallen / fällst, er fällt 自動 (s) 1 (a) 落ちる, 落下する. Die Blätter fallen. 木の葉が落ちる. Der Vorhang fällt.【演劇】幕が下りる. Sternschnuppen fallen. 流星が流れる. ein frei fallender Körper【物理】自由落下する物体. j[3] aus der Hand ~ 人[3]の手から落ちる. vom Pferd ~ 落馬する. zu Boden〈zur Erde〉~ 地面に落ちる. 《lassen》et〈j〉[4] ~ lassen 物〈人〉[4]を落とす(↑ fallen lassen). eine Masche ~ lassen(編みものの)目を落す. Der Fallschirmspringer ließ sich[4]

fällen

3 000 Meter ～. スカイダイバーは3000メートル降下した. 《比喩的表現で》Die Würfel sind *gefallen*. 骰子(ポ)は投げられた. Sein Vorschlag fand auf harten Boden. 彼の提案は強い反対にあった. Er *fällt* immer [wieder] auf die Erde. 彼はいつも危いところをうまく切り抜ける. j³ schwer aufs Herz ～ 人³の心に重くのしかかる. j³ auf die Nerven ～ 人³の神経にさわる, (を)いらいらさせる. aus dem Rahmen ～ 型破りである. aus allen Wolken〈Himmeln〉～ ひどく幻滅する; ひどく面くらう. durchs Examen ～〈話〉試験に落ちる. j³ ins Auge〈in die Augen〉～ 人³の目にとまる(留)〈く〉. [schwer] ins Gewicht〈in die Waagschale〉～ 重大な〈決定的な〉意味をもつ. j³ in die Hände〈in die Hand〉～ (たまたま)人³の手に入る; (の)手中に陥る. ins Wasser ～ (予定・計画などが)ふいになる, 流れる. vom Fleisch ～〈古〉〈南ド・オーストリア〉肉が落ちる, 痩せる. Mir *fiel* ein Stein vom Herzen. 私は心の重荷が下りた. Es ist noch kein Meister vom Himmel *gefallen*.〈諺〉生れながらの名人なし. fast vom Stuhl 〈vom Stengel〉～〈話〉びっくり仰天する. j³ zur Last〈lästig〉～ 人³の重荷になる. j〈et〉³ zum Opfer ～ 人〈事〉³の犠牲になる. (b) (雨・雪などが)降る, (霜・露が)降りる. Der Nebel *fällt*. 霧が降りてくる. Es ist Schnee〈Reif〉*gefallen*. 雪が降った〈霜が降りた〉.

2 倒れる, 転ぶ. Ein Kind〈Ein Baum〉*fällt*. 子供が転ぶ〈樹木が倒れる〉. die *fallende* Sucht 【医学】癲癇(ネな). auf den Boden〈auf die Erde〉～ 地面に倒れる. auf das Gesicht〈auf den Rücken〉～ うつぶせ〈仰向け〉に倒れる. aufs Knie〈auf die Knie〉～ 転んで膝をつく(↑8(a)). mit et¹ auf die Nase ～〈話〉事¹に失敗する. gegen et⁴ ～ 転んで物にぶつかる. über et⁴ ～ 物につまずいて転ぶ. mit j〈et〉³ stehen und ～ 《比喩》(事が)成るも成らぬも人〈物〉³しだいである. (**lassen**) sich⁴ aufs Bett〈ins Sofa〉～ lassen 倒れるようにベッドに体を投出す〈崩れるようにソファーに座り込む〉.

3 (髪・布地などが)垂下がる. Die Haare *fielen* ihr ins Gesicht〈über die Schultern〉. 髪の毛が彼女の顔〈肩〉に垂れかかった. Der Rock *fällt* gut. そのスカートは線(シルエット)がきれいだ.

4 (地形が)傾斜している, 下り坂になっている. leicht 〈stark〉～ ゆるやかな〈急な〉傾斜になっている.

5 (↔ steigen) (数値・価格などが)下がる, 落ちる. Das Thermometer *fällt*. 温度計が下がる. Der Fluss ist um einen Meter *gefallen*. 川は水位が1メートル下がった. Die Kurse *fallen*. 相場が下がる. Seine Popularität ist sichtlich *gefallen*. 彼の人気は目に見えて落ちた. im Preis ～ (商品の)価格が下落する. eine *fallende* Tendenz zeigen 低落〈減少〉傾向を示す.

6 堕落する, 没落(零落)する. 《多く過去分詞で》der *gefallene* Engel 《キリスト教》堕(*)天使, 悪魔. ein *gefallenes* Mädchen〈古〉身を持ちくずした娘. (b) (城塞・都市などが)陥落する, 陥落される; 王朝・政権などが) 倒れる, 崩壊する; (権力者などが) 失脚する. (c) 《法律などが》廃止(撤廃)される; (提案などが) 否決(拒否)される; (境界・障害物などが) 撤去される.

7 (a) (殺されて)死ぬ; 戦死する. Er ist [im Krieg / im Feld] ～. 彼は戦死した. durch das Beil ～ 斬首刑に処せられる. ▶↑Gefallene (b) (家畜・獣が)死ぬ.

8 (a) 《急激な動作を表して》vor j³ aufs Knie〈auf die Knie〉～ 人³の足もとにひれ伏す (↑2). Sie *fielen* ein-

ander in die Arme. 彼らはひしと抱き合った. Die Tür *fällt* ins Schloss. ドアががちゃりと閉る. j³ um den Hals ～ 人³の首っ玉に抱きつく. j³ zu Füßen ～ 人³の足もとにひれ伏す. (b) 《強引な行為》j³ in den Arm ～ 人³の腕を押さえる, (を)制止(阻止)する. in ein Haus ～ 家³に押入る. mit der Tür ins Haus ～ 《比喩》いきなり(だしぬけに)用件を切出す. in ein Nachbarland ～ 隣国³に攻め込む. j³ in die Rede 〈ins Wort〉～ 人³の話〈言葉〉をさえぎる. dem Pferd in die Zügel ～ 馬の手綱(な)を押える. (c) 《別の状態への移行》in einen Dialekt ～〈急に〉方言を使い出す. von einem Extrem ins andere ～ 極端から極端に走る. in Ohnmacht ～ 気を失う. in Trümmer ～ 瓦礫(な)と化する. bei j³ in Ungnade ～ 人³の不興を買う(寵(カネ)を失う).

9 (a) (判決・決定などが)下される. Das Urteil ist *gefallen*. 判決が下った. (b) (言葉などが) 発せられる; (事が)なされる. Da ist dein Name auch *gefallen*. そのとき君の名前も出た. Ein Schuss〈Das Tor〉ist *gefallen*. 銃声が1発した〈シュートがきまった〉.

10 (a) (光などが)当る, 差す. Das Licht *fällt* auf die Wand〈ins Zimmer〉. 光が壁に当る〈室内に差込む〉. Auf ihn *fällt* ein schlechtes Licht. 《比喩》彼は印象が悪い. Dadurch *fiel* ein Schatten auf seine Freude. そのために彼の喜びに一抹(兹)の影が差した. Der Wind *fiel* voll in die Segel. (船員)帆がいっぱいに風をはらんだ. (b) (視線・疑惑などが)向けられる; (くじなどが) 当る. Sein Blick *fiel* auf ein Mädchen. 彼の視線はある少女に注がれた. Das Große Los ist auf meine Tochter *gefallen*. (宝くじなどの)1等賞が私の娘に当った. Auf ihn *fällt* der Verdacht. 彼に疑いがかかっている. Die Wahl *fiel* auf ihn. 彼が当選した. (c) (ある日付・時期に)当る. Ostern *fällt* dieses Jahr früh〈in den April〉. 今年は復活祭が早い〈4月である〉. Ihr Geburtstag *fällt* auf einen Sonntag. 彼女の誕生日は日曜日に当る. In diese Zeit *fallen* seine frühen Werke. 彼の初期の作品が書かれたのはこの時期のことである.

11 an j¹ ～ 人¹の所有に帰する. Das Erbe *fiel* an die Kinder. 遺産は子供たちのものとなった. Das Gebiet ist später an Italien *gefallen*. その地域は後にイタリア領になった.

12 in〈unter〉et⁴ ～ 事⁴に属する, (の)中に含まれる. in〈unter〉dieselbe Kategorie ～ 同じカテゴリーに属する. unter eine Bestimmung ～ ある規定に該当する.

13 〈古〉(in et⁴ 事⁴の)傾向を帯びる. Dieses Blau *fällt* ins Grüne. この青色は緑がかっている.

ˈfäl·len ['fɛlən] 他 (↓ fallen) **1** (樹木を)切倒す, 伐採(労)する. **2** (人を)破滅(没落)させる; (獣・人を)殺す. **3** (判決・決定などを)下す. **4** 【化学】沈殿させる. **5** das Lot ～ 【数学】垂線を下ろす. **6** das Bajonett〈die Lanze〉～ 【軍事】銃剣〈槍〉を構える.

ˈfal·len las·sen*, °ˈfal·len|las·sen* 過去分詞 fallen lassen 《まれ fallen gelassen》❶ 計画・意図などを)放棄(断念, 撤回)する. seinen Anspruch〈seinen Widerstand〉～ 要求を放棄する〈抵抗をやめる〉. eine Maske ～ 《比喩》仮面を脱ぐ, 正体を現す. **2** (友人などを)見捨てる, 見放す; (と)縁を切る. **3** (言葉を)口にする, もらす. eine Bemerkung ～ 所感をもらす. ❷ 他 (**sich**) 無理をするのをやめる, リラックスする; 気ままに振舞う. ◆↑fallen 1(a)

ˈFal·len·stel·ler 男 -s/- 罠(な)を仕掛ける人.

Fall・ge・schwin・dig・keit 囡 -/ 《物理》落下速度.

Fall・gru・be 囡 -/-n 《猟師》落し穴.

Fall・ham・mer 男 -s/= ドロップハンマー, 落し槌.

fal'lie・ren [fa'li:rən] (*it.*) (h, s) **1** (h) 《商業》支払不能になる, 破産する. **2** (s) 《地方》(misslingen) 失敗する. Der Kuchen ist mir leider *falliert*. 私はあいにくケーキを作りぞこなった.

'**fäl・lig** ['fɛlɪç] 形 (↓ Fall¹) (副詞的には用いない) **1** 支払期限のきた, 満期の. Die Zinsen sind am Ende des Monats ~. 利子は月末払いである. **2** (ある期日に)起るはずの, 行われるべき; 潮時がきている, (その番になっている. die längst ~e Arbeit とっくにできていなければならなかった仕事. Der Zug ist in 10 Minuten ~. 列車は10分後に到着の予定だ. Das Urteil ist am Mittwoch ~. 判決は水曜日に下されることになっている. Bei dir sind wohl wieder einmal Prügel ~?《話》またぶん殴られたいらしいね. Dein Regenmantel ist jetzt aber ~.《話》君のそのレインコートはそろそろ洗濯に出したらどうだい. Du bist mal wieder ~.《話》また君の番だ.

..**fäl・lig** [..fɛlɪç] 《接尾》fallen のさまざまな意味に応じた形容詞をつくる. augen*fällig* 明白な, 歴然たる. bau*fällig*〈建物が〉倒壊寸前の, 老朽した. schwer*fällig* 動きの鈍い, 鈍重な.

'**Fäl・lig・keit** 囡 -/-en **1**《複数なし》期限がきていること, 満期. **2**《経済》支払期日, 満期日.

'**Fall・obst** 中 -[e]s/ 《収穫前に》落ちた果実, 落果.

Fal'lot [fa'lɔt] 男 -en/-en 《古》=Falott

Fall'out [fɔ:l'aʊt, '—-] 男 《中》-s/-s (*engl.*) 放射性降下物, フォールアウト;《比喩》(ありがたくない) 副産物.

'**Fall・reep** ['falre:p] 中 -[e]s/-e 《船員》タラップ, 舷梯.

*'**falls** [fals ファルス] 接《従属 / 定動詞後置》(↓ Fall¹) **4**(a) **1** (im Falle, dass...) ...の場合には, もし...ならば. *Falls* es regnen sollte, bleibt ich zu Hause. もし雨なら家にいます. **2**《話》(für den Fall, dass...) ...の場合に備えて, ...のときのために. Nimm den Schirm mit, ~ es regnet. 雨になったときの用意に傘を持っていきなさい. ◆もと Fall¹ の 2 格.

'**Fall・schirm** 男 -[e]s/-e 落下傘, パラシュート.

'**Fall・schirm・jä・ger** 男 -s/- 《軍事》落下傘部隊員.

'**Fall・schirm・sprin・gen** 中 -s/- 落下傘〈パラシュート〉降下;《スポーツ》スカイダイビング.

'**Fall・schirm・trup・pe** 囡 -/-n 《軍事》落下傘部隊.

fällst [fɛlst] fallen の現在 2 人称単数.

'**Fall・strick** 男 -[e]s/-e 《比喩》落し穴, 罠(ﾜﾅ). j³ *Fallstricke* legen 人³に罠を仕掛ける.

'**Fall・stu・die** 囡 -/-n ケーススタディ.

'**Fall・sucht** 囡 -/ 《話》(Epilepsie) 癲癇(ﾃﾝｶﾝ).

fällt [fɛlt] fallen の現在 3 人称単数.

'**Fall・tür** 囡 -/-en (床面の)跳ね上げ戸, (ハッチの)上げ蓋(ﾌﾀ);(落し穴としての)落し戸.

'**Fäl・lung** ['fɛlʊŋ] 囡 -/(-en) **1** 伐採(ﾊﾞｯｻｲ). **2**《断を》下すこと;(判決の)言渡し. **3**《化学》沈殿.

'**fall・wei・se** ['falvaɪzə] 副 場合により; 時折.

'**Fall・wind** 男 -[e]s/-e 山から吹き降ろろす風, 山嵐(ﾔﾏｱﾗｼ).

Fa'lott [fa'lɔt] 男 -en/-en (*fr.*)《オーストリア》いかさま師, 詐欺師.

fälschlich

falsch [falʃ ファルシュ] 形 (*lat.* falsus) **1** 間違った, 正しくない, 見当違いの. eine ~e Aussprache 間違った発音. mit dem ~en Bein zuerst aufgestanden sein《話》ご機嫌ななめである. ~e Bescheidenheit 無用の遠慮. auf dem ~en Dampfer sein《話》思い違いをしている. et⁴ in die ~e Kehle bekommen 物を喉(ﾉﾄﾞ)につまらせる; 事を悪意にとる. in [ein] ~es Licht geraten 誤解される. in der ~en Richtung fahren〈gehen〉方角を間違える. in den ~en Zug [ein]steigen 違う汽車に乗る. im ~en Zug sitzen 決断(選択)を誤る. ~er Zungenschlag 言い間違い.《動詞と》• **fliegen** 飛び損いをする. Meine Uhr **geht** ~. 私の時計は正確でない. alle Aufgaben ~ **haben**《話》宿題の答えを全部間違える. ~ **informiert** sein 間違ったことを教えられている. mit et³ ~ **liegen**《話》事³を思い違いしている; (を)しくじった. ~ **machen** 間違い(失敗)をする. ~ **schreiben** 書き間違える. Ich glaube, wir **sind** hier ~. 我々はどうやら道を間違えたようだ. ~ **singen** 調子はずれに歌う. ~ **spielen** (楽器を)弾き間違える;(スポーツ・遊技で)エラーをする. (↑ falsch spielen). ~ **verbunden** sein 電話が違う所へつながった; 勘違いをしている.《名詞的用法で》immer das *Falsche* tun しょっちゅうへまばかりする. Da kommst〈gerätst〉du bei mir an den *Falschen*〈an die *Falsche* / an die ~e Adresse〉. 自分の所へ来るのはとんだお門(ｶﾄﾞ)違いだよ. **2** にせもの(まがいもの)の, 模造〈偽造〉の. ein ~er Diamant 模造ダイヤ. ~es Geld 贋金(ﾆｾｶﾞﾈ). ~er Hase《料理》ミート・ローフ. ~er Name 偽名. ~er Saum《服飾》裏と共地の裾(縁)飾り. eine ~e Tasche《服飾》飾りポケット. ~e Zähne 義歯.

3 人を欺(ｱｻﾞﾑ)く, いんちきな; 見せかけだけの, 偽りの; 不誠実な, 腹黒い. ~e Angaben〈Versprechungen〉machen 嘘の申立て〈空約束〉をする. ein ~er Freund 不実な友. ein ~er Mensch 油断のならないやつ, 食えない奴. eine ~e Schlange 悪女. ein ~es Spiel mit j³ treiben 人³をたぶらかす. ~e Verdächtigung《法制》誣告(ﾌﾞｺｸ). ~ schwören 偽証する. Sie wiegt gern ~ [ab]. 彼女は計りをごまかす癖がある. **4**《頭字を大書きで》《生物》ニセ..., ~モドキ. *Falsche* Akazie ニセアカシア.

5《地方》《述語的用法のみ》内心怒った. ~ auf j¹ sein 人¹に腹を立てている.

Falsch 男《中》《次の用法で》Es ist kein ~ an ihm. 彼は真正直な人だ. ohne ~ sein 誠実(正直)そのものである.

'**Falsch・eid** 男 -[e]s/-e《法制》(過失による)偽証. ◆↑Meineid

*'**fäl・schen** ['fɛlʃən フェルシェン] 他 偽造する; (事実などを)ねじ曲げる. Banknoten ~ 贋(ﾆｾ)札をつくる. die Geschichte ~ 歴史を歪曲(ﾜｲｷｮｸ)する. Wein ~ ワインに水を混ぜる. Dieser Pass ist *gefälscht*. この旅券は偽造だ.

'**Fäl・scher** ['fɛlʃər] 男 -s/- 偽造(贋造, 変造)者. Geld*fälscher* 通貨偽造者, 贋金(ﾆｾｶﾞﾈ)造り.

'**Falsch・fah・rer** 男 -s/- (高速道路を逆走する)無謀ドライバー.

'**Falsch・geld** 中 -[e]s/-er 贋造通貨, 贋金(ﾆｾｶﾞﾈ).

'**Falsch・heit** 囡 -/-en **1**《複数なし》本当(本物)でないこと; にせ; いつわり, ごまかし; 間違い, 誤り; 不実, 裏切り. **2** 虚言, 嘘.

'**fälsch・lich** ['fɛlʃlɪç] 形《述語的には用いない》間違っ

fälschlicherweise

'fälsch·li·cher'wei·se 間違って, 誤って.
'Falsch·lie·fe·rung 囡 -/-en (商品の)誤配.
'Falsch·mel·dung 囡 -/-en 誤報.
'Falsch·mün·zer [..mʏntsər] 男 -s/- **1** 貨幣偽造者, 贋金(がんきん)造り. **2** 《話》いかさま野郎.
Falsch·mün·ze·rei [..mʏntsəˈraɪ] 囡 -/ 貨幣偽造.
falsch spie·len, °**falsch|spie·len** 自 (トランプなどで)いかさまをする. ◆ falsch 1
'Falsch·spie·ler 男 -s/- **1** いかさま賭博師. **2** 《話》いかさま野郎, 食わせ者.
'Fäl·schung ['fɛlʃʊŋ] 囡 -/-en **1** 《複数なし》偽造, 贋造, 模造. **2** 偽造品, 偽物, まがいもの, 模造品.
Fal'sett [falˈzɛt] 甲 -[e]s/-e (it.)《複数まれ》《音楽》ファルセット, 仮声(かせい), 裏声.
Fal·si·fi'kat [falziʃiˈkaːt] 甲 -[e]s/-e (lat.)《古》偽物, まがいもの, 模造品.
'Falt·blatt ['falt..] 甲 -[e]s/-er (新聞などの)折込み印刷物.
'Falt·boot 甲 -[e]s/-e 畳み込み式カヌー.
*'**Fal·te** ['faltə ファルテ] 囡 -/-n (↓falten) 折り目, 皺(しわ), 襞(ひだ);《地学》褶曲(しゅうきょく). ~n bügeln アイロンで折り目(襞)をつける(in et⁴ に). in ~n legen 物に折り目(襞)をつける. Die Hose schlägt〈wirft〉~n. ズボンに皺が寄る. die Stirn in ~n ziehen〈legen〉額に皺を寄せる. et³ in der tiefsten ~ seines Herzens〈seiner Seele〉verbergen 事⁴を心の奥深くに秘めておく.
'fäl·teln ['fɛltəln] 他 (物⁴に)小さな折り目をつける, 細かいひだ(プリーツ)をとる.
*'**fal·ten** ['faltən ファルテン] ❶ 他 (↑Falte) (布・紙などを)折る, 畳む, (に)折り目(ひだ)をつける. die Hände ~ 両手を組合す. die Stirn ~ 額(ひたい)に皺を寄せる. mit *gefalteter* Stirn 額に皺を寄せて. ❷ 再《*sich*》皺(しわ)が寄る;《地学》(地層などが)褶曲(しゅうきょく)する.
'Fal·ten·ge·bir·ge 甲 -s/-《地質》褶曲(しゅうきょく)山地.
'fal·ten·los 形 折り目(しわ, ひだ)のない.
'Fal·ten·rock 男 -[e]s/-e プリーツスカート.
'Fal·ten·wurf 男 -[e]s/-《服飾》ドレープ(衣服やカーテンなどの波状のゆったりした襞(ひだ)の流れ).
'Fal·ter ['faltər] 男 -s/- (Schmetterling) 鱗翅(りんし)目(蝶・蛾の類). Nacht*falter* 蛾,《話》夜遊びする人. Tag*alter* 蝶.
'fal·tig ['faltɪç] 形 襞(ひだ)のある, 皺(しわ)だらけの, 皺くちゃの.
..fäl·tig [..fɛltɪç]《接尾》数詞などにつけて「…倍の, …重の」の意の形容詞をつくる. drei*fältig* 3倍の, 3重の. viel*fältig* 多様な, さまざまの.
'Falt·stuhl 男 -[e]s/-e 折畳み椅子.
'Fal·tung ['faltʊŋ] 囡 -/-en **1**《複数なし》折り目(ひだ, しわ)をつけること. **2**《地質》褶曲(しゅうきょく).
Falz [falts] 男 -es/-e **1** 折り目, 畳み目. **2**《製本》いちょうの本の背と表紙の間の溝, (背固めのための)寒冷紗;《建築》(さくり食(じゃく)りの)さくり, 合欠(あいか)の溝;《工学》(ブリキ板などの)畳み折り合わせ, 畳み折り.
'Falz·bein 甲 -[e]s/-e《製本》折りべら.
'fal·zen ['faltsən] 他《建築》(物⁴に)合欠(あいか)の溝をつくる, さくりをつける;《工学》(ブリキ板を)畳み折りにしてつなぐ;《製本》(紙に)折り目をつける;《製革》(革を)削って平らにする.
'Falz·zie·gel 男 -s/-《建築》(はめ込み式でつくう)溝つき瓦, 樋(とい)瓦.

'Fa·ma ['faːma] (lat., Gerücht) ❶《人名》《ロ神話》ファーマ(「噂」の擬人化女神, ギリシア神話のペーメ – Pheme). ❷ 囡《雅》噂(うわさ), 風説, 風評.
fa·mi·li'är [familiˈɛːr] 形 (lat.) **1**《比較変化なし》家族の, 家庭の. **2** (a) 親しい, うちとけた. (b) なれなれしい, ずうずうしい.
Fa·mi·li'a·re [familiˈaːrə] 男 囡《形容詞変化》(lat.)《ふつう複数で》**1**《古》(Hausfreund) 家ぐるみの友人. **2**《ロ》》教皇宮廷内の居住者, 教皇側近者. **3**《ロ》》(修道院などの家事手伝いの)雇い人.

Fa'mi·lie [faˈmiːliə ファミーリエ] 囡 -/-n (lat.) **1** 家族, 家族, 一家. die Heilige ~《美術》聖家族(聖母マリア・聖父ヨセフ・おさな子イエスの一家, キリスト教美術の主要テーマの1つ). eine ~ gründen 一家を構える, 世帯を持つ. ~ haben 妻子がいる. Das bleibt in der ~. これは内々の(ここだけの)話だ. Das kommt in den besten ~n vor. それはよくある話だ(大したことじゃない). **2** 一族, 一門, 家系, 家柄. aus guter ~ stammen 良家の出である, 家柄がよい. **3**《生物》科(属 Gattung の上, 目 Ordnung の下に位置する区分).
Fa'mi·li·en·ähn·lich·keit 囡 -/ 家族(肉親)が互いに似ていること.
Fa'mi·li·en·an·ge·hö·ri·ge 男 囡《形容詞変化》家族の一員.
Fa'mi·li·en·an·ge·le·gen·heit 囡 -/-en 家庭内の問題, 家庭の事情, 私事.
Fa'mi·li·en·an·schluss -es/ (使用人・下宿人などに対する)家族同様の扱い. j³ ~ gewähren 人³ に家族待遇を与える.
Fa'mi·li·en·buch 甲 -[e]s/-er《法制》家族登録簿(夫婦・両親・子供を記載した戸籍簿).
Fa'mi·li·en·fei·er 囡 -/-n 家庭内のお祝い(誕生日・結婚式など).
Fa'mi·li·en·for·schung 囡 -/-en (Genealogie) 系譜学.
Fa'mi·li·en·ge·richt 甲 -[e]s/-e **1**《法制》家庭裁判所. **2**《話》《複数なし》=Familienrat 1
Fa'mi·li·en·grab 甲 -[e]s/-er 家族(一族)の墓所.
Fa'mi·li·en·gruft 囡 -/-e =Familiengrab
Fa'mi·li·en·krach 男 -[e]s/-e(-s, -e)《話》=Familienstreit
Fa'mi·li·en·kreis -es/ 家族とごく親しい身内だけの)内輪. im engsten ~ ごく内輪で.
Fa'mi·li·en·kun·de 囡 =Familienforschung
Fa'mi·li·en·las·ten·aus·gleich 男 -[e]s 国が子供の多い家庭に与える家族扶養補助.
Fa'mi·li·en·le·ben 甲 -s/ 家庭生活.
Fa'mi·li·en·mit·glied 甲 -[e]s/-er 家族の成員.
*'**Fa'mi·li·en·na·me** [faˈmiːliənnaːmə ファミーリエンナーメ] 男 -ns/-n (Nachname, Zuname) 姓, 名字;《法制》家族名. ◆格変化は Name 参照.
Fa'mi·li·en·pla·nung 囡 -/-en 家族計画.
Fa'mi·li·en·rat 男 -[e]s **1** 家族会議. **2**《法制》親族会(後見裁判所判事を議長として数名の親族によって構成される).
Fa'mi·li·en·recht 甲 -[e]s《法制》親族法, 家族法.
Fa'mi·li·en·sinn 男 -[e]s 家族意識.
Fa'mi·li·en·stand 男 -[e]s《法制》家族状況, 配偶関係(未婚・既婚・離別など).

Fa·mi·li·en·streit 男 -[e]s/-e 家庭内の争い, 家庭争議.
Fa·mi·li·en·va·ter 男 -s/- 一家の父親.
Fa·mi·li·en·zu·sam·men·füh·rung 女 -/-en (戦争などのために離散していた)家族の再会.
Fa·mi·li·en·zu·wachs 男 -es/- 赤ん坊の誕生.
fa'mos [fa'mo:s] 形 (*lat.*) (großartig) 《話》すばらしい, すてきな, すごい.
'Fa·mu·la ['fa:mula] 女 -/Famulä[..lɛ] (*lat.*) Famulus の女性形.
Fa·mu'lant [famu'lant] 男 -en/-en (*lat.*) 〖医学〗臨床実習生, インターン生.
Fa·mu·la'tur [famula'tu:r] 女 -/-en (医学生の)臨床実習.
'Fa·mu·lus ['fa:mulʊs] 男 -/-se[..sə](..li..li) (*lat.*)《古》1 〖医学〗臨床実習生. 2《戯》(大学教授の)助手.
Fan [fɛn] 男 -s/-s (*engl.*) 熱心な愛好者, ファン.
Fa'nal [fa'na:l] 中 -s/-e (*fr.*) 1 (Feuerzeichen) (船の)松灯(^{しょう}), 灯火標識. 2 《比喩》(大事件の発端を告げる)のろし, 烽火. ein ~ setzen のろしを上げる. Dieses Ereignis wurde zum ~ der Revolution. この事件は革命ののろしとなった.
Fa·na·ti·ker [fa'na:tikər] 男 -s/- (*lat.*) 熱狂的な信奉者, 狂信者. ◆女性形 Fanatikerin 女 -/-nen
fa·na·tisch [fa'na:tɪʃ] 形 熱狂的な, 狂信的な.
Fa·na'tis·mus [fana'tɪsmʊs] 男 -/ 狂信, 熱狂, ファナティズム.
fand [fant] finden の過去.
'fän·de ['fɛndə] finden の接続法 II.
Fan'fa·re [fan'fa:rə] 女 -/-n (*fr.*, Trompetengeschmetter*) 1 ファンファーレ(競技開始などを告げるトランペットやホルンの華やかな吹奏; 祝典・儀礼用の小楽曲). 2 〖楽器〗ファンファーレ, 伝令トランペット. 3 《戯》(自動車の)警笛, クラクション.
Fang [faŋ] 男 -[e]s/Fänge (↓ fangen) 1 《複数なし》捕まえること, 捕獲, 猟, 漁. auf ~ ausfahren〈auslaufen〉出漁する. zum ~ ausfahren〈auslaufen〉出漁する. 2 《複数まれ》獲物, 捕獲物;《比喩》収穫, 掘出物. einen guten〈fetten〉 ~ tun〈machen〉大猟(大漁)をあげる;《比喩》思わぬ掘出物をする. Damit habe ich einen guten〈fetten〉 ~ gemacht. それは思わぬ掘出物であった. Mit dir habe ich ja einen tollen ~ gemacht!《反語》君にはがっかりさせられたよ. 3 (猟師)《複数なし》(大物獣・犬などの)口;《複数で》(大物獣の)牙(^{きば});(猛禽の)足, 爪. et⁴ in den *Fängen* haben《話》物〈人〉⁴をしっかり自分のものにする. Was er einmal in den *Fängen* hat, rückt er nicht wieder heraus.《比喩》彼いったん手に入れたものを決して手放さない. 4 《複数なし》(Fangstoß) とどめ. einen Wild den ~ geben 獣にとどめを刺す. 5 《狩猟》罠(^{わな}). 6 《複数で》[die] *Fänge* bekommen《話》ぶん殴られる.
'Fang·arm 男 -[e]s/-e 〖動物〗触手.
'Fang·ball 男 -[e]s/-e キャッチボール. mit j³ ~ spielen 《比喩》人³を手玉にとる(自由にあやつる).
'Fän·ge ['fɛŋə] Fang の複数.
'Fang·ein·rich·tung 女 -/-en (電話の)逆探知装置.
'Fang·ei·sen 中 -s/- 鉄製の罠(^{わな})(たとえば虎鋏など);〔狩猟用の投げ槍.
'fan·gen* ['faŋən ファンゲン] fing, gefangen / du fängst, er fängt ❶ 他 1 捕(^と)まえる, 捕(^と)らえる. Die Katze *fängt* Mäuse. この猫は鼠をとらえる. einen Verbrecher ~ 犯人を捕らえる. 《過去分詞で》sich⁴ *gefangen* geben 投降する, 捕虜になる. 2《比喩》(人を)罠(^{わな})にかける, 引っかける;(誘導尋問などで)人⁴の尻尾をつかむ;(甘い言葉で)人⁴をたぶらかす. j⁴ mit süßen Worten ~ 人⁴を甘い言葉でたぶらかす. So leicht lasse ich mich nicht ~.《話》私はそうやすやすと引っかかりはしないぞ. 3《比喩》(心を)魅了する, とりこにする. 4 (ボールなどを)つかまえる, 捕らえる. 5 《成句で》Feuer ~ 火がつく, 発火(引火)する;《比喩》夢中になる, 熱くなる. Grillen ~《話》ふさぎの虫にとりつかれる; 気紛れを起す. einen [Ohrfeige] ~《話》一発食らう. ❷ 再 《sich⁴》1 捕まる, 捕(^と)らえられる. Ein Fuchs hat *sich* in der Falle *gefangen*. 狐が罠にかかった. *sich* in den eigenen Schlinge〈in den eigenen Worten〉 ~《比喩》自縄自縛(^{じじょうじばく})に陥る. Das Wasser *fängt sich* im Staubecken. 水が貯水池にたまる. Der Wind *fängt sich* im Schornstein. 風が煙突に吹き込む. 2 体勢を立て直す, バランス(落着き)を取り戻す. *sich* nach einem Schicksalsschlag wieder ~《比喩》運命の打撃から立ち直る.
'Fan·gen 中 -s/- 1 捕らえる(捕まえる)こと. 2 (Haschen) 鬼ごっこ. ~ spielen 鬼ごっこをする.
'Fän·ger ['fɛŋər] 男 -s/- 1 (動物などを)捕らえる人, 捕獲者. 2 〖野球〗キャッチャー. 3 捕らえる道具, 捕獲器.
'Fang·fra·ge 女 -/-n かまをかけた質問, 誘導尋問.
'Fang·lei·ne 女 -/-n 1 (船員) 舫い綱. 2 (パラシュートの)サスペンション・ライン, 吊索(^{ちょうさく}).
'Fang·mes·ser 中 -s/- 〖猟師〗(Hirschfänger) (とどめを刺すのに使う)両刃のナイフ, 猟刀.
'Fang·netz 中 -es/-e 1 狩猟用の網; 漁網. 2 〖航空〗(滑走路の)オーバーラン防止ネット.
'Fan·go ['faŋgo] 男 -s/ (*it.*) ファンゴ, 温泉泥(温泉から採取した鉱泥, リューマチ治療などに用いる).
'Fan·go·pa·ckung 女 -/-en ファンゴ・パック, 泥パック.
'Fang·schnur 女 -/-̈e 1 (将校の軍服の)飾り紐, 飾緒(^{しょちょ}), モール. 2 《古》(騎馬兵の毛皮軍帽の)留め紐.
'Fang·schuss 男 -es/-̈e 〖狩猟〗とどめの一発.
fängst [fɛŋst] fangen の現在 2 人称単数.
'Fang·stoß 男 -es/-̈e とどめの一突き.
fängt [fɛŋt] fangen の現在 3 人称単数.
'Fang·zahn 男 -[e]s/-̈e 〖ふつう複数で〗牙(^{きば}).
Fant [fant] 男 -[e]s/-e (*it.*)《古》(Knabe) 若造, 青二才.
Fan·ta'sia [fanta'zi:a] 女 -/-s (*it.*) 1 ファンタジア(モロッコやアルジェリアで愛好される騎馬試合). 2 〖音楽〗= Fantasie 3
Fan·ta'sie [fanta'zi:] 女 -/-n[..'zi:ən] 1《複数なし》空想力, 想像力. *seiner* ~ freien Lauf lassen / *seiner* ~ die Zügel schießen lassen 空想をたくましくする. 2《ふつう複数で》空想, 想像(の産物), 幻想, 夢想; 〖医学〗幻覚. krankhafte ~n 病的妄想. sich⁴ in ~n ergehen 空想に耽(^{ふけ})る. Das ist *seine* ~. それはまったくの夢物語だ. 3 〖音楽〗幻想曲, ファンタジア.
fan·ta'sie·los 形 想像力のない.
fan·ta'sie·ren [fanta'zi:rən] 自 1 (von et³ über⁴)について)空想する, 夢想する. 2《話》たわごとを言う. 3 〖医学〗うわごとを言う. 4 〖音楽〗即興演奏をする.
fan·ta'sie·voll 形 (ある人が)空想力(想像力)豊かな;

Fantast

(描写などが)想像力あふれた.
Fan'tast [fan'tast] 男 -en/-en 空想家, 夢想家.
Fan·tas·te'rei [fantaste'raɪ] 女 -/-en 《侮》(現実ばなれした)空想, 夢想, 絵空事.
fan'tas·tisch [fan'tastɪʃ] 形 **1** 空想的な, 幻想的な, 夢幻の; 奇抜な, とっぴな. eine ～e Erzählung 幻想的な物語(↑2). ein ～er Mensch 突拍子もない人. ein ～er Plan 夢のような計画. Das klingt ～. それは現実離れして聞こえる. **2** 《話》すばらしい, すてきな; むちゃくちゃな. eine ～e Erzählung すばらしい物語(↑1). ein ～er Preis 法外な値段. Das schmeckt ～. それはすばらしくおいしい.
FAQ [ɛfʔeɪ'kjuː] 複 《engl.》《略》=frequently asked questions 《コンピュ》(使用説明書やホームページなどに掲載された)よくある質問とその回答集.
Fa'rad [fa'raːt] 中 -[s]/-《記号 F》《物理》ファラッド(静電容量の単位).
'Farb·auf·nah·me ['farp..] 女 -/-n (↑Farbe) カラー撮影; カラー写真.
'Farb·band 中 -[e]s/⸚er (タイプライターやプリンターの)印字用リボン.
'Farb·bild 中 -[e]s/-er (Farbfotografie) カラー写真.
'Farb·buch 中 -[e]s/⸚er 《政治》(Buntbuch) 外交白書(政府が発表する外交報告書, 国によって表紙の色が異なる. たとえば, ドイツのWeißbuch, オーストリアのRotbuch など).
'Farb·druck 男 -[e]s/-e Farbendruck

Far·be ['farbə ファルベ] 女 -/-n **1** 色, 色彩; 色調, 色合い. helle〈dunkle〉 ～ 明るい〈暗い〉色. in allen〈verschiedenen〉 ～n schillern 玉虫色に光る. **2** 顔色, 血色, 肌色; (動物の)体色. ～ bekommen 血色がよくなる. frische ～ haben 顔色(血色)がよい, 生き生きとする. frische ～ verlieren 色を失う, 青ざめる. die ～ wechseln 顔色を変える, 青くなる; 色調が変動する(↑6). **3** 《複数なし》(白·黒に対する)カラー. in ～ senden カラー放送をする. **4** 絵具, 顔料, 塗料. die ～ dick auftragen ごてごて色を塗りたくる; 大げさに(針小棒大に)話す. **5** (a) シンボルカラー. Grün ist die ～ der Hoffnung. 緑は希望の色である. (b) 《ふつう複数で》(シンボルカラーのついた)旗印, 標識, 色バッジ. Das Flugzeug trug die englischen ～n. その飛行機はイギリスの標識をつけていた. **6** 《比喩》党, 党派; 信念, 節(⸚). ～ bekennen 旗幟(⸚)を鮮明にする. die ～ wechseln 党(主義)を変える, 節を枉(⸚)げる, 転向(変節)する(↑2). **7** 《同じしるしの組札, スート(Eichel, Grün, Rot, Schellen あるいはTreff, Pick, Cœur, Karo のいずれか1組).
'farb·echt 形 色の褪(⸚)せない(落ちない), 褪色しない.
'Fär·be·mit·tel ['farbə..] 中 -s/- 染料, 染色剤.
'Farb·emp·find·lich 形 =farbenempfindlich

fär·ben ['fɛrbn フェルベン] ❶ 他 染める, 着色(彩色)する; (叙述などを)潤色する. et¹ rot〈blau〉 ～ 物¹を赤く〈青く〉染める. sich³ das Haar ～ 髪を染める. Seine Rede war humoristisch gefärbt. 彼のスピーチはユーモラスな調子を帯びていた. ❷ 再 《sich⁴》染まる, 色づく. Die Blätter〈Die Kirschen〉 färben sich. 木の葉〈さくらんぼ〉が色づく. Plötzlich färbte sich sein Gesicht. ふいに彼の顔が赤くなった. ❸ 自 《話》(abfärben) 色が落ちる(褪(⸚)せる).
'far·ben·blind 形 色覚異常の, 色盲の.
'Far·ben·blind·heit 女 -/ 色盲.

'Far·ben·druck 男 -[e]s/-e (Farbdruck) **1** 《単数で》色刷り, カラー印刷. **2** カラー印刷物.
'Far·ben·emp·find·lich 形 **1** (生地などの)褪(⸚)めやすい, 褪色性の. **2** 《写真》感色性の.
'far·ben·freu·dig, **'far·ben·froh** 形 色彩豊かな, 色鮮やかな, カラフルな; 派手(鮮やかな色を好む.
'Far·ben·kas·ten 男 -s/⸚ 絵の具箱.
'Far·ben·leh·re 女 -/ (Chromatik) 色彩論, 色彩学.
'Far·ben·präch·tig 形 華やかな彩りの, 華麗な, 絢爛(ケンラン)たる.
'Far·ben·reich 形 色彩豊かな, 色とりどりの, 多彩な.
'Far·ben·sinn 男 -[e]s/ 色彩感覚, 色感, 色のセンス; 《医学》色感覚.
'Far·ben·spiel 中 -[e]s/(-e) (夕空·宝石などの)色彩の戯れ(移り変り).
'Fär·ber ['fɛrbər] 男 -s/- 染物師, 染物屋; 染色工.
Fär·be'rei [fɛrbə'raɪ] 女 -/-en **1** 《単数で》染色(技術). **2** 染め物工場, 染物屋.
'Farb·fern·se·hen ['farp..] 中 -s/ カラーテレビ(放送).
'Farb·fern·se·her 男 -s/- 《話》=Farbfernsehgerät
'Farb·fern·seh·ge·rät 中 -[e]s/-e カラーテレビ(受像機).
'Farb·film 男 -[e]s/-e **1** カラーフィルム. **2** カラー(天然色)映画.
'Farb·fil·ter 男 (中) -s/- 《写真》カラーフィルター.
'Farb·fo·to 中 -s/-s =Farbfotografie
'Farb·fo·to·gra·fie 女 -/-n カラー写真.
'Farb·ge·bung 女 -/ (Kolorit) 彩色(法); 配色.

*'**far·big** ['farbɪç ファルビヒ] 形 (↓Farbe) **1** (白黒以外の)色のついた; 多彩な, カラフルな. ein ～er Druck カラー印刷. **2** 有色人種の, 有色の; 白人以外の. ein ～er Amerikaner 有色アメリカ人. ▶ ↑Farbige **3** 《比喩》(描写などが)生き生きした, 生彩ある.
..far·big [..farbɪç] 《造語》名詞·数詞·形容詞などについて「…色の」の意の形容詞をつくる. bleifarbig 鉛色の. hellfarbig 明るい(淡い)色の. dreifarbig 三色の.
'Far·big [fɛrbɪç] 形 《話》 =farbig

*'**Far·bi·ge** ['farbɪɡə ファルビゲ] 女 《形容詞変化》有色人(種).
'Farb·kas·ten ['farp..] 男 -s/⸚ =Farbenkasten
'farb·lich ['farplɪç] 形 色の, 色彩の; 色調の.
'farb·los ['farploːs] 形 **1** 無色の, 色のない; 《顔が》蒼白な. **2** (ニスなどが)透明な. **3** 《比喩》生彩のない, 平板な. **4** (政治的·宗教的に)無色の, 中立の.
'Farb·stift 男 -[e]s/-e 色鉛筆; クレヨン, コンテ.
'Farb·stoff 男 -[e]s/-e 色素; 染料, 顔料.
'Farb·ton 男 -[e]s/⸚e 色調, トーン, 色相.
'Fär·bung ['fɛrbʊŋ] 女 -/-en **1** 着色, 彩色, 染色. **2** 色合い, 色調. eine auffallende ～ haben 目だった色をしている. **3** 《比喩》傾向, トーン. die politische ～ einer Zeitung ある新聞の政治的傾向.
'Farb·wech·sel 男 -s/- 《生物》体色変化(保護色など).
Far·ce ['farsə] 女 -/-n 《fr.》 **1** 《文学·演劇》(中世フランス奇跡劇の幕間に演じられた)笑劇, ファルス; (Posse) (14-16世紀, 韻文による)道化芝居. **2** 《比喩》茶番劇, 愚劇. Der Prozess war eine reine politische ～. この裁判は政治的茶番以外の何物でもなかった. **3** 《料理》(鳥·魚料理の)詰め物.
far'cie·ren [far'siːrən] 他 (↓Farce 3) 《料理》(物

に)詰め物を詰める.

Farm [farm] 囡 -/-en (*engl.*) **1** (アングロ・サクソン諸国の)農場, 農園. **2** (ドイツでは家禽・毛皮獣の)飼育(養殖)場.

Far・mer ['farmər] 男 -s/- (↓Farm) 農場経営者, 農園主.

Farn [farn] 男 -[e]s/-e 【植物】しだ(羊歯).

Far・re ['farə] 男 -n/-n 《古》《地方》若い雄牛, 種牛.

Fär・se ['fɛrzə] 囡 -/-n 【畜産】未経産牛.

Fa'san [fa'za:n] 男 -[e]s/-e(-en) (*gr.*) 【鳥】きじ(雉).

Fa・sa・ne'rie [fazanə'ri:] 囡 -/..rien 雉(キシ)飼育場.

Fas・ces ['fastsɛs] 複 (*lat.*) = Faszes

fa'schie・ren [fa'ʃi:rən] 他 (↓Farce 3) 《オーストリア》 Fleisch ~ 肉を挽(ヒ)く(肉をひき肉にする(ミンチにする).

Fa'schier・te 田 《形容詞変化》 (Hackfleisch) 挽き肉, ミンチ.

Fa'schi・ne [fa'ʃi:nə] 囡 -/-n (*lat.*) 【土木】(土止め用の)束柴(ソダ).

'Fa・sching ['faʃɪŋ] 男 -s/-e(-s) 《複数まれ》《南ド・オーストリア》 (Fastnacht, Karneval) 謝肉祭, カーニバル.

Fa'schis・mus [fa'ʃɪsmʊs] 男 -/ (*it.*) (↑Faschist) **1** 【歴史】ファシズム(イタリアのMussolini, 1883-1945によって始められた全体主義的・国粋主義的な独裁政治運動, 1919-1945). **2** 【政治】ファシズム(一般に全体主義的独裁政治体制およびそのイデオロギーを言う).

Fa'schist [fa'ʃɪst] 男 -en/-en 【歴史】ファシスト党員(Mussoliniによって1921に創設された政党のメンバー). **2** ファシズムの信奉者, ファシスト.

fa'schis・tisch 形 ファシズムの, ファッショ的な.

fa・schis・to'id [faʃɪsto'i:t] 形 (↓Faschist + ..oid) 《ファシズムの傾向の, ファシスト風もどきの.

'Fa・se¹ ['fa:zə] 囡 -/-n (*fr.*) 【建築】 (角材の稜(カト)を削ってきた)面, フェース.

'Fa・se² -/-n 《古》《地方》 = Faser

'Fa・sel [fa:zəl] 男 -s/- 《畜産》(若い)種畜.

Fa・se'lei [fa:zə'laɪ] 囡 -/-en (↓faseln) **1** 《話》たわいもないお喋り, 軽口, むだ口. **2** 放心.

'Fa・sel・hans ['fa:zəlhans] 男 -es/"e(-e) (Eltl) **1** ぼんやりした男の子. **2** お喋り, むだ口屋. ◆↑Faselliese

'fa・se・lig ['fa:zəliç] 形 《話》うかうかした, ぼんやりした, 注意散漫な.

'Fa・sel・lie・se 囡 -/-n 《話》 **1** ぼんやりした女の子. **2** お喋り女. ◆↑Faselhans

'fa・seln ['fa:zəln] 他 国 [etwas] ~ 《話》 **1** (くだらないことを)つべこべ言う, 無駄口をたたく. **2** いいかげんな(散漫な)仕事をする.

'fa・sen ['fa:zən] 他 【手工業】 (abfasen) (物の)稜を削る, 面取りをする.

'Fa・ser ['fa:zər] 囡 -/-n **1** 【生物】繊維, 繊維組織. mit allen ~n⟨mit jeder ~⟩ *seines* Herzens 心底(ミドコ)から, 一心に. **2** 繊維, 糸.

'Fä・ser・chen ['fɛːzərçən] 田 -s/- 《Faserの縮小形》 小繊維; 根毛, 糸屑.

'fa・se・rig ['fa:zərɪç] 形 繊維質の, 繊維性の; (紙・糸などがけば立った, ほつれた; (肉・果実などが)筋っぽい.

'fa・sern ['fa:zərn] 国 (紙・糸などが)けば立つ, そそけ立つ.

'fa・ser・nackt 形 (まれ)一糸もまとわない, 全裸の.

'Fa・ser・stoff 男 -[e]s/-e **1** 【紡織】繊維. **2** 【生理】(Fibrin) フィブリン, 繊維素.

Fa'shion [fɛʃən] 囡 -/ (*engl.*) **1** (Mode) ファッション, 流行. **2** 上品な物慣, よいふう.

fa・shio'na・bel [faʃio'na:bəl] 形 (*engl.*) 流行の, ファッショナブルな.

'Fas・nacht ['fasnaxt] 囡 -/ 《地方》 = Fastnacht

***Fass, °Faß** [fas ファス] 田 -es/Fässer **1** 樽(誓), 桶(材). Bier vom ~ 生ビール. das ~ anstechen⟨anzapfen⟩ 樽の口を開ける. ein ~ aufmachen 《話》どんちゃん騒ぎをする. wie ein ~ trinken⟨saufen⟩《話》大酒くらう. wie ein ~ 《話》したたか酔っぱらっている. ein ~ ohne Boden sein 《比喩》底なしの樽である, いくら金をつぎこんでもどうにもならない, 骨折り損のくたびれ儲けである. Das bringt das ~ zum Überlaufen. / Das schlägt dem ~ den Boden aus. / Das schlägt dem ~ die Krone ins Gesicht. 《話》これはひどすぎる, なんて恥知らずなんだ. **2** 《昔の容量単位/ふつう不変化》 ファス, ひと樽 (10-100 *l*). fünf ⟨*Fässer*⟩ Bier ビール5樽. **3** 《若者》《古》ぴか一, 第一人者. Er ist ein ~ im Bogenschießen. 彼はアーチェリーではぴか一だ.

Fas'sa・de [fa'sa:də ファサーデ] 囡 -/-n (*it.*) **1** (建物の)前面, 正面, ファサード. **2** 《侮》見かけ, 外見, うわべ, 上っ面(ジラ). **3** 《話》(人間の)面(キエ), 顔. Sie hat nichts als eine hübsche ~. 彼女は顔がかわいいだけだ.

Fas'sa・den・klet・te・rer 男 -s/- (建物の正面をよじ登って押入る)泥棒.

'Fass・band 田 -[e]s/"er (Fassreifen) (樽の)たが.

'fass・bar ['fasba:r] 形 (↓fassen) **1** 手でつかむことができる, 具体的な. ~*e* Ergebnisse 具体的な成果. **2** (*fasslich*) 分かりやすい, 理解できる.

'Fass・bier 田 -[e]s/-e (↔Flaschenbier) (樽詰めの)生ビール, 樽ビール.

'Fass・bin・der 男 -s/- 《南ド・オーストリア》 = Böttcher

'Fäss・chen ['fɛsçən] 田 -s/- (Fassの縮小形) 小樽.

'fas・sen ['fasən ファセン] du fasst, er fasst ❶ 他 **1** つかむ, 捕(ト)まえる, 捕らえる. (恐怖などが人⁴を)おそう. eine Türklinke ~ ドアの取手をつかむ. einen Verbrecher ~ 犯人を捕まえる. Ein Schauder *fasste* mich. 戦慄が私をとらえた. Die Woge *fasste* das Boot. 大波がボートを呑込んだ. Das Zahnrad *fasst* das Getriebe. 歯車がギアを嚙む. et⁴ zu ~ bekommen 物⁴に手がとどく. j⁴ zu ~ bekommen 人⁴をつかまえる, (と)連絡がとれる. *Fass*! (犬に向かって)かかれ! j⁴ am Arm ~ 人⁴の腕をつかむ. den Freund bei seiner Ehre ~ 《比喩》友人の名誉心に訴える. eine Gelegenheit beim Schopf[e] ~ 《比喩》 チャンスを捉える. den Stier bei den Hörnern ~ 《比喩》 思い切って事にあたる. j⁴ ins Auge ~ 《比喩》 人⁴を注視する, (に)目をつける. et⁴ ins Auge ~ 《比喩》 事⁴を注視(熟慮)する; (を)狙う, もくろむ.
2 《古》(容器などに)入れる, 詰める; (船などに)積む.
3 (容器・船がある容量を)容れる, 収容する. Der Behälter *fasst* einen Liter. この容器は1リットルはいる. Der Saal *fasst* 1000 Menschen. このホールは1000人収容できる.
4 (物の)支給を受ける. Proviant⟨Munition⟩ ~ 《兵隊》糧食⟨弾薬⟩の支給を受ける.
5 (物を枠・台に)嵌(ハ)めこむ. ein Bild in einen Rahmen ~ 絵を額縁に入れる. eine Quelle mit Stein ~ 井戸を石で囲う. 《過去分詞で》 eine in Platin *gefasste* Perle プラチナ台に嵌めた真珠.
6 (考え・感情をある仕方で)言い表す, 表現する. et⁴ exakt ~ 事⁴を正確に表現する. et⁴ in Worte ~ 事⁴を言葉に言い表す. 《再帰的に》 *Fasse dich* kurz! 手みじかに話してくれ.

7《意味などを》理解(把握)する. Ich kann den Sinn seiner Worte nicht ~. 私は彼の言葉の意味がつかめない. Sie konnte ihr Glück kaum ~. 彼女は自分の幸福を信じかねた. 《目的語なしで》Sein Kopf *fasst* schwer. 彼はのみこみが悪い.

8《次のような成句で》einen Entschluss ~ 決心する. [festen] Fuß ~ 足場を固める, 確かな地歩を占める. einen Gedanken ~ あることを考える, 考えをまとめる. sich³ ein Herz ~ / Mut ~ 勇気を奮い起す. einen Plan ~ 計画を立てる. Wurzel ~ 根をおろす.

❷ 再《*sich*》気を落着ける, 自制する. *sich* in Geduld ~ じっと辛抱する. *sich* vor Freude nicht ~ können 喜びのあまり居ても立ってもいられない. ▶↑gefasst

❸ 自 **1**(手を伸ばして)つかむ, 触れる. ans heiße Bügeleisen ~ 熱いアイロンに手を触れる. ins Leere ~ 空()をつかむ. in den Schnee ~ 雪の中に手をつっこむ. 《再帰的に》*sich*³,⁴ an den Kopf ~ 《話》(困りはてて)頭をかかえ込む. *Fass dir*⟨*dich*⟩ *an die eigene Nase!*人のことをあれこれ言う前にわが身をかえりみよ, 大きなお世話だ. 《刃物の刃・歯車の歯などが》しっかり食込む, よく噛み合う. Das Beil *fasst* gut. この斧()はよく切れる. Die Schraube *fasst* nicht mehr. ねじがばかになっている. Das Zahnrad *fasst* nicht. 歯車が噛み合わない.

'**Fäs·ser** ['fɛsər] Fass の複数.

'**fäs·ser·wei·se** 副 樽単位で, の樽毎.

Fas'set·te [fa'sɛtə] 女 -/-n =Facette

'**fass·lich** ['faslɪç] 形 (↓fassen) 理解しうる, 分かりやすい, 平明な.

Fas'son [fa'sõː, 南独 ..'soːn] 女 -/-s〈南独 -en〉(*fr.*)**1**(服などの)裁()ち方, 型, デザイン. et³ ~ geben / et⁴ in ~ ziehen《比喩》物³,⁴の形をととのえる. aus der ~ geraten《話》太る. die ~ verlieren 型が崩れる. keine ~ haben / aus der ~ sein 型崩れしている, くたびれている. **2**(人それぞれの)流儀, 生き方. j⁴ aus der ~ bringen 人⁴を狼狽させる. Jeder soll nach seiner ~ selig werden. 人生にはめいめい好きな生き方があってよいのだ(もとプロイセンの Friedrich 大王が宗教的寛容に関して述べた言葉). **3** =Fassonschnitt

fas·so'nie·ren [faso'niːrən] 他 (↓Fasson) **1**(物⁴の)形をととのえる; (とくに料理で肉の)形をととのえる, ()一定の形に作()る. **2** sich³ das Haar ~ 髪をファソン刈りにする.(↑Fassonschnitt)

Fas'son·schnitt 男 -[e]s/ (↓Fasson)《古》ファソン刈り(男性髪型の一種).

'**Fass·rei·fen** 男 -s/ (樽のたが.

'**Fas·sung** ['fasʊŋ] 女 -/-en (↓fassen) **1** 枠, 縁(); (指輪の宝石の)台; (電球の)ソケット. die ~ der Brillengläser 眼鏡レンズのフレーム. **2** 型, 形式; (とくに文学作品などの)バージョン, 稿, 版. die erste ~ 初稿. einem Roman eine andere ~ geben 小説を改稿(改作)する. Der Film wurde in der französischen ~ nicht gekürzt. この映画はフランス語版ではノーカットであった. **3**《美術》(中世およびバロック期の彫刻作品に施された)彩色. **4**《複数なし》落着き, 自制. die ~ bewahren〈verlieren〉落着きを保つ(失う). aus der ~ geraten〈kommen〉取乱す, 狼狽する. j⁴ aus der ~ bringen 人⁴を狼狽させる. **5**《まれ》《複数なし》(↑fassen ① 8) (決心などを)固めること. die ~ eines Vorsatzes 決意を固めること. **6**(↑fassen ① 7) 理解, 把握.

'**Fas·sungs·kraft** 女 -/ 理解力.

'**fas·sungs·los** 形 取乱した, うろたえた, 度を失った.

'**Fas·sungs·ver·mö·gen** 中 -s/ **1**(Kapazität) 容量, 収容能力. **2**(Fassungskraft) 理解力.

'**fass·wei·se** 副 =fässerweise

*****fast** [fast ファスト] 副 (↓fest) **1** ほとんど, おおよそ. Das Werk ist ~ vollendet. 作品はほぼ完成している. **2**《接続法 II の過去と》あやうく, すんでのところで. *Fast* wäre ich gefallen. 私はあやうく倒れるところだった.

'**Fast·ebe·ne** ['fastˌeːbənə] 女 -/-n《地理》準平原(起伏の少ないほぼ平坦な地形).

'**Fas·tel·abend** ['fastəl..] 男 -s/《とくに北ドイツ地方》=Fastnacht

'**fas·ten** ['fastən] 自(宗教的あるいは健康上の理由から)断食する, 絶食する; 節食する.

'**Fas·ten** 複《宗教》**1** 四旬節. **2**(四旬節の)断食, 大斎().

'**Fas·ten·kur** 女 -/-en 断食療法.

'**Fas·ten·sonn·tag** 男 -[e]s/-e 四旬節中の日曜日.

'**Fas·ten·spei·se** 女 -/-n 四旬節の精進料理.

'**Fas·ten·zeit** 女 -/《複数まれ》**1**《宗教》四旬節断食期間. **2**《宗教》四旬節(荒野でのイエスの 40 日間の断食を偲()ぶ悔悛の期間, 灰の水曜日から復活祭の前日までの日曜日を除く 40 日間).

'**Fast food** ['faːstfuːt, 'faːstˈfuːd] 中 -[s]/-s (*engl.*) **1**《複数なし》ファーストフード. **2** ファーストフード店. ♦**Fast food** とも書く.

'**Fast·nacht** ['fastnaxt] 女 -/《複数まれ》**1** (Fasching) 謝肉祭, カーニバル(本来は四旬節が始まる灰の水曜日の前の 3 日間). **2**《狭義では灰の水曜日前日の》懺悔()の火曜日. **3 alte** ~ 四旬節最後の日曜日.

'**Fast·nachts·spiel** 中 -[e]s/-e 謝肉祭劇(謝肉祭のときに行われた民衆的な笑劇).

'**Fast·tag** 男 -[e]s/-e 断食日.

'**Fas·zes** ['fastsɛs] 複 (*lat.*, 'Bündel')《歴史》束桿()(束ねた棒の中央に斧を縛りつけたもので古代ローマの執政官の職権のしるし, のちファシズムの標章に用いられその語源ともなった).

fas·zi'al [fastsi'aːl] 副 (↓Faszes)(bündelweise)束にして.

Fas'zi·kel [fas'tsiːkəl] 男 -s/ (*lat.*) **1** (a)《書類・原稿などの》束. (b)(学術刊行物などの)分冊. **2**《解剖》(神経・筋肉の)繊維束.

Fas·zi·na·ti'on [fastsinatsi'oːn] 女 -/-en (*lat.*, Bezauberung ~)(抗しがたい)魅力, 魅惑, 呪縛力.

fas·zi'nie·ren [fastsi'niːrən] 他 (bezaubern) 魅惑(魅了)する.

fas·zi'nie·rend [fastsi'niːrənt] 現分 形 魅惑的な.

'**Fa·ta** ['faːta] Fatum の複数.

fa'tal [fa'taːl] 形 (↓Fatum) **1** 致命的な, 宿命的な, ゆゆしい. ein ~ er Fehler 命取りになるような失敗(間違い). **2** 不快な, いやな, 気まずい, 困った.

Fa·ta'lis·mus [fata'lɪsmʊs] 男 -/ (↓fatal) **1** 運命論, 宿命論. **2** 運命の甘受, 諦念.

Fa·ta'list [..'lɪst] 男 -en/-en 宿命(運命)論者.

fa·ta'lis·tisch 形 宿命(運命)論的な.

Fa·ta·li'tät [fatali'tɛːt] 女 -/-en 宿命, 不運.

'**Fa·ta Mor'ga·na** ['faːta mɔr'gaːna] 女 -/- -..nen⟨- -s⟩(*it.*) **1** 蜃気楼(). **2**《比喩》錯覚, 幻覚, 幻影.

'**Fa·tum** ['faːtʊm] 中 -s/Fata (*lat.*)《複数まれ》運命, 宿命.

'**Fatz·ke** ['fatskə] 男 -n(-s)/-n(-s)《話》(Geck) うぬぼれ

ぼれ屋, 気取り屋.

'**fau·chen** [faʊxən] ❶ 圓 (猫などが怒って)ふうっと唸る, (機関車が)蒸気を吐く. ❷ 他《話》(怒って)怒鳴る, 語気荒く話す.

faul [faʊl ファオル] 形 1 (↔ fleißig) 怠惰な, 怠け者. ein ~er Schüler 怠け者の生徒. auf der ~en Haut liegen / sich⁴ auf die ~e Haut legen《話》のらくらと日を送る. stinkend ~ sein ひどいぐうたらである. nicht ~ いちはやく, すぐさま. **2** 腐った, 腐敗した. ein ~er Fisch 腐った魚. ~es Laub 朽葉(²ゑ). Das Wasser schmeckt ~. その水は腐った味がする. **3** 《話》信用できない, 当てにならない, いかがわしい. ~e Geschäfte machen いかがわしい商売をする. ein ~er Kunde 払いの悪い顧客; 当てにならないやつ. ein ~er Witz へたな洒落(½½). Alles nur ~er Zauber! 何もかもいかもんだ. An der Sache ist etwas ~. この件には何やらうさん臭いところがある. Es steht ~ um den Plan. その計画は危ない(やばい).

'**Faul·baum** 男 -[e]s/-e《植物》西洋いそのき, フランググラ(くろうめもどき属の木で, 樹皮のエキスを下剤に用いる).

'**Fäu·le** [ˈfɔylə] 女 -/《雅》=Fäulnis

'**fau·len** [ˈfaʊlən] 圓 (s, h) 腐る, 腐敗する.

'**fau·len·zen** [ˈfaʊlɛntsən] 圓 怠ける, のらくらする, 無為に過ごす.

'**Fau·len·zer** [ˈfaʊlɛntsər] 男 -s/- **1** 怠け者, 無精者, ぐうたら. **2**《古》安楽椅子, 寝椅子, デッキチェア. **3**《ﾄﾗﾝﾌﾟ》《話》(便箋などの罫)入り下敷き.

Fau·len·ze·rei [faʊlɛntsəˈraɪ] 女 -/-en《複数まれ》怠惰な生活.

'**Faul·gas** 中 -es/-e (主にメタンガスなどから成る)腐敗ガス, バイオガス.

*'**Faul·heit** [ˈfaʊlhaɪt ファオルハイト] 女 -/ 怠惰, 無精. j³ die ~ austreiben 人³の怠け根性をたたき直す. vor ~ stinken ひどいぐうたらである.

'**fau·lig** [ˈfaʊlɪç] 形 腐りかけた.

'**Fäul·nis** [ˈfɔylnɪs] 女 -/ (↓ faul) **1** 腐敗, 腐乱. in ~ übergehen 腐敗し始める. **2** (政治・社会などの)腐敗, 堕落.

'**Fäul·nis·er·re·ger** 男 -s/- 腐敗菌.

'**Faul·pelz** [ˈfaʊlpɛlts] 男 -es/-e 《話》怠け者, 無精者, ぐうたら.

'**Faul·schlamm** 男 -[e]s/《地質》腐泥(ﾌﾞ).

'**Faul·tier** 中 -[e]s/-e **1**《動物》なまけもの. **2**《比喩》怠け者, 無精者, ものぐさ.

Faun [faʊn] 男 -[e]s/-e (lat.) **1**《ﾛｰﾏ神話》ファウヌス(半人半獣の森の神, 牧神, ラテン語形 Faunus). **2**《比喩》好色漢.

'**Fau·na** [ˈfaʊna] 女 -/Faunen [..nən] (↓ Faun) **1**《生物》ファウナ, 動物相(ある地域に棲む動物の全種類). **2** (動物相を系統的に記述した)動物誌. ◆ Fauna はファウヌス Faun の女性形でその姉妹にして妻にあたる. もとローマ神話の豊穣の女神. ↑ Flora

'**fau·nisch** [ˈfaʊnɪʃ] 形 (↓ Faun)《雅》**1** ファウヌスのような, 自然のままの, 素朴な. **2** 好色な, みだらな.

***Faust**[¹] [faʊst ファオスト] 女 -/Fäuste (握り)こぶし, げんこつ. die ~〈die Hand zur ~〉ballen こぶしを握る. die ~〈die Fäuste〉in der Tasche ballen 怒りを表に出さない, じっとこらえる. schnelle Fäuste haben 《話》パンチが強い. j³ die ~ unter die Nase halten 人³の鼻先にげんこつを突きつける. die Fäuste hoch·nehmen〈oben haben〉《話》内心身構える, 身構えている〉. j³ eine ~ machen / j³ die ~ zeigen 人³にこぶしを振り上げる, 〈を〉げんこつでおどす. die ~ im Nacken spüren 圧力にさらされている, 強制されている. Das passt [dazu] wie die ~ aufs Auge.《話》それはまったくちぐはぐだ; 《反語》それはじつにぴったりだ. auf eigene ~《話》独力で, 自分の責任で. et¹ auf die ~ nehmen 物¹を立食いする(歩きながら食う). et¹ aus der ~〈von der ~ weg〉essen 物¹を手づかみで食う. mit eisernen ~ 断固として. mit der ~ auf den Tisch hauen〈schlagen〉《話》熱弁をふるう; 断固たる態度をとる. mit geballten *Fäusten* dabeistehen〈zusehen〉müssen 手出しできずにいる. j⟨et⟩⁴ unter der ~ halten 人⟨物⟩⁴を勢力下におく, 意のままにする.

Faust² 《人名》Dr. Johann ~ ヨーハン・ファウスト博士 (15-16 世紀の伝説的錬金術師, Goethe の同名の戯曲をはじめさまざまな文学作品の主人公).

'**Faust·ball** 男 -[e]s/-e **1** (複数なし)ファウストバル(こぶしでするバレーボールに似た球技). **2** ファウストバル用ボール.

'**Fäust·chen** [ˈfɔystçən] 中 -s/-《Faust¹ の縮小形》小さなこぶし. sich³ [eins] ins ~ lachen 《話》ほくそ笑む, あざ笑う.

'**faust·dick** 形 **1** こぶし大の. **2** 《話》途方もない, ひどい. eine ~e Lüge 大嘘, 嘘っぱち. ~ auftragen ひどく大袈裟に言う. Er hat es ~ hinter den Ohren. あいつは抜け目がない, 食えないやつだ).

'**Fäus·te** [ˈfɔystə] Faust¹ の複数.

'**Fäus·tel** [ˈfɔystəl] 男 -s/- (↓ Faust¹) **1** (坑夫・石工が用いる)ハンマー. **2** =Faustkeil **3**《地方》=Fausthandschuh

'**faus·ten** [ˈfaʊstən] 他 **1**《球技》(ボールを)こぶしで打つ(打ち返す). **2**《まれ》(手を)こぶしに固める.

'**Faust·feu·er·waf·fe** 女 -/-n 拳銃, ピストル.

'**faust·groß** 形 こぶし大の.

'**Faust·hand·schuh** 男 -[e]s/-e ミトン(親指だけが分かれた手袋).

'**faus·tisch** [ˈfaʊstɪʃ] 形 (↓ Faust²) ファウスト的な, 絶えず努めてやまない(Goethe, 『ファウスト』の Faust にちなむ). ~er Drang ファウスト的衝動. ein ~er Mensch ファウスト的人間.

'**Faust·kampf** 男 -[e]s/-e《雅》(Boxkampf) 拳闘, ボクシング.

'**Faust·kämp·fer** 男 -s/-《雅》(Boxer) 拳闘家, ボクサー.

'**Faust·keil** 男 -[e]s/-e (旧石器時代の)握斧(ふ).

'**Fäust·ling** [ˈfɔystlɪŋ] 男 -s/-e **1** =Fausthandschuh **2** (坑夫)こぶし大の石.

'**Faust·pfand** 中 -[e]s/⁼er **1**《法制》占有質(ɕ); 契約質権. **2**《比喩》(要求を貫徹するのに行使する)権力手段.

'**Faust·recht** 中 -[e]s/ **1**《歴史》こぶしの権利, 自力防衛権(中世において皇帝の力が衰微して無法行為が横行したときなどに私有の武力で自分の利益を守る権利. ↑ Fehde). **2**《比喩》自衛権.

'**Faust·re·gel** 女 -/-n (握りこぶしで寸法を計るような, しかし経験上一般に認められた)大まかな基準, 常識的規則, 目の子算.

'**Faust·schlag** 男 -[e]s/⁼e こぶしによる強打, パンチ.

'**Faust·waf·fe** 女 -/-n =Faustfeuerwaffe

'**faute de mieux** [ˈfoːt də miˈøː] (fr.) (in Ermangelung eines Besseren) よりよい策がないので, やむなく.

Fau·teuil [foˈtøːj, ..ˈtœj] 男 -s/-s (fr.) 肘掛けつき安楽椅子.

Fau·vis·mus [foˈvɪsmʊs] 男 -/ (fr. Fauves, wilde Tiere") 《美術》フォーヴィスム, 野獣派(20世紀初めにマチス H. Matisse らによって興された絵画運動).

Faux·pas [foˈpa] 男 -[..ˈpa(s)]/-[..ˈpas] (fr.) (社交上の)失態, 無作法, へま.

'Fa·ven [ˈfaːvən] Favus の複数.

'Fa·vi [ˈfaːvi] Favus の複数.

fa·vo·ri·sie·ren [favoriˈziːrən] 他 (fr.) 1 (begünstigen)(人〈物〉⁴を)ひいきにする, (に)肩入れする. 2 (ある選手・チームを)優勝候補にあげる, 本命だと認める.

Fa·vo'rit [favoˈriːt] 男 -en/-en (fr.) 1 (Günstling) お気に入り; 寵児, 人気者;《宮廷の》寵臣(ちょうしん); 人気商品. 2《競技の》優勝候補; 本命馬.

Fa·vo·ri·tin [..tɪn] 女 -/-nen Favorit の女性形.

'Fa·vus [ˈfaːvʊs] 男 -/..ven/Faven(Favi) (lat.) 1《医学》黄癬(おうせん). 2《動物》(蜜蜂の巣の中の)蜜蠟板.

Fax [faks] 中 -/-e ファックス.

Fa·xe [ˈfaksə] 女 -/-n (話) 1 (ふつう複数で) おどけた動作(仕草). ~n machen〈schneiden/ziehen〉おかしな顔をしてみせる. 2 《複数で》馬鹿げた行い(考え). Mach keine ~n! 《卑》言逃れはするんじゃない, おかしなまねはよせ.

'fa·xen [ˈfaksən] ❶ 他 (物⁴を)ファックスで送る. ❷ 自 ファックスを送る.

Fa·xen·ma·cher [ˈfaksən..] 男 -s/- (話) ひょうきん者, 道化者.

Fa'yence [faˈjãːs] 女 -/-n[..sən] (fr.) ファイアンス陶器. ◆ 16 世紀にこの陶器が初めて焼かれた北イタリアの都市ファエンツァ Faenza にちなむ.

'Fa·zit [ˈfaːtsɪt] 中 -s/-e(-s) (lat.) 1 結果, 結論; 要約, レジュメ. das ~ aus et³ ziehen 事³の結論を出す, 総括する. 2《古》総計.

FC [ɛfˈtseː] (略) =Fußballclub

FCKW [ɛftseːkaːˈveː] (略) =Fluorchlorkohlenwasserstoff

FCKW-frei 形 フロンガスを使わない.

FDP, F.D.P. [ɛfdeːˈpeː] (略) =Freie Demokratische Partei (ドイツの)自由民主党.

F-Dur [ˈɛfduːr, ˈ-ˈ-] 中 -/ (記号 F)《音楽》ヘ長調.

Fe [ɛfˈeː] 中 (記号)《化学》=Ferrum (Eisen)

'Fea·ture [ˈfiːtʃər] 中 -s/-s (女 -/-s) (engl.) 1 (新聞・雑誌の)特集記事. 2 (ラジオ・テレビの)特集番組, ドキュメンタリー番組. 3《映画》(Hauptfilm) (上映プログラム中の目玉となる劇映画をさして)メーンプログラム, 本編.

'Fe·ber [ˈfeːbər] 男 -s/- 《オーストリア》=Februar

Febr. (略) =Februar

'Fe·bru·ar [ˈfeːbruaːr フェーブルアール] 男 -[s]/-e (lat.) (略 Febr.) 2 月.

'Fe·bru·ar·re·vo·lu·ti·on 女 -/-en《歴史》1(フランスの)二月革命(1848). 2(ロシアの)二月革命(1917).

fec. [ˈfeːtsɪt] (略) =fecit

'Fecht·bo·den [fɛçt..] 男 -s/⸚ フェンシング場.

'Fecht·bru·der 男 -s/⸚ 《古》乞食, 放浪者.

'fech·ten* [ˈfɛçtən] focht, gefochten/du fichtst, er ficht ❶ 自 1 (剣・槍で)戦う, フェンシングをする. Florett ~ フルーレ・フェンシングをする. einen Gang ~ (フェンシングで)一戦を交える. 2《雅》(兵士として)戦う. gegen die Heiden ~ 異教徒と戦う. 3《地方》(betteln) 物乞いをする, 物乞いをして歩く(昔剣術を見せ物にして渡り歩いた遍歴職人たちにならった). ❷ 他 [sich³] et⁴ ~ (話) 物⁴を無心する.

'Fech·ter [ˈfɛçtər] 男 -s/- 1 フェンシングの選手; 剣士, 剣術家. 2《古》=Fechtbruder ◆ 女性形 Fechterin 女 -/-nen

'Fech·ter·sprung 男 -[e]s/⸚e《体操》剣士跳び.

'Fecht·gruß 男 -es/ (フェンシングの試合開始時・終了後の)刀礼.

'Fecht·hand·schuh 男 -[e]s/-e フェンシング・グローブ, 籠手(こて).

'Fecht·kampf 男 -[e]s/⸚e フェンシングの試合, 撃剣.

'Fecht·korb 男 -[e]s/⸚e =Fechtmaske

'Fecht·kunst 女 -/ フェンシング(術); 剣術.

'Fecht·mas·ke 女 -/-n (フェンシング用の)マスク, 面.

'Fecht·meis·ter 男 -s/- フェンシング教師.

'fe·cit [ˈfeːtsɪt] (lat., hat [es] gemacht') (略 fec., f.) (銅版画などで作者名に添えて)...作.

*__'Fe·der__ [ˈfeːdər フェーダー] 女 -/-n 1 羽毛, 羽. einem Vogel die ~n ausrupfen 鳥の羽毛をむしり取る. ~n bekommen 羽毛が生える. ~n lassen [müssen]《比喩》損害(不利益)をこうむる, 損をする. sich⁴ mit fremden ~n schmücken《比喩》他人の手柄を横取りする. Den Vogel erkennt man an den ~n.《諺》身なりを見れば人物が分かる. 2《複数で》(話) 羽根布団, 寝床, ベッド. j⁴ aus den ~n holen 人⁴を起こしてやる. j⁴ aus den ~n scheuchen〈schütteln〉人⁴を叩き起こす. früh aus den ~n sein 朝(起きるのが)いつも早い, 早起きする. in den ~n〈stecken〉寝床にもぐり込んでいる. in die ~n gehen 寝床に入る. von den ~n aufs Stroh kommen《比喩》落ちぶれる, 零落する. 3 ペン, ペン先. (Federhalter) ペン軸. ein Mann der ~ 文筆家. die ~ zu führen wissen 筆が立つ. eine kluge ~ führen〈schreiben〉才筆をふるう. eine scharfe (spitze) ~ führen〈schreiben〉辛辣(しんらつ)な文章を書く, 筆鋒が鋭い. j³ die ~ führen / j³ die ~ in die Hand drücken (感動・憤激などが)人³を筆を執(と)らずにはおれない気にさせる. Die Wut führte ihn die ~. 彼は怒りにまかせてペンを走らせた. Der Tod nahm ihm die ~ aus der Hand. 死が彼に筆を折らせた. ein Roman aus der ~ ~ eines namenlosen Autors 無名の一作者の手になる小説. aus j² stammen〈geflossen sein〉人²が書いたものである. j³ et⁴ in die ~ diktieren 人³に事⁴を口述筆記させる. et⁴ unter der ~ haben 物⁴を執筆中である. von der ~ leben 文筆で生活している. zur ~ greifen 筆を執る; 文筆家業を始める. 4 ぜんまい, ばね, 発条, スプリング. die ~ aufziehen ぜんまいを巻く. 5《建築》さねおい(板を継ぎ合わせるための突起で, 他方の板の溝にはめ込む). 6 (フェンシング用の剣の)刀身. 7《猟師》(多く複数で)(猪の背中の)剛毛, (鹿の)肋骨. 8《多く複数で》(宝石の)ひび.

'Fe·der·ball 男 -[e]s/⸚e 1 (バドミントンの)羽根, シャトルコック. 2《複数なし》=Federballspiel, Badminton

'Fe·der·ball·spiel 男 -[e]s/-e 1 バドミントン(競技). 2 バドミントンの用具 1 式.

'Fe·der·bett 中 -[e]s/-en 羽根布団.

'Fe·der·busch 男 -[e]s/⸚e (鳥の)羽冠, 冠毛; (兜(かぶと)や帽子の)羽根飾り.

'Fe·der·fuch·ser [..fʊksər] 男 -s/- (↓ fuchsen)《侮》1 (字句に拘泥する)杓子定規な人. 2《古》三文文士, へぼ作家; 売文の徒.

'fe·der·füh·rend 形 責任(権限)のある. das ~e

Ministerium 所轄の省.
'Fe·der·ge·wandt 形《雅》筆の立つ, 文章の上手な.
'Fe·der·ge·wicht 中 -[e]s/-e 《スポ》フェザー級(の選手).
'Fe·der·hal·ter 男 -s/- ペン軸.
'fe·der·ig ['fe:dərɪç] 形 羽毛でできた, 羽毛のような; 羽毛におおわれた.
'Fe·der·kiel 男 -[e]s/-e 羽柄, 羽茎; 羽根ペン.
'Fe·der·kleid 中 -[e]s/-er 《雅》(Gefieder) (鳥の体全体をおおう)羽毛; 羽衣.
'Fe·der·kraft 女 /《工学》弾力(性).
'Fe·der·krieg 男 -[e]s/-e 文筆による戦い, 文書合戦. einen ~ mit j³ führen 人³と筆戦を交える.
'fe·der'leicht 形 羽根のように軽い(軽やかな).
'Fe·der·le·sen 中 -s/《次の用法で》nicht viel ~[s] mit j⟨et⟩³ machen 人に遠慮会釈なくものを言う《物³をあっさりと片づける.》 ohne viel ~[s] / ohne langes ~ 単刀直入に, 無造作に, あっさりと. [viel] zu viel ~s あまりにも仰々しく. 《本来目上の人の衣服についた綿毛を取りのぞくことから「お追従(ついしょう)」, ごますり」の意であるが, 今日では上記成句での用いる.》
'Fe·der·mäpp·chen 中 -s/- (生徒用の)筆入れ, ペンケース.
'Fe·der·mes·ser 中 -s/- ペンナイフ(おもに鷲ペンを削るのに用いられた折畳式の懐中ナイフ).
'fe·dern ['fe:dərn] ❶ 自 1 (クッション・ベッド・床などが)弾(はず)む, 弾力(性)がある. Die Sitze *federn* [gut]. これらの座席はスプリングがよく利いている. mit ⟨in⟩ den Knien ~ 膝を屈伸させる. 2 《話》(ふとんなどが)羽毛が抜ける. 1 (物⁴に)ばねくスプリング)をつける. Das Bett ist zu hart *gefedert*. このベッドはスプリングが硬すぎる. 2 《歴史》(人⁴を)(タールの上に転がして)羽毛まみれにする(中世の刑罰の1つ). 3 《猟師》(a) (鳥の)羽だけを撃つ. (b) (鹿などの)胸毛だけをかすめ撃ちして動けなくする. ❸ 再 (**sich**⁴) Ein Vogel *federt sich*. 鳥の羽毛が抜ける(生え変る).
'fe·dernd 現分 弾力のある, よく弾む, スプリングのきいた. ein ~*er* Gang 弾(はず)むような足どり.
'Fe·der·schmuck 男 -[e]s/ 1 羽根飾り. 2 《雅》(鳥の)羽毛.
'Fe·der·strich 男 -[e]s/-e ペンで書いた線. durch einen⟨mit einem⟩ ~ (権力を持つものが)一筆書くだけで, あっさりと.
'Fe·de·rung ['fe:dəruŋ] 女 -/-en 1 《複数なし》弾力性. 2 (自動車の)サスペンション, 緩衝装置; (ベッドなどの)スプリング.
'Fe·der·vieh 中 -[e]s/ 《話》(Geflügel) 家禽.
'Fe·der·waa·ge 女 -/-n ばね秤.
'Fe·der·wei·ße 男《形容詞変化》《醸造》フェーダーヴァイザー(発酵がほぼ終り, 酵母が沈下し始める直前の乳白濁した若いワイン).
'Fe·der·wild 中 -[e]s/ (集合的に)猟鳥.
'Fe·der·wol·ke 女 -/-n 《気象》絹(巻)雲, (俗に)すじ雲.
'Fe·der·zeich·nung 女 -/-en ペン画.
'fed·rig ['fe:drɪç] 形 =federig
Fee 女 -/-n 妖精, 仙女, フェアリー.
'Feed·back ['fi:tbɛk, 'fi:dbæk] 中 -s/-s ⟨*engl.*, Rückwirkung⟩ 1 《電子工》フィードバック, 帰還. 2 (情報・サービスなどの受手側の)反応.
'Fee·ling ['fi:lɪŋ] 中 -s/-s ⟨*engl.*⟩ 1 (麻薬による)高揚感. 2 フィーリング, 感じ, 直感, 感受性.
'fe·en·haft ['fe:ənhaft] 形 (↓ Fee) 1 妖精の, 妖精に関する. 2 妖精のような, 優美な, 小さくて可愛い.
Fe·e·'rie [fe(ə)'ri:] 女 -/-n [..'ri:ən] ⟨*fr.*⟩《演劇》妖精劇.
Feet [fi:t] Foot の複数.
'Fe·ge·feu·er 中 -s/ ⟨*カト*⟩ (Purgatorium) 煉獄(れんごく)(死者の霊魂が天国に入る前にその罪を浄められる場所または状態), 煉獄の火.

*'**fe·gen** ['fe:gən フェーゲン] 他 1 掃(は)く, 掃除する. den Fußboden ~ 床を掃く. 《目的語なしでも》 *Jeder fege vor seiner Tür!* 《諺》他人の頭の蠅を追え, 余計なお節介をするな. 2 《結果を示して》 eine Bahn ~ 掃いて道をつくる(つける). et⁴ aus⟨von⟩ et³ ~ 物³から物⁴を掃き出す. 3 《比喩》(反乱者などを)一掃した; (手などで)払いのける; (風が木の葉などを)吹払う; (穀物を)ふるい分ける. 4 《南ドイツ》(金属を)研(と)ぐ, 磨く. 5 [das Geweih] ~ 《猟師》(鹿が)角を研ぐ.
❷ 自 (s) (風などが)吹き抜ける; (疾風のように)駆け抜ける, 走り去る.
❸ 自《卑》(koitieren) セックスをする; 《隠》(trinken)(酒を飲む).
'Fe·ger ['fe:gər] 男 -s/- (↓ fegen) 1 《話》(Besen) (小さな)箒(ほうき), ブラシ. 2 《多く複合語で》掃除人. *Schornsteinfeger* 煙突掃除人. 3 無鉄砲な男; 女たらし, 色男, 伊達男. 4 情熱的な娘; 男好きな娘. 5 《方》=Wirbelwind
'Feg·sel ['fe:ksəl] 中 -s/- (↓ fegen) 《地方》(Kehricht) 掃き寄せたごみ(ちり).
Feh [fe:] 中 -[e]s/-e 《動物》きたりす(シベリア・北欧産のりす).
'Feh·de ['fe:də] 女 -/-n 1 《歴史》(中世の)私闘, フェーデ(ゲルマン法時代において, 流血の争いや反目などによる被害者が加害者に対して同等の報復をすること, またその権利. ↑ Landfriede[n]). 2 《雅》不和, 反目(はんもく). mit j³ in ~ liegen 人³と反目している, いがみ合っている.
'Feh·de·hand·schuh 男 -[e]s/-e 《次の用法で》《雅》j³ den ~ hinwerfen (挑戦のしるしで手袋を投げて)人³に戦いを挑む. den ~ aufheben⟨aufnehmen⟩ 挑戦を受けて立つ.

fehl [fe:l] 形 (↓ Fehl) 《次の成句で》 ~ am Platz[e]⟨Ort⟩ sein 所を得ていない, 場違いである, 不適切である.
Fehl (↑ fehlen) ❶ 男 (中) -[e]s/ 1 《古》過ち, 過失. 2 《雅》欠点, きず. ohne ~ [und Tadel] 非の打ち所がない. ❷ -[e]s/ 《商業》=Fehlbetrag
'Fehl·an·zei·ge 女 -/-n (Fehlmeldung) 1 間違った知らせ(通告). 2 行事の中止(品切・配達不能など)の知らせ, お断り. 3 《軍事》(射撃練習で)命中しなかったことを知らせる信号(合図). ~! 《話》はずれ, 残念でした.
'fehl·bar ['fe:lba:r] 形 1 《スイス》違反を犯した; 病弱な. 2 《雅》(↔ unfehlbar) 誤ることなしとは限らない, 誤りに陥りがちな.
'Fehl·be·trag 男 -[e]s/=e 《商業》不足額, 欠損, 赤字.
'Fehl·bit·te 女 -/-n 《雅》むだな頼み. eine⟨keine⟩ ~ tun 頼みを断られる⟨聞き入れてもらう⟩.
'Fehl·di·a·gno·se 女 -/-n 誤診.

feh·len ['fe:lən フェーレン] ❶ 自 1 (その場に)いない, 欠席(欠勤, 欠場)している. unentschuldigt ~ 無断欠席(欠勤)する. in der Schule⟨bei einem Wettkampf⟩ ~ 学校を欠席する⟨試合に欠場する⟩.

2 欠けている, 足りない. Ein Buch *fehlt*. 本が1冊足りない(なくなっている). Mir *fehlt* das Geld für eine Reise. 私は旅行をする金がない. Das *fehlte* [mir] gerade noch. この上そんなことになってはたまらないよ, それじゃ踏んだり蹴ったりだ. Es fehlen noch zehn Minuten an 8 [Uhr]. 8時にはまだ10分ある. An mir ⟨Von meiner Seite⟩ soll es nicht ~. 私はできるかぎりの手を尽くすつもりだ. Es *fehlt* viel bis dahin. そこまで達するのは大変だ(前途多難だ). Es *fehlte* nicht viel, so wäre ich⟨, und ich wäre⟩ ertrunken. すんでのことに(あやうく)私は溺れるところだった. 《非人称的に》Es fehlt j³ an et³. 人¹に物が欠けている, 足りない. Es *fehlt* ihm an Geld⟨Mut⟩. 彼には金⟨勇気⟩がない. Es *fehlt* ihm an nichts. 彼は何ひとつ不自由していない(何の不足もない). (**lassen** と)es¹ j³ an nichts ~ lassen 人³に不自由な思いをさせない. es⁴ an nichts ~ lassen 出し惜しみ(手抜き)しない. **3** (人³にとって)無くて困る, 居なくて寂しい. Du hast mir sehr *gefehlt*. 君がいなくてとても寂しかったよ. Meine Brille *fehlt* mir sehr. 私は眼鏡がなくて大変不自由だ. **4** (人の)体調が思わしくない, (が)健康をそこなっている. Was *fehlt* dir? — Mir *fehlt* nichts. 何処が悪いのだ(どこか悪いのか)— どこも悪くないよ. Bei dir *fehlt's* wohl [im Kopf]? 《話》何をばかなことやっているんだ; 君は頭がおかしいんじゃないか. **5** 《雅》間違い(過ち)をおかす. Weit *gefehlt*! 大間違いだ, とんでもない. gegen das Gesetz ~ 法律に違反する.
❷ 他 《古》(的・獣などを)射損じる, (道を)間違う. Der Schuss hat [das Ziel] *gefehlt*. 弾丸(矢)は的をはずれた. den richtigen Weg ~ 道に迷う.

'Feh·ler ['fe:lɐr フェーラー] 男 -s/- (↓fehlen) **1** 誤り; 間違い; 過ち, 誤り, しくじり, ミス, エラー; 《数学》誤差, 《^》反則. ein leichter⟨schwerer⟩ ~ 些細な⟨重大な⟩誤り. begehen ~ begehen 誤り(過ち)をおかす. **2** 欠陥, 欠点; 《法制》瑕疵(^)(商品などの)欠点. ein körperlicher ~ 肉体上の欠陥. Jeder Mensch hat seine Tugenden und seine *Fehler*. 人間は誰でも長所もあれば欠点もあるものだ. Textilien mit ~n 傷物の繊維製品.
'**feh·ler·frei** ['fe:lɐrfraɪ] 形 誤り(間違い)のない; 欠陥(欠点)のない, 瑕(^)のない; ミスのない.
'**Feh·ler·gren·ze** 女 -/-n 誤差の限度(許容範囲), 許容誤差.
'**feh·ler·haft** ['fe:lɐrhaft] 形 誤り(間違い)のある; 欠陥(欠点)のある, 瑕(^)のある; 不完全(不正確)な.
'**feh·ler·los** 形 =fehlerfrei
'**Feh·ler·quel·le** 女 -/-n 誤りのもと, 間違いの原因.
'**Fehl·far·be** 女 -/-n **1** 切れてない組札; 手札にない組札. **2** 変色した外巻き葉(の葉巻煙草). **3** 《郵趣》刷色エラー(の切手).
'**Fehl·ge·burt** 女 -/-en **1** 《医学》流産. **2** 流産した胎児.
'**fehl|ge·hen*** 自 (s) 《雅》**1** 道を間違う, 道に迷う; (標的から)はずれる. **2** 《比喩》思い違いをする.
'**fehl|grei·fen*** 自 **1** つかみ損ねる. **2** 《比喩》間違える, 処置(選択)を誤る.
'**Fehl·griff** 男 -[e]s/-e つかみ損ない; 誤った処置(選択).
'**Fehl·leis·tung** 女 -/-en 《心理》失錯行動(言い違い・書き間違いなど).
'**fehl|lei·ten** 他 《雅》間違った方向へ導く(送る).
'**fehl|schie·ßen*** 自 **1** 《雅》撃ち損なう. **2** 《話》

的はずれな判断をする, 見当違いをする.
'**Fehl·schlag** 男 -[e]s/¨e (↓fehlschlagen) **1** 打ち損じ. **2** 《比喩》失敗, 不成功, 不首尾.
'**fehl|schla·gen*** ['fe:lʃla:gən] 自 (h, s) **1** (h) 打ち損じる. **2** (s) (計画などが)うまく行かない, 駄目になる, 失敗に終る. Der Versuch ist *fehlgeschlagen*. その試みは失敗に終った. eine *fehlgeschlagene* Hoffnung 期待はずれ, 失望.
'**Fehl·schluss** 男 -es/¨-e 誤った推論(結論).
'**fehl|tre·ten*** 自 (s) **1** 足を踏みはずす, 道を間違える. **2** (道徳上の)誤りを犯す.
'**Fehl·tritt** 男 -[e]s/-e (↓fehltreten) **1** 《雅》道を間違えること. **2** (道徳的な)過ち, 過失, 不品行. **3** 《古》(娘の)不身持, ふしだら.
'**Fehl·ur·teil** 中 -s/-e 誤審; 誤った判断(判決).
'**Fehl·zün·dung** 女 -/-en (内燃機関の)不点火, 不発; 不整(異常)発火, 逆火, バックファイアー. [eine] ~ haben 《比喩》《話》勘違いをする; 頭が鈍い.
Fehn 中 -[e]s/-e 《北》(↓*^*) =Fenn
'**fei·en** ['faɪən] 他 《雅》(魔力で)守る(gegen et⁴ 事から). gegen et⁴ *gefeit* sein 事にびくともしない.

*'**Fei·er** ['faɪɐr ファイアー] 女 -/-n **1** 祝い, 祝典, 式典, 祭典; 祝賀会. die ~ seines 80. Geburtstags 彼の80歳の誕生日の祝い. des Lebens schönste ~ 人生の最も美しい祝典(結婚式のこと). eine ~ veranstalten 祝賀会を催す. zur ~ des Tages この日を祝って.
*'**Fei·er·abend** ['faɪɐr|a:bənt ファイアーアーベント] 男 -s/-e **1** (1日の)仕事じまい, 終業. Um 17 Uhr ist ~. 午後5時で終業(閉店)です. Jetzt ist aber ~! 《話》さあこれでしまいにしよう, もうたくさんだ. Mit dem Mann⟨Mit dem besten Tee⟩ ist jetzt ~. 《話》その男はもうおしまいだ⟨いちばんいいお茶はもう無くなりました⟩. ~ machen 仕事じまいにする; 《比喩》おしまいにする; 《話》死ぬ. **2** (終業から就寝までの)憩いの時間. seinen ~ genießen 晩の余暇を楽しむ.
'**Fei·er·abend·ar·beit** 女 -/-en 夜の仕事, 夜業.
*'**fei·er·lich** ['faɪɐrlɪç ファイアーリヒ] 形 祝典の, 祝典らしい; 厳(^)かな, 荘重な(荘重な), 厳粛な; 改まった, もったいぶった. ein ~er Augenblick 厳かな瞬間. in ~er Stimmung 厳かな気分で. die Geburtstags ~ begehen 誕生日のお祝いを催す. et⁴ ~ geloben 事⁴を厳かに誓う. ~ gekleidet 晴着を着て. Das ist schon nicht mehr ~. これはほどすぎる, あんまりだ.
'**Fei·er·lich·keit** 女 -/-en **1** 《複数なし》荘厳さ, 荘重さ, 厳粛さ. **2** 《皮肉》もったいぶった(御大層な)物言い. **3** 祝典, 式典, 典礼.
*'**fei·ern** ['faɪɐrn ファイアーン] ❶ 他 **1** (祝典・式典などを)催す, 挙行する; 祝う. einen Geburtstag ~ 誕生日を祝う. Hochzeit ~ 結婚式を挙げる. [große] Triumphe ~ 《比喩》大成功を収める. 《目的語なしで》Wir haben jede Nacht gefeiert. 私たちは毎夜お祭騒ぎを楽しんだ. **2** (人⁴を)称(^)える, 賛美する(祝賀会を催したり, 詩歌に歌うなどして). ein *gefeierter* Schriftsteller 有名(人気)作家.
❷ 自 (やむを得ず仕事を休む, 休業する. krank ~ 《話》仮(^)病をつかって休む.
'**Fei·er·schicht** 女 -/-en (操業短縮などによる)休業方(^).
'**Fei·er·stun·de** 女 -/-n 祝典(式典)(の時間).
*'**Fei·er·tag** ['faɪɐrta:k ファイアーターク] 男 -[e]s/-e 祝日, 祭日; 休日.
'**fei·er·täg·lich** 形 祝日(休日)の; 祝日(休日)らしい.
*'**feig** [faɪk ファイク], '**fei·ge** ['faɪgə ファイゲ] 形 **1** 臆

病（小心）な，意気地のない． eine *feige* Memme 女々しい男，小心者． **2** 卑怯な，卑劣な． **3**（岩石が）脆い，くだけやすい．

'**Fei·ge** 囡 -/-n **1**《植物》いちじく（の実）．**2**《卑》(Vagina) ほと，ワギナ． **3**《卑》淫婦，売女（`ばいた`）．

'**Fei·gen·blatt** 匣 -[e]s/-er **1** いちじくの葉． **2**《比喩》恥部をかくす隠れもの（Adam と Eva がいちじくの葉を腰にまとったことから絵画・彫刻などで用いられる．↑《旧約》創 3：7）．

'**Fei·gen·kaf·fee** 匣 -s/ いちじく葉の代用コーヒー．

'**Feig·heit** ['faɪkhaɪt] 囡 -/（↓feig）臆病，小心．～ vor dem Feind 敵に背中を向けること，敵前逃亡．

'**Feig·ling** ['faɪklɪŋ] 男 -s/-e 臆病者，小心者，意気地なし．

'**Feig·war·ze** -/-n《医学》(Kondylom) 尖圭（`せんけい`）肝腫（`かんしゅ`），コンジローマ，たこ，いぼ．

feil [faɪl] 厖《比較変化なし》（古）**1**（käuflich) 金で買える，金で自由になる． eine ～*e* Dirne 売春婦，娼婦．**2** (verkäuflich) ～ sein 売りに出ている． Das Bild ist mir um nichts ～. 私はこの絵をいくら金を積まれても売らない．

'**feil|bie·ten*** 他《雅》売りに出す．

'**Fei·le** ['faɪlə] 囡 -/-n **1** やすり． **2**《比喩》仕上げ． die letzte ～ an et⁴ legen《雅》物⁴に最後の磨きをかける．

'**fei·len** ['faɪlən] 他 **1** et⁴〈an et³〉～ 物⁴·³にやすりをかける． **2**《比喩》磨きをかける，彫啄（`ちょうたく`）する，仕上げをする．

'**feil|hal·ten*** 他 **1**（古）=feilbieten **2**《次の用法で》Maulaffen ～《話》口をぽかんとあけて見惚れている．

'**feil·schen** ['faɪlʃən] 他《貶》(1 feil) mit j⁴ um den Preis ～ 人³と値段のことで掛合う（値切る）．

'**Feil·spä·ne** 複 =Feilstaub

'**Feil·staub** 男 -[e]s/ やすり屑（`くず`）．

Feim¹ [faɪm] 男 -[e]s/《地方》(Schaum) 泡．

Feim² 男 -[e]s/-e《北ドイツ・中部ドイツ》**1** 穀物小屋． **2**（わら・干し草・薪（`たきぎ`）などの）積上げた山．

'**Fei·me** ['faɪmə] 囡 -/-n =Feim²

'**Fei·men** ['faɪmən] 男 -s/ =Feim²

fein [faɪn ファイン] 厖 **1**（↔grob）細かい，細い，薄い，かすかな． ～*e* Fäden 細い糸． eine ～*e* Gestalt きゃしゃな体つき． ～*e* Handarbeit 細かな手細工． ein ～*er* Regen ぬか雨，霧雨（`きりさめ`）． ein ～*es* Sieb 目の細かい篩（`ふるい`）． ein ～*e* Wurst 細びきのソーセージ． ～ lächeln かすかに微笑む． **2** 繊細な，細やかな，微妙な，鋭敏な． ein ～*es* Gefühl 繊細な感情． ein ～*es* Gehör 鋭敏な聴覚． für et⁴ eine ～*e* Nase haben 事⁴に対して鼻が利く，（を）すぐに嗅ぎつける． das Radio ～ einstellen ラジオを正確に調整する． **3**（話）うまい，巧妙な，気の利いた． ein ～*er* Plan 巧妙な計画． Das habt ihr euch ～ ausgedacht. 君たちはそれをうまく考え出したものだ． **4**（品質が）極上の，上質な，純良の． ～*es* Gold 純金． ～*er* Wein 極上ワイン． Es ist das *Feinste* vom *Feinen*. それはとびきり上物だ． Ihr seid ja eine ～*e* Gesellschaft.（嘲笑的に）君たちは結構なご身分だね． ～ heraus sein（困難を切り抜けて）すっかり元気である，順風満帆（`じゅんぷうまんぱん`）された． **5**（衣装・趣味などが）上品な，優美な，洗練された． ein ～*es* Kleid すばらしいドレス． sich⁴ ～ machen 着飾る，めかしこむ． Ihr Gesicht ist ～ geschnitten. 彼女は端正な顔をしている． **6** 好ましい，すばらしい． Er ist ein ～*er* Kerl. 彼はいいやつだ． Das ist aber ～ と

いつはすばらしい（すてきだ）． **7**《副詞的用法で》(ganz, sehr) 非常に，とても． Sei ～ brav! お行儀よくしていなさい． Das ist ～ nicht so! そうじゃ違うよ． Sei du mal ～ still! 君がつべこべ言う筋合いではないよ．

'**Fein·ar·beit** 囡 -/（仕上げなどのための）精密な作業；手の込んだ細工．

'**Fein·bä·cke·rei** 囡 -/-en 高級ベーカリー（菓子店）；菓子屋．

'**Fein·blech** 匣 -[e]s/-e ブリキの薄板．

°**feind** [faɪnt]（↑Feind 1, 2）

***Feind** [faɪnt ファイント] 男 -[e]s/-e **1**（↔Freund）敵，敵対者． Sie waren ～*e*. 彼らは互いに敵同志だった． j³ ～°*feind*〉sein〈bleiben〉 人³に敵意を抱いている，（を）憎んでいる． sich⁴ j⁴ zum ～ machen 人⁴を敵に回す． Freund und ～ 敵も味方も（誰でも）． der natürliche ～《動物》天敵． der böse ～《聖書》悪魔（Teufel）． **2**（ある特定の事柄の）敵対（反対）者． Frauen*feind* 女嫌いの人． et³ ～〈°*feind*〉sein〈bleiben〉物³に敵意を抱いている，（を）憎んでいる． ein geschworener〈abgesagter〉～ des Alkohols. 彼はアルコールを目の仇（`かたき`）にしている． **3** 敵兵，敵国；《複数なし》敵軍． Ran an den ～!《話》さあ仕事にとりかかろう． Feigheit vor dem ～ 敵前逃亡． vor dem ～ bleiben 戦死する． ◆女性形 Feindin 囡 -/-nen

'**Feind·bild** 匣 -[e]s/-er《政治》仮想敵（国）．

'**Fein·des·hand** 囡 -/ in ～ fallen〈geraten〉《古》敵の手中に陥る．

*'**feind·lich** ['faɪntlɪç ファイントリヒ] 厖（↓Feind） **1**《付加語的用法のみ》敵の． das ～*e* Heer 敵軍． **2**（↔freundlich) 敵意のある，敵対している． ～*e* Brüder 反目し合っている兄弟． j³〈gegen j⁴〉～ gesinnt sein 人³,⁴に敵意を抱いている．

..**feind·lich** ['faɪntlɪç]《接尾》名詞などにつけて「…に敵対的な，敵意をもった」の意の形容詞をつくる． kinder*feindlich* 子供嫌いの． regierungs*feindlich* 反政府的な．

'**Feind·lich·keit** 囡 -/-en **1**《複数なし》敵意． **2** 敵対行為．

'**Feind·schaft** ['faɪnt·ʃaft] 囡 -/-en（↔Freundschaft）敵意，反感；敵対関係． sich³ j² ～ zuziehen 人²の反感を買う． mit j³ in ～ leben〈liegen〉人³と反目し合っている． Darum keine ～! だからといって別に悪気はないよ．

'**feind·se·lig** ['faɪntze·lɪç] 厖 敵意に満ちた，憎しみをこめた． ～*e* Blicke werfen 敵意に満ちたまなざしを投げる． sich⁴ ～ gegen j⁴ zeigen 人⁴に敵意を示す．

'**Feind·se·lig·keit** 囡 -/-en **1**《複数なし》敵意，憎しみ． **2**《多く複数で》敵対行為，戦闘． die ～*en* einstellen〈eröffnen〉敵対行為をやめる〈戦端を開く〉．

'**fei·nen** ['faɪnən] 他《冶金》精錬する；《工学》精密加工する．

'**fein·füh·lig** [..fy:lɪç] 厖（↑fühlen） **1** 繊細な感情をもった，心づかいの細やかな，思いやりのある． **2**《工学》(計器などの) 感度のよい．

'**Fein·ge·fühl** 匣 -[e]s/ 繊細（細やかな）感情，デリカシー．

'**Fein·ge·halt** 男 -[e]s/ (Feinheit) (合金中に含まれる貴金属の) 純度．

'**fein·glie·de·rig** [..gli·dərɪç], '**fein·glied·rig** [..glɪ·drɪç] 厖 (体つきが) 華奢（`きゃしゃ`）の，ほっそりした．

'**Fein·gold** 匣 -[e]s/ 純金．

'**Fein·heit** 囡 -/-en **1**《複数なし》(目の) 細かさ；(素材

'fein·hö·rig [..ho:rɪç] 形 耳ざとい.
Fein·ke·ra·mik 囡 -/-en (↔ Grobkeramik) ファインセラミックス, 精密陶器.
'fein·kör·nig 形 粒の細かい, 細粒の;《写真》微粒子の.
'Fein·kost 囡 -/《集合的に》グルメ(特選)食品; デリカテッセン.
'Fein·me·cha·nik 囡 -/ 精密機械工学.
'Fein·me·cha·ni·ker 男 -s/- 精密機械工.
'fein·ner·vig 形 (↓ Nerv) 神経が細かい, 敏感な, 感じやすい.
'fein|schlei·fen* 他《工学》精密(仕上げ)研磨する.
'Fein·schme·cker 男 -s/- 食通, 美食家, グルメ. ein literarischer ~《比喩》文学の美食家, 好事家(こうずか)的文学通.
'Fein·schnitt 男 -[e]s/ 1 (↔ Grobschnitt) 細刻みのパイプ煙草. 2《映画》(フィルムの)最終カット(編集).
'Fein·sil·ber 中 -s/ 純銀.
'fein·sin·nig 形 感情のこまやかな, 繊細な, 感覚の鋭い(とくに芸術的に).
Feins'lieb·chen [faɪns'li:pçən] 中 -s/-《古》《雅》愛(いと)しい人, 恋人.
'Fein·struk·tur 囡 -/-en 1 模様などの細密な構図(図柄). 2《物理》(原子スペクトルの)微細構造.
'Fein·wä·sche 囡 -/ (洗うときにとくに気をつけなくてはならない)上物洗濯物(絹・ウールなど).
feist [faɪst] 形 1 ぶくぶく太った, でっぷりした, 脂肪のよくついた. mit einem ~en Grinsen にたにた笑いながら. 2《南ド》(a) (土地が)肥沃な. (b) (食肉・鹿が)脂ののった.
Feist 中 -[e]s/《猟師》(Fett) (鹿などの)脂肪.
'fei·xen [faɪksən] 自《話》(grinsen) あざ笑う, にやにやする.
'Fel·bel ['fɛlbəl] 男 -s/《it.》《紡織》フラシ天(シルクハットなどに用いられる毛足の長いビロード).
'Fel·chen ['fɛlçən] 中 -s/-《魚》フェルヒェン(アルプス地方に棲む鱒(ます)の 1 種).

Feld

[fɛlt フェルト] 中 -[e]s/-er 1《複数なし》野原, 原野. auf freiem ~ übernachten 野宿する. 2 畑, 野良. ein wogendes ~ 穀物畑. das ~ bebauen〈bestellen〉畑を耕す. aufs ~ gehen 野良に出る. Die ~er stehen gut. 作柄は豊作である. 3《複数なし》戦場, 戦地. das ~ behaupten〈behalten〉自分の陣地(地歩)を確保する, (政党の選挙で)議席を減らさない. das ~ beherrschen 牛耳(ぎゅうじ)をとる, 勢力(指導力)をもつ. das ~ gewinnen 勝利を収める. das ~ räumen 退却する, 席を明渡す. j³ das ~ überlassen 人³に自分の地位(ポスト)をゆずり渡す. j³ das ~ streitig machen 人³と渡り合う(張合う). auf dem ~[e] der Ehre fallen〈bleiben〉名誉の戦死をとげる. j⁴ aus dem ~[e] schlagen 人⁴を打破る(追落とす, 追い払う). et⁴ ins ~ führen 事⁴を持出す(gegen j⟨et⟩ 人⟨物⟩⁴に対する反証として). ins ~ ziehen〈rücken〉出征する, 前線に出る. gegen〈für〉j⟨et⟩⁴ zu ~ e ziehen 人⟨物⟩⁴に反対〈賛成〉する(反対〈賛成〉して戦う). 4 区画(された平面), (格天井の格間(ごうま)の), (扉の)鏡板, (チェス盤の)目, (紋章・旗などの)地. die leeren ~er eines Formulars ausfüllen 用紙の空欄に記入する. Die Stadt hat im Wappen eine weiße Lilie im blauen ~. この町の紋章は青地に白ゆりである. 5《スポーツ》競技場, グラウンド, コート. j⁴ des ~es〈vom ~〉verweisen 人⁴に退場を命じる. 6《複数なし》《スポーツ》(ゲーム中の)プレーヤーの集団, 全競技者. 7《複数なし》(専門)分野, (研究)領域, 活動範囲. auf dem ~ der Physik 物理学の分野で. Das ist ein weites ~! これは問題が大きすぎておいそれとは答えが出ない. Hier liegt für die Forschung ein weites ~. この点には研究上まだ未知(未開拓)の分野(可能性)が多く残されている. Das steht noch im weiten ~. それはまだ見通しがつかない(どちらへ転ぶか分からない). 8《物理・言語》場(ば), magnetisches ⟨sprachliches⟩ ~ 磁場⟨言語場⟩. 9《鉱業》鉱床, 炭層. 10《猟師》(猟犬の)年齢; ライフル銃の腔線間の金属部.

'Feld·ar·beit 囡 -/-en 1 野良仕事. 2 (Feldforschung) フィールドワーク, 現地調査.
'Feld·bahn 囡 -/-en (簡単に敷設・撤去できる狭軌の)軽便鉄道, トロッコ列車.
'Feld·bau 男 -[e]s/ (Ackerbau) 畑耕, 畑作.
'Feld·bett 中 -[e]s/-en (野営用の)折畳ベッド.
'Feld·blu·me 囡 -/-n 野の花.
'Feld·dieb·stahl 男 -[e]s/-¨e 畑荒し, 農作物窃盗.
'Feld·dienst 男 -[e]s/-e《軍事》1 野外演習. 2 戦地勤務.
'Feld·fla·sche 囡 -/-n (軍隊用の)水筒.
'Feld·for·schung 囡 -/-en =Feldarbeit 2
'Feld·fre·vel 男 -s/- 畑荒し.
'Feld·frucht 囡 -/¨e《ふつう複数で》農作物.
'Feld·geist·li·che 男《形容詞変化》《古》従軍司祭(牧師).
'Feld·ge·schrei 中 -[e]s/ 1《軍事》合い言葉. 2 (紋章の飾りリボンに記された)モットー.
'Feld·ge·schütz 中 -es/-e《軍事》野砲.
'Feld·got·tes·dienst 男 -[e]s/-e 陣中ミサ(礼拝).
'Feld·gras·wirt·schaft 囡 -/《農業》輪作農法(同じ農地を穀物畑および牧草地として数年交替で使用する農法).
'feld·grau 形 灰緑色の(旧ドイツ国防軍の制服の色).
'Feld·heer 中 -[e]s/-e《軍事》前線(野戦)部隊.
'Feld·herr 男 -[e]n/-[e]n《古》《軍事》(部隊の)最高指揮官.
'Feld·herrn·kunst 囡 -/ (Strategie) 戦略, 兵法.
'Feld·huhn 中 -[e]s/¨er《鳥》やまうずら(山鶉).
'Feld·hü·ter 男 -s/- 農地の監視人, 畑番.
'Feld·jä·ger 男 -s/- 1 (ドイツ国防軍の)憲兵. 2《古》猟兵(プロイセン軍に動員された猟師や森林官).
'Feld·kü·che 囡 -/-n《軍事》野外用炊事車.
'Feld·la·ger 中 -s/-《軍事》野営, 露営.
'Feld·la·za·rett 中 -[e]s/-e《軍事》野戦病院.
'Feld·mark 囡 -/-en (町村あるいは共同体・企業等の)所有する農地.
'Feld·mar·schall 男 -s/¨e 1 陸軍元帥. 2 (16 世紀の)騎兵隊の指揮官.
'Feld·maß 中 -es/-e (農地・山林の)地積単位(Hektar, Morgen, Tagwerk など).
'Feld·maus 囡 -/¨e《動物》野ねずみ.
'Feld·po·li·zei 囡 -/ 1 農地(山林)監視員. 2《軍》(戦地での)憲兵.
'Feld·post 囡 -/ 軍事郵便; 野戦郵便局.
'Feld·pre·di·ger 男 -s/-《古》=Feldgeistliche

Feld·sa·lat 男 -[e]s/-e 野ぢしゃ, サラダ菜.
Feld·schlacht 女 -/-en 野戦.
Feld·schlan·ge 女 -/-n《軍事》ファルコン砲(15-17世紀の小口径で筒の長い軽砲).
Feld·schütz 男 -es/-e =Feldhüter
Feld·stär·ke 女 -/-n《物理》磁場(電場)の強さ.
*__Feld·ste·cher__ 男 -s/- (Fernglas) 双眼鏡.
*__Feld·stein__ 男 -[e]s/-e **1** 畑にある石. **2** 農地の境界石. **3**《鉱物》珪岩岩.
Feld·stuhl 男 -[e]s/-e 折畳椅子.
Feld·the·o·rie 女 -/-n[..ri:ən]《言語・社会学・心理・物理》場の理論.
Feld-Wald-und-Wie·sen-.. [fɛltvaltʔɔntvi:zən..]《接頭》《話》名詞に冠して「どこにでもある, ありふれた, 平凡な」(Allerwelts.., Durchschnitts.., nicht besonders gut und nicht besonders schlecht) の意を表す. Feld-Wald-und-Wiesen-Ansprache 月並みなスピーチ. Feld-Wald-und-Wiesen-Arzt なんて も屋の医者; へぼ医者. Feld-Wald-und-Wiesen-Wissenschaft あやしげな学問.
Feld-'Wald-und-'Wie·sen-Dich·ter 男 -s/- 三文詩人, へぼ詩人.
'Feld·we·bel [..ve:bəl] 男 -s/- (↓ Weibel) **1**《軍事》(1918までドイツ陸軍の)特務曹長(主に内務を担当). **2**《軍事》(ドイツ国防軍の)中級下士官(伍長または軍曹). **3**《話》軍曹さん(勤務熱心ではあるが融通のきかない人物, とくに女性). **4**《地方》《戯》ビールの(大きな)泡.
'Feld·weg 男 -[e]s/-e 野道, 農道.
Feld·wei·bel [..vaibəl] 男 -s/- (ﾙｽ) =Feldwebel 1
Feld·zei·chen 中 -s/-《軍事》部隊の目印(軍旗・隊旗など).
Feld·zug 男 -[e]s/-e **1**《軍事》作戦(軍事)行動, 出兵, 遠征. **2**《比喩》(政治目的などのための)宣伝活動, キャンペーン.
'Fel·ge¹ ['fɛlgə] 女 -/-n **1** (木製車輪の)大輪(ｵｵﾜ), 外縁; (自転車などの)リム. **2**《体操》(吊り輪・鉄棒の)回転, 車輪. Riesenfelge 大車輪.
'Fel·ge² 女 -/-n《地方》《農業》**1** (2回目および3回目の)鋤(ｽｷ)返し. **2** (鋤返しをすませた)休閑(休耕)地.
'Fel·gen·brem·se 女 -/-n (↓ Felge¹) (自転車の)リムブレーキ.
'Fe·lix [fe:lɪks]《男名》フェーリクス.
*__Fell__ [fɛl フェル] 中 -[e]s/-e **1**《複数稀》(毛でおおわれた動物の)皮膚. einem Bären das ~ abziehen 熊の皮をはぐ. j³ das ~ schneiden《比喩》人³にお灸(ｷｭｳ)をすえる(をきつく叱る). das ~ des Bären verkaufen, bevor〈ehe〉man ihn erlegt〈gefangen〉hat とらぬ 狸の皮算用をする. **2** (はいだ)毛布; なめし皮; (太鼓の)皮. Ihm sind alle ~e davongeschwommen〈weggeschwommen〉. Er sieht seine ~e davonschwimmen〈wegschwimmen〉.《比喩》彼はすべての望み(可能性)を失った. **3**《複数なし》毛皮. eine Mütze aus ~ 毛皮の帽子. **4**《話》(Haut) (人間の)皮膚. Ihm〈Ihn〉juckt das ~. 彼は(いい気になっているが)今にひどい目に会うぞ. Dir〈Dich〉juckt [wohl] das ~ 《卑》おまえ殴られたいのか. nur noch ~ und Knochen sein《卑》(痩せて)骨と皮ばかりである. j³ das ~ gerben《卑》人³をぶちのめす. ein dickes ~ haben 鈍感である; くすぐある. das ~ voll haben さんざん殴られる. j³ das ~ voll hauen 人³をとことん殴る. das ~ versaufen《卑》(埋葬のあと)精進落しをする(会食する). j³ das ~ über die Ohren ziehen《卑》人³をぺてんにかける(だましてうまい汁を吸う). Es ging wohl wieder tüchtig über mein ~ her? 君たちはまたしても私の悪口を言っていたんだな.

'Fel·la·che [fɛ'laxə] 男 -n/-n (arab.)《ふつう複数で》(アラブ諸国・エジプトの)農民.
Fel·la·tio [fɛ'la:tsio] 女 -/ (lat. ,das Saugen') フェラチオ(女性による男性性器の口唇愛撫).
'Fel·lei·sen ['fɛl|aizən] 中 -s/- **1**《古》(遍歴職人などの)旅嚢, 背嚢. **2** (Postsack) (昔の)郵便行囊(ﾉｳ), 郵袋(ﾀｲ).
Fe·lo'nie [felo'ni:] 女 -/-n [..'ni:ən] (fr.) (Treubruch) **1**《歴史》(封建領主に対する)不忠. **2**《雅》裏切, 背信, 悪だくみ.
*__Fels__ [fɛls フェルス] 男 -en/-en **1**《複数なし》岩, 岩石. der Wache ~ 露岩. **2**《雅》=Felsen
'Fels·bild 中 -[e]s/-er 《多く複数で》=Felszeichnung
'Fels·block 男 -[e]s/⁼e 岩塊.
*__'Fel·sen__ ['fɛlzən フェルゼン] 男 -s/- 岩塊, 岩壁, 岩山. ein schroffer ~ 切り立った岩壁.
'fel·sen·fest 形《比較変化なし》岩のように固い, 堅固な, 揺るぎない.
'Fel·sen·kir·che 女 -/-n (人工あるいは自然の)岩窟内教会.
'Fel·sen·klip·pe 女 -/-n 岩礁.
'Fel·sen·nest 中 -[e]s/-er (険阻な岩山の)砦(ﾄﾘﾃ), 巣窟(ｿｳｸﾂ), 根城(ﾈｼﾞﾛ).
'Fel·sen·wand 女 -/⁼e 岩壁.
'fel·sig ['fɛlzɪç] 形 岩だらけの; 岩のごろごろした, 岩だらけの.
'Fels·zeich·nung 女 -/-en《多く複数で》(Felsbild) (先史時代の)岩壁画.
Fe·'lu·ke [fe'lu:kə] 女 -/-n (sp.) **1** フェラッカ船(2本マストで櫂(ｶｲ)または3角帆で走る地中海の沿岸航行船). **2**《歴史》(ガレー船に似た14-18世紀の)戦艦.
'Fe·me ['fe:mə] 女 -/-n《歴史》(Freigericht) フェーメ(14-16世紀の悪名高い秘密刑事裁判所, その不公正な重罪判決により恐怖と怨嗟の的になった). **2** (今日一般的には政敵や組織の裏切者を消すための非合法な秘密裁判), 秘密懲罰会議.
'Fe·me·ge·richt 中 -[e]s/-e =Freme
'Fe·mel ['fe:məl] 男 -s/-《植物》大麻の雄株, 雄麻(ｵｱｻ). ホップの雄株.
'Fe·me·mord 男 -[e]s/-e (↓ Feme) 秘密裁判による殺害(暗殺).
'Fem·ge·richt ['fe:m..] 中 -[e]s/-e =Feme
fe·mi'nin [femi'ni:n] 形 (lat. ,weiblich') **1**《比較変化なし》女性(特有)の. **2** 女らしい, 女っぽい; 女みたいな, 女々しい. **3**《文法》女性の.
Fe·mi'ni·num ['fe:mini:nʊm, femi'ni:nʊm] 中 -s/Feminina[..na] (lat. ,Weibliche') (略 f.)《文法》**1**《複数なし》女性. **2** 女性名詞.
Fe·mi'nis·mus [femi'nɪsmʊs] 男 -/..men[..mən] **1**《複数なし》女権拡張運動, 男女同権主義, フェミニズム. **2**《医学・動物》(男性の)女性化(症); (雄の)雌性化.
Fe·mi'nist [..'nɪst] 男 -en/-en《多く複数で》女権拡張論者(の男性), フェミニスト.
Fe·mi'nis·tin [..'nɪstɪn] 女 -/-nen 女権拡張論者の女性.
fe·mi'nis·tisch 形 **1** 女権拡張(女性解放)運動の. **2**《医学・動物》女性(雌性)化した.

Femme fa·tale [fam fa'tal] 囡 -/-s-s[fam fa'tal] (fr., verhängnisvolle Frau') 男を破滅させずにはおかない女、魔性の女、妖婦。

Fem·to.. [fɛmto..] (接頭) (schwed., fünfzehn') (記号 f) 【物理】単位名につけて「1000 兆分の1 (10^{-15})」の意を表す。1 *Femto*meter⟨1 fm⟩ 1 フェムトメートル (=10^{-15}m=10^{-13}cm).

Fen·chel [ˈfɛnçəl] 男 -s/ 【植物】**1** ういきょう(茴香)。**2** (Fenchelgemüse) イタリアういきょう。

Fen·der [ˈfɛndər] 男 -s/- (*engl.*) 【海事】フェンダー, 防舷(ぼうげん)材。

Fenn [fɛn] 中 -[e]s/-e (北ドツ) 沼地, 沼沢地。

Fen·nek [ˈfɛnɛk] 男 -s/-s (*arab.*) 【動物】フェネックぎつね(北アフリカ・アラビアの砂漠に棲む最小の狐)。

Fens·ter [ˈfɛnstər フェンスター] 中 -s/- (*lat.*) **1** 窓。Die *Fenster* gehen auf die⟨nach der⟩ Straße [hinaus]. 窓は通りに面している。das ~ öffnen⟨schließen⟩ 窓を開ける⟨閉める⟩。ein ~ in die Welt⟨zur Welt⟩ öffnen (比喩)世界に対して門戸を開く, aus dem ~ blicken 窓の外を眺める。sich⁴ aus dem ~ lassen (話)辞去する, 立去る。durch ein ~ ins Zimmer eindringen 窓から室内に侵入する。weg vom ~ sein (失脚して)世間から忘れられている, 誰からも相手にされない; 流行がすたる。Blumenkästen vor dem ~ anbringen プランターを窓の外に置く。sich⁴ zum ~ hinauslehnen 窓から身をのり出す。zum ~ hinausreden⟨hinaussprechen / hinaus Rede halten⟩ (比喩)(政治家が議会で)大衆めあての演説をする; 聞く耳もため相手に語りかける, 馬の耳に念仏を唱える。das Geld zum ~ hinauswerfen 金を湯水のように使う。**2** (Schaufenster) ショーウィンドー, 陳列窓。**3** 窓ガラス。Das ~ ist blind geworden. 窓ガラスが汚れて外が見えなくなった。mit einem Stein das ~ einwerfen 石を投げて窓ガラスを割る。das ~ putzen 窓ガラスを磨く。**4** (封筒の)透かし窓。**5** 【地質】フェンスター, 地窓。

Fens·ter·bank 囡 -/⸗e 窓敷居; 窓台; 窓際のベンチ。

Fens·ter·brett 中 -[e]s/-er 窓台。

Fens·ter·brief·um·schlag 男 -[e]s/⸗e (透かし)窓つきの封筒。

Fens·ter·flü·gel 男 -s/- 観音開きの窓(の扉)。

Fens·ter·glas 中 -es/⸗er **1** (複数なし)窓ガラス。**2** 板ガラス。

Fens·ter·kreuz 中 -es/-e 窓の十字形の桟(さん)。

Fens·ter·la·den 男 -s/⸗(-) 窓のよろい戸。

Fens·ter·le·der 中 -s/- 窓拭き用の革製布, セーム革。

fens·terln [ˈfɛnstərln] 自 (南ドツ・オーストリア)夜恋人の窓辺に忍んでいく(窓から忍び込む), よばいをする。

Fens·ter·ni·sche 囡 -/-n 窓のあるニッチ(壁龕(へきがん)), 張り出し窓。

Fens·ter·platz 男 -es/⸗e 列車などの窓側の座席。

Fens·ter·rah·men 男 -s/- 窓枠。

Fens·ter·ro·se 囡 -/-n 【建築】ばら窓(ゴシック式聖堂などの扉口上部の円窓)。

*****Fens·ter·schei·be** [ˈfɛnstərʃaɪbə フェンスターシャイベ] 囡 -/-n 窓ガラス。

Fens·ter·sturz 男 -es/⸗e(-e) **1** 【建築】まぐさ(窓・戸口の上に渡した横木)。**2** (複数 -e) 窓からの転落。

Fer·di·nand [ˈfɛrdinant] (男名) フェルディナント。

Fer·ge [ˈfɛrɡə] 男 -n/-n (雅) (Fährmann) 渡し守。

Fe·ria [ˈfeːria] 囡 -/Feriae[..riɛ] (*lat.*, Wochentag') (カトリック)(主日・祝日に対して)平日。

Fe·ri·en [ˈfeːriən フェーリエン] 複 (*lat.*) **1** 学校・裁判所・議会などの数日間から数週間にわたる休暇。die großen ~ 夏休み。Der Bundestag geht in die ~. 連邦議会は休会に入る。**2** (Urlaub) (勤め人の)休暇, バカンス。~ machen⟨nehmen⟩ 休暇をとる。~ vom Ich machen 日常の生活から解放される, 命の洗濯をする。die ~ an der See verbringen 休暇を海辺ですごす。in die ~ fahren 休暇旅行に出かける。

Fe·ri·en·ar·beit 囡 -/-en **1** (高校生・大学生の)休暇中のアルバイト。**2** 休暇中の課題。

Fe·ri·en·heim 中 -[e]s/-e (休暇を過ごす人のための)保養所。

Fe·ri·en·ko·lo·nie 囡 -/-n 青少年野外休暇村, 林間学校。

Fe·ri·en·kurs -es/-e (外国人などのための)休暇中の(語学)講座。

Fe·ri·en·la·ger 中 -s/- 休暇用キャンプ場。

Fe·ri·en·rei·se 囡 -/-n 休暇旅行。

Fer·kel [ˈfɛrkəl] 中 -s/- **1** 子豚。**2** (俗)きたならしい(不潔な)人; 卑猥な人。

Fer·ke·lei [fɛrkəˈlaɪ] 囡 -/-en (俗)いかがわしい行為(事柄), 卑猥な言葉。

fer·keln [ˈfɛrkəln] 自 **1** (豚が)子を生む。**2** (話)卑猥(ひわい)なことを言う, いかがわしい行為をする。**3** (話)(食事の際に)テーブルクロス(衣服)をよごす。

Fer·ma·te [fɛrˈmaːtə] 囡 -/-n (*it.*) 【音楽】フェルマータ, 延音記号。

Fer·ment [fɛrˈmɛnt] 中 -[e]s/-e (*lat.*, Sauerteig') (古)【生化】=Enzym

Fer·men·ta·ti·on [fɛrmɛntatsi̯oːn] 囡 -/-en (*lat.*) 【生化】発酵(作用)。

fer·men·tie·ren [fɛrmɛnˈtiːrən] 他 (*lat.*) (タバコ・茶などを)発酵させる; 自 発酵する。

Fer·mi [ˈfɛrmi] 中 -s/- (記号 f) 【物理】フェルミ(量子力学における長さの単位, =10^{-13} cm. イタリアの物理学者フェルミ E. Fermi, 1901-1954 にちなむ)。

Fer·mi·um [ˈfɛrmi̯ʊm] 中 -s/- (記号 Fm) 【化学】フェルミウム(放射性元素)。

*****fern** [fɛrn フェルン] ❶ 形 (↔nahe) **1** (空間的)遠い, 離れた, はるかな。~e Länder 遠くの国々。der *Ferne* Osten 極東。Er ist mir ~. 彼は私には気心の通じない人間だ。Sie waren sich³ sehr ~. 彼らは気持が離ればなれになっていた。Das sei ~ von mir! それはとんでもない話だ(思いも寄らぬことだ)。(前置詞 von と) ~ von ~ 遠くから。von nah und ~ 近くからも遠くからも。von ~ betrachtet 距離を置いて眺めると, 冷静に観察すると。nicht von *ferne* 少しも…でない(*ferne* は fern の古形)。Ich bin nicht von *ferne* gewillt, nachzugeben. 私は譲歩するつもりは毛頭ない。▸ fern halten, fern liegen, fern stehen **2** (時間的)遠い, 大昔(未来)の。eine Geschichte aus ~en Tagen 遠い過去の出来事。Der Tag ist nicht mehr ~. その日が来るのはもう遠くない。

❷ 前 (3格支配) …から遠く離れて。~ der Heimat 故郷を離れて。

fern.. [fɛrn..] (分離前つづり / つねにアクセントをもつ) 「遠くに, 離れて」の意を表す。*fern*sehen テレビを見る。

Fern.. (接頭) 名詞に冠して「遠くの, 離れた」の意を表す。*Fern*ost 極東。*Fern*universität 通信制大学,

放送大学.

..fern [..fɛrn]《接頭》名詞につけて「…から離れた、関係の薄い」の意の形容詞をつくる. wirklichkeits*fern* 現実から遊離した.

fern·ab [fɛrn|ap] 副 **1** (von fern) 遠くから. **2** (weit entfernt) 遠く離れて. ～ von der Landstraße 国道から遠く離れたところに.

Fern·amt ['fɛrn|amt] 中 -[e]s/=er《古》長距離電話交換局.

Fern·auf·nah·me 女 -/-n (望遠レンズによる)遠距離撮影.

Fern·bahn 女 -/-en《鉄道》長距離列車専用線路.

Fern·be·die·nung 女 -/-en 遠隔操作(操縦), リモートコントロール.

fern|blei·ben* 自 (s)《雅》(事)に姿を見せない, 欠席する. *Bleib* ihm *fern* mit solchen Gerüchten!《比喩》そんな噂は彼の耳に入れないでくれ.

Fern·blick 男 -[e]s/-e 見晴らし, 展望; 見通し.

fer·ne ['fɛrnə] 形《雅》fern の古形.

Fer·ne ['fɛrnə] 女 -/-n (↓ fern) (↔ Nähe) 《複数まれ》**1** 遠い所, 遠方;《雅》遠国, 見知らぬ所(国). aus der ～ betrachten 遠くから観察する. in die ～ ziehen 遠国へ行く. **2** 昔, 過去; 未来, 将来. Das Ereignis liegt schon in weiter ～. あの事件ははるう遠い過去のものだ. Der Plan liegt noch in weiter ～. その計画はまだずっと先のことだ.

fer·ner ['fɛrnər フェルナー] ❶ 形《fern の比較級》**1** より遠くの. Er wohnt ～ von hier als ich. 彼は私よりここから遠いところに住んでいる. **2**《絶対的比較級》今後の, これからの. ～*e* Aufträge 追加注文. von ～*en* Versuchen absehen 今後の実験を見合せる. des ～*en* さらに, その上.
❷ 副《雅》今後, これから先も. Möget ihr auch ～ glücklich sein! 君たちがこれからも幸福であるように. **2** (außerdem) そのほかさらに. Für das Experiment benötigt man in Mikroskop, eine Pinzette und ～ mehrere Schalen. 実験には顕微鏡とピンセット, それに何枚かのシャーレが必要だ. unter „～ liefen" rangieren《話》トップクラスではない, 2 流である(ferner liefen... はもと競馬の言葉で,「優勝馬のほかにゴールインしたのは…である」の意).

fer·ner·hin ['fɛrnərhin, '-'-'] 副 **1** (ferner 1) 今後, これから先も. **2** (ferner 2) その上さらに.

Fern·fah·rer 男 -s/- 長距離トラックの運転手.

Fern·fahrt 女 -/-en (トラックによる)長距離走行; (自動車・自転車などの)長距離レース.

Fern·flug 男 -[e]s/-e 長距離飛行.

Fern·gas 中 -es/ 遠隔地供給ガス.

Fern·ge·spräch ['fɛrngəʃprɛːç フェルンゲシュプレーヒ] 中 -[e]s/-e (↔ Ortsgespräch) 長距離電話(市外通話).

fern·ge·steu·ert 過分 遠隔操作(制御)の, リモートコントロールの.

Fern·glas 中 -es/=er 双眼鏡 (Opernglas を含む).

fern hal·ten*, °**fern|hal·ten*** ❶ 他 (von j‹et›³ 人‹物›³から)遠ざけておく, (に)近づけない. ❷ 再 (**sich**⁴) (von j‹et›³ 人‹物›³から)遠ざかっている, (に)距離をおく, (を)避ける.

Fern·hei·zung 女 -/-en 地域暖房(中央プラントから建物が集中している地域にたいしておこなう暖房).

fern'her ['fɛrn·heːr] 副《雅》遠くから.

fern'hin ['fɛrn·hin] 副《雅》遠くまで.

Fern·ko·pie 女 -/-n ファックス.

fern|ko·pie·ren 他 ファックスで送る. ♦ 過去分詞 fernkopiert

Fern·ko·pie·rer 男 -s/- ファックス(機器).

Fern·kurs -es/-e 通信教育講座.

Fern·las·ter 男 -s/-《話》= Fernlastwagen

Fern·last·fah·rer 男 -s/- Fernfahrer

Fern·last·wa·gen 男 -s/- 長距離トラック.

Fern·last·zug 男 -[e]s/=e トレーラー付長距離トラック.

Fern·lei·he 女 -/-n **1** (図書館の)外国貸出部. **2** (外国図書館との)図書相互貸出.

Fern·lei·tung 女 -/-en **1** (電話の)長距離回線. **2** 長距離供給用ガス管, パイプライン.

fern|len·ken = fernsteuern

Fern·len·kung 女 -/-en = Fernsteuerung

Fern·licht 中 -[e]s/- (↔ Abblendlicht) (自動車の)ヘッドライトの)ハイビーム.

fern lie·gen*, °**fern|lie·gen*** 自 **1** 遠く離れている. ein *fern liegendes* ⟨*fern gelegenes*⟩ Haus 遠く離れたところにある家. **2** (人などが)関心がずれである. ein *fern liegender* Gedanke 見当はずれな考え. **3** (人にとって)思いも寄らないことである. Es *lag* mir völlig *fern*, ihn zu beleidigen. 私は彼を侮辱する気など毛頭なかった.

Fern·mel·de·amt 中 -[e]s/=er 電気通信局.

Fern·mel·de·dienst 男 -[e]s/- 長距離電話(電信)サービス.

Fern·mel·de·sa·tel·lit 男 -en/-en 通信衛星.

Fern·mel·de·tech·nik 女 -/ 通信工学.

Fern·mel·de·trup·pe 女 -/-n《軍事》通信部隊.

Fern·mel·de·we·sen 中 -s/ (電信・電話・ラジオ・テレビなどによる)電気通信施設(制度).

fern·münd·lich 形 = telefonisch

Fern'ost ['fɛrn|ɔst]《地名》《無冠詞》(der Ferne Osten) 極東.

fern'öst·lich 形《付加語的用法のみ》極東の.

Fern·rohr ['fɛrnro·r] 中 -[e]s/-e 望遠鏡.

Fern·ruf 中 -[e]s/-e **1** 市外通話. **2**《複数なし》電話番号.

Fern·schnell·zug 男 -[e]s/=e 長距離急行列車.

Fern·schrei·ber 男 -s/- テレタイプ, テレプリンター.

Fern·seh·ap·pa·rat 男 -[e]s/-e = Fernsehgerät

Fern·seh·auf·nah·me 女 -/-n テレビ撮影.

fern|se·hen* ['fɛrnzeːən] 自 テレビを見る.

Fern·se·hen ['fɛrnzeːən フェルンゼーエン] 中 -s/ **1** テレビ放送, テレビ番組. ～ schauen テレビを見る. Was bringt das ～ heute Abend? / Was gibt es heute Abend im ～? 今晩テレビは何がある. **2** (Fernsehgerät) テレビ受像機. das ～ einschalten テレビをつける. **3** (Fernsehanstalt) テレビ局. beim ～ arbeiten テレビ局で働く.

Fern·se·her ['fɛrnzeːər] 男 -s/-《話》**1** テレビ受像機. **2** テレビの視聴者.

Fern·seh·film 中 -[e]s/-e テレビ映画.

Fern·seh·ge·rät 中 -[e]s/-e テレビ受像機.

Fern·seh·ka·nal 男 -s/=e テレビのチャンネル.

Fern·seh·pro·gramm 中 -[e]s/-e テレビ番組.

Fern·seh·sen·der 男 -s/- テレビ(放送)局.

Fern·seh·sen·dung 女 -/-en テレビ放送.

Fern·seh·spiel 中 -[e]s/-e テレビドラマ.

Fern·seh·stu·dio 中 -s/-s テレビスタジオ.

Fern·seh·te·le·fon 中 -s/-e テレビ電話.

Fern·seh·über·tra·gung 女 -/-en テレビ中継.

'Fern·seh·zu·schau·er 男 -s/- テレビ視聴者.
'Fern·sicht 女 -/ 遠望, 遠景; 見晴らし. Heute hat man keine ~. 今日は晴れらしが利かない.
'fern·sich·tig 形《まれ》(weitsichtig) 遠視の.
'Fern·sprech·amt 中 -[e]s/=er 電話局.
'Fern·sprech·an·sa·ge·dienst 男 -[e]s/-e テレフォンサービス.
'Fern·sprech·an·schluss 男 -es/=e 電話の接続.
'Fern·sprech·ap·pa·rat 男 -[e]s/-e 電話機.
'Fern·sprech·au·to·mat 男 -en/-en 公衆電話.
'Fern·sprech·buch 中 -[e]s/=er 電話帳.
'fern|spre·chen* 自 =telefonieren
*'Fern·spre·cher ['fɛrnʃprɛçər フェルンシュプレヒャ-] 男 -s/- 電話機.
'Fern·sprech·ge·bühr 女 -/-en 《複数まれ》電話料金, 通話料金.
'Fern·sprech·stel·le 女 -/-n 公衆電話.
'Fern·sprech·teil·neh·mer 男 -s/- 電話加入者.
'Fern·sprech·zel·le 女 -/-n 電話ボックス.
'Fern·spruch 男 -[e]s/=e (電話·電信などによる)通信, 通話.
'fern ste·hen*, °'fern|ste·hen* 自 (人《物》³と) 深いかかわりがない, 疎遠である.
'fern|steu·ern 他 リモートコントロールする, 遠隔操作する, 無線操縦する.
'Fern·steu·e·rung 女 -/-en 《複数まれ》リモートコントロール, 遠隔操作, 無線操縦.
'Fern·stra·ße 女 -/-n =Fernverkehrsstraße
'Fern·stu·di·um 中 -s/..dien (大学の)通信教育.
'Fern·trau·ung 女 -/-en (第2次世界大戦中の)出征兵士との遠隔結婚.
'Fern·uni·ver·si·tät 女 -/-en 通信制(放送)大学.
'Fern·un·ter·richt 男 -[e]s/-e 通信教育.
'Fern·ver·kehr 男 -s/- 長距離電話, 長距離輸送.
'Fern·ver·kehrs·stra·ße 女 -/-n (遠隔地を結ぶ)幹線道路.
'Fern·weh 中 -[e]s/《雅》遠方(異国)への憧れ.
'Fern·wir·kung 女 -/-en 1《物理》遠隔作用. 2 遠くにいる人間への影響(作用), テレパシー.
'Fern·ziel 中 -[e]s/-e (↔ Nahziel) 1 遠い未来の目標. 2 遠方の目的地.
'Fern·zug 男 -[e]s/=e 長距離急行列車.
Fer'rit [fɛ'ri:t] 男 -s/-e《化学》1 フェライト. 2 亜鉄酸塩.
'Fer·rum ['fɛrʊm] 中 -s/ (lat., Eisen') 《記号 Fe》《化学》鉄.
*'Fer·se ['fɛrzə フェルゼ] 女 -/-n 1 踵(かかと·きびす). die ~ n zeigen きびすをめぐらす, 逃げる. sich¹ an j² ~n〈sich⁴〉j³ an die ~ n〉 heften〈hängen〉人²,³のあとをつけ回す. j³ auf den ~n folgen 人³のあとをぴったりついていく. j⁴ auf den ~n haben 人⁴にあとをつけられている. j³ auf den ~n sein〈bleiben/sitzen〉人³のあとをぴったりつけている. j³〈j⁴〉auf die ~n treten 人³,⁴の気持を傷つける. j³ nicht von den ~n gehen〈weichen〉人³から離れずについていく. 2 (靴·靴下の)かかと(踵).
'Fer·sen·geld 中《次の成句で》~ geben《戯》食い逃げをする, ずらかる. ◆店で金を払わずに逃げだすことを「(手ではなく)かかとで金を払う」としゃれのめした.

'fer·tig ['fɛrtɪç フェルティヒ]《比較変化なし》1 完成した, でき上がった; 成熟した, 一人前の. ein ~ es Kleid 既成服. ein ~er Künstler 完成された芸術家. Das Essen ist ~. 食事ができた. Er ist noch nicht ~. 彼はまだ青二才だ. Fertig ist die Laube〈der Lack〉!《話》さあ, これでいっちょうあがりだ. et⁴ ~ kaufen 物⁴を出来合いで買う. Er kann Deutsch ~ sprechen. 彼はドイツ語がペラペラだ.
2《付加語的には用いない》終った, 終了(完了)した. mit et³ ~ sein 事³を済ませている. Er ist mit den Hausaufgaben ~. 彼はもう宿題を済ませた. Ich bin mit dem Buch ~. / Ich habe das Buch ~.《話》私はその本を読み終えた. Ich bin mit meinem Glas ~.《話》私は自分のコップを飲み干した. Er ist mit dem Leben ~. 彼は人生を見限っている. mit den Nerven ~ sein《比喩》《話》神経が参っている. mit j³ ~ sein《話》人³とはもう関係が切れている;(と)もうかかわりたくない. Mit dem bin ich ~!あいつはもうごめんだ. Wir sind ~ miteinander. 我々はこれでもう赤の他人だ. ~ werden 終える;《話》果てる, いく(オルガスムスに達する). Er konnte nicht ~ werden, ihre Arbeit zu loben. 彼は彼女の仕事を称賛してやまなかった. mit et³ ~ werden 事³をうまく片づける, 克服する. Er ist mit seiner Vergangenheit noch nicht ~ geworden. 彼は自分の過去をまだ克服できないでいる. mit j³ ~ werden《話》人³をうまくあしらう. Er wird mit seinen Kindern nicht ~. 彼は子供たちに手をやいている. ohne j〈et〉³ ~ werden 人〈物〉³なしでやっていく. Ich bin bisher immer ohne dich ~ geworden. 私はこれまでずっと君の助けなしにやって来たんだ. Er bleibst daheim, [und] ~ [ab]!おまえは留守番だ, つべこべ言うな.
3 用意(準備)のできた. Der Zug ist ~ zur Abfahrt. 列車は出発の準備ができている. Auf die Plätze, ~, los!《位置について, 用意, ドン! fix und ~《話》すっかり用意のととのった(zu et³ 事³の).
4《話》疲れきった, へとへとの; びっくり仰天した. der völlig ~e Läufer くたくたに疲れきった走者. Ich bin [vollkommen] ~. / Ich bin fix und ~. 僕はへとへとだ. Nach drei Flaschen war er ~. 3本空けて彼は完全にへべれけだった. Dieser Politiker ist ~. この政治家はもうおしまいだ. j¹ fix und ~ ma·chen 人¹を破滅させる.

♦↑fertig bekommen, fertig bringen, fertig kriegen, fertig machen, fertig stellen

..fer·tig [..fɛrtɪç]《接尾》名詞·動詞の語幹について「できあがった, ...の用意(準備)のできた」の意の形容詞をつくる. ausgehfertig 外出の支度がととのった. schrankfertig (洗濯物が)すぐにもタンスにしまえる. trinkfertig すぐにも飲める.
'Fer·tig·bau 男 -[e]s/-ten《建築》1《複数なし》プレハブ工法. 2 プレハブ建築(物).
'Fer·tig·bau·wei·se 女 -/-n プレハブ工法.
'fer·tig be·kom·men*, °'fer·tig|be·kom·men* 他《比喩》=fertig bringen
'fer·tig brin·gen*, °'fer·tig|brin·gen* 他 1 仕上げる, 完成する. 2《比喩》うまく(あつかましく)やってのける, やりとげる, 果たす. Er bringt es nicht fertig, mir das zu sagen. 彼は私にそれを言うことがどうしてもできない(言う決心がつかない).
'fer·ti·gen ['fɛrtɪɡən] 他 1 作り上げる, 製造する;《書》(文書を)作成する. 2《古》《書》(unterzeichnen)(物に)署名する.
'Fer·tig·er·zeug·nis 中 -ses/-se《経済》=Fertigprodukt

Fer·tig·fa·bri·kat 中 -[e]s/-e《経済》=Fertigprodukt.

Fer·tig·ge·richt 中 -[e]s/-e レトルト食品.

Fer·tig·haus 中 -es/¨er プレハブ住宅.

Fer·tig·keit 女 -/-en 技能, 技量, 熟練; 能力.

Fer·tig·klei·dung 女 -/-en《複数まれ》既製服.

fer·tig krie·gen, °**fer·tig|krie·gen**《話》=fertig bringen.

fer·tig ma·chen, °**fer·tig|ma·chen** ❶ 他《話》**1** 仕上げる, 終える. eine Arbeit rechtzeitig ~ 仕事を時間までに仕上げる. **2**《人に》準備させる,《の》支度をしてやる,《物を》きちんとととのえる. die Kinder zum Schlafen ~ 子供たちに寝る支度をさせる(してやる). das Zimmer für einen Gast ~ 客を迎えるために部屋を片づける. **3**《話》《比喩》叱りとばす;《精神的·肉体的に》疲れさせる, 参らせる; 殺す, ばらす. **4**《卑》《性行為で》相手をイかせる. ❷ 再《sich》**1** 準備(支度)をする〈für et⁴/zu et³ 事⁴·³の〉. sich zur Abreise〈für Theaterbesuch〉~ 旅に出る〈劇場に行く〉支度をする. **2**《軍事》《戦闘》配置につく.《競技》スタートラインにつく.

Fer·tig·pro·dukt 中 -[e]s/-e《経済》(↔ Halbfabrikat) 完成品, 既製品.

Fer·tig·stel·len, °**Fer·tig|stel·len** 他 仕上げる, 完成する.

Fer·tig·stel·lung 女 -/-en 仕上げ, 完成.

Fer·tig·teil 男《中》-[e]s/-e プレハブ住宅などの完成部品.

Fer·ti·gung 女 -/-en《経済》製造. Massen*fertigung* 大量生産.

Fer·tig·wa·re 女 -/-n =Fertigprodukt.

fer·til [fɛrˈtiːl] 形《*lat.*》《生物·医学》(↔ steril) 受精(受胎)能力のある; 妊性の, 稔性の.

fes, Fes¹ [fɛs] 中 -/-《音楽》変ヘ音.

Fes² [fɛːs] 男 -[es]/-[e] フェス, トルコ帽(赤いフェルト製円錐形の帽子で, 黒·濃紺の房がついている).

fesch [fɛʃ, feːʃ] 形《*engl. fashonable*》《話》**1** シックな, 粋《ʔ》な. **2**《古》元気のいい, 潑剌《っ》とした, しっかり者の, かわいい.

***Fes·sel**¹ [ˈfɛsl̩ フェッセル] 女 -/-n《多く複数で》**1**《手足などを》しばるもの, 縄, 手枷《ˠ》, 足枷, 鎖. j³ die ~n abnehmen〈abstreifen/lösen〉人³のいましめを解く,《を》解放する. j³ ~n anlegen〈legen〉/ j³ in ~n legen〈schlagen〉人³を鎖につなぐ,《に》縄をかける. **2** 束縛, 拘束, 桎梏《ːʔ》; しがらみ. sich⁴ aus den ~n des Alltags befreien〈lösen〉日常のしがらみから脱する.

Fes·sel² 女 -/-n **1**《Fesselgelenk》繋《ʔ》, つなぎ(牛·馬などの足首). **2**《人間の》足首.

Fes·sel·bal·lon 男 -s/-s 係留気球.

Fes·sel·ge·lenk 中 -[e]s/-e =Fessel²1

***fes·seln** [ˈfɛsl̩n フェッセルン] 他 (↓ Fessel¹) **1** しばる(mit et³ 物³で), 鎖につなぐ; 束縛(拘束)する. j³ die Hände ~ / j⁴ an Händen ~ 人³·⁴の手をしばる. j⁴ an einen Pfahl ~ 人⁴を杭にしばりつける. j⁴ mit Handschellen ~ 人⁴に手錠をかける. Die Krankheit *fesselt* ihn ans Bett. 彼は病気で寝たきりだ. an et⁴ *gefesselt* sein《物に》《に》釘づけである. Wegen der kleinen Kinder ist sie ans Haus *gefesselt*. 小さな子供たちのため彼女は家に釘づけだ. **2**《比喩》惹きつける, 魅了する. j² Aufmerksamkeit ~ 人²の注意をひく. Das Buch hat mich sehr *gefesselt*. その本は私を大いに魅了した. **3** den Feind ~《軍事》敵の動きを封じる;《レスリングで相手の体を》ロックする, 押しこむ.

'fes·selnd 現分 形 心をとらえて放さない, 興味津々《ˠ》たる. ein ~es Buch おもしろい本.

***fest** [fɛst フェスト] 形 **1** (↔ flüssig) 個体の, 固形の, 固まった. ~er Körper 個体. ~e Nahrung 固形食. Das Eis ist noch nicht ~. 氷はまだ固まっていない. Der Gedanke nimmt allmählich ~e Formen〈Gestalt〉an.《比喩》考えがしだいに固まってくる. **2** かたい, 強固な, 力強い; 頑丈な, じょうぶな. ~es Gestein かたい岩石. ~es Gewebe 目のつまった織物. das ~e Land 陸地. ~es Schuhwerk じょうぶな靴. eine ~e Stellung《軍事》堅固な陣地. eine ~e Gesundheit haben《比喩》頑健である. einen ~en Schlaf haben / ~ schlafen ぐっすり眠る. mit ~em Schritt / ~en Schrittes しっかりした足どりで. Der Betrunkene ist nicht mehr ~ auf den Beinen.《比喩》あのよっぱらいは足もとがあやしい. Du musst ~ essen.《話》君はしっかり食べなくちゃいけない. die Tür ~ schließen ドアをかたく閉める. **3** 確固とした, ゆるぎない; 確かな. ein ~er Charakter しっかりした性格. ~es Vertrauen ゆるぎない信頼. ein ~er Wille 確固とした意志. ein ~es Wissen 確かな知識. ~er in Ansicht〈Meinung/Überzeugung〉sein, dass… …と確信している. ~ an et⁴ glauben 事⁴をかたく信じる. j³ et⁴ ~ versprechen 人³に事⁴をかたく約束する. et³ ~ sein 事³に関しては確かだ, ~ の自信がある. In Mathematik bin ich nicht sehr ~. 私は数学があまり得意ではない. steif und ~ 断固として.《名詞的用法》Ich habe heute Abend nichts *Festes* vor. 今夜は決った予定はありません. **4** 固定した, 不変の; 安定した, 一定の. ein ~er Beruf 定職. ein ~es Einkommen 定収入. ~es Geld《銀行》定期預金. ~e Kundschaft 固定客, 常連. ~e Preise 定価. ein ~er Wohnsitz 定住地. ~en Fuß fassen 足場を固める;《話》確かな地歩を占める; 定住(定着)する. ~ in ~en Händen sein 非常にもてる;《話》婚約(結婚)している. Sie hat schon einen ~en Freund.《話》彼女にはもう決った人(恋人)がいる. Dieses Buch hat einen ~en Platz in der modernen Literatur.《比喩》この書物は現代文学で不動の地位を占めている. Er ist ~ angestellt. 彼は常勤だ.
♦ ↑ fest angestellt, fest besoldet

..fest [..fɛst]《接尾》名詞·動詞などにつけて「…に対して強い」の意を表す形容詞をつくる. feuer*fest* 耐火性の.

***Fest** [fɛst フェスト] 中 -[e]s/-e **1** 祭, 祝い, 祝典. ein ~ abhalten〈geben〉祝宴を催す. Man muss〈soll〉die ~e feiern, wie sie fallen.《諺》機会は逃してはならない(祭はその当日に祝わなくてはならない). **2**《教会の》祝日, 祭日. Osterfest など. bewegliche ~e 移動祝日 (Ostern のように年によって日が変る祝日). unbewegliche ~e 固定祝日. die drei hohen ~e《キリスト教の》3 大祝日(降誕祭·復活祭·聖霊降臨祭). Frohes ~!《祝日》おめでとう. Es ist mir ein ~.《話》そいつは嬉しいね(反語的にも).

'fest an·ge·stellt, °**'fest·an·ge·stellt** 形 常勤の. ↑ fest 4

'fest|bei·ßen* 再《sich⁴》sich an〈in〉et⁴ ~ 物⁴に強く嚙みつく, 食らいついて放さない. sich an ein Problem ~《比喩》ある問題をしつこく取組む.

'Fest·be·leuch·tung 女 -/-en 華やかな(けばけばしい)照明.

'fest be·sol·det, °**'fest·be·sol·det** 形 固定給

'fest|bin·den* 結びつける、縛りつける；ゆわえる.
'fest|blei·ben* 囲 (s) 動じない，節(ʉ)を枉(*)げない，折れない．
'fes·te ['fɛstə] 剾 (↓ fest) 圉 (話)(話)大いに、べらぼうに、しっかり. Immer ~! がんばれ，続けろ.
'Fes·te 囡 -/-n (↓ fest) (古) 1 (Festung) 要塞、砦(とりで). 2 (雅) 天空、蒼穹(そうきゅう). 3 (鉱業) 岩石層.
'Fest·es·sen ['fɛstʔɛsən] 囲 -/- 祝宴、宴会.
'fest|fah·ren* 囲 (s) 囲 (sich⁴) (車などが)動けなくなる、立往生する；(比喩)(交渉・計画などか)行きづまる、二進(にっち)も三進(さっち)も行かなくなる. Wir sind mit dem Wagen im Schnee festgefahren. 私たちは車が雪にはまりこんで動けなくなった. Sein Plan ist festgefahren. / Er hat sich mit seinem Plan festgefahren. 彼の計画は頓挫した.
'fest|fres·sen* 囲 (sich⁴) 1 食入る，食込んで動かなくなる；錆(さ)びつく. 2 (比喩) sich in j³ ~ (考え・意見などが)人³の頭にこびりついて離れない.
'Fest·freu·de 囡 -/ 1 祭を迎える喜び. 2 (祭典)の華やいだ気分.
'Fest·ga·be 囡 -/-n (雅) 1 =Festgeschenk 2 =Festschrift
'Fest·geld 匣 -[e]s/-er (↓ fest) (銀行) 定期預金.
'Fest·ge·schenk 匣 -[e]s/-e 記念品、引出物.
*'Fest·hal·le 囡 -/-n 祝典会場，宴会場.
'fest|hal·ten* ['fɛsthaltən フェストハルテン] ❶ 囲 1 しっかり持っている、つかんで(つかまえて)放さない. einen Dieb ~ 泥棒をつかまえる. sein Geld ~ 金を出さない、けちである. jⁿ am Ärmel ~ 人ⁿの袖をつかまえている. 2 記録にとどめておく. ein Ereignis mit der Kamera<schriftlich> ~ 事件をカメラにおさめる<文書に記録しておく>. 3 (事実などを)確認する. ❷ 囲 (sich⁴) sich an et³ ~ (倒れないように)物³にしっかりつかまっている. Halt dich [gut] fest! (今から話すが)胆(きも)をつぶすんじゃないよ. ❸ 囲 (俗) an et³ ~ 事³に固執する、(を)あくまで守りつづける. an seiner Meinung ~ 自説を枉げない.
'fes·ti·gen ['fɛstɪgən] (↓ fest) ❶ 囲 固める、強化する、堅固にする，安定させる. die Freundschaft ~ 友情を固める. ❷ 囲 (sich⁴) 強固になる、安定する.
'Fes·ti·ger ['fɛstɪgɐ] 男 -s/- セットローション(Haarfestiger の短縮).
'Fes·tig·keit ['fɛstɪçkaɪt] 囡 -/ 1 堅固なこと. 2 (工学) (物質の)強度，安定性，耐久性. 3 (比喩) (精神的な)強さ、固け、断固たる態度.
'Fes·ti·gung 囡 -/ (複数なし) 強化、安定.
'Fes·ti·val ['fɛstɪval, ..val] 匣 -s/-s (engl., Festtag)フェスティバル、芸術祭、音楽祭.
Fes·ti·vi·tät [fɛstivɪˈtɛːt] 囡 -/-en (lat.) (古) (戯)お祭ごと，お祭騒ぎ.
'fest|kei·len 囲 楔(くさび)で固定する. zwischen den Menschenmassen festgekeilt sein (比喩) 群衆に挟まれて身動きできない.
'fest|klam·mern ❶ 囲 (クリップなどで)留める. ❷ 囲 (sich⁴) sich an et³ (j³)³ ~ 物³(人³)にしがみつく.
'fest|kle·ben ❶ 囲 (s) (an et³ 物³に)くっつく. ❷ 囲 (のりなどで)しっかりくっつける(et⁴ an et³ 物⁴を物³に).
'Fest·kleid 匣 -[e]s/-er 晴れ着、式服.
'fest|klem·men ❶ 囲 (s) (ドア・窓などが)動かなくなる. ❷ 囲 (クリップなどで)挟む，固定する. sich⁴ ~ 挟まれる、身動きできなくなる.
'Fest·kör·per 男 -s/- (↓ fest) (物理) 固体.

'Fest·land 匣 -[e]s/¨er (↓ fest) 1 (複数なし) (← Meer) 陸，陸地. 2 (↔ Insel) 大陸，本土.
'Fest·län·disch 形 大陸の.
'Fest·land[s]·so·ckel 男 -s/- 大陸棚.
'fest|lau·fen* 囲 (s) 囲 (sich⁴) 1 動きがとれなくなる(an et¹ 物¹にぶつかって / in et³ 物³にはまりこんで). 2 Am Widerstand der Alten liefen [sich] alle Ansätze zu Neuerungen fest. 老人たちの抵抗に遭ってすべての改革が行詰まった. 2 (球技) =festrennen
'fest|le·gen ['fɛstleːgən] ❶ 囲 1 (期日・方針などを)決める，確定する. einen Treffpunkt ~ 集合場所を決める. Es wurde festgelegt, dass.....と決定された. 2 j³ auf et⁴ ~ 人³に事⁴の責任を持たせる(とらせる)、人⁴に事⁴(約束など)を守らせる. Er wollte mich darauf ~, dass ich pünktlich da sein würde. 彼は私に時間どおりに来ることを確約しろと迫った. Man wollte sie noch auf weitere Straftaten ~. 人々はさらにその他の犯行も彼女のせいにしようとした. (auf et⁴ nach etⁿ) Ich lasse mich nicht ~. 私は言質(げんち)を取られる(拘束される)のはごめんだ. 3 (商業) (資金を)長期投資する. Geld auf drei Jahre ~ 3年間をめどに金を運用する. 4 (まれ) (船を)係留する.
❷ 囲 (sich⁴) (自分の発言などに関して)責任をとる、言質を与える；態度を決める.
'fest·lich ['fɛstlɪç] 形 (↓ Fest) 祝祭の；華やいだ、にぎやかな. eine ~e Stimmung お祭気分. jⁿ ~ bewirten 人ⁿをにぎやかに(盛大に)もてなす.
'Fest·lich·keit 囡 -/-en 1 (複数なし) 祝祭らしさ、にぎやかさ、お祭気分. 2 お祭ごと、祝典行事.
'fest|lie·gen* 囲 1 (期日・方針などが)確定している. 2 (資本が)長期投資(運用)されている、自由には使えない. 3 (船が)座礁している.
'fest|ma·chen ['fɛstmaxən] ❶ 囲 1 (an et¹ 物¹に)しっかり留める、固定する. ein Bild mit Nägeln an der Wand ~ 絵を釘(くぎ)で壁に留める. ein Boot am Ufer ~ ボートを岸に繋(つな)ぎとめる. eine Theorie an et³ ~ (比喩) 事³を理論の拠りどころにする. 2 取決める、約束する. ein Geschäft ~ (商業) 取引を結ぶ. den Termin beim Zahnarzt ~ 歯医者に診察日を予約する. 3 (猟師) (獣を)探り当てる、追いつめる. 4 j⁴ gegen et⁴ ~ (古) (民俗) (魔術などで)人⁴を物⁴に対して)不死身にする. ❷ 囲 (船員) (船が)投錨(停泊)する.
'Fest·mahl 匣 -[e]s/-e(古 ¨er) 祝宴.
'Fest·me·ter 男 匣 -s/- (記号 fm) (林業) (← Raummeter) フェストメーター(木材の実績単位、=1 m³).
'fest|na·geln 囲 1 釘でしっかり固定する、釘づけにする. Sie saß da wie festgenagelt. (比喩)彼女は釘づけになったように(身じろぎひとつしないで)座っていた. 2 j⁴ auf et⁴ ~ (話) 人⁴に事⁴の責任を取らせる、人⁴を事⁴で動きがとれなくする. 3 (比喩) はっきり指摘する. Sie hat die Widersprüche seines Vortrags festgenagelt. 彼女は彼の講演の矛盾点をはっきり指摘した. 4 (話) (人⁴を無理やり)引き留める.
'Fest·nah·me ['fɛstnaːmə] 囡 -/-n (法制) 逮捕.
'fest|neh·men* 囲 取り押える、逮捕する.
'fest|ren·nen* 囲 (sich⁴) (話) (in⟨an⟩ et³ 事³に)(とら)われる，(の)虜(とりこ)になる. sich an der feindlichen Deckung ~ 敵のディフェンスにつかまる.
Fes·ton [fɛsˈtõː] 匣 -s/-s (fr.) 1 (美術・建築) 花綵(はなづな)，花綵装飾. 2 (紡織) 花綵刺繍(ししゅう).
fes·to·nie·ren [fɛstoˈniːrən] 囲 1 花綵(はなづな)で飾

る． **2**《紡織》(布地の縁に)花綵刺繡をほどこす．
'Fest·ord·ner 男 -s/- 祝典(宴会)の世話役(幹事)．
'Fest·plat·te 女 -/-n 《コンピュ》ハードディスク．
'Fest·preis 男 -es/-e (↓fest)《経済》公定価格．
'Fest·punkt 男 -[e]s/-e (↓fest) **1**《測量》基準点．
2《物理》(温度の定点(融点・沸点など)．
'Fest·re·de 女 -/-n 式辞, 祝辞．
'Fest·saal 男 -[e]s/..säle 式場, 宴会場．
'fest·schnal·len ❶ 他 留め金でしっかりとめる． ❷ 再《sich》シートベルトを締める．
'fest·schrau·ben 他 ねじで固定する．
'fest·schrei·ben* 他 (合意などを)文書にして残す；(不変のこととして)承認する．
'Fest·schrift 女 -/-en 記念論集．
'fest'set·zen ['fɛstzɛtsən] ❶ 他 **1** (期日・価格などを)決める, 指定する． zur *festgesetzten* Zeit 決められた(指定の)時刻に． **2** 拘留(収監)する． ❷ 再《sich》**1** (ほこり・汚れなどが)こびりつく, 付着する． Der Gedanke *setzte* sich in〈bei〉ihm *fest*.《比喩》この考えは彼の頭にこびりついた． **2**《話》住みつく, 居を構える． **3**《軍事》(砦などに)立てこもる．
'Fest·set·zung 女 -/-en **1** 確定, 決定． **2** 拘留．
'fest'sit·zen* 自 **1** (ねじ・ボルトなどが)しっかり固定している． **2** (ほこり・汚れなどが)こびりついて(付着して)いる． **3** 動きがとれない, 先へ進めない． Das Auto *saß* lange im Schnee *fest*. その車は長いこと雪の中で立往生していた． Er *sitzt* mit dem Problem *fest*. 彼はその問題で行詰まっている．
'Fest·spiel 中 -[e]s/-e **1** 祝典劇． **2**《複数で》フェスティバル． die Bayreuther ~e バイロイト音楽祭．
'fest'ste·hen* 自 **1** (期日・順番などが)決っている, 確定している． **2** 確かである, 間違いない． Eines *steht fest*. 1つのことだけは確かである． Es *steht fest*, *dass*... 確かなのは…ということである．
'fest·ste·hend 現分形 変更しようのない． eine ~e Redensart 決り文句, 慣用句． ~e Tatsachen 動かしがたい事実．
'Fest·stell·brem·se 女 -/-n ロックできるブレーキ, ハンドブレーキ．
'fest'stel·len ['fɛst-ʃtɛlən フェストシュテレン] 他 **1** 確かめる, はっきりさせる, 確認する． Das wird sich¹ ~ lassen！人の身元を確認する． これがいずれ分かることだ． **2** (事¹に)気づく． eine Veränderung ~ 変化に気づく． **3** 断言する, はっきり(きっぱり)言う． Dies muss einmal in aller Deutlichkeit *festgestellt* werden. これだけはともかくはっきりと言っておかねばならない． **4** 固定する．
'Fest·stel·lung 女 -/-en **1**《複数なし》確認(確定)すること． **2** 気づく(認める)こと． **3** 説明, 言明． eine ~ machen〈treffen〉言明(表明)する．
'Fest·tag ['fɛsta:k] 男 -[e]s/-e **1** (Feiertag) 祝祭日, 旗日． **2**《複数で》フェスティバル． die Berliner ~e ベルリーン音楽祭(芸術祭)．
'fest·täg·lich 形 =feiertäglich
'fest'tre·ten* ❶ 他 (地面を)踏み固める． ❷ 再《sich》踏み固められる． Das *tritt* sich *fest*.《話》大事なさ, 雨降って地固まるってことさ．
'Fes·tung ['fɛstuŋ] 女 -/-en (↓fest) 要塞, 砦(とりで)．《古》要塞禁固 (Festungshaft の短縮)．
'Fest·ver·samm·lung 女 -/-en **1** 祝賀の集まり． **2**《複数なし》祭典に参列した人々(全員)．
'Fest·ver·zins·lich 形 (↓fest) (付加語的用法のみ)《銀行》固定(確定)利子つきの．

'Fest·vor·stel·lung 女 -/-en《演劇》祝賀公演．
'Fest·wert·spei·cher 男 -s/-《コンピュ》固定記憶装置, ロム．
'Fest·wie·se 女 -/-n お祭り(式典)広場, 歳の市(見本市)広場．
'Fest·wo·che 女 -/-n **1** 祝祭週間． **2**《複数で》芸術祭週間．
'fest'wur·zeln 自(s) (植物が)しっかり根を下ろす．《比喩的表現》wie *festgewurzelt* dastehen 根が(は)えたようにつっ立っている． *festgewurzeltes* Misstrauen 根強い不信感． Dieser Glaube ist schon im Volk *festgewurzelt*. この信仰はすでに民衆のあいだに根を張っている．
'Fest·zug 男 -[e]s/-e 祭の行列, 祝賀行列．
fe'tal [fe'ta:l] 形 (↓Fetus)《医学》胎児の．
'Fe·te ['fe:tə, 'fɛ:tə] 女 -/-n (*fr.*, Fest, Feier')《戯》(小人数の)祝宴, パーティー．
'Fe·ten¹ ['fe:tən, 'fɛ:tən] Fete の複数．
'Fe·ten² ['fe:tən] Fetus の複数．
'Fe·tisch ['fe:tɪʃ] 男 -[e]s/-e (*fr.*) **1**《民俗》呪物(超自然的な力があるとして崇拝される事物)． **2** 物神． Geld ist sein ~. 金銭こそ彼の神である．
Fe·ti'schis·mus [fetɪ'ʃɪsmʊs] 男 **1**《民俗》フェティシズム, 呪物崇拝． **2**《心理》拝物性愛症, フェティシズム；物神崇拝(マルクス経済学の用語)．
Fe·ti'schist [..'ʃɪst] 男 -en/-en《民俗》呪物崇拝者；《心理》フェティシスト, 拝物性愛者．
*****fett** [fɛt フェト] 形 **1** 脂肪の多い, 脂(あぶら)っこい． ~*es* Fleisch 脂身の多い肉． ~ kochen こってりした料理を作る． Das macht den Kohl〈die Suppe〉nicht ~.《話》それはなんの足しにもならない． **2** よく太った, 肥満した． eine ~e Ente 太った鴨． *Fette* Henne《植物》(Fetthenne) べんけい草． [dick und] ~ sein よく太っている． Er frisst sich¹ bei ihr dick und ~.《卑》彼は彼女にたらふく食わせてもらっている． Davon wirst du〈wird man〉nicht ~.《比喩》それはたくびれ儲けだ(割に合わない)．**3**《印刷》太字の, ボールド体の． ~ drucken 太字で印刷する． **4** (植物が)よく茂った；(土地が)よく肥えた． ein ~er Ackerboden 肥沃な農地． **5**《話》儲っている, 実入りの多い． eine ~e Beute machen 大儲けをする． ein ~er Bissen〈Happen〉儲け仕事． **6**《話》(物質的に)豊かな, 裕福な． ~e Jahre〈Zeiten〉erleben 恵まれた時代を体験する． **7**《卑》(地方)へべれけに酔った．
*****Fett** [fɛt フェト] 中 -[e]s/-e (↓fett) **1** 脂肪, 油脂． überflüssiges ~ abschöpfen 余分な脂(あぶら)をすくい取る． das ~ abschöpfen《話》甘い汁を吸う． sein ~ [ab]bekommen〈[ab]kriegen〉《話》大目玉を食らう；罰が当る． Er gab seiner Tochter ihr ~.《話》彼は娘を叱りつけた． sein ~ weghaben《話》罰を受けている． im ~ schwimmen〈sitzen〉結構ずくめの暮らしをしている． **2**《複数なし》(体内の)脂肪分, 脂肪組織． ~ ansetzen 脂肪がつく, 太る． in eigenem ~ ersticken 贅沢をして身を持てあます． in *seinem* eigenen ~ schmoren 自業自得の苦しみを味わう． von *seinem* ~ zehren [können] 貯えで暮す． ~ schwimmt immer oben.《諺》太った者は溺れない, 金持ちはいつでも得をする．
'fett·arm 形 脂肪の少ない．
'Fett·au·ge 中 -s/-n (スープやソースの表面に浮く)脂肪の玉．
'Fett·bauch 男 -[e]s/-e《話》**1** 太鼓腹． **2**《侮》でぶ．

'Fett·druck 男 -[e]s/《印刷》ボールド体(肉太)の活字による印刷.

'fet·ten ['fɛtən] (↓fett) ❶ 他《物》に油を塗る(差す). ❷ 自 1 脂(ﾗｳ)を分離する, 脂がにじみ出る. Die Creme *fettet*. このクリームは脂が分離している. 2《まれ》脂を吸収する(通す).

'fett·frei 形《食品などが》脂肪を含まない.

'Fett·ge·schwulst 女 -/-̈e《病理》脂肪腫(ﾕｳ).

'Fett·ge·we·be 中 -s/-《解剖》脂肪組織.

'fett·hal·tig 形 脂肪を含む.

'Fett·heit 女 -/ 肥満.

'Fett·hen·ne 女 -/-n《植物》べんけい草, まんねん草.

'Fett·herz 中 -ens/-en《病理》脂肪心. ◆格変化は Herz 参照.

'fet·tig ['fɛtɪç] 形 1 脂肪(油)を含んだ, 油っこい, 油性の. 2 脂じみた, 油でよごれた, 油でぬるぬるの.

'Fet·tig·keit 女 -/-en 1《複数なし》脂肪性, 脂肪ぶとり, 脂ぎっていること. 2《複数なし》《話》食用脂(ラード・ヘットなど).

'Fett·kloß 男 -es/-̈e 1《まれ》脂肪の塊(ｶﾀﾏﾘ). 2《話》太っちょ, でぶ.

'Fett·koh·le 女 -/ 脂肪炭.

'Fett·le·be ['fɛtleːbə] 女 -/《地方》贅沢(ｻﾞｲﾀｸ)三昧(ｻﾞﾝﾏｲ)の生活. ～ machen 暖衣飽食(ﾎｳｼｮｸ)の暮しをする.

'fett·lei·big ['fɛtlaɪbɪç] 形《雅》肥満体の.

'Fett·lei·big·keit 女 -/《雅》肥満.

'Fett·näpf·chen 中 -s/-《次の成句で》bei j³ ins ～ treten ついうっかり人³の気に障(ｻﾜ)るようなことを言う(する).

'Fett·pols·ter 中 -s/- 1《解剖》皮下脂肪. 2《比喩》蓄え, 貯金.

'Fett·säu·re 女 -/-n《多く複数形》《化学》脂肪酸.

'Fett·stift 男 -[e]s/-e 油性色鉛筆;《スティック状の》リップクリーム.

'Fett·sucht 女 -/《病理》脂肪過多症, 肥胖(ﾋﾊﾝ)症.

'Fett·wanst 男 -[e]s/-̈e《卑》太鼓腹, 太っちょ, でぶ.

'Fe·tus ['feːtʊs] 男 -[ses]/-se(Feten) (*lat.*, Leibesfrucht')《医学》胎児(3 カ月目以降の).

*'Fet·zen ['fɛtsən] 男 -s/-《話》1《紙・布などの》切れはし, ぼろきれ. et¹ in ～ reißen 物¹をずたずたに引き裂く. dass die *Fetzen* [nur so] fliegen《喧嘩などが》はげしく, 猛烈に;《仕事などを》がむしゃらに. [nur] ein ～ Papier sein ただの紙きれにすぎない. 2《とぎれとぎれの》断片. einige *Fetzen* eines Gesprächs ある会話の断片. 3《侮》(a) よれよれの服, 安服. (b) (Kleidungsstück) 衣類. 4《ﾄﾞｲﾂ南》(Schürze) 前掛け; (Lappen) 雑巾(ｿﾞｳｷﾝ). 5《ｵｰｽﾄﾘｱ》(Rausch) 一杯機嫌.

*feucht [fɔʏçt] 形 湿った, (かるく)濡れた; 湿度の高い. ein ～er Abend《話》酒びたりの晩. mit ～en Augen 目をうるませて. das ～e Element《戯》水. das vom Tau ～e Gras 露に濡れた草地. ～e Luft じめじめした空気. eine ～e Aussprache haben《戯》つばを飛ばしながら喋る. ein ～es Grab finden《雅》水死する. Das geht dich ～en Kehricht an.《卑》それは君に全然関係のないことだ. noch ～ hinter den Ohren sein まだくちばしが黄色い.

'Feuch·te ['fɔʏçtə] 女 -/ =Feuchtigkeit

'feuch·ten ['fɔʏçtən] ❶ 他《雅》湿らせる, すこし濡らす. ❷ 再 (*sich*⁴) (涙で)濡れる. Sein Auge *feuchtete sich*. 彼の目は潤んでいた. ❸ 自 1《猟師》《獣》が尿をする. 2《主に古》湿っている.

'feucht·fröh·lich 形《話》酒に酔っていい機嫌の.

*'Feuch·tig·keit ['fɔʏçtɪçkaɪt] 女 -/ 湿り気, 湿気; 湿度.

'Feuch·tig·keits·ge·halt 男 -[e]s/ 湿度.

'Feuch·tig·keits·mes·ser 男 -s/- 湿度計.

'feucht·warm 形 湿って暖かい.

*feu·dal [fɔʏˈdaːl] フォイダール 形 (*lat.*)《歴史・政治》封建(ﾎｳｹﾝ)制の. 2《侮》封建的な, 反動的な. ～e Ansichten 反動的な考え方. 3 貴族の, 名門の. ～e Neigung 貴族趣味. 《話》豪華な. ein ～ Haus 豪邸.

Feu·dal·herr 男 -n/-en 封建領主(君主).

*Feu·da·lis·mus [fɔʏdaˈlɪsmʊs] フォイダリスムス 男 -/《歴史・政治》1 封建制(度), 封建主義. 2 封建時代.

feu·da·lis·tisch 形《歴史・政治》封建制の; 封建的.

Feu·da·li·tät [fɔʏdaliˈtɛːt] 女 -/ 封建制; 封建制度.

Feu·dal·sys·tem 中 -s/《歴史・政治》封建制度.

'Feu·er ['fɔʏɐr] フォイアー 中 -s/- 1 火. das olympische ～ オリンピック聖火. das ～ anzünden〈auslöschen〉火をつける〈消す〉. ～ erbitten / um ～ bitten (タバコの)火を borrow. ～ fangen 火がつく, 燃上がる; のぼせ上がる, 熱中する; 惚れこむ. ～ machen《話》(ストーブ・暖炉などに)火を入れる. ～ hinter et¹ machen 事¹を急がせる. j³ ～ unter den Hintern machen《話》人³の尻に火をつける, ～をせきたてる. ～ [mit einem Stein] schlagen 火打石で火を起す. wie ～ brennen (傷が)ひりひりする. wie ～ und Wasser sein 水と油である, 相容れない. *sein* Süppchen am ～ anderer kochen 他人のふんどしで相撲をとる. die Pfanne aufs ～ stellen フライパンを火にかける. für j⁴ die Kastanien aus dem ～ holen 人⁴のために火中の栗を拾う. et¹ bei schwachem〈starkem〉 ～ kochen 物¹を弱火〈強火〉で煮る. für j⁴ durchs ～ gehen 人⁴のためなら水火(ｽｲｶ)も辞さない. für j〈et〉¹ die Hand ins ～ legen 人〈物〉⁴を保証する. mit dem ～ spielen 火遊びをする(比喩的にも).

2 火事. ～! 火事だ! ～ legen 放火する(an ein Haus ある家に). Bei ihm ist [immer] gleich ～ unterm Dach. 彼はすぐにかっとなる. mit ～ und Schwert 火と剣で, 力ずくで.

3《複数なし》射撃, 砲火, 砲火. [Gebt] ～! 撃て. ～ frei! 撃ちかた始め;《戯》喫煙 OK. das ～ eröffnen (戦闘の)火ぶたを切る. im〈unter feindlichem〉 ～ liegen / in〈unter〉 ～ stehen 砲火を浴びている, 前線に出ている.《比喩》批判の矢面に立たされている. ins ～ kommen 砲火を浴びる, 前線に出る. zwischen zwei ～ kommen〈geraten〉腹背(ﾌｸﾊｲ)に敵を受ける, 進退きわまる.

4《複数なし》(火のような)輝き, きらりと光るもの. das ～ in ihren Augen 彼女の目の中に光るもの.

5《複数なし》激情の炎, 情熱. das ～ der Liebe 恋の炎. das ～ schüren 火をかき起す;《比喩》感情(情熱・憎しみなど)を煽(ｱｵ)りたてる. [ganz] ～ und Flamme sein ～のため熱中(感激)している. ～ und Flamme speien 激越な非難(攻撃)の言辞を吐く (gegen j⁴ 人⁴に対して). Das Pferd hat viel ～. この馬は気性が激しい. Dieser Wein hat ～. このワインはよくまわる.

6 (船員) 灯台の灯, 標識灯火(Leuchtfeuer の短縮).

'Feu·er·alarm 男 -[e]s/-e 火災警報.

'Feu·er·bach ['fɔʏɐrbax]《人名》Ludwig ～ ルートヴィヒ・フォイアーバッハ(1804-1872, ドイツの哲学者).

'feu·er·be·stän·dig 形 耐火(性)の, 不燃(性)の.

Feu·er·stat·tung 囡 -/-en 火葬.
Feu·er·boh·ne 囡 -/-n 《植物》べにばないんげん.
Feu·er·ei·fer 男 -s/ 燃えるような熱意.
Feu·er·far·ben 服 燃えるように赤い.
feu·er·far·big =feuerfarben
feu·er·fest 服 耐火(性)の
Feu·er·fres·ser 男 -s/- 《話》=Feuerschlucker
Feu·er·ge·fahr 囡 -/-火災(引火)の危険.
feu·er·ge·fähr·lich 服 引火(発火)しやすい.
Feu·er·geist 男 -es/-er 1 《神話》火霊, 火の精(四大をつかさどる霊たちの1つ. ↑Element 1). 2 炎の人, 燃えるような情熱をもった天才的人物.
Feu·er·glo·cke 囡 -/-n 火災警鐘, 半鐘(はんしょう).
Feu·er·gott 男 -[e]s/¨er 《神話》火の神.
Feu·er·ha·ken 男 -s/- 火掻き棒;(消化用の)鳶口(とびぐち).
feu·er·hem·mend 服 (建材などが)防火性の.
Feu·er·herd 男 -[e]s/-e 1 かまど. 2 (火事の)火元(ひもと).
feu·er·jo ['fɔyərjo] 間 *Feuerjo*! 火事だ.
Feu·er·kopf 男 -[e]s/¨e 1 かっとなりやすい人, かんしゃく持ち. 2 才気煥発(かんぱつ)な人.
Feu·er·ku·gel 囡 -/-n 1 《天文》=Bolid 1 2 火輪(かりん), 火の玉.
Feu·er·lei·ter 囡 -/-n (火災にそなえた)避難ばしご. 2 消防用はしご.
Feu·er·lösch·boot 囡 -[e]s/-e 消防艇.
Feu·er·lö·scher 男 -s/- 消火器.
Feu·er·mal 囲 -[e]s/-e 《医学》赤あざ, 母斑(ぼはん).
Feu·er·mel·der 男 -s/- 火災報知器.
feu·ern ['fɔyərn] ❶ 他 1 火を焚(た)く, 暖房する. im Ofen ~ ストーブを焚く. im Schlafzimmer ~ 寝室を暖房する. mit et³ ~ ³を素材として物を燃やす, (で)暖房をとる. 2 発砲(射撃)する. blind⟨scharf⟩ ~ 空砲⟨実弾⟩を撃つ. auf j⟨et⟩⁴ ~ 人⟨物⟩を狙って撃つ. in die Luft ~ 空へ向けて撃つ. 3 ほてる, かっかする; (傷口などが)ひりひりする.
❷ 他 1 焚く, 燃やす. Koks ~ コークスを燃やす. den Ofen ~ ストーブを焚く. 2 (きつく)投げつける, ほうり出す. das Buch in die Wand ~ 本を壁に投げつける. den Ball ins Tor ~ ボールをゴールにシュートする. 3 《話》追出し, 解雇(放校)する. 4 《話》j³ eine ~ 人³の横つ面に一発食らわせる.
Feu·er·pro·be 囡 -/-n 1 (金属の)燃焼試験. 2 火災訓練警報. 3 《歴史》火による神明裁判. ▶ 古代ゲルマン法における裁判の一種. 灼熱した鉄を被疑者に握らせるか, その上を素足で歩かせるかして神意を求め, 火傷しなければ無罪とされた. ↑Ordal
Feu·er·rad 囲 -[e]s/¨er 1 車火(くるまび)(車輪のように回転する仕掛け花火). 2 《民俗》火祭り車(夏至祭で車輪に火のついたわらを巻きつけて谷に転がす)
feu·er·rot 服 1 赤黄色の. 2 火のように赤い, まっ赤な.
Feu·er·sa·la·man·der 男 -s/- 《動物》まだらさんしょううお.
Feu·ers·brunst 囡 -/¨e 《雅》大火災, 大火.
Feu·er·schiff 囲 -[e]s/-e 《海事》灯台船.
Feu·er·schlu·cker 男 -s/- (Feuerfresser) (歳の市などで)火を食べてみせる奇術師.
Feu·er·schutz 男 -es/ 1 防火. 2 《軍事》援護射撃.
Feu·ers·ge·fahr 囡 -/- =Feuergefahr
feu·er·si·cher 服 1 (feuerfest) 耐火(性)の. 2 火に対して安全な.
Feu·er·spei·end, °**feu·er·spei·end** 服 (speien) 火を吐く. ein ~*er* Drache 《神話》火を吐く竜, 火焔竜. ein ~*er* Berg 火を噴く山, 活火山.
Feu·er·sprit·ze 囡 -/-n 消防ポンプ.
Feu·er·stät·te 囡 -/-n 1 火をたく場所(かまど・炉など). 2 《雅》火事場.
Feu·er·stein 男 -[e]s/-e 1 (Flint) フリント, 火打石. 2 《鉱物》燧石(ひうちいし).
Feu·er·stel·le 囡 -/-n = Feuerstätte
Feu·er·stuhl 男 -[e]s/¨e (大型のバイク).
Feu·er·tau·fe 囡 -/-n 1 火の洗礼(↓《新約》マタ3:11). 2 《兵隊》(最初の)砲火の洗礼, 初陣(ういじん).
Feu·er·tod 男 -[e]s/ 1 火刑. 2 《雅》焼死.
Feu·e·rung ['fɔyərʊŋ] 囡 -/-en 1 (↓ feuern) 1《複数なし》火をたくこと, 暖房. 2 《複数なし》燃料. 3 燃焼炉(装置), かまど, 暖炉, ストーブ.
Feu·er·ver·si·che·rung 囡 -/-en 火災保険.
Feu·er·wa·che 囡 -/-n 消防署.
Feu·er·waf·fe 囡 -/-n 火器, 鉄砲.
Feu·er·wan·ze 囡 -/-n 《動物》ほしかめむし.
Feu·er·was·ser 囲 -s/ 《話》= Branntwein
Feu·er·wehr ['fɔyərveːr フォイアーヴェーア] 囡 -/-en 1 消防隊. die ~ alarmieren⟨herbeirufen⟩ 消防を呼ぶ. wie die ~ 《話》大急ぎで. 2 《幼児》(おもちゃの)消防自動車.
Feu·er·wehr·au·to 囲 -s/-s 消防自動車.
Feu·er·wehr·mann 男 -[e]s/¨e(..leute) 消防士.
Feu·er·werk ['fɔyərvɛrk] 囲 -[e]s/-e 花火. ein ~ abbrennen⟨aufsteigen lassen⟩ 花火を打上げる. Seine Rede war ein ~ witziger Einfälle. 《比喩》彼の話は気のきいた思いつきにみちていた.
Feu·er·wer·ker 男 -s/- 1 花火製造者. 2 《軍事》砲兵軍曹.
Feu·er·werks·kör·per 男 -s/- 花火の玉.
Feu·er·zan·ge 囡 -/-n 火ばさみ.
Feu·er·zan·gen·bow·le 囡 -/-n (↑Bowle) 《料理》ホットボール酒(円錐形の砂糖を火ばさみではさみ, アルコールをかけて点火して作る熱いボール酒).
Feu·er·zei·chen 囲 -s/- 1 発火(灯火)信号, 狼煙(のろし). 2 灯台, ライトブイ(灯浮標). 3 天空にあらわれる不吉なるしる(流星).
****Feu·er·zeug** ['fɔyərtsɔyk フォイアーツォイク] 囲 -[e]s/-e ライター; 《古》火打石.
Feuil·le·ton [fœjətõː, 'fœjətõ] 囲 -s/-s (fr. feuille, Blatt¹) 1 (新聞の)文芸欄, 学芸欄; 文芸(学芸)欄の読み物. 2 (軽)雑談調の読物.
Feuil·le·to·nist [fœjətoˈnɪst] 男 -en/-en 1 (新聞の)文芸(学芸)欄の執筆者. 2 《侮》雑文家.
feuil·le·to·ni·stisch 服 1 文芸(学芸)欄的(風)の. 2 《侮》雑文風の, 浮薄な.
feu·rig ['fɔyrɪç] 服 (↓Feuer) 1 真っ赤に燃えた; 火のような, 灼熱した. 2 (ダイヤモンドなどが)きらきら輝く. 3 情熱的な, 気性の激しい. eine ~*e* Rede 熱弁. 4 ein ~*er* Wein 火のような(きつい)ワイン.
Fex [fɛks] 男 -es/-e(うしろに-en/-en) 馬鹿, うつけ, 酔狂な. Berg*fex* 山気違い.
Fez¹ [feːz] 《地名》フェズ(モロッコ北部の町).
Fez² [feːts, fɛs] 男 -/- =Fes²
Fez³ [feːts] 男 -es/ 《中部ドイツ》冗談, 悪ふざけ.
ff¹ [fɔrˈtɪsimo] 《略》《音楽》=fortissimo
ff² [ɛfˈɛf] 《略》《商業》=feinfein (品質表示で)極上の.

ff.

et⁴ aus dem ～ können〈verstehen〉事⁴が十八番(ﾄﾞｯｸ)である.

ff.《略》=[und] folgende [Seiten] …ページ以下(2ページ以上にわたる場合).

Fi'a·ker [fi'akər] 男 -s/- (ｳｨｰﾝ) **1** 辻馬車, 貸馬車. **2** 辻馬車の馭者. ◆17世紀初めて貸馬車サービスを取り入れたパリのホテル St.-Fiacre にちなむ.

Fi'a·le [fi'a:lə] 女 -/-n (gr., Urne')《建築》ピナクル(ゴシック聖堂などの装飾用の小尖塔).

Fi'as·ko [fi'asko] 中 -s/-s (it.) **1**(芝居の)不評. **2** 不成功, 失敗.

'fi·at ['fi:at] 間 (lat., es geschehe!') *Fiat!* そのようであれ, 事うが行われんことを;《医学》(処方箋で)調合されたし.

Fi'at -s/-s (↓ fiat)《古》同意, 承諾.

Fi·bel ['fi:bəl] 女 -/-n **1** 絵入り初等読本. **2**《教育》入門書, 手引. ◆Bibel の幼児発音.

'Fi·bel² 女 -/-n (lat., Schnalle')(古代ゲルマン人の)飾りピン, ブローチ, 留め金.

'Fi·ber ['fi:bər] 女 -/-n (lat., Faser') **1**《解剖·植物》繊維, ファイバー. mit jeder ～ des Herzens 心から, 一心に. **2**《化学》バルカンファーイバー(Vulkanfiber の短縮).

Fi'bril·le [fi'brɪlə] 女 -/-n (fr., kleine Faser')《解剖·植物》原繊維.

Fi'brin [fi'bri:n] 中 -s/ (lat., Faser')《生化》フィブリン, 繊維素.

fi'brös [fi'brø:s] 形 (lat.)《医学》繊維状の.

ficht [fɪçt] **1** fechten の直接現在3人称単数. **2** fechten の du に対する命令形.

'Fich·te ['fɪçtə] 女 -/-n **1**《植物》ドイツとうひ(唐桧). ▶北ドイツでは松をもさす. **2**《複数なし》とうひ材. **3**《慣用的表現で》jᵈ hinter〈um〉die ～n führen《話》人をだます, ぺてんにかける. in die ～n gehen《話》(夜に)盗みに出かける; なくなる, 失われる; ひどい思い違いをする;《兵隊》野外で立小便をする. Er geht mir nicht von der ～.《話》彼は私にうるさくつきまとう.

'Fich·te²《人名》Johann Gottlieb ～ ヨーハン·ゴットリーブ·フィヒテ(1762-1814, ドイツ観念論の哲学者).

'Fich·tel·ge·bir·ge ['fɪçtəl..]《地名》das ～ フィヒテル山地(バイエルン州北東部の山地).

'fich·ten ['fɪçtən] 形 とうひ(唐桧)材の.

'Fich·ten·holz ['fɪçtən..] 中 -es/ とうひ(唐桧)材.

'Fich·ten·na·del -/-n とうひ(唐桧)の葉; 松葉.

fichtst [fɪçtst] fechten の現在2人称単数.

Fi'chu [fi'ʃyː] 中 -s/-s《服飾》フィッシュー(18世紀に流行した3角形の婦人用ショール).

'fi·cken ['fɪkən] ❶ 自《古》《地方》こする, 引っ掻く; あちこち動く. ❷ 自他 eine Frau〈mit einer Frau〉～《卑》女と寝る(ファックする). *Fick dir nicht ins*〈aufs〉*Knie!*《話》そんなにがたがた騒ぐな! ❸ 他 **1**《兵隊》《若者》(人⁴を)しごく. **2**《卑》口車に乗せる.

'fick·fa·cken ['fɪkfakən] 自《地方》**1** 言逃れをする. **2** せわしげに走りまわる. **3** 悪だくみをする. **4** いい加減なことをする(言う), ごまかす.

Fi·dei·kom'miss, Fi·dei·kom'miß [fideiko·'mɪs, 'fi:dei..] 中 -es/-e (lat.)《法制》**1** 家族世襲財産. **2** 信託遺贈.

fi'del [fi'de:l] 形 (lat.) 陽気な, 朗(ﾎｶﾞ)らかな, 愉快な.

'Fi·del ['fi:dəl] 女 -/-n フィーデル(中世の弦楽器, バイオリンの前身). ↑Fiedel

'Fi·di·bus ['fi:dibʊs] 男 -[ses]/-[se]《古》《戯》(点火用の)紙こより, 付け木.

'Fi·dschi ['fɪdʒi]《地名》フィジー(南太平洋上のフィージー諸島とロトゥーマ Rotuma 島から成る英連邦内の独立国, 首都スーヴァ Suva).

'Fi·dschi'a·ner [fɪdʒi'a:nər] 男 -s/- フィジー人.

'Fi·dschi-in·seln 複《地名》die ～ フィジー諸島.

Fi'duz [fi'du:ts] 中 -es/ (lat.)《次の用法で》kein ～ zu et³ haben《話》《古》事³をする勇気がない; (を)信用しない.

'Fie·ber ['fi:bər フィーバー] 中 -s/- (lat.) **1** 発熱; 熱病. *gelbes ～ / Gelbfieber* 黄熱病. *hohe*〈*leichtes*〉 ～ 高〈微〉熱. *Das ～ fällt*〈*steigt*〉. 熱が下がる〈上がる〉. 39 Grad ～ bekommen〈haben〉39度の熱が出る〈ある〉. ～ *messen* 熱を計る. *im ～ sprechen* 熱に浮かされてうわ言を言う. **2** 熱中. 熱狂. *das ～ der Spielleidenschaft* ばくち狂い.

'Fie·ber·an·fall 男 -[e]s/¨e 発熱, 熱の発作.

'Fie·ber·fan·ta·sie -/-n 高熱による幻覚.

'fie·ber·frei 形 熱のない, 熱がさがった.

'Fie·ber·frost 男 -es/¨e 悪寒(ｵｶﾝ).

'fie·ber·haft ['fi:bərhaft] 形 **1** 熱を伴った, 発熱性の. **2** 熱狂的な, 熱に浮かされたような;《雅》(雰囲気などが)わくわくするような. in ～e Aufregung geraten 興奮のるつぼに叩きこまれる. eine ～*e Sommernacht* 刺戟的な夏の夜.

'Fie·ber·hit·ze 女 -/ (発熱時に感じる)燃えるような熱さ, 熱っぽさ.

'fie·be·rig ['fi:bərɪç] 形 =fiebrig

'Fie·ber·krank 形 熱病の, 熱病にかかった.

'Fie·ber·kur·ve 女 -/-n 体温曲線.

'Fie·ber·mit·tel 中 -s/- 解熱剤, 熱さまし.

'fie·bern ['fi:bərn] 自 **1** 熱がある, 熱が出る. **2**(熱にうかされたように)興奮する. *Sie fieberte vor Erwartung.* 彼女は期待のあまり熱にうかされたようになった. *nach et*〈jᵈ〉⁴ ～ 物⟨人⟩³を熱望する.

'Fie·ber·schau·er 男 -s/- 悪寒(ｵｶﾝ).

'Fie·ber·ta·bel·le 女 -/-n 体温表.

'Fie·ber·ther·mo·me·ter 中 -s/- 体温計.

'Fie·ber·wahn 男 -[e]s/ =Fieberfantasie

'fieb·rig ['fi:brɪç] 形 **1** 熱のある, 熱っぽい; 熱病の. **2** 熱狂的な, 興奮した, 熱にうかされたような.

'Fie·del ['fi:dəl] 女 -/-n《古》《戯》バイオリン.

'Fie·del·bo·gen 男 -s/- (南ﾄﾞｲﾂ･ｵｰｽﾄﾘｱ) バイオリンの弓. *auf et⁴ gespannt sein wie ein ～*《話》事に興味津々(ｼﾝｼﾝ)である, 好奇心の塊になっている.

'fie·deln ['fi:dəln] 自 他《戯》下手なバイオリンを(で)弾く.

'Fie·der ['fi:dər] 女 -/-n **1**《植物》羽片(ﾊｶﾞﾀ)(羽状複葉の一小葉). **2**(小)羽毛.

'fie·dern ['fi:dərn] 再 (sich)《猟師》(鳥の)羽が生え換る.

'Fied·ler ['fi:dlər] 男 -s/-《話》バイオリニスト;《俗》下手なバイオリン弾き.

fiel [fi:l] fallen の過去.

'fie·le ['fi:lə] fallen の接続法 II.

'fie·pen ['fi:pən] 自 **1**《猟師》(鹿などが)か細く高い声で鳴く. **2**《俗》(動物の仔などが)ぴいぴい鳴く, (子犬が)くんくん鼻を鳴らす.

Fi·e'rant [fiə'rant, fie'..] 男 -en/-en (it., Fest')(ｲﾀﾘｱ) 市場商人, 露店商人.

'fie·ren ['fi:rən] 他《船員》(帆·帆桁を)下ろす, (綱·索を)くり出す.

fies [fi:s] 形《話》吐き気を催すよう(へどが出そう)な, む

かつく;(性格・人間性が)実にいやな, 下劣極まる.

FIFA, 'Fi·fa ['fiːfa] 囡 -/ (fr.)《略》=Federation Internationale de Football Association 国際サッカー連盟.

fif·ty-'fif·ty ['fɪftɪ'fɪftɪ] (engl.)《話》半々に. ~ ausgehen〈stehen〉どっちつかずに終る《これからどうなるか》五分五分である). ~ machen 折半(ホッシ)にする(mit et³ von³).

Fig.《略》=Figur 4

Fi·ga·ro ['fiːgaro, figaˀro] ❶《人名》フィガロ(フランスの劇作家ボーマルシェ P.-A. C. de Beaumarchais, 1732–99 の喜劇『セビリアの理髪師』Le Barbier de Seville, Mozart の歌劇『フィガロの結婚』Die Hochzeit des Figaro に登場する人物). 2《戯》(Friseur) 理髪師, 床屋. 3《話》口の達者なやつ.

Fight [faɪt] 男 -s/-s (engl.)(スポーツの試合での)激戦, 《スポーツ》試合.

figh·ten ['faɪtən] 自 (スポーツの試合で)激しく戦う, 《スポーツ》激しく打合う.

Figh·ter ['faɪtɐ] 男 -s/- (engl.)(スポーツでの)闘士, 《スポーツ》ファイター(タイプの選手).

Fi·gur [fi'guːr フィグーア] 囡 -/-en (lat.) **1** 姿かたち, 体型, 体つき. absolute ~ 《話》理想的なプロポーション. eine gute〈schlanke〉 ~ haben いいスタイル〈くっきりとした体型〉をしている. jᵈ in ganzer ~ fotografieren 人ᵈの全身像をとる. von untersetzter ~ sein ずんぐりした体つきである. **2** 像, 肖像, (チェスの)駒, (トランプの)絵札. eine ~ aus Holz 木像. eine ~ 〈mit einer ~〉ziehen 駒を動かす. einen in die ~ hauen〈gießen〉《話》一発ひっかける. **3** (問題の) 人物, (小説などの)登場人物,《侮》(いやな)やつ. eine wichtige ~ in der Politik 政界の重要人物. [eine] ~ machen《話》立派に見える, 異彩を放つ. eine gute ~ machen〈abgeben〉《話》好印象を与える. eine traurige ~ spielen 哀れな役回りを演じる. **4** 図, 図形, 模様, 図案;《略 Fig.》図版, 挿し絵. **5** 《ふつう複数で》(スケート・ダンスの)フィギュア, (シンクロナイズドスイミングの)ルーティーン, (曲芸飛行の)空中図形, (九柱戯の)ピンの配置. **6**《音楽》音型,《修辞》文彩, 文飾.

Fi'gu·ra [fi'guːra] 囡 -/ (lat., Gestalt')《古》《成句》wie ~ zeigt この例で明らかなように.

fi·gu'ral [figuˀraːl] 形 図形の; 図柄(模様)のある; 修飾(形容)の多い.

Fi·gu'rant [figuˀrant] 男 -en/-en (lat.) **1**《演劇・映画》台詞(セリフ)のない端役; (↔Solotänzer)群舞に出るだけのバレエダンサー. **2** 代役, 穴うめ. ◆女性形 Figurantin 囡 -/-nen

Fi·gu·ra·ti'on [figuratsiˀoːn] 囡 -/-en (lat.) 《音楽》フィギュレーション. **2**《美術》形象化.

fi·gu'rie·ren [figuˀriːrən] ❶ 自 登場する, 一役買う; (リストなどに)載る, 顔を出す;《演劇》台詞(セリフ)なしの端役で出演する. **2** 他 Akkorde ~ (フィギュレーションによって)和音を装飾化する.

Fi·gu'ri·ne [figuˀriːnə] 囡 -/-n (fr.) 小さな立像;《演劇》舞台衣裳のデザイン;《絵画》(とくに風景画の)点景人物.

fi·gür·lich ['fiːgyːrlɪç] 形 **1**(語義が)比喩的な. **2** 具象的な, 人物(動物)を象(かたど)った. **3**《述語的には用いない》容姿に関する(の点で).

Fik·ti'on [fɪktsiˀoːn] 囡 -/-en (lat.) **1** 虚構, 作り話, フィクション. **2**《哲学》仮定;《法制》擬制.

fik'tiv [fɪk'tiːf] 形 虚構の, フィクションの.

Fi·la'ment [filaˀmɛnt] 中 -s/-e (lat.) **1**《植物》花糸. **2**《ふつう複数で》《天文》(太陽の)紅炎, 暗条. **3**《紡織》細糸; (とくに化繊の)単繊維.

File [faɪl] 中 -s/-s (engl.)《コンピュータ》ファイル.

Fi'let [fi'leː] 中 -s/-s (fr.) **1**《料理》(牛・豚の)ヒレ肉, (魚の)切身, (鳥の)胸肉. **2**《紡織・手芸》網目織, レース織, フィレ・レース; カード(梳綿機)の梳(ク)き取りシリンダー.

Fi'let·ar·beit [fi'leː..] 囡 -/-en《紡織・手芸》網目(レース)織.

Fi'let·steak [fi'leː·steːk] 中 -s/-s《料理》ヒレ肉のステーキ.

'Fi·lia hos·pi·ta·lis ['fiːlia hɔspi'taːlɪs] 囡 - -/..liae ..les [..liɛ ..leːs] (lat.)《古》《学生》下宿の娘.

Fi·li'a·le [fi'liaːlə] 囡 -/-n (lat.) 支店, 支社, 出張所; チェーン店; 分教会.

Fi·li'al·kir·che [fili'aːl..] 囡 -/-n 支聖堂, 支部教会.

Fi·li'al·lei·ter [fili'aːl..] 男 -s/- 支店(支社)長.

fi·lie·ren [fi'liːrən] (fr.) ❶ 他《紡織・手芸》**1** 網目織にする; レース飾りをつける. **2**《料理》(畜獣・鳥・魚から)ヒレ肉(切身)をつくる. ❷ 自 **1**《トランプ》カードを(2枚)すり替える; カードを隠す; カードをゆっくり開けていく. **2**《音楽》音を(同じ音程で)持続させる.

Fi·li'gran [fili'graːn] 中 -s/-e (it.) 金銀の線細工.

'Fi·lii ['fiːlii] Filius の複数.

Fi·li'pi·no [fili'piːno] 男 -s/-s フィリピン人.

'Fi·li·us ['fiːlius] 男 -/..lii [-se] (lat.)《戯》息子.

Film [fɪlm フィルム] 男 -[e]s/-e (engl.) **1** (薄い)膜. ein öliger ~ / Öl*film* 油膜. **2** (写真の)フィルム. einen neuen ~ einlegen 新しいフィルムを入れる. einen ~ entwickeln lassen フィルムを現像に出す. et〈jᵈ〉 auf den ~ bannen《雅》物〈人〉ᵈを写真におさめる. Ich habe noch vier Bilder auf dem ~.《話》私のフィルムはまだ 4 枚分残っている. **3** (a) 映画. Dieser ~ läuft jetzt in vielen Kinos. この映画はあちこちの映画館でやっている. einen ~ drehen 映画を撮る. 《話》女遊び(火遊び)をする. einen ~ vorführen 映画を上映する. in einen ~ gehen《話》映画を観る. 《慣用的表現で》Der ~ rollt ab.《話》事は予定(思惑)どおり運んでいる. [Bei] ihm ist der ~ gerissen. 彼は突然(話の)脈絡を失った(ど忘れした). Mensch, war das ein ~!《話》へえ, そいつはすごかったね. Dreh keinen ~!《話》(話は)手短に頼むよ; いいかげんにしてくれ. (b)《複数なし》映画関係(業界). beim ~ sein《話》映画界で仕事をしている. zum ~ gehen《話》映画俳優になる.

'Film·ar·chiv [..ɐçiːf] 中 -s/-e フィルムライブラリー.

'Film·ate·li·er 中 -s/-s 映画撮影所(スタジオ).

'Film·auf·nah·me 囡 -/-n 映画撮影.

'Film·au·tor 男 -s/-en (映画の)脚本家, シナリオライター.

'Film·be·ar·bei·tung 囡 -/-en (映画の)脚色.

'Film·di·va 囡 -/-s(..ven)《古》《戯》(映画の)花形女優, スター女優.

'fil·men ['fɪlmən] ❶ 自 **1** 映画を撮る. **2** 映画に出演する. ❷ 他 **1** 映画に撮る, 撮影する. **2**《話》ぺてんにかける, 一杯食わせる.

'Film·fes·ti·val [..fɛstiːvəl, ..fɛstival] 中 (ス, プ 男) -s/-s =Filmfestspiele

'Film·fest·spie·le 複 映画祭. die ~ von Cannes

Filmgesellschaft

カンヌ映画祭.

'Film·ge·sell·schaft 囡 -/-en 映画会社.

'Film·grö·ße 囡 -/-n 《話》(映画の)有名俳優, 大スター(男女ともに用いる).

'Film·ha·se 男 -n/-n 《戯》映画通(ζ).

'Film·in·dus·trie 囡 -/-n 映画産業.

'fil·misch ['fɪlmɪʃ] 形 映画の, 映画による.

'Film·ka·me·ra 囡 -/-s 映画撮影機, キャメラ.

'Film·kas·set·te 囡 -/-n フィルムカセット, パトローネ.

'Film·ko·pie 囡 -/-n 映画のプリント.

'Film·mu·si·cal [..mjuːzɪkəl] 回 -/-s ミュージカル映画.

'Film·pack 男 -[e]s/-e(⁻e) フィルムパック.

'Film·preis 男 -es/-e 映画賞(作品賞・監督賞・主演女優賞など).

'Film·re·gis·seur 男 -s/-e 映画監督.

'Film·re·por·ta·ge 囡 -/-n ルポルタージュ映画.

'Film·schau·spie·ler 男 -s/- 映画俳優. ♦女性形 Filmschauspielerin 囡 -/-nen

'Film·star 男 -s/-s 映画スター(男女ともに用いる).

'Film·stern·chen 回 -s/- 《映画》女優の卵.

'Film·strei·fen 男 -s/- 長尺フィルム, フィルムストリップ; (とくに)映画用フィルム.

'Film·the·a·ter 回 -s/- (Kino) 映画館.

'Film·ver·leih 男 -[e]s/-e 映画の配給; 映画配給会社.

'Film·vor·füh·rung 囡 -/-en 映画の上映.

'Film·vor·stel·lung 囡 -/-en =Filmvorführung

'Film·wo·che 囡 -/-n 名画週間.

Fi'lou [fiˈluː] 男 (回) -s/-s (fr.) 《戯》詐欺師, いかさま野郎, 小悪党.

'Fil·ter ['fɪltər] 男 回 -s/- フィルター, 濾過器(装置); 《物理》濾光器, 濾波器; 《写真》フィルター.

'fil·tern ['fɪltərn] 他 濾(こ)す, 濾過(か)する; 《物理》(光・電波など)をフィルターにかける.

'Fil·te·pa·pier 回 -s/-e 濾紙, フィルターペーパー.

'Fil·te·rung ['fɪltərʊŋ] 囡 -/-en 濾過.

'Fil·ter·zi·ga·ret·te 囡 -/-n フィルター付き煙草.

Fil'trat [fɪlˈtraːt] 回 -[e]s/-e 濾液.

fil'trie·ren [fɪlˈtriːrən] 他 (filtern) 濾過する.

Fil'trier·pa·pier [fɪlˈtriːr..] 回 -s/-e =Filterpapier

Filz [fɪlts] 男 -es/-e 1 (a) フェルト. (b) 《話》(Filzhut) フェルト帽; (Bierfilz) ビールマット. (c) (毛髪・糸屑などのもつれたり), (植物の)綿毛, にじけ. 2 《南ドイツ》(Moor) 沼地, 沼沢. 3 《獣医》豚の腹脂肪. 4 《話》けちんぼう, しみったれ, 無骨者, 田舎者. 5 (Filzokratie) 派閥政治.

'fil·zen¹ ['fɪltsən] ❶ 自 (h, s) 1 (h, まれに s) 《布地が》フェルト状になる, 縮む. 2 (h) けちる(mit et³ 物³を). 3 (h) 《話》眠りこける. 4 (h) 《話》(挨拶のしるしに)帽子をとる. ❷ 他 1 《話》厳しく検査する(検問などで). Die Zöllner haben mich ⟨mein Gepäck⟩ gefilzt. 税関の係官たちは私の所持品〈私の手荷物〉を徹底的に調べた. 2 《まれ》(衣服)を点検する(害虫がついていないかどうか). 3 j³ et⁴ ~ 《話》人³の体をさぐって物⁴(の中身)を盗みとる. 4 (動物を買うときに)手で触って調べる.

'fil·zen² ['fɪltsən] 形 フェルト製の.

'Filz·hut 男 -[e]s/..hüte フェルト帽.

'fil·zig ['fɪltsɪç] 形 1 フェルト状の, フェルトのような; (フェルトのように)もつれて塊りになった. 2 《話》けちな.

'Filz·laus 囡 -/⁻e 1 《動物》毛虱(ばμ). 2 《侮》厚かましいやつ.

Fil·zo·kra'tie [fɪltsokraˈtiː] 囡 -/-n 《侮》派閥政治, 閥支配; 情実主義.

'Filz·schrei·ber 男 -s/- フェルトペン.

'Filz·schuh 男 -[e]s/-e フェルトの部屋履(⁻¹)き.

'Filz·stift 男 -[e]s/-e =Filzschreiber

'Fim·mel¹ ['fɪməl] 男 -s/- 1 《鉱業》ハンマー, つるし. 2 《戯》偏執, 熱狂, ...狂. Filmfimmel 映画気違い. einen ~ für et⁴ haben 物⁴に熱中しているEr hat einen ~ für Faitlisten. 彼はファイトリストに気ちがいじみている.

'Fim·mel² 男 -s/- 《植物・農業》(Femel) 雄麻(あ)の(雄)大麻.

fi'nal [fiˈnaːl] 形 (lat.) (副詞的には用いない) 1 最後の, 最終的段階の. 2 《文法》目的を表す.

Fi'na·le [fiˈnaːlə] 回 -s/-(-s) (it.) 1 終局, 大詰め大団円, フィナーレ. 2 《音楽》終楽章; (オペラなどの)各幕の)最終場面, 終曲. 3 《競技》(a) 決勝戦, 最終ラウンド. (b) (複数なし) ラストスパート.

Fi·na'list [finaˈlɪst] 男 -en/-en 《競技》決勝戦出場者, ファイナリスト.

Fi'nal·satz 男 -es/⁻e 《文法》目的文.

Fi'nanz [fiˈnants] 囡 -/ 1 金融. 2 《集合的に》金融資本家, 金融業者, 金融界. Hochfinanz 財界首脳(陣). 3 《オーストリア》《話》 = Finanzamt

Fi'nanz·ab·tei·lung 囡 -/-en (企業の)経理部.

Fi'nanz·amt 回 -[e]s/⁻er 《経済》税務署, 財務局.

Fi'nanz·aris·to·kra·tie 囡 -/ 《集合的に》(一国の)経済・金融を牛耳る)富豪階級, 財界人.

Fi'nanz·aus·gleich 男 -[e]s/-e 《法制》財政調整(連邦・州・市・町村の間での).

Fi'nanz·be·am·te 男 《形容詞変化》税務署員, 財務局官吏.

Fi'nan·zen [fiˈnantsən] 複 (fr.) 1 (国家・州などの)財政; 国庫金, 公金. 2 《話》懐(ふところ)具合, 財政状態.

Fi'nan·zer [fiˈnantsər] 男 -s/- 《オーストリア》《話》(Zollbeamter) 税関吏.

Fi'nanz·ge·ba·rung 囡 -/ 財務管理.

Fi'nanz·ho·heit 囡 -/ 《法制》(国家の)財政権.

*fi·nan·zi'ell [finantsiˈɛl] フィナンツィエル 形 財政上の, 金銭的な, 経済上の.

Fi·nan·zi'er [finanˈtsieː] 男 -s/-s (fr.) 《古》 1 財政家, 金融家. 2 スポンサー, 資金提供者.

*fi·nan·zie·ren [finanˈtsiːrən] フィナンツィーレン ❶ 他 (fr.) 1 金を出す, 融資する, 資金援助する. 2 (経済的に)人⁴の面倒を見る. j³ ein Studium ~ 人³に学資を出してやる. ein Unternehmen ~ 事業に資金を提供する. 2 ローンで買う. ❷ 自 貸付を受ける, ローンを設定する.

Fi'nan·zie·rung 囡 -/-en 資金調達; 資金援助, 融資. 2 ローン.

Fi'nanz·jahr 回 -[e]s/-e 《経済》会計年度.

Fi'nanz·ka·pi·tal 回 -s/-e(..lien) 《経済・政治》金融資本.

Fi'nanz·kri·se 囡 -/-n 《経済》財政危機, 金融危機(恐慌).

Fi'nanz·mann 男 -[e]s/⁻er(..leute) 銀行家, 金融業者.

Fi'nanz·mi·nis·ter 男 -s/- 大蔵(財政)大臣, 蔵相.

Fi'nanz·mi·nis·te·ri·um 回 -s/..rien 大蔵(財政)省.

Fi'nanz·ver·wal·tung 囡 -/-en 財務行政(管理); 財政機関.

Fi'nanz·we·sen 田 -s/ 財政; 財政制度.
Fi'nanz·wirt·schaft 囡 -/《経済》財政管理.
Fin·del·haus ['fɪndl..] 田 -es/¨er《古》捨て子養育院.
Fin·del·kind 田 -[e]s/-er 捨て子.

fin·den*
['fɪndən フィンデン] fand, gefunden
❶ 他 **1** 見つける, 発見する. Ich *finde* meine Brille nicht. 私は眼鏡が見つからない. Ich hab's *gefunden*!《話》分かった(解けた)ぞ. So etwas *findet* man heute nicht mehr. そういうことは今ではもうあり得ない. Mittel und Wege ~ 方策(手だて)を見出す. einen Partner ~ パートナーを見つける. Das Richtige nicht ~ können これだというものが見つからない. passende Worte ~ 適切な言葉を見つける.《とくに **etwas**, **nichts**と》 etwas⟨nichts⟩ an et³ ~ 事¹に興味がある⟨さっぱり関心がない⟩. Ich *finde* nichts [Schlimmes] dabei⟨daran⟩. 私はそれをべつに具合の悪い(不都合な)こととは思わない.《相互代名詞と》 Unsere Blicke *fanden* sich⟨*einander*⟩. 私達の目と目が合った. Wo *finden* wir *uns*? どこでお会いしましょうか.《目的語なく》 Suchet, so werdet ihr ~!《新約》探しなさい, そうすれば見つかる(マタ7:7).《過去分詞で》 Das ist ein *gefundenes* Fressen für ihn. これは彼には願ってもない贈物(棚からぼた餅みたいなもの)だ. **2** 得る, 手にいれる. Arbeit⟨eine Wohnung⟩ ~ 仕事⟨住居⟩が見つかる. einen Freund in j³ ~ 人³という友を得る. viele Käufer ~ (商品が)大いに売れる. Muße⟨Zeit⟩ ~ 暇ができる.《動詞概念を示す名詞と》 guten **Absatz** ~ よく売れる. **Beifall** ~ 喝采を博する. **Gehör** ~ 聞いてもらう. keinen **Ruhe**⟨nen **Schlaf**⟩ [~ können] 落着いて休めない⟨一睡もできない⟩. den **Tod** bei einem Unfall ~《雅》事故で命を落す. **Trost** in et³ ~ 事³に慰めを見つける.《再帰的に》 Er hat *sich*⁴ noch nicht *gefunden*. 彼はまだ人間ができていない. **3** (a) (…だと)思う, 考える. Das *finde* ich auch. 私もそう思う. Ich *finde*, du hast Recht⟨dass du Recht hast⟩. 私は君が正しいと思う. (b) (…が…である のを)見出す, 知る; (…を…だと)認める, 判断(評価)する. Als er nach Hause kam, *fand* er das Haus leer. 彼が帰宅してみると家は空っぽにだった. et⁴ falsch ⟨richtig⟩ ~ 事⁴を間違っている⟨正しい⟩と思う. j⁴ krank ~ 人⁴が病気だと見て取る⟨知る⟩. Ich *finde* es kalt hier. ここは寒いね. Ich *fände* es nicht ratsam, wenn du so was tätest. 私としては君がそういうことをするのは得策だとは思わない. Wie *findest* du das? 君はこれをどう思うか. Wie *finde* ich denn das!《話》あいた口がふさがらないね. **4**《隠》盗む.
❷ 再 (**sich⁴**) **1** 見つかる. Der Schlüssel wird *sich* schon wieder ~. 鍵はきっとまた出てくるでしょう. Für diese Arbeit *fand sich* niemand. この仕事には人が見つからなかった. Das Wort *findet sich* nur bei Nietzsche. その単語はニーチェにしか出てこない. **2** ある, 存在する; 生じる, 出来〈ぎ〉する. Es *finden sich* immer Leute, die so ein Gerücht ausstreuen. そういう噂をまくような連中はいつでもいるものだ. Das *findet sich* nur selten. こんなことはめったにない. **3** 明らかになる, 判明する. Es *fand sich*, dass er Unrecht hatte. 彼が間違っていたことが判明した. Es⟨Das⟩ wird *sich* alles schon noch ~. それはいずれ何もはっきりするだろう; 万事きちんと片づくよ.

4 (a) 道(勝手)が分かる. Ich *finde* mich schon.《地方》大丈夫道は分かっている. (b) 我(正気)に返る. **5** (in et⁴ 物に)順応する. *sich* in *sein* Los ~ 運命に従う(甘んじる).
❸ 自《方向を示す語句と》行き着く, 辿〈きじ〉り着く. Ich kann morgens nicht aus dem Bett ~. 私は朝なかなか起きられない. Sie *findet* meist erst spät ins Bett. 彼女はたいてい夜更〈ふ〉くならないと寝ない. Er *fand* erst sehr spät in die Partei. 彼は随分おそくなってから入党した. nach Hause ~ 家に帰り着く. zur Musik ~ 音楽の道に入る. zu *sich*³ selbst ~ 我に返る, 正気をとり戻す.

'Fin·der ['fɪndər] 男 -s/- (遺失物の)発見者, 拾得者.
'Fin·der·lohn 男 -[e]s/¨e 拾得者への謝礼.
'Fin de Si'è·cle ['fɛ̃: də si'ɛ:kəl] 田 ---/ (fr.) 世紀末(19世紀末のこと); 《比喩》世紀末的な頽廃的風潮.
'fin·dig ['fɪndɪç] 形《副詞的には用いない》**1** 利口な, 才気煥発な, 目端〈は〉の利く, 抜け目のない. **2**《鉱業》(fündig) (鉱脈が)有望な, 埋蔵量の多い.
'Fin·dig·keit 囡 -/-en 才気煥発(であること), 抜け目のなさ.
'Find·ling ['fɪntlɪŋ] 男 -s/-e **1**《地質》漂石, 迷子石, 捨て子石. **2** (Findelkind) 捨て子, 拾い子.
Fi'nes·se [fi'nɛsə] 囡 -/-n (fr.) **1** 精巧さ, 精密さ;《多く複数で》洗練された技巧, (設備・装飾における)最新の技術. **2** 老獪〈かい〉さ, 抜け目のなさ;《多く複数で》狡猾なやり口(手口), ぬけ穴.

fing [fɪŋ] fangenの過去.
'fin·ge ['fɪŋə] fangenの接続法II.

'Fin·ger
['fɪŋər フィンガー] 男 -s/- **1** (手の)指;《複数で》手. dicke⟨zarte⟩ *Finger* 太い指⟨きゃしゃな手⟩. einen ~ breit 指1本分の幅の. der achte ~ 《戯》ペニス. der ~ Gottes《古》神の御手, 神の摂理. der kleine ~ 小指. Mein kleiner ~ hat es mir gesagt.《戯》先刻ご承知だよ, ちゃあんと分かっているのさ.《動詞と》 seine⟨die⟩ *Finger* nach et⟨j⟩³ **aus·strecken** 物⟨人⟩³に手を出す, 食指をのばす. Wenn man ihm den kleinen ~ **gibt**⟨**reicht**⟩, nimmt er gleich die ganze Hand.《話》彼はちょっと甘い顔を見せるとすぐつけあがる. einen bösen⟨schlimmen/wehen⟩ ~ **haben**《話》指を痛めている. klebrige *Finger* haben《話》手癖が悪い. *seine*⟨*die*⟩ *Finger* im Spiel⟨dazwischen⟩ **haben**《話》手を突っこんで(染めて)いる, 一役買っている(bei⟨in⟩ et⁴ 事⁴に). die *Finger* von et³ **lassen**《話》物³に手を出さない(関わらない). *sich*³ die⟨alle [zehn]⟩ *Finger* nach et³ **[ab]lecken**《話》物³が欲しくてたまらない. den ~ auf den Mund ⟨die Lippen⟩ **legen** 指を口にあてる(「静かに!」の合図). den ~ ⟨die *Finger*⟩ auf et⁴ legen 物⁴の欠点などをずばりと突く. krumme⟨lange⟩ *Finger* **machen**《話》盗みを働く. keinen ~ krumm machen《話》何一つしようとしない. *sich*³ nicht [gern] die *Finger* schmutzig machen 自分の手を汚そうとしない. keinen ~ **rühren**《話》指1本動かそうとしない(für j⁴ 人⁴のために). *sich*³ die *Finger* wund **schreiben**《話》手に豆ができるほど書く(mit Gesuchen 申請書を). seine *Finger* in et⁴ **stecken**《話》事⁴に嘴〈はし〉を容れる, ちょっかいを出す. *sich*³ die *Finger* **verbrennen** 指をやけどする;《比喩》やけどをする, 手ひどい目にあう(an⟨bei⟩ et³ 事³で).《前置詞と》 Die Gäste konnte man **an** den *Fingern* abzählen. 客は数えるほどいなかった. Das kannst du dir an den [fünf/zehn] *Fingern* abzäh-

len.《話》それは簡単に分かる(はっきりしている)ことだよ. an jedem ~ eine〈einen〉haben《話》女に〈男に〉えらくモテている, イイ男がたくさんいる. et⁴ an den *Fingern* herzählen《話》物⁴を熟知している, すらすら暗唱できる. **auf** die *Finger* bekommen《話》叱られる. j³ eins auf die *Finger* geben《話》人³にお灸(*)をすえる. j³ auf die *Finger* klopfen《話》人³を叱りつける. j³ auf die *Finger* sehen《話》人³に目を光らせる. et⁴ nicht **aus** den *Fingern* lassen《話》物⁴を手放さない. sich³ et⁴ aus den *Fingern* saugen《話》事⁴をでっちあげる, 捏造(%)する. sich¹ et⁴ **durch** die *Finger* gehen〈schlüpfen〉lassen《話》物⁴(チャンスなど)をとり逃がす. j³〈bei j³〉durch die *Finger* sehen《話》人³に寛大である. j〈et〉⁴ **in** die *Finger* bekommen〈kriegen〉《話》人⁴を捕まえる〈物⁴を偶然手に入れる〉. j³ in die *Finger* geraten〈fallen〉《話》人³の手中に陥る, に籠絡される. et⁴ im kleinen ~ haben《話》事⁴(の事情)によく通じている. sich¹ in den ~ schneiden うっかり指を切る;《比喩》ひどい思い違いをする. et⁴ **mit** spitzen *Fingern* anfassen《話》物⁴を用心して指でつまむ. et⁴ mit dem kleinen ~ machen《話》事⁴を苦もなく(手もなく)片づける. mit dem ~〈[den] *Fingern*〉auf j⁴ weisen〈zeigen〉《話》人⁴を嘲笑(%)う, (にうしろ指を差す. j〈et〉⁴ **um** den [kleinen] ~ wickeln《話》人⁴を意のままに操る. j〈et〉⁴ **unter** die *Finger* bekommen《話》人⁴をたまたま出くわす; j³ unter〈vor/zwischen〉die *Finger* kommen〈geraten〉人³にばったり会う, とっ捕まる; 人⁴(の担当, 受持)に当る. j³ unter den *Fingern* zerrinnen《話》人³の手からどんどん(忽ち)消えていく(金など).
2 手袋の指.
3 指状のもの;《植物》指状果実(バナナなど).
'**Fin·ger·ab·druck** 男 -[e]s/"̈e 指紋. j³ *Fingerabdrücke* abnehmen / von j³ *Fingerabdrücke* machen 人⁴の指紋をとる.
'**fin·ger·breit** 形 指の幅の.
'**Fin·ger·breit** 男 -/- (尺度としての)指幅. [um] keinen ~ / nicht um einen ~ 寸毫も(寸分たりとも)…ない.
'**fin·ger·dick** 形 指の太さの.
'**fin·ger·fer·tig** 形 手先の器用な.
'**Fin·ger·hut** 男 -[e]s/"̈e **1** (裁縫用の)指さし, 指ぬき. ein ~ voll ほんの少量の. **2**《植物》ジギタリス(属).
..**fin·ge·rig** [..fɪŋərɪç]《接尾》数詞・形容詞につけて「…指の」意の形容詞をつくる. drei*fingerig* 3本指の. kurz*fingerig* 指の短い.
'**Fin·ger·kup·pe** 女 -/-n 指先.
'**fin·ger·lang** 形 指長さほどの.
'**Fin·ger·ling** 男 -s/-e **1** (防護用の)指サック. **2** (手袋の)指.
'**fin·gern** ['fɪŋɐrn] 動 ❶ 自 (an et³ 物³を)指でいじくる, (in et³ 物³の中を / nach et³ 物³を探して)指でまさぐる. ❷ 他 **1** 指でひっぱり出す, つまみ出す. **2**《話》(難しいことを)うまく片づける, やっつける. **3**《話》盗む, くすねる.
'**Fin·ger·na·gel** 男 -s/"̈ 指の爪. nicht das Schwarze unter dem〈unterm〉~《話》爪の垢(%)ほどの物も…ない.
'**Fin·ger·ring** 男 -[e]s/-e 指輪.
'**Fin·ger·satz** 男 -es/"̈e《音楽》運指法, 指使い.
'**Fin·ger·scha·le** 女 -/-n フィンガーボール.
'**Fin·ger·spit·ze** 女 -/-n 指先, 指頭. bis in die ~n 指先まで;《話》とことん(まで), 徹頭徹尾. Mir kribbelt es in den ~n.《話》私はいらいらして辛抱できない. Das muss man in den ~n haben.《話》それはセンスが必要だ, それは勘で分からないといけない.
'**Fin·ger·spit·zen·ge·fühl** 中 -[e]s/ (für et⁴ 物⁴に対する)繊細な(鋭敏な)感覚, センス, 勘.
'**Fin·ger·spra·che** 女 -/-n 手話(指ᵎ̈).
'**Fin·ger·übung** 女 -/-en《音楽》指使いの練習, 運指法の訓練, (運指練習用の)練習曲.
'**Fin·ger·zeig** 男 -[e]s/-e 示唆, ヒント. ein ~ Gottes《雅》神の警告.
fin'gie·ren [fɪŋˈgiːrən] 他 (*lat.*) 見せかける, でっちあげる, 捏造(%)する.
fin'giert 過分 形 見せかけだけの, 擬装(狂言)の, 架空の. ein ~er Briefwechsel 架空の往復書簡. unter einem ~ en Namen 偽名(仮名)で. Der Einbruch war ~. その押込み強盗は狂言だった.
'**Fi·nis** ['fiːnɪs] 中 -/ (*lat.*)《無冠詞》終り, 最後. ◆ かつて書物の最後に「完」の意で記した.
Fi·nis'sa·ge [fini'saːʒə] 女 -/-n (↔ Vernissage)(美術展・画廊などの)閉幕(閉館)特別展.
'**Fi·nish** ['fɪnɪʃ] 中 -s/- (*engl.*) **1** (最後の)仕上げ. **2**《スポーツ》(戦いの)最後, 最終段階(局面), ラストスパート.
fi'nit [fi'niːt] 形 (*lat.*)《文法》(↔ infinit) ~es Verb 定動詞.
Fink [fɪŋk] 男 -en/-en **1**《鳥》アトリ(花鶏)科の鳴禽(%) (アトリ・うそ・ほおじろなど). **2**《古》学生組合に所属していない学生.
'**Fink·ler** ['fɪŋklɐ] 男 -s/- 《古》(Vogelfänger) 鳥刺し.
'**Fin·ne**¹ ['fɪnə] 女 -/-n **1**《動物》フィンネ幼虫, 嚢虫(%%̈). **2**《複数で》《医学》小丘疹, 吹出物.
'**Fin·ne**² 女 -/-n《動物》(鮫・鯨の)背鰭(%̈). **2** 金槌の頭の(尖った方).
'**Fin·ne**³ 男 -n/-n フィンランド人. ◆女性形 Finnin 女 -/-nen
'**fin·nig** ['fɪnɪç] 形 **1** 嚢虫(胞虫)症にかかった. **2** 吹出物のできた.
'**fin·nisch** ['fɪnɪʃ] 形 (finnländisch) フィンランド(人, 語)の. ↑deutsch
'**fin·nisch-'ug·risch** 形 ~e Sprachen フィン・ウゴル語派(東欧アジアの膠着語系言語の1分派).
*'**Finn·land** ['fɪnlant フィンラント]《地名》フィンランド(首都 Helsinki).
'**Finn·län·der** ['fɪnlɛndɐr] 男 -s/- フィンランド人(= Finne³); (とくに)スウェーデン語を母語とするフィンランド住民. ◆女性形 Finnländerin 女 -/-nen
'**finn·län·disch** ['fɪnlɛndɪʃ] 形 =finnisch
Finn·lan·di·sie·rung [fɪnlandi'ziːrʊŋ] 女 -/《俗》フィンランド化(大国の庇護下での政治的中立化, 第2次世界大戦後のフィンランドとソ連の関係を評したドイツの政治学者レーヴェンタール R. Löwenthal, 1908-91 の造語).
'**Finn·mark** 女 -/《略 Fmk》フィンランド・マルク(ユーロが導入される以前のフィンランドの通貨単位).
'**Finn·wal** 男 -[e]s/-e《動物》ながすくじら(長須鯨).
*'**fins·ter** ['fɪnstɐr] 形 **1** まっ暗な, 闇の; 黒い, 暗黒の. das ~e Mittelalter 中世の暗黒時代. eine ~e Nacht 闇夜. ~e Wolken 黒雲. Es sieht ~ aus. お先まっ暗だ. im Finster[e]n 暗闇で. im *Finstern*〈~n〉tappen 《比喩》手探り(暗中模索)の状態である. **2** 不機嫌な, 陰うつな. j⁴〈mit ~en Augen〉ansehen 人⁴を険しい目つきでにらむ. ein ~es Gesicht むすっとした顔. **3** 正体不明の, 怪しげな, 胡散くさい. eine ~e Ahnung 暗い予感, 胸さ

わぎ． ein ～*er* Kerl 胡乱(えん)なやつ． ～*e* Pläne よからぬ企み，陰謀．

Fins・ter・ling ['fɪnstərlɪŋ] 男 -s/-e (Dunkelmann) **1** 怪しい(謎の)人物; 黒幕． **2** 《古》反啓蒙主義者．

<u>Fins・ter・nis</u> ['fɪnstərnɪs フィンステルニス] 女 -/-se **1** 闇, 暗闇, 暗黒． die Macht der ～《新約》闇の力 (ルカ 22:53)． eine ägyptische ～《話》まっ暗闇(旧約》出 10:21-22)． **2**《天文》蝕(しょく)． Mond*finsternis* 月蝕． eine partielle〈totale〉～ 部分〈皆既〉蝕．

Fin・te ['fɪntə] 女 -/-n (*it*.) **1**《スポーツ》フェイント． **2** さまし; 策略; 口実, 逃げ口上． **3**《食品》鰊(にしん)．

fin・ten・reich 形 老獪(ろうかい)な, 策士の．

Fips [fɪps] 男 -es/-e《話》**1**（親指と中指で）指をパチンと鳴らすこと;（Nasenstüber）（他人の）鼻先ではじくこと． **2** Meister ～《俳》仕立屋風情(ふぜい)． **3**《地方》風采のあがらぬやつ．

fip・sig ['fɪpsɪç]《話》**1** 風采のあがらぬ． **2** 震えている．

Fi'ren・ze [fi'rɛntsə]《地名》=Florenz（そのイタリア語形）．

Fire・wall ['faɪəwɔːl] 女 -/-s《通信》《コンピュータ》ファイアウォール（ネットワークを不法侵入から守るシステム）．

Fir・le・fanz ['fɪrləfants] 男 -es/-e《俗》**1** がらくた, ごみ（同然の安物）． **2** 馬鹿なまね, 愚かな話． **3**（まれ）馬鹿げたやつ, たわけ．

firm [fɪrm] 形 (*lat*.) in et³ ～ sein 物³に精通している, （に）強い．

<u>Fir'ma</u> ['fɪrma フィルマ] 女 -/.men (*it*.) **1** 商社, 商会, 会社． eine ～ gründen〈leiten〉商社を設立〈経営〉する． Die ～ dankt.《話》いや結構です． in〈bei〉einer ～ arbeiten 商社に勤める． von ～ Klemm〈Klau und Lange〉kommen《戯》手癖の悪いことで有名である． nicht von j² ～ sein（話）人²とは宗旨がちがう． **2**（略 Fa.)《経済》商号, 屋号, 社名． **3**（話）一族, 仲間．

Fir・ma'ment [fɪrma'mɛnt] 中 -[e]s/-e (*lat*.)《雅》天空, 蒼穹(そうきゅう)．

'fir・men ['fɪrmən] 他 (*lat*. firmare, befestigen¹)《カトリック》（人⁴に）堅信を授ける．

'Fir・men ['fɪrmən] 複数 Firma の複数．

'Fir・men・in・ha・ber 男 -s/- 社主, 店主．

'Fir・men・re・gis・ter 中 -s/- 会社（商業）登記簿．

'Fir・men・schild 中 -[e]s/-er 会社（商社）の看板．

'Fir・men・ver・zeich・nis 中 -ses/-se 会社名鑑．

fir'mie・ren [fɪr'miːrən] **❶** 自《商業》商号を名のる, 社名を使用する． Das Unternehmen *firmiert* als Meyer & Co. / Das Unternehmen *firmiert* mit〈unter〉dem Namen Meyer & Co. その企業はマイヤー商会と名のる． **❷** 他（文書などに）社名（商号）を記す．

'Firm・ling ['fɪrmlɪŋ] 男 -s/-e《カトリック》受堅者, 堅信志願者．

'Fir・mung ['fɪrmʊŋ] 女 -/-en 堅信礼（式）．

firn [fɪrn] 形《古》《雅》（ワインが）古い;（積雪が）去年の, 数年前からの．

Firn 男 -[e]s/-e **1** 万年雪． **2**《登山・スキー》万年雪に覆われた山頂; 氷河．

Fir・ne ['fɪrnə] 女 -/- 《農業》（ワインの）熟成, 老熟．

Fir・ner ['fɪrnər] 男 -s/-《南ド・スイス》氷河．

Fir・ne・wein 男 -[e]s/-e《農業》熟成したワイン．

Fir・nis ['fɪrnɪs] 男 -ses/-se (*fr*.) **1** ワニス, 仮漆(かしつ)． **2**《俳》うわべ（の飾り）, みせかけ．

'fir・nis・sen ['fɪrnɪsən] 他（物¹に）ワニスを塗る．

'Firn・schnee 男 -s/- =Firn 1

First [fɪrst] 男 -[e]s/-e **1**（屋根の）棟． **2**《鉱業》天盤（坑道の天井）． **3**《雅》山頂, 尾根, 山の背．

'First・zie・gel 男 -s/- 棟瓦(むながわら)．

fis, Fis [fɪs] 中 -/-《音楽》**1** 嬰ヘ音． **2**（記号）《複数など》fis=*fis*-Moll, Fis=*Fis*-Dur

Fisch

Fisch [fɪʃ フィシュ] 男 -[e]s/-e **1** 魚． faule ～*e*（話）いいかげんな話（嘘）, 逃げ口上． ein fliegender ～ 飛魚(とびうお);《戯》尻軽娘． ein großer〈dicker〉～ 大物, 大立者． [Das sind] kleine ～*e*!《話》大したことじゃないよ, つまらないことじゃないか; そんなことは朝飯前だ． die ～ füttern《戯》船酔いで（手摺から身をのり出して）吐く． kalt wie ein ～ sein / ein [kalter] ～ sein《話》冷たい人間である;（性的に）不感症である． stumm wie ein ～ sein《話》押し黙って口を閉ざしている． wie ein ～ auf dem Trocknen sein《話》陸(おか)にあがった河童(かっぱ)同然である． gesund und munter sein wie ein ～ im Wasser《話》水を得た魚のように元気はつらつと（ぴんぴん）している． Es gibt ～, Fischsuppe.（謎, 子供の問いへの返事, やや古風）お前なんかに教えるもんか． gern〈keinen〉～ essen 魚が好き〈嫌い〉である． Freitags gibt es bei uns ～. 金曜日は私たちの家は魚料理です． [Der] ～ will schwimmen.（話）《俗》魚料理にはワインがつきもの． Das ist weder ～ noch Fleisch.（話）これはなんとも中途半端だ． **3** (a)《複数で》[die] ～*e*《天文》魚座;《占星》双魚宮． im Zeichen der ～*e* geboren sein 魚座の生れである． (b)（話）魚座生れの人． Er ist [ein] ～. 彼は魚座の生れだ． **4**（酒などに）浮いている細かいごみ． **5**《印刷》（活字ケースの違った仕切りに入っている活字． **6**《ジョーク》頭を垂れたパートナーを抱きかかえたポーズ． **7**（船員）パートナー（マストやポンプ用に甲板に開けた穴のぐるりの補強部分）;（とくにヨットの）甲板の中心水．

'Fisch・ad・ler 男 -s/-《鳥》みさご(鶚)．

'Fisch・an・gel 女 -/-n 釣り針．

'fisch・arm 形 (↔ fischreich) 魚の少ない．

'Fisch・au・ge 中 -s/-n **1** 魚(さかな)の目;《比喩》表情のない〈冷たい〉目． **2**《写真》魚眼レンズ．

'Fisch・bein 中 -[e]s/ 鯨ひげ（かつて傘の骨・コルセットなどに使われた）．

'Fisch・be・steck 中 -[e]s/-e 魚料理用のナイフとフォーク．

'Fisch・bla・se 女 -/-n **1** 魚の浮袋, 気胞． **2**《彫刻》（ラテーヌ期 Latène-Zeit のケルト族芸術に見られる）渦巻装飾, 火炎装飾;《建築》フランボワイヤン様式（後期ゴシック建築のトレーサリーによく用いた火炎状装飾）．

'Fisch・blut 中 -[e]s/ 魚の血． ～ in den Adern haben 人間が冷たい．

'Fisch・bra・te・rei 女 -/-en（フライなど簡単なものしか出さない）魚料理店．

'Fisch・brut 女 -/-en =Fischlaich

'Fisch・damp・fer 男 -s/- 遠洋漁業用汽船,（大型）トロール船．

***'fi・schen** ['fɪʃən フィシェン] **❶** 他 田 魚（魚介類）を獲る, 漁をする． ～ gehen 漁に出かける． auf Kabeljau〈隠〉鱈(たら)漁をする． im Trüben《俗》どさくさまぎれにうまくやる． einen Ball ～（サッカーで）ボールをさっと取る．

❷ 他（話）ひき〈すくい〉あげる, ひっぱり出す． eine Leiche aus dem See〈eine Münze aus der Tasche〉~ 湖から死体をひき揚げる〈ポケットから硬貨をつまみ出す〉. Dabei ist nichts zu ~.《話》そいつは何の得にもならない.《再帰的に》sich³ ein Mädchen ~ 女の子をひっかける(ものにする). sich³ ein paar geeignete Nägel aus dem Kasten ~ 箱から適当な釘を2·3本より出す. sich³ die [besten] Brocken〈Stücke〉[aus der Suppe] ~ 一番いいところを取る, 一番いいものを選ぶ. ❸ 自《話》(nach et³ 物³を捜す, さぐる(in et³ 物³の中に手をいれて)). in der Tasche nach ein paar Münzen ~ 小銭はないかとポケットの中をさぐる. nach Komplimenten ~ 無理にお世辞を言わせようとする.

*'**Fi·scher** ['fɪʃər フィシャー] 男 -s/- **1** 漁師, 漁夫. **2**《話》釣りをする人.

'**Fi·scher·boot** 中 -[e]s/-e (小型の)漁船; 釣船.

Fi·sche'rei [fɪʃə'raɪ] 女 -/-en 魚とり, 魚釣り; 漁業, 水産業.

'**Fi·sche·rei·ge·wäs·ser** 中 -s/- 漁業水域.

'**Fi·sche·rei·ha·fen** 男 -s/⁼ 漁港.

'**Fi·sche·rei·recht** 中 -[e]s/【法制】漁業権; 漁業法.

'**Fi·scher·netz** 中 -es/-e 漁網.

'**Fisch·fang** 男 -[e]s/⁼e 漁, 漁撈; (漁の)獲物, 漁獲. auf ~ gehen 漁に出る.

'**Fisch·ge·richt** 中 -[e]s/-e 魚料理.

'**Fisch·ge·schäft** 中 -[e]s/-e 魚店.

'**Fisch·grat** ❶ 中 -s/-s《ふつう無冠詞で》【紡織】=Fischgrätenmuster ❷ 男 -s/-s【紡織】杉綾織の布地.

'**Fisch·grä·te** 女 -/-n 魚の小骨, 鰭(ひれ);《話》硬骨魚のあばら骨.

'**Fisch·grä·ten·mus·ter** 中 -s/-【紡織】杉綾織, ヘリンボーン.

'**Fisch·händ·ler** 男 -s/- 魚屋.

'**fi·schig** ['fɪʃɪç] 形 魚のような, 魚の味のする. 生ぐさい;《比喩》(目などが)冷たく据わった.

'**Fisch·laich** 中 -[e]s/-e 魚の卵.

'**Fisch·leim** 男 -[e]s/-e 魚膠(にべ).

'**Fisch·lei·ter** 女 -/-n 魚梯(ダムなどにつくられた魚の水路).

'**Fisch·markt** 男 -[e]s/⁼e 魚市場.

'**Fisch·mehl** 中 -[e]s/-e 魚粉.

'**Fisch·ot·ter** 男 -s/-【動物】かわうそ(川獺).

'**fisch·reich** 形 (↔ fischarm) 魚のたくさんいる.

'**Fisch·rei·her** 男 -s/-【鳥】(灰色)あおさぎ(青鷺).

'**Fisch·ro·gen** 男 -s/-【魚のはらこ, 鯔(からすみ).

'**Fisch·schup·pe** 女 -/-n 魚の鱗(うろこ).

'**Fisch·spei·se** 女 -/-n **1** 魚料理. **2** 魚のえさ.

'**Fisch·teich** 男 -[e]s/-e 養魚池.

'**Fisch·tran** 男 -[e]s/-e 魚油, 肝油.

'**Fisch·trep·pe** 女 -/-n (Fischleiter) 魚梯.

'**Fisch·ver·gif·tung** 女 -/-en 魚による食中毒(しょくちゅうどく).

'**Fisch·wirt** 男 -[e]s/-e 漁師, 漁業(水産業)者. ◆ 1973 以来↑Fischer 1 に対する公式の職業名として使用されている.

'**Fisch·zucht** 女 -/-en 魚の養殖, 養魚.

'**Fisch·zug** 男 -[e]s/⁼e **1** (魚の)網引き. **2**《話》ボロい儲け話.

'**Fis-Dur** ['fɪsduːr, '-'-] 中 -/【記号 Fis】【音楽】嬰ヘ長調.

Fi·si·ma'ten·ten [fizima'tɛntən] 複《話》(lat.) **1** 言いのがれ, 口実. Mach nicht so viel ~!ぐずぐず言うな. **2** 馬鹿げた考え.

fis'ka·lisch [fɪs'kaːlɪʃ] 形 (lat.)《述語的には用いず》国庫の.

'**Fis·kus** ['fɪskʊs] 男 -/-Fisken [..kən] (Fiskusse) (lat.)《複数まれ》【法制】**1** 国庫;(財産権の主体としての)国. **2** (州·税務署·郵便局などの)財務部.

'**fis-Moll** ['fɪsmɔl, '-'-] 中 -/【記号 fis】【音楽】嬰ヘ短調.

Fi'so·le [fi'zoːlə] 女 -/-n《南ドイツ》いんげんまめ(隠元豆).

'**fis·pe·lig** ['fɪspəlɪç] 形《地方》落着かない, せかせかした, そわそわした, いらいらした.

'**fis·peln** ['fɪspəln] 自《地方》せかせかと働く(走りまわる), そわそわ(いらいら)している.

'**fis·pern** ['fɪspərn] 他 自《古》《地方》= wispern

'**fisp·lig** ['fɪsplɪç] 形 = fispelig

'**Fis·tel** ['fɪstəl] 女 -/-n (lat.) **1**【医学】瘻(ろう), 瘻孔, 瘻管. **2** (Fistelstimme) 裏声.

'**fis·teln** ['fɪstəln] 自 裏声で歌う(話す).

'**Fis·tel·stim·me** 女 -/-n【音楽】裏声, ファルセット. **2**《話》(男の)妙に高く細い声.

fit [fɪt] 形 (engl.)《述語的用法のみ》《話》(スポーツ選手が)調子のよい, 体調がよい.

'**Fit·ness**, °'**Fit·neß** ['fɪtnɛs] 女 -/ (engl.) (とくにスポーツ選手について)好調, 元気.

'**Fit·tich** ['fɪtɪç] 男 -[e]s/-e《雅》翼. j¹ unter seine ~e nehmen 人⁴の面倒をみる, (の)世話をする.

'**Fit·ting** ['fɪtɪŋ] 中 -s/-s (engl.)《ふつう複数で》【工学】(ガス管·水道管などの)継ぎ手, ジョイント.

Fitz [fɪts] 男 -es/《話》**1** (糸·毛髪などの)もつれた玉;《比喩》混乱, 紛糾. **2** 心急き(こころいそぎ), 気苦労. seinen ~ haben 気がもめる, やきもきする(bei;mit) et¹ 事¹のことで). ~ kriegen いらいらさせられる.

'**Fitz·chen** ['fɪtsçən] 中 -s/-《Fitze の縮小形》《話》切れ端, かけら, ほんの僅か(の...). Es ist nicht ein ~ übrig. ほんのひとかけらも残っていない.

'**Fit·ze** ['fɪtsə] 女 -/-n **1** つむぎ糸の束, 綛(かせ). **2** (芝)しなやかな若枝(若枝を束ねた)笞(しもと). **3**《南ドイツ》皺(しわ). **4** 殴打, ぶつこと.

fix¹ [fɪks] 形 (fr.) **1**《比較変化なし》固定(定着)した, 不変(不動)の, 永続的な. ein ~es Gehalt 固定給. ~e Idee 固定観念. ~e Preise 定価. Er ist ~ angestellt.《古》彼は常雇いだ. **2**《話》すばやい, 機敏な, すばしこい. Mach ~!早くしないか. **3** ~ und fertig sein《話》準備万端ととのっている; 仕上がって(できあがって)いる; へとへとである. Ich bin mit Packen ~ und fertig. 私はすっかり荷造りを終えた. j¹ ~ und fertig machen 人⁴をくたくたにさせる; (を)すっからかん(一文無し)にする. nicht [ganz] ~ sein《地方》《俗》少々おつむがおかしい.

fix² 《感嘆》(Kruzifix の短縮) Fix!くそっ, 畜生め.

'**Fi·xa** ['fɪksa] Fixum の複数.

'**Fi·xa·tiv** [fɪksa'tiːf] 中 -s/-e[..va] (fr.) (絵画·写真などの)定着液(剤), 固定液(剤), 色留め剤;(整髪用の)セットローション.

'**fi·xen** ['fɪksən] 自 (engl.) **1**【金融】(株で)空売りをする. **2**《話》麻薬をうつ. sich¹ zu Tode ~ 麻薬のうちすぎで死ぬ.

'**Fi·xer** ['fɪksər] 男 -s/- **1**【金融】(株の)投機家, 空売りする人. **2**《話》麻薬常習者.

Fi'xier·bad [fɪ'ksiːr..] 中 -[e]s/⁼er【写真】定着浴.

fi'xie·ren [fɪ'ksiːrən] 他 (fr.) **1** (期日を)定める; (契約などを)確定する文書をつくる. **2** 留める(ピンなどで);【医学】(骨折を, また顕微鏡標本用に生体組織を)固定する. **3** (髪型を)セットする; (絵画などを)色留め

する;〖写真〗定着する. **4** 〖ｽﾎﾟｰﾂ〗(ある重量を)挙げて静止する,クリアする;〖ﾚｽﾘﾝｸﾞ〗(相手を)ﾛｯｸする,固める. **5** 見つめる,凝視する,見据える.
❷ 再 **(sich)** **1** 〖心理〗(auf et⟨j⟩⁴ 物⟨人⟩に)固着する. anal⟨oral⟩ fixiert sein 肛門期⟨口唇期⟩の行動パターンをもつ. **2** (auf et⁴ 物⁴に)心を奪われる,執心する.

Fi·xier·mit·tel 中 -s/- 〖芸術〗=Fixativ
Fi·xie·rung [fi'ksiːrʊŋ] 女 -/-en〖複数まれ〗確定,固定,確定;注視.
'Fix·punkt 男 -[e]s/-e 基点,基準点;〖測量〗水準点;〖物理〗(氷点・沸点などの)定点;〖数学〗不動点;〖ｺﾝﾋﾟｭｰﾀ〗チェックポイント.
'Fix·stern 男 -[e]s/-e 〖天文〗恒星.
Fi·xum ['fɪksʊm] 中 -s/Fixa ['fɪksa] (lat.) 固定給.
'Fix·zeit 女 -/-en (フレックスタイム制の)固定勤務時間帯,コアタイム.
Fizz [fɪs] 男 -[es]/-e (engl.) フィーズ(ジン・フィーズなど).
Fjord [fjɔrt] 男 -[e]s/-e[ˈfjɔrdə] (norw.) フィヨルド.
FKK [ɛf kaːˈkaː] (略) =Freikörperkultur
fl., Fl. (略)=Florin
*__**flach** [flax] フラハ] 形 **1** 平らな,平たい,平担な. ein ~es Gelände 平地. auf der ~en Hand 手の平に. Es liegt auf der ~en Hand. それは明々白々(分かりきったこと)だ. mit der ~en Klinge schlagen 刀の腹で打つ. auf dem ~en Land wohnen 郊外に住む. sich⁴ ~ (für⁴) auf den Boden werfen (…の為に)床に平伏する. ein ~es A 舌の裏の字になる,長々とのびる. **2** 低い,ぺちゃんとした. Schuhe mit ~en Absätzen ヒールの低い靴. ein ~es Dach 陸(ﾛｸ)屋根. ein ~er Hügel なだらかな丘. eine ~e Nase 低い鼻. **3** (底の)浅い. eine ~e Stelle im Fluss 流れの浅瀬. ein ~er Teller 平皿. ~ atmen 呼吸が浅い. Der Wein schmeckt ~. このワインはこく(味に深み)がない. **4** 平板な,皮相な,浅薄な. ein ~es Buch 中身のない本. ein ~er Mensch 薄っぺらな人間. eine ~e Unterhaltung つまらないおしゃべり. ein ~es Urteil 浅はかな判断.
..flach [..flax] (接尾) 数詞・形容詞につけて「…面体」の意の中性名詞(-[e]s/-e)をつくる. Sechsflach 六面体. Vielflach 多面体. ◆↑..flächner
'Flach·bau 男 -[e]s/-ten 〖建築〗低層建築(地上部分が2階までの建物).
'Flach·dach 中 -[e]s/..dächer 〖建築〗陸(ﾛｸ)屋根,平屋根.
'Flach·druck 男 -[e]s/-e〖印刷〗平版(印刷);平版の印刷物.
*__**Flä·che** ['flɛçə フレヒェ] 女 -/-n **1** (物体の)面,表面. Oberfläche 表面. Schnittfläche 切断面. **2** 地面,平地. Anbaufläche 耕地(面積). Grünfläche 緑地. **3** 〖数学〗平面. die ~ eines Dreiecks berechnen 三角形の面積を計算する.
'Flach·ei·sen 中 -s/-〖工学〗**1** 平(ﾋﾗ)鉄. **2** (石工用)平たがね.
'Flä·chen·ein·heit 女 -/-en 面積単位.
'flä·chen·haft 形 **1** 平面状の,平たい. **2** (話まれが)平面的な.
'Flä·chen·in·halt 男 -[e]s/-e 〖幾何〗面積.
'Flä·chen·maß 中 -es/-e 〖幾何〗面積測定の単位,平方積.
'flach|fal·len* 自 (s) (話) **1** とりやめ(中止)になる,お流れ(おじゃん)になる. **2** 問題にならない,論外である.
'flach ge·drückt, 'flach ge·drückt 形 (副詞的には用いない)ぺちゃんこに押しつぶされた.

'Flach·glas 中 -es/ 〖工学〗(Tafelglas) 板ガラス.
'Flach·heit 女 -/-en **1**〖複数なし〗平担さ. **2** 平板,皮相,浅薄.
'flä·chig ['flɛçɪç] 形 平たい,平面的な.
'Flach·kopf 男 -[e]s/..ö̈pfe (俗)浅はかなやつ,馬鹿,まぬけ. **2** 〖魚〗鯒(ｺﾁ).
'Flach·küs·te 女 -/-n〖地理〗(↔ Steilküste) 浜.
'Flach·land 中 -[e]s/〖地理〗平地,平野,低地.
'flach|lie·gen* 自 (h, s) (病気で)寝込んでいる.
'Flach·mann 男 -[e]s/..ä̈nner 〖戯〗(ポケット携帯用の)薄型ウィスキー入,(薄型)ポケット瓶. **2** einen ~ bauen (話)死ぬ.
..flächner [..flɛçnɐr] (接尾) 数詞・形容詞につけて「…面体」の意の男性名詞(-s/-)をつくる. Vierflächner 四面体. Vielflächner 多面体. ◆↑..flach
'Flach·re·li·ef [..rəˌli̯ɛf] 中 -s/-s 〖彫刻〗(↔ Hochrelief) バッソ・リリェーヴォ,低浮彫,浅浮彫,薄肉彫.
'Flach·ren·nen 中 -s/-〖陸上競技〗〖馬術〗(障碍物なしの)平地競走,フラットレース.
Flachs [flaks] 男 -es/ **1** 亜麻の繊維. **2** (話) からかい,冗談,ふざけ. ~ machen ふざける,冗談を言う. ohne ~ 冗談抜きで.
'flachs·blond 形 (髪の)亜麻色の.
'Flachs·bre·che 女 -/-n 亜麻砕(ｸ)き機.
'flach·sen ['flaksən] 自 (話)(mit j³ 人³を)からかう.
'fläch·sen ['flɛksən], **'fläch·sern** ['flɛksərn] 形 **1** 亜麻でできた. **2** 亜麻色の.
'Flachs·haar 中 -[e]s/-e 亜麻色の髪.
'Flachs·kopf 男 -[e]s/..ö̈pfe 亜麻色の髪の子供.
'Flachs·zan·ge 女 -/-n 平やっとこ,ブライア.
'Flach·zie·gel 男 -s/- 平瓦.
'fla·cken¹ ['flakən] 自 (南ｼﾞ) だらだらしている,ぼんやり(所在なげに)している.
'fla·cken² [('古) =flackern
'fla·cke·rig ['flakərɪç] 形 (火・光が)チラチラする;(目つきなどが)落着かない.
'fla·ckern ['flakərn] 自 **1** (光・火が)ゆらめく,ちらつく;点滅する. **2** (雅) (目などが)不安げに(せわしなく)動く.
'flack·rig ['flakrɪç] 形 =flackerig
'Fla·den ['flaːdən] 男 -s/- **1** パンケーキ;〖地方〗(パンやケーキの)大きな1切れ. **2** (a) 平べったく丸い(柔らかい)塊り. (b) (Kuhfladen) 牛の糞.
'Fla·der¹ ['flaːdər] 女 -/-n 木目(ﾓｸﾒ), 年輪.
'Fla·der² 男 -s/-〖植物〗かえで(属).
Fla·gel·lant [flageˈlant] 男 -en/-en (lat.) **1** 〖ｷﾘｽﾄ教〗鞭打ちにあう罪(中世には自分の罪を悔みるため自己を鞭打ちながら町々を行列した狂信的苦行僧). **2** 〖医学・心理〗(性的倒錯の)鞭打ち愛好家.
Fla·gel·lan·ten·tum [..tantuːm] 中 -s/ 〖ｷﾘｽﾄ教〗鞭打ち苦行.
Fla·gel·lan·tis·mus [..lanˈtɪsmus] 男 -/ 〖医学・心理〗鞭打ち性欲症.
Fla·gel·lum [flaˈgɛlʊm] 中 -s/..gellen [..lən] (lat.) **1** 〖生物〗鞭毛. **2** (古代ローマで)奴隷を打つ鞭;(現代では)鞭打ち愛好家の使う鞭. **3** 〖歴史〗(中世の)分銅つき鎖根棒.
Fla·geo·lett [flaʒoˈlɛt] 中 -s/-s(-e) (fr.) 〖楽器〗**1** フラジョレット(フルートの一種). **2** (オルガンの)フルート音栓. **3** (弦楽器・ハープの)フラジョレット音.
'Flag·ge ['flagə] 女 -/-n (engl.) 旗,(とくに)船旗. die ~ auf halbmast setzen⟨aufziehen⟩ 半旗をあげる. die ~ streichen 旗を降ろす(巻く),降伏する(vor

flaggen 494

j³ 人³に対して). ～ zeigen 旗色を明らかにする, 旗幟(⁽ᵁ⁾)を鮮明にする. Das Schiff fährt unter japanischer ～. その船は日本国旗を掲げて航行している. unter falscher⟨fremder⟩ ～ segeln 正体を偽る, 人目をあざむく.

'flag·gen ['flagən] 他 旗を掲げる.

'Flag·gen·al·pha·bet 由 -[e]s/《海事》旗旒(⁽ᵁ⁾)信号文字.

'Flag·gen·gruß 男 -es/¨e《海事》(船舶間の)旗による敬礼.

'Flag·gen·pa·ra·de 女 -/-n 国旗掲揚(降納)式.

'Flagg·of·fi·zier ['flak..] 男 -s/-e《軍事》海軍将官, 提督(座乗艦に将官旗を掲げる資格をもつ).

'Flagg·schiff 由 -[e]s/-e《軍事》旗艦(将官旗を掲げた司令官の座乗艦).

fla'grant [fla'grant] 形 (*lat.*) 明白な, 顕著な, 紛れもない.

Flair [flɛːr] 由 -s/ (*fr.*) **1** 雰囲気, 空気, ムード. sich¹ mit einem weltmännischen ～ umgeben 社交的な雰囲気を漂わせている. **2**《⁽ᵁ⁾》第六感, 勘.

Flak [flak] 女 -/-[s]《軍事》《略》**1** =Flugabwehrkanone **2** =Flakartillerie

'Flak·ar·til·le·rie 女 -/-n[..riːən]《軍事》高射砲(高角砲)部隊.

Fla'kon [fla'kõː] 由 (男) -s/-s (*fr.*) (香水・気付け薬などを入れる)ガラスの小瓶.

Flam'beau [flã'boː] 男 -s/-s (*fr.*) **1** (枝付き)大燭台. **2**《古》松明(⁽ᵁ⁾).

'Flam·berg ['flambɛrk] 男 -[e]s/-e (*fr.*) フラムベルク(諸刃(⁽ᵁ⁾)がともに波状をした両手で使う大刀).

Flam·bo'yant [flãboa'jãː] (*fr.*) ❶ 形 -s/ **1**《建築》フランボワイヤン様式(15-16世紀後期ゴシック建築のトレサリーに見られる火炎模様). **2**《服飾》火炎織り(とくに絹織物の). ❷ 男 -s/-s《植物》ほうおうぼく(鳳凰木).

Flam·bo'yant·stil 男 -[e]s/《建築》=Flamboyant ❶ 1

'Fla·me ['flaːmə] 男 -n/-n フラマン人(フランドル地方のゲルマン系住民).

Fla'men·co [fla'mɛŋko] 男 -[s]/-s (*sp.*)《音楽》フラメンコ(スペインのアンダルシア地方のジプシー音楽とその舞踊).

'Flä·ming ['flɛːmɪŋ]《地名》フレーミング(ベルリーンの南西, エルベ川中流にある連山地帯).

Fla'min·go [fla'mɪŋgo] 男 -s/-s (*sp.*)《鳥》フラミンゴ.

'flä·misch ['flɛːmɪʃ] 形 フラマン(人, 語)の. ↑ deutsch

***Flam·me** ['flamə フラメ] 女 -/-n (*lat.*) **1** 炎, 火焰(⁽ᵁ⁾). die ～n der Hölle 地獄の業火(⁽ᵁ⁾). ein Opfer der ～n werden/den ～n zum Opfer fallen《雅》焼け落ちる, 焼失する; 火に巻かれて死ぬ. einen Toten den ～n übergeben《雅》死者をだびに付す. in ～n aufgehen 火がつく, 燃えだす, 灰燼(⁽ᵁ⁾)に帰する. in ～n geraten 燃えだす. et⁴ in ～n setzen 物⁴を燃やす. [hellen] ～n stehen 赤々と燃えている; 恋の炎に身を焦(⁽ᵁ⁾)がしている. **2** ガスこんろの火; (ガス器具の)火口(⁽ᵁ⁾). ein Gasherd mit zwei ～n こんろ2個付きのガスレンジ. auf kleiner ～ kochen 弱い火で煮る; つましく暮す. **3**《雅》激情, 炎のような(...). die ～n des Zorns 怒りのほむら. **4**《話》恋人, 愛人(女性をさす). **5**《ふつう複数で》《猟師》(雷鳥類の雄の)赤い眉幕.

'flam·men ['flamən] ❶ 自 **1**《雅》めらめら(真っ赤に)燃える, 炎を上げる. **2** 炎のように(燃えるように)輝く. **3** 炎(顔)が紅潮する; (目が)きらきら輝く. ❷ 他 j³ eine ～《話》人³に平手打を食らわす.

'fläm·men ['flɛmən] 他 **1** (鳥の)毛焼きをする. **2**《工学》(圧延板の表面のキズを)焼き切る.

'Flam·men·au·ge 由 -s/-n《雅》燃えるような目.

'flam·mend 形 燃えるような, 炎のように赤い; 熱的な, 熱狂的な. *Flammendes Herz*《植物》けんまんそう(華鬘草). eine ～e Rede halten 舌端(⁽ᵁ⁾)火を吐くような演説をする.

'Flam·men·meer 由 -[e]s/-e《雅》火の海.

'Flam·men·schwert 由 -[e]s/-er =Flamberg

'Flam·men·tod 男 -[e]s/《雅》焼死.

'Flam·men·wer·fer 男 -s/-《軍事》火炎放射器.

'Flam·men·zei·chen 由 -s/- =Feuerzeichen 3

'Flam·me·ri ['flaməri] 男 -s/-s (*engl.*)《料理》フランメリ(プリン・ブラマンジュに似た菓子).

'flam·mig ['flamɪç] 形 火炎模様の.

'Flamm·punkt ['flam..] 男 -[e]s/-e《記号 FP》《化学》=Entflammungspunkt

'Flamm·rohr 由 -[e]s/-e《工学》(ボイラーの)炎管.

'Flan·dern ['flandərn]《地名》フランドル(オランダ南西部, ベルギー・フランス北部にまたがる北海沿岸地方).

'fland·risch ['flandrɪʃ] 形 フランドルの.

Fla'nell [fla'nɛl] 男 -s/-e (*fr.*)《紡織》フランネル.

Fla'nell·len [fla'nɛlən] 形《付加語的用法のみ》フランネル(製)の.

Fla'neur [fla'nøːr] 男 -s/-e (*fr.*) ぶらぶら歩く(ほっつき歩く)人, ぶらつく人.

fla'nie·ren [fla'niːrən] 自 (*fr.*) (h, s) ぶらつく, ぶらぶら歩く, ほっつき歩く.

'Flan·ke ['flaŋkə] 女 -/-n (*fr.*) **1** (動物の)脇腹, 横腹; 《雅》(部隊の)側面, 翼. **2**《まれ》横(脇)の方, 側面. **3**《工学》(歯車の)歯側, フランク;《登山》フランケ, 山腹. **4**《平行棒・鞍馬》体側跳越し, フランク・ヴォールト; 《⁽ᵁ⁾》センタリング, クロス(ボール); 《⁽ᵁ⁾》フランカー; 《⁽ᵁ⁾》シュルファス・ヴァラブル, 有効面. 《球技》(チームの)ウィング, (コートの)サイド.

'flan·ken ['flaŋkən] 自 (体操で)体側跳越しをする; (球技で)ボールをセンターへやる.

flan'kie·ren [flaŋ'kiːrən] 他 (*fr.*) **1** (人⁴ 物⁴の)横に立つ, 横について歩く, 側面をガードする. *flankierende Maßnahme* 補助措置(手段). **2**《軍事》側面から掩護する, (駒を)側面に展開する.

Flansch [flanʃ] 男 -[e]s/-e《工学》フランジ, つば, 輪ぶち.

'flan·schen ['flanʃən] 他《工学》(管・回転軸などに)フランジをつける.

'Flap·pe ['flapə] 女 -/-n《中部⁽ᵁ⁾・北⁽ᵁ⁾》(むくれて)突き出した下唇, ひん曲げた口. eine ～ ziehen (むくれて)口をひん曲げる, ふくれっ面をする.

'Flap·per ['flɛpər] 女 -s/- (*engl.*) おてんば娘, はねっ返り, フラッパー.

Flaps [flaps] 男 -es/-e《話》無作法な(粗野な)若造.

'flap·sig ['flapsɪç] 形《話》無作法な, 乱暴な.

'Fla·Ra·ke·te ['fla.rakeːtə] 女 -/-n《略》《軍事》=Flugabwehrrakete

'Fläsch·chen ['flɛʃçən] 由 -s/- ⟨Flasche の縮小形⟩ 小さな瓶.

'Fla·sche ['flaʃə フラシェ] 女 -/-n **1** 瓶; (とくに)酒瓶, 哺乳瓶, ガスボンベ. eine ～⟨drei ～n⟩ Bier

ビール1本〈3本〉. eine mit Sauerstoff gefüllte ~ 酸素ボンベ. einer ~ den Hals brechen《戯》酒瓶の封を切る(栓を抜く). dem Kind die ~ geben 子供に哺乳瓶でミルクを呑ませる. Wein auf ~*n* ziehen〈樽の〉ワインを瓶詰めする. aus der ~ trinken らっぱ呑みをする. zu tief in die ~ gucken〈schauen〉《戯》ちょいと酒を過ごす, 大いにきこし召す. et¹ in ~*n* verkaufen 物を瓶売りする. ein Kind mit der ~ großziehen 子供を哺乳瓶のミルク(人工栄養)で育てる. oft〈immer wieder〉zur ~ greifen 呑み助である, アル中である. 3 《工学》滑車, せみ. 3 《古》びん, 平手打ち. 4 《話》へたくそ, くず, 役立たず. So eine ~! なんてだめな(不細工な)やつだ.

Fla·schen·bier 中 –[e]s/-e (↔ Fassbier) 瓶詰ビール.

Fla·schen·gas 中 –es/-e (ボンベに詰めた)圧縮ガス.

Fla·schen·hals 男 –es/-e 1 瓶の頸(_{くび}). 2 《話》隘路(_{あいろ}).

Fla·schen·kind 中 –[e]s/-er 人工栄養児.

Fla·schen·kür·bis 男 –ses/-se《植物》ひょうたん.

Fla·schen·öff·ner 男 –s/- (瓶の)栓抜き.

Fla·schen·post 女 –/ (難破船などから海中に投げられる)瓶に入れられた通信.

Fla·schen·zug 男 –[e]s/-e《工学》滑車装置, プーリー.

Flasch·ner ['flaʃnər] 男 –s/- 1 ブリキ缶製造工. 2 《南ジ,オ》ブリキ工, 鉛管工.

Flash [flɛʃ] 男 –s/-s (engl.) 1 《映画》カットバック, フラッシュバック. 2 《俗》麻薬が効いてきた瞬間(状態). 3 《新聞·ビ·テ》速報. 4 フラッシュ·ライト.

Flat·ter·geist ['flatər..] 男 –[e]s/-er 《話》落ち着きのない人, 気まぐれ(移り気)な人.

flat·ter·haft 形《侮》落ち着きのない, 気まぐれ(移り気)な; 軽佻浮薄な.

Flat·ter·haf·tig·keit 女 –/ 落ち着きのなさ, 気まぐれ, 移り気; 軽佻浮薄.

Flat·te·rie [flatəˈriː] 女 –/-n [..ˈriːən] 《古》(Schmeichelei) お世辞, 追従(_{ついしょう}).

flat·te·rig ['flatərɪç] 形 1 《侮》落ち着きのない, 気まぐれ(移り気)な. 2 興奮した, 神経質な, いらいらした. 3 《脈拍などが》不規則な, 不整な.

flat·tern ['flatərn] 自 (h, s) 1 (s) 《蝶がひらひら飛ぶ》; 《鳥がばたばたと飛ぶ》; 《風に吹かれて》舞 い飛ぶ. Eine Einladung ist mir heute auf den Tisch *geflattert*. 《話》思いがけなく招待状が今日私のところに舞いこんだ. 2 (h, s) 《鳥が》羽ばたく. 3 (h) 《旗·洗濯物などが》はためく, ひるがえる. mit *flatterndem* Haar 風に髪をなびかせて. 4 (h) 《手·指が》ゆれる(神経質に)動く; 《脈搏·心臓が》早く打つ; 《唇·まぶたなどが》びくびくと震える. Ihre Stimme *flatterte*. 彼女の声はわなわなと震えた. 5 (h) 《車輪などが》がたつく, 横揺れする.

Flat·ter·sinn 男 –[e]s《まれ》移り気.

flat·tie·ren [flaˈtiːrən] 他《古》j²〈まれ j³〉 ~ j³にお世辞を言う, 媚びる, へつらう.

flatt·rig ['flatrɪç] 形 = flatterig

flau [flau] 形 1 弱々しい, 力のない; にぶい, 冴えない, くったりした, 気抜けした; 《地方》(味)の気の抜けた, 風味のない. ~ Farben (混じり合って)くすんだ色. Das Negativ ist ~《写真》このネガは露出不足だ. Der Wind wird *flauer*. 風が凪(_な)ぐ. Ich fühle mich ~ [zumute]. 《話》私はふらふらだ(空腹なども). Mir ist ~ im Magen.《話》私は胃の調子がおかしい.

2 《商業》景気の悪い, 商売が不振の. ~*e* Börse 閑散とした株式市場. Die Geschäfte gehen ~. 商(_{あきな})いが振わない. In meinem Geldbeutel sieht es ~ aus.《話》私は懐(_{ふところ})具合が思わしくない.

Flau·bert [floˈbɛːr] 《人名》Gustave ~ ギュスターヴ·フロベール(1821-80, フランスの小説家).

Flau·heit ['flauhait] 女 –/ 1 弱々しさ, 無気力, 精彩の無さ, だ(れること); 疲労, 倦怠; ぼやけ, かすみ. ein Gefühl von ~ im Magen verspüren 胃が重く感じる. 2《商業》不景気, 不況.

Flaum¹ [flaum] 男 –[e]s/ (Flomen) 豚の腹および腎臓の脂肪.

Flaum² 男 –[e]s/ (lat.) 1 産毛(_{うぶげ}), 和毛(_{にこげ}), 綿毛; (若者の)うぶひげ. 2 《解剖》綿毛(_{めんもう}).

Flau·ma·cher 男 –s/- 《侮》何かにつけてけちをつける人, 興醒めなことを言う(する)やつ.

flau·mig ['flaumɪç] 形《綿毛のように》柔らかい, ふんわりした.

Flaus [flaus] 男 –es/-e《古》= Flausch

Flausch [flauʃ] 男 –es/-e 1 《複数なし》《紡織》梳毛(_{そもう})織物, フリース. 2 フリースのもの.

flau·schig ['flauʃɪç] 形 フリースのように柔らかな.

Flau·se ['flauzə] 女 –/-n 《多く複数で》《話》1 馬鹿話, たわごと, 痴話ばなし. 2 逃口上. Mach keine ~*n*! いいかげんなことを言うな.

Flau·te ['flautə] 女 –/-n 1 《船員》凪(_{なぎ}). 2 《商業》不景気, 不況. 3 不調, 成績不振, スランプ.

Fläz [flɛːts] 男 –es/-e《侮》無作法者, 粗野なやつ.

flä·zen ['flɛːtsən] 再 (sich)《侮》だらしなく座っている; どたりと腰を下ろす.

Fleb·be ['flɛbə] 女 –/-n 1《隠》身分証明書. 2《話》紙幣, お札(_{さつ}).

Flech·se ['flɛksə] 女 –/-n (とくに動物の)腱, すじ.

flech·sig ['flɛksɪç] 形 腱(すじ)の多い.

Flech·te ['flɛçtə] 女 –/-n 1《雅》編んだ髪, お下げ. 2《植物》地衣類. 3《病理》苔癬(_{たいせん}); (水)疱疹(_{ほうしん}); 《総称として》発疹性皮膚病.

flech·ten* ['flɛçtən] 他 flocht, geflochten / du flichtst, er flicht 他 1 (a) 編む, 組む, 綴(_{つづ})る. das lange Haar in Zöpfe〈zu Zöpfen〉~ 長い髪をお下げに編む. sich³ Perlenschnüre ins Haar ~ 真珠の紐を髪に編み込む. Wolle zu einer Kordel ~ 毛糸で組紐をつくる. j¹ aufs Rad ~《歴史》人¹を車刑に処する. (b) 編んで(組んで, 綴って)つくる. aus Stroh einen Korb ~ 麦藁(_{むぎわら})で籠(_{かご})を編む. j(sich³) die Zöpfe ~ 人³の頭をお下げにしてやる〈自分の頭をお下げに結う〉. 2 (注釈·引用などを)織込む(in eine Rede 演説の中に).

Flecht·werk ['flɛçt..] 中 –[e]s/ 1 編み細工. 2《土木》(築堤の下地にする)粗朶(_{そだ})束, 柴垣. 3《建築》(a) 木舞(_{こまい}). (b) 組合せ帯(飾).

***Fleck** [flɛk フレク] 男 –[e]s/-e 1《話》(特定の)場所, 地点, 箇所. Ich stand schon eine Stunde auf demselben〈einem〉~. 私はもう1時間同じ場所に立っていた. der blinde〈gelbe〉~ im Auge《医学》(網膜の)盲点, 盲斑(黄斑). Das ist ein schöner ~ [Erde]. ここはすばらしい所だ.《慣用的表現で》am falschen ~ sein 見当はずれの(とんでもない)ところだ. das Herz am〈auf dem〉rechten ~ haben 人間ができている, 胆がすわっている; 人間がまともである. noch immer auf demselben〈auf dem alten〉~ sein 少しも前進(進展)していない. den Mund auf dem rechten ~ haben 口が達者である. Ich komme mit meiner Arbeit nicht vom ~. / Meine Arbeit kommt nicht vom ~. 私の仕事は一向にはかどらない. sich¹ nicht vom ~ rühren その場を動かない. vom ~ weg 即座に, その場で. **2** しみ, よごれ.《話》《比喩》汚点, きず. einen ~ bekommen しみがつく, よごれる. Seine [weiße] Weste hat einen ~ bekommen. / Er hat einen ~ auf seiner⟨auf der [weißen]⟩ Weste.《比喩》彼にはすでに消せに消せない汚れがついている. ~e entfernen しみを抜く. [sich³] einen ~ auf⟨in⟩ et⁴ machen 自分の物⁴(衣服など)にしみをつける, (を)よごす. Mach dir nur keinen ~ ins Hemd! そう気取りなさんな. **3** そこだけ他と色の違う所, 斑点, 痣(ᵃᶻ). Das Pferd hat einen weißen ~ auf der Stirn. その馬は額に星がある. von dem Sturz einen blauen ~ bekommen 転んで青い痣をつくる. ein weißer ~ auf der Landkarte (地図上の)未踏査の地域. **4**《地方》(衣類などの)継ぎ. einen ~ auf das Loch in der Hose [auf]setzen ズボンの穴に継ぎを当てる. **5**《ふつう複数で》《料理》モツ(臓物).

'**fle·cken** ['flɛkən] ❶ 圓 **1** (布地などが)しみがつきやい, よごれ易い;(液体が)しみをつける, しみになる. **2**《話》(仕事が)はかどる. ❷ 他《南ᵈ》(物に継ぎを当てる), 繕(ᵗˢ)う. ❸ 匣 (**sich**⁴) しみ(斑点)ができる.

'**Fle·cken** 男 –s/– **1** = Fleck 2, 3, 4. **2**《古》(都市としての権利を少し持った)大きな町. (b) 村落.

'**Fle·cken·ent·fer·ner** 男 –s/– しみ抜き剤.

'**fle·cken·los** 匣 **1** しみ(よごれ)のない. **2**《比喩》非の打ち所(申分)のない.

'**Fle·cken·was·ser** 中 –s/– しみ抜き(液).

'**Fle·ckerl·tep·pich** ['flɛkərl..] 男 –s/–e《南ᵈ》(カラフルな)パッチワークの絨毯(ᵈʲᵘ).

'**Fleck·fie·ber** 中 –s/– 《病理》発疹チフス.

'**fle·ckig** ['flɛkɪç] 匣 **1** しみのある. **2** ぶちの, まだらの.

'**Fleck·ty·phus** 男 –/.. 《病理》=Fleckfieber.

'**fled·dern** ['flɛdərn] 他《隠》(死人や気を失った人の)身ぐるみをはぐ;《戯》(持主の分からない物を)ちょっと失敬する.

'**Fle·der·maus** ['fle:dərmaʊs] 囡 –/²e 《動物》こうもり(蝙蝠).

'**Fle·der·wisch** 男 –[e]s/–e **1** 羽根ぼうき, はたき. **2**《話》腰の据わらない人, 移り気な人.

Fleet [fle:t] 中 –[e]s/–e《北ᵈ》**1** (市内の)運河, 堀割り. **2** (Treibnetz) 流し網.

'**Fle·gel** ['fle:gəl] 男 –s/– (*lat.*) **1** (打穀用の)穀竿(ᵃᶻ). **2**《侮》がさつなやつ, 不作法者.

Fle·ge'lei [fle:gə'laɪ] 囡 –/–en 不作法な振舞.

'**fle·gel·haft** 匣 無作法な, がさつな.

'**Fle·gel·jah·re** (男の子の)生意気盛り, 腕白時代.

'**fle·geln** ['fle:gəln] 匣 (**sich**⁴)《話》だらしなく(どたあっと)坐る.

'**fle·hen** ['fle:ən] ❶ 圓《雅》(um et⁴ 物⁴を)懇願(切願)する(bei j³ 人に). zu Gott⟨zum Himmel⟩~ 神に祈願する, 神頼みをする. ein *flehender* Blick 哀願するような目差し. ❷ 他 j⁴ um et⁴《古》人⁴に物⁴を懇願(嘆願)する.

'**fle·hent·lich** ['fle:əntlɪç] 匣《雅》《述語的には用いない》切なる, たっての, ひたすらの.

Fleisch

[flaɪʃ フライシュ] 中 –[e]s/ **1** (骨・皮に対して)肉, 筋肉. Die Schnur schneidet ins [ein]. 紐が肉にくいこむ. Durch das zerrissene Hemd guckte das nackte ~ シャツの破れから素肌がのぞいていた. das rohe ~ in der Wunde 傷口にむき出しになった肉. Auf Rubens Bildern ist viel ~ zu sehen.《戯》ルーベンスの絵には裸体がぞろぞろ出てくる. ~ von j² ~[e] sein《雅》人²と血がつながっている, (の)息子³⁽⁴⁾(娘)である. sich³⁽⁴⁾ ins eigene ~ schneiden 自分で自分の首をしめる. fest⟨straff⟩ im ~ sein 体がひき締まっている, 元気いっぱいである. vom ~ fallen《話》やせ衰える.《**Fleisch und Blut** の形で》 *sein* eigen[es] ~ und Blut《雅》血のつながった者; 我が子. j³ in ~ und Blut übergehen (技術・習慣などが)すっかり人³の身につく. Menschen von ⟨aus⟩ ~ und Blut 血のかよった人間たち. **2**《聖書》生身(ᵏʰ), 現身(ᵘᵗˢ), 肉体. Der Geist ist willig, aber das ~ ist schwach.《新約》心は燃えても肉体は弱い(マタ 26:41). Das Wort ward ~.《新約》言葉は肉となった(ヨハ 1:14). dem ~ erliegen 肉欲(情欲)に負ける. den Weg allen⟨alles⟩ ~*es* gehen 生きとし生ける者の辿(ᵗˢ)らねばならぬ道を辿る(死ぬこと). **3** 食用肉(とくに獣の). Heute gibt es ~. 今日は肉料理だ. **4** 果肉. **5**《印刷》(活字の)肩.

♦ Fleisch fressend, Fleisch geworden

'**Fleisch·bank** 囡 –/²e **1** 肉屋のカウンター, 肉切台. **2**《古》肉屋.

'**Fleisch·be·schau** 囡 –/ **1** 食肉検査. **2**《戯》女性の品評会, 品定め(水着姿などを見ながらの). **3** (徴兵検査の際の)身体検査.

'**Fleisch·be·schau·er** 男 –s/– 食肉検査官; 《古》(公娼の)臨検医, 皮膚科性病科医.

'**Fleisch·brü·he** 囡 –/–n 《料理》ブイヨン, ブロス.

'**Fleisch·brüh·wür·fel** 男 –s/– 《料理》ブイヨンキューブ.

*'**Flei·scher** ['flaɪʃər フライシャー] 男 –s/– 肉屋, (屠獣業兼)食肉業者. ♦ オーストリアでは Fleischhauer, Fleischhacker, 南ドイツ・西部ドイツ・スイスでは Metzger, 北ドイツでは Schlachter という.

Flei·sche'rei [flaɪʃə'raɪ] 囡 –/–en 食肉製造販売業; 肉屋(の店).

'**flei·schern** ['flaɪʃərn] 匣 肉の.《名詞的用法で》*Fleischernes*《南ᵈ》肉(料理).

'**Flei·sches·lust** 囡 –/《雅》肉欲, 情欲.

'**Fleisch·ex·trakt** 男 –[e]s/–e 《料理》肉エキス.

'**fleisch·far·ben**, '**fleisch·far·big** 匣 肉色の, 肌色の.

'**Fleisch·fon·due** [..fõdy:] 囡 –s/–s⟨囡 –/–s⟩《料理》肉のフォンデュー.

'**Fleisch fres·send**, °'**fleisch·fres·send** 匣 《生物》肉食の. ~*e* Pflanze《植物》食虫植物.

'**Fleisch·fres·ser** 男 –s/– 《動物》肉食動物.

'**Fleisch·ge·richt** 中 –[e]s/–e 肉料理.

'**Fleisch ge·wor·den**, °'**fleisch·ge·wor·den** 匣 人間の姿をとった. der ~*e* Gottessohn 人の姿となられた神の子(イエス・キリスト). Er ist der ~*e* Geiz. 彼は吝嗇(ᵏʰ)の権化(ᵍᵉ)みたいなやつだ.

'**Fleisch·ha·cker** 男 –s/– 《侮》**1** (Fleischer) 食肉業者, 肉屋. **2**《侮》粗暴(粗野)な男, 乱暴者.

'**Fleisch·hau·er** 男 –s/– 《侮》(Fleischer) 食肉業者, 肉屋.

'**flei·schig** ['flaɪʃɪç] 匣 肉づきのよい, まるまる太った, ぽっちゃりした; 果肉の多い.

'**Fleisch·kloß** 男 –es/²e **1** 《料理》肉だんご;《地方》(Frikadelle) フリカデル. **2**《侮》でぶ.

'**Fleisch·klöß·chen** 中 –s/– 《料理》肉だんご.

'**Fleisch·kon·ser·ve** 囡 –/–n 肉の缶詰(瓶詰).

'**fleisch·lich** ['flaɪʃlɪç] 匣 **1**《まれ》肉の(食肉の). **2**

《古》肉体(身体)の. 3《雅》肉欲の, 官能的な.
'**fleisch·los** 形 1《食事が》肉のない, 菜食の. 2 痩せこけた, 肉のついていない.
'**Fleisch·pas·te·te** 女 -/-n《料理》ミートパイ.
'**Fleisch·sa·lat** 男 -[e]s/-e《料理》ミートサラダ.
'**Fleisch·topf** 男 -[e]s/ˇe 深鍋, シチュー鍋. die *Fleischtöpfe* Ägyptens《比喩》(かつての)豪勢な暮らし(↓[旧約]出 16:3). zu Mutters *Fleischtöpfen* zurückkehren《話》また母親の世話になる.
'**Fleisch·ver·gif·tung** 女 -/-en 食肉中毒.
'**Fleisch·wa·ren** 複 食肉加工品, 肉製品.
'**Fleisch·wer·dung** ['flaɪ∫veːɐ̯dʊŋ] 女 -/《宗教》託身, 受肉. die ~ Christi キリストの託身.
'**Fleisch·wolf** 男 -[e]s/ˇe 肉挽(ひ)き器.
'**Fleisch·wun·de** 女 -/-n (皮膚を破って)肉に届く傷.
'**Fleisch·wurst** 女 -/ˇe《食品》肉ソーセージ, フライシュヴルスト.
*'**Fleiß** [flaɪs フライス] 男 -es/ (↔ Faulheit) 1 勤勉, 精励, 努力. viel ~ auf eine Arbeit verwenden ある仕事に精を出す. mit allem ~ 入念に, 精魂込めて. Ohne ~ kein Preis.《諺》骨折りなしの賞はなし. 2《古》《地方》意図, もくろみ. mit ~ 故意に, わざと.

'**flei·ßig** ['flaɪsɪç フライスィヒ] 形 1 (↔ faul) 勤勉な, 熱心な. ein ~*er* Schüler まじめな生徒. ~ arbeiten 一生懸命働く(熱心に勉強する). Museen ~ besuchen《話》せっせと博物館に通う. ~ trinken《話》よく酒を飲む. 2 入念な, 丹精こめた. eine ~*e* Arbeit 入念な仕事. 3 *Fleißiges* Lieschen《植物》アフリカほうせんか, インパチェンス. ▶四季咲きのためにこう呼ばれた.

flek·tier·bar [flɛk'tiːɐ̯baːɐ̯] 形《文法》(flexibel)語形変化の可能な, 屈折可能な.
flek'tie·ren [flɛk'tiːrən] ❶ 他《文法》語形変化させる, 屈折させる. ❷ 自《文法》語形変化する, 屈折する. *flektierende* Sprache 屈折語.
'**flen·nen** [flɛnən] 自《話》泣きわめく.
'**Flens·burg** ['flɛnsbʊrk]《地名》フレンスブルク(シュレスヴィヒ-ホルシュタイン州のデンマーク国境にある港町).
'**flet·schen** [flɛt∫ən] 他 図 die Zähne⟨mit den Zähnen⟩歯をむき出す.
Fleu'rist [fløˈrɪst] 男 -en/-en (*fr.*)《古》草花愛好家; 花を描く画家. ▶ Florist
Fleu'ron [fløˈrõː] 男 -s/-s (*fr.*) 1《建築》《建物の装飾としての》花模様: 頂華, フィニアル. 2《印刷》(挿絵や装丁の)花模様, 花形. 3《複数で》《菓子》フレロン(3角形や半月形のクッキー).
Fleu'rop ['flœʏrɔp, 'fløːrɔp, flœʏ'rɔp, fløˈrɔp] 女 -/(ふつう無冠詞で)〈ラテン語 Flores Europae, Blumen Europas"の略語〉フロイロップ(ヨーロッパ各国にわたる花束宅配サービスのネットワーク).
fle'xi·bel [flɛˈksiːbəl] 形 1 自由に曲がる, しなやかな, フレキシブルな. 2《比喩》融通の利く, 柔軟な. eine *flexible* Haltung 柔軟な態度. 3《文法》(flektierbar)語形変化の, 屈折する.
Fle·xi·bi·li'tät [flɛksibiliˈtɛːt] 女 -/《文法》しなやかさ, 柔軟性; 融通の利くこと. 2《文法》語形変化すること.
Fle'xi·on [flɛksiˈoːn] 女 -/-en 1《文法》語形変化, 屈折. 2《地質》撓曲(とうきょく). 3《医学》屈曲.
Fle·xi'ons·en·dung 女 -/-en《文法》変化語尾.
flicht [flɪçt] flechten の現在 3 人称単数.
flich·ten の du に対する命令形.

flichtst [flɪçtst] flechten の現在 2 人称単数.
'**Flick·ar·beit** ['flɪk..] 女 -/-en 繕(つくろ)い仕事, 修繕. 2《俺》 = Flickwerk
*'**fli·cken** ['flɪkən フリケン] 他 (物)に継ぎを当てる, (を)繕(つくろ)う; 修理(修繕)する. Fahrradreifen ~ 自転車のタイヤを修繕する. jʰ et¹ am Zeug[e] ~《話》(なんだかんだとあらを捜して)人³の事¹にけちをつける.
'**Fli·cken** ['flɪkən] 男 -s/- (修理・修繕用の)継ぎ, はぎ; 継ぎ布, 革(ゴム)切れ, あてがね. einen ~ aufsetzen⟨einsetzen⟩継ぎを当てる.
Fli·cke'rei [flɪkəˈraɪ] 女 -/-en (やっかいな)繕い仕事, 修理, 修繕.
'**Flick·schnei·der** 男 -s/-《古》《俺》直し専門の仕立屋, 洋服修繕屋.
'**Flick·schus·ter** 男 -s/- 1《古》修繕専門の靴屋, 靴直し. 2《俺》へぼ, へたくそ.
'**Flick·werk** 男 -s/-《俺》(Flickarbeit) (いい加減な)継ぎはぎ細工, やっつけ仕事.
'**Flick·wort** 中 -[e]s/ˇer《言語》(Füllwort) 虚辞, 助辞. ▶例えば, 文中に挿入されるあまり意味のない nun, nur, wohl など.
'**Flick·zeug** 中 -[e]s/- (パンクなどの)修繕道具, 補修材料; 裁縫道具.
'**Flie·boot** ['fliːboːt] 中 -[e]s/-e (*ndl.*) フライボート, 快速小型船.
'**Flie·der** ['fliːdɐ] 男 -s/-《植物》ライラック, リラ;《地方》(Holunder) ニワトコ.
'**flie·der·far·ben**, '**flie·der·far·big** 形 ライラック色の, リラ色の, 薄紫色の.
'**Flie·der·tee** 男 -s/-s《地方》にわとこ茶(発汗作用がある).
*'**Flie·ge** ['fliːgə フリーゲ] 女 -/-n 1 はえ(蝿). eine lästige ~ うるさい蝿. Ihn stört die ~ an der Wand. Er ärgert sich¹ über die ~ an der Wand.《話》彼はささいなことにも腹を立てる. matt wie eine ~ sein《話》へとへとに疲れている. In der Not frisst der Teufel ~*n*.《諺》背に腹はかえられぬ(困れば悪魔も蝿を喰う). die⟨eine⟩ ~ machen《話》さっと逃げ出す. zwei ~*n* mit einer Klappe schlagen《話》1 度に 2 つの目的を果たす, 一石二鳥を得る. wie die ~*n* sterben《話》(大勢の人がばたばたと)死ぬ. Er kann keiner ~ etwas zuleide tun⟨ein Bein ausreißen⟩. 彼は虫一匹殺せない. 2《話》蝶ネクタイ. 3《話》(鼻下や下唇の下の中央に刈込んだ)髭, ちょびひげ. 4 die ~《天文》はえ座. 5 künstliche ~ (魚釣の)疑似餌, 毛鉤(ばり).

*'**flie·gen** ['fliːgən フリーゲン] flog, geflogen ❶ 自 (s, h) 1 (s) (鳥・虫・飛行機などが)飛ぶ, 飛行する. Das Flugzeug *fliegt* hoch⟨tief⟩. その飛行機は上空⟨低空⟩を飛ぶ. Die Vögel sind nach Süden *geflogen*. 鳥たちは南へ飛んでいった. mit dem Flugzeug⟨per Flugzeug⟩ ~ (飛行機で)飛ぶ, 空の旅をする; …へ行く. nach Frankfurt ~ (飛行機で)フランクフルトへ行く. Ich *fliege* um 10 Uhr. 私は 10 時の飛行機に乗る. zum Mond ~ (ロケットで)月へ行く.《副詞的 4 格と》Ich bin 10000 km *geflogen*. 私は 1 万キロ飛んだ. die Polarroute ~ 北極回りで飛行する. Man *fliegt* 2 Stunden bis Berlin. ベルリンまで 2 時間の空の旅だ. 3 (s, h) 飛行機を操縦する, (飛行機などの)搭乗員である. Ich kann ~. 私は飛行機が操縦できる. Er *fliegt* schon seit Jahren. 彼はパイロットになって何年にもなる.《副詞的 4 格》Der Pilot ist⟨hat⟩ 20000 Stunden *geflogen*. そのパイロットの飛行時間は 2 万時間である. 4 (s)

(飛ぶように速く)動く; (風に)なびく, 翻る. Der Tormann *flog* nach dem Ball. ゴールキーパーがボールに飛びついた. in die Luft ~ (爆発で)宙に吹っ飛ぶ. j³ um den Hals ~ 人³の首に抱きつく. Seine Hand *fliegt* über das Papier. 彼はどんどん書き進む. **5** (h) (激しく)震える; (呼吸・脈拍が)激しくなる. Der Atem *fliegt*. 息遣(づか)いがあらくなる. Er *flog* am ganzen Körper. 彼は全身をぶるぶる震わせた. **6** (s) 《話》 (fallen)倒れる, 落ちる. auf die Nase ~ うつ伏せにぶっ倒れる. durchs Examen ~ 試験に落っこちる. **7** (s) 《話》放り出される, 解雇される. aus der Stellung ~ 職(を)になる. **8** (s) 《話》(auf j‹et›³ 人・物³に)強く惹かれる, 夢中になる. Mein Sohn *fliegt* auf Krimis. 息子は探偵小説に夢中だ. ❷ 他 (h, s) **1** (h) (飛行機などを)操縦する. 《再帰的に》 Diese Maschine *fliegt sich*¹ leicht. この飛行機は操縦しやすい. **2** (h) (旅客・貨物を)輸送する. **3** (h, s) (飛行機などで)行う. einen Angriff ~ 空から攻撃する. eine Schleife ~ 宙返りをする.

'flie·gend 《述語的には用いない》 **1** 空を飛ぶ, 飛び交う; (風に)なびく, 翻る. ~*e* Blätter 綴じてない紙; 《製本》刷り本. *Fliegende* Blätter 《歴史》フリーゲンデ・ブレッター(1844 から 1944 まで発行されていた週刊誌の名前). mit ~*en* Fahnen zum Gegner‹in das andere Lager› übergehen 《比喩》(旗を翻して敵陣に走るように)突然寝返る, 公然と意見を翻す. *Fliegender*‹~-er› Fisch 《魚》 とびうお (=Flugfisch). mit ~*en* Händen (興奮のあまり)手をぶるぶると震わせて. ~*er* Hund 《動物》 おおこうもり(=Flughund). ~*es* Personal 搭乗員. ~*er* Sommer (初秋のよく晴れた日に見られる)空中を浮遊する蜘蛛(ぐも)の糸, 遊糸(いう); (よく晴れて暖かな晩夏の午後, 夏の戻り)(=Altweibersommer). ~*e* Untertasse 空飛ぶ円盤, UFO. **2** 移動する, 巡回の. eine ~ Ambulanz 巡回診療車. ~*e* Bauten 仮設建築物. eine ~*e* Brücke (小舟をロープで繋いで懸けた)仮橋. ein ~*er* Händler 行商人, 露天商. *Fliegender* Holländer さまよえるオランダ人(伝説上の幽霊船ないしはその船長, R. Wagner の同名の楽劇で有名). **3** 急性の, 一過性の. ~*e* Hitze 間欠(かん)熱; (とくに更年期の)のぼせ.

'Flie·gen·fän·ger 男 -s/- **1** 蠅取紙, 蠅取リボン. **2** =Fliegenschnäpper.
'Flie·gen·fens·ter 中 -s/- 網戸.
'Flie·gen·ge·wicht 中 -[e]s/-e **1** 《複数なし》(ボクシングなどの)フライ級. **2** フライ級の選手. **3** 《話》 (華奢(きゃ)で小さな)軽量級の人.
'Flie·gen·gott 男 -[e]s/ (Beelzebub)ベルゼブル(の異名).
'Flie·gen·klap·pe 女 -/-n =Fliegenklatsche
'Flie·gen·klat·sche 女 -/-n はたたき.
'Flie·gen·kopf 男 -[e]s/~*e* 《印刷》(校正刷りの)けた, 伏せ字.
'Flie·gen·netz 中 -es/-e 蠅よけ網, 防虫ネット.
'Flie·gen·pilz 男 -es/-e 《植物》 べにてんぐたけ(有毒キノコ).
'Flie·gen·schnäp·per 男 -s/- 《鳥》 ひたき(鶲).
'Flie·gen·schrank 男 -[e]s/~*e* 蠅帳(ばえちょう)(蠅よけに網を張った戸棚).
'Flie·ger ['fliːɡɐr] 男 -s/- **1** パイロット, 飛行士; 航空兵. **2** 《話》飛行機; 戦闘機. **3** 《スポ》(a) (自転車競技の)短距離選手, スプリンター. (b) 短距離競走の馬. (c) (帆船の)フライングジブ. **4** 《昆虫・鳥・こうもりなどの)飛翔動物.

'Flie·ger·ab·wehr 女 -/《軍事》(Flugabwehr) 対空防衛, 防空.
'Flie·ger·alarm 男 -[e]s/-e 空襲警報.
'Flie·ger·an·griff 男 -[e]s/-e 空襲.
'Flie·ger·auf·nah·me 女 -/-n 航空写真(撮影).
Flie·ger'rei [fliːɡəˈraɪ] 女 -/ 《話》空を飛ぶこと, 飛行.
'Flie·ger·horst 男 -[e]s/-e 《軍事》空軍基地.
'flie·ge·risch ['fliːɡərɪʃ] 形 飛行の, 航空の.
'Flie·ger·wet·ter 中 -s/《古》 (↔ Flugwetter) 飛行不能の天候.

*'**flie·hen*** ['fliːən フリーエン] floh, geflohen ❶ 自 (s) 逃げる, 逃れる, 逃走する. aus dem Gefängnis ~ 脱獄する. vor j‹et›³ ~ 人‹物›³から逃れる. zu j³ ~ 人³のもとへ逃げ込む. Die Zeit *flieht*. 《比喩》光陰矢のごとし. ❷ 他 避ける. den Lärm ~ 騒音を避ける. Der Schlaf *flieht* mich seit Tagen. 数日来私は眠れない.

'flie·hend 現分 形 (あご・額などが)引込んだ. ein ~*es* Kinn 引込んだあご.
'Flieh·kraft ['fliː...] 女 -/《物理》=Zentrifugalkraft
'Flie·se ['fliːzə] 女 -/-n (建築用の)タイル. ~*n* legen タイルを張る.
'flie·sen ['fliːzən] 他 (物に)タイルを張る. ein *gefliestes* Badezimmer タイル張りの浴室.
'Flie·sen·le·ger 男 -s/- タイル職人, タイル工.
'Fließ·ar·beit 女 -/-en 流れ作業.
'Fließ·band ['fliːsbant] 中 -[e]s/~*er* 《工学・経済》ベルトコンベア, 流れ作業のライン. am ~ arbeiten 流れ作業に従事している.
'Fließ·ei 中 -[e]s/-er 無殻卵(薄い被膜だけの鳥の卵).

*'**flie·ßen*** ['fliːsən フリーセン] floss, geflossen 自 (s) **1** (水・気体などが)流れる. Das Bach‹Der Nebel› *fließt* langsam. 小川‹霧›がゆるやかに流れている. Aus der Wunde *floss* Blut. 傷口から血が出た. Reiskörner *fließen* durch die Hand. 米粒が手からこぼれ落ちる. Der elektrische Strom *fließt* durch die Leitung. 電流が配線を流れる. Der Wein *floss* in Strömen. 《話》ワインがどんどん飲まれた. Die Zeit *fließt* unaufhaltsam. 《比喩》時間がとまることなく流れる. Alles *fließt*. 《比喩》万物流転する(Heraklit の言葉). **2** (a) (物事がよどみなく運ぶ, スムーズに進む; (言葉などが)流れるように出てくる. Der Verkehr *floss* ungehindert. 交通は渋滞なく流れた. Die Verse *flossen* ihm aus der Feder. 詩句が彼のペン先からつぎつぎと流れ出た. (b) (金・情報などが)どんどん流れ込んでくる. Die Nachrichten *fließen* sparrich. 情報が乏しい. (c) (aus et³ 事³から結論・結果が)出てくる, 生れる. Aus dieser Erkenntnis *fließen* weitere Folgerungen. このような認識からさらにいくつかの推論が生れる. **3** (物³から)水が流れ出す. Die Nase *fließt*. 鼻水が垂れる. Die Quelle *fließt* nicht mehr. この泉は枯れている. **4** (衣服・髪などが)ウェーブして垂れる. Das Haar *floss* ihr in weichen Wellen über die Schultern. 髪が柔らかにウェーブして彼女の肩に垂れる.

*'**flie·ßend** ['fliːsənt フリーセント] 現分 形 **1** 流れる. ein ~*es* Gewässer 流水(↔ ein stehendes Gewässer). ein Zimmer mit ~*em* Wasser 洗面設備のある部屋. **2** 流れるような, 流暢な. der ~*e* Verkehr スムーズな交通. ~ sprechen よどみなく話す. **3** (境界などが)流動的な, 定かでない.

Fließ·gren·ze 女 -/-n 〖工学〗降伏点.
Fließ·heck 中 -[e]s/-e(-s) 〖自動車〗ファストバック.
Fließ·laut 男 -[e]s/-e 〖音声〗(Liquida) 流音([l], [r]).
Fließ·pa·pier – -s/-e (Löschpapier) 吸取紙.
Flim·mer ['flɪmɚr] 男 -/-n **1**《古》映画館; 映写機. **2**《戯》テレビ(受像機).
'flim·mern ['flɪmɚrn] ❶ 自 (星などが)きらめく, またたく, きらきら光る;(画面がちらちらする;(陽炎(ᇯ)などが)ゆらめく.《非人称的に》*Es flimmert* mir vor den Augen. 私は目先がちらちらする. ❷ 他《地方》(床・靴などを)ぴかぴかに磨く.

***flink** [flɪŋk フリンク] 形 すばやい, 敏捷だ; 器用な. Er hat ~*e* Augen(Hände). 彼は目敏(ᇯ)い(仕事が速い). mit ~*en* Händen てきぱきと. eine ~*e* Zunge ⟨ein ~ *es* Maul⟩ haben 口が達者である. Ein bisschen ~! 《話》もうすこし手早くしてくれ. Sie ist immer ~ bei der Hand. 彼女はいつでもすぐ手を貸してくれる.
Flink·heit 女 -/ 敏捷さ, 機敏さ, すばしこさ, 手ばやさ.
Flint [flɪnt] 男 -[e]s/-e《古》(Feuerstein) フリント, 火打石;〖鉱物〗燧石(ᇯᇯ).
'Flin·te ['flɪntə] 女 -/-n **1**(昔の)火打石銃;(今日の)猟銃, 散弾銃. die ~ ins Korn werfen《話》(途中で)投出す, やる気をなくす(出征途上の兵士が銃を穀物畑に投捨てたことから). **2**《卑》焼酎の瓶; 男根.
Flint·glas 中 -es/〖工学〗フリントガラス.
'Flip·per ['flɪpɚr] 男 -s/- (*engl.*)《話》フリッパー(自動式のピンボールマシン).
'flip·pern ['flɪpɚrn] 自《話》フリッパーで遊ぶ.
'flir·ren ['flɪrən] 自《雅》(flimmern) きらめく, ちらちらする; ゆらめく.
Flirt [flœrt, flɛrt, flɪrt] 男 -s/-s (*engl.*) **1**(男女の)いちゃつき. **2** 戯れの恋, 情事, 浮気.
'flir·ten ['flœrtən, 'flɛrtən, 'flɪrtən] 自 (mit j³ 人³ と)いちゃつく. mit den Augen ~ 色目を使う.
'Flitt·chen ['flɪtçən] 中 -s/-《侮》浮気娘, 尻軽娘.
'Flit·ter ['flɪtɚr] 男 -s/- **1**(衣装などの)ぴかぴかの飾り, スパンコール. **2**《複数なし》《侮》金ぴかの安物; 虚飾.
'Flit·ter·glanz 男 -es/《侮》金ぴか, 安っぽい輝き; 虚飾.
'Flit·ter·gold 中 -[e]s/ 模造金箔.
'Flit·ter·kram 男 -[e]s/ = Flitter 2
'flit·tern ['flɪtɚrn] 自 **1**《まれ》(flimmern) きらきらする, ちらちらする. **2**《戯》ハネムーンの最中である.
'Flit·ter·wo·chen 複 ハネムーン, 蜜月.
Flitz [flɪts] -es/-e《古》(Pfeil) 矢.
'Flitz·bo·gen 男 -s/-(南ᇯ) おもちゃの弓. wie ein ~ gespannt sein《話》知りたくてうずうずしている.
'flit·zen ['flɪtsən] 自 (s)《話》**1**(矢のように)突っ走る, すっ飛んでいく. **2** (blitzen) ストリーキングをする.
'Flit·zer ['flɪtsɚr] 男 -s/- **1** 小型高速車. **2**《まれ》足の速い人(選手). **3**《古》(Blitzer) ストリーカー.
'floa·ten ['flo:tən, 'floʊtən] 自 (*engl.*)〖経済〗(為替相場などが)変動する.
'Floa·ting ['flo:tɪŋ, 'floʊtɪŋ] 中 -s/-s〖経済〗(為替相場の)変動.

flocht [flɔxt] flechten の過去.
'flöch·te ['flœçtə] flechten の接続法 II.
'Flo·cke ['flɔkə] 女 -/-n **1**(ふんわりとした)薄片, ひとひら; 綿くず, 毛くず;(Schneeflocke) 雪片. **2**《ふつう複数形》〖食品〗フレーク. **3**〖化学〗綿(ᇯ)状沈殿物. **4**(馬などの頭部や四肢の)白斑. **5**《複数で》《戯》(Geld) お金.
'flo·cken ['flɔkən] 自 **1**《雅》綿(ᇯ)状(フレーク状)になる. **2**《非人称的に》*Es flockt.*《地方》仕事がはかどる.
'flo·cken·wei·se 副 綿(ᇯ)状に, フレーク状に; ひらひらと.
'flo·ckig ['flɔkɪç] 形 綿(ᇯ)状の, フレーク状の.
'Flock·sei·de ['flɔk..] 女 -/〖紡織〗屑絹糸; 真綿(ᇯᇯ).
flog [flo:k] fliegen の過去.
'flö·ge ['flø:gə] fliegen の接続法 II.
floh [flo:] fliehen の過去.
Floh [flo:] 男 -[e]s/Flöhe **1**〖虫〗のみ(蚤). einen ~ im Ohr haben (諺) 頭が変だ. Er hört die *Flöhe* husten⟨niesen⟩.《話》彼には蚤の咳(ᇯᇯᇯ)が聞こえる(「自分には分からないことがない」「どんな些細な変化からも重大な事実を読取ることができる」と思い込んでいる, の意). lieber [einen Sack] *Flöhe* hüten《戯》(嫌なことをするくらいなら)蚤の番でもするほうがましだ, そんなことまっぴらだ. j¹ einen ~ ins Ohr setzen《話》人¹にかなわぬ望みを抱かせる. **2**《複数の》《卑》(Geld) 銭(ᇯ).
'flö·he ['flø:ə] fliehen の接続法 II.
'Flö·he ['flø:ə] Floh の複数.
'flö·hen ['flø:ən] 他 **1**(犬などの)蚤(ᇯ)を取る. **2**《話》(税関などが)厳重に検査する;(人¹の)金をだまし取る(巻き上げる).
'Floh·ki·no 中 -s/-s《戯》(ちっぽけな)映画館.
'Floh·markt 男 -[e]s/⸗e 蚤(ᇯ)の市.
'Floh·zir·kus 男 -/-se 蚤のサーカス.
Flom [flo:m] 男 -[e]s/ = Flomen
'Flo·men ['flo:mən] 男 -s/《北ᇯ》(Flaum¹) 豚の腹部や腎臓部の脂肪.
Flop [flɔp] 男 -s/-s **1**〖陸上〗= Fosburyflop **2** 失敗, 不成功.
'Flop·py·disk ['flɔpi'dɪsk] 女 -/-s (*engl.*) 〖コンピュータ〗フロッピーディスク. ◆Floppy Disk とも書く.
Flor¹ [flo:r] 男 -s/-e (*lat.*)〖雅〗**1**《雅》花盛り, 満開;(満開の)花;《比喩》盛り, 全盛期. in vollem ~ stehen (花が満開である;《比喩》真っ盛りである.
Flor² 男 -s/-e (Flöre) (*ndl.*) **1** 紗(ᇯ), ガーゼ. **2** (Trauerflor)(黒紗の)喪章. **3**《雅》(Schleier) ヴェール. **4**〖紡織〗(ビロードなどの)けば.
'Flo·ra¹ ['flo:ra] 女名〖ᇯ神話〗フローラ(春の女神).
'Flo·ra² 女 -/Floren (*lat.*)(⇔ Fauna) **1**〖生物〗(ある地域・時代の)植物相, フロラ. **2**(ある地方の)植物誌.
flo'ral [flo'ra:l] 形 花の; 花模様の. 不成功な.
'Flo·re ['flø:rə] Flor² の複数.
'Flo·ren ['flo:rən] Flora² の複数.
'Flo·ren·reich 中 -[e]s/-e〖植物〗植物区系界.
Flo·ren'ti·ner [florɛn'ti:nɚr] 男 -s/- **1** フィレンツェ人. **2**〖服装〗つばの広い婦人用麦わら帽子. **3**〖料理〗アーモンド入りクッキー. ❷ 形《不変化》フィレンツェの. ~ Flasche フロレンス・フラスコ.
flo·ren'ti·nisch [..'ti:nɪʃ] 形 フィレンツェの.
Flo'renz [flo'rɛnts] 中〖地名〗フィレンツェ(イタリア中部の都市. ルネサンスの中心地であった).

Flo·res'zenz [flɔrɛs'tsɛnts] 女 -/-en (*lat.*)《植物》開花期, 花期; 花序.

Flo'rett [flo'rɛt] 中 -[e]s/-e (*fr.* fleuret)《スポーツ》フルーレ(フェンシング用の剣); 《複数なし》フルーレ競技.

Flo'rett·fech·ten 中 -s/《スポーツ》フルーレ競技.

Flo'rett·sei·de 女 -/《紡織》屑絹糸.

'Flo·ri·an [flo'ria:n]《男名》フローリアーン.

flo'rie·ren [flo'ri:rən] 自 **1**《まれ》(植物が)花盛りである. **2**(商売・学問などが)繁盛している, 栄えている.

Flo·ri·le·gi·um [flori'le:gium] 中 -s/..gien[..gian] (*lat.*)《雅》《古》(Anthologie) 詩華集, アンソロジー.

Flo'rin [flo'ri:n, 'flɔrɪn] 男 -s/-e(-s)《記号 fl., Fl.》 **1** (Gulden) フローリン(ユーロ導入前のオランダの通貨のフランス語風の別称. 日本ではギルダーとも言う). **2** ['flɔrɪn] (昔のイギリスのフローリン銀貨(2 Shilling に相当).

Flo'rist [flo'rɪst] 男 -en/-en **1** フラワーデザイナー. **2** 植物研究家, 植物学者. **3**《古》草花愛好家.

'Flos·kel ['flɔskəl] 女 -/-n (*lat.*) (空疎な)決り文句, 型にはまった言回し.

floss, °**floß** [flɔs] fließen の過去.

Floß [flo:s] 中 -es/Flöße 筏(いかだ); (釣糸や漁網の)浮き.

'Floß·boot 中 -[e]s/-e (Schlauchboot) ゴムボート.

'Floß·brü·cke 女 -/-n フローティングブリッジ, 筏(いかだ)橋.

'Flos·se ['flɔsə] 女 -/-n **1** (魚の)ひれ. **2** (水棲動物の)ひれ状前肢. **3** (スキンダイビング用の)足ひれ, フリッパー;《工学》(飛行機の垂直(水平)安定板; (魚雷などの)水平舵. **4** (a)《戯》手. (b)《ふつう複数で》《まれ》足.

'flös·se ['flœsə] fließen の接続法 II.

'Flö·ße ['flø:sə] Floß の複数.

'flö·ßen ['flø:sən] ❶ 他 **1** (材木を筏(いかだ)に組んで流す; (人や物を)筏で運ぶ. **2** dem Kranken Suppe in den Mund ~ 病人の口にスープを流し込む. **3**《地》(洗濯物を)すすぐ. ❷ 自 筏で川を下る.

'Flos·sen·fü·ßer ['flɔsən..] 男 -s/《動物》(Robbe) 鰭脚(ききゃく)類(あざらし・おっとせいなど).

'Flos·sen·füß·ler 男 -s/= Flossenfüßer

'Flö·ßer ['flø:sər] 男 -s/- 筏(いかだ)師, 筏乗り.

Flö·ße'rei [flø:sə'raɪ] 女 -/ 筏(いかだ)流し.

'Floß·fahrt 女 -/《卑》ペニス.

'Floß·gas·se 女 -/-n (ダムや堰(せき)の)流木路.

***'Flö·te** ['flø:tə フレーテ] 女 -/-n **1** フルート, 笛. die ~ (auf der ~) blasen / ~ spielen フルートを吹く. **2** (オルガンの)フルート音栓. **3** (細身で背の高い)シャンパングラス. **4**《トランプ》(Skat などで)同種札の揃い. die ganze ~ [von] Grün (1 から 13 までの)スペードの札全部. **5**《卑》ペニス.

'flö·ten ['flø:tən] 自 **1** フルート(笛)を吹く. **2** 笛のような音を出す; (小鳥がさえずる; 《戯》(女性が)甘い声でしゃべる. **3**《地方》(pfeifen) 口笛を吹く. ◆ flöten gehen

'Flö·ten·blä·ser 男 -s/- フルート(笛)を吹く人, フルート奏者.

'flö·ten ge·hen*, °**'flö·ten|ge·hen*** 自 (s)《話》 (verloren gehen) 無くなる; (entzweigehen) (皿などが)割れる, 砕ける.

'Flö·ten·spiel 中 -[e]s/-e フルート演奏.

'Flö·ten·spie·ler 男 -s/- = Flötenbläser

'Flö·ten·ton 男 -[e]s/ⁿe フルート(笛)の音. j³ die *Flötentöne* beibringen《戯》人³に礼儀作法を教える.

'Flö'tist [flø'tɪst] 男 -en/-en フルート演奏家. ◆ 女性形 Flötistin -/-nen

flott [flɔt] ❶ **1**《話》すばやい, てきぱきとした, 機敏(敏捷)な; はつらつとした, 活気に満ちた. den ~en Otto ⟨Heinrich⟩ haben / die ~e Minna haben / einen *Flotten* haben《卑》下痢をする. **2**《話》(a) (衣服などが)しゃれた, シックな, スマートな. (b) (人が)すてきな, チャーミングな. **3**《話》気楽な, のんきな, 浮ついた. ~ mit dem Geld umgehen 金遣(かねづか)いが荒い. **4**《船員》(座礁した船が)離礁(りしょう)した, 航行可能な. Das Auto ⟨Er⟩ ist [wieder] ~.《話》(故障した)自動車が動くようになった⟨彼はまた金回りがよくなった⟩. ◆ ↑ flottmachen

Flott [flɔt] 中 -[e]s/ **1** (Floß) 浮き. **2** 浮き草. **3**《北ドイツ》ミルクの皮; 乳脂.

***'Flot·te** ['flɔtə フロテ] 女 -/-n **1** (1 国の)全艦船, 海軍力; (個々の)艦隊, 船団. die deutsche ~ ドイツ艦隊. **2** (染色・漂白用などの)液剤.

'Flot·ten·ab·kom·men 中 -s/- 海軍協定.

'Flot·ten·ba·sis 女 -/..basen[..ba:zən] 艦隊基地.

'Flot·ten·chef 男 -s/-s 艦隊司令官.

'Flot·ten·pa·ra·de 女 -/-n 観艦式.

'Flot·ten·stütz·punkt 男 -[e]s/-e (国外の)艦隊補給基地, 海軍基地.

'Flot·ten·ver·band 男 -[e]s/ⁿe (特定の任務のために編成された)艦隊.

flot'tie·ren [flɔ'ti:rən] 自 **1**《医学》(胎児などが)浮遊する. **2** 浮動する.《現在分詞で》*flottierende* Schuld《経済》短期債.

Flot·til·le [flɔ'tɪl(j)ə] 女 -/-n (*sp.*) **1**《軍事》小艦隊, 艇隊(例えば駆逐艦隊, 潜水艦隊など). **2** (小型)漁船団.

'flott|ma·chen 他《海員》(座礁(ざしょう)した船を)離礁させる, (再び)航行可能にする. ein Auto ⟨einen Betrieb⟩ [wieder] ~《話》(故障した)自動車を再び動くようにする⟨(傾いた)企業を立直する⟩. ◆ ↑ flott 4

'flott'weg ['flɔt'vɛk] 副《話》さっと, すらすら(さらさら)と, てきぱきと.

Flöz [flø:ts] 中 -es/-e《鉱業》(石炭や鉱物の)層; 炭層, 鉱物層.

***Fluch** [flu:x フルーフ] 男 -[e]s/Flüche **1** ののしり, 罵詈(ばり). einen ~ ausstoßen 悪態(あくたい)をつく. **2**《複数まれ》《雅》呪(のろ)い. ~ über dich! 汝に呪いあれ. Ein ~ lastet auf ⟨über⟩ der Familie. その一族には呪いがかかっている. **3**《複数なし》たたり, 天罰.

'fluch·be·la·den 形《雅》呪われた.

'Flü·che ['fly:çə] Fluch の複数.

'flu·chen ['flu:xən] 自 **1** ののしる, 悪態(あくたい)をつく. wie ein Bierkutscher ~《話》口汚くののしる. auf ⟨über⟩ j⟨et⟩⁴ ~ 人⟨事⟩⁴をののしる. **2** j⟨et⟩³ ~《雅》人⟨事⟩³を呪(のろ)う.

'Flu·cher ['flu:xər] 男 -s/- ののしる人, 悪態(あくたい)をつく人; 呪(のろ)う人.

***Flucht¹** [flʊxt] 女 -/-en (↓ fliehen) **1**《複数なし》逃走, 逃亡. die ~ nach vorn antreten (追いつめられて)反撃に転じる, 逆襲に出る. die ~ ergreifen 逃げる, 逃走する⟨vor j³ 人³を恐れて⟩. auf der ~ sein 逃亡中である. j⁴ in die ~ schlagen ⟨jagen⟩ 人⁴を敗走させる. *sein* Heil in der ~ suchen 逃亡して身の安全を図る. **2** 逃避, 回避. die ~ aus der Wirklichkeit 現実からの逃避. die ~ vor der Verantwortung 責任の回避. **3**《猟師》(鹿などの)跳躍. in hohen ~en abgehen 高く跳びして逃げる.

Flucht² 囡 -/-en（↓fliegen）**1**（建物・窓・柱などの）並び, 列；〖建築〗建築線, 家並線. eine ~ von Zimmern（ドアを連ねている）部屋の並び. in einer ~ stehen（家などが）1 列に並んでいる. **2**〖建築〗(Spielraum) 遊び, 遊隙. **3**（まれ）(列をなして飛ぶ)鳥の群.

'flucht·ar·tig 形 逃げるような, 大急ぎの. ~ den Raum verlassen そそくさと部屋を離れる.

'flüch·ten ['flʏçtən フリュヒテン] ❶ 圓 (s) 逃げる, 逃亡する. vor et(j)³~事〈人〉³を避けて(恐れて)逃れ出す. zu j³ ~ 人³のもとに逃れる. ❷ 再 《sich》(身の安全を求めて)...に逃込む, 避難する. *sich auf den* Baum〈hinter die Mauer〉~ 木の上に逃れる〈壁の後ろに逃込む〉. *sich* in Erinnerungen ~ 思い出の中に逃避する. ❸ 他（古）逃がす, 避難させる.

'Flucht·ge·fahr 囡 -/ 逃亡のおそれ.
'Flucht·hel·fer 男 -s/- 逃亡(脱走)の手助けをする人, 逃亡(脱走)幇助(￥)者.

'flüch·tig ['flʏçtɪç フリュヒティヒ] 形 **1** 逃亡中の. ein ~er Verbrecher 逃亡中の犯人. ~ gehen《地方》逃げる. ~ sein 逃走中である.《猟師》逃げ出逃走中である. ~ werden 逃走する. **2** (a) あわただしい, 急ぎの; 短時間の. j³ einen ~en Besuch abstatten 人³をあわただしく訪問する. (b) つかの間の, いちずの; 一時的な. ~es Glück かりそめの幸福. (c) うわべだけの, 表面的な; おざなり. eine ~e Arbeit そんざいな仕事. j⁴ nur ~ kennen 人⁴をちょっとだけ知っている. **3**〖化学〗揮発(⁴)性の. **4**〖鉱業〗砕けやすい, もろい.

'Flüch·tig·keit 囡 -/-en **1**《複数なし》あわただしいこと, はかなさ; おざなりであること. **2**〖化学〗揮発(⁴)性. **3** =Flüchtigkeitsfehler.

'Flüch·tig·keits·feh·ler 男 -s/- 不注意な間違い, 見落とし, 手抜かり, ケアレスミス.

***'Flücht·ling** ['flʏçtlɪŋ フリュヒトリング] 男 -s/-e 逃亡者, 脱走者; 亡命者, 難民. ein politischer ~ 政治亡命者(難民).

'Flücht·lings·la·ger 田 -s/- 難民収容所.
'Flucht·li·nie 囡 -/-n **1**〖建築〗(Flucht²) 建築線, 建築基線. **2** (透視画法の)消線, 消尽(芳)線.

'Flucht·punkt 男 -[e]s/-e (透視図の)消点, 消尽(芳)点.

'Flucht·ver·dacht 男 -[e]s/ 逃亡のおそれ.
'flucht·ver·däch·tig 形 逃亡の恐れのある.
'Flucht·ver·such 男 -[e]s/-e 逃亡の企て.
'fluch·wür·dig 形《雅》呪うべき, 忌(¹)わしい.

***Flug** [flu:k フルーク] 男 -[e]s/Flüge（↓fliegen）**1**《複数なし》飛ぶこと, 飛行；《比喩》(精神の)飛翔, 高揚(⁴). einen Vogel im ~ schießen 飛ぶ鳥を射る. [wie] im ~[e] すばやく, あっという間に. Die Zeit verging [wie] im ~[e]. 時は飛ぶように過ぎた. der hohe ~ des Geistes《比喩》精神の高揚. **2** 空の旅; 飛行便, フライト. Guten〈Angenehmen〉~! よい〈快適な〉空の旅を. einen ~ antreten 空の旅に出る. einen ~ buchen 飛行機の席を予約する. Wir sind auf dem ~ nach London. 私たちはロンドンに向けて飛行中です. **3**《猟師》(飛んでいる)鳥の群れ. **4**〖紋章〗(半円形に拡げた 1 対の)鷲(³)の翼の紋章. **5**〖スポ〗(ジャンプ競技の)飛行.

'Flug·ab·wehr 囡 -/〖軍事〗対空防衛, 防空.
'Flug·ab·wehr·ka·no·ne 囡 -/-n《略 Flak》〖軍事〗高射砲.
'Flug·ab·wehr·ra·ke·te 囡 -/-n 対空ミサイル.
'Flug·asche 囡 -/ 煤塵(⁴), フライアッシュ.

'Flug·bahn 囡 -/-en（飛行物体の）飛跡, 飛行コース; 弾道, 軌道.
'flug·be·reit 形 離陸準備の整った.
'Flug·blatt 田 -[e]s/⁻er びら, ちらし, パンフレット.
'Flug·boot 男 -[e]s/-e（地方）...böte）飛行艇.
'Flü·ge ['fly:gə] Flug の複数.

***Flü·gel** ['fly:gəl フリューゲル] 男 -s/- **1** (a)（鳥の）翼；（昆虫の）羽. die Flügel ausbreiten 翼を広げる. Die Zeit hat ~.《諺》光陰(½)矢のごとし. die Flügel hängen lassen 意気消沈している. die Flügel schütteln / mit den ~n schlagen 羽搏(¹)く. j³ die Flügel stutzen〈beschneiden〉人³の自由を束縛する, 気勢〈意欲〉を殺(⁴)ぐ. *sich*³ die Flügel verbrennen（無謀なことを試みて）痛い目にあう. j³ ~ verleihen 人³を勇気づける. auf den ~n der Fantasie 空想の翼に乗って. (b)（飛行機の）(主)翼；（風車・スクリューなどの）羽根. **2**〖建築〗（建物の）翼部, 袖；（観音開きの）扉. **3**〖宗教〗(観音開きの祭壇の)翼部. **4**〖軍事〗（左右の）翼(²), 側面部隊；〖スポ〗ウィング；〖政治〗(政党内の左右の)派, 派閥. **5**〖解剖〗肺葉, 鼻翼. **6**〖植物〗蝶形花冠, 翼弁；分離果の翼状部. **7**〖音楽〗グランドピアノ.

'Flü·gel·ad·ju·tant 男 -en/-en（古）侍従(⁴)武官.
'Flü·gel·al·tar 男 -[e]s/⁻e 観音開きの祭壇.
'Flü·gel·de·cke 囡 -/-n（昆虫の）鞘翅(⁴), 翅鞘(⁴).
'Flü·gel·fens·ter 田 -s/- 観音開き(両開き)の窓.
'Flü·gel·horn 田 -[e]s/⁻er〖音楽〗フリューゲルホルン（コルネットに似た金管楽器）.
..flü·ge·lig [..fly:-gəlɪç]《接尾》数詞などにつけて「（..枚）の羽をもった」の意の形容詞をつくる. zwei*flügelig* 2 枚羽の, 2 枚扉の.
'flü·gel·lahm 形（傷を負って）翼の萎(¹)えた,《比喩》しょんぼりした, 意気阻喪(⁴)した.
'Flü·gel·mann 男 -[e]s/⁻er(..leute) **1**〖軍事〗(隊列の両端の)側衛(兵), 側兵；〖スポ〗ウィング. **2**《戯》(バーなどの)ピアノ弾き.
'Flü·gel·mut·ter 囡 -/-n 蝶ナット, つまみ(蝶留め)ナット.
'flü·geln ['fly:gəln] ❶ 他 einen Vogel ~《猟師》鳥の翼を撃つ. ❷ 圓 (s)《雅》(蝶が)ひらひら飛ぶ.
'Flü·gel·pferd 田 -[e]s/⁻e〖ギ神話〗(Pegasus) 天馬(⁴), ペガサス.
'Flü·gel·ross 田 -es/- =Flügelpferd
'Flü·gel·schlag 男 -[e]s/⁻e 羽搏(¹)き. den ~ der Zeit verspüren《比喩》時代の変動を感じ取る.
'Flü·gel·schrau·be 囡 -/-n 蝶ネジ.
'Flü·gel·spann·wei·te 囡 -/-n 翼開長(鳥の広げた両翼の翼幅).
'Flü·gel·stür·mer 男 -s/-〖球技〗ウィング.
'Flü·gel·tür 囡 -/-en 観音開き(両開き)の扉.
'Flug·fisch 男 -[e]s/-e〖魚〗とびうお.
'Flug·funk 男 -s/ 航空無線.
'Flug·gast 男 -[e]s/⁻e (航空機の)乗客, パッセンジャー.
'flüg·ge ['flygə] 形 (ひな鳥が)飛べるようになった;《比喩》ひとり立ちできる.
'Flug·ge·schwin·dig·keit 囡 -/-en 飛行速度.
'Flug·ge·sell·schaft 囡 -/-en 航空会社.
***'Flug·ha·fen** ['flu:kha:fən フルークハーフェン] 男 -s/⁻ 空港.
'Flug·haut 囡 -/⁻e〖動物〗(こうもりなどの)飛膜, 翼膜.

'Flug·hö·he 囡 -/-n 飛行高度.
'Flug·hund 男 -[e]s/-e《動物》おおこうもり.
'Flug·ka·pi·tän 男 -s/-e (正)操縦士, 機長.
'Flug·kar·te 囡 -/-n 1 航空地図. 2 航空券, 搭乗券.
'Flug·kör·per 男 -s/- 飛行物体.
'Flug·leh·rer 男 -s/- パイロット養成教官.
..flüg·lig [..fly:glɪç]《接尾》=..flügelig
'Flug·li·nie 囡 -/-n 航空路, エアライン; 航空会社.
'Flug·loch 匣 -[e]s/¨er (巣箱の)出入口.
'Flug·lot·se 男 -n/-n 航空管制官.
'Flug·ma·schi·ne 囡 -/-n 1《古》飛行機. 2《演劇》宙づり装置.
'Flug·ob·jekt 匣 -[e]s/-e 飛行物体. unbekanntes ~《略 UFO, Ufo》未確認飛行物体.
'Flug·pas·sa·gier 男 -s/-e =Fluggast
'Flug·per·so·nal 匣 -s/ (地上勤務員に対する)機内勤務員; (ある飛行機の)搭乗員.
'Flug·plan 男 -[e]s/¨e 飛行計画; 航空時刻表.
*'Flug·platz ['flu:kplats フルークプラッツ] 男 -es/¨e 1 (専用の)飛行場. 2《話》空港.
'Flug·post 囡 -/ (Luftpost) 航空便, エアメール.
flugs [floks, flu:ks] 副《古》(schnell) 大急ぎで, すばやく; (sofort) さっそく, すぐに.
'Flug·sand 男 -[e]s/ (砂丘や砂漠の)風で吹きせられた砂, 風成砂.
'Flug·schein 男 -[e]s/-e 1 (Flugkarte) 航空券. 2 操縦士免許.
'Flug·schrei·ber 男 -s/- フライトレコーダー.
'Flug·schrift 囡 -/-en 宣伝ビラ, パンフレット.
'Flug·schü·ler 男 -s/- 航空学校生徒.
'Flug·si·che·rung 囡 -/ 《航空》航空交通管制, エア・トラフィック・コントロール.
'Flug·sport 男 -[e]s/-e 空のスポーツ(スカイダイビングやグライダー競技などの).
'Flug·stre·cke 囡 -/-n 1 飛行距離. 2 飛行区間.
'Flug·stun·de 囡 -/-n 1 飛行時間. 2 1時間の飛行(距離).
'Flug·tech·nik 囡 -/-en 1 航空(飛行)技術. 2 航空機製造技術.
'Flug·ti·cket [..tɪkət] 匣 -s/-s 航空券, 搭乗券.
'Flug·ver·kehr 男 -[e]s/ 航空輸送, 空の交通.
'Flug·we·sen 匣 -s/《総称的に》航空; 航空界.
'Flug·wet·ter 匣 -s/ (↔ Fliegerwetter) 飛行可能な天候, 飛行日和.
'Flug·zeit 囡 -/-en 飛行所要時間.

'Flug·zeug

['flu:ktsɔʏk フルークツォィク] 匣 -[e]s/-e 飛行機, 航空機.
'Flug·zeug·ent·füh·rung 囡 -/-en ハイジャック.
'Flug·zeug·füh·rer 男 -s/- (Pilot) 操縦士, パイロット.
'Flug·zeug·hal·le 囡 -/-n 格納庫.
'Flug·zeug·mut·ter·schiff 匣 -[e]s/-e =Flugzeugträger
'Flug·zeug·trä·ger 男 -s/- 航空母艦, 空母.
flu·id [flu'i:t]《形》(lat.)《化学》流動性の.
'Flu·id ['flu:it, flu'i:t] 匣 -s/-e(-e [flu'i:də]) 《化学》液体, 流動体;《物理》流体.
'Flu·i·da ['flu:ida] Fluidum の複数.
'Flu·i·dum ['flu:idʊm] 匣 -s/Fluida (lat.) 1 液体, 流動体; 流体. 2《複数まれ》(人間や事物が発する)

雰囲気, ムード; 風格.
Fluk·tu·a·ti·on [floktuatsi'o:n] 囡 -/-en (lat.) 1 ゆらぎ, 揺動(平均量からの個々の値のずれ, およびずれを生じながら変動する現象を称して). 2《経済》(物価・労働力などの)変動;《社会》(人口などの)変動. 3《遺伝》彷徨(㌽˚)変異;《医学》波動.
fluk·tu·ie·ren [floktu'i:rən] 匣 (絶えず)変動する, めまぐるしく変化(高下(㌷˚))する; 揺らぐ, 揺動する.
'Flun·der ['flondər] 囡 -/-n《魚》かれい(の一種). platt wie eine ~ sein《話》びっくりしている.
Flun·ke'rei [floŋkə'raɪ] 囡 -/-en《話》1《複数なし》ほらを吹くこと. 2 ほら, 大風呂敷.
'flun·kern ['floŋkərn] 匣《話》ほらを吹く, 大風呂敷を広げる.
Flunsch [flonʃ] 男 -[e]s/-e《話》(不機嫌そうに)歪めた口もと. einen ~ ziehen〈machen〉ふくれ面をする, 口をとがらす.
'Flu·or ['flu:o:r] (lat.) ❶ -s/《医学》(Ausfluss) こしけ(白帯下). ❷ -s/《記号F》《化学》弗(㋤)素.
Flu·or'chlor·koh·len·was·ser·stoff ['flu:-o:r/klo:r..] 男 -[e]s/-e《略 FCKW》《化学》フロンガス.
Flu·o·res'zenz [fluores'tsɛnts] 囡 -/ (engl.)《物理·化学》蛍光.
flu·o·res·zie·ren [fluorɛs'tsi:rən] 匣 蛍光を発する.
Flu·o'rid [fluo'ri:t] 匣 -[e]s/-e《化学》弗化(㋦)物.
Flu·o'rit [fluo'ri:t] 匣 -s/-e《鉱物》(Flussspat) 蛍石.
*Flur [flu:r フルーア] ❶ 男 -[e]s/-e 1 (a) (Korridor) (屋内の)通路, 廊下. (b) (Hausflur) 玄関(の間), ホール. 2 (Fußboden) 床(㌸). ❷ 囡 -/-en 1《雅》野, 田畑, 牧草地. allein auf weiter ~ sein〈stehen〉《比喩》孤立無援である. 2 (開拓農地などの区画された)耕牧地, 農地. die ~en bereinigen 耕地整理をする.
'Flur·be·rei·ni·gung 囡 -/-en《法制》耕地整理;《比喩》意見の調整.
'Flur·buch 匣 -[e]s/¨er 土地台帳.
'Flur·gar·de·ro·be 囡 -/-n 玄関ホールの帽子掛け, コートスタンド.
'Flur·scha·den 男 -s/¨ 耕牧地(田畑)の被害.
'Flur·um·gang 男 -[e]s/¨e《古》耕牧地巡りの行列(もとは豊作祈願の宗教行事だったが, 宗教改革以後は境界確認のために行われた).

Fluss, °Fluß

[flʊs フルス] 男 -es/Flüsse 1 川, 河川(㌍). Der ~ steigt〈sinkt〉. 川の水かさが増える〈減る〉. den ~ abwärts〈aufwärts〉 fahren 川を下る〈上る〉. am ~ 川岸に. am ~ entlang 川に沿って. auf dem ~ fahren 船で川を行く. 2《単数で》(時・事象の)流れ, 一連の動き; 進展, 流動. der ~ der Ereignisse 一連の事件. den ~ der Rede unterbrechen 話の腰を折る. et⁴ in ~ bringen 事⁴を軌道に乗せる. in ~ geraten〈kommen〉軌道に乗る, 動き出す. im ~ sein 進行中(流動的)である. 3《複数なし》《工学》(金属などの)溶融, 溶解(状態); 融解物, 溶湯; 融剤. et⁴ in ~ bringen 物⁴を溶かす. in ~ sein 溶けている.
fluss'ab[·wärts]《副》(↔ flussauf[wärts]) 川を下って, 下流へ.
'Fluss·arm 男 -[e]s/-e 支流.
fluss'auf[·wärts]《副》(↔ flussab[wärts]) 川を上

'**Fluss·bett** 中 -[e]s/-en 河床(%).
'**Flüss·chen** ['flʏsçən] 中 -s/-《Fluss の縮小形》小さな川, 小川.
'**Flüs·se** ['flʏsə] Fluss の複数.
'**Fluss·fisch** 男 -[e]s/-e 川魚, 淡水魚.
'**Fluss·gott** 男 -[e]s/-er 川の神, 河神.
'**flüs·sig** ['flʏsɪç フリュスィヒ] 形 **1** 液体の, 液状の; 溶けた. ~es Brot《戯》ビール. ~e Körper 液体. ~e Kristalle 液晶. et⁴ ~ machen 物⁴を溶かす, 液化する. **2** 流暢(%)な, よどみのない. ein ~es Spiel スピーディな試合. ~er Stil 流暢な文体. ~er Verkehr スムーズな車の流れ. ~ sprechen 流暢に話す. **3** 手持の, 自由に使える; 流動性のある. ~e Gelder 現金. ~es Kapital 流動資本. kein Geld ~ haben 現金がない. Ich bin im Moment nicht ~.《話》私はいま手元不如意だ. ♦↑flüssig machen
'**Flüs·sig·gas** 中 -es/-e 液化ガス.
＊'**Flüs·sig·keit** ['flʏsɪçkaɪt フリュスィヒカイト] 女 -/-en **1** 液体, 液体; 溶液. **2**《複数なし》よどみのないこと, 流暢さ; 流動性; 流動性.
'**Flüs·sig·keits·maß** 中 -es/-e 液量単位.
'**Flüs·sig·keits·pres·se** 女 -/-n《工学》水圧(液圧)プレス.
'**Flüs·sig·keits·ra·ke·te** 女 -/-n 液体燃料ロケット.
'**Flüs·sig·kris·tall** 中 -s/-e 液晶.
'**Flüs·sig·kris·tall·an·zei·ge** 女 -/-n《略 LCD》液晶ディスプレイ, 液晶モニター.
'**flüs·sig ma·chen**, °'**flüs·sig|ma·chen** ❶ 他 **1**(金を)調達する, 工面する. **2**(資産・証券などを)現金化する, 換金する. ❷ 再(*sich*⁴)《話》(こっそり)姿を消す.
'**Fluss·krebs** 男 -es/-e《動物》ざりがに.
'**Fluss·lauf** 男 -[e]s/⸚e 川の流れ, 川筋.
'**Fluss·mün·dung** 女 -/-en 河口.
'**Fluss·pferd** 中 -[e]s/-e《動物》かば(河馬).
'**Fluss·schiff·fahrt** 女 -/河川航行.
'**Fluss·spat** 男 -[e]s/-e(-e)(Fluorit)蛍石.
'**Fluss·ufer** 中 -s/-川岸, 河岸.
＊'**flüs·tern** ['flʏstɐrn フリュステァン] ❶ 自 ささやく, 小声で話す;(風・木の葉などが)さらさらと音を立てる. ❷ 他 ささやく, 小声でいう. j³ et⁴ [ins Ohr] ~ 人³に事⁴を耳打ちする. Dem werd ich was ~!《話》あいつにははっきり言ってやる. Das kann ich dir ~!《話》これは請け合ってもいいさ.
'**Flüs·ter·pro·pa·gan·da** ['flʏstɐr..] 女 -/ 口コミによる政治宣伝, ささやき戦術.
'**Flüs·ter·stim·me** 女 -/-n ささやき声, ひそひそ声. mit ~ ひそひそ声で.
'**Flüs·ter·ton** 男 -[e]s/⸚e ささやき声, ひそひそ声. im ~ ひそひそ声で.
'**Flüs·ter·tü·te** 女 -/-n《戯》(Sprachrohr)メガホン.
＊**Flut** [flu:t フルート] 女 -/-en **1**《複数なし》(←Ebbe)満潮, 満ち潮, 上げ潮. Ebbe und ~ 潮の干満. Die ~ kommt〈steigt〉. 潮が満ちる. Die ~ geht〈fällt〉. 潮が引く. **2** 満々たる水, 洪(%)水. **3**《比喩》大量; 氾濫(%). eine ~ von Briefen 手紙の洪水, 山のような手紙.
'**flu·ten** ['flu:tən フルーテン] ❶ 自(s, h) **1**(s, h)あふれ, 氾濫(%)する;と流れる. Das Hochwasser *flutete* über die Dämme. 高潮(%)が堤防をこえた. Die Menge *flutete* in den Saal. 群衆が広間になだれ込んだ. **2**(h)《非人称》*Es flutet*. 潮が満ちる. ❷ 他《船員》注水する. ein Dock ~ ドックに注水する. *Fluten*! 《海軍》潜航!
'**Flut·ha·fen** 男 -s/⸚(満潮時にしか使用できない)潮港.
'**Flut·licht** 中 -[e]s/-er(競技場などの)投光照明, フラッドライト.
'**flut·schen** ['flʊtʃən] 自(s, h)《北ド》**1**(s)(つるりと)滑り落ちる, すり抜ける. **2**(h)(物事が)すらすら運ぶ.
'**Flut·wel·le** 女 -/-n 潮汐(%)波; 津波.
'**Flut·zeit** 女 -/-en 満潮時.
Flu·xi'on [fluksi'o:n] 女 -/-en(*lat.*)《医学》(Blutandrang)充血.
fm, Fm¹ ['fɛstme:tɐr](略) =Festmeter
Fm² [ɛf'ɛm, 'fɛrmiʊm](記号)《化学》=Fermium
FM [ɛf'ɛm](略)=Frequenzmodulation
Fmk(略)=Finnmark
'**f-Moll** ['ɛfmɔl, '-'-] 中 -[s](記号 f)《音楽》ヘ短調.
focht [fɔxt] fechten の過去.
'**föch·te** ['fœçtə] fechten の接続法 II.
Fock [fɔk] 女 -/-en(略)=Fockseegel
'**Fock·mast** [-'-] 男 -[e]s/-en[-s/-e[n]] フォアマスト, 前檣(%).
'**Fock·se·gel** 中 -s/-《海事》(帆船の)フォースル, 前檣(%)下帆;(ヨットの)ジブ.
fö·de·ral [føde'ra:l] 形(まれ)=föderativ
Fö·de·ra'lis·mus [fødera'lɪsmʊs] 男 -/(*lat.*)《政治》連邦主義, 連邦制.
Fö·de·ra'list 男 -en/-en 連邦主義者.
fö·de·ra'lis·tisch 形 連邦主義の, 連邦制の.
Fö·de·ra·ti'on [føderatsi'o:n] 女 -/-en 国家連合, 連邦;(団体・組織の)連合, 連盟.
fö·de·ra'tiv [ødera'ti:f] 形 連邦の, 連邦による; 連合の, 同盟の.
fö·de·'rie·ren [føde'ri:rən] 他(まれ)連合させる, 連邦にする.《再帰的に》*sich*⁴ ~ 連合する, 連邦をつくる. ♦↑föderiert
fö·de·riert 過分/形(verbündet)連合(同盟)を結んだ, 連邦の.
Fö·de·'rier·te 男/女形容詞変化《ふつう複数で》連合国, 同盟国.
'**foh·len** ['fo:lən] 自(馬・ろばなどが)子を産む.
'**Foh·len** ['fo:lən] 中 -s/-馬・ろばの子(3歳くらいまでの子馬, ろば[しまうま, らくだ]の子;《比喩》若手選手.
Föhn [fø:n] 男 -[e]s/-e(*lat.*) **1**《気象》フェーン(山岳, とくにアルプスを越えて吹下ろす暖かくて乾燥した南風. しばしば心身の不調を招く). **2** ヘアドライヤー. ♦↑Fön
'**föh·nen** ['fø:nən] ❶ 自《非人称》*Es föhnt*. フェーンが吹く. ❷ 他 j³ das Haar ~/《話》j⁴ ~ 人³,⁴の髪にドライヤーをかける.
'**föh·nig** ['fø:nɪç] 形 フェーンの吹く, フェーン現象の;(フェーンの時のように)なま暖かい.
Föhr [fø:r](地名)フェール, フェーラ(北フリジア諸島の島).
'**Föh·re** ['fø:rə] 女 -/-n(地方)(Kiefer)まつ(松); 赤松.
fo'kal [fo'ka:l] 形《光学》焦点の. **2**《医学》病巣の.
'**Fo·kus** ['fo:kʊs] 男 -/-(-se)(*lat.*) **1**《光学》(Brennpunkt)焦点. **2**《医学》病巣.
fo·kus'sie·ren [foku'si:rən] ❶ 他(光学機械の)焦点を合せる;(光線などを)集束させる. ❷ 自(光線な

fol. 504

fol., Fol. 《略》=Folio

***Fol·ge** ['fɔlgə フォルゲ] 囡-/-n (a) 連続. eine ~ von Tönen 一連の楽音, メロディー. in alphabetischer ~ アルファベット順に. in dichter〈rascher〉~ 立続けに〈矢継早に〉. (b) 〔刊行物などの続き(物), シリーズ〕続編, 続刊. die nächste ~ 次巻, 次号; ～シリーズ. (c) 《複数なし》将来, 今後. für die ~ / in der ~ 今後, 引続いて. **2** 結果, 成行き; 帰結. Grund und ~ 原因と結果. Die ~ davon ist, dass ... その結果は...だ. Du musst die ~n selbst tragen. 君は自分でしたことに責任を負わねばならない. Das bleibt nicht ohne ~n. それはただでは済まない. et⁴ zur ~ haben 事⁴の結果を生む(招く). **3** 《複数なし》《書》〔命令・要求などに従うこと, 応じること〕《古》服従. einer ~ geben〔書〕事³を聞き入れる, 承諾する. et³ ~ leisten〔書〕事³に従う(応じる). **4**《Gefolge》お伴(とも), 随員; (とくに葬式, 会葬者の総称).

'Fol·ge·er·schei·nung 囡-/-en 結果として起こる現象, 余波; 後続現象(事件, 作用); 後遺症, 続発症状.

'fol·gen ['fɔlgən フォルゲン] 圁 (s, h) **1** (s) (a) (人〈物³〉について行く, 従う; (の)あとを追う. j³ heimlich ~ 人³のあとをこっそりつける. dem Sarg ~ 葬列に加わる. einer Spur ~ 足跡をたどる. j³ auf dem Fuß ~ 人³のすぐあとに続く. j³ auf Schritt und Tritt ~ 人³のあとをつけまわす, (に)つきまとう. Sie folgte ihm in die Ehe.《雅》彼女は彼と結婚した. j³ in den Tod ~ 人³のあとを追って死ぬ. j³ mit den Augen ~ 人³を目で追う.《gefolgt von j³》の形で》Gefolgt von zwei Polizisten, betrat er den Saal. 2 名の警官につきたがえて彼は広間に足を踏み入れた. (b) (人の話・考えなど)について行く, (を)理解する. Ich konnte seinen Erklärungen nicht mehr ~. 私はもはや彼の説明について行けなかった. dem Unterricht ~ 授業について行く. Können Sie mir ~? 私の言うことが分かりますか. **2** (s) 〔時間的に〕 (j〈et〉³ 人〈物〉³ / auf j〈et〉⁴ 人〈物〉⁴のあとに続く, 次にくる; 跡を継ぐ(襲う), 継承する. Karl der Große《Auf Karl den Großen》folgte Ludwig der Fromme. カール大帝のあとは敬虔王ルートヴィヒが帝位を継いだ. Die Ereignisse folgten sich《aufeinander》. 事件が次々と起こった. Auf Regen folgt Sonnenschein.《諺》苦あれば楽あり. j³ im Amt ~ 人³の職務を継ぐ.《目的語なしで》《Die》Fortsetzung folgt. 続く, 以下次号. wie folgt 次のように, 後述のとおり. **3** (a) (s) 〔命令・忠告・心の動きなどに〕従う, 応じる; (先例などに)倣(なら)う. einer Einladung ~ 招待に応じる. seinem Gefühl〈seinem Gewissen〉~ 感情のままに行動する〈自分の良心に従う〉. den Vorschriften des Arztes ~ 医者の処方を守る. (b) (s) (j³ in et³ 人³に事³の点で)賛成する(同意)する. Ich kann dir darin nicht ~. 私はその点で君に賛成(同意)はできない. (c) (h) (人³に)服従する, (の)言うことを聞く. Das Kind hat seiner Mutter nicht gefolgt. その子供は母親の言うことを聞かなかった. j³ aufs Wort ~ 人³の言うとおりにする.《目的語なしで》Der Hund folgt gut. その犬は言うことをよく聞く. **4** (s) (aus et³ 事³から)結果(結論)として出てくる, 当然 ...となる. Was folgt daraus? そこからどんな結果(結論)が出てくるのか. Daraus folgt, dass ... その結果... となる.

***'fol·gend** ['fɔlgənt フォルゲント] 現分 形 次の, 以下の, あとに続く. Er sprach ~e Worte《die ~en Worte》. 彼は次の事を言った. ~ Seite《略 f.》次ページ. ~e〔Seiten〕《略 ff.》次ページ以下. am ~en Tag 翌日, 次の日に.《名詞的用法で》der〈die〉Folgende《°~e》次の人. der〈die〉Folgende 後継者. Folgendes《°~es》以下のこと, 以下に述べること. das Folgende 以下のこと. aus Folgendem《°~em》次のことから. im Folgenden《°~en》/〈mit〉Folgendem 以下で. ◆ folgend が形容詞を伴う場合, 後続する形容詞は単数では弱変化, 複数では強変化することが多い. ~er interessante《まれ interessanter》Gedanke 次のような興味深い考え. die Veröffentlichung ~er neuer《まれ neuen》Gesetze 以下の新法規の公布.

'fol·gen·der·ge'stalt 副 =folgendermaßen
'fol·gen·der·ma·ßen 副 次のように, 次の通りに.
'fol·gen·der'wei·se 副 =folgendermaßen
'fol·gen·los 形 何の結果(影響)も生まない, 重要でない.
'fol·gen·reich 形 重大な結果を生む, 影響の大きい.
'fol·gen·schwer 形 重大な結果(影響)を生する, 容易ならぬ, ゆゆしい.
'fol·ge·recht 形《古》=folgerichtig.
'fol·ge·rich·tig 形 (↔ folgewidrig) 首尾一貫した, 筋の通った, 矛盾のない, 整然とした.
'Fol·ge·rich·tig·keit 囡-/ 首尾一貫性.
***'fol·gern** ['fɔlgərn フォルゲルン] 佪 (et⁴ aus et³ 事⁴を事³から)推論する, 結論として引出す. Daraus lässt sich ~, dass ... そのことから... という結論が出てくる.
***'Fol·ge·rung** ['fɔlgəruŋ フォルゲルング] 囡-/-en 推論, 結論, 演繹(えんえき). eine ~ aus et³ ziehen 事³から結論を引出す.
'Fol·ge·satz 男-es/⸚e《文法》(Konsekutivsatz) 結果文.
'fol·ge·wid·rig 形 (↔ folgerichtig) 首尾一貫しない, 筋の通らない, 矛盾する, つじつまの合わない.
'Fol·ge·zeit 囡-/ 引続く時期(時間), 次代, 後世.
***'folg·lich** ['fɔlklɪç フォルクリヒ] 副 したがって, その結果.
'folg·sam ['fɔlkza:m 形 従順な, 素直な, おとなしい; (素材などが)しなやかな, 扱いやすい.
'Folg·sam·keit 囡-/ 従順, 素直.
Fo·li·ant [foli'ant] 男-en/-en **1**《書籍》2 つ折り判の本. **2**《話》大型本.
Fo·lie¹ ['fo:li:] 囡-/-n (lat.) (金属や合成樹脂の)箔, ホイル, ラップ; (包装用)セロファン; (OHP用の)スライド紙; (鏡の)裏箔; (宝石の輝きを引立てる)下敷箔. eine ~ aus Aluminium アルミホイル. et⁴ in ~ verpacken 物⁴をホイルに包む. et³ als〈zur〉~ dienen《比喩》物³の引立役になる.
Fo·lie² ['fo:li:] 囡-/-n[..'li:ən] (fr.)《古》馬鹿げたこと, 愚行.
'Fo·li·en¹ ['fo:liən] Folie¹, Folio の複数.
'Fo·li·en² ['fo:liən] Folie² の複数.
'Fo·lio ['fo:lio] 匣-s/-s《..lien》(lat.) **1**《略 fol., Fol. / 記号 2°》《書籍》2 つ折り判. **2** (帳簿の)見開きページ.
Folk·lo·re [fɔlk'lo:rə, '---] 囡-/ (engl.) **1** 民間伝承; 民俗学. **2** 民族音楽. **3**《服飾》民族衣装.
Folk·lo'rist [fɔlklo'rɪst] 男-en/-en 民間伝承の研究家, 民俗学者.
folk·lo'ris·tisch 形 民間伝承の, 民俗の; 民俗学の.
Fol'likel [fɔ'li:kəl] 匣-s/- (lat.)《医学》(卵巣の)卵

Fol·ter ['fɔltər] 囡 -/-n 1 拷問具, 拷問台;《複数なし》拷問, 責め苦. j⁴ auf die ~ spannen 人⁴を拷問にかける;《比喩》(を)じらす, (の)気をもませる. 2《雅》(耐えがたい)苦痛, 苦悩.

Fol·ter·bank 囡 -/¨e 拷問台.

Fol·te·rer ['fɔltərər] 男 -/s- 拷問する人; 拷問吏(").

Fol·ter·kam·mer 囡 -/-n 拷問室.

Fol·ter·knecht 男 -[e]s/-e (中世の)拷問吏.

fol·tern ['fɔltərn] 他 (人⁴を)拷問にかける, 責めさいなむ; (に)耐えがたい苦しみを与える.

Fol·ter·qual 囡 -/-en (ふつう複数で)拷問の苦しみ, 責め苦; (耐えがたい)苦しみ.

Fol·te·rung 囡 -/-en 拷問, 責め苦.

Fon¹ [fo:n] 男.

Fon² 囲 -s/ (ふつう無冠詞 / 不変化)《略》=Telefon

Fön [fø:n] 男 -[e]s/-e《商標》ヘアドライヤー. ↑Föhn

Fond [fõ:] 男 -s/-s (fr.) 1《雅》土台, 基礎. 2 (絵や舞台の)背景, バック. 3 (自動車の)後部座席. 4《料理》(肉の)焼き汁, 煮汁.

Fon·dant [fõ'dã:] 男 (ﾁｭｰﾘｯﾋ -s) -s/-s (fr.)《料理》フォンダン(砂糖を煮つめて練り固めたもの); (フォンダンで作った)ボンボン.

Fonds [fõ:] 男 -[fõ:(s)]/-[fõ:s] (fr.) 1 基金, 資金, 準備金. 2《複数で》債券; 国債, 公債. 3《雅》(経験・知識などの)蓄え, 蓄積.

Fonds·bör·se ['fõ:..] 囡 -/-n《金融》証券取引所; 債券取引所.

Fon'due [fõ'dy:] 囡 -/-s (男 -/-s) (fr.)《料理》フォンデュー.

Fo'nem [fo'ne:m] 男 -s/-e =Phonem

'fö·nen [fø:nən] 他 ↑föhnen ②

Fo'ne·tik [fo'ne:tɪk] 囡 -/ =Phonetik

fo'ne·tisch [fo'ne:tɪʃ] 形 =phonetisch

fo·no.., Fo·no.. [fono..]《接頭》=phono.., Phono..

Fo'no·graf [fono'gra:f] 男 -en/-en =Phonograph

Fo·no·gra'fie [fonogra'fi:] 囡 -/-n =Phonographie

Fo·no·lo'gie [fonolo'gi:] 囡 -/ =Phonologie

Font [fɔnt] 男 -s/-s (engl.)《ｺﾝﾋﾟｭｰﾀ》(Zeichensatz) 文字セット, フォント.

Fon'ta·ne [fɔn'ta:nə]《人名》Theodor ~ テーオドール・フォンターネ(1819-98, ドイツの作家).

Fon'tä·ne [fɔn'tɛ:nə] 囡 -/-n (fr.) 噴水.

Fon·ta·nel·le [fɔnta'nɛlə] 囡 -/-n (fr.)《解剖》泉門.

Foot [fʊt] 男 -/Feet (engl.)《略 ft, ft.》(Fuß) フィート (=30.48 cm).

'fop·pen ['fɔpən] 他《話》(necken) からかう, ひやかす; かつぐ.

Fop·pe'rei [fɔpə'raɪ] 囡 -/-en (Neckerei) からかい, ひやかし; 人をかつぐこと.

Fo·ra ['fo:ra] Forum の複数.

Force [fɔrs] 囡 -/ (fr. „Stärke") 《古》強さ, 強み, 力. Das ist seine ~. それが彼の得意とするところだ.

'Force de 'Frappe ['fɔrs də 'frap] 囡 - - -/ (fr.)《軍事》(フランスの)核抑止力.

for'cie·ren [fɔr'si:rən] 他 1 (事⁴を)強行する, 無理やり推し進める; (生産などを)一段と強める(高める). das Tempo ~ スパートする. 2《軍事》強行突破する.

for'ciert [fɔr'si:rt] 形 わざとらしい, 不自然な.

'För·de ['fœrdə] 囡 -/-n《地理》(平野部に深く入り込んだ)峡湾, フィヨルド(ユトランド半島のバルト海沿岸に見られる). ↑Fjord

'För·der·an·la·ge ['fœrdər..] 囡 -/-n《工学》コンベヤー, 運搬装置.

'För·der·band 囲 -[e]s/¨er《工学》ベルトコンベヤー.

'För·de·rer ['fœrdərər] 男 -s/- 1 支援者, 後援者, 賛助者. 2 コンベヤー装置.

'För·der·korb 男 -[e]s/¨e《鉱業》リフトケージ.

'för·der·lich 形 役に立つ, ためになる, 有益(有効)な.

'För·der·ma·schi·ne 囡 -/-n《鉱業》巻上げ機.

***'for·dern** ['fɔrdərn フォルダーン] 他 1 (物⁴を)必要とする, 要求する; (von j³ et⁴ 人³に物⁴を)強く求める, 強要する, 迫る. von j³ Rechenschaft ~ 人³に釈明を求める. Der Unfall *fordert* viele Opfer. この事故は犠牲者を多数出した. für et⁴ einen hohen Preis ~ 物⁴に高価をつける. 2 (人⁴に)力を発揮することを求める, 忙しい思いをさせる. Das Baby *fordert* ihn sehr. 赤ん坊の世話で彼はてんてこまいだ. 3 (人⁴を)呼出す. j⁴ vor Gericht ~ 人⁴を裁判所に召喚する. j⁴ zum Duell ~ 人⁴に決闘を挑む.

'för·dern ['fœrdərn フェルデーン] ❶ 他 1 援助する, 支援(後援)する; 促進する, 奨励(振興)する. die jungen Künstler ~ 若い芸術家を支援する. die Wissenschaft ~ 学問を奨励する. 2《鉱業》採掘する, 掘出す. et⁴ zutage ~《比喩》事⁴を明るみに出す. 3《工業》(ベルトコンベヤーで)運搬する, 搬出する. ❷ 再 (sich)《古》(sich beeilen) 急ぐ.

'För·der·schacht 男 -[e]s/¨e《鉱業》巻上げ立坑(たてこう).

'För·der·seil 男 -[e]s/-e《鉱業》巻上げローブ.

'För·der·turm 男 -[e]s/¨e《鉱業》巻上げやぐら.

***'For·de·rung** ['fɔrdərʊŋ フォルデルング] 囡 -/-en 1 要求, 要請. eine ungerechte ~ 不当な要求. die ~ des Tages 現下の急務. hohe ~[en] an j⁴ stellen 人⁴に過大な要求をする. 2《商業》貸し, 売掛金;《法制》債権. ~en abtreten 債権を譲渡する. ~en eintreiben(einziehen) 売掛金を回収する. eine ~ an j⁴ haben 人⁴に貸しがある. 3《複数なし》(法廷への)召喚; 決闘の申込み.

***'För·de·rung** ['fœrdərʊŋ フェルデルング] 囡 -/-en 1 援助, 助成; 促進, 振興, 奨励. ~ erfahren 援助を受ける. 2《鉱業》採掘; 産出量. 3《工業》運搬.

'För·der·wa·gen 男《鉱業》鉱石運搬車, トロッコ.

'Fore·hand ['fɔ:rhɛnt, 'fɔ:hænd] 囡 -/-s (男 -[e]-s) (engl.)《ｽﾎﾟｰﾂ》(↔ Backhand) フォアハンド.

'Fo'rel·le [fo'rɛlə フォレレ] 囡 -/-n《魚》ます(鱒), (ブラウン)トラウト(さけ科の魚).

'Fo·ren ['fo:rən] Forum の複数.

fo'ren·sisch [fo'rɛnzɪʃ] 形 (lat.) (gerichtlich) 裁判の, 法廷の. ~e Medizin 法医学.

'Fo·rint ['fo:rɪnt, fo'rɪnt] 男 -[s]/-s (ﾁｭｰﾘｯﾋ -e)《略 Ft》フォリント(ハンガリーの通貨).

'For·ke ['fɔrkə] 囡 -/-n《北ドイツ》(Gabel) (乾草用の)熊手, ホーク.

Form

Form [fɔrm フォルム] 囡 -/-en (lat. forma) 1 形, 姿, 外観. die ~ einer Kugel 球形. [feste] ~[en] annehmen (考え・計画などが)はっきりした形を取ってくる. die ~ verlieren / aus der ~ geraten〈kommen〉形が崩れる. aus der ~ gehen《戯》(肥って)体の線が崩れる. in ~ von et⁴ 物³の形を取って. in ~ von Regen 雨となって. 2 (a) 形式, 形態; 型, フォーム. die äußere〈innere〉~ 外的〈内的〉形式.

formal

die ~en der Demokratie 民主主義の諸形態. (b)【言語】(語の)形態, 語形; 変化形. (c)【哲学】形相, フォルム. (d)【生物】形態. 2《社交上の》作法, 礼儀, 行儀. Er hat keine ~en. 彼は礼儀知らずだ. die ~[en] verletzen / gegen die ~[en] verstoßen 作法に背く. die ~ wahren 作法を守る. der ~ halber〈wegen〉礼儀上, 形式的に. in aller ~ 正式に, 型通りに. 4《単数で》《体の》調子, コンディション. in ~ bleiben コンディションを維持する. nicht in ~ sein 調子がよくない. 5《菓子・鋳》物・靴などの》型, 型枠;【印刷】組版.

for'mal [fɔr'maːl] 形 (lat.) 1 形式(上)の, 外形の;【哲学】形相(½²)の. ~e Logik【数学】形式論理学. ~e Sprache【言語】形式言語. ~e Ursache【哲学】形相因. 2 形だけの, うわべだけの.

Form·al·de·hyd ['fɔrm|aldehyːt, -- - -'-] 男 -s/【化学】フォルムアルデヒド.

For·ma·lie [fɔr'maːlia] 女 -/-n《ふつう複数で》形式上の事柄, 手続き; 慣例.

For·ma·lin [fɔrma'liːn] 中 -s/-《商標》フォルマリン (Formaldehyd の水溶液).

for·ma·li·sie·ren [fɔrmali'ziːrən] 他《事》に形式を与える, 《の》形式を整える; 《を》形式(定式)化する. 《再帰的に》sich~ 《まれ》形式(形骸)化する.

For·ma·lis·mus [fɔrma'lɪsmʊs] 男 -/..men [..mən] 1《一般に》形式主義. 2《文学》(1910-20年代ロシアの)フォルマリズム.

For·ma·list 男 -en/-en 形式主義者;《文学》フォルマリスト.

for·ma·lis·tisch 形 形式主義の, 形式にこだわる.

For·ma·li·tät [fɔrmali'tɛːt] 女 -/-en (正式の)手続, 形式; 形式上の事柄.

for·ma·li·ter [fɔr'maːlitər] 副《書》正式に, 形式通りに.

formal·ju·ris·tisch 形 =formalrechtlich

for·mal·recht·lich 形 法の文面に基づく, 形式上は合法的な.

'For·mans ['fɔrmans] 中 -/..mantia [fɔr'mantsia] (..manzien [..'mantsiən])《文法》成語要素 (たとえば Präfix, Suffix など).

For·mant [fɔr'mant] 男 -en/-en 1《音響》フォルマント. 2《文法》=Formans

For'mat [fɔr'maːt] 中 -[e]s/-e (lat.) 1 (紙などの)大きさ, サイズ;《規格》の型, 号, 番;《本などの》判型. ein Briefbogen im ~ DIN A4 ドイツ工業規格 A4 判の便箋. 2《比喩》《人物》のスケールの大きさ, 非凡さ. ein Mann von ~ スケールの大きい人物. 《話》彼は人物だ. 3《印刷》フォルマート (活字組版用の枠). 4《コンピュ》フォーマット.

for·ma'tie·ren [fɔrma'tiːrən] 他《コンピュ》1 《ディスクなどを》フォーマットする, 初期化する. eine Diskette ~ フロッピーディスクを初期化する. 2《作成文書などに》書式を設定する.

For·ma·ti·on [fɔrmatsi'oːn] 女 -/-en 1 (Gestaltung) 形成, 構成, 組成. 2《団体・チームなどの》編成, 編制; (編成された)チーム, フォーメーション;《軍事》隊形, 陣形; 編隊, 部隊;《音楽》《ジャズバンドなどの》編成. 3《地質》累層, 紀. 4《植物》群系.

for·ma·tiv [fɔrma'tiːf] 形 (gestaltend) 形成の.

For·ma'tiv 中 -s/-e《文法》形式素, 構成素.

'form·bar 形 形成できる, 柔軟な, 可塑(፣)性のある.

'Form·be·stän·dig 形 形の崩れない, 型崩れしない.

'Form·blatt 中 -[e]s/⸚er (Formular) (所定の)記入用紙; 申込 (届け出) 用紙.

*'**For·mel** ['fɔrməl フォルメル] 女 -/-n 1 (型通りの)決り文句, 慣用句; 式文. 2 祭文, 呪文. die ~ des Eides 誓いの言葉. 2 簡潔な表現. et¹ auf eine einfache ~ bringen 事を簡潔に表現する. 3《数学》式, 公式;《化学》化学式. 4 (レーシングカーの)公式規格, フォーミュラ.

'for·mel·haft 形 型通りの, 型にはまった; 公式(定式)による.

for'mell [fɔr'mɛl] 形 (fr.) 1 正式の, 決り通りの. ein ~er Beschluss 正式決定. 2 形式的な, うわべだけの, 堅苦しい, 儀礼的な. ein ~er Besuch 儀礼的な訪問. ~ grüßen 堅苦しく挨拶する. die ~e Verantwortung 形式的責任.

*'**for·men** ['fɔrmən フォルメン] ❶ 他《物》の形を作る, 《を》形作る;《比喩》《人格などを》形成する. Sätze・文章を作る. ein Modell aus〈in〉Gips ~ 石膏で型を作る. Ton zu Figuren ~ 粘土で像を作る. Die Erlebnisse haben ihn〈seinen Charakter〉 geformt. その体験が今日ある人間〈彼の性格〉を形成した. schön geformte Hände 姿の美しい手. ❷ (sich⁴) 形をなす, 生じる. Neue Pläne formen sich. 新しい計画が形をなす.

'For·men·leh·re 女 -/【言語】 (Morphologie) 語形論, 形態論;《音楽》楽式論;《生物》形態学.

'for·men·reich 形 形態の変化に富んだ.

'For·men·sinn 男 -[e]s/ 形式美に対する感覚, 形式感覚.

'For·mer ['fɔrmər] 男 -s/- 鋳型(ﾎﾞ)工;《陶磁器などの》成形職人.

For·me'rei [fɔrmə'raɪ] 女 -/-en 鋳型(ﾎﾞ)製作所.

'Form·feh·ler 男 -s/- 1 形式(手続)上の不備, 非礼, エチケット違反. 2《畜産》《家畜の》体形上の欠陥.

'Form·ge·bung 女 -/-en (美術工芸や実用品の)造形, デザイン.

'form·ge·wandt 形 作法にかなった, 洗練された.

for'mie·ren [fɔr'miːrən] ❶ 他《チーム・党派・軍隊などを》編成する, 組織する;《隊列などを》組む. ❷ 再 (sich⁴) 編成(組織)される; 整列する.

..för·mig [..fœrmiç]《接尾》名詞や形容詞について「...の形をした」の意の形容詞をつくる. herzförmig ハート形の. gleichförmig 同形の.

*'**förm·lich** ['fœrmliç フェルムリヒ] 形 1 形式にかなった, 正式(公式)の. eine ~e Einladung 正式の招待. ~ protestieren 公式に異議を申立てる. 2 形式的な, 格式張った, 堅苦しい. ein ~es Benehmen 格式張った堅苦しい態度. Warum denn so ~! どうしてそんなにしゃちほこばっているんだ. 3《述語的には用いない》文字どおりの, まったくの. Das ist ja [eine] ~e sexuelle Belästigung! それは紛れもないセクハラだ. Er fällt mir ~ auf die Nerven. 彼はまったく私をいらいらさせる.

'Förm·lich·keit 女 -/-en 1 正式手続, 形式. eine juristische ~ 法的手続. 2 形式的なこと, 格式張った(堅苦しい)こと. Lassen Sie doch diese ~en! そんな堅苦しいことはやめてください.

'Form·ling ['fɔrmlɪŋ] 男 -s/-e (陶磁器の)成形された素地(﹅).

'form·los 形 1 形のない, 定型をなさない; つかみどころのない. 2 形式ばらない, 正式でない, 略式の; 型にはまらない, 無作法な.

'Form·lo·sig·keit 女 -/ 1 形のないこと, 無定型. 2 形式ばらないこと, 無作法.

Fortführung

Forˈmoˑsa [fɔrˈmoːza] (*port.*), die Wunderschöne*)《地名》(Taiwan) 台湾. ◆台湾の古称. ポルトガル人が海上から眺めて「美麗島」Ilha Formosa と呼んだことにちなむ.

Formˑsaˑche 囡 -/-n 形式(手続)上の事柄, 単なる形式.

ˈ**formˑschön** 厖 形の美しい.

Forˈmuˑlar [fɔrmuˈlaːr] 中 -s/-e (書式が印刷された)申込(申告)用紙. ein ~ ausfüllen 用紙に記入する.

forˈmuˑlieˑren [fɔrmuˈliːrən] 他 (概念・考えなど)を言葉で表現する, 定式(公式)化する;(事)を文書にする. Verträge ~ 契約書類を作成する.

Forˈmuˈlieˑrung 囡 -/-en **1**《複数なし》言葉にすること, 定式化. **2**（言葉による）表現, 文言.

ˈ**Forˑmung** [ˈfɔrmʊŋ] 囡 -/-en《複数まれ》形づくること, 造形;(人格などの)形成, 陶冶(ﾄｳﾔ).

ˈ**formˑvollˑenˑdet** 厖 形式の完成された, 完璧な形の; (礼儀などが)非の打ちどころのない.

ˈ**Formˑvorˑschrift** 囡 -/-en《法制》手続の形式を取決めた規定.

forsch [fɔrʃ] 厖《話》向こう見ずな, 無鉄砲な, がむしゃらな, 思い切った.

ˈ**Forˑsche** [ˈfɔrʃə] 囡 -/《話》向こう見ず, 無鉄砲, がむしゃら, 思い切りのよさ.

***forˈschen** [ˈfɔrʃən フォルシェン] 自 **1** 研究する, 調査する. in alten Aufzeichnungen ~ 古い記録を調べる. in j² Gesicht ~ 人²の顔色をうかがう. **2** (nach j⟨et⟩³) 人⟨物⟩³を捜し求める; 探究する. nach dem Täter ~ 犯人を捜す. nach der Wahrheit ~ 真理を探究する.

ˈ**forˑschend**《現分》厖 探るような. ein ~*er* Blick 探るような目つき. ~*er* Geist 探究心.

***ˈForˑscher** [ˈfɔrʃər フォルシャー] 男 -s/- 研究者, 学者; 学術調査者. ◆女性形 Forscherin -/-nen

***ˈForˑschung** [ˈfɔrʃʊŋ フォルシュング] 囡 -/-en 研究, (学術)調査.

ˈ**Forˑschungsˑinˑstiˑtut** 中 -[e]s/-e 研究所.

ˈ**Forˑschungsˑreiˑse** 囡 -/-n 研究(調査)旅行; 学術探検.

ˈ**Forˑschungsˑreiˑsenˑde** 男囡《形容詞変化》学術探検に携わる者.

ˈ**Forˑschungsˑzenˑtrum** 中 -s/..tren 研究センター.

Forst [fɔrst] 男 -[e]s/-e[n] **1**《古》(王家などの)御料林;(特定の人の)所有林. **2** (管理されている)森林, 営林地区; 公有林.

ˈ**Forstˑamt** 中 -[e]s/ⁿer 営林署.

ˈ**Forstˑbeˑamˑte** 男《形容詞変化》林務(森林)官, 営林署員.

ˈ**Försˑter** [ˈfœrstər] 男 -s/- 営林署員, 林務(森林)官.

Försˈteˈrei [fœrstəˈraɪ] 囡 -/-en 営林署員の官舎.

ˈ**Forstˑfach** 中 -[e]s/ⁿer 林業; 林学.

ˈ**Forstˑfreˑvel** 男 -s/- 森林法違反; 森林荒らし.

ˈ**Forstˑhaus** 中 -es/ⁿer (Försterei) 営林署員の官舎.

ˈ**Forstˑmeisˑter** 男 -s/- 営林署長.

ˈ**Forstˑreˑvier** 中 -s/-e 営林区.

ˈ**Forstˑverˑwalˑtung** 囡 -/-en 林野行政; (営林署員による)森林管理.

ˈ**Forstˑweˑsen** 中 -s/ 営林制度(森林管理・林業・林学などの総称).

ˈ**Forstˑwirtˑschaft** 囡 -/ 林業.

ˈ**Forstˑwisˑsenˑschaft** 囡 -/ 林学.

Forˈsyˑthie [fɔrˈzyːtsiə, -tia] 囡 -/-n《植物》れんぎょう(イギリスの植物学者 W. Forsyth にちなむ).

***fort** [fɔrt フォルト] 副 **1** 去って, 不在で, 離れて; なくなって, von zu Hause ~ sein 家を留守にする. Meine Tasche ist ~. 私のバッグがどこかへ行ってしまった. *Fort* mit dir! お前なんか出て行け. Die Kinder sind schon ~. 子供たちはもういなくなった. weit ~ 遠く離れて. **2** 先へ, さらに引続き. Nur immer so ~! どんどん先へ進め. Mit dieser Arbeit will es nicht mehr so recht ~. この仕事はもうこれ以上うまくいきそうにない. in einem ~ 絶間なく, ずっと. ~ und ~《古》絶えず, ひっきりなしに. und so ~《略 usf.》等々.

Fort [foːr] 中 -s/-s (*fr.*) 砦(ﾄﾘﾃﾞ), 要塞(ﾖｳｻｲ).

fortˑˑ [fɔrt..] (分離前つづり / つねにアクセントをもつ) **1**《離去を表す》fortgehen 立去る. **2**《除去》fortbringen 運び去る. **3**《消失》fortfallen なくなる. **4**《不在》fortbleiben 不在である. **5**《前進》fortschreiten 先へ進む. **6**《続行》fortsetzen 続ける.

ˈ**fortˑab** [fɔrtˈˈap] 副《まれ》(fortan) 今後.

ˈ**fortˑan** [fɔrtˈˈan] 副 今後, これから, そのときから.

ˈ**fortˑbeˑgeˑben*** (sich)《雅》立去る, 出立する.

ˈ**fortˑbeˑstand** 男 -[e]s/《雅》存続.

ˈ**fortˑbeˑsteˑhen*** 存続(継続)する.

ˈ**fortˑbeˑweˑgen** [ˈfɔrtbəveˑgən] 他 **❶** 動かす, 移す. **❷** (sich) 進む, 移動する. *sich* mit Mühe ~ やっとのことで前へ進む.

ˈ**Fortˑbeˑweˑgung** 囡 -/-en 移動, 前進.

ˈ**Fortˑbilˑdung** 囡 -/-en《複数まれ》研修.

ˈ**Fortˑbilˑdungsˑschuˑle** 囡 -/-n **1**《古》実科学校. **2**(ﾉｳｷﾞｮｳ) 農業実科学校.

ˈ**fortˑbleiˑben*** 自 (s)(かなりの間)不在である, 帰ってこない. Er blieb monatelang *fort*. 彼は何か月も帰ってこなかった.

ˈ**fortˑbrinˑgen*** **❶** 他 **1** (人・物)⁴を運ぶ(持ち, 連れ)去る; (j⟨et⟩¹ von et³ 人⟨物⟩³を物⁴から)ひき離す. **2**《話》(植物・動物などを)育てる, 成長(繁殖, 繁茂)させる. **❷** 再 (sich) 進む 生計を立てる.

ˈ**Fortˑdauˑer** 囡 -/《雅》持続, 永続.

ˈ**fortˑdauˑern** 自《雅》持続(永続)する.

ˈ**fortˑdauˑernd**《現分》厖 持続(永続)的な.

ˈ**fortˑdürˑfen*** 自《話》立去ってもよい.

ˈ**forˑte** [ˈfɔrtə] 副 (*it.*)(記号 f)《音楽》フォルテ, 強く.

ˈ**Forˑte** 中 -s/-s(..ti)《音楽》フォルテ, 強音.

ˈ**fortˑeiˑlen** 自 (s)《雅》急いで立去る.

Forˑteˑpiˈaˑno [fɔrtəpiˈaːno] 中 -s/-s(..ni)《音楽》フォルテピアノ(強くそして直ちに音を弱めて奏すること).

ˈ**fortˑerˑben** 再 (sich)(貴重な物が相続によって)受継がれてゆく.

*ˈ**fortˑfahˑren*** [ˈfɔrtfaːrən フォルトファーレン] **❶** (s, h) **1** (s)(乗物に乗って)走り去る, 出発する. **2** (h, s) (in⟨mit⟩ et³ 事³を)続ける, 続行する. in *seiner* Rede ~ 話を続ける. **❷** 他 (車で)運び(連れ)去る.

ˈ**Fortˑfall** 男 -[e]s/ (Wegfall) なくなること.

ˈ**fortˑfalˑlen*** 自 (s) なくなる.

ˈ**fortˑflieˑgen*** 自 (s) 飛去る.

ˈ**fortˑfühˑren** 他 **1** (人・物)⁴を連れ(運び)去る. **2** 続ける, 継続する; 受継ぐ. das Geschäft des Vaters ~ 父親の店(事業)を受継ぐ.

ˈ**Fortˑfühˑrung** 囡 -/-en《複数まれ》継続, 続行.

'Fort|gang ['fɔrtgaŋ] 男 -[e]s/⁼e《複数まれ》**1**《複数なし》《雅》退去, 出立. **2** 進行, 進展; 継続, 続行. *seinen* ~ *nehmen* 進展する; 継続される.

*'**fort|ge·hen*** ['fɔrtgeːən フォルトゲーエン] 自 (s) **1** 立去る, 出立する. *schnell*〈*heimlich*〉~ すばやく〈こっそり〉立去る. **2**(ある状態が)続く. *So kann es nicht* ~. こんな状態が続くはずがない.

'**fort|ge·schrit·ten** ['fɔrtgəʃrɪtən] 過分 形 (↑*fortschreiten*) **1** 進歩した, 発達した. *ein industriell* ~*er Staat* 産業の発達した国. **2**(時間や進行の状況)が進んだ段階の. *im* ~*en Alter* かなり高齢の.

'**Fort|ge·schrit·te·ne** 男 女《形容詞変化》(↔ *Anfänger*) 上級(中級)者. *Deutsch für Fortgeschrittene* 上級(中級)者向けドイツ語.

'**Fort|ge·schrit·te·nen·kurs** 男 -es/-e 上級(中級)者用コース. *Er besucht an der Volkshochschule einen* ~ *in Deutsch.* 彼は市民大学講座の上級(中級)ドイツ語コースを受講している.

'**fort|ge·setzt** ['fɔrtgəzɛtst] 過分 形《述語的には用いない》絶間のない, ひっきりなしの. ~*e Bemühungen* 不断の努力. *j*⁴ ~ *belästigen* 人⁴を絶えず悩ませる.

'**For·ti** ['fɔrti] *Forte* の複数.

'**for'tis·si·mo** ['fɔrˈtisimo] (*it.*)《記号 ff》《音楽》フォルティッシモ, きわめて強く.

'**fort|ja·gen** ❶ 他 追立てる, 追払う; (くびにして)追出す. ❷ 自 (s)(乗物に乗って)走り去る.

'**fort|kom·men*** 自 (s) **1** 先へ進む, 進歩(上達)する; (植物などが)育つ. *mit seiner Arbeit nicht recht* ~ 仕事が中々進まない. **2** 立去る. *Mach, dass du fortkommst!* 消えうせろ. **3** なくなる, 運び去られる. *Mir sind meine Handschuhe fortgekommen.* 私は手袋をなくしてしまった.

'**Fort|kom·men** 中 -s/ **1** 前進, 出世, 成功. **2** 生計. *sein* ~ *finden* 生計を立てる.

'**fort|kön·nen*** 自 **1** 離れることができる. *Ich kann hier nicht fort.* 私はここを離れることができない. **2** 先へ進むことができる.

'**fort|las·sen*** 他 **1** 行かせる. **2** ぬかす, 省く.

'**fort|lau·fen** 自 (s) **1** 走り去る, 逃去る. **2**(道などが)続いている.

'**fort|lau·fend** 現分 形 連続的の, とぎれることのない. *Die Blätter sind* ~ *nummeriert.* その文書(書類)の各ページには通し番号がつけられている.

'**fort|le·ben** 自 (死後も)生き続ける. *in seinen Werken*〈*Kindern*〉~ 作品〈子供〉の中に生き続ける.

'**fort|ma·chen**《話》❶ 自 (s, h) **1**(h)(ある行動を)続ける. **2** (s) 引越す. ❷ 再 《*sich*⁴》去る, 消えうせる;《婉曲》死ぬ. *Mach dich fort!* とっととうせろ. ❸ 他 (汚れなどを)取除く.

'**fort|müs·sen*** 自 《話》去らねばならない;《婉曲》この世を去る. *Das Paket muss heute noch fort.* その荷物は今日中に出さなければならない.

'**fort|neh·men*** 他 (人³から物⁴を)取りあげる, 奪う. *Sie nimmt dem Kind das Spielzeug fort.* 彼女は子供からおもちゃを取りあげる.

'**fort|pflan·zen** ['fɔrtpflantsən] 他 (子孫をつくって) ふやしていく, 繁殖(増殖)する. 再 《*sich*⁴》(動物・植物が)繁殖(増殖)する. *sich geschlechtlich*〈*ungeschlechtlich*〉~ 有性〈無性〉生殖する. **2** (光・熱・音などが)伝わる, 伝播(²²)する;(思想・うわさ・信仰などが)広まる, 流布(ふ)する;(病気が)蔓延(まんえん)する.

'**Fort|pflan·zung** 女 -/ **1** 繁殖. *eine geschlechtliche*〈*ungeschlechtliche*〉~ 有性〈無性〉生殖. **2**(光や音の)伝播(でんぱ).

'**fort|rei·sen** 自 (s) 旅立つ.

'**fort|rei·ßen*** 他 **1**(人⁴を)無理に引離して連去る. (b)(物⁴を)無理やり奪い取る, ひったくり取る;(波などが)さらっていく. *Sie hat dem Kind das Messer fortgerissen.* 彼女は子供からナイフを奪い取った. **2**(人⁴を)熱狂させる,(の)心を奪う. *sich*⁴ *von et*³ ~ *lassen* 物⁴に心を奪われ,(の)とりこになる.

Forts《略》= *Fortsetzung*

'**Fort|satz** 男 -es/⁼e《生物》(器官・臓器の)延長部分, 突起. *ein wurmförmiger* ~ 虫様(ちゅうよう)突起.

'**fort|schaf·fen**(人⁴を)連去る;(物⁴を)運び出す, 片づける.

'**fort|sche·ren** 再 《*sich*⁴》《話》去る, 消えうせる. *Scher dich fort!* とっととうせろ.

'**fort|schi·cken** 他 **1**(人⁴を)追払う, 追出す. **2**(物⁴を)発送する.

'**fort|schlei·chen*** 自 (s) 他 《*sich*⁴》ひそかに立去る, こっそり逃げる.

'**fort|schlep·pen**《話》❶ 他 (大きな荷物や箱などを引きずって)運び去る;(人⁴を無理やり)連れ去る. ❷ 再 《*sich*⁴》重い足を引きずって歩く;《比喩》(談話・習慣などがいつまでも)だらだらと続く.

'**fort|schrei·ben** 他 **1**(統計・土地評価額などを)補正してゆく(新たな数値によって). **2**(計画などを)現状に合わせて修正しつつ継続する.

'**fort|schrei·ten*** ['fɔrtʃraɪtən] 自 (s) **1**(先へ)進む, 進歩(上達)する. *im Französischen* ~ フランス語が上達する. **2**(時間が)過ぎ去る. **3**(病気・破壊・汚染などが)進む, 進行する.

'**fort|schrei·tend** 現分 形 進行する. ~*e Verschmutzung* 進む汚染.

*'**Fort|schritt** ['fɔrt-ʃrɪt フォルトシュリット] 男 -[e]s/-e 進歩, 上達, 前進. *in großer* ~ 長足の進歩. ~*e* [in] *der Medizin*〈*der Technik*〉医学〈技術〉の進歩. ~*e machen* 進歩(上達)する; はかどる. *in der Schule*〈*im Klavierspielen*〉~*e machen* 学業の成果があがる〈ピアノが上達する〉. *Seine Arbeit macht gute* ~*e.* 彼の仕事は順調に進んでいる.

'**Fort|schritt·ler** ['fɔrt-ʃrɪtlər] 男 -s/- 進歩主義者.

*'**fort|schritt·lich** ['fɔrt-ʃrɪtlɪç フォルトシュリトリヒ] 形 進歩的な, 進歩主義の.

'**fort|seh·nen** 再 《*sich*⁴》どこかよそへ行ってしまいたいと思う.

*'**fort|set·zen** ['fɔrtzɛtsən フォルトゼッツェン] ❶ 他 続ける. *die Arbeit* ~ 仕事を続ける. ❷ 再 《*sich*⁴》続く. *Der Wald setzt sich nach Osten fort.* 森は東へ向かって伸びている. *Die Diskussion hat sich bis in die Nacht fortgesetzt.* 議論は夜まで続いた.

*'**Fort|set·zung** ['fɔrtzɛtsʊŋ フォルトゼッツング] 女 -/-en **1** 継続, 続行. *die* ~ *eines Gesprächs* 対話の継続. **2** 続き. *ein Roman in* ~*en* 連載小説. ~ *folgt* 次号に続く.

'**fort|sol·len*** 自 《話》立去るべきである. *Soll ich schon fort?* 私はもう帰った(出かけた)方がいいですか.

'**fort|steh·len*** 再 《*sich*⁴》こっそり抜け出す, ひそかに立去る. *Er hat sich aus dem Zimmer*〈*der Gesellschaft*〉*fortgestohlen.* 彼は部屋〈仲間の所〉からこっそり抜け出した.

'**fort|tra·gen*** 他 (物⁴を)運び去る.

'**fort|trei·ben*** ❶ 他 **1** 追払う(出す);(家畜などを)追立てる;(風・波などが)押流す. **2** (weitermachen)

し続ける。❷ 圓(s)(風・波などに物¹が)流される。Der Ball〈Das Boot〉 *treibt* auf den Wellen *fort*. ボール〈ボート〉が波に流されてゆく.

For'tu·na [fɔr'tu:na] 囡 -/ (*lat.*) 〖ローマ神話〗フォルトゥーナ(幸運の女神); 幸運. ~ war ihm hold. 彼は運に恵まれた.

For'tune [fɔr'ty:n] 囡 -/ (*fr.*) (Glück) 幸運.

For'tü·ne [fɔr'ty:nə] 囡 -/ =Fortune

fort|wäh·ren 圓 持続する.

fort|wäh·rend [ˈfɔrtvɛ:rənt フォルトヴェーレント] 現分 形 〖述語的には用いない〗持続的な, 絶間ない. Es regnete ~. 絶間なく雨が降っていた.

fort|wer·fen 他 投捨てる.

fort|wol·len 圓 〖話〗 **1** よそへ行きたがる. **2** 前へ進もうとする.

*Fo·rum ['fo:rʊm] 匣 -s/Foren [..rən], Fora [..ra] (*lat.*) **1** フォールム(古代ローマの公共広場. 市場や裁きの場として使われた). **2** 裁判所, 法廷. **3** 公衆, 聴衆. **4** (Forumdiskussion) パネルディスカッション, 討論の場(機会), (新聞などの)世論欄(読者欄).

Fos·bu·ry·flop [ˈfɔsbərifləp] 男 -s/-s (*engl.*) 〖陸上競技〗(走り高跳びの)背面跳び.

fos'sil [fɔ'si:l] 形 (*lat.*) 化石の, 化石になった; 太古の; 〖戯〗時代遅れの, 古臭い. ~*er* Brennstoff 化石からできた燃料(石炭・石油など).

Fos'sil 匣 -s/..lien [..liən] 化石; 〖比喩〗古くさい人(物).

'Fö·ten [ˈfø:tən] Fötus の複数.

'Fo·to¹ [ˈfo:to フォート] 匣 -s/-s (スイス 囡 -/-s) (Fotografie の短縮)写真.

'Fo·to² 男 -s/-s (話) (Fotoapparat の短縮)写真機, カメラ.

fo·to.., Fo·to.. [foto.., ˈfo:to..] 〖接頭〗形容詞・名詞・動詞などに冠して, 「写真・光」の意を表す(↑photo.., Photo..). *foto*scheu 写真嫌いの. *Foto*kunst 写真術, 写真芸術.

'Fo·to·ap·pa·rat [ˈfo:toapara:t フォートアパラート] 男 -[e]s/-e 写真機, カメラ.

Fo·to·che·mie [fotoçe'mi:, ˈfo:toçemi:] 囡 -/ = Photochemie

'Fo·to·ef·fekt 男 -[e]s/-e =Photoeffekt

'Fo·to·elek·tri·zi'tät [foto.., ˈfo:toǀɛlɛktrɪtsitɛ:t] 囡 -/ =Photoelektrizität

'Fo·to·elek·tron [ˈfo:to..] 匣 -s/-en =Photoelektron

'Fo·to·ele·ment 匣 -[e]s/-e =Photoelement

fo·to'gen [foto'ge:n] 形 写真うつりのよい, 写真向きの.

*Fo·to'graf [foto'gra:f] 男 -en/-en 写真家, カメラマン. ◆女性形 Fotográfin 囡 -/-nen

Fo·to·gra'fie [fotogra'fi:] 囡 -/ 匣 -n [..'fi:ən] **1** (複数なし)写真術; 写真撮影. **2** (Foto) 写真.

*fo·to·gra'fie·ren [fotogra'fi:rən フォトグラフィーレン] ❶ 圓 写真を撮る. ❷ 他 (人〈物〉⁴の)写真を撮る. Sie lässt sich¹ nicht gerne ~. 彼女は写真嫌いだ. (再帰的に) Sie *fotografiert sich⁴* gut. 彼女は写真うつりがいい.

fo·to·gra·fisch [foto'gra:fɪʃ] 形 写真の(による); 写真撮影の(による).

Fo·to'graph [foto'gra:f] 男 -en/-en =Fotograf

Fo·to·gra'phie·ren [fotogra'fi:rən] 圓 他 =fotografieren

Fo·to·gra'vü·re [fotogra'vy:rə] 囡 -/-n =Photogravüre

Fo·to·ko'pie [fotoko'pi:] 囡 -/-n 写真複写, コピー.

fo·to·ko'pie·ren [fotoko'pi:rən] 他 写真複写する.

Fo·to'me·ter [foto'me:tər] 匣 -s/- =Photometer

Fo·to·me'trie [fotome'tri:] 囡 -/ =Photometrie

'Fo·to·mo·dell [ˈfo:to..] -s/-e (写真撮影の)職業モデル.

'Fo·to·mon·ta·ge 囡 -/-n **1** (複数まれ) 写真によるモンタージュ. **2** モンタージュ写真.

'Fo·ton [ˈfo:tɔn, fo'to:n] 匣 -s/..tonen [fo'to:nən] =Photon

'Fo·to·satz 男 -es/ 〖印刷〗 写真写植, 写植.

Fo·to'sphä·re [foto.., ˈfo:tosfɛ:rə] 囡 -/ =Photosphäre

Fo·to·syn'the·se [foto.., ˈfo:tozynte:zə] 囡 -/ =Photosynthese

'Fo·to·zel·le [ˈfo:to..] 囡 -/-n =Photozelle

'Fö·tus [ˈfø:tʊs] 男 -[ses]/-se (Föten [..tən]) (*lat.*) 〖医学〗(Fetus) 胎児(3ヶ月以後).

Fot·ze [ˈfɔtsə] 囡 -/-n **1** (卑)膣(ち゚), ワギナ. **2** (侮) (Weib) 女; (Hure) 売春婦. **3** 南ド・ぃ・ふ (Ohrfeige) びんた; (Mund) 口.

foul [faʊl] 形 (*engl.*) 〖スポ〗反則の.

Foul 匣 -s/-s (*engl.*) 〖スポ〗反則, ファウル.

Fou'lard [fu'la:r] 男 -s/-s (*fr.*) 〖紡織〗フラール(ネクタイやスカーフに用いる柔らかい薄地の絹またはレーヨン).

'fou·len [ˈfaʊlən] 他 (*engl.*) 〖スポ〗(人⁴を)反則行為(ファウル)によって妨害する.

Fou'qué [fu'ke:] (人名) Friedrich de la Motte ~ フリードリッヒ・ドゥ・ラ・モット・フケー(1777-1843, ドイツロマン派の詩人).

Fou'rier [fu'ri:r] 男 -s/-e (*fr.*) 〖軍事〗(Furier) 食料と宿営担当の下士官.

Fou·ri·e'ris·mus [furie'rɪsmʊs] 男 -/ フーリエ主義(フランスの社会思想家フーリエ Fourier, 1772-1837の説いた空想的社会主義).

'Fox·ter·ri·er [ˈfɔksteriər] 男 -s/- (*engl.*) フォックステリア(犬の一種).

'Fox·trott [ˈfɔkstrɔt] 男 -[e]s/-e(-s) (*engl.*) フォックストロット(20世紀初頭に広まった4拍子のダンス).

Fo'yer [foa'je:] 匣 -s/-s (*fr.*) (劇場などの)ロビー, ホワイエ.

FPÖ (略) =Freiheitliche Partei Österreichs オーストリア自由党.

fr (略) **1** =Franc **2** =franko, frei 8

Fr ❶ (記号) 〖化学〗 =Francium ❷ (略) **1** =Freitag **2** =Franken¹

Fr. (略) =Frau 4

Fra [fra:] (イタリア語 frate の略) Bruder (兄弟)の意で修道士などの名前の前につける敬称. ~ Angelico フラ・アンジェリコ.

*Fracht [fraxt フラハト] 囡 -/-en **1** 貨物, 積荷. **2** 貨物運賃, 運送料.

'Fracht·brief 男 -[e]s/-e 〖経済〗(貨物の)送り状.

'Fracht·damp·fer 男 -s/- 貨物船.

'frach·ten [ˈfraxtən] 他 (貨物を)運搬する; 積込む.

*'Frach·ter [ˈfraxtər フラハター] 男 -s/- **1** 貨物船. **2** (荷の)送り主; 運送業者.

'fracht·frei 形 〖経済〗送料不要(売主負担)の.

'Fracht·gut 匣 -[e]s/⁼er 貨物, 積荷.

'Fracht·kahn 男 -[e]s/=e 荷船, はしけ.
'Fracht·raum 男 -[e]s/=e 船倉; (飛行機の)貨物室.
'Fracht·satz 男 -es/=e《経済》貨物運賃率(表).
'Fracht·schiff 中 -[e]s/-e 貨物船.
'Fracht·stück 中 -[e]s/-e (個々の)貨物, 積荷.
'Fracht·ver·kehr 男 -[e]s/ 貨物運輸.
Frack [frak] 男 -[e]s/Fräcke〈-s〉燕尾服. Ihm saust〈geht〉 der ~.《話》彼はひどく不安〈心配〉である. j³ den ~ voll haben 〈話〉 人³を殴る, ぶちのめす. sich⁴ in den ~ machen〈scheißen〉《話》大騒ぎする, 大げさに振舞う; 異常にまがまがしくする.
'Frack·hemd 中 -[e]s/-en 礼装用ワイシャツ.

'Fra·ge

['fra:gə フラーゲ] 女 -/-n 1 質問, 問い. eine ~ beantworten / auf eine ~ antworten 問いに答える. j³〈an j³〉 eine ~ stellen / an j³ eine ~ richten 人³,⁴に質問する. ~n über ~n stellen 次から次へと質問する. Wie die ~, so die Antwort.《諺》返答は質問次第, 愚問愚答. 2 問題. die soziale ~ / die soziale ~ n 社会問題. in ~〈infrage〉 kommen 問題になる, 考慮の対象になる. Das kommt nicht in ~〈infrage〉. そんなことは問題にならない. Er kommt für den Posten nicht in ~〈infrage〉. 彼はこのポストには向いていない. Es ist nur eine ~ der Zeit. それは時間の問題にすぎない. 3《話》疑い, 疑問. außer ~ sein〈stehen〉疑問の余地がない. in ~〈infrage〉 stehen 疑わしい, 不確実である. Das alles steht noch sehr in ~〈infrage〉. それはすべてまだ全く不確実だ, はっきりしていない. Das ist sehr die ~. それは大いに不確実だ. Das ist gar keine ~. それは疑問の余地がない. et⁴ in ~〈infrage〉 stellen 事⁴を疑問視する, 危うくする. Wegen der Erkrankung ist die ganze Aufführung in ~〈infrage〉 gestellt. 病人が出たため公演の実施そのものが危ぶまれている. ohne ~ 疑いもなく.

'Fra·ge·bo·gen 男 -s/ (南ド・ォーストリヤ・スィス-=) アンケート用紙, 質問(調査)用紙. einen ~ ausfüllen アンケート用紙に記入する.
'Fra·ge·für·wort 中 -[e]s/=er《文法》(Interrogativpronomen) 疑問代名詞.

'fra·gen(*)

['fra:gən フラーゲン] ❶ 他 1 (a) (人¹に) 質問する, 尋ねる. Du musst ihn vorher ~. 彼に前もって尋ねてみなければいけないよ. Ich fragte ihn noch einmal, ob er mitkommen wolle. 一緒に来るつもりかどうか私は彼にもう一度聞いた. Da fragst du mich zuviel! そこまで言われても私も知らないよ. Frag dein Gewissen! 良心に聞いてみなさい. j⁴ wegen et² ~ 事²のことで人⁴に尋ねる, 問合せる.《4格目的語 2 つと》Darf ich Sie etwas ~? ちょっとお尋ねしてよろしいですか. Das frage ich dich!《目的語なしで》Wie alt sind Sie, wenn ich ~ darf? 失礼ですがおいくつですか. Frag lieber nicht! それは聞かないでくれ. Da fragst du nicht? どんなにそこまで聞かなくても分かるだろう. (b) j⁴ nach et³ ~ 人⁴に事³を尋ねる, 聞く. Ich habe ihn nach dem Weg zum Bahnhof〈nach seinen Eltern〉 gefragt. 私は彼に駅へ行く道を〈彼の両親のことを〉尋ねた.《目的語なしで》Hat jemand nach mir gefragt? 誰か私のことを尋ねましたか; 誰か私に会いにきましたか. 2 j⁴ um Erlaubnis〈Rat〉 ~ 人⁴に許可〈助言〉を求める. Fragen Sie einmal einen Arzt [um Rat]! 一度医者に相談してみなさい. das Wörterbuch um Rat ~ 辞書で調べる. 3《受動態で》 gefragt sein〈werden〉 求められている, 需要がある. ▶ ↑ gefragt
❷ 自《多く否定文で》(nach j⟨et⟩³ 人⟨物⟩³のことを) 気にかける. Der Vater fragte gar nicht nach den Kindern. 父は子供たちのことをまるで気にかけなかった. Danach frage ich nicht. そんなことは私は気にしない (興味がない). Wer fragt heute schon danach? そんなことをきょう誰が気にするもんか.
❸ 再《sich⁴》1 よく〈じっくり〉考える. Das habe ich mich auch schon gefragt. そのことなら私ももう十分考えました. 2《話》Das fragt sich [noch]. それはまだはっきりしない〈分からない〉. Es fragt sich, ob es das tun kann. 彼にそれができるかどうかは分からない.
◆方言には過去形 frug, 現在人称変化形 du frägst, frägt がある.

'fra·gend 現分形《述語的には用いない》物問いたげな, 訝(いぶか)しげな, 不審そうな. j³ einen ~en Blick zuwerfen 人³に物問いたげな視線を投げる. in ~em Ton 問うような調子で. j⁴ ~ ansehen 人⁴を訝しげに見つめる.
'Fra·ger ['fra:gər] 男 -s/- (うるさく) 質問する人, 質問者.
Fra·ge·rei [fra:gə'rai] 女 -/ うるさい (しつこい) 質問.
'Fra·ge·satz 男 -es/=e《文法》疑問文.
'Fra·ge·stel·ler 男 -s/- =Frager 2 インタビュアー.
'Fra·ge·stel·lung 女 -/-en 1 質問の仕方, 問題の立て方, 問題設定. 2 一連の問題, 主題.
'Fra·ge·stun·de 女 -/-n (議会の)質疑時間.
'Fra·ge-und-'Ant·wort-Spiel 中 -[e]s/-e 1 問答遊び, なぞなぞ. 2《比喩》長々と続く質疑応答.
'Fra·ge·wort 中 -[e]s/=er =Fragefürwort
*'Fra·ge·zei·chen ['fra:gətsaiçən フラーゲツァイヒェン] 中 -s/- 1《文法》疑問符(?). ein ~ setzen 疑問符を打つ. et⁴ mit einem [dicken/großen] ~ versehen / hinter et⁴ ein [dickes/großes] ~ setzen 事⁴を疑問視する. wie ein ~ stehen〈sitzen〉背中を丸めて立っている〈座っている〉. wie ein lebendiges ~ aussehen きつねにつままれたような顔をしている. 2《比喩》未解決の問題, 不確定な事.

fra·gil [fra'gi:l] 形 (lat.) もろい, こわれやすい; 弱々しい.
*'frag·lich ['fra:klɪç フラークリヒ] 形 1 疑わしい, 不確かな. ein ~er Umstand 流動的な状況. Es ist noch ~, ob er kommt. 彼が来るかどうかまだ不確かだ. 2《付加語的用法のみ》問題の, 当該の. die ~e Angelegenheit 例の一件. zur ~en Zeit 問題の時刻に.
'frag·los ['fra:klo:s] 副 疑いもなく, 明らかに.
Frag'ment [fra'gmɛnt] 中 -[e]s/-e (lat.) 1《文学・音楽》(Bruchstück) 断章, 断編, (とくに初期ドイツロマン派の)未完の作品. 2《演劇》オペラやバレエの一部を舞台用に脚色した作品(18世紀パリで好まれた). 3《彫刻》トルソー (人体の胴部分だけの彫像). 4《医学》(骨の)破片.
frag·men·ta·risch [fragmɛn'ta:rɪʃ] 形 断片的な, 断章風の; 未完の.
'frag·wür·dig ['fra:kvʏrdɪç] 形 疑わしい; 不審な, 怪しげな, いかがわしい. ein ~es Subjekt《話》不審な人物. j³ ~ vorkommen〈erscheinen〉 人³に胡散(うさん)臭く〈疑わしく〉思われる.
frais [frɛːs], fraise [frɛːs, 'frɛːzə] 形 (fr.)《不変化》いちご色の.

Frak·ti'on [fraktsi'o:n] 女 -/-en (*lat.*) **1**《政治・法制》(議会の)党派, 会派, 党議員団;（政党内の)派閥, 分派. **2**《化学・工学》分溜(精溜)によって生成した物質. **3**《カトリック》市町村の行政区域.

frak·ti·o'nie·ren [fraktsio'ni:rən] ❶ 他 **1**《化学》分溜する. **2**（党・組織などを)分裂させる. ❷ 自 分派活動をする.

Frak·ti'ons·zwang 男 -[e]s/ 投票の際に会派内の決定に従って投票する義務.

Frak'tur [frak'tu:r] 女 -/-en (*lat.*) **1**《複数なし》ドイツ文字(16 世紀にできたが, 現在ではもう使われていない). [mit j³] ~ reden（人³に)ずけずけ言う. **2**《医学》骨折.

Franc [frã] 男 -/-s[frã:] (*fr.*)（略 **fr**）フラン(スイスでは現存の、フランス・ベルギー・ルクセンブルクではユーロ導入前の通貨).

Fran'çai·se [frã'sɛ:zə] 女 -/-n フランセーズ(フランスのコントルダンスの呼称. イギリスのカントリーダンスに端を発する踊り).

Fran'ces·ca [fran'tʃɛska] (*it.*)《女名》フランチェスカ.

'Fran·ci·um ['frantsiom] 中 -s/《記号 Fr》《化学》フランシウム.

frank [fraŋk] 形 (*fr.*)《ふつう次の用法で》~ und frei 率直なに、あからさまなに.

Frank [fraŋk] 男 -en/-en =Franc

'Fran·ke ['fraŋkə] 男 -n/-n **1** フランク人(ゲルマン人の一部族). **2** フランケン地方の住民(出身者).

'Fran·ken¹ ['fraŋkən] 男 -s/-（略 **Fr**）スイスフラン(スイスの通貨).

'Fran·ken² 中《地名》フランケン地方(ドイツ南部の地方. 大部分がバイエルン州に属し, 一部はバーデン=ヴュルテンベルク州に属する).

'Fran·ken·wald 男 -[e]s/ フランケンヴァルト(バイエルン州北東部の山地).

'Fran·ken·wein 男 -[e]s/-e フランケン地方産のワイン.

'Frank·furt ['fraŋkfort]《地名》**1** ~ am Main（略 ~a.M.）フランクフルト(ヘッセン州マイン河畔の都市, 経済・金融の中心地). **2** ~ (Oder) フランクフルト(オーデル)(ドイツのブランデンブルク州オーデル河畔の都市, 旧東ドイツ時代は県都. ~ an der Oder とも).

'Frank·fur·ter ['fraŋkfortər] ❶ 男 -s/- フランクフルトの住民(出身者). ❷ 形《不変化》フランクフルトの. ~ Würstchen フランクフルト・ソーセージ. ❸ 中 -s/-（女 -/-）《多く複数で》Frankfurter Würstchen の略.

fran'kie·ren [fraŋ'ki:rən] 他 (*it.*, freimachen')（郵便物に)切手を貼る, (の)料金を前納する. einen Brief〈ein Päckchen〉~ 手紙〈小包〉に切手を貼る, (の)料金を前納する.

Fran'kier·ma·schi·ne [fraŋ'ki:r..] 女 -/-n 自動消印機(料金別納郵便扱いのスタンプを押す器械).

fran'kiert 過分 形 切手が貼ってある, 郵便料金の前納された. Der Brief ist ausreichend ~. その手紙は料金が足りている(正しく切手が貼ってある).

'frän·kisch ['frɛŋkɪʃ] 形 **1** フランク人の. **2** フランケン(人)の. ~e Mundarten フランケン方言.

'fran·ko ['fraŋko] 副 (*it.*) 送料不要で, 送料売主負担で.

Fran·ko·ka·na·di·er ['fraŋkokana:diər] 男 -s/- フランス語圏カナダ人.

Fran·ko·ma'nie [fraŋkoma'ni:] 女 -/ フランスかぶれ.

'Fran·ko·mar·ke 女 -/-n《オーストリア》《郵便》(Briefmarke) 郵便切手.

fran·ko'phil [fraŋko'fi:l] 形 フランスびいきの, 親フランス的な.

Fran·ko·phi'lie [..fi'li:] 女 -/ フランスびいき.

fran·ko'phob [..'fo:p] 形 (↔ frankophil) フランス嫌いの, 反仏的な.

Fran·ko·pho'bie [..fo'bi:] 女 -/ フランス嫌い.

*** 'Frank·reich** ['fraŋkraɪç フランクライヒ]《地名》フランス.

Frank·ti'reur [frãti'rø:r] 男 -s/-e(-s) (*fr.*) フランス義勇兵(とくにフランス革命及び普仏戦争時の).

'Fran·se ['franzə] 女 -/-n **1**（多く複数で)（えり巻・じゅうたんなどの縁の)房, 房飾り. in die ~n gehen《比喩》《地方》裂ける, こなごなになる, なくなる. **2**《複数で》房状の髪の毛, だらり垂れ下がった髪.

'fran·sen ['franzən] ❶ 他（物¹に)総(ネ)をつける. ❷ 自（布などの端が)ほつれる.

'fran·sig ['franzɪç] 形 **1** 総(ネ)(飾り)の付いた. **2** ほつれた. sich³ den Mund ~ reden《話》口をすっぱくして説く.

Franz¹ [frants]《男名》フランツ. ❷ 男 -en/-en《兵器》(飛行機の中での)偵察員.

Franz² [frants]《無冠詞》《学生》(学校の科目としての)フランス語 (Französisch の短縮).

'Franz·band 男 -[e]s/¨e《製本》(フランス風)総革上製本.

'Franz·brannt·wein 男 -[e]s/ フランスブランデー(塗布薬としても用いる粕ブランデー).

Fran'zis·ka [fran'tsɪska]《女名》フランツィスカ.

Fran'zis·ka·ner [frantsɪs'ka:nər] 男 -s/-《カトリック》フランシスコ修道会士. ◆女性形 Franziskanerin 女 -/-nen

Fran'zis·ka·ner·or·den 男 -s/《カトリック》フランシスコ修道会.

fran·zis'ka·nisch [..'ka:nɪʃ] 形 フランシスコ修道会の(に関する).

Fran'zis·kus [fran'tsɪskos]《男名》フランツィスクス.

'Franz·mann ['frantsman] 男 -[e]s/¨er《話》(Franzose) フランス人.

*** Fran'zo·se** [fran'tso:zə フランツォーゼ] 男 -n/-n **1** フランス人. **2**《話》自在スパナ. **3**《地方》ごきぶり. **4**《複数で》《卑》梅毒. die ~n haben 梅毒にかかっている. ◆女性形 Französin 女 -/-nen

fran'zo·sen·freund·lich 形 フランスびいきの, 親仏的な.

fran'zö·sie·ren [frantsø'zi:rən] ❶ 他 **1**（事⁴を)フランス風にする(変える). **2**（人・土地・文化を)フランス(語)化する.

*** fran'zö·sisch** [fran'tsø:zɪʃ フランツェーズィッシュ] 形 **1** フランスの. die ~e Sprache フランス語. die *Französische* Revolution フランス革命. **2** フランス風(流)の. ~e Küche フランス料理. sich⁴ [auf] ~ empfehlen〈verabschieden〉 別れを告げずに(こっそり)立去る. **3** フランス語の. ~ sprechen フランス語で話す. et⁴ ~ sagen 事⁴をフランス語で言う. Wir haben uns⁴ ~ unterhalten. 我々はフランス語で話し合った. die ~e Schweiz フランス語圏スイス. ▶↑ Französisch **4** フランス製(産)の. ~e Weine フランスワイン. ▶↑deutsch

Fran'zö·sisch [fran'tsø:zɪʃ] 中 -[s]/ フランス語. ~ sprechen フランス語を話す. et⁴ auf ⟨°französisch⟩ sagen 事⁴をフランス語で言う. in ~ schreiben

フランス語で書く．Unterricht in ～ フランス語の授業．◆その他の用例は↑Deutsch

Fran'zö·si·sche 中《形容詞変化／複数なし》《定冠詞と》**1** フランス語．Der Roman wurde aus dem ～ übersetzt. その小説はフランス語から訳された．**2** フランス的な特色．◆↑Deutsche ②

fran·zö·si·sie·ren [frantsøzi'ziːrən] 他 =französieren

frap'pant [fra'pant] 形 (fr.) 驚くほどの，顕著な，著しい．

Frap'pé¹, **Frap'pee**¹ [fra'peː] 中 -s/-s (fr.) 《紡織》プリント地．

Frap'pé², **Frap'pee**² 中 -s/-s (fr.) **1** フラッペ《細かく砕いた氷を入れたカクテルの一種》．**2** 《料理》フラッペ《ミルクに細かくした果物を入れて氷で冷やした飲物》．

frap'pie·ren [fra'piːrən] 他 (fr.) **1** 《人³を》びっくりさせる．(現在分詞で) eine frappierende Ähnlichkeit 驚くほどの類似性．**2** 《ワインなどを氷で》冷やす．

'Frä·se ['frɛːzə] 女 -/-n 《工学》フライス《盤》．**2** 《農業》(Bodenfräse) ロータリー耕耘(こううん)機．**3** (a) 耳から耳へ達するひげ．(b) 《服飾》(15-17 世紀に用いられた)ひだ襟．

'frä·sen ['frɛːzən] 他 **1** 《工学》フライス盤で加工する．**2** 《農業》ロータリー耕耘機で耕(たがや)す．

'Frä·ser ['frɛːzɐr] 男 -s/- **1** フライス盤で加工する職工．**2** フライス盤のカッター．

'Fräs·ma·schi·ne ['frɛːs..] 女 -/-n フライス盤．

fraß [fraːs] fressen の過去．

Fraß [fraːs] 男 -es/-e 《複数まれ》**1** 餌(えさ)《とくに肉食動物の》．j³ et¹ zum ～ hinwerfen〈vorwerfen〉《侮》物を人³の餌食(えじき)にする．**2** 《話》まずい食事，傷(いた)んだ食べ物．**3** 《動物が木や草を》食い荒らすこと．

'frä·ße ['frɛːsə] fressen の接続法 II.

'Fra·ter ['fraːtɐr] 男 -s/Fratres 《カト》《托鉢》修道士；助修士．

fra·ter·ni·sie·ren [fratɛrni'ziːrən] 自 (fr.) mit j³ ～ 人³と兄弟のような交わりを結ぶ《とくに政治や軍事の分野において》．

Fra·ter·ni'tät [fratɛrni'tɛːt] 女 -/-en 《複数まれ》**1** 兄弟愛，友愛．**2** (↑Bruderschaft)《カト》信心会．

'Fra·tres ['fraːtreːs] Frater の複数．

Fratz [frats] 男 -es/-e《オーストリア》**1** いたずらっ子《とくに女の子》．**2** 《南ドイツ》《侮》腕白，がき；おてんば．**3** 生意気なやつ．**4** 《古》=Fratze

'Frat·ze ['fratsə] 女 -/-n **1** 醜悪な顔；しかめ面，歪(ゆが)めた顔．ein ～n schneiden〈ziehen〉人³の前で顔をしかめる．das Gesicht zu einer ～ verziehen 顔をしかめる《歪める》．**2** 《卑》顔；面(つら)；人間．**3** 《まれ》面．

'frat·zen·haft 形 しかめ面の；《顔が》醜悪な．

Frau

Frau [frau フラオ] 女 -/-en **1** (↔ Mann)《成人した》女性，婦人．eine allein stehende〈verheiratete〉Frau 独身《既婚》の女性．eine alte〈ältere〉～ 年とった《中年の》婦人．die weise ～.《古》産婆；《婉曲》ひそかに堕胎を施す婦人．**2** 《女の》恋人，妻．Er hat viele ～en gehabt. 彼には沢山の女がいた．die ideale ～ / die ～ seiner Träume 理想の女性，夢にまで見た女性．**3** 妻，女房．meine〈seine〉～ 私の〈彼の〉妻．[sich³] eine ～ suchen 妻となる女を探す．Er hat eine Engländerin zur ～. 彼はイギリス人女性を妻としている．Sie leben wie Mann und ～ zusammen. 彼らは夫婦同様の生活をしている．**4** 《既婚女性・職業を持つ女性または成人の女性の姓・称号などの前につける敬称／略 Fr.》…夫人，さん．～ Müller ミュラー夫人．～ Professor《女性の》教授；《古》教授夫人．liebe〈sehr geehrte〉～ Müller 親愛なる《敬愛する》ミュラー夫人《手紙の冒頭》．～ Holle ホレおばさん《伝説・童話中の人物》．《親族を表す姓の前で》Ihre ～ Gemahlin〈Mutter〉《古》あなたの奥様《お母様》．《姓・称号なしで》[verehrte] gnädige ～《雅》奥様．Unsere Liebe ～ 聖母マリア．**5** 《古》女主人．die ～ des Hauses 一家の主婦．die junge ～ 嫁．

'Frau·chen ['frauçən] 中 -s/- 《Frau の縮小形》**1** 小柄な《年とった》女性．**2** かわいい妻．mein ～ 僕の嫁さん．**3** 飼犬の女主人．Geh zum ～!《犬に向かって》御主人の所に行け．

'Frau·en·arzt 男 -es/¨e 婦人科医．

'Frau·en·be·we·gung 女 -/ 婦人運動，女性解放運動．

'Frau·en·eman·zi·pa·tion 女 -/ 女性解放．

'Frau·en·feind 男 -[e]s/-e 婦人解放反対《女性蔑視》論者．

'Frau·en·fra·ge 女 -/-n 婦人問題．

'Frau·en·haar 中 -[e]s/-e **1** 女性の毛髪．**2** 《植物》種々の雑草・こけ類・アジアンタム属のしだ類《ほうせいだ等》の俗称．

'frau·en·haft 形 女性的な，女らしい．

'Frau·en·haus 中 -es/¨er 夫から暴行を受ける女性をかくまう施設《1970 年代に多くつくられた》．

'Frau·en·heil·kun·de 女 -/ (Gynäkologie) 婦人科学．

'Frau·en·held 男 -en/-en 女にもてる男，色男．

'Frau·en·kli·nik 女 -/-en《産》婦人科病院．

'Frau·en·klos·ter 中 -s/¨ 女子修道院．

'Frau·en·krank·heit 女 -/-en 《多く複数で》婦人病．

'Frau·en·recht·le·rin ['frauənrɛçtlərɪn] 女 -/-nen 婦人運動の活動家．

'Frau·ens·per·son 女 -/-en《侮》女．

'Frau·en·stift 中 -[e]s/-e[r] **1** 《修道院か宮廷内の》女性扶養施設《身寄りのない貴族の女性のために設けられた》．**2** 共謀祈禱(きとう)会修道会．

'Frau·en·stimm·recht 中 -[e]s/ 婦人参政権．

'Frau·en·tag 男 -[e]s/-e **1** 《カト》聖母マリアの祝日．**2** [Internationaler] ～《国際》婦人デー《3 月 8 日》．

'Frau·en·zim·mer 中 -s/- **1** 《侮》女，あま．**2** 《古》《女性の居室の意から転じて》女性，婦人．

'Fräu·lein

'Fräu·lein ['frɔʏlaɪn フロィライン]《バイエルン・オーストリア》中 -s/-[s] 《Frau の縮小形》《略 Frl.》《古》**1** 未婚女性．ein älteres ～ オールドミス．gnädiges ～ お嬢様《丁寧な呼びかけ》．das ～ vom Amt 電話交換嬢．▶ 今日この意味では使われなくなりつつある．**2** ウェートレス，女店員．～, bitte zahlen! お勘定お願いします《ウェートレスに》．～, was kostet dieses Kleid? この服はおいくらですか《女店員に》．**3** 《未婚の女性の姓・称号などの前につける敬称．今日では Frau を用いる》…嬢，…さん．～ Inge インゲ嬢．liebes〈sehr geehrtes〉～ Meier 親愛なる《敬愛する》マイヤー嬢《手紙の冒頭》．Ihr ～ Tochter お宅のお嬢様．

'frau·lich ['fraulɪç] 形 女(性)らしい，女っぽい；母性的な．

Freak [friːk] 男 -s/-s (engl.) **1** 変人．**2** 熱狂的フ

ァン, フリーク, マニア.

frech [frɛç フレヒ] 形 **1** あつかましい, ずうずうしい, 恥知らずの, 無礼な, 生意気な. ein ~*er* Kerl ずうずうしいやつ. j³ ~ anlügen 人³にぬけぬけと嘘をつく. j³ ~ kommen 人³に無礼な態度をとる. ~ wie Dreck 〈Oskar/ein Rohrspatz〉《卑》厚顔無恥な. et⁴ mit ~*er* Stirn behaupten 事⁴をぬけぬけと主張する. **2** 大胆な, 思い切った, 挑発的な. eine ~*e* Frisur 大胆な髪型.

Frech-dachs 男 -es/-e 《戯》生意気な子供, 小癪（こしゃく）な若造（娘）.

Frech-heit ['frɛçhaɪt フレヒハイト] 女 -/-en **1**《複数なし》あつかましさ, ずうずうしさ, 無礼, 生意気, 厚顔無恥. **2** あつかましい(生意気な)言動.

Frech-ling ['frɛçlɪŋ] 男 -s/-e あつかましい(恥知らずの)人間.

Fred [freːt, frɛt]《男名》Alfred, Manfred の短縮形.

Free-style ['friːstaɪl] 男 -s/《engl.》[スﾞﾄｩｨﾙ] (スキー・レスリングなどの)フリースタイル.

Free-ware ['friːwɛɐ] 女 -/-s 《engl.》[ﾌﾘｭﾆｱ] フリーウェア.

Fre'gat-te [fre'gatə] 女 -/-n 《fr.》フリゲート艦.

Fre'gat-ten-ka-pi-tän 男 -s/-e 《軍事》海軍中佐.

frei

[fraɪ フライ] 形 **1** 自由な, 拘束(束縛)されない; 気ままな. ~ sein 自由になる(von et³ 事³から). sich⁴ ~ fühlen 自由の身であることを感じる, 解放感にひたる. ~*er* Beruf 自由業. ~ praktizierender Arzt 開業医. ~*er* Schriftsteller フリーの作家(↑ freischaffend). ein ~*es* Leben führen 自由な(気ままな)人生を送る. Dort kann man sich⁴ ~ bewegen. そこでは人は(行動に規制を受けずに)自由に動ける. auf ~*em* Fuß sein 自由の身である. j⁴ auf ~*en* Fuß setzen 人⁴を解放する, 自由にする. ~ ausgehen 刑罰を免れる. sich⁴ ~ machen (von j⟨et⟩³ 人⟨事⟩³から)解放される, 自由になる. Du solltest dich von Vorurteilen ~ machen! 君は偏見に捕われないようにした方がいいよ. eine ~*e* Reichsstadt 〚歴史〛自由帝国都市(中世ドイツでほぼ完全な自治権を獲得した帝国直属都市). die Sieben Freien Künste 〚歴史〛自由7科, リベラル・アーツ(自由な市民により育成された学問のこと. 文法・弁証法・修辞学・算術・幾何学・天文学・音楽を指す). Freie Deutsche Jugend (略FDJ)(旧東ドイツで)自由ドイツ青年同盟(連盟). Freie Demokratische Partei (略FDP)自由民主党(ドイツの一政党). ~*e* Beweiswürdigung 〚法制〛自由な証拠の判断. ~*es* Geleit 自由通行権. ~*er* Markt 自由市場. ~*e* Rhythmen 〚韻律〛自由律. ~*e* Spitzen (旧東ドイツ)ノルマを越えた生産量. ~*e* Übersetzung 自由訳. ~*e* Verse 〚韻律〛自由詩. ~*e* Welt 自由世界(共産主義圏に対する). ~*e* Wirtschaft 自由経済. ein Film ~ nach einem Roman von X X の小説を基に自由に作られた映画. Das ist alles ~ erfunden それはすべて作り話だ. aus ~*en* Stücken 自発的に. frank und ~ 率直に. et⁴ ~ heraussagen⟨bekennen⟩ 〚古〛思いのままに言う⟨告白する⟩. ~ von der Leber weg sprechen ⟨reden⟩〚話〛ありのままに話す⟨語る⟩. Ich bin so ~.《古》では遠慮なく(いただきます). Hier herrscht ein ~*er* Ton. ここにはくだけた雰囲気が充満している. ~*e* Ansichten (因襲にとらわれない)自由な見解. ~*e* Liebe 自由恋愛(法的手続なしの同棲). ([frei von]

et³ の形で) ~ von Vorurteilen 偏見のない. ~ von Steuern 無税の. Er ist ~ von Sorgen. 彼は心配事から解放されている.《複合語》arbeits*frei* 仕事の無い. alkohol*frei* アルコールを含まない.

2 妨げられない, 邪魔されない. einen ~*en* Blick aus dem Fenster haben 窓から自由な眺めを楽しむ. et⁴ zur ~*en* Verfügung haben 物⁴を自由に使える. Er hat seinen Dienstwagen zur ~*en* Verfügung. 彼は自分の業務用車輌を自由に使ってよいことになっている. et³ ~*en* Lauf lassen 事³のおもむくままにまかせる. Sie ließ ihrer Phantasie ~*en* Lauf. 彼女は空想を欲しいままにふくらませていた. ~*er* Fall 〚物理〛自由落下. Der Spieler steht ~. 〚球技〛その選手はノーマークだ. sich⁴ ~ stellen 〚球技〛マークをかわす.

3 制限されない. Der Weg ist ~. その道は(制限を受けずに)自由に通行できる. Der Zug hat ~*e* Fahrt. いまその列車は通行を許された(ある箇所での). ~*er* Durchgang 通り抜け自由(標識の). j³ ~*e* Hand lassen 人³に行動(決定)の自由を与える(in einer Gelegenheit ある件で). ~*e* Hand haben 行動(決定)する自由を持っている. Es war mein ~*er* Wille. それは私自分で(決めて)したことだ. ~*e* Wahl haben 選択の自由がある. ~*e* Wahlen 〚政治〛自由投票. Der Film ist ~ für Jugendliche ab 16 Jahren. この映画は16歳以上の青少年が見ることができる. Die Werke des Schriftstellers sind ~ geworden. この作家の作品は著作権の期限が切れた.

4 独力の, 自力の, 助けを借りない. aus ~*er* Hand zeichnen〈schießen / photografieren〉フリーハンドで描く〈銃を固定せずに撃つ／(三脚などで)固定せずに写真を撮る〉. Das Kind kann schon ~ schwimmen. その子供はもう自力で泳げる(浮き具などを使わずに). ~ sprechen 原稿を見ずに話す. ~*e* Rede 原稿なしの演説.

5 (地位・場所・時間などが)空(あ)いている, ふさがっていない. ein ~*er* Sitzplatz 空いた座席. eine ~*e* Stelle [in einem Betrieb] (ある会社の)空いたポスト. in *seiner* ~*en* Zeit 空き時間に. j³ einen Platz ~ machen 人³に席を空ける. Ist dieser Platz ~? この席は空いていますか. Haben Sie noch ein Zimmer ~? まだ部屋は空いていますか(ホテルなどで). Zimmer ~ 空室あり. Morgen ist ~. 明日は休みです(仕事・学校が). Bist du heute Abend ~? 今晩空いているかい(時間が). Das Mädchen ist noch ~. あの女の子にはまだ決った人はいない.

6 開かれた, 広々とした. auf ~*em* Feld 野外で. unter ~*em* Himmel 野外で, 戸外で. eine ~*e* Gegend〈Landschaft〉広々とした地域〈風景〉. Der Zug hält auf ~*er* Strecke. 列車は駅の構外で止まる.《名詞的用法で》im Freien, ins Freie gehen ↑Freie **7** 覆われていない, むき出しの. mit ~*em* Oberkörper 上半身裸で. Bitte machen Sie sich⁴ ~!(医者の診察に際して)服を脱いで下さい(↑freimachen ①).

8 《com fr》無料の. Freier Eintritt!/Eintritt ~ 入場無料. ~*e* Station haben 部屋代・食事代がただである. Das Paket ist ~. その小包は料金支払済みである.(↑freimachen ① 1). Bei einer Fluggreise hat man 20 Kilogramm Gepäck ~. 飛行機には20キロまでの手荷物が無料で持込める.《無冠詞的名詞と》~ Grenze〚商業〛国内無料配達. Lieferung ~ Haus〚商業〛無料宅配.

9 〚化学・物理〛遊離した. ~*er* Sauerstoff 遊離酸素. Bei der Spaltung eines Uranatoms werden

Neutronen ~. ウラン原子の核分裂によって中性子が放出される.

'Freia ['fraɪa] =Freyja
'Frei･ak･tie 囡 -/-n〖経済〗無償株.
'Frei･an･ten･ne 囡 -/-n 屋外アンテナ.
'Frei･bad 由 -[e]s/-̈er 屋外プール.
'Frei･bal･lon 男 -s/-s(-e) (係留していない)自由気球.
'frei|be･kom･men* 他 **1** (人⁴を)釈放してもらう; (物⁴を)返してもらう, 取り戻す. **2** 休み(時間)をもらう. eine Stunde ~ 1時間の休みをもらう.
'Frei･berg ['fraɪbɛrk]〖地名〗フライベルク(ドイツ東部, Sachsen 州の鉱工業都市).
'Frei･be･ruf･ler ['fraɪbəruːflər] 男 -s/- 自由業の人. ◆女性形 Freiberuflerin 囡 -/-nen
'frei･be･ruf･lich 形 自由業の, フリーの.
'Frei･be･trag 男 -[e]s/-̈e 非課税(控除)額.
'Frei･beu･ter ['fraɪbɔʏtər] 男 -s/- **1**〖古〗海賊(船). **2**〖侮〗我利我利亡者(がりがりもうじゃ), 悪徳商人(業者).
Frei･beu･te･rei [fraɪbɔʏtə'raɪ] 囡 -/-en 1 海賊行為. **2**〖侮〗私利私欲に走ること.
'Frei･bier 由 -[e]s/ (祝い事などの)ふるまいビール; 無料のビール.
'frei･blei･bend 形〖商業〗契約関係に拘束力のない. ein ~es Angebot 売買契約に拘束力のない形での商品提供.
'Frei･brief 男 -[e]s/-e **1**〖歴史〗(a) (中世に王や諸侯より与えられた)特許状. (b) (中世, 解放された農奴に与えられた)自由証. **2** 特権. j³ einen ~ für et¹ ausstellen〈geben〉人³に事⁴をする自由を与える.
'Frei･burg ['fraɪbʊrk]〖地名〗フライブルク(ドイツ南西部, バーデン=ヴュルテンベルク州にある都市. 大学町として有名). ▶ ~ im Breisgau とも呼ばれる. **2** ~ im Üechtland ユーエヒトラントのフライブルク(スイス西部の都市フリブール Fribourg のドイツ語名).
'Frei･den･ker 男 -s/- 自由思想家.
'frei･den･ke･risch 形 自由思想家的な.
*'**Freie** ['fraɪə フライエ]《形容詞変化》(↓ frei) ❶ 由 戸外, 野外. im ~n 戸外で, 野外で. ins ~ gehen 戸外に出る. ❷ 男 (中世の)自由民.
'frei･en ['fraɪən] 《古》 ❶ 自 **1** ~ um j⁴ 人⁴(女性)と結婚する. ❷ 自 **1** 結婚する. Jung gefreit, [hat] nie gereut. 《諺》結婚は早いに限る. **2** um j⁴ ~ 人⁴(女性)に求婚する.
'Frei･er ['fraɪər] 男 -s/- **1** 求婚者. **2**《婉曲》(売春婦の)客.
'Frei･ers･fü･ße 榎《戯》《次の用法でのみ》auf ~n gehen 嫁を探す.
'Frei･exem･plar 由 -s/-e 献本, 贈呈本, (出版元から著者への)寄贈本.
'Frei･fahr･kar･te 囡 -/-n 無料乗車券.
'Frei･flä･che 囡 -/-n 空き地, (都市の中の)緑地帯.
'Frei･frau 囡 -/-en (Baronin) 男爵夫人.
'Frei･fräu･lein 由 -s/- (Freiin, Baronesse) 男爵令嬢.
'Frei･ga･be 囡 -/-n **1** (差押え・封鎖・制限などの)解除, 解禁, 返還, 還付. **2** (奴隷の)解放, (捕虜の)釈放.
'frei|ge･ben* ❶ 他 **1** (人⁴を)自由の身にする, 解放(釈放)する. einen Spieler ~ 選手を自由契約にする. Sie gibt ihren Mann nicht frei. 彼女は夫と離婚するつもりがない. **2** (物⁴を)開放する(制限・禁止・専有・管理などから). eine Straße für den Verkehr ~ 道路を一般の交通に開放する. ein beschlagnahmtes Vermögen ~ 押収した財産を返還する. j³ den Weg ~ 人³に道を空ける. Der Film ist für Jugendliche nicht freigegeben. 未成年がその映画を見ることは止されている(↑ frei 2).
❷ 自 (人³に)休み(時間)を与える. j³ eine Stunde ~ 人³に1時間の休みを与える(↑ frei 5). Ich habe m drei Tage ~ lassen. 私は3日間の休みをもらった.
*'**frei･ge･big** ['fraɪgeːbɪç フライゲービヒ] 形 気前のよい, 物惜しみしない. gegenüber j³〈gegen j⁴〉mit et ~ sein 人³⁴に対して物⁴を惜しみなく与える.
'Frei･ge･big･keit 囡 -/ 気前のよさ, 物惜しみしないこと.
'Frei･ge･he･ge 由 -s/- (動物園などの)放し飼い区域
'Frei･geist 男 -[e]s/-er (Freidenker) 自由思想家.
'Frei･ge･las･se･ne 男《形容詞変化》**1** 解放(釈放)された人. **2** 解放奴隷.
'Frei･ge･richt 由 -[e]s/-e〖歴史〗フェーメ(↑ Feme 1).
'Frei･graf 男 -en/-en Freigericht の裁判長.
'Frei･gren･ze 囡 -/-n〖法制〗所得免税限度, 免税点, (外国為替の)自由限度.
'Frei･gut 由 -[e]s/-̈er **1**〖商業〗送料無料の商品. **2** 免税品, 免税貨物. **3** (封建時代の)自由保有地. 免税地.
'frei|ha･ben* 自《話》仕事(授業)がない; (仕事を)休む.
'Frei･ha･fen 男 -s/-̈ 自由(貿易)港.
*'**frei|hal･ten*** ❶ 他 **1** (人⁴に)おごる, (の)勘定をもつ. **2** (通路などを)空けておく, (席などを)取っておく. einen Tisch ~ テーブルを予約しておく. (再帰的に) sich⁴ für j⁴ ~ 人⁴のために時間を空けておく. **3** (j⟨et¹⟩ von et³ 人⟨物⟩⁴を物³から)守る. (再帰的に) sich⁴ von Krankheiten ~ 病気にかからないようにする.
'Frei･hand･bü･che･rei 囡 - 開架式図書館.
'Frei･han･del 男 -s/〖経済〗自由貿易.
'frei･hän･dig ['fraɪhɛndɪç] 形《述語的には用いない》**1** 道具を用いない, 手だけを使った. ~ zeichnen フリーハンドで描く. **2** 手(腕)で支えない. ~ Rad fahren 両手を放して自転車に乗る(↑ einhändig). **3**〖書〗自由裁量による. ~er Verkauf〖法制〗競売に付さずに売却すること.
'Frei･hand･zeich･nen 由 -s/ (定規を用いないフリーハンドの)自在画.
*'**Frei･heit** ['fraɪhaɪt フライハイト] 囡 -/-en **1**《複数なし》自由. die politische〈religiöse〉~ 政治的自由〈信仰の自由〉. die ~ der Presse〈der Rede〉出版〈言論〉の自由. die ~ der Meere〖法制〗公海の自由. j⁴ der ~ berauben《雅》人⁴の自由を奪う. j³ die ~ geben〈schenken〉人³に自由を与える. wieder in ~ sein 再び自由の身となる. j⁴ in ~ setzen 人⁴を解放する, 自由にする. in voller ~ 全く自由に. Ich nehme mir die ~, Ihnen das zu sagen.《雅》私は敢えて(失礼ながら)あなたにそのことを言わせていただきます. **2**《多く複数で》特権; 勝手, 気まま. die ~en des Adels 貴族の特権. Du erlaubst dir zu viele ~en. 君は勝手な振舞が多すぎるよ.
'frei･heit･lich 形 自由を求める, 自由を愛する, 自由主義的な. eine ~e Gesinnung 自由主義的思想.
'Frei･heits･be･rau･bung 囡 -/〖法制〗監禁.
'Frei･heits･drang 男 -[e]s/ 自由(独立)に対する熱望.
'Frei･heits･krieg 男 -[e]s/-e **1** 独立戦争. **2**《複数で》〖歴史〗(Befreiungskriege) 自由戦争, 解放

戦争(1813-15 のプロイセンおよびロシアによる対ナポレオン戦争).

Frei·heits·stra·fe 囡 -/-n 【法制】自由刑(身体の自由を拘束する刑罰).

frei·he'raus [fraɪhe'raʊs] 圖 率直に, 腹蔵なく.

Frei·herr 男 -n/-en (略 Frhr.) 男爵.

frei·herr·lich 形 男爵の.

Frei·in [ˈfraɪɪn] 囡 -/-nen (Freifräulein) 男爵令嬢.

Frei·kar·te 囡 -/-n 無料入場券, 招待券.

frei|kau·fen 他 (人⁴を)身代金を払って自由にする. (再帰的に) *sich*⁴ von et³ ～ 金を払って事を精算する.

Frei·kir·che 囡 -/-n 自由教会(国家の支持を受けない新教教会).

frei|kom·men* 自 (s) (aus⟨von⟩ et³ 物³から)解放される, 免れる; 除隊になる. aus dem Gefängnis ～ 刑務所から釈放される.

Frei·kör·per·kul·tur 囡 -/《略 FKK》ヌーディスト運動, 裸体主義, ヌーディズム.

Frei·korps [ˈfraɪkoːr] 中 -[..koːr(s)]/-[..koːrs] 《軍事》義勇軍(兵団).

Frei·ku·gel 囡 -/-n 魔弾(悪魔によって鋳造された一発必中の弾丸. ↑Freischütz).

Frei·la·de·bahn·hof 男 -[e]s/⸚e 貨物積降ろし駅(Freiladegleis を備えた貨物駅のこと).

Frei·la·de·gleis 中 -es/-e 貨物積降ろし線(貨車からじかにトラックまたは船舶に積降ろしするための線路).

Frei·land 中 -[e]s/ 露地(園芸栽培のための).

Frei·land·ge·mü·se 中 -s/- 露地栽培の野菜, 露地物.

Frei·land·kul·tur 囡 -/ 露地栽培.

frei|las·sen* [ˈfraɪlasən フライラセン] 他 (捕虜・囚人などを)解放(釈放)する; (動物・鳥などを)逃がしてやる, 放してやる. ◆ただし frei lassen (座席などを)空(ア)けておく.

Frei·las·sung 囡 -/-en 解放, 釈放, 放免.

Frei·lauf 男 -[e]s/⸚e 《工学》(自転車・自動車などの)自由輪, フリーホイール.

frei|le·gen 他 むき出しにする; 発掘する.

Frei·lei·tung 囡 -/-en 《電子工》架空電線.

***frei·lich** [ˈfraɪlɪç フライリヒ] 副 **1** ～ aber⟨doch⟩… 確かに…ではあるがしかし…. Das war ～ richtig, aber man hätte es behutsamer ausdrücken können. それは確かに正しかったのだが, もう少し注意深く言うことができたんじゃないかね. **2** 《おもに南ド》《肯定を強めて》もちろん, 言うまでもなく, 確かに. Aber ～! もちろんだとも. Ja ～! ええもちろん.

Frei·licht·büh·ne 囡 -/-n 野外劇場.

Frei·licht·ki·no 中 -s/-s 野外映画館.

Frei·licht·ma·le·rei 囡 -/《美術》外光派絵画.

Frei·licht·mu·se·um 中 -s/..museen 野外博物館.

Frei·licht·the·a·ter 中 -s/- **1** (Freilichtbühne) 野外劇場. **2** 野外演劇.

Frei·los 中 -es/-e **1** 《宝くじ》無料くじ(もう一度次の抽選に加わる資格ができる当りくじ). **2** 《競技》不戦勝つ(抽選で次に対戦せずに勝ち進めるくじ).

Frei·luft·schu·le 囡 -/-n 林間学校.

frei|ma·chen [ˈfraɪmaxən] ❶ 他 **1** (frankieren) (物に)切手を貼る, (の)料金を前納する. einen Brief mit 70 Cent ～ 手紙に 70 セントの切手を貼る. **2** (診察・治療のために身体の部位にする. Machen Sie bitte den Oberkörper *frei*! 上半身裸になって下さい. den linken Arm ～ 袖をまくって左腕を出す. (再帰的に) *sich*⁴ ～ 衣服を脱ぐ. ▶↑frei 7 ❷ 自 (*sich*⁴) 休みを取る; 時間をさく. ❸ 自 仕事を休む. Ich *mache* morgen *frei*. 私は明日休みます.

Frei·ma·chung 囡 -/-en **1** 郵便料金前納(別納), 切手貼付(ホラ). **2** 解放, 明渡し.

Frei·mar·ke 囡 -/-n 《話》(Briefmarke) 郵便切手.

Frei·mau·rer [ˈfraɪmaʊrər] 男 -s/- フリーメーソンの団員.

Frei·mau·re·rei [fraɪmaʊrəˈraɪ] 囡 -/ フリーメーソン運動(18 世紀初頭英国に起こって全世界に広まった博愛主義的運動).

Frei·mau·re·risch [ˈfraɪmaʊrərɪʃ] 形 《述語的には用いない》フリーメーソンの.

Frei·mau·rer·lo·ge 囡 -/-n フリーメーソンの支部(集会所).

Frei·mut 男 -[e]s/ 率直さ.

frei·mü·tig [ˈfraɪmyːtɪç] 形 率直な, 忌憚(カル)のない.

Frei·platz 男 -es/⸚e **1** (劇場などの)招待席. **2** 《球技》屋外コート. **3** →Freistelle

frei·re·li·gi·ös 形 自由信仰の.

Frei·sass, °**Frei·saß** [ˈfraɪzas] 男 -en/-en (封建制時代の)自由農, 自由保有地所有者.

Frei·sas·se [ˈfraɪzasə] 男 -/-n →Freisass

Frei·schaf·fend 形 《付加語的用法のみ》自由業の, フリーの. ein ～*er* Schriftsteller フリーの作家.

Frei·schar 囡 -/-en 《軍事》義勇軍(兵団).

Frei·schär·ler [ˈfraɪʃɛːrlər] 男 -s/- 義勇兵.

Frei·schütz 男 -en/-en 魔弾の射手(伝説中の人物で魔弾を手に入れることによって大きな悲劇をひきおこすことになる. C. M. v. Weber の同名のオペラは有名. ↑ Freikugel).

Frei·schüt·ze 男 -n/-n →Freischütz

frei|schwim·men* 再 (*sich*⁴) **1** (15 分遊泳の)水泳試験に合格する. **2** 《比喩》《話》自分の責任で行動する; 自立する.

frei|set·zen 他 **1** 《物理・化学》(結合している物を)遊離させる, (エネルギーなどを)解き放つ. Bei der Spaltung eines Uranatoms wird Energie *freigesetzt*. ウラン原子の核分裂によってエネルギーが放出される. **2** (能力などを)解き放つ. **3** 《雇用関係から》解雇する.

Frei·sinn 男 -[e]s/《古》自由主義思想, リベラリズム.

frei·sin·nig 形 自由主義的な, リベラルな; リベラル政党の.

frei|spre·chen [ˈfraɪʃprɛçən フライシュプレヒェン] 他 **1** 無罪を宣告する(j¹ von et³ 人¹に事³に関して). Das Gericht hat den Angeklagten *freigesprochen*. 裁判所は被告に無罪を宣告した. 《比喩》彼はうぬぼれ屋〈Faulheit〉 muss man ihn ～. 《比喩》彼はうぬぼれ屋〈忘け者〉ではない. **2** einen Lehrling ～ 《手工業》(試験合格後)徒弟に職人 (Geselle) としての免許を与える.

Frei·spre·chung 囡 -/-en **1** 無罪宣告. **2** 職人免許授与.

Frei·spruch 男 -[e]s/⸚e 《法制》無罪判決.

Frei·staat 男 -[e]s/-en 《古》(Republik) 共和国.

Frei·statt 囡 -/⸚en 《雅》避難所.

Frei·stät·te 囡 -/-n 《雅》→Freistatt

frei|ste·hen* 自 **1** (人³の)自由である; (に)許されている. Es *steht* ihm *frei*, zu gehen oder zu bleiben. 行くか残るかは彼の決めることだ. **2** (部屋などが)空(ア

'**frei·ste·hend** 形及 形《述語的には用いない》空(ﾞ)いている. ein ～*es* Haus〈Zimmer〉空き家〈空き部屋〉.

'**Frei·stel·le** 女 -/-n 授業料の免除(待遇). eine ～ haben 授業料を免除されている.

'**frei|stel·len** ['fraɪʃtɛlən] 他 1 (事⁴を人³の自由に)まかせる. Ich *stelle* es Ihnen *frei*, zu gehen oder zu bleiben. 行くか残るかはあなたのご判断におまかせします. 2 (j⁴ von et³ 人⁴に事³を一定期間)免除する. vom Militärdienst *freigestellt* werden 兵役を解かれる. 3 《婉曲》解雇する.

'**Frei·stem·pel** 男 -s/- 料金別納郵便であることを示すスタンプ. ↑frei 8

'**Frei·stil** 男 -[e]s/《ｽﾎﾟｰﾂ》 1 =Freistilringen 2 =Freistilschwimmen

'**Frei·stil·rin·gen** 男 -s/《ｽﾎﾟｰﾂ》フリースタイルのレスリング.

'**Frei·stil·schwim·men** 中 -s/《ｽﾎﾟｰﾂ》自由形水泳.

'**Frei·stoß** 男 -es/ｳ̈e《ｽﾎﾟｰﾂ》フリーキック. direkter〈indirekter〉～ 直接〈間接〉フリーキック.

'**Frei·stück** 中 -[e]s/-e =Freiexemplar

'**Frei·stun·de** 女 -/-n (学校の)休み時間.

'**Frei·tag** ['fraɪtaːk フライターク] 男 -[e]s/-e《略 Fr》金曜日. der Stille ～《ｷﾘｽﾄ教》(↑Karfreitag) 聖金曜日. ◆古高ドイツ語では Friadag (または Frijedag)すなわち Tag der Freyja の義で, ラテン語の Veneris dies , Tag der Venus' s. Freyja を Venus に見立てて翻訳したもの. ↑Freyja

Frei·tag'abend ['--'-- とも] 男 -s/-e 金曜日の晩.

frei·tag'abends ['--'-- とも] 副 金曜日の晩に.

Frei·tag'mit·tag ['--'-- とも] 男 -s/-e 金曜日の正午(昼).

frei·tag'mit·tags ['--'-- とも] 副 金曜日のお昼(正午)に.

Frei·tag'mor·gen ['--'-- とも] 男 -s/- 金曜日の朝.

frei·tag'mor·gens ['--'-- とも] 副 金曜日の朝に.

Frei·tag'nach·mit·tag ['---'--- とも] 男 -s/-e 金曜日の午後.

frei·tag'nach·mit·tags ['---'--- とも] 副 金曜日の午後に.

Frei·tag'nacht ['--'-- とも] 女 -/ｳ̈e 金曜日の夜.

frei·tag'nachts ['--'-- とも] 副 金曜日の夜に.

'**frei·tags** 副 金曜日(ごと)に.

Frei·tag'vor·mit·tag ['---'--- とも] 男 -s/-e 金曜日の午前.

frei·tag'vor·mit·tags ['---'--- とも] 副 金曜日の午前に.

'**Frei·tisch** 男 -[e]s/-e《古》(貧しい学生の為の)無料給食.

'**Frei·tod** 男 -[e]s/《複数まれ》《雅》(Selbstmord)自殺.

'**frei·tra·gend** 形 eine ～*e* Brücke《土木・建築》中間に支柱を持たない橋(深い谷に懸けるような場合).

'**Frei·trep·pe** 女 -/-n (玄関へ至るための)正面外階段.

'**Frei·übung** 女 -/-en《多く複数で》徒手体操; マスゲーム.

'**Frei·um·schlag** 男 -[e]s/ｳ̈e (返信用の)切手を貼った封筒.

'**Frei·ver·kehr** 男 -[e]s/《商業》(有価証券の)店頭取引, 場外取引.

'**Frei·wild** 中 -[e]s/《話》(他人が)好き勝手にできる人間, 餌食(ｼ̈). ◆もとは「自由に獲っていい獣」の意.

*'**frei·wil·lig** ['fraɪvɪlɪç フライヴィリヒ] 形 自由意志の, 自発的な. ～ kommen 自分から進んで来る. ～*e* Versicherung 任意保険.

'**Frei·wil·li·ge** ['fraɪvɪlɪɡə] 男 女《形容詞変化》志願兵, 義勇兵; ボランティア.

'**Frei·wil·lig·keit** 女 -/ 自発性; 自発的行為.

'**Frei·wurf** 男 -[e]s/ｳ̈e《ｽﾎﾟｰﾂ》(球技の)フリースロー.

'**Frei·zei·chen** 中 -s/- 電話の呼出し音. 2《経済》自由商標.

'**Frei·zeit** ['fraɪtsaɪt] 女 -/-en 1《複数なし》余暇, 自由な時間. seine ～ mit Lesen〈Sport〉 verbringen 読書〈スポーツ〉をして自由な時間を過ごす. 2 (教会が行う)修養会.

'**Frei·zeit·ge·stal·tung** 女 -/-en (有意義な)余暇の利用. ↑Gestaltung 2

'**Frei·zeit·klei·dung** 女 -/ レジャー用の服.

'**Frei·zeit·park** 男 -s/-s(-e) =Freizeitzentrum

'**Frei·zeit·sport** 男 -[e]s/ (↔ Leistungssport) レジャースポーツ.

'**Frei·zeit·zen·trum** 中 -s/..zentren レクリエーションセンター.

'**frei·zü·gig** ['fraɪtsyːɡɪç] 形 1 土地に縛られない, 住まいを転々と変える. 2 (großzügig) おおらかな, こせこせしない, 規則に縛られない; 気前のいい. ～*er* Gebrauch von Vorrechten 特権の濫(ﾗﾝ)用.

'**Frei·zü·gig·keit** 女 -/-en 1《複数なし》《法制》居住および移転の自由. 2 おおらかさ, 寛大さ; 気前のよさ.

fremd

[frɛmt フレムト] 形 1《付加語的用法のみ》外国の, 異郷の. ～*e* Sprachen 外国語. in ein ～*es* Land reisen 異国へ旅する. 2《付加語的用法のみ》他人の. ein ～*es* Haus よその家. sich⁴ in ～*e* Angelegenheiten mischen 他人の問題に首を突っ込む. in ～*e* Hände übergehen 人手に渡る. unter ～*em*〈einem ～*en*〉Namen leben〈reisen〉変名で暮す〈旅行する〉. Das ist nicht für ～*e* Ohren bestimmt. それは他人に聞かれては困ることだ. 3 見(聞き)慣れぬ, なじみのない, 風変りな; いつもとは違った. Ich bin hier ～. 私にはこの土地は不案内だ. sich⁴ stellen / ～ tun よそよそしく振舞う. sich⁴ an einem Ort ～ fühlen よその土地になじめない. In der neuen Frisur sieht sie ganz ～ aus. 新しい髪型になって彼女は全く別人に見える.

'**fremd·ar·tig** ['frɛmtaːrtɪç] 形 外国風の, よその者の; 風変りな. eine ～*e* Aussprache 外国風の発音.

'**Fremd·ar·tig·keit** 女 -/ 外国風(なこと), 風変り(なこと).

'**Fremd·be·stäu·bung** 女 -/-en《植物》他花(他家)受粉.

*'**Frem·de** ['frɛmdə フレムデ] ❶ 女 -/《雅》異国, 異郷. in der ～ leben 異国で暮す. ❷ 男 女《形容詞変化》外国人, よその土地の人, 他人, 見知らぬ人.

'**frem·deln** ['frɛmdəln] 自 (子供などが)人見知りする.

'**Frem·den·buch** 中 -[e]s/ｳ̈er 宿帳, 宿泊人名簿.

Frem·den·feind·lich 外国人を敵視する、外国人排斥の.

Frem·den·füh·rer 男 -s/- **1** 旅行案内者、観光ガイド. **2** 旅行案内書、ガイドブック. ◆女性形 Fremdenführerin 女 -/-nen

Frem·den·hass 男 -es/ 外国人に対する憎悪、排外感情.

Frem·den·heim 中 -[e]s/-e (長期滞在客用の比較的小規模な)宿泊所、ペンション.

Frem·den·in·dus·trie 女 -/ 観光産業.

Frem·den·le·gi·on 女 -/ (フランスの)外人部隊.

Frem·den·recht 中 -[e]s/ 《法制》外国人法.

<u>**Frem·den·ver·kehr**</u> ['frɛmdənfɛrkeːr] 男 -[e]s/ (Tourismus) 観光客の往来、観光旅行；観光業.

Frem·den·zim·mer 中 -s/- **1** (ホテル・旅館の)客室. **2** 客用寝室.

Fremd·fi·nan·zie·rung 女 -/-en 《経済》外部金融、外部資金調達.

fremd|ge·hen* 自 (s) 《話》浮気する.

Fremd·heit 女 -/ **1** なじみのないこと、知らないこと. **2** よそよそしさ、冷淡さ. Es gab zwischen ihnen keine ~ mehr. もはや彼らの間によそよそしさはなかった.

Fremd·herr·schaft 女 -/ 外国による支配[統治].

Fremd·kör·per 男 -s/- **1** 《医学》異物. **2** (比喩) 異分子(周囲の者と合わない人)；夾雑(きょう)物(周囲と調和しない物).

'fremd·län·disch ['frɛmtlɛndɪʃ] 形 《比較変化なし》(言葉・アクセントなどが)外国の、異国風の；(植物などが)外国産の；風変りな.

'Fremd·ling 男 -s/-e 《古》=Fremde ②

<u>**'Fremd·spra·che**</u> ['frɛmt-ʃpraːxə フレムトシュプラーヘ] 女 -/-n (↔ Muttersprache) 外国語.

'fremd·spra·chig [..ʃpraːxɪç] 形 外国語を話す、外国語で書かれた、外国語を用いた. *~e* Bücher 外国語で書かれた本. *~er* Unterricht 外国語で行われる授業.

'fremd·sprach·lich 形 外国語の(に関する). ein *~es* Buch 外国語に関する本. *~er* Unterricht 外国語の授業.

'Fremd·stamm 男 -[e]s/-̈e《多く複数で》異種族、異民族.

'fremd·stäm·mig 形《古》異民族の、異種族の.

<u>**'Fremd·wort**</u> 中 -[e]s/-̈er **1**《言語》外来語. **2** für jᵗ ein ~ sein 人にとってなじみがない. Höflichkeit ist für ihn ein ~. 礼儀など彼には無縁のことである.

'Fremd·wör·ter·buch 中 -[e]s/-̈er 外来語辞典.

fre'ne·tisch [freˈneːtɪʃ] 形《fr.》熱狂的な、熱烈な. *~er* Beifall 嵐のような喝采(さい).

fre'quent [freˈkvɛnt] 形《lat.》, häufig') 頻度の高い, (出入りの)多い；《医学》(脈が)速い.

fre·quen'tie·ren [frekvɛnˈtiːrən] 他 《lat.》《雅》(人〈物〉⁴を)頻繁に訪れる, (に)よく出入りする. eine sehr *frequentierte* Hauptstraße 交通量の多い(往来の激しい)大通り. eine oft *frequentierte* Bibliothek よく利用されている図書館.

<u>**Fre'quenz**</u> [freˈkvɛnts] 女 -/-en《lat.》**1** 入場者数；生徒(学生)数；交通量. eine Schulklasse mit niedriger ~ 生徒数の少ないクラス. **2**《医学》脈搏(はく)数. **3**《物理》振動数；周波数. Hoch*frequenz* 高周波. **4**《統計》度数, 頻度. **5**《生態》(一生態系の動植物の)存在比率.

Fre'quenz·mes·ser 男 -s/-《物理・工学》周波数計.

Fre'quenz·mo·du·la·ti·on 女 -/-en (略 FM)《?》周波数変調；FM (放送).

'Fres·ke ['frɛskə] 女 -/-n =Fresko¹.

'Fres·ken ['frɛskən] Freske, Fresko¹ の複数.

'Fres·ko¹ ['frɛsko] 中 -s/Fresken (*it.*) フレスコ画.

'Fres·ko² ['frɛsko] 中 (男) -s/《紡織》ポーラー(織目が粗く通気性に富む布地).

Fres'sa·li·en [frɛˈsaːliən] 複《↑ fressen》《戯》食料品, 食い物.

<u>**'Fres·se**</u> ['frɛsə] 女 -/-n《卑》**1** 口. Halt die ~! 黙れ. eine große ~ haben 大きな口をきく. Meine ~! 何ということだ《驚きの叫び》. **2** 顔, つら. jᵗ eins in die ~ hauen〈geben〉/ jᵗ die ~ einschlagen 人の顔に一発お見舞いする.

<u>**'fres·sen***</u>

['frɛsən フレセン] fraß, gefressen / du frisst, er frisst ❶ **1**《動物が》食う. Das Pferd *frisst* Heu. 馬が干草(くき)を食う. dem Hund [etwas] zu ~ geben 犬に餌(え)をやる. In der Not *frisst* der Teufel Fliegen. 《諺》困った時には悪魔でも蝿(はえ)を食べる(魂の代りに、背に腹はかえられぬ). 《結果を示す語と》den Napf leer ~〈食べて〉餌鉢を空にする. Die Motten haben Löcher in das Kleid *gefressen*. 衣蛾(が)が食って服に穴あいた.

2《俺》(人間が)がつがつ食う, 不作法に食べる. Wir hatten nichts zu ~. 我々には食う物がなかった. die Suppe laut schmatzend ~ スープをずるずる音を立てて飲む. Solchen Dreck *fresse* ich nicht! こんなまずい物食えるか. Kilometer ~ (車で)大きさの距離を走る.《結果を示す語と》jᵗ arm ~ 人⁴の財産を食いつぶす. sich¹ dick und rund ~ 腹一杯食べる.

3《慣用的表現で》Er sah mich an, als wollte er mich ~ 彼はまるでとって食おうとでもするかのような形相(ぎょう)で私を見つめた. Keine Angst, ich will dich nicht ~. 心配するな, お前をとって食うつもりはないんだから. Er *fraß* seinen Ärger in sich⁴. 彼は腹が立つのをじっとこらえた. Ich will einen Besen ~, wenn das so ist. そうでないことは誓ってもいいよ. jᵗ *gefressen* haben 人⁴には我慢ならない. etᵗ *gefressen* haben 事⁴を理解てきた. Jetzt habe ich es endlich *gefressen*. いま私はそれがやっと飲込めた. einen Narren an j⟨et⟩³ *gefressen* haben 人〈物〉³に夢中である.

4《物が主語》《話》(時間・金などを)消費する, 必要とする. Diese Heizung *frisst* viel Öl. この暖房は石油をたくさん食う. Neue Möbel *fressen* viel Geld. 新しい家具を買うにはたくさん金がいる.

5《俺》~. Ihn *fraß* der Neid. 彼の心は嫉妬に苛(さいな)まれていた. Die Technik *frisst* den Menschen. 技術が人間をだめにしている. 《再帰的に》Der Bohrer *frisst sich*⁴ durch den Stein.《話》削岩(さく)機が石に食込んでゆく. Die Reue *frisst sich*⁴ immer weiter in sein Herz. 後悔の念がますます彼の心の中へ広がってゆく.

❷ 自 **1**《動物が》食う；《俺》(人間が)がつがつ食う, 不作法に食べる. Der Hund *frisst* gierig. 犬ががつがつ食っている. Er isst nicht, er *frisst*! 彼の食べる方は(上品でなく)動物のようだ. für drei ~ 3人人前食べる. wie eine neunköpfige Raupe⟨wie ein Scheunendrescher⟩ ~ ものすごい大食いである. jᵗ aus der Hand ~《戯》人³の言いなりになる(人³の手から食う、の意から).

2 侵food す. Der Rost *frisst* am Eisen. 錆(さび)が鉄を腐食する. Der Brand⟨Das Geschwür⟩ *frisst* weiter um sich⁴. 火災⟨潰瘍(かいよう)⟩が全体に広がる. Die Reue

Fressen

⟨Der Kummer⟩ *frisst* an ihr/ihrem Herzen. 悔恨の念⟨深い悲しみ⟩が彼女の心を苛(ŝinǎ)んでいる.

Fres·sen 匣 -s/-⟨動物の⟩餌(ê̄);⟨侮⟩食物, 食事. Das ist ein gefundenes ~ für ihn.⟨話⟩それは彼にとっては願ってもないことである. *sich*³ ein ~ aus et³ machen⟨人の嫌がる⟩事¹を進んでする. j⁴ zum ~ gern haben 人⁴を食べてしまいたいほど人⁴が好きである. Ich habe das Kind zum ~ gern. 私はこの子が食べてしまいたいほどかわいい. zum ~ sein⟨aussehen⟩食べたいほどかわいい.

'fres·send 現分形 浸食性の. ein ~*er* Besitz 金(ホ̄)ばかりかかって役に立たない持物, 金食い虫. ~*e* Flechte⟨病理⟩狼瘡(ȓ̄̄).

'Fres·ser ['frɛsɐr] 男 -s/- 1 よく餌を食う動物; 1歳までの子牛. ein guter ~ 何でもよく食う家畜. 2⟨侮⟩大食漢. ein unnützer ~ 無駄飯食い. Sie hat viele ~. 彼女には食べ盛りの子供が沢山いる.

Fres·se·rei [frɛsəˈraɪ] 女 -/-en⟨侮⟩1 御馳走, 大盤振舞い. 2⟨複数なし⟩大食, 暴食. 3 食べ物.

'Fress·gier ['frɛs..] 女 -/- 旺盛な食欲(悪い意味で).

'Fress·sack 男 -[e]s/-e 1⟨古⟩(とくに兵士の)糧食袋. 2⟨侮⟩(Fresser)大食漢.

Freud [frɔyt]⟨人名⟩フロイト. Sigmund ~ ジークムント・フロイト(1856-1939, オーストリアの精神医学者, 精神分析の創始者).

'Freu·de ['frɔydə フロイデ] 女 -/-n (↔ Leid) 喜び, うれしさ, 楽しみ. [seine helle] ~ an et³ haben / ~ über et⁴ empfinden 物³,⁴に喜びを感じる. j⁴ eine ~ machen⟨bereiten⟩人⁴を喜ばせる. Sein Beruf macht ihm viel⟨keine⟩~. 彼は自分の仕事に大きな喜びを感じている⟨全く喜びを感じていない⟩. j³ die ~ verderben⟨versalzen⟩人³の喜びを台無しにする. *die* ~*n des Lebens* この世の楽しみ事. Es ist mir eine besondere ~, Ihnen mitteilen zu können, dass...⟨あなたにご報告することは私にとって特別の喜びです⟩(丁寧な報告の形式). Geteilte ist doppelte ~.⟨諺⟩分かち合う喜びは2倍の喜び.⟨前置詞と⟩et⁴ *aus* ~ an der Sache tun 楽しくて事⁴をする. et⁴ *mit* ~[*n*] *tun* 喜んで事⁴をする. Mit ~*n*!喜んで!す. *vor* ~ 喜びの余り, うれしさの余り. *zu* meiner ~ 私にとってうれしいことには. ⟨**Freud und Leid**の形で⟩*Freud und Leid* mit j³ teilen 人³と苦楽(*ǵ̄ǩ*)を分かち合う. *in Freud und Leid* うれしい時も悲しい時も.

'Freu·den·be·cher 男 -s/-⟨雅⟩歓楽の杯(*ǵ̄*). den ~ leeren 喜び⟨幸せ⟩を味わい尽くす.

'Freu·den·bot·schaft 女 -/-en うれしい知らせ, 吉報. eine ~ erhalten⟨bekommen⟩吉報を受ける.

'Freu·den·fest 中 -[e]s/-e 祝宴, 祝賀会.

'Freu·den·feu·er 中 -s/- 祝いのかがり火.

'Freu·den·ge·schrei 中 -[e]s/- 喜びの叫び, 歓声.

'Freu·den·haus 中 -es/ˆer⟨婉曲⟩娼家.

'Freu·den·mäd·chen 中 -s/-⟨婉曲⟩娼婦.

'freu·den·reich 形 喜び⟨楽しみ⟩の多い, 歓喜に満ちた.

'Freu·den·ruf 男 -[e]s/-e 歓呼, 歓声.

'Freu·den·tag 男 -[e]s/-e 喜ばしい日.

'Freu·den·tanz 男 -es/-e⟨次の用法で⟩einen [wahren/wilden] ~ aufführen⟨vollführen⟩/ [wahre/wilde] *Freudentänze* aufführen⟨vollführen⟩跳び上がって喜ぶ.

'Freu·den·tau·mel 男 -s/- 狂喜, 有頂天. in einen ~ geraten⟨verfallen⟩有頂天になる.

'freu·de·strah·lend 形⟨述語的には用いない⟩喜びに輝く. mit ~*er* Miene 喜色(*ȓ̄ŝ̄*)満面で.

'freu·de·trun·ken 形⟨雅⟩喜びに酔った.

Freu·di·a·ner [frɔydiˈaːnɐr] 男 -s/-⟨心理⟩フロイト派の心理学者; フロイト信奉者. ↑ Freud

*'**freu·dig** ['frɔydɪç フロイディヒ] 形 1 うれしそうな, うれしげな. ein ~*es* Gesicht machen うれしそうな顔をする. ~ an die Arbeit gehen 喜んで仕事に行く. ~ folgen 喜んで人³(の言うこと)に従う. 2⟨副詞的には用いない⟩うれしい, 喜ばしい. eine ~*e* Nachricht erhalten うれしい知らせを受取る. ein ~*es* Ereignis⟨婉曲⟩おめでた. Herzliche Glückwünsche zum ~*en* Ereignis ご出産おめでとうございます(お祝いのカードなどの文面).

'Freu·dig·keit 女 -/ うれしさ, 喜び.

'freud·los ['frɔytloːs] 形 喜びのない.

'freu·en ['frɔyən フロイエン] ❶ 再 (*sich*) 喜ぶ楽しむ. *sich* aufrichtig⟨unbändig⟩~ 素直に⟨手放しで⟩喜ぶ. *sich* wie ein Kind⟨ein Schneekönig⟩~ ⟨話⟩大喜びしてはしゃぐ. Sie kann *sich* so net ~. 彼女は喜び方が実にいい. Da hast du *dich* zu früh gefreut. 君は喜ぶのが早過ぎたよ, ぬか喜びだったね. Wir *freuen uns*, Ihnen helfen zu können. あなたのお役に立てて私たちはうれしい. Ich *freue mich*, wenn du zufrieden bist. 君が満足してくれれば私はうれしい.⟨前置詞と⟩*sich an* et³ ~ (現に眼の前にある)物³を喜ぶ, 楽しむ. *sich an* [den] *Blumen* ~ 花を見て喜ぶ. Sie kann *sich* am Glück anderer ~. 彼女は他人の幸福を喜ぶ人だ. *sich auf* et⁴ ~ (将来の)事⁴を楽しみにして待つ. Die Kinder *freuen sich* auf die Ferien. 子供たちは休暇を楽しみにしている. Ich *freue mich* schon [darauf], dich wiederzusehen. 私は君との再会が待ち遠しい. *sich für* j⁴ ~ 人⁴のためによいことだと喜ぶ(über et⁴ 事⁴を). Wir *freuen uns* für dich [darüber], dass du Erfolg gehabt hast. 我々は君が成功を収めたことを喜ぶ(わが事のようにうれしく思う). *sich über* et⁴ ~ (一般的に)事⁴を喜ぶ. *sich über das Geschenk*⟨*eine gute Nachricht*⟩~ 贈物⟨朗報⟩を喜ぶ. Die Mutter *freut sich* sehr über ihren Sohn. 母は息子のことがうれしくてならない. Ich *freue mich* wirklich [darüber], dass du gekommen bist. 君が来てくれて私は本当にうれしい.⟨古くは名詞の2格と⟩*sich seines Lebens* ~ 人生を楽しむ. ❷ 他 (事¹が人⁴を)喜ばせる, 楽しませる. Dein Brief hat ihn sehr *gefreut*. 君の手紙を彼はとても喜んだ. Es *freut* uns außerordentlich, dass Sie gekommen sind. あなたが来てくださって私たちは大変うれしい. Es *freut mich*, dich bald wiederzusehen. もうすぐ君に会えるとは楽しみだ.⟨慣用句として⟩*Freut* mich sehr! (人に紹介されて)よろしく, 初めまして. Es hat mich sehr *gefreut*! (別れの挨拶)今日はとても楽しかったよ. Und⟨Na,⟩*das freut* einen denn ja auch!⟨地方⟩(皮肉に)イヤというほど涙が出ますよまったく.

°**freund** [frɔynt] ↑ Freund 1

Freund [frɔynt フロイント] 男 -[e]s/-e 1 (↔ Feind) 友達, 友人; 味方, 仲間, 同志. ein guter⟨alter⟩~ 良い友達⟨旧友⟩. j³ ~⟨°*freund*⟩sein⟨bleiben⟩人³に好意を持っている⟨持ち続ける⟩. Die beiden sind dicke ~*e*.⟨話⟩2人は無二(ˉ̄ˉ̄)の親友である. Sie wurden gut ~ [miteinander]. 彼らは良き友

達同志になった． j⁴ zum ~ haben 人⁴を友達に持っている． j⁴ als⟨zum⟩ ~ gewinnen / sich³ j⁴ zum ~ machen 人⁴を友達にする． in der ~*en* sein 気の置けない間柄である． ~*-e* in der Not gehen tausend ⟨hundert⟩ auf ein Lot. 《諺》困った時に頼れる友はごくわずかだ． Du bist mir ein schöner ~!《反語》君はまったくいい友達だ． Er ist mein ~ gewesen!《古》《雅》彼との友情もおしまいだ． Gut ~!（誰何(ﾃﾞﾝ)に答えて）味方だ． ~ und Feind 敵も味方も，誰でもな．《複合名詞として》Geschäfts*freund* 仕事仲間． Schul*freund* 学友． Studien*freund* 大学時代の友． **2** 男友達，ボーイフレンド，好きな男． Ist das ihr neuer ~？あれが彼女の新しいボーイフレンドか． **3** 《愛好家；支持者，後援者． ein [großer] ~ der Musik （大の）音楽ファン． kein ~ von et³ sein 事³を好まな い． **4** 《親しい呼掛け》Alter ~！やあ君．《警告または心配する気持ちをこめて》Mein lieber ~, so geht das nicht！しかし君，そうは行かないよ． ~ Hein（婉曲）（Tod）死神．

Freund·chen ['frɔyntçən] 匣 *-s/-*《ふざけて脅かす時の呼掛け》Warte nur, [mein] ~！こら待てお前．

Freun·des·kreis 男 *-es/-e* 友人のグループ，友人仲間． einen großen ~ besitzen⟨haben⟩交友範囲が広い．

Freun·din ['frɔyndɪn] 囡 *-/-nen* 女友達，ガールフレンド，好きな女．

freund·lich ['frɔyntlɪç フロイントリヒ] 囮 **1** 親切な，好意的な；愛想のいい． Ich danke Ihnen für Ihre ~*e* Einladung. ご親切に招待していただきましてありがとうございます． ein ~*es* Gesicht machen にこやかな顔をする． ein ~*es* Kind 愛想のいい子供． ~ lächeln やさしくほほ笑む． j⁴ ~ grüßen 人⁴ににこやかに挨拶する． zu j³ ~ sein 人³に親切だ． Das ist sehr ~ von Ihnen. ご親切ありがとうございます． Würden Sie so ~ sein, …zu tun？恐れ入りますが…をしていただけないでしょうか． Bitte, recht ~! （写真を撮る時）さあ笑って． Mit ~*en* Grüßen 敬具（手紙の結び）． **2** 感じのよい，好ましい． ein ~*es* Zimmer 感じのよい部屋． ~*es* Klima⟨Wetter⟩温暖な気候⟨よい天気⟩． ~*e* Farben 明るく感じのよい色． Die Haltung⟨Stimmung⟩an der Börse ist ~. 株式市況は好調である．

'**freund·li·cher'wei·se** 副 親切にも，親切なことに．

'**Freund·lich·keit** ['frɔyntlɪçkaɪt フロイントリヒカィト] 囡 *-/-en* **1**《複数なし》親切，好意；好感． Ich danke Ihnen für Ihre ~. ご親切ありがとうございます． Hätten Sie die ~, mir zu helfen？ちょっと手をかしていただけないでしょうか． die ~ der Landschaft 景色の心地よさ． j⁴ mit ~ empfangen 人⁴をあたたかく迎える． **2** 親切な言動． j³ ~*en* sagen 人³にやさしい言葉をかける． Darf ich dich um eine ~ bitten？君の好意に甘えてもいいでしょうか．

'**Freund·schaft** ['frɔynt-ʃaft フロイントシャフト] 囡 *-/-en* **1**《複数なし》友情；友好関係． j³ die ~ kündigen（話）人³と絶交する． mit j³ ~ schließen⟨pflegen⟩人³と友情を結ぶ⟨育てる⟩． Uns verbindet eine tiefe ~. 我々は強い友情で結ばれている． et⁴ aus ~ tun 友情から事⁴をする． j³ in ~ verbunden sein 人³と友情で結ばれている． Ich sage es dir in aller ~. これは君を責めて言っているのではない． **2**《集合的に》友人． **3**《地方》《複数なし》親類． **4** （Pionierfreundschaft）（旧東ドイツの）全校ピオニール団（1つの

学校の全ピオニール団員で構成された組織）． ▶↑Pionier

'**freund·schaft·lich** 囮 友情による，友人らしい；友好的な． ein ~*er* Rat 友情あふれる忠告． ~*e* Beziehungen haben⟨unterhalten⟩友好関係を維持する． j⁴ ~ begrüßen 人⁴に友人らしくあいさつする．

'**Freund·schafts·dienst** 男 *-[e]s/-e* 友情による奉仕，友情から行なう援助． j³ einen ~ erweisen 人³にあたたかい援助の手をさしのべる．

'**Freund·schafts·spiel** 中 *-[e]s/-e*《スポ》親善試合，オープン戦． ↑Punktspiel

'**Fre·vel** ['fre:fəl] 男 *-s/-* **1**《雅》冒瀆(ﾎﾞｳﾄﾞｸ)，悪事（an et³/gegen et⁴ 物³,⁴に対する）． einen ~ begehen 冒瀆する，悪事を働く． **2**《農林・漁業に関する》法律違反，犯罪． Baum*frevel* 立木荒らし． Forst*frevel* 森林法違反．

'**fre·vel·haft** 囮 神を冒瀆(ﾎﾞｳﾄﾞｸ)する，冒瀆的な；不埒(ﾌﾗﾁ)な，恥ずべき．

'**Fre·vel·mut** 男 *-[e]s* 傲慢，不遜，不埒(ﾌﾗﾁ)さ；不埒(ﾌﾗﾁ)で見下した顔つき．

'**fre·veln** ['fre:fəln] 圓《雅》(an j⁴/et³)人⟨物³,⁴⟩を冒瀆(ﾎﾞｳﾄﾞｸ)する，(に)悪事を働く． gegen die Gesetze ~ 法を犯す．

'**Fre·vel·tat** 囡 *-/-en* 冒瀆(ﾎﾞｳﾄﾞｸ)，悪事，不埒(ﾌﾗﾁ)な行為．

'**fre·vent·lich** ['fre:fəntlɪç] 囮 =frevelhaft

'**Frev·ler** ['fre:flər] 男 *-s/-* **1** 瀆神(ﾄﾞｸｼﾝ)者，不埒(ﾌﾗﾁ)な男． **2** 犯罪者，違反者． ◆女性形 Frevlerin 囡 *-/-nen*

'**frev·le·risch** ['fre:flərɪʃ] =frevelhaft

'**Frey** [fraɪ]《人名》《北欧神話》フレイ（平和と豊穣の神）．

'**Freya** ['fraɪa]《人名》=Freyja

'**Frey·ja** ['fraɪja]《女名》フレイア，フライア（北欧の愛の女神，Frey の妹）．

Frhr.（略）=Freiherr

fri·de·ri·zi'a·nisch [fridəritsi'a:nɪʃ] 囮 フリードリヒ大王（時代）の． ↑Friedrich

'**Frie·da** ['fri:da]《女名》フリーダ．

'**Frie·de** ['fri:də] 男 2格 *-ns*, 3格 *-n*, 4格 *-n*, 複数 *-n* =Frieden

'**Frie·de·mann** ['fri:dəman]《男名》フリーデマン．

Frie·den ['fri:dən フリーデン] 男 *-s/-* **1**《複数なし》(↔ Krieg) 平和，和平，和睦(ｵﾎﾞｸ)． ein wahrer ~ 真の平和． den ~ erhalten⟨brechen⟩平和を維持する⟨破る⟩． mit dem Feind ~ schließen 敵と和睦する． [mitten] im ~ 平時に． den Gegner um ~ bitten 敵に和睦を請う． **2** 平和（講和）条約． Westfälischer ~ ウェストファリア条約(1648)． über den ~ verhandeln / wegen des ~*s* unterhandeln 和平交渉をする． **3**《複数なし》(a) (↔ Zwietracht, Streit) 平和，和合． häuslicher ~ 家庭の平和． ~ ernährt, Unfrieden verzehrt《諺》和は栄え，不和は滅ぶ． Ich traue dem ~ nicht. まだひと悶着(ﾓﾝﾁｬｸ)ありそうだ． mit j³ ~ halten 人³と仲良く暮す． *seinen* ~ mit j³ machen 人³と仲直りする． *seinen* ~ mit Gott machen 神の意志に従う． ~ stiften 仲裁する． in ~ miteinander arbeiten お互いに仲良く仕事をする． um des lieben ~*s* willen もめごとが起きないように． (b) 平穏，平安，安らぎ． der ~ des Herzens 心の安らぎ． Man hat keinen ~ vor ihm. 彼がいると安心できない． mit sich³ selber ~ machen 心の平穏を見出

す．Lass mich in ～! 《話》私にかまわないでくれ，ほっといてくれ．der ewige ～《キリスト教》(死後の)永遠の安らぎ．zum ewigen ～ eingehen 永眠する．～ seiner Asche! 彼の魂の安からんことを．Er ruhe in ～! 安らかに眠れ(墓碑銘などで)．**4**《複数なし》《歴史》(当局による)生命・財産の保護．

'Frie·dens·be·din·gung 囡 -en 講和の条件．
'Frie·dens·be·we·gung 囡 -en 平和運動．
'Frie·dens·bruch 男 -[e]s/¨e 講和条約違反．
'Frie·dens·fürst 男 -en/ 《キリスト教》平和の主，イエス・キリスト．
'Frie·dens·kon·fe·renz 囡 -en 講和(平和)会議．
'Frie·dens·kon·gress 男 -es/-e =Friedenskonferenz
'Frie·dens·kuss 男 -es/¨e **1** (平和を証するための)和平の接吻．**2**《カトリック》(ミサのさいに聖職者間でかわされる)親睦(シン)の接吻．
'Frie·dens·pfei·fe 囡 -/-n 平和のパイプ(アメリカインディアンが和平のしるしとして回し飲みしたもの)．mit j³ die ～ rauchen《話》人³と和解する．
'Frie·dens·rich·ter 男 -s/- 《法制》**1** (とくに米国・英国の)治安判事．**2** 《古》仲裁者．
'Frie·dens·schluss 男 -es/¨e 講和条約の締結．
'Frie·dens·si·che·rung 囡 -/ 平和の保障，安全保障．
'Frie·den[s]·stif·ter 男 -s/- 仲裁者，調停者．
'Frie·den[s]·stö·rer 男 -s/- 平和(治安)攪乱者．
'Frie·dens·tau·be 囡 -/-n (象徴としての)平和の鳩．
'Frie·dens·trup·pe 囡 -/-n (国連の)平和維持軍．
'Frie·dens·ver·hand·lung 囡 -en 《多く複数で》和平交渉．in ～en eintreten 和平交渉を行う．
'Frie·dens·ver·trag 男 -[e]s/¨e 《法制》講和(平和)条約．
'Frie·dens·zeit 囡 -/-en 平和な時代，平時．
'Frie·de·ri·ke [fri:dəˈri:kə] 《女名》フリーデリーケ．
'fried·fer·tig [ˈfri:tfɛrtɪç] 形 穏和な，温厚な．
'Fried·fer·tig·keit 囡 -/ 平和を好むこと，穏和．
'Fried·fisch 男 -es/-e (↔ Raubfisch) 草食魚．
'Fried·hof [ˈfri:tho:f フリートホーフ] 男 -[e]s/¨e 墓地，霊園．
*'**fried·lich** [ˈfri:tlɪç フリートリヒ] 形 **1** 平和な，平和的な，武力(暴力)によらない．～e Durchdringung 武力によらない(政治的・経済的な)侵略．～e Koexistenz 平和共存．～e Nutzung der Kernenergie 核エネルギーの平和利用．einen Streit ～ beilegen 争いを平和的に解決する．**2** 静かな，おだやかな，温厚(温厚)な．～er Charakter 温厚な性格．Sei [doch] ～!《話》落着け，喧嘩なんかするな．～ einschlafen 安らかな死を迎える．
'fried·lie·bend 形 平和を愛する，穏和な．
'fried·los [ˈfri:tlo:s] 形 **1**《雅》平和(安息)のない．eine ～e Zeit 不穏な時代．**2**《古》法の保護外に置かれた，追放された．
'Fried·rich [ˈfri:drɪç]《男名》フリードリヒ．～ der Große フリードリヒ大王(1712-1786，プロイセンの国王，典型的な啓蒙専制君主．位 1740-1786)．Caspar David ～ カスパル・ダーフィット・フリードリヒ(1774-1840，ドイツロマン派の代表的な画家)．
'fried·se·lig [ˈfri:tze:lɪç] 形《古》強く平和を愛する，とても穏和な．
*'**frie·ren**¹ [ˈfri:rən フリーレン] froh, gefroren ❶ (h, s) **1** (h) 寒く感じる，凍える，寒がる．Ich friere an den Händen. / Mir frieren die Hände. 私は手がかじかんでいる．Sie friert sehr leicht. 彼女はとても寒がりだ．Wie ein junger Hund〈wie ein Schneider〉～《話》すごく寒い．**2** (s) 凍る．Der Boden〈Das Fenster〉ist gefroren. 地面が凍結した〈窓に霜がおりた〉．Vor Entsetzen fror mir das Blut in den Adern.《比喩》驚きのあまり私は血の凍る思いをした．

❷《非人称》**1** Es friert mich. / Mich friert [es]. 私は寒い．Es friert mich an den Füßen. 私は足が冷たい．**2** Es friert. 凍く．～で，氷点下の寒さである．Es friert heute Stein und Bein.《話》今日の寒さは身にしみる．

❸ 囲《sich⁴》sich zu Tode ～《話》死ぬほど寒い．
Fries [fri:s] 男 -es/-e (fr.) **1**《建築》フリーズ，装飾帯．**2**《紡織》フリーズ(粗ラシャに似た毛織物)．
'Frie·se [ˈfri:zə] 男 -n/-n =Friesländer ◆女性形 Friesin 囡 -/-nen
'frie·sisch [ˈfri:zɪʃ] 形 フリースラントの，フリース(フリジア)人(語)の．↑ Friesland, deutsch
'Fries·land [ˈfri:slant]《地名》フリースラント(オランダ北部の州)．
'Fries·län·der [..lɛndər] 男 -s/- フリースラントの住民．
'fries·län·disch [..lɛndɪʃ] 形 =friesisch
fri·gid [friˈgi:t] 形 (lat.) **1**《雅》(非常に)寒い，厳寒の．**2** 冷淡な，冷たい．**3**《心理・医学》(女性が)性的に冷(不)感症の．
fri·gi·de [friˈgi:də] 形 =frigid 3
Fri·gi·di·tät [frigidiˈtɛ:t] 囡 -/ **1**《雅》(非常な)寒さ，厳寒．**2** 冷淡，無情．**3**《心理・医学》(女性の)性的冷(不)感症．
Fri·ka·del·le [frikaˈdɛlə] 囡 -/-n (fr.)《料理》フリカデル(焼いた肉団子)．
Fri·ka·see [frikaˈse:] 甲 -s/-s (fr.)《料理》フリカッセ(肉のクリーム煮)．《戯》aus j³ ～ machen 人³を痛い目にあわせる．
fri·kas·sie·ren [frikasiˈrən] 他 **1**《料理》Fleisch ～ 肉をフリカッセ(クリーム煮)用に切る．**2**《戯》(人⁴を)痛い目にあわせる．
fri·ka·tiv [frikaˈti:f] 形 (lat. fricare, reiben°)《音声》摩擦によって生じる，摩擦音の．
Fri·ka·tiv 男 -s/-e (lat.) (Reibelaut)《音声》摩擦音([f], [ʃ] など)．
Fri·ka·tiv·laut 男 -[e]s/-e =Frikativ
Frik·ti·on [frɪktsiˈo:n] 囡 -/-en (lat.) **1**《物理》摩擦．**2** 軋轢(ｱﾂﾚｷ)，不和．**3**《医学》塗擦(ﾄｻﾂ)．

frisch [frɪʃ フリッシュ] 形 **1** (a) 新鮮な，新しい．das ～e Grün 新緑．das ～e Obst 新鮮な果実．～n Datums 最近．～en Mut fassen 気を取直す．j⁴ an die ～e Luft setzen《話》人⁴を追出す．von ～em 新たに．(b) できたての，…したばかりの．～es〈～ gebackenes〉Brot 焼きたてのパン．ein ～ gebackenes Ehepaar《戯》新婚ほやほやの夫婦．eine ～e Wunde なまなましい傷．j⁴ auf ～er Tat ertappen 人⁴を現行犯で逮捕する．Milch, ～ von der Kuh しぼりたてのミルク．Vorsicht, ～ gestrichen! 注意! ペンキ塗りたて．Er ist ～ rasiert. 彼はひげを剃ったばかりだ．(c) 鮮やかな，色あせない．～e Eindrücke 鮮烈な印象．～e Farbe 鮮やかな色彩．et⁴ ～ im Gedächtnis haben 事⁴をありありと覚えている．**2** 清潔な，洗いたての，さっぱりした．ein ～es Hemd 洗いたてのシャツ．das Bett ～ beziehen ベッドに洗い

Frohsinn

たてのシーツを敷く. sich⁴ ～ machen〈手・体を洗うなど〉としてさっぱりする. **3** 元気のいい, はつらつとした. ein ～es Gesicht いきいきとした顔. ～ und munter sein〈話〉元気いっぱいである. **4**, fromm, fröhlich, frei 元気に, 公正に, 明朗に, 自由に〈スポーツ標語〉. ～ von der Leber weg reden〈sprechen〉腹蔵なく話す. *Frisch* gewagt ist halb gewonnen.〈諺〉思いきって始めればなかばできたも同じ. **5** 涼しい, さわやかな. Es weht ein ～*es* Lüftchen. さわやかな風が吹いている. Es ist ～ draußen. 外は涼しい.

frisch'auf [frɪʃˈ|aʊf] 間 *Frischauf*! さあ, 元気を出して, 頑張って, いざ.

frisch·ba·cken 形 焼きたての.

Fri·sche [ˈfrɪʃə] 囡 -/ (↓ frisch) **1** 元気, 潑剌（ラツ）, 活発. in körperlicher und geistiger ～ 心身ともに矍鑠（ク゚ヤ゚ク）として. Bis morgen in alter ～!〈話〉じゃ, またあした. **2** さわやかさ, すがすがしさ. **3** 新鮮さ, みずみずしさ.

fri·schen [ˈfrɪʃən] (↓ frisch) **❶** 他 **1**〈雅〉=erfrischen **2**〈冶金〉精錬する. **3**〈猟師〉den Hund ～ 犬に水を飲ませる〈再帰的にも〉*sich*⁴ ～〈動物が〉水を飲む. **❷** 自〈猟師〉〈猪（ルパ）が〉子を産む.

Frisch·hal·te·beu·tel 男 -s/- (生鮮食料品用の)ビニール袋.

Frisch·hal·te·pa·ckung 囡 -/-en (食料品用の)真空パック.

Frisch·ling [ˈfrɪʃlɪŋ] 男 -s/-e **1**〈猟師〉猪（ルパ）の仔, うり坊. **2**〈戯〉新入り, 初心者; 半人前.

Frisch·was·ser 中 -s/ **1** 新鮮な水, (未使用の)工業用水. **2** (舟での)飲料水, ボイラー用の水.

frisch'weg [frɪʃˈvɛk] 副〈話〉快活に, はきはきと, 率直に; さっさと.

Frisch·zel·len·the·ra·pie 囡 -/-n〖医学〗細胞注入療法.

＊**Fri'seur** [friˈzøːr フリゼーア] 男 -s/-e (fr.) 理容(理髪)師, 床屋. zum ～ gehen 床屋に行く.

Fri'seu·rin [friˈzøːrɪn] 囡 -/-nen (とくに南独)=Friseuse

Fri'seu·se [friˈzøːzə] 囡 -/-n Friseur の女性形.

fri'sie·ren [friˈziːrən] (fr., kräuseln)**❶** 他 **1**〈j³ das Haar〉～ 〈人³〉の髪を整える. **2**〈比喩〉取繕（ウ゚）う, ごまかす, 〈エンジンなどを〉改造する. eine Bilanz ～ 決算を粉飾する. **❷** 再〈*sich*〉自分の髪を整える.

Fri'sier·kom·mo·de [friˈziː.r..] 囡 -/-n 化粧台.

Fri'sier·sa·lon 男 -s/-s(プヨ-e) 理髪店, 床屋, 美容室.

Fri'sier·tisch 男 -[e]s/-e 化粧台, ドレッサー.

Fri'sör [friˈzøːr] 男 -s/-e =Friseur

friss, °**friß** [frɪs] fressen の du に対する命令形.

'fris·sest [ˈfrɪsəst] fressen の現在 2 人称単数 frisst の別形.

frisst, °**frißt** [frɪst] fressen の現在 2・3 人称単数.

＊**Frist** [frɪst フリスト] 囡 -/-en **1** 期間; 期日, 期限. Die ～ ist abgelaufen〈verstrichen〉. 期限が切れた. eine ～ bestimmen〈festsetzen〉期限(期間)を定める. die ～ einhalten〈versäumen〉期限を守る〈期限(期日)を破る〉. eine ～ um zwei Tage verlängern 期限(期間)を 2 日間延ばす. et⁴ auf kurze ～ leihen 物⁴を短期間貸す. et⁴ in kürzester ～ erledigen 物⁴を迅速に片づける. [bis] zu dieser ～ この期間までに. zu jeder ～ いつでも, 随時. **2** 猶予（ヨ゚）. eine ～ geben〈gewähren〉猶予を与える〈人³に〉.

'fris·ten [ˈfrɪstən] 他 (↓ Frist) **1** (生活を)細々と繫（ツナ゚）ぐ, なんとかやってゆく. *sein* Dasein ～ かろうじて食いつなぐ. **2**〈まれ〉〈物⁴の〉期限を延ばす.

'frist·ge·recht 形 期限どおりの.

'frist·los [ˈfrɪstloːs] 形 猶予の無い, 即時の. ～ *e* Entlassung 即時解雇.

Fri'sur [friˈzuːr フリズーア] 囡 -/-en (fr.) **1** 髪型の, ヘアスタイル. **2** (エンジンなどの)改造. **3** (婦人服の)ひだのある縁飾り, フリル.

'**Frit·hjof** [ˈfrɪtjɔf]〈男名〉フリティヨフ(古代北欧の英雄, スウェーデンの詩人デグネールの長編叙事詩『フリティヨフ物語』(1825)の主人公).

°**frit'tie·ren** [friˈtiːrən] = frittieren

'**Frit·te** [ˈfrɪtə] 囡 -/-n (it.) **1** フリット(陶磁器や琺瑯（ロラ゚）のうわ薬をつくるために用いられる粉末状のガラス). **2**〈地方〉〈多く複数で〉揚げ物じゃが, ポンフリ.

'**frit·ten** [ˈfrɪtən] 他 (engl.) **1** (粉末状・果粒状の原料を)融点まで熱し半ば溶けて固まった状態にする. **2**〈話〉【料理】(油で)揚げる.

frit'tie·ren [frɪˈtiːrən] 他 (fr.) 【料理】油で揚げる.

Fritz [frɪts] **❶**〈男名〉フリッツ. der Alte ～ フリッツじいさん(Preußen の Friedrich 大王に対する愛称). **❷** 男 -en/-en ドイツ野郎(ドイツ人のあだ名). Das ist für den alten ～*en*. それは無駄なことだ.

fri'vol [friˈvoːl] 形 (fr.) **1** 軽率な, 軽々しい. **2** いかがわしい, みだらな.

Fri·vo·li'tät [frivoliˈtɛːt] 囡 -/-en (fr.) **1**〈複数なし〉軽率さ; いかがわしさ. **2** 軽率な(いかがわしい)言動. **3**〈複数で〉タッチング(レース風の編糸細工).

Frl.〈略〉=Fräulein

froh [froː フロー] 形 **1** (a) 楽しい, うれしい, 陽気な, 愉快な. ～ *es* Gemüt 楽しい(うきうきとした)気持ち. ～ *e* Menschen 楽しい人たち. *Frohe* Weihnachten! メリークリスマス! ～ *en* Mutes sein 陽気である. in ～ *er* Stimmung sein 楽しい(愉快な)気分である. ～ *e* Tage〈雅〉事⁴を喜んでいる. Er ist seines Erfolges ～. 彼は自分の成功を喜んでいる. *seines* Lebens nicht [mehr] ～ sein 生きる喜びがない. über et⁴ ～ sein〈werden〉事⁴を喜んでいる. um et⁴ ～ sein〈南クバ゚〉事⁴をありがたく思う. (b)〈話〉ほっとした, 満足した. Ich bin so ～, dass alles geklappt hat. 万事滞りなく運んで私はほんとうに肩の荷がおりた思いだ. mit et³ ～ sein 事³に満足している. **2**〈述語的には用いない〉喜ばしい. die *Frohe* Botschaft【キ゚リ゚教】福音（プクイ゚ン）. eine ～ *e* Nachricht うれしい知らせ.

'**Froh·bot·schaft** 囡 -/〈雅〉【キ゚リ゚教】(Evangelium) 福音（プクイ゚ン）.

'**froh·ge·mut** [ˈfroːgəmuːt] 形 快活な, 楽天的な, 明るい. mit ～ *er* Hoffnung 明るい希望を持って.

＊'**fröh·lich** [ˈfrøːlɪç フレーリヒ] 形 (↓ froh) **1** 楽しげな, 上機嫌な; 陽気な, はしゃぐ. eine ～ *e* Miene 楽しそうな顔つき. *Fröhliche* Weihnachten! メリークリスマス. in ～ *er* Stimmung 心楽しく. **2**〈副詞的用法で〉〈話〉平然と, 気にせずに.

'**Fröh·lich·keit** 囡 -/ 楽しさ, 陽気さ, にぎやかさ.

froh'lo·cken [froːˈlɔkən] 自 〈雅〉 **1** über et⁴ ～ 事⁴ (とくに他人の不幸や失敗など)を痛快がる, 喜ぶ. Er *frohlockte* über die Niederlage seines Gegners. 彼は敵の敗北に大喜びした. **2** 歓声をあげる, 快哉（カ゚イ゚）を叫ぶ, 喜ぶ; (人³を)褒（ポ）め称える.

Froh'lo·cken 中 -s/〈雅〉歓呼; 賛美.

'**Froh·sinn** 男 -[e]s/ 快活, 陽気, 上機嫌.

fromm [frɔm フロム] frommer (frömmer), frommst (frömmst) **1** 信心深い, 敬虔な; 信心ぶった. ein ~es Gebet 敬虔な祈り. ein ~er Mensch 信心深い人. mit ~em Getue 信心ぶった態度で. ~ leben 敬虔な生活を送る. Sie tut so ~. 彼女はさも信心深げなふりをする. **2**《述語的には用いない》善意の, 善良な. ein ~er Betrug / eine ~e Lüge 善意からの嘘. ein ~er Wunsch かわゆい望み. **3**《動物が》おとなしい, 従順な. ein ~er Hund おとなしい犬. ~ wie ein Lamm 子羊のようにおとなしい(従順な). **4**《古》実直な, 有能な, 正しい. ein ~er Bürger 実直な市民. der ~e Gott 正しい神. ein ~er Landsknecht 勇敢な傭兵.

Fröm·me·lei [frœmə'laɪ] 囡 -/-en《侮》**1** 《複数なし》信心ぶること. **2** 信心家ぶり, 篤信家ぶった言動.

'**fröm·meln** [ˈfrœməln] 圓《多く現在分詞で》《侮》篤信家ぶる, 信心をひけらかす.

'**from·men** [ˈfrɔmən] 圓《古》j⟨et⟩³ ~ 人·事³に役立つ.

'**fröm·mer** [ˈfrœmər] fromm の比較級.

Fromm·heit 囡 -/ = Frömmigkeit

'**Fröm·mig·keit** [ˈfrœmɪçkaɪt] 囡 -/ **1** 信心深いこと, 敬虔. **2**《古》従順.

'**Frömm·ler** [ˈfrœmlər] 男 -s/-《侮》信心家ぶる人, えせ信心家.

frömmst [frœmst] fromm の最上級.

Fron [froːn] 囡 -/-en《複数まれ》**1**《歴史》賦役. **2**《雅》苦役(くえき), 嫌な(つらい)仕事.

'**Fron·ar·beit** 囡 -/-en **1** = Fron **2**《ﾁｷﾘ》労働奉仕.

'**Fron·de**¹ [ˈfroːndə] 囡 -/-n《古》= Fron 1

'**Fron·de**² [ˈfrõːdə] 囡 -/-n (fr.) **1**《歴史》フロンドの乱(絶対王主義王政に対するフランス貴族の内乱, 1648-1653). **2**《政治的な》反対勢力; 反政府.

'**Fron·dienst** [ˈfroːn..] 男 -[e]s/-e = Fronarbeit

fron'die·ren [frõ'diːrən] 圓 (↓ Fronde²) 《gegen et⁴ 物に》反抗(反対)する. gegen die Regierung ~ 政府に反抗する.

'**fro·nen** [ˈfroːnən] 圓 (↓ Fron) **1**《歴史》賦役につく《j⟨für⟩³ 人³のために》. **2**《雅》あくせく働く, 嫌な(つらい)仕事をする.

'**frö·nen** [ˈfrøːnən] 圓 (↓ Fron)《雅》《物³に》耽(ﾌｹ)る, 血道をあげる, 現(ｳﾂ)をぬかす.

Fron'leich·nam [frɔn'laɪçnaːm] 男 -[e]s《通常無冠詞で》《ｶﾄﾘｯｸ》聖体祝日(聖霊降臨後第 1 主日後の木曜日).

Fron'leich·nams·fest 田 -[e]s/-e《ｶﾄﾘｯｸ》= Fronleichnam

Fron'leich·nams·pro·zes·si·on 囡 -/-en《ｶﾄﾘｯｸ》聖体祝日の行列.

***Front** [frɔnt フロント] 囡 -/-en (fr.) **1** (a)《建物の》正面, 前面. in ~ eines Gebäudes《古》建物の前で. (b)《軍事》《整列した部隊などの》前列. die ~ [der Ehrenkompanie] abschreiten《儀仗隊を》閲兵する. vor j⟨gegen j⟩⁴ ~ machen 人³·⁴に対しての敬意の姿勢をとる. gegen j⟨et⟩⁴ ~ machen《比喩》人⟨事⟩⁴に逆らう, 反対する. **2**《軍事》(← Etappe 3) 前線(側), 戦線; 戦場. an der ~ sein 第一線で戦って(活躍)している. an die ~ gehen 戦場(前線)に赴(ｵﾓﾑ)く. auf breiter ~ angreifen 多方面攻撃を行う. ein Kampf nach⟨an⟩ zwei ~en 両面作戦. klare ~en schaffen⟨ziehen⟩《比喩》《意見などの》対立点を明確にする. **3** 統一戦線. die ~ der Arbeiter und Bauern 労働者農民統一戦線. eine geschlossen ~ bilden 共同戦線をはる《gegen j⟨et⟩⁴ 人⟨事⟩⁴に対して》. **4**《ｽﾎﾟｰﾂ》先頭. in ~ gehen⟨liegen⟩ 先頭に立っている, リードしている. **5**《気象》前線. Kaltfront 寒冷前線. Warmfront 温暖前線.

'**Front·ab·schnitt** 男 -[e]s/-e《軍事》前線区域(部分).

fron'tal [frɔn'taːl] 形 正面からの; 正面(前面)の. die ~e Arbeit《教室の全員に対する》一斉授業.

Fron'tal·zu·sam·men·stoß 男 -es/⁼e 正面衝突.

'**Front·an·trieb** 男 -[e]s/-e《自動車の》前輪駆動.

'**Front·dienst** 男 -[e]s/-e《軍事》前線勤務.

Fron·ti'spiz [frɔnti'spiːts] 田 -es/-e (fr.) **1**《書籍》の口絵. **2**《建築》正面の破風(ﾊﾌ).

'**Front·kämp·fer** 男 -s/-《軍事》前線で戦う(戦った)兵士, 前線兵士.

'**Front·mann** 男 -[e]s/⁼er (engl.) **1**《ロックグループなどの》リードボーカル. **2**《テレビ番組の》司会者. ♦ 女性形 Frontfrau 囡 -/-en

'**Front·schei·be** 囡 -/-n = Windschutzscheibe

'**Fron·vogt** [ˈfroːn..] 男 -[e]s/⁼e《古》賦役の監督.

fror [froːr] frieren の過去.

'**frö·re** [ˈfrøːrə] frieren の接続法 II.

***Frosch** [frɔʃ フロッシュ] 男 -[e]s/Frösche **1**《動物》かえる(蛙). sich⁴ aufblasen wie ein ~ いばる, 大口をたたく. wie der ~ auf der Gießkanne dasitzen じっと(むっつりと)考え込んでいる. Die Arbeit ist kein ~. あてなくても仕事は逃げて行きはしないさ(仕事をしたくないときの言い訳). wie ein geprellter ~ liegen へとへとに疲れ切ってのびている. Sei kein ~! 気兼ねしないで一緒にやろうよ. einen ~ im Hals⟨in der Kehle⟩ haben 声がしわがれている. Du wirst Frösche in den Bauch kriegen. 水の飲みすぎだぞ. **2** ねずみ花火. **3**《音楽》《バイオリンなどの弓の》ナット, 毛止め.

'**Frö·sche** [ˈfrœʃə] Frosch の複数.

'**Frosch·laich** 男 -[e]s/-e かえるの卵.

'**Frosch·mann** 男 -[e]s/⁼er 潜水夫.

'**Frosch·per·spek·ti·ve** 囡 -/-n《話》下からの眺め; 狭い視野(了見). et⁴ aus der ~ fotografieren 物を ローアングルで撮影する. et⁴ aus der ~ sehen⟨betrachten⟩ 物を狭い視野で見る.

***Frost** [frɔst フロスト] 男 -[e]s/Fröste (↓ frieren) **1** 氷点下の寒さ, 寒気; 寒害, 霜害. Es herrscht strenger ~. ものすごい寒さだ. Der ~ steckt noch im Boden. 大地はまだ凍(ｲ)っついている. Wir haben heute drei Grad ~. 今日は氷点下 3 度の寒さだ. Die Pflanzen haben ~ abbekommen⟨bekommen⟩. 植物が寒さにやられた. vor ~ zittern 寒さのあまり身ぶるいする. **2** さむけ, 悪寒(ｵｶﾝ).

'**Frost·beu·le** 囡 -/-n **1**《医学》しもやけ, あかぎれ, 凍傷. **2**《戯》《地方》寒がり.

'**Frös·te** [ˈfrœstə] Frost の複数.

'**frös·teln** [ˈfrœstəln] 圓 (↓ Frost) 寒気を感じる; 震える《vor et³ 事³のために》.《非人称的に》Es fröstelt mich. / Mich fröstelt. 私はぞくぞくする, 体ががたがた震える. Bei diesem Gedanken hat [es] ihn gefröstelt. それを考えて彼はぞっとした.

'**fros·ten** [ˈfrɔstən] ❶ 他 凍らせる, 冷凍する. ❷ 非人称《雅》Es frostet. 《気温が》氷点下になる.

'**Fros·ter** [ˈfrɔstər] 男 -s/- フリーザー, 冷凍庫.

'**frost·frei** 形 厳しい寒さを免れた.

'**fros·tig** [ˈfrɔstɪç] 形 **1** 冷たい, 凍(ｺｵ)えそうな. **2**

《比喩》冷淡な, 無愛想な. eine ~e Antwort すげない返事.
Frost·kon·ser·ve 囡 -/-n 冷凍食品.
Frost·scha·den 男 -s/= 《植物・道路などの》霜害, 凍害.
Frost·schutz·mit·tel 中 -s/- (植物の)凍害防止剤,《エンジンの》不凍液.
Frost·wet·ter 中 -s/ (冬の)寒い天候.
Frot·tee [frɔ'te:] 男(中) -[s]/-s (fr.) 《紡織》タオル地.
frot·tie·ren [frɔ'ti:rən] 他 (fr.) (タオルやシーツで体を)マッサージする, こする.
frot·zeln ['frɔtsəln] 《話》 ❶ 他 (人'を)からかう. ❷ 自 über j‹et›⁴ – 人‹事›⁴をひやかす.
frs 略 fr 1 (= Franc) の複数.

Frucht [frʊxt フルフト] 囡 -/Früchte **1** (a) 実, 木の実, 果実. eine süße ~ あまい実(果物). verbotene *Früchte* 《比喩》禁断の果実(↓《旧約》創 3:2–6). Der Baum setzt *Früchte* an. 木が実をつける. reiche ~ tragen 収穫が多い. (b) 《複数なし》《地方》穀物. Die ~ steht gut. 穀物の実りがいい. die ~ auf dem Halm verkaufen 青田売りをする. **2** 《雅》収穫, 成果. die *Früchte* der Arbeit 労働の成果. die *Früchte* des Leichtsinns 《皮肉》軽率さのむくい. eine ~ der Liebe 愛の結晶, 私生児. Die Verhandlungen haben endlich ~ ‹*Früchte*› getragen. 交渉がようやく実を結んだ. An ihren *Früchten* sollt ihr sie erkennen. あなたがたはその実で彼らを見分けなければいけない《新約》マタ 7:16, 20). **3** 胎児. **4** 《複数の》《法制》果実(ある物や権利から生み出される産出物や収益などの総称).

'frucht·bar ['frʊxtba:r フルフトバール] 形 **1** 実り豊かな, 肥沃な. ~er Regen 実りをもたらしてくれる雨. auf ~en Boden fallen (提案などが)好意的に受入れられる, はっきり効果をあらわす. **2** 多産な, 繁殖力の強い. ein ~er Autor 《比喩》多作の作家. eine ~e Tage [der Frau] (女性の)受胎可能日. **3** 《比喩》実り多い, 役に立つ. eine ~e Arbeit 実り多い仕事. ein ~es Gespräch 生産な会話. Er machte seine Erfahrungen für die Allgemeinheit ~. 彼は自分の経験を社会のために役立てた.

'Frucht·bar·keit 囡 -/ 豊かさ, 豊饒(ほうじょう); 繁殖力.
'Frucht·be·cher 男 -s/- **1** 《植物》殻斗(かくと). **2** フルーツパフェ.
'Frucht·blatt 中 -[e]s/=er 《植物》心皮.
'Frucht·bon·bon 中(男) -s/-s フルーツドロップ.
'frucht·brin·gend 形 **1** 実り豊かな, 肥沃な. **2** 《雅》効果的な, 有益な. ◆ Frucht bringend とも書く.
'Früch·tchen ['frʏçtçən] 中 -s/- **1** (Frucht の縮小形) 小さな果実. **2** 《話》《皮肉》ろくでなし, 不良.
'Früch·te ['frʏçtə] Frucht の複数.
'Früch·te·brot 中 -[e]s/-e ドライフルーツ入りのパン.
'fruch·ten ['frʊxtən] 自 役に立つ, 効果がある;《植物》実を結ぶ.
'frucht·e·reich 形 = fruchtreich
'Frucht·fleisch 中 -[e]s/ 《植物》果肉.
'Frucht·fol·ge 囡 -/-n 《農業》輪作.
'fruch·tig ['frʊxtɪç] 形 果物の風味〈香気〉のある. ein ~er Wein 芳醇なワイン.
'Frucht·kno·ten 男 -s/- 《植物》子房.
'frucht·los ['frʊxtlo:s] 形 **1** 不毛の, 実りのない; 子

供ができない. **2** 《比喩》無駄な, 無益な.
'Frucht·lo·sig·keit 囡 -/ 実を結ばないこと, 不毛, 不妊, 無益, 無駄.
'Frucht·pres·se 囡 -/-n 果汁絞り器.
'frucht·reich 形 実り豊かな.
'Frucht·saft 男 -[e]s/=e 果汁, フルーツジュース.
'Frucht·was·ser 中 -s/ 《医学・動物》羊水.
'Frucht·wech·sel 男 -s/- = Fruchtfolge
'Frucht·zu·cker 男 -s/ 果糖.
fru·gal [fru'ga:l] 形 (*lat.*) **1** つましい, 質素な. **2** 《まれ》(食事などが)贅沢(ぜいたく)な.

früh [fry: フリュー] ❶ 形 (↔ spät) **1** (時刻・時期が)早い, 初期の. am ~en Morgen 朝早く. die ~esten Erinnerungen (幼年期の)最初の記憶. der ~e Goethe 若きゲーテ. im ~en Herbst 秋の初めに. in ~er Kindheit 幼いころに. die ~esten Kulturen 最古の文明. die ~e Neuzeit 近世初期. das ~e Werk des Dichters その詩人の初期作品. ~ am Tage 朝のうちに. ~ im Jahr 年の初めに. ~ aufstehen‹zu Bett gehen› 早く起きる‹寝る›. noch ~ genug ちょうど よい時に, 機を逸せずに. so ~ wie ‹auf› 幼いころから. möglichst ~ / so ~ wie möglich できるだけ早く. ~er oder später 遅かれ早かれ. Da musst du ~er aufstehen!《比喩》《話》それじゃあもっとうまく(機嫌に)ふるまわなくちゃいけないぜ. **2** (予定より)早い. eine ~e Apfelsorte 早生(わせ)のりんご. ein ~er Tod 若死. ein ~er Winter 早く来た冬. ein ~es Grab finden《比喩》《雅》早死する. Er kam drei Stunden ~er zurück. 彼は予定よりも 3 時間早く帰って来た.
❷ 副 朝に. um vier Uhr ~ 朝の 4 時に. heute ‹morgen› ~ ‹Früh› 今朝〈明朝〉. von ~ bis spät 朝から晩まで, 一日中.

Früh 囡 -/ = Frühe
'früh auf, °**'früh·auf** 副《次の成句で》von ~ 幼い頃から.
'Früh·auf·ste·her 男 -s/- 早起きの人.
'Früh·beet 中 -[e]s/-e 温床.
'früh·christ·lich 形 初期キリスト教の.

'Frü·he ['fry:ə フリューエ] 囡 -/ 早い時刻〈時間〉, (とくに)朝. die ~ des Tages 朝. in der ~ 朝に. in aller ~ 朝早く.
'Früh·ehe 囡 -/-n 早婚.

'frü·her ['fry:ər フリューアー] ❶ 形 **1** 《früh の比較級》より早い. **2** 昔の, かつての. die ~en Auflagen des Buches 本の旧版. der ~e Besitzer もとの持主. in ~en Zeiten かつて, 昔. ❷ 副 昔, かつて. von ~ her 昔から, 前から. die Kollegen von ~ 以前の同僚. Ich war ~ oft dort. 私は昔よくそこへ行ったのだ. Es ist alles noch wie ~. すべてがまだ昔のままだ.
'Früh·er·ken·nung 囡 -/-en (病気などの)早期発見.

'frü·hes·tens ['fry:əstəns フリューエステンス] 副 早くても. ~ morgen 早くても明日に.
'Früh·ge·bet 中 -[e]s/-e 朝の祈り.
'Früh·ge·burt 囡 -/-en **1** 早産. **2** 早産(未熟)児.
'Früh·ge·mü·se 中 -s/- はしりの(季節前の)野菜.
'Früh·ge·schich·te 囡 -/ (先史時代に続く)原史(時代).
'Früh·go·tik 囡 -/ 初期ゴシック(様式).
'Früh·jahr 中 -[e]s/-e = Frühling 1

'Früh·jahrs-Tag·und·nacht·glei·che 女 -/-n 春分.

'Früh·kar·tof·fel 女 -/-n 早生(%)のじゃがいも.

Früh·ling

['fry:lɪŋ フリューリング] 男 -s/-e 1 (Frühjahr) 春. ein warmer ~ あたたかい春. Es wird ~. / Der ~ kommt⟨beginnt / zieht ein⟩. 春が来た. 2 《比喩》青春時代, 興隆期. im ~ des Lebens 人生の春に. *seinen* zweiten ~ erleben 第2の青春を迎える;《皮肉》老いらくの恋におちる. Die Kunst geht einem neuen ~ entgegen. 芸術が新たな興隆期を迎える.

'Früh·lings·an·fang 男 -[e]s/⁼e 春の初め, 春分の日.

'früh·ling[s]·haft 形 春めいた, 春らしい.

'Früh·lings·mo·nat 男 -[e]s/-e 1《複数なし》《雅》3月. 2《複数で》春の月(3月·4月·5月).

'Früh·lings·punkt 男 -[e]s/ 《天文》春分点.

'Früh·lings·rol·le 女 -/-n 《料理》春巻き.

'Früh·mes·se 女 -/-n 《カトリ》早朝ミサ.

früh'mor·gens [fry:'mɔrgəns] 副 早朝に.

'früh·reif 形 1 早熟した, ませた. 2《植物》早生(%)の.

'Früh·reif 男 -[e]s/ 朝霜.

'Früh·rei·fe 女 -/ 1 早熟. 2《植物》早生(%).

'Früh·rot -[e]s/《雅》(Morgenrot) 曙光(%%).

'Früh·schicht 女 -en 早番; 早番の者.

'Früh·schop·pen 男 -s/ 朝酒. zum ~ gehen 朝酒を一杯やりに行く.

'Früh·som·mer 男 -s/ 初夏.

'Früh·sport 男 -[e]s/ 朝の運動.

'Früh·stück

['fry:ʃtʏk フリューシュテュク] 中 -[e]s/-e 1 朝食. das ~ einnehmen 朝食をとる. beim ~ sitzen 朝食の食卓についている. 2《話》朝食時の休息.

'früh·stü·cken

['fry:ʃtʏkən フリューシュテュケン] ❶ 自 朝食をとる. ❷ 他《物⁴を》朝食に食べる.

'Früh·warn·sys·tem 中 -s/-e 《軍事》早期警戒システム.

'Früh·werk 中 -[e]s/-e 初期の作品.

'Früh·zeit 女 -/-en《複数まれ》初期.

'früh·zei·tig ['fry:tsaɪtɪç] 形 1 早い, 早めの. 2 早すぎる. ~*er* Tod 早すぎる死.

'Früh·zün·dung 女 -/-en (↔ Spätzündung) 《工学》(内燃機関の)早期点火. 2《戯》電光石火の理解力.

Frust [frʊst] 男 -[e]s/《卑》失望. So ein ~! まったくがっかりだ.

Frus·tra·ti·on [frʊstratsi'o:n] 女 -/-en ⟨*lat.*⟩ 挫折感, 失望, 欲求不満, フラストレーション.

frus'trie·ren [frʊs'tri:rən] 他 ⟨*lat.*⟩ 1《古》(計画などを)阻止する, 挫折させる. 2《心理》(人⁴を)欲求不満に陥らせる; 《話》失望させる, (人⁴の)期待を裏切る.

'F-Schlüs·sel ['ɛf..] 男 -s/ 《音楽》ヘ音記号.

ft, ft.《略》= Foot, Feet

Ft《略》= Forint

*Fuchs [fʊks フクス] 男 -es/Füchse 1《動物》きつね(狐). ~ im eigenen Bau《話》一家の主(%%). Die *Füchse* brauen.《地方》霧が出る. Das⟨Den Weg⟩ hat der ~ [mit dem Schwanz] gemessen [und den Schwanz dazugegeben].《比喩》《話》こいつは狐がしっぽで測りやがったんだ《距離が実際より短く表示されているときに言う》. Da kommt der ~ zum Loch heraus.《比喩》《話》これで事情がのみこめた. wo sich³ die *Füchse* ⟨wo sich³ ~ und Hase⟩ gute Nacht sagen《戯》誰でも出て来そうな人里離れた所. Der ~ schnürt.《猟師》狐が一直線に走る. Stirbt der ~, so gilt der Balg.《諺》人が死ねば遺産が大事. *Füchse* prellen 狐をたぶらかすほど狡猾である; 一杯くわす 2 (Fuchsfelle, Fuchspelz) 狐の毛皮. 3《比喩》《話》(狐のように)ずる賢い(狡猾な)人. Er ist ein [alter/schlauer] ~. あいつは海千山千だ. 4《話》《侮》赤毛の人. 5 (学生)新入りの学生組合員. 6 栗毛の馬. 7《虫》ひおどしちょう. 8 der ~ 《天文》子狐座. 9《工学》煙道. 10《古》金貨.

'Fuchs·bau 男 -[e]s/ キツネの巣穴.

'Füch·se [fʏksə] Fuchs の複数.

'Fuchs·ei·sen 中 -s/ 《狩猟》きつね猟の罠(%).

'fuch·sen ['fʊksən] 他《話》1 怒らせる, 立腹させる. *sich*⁴ 立たてる. 《再帰的に》*sich*⁴ über j⟨et⟩³ ~ 人《事》³ に腹を立てる. 2《古》苦しめる.

'Fuch·sie ['fʊksiə] 女 -/-n 《植物》フクシア属. ◆ドイツの植物学者フクス L. Fuchs, 1501-66 にちなむ.

'fuch·sig ['fʊksɪç] 形 1 きつね色の, 赤茶色の. ~*es* Haar 赤毛. 2《話》怒った, 激怒した, いらいらした.

Fuch'sin [fʊ'ksi:n] 中 -s/ (↓ Fuchsie)《化学》フクシン(赤色染料の一種).

'Füch·sin ['fʏksɪn] 女 -/-nen《Fuchs の女性形》雌きつね.

'Fuchs·jagd 女 -/-en 1 狐狩り. 2 (馬を使った)追っ掛けっこ.

'fuchs·rot 形 きつね色の, 赤茶色の.

'Fuchs·schwanz 男 -es/⁼e 1 きつねの尾. 2 片手鋸(%%). 3《植物》すずめのてっぽう; ねこじゃらし. 4《植物》はげいとう; ひもげいとう.

'fuchs·teu·fels·wild 形 =fuchsteufelswild

'fuchs·wild 形《話》=fuchsteufelswild

'Fuch·tel ['fʊxtəl] 女 -/-n (↓ fechten) 1《古》だんびら(身幅の広い刀). 2《複数なし》《話》厳格な規律; 支配. j¹ unter der ~ haben⟨halten⟩ / j¹ unter die ~ nehmen 人¹を厳しく監視する, 支配する. unter j² ~ stehen⟨leben/sein⟩ 人²の厳しい監督下にある. j² ⟨%%⟩ ~ かかあ天下の女房.

'fuch·teln ['fʊxtəln] 自《話》(mit et³ 物³を)振回す.

'fuch·tig ['fʊxtɪç] 形 (↓ Fuchtel)《話》怒り狂った, 激怒した.

'Fu·der ['fu:dər] 中 -s/⁼ 1 (単位としての)フーダー((a) 2頭立て馬車1台分の積載量. (b) ワインの容量単位, =約750-1950リットル). 2《比喩》《話》多量.

Fug [fu:k]《古》(↓ fügen) (次の句で) mit ~ [und Recht] 極めて正当に, 当然のこととして.

Fu·ga·to [fu'ga:to] 中 -[s]/-s⟨-ti[..ti]⟩ ⟨*it.*⟩《音楽》フガート(フーガ風の楽句).

*'Fu·ge¹ ['fu:gə フーゲ] 女 -/-n (↓ fügen) 1《建築》つぎ目, 目地(%). aus den ~n gehen⟨geraten⟩ ばらばら(がたがた)になる. aus den ~n sein 混乱している. in allen ~n krachen《比喩》ばらばらにこわれる(こわれそうである). 2《地質》岩石の割れ目. 3《言語》(語と語などの)接合部.

'Fu·ge² [fu:..] 女 -/-n ⟨*it.*⟩《音楽》フーガ, 遁走(%%)曲.

'fu·gen ['fu:gən] 他 (↓ Fuge¹)《建築》(梁·板を継ぎ(はめ)合せる; (壁などの)目地(%)を塗りつぶす.

*'fü·gen ['fy:gən フューゲン] ❶ 他 1《雅》組立てる

(aus et³ 物³で). einen Satz anders ~ 文の構成を変える. Die Mauer ist aus Backsteinen *gefügt*. その壁は煉瓦でできている. eine fest *gefügte* Ordnung《比喩》しっかり固められた秩序. **2** つなぎ合わせる, 接合する, はめ込む, つけ加える. Satz an Satz ~ 文と文をつなぎ合せる. einen Stein auf einen anderen ~ 石を積重ねる. den Stein in die Mauer ~ 石を壁にはめ込む. Zum Schaden *fügte* er noch den Hohn. 彼は害を与えたばかりか嘲りもした. **3**《雅》(神や運命が)定める, 取り計う. Gott wird alles zu deinem Besten ~. 神がすべて君のためになるよう計らってくださるだろう. Das Schicksal〈Der Zufall〉*fügte* es, dass wir uns begegneten. 運命の計らいで〈偶然〉私たちは出会った.

❷ 再 (**sich**) **1** 適合する, (ぴったり)合う. Das Brett *fügt sich* genau in die Lücke. その板は隙間にぴったり合う. Dieses Möbelstück *fügt sich* gut in das Ganze〈zum Ganzen〉. この家具は全体とよく調和する. **2**《雅》〈j³ et³〉, 〈j³〈人³〉〉に従う; (in et³ 事³に)順応(適応)する. Du musst *dich* ihm〈seinen Anweisungen〉~. 君は彼に〈彼の指示に〉従わねばならない. *sich* in *sein* Schicksal〈in die Umstände〉~ おのれの運命に身をまかせる〈状況に適応していく〉. **3**《雅》になる. Alles *fügte sich* aufs Beste. 万事結構なことになった. Die Umstände *fügen sich* günstig. 状況が好転する.《非人称的に》Es will *sich* nicht ~. 事はなかなかうまくいきそうもない. *Es fügte sich*, dass wir im gleichen Hotel wohnten. たまたま私たちは同じホテルに泊まり合せた.

'**fu·gen·los** 形 継ぎ目のない, なめらかな.

Fug·ger ['fʊgər]《人名》フッガー家(15-16世紀のドイツの豪商).

Fug·ge·rei [fʊgə'raɪ] 女 -/ **1** フッガー財閥. **2** フッガー団地(Fugger がアウクスブルクに建設した貧困者用の住宅地, 1519完成). ◆ ↑Fugger

fu·gie·ren [fu'gi:rən] 他《音楽》(作品を)フーガ風に作曲する.

füg·lich ['fy:klɪç] 副 (↓fügen) **1** 正当に, 当然. **2** 適当(適切)に.

füg·sam ['fy:kza:m] 形 (↓fügen) 従順な, おとなしい; 順応性のある.

'**Füg·sam·keit** 女 -/ 従順, 素直, 扱いやすさ.

'**Fü·gung** ['fy:gʊŋ] 女 -/-en **1**(神の)摂理, (運命の)めぐりあわせ. Durch eine glückliche ~ trafen wir uns⁴ wieder. 幸運にめぐまれて我々はふたたびめぐり会った. **2**《言語》語群. **3** 順応; 服従.

'**fühl·bar** ['fy:lba:r] 形 **1** 感じることのできる, 判然(歴然)とした. ein ~er Verlust 手痛い損失. **2** 知覚される. Die Kälte macht sich⁴ ~. 寒さはっきり感じられる.

'**füh·len** ['fy:lən フューレン] ❶ 他 **1**(身体を)感じる, 知覚する. Hunger〈Kälte〉~ 空腹〈寒さ〉を感じる. etwas Kaltes am Arm ~ 腕になにかひんやりしたものを感じる. Er *fühlte* sein Herz schlagen. 彼は胸の鼓動を感じた. alle Knochen im Leibe ~《話》体の節々が痛い. *sein* Kreuz ~《話》腰が痛い. Das Pferd bekam die Peitsche zu ~. その馬は鞭(き)打たれた. Er hat sein Ende kommen *fühlen*〈*gefühlt*〉. 彼は自分の最期が近いのを感じ取った〈zu のない不定詞を伴う場合, 過去分詞はしばしば fühlen になる. ↑sehen ◆¹〉.《目的語なしで》Wer nicht hören will, muss ~.《諺》言うて聞かぬ者は痛い目に遭わねばならぬ.

2(心に)感じる,(感情を)抱く. Angst vor j³ ~ 人³をこわがる. die Berufung zum Politiker in sich³ ~ 政治家を天職と心得る. et⁴ instinktiv〈dumpf〉~ 事⁴を本能的に〈ぼんやり〉感じる. Freude〈Schmerz〉~ 喜び〈苦しみ〉を覚える. Liebe〈Hass〉für j⁴ ~ 人⁴に愛情〈憎しみ〉を抱く. Mitleid mit j³ ~ 人³に同情する. Sie ließ ihn ihren Ärger ~. 彼女はその腹だたしさを彼に思い知らせてやった. Ich *fühle*, dass er mir nicht vertraut. どうも彼は私を信頼していないようだ.《目的語なしで》Sie *fühlen* als Franzosen. 彼らはフランス人的な感じかたをする. **3** さわってみる. j³ den Puls ~ 人³の脈を取る.

❷ 再 (**sich**) **1**(自分が…だと)感じる, 思う. Wie *fühlen* Sie *sich*? ご気分はいかがですか. *sich* glücklich ~ 幸福だと感じる. *sich* verpflichtet ~, …zu tun 自分に…かける義務があると感じる. *sich* zum Künstler berufen ~ 自分に芸術家の天分があると思う. *sich* für et〈j〉⁴ verantwortlich ~ 事〈人〉⁴に対して責任を感じる. *sich in seiner* Haut nicht wohl ~《話》居心地が良くない. Sie *fühlte sich* Mutter.《雅》彼女は自分が身ごもったと思った. Ich *fühle mich* heute nicht.《話》今日はどうも調子が良くない. **2**《話》思いあがる, うぬぼれる. *sich* als Held ~ 英雄気取りである. Der *fühlt sich* aber! あいつ, うぬぼれやがって.

❸ 自 **1** 感情を持つ. Jedes Lebewesen *fühlt*. どの生き物も感情を持つ. mit j³ ~ 人³に同情する. ein *fühlendes* Herz haben 心があたたかい, 思いやりがある. **2** 手さぐりで探す(nach et³ 物³を). nach dem Lichtschalter ~ 電灯のスイッチを手さぐりで探す. j³ auf den Zahn ~《比喩》《戯》人³にさぐりを入れる;(を)詮議にかける.

'**Füh·ler** ['fy:lər] 男 -s/- 《多く複数で》《動物》触角;《計測》探知素子, 探触子.《seine》*Fühler* ausstrecken《比喩》ひそかに探りを入れる(nach j〈et〉³ 人〈物³〉に); 接触をもつ(zu j³ 人³と).

'**Fühl·horn** 中 -[e]s/-er《まれ》《動物》触角.

'**fühl·los** 形《古》《雅》冷淡な, 無情な; 無感覚の.

'**Füh·lung** 女 -/-en《複数なし》接触, つながり; コネ. mit j³ ~ nehmen〈in ~ sein〉人³と接触する〈コンタクトがある〉. **2**《古》感情.

'**Füh·lung·nah·me** 女 -/-n 接触すること, 関係(コンタクト)をつけること.

fuhr [fu:r] fahren の過去.

Fuh·re ['fu:rə] 女 -/-n **1** 荷物を積んだ車. **2** 車1台分の荷物. drei ~n Koks 車3台分のコークス. **3** 運送, 輸送.

'**füh·re** ['fy:rə] fahren の接続法 II.

'**füh·ren** ['fy:rən フューレン] ❶ 他 **1** (a) みちびく, 連れていく; 案内(同道)する. Sie *führte* mich an sein Grab〈zum Hotel〉. 彼女は私を彼の墓の方へ案内した〈ホテルへ連れていってくれた〉. *Führe* mich [auf] den nächsten Weg! いちばん近道を連れていってくれ. die Kinder spazieren ~ 子供たちを散歩に連れていく. Vieh auf die Weide ~ 家畜を放牧地へ連れていく. eine Dame zu Tisch〈zum Tanz〉~ ご婦人を食事に同伴する〈ダンスに連れていく〉. Beim Tanzen soll der Herr [die Dame] ~. ダンスでは男性がリードするものだ. j⁴ an der Hand ~ 人⁴の手をひいてやる. j⁴ auf die rechte Bahn〈den rechten Weg〉~ 人⁴を正道にみちびく. j⁴ aufs Glatteis ~《話》人⁴をまどわす(たぶらかす). j⁴ auf den Leim〈hinters Licht〉~ 人⁴をだます(おとしいれる). j⁴ durch ein Museum〈in einer

führend

Kirche ~ 人⁴に博物館〈教会〉のなかを案内する. j⁴ durch das Programm ~ 人⁴に番組をくわしく紹介する. j⁴ in die Irre ~ 人⁴を迷わす〈に道を誤らせる〉. あざむく. j⁴ ins Verderben ~ 人⁴を堕落〈破滅〉させる. j⁴ in Versuchung ~ 人⁴を誘惑する. j⁴ zum Altar ~ 〈雅〉人⁴（女）と教会で結婚式をあげる〈結婚する〉. eine Klasse [bis] zum Abitur ~ 〈比喩〉卒業試験までクラス担任をつとめる. Das führte die Polizei auf die Spur des Täters. 《比喩》それが手がかりとなって警察は犯人の足どりをつかんだ. Was führt Sie zu mir? 何のご用でおいでになったのですか. (b) 指導する. die Schüler mit fester Hand ~ 生徒たちを厳しく指導する. die Untergebenen zu ~ verstehen 部下の育て方を心得ている.
2 率いる, 指揮（統率）する; 経営（管理）する. eine Armee〈ein Regiment〉 ~ 軍隊〈連隊〉の指揮をとる. ein Geschäft ~ 店を経営する. j³ den Haushalt ~ 人³の家政をみてやる. das Land ins Chaos ~ 国を混乱に陥れる. ein Unternehmen aus den roten Zahlen ~ 企業を赤字経営から救う. ein gut *geführtes* Hotel 経営の順調なホテル.
3 (ある方向に)動かす, もっていく. die Hand an den Hut ~ (挨拶のしるしに)帽子に手をやる. einem Kind beim Schreiben die Hand ~ 子供の手をとって書方を教える. den Löffel zum Mund ~ スプーンを口に運ぶ. et¹ ad absurdum ~ et¹ 事⁴(他人の意見など)の不条理を立証する. et¹ ins Feld〈Treffen〉 ~ 事⁴を持出して反論する（議論をたたかわせる）. j〈sich〉³ et⁴ vor Augen ~ 人³に事⁴をはっきり分からせる〈事³を納得（得心）する〉. et¹ zu Ende ~ 事⁴をしとげる. sich¹ et¹ zu Gemüte ~ 〈戯〉物⁴(飲食物)を味わう, (を)味読する; 事⁴を肝に銘じる.
4 敷設する, 築く. eine Mauer um den Garten ~ 庭に塀をめぐらす. die Straßenbahnlinie bis in die Vororte ~ 市電の線路を郊外までのばす.
5 (乗り物を)運転（操縦）する;《雅》(人⁴を)乗せていく. ein Schiff ~ 船の舵をとる. Ich kann Sie zum Hauptbahnhof ~. 中央駅までお送りします.
6 (武器・道具などを)操る, 扱う. den Bogen weich ~ (弦楽器の)弓使いが素直である. den Degen ~ 剣をふるう. die Feder ~ ペンを使う;（団体・協会などの）事務をとりしきる. die Feder zu ~ verstehen〈wissen〉《雅》筆がたつ. et¹ ständig im Munde ~ しょっちゅう事⁴を口にする. eine deutliche〈unverschämte〉Sprache ~ はっきりした〈ずうずうしい〉物言いをする. das Wort ~ (代表として)発言する, 議論(話題)をリードする. das große Wort ~ (話) 大口をたたく. In der Familie *führt* sie das Zepter. 《比喩》家の中では彼女が采配を振るっている.
7 (a) (et¹ bei〈mit〉sich¹ 物⁴を)携帯する, 携行する. einen Ausweis bei〈mit〉sich ~ 身分証明書を携帯する. Sie *führt* stets großes Gefolge mit sich.《雅》彼女はいつも大勢の取巻きをひきつれている. Die Schlange *führt* Gift mit sich. これは毒蛇だ. (b) 積載(搭載)している, 輸送する;（電流など）通している. Das Schiff *führt* Kohle〈die holländische Flagge〉. その船は石炭を積んでいる〈オランダの旗を掲げている〉. Der Zug *führt* einen Speisewagen. その列車には食堂車がついている. Die Leitung *führt* keinen Strom. この線には電気が流れていない. Der Fluss *führt* Hochwasser. この川は水位が高い. (c) （名称・肩書きなどを）持っている, (しるしとして)つけている. einen Adler im Wappen ~ 鷲の紋章にしている.

Er *führt* den Doktortitel〈einen falschen Namen〉彼は学位を持っている〈偽名を使っている〉. et¹ gegen j⁴ im Schilde ~ 《比喩》人⁴に対してひそかに事⁴をたくらむ. きたなう, 店に置いている. Solchen Artikel *führen* wir nicht. その手の品は私どもでは扱っていません. (e) (人⁴の)名前を登録（記帳）してある. j⁴ in einem Verzeichnis ~ 人⁴の名前をリストに記載してある. Der Name wird bei uns nicht *geführt*. その名前は我々の手許には登録されていない.
8 《特定の名詞と結合して機能動詞的に》(仕事・業務・用事などを)おこなう, いとなむ, つかさどる. sein Amt gewissenhaft ~ 職務をまじめにつとめる. die Aufsicht ~ 監督(監視)する（über j⁴ 人⁴を). den Befehl〈das Kommando〉 ~ 指揮をとる. Beschwerde ~ 不平(苦情)を言う; 抗言する. den Beweis ~ 立証する（für et¹ 事⁴を). mit j³ einen Briefwechsel ~ 人³と手紙のやりとりをする. ein Buch ~ 事⁴をいちいち書きとめる,（収支などを）記帳する. j³ die Bücher〈die Kasse〉 ~ 人³の帳簿をにぎっている〈金庫番をつとめる〉. eine glückliche Ehe ~ 幸福な結婚生活を送る. ein Gespräch〈eine Unterhaltung〉mit j³ ~ 人³と話(おしゃべり)をする. ein großes Haus ~ (つきあいが)はでな暮しをする. einen Kampf gegen j⁴ ~ 人⁴と戦まじえる. über et¹〈gegen j⁴〉Klage ~ 事⁴について苦情を言う〈人⁴を告訴する〉. ein Konto ~ 口座を管理する. ein ausschweifendes Leben〈einen ausschweifenden Lebenswandel〉~ 身をもちくずしている. eine Liste ~ 一覧表をつくる. [das] Protokoll ~ 記録(議事録, 調書)をとる（über et¹ 事⁴の). einen Prozess ~ 訴訟を起す（gegen j⁴ 人⁴を). Regie ~ 《演劇》演出をする. eine Verhandlung mit j³ ~ 人³と交渉する. den Vorsitz ~ 議長(司会)をつとめる.

❷ 自 **1** (a) (道などが)通じている. Diese Straße *führt* zum Bahnhof. この道路は駅に通じている. Wohin *führt* dieser Weg? この道はどこへ通じていますか. Die Tür *führt* auf den Hof. そのドアを開けたら中庭です. Alle〈Viele〉Wege *führen* nach Rom. 《諺》すべての道はローマに通ず. Das würde zu weit ~. それは本論から逸脱しますよ; それはやり過ぎでしょう. Diese Forderung *führt* zu weit. この要求は行過ぎだ. (b) (結果として…に)行きつく, いたる. zu einer Übereinkunft〈zum Ziel〉 ~ 合意〈目標〉に達する. Diese Politik *führt* in die Sackgasse. この政策は行詰まるだろう. Das *führt* zu keinem guten Ende. それはろくなことにはならない. Alle Bemühungen *führten* zu nichts. 努力はことごとく水泡に帰した. Dein Verhalten wird doch dazu〈dahin〉~, dass… 君がそんな態度をとっていればいずれ…になるぞ. Wohin soll das ~? それでどうなる(どうしよう)というのか.
2 先頭に立っている, リードしている. Das Land *führt* in der Reaktortechnik. この国は原子炉技術では世界のトップだ. Unsere Mannschaft *führt* mit 3 Punkten〈mit 4:1 / nach Punkten〉. 我々のチームが 3 点〈4 対 1 で / 得点で〉リードしている. Er will immer ~. 彼はいつもトップに立ちたがる.

❸ 再 〈sich¹〉素行(行状)が…である. sich gut〈schlecht〉 ~ 素行がよい〈悪い〉.

♦ ↑ führend

'**füh·rend** 現分 形 指導的な, 統率力のある; 有力な, 権威のある; 先頭に立つ, リードしている. das ~e Fachgeschäft am Platz この界隈(かいわい)きっての専門店. der ~e Läufer 先頭を切っているランナー. eine ~e Persönlichkeit 指導的人物, リーダー, 実力者.　eine ~*e* Rolle spielen 指導的役割を演じる.　die ~*e* Stelle nehmen 指導的立場に立つ.　eine ~*e* Zeitung その紙. Unsere Produkte sind ~. 私どもの製品はどこにも負けません.　auf⟨in⟩ et³ ~ sein 事³の分野で他をリードしている.

'Füh·rer ['fy:rər] 男 -s/- **1** 指導者, 指揮者, リーダー, 統率者, 指南.　der 〘歴史〙総統(Adolf Hitlerの称号). j¹ zum ~ haben⟨bestimmen⟩人⁴を指導者(リーダー)に持つ⟨決める⟩.　**2** 先達(だっ), 案内人, ガイド.　den ~ spielen 案内役をつとめる.　**3** ガイドブック, 入門書, 手引.　**4** 《おもに(ご)で》運転士, 操縦士.　◆女性形 Führerin 女 -/-nen

'Füh·rer·haus 中 -es/⸚er =Fahrerhaus

'füh·rer·los 形 リーダー(案内人, 運転士)のいない.

'Füh·rer·schaft 女 -/-en リーダーシップ; 指導, 統率(の総称)の)指導者, 指導部, 案内人.

'Füh·rer·schein ['fy:rərʃaɪn] フューラー・シャイン 男 -[e]s/-e 運転免許証.　den ~ machen 《話》運転免許を取る.

'Füh·rer·stand 男 -[e]s/⸚e 運転(操縦)室.

'Fuhr·geld ['fu:r..] 中 -[e]s/-er 《古》=Fuhrlohn

'Fuhr·lohn 男 -[e]s/⸚e **1** 運送料.　**2** 《古》《(ご)》タクシー代.

'Fuhr·mann 男 -[e]s/..leute(⸚er) **1** (荷馬車の)馭者((ぎょ)), 運送屋.　**2** der 〘天文〙馭者座.

'Fuhr·park 中 -[e]s/-s (運送会社などの)保有車両.

'Füh·rung ['fy:rʊŋ] フューラング 女 -/-en **1** 《複数なし》指揮, 統率; 指導, 教育; 指導部, 幹部.　eine kollektive ~. その集団的指導体制.　Dem Kind fehlt eine feste ~. その子供にはしっかり指導してくれる人がいない.　die ~ des Staates in der Hand haben⟨an sich⟩ reißen⟩政権を握っている⟨奪取する⟩.　j³ die ~ überlassen⟨übertragen⟩人³に指導(指揮)をゆだねる(まかせる).　die ~ übernehmen 指導を引受ける.　unter [der] ~ von j¹ 人³の指導(指揮)下に.　**2** 《案内人つきの》見学, 観光.　**3** 《複数なし》首位, 先頭; 上位, 先行.　auf einem Gebiet die ~ haben ある領域で他をリードしている(主導権を握っている).　in ~ gehen 先行(リード)する.　Diese Mannschaft liegt mit 3:2 in ~ こちらのチームが3対2でリードしている.　**4** 《複数なし》素行, 行状((ぎょ)). einen Sträfling wegen guter ~ vorzeitig entlassen 服役((えき))態度がよいので囚人を刑期満了前に釈放する.　**5** 《複数なし》(道具などの)操作, 扱い.　**6** 〘工学〙主軸, 導桿((かん)).　**7** 《複数なし》〘書〙(乗物の)運転, 操縦.　**8** 《複数なし》(肩書・称号などの)使用, 所持.　**9** 《複数なし》遂行, (帳簿などの)管理.　die ~ des Protokolls 記録(調査)の作成.

'Füh·rungs·stab 男 -[e]s/⸚e (ドイツ連邦共和国国防軍の)指揮幕僚部; (企業・組織などの)首脳部(陣).

'Füh·rungs·zeug·nis 中 -ses/-se 〘法制〙行状証明書, 無前科証明書.

'Fuhr·un·ter·neh·mer 男 -s/- 運送業者.

'Fuhr·weg 男 -[e]s/-e 《古》車道.

'Fuhr·werk ['fu:rvɛrk] 中 -[e]s/-e (馬や牛に引かせた)荷車; 《(ご)》運送用の自動車.

'fuhr·wer·ken ['fu:rvɛrkən] 自 1 《南(だ)》《(ご)》(荷)馬車で走る.　**2** 馬車馬のように駆けずりまわる, はげしく動きまわる.

'Ful·da ['fʊlda] ❶ 〘地名〙フルダ(ヘッセン州, フルダ湖畔の町).　❷ 女 -/ 〘地名〙die ~ フルダ川(ヴェーザー川上流部の支流).

'Ful·da·er ['fʊldaər] ❶ 男 -s/- フルダの人.　❷ 形 《不変化》フルダの.　◆↑Fulda

*'**Fül·le** ['fʏlə] 女 -/-n **1** 《複数なし》豊さ, 豊富; 充満, 充溢((いつ)); 大量, 多量; 充実.　eine ~ von Modellen⟨Arbeit⟩ たくさんの見本⟨仕事⟩.　die ~ der Stimme 豊かな声量.　Es liegt eine ~ tiefer Gedanken in diesem Buch. この書物は深甚((しん))な思想に満ちている.　Es herrschte⟨war⟩ große ~. 《話》すし詰め(満員)であった.　Es gab Wein die ~. 《雅》ワインはたっぷりあった.　aus der ~ des Herzens 一心不乱に.　in [Hülle und] ~ ありあまるほど, たっぷりと.　in der ~ *seiner* Kraft 力が最もみなぎっている時に.　**2** 《複数なし》肥満, 豊満.　die körperliche ~ 肥満体.　die ~ ihres Busens 彼女の豊満な胸.　zur ~ neigen 太るたちである.　Er ließ sich¹ in⟨mit⟩ siner ganzen ~ auf den Stuhl fallen. 彼は太った体でどっかりと椅子に腰をおろした.　**3** 《南(だ)・(ちう)》《料理》詰め物.

'fül·len ['fʏlən] フュレン ❶ 他 **1** 満たす, いっぱいにする(mit et³ 物³で). ein Blatt mit Notizen ~ びっしりメモを書きつける.　die Gans ~ 《料理》がちょうに詰め物をする.　ein Glas mit Bier ~ グラスにビールを満たす.　Das *füllte* mein Herz mit Hoffnung. 《比喩》《雅》それは私の心を希望でいっぱいにした.　die Pause mit musikalischen Einlagen ~ 休憩時間に(ずっと)音楽を流す.　Wein in Flaschen ~ ワインをびんに詰める.　einen Zahn ~ 虫歯を充填る.　Der Saal war [bis auf den letzten Platz] *gefüllt*. ホールは満席だった.　《人の 3 格と》Der Ober *füllte* ihm wieder das Glas. ボーイはふたたび彼のグラスをいっぱいにした.　sich³ den Bauch⟨den Magen⟩ ~ 《話》たらふく食う(mit et³ 物³を).　sich³ die Taschen ~ mit [Geld] ~ 《比喩》私腹をこやす.　《過去分詞で》*gefüllte* Blüten 重弁の花.　eine [gut] *gefüllte* Brieftasche たっぷりつまったさいふ.　*gefüllte* Tomaten 詰め物をしたトマト.　**2** (場所・空間などを)占める, とる.　Ein ausführlicher Bericht würde Bände ~. 詳細に報告すれば長大なものになるだろう.　100 Liter *füllen* das Fass. その樽には100リットル入る.　Seine machtvolle Stimme *füllte* den Raum. 《比喩》彼の力強い声が部屋中に響きわたった.　Der Brief *füllte* fünf Seiten. その手紙は5枚にわたって書かれていた.

❷ 再 ⟨sich¹⟩ いっぱい(満員)になる(mit et⟨j¹⟩ 物⟨人⟩で).　Der Saal *füllte* sich mit Gästen. ホールは客でいっぱいになった.　Ihre Augen *füllten* sich mit Tränen. 彼女は目に涙をいっぱいうかべた.

'Fül·len 中 -s/- =Fohlen

*'**Fül·ler** ['fʏlər] フュラー] 男 -s/- **1** 《話》《略》=Füllfederhalter　**2** (新聞の)埋((う))め草.

'Füll·fe·der ['fʏl..] 女 -/-n 《南(だ)》=Füllfederhalter

'Füll·fe·der·hal·ter 男 -s/- 万年筆.

'Füll·hal·ter 男 -s/- =Füllfederhalter

'Füll·horn 中 -[e]s/⸚er 豊饒((じょ))の角((つの))(花と果物の入った角で, 精神的・物質的な豊かさの象徴).　das ~ des Glücks あふれんばかりの幸せ.

'fül·lig ['fʏlɪç] 形 丸々とした, 豊満な; (衣服などが)ゆったりした; (音や声が)騒がしい.　ein ~*er* Wein 芳醇なワイン.

'Füll·ofen 男 -s/- 貯炭式ストーブ.

'Füll·sel ['fʏlzəl] 中 -s/- (隙間を埋((う))める)詰め物; (新聞などの)埋((う))め草, 時間かせぎの番組(出し物); 〘料理〙

Füllung

理〗(肉料理の)詰物、餡; (ソーセージの)中味.

'Fül·lung 囡 -/-en **1**〖複数形〗満たす(詰める)こと. **2** (クッションなどの)詰め物, 餡こ;〖医学〗(歯の)充填材;〖料理〗(肉料理の)詰め物, (パイなどの)中味. **3** (ドアの)鏡板. **4**〖韻律〗詩脚, 2つの揚格(強音)にはさまれた弱格(弱音). **5**〖植物〗花弁の異常増殖.

'Füll·wort 围 -[e]s/⸚er〖言語〗埋辞(ᄙᄀ), 虚辞(省いてもほとんど文意に影響をおよぼさない語).

ful·mi'nant [fʊlmi'nant] 厖 (lat.) 輝かしい, 華麗な, すばらしい, りっぱな.

'Fum·mel ['fʊməl] 囡 -/-〖俗〗〖地方〗安っぽい服.

'fum·me·lig ['fʊməlɪç] 厖〖話〗**1** 手間のかかる, 手の込んだ. **2** 苦々しい(ᄀᄀ)した, 興奮した.

'fum·meln ['fʊməln] ❶ 圓 **1** (an⟨mit⟩ et³ 物³に) いじくる; (in et³ 物³の中を)ひっかきまわす. **2** (mit j³ 人³を)必要以上にドリブルをする, ボールをもちすぎる. ❷〖ᄀᄀᄀ〗**1** やっとのことで取引す(押し込む). **2** 作る. **3** 愛撫する.

Fund [fʊnt] 囲 -[e]s/-e **1** 見つけること, 発見;〖考古〗発掘. einen ~ machen 発見する, 見つける. **2** 発見した物, 拾得物;〖考古〗出土品.

Fun·da'ment [fʊnda'mɛnt] 囲 -[e]s/-e (lat.) **1** (建物の)土台, 基礎; (機械の)台座. **2** 基盤, 基礎, 根底(für et⁴ 事⁴の). auf einem starken ~ stehen 確固とした基盤の上に立つ. et⁴ aus dem ~ verstehen (こと)の本質から理解する.

fun·da·men·tal [fʊndamɛn'taːl] 厖 基礎(根本)的な, 重要な. ein ~er Irrtum 根本的な誤り.

Fun·da·men·ta·lis·mus [..ta'lɪsmʊs] 囲 -/ 原理主義.

Fun·da·men·ta·list 囲 -en/-en 原理主義者.

fun·da·men'tie·ren [fʊndamɛn'tiːrən] 囮 (物³の)土台を作る, 基礎工事をする, (理論などを)基礎づける.

'Fund·bü·ro 囲 -s/-s〖法制〗(公の)遺失物取扱所.

'Fund·ge·gen·stand 囲 -[e]s/⸚e 拾得物; 出土品.

'Fund·gru·be 囡 -/-n **1**〖鉱業〗豊かな鉱床. **2**〖比喻〗宝庫.

fun'die·ren [fʊn'diːrən] 囮 (lat. fundare) **1** 基礎づける; 根拠(裏)づける. ein fundiertes Wissen しっかりとした知識. **2** 財政的に裏づける. ein gut fundiertes Unternehmen 資本力のある企業, eine fundierte Schuld 確定公債; 長期債券(負債). **3**〖古〗創設する.

'fün·dig ['fʏndɪç] 厖 (↓Fund)〖鉱業・地質〗埋蔵量の多い. ~ werden 鉱床にあたる;〖比喻的に〗探していたものを見つける.

'Fund·ort 囲 -[e]s/-e 発見(出土, 拾得)場所.

'Fun·dus [fʊndʊs] 囲 -/ (lat.) **1** (劇場がもっている)舞台装置(道具)一式; (知識や経験の蓄積, 薀蓄(ᄀᄀ)). einen reichen ~ von⟨an⟩ Erfahrungen besitzen 豊富な経験を持ちあわせている. **2** (古代ローマの)地所, 領地. **3**〖解剖〗底(ᄀ), 基底部.

fu'ne·bre [fy'ne:brə] (fr.) ❶ 厖 悲しげな, しめやかな. ❷ 圓〖音楽〗しめやかに.

fünf [fʏnf フュンフ] 題 5, 五つ(の)(原則として語尾変化しないが, 独立的用法では 3 格 fünfen, またはこの格で fünfe という語尾をつけることがある). Es ist ~ [Uhr]. 5 時だ. Sie ist ~ [Jahre alt]. 彼女は 5 歳だ. die ~ Bücher Moses〖聖書〗モーセ五書. Wir sind zu ~en. / Wir sind unser ~, 我々は 5 人だ. alle ~ Jahre 5 年ごとに. die ~ Sinne 五感. seine ~ Sinne beisammen haben⟨nicht beisammen haben⟩〖話〗気がたしかである⟨どうしている⟩. ~[e] gerade sein lassen〖話〗物事を大目に見る, 細かいことを言わない(5 を偶数とする). nicht auf⟨bis⟩ ~ zählen können 大あほうである(まぬけ)である. ein Schaf⟨in Kalb⟩ mit ~ Beinen〖話〗ありえないこと.〖話〗Du kannst du dir an den ~ Fingern abzählen.〖話〗そんなことすぐにわかるよ. Es ist ~ Minuten vor zwölf きわどいところである. ◆↑vier

Fünf 囡 -/-en **1** 5 という数(数字). **2**〖話〗(バス・電車の) 5 番(路線); (トランプの) 5 の札, (さいころの) 5 の目; (学校の評点の) 5. in die ~ umsteigen 5 番のバス, 電車に乗り替える. Er hat in Latein eine ~ bekommen⟨geschrieben⟩. 彼はラテン語で 5 をもらった. ◆↑Eins

'Fünf·ak·ter 囲 -s/- 5 幕の演劇(芝居).
'Fünf·eck 囲 -[e]s/-e (Pentagon) 5 角形.
'fünf·eckig 厖 5 角(形)の.
'Fün·fer ['fʏnfər] 囲 -s/- **1** (旧) 5 ペニヒ硬貨, (旧) 5 マルク硬貨. **2** =Fünf 2 **3** (くじの) 5 つの当り数字.
'fün·fer·lei ['fʏnfər'lai] 厖〖不変化〗5 種(類)の, 5 通りの.
'Fünf·eu·ro·schein 囲 -[e]s/-e 5 ユーロ紙幣. ◆ 5-Euro-Schein とも書く.
'fünf·fach 厖 5 倍の, 5 重の. ◆数字では 5fach と書く.
'fünf·fäl·tig 厖〖古〗=fünffach
'fünf·hun·dert 麹 500(の).
'Fünf·jah·res·plan 囲 -[e]s/⸚e 5 カ年計画.
'fünf·jäh·rig 厖 5 年間の, 5 歳の.
'fünf·jähr·lich 厖 5 年ごとの.
'Fünf·jahr·plan 囲 -[e]s/⸚e =Fünfjahresplan
'Fünf·kampf 囲 -[e]s/⸚e〖ᄀᄀᄀ〗5 種競技.
'fünf·mal 麹 5 回, 5 度, 5 倍.
'fünf·ma·lig 厖 5 回(5 度)の.
'Fünf·pro·zent·klau·sel 囡 -/〖法制・政治〗5 パーセント条項(ドイツの選挙法で 5 パーセント未満の政党には議席を与えないという条項).
'fünf·stel·lig 厖 5 桁(ᄀ)の.
'fünf·stim·mig 厖〖音楽〗5 声部の.

*'**fünft** [fʏnft フュンフト] 厖〖序数〗(↓fünf) 5 番目の, 第 5 の. Heute ist der ~e Mai. きょうは 5 月 5 日だ. das ~e Kind 5 番目の子供. die ~e Kolonne 第 5 列(敵軍に紛れ込んでいる撹乱する部隊). das ~e Rat am Wagen〖話〗余計者.〖名詞的用法〗Karl der *Fünfte* カール 5 世. am *Fünften* jedes Monats 毎月 5 日に. Im Weitsprung wurde er *Fünfter*⟨der *Fünfte*⟩. 幅跳びで彼は 5 位になった. Sie spielten die *Fünfte*. 彼らは第 5 交響曲を演奏した.〖前置詞 **zu** とともに不変化で⟩Wir sind zu ~. 我々は 5 人だ. ~ zu ~ spielen 5 人で遊ぶ. ◆↑vier

'Fünf·ta·ge·wo·che 囡 -/-n 週 5 日労働.
'fünf·tau·send 麹 5000, 五千(の).
'fünf·tel ['fʏnftəl] 厖 5 分の 1(の).
'Fünf·tel 囲 (ᄀᄀ) -s/- 5 分の 1.
'fünf·tens ['fʏnftəns] 圓 5 番目に, 第 5 に.
'Fünf·uhr·tee [-'---- とも] 囲 -s/- 5 時のお茶.

*'**fünf·zehn** ['fʏnftseːn フュンフツェーン] 麹 15(の). ↑vier
'Fünf·zehn 囡 -/-en 15 という数(数字). mit j⟨et⟩ kurze ~ machen 人⟨事³⟩をさっさとかたづける. ↑Eins

'fünf·zehnt ['fʏnftseːnt] 厖〖序数〗(↓fünfzehn)

15番目の, 第15の. ↑viert
'**fünf·zig** ['fʏnftsɪç フュンフツィヒ] 题 50(の). ↑vier
'**Fünf·zig** 囡 -/-en 50という数(数字).
'**fünf·zi·ger** ['fʏnftsɪɡər] 题《不変化》《述語的には用いない》50年(代)の; 50歳代の. ein ~ Jahrgang 50年生わの人, 50年産. in den ~ Jahren 50年代に. ▶数字では50er と書く. ↑achtziger
'**Fünf·zi·ger** 勇 -s/- 1 50代(歳)の男; 《複数で》50歳代; (ある世紀の)50年代. ein falscher ~《比喩》食えない男. Er ist hoch in den ~n. 彼は60歳に近い. ▶女性形 Fünfzigerin 囡 -/-nen 2《話》(旧) 50ペニヒ硬貨; (旧) 50マルク紙幣; 《ズ》50ラッペン硬貨.
'**Fünf·zi·ger·jah·re** 圈 1 50歳代. 2 (ある世紀の) 50年代. ▶数字では50er-Jahre と書く.
Fünf·zig·eu·ro·schein 勇 -[e]s/-e 50ユーロ紙幣. ◆50-Euro-Schein とも書く.
'**fünf·zigst** ['fʏnftsɪçst] 题《序数》(↓fünfzig) 50番目の, 第50の. ↑viert
fun·gi·bel [fʊŋ'ɡiːbəl] 题 (lat.)《法制》代替(だい)しうる. ~e Sache 代替物.
fun·gie·ren [fʊŋ'ɡiːrən] 圓 (lat.) (als j〈et〉¹) 人〈物〉¹としての職務(機能)を果たす. als Stellvertreter ~ 代理をつとめる.
Funk [fʊŋk] 勇 -s/- 1 《多く無冠詞で》無線, 無線機. 2 ラジオ, ラジオ放送(局).
Funk.. [fʊŋk..]《接頭》名詞に冠して「無線, 放送」の意を表す. Funkmechaniker 無線技師.
'**Funk·ama·teur** 勇 -s/-e アマチュア無線家, ハム.
'**Funk·an·la·ge** 囡 -/-n 無線装置.
'**Funk·ba·ke** -/-n =Funkfeuer
'**Funk·bild** -[e]s/-er 電送写真.
'**Fünf·chen** ['fʏŋkçən] 田 -s/-《Funke[n]の縮小形》小さな火花.
'**Funk·dienst** 勇 -[e]s/-e 無線通信(放送)サービス.
'**Fun·ke** ['fʊŋkə フンケ] 勇 2格 -ns, 3格 -n, 4格 -n, 複数 -n 1 火花, 火の粉; きらめき, 閃く. elektrischer ~ スパーク. aus〈mit〉dem Feuerstein ~ schlagen 火打石で火花を打出す. ~n sprühen 火花を散らす. Ihre Augen sprühten ~n. 彼女の目は(興奮のあまり)きらきら光っていた. der ~ der Begeisterung 情熱の炎. Kleine ~n, großes Feuer.《諺》小事は大事. Es fehlt der zündende ~. 心を打つ(奪う)ところがない. Es glimmt noch ein ~ Hoffnung, dass der offene Aufstand bricht aus. ちょっとしたことがきっかけで大きな暴動が起る. arbeiten, dass die ~n stieben〈sprühen/fliegen〉猛烈な勢いで働く. den ~ ins Pulverfass werfen (ささいなことが)大事を引起すきっかけとなる(事態を激化させる). 2《比喩》ひらめき. ein göttlicher ~ 霊感. Zwischen beiden sprang ein ~ über. 2人はたちまち恋仲になった. 3 ごくわずか. Er hat keinen ~n[von] Ehrgefühl. 彼に自尊心のかけらもない. keinen ~n Hoffnung mehr haben も. 4《多く複数で》(ケルンの謝肉祭の)兵士に仮装した人.
'**fun·keln** ['fʊŋkəln] 圓 1 きらきら(ちらちら)光る, きらめく. 2《比喩》(目が怒りや喜びに)光る, 輝く. Ihre Augen funkelten vor Zorn. 彼女の目は怒りに燃えていた.
'**fun·ken** ['fʊŋkən フンケン] (↓Funke) ❶ 個 無線で送る(知らせる), 送信(発信)する. SOS ~ SOSを発

する.
❷ 個 1 火花を出す, スパークする. 2 無線技師として働く. 3《話》ちゃんと働く(機能する). うまくいく. Der Apparat funkt nicht. この器械はちゃんと動かない. Es funkt heute nicht.《比喩》きょうはうまくいかない. Der Laden funkt. その店はうまくいっている.《比喩》事が思いどおりに(順調に)運ぶ. 4《話》発砲する.
❸ 非人称 1 痛い目にあう. Wenn du nicht hörst, funkt es! 言うことを聞かないと痛い目にあうぞ. 2《話》もめごと(いさかい)が起こる. Es hat ziemlich gefunkt. 大もめにもめた. 3 やっと理解する (bei j³ 人³が). Endlich hat es bei ihm gefunkt. やっとのことで彼は理解した. 4《話》親密になる. Zwischen uns《Bei den beiden》hat es gefunkt. 私たち〈2人〉はあつい仲になった.

'**Fun·ken** ['fʊŋkən] 勇 -s/- =Funke
'**Fun·ken sprü·hend**, °'**fun·ken·sprü·hend** 题 1 火花を散らす. 2《比喩》(怒りなどで)燃えあがった; 才気煥発(はつ)な.
'**Fun·ker** ['fʊŋkər] 勇 -s/- 無線技士, 無線通信士;《軍事》通信兵. bei den ~n sein 通信部隊に配属されている.
'**Funk·feu·er** -s/- 無線標識, ラジオビーコン.
'**Funk·ge·rät** 田 -[e]s/-e 無線通信機, ラジオ.
'**Funk·haus** 田 -es/⸚er (ラジオ)放送局.
'**fun·kisch** ['fʊŋkɪʃ] 题 放送の, 放送による, 放送むきの.
'**Funk·kol·leg** 田 -s/-s(..gien)《教育》ラジオ講座
'**Funk·mess·ge·rät** 田 -[e]s/-e《工学》電波探知機, レーダー.
'**Funk·or·tung** 囡 -/-en《工学》電波による位置測定, 電波探知.
'**Funk·pei·lung** 囡 -/-en 電波による方向探知.
'**Funk·recht** -[e]s/- 電波法.
'**Funk·sen·dung** 囡 -/-en ラジオ放送, 無線通信.
'**Funk·spruch** 勇 -[e]s/⸚e 無線通信文.
'**Funk·sta·ti·on** 囡 -/-en 無線局, ラジオ放送局.
'**Funk·stel·le** 囡 -/-n 1《軍事》無線装置. 2 = Funkstation
'**Funk·stil·le** 囡 -/ 1 放送中断(禁止)時間. 2《比喩》《話》(いじょう沈黙, だんまり.
'**Funk·strei·fe** 囡 -/-n 無線装置付きのパトカーによるパトロール.
'**Funk·ta·xi** 田 -s/-s 無線タクシー.
'**Funk·tech·nik** 囡 -/ 無線通信工学.
∗Funk·ti·on [fʊŋktsi'oːn フンクツィオーン] 囡 -/-en (lat.) 1 働き, 活動, 機能. die ~ des Herzens 心臓の機能. j〈et〉⁴ außer ~ setzen 人〈物〉⁴の活動(機能)を停止させる. in ~ sein 活動している. in ~ treten 活動を始める. 2 職務, 任務, 役目. eine ~ ausüben 職務を遂行する. 3《数学》関数. 4《言語》機能(言語の構成要素の持つ統辞論的役割).
funk·ti·o·nal [fʊŋktsio'naːl] 题 機能上の, 機能的な. die ~e Grammatik《言語》機能文法.
Funk·ti·o·na·lis·mus [..'naːlɪsmʊs] 勇 -/ 機能主義.
Funk·ti·o·när [fʊŋktsio'nɛːr] 勇 -s/-e (fr.)(団体・政党などの)役員, 幹部.
funk·ti·o·nell [..'nɛl] 题 (fr.) 機能上の, 機能的な. ~e Erkrankung《病理》機能性疾患. ~e Störung《心理》機能障害.
∗funk·ti·o·nie·ren [fʊŋktsio'niːrən フンクツィオニーレン] 圓 (fr.) 1 正常に作動する, 機能を果たす. Die

Funktionsstörung

Maschine *funktioniert* nicht. この機械は作動しない. 2 役目を果たす. als Dolmetscher ~ 通訳を務める.

Funk·ti·ons·stö·rung 囡 -/-en 〖医学〗機能障害.

Funk·ti·ons·tas·te 囡 -/-n 〖コ〗ファンクションキー.

funk·ti·ons·tüch·tig 圏 機能する, 機能を果たす.

Funk·ti·ons·verb 中 -s/-en 〖言語〗機能動詞(動作名詞と結合してその遂行を表す動詞).

'Funk·turm 男 -[e]s/=e 無電(放送)塔.

'Funk·ver·kehr 男 -s/ 無線通信(交信).

'Funk·we·sen 中 -s/《総称的に》無線通信(放送), その事業および設備.

'Fun·sel ['funzl] 囡 -/-n =Funzel

'Fun·sport ['fan..] 男 -s/ 《engl.》レジャースポーツ(スケートボード・スノーボード・サーフィンなど, 娯楽のための新種のスポーツの総称).

'Fun·zel ['fontsl] 囡 -/-n 《話》うすくらいランプ.

für [fyːr フューア] ● 1 画《4格支配》定冠詞 das と融合して fürs, 代名詞と融合して dafür, wofür, füreinander となる.

1 《目的・目標を示して》…のために, …を目ざして. ~ ein Amt kandidieren ある役職に立候補する. ~ ein Auto sparen 車を買うために貯金する. sich⁴ ~ et⁴ vorbereiten 事⁴の準備をする. ~ die Olympiade trainieren オリンピック目ざしてトレーニングする. Man lernt nicht ~ die Prüfung, sondern ~s Leben. 勉強をするのは試験のためではなくて人生のためだ. ein Plan ~ die Steigerung der Produktion 生産を増やすための計画. ~ die Unabhängigkeit kämpfen 独立を求めて戦う. ~ eine bessere Zukunft arbeiten より良き将来のために働く.

2 《利益・適合・指向の対象を示して》…のために(の), …向けの, …あての. ein Kursus ~ Anfänger 初心者向けのコース. *Für* dich ist ein Brief gekommen. 君あてに手紙が来ているよ. ~ die Familie arbeiten 家族のために働く. der Schlüssel ~ die Haustür 玄関の鍵. *Für* ihn tut sie alles. 彼のためなら彼女はなんでもする. Das ist keine Frau ~ ihn. これは彼には似つかわしくない女だ. Bücher ~ die Jugend 青少年向けの本. ein Heim ~ elternlose Kinder 孤児院. Das ist nichts ~ mich. 《話》そいつはおれ向きじゃない. ein Geschenk ~ die Mutter 母への贈物. Dieser Vorschlag hat viel ~ sich⁴. この提案はなかなかいける. Die Sache hat etwas ~ sich. そいつはなかなかのものだ. das *Für* und Wider einer Sache erwägen 事の長短を吟味する.

3 《賛同の対象を示して》 (↔ gegen) …に賛成して, …に味方して. ~ et(j)⁴ sein 事〈人〉⁴に賛成(味方)している. Wir sind ~ Neuerung. 我々は改革に賛成だ. *Für* wen bist du? 君は誰に味方しているんだ. sich⁴ ~ et(j)⁴ entscheiden 事〈人〉⁴の側に立つ決心をする. All dies spricht ~ ihn〈seine Theorie〉. これらすべてが彼〈彼の学説〉が正しいことを示している. die Gründe ~ und wider 賛否の理由.

4 《関係する範囲・対象を示して》…にとって, …に関して. Der Koffer ist zu schwer ~ dich. そのトランクは君には重すぎる. Anzeichen ~ eine ernste Erkrankung 重い病気の兆候. ~ et⁴ wichtig〈notwendig〉sein 事⁴にとって重要〈どうしても必要〉である. der Anlass〈die Ursache〉 ~ et⁴ 事⁴のきっかけ〈原因〉. Das ist typisch ~ ihn. それはいかにも彼らしい. ein Vorbild ~ die Jugend 青少年の鑑(ﾙｶﾞﾐ). *Für* die Kinder sind die Ferien jetzt vorbei. 子供たちにとって休暇は終った. Das ist ~ mich dasselbe〈dasselbe〉. それは私にとってどちらでもいいことだ〈どうでもいいことではない〉. *Für* mich ist das unvorstellbar〈interessant〉. それは私には想像もつかない〈興味深い〉ことだ. Ich ~ meine Person 私個人としては. Das ist ein großer Verlust ~ uns. それは我々にとって大きな損失だ.

5 《関心の対象を示して》…に対する. Interesse ~ et⁴ haben 事に興味がある. empfänglich ~ et⁴sein 事〈物〉⁴に対して敏感である(感じやすい). die Sympathie ~ j⁴ 人⁴に対する好意(共感). Achtung〈Liebe/Hass〉 ~ j⁴ empfinden 人⁴に対して尊敬の念〈愛/憎しみ〉を抱く. Er hat ~ Kartenspielen nichts übrig. 《話》彼はトランプ遊びには興味がない. Gefühl〈Sinn〉 ~ das Schöne haben 美的センスがある.

6 《話》《対抗・防止する対象を示して》 (gegen) …に対抗して, …を防ぐために. ein Mittel ~ Kopfschmerzen 頭痛薬. Bier ist gut ~ den Durst. のどの渇きにはビールが一番. *Für* den Tod ist kein Kraut gewachsen. 死を防ぐ妙薬はまだない. ~ et⁴ nichts können ~ et⁴ keine Verantwortung haben 事⁴に責任がない. Er kann nichts ~ das Unglück. 彼の力ではこの災難は防げない. ~ alle Fälle あらゆる場合にそなえて, 念のため.

7 《原因・理由を表して》 (wegen) …ゆえに, …で. ~ et⁴ bekannt〈berühmt〉 sein 事⁴で有名である. sich⁴ ~ et⁴ entschuldigen 事⁴を詫(ﾜ)びる. ~ *seine* Verdienste ausgezeichnet werden 功績をあげたため表彰される.

8 《判断の基準を示して》…の割には, …にしては. *Für* sein Alter ist das Kind sehr groß. その子は年の割にはずいぶん大きい. *Für* einen Ausländer spricht er sehr gut Deutsch. 外国人にしては彼はとても上手にドイツ語を話す. *Für* die Jahreszeit ist es zu kühl. 今じぶんにしては寒すぎる(季節はずれの寒さだ). *Für* einen Neuling arbeitet er ausgezeichnet. 新入りにしては彼の働きぶりには特筆すべきものがある.

9 《行為の主体を示して》*Für* dich heißt es jetzt warten. 君は今待たなくてはいけない. Da gab es ~ ihn kein Halten mehr. そのとき彼はもう我慢できなくなった. Rauchen ist nichts ~ Kinder. 子供はタバコをすうものではない. Diese Schrift ist ~ mich noch leserlich. 私はこの字をなんとか読むことができる.

10 《同等と判断される対象を示して》 (als) …として, …であると. j⁴ ~ begabt〈einen großen Künstler〉 halten 人⁴を才能ある〈偉大な芸術家だ〉と思う. et⁴ ~ ernst nehmen 事⁴を真(ﾏ)に受ける. et⁴ ~ gut〈richtig〉 erachten 事⁴を良い〈正しい〉と考える(見なす). et⁴ ~ ungültig erklären 事⁴が無効だと宣言する. j⁴ nicht ~ voll nehmen《比喩》人⁴を一人前と見なさない. Nichts ~ ungut! 悪く思わないでください.

11 《代理・代表する対象を示して》…の代わりに, …を代表して. ~ andere die Arbeit machen ほかの人の代わりに仕事をする. Er spricht ~ die ganze Belegschaft. 全従業員を代表して彼が話す. ~ drei essen〈arbeiten〉 3人分平らげる〈働く〉. Ich freue mich ~ ihn. 彼のことは我がことのように嬉しい. ~ j⁴ bezahlen 人⁴の代わりに金をはらう(たてかえる). ~ j⁴ einspringen 人⁴の代理をする. Ich spreche nur ~ mich. 私はただ自分の考えをうっているにすぎない. j⁴ ein X ~ ein U vormachen《話》人⁴をたぶらかす, (に)黒を白だと言いくるめる. ein ~ allemal これを限りに,

断固として, きっぱりと. Ich sage es dir ein ~ allemal. 私はこれを君にきっぱり言いわたしておく.

12《代償・交換の対象を示して》…の代償として, …と引きかえに, …の値段で. Er bekam 1000 Euro ~ seine Arbeit. 彼は仕事の報酬して千ユーロもらった. ~ et⁴ ein kaufen〈verkaufen〉物⁴を100ユーロで買う〈売る〉. sich³ ~ 5 Euro Kleingeld umwechseln 5ユーロを小銭に両替してもらう. nicht ~ Geld und gute Worte《話》なにがあっても(絶対に)…しない. Er ist ~ sein Leben gern Sauerkraut. 彼はザウアークラウトがたまたなく好きだ. *Für* nichts ist nichts. まかぬ種は生(は)えぬ. ~ nichts und wieder nichts《話》いたずらに, まったくの骨折り損で.

13《予定の期間・時点を示して》…の予定で, …の間. ~ acht Tage verreisen 1週間の旅に出る. *Für* den kommenden Donnerstag ist ein Ausflug geplant. つぎの木曜日にハイキングが予定されている. ein Haus ~ zehn Jahre mieten 家を10年契約で借りる. einen Vertrag ~ zwei Jahre〈die Dauer von zwei Jahren〉abschließen 2年契約を結ぶ. den Bund ~s Leben schließen 結婚する〈永久(はに)の契りを結ぶ〉. j⁴ ~ 17 Uhr einladen 人⁴を5時に招待する. ~ einen Augenblick unbrak. ~s Erste さしあたり. ~ gewöhnlich 通常, ふつうは. Genug ~ heute! 今日はこれまで. ~ immer 永久に.

14《同一名詞を結合して反復的連続を示す》…また…と. Mann ~ Mann 一人一人. Schritt ~ Schritt *seinem* Ziel näher kommen 一歩一歩目標に近づく. Stück ~ Stück 一個一個(1個ずつ). Tag ~ Tag くる日もくる日も. ~t Wort ~ Wort wiederholen Wort⁴を一語一語くり返す.

15《再帰代名詞 sich⁴ と結合して孤立・分離を表す》~ sich 1人で, 独自に;《演劇》ひとり言. ein Geheimnis ~ sich behalten 秘密を胸の内にしまっておく. Ihr habt jeder ein Zimmer ~ euch. 君たちはそれぞれ自分の部屋を持っている. Das ist eine Sache ~ sich. それは別問題だ. Er lebt ganz ~ sich. 彼はひっそりと暮している. ~ sich sprechen 独り言を言う. Dieser Umstand spricht schon ~ sich. この状況を見ただけで事の次第が分かる. an und ~ sich それ自体(は), 本来.

16《古》(vor) Ich ging im Walde so ~ mich hin. 私は森の中をそぞろ歩いた. So zitterte sie ~ Schrecken und Freude. そんなふうに彼女は驚きと喜びにうちふるえていた.

17《was für ein〈welche〉の形で名詞に付加する疑問詞をつくる. ただし格支配は行わない. また für 以下は was から切離されることもある》どのような, いかなる. Was ~ ein Haus hat er sich³ gekauft? 彼はどんな家を買ったのですか. Was ~ ein Hund ist das? / Was ist das ~ ein Hund? それはどんな犬ですか. Was ~ Leute sind gekommen? どういう人たちが来たのですか. Was ~ ein Kleid möchten Sie haben? どのようなドレスをお求めですか. Da sieht man, was ~ einer er ist. 彼がどういう男かそれで分かる. Was er auch ~ eine Entschuldigung vorbringt, sie wird ihm nicht helfen. たとえどんな言訳を彼が持出してきても彼女は彼に手を貸しはしないだろう.《感嘆文をつくる》Was ~ ein schönes Geschenk! なんてすてきな贈物なんだ. Was ~ ein Unsinn! なんてくだらない(ばかげた)ことだ. Sie hat eine Menge Kleider, aber was ~ welche!《皮肉》彼女は大変な衣装持ちだがなんて趣味の悪い物ばかりだろう.

❷ ⃝ **1**《雅》~ und ~ いつまでも, 永久(永遠)に. **2**《dafür, hierfür などが da…für, hier…für と分離して》Da bin ich auch ~ (=Ich bin auch dafür) 私もそれに賛成だ.

Für 田 -/《das Für und Wider の形で》das ~ und Wider [bei] einer Sache erwägen 事の賛否(得失)を考慮する.

für'bass, °**für'baß** [fyːrˈbas] 副《雅》前方へ, 先へ. ~ schreiten 歩みを進める.

'**Für·bit·te** [ˈfyːrbɪtə] 女 -/-n とりなし, 仲裁, 調停;《宗教》とりなしの祈り, 代願. bei j³ für j⁴ ~ tun〈einlegen〉j³ に人⁴のことをとりなす.

'**für|bit·ten** [ˈfyːrbɪtən] 自《不定詞のみ》(bei j³ für j⁴ 人³に人⁴のことを代願する, とりなす.

'**Für·bit·ter** [ˈfyːr]-s/-《古》代願者, とりなす人.

'**Fur·che** [ˈfʊrçə] 女 -/-n **1**(田畑の畝(うね)と畝の間の)溝(みぞ), 畝間(うねま), 鋤溝(すきみぞ). auf dem Feld ~n ziehen 畑に畝間(鋤道)を作る. **2** 溝状のもの; しわ, ひだ, 条溝, 畝溝(うねみぞ), 轍(わだち), (車の)わだち. die ~n des Gehirns 脳の裂溝. die ~n einer Säule 柱の条溝. Seine Stirn ist von tiefen ~n durchzogen. 彼の額には深いしわが刻み込まれている. Boote ziehen ~n im Wasser. ボートが水中に航跡をのこす.

'**fur·chen** [ˈfʊrçən] ❶ 他(地面に)畝(うね)をつくる, 溝(みぞ)をつくる;(車が土に)わだちをつける, (船が海面に)澪(みお)を引いて行く. die Stirn ~ 額にしわを寄せる. ❷ 再 (sich⁴) しわが寄る, 溝ができる.

'**fur·chig** [ˈfʊrçɪç] 形《まれ》溝のある, しわのある.

Furcht [fʊrçt] 女 -/《古フルヒト》(vor et³ 物³に対する); 危惧(ぐ), 心配, 懸念;《古》畏怖(いふ)(の心), 畏敬(の念). ~ ergriff〈packte〉mich. 私は恐怖に襲われた. die ~ Gottes〈vor Gott〉《古》神への畏(かしこ)み. die ~ vor dem Tode 死の恐怖. j³ ~ einflößen〈einjagen〉人³に恐怖を抱かせる, (を)おびえさせる. ~ haben こわい, 心配である(vor et³ 事³が). aus ~ vor Strafe 罰を恐れて. j⁴ in ~ (und Schrecken) versetzen 人⁴を恐怖に陥れる. Ritter ohne ~ und Tadel いかにも騎士らしい騎士, 騎士の鑑(かがみ). von ~ ergriffen〈gepackt〉werden 恐怖にとらえられる. vor ~ zittern こわくて震える.

*'**furcht·bar** [ˈfʊrçtbaːr フルヒトバール] **1** 恐ろしい, こわい, 身の毛のよだつ, ぞっとする. ein ~er Anblick 恐ろしい光景. ein ~er Mensch《話》いやなやつ. ein ~es Unglück〈Verbrechen〉恐ろしい災難〈犯罪〉. Das ist ja ~.《話》こいつは頭にくるぜ. Er ist ~ in seiner Wut. 彼は怒りらるされている. **2**《話》大変な, ものすごい, 恐ろしいほどの, とんでもない. eine ~e Arbeit 大変な仕事. eine ~e Dummheit machen とんでもない馬鹿(なこと)をする. eine ~e Enttäuschung ひどい失望. eine ~e Hitze 恐ろしい暑さ. ~en Hunger haben 空腹で死にそうである.《副詞的用法》sich⁴ ~ blamieren 赤っ恥をかく. ~ lachen 抱腹絶倒する. Das ist ~ nett von dir. これはこれはご親切にして.

'**fürch·ten** [ˈfʏrçtən フュルヒテン] ❶ 他 恐れる, こわがる; 心配する, 危惧(ぐ)する;《古》《宗教》畏怖(畏敬)する. Er *fürchtet* keine Arbeit. 彼はどんな仕事もいとわない. die Gefahr〈den Tod〉~ 危険〈死〉を恐れる. Gott ~《聖書》神を畏れ敬う. *Fürchte* nichts! こわがるな, 心配するな. Ich *fürchte*, er kommt nicht mehr. 彼はもう来ないのではないだろうか(と私は心配だ). Es ging alles so, wie du *gefürch-*

fürchterlich

tet hattest. 何もかも君の案じていたとおりになった. 《**zu** 不定詞句と》Ich *fürchte*, es anzufassen. 私はそれにさわるのがこわい. Ich *fürchte* zu stören. お邪魔でなければいいのですが. 《過去分詞で》Der *gefürchtete* Augenblick ist da. 恐れていた瞬間がきた. Du bist ein *gefürchteter* Gegner. 君はこわい相手だ. Er ist allgemein *gefürchtet*. 彼はみんなにこわがられている; 彼はうるさい男で通っている. 《中性名詞として》j⁴ das *Fürchten* lehren (身振りなどで)人⁴をこわがらせる. Er sieht zum *Fürchten* aus. 彼はちぢみあがって(びくびくして)いる. Hier ist es zum *Fürchten*. ここはこわい(不気味だ).
❷ 自 (für et⟨j⟩⁴ / um et⟨j⟩³ 事⟨人⟩⁴を)気にかける, 気づかう. Wir *fürchten* für⟨um⟩ seine Gesundheit. 私たちは彼の健康が気になる.
❸ 再 (**sich**⁴)(vor et⟨j⟩³ 物⟨人⟩³が)こわい, 恐れる, 不安である. Das Kind *fürchtet sich* allein⟨im Dunkeln⟩. 子供はひとりになると⟨暗いところ⟩をこわがる. Er *fürchtet sich* vor dem Hund⟨vor nichts⟩. 彼は犬がこわい⟨こわいもの知らずだ⟩. *sich* vor der Prüfung ~ 試験のことが心配である. *Fürchte dich nicht*, Maria: du hast Gnade bei Gott gefunden. 《新約》マリア恐れることはない, あなたは神から恵みをさずかった(ルカ 1:30). 《**zu** 不定詞句と》Ich *fürchte mich*, allein zu gehen. 私はひとりで行くのがこわい.

'**fürch·ter·lich** ['fʏrçtərlɪç] 形 =furchtbar
'**furcht·er·re·gend** 形 恐れを抱かせる. ◆ **Furcht erregend** とも書く.
'**furcht·los** 形 恐れを知らない, 肝のすわった.
'**Furcht·lo·sig·keit** 女 -/ 恐れ知らず, 大胆不敵.
'**furcht·sam** ['fʊrçtza:m] 形 びくびく(おずおず)した, 臆病な, 気の弱い. ein ~*es* Kind 内気な子供.
'**Furcht·sam·keit** 女 -/ 臆病(風).
'**Fur·chung** ['fʊrçʊŋ] 女 -/-en **1** (地面に)溝をつくる(筋目をつける)こと. **2** 《生物》卵割(ﾗﾝｶﾂ).
'**für·der** ['fʏrdər] 副 **1** (fürderhin) (時間的に)これから先, 今後は. **2** (空間的に)前へ, 先へ. ❷ それ以上の. ohne alle ~*e* Rücksicht それ以上一切関係しないで.
'**für·der·hin** ['fʏrdərhɪn] 副 《雅》これから先, 今後は.
für·ei·nan·der [fy:r|aɪ'nandər] 副 (für+einander) 互い(のため)に. nichts ~ empfinden お互いに何の愛情も感じない.
Fu·ri·ant [fʊri'ant] 男 -[s]/-s 《lat.》フリアント(テンポの速いボヘミアの民族舞踊).
'**Fu·rie** ['fu:riə] 女 -/-n 《lat.》 **1** 《ﾛｰﾏ神話》フリアイ, 復讐の女神;《俗》悪鬼のように狂暴な女. **2** 《古》激怒, 狂暴, 乱乱.
Fu·rier [fu'ri:r] 男 -s/-e 《fr.》《古》《軍事》給養係.
fu·ri·os [furi'o:s] 形 《lat.》激怒した, 激情にかられた, 激越な; 熱烈な, 感動的な.
Fu·ri·o·si [furi'o:zi] Furioso の複数.
Fu·ri·o·so [furi'o:zo] 副 《it.》《音楽》フリオーソ, 激しく, 熱狂的に.
Fu·ri·o·so 中 -s/-s(..si) **1** 《音楽》フリオーソの楽曲(楽章). **2** 《雅》熱狂, センセーション.
für'lieb neh·men*, **'für'lieb|neh·men*** [fy:r'li:p..] 自 (不規則) =vorliebnehmen
Fur'nier [fʊr'ni:r] 中 -s/-e 張り板, 化粧板.
fur'nie·ren [fʊr'ni:rən] 他 《fr.》(物に)化粧板を張る.
'**Fu·ror** ['fu:rɔr] 男 -s/ 《lat.》熱狂, 興奮.

Fu'ro·re [fu'ro:rə] 女 -/(中 -s/) 《it.》 ~ machen センセーションを巻起す; 大当りをとる.
Fu·ror teu'to·ni·cus [fu:ro:r tɔy'to:nikʊs] - -/ 《lat.》ゲルマンの勇猛心(狂暴さ).
fürs [fy:rs] **1** =für das **2** ~ Erste さしあたり.
'**Für·sor·ge** ['fy:rzɔrgə] 女 -/ **1** 配慮, 心遣い, 世話, 保護. die väterliche ~ 父親としての気配り. Das verwaiste Kind wurde der ~ einer Witwe übergeben. その孤児はある寡婦(ｶﾌ)の手にゆだねられた. Sie nahm den alten Mann in ihre liebevolle ~. 彼女はその老人を手厚く世話してやった. **2** 援助, 扶助; 福祉(厚生)事業; 社会福祉事務所; 《話》福祉手当, 扶助金. Keinesfalls wollten sie die öffentliche ~ beanspruchen. 彼らはどうしても国の福祉を利用しようとはしなかった.
'**Für·sor·ge·amt** 中 -[e]s/⁼er (社会)福祉事務所, 民生局.
'**Für·sor·ge·er·zie·hung** 女 -/ (少年保護所による)未成年者の補導.
'**Für·sor·ger** 男 -s/- 保護司, ケースワーカー. ◆ 女性形 Fürsorgerin 女 -/-nen
'**für·sorg·lich** ['fy:rzɔrklɪç] 形 思いやりのある.
'**Für·spra·che** 女 -/-n とりなし, 斡旋(ｱｯｾﾝ), 代弁. bei j³ für j⁴ ~ einlegen 人³に人⁴のことをとりなす.
'**Für·spre·cher** 男 -s/- **1** 代弁(代願)者, 調停者. **2**《ｽｲｽ》弁護士. ◆ 女性形 Fürsprecherin 女 -/-nen
Fürst [fʏrst] 男 -en/-en **1** 《古》(古代ゲルマン人における)頭目(ﾄｳﾓｸ), 族長. **2** (a) 《神聖ローマ帝国皇帝直属の領主. 中世ドイツでは司教 Erzbischof, 修道院長 Abt, 大公 Großherzog, 辺境伯 Markgraf などを含んだ. 16世紀まで皇帝・国王に次ぐ高位の貴族の称号》. Kur*fürst* 選帝候. wie ein ~ 《話》大名暮しをする, ぜいたくざんまいに暮す. (b) (15-16世紀以後一般に)領邦国家の領邦君主, 君侯. **3** 侯爵(公爵 Herzog と伯爵 Graf との間の爵位). **4** 《比喩》王者, 第一人者. ein ~ unter den Dichtern 文壇の大御所. der ~ der Finsternis⟨dieser Welt⟩《聖書》悪魔(ヨハ 12:31).
'**Fürst'bi·schof** ['fʏrst'bɪʃɔf] 男 -s/⁼e (神聖ローマ帝国・オーストリアの)領主司教(称号のみ).
'**fürs·ten** ['fʏrstən] 他 **1** (人⁴を)侯爵に叙する. **2** (ある土地を)侯爵領にする.
'**Fürs·ten·bund** 男 -[e]s/ 《歴史》諸侯同盟(1785, フリードリヒ大王を盟主にオーストリアのヨーゼフ2世に対して結成された同盟).
'**Fürs·ten·schu·le** 女 -/-n 領主が設立した(寄宿)学校(ギムナジウム).
'**Fürs·ten·spie·gel** 男 -s/- 《歴史》君主の書(君主の鑑(ｶｶﾞﾐ)とすべき書物).
'**Fürs·ten·stand** 男 -[e]s/⁼e 侯爵の地位(身分).
'**Fürs·ten·tum** ['fʏrstəntu:m] 中 -s/⁼er 侯爵領, 侯国.
'**Fürs·tin** ['fʏrstɪn] 女 -/-nen **1** (女性の)領主, 侯爵. **2** 侯爵夫人, 領主夫人.
'**Fürs·tin·mut·ter** 女 -/⁼ 領主(侯爵)の母君.
'**fürst·lich** ['fʏrstlɪç] 形 侯主(王侯, 領主)の; 君主(王侯)らしい, 王侯にふさわしい, 豪勢な. die ~*e* Familie 領主一族. j⁴ ~ bewirten 人⁴を存分にもてなす.
'**Fürst·lich·keit** 女 -/-en **1** 《複数なし》王侯らしさ, 王侯の威厳. **2** 《複数で》die ~*en* 王侯貴族, 領主の一族.
Furt [fʊrt] 女 -/-en 浅瀬(人馬が歩いて渡れる河川の

箇所). eine ~ durchqueren 浅瀬を渡る.
Furt・wäng・ler ['fʊrtvɛŋlər]《人名》Wilhelm ~ ヴィルヘルム・フルトヴェングラー(1886-1954, ドイツの指揮者).
Fu・run・kel [fu'rʊŋkəl] 中 (囲) -s/- (*lat.*)《医学》フルンケル, せつ, ねぶと(細菌による毛包の化膿性炎症).
Fu・run・ku・lo・se [furʊŋku'lo:zə] 女 -/-n《医学》フルンケル(多発)症.
für'wahr [fy:r'va:r] 副《雅》まことに, 全く. *Für-wahr, ein herrlicher Anblick! *実にすばらしい眺めだ.
'Für・witz ['fy:rvɪts] 男 -es/《古》=Vorwitz
'Für・wort ['fy:rvɔrt] 中 -[e]s/"er **1**《文法》(Pronomen) 代名詞. **2**《複数 -e》《古》=Fürsprache
Furz [fʊrts] 男 -es/Fürze《卑》屁, おなら;《比喩》つまらない(ささいな)こと. Ein ~ ist er gegen mich! あいつなんかおれくらべたら屁みたいなもんだ. hin und her sausen〈rasen〉wie ein ~ auf der Gardinenstange あたふたと動き回る. einen ~ [fahren] lassen おならをする. einen ~ im Kopf haben / einen ~ geführstückt haben 頭がおかしい. aus einem ~ einen Donnerschlag machen つまらないことで大騒ぎする.
'fur・zen ['fʊrtsən] 自《卑》おならをする.
'fu・scheln ['fʊʃəln] 自 (h, s)《地方》**1** (s) すばやく(ひそかに)走り回る. **2** (h) (トランプなどで)いんちきをする. **3** (h) やっつけ仕事をする. **4** (h) あわてて手探りする.
'fu・schen ['fʊʃən] 自 (h, s) =fuscheln
'fu・schern ['fʊʃərn] 自 (h, s) =fuscheln
'Fu・sel ['fu:zəl] 男 -s/-《複数まれ》《話》(フーゼル油の まじった粗悪な火酒, 一般に)安酒.
'Fu・sel・öl 中 -[e]s/-e《複数まれ》《化学》フーゼル油.
Fu・si'on [fuzi'o:n] 女 -/-en **1**《企業・政党などの》合併, 合同, 連合. **2**《生物》(細胞の)融合. **3**《生理》(両眼の視像の)融合, 融像. **4**《核物理》(Kernfusion) 核融合.
fu・sio'nie・ren [fuzio'ni:rən] 自 (企業などが)合併する(mit et³ 物³と).

Fuß
[fu:s フース] 男 -es/Füße (単位で) **1** 足(くるぶしから下の部分). ein schmaler〈plumper〉~ ほっそりした〈ぶかっこうな〉足. Mein ~ ist eingeschlafen. 私は足がしびれた. Er lief, so schnell ihn die *Füße* trugen. 彼は全速力で走った.《2格で》leichten ~*es*《雅》足どりも軽く. stehenden ~*es* すぐに, 即座に. trockenen ~*es* 足をぬらさずに.《動詞と》sich³ die *Füße* nach et³ **ablaufen** 足を棒にして物³を探し回る. Der Radiergummi hat *Füße* **bekommen**.《話》消しゴムがなくなった. [bei et³] kalte *Füße* bekommen〈kriegen〉《話》(事³をするのが)不安になり, 尻込みする. sich³ das ~ **brechen** 足を骨折する. festen ~ **fassen** (新しい環境に)なじむ, 根をおろす. sich³ kalte *Füße* **holen**《話》失敗する. keinen ~ mehr über j² Schwelle **setzen** 二度と人²の家の敷居をまたがない. j³ den ~ auf den Nacken setzen《雅》人³に自分の力をみせつける. die *Füße* unter j² Tisch **stecken**〈strecken〉《話》人²に食わせてもらう, 人²のやっかいになる. sich³ die *Füße* in den Bauch **stehen**《話》足が棒になるまで立っている. sich³ die *Füße* **vertreten** (長い間すわっていたあとで)足をならしてある.《前置詞と》immer [wieder] **auf** die *Füße* fallen《話》いつも苦境を無事に切抜ける. j〈et〉³ auf dem ~*e* folgen 人〈物³のすぐあとに続く. j³ wieder auf die *Füße* helfen 人³を助け起こす; 立直らせる. wieder auf die *Füße* kommen 健康を回復する; 立直る. auf gro-

ßem ~[e] leben ぜいたくな暮しをする. auf freiem ~ sein 身柄を拘束されていない, 自由の身である. j³ auf freien ~ setzen 人³を釈放する. auf eigenen *Füßen* stehen 自立している. auf festen〈schwachen〉*Füßen* stehen 確かな根拠(基盤)がある〈ない〉. mit j³ auf gutem〈schlechtem〉~[e] stehen 人³と仲がよい〈悪い〉. j³ mit ~ 〈die *Füße*〉treten 人³の足をふむ;《話》人³を侮辱する, 叱責〈しっせき〉する, せきたてる. [**bei**] ~!(犬に対して)私の足もとを離れるな. **mit** bloßen *Füßen* はだしで. mit dem linken ~ zuerst aufgestanden sein《話》不機嫌である. mit einem ~ im Grabe stehen 片足を棺桶(かんおけ)に突っこんでいる. mit beiden *Füßen* im Leben〈auf der Erde〉stehen 足が地についている, 生き方が堅実である. j〈et〉⁴ mit *Füßen* treten 人〈物³を踏みにじる, ないがしろにする. **von** einem ~ auf den anderen treten (いらいらして)足踏みする. j³ **vor**〈über〉die *Füße* laufen 人³にばったり出くわす. j³ et⁴ vor die *Füße* werfen (怒って)人³に物⁴をたたきつける, 突き返す. **zu** ~ 徒歩で. zu ~ gehen (乗物に乗らずに)歩いて行く. j³ zu *Füßen* fallen 人³の足もとにひれ伏す. j³ et⁴ zu *Füßen* legen《雅》人³に物⁴を捧げる. j³ zu *Füßen* liegen《雅》人³を崇拝する;(に)嘆願する. gut〈schlecht〉zu ~ sein 健脚である〈足が弱い〉.

2《南ド・オーストリア・スイス》(Bein) 脚.

3(動物の)足;(昆虫の付節;(貝などの)触脚.

4(家具・食器などの)脚;(柱・彫像などの)基底部, 台座;(山などの)ふもと, すそ. der ~ eines Tisches テーブルの脚. am ~ des Berges 山のふもとに.

5(靴下の)足部.

6 (Versfuß) 詩脚.

7《複数 -》フィート(長さの単位, =約 25-40 cm).

'Fuß・ab・druck 男 -[e]s/"e 足跡(そくせき).
'Fuß・an・gel 女 -/-n 鉄菱(てつびし)(泥棒などの侵入防止のために地面に植えるとげのついた鉄具). j³ ~n legen《比喩》人³にわなをしかける,(を)妨害する.
'Fuß・bad 中 -[e]s/"er **1** 足浴, 足湯. **2**《戯》カップから受け皿にこぼれた飲物.
※**'Fuß・ball** ['fu:sbal フースバル] 男 -[e]s/"e **1**《複数なし》サッカー. ~ spielen サッカーをする. **2** サッカーボール. ◆付録「図解小辞典」参照.
'Fuß・bal・ler [..balər] 男 -s/-《話》=Fußballspieler
'Fuß・ball・mann・schaft 女 -/-en サッカーチーム.
'Fuß・ball・platz 男 -es/"e サッカー競技場.
'Fuß・ball・spiel 中 -[e]s/-e サッカーの試合.
'Fuß・ball・spie・ler 男 -s/- サッカー選手.
'Fuß・ball・to・to 中 (囲) -s/-s (サッカーの)トトカルチョ.
'Fuß・ball・welt・meis・ter・schaft 女 -/-en サッカーのワールドカップ.
'Fuß・bank 女 -/"e (腰かけるときに足をのせる)足台.
'Fuß・be・klei・dung 女 -/《話》足にはくもの(靴・靴下など).
※**'Fuß・bo・den** ['fu:sbo:dən フースボーデン] 男 -s/" 床(ゆか).
'Fuß・bo・den・be・lag 男 -[e]s/"e 床敷き材, 床材.
'Fuß・bo・den・hei・zung 女 -/-en 床暖房.
'fuß・breit 形 足の幅ほどの.
'Fuß・breit 男 -/- 足の幅; わずかな幅. keinen ~ zurückweichen 一歩も譲らない.
'Fuß・brem・se 女 -/-n (↔ Handbremse) 足踏みブレーキ. auf die ~ treten ブレーキを踏む.
'Füß・chen ['fy:sçən] 中 -s/- (Fuß の縮小形) 小さな足.
'Fü・ße ['fy:sə] Fuß の複数.

Fuß·ei·sen 中 -s/- **1** (鉄の)足かせ. **2** =Fußangel

Fus·sel ['fosəl] 女 -/-n (男 -s/-[n]) (服などの表面の)糸(綿)くず, けば.

fus·se·lig ['fosəliç] 形 **1** (服などが)糸(綿)くずだらけの. **2** けばだった, ほつれた. sich³ den Mund ~ reden《話》口をすっぱくして言う. **3**《話》落着きのない.

fus·seln ['fosəln] 自 (服などがけばだつ, 糸(綿)くずが出る.

'fü·ßeln ['fy:səln] 自 (h, s) **1**《話》《地方》(mit j³ 人³とテーブルの下でこっそり足を触れあう. **2** (s)《古》ちょこちょこ歩く; 小走りに歩く. **3** (h)《俗》足を出してつまずかせる.

'fu·ßen ['fu:sən] 自 **1** (auf et³ 事³に)基づく, 立脚してまぎかせる. auf einer Lehre ~ ある学説に依拠する. **2**《猟師》(鳥が木などに)とまる, とまっている. **3**《古》(ある場所に)足をおろす, 立つ.

'Füs·sen ['fysən] 地名 フュッセン(ドイツ南部, バイエルン州の町).

'Fuß·en·de 中 -s/-n (ベッドなどの)すそ, 足の方.

..fü·ßer [..fy:sər] 接尾 名詞・数詞などにつけて「...足(§)の動物」の意を表す男性名詞 (-s/-) をつくる. Kopffüßer 頭足類. Tausendfüßer 多足類.

'Fuß·fall 男 -[e]s/ (懇願・服従のしるしとして)ひざまずくこと, 平伏. einen ~ vor j³ machen(tun)《雅》人³の前にひれ伏す, (に)服従する.

'fuß·fäl·lig 形 《述語的には用いない》ひざまずいた, 平伏した. j¹ ~ um Verzeihung bitten 平身低頭して人¹に許しを乞う.

'Fuß·frei 形 (スカートなどが)くるぶしまでの長さの, 足もとの隠れない.

*▪**'Fuß·gän·ger** ['fu:sgɛŋər フースゲンガー] 男 -s/- 歩行者.

'Fuß·gän·ger·brü·cke 女 -/-n 歩道橋.

'Fuß·gän·ger·über·weg 男 -[e]s/-e 横断歩道.

Fuß·gän·ger·zo·ne 女 -/-n 歩行者専用区域.

'Fuß·ge·lenk 中 -[e]s/-e 足首の関節.

'fuß·hoch 形 (積雪などが)足首ほどの高さの.

..fü·ßig [..fy:sıç] 接尾 数詞・形容詞につけて, 「...足の, ...詩脚の」の意を表す形容詞をつくる. leichtfüßig 足どりの軽い. vierfüßig 4本足の; 4詩脚の.

'Fuß·knö·chel 男 -s/- くるぶし.

'Fuß·krank 形 (行軍などで)足を痛めた.

'Fuß·kuss 男 -es/⁼e (服従・崇拝のしるしとして)足への口づけ.

..füß·ler [..fy:slər] 接尾 =..füßer

'Füß·ling ['fy:slıŋ] 男 -s/-e (靴下の)足部.

'Fuß·mat·te 女 -/-n ドアマット, 靴ぬぐい(浴室や室の床に敷く)マット.

'Fuß·no·te 女 -/-n 脚注.

'Fuß·pfad 男 -[e]s/-e (歩行者しか通れない)小道.

Fuß·pfle·ge 女 -/- 足(指)の手入れ; ペディキュア.

'Fuß·pfle·ger 男 -s/- ペディキュアをする美容師.

'Fuß·pilz 男 -es/ 《話》水虫.

'Fuß·punkt 男 -[e]s/-e **1**《数学》垂線の足. **2**《天文》(Nadir) 天底(𝑇𝑒𝑖).

'Fuß·rei·se 女 -/-n 徒歩旅行.

'Fuß·rü·cken 男 -s/- (Spann) 足の甲.

'Fuß·sack 男 -[e]s/⁼e (保温用の)足おおい.

'Fuß·sche·mel 男 -s/- =Fußbank

'Fuß·soh·le 女 -/-n 足の裏.

'Fuß·sol·dat 男 -en/-en 歩兵.

'Fuß·spit·ze 女 -/-n つま先. auf den ~n gehen つま先立ちで歩く.

'Fuß·spur 女 -/-en 足跡.

'Fuß·stap·fe [..ftapfə] 女 -/-n =Fußstapfen

'Fuß·stap·fen 男 -s/- (泥土や雪の上の)足跡. in j² ~ treten 人²を範とする, (の)あとを継ぐ.

'Fuß·steig 男 -[e]s/-e **1** =Fußpfad **2** 歩道.

'Fuß·stüt·ze 女 -/-n **1** (偏平足の防止のために靴の中に入れる)支え. **2** (バイクなどの)足かけ, 足台.

'Fuß·tap·fe 女 -/-n =Fußstapfe

'Fuß·tap·fen 男 -s/- =Fußstapfen

'fuß·tief 形 足首までの深さの.

'Fuß·tritt 男 -[e]s/-e **1** 足でけること;《比喩》(足蹴(ᅠ)にするような)ひどい仕打ち. j¹ et³³ ~ geben〈versetzen〉人¹(物³)³を足蹴にする. **2**《古》(Schritt) 足どり, 足音. **3** 足跡.

'Fuß·volk 中 -[e]s/⁼er《複数まれ》**1**《古》(Infanterie) 歩兵(隊). **2**《侮》下っ葉. unters ~ geraten《話》落ちぶれる.

'Fuß·wan·de·rung 女 -/-en 徒歩旅行, ハイキング.

'Fuß·wa·schung 女 -/-en《話》洗足式.

'Fuß·weg 男 -[e]s/-e **1** =Fußpfad **2** 歩道. **3** 徒歩での道のり. Zum Bahnhof ist es ein ~ von zehn Minuten. 駅までは歩いて10分だ.

'Fuß·wur·zel 女 -/-n《解剖》足根.

fu'til [fu'ti:l] 形《lat.》くだらない, つまらない.

futsch [fotʃ] 形《述語的用のみ》**1** こわれた, だめになった. Die Vase ist ~. 花びんがこわれた. **2** なくなった, 消えうせた. Das Geld ist ~. 金がなくなった. Futsch ist ~ [und hin ist hin]. なくなったものはしかたがない.

*▪**'Fut·ter**¹ ['fotər フター] 中 -s/- **1** (動物, とくに家畜の)餌, 飼料. trockenes ~ 乾燥飼料. dem Vieh ~ geben 家畜に餌をやる. ~ schneiden まぐさを切る. gut im ~ sein〈stehen〉《話》栄養がいい, よく太っている. **2**《話》(人間の)食い物;《話》(仕事などの)材料, ねた. einer Maschine ~ geben 機械に加工原料を送りこむ.

'Fut·ter² 中 -s/- **1** (服の)裏地, (靴・かばんなどの)内張り. ein ~ einnähen 裏地を縫いつける. Briefschlag mit ~ 2重封筒. **2**《建築》(ドア・窓の枠の)内張り;《工学》(溶鉱炉などの)内張り. **3**《工学》(旋盤などに工作物や工具を固定する)チャック.

Fut·te'ral [fotə'ra:l] 中 -s/-e (眼鏡などの)ケース, サック.

'Fut·ter·bo·den 男 -s/- 飼料置き場.

'Fut·ter·krip·pe 女 -/-n かいばおけ, まぐさおけ. Ran an die ~!《話》さあ食事だ. an die ~ kommen《話》実入りのいい(甘い汁の吸える)ポストにつく.

'Fut·ter·mit·tel 中 -s/- 飼料.

fut·tern ['fotərn] **❶** 他 自《戯》もりもり(がつがつ)食べる. **❷** 他《地方》=füttern¹

*▪**'füt·tern**¹ ['fytərn フュターン] 他 (↓Futter¹) **1** ein Tier ~ 動物に餌をやる. das Vieh mit Heu ~ 家畜に干草を与える. Füttern verboten! 餌をやらないでください(動物園の掲示). **2** (物²を)餌として与える. **3** (人¹に)食事を与える. (j¹ mit et³ 人¹に物³を)大量に食べさせる. Man soll Kinder nicht mit Schokolade ~. 子供はむやみにチョコレートを食べさせてはいけない. **4** (物³に)入力する, 投入する(mit et³ 物³を); (物¹を)入力する(in et³ 物³に). einen Automaten mit Münzen ~ 自動販売機に硬貨を入れる. Daten in einen Computer ~ コンピュータにデータを入れる.

'füt·tern² 他 (↓Futter²) (物³に)裏地をつける, 裏打ち

(内張り)をする.　Der Mantel ist mit Pelz *gefüttert*. このコートには毛皮の裏がついている.　ein *gefütterter* Briefumschlag 2重封筒.

'**Fut·ter·napf** 男 -[e]s/⸚e (家畜用の)餌鉢(ばち).

'**Fut·ter·neid** 男 -[e]s/ (家畜が他の家畜に対していだく)餌についてのねたみ;《話》(他人の利益や成功に対する)ねたみ, そねみ.

'**Fut·ter·rau·fe** 女 -/-n (厩舎の)かいば格子, 飼料棚.

'**Fut·ter·rü·be** 女 -/-n 飼料用ビート.

'**Fut·ter·stoff** 男 -[e]s/-e 裏地.

'**Fut·ter·trog** 男 -[e]s/⸚e (豚の)飼料おけ.

'**Füt·te·rung**¹ 女 -/-en (↓ füttern¹) **1**《複数なし》(動物に)餌をやること;(幼児・病人に)食べさせてやること. **2** 餌台.

'**Füt·te·rung**² 女 -/-en (↓ füttern²) **1**《複数なし》裏地をつけること. **2** 裏地.

Fu'tur [fu'tu:r] 中 -s/-e (*lat.*)〖文法〗未来時称, 未来形.　erstes〈einfaches〉 ~ 未来.　zweites ~ 未来完了.

Fu·tu·ra [fu'tu:ra] Futurum の複数.

Fu·tu'ris·mus [futu'rɪsmʊs] 男 -/ 未来派(20世紀初頭にイタリアで起った急進的芸術運動).

fu·tu'ris·tisch 形 **1** 未来派の. **2** 未来学の.

Fu·tu·ro'lo·ge [futuro'lo:gə] 男 -n/-n 未来学者.

Fu·tu·ro·lo'gie [..lo'gi:] 女 -/ 未来学.

Fu'tu·rum [fu'tu:rʊm] 中 -s/..ra〖文法〗=Futur

'**F-Zug** ['ɛf..] 男 -[e]s/⸚e 長距離急行列車 (Fernschnellzug の短縮).

g, G

g¹, **G** [ge:] 匣 -/- ドイツ語アルファベットの第7文字(子音字).　◆口語では単数2格および複数形を [ge:s] と発音することがある.

g², **G** [ge:] 匣 -/- 【音楽】**1** ト音.　**2** 《記号》g=g-Moll, G=G-Dur

g³ ❶ 《略》《古/ ᵘ /》=Groschen　❷ 《記号》=Gramm

G³ ❶ 《略》【金融】=Geld 3, Geldkurs　❷ 《記号》**1** 【物理】=Gauß　**2** giga..

Ga [ge:|a:] 《記号》【化学】=Gallium

Gäa ['gɛ:a] 《人名》【神話】ガイア(大地の女神).

gab [ga:p] geben の過去.

Ga·bar·dine ['gabardi:n, gabar'di:n(ə)] 男 -s/(-/) 《fr.》【紡織】ギャバジン.

Ga·be ['ga:bə] 囡 -/-n **1** 《雅》(a) 贈物, 進物(ᵗ ᵘ ᵐ ᵒ ⁿ).　eine ~ spenden 贈物をする. (b) 施し; 寄付金, 心づけ. um eine milde ~ bitten 施し(喜捨)を乞う(子供が)おねだりをする.　**2** 天与の才能, 天分, 資質. reiche<große> ~n haben 豊かな天分に恵まれている.　**3** (薬の)投与; 1回の投薬(投与, 服用)量. j³ zweimal täglich eine ~ von Lebertran reichen 人¹に1日に2回肝油を投与する.　**4** 《古》(宝くじ・射撃大会などの)賞金.

'gä·be¹ ['gɛ:bə] geben の接続法 II.

'gä·be² 《次の用法で》gang《地方 gäng》und ~ sein 一般的なこと(あたりまえ, 通例)になっている.

'Ga·bel ['ga:bəl ガーベル] 囡 -/-n **1** (a) (食器の)フォーク.　eine gute ~ schlagen 《戯》少しの間もフォークを休ませない(でしこたま食う); 健啖家(ᵏ ᵉ ⁿ ᵗ ᵃ ⁿ ᵏ ᵃ)である. mit der fünfzinkigen ~ essen 《戯》手づかみで食べる. die Rechnung mit der ~ schreiben 《話》べらぼうに高い勘定を請求する, ぼる. (b) 農作業用フォーク, くまで (Heugabel, Mistgabel など).　**2** (道路などの)分岐(点); 木(枝)の股; (電話の)受話器受け; (自転車・オートバイの)ホーク; (車の)轅(ᵏ ᵃ ʲ ⁱ ᵏ ᵃ ⁿ); 《猟師》(鹿などの)2 股になった角(ᵗ ˢ ᵘ ⁿ ᵒ), 枝角.　den Hörer auf die ~ legen 受話器を置く.　**3** 《軍》両またり; 《ᵗ ʸ ⁱ ᵏ ⁱ》鋏(ᵏ ᵃ ˢ ᵃ ᵐ ⁱ).

'Ga·bel·deich·sel 囡 -/-n (1 頭立て馬車の)轅(ᵏ ᵃ ʲ ⁱ ᵏ ᵃ ⁿ).

'ga·bel·för·mig 形 2 股(叉状)の, 分岐した.

'Ga·bel·früh·stück 匣 -[e]s/-e (祝祭日などの)昼近くにとる 2 度目の朝食, 小食.　◆フランス語 déjeuner à la fourchette の翻訳借用語.

'Ga·bel·hirsch 男 -[e]s/-e 《猟師》2 股の枝角しか持たない若い雄鹿.

ga·be·lig ['ga:bəlɪç] 形 2 股の, 分岐した.

'ga·beln ['ga:bəln] ❶ 他 フォークで刺す; (干草などを)くまで下積む(降ろす).　ein Stück Fleisch aus der Suppe ~ スープから肉を1切れフォークに刺して取出す.　❷ 自 **1** (まれ) フォークで食べる.　**2** (nach et³ 物³を)フォークで捜す.　❸ 再 《sich⁴》(道・枝などが) 2 股に分かれる, 分岐する.

'Ga·bel·stap·ler 男 -s/- フォークリフト.

'Ga·bel·stüt·ze 囡 -/-n (機関銃の) 2 脚の台架.

'Ga·be·lung ['ga:bəluŋ] 囡 -/-en 分岐, 枝分かれ; 分岐点.

'Ga·bel·wei·he 囡 -/-n 《鳥》とび(鳶).

'Ga·ben·tisch 男 -[e]s/-e (誕生日・クリスマスなどに)贈物を置いておくテーブル.

'Ga·bi ['ga:bi] 《女名》(Gabriele の短縮)ガービ.

'Gab·ler ['ga:blər] 男 -s/- 《猟師》枝角れいよう(羚羊); 《猟師》2 股の枝角しか持たない若い雄鹿.

'gab·lig ['ga:blɪç] 形 =gabelig

'Ga·bri·el ['ga:brie:l, ..iɛl] 《hebr., Mann Gottes》❶ 《男名》ガーブリエル.　❷ 《人名》【ᵏ ⁱ ʳ ⁱ ˢ ᵘ ᵗ ᵒ 教】大天使ガブリエル《旧約》ダニ 8:16-27, 9:21-27《新約》ルカ 1:19, 26.　†付録「聖人暦」9 月 29 日の *28》

Ga·bri·e·le [gabri'e:lə] 囡 《Gabriel の女性形》ガブリエーレ.

'Ga·bun [ga'bu:n] 《地名》ガボン(アフリカ西部の共和国, 首都リーブルヴィル Libreville).

'ga·ckeln ['gakəln] 自 **1** 《地方》=gackern 1　**2** 《話》(女の子達が)きゃっきゃっ騒ぐ.

'ga·ckern ['gakərn] 自 **1** くわっくわっ(があがあ)とうるさく鳴く.　Hühner, die viel *gackern*, legen wenig Eier. 《諺》能なしの口たたき.　**2** 《話》=gackeln 2

'gack·sen ['gaksən] 自 **1** 《地方》=gackern　**2** 《話》話す, 喋る.　**3** (床などが)きしむ.

Ga·do·li·ni·um [gado'li:nium] 匣 -s/ 《記号 Gd》【化学】ガドリニウム.

'Gaf·fel ['gafəl] 囡 -/-n **1** 《船員》斜桁(ᶜ ʰ ᵃ ⁿ ᵏ ᵒ), ガフ.　**2** 《地方》(2 本歯の木製)大くまで.

'Gaf·fel·se·gel 匣 -s/- 《船員》斜桁(ᶜ ʰ ᵃ ⁿ ᵏ ᵒ)帆, ガフスル.

'gaf·fen ['gafən] 自 《侮》ぽかんと口をあけて見とれる; 呆れて見つめる.

'Gaf·fer [gafər] 男 -s/- 《侮》ぽかんと口をあけて見とれる人.

Gag [gɛk, gæg] 男 -s/-s 《engl.》**1** (映画・芝居などの)ギャグ, 駄じゃれ.　**2** (器機などの)新軸向.　**3** 《話》笑いのつきない場面, 見もの.　Das war vielleicht ein ~, als ich die beiden dort traf! そこでお2人さんに出くわした時の図は見せたかったネェ.

Ga'gat [ga'ga:t] 男 -[e]s/-e 《gr.》【地質】黒玉.

'Ga·ge ['ga:ʒə] 囡 -/-n 《fr.》**1** (芸能人の)出演料, ギャラ.　**2** 《古》【ᵍ ᵘ ⁿ ᵗ ᵃ ⁱ 】将校の俸給.

*'**gäh·nen** ['gɛ:nən ゲーネン] 自 **1** 欠伸(ᵃ ᵏ ᵘ ᵇ ⁱ)をする.《中性名詞として》ein *Gähnen* unterdrücken 欠伸をかみ殺す.　Sein Vortrag war zum *Gähnen* langweilig. 彼の講義は死ぬほど退屈だった.　**2** 《雅》(危険な物が)大きく口を開けて待受ける (vor j³ 人³を).　Vor uns *gähnte* eine tiefe Schlucht. 我々の行く手に深い峡谷が大きく口を開けていた.　Es war *gähnende*

Gal'lar·de [ga'jardə] 囡 –/–n (fr.)〖音楽〗ガヤルド，ガリアルダ(16世紀イタリアに流行した4分の3拍子の舞曲).

Ga·la ['ga(:)la] 囡 –/ (sp.) **1**〖古〗(宮中での)祝典, 祝宴;(祝典の際の)礼式服, 礼服; sich¹ in ~ werfen〖古〗晴着をまとう, よそ行きのなりをする. **3** (Galavorstellung)(オペラなどの)祝賀公演, 特別記念公演.

Ga·la·an·zug 男 –[e]s/–e 礼服.

ga·lak·tisch [ga'laktɪʃ] 形〖天文〗銀河系宇宙の.

Ga·lak·to·se [galak'to:zə] 囡 –/–n〖化学〗ガラクトース.

Ga·lan [ga'la:n] 男 –s/–e (sp.) **1**〖古〗(めかしこんだ)伊達(だて)男. **2**〖俳〗恋人(おとこ), 情夫(おとこ).

ga·lant [ga'lant] 形 (fr.)〖古〗(女性に対して)礼儀正しく親切な, 恭しい, いんぎんな. ein ~er Mann 婦人に丁重な男, 粋人, 色好み. **2**〖比較変化なし〗色恋の. ein ~es Abenteuer 色事(いろごと), 情事. ~e Dichtung〖文学〗(フランスを範とするバロック後期の)恋愛文学. ~er Stil〖音楽〗ギャラント・スタイル(18世紀中葉の, とくにチェンバロのための軽快で優雅な音楽様式).

Ga·lan·te·rie [galantə'ri:] 囡 –/–n [..i:ən] (fr.)〖古〗〖雅〗**1**〖複数なし〗(女性に対する)礼儀正しく親切な態度, 思いやり. **2**〖俳〗(女性への)やさしい言葉, お愛想, お追従(ついしょう). **3** 色事(いろごと), 情事.

Ga·lan·te·rie·wa·ren 複〖古〗アクセサリー, 装身具, 小間物.

Ga·la·pa·gos·in·seln [ga'la(:)pagɔs..] 複〖地名〗die ~ ガラパゴス諸島(太平洋上の赤道直下にあるエクアドル領火山島群).

Ga·la·tea [gala'te:a]〖人名〗〖ギリシア神話〗ガラテイア(海の女神).

'Ga·la·ter ['ga:latər] 男 ガラテヤ人(紀元前3世紀頃中央ヨーロッパから小アジアのガラテヤ Galatien の地に移住したケルト人).

'Ga·la·ter·brief 男 –[e]s/〖新約〗ガラテヤ人への手紙, ガラテヤ書.

'Ga·la·uni·form 囡 –/–en 礼装用の制服.

'Ga·la·vor·stel·lung 囡 –/–en (祝祭などに催されるオペラや演劇の)祝賀公演, 特別公演.

Ga·la·xie [gala'ksi:] 囡 –/–n (gr.)〖多く複数で〗〖天文〗(銀河系宇宙以外の)星雲, 星団.

Ga·la·xis [ga'laksɪs] 囡 –/..xien〖天文〗**1**〖複数なし〗(Milchstraße) 銀河系. **2**〖まれ〗=Galaxie

'Gä·le ['gɛ:lə] 男 –/–n ゲール人(スコットランドとアイルランドのケルト系住民).

Ga·le·as·se [gale'asə] 囡 –/–n (fr.)〖海事〗ガレアス船((a) 11–18世紀に地中海で使われた戦闘用大型ガレー船. (b) 18–19世紀バルト海・北海沿岸で貨物輸送に用いられた小型帆船).

Ga'lee·re [ga'le:rə] 囡 –/–n (it.) **1** ガレー船(中世の大型軍船, 多数のオールをたたいている奴隷・囚人が漕いだ). **2** ガレー船苦役(ガレー船漕ぎの刑罰).

Ga'lee·ren·skla·ve 男 –n/–n〖古〗ガレー船を漕ぐ奴隷. schuften wie ein ~ 馬車馬のように働く.

Ga'lee·ren·sträf·ling 男 –s/–e ガレー船苦役囚人.

Ga·le'nit [gale'ni:t] 男 –s/–e〖鉱物〗(Bleiglanz) 方鉛鉱.

Ga·le'o·ne [gale'o:nə] 囡 –/–n (it.)〖古〗ガリオン船(15–19世紀にスペイン・ポルトガルで軍船・貿易船として用いられた大型帆船).

Ga·le'rie [galə'ri:] 囡 –/–n [..i:ən] (fr.) **1** (a)〖建築〗歩廊, 柱廊, 回廊, 廊下;(教会内陣・宴会用大広間などの回廊ふうの)中二階;(教会の)合唱隊席. (b) (城壁の)射撃用回廊, 防御回廊. **2** (a) 絵画コレクション, 美術収集品; 画集. Diese Graphiken stammen aus der ~ Steiner. これらの版画はシュタイナー・コレクションから出たものである. (b) 画廊, ギャラリー; 美術品陳列室(中に絵画の). **3**〖ミミネエテーテオウ〗(山腹の)片開きトンネル(谷側に窓が切ってある). **4** (帆船などの)船尾展望台. **5** (劇場の最も安価な)最上階の桟敷席, 天井桟敷(の観客). für die ~ spielen〖俳〗俗受け(大向こう)をねらった演技をする. **6** アーケード街. **7**〖戯〗(同種のものの)寄り集まり, 群れ. eine ganze ~ von leeren Weinflaschen 林立するワインの空びん.

Ga·le'rist [galə'rɪst] 男 –en/–en **1** ギャラリー(画廊)経営者; 画商. **2**〖ミミネエテーテオウ〗犯罪者. ◆女性形 Galeristin 囡 –/–nen

'Gal·gen ['galgən] 男 –s/– **1** 絞首台. j⁴ an den ~ bringen〖話〗人⁴の死刑を法廷に訴え出る, (を)訴えて監獄に送りこむ. am ~ enden 絞首刑に処される;〖話〗惨めな死に方をする. an den ~ gehören / reif für den ~ sein〖話〗絞首台に送られて(死刑になって)当然である. an den ~ kommen 絞首台の上で死ぬ. aussehen wie vom ~ gefallen〖話〗ひどい恰好(身なり)をしている. j⁴ zum ~ ~⟨zum Tode am ~⟩ verurteilen 人⁴に絞首刑の判決をくだす. **2** (a)〖工学〗(貨物用クレーンの)腕, ジブ. (b)〖戯〗(撮影用カメラ・マイクを吊る)支架; 洋服スタンド.

'Gal·gen·frist 囡 –/–en〖複数なし〗絞首刑執行までの猶予期間;(いやな事が起るまでの)最後の猶予期間. j³ noch eine ~ gewähren 人³になおも最後の猶予を与えてやる.

'Gal·gen·hu·mor 男 –s/ 引かれ者の小唄.

'Gal·gen·strick 男 –[e]s/–e〖俳〗悪党, ごろつき, よた者;〖戯〗いたずら小僧, やんちゃ坊主.

'Gal·gen·vo·gel 男 –s/– 〖俳〗悪党, ごろつき;〖まれ〗いたずら小僧.

Ga·li·ci·en [ga'li:tsiən]〖地名〗ガリシア(スペイン北西部, 大西洋沿岸地域).

Ga·li'läa [gali'lɛ:a]〖地名〗(hebr., Bezirk')ガリラヤ(もとガリラヤ湖西方の山岳地の地名でイエス宣教の主要舞台. 現イスラエル北部の1行政区).

Ga·li'lä·er [gali'lɛ:ər] 男 –s/– **1** ガリラヤ人. **2**〖複数なし〗イエス・キリスト.

ga·li'lä·isch [gali'lɛ:ɪʃ] 形 ガリラヤの.

Ga·li'lei [gali'lei]〖人名〗Galileo ~ ガリレオ・ガリレイ(1564–1642, イタリアの物理学者).

Ga·li·ma'thi·as [galima'ti:as] 男 –/ (fr.)〖俳〗たわごと, 駄弁.

Ga·li'ons·fi·gur [gali'o:ns..] 囡 –/–en **1** 船首像(ふつう女性の像). **2**〖俳〗看板(として使われた人物).

Ga·li·zi·en [ga'li:tsiən]〖地名〗ガリチア(カルパチア山脈の北方地帯. 西部はポーランドに, 東部はウクライナ共和国に属する).

Ga·li·zi·er [ga'li:tsiər] 男 –s/– ガリチア人.

'Gall·ap·fel ['gal..] 男 –s/– (lat.)〖植物〗もっしょくし(没食指), ごばいし(五倍子).

'Gal·le ['galə] 囡 –/–n **1**〖複数なし〗〖生理〗胆汁;〖比喩〗にがい思い, 恨み, 怒り, 不機嫌. Die Arznei

Galle

schmeckt bitter wie ～. この薬はひどくにがい. Ihm lief die ～ über. / Ihm kam(stieg) die ～ hoch. / Ihm schwoll die ～. 《話》彼は腸(はら)が煮えくり返った. schwarze ～ 黒い胆汁(中世医学で憂うつ症の原因とされた). Gift und ～ speien〈spucken〉《話》恨みつらみをぶちまける. *seine* ～ verspritzen《話》癇癪(かんしゃく)玉を破裂させる; 罵詈雑言(ばりぞうごん)を吐く. j⁴ in ～ bringen 人⁴をかんかんに怒らせる. *seine* Feder in ～ tauchen 手きびしい筆をふるう. 2《話》(Gallenblase) 胆のう. es an der ～ haben 胆のうが悪い.

'Gal·le² 囡 -/-n (*lat*.)《獣医》(とくに馬の腱鞘に生じる)瘤腫(りゅうしゅ);《植物》癭瘤(えいりゅう)(他生物の寄生によって植物体に生じた異常発育・異常形成成部分).

'gal·le·n·bit·ter 胆汁のように(ひどく)にがい.

'Gal·len·bla·se 囡 -/-n《解剖》胆嚢(たんのう).

'Gal·len·gang 男 -[e]s/⸚e (多く複数で)《解剖》胆管.

'Gal·len·säu·re 囡 -/-n (多く複数で)《生理》胆汁酸.

'Gal·len·stein 男 -[e]s/-e《医学》胆石.

'Gal·lert ['ɡalɐt, ɡa'lɛrt] 匣 -[e]s/-e (*lat*.)《化学》膠化(こうか)体, ゼラチン(状のもの);《料理》ゼリー. das ～ der Sülze アスピック(肉や魚の煮汁のゼリー).

'gal·lert·ar·tig 胚 ゼラチン(ゼリー)状の.

Gal'ler·te [ɡa'lɛrtə, 'ɡalərtə] 囡 -/-n (とくに南ドイツ) = Gallert

'Gal·li·en ['ɡaliən]《地名》ガリア(現在の北部イタリア・フランス・ベルギー・オランダ南部にまたがる地域に古代ローマ人が与えた名称).

'Gal·li·er ['ɡaliɐ] 男 -s/- ガリア人.

'gal·lig [ɡalɪç] 胚 1 胆汁のようににがい. 2 不機嫌な, 気むずかしい; 辛らつな.

'gal·lisch [ɡalɪʃ] 胚 ガリアの, ガリア人の. ～*er* Hahn ガリアの鶏(フランス革命時に初めて国旗に使った紋章, フランス人の精神と才知のシンボル).

Gal'li·um [ɡaliʊm] 匣 -s/ (*lat*.)《記号 Ga》《化学》ガリウム.

Gal·li'zis·mus [ɡali'tsɪsmʊs] 男 -/..men [..mən] (*lat*.)《言語》フランス語固有の表現; (他言語の中の)フランス語風(の言回し).

Gal·lo·ma'nie [ɡaloma'niː] 囡 -/ (Frankomanie) フランスかぶれ.

'Gal·lo·ne [ɡa'loːnə] 囡 -/-n (*engl*.)(略 gal) ガロン(英米の液量単位. 英では 4.546 l, 米では 3.785 l).

'Gal·lus·säu·re ['ɡaləs..] 囡 -/《化学》没食子(ぼっしょくし)酸.

'Gall·wes·pe 囡 -/-n《虫》もっしょくし(没食子)蜂)科.

Ga'lon [ɡa'lõː] 男 -s/-s (*fr*.)《服飾》ガロン(金糸・銀糸などで編んだ飾り紐).

Ga'lo·ne [ɡa'loːnə] 男 -/-n (*it*.) = Galon

Ga'lopp [ɡa'lɔp] 男 -s/-e(-s) (*fr*.) 1《馬術》ギャロップ, 襲歩(しゅうほ);《比喩》疾駆, 全速力. Ein bisschen ～, bitte! もう少し急いでください. ～ reiten (馬を)ギャロップで駆けさせる. im ～ 全速力で, 大急ぎ(大あわて)で. j⁴ in ～ bringen 人⁴をせきたてる. in den ～ fallen 《話》ギャロップに入る(移る). Er ist wohl im ～ durch die Kinderstube geritten 《話》彼はきっと子供の時のしつけが悪かったんだ. 2《奏》ギャロップ(4分の2拍子の軽快な輪舞).

ga·lop'pie·ren [ɡalɔ'piːrən] 圄 (*fr*.) (h, s) ギャロップで走る; 疾走する. Die Kinder *galoppieren* durch das Zimmer. 子供たちが部屋中走り回る.

ga·lop'pie·rend 現分 胚 急速に進行する(多く悪い方向へ);《医学》奔馬(ほんば)性の. ～*e* Inflation 急激に進むインフレ. ～*e* Schwindsucht 《話》奔馬性結核(結核の末期).

Ga'lo·sche [ɡa'lɔʃə] 囡 -/-n (*fr*.)《多く複数で》(ゴムの)オーバーシューズ. 2《俗》履き古した靴(とくに室内履).

galt¹ [ɡalt] gelten の過去.

galt² 胚《南ドイツ》(牛などが)乳の出ない; (一時的に)子を産まない.

'gäl·te [ɡɛltə] gelten の接続法 II.

Gal'va·ni [ɡal'vaːni]《人名》Luigi ～ ルイージ・ガルヴァーニ (1737-1798, イタリアの理学者・解剖生理学者).

Gal·va·ni·sa'ti·on [ɡalvanizatsi'oːn] 囡 -/-en《医学》直流通電療法.

gal'va·nisch [ɡal'vaːnɪʃ] 胚 1《工学》ガルヴァーニ電気の, 定常電流の; 流電気の. ～*es* Bad 直流電気浴, 電解(電鍍)槽. ～*es* Element / ～*e* Kette ガルヴァーニ電池. ～*er* Strom (直)流電気, ガルヴァーニ電流. 2《物理》直流の. 3《医学》直流通電療法の.

gal·va·ni'sie·ren [ɡalvani'ziːrən] 個《工学》(物)に電気鍍金(めっき)する.

Gal·va'nis·mus [ɡalva'nɪsmʊs] 男 -/ (*it*.)《電気化》ガルヴァーニ電気, 流電気; 流電気学(説).

Gal'va·no [ɡal'vaːno] 匣 -s/-s《印刷》電気版.

Gal·va·no'kau·ter [ɡalvano'kaʊtɐ] 男 -s/-《医学》電気焼灼(しゃく)器.

Gal·va·no'me·ter 匣 -s/-《電子工》検流計.

Gal·va·no'plas·tik 囡 -/《工学》電鋳, 電気鍍金(めっき)法;《印刷》電気製版術.

Gal·va·no'skop 匣 -s/-e《電子工》検流器, 験電器.

Gal·va·no'tech·nik 囡 -/-en 電気鍍金(めっき)の.

Ga'ma·sche [ɡa'maʃə] 囡 -/-n (*fr*.)《服飾》脚絆(きゃはん), ゲートル; (とくに馬の)すね当て. vor j⟨et⟩³ ～*n* haben 《話》人⟨物⟩がが怖いじ心配である.

Ga'ma·schen·dienst 男 -[e]s/-e《古》《俗》規則づくめの面倒な兵舎勤務.

'Gam·be ['ɡambə] 囡 -/-n (*it*.)《楽器》ヴィオラ・ダ・ガンバ.

'Gam·bia ['ɡambia]《地名》❶ 男 -s/ der ～ ガンビア川(アフリカ西部を西へ流れて大西洋に注ぐ). ❷ ガンビア(アフリカ西海岸の共和国, 首都バンジュル Banjul).

Gam'bit [ɡam'bɪt] 匣 -s/-s (*sp*.)《チェス》ガンビット(多くポーン Bauer の捨て駒で初まる速攻を目指した先手の着手).

'Gam·bo·hanf ['ɡambohanf] 男 -[e]s/《植物》褐色印度大麻.

Ga'met [ɡa'meːt] 男 -en/-en (*gr*.)《生物》配偶子.

..ga·mie [..ɡamiː]《接尾》「生殖・配偶・受精・結婚」を意味する女性名詞(-/-n)をつくる. Autog*amie* 自家生殖. Isog*amie* 同形配偶. Monog*amie* 一夫一婦制.

'Gam·ma ['ɡama] 匣 -[s]/-s 1 ガンマ(ギリシア語アルファベットの第3文字 Γ, γ). 2《古》《記号》《化学・薬理》ガンマ (10⁻⁶ グラム). ▶ 現在はマイクログラム Mikrogramm を使用. 3《記号 γ》《地球物理》ガンマ(磁束密度単位, 10⁻⁵ ガウス).

'Gam·ma·strah·len 複《記号 γ-Strahlen》《核物理》ガンマ線.

'gam·me·lig ['ɡaməlɪç]《話》1 (とくに食料品が)古くなった, 傷(いた)んだ. 2 (服装・態度などが)だらしな

'**gam·meln** ['gaməln] 圓《話》なまけて暮す, ぶらぶら(だらだら)過ごす; (とくに 1960 年代反体制の意思表示として)ヒッピー暮しをする. **2** (食物が)古くなる, 腐る, 傷(いた)む.

'**Gamm·ler** ['gamlɐr] 男 -s/- 《話》ドロップアウトした若者(とくに 1960 年代の), ヒッピー. ◆女性形 Gammlerin 囡 -/-nen

'**gamm·lig** ['gamlɪç] 形 -/-[en] =gammelig

Gams [gams] 囡 (囡 甲) -/-[südd/österr] 《猟師》=Gämse

'**Gams·bart** 男 -[e]s/⸚e シャモア(アルプスかもしかの)の背毛の総(ふさ)(猟師などの帽子の飾りに使う).

'**Gäms·bart** ['gɛms..] 男 -[e]s/⸚e =Gamsbart

'**Gams·bock** 男 -[e]s/⸚e 《動物》シャモア(アルプスかもしか)の雄.

'**Gäms·bock** 男 -[e]s/⸚e =Gamsbock

'**Gäm·se** ['gɛmzə] 囡 -/-n 《動物》シャモア, アルプスかもしか.

'**Gan·dhi** [gandi] 《人名》Mahatma ～ マハトマ・ガンジー(1869-1948, インドの宗教指導者・独立運動指導者).

gang [gaŋ] 形《成句として》～ und gäbe sein 習慣になっている, 普通(あたりまえ)のことである.

*****Gang** [gaŋ] ガング 男 -[e]s/ Gänge **1**《複数なし》歩き方, 足どり; (とくに馬の)歩態, 足並み. *seinen* ～ beschleunigen 足を速める. einen leichten〈schweren〉～ haben 足どりが軽い〈重い〉. Ich erkannte ihn gleich am〈an seinem〉～. 私は歩き方ですぐに彼だと分った. in einen schnelleren ～ fallen (馬が)足並みを速める(たとえば常足(なみあし)から速足(はやあし)へ). **2** (一定の距離を歩いて行くこと, 用足しに)出かけること, 歩行; 道, 道程. Mein erster ～ war [der] zu ihm. 私の一番に行った先は彼の所だった. ein ～ nach Kanossa カノッサ詣(もう)で, 屈辱的な謝罪(に出向くこと)(↑Kannossa). einige *Gänge* erledigen〈besorgen〉 2, 3 用足しをする. einen ～ durch das Museum〈in die Stadt〉 machen 博物館の中をひと回りする(町へひとっ走り出かける). einen schweren〈bitteren〉～ tun〈gehen〉気が重い(気の進まない)用事に出かける. auf *seinem* ～ zur Post 郵便局へ行く途中で. Wir haben ihn gerade auf seinen letzten ～ begleitet. 《雅》私たちはたった今彼の野辺の送りをしてきたところである. **3**《複数なし》(← Stillstand) (装置・機械などの)作動, 運転, 動き. ～ der Gestirne 星辰(せいしん)の運行. et⁴ in ～ bringen〈setzen〉 物⁴(機械など)を動かす, 作動させる; 物⁴(組織など)を機能させる; 事⁴(交渉など)を開始する. et⁴ in ～ halten 物⁴(機械・装置など)を動かし続ける, 物⁴の運転を維持する; 事⁴(議論など)を続行(継続)する. in ～ kommen (機械など)が動きだす; (話し合いなどが)始まる. in ～ sein (機械・装置が)作動している, 運転中である.
4《複数なし》(事態の)進行, 経過, 成行き. der ～ der Ereignisse〈der Welt〉 事件の経過(歴史の流れ). Das ist der ～ der Welt. それが世の習いというものだ. *seinen* ～ gehen (事が)自然の成行きを辿る, 何事もなく(順調に)運ぶ. Alles geht seinen gewohnten ～. 万事ふだん通り進んでいる. den Dingen ihren ～ lassen 物事を自然の成行きに任せる. im ～e〈in ～〉 sein (すでに)始まっている, 行われている, 最中である; (陰謀などが)ひそかに準備(画策)されている. Der Kampf war in vollem ～. 戦闘はたけなわだった.
mit et³ im ～e sein 事³にとりかかって(携わって)いる.
5《試合中の区切りとしての》ラウンド, セット, ゲーム; (作業・過程の)ひと区切り, (仕事の)工程; (食事の)コース, 一品.
6《工学》(自動車などの)ギア; ネジ山, ピッチ. den zweiten ～ einlegen / in den zweiten ～ schalten ギアをセカンドに入れる. den vierten〈fünften〉～ einschalten《話》一段とスピードアップする. einen ～ zulegen〈zurücklegen〉《話》テンポを上げる〈落す〉. auf kleinen ～ schalten《話》ぶらぶら〈スローペース〉でいく. auf langsamen ～ kaufen《話》分割払いで買う. im dritten ～ fahren サードで走る.
7 (トンネル状の狭い)通路; 廊下, 玄関(の間); 地下道, 坑道;《解剖》導管, 管.
8《地質》鉱脈.

'**Gang·art** 囡 -/-en **1** 歩き方, 歩調; (とくに馬の)足運び, 歩態. **2**《話》やり方, 行き方, 対処法. Das ist nicht meine ～ そういうのは私のやり方じゃない. **3**《スポ》《競歩》歩き方. **4**《スキー》足の動き方. **5**《地質》脈石(石英・方解石など, 鉱床中の無価値な非金属鉱物).

'**gang·bar** 形 -/- **1** (道などが)通れる, 通行可能な. **2** (貨幣などが)流通している, 使用できる; (意見などが)通用する, 広く流布(るふ)している, ふつうの.

'**Gän·ge** ['gɛŋə] Gang の複数.

'**Gän·gel·band** ['gɛŋəl..] 宙 -[e]s/⸚er《古》(幼児の歩行練習用)手引き紐. j⁴ am ～ führen〈haben / halten〉《話》人⁴を意のままに操る, 一人歩き〈一本立ち〉させない. am ～ gehen 人の言いなりになっている.

'**gän·geln** ['gɛŋəln] 他 **1** (子供を)手引き紐につなぐ. **2**《話》(人⁴に)あれこれ指図する, (を)自分の言いなりにならせる. raffiniert von j³ *gegängelt* werden 上手に人³に世話をやかせる. **3** (揺りかごなどを)揺する.

..**gän·ger** [..gɛŋɐr]《接尾》「歩く人」の意の男性名詞(-s/-)をつくる. Doppel*gänger* 生き写し(の人). Einzel*gänger* 一匹狼.

'**Gan·ges** [gaŋɡɛs, gaŋəs] 宙 -/《地名》der ～ ガンジス河(インド半島の大河).

'**gän·gig** ['gɛŋɪç] 形 **1**《地方》(馬などが)足が速い. **2** 一般に流布(るふ)している, 普通(通例)の. eine ～e Meinung ありふれた意見. den ～en Tag leben 平々凡々たる日を送る. **3** 売行がよい, よく出回る. ～e Waren よくさばける商品. **4** 通用する, 流通している. ～e Münze 通貨. **5** (装置などが)機能する, 動く. ein Schloss wieder ～ machen 錠を再び使えるようにする. **6**《猟師》(führig) (犬などが)よく訓練された, 言うことをよく聞く.

'**Gan·gli·en** ['gaŋ(ɡ)liən] Ganglion の複数.
'**Gan·gli·en·zel·le** 囡 -/-n《生物・医学》神経節細胞.
'**Gan·gli·on** ['gaŋ(ɡ)liɔn] 宙 -s/..lien (*gr.*) **1**《生物・医学》神経節. **2**《医学》(Überbein) ガングリオン, 骨瘤, 結節腫.
Gan'grän [gaŋˈɡrɛːn] 囡 -/-en (宙 -s/-e)《病理》壊疽(えそ), 脱疽.
Gan'grä·ne [gaŋˈɡrɛːnə] 囡 -/-n (*gr.*) (まれ) =Gangrän
gan·grä'nös [gaŋɡrɛˈnøːs] 形 壊疽(えそ)性の.
'**Gang·schal·tung** 囡 -/-en《工学》(自動車・自転車などの)変速(ギア切替)装置.
'**Gang·spill** 宙 -[e]s/-e《海事》車地(しゃち), (錨などの)巻揚機.
'**Gangs·ter** ['gɛŋstɐr] 男 -s/- (*engl.*) ギャング, 暴力

Gang·way ['gɛŋveː, 'gæŋweɪ] 田 -/-s 《engl.》《船・飛行機などの》タラップ.

Ga'no·ve [ga'noːvə] 男 -n/-n 《jidd.》《話》盗人, 泥棒; 詐欺《仲間》属の人.

Gans [gans] 囡 -/Gänse **1** 《鳥》がん(雁)・がちょう(鵞鳥)類の鳥; (とくに)がちょう. eine ~ ausnehmen がちょうの内臓を抜く. Die *Gänse* gehen überall barfuß. 《諺》どこの鳥(から)も黒さは変らぬ(がちょうはどこでもはだしで歩く). **2** (↔ Gänserich) 雌がちょう; 《侮》《若い》愚かな女. So eine dumme ~! 何て馬鹿な女だ! **3** がちょうの焼肉(ロースト).

'Gäns·chen ['gɛnsçən] 田 -s/- 《Gans の縮小形》がちょうの雛; 《侮》小便くさい小娘.

'Gän·se ['gɛnzə] Gans の複数.

'Gän·se·blüm·chen 田 -s/- 《植物》デイジー, ひなぎく; 《戯》おとなしいだけの娘.

'Gän·se·blu·me 囡 -/-n Gänseblümchen

'Gän·se·bra·ten 男 -s/- がちょうの焼肉(焼鳥).

'Gän·se·fe·der 囡 -/-n **1** がちょうの羽毛. **2** 《古》鵞(が)ペン.

'Gän·se·füß·chen 田 《話》引用符(""). ein Wort in ~ setzen ある語に引用符をつける.

'Gän·se·haut 囡 -/ 《寒tや恐怖による》鳥肌. Mir lief eine ~ über den Rücken. 私は身の毛のよだつ思いがした. eine ~ bekommen 鳥肌が立つ, そっとする.

'Gän·se·klein 田 -s/ がちょうの臓物(頭・手羽を含む); 《料理》がちょうのモツ料理.

'Gän·se·le·ber 囡 -/-n がちょうの肝(料理).

'Gän·se·le·ber·pas·te·te 囡 -/-n 《料理》がちょうの肝入りパイ; 《食品》パテ・ド・フォア・グラ.

'Gän·se·marsch 男 -[e]s/《ふつう成句で》im ~ 《がちょうのように》1列縦隊で.

'Gan·ser ['ganzər] 男 -s/- 《南ドイツ, オーストリア》=Gänserich 1

'Gän·se·rich ['gɛnzərɪç] 男 -s/-e **1** 雄のがちょう. **2** 《話》きじむしろ属(の俗称).

'Gän·se·wein 男 -[e]s/- 《戯》《飲み》水.

Gant [gant] 囡 -/-en 《it.》《古》《スイス》**1** 競売. **2** 破産.

'Gan·ter ['gantər] 男 -s/- 《北ドイツ》=Gänserich 1

Ga·ny'med [gany'meːt, 'gaːnymeːt] ● 《人名》《ギリシャ神話》ガニュメート(Zeus に愛された美しい酌童). ● 男 -s/-e **1** 《戯》(Kellner) 給仕, ボーイ. **2** der ~ 《天文》ガニメデ(木星最大の衛星).

Ga·ny'me·des [gany'meːdɛs] =Ganymed

ganz [gants ガンツ] ● 形 **1**《付加語的用法のみ》単数名詞と》(a)《地名の前では不変化》全部(全体の), …の全部, 全…. die ~e Arbeit allein machen 仕事全部を1人でする. in ~ Berlin ベルリン全市で. die ~e Familie 家族全員. das ~e Haus durchsuchen 家じゅうくまなく捜す. den ~en Tag 一日中. sein ~es Vermögen verlieren 全財産を失う. die ~e Wahrheit sagen 真相を洗いざらい喋る. die ~e Welt 全世界; 誰もかれも. die ~e Zeit [über] その間ずっと, 終始.《前置詞句で》auf den ~en Linie まったく, 完全に. **im Ganzen**《°-en》全部(全体の)で, 全部合わせて; 全体としては, 概して. im *Ganzen*《°-en》genommen〈betrachtet〉全体的(全般的)に見れば. et⁴ im *Ganzen*《°-en》kaufen 物をまとめ買いする. im Großen [und] *Ganzen* 大体において, 全体としては. **mit** ~er Kraft 全力で. **von** ~em Herzen 心から.《慣用的表現で》Das Kind ist seine ~e Freu-de〈sein ~ Stolz〉.《話》子供が彼の喜びのすべて〈子供だけが彼の自慢の種〉である. Er ist der ~e Vater. 彼はまるで父親生き写しだ. ▶ 口語ではしばしば冠詞とともに用いられる. die ~en Bewohner des Hauses その建物のすべての住人(正しくは alle Bewohner des Hauses). (b) 欠けるところのない, 丸ごとの, 全き(完璧な). ~e Arbeit leisten《話》完璧な仕事をする, 全部きれいに片づける. ein ~es Brot パン丸ごと1つ. eine ~e Drehung nach links 左へ1回転. ein ~es Jahr 丸1年. ein ~er Kerl〈Mann〉《話》頼りになるやつ. Die Arbeit verlangt den〈einen〉~en Mann〈Menschen〉. その仕事にはかかりっきりになれる人間が必要だ. eine ~e Note《音楽》全音符. eine ~e Pause《音楽》全休止(符). eine ~e Zahl 整数 (↔ eine Bruchzahl).

2《副詞的にも用いられる》(↔ entzwei) 無傷の, 破損箇所のない. Ich besitze keine ~en Strümpfe mehr. 私には満足にはけるストッキングがもう1足もない. et⁴ wieder ~ machen 物を修繕する.

3《基数詞を伴って》(だけ), …ぽっち. Die Arbeit hat ~e zehn Minuten gedauert. 仕事はわずか10分で終った.

4《付加語的用法のみ》かなり大きな; かなり大量の. ein ~er Haufen Arbeit / eine ~e Menge Arbeit 山のような仕事. ~e Nächte〈Tage〉いく晩〈なん日〉も. eine ~e Weile〈Zeit〉相当長い時間.

● 副 **1** 完全に, まったく, すっかり. Das ist etwas anderes. それは全然べつのことだ. *Ganz* gewiss! 確かに(間違いなく)承知しました. *Ganz* recht〈richtig〉! まったくその通りだ. et⁴ ~ aufessen 物をきれいに平らげる. ein Zimmer ~ räumen 部屋をすっかり片づける.《nicht ganz の形で》Bist du fertig?—[Noch] nicht ~! いやもうちょっと…いやもちろんと息だ. Ich bin nicht ~ zufrieden. 私は今1つは満足していない.《ganz und gar の形で》Das ist ~ und gar falsch. それはまったく間違っている. ~ und gar nicht 全然(まるっきり)…ない. 《述語名詞と》Er ist ~ der Mann dazu〈~ Sportler〉. 彼はまさにそれにもってこいの男〈全身これスポーツマン〉だ. Ich war ~ Ohr.《話》私は全身を耳にして聞き入った. Er ist ~ der Vater. 彼はまるで父親生き写しだ(↑●**1**(a)). Sie war ~ Würde. 彼女は威厳そのものといった風だった.

2 (a)《形容詞の意味を限定して》かなり, そこそこ. Wie geht's?—Danke, es geht mir ~ gut. 元気かい—うん, まあまあ. Das kann ich ~ gut. それ位のことなら私も結構うまくやれる. Das Wetter ist ~ schön. 天気はまずまずだ. (b)《形容詞の意味を強めて》非常にきわめて. ein ~ armer Mann いかにも貧しい〈哀れな〉男. ~ begeistert〈erstaunt〉sein ひどく感激(びっくり)仰天する.

'Gan·ze ['gantsə] 《形容詞変化》 ● 田《複数なし》全体, 総体, 統一体; 全部. Sie bilden ein einheitliches ~s. それらは1つのまとまった全体を形成している. Das ~ gefällt mir nicht. 何もかもが私は気にいらない. das große ~ betrachten〈sehen〉全体を眺める. nichts Halbes und nichts ~s sein / nichts ~s und nichts Halbes sein 中途半端(どっちつかず)である. et⁴ als ~s betrachten 物を全体的に見る. aufs ~ gehen《話》断固として進む, あくまで(とことん)やる. aufs ~ gesehen 大局的に見ると. im ~n betrachtet 全体として(全般的)に見れば(↑ganz ●**1**(a)). Jetzt geht es ums ~. 今こそのかそるかの時だ.

● 男 囡 (大)ジョッキ1杯のビール.《次の用法で》eine

~ bestellen 大ジョッキを1つ注文する. j³ einen ~n vorkommen 人³の健康を祝してジョッキを空ける.

Gän·ze ['gɛntsə] 囡 -/ **1**《鉱業》(a) 未採掘の鉱床. (b) 鋳造(用)砂型, 大鋳(')型. (c) 堅い岩石. (d) (鍛造用)棒鉄, 銑鉄塊. **2**《雅》全体, 全部. eine Situation in ihrer ~ überschauen 状況をその全体において(全体的に)見極める. zur ~ 完全に, まったく.

Ganz·heit ['gantshaɪt] 囡 -/-en 全体, 総体, 統一体; 完全, 完璧;《哲学》全体性.

ganz·heit·lich 形 全体の, 総体の, 全体(総体)的な;《教育》全人的な.

Ganz·heits·me·tho·de 囡 -/《教育》全習法(読み方教育で, 個々の文字・音からではなく語または文から始める方法).

ganz·jäh·rig 形 一年中の, 通年の.

Ganz·le·der 中 -s/《製本》総革(装).

Ganz·le·der·band 男 -[e]s/-e《製本》総革装本.

Ganz·lei·nen 中 -s/《製本》総クロス(装);《紡織》総麻(の生地).

gänz·lich ['gɛntslɪç] ❶ 形 完全な, 全くの, 完璧な. ❷ 副 完全に, 全く, すっかり.

'Ganz·sa·che 囡 -/-n《郵趣》切手(またはその代りの証票)を刷りこんだはがき(封筒).

'ganz·tä·gig 形 一日中の, 終日の.

'Ganz·tags·schu·le 囡 -/-n《教育》全日制の学校.

'Ganz·ton 男 -[e]s/-e《音楽》全音.

'ganz·wol·len 形 純毛の(オールウール)の.

'Ganz·wort·me·tho·de 囡 -/《教育》=Ganzheitsmethode

*****gar** [ga:r ガール] ❶ 副 **1** (a) (sogar) その上に, それどころか…さえ. Sie beschimpfte mich und bedrohte mich ~. 彼女は私を罵(⁽ᵒ⁾)っただけでなく脅(⁽ᵒ⁾)しさえした. Der eine war nicht sehr klug, der andere ~ dumm. 片方の男もあまり賢くはなかったがもう一方は馬鹿と言ってもよいほどだった. (b) (erst recht) ましてや, …にいたってはなおさら. Er ist ja schon aufdringlich genug, und《~》seine Frau! まったく彼女にしてからがあり随分と厚かましいのだがその妻君ときた日には輪をかけたひどいのだから. **2** (a)《陳述を強めて》実際, 本当に. Er ist ~ zu allem fähig. 彼は実際何だってやれる男だ. (b)《否定詞と》全然, まったく. Das ist ~ nicht schlecht. それはすこしも悪くはない. Ich habe ~ niemanden gesehen. 私は誰1人見かけなかった. ganz und ~ nicht 全然(絶対に)…ない. **3** ひょっとして, もしや, まさか. Du wirst es doch nicht ~ vergessen haben? まさか君はそれを忘れたんじゃないだろうね. **4**《南ドィ・ォースト・スィス》非常に, たいへん. Es ist ein ~ liebliches(~ ein liebliches)Kind. なかなかかわいい子だ. **5** (**so, zu** と) ~ so とっても, 実に. Sie kann ~ so schön lachen. 彼女は笑顔が実にいい. ~ zu ありにも. Du bist ~ zu ängstlich. 君はひどくびくびくし過ぎだ. **6**《反語的意味をこめた慣用表現で》Ich glaube ~! まさかそんな, 冗談は止してくれ. Warum nicht ~! そんなばかな, 冗談じゃない. Warum nicht ~? どうしていけないんだい, それでいいじゃないか.
❷ 形 **1** よく煮えた, 茹(⁽ᵒ⁾)であった;《まれ》焼きあがった. ~ Fleisch 十分火の通った肉. Kartoffeln ~ kochen じゃがいもをよく茹でる. **2**《加工・細工の手前まで》仕上った. Der Teig ist ~. このパン生地はもう

できあがっている. ~es Leder なめし革. Metall ~ machen 金属を鍛錬する. **3**《農業》①すぐ耕作(栽培)可能な. **4**《述語的用法のみ》《南ᲢᲿ・ᲛᲣᲢᲥ》《話》使い果たした, (使いきって)もう無い. Der Vorrat ist ~. 貯えは底をついた.

*****Ga·ra·ge** [ga'ra:ʒə ガラージェ] 囡 -/-n (*fr.*) ガレージ, 車庫;《まれ》自動車修理工場.

Ga·ra·mond [gara'mõ:] 囡 -/《印刷》ガラモンド(フランスの活字鋳造工 C. Garamond, 1480-1561 がつくった欧文活字書体の一種).

Ga·rant [ga'rant] 男 -en/-en (*fr.*) 保証人.

*****Ga·ran·tie** [garan'ti: ガランティー] 囡 -/-n [..i:ən] (*fr.*) **1** 保証 (für et⟨j⟩⁴ von⟨wp⟩~にする / gegen et⁴ 事4をしないという); 保証期間. Dafür kann ich keine ~ übernehmen. それは私は保証できません. ein Jahr ~ geben(leisten) 物¹ (自社製品など)を1年間保証する. Darauf gebe ich dir meine ~.《話》そのことなら私は君に請け合ってもいい. noch auf ~ gehen / noch unter die ~ fallen (修理などが)まだ保証期間内の扱いである. Aber ohne ~.《話》でも保証の限りじゃないよ. unter ~《話》必ず, きっと. **2**《法制》保障, 保証; 担保.

Ga·ran'tie·frist 囡 -/-en《法制》保証期間.

Ga·ran'tie·lohn 男 -[e]s/-e《法制》(出来高払いの仕事に対する)最低保障賃金.

*****ga·ran'tie·ren** [garan'ti:rən ガランティーレン] (*fr.*) ❶ 他 (人³に事⁴を)保証する, 請け合う. ein festes Einkommen ~ 固定給を保証する. Ich *garantiere* dir, so etwas passiert nie wieder.《話》請け合っていいけれどそんなことはもう2度と起らないよ. ❷ 自 für et⁴ ~ 事⁴を保証する, 請け合う. für die Qualität ~ 品質を保証する.

ga·ran'tiert 過分《形》**1** 保証された, 折紙つきの. **2**《副詞的用法で》必ず, きっと. Sie hat es ~ vergessen.《話》彼女はきっとそれを忘れてしまったんだ.

Ga·ran'tie·schein 男 -[e]s/-e (商品の)保証書.

'Gar·aus ['ga:raʊs] 男 -/《次の成句で》j³ den ~ machen《戯》人³の息の根を止める. et³ den ~ machen《話》事³にとどめを刺す. ◆この語は "Gar aus! (= Vollständig aus!)" という15世紀以来ドイツで用いられた Polizeistunde (法定閉店時刻)を告げる言葉に由来する.

'Gar·be ['garbə] 囡 -/-n **1**《藁(ᵂ)などの》束. Getreide in⟨zu⟩ ~n binden 穀物を束にする. **2** 光錐(円錐形の光線束);集束弾道(速射銃弾の円錐形の散飛).

Gar·çon [gar'sõ:] 男 -s/-s (*fr.*)《古》**1** 若者, 少年. **2** 独身男性. **3** 給仕, ボーイ.

Gar·çon·ne [gar'sɔn] 囡 -/-n (*fr.*) **1**《古》(若い)独身女性; ボーイッシュな女の子. **2**《複数なし》ガルソンヌ(女性のボーイッシュなモード).

Gar·çon·niè·re [garsɔni'e:rə, ..'ɛ:rə] 囡 -/-n (*fr.*)《ᲞᲬᲢᲬᲫ》1部屋の住居, ワンルームマンション(アパート).

'Gar·da·see ['gardaze:] 男 -s/ (*it.*)《地名》der ~ ガルダ湖(北部イタリア, アルプスの麓にある湖).

'Gar·de ['gardə] 囡 -/-n **1** 護衛隊, 親衛隊, 近衛(⁽²⁾)連隊;《古》《軍事》精鋭部隊. **2** (仕事・関心を同じくする)グループ, 仲間. die alte ~ (職場・サークルなどの)古株連中. [noch] von der alten ~ sein 古風な中堅である; 古風である;《戯》頭が古い. **3** (揃いの衣装を着た)カーニバルの一隊.

Gar·de·nie [gar'de:niə] 囡 -/-n《植物》くちなし(梔子). ◆スコットランドの植物学者ガーデン A. Garden,

Garderegiment

?-1791 の名にちなむ.
'Gar·de·re·gi·ment 囲 -[e]s/-e[r] 近衛連隊.
***Gar·de·ro·be** [gardəro:bə ガルデロープ] 囡 -/-n (fr.) **1**(劇場などの)携帯品預り所, クローク. **2** 更衣室, 化粧室;(役者の)楽屋. **3**(玄関・廊下にある)洋服掛け. **4**(ある人の)持ま衣裳(全部). viel ～ haben 衣裳持ちである.
'Gar·de·ro·ben·frau 囡 -/-en 携帯品預り所(クローク)係の女性.
'Gar·de·ro·ben·mar·ke 囡 -/-n 携帯品預り札.
'Gar·de·ro·ben·stän·der 團 -s/- (玄関などに立てた)コート掛.
'Gar·de·ro·bier [gardərobi'e:] 團 -s/-s 《演劇》衣装方(た).
'Gar·de·ro·bi'e·re [gardərobi'e:rə] 囡 -/-n **1** Garderobier の女性形. **2** = Garderobenfrau
***Gar·di·ne** [gar'di:nə ガルディーネ] 囡 -/-n (fr.)(薄地の)カーテン. hinter schwedischen ～n sitzen《戯》牢屋に入っている, くさいメシを食う. ◆原義は, ベッドのカーテン.
'Gar·di·nen·pre·digt 囡 -/-en《戯》お小言, 説教(とくに妻の). ◆もと, 帰宅の遅い亭主に向って妻がベッドのカーテンの陰からする説教, の意.
'Gar·di·nen·stan·ge 囡 -/-n **1** カーテン開閉用の棒. **2** カーテンレール, カーテンロッド.
'Gar·dist [gar'dɪst] 團 -en/-en 護衛兵, 近衛兵.
'Ga·re ['ga:rə] 囡 -/ **1**《料理》よく煮えた(茹(ゆ)がった, 焼きあがった)状態;(パン生地(ぜ)が)仕上っていること. **2**《製革》(皮の)なめられた状態; なめし用剤. **3**《農業》(土壌の)耕作(栽培)最適状態.
'ga·ren ['ga:rən] **❶** 国 煮える, 茹で(ゆ)がる;(パン生地(ぜ)が)仕上がる. **2** 他 よく煮る, 茹で(焼き)あげる, パン生地などを仕上げる. **3**《冶金》(金属を)鍛錬(精錬)する.
gä·ren ['gɛ:rən ゲーレン] gor(gärte), gegoren(gegärt) **❶**(s, h) **1**(s, h)(多く不規則変化)発酵する. Der Wein ist klar *gegoren*(まれ *gegärt*). ワインが発酵して澄んできた. **2**(h)(ふつう規則変化)(感情などが)沸き立つ. Der Hass *gärte*(まれ *gor*)in mir. 憎しみが私の腹の中は煮えくり返っていた.《非人称的に》Unter der Bevölkerung *gärt es*. 住民の間に不穏な空気が渦巻いている. **❷** 他《不規則変化》発酵させる.
'Gär·fut·ter ['gɛ:r..] 囲 -s/《農業》(サイロやピットで発酵・貯蔵された)生牧草.
'Gar·kü·che ['gɛ:r..] 囡 -/-n 軽食を出す店, 簡易食堂;(簡易食堂の)食べ物, 料理.
'Gar·misch-Par·ten'kir·chen ['garmɪʃpartən-'kɪrçən]《地名》ガルミッシュ・パルテンキルヒェン(バイエルン州南部の保養地・スキー場として知られる町).
'Gär·mit·tel ['gɛ:r..] 囲 -s/- 発酵素.
***Garn** [garn ガルン] 囲 -[e]s/-e **1** つむぎ糸, より糸;《海事》帆布(はんぷ)縫製用撚糸(ねん). ～ spinnen 糸を紡(つむ)ぐ, *sein*〈ein〉～ spinnen《話》夢みたいな作り話(ほら話)をする(船員が暇な折りに古くなった綱などをばらして糸を撚りながら冒険談などのほら話をしたことに由来する). **2**《狩猟・水産》(猟・漁の)網. das Wild ins ～ jagen〈treiben〉獣を網に追込む. j³ ins ～ gehen 人³の罠(わな)にひっかかる,(にまんまと乗せられる. j⁴ ins ～ locken〈ziehen〉人⁴を罠(わな)にかける.
Gar'ne·le [gar'ne:lə] 囡 -/-n《動物》遊泳亜目(小えびなど)の甲殻類.

gar'ni [gar'ni:] ↑ Hotel garni
'Gar·nichts ['ga:rnɪçts] 團〈囲〉-/-e《複数まれ》お. そくだういうやつ; まるで無価値(無意味)な物.
'gar'nie·ren [gar'ni:rən] 他 (fr.) **1** 飾る, 装飾する(mit et³ 物³で);《料理》(物に)添える, 付合せる(mit et³ 物³をもって). belegte Brote mit Petersilie ～ オーブン・サンドにパセリをあしらう. einen Hut mit Blumen ～ 帽子に花飾りをつける. **2**《造船》Laderaum ～ 船倉に(積荷の保護のための)内張りをする.
'Gar'nie·rung [gar'ni:rʊŋ] 囡 -/-en **1**《複数なし》飾りつけ(をすること). **2** 飾り;《料理》付合せ;(ケーキの)デコレーション. **3**《造船》(積荷の保護のための)船倉の内張り.
'Gar·ni·son [garni'zo:n] 囡 -/-en (fr.)《軍事》駐屯地, 衛成(えい)地; 駐屯部隊, 衛戍軍.
'gar·ni·so'nie·ren [garnizo:ni:rən] 他《古》《軍事》**❶** 他 駐屯している. **❷** 他 (部隊を)駐屯させる.
'Gar'ni·tur [garni'tu:r] 囡 -/-en (fr.) **1**(容器や衣服の)揃い, 1式, セット,(とくに下着の上下;《軍事》装, (特別の目的をもった)服装;《工学》(機械などの)設備 1式. eine ～ Geschirr 食器セット. eine dreiteilige ～ 三つ揃い. **2**《話》(グループ内のランク付けされた)集団, 部隊. die erste〈zweite〉～ einer Mannschaft 1軍〈2軍〉チーム. **3**(縁飾り, 装飾品;《料理》の添え物, つま. **4**(活字の)ソート; フォント. **5**《話》陰謀(とくに男性の).
'Garn·knäu·el ['garn..] 團〈囲〉-s/- 糸玉.
'Garn·rol·le 囡 -/-n 糸巻き.
'gars·tig ['garstɪç]**1** 醜い, いやな, 厭(いや)らしい. ein ～*er* Geruch いやな臭い. ein ～*es* Tier おぞましい動物. **2** 意地悪な, 行儀(ぎょうぎ)の悪い. Sei nicht so ～[zu mir]! そう意地悪しないでくれよ.
'Gär·stoff ['gɛ:r..] 團 -[e]s/-e 発酵剤, 発酵素.
'Gärt·chen ['gɛrtçən] 囲 -s/-《Garten の縮小形》小庭園.

'Gar·ten

['gartən ガルテン] 團 -s/Gärten 庭園. der ～ Eden《旧約》エデンの園. botanischer〈zoologischer〉～ 植物〈動物〉園. hängender ～ テラス式庭園(とくに古代の). einen ～ anlegen〈pflegen〉庭を造る〈庭の手入れをする〉. quer durch den ～《戯》(スープ・シチューなどに)いろんな野菜の入った《侮》いろんなものがごた混ぜになった. Das ist nicht in seinem ～ gewachsen.《話》それは彼が考えた(工夫した)ものじゃない.
'Gar·ten·ar·beit 囡 -/-en 庭仕事,(菜園での)畑仕事; 庭いじり, 園芸; 造園.
'Gar·ten·ar·chi·tekt 團 -en/-en 造園家, 庭師.
'Gar·ten·bau 團 -[e]s/ 園芸.
'Gar·ten·er·de 囡 -/《複数まれ》園土.
'Gar·ten·fest 囲 -[e]s/-e 園遊会, ガーデンパーティー.
'Gar·ten·ge·rät 囲 -[e]s/-e 園芸用具.
'Gar·ten·haus 囲 -es/..häu·ser **1** 園亭, 東屋(あずまや). **2**《話》(小さな庭つきの)裏屋, 離れ.
'Gar·ten·kunst 囡 -/-ᵉ 造園術(法).
'Gar·ten·lau·be 囡 -/-n 園亭, あずまや.
'Gar·ten·lo·kal 囲 -[e]s/-e (屋外にテーブルを置く)庭園(テラス)式レストラン.
'Gar·ten·saal 團 -[e]s/..säle 庭園に面した広間.
'Gar·ten·sche·re 囡 -/-n 植木(ばさみ), 庭ばさみ.
'Gar·ten·stadt 囡 -/-ᵉ 田園都市.
'Gar·ten·wirt·schaft 囡 -/-en **1** = Gartenlokal

2《複数なし》=Gartenbau

Gar·ten·zaun 男 -[e]s/-e 庭の垣根;〖馬術〗生垣障碍.

Gar·ten·zwerg 男 -[e]s/-e **1** 小人の陶製人形(庭の置物). **2**《俗》醜いちび、つまらないやつ.

Gärt·ner ['gɛrtnər] 男 -s/- 園丁,庭師,園芸家;造園家. ◆女性形 Gärtnerin 女 -/-nen

Gärt·ne·rei [gɛrtnə'raɪ] 女 -/-en **1**《複数なし》園芸(術);造園. **2** (a) 造園業. (b) 果樹(養樹)園,菜園,園芸農園.

gärt·ne·risch ['gɛrtnərɪʃ] 形 園芸(造園)の.

gärt·nern ['gɛrtnərn] 自《趣味で》庭仕事(庭いじり)をする.

Gä·rung ['gɛːrʊŋ] 女 -/-en **1** 醗酵. **2** 不穏な空気, 騒擾(そうじょう). in ~ geraten 騒然となる.

Gas [gaːs ガース] 中 -es/-e (gr.) **1** 気体, ガス(状のもの). brennendes ~ 可燃性のガス.〖物理〗ideales ~ 理想気体. ~ ablassen〈abblasen〉屁をひる. **2** (a)（燃料用の）ガス, 都市ガス. das ~ abdrehen〈abstellen〉ガスの栓を閉める. j³ das ~ sperren 人³のガスをとめる. mit ~ heizen〈kochen〉ガス暖房をする〈ガスで煮炊きする〉. (b)《話》ガスの火; ガスこんろ. die Kartoffeln aufs ~ setzen〈vom ~ nehmen〉ジャガイモをガスこんろにかける〈ガスこんろから降ろす〉. **3** (a)《種々なものの》混合ガス. ~ geben アクセルを踏む;《話》スピードをあげる, 急ぐ;《話》風を喰(く)って消える;《話》屁をひる. ~ wegnehmen アクセルを離す; スピードを落す. kein ~ im Ballon haben《話》頭が弱い. (b)《話》アクセルペダル, アクセルレバー. aufs ~ treten アクセルを踏む. den Fuß vom ~ nehmen / vom ~ weggehen アクセルから足を離す. **4** (a)〖軍事〗毒ガス. (b) (Gaskammer) ガス室. **5** ~ haben《話》《地方》酔っぱらっている; 幸せである.

Gas·an·griff 男 -[e]s/-e〖軍事〗毒ガス攻撃.

Gas·an·stalt 女 -/-en ガス（製造）工場.

Gas·an·zün·der 男 -s/- ガス点火器.

gas·ar·tig 形 ガス(気体)状の.

Gas·au·to·mat 男 -en/-en（コイン式の）自動ガス器具.

Gas·ba·de·ofen 男 -s/- ガス風呂の釜（ボイラー）.

Gas·be·häl·ter 男 -s/- ガスタンク.

Gas·be·leuch·tung 女 -/-en ガス灯; ガス照明.

Gas·brand 男 -[e]s/-e〖病理〗ガス壊疽(えそ).

Gas·bren·ner 男 -s/- ガスバーナー; ガス器具の火口(ひぐち).

gas·dicht 形 気密(性)の.

ga·sen ['gaːzən] ❶《非人称》Es gast. ガスのにおいがする, ガス臭い. ❷ⓔ (s, h) **1** (s)《話》車を猛スピードでとばす; アクセルを思いきり踏む. **2** (h)《話》おならをする. **3** (h) ガスを放散する.

Gas·feu·er·zeug 中 -[e]s/-e ガスライター.

Gas·fla·sche 女 -/-n ガスボンベ.

gas·för·mig 形 気体の, 気体状(ガス状)の.

Gas·ge·misch 中 -[e]s/-e 混合ガス(気体).

Gas·ge·ne·ra·tor 男 -s/-en ガス発生炉(発生器).

Gas·hahn 男 -[e]s/-e ガス栓. den ~ abdrehen ガス栓を閉める, ガスを切る. j³ den ~ abdrehen《話》人³を絞め殺す;（経済的に）人³の息の根をとめる. den ~ aufdrehen ガス栓をあける.《婉曲》ガス自殺を図る. den ~ zudrehen《話》天然ガスの輸出を制限する(供給をとめる).

Gas·hal·tig 形 ガスを含んだ.

Gas·he·bel 男 -s/-（自動車の）アクセル.

Gas·hei·zung 女 -/-en ガス暖房（装置）.

Gas·herd 男 -[e]s/-e ガスレンジ.

ga·sig ['gaːzɪç] 形 ガス状の, ガスのような.

Gas·kam·mer 女 -/-n **1** ガス室(とくにナチスの強制収容所の). **2**〖戯〗《学生》理科室, 化学教室.

Gas·ko·cher 男 -s/- ガスこんろ.

Gas·ko·na·de 女 -/-n《話》ほら, 大言壮語（フランス南西部ガスコーニュ Gascogne 地方の住民が大ぼら吹きとされていたことによる）.

Gas·krieg 男 -[e]s/-e〖軍事〗毒ガス戦, 化学戦.

Gas·la·ter·ne 女 -/-n（街灯用の）ガス灯. Ihm geht eine ~ auf.《古》《話》彼はやっと分かりはじめた.

Gas·lei·tung 女 -/-en ガス管; ガスの配管.

Gas·licht 中 -[e]s/-er ガス灯（の明り）, ガスライト.

Gas·mann 男 -[e]s/-er《話》ガスメーターの検針員.

Gas·mas·ke 女 -/-n ガス（防毒）マスク.

Gas·mes·ser 男 -s/-〖工学〗ガスメーター, ガス計.

Gas·ofen 男 -s/- ガスストーブ;《話》ガスレンジ.

Gas·öl 中 -[e]s/-e〖化学〗ガス油, 軽油.

Ga·so·lin [gazo'liːn] 中 -s/-〖化学〗ガソリン, 揮発油.

Ga·so'me·ter [gazo'meːtər] 男 -s/- (fr.)（ガス会社の）大型ガスタンク;（実験室の）ガス貯蔵庫, ガス溜め.

Gas·pe·dal 中 -s/-e（自動車の）アクセル. auf das ~ treten アクセルを踏む.

Gas·rohr 中 -[e]s/-e ガス管;《話》直腸.

Gäss·chen, **Gäß·chen** ['gɛsçən] 中 -s/- (Gasse の縮小形) 小路, 横丁, 路地.

*'**Gas·se** ['gasə ガセ] 女 -/-n **1** 路地, 小路, 横丁;《総称的に》横丁(路地裏)の住人たち. Das wissen sogar die Kinder auf der ~. そんなことはそこらで遊んでいる子供でも知っている. Das kann man auf allen ~n hören. その話なら到る所で（町中で）こべっこで）聞ける. hohle ~《古》《山地》（のように狭い道）. **2**〖商業〗街路, 表の通り. auf der ~ spielen 表（家の外, 路上）で遊ぶ. et¹ über die ~ verkaufen 物¹(飲食物)を持帰り用に売る. **3** (人垣・塀などで両側を酌った）狭い通路, 通り道. sich¹ eine ~ durch die Menge bahnen 人垣をかき分けて突き進む. für j⁴ eine ~ bilden 人⁴のために人垣をつくって道をあけてやる. **4**〖印刷〗リバー（単語間の隙間が数行にわたって同じ位置にきたため縦に溝のように空いた空白）. **5**〖サッカー〗ストライクコース, ポケット;〖ラグビー〗守備陣（防御）の穴, オープンスペース;〖ラグビー〗ラインアウト. eine ~ bilden ラインアウトを形成する（相手防御陣）. eine ~ öffnen（相手防御陣）に穴をつくる.

Gas·sen·bu·be 男 -n/-n =Gassenjunge

Gas·sen·hau·er 男 -s/-《話》（低俗な）はやり歌.

Gas·sen·jun·ge 男 -n/-n 町の不良少年（悪童）.

Gas·spür·ge·rät 中 -[e]s/-e〖工学〗ガス検知機.

Gast

[gast ガスト] 男 -[e]s/Gäste (-en) **1**《複数 ⸚e》客, 客人,（飲食店・宿屋の）お客, 顧客. ein gerngesehener〈ständiger〉~ うれしい客（常連）. ein ungebetener ~ いやな（招かれざる）客. Wir haben heute *Gäste*. 今日はうちにお客がくる. j⁴ zu ~ bitten〈laden〉《雅》人⁴を招待する. j⁴ zu ~ haben 人⁴を招待して（お客に）迎えている. bei j³ ~ sein 人³(の家)の客になっている.《慣用的表現で》Sie sind heute mein ~. / Seien Sie heute mein ~. / Betrachten Sie sich⁴ heute als mein ~.（レストランなどで）今日の

勘定は私持ちですよ. **2**《複数 =e》(芝居・音楽会の)客演者;《ｺﾝﾋﾟｭｰﾀ》ビジター, ビジティングチーム. als ~《略 a.G.》客演者として. **3**《複数 =e》《話》やつ. ein komischer ~ 妙ちきりんなやつ. **4**《複数 -en》(船員)(特定の仕事を割振られた)船員, 水夫. Signal-gast 信号手. Rudergast 舵手.

'**Gast·ar·bei·ter** 男 -s/- **1**(外国からの)出稼労働者, 外国人労働者. **2**《戯》(a)臨時雇い. (b)ちょくちょく職場(仕事場)を離れる人.

'**Gast·bett** 中 -[e]s/-en =Gästebett
'**Gast·di·ri·gent** 男 -en/en 客演指揮者.
'**Gäs·te** ['gɛstə] 男 Gast の複数.
'**Gäs·te·bett** 中 -[e]s/-en 来客用ベッド.
'**Gäs·te·buch** 中 -[e]s/⸚er (客が名前や記念の言葉を書きつける)来客記念帳, (ホテルの)宿帳.
'**Gäs·te·haus** 中 -es/⸚er 来客用宿舎, ゲストハウス.
Gas·te·rei [gastəˈraɪ] 女 -en/en もてなし, 饗応, 饗宴.
'**Gäs·te·zim·mer** 中 -s/- (ホテル・家庭などの)客間, 客室, (民宿などの)談話室, ラウンジ.
'**gast·frei** 形 (gastfreundlich) 客あしらいのよい, 客好きの.
'**Gast·freund** 男 -[e]s/-e《古》**1** 客を迎える主人, ホスト. **2** 客人.
'**gast·freund·lich** 形 客好きの, もてなしのよい. Wir wurden ~ bewirtet. 我々は手厚くもてなされた.
'**Gast·freund·lich·keit** 女 -/ 客あしらいのよいこと, 歓待.
'**Gast·freund·schaft** 女 -/ 客を手厚くもてなすこと, 歓待. j³ ~ gewähren 人³を手厚くもてなす.
*'**Gast·ge·ber** ['gastgeːbər] 男 -s/- (客を招いた)主人, 接待者, ホスト;《ｽﾎﾟｰﾂ》ホームチーム.
◆女性形 Gastgeberin 女 -/-nen
*'**Gast·haus** ['gasthaʊs] 中 -es/⸚er (あまり大きくない)宿屋, 飲食店(宿屋を兼ねていることが多い).
'**Gast·hof** ['gastho:f] 男 -[e]s/⸚e (田舎などの小さな)宿屋, 旅館(しばしばレストランも兼ねている).
'**Gast·hö·rer** 男 -s/- (大学の)聴講生.
gas·tie·ren [gasˈtiːrən] 自 (よその劇場・舞台に)ゲスト出演する, 客演する;《ｽﾎﾟｰﾂ》ビジティングチームとして(相手の本拠地にて)プレーする.
'**gast·lich** ['gastlɪç] 形 =gastfrei, gastfreundlich
'**Gast·lich·keit** 女 -/ =Gastfreundlichkeit
'**Gast·mahl** 中 -[e]s/-en(-e)《雅》饗宴, 祝宴.
'**Gas·tod** 男 -[e]s/-e《複数まれ》ガス中毒死.
'**Gast·pflan·ze** 女 -/-n《植物》寄生植物.
'**Gast·pro·fes·sor** 男 -s/-en 客員教授.
'**Gast·recht** 中 -[e]s **1**(a)《古》客人権(旅人が客としての待遇と保護を受ける権利). (b)(ある country・土地に)客として滞在する資格, またその許可. j³ ~ gewähren 人³を歓待する. **2**《国際法》(交戦国の軍艦が)中立国の港に短期間寄港する権利.
'**gas·trisch** ['gastrɪʃ] 形 (gr.)《医学》胃の.
Gas·tri·tis [gasˈtriːtɪs] 女 -/..tiden [..ˈtriːtɪdən] (gr.)《病理》胃炎, 胃カタル.
'**Gast·rol·le** 女 -/-n **1** 客演俳優(歌手)が演じる役. **2**《戯》一時的な滞在(勤務). Ich habe hier nur eine ~ gegeben. 当地ではほんのしばらくの滞在でした.
Gas·tro·nom [gastroˈnoːm] 男 -en/-en (fr.) **1** 料亭(高級レストラン)の主人. **2** 料理人, 調理師. **3** 食通, 美食家.
Gas·tro·no·mie [gastronoˈmiː] 女 -/ (gr.) **1** 調理法, 料理術, 包丁さばき. **2** 料亭(レストラン)の経営;飲食業. **3** 美食, 食道楽. **4** 食品学.

gas·tro·no·misch [..ˈnoːmɪʃ] 形 **1** 調理法(料理術)上の. **2** 料理店の. **3** 美食(家)の, 食道楽の.
Gas·tro·skop [gastroˈskoːp] 中 -s/-e《医学》胃鏡, 胃内視鏡.
Gas·tro·sko·pie [..skoˈpiː] 女 -/-n[..ˈpiːən]《医学》胃鏡検査(法).
'**Gast·spiel** ['gastʃpiːl] 中 -[e]s/-e (俳優・音楽家の)客演;《ｽﾎﾟｰﾂ》(↔ Heimspiel) 遠征試合. ein ~ geben 客演する. [nur] ein kurzes ~ geben《戯》ほんのつかまの顔を見せる(居る)こと.
'**Gast·stät·te** ['gastʃtɛtə] 女 -/-n 飲食店, レストラン;旅館, ホテル.
'**Gast·stu·be** 女 -/-n (旅館の)食堂.
'**Gas·tur·bi·ne** [ga:s..] 女 -/-n《工学》ガスタービン.
'**Gast·vor·le·sung** 女 -/-en (客員教授の)特別講義.
'**Gast·wirt** 男 -[e]s/-e 旅館(飲食店)の主人, 亭主.
'**Gast·wirt·schaft** 女 -/-en (あまり大きくない)宿屋;(手軽な)レストラン.
'**Gast·zim·mer** 中 -s/- **1** 客間, 客室. **2** (旅館の)食堂.
'**Gas·uhr** [ˈgaːs..] 女 -/-en =Gaszähler
'**Gas·ver·gif·tung** 女 -/-en ガス中毒.
'**Gas·ver·sor·gung** 女 -/-en ガスの供給.
'**Gas·werk** 中 -[e]s/-e ガス(製造)工場.
'**Gas·zäh·ler** 男 -s/-《工学》ガスメーター.
Gatt [gat] 中 -[e]s/-en **1**《海》船尾(の形). **2** (船の)排水孔, 放水孔. **3** (海岸から内陸に入りこんだ)狭い水路, 澪. **4** (索具などの)保管庫, 収納所. **5** (帆にあけた)はと目.
GATT [gat] 中 -[s]/ (engl.)《略》《経済》=General Agreement on Tariffs and Trade ガット(関税と貿易に関する一般協定).
*'**Gat·te** ['gatə ガテ] 男 -n/-n **1**《雅》ご主人(オーストリア以外では自分の夫には用いない丁寧語). **2**《複数で》《古》夫婦.
'**gat·ten** [ˈgatən] 再 (sich) **1**《雅》([mit] et³ 物³と)結びつく, 1つになる. **2**《古》結婚する; 交接する, 睦(むつ)みあう.
'**Gat·ten·lie·be** 女 -/《雅》夫婦愛.
'**Gat·ter** [ˈgatər] 中 -s/- **1** 格子; 柵, 垣. über den ~ springen 垣根をとび越える. **2**《紡織》クリール, 巻糸軸架. **3** (Gattersäge) 長鋸(盤). **4**《ｺﾝﾋﾟｭｰﾀ》ゲート, 回路. **5**《馬術》(障碍飛越の)障碍. **6**《猟師》猟場を囲む柵; 柵をめぐらせた猟場.
'**Gat·ter·sä·ge** 女 -/-n《工学》長鋸(盤).
'**Gat·ter·tor** 中 -[e]s/-en 格子戸, 格子門.
*'**Gat·tin** [ˈgatɪn ガティン] 女 -/-nen《雅》奥さま(オーストリア以外では自分の妻には用いない丁寧語). ↑Gatte
'**Gat·tung** [ˈgatʊŋ] 女 -/-en **1** 種類, 部類;《論理》類. Dreieck und Viereck gehören zur ~ Vieleck. 3 角形や 4 角形は多角形類に属する. **2**《生物》属. **3**《文学》ジャンル. **4**《軍事》(Waffengattung)兵科.
'**Gat·tungs·be·griff** 男 -[e]s/-e《論理》類概念.
'**Gat·tungs·na·me** 男 -ns/-n **1**《生物》属名. **2**《言語》普通名詞. ◆格変化は Name 参照.
Gau [gaʊ] 男 -[e]s/-e **1**《古》森と水の豊かな地域. **2**《歴史》ガウ(古代ゲルマン部族の居住区・行政区). **3**《政党などの》地区;(とくにナチスの)大管区. **4** 地域, 地方.
GAU [gaʊ] 男 -s/-s《略》=größter anzunehmender Unfall (原子炉の)最大仮想事故.

Gäu [gɔʏ] 田 -[e]s/-e (↑Gau)《南ド・スイス》地域, 地方. **2**《古語》(営業活動などの担当領域, 持ち場. j' ins ~ kommen《比喩》人³の縄張りを荒らす. **3**《古》(都会に対して)田舎, 地方. im ganzen ~ あたり一帯で. das ~ hinauf und hinab 国中いたる所で, 津々浦々. ins ~ gehen《古》女の尻を追いかけ回している.

Gauch [gaʊx] 男 -[e]s/-e (=e)《古》**1** (Kuckuck) かっこう. **2** ならず者. **3** 間抜け, とんま.

Gau·cho [ˈgaʊtʃo] 男 -[s]/-s (sp.) ガウチョ(南米のカウボーイ).

Gau·de'a·mus [gaʊdeˈaːmʊs] 田 -/ (lat.)『楽しまん, いざ』◆古い学生歌(酒の歌)の題名で, その歌い出し „Gaudeamus igitur"(=Freuen wir uns also)にちなむ.

Gau·di [ˈgaʊdi] 田 -s/ (オーストリア・バイエルン)女 -/ (lat.)《話》(Gaudium) 楽しみ, 慰み. ~ machen うさ晴らしをする, 大いに楽しむ.

Gau·di·um [ˈgaʊdiʊm] 田 -s/ (lat.) 楽しみ, 慰み. zum allgemeinen ~ 座興に.

Gau·kel·bild [ˈgaʊkəl-] 田 -[e]s/-er《雅》幻影, 幻.

Gau·ke·lei [gaʊkəˈlaɪ] 女 -/-en《雅》**1** まやかし. **2** 幻影, 妄想. **3** 道化(にわか)芝居, おどけ.

gau·keln [ˈgaʊkəln] 動 (s, h) **1** (s)《雅》(蝶などが)ひらひらと舞飛ぶ, ゆらゆら漂う. **2** (h)《雅》だます, ぺてんにかける. **3** (h)《古》手品(奇術)を使う.

Gau·kel·spiel 田 -[e]s/-e =Gaukelei 1
Gau·kel·werk 田 -[e]s/《古》=Gaukelei 1
Gauk·ler [ˈgaʊklər] 男 -s/- **1**《古》《雅》年の市の大道芸人, 軽業(かるわざ)師, 奇術師. **2**《侮》ぺてん師, 山師. **3**《鳥》だるまわし. ◆ 女性形 **Gauklerin** 女 -/-nen

Gaul [gaʊl] 男 -[e]s/Gäule **1**《侮》駄馬, 駑馬(どば). ein alter ~ 老いぼれ馬. **2**《古》《地方》馬. Einem geschenkten ~ schaut man nicht ins Maul.《諺》もらい物の品評はするな(贈られた馬の口を覗きこんで歯を調べるような真似はしないものだ).《慣用的表現で》Ihm geht leicht der ~ durch.《話》彼はすぐかっとなる. Das wirft einen〈den stärksten〉~ um.《話》それはあまりといえばあまりだ. den ~ beim Schwanz aufzäumen 事のあと先をまちがえる. ~ zureden wie einem lahmen〈kranken〉~《話》人³にこんこんと言い聞かせる.

'Gäu·le [ˈgɔʏlə] Gaul の複数.

Gaul·lis·mus [goˈlɪsmʊs] 男 -/ ドゴール主義(フランスの大統領ドゴール Charles de Gaulle, 1890-1970 が唱導した政治運動).

Gaul'list [goˈlɪst] 男 -en/-en ドゴール派の人, ドゴール支持者.

'Gau·men [ˈgaʊmən] 男 -s/- **1**《解剖》口蓋(こうがい), 上あご. harter〈knöcherner〉~ 硬口蓋. weicher ~ 軟口蓋. Mir klebt [vor Durst] die Zunge am ~. 私は喉がからからだ. **2** 味覚, (飲食物の)好み. Das ist für meinen ~! これはぼくの口(好み)にぴったりだよ. Das kitzelt den ~. それは食欲をそそる; それは通(つう)の食べ物だ. einen feinen ~ haben 食べ物の好みがうるさい, 舌が肥えている.

'Gau·men·laut 男 -[e]s/-e《音声》口蓋音([x], [k], [g], [ŋ] など).

'Gau·men·plat·te 女 -/-n《医学》義歯床.

'Gau·men·se·gel 田 -s/-《解剖》軟口蓋, 口蓋帆.

'Gau·men·zäpf·chen 田 -s/-《解剖》口蓋垂, のどびこ.

'Gau·ner [ˈgaʊnər] 男 -s/- **1**《侮》詐欺(ぺてん)師, 泥棒. So ein ~! この山師めが. **2**《話》ならず者, やくざ者, ごろつき, いたずら者. So ein kleiner ~! このいたずら小僧め.

Gau·ne·'rei [gaʊnəˈraɪ] 女 -/-en ぺてん, 詐欺, 悪戯(いたずら).

'Gau·ner·haft 形 詐欺師(泥棒)のような.

'gau·ne·risch [ˈgaʊnərɪʃ] 形 詐欺師(泥棒)の.

'gau·nern [ˈgaʊnərn] 動 詐欺(泥棒)を働く.

'Gau·ner·spra·che 女 -/-n 詐欺師や泥棒仲間で使われる隠語.

'Gau·ner·zin·ken 男 -s/- 泥棒が, 稼ぎになる家の門口につける仲間向けの目じるし.

Gauß [gaʊs] 男 -/《記号 G》《物理》ガウス(磁束の密度を示す電磁単位, ドイツの数学者 Carl Friedrich Gauß, 1777-1855 にちなむ).

'gaut·schen [ˈgaʊtʃən] 動 **1**《南ドイツ》j⁴ ~ 人⁴の体をゆり動かす. **2**《製紙》(漉(す)きたての濡れた紙を)クーチロールにかける. **3** (印刷見習工を水桶に浸す(一人前の職工として組合加入を認める儀式).

Ga'vot·te [gaˈvɔtə] 女 -/-n (fr.) ガヴォット(17-18 世紀フランスの舞踊および舞曲).

'Ga·ze [ˈgaːzə] 女 -/-n (fr.) **1**《紡織》(絹・綿・亜麻の)薄織, 紗(しゃ), 絽(ろ); ガーゼ. **2** (蝿よけ用の)目の細かい金網.

'Ga·ze·fens·ter 田 -s/- 《窓の)網戸.

Ga'zel·le [gaˈtsɛlə] 女 -/-n《動物》ガゼル, れいよう(羚羊).

GByte [ˈgiːgabaɪt, ˈgiːgaˌbaɪt]《記号》《コンピュータ》=Gigabyte

Gd [geːˈdeː]《記号》《化学》=Gadolinium

'G-Dur [ˈgeːduːɐ̯, '-'-] 田 -/《記号 G》《音楽》ト長調.

Ge [geːˈʔeː]《記号》《化学》=Germanium

ge..¹ [gə-] ❶《非分離前つづり/つねにアクセントをもたない》**1**《集合・結合を表す》gefrieren 凍結する(↓frieren). gerinnen 凝固する(↓rinnen). **2**《完了・結果》gebären 産む(↓bären). geschehen 起る. **3**《強意》gebrauchen 使用する(↓brauchen). gedenken 思い出す(↓denken). ❷《過去分詞前つづり/つねにアクセントをもたない》gemacht (↓machen). getan (↓tun).

ge..², Ge..《接頭》**1**《名詞の前つづり》(a)《集合を表す》Gefährte 同伴者. Geschwister 兄弟姉妹. (b)《動作の反復》Geklopfe とんとん叩くこと(↓klopfen). Geplauder おしゃべり(↓plaudern). (c)《動作の結果》Geduld 我慢(↓dulden). Geschenk 贈物(↓schenken). (d)《侮蔑》Getue 気取ったしぐさ(↓tun). **2**《形容詞の前つづり》(a)《一致・共同を表す》gemäß 適合した. gemein 共通の. (b)《強意》gehässig 悪意のある. gerecht 公明正大な. ◆ つねにアクセントをもたず, 母音及び l, n, r の前でしばしば g.., G.. となる.

Ge·äch·te·te [gəˈʔɛçtətə] 女 男《形容詞変化》(古代・中世において)法律上の保護を奪われた者, 自由喪失者, 被追放者; 破門された者. ▶ ächten

Ge·äch·ze [gəˈʔɛçtsə] 田 -/ うめき(声), あえぎ.

Ge·äder [gəˈʔɛːdər] 田 -s/ 血管網; (虫類の)翅脈(しみゃく); 網目(模様), 木目.

ge'ädert [gəˈʔɛːdərt] 過分 形 網目(木目, 縞)模様のある, 条紋のついた.

ge'ar·tet [gəˈʔaːrtət] 過分 形《述語的用法のみ》…の性質(素質, 性情)をもった. Das Kind ist gut ~. そ

の子は性質の(できの)いい子だ.
Ge'äse [gəˈiːzə] 田 -s/ 〚猟師〛 **1** (Äser) (猪と肉食動物を除く獣の)口. **2** (Äsung) 〖同上の獣の餌になる〗草.
Ge'äst [gəˈɛst] 田 -[e]s/〖集合的に〗木の枝.
geb. 〖略〗 **1** =geboren〖生年を表して〗Hans Ott, ~ ([gəˈboːrən]) 1950 ハンス・オット, 1950年生れ. ▶ 記号を*1950と書く. **2** 〖旧姓を表して〗Anna Kligge, ~ ([gəˈboːrənə]) Meyer アンナ・クリッゲ, 旧姓マイアー. ▶ ↑geboren 3 **3** =gebunden 3
Ge'bäck [gəˈbɛk] 田 -[e]s/-e 〖複数まれ〗小型のパン菓子類(ビスケット・クッキーなど).
Ge'backen [gəˈbakən] backen の過去分詞.
Ge'bälk [gəˈbɛlk] 田 -[e]s/-e(-s) 〖ふつう単数で〗 **1** (天井・屋根の)木組, 骨組; 梁(%). Es knistert 〈kracht〉 im ~. 〚話〛屋台骨が揺らぎ始めている, 破局が近づいている. **2** 〖古代建築〗エンタブラチュア. **3** 〖話〛(サッカーなどのゴールの)枠.
ge'ballt [gəˈbalt] 過分 形 丸く固まった. mit ~er Faust / mit ~en Fäusten 拳を固めて. die ~e Kraft 結集した力. eine ~e Ladung 〖軍事〗集中装薬(爆発力を高めるため数個の手榴弾を束ねること). Es kam eine ~e Ladung Vorwürfe. 非難の集中砲火が来た. Menschen in ~en Massen〈Klumpen〉〚戯〛どっと押し寄せた群集.
ge'bar [gəˈbaːr] gebären の過去.
*_**Ge'bär de**_ [gəˈbɛːrdə ゲベーアデ] 女 -/-n 身振り, 手振り; しぐさ, 態度.
ge'bär den [gəˈbɛːrdən] 再 (sich⁴) …の態度を取る, 振舞う, 風(%)を装う.
Ge'bär den spiel 田 -[e]s/ 身振り手振り; 手まね, ジェスチャー; パントマイム.
Ge'bär den spra che 女 -/-n 身振り言語; (Fingersprache) 手話(%), 指話.
ge'ba ren [gəˈbaːrən] 再 (sich⁴) 〖古〗(gebärden) …の態度を取る, 振舞う, 振舞をする.
Ge'ba ren 田 -s/ (特異な)振舞い, 挙動, 態度, 挙措(%). ein sonderbares〈einnehmendes〉 ~ 奇妙な〈魅力的な〉振舞い. das geschäftliche ~ einer Firma 会社の営業(経営)方針.
*_**ge'bä ren**_* [gəˈbɛːrən ゲベーレン] gebar, geboren / du gebärst(gebierst), sie gebärt(gebiert) **1** 産む, 分娩(出産)する. Sie gebar〈gebiert〉 ihr erstes Kind. 彼女は初めての子供を産む. Die Frau gebar ihrem Mann einen Sohn und eine Tochter. 〖古〗女は夫との間に1男1女の子を生("った). 〖目的語なしで〗schon einmal〈noch nicht〉 geboren haben 子供を産んだことがある〈ない〉. 〖受動態で〗 geboren werden〈sein〉 生れる. Er wurde im Jahre 1942 in Bonn geboren. 彼は1942年ボンで生れた. Wo sind Sie geboren? あなたはどちらのお生れですか. blind geboren sein 生れつき盲目である. unter einem unglücklichen Stern geboren sein 不幸な星の下に生れている. zum Kaufmann geboren sein 生来商才がある. ▶ ↑geboren **2** 〖雅〗生み出す. Gewalt gebiert neue Gewalt. 暴力は新たな暴力を産む. Der Berg kreißt und gebiert eine Maus. 〖諺〗大山鳴動して鼠一匹.
Ge'bä re rin [gəˈbɛːrərɪn] 女 -/-nen 〖古〗妊婦, 産婦; 生みの母.
Ge'bär mut ter [gəˈbɛːr..] 女 -/= 〖解剖〗子宮.
ge'bauch kit zelt [gəˈbaʊxkɪtsəlt] 形 =gebauchpinselt

ge'bauch pin selt [..pɪnzəlt] 形 〖戯〗 sich⁴ ~ fühlen (お世辞を言われて)くすぐったい思いをする.
Ge'bäu de [gəˈbɔʏdə ゲボイデ] 田 -s/- **1** (比較的大きな)建物, 建造物. ein öffentliches ~ 公共の建物. **2** 〖比喩〗(言葉・観念などの)構築物, 体系. das ~ einer Wissenschaft 学問の体系. ein ~ von Lügen 嘘で塗り固めた話. **3** 〖鉱業〗鉱坑. **4** 〖猟師〗(馬・犬の)体格, 体型; (ビーバー・かわうその)巣穴.
Ge'bäu de kom plex 男 -es/-e (1つの全体をなす)建物群.
ge'baut 過分 形 …の体つき(体格)の. ein gut ~er Mann 立派な体格の男. ein geschickt ~er Kriminalroman 巧妙な筋立ての推理小説. Er ist so ~, dass ihn die Vorwürfe kalt lassen. 彼はこんな非難くらい冷然と受け流すような男だ. [So] wie du ~ bist, bringst du das auch noch fertig. 君の力をもってすればそれくらいはきっとやってのけられるよ. [So] wie wir ~ sind! 〖話〗私たちなら朝飯前さ.
*_**'ge·be·freu·dig**_ ['geːbə..] 形 気前のよい.
Ge'bein [gəˈbaɪn] 田 -[e]s/-e **1** 〖古〗(人体の)四肢全身. Der Schreck fuhr ihm durchs ~〈ins ~ / in die ~e〉. 恐怖が彼の全身を貫いた. **2** 〖複数で〗〖雅〗遺骸, 遺骨, 骸骨. ◆ Bein
Ge'bel fer [gəˈbɛlfər] 田 -s/ (↓belfern)〖話〗(犬がしきりに吠えたてること(またその声); (人が)がみがみ怒鳴りたてること, 絶間ないわめき声.
Ge'bell [gəˈbɛl] 田 -[e]s/ しきりに吠えること(その声)

*_**'ge·ben**_* ['geːbən ゲーベン] gab, gegeben / du gibst, er gibt ❶ **1** (a) (人³に物⁴を)与える, やる, 贈る, 恵む. Der Vater gibt dem Kind ein Bilderbuch. 父は子供に絵本を与える. Unser täglich Brot gib uns heute. 〖新約〗私たちに日ごとのパンを今日もお与え下さい〈マタ 6:11〉. j³ ein Geschenk ~ 人³に贈物をする. j³ seine ganze Liebe ~ 人³にすべての愛を捧げる. einem Kellner Trinkgeld ~ ボーイにチップをやる. 〈eins, 不定の es⁴ などと〉Gib ihm eins 彼に一発食らわせろ. j³ eins〈etwas〉 aufs Dach ~ 人³の頭をがんとやる; (を)叱りつける; (を)ぶん殴る. j³ 〖目的語なしで〗Sie gibt gern〈mit vollen Händen〉. 彼女は気前がよい. Wer rasch〈schnell〉 gibt, gibt doppelt. 〖諺〗明日の百より今日の五十(早く与える者は2倍与えたことになる). Bittet, so wird euch gegeben. 〖新約〗求めよ, そうすれば与えられるであろう〈マタ 7:7〉. Gut gegeben! 〖話〗(見事なしっぺ返しを言った)お見事, よくぞ言った. 〖中性名詞として〗Geben ist seliger denn Nehmen. 〖新約〗受けるより与える方が幸いである〈使 20:35〉. (b) (人³に物⁴を)渡す, 差出す. Gib mir bitte mal einen Kugelschreiber! ボールペンを取って下さい. Ich gebe ihr die Hand. 私は彼女に手を差出す(挨拶・和解のしるし). Wenn man ihm den kleinen Finger gibt, will er gleich die ganze Hand. 彼はちょっと計らい顔を見せるとすぐつけあがる, 彼に庇(%)を貸すと母屋(%)までとられる. dem Kind die Brust〈die Flasche〉 ~ 子供に乳房をふくませる〈哺乳びんでミルクを飲ませる〉. j³ Feuer ~ 人³に(タバコの)火を貸す. einem Gast Kaffee und Kuchen ~ 客にコーヒーとケーキを出す. sich³ die Speisekarte ~ lassen メニューを(持ってきて)もらう. 〖j³ j⁴ geben の形で〗Geben Sie mir bitte Frau Kligge. (電話口で)クリッゲ夫人を呼んで下さい, クリッゲ夫人につないで下さい. 《と

geben

くにトランプ・テニスの用語として / 多く目的語なしで〉 Karten ~ カードを配る. Wer *gibt*? 配るのは誰の番ですか, 親は誰ですか; サーヴは誰か. (c)《種々の名詞じと》j³ Brief und Siegel ~ 人³に保証する, 請け合う〈auf et⁴ 事⁴〉. der Wahrheit die Ehre ~ 真実を語る. j³ einen Korb ~ 《話》人³に肘鉄(ﾋｼﾞﾃﾂ)を食らわす, (を)振る. grünes Licht ~ 青信号(ｺﾞｰｻｲﾝ)を出す. j³〈et⁴〉den Rest ~ 人³にとどめを刺す〈事⁴をすっかりぶち壊しにする〉. Ruhe ~ 静かに(おとなしく)する. Stunden〈Mathematik〉~ 授業(レッスン)をする〈数学を教える〉.

2 授ける, 許す. Ich *gab* ihm drei Tage Bedenkzeit. 私は彼に考える時間を3日やった. j³ ein gutes Beispiel ~ 人³に手本を示す. j³ eine neue Chance ~ 人³にもう一度チャンスを与える. *seinen* Kindern eine gute Erziehung ~ 子供たちにりっぱな教育をさずける. einen Freistoß〈ein Tor〉~ 《サッカー》〈レフェリーが〉フリーキックを与える〈ゴールを認める〉. einem Reporter ein Interview ~ レポーターのインタビューに応じる. j³ *sein* Jawort ~ 人³の結婚申込を承諾する〈とくに女性が男性に対して〉. dem Kind einen Namen ~ 子供に名前をつける. Jeder Arzt *gab* dem Kranken nur noch ein paar Wochen. どの医者もこの病人をあと2, 3週間の命とみた.〈**Gott** を主語にして〉Gott *geb's!* 神がそれを与え(許し)たまわんことを. Gott *gebe*, dass... (神の思し召しによって)どうか...であって欲しい.《受動態で》Mir ist es nicht *gegeben*, die Dinge leicht zu nehmen. 私は物事を軽く考える人間にはできていない.

3 (a) 売る. Ich *gebe* dir das Buch für〈um〉20 Euro. 君にこの本を20ユーロで譲るよ. et⁴ billig〈zu teuer〉~ 物⁴を安く〈高値で〉売る. (b) 支払う〈für〈um〉et⁴ 物⁴の代価として〉. Was hast du für den Hut *gegeben*? その帽子をいくらで買ったの. für j〈et⁴〉keinen Pfennig ~ 人〈事⁴〉に見切りをつける. Ich *gäbe* etwas〈viel / alles〉darum, wenn ich das wüsste. 私はどうしても〈どんなことをしてでも〉それが知りたい.《慣用句》Was *gibst* du, was hast du 取るもあり取りあえず, あたふたと.

4《**zu** 不定詞と》...させる, ...するよう促す. j³ et⁴ zu bedenken ~ 人³に事⁴について一考を頼れ, よく考えてみるよう注意する. Der Vorfall *gibt* mir zu denken. その出来事は憂慮すべき問題だ. sich⁴ zu erkennen ~ 正体(身分)を明かす. j³ zu essen〈zu trinken〉~ 人³に食物〈飲物〉を与える. Er *gibt* mir immer viel zu tun. 彼はいつも私に仕事をどっさりくれる; 彼にはいつも大いに手を焼かされる. j³ et⁴ zu verstehen ~ 人³に事⁴を分らせる.

5 〈人³に事⁴を〉認める, 帰する. j³ Recht〈°recht〉~ 人³の言い分が正しいと認める. j³ Schuld〈°schuld〉~ 人³にを負わせる〈für et⁴ 事⁴のことで〉. (c)《述語的形容詞と》sich⁴ gefangen ~ 降伏して捕虜になる〈1② 1(b)〉. et⁴ verloren ~ 物⁴を〈なくなったもの・見込みがないものとして〉諦(ｱｷﾗ)める. et⁴ zum Besten〈°besten〉~ 物⁴をご馳走する〈ふるまう〉; 事⁴を〈座興に〉提供する. j³ et⁴ zu eigen ~ 人³に物⁴を進呈する; 人³に物⁴を委(ﾕﾀﾞ)ねる.

6《機能動詞的に》j³ eine Antwort ~ 人³に答える. j³ einen Befehl ~ 人³に命令をする. j³ *seine* Einwilligung ~ 人³に同意する〈zu et³ 事³を〉. j³ eine Erlaubnis ~ 人³に許可する〈...zu tun ...することを〉. j³ einen Kuss ~ 人³にキスする. j³ eine Ohrfeige〈einen Tritt〉~ 人³に〈びんたを食らわす〈人³を蹴とば〉

す〉. j³ Nachricht ~ 人³に知らせる. j³ einen Rat ~ 人³に助言(忠告)する. j³ Unterricht ~ 人³に教える〈in et³ 事³を〉. j³ ein Versprechen ~ 人³に約束をする.

7《方向を示す語と》(a)(ある場所へ)持っていく, おさめる. eine Decke auf den Tisch ~ 食卓にテーブルクロスを掛ける. den Teig in eine Form ~ 生地(ｷｼﾞ)を型に入れる. den Ball in die Mitte ~ 〈サッカーなどで〉ボールをセンターに出す. den Kuchen in den Ofen ~ ケーキをオーブンに入れる. (b)〈...の手に〉預ける, 委(ﾕﾀﾞ)ねる. das Manuskript in Druck〈zum Druck〉~ 原稿を印刷に出す. den Koffer in die Gepäckaufbewahrung ~ トランクを手荷物預かり所に預ける. den Sohn in die Lehre ~ 息子を年季奉公(修業)に出す〈bei j³ 人³のもとに〉. das Kind in Pflege ~ 子供を里子に出す〈bei j³ 人³のもとに〉. ein Paket zur〈auf die〉Post ~ 小包を郵便局へ出しにいく. den Fernseher zur〈in〉Reparatur ~ テレビを修理に出す. (c)《地方》(調味料などを)かける, 加える. an das Essen Salz ~ 料理に塩をかける. in den Kaffee Zucker ~ コーヒーに砂糖をいれる. Backpulver zum〈an den〉Teig ~ 生地(ｷｼﾞ)にふくらし粉を加える.

8 催す, 挙行する; 演じる, 上映する. ein Fest ~ 祝賀会を催す. ein Konzert ~ 演奏会を開く. den Helden eines Stücks ~ 芝居の主役を演じる. Was wird heute im Nationaltheater *gegeben*? 今日は国立劇場は何を演(ﾔ)っているか.

9 生み出す, もたらす; (結果として)...になる. Unsere Hühner *geben* viel Eier. うちの鶏はよく卵を生む. Wein *gibt* Flecke. ワインは〈痕(ｼﾐ)が〉しみになる. Er *gibt* sicherlich einen guten Lehrer. 彼はきっといい教師になる. Zwei mal drei *gibt* sechs. 3掛ける2は6. Das *gibt* Spaß. それは楽しい. Der Ofen *gibt* angenehme Wärme. このストーブは丁度いい暖かさだ. Was wird das ~? それはこの先どうなるだろうか. Ein Wort *gab* das andere. 売り言葉に買い言葉の口論になった.

10 et⁴ von sich³ ~ 物⁴(音・声など)を発する, 出す;《話》物⁴(食べた物)を吐く, もどす. Das Radio ist kaputt, es *gibt* keinen Ton von sich. このラジオは壊れている, うんともすんとも言わない. Laut von sich ~ 声を出す; (動物が)鳴き声(吠え声)をたてる. eine Meinung von sich ~ ある意見を述べる. Er konnte es nicht so recht von sich ~.《話》彼は自分の考えをうまく言い表せなかった. Ich habe alles wieder von mir *gegeben*. 私は食べた物をすっかりもどした.

11 et⁴〈wenig〉auf et⁴ ~ / etwas〈nichts〉auf et⁴ ~ 物⁴に重きを置く〈置かない〉, (を)重視する〈しない〉. Er *gibt* viel auf gutes Essen. 彼は食べ物にうるさい. Ich *gebe* gar nichts auf sein Urteil. 私は彼の判断などかまうに意に介しない.

❷ 再(sich⁴) **1** (a) 身を委(ﾕﾀﾞ)ねる. sich dem Bösen〈dem Teufel〉~ 悪魔に身を委(ﾕﾀﾞ)ねる. sich j³ ~ 人³に降参する〈女の研究にうちこむ. sich j³ in die Arme ~ 人³の腕の中にとびこむ. (b)《述語的形容詞と》自ら認める, 表明する. sich geschlagen ~ 参ったと言う, 兜(ｶﾌﾞﾄ)をぬぐ.

2 振舞う; 〈für j¹ als j¹ 人⁴·¹の)振りをする, (を)気取る. sich gelassen〈offen〉~ 平然たる態度を取る〈あけっぴろげに振舞う〉. Er *gibt sich* gern als Kunstkenner. 彼は何かというと美術通ぶる. Sie *gibt sich*, wie sie ist. 彼女はありのままに振舞う.

3 弱まる, 和(%)らぐ; (ひとりでに)うまくおさまる. Die Schmerzen werden *sich* bald ~. 痛みはじきにおさまるだろう. Keine Sorge! Das wird *sich* ja schon ~. 心配するな, それは今におさまるよ(きっとうまくいくから). Es wird *sich* alles wieder ~. 万事もとの鞘(%)におさまる.
4〘まれ〙起る, 生じる. wenn *sich* eine Gelegenheit *gibt* 機会があれば.
❸ 非人称 (**es gibt j**〈**et**〉⁴ の形で) **1** (人・物)⁴が存在する, ある. *Gibt es* einen Gott? 神は存在するか. In Australien *gibt es* Kängurus. オーストラリアにはカンガルーがいる. Damals *gab es* noch kein Telefon. あの頃はまだ電話がなかった. Er ist der beste Trompeter, den *es gibt*. 彼は世界一の(現役最高の)名トランペッターだ. *Es gab* viel zu tun. しなくてはならぬことがたくさんあった. *Es gibt* kein Zurück mehr. もう戻りはできない.〘慣用的表現で〙*Gibt es* dich auch noch?〘話〙おまえもまだ生きていたか(久しぶりに会った相手に). Das *gibts*〈*gibt es*〉ja gar nicht!〘話〙(怒り・驚きを表して)とはねえ!け. Da *gibts* [gar] nichts!〘話〙誓って間違いないよ. Was *gibts*? 何ごとだ, どうしたんだ. Was *es* nicht alles *gibt*! (驚きを表して)へえーそういうこともあるのか.
2 (事)⁴が起る, 生じる. Was *gibt es* denn da? ここで何があった(起った)のか. Was *gibt es* Neues? 何か変ったことがありますか. Wenn du nicht ruhig bist, *gibts* was.〘話〙静かにしていないと怒るよ. So etwas soll *es* ~.〘話〙そういうことってあるんだよなあ.〘天候に関して〙*Es gibt* bald Schnee. まもなく雪になる. Heute wirds noch etwas ~.〘話〙今日はこれからもうひと雨(荒れ)くるよ.
3 提供される. Was *gibt es* heute zu Mittag? 今日の昼食は何が出ますか. Was *gibt es* heute Abend im Fernsehen? 今晩テレビでは何がありますか. An diesem Schalter *gibt es* Briefmarken. 切手はこの窓口でお求めにはれます.

Ge·be·ne'dei·te [gəbəne'daɪtə] 囡〔形容詞変化/複数화〕(↓ benedeien)〘聖書〙祝せられた女(聖母マリアのこと). ◆天使 Gabriel が Maria に言う祝詞 „Du ~ unter den Weibern." (あなたは女たちのなかで祝せられた方です.〘新約〙ルカ 1 : 28)に由来する.

'**Ge·ber** ['ge:bər] 男 -s/- **1** 与える(施す)人, 提供者, 寄贈(寄付)者. **2**〘工学〙変換器(非電気的な量を電気的な量に変えて検出するための器具), トランスデューサー. **3**〘通信〙(モールス電信機の)電鍵(%), 送信機. **4**〘トランプ〙エルデストハンド(↑ Vorhand 2(a)).

'**Ge·ber·land** 匣 -[e]s/-⸗er クレジット供与国.

'**Ge·ber·lau·ne** 囡 -/-n 気前よさ. ◆ in ~ sein 気前がよい.

*'**Ge'bet** [gə'be:t] 匣 -[e]s/-e 祈り, 祈禱. das ~ des Herrn 主の祈り(↑ Vaterunser). Ewiges ~〘カトリック〙常時聖体礼拝(受難週に墓中のイエスのために捧げられた 40 時間の断食の習慣による). j⁴ in *sein* ~ mit einschließen 人のことも祈りのうちに祈る. j⁴ ins ~ nehmen〘話〙人にきびしく言って聞かせる(意見する).

Ge'bet·buch 匣 -[e]s/⸗er **1** 祈禱書. **2**〘戯〙トランプ. **3**〘話〙〘カレッジ〙(コースの特徴などをメモした)ノート.

ge'be·ten [gə'be:tən] bitten の過去分詞.

Ge'bets·man·tel 男 -s/⸗ タリス(ユダヤ教徒が祈禱のときに羽織る肩衣).

Ge'bets·müh·le 囡 -/-n 転経器(ラマ教徒が読経の際に手に持つ経文を納めた円筒形の器具). mit der Eintönigkeit einer ~〘侮〙いつまでもだらだらと.

Ge'bets·tep·pich 男 -s/-e イスラーム教徒の祈禱用絨毯(%).

Ge'bet·tel [gə'bɛtəl] 匣 -s/ しつこくせがむ(ねだる)こと.

ge'beut [gə'bɔʏt]〘古〙 gebieten の現在 3 人称単数.

ge'bier [gə'bi:r] gebären の du に対する命令形.

ge'bierst [gə'bi:rst] gebären の現在 2 人称単数.

ge'biert [gə'bi:rt] gebären の現在 3 人称単数.

*****Ge'biet** [gə'bi:t] ゲビート 匣 -[e]s/-e **1** 地域, 地方. ein besetztes〈unterentwickeltes〉 ~ 占領地域〈低開発地帯〉. **2** 領土, 領地. einem anderen Staat ein ~ abtreten 他国に領土を割譲する. **3** 〘専門〙領域, 分野. Er ist Fachmann auf dem ~ der Sozialpolitik. 彼は社会政策方面の専門家だ. **4**〘数学〙(図形上の)領域, (変数の)変域.

ge'bie·ten* [gə'bi:tən] gebot, geboten〘雅〙❶ 囮 **1** 命じる. Schweigen ~ 沈黙を命じる. Er *gebot* ihnen, das Haus zu verlassen. 彼は彼らに家を出てようこう命じた. eine Ehrfurcht *gebietende* Persönlichkeit 畏敬の念を起させる人物. **2**〘ぜひにと〙要求する. Diese Angelegenheit *gebietet* besondere Vorsicht. この件は格別の慎重さを要する. Der Ernst der Lage *gebot* 〈es〉 uns, dagegen etwas zu unternehmen. 事態の深刻さに我々はどうしても何らかの処置を講じなければならなかった. Hier *ist* Vorsicht *geboten* ここは用心が肝要だ. ▶ ↑ geboten
❷ 圓 (über et⁴ 物⁴を)支配する, 意のままにできる, 制御(抑制)する. über eine Armee〈ein Land〉 ~ 軍隊を指揮する〈国を支配する〉. über beträchtliche Geldmittel ~ かなりの資金を持っている(動かせる). über *seine* Leidenschaften ~ 情欲を抑える.

Ge'bie·ter [gə'bi:tər] 男 -s/-〘古〙命令(支配)者. mein Herr und ~ 私のご主人(旦那)さま. ◆女性形 Gebieterin 囡 -/-nen

ge'bie·te·risch [gə'bi:tərɪʃ] 命令的な, 尊大な, 横柄な; 有無を言わさぬ, 強制的な. in ~ *em* Ton sprechen 命令的な(横柄な)口調で話す. et⁴ ~ fordern 事⁴を強要する.

Ge'bild·brot [gə'bɪlt..] 匣 -[e]s/-e〘祝祭日用の〙人や動物をかたどったパン菓子.

Ge'bil·de [gə'bɪldə] 匣 -s/- 形, 形象; 形成物, 構成物, 生産(創造)物. ein merkwürdiges ~ 奇妙な形のもの. ein ~ der Phantasie 空想の産物.

*****ge'bil·det** [gə'bɪldət] ゲビルデト 形態 教養のある. akademisch〈vielseitig〉 ~ sein 大学教育を受けている〈幅広い教養を身につけている〉.

Ge'bil·de·te 男囡〔形容詞変化〕教養のある人, (知的に)洗練された人.

Ge'bim·mel [gə'bɪməl] 匣 -s/〘話〙(ベル・鈴などが)持続的に鳴ること(またその音).

Ge'bin·de [gə'bɪndə] 匣 -s/- **1** 束ねた(くくった)もの; 花束.〘農業〙穀物の束. **2**〘紡績〙桛糸(%); 1 桛(%)(糸の長さの単位, =1.5×80 ヤード). **3**〘建築〙(屋根の)けた組み, トラス; 屋根瓦の列. **4** (比較的大きな)樽, おけ. **5**〘料理〙(魚の)はらわた.

*****Ge'bir·ge** [gə'bɪrgə] ゲビルゲ 匣 -s/- 山地, 高地; 山岳(高山)地帯; 山脈, 連山;〘比喩〙(書類などの)山. in den Ferien ins ~ fahren 休暇に山へ出かける. ein ~ von Schutt 瓦礫(%)の山. **2**〘鉱業〙岩盤.

ge'bir·gig [gə'bɪrgɪç] 厖 山の多い, 山地型(山岳)の.

Ge'birg·ler [gə'bɪrklər] 男 -s/- 山地の住民.

Ge'birgs·bach 男 –[e]s/⁼e 谷川, 渓流.
Ge'birgs·be·woh·ner 男 –s/– 山地の住民.
Ge'birgs·jä·ger 男 –s/–《軍事》山岳兵.
Ge'birgs·ket·te 女 –/–n 連山, 連峰, 山脈.
Ge'birgs·pass 男 –es/⁼e 峠, 峠道.
Ge'birgs·trup·pe 女 –/–n《多く複数で》《軍事》山岳部隊.
Ge'birgs·zug 男 –[e]s/⁼e 連山, 山脈.
Ge'biss, °**Ge'biß** [gə'bɪs] 中 –es/–e（↓beißen）**1**（上下全体の）歯, 歯列. das bleibende ～ 永久歯. ein gesundes ～ haben 健康な歯をしている. **2** 義歯, 入歯. ein [künstliches] ～ tragen〈haben〉義歯を入れている. **3** 馬銜(はみ).
ge'bis·sen [gə'bɪsən] beißen の過去分詞.
Ge'biss·re·gu·lie·rung 女 –/–en 歯列矯正.
Ge'blä·se [gə'blɛːzə] 中 –s/–（↓blasen）**1**《工学》送風機, 送風装置;《農業》(穀物などの)送風運搬装置. **2** 換気装置(扇), ファン. **3** ふいご;《手工業》切断(溶接)バーナー.
ge'bla·sen [gə'blaːzən] blasen の過去分詞.
ge'bli·chen [gə'blɪçən] bleichen の過去分詞.
ge'blie·ben [gə'bliːbən] bleiben の過去分詞.
Ge'blök [gə'bløːk] 中 –[e]s/– =Geblöke
Ge'blö·ke [gə'bløːkə] 中 –s/–（↓blöken）(牛・羊などがしきりに鳴くこと(その声)); (俺)わめき声.
ge'blümt [gə'blyːmt] 形 **1** 花柄の, 花模様の. **2**《修辞》(とくに 13 世紀のドイツ文学における文体について)美辞麗句をちりばめた, 華麗な.
Ge'blüt [gə'blyːt] 中 –[e]s/ **1**《古》《総称的に》血; 生まれつき, 天性. j² ～ in Wallung bringen 人²の血を騒がせる. **2**《雅》血筋, 血統, 家柄. von edlem ～ sein 貴族の血筋である.
ge'bo·gen [gə'boːgən] 過分 形（↑biegen）曲がった.

ge'bo·ren

[gə'boːrən ゲボーレン] 過分 形（↑gebären）**1** …で生れた, 生粋の. ein ～er Deutscher ドイツ生れの人, 生粋のドイツ人(ただしドイツ人だが現在よそに住んでいる人は ein gebürtiger Deutscher という). Er ist in Köln ～. 彼はケルン生れだ. **2**（geb.）旧姓…の. Sie ist eine ～e Müller. 彼女の旧姓はミュラーである. Frau Braun[,] geb. Kligge ブラウン夫人, 旧姓クリッゲ.《名詞的用法で》Was für eine *Geborene* ist sie? / Was ist sie für eine *Geborene*? 彼女の旧姓は何といいますか. **3** 天成(生来)の, 生れつきの. Er ist der ～e Betrüger. 彼は天成の詐欺師だ. zum Schauspieler ～ sein 生れついての役者である.
ge'bor·gen [gə'bɔrgən] 過分 形（↑bergen）安全な, 保護(庇護)された. sich⁴ ～ fühlen〈wissen〉安堵(ゼ)している.
Ge'bor·gen·heit 女 –/ 庇護されていること, 安全.
ge'bors·ten [gə'bɔrstən] bersten の過去分詞.
ge'bot [gə'boːt] gebieten の過去.
°**Ge'bot** [gə'boːt ゲボート] 中 –[e]s/–e **1**（倫理的な）掟(悷), 戒律. ein göttliches ～ 神の掟. die Zehn ～e《旧約》(モーセの)十戒(悷). Er versteht sich⁴ aufs elfte ～（彼は第十一戒を十分に心得ているやつだ（モーセの十戒をもじった第十一戒とは「汝つかまることなかれ」の意）. Not kennt kein ～.〈諺〉窮すれば濫(ﾗﾝ)す. **2**(a) 命令, 指示. auf j² ～ hin 人²の命令によって. (b) 要請, 要求. das〈ein〉～ der Stunde 当下の急務, 焦眉(ｼｮｳﾋﾞ)の急. **3** j³ zu ～e stehen 人³の意のままになる. Ihm steht die Kunst der Rede zu ～e wie keinem anderen. 彼には誰にも真似のできない達意の話術がある. **4**《商業》(競売の)付け値.
ge'bo·ten¹ [gə'boːtən] bieten の過去分詞.
ge'bo·ten² 過分 形（↑gebieten）必要な, 肝要な. dringend ～ 緊急の. Es scheint ～ abzuwarten. 静観するのが肝要と思われる.
Gebr.《略》=Gebrüder 2
ge'brach [gə'braːx] gebrechen の過去.
Ge'bräch [gə'brɛːç] 中 –[e]s/–e **1**《鉱業》もろい岩石. **2**《猟師》(猪が鼻づらで)掘返した地面(跡).
Ge'brä·che [gə'brɛːçə] 中 –s/–《鉱業》=Gebräch 1
ge'bracht [gə'braxt] bringen の過去分詞.
ge'brannt [gə'brant] brennen の過去分詞.
ge'bra·ten [gə'braːtən] braten の過去分詞.
Ge'bräu [gə'brɔy] 中 –[e]s/–e（↓brauen）**1** 醸造酒, (とくに)ビール. **2**（俺）安酒.

Ge'brauch

[gə'braux ゲブラオホ] 男 –[e]s/⁼e **1**《複数なし》使用, 利用; 使用法. der zu häufige ～ des Medikaments 薬の濫用. Dieser ～ des Wortes ist selten. その言葉のこうした使い方は珍しい. von et³ ～ machen 物³を使用(利用)する, (権利などを)行使する. Bitte, machen Sie keinen ～ von unserem Gespräch! どうか今の話はここだけのことにしておいてください. außer ～ kommen 使われなくなる. et⁴ außer ～ setzen 物⁴の使用をやめる. et⁴ in〈im〉～ haben 物⁴を使っている. in ～ kommen 慣例(あたりまえのこと)になる. et⁴ in ～ nehmen 物⁴を使い始める. in〈im〉～ sein 使われている; あたりまえのこと(通例)になっている. vor〈nach〉～ 使用前〈使用後〉に. ein Medikament zum innerlichen〈äußerlichen〉～ 内服〈外用〉薬. **2**《ふつう複数で》風習, 習慣, しきたり. Sitten und *Gebräuche* 風俗習慣. Das ist hier so der ～. ここではそれがしきたりです.

ge'brau·chen

[gə'brauxən ゲブラオヘン] 他 **1** 使用(利用)する, 用いる. Gewalt〈eine List〉～ 暴力〈策略〉を用いる. ein Werkzeug ～ 道具を使う. Das kann ich gut〈nicht〉～. それは私には役に立つ〈立たない〉. [zu vielem] zu ～ sein 何かと便利である. Du bist zu allem〈zu nichts〉zu ～.《話》君は何にでも役に立つ〈まったくの役立たずだ〉な. **2**《話》必要とする. et⁴ ～ können 物⁴を必要としている, (が)無くて困っている. **3**《地方》暴行(強姦)する.
ge'bräuch·lich [gə'brɔyçlɪç] 形 よく使われている, 広く(一般に)行われている; 慣習(慣例)の, 旧来の. Das ist hier nicht ～. ここにはそんな習慣はない.
Ge'brauchs·an·ma·ßung 女 –/–en《複数まれ》《法制》不正(無断)使用(とくに質屋・自動車の).
Ge'brauchs·an·wei·sung 女 –/–en 使用(取扱い)説明書.
Ge'brauchs·ar·ti·kel 男 –s/– 日用品.
ge'brauchs·fer·tig 形 すぐに使える.
Ge'brauchs·ge·gen·stand 男 –[e]s/⁼e 日用品, 雑貨.
Ge'brauchs·gra·fik 女 –/ =Gebrauchsgraphik
Ge'brauchs·gra·fi·ker 男 –s/– =Gebrauchsgraphiker
Ge'brauchs·gra·phik 女 –/ 商業グラフィック, グラフィックデザイン.
Ge'brauchs·gra·phi·ker 男 –s/– グラフィックデザイナー.

Ge'brauchs·gut 中 -[e]s/⁼er《ふつう複数で》〖経済〗耐久消費財.
Ge'brauchs·mus·ter 中 -s/-〖法制〗実用新案.
Ge'brauchs·mus·ter·schutz 男 -es/〖法制〗実用新案保護.
ge'braucht¹ [ɡəbraʊxt] brauchen の過去分詞.
ge'braucht² 過分形(↑gebrauchen) 使用された; 使い古しの, 中古の. et⁴ ~ kaufen 物を中古で買う.
Ge'braucht·wa·gen 男 -s/- 中古車.
Ge'braus [ɡəbraʊs] 中 -/(↑brausen)=Gebrause
Ge'brau·se [ɡəbraʊzə] 中 -s/(↓brausen) ごうごう(ざあざあ)という音.
Ge'brech [ɡəbrɛç] 中 -[e]s/-e 1〖猟師〗(猪などの)鼻づら. 2〖鉱業〗=Gebräch 1
ge'bre·chen* [ɡəbrɛçən] 自 1《雅》(非人称的に)*Es gebricht* j³ an et³. 人³に物³が欠けている. *Es gebricht* ihm an Geld〈am Mut, das zu tun〉. 彼は金に困っている〈彼にはそれをするだけの勇気がない〉. 2《古》欠けている. Dazu *gebrach* ihm der rechte Antrieb. それをするには彼にちゃんとした動機がなかった.
Ge'bre·chen 中 -s/-《雅》(心身の)欠陥, 障害, 疾病. ein schweres ~ haben 重い障害がある.
ge'brech·lich [ɡəbrɛçlɪç] 形 1 虚弱な, 病的な; 老衰した. 2 壊れやすい, もろい, ひ弱な. ein ~*es* Glas〈Pflänzchen〉. 壊れやすいグラス〈ひ弱な植物〉.
Ge'brech·lich·keit 女 -/ 虚弱, 病気, 老衰; 壊れやすさ, もろさ.
Ge'bres·ten [ɡəbrɛstən] 中 -s/-《古》《雅》=Gebrechen
*****ge'bro·chen**¹ [ɡəbrɔxən] ゲブロッヘン 過分形(↑brechen) 1 折れた, 曲がった; (光線などが)屈折した. 2 分割した, 分断した, とぎれとぎれの. ein ~*er* Akkord〖音楽〗分散和音. mit ~*er* Stimme 声をつまらせながら. eine ~*e* Zahl〖数学〗分数. 3 打ちひしがれた, 意気消沈した. 4 (関係などが)ぎくしゃくした. 5《述語的には用いない》(言葉が)ブロークンの. 6 (色彩が)濁った, くすんだ. 7〖言語〗(母音が)ブレッヒュング(Brechung)によって生じた.
ge'bro·chen² gebrechen の過去分詞.
Ge'brü·der [ɡəbry:dər] 複《雅》1《古》兄弟(一家族の兄弟全員をさす). 2《略 Gebr.》(事業などを共同でする)兄弟. die Firma der ~ Schmidt シュミット兄弟商会.
Ge'brüll [ɡəbrʏl] 中 -[e]s/ しきりに吠えること(声); 咆哮(ほうこう); 大声でわめくこと(声).
Ge'brumm [ɡəbrʊm] 中 -[e]s/ しきりにうなること; うなる(轟(とどろく))音, うなり声, (虫の)ぶんぶんいう羽音.
*****Ge'bühr** [ɡəby:r] ゲビュール 女 -/-en 1 料金. (とくに医師・弁護士などの)報酬;〖法制〗公共料金. Anwalts*gebühr* 弁護料. Post*gebühr* 郵便料金. die ~ für die Benutzung 使用料. eine ~ entrichten〈erheben〉料金を払う(徴収する). gegen ~ et⁴ leihen 物を賃貸する. 2《次の用法で》nach ~ 正当(適当)に, 相応に, しかるべく. über ~ 過度に, 過分に〈法外に〉.
ge'büh·ren [ɡəby:rən] ❶ 自(人³に)当然与えられるべきである, ふさわしい(権利・功績などの). Ihm *gebührt* hohes Lob. 彼は大いに賞賛されてしかるべきである. Das ist die Strafe, die ihm *gebührt*. それは彼には当然の罰だ. ❷ 再 (*sich*⁴) ふさわしい, 適当である, 当を得ている. Für eine Dame *gebührt* sich das nicht. それはレディーにあるまじきことだ. wie *es sich gebührt* しかるべく.

ge'büh·rend 現分形 ふさわしい, 相応の, しかるべき j³ den ~*en* Respekt erweisen 人³にそれ相応の敬意をはらう.
ge'büh·ren·der'ma·ßen [ɡəby:rəndərˈma:sən] 副 しかるべく, それ相応に.
ge'büh·ren·der'wei·se 副 しかるべく, 相応に.
Ge'büh·ren·ein·heit 女 -/-en〖通信〗(電話の)料金単位.
ge'büh·ren·frei [ɡəby:rənfraɪ] 形 無料の.
Ge'büh·ren·ord·nung 女 -/-en 料金(手数料;使用料, 報酬)規定, 料金表.
ge'büh·ren·pflich·tig 形 有料の. eine ~*e* Verwarnung〖法制〗戒告金.
ge'bühr·lich [ɡəby:rlɪç] 形《古》=gebührend
Ge'bund [ɡəbʊnt] 中 -[e]s/-e〈単位 -/-〉〖地方〗(Bündel) 束.
ge'bun·den [ɡəbʊndən] 過分形(↑binden) 1 縛られた, 縛られた; 固定した. ~*es* System〖建築〗(ロマネスクのバシリカに見られる)正方形構造. 2 束縛(拘束)された, 規制(統制)された; 婚約した. ~ *sein*〖経済〗統制価格. 3《略 geb.》〖製本〗製本された, 本格装丁の. in Leder ~ 革装の. 4 (化学的に)合成された, 化合した. 5〖料理〗とろみをつけた. eine ~*e* Suppe ポタージュ. 6〖音韻〗韻をふんだ;〖音楽〗レガート(スラー)による. in ~*er* Rede 韻文で. 7 潜在(潜伏)性の. ~*e* Wärme〖物理〗潜熱.
Ge'bun·den·heit 女 -/ 拘束(されていること), 隷属.
*****Ge'burt*** [ɡəbu:rt] ゲブールト 女 -/-en (↓gebären) 1 分娩(べん), 出産. eine schwere〈schwere〉 ~ 安産〈難産〉. Das war eine schwere ~.《話》それは大変な難産(大仕事)だった. 2 出生, 誕生の;《俗》生まれたの;《比喩》成立, 起原. Die glückliche ~ einer Tochter zeigen an XY. (出産の通知状で)このたび無事女の子が生まれましたのでお知らせいたします, XY (XY は両親の名前). im Jahre 720 vor〈nach〉 Christ ~ 紀元前〈西暦〉720 年に. eine ~ der Phantasie 空想の産物. die ~ eines neuen Zeitalters 新時代の幕開き. von ~ [an] blind sein 生れたときから〈生れつき〉目が見えない. 3 素性, 生れ, 出自. Er ist von ~ Österreicher〈Österreicher von ~〉. 彼はは生まれはオーストリア人だ. von hoher〈niedriger〉 ~ sein 高貴の生れである〈生れが卑い〉.
Ge'bur·ten·be·schrän·kung 女 -/ 産児制限.
Ge'bur·ten·buch 中 -[e]s/⁼er〖法制〗出生登録簿.
Ge'bur·ten·kon·trol·le 女 -/〖政治〗産児制限.
Ge'bur·ten·ra·te 女 -/-n《複数される》出生率.
Ge'bur·ten·re·ge·lung 女 -/-en 受胎調節.
Ge'bur·ten·rück·gang 男 -[e]s/⁼e 出生率低下.
ge'bur·ten·schwach 形 出生率の低い.
ge'bur·ten·stark 形 出生率の高い.
Ge'bur·ten·über·schuss 男 -es/⁼e 出産過剰.
Ge'bur·ten·zif·fer 女 -/-n 出生率.
ge'bür·tig [ɡəbʏrtɪç] 形 …生れの. Er ist [ein] ~*er* Münchener. / Er ist aus München ~. 彼はミュンヒェン生れだ.
Ge'burts·adel 男 -s/ (↔ Verdienstadel) 世襲貴族.
Ge'burts·an·zei·ge 女 -/-n 1 誕生通知状;(新聞などの)出産広告. 2 (役所への)出生届.
Ge'burts·da·tum 中 -s/..daten 生年月日.
Ge'burts·feh·ler 男 -s/-《話》先天性の欠陥.
Ge'burts·haus 中 -es/⁼er 生家.

Ge·burts·hel·fer 男 -s/- 産科医.
Ge·burts·hel·fe·rin 女 -/-nen 助産婦.
Ge·burts·hil·fe 女 -/ 助産(術);『医学』産科学.
Ge·burts·jahr 中 -[e]s/-e《複数まれ》生年.
Ge·burts·land 中 -[e]s/⁻er 生国(ﾁﾞ),生れ故郷.
Ge·burts·na·me 男 -ns/-n 出生時(生家)の姓; 旧姓. ◆格変化は Name 参照.
Ge·burts·ort 男 -[e]s/-e 出生地.
Ge·burts·schein 男 -[e]s/-e 『法制』出生証明書.

Ge·burts·tag [gə'buːɐtstaːk] ゲブーアツターク] 男 -[e]s/-e **1** 誕生日;《話》誕生パーティー. Er feiert heute seinen 50. ~ 今日は彼の 50 歳の誕生日だ. Ich habe am 23. August ~. 私は 8 月 23 日が誕生日だ. Alles Gute(Herzlichen Glückwunsch) zum ~! 誕生日おめでとう. j³ zum ~ gratulieren 人¹に誕生日のお祝いを言う. **2** 生年月日.

Ge·burts·tags·ge·schenk 中 -[e]s/ 誕生日の贈物(プレゼント).
Ge·burts·tags·kind 中 -[e]s/-er 誕生日を迎えた(祝ってもらう)人.
Ge·burts·ur·kun·de 女 -/-n 『法制』出生証明書.
Ge·burts·we·hen 複 陣痛;《比喩》生(⁻)みの苦しみ.

Ge'büsch [gə'byʃ] 中 -[e]s/-e (低木の)茂み, やぶ, 叢林(ﾊﾝ).

Geck [gɛk] 男 -en/-en **1**《侮》(流行の服装を追い求める)しゃれ男, 伊達男, ダンディー. **2**《地方》(a) 馬鹿者. (b)(カーニバルの道化役. **3**《古》(船員)(煙突の)通風孔(ポンプの柄を支えるまた木.
ge·cken·haft ['gɛkənhaft] 形 **1** おしゃれな, 気取った. **2** 愚かな, 馬鹿げた.
Ge·cko ['gɛko] 男 -s/-s(-nen [gɛ'koːnən]) (mal.)『動物』やもり.

ge'dacht¹ [gə'daxt] 過分 形 (↑denken) **1** 想像上の. **2** …のつもりの, …と考えられた. Das ist nur als Notlösung ~. それは単に間に合せのつもりだ. für j⟨et⟩⁴ ~ sein 人⟨物⟩³用にと考えられたものである.
ge'dacht² gedenken の過去分詞.
ge·dach·te gedenken の過去.

Ge'dächt·nis [gə'dɛçtnɪs] 中 -ses/-se **1** 記憶; 記憶力. wenn mich mein ~ nicht trügt ⟨täuscht⟩ 私の記憶違いでなければ. ein gutes ⟨schlechtes⟩ ~ haben 記憶力がよい⟨物覚えが悪い⟩. ein ~ wie ein Sieb haben / ein kurzes ~ haben《話》忘れっぽい. kein ~ für et⁴ haben 物⁴がちっとも覚えられない. j² ~ nachelfen 人²の記憶を取戻させる. (に)無理にでも思い出してもらう. j³ aufs ~ hauen《話》人²の頭をぶん殴る. aus dem ~ kommen《話》気を失う. j⟨et⟩⁴ aus dem ~ verlieren 人⟨物⟩¹のことを忘れ去る. aus dem ~ zitieren 物⁴を覚えずに引用する. j⟨et⟩³ im ~ behalten 人⟨物⟩⁴のことを覚えている. sich³⟨et⟩⁴ ins ~ zurückrufen 人⟨物⟩⁴のことを思い起す. **2** 追憶, 記念. j³ ein ehrenvolles ~ bewahren 人³にいつまでも敬慕の気持ちを抱き続ける. zum ~ an j⟨et⟩⁴ 人⟨物⟩⁴の記念(思い出)に, (を)偲(ﾉﾞ)んで. **3**(古) 記念祭, 追悼式.
Ge·dächt·nis·feh·ler 男 -s/- 記憶違い.
Ge·dächt·nis·fei·er 女 -/-n =Gedenkfeier
Ge·dächt·nis·got·tes·dienst 男 -[e]s/-e 記念(追悼)ミサ.
Ge·dächt·nis·hil·fe 女 -/-n 記憶の助けとなるもの(よすが)

Ge·dächt·nis·kunst 女 -/ 記憶術.
Ge·dächt·nis·re·de 女 -/-n =Gedenkrede
Ge·dächt·nis·schwund 男 -[e]s/ 『医学』記憶喪失.
Ge·dächt·nis·stüt·ze 女 -/-n =Gedächtnishilfe
ge'dämpft [gə'dɛmpft] 過分 形《音・光・色などが》弱められた, 抑えられた, 和らげられた. ~ sprechen 声をひそめて話す.

Ge'dan·ke [gə'daŋkə ゲダンケ] 男 2 格 -ns, 3 格 -n, 4 格 -n, 複数 -n (↑denken) **1**《複数なし》考えること, 思い浮かべること (an et⁴ 物⁴のことを). Schon der ~ daran lässt mich schaudern. そのこと考えるだけでも私はぞっとする. Kein ~ [daran]! 《話》とんでもないことだ, そんなことは論外だ. bei dem ~n そう考える(思う)と. **2** (a) 考え, 思想; 思いつき, 着想; 意図, もくろみ. Da blitzte in ihm ein ~ auf. その時彼にある考えがひらめいた. ~n sind [zoll]frei. 《諺》思想は自由なり(考えるだけなら税金はいらない). Das ist ein [guter] ~! そいつは名案だ. ein rettender ~ 妙案, 妙策. einen ~n fassen 考えをまとめる. j² ~ lesen [können] 人²の心を読取る. sich³ über et⁴ ~n machen 事⁴についてあれこれ考える, 思案をめぐらせる. seinen ~n nachhängen じっと考えに耽(ﾌ)る. seine ~n sammeln 考え(精神)を集中する. j³ auf andere ~n bringen 人³の考え(心)を別の方向に逸(‹)らせる. auf einen ~n(dumme ~n) kommen あることを考え つく(馬鹿な考えを起す). [ganz] in ~n sein 物思いに沈んでいる, 放心(ぼんやり)している. et⁴ in ~n tun 事⁴をうっかり(うわの空で)やってしまう. mit dem ~, … zu tun …をするつもりで. mit seinen ~n woanders⟨nicht bei der Sache⟩ sein 心ここにあらずである, 気が散っている. (b)《複数形》意見, 見解. seine⟨seine eigenen⟩ ~n haben 事⁴について自分自身の考え (意見)を持っている. (c)《複数形》憂慮, 心配. sich³ ~n über et⟨j⟩⁴ machen / sich³ ~n wegen et⟨j⟩² machen 事⟨人⟩⁴,²のことで思い悩む(心配する). **3** 観念, 概念. der ~ der Emanzipation 解放という観念. **4** [um] einen ~n《地方》少し, 僅かばかり.

Ge·dan·ken [gə'daŋkən] 男 -s/- =Gedanke
ge·dan·ken·arm 形 思想の貧弱な, 発想の貧しい.
Ge·dan·ken·aus·tausch 男 -[e]s/ 意見の交換.
Ge·dan·ken·blitz 男 -es/-e《話》とっさの思いつき.
Ge·dan·ken·frei·heit 女 -/ 思想の自由.
Ge·dan·ken·gang [gə'daŋkəngaŋ] 男 -[e]s/⁻e 思考の筋道, 考え方.
Ge·dan·ken·gut 中 -[e]s/ (ある民族・時代の)思想.
Ge·dan·ken·le·sen 中 -s/ 『心理』読心術.
ge·dan·ken·los 形 **1** 思慮のない, 無別分な, 軽率な. **2** 放心した, ぼんやりした, うっかりした.
Ge·dan·ken·lo·sig·keit 女 -/-en **1**《複数なし》無思慮, 不注意, 軽率. **2** 不注意(軽率)な言動.
Ge·dan·ken·ly·rik 女 -/ 『文学』思想詩.
ge·dan·ken·reich 形 考えの豊かな, 思想の豊かな.
Ge·dan·ken·split·ter 男 -s/- アフォリズム, 警句.
Ge·dan·ken·strich 男 -[e]s/-e《記号 —》横線, ダッシュ. einen ~ setzen⟨Gedankenstrich machen⟩ ダッシュを引く.
Ge·dan·ken·über·tra·gung 女 -/-en 『心理』テレパシー, 精神感応;《話》以心伝心.
Ge·dan·ken·ver·bin·dung 女 -/-en 思想(観念)の連関; 連想.
ge·dan·ken·ver·lo·ren 形 物思いに沈んだ, 放心した.

ge·dan·ken·voll [形] **1** 考え(思想)の豊かな; 意味深長な. **2** 物思いに沈んだ.

Ge·dan·ken·welt [女] -/ 思想(観念)の世界.

ge·dank·lich [gəˈdaŋklɪç] [形] 《述語的には用いない》 **1** 思考(思想)上の, 思考(思想)に関する. **2** 観念(空想)的な, 頭(頭)の中だけの.

Ge·därm [gəˈdɛrm] [中] -[e]s/-e はらわた, 内臓(とくに腸).

Ge·där·me [gəˈdɛrmə] [中] -s/- 《まれ》 =Gedärm

Ge'deck [gəˈdɛk] [中] -[e]s/-e **1** 1人前の食器(ナプキン・皿・ナイフ・フォーク・スプーンなどの1揃い). **2** 《料理店の》定食. **3** 《キャバレーなどで供される最低限の》規定の飲物.

ge·deckt [過分][形] **1** (色が)くすんだ. **2** (オルガンのパイプが)閉口の, 閉口音管の.

Ge·deih [gəˈdaɪ] [男] 次の用法でのみ auf ~ und Verderb 善かれ悪しかれ, 何がどうなろうとも. j³ auf ~ und Verderb ausgeliefert sein 万事人³の手に委ねられている.

__ge'dei·hen__ [gəˈdaɪən] ゲダイエン] gedieh, gedie·hen [自] (s) **1** (a) (植物が)よく育つ, 繁茂する; (子供・動物が)成育する, 大きくなる. In diesem Jahr gedie·hen die Kartoffeln gut. 今年はじゃがいもがたいへんよくできました. Das Kind ist prächtig *gediehen*. その子はりっぱに成長した. (b) 栄える, 繁栄する. Unrecht Gut *ge·deiht* nicht. 諺 悪銭身につかず. Daraus *gedeiht* nichts Gutes. そんなことをしてもいいことは何もない. 《中性名詞として》j⟨et⟩³ gutes *Gedeihen* wünschen 人⟨事⟩³の成功を祈る. **2** はかどる, 進捗(しんちょく)(進展)する. Das neue Haus ist schon weit *gediehen*. その新しい家はもう随分とできあがっている. Wie weit ist sie mit dem Studium *gediehen*? 彼女の研究はどこまで進みましたか.

ge·deih·lich [gəˈdaɪlɪç] [形] 《雅》有益な, 都合のよい, 実りのある. eine ~e Entwicklung 順調な発展.

ge·den·ken* [gəˈdɛŋkən] [自] 《雅》 **1** 〈人・物〉²のことを思い出す, 回想(追想)する, 覚えている; 述(語)で語る. glücklicher Tage⟨der Gefallenen⟩ ~ 幸福な日々を回想する⟨戦死者を偲(しの)ぶ⟩. *Gedenke* mei·ner! 私のことを忘れないで. j² mit einigen Worten ~ (思い出して)人²のことに二言三言触れる. **2** 《zu 不定詞句と》…するつもりである, …しようと思う. Wir *ge·denken*, uns zu verloben. 私達は結婚する予定である.

Ge·den·ken [中] -s/ 《雅》追憶, 思い出; 記念, 記憶. j³ in liebevolles ~ bewahren 人³のことをいつまでもなつかしく思い出す. seit ~ 《古》記憶の及ぶ限りでは. zum ~ an Dr. Dose / Dr. Dose zum ~ ドーゼ博士を偲(しの)んで(記念して).

Ge·denk·fei·er [女] -/-n 記念祭, 記念式典.

Ge·denk·mar·ke [女] -/-n 《郵趣》記念切手.

Ge·denk·mi·nu·te [女] -/-n 1分間の黙禱.

Ge·denk·mün·ze [女] -/-n 記念メダル(硬貨).

Ge·denk·re·de [女] -/-n 記念講演; 追悼講演.

Ge·denk·stein [男] -[e]s/-e 記念碑.

Ge·denk·ta·fel [女] -/-n 記念銘板.

Ge·denk·tag [男] -[e]s/-e 記念日.

ge·deucht [gəˈdɔʏçt] dünken の過去分詞.

__Ge'dicht__ [gəˈdɪçt] [中] -[e]s/-e 詩. ein episches⟨lyrisches⟩ ~ 叙事〈叙情〉詩. ein ~ ver·fassen⟨~ machen⟩ 詩を作る. [Und] noch ein ~! 《戯》 (同じものを)もう一丁頼むよ. Das Kleid ist ein ~! 《話》このドレスほんとにきれいだこと.

Ge'dicht·samm·lung [女] -/-en 詩集.

ge'die·gen [gəˈdiːgən] [形] **1** 入念に仕上げられた, 作りのしっかりした, 堅牢な. ein ~e Möbel 頑丈な家具. **2** 信頼できる, 堅実な. ein ~er Charakter 信頼のおける人柄. eine ~e Ausbildung haben しっかりした教育を受けている. ~es Wissen 確実な知識. 《副詞的には用いない》《鉱業》混じり物のない. ~ Gold 純金. **4** 《副詞的には用いない》《話》こっけいで面白い; 奇妙な, 変な. Du bist aber ~! 君はまったくおかしなやつだ. ◆もともと *gediehen* の過去分詞.

Ge'die·gen·heit [女] -/ 堅牢; 信頼性; 純性.

ge'dieh [gəˈdiː] gedeihen の過去.

ge'die·he [gəˈdiːə] gedeihen の接続法 II.

ge'die·hen [gəˈdiːən] gedeihen の過去分詞.

ge'dient [gəˈdiːnt] [過分][形] 兵役を終えた; 退役した.

Ge'din·ge [gəˈdɪŋə] [中] -s/- **1** 《鉱業》請負給, 出来高払い賃金; 請負(契約). **2** 《農家の》下僕.

Ge'döns [gəˈdøːns] [中] -es/ 《地方》 **1** 空騒ぎ. 何の役にも立たないこと. **2** 騒がしい雰囲気.

__Ge'drän·ge__ [gəˈdrɛŋə ゲドレンゲ] [中] -s/ **1** 押し合いへし合い, 混雑; 人込み, 雑踏. Es herrschte ein furchtbares ~. ひどい混雑だった. in ~ ge·rate⟨kommen⟩ 雑踏にまきこまれる. **2** 苦境, 窮地. in der Zeit ins ~ kommen(geraten) 時間的に苦しくなる, 時間との闘いになる. **3** 《スポ》スクラム. ein ~ bilden スクラムを組む.

ge'drängt [gəˈdrɛŋt] [過分][形] 《文体・文章が》簡潔な. in ~er Kürze ごく手短かに. eine ~e Übersicht 概略.

Ge'drängt·heit [女] -/ (表現・文章などの)簡潔さ.

Ge'dro·schen [gəˈdrɔʃən] dreschen の過去分詞.

ge'drückt [gəˈdrʏkt] [過分][形] 意気消沈した, 打ちしがれた. eine ~e Atmosphäre 重苦しい雰囲気.

ge'drun·gen [gəˈdrʊŋən] [過分][形] (↑dringen) ずんぐりした. einen ~en Körperbau haben ずんぐりした体格でいる.

Ge'drun·gen·heit [女] -/ ずんぐりした体つき.

__Ge'duld__ [gəˈdʊlt ゲドゥルト] [女] -/ (↓dulden) 忍耐(力), 辛抱, 我慢; 根気. Jetzt ist meine ~ aber zu Ende! もう堪忍袋の緒も切れたよ. Jetzt reißt mir die ~. 《話》もう我慢(勘弁)ならないぞ. Bitte haben Sie noch etwas ~! いましばらくご辛抱(お待ち)ください. mit j³ ~ haben 人³のことを我慢する(大目に見てやる). keine ~ zu et³ haben 事³に対して根気がない. ~ üben / sich⁴ in ~ fassen じっとこらえる, 辛抱する. die ~ verlieren 我慢(辛抱)しきれなくなる, しびれをきらす. mit⟨in⟩ ~ 辛抱強く, 根気よく, 気長に. mit ~ und Spucke 《話》辛抱強く(根気よく)やっていれば 《ベルリンの諺》Mit Jedduld und Spucke fängt man eene Mucke. 「辛抱すれば木に花が咲く」より.

ge'dul·den [gəˈdʊldən] [再] ⟨sich⁴⟩ 辛抱(我慢)して待つ.

__ge'dul·dig__ [gəˈdʊldɪç ゲドゥルディヒ] [形] 忍耐(我慢)強い; 根気のよい. mit j³ ~ sein 人³に寛大である. Papier ist ~. 《話》紙は何を書かれても黙っている (印刷物だからといって信じちゃいけないよ, の意).

Ge'dulds·fa·den [男] -s/ 《話》堪忍袋の緒. ~ reißt mir aber der ~. もう堪忍袋の緒が切れたよ. einen langen ~ haben 忍耐(辛抱)強い.

Ge'dulds·pro·be [女] -/-n 忍耐の試練. j³ au eine harte ~ stellen 人³につらい辛抱を強いる, (を)長い間待たせる.

Ge'duld[s]·spiel 中 -[e]s/-e 根気だめしの遊び(ジグソー・パズルなど); 根気仕事.

ge'dun·gen [gəˈdʊŋən] dingen の過去分詞.

ge'dun·sen [gəˈdʊnzən] 形 《副詞的には用いない》(aufgedunsen) 腫(は)れぼったい, むくんだ, 浮腫の.

ge'durft [gəˈdʊrft] dürfen の過去分詞.

ge'ehrt 形 尊敬されている. Sehr ~*er* Herr Werner (手紙の書出しで) 拝啓ヴェルナー様.

Ge'ehr·te 中《形容詞変化》《古》《商業》 (先方からの) 書状, 書簡.

ge'eig·net [gəˈaɪɡnət ゲアイグネット] 過分 形 適した, 適当(適切)な. gut〈schlecht〉 ~ sein ぴったりはまり役である〈適役でない〉 (für et⁴ / zu et³ 事⁴,³に).

Geest [geːst] 女 /-/《地理》(中欧北部, とくに北ドイツ沿海地の) 高燥砂丘地.

Geest·land 中 -[e]s/ =Geest

gef.《略》=gefallen³ 2

Ge'fach [gəˈfax] 中 -[e]s/⁼er(-e) **1**《複数 ⁼er》(棚などの)仕切り; 引出し. **2**《複数 ⁼er, -e》《建築》ハーフティンバー(Fachwerk)の骨組(柱や梁)によって仕切られた区画.

Ge'fahr

Ge'fahr [gəˈfaːr ゲファール] 女 /-/-en 危険, 危難; 危機. [Eine] ~ droht. / ~ ist im Anzug〈im Verzug〉. 危険が迫っている. Es besteht [die] ~, dass der Fluss über die Ufer betritt. 川が氾濫(はんらん)する恐れがある. Es hat keine ~.《地方》何も恐れる(心配する)ことはない. eine ~ abwehren〈heraufschwören〉危険を防ぐ〈招く〉. einer ~ entgehen 危険を逃れる. ~ laufen 危険を冒す(ば・・す). Du läufst ~, dich schwer zu verletzen. 君は大怪我をする恐れがあるぞ. keine ~*en* scheuen いかなる危険をも恐れない. einer ~ ins Auge sehen 危険を直視する. auf die ~ hin, dass..., ...の危険を冒して, ...の恐れ(心配)があろうとも. auf eigene ~ 損害(身の危険は覚悟の上で, 自分の責任で). et⁴ auf Rechnung und ~ des Empfängers liefern《商業》物(商品)を買手の損害負担で納入する. außer ~ sein (病人などが)危険を脱している. bei ~ 緊急の際に(は). j⁴ in ~ bringen 人⁴を危険にさらす. in ~ kommen〈geraten〉危険に陥る. in ~ schweben〈sein〉危険に瀕(ひん)している. mit〈unter〉 ~ *seines* Lebens / unter persönlicher ~ 生命の危険を冒して, 身の危険を冒さずに.

ge'fähr·den [gəˈfɛːrdən] 他 危険にさらす, 危うくす. den Frieden〈die Gesundheit〉 ~ 平和を脅(おびや)かす〈健康によくない〉. *sein* Leben ~ 生命を危険にさらす.

ge'fähr·det 過分 形 危険にさらされた, 危うい.

Ge'fähr·dung [gəˈfɛːrdʊŋ] 女 /-/-en 危険にさらすこと, さらされること; 危うさ.

ge'fah·ren [gəˈfaːrən] fahren の過去分詞.

Ge'fah·ren·herd 男 -[e]s/-e 危険発生地(地帯).

Ge'fah·ren·ma·nage·ment [..mɛnɪtʃmənt] 中 -s/ 危機管理.

Ge'fah·ren·quel·le 女 -/-n 危険発生の源(原因).

Ge'fah·ren·zo·ne 女 -/-n 危険区域.

Ge'fah·ren·zu·la·ge 女 -/-n 危険手当.

*****ge'fähr·lich** [gəˈfɛːrlɪç ゲフェールリヒ] 形 危険な, 危ない; 危なっかしい, 冒険的な. ein ~*es* Alter (非行・風紀・浮気などの心配がある) 危険な年頃. eine ~*e* Krankheit 生命にかかわる(重大な)病気; 重病. ein ~*es* Spiel treiben 思いきった手(いちかばちかの勝

負)に出る. ~ leben 危険な生活をする(ナチスは個人主義的・非政治的な贅沢(ぜいたく)な暮しぶりを「革命的」と呼んで危険視した); やばい事をする. 裏街道を歩いている.《慣用的表現で》Das ist nicht so.《話》大したことじゃないよ, そんなことは何でもなさ. Tu nur nicht so~! そう大袈裟(げさ)に騒がなさんな. Dieser Mann könnte mir ~ werden.《戯》この人はちょっと危ないわ(好きになってしまいそう, の意).

Ge'fähr·lich·keit 女 -/ 危険性.

ge'fahr·los 形 危険のない, 安全な.

Ge'fahr·lo·sig·keit 女 -/ 危険のないこと, 安全性.

Ge'fährt [gəˈfɛːrt] 中 -[e]s/-e《雅》乗物, 車.

Ge'fähr·te [gəˈfɛːrtə] 男 -n/-n《雅》同行者, 同伴者; 伴侶; 連れ, 仲間. Lebens*gefährte* 人生の伴侶(配偶者). Spiel*gefährte* 遊び仲間.

Ge'fähr·tin 女 -/-nen 連れの女性; 女友達.

ge'fahr·voll 形 危険に満ちた.

Ge'fäl·le [gəˈfɛlə] 中 -s/- **1** 勾配(こうばい), 傾斜; 落差. Die Straße hat ein leichtes〈starkes〉 ~. その道路は勾配がゆるやか〈急〉である. eine Piste mit einem ~ von 700 m 高低差 700 メートルの滑降コース. ein gutes ~ haben《戯》いける口(呑ん兵衛)である. **2** 格差, 差. Lohn*gefälle* 賃金格差. ein soziales ~ 社会的格差. das ~ der Temperatur 温度差. **3**《とくに~s》傾向 (zu et³ 物³への). **4**《複数で》《古》地租, 税.

ge'fal·len¹*

ge'fal·len¹* [gəˈfalən ゲファレン] gefiel, gefallen / du gefällst, er gefällt ❶ 自 (人³の) 気に入る, 好みに合う; (に) 喜ばれる. Das Haus *gefällt* mir. 私はその家が気に入っている. Das Mädchen hat ihm sehr gut *gefallen*. その女の子は大いに彼の気に入った. Es hat Gott *gefallen*, unseren Vater zu sich³ zu rufen. (死亡通知などで) 神の御心により私たちの父はみもとに召された. Das Theaterstück hat allgemein *gefallen*. その芝居はみんなに受けた.《とくに nicht と》Sein Husten〈Der neue Kollege〉 *gefällt* mir nicht.《話》彼の咳〈今度の同僚〉はどうも気になる. Er will mir heute gar nicht zu ~.《話》きょうの彼の様子(顔色)は何としても気掛りである.《非人称的に》Wie *gefällt es* Ihnen in Berlin? ベルリーンはいかがですかお気に召しましたか).

❷ 再 (*sich*³) **1** いい気になっている, 得意がる, 楽しんでいる (in et³ 事³で). Ich *gefalle mir* gar nicht in der Rolle des strengen Vaters. 私は厳格な父親役なんてすこしも嬉しくない. *sich* in der Rolle des Frauenhelden ~ / *sich* als Frauenheld ~ 色男気取りでふんぞりかえる. *sich* in Übertreibungen ~ 大袈裟なことを言っては得意がる. **2** *sich* et⁴ ~ *lassen*《話》事⁴を甘受する; (黙って) 承知する, (に) 同意する. Diese Behandlung darf man *sich nicht* ~ *lassen*. こんな仕打を黙って許す法はない. Er lässt *sich* alles ~. 彼はなんでも言いなりになる. Das lasse ich *mir* ~! そいつは気に入った(結構だ).

ge'fal·len² 過分 形 (↑fallen) **1** 落ちた, 堕落した. ein ~*er* Engel 堕天使(悪魔のこと). ein ~*es* Mädchen《古》純潔を失った娘. **2**《略 gef. / 記号 ⨯》戦死した.

ge'fal·len³ gefallen¹ の過去分詞.

*****Ge'fal·len**¹ [gəˈfalən ゲファレン] 中 -s/ 気に入ること. an j⁴〈et³〉 ~ finden / an j⁴〈et³〉 [sein] ~ haben 人〈事³〉が気に入る,〈を〉好む. Er hat kein ~ am Golfspielen. 彼はゴルフが嫌いだ. bei j³ ~ finden 人³に気

Gefallen

に入られる. nach ~《雅》随意に, 好きなように. j³ zu ~ 人³のために, (の)気に入るように. j³ zu ~ kommen 人³の心にかなう. j³ zu ~ reden《話》人³の気に入るような(喜ばそうな)話をする.

*Ge·fal·len² [gəˈfalən] ゲファレン 男 -s/-《複数まれ》好意, 親切. j³ einen ~ tun〈erweisen〉人³に親切にする. Tu mir den [einen] ~ und hol das Auto aus der Garage! 悪いけど車をガレージから出してきてよ. j¹ um einen ~ bitten 人¹に頼みごとをする.

Ge·fal·le·ne 男 《形容詞変化》戦死者, 戦没者.
Ge·fal·le·nen·denk·mal 中 -s/-er(-e) 戦没者記念碑.

ge·fäl·lig [gəˈfɛlɪç] 形 1 (↑Gefallen²) 親切な, 好意的な. ein ~er Mensch 親切な人. zur ~en〈gefl.〉Beachtung《古》《書》どうかよろしくお願い申し上げます. sich⁴ ~ erweisen〈zeigen〉人⁴に親切にする. 2 (↑Gefallen¹) 好ましい, 気持ち(感じ)のよい. ~e Musik 快い音楽. Ihr ~es Schreiben《商業》貴翰(かん), 貴信. ein ~er Wein 《料理》飲みやすいワイン. 3 《述語的用法のみ》望ましい. Bier [Eine] Zigarette ~? ビール〈煙草〉いかがですか. [Ist] etwas zu trinken ~? 何か飲物はどうですか. Ist [sonst] noch etwas ~? 《ボーイなどが客に向かって》ほかに御用はございませんか. wenn's ~ ist 差支えなければ. 4 《話》([et]was =) Hier〈Da〉ist vielleicht [et]was ~. こいつはどうやら一騒動ありそうだ. Freundchen, gleich ist was ~! おいお前, いい加減にしないとひどいぞ.

Ge·fäl·lig·keit 女 -/-en 1 親切, 好意. j³ eine ~ erweisen 人³に好意を示す. aus [reiner] ~ 親切心から, 好意で. Darf ich Sie um eine ~ bitten? ちょっとお願いがあるのですが. 2《複数なし》感じのよさ.

Ge·fäl·lig·keits·ak·zept 中 -[e]s/-e《経済》(手形の)好意による融通引受け.

Ge·fäl·lig·keits·stem·pel 男 -s/-《郵趣》切手収集家用消印, 記念スタンプ.

Ge·fäl·lig·keits·wech·sel 男 -s/-《経済》好意手形, 融通手形.

ge·fäl·ligst [gəˈfɛlɪçst] 副 1《話》(不機嫌を強調して)頼むから, 後生だから. Hör ~ zu! 聞いったら. 2《古》山鳩、どうか.

Ge·fall·sucht [gəˈfal..] 女 -/《侮》むやみに人の歓心(かん)を買おうとすること; ご機嫌とり, 媚(こ).

ge·fall·süch·tig [..zʏçtɪç] 形《侮》やたらと人の気に入られたがる, 八方美人の.

ge·fan·gen [gəˈfaŋən] 過分 形 (↑fangen) 捕まった, 囚(とら)われた, とりこになった. sich⁴ ~ geben 捕えられる; 《降伏》する. ◆ ~ gefangen halten, gefangen nehmen, gefangen setzen

*Ge·fan·ge·ne [gəˈfaŋənə] ゲファンゲネ 男 女 《形容詞変化》捕虜; 囚人; (感情などの)とりこ. ~ machen 捕虜をつかまえる.

Ge·fan·ge·nen·be·frei·ung 女 -/-en 1《法制》逃走(脱獄)幇助. 2 捕虜解放(釈放).

Ge·fan·ge·nen·für·sor·ge 女 -/ 更生保護(囚人とその家族のための福祉事業).

Ge·fan·ge·nen·la·ger 中 -s/- 捕虜収容所.

Ge·fan·ge·nen·wär·ter 男 -s/- 看守.

Ge·fan·gen·hal·ten*, °ge·fan·gen|hal·ten* 他 捕えておく; 監禁(拘留, 投獄)しておく; (人⁴の)心をとりこにする.

Ge·fan·gen·nah·me 女 -/- 捕えること; 逮捕, 監禁, 捕虜にする(なる)こと.

ge·fan·gen nehmen*, °ge·fan·gen|neh·

men* 他 1 捕える, 捕虜にする. 2 (人⁴の)心をとらえる, (に)感銘を与える.

Ge·fan·gen·schaft [gəˈfaŋənʃaft] 女 -/ (↑fangen) 1 捕えられている状態, 捕虜の境遇. in ~ geraten 捕虜になる(拘留される). die Babylonische ~ [der Juden]《歴史》(ユダヤ人の)バビロン捕囚. 2 (動物が)捕獲されている状態. Das Tier wurde in ~ geboren. その動物が檻(おり)の中で生れた.

ge·fan·gen set·zen, °ge·fan·gen|set·zen 他 監禁(拘禁)する.

*Ge·fäng·nis [gəˈfɛŋnɪs] ゲフェングニス 中 -ses/-se 刑務所, 監獄, 牢獄. aus dem ~ ausbrechen 脱獄する. j¹ ins ~ bringen〈werfen〉人¹を刑務所に送りこむ〈投獄する〉. ins ~ kommen 刑務所に入る. in ~ sitzen〈sein〉刑務所に入っている. 2《複数なし》懲役(刑), 禁固. Auf Körperverletzung steht ~. 傷害には刑罰が科せられる. fünf Jahre ~ bekommen / zu fünf Jahren ~ verurteilt werden 懲役 5 年の刑に処せられる.

Ge·fäng·nis·geist·li·che 男 女《形容詞変化》教誨(きょうかい)師.

Ge·fäng·nis·stra·fe 女 -/-n 懲役(禁固)刑; (旧刑法で)軽懲役刑(1日以上 5 年未満).

Ge·fäng·nis·wär·ter 男 -s/- 看守.

ge·färbt [gəˈfɛrpt] 過分 形 着色された; 潤色された. et⁴ durch eine ~e Brille sehen 物⁴を色メガネで見る. leicht ironisch ~ sein 少し皮肉を交(まじ)えてある.

Ge·fa·sel [gəˈfaːzəl] 中 -s/《侮》馬鹿話, よた.

Ge·fäß [gəˈfɛːs] 中 -es/-e (↓fassen) 1 (とくに液体・粒状物を入れる)容器, 入物. 2《解剖》脈管, 血管, リンパ管. 《植物》導管. 3 (刀の)柄(つか).

Ge·fäß·er·wei·te·rung 女 -/-en《医学》血管拡張.

ge·fasst, °ge·faßt [gəˈfast] 過分 形 落着いた, 静かな(沈着な); 覚悟を決めた. auf et⁴ ~ sein 事⁴に対して覚悟を決めている, (を)覚悟している. sich⁴ auf et⁴ ~ machen 事⁴に対して覚悟を決める. Der kann sich auf etwas ~ machen.《話》あいつには目に物を見せてやるぞ.

Ge·fasst·heit 女 -/ 落着き, 冷静さ.

Ge·fäß·ver·en·gung 女 -/-en《病理》血管狭窄(きょうさく).

Ge·fecht [gəˈfɛçt] 中 -[e]s/-e (↓fechten) 1 (小規模の)戦闘, 交戦. j⁴〈et⁴〉außer ~ setzen 人⁴の戦闘力を失わせる. et⁴ ins ~ führen《比喩》物⁴(論拠など)を論争(交渉)の場に持出す. in der Hitze〈im Eifer〉des ~s《話》興奮(熱中)のあまり. Klar zum ~!《海事》戦闘準備完了! 2 激戦, 激闘; とくにフェンシングの)フラーズ・ダルム.

ge·fechts·be·reit 形《軍事》戦闘準備を整えた.

Ge·fechts·klar 形《海事》=gefechtsbereit

Ge·fechts·stand 男 -[e]s/=e《軍事》前線司令部.

Ge·fechts·übung 女 -/-en《軍事》戦闘演習.

ge·feit [gəˈfait] 過分《旧法で》gegen et¹ ~ sein 事⁴に対して抵抗力(耐性)がある, 不死身である. Durch die Impfung ist sie gegen die Pocken ~. 予防接種のお蔭で彼女は天然痘にはかからない. Er ist gegen solche Irrtümer ~. 彼はそのような間違いはしかさない.

Ge·fie·del [gəˈfiːdəl] 中 -s/ (↓fiedeln) 1 いつまでもバイオリンを弾くこと. 2《話》下手なバイオリン(の演奏).

Ge·fie·der [gəˈfiːdər] 中 -s/- (↑Feder) 1《集合的

に)(鳥の)羽毛, 羽. **2**《古》(矢柄・釣り針・帽子・羽布団などの)羽.

ge'fie·dert [gəˈfiːdərt] 過分 形 **1** 羽のある, 羽を付けた. die *~en* Sänger 鳴禽(きん)類. **2**《植物》羽状の.

ge'fiel [gəˈfiːl] gefallen¹ の過去.

Ge'fil·de [gəˈfɪldə] 中 -s/- (↑Feld)《多く複数で》《雅》1 野, 野原, 広野. die heimatlichen *Gefilde* 故郷. die *Gefilde* der Seligen《ギリシア神話》楽園, パラダイス. **2**(学問などの)領域, 分野.

gefl.《略》= **gefällig 1, gefälligst 2**

ge'flammt [gəˈflamt] 過分 形 火炎模様のある; 波形模様(紋様)の.

Ge'flat·ter [gəˈflatər] 中 -s/ (↓flattern) 絶えずひらひら(ぱたぱた)すること.

Ge'flecht [gəˈflɛçt] 中 -[e]s/-e (↓flechten) **1** 編んだ物, 編組細工;《紡織》網目の織地. ein *~* aus Stroh 麦わら細工. **2**《解剖》(神経・血管の)叢, 網状組織. **3**《雅》(網状に絡(から)み合ったもの. *Gedankengeflecht* 思想の織物.

Ge'fleckt [gəˈflɛkt] 過分 形 斑点(はんてん)(斑紋)のある, 斑状の, まだらの.

Ge'flim·mer [gəˈflɪmər] 中 -s/ (↓flimmern) 絶えずちらちら(きらきら)すること.

Ge'flis·sen·heit [gəˈflɪsənhaɪt] 女 -/《まれ》熱心さ, 勤勉.

ge'flis·sent·lich [gəˈflɪsəntlɪç] 形《述語的には用いない》**1** 故意の. **2**《書》《古》好意的な. zur *~en* Beachtung よろしく御配慮のほどを.

ge'floch·ten [gəˈflɔxtən] flechten の過去分詞.

ge'flo·gen [gəˈfloːgən] fliegen の過去分詞.

ge'flo·hen [gəˈfloːən] fliehen の過去分詞.

ge'flos·sen [gəˈflɔsən] fließen の過去分詞.

Ge'flü·gel [gəˈflyːgəl] 中 -s/ (↑Flügel)《集合的に》**1** 家禽(かきん). **2**(食用の)鳥肉.

Ge'flü·gel·farm 女 -/-en (大規模な)家禽(きん)飼育場, 養禽場.

ge'flü·gelt [gəˈflyːgəlt] 過分 形《副詞的には用いない》**1** 翼(羽)のある;《植物》翼のついた. *~e* Frucht 翼果, 翅(つばさ)果. *~e* Insekten 羽のある昆虫. **2**《猟師》(撃たれた)翼のある. ein *~es* Wort / *~e* Worte 人口に膾炙(かいしゃ)した言葉, (よく引用される)名言.

Ge'flü·gel·zucht 女 -/-en 家禽(きん)の飼育, 養禽.

Ge'flun·ker [gəˈflʊŋkər] 中 -s/ (↓flunkern)《話》(はら)作り話, 嘘八百.

Ge'flüs·ter [gəˈflʏstər] 中 -s/ (↓flüstern)(絶間なく)ひそひそ話, ひそひそ話.

ge'foch·ten [gəˈfɔxtən] fechten の過去分詞.

Ge'fol·ge [gəˈfɔlgə] 中 -s/《集合的に》(高位の人の)随行者の一行, 随員, 護衛;《歴史》(古代ゲルマンの)従士団;《軍事》軍隊に同行する非戦闘員(従軍記者・従軍商人など). das *~* des Präsidenten 大統領の随行員(団). im *~* von et³ 事³の結果として, に)伴って. et⁴ im *~* haben 事を結果として伴う.

Ge'folg·schaft [gəˈfɔlkʃaft] 女 -/-en **1**《歴史》(a)《複数なし》(古代ゲルマンの)臣従(の関係). (b)従士団. **2**《歴史》(企業の)総従業員(ナチス時代の用語). **3**《集合的に》随員, 部下, 家来, 取巻き. **4**《複数なし》服従, 恭順.

Ge'folgs·mann [gəˈfɔlks-] 中 -[e]s/²er ..leute, 古 ..mannen) **1**《歴史》(古代ゲルマンの)従士(首長などに忠誠の宣誓 Treueid を行い主従関係を結んだもの). **2** 信奉者.

Ge'fra·ge [gəˈfraːgə] 中 -s/《侮》しつこい質問.

ge'fragt [gəˈfraːkt] 過分 形 需要がある. ein stark *~er* Artikel 人気のある商品. Kritikfähigkeit ist heute nicht mehr *~*. 批判能力などというものは今日ではもう歓迎されない.

ge'frä·ßig [gəˈfrɛːsɪç] 形 (↑fressen) 大食の, 食い意地の張った, 食いしん坊の.

Ge'frä·ßig·keit 女 -/《侮》大食らい.

Ge'frei·te [gəˈfraɪtə] 男《形容詞変化》《軍事》**1**(陸(空)軍 1 等兵; 海軍 1 等水兵. **2** 曹長(16世紀頃のドイツ徒歩傭兵隊で特務のため通常の勤務を免除された古参兵). ◆元来, 歩哨勤務を解かれた兵, の意.

ge'fres·sen [gəˈfrɛsən] fressen の過去分詞.

ge'freut [gəˈfrɔʏt] 過分 形《スイス》喜ばしい.

Ge'frier·an·la·ge [gəˈfriːr..] 女 -/-n 冷凍装置(設備), 冷凍機.

ge'frie·ren* [gəˈfriːrən] ❶ 自 (s) 凍る, 氷結(凍結)する. Ihm *gefror* vor Entsetzen das Blut in den Adern.《比喩》彼は恐怖のあまり血の凍る思いがした.《非人称的に》Es *gefriert*. 気温が氷点下に下がる, 霜が降りる, 凍(い)てつく. ❷ 他《まれ》(食品を)冷凍する.

Ge'frier·fach 中 -[e]s/²er (冷蔵庫の)冷凍室.

Ge'frier·fleisch 中 -[e]s/ 冷凍肉.

Ge'frier·ge·trock·net 形 冷凍乾燥した.

Ge'frier·gut 中 -[e]s/²er 冷凍食品.

Ge'frier·punkt 男 -[e]s/-e **1**《物理》凝固点. **2** 氷点(摂氏零度).

Ge'frier·schrank 男 -[e]s/²e 冷凍庫.

Ge'frier·schutz·mit·tel 中 -s/- 凍結防止剤, 抗凍結剤, 不凍剤.

ge'frier·trock·nen 他《不定詞・過去分詞でのみ》《工学》冷凍乾燥させる.

ge'fro·ren [gəˈfroːrən] frieren, gefrieren の過去分詞.

Ge'fro·re·ne 中《形容詞変化》**1** 冷凍食品. **2**《南ドイツ・オーストリア》アイスクリーム.

Ge'fü·ge [gəˈfyːgə] 中 -s/- 構造, 構成, 組立;《冶金》(金属の)結晶構造;《地質》石理(きり). das *~* der modernen Gesellschaft 現代社会の構造.

ge'fü·gig [gəˈfyːgɪç] 形 従順な, 人の言いなりになる, 御(ぎょ)しやすい. Er ist ihr ein *~es* Werkzeug. 彼は彼女の言いなりになっている. [sich¹] j⁴ *~* machen 人⁴を従わせる(手なずける).

Ge'fü·gig·keit 女 -/ 従順さ, おとなしさ.

Ge'fühl [gəˈfyːl] ゲフュール 中 -[e]s/-e (↑fühlen) **1**《複数まれ》感じ, 感覚; 触感. ein brennendes *~* ひりひりする感じ. kein *~* mehr in den Fingern haben 指先の感覚がなくなっている. Dem *~* nach ist das Seide. 手触りからするとこれは絹だ. **2** 気持, 感情;《とくに複数で》好意. ein *~* der Liebe ⟨der Trauer⟩ 恋心⟨哀惜の念⟩. j² *~e* erwidern 人²の気持(好意)に応(こた)える. kein *~* haben 血も涙もない. zärtliche *~e* für j⁴ hegen 人⁴に思いを寄せる. *seine ~e* unterdrücken⟨zeigen⟩ 感情を押殺す⟨表に出す⟩. mit *~* 感情をこめて. mit gemischten *~en* 複雑な気持で. ein Film mit viel *~* お涙頂戴の映画. ein Mensch ohne *~* 冷血漢. **3**《複数なし》*~* für et⁴, 感受性 (für et⁴ 物⁴に対する). *~* für Musik ⟨Rhythmus⟩ 音楽のセンス⟨リズム感⟩. ein feines *~* für et⁴ haben 物⁴に対して感受性(勘)が鋭い. kein *~*

gefühllos

für et⁴ haben 物がさっぱり理解できない. sich⁴ auf sein ～ verlassen 勘に頼る. nach ～ [und Wellenschlag] ごく大雑把な見当で. 《慣用的表現で》 Das ist das höchste der ～e. 《話》それがぎりぎりの線(精一杯のところ)だ; そいつは最高(言うことなし)だ. **4** 《複数なし》《漠然とした》予感, 虫の知らせ. Ich habe das ～, dass das nicht gut geht. 私はなんとなくそれがうまくいかない気がする. et⁴ im ～ haben 事⁴を本能的に感じ取っている.

ge'fühl·los 形 **1** 感覚のない, 麻痺している. **2** 冷酷な, 冷淡な, 非情の.

Ge'fühl·lo·sig·keit 女 -/-en **1** 《複数なし》無感覚, 感覚の麻痺. **2** 冷酷, 非情な態度, 言動.

ge'fühls·arm 形 感情に乏しい.

ge'fühls·be·tont 形 感情的な, 感情に走った.

Ge·fühls·du·se'lei [..du:zə'laɪ] 女 -/-en 感傷(癖); 感傷的な言葉.

ge'fühls·mä·ßig 形 感情(感覚)による, 心情的な. Rein ～ würde ich sagen, dass er Recht hat. 直感だけで言えば彼が正しいのではなかろうか.

Ge'fühls·mensch 男 -en/-en 感情的な人間.

Ge'fühls·sa·che 女 -/-n 感情(気持)の問題. Das ist ～! ここは理屈じゃなく気持ひとつだ.

ge'fühl·voll 形 感情(情緒)豊かな, 情(思いやり)のある; 多感な; 感傷的な.

ge'fü·rig [gə'fy:rɪç] 形 《地方》《雪質》が滑走に適し, 滑りのよい.

ge'füllt [gə'fʏlt] 形 《植物》八重(ぷ)の, 重弁の.

ge'fun·den [gə'fʊndən] finden の過去分詞.

ge'fun·kel [gə'fʊŋkəl] 中 -s/ (↓ funkeln) きらきら(ぴかぴか)光ること, 煌(ఓ)めき.

ge'gan·gen [gə'gaŋən] gehen の過去分詞.

ge'ge·ben [gə'ge:bən] 形 (↑ geben) **1** 与えられた; 所与の; 既存の; 自明の. im ～*en* Fall この場合; 場合による. eine ～*e* Größe 与えられた(任意の)数(量). ～*e* Tatsache 自明の事実. unter den ～*en* Umständen 目下の事情(状況)では. et⁴ als ～ ansehen 事⁴を自明のことと見なす. j³ ～ sein 人³に与え(授けられ)ている(素質・性格として). Mir ist es nicht ～, meine Gefühle zu zeigen. 感情をむきだしにすることは私の性分ではない. 《名詞的用法で》 das *Gegebene* 所与(の事実), 自明のこと. **2** 適した, 恰好の, 適切な. Du bist dafür ein ～*er* Mann. 君こそそれにうってつけの男だ. zur ～*en* Zeit / zu ～*er* Zeit しかるべき時に. [Das ist] gut ～! よくぞ言った, その通りだ. 《名詞的用法で》 Das ist das *Gegebene*《～*e*》. そこらが一番いい(妥当な)線だ. Es ist das *Gegebene*《～*e*》, auf einen Einspruch zu verzichten. 抗議を諦(ఏ)めるのは当を得たことだ.

ge'ge·be·nen'falls [gə'ge:bənən'fals] 副 《略 ggf.》必要な場合に, 場合(事情)によっては.

Ge'ge·ben·heit [gə'ge:bənhaɪt] 女 -/-en 《多く複数で》《顧慮されねばならない》事実, 実情, 事情, 条件.

'ge·gen ['ge:gən ゲーゲン] ❶ 前 《4格支配》代名詞と融合して dagegen, wogegen, gegeneinander となる. **1** 《反対・敵対・反抗・対抗》…に反して, …に逆らって, …に抗して. Bist du für oder ～ seinen Vorschlag? 君は彼の提案に賛成なのか反対なのか. Das ist ～ die Abrede. それは協定違反だ. *Gegen* ihn kann ich gar nichts machen. 彼にはとても太刀打ちできないよ; 彼の考えを変えることは私にはできない. Das Mittel ist gut ～ Kopfschmerzen. この薬は頭痛によく効く. ～ j² Befehl 人²の命令に背(%)いて. de Kampf ～ den Hunger 飢えとの闘い. ～ de Strom schwimmen 流れに逆らって. ～ *seinen* Willen 我が意に反して, 自分の気持ちとは裏腹に.《とくに動詞と》～ den Tod **ankämpfen** 死と闘う. etwas ～ j⁴ **haben** ～ j⁴ **sein** 流れに敵意(反感)を抱いている. ～ et⁴ **protestieren** 事⁴に抗議する. ～ j⁴ **spielen** 人⁴と対戦(試合)する. **2** 《空間的》…に向って(向いて), …に面して, …の方向に; …にぶつかって. Regen klatschte ～ die Fenster. 雨が窓を打っていた. et⁴ ～ das Licht halten 物⁴を光にかざす. mit dem Fuß ～ die Maue treten 足で塀を蹴る. ein Balkon ～ das Meer 海面したバルコニー. ～ Süden fahren 南下する. sich ～ die Wand lehnen 壁に凭(ょ)れる. **3** 《古》《関係・態度》…に対して. deine Abneigung ～ mich 私に対する君の反感. freundlich〔hart〕～ j⁴ sein 人⁴に親切〔冷淡〕である. taub ～ j² Bitten bleiben 人²の頼み事に少しも耳を貸さない. **4** 《対比・対照》…に比べて. *Gegen* dich bin ich noch ein Anfänger. 君に比べれば私なんかまだまだ新米(駆出し)だ. **5** 《交換》…と引換に. Wir liefern nur ～ Barzahlung〔～ bar〕. 当店ではお取引は現金払いに限らせて頂きます et⁴ ～ Quittung erhalten 物⁴を領収証と引換に受取る. **6** 《時間的》おおよそ…頃. ～ Mittag〔elf Uhr〕正午〔11 時〕頃に.

❷ 副 **1** 《数詞と》ほぼ, 約. Es waren ～ dreißig Personen anwesend. 30 人ばかり出席していた. **2** 《物々》交換によって. et⁴ ～ bekommen 物⁴を交換で手にいれる.

ge·gen.., **Ge·gen..** [ge:gən..] 《接頭》 **1** 《反対・敵対・対抗などを表す》 *gegen*einander 互いに対立(反目)し合って. *Gegen*partei 反対党. *gegen*über 向い合って. *Gegen*wind 向い風, 逆風. **2** 《反応・対応》*Gegen*gift 解毒剤. *Gegen*maßnahme 対策. **3** 《対(೭)・重複》*Gegen*bild 対の片一方. *Gegen*probe 検算. *gegen*zeichnen 連署(副署)する.

'Ge·gen·an·ge·bot 中 -[e]s/-e 《商業》カウンターオファー, 逆申込み.

'Ge·gen·an·griff 男 -[e]s/-e 反撃, 反攻, 逆襲.

'Ge·gen·an·trag 男 -[e]s/⸚e 反対動議(提案).

'Ge·gen·an·zei·ge 女 -/-n 《医学》禁忌症.

'Ge·gen·be·fehl 男 -[e]s/-e 反対命令, 取消命令.

'Ge·gen·be·such 男 -[e]s/-e 答礼訪問.

'Ge·gen·be·we·gung 女 -/-en 反対運動, 《音楽》反進行.

'Ge·gen·be·weis 男 -[e]s/-e 反証.

'Ge·gen·bild 中 -[e]s/-er 対(೭)の片一方; 好対照のもの.

'Ge·gen·bu·chung 女 -/-en 《経済》《複式簿記における》(貸借の)対照記入.

'Ge·gend ['ge:gənt ゲーゲント] 女 -/-en (↓ gegen) **1** (a) 《区分の漠然とした》地域, 地帯, 地方. eine einsame〈gebirgige〉～ 淋しい〈山岳地帯〉. In welcher ～ steht sein Haus? 彼の家はどのあたりにありますか. in einer vornehmen ～ wohnen 高級住宅地に住む. (b) 《漠然と》そこら, そのあたり. Ich will etwas durch die ～ laufen. 私はちょっとその辺をぶらつこう. et⁴ in die ～ spritzen 物⁴をあたりかまわずまき散らす. (c) 近辺, 付近; 《話》付近の住民. Kommst du nicht einmal in unsere ～? 付近の近くへ来ることはないのか. Das weiß schon die ganze ～. そのことなら近所じゅうがもう知っている. in der ~ von München ミュンヒェン近郊に. 《身体の部位を示して》Stiche in der ~ der Leber spüren 肝臓のあたりがチクチク痛む. **(in der Gegend um ~ の形で)** Das wird in die ~ um Weihnachten gewesen sein. あれはクリスマスの前後だったろう. **2** 方向. Er starrte in die ~, aus der das Geräusch gekommen war. 彼は騒音の聞こえた方角をじっとみつめた.

Ge·gen·dienst 男 -[e]s/-e 返礼, お返し, お礼.

Ge·gen·druck 男 -[e]s/-e(-e) **1**《複数 =e》逆圧, 対圧; (握手で)握り返すこと; 《複数なし》《比喩》抵抗, 反動. **2**《複数 -e》(先行する出版物に対する)対抗刷印刷物;《書籍》裏刷り.

ge·gen·ei'nan·der [ge:gən|aɪ'nandər ゲーゲンアイナンデル] 副 (gegen+einander) 相対立して, 互いに対抗して; 互いに向かい合って; 相互に. et⁴ ~ austauschen 物₄を交換し合う. etwas ~ haben《話》互いにしっくりいっていない. ~ kämpfen 相戦う.《中性名詞として》das *Gegeneinander* von Regierung und Opposition 政府と野党の抗争. ◆↑gegeneinander halten, gegeneinander stellen

ge·gen·ei·nan·der hal·ten*, °**ge·gen·ein·an·der|hal·ten*** 他 対置(並置)する; 比較(対照)する.

ge·gen·ei·nan·der stel·len, °**ge·gen·ein·an·der|stel·len** 他 向かい合わせに立てる; 比較対照する, 対置する.

Ge·gen·fahr·bahn 女 -/-en 対向車線.

Ge·gen·fi·nan·zie·rung 女 -/-en 公的出費や減税を他の予算削減や増税でまかなうこと, 財源の確保.

Ge·gen·for·de·rung 女 -/-en 反対要求;《経済》反対債権.

Ge·gen·fra·ge 女 -/-n 反問.

Ge·gen·füß·ler [..fy:slər] 男 -s/- 《地理》(Antipode) 対蹠(地)者.

Ge·gen·ga·be 女 -/-n《雅》返礼の贈物, お返し.

Ge·gen·ge·ra·de 女 -/-n《スポ》バックストレッチ.

Ge·gen·ge·schenk 中 -[e]s/-e お返しの贈物.

Ge·gen·ge·wicht 中 -[e]s/-e **1**《工学》対重, 平衡錘, 釣合おもり. **2**《比喩》釣合をとるもの. **3**《放送》カウンターボイス, 埋没地線.

Ge·gen·gift 中 -[e]s/-e 解毒剤.

Ge·gen·grund 男 -[e]s/-e 反対理由.

Ge·gen·gruß 男 -es/-e 答礼.

Ge·gen·kan·di·dat 男 -en/-en 対立候補. einen ~en aufstellen 対立候補を立てる.

Ge·gen·kla·ge 女 -/-n《法制》反訴.

Ge·gen·kul·tur 女 -/-en カウンターカルチャー, 対抗文化, 反文化.

ge·gen·läu·fig [..lɔyfɪç] 形 反対方向の, 逆行(逆流)する.

Ge·gen·leis·tung 女 -/-en 代償, お返し, お礼;《法制》反対給付.

Ge·gen·licht 中 -[e]s/-er (写真・絵画で)逆光線. bei〈im〉~ 逆光で.

Ge·gen·lie·be 女 -/ 相手の愛に応えること;《比喩》共鳴, 賛同. ~ finden / auf ~ stoßen 賛同を得る (bei j³ 人³の). Er fand mit seinem Vorschlag keine ~. 彼の提案はさっぱり賛同を得られなかった. Bei mir kannst du auf ~ rechnen.《反語》(トランプゲームなどで)このお返しはさせてもらうよ.

Ge·gen·maß·nah·me 女 -/-n 対抗措置, 対策. ~n ergreifen 対策を講じる.

Ge·gen·mit·tel 中 -s/-《薬学》拮抗(きっこう)薬, 解毒剤.

Ge·gen·mut·ter 女 -/-n《工学》止めナット.

Ge·gen·papst 男 -[e]s/-e《歴史》対立教皇.

Ge·gen·par·tei 女 -/-en 反対派(党), 敵方, 相手側. die ~ ergreifen 反対派の側に立つ.

Ge·gen·pol 男 -[e]s/-e 反対側の極, 対極.

Ge·gen·pro·be 女 -/-n **1** 検算; (命題などの)検証. **2** (採決において)反対票の数を数えること.

Ge·gen·rech·nung 女 -/-en 検算;《商業》照合計算, 対抗計算書.

Ge·gen·re·de 女 -/-n 反論, 抗弁. lebendige Rede und ~ wechseln《雅》活発な言葉のやりとりをする.

Ge·gen·re·for·ma·ti·on 女 -/《歴史》反宗教改革(16-17世紀).

Ge·gen·re·vo·lu·ti·on 女 -/-en 反革命.

Ge·gen·satz ['ge:gənzats ゲーゲンザツ] 男 -es/=e **1** 反対のもの. *Gegensätze* ziehen sich⁴ an. 相反するものは互いに引合う. genau der ~ zu et〈j〉³ sein 物〈人〉³と正反対である. 《多く複数で》意見の相違. Zwischen beiden besteht ein scharfer ~. 両者の間には鋭い矛盾がある. den ~ zu et〈j〉³ bilden 物〈人〉³と対照的(正反対)である. im ~ zu et〈j〉³ 物₃〈人₃〉と反対に, (と)違って. im〈in〉 ~ zu j³ stehen 人₃と意見が対立している. **3**《論理》対立(関係). **4**《音楽》(フーガの)対比主題.

ge·gen·sätz·lich ['ge:gənzɛtslɪç] 形 反対(逆)の, 対立する, 矛盾する. ~e Meinungen 互いに相容れない意見. ~ veranlagt sein 正反対のたちである.

Ge·gen·schlag 男 -[e]s/=e 反撃, 反攻, 逆襲.

Ge·gen·sei·te 女 -/-n 反対側; 裏(側); 相手方.

ge·gen·sei·tig ['ge:gənzaɪtɪç ゲーゲンザィティヒ] 形 相互の, お互いの; 双方の. ~e Abhängigkeit 相互依存. im ~en Einvernehmen 双方合意の上で. sich⁴ ~ beschimpfen 互いに罵(ののし)り合う.

Ge·gen·sei·tig·keit 女 -/-en 相互性. Unsere Abneigung beruht auf ~. 我々の反感はお互い様だ. auf ~《略 a. G.》相互に, 双務(互恵)で. Vertrag auf ~ 双務協定.

Ge·gen·sinn 男 -[e]s/ im ~ 逆の意味で; 反対方向(逆向き)に.

Ge·gen·son·ne 女 -/-n《天文》幻日.

Ge·gen·spie·ler 男 -s/- **1** マークする選手, 対面(たいめん)の選手;《演劇》相手役, 敵役. **2** 敵, 邪魔者; 反対勢力.

Ge·gen·sprech·an·la·ge 女 -/-n インターホン.

Ge·gen·stand ['ge:gənʃtant ゲーゲンシュタント] 男 -[e]s/=e harter〈runder〉 ~ 固い〈丸い〉物. *Gegenstände* des täglichen Bedarfs 日用雑貨. **2**《複数なし》物件・思考などの)対象; (著作などの)主題. der ~ eines Gesprächs 話題. et⁴ zum ~ haben 事⁴を主題(題材)にしている. zum ~ heftiger Kritik werden 激しい批難の的になる. Das ist kein ~ für mich.《話》私にとって何でもない(物の数ではない)だろう. **3**《シュール》学科, 科目. ◆原義は das Gegenüberstehende.

ge·gen·ständ·lich [..ʃtɛntlɪç] 形 (↔ begrifflich) 物に即した, 具象(具体)的な; 対象の.

ge·gen·stands·los 形 **1** 抽象的な. **2** 無用の, 無効の; 根拠のない, いわれのない.

Ge·gen·stim·me 女 -/-n **1** 反対票; 反対の声. **2**《音楽》対声(部).

Ge·gen·stoß 男 -es/=e 突返し;《スポ》返し突き, リ

ポスト;《軍事》反撃.

'**Ge·gen·strom** 男 -[e]s/≈e 逆流.

'**Ge·gen·strö·mung** 囡 -/-en 逆流;《比喩》反動.

'**Ge·gen·stück** 伸 -[e]s/-e 1 反対(逆)のもの. 2 対(?)をなすもの. das ~ zu dem Handschuh 手袋のもう片方. in ~ suchen 《話》適当な相手を探す.

*'**Ge·gen·teil** ['ge:gəntail ゲーゲンタイル] 伸 -[e]s/-e 1 反対, 逆. Er ist das genaue ~ seines Vaters 〈von seinem Vater〉. 彼は父親とまるっきり正反対の人間だ. das ~ bewirken〈erreichen〉逆効果を生む, 逆の結果を得る. im ~《話》逆に, むしろ. Im ~!《話》とんでもない, まったくその逆だ. eine Behauptung ins ~ verkehren 主張を翻す. 2《戯》尻, みこし. sich⁴ auf sein ~ setzen みこしを据える.

'**ge·gen·tei·lig** [..tailıç] 形 反対(逆)の. von ~er Wirkung sein 逆効果を生む.

'**Ge·gen·tor** 伸 -[e]s/-e《スポ》反撃のゴール. ein ~ erzielen 1 ゴール返す.

'**Ge·gen·tref·fer** 男 -s/-《スポ》=Gegentor

***ge·gen'über** [ge:gən'y:bər ゲーゲンユーバー] ❶ 前《3格支配》支配する語が名詞のときは前置·後置両用, 代名詞のときは必ず後置》1 …の向かい側に. Das Rathaus liegt ~ der Kirche〈der Kirche ~〉. 市庁舎は教会の向かいある. Ich saß ihr ~. 私は彼女と向合って座っていた. 2 …に対して. Sie ist mir ~ immer sehr freundlich. 彼女は私に対していつもとても親切である. Er ist ~ allen Reformen〈allen Reformen ~〉zurückhaltend. 彼はあらゆる改革に慎重だ. 3 …と比べて, Ihm ~ bist du eindeutig im Vorteil. 彼に比べると君ははっきり有利だ.
❷ 副 反対側(向かい側)に. der Laden ~ 向かいの店. schräg ~ wohnen 筋向かいに住んでいる. Mannheim liegt ~ von Ludwigshafen. マンハイムはルートヴィヒスハーフェンの対岸にある.

Ge·gen'über [ge:gən'y:bər] 伸 -s/- 1 向かいの家; 向かいの家の住人, お向かいさん. 2 向かいに座っている人, 向かいの席の人. 3《複数なし》《雅》対立, 矛盾.

ge·gen'über.. [ge:gən'y:bər..]《分離前つづり / つねにアクセントをもつ》(↓ gegenüber)「向かい合って, 向う側に」の意を表す. gegenübersitzen (物³と)向かい合って座る.

ge·gen'über|lie·gen* 自 (物³と)向かい合っている, (の)反対側にある.

ge·gen'über|sit·zen* 自 (人³と)向い合せに座る.

ge·gen'über|ste·hen* [ge:gən'y:bər|ʃte:ən] 自 1 (物〈人〉³と)向かい合って立っている. Sein Haus steht der Schule gegenüber. 彼の家は学校の向かいにある. j³ Auge in Auge ~ (人³と面と向合う.《法律代名詞と) sich³ ~ 互いに対立している(相対峙(?)する);《スポ》対戦する. 2 (事³に)直面する. großen Schwierigkeiten ~ 大変な困難に直面している. 3《様態を示す語句と》(人〈事〉³に対して)…の態度をとる. einander freundlich ~ 互いに仲がよい. einander mit Misstrauen ~ 互いに不信を抱いている. einem Plan skeptisch ~ ある計画に対して懐疑的である.

ge·gen'über|stel·len ❶ 他 1 (人〈物〉³の)向い側に立てる〈置く〉; (物³に)対置する; (人³と)対決させる.《法制》(人³を)ある見解に対抗しての見解を立てる. dem Angeklagten einen Zeugen ~ 証人を被告に対質させる. 2 (人〈物〉³に)対照(対比)する. ❷ (sich⁴) (人〈物〉³に)向い合って立つ.

Ge·gen'über|stel·lung [ge:gən'y:bərʃtɛlʊŋ] 囡 -/-en 1 対決させること. 2 対照, 対比.

ge·gen'über|tre·ten* (s) 1 (人³の)前に歩(?)み出る. 2《様態を示す語句と》(人〈物〉³に)…の態度で臨む, (の)前に出る. j³ befangen ~ 人¹にぎこちない態度で接する. seinem Schicksal mutig ~ 運命に勇気をもって立向かう.

'**Ge·gen·un·ter·schrift** 囡 -/-en 連署, 副署.

'**Ge·gen·ver·kehr** 男 -[e]s/ 反対方向の流れ(とくに車の); 対面交通.

'**Ge·gen·ver·si·che·rung** 囡 -/-en (Rückversicherung) 再保険.

'**Ge·gen·vor·schlag** 男 -[e]s/-e 反対提案, 対案.

*'**Ge·gen·wart** ['ge:gənvart ゲーゲンヴァルト] 囡 -/ 1 現在, 今; 現代. ▶↑ Zukunft, Vergangenheit 2 現にいる(居合せる)こと, 現前; 出席. in meiner ~ 私のいるところ(面前)で. 3《文法》現在(形).

*'**ge·gen·wär·tig** ['ge:gənvertıç, ----- ゲーゲンヴェルティヒ] 形 1《述語的には用いない》現在の, 今(目下)の; 現代の. Ich bin ~ nicht so beschäftigt. 私は今のところそして忙しくはない. 2《雅》《付加語的にも用いない》はっきり記憶にある. Das ist mir nicht ~ . それは私は覚えていない. et⁴ ~ haben 事⁴をまざまざと思い出すことができる. sich³ et⁴ ~ halten 事⁴をはっきり記憶に留める. (の)ことを思う. 3《まれ》《副詞的にも用いない》居合せる; 出席している. bei einer Sitzung ~ sein 会議に出ている.

'**Ge·gen·warts·kun·de** 囡 -/-n (教科としての)現代社会.

'**ge·gen·warts·nah** 形 現代に即した, 現実の, アクチュアルな.

'**ge·gen·warts·na·he** 形 =gegenwartsnah

'**Ge·gen·warts·spra·che** 囡 -/-n《言語》現代語.

'**Ge·gen·wehr** 囡 -/-en《複数まれ》抵抗, 防御.

'**Ge·gen·wert** 男 -[e]s/-e 同価値(の物), 等価(物).

'**Ge·gen·wind** 男 -[e]s/-e 向かい風, 逆風.

'**Ge·gen·win·kel** 男 -s/-《数学》対角.

'**Ge·gen·wir·kung** 囡 -/-en 反作用, 反動,《医学》対抗, 拮抗.

'**ge·gen|zeich·nen** 他 (書類などに)連署(副署)する.

'**Ge·gen·zeich·nung** 囡 -/-en《複数まれ》連署, 副署.

'**Ge·gen·zeu·ge** 男 -n/-n 1 (ある人の申立ての)反対を証言する人. 2 (法廷の)相手方の証人.

'**Ge·gen·zug** 男 -[e]s/-e《複数なし》逆二方向からの通風. 2《鉄道》対向列車. 3 (a)《チェスの》応手(?);《スポ》反撃. (b)《比喩》対抗手段(措置).

ge·ges·sen [gə'gɛsən] essen の過去分詞.

ge·gli·chen [gə'glıçən] gleichen の過去分詞.

ge·glis·sen [gə'glısən] gleißen の過去分詞.

ge·glit·ten [gə'glıtən] gleiten の過去分詞.

ge·glom·men [gə'glɔmən] glimmen の過去分詞.

*'**Geg·ner** ['ge:gnər ゲーグナー] 男 -s/- (↑ gegen) 敵対(反対)者, 敵; 敵軍;《スポ》対戦相手(チーム). ein politischer ~ 政敵. ein ~ der Todesstrafe sein 死刑廃止論者である. zum ~ überlaufen 敵にまわる, 寝返る. ◆女性形 Gegnerin 囡 -/-nen

'**geg·ne·risch** ['ge:gnərıʃ] 形《付加語的用法のみ》敵対(反対)の; 敵(相手方)の.

'**Geg·ner·schaft** 囡 -/-en 1 敵対(関係), 対立; 敵意, 対抗心. j³ seine ~ bekunden 人³に反対の立場を宣言する. 2《複数なし》《まれ》《総称的の》敵, 敵(相手)側. Seine ~ nimmt ständig zu. 彼の敵は増える一方だ.

ge·gol·ten [gəˈgɔltən] gelten の過去分詞.
ge·go·ren [gəˈgoːrən] gären の過去分詞.
ge·gos·sen [gəˈgɔsən] gießen の過去分詞.
gegr. 《略》=gegründet ↑gründen ① 1 (a)
ge·gra·ben [gəˈgraːbən] graben の過去分詞.
ge·grif·fen [gəˈgrɪfən] greifen の過去分詞.
geh. 《略》=geheftet
ge'ha·be [gəˈhaːbə] 中 -s/ 《侮》気取った態度, わざとらしい身振り(しぐさ). **2** 《まれ》振舞, 態度.
ge'ha·ben [gəˈhaːbən] 再 **1** 《次の用法で》 *Gehab dich wohl! / Gehabt euch wohl! / Gehaben Sie sich wohl!*《戯》ご機嫌よう, お元気でね. **2** 《とくに南独》振舞う.
Ge'ha·ben 中 -s/ **1** 振舞, 態度. **2** 《まれ》《侮》気取った(わざとらしい)振舞.
ge'habt [gəˈhaːpt] 過分形 (↑haben) 《話》《述語的には用いない》すでにあった, 普通(通例)の. wie ~ 例によって, いつものように.
Ge'hack·te [gəˈhaktə] 中《形容詞変化／複数なし》(Hackfleisch) 挽(ひ)き肉.

Ge'halt [gəˈhalt] ゲハルト **❶** 男 -[e]s/-e **1** (芸術作品などの思想的・精神的な)内容. **2** (成分の)含有量. der ~ einer Flüssigkeit an Alkohol ある液体のアルコール濃度. Diese Nahrungsmittel haben nicht viel ~. これらの食品にはあまり栄養がない. **3** 容量, 容積. **❷** 中 -[e]s/~er《雅》給料, 月給. Er hat〈bezieht〉1 500 Euro 〈ein ~ von 1 500 Euro〉. 彼は1500ユーロの月給をもらっている.

ge'halt·arm 形 **1** (思想的・精神的に)内容の乏しい. **2** 栄養(滋養分)の乏しい.
ge'hal·ten [gəˈhaltən] 過分形 (↑halten) 《雅》**1** 《zu 不定詞句と》…する義務がある. Ich bin leider ~, darüber Stillschweigen zu bewahren. 私は残念ながらそれについては沈黙を守らねばならない. **2** 節度ある, 控え目の. ein ~*es* Benehmen 控え目な態度. ~ sprechen 慎重に語る.
Ge'häl·ter [gəˈhɛltər] Gehalt ② の複数.
ge'halt·los 形 **1** (思想的・精神的に)内容のない. **2** 栄養(滋養分)の乏しい; (硬貨など)純度の低い.
Ge'halt·lo·sig·keit 女 -/ 内容(実質, 中身)の無さ.
ge'halt·reich 形 **1** (思想的・精神的に)内容の豊かな, 中身のある. **2** 栄養(滋養分)に富んだ; (金属など)純度の高い.
Ge'halts·ab·rech·nung 女 -/-en 給与明細書. **2** (企業の)給与課.
Ge'halts·an·wei·sung 女 -/-en 給与振込; 給与振込申請書.
Ge'halts·emp·fän·ger 男 -s/- 給料(月給)取り.
Ge'halts·er·hö·hung 女 -/-en 昇給, 賃上げ.
Ge'halts·grup·pe 女 -/-n 給与の等級, 号俸.
Ge'halts·kon·to 中 -s/-s(-ten, -ti) 給与振込口座.
Ge'halts·stu·fe 女 -/-n =Gehaltsgruppe
Ge'halts·zu·la·ge 女 -/-n (本俸(ほんぽう))以外の手当, 加俸(かほう).
ge'halt·voll 形 =gehaltreich
ge'han·di·kapt [gəˈhɛndikɛpt] 過分形 ハンディキャップを負った.
ge'han·ge·ne [gəˈhɛŋə] 中 -s/- (↓hängen) **1** 垂れた(吊り下げた)物; (花環などの)掛飾り, 吊りランプ, イヤリング, ペンダント. **2** 《卑》陰茎; (垂れた)乳房. **3** 《猟

師》革帯, 肩帯; (猟犬の)垂れた耳. **4** 《工学》(クレーンなどの)懸架装置. **5** 《治水》(川の流れの中に吊るした水流調節用の)杭束. **6** 《鉱山》(a) 山腹. (b) 《鉱業》切立った岩盤.
ge'han·gen [gəˈhaŋən] hangen, hängen の過去分詞.
ge'har·nischt [gəˈharnɪʃt] 形 《比較変化なし》(↑ Harnisch) **1** 《古》甲冑(かっちゅう)に身を固めた. **2** 《比喩》戦闘的な, 激烈な, 断固とした. ein ~*er* Protest 激しい抗議. **3** 《話》量が巨大な, もしくは. eine ~*e* Menge Bier 大量のビール. ◆ 元来 harnischen 「《古》甲冑を着せる」の過去分詞.
ge'häs·sig [gəˈhɛsɪç] 形 (↑ hassen) 憎しみ(敵意)に満ちた, 悪意のある, 底意地が悪い.
Ge'häs·sig·keit 女 -/-en **1** 《複数なし》悪意, 意地悪. **2** 悪意のある(意地悪な)言葉.
ge'hau·en [gəˈhaʊən] hauen の過去分詞.
Ge'häu·se [gəˈhɔʏzə] 中 -s/- (↑ Haus) **1** (器具などの)外箱, ケース, キャビネット. das ~ einer Uhr 〈eines Radiogeräts〉時計の側(がわ)/ラジオのキャビネット). **2** (かたつむり・貝などの)殻. **3** (Kerngehäuse)(りんご・なしの)果芯. **4** 《古》建物, 住居. **5** 《話》サッカーなどのゴール.
'geh·be·hin·dert [ˈgeː...] 形 歩行障害のある.
ge'hef·tet [gəˈhɛftət] 過分形 (略 geh.) 《書籍》仮綴(かりとじ)じの.
Ge'he·ge [gəˈheːgə] 中 -s/- (↓ hegen) **1** 《猟師》(柵で囲った)猟場. j³ ins ~ kommen 人³の領分(縄張り)を侵す, (の)邪魔をする. **2** (動物園などの動物を放った)囲い地, 飼育場. das ~ der Zähne 《戯》口.

*ge'heim [gəˈhaɪm] ゲハイム 形 (↓ Heim) **1** 秘密の, 内密(内証)の, ひそかな. ~*e* Dokumente 機密文書. ein ~*er* Kummer 胸に秘めた哀しみ. in ~*er* Mission 密命を帯びて. *Geheimer* Rat 《歴史》枢密院顧問官(↑Geheimrat). eine ~*e* Sitzung 秘密会議. *Geheime* Staatspolizei 秘密国家警察(ふつうにチス・ドイツの)(↑Gestapo). ~*e* Wahl (無記名投票による)秘密選挙. Streng ~! (書類などで)極秘. im *Geheimen*〈~*en*〉ひそかに, こっそりと; 心中ひそかに. **2** 神秘な. eine ~*e* Anziehungskraft 不思議な魅力. ◆ ↑ geheim halten, geheim tun
Ge'heim·agent 男 -en/-en 秘密情報部員.
Ge'heim·bund 男 -[e]s/-"e 秘密結社.
Ge'heim·dienst 男 -[e]s/-e 秘密情報機関, 特務機関, 諜報部.
Ge'heim·di·plo·ma·tie 女 -/ 秘密外交.
Ge'heim·do·ku·ment 中 -[e]s/-e 秘密(機密)文書.
Ge'heim·fach 中 -[e]s/-"er 秘密の抽斗(ひきだし).
ge'heim hal·ten*, **°ge'heimhal·ten*** 他 秘密にする, 隠す, 口外しない (vor j³ 人³に対して).
Ge'heim·hal·tung 女 -/ 秘密を守ること; 機密保持.
Ge'heim·leh·re 女 -/-n 秘密の教義.
Ge'heim·mit·tel 中 -s/- 秘薬; 霊薬(とくに錬金術師の).

Ge'heim·nis [gəˈhaɪmnɪs] ゲハイムニス 中 -ses/-se **1** 秘密; 《多く複数で》秘訣. millitärische ~*se* 軍事機密. ein offenes〈まれ öffentliches〉~ 公然の秘密(イタリアの作家カルロ・ゴッツィ Carlo Gozzi, 1720–1806 の戯曲 *Il pubblico secreto* の題名のドイツ語訳). die ~*se* des Schachspiels チェスの

秘訣. j³ ein ~ anvertrauen / j⁴ in ein ~ einweihen /《古》j⁴ ins ~ ziehen 人³,⁴に秘密を打明ける. ein ~ bewahren〈verraten〉秘密を守る〈洩らす〉. ein ~ vor j³ haben 人³に隠し事をしている. ein süßes ~ haben《話》おなかに子供がいる. **2** 神秘, 謎. das ~ des Universums 宇宙の神秘.

Ge·heim·nis·krä·mer 男 -s/-《侮》なんでも秘密にかすのが好きな人.

Ge·heim·nis·krä·me'rei [..krɛːməˈraɪ] 囡 -/《侮》秘密めかした振舞(言動).

Ge·heim·nis·trä·ger 男 -s/-《侮》職務上秘密(とくに軍事機密など)を知って(守秘義務を負っている)人.

Ge·heim·nis·tu·er 男 -s/-《侮》= Geheimniskrämer

Ge·heim·nis·tu·e'rei [..tuːəˈraɪ] 囡 -/《侮》= Geheimniskrämerei

Ge·heim·nis·ver·rat 男 -[e]s/《法制》機密漏示(ろう).

***ge·heim·nis·voll** [gəˈhaɪmnɪsfɔl ゲハイムニスフォル] 形 **1** 謎にみちた, 不可解(不可思議)な. eine ~ e Geschichte 不思議な話. In ihm steckt eine ~ e Kraft. 彼には不可思議な力がある. **2** いわくありげな. ein ~ es Gesicht machen 何やら意味ありげな顔をする. Tu doch nicht so ~ ! そんなに勿体(だい)をつけるな.

Ge·heim·num·mer 囡 -/-n **1** 秘密の電話番号. **2** (銀行口座などの)秘密番号, 暗証番号.

Ge·heim·po·li·zei 囡 -/-en《複数まれ》秘密警察.

Ge·heim·rat 男 -[e]s/ue《歴史》枢密(すうみつ)院; 枢密顧問官.

Ge·heim·rats·ecken 圈《戯》額(ひたい)の両側の禿げ上がり.

Ge·heim·re·zept 中 -[e]s/-e (薬の)秘方; 秘法.

Ge·heim·schrift 囡 -/-en 暗号.

Ge·heim·sen·der 男 -s/- 秘密放送局;《隠》補聴器.

Ge·heim·spra·che 囡 -/-n 隠語.

Ge·heim·tipp 男 -s/-s **1** 隠れた逸材. **2** 秘密の情報.

Ge·heim·tu·er [..tuːər] 男 -s/-《まれ》= Geheimniskrämer

Ge·heim·tu·e'rei [..tuːəˈraɪ] 囡 -/《まれ》= Geheimniskrämerei

ge'heim tun*, **°ge'heim|tun*** 自《侮》秘密(意味)ありげに振舞う, 妙に勿体(だい)ぶる.

Ge·heim·tür 囡 -/-en 秘密のドア.

Ge·heim·waf·fe 囡 -/-n 秘密兵器.

Ge·heim·wis·sen·schaft 囡 -/-en 神秘的な学問.

Ge·heim·zei·chen 中 -s/- 秘密の符号, 暗号; 魔法の印(いん).

Ge'heiß [gəˈhaɪs] 中 -es/ (↓ heißen)《雅》命令, 言いつけ. auf ~ des Vorgesetzten 上司の命令で.

ge'hei·ßen [gəˈhaɪsən] heißen の過去分詞.

'ge·hen* ['geːən ゲーエン] ging, gegangen ❶ 自 (s) **1** 歩く, 歩行する. Das Kind kann noch nicht ~. その子はまだ歩けない. Sollen wir das Auto nehmen oder [zu Fuß] ~? 車に乗ろうか, それとも歩いて行こうか. Er rief sie an, wie er *ging* und stand. 彼はその場ですぐ彼女に電話した. Er trägt diesen Hut, wo er *geht* und steht. 彼はいつでもどこでもこの帽子をかぶっている. barfuß ~ はだしで歩く. am Stock ~ 杖をついている. mit der Zeit ~ 時代と共に歩む. *gegangen* kommen 歩いてやってくる.《歩く》の意が薄れて) bankrott ~ 破産する. müßig ~ ぶらぶら(のらくら)している. schwanger ~ 身重(がさ)である. bei j³ aus und ein ~ 人³の所に出入りしている. mit j³ ~ 人³とつき合っている, いい仲である.

2 (…へ)行く. Wohin *gehen* Sie jetzt? これからどちらへお出かけですか. Dieser Zug *geht* nur bis Bonn. この列車はボンどまりだ. et⁴ ~ lassen 事⁴を成行きに任せる, 放っておく. auf den Markt〈aufs Standesamt〉 ~ 市場へ〈戸籍役場に〉行く. auf Reisen ~ 旅に出る. auf die Universität ~ 大学に行く(進む). ins Ausland ~ 外国へ行く. in die Himbeeren ~ 木苺(きいちご)を摘みに行く. noch in die〈zur〉 Schule ~ まだ学校に行って(通って)いる. in sich⁴ ~ 反省する. nach Hause ~ 家へ帰る. zum Arzt ~ 医者へ行く. *Geh* zum Teufel〈Henker〉! くたばれ, 失せやがれ.《他の動詞の不定詞と》einkaufen〈essen〉 ~ 買物〈食事〉に行く.

3 (a) (立ち)去る. Sie ist ohne Abschied *gegangen*. 彼女は別れも告げずに立去った. *Geh* mir doch mit dieser alten Geschichte! そんな話はもう聞きあきたよ. et⁴ ist nicht³ ~ heißen〈lassen〉《話》物⁴を失敬する. Er ist von uns *gegangen*.《話》彼はあの世へ行ってしまった. (b) 退職(辞職)する. Der Beamte *geht* endlich nächsten Monat. その役人もついに来月退職する. (c) 発車(離陸)する. *Geht* der Zug pünktlich? この列車は定刻に出ますか.

4 (ある世界・業界などへ)はいる. in die Industrie ~ 産業界にはいる. ins Kloster ~ 修道院にはいる. zum Film〈Theater〉 ~ 映画〈演劇〉界にはいる; 映画〈舞台〉俳優になる. zur See ~ 船乗りになる.

5 (ある状態・段階などへ)移行する. Die Verhandlungen sind in die dritte Runde *gegangen*. 話合いは第3ラウンドにはいった. in Druck〈Produktion〉 ~ 印刷に付される〈生産にはいる〉. in Pension ~ 年金生活にはいる. in Stücke ~ 粉々になる. zu Bruch ~ 壊れる.

6 (an et⁴ 事⁴に)とりかかる. an die Arbeit〈ans Werk〉 ~ 仕事にとりかかる.

7 (a) (an et⁴ 物⁴に)無断で触る. *Geh* ja nicht an meinen Computer! 私のコンピュータをいじるな. (b) (an et⁴ 物⁴を)くすねる. Ich habe schon längst gemerkt, dass du an mein Geld *gegangen* ist. お前が私の金に手をつけたことはとうの昔に気付いているよ.

8《話》(…の)身なりをしている. gut gekleidet ~ よい身なりをしている. schwarz〈in Schwarz / in Trauer〉 ~ 喪服を着ている. zum Fasching als Clown ~ カーニバルに道化師に扮する. als Fischer〈Schaffner〉 ~《地方》漁師(車掌)をしている.

9 (nach et〈j〉³ 物〈人〉³に)従う. Er *geht* nur nach dem Äußeren. 彼は外見ばかりとらわれる, 彼は外見でしか判断しない. Es kann nicht immer alles nach dir ~. 万事がいつも君の思い通りにいくわけはない.

10 (a) (物事が)進行する. Bei der Prüfung ist alles gut *gegangen*. 試験では何もかもうまくいった. Leider *geht* das nicht anders. 残念だがそれは他にどうしようもない. Wie *geht* Ihr Geschäft? ご商売の方はどうですか. Sein Laden *geht* gut. 彼の店は順調である(景気がよい). Wie *geht* die erste Strophe? (その歌の)第1節はどうなっていますか. (b) まあまあである;(どうにか)もつ. Die Vorspeise war nicht gut, aber die Hauptspeise *ging*. 前菜はよくなかったがメインディッシ

ュはまずまずだった. *Geht* das so oder soll ich mich umziehen? この恰好でいいかしら, それとも着替えましょうか. Der Mantel *geht* diesen Winter noch. このコートはこの冬はまだいい. (c) 可能である. Es *geht* leider nicht, dass wir uns morgen treffen. 残念ながら明日お会いすることはできません. Das *geht* nicht. それは駄目です.

11 vor sich⁴ ~ 《事が》起る, 行われる. Was *geht* hier vor sich? 何事ですか. Es sind Veränderungen vor sich *gegangen*. いろいろ変化(変更)があった.

12 (a) (…の方に)向いている, 面している. Das Fenster *geht* auf die Straße⟨nach der Straße⟩. この窓は通りに面している. Seine Ansicht *geht* dahin, dass... 彼の意見は…ということである. (b) 向けられている, (…を)対象にしている. Der Blick *geht* auf den Altar. 視線は祭壇に注がれている. Diese Bemerkung *geht* auf⟨gegen⟩ dich. この言葉は君のことを言っているのだ(君にあてつけたのだ). Die Rechnung *geht* auf mich. 勘定は私持ちです. Das *geht* auf Leben und Tod. それは生きるか死ぬかの問題である. Das *geht* gegen meine Prinzipien. それは私の主義に反する.

13 《道が》通じている. Der Weg *geht* zum See. この道を行くと湖に出る. Die Mauer *geht* um die Stadt. 城壁が町を取囲んでいる.

14 (a) 近づく, 達する, 届く. Er *geht* auf die 50⟨ins 50. Jahr⟩. 彼はそろそろ五十に手が届く. Ich *gehe* ihm nur bis an die Schulter. 私の背丈は彼の肩までしかない. Die Kosten *gehen* in die Tausenden. 費用は数千ユーロに及ぶ. zu Ende⟨zur Neige⟩ ~ そろそろ終る, 尽きかけている. Das *geht* zu weit. それは行きすぎだ. 《非人称的に》Es *geht* gegen⟨auf⟩ Mitternacht. もう真夜中だ. (b) 《über et⁴ 物⁴を》超える, (に)勝る. Das *geht* über meine Begriffe⟨Kräfte⟩. それは私の理解を超えている(私の手に余る). Seine Familie *geht* ihm über alles. 彼には何にもまして家族が大事だ.

15 《機能動詞として》 (a) 《機械などが》作動する, 動く. Die Bremse *geht* nicht. ブレーキがきかない. Das Herz *geht* schwach. 心臓の鼓動が弱い. Die Klingel⟨Das Telefon⟩ *ging*. ベル⟨電話⟩が鳴った. Die Uhr *geht* falsch. この時計は狂っている. (b) 《ニュース・噂に》流れる, 広まる; 《商品が》売れる, はける; 《風が》吹く; 《雨が》降る; 《時が》過ぎる; 《パンなどが》ふくれる. Die See *geht* hoch. 波は高い. Es *geht* ein kalter Wind. 冷たい風が吹く. einen ~ lassen 《卑》屁をひる.

16 《容器などに》はいる, おさまる; 《ある数量の内に》含まれる; 《ある数に》分割される. In den Krug *gehen* zwei Liter. この水差しには2リットルはいる. 3 *geht* in 15 fünfmal. 3 は15 のなかに 5 つ, 3 で 15 を割ると 5. Die Erbschaft *ging* in vier gleiche Teile. 遺産は4等分された. Der Tisch *geht* nicht durch die Tür. この机はドアからは入らない. Die Kommode *geht* nicht in das Zimmer. このタンスは部屋にはおさまらない. Von diesen Birnen *gehen* vier auf ein Pfund. こっちの梨は4つで1ポンドだ.

17 《命令形で間投詞的に》[Ach] *geh*! 《南ドイツ・オーストリア》*Gehts*! なんだと, 馬鹿を言え. *Geh*, das soll ich glauben? 馬鹿な, そんなこと信じられるものか.

❷ 囲 (s, h) **1** (s) 歩く. Den Weg kann man ~. この道はそれほど歩きやすくはない. einen Kilometer⟨eine Stunde⟩ ~ 1 キロ⟨1 時間⟩歩く. einen raschen Schritt ~ 足早に歩く. einen Umweg ~ 回り道をする. *seinen* eigenen Weg⟨*seine* eigenen Wege⟩ ~ 我が道を行く. **2** (h)《話》退職(辞職)させる. Er ist *gegangen* worden. / Man hat ihn *gegangen*. 彼はやめさせられた.

❸ 《非人称》(s) **1**《事態・成行きなどについて》 (a) 進行(展開)する. Leider *geht* es nicht anders. 残念ながらどうしようもない. So *geht* es in der Welt. 世の中はそうしたものだ. Wie *geht* es mit deinem Plan? 君の計画はどうなっているか. Es *geht* nicht ohne deine Hilfe. 君の助けがないと始まらないよ. (b) まあまあである. Gefällt es dir? — *Es geht* [so]. 気にいったかい — まずまずだね. (c) 可能である, うまくいく. Am Sonntag *geht* es nicht. 日曜は駄目です. Mut, es wird schon ~. 元気を出せ, きっとうまくいくから. **2** 《健康・経済状態などについて》Wie *geht* es Ihnen? — *Es geht* mir gut, danke. ご機嫌いかがすか — 元気ですよ. *Es ging* ihm damals schlecht. その頃彼は調子が悪かった. es sich³ gut ~ lassen のんきに(息災に)暮す. **3**《熟語的表現で》*Es geht* ihm an den Kragen. これは彼の命にかかわる. *Es geht* ums Geld. 問題は金だ. Worum *geht* es in dem Buch? この本は何の本ですか. *Es geht* mir jetzt darum, ihn zu überzeugen. 私にとって今だいじなのは彼を説得することです. *Es geht* mit ihm zu Ende. 彼ももう終りだ.

❹ 囲《sich⁴/sich³》 **1** 《sich⁴》(a) (h)《結果を示す語と》 *sich* müde⟨wund⟩ ~ 歩き疲れる⟨歩いて足を痛める⟩. (b) 《非人称的に》Es *geht* sich schlecht in den neuen Schuhen. 新しい靴は歩きにくい. Hier *geht es sich* besonders angenehm. ここはばだいて歩くと気持ちがいい. **2** 《sich³》 (h) 《結果を示す語と》 *sich* die Füße wund ~ 歩きすぎて足を痛める. Ich habe *mir* Blasen am Fuß *gegangen*. 歩きすぎて足にまめをつくってしまった.

♦ ↑gehen lassen

'ge·hen las·sen*, °**'ge·hen|las·sen*** 《話》 ❶ 他 **1** 放って(そっとして)おく, したいようにさせておく. *Lass* mich doch *gehen*! 私に構わないでくれ! **2** 《綱などを》放す. ❷ 囲《sich⁴》気ままに振舞う, 行儀悪くする. ♦ 過去分詞 gehen lassen 《まれ gehen gelassen》

Ge·hen·na [geˈhɛnaː] 囡 –/《hebr.》《新約》地獄.

'Ge·her [ˈgeːɐr] 男 –s/–(↓gehen) **1** 競歩選手. **2** 山歩きのベテラン. **3**《複数で》《若者》足, 脚.

ge·heu·er [gəˈhɔyɐr] 肥《述語的用法のみ》《つねに **nicht** [**ganz**] **geheuer** の形で》Der dunkle Flur war mir nicht ganz ~. 私はその暗い廊下が気味悪かった. Es ist hier nicht ~. ここは気持の悪い所だ. Ganz — ist [es] mir nicht bei diesen Gedanken. このことを思うと私はどうも気持が落着かない(気分が悪くなる). Die Sache ist mir nicht [ganz] ~. その件はなんだか怪しいうさん臭い感じがする.

Ge·heul [gəˈhɔyl] 中 –[e]s/(↓heulen) しきりに吠(ほ)えること(声), 咆哮(ほうこう);《俗》泣きわめくこと(声).

***Ge'hil·fe** [gəˈhɪlfə] 男–n/–n 《法制》助手, 手伝い;《見習い期間を終了した》職人, 店員. **2**《法制》《犯罪の》幇助(ほうじょ)者. ♦ 女性形 Gehilfin 囡 –/–nen

***Ge'hirn** [gəˈhɪrn] 中 –[e]s/《ヒルン》囲 (↑Hirn) **1** 《解剖》脳, 脳髄;《地方》《料理》《牛・豚などの》脳. **2** 《話》頭脳, 知力. sein ~ anstrengen 頭をしぼる.

Ge'hirn·blu·tung 囡 –/–en 《病理》脳溢血(いっけつ), 脳出血.

Ge'hirn·chi·rur·gie 囡 –/《医学》脳外科.

Ge'hirn·ent·zün·dung 囡 –/–en 《病理》脳炎.

Ge'hirn·er·schüt·te·rung 囡 -/-en《病理》脳震盪(とう).

Ge'hirn·er·wei·chung 囡 -/-en《病理》脳軟化(症).

Ge'hirn·haut·ent·zün·dung 囡 -/-en《病理》脳膜炎.

Ge'hirn·kas·ten 男 -s/= 《戯》頭, 頭脳.

Ge'hirn·schlag 男 -[e]s/ºe 《病理》脳卒中.

Ge'hirn·wä·sche 囡 -/ 洗脳. ◆ 英語 brainwashing の翻訳借用語.

ge'ho·ben [gə'ho:bən] 過分 形 (↑heben) **1** (社会的に)地位の高い, 高位の. ein Beamter des ~en Dienstes《法制》上級公務員. **2**《文体なども》高尚な, 荘重な, 格調の高い《略 geh.》《文法》雅語の. **3**《趣味・嗜好が》高尚な, 高級な; 贅沢(ぜい)な. Artikel des ~en Bedarfs 贅沢品. **4**（気分が）高揚した, 意気盛んな; 晴れがましい.

Ge'höft [gə'hø:ft, ..hœft] 田 -[e]s/-e (↑Hof) 農場(家屋敷と付属施設を含めて).

ge'hol·fen [gə'hɔlfən] helfen の過去分詞.

Ge'hölz [gə'hœlts] 田 -es/-e **1** 林, やぶ, 雑木林. **2**《複数で》《植物》(草本植物に対する)木本(もく)植物; 樹林.

*__Ge'hör__ [gə'hø:r] 田 -[e]s/-e (↓hören) **1**《複数なし》聴覚, 聴力. absolutes ~ 絶対音感. ein gutes ~ haben 耳がいい. kein musikalisches ~ haben 音楽がわからない. nach dem ~ 聞き覚えで, 楽譜なしで. **2**《複数なし》耳を傾けること, 傾聴. kein ~ finden 聞いてもらえない. j³ ~ schenken 人³の言うことに耳を貸す. sich³ ~ verschaffen 自分の言うことを聞いてもらう. et⁴ zu ~ bringen 物³を演奏(朗読)する. zu ~ kommen 演奏(朗読)される. j³ zu ~ kommen 人³の耳にはいる. **3**《複数で》《猟師》(猟獣の)耳.

*__ge'hor·chen__ [gə'hɔrçən ゲホルヒェン] 自 **1** (人〈事〉³に)従う, 服従する. einem Befehl〈einer Laune〉~ 命令に従う〈気分のままに振舞う〉. Das Kind gehorcht nur der Mutter. その子は母親の言うことしか聞かない. j³ aufs Wort ~ 人³の言いなりになる. **2**《物が主語》(人³の)意のままになる, 思い通りに動く. Meine Beine gehorchen mir nicht mehr. 足がもういうことをきかない.

ge'hö·ren [gə'hø:rən ゲヘーレン] ❶ 自 **1** (人³の)ものである, 所有物である. Wem gehört das Auto? その車は誰のものですか. Das Buch gehört mir. その本は私のものです. Dem Kind gehört ihre ganze Liebe. その子に彼女は愛情のすべてを捧げている. **2** (zu j〈et〉³ 人〈物〉³の)一部(一員)である, (に)所属している. Er gehört zu unserer Familie. 彼はわが家の一員だ. Der Spieler gehört zur Spitzenklasse. そのプレーヤーはトップクラスに属している. Das Kind gehört zu mir.《話》その子は私の連れです. **3** (zu et³ 事³に)必要である, 欠かせない. Du hast alles, was zum Leben gehört. 君は人生に欠かせないものをすべて持っている. Dazu gehört nicht viel.《話》それはたいしたことではない, どうこう言うまでもないことだ. **4** (zu et³ 物³に)ふさわしい; 似合う. Zu diesem Kleid gehören weiße Schuhe. この服には白い靴が似合う. Das gehört nicht zur Sache. それは本題と関係がない. **5**《方向を示す語句と》…にあるのがふさわしい(適切である). Diese Frage gehört nicht hierher. その質問は場違いだ. Wohin gehört dieses Buch? その本はどこ

へ置けばいいのですか. Der Kranke gehört ins Bett. 病人は寝ていなくてはならない. **6**《話》《とくに南部》(a) 《事¹が人³に》ふさわしい. Ihm gehören ein paar Ohrfeigen. 彼は2,3発ひっぱたかれて当然だ. (b) 《過去分詞を伴って》Der gehört eingesperrt.《話》あいつは刑務所に入れられてしかるべきだ.
❷ 再 (**sich**) ふさわしい, 適切である; 礼儀作法にかなっている. Er benahm sich⁴, wie es sich gehört. 彼は礼儀正しく振舞った.

Ge'hör·feh·ler 男 -s/- 聴覚障害, 難聴.

Ge'hör·gang 男 -[e]s/ºe《解剖》耳道(じどう). äußerer〈innerer〉~ 外耳〈内耳〉道.

ge'hö·rig [gə'hø:rɪç] ❶ 形 **1**《書》(a) (人³の)所有の, die ihm ~en Häuser 彼の持家. (b) (zu et³ 物³に)所属している, 一部(一員)をなす. **2** ふさわしい, しかるべき, 適切な, 相応の. der ~e Abstand 適切な間隔. eines Ortes² 《書》所定の部署で. zur ~en Zeit 適切な時期に. **3**《話》はなはだしい, ひどい, 相当な. einen ~en Rausch haben ひどく酔っぱらっている.
❷ 副《話》(甚く)大いに, したたかに.

ge'hör·los 形 聴覚のない, 耳の聞こえない.

Ge'hör·lo·sen·schu·le 囡 -/-n 聴力障害者のための学校, 聾(ろう)学校.

Ge'hörn [gə'hœrn] 田 -[e]s/-e **1**《動物》角(つの). **2**《猟師》(雄のろしかの)枝角(えだづの).

Ge'hör·nerv 男 -s(-en)/-en《解剖》聴神経.

ge'hörnt [gə'hœrnt] 過分 形 **1** 角(つの)のある. **2** ein ~er Mann《戯》浮気された夫.

Ge'hör·or·gan 田 -s/-e《解剖》聴覚器官.

*__ge'hor·sam__ [gə'ho:rza:m ゲホールザーム] 形 従順な, 素直な, 言うことをよくきく. den Eltern ~ sein 親の言うことをよくきく. [Ihr] ~ster Diener《古》(手紙の末尾などで)頓首.

Ge'hor·sam 男 -s/ 従順, 服従. blinder ~ 盲従. ~ leisten 服従する. zu ~ verpflichtet sein 服従の義務を負っている.

Ge'hor·sams·pflicht 囡 -/ (とくに軍隊で)服従の義務.

Ge'hör·sinn 男 -[e]s/ (Gehör) 聴覚.

Geh·re ['ge:rə] 囡 -/-n (↑Ger) **1**《手工業・工学》(Gehrung) (木枠の隅の)留め継ぎ. **2** (槍の穂先に似た)3 角形をしたもの; (帆の隅の)3 角補強布; (畑の端などの)3 角形の土地; (衣服などの)裾(すそ); (衣服の)襠(まち). ゴーア. **3**《地方》鉱(たがね), か.

'Geh·ren ['ge:rən] 男 -s/-《まれ》=Gehre 2

'Geh·rock ['ge:...] 男 -[e]s/ºe《古》フロックコート.

'Geh·rung ['ge:rʊŋ] 囡 -/-en《手工業・工学》(木枠・鉄枠の隅の)留め継ぎ, マイター.

'Geh·steig 男 -[e]s/-e 歩道.

Ge·hu·pe [gə'hu:pə] 田 -s/ (↓Hupe) (やかましい)警笛, クラクション.

'Geh·weg 男 -[e]s/-e 歩道(歩行者用の)小道.

'Geh·werk 田 -[e]s/-e (Gangwerk) (時計などの)歯車装置, 仕掛け.

'Gei·er ['gaɪər] 男 -s/-《動物》はげたか, はげわし;《比喩》貪欲な人. Hol dich〈Hol's〉der ~！《話》くたばっちまえ, くそくらえ. Weiß der ~！《話》ちくしょう, くそ; (そんなこと)知るもんか.

'Gei·fer ['gaɪfər] 男 -s/ **1** 涎(よだれ); 口(くち)の泡. **2**《雅》(悪意や憎悪に満ちた)ののしりの言葉. Hass und ~ über j⁴ ausgießen 人⁴に罵詈雑言(ぞうごん)を浴びせかける.

'Gei·fe·rer ['gaɪfərər] 男 -s/-《雅》(しきりに)ののしり

わめく人, 毒心家.

'**gei·fern** ['gaɪfərn] 圓 **1** 涎(誕)を垂らす; 口角(誤)に泡を吹く. **2**《雅》罵(%)る, 毒づく.

'**Gei·ge** ['gaɪgə ガイゲ] 囡 -/-n バイオリン. ~ spielen バイオリンを弾く. die erste ~ spielen 第 1 バイオリンを弾く;《比喩》指導者的役割を演じる, 主役になる. die zweite ~ spielen 第 2 バイオリンを弾く;《比喩》脇役を務める. Alle tanzen nach seiner ~.《比喩》みんなが彼の言いなりである. Der Himmel hängt ihr voller ~n.《比喩》彼女には幸福に包まれている, 希望に満ちあふれている(キリスト降誕のとき天にはバイオリンを奏でる天使や歌う天使が満ちていたということから).

'**gei·gen** ['gaɪgən] ❶ 囲 **1**《話》バイオリンを弾く. (b) (虫などが)鳴く. **2**《船具》(帆船が)横揺れする, ローリングする. ❷ 他 **1** (楽曲を)バイオリンで弾く. **2**《話》(人³に物⁴を)はっきり言う, ずけずけ言う. es j³ ~ 人³にずけずけ言う. **3**《卑》(人⁴と)性交する.

'**Gei·gen·bau·er** 團 -s/- バイオリン製作者.

'**Gei·gen·bo·gen** 團 -s/- (南ドイツ・オーストリア・スイス) バイオリンの弓.

'**Gei·gen·harz** 田 -es/-e (バイオリンの弓に塗る)松脂(愁), ロジン.

'**Gei·gen·kas·ten** 團 -s/= **1** バイオリンケース. **2**《ふつう複数で》《戯》大きな靴.

'**Gei·ger** ['gaɪgər] 團 -s/- バイオリン奏者, バイオリニスト. ◆女性形 Geigerin 囡 -/-nen

'**Gei·ger·zäh·ler** 團 -s/-《物理》ガイガー計数管(ドイツの物理学者 Hans 〜 1882–1945 にちなむ).

geil [gaɪl] 屁 **1** (植物が)繁茂した, 徒長(窟)した; (土地が)肥えた, 肥えすぎた. **2**《俗》好色な, みだらな; 盛りのついた. ein ~er Bock 好色漢, すけべえ. auf j³ ~ sein 人³をモノにしたくてたまらない. auf et⁴ ~ sein 《若者》物が欲しくてたまらない. **3**《若者》(toll で) すごい, かっこいい.

'**gei·len** ['gaɪlən] ❶ 圓 **1** (まれ) (geil sein) 欲情を抱いている, 発情している. **2**《古》(植物が)繁茂する; 徒長(窟)する. ❷ 他《古》(düngen) 肥やしをやる.

'**Geil·heit** 囡 -/-en **1** (a)《稀》欲情, 色情; 好色. (b) みだらな言動(思い). **2** (植物の)繁茂; 徒長(窟).

'**Gei·sel** ['gaɪzəl] 囡 -/-n (まれ 團 -s/-) 人質. ~n stellen 人質を出す. j⁴ als (zur) ~ nehmen 人⁴を人質に取る.

'**Gei·sel·nah·me** -/-n 人質を取ること.

'**Gei·ser** ['gaɪzər] 團 -s/- = Geysir

'**Gei·sha** ['geːʃa, gaɪʃa] 囡 -/-s 《jap.》芸者.

Geiß [gaɪs] 囡 -/-en **1** (南ドイツ・オーストリア・スイス) 雌やぎ. **2**《猟師》(かもしか・のろじかなどの)雌.

'**Geiß·bart** 團 -[e]s/=e **1**《植物》 やまぶきしょうま(属). **2** (___)山羊髭(___).

'**Geiß·blatt** 田 -[e]s/=er 《植物》すいかずら(属).

'**Geiß·bock** 團 -[e]s/=e 雄やぎ.

'**Gei·ßel** ['gaɪsəl] 囡 -/-n **1** (a)《古》(懲罰や苦行に用いられた棒の先に革ひものついた)鞭(急). (b) (地方) (Peitsche) 鞭. **2**《比喩》神の鞭, 懲(急)らしめ, 神罰; 天災, 災厄. **3**《生物》鞭(急)毛.

'**gei·ßeln** ['gaɪsəln] 他 **1** (a)《古》(懲罰や苦行で)鞭打つ. 《再帰的に》sich⁴ ~.《宗教》わが身を鞭打つ, 鞭打ちの苦行をする. (b) (地方) (peitschen) (馬などを)鞭打つ. **2**《比喩》激しく非難する, 弾劾(糾弾)する. **3**《雅》(不幸・災厄などが)襲いかかる.

'**Gei·ßel·tier·chen** 田 -s/-《動物》鞭毛虫(類).

'**Gei·ße·lung** ['gaɪsəlʊŋ] 囡 -/-en **1** 鞭打つこと; 激しい非難, 弾劾, 糾弾(綜).

'**Geiß·fuß** 團 -es/=e **1** (山羊の蹄(__)状に先が 2 股に分かれた)かなてこ, バール. **2**《医学》(歯科医の)歯牙(__)挺鉤(____). **3** (木工用の)鋭い三角, 三角刀. **4**《複数なし》《植物》えぞぼうふう(蝦夷防風).

'**Geiß·ler** ['gaɪslər] 團 -s/-《宗教》(Flagellant) 鞭打(__)苦行者, 鞭打ち苦行者.

'**Geiß·lung** ['gaɪslʊŋ] 囡 -/-en =Geißelung

Geist
[gaɪst ガイスト] 團 -[e]s/-er(-e) **1**《複数なし》精神, 心, と人間と肉体. ein freier ~ 自由な精神(↑1). der menschliche ~ 人間精神. Der ~ ist willig, aber das Fleisch ist schwach.《新約》心は燃えても肉体は弱い(マタ 26:41). seinen ~ anstrengen〈sammeln〉精神を集中する.《前置詞と》j³ auf den ~ gehen《話》人³をいらだたせる. im ~[e] 心の中で. Im ~ bin ich immer bei dir. 心の中では私はいつも君のそばにいる. die Armen im ~e《新約》心の貧しい人々 (マタ 5:3). **2**《複数なし》知力, 頭脳, 理知, 才気. ein genialer ~ 天才的な頭脳(↑4). viel〈wenig〉~ haben 才気に富んでいる〈乏しい〉. seinen ~ sprühen lassen 才気をほとばしらせる. ein Mann von〈ohne〉~ 聡明な〈凡庸な〉男. **3**《複数なし》(ある時代・事柄などの)精神, 根本思想; 思潮, 気風. der ~ der Zeit 時代精神. der olympische ~ オリンピック精神. progressiver ~ 進歩的な風潮. Wir merkten bald, wes ~ es Kind er ist. 私たちには彼がどんな人間かすぐに分かった. Wir handeln in seinem ~. 私たちは彼の精神を体して行動する. **4**《複数 -er》(…の)精神の持主. ein freier ~ 自由な精神の人, 自由思想家(↑1). ein genialer ~ 天才的人物(↑2). ein großer ~ 偉大な人物. ein unruhiger ~《戯》落着きのない人物. Da scheiden sich⁴ die ~er. そこが意見の別れるところだ. **5** (a)《複数 -er》霊, 精霊; 天使, 守護神; 魔物. der ~ der Erde 地霊. der böse ~/《雅》der ~ der Finsternis 悪魔. ein dienstbarer ~《戯》(よく尽くしてくれる)召使《新約》ヘブ 1:14 の「奉仕する霊」に由来). der Heilige ~《宗教》聖霊. von allen guten ~ern verlassen sein《話》頭がおかしくなっている. (b)《複数 -er》(Gespenst) 幽霊, 亡霊. der ~ des Toten 死者の亡霊. die Stunde der ~er 真夜中, 丑(_)三つ時 (= Geisterstunde). Hier gehen ~er um. ここには幽霊が出る. (c)《複数なし》息, 息吹(__); 生気. den〈seinen〉~ aufgeben〈aushauchen〉《雅》息を引取る. **6**《複数なし, ただし種類を示すときのみ -e》酒精, アルコール. **7**《複数で》《光学》偽線(回折格子のスペクトルに現れる不正常な線).

'**Geis·ter·bahn** 囡 -/-en (遊園地などの)ゴーストコースター.

'**Geis·ter·be·schwö·rer** 團 -s/- 霊媒師, 降霊術者; 悪魔祓い師.

'**Geis·ter·be·schwö·rung** 囡 -/-en 降霊術, 悪魔払い.

'**Geis·ter·er·schei·nung** 囡 -/-en 幽霊(の出現); 霊現象.

'**Geis·ter·fah·rer** 團 -s/-《話》(Falschfahrer) (高速道路を逆走する)無謀ドライバー.

'**Geis·ter·ge·schich·te** 囡 -/-n 怪談, 幽霊話.

'**Geis·ter·glau·be** 團 -ns/-e 幽霊(霊魂)の存在を信じること, 精霊崇拝. ◆格変化は Glaube 参照.

'**geis·ter·haft** ['gaɪstərhaft] 屁 幽霊のような, 不気味な.

'geis·tern ['gaɪstərn] 圓 (s, h) 1 幽霊のようにさまよう(あらわれる). 2 (灯火などが)ちらつく，ちらちら動く，(考えながら)浮かんでは消える.
'Geis·ter·reich 匣 -[e]s=Geisterwelt
'Geis·ter·se·her 男 -s/- 見霊(者)，霊視能力者; 降霊術師.
'Geis·ter·stun·de 囡 -/ 幽霊の出る時刻(午前0時-1時);真夜中，丑(그)三つ時.
'Geis·ter·welt 囡 -/ 霊界，幽界.
'geis·tes·ab·we·send 形 放心した，ぼんやりした，うわの空の.
'Geis·tes·ab·we·sen·heit 囡 -/ 放心状態，うわの空.
'Geis·tes·ar·beit 囡 -/ 頭脳(精神)労働.
'Geis·tes·ar·bei·ter 男 -s/- 頭脳労働者.
'geis·tes·arm 形 精神的に貧困な，知力の乏しい，愚鈍な.
'Geis·tes·ar·mut 囡 -/ 精神的(知的)貧困，愚鈍.
'Geis·tes·blitz 男 -es/-e 《話》頭のひらめき，突然のアイデア.
'Geis·tes·ga·be 囡 -/-n 《ふつう複数で》知的才能.
'Geis·tes·ge·gen·wart 囡 -/ 心の平静，沈着;(急場の)機転，当意即妙. ◆フランス語 présence d'esprit の翻訳借用語.
'geis·tes·ge·gen·wär·tig 形 冷静な，沈着な.
'Geis·tes·ge·schich·te 囡 -/ 精神史，思想史.
'geis·tes·ge·stört 形 精神障害のある.
'Geis·tes·ge·stört·heit 囡 -/ 精神障害.
'Geis·tes·grö·ße 囡 -/-n 1 《複数なし》偉大な精神，優れた精神. 2 偉大な精神の持主，偉人.
'Geis·tes·hal·tung 囡 -/-en 精神のありよう.
'geis·tes·krank 形 精神病の.
'Geis·tes·krank·heit 囡 -/-en 精神病.
'Geis·tes·le·ben 匣 -s/ 精神生活.
'geis·tes·schwach 形 精神薄弱の.
'Geis·tes·schwä·che 囡 -/ 精神薄弱.
'Geis·tes·stö·rung 囡 -/-en 精神錯乱.
'Geis·tes·ver·fas·sung 囡 -/ 精神(心理)状態.
'Geis·tes·ver·wandt 形 精神(気質)が似かよった.
'Geis·tes·ver·wir·rung 囡 -/ 精神錯乱.
'Geis·tes·wis·sen·schaft 囡 -/-en 《ふつう複数で》精神科学，人文科学.
'geis·tes·wis·sen·schaft·lich 形 精神科学の.
'Geis·tes·zu·stand 男 -[e]s/ 精神状態.
*'geis·tig ['gaɪstɪç ガイスティヒ] 形 1 (↔ körperlich) 精神的な，心的な;知的な. ~e Arbeit 頭脳(知的)労働. das ~e Band 精神的きずな. ~er Diebstahl 盗作，剽窃(과). ~es Eigentum 《法制》知的所有権. ~ weggetreten sein うわの空である. 2 《付加語的用法のみ》アルコールを含んだ.
'Geis·tig·keit 囡 -/ 精神的なこと，精神性;知性，理知，思慮深さ.
*'geist·lich ['gaɪstlɪç ガイストリヒ] 形 (↔ weltlich) 宗教的な，宗教上の;教会の，聖職者の. ~er Herr 聖職者. ~e Lieder 聖歌，賛美歌. ein ~es Spiel 宗教劇. der ~e Stand 聖職者階級. ein ~er Vater 司牧者.
*'Geist·li·che ['gaɪstlɪçə ガイストリヒェ] 男 囡 《形容詞変化》聖職者，牧師，司祭.
'Geist·lich·keit 囡 -/《集合的に》全聖職者;聖職者階級.
'geist·los 形 才気のない，気の抜けた，退屈な.
'Geist·lo·sig·keit 囡 -/-en 1 《複数なし》才気のないこと，退屈なこと. 2 中味のない話.
'geist·reich ['gaɪstraɪç] 形 才気あふれる，機知に富んだ，おもしろい.
'geist·rei·cheln ['gaɪstraɪçəln] 圓 才知をひけらかそうとする.
'geist·tö·tend 形 退屈きわまる，飽き飽きするような.
'geist·voll 形 =geistreich
*'Geiz [gaɪts ガイツ] 男 -es/-e 1《複数なし》けち，吝嗇(긔ᄀ). 2 《古》(Gier) 激しい欲望. 3《園芸》(幹の養分を吸取る)側枝，側芽.
'gei·zen ['gaɪtsən] ❶ 圓 1 (mit et³ 物³を)惜しむ，けちる. mit Worten ~ 口数が少ない. 2 《古》(gieren) (nach et³ 物³を) ひどく欲しがる，渇望(가ᅳ)する. ❷ 他 《園芸》(植物の)側枝(側芽)を取除く.
'Geiz·hals ['gaɪtshals] 男 -es/-e 《侮》けちん坊，しみったれ，吝嗇(긔ᄀ)漢.
*'gei·zig ['gaɪtsɪç ガイツィヒ] 形 けちな，しみったれの.
'Geiz·kra·gen ['gaɪtskraːgən] 男 -s/-=Geizhals
Ge'jam·mer [gə'jamər] 匣 -s/《話》果てしない嘆き，尽きない愚痴.
Ge'jauch·ze [gə'jaʊxtsə] 匣 -s/《話》絶間ない歓声，歓呼.
Ge'joh·le [gə'joːlə] 匣 -s/《話》絶間ない喚き(叫び)声.
ge'kannt [gə'kant] kennen の過去分詞.
Ge'kei·fe [gə'kaɪfə] 匣 -s/《話》しきりにがみがみいうこと(声).
Ge'ki·cher [gə'kɪçər] 匣 -s/ しきりにくすくす笑うこと(声).
Ge'kläff [gə'klɛf] 匣 -[e]s/, Ge'kläf·fe [..fə] 匣 -s/《侮》(犬などが)きゃんきゃんと吠えること(声).
Ge'klap·per [gə'klapər] 匣 -s/ かたかた(がたがた，ぱたぱた)鳴る音.
Ge'klatsch [gə'klatʃ] 匣 -[e]s/, Ge'klat·sche [..tʃə] 匣 -s/ 1 さかんな拍手. 2《話》おしゃべり;(隣近所などの)陰口.
Ge'klim·per [gə'klɪmpər] 匣 -s/ (硬貨などを)ちゃんちゃん(かちゃかちゃ)鳴らすこと;(ピアノ・ギターなどを)下手に鳴らす音.
Ge'klin·gel [gə'klɪŋəl] 匣 -s/ (ベルが)りんりん鳴る音.
Ge'klirr [gə'klɪr] 匣 -[e]s/, Ge'klir·re [..rə] 匣 -s/ (ガラス・鎖などが)がちゃがちゃ(かちゃかちゃ)鳴る音.
ge'klom·men [gə'kləmən] klimmen の過去分詞.
Ge'klopf [gə'klopf] 匣 -[e]s/, Ge'klop·fe [..pfə] 匣 -s/ とんとん打鳴らす音;しきりにノックする音.
Ge'klüft [gə'klʏft] 匣 -[e]s/-e, Ge'klüf·te [..tə] 匣 -s/ 峡谷の連なる岩山，険しい山岳.
Ge'klun·gen [gə'klʊŋən] klingen の過去分詞.
Ge'knat·ter [gə'knatər] 匣 -s/ (エンジン・銃などが)ばんばん(ばりばり)いう音.
ge'knickt [gə'knɪkt] 過分 形《話》打ちひしがれた，がっくりした，意気消沈した.
ge'knif·fen [gə'knɪfən] kneifen の過去分詞.
ge'knip·pen [gə'knɪpən] kneipen² の過去分詞.
Ge'knirsch [gə'knɪrʃ] 匣 -[e]s/, Ge'knir·sche [..ʃə] 匣 -s/ ぎしぎし(きいきい)軋(기ᄀ)む音.
Ge'knis·ter [gə'knɪstər] 匣 -s/ (紙・火などが)ぱちぱち(ぱりぱり)いう音.
ge'kom·men [gə'kəmən] kommen の過去分詞.
ge'konnt [gə'kɔnt] 過分 形 (↑können)《話》みごとな，すばらしい. eine ~e Leistung すばらしい業績. mit ~er Rhetorik 弁舌さわやかに. Sein Spiel war ~. 彼のプレーはみごとだった.

ge'kö·pert [gəˈkøːpərt] 形 (↑Köper)《紡織》綾(𣘺)織りの, 斜文(𣘺)織りの.
ge'ko·ren [gəˈkoːrən] kiesen, küren の過去分詞.
Ge'krächz [gəˈkrɛçts] 中 -es/, **Ge'kräch·ze** [..tsə] 中 -s/ (鳥·蛙などが)があがあ鳴く声;(人が)ぜいぜい言(はあはあ)言うこと.
Ge'kra·kel [gəˈkraːkəl] 中 -s/《話》下手な文字で書いたもの, 金釘(𣘺)流の文字.
Ge'kreisch [gəˈkraɪʃ] 中 -[e]s/, **Ge·krei·sche** [..ʃə] 中 -s/ (絶間なく聞こえる)金切声, きいきいという音.
ge'kreu·zigt [gəˈkrɔʏtsɪçt] 過分 形 十字架にかけられた. der *Gekreuzigte* (形容詞変化)《𣘺教》十字架にかけられた男, イエス·キリスト.
ge'kreuzt [gəˈkrɔʏtst] 過分 形 交わった, 交差した. ~*er* Scheck《商業》横線小切手, 振替小切手.
ge'kri·schen [gəˈkrɪʃən] kreischen の過去分詞.
Ge'krit·zel [gəˈkrɪtsəl] 中 -s/ (小さな文字でくしゃくしゃに書いた)なぐり書き;落書きまがいの絵.
ge'kro·chen [gəˈkrɔxən] kriechen の過去分詞.
Ge'krö·se [gəˈkrøːzə] 中 -s/ 1《解剖》(a) 腸間膜. (b) 内臓. 2《料理》(子牛などの)臓物, もつ.
ge'küns·telt [gəˈkʏnstəlt] 過分 形 不自然な, わざとらしい, 気取った.
Gel [geːl] 中 -s/-e (↑Gelatine)《化学》ゲル, 凝膠(𣘺)(ゼリー状のコロイド溶液).
Ge'la·be [gəˈlaːbər] 中 -s/《話》くだらないお喋り.
Ge'la·che [gəˈlaxə] 中 -s/《話》(しきりに聞こえる)うるさい笑い声, ばか笑い.
Ge'läch·ter [gəˈlɛçtər] 中 -s/-《ふつう単数で》1 大笑い, 高笑い, 哄笑(𣘺). ein homerisches ~《比喩》(とめどのない)大笑い, 哄笑(ホメロスの『イーリアス』*Iliade* 1:599 などに見られる神々の笑いに由来). in ~ ausbrechen どっと笑う, 爆笑する. 2《雅》物笑いの種. j⁴ zum ~ machen 人⁴を笑い物にする. sich⁴ zum ~ machen / zum ~ werden 物笑いの種になる.
ge'lack·mei·ert [gəˈlakmaɪərt] 形《話》だまされた, ぺてんにかけられた, 一杯食わされた.
ge'la·den [gəˈlaːdən] 過分 形 (↑laden) 1 充電(帯電)した. 2 装塡(𣘺)した, 積載した(mit et³ 物³を). mit Energie〈Hass〉~ sein《比喩》エネルギー〈憎悪〉に満ち満ちている. 3《話》腹を立てた, 怒った(auf j⁴ 人⁴に対して).
Ge'la·ge [gəˈlaːgə] 中 -s/-(豪勢な)宴会, 酒盛り.
ge'lähmt [gəˈlɛːmt] 過分 形 麻痺した, なえた;歩行障害のある.
ge'lahrt [gəˈlaːrt] 形《古》(gelehrt) 教養(学問)のある.
*****Ge'län·de** [gəˈlɛndə ゲレンデ] 中 -s/ 1 (自然のままの)土地; 地形, 地勢. ein ebenes〈hügeliges〉~ 平坦(丘陵)地. ein ~ aufnehmen ある土地を測量して地図を作る. 2 (特定の目的のための)用地, 敷地;《𣘺》ゲレンデ. das ~ des Flugplatzes 飛行場用地.
Ge·län·de·auf·nah·me 囡 -/-n《地図》地形測量.
Ge'län·de·fahr·zeug 中 -[e]s/-e オフロード車.
ge'län·de·gän·gig 形 オフロード用の.
Ge'län·de·lauf 男 -[e]s/⁺e《𣘺》(マラソンの)クロスカントリー.
Ge'län·der [gəˈlɛndər] 中 -s/- (階段·バルコニーなどの)手すり; 欄干(𣘺).
Ge'län·de·spiel 中 -[e]s/-e ゲレンデシュピール(オリエンテーリングに似た野外での追跡ゲーム).

Ge'län·de·sport 中 -[e]s/-arten(まれ -e) 野外スポーツ.
Ge'län·de·übung 囡 -/-en《軍事》野外演習.
Ge'län·de·wa·gen 男 -s/-(南𣘺) =Geländefahrzeug
ge'lang [gəˈlaŋ] gelingen の過去.
ge'lan·ge [gəˈlɛŋə] gelingen の接続法 II.
*****ge'lan·gen** [gəˈlaŋən ゲランゲン] 自 (s) 1《方向を示す語句と》…に達する, 到達する, 着く, 届く. ans Ziel ~ 目的地に達する, 目標に達する. auf den Gipfel des Berges ~ 山の頂上に達する. in j² Besitz〈Hände〉~ 人²の手に入る. in den Besitz von et³ ~ 物³を手に入れる. j³ zu Ohren ~ 人³の耳に入る. 2《*zu et³ gelangen* の形で》(a) 事³の状態に到(な)る; (e)得る. zu Ehre〈Reichtum〉~ 名誉〈富〉を得る. zur Reife ~ 成熟する. (b)《受動的意味になって》事³がなされる. zum Abschluss ~ 締結される. zum Druck ~ 印刷される. 3 (𣘺) (an j⁴ 人⁴に)訴える. an das Obergericht ~ 州裁判所に控訴する.
Ge·lass, °Ge'laß [gəˈlas] 中 -es/-e《雅》(暗い)小部屋, 納戸(𣘺).
ge'las·sen [gəˈlasən] 過分 形 (↑lassen) 落着いた, 冷静(沈着)な, 悠然とした.
Ge'las·sen·heit 囡 -/ 平静, 冷静, 沈着.
Ge·la·ti·ne [ʒelaˈtiːnə] 囡 -/《fr.》ゼラチン.
ge·la·ti·nar·tig =gelatinös
ge·la·ti·nie·ren [ʒelatiˈniːrən] ❶ (s) ゼラチン状になる. ❷ 他 ゼラチン状にする.
ge·la·ti·nös [ʒelatiˈnøːs] ゼラチン状の.
Ge'läuf [gəˈlɔʏf] 中 -[e]s/-e 1 (𣘺) (競馬の)馬場, 走路;(サッカーの)フィールド. 2《猟師》(野鳥の)足跡. 3《戯》=Gelaufe
Ge'lau·fe [gəˈlaʊfə] 中 -s/ 走り回ること.
ge'lau·fen [gəˈlaʊfən] laufen の過去分詞.
ge'läu·fig [gəˈlɔʏfɪç] 形 1 よく知られた, 周知の; なじみのある. eine ~*e* Redensart 周知の言回し. Dieses Wort ist mir ~. この単語を私はよく知っている. 2 流暢(𣘺)な, よどみない. eine Fremdsprache ~ sprechen 外国語を流暢に話す. ~ Klavier spielen 流れるようにピアノを弾く.
Ge'läu·fig·keit 囡 -/ よく知られていること, 周知; 流暢(𣘺)さ, 滑(𣘺)らかさ; よどみなさ; 熟練.
ge'launt [gəˈlaʊnt] 形 1 …の気分(機嫌)の. gut〈schlecht〉~ sein 機嫌がよい〈悪い〉. ein gut ~*er* 〈°gut*gelaunter*〉Gast 上機嫌の客. 2 zu et³ ~ sein 事³をする気になっている. Wozu bist du ~? 君は何をしたいのかな.
Ge'läut [gəˈlɔʏt] 中 -[e]s/-e《複数なし》鐘の音. 2 (教会などの)組合せ鐘, カリヨン, チャイム.
Ge'läu·te [gəˈlɔʏtə] 中 -s/ 1 (Geläut) 鐘の音. 2《狩猟》猟犬の吠える声.

gelb [gɛlp ゲルプ] 形 黄色の. ein ~*es* Band 黄色いリボン. die ~*e* Farbe 黄色. ~*es* Fieber《医学》黄熱病(=Gelbfieber). ~*er* Fleck《解剖》(網膜の)黄斑. der *Gelbe* Fluss 黄河. der ~*e* Neid 激しい嫉妬(妬ましさの「嫉妬」の色としての黄). die ~*e* Rasse 黄色人種. *Gelbe*(° ~*e*) Rübe《南𣘺》にんじん. sich⁴ ~ und grün ärgern《話》(怒りなどで)血相を変える, 色をなす. Löwenzahn blüht ~. たんぽぽが黄色い花をつけている.
Gelb 中 -s/-(話 -s) 黄色; 黄色信号.
'gelb·braun 形 黄褐色の.

Gelb·buch 中 -[e]s/⁻er《政治》黄書(フランスや中国などの外交報告書).↑Farbbuch

Gel·be ['gɛlbə] 女《形容詞変化》《俺》黄色いやつ,黄色人種.

Gelb·er·de 女 -/ **1**《地質》黄土,黄土色.**2** オーカー絵の具,黄土色塗料.

Gelb·fie·ber 中 -s/《医学》黄熱病.

Gelb·fil·ter 男 (中) -s/-《光学》黄色フィルター.

Gelb·gie·ßer 男 -s/- 黄銅(真鍮(しんちゅう))鋳造工,イエローブラスの,の.

gelb·grün 形 黄緑色の,イエローグリーンの.

Gelb·kör·per 男 -s/-《生化》黄体(おうたい).

Gelb·kör·per·hor·mon 中 -s/-e《生化》黄体ホルモン.

Gelb·kreuz 男 -es/《軍事》黄十字(びらん性毒ガスの総称;容器に黄色の十字マークが描かれていた).

gelb·lich ['gɛlplɪç] 形 黄色っぽい,黄色がかった,黄ばんだ.

Gelb·schna·bel 男 -s/⁻《古》(嘴(くちばし)の黄色い)雛鳥;《比喻》青二才.

Gelb·sucht 女 -/《病理》(Ikterus) 黄疸(おうだん).

gelb·süch·tig [-zʏçtɪç] 形 黄疸(おうだん)にかかった.

Gelb·wur·zel 女 -/-n《植物》うこん(鬱金).

Geld [gɛlt ゲルト] 中 -[e]s/-er **1**《複数なし》金(かね),金銭,通貨,貨幣;富,財産.bares ~ 現金.falsches ~ 偽金(にせがね).großes〈kleines〉~《話》お札(さつ)〈小銭〉.das große ~《話》大金.~《話》お札(さつ)~ 硬貨.heißes ~《経済》ホットマネー,短期資金.《話》(番号が控えられている)危ない金.leichtes ~《話》労せずして手に入る金,あぶく銭.schmutziges ~《話》汚い金.schönes〈gutes〉~《話》大金.tägliches ~《経済》コールマネー.~ und Gut《雅》全財産.eine Stange〈ein Batzen〉~《話》すごい大金.ein schönes Stück ~《話》かなりの額の金. (1格で) Hier liegt das ~ auf der Straße.《話》ここにはいい儲(もう)け口がごろごろしている. ~ allein macht nicht glücklich, aber es beruhigt die Nerven.《諺》金だけで幸福になれるものではないが,気は休まる.~ regiert die Welt.《諺》人間万事金の世の中.Zeit ist ~.《諺》時は金なり. ~ stinkt nicht.《諺》金は出所(でどころ)を語らない,どんな金でも金は金. (4格で) ~ [vom Konto] abheben (口座から)金を引出す,預金をおろす.Das bedeutet bares ~.《話》これは金になる.sein ~ unter die Leute bringen《話》金遣いが荒い.~ einwechseln〈wechseln〉両替する.~ flüssig machen (有価証券などを売って)金を作る.kein ~ haben お金がない.~ auf der Bank〈bei sich〉haben 銀行に預金がある〈金の持合せがある〉.~ wie Heu〈Dreck〉haben《話》山ほど金がある,大金持である.~ arbeiten lassen《話》(利殖の目的で)金を動かす,利子で暮らす.sein ~ spielen lassen《話》金にものを言わせる.~ machen 金を儲(もう)ける.aus et³ ~ schlagen《話》事で一と儲けする.~ sparen 金を貯める.~ in et⁴ stecken《話》事に金をつぎ込む.~ überweisen 金を振込む.~ verdienen 金をかせぐ.sein ~ [mit beiden Händen] auf die Straße werfen/sein ~ zum Fenster hinauswerfen/sein ~ zum Schornstein hinausjagen《話》金を浪費する. (前置詞と) am ~ hängen〈kleben〉《話》金に執着する.Er ist nur auf ~ aus.《話》彼は金のことしか頭にない.für billiges〈teures〉~ kaufen 安く〈高く〉買う.nicht für ~ und gute Worte 絶対に…しない.Er ist für ~ nicht zu haben.《話》彼は金では動かされない男だ.Er kann sich⁴ für ~ sehen lassen.《話》(見物料が取れるほど)彼は変り者だ. im 〈in〉~ schwimmen《話》金がうなるほどある. ins ~ gehen〈laufen〉《話》高いものにつく. mit ~ um sich⁴ werfen《話》金をばらまく(浪費する). nicht mit ~ umgehen können 金の遣い方を知らない.Das ist nicht mit ~ zu bezahlen.《話》これは金では買えないほど貴重なものだ. nach ~ stinken《話》金の匂いをぷんぷんさせている,大金持である.Schade ums ~!《話》(そんなことに遣うなんて)お金がもったいない. um ~ spielen 金を賭(か)ける. zu ~ kommen《話》(短期間に)金持になる.Da kommt ~ zu ~.《話》あれは金持どうしの結婚だ. et⁴ zu seinem ~ kommen 貸し金を回収する.et⁴ zu ~ machen 物⁴を金に換える.
2《複数で》資金,基金.öffentliche ~er 公金.staatliche ~er 国庫金,国費.
3《略 G》《経済》(Geldkurs) (↔ Brief) 買相場.

Geld·adel 男 -s/《集合的》(Finanzaristokratie) (1国の経済・金融を牛耳(ぎゅうじ)る)富豪階級,財界人.

Geld·an·ge·le·gen·heit 女 -/-en《ふつう複数で》金銭上の事柄,金銭問題.

Geld·an·la·ge 女 -/-n 投資;投資物件.

Geld·aris·to·kra·tie 女 -/ → Geldadel

Geld·aus·ga·be 女 -/-n (金の)支出,出費.

Geld·aus·ga·be·au·to·mat 男 -en/-en Geldautomat

Geld·au·to·mat 男 -en/-en 現金自動支払機.

Geld·beu·tel 男 -s/-《南ドイツ》財布,がま口;《話》財力,金.tief in den ~ greifen 財布の底をはたく,大金を支払う.einen großen〈kleinen〉~ haben 金持〈貧乏〉である.den Daumen auf den ~ halten / auf dem ~ sitzen けちである. vom väterlichen ~ abhängig sein 父親のすねをかじっている.

Geld·bör·se 女 -/-n **1**《南》(Portemonnaie) 財布. **2**《古》《経済》(Geldmarkt) 金融市場.

Geld·brief·trä·ger 男 -s/-《郵便》現金書留配達人.

Geld·bu·ße 女 -/-n《法制》罰金,科料.

Geld·ein·wurf 男 -[e]s/⁻e (自動販売機の)硬貨投入口.

Geld·ent·wer·tung 女 -/-en《経済》通貨価値の下落,インフレーション.

Geld·er·werb 男 -[e]s/ 金儲け,営利.

Gel·des·wert 男 -[e]s/-e **1** 貨幣価値. **2** (付符・貴重品などの)有価物件.Geld und ~ 現金や金目の物.

Geld·ge·ber 男 -s/- 出資者,融資者.

Geld·ge·schäft 中 -[e]s/-e《ふつう複数で》金銭取引,金融業.

Geld·gier 女 -/ 金銭欲.

geld·gie·rig 形 金銭欲の強い.

Geld·grün·de 複《次の用法で》aus ~n 金のために,財布目当てに.

Geld·hahn 男 -[e]s/《次の用法で》jm den ~ abdrehen〈zudrehen〉《話》人³にもう金を出さない,資金援助を絶つ.

Geld·hei·rat 女 -/-en 金(財産)目当の結婚.

Geld·herr·schaft 女 -/ **1** (Plutokratie) 金権政治,金権支配. **2** 拝金主義.

Geld·in·sti·tut 中 -[e]s/-e《ふつう複数で》《経済》金融機関.

Geld·kar·te 女 -/-n (電子)マネーカード.

Geld·kat·ze 女 -/-n《古》(革の)胴巻き.

'Geld·kurs 男 -es/-e〖金融〗(↔ Briefkurs) 買相場.
'Geld·leu·te Geldmann の複数.
'geld·lich [ɡɛltlɪç] 形 (finanziell) 金銭上の, 金融(財政)上の.
'Geld·man·gel 男 -s/ 資金不足, 金詰まり.
'Geld·mann 男 -[e]s/..leute〈話〉大金持, 富豪; 資本家, スポンサー.
'Geld·markt 男 -[e]s/〖経済〗貨幣(金融)市場.
'Geld·mit·tel 中 資金, 財力.
'Geld·not 女 -/ 財政難, 金詰まり.
'Geld·po·li·tik 女 -/〖経済〗金融政策.
'Geld·quel·le 女 -/-n 資金源, 財源.
'Geld·sa·che 女 -/-n〈ふつう複数で〉金銭問題. in ~n genau sein 金に細かい.
'Geld·sack 男 -[e]s/¨e 1〈古〉金袋, 財布. auf seinem ~ sitzen けちである. 2 現金輸送用の袋. 3〈話〉しみったれの金持.
*'Geld·schein ['ɡɛlt-ʃaɪn ゲルトシャイン] 男 -[e]s/-e 紙幣, 銀行券.
'Geld·schnei·der 男 -s/〈話〉暴利をむさぼる人.
'Geld·schnei·de·rei [..ʃnaɪdəˈraɪ] 女 -/-en〈話〉暴利をむさぼること, 法外な値段をふっかけること.
'Geld·schrank 男 -[e]s/¨e 金庫.
'Geld·schrank·kna·cker 男 -s/〈話〉金庫破り.
'Geld·sen·dung 女 -/-en〖郵便〗送金.
'Geld·sor·te 女 -/-n〖経済〗1 金の種類(紙幣・貨幣など). 2 通貨の種類(円・ドルなど).
'Geld·spen·de 女 -/-n 現金寄付, 寄金.
'Geld·stra·fe 女 -/-n〖法制〗罰金刑.
*'Geld·stück ['ɡɛlt-ʃtʏk ゲルトシュテュク] 中 -[e]s/-e (Münze) 硬貨.
'Geld·sum·me 女 -/-n 金額.
'Geld·ta·sche 女 -/-n 財布, がま口.
'Geld·um·lauf 男 -[e]s/¨e〖経済〗通貨の流通(高).
'Geld·ver·le·gen·heit 女 -/-en 一時的な現金不足, 金詰まり.
'Geld·wä·sche 女 -/-n〈話〉マネーロンダリング.
'Geld·wech·sel 男 -s/- 両替.
'Geld·wechs·ler 男 -s/- 1〈古〉両替商. 2 両替業者; 両替機.
'Geld·wert 男 -[e]s/-e 1 (↔ Kunstwert) 金銭的価値. 2《複数なし》〖経済〗貨幣価値.
'Geld·we·sen 中 -s/ 貨幣制度, 金融, 財政.
'Geld·wirt·schaft 女 -/-en〖経済〗貨幣経済.
ge'leckt [ɡəˈlɛkt] 過分 形 (舐(⁾)めたようにきれいな. [wie] ~ aussehen〈話〉一分の隙もない身なりをしている. (部屋や床が)ぴかぴかである.
Ge'lee [ʒeˈleː, ˈʒɑː..] 中 -s/-s (fr.) 1 (果汁などの)ジェリー. 2〖料理〗(肉・魚の煮こごり, アスピック.
Ge'le·ge [ɡəˈleːɡə] 中 -s/- (↑ legen) 1〖生物〗(巣などに産み落された)一腹の卵. 2〖農業〗(刈取った)穀物の束. 3〖北ドイツ〗(Ordnung) 落着き. j⁴ ins ~ bringen 人⁴を落着かせる.
ge'le·gen [ɡəˈleːɡən] 過分 形 (↑ liegen) 1〖場所・様態を示す語句と〗...に位置している, ...にある. Sein Haus ist einsam ~. 彼の家は人里離れたところにある. 2 好都合な. Du kommst mir gerade ~. 君はちょうどよい時に来てくれた. j³ ~ sein〈kommen〉人³にとって好都合である. zu ~er Zeit〈Stunde〉都合のよい時に. 3 心にかかる, 重要な. Mir ist viel〈nichts〉daran ~. 私にとってそれはたいへん重要なこと〈あまり重要なことではない〉.

*Ge'le·gen·heit [ɡəˈleːɡənhaɪt ゲレーゲンハイト] 女 -/-en 1 機会, チャンス; きっかけ. eine günstige〈verpasste〉~ 好機会〈逸機〉. eine ~ abwarten〈versäumen〉機会を待つ〈逃す〉. j³ ~ zu et³ geben 人³に事³の機会を与える. Ich gebe dir [die] ~, es zu tun. 君にそれをするチャンスを与えましょう. die ~ beim Schopf[e] packen〈ergreifen/fassen〉《話》好機を逃さずとらえる. bei ~ 折を見て. bei jeder ~ 機会があるたびに. ein Anzug für alle ~en どこにでも着て行ける服. 2 (ある目的のための)場所, 設備;《婉曲》トイレ. 3〖広告〗特別奉仕品, お買得品. 4〈古〉(Lage) 位置, 立地.
Ge'le·gen·heits·ar·beit 女 -/-en 臨時の仕事.
Ge'le·gen·heits·ar·bei·ter 男 -s/- 1 臨時雇い, アルバイト. 2〈話〉ときどき集中的に働く(勉強をする)人.
Ge'le·gen·heits·dieb·stahl 男 -[e]s/¨e 出来心からの盗み.
Ge'le·gen·heits·ge·dicht 中 -[e]s/-e 機会詩(結婚式や葬儀など特定の機会に作られる詩).
Ge'le·gen·heits·kauf 男 -[e]s/¨e お買得品(の買物).
*ge'le·gent·lich [ɡəˈleːɡəntlɪç ゲレーゲントリヒ] ❶ 形 折にふれての, 偶然の, ついでの; ときどきの. ~e Niederschläge (天気予報で)ときどき雨(雪). ein ~es Wiedersehen 偶然の再会. Lassen Sie ~ etwas von sich³ hören! どうか折を見てお便りください. ❷ 前《2格支配》〈書〉...の折に, ...のついでに.
ge'leh·rig [ɡəˈleːrɪç] 形 教え(仕込み)やすい, 呑込みの早い.
Ge'leh·rig·keit 女 -/ 物覚えのよさ, 呑込みの早さ.
ge'lehr·sam [ɡəˈleːrzaːm] 形 1 =gelehrig 2〈古〉=gelehrt
Ge'lehr·sam·keit 女 -/〈雅〉(Gelehrtheit) 学識, 博識.
*ge'lehrt [ɡəˈleːrt ゲレーアト] 過分 形 1 学問(学識)のある, 博学の. ein ~er Mann 学識のある人, 学者. ein ~es Haus〈戯〉学者, 物知り. 2 学問的な, 学術上の. eine ~e Gesellschaft 学会, 学術団体. 3〈話〉やたらむずかしい, 難解な.
*Ge'lehr·te [ɡəˈleːrtə ゲレーアテ] 男 女〈形容詞変化〉学者, 識者.
Ge'lei·er [ɡəˈlaɪər] 中 -s/ (くどくて)退屈な話; 単調な演奏(朗読).
Ge'lei·se [ɡəˈlaɪzə] 中 -s/-〈古〉(鉄道)=Gleis
Ge'leit [ɡəˈlaɪt] 中 -[e]s/-e 1《複数なし》〈雅〉同行, 同伴, 付添い; 護衛, 随行. j³ das ~ geben 人³に同行(随行)する;〈を〉見送る. j³ das letzte ~ geben〈婉曲〉人³の葬儀に参列する. zum ~ 〈書物つけはじめに, 緒言. 2《集合的》同行者, 随員, 護衛(の人々);〖歴史〗(中世の武装した)随行者(↑3). 3〖歴史〗(中世の)護衛権; 随行料(国王や領邦君主が旅行者に対して行使した権利, およびその権利によって Geleit[s]-brief を発行した際に取立てた一種の通行税). 4 freies〈sicheres〉~〖法制〗自由通行権. 5《集合的に》〖軍事〗護衛艦隊.
Ge'leit·brief 中 -[e]s/-e =Geleitsbrief
Ge'lei·te [ɡəˈlaɪtə] 中 -s/-〈古〉=Geleit
ge'lei·ten [ɡəˈlaɪtən] 他〈雅〉(人⁴を)送って行く, エスコートする. (に)付添って行く(保護・護衛のため敬意を表して). den Gast zum Wagen ~ 客を車まで送って行く. eine alte Dame über die Straße ~ 老婦人に付添って通りを渡る.

Ge·leit·geld 中 -[e]s/-er =Geleitsgeld

Ge·leits·brief 男 -[e]s/-e〖歴史〗(中世の通行許可証、ゲライツブリーフ)(国王や領邦君主が発行した旅行者の安全を保証する証書). 随行料 Geleit[s]geld を支払った旅行者は、武装した随行者 Geleit の護衛を受けることができた.

Ge·leit·schiff 中 -[e]s/-e〖軍事〗護衛艦.

Ge·leit·schutz 男 -es/ 護衛,護送. j³ ~ gewähren 人³を護衛(護送)する.

Ge·leits·geld 中 -[e]s/-er〖歴史〗(中世の)随行料(=Geleit 3).

Ge·leits·mann 男 -[e]s/..leute〖歴史〗(中世の武装した)随行者(=Geleit 2).

Ge·leits·recht 中 -[e]s/〖歴史〗(中世の)護衛権(=Geleit 3).

Ge·leit·wort 中 -[e]s/-e (Vorwort) 序言,序文.

Ge·leit·zug 男 -[e]s/ᵘe〖軍事〗(Konvoi) 護送船団.

*****Ge·lenk** [gə'lɛŋk ゲレンク] 中 -[e]s/-e **1**〖解剖〗関節. Schmerzen in den ~*en* haben 関節が痛む. **2**〖工学〗継ぎ手,ジョイント,ヒンジ. **3**〖植物〗(葉柄の)節.

Ge·lenk·band 中 -[e]s/ᵘer **1**〖解剖〗関節靱帯(じんたい). **2**〖工学〗そぎ型蝶番.

Ge·lenk·ent·zün·dung 女 -/-en〖医学〗関節炎.

ge'len·kig [gə'lɛŋkɪç] 形 **1** しなやかな、柔軟な;敏捷な. **2** 関節による;継ぎ手(ジョイント)による.

Ge·len·kig·keit 女 -/ しなやかさ,柔軟さ;伸縮自在.

Ge·lenk·kopf 男 -[e]s/ᵘe〖解剖〗関節頭(関節窩にはまる)関節頭. ⇒ Gelenkpfanne

Ge·lenk·pfan·ne 女 -/-n〖解剖〗(関節頭がはまる)関節窩(か). ⇒ Gelenkkopf

Ge·lenk·pup·pe 女 -/-n (Gliederpuppe) 手足の動く人形(マネキンや人体模型など).

Ge·lenk·rheu·ma·tis·mus 男 -/..men〖医学〗関節リュウマチ.

Ge·lenk·schmie·re 女 -/-n〖解剖〗関節滑液.

Ge·lenk·wel·le 女 -/-n〖工学〗カルダンシャフト,ジョイント軸.

ge'lernt [gə'lɛrnt] 過分 形 熟練した、一人前の.

ge·le·sen [gə'le:zən] lesen の過去分詞.

Ge·lich·ter [gə'lıçtər] 中 -s/〖侮〗(Gesindel) ごろつきども,ならず者たち.

Ge·lieb·te [gə'liːptə] 男 女〖形容詞変化〗(↑lieben) **1**〖雅〗(呼びかけて)いとしい人,愛する人. **2** 愛人,情人,情夫(婦),恋人.

ge'lie·fert [gə'liːfərt] 過分 形〖話〗(verloren) 破滅した,救いのない,もうおしまいの.

ge·lie·hen [gə'liːən] leihen の過去分詞.

ge·lie·ren [ʒe'liːrən, ʒə..] 自〖↑Gelee〗ゼリー(状)になる;〖化学〗ゲル化する.

ge·lind [gə'lɪnt], **ge·lin·de** [..də] 形 **1**〖雅〗(気候などが)穏やかな,温和な;(程度・勢いが)弱い,軽い;心地よい,ソフトな;(刑罰・処置が)寛大な,穏便な;(地形などが)なだらかな. *gelinde* Hitze〈Kälte〉しのぎやすい暑さ〈寒さ〉. ein *gelinder* Regen 小雨. bei *gelindem* Feuer 弱火で. **2**〖常に *gelinde* の形で〗(表現などが)控え目な、穏やかな,慎重な. *gelinde* gesagt 控え目に言って. **3**〖付加語的用法のみ〗〖話〗(怒り・恐れなどが)激しい,抑えがたい.

*****ge·lin·gen*** [gə'lɪŋən] gelang, gelungen 自 (s) (↔ misslingen)《事が主語》うまくいく(人³にとって). Der Entwurf *gelang* nicht. その企ては成功しなかった. Der Kuchen ist gut *gelungen*. ケーキはうまくできあがった. Ihm *gelingt* alles, was er anfängt. 彼はやることなすことすべてうまくいく.《*zu* 不定詞句と》Es *gelang* mir nicht, ihn zu überzeugen. 私は彼を納得させることができなかった. ♦↑ gelungen

Ge·lin·gen [gə'lɪŋən] 中 -s/ 成功. Auf ein gutes ~! (乾杯の時などに)成功を祈って.

Ge·lis·pel [gə'lɪspəl] 中 -s/ (絶間ない)ささやき.

ge·lit·ten [gə'lɪtən] leiden の過去分詞.

gell¹ [gɛl] 形〖雅〗(声・音が)甲高(かんだか)い、鋭い.

gell² 〖南ドイツ〗=gelt²

gel·le ['gɛlə] 間〖南ドイツ〗=gelt²

'gel·len ['gɛlən] 自 (h) **1** (声・音が)鋭く(甲高(かんだか)く)響く. Ein Pfiff *gellte* durch die Nacht. ピーという笛の音が夜の闇をつんざいた. **2**(建物・耳などが)がんがんいう. Mir *gellten* die Ohren von dem Lärm der Maschine. 私は機械の騒音で耳ががんがんした. Der Kranke schrie, dass das ganze Haus *gellte*. 病人の叫び声が建物中に響き渡った.

'gel·lend 現分 形 甲高(かんだか)い、耳をつんざくような.

ge·lo·ben [gə'loːbən] 他〖雅〗(人³に事を)誓う,約束(約約)する. j³ Treue ~ 人³に忠誠を誓う. Er *gelobte*, sie nie zu verlassen. 彼は彼女をけっして捨てないと約束した.《過去分詞で》das *Gelobte* Land〖旧約〗約束の地(↑ Kanaan).《再帰的に》*sich³ et*⁴ ~ 事⁴を固く心に誓う.

Ge·löb·nis [gə'løːpnɪs] 中 -ses/-se〖雅〗誓い,誓約. ein ~ ablegen 誓約する.

ge·lo·gen [gə'loːgən] lügen の過去分詞.

ge·lo·schen [gə'lɔʃən] löschen の過去分詞.

ge'löst [gə'løːst] 過分 形 **1** 解けた、ゆるんだ. **2** 溶けた,溶解した. **3** 緊張の解けた,くつろいだ,リラックスした.

'Gel·se ['gɛlzə] 女 -/-n (オーストリア) (Stechmücke) 蚊(か).

gelt¹ [gɛlt] 形〖地方〗(家畜が)子を孕(はら)まない(孕んでいない);乳が出ない.

gelt² 〖南ドイツ〗(nicht wahr) Gelt! ねえ、そうでしょう. Du hilfst mir doch, ~? 君は僕を助けてくれるよね. ♦ 中高ドイツ語の gelte(↑ gelten の接続法 I にあたる)に由来. " es möge gelten "の意.

'gel·ten*

['gɛltən ゲルテン] galt, gegolten / du giltst, er gilt ❶ 自 **1** 有効である、通用する. Die Fahrkarte *gilt* vier Tage. その乗車券は4日間有効だ. Da *gilt* keine Ausrede! 言訳は通りません. Es *gilt* ! よろしい、承知しました. Das *gilt* nicht! (ゲームなどで)それは反則だ. et⟨j⟩⁴ ~ lassen 事〈人〉⁴を認める、よしとする,承認(承服)する. Diesen Einwand kann ich nicht ~ lassen. この異議は認めるわけにはいかない. Das lasse ich ~! それなら文句はない、それでいいよ. für j⟨et⟩⁴ ~ 人〈事〉⁴に適用される. Das Gesetz *gilt* für alle. その法律はすべての人に適用される. Das gleiche *gilt* von ihm. 同じことが彼についても言える. **2**《als⟨für⟩...gelten の形で》...と見なされている,...で通っている. als⟨für⟩ reich ~ 金持ちで通っている. Er *gilt* als [ein] großer Künstler⟨für einen großen Künstler⟩. 彼は偉大な芸術家だと見なされている. Es *gilt* als sicher, dass...... は確実視されている. **3**(評価や批判などが)人³に)向けられている、関することである. Der Vorwurf hat dir *gegolten*. その非難は君に向けられたものだった. *Gilt* das mir? それ私のことですか. ❷ 他 **1**(物⁴の)価値がある、(に)値する. Die Euro gilt 100 Cents. 1 ユーロは 100 セントだ. Was *gilt* die Wette? / Was *gilt*'s? 何を賭けようか. **(viel, nicht, etwas** などと**)** Das *gilt* mir viel. それは私にとても大事なことだ. Sein Wort *gilt* wenig bei uns. 彼の言葉は私たちの間ではあまり重んじられていない. Der Prophet *gilt* nichts in seinem Vaterlande. 《諺》予言者は祖国に容(い)れられぬ《新約》 ルカ 4:24). 《目的語なしで》Das *gilt* mir gleich. それは私にどうでもよいことだ. **2**《非人称的に》**(es gilt et⁴** の形で**)(a)**《事⁴が》肝要である. *Es gilt* einen Versuch. やってみることが肝心だ. 《**zu** 不定詞句と》Jetzt *gilt* es, einen Entschluss zu fassen. いまこそ決心するときだ. 《目的語なしで》Jetzt *gilt*'s! いまが正念場だ. Er war tapfer, wo es *galt*. いざというとき彼は勇敢だった. **(b)**《事⁴に》かかわることである. *Es gilt* mein Leben〈meine Ehre〉. 私の命〈名誉〉にかかわることだ. Was *gilt*'s? 何を賭けようか, 賭けてもいいよ(きっと…だよ).

'**gel·tend**〘現分〙形〙 有効な, 現行の; 一般に認められた, 支配的な; 《古》肝心な. das 〜*e* Recht 現行法. die 〜*e* Meinung 大方の意見, 通説. in dem 〜*en* Augenblick《古》肝心なときに. et⁴ 〜 machen (権利・要求などを)主張する, 押し通す; (影響力などを)行使する. sich⁴ 〜 machen (影響などが)現れる, 目に見えるものとなる.

'**Gel·tend·ma·chung** 囡 -/《書》(権利・要求などの)主張; (影響力などの)行使.

*'**Gel·tung** ['gɛltʊŋ ゲルトゥング] 囡 -/ 効力, 効果; (法律などの)有効性; (貨幣などの)通用(性), 価値, 重要性; 影響力, 威信; 《哲学》妥当性. 〜 haben 有効である, 通用する. et〈j〉³ 〜 verschaffen 物〈人〉³が重んじられるようにする. sich³ 〜 verschaffen 自分を認めさせる; 重んじられるようになる. außer〈in〉〜 sein 無効〈有効〉である. ein Mann von 〜 有力者. et⁴ zur 〜 bringen 物に効果を発揮させる, (を)引立たせる; (意見などを)押し通す. zur 〜 kommen 効果を発揮する, 引立つ.

'**Gel·tungs·be·dürf·nis** 匣 -ses/ 認められたいという欲求, 自己顕示欲.

'**Gel·tungs·be·reich** 匣 -[e]s/-e (法律などの)適用範囲, 施行区域.

'**Gel·tungs·dau·er** 囡 -/ 有効(通用)期間.

Ge'lüb·de [gəˈlʏpdə] 匣 -s/-(↑gelöben)《雅》(神に対する)誓い, 誓願. das 〜 der Armut 清貧の誓い. ein 〜 ablegen 誓いを立てる.

Ge'lum·pe [gəˈlʊmpə] 匣 -s/《話》 **1** ぼろ, 屑(分), がらくた. **2**《侮》(Gesindel) 人間の屑, ごろつき.

ge'lun·gen [gəˈlʊŋən] 過分〙形 **1** 成功した, うまくいった. die gut 〜*e*〈↑*gutgelungene*〉Aufführung 上首尾の上演(演奏). Das ist wirklich 〜! 《話》それはすごい. **2**《話》奇妙な, 変な, おかしい. ein 〜*er* Kerl 変なやつ.

Ge'lüst [gəˈlʏst] 匣 -[e]s/-e, **Ge'lüs·te** [..tə] 匣 -s/《雅》(突然の)欲望, 欲求 (nach et³ / auf et⁴ 物³,⁴ を求めての). Ich hatte ein 〜 nach〈auf〉 Spargel. 私はきゅうにアスパラガスが食べたくなった.

ge'lüs·ten [gəˈlʏstən] 他〙《非人称的に》**(es gelüstet j¹ nach et³ / j¹ gelüstet [es] nach et⁴** の形で**)**《雅》(人⁴が)…³,⁴が欲しくてたまらない. Mich *gelüstet [es]* nach einem Schluck Cognac. 私はコニャックが一口飲みたくてたまらない. 《**zu** 不定詞句と》*Es gelüstete* mich, ihm die Wahrheit zu sagen. 私は彼に本当のことが言いたくてたまらなかった.

ge'mach [gəˈmaːx] ❶ 副〙《古》(gemächlich) 落着 いた, ゆったりした, のんびりした. ❷ 間〙 まあ落着いて, ゆっくりと. [Nur] 〜! まあまあ, 落着いて, あわてないで. **2**《雅》(allmählich) しだいに, 徐々に.

Ge'mach¹ 匣〙《今日では次の用法のみ》mit 〜 のんびりと, ゆっくりと, 気楽に.

Ge'mach² 匣 -[e]s/Gemächer(古 -e)《雅》部屋, 居間. sich⁴ in *seine Gemächer* zurückziehen 《戯》居室に引込む(もう誰にも会わうとしない).

ge'mäch·lich [gəˈmɛːçlɪç; gəˈmɛç..] 形〙 ゆっくりした, のんびりした, 落着いた; 快適な, くつろいだ. ein 〜*es* Leben führen のんびり暮す. ein 〜*er* alter Mann 悠々自適の老人.

Ge'mäch·lich·keit 囡 -/ ゆっくり(のんびり)している こと, 落着き, くつろぎ.

ge'macht [gəˈmaxt] 過分〙形 **1** つくりものの, 見せかけの, わざとらしい. eine 〜*e* Gleichgültigkeit 装われた無関心. Seine Empörung war nur 〜. 彼の憤りは見せかけにすぎなかった. **2** できあがった, 完成した; 解決(落着)した. ein 〜*er* Mann《話》成功者. Der Film ist gut〈schlecht〉〜. その映画はよくできている〈できが悪い〉. *Gemacht*! 《話》分かった, 承知した. **3** (für et⁴ / zu et³ 事⁴,³に)あつらえ向きの, かっこうの, 適した. Das ist [wie] 〜 dafür〈dazu〉. それはまさにおあつらえ向きだ.

Ge'mächt¹ [gəˈmɛçt] 匣 -[e]s/-e, **Ge'mäch·te¹** [..tə] 匣 -s/《戯》男性器.

Ge'mächt² 匣 -[e]s/-e, **Ge'mäch·te²** 匣 -s/ 《古》(Geschöpf) 被造物;《侮》駄作, 愚作.

*** Ge'mahl¹** [gəˈmaːl] 匣 -[e]s/-e《複数まれ》《雅》(Ehemann) ご主人(他人の夫に対する敬語). Grüßen Sie bitte Ihren Herrn 〜! ご主人さまによろしくお伝えください.

Ge'mahl² 匣 -[e]s/-e《古》《雅》奥方, 奥様; 花嫁.

ge'mah·len [gəˈmaːlən] mahlen の過去分詞.

*** Ge'mah·lin** [gəˈmaːlɪn ゲマーリン] 囡 -/-nen《雅》(Ehefrau) 奥様(他人の妻に対する敬語). Herr Meyer und Frau 〜 マイヤー氏ご夫妻.

ge'mah·nen [gəˈmaːnən] 他〙《雅》(erinnern) (j¹ an et⁴ 人¹に事⁴を)思い出させる.

*** Ge'mäl·de** [gəˈmɛːldə ゲメールデ] 匣 -s/-(↓malen) 絵画, 絵. ein 〜 in Öl〈Aquarell〉油絵〈水彩画〉. **2**《比喩》(風俗・時代などの生き生きした)描写, 記述.

Ge'mäl·de·aus·stel·lung 囡 -/-en 絵画展.

Ge'mäl·de·ga·le·rie 囡 -/-n 画廊, ギャラリー.

Ge'mar·kung [gəˈmarkʊŋ] 匣 -/-en **1** 市町村の区域; (市町村の)共有地, 入会(ホホ)地(牧草地や森などの). **2** (市町村の)境界.

ge'ma·sert [gəˈmaːzərt] 過分〙形 木目の入った, 木目模様の.

ge'mäß [gəˈmɛːs] ❶ 前〙《3 格支配 / 後置されることが多い》…に応じて, …に従って; …通りに. dem Befehl 〜 命令に従って. 〜 Paragraph 3 der Straßenverkehrsordnung 道路交通法の第 3 条により. ❷ 形〙(人⁴物³に)適した, 合った, ふさわしい. Diese Strafe ist der Tat nicht 〜. この罰はその犯行に対してふさわしくない.

..ge·mäß [..gəmɛːs]《接頭》名詞につけて「…に応じた(従った), …通りの; …にふさわしい」の意の形容詞をつくる. natur*gemäß* 自然に従った. plan*gemäß* 計画通りの. zweck*gemäß* 目的にかなった.

ge'mä·ßigt [gəˈmɛːsɪçt] 過分〙形 穏健な, 穏やかな, 適度の; 温和(温暖)な. 〜*e* Kräfte 穏健勢力. die

~e Zone 【地理】温帯.

Ge·mäu·er [gəˈmɔyɐr] 甲 -s/- 《雅》(古びた・崩れた)外壁(外壁の崩れた)廃虚.

Ge·me·cker [gəˈmɛkɐr] 甲 -s/ **1** (山羊などのしきりに)鳴く声. **2**《話》うるさい小言. **3**《侮》げらげら笑う声.

*__ge·mein__ [gəˈmaɪn ゲマイン] 形 **1** 卑しい, 卑劣(下劣)な, 低俗な, 下品な. ein ~er Kerl げす野郎. eine ~e Lache げすな笑い. eine ~e Tat 卑劣な行為. **2**《話》(a) ひどい, 腹立たしい. Diese Behandlung ist ~. この扱いはひどい. Das ist ~! それはあんまりだ. (b)(副詞的用法で)(sehr)ひどく. Es ist ~ kalt. すごく寒い. **3**《付加語的用法のみ》(gewöhnlich) ふつうの, 並の, ありふれた. ~es Jahr 平年(閏年に対する). der ~e Mann 並の男, 凡人. ~er Soldat 兵卒. das ~e Volk 庶民. **4**《古》(付加語的用法のみ》(allgemein) 公共の, 一般の. der ~e Nutzen 公共の利益. ~es Recht 普通法. ~er Wert 通常価格, 市価. das ~e Wohl 公共の福祉. **5**《雅》(gemeinsam) 共通の, 共同の. et⁴ mit j³ ~ haben 事⁴(利害・性質など)を人³と共有している. Ich will nichts mit ihm ~ haben. 彼とはいっさいかかわり合いたくない. sich⁴ mit j³ ~ machen 人³とつきあう, かかわり合いを持つ. j(et)³ ~ sein (利害・性質などが)人(物)³に共通している.

*__Ge·mein·de__ [gəˈmaɪndə ゲマインデ] 女 -/-n **1** 地方自治体, 市町村;《集合的に》(地方自治体の)全住民, 市町村民. auf die(zur) ~ gehen《話》役場へ行く. **2**《宗》教区;《集合的に》教区民;(礼拝の)会衆. **3** 同好会, 信奉者(支持者)団体;《集合的に》同好の士, ファンの集まり).

Ge·mein·de·ab·ga·be 女 -/-n《多く複数で》【法制】市町村税.

Ge·mein·de·am·mann 男 -s/¨er《スイス》**1** 市町村長. **2** 執行吏.

Ge·mein·de·be·zirk 男 -[e]s/-e 市町村の区域.

ge·mein·de·ei·gen 形 市町村有の.

Ge·mein·de·gut 甲 -[e]s/¨er (Allmende) (市町村の)共有地, 入会(かい)地.

Ge·mein·de·haus 甲 -es/¨er **1** (まれ)市役所, 町村役場. **2** 教区公会堂, 信徒会館.

Ge·mein·de·ord·nung 女 -/-en【法制】市町村法.

Ge·mein·de·rat 男 -[e]s/¨e 市町村議会; 市町村会議員. ◆女性形 Gemeinderätin 女 -/-nen

Ge·mein·de·schwes·ter 女 -/-n (市町村に雇用された)ホームヘルパー, 看護婦.

Ge·mein·de·steu·er 女 -/-n【法制】市町村税.

ge·mein·deutsch 形 共通ドイツ語の.

Ge·mein·de·ver·samm·lung 女 -/-en **1** (とくにスイスにおける)小市町村の有権者大会. **2** 教区集会.

Ge·mein·de·ver·tre·tung 女 -/-en =Gemeinderat

Ge·mein·de·ver·wal·tung 女 -/-en 市町村行政(当局).

Ge·mein·de·vor·stand 男 -[e]s/¨e【法制】市町村行政の長.

Ge·mein·de·vor·ste·her 男 -s/- 市町村長.

Ge·mein·de·wahl 女 -/-en 市町村会議員選挙.

ge·meind·lich [gəˈmaɪntlɪç] 形 (kommunal) 市町村の, 地方の.

Ge·mei·ne¹ [gəˈmaɪnə] 男《形容詞変化》**1**《古》(gemeiner Soldat) 兵卒. **2**《多く複数で》【印刷】(↔ Versal) 小文字.

Ge·mei·ne² 甲 -/-n《古》(地方)=Gemeinde 2

Ge·mein·ei·gen·tum 甲 -s/ 共有(公共)の財産;【法制】国有, 公有, 共同所有.

ge·mein·ver·ständ·lich 形 =gemeinverständlich

Ge·mein·ge·fähr·lich 形 公共の安全を脅(おびや)かす, 社会にとって危険な.

Ge·mein·ge·fühl 甲 -[e]s/-e 一般感覚(空腹感や疲労感など直接の外的刺激に帰因されるものではない全身の感覚).

Ge·mein·geist 男 -[e]s 公共心, 公衆道徳.

ge·mein·gül·tig (allgemeingültig) 一般に通用する, 普遍妥当な.

Ge·mein·gut 甲 -[e]s/《雅》**1** 共有財産, 共有物; 共有地. **2**《比喩》(精神的な)共有財産.

*__Ge·mein·heit__ [gəˈmaɪnhaɪt] 女 -/-en **1**《複数なし》卑しさ, 卑劣(下劣)さ, 低俗, 下品. **2** 卑劣(下劣)な行為. **3**《話》腹立たしいこと. So eine ~! なんてひどいことだ. **4**《古》共同体.

ge·mein·hin [gəˈmaɪnhɪn] 副 (im allgemeinen) 通常, 一般に, 概して.

ge·mein·nig·lich [gəˈmaɪnɪklɪç] 副《雅》=gemein-hin

Ge·mein·jahr 甲 -[e]s/-e (↔ Schaltjahr) 平年.

Ge·mein·nutz 男 -es/ 公共の利益, 公益. ~ geht vor Eigennutz.《諺》公益は私益に優先する.

ge·mein·nüt·zig 形 公共の利益になる, 公益の, 共益の. ~e Einrichtung 公共福祉施設. Gemeinnütziges Recht【法制】共益権.

Ge·mein·platz 男 -es/¨e《陳腐な》決り文句, 常套(じょうとう)句.

*__ge·mein·sam__ [gəˈmaɪnzaːm ゲマインザーム] 形 共通の, 共有の, 共同の, 一緒の. unser ~er Freund 共通の友人. ein ~es Leben 共同生活. der Gemeinsame Markt【経済】(ヨーロッパ)共同市場. größter ~er Teiler (略 g.G.T., ggT)【数学】最大公約数. kleinstes ~es Vielfaches (略 k.g.V., kgV)【数学】最小公倍数. Wir gehen ~ ins Theater. 私たちは一緒に芝居を見に行く. Das ist euch beiden¹ ~./Das habt ihr beide ~. その点は君たちふたりに共通している. et⁴ auf einen ~en Nenner bringen【数学】物⁴を通分する;《比喩》事⁴の共通点を取り出す. et⁴ mit et³ ~ haben 事⁴(性質・内容など)が物³と同じである. mit j³ ~e Sache machen 人³と結託する, 手を組む.

Ge·mein·sam·keit 女 -/-en **1** 共通点, 共通性. **2**《複数なし》共同, 一致, 連帯.

*__Ge·mein·schaft__ [gəˈmaɪnʃaft ゲマインシャフト] 女 -/-en **1**《複数なし》共同, 連帯; 結びつき, つながり. die eheliche ~ 夫婦の結びつき, 婚姻関係. in ~ mit j³ 人³と一緒に, 共同(連帯)して. **2** (主義・信仰・血縁などを同じくする人々の)共同体;(目的を同じくする人々の)集団, グループ;【社会学】(↔ Gesellschaft) 共同社会, 協同社会, ゲマインシャフト(F. Tönnies の用語). die ~ der Familie 家族という共同体. die ~ der Heiligen キリスト教信徒(の全体);《カト》聖人の通功. j¹ in eine ~ aufnehmen 人¹を仲間に加える. **3** (国家間の)連合, 同盟. die Europäische ~ (略 EG)【歴史】ヨーロッパ共同体, EC(ヨーロッパ連合 EU の前身).

ge·mein·schaft·lich 形 共通の, 共同の, 一緒の. ~e Unterschrift 共同署名, 連署. Das Gut ge-

Ge'mein·schafts·an·schluss 男 -es/⁼e《通信》(電話の)共同加入線.

Ge'mein·schafts·an·ten·ne 女 -/-n 共同アンテナ.

Ge'mein·schafts·ar·beit 女 -/-en **1**《複数なし》共同作業. **2** 共同作品.

Ge'mein·schafts·er·zie·hung 女 -/ **1** 公民教育. **2**(Koedukation)男女共学.

Ge'mein·schafts·ge·fühl 中 -[e]s/(Solidaritätsgefühl)連帯感(情).

Ge'mein·schafts·geist 男 -[e]s/ 公共心, 協同精神.

Ge'mein·schafts·kun·de 女 -/(教科としての)社会科.

Ge'mein·schafts·schu·le 女 -/-n (← Bekenntnisschule)宗派混合学校, 共同学校.

Ge'mein·sinn 男 -[e]s/ 公共心, 公徳心.

Ge'mein·spra·che 女 -/-n《言語》共通語.

ge'mein·ver·ständ·lich 形 誰にも分かる, 平易な.

Ge'mein·we·sen 中 -s/- 共同体, 公的団体; 地方自治体;(公的団体としての)国家.

Ge'mein·wohl 中 -[e]s/《法制》(Allgemeinwohl)公共の福祉, 公益.

Ge'men·ge [gəˈmɛŋə] 中 -s/- **1** (a)(目の粗い物質の)(↑Gemisch). ein ~ aus Sand und Steinen 砂と小石の混合物. (b)《化学》混合物. (c)《農業》混作. **2** 雑踏, 混雑. **3**《古》(Handgemenge)殴り合い, つかみ合い, 乱闘.

Ge'meng·sel [gəˈmɛŋzəl] 中 -s/- ごた混ぜ.

ge'mes·sen [gəˈmɛsən] 過分形 (↑messen) **1** 悠然とした, 落着いた; 堂々とした, 重々しい; 控え目な, 慎重な. ~en Schrittes² / mit ~en Schritten 悠然とした足どりで. in ~er Haltung 落着き払った態度で. **2**《付加語的用法のみ》適度の, 適切な. in ~er Entfernung 適当な距離を置いて. **3**《古》厳密の, 厳格の, きっぱりとした. ~e Befehle 厳命.

Ge'mes·sen·heit 女 -/ 悠然とした態度, 落着さ; 重々しさ, 威厳; 控え目, 慎重.

Ge'met·zel [gəˈmɛtsəl] 中 -s/- 大虐殺, 殺戮(ミミ).

ge'mie·den [gəˈmiːdən] meiden の過去分詞.

Ge·mi·na·ti·on [geminatsiˈoːn] 女 -/-en《音声》子音重複.

Ge'misch [gəˈmɪʃ] 中 -[e]s/-e **1**(ふつう均質な物質やその成分が非常に細かい物質の)混合物(↑Gemenge). ein ~ aus Angst und Hoffnung《比喩》不安と希望の入り交じった気持ち. **2**(ガソリンと空気の)混合気.

ge'mischt [gəˈmɪʃt] 過分形 混ざり合った, 混合の;《話》いかがわしい, 怪しげな. ein ~er Chor 混声合唱(団). ein ~es Doppel《テニス》混合ダブルス. eine ~e Gesellschaft 雑多な人の集まり;《話》いかがわしい連中. ~er Salat ミックスサラダ. mit ~en Gefühlen 複雑な気持ち. Jetzt wird's ~!《話》(卑陬な冗談などが飛び交い出して)いよいよ座が怪しくなってきたぞ.

ge'mischt·spra·chig 形 複数言語併用の.

Ge'mischt·wa·ren·hand·lung 女 -/-en《古》食料雑貨品店.

ge'mischt·wirt·schaft·lich 形 半官半民の.

'**Gem·me** [ˈgɛma] 女 -/-n (lat.) **1**(Intaglio)陰刻を施した宝石(準宝石), インタリヨ(↑Kamee). **2**《植物》無性芽.

ge'mocht [gəˈmɔxt] mögen の過去分詞.

ge'mol·ken [gəˈmɔlkən] melken の過去分詞.

°'**Gems·bock** [ˈgɛms..] ↑Gämsbock

°'**Gem·se** [ˈgɛmzə] ↑Gämse

Ge'mun·kel [gəˈmʊŋkəl] 中 -s/ ひそひそ話, 風説.

Ge'mur·mel [gəˈmʊrməl] 中 -s/ ぶつぶつ言う声, つぶやき.

Ge'mü·se
[gəˈmyːzə ゲミューゼ] 中 -s/- **1** 野菜;《複数なし》野菜料理. frisches ~ 新鮮野菜. junges ~《話》青二才たち, 若造ども. **2**《戯》花(束).

Ge'mü·se·bau 男 -[e]s/ 野菜栽培.

Ge'mü·se·gar·ten 男 -[e]s/⁼ 菜園. quer durch den ~《話》いろいろ取り混ぜて; 雑多な, まぜこぜの.

Ge'mü·se·händ·ler 男 -s/- 八百屋, 青物商.

Ge'mü·se·pflan·ze 女 -/-n《食品》蔬菜(₅ぃ).

Ge'mü·se·sa·lat 男 -[e]s/-e 野菜サラダ.

Ge'mü·se·sup·pe 女 -/-n 野菜スープ.

ge'mü·ßigt [gəˈmyːsɪçt] 過分形《次の用法で / zu 不定詞句と》sich⁴ ~ finden〈sehen/fühlen〉, ..zu tun《古》...しないわけにはいかないと思う.

ge'musst, °**ge'mußt** [gəˈmʊst] müssen の過去分詞.

ge'mus·tert [gəˈmʊstərt] 過分形 模様入りの.

*Ge'müt [gəˈmyːt ゲミュート] 中 -[e]s/-er **1**《複数なし》心情, 気持, 心; 気性, 気質. ein heiteres ~ 明るい気性. kein ~ haben 情け知らずである. Du hast ein sonniges ~!《話》君はほんとうにめでたいひとだね. ~ wie ein Fleischerhund〈ein Kohlenkasten〉haben《話》血も涙もない, 冷酷である. j³ aufs ~ schlagen〈gehen〉《話》人³の気を滅入らせる. ein Film fürs ~ お涙頂戴映画. sich³ et⁴ zu ~e führen 事を肝に銘じる; 物(料理・酒など)を賞味する. **2**(ある心情の持主としての)人(々). ein ängstliches ~ 気の小さい人. Die Meldung beunruhigte die ~er. このニュースは人々を不安にさせた.

ge'müt·haft 形 情緒的な.

*ge'müt·lich [gəˈmyːtlɪç ゲミュートリヒ] 形 **1** 居心地のよい, くつろげる; 気持のよい. eine ~e Wohnung 快適な住い. Hier finde ich es recht ~. ここはほんとうに居心地がよい. es sich³ ~ machen 楽にする, くつろぐ. Machen Sie sich's ~! 楽にしてください. **2** 気さくな, 愛想のよい. ein ~er alter Herr 気さくな老紳士. **3**(テンポなどが)ゆったりした, のんびりした. ~ spazieren gehen のんびり散歩する.

Ge'müt·lich·keit [gəˈmyːtlɪçkaɪt] 女 -/ 居心地のよさ, くつろぎ, 団欒(ぬ), なごやか. Da hört [sich] doch die ~ auf!《話》そんなことは聞いたこともない, とんでもない話だ. in aller ~ のんびりと, くつろぎで.

ge'müts·arm 形 感情に乏しい.

Ge'müts·art 女 -/-en 気質, 性情.

Ge'müts·be·we·gung 女 -/-en 心の動き, 情動; 感動.

Ge'müts·krank 形 心を病んだ,《医学》情性疾患の.

Ge'müts·krank·heit 女 -/-en《医学》情性疾患.

Ge'müts·la·ge 女 -/-n Gemütsverfassung.

Ge'müts·mensch 男 -en/-en《話》のんびり屋;(人の気も知らない)のんきな人, 気の利(ネ)かない人.

Ge'müts·ru·he 女 -/ 心の平静, 落着き.

Ge'müts·stim·mung 女 -/-en 気分.

Ge'müts·ver·fas·sung 女 -/-en 気分, 心の状態.

Ge·müts·zu·stand 男 -[e]s/ーe =Gemütsverfassung

ge·müt·voll 形 心のこもった，情のある．

gen [gɛn] 前《4格支配》《古》《雅》(gegen)…に向かって, …の方へ．

Gen [geːn] 田 -s/-e (gr.)《生物》遺伝子．

gen.《略》=genannt

Gen.《略》**1** =Genitiv **2** =Genosse, Genossin **3** =Genossenschaft

ge·nannt [gəˈnant] 過分形 (↑nennen)《略 gen.》**1** 上記の，前述の．**2** …と呼ばれる，…と名付けられた．Otto I., ～ der Große 大王と呼ばれたオットー1 世．

ge·nant [ʒeˈnant] 形 (fr.) **1**《古》煩わしい, やっかいな，嫌な．**2**《地方》はにかみ屋の． ◆ ↑genierlich

ge·narbt [gəˈnarpt] 形 (↑Narben)（皮革に）粒起(りゅうき)のある．

ge·nas [gəˈnaːs] genesen の過去分詞．

ge·nä·schig [gəˈnɛːʃɪç] 形《雅》(naschhaft) つまみ食いの好きな．

ge·nä·se [gəˈnɛːzə] genesen の接続法 II．

ge·nau
[gəˈnau ゲナオ] ❶ 形 **1** 正確な, ぴったりの，寸分違わない．eine ～e Waage 正確な秤(はかり). Haben Sie die ～e Zeit? 正確な時間をご存じですか．Die Schuhe passen ～. この靴はぴったり合う．《名詞的用法で》 ～es Genaues wissen 正確なことは何も知らない．**2** 厳密な，精密な；繊細な，詳しい；きちょうめんな．ein ～er Bericht 詳しい報告．Er ist in allem sehr ～. 彼は何事にもひどくきちょうめんだ．peinlich ～ 微(び)に入り細(さい)を穿(うが)つ．auf das ⟨aufs⟩ *Genau[e]ste*⟨*~[e]ste*⟩ きわめて厳格に（詳しく）．es mit et³ ～ nehmen 事³について厳格である，やかましい．Man darf nicht alles so ～ nehmen. なんでもかんでもそう杓子(しゃくし)定規に考えるものではない．**3** ぎりぎりの．mit ～er Not 辛うじて，やっとのことで．**4** 金銭に細かい，けちな．

❷ 副 (gerade) ちょうど，まさに．*Genau* das wollte ich sagen. まさにそのことが言いたかったんだ．*Genau* das Gegenteil ist der Fall. 事情はまったくその反対なのだ．*Genau!*《話》その通りだ．

◆ ↑genau genommen

ge·nau ge·nom·men, **'ge·nau·ge·nom·men** 副 厳密に言えば．

Ge·nau·ig·keit [gəˈnauɪçkaɪt] 女 -/ **1** 正確さ，厳密さ；精度．**2** 厳格さ，きちょうめんさ．**3** 金銭に細かいこと，けち．

ge·nau·so [gəˈnauzoː] 副 まったく同じように．

'Gen·bank [ˈgeːnbaŋk] 女 -/-en 遺伝子バンク．

Gen·darm [ʒanˈdarm, ʒã..] 男 -en/-en (fr.) **1**《歴史》(フランスの)近衛騎兵．**2**《古》(ドイツで)（地方警察の警官，巡査．

Gen·dar·me·rie [ʒandarməˈriː, ʒã..] 女 -/-n [..ˈriːən]《古》(ドイツの)地方駐在の警察隊，地方警察．

Ge·ne·a·lo·ge [geneaˈloːgə] 男 -n/-n 系譜学者．

Ge·ne·a·lo·gie [genealoˈgiː] 女 -/(gr.) **1** 系譜学, 系図学．**2** 系譜，系図；由来．

ge·ne·a·lo·gisch [geneaˈloːgɪʃ] 形 系譜学(上)の．

ge'nehm [gəˈneːm] 形《雅》(人³にとって)好都合な，好ましい．wenn es Ihnen [so] ～ ist ご都合がよろしければ

***ge·neh·mi·gen** [gəˈneːmɪɡən] 他《4》**1** (人³に事⁴を)許可(認可)する；(人³の)事⁴に同意する．den Antrag ～ 申請を許可する．**2**《話》([sich³] et⁴ 物⁴を)奮発する．*Genehmigen* wir uns heute einmal eine Flasche Sekt! 今日はちょっと贅沢をしてシャンパンを1本あけましょう．[sich³] einen ～《戯》一杯やる．

***Ge·neh·mi·gung** [gəˈneːmɪɡʊŋ ゲネーミグング] 女 -/-en (官庁などの)許可，認可，同意；許可証，認可証．eine ～ einholen⟨erhalten⟩ 許可(認可)を受ける．

Ge·neh·mi·gungs·pflicht 女 -/《書》(管轄官庁の)認可を受ける義務．

Ge·neh·mi·gungs·pflich·tig 形《書》(管轄官庁の)認可を要する．

ge·neigt [gəˈnaɪkt] 過分形 **1**《zu et³ geneigt sein の形で》…する傾向がある，とかく…しがちである；…する気がある．Sie ist immer zu Einwänden ～. 彼女はとかく異議を唱えたがる．《zu 不定詞句と》Ich bin nicht ～, den Vertrag zu unterschreiben. 私はその契約書に署名する気はない．**2**《雅》好意的な，親切な．*Geneigter* Leser! (序文などで)好意ある読者よ！j³ ein ～es Ohr leihen⟨schenken⟩ 人³の言うことに快く耳を貸す．j⟨et⟩³ ～ sein 人³に好意を抱いている〈事⁴に興味がある〉．

Ge·neigt·heit 女 -/ **1** 傾向, 性向；(…する)気．**2**《雅》好意，親切；愛着，興味．

'Ge·ne·ra [ˈgeːnera, ˈgɛ..] Genus の複数．

Ge·ne·ral [genəˈraːl] 男 -s/-e⟨ーe⟩ **1**《軍事》陸軍(空軍)大将；将軍．**2** (a)《カト》(修道院の)総長．(b) (救世軍の)総司令官．

Ge·ne·ral.. [genəraːl..] (lat.)《接頭》名詞などに冠して，「総…，一般，包括，上席」などの意を示す．

Ge·ne·ral·agent 男 -en/-en 総代理人．

Ge·ne·ral·agen·tur 女 -/-en 総代理店．

Ge·ne·ral·bass 男 -es/ーe《音楽》(Basso continuo) 通奏低音．

Ge·ne·ral·beich·te 女 -/-n《カト》総告白, 総告解(かい).

Ge·ne·ral·bun·des·an·walt 男 -[e]s/ーe《法制》連邦検事総長．

Ge·ne·ral·di·rek·tor 男 -s/-en 総支配人，代表取締役；総監督；総長．

Ge·ne·ral·feld·mar·schall 男 -s/ーe《軍事》元帥．

Ge·ne·ral·fra·gen《法制》(証人などに対する)人定尋問．

Ge·ne·ral·gou·ver·neur [..guvɛrnøːr] 男 -s/-e (植民地などの)総督．

Ge·ne·ral·in·spek·teur [..tøːr] 男 -s/-e《軍事》(連邦国防軍の)総監．

Ge·ne·ral·in·ten·dant 男 -en/-en (大劇場の)総監督．

Ge·ne·ra·li·sa·ti·on [genəralizatsiˈoːn] 女 -/-en **1** 一般化，普遍化．**2**《心理》汎(はん)化．**3**《地図》総合描示，総描．

ge·ne·ra·li·sie·ren [genəraliˈziːrən] 他 (事⁴を)一般化する．*generalisierte* Krankheit《医学》汎発性疾患．

Ge·ne·ra·lis·si·mus [genəraˈlɪsimʊs] 男 -/..mi [..mi]⟨-se⟩ (it.)《古》《軍事》大元帥，総司令官．

Ge·ne·ra·list [genəraˈlɪst] 男 -en/-en ゼネラリスト．

Ge·ne·ra·li·tät [genəraliˈtɛːt] 女 -/ **1**《古》普遍性，一般性．**2**《集合的に》《軍事》将官．

Ge·ne·ral·kom·man·do 中 -s/-s(..den [..dən])《軍事》総司令部．

Ge·ne·ral·kon·sul 男 -s/-n 総領事.

Ge·ne·ral·kon·su·lat 中 -[e]s/-e 総領事の職; 総領事館.

Ge·ne·ral·leut·nant 男 -s/-s 〖軍事〗陸軍(空軍)中将.

Ge·ne·ral·ma·jor 男 -s/-e 〖軍事〗陸軍(空軍)少将.

Ge·ne·ral·nen·ner 男 -s/- 〖数学〗(Hauptnenner) 公分母.

Ge·ne·ral·oberst 男 -en(-s)/-en(まれ -e) 〖軍事〗陸軍(空軍)大将.

Ge·ne·ral·pau·se 女 -/-n 〖音楽〗総休止.

Ge·ne·ral·pro·be 女 -/-n 〖音楽・演劇〗(初演前の)総稽古, ゲネラル.

Ge·ne·ral·sek·re·tär 男 -s/-e (各種団体の)事務総長; (政党などの)書記長.

Ge·ne·ral·staa·ten 複 オランダ議会.

Ge·ne·ral·staats·an·walt 男 -[e]s/=e 〖法制〗(上級地方裁判所の)検事長.

Ge·ne·ral·stab 男 -[e]s/=e 〖軍事〗参謀本部.

Ge·ne·ral·stabs·chef 男 -s/-s 〖軍事〗参謀長.

Ge·ne·ral·stabs·kar·te 女 -/-n 〖古〗参謀本部地図(ドイツ帝国時代の官製地図で縮尺10万分の1).

Ge·ne·ral·streik 男 -[e]s/-s ゼネスト.

Ge·ne·ral·über·ho·lung 女 -/-en (全面的な)オーバーホール.

Ge·ne·ral·ver·samm·lung 女 -/-en 総会, 株主総会.

Ge·ne·ral·ver·tre·ter 男 -s/- 〖経済〗総代理店.

Ge·ne·ral·vi·kar [..vika:r] 男 -s/-e 司教総代理.

*****Ge·ne·ra·ti·on** [genəratsi'o:n] ゲネラツィオーン 女 -/-en (*lat.*) ジェネレーション; 同じ世代の人々; 1世代(約30年). die junge ~ 若い世代. In diesem Haus wohnen drei ~*en*. この家には3世代が住んでいる. von ~ zu ~ 世代から世代へ, 代々.

Ge·ne·ra·ti·ons·wech·sel 男 -s/ 1 世代の交代. 2 〖生物〗世代交代(交番).

ge·ne·ra·tiv [genəra'ti:f] 形 1 生殖の. 2 〖言語〗生成的な. die ~*e* Grammatik 生成文法.

Ge·ne·ra·tor [gena'ra:tɔr] 男 -s/-en [..ra'to:rən] 1 〖電子工〗発電機. 2 〖工学〗ガス発生炉. 3 〖コンピュ〗生成プログラム.

Ge·ne·ra·tor·gas 中 -es/-e 〖工学〗発生炉ガス.

ge·ne·rell [genə'rɛl] 形 (*fr.*) (↔ speziell) 一般的な, 全般(全体)的な, 普遍的な, 包括的な.

ge·ne·rie·ren [genə'ri:rən] 他 (*lat.* ,erzeugen') 産み出す, 発生させる; 〖言語〗生成する.

ge·ne·risch [ge'ne:rɪʃ] 形 種類に関する; 種属の.

ge·ne·rös [genə'rø:s, ʒe..] 形 (*fr.* ,großzügig') 気前のよい, 太っ腹の; 雅量のある, 寛大な; 高潔な.

Ge·ne·ro·si·tät [genərozi'tɛ:t, ʒe..] 女 -/ 気前のよさ, 太っ腹; 雅量があること, 寛大; 高潔.

Ge·ne·se [ge'ne:zə] 女 -/ (*gr.*) 発生, 生成; (作品などの)成立.

ge·ne·sen* [gə'ne:zən] genas, genesen 自 (s) 1 〈雅〉(病人が)回復する, 再び健康になる. von einer Krankheit ~ ある病気が治る. 2 eines Kindes ~ 〖古〗子供を産む.

Ge·ne·sen·de 男女 -n/-n 〖形容詞変化〗回復期の病人.

'Ge·ne·sis ['ge:nezɪs, 'gen..] 女 -/ (*gr.*) 1 発生史, 成立史. 2 〖旧約〗創世記.

Ge·ne·sung [gə'ne:zʊŋ] 女 -/ (病気からの)回復, 治癒, 平癒.

Ge·ne·sungs·heim 中 -[e]s/-e (回復期の病人のための)療養所, サナトリウム.

Ge·ne·tik [ge'ne:tɪk] 女 -/ 〖生物〗遺伝学.

Ge·ne·ti·ker [..tikər] 男 -s/- 遺伝学者.

ge·ne·tisch [..tɪʃ] 形 遺伝の, 遺伝的の; 遺伝学(上)の.

'Ge·ne·tiv ['ge:neti:f, gene'ti:f] 男 -s/-e 〖文法〗= Genitiv

Ge·ne·ver [ʒə'ne:vər, ʒe'n.., gen'n..] 男 -s/- ジュニーパ(オランダ産のジンの一種).

Ge·ne·za·reth [ge'ne:tsarɛt] 《地名》〖新約〗ゲネサレ. ◆ ↑ See Genezareth

Genf [gɛnf] 《地名》ジュネーブ(スイスの州およびその州都).

'Gen·fer ['gɛnfər] ❶ 男 -s/- ジュネーブの人. ❷ 形 (不変化) ジュネーブの. die ~ Konvention 〖法制〗ジュネーブ条約. der ~ See ジュネーブ湖(レマン湖).

Gen·for·scher 男 = Genetiker

*****ge·ni·al** [geni'a:l] ゲニアール 形 (↓ Genie) 天才的な, 独創的な, すばらしい.

ge·ni·a·lisch [geni'a:lɪʃ] 形 天才的な, 非凡な; 奇矯(きっ)な.

Ge·ni·a·li·tät [geniali'tɛ:t] 女 -/ 天賦の才, 独創性.

Ge'nick [gə'nɪk] 中 -[e]s/-e (↑ Nacken) うなじ, 首筋, 襟首. ein steifes ~ haben 首筋が凝っている. j⟨et⟩³ das ~ brechen 〈話〉人〈事〉³を破滅(失敗)させる. sich³ das ~ brechen 首の骨を折る 〈話〉破滅(失敗)する. j³ im ~ sitzen 〈話〉人³をたえず圧迫する, 不安にする, せき立てる.

Ge'nick·fang 男 -[e]s/=e 〖猟師〗(猟刀で獣の頸を刺す)とどめ.

Ge'nick·fän·ger 男 -s/- 〖猟師〗(諸刃の)猟刀.

Ge'nick·schuss 男 -es/=e (至近距離からの)頸部を打抜くこと.

Ge'nick·star·re 女 -/-n 1 頸部強直. 2 〖医学〗脳膜炎.

*****Ge'nie** [ʒe'ni:] ジェニー ❶ 中 -s/-s (*fr.*) 1 〈複数なし〉天賦の才, 独創性. ein Künstler von ~ 天才的芸術家. 2 天才. ein musikalisches ~ 音楽の天才. ein verkanntes ~ 〈戯〉埋もれた天才. ❷ 中 -s/ 〖軍〗= Geniekorps

Ge'nie·korps [ʒe'ni:ko:r] 中 -[..ko:r(s)]/-[..ko:rs] 〖軍〗(Pioniertruppe) 工兵隊.

Ge·ni·en [ge'ni:ən] Genius の複数.

ge'nie·ren [ʒe'ni:rən] (*fr.*) ❶ 再 (*sich*⁴) 恥ずかしがる, 遠慮(気兼ね)する. *Genieren* Sie sich nicht! どうぞご遠慮なく(お召し上がりください, お楽(⁽⁾)にしてください). Ich *genierte* mich nicht, ihm die Wahrheit zu sagen. 私は気後(ぉ)れすることなく彼に本当のことを言った. 私は平気で彼の前で本当のことを人見知りする. ❷ 他 〈古〉(人³を)煩わす, (の)じゃまになる; (に)気詰まりを感じさせる. *Geniert* es Sie, wenn ich rauche? 煙草を吸ってもかまわないでしょうか.

ge'nier·lich [ʒe'ni:rlɪç] 形 〈話〉1 煩わしい, やっかいな, 嫌な. 2 内気な, はにかみ屋の. ◆ genant をドイツ語化した語.

ge'nieß·bar [gə'ni:sba:r] 形 飲める, 食べられる. ~*e* und ungenießbare Pilze 食べられる茸(ポ)と食べられない茸. Sie ist heute nicht ~. 〈話〉彼女はきょうご機嫌斜めだ.

ge'nie·ßen [gə'ni:sən ゲニーセン] genoss (°genoß), genossen 他 **1** 楽しむ. *sein Leben* ~ 人生を楽しむ. *seinen〈den〉 Urlaub* ~ 休暇を楽しむ. *Das Militär habe ich gründlich genossen.* 軍隊がどういうものかは骨の髄まで味わった. **2** 食べる, 飲む. *Ich habe heute noch nichts genossen.* 私はきょうまだ何も口にしていない. *Dieser Fisch ist nicht mehr zu* ~. この魚はもう食べられない. *Sie ist heute nicht zu* ~.《話》彼女はきょうご機嫌斜めだ. *nur mit Vorsicht zu* ~ *sein*《話》(ある人や物事が)あつかいにくい; うさん臭い. **3**（教育などを）受ける, 享受する;（尊敬・信頼などを）得る. *Er genießt unser Vertrauen.* 彼は私たちに信頼されている. ◆ 古くは 2 格をともなうこともあった. *eines großen Rufs* ~ 《古》名声を博する.

Ge'nie·ßer [gə'ni:sər] 男 -s/- 享楽家, 美食家, 通人.

ge'nie·ße·risch [gə'ni:sərɪʃ] 形 享楽家の, 通人らしい; ゆっくり楽しみ（味わい）ながらの.

Ge'nie·streich [ʒe'ni:..] 中 -[e]s/-e 天才のなせる業(ｺﾞｳ), 天才的離れ業;《反語》大失敗.

Ge'nie·zeit [ʒe'ni:..] 囡 -/《文学》天才時代（Sturm-und-Drang-Zeit のこと).

ge·ni'tal [geni'ta:l] 形 生殖器の, 性器の. ~*e Phase*《心理》性器（愛）期.

Ge·ni·ta·le [geni'ta:lə] 中 -s/..lien [..liən]《ふつう複数で》《解剖》生殖器, 性器.

Ge·ni·tiv ['ge:niti:f, geni'ti:f] 男 -s/-e (*lat.*)（略 Gen.）《文法》(Wesfall) 2 格, 属格, 所有格.

'Ge·ni·tiv·ob·jekt 中 -[e]s/-e《文法》2 格目的語.

'Ge·ni·us ['ge:niʊs] 男 -/..nien [..niən] (*lat.*) **1**《複数なし》(とくに古代ローマで)守護神, 守護霊（人・家・土地・団体などの）. ~ *loci* ['lɔtsi:] 土地の守護神. **2**《雅》(a)《複数なし》創造的精神, 創造力. (b) (Genie) 天才. **3**《ふつう複数で》《美術》有翼の神(々).

Gen·ma·ni·pu·la·ti·on [ge:n..] 囡 -/-en《遺伝》遺伝子操作.

Gen·mu·ta·ti·on [..mutatsio:n] 囡 -/-en《遺伝》遺伝子突然変異.

Ge·nom [ge'no:m] 中 -s/-e (*gr.*)《遺伝》ゲノム. *das menschliche* ~ ヒトゲノム.

ge·nom·men [gə'nɔmən] nehmen の過去分詞.

ge·noss, °**ge·noß** [gə'nɔs] genießen の過去形.

Ge·nos·se [gə'nɔsə] 男 -n/-n **1**《古》(Kamerad) 仲間, 同僚; 道連れ. **2**（社会主義政党の）党員;（呼掛けで）同志. **3**《経済》協同組合員. ◆ ↑ Genossin

ge·nös·se [gə'nœsə] genießen の接続法 II.

ge·nos·sen [gə'nɔsən] genießen の過去分詞.

Ge·nos·sen·schaft [gə'nɔsənʃaft] 囡 -/-en（略 Gen.）《経済》協同組合.

Ge·nos·sen·schaft·ler 男 -s/-《経済》協同組合員.

ge·nos·sen·schaft·lich 形《経済》協同組合の.

Ge·nos·sen·schafts·bank 囡 -/-en《経済》信用組合.

Ge·nos·sin [gə'nɔsɪn] 囡 -/-nen《Genosse の女性形》(女性の)同志.

Ge·no·typ [geno'ty:p] 男 -s/-e《遺伝》遺伝子型.

ge·no'ty·pisch 形《遺伝》遺伝子型の.

'Ge·no·va ['dʒɛ:nova]《地名》Genua のイタリア語形.

Ge·no'zid [geno'tsi:t] 男（中）-[e]s/-e[..diən] (*engl.*)（特定の人種・民族・宗教団体などに対する組織的・計画的な）集団虐殺, ジェノサイド.

'Gen·re [ʒã:rə, ʒã:r] 中 -s/-s (*fr.*)（芸術・文学の）ジャンル, 種類, 様式. *Der〈Das〉 ist nicht mein* ~.《話》あの男〈それ〉は私の好みではない.

'Gen·re·bild 中 -[e]s/-er **1**《美術》風俗画. **2**《文学》風俗描写.

'Gen·re·ma·le·rei 囡 -/《美術》(絵画のジャンルとしての)風俗画.

Gens [gɛns] 囡 -/ Gentes (*lat.*)《歴史》ゲンス（古代ローマの氏族集団）.

Gent[1] [dʒɛnt] 男 -s/-s (*engl.*)《侮》(Geck) だて男, しゃれ者. ◆ ↓ Gentleman

Gent[2] [gɛnt]《地名》ヘント, ガン（ベルギー北西部の都市）.

'Gen·tech·nik ['ge:n..] 囡 -/-en《複数まれ》《生物》遺伝子工学（技術）.

'Gen·tech·no·lo·gie 囡 -/《生物》遺伝子工学.

'Gen·tes ['gɛntɛs] Gens の複数.

'Gen·the·ra·pie ['ge:n..] 囡 -/-n[..pi:ən]《医学》遺伝子治療.

gen·til [ʒɛn'ti:l, ʒã..] 形 (*fr.*)《古》上品な, 育ちのよい.

Gen·til'homme [ʒãti'jɔm] 男 -s/-s (*fr.*) 貴人, 紳士.

'Gen·tle·man ['dʒɛntəlmɛn] 男 -s/..men [..mɛn] (*engl.*) 紳士.

'Ge·nua [ge:nua]《地名》ジェノヴァ（イタリアの北西部の都市. イタリア語形 Genova).

Ge·nu·e·se [genu'e:zə] 男 -n/-n ジェノヴァの人.

Ge·nu·e·ser [genu'e:zər] 形《不変化》ジェノヴァの.

Ge·nu·e·sin [genu'e:zɪn] 囡 -/-nen《Geneuese の女性形》ジェノヴァの女性.

ge·nu·e·sisch [genu'e:zɪʃ] 形 ジェノヴァ（風）の.

ge'nug [gə'nu:k ゲヌーク] 副 十分に, たっぷりと; うんざりするほど. *Haben Sie* ~ *gegessen?* あなたは十分食べましたか. *Es kann nicht* ~ *betont werden.* それはいくら強調されても十分ということはない. *Er verdient nicht* ~, *um seine Familie zu ernähren.* 彼は家族を養うだけの十分な稼ぎがない. *mehr als* ~ / *und übergenug* 十二分に, いやというほど. *nicht* ~ *damit, dass*... ...だけでは足りなくて.《形容詞や副詞に付加され／ふつう後置される ↑◆¹》*Er ist alt* ~, *um das zu verstehen.* 彼はそれが十分わかるだけの年齢になっている. *Der Koffer ist groß* ~. スーツケースは十分な大きさだ. *Das ist für ihn* [*gerade*] *gut* ~. それは彼にはいちょうどいいくらいだ. *Ich habe lange* ~ *gewartet.* 私はいやというほど待たされた.《名詞に付加されて／しばしば後置される ↑◆²》*Ich habe* ~ *Geld.* / *Ich habe Geld* ~. 私には十分な金がある. *Das ist* ~ *Material für die Reparatur.* それは修理をするに十分な材料だ.《述語的用法で》*Danke, es ist* ~. (食べ物などを勧められて)ありがとう, それで結構です. [*Jetzt ist es*] *aber* ~. もうたくさんだ. *Das ist mir* ⟨*für mich*⟩ ~. それで私には十分です. *sich*[3] *selbst* ~ *sein* (人とつきあわなくても自分だけでやっていける.《名詞的用法で》*Ich habe zum Leben* ~. 私には生活に困らないだけのものがある. [*Jetzt habe ich*] *aber* ~. もうたくさんだ. *von et*[3] ~ *haben* 物[3]にうんざりしている,（は）たくさんである.

♦¹ **genug** が付加語的用法の形容詞を規定することはない. (誤) ein ~ großer Koffer (正しくは ein genügend großer Koffer 十分な大きさのスーツケース)

♦² しばしば 2 格の名詞とともに用いられるが, これは古く不定詞のように用いられた名残で, その名詞的用法と考えられる. Ich habe ~ Geldes. / Ich habe Geldes ~. 私には十分な金がある. Er ist Manns ~, sich⁴ zu wehren. 彼はわが身を守るだけの力をもった男だ. *Genug* der Worte. 口上はたくさんだ.

Ge'nü·ge [gəˈny:gə] 囡 -/ 満足, 充足. 《次のような用法で》Ihm geschieht ~. 彼の要求が満される. ~ an et³ finden⟨haben⟩《古》《雅》事³に満足する. j³ ~ leisten⟨tun⟩《雅》人³を満足させる. et³ ~ leisten⟨tun⟩《雅》事³を満たす, かなえる;《義務などを》果たす. zur ~ 十分に.

ge'nü·gen [gəˈny:gən] 圁 **1** 足りる, 十分である. Danke, es *genügt* [mir]. ありがとう, それで結構です. Mir⟨Für mich⟩ *genügt* die Hälfte. 私には半分で十分です. [es] sich³ an⟨mit⟩ et³ ~ lassen 物³で満足する, がまんする. (中性名詞として) *sein Genügen* an et³ *finden* 物³に満足する. **2** (事³を満たす, かなえる;《義務などを》果たす. ♦↑genügend

ge'nü·gend [gəˈny:gənt] ゲニューゲント《現分》形 **1** 十分な, 満足できる. eine ~*e* Entlohnung 十分な報酬. ein ~ großer Koffer 十分な大きさのスーツケース. ~ Geld haben 十分なお金がある. **2** (《ドイツ》(ausreichend)(学校の成績評価で) 4, 可 (↑gut).

ge'nug·sam [gəˈnu:kza:m] 《古》《雅》(genügend) 十分な, たっぷりの.

ge'nüg·sam [gəˈny:kza:m] 形 足ることを知った, 欲のない, つつましい, 節度ある.

Ge'nüg·sam·keit 囡 -/ 寡欲(ᠻ), つつましさ, 節度.

ge'nug|tun* 圁 **1** (人³を満足させる. (**zu** 不定詞句と) sich³ nicht ~ können, …zu tun …してやまない. Er konnte sich nicht ~, ihre Schönheit zu loben. 彼はあくことなく彼女の美しさをほめたたえた. **2** (事³を満たす, かなえる;《質問・期待などに》答える.

Ge'nug·tu·ung 囡-/ en **1** 満足(感). ~ über et⁴ *empfinden* 事⁴に満足を覚える. mit ~ 満足して. **2** 補償, 償い;名誉の回復. ~ *fordern* 補償を要求する. ~ *geben*⟨*leisten*⟩ 補償する. **3** (キリスト教)(人類の罪があがなう)キリストの受難;(カトリック教) 贖罪(ᠻᠻ)(の行(ᠻ)を果すこと).

ge·nu'in [genuˈi:n] 形 本物の, 正真正銘の;(医学) 遺伝性の, 真性の.

'Ge·nus [ˈge:nʊs, ˈge·n..] [ˈgen..] (*lat.*) 中 -/Genera [ˈge:nera, ˈgen..] **1** (Gattung) 種類, 種属. **2** 《文法》(Geschlecht) 性;(動詞の)態. ~ *des Verbs*／*Verbi*⟨°*verbi*⟩ [..ˈvɛrbi] 動詞の態. **3** 《論理》類 (概念). **4** 《生物》属.

∗**'Ge·nuss**, °**Ge'nuß** [gəˈnʊs ゲヌス] 男 -*es*/*ü*e (*genießen*) **1** (複数なし) 味わうこと, 食べる(飲む)こと, übermäßiger ~ *von Alkohol* 酒の飲みすぎ. **2** 楽しみ, 喜び, 享楽. Das Konzert war ein großer ~. コンサートはとてもすばらしかった. mit ~ 楽しんで. **3** in den ~ *von* et³ *kommen* 物³(特典・利益など)を受ける, もらう. Er kam in den ~ *eines Stipendiums.* 彼は奨学金を得た.

ge'nuss·fä·hig 形 (料理や芸術などを)味わう力がある, 楽しむことのできる.

ge'nuss·feind·lich 形 快楽を拒む, 禁欲的な.

ge'nuss·freu·dig 形 快楽を拒まない, 享楽的な.

ge'nüss·lich [gəˈnyslɪç] 形 **1** 享楽的な, ゆったり楽しみ(味わい)ながらの. ~ *an seiner* Zigarette *ziehen* いかにもうまそうに煙草を吸う. **2** 楽しい, 愉快な.

Ge'nüss·ling [..lɪŋ] 男 -*s*/-*e* 《古》《戯》=Genussmensch

Ge'nuss·mensch 男 -*en*/-*en* 享楽家, 遊び人.

Ge'nuss·mit·tel 中 -*s*/- 嗜好(トᠻ)品.

ge'nuss·reich 形 楽しみの多い, 愉快な.

Ge'nuss·sucht 囡 -/ 享楽欲.

ge'nuss·süch·tig 形 享楽(快楽)を求める, 遊び好きな.

ge'nuss·voll 形 **1** 楽しみの多い, 愉快な. **2** ゆったり楽しみ(味わい)ながらの.

'Geo¹ [ˈge:o] 《男名》ゲーオ (Georg の愛称).

'Geo² 中 -*s*/ 《ふつう無冠詞で》《生徒》**1** (科目名としての)地理 (↑Geographie). **2** (科目名としての)幾何 (↑Geometrie).

geo.., **Geo..** [geo.., ge:o..] 《接頭》(*gr.* ge, , Erde') 形容詞・名詞に冠して「地球, 地」の意を表す. *Geographie* 地理学.

Geo·bo'ta·nik [geoboˈta:nɪk, ˈge:obota:nɪk] 囡 -/ 地球植物学, 植物地理学.

Geo·che'mie [geoçeˈmi:, ˈge:oçemi:] 囡 -/ 地球化学.

Geo·dä'sie [geodɛˈzi:] 囡 -/ 測地学.

Geo'dät [geoˈdɛ:t] 男 -*en*/-*en* 測地学者.

Geo·ge'nie [geogeˈni:], **Geo·go'nie** [geogoˈni:] 囡 -/ 地球発生学.

Geo'graf [geoˈgra:f] 男 -*en*/-*en* =Geograph

Geo·gra'fie [..graˈfi:] 囡 -/ =Geographie

geo·gra·fisch [..ˈgra:fɪʃ] 形 =geographisch

Geo'graph [geoˈgra:f] 男 -*en*/-*en* 地理学者.

∗**Geo·gra'phie** [geograˈfi: ゲオグラフィー] 囡 -/ (Erdkunde) 地理学.

geo·gra·phisch [geoˈgra:fɪʃ] 形 地理学(上)の, 地理的な. ~*e* Breite⟨Länge⟩ 緯度⟨経度⟩.

Geo·lo·ge [geoˈlo:gə] 男 -*n*/-*n* 地質学者.

Geo·lo'gie [geoloˈgi:] 囡 -/ 地質学.

geo·lo·gisch [geoˈlo:gɪʃ] 形 地質学(上)の.

Geo'me·ter [geoˈme:tər] 男 -*s*/- **1** 測量技師;測地学者. **2** 《古》幾何学者.

Geo·me'trie [geomeˈtri:] 囡 -/-*n* 幾何学.

geo·me·trisch [geoˈme:trɪʃ] 形 **1** 幾何学(上)の. *das* ~*e Mittel* 幾何学平均. *die* ~*e Reihe* 等比級数. **2** 幾何学的な. ein ~*es Muster* 幾何学文様.

Geo·mor·pho·lo·gie [geomɔrfoloˈgi:, ˈge:omɔrfologi:] 囡 -/ 地形学.

Geo·phy'sik [geofyˈzi:k, ˈge:ofyzi:k] 囡 -/ 地球物理学.

Geo·po·li'tik [geopoliˈti:k, ˈge:opoliti:k] 囡 -/ 地政学.

ge'ord·net [gəˈɔrdnət] 《過分》形 整理された, 整然とした, きちんとした;(考え方などが)組織(系統)だった. ein ~*er* Rückzug 組織的撤退. in ~*en* Verhältnissen leben きちんとした暮しをする.

'Ge·org [ˈge:ɔrk, geˈɔrk] 《男名》ゲーオルク, ゲオルク. *der heilige* ~ 聖ゲオルギウス(14救難聖人のひとりで, 竜退治の騎士として有名;↑付録「聖人暦」4月23日).

Ge'or·ge [geˈɔrgə] 《人名》Stefan ~ シュテファン・ゲオルゲ (1868–1933, ドイツの詩人).

Ge·or·gi·en [geˈɔrgiən] 《地名》(Grusinien) グルジア(コーカサス Kaukasus 山脈の南斜面に位置する地方および共和国).

Ge·or·gi·er [ge'ɔrgiər] 男 -s/- (Grusinier) グルジア人. ◆女性形 Georgierin 女 /-nen

Ge·or·gi·ne [geɔr'gi:nə] 女 -/-n 【植物】(Dahlie) ダリア.

ge·or·gisch [ge'ɔrgɪʃ] 形 (grusinisch) グルジアの.

geo·sta·ti·o·när [geoʃtatsio'nɛ:r] 形 【工学】(人工衛星などが)静止した. ein ~er Satellit 静止衛星.

Geo·tek·to·nik [geotɛk'to:nɪk, 'ge:otɛkto:nɪk] 女 /【地質】地殻構造学.

Geo·ther·mik [geo'tɛrmɪk] 女 /【物理】地熱学.

geo·ther·misch [..mɪʃ] 形 【物理】地熱の.

Geo·wis·sen·schaft [geo'vɪsənʃaft, 'ge:ovɪsənʃaft] 女 /-en (ふつう複数で)地球科学.

geo·zen·trisch [geo'tsɛntrɪʃ] 形 【天文】(↔ heliozentrisch) 1 地球を中心とした, 地球中心の. die ~e Theorie 天動説. das ~es Weltsystem (プトレマイオスの説いた)天動説に基づく宇宙体系の. 2 地球の中心からの, 地心(から)の.

ge'paart [gə'pa:rt] 過分 形 1 2つで1組の, 対(?)になった. 2 【植物】(葉)が双性の. 3 【化学】共役の, 2重結合の.

*Ge'päck [gə'pɛk ゲペック] 中 -[e]s/ (↑Pack) (集合的に) 1 (旅行者の)(手)荷物. das ~ aufgeben 手荷物を出す, 託送する. 2 【軍事】行軍装備(背嚢(誌)・水筒など規定の装備一式).

Ge'päck·ab·fer·ti·gung 女 /-en 1 (複数なし) 手荷物取扱い(発送). 2 手荷物取扱所, 手荷物カウンター.

Ge'päck·an·nah·me 女 /-/-n 手荷物受付(所).

Ge'päck·auf·be·wah·rung 女 /-en 手荷物一時預かり(所).

Ge'päck·aus·ga·be 女 /-n 手荷物引渡し(所).

Ge'päck·kon·trol·le 女 /-n (税関の)手荷物検査.

Ge'päck·marsch 男 -[e]s/=e 【軍事】完全装備で行軍.

Ge'päck·netz 中 -es/-e 網棚.

Ge'päck·schal·ter 男 -s/- 手荷物取扱窓口.

Ge'päck·schein 中 -[e]s/-e 手荷物預かり証, 手荷物切符.

Ge'päck·schließ·fach 中 -[e]s/=er (手荷物用の)コインロッカー.

Ge'päck·stück 中 -[e]s/-e (個々の)手荷物.

Ge'päck·trä·ger 男 -s/- 1 手荷物運搬人, ポーター. 2 (自転車の)荷台.

Ge'päck·ver·si·che·rung 女 /-en 手荷物保険.

Ge'päck·wa·gen 男 -s/- 【鉄道】(Packwagen) (手)荷物車.

ge'pan·zert [gə'pantsərt] 過分 形 1 鎧兜に身を固めた. 2 【軍事】装甲された, 甲鉄の. 3 【動物】(ワニなど)が甲羅のある; 硬皮に覆われた.

'Ge·pard ['ge:part, 'ge'part] 男 -s/-e (fr.) 【動物】(Jagdleopard) チーター.

ge'pfef·fert [gə'pfɛfərt] 過分 形 1 胡椒(ẽ)のきいた. 2 《話》辛辣(?)な, 手厳しい, 容赦のない; (冗談などが)どぎつい, きわどい, えげつない; (値段が)法外な, べらぼうな.

ge'pfif·fen [gə'pfɪfən] pfeifen の過去分詞.

ge'pflegt [gə'pfle:kt] 過分 形 1 手入れの行届いた, きちんとした; (言葉や趣味などが)洗練された, 上品な; (品質などが)極上の. ein ~er Garten 手入れの行届いた庭園. ein ~es Restaurant (洗練された)一流レストラ

ン. Er ist sehr ~. 彼はとても身だしなみがよい.

ge'pflo·gen [gə'pflo:gən] pflegen の過去分詞.

Ge'pflo·gen·heit [gə'pflo:gənhaɪt] 女 /-en 《雅》(Gewohnheit) 慣習, (Brauch) 慣習, 習わし.

Ge'plän·kel [gə'plɛŋkəl] 中 -s/- 1 【軍事】小競(?)り合い. 2 《話》口喧嘩, 言い争い.

Ge'plap·per [gə'plapər] 中 -s/《話》(とくに幼児の)おしゃべり, ぺちゃくちゃしゃべる声; 《戯》無駄話.

Ge'plärr [gə'plɛr] 中 -[e]s/, **Ge'plär·re** [..rə] 中 -s/ 《話》(ぎゃあぎゃあ・ぴいぴいと)しきりに泣きわめくこと(声); (ぎゃんぎゃんと)がなり立てること(声).

Ge'plät·scher [gə'plɛtʃər] 中 -s/ (水が)ぴちゃぴちゃと鳴る音; 《話》くだらない喋り.

Ge'plau·der [gə'plaʊdər] 中 -s/ (楽しげな)おしゃべり, 談笑.

ge'pols·tert [gə'pɔlstərt] 過分 形 1 パッドの入った, 詰物をした. 2 Sie ist gut ~. 《話》彼女はだいぶ太めだ.

Ge'pol·ter [gə'pɔltər] 中 -s/ がたがた(ごとごと, どたばた)いう音; 《話》がみがみ叱る声.

Ge'prä·ge [gə'prɛ:gə] 中 -s/- 1 (貨幣などの)刻印. 2 《複数なし》《雅》(顕著な)特徴, 特色.

Ge'prän·ge [gə'prɛŋə] 中 -s/ 《雅》華やかさ, 華美, 壮麗.

Ge'pras·sel [gə'prasəl] 中 -s/ (炎・拍手などの)ぱちぱちいう音; (雨などの)ばらばらいう音.

ge'presst, ge'preßt [gə'prɛst] 過分 形 1 抑えつけられた, 重苦しい; 意気消沈した. mit ~er Stimme 声を押し殺して. 2 ぎゅうぎゅう詰めの.

ge'prie·sen [gə'pri:zən] preisen の過去分詞.

ge'prüft [gə'pry:ft] 過分 形 試験済みの, 有資格の; 経験豊かな, 信頼の置ける; 《雅》試練を経た.

ge'punk·tet [gə'pʊŋktət] 過分 形 水玉模様の; 点からなる. eine ~e Linie 点線.

Ge'qua·ke [gə'kva:kə] 中 -s/ 《話》(蛙などが)ぐわっくわっ(があがあ, ぎゃあぎゃあ)と鳴く声.

Ge'quas·sel [gə'kvasəl] 中 -s/ 《俗》くだらない(うるさい)しゃべり.

Ge'quat·sche [gə'kvatʃə] 中 -s/ 《話》(くだらない)しゃべり, 無駄話.

ge'quol·len [gə'kvɔlən] quellen の過去分詞.

Ger [ge:r] 中 -[e]s/-e 1 (古代ゲルマンの)投げ槍. 2 (Speer) (槍投げ競技の)槍.

ge'ra·de [gə'ra:də ゲラーデ] ❶ 形 1 まっすぐな, 一直線の. ein ~r Baumstamm まっすぐな樹幹. eine ~ Linie 直線. in ~r Linie von j³ abstammen 人³の直系の子孫である. ~r Stoß (ボクシングの)ストレートパンチ. Ich kam auf ~m Weg von zu Hause. 私は家からまっすぐに来た. 2 (姿勢などが)直立した, しゃんとした. ~ Glieder haben 体がしゃんとしている, 壮健である. eine ~ Haltung annehmen 直立の姿勢をとっている. 3 (性格などが)まっすぐな, 正直な, あけっぴろげな, 率直な. ein ~r Mensch 率直で十分過(?)ない, ぴったりの. das ~ Gegenteil 正反対.

❷ 副 1 まっすぐに, まともに; (姿勢などを)しゃんとして; 率直に, あけっぴろげに. Das Bild hängt nicht ~. 絵がまっすぐに掛かっていない. et⁴ ~ heraus sagen 事⁴を率直に言う. Er kann mir nicht ~ in die Augen sehen. 彼は私の目をまともに見られない. ~ sitzen しゃんとした姿勢で座っている. 2 ちょうど, まさに; よりによって, こともあろうに; あいにく. Es ist ~ 8 [Uhr]. ちょうど8時だ. Ich habe ~ kein Geld dabei. 私はあい

にお金の持合わせがない. *Gerade* heute muss es regnen. よりによってきょう雨が降るなんて. Warum ich? こともあろうになぜ この私が. Ich bin ~ beim Lesen. 私はちょうど読書中だ. ~ in der Mitte と真ん中に. ~ zur rechten Zeit ちょうどよい時に. **3** (a)たったいま, ついいましがた. Er ist ~ hinausgegangen. 彼はたったいま出ていったところだ. (b)《話》いますぐに. Bring doch ~ [mal] das Buch herüber! すぐにその本を持ってきてくれ. **4**《しばしば gerade noch の形で》どうにか, 辛うじて. Wir kamen ~ [noch] rechtzeitig an. 私たちなんとか遅れずに着いた. Das Geld reicht ~ [noch] für zwei Tage. この金でどうにか2日間はやっていける. **5**《nicht と》 nicht ~《話》必ずしも…というわけではない. Er verdient nicht ~ viel. 彼の稼ぎは必ずしも多くない. Es muss nicht ~ heute sein. なにも今日でないとだめだというわけではない. **6**《話》なおこと, ますます. Nun [aber] ~! それならなおさらだ, せずにおくものか. Nun ~ nicht! なおさらいやだ.

♦ ↑gerade biegen, gerade halten, gerade legen, gerade machen, gerade sitzen, gerade stehen, gerade stellen

geˈra·de[形] 偶数の. eine ~ Zahl 偶数. fünf[e] ~〈eine ~ Zahl〉sein lassen《話》少々のことは大目に見る.

Geˈra·de[gəˈraːdə]囡《形容詞変化》(または -/-n) **1**《数学》直線. zwei ~[n]2本の直線. **2**《スポ》直線コース;(ボクシングの)ストレートパンチ.

ge·ra·deˈaus[gəra:dəˈaʊs ゲラーデアオス]副 まっすぐに. Immer ~! ずっとまっすぐに行きなさい.《述語的用法で》Sie ist sehr ~.《比喩》彼女はとても率直だ.

geˈra·de|bie·gen[1]*他《話》(混乱や誤解などをきちんと)解決する, 元通りにする.

geˈra·de bieˈgen*, °geˈra·de|bieˈgen[2]*他 (曲がった針金などを)まっすぐにする, のばす.

geˈra·de halˈten*, °geˈra·de|halˈten❶他 (水平に)保つ. ❷再《sich⁴》しゃんとした姿勢を保つ, 背筋をぴんと伸ばす.

ge·ra·deˈhe'raus[gəra:dəhɛˈraʊs]副《話》率直に, あからさまに, はっきりと. ~ gesagt ずばり言えば.

geˈra·de leˈgen*, °geˈra·de|leˈgen他《話》きちんと置く, 整頓する.

geˈra·de maˈchen*, °geˈra·de|maˈchen他 まっすぐにする.

geˈra·den·wegs[gəˈra:dənve:ks]副《話》=geradewegs

geˈra·dert[gəˈrɛːdɐt]過分形《話》くたくたに疲れた, へとへとの. sich⁴ [wie] ~ fühlen 死ぬほど疲れている.

geˈra·de sitˈzen*, °geˈra·de|sitˈzen*自 端座(正座)している.

geˈra·deˈso[gəˈra:dazo:]副 ちょうど(まったく)同じように.

geˈra·de|steˈhen*[1]*自(h, 南ド・オーストリアでは, s) (für et⁴〉4⁴の)責任を負う, を保証する.

geˈra·de steˈhen*, °geˈra·de|steˈhen[2]*自 (aufrecht stehen)まっすぐに立っている. Er konnte nicht mehr ~.《婉曲》彼はまっすぐに立っていられないほど酔っていた.

geˈra·de stelˈlen*, °geˈra·de|stelˈlen❶他 まっすぐに置く(立てる); きちんと揃える. ❷再《sich⁴》姿勢をしゃんとする.

geˈra·desˈwegs[gəˈra:dəsve:ks]副《古い》《まれ》=geradewegs

geˈra·deˈwegs[gəˈra:dave:ks]副《話》**1**まっすぐに, 寄道をせずに. **2**率直に, 単刀直入に, ずばり.

geˈra·deˈzu[gəˈra:datsu:, ‒‒ˈ‒]副 **1**[ˈ‒‒‒] まったく, 実に, まさしく. Es ist ~ ein Wunder. それはまさに奇跡だ. **2**[‒‒‒ˈ]《地方》率直に, あけすけに, ずけずけと.《述語的用法で》Er ist sehr ~. 彼はたいそうざっくばらんだ.

Geˈrad·flüg·ler[gəˈraːt..]男 -s/-《動物》(Orthoptere) 直翅類(ちょくしるい)(ばった・こおろぎなど).

Geˈrad·heit[gəˈra:thaɪt]囡 -/ **1**《まれ》まっすぐであること. **2**率直さ, 誠実さ.

geˈrad·li·nig[形]**1** 直線の, まっすぐの;(子孫などが)直系の. **2**《比喩》(気性などが)まっすぐの, 誠実な.

geˈrad·sin·nig[形] まっ正直な, 誠実な.

geˈram·melt[gəˈraməlt]過分形《次の用法で》~ voll《話》超満員の, すし詰めの.

Geˈra·nie[geˈra:niə]囡 -/-n《植物》**1** (Pelargonie)ゼラニウム, ペラルゴニウム, てんじくあおい(現在てんじくあおい属 Pelargonium に分類されるが, 園芸の世界では旧属名ゲラニウム Geranium がそのまま用いられている). **2** (Storchschnabel) 風露草(ふうろそう)(↑Geranium).

Geˈra·ni·um[geˈra:niʊm]中 -s/..nien[niən]《植物》(Storchschnabel) 風露草(ふうろそう)(げんのしょうこなどふうろそう属の総称).

Geˈrank[gəˈraŋk]中 -[e]s/《雅》絡(から)まりあった蔓(つる)草;《美術》(Rankenwerk) 唐草(からくさ)文様.

Geˈran·ke[gəˈraŋkə]中 -s/ =Gerank

geˈrannt[gəˈrant] rennen の過去分詞.

geˈrap·pelt[gəˈrapəlt]過分形《次の用法で》~ voll《話》超満員の, すし詰めの.

Geˈras·sel[gəˈrasəl]中 -s/《話》がちゃがちゃ(がらがら)鳴ること(音).

geˈrät[gəˈrɛːt] geraten¹ の現在 3 人称単数.

*****Geˈrät**[gəˈrɛːt ゲレート]中 -[e]s/-e **1**器具, 用具, 器械;(ラジオ・テレビ)受信機. landwirtschaftliche〈medizinische〉~e 農機具〈医療器械〉. an den ~en turnen 器械体操をする.《複数なし》用具一式.

*****Geˈra·ten**[1]*[gəˈra:tən ゲラーテン]自 (s) **1**(思いがけず…に)行きつく, 入り(迷い)込む, (偶然)出くわす. an j⁴ ~ 人⁴に偶然出会う. auf die schiefe Bahn ~ 道を踏み外す. auf seinen Gedanken ~ 〈こと〉ある考えに思い至る. in eine Sackgasse ~ 袋小路に陥る. mit dem Finger in die Maschine ~ 機械に指をはさまれる. Die Kinder sind über den Kuchen *geraten*. 子どもたちはケーキを見つけてとびついた. unter ein Auto ~ 自動車にひかれる. Wohin sind wir denn *geraten*? いったいここはどこなんだ. **2** (a)(ある状況に)陥る, はまりこむ;(ある気分に)なる. außer sich³ ~(大喜びで)我を忘れる, (驚いて)茫然自失する. in Angst ~ 不安になる. in Schwierigkeiten ~ 困ったことになる. in Wut ~ かんかんに怒る. unter schlechten Einfluss ~ 悪い影響を受けるようになる. (b)《機能動詞的に》(in et⁴ 事⁴を)し始める. in Bewegung ~ 動き始める. in Brand ~ 燃え出す. ins Stocken ~ 停滞する. (c)《しばしば受動の意味で》in Gefangenschaft ~ 捕らえられる. in Verdacht ~ 疑われる. in Vergessenheit ~ しだいに忘れられる. **3** (gelingen)うまく行く, 仕上がる;(子供・植物などが)育つ. Ihm *gerät* alles, was er anfängt. 彼のやることはなんでもうまく行く. Das Getreide ist gut *geraten*. 穀物はよく育った. Diese Arbeit ist mir nach

geraten

Wunsch *geraten*. その仕事は私の望みどおりに仕上がった. 4（nach j³ ・ j³ に）似てくる. Der Junge ist ganz nach seinem Vater *geraten*. その男の子は父親そっくりになった.

ge'ra·ten² geraten¹ の過去分詞.

ge'ra·ten³ [ɡəˈraːtən] 過分 形 (↑raten) 当を得た, 適切な; 得策の. Es scheint mir ～, das sofort zu tun. 私はそれをすぐにするのがよいと思う.

Ge·rä·te·tur·nen [ɡəˈrɛːtə..] 中 -s/ 《スポ》器械体操.

Ge·ra·te'wohl [ɡəratəˈvoːl, -ˈ---] 中 -s/ 《次の成句で》aufs ～ 《話》運まかせで, 行当りばったりに; あてずっぽうに.

Ge'rät·schaft [ɡəˈrɛːtʃaft] 女 -/-en 1 装備すること. 2《複数なし》用具一式, 器具類.

ge'rätst [ɡəˈrɛːtst] geraten の現在2人称単数.

Ge'rat·ter [ɡəˈratər] 中 -s/《話》(機械・車輪などが) がらがら（がたがた）鳴ること（音）.

Ge'rät·tur·nen [ɡəˈrɛːt..] 中 -s/ = Geräteturnen

Ge'räu·cher·te [ɡəˈrɔʏçərtə] 中《形容詞変化 / 複数なし》(↑räuchern) 燻製《アメ》肉(ベーコン・ハムなどの).

ge'raum [ɡəˈraʊm] 形 《Weile, Zeit の付加語としてのみ》《雅》(時間的に) かなり長い. Es dauerte eine ～e Weile 〈Zeit〉, bis... …するまでにかなりの時がたった. nach einer ～en Weile かなりたってから, しばらくして後に. seit ～er Zeit かなり以前から.

ge'räu·mig [ɡəˈrɔʏmɪç] 形 (部屋・住居などが) 広々とした, 十分なスペースのある.

Ge'räu·mig·keit 女 -/ 広々としていること.

*****Ge'räusch**¹ [ɡəˈrɔʏʃ] ゲロイシュ 中 -[e]s/-e 雑音, 騒音, 物音. ein ～ machen〈verursachen〉騒音を出す; 物音を立てる. mit viel ～ 騒々しく.

Ge'räusch² 中 -[e]s/-e《猟師》(鹿などの) 内臓.

Ge'räusch·ku·lis·se 女 -/-n 1《映画・演劇》効果音, 擬音. 2 (a) 近隣の騒音. (b)《話》つけっぱなしのラジオ音楽.

ge'räusch·los ❶ 形 音を立てない, 静かな. ❷ 副《話》人目につかずに, こっそりと.

ge'räusch·voll 形 騒々しい, やかましい.

'ger·ben [ˈɡɛrbən] 他 (皮を) なめす. *gegerbtes* Leder なめし革. j³ das Fell ～《話》人³を打ちのめす.

'Ger·ber [ˈɡɛrbər] 男 -s/- 皮なめし工, 製革工.

'Ger·be·ra [ˈɡɛrbera] 女 -/-s《植物》ガーベラ. ◆ ドイツの医者ゲルバー T. Gerber (†1743) にちなむ.

Ger·be'rei [ɡɛrbəˈraɪ] 女 -/-en 1《複数なし》皮なめし. 2 製革工場.

'Ger·ber·lo·he 女 -/-n (製革用の) タンニン樹皮.

'Gerb·säu·re [ˈɡɛrp..] 女 -/-n《化学》タンニン酸.

'Gerb·stoff 男 -[e]s/-e 1 = Gerbsäure 2 皮なめし剤 (タンニンなど).

'Ger·bung [ˈɡɛrbʊŋ] 女 -/-en 皮なめし, 製革.

Gerd [ɡɛrt]《男名》ゲルト (Gerhard の短縮).

'Ger·da [ˈɡɛrda]《女名》ゲルダ (Gertrud, Hildegard などの短縮).

*****ge'recht** [ɡəˈrɛçt] ゲレヒト 形 1 公正な, 公平な. ein ～er Richter 公正な裁判官. eine ～e Verteilung 公平な分配. Er war immer ～ gegen mich. 彼は私に対してつねに公正であった. ～ urteilen 公正に判断する. 2 正当な, 当然の, もっともな; 正しい, 正義の. eine ～e Forderung 正当な要求. ein ～er Krieg 正義の戦争. ein ～er Lohn 当然の報酬. ein ～er Zorn 正義の怒り, 義憤. j〈et〉³ ～ werden 人〈事〉³ を正当に評価する. 3 (a) (et³ 事³ に) 適した, ふさわしい. eine jeder Witterung ～e Kleidung 天候用ウエア. et³ ～ werden 事³ 《要求・希望など》を満たす, かなえる; (任務などを) 果す. (b)《猟師》猟についた. ein ～er Hund 優れた猟犬. 4《キ教》(神によって) 義とされた; 義なる. der ～e Gott 義なる神 *Gerechter* Gott〈Himmel〉! なんたることだ (驚きの声).《旧約》So man von Herzen glaubt, so wird man ～. 人は心で信じて義とされる (ロマ 10:10).

..ge·recht [..ɡəˈrɛçt]《接尾》《名詞などにつけて》「…になった, …にふさわしい」の意の形容詞をつくる. behindertengerecht 障害者に優しい. fußgerecht 足にあった.

Ge'rech·te 男女《形容詞変化》《キ教》(神によって義とされた人, 義人; 義なる神. Der ～ muss viel leiden.《旧約》主に従う人には災いが重なる (詩 34:20). den Schlaf des ～n schlafen《話》ぐっすり眠る.

ge'recht·fer·tigt 過分 形 正当な, 当然の, 正しい

*****Ge'rech·tig·keit** [ɡəˈrɛçtɪçkaɪt] ゲレヒティヒカイト 女 -/-en 1《複数なし》公正, 公平; 正義. ausgleichende〈austeilende〉～《法制》平均的〈配分的〉正義. Gottes ～《キ教》神の正義. j〈et〉³ ～ widerfahren〈zuteil werden〉lassen 人〈事〉³ を公正に扱う. um der ～ willen 正義のために. 2《複数なし》《雅》司直, 司法. j⁴ [den Händen] der ～ ausliefern〈übergeben〉人⁴ を司直の手にゆだねる. 3《複数なし》《ギ神話》(Justitia) ユスティティア (正義の女神). 4《複数なし》《古》《雅》正当性. die ～ einer Forderung 要求の正当性. 5《法制》(営業などの) 権利, 税権.

Ge'rech·tig·keits·lie·be 女 -/ 正義への愛, 正義感.

Ge'rech·tig·keits·sinn 男 -[e]s/ 正義心, 正義感.

Ge'recht·sa·me [ɡəˈrɛçtzaːmə] 女 -/-n 1《古》特権, 利権. 2《スイス》(Gerichtsbezirk) 裁判所管轄区域.

*****Ge're·de** [ɡəˈreːdə] ゲレーデ 中 -s/ 1 おしゃべり, 無駄話. 2 うわさ, 陰口. j⁴ ins ～ bringen 人⁴ のうわさを立てる. ins ～ kommen〈geraten〉うわさの種になる. 3《スイス》(Gespräch) 会話.

ge're·gelt [ɡəˈreːɡəlt] 過分 形 規則正しい, きちんとした.

ge'rei·chen [ɡəˈraɪçən] 自《雅》(j³ zu et³ 人³ にとって事³ に) なる. j³ zur Ehre ～ 人³ の名誉になる. j³ zum Vorteil〈Nachteil〉～ 人³ に利益〈不利益〉をもたらす.

ge'reift [ɡəˈraɪft] 過分 形 熟(う)れた, 成熟した.

ge'reizt [ɡəˈraɪtst] 過分 形 いらいらした, 気が立った, 怒った. in ～em Ton 苛立った口調で.

Ge'reizt·heit 女 -/-en いらいら, いらだち, 気が立っていること.

Ge'ren·ne [ɡəˈrɛnə] 中 -s/《話》駆けずりまわること.

ge'reu·en [ɡəˈrɔʏən] 他《雅》《事が主語》(人⁴ に) 後悔の気持ちを起こさせる. Deine Worte werden dich noch ～! 君はいまに自分が言ったことを悔むことになるだろう. Es *gereut* mich, dass... 私は…を後悔している.

'Ger·hard, 'Ger·hart [ˈɡeːrhart]《男名》ゲールハルト.

Ge·ri'a·ter [ɡeriˈaːtər] 男 -s/- 老人専門医, 老人医学専門家.

Ge·ri·a'trie [ɡeriaˈtriː] 女 -/ (gr.) 老人医学.

*****Ge'richt**¹ [ɡəˈrɪçt] ゲリヒト 中 -[e]s/-e 1 裁判所(の建物). aufs〈ins〉～ gehen 裁判所に行く. 2 法

廷, 裁判所. das Oberste ~ 最高裁判所. das ~ anrufen 裁判に訴える. sich⁴ dem ~ stellen 裁判所に出頭する.《前置詞と》j⁴ bei ~ verklagen 人⁴を告訴する.《複数形で》j⁴ vor ~ bringen 人⁴を法廷に引出す. et⁴ vor ~ bringen 事⁴を法廷に持出す, 明るみにする. j⁴ vor ~ fordern〈laden〉人⁴を法廷に召喚する. vor ~ kommen (事件などの)裁判ざたになる. **3**《複数なし》裁判, 審判; 判決(の言渡し). das Jüngste〈Letzte〉~〖宗教〗最後の審判. über j¹ ~ halten / über j³ ~ sitzen《雅》人³を裁く(人⁴に)きびしい断を下す, (を)強く非難(糾弾)する. mit j³ hart〈scharf〉ins ~ gehen《話》人³をきびしく罰する; 強く叱責(非難)する. **4**《集合的に》裁判官. Hohes ~ !(法廷内での呼掛け)裁判官殿.

Ge'richt² [gə'rɪçt ゲリヒト] 亜 -[e]s/-e (1 皿の)料理; (肉と野菜の)ワンコース. ein ~ aus Fleisch und Gemüse 肉と野菜の料理. ein ~ auftragen〈bestellen〉料理を食卓に出す〈注文する〉.

ge'richt·lich [gə'rɪçtlɪç ゲリヒトリヒ] 形 裁判所の, 裁判(上)の, 司法(上)の; 裁判所による. eine ~e Entscheidung 裁判所の決定. ~e Medizin 法医学. ein ~es Verfahren 訴訟手続き. j⁴ ~ belangen / j⁴ ~ vorgehen 人⁴を告訴する.

Ge'richts·ak·te 囡 -/-n《ふつう複数で》裁判記録 (書類).

Ge'richts·arzt 男 -es/⸚e 裁判医(法医学的鑑定を行う専門医).

Ge'richts·as·ses·sor 男 -s/-en 判事補.

Ge'richts·bar·keit [gə'rɪçtsba:ɐ̯kaɪt] 囡 -/-en 〖法制〗**1**《複数なし》裁判権. **2**《複数まれ》裁判権の行使.

Ge'richts·be·schluss 男 -es/⸚e 裁判所の決定.

Ge'richts·be·zirk 男 -[e]s/-e 裁判所管轄区.

Ge'richts·die·ner 男 -s/-《古》(裁判所の)廷吏, 廷丁.

Ge'richts·fe·ri·en 複〖法制〗裁判所の休暇(7 月 15 日-9 月 15 日).

Ge'richts·hof 男 -[e]s/⸚e **1**〖法制〗(上級審の)裁判所. der Europäische ~ 欧州裁判所. **2**《古》(合議制の)裁判所, 法廷; 全裁判官.

Ge'richts·kos·ten 複 裁判費用.

Ge'richts·me·di·zin 囡 -/ (forensische Medizin) 法医学.

Ge'richts·re·fe·ren·dar 男 -s/-e 司法修習生.

Ge'richts·saal 男 -[e]s/..säle 法廷.

Ge'richts·schrei·ber 男 -s/-〖法制〗裁判所書記.

Ge'richts·stand 男 -[e]s/⸚e〖法制〗裁判籍.

Ge'richts·tag 男 -[e]s/-e〖法制〗公判日, 開廷日.

Ge'richts·ver·fah·ren 亜 -s/- 訴訟(裁判)手続き.

Ge'richts·ver·hand·lung 囡 -/-en 審理, 公判.

Ge'richts·voll·zie·her 男 -s/-〖法制〗執行官.

Ge'richts·we·sen 亜 -s/ 裁判(司法)制度.

ge'rie·ben [gə'ri:bən] 過分形 (↑reiben)《話》抜け目のない, ずるい, すれっからしの.

ge'rie·hen [gə'ri:ən] reihen² の過去分詞.

Ge'rie·sel [gə'ri:zəl] 亜 -s/ (水などがさらさら流れること(音).

ge'riet [gə'ri:t] geraten¹ の過去.

***ge'ring** [gə'rɪŋ ゲリング] 形 **1** 僅かな, 少しの; 些細な. Die Chancen sind ~. チャンスはわずかだ. ~e Einkünfte わずかな収入. eine ~e Menge 少量. Ich befinde mich in nicht ~er Verlegenheit. 私は少なからず当惑している. ein ~es《古》少しだけ. um ein Geringes〈°-es〉《古》安い値段で; ほんの少しだけ; すんでのことで, 危うく.《最上級で》Ich habe nicht die Geringste〈°-ste〉Lust. 私はさらさら全然ない. nicht das Geringste〈°-ste〉何ひとつ…ない. Er tut nicht das ~ste. 彼はまったく何もしない. nicht im Geringsten〈°-sten〉少しも…でない. Er ist auch im Geringsten genau. 彼はほんの些細なことにも厳格だ.《比較級で》kein Geringerer als… 余人ならぬ…が. Kein Geringerer als Goethe hat das gesagt. そう言ったのは他ならぬゲーテなる人だった. **2** 身分の低い, 卑しい. von ~er Herkunft sein 素性が卑しい. vornehm und ~ 貴賎(ᔦ)の別なく, 誰も彼も. **3** 価値の低い, 劣った. ~er Boden やせた土地. ~e Waren 粗悪品, 安物. von j³ ~ denken 人³を軽んじる. **4**《猟師》(獣が若い, 小さい).
♦ ↑gering achten, gering schätzen

ge'ring ach·ten, °**ge'ring|ach·ten** 他 =gering schätzen

ge'ring·fü·gig [..fy:gɪç] 形 微々たる, 取るに足らぬ些細な.

Ge'ring·fü·gig·keit 囡 -/-en **1**《複数なし》取るに足らないこと. **2** 取るに足らない事柄.

Ge'ring·hal·tig [..haltɪç] 形〖鉱物〗含有量の少ない.

ge'ring schät·zen, °**ge'ring|schät·zen** 他 (gering achten) 軽んずる, あなどる, 軽視する.

ge'ring·schät·zig [gə'rɪŋʃɛtsɪç] 形 軽蔑的な, 蔑(ᙼ)むような, 見くだった.

Ge'ring·schät·zung 囡 -/ 軽視, 軽蔑, あなどり.

ge'ring·wer·tig 形 価値の低い; 低品位の.

Ge'rin·ne [gə'rɪnə] 亜 -s/- **1** (Rinnsal) 細流, 小川. **2**〖工学〗(人工の)水路, 導水(排水)溝.

ge'rin·nen* [gə'rɪnən] 自 (s) (血液・ミルクなどが)固まる, 凝固(凝結)する. Bei diesem Anblick **gerann** ihm das Blut in den Adern.《比喩》こんな光景を目(ᒼ)の当たりにして彼は血の凍る思いがした.

Ge'rinn·sel [gə'rɪnzəl] 亜 -s/- **1** 小さな固まり, 凝塊; 凝血塊, 血栓. **2**《古》(Rinnsal) 細流, 小川.

Ge'rip·pe [gə'rɪpə] 亜 -s/- **1** 骨格, 骨組; 骸骨. Er ist nur noch ein ~.《話》彼は骨と皮ばかりに痩せている. **2** (建物・機械・船体などの)骨組, フレーム; (論文などの)骨子.

ge'rippt [gə'rɪpt] 過分形 **1** 肋骨のある; 肋材(リブ)のある. 〖紡織〗(生地が)畝(ᚕ)織りの; 〖植物〗葉脈のある; 〖建築〗(円柱などが)縦溝彫りの; 〖製紙〗(紙が)簀(ᔦ)の目の.

ge'ris·sen [gə'rɪsən] 過分形 (↑reißen) 抜け目のない, 狡賢(ᢺ)い, 海千山千の.

ge'rit·ten [gə'rɪtən] reiten の過去分詞.

Germ [gɛrm] 男 -[e]s/(囡 -/)《南°》(Hefe) 酵母, イースト.

Ger'ma·ne [gɛr'ma:nə] 男 -n/-n ゲルマン人. ♦ 女性形 Germanin 囡 -/-nen

Ger'ma·nen·tum [gɛr'ma:nəntu:m] 亜 -s/ ゲルマン精神(気質); ゲルマン文化.

Ger'ma·nia [gɛr'ma:nɪa] 囡 -/ ゲルマニア(ドイツを擬人化した女神, かつてドイツ帝国の象徴だった).

Ger'ma·ni·en [gɛr'ma:nɪən] 亜〖地名〗ゲルマニア(古代ゲルマン人の居住地域, ドーナウ川以北, ライン川以東の土地を指した).

ger·ma·nisch [gɛrˈmaːnɪʃ] 形 ゲルマン(人, 語)の. die ~*en* Sprachen 『言語』ゲルマン諸語(印欧語族の一大語派).

ger·ma·ni·sie·ren [gɛrmaniˈziːrən] 他 **1**『歴史』(とくに第三帝国時代に)(ある民族や人を)ゲルマン化する. **2** (eindeutschen) (外来語を)ドイツ語化する; (外来文化を)ドイツ化する.

Ger·ma·nis·mus [gɛrmaˈnɪsmʊs] 男 -/..men [..mən] 『言語』ドイツ語特有の語法; (他国語に入った)ドイツ語的語法.

Ger·ma·nist [gɛrmaˈnɪst] 男 -en/-en ドイツ語学文学研究者, ゲルマニスト; 〈古〉ドイツ(ゲルマン)法学者. ◆女性形 Germanistin 女 -/-nen

Ger·ma·nis·tik [..ˈnɪstɪk] 女 -/ ドイツ語学文学研究, ドイツ(ゲルマン)研究.

ger·ma·nis·tisch [..ˈnɪstɪʃ] 形 ドイツ語学文学研究の, ドイツ(ゲルマン)学の.

Ger·ma·ni·um [gɛrˈmaːniʊm] 中 -s/ 《記号 Ge》『化学』ゲルマニウム.

ger·ma·no·phil [gɛrmanoˈfiːl] 形 親ドイツ的の, ドイツびいきの.

Ger·ma·no·phi·lie [..fiˈliː] 女 -/ ドイツびいき.

Ger·ma·no·phob [gɛrmanoˈfoːp] 形 反ドイツ的な, ドイツ嫌いの.

Germ·knö·del [ˈgɛrmknøːdəl] 男 -s/- (料理)ゲルムクネーデル(洋風あんまんのような名物料理で, あんこの代わりにプラムなどのコンポートが入っている).

gern [gɛrn ゲルン] lieber, am liebsten 副 **1** (↔ ungern) 好んで, よろこんで. Er reist sehr ~. 彼は旅行が大好きだ. Ich möchte jetzt *lieber* Bier als Kaffee trinken. いまはコーヒーよりもビールが飲みたい. Morgens trinke ich *am liebsten* Milch. 朝は牛乳を飲むのがいちばん好きだ. Kommst du mit? — Aber 〈Sehr〉 ~ ! いっしょに行きましょうとも. Herzlich 〈Sehr〉 ~ ! (何か頼まれて)承知しました. Das glaube ich dir ~. 君の言うとおりだと思うよ, そうだろうとも. Es ist nicht ~ geschehen. / Das habe ich nicht ~ getan. それは好んで(わざと)したことではありません. *Gern* geschehen! (礼を言われて)どういたしまして. **2** (接続法 II と/願望や期待を表して) Ich hätte ~ ein Kilo Tomaten. トマトを1キロください. Ich hätte ~ Herrn Meyer gesprochen. マイヤーさんにお目にかかりたいのですが; マイヤーさんにお目にかかりたかったのですが(でも会えませんでした). Ich möchte ~ ein neues Kleid haben. 新しいドレスが欲しいのですが. Ich wüsste [nur zu] ~, was daraus geworden ist. それからどうなったかぜひ知りたいものだ. **3** (話者の同意・許容を表して) どうぞ, いいから(...してください). Du kannst es ~ haben. どうぞそれを差し上げましょう. Kommen Sie ~ mit! いかから一緒にいらっしゃい. **4** (j〈et〉⁴ **gern haben** の形で) 人〈物〉⁴を好む. Ich habe ihn sehr ~. 私は彼が大好きだ. Der kann mich ~ haben.《反語》あつつのことなんかもう知らない. Ich habe es ~, wenn es schneit. 雪が降るとうれしいな. **5** (gut und gern の形で) たっぷり, ゆうに. Der Schnee lag gut und ~ zwei Meter hoch. 雪が優に2メートルは積もっていた. **6**(話)よく, とかく. Diese Pflanze wächst ~ am Wasser. この植物はよく水辺に育つ. Er ist ~ beleidigt. 彼はとかく感情を害しやすい.

*'**ger·ne** [ˈgɛrnə ゲルネ] 副 =gern

'**Ger·ne·groß** 男 -/-e (話) 威張りたがり屋, 偉ぶる人.
'**Ger·ne·klug** 男 -/-e (話) 知ったかぶりをする人, 利ぶる人.
'**Ge·ro** [ˈgeːro] 男名 ゲーロ (Gerhard などの短縮).
ge·ro·chen¹ [gəˈrɔxən] riechen の過去分詞.
ge·ro·chen² rächen の過去分詞の古形・戯語形.
Ge·röll [gəˈrœl] 中 -[e]s/-e **1**《複数なし》(岸壁下川床に堆積した)岩のかけら, 岩屑; 『登山』が(場). **2** 『地形』(流れによって運ばれてきた)河原石, 玉石.
Ge·röl·le [gəˈrœlə] 中 -s/- =Geröll
ge·ron·nen [gəˈrɔnən] rinnen, gerinnen の過去分詞.
Ge·ron·to·lo·gie [gerɔntoloˈgiː] 女 -/ (gr.) 老医学.
'**Gers·te** [ˈgɛrstə] 女 -/-n 『植物・農業』大麦.
'**Gers·ten·grau·pen** 複 挽き割り大麦.
'**Gers·ten·korn** 中 -[e]s/¨er **1** 大麦の粒. **2**『医理』麦粒腫, ものもらい.
'**Gers·ten·saft** 男 -[e]s/- (戯) ビール.
'**Ger·te** [ˈgɛrtə] 女 -/-n (しなやかな)若枝; (乗馬用の)鞭.
'**ger·ten·schlank** 形 (若枝のように)ほっそりとしなやかな.
'**Ger·traud** [ˈgɛrtraʊt] 女名 ゲルトラウト.
*'**Ger·trud** [ˈgɛrtruːt] 女名 ゲルトルート.
*'**Ge·ruch** [gəˈrʊx ゲルフ] 男 -[e]s/Gerüche (↓riechen) **1** におい. der ~ des Heus 干草のにおい. ein ~ nach〈von〉verbranntem Fleisch 焦げた肉のにおい. **2**《複数なし》嗅覚. einen feinen ~ haben 鼻が利(き)く. **3**《複数なし》(悪い)評判. in einen schlechten ~ kommen 悪い評判を立てられる. in schlechtem ~ stehen 評判が悪い. Er steht im ~ eines Betrügers. 彼はぺてん師だという評判だ.
ge·ruch·los 形 無臭の.
Ge·ruchs·nerv 男 -s(-en)/-en 『解剖』嗅神経.
Ge·ruchs·or·gan 中 -s/-e **1** 『解剖』嗅覚器官 **2** (戯) 鼻.
Ge·ruchs·sinn 男 -[e]s/ 嗅覚.
*'**Ge·rücht** [gəˈrʏçt ゲリュヒト] 中 -[e]s/-e (↓rufen) うわさ, 風評. Es geht das ~, dass... という噂が流れている. ein ~ in Umlauf setzen 噂を広める.
ge·rücht·wei·se 副 うわさで. wie ~ verlautet 噂によると.
Ge·ruch·ver·schluss 男 -es/¨e (流しなどの)防臭トラップ.
ge·ru·fen [gəˈruːfən] rufen の過去分詞.
ge·ru·hen [gəˈruːən] 自 〈古〉〈雅〉(zu 不定詞句と) 畏(かしこ)くも(かたじけなくも)...したまう. Seine Majestät haben *geruht* zuzustimmen. 畏くも陛下がご同意くだされた. Wann *geruht* er denn zu erscheinen?《皮肉》いったいつになったら彼はお見えあそばすんだろうね.
ge·ru·hig [gəˈruːɪç] 形 〈古〉(ruhig) 静かな, 落ち着いた.
ge·rührt [gəˈrʏrt] 過分 感動した, 感激した.
ge·ruh·sam [gəˈruːzaːm] 形 落ち着いた, のんびりした, ゆったりした.
Ge·rum·pel [gəˈrʊmpəl] 中 -s/ (話) がたがた(ごとごと)ということ(音).
Ge·rüm·pel [gəˈrʏmpəl] 中 -s/ がらくた(の家具・物など).
Ge·run·di·um [geˈrʊndiʊm] 中 -s/..dien [..diən]

(*lat.*)《文法》動名詞, 動詞的中性名詞.
Ge·run'div [gerʊnˈdiːf] 匣 –s/–e =Gerundivum
Ge·run'di·vum [gerʊnˈdiːvʊm] 匣 –s/..va (*lat.*)《文法》未来受動分詞(例 ein *zu lobender* Mann 誉められるべき男).
ge'run·gen [gəˈrʊŋən] ringen の過去分詞.
Ge'rüst [gəˈrʏst] 匣 –[e]s/–e 1 (建築の)足場, 桁(ﾗ)組; (構造を支える)骨組, 枠台, フレーム. 2 (作品・計画などの)骨組, 骨格; 構想.
Ge'rüt·tel [gəˈrʏtəl] 匣 –s/ がたがた揺れること(音).
ge'rüt·telt [gəˈrʏtəlt] 過分形 1 揺さぶられた. 2 縁までいっぱいの, ぎっしり詰った. Der Sack ist ~ voll. その袋にはぎっしり物が詰っている. ein ~[*es*] Maß an〈von〉et³ おびただしいばかりの物³.
Ger'vais [ʒɛrˈvɛː] 男–[..ˈvɛː(s)]/–[..ˈvɛːs] 《食品》ジェルヴェー(フランス製のクリームチーズ). ◆ 創製者 Charles Gervais, 1830–92 の名にちなんだ商標名.
ges, Ges [gɛs] 匣 –/.《音楽》1 変ト音. 《複数なし》《記号》ges =ges-Moll, Ges=Ges-Dur
ge'salbt [gəˈzalpt] 過分形 1 (ﾁﾂ教) 聖香油を塗った, 聖別された. der *Gesalbte* 《形容詞変化》(ﾁﾂ教) 聖油を塗布された者;(ﾁﾘｽﾄ) キリスト. 2 《話》もったいぶった.
ge'sal·zen [gəˈzaltsən] 過分形 (↑salzen) 1 塩をかけた, 塩辛い. 2 《話》(値段などが)法外な; 辛辣(ﾗﾂ)な, つっけんどんな; 痛烈な.
ge'sam·melt [gəˈzaməlt] 過分形 精神集中をした.
ge'samt [gəˈzamt] ゲザムト 形《付加語的用法のみ》全体の, 総体の, すべての, 全…. die –*e* Bevölkerung 総人口. sein –*es* Vermögen 彼の全財産.
Ge'samt·an·sicht 囡 –/–en 全景.
Ge'samt·aus·ga·be 囡 –/–n 1 全集, 全集版. 2《経済》総支出.
Ge'samt·be·trag 男 –[e]s/⸚e 総額, 総計.
Ge'samt·bild 中 –[e]s/–er 全体像, 全貌, 全容.
Ge'samt·deutsch 形 1 全ドイツの. 2《歴史》(1990のドイツ統一以前について)東西両ドイツの.
Ge'samt·ein·druck 男 –[e]s/⸚e 全体的印象.
Ge'samt·gut 中 –[e]s/⸚er 《法制》(夫婦間の)合有財産.
ge'samt·haft 副 ((ｽｲ)) (insgesamt) 全部で, ひっくるめて.
Ge'samt·heit 囡 –/–en 1 全体, 総体; 総数, 総量; 全員. j² Arbeit in ihrer ~ einschätzen 人²の仕事を全体として評価する. 2 全住民; 公共. zum Wohle der ~ 公共の福利のために.
Ge'samt·hoch·schu·le 囡 –/–n 《教育》統合大学(1970年代の初頭以来, 学生の進路選択の自由化・学際研究の効率化を目的に複数の単科大学・総合大学が連合して発足した新形態の大学).
Ge'samt·kos·ten 複数 総費用.
Ge'samt·kunst·werk 中 –[e]s/–e 総合芸術(R. Wagner が自らの楽劇をこう呼んだことから世に広まった用語).
Ge'samt·schuld·ner 男 –s/– 《法制》連帯債務者.
Ge'samt·schu·le 囡 –/–n 《教育》総合学校(従来の Hauptschule, Realschule, Gymnasium の課程を統合した初・中等教育学校).
Ge'samt·sum·me 囡 –/–n 計り, 総額.
Ge'samt·um·satz 男 –es/⸚e 《経済》総売上(取引)高.
Ge'samt·un·ter·richt 男 –[e]s/–e 《教育》総合科目授業(あるテーマを個別科目の枠組にとらわれず総合的に教える新形態の授業).
Ge'samt·werk 中 –[e]s/–e (ある芸術家の)全作品, 全集.
Ge'samt·zahl 囡 –/–en 総数.
ge'sandt [gəˈzant] senden の過去分詞.
Ge'sand·te [gəˈzantə] 男《形容詞変化》(外交)使節, (とくに)公使. ◆ 女性形 Gesandtin 囡 –/–nen
Ge'sandt·schaft 囡 –/–en 1 在外外交使節団(公使・大使ならの). 2《総称的に》在外外交官; 公使館員, 大使館員. 3 公使館, 大使館.
*__**Ge'sang**__ [gəˈzaŋ] ゲザング 男 –[e]s/⸚e (↓singen) 1《複数なし》(a) 歌うこと, 歌唱. den ~ auf dem Klavier begleiten ピアノで歌の伴奏をする. mit〈unter〉~ 歌いながら. (b) (鳥などの)歌声;(楽器などの)響き, 調べ. der ~ der Vögel 鳥のさえずり. (c) 《科目としての》唱歌; 声楽. 2 歌, 歌曲. geistliche〈weltliche〉*Gesänge* 宗教〈世俗〉歌. 3《文学》(叙事詩の)章(節). 4《複数なし》《雅》《古》詩歌のこと.
Ge'sang·buch 中 –[e]s/⸚er 1 聖歌集, 賛美歌集. das falsche ~ haben 《戯》(昇進や就職・結婚などに関して)不利な宗派(党派)に属している. 主流派からはずれている. 2《古》歌曲集.
ge'sang·lich [gəˈzaŋlɪç] 形 歌の, 歌唱の, 声楽の; 歌うような.
Ge'sangs·kunst 囡 –/⸚e 声楽, 歌唱法.
Ge'sangs·ver·ein 男 –[e]s/–e 合唱団, コーラスグループ.
Ge'säß [gəˈzɛːs] 中 –es/–e 尻, 臀部(ﾃﾝ).
ge'sat·telt [gəˈzatəlt] 過分形 鞍を置いた;《比喩》(für et⁴ 事⁴の)準備ができた.
ge'sät·tigt [gəˈzɛtɪçt] 過分形 1 満腹した, 満足した; 飽きた. 2 飽和状態の. ~*e* Lösung《化学》飽和溶液.
Ge'säu·ge [gəˈzɔʏgə] 中 –s/《猟師》(獣や犬の)乳首, 乳房.
Ge'säu·sel [gəˈzɔʏzəl] 中 –s/ (木の葉などの)ざわめき, ざわざわ(さらさら)鳴る音.
gesch. 《略》 =**geschieden**
Ge'schä·dig·te 男女《形容詞変化》1 被害者, 被災者. 2《法制》(Verletzte) 負傷者.
ge'schaf·fen [gəˈʃafən] 過分形 (↑schaffen ①)《次の成句で》für j〈et〉³ wie – sein / zu j〈et〉³ wie – sein 人³〈物〉³にうってつけである.

Ge'schäft [gəˈʃɛft] ゲシェフト 中 –[e]s/–e

1 商売, ビジネス, 取引, 営業. Wie geht das ~? 商売の方はどうだい. Das ~ geht gut〈schlecht〉. 商売はうまくいっている〈思わしくない〉. ~ ist ~.《諺》ビジネスはビジネス, 商売に情けは禁物. mit j³ ein – abschließen 人³と取引契約を結ぶ. mit j³ –*e* machen 人³と取引をする. mit j³ ins ~ kommen 人³と取引を始める. 2《複数なし》《比喩》儲け(¹), 利益. Das ist für ihn ein ~. それは彼たちの儲けにならない. ein [gutes] ~ mit〈bei〉 et³ machen 事³で儲ける. 3 商店, 店; 営業所, 事務所; 会社, 商会. ein ~ für Herrenartikel 紳士用品店. ein neues ~ eröffnen 新しい店を開く. ein ~ führen 店(会社)を経営する. aus dem ~ kommen《話》(勤め先から)帰る, 退社する. ins ~ gehen《話》出勤する. 4 用事, 用件, 仕事;《話》用便. ein dringendes ~ 急用. ein ~ erledigen 用件を片づける. *sein* großes〈kleines〉 ~ erledigen 《話》大便〈小便〉をする, 用を足す. ~*e*

halber / in ~en 所用で. mit ~en überhäuft〈überlastet〉sein 仕事を山のかかえている.

Ge'schäft·chen 甲 -s/- 《Geschäft の縮小形》ちょっとした商売(用事). sein ~ machen〈verrichten/erledigen〉《話》(とくに子供が)用を足す.

Ge'schäf·te·ma·cher 男 -s/- 《侮》(儲けのためなら)何でもかんでも商売の種にする人, あくどい商売人.

ge'schäf·tig [gə'ʃɛftɪç] 形 せわしい, 忙しげな, かいがいしい, まめまめしい; 仕事熱心な. ~ hin und her eilen 忙しそうに走り回る.

Ge'schäf·tig·keit 囡 -/ せわしさ, 忙しさ; 活気, 活況.

ge'schäft·lich [gə'ʃɛftlɪç] 形 1 商売(取引)上の, 業務上の, ビジネスの. ~e Angelegenheiten 商用. mit j³ ~ sprechen 人³と用談する. Er ist ~ unterwegs. 彼は仕事で出ている(出張中だ). Er ist ~ verhindert zu kommen. 彼は仕事の都合で来られない. 2 事務的な, そっけない, ビジネスライクな. in ~em Ton 事務的な口調で.

Ge'schäfts·ab·schluss 男 -es/¨e 取引契約の締結.

Ge'schäfts·an·teil 男 -[e]s/-e 《経済》(有限会社社員などの)持ち分.

Ge'schäfts·auf·ga·be 囡 -/-n 廃業, 店じまい.

Ge'schäfts·be·reich 男 -[e]s/-e 職務(業務)の範囲, 管轄範囲. Minister ohne ~ 無任所大臣.

Ge'schäfts·be·richt 男 -[e]s/-e 1《経済》(年次)営業報告. 2 (団体の)事業報告.

ge'schäfts·fä·hig 形 《法制》行為能力のある.

Ge'schäfts·fä·hig·keit 囡 -/ 《法制》行為能力.

Ge'schäfts·freund 男 -[e]s/-e 取引(得意)先.

ge'schäfts·füh·rend 形 業務(職務)を執行する; 代行(暫定)の. der ~e Direktor (会社の)マネージャー. die ~e Regierung《政治》(総辞職後などの)暫定内閣.

Ge'schäfts·füh·rer 男 -s/- 1 (有限会社の)取締役, 代表役員. 2 (会社などの)経営者, マネージャー; 業務執行者. 3 (各種団体の)事務局長, 支配人; 事務管理者, 業務代表人.

Ge'schäfts·füh·rung 囡 -/-en 1《複数なし》業務の執行; 業務管理, 経営, マネージメント. 2 (会社などの)経営陣, 取締役会. 3 ~ ohne Auftrag《法制》事務管理(他人の委託なしに他人のために行う).

Ge'schäfts·gang 男 -[e]s/¨e 1《複数なし》営業(経営)状態, 商売の成行き. Der ~ ist gut. 商売は順調である. 2《複数なし》(所定の)事務手続. 3《話》(仕事上の)用足し, 所用.

Ge'schäfts·ge·ba·ren 甲 -s/-《複数まれ》営業方針, 営業態度.

Ge'schäfts·ge·gend 囡 -/-en《話》(町の)商業地域.

Ge'schäfts·geist 男 -[e]s/- =Geschäftssinn

Ge'schäfts·haus 甲 -es/¨er 1 (Firma) 商店, 商会, 会社. 2 (↔ Wohnhaus) 商業用家屋, 店舗ビルディング.

Ge'schäfts·in·ha·ber 男 -s/- 商店主, 店主; 営業主.

Ge'schäfts·jahr 甲 -[e]s/-e《経済》営業年度, 事業年度.

Ge'schäfts·kar·te 囡 -/-n 業務用名刺.

Ge'schäfts·kos·ten 複《次の成句で》auf ~ 会社の費用で, 経費で.

Ge'schäfts·la·ge 囡 -/-n 1 経営状態. 2 店舗の立地(条件).

Ge'schäfts·lei·tung 囡 -/-en =Geschäftsführung

Ge'schäfts·leu·te Geschäftsmann の複数.

***Ge'schäfts·mann** [gə'ʃɛftsman ゲシェフツマン] 男 -[e]s/..leute(=er) (Unternehmer) 実業家; (Kaufmann) 商人, ビジネスマン.

ge'schäfts·mä·ßig 形 1 実務的な, 商売(営業)上の. 2 事務的な.

Ge'schäfts·ord·nung 囡 -/-en 1 職務(服務)規定. 2 議院規則.

Ge'schäfts·pa·pier 甲 -s/-e 1《ふつう複数で》1 業務案内, 会社案内. 2《郵便》(郵税割引のある)業務用文書.

Ge'schäfts·part·ner 男 -s/- 1 共同事業者, 共同経営者. 2 取引相手, ビジネスパートナー.

Ge'schäfts·rei·se 囡 -/-n 商用旅行, 出張.

Ge'schäfts·schluss 男 -es/¨e 閉店, 終業.

Ge'schäfts·sinn 男 -[e]s/- 商才, ビジネスセンス.

Ge'schäfts·stel·le 囡 -/-n 1 営業所, 事務所, 店舗, 支店. 2《法制》(裁判所の)書記課.

Ge'schäfts·stun·den 複 =Geschäftszeit

Ge'schäfts·trä·ger 男 -s/- 代理公使.

ge'schäfts·tüch·tig 形 経営(実務)手腕のある; 商売上手な.

ge'schäfts·un·fä·hig 形《法制》行為能力のない

Ge'schäfts·ver·bin·dung 囡 -/-en 取引関係.

Ge'schäfts·ver·kehr 男 -[e]s/- 1 商取引で. 2 営業(商業)活動. 3 (朝夕の)通勤ラッシュ.

Ge'schäfts·vier·tel 甲 -s/- (↔ Wohnviertel) 商業地域; 商店街, 繁華街, ショッピングセンター.

Ge'schäfts·zeit 囡 -/-en 営業(執務)時間.

Ge'schäfts·zim·mer 甲 -s/- 事務室, 執務室, オフィス.

Ge'schäfts·zweig 男 -[e]s/-e 営業部門.

ge'schah [gə'ʃaː] geschehen の過去.

ge'schä·he [gə'ʃɛːə] geschehen の接続法 II.

ge'scha·mig [gə'ʃaːmɪç] 形《南独`》(verschämt) 恥ずかしそうな, はにかんだ.

ge'schä·mig [gə'ʃɛːmɪç] 形 =geschamig

ge'scheckt [gə'ʃɛkt] 形 (scheckig) 斑(ぶ)入りの, まだらの, 斑点のある.

ge'sche·hen* [gə'ʃeːən ゲシェーエン] geschah, geschehen / es geschieht 自 (s) 1 起る, 生じる. Ein Unglück ist geschehen. 事故が起きた. Es geschah eines Tages, dass... ある日...ということが起った. Was ist geschehen? 何が起ったんだ, どうしたんだ. Es ist nun einmal geschehen. とにかくできてしまったことだ(今さらどうにもならないよ). So geschehen im Jahr 1870. (ある出来事を述べた後に)これは 1870 年のことである. was auch ~ mag / es mag ~, was will たとえ何が起ろうとも.《lassen と》et⁴ ~ lassen 事⁴をあるがままにしておく. Ich ließ alles mit mir ~. 私は何をされても黙っていた.《過去分詞で》Geschehen ist geschehen. / Das Geschehene kann man nicht ungeschehen machen.《諺》できたことはできたこと, 覆水盆に返らず. 2 なされる, 行われる. Es muss etwas zu seiner Rettung ~. 彼を救うために何かしなくてはならない. Das geschieht zu deinem Besten. そうするのも君のためなんだぞ. Was geschieht mit den alten Zeitungen? その古新聞をどうするんだい. Gern geschehen!（礼を言われて）どうい

たしまして. Dein Wille *geschehe*…〚新約〛御心が行われますように…(マタ 6:10). **3**〈人³の〉身に起る. Ihm ist Unrecht *geschehen*. 彼は不当な目にあった. Es *geschieht* dir nichts Böses. 別にひどい目にあうわけじゃない〈安心しなさい〉. Das *geschieht* ihm recht. 彼がそんな目にあうのは当然だ, ざまあみろ. **4** Es ist um j〈et〉⁴ *geschehen*. 人〈事〉⁴はもうだめだ〈おしまいである〉. Um seine Gesundheit war es *geschehen*. 彼はすっかり健康をくずしてしまった. Als er das Mädchen sah, war es um ihn *geschehen*. その女の子を見て彼は一目ぼれした.

Geʹsche·hen ⊞ –s/–《複数まれ》《雅》出来事, 事件, 〈事の経過, 推移. ein unerwartetes ~ 予期せぬ出来事.

Geʹscheh·nis [gəˈʃeːnɪs] ⊞ –ses/–se《雅》(Ereignis) 出来事, 事件.

Geʹschei·de [gəˈʃaɪdə] ⊞ –s/–《猟師》(獲物の)臓物.

geʹscheit [gəˈʃaɪt ゲシャイト] 厖 (↑scheiden) **1** 利口な, 頭の良い;(発言などが)気の利〈³〉いた, (理に)〈vernünftig〉 分別がある. ein ~*er* Einfall 妙案. ein ~*es* Kind 利口な子供. ein ~*es* Programm よくできたプログラム. Es wäre ~, nach Hause zu gehen.《話》家へ帰った方がいいんじゃないか. Du bist wohl nicht ganz〈recht〉~!《話》君はちょっとおかしいんじゃないか. **2**《南ド》(ordentlich) ちゃんとした, まともな. Jetzt endlich habe ich ~*e* Stelle gefunden. やっとのことで彼はまともな勤め口を見つけた.

Geʹscheit·heit 囡 –/–en **1**《複数なし》利口さ, 聡明. **2**《ふつう複数で》《反語》利口ぶった物言い, 賢〈³〉しら口; 利口ぶった連中.

Geʹschenk [gəˈʃɛŋk ゲシェンク] ⊞ –[e]s/–e 贈物, プレゼント. ein ~ des Himmels 天からの贈物, 望外の幸運. ein ~ für meine Mutter 母への贈物. ein ~ [von] meiner Mutter 母からの贈物. ein ~ zum Geburtstag 誕生日のプレゼント. j³ ein ~ machen j³ に贈物をする. j³ et⁴ zum ~ machen 人³に物⁴を贈る.

Geʹschenk·ar·ti·kel 男 –s/– 贈答品, 進物用品.
Geʹschenk·pa·ckung 囡 –/–en 進物用包装(品).
geʹschenk·wei·se 副 贈り物として.
geʹschert [gəˈʃeːrt] 厖《南ド・オーストリア》(dumm) 愚かな; (grob) 粗野な, 田舎者の.

Geʹschich·te [gəˈʃɪçtə ゲシヒテ] 囡 –/–n

(↓geschehen) **1** (a)《複数なし》歴史. Historie. die deutsche ~ / die ~ Deutschlands ドイツ史. die ~ der Menschheit 人類史. Alte〈Mittlere/Neuere/Neue/Neueste〉~ 古代〈中世/近世/近代/近世〉史. im Buch der ~ blättern〈lesen〉《比喩》歴史をひもとく. Das gehört schon der ~ an.《話》それはもうすんだことだ. ~ machen《比喩》歴史をつくる, 歴史的な意味を持つ. ~ studieren 歴史学を専攻する. in die ~ eingehen 歴史に残る. (b) 歴史書. eine ~ des Dreißigjährigen Krieges schreiben 三十年戦争史を書く. **2** 物語, お話;《話》作り話. die ~ von Robinson Crusoe ロビンソン・クルーソー物語. eine ~ erzählen〈vorlesen〉お話を語って〈読んで〉聞かせる. Das sind doch alles nur ~*n*! そんなのは全部嘘っぱちだ. **3**《話》事件, 出来事;《おおむねよくでもない》事柄. Das sind alte ~*n*. それはとっくに知れたことだ. eine dumme ~ 馬鹿げた話. die ganze ~ 事の次第, 一部始終. Was kostet die ganze ~? 全部でいくらになるの. Das ist ja eine schöne〈nette〉~!《反語》そいつは結構な話だね. Da haben wir die ~! これはえらいことになったぞ. Er hatte eine ~ mit der Schauspielerin. 彼はその女優と関係があった. eine böse ~ mit dem Magen haben 胃の具合が悪い. Mach keine ~*n*! 馬鹿なことはよせ, 面倒はかけるな; もったいぶるなよ. ▶口語ではしばしば複合語の形で次のように用いられる. Er hatte noch mehrere Frauen*geschichten* außerhalb der Ehe. 彼には奥さん以外にいろいろと女出入りがあった. Er hat eine lange Magen*geschichte*. 彼は久しく胃の具合がわるい.

Geʹschich·ten·buch ⊞ –[e]s/⸚er お話の本, 物語集. ↑Geschichtsbuch

Geʹschich·ten·er·zäh·ler 男 –s/– 物語の語り手;(昔の)大道講釈師(とくに中近東の).

geʹschicht·lich [gəˈʃɪçtlɪç] 厖 歴史の, 歴史的な; 歴史上の, 歴史的に実在する; 歴史的意義のある. zu ~*er* Zeit 有史時代に.

Geʹschichts·buch ⊞ –[e]s/⸚er 歴史の本, 歴史書; 歴史教科書. ↑Geschichtenbuch

Geʹschichts·fäl·schung 囡 –/–en 歴史の改竄(ざん).

Geʹschichts·for·schung 囡 –/–en 歴史研究.
Geʹschichts·kli·tte·rung 囡 –/–en 歴史の歪曲(改竄)(ドイツの人文主義者 Johann Fischart, 1546–90 の著作のタイトルにちなむ).
Geʹschichts·phi·lo·so·phie 囡 –/ 歴史哲学.
Geʹschichts·schrei·ber 男 –s/–《古》歴史家, 修史家.
Geʹschichts·schrei·bung 囡 –/ 歴史記述, 修史.
Geʹschichts·stu·di·um ⊞ –s/..dien 歴史研究.
Geʹschichts·un·ter·richt 男 –[e]s/–e《複数まれ》歴史の授業.
Geʹschichts·wis·sen·schaft 囡 –/ 歴史学, 史学.
Geʹschichts·zahl 囡 –/–en 歴史上重要な年号.

Geʹschick¹ [gəˈʃɪk] ⊞ –[e]s/–e (↓schicken) **1**《複数なし》《雅》(Schicksal) 運命. ein glückliches ~ 幸運. sich⁴ in *sein* ~ ergeben 運命に身をゆだねる. **2**《ふつう複数で》(国家などの政治的・経済的な)情勢, 命運;(個人の)境遇.

Geʹschick² ⊞ –[e]s/ **1** (Geschicklichkeit) 巧みさ, 器用さ, 手腕. diplomatisches ~ 外交的手腕. Sie hat ~ für alles〈zu allem〉. 彼女は何をやっても器用だ. Er hat kein ~, mit Menschen umzugehen. 彼は人あしらいが下手だ. **2**《地方》(Ordnung) 秩序. et⁴ ins ~ bringen 物⁴をきちんと整える.

Geʹschick·lich·keit [..lɪçkaɪt] 囡 –/ 巧みさ, 器用さ, 手腕, 手腕(ᵂ).

*****geʹschickt** [gəˈʃɪkt ゲシクト] 過分 厖 **1** 巧みな, 器用な, 手際のいい; 熟練の, 腕のいい. Er hat ~*e* Finger〈Hände〉. 彼は手先が器用だ. ein ~*er* Handwerker 腕のいい職人. Er ist sehr ~ im Zitherspielen. 彼はツィターの演奏がとても上手だ. **2** (人あしらいなどが)巧妙な, 如才ない; 老練な, そつのない. ein ~*er* Diplomat 老練な外交官. durch ~*e* Fragen j³ ein Geheimnis entlocken 巧妙な質問で人³から秘密を聞出す. **3**《南ド》(道具などが)便利な, 役に立つ;(日時などが)好都合な.

Geʹschie·be [gəˈʃiːbə] ⊞ –s/– **1**《複数なし》《話》押し合いへし合い, 雑踏. **2**〚地質〛(氷河などが運ん

だ漂積物.

ge'schie·den [gəˈʃiːdn] 過分 形 (↑scheiden)《略 gesch./記号 ⊙⊙》離婚した, 離婚歴のある.

ge'schieht [gəˈʃiːt] geschehen の現在3人称単数.

ge'schie·nen [gəˈʃiːnən] scheinen の過去分詞.

*****Ge'schirr** [gəˈʃɪr] ゲシル 中 -[e]s/-e **1** (a)《集合的に》食器類, 台所用具. das ~ abräumen〈spülen〉食器を片づける〈洗う〉. (b)《複数なし》食器(茶碗)セット. ein ~ für 12 Personen 12人用食器セット一式. (c)《古》(Gefäß) 容器. **2** (輓馬(ばしゃ)用の)馬具, 引き具;《地方》(馬をつないだ)車馬. dem Pferd das ~ anlegen 馬に馬具をつける. aus dem ~ schlagen〈treten〉《比喩》堕落する; 裏切る, 不貞をはたらく. ins ~ gehen / sich⁴ ins ~ legen《比喩》懸命に働く. im ~ stehen《比喩》懸命に働いている. **3**《集合的に》(種々の)道具(器具, 装置)一式.

Ge'schirr·schrank 男 -[e]s/⸚e 食器戸棚.

Ge'schirr·spü·ler 男 -s/- 《話》=Geschirrspülmaschine

Ge'schirr·spül·ma·schi·ne 女 -/-n 自動食器洗い機.

Ge'schirr·tuch 中 -[e]s/⸚er 布巾(ふきん).

ge'schis·sen [gəˈʃɪsn] scheißen の過去分詞.

ge'schla·fen [gəˈʃlaːfən] schlafen の過去分詞.

ge'schla·gen [gəˈʃlaːgən] 過分 形 (↑schlagen) **1** 打負かされた, 敗残の. ein ~er Mann 敗残者. sich⁴ ~ geben 負けを認める, まいったと言う. **2**《話》(voll) まるまる(…時間). eine ~e Stunde まるまる1時間.

*****Ge'schlecht** [gəˈʃlɛçt] ゲシュレヒト 中 -[e]s/-er **1** (a) (男女・雌雄の)性. das andere ~ 異性. das männliche ~ 男性; 雄. das weibliche ~ 女性; 雌. das schwache〈schöne/zarte〉~《戯》女性. das starke ~《戯》男性. junge Leute beiderlei ~s 男女の若い人たち. (b)《複数なし》(外)性器. (c)《文法》(Genus) (名詞などの)性. männliches〈weibliches/sächliches〉~ 男性〈女性/中性〉. **2** (Gattung) 種族, 類; 種族. das menschliche ~ 人類. **3** (Familie) 血統, 家系, 家系; 一族, 一門. das ~ der Hohenzollern ホーエンツォレルン家. aus einem alten ~ stammen 古い家柄の出である. **4** (Generation) 世代. die kommenden ~er 次の世代の人々. von ~ zu ~ 代々. **5**《古》姓, 名字.

Ge'schlech·ter·kun·de 女 -/-n (Genealogie) 系譜学.

..ge'schlech·tig [..gəʃlɛçtɪç]《接尾》数詞などにつけて「…の性をもった」の意の形容詞をつくる. ein*ge*schlechtig 単性の.

ge'schlecht·lich [gəˈʃlɛçtlɪç] 形 **1** 性別のある, 有性の. ~e Fortpflanzung 有性生殖. **2** (sexuell) 性の, 性的な, 性に関する. ~e Aufklärung 性教育. mit j³ ~ verkehren人³と性交渉をもつ.

Ge'schlecht·los 形 =geschlechtslos

Ge'schlechts·akt 男 -[e]s/-e (Koitus) 性行為, 性交.

Ge'schlechts·hor·mon 中 -s/-e《生物》性ホルモン.

ge'schlechts·krank 形 性病に罹(かか)った.

Ge'schlechts·krank·heit 女 -/-en《病理》性病.

Ge'schlechts·le·ben 中 -s/ 性生活.

ge'schlechts·los 形 無性の, 雌雄別のない. ~e Fortpflanzung 無性生殖.

Ge'schlechts·merk·mal 中 -[e]s/-e《ふつう複で》《生物》性徴.

Ge'schlechts·na·me 男 -ns/-n **1** 姓, 苗字. (Gattungsname) 属名. ♦ 格変化は Name 参照

Ge'schlechts·or·gan 中 -s/-e《生物》(Genitalorgan) 生殖器(官), 性器.

ge'schlechts·reif 形 生殖能力のある, 性的に成した.

Ge'schlechts·rei·fe 女 -/ 性的成熟(期).

Ge'schlechts·teil 男 (中) -[e]s/-e 外生殖器(官), 陰部.

Ge'schlechts·trieb 男 -[e]s/-e 性衝動, 生殖本能.

Ge'schlechts·um·wand·lung 女 -/-en《生物・医学》性転換.

Ge'schlechts·ver·ir·rung 女 -/-en 性的倒錯, 変態性欲.

Ge'schlechts·ver·kehr 男 -s/ 性交.

Ge'schlechts·wort 中 -[e]s/⸚er《文法》冠詞.

ge'schli·chen [gəˈʃlɪçən] schleichen の過去分詞.

ge'schlif·fen [gəˈʃlɪfən] 過分 形 (↑schleifen) (ナイフ・レンズなどが)よく研(と)いである, 研磨した.《比喩》(a) 洗練された, 洗練されたマナー, 磨き上げられた. ~ Manieren 洗練されたマナー. (b) 的確で鋭い, 辛辣(しんらつ)な. mit ~em Witz ぴりっとウィットを利(き)かせて

Ge'schling¹ [gəˈʃlɪŋ] 中 -[e]s/-e, **Ge'schlinge**¹ 中 -s/- (屠畜の)臓物, もつ.

Ge'schling² 中 -[e]s/-e, **Ge'schlinge**² 中 -s/- 絡み合ったもの(根・つるなど).

ge'schlis·sen [gəˈʃlɪsn] schleißen の過去分詞.

ge'schlof·fen [gəˈʃlɔfən] schliefen の過去分詞.

ge'schlos·sen [gəˈʃlɔsn] 過分 形 (↑schließen) 《比較変化なし》**1** (↔ offen) 閉じられた, 閉鎖的な. eine ~e Gesellschaft 招待客(会員)だけの集まり;《社会学》閉鎖社会. ein ~er Vokal《音声》閉母音. **2** まとまった, 団結した. ~ für〈gegen〉et⁴ stimmen 事に全員一致で賛成〈反対〉票を投じる. Sie lehnten den Vorschlag ~ ab. 彼らは一致団結してその提案をはねつけた. eine ~e Ortschaft 人家の密集地区. **3** 統一のある, 一貫した. eine ~e Arbeit(Persönlichkeit) よくまとまった論文〈円満な(よくできた)人物〉.

Ge'schlos·sen·heit 女 -/ 一致団結(した行動). 統一性, まとまり. die ~ der streikenden Studenten ストライキをしている学生たちの固い団結. ein Musikwerk〈eine Arbeit〉von großer ~ よくまとまって完成された音楽作品〈論文〉.

Ge'schluch·ze [gəˈʃlʊxtsə] 中 -s/《話》すすり泣き, むせび泣き.

ge'schlun·gen [gəˈʃlʊŋən] schlingen¹,² の過去分詞.

*****Ge'schmack** [gəˈʃmak] ゲシュマック 男 -[e]s/⸚e(話 ⸚er) **1** (a) 味, 風味. süßer〈bitterer〉~ 甘い〈苦い〉味. Die Suppe hat einen würzigen ~. このスープは香ばしい風味がする. (b)《複数なし》味覚. wegen eines Schnupfens keinen ~ haben 鼻風邪のために味がわからない. **2** (a) 好み, 趣味, センス. Er hat ~. 彼は趣味がいい. einen guten〈schlechten〉~ haben 趣味(センス)がいい〈悪い〉. Ihre Wohnung zeugt von [gutem] ~. 彼女の住居は趣味のよさを示している. seinen ~ bilden センスを磨く. an et³ ~ finden 事³が好きである(好きになる). an et³ ~ gewinnen / et³ ~ abgewinnen (だんだん)事³のよさが分かる, (が)好きになる. auf den ~ kommen 味を覚える.

Geschwafel

sich⁴ mit ～ kleiden センスのいい服装をしている. Das ist nicht nach meinem ～. / Das ist nicht mein ～. それは私の趣味に合わない. je nach ～ 好みに応じ て. Über [den] ～ lässt sich⁴ nicht streiten. / Die *Geschmäcker* sind verschieden. 《諺》蓼〈た〉食う虫も好きずき, 人の好みはさまざまだ. (b) (建築様式・装飾などの)流行, 趣味. der ～ des Barocks バロック様式(趣味). nach heutigem〈neuestem〉～ 最新流行の, 当世風の. **3** 《雅》礼儀, 作法, エチケット. gegen den [guten] ～ verstoßen エチケットに反する. **4** (まれ) (Geruch) におい.

ge'schmack·lich [..] 《述語的には用いない》**1** 味に関する. **2** 美的感覚(趣味)上の.

ge'schmack·los [gəˈʃmakloːs ゲシュマクロース] 形 **1** 味のない. **2** 趣味の良くない, センスのない, 俗悪な. **3** 無作法な, 品のない.

Ge'schmack·lo·sig·keit 女 -/-en **1** 《複数なし》趣味の悪さ, 俗悪さ. **2** 無作法な言動(振舞).

Ge'schmacks·sa·che 女 -/ =Geschmackssache

Ge'schmacks·sinn 男 -[e]s =Geschmackssinn

Ge'schmacks·mus·ter 中 -s/- 《法制》意匠, デザイン(法律での使用権が保護されている).

Ge'schmacks·rich·tung 女 -/-en 好み, 好向.

Ge'schmacks·sa·che 女 -/- 趣味(好み)の問題. Es ist ～, ob… …かどうかは好みの問題だ.

Ge'schmacks·sinn 男 -[e]s 味覚.

Ge'schmack·ver·ir·rung 女 -/-en 悪趣味.

ge'schmack·voll 形 趣味(センス)のいい. Sie kleidet sich⁴ ～. 彼女はセンスのいい服装をしている.

ge·schmal·zen [gəˈʃmaltsən] schmalzen の過去分詞.

Ge'schmei·de [gəˈʃmaɪdə] 中 -s/- 《雅》高価な装身具(とくにネックレス・指輪など).

ge'schmei·dig [gəˈʃmaɪdɪç] 形 **1** しなやかな, 弾力性に富んだ. ～*e* Zweige しなやかな枝. **2** 敏捷な, すばやい. einem Schlag ～ ausweichen パンチをすばやくかわす. **3** 抜け目ない, 機敏な. ein ～*er* Diplomat 柔軟性のある外交官.

Ge'schmei·dig·keit 女 -/ しなやかさ, 柔軟性; 融通性, 機敏さ, 抜け目なさ.

Ge'schmeiß [gəˈʃmaɪs] 中 -es/ **1** 《侮》害虫, 有害小動物(ねずみなど). **2** 《猟師》猛禽類の糞. **3** 《侮》人間の屑(くず).

ge'schmerzt [gəˈʃmɛrtst] 過分 形 ～ sein 《話》悲しく思っている. Ich bin über sein Verhalten ～. 私は彼の態度に心を痛めている.

Ge'schmet·ter [gəˈʃmɛtər] 中 -s/ 《話》高らかな響き(トランペットなどの).

Ge'schmier [gəˈʃmiːr] 中 -[e]s/, **Ge'schmie·re** [..rə] 中 -s/ 《話》**1** べとべと(ぬるぬる)した物; べとべとした物を塗りたくること. **2** なぐり書き, 乱筆, やっつけ仕事(文学的の駄作・下手な絵など).

ge'schmis·sen [gəˈʃmɪsən] schmeißen¹ の過去分詞.

ge'schmol·zen [gəˈʃmɔltsən] schmelzen の過去分詞.

Ge'schmor·te [gəˈʃmoːrtə] 中 《形容詞変化》《話》蒸し煮にした肉; シチュー.

Ge'schnat·ter [gəˈʃnatər] 中 -s/ 《話》**1** (あひるなどが)があが鳴くこと(声). **2** 《比喩》《侮》ぺちゃくちゃしゃべること(とくに女性が).

ge'schnie·gelt [gəˈʃniːgəlt] 過分 形 《話》めかしこんだ. ～ und gebügelt ぱりっしこんだ.

ge'schnit·ten [gəˈʃnɪtən] schneiden の過去分詞.

ge'schno·ben [gəˈʃnoːbən] schnauben の過去分詞.

ge'scho·ben [gəˈʃoːbən] schieben の過去分詞.

ge'schol·len [gəˈʃɔlən] schallen の過去分詞.

ge'schol·ten [gəˈʃɔltən] schelten の過去分詞.

Ge'schöpf [gəˈʃœpf] 中 -[e]s/-e **1** (神の)被造物, 生き物. **2** 人間, 人物;《俗》奴(やつ). ein reizendes ～ 魅力的な娘. Sie ist sein ～. 彼女は彼が最属(ひいき)にしている娘だ. Du undankbares ～! なんて恩知らずなやつなんだ. **3** (想像力などの)産物, (作家の作品中の)人物.

ge'scho·ren [gəˈʃoːrən] scheren¹ の過去分詞.

Ge'schoss [gəˈʃɔs], 《南》《オ》**Ge'schoß** [gəˈʃoːs] 中 -es/-e (↓ schießen) **1** (a) 弾丸, 銃弾, 砲弾; 矢. (b) 《比喩》弾丸シュート. (c) 《話》高速車, スポーツカー. **2** (Stockwerk) (建物の)階.

Ge'schoss·bahn 女 -/-en 弾道.

ge'schos·sen [gəˈʃɔsən] schießen の過去分詞.

..ge'schos·sig [..gəʃɔsɪç] 《接尾》(↓ Geschoss) 数詞・形容詞などにつけて「…階建ての」の意の形容詞をつくる. drei*geschossig* 4 階建ての(ふつう 1 階を除いて数える).

ge'schraubt [gəˈʃraʊpt] 過分 形 (文体・言方・態度などが)気取った, 不自然な, わざとらしい, 大げさな.

*****Ge'schrei** [gəˈʃraɪ ゲシュライ] 中 -[e]s/ 叫び(わめき)声. in [ein] ～ ausbrechen 突然大声で叫び出す. **2** 大騒ぎ, 空騒ぎ. ein großes〈riesiges〉～ erheben〈ausstoßen〉大きな叫び声をあげる;《比喩》ひどく腹をたてる, 大騒ぎする. viel ～ um et⁴ machen 事で大騒ぎする, 〈を〉たいそうに言う. Viel ～ und wenig Wolle. 《諺》大山鳴動(めいどう)して鼠一匹(大騒ぎして少ない成果). だまされて豚の毛を刈った悪魔の話による). **3** 《地方》おしゃべり, うわさ話, 陰口. j⁴ ins ～ bringen 人⁴のうわさをする(陰口をたたく). ins ～ kommen うわさされる(陰口をたたかれる).

Ge'schreib·sel [gəˈʃraɪpsəl] 中 -s/ 《複数まれ》《話》なぐり書き, 乱筆; 駄文, 駄作.

ge'schrie·ben [gəˈʃriːbən] schreiben の過去分詞.

ge'schrie·en [gəˈʃriːən], **ge'schrien** [gəˈʃriːn] schreien の過去分詞.

ge'schrit·ten [gəˈʃrɪtən] schreiten の過去分詞.

ge'schro·cken [gəˈʃrɔkən] schrecken の過去分詞.

ge'schun·den [gəˈʃʊndən] schinden の過去分詞.

Ge'schütz [gəˈʃʏts] 中 -es/-e (↑ Schuss) 大砲(迫撃砲・カノン砲など). ein schweres ～ 重砲. ein ～ auffahren 砲を配置する. gegen j⁴ schweres〈grobes〉～ auffahren 《比喩》《話》人⁴にずけずけ物を言ってよく分からせる.

Ge'schütz·be·die·nung 女 -/-en 《軍事》(砲を操作する)一団の砲員たち.

Ge'schütz·don·ner 男 -s/- 砲声.

Ge'schütz·feu·er 中 -s/- 砲火.

Ge'schütz·rohr 中 -[e]s/-e 砲身.

Ge'schütz·stand 中 -[e]s/-e 砲座.

Ge'schütz·turm 男 -[e]s/ⁿe 《軍事》(戦艦・戦車の)砲塔, タレット.

Ge'schwa·der [gəˈʃvaːdər] 中 -s/- **1** 飛行編隊; 艦隊. **2** 《古》騎兵隊.

Ge'schwa·fel [gəˈʃvaːfəl] 中 -s/ 《話》くだらないおしゃべり, 馬鹿(無駄)話.

Ge'schwätz [gə'ʃvɛts] 中 -es/《侮》**1** くだらないおしゃべり, 無駄(馬鹿)話. **2** (Klatsch) 噂話, 陰口.

ge'schwät·zig [gə'ʃvɛtsɪç] 形 **1** (↔ schweigsam) おしゃべりな. **2** (↔ verschwiegen) 口の軽い.

ge'schweift [gə'ʃvaɪft] 過分形 (すい星などが)尾を引いた; 湾曲した, 反(ˢ)りをつけた.

ge'schwei·ge [gə'ʃvaɪɡə] 腹《並列》(ふつう次の用法で) ~ [denn] いわんや…ない. Er hat nicht einmal Geld zum Leben, ~ [denn] für ein Auto. 彼は生活する金すらないのに, いわんや車を買う金を持っているわけがない. Ich glaube nicht, dass er anruft, ~ [denn] dass er vorbeikommt. 彼が電話してくるとは思えない, まして訪ねてくるはずがない.

ge'schwei·gen [gə'ʃvaɪɡən] ❶ 自《次の用法でのみ》ganz zu ~ von et³ 事³のことは言わないとして, (は)さておき. ❷ 他 (雅) 黙らせる; (幼子を)あやす.

ge'schwie·gen [gə'ʃviːɡən] schweigen の過去分詞.

ge'schwind [gə'ʃvɪnt] 形《地方》速い, すばやい. eine ~e Zunge haben 舌がよくまわる. ~en Schrittes gehen 足早に歩く. Mach ~ ! 早くしろ.

Ge'schwin·dig·keit [gə'ʃvɪndɪçkaɪt] ゲシュヴィンディヒカイト 女 -/-en 速さ, 速度, スピード; 迅速, 敏捷. die ~ erhöhen〈steigern〉 速度を上げる. die ~ herabsetzen〈verringern〉 速度を落す. in aller ~ 大急ぎで. mit einer ~ von 60 Kilometern in der Stunde〈von 60 [Stunden] Kilometern〉 時速60キロで. mit affenartiger ~《話》(猿のように)とてもすばやく. mit überhöhter ~ fahren 猛スピードで走る.

Ge'schwin·dig·keits·be·schrän·kung 女 -/-en《交通》速度制限.

Ge'schwin·dig·keits·kon·trol·le 女 -/-n《交通》スピード違反の取締り.

Ge'schwin·dig·keits·mes·ser 男 -s/- (Tachometer) 速度計(自動車・飛行機などの).

Ge'schwin·dig·keits·über·schrei·tung 女 -/-en《交通》スピード違反.

*__Ge'schwis·ter__ [gə'ʃvɪstər ゲシュヴィスター] 中 -s/- **1**《複数で》(男女を含めた)きょうだい, 兄弟姉妹. Ich habe [noch] drei Geschwister. 私にはきょうだいが3人いる. Wir sind vier Geschwister. 私たちは4人きょうだいだ. **2**《生物・統計》きょうだい(の内の1人).

Ge'schwis·ter·kind 中 -[e]s/-er《古》《地方》**1** きょうだいの子(甥または姪). **2** いとこ(従兄弟または従姉妹).

ge'schwis·ter·lich 形《比較変化なし》きょうだい(特有)の; きょうだいのような.

Ge'schwis·ter·lie·be 女 -/ きょうだい間の愛情.

Ge'schwis·ter·paar 中 -[e]s/-e 兄と妹; 姉と弟.

ge'schwol·len [gə'ʃvɔlən] 過分形 (↑ schwellen) **1** 腫(は)れた, 膨らんだ. **2**《侮》(話し方などが)尊大な, もったいぶった.

ge'schwom·men [gə'ʃvɔmən] schwimmen の過去分詞.

ge'schwo·ren [gə'ʃvoːrən] 過分形 (↑ schwören)《付加語的用法のみ》絶対的な, 相容れない. ein ~er Anhänger〈Feind〉 絶大な信奉者〈不倶戴天の敵〉. Er ist ein ~er Feind des Alkohols. 彼はアルコールを目の仇(ˢ)にしている. ◆ Feind

Ge'schwo·re·ne 男女 -n/-n《形容詞変化》陪審員.

Ge'schwo·re·nen·bank 女 -/-e **1**《複数なし》陪審員団. **2** 陪審員席.

Ge'schwo·re·nen·ge·richt 中 -[e]s/-e《法制》陪審裁判(所).

Ge'schwulst [gə'ʃvʊlst] 女 -/-e (↓ schwellen) はれもの, おでき. **2**《医学》腫瘍(ˢ). bösartige〈gutartige〉 ~ 悪性〈良性〉腫瘍.

ge'schwun·den [gə'ʃvʊndən] schwinden の過去分詞.

ge'schwun·gen [gə'ʃvʊŋən] 過分形 (↑ schwingen) 弧を描いた, 反(ˢ)った. eine ~e Brücke 反り橋.

Ge'schwür [gə'ʃvyːr] 中 -[e]s/-e (↓ schwären)《病理》潰瘍(ˢ), 膿(ˢ)瘍.

ge'schwü·rig [gə'ʃvyːrɪç] 形 潰瘍(ˢ)性の, 潰瘍のできた.

'Ges-Dur ['ɡɛsduːr, '-'-] 中 -/《記号 Ges》《音楽》変ト長調.

ge'seg·net [gə'zeːɡnət] 過分形 祝福された, 恵まれた. mit et³ ~ sein 物³に恵まれている. mit Talenten〈Kindern〉 ~ sein 才能〈子供〉に恵まれている. im ~en Alter von 90 Jahren 90歳の高齢で. einen ~en Appetit〈Schlaf〉 haben 食欲旺盛である〈ぐっすり眠る〉. ~en Leibes〈in ~en Umständen〉 sein《古》妊娠している. Gesegnete Mahlzeit!〈食前の挨拶〉どうぞ召しあがれ, いただきます.

ge'se·hen [gə'zeːən] 過分形 (↑ sehen) gern ~ sein 好まれて〈望まれて〉いる. Er ist überall gern ~. 彼はどこへ行っても好かれる. ein gern ~er Gast 歓迎される客.

Ge'sei·er [gə'zaɪər], **Ge'sei·re** [..rə] 中 -s/《jidd.》《話》嘆き, 愚痴, くだらないおしゃべり.

Ge'selch·te [gə'zɛlçtə] 中《形容詞変化/複数なし》《南ドイツ・オーストリア》燻製(ˢ)の肉.

Ge'sell [gə'zɛl] 男 -en/-en《雅》= Geselle

Ge'sel·le [gə'zɛlə] 男 -n/-n 職人(徒弟としての教育を終え, 試験に合格してのち得られる資格. ↑ Lehrling). als ~ bei einer Firma arbeiten ある会社で職人の資格をもつ者として働く.

ge'sel·len [gə'zɛlən] 再《sich》**1** [zu] j³ 人³の仲間に加わる. Auf dem Heimweg gesellte ich mich zu ihr. 帰り道で私は彼女と道連れになった. Gleich und Gleich gesellt sich gern.《諺》類は友を呼ぶ. **2**《物が主語》([zu] et³ 事³に)付加わる.

Ge'sel·len·brief 男 -[e]s/-e 職人資格試験合格証.

Ge'sel·len·stück 中 -[e]s/-e (徒弟としての見習期間にある者が)職人資格試験合格のために提出する作品.

*__ge'sel·lig__ [gə'zɛlɪç ゲゼリヒ] 形 **1** 社交的な, 人づきあいのよい. Er ist sehr ~. 彼は非常に社交的である. **2** (会合などが)うちとけた, なごやかな. ein ~es Beisammensein 気楽な集まり. **3**《生物》群居性の.

Ge'sel·lig·keit 女 -/-en **1**《複数なし》社交好き, つきあい上手. **2**《複数なし》人づきあい, 交際. die ~ lieben 社交好きである. **3** 社交的な(気楽な)集まり. j⁴ zu einer kleinen ~ einladen 人⁴を内輪の集まりに招待する.

Ge'sell·schaft [gə'zɛlʃaft ゲゼルシャフト] 女 -/-en **1** 社会;《社会学》(↔ Gemeinschaft) 利益社会(組合・会社など利益で結ばれた社会. F. Tönnies の用語). die bürgerliche〈japanische〉 ~ 市民社会〈日本の社会〉. die Struktur der Gegenwarts*gesellschaften* 現代社会の構造. **2**（共通の

目的を持つ者が集まった)団体, 協会, 会社, 組合. eine literarische〈wissenschaftliche〉 ～ 文芸協会〈学術団体〉. die ～ Jesu《ᴷᵃᵗʰ》(Jesuitenorden)イエズス会. Handels*gesellschaft* 商事会社. ～ mit beschränkter Haftung 《略 GmbH》 有限会社. einer ～ beitreten / in eine ～ eintreten 入会する. eine ～ gründen 協会(会社)を設立する. **3** 社交界, 上流社会. j⁴ in die ～ einführen 人⁴を社交界に仲間入りさせる. zur ～ gehören 上流社会の一員である. **4** (社交的な)集まり, 会合, パーティー(パーティーなどに)居合わす人々, 一同. eine geschlossene ～ 接待客(会員)だけの集まり(↑geschlossen). eine ～ geben 会(パーティー)を開く, 客を招く. viel zu ～ gehen しょっちゅうパーティー(会合)へ出かける. Er hat die ganze ～ unterhalten. 彼は居合せた人々みんなを楽しませた. **5** つきあい, 交際, 同伴; (つきあう)仲間, 連れ. Das ist keine ～ für dich. あれは君のつきあう相手じゃないよ. Ich mag seine ～ nicht. 私は彼と一緒にいたく(つきあいたく)ない. Hier bringe ich dir deine Puppe, da hast du ～! ここにおまえのお人形を持ってきてあげたから, もうさびしくないよ(もうお仲間がいるよ). j³ ～ leisten 人³の(話し)相手をする. j² ～ suchen〈meiden〉人²とのつきあいを求める〈避ける〉. in schlechte ～ geraten 悪い仲間に入る. in schlechter ～ verkehren 悪い仲間とつきあっている. sich⁴ in guter ～ befinden 〈戯〉いい連れがいる; 偉い人がしたのと同じ間違いをする. zur ～ ein Bier [mit] trinken つきあいでビールを一杯飲む.

Ge'sell·schaf·ter [..ʃaftər] 男 -s/- **1** 話相手, 連れ. Er ist ein guter〈schlechter〉～. 彼はよもてなすのが上手な〈へただ〉. **2** 〚経済〛(合名・合資会社の)社員, 組合員. **3** 〈婉曲〉男娼, コールボーイ.

Ge'sell·schaf·te·rin [..tərɪn] 女 -/-nen **1** 〚経済〛(合名・合資会社の)女性社員, 組合員. **2** 〈婉曲〉娼婦, コールガール. **3** 〈古〉(Gesellschaftsdame) (貴婦人の旅の道連れや話し相手を務めるお供の女性).

ge'sell·schaft·lich [gə'zɛlʃaftlɪç ゼゼルシャフトリヒ] 形《比較変化なし》**1** 社会の, 社会的な. seine ～e Stellung 彼の社会的地位. sich⁴ ～ betätigen 社会活動をする. **2** 社交上の, 社交界の. ～e Verpflichtungen 社交上の義務(招待・訪問など). sich⁴ ～ unmöglich machen 社交界に顔を出せなくなる. **3** 共同の. ～es Eigentum an Produktionsmitteln 生産手段に対する共同所有権.

Ge'sell·schafts·abend 男 -s/-e 夜会.
Ge'sell·schafts·an·zug 男 -[e]s/⸚e (男子の)夜会服, 燕尾服.
ge'sell·schafts·fä·hig 形《副詞的には用いない》上流社会に受入れられた, 社交界に出入りできる.
Ge'sell·schafts·kri·tik 女 -/ 社会批判.
ge'sell·schafts·kri·tisch 形 社会に対して批判的な.
Ge'sell·schafts·leh·re 女 -/ (学校の教科としての)社会科; 社会学.
Ge'sell·schafts·ord·nung 女 -/-en 社会秩序, 社会体制.
Ge'sell·schafts·rei·se 女 -/-n 団体旅行.
Ge'sell·schafts·schicht 女 -/-en 〚社会学〛社会階層.
Ge'sell·schafts·spiel 中 -[e]s/-e 数人で遊ぶゲーム(罰ゲーム・クイズなど).
Ge'sell·schafts·tanz 男 -es/⸚e 社交ダンス.
Ge'sell·schafts·wis·sen·schaft 女 -/-en (複数で)社会科学.

Ge'senk [gə'zɛŋk] 中 -[e]s/-e (↓senken) **1** 〚工学〛(鍛造(ᵗᵃⁿ)用の)打ち型(ᵏᵃᵗᵃ), 鍛造型. **2** 〚鉱業〛めくら立坑. **3** 〚水産〛(魚網を沈ませるための)重り.

ge'ses·sen [gə'zɛsən] sitzen の過去分詞.

Ge'setz [gə'zɛts ゲゼッ] 中 -es/-e **1** 法律, 法規, 法令; 掟(ᵒᵏᶦᵗᵉ); (宗教の)律法, 戒律. die ～e über Ehescheidung 離婚に関する法律. die geltenden ～e 現行法(規). das ～ des Dschungels〈比喩〉無法(状態). das ～ Mose モーゼの律法. Ein ～ tritt in Kraft. 法律が施行される. Ein ～ wird außer Kraft gesetzt. 法律が廃止される. das Auge des ～es〈戯〉法の目, 警察(官). auf dem Boden des ～es stehen 法に基づいている. durch die Maschen des ～es schlüpfen 法の網の目をくぐる. im Namen des ～es 法の名において. ein ～ anwenden〈erlassen/aufheben〉法律を適用〈公布/廃止〉する. die ～e befolgen〈einhalten〉法律に従う. die ～e brechen〈verletzen〉法律に違反する.《前置詞と》sich⁴ **an** das ～ halten 法を守る. sich⁴ **auf** das ～ berufen 法に訴える. **gegen** das ～ verstoßen / sich⁴ gegen das ～ vergehen 法を犯す. Das ist gegen alles Recht und ～. それはまったく不法だ. eine Lücke **im** ～ finden 法の隙につけ入る. im ～ nachschlagen 法典で調べる, 法律にあたる. **kraft** ～es この法に基づいて. **mit** dem ～ in Konflikt geraten〈kommen〉法に触れる. **2** 法則, 原理. die ～e der Natur 自然の法則. die mendelschen ～e メンデルの法則. das ～ der Serie 繰返しの法則. **3** 原則, 規則, 規範. ein ungeschriebenes ～ 不文律. das ～ des Handelns 行動の規範. sich³ et⁴ zum ～ machen 事⁴を肝に命じる. Es ist ein ehernes ～ in unserer Familie, dass… ということが私たちの家族内の鉄則だ.

Ge'setz·blatt 中 -[e]s/⸚er《略 Gbl.》〚法制〛法律を公布する官報.
Ge'setz·buch 中 -[e]s/⸚er 〚法制〛法典. das bürgerliche ～《略 BGB》民法典.
Ge'setz·ent·wurf 男 -[e]s/⸚e 〚法制〛法案.
Ge'set·zes·bre·cher 男 -s/- 法律違反者.
Ge'set·zes·hü·ter 男 -s/- 〈戯〉法の番人(警官のこと).
Ge'set·zes·kraft 女 -/ 〚法制〛法的効力.
ge'set·zes·kun·dig 形 法律に通じた(明るい).
ge'setz·ge·bend [gə'zɛtsge:bənt] 形《付加語的用法のみ》立法の. ～e Gewalt 立法権; 立法府.
Ge'setz·ge·ber 男 -s/- 立法者; 立法機関.
Ge'setz·ge·bung 女 -/-en 〚法制〛立法.
ge'setz·kun·dig 形 =gesetzeskundig
ge'setz·lich [gə'zɛtslɪç] 形 法的な, 法定の, 法律上の, 合法的な. der ～e Erbe〈Vertreter〉法定相続人〈代理人〉. ～ geschützt〈著作権および商標等の使用権が〉法律で保護された. zu et³ ～ verpflichtet sein 事³を法律で義務づけられている. auf ～em Wege 合法的な手段で.
Ge'setz·lich·keit 女 -/ 適法性, 合法性.
ge'setz·los 形 無法の, 不法な; 無法則(原則)の. ein ～es Leben 無軌道な生活.
ge'setz·mä·ßig 形 **1**〚法制〛法定の, 合法的な. **2** 法則にかなった; 規則的な, 規則正しい.
Ge'setz·mä·ßig·keit 女 -/ **1** 合法性. **2** 法則性; 規則性.

ge'setzt [gəˈzɛtst] 過分 形 落着いた, 分別のある, 冷静沈着な. im ~en Alter sein 分別ざかりの年齢である.

ge'setz·ten·falls [gəˈzɛtstən'fals] 副 (**gesetztenfalls, dass**... の形で)...と仮定すると.

ge'setzt·heit 女 -/ 落着き, 分別, 冷静沈着.

ge'setz·wid·rig 形 (ungesetzlich) 違法な, 法律に違反した, 不当な. ~e Handlungen 違法行為.

Ge'seuf·ze [gəˈzɔvftsə] 中 -s/ 溜息ばかりついていること.

Ge'sicht¹

[gəˈzɪçt] ゲズィヒト 中 -[e]s/-er 1 顔, 顔だち. ein ebenmäßiges⟨ein scharf geschnittenes⟩ ~ 均整のとれた⟨彫りの深い⟩顔だち. ein blasses⟨rotes⟩ ~ haben 青ざめた⟨赤い⟩顔をしている. das ~ abwenden 顔をそむける. das ~ verziehen ⟨verzerren⟩ 顔をゆがめる; 泣出しそうになる. Er ist seiner Mutter wie aus dem ~ geschnitten. 彼はお母さんにそっくりだ. Es waren lauter fremde⟨unbekannte⟩ ~er. 《比喩》見知らぬ顔ぶればかりであった. 《前置詞と》j³ **ins** ~ lachen 人³をあざ笑う. j³ ins ~ lügen 人³に臆面もなく嘘をつく. j³ et⁴ ins ~ sagen 人³に事⁴を面と向かって(ずけずけと)言う. j⁴ ins ~ schlagen 人⁴の顔面を殴りつける. et³ ins ~ sehen 事³(新たな情況・危険など)に真っ向から取組む. j³ nicht ins ~ sehen⟨blicken⟩ können (後ろめたい気持があって)人³の顔を直視できない. j⁴ ins ~ springen《話》腹を立てて人⁴につかみかからんばかりである. Das Blut stieg ihr ins ~. 彼女は顔に血がのぼって赤くなった(恥ずかしさや怒りのために). Er strahlte⟨lachte⟩ **über** das ganze ~. 彼は顔じゅうに喜びがあふれていた⟨顔をすっかりほころばせて笑った⟩. j³ et⁴ **vom** ~ ablesen 人³の顔から事⁴を読取る. Man kann es ihm vom ~ ablesen, dass er lügt. 彼が嘘をついていることはその顔から読取ることができる. j³ **zu** ~ stehen 人³に似合う. Der Hut steht ihr gut zu ~. その帽子は彼女によく似合う.
2 表情, 顔つき. ein freundliches⟨trauriges/erstauntes⟩ ~ machen⟨aufsetzen⟩ 愛想のよい⟨悲しげな/びっくりした⟩顔をする. ein ~ machen wie drei Tage Regenwetter《話》そんな間抜けづら⟨こわい顔⟩をするな. ein ~ machen⟨schneiden/ziehen⟩しかめっつら⟨いやな顔⟩をする. ein schiefes ~ machen⟨ziehen⟩ふくれっつら⟨いやな顔⟩をする. ein ~ wie drei⟨sieben/acht/vierzehn⟩ Tage Regenwetter machen 苦虫をかみつぶしたような顔をしている(何日間も雨降り続きの天候の時のような). Die Lüge stand ihm im ~ geschrieben. それが嘘であることは彼の顔に書かれていた.
3《比喩》(特色を表す)外観, 外見, 様子, 様相; 体面, 面目. ein anderes⟨neues⟩ ~ bekommen 新しい様相を呈する. et³ ein anderes ~ geben 事³に新しい外観を与える. Jetzt bekommt die Sache ein ~. いまや事の件も目鼻がついてきた. Ein paar Blumen geben dem Raum ein ganz anderes ~. 数本の花があることでこの部屋の様子は全く違ったものになっている. sein wahres ~ zeigen 素顔を見せる. das ~ verlieren 面目を失う, 体裁をなくす. das ~ wahren⟨retten⟩ 面目を保つ, 体裁をつくろう.
4《複数なし》《雅》視力, 視覚, 視界. Sein ~ lässt nach. 視力が落ちる. das Zweite ~ 予知能力, 千里眼. j⟨et⟩⁴ aus dem ~ verlieren 人⟨物⟩⁴を見失う, 見かけない. j⟨et⟩⁴ zu ~ bekommen 人⟨物⟩⁴を目にする, 見かける. j³ zu ~ kommen 人³の目にとまる.

5《話》《比喩》(物の)上側, 表側, 前面. das Buch aufs ~ legen 本を伏せて置く.

Ge'sicht² 中 -[e]s/-e (Vision) 幻, 幻影. ~ haben 幻影を見る.

Ge'sichts·aus·druck 男 -[e]s/ⁱ-e 顔の表情, 面持(おもも)ち.

Ge'sichts·far·be 女 -/ (Teint) (顔の)色つや.

Ge'sichts·feld 中 -[e]s/-er 視野, 視界.

Ge'sichts·kreis 男 -es/-e **1**《古》(Horizont) 地平線; 視野, 視界. **2** (精神的な)視野. ~ durch Reisen erweitern 旅行をして視野を広げる. einen großen⟨weiten⟩ ~ haben 大きな⟨広い⟩視野を持っている.

Ge'sichts·mas·ke 女 -/-n **1** (Larve) 仮面;(ゴールキーパーが着ける)フェースマスク. **2** (美容のための)顔パック.

Ge'sichts·mas·sa·ge 女 -/-n 美顔マッサージ.

Ge'sichts·punkt 男 -[e]s/-e **1** 視点, 観点, 見地; 意見, 考え. von diesem ~ aus betrachtet この観点から考えると. Das ist ein ~. それはもっともな意見だ(一つの考え方だ). **2**《複数で》《戯》そばかす.

Ge'sichts·sinn 男 -[e]s/ 視覚.

Ge'sichts·täu·schung 女 -/-en《多く複数で》目の錯覚, 錯視.

Ge'sichts·was·ser 中 -s/- (⁻) 化粧水, ローション.

Ge'sichts·win·kel 男 -s/- **1** (物理) 視角. **2** 視点, 観点. unter diesem ~ betrachtet この観点からすれば.

Ge'sichts·zug 男 -[e]s/ⁱ-e《多く複数で》顔立ち, 容貌; 顔つき, 表情.

Ge'sims [gəˈzɪms] 中 -es/-e (↓Sims) **1**《建築》蛇腹(家の壁面を取巻く突出した帯状の部分. 装飾と保護を兼ねる); コルニス, 軒蛇腹. **2**(登山で)庇(ひさし)のように突出した岩, 岩棚.

Ge'sin·de [gəˈzɪndə] 中 -s/-《古》(農家の)下男下女, 使用人.

Ge'sin·del [gəˈzɪndəl] 中 -s/ (Gesinde の縮小形)《侮》ごろつき, ならず者たち.

ge'sinnt [gəˈzɪnt] 形 (↑Sinn)《副詞的には用いない》...の信念(気持ち, 考え)を持った. j³ freundlich⟨übel⟩ ~ sein 人³に好意⟨悪意⟩をいだいている. Ich bin anders ~ als du. ぼくは君とは考え方が違うよ.

*Ge'sin·nung** [gəˈzɪnʊŋ] 女 -/-en 心の持ち方, 根性, 気質, 心根, 心性; ものの考え方, 信念, 主義. eine knechtische⟨politische⟩ ~ 奴隷根性⟨政治に関する主義⟩. eine ehrliche⟨gemeine⟩ ~ haben 気質がまじめである⟨いやしい⟩. eine freundliche ~ für⟨gegen⟩ j⁴ haben 人⁴に好意を持っている. seine wahre ~ zeigen 本心(ほんとうの心根)を見せる. seine ~ wechseln 信念を変える, 変節する. an seiner ~ festhalten 節操を守る, 信念を貫き通す.

Ge'sin·nungs·ge·nos·se 男 -n/-n 同じ考え方(主義)の人, 同志(とくに政治上の).

ge'sin·nungs·los 形 無節操な.

Ge'sin·nungs·lump 男 -en/-en《侮》無節操な人, 日和見(ひより)主義者.

Ge'sin·nungs·tä·ter 男 -s/-《法制》(Überzeugungstäter) 確信犯人.

ge'sin·nungs·treu 形 節操のある, 誠実な.

Ge'sin·nungs·wech·sel 男 -s/- 変節; (政治的な)転向.

ge'sit·tet [gəˈzɪtət] 形 **1** (sittsam) 行儀のいい, 礼

儀正しい． **2** 文明の進んだ．

Ge'sit·tung [gəˈzɪtʊŋ] 囡 -/《雅》**1** 礼儀作法． **2**《古》文明．

ges-Moll [ˈgɛsmɔl, '-'-] 匣 -/《記号 ges》〖音楽〗変ト短調．

Ge'socks [gəˈzɔks] 匣 -/《侮》(Gesindel) ごろつき，ならず者たち．

Ge'söff [gəˈzœf] 匣 -[e]s/-e《複数まれ》(↑Soff)《侮》飲み物（とくに安物の混合酒など）；ひどい(まずい)飲み物．

ge'sof·fen [gəˈzɔfən] saufen の過去分詞．

ge'so·gen [gəˈzoːgən] saugen の過去分詞．

ge'son·nen [gəˈzɔnən] 過分 形（↑sinnen）**1**《zu 不定詞句に》~ sein，…zu tun …をするつもりである． Ich bin nicht ~，meinen Plan aufzugeben． 私は計画をあきらめるつもりはない． **2**（gesinnt の誤用）…の気持を持った． Er ist uns gut ~． 彼は我々に好意的だ．

ge'sot·ten [gəˈzɔtən] sieden の過去分詞．

Go'sot·te·ne 匣《形容詞変化》《地方》煮込肉． ~s und Gebratenes 煮込肉とステーキ．

ge'spal·ten [gəˈʃpaltən] spalten の過去分詞．

Ge'spann [gəˈʃpan] 匣 -[e]s/-e (↓ spannen) **1** 力として車につながれた家畜． ein ~ Pferde 車につながれた馬． Das Vieh vom ~ erlösen 家畜を軛から解く． Ochsen*gespann* 牛車． **3**《比喩》コンビ (2 人組)． Die beiden bilden ein gutes ~． あの 2 人はいいコンビだ．

*****Ge'spannt** [gəˈʃpant] ゲシュパント] **1** 期待（好奇心）に満ちた，興味しんしんの． auf et⟨j⟩⁴ ~ sein 事⟨人⟩⁴にとても興味がある，(を)心待ちにしている． Ich bin ~ auf deinen Freund． あなたの彼氏がどんな人か見たくてたまらない． Ich bin ~，ob ……どうか知りたくてたまらない． mit ~er Aufmerksamkeit 固唾 (かたず) をのんで，一心に． ~ auf et⁴ blicken 固唾をのんで物⁴を見つめる． **2** 緊迫(緊張)した；険悪な． Die Lage ist ~． 情勢は緊迫している． ~e Beziehungen 緊張関係． mit j³ auf ~em Fuß stehen 人⁴と折り合いが悪い．

Ge'spannt·heit 囡 -/ 期待(感)，好奇心；緊張，緊迫，険悪さ．

*****Ge'spenst** [gəˈʃpɛnst ゲシュペンスト] 匣 -[e]s/-er **1** (Geist) 幽霊，亡霊，お化け，幻 (まぼろし)． wie ein ~ aussehen 化け物のように見える(やせこけて青ざめた顔をしている)． Dort gehen ~er um． あそこは幽霊が出る． die Stunde der ~er 丑(?)三つ時(民間伝承で幽霊が出るという午前 0 時から 1 時までの時間)． **2**《比喩》しのびよる影(不安)，迫りくる危険． das ~ eines Atomkrieges⟨der Arbeitslosigkeit⟩ 核戦争⟨失業⟩の不安(恐れ)． Du siehst ~er! 君は要らぬ心配をしているんだよ，とりこし苦労だよ．

Ge'spens·ter·ge·schich·te 囡 -/-n 怪談．

ge'spens·ter·haft 形 **1** 幽霊のような． **2**《比喩》無気味な，ぞっとするような．

ge'spens·tern [gəˈʃpɛnstərn] 自 幽霊になって現れる(出没する)；幽霊めいた(幽霊まがいの)振舞(ふるまい)をする．

Ge'spens·ter·stun·de 囡 -/-n (Geisterstunde) 丑(?)三つ時(民間伝承で幽霊が出るという 0 時から 1 時までの時間)．

ge'spens·tig [gəˈʃpɛnstɪç] 形 =gespenstisch

ge'spens·tisch [gəˈʃpɛnstɪʃ] 形 **1** 幽霊のような． **2**《比喩》無気味な，ぞっとするような．

Ge'sperr [gəˈʃpɛr] 匣 -[e]s/-e, **Ge'sper·re** [..rə] 匣 -s/- (↓ sperren) **1**〖工学〗制動(遮断)装置；爪(つめ)車，ラチェット． **2**〖猟師〗(雷鳥・きじ・山鶉などの)親鳥と雛．

ge'sperrt [gəˈʃpɛrt] 過分 形 **1** 閉鎖された，通行止の． Der Hafen⟨Der Weg⟩ ist ~． その港は閉鎖されている⟨その道は通行止である⟩． **2**〖印刷〗字間をあけた．

ge'spie·en [gəˈʃpiːən] speien の過去分詞．

Ge'spie·le [gəˈʃpiːlə] 匣 -n/-n **1**《雅》遊び友達，幼友達，幼なじみ． **2**(まれ)《反語》同志，心の友． **3**《古》愛人． ◆女性形 Gespielin 囡 -/-nen

ge'spien [gəˈʃpiːn] =gespieen

Ge'spinst [gəˈʃpɪnst] 匣 -[e]s/-e (↓ spinnen) 紡(つむ)いだ物，織物，網；〖紡織〗紡ぎ糸，紡績糸． das ~ der Seidenraupe かいこの織物(繭(まゆ)のこと)． ein ~ von Lügen《比喩》嘘で固めた話．

ge'splis·sen [gəˈʃplɪsən] spleißen の過去分詞．

ge'spon·nen [gəˈʃpɔnən] spinnen の過去分詞．

Ge'spons [gəˈʃpɔns] (*lat.*) **❶** 匣 -es/-e《古》〖戯〗花婿(むこ)；夫君． **❷** 囡 -es/-e《古》〖戯〗花嫁；奥方．

Ge'spött [gəˈʃpœt] 匣 -[e]s/ **1** 嘲り，嘲笑． **2** 嘲笑の的． j⁴ zum ~ machen 人⁴を笑い物にする． zum ~ werden 笑い物になる．

Ge'spräch

[gəˈʃprɛːç ゲシュプレーヒ] 匣 -[e]s/-e **1** 話合い，会話，対話；協議，会談． ein ~ unter vier Augen 2 人だけの話合い． ein ~ führen 話合いをする(mit j³ 人³と / über et⁴ 事⁴について)． das ~ auf et¹ bringen 事¹に話をもっていく． sich⁴ mit j³ auf ⟨in⟩ ein ~ einlassen / mit j³ ins ~ kommen 人³と話合いを始める． mit j³ im ~ bleiben 人³と協議(交渉)を続ける，接触を保つ． **2** (Telefongespräch) 通話． ein ~ nach Paris anmelden⟨vermitteln⟩ パリへの通話を申込む⟨電話をパリにつなぐ⟩． ein ~ mit London führen ロンドンと通話する． ein ~ annehmen 《話》電話口に出る． Legen Sie das ~ auf mein Zimmer! / Geben Sie mir das ~ in mein Zimmer! その電話を私の部屋に回して下さい． **3**《話》話題． im ~ sein 話題になって(論議されて)いる． Dieser Vorfall wurde bald zum ~ der ganzen Stadt. この事件はまもなく町じゅうの話題になった． **4**《地方》噂話．

ge'sprä·chig [gəˈʃprɛːçɪç] 形 話好きの，おしゃべりな． Er ist sehr⟨nicht sehr⟩ ~． 彼はとてもおしゃべりだ⟨そんなに口数が多くない⟩．

Ge'sprä·chig·keit 囡 -/ 話好き，おしゃべり．

Ge'sprächs·ge·gen·stand 男 -[e]s/-e 話題．

Ge'sprächs·part·ner 男 -s/- 話し相手；対談者．

Ge'sprächs·stoff 男 -[e]s/-e 話題，話の種． Uns geht der ~ nie aus． 私たちには話の種が尽きることは決してない．

ge'sprächs·wei·se 副 会話で；話の中で． et⁴ ~ erwähnen 話の中で事⁴に触れる．

ge'spreizt [gəˈʃpraɪts] 過分 形 (文体・言方・態度などが)気取った，不自然な，わざとらしい，大げさな．

Ge'spreizt·heit 囡 -/ わざとらしさ，不自然さ，仰々(ぎょうぎょう)しさ．

ge'spren·kelt [gəˈʃprɛŋkəlt] 過分 形 斑点のある，まだら模様の．

Ge'spritz·te 匣《形容詞変化》《南ドイツ・オーストリア》炭酸で割ったワイン．

ge'spro·chen [gəˈʃprɔxən] sprechen の過去分詞．

ge'spros·sen [gəˈʃprɔsən] sprießen の過去分詞．

ge'sprun·gen [gəˈʃprʊŋən] springen の過去分詞．

Ge'spür [gəˈʃpyːr] 匣 -s/ (↑Spur) 察知する能力，

勘. ein feines ～ für et⁴ haben 事⁴に対してよく勘がはたらく.

Gest [gɛst] 男 -[e]s/(医 -/) (北ドイツ) (Hefe) 酵母, イースト.

gest. 《略》=gestorben 死去した, 没年. Gerd Heym ～ 17. Juni 1918 ゲルト・ハイム 1918年6月17日死亡. ◆記号では↑17. 6. 1918と書く.

Ge'sta·de [gəˈʃtaːdə] 中 -s/- 《雅》 (Ufer) 岸辺.

*__Ge'stalt__ [gəˈʃtalt ゲシュタルト] 女 -/-en **1** 《複数まれ》 体格, 体つき. eine zierliche〈untersetzte〉 ～ haben きゃしゃな〈ずんぐりした〉体つきをしている. ein Mann von kräftiger ～ がっしりした体格の男. j⁴ an *seiner* ～ erkennen 体つきで人⁴だと分かる. **2** (a) (ぼんやりした)人影, (得体の知れない)人物. eine dunkle 〈verdächtige〉 ～ ぼんやりした人影〈怪しげな人物〉. zwielichtige ～*en* 得体の知れない連中. (b) (歴史上あるいは作品中の)人物(像). die großen ～*en* der Geschichte 歴史上の偉大な人物たち. die ～*en* des Dramas ハムレットの登場人物. die ～ des Hamlet ハムレットの人物像. **3** 《複数まれ》 形, 姿, 輪郭. ～ annehmen〈gewinnen〉 形ができる, 具体的になる. Der Plan nimmt allmählich ～ an. その計画はだんだん具体的になる. eine andere ～ annehmen 姿を変える, 化ける. et³ ～ geben〈verleihen〉 事³に形を与える, (を)具体化する. einem Gedanken ～ geben ある考えを言葉で表す. sich⁴ in *seiner* wahren ～ zeigen 正体を現す, 仮面をぬぐ. der Teufel in ～ einer Schlange 蛇の姿をした(に化けた)悪魔. das Abendmahl in beiderlei ～《ヵトリック教》 両形色(パンとぶどう酒)の聖体拝領. in ～《書》 ～³の形の(で). Lohn in ～ von Naturalien 現物支給による報酬.

*__ge'stal·ten__ [gəˈʃtaltən ゲシュタルテン] ❶ 他 **1** (一定の形)形づくる, 創造(制作)する. einen Stoff literarisch ～ ある素材を文学作品に仕立てる. das Bühnenbild ～ 舞台装置を組む. et⁴ aus et³ ～ 物で物⁴をつくり上げる, 造形する. Figuren aus Ton ～ 粘土で像を造る. et⁴ zu et³ ～ 物⁴を物³の形にする, 仕立てる. eine geschichtliche Begebenheit zu einem Drama ～ 歴史的事件をドラマに仕立てる. **2** 構成〈企画, 編成, 設計〉する; (パーティーなどを)催す. die Freizeit〈das Programm〉 ～ 余暇の使い方を考える〈プログラムを編成する〉. Die Schüler haben das Faschingsfest *gestaltet*. 生徒たちがカーニバルのパーティーを(自分たちで計画して)開いた.
❷ 他 (sich⁴) (ある状態・形勢)になる, 展開する; (イメージなどが)形成される. sich günstig ～ 形勢が有利になる. Wie wird *sich* die Zukunft ～? 未来はどうなるのだろうか. *sich* zu et³ ～ 事⁴(一定の状態など)になる.

Ge'stal·ter [gəˈʃtaltər] 男 -s/- 制作者; (催しなどの)企画者, 設計者. der ～ eines Films 映画の制作者. Raum*gestalter* 室内設計者, インテリアデザイナー. ◆女性形 **Gestalterin** 女 -/-nen

ge'stal·te·risch [gəˈʃtaltərɪʃ] 形 《述語的には用いない》 (schöpferisch) 創造的な, 造形的な; 構成〈企画, 編成, 設計〉の. die ～*e* Leitung einer Veranstaltung ある催しの企画部門.

..ge'stal·tig [..gəˈʃtaltɪç] 《接尾》(↓ Gestalt) 数詞・形容詞につけて「…の形態の」の意の形容詞をつくる. zwei*gestaltig* 2つの形態の. viel*gestaltig* 多様な形態の.

ge'stalt·los 形 形のない, 形の一定しない, 無定型の.

Ge'stalt·psy·cho·lo·gie 女 -/ ゲシュタルト(形態)心理学(20世紀初頭ドイツに興った心理学の一学派).

Ge'stal·tung [gəˈʃtaltʊŋ] 女 -/-en **1** 造形, 制作. Bühnen*gestaltung* 舞台造り. die ～ einer Gartenanlage 造園. **2** 《複数なし》 構成〈企画, 編成, 設計〉をすること. die ～ der Ferien〈einer Rolle〉 休暇のプラン〈舞台の役作り〉. Raum*gestaltung* 室内設計, インテリアデザイン. **3** 《まれ》 造形作品.

Ge'stam·mel [gəˈʃtaməl] 中 -s/ しきりにどもること, どもりながら話すこと.

ge'stand [gəˈʃtant] gestehen の過去.

Ge'stän·de [gəˈʃtɛndə] 中 -s/- (↑Stand) 《狩猟》 (鷹・鷲などの)巣.

ge'stan·den¹ [gəˈʃtandən] 過分 形 (↑stehen) 《修飾的用法のみ》 (ある分野に関して)信頼できる, 経験豊かな. ein ～*er* Parlamentarier ベテラン(国会)議員. **2** (とくにバイェルン・オーストリア) (男性が)人生経験豊かな. **3** ～*e* Milch 《地方》 凝乳, ヨーグルト.

ge'stan·den² gestehen の過去分詞.

ge'stän·dig [gəˈʃtɛndɪç] 形 (↓gestehen) 《副詞的には用いない》 自白した. Der Angeklagte ist ～. その被告人は自分の罪を認めている.

*__Ge'ständ·nis__ [gəˈʃtɛntnɪs ゲシュテントニス] 中 -ses, -se 自白, 自供; 告白. ein ～ ablegen 自白〈自供〉する. ich muss dir ein ～ machen. ねえ, ぼくは君に白状しなければならないことがあるんだ. das ～ *seine*r Liebe 愛の告白.

Ge'stän·ge [gəˈʃtɛŋə] 中 -s/- (↓ Stange) **1** (足場の)支柱, (ベッドなどの土台の)フレーム. **2** 《工学》連動装置.

Ge'stank [gəˈʃtaŋk] 男 -[e]s/ (↓ stinken) 悪臭, いやな臭い.

Ge'sta·po [gəˈʃtaːpo] 女 -/ 《歴史》 ゲシュタポ(ナチスの秘密国家警察 Geheime Staatspolizei の略).

ge'stat·ten [gəˈʃtatən] ❶ 他 (人³に事⁴を)許す, 許可する. *Gestatten* Sie mir eine Frage? お尋ねしてもよろしいですか. j³ ～, …zu tun …をすることを人³に許可する. Es ist *gestattet*, …zu tun. …をすることは許可されている. *Gestatten* Sie, dass ich rauche? たばこを吸ってもよろしいでしょうか. *Gestatten* Sie? ちょっと失礼します(人の前を通る時・物を取らせてもらったり見せてもらう時などに). Wenn die Umstände 〈Verhältnisse〉 es *gestatten*, werde ich an der Sitzung teilnehmen. 都合がつけば〈事情が許せば〉会議に出るつもりです.
❷ 他 (sich³) (事⁴を)あえてする. Ich werde mir ～, morgen einmal anzurufen. あす1度電話させていただきます. Eine Zigarette〈Ein Glas Wein〉 *gestatte* ich mir noch. たばこをもう1服吸わせて〈ワインをもう1杯飲ませて〉いただきます.

*'__Ges·te__ [ˈgɛstə, ˈgeːstə ゲステ] 女 -/-n (*lat.*) 身ぶり, 手ぶり, しぐさ; 儀礼的な行為, ジェスチャー. mit lebhaften ～*n* sprechen 鮮やかな身ぶり手ぶりをまじえて話す. eine abwehrende ～ machen 拒絶のしぐさをする. Das Angebot war nur eine ～. その申出は儀礼的にされたものにすぎなかった.

Ge'steck [gəˈʃtɛk] 中 -[e]s/-e (↓ stecken) **1** (容器に入った)生け花, 盛り花. **2** 《バイェルン・オーストリア》 (帽子に挿す)羽根飾り.

__ge'ste·hen__ [gəˈʃteːən ゲシュテーエン] gestand, gestanden 他 (人³に事⁴を)告白する, 打明ける; 自白〈自供〉する. j³ *seine* Liebe ～ 人³に愛を打明ける. die Wahrheit ～ 真実を告白する. den Mord〈das Verbrechen〉 ～ 殺人〈犯行〉を自供する. Ich muss ～, dass ich es vergessen habe. 実を言うとそれを忘れて

しまいました.《目的語なして》Der Verbrecher hat *gestanden*. 犯人は自白した.《過去分詞で》Offen *gestanden*, das Buch gefällt mir nicht. はっきり言ってその本は面白くないと思います.

Ge·ste·hungs·kos·ten 圈《経済》製作費, 原価.

Ge'stein [gəˈʃtaɪn] 匣 –[e]s/-e《地質・鉱物》岩石; 岩, 岩塊, 岩塩. sedimentäres ～ 堆積岩.

Ge'steins·kun·de 囡 -/ 岩石学.

Ge'stell [gəˈʃtɛl] 匣 –[e]s/-e 1 台, 棚; (機械・装置などの)土台, 枠組; (ベッドなどの)骨組; (車・自転車などの)車台; (眼鏡などの)フレーム. 2《冶金》(溶鉱炉の)炉床. 3《猟師》柵道. 4《戯》(a) (ある特徴的な体つきの)人. ein dürres ～ やせこけた人. (b) (人の)脚(2). Zieh dein ～ ein! 脚をひっこめろ.

ge'stellt [gəˈʃtɛlt] 過去分 形 1 わざとらしい, 作られた. Die Aufnahme〈Das Bild〉wirkt sehr ～. その写真はとてもわざとらしい感じがする. 2《次の用法で》gut〈schlecht〉 ～ sein 経済状態(稼ぎ)が良い〈悪い〉. auf sich⁴ [selbst] ～ sein 経済的に自立している(自分が頼りである).

Ge'stel·lung 囡 -/-en 1《鉄道》(車輛の)準備, 配車. 2《古》(兵役への)応召. 3 (税関への物品の)申告.

Ge'stel·lungs·be·fehl 圈 –[e]s/-e《古》召集令状.

ges·tern ['gɛstərn ゲスターン] 副 きのう, 昨日;《比喩》過去(に). ～ Morgen〈Abend〉きのうの朝〈昨晩〉. ～ um dieselbe Zeit きのうの同じ時間に. ～ vor acht Tagen〈vor einer Woche〉1週間前のきのう. seit ～ / von ～ ab〈an〉昨日から. Wir waren ～ zu Hause. 私たちはきのう家にいました. Die Zeitung〈Das Brot〉ist von ～. その新聞〈パン〉はきのうのだ. Der ist ja noch von ～. あいつはまだ何にも知らないんだから(まだほんのきのう生まれたばかりで世間知らずだ). die Welt von ～ 昨日(過去)の世界. die Mode von ～ 流行おくれ. Deine Ideen sind von ～.《話》君の考えは古臭いよ.

'Ges·tern 匣 -/ 昨日, 過去. Denke nicht mehr an das ～! きのうのこと(過去去ったこと)はもう考えるな. das ～ und das Heute 昔と今, 過去と現在.

ge'sternt [gəˈʃtɛrnt] 形《雅》=gestirnt

ge'stie·felt [gəˈʃtiːfəlt] 過去分 形 長靴をはいた. der *Gestiefelte* Kater 長靴をはいた雄猫(フランスのペローPerrault の童話の主人公). ～ und gesporrnt sein《比喩》出発の準備が整っている.

ge'stie·gen [gəˈʃtiːɡən] steigen の過去分詞.

ge'stielt [gəˈʃtiːlt] 形 葉柄のある, 柄のついた.

'Ges·tik ['gɛstɪk] 囡 -/ (↑Geste) 身ぶり, 手ぶり, しぐさ; ジェスチャー.

Ges·ti·ku·la·ti·on [gɛstikulatsi'oːn] 囡 -/ (lat.) 身ぶり, 手まね.

ges·ti·ku'lie·ren [gɛstikuˈliːrən] 自 (lat.) 身ぶりや手ぶりをする, (身ぶり手ぶりで)話で話をする.

Ge'stirn [gəˈʃtɪrn] 匣 –[e]s/-e《雅》天体, 星座, 星; (星占いで)星, 運命. Er ist unter einem glücklichen ～ geboren. 彼は幸運な星の下に生れていている.

ge'stirnt [gəˈʃtɪrnt] 形《副詞的には用いない》《雅》(空が)星でいっぱいの.

ge'sto·ben [gəˈʃtoːbən] stieben の過去分詞.

Ge'stö·ber [gəˈʃtøːbər] 匣 -s/-《俗》吹雪じまき.

ge'sto·chen [gəˈʃtɔxən] 過去分 形 (↑stechen) 正確な, 念入りな, きちょうめんな, きれいな. eine ～e Handschrift きちょうめんな筆跡. Die Kamera liefert ～ scharfe Bilder. このカメラで撮(⁴)るとひじょうに鮮明な写真ができる.

ge'stoh·len [gəˈʃtoːlən] stehlen の過去分詞.

ge'stor·ben [gəˈʃtɔrbən] sterben の過去分詞.

ge'stört [gəˈʃtøːrt] 過去分 形 邪魔(妨害)された; かき乱された; 故障した; 乱心した. eine ～e Leitung 故障回線. ein ～er Stoffwechsel 代謝障害. geistig ～ sein 精神障害がある.

ge'sto·ßen [gəˈʃtoːsən] stoßen の過去分詞.

Ge'stot·ter [gəˈʃtɔtər] 匣 -s/ (↓stottern)《侮》しきりにどもること; どもりながら話すこと.

Ge'stram·pel [gəˈʃtrampəl] 匣 -s/《話》手足をしきりにばたばた動かすこと(子供などが).

Ge'sträuch [gəˈʃtrɔyç] 匣 –[e]s/-e 1 藪(⁷), 茂み, 灌木林. 2 枝, 柴.

ge'streift [gəˈʃtraɪft] 過去分 形 縞(½)のある. 筋の入った, ストライプの. eine blauweiß ～e Bluse 青と白の縞模様のブラウス.

ge'streng [gəˈʃtrɛŋ] 形 1《古》(streng) 厳しい, 厳格な. *Gestrenger* Herr! 閣下(呼びかけの敬称として). 2 die drei *Gestrengen* Herren《地方》=die Eisheiligen (Eisheilige の 2▶参照)

ge'stri·chen [gəˈʃtrɪçən] 過去分 形 (↑streichen) 平らに均(²)らした. einen ～en Esslöffel [voll] Zucker dazugeben 大さじすり切り 1 杯の砂糖を加える. ～ voll 縁(⁴)までいっぱいの. die Nase ～ voll haben《俗》《話》うんざりしている.

'gest·rig ['ɡɛstrɪç]《付加語的用法のみ》1 昨日の. unser ～es Gespräch 我々がきのうかわした会話. unser *Gestriges*《書》当方の昨日付けの書状. 2 時代遅れの, 古風な.

ge'strit·ten [gəˈʃtrɪtən] streiten の過去分詞.

Ge'strüpp [gəˈʃtryp] 匣 –[e]s/-e 藪(⁷), 茂み; もじゃもじゃしたもの(ひげなど); 迷路. im ～ hängen bleiben 茂みの中で立往生する.

Ge'stühl [gəˈʃtyːl] 匣 –[e]s/-e, **Ge'stüh·le** [..lə] 匣 -s/-1 部屋にある座席(全体); (教会などに並べられた)長椅子. das Kirchen*gestühl* (教会の)会衆席.

Ge'stüm·per [gəˈʃtʏmpər] 匣 -s/《侮》下手な仕事をすること, 不手際な仕事.

ge'stun·ken [gəˈʃtʊŋkən] stinken の過去分詞.

Ge'stüt [gəˈʃtyːt] 匣 –[e]s/-e (↑Stute) 1 馬の飼育場. 2 飼育場の馬(全体).

Ge'stüts·brand 圈 –[e]s/ᴗe (飼育場↑Gestüt 固有の)馬の烙(⁴)印.

Ge'such [gəˈzuːx] 匣 –[e]s/-e (官庁への)申請(書), 請願(書). ein ～ einreichen 申請書を提出する.

ge'sucht [gəˈzuːxt] 過去分 形 1 需要の多い, 人気のある. ein ～er Arzt 人気のある医者. Die Ware ist sehr ～. この商品はひっぱりだこである. 2《侮》気取った, きざな, 飾った, わざとらしい. eine sehr ～e Ausdrucksweise とても気取った物言い.

Ge'sucht·heit 囡 -/ (↑gesucht・文体などが)気取っていること, わざとらしいこと.

ge'sund

[gəˈzʊnt ゲズント] gesünder (gesunder), gesündest (gesundest) 1 (↔krank) 健康な, 丈夫な, 元気な. ～ an Leib und Seele 心身ともに健康な. ～ und munter 元気はつらつとした, ぴんぴんした. ein ～es Kind 丈夫な子供. einen ～en Appetit haben 食欲旺盛である. ein ～es Aussehen haben / ～ aussehen 健康(元気)そうである. einen

gesund|beten

~*en* Magen 〈~*e* Zähne〉 haben 胃〈歯〉が丈夫である. j⁴ [wieder] ~ machen〈pflegen〉人⁴の病気を直す. Aber sonst bist du ~? / Du bist wohl nicht [ganz] ~? 《話》君はちょっと〈頭が〉おかしいんじゃないか. Bleiben Sie ~! お元気で《別れのあいさつ》. **2** 健康(体)によい, 健康的な; 有益な, ためになる. ~*e* Nahrungsmittel 健康食品. Obst [essen] ist ~. 果物は体によい. Diese Strafe ist ganz ~ für dich.《話》この罰はおまえにはいい薬だ. **3** 健全な, 正常な, まともな. der ~*e* Menschenverstand 良識. ein ~*es* Unternehmen 健全な〈安定した〉企業. ~*e* Ansichten haben 考え方がまともである. Diese Preise sind nicht ~. この値段はまともじゃない《法外だ》. **4**《猟師》《獣》が手負いでない, 無傷の. ♦ ↑gesundschreiben

ge'sund|be·ten 他（人⁴のために）病気快癒（ぺゅ）のお祈りをする, 加持祈禱（きゅ）をする.

Ge'sund·brun·nen [gə] -s/- **1**《比喩》健康の源（泉）. **2**《古》(Heilquelle) 効能のある鉱泉.

ge·sun·den [gəˈzʊndən] 自《s》《雅》健康を取戻す, （病人・景気などが）回復する, 立直る.

***Ge'sund·heit** [gəˈzʊnthaɪt ゲズントハイト] 田 -/-en **1**《複数なし》健康; 健全(な状態). körperliche〈geistige〉~ 肉体的〈精神的〉健康. eine finanzielle〈moralische〉~ 財政的〈道徳的〉健全. Seine ~ ist angegriffen. 彼は健康をそこねている. sich⁴ bester ~ erfreuen この上なく健康である. seiner ~ schaden / die ~ schädigen 健康を害する, 体に悪い. Auf Ihre ~! 《乾杯のときに》ご健康をお祈りして. auf j² ~ trinken j²の健康を祝って乾杯する. bei guter ~ sein 健康である. Wie geht〈steht〉 es mit Ihrer ~? お体の具合はいかがですか. von zarter ~ sein 弱々である. von〈vor〉 ~ strotzen 健康ではちきれそうである. [Zur] ~! 《くしゃみをした人に》お大事に; 《乾杯のときに》健康を祈って. **2** 健康を祈っての乾杯の辞. auf j⁴ eine ~ ausbringen 人⁴の健康を祈って乾杯の辞を述べる.

***ge'sund·heit·lich** [gəˈzʊnthaɪtlɪç ゲズントハイトリヒ] 形《比較変化なし／述語的には用いない》健康上の; 健康によい. Wie geht es Ihnen ~? お体はいかがですか. aus ~*en* Gründen 健康上の理由から.

Ge'sund·heits·amt -[e]s/⸚er （市や郡の）保健衛生局.

Ge'sund·heits·apos·tel 男 -s/-《戯》健康な暮し方を熱心に説く人; 自分の健康を気にしすぎる人.

ge'sund·heits·hal·ber 副 健康上の理由で, 健康のために.

Ge'sund·heits·pfle·ge 女 -/ 健康管理, 保健, 衛生. öffentliche ~ 公衆衛生.

Ge'sund·heits·po·li·zei 女 -/《古》衛生警察（防疫・公衆衛生を担当する保健衛生局の局員）.

ge'sund·heits·schäd·lich 形 健康に害のある, 不健康な.

Ge'sund·heits·we·sen 中 -s/ 保健衛生制度(施設).

Ge'sund·heits·zu·stand 男 -[e]s/ 健康状態.

ge'sund|ma·chen 再《sich⁴》（がむしゃらに）もうける(an〈mit〉 et³ / durch et⁴ 事³,⁴で).

ge'sund|schrei·ben*, °**ge'sund schrei·ben*** 他（人⁴が）健康であるという証明書を書く.

ge'sund|schrumpfen 他《話》（経済・企業を）健全な規模に縮小する.《再帰的に》Die Firma hat sich⁴ gesundgeschrumpft. 会社は健全な規模に縮小された.

ge'sund|sto·ßen* 再《sich⁴》《話》=gesundmachen

Ge'sun·dung [gəˈzʊndʊŋ] 女 -/《雅》健康になること, 回復; 健全化.

ge'sun·gen [gəˈzʊŋən] singen の過去分詞.

ge'sun·ken [gəˈzʊŋkən] sinken の過去分詞.

get.《略》=getauft

Ge'tä·fel [gəˈtɛːfəl] 中 -s/ (↑Tafel) 板張り, 羽目板; 羽目板を張ること.

ge'tä·felt [gəˈtɛːfəlt] 過分 形 （床・天井などが）板張りの. ein ~*es* Zimmer 板張りの部屋.

ge'tan [gəˈtaːn] 過分 （↑tun）なされた, 済んだ. So, das wäre ~. さあこれで済んだ, 終った. Mit et ist es nicht ~. 事¹だけでは充分でない. Nach der Arbeit ist gut ruhn.《諺》働いたあとは極楽（労働のあとは心地よく休める）.

Ge'tän·del [gəˈtɛndəl] 中 -s/《侮》しきりに戯れる(いちゃつく)こと.

ge'tauft [gəˈtaʊft] 過分 形 《略 get. / 記号 ≈》洗礼を受けた.

ge'teilt [gəˈtaɪlt] 過分 形 **1** 分かれた, 分裂した, （意見などが）不一致の. einen Brief mit ~*en* Gefühlen lesen 手紙を複雑な（どっちつかず）の気持で読む. Wir sind ~*er* Meinung². 私たちは意見を異にする. Die Ansichten darüber sind ~. それに関する見解は一致していない. **2** 分け合った, ともにした. Geteilte Freude ist doppelte Freude, ~*er* Schmerz ist halber Schmerz.《諺》喜びは分け合えば倍になり, 悲しみは分け合えば半減する.

Geth'se·ma·ne [geˈtseːmane]《地名》ゲッセマネ. ♦ エルサレム近傍のオリーブ山麓にある庭園, Christus が捕えられる前に最後の祈りを捧げた所.

Ge'tier [gəˈtiːr] 中 -[e]s/《集合的に》動物, （とくに昆虫などの）小動物.

ge'ti·gert [gəˈtiːɡərt] 過分 形 虎の毛皮のような縞（じ）のある, 虎斑（じ）の. ↑Tiger

Ge'tö·se [gəˈtøːzə] 中 -s/ とどろき, 轟（ご）音, 爆音.

ge'tra·gen [gəˈtraːɡən] 過分 形 （↑tragen） **1** 着した. ~*e* Kleider〈Sachen〉古着, 中古衣料. **2** 支持された. eine von der Begeisterung der Jugend ~*e* Bewegung 青年たちの熱狂に支持された運動. **3** （メロディー・テンポが）荘重な, 重々しい, 悠然たる; （気分が）改まった.

Ge'tram·pel [gəˈtrampəl] 中, **Ge'tram·ple** [..pla] 女 -s/《話》しきりに足を踏み鳴らすこと(の音).

***Ge'tränk** [gəˈtrɛŋk ゲトレンク] 中 -[e]s/-*e* 飲物, 飲料. ein alkoholisches〈erfrischendes〉~ アルコール〈清涼〉飲料. geistige ~*e* アルコール飲料, 酒. ein starkes ~ 強い酒.

Ge'trän·ke·au·to·mat 男 -en/-en 飲物の自動販売機.

Ge'trän·ke·kar·te 女 -/-n （飲食店の）飲物のメニュー.

Ge'trän·ke·steu·er 女 -/-n （飲食店での）飲料消費税.

ge'trau·en [gəˈtraʊən] 再《sich⁴ / まれ sich³》sich⁴〈sich³〉 et⁴ ~ 事⁴をする勇気がある, 思い切って事をする. Das getraue ich mich〈mir〉 nicht. 私は思い切ってそれをする気にはなれない. Getraust du dich〈dir〉, hier hinunterzuspringen? ここから飛降りる勇気ありますか.

Ge'trei·de [gəˈtraɪdə ゲトライデ] 田 -s/- 《総称的に》穀物, 穀類.

Ge'trei·de·feld 田 -[e]s/-er 穀物畑.

Ge'trei·de·spei·cher 男 -s/- 穀倉.

ge'trennt [gəˈtrɛnt] 過分 形 別れた, 別々の, 分けられた. ～ leben 別居している. ～e Kasse führen〈machen〉割り勘にする. ～ schreiben 分けて書く.

ge'trennt·schrei·bung 女 -/ (↔ Zusammenschreibung) 分かち書き.

ge'tre·ten [gəˈtreːtən] treten の過去分詞.

ge'treu [gəˈtrɔʏ] 形 **1**《雅》忠実な, 信頼のおける. **2**《出来事・約束事に》忠実な. eine ～e Wiedergabe von et³ 事³の忠実な再現.《名詞の3格と》seinem Versprechen ～〈～ seinem Versprechen〉handeln 約束どおりに〈約束を守って〉行動する.

Ge'treue 男 女《形容詞変化に》忠実な者, 従臣.

ge'treu·lich 形《雅》《述語的には用いない》**1** 忠実な. **2** 事実に即した, 正確な.

Ge'trie·be [gəˈtriːbə] 田 -s/- (↑ treiben) **1**〖工学〗(動力の)伝導装置, ギア. Wechsel*getriebe* 変速装置. **2**《国家・社会の》機構. **3** 活発な営み, 雑踏. im ～ des Alltags 日常のあわただしさの中で(うちに).

ge'trie·ben [gəˈtriːbən] treiben の過去分詞.

ge'trof·fen [gəˈtrɔfən] treffen, triefen の過去分詞.

ge'tro·gen [gəˈtroːgən] trügen の過去分詞.

ge'trost [gəˈtroːst] 形 **1** 安心した, 心配のない. Sei nur ～, bald wird alles gut! 心配しないで下さい, そのうち何もかも良くなりますよ. **2**《副詞的に用いて》遠慮(気兼ね)せずに. Du kannst ～ anrufen. 遠慮せずに電話していい. Man kann ～ sagen, dass… …と言っても少しも差支えない.

ge'trös·ten [gəˈtrøːstən] ❶ 再 (sich)《雅》〈事² をあてにする, 期待する. ❷ 他《古》(trösten) 慰める.

ge'trun·ken [gəˈtrʊŋkən] trinken の過去分詞.

Get·to [ˈɡɛto] 田 -s/-s (*it.* ghetto, Gießerei) **1** ゲットー《(a) 社会的に差別された者の居住区域. (b) ユダヤ人が強制的に隔離され居住させられた区域》. **2**《比喩》閉鎖性, 排他主義.

Ge'tue [gəˈtuːə] 田 -s/-《軽》仰々しい振舞, もったいぶった態度. **2** 大騒ぎ.

Ge'tüm·mel [gəˈtʏməl] 田 -s/-《複数まれ》雑踏, 混雑, 混乱.

Ge'tüp·felt [gəˈtʏpfəlt] 過分 形 (毛皮・布地などが) 斑点のついた, まだら模様の.

ge'übt [gəˈyːpt] 過分 形 熟達した.

Ge'übt·heit 女 -/ 熟練, 熟達.

Ge'vat·ter [gəˈfatɐ] 男 -s(-n)/-n (*lat.* compater, Mitvater) 《古》**1** (Pate) (洗礼の)代父, 名づけ親. ～ stehen 名づけ親になる. bei et³ ～ stehen《比喩》《話》事³を援助する. **2** 友達, 親類, 隣人. ～ Schmidt (呼びかけとして)シュミット君. ◆ 女性形 Gevatterin 女 -/-nen

ge'viert [gəˈfiːrt] 過分《古》4 分割された; 4 角な, 正方形の; 2乗の.

Ge'viert 田 -[e]s/-e 4 角形, 正方形; 平方, 2乗. sieben Meter im ～ 7メートル四方.

ge'vier·teilt [gəˈfiːrtaɪlt] 過分 形 4 つに分けられた; 四つ裂きの刑に処せられた.

Ge'wächs [gəˈvɛks ゲヴェクス] 田 -es/-e **1** (Pflanze) 植物, 植物の産物(とくにワイン), 作物. seltene〈tropische〉～e めずらしい〈熱帯〉植物. ein ～ des Jahrgangs 1967 / ein 1967 er ～ 1967年産のワイン. Der Wein〈Der Tabak〉ist eigenes ～. このワイン〈たばこ〉は自家産である. **2** こぶ, できもの, 腫瘍. ein gutartiges〈bösartiges〉～ 良性〈悪性〉の腫瘍. **3**《戯》(ある種の)人間, (…な)やつ. ein seltsames ～ けったいなやつ.

ge'wach·sen [gəˈvaksən] 過分 形 (↑ wachsen¹)《副詞的には用いない》**1** 成長した. ein schön ～es Mädchen 美しく成長した少女. ～em Boden 自然のままの土壌. Fleisch wie ～ 骨付肉. **2** (a) j³ ～ sein 人³に(ある能力に関して)ひけをとらない, (に比べて)遜色がない. Ich bin ihm an Gewandtheit durchaus ～. 私はそつのなさでは彼に決してひけをとらない. Er ist ihr nicht ～. 彼は彼女に太刀打ちできない. (b) et³ ～ sein 事³に(精神的に)負けない, 対処(対応)しうる. Er war der Lage nicht ～. その事態は彼の手に負えなかった.

Ge'wächs·haus [gəˈvɛks..] 田 -es/-er 温室.

ge'wachst [gəˈvakst] 過分 形 (↑ wachsen²) ワックスを塗った; 蠟(う)引きの.

ge'wagt [gəˈvaːkt] 過分 形 **1** 大胆な, 思い切った. ein ～es Unternehmen〈Unterfangen〉(リスクのある)大胆な企て. **2** 際どい; きわどい, 大胆な. ein ～er Witz きわどいジョーク.

Ge'wagt·heit 女 -/ 大胆なこと, 大胆な言動; 派手なこと.

ge'wählt [gəˈvɛːlt] 過分 形 上品な, 洗練された. ein ～es Deutsch sprechen 上品なドイツ語を話す.

ge'wahr [gəˈvaːr] 形《次の用法でのみ》j〈et〉⁴ ～ werden / j〈et〉² ～ werden 人〈事〉¹,²に気づく. In der Menge wurde ich ihn〈seiner〉plötzlich ～. 人混みの中で私は突然彼に気がついた.

Ge'währ [gəˈvɛːr] 女 -/ 保証. für j〈et〉⁴ ～ leisten〈bieten〉人〈物〉⁴を保証する. Ich kann Ihnen keine ～ dafür leisten, dass… …という保証はできません.

ge'wah·ren [gəˈvaːrən] 他《雅》(↓ gewahr)《人〈物〉⁴を》認める, 見いだす, (に)気づく.

*****ge'wäh·ren** [gəˈvɛːrən ゲヴェーレン] ❶ 他 **1** (人³に事⁴を)許す, 認める. Sein Gesuch ist *gewährt*. 彼の申請が認められた. **2**《雅》与える, 授ける. j³ Trost〈Hilfe〉～ 人³を慰める〈助ける〉. Wir *gewähren* auf diese Waren einen Rabatt von 3%. これらの品物に対して3パーセントの割引をする. **3**《物⁴を》かなえる, 聞き入れる. j³ einen Wunsch ～ 人³の願いをかなえる. ❷ 自《次の用法で》j⁴ ～ lassen 人⁴を好きなようにさせておく.

ge'währ·leis·ten [gəˈvɛːrlaɪstən] 他 保証する. Ein Reibungsloser Ablauf ist *gewährleistet*. スムーズな進行が図られている.

Ge'währ·leis·tung 女 -/-en **1**《複数なし》保証. **2**〖法制〗瑕疵(⸺)担保.

Ge'wahr·sam [gəˈvaːrza:m] ❶ 男 -s/ **1**《雅》保管. et⁴ in [sicherem] ～ bringen〈geben〉《安全な場所に》預ける. et⁴ in [sicherem] ～ haben〈halten/nehmen〉物⁴を《安全な場所に》保管する. **2**《雅》拘置, 拘留. j⁴ in (sicheren) ～ nehmen〈bringen〉人⁴を拘置(拘留)する. Der Verbrecher befindet sich⁴ im polizeilichen ～. その犯人は警察に勾留されている. 〖法制〗保持. ❷ 田 -s/-e《古》監獄, 拘置所, 刑務所.

Ge'währs·mann 男 -[e]s/-er (..leute) 証人, 保証人; 信頼できる情報提供者.

Ge'wäh·rung 囡 -/-en《複数まれ》承認, 許可;《願いなどを》かなえること(↑gewähren ①).

*__Ge'walt__ [gə'valt ゲヴァルト] 囡 -/ (↓walten) **1** 権力, 権限; 支配力. die elterliche〈staatliche〉 ~ 親権〈国権〉. die weltliche〈geistliche〉 ~ 世俗〈教会〉の権力. ~ über j⟨et⟩⁴ haben / j⟨et⟩⁴ in *seiner* ~ haben 人〈物〉⁴を支配している, 思いどおりにあやつる. die ~ über *seinen* Wagen verlieren (運転している)車を制御できなくなる. j⟨et⟩⁴ in *seine* ~ bekommen 人〈物〉⁴を支配下におく, 掌握する. et⁴ in *seiner* ~ haben 事⁴を抑制〈制御〉する. *seine* Leidenschaften 〈*seine* Zunge〉 in der ~ haben 激情を抑える〈口をつつしむ〉. sich⁴ in der ~ haben 自制する. in 〈unter〉 j² ~ sein〈stehen〉 人²の支配〈管轄〉下にある, 意のままになる. Das steht nicht in meiner ~. それは私の管轄ではない(思いどおりにならない). **2**《複数なし》暴力, 暴行; 強制, 無理押し. ~ anwenden〈brauchen/üben〉 暴力をふるう(gegen j⁴ 人⁴に). j³ ~ antun 人³に暴力をふるう, 暴行する. et³ ~ antun《比喩》事⁴《事実などを》をねじ曲げる, 偏情をおし殺す. sich³ ~ antun 自殺する.《比喩》自分を殺す. ~ geht vor Recht.《諺》無理が通れば道理がひっこむ(《旧約》ハバ 1:3). mit ~ 力ずくで, 無理やりに. eine Tür mit ~ öffnen ドアを無理やりこじあける. mit aller ~ 全力をあげて, なんとしても. mit aller ~ schreien 力の限りに叫ぶ. **3**《自然などの》威力, 猛威, 勢い, 激しさ. die ~ des Sturms〈der Explosion〉 暴風〈爆発〉の威力. höhere ~《天災などの》不可抗力. Der Regen vermehrt seine ~. 雨の激しさを増す.

Ge'wal·ten·tei·lung 囡 -/-en《複数まれ》《法制》三権分立.

ge'walt·frei 形 暴力によらない, 非暴力の.

Ge'walt·ha·ber [..ha·bər] 男 -s/- 権力者, 支配者.

Ge'walt·herr·schaft 囡 -/ (Tyrannei) 専制政治.

Ge'walt·herr·scher 男 -s/- (Tyrann) 専制君主, 暴君.

*__ge'wal·tig__ [gə'valtıç ゲヴァルティヒ] 形 **1**《古》権力のある, 力の強い, 強大な. ein ~er König 強大な国王. **2** 巨大な, 莫大な; 強烈な, 激しい; ひどい, ものすごい. ein ~es Bauwerk 巨大な建造物. eine ~e Menge 莫大な量(数). ein ~er Eindruck 強烈な印象. ~e Schmerzen 激しい痛み. Der Fortschritt ist ~. 進歩がめざましい. Mich hungert ~. 私は腹ぺこだ. sich⁴ ~ irren とんでもない思い違いをする.

ge'walt·los 形 暴力によらない, 非暴力の.

Ge'walt·marsch 男 -[e]s/¨e 強行軍.

Ge'walt·mensch 男 -en/-en 乱暴者.

ge'walt·sam [gə'valtza:m] 形 力ずくの, 無理やりの, 暴力による. ~ die Tür öffnen ドアを力ずくでこじ開ける. eines ~en Todes sterben 変死する, 非業〈?〉の死を遂げる.

Ge'walt·sam·keit 囡 -/-en 強引さ, 無理やりなこと; 暴力行為.

Ge'walt·streich 男 -[e]s/-e 強襲.

Ge'walt·tat 囡 -/-en 暴力行為. eine ~ verüben 暴力行為をする.

ge'walt·tä·tig [gə'valttɛ:tıç] 形 乱暴な, 粗暴な.

Ge'walt·tä·tig·keit 囡 -/-en (Gewalttat) 暴力行為.

Ge'walt·ver·zicht 男 -[e]s/-e 武力行使の放棄(断念).

Ge'wand [gə'vant] 中 -[e]s/¨er《雅・古》**1**《古》衣物, 布. **2**《雅》《式典の際に着る》丈(?)長の服; 祭服. geistliches ~ 法衣. in neuem ~《比喩》装いを新たにして. **3**《南?・?》服, 上着.

Ge'wand·haus [gə'vanthaus] 中 -es/¨er **1**《中世》毛織物商館(倉庫). **2**《複数なし》ゲヴァントハウス (Leipzig の音楽堂).

Ge'wand·haus·kon·zert 中 -[e]s/-e ゲヴァントハウス・コンツェルト(ライプツィヒで催されるゲヴァントハウス管弦楽団の演奏会, 1781 に始まる).

Ge'wand·haus·or·ches·ter 中 -s/- ゲヴァントハウス管弦楽団(ゲヴァントハウスを本拠地とするドイツで最古のオーケストラのひとつ).

*__Ge'wandt__ [gə'vant ゲヴァント] 過分 形 (↑wenden) 器用な, 機敏な, 巧みな; 熟達した, 達者な, 如才ない ein ~er Diplomat〈Redner〉敏腕の外交官〈弁の立つ人〉. einen ~en Stil schreiben うまい文章を書く. mit ~en Worten 言葉巧みに. Er ist ~ in aller Dingen. 彼は万事に如才ない.

Ge'wandt·heit 囡 -/ 器用さ, 機敏さ; 熟達, 如才なさ. mit ~ 機敏に, きびきびと; 巧みに, うまく.

ge'wann [gə'van] gewinnen の過去.

ge'wän·ne [gə'vɛnə] gewinnen の接続法 II.

ge'wär·tig [gə'vɛrtıç] 形 (↓warten)《次の用法で》et² ~ sein 事²を覚悟〈予期〉している. Sie war seines Zornes ~. 彼女は彼の怒りを呼ぶことを覚悟していた. des Schlimmsten〈Äußersten〉 ~ sein 最悪の事態に備える.

ge'wär·ti·gen [gə'vɛrtıgən] 他《雅》**1** 期待する. **2** 覚悟する.

Ge'wäsch [gə'vɛʃ] 中 -[e]s/ (↓waschen)《話》くだらないおしゃべり, 無駄話.

ge'wa·schen [gə'vaʃən] waschen の過去分詞.

Ge'wäs·ser [gə'vɛsər] 中 -s/-《総称的に》河川, 湖沼(??), 海洋, 水路;《河川ひとつの》水. stehende〈fließende〉 *Gewässer* 河川〈湖沼〉. der Schutz der *Gewässer* vor Verunreinigung durch Abwässer 廃水による汚染からの河川の水の保護.

Ge'wäs·ser·kun·de 囡 -/《水文(?)学.

Ge'wäs·ser·schutz 男 -es/ (汚染からの)水質保護.

*__Ge'we·be__ [gə've:bə ゲヴェーベ] 中 -[e]s/- **1** 織物, 布. **2**《比喩》複雑な絡み, 入組んだ事情. sich⁴ im ~ *seiner* Lügen verstricken 自分のついた嘘でがんじがらめになる. **3**《生物》組織. das ~ der Muskeln 〈der Nerven〉筋肉〈神経〉組織.

Ge'we·be·leh·re 囡 -/ (Histologie) 組織学.

ge'weckt [gə'vɛkt] 過分 形 (aufgeweckt) 利発な, 利口な(とくに子供が).

*__Ge'wehr__ [gə've:r ゲヴェーア] 中 -[e]s/-e (↓wehren) **1**《銃身の長い》銃, 小銃, 鉄砲. ~ bei Fuß stehen《軍事》立て銃(?)の姿勢で立っている;《比喩》(態勢を整えて)待ち構えている. Ran an die ~e!《比喩》(仕事などに)かかれ, 始め.《軍隊の号令で》~ ab! 立て銃(?). Das ~ über! になえ銃(?). Präsentiert das ~! ささげ銃(?). Setzt die ~e zusammen! 組め銃(?). **2**《猟師》《いのししの》牙(?).

Ge'wehr·feu·er 中 -s/ 銃火.

Ge'wehr·kol·ben 男 -s/- (小銃の)床尾(?).

Ge'wehr·lauf 男 -[e]s/¨e 銃身.

Ge'wehr·py·ra·mi·de 囡 -/-n 叉銃(?).

Ge'wehr·rie·men 男 -s/- 銃の負い革.

Ge'wehr·schaft 男 -[e]s/⁼e (小銃の)銃床.

Ge'weih [gə'vaɪ] 中 -[e]s/-e (↑Geäst) (鹿の)角, 枝角(とくに鹿の). das ~ abwerfen (鹿などが)角を落す. dem Ehemann ein ~ aufsetzen 夫に不義をはたらく.

Ge'weiht [gə'vaɪt] 形《猟師》角になる.

Ge'wen·de [gə'vɛndə] 中 -s/- (↓wenden)《古》1 ゲヴェンデ(耕地面積の単位). 2《地方》あぜ.

Ge'wer·be [gə'vɛrbə] 中 -s/- (↓werben) 1 (商工業・サービス業関係の)職業, 稼業, 生業; 営業, 商売. ein ehrliches〈dunkles〉~ まともな〈いかがわしい〉稼業(商売). das ambulante ~ 行商; 売春. das älteste ~ der Welt / das horizontale ~《戯》売春. ein ~ ausüben〈betreiben〉商売をする. aus allem ein ~ machen《話》転んでもただでは起きない.《話》それでは割に合わない. 2《複数なし》(製造・加工などの)工業, 産業; 中小企業. Handel und ~ 商工業. 3《地方》(バ')農場.

Ge'wer·be·auf·sicht 女 -/《法制》(州による)営業基準監督.

Ge'wer·be·aus·stel·lung 女 -/-en 産業博覧会.

Ge'wer·be·bank 女 -/-en《古》信用金庫.

Ge'wer·be·frei·heit 女 -/《法制》営業の自由.

Ge'wer·be·krank·heit 女 -/-en (Berufskrankheit) 職業病.

Ge'wer·be·leh·rer 男 -s/- 職業(専門)学校教師.

Ge'wer·be·ord·nung 女 -/《略 GewO》《法制》営業法.

Ge'wer·be·schein 男 -[e]s/-e《法制》営業許可証.

Ge'wer·be·schu·le 女 -/-n 実業学校.

Ge'wer·be·steu·er 女 -/-n 営業税.

ge'wer·be·trei·bend 形《付加語的用法のみ》商売を営んでいる, 事業に従事している.

Ge'wer·be·trei·ben·de 女男《形容詞変化》商売を営む人, 商工業者.

Ge'wer·be·ver·ein 男 -[e]s/-e 商工組合.

ge'werb·lich [gə'vɛrplɪç] 形 職業(上)の, 営業(上)の, 産業(上)の.

ge'werbs·mä·ßig 形 商売の, 職業(として)の.

Ge'werk [gə'vɛrk] 中 -[e]s/-e (↓Werk)《古》1 営業, 手工業; 同業組合. 2 歯車装置.

Ge'wer·ke [gə'vɛrkə] 男 -n/-n《古》1《法制》(鉱業会社の)共同経営者. 2 (鉱山)労働組合員.

Ge'werk·schaft [gə'vɛrkʃaft] 女 -/-en 1 労働組合. einer ~ beitreten 労働組合に加入する. 2《古》《法制》(共同経営の)鉱業会社.

Ge'werk·schaf·ter [..ʃaftər] 男 -s/- = Gewerkschaftler.

Ge'werk·schaft·ler [..ʃaftlər] 男 -s/- 労働組合員.

ge'werk·schaft·lich 形 労働組合の.

Ge'werk·schafts·bank 女 -/-en 労働金庫.

Ge'werk·schafts·bund 男 -[e]s/ 労働組合連合. Deutscher ~《略 DGB》ドイツ労働組合総同盟.

Ge'we·se [gə've:zə] 中 -s/- (↓Wesen) 1 (北ドリ)(Anwesen) (広大な)屋敷. 2《話》《複数なし》大げさな態度(挙動).

ge'we·sen [gə've:zən] 過分 形 (↑sein)《付加語的用法》(ehemalig) かつての, 過ぎ去った; 故人となった.

ta. der ~e Präsident 元大統領.

ge'wi·chen [gə'vɪçən] weichen の過去分詞.

ge'wichst [gə'vɪkst] 過分 1《話》抜け目がない, する賢い. 2《古》着飾った.

*__Ge'wicht__¹ [gə'vɪçt] ゲヴィヒト 中 -[e]s/-e (↓wägen) 1《複数なし》重さ, 目方, 重量; 体重. das spezifische ~ 比重. Das hat [schon] sein ~!《話》これは重いや. et⁴ nach ~ verkaufen 物⁴を目方で売る. sein ~ halten 体重を一定に保つ. Sie müssen Ihr ~ um 10 kg reduzieren. あなたは体重を10キロ減らさなければいけません. 2 分銅, おもり, おもし,(時計の)振子. Die ~e sind geeicht. 分銅は検定ずみだ. ein ~ stemmen《スポ》重量挙げをする. 3《比喩》《複数なし》重み, 重要さ, 影響力. et³ ~ beilegen〈beimessen/geben〉/ auf et⁴ ~ legen 事³,⁴を重んじる, 重視する. sein ganzes ~ in die Waagschale werfen 全力を尽くす. ins ~ fallen 重要である. kein ~ haben / ohne ~ sein 重要でない. eine Frage〈ein Mann〉von ~ 重要な問題〈有力者〉. 4《数学》加重.

Ge'wicht² 中 -[e]s/-er (↓Geweih)《猟師》(のろ鹿の)枝角.

ge'wich·ten [gə'vɪçtən] 他 (↓Gewicht¹ 3)《統計》(ある指標に基づく)個々の数値の重要度を算定する. 2 (事⁴を)重要度別にランクづける. Pläne neu ~ 種々の計画を重要度別にランクづけする.

Ge'wicht·he·ben 中 -s/《スポ》重量挙げ.

Ge'wicht·he·ber 男 -s/- 重量挙げの選手.

ge'wich·tig [gə'vɪçtɪç] 形 1 (schwer) 重い. ein ~es Möbel ずっしりとした家具. 2《比喩》重要な, 重大な; 決定的な. eine ~e Persönlichkeit 重要人物.

Ge'wich·tig·keit 女 -/ 重要性, 重大さ.

Ge'wichts·ab·nah·me 女 -/-n 体重の減少.

Ge'wichts·ana·ly·se 女 -/-n《化学》重量分析.

Ge'wichts·klas·se 女 -/-n《スポ》体重別の階級.

Ge'wichts·ver·lust 男 -es/-e 目減り.

ge'wieft [gə'vi:ft] 形《話》(schlau) する賢い, 狡猾な, 抜け目のない.

ge'wiegt [gə'vi:kt] 過分 形《比喩》《話》経験豊かな, 老練の; 抜け目のない, すれた. ein ~er Geschäftsmann 経験豊かなビジネスマン.

Ge'wie·her [gə'vi:ər] 中 -s/ 1 (馬の)いななき. 2《卑》ばか笑い.

ge'wie·sen [gə'vi:zən] weisen の過去分詞.

ge'willt [gə'vɪlt] 形《zu 不定詞句と次の用法で》~ sein, ...zu tun. ...する気がある. Er ist ernsthaft ~, sein Leben zu ändern. 彼は本気で自分の生活を変える気だ(つもりだ).

Ge'wim·mel [gə'vɪməl] 中 -s/ 混雑, 雑踏; 群衆.

Ge'wim·mer [gə'vɪmər] 中 -s/ (絶間なく)すすり泣くこと; 泣き事. Hör auf mit dem ~! 泣き事はやめろ.

Ge'win·de [gə'vɪndə] 中 -s/- (↓winden) 1《工学》ねじ山(筋) linksgängiges〈rechtsgängiges〉~ 左〈右〉回りのねじ筋. 2 (花や木の葉で編んだ)環; 花冠, 花輪.

Ge'win·de·boh·rer 男 -s/-《工学》ねじタップ.

Ge'win·de·schnei·der 男 -s/-《工学》ねじ切り工具(ダイス).

*__Ge'winn__ [gə'vɪn] ゲヴィン 男 -[e]s/-e 1 利益, 収益, 儲(もう)け. ~ und Verlust 利益と損失. [einen] ~ abwerfen〈ein bringen〉利益を生む, 儲けになる.

aus et^3 [*seinen*] ～ schlagen〈ziehen〉 事^{3}から利益を得る. et^4 mit ～ verkaufen 物^{4}を売って儲ける. **2** 《複数なし》便益, 得, 為(ため). Das wird ein großer ～ für mich sein. それはとても私のためになるだろう. einen ～ von et^3 haben 事^{3}から得るところがある, (が)ためになる. ein Buch mit ～ lesen 本を読んで得るところがある. **3** 賞金, 賞品; 当りくじ. im Lotto einen ～ haben〈machen〉 くじで当る. Jedes dritte Los ist ein ～. 3 本に 1 本が当りくじだ.

Ge'winn·an·teil 男 -[e]s/-e 〖経済〗利益配当.

Ge'winn·be·tei·li·gung 女 -/-en 〖経済〗利潤分配(制).

ge'winn·brin·gend 形《述語的には用いない》利益のある, 儲かる; 《比喩》有益な. ♦ Gewinn bringend とも書く.

ge'win·nen* [gə'vɪnən ゲヴィネン] gewann, gewonnen ❶ 他 **1** (競技などに)勝つ. ein Fußballspiel [mit] 2:1〈zwei zu eins〉 ～ サッカーの試合に 2 対 1 で勝つ. einen Kampf〈einen Prozess〉 ～ 戦い〈訴訟〉に勝つ. bei j^3 *gewonnenes* Spiel haben 人^{3}に勝ちを制した, (を)手中に収めている, (を)思いのままにできる.
2 得る, 獲得する, かち取る, ものにする, 儲ける; (ある場所に)たどり着く, 到達する. Ansehen〈Ruhm〉 ～ 信望〈名声〉を得る. ein neues Aussehen〈eine besondere Bedeutung〉 ～ 様相が変る〈とくに重要になる〉. Boden〈Raum〉 ～ 地歩を占める, (考えなどが)広まる, 強まる. Einblick in et^4 ～ 事^{4}を見抜く, (が)分かる. das freie Feld〈das Freie〉 ～ (町・森などから)広々とした野に出る. Gestalt ～ (計画などが)具体化する. j^2 Gunst〈Liebe〉 ～ 人^{2}に気に入られる〈愛される〉. die Herrschaft〈die Oberhand〉 über j^4 ～ 人^{4}に対して支配権を握る〈優位に立つ〉. das Große Los ～ (くじで)特賞を当てる; 《比喩》この上ない幸運に恵まれる. Lust zu et^3 ～ 事^{3}をする気になる. den Pokal〈die Goldmedaille〉 ～ 優勝杯〈金メダル〉を獲得する. die Überzeugung ～, dass... …という確信を得る. das Ufer ～ (船が)岸にたどり着く. das Weite ～ 逃げ去る. Wie *gewonnen*, so zerronnen. 《諺》悪銭身につかず(儲けたように消えてゆく).
3 (人^{4}の)心をとらえる, 共感を得る; (人^{4}を)味方(仲間)に入れる. j^4 als Kunden〈Mitglied〉 ～ 人^{4}を顧客〈会員〉として迎え入れる. j^4 für ein Gastspiel〈einen Plan〉 ～ 人^{4}に客演して〈計画に加わって〉もらう. j^4 für sich ～ 人^{4}の共感を得る; (を)味方にする. j^4 zum Freund〈Helfer〉 ～ 人^{4}を友人〈協力者〉にする.
4 (人^{3}に物^{4}を)もたらす. Seine Uneigennützigkeit *gewinnt* ihm viele Sympathien. 私心の無さで彼は多くの人の共感を得る.
5 (鉱物などを)採掘する; (農産物などから)作る, 加工する. Erz〈Kohle〉 ～ 鉱石〈石炭〉を採掘する. Saft aus Äpfeln ～ りんごからジュースを作る.
6 《次の用法で》《雅》es über sich^4 ～, ...zu tun なんとか(思いきって)…する気になる. Ich konnte es nicht über mich ～, ihm die Wahrheit zu sagen. 私は彼に本当のことを言う勇気がなかった.
❷ 自 **1** 勝つ(bei〈in〉 et^3 事^{3}で); 得をする, 儲ける; (くじなどが)当る. bei〈in〉 einem Spiel ～ 競技(試合)で勝つ. in der Lotterie ～ 宝くじが当る. Jedes zweite Los *gewinnt*. (くじで)2 本に 1 本が当る. **2** (an et^3 物^{3}を)増す. Das Flugzeug *gewann* an Höhe. 飛行機は高度を増した. an Kraft〈Stärke〉 ～ 力がついてくる. **3** いっそう良く(美しく)なる, 見ばえがする, ひきたつ. Bei anderer Beleuchtung würde das Bild ～. 照明を変えればこの絵はもっとひきたつだろう. Eine Speise *gewinnt* durch Gewürze. 料理はスパイスでうまみが増す.

ge'win·nend 現分 形 好感のもてる, 魅力的な, 愛らしい. ein ～*es* Wesen 好もしい性格. ～ lächeln 愛らしくほほえむ.

Ge'win·ner [gə'vɪnər] 男 -s/- 勝者; (くじなどの)当選者. ♦ 女性形 Gewinnerin 女 -/-nen

Ge'winn·los 中 -es/-e 〖宝くじ〗当りくじ.

Ge'winn·span·ne 女 -/-n 〖経済〗利ざや, マージン.

Ge'winn·sucht 女 -/ 利欲, 利益追及(心).

ge'winn·süch·tig 形 利欲に駆られた, 強欲な.

Ge'win·nung 女 -/ (石油・石炭などの)産出; (鉄などの)生産; 採鉱.

Ge'win·sel [gə'vɪnzəl] 中 -s/ (↓ winseln) (犬が)くんくん鳴くこと; 《比喩》哀泣(あいきゅう), 哀訴.

Ge'winst [gə'vɪnst] 男 -[e]s/-e 《古》= Gewinn

Ge'wirk [gə'vɪrk] 中 -[e]s/-e, **Ge'wir·ke** [..kə] 中 -s/- **1** メリヤス編みで編んだ物. **2** 蜂の巣.

Ge'wirr [gə'vɪr] 中 -[e]s/-e, **Ge'wir·re** [..rə] 中 -s/- 《複数まれ》**1** (糸などの)もつれ. **2** 混乱, 無秩序; 雑踏. ein ～ von Straßen und Gassen 入組んだ道や街路.

ge'wiss, °ge'wiß [gə'vɪs ゲヴィス] ❶ 形 **1** 確かな, 確実な; 確信した. Er hat die ～*e* Zuversicht, dass... 彼は…ということを確信している. Eine Strafe ist ihm ～. 彼が処罰されることは確実だ. et^2 ～ sein 事^{2}を確信している. Ich bin des Sieges〈seiner Hilfe〉 ～. 私は勝利〈彼の援助〉を確信している. 《名詞的用法》Man weiß noch nichts *Gewisses*. 確かなことはまだ何ひとつ分からない. **2** 《付加語的用法のみ》ある, ある種の; ある程度の, いくらかの. ein ～*er* Jemand (誰か)ある人. ein ～*er* Herr Müller ミュラーさんとかいう人. ein ～*er* Ort / ein ～*es* Örtchen トイレ. eine ～*e* Ähnlichkeit ある種(ある程度)の類似. aus einem ～*en* Grund ある理由から. bis zu einem ～*en* Grade ある程度まで. in ～*er* Beziehung〈Hinsicht〉 ある点で. in ～*em* Maße ある程度は. zu ～*en* Zeiten 時には.
❷ 副 きっと, かならず, 確かに. Er wird ～ bald kommen. 彼はきっともうすぐ来るだろう. Kommst du morgen? — *Gewiss*! 君は明日来るかい — もちろんだ. Das werde ich ～ nicht tun. そんなことを私は絶対しません. ～..., aber〈doch〉... 確かに…だが, しかし…. Sie ist ～ schön, aber ich mag sie nicht so gern. 彼女は確かに美しいが私はあまり好きじゃない.

***Ge'wis·sen** [gə'vɪsən ゲヴィセン] 中 -s/ 良心. Mir schlägt das〈mein〉 ～. 私は良心が痛む. ein gutes〈reines / ruhiges〉 ～ haben 心にやましいところがない. ein schlechtes〈böses〉 ～ haben 心にやましいところがある, 気がとがめる. ein enges〈weites〉 ～ haben 潔癖である〈心が広い〉. sich^3 kein ～ aus et^3 machen 事^{3}に何のやましさも感じない(↓〖新約〗ロマ 14-22). Er macht sich kein ～ daraus, dass... …に彼は何のやましさも感じない. et^4 auf dem ～ haben 事^{4}で気がとがめる; 事^4(罪・悪事など)を犯した身である. j^4 auf dem ～ haben 人^4(の死・不幸など)に対して責任がある. j^3 aufs ～ fallen 人^{3}の心を痛める. j^3 auf dem ～ liegen 人^{3}にとって心苦しい(気がとがめる)ことで

ある. et⁴ auf sein ~ nehmen 事⁴の責任を引受ける. auf Ehre und ~ 名誉と良心にかけて. j³ ins ~ reden 人³の良心に訴える, (に)こんこんと諭(さと)す. mit gutem ~ 良心に恥じないで, 聴きることなく, 安心して. Du kannst mit gutem ~ über diese Brücke gehen. 君は安心してこの橋を渡っていい. nach bestem ~ 誠意を尽くして. wider besseres [Wissen und] ~ 心ならずも, 悪いと知りつつ. Ein gutes ~ ist ein sanftes Ruhekissen.《諺》心にやましさがなければ眠りも安らか.

Ge'wis·sen·haft [gəˈvɪsənhaft ゲヴィセンハフト] 形 良心的な, 誠実な, きちょうめんな. et⁴ ~ prüfen 事⁴を綿密に調べる.

Ge'wis·sen·haf·tig·keit 囡 -/ (↓gewissenhaft) 良心的であること.

Ge'wis·sen·los 形 良心のない, 無責任な; 向う見ずな.

Ge'wis·sen·lo·sig·keit 囡 -/-en **1** 《複数なし》良心(責任感)のなさ, 無責任さ. **2** 不正行為. eine Kette von ~*en* 一連の不正行為.

Ge'wis·sens·angst 囡 -/⁻e 良心の呵責(かしゃく), 心のやましさ.

Ge'wis·sens·biss -es/⁻e《多く複数で》良心の呵責(かしゃく), 心のやましさ. sich³ ~*e* machen 自分を責める, 気に病む《über et¹ / wegen et² で⁴,²で》. Ihn plagen ~*e*. 彼は良心の呵責に苦しんでいる.

Ge'wis·sens·ehe 囡 -/-n 内縁関係.

Ge'wis·sens·er·for·schung 囡 -/-en《複数まれ》良心の究明.

Ge'wis·sens·fra·ge 囡 -/-n《複数まれ》良心の問題.

Ge'wis·sens·frei·heit 囡 -/ 良心にのみ従って行動する権利(自由).

Ge'wis·sens·kon·flikt 男 -[e]s/-e 良心の葛藤(かっとう).

Ge'wis·sens·sa·che 囡 -/ 良心に関する事柄, 良心の問題.

Ge'wis·sens·wurm 男 -[e]s/《話》良心の呵責(かしゃく). Der ~ nagte an mir. 私は良心の呵責にさいなまれた.

Ge'wis·ser·ma·ßen [gəˈvɪsərmaːsən ゲヴィサーマーセン] 副 ある意味で, ある程度で; (sozusagen) いわば; ほとんど. Er ist ~ ihr Freund. 彼はいわば彼女の彼氏なんだ.

Ge'wiss·heit [gəˈvɪshaɪt] 囡 -/-en **1** 《複数なし》確実(性). [völlige] ~ über et⁴ haben⟨erlangen⟩ 事⁴についてはっきりしたことを知っている⟨が分かる⟩. mit ~ sagen 確言する, はっきり言う. zur ~ werden 確実になる. **2**《複数まれ》確信, 確証. Ich habe die ~, dass... 私は...ということを確信している.

Ge'wiss·lich 副《古》《雅》(gewiss) 確かに, 確実に.

Ge'wit·ter [gəˈvɪtər ゲヴィター] 匣 -s/- 雷雨, (雷や暴風を伴う)嵐.《比喩》大げんか, 大騒動. Ein ~ zieht herauf. / Ein ~ ist im Anzug. 雷雨が近づいている. ein reinigendes ~ うっとうしさを吹き払う嵐. ein eheliches⟨häusliches⟩ ~ 夫婦げんか⟨家の内の波風⟩.《複合名詞として》*Gewitter*regen 雷雨. *Gewitter*sturm 雷雨を伴う嵐. *Gewitter*wolke 雷雲.

ge'wit·te·rig [gəˈvɪtərɪç] 形《まれ》=gewittrig

ge'wit·tern [gəˈvɪtərn] 非人称 *Es gewittert.* 雷雨になる, 雷が落ちる, 雷が鳴る.《比喩》雷を落す(怒りの爆発の表現).

ge'wit·ter·schwül 形 雷雨の前のようにむし暑い (重苦しい).

ge'wit·rig [gəˈvɪtrɪç] 形 **1** 雷雨の来そうな. eine ~*e* Schwüle 雷雨の来そうなむし暑さ. **2** 雷雨のような; 雷雨による. ~*er* Schauer 雷雨のようなどしゃ降り.

ge'wit·zigt [gəˈvɪtsɪçt] 過分 形 **1**（経験を積んで）利口になった, 賢くなった. **2** (gewitzt) 抜け目のない, 利口な.

ge'witzt [gəˈvɪtst] 形 (↓Witz) (schlau) 抜け目のない, 利口な.

ge'wo·ben [gəˈvoːbən] weben の過去分詞.

Ge'wo·ge [gəˈvoːɡə] 匣 -s/ 大波(のようなもの). ein ~ von Menschen 大波のように押し寄せる人の群れ. das ~ der Ähren im Wind 風に大きく揺れる穂波.

ge'wo·gen¹ [gəˈvoːɡən] wiegen の過去分詞.

ge'wo·gen² 過分 形 (↑ wägen)《雅》好意的な, 親切な. j⟨et⟩³ ~ sein 人⟨物⟩³に好意をいだいている.

Ge'wo·gen·heit 囡 -/《雅》好意, 親切.

****ge'wöh·nen** [gəˈvøːnən ゲヴェーネン] ❶ 他 j⟨et⟩⁴ an ⟨et⟩⁴ 人⟨物⟩を人⟨物⟩⁴に慣れさせる. j⁴ an et⁴ ~ 人⁴に~の習慣をつけさせる. die Augen langsam an das Licht ~ 目を徐々に光に慣れさせる. ein Kind an Pünktlichkeit ~ 子供に時間を守る習慣をつけさせる.《過去分詞で》an j⟨et⟩⁴ *gewöhnt* sein 人⟨事⟩⁴に慣れている; (の)習慣がついている. Das Kind ist daran *gewöhnt*, früh aufzustehen. この子は早起きには慣れている. ▶ ↓ *gewöhnt*

❷ 再 (sich⁴) (an et⁴⟨j⟩⁴)に慣れる. sich an Lärm ~ 騒音に慣れる. Ich habe *mich* an das frühe Aufstehen nur schwer *gewöhnt*. 私は早起きの習慣がなかなか身につかなかった.

****Ge'wohn·heit** [gəˈvoːnhaɪt ゲヴォーンハイト] 囡 -/-en 習慣, 癖; 慣習, 慣行, ならわし. eine ~ annehmen⟨ablegen⟩習慣を身につける⟨を断つ⟩. Er hat die üble ~ zu schnarchen. 彼はいびきをかく悪い癖がある. et⁴ aus [reiner] ~ tun 事⁴を習慣でする. mit einer ~ brechen 習慣を断つ. sich³ et⁴ zur ~ machen 事⁴を習慣にする. j³ zur [festen] ~ werden 人³の習慣になる. ~ tut alles.《話》慣れれば何でもやれるものだ. ~ ist die andere⟨zweite⟩ Natur.《諺》習い性となる(習慣は第2の天性).

ge'wohn·heits·ge·mäß 形 習慣どおりの, いつものとおりの. Er kam ~ um sechs Uhr nach Hause. 彼はいつものように6時に帰宅した.

ge'wohn·heits·mä·ßig 形 習慣的な, 常習の. ein ~*er* Verbrecher 常習犯. et⁴ ~ tun 事⁴を(何も考えずに)習慣でする.

Ge'wohn·heits·mensch -en/-en 何事も習慣どおりに行う人.

Ge'wohn·heits·recht 匣 -[e]s/《法制》慣習法.

Ge'wohn·heits·tier 匣《次の用法でのみ》Der Mensch ist ein ~.《戯》人間は習慣の動物(奴隷)である.

Ge'wohn·heits·trin·ker 男 -s/- 飲酒常習者, のんだくれ.

Ge'wohn·heits·ver·bre·cher 男 -s/- 常習犯罪者.

****ge'wöhn·lich** [gəˈvøːnlɪç ゲヴェーンリヒ] 形 **1** 普通の, 一般の; 日常の, ふだんの; 並みの, ありふれた; いつもの. ein ~*er* Sterblicher 並みの人, 凡人. im ~*en* Leben ふだんの生活で. zur ~*en* Stunde ⟨Zeit⟩ いつもの時間に. [für] ~ たいてい(の場合は). Ich stehe [für] ~ um sieben Uhr auf. 私はたいてい

gewohnt

7時に起きる. wie ~ いつものように, いつもの時間に. Wir trafen uns wie ~ am Bahnhof. 私たちはいつものように駅で落ち合った. **2** 下品な, 低俗な, くだらない. ~e Ausdrücke 下品な表現. sich⁴ ~ benehmen 下品な振舞をする.

*__ge'wohnt__ [gəˈvoːnt ゲヴォーント] **1**《付加語的用法のみ》慣れた, 習慣になった, なじみの, いつもの. in ~er Weise / in der ~en Weise いつものやり方で. zur ~en Stunde〈Zeit〉 いつもの時間に. Jung ~, alt getan.（諺）習い性(*しょう*)となる. **2**《次の用法で》et⁴〈古 et²〉~ sein 事⁴,²に慣れている,（が）習慣になっている. Er ist schwere Arbeit ~. 彼は重労働に慣れている. Ich bin [es] ~, früh aufzustehen. 私は早起きすることには慣れている. ▶↑gewöhnt

__ge'wöhnt__ [gəˈvøːnt] 過分形 (↑gewöhnen)《次の用法で》an j〈et〉⁴ ~ sein 人〈事〉⁴に慣れている. Der Hund ist an ihn ~. その犬は彼に慣れている. Ich bin an das frühe Aufstehen ~. 私は早起きには慣れています.

__Ge'wöh·nung__ 女 -/ 慣れ, 慣れること, 適応, 順応 (an et⁴ 物⁴への). die ~ an eine neue Umgebung 新しい環境への順応. durch langsame ~ だんだん慣れて.

__Ge'wöl·be__ [gəˈvœlbə] 中 -s/- (↓wölben) **1**《建築》丸屋根, 丸天井, 穹窿(きゅうりゅう), ヴォールト. Tonnen*gewölbe* 筒形ヴォールト. das ~ des Himmels（比喩）青天井, 蒼穹(そうきゅう). **2**（地下の）丸天井のある部屋, 穴ぐら. **3**《南スイ・オーストリア》商品置場；雑貨屋.

__Ge'wöl·be·bo·gen__ 男 -s/- 《建築》丸天井のアーチ.

__Ge'wöl·be·pfei·ler__ 男 -s/- 《建築》丸天井の支柱.

__Ge'wölk__ [gəˈvœlk] 中 -[e]s/- (↓Wolke) 雲の集まり.

__ge'wollt__ [gəˈvɔlt] 過分形 不自然な, ぎこちない, わざとらしい.

__ge'wön·ne__ [gəˈvœnə] gewinnen の接続法 II.

__ge'won·nen__ [gəˈvɔnən] gewinnen の過去分詞.

__ge'wor·ben__ [gəˈvɔrbən] werben の過去分詞.

__ge'wor·den__ [gəˈvɔrdən] 過分形 (↑werden) (↔ gemacht) 生成した, 自然にできた. Die Sprache ist historisch Gewordenes. 言語は歴史的所産である.

__ge'wor·fen__ [gəˈvɔrfən] werfen の過去分詞.

__ge'wrun·gen__ [gəˈvrʊŋən] wringen の過去分詞.

__Ge'wühl__ [gəˈvyːl] 中 -[e]s/ (↓wühlen) **1** 引っかきまわして探すこと. **2** 雑踏,（人の）押し合いへし合い. j⁴ im ~ aus den Augen verlieren 人込みの中で人を見失う.

__ge'wun·den__ [gəˈvʊndən] 過分形 (↑winden¹) **1**（道などが）曲りくねった. **2**（表現などが）持って回った, 回りくどい.

__ge'wun·ken__ [gəˈvʊŋkən] winken の過去分詞.

ge'wür·felt¹ [gəˈvʏrfəlt] 過分形 市松模様の；(調理で)賽(さい)の目に切った.

__ge'wür·felt²__ 形《地方》利口な；ずるい, 抜け目のない（とくに子供について）.

__Ge'würm__ [gəˈvʏrm] 中 -[e]s/-e《複数まれ》《古》《総称的に》虫,（比喩）虫けら.

Ge'würz [gəˈvʏrts] 中 -es/-e (↓Wurz) **1** 薬味, 香辛料, スパイス. **2**《話》(塩・砂糖・酢などの)調味料.

__Ge'würz·gur·ke__ 女 -/-n きゅうりのピクルス.

__Ge'würz·nel·ke__ 女 -/-n 丁子(ちょうじ)で.

__Ge'würz·pflan·ze__ 女 -/-n 香辛料植物.

__Ge'würz·tra·mi·ner__ 男 -s/- **1**《複数なし》ゲヴュルツトラミーナー種のぶどう (Traminer 種の変種). **2** ゲヴュルツトラミーナー種から造られた白ワイン.

__Ge'würz·wein__ 男 -[e]s/-e 香辛料入りのワイン.

__ge'wusst__, °__ge'wußt__ [gəˈvʊst] wissen の過去分詞.

'__Gey·sir__ [ˈɡaɪzɪr] 男 -s/-e (*island.*) 間歇(けつ)泉.

__gez.__ (略) =gezeichnet 2

__ge'zackt__ [gəˈtsakt] 過分形 ぎざぎざのある,（葉が）のぎり歯状の.

__Ge'zä·he__ [gəˈtsɛːə] 中 -s/- 《鉱業》(採掘用の)道具類.

__ge'zäh·nelt__ [gəˈtsɛːnəlt] 過分形 =gezahnt

__ge'zahnt__ [gəˈtsaːnt], __ge'zähnt__ [gəˈtsɛːnt] 過分形 ぎざぎざのある,（葉が）のこぎり歯状の.

__Ge'zänk__ [gəˈtsɛŋk] 中 -[e]s/ (絶え間のない)喧嘩, 口論.

__ge'zeich·net__ [gəˈtsaɪçnət] 過分形 **1** 印(しるし)(紋様)のある；痕跡を刻みこまれた. Das Fell war schön ~. その毛皮には美しい紋様があった. Er ist bereits vom Tode ~. 彼にはすでに死相が現れている. ein vom Unglück *Gezeichneter*. 不幸な星を背負った男. ▶↑zeichnen ① **2 2**《略 gez.》書名のある. ▶↑zeichnen ① 3(b)

__Ge'zei·ten__ [gəˈtsaɪtən] 複 潮の満ち干(ひ), 潮汐(ちょうせき).

__Ge'zei·ten·kraft·werk__ 中 -[e]s/-e 潮力発電所.

__Ge'zelt__ [gəˈtsɛlt] 中 -[e]s/-e《古》《雅》(Zelt) 天幕.

__Ge'ze·ter__ [gəˈtseːtər] 中 -s/- (持続的な)悲鳴.

__Ge'zie·fer__ [gəˈtsiːfər] 中 -s/- **1**《古》(Ungeziefer) 害虫. **2**《地方》(山羊・羊のような)小家畜.

__ge'zie·hen__ [gəˈtsiːən] zeihen の過去分詞.

__ge'zielt__ [gəˈtsiːlt] 過分形 狙った, ある狙いを持った的確(適切)な. eine ~e Frage 的(まと)を射た質問. ein gut ~er Schuss 狙いすました一発. schnell und ~ handeln 迅速的確な行動をとる.

__ge'zie·men__ [gəˈtsiːmən] (↓ziehmen)《古》《雅》❶ 自 (人³に)ふさわしい. Es *geziehmt* dir nicht, danach zu fragen. そんなことを尋ねるのは君にはふさわしくない. ❷ 再《sich⁴》ふさわしい. Es *geziehmt* sich nicht für ein junges Mädchen, dieses Lokal zu besuchen. このような店に行くのは若い娘にはふさわしくない. wie *es sich geziehmt* しかるべく.

__ge'zie·mend__ 現分《古》《雅》ふさわしい, しかるべき, 相応の. in ~er Weise しかるべき方法で, 適切な仕方で.

__ge'ziert__ [gəˈtsiːrt] 過分形《侮》わざとらしい, 不自然な, 気取った(文体・言方・態度などが). ~ reden わざとらしい話し方をする.

__Ge'ziert·heit__ 女 -/《侮》わざとらしさ, 気どり.

__Ge'zirp__ [gəˈtsɪrp] 中 -[e]s/, __Ge'zir·pe__ [..pə] 中 -s/ (↓zirpen) (しきりに鳴く)虫の声.

__Ge'zi·schel__ [gəˈtsɪʃəl] 中 -s/ ひそひそ声(話).

__ge'zo·gen__ [gəˈtsoːɡən] ziehen の過去分詞.

__Ge'zücht__ [gəˈtsʏçt] 中 -[e]s/-e《複数まれ》(↓ Zucht) **1**《雅》(Brut)（動物の）一腹(ひとはら)の子. **2**《侮》野郎(ども), ならず者, やつばら.

__Ge'zweig__ [gəˈtsvaɪk] 中 -[e]s/《雅》《集合的に》木の枝.

__Ge'zwit·scher__ [gəˈtsvɪtʃər] 中 -s/ (鳥の)さえずり.

__ge'zwun·gen__ [gəˈtsvʊŋən] 過分形 (↑zwingen) わざとらしい, 不自然な, むりやりの. ~es Benehmen ぎこちない態度. ~ lachen 作り笑いをする.

__ge'zwun·ge·ner'ma·ßen__ 副 仕方なく, 無理やりに

Ge·zwun·gen·heit 囡 -/ わざとらしさ,不自然さ,ぎこちなさ.
GG 《略》=Grundgesetz 2
ggf. 《略》=gegebenenfalls
Gha·na ['ga:na] 《地名》ガーナ(西アフリカの国).
Gha·na·er ['ga:naɐr] 男 -s/- ガーナ人.
gha·na·isch ['ga:na-ɪʃ] 形 ガーナの.
Gha'ne·se [ga'ne:zə] 男 -n/-n =Ghanaer
Ghet·to ['gɛto] 中 -s/-s =Getto
Ghi·bel·li·ne [gibɛ'li:nə] 男 -n/-n 《it.》《歴史》ギベリン党,皇帝党(中世に神聖ローマ皇帝を支持した党派.その反対派であるGuelfeはローマ教皇を支持した).
Ghost·wri·ter ['go:straɪtɐr] 男 -s/- 《engl.》(演説の原稿などの)代作者,ゴーストライター.
gib [gi:p] geben の du に対する命令形.
Gib·bon ['gɪbɔn] 男 -s/-s 《fr.》《動物》(東南アジア原産の)てながざる.
Gi·bel·li·ne [gibɛ'li:nə] 男 -n/-n 《歴史》=Ghibelline
Gi'bral·tar [gi'braltar, gibral'ta:r] 《地名》ジブラルタル(スペイン南端にある小半島).
gibst [gi:pst] geben の現在2人称単数.
gibt [gi:pt] geben の現在3人称単数.
Gicht[1] [gɪçt] 囡 -/ 《病理》痛風.
Gicht[2] 囡 -/-en 《冶金》1 (溶鉱炉の)炉頂,炉口,装入口. 2 (溶鉱炉の)装入物.
gicht·brü·chig 形 《古》=gichtkrank
gich·tig ['gɪçtɪç] 形 《古》=gichtisch
gich·tisch [gɪçtɪʃ] 形 《病理》痛風病みの.
Gicht·kno·ten 男 -s/- 《病理》痛風結節.
gicht·krank 形 痛風の,痛風病みの.
Gi·ckel ['gɪkəl] 男 -s/- 《中部ドイツ》1 (Hahn) 雄鶏(おんどり). 2 《戯》怒り虫.
gicks [gɪks] 画 《話》《次の用法で》~ und gacks あらゆる人,誰でも;《様々の》つまらぬ事. Das weiß ~ und gacks. そんなことは誰でも知っている. weder ~ noch gacks sagen〈wissen〉うんともすんとも言わない〈何も知らない〉.
gick·sen ['gɪksən] 《中部ドイツ》《話》❶ 自 かん高い声を出す. ❷ 他 (ふざけて)小突く.
Gie·bel ['gi:bəl] 男 -s/- 《魚》ふな(鮒).
Gie·bel[2] ['gi:bəl] 男 -s/- 1 《建築》切妻(壁),破風(壁). 2 《戯》鼻.
Gie·bel·dach 中 -[e]s/=er 《建築》切妻屋根.
Gie·bel·feld 中 -[e]s/-er 《建築》ペディメント(古代ギリシア神殿などに見られる切妻屋根のゆるやかな勾配の部分,多くは3角形).
Gie·bel·fens·ter 中 -s/- 《建築》切妻窓.
gie·be·lig ['gi:bəlɪç] 形 切妻造りの.
Gie·bel·sei·te 囡 -/-n 切妻のある側.
Gie·bel·wand 囡 -/=e 《建築》切妻壁.
gieb·lig ['gi:blɪç] 形 =giebelig
Gier [gi:r ギール] 囡 -/ 欲望,熱望(nach et³ ものへの). ~ nach Macht 権勢欲. seine ~ nicht bezwingen 〈unterdrücken〉können 自分の欲望を抑えることができない.
gie·ren[1] ['gi:rən] 自 (nach et³ 物³を)熱望(渇望)する.
gie·ren[2] 自 《海事・航空》針路からそれる;(船首・機首が)左右に揺れる.
*** gie·rig** ['gi:rɪç] 形 貪欲な,欲深な,がつがつした(auf et⁴ ~ essen 物⁴をがつがつ食う. ~ nach et³〈auf et⁴〉sein 物³·⁴が欲しくてたまらない.

'**Gieß·bach** ['gi:s..] 男 -[e]s/=e (雨や雪解け水のために水嵩(かさ)を増した山の)急流.

'**gie·ßen*** ['gi:sən ギーセン] goss (°goß), ge·gossen ❶ 他 1 (液体を)そそぐ,つぐ;こぼす. Kaffee in die Tasse ~ コーヒーをカップにつぐ. Öl ins Feuer ~ 火に油をそそぐ;あおりたてる. Öl auf die Wogen ~ 油をまいて波を静める;激情(興奮)を静める. einen hinter die Binde ~ / einen auf die Lampe ~ 《酒を》一杯やる. 《**es gießt sich**⁴ の形で》Aus〈Mit〉dieser Kanne gießt es sich schlecht. このポットはつぎにくい. 2 (begießen)《植物に》水をやる,灌水する. Blumen ~ 花に水をやる. den Garten ~ 庭に水をまく. 3 (溶かした金属を)流し込む,鋳(い)る,鋳造(ちゅうぞう)する. Blei ~ 鉛を鋳造する:(大みそかの習慣で)溶かした鉛を水に落としてその形で運勢を占う. Glocken〈Lettern〉~ 鐘〈活字〉を鋳造する. wie aus Erz *ge·gossen* dastehen (青銅で造られたように)身動きせずに立っている.
❷ 自 《話》《非人称的に》*Es gießt* [in Strömen]. どしゃぶりの雨が降る.

'**Gie·ßen** ['gi:sən] 《地名》ギーセン(ドイツ中部,ヘッセン州の都市).
'**Gie·ßer** ['gi:sər] 男 -s/- 1 鋳(い)物工. 2 水差し.
'**Gie·ße·rei** [gi:sə'raɪ] 囡 -/-en 1 《複数なし》《冶金》鋳造(ちゅうぞう). 2 鋳(い)物工場,鋳造所.
'**Gieß·form** 囡 -/-en 《冶金》鋳型.
'**Gieß·kan·ne** 囡 -/-n 如雨露(じょうろ).
'**Gieß·kan·nen·prin·zip** 中 -s/ 平等配分の原則(如雨露で水をまくような).
'**Gieß·pfan·ne** 囡 -/-n 《冶金》取瓶(とりべ).
***Gift**[1] [gɪft ギフト] 中 -[e]s/-e (↓geben) 毒,毒物,毒薬;《比喩》害毒;悪意,憎しみ,恨み. in schleichendes〈ein schnell wirkendes〉~ 回りの遅い〈早い〉毒. ein blondes ~ 《戯》色気のある金髪女. Nikotin ist ~ für dein Herz. ニコチンは君の心臓に毒だ. wie ~ schneiden (刃物の切れ味が鋭い). auf j⁴ ~ geben 人⁴に毒を盛る. ~ nehmen 毒をあおる. Darauf kannst du ~ nehmen. 《比喩》《話》それは絶対に確かだ. sein ~ verspritzen 《話》毒づく. ~ und Galle sein 《話》腹を立てている(auf j⁴ 人⁴に/wegen et² 事²のことで). ~ und Galle speien〈spucken〉《話》怒りをぶちまける,怒鳴りちらす.
Gift[2] (↓Gift¹) ❶ 囡 -/ 《地方》怒り,腹立ち. einen ~ auf j⁴ haben 人⁴に腹を立てている. ❷ 囡 -/ 《古》(Gabe) 贈物.
'**Gift·be·cher** 男 -s/- 毒杯.
'**gif·ten** ['gɪftən] 《話》❶ 自 毒づく(gegen j⁴ 人⁴に向かって / über et⁴ 事⁴のことで). ❷ 他 怒らせる. ❸ 再 《**sich**》怒る,憤慨する.
'**gift·fest** 形 毒に対して強い,耐毒性の.
'**gift·frei** 形 《副詞的には用いない》毒性のない,無毒(害)の.
'**Gift·gas** 中 -es/-e 有毒ガス,毒ガス.
'**gift·grün** 形 《比較変化なし》毒々しい(けばけばしい)緑色の,緑青(ろくしょう)色の.
'**Gift·hauch** 男 -[e]s/-e 《雅》毒気(どっき),有害な影響力.
'**gif·tig** ['gɪftɪç] 形 1 毒性の,有毒の. eine ~*e* Schlange 毒蛇. 2 《比喩》《話》意地の悪い,とげとげしい,辛辣(しんらつ)な;怒った. eine ~ Zunge haben 毒舌家である. Er wird leicht ~. 彼はすぐに腹を立てる. 3 (色が)毒々しい,けばけばしい. 4 《話》《スポーツで》ね

Gif·tig·keit 囡 -/ 毒性;《比喩》毒々しさ, 意地悪, 邪険(じゃけん), 辛辣(しんらつ).

'Gift·mi·scher 男 -s/- **1** 毒殺者;《比喩》陰謀家. **2**《戯》薬剤師, 医師. ◆女性形 Giftmischerin 囡 -/-nen

'Gift·mör·der 男 -s/- 毒殺者. ◆女性形 Giftmörderin 囡 -/-nen

'Gift·müll 男 -[e]s/ 有毒廃棄物.

'Gift·nu·del 囡 -/-n **1**《俗》(安物の)葉巻, 紙巻たばこ. **2**《俗》意地の悪い人, いけず.

'Gift·pflan·ze 囡 -/-n 有毒植物.

'Gift·pilz 男 -es/-e 毒きのこ.

'Gift·schlan·ge 囡 -/-n 毒蛇;《俗》陰険な女.

'Gift·schrank 男 -[e]s/-̈e (薬局や病院の)毒物(劇薬)戸棚.

'Gift·zahn 男 -[e]s/-̈e (蛇の)毒牙(どくが). j³ die Giftzähne ausbrechen〈ziehen〉《比喩》人³の毒気を抜く, 毒舌を封じる.

gi·ga.. [gi·ga.., giga..]《接頭》(gr. gigas, Gigant')《記号 G》単位名詞に冠して「10 億(10⁹)倍」を意味する. Gigahertz(記号 GHz)ギガヘルツ(10 億ヘルツ).

'Gi·ga·byte ['gi:gabart, giga'bart] 匣 -[s]/-[s]《記号 GByte》(コンピュ) ギガバイト (1024 メガバイト).

'Gi·ga·me·ter ['gi:game:tər, giga'me:tər] 匣 -s/-(スズ 男 -s/-)《記号 Gm》ギガメートル(10 億メートル).

Gi·gant [gi'gant] 男 -en/-en (gr. gigas, Gigant') **1**《ギ神話》ギガス(ギガンテスとも, 巨人族神族). **2** 巨人, 巨漢, 大男. **3**《比喩》偉大な能力(業績)のある人, 巨人, 巨星, 偉人. ♪《天文》巨星.

<u>gi·gan·tisch</u> [gi'gantɪʃ] 服《副詞的には用いない》**1** 巨大な; 巨人のような. ein ~er Konzern 巨大コンツェルン. **2** 法外な, 途方もない.

Gi·gan·tis·mus [gigan'tɪsmʊs] 男 -/《病理》巨人症, 巨大発育症.

Gi·gan·to·ma·chie [gigantoma'xi:] 囡 -/ (gr. gigas 'Gigant'+mache 'Kampft')《ギ神話》ギガス族の戦い.

Gi·gan·to·ma·nie [gigantoma'ni:] 囡 -/ (建築などに見られる)巨大志向(好み).

'Gi·gerl ['gi:gərl] 匣 (也 男) -s/-n **1**《南ドイ・オースト》(Geck) しゃれ男, だて男. **2**《南ドイ》(Hahn) 雄鶏(おんどり).

'Gi·go·lo ['ʒi:golo, 'ʒɪgolo] 男 -s/-s (fr.) **1** ジゴロ(女性客の相手をつとめる職業的な男のダンサー). **2** ジゴロ(女に養われる若い男), ひも, 情夫; 婦人旅行者をかもにする軟派青年.

Gigue [ʒi:k] 囡 -/-n [..gən] (fr.)《音楽》ジグ(ジーグとも, 軽快な舞曲の 1 つ).

gik·sen ['gi:ksən] 围《話》=gicksen

gil·ben ['gɪlbən] 围 (s)《雅》黄色になる, 黄ばむ.

'Gilb·hard, 'Gilb·hart ['gɪlphart] 男 -s/-e《複数まれ》《古》(Oktober) 10 月. ♦gilb が gelbes Herbstlaub (秋の黄葉)の連想を引起すことによる.

'Gil·de ['gɪldə] 囡 -/-n **1**《歴史》(ヨーロッパ中世の)ギルド, 同業者組合. **2** (利害・関心・趣味を同じくする人々の)集団, 同好会, クラブ.

'Gil·de·meis·ter 男 -s/- ギルドの長(代表者).

Gi'let [ʒi'le:] 匣 -s/-s (fr.)《古》(スズ) ジレ(ジレーとも, 婦人用のそでなしの胴着).

Gil·ga·mesch ['gɪlgameʃ]《人名》ギルガメシュ(古代オリエント叙事詩の主人公で半神半人の英雄).

gilt [gɪlt] gelten の現在 3 人称単数および gelten の

du に対する命令形.

giltst [gɪltst] gelten の現在 2 人称単数.

'Gim·pel ['gɪmpəl] 男 -s/- **1**《鳥》うそ. **2**《俗》人好し.

Gin [dʒɪn] 男 -s/-s (engl.) ジン(杜松(ねず)の香りを入れた蒸留酒).

ging [gɪŋ] gehen の過去.

'gin·ge ['gɪŋə] gehen の接続法 II.

'Gink·go, 'Gin·ko ['gɪŋko] 男 -s/-s (jap. ginkyo)《植物》いちょう(銀杏).

'Gin·seng [gɪnzɛŋ, 'ʒɪnzɛŋ] 男 -s/-s (chin.)《植物》ちょうせんにんじん.

'Gins·ter [gɪnstər] 男 -s/-《植物》えにしだ属.

gio'co·so [dʒo'ko:zo] 副 (it.)《音楽》ジョコーソ, うきどけて, 愉快に.

*'**Gip·fel** ['gɪpfəl ギプフェル] 男 -s/- **1** (山の)頂上, 山頂;《古》《地方》幹の先, こずえ. einen ~ besteigen〈bezwingen〉頂上に登る〈頂上を征服する〉. **2**《比喩》頂点, 絶頂, 極致. der ~ des Glücks〈der Dummheit〉幸福の絶頂〈愚の骨頂〉. Das ist [doch] der ~ !《話》ひどい, 信じられない. **3** (Gipfelkonferenz, Gipfeltreffen) 首脳会談, サミット.

..gip·fe·lig [..gɪpfəlɪç]《接尾》(↓ Gipfel) 数詞について「...の頂(いただき)がある」の意の形容詞をつくる. zweigipfelig 頂が 2 つある.

'Gip·fel·kon·fe·renz 囡 -/-en 首脳会談, サミット.

'Gip·fel·kreuz 匣 -es/-e 山頂の十字架.

'Gip·fel·leis·tung 囡 -/-en 最大(最高)の業績.

'gip·feln ['gɪpfəln] 围 頂点(絶頂, クライマックス)に達する(in et³ 事³において).

'Gip·fel·punkt 男 -[e]s/-e 頂点.

'Gip·fel·tref·fen 匣 -s/- ≈Gipfelkonferenz

..gipf·lig [..gɪpflɪç]《接尾》=gipfelig

*<u>Gips</u> [gɪps ギプス] 男 -es/-e **1** 石膏(せっこう). gebrannter ~ 焼石膏. eine Statue in ~ abgießen 石膏で彫像の型を取る. **2** (Gipsverband, Gipsbett) ギプス. ein Bein in ~ haben 脚にギプスをはめている. j³ den Arm〈das Bein〉in ~ legen 人³の腕〈脚〉にギプスをはめる. aus dem ~ kommen (治って)ギプスがとれる. **3**《話》お金.

'Gips·ab·druck 男 -[e]s/-̈e **1** 石膏鋳(いがた)型.《複数なし》石膏で型を取ること.

'Gips·ab·guss 男 -es/-̈e **1** 石膏製の模像. **2**《複数なし》石膏模像の製作.

'Gips·bett 匣 -[e]s/-en《医学》ギプスベッド(人体を象(かたど)って石膏で作られた胴体や頭部固定用のギプス).

'gip·sen ['gɪpsən] 围 **1** (物に)石膏(しっくい)を塗る;(割れた陶器・壁などを)石膏(しっくい)で補修する; (骨折箇所に)ギプスをはめる. **2** (ワインに)石膏を添加する(酸度を保ち, 色をよくするため; ドイツでは禁止されている).

'Gip·ser ['gɪpsər] 男 -s/- (Stuckateur) スタッコ(化粧しっくい)職人, 左官.

'gip·sern ['gɪpsərn] 服《付加語的用法のみ》石膏(製)の.

'Gips·fi·gur 囡 -/-en 石膏像.

'Gips·kopf 男 -[e]s/-̈e 石膏製の頭部;《俗》かぼちゃ頭, でく, まぬけ.

'Gips·ver·band 男 -[e]s/-̈e ギプス, ギプス包帯. j³ um den Arm〈das Bein〉einen ~ anlegen 人³の腕〈脚〉にギプスをはめる. ◆↑Gips 2

Gi'raf·fe [gi'rafə] 囡 -/-n (arab.)《動物》きりん, ジラフ.

Gi·ran·do·la [dʒi'randola] 囡 –/..dolen[..ran-'doːlən] (it.) **1** (車輪状に花火が飛散る)車花火. **2**《古》枝付きの飾り燭台. **3** 宝石をちりばめたドロップイヤリング.

Gi'rant [ʒi'rant] 男 –en/-en (↓ girieren)《銀行》(手形などの)裏書人, 譲渡人.

Gi'rat [ʒi'rat] 男 –s/-e《銀行》(手形などの)被裏書人, 譲り受け人.

gi'rie·ren [ʒi'riːrən] 他 (it.)《銀行》(手形などを)裏書する, 譲渡する.

Girl [gøːrl, gœrl, gəːl] 中 –s/-s (engl.) **1**《戯》(Mädchen) 女の子. **2** (バレエ団などの)踊り子.

Gir'lan·de [gɪr'landə] 囡 –/-n (fr.) **1** 花綵(ざい)(花を枝葉などとともに長く編んで作ったつな, 祭の装飾などに用いる);《建築》花綵装飾(模様). **2** 花飾り(彩色した紙をこまかな波形にして長くつないだ飾り, パーティーなどに用いる). **3**《ス゚キー》ギルランデ(斜滑降に続いてのターンを短く連続的にする滑り方, その人によってできるシュプール).

'Gir·lie [gøːrli, gœrli, gəːli] 中 –s/-s (engl.) (活発で大胆な)ギャル.

'Gi·ro [ʒiːro] 中 –s/-s (it.)《銀行》振替; (手形の)裏書. ◆オーストリアでは複数形で Giri [ʒiːri] も.

'Gi·ro·kon·to [ʒiːrokɔnto] 中 –s/-s (..ten[..tən])《銀行》振替口座. (↔ Sparkonto)

Gi'ronde [ʒi'rõːd] 囡 –/《歴史》ジロンド派(フランス革命時代に穏健な共和主義を唱えた一派).

Gi·ron'dist [ʒirõ'dɪst] 男 –en/-en《歴史》(フランス革命時代の)ジロンド党員.

'Gi·ro·ver·kehr 男 –[e]s《銀行》振替制度, 振替取引.

'Gi·ro·zen·tra·le 囡 –/-n (異なる銀行間の振替業務を仲介する)州中央銀行.

gir·ren ['gɪrən] 自 **1** (鳩などが)くうくうと鳴く. **2** (女が)甘ったるい声で話す(笑う).

gis, Gis [gɪs] 中 –/-《音楽》**1** 嬰ト音. **2**《記号》gis=gis-Moll, Gis=Gis-Dur

'gi·schen ['gɪʃən] 自《雅》(海の水などが)泡だつ, 波しぶきをあげる.

Gischt [gɪʃt] 男 –[e]s/-e(囡 –/-en)《複数まれ》波のしぶき(泡); 沸き返る(沸き立つ)波.

'gisch·ten ['gɪʃtən] 自 =gischen

'Gis-Dur ['gɪsduːr, '-'-] 中 –/《記号 Gis》《音楽》嬰(ざい)ト長調.

'Gi·se·la ['giːzəla]《女名》ギーゼラ.

'gis-Moll ['gɪsmɔl, '-'-]《記号 gis》《音楽》嬰(ざい)ト短調.

Giss, °Giß [gɪs] 男 –es/-e(囡 –/Gissen)《海事・航空》(船・飛行機などの)位置推定.

'gis·sen ['gɪsən] 自《海事・航空》(船・航空機などの)位置を推測する.

Gi'tar·re [gi'tarə] 囡 –/-n (sp.)《楽器》ギター.

Gi·tar'rist [gita'rɪst] 男 –en/-en ギタリスト.

*'**Git·ter** ['gɪtər ギター] 中 –s/- **1** 格子; 格子垣, 金網, 鉄格子. j⁴ hinter ~ bringen《話》人⁴を牢に入れる. hinter ~n sitzen《話》むなしく暮らしする. **2**《結晶》結晶格子;《電子工》(Gitterelektrode) グリッド電極;《光学》(Beugungsgitter)回折格子. **3** (地図・海図などの)碁盤目.

'git·ter·ar·tig 形 格子状の.

'Git·ter·bett 中 –[e]s/-en (とくに幼児用の)柵で囲んだベッド.

'Git·ter·brü·cke 囡 –/-n (橋げたに組み格子を使った)ラティス橋, 格子橋.

'Git·ter·fens·ter 中 –s/- 格子窓.

'Git·ter·mast 男 –[e]s/-e[n]《工学》(送電線のための)格子型鉄塔.

'git·tern ['gɪtərn] 他《まれ》(物⁴に)格子をつける(はめる).

'Git·ter·rost 男 –[e]s/-e (溝などの)格子ぶた.

'Git·ter·span·nung 囡 –/-en《複数まれ》《電子工》格子電圧.

'Git·ter·tor 中 –[e]s/-e 格子門.

'Git·ter·tür 囡 –/-en 格子戸.

'Git·ter·werk 中 –[e]s/-e 格子(組み).

'Git·ter·zaun 男 –[e]s/ä⁸e 格子の垣.

Glace [gla:s] 囡 –/-s[gla:s] (fr.)《料理》**1** (菓子にかける)糖衣. **2** 肉汁のゼリー. **3**《スス゚》アイスクリーム.

Gla'cé, Gla'cee [gla'se:] 中 –/[s]/-s (fr., Glanz‚) **1** 光沢のある織物. **2** =Glacéleder **3**《複数で》(Glacéhandschuhe) キッド革の手袋.

Gla'cé·le·der [gla'se:le:dər] 中 –s/- キッド革(子やぎまたは子羊のなめし革, 非常に柔らかくて高級品).

Gla·di'a·tor [gladi'a:tor] 男 –s/-en [..a'to:rən] (lat.) (剣)闘士(古代ローマの).

Gla·di'o·le [gladi'o:lə] 囡 –/-n (lat.)《植物》グラジオラス.

'Gla·mour ['glɛmər, 'glɛmə] 男 (中) –s/ (engl.) 魅惑的な美しさ.

'Gla·mour·girl 中 –s/-s (engl.) 魅惑的な(グラマーな)女性; (映画の)美人女優, (宣伝用の)モデル嬢.

*'**Glanz** [glants グランツ] 男 –es/-e《複数まれ》**1** 輝き, 光沢, つや. der ~ der Sonne〈des Haares/der Stimme〉太陽の輝き〈髪のつや/声のつや〉. den ~ einbüßen〈verlieren〉輝き(つや)を失う(比喩的にも). et⁴ auf ~ polieren 物⁴をみがいてつやを出す. **2** 輝かしさ, 栄光, 光輝; 豪華, 華麗; 傑出, 卓越. der ~ der Jugend〈des Ruhmes〉青春〈名声〉の輝き. et⁴ mit großem ~ feiern事⁴(祭典など)を華々しく祝う. mit ~《話》みごとに, りっぱに. mit ~ und Gloria《話》みごとに, 首尾よく, まんまと. eine Prüfung mit ~ [und Gloria] bestehen みごとに試験に合格する. mit ~ und Gloria durch eine Prüfung fallen もののみごとに試験に落ちる. **3**《鉱物》輝鉱.

'Glanz·bürs·te 囡 –/-n (靴の)つや出しブラシ.

*'**glän·zen** ['glɛntsən グレンツェン] ❶ 自 **1** 輝く, 光る, きらめく. Die Sterne *glänzen*. 星がきらめく. Sein Gesicht *glänzt* vor Freude. 彼の顔は喜びに輝いている. Es ist nicht alles Gold, was *glänzt*.《諺》輝くもの必ずしも黄金ではない. **2** (人物・才能などが)すぐれている, 傑出している, 精彩を放つ; 目立つ. Er *glänzte* unter seinen Kameraden durch sein Wissen. 彼は仲間うちでもきわだって物知りだった. durch Abwesenheit ~《話》(大事な時に)いない; いないのでかえって目立つ. ❷ 他 みがく, つやを出す.

*'**glän·zend** ['glɛntsənt グレンツェント] 現分 形 **1** 輝き(つや)のある. mit ~en Augen 目を輝かせて. **2**《話》輝かしい, りっぱな, すばらしい. eine ~e Zukunft〈Idee〉輝かしい未来〈すばらしい思いつき〉. ~e Zeugnisse 優秀な成績. in ~er Form sein (選手などが)絶好のコンディションにある. Das Wetter ist ~. 天気は上々だ. Es geht ihm ~. 彼は絶好調だ.

'Glanz·far·be 囡 –/-n 光沢色.

'Glanz·form 囡 –/《話》(スポーツ選手の)絶好調, ベストコンディション.

'Glanz·koh·le 女 -/(-n)《鉱物》輝炭(きたん).
'Glanz·le·der 中 -s/- エナメル革.
'Glanz·leis·tung 女 -/-en 輝かしい業績, 素晴らしい成績(成果).
'Glanz·licht 中 -[e]s/-er《多く複数で》1 ライトの反射.《絵画》光彩, ハイライト(強い光を当てて目立たせた部分). et³ [noch ein paar] ~er aufsetzen《比喩》事⁴に〈もう少し〉彩(いろど)りをそえる.
'glanz·los 形 光沢(つや)のない, どんよりした;《比喩》ぱっとしない, 退屈な.
'Glanz·num·mer 女 -/-n (ショーなどの)呼び物.
'Glanz·pa·pier 中 -s/-e 光沢紙.
'Glanz·punkt 男 -[e]s/-e 最高潮, クライマックス, ハイライト.
'Glanz·rol·le 女 -/-n (ある俳優の)はまり役; 当り役.
'Glanz·stück 中 -[e]s/-e 1 = Glanzleistung 2 最高の傑作; 絶品, 逸品.
'glanz·voll ['glantsfɔl] 形 輝かしい, 壮麗(華美)な;《比喩》すばらしい, 傑出した.
'Glanz·wich·se 女 靴墨.
'Glanz·zeit 女 -/-en 全盛期, 黄金時代.

Glas¹

[gla:s グラース] 中 -es/Gläser (単位が)
1《複数なし》ガラス. feuerfestes〈splitterfreies〉~ 耐火〈安全〉ガラス. ~ blasen ガラスを吹く(吹いてガラス器を作る). ~ schleifen ガラスをカットする(すりガラスにする). ein Fenster aus ~ ガラス窓. Du bist doch nicht aus ~! / Bist du aus ~?《話》君がじゃまで前が見えないじゃないか. Glück und ~, wie leicht〈bald〉bricht das.《諺》幸福とガラスはなんとこわれやすいことか. 2 グラス, コップ; ガラス器, ガラス瓶. ein ~ [voll/mit] Bier グラス1杯のビール. ein ~ guter Wein〈雅 guten Wein[e]s〉上等のワイン1杯. der Preis eines ~es Wein〈eines ~ Wein[e]s〉ワイン1杯の値段. Ich habe drei Gläser Wein getrunken. 私はワインを3杯飲んだ. zwei ~ Wein (量の単位として用いて)ワイン2杯. ein ~ Marmelade〈Kompott〉マーマレード〈果物の瓶詰め〉1瓶. ein ~ austrinken〈füllen〉グラスを干す〈満たす〉. ein ~ über den Durst trinken / zu tief ins ~ gucken〈schauen〉《戯》(酒を)飲みすぎる, 酔う. mit den Gläsern anstoßen (乾杯の際に)グラスを打ち合わせる. et¹ mit einem ~ begießen 事⁴(成功など)を祝って一杯やる. ▶ 1 Gläschen 3 めがね, レンズ, 望遠鏡, 双眼鏡, オペラグラス; 鏡. seine Gläser aufsetzen めがねをかける. 4《鉱物》ガラス状鉱石.

Glas² 中 -es/-en (船員)半時間;(午前8時を起点とする半時間ごとの)点鐘(てんしょう). Es schlägt 3 ~[en]. 今3点鐘(午前9時半)だ. ◆ もとは Stundenglas すなわち半時間計測の砂時計を意味する言葉.

'Glas·ar·beit 女 -/-en ガラス製品.
'glas·ar·tig 形 ガラス状の.
'Glas·au·ge 中 -s/-n (ガラスの)義眼.
'Glas·blä·ser 男 -s/- ガラス工, ガラス細工師.
'Gläs·chen ['glɛ:sçən] 中 -s/-《Glas の縮小形》小さなグラス(コップ, ガラス器). ein ~ zuviel trinken 少し飲み過ぎる. ❷ et¹ mit einem ~ begießen 事⁴を祝ってちょっと一杯やる.
'gla·sen ['gla:zən] (↓ Glas¹)《まれ》❶ 他 (物⁴に)ガラスをはめる. ❷ 自 すわった目で見つめる.
'gla·sen² 自 (↓ Glas²)(船員)(船上で)点鐘を打つ.
'Gla·ser ['gla:zər] 男 -s/- ガラス職人, ガラス屋.
'Glä·ser ['glɛ:zər] Glas¹ の複数.

'Gla·ser·di·a·mant 男 -en/-en ガラス切り用ダイモンド.
'Gla·se·rei [gla:zə'raɪ] 女 -/-en 1《複数なし》ガラス屋(ガラス職人)の仕事. 2 ガラス製品製造所.
'Gla·ser·kitt 男 -[e]s/-e ガラス用パテ.
'Glä·ser·klang 男 -[e]s/《雅》(乾杯の際)グラスが触れ合う音.
*'glä·sern ['glɛ:zərn グレーゼーン] 形 1《付加語的用法のみ》ガラス(製)の. 2 ガラスのような, 無表情な,(視線などが)動かない,(声が)かん高い,(空気などが)澄みきった.
'Glas·fa·brik 女 -/-en ガラス工場.
'Glas·fa·ser 女 -/-n《多く複数で》ガラス繊維, グラスファイバー.
'Glas·ge·mäl·de 中 -s/- ガラス絵,(とくに教会の)ステンドグラス.
'Glas·ge·schirr 中 -[e]s/-e ガラス食器.
'Glas·glo·cke 女 -/-n ガラス鐘; 鐘形のガラスぶた.
'Glas·har·fe 女 -/-n《楽器》グラス・ハープ(20世紀初頭に考案された).
'Glas·har·mo·ni·ka 女 -/-s (..ken [..kən])《楽器》グラス・ハーモニカ(18世紀から19世紀の初頭までよく使用された).
'glas·hart 1 ガラスのように堅い;(ガラスのように)こわれやすい. 2《球技》(シュートなどが)強烈な; 粘り強い.
'Glas·haus 中 -es/-er 1 温室. 2《建築》(天井などが)ガラス張りの家.
'Glas·hüt·te 女 -/-n ガラス工場.
gla'sie·ren [gla'zi:rən] 他 (↓Glas¹) 1 (陶器などに)うわぐすりをかける; ニスを塗る. 2《料理》(菓子に)糖衣をかける.
'gla·sig ['gla:zɪç] 1 ガラスのような;(ガラスのように)透明な. 2《比喩》(目が)うつろな, 無表情な.
'Glas·kas·ten 男 -s/⸚ ガラス箱; ガラス張りの(小)部屋.
'Glas·kol·ben 男 -s/- フラスコ;(電球・電子管の)ガラス球.
'Glas·kopf -[e]s/⸚e《鉱物》(赤鉄鉱などからできた)岩石の球状の塊.
'Glas·kör·per 男 -s/-《解剖》(眼球の)硝子(しょうし)体.
Glas·ma·che·rei [..maxə'raɪ] 女 -/ ガラス製品作り, ガラス細工.
'Glas·ma·ler 男 -s/- ガラス絵の画家.
'Glas·ma·le·rei 女 -/-en ガラス絵(ステンドグラス).
'Glas·nost ['glasnɔst] 女 -/ (russ.)(旧ソ連における)グラスノスチ, 情報公開.
'Glas·pa·pier 中 -s/-e (ガラス粉を使った)紙やすり.
'Glas·per·le 女 -/-n 模造真珠, ガラス玉.
'Glas·röh·re 女 -/-n ガラス管.
'Glas·schei·be 女 -/-n (窓・額などにはめる)板ガラス.
'Glas·scher·be 女 -/-n ガラスのかけら.
'Glas·schlei·fer 男 -s/- ガラス研磨工.
'Glas·schnei·der 男 -s/- ガラス切り.
'Glas·schrank 男 -[e]s/⸚e (Vitrine) ガラス戸棚; ガラス器用の戸棚.
'Glas·split·ter 男 -s/- ガラスの破片.
Glast [glast] 男 -[e]s/《地方》《雅》= Glanz
Gla'sur [gla'zu:r] 女 -/-en (↓ Glas¹) 1 (陶器などの)うわぐすり; エナメル, ニス. 2《料理》(ケーキなどの)糖衣.
'glas·wei·se 副 グラスで, グラスに分けて.
'Glas·wol·le 女 -/-n《複数なし》《工学》グラスウール, ガラス綿(断熱材・吸音材などに使用される).

*'**glatt** [glat グラト] glatter(glätter), glattest(glättest) 圏 **1** 平らな, なめらかな, すべすべ(つるつる)した. eine ～e Oberfläche 平らな表面. eine ～e Straße 平坦な道路;(凍結などして)すべりやすい道路. ein ～es Gesicht しわ(ひげ)のない顔. ～es Haar まっすぐな(ちぢれていない)髪. eine ～e Haut すべすべした肌. ～es Vieh《農業》まるまるとした家畜. Draußen ist es ～. 外は(凍って・ぬかって)すべりやすい. **2** 支障(滞り)のない, 順調な(円滑). eine ～e Landung〈Reise〉スムースな着陸〈つつがない旅〉. 万事順調に進んだ. Er schrieb eine ～e Eins.《話》彼は文句なしに評点 1 (最高点)の答案を書いた. Er hat alles ～ bezahlt. 彼は全部きれいに支払った. Die Rechnung geht ～ auf. その計算はきちんと(余りがなく)割切れる. **3**《話》(a) 明白な, まぎれもない, まったくの. eine ～e Lüge まっかな嘘. Das ist ～er Unsinn. それはまったくのナンセンスだ. (b)《副詞的用法で》すっかり, きっぱり. Das habe ich ～ vergessen. それを私はすっかり忘れていた. Er hat es ～ abgelehnt. 彼はそれをきっぱり拒絶した. **4**《話》いやに腰の低い, 口のじょうずな, 如才ない. ～e Worte machen おべんちゃらを言う. Er ist ～ wie ein Aal. 彼はまるでとらえどころがない. **5** 模様(柄)のない, 平織(無地)の;(↔ verkehrt) 表編みの. ein ～er Stoff 平織の生地(じ), einen Pullover ～ stricken プルオーバーを模様なしで編む. **6**《ズザ゚》こっけいな, おかしい. eine ～e Marke おかしなやつ. ～⇒ glatt gehen, glatt hobeln, glatt legen, glatt machen, glatt streichen, glatt ziehen

'**Glät·te** ['glɛtə] 医 -/(↓ glatt) **1** 滑らかさ(平らさ), 滑らかさ. **2** 光沢; ほうろう. **3**《比喩》お世辞, 如才なさ.

'**Glatt·eis** ['glatʔaɪs] 回 -es/ つるつる滑る氷;(路面)凍結. j⁴ aufs ～ führen《話》人⁴を陥(ぉとしい)れる, だます. aufs ～ geraten《話》(自信のもてないことに首を突っ込んで)苦境に陥(ぉちいる).

'**glät·ten** ['glɛtən] ❶ 他 **1** (木材などを削って)平らにする;(金属などを磨いて)滑(なめ)らかにする;(布・紙などを)平らにする;(髪などをなでつける;(ズザ゚) アイロンをかける. die Falten des Kleides ～ 服のしわをのばす. **2** (文章などに)磨きをかける. **3**《比喩》(感情などの感情を)静める. ❷ (sich⁴) (感情が)静まる;(海が)凪(な)ぐ.

'**glat·ter·dings** ['glatɐrdɪŋs] 副 きっぱりと; 全く, 絶対に. Das ist ～ unmöglich. それは絶対に不可能だ.

'**glatt ge·hen***, °'**glatt|ge·hen*** 自(s)(事が)うまくいく, 順調に運ぶ. Es ist alles glatt gegangen. すべて順調に事が運んだ.

'**glatt ho·beln**, °'**glatt|ho·beln** 他(物⁴に)鉋(ぉ)をかける.

'**glatt le·gen**, °'**glatt|le·gen** 他(布などを)しわのないように置く.

'**glatt|ma·chen¹** 他《話》解決する; 清算する,(代金を)支払う.

'**glatt ma·chen**, °'**glatt|ma·chen²**(glätten) 滑らかな(平らに)する,(布・紙などを)平らにする.

'**glatt|stel·len** 他《商業》清算(皆済)する.

'**glatt strei·chen***, °'**glatt|strei·chen*** 他(布・紙などを)なでて滑(なめ)らかに(平らに)する, しわをのばす;(髪などをなでる).

'**glatt·weg** ['glatvɛk] 副《話》**1** きっぱりと, ためらわず. **2** 率直に, はっきりと. j³ et⁴ ～ ins Gesicht sagen 人³に事を面と向かってずけずけつけて言う. **3** まるっきり, まったく.

'**glatt zie·hen***, °'**glatt|zie·hen*** 他(カバー・シ

ーツなどを)引っ張って平らにする,(しわをのばす).

'**glatt·zün·gig** [..tsyŋɪç] 圏 (↓ Zunge)《比喩》《雅》口(お世辞)のうまい.

'**Glat·ze** ['glatsə] 医 -/-n (↓ glatt) はげ, はげ頭. eine ～ bekommen〈kriegen〉はげになる. sich³ eine ～ scheren〈schneiden〉lassen 丸坊主にする(してもらう).

'**Glatz·kopf** ['glats..] 男 -[e]s/⁼e はげ頭(の人).

*'**Glau·be** ['glaʊbə グラオベ] 男 2 格 -ns, 3·4 格 -n, 複数 -n《複数まれ》信じること, 確信, 信念; 信用, 信頼. ein blinder〈fanatischer〉 ～ 盲信〈狂信〉. ～n finden 信用される, 信じてもらう(bei j³ 人³に). j〈et〉³ ～n schenken 人〈事³〉を信じる,(に)信をおく. den ～n an j〈et〉⁴ verlieren 人〈事⁴〉を信用できなくなる. des [festen] ～ns sein 確信している. guten ～ns sein すっかり信用している. auf Treu und ～n 信頼しきって. im ～n, dass... …と信じて. im guten〈in gutem〉 ～n すっかり信用(信頼)して. j⁴ in 〈bei〉 dem ～n lassen, dass... 人⁴に…と思わせておく. sich⁴ in dem ～n wiegen, dass... (誤って)…と信じて(思い込んで)いる. **2** 信仰, 信心; 信条, 教義. der christliche〈heidnische〉 ～ キリスト教〈異教〉. Der ～ versetzt Berge. 信仰は山をも移す(↑『新約』I コリ 13:2). seinen ～n bekennen 信仰を告白する. vom ～n abfallen 信仰から離れる, 棄教する. j⁴ zu einem anderen ～n bekehren 人⁴を改宗させる.

'**glau·ben** ['glaʊbən グラオベン] ❶ 他 **1** (本当と)思う, 信じる, 思い込む. Das kannst du ruhig ～. そう思って間違いない. Ich glaube ich nicht von ihm. 彼がそんなことをする(言う)なんて信じられない. Ich glaubte dich gesund〈dich zu Hause〉. 私は君が元気だと〈君が家にいるものと〉思っていた. Wir glaubten ihn längst in Berlin. 彼はとっくにベルリーンにいるとばかり我々は思っていた. Das ist doch kaum 〈nicht〉 zu ～. とても信じられない(とんでもない)ことだ. Wer's glaubt, wird selig.《話》誰が信じるものか(聖書の文句をもじったもの. ↑『新約』マコ 16:16).《副文・**zu** 不定詞句と》Ich glaube, dass er krank ist. 私は彼が病気だと思う. Ich habe immer geglaubt, er sei mit ihr verlobt. 私は彼が彼女と婚約しているものとばかり思っていた. Er glaubte, sie gesehen zu haben. 彼は彼女を見かけたことがあると思った. j⁴ ～ machen, dass... 人⁴に…と思い込ませる.《目的語なしで》Ist er schon verreist? — Ich glaube nicht. 彼はもう発(た)ったのか — まだだと思うよ. wie ich glaube 私の見るところでは. Ich glaube gar! まさか, そんな馬鹿な.

2 (j³ et⁴ 人³の言う事⁴を)信じる. Ich glaube es ihm nicht. 私は彼の言うことを信じない. Das will ich dir gern ～. 君の言うとおりだとも.

❶ 自 **1** (j³ 人³の言うことを信じる,(et³ 事³を)信用する. Ich glaube dir aufs Wort. 私は君の言うことをそのまま信じる. Seinen Worten kann man ～. 彼の言葉は信用できる.

2 (an j〈et〉⁴ 人⁴〈事⁴〉を)信じる, 信頼(確信)する, 信仰する. Ich glaube an ihn〈an seinen Erfolg〉. 私は彼を信頼する〈私は彼の成功を確信する〉. an sich selbst ～ 自信をもつ. an Gespenster ～ 幽霊(の存在)を信じる. an Gott〈Wunder〉 ～ 神(奇跡)を信じる. d[a]ran ～ müssen《話》(仕方ないと)観念する; 死ぬ. Er hat im Krieg auch dran ～ müssen. 彼もまた戦死を免れなかった.

'Glau·ben ['glaʊbən] 男 -s/-《複数まれ》《まれ》= Glaube

'Glau·bens·ar·ti·kel 男 -s/-《多く複数で》【宗教】信仰箇条.

'Glau·bens·be·kennt·nis 中 -ses/-se **1** 信仰告白; 教理. ein ~ ablegen 信仰告白をする. das ~ sprechen 教理を唱える. **2** 信念(政治的・思想的な).

'Glau·bens·ei·fer 男 -s/ 熱烈な信仰(心).

'Glau·bens·fra·ge 女 -/-n 信仰(信念)の問題.

'Glau·bens·frei·heit 女 -/ 信教の自由.

'Glau·bens·ge·nos·se 男 -n/-n 同じ宗派の人; (政治・思想上の)信念を同じくする人, 同志.

'Glau·bens·leh·re 女 -/-n (Dogmatik) 教義学.

'Glau·bens·sa·che 女 -/-n《話》信仰に関する事柄.

'Glau·bens·satz 男 -es/¨e (Dogma) 教義.

'glau·bens·stark 形 信仰心の厚い.

'Glau·bens·streit 男 -[e]s/-e 宗派間の争い.

'Glau·bens·zwang 男 -[e]s/ 信仰の強制.

'Glau·bens·zwei·fel 男 -s/- 信仰上の疑惑(疑念).

'glaub·haft ['glaʊphaft] 形 信用(信頼)できる, 信ずるに足る, 本当らしい. et⁴ ~ machen 事⁴を真実らしくみせる.

'Glaub·haf·tig·keit 女 -/ 信憑(しんぴょう)性.

'Glaub·haft·ma·chung 女 -/【法制】疎明(そめい).

'gläu·big ['glɔʏbɪç] 形 (↔ ungläubig) **1** 信心深い, 敬虔(けいけん)な. ein ~er Christ 信心深いキリスト教徒. **2** 信じやすい, 信じ込んだ.

'Gläu·bi·ge 男女《形容詞変化》信者; 信奉者.

'Gläu·bi·ger ['glɔʏbɪɡɐ] 男 -s/-【法制】債権者.

'Gläu·bi·ger·ver·samm·lung 女 -/-en《経済・法制》債権者集会.

'Gläu·big·keit 女 -/ **1** 信心深いこと, 信仰の厚いこと. **2** 信じやすさ.

'glaub·lich ['glaʊplɪç] 形《ふつう次の用法で》Es ⟨Das⟩ ist kaum ~. それはほとんど信じられないようなことだ. Es ist kaum ~, dass du das allein gemacht hast. 君がそれを1人でしたなんて信じられない.

'glaub·wür·dig ['glaʊpvʏrdɪç] 形 信用(信頼)できる, 信ずるに足る, 確かな. ein ~er Zeuge 信頼できる証人. Er ist nicht ~. 彼は信用できない人物だ.

'Glaub·wür·dig·keit 女 -/ 信憑(しんぴょう)性, 信頼性.

Glau'kom [glaʊ'ko:m] 中 -s/-e (gr.)《病理》緑内障.

gla·zi'al [glatsi'a:l] 形 (lat. glacies「Eis⁴」)《地質》氷河期の; 氷河の.

Gla·zi'al 中 -s/-e《地質》= Glazialzeit

Gla·zi'al·zeit 女 -/-en《地質》(Eiszeit) 氷河期.

Gla·zi·o·lo'gie [glatsiolo'gi:] 女 -/ 氷河学.

---

gleich [glaɪç] グライヒ ❶ 形 **1** (a) 同じ, 同一の, 等しい. die ~e Sprache sprechen 同じ言葉を話す. ~er Lohn für ~e Arbeit 同一労働に同一賃金. ~e Dreiecke《数学》合同三角形. Zweimal zwei [ist] ~ vier. 2かける2は4. Ich tat das Gleiche⟨~e⟩ wie er. 私は彼と同じことをした. Das kommt⟨läuft⟩ aufs Gleiche⟨~ e⟩ hinaus. それは結局同じことになる. auf die ~e Weise / in der ~en Weise 同じ方法で, 同様にして. et⁴ [wieder] ins Gleiche⟨~e⟩ bringen 事⁴を元通りにする, (の)片をつける. zur ~en Zeit / zu ~er Zeit 同時刻に, 同時に. Er ist immer ~⟨der Gleiche⟩. 彼はいつも変らない. (b) 同じような, 同種(同類, 同型)の. Sie fahren beide den ~en Wagen. 彼ら2人は同じ(型の)車に乗っている(denselben Wagen の場合は「同じ1つの車に乗っている」). Die Schülerinnen tragen alle ~e Kleider. 女生徒はみんな同じ服を着ている. Sie sind sich³ sehr ~. 彼らはとてもよく似ている. *Gleich* und *Gleich*⟨° ~ und ~⟩ gesellt sich⁴ gern.《諺》類は友を呼ぶ.

2 (gleichgültig) (人³にとって)どうでもいい. Das ist mir ganz⟨völlig⟩ ~. それは私にはまったくどうでもいいことだ.

❷ 副 **1** 同じに, 等しく. ~ alt⟨groß⟩ sein 同い年⟨背丈が同じ⟩である. Sie spricht Englisch und Französisch ~ gut. 彼女は英語とフランス語を同じくらい上手に話す.

2 すぐに, ただちに. Ich komme ~. すぐに参ります. *Gleich*!(要求・注文などに応じて)はい, ただいま. Bis ~!(別れるときに)じゃあまたあとで. ~ nach dem Essen 食後すぐに. ~ heute 今日さっそく. Es muss nicht ~ sein. それは急がない. Das habe ich doch ~ gesagt! それははじめに言っておいたじゃないか.

3 すぐそばに, まぢかに. ~ am Eingang⟨neben der Tür⟩ 入り口のすぐそばに⟨ドアのすぐ横に⟩.

4《数詞を伴って》一度に, 同時に. Sie kaufte sich³ ~ drei Blusen. 彼女は一度にブラウスを3枚も買った.

5《疑問文で / いらだちを表して》Wie heißt er doch ~? 彼の名前はなんと言ったっけ. Wie soll ich ~ sagen? どう言えばいいのかなあ.

6《不快・諦めなどを表して》Dann lass es ~ bleiben. じゃあほうっておけよ.

7《wenn または ob に導かれる副文で / 認容を表す》たとえ…でも.

❸ 前《3格支配》…のように, …に似て. Sie hüpfte ~ einem Ball. 彼女は毬(まり)のように跳びはねた. *Gleich* seinem Vater braust er leicht auf. 彼は父に似てすぐにかっとなる.

♦↑gleich bleiben, gleich bleibend, gleich denkend, gleich gesinnt, gleich gestimmt, gleich lautend

'gleich·al·te·rig ['glaɪç|altərɪç] 形 =gleichaltrig

'gleich·alt·rig ['glaɪç|altrɪç] 形《副詞的には用いない》同年齢の. Sie sind ~. 彼らは同じ年齢だ.

'gleich·ar·tig ['glaɪç|a:rtɪç] 形 (↔ andersartig) 同質(同種)の, 均質の, よく似た.

gleich'auf [glaɪç'|aʊf, '-'-] 副《とくにスポーツで》同順位で. Sie waren im Ziel ~. 彼らは同時にゴールインした.

'gleich·be·deu·tend 形 同じ意味の, 同義の.

'gleich·be·rech·tigt 形 同等の権利を持った, (男女)同権の. Die Hausarbeit wird bei uns ~ gemacht.《話》家事はうちではお互い分担してやっている.

'Gleich·be·rech·ti·gung 女 -/ (男女・人種などの)同権.

'gleich blei·ben*, ° **'gleich|blei·ben*** ❶ (s) 同じ(不変)である. Der Preis für diesen Artikel *bleibt* seit zwei Jahren *gleich*. この商品の価格は2年来変っていない. ❷ 再 (sich³) ~ 変らない. Er ist *sich* immer *gleich geblieben*. 彼はいつってって変らなかった. (b) 同じ(どちらでもいい)ことである. Es *bleibt* sich völlig *gleich*, ob sie kommt oder nicht. 彼女が来ても来なくても全く同じことだ.

'gleich blei·bend, ° **'gleich·blei·bend** 現分 形 変らない, いつも同じ. mit ~er Freundlichkeit いつ

も変らぬ親切さで.

gleich・den・kend, °**gleich・den・kend** 形《付加語的用法のみ》同じ考えの.

Glei・che ['glaɪçə] 女-/-n **1**《次の用法でのみ》et⁴ in die ~ bringen 事を元通りにする, (の)片をつける. **2**《建築》(まれ)上棟式.

glei・chen* ['glaɪçən] glich(古 gleichte), geglichen 自〈j‹et›³〉人〈物〉³によく似ている. Sie *gleicht* ihrer Mutter im Aussehen〈Wesen〉 sehr. 彼女は顔〈性格〉が母親によく似ている. Die Zwillinge *gleichen* sich³〈雅 einander〉 wie ein Ei dem andern. その双子はそっくり(瓜二つ)だ. Sie *gleichen* sich³〈雅 einander〉 wie Tag und Nacht. 彼らは少しも似ていない(昼と夜のように異なっている).

Glei・chen・fei・er 女-/-n《建築》=Richtfest

glei・cher・ma・ßen ['glaɪçɐr'maːsən] 副 同様に, 等しく, 同じように.

glei・cher・wei・se [..'vaɪzə] 副 =gleichermaßen

gleich・falls ['glaɪçfals グライヒファルス] 副 (ebenfalls) 同様に, 同じく. Schlafen Sie gut! — Danke, ~! ぐっすりおやすみなさい — ありがとう, あなたも.

gleich・far・big 形 同色の.

gleich・för・mig [..fœrmɪç] 形 **1** 同形の. **2** 単調な.

Gleich・för・mig・keit 女-/ 同形であること; 単調さ.

°**gleich・ge・schlecht・lich** 形 **1** 同性の. **2** 同性愛の. ~e Liebe 同性愛.

°**gleich・ge・sinnt**, °**gleich・ge・sinnt** 形 同じ考えの, 志を同じくする.

°**gleich・ge・stellt** 過分 形 (↑gleichstellen) 同等(同格)の.

°**gleich・ge・stimmt**, °**gleich・ge・stimmt** 形《付加語的用法のみ》**1**《音楽》同じ調子の. **2**《比喩》同じ気持ち(考え)を持った, 同志の.

Gleich・ge・wicht ['glaɪçɡəvɪçt グライヒゲヴィヒト] 中-[e]s/-e《複数まれ》**1** 平衡, 均衡, つりあい, バランス. stabiles〈labiles〉~《物理》安定〈不安定〉平衡. das ~ der Kräfte 力(勢力)の均衡. das ~ halten〈verlieren〉 平衡(バランス)を保つ〈失う〉. Vorzüge und Mängel halten sich³ das ~. 長所と短所が相半ばしている. das politische ~ erhalten 政治的(勢力)の均衡を維持する. et⁴ aus dem ~ bringen 物の平衡を失わせる. aus dem ~ kommen バランスをくずす. et⁴ im ~ halten 物の平衡を保たせる. sich⁴ im ~ halten / im ~ sein 均衡がとれて(つりあって)いる. **2**(心の)平静, 落着き. *sein* ~ bewahren〈verlieren〉 平静を保つ〈失う〉. j⁴ aus dem ~ bringen 人⁴の心の平静を失わせる, 人⁴を動揺させる. aus dem ~ geraten〈kommen〉 平静を失う, 動揺する.

'**Gleich・ge・wichts・or・gan** 中-s/-e《解剖》平衡器官.

'**Gleich・ge・wichts・sinn** 男-[e]s/-e《生物》平衡感覚.

'**Gleich・ge・wichts・stö・rung** 女-/-en 平衡障害.

*'**gleich・gül・tig** ['glaɪçɡʏltɪç グライヒギュルティヒ] 形 **1** 無関心な, 冷淡な. ein ~es Gesicht machen 無関心な顔をする. sich⁴ ~ gegen j⁴ benehmen 人⁴に対して冷淡にふるまう. **2** 重要でない, どうでもよい, 興味のない(人³にとって). Diese Mitteilung ist mir ~. その報告は私には興味ない(どうでもいい). Er ist ihr nicht ~.《話》彼女は彼に無関心ではいられない(彼が好きだ).

'**Gleich・gül・tig・keit** 女-/ 無関心, 冷淡, 無頓着.

'**Gleich・heit** ['glaɪçhaɪt] 女-/-en 同じであること, 同一致. im ~; 平等, 対等. die ~ der Ansichten 意見の一致. soziale ~ 社会的平等.

'**Gleich・heits・zei・chen** 中-s/- 等号(=).

'**Gleich・klang** 男-[e]s/~e **1** 響き, 音の調和. **2**《比喩》調和, ハーモニー. im ~ mit der Natur 自然と調和して.

'**gleich|kom・men*** 自(s) (物〈人〉³に)匹敵する, 比肩し得る. Dir *kommt* an Ausdauer keiner *gleich*. だれも君の根気のよさにはかなわない. Die Antwort *kommt* fast einer Absage *gleich*. その返答はほとんど拒否に等しい.

'**Gleich・lauf** 男-[e]s/《工学》同期.

'**gleich・lau・fend** 形 平行の, 同時の. ~e Linien 平行線.

'**gleich・läu・fig**《工学》同期の.

'**gleich lau・tend**, °**gleich・lau・tend** 形 **1** 同文の. **2**《言語》同音の. ~e Wörter 同音異義語.

'**gleich|ma・chen** 他 (人〈物〉⁴を)等しくする, 平等にする, ならす. Der Tod *macht* alle *gleich*. 死はすべての者を平等にする. Die Bomben haben die Stadt dem Erdboden *gleichgemacht*. 爆弾は町を跡形もなく破壊した.

Gleich・ma・che・rei [glaɪçmaxə'raɪ] 女-/-en《俗》悪平等(とくに社会的・政治的な).

'**gleich・ma・che・risch** ['glaɪçmaxərɪʃ]《俗》悪平等の.

'**Gleich・maß** ['glaɪçmaːs] 中-es/《雅》つり合い, 均斉, 調和; 安定, 落着き.

'**gleich・mä・ßig** ['glaɪçmɛːsɪç] 形 **1** 一定(一様)の, 規則的な, 安定した. in ~em Tempo 一定のテンポで. **2** つり合い(均斉)のとれた, 整った. ~e Züge haben 美しい整った(端正な)顔立ちをしている. **3** 平等的, 均等の. et⁴ ~ verteilen 物⁴を均等に分配する.

'**Gleich・mä・ßig・keit** 女-/ 一定であること; つり合い(均斉)が取れていること; 均等であること.

'**Gleich・mut** ['glaɪçmuːt] 男-[e]s/(女-/) (心の)平静, 落着き, 無関心. mit ~ 平然として. ~ vortäuschen 平静を装う.

'**gleich・mü・tig** [..myːtɪç] 形《比較変化なし》冷静な, 落着いた; 無関心な, 平然とした.

'**gleich・na・mig** [..naːmɪç] 形《比較変化なし》**1** 同名(同姓)の. **2**《数学》同分母の.

'**Gleich・nis** ['glaɪçnɪs] 中-ses/-se **1** 比喩, たとえ(話). **2**《古》肖像; 模写.

'**gleich・nis・haft** 形《比較変化なし》比喩的な, たとえ話の.

'**gleich・ran・gig** [..raŋɪç] 形《比較変化なし》同じ等級(階級)の, 同等(同格)の.

'**gleich|rich・ten** 他 **1**《電子工》(交流を直流に)整流する. **2** (gleichschalten) (思想・言論などを)統制(画一化)する.

'**Gleich・rich・ter** 男-s/-《電子工》整流器.

'**Gleich・rich・tung** 女-/-en《複数まれ》**1**《電子工》整流. **2** (思想・言論などの)統制.

'**gleich・sam** ['glaɪçzaːm] 副《雅》いわば, ほとんど, あたかも.

'**gleich|schal・ten** 他 **1**《電子工》整流する; 同期化(同調)する. **2**《とくにナチズムの用語として》(思想・言語などを)統制する.

'**Gleich・schal・tung** 女-/-en《複数まれ》(思想・言

'gleich·schen·ke·lig [..ʃɛŋkəlɪç] 形 =gleichschenklig

'gleich·schenk·lig [..ʃɛŋklɪç] 形《幾何》2 等辺の.

'Gleich|schritt 男 -[e]s/ 歩調を揃(そろ)えた行進(とくに軍隊の).

'gleich|se·hen* 自 (人〈物〉³)に似ている; (話)(人〈物〉³に)ふさわしい, 似つかわしい. Das sieht ihm gleich! いかにも彼のやりそうなことだ(彼らしい).

'gleich·sei·tig [..zaɪtɪç] 形《比較変化なし》《幾何》等辺の. ein ~es Dreieck 正 3 角形.

'gleich|set·zen 他 (j⟨et⟩³ [mit] j⟨et⟩⁴)人〈物〉⁴を人〈物〉³と同等に扱う; 同一視する.

'Gleich·stand 男 -[e]s/ 1《スポ》同点. 2《政治》(諸勢力の)均衡.

'gleich|ste·hen* 自 1 ([mit] j³ 人³と)同等である, 同程度である. 2《スポ》同点である.

'gleich·ste·hend 現分 同等(同格)の. die Gleichstehenden 同じ地位の者たち, 同格の人々.

'gleich|stel·len 他 (j¹ [mit] j³ 人³を人³と)平等(同等)に扱う, 平等(同格)視する. ↑gleichgestellt

'Gleich·stel·lung 女 -/-en 《複数まれ》同等(対等)の立場, 同格(に置くこと).

'Gleich·strom 男 -[e]s/=e《電子工》(↔ Wechselstrom) 直流.

'gleich|tun* 他 (es¹ j³ gleichtun の形で)《話》1 (人³)のまねをする, (人³に)倣(なら)う. Sie will es mir in allem ~. 彼女は何でも私のまねをしようとする. 2 (人³に)匹敵(比肩)する. Ich tue es ihm im Trinken gleich. 酒では彼に負けない.

'Glei·chung ['glaɪçʊŋ] 女 -/-en《数学・化学》方程式. eine ~ zweiten Grades 2 次方程式. eine ~ aufstellen〈auflösen〉方程式を立てる〈解く〉.

'Gleich·ver·tei·lungs·satz 男 -es/《物理》(エネルギーの)当分配則.

gleich'viel [glaɪç'fiːl, '--] 副 どうでもよく, 同じに. ~ ob er heute oder morgen kommt 彼が今日来ようと明日来ようとどちらでもない.

'gleich·wer·tig [..veːrtɪç] 形《比較変化なし》同価値の, 対等の.《化学》等価の.

'Gleich·wer·tig·keit 女 -/-en《複数まれ》同価値, 対等.《化学》等価.

'gleich·wie [glaɪçviː] 副《従属 / 定動詞後置》《雅》あたかも...のように.

'gleich·win·ke·lig [..vɪŋkəlɪç] 形 =gleichwinklig

'gleich·wink·lig [..vɪŋklɪç] 形《幾何》等角の.

'gleich·wohl [glaɪç'voːl, '--] 副 ❶ (dennoch) それにもかかわらず. ❷ 接《従属 / 定動詞後置》《古》《地方》(obgleich) ...にもかかわらず.

*'gleich·zei·tig ['glaɪçtsaɪtɪç グライヒツァイティヒ] 形《述語的には用いない》同時の, 同時におこる. Wir kamen ~ am Ziel an. 我々は同時に目標(ゴール)に着いた.

'Gleich·zei·tig·keit 女 -/ 同時であること, 同時性.

'gleich|zie·hen* 自《話》(mit j³ 人³とくにスポーツで)ならぶ, ...に追いつく.

*'Gleis [glaɪs グライス] 中 -es/-e 線路, 軌道; (列車の発着)番線; わだち. einfaches〈doppeltes〉~ 単〈複〉線. ein totes ~ 使っていない線路, 廃線. Der Zug fährt auf ~ 6 ein. その列車は 6 番線に入る. Der Zug fährt von ~ 6 ab. その列車は 6 番線から出る. (慣用的表現で) auf⟨in⟩ ein richtiges ~ geraten 間違った方向に進む, 目標からそれる. et⟨j⟩³ auf ein totes ~ schieben 事⁴をたな上げにする, ほったらかしする⟨人⁴を閑職に移す, 干(ほ)す⟩. et⟨j⟩⁴ aus dem ~ bringen 事⁴(軌道)を混乱(動揺)させる. aus dem ~ geraten⟨kommen⟩常軌を逸する, とり乱す. sich⁴ im ausgefahrenen -en bewegen 旧態依然である, 新味がない. et⁴ wieder ins [rechte] ~ bringen 事⁴を正常(常態)に戻す, 元通りにする. wieder ins [rechte] ~ kommen 正常に戻る, 元通りになる. im ~ sein 軌道にのっている, 順調である.

'Gleis·an·schluss 男 -es/=e レールの接続.《鉄道》の引込み線.

..'glei·sig [..glaɪzɪç]《接尾》(↓ Gleis) 数詞につけて「...の線路の」の意の形容詞をつくる. ein gleisig 単線の. zweigleisig 複線の.

'Gleis·ner ['glaɪsnər] 男 -s/-《古》偽善者, ねこかぶり.

'gleis·ne·risch ['glaɪsnərɪʃ] 形《古》《雅》偽善的な, いつわり(うわべだけ)の.

'glei·ßen(*) ['glaɪsən] 自《雅》(きらきら)輝く, 光る. gleißende Edelsteine きらきら光る宝石. ◆なお過去分詞形に gliss, geglissen《古》《地方》がある.

'Gleit·bahn ['glaɪt..] 女 -/-en 滑走路; すべり台.

'Gleit·boot 中 -[e]s/-e 滑走艇.

'glei·ten ['glaɪtən グライテン] glitt, geglitten 自 (s, h) 1 (s) (a) すべる, すべるように動く(滑走, 滑空する). Der Schlitten gleitet über den Schnee. そりが雪の上をすべる. Sie glitt durchs Zimmer wie ein Schatten. 彼女は影のように部屋を通り抜けて行った. Das Segelflugzeug gleitet durch die Luft. グライダーが空をすべるように飛んでいる. über das Eis ~ 氷の上をすべる. auf Skiern über den Schnee ~ スキーで雪の上をすべる. j³ aus der Hand〈den Händen〉~ j³の手からすべり落ちる. (比喩)人³の手に負えなくなる. Das Geld gleitet ihm aus den Händen. (湯水の如く使うので)彼の手元にはお金が残らない. Seine Hand glitt über ihr Haar. 彼の手が彼女の髪を撫でた.《中性名詞として》ins Gleiten kommen すべる, スリップする. (b)《軍事》匍匐(ほふく)前進する. 2 (h)《話》フレックスタイム制で働く.

'glei·tend 形 流動的な. ~er Lohn《経済》物価スライド制賃金. -e Arbeitszeit《経済》フレックスタイム制(出退勤時間の自由な労働形態).

'Glei·ter ['glaɪtər] 男 -s/- (初級用の)グライダー.

'Gleit·flä·che 女 -/-n 滑走(滑降)面;《工学》すべり面.

'Gleit·flug 男 -[e]s/=e 滑空.

'Gleit·flug·zeug 中 -[e]s/-e グライダー.

'Gleit·klau·sel 女 -/-n《経済》エスカレーター条項.

'Gleit·schutz 男 -es/《自動車》滑り止め, スリップ止め(タイヤチェーンなど).

'Gleit·zeit 女 -/-en 1 (↔ Fixzeit) (フレックスタイム制の)自由勤務時間帯. 2 (ある就労者の)不足(超過)勤務時間数. 3《話》フレックスタイム制.

'Glet·scher ['glɛtʃər] 男 -s/- (lat.) 氷河.

'Glet·scher·brand 男 -[e]s/《病理》(高山の氷雪面からの紫外線反射による)氷河壊疽(えそ).

'Glet·scher·milch 女 -/《地理》(氷河から流れる)白濁した水.

'Glet·scher·müh·le 女 -/-n《地形》氷河甌穴(おうけつ).

'Glet·scher·schliff 男 -[e]s/-e《地形》擦痕(氷河の流動か岩壁などに残す擦り傷).

'Glet·scher·spal·te 女 -/-n 氷河の裂け目, クレバ

Glet·scher·tor 匣 -[e]s/-e《地形》氷河口(氷河の端にできる渓流の出口).

Glet·scher·zun·ge 囡 -/-n《地形》氷舌(氷河の先端).

glich [glɪç] gleichen の過去.

gli·che ['glɪçə] gleichen の接続法 II.

Glied [gliːt グリート] 匣 -[e]s/-er **1**《身体の》肢, 関節, 指関;《複数で》四肢, 手足. schlanke〈wohlgeformte〉～ほっそりした〈形のいい〉手足. ein künstliches ～ 義肢. das《männliche》～ 陰茎, ペニス. Mir tun alle ～er weh. 私は体中〈体の節々〉が痛い. kein ～ rühren können〈驚きや寒さなどで〉身動きできない. an allen ～ern zittern〈興奮などで〉全身をうち震わせる, わななく. j³ in die ～er fahren / j³ durch alle ～er fahren〈恐怖などが〉人³の全身を貫く. j³ [noch] in den ～ern stecken〈sitzen〉〈恐怖などが〉人³の体からぬけきらない. mit gesunden ～ern 五体満足で, 無事に. **2**《全体・集団の》一部, 一員. ein ～ der Gesellschaft 社会の一員. die ～er einer Familie 家族の構成員. die ～er einer Kette 鎖の鐶(☆). die ～er eines Satzes〈einer Gleichung〉文肢〈方程式の項〉. **3** 列, 隊列. aus dem ～ treten 列を離れる. im ～ stehen 隊列を組んでいる. in Reih und ～《大きさなどの》順に整列して. **4**《古》《とくに聖書》(Generation) 世代. *seine* Ahnen bis ins achte ～ zurückverfolgen 先祖を 8 代前までさかのぼってたどる.

'Glie·der·bau ['gliːdər..] 匣 -[e]s/ 四肢の構造, 骨格, 体つき.

'Glie·der·fü·ßer [..fyːsər] 男 -s/《動物》節足動物.

..glie·de·rig [..gliːdərɪç]《接尾》形容詞・数詞などにつけて「…の部分からなる, …の, …項の」の意を表す形容詞をつくる. fein*gliederig* 華奢(☆)な. vier*gliederig* 4 つの部分からなる; 4 項の.

'glie·der·lahm 形《手足が動かないほど》疲れた, 手足がこわばった(しびれた).

'Glie·der·läh·mung 囡 -/-en 肢体麻痺.

'Glie·der·maß·stab 男 -[e]s/~e 折畳み尺.

'glie·dern《古》['gliːdərn](↓ Glied) **1** 区分する; 分類(整理)する. das Buch in einzelne Kapitel ～ 本を個々の章に分ける. et⁴ nach bestimmten Gesichtspunkten ～ 事⁴を一定の観点から整理(分類)する. der gut *gegliederte* Vortrag うまく構成された講演. eine reich *gegliederte* Küste 入り江に富んだ海岸. **❷** 再《sich⁴》(in et⁴) …に分かれている, …から成る. Das Buch *gliedert* sich in vier Abschnitte. その本は 4 つの章に分かれている.

'Glie·der·pup·pe 囡 -/-n 手足の動く人形.

'Glie·der·rei·ßen 匣 -s/《話》《関節・筋肉などの》刺すような痛み.

'Glie·der·schmerz 男 -es/-en 手足(関節)の痛み.

'Glie·der·tier 匣 -s/-e《動物》体節動物.

'Glie·de·rung ['gliːdərʊŋ] 囡 -/-en **1**《系統的な》分類, 組立て, 構成, 組織, 配列;《論文などの》概要. **2** 分節, 関節.

'Glied·ma·ße 囡 -/-n《多く複数で》《解剖》四肢, 手足. die unteren〈oberen〉～n 下〈上〉肢.

..glied·rig [..gliːdrɪç]《接尾》= ..gliederig

'glied·wei·se 列をなして.

glim·men(*) ['glɪmən] glomm (glimmte), geglommen (geglimmt) 自 ほのかに光る, かすかに燃える. Eine letzte Hoffnung *glomm* noch in ihr.《比喩》彼女の胸にはなお一縷(☆)の望みが消え残っていた.

'Glimm·ent·la·dung ['glɪm..] 囡 -/-en《電子工》グロー放電.

'Glim·mer ['glɪmər] 男 -s/ **1**《まれ》かすかな光, 微光. **2**《鉱物》雲母.

'glim·me·rig ['glɪmərɪç] 形 **1**《まれ》ほのかに光る, きらめく. **2** 雲母を含んだ.

'glim·mern ['glɪmərn] 自 ほのかに(ちらちら)光る.

'Glimm·lam·pe 囡 -/-n《電子工》グロー電球.

'glimpf·lich ['glɪmpflɪç] 形 **1** たいした被害(損害)のない, まずまずの. Wir sind noch ～ davongekommen. 我々は何とか無事に切りぬけた. 形《ある, 思いやりのある, やさしい. das ～e Urteil 寛大な判決.

gliss, °gliß [glɪs] gleißen の過去.

glis·san·do [glɪ'sando] 副 (it.)《音楽》グリッサンド, なめらかに.

Glis·san·do 匣 -s/-s(..di[..di])《音楽》グリッサンド(なめらかに演奏すること).

glis·se ['glɪsə] gleißen の接続法 II.

glit·schen ['glɪtʃən] 自 (s, h) **1** (s)《話》滑る. j³ aus der Hand ～ 人³の手からすべり落ちる. **2** (h, s)《地方》スケートをする.

'glit·schig ['glɪtʃɪç] 形《話》 **1** つるつるした,《魚などが》ぬるぬるした. **2**《地方》《パンなどが》生焼けの.

glitt [glɪt] gleiten の過去.

'glit·te ['glɪtə] gleiten の接続法 II.

'glit·zern ['glɪtsərn] 自 きらきら光る, きらめく.

glo'bal [glo'baːl] 形 (↓ Globus) **1** グローバルな, 地球全体の. **2** 全体(全般)的な, 包括的な; 一般的な, おおまかな.

glo·ba·li'sie·ren [globali'ziːrən] 他 地球的規模に拡大する. グローバル化する.

Glo·ba·li'sie·rung ['..'ziːrʊŋ] 囡 -/-en グローバリゼーション, グローバル化.

Glo'bal·stra·te·gie 囡 世界戦略.

glo'bal·stra·te·gisch 形 世界戦略(上)の.

'Glo·ben ['gloːbən] Globus の複数.

'Glo·be·trot·ter ['gloːbətrɔtər, 'gloːptrɔtər] 男 -s/- 世界漫遊者.

Glo'bin [glo'biːn] 匣 -s/-e (*lat.*)《生化学》グロビン.

Glo·bu'lin [globu'liːn] 匣 -s/-e (*lat.*)《生化学》グロブリン.

'Glo·bus ['gloːbʊs] 男 -/[-ses]/..ben(-se) (*lat.*) **1** 地球儀; 天球儀. **2** 地球.

'Glöck·chen ['glœkçən] 匣 -s/-《Glocke の縮小形》小さな鐘, 鈴.

*'Glo·cke** ['glɔkə グロケ] 囡 -/-n **1** 鐘, 時鐘, 半鐘; 鈴, 呼び鈴, ベル. Die ～ läutet Sturm. 早鐘(警鐘)が鳴る. Die ～ schlägt acht [Uhr]. 8 時の鐘が鳴る. eine ～ gießen 鐘を鋳造(☆)する. die ～ ziehen 呼び鈴(ベル)を鳴らす.《慣用的表現で》wissen〈j³ sagen〉, was die ～ *geschlagen hat* 事の重大さをわきまえている〈人³に知らせてやる〉. die ～ läuten hören, aber nicht wissen, wo sie hängt 知ったかぶりをする. et⁴ an die große ～ *hängen* 事⁴を言いふらす. an die große ～ *kommen*〈gehängt werden〉《秘密などが》知れわたる. **2** 鐘状のもの,《鐘の形をした》花, 帽子, スカート, ケープ, ランプのシェード, バター(チーズ)ケース, 潜水具,《剣の》つば, 山. **3**《複数で》《楽器》グロッケンシュピール, 鉄琴.

'Glo·cken·blu·me 囡 -/-n《植物》ほたるぶくろ属.

'glo·cken·för·mig 形 鐘形の, 鐘(ベル)状の.

'Glo·cken·ge·läut 中 -[e]s/-e ❶《複数なし》= Glockengeläute 2 《教会などの》鐘全体.
'Glo·cken·ge·läu·te 中 -s/- 鐘の音.
'Glo·cken·gie·ßer 男 -s/- 鐘鋳造(ちゅうぞう)職人.
'glo·cken·hell 形《声・笑いなどが》鐘の音のように明るい，鈴のような.
'Glo·cken·klang 男 -[e]s/⁼e 鐘の響き.
'glo·cken·rein 形 鐘の音のように澄んだ.
'Glo·cken·rock 男 -[e]s/⁼e 鐘形スカート.
'Glo·cken·schlag 男 -[e]s/⁼e 鐘(時鐘)を打つ音. mit dem〈auf den〉~ 時間きっかりに(pünktlich).
'Glo·cken·spiel ['glɔkənʃpiːl] 中 -[e]s/-e ❶ 1 カリヨン，組鐘(数個の鐘を配列したもので，手または機械で打ち鳴らす); カリヨンのメロディー(曲). 2 ドアチャイム. 3 グロッケンシュピール, 鉄琴.
'Glo·cken·stu·be 女 -/-n 鐘楼.
'Glo·cken·stuhl 男 -[e]s/⁼e 鐘架(しょうか).
'Glo·cken·turm 男 -[e]s/⁼e 鐘塔(しょうとう), 鐘楼.
'Glo·cken·zug 男 -[e]s/⁼e 鐘をならす綱.
'glo·ckig ['glɔkɪç] 形 釣り鐘形の, (スカートなどが)裾広がりの.
'Glöck·lein ['glœklaɪn] 中 -s/-《Glocke の縮小形》《雅》(Glöckchen) 小さな鐘.
'Glöck·ner ['glœknər] 男 -s/-《教会の》鐘つき男.
glomm [glɔm] glimmen の過去.
'glöm·me ['glœmə] glimmen の接続法 II.
'Glo·ria ['gloːria] (lat., Ruhm, Ehre)❶ 中 -s/〈女 -/〉《話》《通例肉体の》栄光，栄誉. ❷ 中 -s/-s《カト》グロリア(神の栄光をたたえるミサ曲, そのはじめの言葉 Gloria in exelsis Deo.., Ehre sei Gott in der Höhe"にちなむ).
'Glo·rie ['gloːriə] 女 -/-n (lat.) (↓ Gloria) 1《複数なし》栄光, 栄誉; 天上の栄華(栄光). 2 = Glorienschein
'Glo·ri·en·schein 男 -[e]s/-e《聖人画などの》光輪, 後光.
glo·ri·fi'zie·ren [glorifi'tsiːrən] 他 (↓ Gloria) 賛美(称賛)する, (人⁴の)栄光をたたえる.
'Glo·ri·o·le [glori'oːlə] 女 -/-n (lat.) 光輪, 後光.
'glo·ri·os [gloriˈoːs] 形 (lat.) = glorreich
'glor·reich ['gloːrraɪç] 形 1 栄光に満ちた, 輝かしい. 2《話》《多く皮肉に》すばらしい, たいした, ご立派な.
Glos'sar [glɔ'saːr] 中 -s/-e (gr.)《書籍》語彙集; 用語注解集(索引).
Glos·sa·ri·um [glɔ'saːriom] 中 -s/..rien [..iən]《古》= Glossar
Glos·sa·tor [glɔ'saːtoːr] 男 -s/-en [..sa'toːrən]《難解な語彙の》注釈者;《複数で》注釈学派, グロッサトーレン(中世ボローニャにおけるローマ法研究の一学派).
'Glos·se ['glɔsə, 'gloːsə] 女 -/-n (gr.) 1《古代ギリシア・ローマにおいて注釈が必要とされた》難解な言葉. 2《古写本に書込まれた》注釈, 注解. 3 辛辣な批評;《ニュースなどに関する》寸評. über j〈et〉⁴~n machen 人⁴(事)⁴を辛辣に批評する, こきおろす.
glos'sie·ren [glɔ'siːrən] 他 (↓ Glosse) 1 注釈を施す. 2 辛辣に批評する;《新聞記事に》寸評する.
Glos·so·la'lie [glɔsola'liː] 女 -/ (gr.)《宗教的興奮状態の》うわごと.
'Glot·tis ['glɔtɪs] 女 -/ Glottides ['gloːtideːs] (gr.)《解剖》声門.
'Glotz·au·ge ['glɔts..] 中 -s/-n 1《医学》(バセドー氏病などによる)眼球突出. 2《多く複数で》《話》ぎょろ目, (驚いた)まるめた目.

'Glot·ze ['glɔtsə] 女 -/-n (↓ glotzen)《卑》テレビ.
'glot·zen ['glɔtsən] ❶ 自《話》眼を丸くして(ぽかんと見つめる; じろじろ見る. ❷ 自《卑》テレビを見る.
Glot·zo'phon [glɔtsoˈfoːn] 中 -s/-e《戯》テレビ.
gluck [glʊk] 間 1 こっこっ, くっくっ《めんどりの鳴き声》. 2 ごくごく, とくとく《物を飲んだり注いだりするときの音》. ~, ~ machen《話》ごくごくらっぱ飲みする.
Gluck [glʊk]《人名》Christoph Willibald ~ クリストフ・ヴィリバルト・グルック(1714-87, 作曲家, ウィーンで活躍, オペラの改革者).

Glück

[glʏk グリュク] 中 -[e]s/-e《複数まれ》(↔ Pech) 幸運, 僥倖(ぎょうこう);《Fortuna》幸運の女神. ein großes〈unverschämtes〉~ 大きな〈とてつもない〉幸運. Das ~ ist mit ihm〈gegen ihn〉. 彼はついている〈いない〉. Ihm lachte das ~. 幸運の女神は彼にほほえんだ. ein Kind〈Liebling〉 des ~s 幸運児. ein Stiefkind des ~s 不運な人. Das Rad des ~s dreht sich⁴ schnell.《諺》幸運は長続きしない. ~ haben うまくいく, 成功する. Er hat viel ~ bei Frauen. 彼は女にもてる. Damit wirst du bei ihm kein ~ haben. そんなことでは彼には通用しないぞ. ~ muss der Mensch haben! こいつはまったく運が良かった. ~ im Unglück haben 不幸中の幸いである. mehr ~ als Verstand haben《話》思わぬ幸運に恵まれる, もっけの幸いである. sein ~ machen 成功(出世)する. sein ~ probieren〈versuchen〉運をためす. j³ ~ wünschen 人³に幸運(成功)を祈る;《誕生日などに》おめでとうを言う. ~ ab!《カト》ご無事で. ~ auf!《坑夫》ご無事で. ~ zu! しっかりやれよ. auf gut ~ 運を天にまかせて. 出たとこ勝負で. von ~ sagen〈reden〉 können 運がいいとしか言いようがない. noch nicht von seinem ~ wissen《皮肉》どんな嫌なことが待ち受けているのかつゆ知らない. zum〈zu seinem〉 ~ 運良く, 幸運にも. 2 幸福, 幸せ. das wahre〈höchste〉 ~ 真の〈最高の〉幸せ. Das Kind ist ihr ganzes ~. その子が彼女の幸福のすべてである. ~ und Glas, wie leicht bricht das!《諺》幸福とガラスはなんと壊れやすいことか. Jeder ist seines ~es Schmied.《諺》幸福は自分の手でつかむものだ. j² ~ ³ im Wege stehen 人²が幸せになるのを妨げる. Du hast〈Das hat〉 mir gerade noch zu meinem ~ gefehlt.《話》よりにもよっておまえが来るなんて〈こんな事になる〉なんて.

'glück·brin·gend 形 幸運をもたらす, 縁起のいい. ◆ Glück bringend とも書く.
'Glu·cke ['glʊkə] 女 -/-n 抱卵中の(ひよこを連れた)めんどり;《植物》はなびらたけ;《虫》かれおが(枯葉蛾)科.
'glu·cken ['glʊkən] 自《めんどりが》こっこっと鳴く;《話》(所在なく)坐っている, のらくらする.
'glü·cken ['glʏkən] 自 (s) (↓ Glück) (↔ missglücken) 成功する, うまくいく. Der Plan ist geglückt. その計画は成功した(うまくいった). Es glückte mir, ihn zu finden. 私はうまく彼を見つけることができた.
'glu·ckern ['glʊkərn] ❶ 自《液体が》どぼどぼ〈とくとく〉音を立てる(流れる). ❷ 自ごくごく飲む.
'glück·haft ['glʏkhaft] 形《雅》幸運に恵まれた, めでたい, 成功した.
'Gluck·hen·ne ['glʊk..] 女 -/-n = Glucke

'glück·lich

[ˈglʏklɪç グリュクリヒ] ❶ 形 1 幸運な; 上首尾の, 成功した; 無事な. der ~e Gewinner 幸運な当選者. Glückliche Reise! 道中ご無事で. ein ~er Sieg 幸運な勝利. in et³ eine ~e

Hand haben〈beweisen〉事の扱いがうまい, (を)うまくやってのける. Es ging alles ~ vonstatten. 万事順調に運んだ. Er konnte ~ landen. 彼は無事着陸することができた. **2** 幸せな, 幸福な. eine ~*e* Familie〈Ehe〉幸せな家庭〈結婚〉. Ein ~*es* neues Jahr! あけましておめでとう. j⁴ ~ machen 人⁴を幸せにする. über et⁴ ~ sein 事⁴を喜んでいる.《名詞的用法で》Dem *Glücklichen* schlägt keine Stunde.《諺》幸せな人は時がたつのを忘れる. **3** 有利(好都合)な; (判断などが)適切な, 当を得た. ein ~*er* Ausdruck 適切な(うまい)表現. ein ~*er* Einfall〈Gedanke〉よい思いつき, 妙案. ein ~*er* Zufall 僥倖(ぎょうこう). Diese Auswahl ist nicht ~. この選択は適切ではない.

❷ 圖《話》やっと, ようやく. Hast du es ~ geschafft? やっとそいつを片づけたのかい.

'glück·li·cher'wei·se ['glʏklɪçɐr'vaɪzə] 圖 幸いにも, 運よく.

Glück·sa·che 囡 -/ =Glückssache

Glücks·bu·de 囡 -/-n (年の市で)福引きで景品をくれる店.

glück'se·lig [glʏk'zeːlɪç, '---] 形 至福の, うれしくてたまらない.

Glück'se·lig·keit 囡 -/-en **1**《複数なし》至福. **2** 幸福な出来事(体験).

gluck·sen ['gloksən] 圁 **1** (液体が)どぼどぼ音を立てて(流れる). **2** くっくっと笑う.

Glücks·fall ['glʏksfal] 男 -[e]s/¨e よい巡り合せ, 幸運, 僥倖(ぎょうこう). im ~ 運よくいけば.

Glücks·göt·tin 囡 -/-nen《雅》幸運の女神.

Glücks·gü·ter 覆《雅》富, 財産.

Glücks·ha·fen 男 -s/¨ (ﾊﾜﾞ) =Glückstopf

Glücks·jä·ger 男 -s/- 幸運を追求める人; (恐れ知らずの)冒険家.

Glücks·kind 中 -[e]s/-er 幸運児.

Glücks·klee 男 -s/ 四つ葉のクローバー.

Glücks·pfen·nig 男 -s/-e 幸運のペニヒ硬貨(財布などに入れておくと縁起物).

Glücks·pilz 男 -es/-e《話》幸運児, 果報者.

Glücks·rad 中 -[e]s/¨er 回転式抽籤(ちゅうせん)器; (有為転変のシンボルとしての)運命の車輪. Das ~ hatte sich⁴ gedreht. 運に見放されてしまった.

Glücks·rit·ter 男 -s/-《俺》幸運をあてにする人, 山師.

Glücks·sa·che 囡 -/ 運次第の事柄, 当りはずれ. Das ist [reine] ~. それはまったく運次第だ.

Glücks·spiel 中 -[e]s/-e 賭け事, ばくち.

Glücks·sträh·ne 囡 -/-n (↔ Pechsträhne) ツキのある時.

Glücks·tag 男 -[e]s/-e 縁起のいい日, 吉日.

Glücks·topf 男 -[e]s/¨e くじを入れる壺(つぼ). in den ~ greifen [dürfen]《比喩》運をつかむ.

glück·strah·lend 形 幸福(喜び)に輝く.

glück·ver·hei·ßend 形《雅》幸運を約束する, さい先(縁起)のいい. ◆Glück verheißend とも書く.

'**Glück·wunsch** ['glʏkvʊnʃ グリュックヴンシュ] 男 -[e]s/¨e 祝いの言葉, 祝詞, 祝辞. j² *seinen* ~ aussprechen 人³にお祝いの言葉を述べる, おめでとうを言う(zu et³ 事⁴に). Herzlichen ~ zum Geburtstag〈zum bestandenen Examen〉! お誕生日(試験合格)おめでとう.

Glück·wunsch·ad·res·se 囡 -/-n 祝賀状.

Glück·wunsch·kar·te 囡 -/ 祝いのカード.

Glu'co·se [gluˈkoːzə] 囡 -/ =Glukose

Glüh·bir·ne ['glyːbɪrnə] 囡 -/-n 電球.

Glüh·draht 男 -[e]s/¨e《電子工》(電球の)フィラメント, (電気器具の)熱線.

*'**glü·hen** ['glyːən グリューエン] ❶ 圁 **1** 灼熱(白熱)する, (炎をあげずに)赤々と燃える(輝く); (顔などが)ほてる. Das Eisen *glüht* im Feuer. 鉄が炎のなかで真っ赤に焼けている. Ihr Gesicht *glüht* vor Fieber. 彼女の顔は熱でほてっている. Die Gipfel der Berge *glühen* in der Abendsonne. 山の峰々が夕日に赤く染まっている. Man muss das Eisen schmieden, solange es *glüht*.《諺》鉄は熱いうちに打たねばならぬ.《現在分詞で》wie auf *glühenden* Kohlen sitzen (心配などで)いてもたってもいられない. *glühende* Kohlen auf j² Haupt sammeln《比喩》人²の恩を仇でかえす. mit *glühenden* Wangen ほおを紅潮させて. Heute ist es *glühend* heiß. 今日は灼熱のように暑い. **2**《雅》興奮(熱狂)する, 熱中する. in Liebe ~ 恋に燃える. für et〈j〉⁴ ~ 事〈人〉⁴に夢中になる, 熱をあげる. Er *glüht* danach, sich⁴ zu rächen. 彼は復讐心に燃えている.《現在分詞で》mit *glühenden* Blicken 燃えるようなまなざしで. *glühender* Hass 燃えるような憎しみ. ein *glühender* Verehrer 熱烈な崇拝者.

❷ 囮 (金属などを)赤熱する.

Glüh·fa·den 男 -s/¨《電子工》フィラメント.

Glüh·hit·ze 囡 -/《まれ》灼熱(しゃくねつ), 猛暑.

Glüh·ka·tho·de 囡 -/-n《電子工》熱陰極.

Glüh·lam·pe ['glyːlampə] 囡 -/-n 白熱電球.

Glüh·strumpf 男 -[e]s/¨e 白熱マントル.

Glüh·wein ['glyːvaɪn] 男 -[e]s/-e ホットワイン(砂糖と香料を入れて熱した赤ワイン).

Glüh·würm·chen 中 -s/-《虫》ほたる.

Glu'ko·se [gluˈkoːzə] 囡 -/ (*gr.*)《生化学》グリコース, ぶどう糖.

Glut [gluːt] 囡 -/-en **1** 赤熱, 灼(しゃく)熱; まっ赤な火; 残り火, 燠(おき). die ~ der Kohle まっ赤に燃えた石炭. die ~ im Ofen 暖炉の熾. die ~ anfachen〈löschen〉残り火を掻き立てる〈消す〉. **2** まっ赤な輝き, 赤み, (ほおの)紅潮. die ~ des Abendhimmels まっ赤な夕焼. Die ~ der Scham färbte ihre Wangen.《雅》彼女の顔は恥ずかしさでまっ赤になった. **3** (焼けつくような)暑さ, 猛暑. **4**《雅》燃えるような感情, 熱情. die ~ seiner Blicke 燃えるような彼のまなざし. die ~ des Hasses 燃えるような憎しみ.

Glu·ta·min [glutaˈmiːn] 中 -s/-e《生化学》グルタミン.

'glut·äu·gig ['gluːtˌɔʏɡɪç] 形《雅》燃えるような目(まなざし)をした.

Glu'ten [gluˈteːn] 中 -s/《化学》グルテン.

'Glut·hauch ['gluːt..] 男 -[e]s/-e《雅》(焼けつくような)熱風; 熱い吐息, 熱気, 熱情.

Glut·hit·ze 囡 -/ 白熱;《比喩》炎熱, 酷暑.

'glut·rot 形 真っ赤な, 燃えるように赤い.

Gly·ce'rin [ɡlytsəˈriːn]中 -s/《化学》=Glyzerin

glyk.., **Glyk..** [ɡlyk..]《接頭》=glyko.., Glyko..

gly·ko.., **Gly·ko..** [ɡlyko..]《接頭》(*gr.* glyks, süß') '炭水化物(糖類)を含んだ' を意味する形容詞・名詞を作る. 母音の前では glyk.., Glyk.. となる. *Glyk*ämie《医学》(正常値の)血糖; 糖血症.

Gly'ko·gen [ɡlykoˈɡeːn] 中 -s/《生化学》グリコーゲン.

Gly'ko·se [ɡlyˈkoːzə] 囡 -/ =Glukose

Gly·kos·urie [ɡlykozuˈriː] 囡 -/-n《医学》糖尿.

Glyp·to'thek [ɡlyptoˈteːk] 囡 -/-en 彫刻陳列館.

Gly·ze·rin [glytse'ri:n] 甲 -s/ (gr.) 〖化学〗(Glycerin) グリセリン.

Gly'zin [gly'tsi:n] 甲 -s/ (gr.) 〖化学〗グリシン.

Gly'zi·nie [gly'tsi:nia] 女 -/-n (gr.) 〖植物〗ふじ.

GmbH (略) =Gesellschaft mit beschränkter Haftung 有限会社.

'g-Moll ['ge:mɔl, '−'−] 中 -/ 〖記号 g〗〖音楽〗ト短調.

Gna·de ['gna:də] 女 -/-n **1** 〖宗教〗(神の)恵み, 恩寵. die göttliche ~ / die ~ Gottes 神の恵み(恩寵). von Gottes ~n 〖歴史〗神の恩寵により(とくに王号のあとに記された). **2** 慈悲, 恩恵; 寵愛, ひいき. j³ eine ~ erweisen〈gewähren〉人³に慈悲を垂れる, (を)可愛がる. durch die ~ des Königs 王様のご慈悲により. vor j³〈j² Augen〉~ finden 人³,²に気に入られる. die ~ haben, ...zu tun おそれ多くも...していただく. auf ~ und〈oder〉Ungnade 運を天にまかせて, 無条件に. aus ~ [und Barmherzigkeit] お情から. bei j³ in [hoher] ~ stehen《雅》人³の愛顧を受けている. von j² ~ 人²のおかげで. wieder zu ~n kommen (人が)ふたたび取立てられる;(事が)ふたたび取上げられる. Halten〈Haltet〉zu ~n!《古》お許しください. **3** 〖複数angabe〗寛大な処分, 恩典. ~ für〈vor〉Recht ergehen lassen 寛大な処置をとる, 大目に見る. **4** 〖高位者に対する呼びかけ〗Euer〈Ihro/Ihre〉~n! 閣下(猊下).

gna·den ['gna:dən] 自《古》(つぎの用法で) Gnade dir Gott! ひどい目にあうぞ;とんでもないことになるぞ(おまえに神様のお慈悲がありますように).

'Gna·den·akt 男 -[e]s/-e 慈悲の行為;恩典, 恩赦.

'Gna·den·be·zei·gung 女 -/-en 恩恵を示すこと.

'Gna·den·bild 中 -[e]s/-er 〖カト〗(霊験あらたかな)聖像(とくに聖母マリア像).

'Gna·den·brot 中 -[e]s 施しのパン, お情けの扶養. das ~ bei j³ essen (働けなくなり)人³に養ってもらう.

'Gna·den·er·lass 男 -es/-e〖カト〗〖法制〗恩赦, 特赦.

'Gna·den·frist 女 -/-en (特別なはからいによる)猶予(期間).

'Gna·den·ge·such 中 -[e]s/-e 恩赦の請願.

'Gna·den·ort 男 -[e]s/-e〖カト〗巡礼地.

'gna·den·reich 形 恩寵に満ちた, 慈悲深い.

'Gna·den·stoß 男 -es/¨e (瀕死の動物を死なせても)とどめの一撃.

'Gna·den·wahl 女 -〖プロテ教〗恩寵の選び.

'Gna·den·weg 男 -[e]s/〖次の用法で〗auf dem ~ (über den) ~ 恩赦で.

'gnä·dig ['gnɛ:dɪç] 形 **1** 〖宗教〗恵み(慈悲)深い. der ~e Gott 憐れみ深い神. **2** 親切な, 好意的な. 《皮肉》慇懃無礼な. Gnädige Frau!《丁重な呼掛けで》奥様. Gnädiger Herr! だんな様. ~ er Zufall 僥倖(ぎょうこう). Sei doch so ~, mir zu helfen! / Sei doch so ~ und hilf mir! たのむから手を貸してくれ. 《名詞的用法で》meine Gnädige〈Gnädigste〉《古》奥様. **3** 寛大な, 情ける. ein ~es Urteil 寛大な判決. Machen Sie es ~ mit mir!《戯》お手やわらかに願います. Wir sind noch einmal ~ davongekommen. 我々は何とか無事に切抜けた.

gnat·zen ['gnatsən] 自 〖地方〗不機嫌である.

Gneis [gnaɪs] 男 -es/-e [..zə] 〖地質〗片麻(へんま)岩.

Gnom [gno:m] 男 -en/-en 《古》(地下の財宝を守るという小人の姿をした)地霊;《侮》小人, ちび.

Gno·me ['gno:mə] 女 -/-n 金言, 格言.

Gno·mi·ker ['gno:mikər] 男 -s/- 格言詩人.

'gno·misch ['gno:mɪʃ] 形 格言(風)の.

'Gno·sis ['gno:zɪs] 女 -/ (gr., Erkenntnis, Urteil)〖宗教〗**1** (神の認識, 霊知) **2** グノーシス(主義)(2・3 世紀に最盛期を迎えた二元論的・救済論的思想. キリスト教内部にも深く浸透したが, 異端とされた). **3** 秘教的哲学(世界観).

'Gnos·ti·ker ['gnɔstikər] 男 -s/- グノーシス派の人.

'gnos·tisch ['gnɔstɪʃ] 形 グノーシス派の.

Gnu [gnu:] 中 -s/-s (hottentott.)〖動物〗ヌー(南アフリカ産のかもしかの一種).

Go [go:] 中 -/ (jap.) 囲碁.

Goal [go:l] 中 -s/-s (engl.)《古》(フットボール・サッカーなどの)ゴール.

Go·be·lin [gobə'lɛ̃:] 男 -s/-s (fr.) ゴブラン織.

'Go·bi ['go:bi] 女 -/〖地名〗die ~ ゴビ砂漠.

'Go·cart ['go:kart] 男 -[s]/-s =Gokart.

'Go·ckel ['gɔkəl] 男 -s/- 〖戯〗雄鶏(おんどり).

'Go·ckel·hahn 男 -[e]s/¨e 〖戯〗雄鶏(おんどり).

'Goe·the ['gø:tə] 〖人名〗Johann Wolfgang von ~ ヨーハン・ヴォルフガング・フォン・ゲーテ(1749-1832, ドイツの詩人, 代表作『ファウスト』 Faust など).

Goe·the'a·na [gøte'a:na] 中 ゲーテ文庫(ゲーテの作品およびゲーテについての文献).

'Goe·the-In·sti·tut 中 -[e]s/-e ゲーテ・インスティトゥート(ドイツの国際交流機関).

'goe·thesch ['gø:təʃ], **'goe·thisch** ['gø:tɪʃ] 形 **1** ゲーテ流(風)の. **2** ゲーテの. ~e〈Goethesche〉Goethesche〉Dramen ゲーテの戯曲.

°**'Goe·thesch,** °**'Goe·thisch** ↑ goethesch 2, goethisch 2

Gogh [go:k, gɔx] 〖人名〗Vincent van ~ ヴィンセント・ヴァン・ゴッホ(1853-90, オランダ後期印象派の画家, 代表作に『ひまわり』など).

'Go·kart ['go:kart] 男 -[s]/-s (engl.) ゴーカート(競技).

Gold

[gɔlt ゴルト] 中 -[e]s **1** 〖記号 Au〗金, 黄金. reines ~ 純金. flüssiges〈schwarzes〉~ 〖比喩〗石油〈石炭〉. treu wie ~ sein このような誠実である. Es ist nicht alles ~, was glänzt.〖諺〗輝く物かならずしも金ならず. Diese Nachricht ist ~ wert! この報告は値千金だ. ~ waschen 砂金をとる(水洗法で). Kette aus〈von〉~ 金の鎖. einen Edelstein in ~ fassen 宝石を金台にはめる. mit ~ überziehen 物に金をかぶせる(金メッキをする). aus ~ 金でできた物;金貨, お金;金製品.〖比喩〗富, 高価(貴重)な物. olympisches ~ オリンピックの金メダル. ~ in der Kehle haben すばらしい(金のかぜす)声をしている. Morgenstunde hat ~ im Mund. 早起きは三文の得. ~ im schwimmen《話》大金持である. Sie hat sich⁴ mit ~ und Juwelen behängt. 彼女は金のアクセサリーや宝石で身を飾りたてていた. sich⁴ mit ~ aufwiegen lassen たっぷり報酬をもらう. nicht mit ~ zu bezahlen〈aufzuwiegen〉sein(金では買えないほど)貴重である, 何物にも代えがたい. von ~ und Silber speisen 金や銀の食器で食事をとる. **3** 金色, 金色の輝き. das ~ ihrer Locken 金色に輝く彼女の巻毛.

'Gold·ader 女 -/-n 〖鉱業〗金鉱脈.

'Gold·am·mer 女 -/-n 〖鳥〗きあおじ(ほおじろ属).

'Gold·am·sel 女 -/-n 〖鳥〗(Pirol) こうらいうぐいす.

'Gold·ar·beit 女 -/-en =Goldschmiedearbeit

'Gold·ar·bei·ter 男 -s/- 金細工師.

'Gold･bar･ren 男 -s/- 金の延べ棒.
'Gold･be･stand 男 -[e]s/⁼e 金保有高.
'Gold･blätt･chen 中 -s/- 金箔.
'gold･blond 形 金髪の.
'Gold･bro･kat 男 -[e]s/-e 金襴(ﾗﾝ).
gol･den ['gɔldən ゴルデン] 形 (↓Gold) 1《付加語的用法のみ》金の, 金製の. eine ～ Münze《Uhr》金貨《金時計》. j³ ～e Berge versprechen 人³に〈宝の山をやけて〉できもしない約束をする. die Goldene Bulle《歴史》金印勅書(↑Bulle²). das Goldene Vlies《ギ神話》金の羊毛皮(↑Vlies). 2《雅》金色の, 金色に輝く. ～e Ähren 黄金の穂. ～es Buch der Stadt(町を訪れた名士の名を記した)貴賓(ｷﾋﾝ)名簿. das Goldene Horn(イスタンブールの)金角湾. im ～en Käfig sitzen《話》籠の鳥の身である. Ihre Haare glänzten ～. 彼女の髪が金色に輝いていた. 3《付加語的用法のみ》《比喩》すばらしい, 貴重な, 理想的な, 全盛の. j³ ～e Brücken〈eine ～e Brücke〉bauen 人³に助け船を出してやる, 逃げ道を作ってやる. ～es Gemüt〈Herz〉haben 誠実な〈やさしい〉心を持っている. ～e Hochzeit 金婚式. die ～e Jugendzeit すばらしい青春時代. die ～e Mitte〈den ～en Mittelweg〉wählen 中庸に中する. die ～e Regel 黄金律《↑新約》マタ 7:12). der ～e(°Goldene) Schnitt《数学》黄金分割. der Goldene Sonntag 黄金の日曜日(クリスマス直前の日曜日). ～e Worte 金言, 有益な教訓. das ～e(°Goldene) Zeitalter《神話》黄金時代; 全盛期. die ～en zwanziger Jahre〈die ～en Zwanziger〉黄金の1920年代.
'Gold･fa･den 男 -s/⁼ 金糸.
'gold･far･ben, 'gold･far･big 形 金色の.
'Gold･fa･san 男 -[e]s/-e[n]《鳥》金鶏(ｹｲ);《話》金鶏さん《(a) ブルジョワ風. (b) 金色の党章をつけたナチスの幹部党員にたいする蔑称. (c) 将官の俗称》.
'Gold･fin･ger 男 -s/-（Ringfinger)くすり指.
'Gold･fisch ['gɔltfɪʃ] 男 -[e]s/-e 金魚;《戯》〈結婚相手としての〉金持の娘.
'gold･gelb 形 黄金(ｺﾞﾝ)色の.
'Gold･ge･wicht 中 -[e]s/ 金衡(ｺｳ), カラット.
'Gold･grä･ber 男 -s/- 金鉱探し屋;《話》ばた屋, ごみ拾い;《話》(財産めあての)結婚詐欺師.
'Gold･gru･be 女 -/-n 金山, 金坑, 金穴;《話》実入りのいい仕事(商売), ドル箱.
'gold･hal･tig 形 金を含んだ.
'gol･dig ['gɔldɪç] 形《話》かわいい, 愛くるしい, 魅力的な, 親切な;《古》《地方》金(色)の, 金色に輝く.
'Gold･kind 中 -[e]s/-er《話》かわいい子.
'Gold･klum･pen 男 -s/- 金塊.
'Gold･kro･ne 女 -/-n 金黄の冠; 金の歯冠, 金冠, クローネ金貨.
'Gold･küs･te 女 -/《地名》die ～ 黄金海岸(アフリカ西部).
'Gold･lack 男 -[e]s/-e《植物》においあらせいとう.
'Gold･le･gie･rung 女 -/-en 金合金.
'Gold･leis･te 女 -/-n（額などの)金縁.
'Gold･ma･cher 男 -s/- 錬金術師.
'Gold･me･dail･le 女 -/-n 金メダル.
'Gold･mün･ze 女 -/-n 金貨.
'Gold･pa･pier 中 -s/ 金色に塗った紙, 金紙.
'Gold･re･gen 男 -s/-《植物》きんくさり. 2《複数なし》《話》金の雨, 思いがけずころがりこんだ大金(黄金の雨が降ってきたという民話から).

'Gold･re･ser･ve 女 -/-n《多く複数で》金保有高.
'gold'rich･tig 形《話》まったく正しい, かんぺきしゃりの.
'Gold･sand 男 -[e]s/-e 金を含んだ砂, 砂金.
'Gold･schaum 男 -[e]s/（Blattgold）金箔.
'Gold･schei･de･was･ser 中 -s/《化学》王水.
'Gold･schlä･ger 男 -s/- 金箔細工師.
'Gold･schmied 男 -[e]s/-e 1 金細工師. 2《虫》きんおさむし.
'Gold･schmie･de･ar･beit 女 -/-en 1《複数なし》金細工. 2 金細工品.
'Gold･schnitt 男 -[e]s/-e（本の)金縁.
'Gold･staub 男 -[e]s/-e(⁼e) 1 金粉. 2《植物》あまな.
'Gold･sti･cke･rei 女 -/-en 金糸の刺しゅう(縫取り).
'Gold･stück 中 -[e]s/-e 1《古》金貨. 2《複数なし》《戯》重宝(ﾁｮｳﾎｳ)な〈有能な, ありがたい〉人物; 富豪のひとり娘; 甘やかされた子供.
'Gold･waa･ge 女 -/-n 貴金属を計量する精密な秤, 金秤(ｷﾝ). jedes Wort auf die ～ legen《比喩》(相手の言ったことを)片言隻語(ｾﾝｹﾞﾝｾｷｺﾞ)まで真(ﾏ)に受ける; 一語一語言葉を慎重に選んで話す.
'Gold･wäh･rung 女 -/-en《経済》金本位制.
'Gold･wa･re 女 -/-n《多く複数で》金製品.
'Gold･was･ser 中 -s/ 金箔入りのリキュール. Danziger ～ ダンツィヒの黄金水.
'Go･lem ['go:lɛm] 男 -s/（hebr., ungeformte Masse') ゴーレム(ユダヤ教民間伝承の泥人形, 迫害時に生命を得て強大な力でユダヤ人を助けると信じられた).
Golf¹ [gɔlf] 男 -[e]s/-e (it.)（大きな)湾.
Golf² 中 -s/（engl.)ゴルフ.
'Golf･krieg 男 -[e]s/ 湾岸戦争(1991).
'Golf･kri･se 女 -/ 湾岸危機(1990).
'Golf･platz 男 -es/⁼e ゴルフ場.
'Golf･schlä･ger 男 -s/-（ゴルフの)クラブ.
'Golf･spie･ler 男 -s/- ゴルファー.
'Golf･strom 男 -[e]s/ der ～ メキシコ湾流.
'Gol･ga･tha ['gɔlgata], 'Gol･go･tha ['gɔlgota] (hebr., Schädel') ❶《地名》ゴルゴタ(エルサレムにあるキリスト磔刑(ﾀｯｹｲ)の丘). ▶ ↑Kalvarienberg ❷ 中 -[s]/ 極度の苦難(の地).
Go･li･ath [go'li:at] ❶《人名》《旧約》ゴリアテ(若きダビデに殺されたペリシテ人の巨人, サム上 17). ❷ 男 -s/-s 巨漢, 大男.
göl･te ['gœltə] gelten の接続法 II.
Go'mor･rha [go'mɔra]《地名》《旧約》ゴモラ(不道徳な所業のゆえに神罰を下された町, 創世 18-19). ↑Sodom
'Gon･del ['gɔndəl] 女 -/-n (it.) (ベネチアの)ゴンドラ; (気球などの)吊り籠; (園芸用の)吊り鉢; 商品陳列台と;（ゆるやかな反)舟形の腰掛.
'gon･deln ['gɔndəln] (s, h) 1 ゴンドラに乗っていく. 2《話》舟遊びをする, のんびり旅をする, ぶらつく.
Gon･do･li･e･re [gondoli'e:rə] 男 -/-ri [..ri] ゴンドラの船頭.
Gong [gɔŋ] 男 (中) -s/-s (mal.) ゴング, どら.
'gon･gen ['gɔŋən] ❶ 自 ゴング(どら)を鳴らす. ❷ 非人称 Es gongt. ゴング(どら)が鳴る.
'Gong･schlag 男 -[e]s/⁼e ゴング(どら)を打つこと(その音).
..go･nie [..goni:]《接尾》(gr. gone, Erzeugung')「発生, 形成, 繁殖」を意味する女性名詞(-/-n)をつくる. Ampligonie《生物》両性生殖.
*'gön･nen ['gœnən] 他 1 (j³ et⁴ 人³の事⁴を)喜ぶ, 喜ん

Gönner

で認める. Ich gönne ihm sein Glück von Herzen. 私は彼の幸福を心から喜ぶ. j' alles Gute ~ 人³の幸福(無事)を願う. j' nicht die Luft〈das Schwarze unterm Nagel〉~《話》人³をひどくねたんでいる. Diese Blamage gönne ich ihm. あいつがこんな恥さらしな目にあっていい気味だ. Das sei dir gegönnt. そんなこと別にどうということないからいいよ. **2** (j' et⁴ 人³に物⁴を)〈喜んで〉与える. Sie gönnte ihm keinen Blick. 彼女は彼に目もくれなかった. j' kein gutes Wort. 彼は彼女にやさしい言葉の一つもかけてやらない.《再帰的に》Er gönnt sich³ kaum eine Pause. 彼はほとんど休もうとしない.

'**Gön·ner** ['gœnɐr] 男 -s/- パトロン, 後援者, 谷町(^{たに}). ♦ 女性形 Gönnerin 女 -nen
'**gön·ner·haft** 形 恩着せがましい, パトロンぶった.
'**Gön·ner·mie·ne** 女 -/-n パトロンぶった顔つき.
'**Gön·ner·schaft** 女 -/ 保護, 後援; (総称的に)保護(後援)者, パトロン.
Go·no·kok·kus [gono'kokus] 男 -/..kokken [..'kɔkən]《医学》淋菌.
Go·nor·rhö [gonɔ'røː] 女 -/-en[..'røːən]《病理》淋病.
'**Go·nor·rhöe** [gonɔ'røː] 女 -/-n =Gonorrhö
'**Good'will·rei·se** ['gʊtˌvɪl.., 'gʊdˌwɪl..] 女 -/-n 親善旅行.
'**Good'will·tour** 女 -/-en (engl.) **1** =Goodwillreise **2**《話》《皮肉》こび, へつらい.
'**Gö·pel** ['gøːpəl] 男 -s/- **1** 巻上げ機. **2**《^俗》《話》おんぼろミシン, ぼろ車(自転車).
gor [goːr] gären の過去.
Gör [gøːr] 中 -[e]s/-en Göre
'**gor·disch** ['gɔrdɪʃ] ゴルディウスの. 《成句として》ein ~er Knoten 難問. den ~en Knoten durchhauen 快刀乱麻を断つ. ♦ 古代フリュギア王ゴルディウスの結んだ堅い結び目を, アレクサンダー大王が一刀のもとに両断した故事から.
'**gö·re** ['gøːrə] gären の接続法 II.
'**Gö·re** ['gøːrə] 女 -/-n (とくに北ド) おてんば娘, (小さい)子供.
'**Gor·go** ['gɔrgo] 女 -/..gonen[gɔrˈɡoːnən] (gr. gorgos, furchtbar, wild ')《多く複数で》《^ギ神話》ゴルゴ(恐ろしい怪物の姿に変えられた 3 人姉妹).
Gor·gon'zo·la [gɔrgɔn'tsoːla] 男 -s/-s《食品》ゴルゴンゾラチーズ.
Go'ril·la [goˈrɪla] 男 -s/-s (engl.) **1**《動物》ゴリラ. **2**《俗》(いかつい)ボディーガード; ギャング.
'**Gor·ki** ['gɔrki]《人名》Maxim ~ マクシム・ゴーリキー (1868-1936, ロシアの作家).
Gösch [gœʃ] 女 -/-en《船具》**1** 船首旗. **2** (旗の)左上部.
'**Go·sche** ['gɔʃə] 女 -/-n《地方》口.
'**Gos·lar** ['gɔslar]《地名》ゴスラル(ドイツの都市).
goss, goß [gɔs] gießen の過去.
'**Gos·se** ['gɔsə] 女 -/-n (↓ bei gießen)《歩道と車道の境に設けられた》下水溝, 《俗》零落の淵, 悪徳の巣, 泥沼, どん底生活. in die ~ ziehen〈schleifen〉《話》悪評を流して人⁴の顔に泥を塗る.
'**gös·se** ['gœsə] gießen の接続法 II.
'**Go·te¹** ['goːtə] 男 -n/-n《地名》代父, 名親.
'**Go·te²** ['goːtə] 女 -/-n《地方》代母, 名親.
'**Go·te³** 男 -n/-n ゴート人(ゲルマン民族の一種族).
'**Gö·te·borg** ['gøːtəbɔrk]《地名》イェーテボリ(スウェーデン南西部の港町).

'**Go·tha** ['goːta] ❶《地名》ゴータ(チューリンゲン地方の都市). ❷ 中 / 欧州貴族年鑑.
'**Go·tik** ['goːtɪk] 女 -/《美術・建築》ゴシック様式.
'**go·tisch** [..tɪʃ] 形 **1** ゴシック(様式)の. **2** ゴート人(語)の. ▶↑deutsch
'**Go·tisch** 中 -[s]/ **1**《印刷》ゴシック. **2** ゴート語.
'**Go·ti·sche** 中 -n/ **1** ゴート語. **2** ゴシック的なもの(様式).

Gott

[gɔt ゴト] 男 -es/Götter **1**《複数なし / 規定語を伴わない場合は無冠詞》(一神教, とくにキリスト教の)神. ~ der Herr 主なる神. der allmächtige ~ / ~ der Allmächtige 全能の神. der dreieinige〈dreifaltige〉 ~ 三位(^{さんみ})一体の神. der liebe ~ 神様. ~ segne dich! あなたに神の祝福がありますように. die Mutter ~es 聖母(マリア). ~es Sohn 神の子(イエス・キリスト). ~es Wort 神の言葉(聖書). Alles steht〈liegt〉 in ~es Hand. すべては神の御手の中にある. wie es³ ~ gefällt 神の御心のままに. ~ anbeten〈loben〉 神に祈る〈神をほめたたえる〉. ~ fürchten 神を畏(^{おそ})れる〈冒瀆する〉. an ~ glauben 神を信じる. auf ~ vertrauen 神に頼る. bei ~ schwören 神にかけて誓う. bei ~ sein 神の許(^{もと})(天国)にいる. in ~ entschlafen〈verscheiden〉 安らかに死ぬ(死ぬ). Hier ruht in ~ X. X ここに安らかに眠る(墓碑銘). zu ~ beten 神に祈る.《驚き・感嘆・挨拶などを表す代用として》 O〈Ach〉 ~! / Mein〈Großer〉 ~! / Du lieber ~!(驚いて・当惑して)ああ神様, おやおや, あらあら, なんてこった. Gnade dir ~!《話》ただではすまないぞ. Grüß ~! / ~ grüße dich!《地方》おはよう; こんにちは; こんばんは. Helf ~!(くしゃみをした人にお大事に. So wahr mir ~ helfe! 神かけて誓います. Da sei ~ vor! / ~ behüte! とんでもない, まっぴらごめんだ. ~ soll mich strafen, wenn... 絶対に…ではない. ~ steh' mir〈uns〉 bei! なんてことだ, これは大変だ. Vergelt's ~! / ~ vergelte es dir!《地方》どうもありがとう. ~ verdamm mich! こんちくしょう. Wollte〈Gebe〉 ~, dass... 願わくば…でありますように. ~³ befohlen! / ~ mit dir! / [Geh] mit ~! ごきげんよう, お元気で. ~³ sei Dank!《話》(安堵して)やれやれ, ありがたいことだ; おかげさまで. ~³ sei's geklagt! / Leider ~es!《話》残念ながら. Bei ~! 神かけて. um ~es willen とんでもない; お願いだから. Du bist [wohl] ganz und gar von ~ verlassen.《話》君はまったくどうかしているよ(なんてやつなんだ).《慣用的表現で》 [Ach] ~, ...(文頭で熟慮を表していて)…, ところで… ~ und die Welt ありとあらゆるもの(人). über ~ und die Welt reden ちょろちょろのことを話す. ~ hab' ihn selig.(挿入句として)今は亡き. Ihn hat ~ im Zorn erschaffen. あんなやつ顔を見るのも嫌だ. wie ~ j⁴ geschaffen〈erschaffen〉 hat (戯) 生れたままの姿で. wie ~ in Frankreich leben《話》贅沢三昧の暮しをする. ~ weiß《話》誰にも分からない. ~ weiß, wann er kommt. 彼はいったいいつ来るのやら. ~ weiß ~ ほんとうに, 実際. so ~ will《話》うまくいつかなえすれば, うまくいけば. ~ ..., dass ~ erbarm!《話》ひどい. Sie sang, dass ~ erbarm! 彼女の歌は聞くにたえなかった. in ~es Namen《話》お好きなように. Komm in ~es Namen mit! 来ないらついでおいで. dem lieben ~ den Tag stehlen《話》のらくら暮らす. dem lieben ~ einen guten〈frommen〉 Mann sein lassen《話》のんきに暮す, あくせくしない. seinen Frieden mit ~ machen 安らかな死を迎える.《諺などで》 Hilf

'dir selbst, so hilft dir ~. 天はみずから助くる者を助く. ~ lässt sinken, aber nicht ertrinken. 天道人を殺さず(神は人を沈めることがあっても溺れさせることはない)《新約》マタ 14:24-33). Der Mensch denkt, ~ lenkt. はかりごとは人にあり, 運は天にあり.　~es Mühlen mahlen langsam. 天網恢々⟨㌽⟩疎にして漏らさず(神の臼はゆっくりと, しかしきめ細かに挽⟨ひ⟩く). An ~es Segen ist alles gelegen. 神の恵みなしには万事うまく行かぬ. Wer ~ vertraut, hat recht gebaut. 信仰あればことなし(《旧約》箴 29:25).
2《多神教の》神. die griechischen⟨germanischen⟩ *Götter* ギリシア⟨ゲルマン⟩の神々.　Sie spielt⟨tanzt⟩ wie ein junger ~. 彼女の演奏⟨踊り⟩はとても人間わざとは思えない.　Das wissen die *Götter*.《話》そいつは誰にも分からない.　Es war ein Anblick⟨ein Bild⟩ für die *Götter*.《話》それはなんともおかしな光景だった. **3** 神のように崇(㍇)められている人(物), 偶像. Das Geld ist ihr ~. お金が彼女の恋人だ.　*Götter* in weiß《俗》医者ども.

'gott·ähn·lich 形 神のような.
gott·be·gna·det 神の恩寵を受けた; 天分豊かな.
gott·be'wah·re [gɔtbaˈvaːrə] 間《話》*Gottbewahre*! とんでもない, 決して.
'Göt·ter [ˈɡœtər] *Gott* の複数.
'Gott·er·bar·men 中《次の用法でのみ》zum ~ 見るも哀れに; ものすごくへたくそに.
'Göt·ter·bild 中 –[e]s/-er 神像.
'Göt·ter·bo·te 男 –n/-n《神話》神々の使者(ギリシア神話の Hermes など).
'Göt·ter·däm·me·rung 女 –/《北欧神話》神々のたそがれ(新しい時代の到来の前の古い神々と世界の滅亡).◆古ノルド語. ragna rök ,Götterschicksal' を ragna rökkr ,Götterverfinsterung' と取違えたことに由来する.
'Göt·ter·fun·ke 男 –ns/-n《雅》神々の火花(詩的霊感).◆格変化は Funke 参照.
'Göt·ter·fun·ken 中 der ~–Götterfunke
gott·er·ge·ben 形 運命に身をゆだねた, 恭順な.
'göt·ter·gleich 形 神のような, 神々しい.
'Göt·ter·sa·ge 女 –/-n 神話.
'Göt·ter·spei·se 女 –/-n **1**《複数なし》《神話》(Ambrosia) 神々の食物(不死の源). **2**《戯》美味な食物. **3**《料理》ゼラチンでかためた甘いデザート.
'Göt·ter·trank 男 –[e]s/-e (Göttergetränk) **1**《複数なし》《神話》(Nektar) 神々の飲物. **2**《戯》美味な飲物, 美酒.
'Got·tes·acker 男 –s/–《地方》《雅》墓地.
'Got·tes·dienst 男 –[e]s/-e (教会の)礼拝(式);《旧》聖体の祭儀, ミサ;《広義で》神事, 勤行(㌓㌍).
'Got·tes·furcht 女 –/ 神への畏(㌢)れ, 敬神.
'got·tes·fürch·tig 形 敬虔な, 信心深い. dreist und ~《話》あつかましい.
'Got·tes·ge·richt 中 –[e]s/-e **1** 神の裁き. **2** = Gottesurteil
'Got·tes·gna·de 女 –/-n 神の恩寵.
'Got·tes·gna·den·tum 中 –s/《歴史》王権神授(説).
'Got·tes·haus 中 –es/-er 教会, 礼拝堂.
'Got·tes·kind·schaft 女 –/《宗教》神の子であること.
'Got·tes·lamm 中 –[e]s/ 神の子羊(イエス・キリスト).
'Got·tes·läs·te·rer 男 –s/- 瀆神(㌕㌫)者.
'got·tes·läs·ter·lich 形 神を冒瀆する.
'Got·tes·läs·te·rung 女 –/-en 瀆神(㌕㌫).
'Got·tes·leug·ner 男 –s/- (Atheist) 無神論者.
'Got·tes·lohn 男 –[e]s/ (善行に対する)神の報い. um⟨für⟩ [einen] ~ 無報酬で(ただで).
'Got·tes·mut·ter 女 –/ 聖母(マリア).
'Got·tes·sohn 男 –[e]s/ 神の子(イエス・キリスト).
'Got·tes·tisch 男 –[e]s/-e (Altar) 祭壇.
'Got·tes·ur·teil 中 –s/-e 神明裁判(中世における).
'Gott·fried 《男名》ゴットフリート. ~ von Straßburg ゴットフリート・フォン・シュトラースブルク (1170 項-1215 項, 中世ドイツの宮廷叙事詩人).
gott·ge·fäl·lig 形《雅》神意にかなった.
'gott·ge·wollt 形 神意にかなった, 神が定めた.
gott·gläu·big 形《古》敬虔な, 信心深い.
'Gott·heit [ˈɡɔthaɪt] 女 –/-en **1**《複数なし》神たること, 神性. **2**《複数なし / 定冠詞つき》《雅》神(とくにキリスト教の). die ~ in den drei Personen 三位(㌒㌢)一体の神. **3**《異教の》神, 神像.
'Gott·helf [ˈɡɔthɛlf]《男名》Jeremias ~ イェレミアス・ゴットヘルフ (1797-1854, スイスの作家).

*'Göt·tin [ˈɡœtɪn ゲティン] 女 –/-nen 女神.
'Göt·tin·gen [ˈɡœtɪŋən]《地名》ゲッティンゲン(ドイツ中部の都市).
'Göt·tin·ger [ˈɡœtɪŋər] ❶ –s/- ゲッティンゲンの市民(住民). ❷ 形《不変化》ゲッティンゲンの. ~ Sieben《歴史》ゲッティンゲンの 7 教授 (1837, ハノーファー王の憲法破棄に抗議して解任された 7 人の教授).

*'gött·lich [ˈɡœtlɪç ゲトリヒ] 形 **1** 神の; 神のような, 神々しい. die ~e Gnade⟨Weisheit⟩ 神の恵み⟨叡智⟩. eine ~e Eingebung⟨Erleuchtung⟩ 天啓. die ~e Botschaft《宗教》(Evangelium) 福音. das ~e Buch《宗教》(Bibel) 聖書. die Einheit der drei ~en Personen《宗教》三位(㌒㌢)一体. Er genoss ~e Verehrung. 彼は神のように敬われた.《名詞的用法で》das Göttliche im Menschen 人間の神性. **2**《話》すばらしい, 見事な. eine ~e Musik 妙(㌦)なる音楽. eine ~e Stimme すばらしい美声. ein ~er Leichtsinn 驚くべき軽率さ. Der Gedanke ist ja ~. その考えは確かにすばらしい. Du bist ja wirklich ~!《反語》おまえはほんとうに面白いやつだな.
'Gött·lich·keit 女 –/ 神性; 神々しさ.
'Gott·lieb [ˈɡɔtliːp]《男名》ゴットリープ.
'gott·lob [ɡɔtˈloːp] 間《雅》*Gottlob*! ありがたい.
'Gott·lob [ˈɡɔtloːp]《男名》ゴットローブ.
gott·los [ˈɡɔtloːs] 形 神を認めぬ, 無信仰の; 瀆神(㌕㌫)の, 邪悪な.
'Gott·lo·sig·keit [ˈɡɔtloːzɪçkaɪt] 女 –/-en **1**《複数なし》不信心, 無信仰. **2** 瀆神(㌕㌫), 背徳.
'Gott·mensch 男 –en/-en《複数なし》《宗教》神人(イエス・キリスト). 神のごとき存在.
'Gott·sched [ɡɔtˈʃɛːt]《人名》Johann Christoph ~ ヨーハン・クリストフ・ゴットシェート (1700-66, ドイツ啓蒙主義時代の詩人・評論家).
Gott'sei·bei·uns [ɡɔtzaɪˈbaɪʊns, ˈ---] 男 –/《婉曲》(Teufel) 悪魔.
gott'se·lig [ɡɔtˈzeːlɪç, ˈ---] 形 信心ぶかい, 敬虔な.
'gotts·er'bärm·lich [ɡɔtsɛrˈbɛrmlɪç] 形《話》**1** ひどく悲惨な, 痛ましい. **2** 非常な, ひどい.
'gotts'jäm·mer·lich [ˈɡɔtsˈjɛmərlɪç] 形《話》= gottserbärmlich
'Gott·su·cher 男 –s/- 求道(㌓)者.
Gott·va·ter [ɡɔtˈfaːtər] 男 –s/《通常無冠詞で》《宗

'**gott·ver·ges·sen** 形 **1** 神を忘れた，背徳の． **2** 《話》＝gottverlassen 2

'**gott·ver·las·sen** 形 **1** 神に見捨てられた． **2** 《話》非常に寂しい，荒涼とした．

'**Gott·ver·trau·en** 中 -s/ 神への信頼．

'**gott·voll** ['gɔtfɔl] 形 **1** 《雅》すばらしい．ein ~er Sonnenaufgang すばらしい日の出． **2** 《話》ひどく滑稽な．ein ~er Witz ひどく滑稽なジョーク．

Götz [gœts] 《男名》ゲッツ．

Göt·ze ['gœtsə] 男 -n/-n (Idol, Abgott) （異教の）神（像）；《雅》《侮》盲目的な崇拝の的，偶像．

'**Göt·zen·bild** 中 -[e]s/-er 偶像．

'**Göt·zen·die·ner** 男 -s/- 偶像崇拝者．

'**Göt·zen·dienst** 男 -[e]s/ 偶像崇拝. mit ⟨et⟩ seinen ~ treiben 《雅》《侮》人〈物〉³を盲目的に崇拝する．

Gou·da ['gaʊda, 'xaʊda] 《略》＝Goudakäse

Gou·da·kä·se ['gaʊdakɛːza, 'xaʊda..] 男 -s/- 《食品》ゴーダチーズ（オランダの地名による）．

Gour'mand [gʊr'mãː] 男 -s/-s (fr.) 大食漢；美食家，食通．

Gour'met [gʊr'meː, ..'mɛ] 男 -s/-s (fr.) 美食家，食通．

Gout [guː] 男 -s/-s (fr.) 《古》趣味，好み．

gou'tieren [guˈtiːrən] 他 (j⁴ Gout) 味わう；好む．

Gou·ver'nan·te [guvɛr'nantə] 囡 -/-n (fr.) 《古》女家庭教師；《比喩》（口うるさい）オールドミス風の女．

Gou·ver·ne'ment [guvɛrnəˈmãː] 中 -s/-s (fr.) **1** 統治，支配；行政． **2** 統治区域，行政区．

Gou·ver'neur [guvɛr'nøːr] 男 -s/-e (fr.) **1** （アメリカの）州知事，（植民地の）総督． **2** 《軍事》（要塞の）司令官．

'**Go·ya** ['gɔja, 'goja] 《人名》Francisco José de ~ フランシスコ・ホセ・デ・ゴヤ（1746-1828，スペインの画家）．

GPS [geːpeːˈʔɛs] 中 -/ 《略》＝Global Positioning System 全地球測位システム（衛星通信を用いたナビゲーションシステム）．

Gr. （略） **1** ＝Greenwich **2** ＝Gros² **3** 《古》＝Groschen

Gr.-2° 《記号》＝Großfolio

Gr.-4° 《記号》＝Großquart

Gr.-8° 《記号》＝Großoktav

*****Grab** [graːp] グラープ 中 -[e]s/Gräber（↓graben）墓，墓穴（ばっか）,墓所；《比喩》死，終焉（しゅうえん）,末路. das ~ des Unbekannten Soldaten 無名戦士の墓. das Heilige ~ 聖墓（キリストの墓）. still ⟨verschwiegen⟩ wie ein ~ sein ひじょうに口がかたい. am Rand des ~es stehen / mit einem Bein⟨Fuß⟩ in ~ stehen 棺桶に片足をつっこんでいる；（危険な仕事などで）死と隣りあわせである. j⁴ an den Rand des ~es bringen 《雅》人⁴の命を危うくする. sein ~ in den Wellen finden / ein nasses⟨feuchtes⟩ ~ finden 《雅》水死する. ein frühes ~ finden 《雅》夭折（ようせつ）する. sich³ selbst sein ~ graben⟨schaufeln⟩ みずから墓穴（ぼけつ）を掘る.《前置詞として》bis ins⟨ans⟩ ~ / bis über das ~ hinaus 《雅》あの世まで，永遠に. Er würde sich⁴ im ~ [her]umdrehen, wenn er das wüsste.《話》それを知ったら彼は墓のなかでかんかんに怒るだろう. j⁴ ins ~ bringen 人⁴を死に追いやる；《比喩》絶望させる（苦しくさせる）. j⁴ ins ~ folgen ⟨betten⟩ 《雅》人⁴のあとを追うようにして死ぬ. j⁴ ins ~ legen⟨betten⟩ /《雅》j⁴ zu ~e tragen 人⁴を埋葬する. et⁴ mit ins ~ nehmen 《雅》事⁴（秘密など）を墓まで持って行く. ins ~ sinken 《雅》死ぬ. et⁴ zu ~e tragen 《雅》事⁴（望みなど）を捨て去る，あきらめる.

'**Grab·be** ['grabə] 《人名》Christian Dietrich ~ クリスティアン・ディートリヒ・グラッベ（1801-36，ドイツの劇作家）．

'**Grab·bei·ga·be** ['graːp..] 囡 -/-n 副葬品．

'**grab·beln** ['grabəln] 自 《話》手さぐりで捜す. in der Schublade nach et³ ~ 物³を捜して引出しの中をひっかき回す. j⁴ auf dem Rücken ~ 人⁴の背中をかく.

*****gra·ben*** ['graːbən] グラーベン grub, gegraben / du gräbst, er gräbt ❶ 自 掘る，掘りおこす. in die Erde ~ 地面を掘る. nach et³ ~ 物³を掘って探す. nach Gold⟨Kohle⟩ ~ 金⟨石炭⟩を試掘する.

❷ 他 **1** （穴などを）掘る，（石炭などを）掘出す. ein Grab⟨ein Loch⟩ ~ 墓⟨穴⟩を掘る. Gold ~ 金を採掘する. sich⁴ einen Bau ~ （動物が）巣穴を掘る. den Garten⟨Acker⟩ ~ 《地方》庭⟨畑⟩を掘りおこす. Wer anderen eine Grube gräbt, fällt selbst hinein.《諺》人を呪わば穴二つ（他人を陥れようと穴を掘る者はみずからそれに落ちる）. Er grub⟨Seine Hände gruben⟩ mancherlei Gegenstände aus der Schublade.《戯》彼は引出しをひっくり返していろんな物を引張り出した. **2** 《A⁴ in B⁴ graben の形で》(a) A⁴ を B⁴ に押しこむ，つっこむ. die Hände in die Tasche ~ ポケットに手をつっこむ. seine Zähne in den Apfel ~ リンゴにかじりつく. (b) A⁴ を B⁴ に刻みつける，彫る. eine Inschrift in Stein ~ 石に碑文を刻む. Das Alter hat tiefe Furchen in sein Gesicht gegraben.《比喩》老齢が彼の顔に深いしわを刻みつけていた. Ich habe es mir tief ins Gedächtnis gegraben.《比喩》私はそれを記憶の中に深く刻みつけた.

❸ 再 (sich⁴) くいこむ，めりこむ；刻みこまれる. sich durch die Erde ~ （もぐらなどが）地中にもぐる. Ihre Fingernägel gruben sich in seinen Arm. 彼女の爪が彼の腕にくいこんだ. sich in j² Gedächtnis ~ 《比喩》人²の記憶に刻みこまれる．

'**Gra·ben** ['graːbən] 男 -s/Gräben 溝，掘割，堀（濠，壕）；《軍事》塹壕（ざんごう）；《地形》地溝，海溝. im ~ landen 溝におちる. einen ~ nehmen 《馬術》（障害用の堀（水濠）を跳び越える. im [vordersten] ~ liegen 《軍事》最前線にいる．

'**Gra·ben·krieg** 男 -[e]s/-e **1** 《軍事》塹壕（ざんごう）戦. **2** 《比喩》冷戦．

'**Grä·ber**¹ ['grɛːbər] 男 -s/- **1** 掘る人. Totengräber 墓掘り人. **2** 彫刻刀，たがね．

'**Grä·ber**² Grab の複数．

'**Grä·ber·feld** 中 -[e]s/-er 墓地．

'**Gra·bes·ru·he** 囡 -/ （墓の中のような）深い静寂．

'**Gra·bes·stil·le** 囡 -/ ＝Grabesruhe

'**Gra·bes·stim·me** 囡 -/-n 《話》低い無気味な声．

'**Grab·ge·läu·te** 中 -s/ 弔（とむらい）いの鐘．

'**Grab·ge·sang** 男 -[e]s/ᵉe 弔いの歌．

'**Grab·ge·wöl·be** 中 -s/- 地下埋骨所．

'**Grab·hü·gel** 男 -s/- 墓塚，土（ど）まんじゅう．

'**Grab·in·schrift** 囡 -/-en 墓碑銘．

'**Grab·le·gung** 囡 -/-en **1** 《雅》埋葬． **2** 《複数なし》《キ教》キリストの埋葬．

'**Grab·mal** 中 -[e]s/ᵉer (-e) 墓標，墓石．

'**Grab·re·de** 囡 -/-n （埋葬のさいの）弔辞（ちょうじ）．

'**Grab·schän·dung** 囡 -/-en 墓荒らし．

'**Grab·scheit** 中 -[e]s/-e シャベル，鋤（すき）．

'**Grab·schrift** 囡 -/-en ＝Grabinschrift

gräbst [grɛːpst] graben の現在 2 人称単数.
Grab·stein 男 -[e]s/-e 墓石.
Grab·sti·chel 男 -s/- 彫刻刀, たがね.
gräbt [grɛːpt] graben の現在 3 人称単数.
Grab·tuch 中 -[e]s/-̈er 屍衣(い)〈遺体を包む布〉. ~ Christi キリストの聖骸布(がいふ).
Gra·bung ['graːbʊŋ] 女 -/-en 掘ること; 発掘.
Grab·ur·ne 女 -/-n 骨壺(こつつぼ).
Gracht [graxt] 女 -/-en (ndl.) (オランダの)運河.

Grad
[graːt グラート] 男 -[e]s/-e〈単位 -〉(lat. gradus, Schritt, Stufe') **1** (a) 程度, 度合, 段階, 親等(とう). der ~ der Feuchtigkeit〈Härte〉湿度〈硬度〉. der ~ der Konzentration 化学 濃さ. ein hoher ~ der Kultur 高度の文化. Verbrennung dritten ~es 医学 第 3 度の火傷. ein Verwandter zweiten ~es 2 親等の親族. bis zu einem gewissen ~[e] ある程度まで. in geringem〈hohem〉~[e] わずかに, 少し〈非常に, おおいに〉. in gewissem ~[e] ある程度, いくぶんか. im höchsten ~[e] 極度に, このうえなく. ein Künstler von hohen ~en 第 1 級の芸術家. (b) 〈学位・官位などの〉位階, 階級, 等級. einen akademischen ~ erlangen〈erwerben〉学位を得る. ein Offizier im ~ eines Obersten 大佐級の士官. **2** 〖記号〗 (温度・角度などの)度. 20 ~ Celsius 摂氏 20 度(20°C). 80 ~ Fahrenheit 華氏 80 度(80°F). minus 5 ~ / 5 ~ minus / 5 ~ unter Null 零下 5 度. 34 ~ südlicher Breite〈östlicher Länge〉南緯〈東経〉34 度. Dieser Ort liegt auf dem 50. ~ nördlicher Breite. この場所は北緯 50 度の所にある. 40 ~ Fieber haben 40 度の熱がある. et⁴ auf 80 ~ erhitzen 物⁴を 80 度に熱する. Wasser kocht bei 100 ~. 水は 100 度で沸騰する. Es war gestern um einige ~ wärmer. きのうは何度か暖かかった. sich⁴ um 180〈hundertachtzig〉~ drehen 半回転する;〈比喩〉180 度方向転換する, 転向(変節)する. im Winkel von 32 ~ 32 度の角. **3** 〖数学〗次. eine Gleichung zweiten ~es 2 次方程式. **4** 〖印刷〗活字の大きさ, ポイント.

grad. 《略》= graduiert 2
Gra·da·ti·on [gradatsi'oːn] 女 -/-en (lat.) **1** 修辞 漸層(法)法. **2** 階調, グラデーション〈写真のネガなどの濃淡度〉. **3** 〖生物〗 大発生, 異常発生.
'gra·de [graːdə] 副 話 = gerade
Grad·ein·tei·lung 女 -/-en 目盛.
Gra·di·ent [gradiˈɛnt] 男 -en/-en (lat.) 勾配, 傾度, グラジエント.
gra·die·ren [graˈdiːrən] 他 (↓Grad) **1** 〈物⁴に〉目盛を付ける. **2** 〈物⁴に〉段階を付ける. **3** (塩水を)濃縮する.
Gra·die·rung 女 -/-en **1** 目盛(等級)付け. **2** 濃縮.
..gra·dig [..graːdɪç], 《まれ》**..grä·dig** [..grɛːdɪç] 接尾 数詞・形容詞などにつけて「…度の」の意を表す形容詞をつくる. hoch*gradig* 強度(高度)の. drei*gradig* 3 度の.
'Grad·mes·ser 男 -s/- 尺度, 基準.
'Grad·netz 女 -es/-e (地球儀上の)経緯度網.
gra·du·al [graduˈaːl] 形 (lat.) 程度(上)の; 位階上の.
gra·du·ell [graduˈɛl] 形 (fr.) 程度(上)の; 漸進(ぜんしん)(段階)の.
gra·du·ie·ren [graduˈiːrən] 他 **1** 〈物⁴に〉目盛を付ける. **2** 〈人⁴に〉学位を授ける.

gra·du·iert 過分 形 **1** (とくに英米で)学位(学士号)を取得した. **2** 《略 *grad.*》専門単科大学卒業の.
Gra·du·ier·te 形容詞変化 学位取得者.
'grad·wei·se [ˈgraːtvaɪzə] **❶** 副 段々に, 徐々に. **❷** 形 漸進(段階)的な.
'Grae·cum [ˈgrɛːkʊm] 中 -s/- (lat. ,das Griechische') 古典ギリシア語学力認定試験.

Graf¹ [graːf] 男 -en/-en (古くは, フランク王国の地方行政区 Grafschaft の長官であり, のちには塩・森林などで司どる職権を得た)伯;〈侯爵と男爵の間の貴族の位で〉伯爵.
Graf² = Graph
..graf [..graːf] 接尾 = ..graph
..gra·fie [..graˈfiː] 接尾 = ..graphie
'Gra·fik [ˈgraːfɪk] 女 -/-en = Graphik
'Gra·fi·ker [ˈgraːfɪkər] 男 -s/- = Graphiker
'Grä·fin [ˈgrɛːfɪn] 女 -/-nen 伯爵夫人; 伯爵領を持った婦人. ↑Graf
'gra·fisch [ˈgraːfɪʃ] 形 = graphisch
'Gra'fit [graˈfiːt] 男 -s/-e = Graphit
'gräf·lich [ˈgrɛːflɪç] 形 伯爵の; 伯爵のような.
Gra·fo·lo·ge [grafoˈloːgə] 男 -n/-n = Graphologe
Gra·fo·lo·gie [grafoloˈgiː] 女 - = Graphologie
gra·fo·lo·gisch [grafoˈloːgɪʃ] 形 = graphologisch
'Graf·schaft 女 -/-en 伯爵の身分; 伯爵領.
'Gra·ham·brot [ˈgraːham-] 中 -[e]s/-e 食品 グラハムパン〈米国の医師 S. Graham にちなむ〉.
'grä·ko·laˈtei·nisch [ˈgrɛːkolaˈtaɪnɪʃ] 形 (*gr.* + *lat.*) ギリシア・ラテンの.
Grä·koˈma·nie [grɛkomaˈniː] 女 -/ - (古代)ギリシア崇拝(心酔).
'Grä·kum [ˈgrɛːkʊm] 中 -s/- = Graecum
Gral [graːl] 男 -s/- (*fr.*) グラール, 聖杯. ◆中世の伝説や文学で, 神に選ばれた者のみが見出せるという杯また石. キリストが最後の晩餐に用い, アリマテヤのヨセフが十字架上のキリストの血を受けたとされる聖杯に由来.
'Gral·sa·ge 女 -/-n 聖杯伝説.
'Grals·burg 女 -/ 聖杯(のある)城.
'Grals·rit·ter 男 -s/- 聖杯騎士.
gram [graːm] 形 《次の用法で》 j³ ~ sein 人³に腹を立てている, 恨みを抱いている.
Gram [graːm] 男 -[e]s/ 雅 (深い)悲しみ, 悲嘆, 傷心, 断腸の思い.
'grä·men [ˈgrɛːmən] (↓gram) **❶** 再 (*sich*⁴) 雅 心を痛める, 悲しみにくれる〈über j〈et〉⁴ 人〈物〉⁴のことで〉. *sich* zu Tode ~ 身も世もあらず悲しむ. **❷** 他 雅 (深く)悲しませる. Das *grämt* mich nicht〈wenig〉. それは私には悲しくもなんともない.
'gram·er·füllt 形 悲しみに満ちた, 悲嘆にくれた.
'gram·ge·beugt 形 悲しみに打ちひしがれた.
'gräm·lich [ˈgrɛːmlɪç] 形 (↓gram) 気難しい, 不機嫌な, むっつりした.
✻Gramm [gram グラム] 中 -s/-e〈単位 -〉(*gr.*) 〖記号 g〗グラム. Ein Pfund hat 500 ~. 1 ポンドは 500 グラムである. Der Stein wiegt 100 *g*. / Der Stein hat ein Gewicht von 100 *g*. その石は 100 グラムである.
✻Gram'ma·tik [graˈmatɪk グラマティク] 女 -/-en (*gr.*) **1** 〈複数なし〉文法. die deutsche ~ / die ~ der deutschen Sprache ドイツ語文法. gegen die ~ verstoßen 文法上の間違いをする. **2** 文法書, 文典.
gram·maˈti·ka·lisch [gramatiˈkaːlɪʃ] 形 文法(上)の.
Gramˈma·ti·ker [graˈmatɪkər] 男 -s/- 文法学者.

*gram'ma·tisch [gra'matɪʃ グラマティシュ] 形 文法(上)の,文法上の; 文法にかなった. ein ~er Fehler 文法上の誤り. ein ~er Satz 文法的に正しい文章. ~ richtig sprechen 文法的に正しい話し方をする.

'**Gramm·atom** ['gram..] 中 -s/-e 【化学】グラム原子.

..**gram·mig** [..gramɪç] [接尾] 数詞につけて「…グラムの」の意を表す形容詞をつくる. fünfgrammig〈5-grammig〉5グラムの.

Gram·mo'fon [gramo'fo:n] 中 -s/-e =Grammophon

Gram·mo'phon [gramo'fo:n] 中 -s/-e(x⁻ 男 -s/-e) グラモフォン(商標名);《古》蓄音機.

'**gram·voll** ['gra:mfɔl] 形 悲しみに満ちた, 悲嘆にくれた.

Gran [gra:n] 中 -[e]s/-e(単位 -)(lat.)《古》1 グラーン(薬の重さの単位, =約66ミリグラム). 2 =Grän 1

Grän [grɛ:n] 中 -[e]s/-e(単位 -)《古》1 グレーン(宝石・貴金属類の重さの単位. 宝石1/4カラット, 金1/12カラット). 2 =Gran 1

Gra·na·da [gra'na:da] (地名) グラナダ(スペイン南部の古都).

Gra'nat¹ [gra'na:t] 男 -[e]s/-e 【動物】(北海の砂地に棲む)小えび.

Gra'nat² 男 -[e]s/-e(⁻⁻ -en/-en) (lat.)【鉱物】ざくろ石, ガーネット. いさざま博物館.

Gra'nat·ap·fel 男 -s/⁼ ざくろの実.

Gra·na·te [gra'na:tə] 女 -/-n (it.)【軍事】榴弾(りゅうだん), 手榴弾; 《スポーツ》(サッカーなどの)強烈なシュート. Bomben und ~n! こいつは驚きだ.

Gra'nat·split·ter 男 -s/- 榴弾の破片.

Gra'nat·trich·ter 男 -s/- 榴弾による弾孔.

Gra'nat·wer·fer 男 -s/-【軍事】迫撃砲; てき弾筒.

Grand¹ [grant] 男 -[e]s/《北ドイ》小砂利.

Grand² 男 -[e]s/-e《南ドイ・オースト》水槽.

Grand³ [grã:] 男 -s/-e (fr.)《トランプ》グラン(スカートでジャックだけを切札とするゲーム).

'**Gran·de** ['granda] 男 -n/-n (sp., groß¹) 大公(スペインの最高貴族).

Gran'dez·za [gran'dɛtsa] 女 -/ (it.) 品位, 荘重さ.

gran·di'os [grandi'o:s] 形 (it.) 壮大な, すばらしい, 圧倒的な.

'**Grand 'Prix** ['grã: 'pri:] 男 --[..'pri:(s)]/--(-s -) [..'pri:s] (fr.) グランプリ, 大賞.

Grand·sei'gneur [grãsen'jø:r] 男 -s/-s(-(e)) (fr.) 1《古》フランスの貴族. 2《比喩》貴人, お大尽(じん).

Gra'nit [gra'ni:t] 男 -s/-e (it.) 花崗岩, 御影(みかげ)石. bei j⁴ auf ~ beißen《比喩》人³の頑強な抵抗にあう, (に)歯が立たない.

gra'ni·ten [gra'ni:tən] 形 1 (付加語的用法のみ) 花崗岩の. 2 (意志などが)堅固な, 不動の.

'**Gran·ne** ['granə] 女 -/-n (麦などの)芒(のぎ); (獣の)剛毛.

'**gran·nig** ['granɪç] 形 芒(のぎ)のある.

'**gran·nig** ['granɪç] 形 《南ドイ・オースト》不機嫌な.

Gra·nu·la·ti'on [granulatsi'o:n] 女 -/-en (lat.) 1 粒状化, 造粒. 2【天文】(太陽表面の)粒状斑. 3【医学】肉芽.

gra·nu'lie·ren [granu'li:rən] ❶ 他 粒状にする. ❷ 自 (s, h)【医学】肉芽組織を形成する.

Graph [gra:f] 男 -en/-en (gr.)【数学】グラフ.

..**graph** [..graf] [接尾] (gr.) 1「記述する人, 機械」を意味する男性名詞(-en/-en)をつくる. Telegraph 電信機. Stenograph 速記者. 2「書かれたもの」を意味する中性名詞(-s/-e)をつくる. Autograph 自筆.

..**gra·phie** [..grafi:] [接尾] (gr.)「記述, …学」を意味する女性名詞(-/-n)をつくる. Geographie 地理学.

'**Gra·phik** ['gra:fɪk] 女 -/-en (gr.) 1 (複数なし)(とくに美術などによる)複製印刷術; グラフィックアート. 2 図版; 版画, 図画.

'**Gra·phi·ker** ['gra:fɪkər] 男 -s/- グラフィックアートの芸術家; グラフィックデザイナー. ◆ 女性形 Graphikerin 女 -/-nen

'**gra·phisch** ['gra:fɪʃ] 形 (述語的には用いない) 1 グラフィックアートの; グラフィックデザインの. 2 図表(グラフ)による. ~e Darstellung グラフ, 図表.

Gra'phit [gra'fi:t] 男 -s/-e (gr.)【鉱物】石墨, 黒鉛.

Gra·pho'lo·ge [grafo'lo:gə] 男 -n/-n 筆跡鑑定家, 筆跡学者.

Gra·pho·lo'gie [grafolo'gi:] 女 -/ 筆跡(鑑定)学.

gra·pho'lo·gisch [grafolo'gɪʃ] 形 筆跡学(上)の.

'**grap·schen** ['grapʃən] (話) ❶ 自 nach et¹ ~ 物³をひっつかむ. ❷ 他 ひっつかむ, ひったくる. j⁴ am Kragen ~ 人⁴の襟をひっつかむ.

'**grap·sen** ['grapsən] (話) ❶ 自他《北ドイ》=grapschen ❷ 自 《オースト》(stehlen) かっぱらう.

Gras [gra:s グラース] 中 -es/Gräser 1【植物】いね科植物. 2 (複数なし)(集合的に)草; 草地, 草原; (婉曲) マリファナ. hohes〈üppiges〉~ 高い〈おい茂った〉草. Die Kühe fressen ~. 牛が草を食(は)む. ~ liegen 草原に寝ころんでいる. sich⁴ ins ~ legen 草原に寝ころぶ. 《比喩的に》Darüber ist längst ~ gewachsen. それはもうとっくに忘れられている. Wo er hinhaut〈hintritt〉, da wächst kein ~ mehr.《話》あいつは荒っぽいやつだ; あいつはくそみそに人をこきおろす. das ~ von unten betrachten 《卑》草葉の陰から見ている, あの世の人である. das ~ wachsen hören 《話》目先が利(き)く. Er meint, er hört das ~ wachsen. 彼は自分ほど利口なまれはいないと思っている. über et¹ ~ wachsen lassen 《話》事¹がいずれ忘れ去られるのを待つ. ins ~ beißen 《卑》死ぬ, くたばる.

'**Gras·af·fe** 男 -n/-n《話》青二才.

'**gras·ar·tig** ['gra:sa:rtɪç] 形 草のような.

'**Gras·de·cke** 女 -/-n 芝生.

'**gra·sen** ['gra:zən] 自 1 (動物が)草を食(は)む. 2《地方》草を刈る. 3《話》ひっかき回して捜す(nach et¹ を).

'**Grä·ser** [grɛ:zər] Gras の複数.

'**Gras·fleck** 男 -[e]s/-e 1 草の生えた所. 2 草の汁のしみ.

'**gras·grün** 形 草色の.

'**Gras·halm** 男 -[e]s/-e 草の茎.

'**gra·sig** ['gra:zɪç] 形 1 草の生い茂った. 2 草のような.

'**Gras·land** 中 -[e]s/ 草地; (Steppe) 草原地帯.

'**Gras·mä·her** 男 -s/- 草刈人; 草刈機.

'**Gras·mü·cke** 女 -/-n【鳥】うぐいす亜科.

'**Gras·nar·be** 女 -/-n 土の上を覆う密生した草.

'**Gras·platz** 男 -es/⁼e 草地.

Grass [gras] (人名) Günter ~ ギュンター・グラス(1927-, ドイツの作家).

gras'sie·ren [gra'si:rən] 自 (lat.) (病気・噂などが)

広がる、はびこる、流行(蔓延)する.

gräss·lich, °¹**gräß·lich** ['grɛslɪç グレスリヒ] 形 **1** 恐ろしい、ぞっとする、身の毛のよだつ. ein ~er Anblick〈Vorfall〉 恐ろしい光景〈出来事〉. Das sieht ~ aus. それはぞっとするような様相を呈している. **2** 《話》不快、いやな、ひどい、ものすごい. Er ist ein ~er Kerl がまんならないやつ. ~es Wetter ひどい天気. ~ Angst haben ものすごく怖がっている. einen ~en Erkältung haben ひどい風邪にかかっている. ~ müde〈langweilig〉 sein ひどく疲れている〈なんとも退屈だ〉.

Gräss·lich·keit 女 -/-en **1** 《複数なし》ぞっとするような恐ろしさ. **2** 恐ろしい行ない(言動)、惨事.

Grat [graːt] 男 -[e]s/-e **1** 山の背、尾根、稜線. auf schmalem ~ wandern 《比喩》危険な綱渡りをする. **2** 〖工学〗(鋼材の)まくれ、鋳ばり. **3** 〖建築〗(屋根の)隅棟(の); (丸天井の)穹稜. **4** 〖紡織〗(斜紋織り)の綾.

Grä·te ['grɛːtə] 女 -/-n 魚の小骨;《複数で》《卑》骨. ~n im Gesicht haben 《戯》無精ひげを生やしている.

Grä·ten·schritt 男 -[e]s/-e 開脚登行.

Gra·ti·fi·ka·ti·on [gratifikatsi'oːn] 女 -/-en 《lat.》特別の報酬、賞与.

grä·tig ['grɛːtɪç] 形 **1** 小骨の多い. **2** 《話》怒りっぽい.

gra·tis ['graːtɪs] 副 《lat.》(宣伝文などで)ただで、無料で. ~ und franko 《話》代金送料とも無料で.

Gra·tis·bei·la·ge 女 -/-n (新聞・雑誌の)付録.

Gra·tis·pro·be 女 -/-n 無料サンプル.

Grät·sche ['grɛːtʃə] 女 -/-n 〖スポ〗 **1** 開脚跳び. **2** 開脚姿勢.

grät·schen ['grɛːtʃən] ❶ 他 die Beine ~ 〖スポ〗両脚を開く. ❷ 自 (s) über et⁴ ~ 〖スポ〗物(跳び箱など)を開脚で飛越える.

Gra·tu'lant [gratu'lant] 男 -en/-en 《lat.》祝い客. ♦ 女性形 **Gratulantin** 女 -/-nen

Gra·tu·la·ti·on [gratulatsi'oːn] 女 -/-en 《lat.》祝賀; (Glückwunsch) お祝いの言葉.

▸**gra·tu'lie·ren** [gratu'liːrən グラトゥリーレン] 自 《lat. gratulari ,Glück wünschen'》 ❶ お祝いを言う (j³ zu et³ 人³に事³の). Ich gratuliere! おめでとう. j³ zum Geburtstag〈zum bestandenen Examen〉 ~ 人³に誕生日〈試験合格〉のお祝いを言う. Zu solchen Töchtern kann man Ihnen [nur] ~. いい娘さんをお持ちですね. Darf man Ihnen ~? (試験や出産などが)無事にすんだかい. **2** sich³ ~ können 《話》喜んでいい. Du kannst dir ~, dass es so glimpflich abging. 大したことがなくてよかったじゃないか. Wenn ich dich erwische, kannst du dir ~. おれにつかまれたら覚悟しろよ.

grau

[grau グラオ] 形 **1** 灰色(ねずみ色)の、どんよりした; 白髪まじりの; 青ざめた. ein ~er Anzug グレーの背広. ~e Augen 灰色の瞳. ~es Haar 白髪. sich³ über et⁴〈wegen et³〉 keine ~en Haare wachsen lassen 《話》事⁴,³でくよくよしない. ~e Salbe 〖薬学〗水銀軟膏. ~er Star 〖医学〗白内障. die ~en Zellen 《話》脳細胞. alt und ~ werden 老いった. Er ist ganz ~ geworden. 彼はすっかり白髪になった. Er war ganz ~ im Gesicht. 彼は青ざめた. Der Himmel ist heute ganz ~. 今日は空一面どんとり曇っている. Bei Nacht sind alle Katzen ~. 《諺》やみ夜に烏. ~ in ~ 灰色ずくめの、曇った. **2** 陰鬱な、わびしい、単調な. der ~e Alltag 灰色の毎日. das ~e Elend kriegen 《話》ふさぎこむ、気がめいる. alles ~ in ~ sehen〈malen〉なにもかも悲観的に見る〈言う〉. **3** 《付加語的用法のみ》ぼんやりした、おぼろげな; はるかな; あやしげな. ~e Eminenz 《比喩》黒幕. in ~er Ferne〈Zukunft〉 はるか遠くにいつかずっと先に. Ich habe nur eine ~e Vorstellung davon. 私はそれがぼんやりとしか分からない. in ~er Vorzeit / vor ~en Zeiten (はるか)大昔に. ♦ ↑ **grau meliert**

Grau [grau] 中 -s/-[s] 灰色; 《比喩》単調さ、慰めのなさ、曖昧さ.

'**Grau·bart** 男 -[e]s/⸚e 白ひげ;《話》白ひげの男.

'**grau·blau** 形 灰青色の.

'**grau·braun** 形 灰褐色の.

'**Grau·brot** 中 -[e]s/-e ライブラード、ライ麦パン.

Grau'bün·den [grau'byndən] 地名 グラウビュンデン(スイス東部の州).

'**Gräu·el** ['grɔyəl] 男 -s/- **1** 嫌悪(感)、反感、恐怖 (vor et⟨j⟩³ 物⟨人⟩³に対する). **2** 《ぞっとするほど嫌でたまらない物(人). Er ist mir ein ~. あんなやつ考えただけでも虫が走る. **3** 《多く複数で》残虐行為.

'**Gräu·el·mär·chen** 中 -s/- ぞっとするような作り話、残酷物語.

'**Gräu·el·pro·pa·gan·da** 女 -/ (恐ろしい話をでっち上げて行う)煽動、デマ宣伝.

'**Gräu·el·tat** 女 -/-en 残虐行為、凶行.

'**grau·en**¹ ['grauən] 自 (h, s) **1** (h) 《雅》薄明るくなる. Der Morgen〈Der Abend〉 graut. 夜が明ける〈日が暮れる〉. **2** (s) 〖ミク〗(食品に)かびが生える. **3** (h) 白髪になる.

'**grau·en**² ❶ 非人称 Es graut j⁴⟨j⁴⟩. (人³,⁴が)怖がる(vor j⟨et⟩³ 人⟨物⟩³を)、ぞっとする. Vor diesem Menschen graut [es] mir. 私はこの人が恐ろしい. Es graut mir heute schon vor der Prüfung. 今日は試験のことを考えただけでもぞっとする. ❷ 再《sich⁴》怖がる(vor j⟨et⟩³ 人⟨物⟩³を). Ich habe *mich* schon davor *gegraut*. 私はずっと前からそれを恐れていたのだ.

'**Grau·en** ['grauən] 中 -s/- **1** 《複数なし》恐怖、戦慄. **2** 恐ろしい出来事、惨状.

'**grau·en·er·re·gend** 形 恐ろしい、ぞっとするような. ◆ **Grauen erregend** とも書く.

'**grau·en·haft** 形 **1** 恐ろしい、ぞっとするような. **2** 《話》いやな、ひどい. ~e Hitze たまらない暑さ.

'**grau·en·voll** 形 =grauenhaft

'**grau·haa·rig** 形 白髪の.

'**Grau·kopf** 男 -[e]s/⸚e 《話》白髪頭; 白髪頭の人.

'**grau·len** ['graulən] (↓ grauen²) 《話》 ❶ 再 《sich⁴》 sich vor j⟨et⟩³ ~ 人⟨物⟩³が怖がい. ❷ 非人称 Mir⟨Mich⟩ grault [es] vor j⟨et⟩³. 私は人⟨物⟩³が怖い(いやだたおという). ❸ 他《話》j⁴ aus et³ ~ 人⁴を物³(家など)からいびり出す.

'**grau·lich**¹ ['graulɪç] 形 ぞっとするような、恐ろしい. j⁴ ~ machen 人⁴を怖がらせる.

'**grau·lich**² 形 =gräulich²

'**gräu·lich**¹ ['grɔylɪç] 形 **1** 恐ろしい、ぞっとする、身の毛のよだつ. ein ~es Verbrechen 身の毛のよだつような犯罪. **2** 《話》ものすごい、ひどい. Er hat einen ~en Geschmack. あいつはえげつない趣味をしている.

'**gräu·lich**² 形 灰色がかった.

'**grau me·liert**, °¹**grau·me·liert** ['graumeliːrt] 形 **1** 白髪のまじった. **2** グレーの縞が入った.

'**Grau·pe** ['graupə] 女 -/-n 《slaw.》 **1** 脱穀した大麦(小麦); 《複数で》碾(ひ)割り麦の粥(スープ). [große]

~n im Kopf haben《話》とんでもないことを企てる. **2**（錫の）鉱石粒. **3**《紡織》くず毛.

'**Grau·pel** [ˈgraʊpəl] 囡 -/-n（多く複数形）霰(あられ).

'**grau·peln** [ˈgraʊpəln] 非人称 *Es graupelt.* 霰(あられ)が降る.

Graus[1] [graʊs] 男 -es/ 恐怖, 戦慄.

Graus[2] 男 -es/《古》砕石, 砂利.

*'**grau·sam** [ˈgraʊzaːm] グラオザーム 形 **1** 冷酷(非情)な, 残酷(残忍)な. ein ~*er* Mensch 冷酷な人間. eine ~*e* Strafe 苛酷な刑罰. ein ~*es* Spiel mit j³ treiben j³をひどい目にあわせる. gegen j⁴ ⟨zu j³⟩ ~ sein 人⁴·³に対して無慈悲である. **2**（気候などが）きびしい;《話》ひどい, たまらない. eine ~*e* Kälte きびしい寒さ. ~*en* Durst haben ひどくのどが渇いている. ~ müde sein ものすごく疲れている.

'**Grau·sam·keit** 囡 -/-en **1**《複数なし》残酷(残忍)さ. **2** 残酷(残忍)な行為.

'**Grau·schim·mel** 男 -s/- **1** 葦毛(あしげ)の馬. **2**《植物》はいいろかび.

'**grau·sen** [ˈgraʊzən] **❶** 非人称 *Mir* ⟨mich⟩ *graust [es] vor j* ⟨et⟩³. 私は人⟨物³⟩がひどく恐ろしい. **❷** 再 (sich)³ 恐ろしくてたまらない;《とくに南ドイツ·オーストリア》むかむかするほど嫌いである(vor j ⟨et⟩³).

'**Grau·sen** 中 -s/（身の毛のよだつような）恐怖, 戦慄. Da kann man ja das große ~ kriegen.《話》こいつはまことに怪(け)しからん.

'**grau·sig** [ˈgraʊzɪç] 形 身の毛のよだつほど恐ろしい;《話》ひどい, 物凄い.

'**Grau·tier** 中 -[e]s/-e《話》(Esel) ろば.

'**Grau·wa·cke** 囡 -/-n（坑夫）硬砂岩.

'**Grau·zo·ne** 囡 -/-n グレーゾーン, 中間領域.

'**gra·ve** [ˈgraːvə] 副 (*it.*)《音楽》グラーヴェ, 重々しく荘重に.

Gra·veur [graˈvøːr] 男 -s/-e (*fr.*)（金属·石·ガラスなどの）彫刻師; 彫版師.

gra·vid [graˈviːt] 形 (*lat.*)《医学》妊娠している.

Gra·vi·di·tät [graviditɛːt] 囡 -/-en (*lat.*)《医学》妊娠.

gra·vie·ren[1] [graˈviːrən] 他 (*fr.*)（物⁴に）彫り物をする（文様·文字などを）刻む（彫り）込む（auf⟨in⟩ et⁴ ⁴に）. eine Münze ~ 金貨を鋳造する.

gra·vie·ren[2] 他 (*lat.*)《古》（事⁴に）重荷を負わせる;（罪などを）一層重くする, 加重する.

gra·vie·rend 現分 形 (↑ gravieren²) 重大な, 由々しい, 容易ならざる.

Gra·vie·rung 囡 -/-en **1**《複数なし》彫刻を施すこと. **2** 彫刻した模様(文字).

Gra·vi·me·ter [graviˈmeːtər] 中 -s/-《地球物理》重力計.

Gra·vi·me·trie [gravimeˈtriː] 囡 -/ **1**《地球物理》重力測定. **2**《化学》重量分析.

'**Gra·vis** [ˈgraːvɪs] 男 -/- (*lat.*)《言語》アクセン·グラーブ, 抑音アクセント記号(ˋ; 例ὰ).

Gra·vi·tät [graviˈtɛːt] 囡 -/ (*lat.*)《古》威厳, 荘重さ, 厳格さ.

Gra·vi·ta·ti·on [gravitatsiˈoːn] 囡 -/《物理》重力, 引力.

gra·vi·tä·tisch [graviˈtɛːtɪʃ] 形《雅》荘重な, 重々しい, 厳格な, しかつめらしい.

gra·vi·tie·ren [graviˈtiːrən] 自 (*lat.*)《物理》重力によってある方向に向かう（引寄せられる）. **2** (nach ⟨zu⟩ et³ 物³に)向かう, 傾く.

Gra·vü·re [graˈvyːrə] 囡 -/-n (*fr.*) **1** グラビア印刷

物. **2** 彫刻した模様(文字). **3** 凹版(印刷物).

Graz [graːts]《地名》グラーツ（オーストリアのシュタイアマルク Steiermark 州の州都）.

'**Gra·zer** [ˈgraːtsər] **❶** 男 -s/- グラーツ市民. **❷** 形《不変化》グラーツの.

'**Gra·zie** [ˈgraːtsiə] 囡 -/-n (*lat.* gratia, Anmut)《複数なし》優雅さ, 上品さ. **2** (a)《ローマ神話》グラツィア（優美な女神）. (b)《戯》上品な若いご婦人.

gra·zil [graˈtsiːl] 形 (*lat.*) **1** きゃしゃな, ほっそりした弱々しい. **2**《雅》（家具·食器などが）優美な.

gra·zi·ös [gratsiˈøːs] 形 (*fr.*)（身ごなしが）優美（優雅な, しなやかな.

gra·zi·o·so [gratsiˈoːzo] 副 (*it.*)《音楽》グラツィオーソ, 優雅に.

Grä·zis·mus [grɛˈtsɪsmʊs] 男 -/..men [..mən] **1** 古典ギリシア語の特質, 古典ギリシア語風の表現（他国語中の）. **2** 古典ギリシア語にならった表現形式.

Grä·zist [grɛˈtsɪst] 男 -en/-en 古代ギリシア語（文化）研究家.

'**Green·card** [ˈgriːnkaːd] 囡 -/-s (*engl.*) グリーンカード（EU 非加盟国出身者のドイツでの期限つき滞在·就労許可証）.

'**Green·horn** [ˈgriːnhɔrn, ..hɔːn] 中 -s/-s (*engl.*) 青二才, 新米.

'**Green·peace** [ˈgriːnpiːs] 中 -/ (*engl.*) グリーンピース（国際環境保護団体）.

'**Green·wich** [ˈgrɪnɪdʒ, ..nɪtʃ]《地名》《略 Gr.》グリニッジ.

'**Gre·gor** [ˈgreːgoːr]《男名》グレーゴール.

Gre·go·ri·a·nik [gregoriˈaːnɪk] 囡 -/ **1** グレゴリオ聖歌の芸術形式. **2** グレゴリオ聖歌学.

gre·go·ri·a·nisch, °**Gre·go·ri·a·nisch** [gregoriˈaːnɪʃ] 形 グレゴリオの. ~*er* Choral ⟨Gesang⟩ グレゴリオ聖歌（カトリック教会の典礼の一部をなす聖歌, 教皇グレゴリウス 1 世, 560-604 にちなむ）. ~ Kalender グレゴリオ暦（1582 に教皇グレゴリウス 13 世, 1502-85 によって制定された:太陽暦）.

Greif [graɪf] 男 -[e]s(-en)/-e[n] **1** グリフィン（ライオンの胴, 鷲の頭と爪を持った怪獣）. **2** 猛禽.

'**greif·bar** 形《比較変化なし / 副詞的には用いない》**1** 手が届く, 手近（手許）にある;《比喩》（期限などが）間近に迫った. in ~*er* Nähe liegen すぐ手の届くところにある. in ~*e* Nähe rücken（期限などが）目前に迫る. ~ nahe sein 目と鼻の先にある. **2**（商品などが）すぐ引渡せる, 在庫している;《話》(人が)連絡のつく. Die Ware ist im Moment nicht ~. その商品は目下在庫にない. Er wollte sie sprechen, aber sie war nicht ~. 彼は彼女と話がしたかったのだけれど, 彼女はつかまらなかった. **3** 具体的な, 明白な. ein ~*er* Beweis 明白な（動かぬ）証拠. ~*e* Formen ⟨Gestalt⟩ annehmen 具体的な形をとる.

'**grei·fen*** [ˈgraɪfən] グライフェン griff, gegriffen **❶** 他 **1** (a) つかむ, 手に取る. et⁴ mit der Hand ~ 物⁴を手でつかむ. Ein Windstoß *griff* seinen Hut.《比喩》突風が彼の帽子を吹飛ばした. Sie *greift* ihn am Ärmel. 彼女は彼の袖をつかむ. Platz ~（一般に）広まる, 流布する. Diese Behauptung ist aus der Luft *gegriffen*.《比喩》この主張はでっち上げだ. Das ist ja mit den Händen zu ~.《話》そんなことは明々白々だ.《再帰的に》*sich*³ noch ein Stück Kuchen ~ ケーキをもうひと切取る.《中性名詞として》zum *Greifen* nah[e] sein すぐ手の届くところにある.

(b) つかまえる, 捕らえる.　einen Dieb ~ 泥棒を捕らえる.　Den werde ich mir mal〈schon〉~.《話》あいつにとことん言い聞かせてやるぞ.《中性名詞として》*Greifen* spielen 鬼ごっこをする.
2《楽器を鳴らす, かなでる.　einen Akkord auf dem Klavier ~ ピアノで和音を鳴らす.
3 見積る, 評価する.　zu hoch〈niedrig〉*gegriffen* sein あまりに高く〈低く〉見積られている.
❷ 倒 **1**《zu et³ と》zu et³ ~ 物に手を取る, 使う. Er *greift* gern zu einem guten Buch〈zu einer guten Zigarre〉. 彼は読書好き〈愛煙家〉だ.　zur Feder ~ ペンを執る, 執筆を始める.　zur Flasche ~ 酒に手を出す; 大酒を飲む.　zu den Waffen ~ 武器を手に取る, 戦闘を始める.　zum Wanderstab ~ 旅に出る.《比喩的に》zum Äußersten ~ 最後の手段に出る.　zu einem anderen Mittel ~ 別の方策を用いる.
2《方向を示す語句》(つかもうとして)手を出す(のばす); (手をのばして)つかむ, 触れる.　j³ an die Ehre ~ 人³の名誉を傷つける.　j³ ans Herz ~ 人³の心を打つ. sich³ an die Stirn〈den Kopf〉~（当惑して）頭をかかえる.　hinter sich⁴ ~ müssen《ぞ》ゴールを許す.　ins Leere〈in die Luft〉~ 空（ジ）をつかむ.　in die Saiten〈Tasten〉~（楽器の）弦を鳴らす〈ピアノを弾く〉.　in die Tasche ~ ポケットに手をつっこむ.　tief in die Tasche〈den Beutel〉~ [müssen]《比喩》大枚（ジ）をはたく羽目になる.　Eins *greift* ins andere. すべてが整然とつながり合っている.　nach et⁴⟨j³⟩ ~ 物〈人〉³に手をのばす.　nach *seinem* Hut ~ 帽子に手をのばす. nach der Macht ~《比喩》権力を奪取しようとする. nach den Sternen ~《比喩》不可能な(できもしない)事をしようとする(星をつかもうとする).　um sich⁴ ~ （火事などが）広がる.　suchend um sich⁴ ~ あちこち手探りする.　j³ unter die Arme ~ 人³を助け起す;《比喩》人³を援助する.
3（機械などが）食込む, かみ合う;《比喩》機能する, 有効である.　Das Zahnrad *greift* nicht richtig. 歯車（ギア）がうまくかみ合わない.　Diese Methoden *greifen* nicht mehr. この方法ではもう通用しない.

'**Grei·fer** ['graıfər] 男 -s/- **1**（クレーンなどの）グラブ,（印刷機の）紙取り装置.　**2**《卑》おまわり.　**3**《話》指, 手.
'**Greif·vo·gel** 男 -s/ⁿ《多く複数で》【動物】猛禽.
'**Greif·zan·ge** 安 /-n やっとこ.
grei·nen ['graınən] 自 **1**《話》（口をゆがめて）めそめそ泣く.　**2**《話》泣き言をいう.　**3**《古》喧嘩する.
greis [graıs] 形《雅》**1** 年老いた.　**2** 白髪の.
Greis [graıs] 男 -es/-e 老人, 翁（な）.
'**Grei·sen·al·ter** ['graızən..] 中 -s/ 高齢.
'**grei·sen·haft** 形 老人のような; 高齢の.
'**Grei·sin** ['graızın] 安 /-nen 老女.
grell [grɛl] 形 **1**（音が）鋭い, 甲（ジ）高い, 耳をつんざくような,（色が）けばけばしい, 強烈な, どぎつい,（光が）ぎらぎらした, まぶしい;（言動が）際立った〈派手な〉.　eine ~e Stimme 黄色い声.　ein ~*es* Licht auf et⁴ werfen《比喩》事を明るみに出す, 暴く.　ein ~*er* Gegensatz 際立った対照.
'**Grel·le** ['grɛlə] 安 -/ **1**（音の）耳をつんざくような鋭さ.　**2**（色の）けばけばしさ.　**3**（光の）目のくらむ明るさ.
'**Gre·mi·um** ['gre:mıʊm] 中 -s/..mien [..mıən]（*lat.*）（Ausschuss）委員会, 団体.
Gre·na·da [gre'na:da]《地名》グレナダ（西インド諸島の一部）.

Gre·na'dier [grena'di:r] 男 -s/-e（*fr.*）**1**《古》擲（ホボ）弾兵.　**2** 歩兵（近衛部隊などの特殊な部隊の）.
'**Grenz·bahn·hof** ['grɛnts..] 男 -[e]s/ⁿe 国境駅.
'**Grenz·baum** 男 -[e]s/ⁿe **1** 地所の境界を示す樹.　**2** 国境の遮断機の棒.
'**Grenz·be·woh·ner** 男 -s/- 国境地帯の住民.

Gren·ze ['grɛntsə グレンツェ] 安 -/-n（*slaw.*）**1** 境界（線）; 国境;（事と事との）境目.　die ~ zwischen Deutschland und Frankreich / die deutsch-französiche ~ 独仏間の国境.　die ~ gegen〈nach〉Österreich オーストリアとの国境.　die ~ zwischen Gut und Böse 善悪の境目.　die ~ überschreiten 国境（境界）を越える.　eine ~ ziehen 境界線を引く. an der ~ wohnen 国境地帯に住んでいる.　j⁴ über die ~ abschieben 人⁴を国外退去処分にする.　über die grüne ~ gehen《話》こっそり(不法に)国境を越える. Sie sind schon längst über die〈der〉~.《話》彼らはもうとっくに国境を越えている(向う側にいる).　**2**《多く複数で》限界, 限度, 制限,（許容）範囲.　eine zeitliche ~ 時間の制約.　Alles hat seine ~[n]. ものにはすべて限度がある.　Auch meine Geduld hat [einmal] ihre ~[n]. / Auch meine Geduld ist nicht ohne ~n. 私の忍耐にも限度がある.　*seine* ~n kennen 自分の限界を知っている, 身の程をわきまえている.　keine ~[n] kennen 際限がない, とどまるところを知らない. et⁴ ~n setzen 事に限界を設ける,（を）制限する.　Der Medizin〈Seiner Macht〉sind ~n gesetzt. 医学〈彼の力〉にも限界がある.　Seiner Phantasie sind keine ~n gesetzt. 彼の空想はとどまるところを知らない.　die ~[n] überschreiten〈übersteigen〉度を越す, やりすぎる.　Das überschreitet alle ~n. それはあまりにもひどすぎる.　an *seine* ~n stoßen 能力的に突き当る. bis zur äußersten ~ gehen ぎりぎりのところまで行く, とことんやる.　sich⁴ in ~n halten 節度を守る, 分（ジ）をわきまえる;（それほど)たいしたことはない.　et⁴ in mäßigen ~n tun 事をほどほどにする.

'**gren·zen** ['grɛntsən] 自 an et⁴ ~ 物に境を接している;《比喩》ほとんど事⁴も同然である.　Das *grenzt* ans Unmögliche. それはほとんど不可能である.
'**gren·zen·los** ['grɛntsənlo:s] 形 果てしない, 限りない; 途方もない.
'**Gren·zen·lo·sig·keit** 安 -/ 果てしないこと.
'**Gren·zer** ['grɛntsər] 男 -s/-《話》**1** 国境税関吏, 国境警備員.　**2** 国境付近の住民.
'**Grenz·fall** 男 -[e]s/ⁿe どっちつかずの事例; 特殊なケース.
'**Grenz·gän·ger** 男 -s/-（隣国にある勤め先や学校などに通うため）国境を往来する人;（密輸品などの）運び屋.
'**Grenz·ge·biet** 中 -[e]s/-e 国境地帯.　**2**（学問分野などの）境界領域.
'**Grenz·kon·flikt** 男 -[e]s/-e 国境紛争.
'**Grenz·land** 中 -[e]s/ⁿer《複数なし》国境地域.　**2** 隣接国.
'**Grenz·li·nie** 安 -/-n **1** =Grenze 1　**2**（地図の）境界線, 国境線.　**3**《ぞ》（競技場の）ライン.
'**Grenz·mark** 安 -/-en《古》国境領地.
'**Grenz·punkt** 男 -[e]s/-e 限界点.
'**Grenz·schein** 男 -[e]s/-e 国境通行許可証.
'**Grenz·schicht** 安 -/-en【物理·化学】境界層.
'**Grenz·schutz** 男 -es/ 国境警備（隊）.
'**Grenz·si·tu·a·ti·on** 安 -/-en 限界（極限）状況.
'**Grenz·sper·re** 安 -/-n **1** 国境の遮断機.　**2** 国

'Grenz·stein 男 -[e]s/-e 境界石.
'Grenz·über·gang 男 -[e]s/⸚e 1 =Grenzübertritt 2 国境通過点, チェックポイント.
'grenz·über·schrei·tend 形 国境を越えた. ~e Zusammenarbeit 国境を越えた共同作業.
'Grenz·über·tritt 男 -[e]s/-e 国境通過.
'Grenz·ver·kehr 男 -[e]s/ 国境の往来; 国境での交易. kleiner ~《法制》簡易手続による国境往来.
'Grenz·ver·let·zung 女 -/-en 国境侵犯.
'Grenz·wert 男 -[e]s/-e《数学》極限値; 限界値.
'Grenz·wis·sen·schaft 女 -/-en 複数の分野にまたがる学問, 境界科学.
'Grenz·zoll 男 -[e]s/⸚e 国境関税.
'Gret·chen ['greːtçən]《女名 / Margarete の愛称形》グレートヒェン.
'Gret·chen·fra·ge 女 -/-n グレートヒェンの問い(人間の信仰や信条にかかわる問い; Goethe の Faust による).
'Gre·te ['greːtə]《女名 / Margarete の縮小形》グレーテ.
'Gre·tel ['greːtəl]《女名》グレーテル.
'Greu·el ['grɔyəl] ↑Gräuel
'Greu·el·mär·chen ↑Gräuelmärchen
'Greu·el·pro·pa·gan·da ↑Gräuelpropaganda
'Greu·el·tat ↑Gräueltat
'greu·lich ['grɔylɪç]形 =gräulich¹
'Grie·be ['griːbə] 女 -/-n ベーコンの脂を溶かし出した残りかす; ソーセージの中のさいの目の脂身;《地方》口のまわりの吹出物.
'Grie·che ['griːçə] 男 -n/-n (gr.) ギリシア人.
*'Grie·chen·land ['griːçənlant] グリーヒェンラント《地名》ギリシア.
'Grie·chen·tum ['griːçəntuːm] 中 -s/ 1 ギリシア人の全体. 2 ギリシア精神(文化).
'Grie·chin ['griːçɪn] 女 -/-nen ギリシア人(女性).
'grie·chisch ['griːçɪʃ]形《ギリシアリーヒッシュ》1 ギリシア人(語)の, ギリシア風の. die ~e Kultur《Sprache》ギリシア文化(語). ~e Mythologie ギリシア神話. ~es Feuer ギリシア火薬(古代・中世に戦闘に使用された). Griechisches Hörnchen《食品》オクラの実. ~es Kaisertum《歴史》ビザンティン帝国. ~e Kirche《キリスト教》ギリシア正教会, 東方正教会, 東方帰一教会. ~es Kreuz ギリシア十字(縦横が同じ長さ). ♦ ↑deutsch
'Grie·chisch 中 -[s]/ ギリシア語. ↑Deutsch
'Grie·chi·sche 中《形容詞変化 / 定冠詞と》ギリシア語; ギリシア的なもの(特性). ♦ ↑Deutsche 2
'grie·chisch-ka·tho·lisch 形《略 gr.-kath.》ギリシア・カトリックの, 東方帰一教会の.
'grie·chisch-or·tho'dox 形 ギリシア正教の
'grie·chisch-'rö·misch 形 1 ギリシア・ローマの. 2《レスリング》グレコローマンの. 3 =griechisch-katholisch
'grie·chisch-uniert [..u'niːrt] 形 =griechisch-katholisch
'Grie·fe ['griːfə] 女 -/-n《中部》=Griebe
'grie·nen ['griːnən] 自《北ド》にやにや笑う.
'Gries·gram ['griːsgraːm] 男 -[e]s/-e 不機嫌でぶすっとした人, 気難し屋, 不平家.
'gries·grä·mig ['griːsgrɛːmɪç]形 不機嫌な, 気難しい.
Grieß [griːs] 男 -es/-e 1《食品》粗挽(あらび)きした穀粉. 2《砂利などの》粒状の物. 3《病理》結石.
'Grieß·brei 男 -[e]s/ 粗挽き小麦の粥(かゆ).

'grie·ßeln ['griːsəln] 自 (↓ Grieß)《石などが》細かに砕ける, 粒状になる;《非人称的に》Es grießelt. 霰(あられ)が降る.
griff [grɪf] greifen の過去.
*Griff [grɪf グリフ] 男 -[e]s/-e (↓ greifen) 1 (a) つかむこと《握る》こと. ein rascher ~ さっとつかむこと(nach et³). sich² j² ~ entziehen《entwinden》人²の手から身をふり放す. einen ~ in et⁴《nach et³》tun 物⁴に手をつこむ《物³に手をのばす》. der ~ zu et³《婉曲物³》《酒・たばこなど》につい手が出てしまうこと. eine glücklichen ~ haben 運がいい; 成功する. einen ~ in die [Laden]kasse tun 金をくすねる;《預金などに》手をつける. mit et〈j〉³ einen glücklichen《guten》 ~ tun《比喩》物〈人〉³を選んで幸いする. (b) つかみ方, 扱い方, こつ. ein geübter ~ なれた手つき. Bei ihm sitzt jeder ~. 彼は何事にも手際がよい(とても器用だ). einen guten ~ haben 手先が器用である. all Kniffe und ~e kennen《話》手練手管を心得ている. ~e kloppen《軍隊》で執銃訓練をする. j⁴ nicht au dem《seinem》 ~ lassen 人⁴を捉えて放さない. et⁴ im ~ haben《話》事⁴のこつを心得ている, 物⁴をうまく使いこなせる. j⁴ im ~ haben 人⁴を掌握している. sich in ~ haben 自制している. et⁴ in den ~ bekommen〈kriegen〉 事⁴のこつを呑込める;《感情などを抑えるmit einem ~ いっきに, やすやすと. 2 握る部分; 柄(え), 取っ手, つまみ, ノブ, グリップ,《バイオリンなどの》さお. 3《音楽》指さばき, タッチ. ein falscher ~ ミスタッチ. 4《紡織》《布地の》手ざわり. 5《多く複数で》《猟師》《猛禽の》つめ.
'griff·be·reit 形 すぐ使える, すぐ手に取れる.
'Griff·brett 中 -[e]s/-er《弦楽器の》指板.
'grif·fe ['grɪfə] greifen の接続法 II.
'Grif·fel ['grɪfəl] 男 -s/- (gr.) 石筆, 鉄筆;《植物》花柱;《動物》《昆虫の》尾肢;《多く複数で》《卑》指.
'grif·fig ['grɪfɪç]形 1 握り《扱い》やすい, 手頃な. ein ~er Ausdruck《比喩》手頃な表現. 2《路面・タイヤなどが》滑らない. 3《布地が》手ざわりのよい. 4《とくにドイツで》《小麦などが粗挽(あらび)の》.
Grill [grɪl] 男 -s/-s (engl.)《肉・魚などの》焼き網, グリル;《Kühlergrill》《自動車の》ラジエーターグリル.
'Gril·le ['grɪlə] 女 -/-n (lat.) 1《虫》こおろぎ. 2《比喩》変な(突拍子もない)考え; 気まぐれ, ふさぎの虫. ~n fangen《話》ふさぎ込む. ~n im Kopf haben〈sich³ ~n in den Kopf setzen 妙なことを考える. j³ die ~n vertreiben〈austreiben〉人³のふさぎの虫を追払う; 妙な考えをやめさせる.
'gril·len ['grɪlən] 他《engl.》《魚や肉を》焼き網《グリル》で焼く, あぶる. sich¹ [in der Sonne] ~ lassen《比喩》《話》日光で肌を焼く.
'Gril·len·fän·ger 男 -s/- 気まぐれな人; ふさぎ屋.
'gril·len·haft 形 1 気まぐれな, ふさぎ込んだ; 不機嫌な. 2《考えなどが》奇妙な.
'gril·lig ['grɪlɪç]形 =grillenhaft 1
'Grill·par·zer ['grɪlpartsər]《人名》Franz ~ フランツ・グリルパルツァー(1791-1872, オーストリアの劇作家).
Gri'mas·se [gri'masə] 女 -/-n (fr.) しかめっ面, 渋面. ~n schneiden〈ziehen / machen〉顔をしかめる.
Grimm¹ [grɪm] 男 -[e]s/《雅》憤怒.
Grimm² [grɪm]《人名》die Brüder ~ グリム兄弟(ドイツの言語学者・童話編者. 兄 Jacob ~ 1785-1863, 弟 Wilhelm ~, 1786-1859).
'Grimm·darm 男 -[e]s/⸚e《解剖》結腸.

Grim·mels·hau·sen ['grɪməlshauzən] 《人名》Hans Jakob Christoffel von ~ ハンス・ヤーコプ・クリストッフェル・フォン・グリンメルスハウゼン(1622頃-76, ドイツの作家).

grim·men ['grɪmən] (↓ Grimm¹)《古》 ❶ 圓 憤激する. ❷ 囮 怒らせる.

Grim·men ['grɪmən] 匣 -s/《古》腹痛.

grim·mig ['grɪmɪç] 囮 怒り狂った, 激怒(憤激)した; ひどい, 恐るべき, ものすごい.

grimmsch, °**Grimmsch** [grɪmʃ]《付加語的用法のみ》グリム(兄弟)の. die ~en Märchen グリム童話集. ◆↑Grimm²

Grind [grɪnt] 匣 -[e]s/-e **1** 痂(かさ); 結痂(けっか)性湿疹; 脳痂(のうか);(じゃがいもなどの)痂皮病. **2**《猟師》(鹿などの)頭.

grin·dig ['grɪndɪç] 囮 かさぶただらけの; 皮癬(ひぜん)にかかった.

grin·sen ['grɪnzən] ❶ 圓 にやりと笑う; にたにたする; せせら笑う. ❷ 囮 sich³ eins ~ ほくそ笑む.

grip·pal [grɪ'pa:l] 囮《医学》流感の, 流感に似た.

Grip·pe ['grɪpə グリッペ] 囡 -/-n《医学》流行性感冒, インフルエンザ. die ~ haben 流感にかかっている. mit ~ im Bett liegen 流感で床についている.

Grips [grɪps] 匣 -es/ (話) 知恵, 頭(理解力). keinen ~ haben 頭がからっぽである.

Gri'set·te [grɪ'zɛta] 囡 -/-n (fr.) **1**(昔のパリの)お針子(ばり). **2** 尻軽娘.

gr.-kath.《略》=griechisch-katholisch

grob [gro:p グロープ] gröber, gröbst 囮 **1** (↔ fein) 粗い, ざらざら(ごつごつ)した, 荒削りの. ~es Brot 生地(き)の粗いパン. ~es Gesichtszüge ごつごつした(かつい)顔立ち. ~e Hände 荒れた手. ~es Papier ざら紙. ~er Sand (粒の)粗い砂. eine ~e Stimme どら声. ~e See《船員》荒海. ~ gemahlener Kaffee 粗びきのコーヒー. **2** 大まかな, おおよその. in ~en Umrissen〈Zügen〉概略で, かいつまんで. ~ gerechnet〈geschätzt〉ざっと数えて〈見積もって〉. **3** ひどい, 重大な. einen ~en Fehler〈Schnitzer〉begehen ひどい間違い〈へま〉をする. eine ~e Lüge まっかな嘘. ~e Fahrlässigkeit《法制》重過失. ~er Unfug《法制》《名詞的用法》aus dem Gröbsten heraus sein (話) 最大の難局(最悪の状態)を切り抜けた. **4** 粗野に, がさつな, 荒っぽい. ein ~es Benehmen 不作法な振舞い. gegen j⁴ ~ werden〈sein〉(話) 人⁴をやりこめる. ein ~er Mensch がさつな人間. ~e Reden〈Worte〉gebrauchen 言葉づかいが荒い. j⁴ ~ auffahren〈behandeln〉人⁴をぞんざいに扱う〈手荒に扱う〉. j³ ~ kommen (話) 人³に無礼な態度をとる.

Grob·blech 匣 -[e]s/-e (4,75 mm 以上の厚さの)厚鋼板.

Grob·heit 囡 -/-en **1** (複数なし)(布などの)粗さ;(ふるまい・態度の)粗野なこと, 無愛想なこと. **2** ひどい(侮辱的な)言葉. j³ ~en an den Kopf werfen 人³にひどい言葉を浴びせる.

Gro·bi·an ['gro:bia:n] 匣 -[e]s/-e (↓ grob) がさつな男, 無作法者.

Grob·ke·ra·mik 囡 -/-en (↔ Feinkeramik) ユースセラミックス, 粗陶器.

'grob·kör·nig 囮 粒の粗い;《写真》粒子の粗い.

'gröb·lich ['grø:plɪç] 囮 ひどい. j⁴ ~ beleidigen 人⁴をひどく侮辱する. **2**《古》やや粗い.

'grob·schläch·tig 囮 粗野な, 無骨な, がさつな.

Grob·schmied 匣 -[e]s/-e《古》鍛冶屋.

Grob·schnitt 匣 -[e]s/ (↔ Feinschnitt) 粗刻みのパイプ煙草.

Grog [grɔk] 匣 -s/-s (engl.) グロッグ酒(ラム酒またはブランデーに砂糖を加えて熱湯で割った飲物).

'grog·gy ['grɔgi] 囮 (engl.)(ボクシングで)グロッキーになった;(話)ぐたくた(ふらふら)になった.

'grö·len ['grø:lən] 圓 囮 (話) わめく, がなる.

Groll [grɔl] 匣 -[e]s/《雅》(根深い)恨み, 怨恨, 遺恨.

'grol·len ['grɔlən] 圓《雅》(雷などが遠くで)ごろごろ鳴る, 轟(とどろ)く; ([mit] j³ 人³に対して)恨みを抱く.

'Grön·land ['grø:nlant]《地名》グリーンランド.

'Grön·län·der ['grø:nlɛndər] ❶ 匣 -s/- グリーンランド人;《古》カヤック(カヌーの一種). ❷ 囮《不変化》グリーンランドの.

gr.-orth.《略》=griechisch-orthodox

Gros¹ [gro:] 匣 -/-[gro:(s)]/-[gro:s] (fr.) 主要部分, 大多数.

Gros² [grɔs] 匣 -ses/-se(単位 -) (fr.)《略 Gr.》グロス(12 ダース).

'Gro·schen ['grɔʃən] 匣 -s/- (lat.) **1**《略 g》グロッシェン(ユーロ導入前のオーストリアの通貨単位, 1/100 Schilling). **2**(昔のヨーロッパの)グロッシェン銀貨. **3**(話)(ユーロ導入前のドイツの)10 ペニヒ硬貨. mancher〈ein hübscher〉 ~ かなりの額の金. Endlich ist der ~ bei ihm gefallen. やっと彼は呑込めた(理解できた). Bei ihm fällt der ~ aber langsam〈pfennigweise〉. / Bei ihm klemmt der ~. 彼は呑込みが遅い. Dafür gebe ich keinen ~. そんなものにはびた一文払わないぞ. keinen müden ~ [mehr] haben〈besitzen〉びた一文ない. Das kostet mich keinen ~.《比喩》そのことで私には一文も(全然負担が)かからない. keinen ~ wert sein 一文の値打ちもない. jeden ~ einzeln umdrehen / den ~ umdrehen けちである. bei ~ sein (手許に)金がある. nicht bei ~ sein (話) 頭がおかしい. nicht für einen〈drei〉 ~ verstanden haben《比喩》まねけである. Das ist allerhand für'n ~. 思いもよらない(とんでもない)ことだ. **4**《複数で》(話) 小金(こがね). seine paar Groschen zusammenhalten 金をいくらか貯めておく.

G

groß [gro:s グロース] größer, größt 囮 **1** (a) (↔ klein)(空間的に)大きい; 背の高い, 長い. ein ~es Haus 大きな家. eine ~e Stadt 大きな街. ~e Augen machen (驚いて)目を丸くする. auf ~er Flamme 強火で. eine ~e Leiter 長い梯子(はしご). das ~e°(Große) Los (宝くじの) 1 等, 大当り. einen ~en Mund〈eine ~e Kappe〉haben (話) 大口をたたく, いばる. der Große Teich (話) 大西洋. die ~e Zehe 足の親指. der ~e Zeiger (時計の)長針. der größere Teil 大半. Er ist sehr ~ für sein Alter. 彼は年の割にはとても大きい(背が高い). Er ist so ~ wie du. 彼は君と同じくらいの背丈だ. Er ist ~ und breit《比喩》とても詳しく, 詳細に. j⁴ ~ anblicken〈anschauen/ansehen〉目を丸くして人⁴を見る. ~ machen / ein〈sein〉 ~es Geschäft machen《幼児》うんこをする.《大文字で》der Große Bär《天文》大熊座. die Große Mauer 万里の長城. (b)《数量を表す語と》…の大きさの. ein 600 m² ~es Grundstück 600 平方メートルの土地. Er ist 1,80 Meter ~. 彼は身長が 1 メートル 80 だ. Wie ~ bist du? 君の身長はどれくらいか.

2（↔ klein）年上(年長)の; 大人の, 成人した. meine ~e Schwester 私の姉. Er ist noch ein ~es Kind. 彼はまだに子供みたいだ(大きな子供だ). wenn du einmal ~ bist おまえがいつか大きくなったら. Unsere Kinder sind alle schon ~. うちの子供はみなもう大きい(成人している). *Groß* und *Klein*⟨° ~ und klein⟩ 老いも若きも, みんな.《名詞的用法で》unsere *Große*《話》うちの長女. die *Großen* und die *Kleinen* 大人も子供も.

3（~ klein）(時間の)長い. die ~en Ferien 夏休み. die ~e Pause（学校・劇場などの)長い休息時間. eine ~e Rede halten 長広舌をふるう.

4（↔ klein）多数の, 大量の, 多額の.~e Familie 大家族. Ich habe nur ~ es Geld bei mir. 私は大きいお金しか持合せがない. das ~e Geld verdienen 大金を稼ぐ. ~e Kosten 多額の費用. die ~e Masse 一般大衆. zum ~en Teil 大部分(大多数)は. ~e Stücke auf j⁴ halten《比喩》人⁴を高く買う.《名詞的用法で》et⁴ im *Großen*⟨° ~en⟩ verkaufen〈einkaufen〉物⁴を卸売りする〈まとめて買う〉.《大文字で》*Große* Koalition《政治》大同盟.

5 はなはだしい, 激しい. in ~er Eile 大急ぎで. Das Schiff macht ~e Fahrt.（船員）船は速くはしっている. ~e Fortschritte machen 長足の進歩をとげる. ~e Hitze ものすごい暑さ. ~en Hunger haben ひどく腹がへっている. Er ist ihre ~e Liebe. 彼は彼女の最愛の人だ. ein ~er Lügner〈Säufer〉大嘘つき〈大酒のみ〉. Das ist jetzt ganz ~e Mode!《話》そいつは大はやりだ. mit ~er Mühe 大変な苦労をして. Sie ist eine ~e Schönheit. 彼女はすごい美人だ. ~ im Geschäft sein《話》手広く商売をしている.

6 重要な, 重大な; すぐれた, 偉大な; 有名な, 有力な. ein ~er Augenblick 偉大な瞬間. ein ~er Dichter〈Künstler〉偉大な詩人〈芸術家〉. eine ~e Entdeckung 大発見. den ~en Herrn spielen《比喩》偉ぶる, 見栄を張る. Sein Spiel ist ~e Klasse.《話》彼の演技(演奏)は1級品だ. einen ~en Namen haben 高名である. sich³ einen ~en Namen machen 名をあげる. eine ~e Rolle spielen 重要な役割を演じる. Heute war er seinen ~en Tag. 今日は彼にとって大切な(晴れの)日だ. Er ist ein ~es Tier.《話》彼は大物だ. der ~e Unbekannte 黒幕. die ~e Welt 上流社会. Das ist ganz ~.《話》そいつはまったくすばらしい. Er steht jetzt ganz ~ da.《話》あいつは今や大成功をおさめた.《名詞的用法》*Karl der Große* カール大帝. die *Großen* des Landes その国の要人たち(お歴々).

7 盛大な, 豪勢な; 大げさな, 派手な. ein ~es Fest 盛大な祭り. auf ~em Fuß leben《比喩》豪勢な暮しをする. eine ~e Geste 派手な身振り. ein ~es Haus führen《比喩》(つきあいの)派手な暮しをする. in ~er Toilette 盛装して. ~e Töne reden〈spucken〉《話》ほらを吹く. ~e Worte machen〈gebrauchen〉《話》豪語する. ~ herauskommen《話》鳴物入りで世に出る.

8 大体の, 大まかな. das ~e Ganze aus den Augen verlieren 大局を見失う. die ~e Linie verfolgen 大筋を追う. in ~en Zügen 大まかに. im *Großen* [und] *Ganzen*⟨° im ~en [und] ganzen⟩大体において, 全体として(は). eine ~e Begebenheit ~ umreißen 事件のあらましを述べる.《名詞的用法》vom Kleinen auf das Große schließen 細部から全

体を推しはかる.

9《雅》気⟨¹⟩高い; 寛大な. ein ~es Herz haben 高い〈寛大な〉心の持ち主である.

10《副詞的用法》《話》(a)《否定詞と》たいして(…ない). Er kümmert sich¹ nicht ~ darum. 彼はたいして気にかけていない. Niemand freute sic ~. 誰もたいして喜ばなかった. (b)《疑問の意を強め》いったい, そもそも. Was gibt es da [noch] ~ fragen? それまだ何を聞くことがあるんだい. W wird er ~ sein! いったい彼はどこにいるんだろう.

♦↑groß denkend, großschreiben, groß schreib

'Groß·ab·neh·mer 男 -s/- 《商業》大口購買者

'Groß·ad·mi·ral 男 -s/-e(¨e)《古》海軍元帥.

*'**groß·ar·tig** ['gro:s|a:rtɪç グロースアールティヒ] 形 すばらしい, 立派な, みごとな; 相当な. eine ~e 〈Leistung〉 すばらしい考え〈業績〉. Das hast du ~ gemacht! みごとにやってのけたね. **2**《話》高慢ちきなおうへいな, もったいぶった.

'Groß·ar·tig·keit 女 -/ すばらしさ, 壮麗さ;《話》いかりくささこと, 尊大さ.

'Groß·auf·nah·me 女 -/-n《写真・映画》大写し, クローズアップ.

'Groß·bau·er 男 -n(-s)/-n 豪農.

'Groß·be·trieb 男 -[e]s/-e《経済》**1** 大企業. **2** 大農業経営.

Groß·bri·tan·ni·en [gro:sbri'tanjən, '- - - -]《地名》グレートブリテン, 大ブリテン.

groß·bri·tan·nisch [gro:s'britanɪʃ, '- - - -] 形 グレートブリテンの.

'Groß·buch·sta·be 男 -[n]s/-n 大文字. ♦ 格化は *Buchstabe* 参照.

'groß den·kend, °**'groß·den·kend** 形《雅》潔な.

'groß·deutsch 形《歴史》大ドイツ主義の(ドイツとオーストリアを統合しドイツ統一国家を建設しようとする立場).

*'**Grö·ße** ['grø:sə グレーセ] 女 -/-n **1** 大きさ; 背丈（服などの)サイズ, 寸法;《天文》(星の)等級. die ~ eines Gefäßes⟨eines Grundstückes⟩容器の大き〈土地の広さ〉. in natürlicher ~ 実物大(等身大)の Schuhe in kleinen ~n 小さいサイズの靴. ein Man [von] mittlerer ~ 中背の男. ein Stern erster ~ 等星. **2**《複数なし》偉大さ; 重大さ, 重要性. di wahre ~ eines Menschen 人間の真の偉大さ. di ~ dieses Ereignisses この事件の重大さ. **3**《話》物, 大家, 権威者. Er ist eine ~ auf seinem Gebiet. 彼はその道の大家だ. **4**《物理・数学》量, 数量. konstante〈unbekannte〉 ~ 定数(未知数).

*'**Groß·el·tern** ['gro:s|ɛltɐrn グロースエルターン] 複 祖父母.

'Groß·en·kel 男 -s/- (Urenkel) ひ孫. ♦ 女性形 Großenkelin 女 -/-en

'Grö·ßen·klas·se 女 -/-n 大きさの等級.

'Grö·ßen·ord·nung 女 -/-en 大きさの程度, 規模;《物理・数学》量.

'gro·ßen·teils ['gro:sən'taɪls] 副 大部分は; たいていは.

'Grö·ßen·ver·hält·nis 中 -ses/-se (2つのものの) きさの割合.

'Grö·ßen·wahn[·sinn] 男 -[e]s/ 誇大妄想(狂).

'grö·ßen·wahn·sin·nig 形 誇大妄想の.

'grö·ßer ['grø:sɐr] *groß* の比較級.

'Groß·fo·lio 中 -s/《略 Gr.-2°》《書籍》大2つ折り

判.
Groß·for·mat 中 -[e]s/-e 大型サイズ.
Groß·fürst 男 -en/-en (帝政ロシアなどの)大公.
Groß·fürs·tin 女 -/-nen 大公妃; 女性の大公.
Groß·grund·be·sitz 男 -es/ 大土地所有; 大地主階級.
Groß·han·del 中 -s/ 卸売(ﾎﾞ), 卸商(問屋業).
Groß·han·dels·preis 男 -es/-e 《商業》卸値.
Groß·händ·ler 男 -s/- (↔ Einzelhändler) 卸売業者, 問屋商.
groß·her·zig 形 《雅》度量の広い, 寛大な; 気前のよい; 高潔な.
Groß·her·zig·keit 女 《雅》寛大さ, 気前の良さ.
Groß·her·zog 男 -[e]s/¨-e 大公(König と Herzog の間の爵位).
Groß·her·zo·gin 女 -/-nen 大公妃; 女性の大公.
groß·her·zog·lich 形 大公の.
Groß·her·zog·tum 中 -s/¨-er 大公領(国).
Groß·hirn 中 -[e]s/-e 《解剖》大脳.
Groß·in·dus·trie 女 -/-n 《経済》大工業.
Groß·in·dus·tri·el·le 女 《形容詞変化》大工業家, 大工場主, 大実業家.
Gros'sist [gro'sɪst] 男 -en/-en 《商業》(↓ Gros¹) 卸売業者, 問屋商.
groß·jäh·rig 形 成年(丁年)の.
Groß·jäh·rig·keit 女 -/ 成年.
Groß·kauf·mann 男 -[e]s/..leute 1 大商人. 2 卸売業者.
groß·kot·zig [..kɔtsɪç] 形 《卑》いばった, 大口をたたく, ほらふきの.
groß|ma·chen (**sich**⁴) 《話》いばる, 偉そうにする.
Groß·macht 女 -/¨-e 強国, 大国.
groß·mäch·tig 形 《雅》強大な; とても大きい.
Groß·manns·sucht 女 -/ 《侮》(度を越した)自己顕示欲, 自慢癖, 空いばり.
groß·ma·schig 形 編み目の大きい.
Groß·maul 中 -[e]s/¨-er 《話》大口をたたく人, いばり屋, ほらふき.
groß·mäu·lig [..mɔʏlɪç] 形 《話》いばった, ほらふきの, 大口をたたく.
Groß·meis·ter 男 -s/- 1 〘ﾁｪｽ〙世界チャンピオン. 2 (フリーメーソンの)大ロッジ団長. 3 《古》騎士団長.
Groß·mut 女 -/ 寛大さ, 気前のよさ, 広量, 雅量.
groß·mü·tig [..my:tɪç] 形 寛大な, 気前のよい; 上品な, 高潔な.

Groß·mut·ter ['gro:smʊtər グロースムッター]
女 -/¨- 1 祖母. Sie ist dreifache ~. 彼女は3人の孫のおばあちゃんだ. Das kannst du deiner ~ erzählen! 《話》そんなこと信じられるものか. 2 《話》老女, お婆(ᵇᵃ)さん.
Groß·ok·tav 中 -s/- 《略 Gr.-8°》《書籍》大8つ折り判.
Groß·on·kel 男 -s/- 1 大伯(叔)父. 2 大伯(叔)母の夫.
Groß·quart 中 -[e]s/- 《記号 Gr.-4°》《書籍》大4つ折り判.
Groß·rat 男 -[e]s/¨-e 〘ｽｲｽ〙州議会議員.
groß·räu·mig 形 (住まいなどが)広い, 広い部屋からなる; 広範囲にわたる, 広域の.
Groß·rech·ner 男 -s/- 大型計算機.
Groß·rei·ne·ma·chen 中 -s/- 《話》大掃除.
Groß·schiff·fahrts·weg 男 -[e]s/-e (大型船

通れる)大運河.
'groß|schrei·ben*, °**'groß schrei·ben**¹* 他 大文字で書く. ein Wort ~ ある語の頭文字を大文字で書く.
'groß schrei·ben²*, °**'groß|schrei·ben**²* 他 《ふつう受動態で》(↔ klein schreiben) 重要視する. Bei uns wird Teamarbeit *groß geschrieben*. 我々のところではチームワークが重視される.
'Groß·schrei·bung 女 -/ (頭文字の)大文字書き.
'Groß·spre·cher 男 -s/- 《侮》ほら吹き, いばり屋.
Groß·spre·che·rei [gro:sʃpreçə'raɪ] 女 -/-en 《侮》1《複数なし》大口をたたくこと, ほらを吹くこと. 2 ほら.
'groß·spre·che·risch 形 《侮》大口をたたく, ほら吹きの; いばった.
'groß·spu·rig [..ʃpu:rɪç] 形 思い上がった, 傲慢な.
***'Groß·stadt** ['gro:sʃtat グロースシュタット] 女 -/¨-e 大都市, 大都会(公式には人口10万人以上の都市).
'Groß·städ·ter [..ʃte(:)tər] 男 -s/- 大都会の住民.
'groß·städ·tisch 形 大都市(風)の.
größt [grø:st] groß の最上級.
'Groß·tan·te 女 -/-n 1 大伯(叔)母. 2 大伯(叔)父の妻.
'Groß·tat 女 -/-en 偉業.
'Groß·teil 男 -[e]s/-e 大部分.
'größ·ten·teils ['grø:stən'taɪls] 副 大部分は, たいていは.
'Größt·maß 中 -es/-e 最大許容量, 最大限度(量).
'größt'mög·lich 形 できるだけ大きな, 最大限の.
'Groß·tu·er ['gro:stu:ər] 男 -s/- 《侮》いばり屋, ほら吹き.
Groß·tu·e·rei [gro:stu:ə'raɪ] 女 -/ 《侮》いばること, ほらを吹くこと, 自慢.
'groß·tu·e·risch ['gro:stu:ərɪʃ] 形 《侮》いばった, 偉そうにした; ほら吹きの.
'groß|tun* ['gro:stu:n] 自 再 (**sich**⁴) 《侮》偉ぶる, いばる, 自慢する (mit et³ 物³を).

Groß·va·ter ['gro:sfa:tər グロースファーター]
男 -s/¨- 1 祖父. Er ist dreifacher ~. 彼は3人の孫のおじいちゃんだ. als der ~ die Großmutter nahm 《戯》おじいちゃんの若かった頃に, 遠い昔に. 2 《話》老人, おじい(爺)さん.
'Groß·vieh 中 -[e]s 《馬・牛などの》大型の家畜.
'Groß·we·sir 男 -s/-e 《歴史》(イスラーム教国家の)宰相.
'Groß·wet·ter·la·ge 女 -/《気象》広域気象状況.
'groß|zie·hen* 育て上げる, 養育する.
***'groß·zü·gig** ['gro:stsy:gɪç グロースツューギヒ] 形 1 気の大きい, おおような, 寛容な; 気前のよい, 金に糸目をつけない. eine ~e Geste おおような身振り. ~ über et⁴ hinwegsehen 事を大目に見る. Mit dem Geld anderer ist es leicht, ~ zu sein. 他人の金だと気前が大きくなりやすい. 2 大がかりな, 大規模な, 広汎な. eine ~e Anlage 大規模な施設. ~e Hilfe 広汎な援助.
'Groß·zü·gig·keit 女 -/ 寛大さ, 気前のよさ; 大規模(大がかり)なこと.
gro'tesk [gro'tɛsk] 形 《fr.》奇怪な, 異様(異形)な, グロテスクな; ばかげている, 滑稽な.
Gro'tesk 女 -/《印刷》グロテスク文字, サンセリフ体活字.
Gro·tes·ke [gro'tɛskə] 女 -/-n 1 グロテスクな事件

Grotte

(出来事). 2 《美術》グロテスク模様(中世・ルネサンス時代の動物等をあしらった唐草模様). 3 《文学》グロテスク文学, 奇怪小説. 4 グロテスクダンス.

'**Grot·te** ['grɔtə] 囡 -/-n (*it.*) 洞穴, 洞窟; (庭園などに人工的に造られた)岩屋.

grub [gru:p] graben の過去.

'**Grüb·chen** ['gry:pçən] 匣 -s/- 1 Grube の縮小形. 2 えくぼ.

'**Gru·be** ['gru:bə] 囡 -/-n (↓graben) 1 穴; 巣穴; おとし穴. j³ eine ~ graben 人³にわなをしかける. Wer andern eine ~ gräbt, fällt selbst hinein. 《諺》人を呪わば穴二つ. 2 《鉱業》鉱坑, 炭坑; 坑夫. 3 《古》墓穴. in die⟨zur⟩ ~ fahren 死ぬ. 4 《解剖》くぼみ, 窩(か). Magen**grube** 心窩(か), みぞおち.

'**grü·be** ['gry:bə] graben の接続法 II.

Grü·be·lei [gry:bə'laɪ] 囡 -/-en あれこれ思い悩むこと, くよくよ考え込むこと.

grü·beln ['gry:bəln] 圁 (über et⁴ 事⁴を)あれこれ思い悩む, くよくよ考える.

'**Gru·ben·ar·bei·ter** ['gru:bən..] 男 -s/- (Bergmann) 坑夫, 鉱員.

'**Gru·ben·brand** 男 -[e]s/ᴇ 《鉱業》坑内火災.

'**Gru·ben·gas** 匣 -es/-e 《鉱業》坑内ガス(メタンガス).

'**Gru·ben·lam·pe** 囡 -/-n 《鉱業》坑内ランプ, 坑内灯.

'**Grüb·ler** ['gry:blər] 男 -s/- (↓grübeln) あれこれ思い悩む人.

'**grüb·le·risch** ['gry:blərɪʃ] 圂 あれこれ思い悩む, くよくよした.

'**Gru·de** ['gru:də] 囡 -/-n 1 褐炭コークス. 2 《古》褐炭コークスでたく竈(かまど). 3 《北ドイツ》熱い灰.

Gruft [gruft] 囡 -/ᴇe (↓graben) 1 地下納骨所. 2 《雅》墓穴.

'**Grum·met** ['grʊmət] 匣 -s/ 2 番刈りの干し草.

Grumt [grʊmt] 匣 -[e]s/ =Grummet

grün [gry:n グリューン] 圂 1 緑(色)の. ~*e* Blätter 緑の葉. ~*e* Wiesen 緑の草原. die ~*e* Grenze (検問所のない)草ぶかい国境. ~*es* Licht (計画などの)許可, ゴーサイン. ~*e* Lunge (都市の)緑地帯. ~*e* Minna 《戯》(警察の)犯人護送車. Ach, du ~*e* Neue! 《話》なんてこった, こいつはたまげた. ~*er* Salat レタス(のサラダ). ~*er* Star 《病理》緑内障. ~*er* Tee 緑茶, グリーンティー. am ~*en* Tisch / vom ~*en* Tisch [aus] お役所仕事で, 机上の議論だけで. ~*e* Weihnachten 雪のないクリスマス. Die Ampel ist ~. 《話》信号は青だ. *Grüner* wird's nicht! 《戯》さっさと行け(渡れ). sich⁴ ~ und blau ⟨gelb⟩ ärgern 《話》かんかんに怒る. j³ ~ und blau ⟨gelb⟩ schlagen 《話》人⁴をぶちのめす. ~ und gelb werden 《話》血相が変る(vor Ärger 怒りで). Ihm wurde [es] ~ und blau⟨gelb⟩ vor Augen 《話》彼は気分が悪くなった, 目まいがした. 《大文字で》*Grüner* Donnerstag 《キリスト教》聖木曜日. Das *Grüne* Gewölbe 緑の間(ドレスデンの美術館). Das *Grüne* Herz Deutschlands ドイツの緑の中心(テューリンゲン地方). Die *Grüne* Insel 緑の島(アイルランド). *Grüner* Plan 農業振興計画. *Grüne* Woche (毎年ベルリンで開かれる)農業博. 2 新鮮な, みずみずしい, 生の; 未熟な, 青くさい. ~*es* Gemüse 青野菜. ~*e* Heringe 生にしん. ~*e* Hochzeit 結婚式当日. ein ~*er* Junge⟨Bursche⟩ 青二才, 若造. Komm an meine ~*e* Seite! 《戯》私の左側(とっておきの席)におで. auf einen ~*en* Zweig kommen 《話》出世(成功)する. Er ist noch ~ hinter den Ohren. あいつはまだ尻(の毛)が青い(青二才だ). j³ nicht ~ sein 人³に好意的でない, (を)気に入っていない. 3 《政治》環境保護を標榜する. die Partei der *Grünen* 緑の党. *Grüne* Punkt グリーンポイント(リサイクル容器につけたマーク).

***Grün** [gry:n グリューン] 匣 -s/-[s] 1 緑色. bei ~ anfahren 青信号で発進する. eine Dame in ~ 緑色の服の婦人. dasselbe in ~ 《話》似たり寄ったり. 2 《複数なし》木々の緑, 青葉, 芝生; 《ジャン》グリーン. das erste ~. bei Mutter ~ schlafen ⟨übernachten⟩ 《話》野宿する. 3 《無冠詞で》《トランプ》スペードのカード.

'**Grün·an·la·ge** 囡 -/-n 緑地, 公園.

Grund [grʊnt グルント] 男 -[e]s/Gründe 1 《複数なし》(a) 土地, 地面. feuchter⟨trockener⟩ ~ 湿った⟨乾いた⟩土地. in ~ und Boden 徹底的に, すっかり. j⁴ in ~ und Boden reden (論議などで)人⁴をとてんこてんにやりこめる; (に)発言の機会を与えない. sich⁴ in ~ und Boden schämen ひどく恥入る. ⟨j⟩⁴ in ~ und Boden verdammen 事⟨人⟩⁴をくそみそにこきおろす. et⁴ in ~ und Boden wirtschaften (事業・財産などを)つぶしてしまう. (b) 《とくに南ドイツ》有地, 地所. auf eigenem ~ und Boden stehen 自分の土地に住んでいる. nicht auf *seinem* ~ und Boden gewachsen sein 《話》(考えなどが)自分のものでない, 借物である.
2 《雅》(小さな)谷あい, くぼ地.
3 《雅》(a) (海や川の)底, 水底. ~ haben (水中で)足が底につく. keinen ~ finden (水中で)足が底につかない. auf ~ geraten⟨laufen/stoßen⟩ (船が)座礁する. ein Schiff auf ~ setzen 船を座礁させる. ein Schiff in den ~ bohren 船を撃沈する. (b) (容器の)底. der ~ des Kaffees コーヒーのおり. ein Glas bis auf den ~ leeren グラスを飲み干す.
4 《複数なし》(布地・絵などの)下地, 地色, 背景. rote Rosen auf weißem ~ 白地に赤いバラ.
5 《複数なし》基礎, 土台, 根底. den ~ zu et³⟨et⁴⟩ legen 事³,⁴の基礎を築く. auf ~ et² / auf ~ von et³ 事²,³にもとづいて(↑aufgrund). et³ auf den ~ gehen⟨kommen⟩ 事³の真相を究める. et⁴ aus dem ~ verstehen 事³を根本から(完全に)理解する. et⁴ bis auf den ~ ⟨bis in den ~ hinein⟩ zerstören 物を徹底的に破壊する. im ~ e [genommen] 根本的には, つまるところ, 本当は. im ~ e *seines* Herzens 心の奥底で, 心底. von ~ auf⟨aus⟩ 根本的に, 徹底的に. et⁴ von ~ auf⟨aus⟩ ändern 事⁴を根本的に(すっかり)変える.
6 理由, 根拠; 原因, 動機. ein beruflicher ~ 職業上の理由. et⁴ als ~ angeben 事⁴を理由(根拠)として挙げる. Ich habe allen ~, zu glauben, dass... 私には...と考える十分な理由がある. Du hast keinen ~ zum Klagen. 君に不平を言ういわれはないよ. *Gründe* für et⁴ anführen⟨vorbringen⟩ 事⁴の理由を挙げる. Das hat schon⟨so⟩ seine *Gründe*. それにはそれなりの理由があるのだ. aus diesem ~ この理由で. aus gutem ~ 正当な(ちゃんとした)理由があって. aus diesem kühlen ~ ただこの理由で. aus persönlichen⟨politischen⟩ *Gründen* 個人的⟨政治的⟩な理由で. aus dem einfachen ~, weil...《話》...というそれ

だけの理由で. mit ～ 理由があって. ohne [jeden] ～ 理由もなしに, わけもなく.

◆ ↑zugrunde

grund.., Grund.. [gr∪nt..]《接頭》形容詞・名詞に冠して「土地; 根本的な, 基礎的な; 非常に」の意を表す. *Grund*besitzer 土地所有者. *Grund*farbe 原色. *grund*ehrlich とても正直な.

'**Grund·ak·kord** 男 -[e]s/-e《音楽》基本位置の和音.

'**grund·an·stän·dig** 形 きわめて礼儀正しい, とても立派な.

'**Grund·an·strich** 男 -[e]s/-e《絵画》下塗り.

'**Grund·aus·bil·dung** 女 -/-en (職業の)基本教育, (軍隊の)基礎訓練.

'**Grund·bau** 男 -[e]s/-ten《建築》**1** 基礎, 土台. **2**《複数なし》基礎工事.

'**Grund·be·deu·tung** 女 -/-en **1**（陳述などの)主旨. **2** (語の)基本的な意味, 原義.

'**Grund·be·din·gung** 女 -/-en 根本(基本)条件.

'**Grund·be·griff** 男 -[e]s/-e《多く複数で》根本(基礎)概念, 根本原理.

'**Grund·be·sitz** 男 -es/ **1** 土地所有. **2** 所有地. **3**（総合的に)土地所有者.

'**Grund·be·sit·zer** 男 -s/- 土地所有者, 地主.

'**Grund·buch** 中 -[e]s/⸚er《法制》土地登記簿. **2**《経済》(複式簿記の)仕訳帳.

'**Grund·buch·amt** 中 -[e]s/⸚er《法制》土地登記所.

'**Grün·de** ['gr∪ndə] Grund の複数.

'**grund·ehr·lich** 形 真正直な, 根からの誠実な.

'**Grund·ei·gen·tum** 中 -[e]s/ ＝Grundbesitz

'**Grund·ein·heit** 女 -/-en **1**《物理》基本単位. **2**（旧東ドイツで）(政党などの)基本組織.

'**Grund·eis** 中 -es/《川》(川の)底氷. Ihm geht der Arsch mit ～.《卑》彼はひどく恐れている.

'**grün·deln** ['gr∪ndəln] 自 (↓Grund) (水鳥がえさを求めて)水中に顔をつっこむ.

'**grün·den** ['gr∪ndən グリュンデン] (↓Grund) **❶** 他 **1** (a) (事⁴の)基礎(礎石)を置く; 設立(創立, 創設)する. [sich³] eine Familie(ein Heim) ～ 一家をかまえる. eine Firma ～ 会社をおこす. ein Haus〈eine Stadt〉～ 家の基礎を置く〈町をひらく〉. eine neue Partei ～ 新党を結成する.《過去分詞で》Firma Beltz & Söhne, *gegründet*《略 gegr.》1890 ベルツ兄弟社創立 1890 年. (b) A⁴ auf B⁴ ～ B⁴ を A⁴ の根拠(論拠)にする, A⁴ の根拠を B⁴ に求める. Er *gründete* seine Hoffnungen auf ihre Aussage. 彼の希望の根拠は彼女の証言だった. Worauf *gründest* du diese Meinung? 君のこの意見は何を根拠になっているのですか. auf et⁴,³] *gegründet* sein 事⁴,³に基づいている. **2**《絵画》(grundieren) (絵の)下塗りをする.
❷ 再 男 (sich⁴) auf et³〈in et³〉～ / *sich* auf et⁴ ～ 事³,⁴に基づく. Ihre Standhaftigkeit *gründete* in ihrem tiefen Glauben. 彼女の毅然たる態度はその熱い信仰が土台になっていた. Worauf *gründen* [*sich*] eure Forderungen? 君たちの要求の根拠は何なのだ.

'**Grün·der** ['gr∪ndɐ] 男 -s/- 創立者, 設立者.

'**Grün·der·jah·re** 複《歴史》(普仏)戦争直後のドイツにおける泡沫会社乱立時代(1871-73 頃).

'**Grund·er·werb** 男 -[e]s/-e 土地(不動産)取得.

'**Grün·der·zeit** 女 -/《歴史》＝Gründerjahre

'**grund·falsch** 形 根本的に(完全に)間違っている.

'**Grund·far·be** 女 -/-n **1** 原色. **2** 下地(下塗り)の色, 地色.

'**Grund·feh·ler** 男 -s/- 根本的(決定的)な間違い.

'**Grund·fes·te** 女 -/-n 基礎, 土台. an den ～*n* von et³ rütteln 物³の土台(根底)をゆるがせる.

'**Grund·flä·che** 女 -/-n 底面.

'**Grund·form** 女 -/-en **1** 基本形; 原型. **2**《文法》(Infinitiv) 不定形; (辞書などの)見出語.

'**Grund·ge·bühr** 女 -/-en 基本料金.

'**Grund·ge·dan·ke** 男 -ns/-n 根本思想, 中心思想.
◆ 格変化は Gedanke 参照.

'**Grund·ge·halt ❶** 男 -[e]s/-e 基本的内容. **❷** 中 -[e]s/⸚er《法制》基本給.

'**Grund·ge·setz** ['gr∪ntɡəzɛts] 中 -es/-e **1** 根本法則. **2** 憲法; 《略 GG》基本法(現行のドイツ憲法).

'**Grund·herr** 男 -n/-en (中世の)荘園の領主.

grun·die·ren [gr∪n'di:rən] 他 (↓Grund) (物⁴の)下塗りをする, 下地をつくる.

'**Grund·kurs** -es/-e (講習会などの)基礎コース.

*'**Grund·la·ge** ['gr∪ntla:ɡə グルントラーゲ] 女 -/-n **1** 基礎, 基盤, 根底; 根拠; 基本. die gesellschaftlichen ～*n* 社会的基盤. die ～*n* für et⁴ schaffen 〈erwerben〉事⁴の基礎(基盤)を作る. jeder ～ entbehren なんの根拠もない. et⁴ auf eine neue ～ stellen 事⁴を根本的に変える. **2** 原料, 主成分. **3**《音楽》(和音の)基本形.

'**Grund·la·gen·for·schung** 女 -/-en 基礎研究.

'**grund·le·gend** ['gr∪ntle:ɡənt] 形 基礎的な, 根本的な; 決定的な, 重要な.

'**Grund·le·gung** 女 -/-en **1**《建築》基礎工事. **2** (研究などの)基礎づけ.

*'**gründ·lich** ['ɡrʏntlɪç グリュントリヒ] 形 (↓Grund) **1** 徹底的な, 根本的な, 綿密な, 丹念な. ～*e* Arbeit 丹念な仕事. ～*e* Kenntnisse 博学な知識. eine ～*e* Untersuchung 綿密な〈徹底的な〉調査. et⁴ ～ analysieren 事⁴を徹底的に分析する. ～ vorbereiten 周到に準備する. **2**《話》(副詞的用法で)ひどく, すごく. sich⁴ ～ langweilen〈täuschen〉ひどく退屈する〈とんだ思い違いをする〉. Ich habe es ihm ～ gegeben. 私は彼にはっきり言ってやった.

'**Gründ·lich·keit** 女 -/ 徹底性, 綿密(周到)さ.

'**Grund·li·nie** 女 -/-n **1**《幾何》底辺. **2** 大筋, 基本線. **3** (テニスの)ベースライン.

'**Grund·lohn** 男 -[e]s/⸚e《法制》基本賃金.

*'**grund·los** ['gr∪ntlo:s グルントロース] 形 **1** (沼などが)底なしの; 地盤のゆるい, ぬかるんだ. **2** 根拠(いわれ)のない. ～*e* Vorwürfe いわれのない非難. ～ lachen わけもなく笑う.

'**Grund·lo·sig·keit** 女 -/ 根拠(いわれ)のないこと, 事実無根.

'**Grund·mau·er** 女 -/-n 基礎壁.

'**Grund·nah·rungs·mit·tel** 中 -s/-《ふつう複数で》主要食糧(パン・じゃがいもなど).

Grün'don·ners·tag [gryːn..] 男 -[e]s/-e《複数まれ》《宗教》聖(洗足)木曜日(復活祭直前の木曜日).

'**Grund·pfei·ler** 男 -s/-《建築》支柱, 台柱; 《比喩》支え, 基礎.

'**Grund·prin·zip** 中 -s/-ien(-e) 根本原理(原則).

'**Grund·recht** ['gr∪ntrɛçt] 中 -[e]s/-e《多く複数で》《法制》基本権, 基本的人権.

'**Grund·re·gel** 女 -/-n 基本法則, 原理, 原則.

'**Grund·ren·te** 女 -/-n **1** 地代, 借地料. **2**《法制》基本年金.

'**Grund·riss** ['grʊntrɪs] 男 -es/-e 〖物体・建物の〗平面図, 見取図; 概要. eine Literaturgeschichte im ～ 文学史概説.

'**Grund·satz** ['grʊntzats グルントザッツ] 男 -es/ⁿe 原則, 主義, 信条; 原理, 公理. an *seinen Grundsätzen* festhalten 自分の主義(信条)を堅く守る. ein Mann mit〈von〉 *Grundsätzen* 信念のある男. von *seinen Grundsätzen* nicht abgehen〈abweichen〉節(芸?)をまげない.

'**grund·sätz·lich** ['grʊntzɛtslɪç グルントゼッツリヒ] 形 〖比較変化なし〗 **1** 原則的な, 根本的な, 主義上の. eine Frage von ～er Bedeutung 根本的に重要な問題. **2** 多くは aber, doch などを伴って〗原則的には (…だが, しかし…). Der Direktor hat ～ nichts gegen das Rauchen, aber im Klassenzimmer erlaubt er es nicht. 校長は原則的には喫煙に反対でないが, 教室ではそれを許さない.

'**Grund·schuld** 女 -/-en 〖法制〗土地債務.

'**Grund·schu·le** 女 -/-n **1** 〖ドイツ・オーストリアの〗小学校, 基礎学校(義務教育の最初の4年間の課程). **2** 〖古〗〖旧東ドイツで〗8年制の国民学校.

'**Grund·stein** 男 -[e]s/-e 礎石, 基礎, 前提. den ～ zu et³ legen³の定礎式を行う; (の)基礎を築く.

'**Grund·stein·le·gung** 女 -/-en 〖建築〗定礎式.

'**Grund·stel·lung** 女 -/-en **1** 〖音楽〗(和音の)基本位置. **2** 〖スポ〗基本姿勢; 直立姿勢.

'**Grund·steu·er** 女 -/-n 〖法制〗土地税, 地租.

'**Grund·stock** 男 -[e]s/ⁿe〖複数まれ〗基礎, 根幹, もと. Diese Bücher bilden den ～ für ihre Bibliothek. これらの書物が彼女の蔵書のもとをなしている.

'**Grund·stoff** 男 -[e]s/-e **1**〖化学〗元素. **2** 原料.

'**Grund·stück** [ˈgrʊntʃtʏk グルントシュテュック] 中 -[e]s/-e 地所, 土地. mit ～en handeln〈spekulieren〉土地を売却する〈土地に投機する〉.

'**Grund·stück·preis** 男 -es/-e 地価.

'**Grund·stücks·mak·ler** 男 -s/- 土地ブローカー, 土地仲介(斡旋)業者.

'**Grund·stu·fe** 女 -/-n **1** 初級(基礎)段階; 初等課程. **2** 〖文法〗(Positiv)(形容詞の)原級.

'**Grund·text** 男 -[e]s/-e 原典, 原本, 底本.

'**Grund·ton** 男 -[e]s/ⁿe **1** 〖音楽〗基音, (和音の)根音. **2** (絵画などの)基調の色. **3** 〖比喩〗基調.

'**Grund·übel** 中 -s/- 根本的な害悪, 禍根.

'**Grund·um·satz** 男 -es/ⁿe 〖生理〗基礎代謝.

'**Grün·dung¹** ['gryːndʊŋ] 男 -[e]s/ 緑肥.

'**Grün·dung²** ['grʏndʊŋ] 女 -/-en **1** 〖土木〗基礎工事, 基礎. **2** 創設, 設立.

'**Grün·dungs·ka·pi·tal** 中 -s/-e (ﾚ...lien [lɪən]) 〖経済〗設立(創立)資金, 創業資本.

'**Grund·ur·sa·che** 女 -/-n 根本原因.

'**grund·ver·schie·den** 形 根本的に異なる, まったく別の.

'**Grund·was·ser** 中 -s/- 〖複数まれ〗地下水.

'**Grund·was·ser·spie·gel** 男 -s/- 地下水面.

'**Grund·wehr·dienst** 男 -[e]s/-e 〖軍事〗基礎兵役.

'**Grund·wort** 中 -[e]s/ⁿer 〖文法〗(複合語の)基礎語.

'**Grund·wort·schatz** 男 -es/ⁿe 〖言語〗基本語彙.

'**Grund·zahl** 女 -/-en 〖数学〗基数. **2** 底(て).

'**Grund·zins** 男 -es/-en 〖古〗地代.

'**Grund·zug** 男 -[e]s/ⁿe (主要な)特徴, 特性.

'**Grü·ne** ['gryːnə] ❶ 女 -/〖雅〗緑色. ❷ 中〖形容詞変化〗**1** 緑色. **2**〖ふつう無冠詞で〗緑色の植物; 緑色野菜; 香味野菜; 青草飼料. **3** 緑ゆたかな自然, 野原, 郊外. im ～ in der Natur. ins ～ 野外(郊外)へ. ❸〖形容詞変化〗〖話〗**1** 警官(制服の色から). **2**〖話〗(旧) 20マルク紙幣. ❹ 男〖形容詞変化〗〖ふつう複数で〗緑の党の党員.

'**grü·nen** ['gryːnən] ❶ **1**〖植物が〗緑色になる, 青々とする; 芽ばえる. Die Hoffnung beginnt wieder zu ～. 〖比喩〗希望が再び芽ばえはじめる. 〖非人称的に〗Im Frühling *grünt es*. 春にはすべてが緑になる. ❷ 他〖保存野菜などを〗緑色に着色する.

'**Grü·ne·wald** ['gryːnəvalt] 〖人名〗Matthias ～ マティーアス・グリューネヴァルト(1470頃-1528, ドイツの画家).

'**Grün·fink** 男 -en/-en〖鳥〗あおかわらひわ.

'**Grün·flä·che** 女 -/-n (芝生・公園などの)緑地.

'**Grün·fut·ter** 中 -s/ **1** (家畜用の)青刈り飼料. **2** (戯) サラダ, 生野菜.

'**Grün·gür·tel** 男 -s/- 緑地帯, グリーンベルト.

'**Grün·kern** 男 -[e]s/ 干青麦(実る前の小麦).

'**Grün·kohl** 男 -[e]s/-〖植物〗ちりめんキャベツ.

'**Grün·land** 中 -[e]s/〖農業〗牧草地, 草地.

'**grün·lich** ['gryːnlɪç] 形 緑色がかった, うすみどりの.

'**Grün·ling** ['gryːnlɪŋ] 男 -s/-e **1**〖鳥〗=Grünfink **2**〖植物〗きしめじ. **3**(焼成前の)乾燥れんが. **4**〖話〗青二才, 新米.

'**Grün·schna·bel** 男 -s/-〖話〗**1** (生意気な)青二才, 若造. **2** 新入り, 新米.

'**Grün·span** 男 -[e]s/〖化学〗緑青(ろくしょう).

'**Grün·specht** 男 -[e]s/-e〖鳥〗やまげら, 緑きつつき.

'**Grün·strei·fen** 男 -s/- (高速道路の)中央緑地帯, グリーンベルト.

'**grun·zen** ['grʊntsən] du grunzt (grunzest) ❶〖豚などが〗ぶうぶう鳴く. ❷ 他〖卑〗ぶつぶつ言う.

'**Grün·zeug** 中 -[e]s/〖話〗**1** 青物, 野菜. **2**〖侮〗青二才.

'**Grüpp·chen** ['grʏpçən] 中 -s/- 〖Gruppe の縮小形〗小グループ.

'**Grup·pe** ['grʊpə グルペ] 女 -/-n 〈fr.〉 **1** (小)集団, グループ, 群, 斑, 派. eine ～ von Bäumen ひとむらの木. eine ～ Kinder〈von Kindern〉子供たちの一群. eine ～ radikaler Jugendlicher〈radikale Jugendliche〉急進的な若者たちの一派. Eine ～ Reisender stieg〈stiegen〉aus dem Zug. 旅行者の一団が列車から降りた. Der Lehrer bildete ～n zu je fünf Schülern. 先生は生徒を5人ずつの班に分けた. in einer ～ zusammenstehen〈zusammensitzen〉グループを作って(派をなしている. et⁴ in〈zu〉 ～n zusammenstellen 物⁴をグループに分ける. **2**〖軍事〗分隊. eine ～ führen 分隊を率いる. ～ halt! 分隊止まれ(号令). **3**〖数学〗群(ｸﾞﾝ). **4**〖地質〗界(年代層序区分の最大単位).

'**Grup·pe²** 女 -/-n〖北ドイツ〗**1** 溝, 排水管. **2** (蓄ôの)下水溝.

'**Grüp·pe** ['grʏpə] 女 -/-n =Gruppe²

'**Grup·pen·auf·nah·me** 女 -/-n グループ撮影.

'**Grup·pen·bild** 中 -[e]s/-er 群像(画); グループ写真.

'**Grup·pen·dy·na·mik** 女 -/〖社会学〗集団力学.

'**Grup·pen·füh·rer** 男 -s/- グループのリーダー.

'**grup·pen·wei·se** 副 群をなして, 集団(グループ)で, グループごとに.

grup·pie·ren [grʊˈpiːrən] ❶ 他 グループ分けする,

Grup·pie·rung [ˈgrupiːruŋ] 囡 -/-en 1 グループ化(分け). 2 (Gruppe¹) グループ, 集団.

Grus [gruːs] 男 -es/-e 1 〖地質〗砕石, 砂礫(ﾚｷ). 2 炭粉; 灰.

gru·se·lig [ˈgruːzəlɪç] 形 ぞっとする, 気味のわるい.

gru·seln [ˈgruːzəln] (sich) 他/再/非人称 ぞっとする, 身の毛がよだつ(vor j⟨et⟩³ 人⟨物⟩³に). Mir⟨Mich⟩ gruselt es vor der Dunkelheit. / Ich grusle⟨grusele⟩ mich vor der Dunkelheit. 私は暗闇がこわい.

Gru·si·ni·en [gruˈziːniən] 〖地名〗=Georgien
Gru·si·ni·er [gruˈziːniɐ] 男 -s/- =Georgier
gru·si·nisch [gruˈziːnɪʃ] 形 =georgisch

grus·lig [ˈgruːzlɪç] 形 =gruselig

Gruß
[gruːs グルース] 男 -es/Grüße (↓grüßen) 挨拶(の言葉, 動作), 敬礼. ein ~ aus Bonn⟨von der Nordsee⟩ ボン⟨北海⟩からの挨拶の便り. der Englische ~ 〘ｶﾄﾘｯｸ〙(天使のマリアへのお告げ; アヴェ・マリア(天使祝詞, カトリック教会 3 大経の 1 つ). Einen ~ an Ihre Gattin! 奥様によろしく. Sagen Sie ihm herzliche Grüße von mir! 彼に私からくれぐれもよろしくとお伝え下さい. einen ~ an j³ schreiben ⟨senden⟩ 人³に挨拶状を書く⟨送る⟩. einen süßen ~ senden 挨拶代りに甘い物を送る. Grüße tauschen⟨wechseln⟩ 挨拶をかわす. auf j² ~ nicht danken 人²の挨拶に答礼しない. mit freundlichem ~ / mit freundlichen Grüßen (手紙の結びで)敬具. j³ die Hand zum ~ bieten⟨reichen⟩ 人³に挨拶の握手を求める. den Hut zum ~ ziehen 帽子をとって挨拶する(vor j³ 人³に). j³ zum ~ zunicken 人³に会釈する.

ˈGrü·ße [ˈgryːsə] Gruß の複数.

grü·ßen
[ˈgryːsən グリューセン] ❶ 〚他〛 1 (人⁴に)挨拶をする. Er grüßte mich höflich⟨nur flüchtig⟩. 彼は私に丁重に⟨ほんの形ばかりの⟩挨拶をした. Grüß Gott! / Gott grüße dich! 〘南独〙おはよう; こんにちは; こんばんは; さようなら. Grüß dich. 〚話〙こんにちは. Sei herzlich gegrüßt! (手紙の末尾で)敬具. 《目的語なしで》Kannst du nicht ~? (子供に)ごあいさつもできないの. 《相互代名詞と》Sie grüßen sich ⟨einander⟩ nicht mehr. 彼らの仲はもう冷えてしまった. 2 (人⁴に)よろしくと伝える. Grüß [mir] deinen Vater! / Grüß deinen Vater [von mir]! おやじさんによろしく言ってくれ. Ich soll dich auch von meiner Mutter ~. 母からもよろしくとのことです. 《lassen と》j⁴ ~ lassen 人⁴によろしく伝えてくれるよう頼む. Meine Eltern lassen Sie herzlich ~. 両親がくれぐれもよろしくと申しております. 3 歓迎する. Sei [mir] gegrüßt [in meinem Haus]! ようこそ(いらっしゃいました). Gegrüßt seist du, Maria. 〘ｶﾄﾘｯｸ〙アヴェ・マリア. ❷ 《雅》(遠くから)見えている, (早くも)見える. Da grüßte der Turm. そのとき(早くも)塔が見えてきた. ❸ 〚再〛⟨sich⟩ sich mit j³ ~ 〚話〛人³と挨拶を交わす間柄である(ちょっとした知合いである).

ˈGruß·for·mel 囡 挨拶の決り文句.
ˈGrütz·beu·tel [ˈgryːts..] 男 -s/- =Atherom
ˈGrüt·ze¹ [ˈgrʏtsə] 囡 -/-n 1 碾割(ﾋｷﾜﾘ)り穀物, 粗ぴき粉. 2 碾割り穀物のかゆ, オートミール. rote ~ (赤いジュースにとうもろこし粉でつくった)ゼリー菓子.
ˈGrüt·ze² 囡 -/ 〚話〛思慮, 分別.

ˈGu·a·no [guˈaːno] 男 -s/ (sp.) グアノ, (肥料に用いる)糞化石.

*ˈ**gu·cken** [ˈgʊkən グケン] 〚話〛 ❶ 〚自〛 1 見る, のぞく, 目を凝らす; …の目つきで見る(目つきをする). Guck mal! ちょっとごらん. Lass mich mal ~! 私にも見させて. Da guckte er dumm⟨finster⟩, als er das hörte. それを聞いたとき彼はばかみたいにしていた(暗い目つきになった). j³ auf die Finger ~ 人³を監督する. aus dem Fenster ~ 窓の外を見る dumm aus der Wäsche ~ 茫然⟨唖然⟩としている. durch ein Fernglas ~ 望遠鏡をのぞく. in den Eimer⟨die Luft / den Mond / die Röhre⟩ ~ 〚比喩〛(分け前に与(ｱｽﾞ)かれずに)指をくわえる. zu tief ins Glas ~ 酒を過ごす. j³ in die Karten ~ 人³の手のうちを知ろうとする, (の)腹をさぐる. sich³ nicht in die Karten ~ lassen 手のうちを明かさない. in alle Töpfe ~ 何にでも首をつっこむ, 物見高い. j³ über die Schulter ~ 人³の肩ごしに見る. 2 ちらりと見える(のぞく). Dein Hemd guckt aus der Hose. シャツがズボンからはみ出てるよ. Der Schürzenjäger guckt ihm aus den Augen. 女たらしが彼の目に出ている.

❷ 〚他〛 1 見る, ながめる. Fernsehen ~ テレビを見る. 《目的語なしで》Wir haben bis zwölf Uhr geguckt. 私たちは 12 時までテレビにかじりついていた. 2 sich³ die Augen aus dem Kopf ~ 目を皿にする. Löcher ⟨ein Loch⟩ in die Luft ~ うつろな目つきをする, (放心して)あらぬ所を見る.

ˈGuck·fens·ter [ˈgʊk..] 中 -s/- (ドアなどの)のぞき窓.
ˈGuck·in·die·luft [ˈgʊk|ɪndiːlʊft] 男 -/ 〚話〛足もとに気をつけず歩く人, よく転ぶ⟨つまずく⟩人. Hans ~ ぼんやり屋.
ˈGuck·in·die·welt [ˈgʊk|ɪndiːvɛlt] 男 -/ 〚話〛好奇心の強い子供; 未熟者, 青二才.
ˈGuck·kas·ten 男 -s/⸚ のぞきからくり. 2 〚戯〛テレビ.
ˈGuck·loch 中 -[e]s/⸚er 1 (ドアなどの)のぞき穴. 2 〚戯〛靴下や袖の穴.
ˈGud·run [ˈguːdruːn] 〚女名〛グードルーン.
ˈGu·el·fe [ˈgʊɛlfə, ˈgɛlfə] 男 -n/-n (↑Ghibelline) 〖歴史〗(中世イタリアの)グルフ(教皇)党員.
Gue·ril·la [geˈrɪlja] 囡 -/-s (span. guerra, Krieg⁴) 1 (Guerillakrieg) ゲリラ戦. 2 ゲリラ隊. ❷ 男 -[s]/-s 《多く複数で》〚古〛ゲリラ兵, パルチザン.
Gue·ril·la·krieg 男 -[e]s/-e ゲリラ戦.
ˈGu·gel·hupf [ˈguːgəlhʊpf] 男 -[e]s/-e 〘南ﾄﾞ・ｵｰｽﾄﾘｱ〙(Napfkuchen) ナップクーヘン(鉢形のパウンドケーキ).
Guil·lo·ti·ne [gɪljoˈtiːnə, gijo..] 囡 -/-n ギロチン, 断頭台(発案者のフランス人医師 J. I. Guillotin, 1738–1814 にちなむ). j⁴ auf die ~ bringen 人⁴をギロチンにかける. 2 〖医学〗ギロチン.
guil·lo·ti·nie·ren [gɪljotiˈniːrən, gijo..] 他 ギロチンにかける, 断頭台で処刑する.
Gui·nea¹ [giˈneː] 〚地名〛ギニア(アフリカ西岸の共和国, 首都コナクリ Conakry).
ˈGui·nea² [ˈgɪni] 囡 -/-s (engl.) ギニー金貨(昔のイギリスの金貨, 金の原産地ギニアにちなむ); ギニー(昔のイギリスの貨幣単位, 21 シリング).
Gui·nea-Bis·sau [giˈneːabɪˈsau] 〚地名〛ギニア・ビサウ(アフリカ西岸の共和国, 首都ビサウ Bissau).
ˈGui·nee [giˈneː(.ə)] [gi..|ne:ən 複] =Guinea²
*ˈ**Gu·lasch** [ˈguːlaʃ, ˈgʊlaʃ] 中(男) -[s]/-e(-s) (ung.) グーラシュ(ハンガリー風の薬味のきいたシチュー).
ˈGu·lasch·ka·no·ne 囡 -/-n 〚戯〛野戦用炊事車.

'**Gul·den** ['gʊldən] 男 -s/- **1** ギルダー(ユーロ導入以前のオランダの貨幣単位). **2** グルデン金(銀)貨(14-19世紀にドイツとその周辺で通用した硬貨).

'**gül·den** [gʏldən] 形《雅》=golden

'**Gül·le** [gʏlə] 女 -/-n《南西部·スイス》(Jauche) 水肥(えごえ).

'**Gul·ly** [gʊli] 中 (男) -s/-s《engl.》(Sinkkasten) (街路の)下水孔, 排水孔.

*'**gül·tig** [gʏltɪç ギュルティヒ] 形 有効な, 効力のある, 通用する; 妥当な, あてはまる. ein ~er Fahrschein 有効な乗車券. et¹ als ~ anerkennen 物⁴を有効と認める. Diese Regel ist für alle ~. この規則は誰にでもあてはまる.

'**Gül·tig·keit** 女 -/ 有効性, 効力; 合法性; 妥当性.

'**Gül·tig·keits·dau·er** 女 -/ 有効(通用)期間.

*'**Gum·mi** ['gʊmi グミ] **①** 男 (中) -s/-[s] ゴム; ゴム樹脂(《複数なし》アラビアゴム. ~ geben《話》(車を)ぶっとばす(タイヤをすりへらすことから). **②** 男 -s/-s **1** (Radiergummi) 消しゴム. **2** 輪ゴム. **3**《話》コンドーム. **③** 中 -s/-s (Gummiband) ゴムひも.

'**Gum·mi·ara·bi·kum** [gʊmiˈaːrabikʊm] 中 -s/ アラビアゴム, ゴム糊.

'**Gum·mi·band** 中 -[e]s/⸚er ゴムひも, ゴムバンド.

'**Gum·mi·bär·chen** 中 -s/- 熊の形をしたグミ(菓子).

'**Gum·mi·baum** 男 -[e]s/⸚e ゴムの木.

'**Gum·mi·be·griff** 男 -[e]s/-e《話》どうにでも解釈できる(あいまいな)概念.

'**Gum·mi·druck** 男 -[e]s/《印刷》**1** ゴム版印刷. **2**《まれ》オフセット印刷.

gum'mie·ren [gʊˈmiːrən] 他 (物¹に)ゴム糊を塗る; (布地などを)ゴムで防水加工する. *gummierte* Briefumschläge 糊つき封筒.

'**Gum·mi·hand·schuh** 男 -[e]s/-e ゴム手袋.

'**Gum·mi·knüp·pel** 男 -s/- ゴム製の警棒.

'**Gum·mi·lin·se** 女 -/-n ズームレンズ.

'**Gum·mi·lö·sung** 女 -/-en《化学》ゴム(溶)液.

'**Gum·mi·pa·ra·graf** 男 -en/-en =Gummiparagraph

'**Gum·mi·pa·ra·graph** 男 -en/-en《話》どうにでも解釈できる条項.

'**Gum·mi·rei·fen** 男 -s/- ゴムタイヤ.

'**Gum·mi·sau·ger** 男 -s/- (哺乳瓶の)ゴムの乳首.

'**Gum·mi·schlauch** 男 -[e]s/⸚e ゴムホース; (タイヤの)チューブ.

'**Gum·mi·schuh** 男 -[e]s/-e ゴム靴; ゴム製のオーバーシューズ.

'**Gum·mi·tier** 中 -[e]s/-e ゴム製の動物のおもちゃ; 動物型のゴム風船.

'**Gum·mi·un·ter·la·ge** 女 -/-n (乳児や病人用の)ゴムシーツ.

'**Gum·mi·zel·le** 女 -/-n (精神病院の)ゴム張りの病室.

'**Gum·mi·zug** 男 -[e]s/⸚e (衣服などのゴムを入れた部分; (衣服に縫いつけた)ゴムバンド.

*'**Gunst** [gʊnst グンスト] 女 -/-en **1**《複数なし》好意, 寵愛(えぅあい); 愛顧, ひいき. j³ eine ~ erweisen 人³に好意を示す. j² ~ erwerben〈verlieren〉人²の寵愛を得る〈失う〉. in j² ~ stehen / bei j³ in ~ stehen 人²,³に気に入られている. nach ~ urteilen えこひいきする. sich⁴ um j² ~ bemühen 人²に気に入られようとする, 取り入る. **2** 有利, 好都合. die ~ der Lage 地の利. die ~ des Augenblicks〈der Stunde〉nutzen 好機を生かす. zu j² ~*en* / zu ~*en*〈*zugunsten*〉j² / j³ zu

~*en*〈*zugunsten*〉人²,³に有利になるように. **3**《古》許可, 許し. mit ~*en* はばかりながら, 失礼ながら.

'**Gunst·be·weis** 男 -es/-e, '**Gunst·be·zei·gung** 女 -/-en 好意(寵愛)のしるし.

*'**güns·tig** ['gʏnstɪç ギュンスティヒ] 形 **1** 有利な, 好都合な, 得な, 好ましい. ~e Bedingungen 有利な条件. eine ~e Gelegenheit 好機. im ~en Augenblick kommen ちょうどよい時に来る. et¹ in ~*em* Licht darstellen 事⁴のよい面を強調する. in ~*em* Licht erscheinen / sich⁴ in ein ~*es* Licht setzen よい印象を与える, 自分をよく見せる. ~ einkaufen 得な買い物をする. Es steht ~ für dich. 形勢は君に有利だ. **2** 好意的な. Das Glück ist uns ~. 私たちは運がよい. et¹ ~ aufnehmen 事⁴を好意的に受取る. j³ ~ gesinnt sein 人³に好意をもっている.

'**Günst·ling** [gʏnstlɪŋ] 男 -s/-e《侮》お気に入り, 腰ぎんちゃく.

'**Günst·lings·wirt·schaft** 女 -/ 情実人事, えこひいき.

'**Gün·ter** ['gʏntər] (男名) ギュンター.

'**Gun·ther** ['gʊntər] **①** (男名) グンター. **②** (人名) グンター(*Niebelungenlied* に登場するブルグントの王).

'**Gün·ther** ['gʏntər] (男名) ギュンター.

'**Gur·gel** ['gʊrgəl] 女 -/-n のど, のどくび, のどもと. j³ die ~ abdrücken〈abschnüren / zudrücken / zuschnüren〉人³の首をしめる; 《話》人³を(経済的に)破滅させる, 息の根を止める. die ~ spülen / sich³ die ~ schmieren〈ölen〉《戯》のどをしめす, 一杯やる. j¹ an³〈bei〉der ~ fassen〈packen〉人⁴ののどくびをつかむ. j³ an die ~ springen〈fahren〉人³ののどもとにとびかかる, 首をしめようとする; 《話》を激しく攻撃する. et¹ durch die ~ jagen《話》物を酒代に費やす.

'**gur·geln** ['gʊrgəln] **①** 自 **1** うがいをする. einen ~《話》一杯ひっかける. **2** (水などが)ごぼごぼと音をたてる. **②** 他 のどをごろごろならして言う.

'**Gur·gel·was·ser** 中 -s/⸚ うがい薬, うがい水.

'**Gur·ke** ['gʊrka] 女 -/-n **1** きゅうり. **2**《戯》(ぶかっこうな大きな)鼻; 《卑》ペニス. **3**《侮》ぽんこつ(車·機器など); へっぽこ(スポーツ選手など). **4**《戯》(おかしな)やつ. Das ist eine ~. なんとも変ったやつだ.

'**gur·ren** ['gʊrən] 自 **1** (鳩が)くうくう鳴く. **2** (女性が甘えた声で言う(笑う).

Gurt [gʊrt] 男 -[e]s/-e[n] **1** (布·革製の丈夫で幅の広い)ベルト, 帯; (Gürtel) (軍服などの幅の広いベルト); (Patronengurt) 弾薬帯; (馬の)腹帯; (Sicherheitsgurt) 安全ベルト. sich⁴ im Auto mit einem ~ anschnallen 車内でシートベルトをしめる. **2**《建築》蛇腹, (トラス梁の)弦材. **3**《工学》フランジ.

'**Gurt·bo·gen** 男 -s/-(⸚)《建築》(丸天井の)横断アーチ.

'**Gur·te** ['gʊrtə] 女 -/-n《地方》=Gurt

*'**Gür·tel** ['gʏrtəl ギュルテル] 男 -s/- **1** (衣服の)ベルト, バンド, 帯. der schwarze ~ 《柔道》の黒帯. den ~ enger schnallen ベルトをきつくする; 《話》生活を切りつめる. bis zum ~ im Schnee versinken 腰まで雪に埋まる. **3** (帯状の)地域, 地帯. ~ in von Grünanlagen グリーンベルト. der ~ der Tropen 熱帯地域. **4**《自動車》(タイヤの)ブレーカー.

'**Gür·tel·li·nie** 女 -/《服飾》ウェストライン; 《ボクシング》ベルト(ボクシングで禁じられている)ローブロー; 《話》卑劣なふるまい. Der Kommentar ging unter die ~. その発言は言いすぎ(反則)

だ．unterhalb der ～《話》卑猥な．
Gür・tel・rei・fen 男 -s/- 〖自動車〗ラジアルタイヤ．
Gür・tel・ro・se 女 -/-n 〖医学〗帯状ヘルペス．
Gür・tel・schnal・le 女 -/-n ベルトの留め金．バックル．
Gür・tel・tier 中 -[e]s/-e 〖動物〗アルマジロ．
gur・ten 他 ❶ 《他》(弾丸を)弾薬帯につめる．
 ❷ 再 **1** 馬に鞍をのせる．**2** 安全ベルトをしめる．
gür・ten ['gʏrtən] 他 再 **1** (人4や物4に)ベルトを巻きつける．ein Pferd ～ 馬に鞍をつける．《再帰的に》sich4 mit einem Schwert ～ 剣を帯びる．sich3 zum Kampf ～ 戦いのために武装する．**2** (人3に物4を)巻きつける．sich3 das Schwert um die Hüfte ～ 腰に剣を帯びる．
Gurt・för・de・rer 男 -s/- 〖工学〗ベルトコンベアー．
Gürt・ler ['gʏrtlər] 男 -s/- (ベルトのバックルなどを作る)金属細工職人．
Gurt・muf・fel 男 -s/- 《話》シートベルトをしめないドライバー．
Gu・ru ['gu:ru] 男 -s/-s 《sanskr. guruh, schwer, ehrwürdig》(ヒンズー教の)導師; 《話》(社会・政治運動の)指導者．
GUS [gʊs, ge:u:ˈɛs] 《略》=Gemeinschaft unabhängiger Staaten 独立国家共同体(旧ソ連邦の新国名)．
Gu・sche ['gʊʃə] 女 -/-n Gosche
<mark>**Guss**</mark>, °**Guß** [gʊs] 男 -es/Güsse (↑gießen) **1** 〖冶金〗鋳造〈こと〉, 鋳物〈こと〉. [wie] aus einem ～ (作品などが)完璧な形の, 統一のとれた．**2** (液体の)ひと注ぎ．den Blumen einen ～ Wasser geben 花に水をやる．**3** 〖医学〗灌注法．kalte Güsse 冷水灌注．**4** 《話》(Gussregen)どしゃぶりの雨．**5** 〖料理〗(ケーキなどにかける砂糖・チョコレートなどの)コーティング．**6** (Ausguss)〈台所などの〉流し口; (製粉機などの)注ぎ口．
'Guss・ei・sen 中 -s/- 鋳鉄．
'guss・ei・sern 形 《付加語的用法のみ》鋳鉄(ちゅうてつ)(製)の, 鋳物(いもの)の．
'Guss・form 女 -/-en 〖冶金〗鋳型(いがた)．
'Guss・re・gen 男 -s/- どしゃぶりの雨．
'Guss・stahl 男 -[e]s/ー(-e) 〖冶金〗鋳鋼(ちゅうこう)．
'Guss・stein 男 -[e]s/-e (台所などの)流し．
'Guss・stück 中 -[e]s/-e 〖冶金〗鋳物．
'Gus・tav ['gʊstaf] 男名 グスタフ．～ Adolf グスタフ・アドルフ(1594-1632, スウェーデン王)．
'Gus・to ['gʊsto] 男 -s/-s 《it.》《複数まれ》《南ドイツ・オーストリア》 **1** 好み, 趣味．Das ist nicht nach meinem ～. それは私の趣味ではない．**2** 食欲, 欲求．einen ～ auf et4 haben 物4が食べたい．

<mark>**gut**</mark> [gu:t グート] besser, best 形 **1** (↔schlecht) (品質・性能などが)よい, 良質の; (能力などが)すぐれた, 有能な, 上手な．ein ～er Schüler よくできる生徒．ein ～er Wein いいワイン．Das ist kein ～es Deutsch. それはいいドイツ語ではない．～e Arbeit leisten いい仕事をする．ein ～es Gedächtnis〈Gehör〉haben 記憶力〈耳〉がいい．Ihm ist nichts ～ genug. 彼は何にでもけちをつける．《副詞的用法で》Sie spielt ～ Klavier. 彼女はピアノが上手だ．Gut gemacht! うまくやったね, よくやったね．so ～ wie möglich できるだけよく．
 2 好都合な, 適切な; 有効な, 有益な．eine ～e Gelegenheit 好機, チャンス．ein ～es Mittel gegen Husten 咳(せき)に効く薬．für et4 ～ sein 《話》事4につうじである．《副詞的用法》Der Hut steht dir ～. その帽子は君によく似合う．Es trifft sich4 ～, dass du kommst. 君はいい時に来てくれた．Du tust ～ daran zu schweigen. 君は黙っているのがいいよ．kurz und ～ 要するに．
 3 喜ばしい, 好ましい; 気持〈調子〉のよい, 健康な．eine ～e Nachricht よい知らせ．Es ist ～es Wetter. いい天気だ．Gute Reise! (旅に出る人に)お元気で．Guten Tag! こんにちは．Er hat heute seinen ～en Tag. 《話》彼は今日はついている; 彼は今日は機嫌がいい．～er Dinge〈bei Laune〉〈in Mutes〉 sein 上機嫌である．～er Hoffnung sein 《雅》妊娠している．auf ～ Glück 運を天にまかせて．Mir ist [es] heute nicht ～. 私は今日は調子がよくない．Das kann ja ～ werden! 《反語》これは困ったことになりそうだ．Ende ～, alles ～. 《諺》終りよければすべてよし．《副詞的用法》Wir sind ～ angekommen. 私たちは無事に着いた．bei j3 ～ angeschrieben sein 人3の覚えがでたい．Wie geht's dir? ― Danke, ～. 元気かい ― ありがとう, 元気です．Sonst geht's〈geht dir's〉～?《話》君は正気かい．es4 ～ haben / ～ dran sein 運がいい, 恵まれた境遇にある．Hier ist ～ leben〈sein〉. ここは住み〈居〉心地がよい．Mach's ～! 《話》元気でね (別れのあいさつ)．es4 ～ treffen 運がいい, ついている．
 4 十分な, かなりの; たっぷりの, 豊かな．eine ～e Ernte 豊作．ein ～es Jahr 豊年．ein ～es Stück Geld〈Weg〉相当な金額〈道のり〉．Ein ～[er] Teil der Schuld liegt bei ihm. 責任の大半は彼にある．einen ～en Appetit haben 食欲旺盛である．ein ～es Auskommen haben 十分な収入がある．Das hat noch ～ e Weile. それはまだたっぷり時間がある．Er hat einen ～en Zug. 《話》彼は相当飲める口だ．《副詞的用法》Bis dahin sind es noch ～ drei Kilometer. そこまでまだひらく3キロはある．～ und gern 《話》少なくとも．Dazu braucht man ～ und gern zwei Stunden. それには最低2時間は必要だ．so ～ wie…. ほとんど…だ, …も同然だ．Die Arbeit ist so ～ wie erledigt. この仕事はもう片付いたも同然だ．
 5 上品な, 行儀のよい; 上流の; 評判のよい．die ～e Gesellschaft 上流社会．der ～e Ton エチケット．Der Arzt hat einen ～en Ruf. その医者は評判がよい．aus ～em Hause〈～er Familie〉stammen 良家の出である．Dafür bin ich mir zu ～. 《話》私にはそんなはしたないことはできない．Alles, was ～ und teuer ist 《話》お歴々, 名士たち．sich4 ～ benehmen 行儀よく振舞う．
 6 善良な, 人柄のよい; (倫理的に)正しい．ein ～es Kind いい子．ein ～er Mensch 善人．ein ～e Tat よい行い, 善行．Das ist mein ～es Recht. それは私の正当な権利だ．Sie ist eine ～e Seele. 彼女は気だてがよい．ein ～es Gewissen haben 良心にやましいところがない．in ～em Glauben handeln 正しいと信じてふるまう．Er ist viel zu ～. 彼は人がよすぎる．Gut und Böse 善悪．jenseits von ～ und böse〈°Gut und Böse〉sein 《反語》世間知らずである; (老いて)もう色事とは縁がない．
 7 好意のある, 親切な; 親密な, 仲のよい．ein ～er Freund 仲のよい友達．Gut für j4 einlegen 人4のことをとりなす．j3 -e Worte geben 人3にやさしい言葉をかける．im Guten〈°-en〉なごやかに, 穏便に．Die beiden sind im Guten〈°-en〉auseinander gegangen. 2人は円満に別れた．j3 ～ sein 人3が好きである．Seien Sie so ～ und warten Sie! すみませんが待ってください．《副詞的用法》～ mit j3

können 人³とうまくやっていける. es⁴ ~ mit j³ meinen 人³のためを思っている,(に)好意をいだいている.
8《付加語的に》よそゆきの, とっておきの. das ~e Kleid よそゆきのドレス, 晴れ着. die ~e Stube 客間.
9《副詞的用法で》容易に, 楽に. Er kommt mit seinem Geld ~ aus. 彼は自分の金で楽にやっていられるんだ. Du hast ~ lachen. 君はいとごとだから楽でいいられるんだ. Das Buch liest sich⁴ ~. この本は読みやすい. Hinterher ist⟨hat man / kann man⟩ ~ reden. あとからならなんとでも言える上. Es kann ~ sein, dass er bald kommt. たぶん彼はもうすぐ来るだろう. Das ist nicht ~ möglich. そんなことはまずありえない.
10《述語的用法のみ》(それで)いい, さしつかえない. Gut! よろしい; 分かった, 承知した. Schon ~!（礼やわびを言われて)いいんだよ, どういたしまして. es⁴ mit et³ ~ sein lassen 事³をそれでよしとする, そこまでしておく. Lass es ~ sein! もうそれ以上は言うな, いいかげんにしろ.
11（学校の成績で1を最高点とする6段階評価の）2. Sein Aufsatz wurde mit „~ " bewertet. 彼の作文には「2」がついた. ▶6段階評価は, sehr gut (1), gut (2), befriedigend (3), ausreichend (4), mangelhaft (5), ungenügend (6).

♦ ↑Gute, gut gehen, gut gelaunt, gut gemeint, gut gesinnt, gut situiert, gut sitzend, gut tun

*'**Gut** [guːt グート] 🏠 -[e]s/Güter **1** 財産, 財貨. bewegliche⟨fahrende⟩ Güter 動産. unbewegliche ⟨liegende⟩ Güter 不動産. Hab und ~ / Geld und ~ 全財産. ~ und Blut hingeben 生命財産をなげうつ. Unrecht ~ gedeih[e]t nicht. /諺/ 悪銭身につかず. **2** 所有地, 地所, 領地; 農場. **3** 貨物. **4**《古》材料, 素材. irdenes ~ 陶器. **5**《海事》索具.

'**Gut-ach-ten** ['guːtˌlaxtən] 🏠 -s/- 《専門家の)判定, 所見, 鑑定(書). ein ärztliches ~ 医師の診断書. ein ~ über et⁴ abgeben 物⁴を鑑定する.

'**Gut-ach-ter** ['guːtˌlaxtər] 男 -s/- 鑑定人.

'**gut-acht-lich** ['guːtˌlaxtlɪç] 形《述語的には用いない》鑑定の, 鑑定による.

'**gut-ar-tig** ['guːtˌlaːrtɪç] 形《副詞的には用いない》(↔ bösartig) **1** たちのよい, 従順な. ein ~er Hund おとなしい犬. ein ~es Kind いい子. **2**《医学》良性の. ~e Geschwulst 良性腫瘍(しゅよう).

'**gut|brin-gen*** 他 =gutschreiben

'**gut-bür-ger-lich** 形 いかにも市民的な, 堅実な. eine ~e Küche 市民的な(簡素で量の多い)料理.

'**Güt-chen** ['gyːtçən] 🏠 -s/- **1** ⟨Gut 2 の縮小形⟩小さな領地; 小さな農場. **2**《まれ》⟨Güte 1 の縮小形⟩ちょっとした親切. **3**《次の成句で》sich³ an et³ ein ~ tun 《話》物³をたっぷり味わう(楽しむ).

'**Gut-dün-ken** 🏠 -s/- 判断, 裁量. nach ~ 思いどおりに, 好きなように. Er kann sein Taschengeld nach eigenem⟨seinem⟩ ~ ausgeben. 彼は小遣いを好き勝手に使える.

*'**Gu-te** ['guːtə グーテ] 《gut の名詞的用法 / 形容詞変化》 ❶ 🏠《複数なし》よい事(物); 善行, 親切; 長所, 利点. etwas ~s essen おいしい物を食べる. Er hat alles sein ~s. 何にでもよい面はある. Er hat viel ~s getan. 彼は善行をつんだ. ~s mit Bösem vergelten 恩をあだで返す. [Ich wünsche Ihnen] alles ~!お元気で, お幸せに. Das ist zu viel des ~n⟨des ~n zu viel⟩.《反語》それはやりすぎだ, いくらなんでもひどすぎる. des ~n zu viel tun 度を過ごす. im ~n⟨⟨guten⟩

ごやかに, 穏便に. im ~n wie im Bösen⟨⟨im guten wie im bösen⟩ やさしくも厳しくも, 飴と鞭とで. ❷ 男 因 いい人, 善人.

*'**Gü-te** ['gyːtə ギューテ] 🏠 -/ **1** 親切, 善意, 好意. Er ist die ~ selbst⟨die ~ in Person⟩. 彼は親切そのものだ. Du meine⟨liebe⟩ ~! 《話》おやまあ, これは驚いた. Würden Sie die ~ haben⟨Hätten Sie die ~⟩, das Fenster zu schließen? 《雅》おそれいりますが窓を閉めていただけませんでしょうか. sich³ an et eine ~ tun《話》物³をたっぷり味わう(楽しむ). ~ gütig, 穏便に. sich⁴ in ~ einigen 円満に合意する. einen Vorschlag zur ~ machen 和解を提案する. **2** 品質, (商品などの)等級. ein Wein erster ⟨mittlerer⟩ ~ 第1級⟨中級⟩のワイン.

'**Gü-te-klas-se** 因 -/-n《経済》(商品の)品質の等級.

'**Gu-te'nacht-ge-schich-te** [guːtə'naxt..] 因 -/-n 寝る前に子供に聞かせるお話.

'**Gu-ten-berg** ['guːtənbɛrk] 《人名》Johann ~ ヨハン・グーテンベルク(1400頃-1468, ドイツの活版印刷の発明者).

'**Gü-ter** ['gyːtər] Gut の複数.

'**Gü-ter-ab-fer-ti-gung** 因 -/-en **1** 貨物の発送. **2**（駅の)貨物取扱所.

'**Gü-ter-bahn-hof** 男 -[e]s/⸚e 貨物駅.

'**Gü-ter-ge-mein-schaft** 因 -/ 《法制》(↔ Gütertrennung)(夫婦の)財産共同制.

'**Gü-ter-stand** 男 -[e]s/⸚e《複数まれ》《法制》夫婦財産制.

'**Gü-ter-tren-nung** 因 -/ 《法制》(↔ Gütergemeinschaft)(夫婦の)財産分離制.

'**Gü-ter-ver-kehr** 男 -s/ (↔ Personenverkehr) 貨物運輸.

'**Gü-ter-wa-gen** 男 -s/- 貨車.

'**Gü-ter-zug** 男 -[e]s/⸚e (↔ Personenzug) 貨物列車.

'**Gü-te-zei-chen** 🏠 -s/- 《経済》品質保証マーク.

'**gut ge-hen***, ⁰'**gut|ge-hen*** ❶ 自 (s)（事が)うまくいく, よい結果に終る. Die Prüfung ist gut gegangen. 試験はうまくいった. ❷ 非人称 (s) Es geht j³ gut. (人³の)健康(生活)状態がいい, 調子(具合)がいい. Es geht mir gut. 私は元気だ, うまくやっている. Es geht mit den beiden gut. 2人の仲はうまくいっている.

'**gut ge-launt**, ⁰'**gut|ge-launt** 形 上機嫌の.

'**gut ge-meint**, ⁰'**gut|ge-meint** 形 善意からの, よかれと思ってた.

'**gut ge-sinnt**, ⁰'**gut|ge-sinnt** 形 **1** 好意の(人³に対して). **2** 善良な, 誠実な.

'**gut-gläu-big** ['guːtɡlɔyˌbɪç] 形 **1** お人よしの, 人を疑わない. Er ist zu ~. 彼は人がよすぎる. **2**《法制》善意の. ~er Erwerb 善意取得.

'**gut|ha-ben*** 他 (et¹ bei j³ 人³に物⁴の)貸しがある.

'**Gut-ha-ben** ['guːtˌhaːbən] 🏠 -s/- 貸し; (貸借勘定の)貸方残高; 《銀行》預金残高.

'**gut|hei-ßen*** 他 是認(同意, 許可)する.

'**gut-her-zig** 形 気だてのよい, 心のやさしい, 思いやりのある.

'**gü-tig** ['gyːtɪç] 形 親切な, 好意的な, 寛大な. sich⁴ ~ gegen j⁴ zeigen 人⁴に親切にする. Würden Sie so ~ sein, mir zu helfen?どうか手伝っていただけないでしょうか. Zu ~!《反語》それはご親切さま.

'**güt-lich** ['gyːtlɪç] 形《比較変化なし》**1** 平和的な, 穏便な, 裁判によらない. eine ~e Einigung 円満な

合意，示談．auf ~*em* Wege 穏便に． **2**《次の用法で》sich⁴ an et³ ~ tun 物³をたらふく食べる．Ich habe mich an der Suppe ~ getan. 私はスープを存分に味わった．

'**gut**|**ma**·**chen** ['guːtmaxən] 佃 **1**《損害・過ちなど》を埋合せる，償う；（遅れなど）を取り戻す；《好意などに》お返しをする．Das ist nicht wieder gutzumachen. それはもう取返しがつかない．**2** 儲ける．Er hat bei dem Geschäft 50 Euro gutgemacht. 彼はその仕事で50ユーロ儲けた．

'**gut**·**mü**·**tig** ['guːtmyːtɪç] 形 人のいい，温厚な．
'**Gut**·**mü**·**tig**·**keit** 囡 -/ 人のよさ，温厚さ．
'**gut**|**sa**·**gen** 倒 （für j⟨et⟩⁴ 人⟨物⟩⁴を）保証する．
'**Guts**·**be**·**sit**·**zer** ['guːts..] 男 -s/ 農場主，大地主．
◆女性形 Gutsbesitzerin 囡 -/-nen

'**Gut**·**schein** 男 -[e]s/-e 金券，商品(引換)券．ein ~ für einen Kinobesuch 映画の招待券．

'**gut**|**schrei**·**ben*** 佃 **1**《商業》(j⟨et⟩³ et⁴ 物を人⟨物⟩³の）貸方に記入する．Die Summe wurde Ihnen ⟨Ihrem Konto⟩ gutgeschrieben. その金額はあなた⟨あなたの口座⟩の貸方に記入されました．**2**《比喩》(j³ et⁴ 事を人³の）功績にする．

'**Gut**·**schrift** 囡 -/-en《商業》貸方，貸方記入；貸方通知．

'**Guts**·**herr** 男 -n/-en （小作人・使用人に対する）農場主，領主．◆女性形 Gutsherrin 囡 -/-nen

'**Guts**·**her**·**ren**·**art** 囡 《次の成句で》nach ~《料理が》田舎貴族風に薬味や脂肪をたっぷり使った；《言動が》独断的な．

'**Guts**·**herr**·**schaft** 囡 -/-en **1** 領主一家．**2**《歴史》グーツヘルシャフト，農場領主制(16世紀から19世紀まで東部ドイツにみられた土地領主制の一形態)．

'**Guts**·**hof** 男 -[e]s/-e 大農場の家屋敷．
'**gut**·**si**·**tu**·**iert**, °'**gut**·**si**·**tu**·**iert** 形 裕福な，経済的に恵まれた．

'**gut** **sit**·**zend**, °'**gut**·**sit**·**zend** 形《付加語的用法のみ》《服などが》体にぴったり合った．**2**《話》的確な．ein ~er Kommentar 的を射たコメント．

'**gut**|**spre**·**chen*** 佃《地方》=gutsagen
'**gut**|**ste**·**hen*** 倒《地方》=gutsagen

Gut·**ta**'**per**·**cha** [gʊta'pɛrça] 囡 -/（田-[s]/）(*mal.*) グッタペルカ(熱帯植物の樹液からとれるゴム状の物質，絶縁体などに用いる).

'**Gut**·**tat** 囡 -/-en (Wohltat) 善行，親切(な行い).

'**Gut**·**templ**·**ler** ['guːttɛmplɐ] 男 -s/- (*engl.* Good Templar) グッドテンプラーズのメンバー；禁酒主義者．

'**Gut**·**templ**·**ler**·**or**·**den** 男 -s/ グッドテンプラーズ (1852にアメリカで結成された禁酒主義組織).

'**gut tun***, °'**gut**|**tun*** 倒 **1** (人³の)体にいい，ためになる；(人⟨物⟩³に)効く，よい影響を与える．Der Tee tut dir⟨deinem Magen⟩ gut. お茶は君の⟨胃⟩にいい．**2**《地方》（学校などで）うまくやっていく；(mit j³ 人³ と)折り合いがいい．Er hat in dieser Schule nicht gut getan. 彼はこの学校ではできがよくなかった．

gut·**tu**·**ral** [gʊtu'raːl] 形 (*lat.* guttur , Kehle') のどの，(音声が)のどの奥で発せられる；《言語》喉頭(こうとう)音の．

Gut·**tu**'**ral** 男 -s/-e《音声》喉頭音．

'**gut**·**wil**·**lig** ['guːtvɪlɪç] 形 **1** 自発的な，素直な．j³ ~ folgen 人³に進んで従う．**2** 好意的な，善意の．
'**Gut**·**wil**·**lig**·**keit** 囡 -/ 自発性，素直さ；善意．

Gu'**ya**·**na** [gu'jaːna]《地名》ガイアナ(南アメリカ北部の共和国，首都ジョージタウン Georgetown).

gym·**na**·**si**'**al** [gymnazi'aːl] 形 ギュムナジウムの．
Gym·**na**·**si**'**al**·**leh**·**rer** 男 -s/- ギュムナジウムの教師．

Gym·**na**·**si**'**ast** [gymnazi'ast] 男 -en/-en ギュムナジウムの生徒．◆女性形 Gymnasiastin 囡 -/-nen

*****Gym**'**na**·**si**·**um** [gym'naːziʊm ギュムナージウム] -s/..sien [..ziən] (*gr.* gymnasion , Sportstätte') **1** ギュムナージウム(4年間の Grundschule 修了後，主として大学進学希望者が入る9年制の中・高等学校). ein humanistisches⟨neusprachliches⟩ ~ 古典語⟨近代語⟩ギュムナージウム．aufs ~ kommen ギュムナージウムに入る．**2** (ルネサンス以降のヨーロッパの)古典語学校．**3** (古代ギリシアの)体育館．**4**《隠》刑務所．

Gym'**nast** [gym'nast] 男 -en/-en **1** 治療体操指導員．**2** (古代ギリシアの)体操の教師．

*****Gym**'**nas**·**tik** [gym'nastik ギュムナスティク] 囡 -/ (*gr.* gymnos , nackt') **1** 体操，体育．~ machen ⟨treiben⟩ 体操をする．**2**《話》体育の時間(授業).

Gym'**nas**·**ti**·**ker** [gym'nastikɐ] 男 -s/- 体操家．
gym'**nas**·**tisch** 形 体操(体育)の．

Gy·**nä**·**ko**'**lo**·**ge** [gyneko'loːgə] 男 -n/-n (*gr.* gyne , Frau') (Frauenarzt) 婦人科医．

Gy·**nä**·**ko**·**lo**'**gie** [gynekolo'giː] 囡 -/ (Frauenheilkunde) 婦人科(学).

gy·**nä**·**ko**'**lo**·**gisch** 形 婦人科(学)の．
Gy·**nan**'**drie** [gynan'driː] 囡 -/ (*gr.* gyne , Frau' +aner , Mann') **1**《生物》雌雄モザイク，半陰陽．**2**《古》《病理》女子偽半陰陽．

Gy·**ro**'**skop** [gyro'skoːp] 中 -s/-e ジャイロスコープ．

h, H

h¹, H¹ [ha:] 田 -/- ドイツ語アルファベットの第8文字(子音字). ◆口語では単数2格および複数形を [ha:s] と発音することがある.

h², H² [ha:] 田 -/- ❶【音楽】口音. ❷《記号》h=h-Moll, H=H-Dur

h³《記号》**1** [ha:]【物理】プランク定数. **2** =hora (a) ['ftʊnda] 時間, 5h 5時間(=5 Stunden). (b) [u:r]…時(˘). 13ʰ/13h 13時(=13 Uhr). **3** - =hekto.., Hekto.

H¹《記号》**1** ['hɛnri]【電気】=Henry **2** [ha:]【化学】=Hydrogenium ❷ [eɪtʃ] 田 -/ ヘロイン (Heroin) の隠語. [voll] auf ~ sein 麻薬中毒(ヘロイン依存症)である.

ha¹《記号》=Hektar

ha² [ha, ha:] 間 *Ha!*（驚き・勝利などの叫び）おや, まあ; ほら, やった.

Ha《記号》【化学】=Hahnium

h. a.《略》**1** =hoc anno **2** = huius anni

Haag [ha:k] 囲 -s/《地名》Den ~ ハーグ(オランダ南西部の都市, ドイツ語では der ~ の形も). in [Den] -/ im ~ ハーグで.

'Haa·ger ['ha:gər] ❶ 男 -s/- ハーグの人. ❷ 形 《不変化》ハーグの.

Haar

[ha:r ハール] 田 -[e]s/-e **1** 毛, 体毛;《多く複数で》(とくに)髪の毛. blonde〈graue〉 ~e ブロンドの髪〈白髪(⤴)〉. Er hat mehr Schulden als ~e auf dem Kopf. 彼は山ほどの借金をかかえている. Mir standen die ~e zu Berge.《話》私は身の毛がよだった. Lange ~e, kurzer Verstand.《諺》《古》女の浅知恵. ein ~ in et³ finden 物に粗(ぁ)を見つけだす. j³ die ~e von Kopf fressen《戯》人³の財産を食いつぶす. viele ~e auf den Beinen haben 足が毛深い. keinem〈niemandem〉 ein ~ krümmen können 《話》ごくおとなしい人間である. kein gutes ~ an j(et)³ lassen《話》人〈物〉³を糞味噌に言う. ~e lassen [müssen]《話》みすみす損害をこうむる. [sich³] die ~e schneiden lassen 髪の毛を刈って(切って)もらう. sich³ keine grauen ~e wachsen lassen 取越苦労をしない (über et⁴ / wegen et² 事¹,²のことで). sich³ die ~e [aus]raufen《話》(怒り・絶望などで)髪をかきむ しる.《前置詞と》an einem ~ hängen《話》一縷(ˇ)の望みしか残されていない, 風前の灯である. an (bei) den ~en herbeiziehen《話》事⁴を無理やりこじつけて持出す. sich³〈einander〉 aufs ~ gleichen〈fahren〉《話》互いに瓜²つである. sich³ in die ~e geraten〈fahren〉《話》はでに喧嘩をしだす. sich³ in den ~en liegen《話》喧嘩をしている, もめている. mit Haut und ~ [en]《話》すっかり, まるごと. um ein ~《話》すんでの(間一髪の)ところで; ほんのちょっぴり. um kein ~ / nicht [um] ein ~《話》いささかも(かいもく)…ない. **2**《複数なし》《総称的に》頭髪. falsches 〈künstliches〉 ~ かつら. graues〈rotes〉 ~ haben 白髪(ˇ)である〈髪が赤い〉. sich³ das ~ machen 髪をととのえる. sich³ das ~ schneiden lassen 散髪してもらう. das ~ kurz [geschnitten] tragen 髪を短く刈上げている. das ~ in der Mitte gescheitelt tragen 髪を眉間(ˇ)分けにしている. ein Band im ~ tragen 髪にリボンをつけている. **3**《多く複数で》【植物】毛茸(ˇ), トリコーム. **4**【狩猟】《狩猟可能な哺乳動物の》毛皮.

'Haar·an·satz 男 -es/¨e《髪の毛の》生えぎわ(とくに額の).

'Haar·aus·fall 男 -[e]s/¨e 抜け毛;【病理】脱毛症.

'Haar·band 田 -[e]s/¨er ヘアバンド.

'Haar·beu·tel 男 -s/-【服飾】袋かつら, バッグウィグ (男子用かつらの後ろ髪を包んだ絹の袋).

'haar·breit 副 ぎりぎり(すれすれ)のところで. ~ vor dem Ruin stehen 崩壊(破滅)寸前である.

'Haar·breit 田《次の用法でのみ》ein ~ [um] / [um] ~ 少しも…ない.

'Haar·bürs·te 囡 -/-n **1** ヘアブラシ. **2**《短く刈った》ブラシ頭, 五分刈り.

'haa·ren ['ha:rən] 自 再 (sich)《まれ》《動物・毛皮の》毛が抜ける.

'Haar·ent·fer·ner 男 -s/-, **'Haar·ent·fer·nungs·mit·tel** 田 -s/- 脱毛剤.

'Haar·er·satz 男 -es/ かつら, ヘアピース.

'Haa·res·brei·te 囡 -/《次の用法で》um ~ すんでのところで, あやうく; nicht um ~ いささかも…ない.

'Haar·fär·be·mit·tel 田 -s/- 染毛剤.

'haar·fein 形 髪の毛のように細い; ごく僅かな.

Schneckenfrisur Pagenkopf Haarkranz Chignon Bubikopf Zopffrisur Pferdefrisur

Haar

Haar·ge·fäß 中 –es/–e《解剖》(Kapillare) 毛細血管.

haar·ge'nau 形《述語的には用いない》《話》きわめて正確な.

haa·rig ['ha:rɪç] 形 **1** 多毛の, 毛深い, 毛むくじゃらの. **2**《話》いやな, やっかいな, 面倒な. **3**《まれ》毛でできた.

Haar·klam·mer 女 –/–n ヘアクリップ.

Haar·kleid 中 –[e]s/–er《雅》(動物の体を覆っている) 毛皮, 毛.

haar'klein 形《述語的には用いない》《話》(報告などが) 非常に綿密な, 微に入り細をうがった.

Haar·künst·ler 男 –s/–《戯》理髪(理容)師; かつら屋.

Haar·lo·cke 女 –/–n 巻き毛(の房).

haar·los 形 毛のない.

Haar·na·del 女 –/–n **1** ヘアピン. **2**《競》(回転競技の)ヘアピン.

Haar·na·del·kur·ve 女 –/–n ヘアピンカーブ.

Haar·netz 中 –es/–e ヘアネット.

Haar·öl 中 –[e]s/–e ヘアオイル, 髪油.

Haar·pin·sel 男 –s/– 毛筆.

Haar·pu·der 男 –s/– 粉末状シャンプー;《古》(かつらにつける)髪粉.

Haar·riss 男 –es/–e 毛筋ほどのかすかな傷.

Haar·röhr·chen 中 –s/–《植物・物理》毛(細)管.

haar'scharf ['ha:r'ʃarf] 形 **1** きわめて鋭い, 非常に精確な. ~ beobachten 微に入り細をうがった観察をする. **2**《副詞的用法で》《話》すぐそばを, すれすれに. ~ an et³ vorbei 物³の横すれすれに.

Haar·schnei·de·ma·schi·ne 女 –/–n バリカン.

Haar·schnei·der 男 –s/–《古》《地方》床屋.

Haar·schnitt 男 –[e]s/–e **1** 散髪, 調髪. **2** 髪の刈り方, ヘアスタイル.

Haar·sei·te 女 –/–n **1**《製革》(↔ Aasseite) 銀面 (皮革の生毛面). **2**《紡織》(ウール地の)表.

Haar·sieb 中 –[e]s/–e (馬毛か極細の針金でつくった)目の細かい篩(ふるい).

Haar·spal·ter 男 –s/–《俗》些事にこだわる人, 詮索好きな人.

Haar·spal·te'rei [..ʃpaltə'raɪ] 女 –/–en《俗》些事にこだわること, つまらないことばかり詮索すること.

Haar·spray [..ʃpre:, ..spre:] 男 中 –s/–s ヘアスプレー.

haar·sträu·bend 形《話》**1** 身の毛のよだつほど恐ろしい. **2** あきれかえる(信じられない)ほどの.

Haar·strich 男 –[e]s/–e **1** (ペン字・銅版画などの)細線. um einen ~ ほんのちょっぴり. **2** (動物の)毛並み.

Haar·tracht 女 –/–en (流行の)髪型, ヘアスタイル.

Haar·trock·ner 男 –s/– ヘアドライヤー.

Haar·wä·sche 女 –/–n 洗髪.

Haar·wasch·mit·tel 中 –s/– シャンプー.

Haar·was·ser 中 –s/–¨ ヘアトニック, ヘアローション.

Haar·wi·ckel 男 –s/– Lockenwickler

Haar·wild 中 –[e]s/–《猟師》(狩猟できる哺乳動物を総称して)けもの.

Haar·wuchs 男 –es/–e **1** 髪の伸び. **2** 髪の量(密度). schwachen(starken) ~ haben 髪が薄い〈濃い〉.

Haar·wuchs·mit·tel 中 –s/– 養毛剤.

Haar·wur·zel 女 –/–n **1**《多く複数で》《解剖》毛根. bis in die ~ erröten (恥ずかしくて)髪の付け根まで真っ赤になる.

Hab [ha:p] ↑ Hab und Gut

Ha·ba·kuk ['ha:bakʊk]《人名》(hebr.)《旧約》ハバクク(旧約聖書の12人の小預言者の1人, 前600頃の人とされる). das Buch ~《旧約》ハバクク書.

Ha·ba'ne·ra [baba'ne:ra] 女 –/– ハバネラ(キューバの²/₄ または ⁴/₈ 拍子のダンス音楽). ◆ 首都ハバナ La Habana にちなむ.

'Ha·be ['ha:bə] 女 –/《雅》財産. fahrende〈liegende〉 ~《古》《法制》動産〈不動産〉.

'ha·ben* ['ha:bən ハーベン] hatte, gehabt / du hast, er hat ❶ 他 **1** 持っている, 所持(携帯)している, 所有(保有)する. ein Auto〈einen Betrieb / ein Grundstück〉 ~ 車〈会社 / 土地〉を持っている. eine Fahrkarte ~ 切符を持っている. kein Geld ~ 一文無しである. ein Kind auf dem Arm ~ 子供を腕に抱いている. eine Zigarette im Mund ~ タバコを口にくわえている. Wir habens ja!《戯》それくらいの金(余裕)なら我々にだってあるさ. Wer hat, der hat. / Was man hat, das hat man.《話》無いよりはましってものだ.《家族・友人などについて》er hat Familie. 彼には家庭がある, 妻子持である. viele Freunde ~ 友だちがたくさんいる. einen Hund ~ 犬を飼っている. Haben Sie Kinder? お子さんはいらっしゃいますか.《権利・義務・責任などについて》Er hat die Pflicht〈das Recht〉 dazu. 彼にはそれをする義務〈権利〉がある. Sie hat Schuld an dem Unfall. 彼女にその事故の責任がある.《授業などについて》Wir haben im Gymnasium Latein und Griechisch. ギムナジウムではラテン語とギリシア語の授業がある. Heute haben wir keine Schule. 今日は学校がない.

2 《物³が》意のままになる. Er hat gute Beziehungen. 彼にはいいコネがある. große Erfahrungen ~ 経験豊富である. Glück ~ 運がいい. keine Kenntnisse ~ さっぱりものを識らない. Muße zu et³ ~ 事³をする暇がある. Ich habe heute Zeit. 私は今日は暇だ.

3 (a) (設備として)備えている. Das Gebäude hat vier Ausgänge. その建物には出口が4つある. (b) (属性・特質として)備えている. blaue Augen〈lange Beine〉 ~ 目が青い〈脚が長い〉. ein gutes Gedächtnis ~ 記憶力がいい. Geduld〈Mut〉 ~ 辛抱づよい〈勇気がある〉. keinen Wert ~ 価値が〈なんの意味も〉ない. (c) 《構成を意味して》…から成る, (を)含む. Eine Stunde hat sechzig Minuten. 1時間は60分である. Die Klasse hat dreißig Schüler. そのクラスには30人の生徒がいる. Das Buch hat 300 Seiten. その本は300ページから成る.

4 《病気・生理・心理などに関して》vor et³ Angst ~ 物³が怖い. Durst〈Hunger〉 ~ のどが渇いて〈腹がへって〉いる. Fieber〈Husten〉 ~ 熱がある〈咳(せき)が出る〉. auf et³ keine Lust ~ 事³をする気がない. Schmerzen im Hals ~ のどが痛い. Was hast du [denn]? 君どうしたのか. Du hast doch etwas! / Dich hats wohl.《話》君どうかしてるよ, ちょっとおかしいぞ. 《不定の es¹ と》Er hat es an der Leber〈im Knie / mit dem Herzen〉. 彼は肝臓を患っている〈膝が悪い / 心臓の具合がよくない〉. Ich habe [es] kalt.《地方》私は寒い. (b)《自然現象に関して》Jetzt haben wir Frühling. いまは春だ. Wir haben heute Montag〈den 5. März〉. 今日は月曜日〈3月5日〉です. Wir hatten in diesem Winter viel Schnee. この冬は雪が多かった. Wir haben heute schönes Wetter. 今日はいい天気だ.

5 (a) 手にいれる, 得る. Kann ich noch ein Glas

haben

Wein ～? ワインをもう 1 杯いただけますか。 Hier *hast* du dreißig Euro. ここにある 30 ユーロ君にあげるよ. Von seinem Vortrag habe ich nicht nur wenig. 彼の講演からは私はほとんど得るところがなかった. *Hab* [schönen] Dank!《雅》どうもありがとう. Wie hätten Sie's ⟨Sie es⟩ [denn] gern?《戯》いかがさせていただけましょうか.《*zu haben sein* の形で》Die Ware ist jetzt überall zu ～. その商品はいまはどこでも手にはいる. Ist das Haus noch zu ～? その家はまだ買手がついていませんか(まだ買えますか). Sie ist noch zu ～.《話》彼女はまだ決った相手がついない, まだ独り身だ. Er ist gut ⟨schlecht⟩ zu ～.《話》彼は付合いやすい⟨にくい⟩;《ちょっと》《話》あの子は手のかからない⟨扱いにくい⟩子だ. für et¹ zu ～ sein 物⁴が大好きである, (に)目がない. Für einen Obstler bin ich immer zu ～. 果実酒ならいって もいたきます. Er ist für alles zu ～. 彼はなんだっていやと言わない. Für solche Spiele ist er nicht mehr zu ～. そういう遊びは彼はもう卒業した. (b) 手にしている, 得ている. Ich habe schon die Erlaubnis der Eltern. 私はもう両親の許可をもらってある. Die Studenten *haben* jetzt Ferien. 学生たちはいま休暇中だ. *Hat* der Hund genug Futter? この犬は十分えさをもらっているか. Nun hat er seinen Lohn! 彼はばちが当ったのさ. Die Polizei *hat* den Dieb. 警察はその泥棒を捕まえた. Das malerische Talent *hat* er von seinem Vater. 彼の絵の才能は父親譲りだ. Ich *habe* es von ihm ⟨aus der Zeitung⟩. 私はそれを彼から聞いた⟨新聞で知った⟩. Das *hat* er von seinem Leichtsinn. それが彼が自らの軽率さで招いたことだ.《慣用句で》Ich *hab*s!《話》[捜しものが]あった, 分かったぞ. Da ⟨Jetzt⟩ *hast* du! / Da ⟨Jetzt⟩ *haben* wirs! / Da ⟨Jetzt⟩ *habt* ihrs!《話》ほうらごらん(思った通りだよ, 言わないことじゃない).

6《卑》(人⁴と)寝る, 関係する.

7《*man hat et*⁴ の形で》《話》(物⁴が)流行(ᆿり)っている. Man *hat* jetzt wieder kürzere Röcke. 近頃また短かめのスカートが流行っている.

8《zu のない不定詞と》(a)《**hängen, liegen, stehen** などと場所を示す語句を伴って》Die Tochter *hat* viele Kleider im Schrank hängen. 娘は洋服だんすに着る物をいっぱい掛けている. Ich *habe* 5000 Euro auf der Bank liegen. 私は銀行に 5 千ユーロ預けてある. Sie *hat* immer Besucher im Vorzimmer sitzen. 彼女のところにはいつも控え室に訪問客が待っている. das Telefon am Bett stehen ～ 電話を枕元に置いている. ▶ これらの不定詞はしばしば省略される. (b)《とくに次の表現で》Er *hat* gut⟨leicht⟩ lachen. 彼ならのんきに笑ってもいられるだろうさ. Jetzt *hast* du gut⟨leicht⟩ reden. いまなら君は好きなことが言えるさ.

9《*zu* 不定詞と》(a) …しなければならない. Ich *habe* noch zu arbeiten. 私はまだ仕事をしなければならない. Schulden zu bezahlen ～ 借金を払わねばならない. Du *hast* zu schweigen! 君は黙っていなさい. (b) …できるものを持っている. Wir *haben* noch keine ⟨nichts mehr⟩ zu essen. 食べ物が十分ある⟨もう 何もない⟩. Er *hat* viel zu erzählen. 彼は話題が豊富だ. Das *hat* nichts⟨viel⟩ zu sagen. それは意味のないことだ⟨いろいろ意味するところが多い⟩. Mit dieser Sache *habe* ich nichts⟨es⟩ zu tun. 私はこの件にはなんの関わりもない⟨いささか関わっている⟩. (c)《ふつう否定文で》…する権利がある. Er *hat* mir nichts zu befehlen. 彼には私に指図する権利はない. Du *hast* hier nichts zu suchen. ここは君がなんの顔を出す所じゃない.

ないんだ.

10《過去分詞と》…してある. Der Laden *hat*⟨ist⟩ von 9 bis 18 Uhr geöffnet. この店は 9 時から 18 時まで開いている. Das Museum *hat* heute geschlossen. 博物館は今日は閉っている.

11《不定の *es*⁴ と形容詞を伴って》Wir *haben* es eilig.《話》私たちは急いでいる. Du *hast* es gut. 彼女は身にやっている. Du *hasts*⟨*hast es*⟩ gut, du kannst Urlaub machen! 休暇がとれるとはうらやましいことだ. Ich *habe* es kalt im Zimmer. 私の部屋は寒い. Er *hat* es schwer⟨nicht leicht⟩ mit ihr. 彼は彼女に手焼いている. Wir *haben* es noch weit. 先はまだ遠い.
12《前置詞と熟語的に》Ob sie wohl weiß, was sie **an** ihm *hat*? 彼女にとって彼がどれほどの存在か彼女は分っているのだろうか. Sie *hat* etwas Romantisches an sich³. 彼女にはちょっとロマンチックなところがある. Das *hat* er so *an* sich³. それが彼のやり方(癖)だ. Da *hat* nichts *auf* sich³. / Damit *hat* es nichts auf sich³. それはたいしたことではない. et⁴ *bei* sich³ ～ 物 を携帯している. Er *hatte* seinen Sohn bei sich. 彼は息子を連れて(伴って)いた. Ich *habe* meinen Bruder bei mir wohnen.《話》私はいま弟を家に置いている. Dein Vorschlag *hat* einiges *für* sich³. 君の提案にはいろいろ点がある. Er *hat* alle *für*⟨*gegen*⟩ sich. 彼はみんなを味方につけて⟨敵にまわして⟩いる. [et]was *gegen* et⟨j⟩⁴ ～ 事⁴に異議がある, 気にいらない;人⁴のことが好ましく思っていない. et⁴ *hinter* sich³ ～ 事⁴を経験している, もう済ませている, 克服している. In dieser Sache *hat* er die ganze Partei hinter sich. この件では彼は全党の支持を得ている. es *in* sich³ ～《話》なかなかどうして侮れぬものを持っている, 見かけ以上に大したものである. Diese Arbeit⟨Dieser Wein⟩ *hat* es in sich. この仕事はなかなか骨だよ⟨このワインはなかなか強い⟩. Er *hat* es **mit** dem Fußball⟨es nicht so sehr mit der Arbeit⟩.《話》彼はサッカーに夢中だ⟨仕事にあんまり精を出さない⟩. Er *hat* es ⟨et⟩was *mit* seiner Sekretärin.《話》彼は秘書とできている(いい仲だ). et⁴ *vor* sich³ ～ 事⁴を目前に控えている. j⁴ *zum* Freund ～ 人⁴と友だちである. Sie *hat* einen Politiker zum Vater. 彼女は政治家を父に持っている.

13《慣用句で》Ihr könnt mich alle gern ～. 君たちのことなんか私はもう知らないよ. [was] *hast* du, was kannst du /*hast* du kannst /*haste* nicht gesehen《話》大急ぎで, 一目散に. wie *gehabt* これまで通り, 例によって.

❷《非人称》《自》 Es *hat* et⁴. 物⁴がある(=Es gibt et⁴). Hier *hat* es⟨*hats*⟩ viele alte Häuser. このあたりは古い家が多い. Es *hat* wenig Regen in diesem Sommer. この夏は雨がほとんど降らない.

❸《再》《*sich*⁴》《話》(a) 仰々しく騒ぎたてる; もったいぶる. *Hab* dich nicht so! そんなにもったいをつけるな. (b) 喧嘩をする(mit j³ 人³と). Die haben *sich* vielleicht wieder *gehabt*! あの連中ときたらまたでやり合ったにちがいない. (c)《非人称的に》*Es hat sich*. 事は終った, 話は終りだよ. [Es] *hat sich* was! とんでもない, 話に(問題に)ならん.

❹《助》《完了》すべての他動詞・再帰動詞, 一部を除く多くの自動詞(↑sein¹ ② 1)およびすべての話法の助動詞の過去分詞と結合して完了形をつくる. Ich *habe* das Buch eben durchgelesen. たったいまその本を読み終えたところです. Ich *habe* mich in ihm geirrt. 私は彼を見そこなっていた. Wir *hatten* gerade gegessen, als er kam. 私たちがちょうど食事を終えたとき彼がやって来た. Ich *habe* ihn unbedingt sprechen müssen. 私はぜひとも彼と話さなければならなかった. 《完了不定詞の形で》Er wird das Haus schon verlassen ~. 彼はもう家を出ているだろう. Sie behauptet, dich nicht gesehen zu ~. 彼女は君を見なかったと言い張っている.

Ha·ben ['haːbən] 囲 -s/《経済》(↔ Soll)(複式簿記・貸借対照表の)貸方; 全貸越, 全収入. Soll und ~ 借方と貸方, 支出と収入.

Ha·be·nichts ['haːbənɪçts] 男 -[es]/-e《↓ich habe nichts》《俗》一文無し, すかんぴん.

Ha·ben·sei·te ['haːbənzaɪ̯tə] 囡 -/-n《商業》(帳簿の)貸方(欄).

Ha·ber ['haːbər] 男 -s/《南ベイエルン・オーストリア》(Hafer) えんばく(燕麦), からすむぎ.

Hab·gier ['haːpɡiːr] 囡 -/ (Habsucht) 貪欲, 欲しり, 強欲; 《法制》(Gewinnsucht) 利欲.

hab·gie·rig ['haːpɡiːrɪç] 形 貪欲な, 所有欲の強い.

hab·haft ['haːphaft] 形《次の用法で》j⟨et⟩² - werden 《雅》人²をつかまえる⟨物²をやっと手にいれる⟩.

Ha·bicht ['haːbɪçt] 男 -s/-e《鳥》おおたか(大鷹).

Ha·bichts·na·se [..] 囡 -/-n かぎ鼻, わし鼻.

Ha·bi·li·tant [habili'tant] 男 -en/(lat.) 大学教授資格取得志願者.

Ha·bi·li·ta·ti·on [habilitatsi'oːn] 囡 -/-en (lat.) 大学教授資格の取得(また, そのための手続き).

Ha·bi·li·ta·ti·ons·schrift [..] 囡 -/-en 大学教授資格論文.

ha·bi·li·tie·ren [habili'tiːrən] (lat.) ❶ 他 人³に大学教授資格を与える. ❷ 再 (**sich**²) 大学教授資格を得る.

Ha·bit¹ ['haːbiːt, ..bɪt] 男 (囲) -s/-e (fr.) 1) 《聖職者などの》職服. 2) 《古》晴着; 盛装 (変な)いでたち.

Ha·bit² ['hɛbɪt] 囲 -s/-s (engl.) 《心理》習慣.

ha·bi·tu·ell [habitu'ɛl] 形 1) よくある, いつもの; 習慣的な. 2) 《心理》習慣性の, 癖になった.

Ha·bi·tus ['haːbitʊs] 男 -/ (lat.) 1) 外見, 外貌; 体格, 体つき (精神的な)姿勢. 2) 《生物》(動·植物を特徴づける)外面形態. 3) 《医学》(特定の病気と結びつく)体型, 体調.

Habs·burg ['haːpsbʊrk] 囡 -/ ハープスブルク(スイスのアールガウ Aargau 州にあるハープスブルク家祖先の居城).

Habs·bur·ger ['haːpsbʊrɡər] ❶ 男 -s/- ハープスブルク家の人. ▶ ハープスブルク家は 11 世紀以来神聖ローマ帝国・オーストリア・スペインなどの皇帝・国王を輩出した近世ヨーロッパ最古のドイツの王家. ❷ 形 (不変化) ハープスブルク(家)の.

habs·bur·gisch [..bʊrɡɪʃ] 形 ハープスブルク(家)の.

Hab·schaft ['haːpʃaft] 囡 -/-en《古》(Habe) 財産.

Hab·se·lig·keit ['haːpzeːlɪçkaɪ̯t] 囡 -/-en《多く複数で》価値のないこまごまとした持物, がらくた.

Hab·sucht ['haːpzʊxt] 囡 -/ =Habgier

hab·süch·tig ['haːpzʏçtɪç] 形 =habgierig

Hab und 'Gut ['haːp ʊnt ɡuːt] 囲 - - -[e]s/《雅》全財産.

Hach·se ['haksə] 囡 -/-n 1) (仔牛·豚などの)すね. 2) 《戯》(人間の)足. sich³ die ~n brechen 足を折る.

Hack [hak] 囲 -s/《地方》(Hackfleisch) ひき肉.

Hack·bank 囡 -/..bänke 肉切台.

Hack·beil 囲 -[e]s/-e 骨切り(用の斧), 肉切包丁.

Hack·block 男 -[e]s/ᵉe =Hackklotz

Hack·bra·ten 男 -s/- 《料理》ハックブラーテン(ミートローフに似たひき肉料理).

Hack·brett 囲 -[e]s/ᵉer 1) まな板. 2) 《楽器》ツィンバロン(小型の木鎚(もくつい)で打つ中世の台形の弦楽器).

Ha·cke¹ ['hakə] 囡 -/-n 1) 鍬(くわ). 2) 《農業》(鍬で)耕すこと. 2) 《ジャガイモ》斧(おの).

Ha·cke² ['hakə] 囡 -/-n《地方》(Ferse) 踵(かかと); (とくに)靴(靴下)の踵. Schuhe mit hohen⟨niedrigen⟩ ~n ハイヒール⟨ローヒール⟩の靴. sich³ die ~n nach et³ ablaufen⟨abrennen⟩《話》物³を求めて駆けずりまわる, (を)得るために大汗をかく. die ~n voll haben《北ドイツ》酔っぱらっている. die ~n zusammenschlagen《兵隊》《古》(かかとをかちっと打合せて)直立不動の姿勢をとる. sich³ an² j³ an die ~ n⟩ hängen ⟨heften⟩ 人³にうるさくつきまとって離れない. j³ [dicht] auf den ~n sein⟨bleiben/sitzen⟩人³をつけまわす. j³ nicht von den ~n gehen 人³にうるさくつきまとう.

*'**ha·cken** ['hakən ハケン] ❶ 他 1) たたき切る(割る); 細かく切る, (ハンマーなどでたたいて)(穴を)穿(うが)つ. Holz⟨Petersilie⟩ ~ 薪⟨パセリをみじん切り⟩を割る⟨にする⟩. den alten Schrank in Stücke⟨zu Feuerholz⟩ ~ 古くなった戸棚をばらばらにたたきこわす⟨細かく割って薪にする⟩. *gehacktes* Fleisch ひき肉. 2) 鍬(くわ)で掘返す, 耕す. den Boden⟨Kartoffeln⟩ ~ 土地を耕す⟨じゃがいもを掘る⟩.《目的語なしで》Er *hackte* von morgens bis mittags im Garten. 彼は朝から正午まで庭で畑仕事をした. 3) j⁴ in et⁴ ~ 人⁴の物⟨体の一部分⟩を斧で傷つける.《再帰的に》Ich habe *mich* in den Finger *gehackt*. 私はナイフで指を怪我した.
❷ 自 1) (鳥が)嘴(くちばし)でつつく (nach j⟨et⟩³ 人⟨物⟩³を). Der Papagei hackte mir⟨mich⟩ in die Hand. オウムは私の手をつついた. 2) j³ in et⁴ ~ 人³の物⟨体の一部分⟩を斧で傷つける.《再帰的に》*sich*³ ins Bein ~ 誤って斧で足を怪我する. 3) auf dem Klavier ~ 《話》ピアノをがんがんたたく. 4. 《テニス》ラフプレーをする. 5 《コンピュ》(他者のコンピュータシステムに)侵入する.

'**Ha·cken** ['hakən] 男 -s/- =Hacke²

'**Ha·cke·pe·ter** ['hakəpeːtər] 男 -s/《話》1) 《食品》(生の)ひき肉. 2) 《料理》ハッケペーター(生のひき肉に酢と油を混ぜ薬味をきかせたタルタルステーキの一種).

'**Ha·cker** ['hakər] 男 -s/- 1) 《地方》葡萄園の労働者. 2) 《話》(スポーツで)ラフプレーをする選手. 3) 《コンピュ》ハッカー.

'**Hä·cker·ling** ['hɛkərlɪŋ] 男 -s/ =Häcksel

'**Hack·fleisch** ['hakflaɪ̯ʃ] 囲 -[e]s/《料理》(生の)ひき肉. Aus dem mache ich ~! あの野郎ただではおかないぞ, ぶちのめしてやる.

'**Hack·frucht** 囡 -/ᵉe《多く複数で》《農業》(栽培中に何度か中打)の必要のある)畑野菜(キャベツ・大根・じゃがいもなど).

'**Hack·klotz** 男 -es/ᵉe 肉切台; 薪(まき)割台.

'**Hack·mes·ser** 囲 -s/- 1 =Hackbeil 2 (斧·鍬などの)刃. 3 (藪などの枝を払う)山刀.

'**Hack·ord·nung** 囡 -/《行動学》つつきの順位, ペッキングオーダー(鳥類の集団で, 強者が弱者を上位からつつき出すことから); (人間社会の)力関係, 序列.

'**Häck·sel** ['hɛksəl] 男 -s/《↓hacken》《農業》(家畜の飼料の切り藁(わら)).

'**Hack·steak** [..steːk, ..steːk] 囲 -s/-s 《料理》ハンバーグステーキ.

'**Ha·der**¹ ['haːdər] 男 -s/《雅》口論, 喧嘩, 諍(いさか)い. mit j³ in ~ liegen 人³と仲違(なかたが)いしている.

'Ha·der² 男 -s/-[n] **1**《複数 -n》《多く複数で》《南ドイツ・オーストリア》ぼろきれ(とくに製紙用の). **2**《複数 -》《話》《東中部ドイツ》雑巾(ぞうきん).

'Ha·der·lump 男 -en/-en 《南ドイツ・スイス・オーストリア》《侮》ならず者, ろくでなし.

'ha·dern ['ha:dərn] 自《雅》《↑ Hader¹》mit j‹et›³ ~ 人³と争う, 喧嘩(口論)する《物¹にひどく不満である》.

'Ha·des ['ha:dɛs] 固 -/ (gr. Haides , dem Gott der Unterwelt)**1**《ギリシア神話》ハーデース(冥界(めいかい)の支配者). **2** 冥界. j⁴ in den ~ schicken《雅》人⁴を冥土に送る.

'Ha·dri·an ['ha:dria:n, hadri:a:n] ❶《男名》《古》ハードリアン. ❷《人名》(lat.) ハドリアヌス(76-138, 第14代ローマ皇帝).

'Ha·dschi ['ha:dʒi] 男 -s/-s (arab.)(イスラーム教の)メッカ巡礼者; (キリスト教の)エルサレム巡礼者.

***'Ha·fen**¹ ['ha:fən ハーフェン] 男 -s/ Häfen 港. aus dem ~ auslaufen 出港する. in einen ~ einlaufen 港に入る. der ~ der Ehe《戯》結婚という名の港. in den ~ der Ehe einlaufen / im ~ der Ehe landen《戯》(ふつう男性が)年貢を納める(結婚する, の意). in den letzten ~ einlaufen《隠》目をとじる, 死ぬ. im [sicheren] ~ [gelandet] sein 身辺安全である; 暮しが安定している.

'Ha·fen² 男 -s/ Häfen **1**《南ドイツ・スイス・オーストリア》大きな壺; 深皿, 深鍋; 《北ドイツ》大きなガラス容器. **2**《工学》(窯業)のつぼ.

'Hä·fen ['hɛ:fən] Hafen¹,² の複数.

'Ha·fen·an·la·ge 女 -/-n 《ふつう複数で》港湾施設.

'Ha·fen·ar·bei·ter 男 -s/- 港湾労働者.

'Ha·fen·becken 中 -s/- (港の)係船池, 船泊り.

'Ha·fen·damm 男 -[e]s/-e 防波堤; 波止場.

'Ha·fen·ge·bühr 女 -/-en《多く複数で》=Hafengeld.

'Ha·fen·geld 中 -[e]s/-er《多く複数で》入港税.

'Ha·fen·sper·re 女 -/-n **1**(港を封鎖するための)防壁. **2** 港湾封鎖.

'Ha·fen·stadt 女 -/-̈e 港町.

'Ha·fer ['ha:fər] 男 -s/《複数まれ》《植物・農業》えんばく(燕麦), からすむぎ. Ihn sticht der ~.《話》あいつは図にのりすぎている.

'Ha·fer·brei 男 -[e]s/-e オートミールがゆ.

'Ha·fer·flo·cke 女 -/-n《多く複数で》《食品》圧扁燕麦, つぶしからす麦.

'Ha·fer·grüt·ze 女 -/-n 《食品》**1** ひき割燕麦. **2** ひき割燕麦のかゆ.

'Ha·fer·schleim 男 -[e]s/-e オートミールの重湯.

Haff [haf] 中 -[e]s/-s(-e) 潟(かた).

'Ha·fis ['ha:fɪs] (arab., Bewahrer') ❶ -/ (イスラーム教国で)コーランを諳(そら)じている男. ❷《人名》ハーフィス(1327頃-90, ペルシアの叙情詩人).

'Haf·ner ['ha:fnər] 男 -s/-《オーストリア》=Häfner

'Häf·ner ['hɛ:fnər] 男 -s/- 《南ドイツ》陶工; 暖炉工.

'Haf·ni·um ['ha:fnium, 'haf..] 中 -s/《記号 Hf》《化学》ハフニウム. ◆コペンハーゲンのラテン名 Hafnia にちなむ.

Haft¹ [haft] 女 -/《法制》拘留, 拘禁, 留置; 《古》(とくに6週間以下の)禁固(刑). j⁴ aus der ~ entlassen 人⁴を釈放する. j⁴ in ~ nehmen 人⁴を収監(拘留)する.

Haft² 男 -[e]s/-e 《古》留め金; 締め金, 鉤(かぎ).

..haft [..haft] 《接尾》「…のような, …のある」の意の形容詞をつくる. bildhaft 具象的な. mangelhaft 欠陥のある. romanhaft 小説のような.

'haft·bar ['haftba:r] 形《次の用法で》für et⁴ ~ sein 物⁴に対して(賠償の)責任がある. j⁴ für et⁴ ~ machen 人⁴に物⁴の(賠償)責任を負わせる.

'Haft·be·fehl 男 -[e]s/-e《法制》勾留状, 拘禁令. gegen j⁴ ~ erlassen 人⁴に勾留状を出す.

'Haf·tel ['haftəl] 中 (男) -s/- 《南ドイツ・オーストリア》留めピン, 鉤ホック.

***'haf·ten** ['haftən ハフテン] 自 **1** くっつく, 付着する; 張り付いている, とれない. Das Klebeband haftet gut ‹schlecht›. この接着テープはよく(うまく)つかない. Sein Blick haftete an ihrem Gesicht. 彼の視線は彼女の顔に釘付けになっていた. An den Schuhen haftet Schmutz. 靴に泥が付いている. An uns haftet Schuld. 私たちに罪がある, 私たちのせいだ. Das Parfüm haftet lange auf der Haut. この香水はいつまでも香りが消えない. in der Erinnerung ‹im Gedächtnis› ~ いつまでも思い出‹記憶›にこびりついている. Bei dir haftet aber auch gar nichts [im Gedächtnis]! 君にじつに物覚えが悪いね. **2** (für j⁴)事‹人⁴›について責任をもつ, 保証する, 補償(賠償)の義務がある. Wir haften nicht für Ihre Garderobe. (レストランの洋服掛けの掲示などで)万一の場合補償いたしかねます. Eltern haften für ihre Kinder. 親は子供のしたことの責任を負う. Er musste für den Schaden ~. 彼が損害を賠償しなければならなかった. Sie haftet mir dafür, dass nichts passiert. 何事も起らないと彼女が私に請合ってくれている. 《法律用語で》beschränkt ‹unbeschränkt› ~ 有限‹無限›責任を負う. auf Schadenersatz ~ 損害の賠償責任を負う. für j² Schulden ~ 人²の保証人になる. ein beschränkt haftender Gesellschafter《商業》有限責任社員.

♦↑haften bleiben

'haf·ten blei·ben*, °**'haf·ten|blei·ben*** 自 (s) ついて取れない(はがれない). im Gedächtnis ‹in der Erinnerung› ~ いつまでも脳裡から消えない, 記憶にこびりついている.

'Haft·glas 中 -es/-̈er《ふつう複数で》=Kontaktlinse

'Häft·ling ['hɛftlɪŋ] 男 -s/-e (↑Haft¹) 囚人; (政治的理由などによる)被拘留者.

'Haft·pflicht ['haftpflɪçt] 女 -/-en《複数まれ》《法制》(賠償の)責任, 賠償義務.

'haft·pflich·tig 形 賠償義務がある(für et⁴ 事⁴に対して).

'Haft·pflicht·ver·si·che·rung 女 -/-en《法制》責任保険.

'Haft·psy·cho·se 女 -/-n《心理》拘禁精神病.

'Haft·scha·le 女 -/-n《多く複数で》(Kontaktlinse) コンタクトレンズ.

'Haf·tung ['haftʊŋ] 女 -/ (↑haften) **1** (法的)責任, 保証, 損害補償義務. Für abhanden gekommene Garderobe wird keine ~ übernommen. 携帯品の紛失については責任を負いません. Gesellschaft mit beschränkter ~《略 GmbH, G.m.b.H.》有限責任会社. **2** 付着, 粘着, 固着.

'Haft·ze·her [..tse:ər] 男 -s/-《動物》やもり.

Hag [ha:k] 男 -[e]s/-e (ぜいe)《古》《雅》**1** 生け垣, 垣根. **2** (生け垣で囲われた)牧場(まきば), 森, 畑.

'Ha·ge·but·te ['ha:gə..] 女 -/-n 野ばらの実;《話》野ばら.

'Ha·ge·dorn 男 -[e]s/-e Weißdorn の俗称.

***'Ha·gel** ['ha:gəl ハーゲル] 男 -s/ **1** 霰(あられ), 雹(ひょう).

ein ～ von Geschossen⟨Schimpfwörtern⟩ 雨あられと飛んでくる弾丸⟨浴びせかけられる罵声⟩. **2** 《古》散弾. **3** Hans ～ / Jan ～ 《話》民衆.

ha·gel·dicht 形《述語的には用いない》雨あられと降り注ぐ.

Ha·gel·korn 田 -[e]s/⁼er **1** 霰(あられ)(雹(ひょう))の粒. **2**《医学》(Chalazion) 霰粒腫(さんりゅうしゅ).

ha·geln ['ha:gəln] **❶**《非人称》 *Es hagelt*. 霰(あられ)(雹(ひょう))が降る. **❷**《非人称的に》 *Es hagelt große Schloßen*. 大粒の霰が降る. *Es hagelte Bomben bei dem Fliegerangriff*. 《比喩》空襲では爆弾が雨あられと降った. **❸** 圓 (s) 雨あられと降り注ぐ. *Von allen Seiten sind die Vorwürfe gehagelt*. 四方八方から非難の声が飛んできた.

Ha·gel·schau·er 男 -s/- (突然の)激しい降雹(こうひょう).

Ha·gel·schlag 男 -[e]s/⁼e 大粒の霰(あられ), 激しい降雹(こうひょう), 雹害(ひょうがい).

Ha·gel·ver·si·che·rung 女 -/-en (農作物に対する)雹害保険.

Ha·gen¹ ['ha:gən]《地名》ハーゲン (ザウアーラント Sauerland 北西部の工業都市).

Ha·gen²《男名》ハーゲン. ～ von Tronje ハーゲン・フォン・トロニエ (*Nibelungensage* に出てくる勇士).

Ha·gen·beck ['ha:gənbɛk]《人名》ハーゲンベック. Carl ～ カール・ハーゲンベック (1844-1913, ハンブルクのハーゲンベック動物園創立者).

'ha·ger 形 やせこけた(細った), 骨と皮ばかりの.

Ha·ger·keit 女 -/ やせこけていること.

Ha·ge·stolz ['ha:gəʃtɔlts] 男 -es/-e 年配の独身男. ♦金がなくて結婚できない息子たちが, 柵で囲った小さな土地 (Hag) をもらったことから.

Hag·ga·da[h] [haga'da:] 女 -/..doth [..'do:t] (*hebr*.) ハガダー (ユダヤ教の宗教規範 Talmud の中の伝説・民話・呪術などに関する物語の部分).

'Ha·gia So'phia ['ha:gia zo'fi:a] 女 -/- (*gr*.) 聖ソフィア大聖堂 (イスタンブールにあるビザンチン芸術を代表する建築物).

Ha·gi·o'graph [hagio'gra:f] 男 -en/-en (*gr*.)《宗教》**1** 聖人伝の著者. **2**《複数で》(律法・予言の書に続く)旧約聖書の第3部．

Ha·gi·o·gra'phie [..gra'fi:] 女 -/- (*gr*.)《宗教》聖人伝研究; 聖人伝.

ha'ha [..'..] 圃 *Haha*!(笑い声)ハハハ; 《勝ち誇った嘲りの叫び》ハハハ, だ.

'Hä·her ['hɛ:ər] 男 -s/- 《鳥》かけす(属).

*****Hahn** [ha:n ハーン] 男 -[e]s/ Hähne(-en) (↑ Huhn, Henne) **1**《複数 Hähne》雄鶏. der gallische ⟨welsche⟩ ～ ガリアの雄鶏 (フランス革命前の紋章の図柄, フランスの象徴). ～ im Korb sein《戯》女たちの中でただ 1 人の男である; 《まれ》大事にされる. *j*³ den roten ～ aufs Dach setzen《古》人³の家に付け火をする. wie zwei *Hähne* aufeinander losgehen 角(つの)突き合せる, いがみ合う. von et³ soviel verstehen wie der ～ vom Eierlegen《話》事³についてちっとも分かっていない. stolz wie ein ～《話》えらぶって, 鼻高々で. herumstolzieren wie ein ～ [auf dem Mist] ふんぞり返って歩き回る.《慣用的表現で》 *Danach kräht kein* ～. そんなことは誰も気にしない(問題にしない)よ. wenn der ～ kräht 一番鶏の鳴く頃に, 早朝(未明)に. wenn der ～ Eier legt 雄鶏が卵でも産めば; お天道さまが西から昇りでもすれば. *Du bist wohl vom* ～ *betrampelt?* 頭がどうかしたんじゃないの. **2**《複数 -en》《猟詞》(猟人の)雄鳥. **3**《複数 Hähne》風見(鶏). **4**《複数 Hähne》《話》亭主, 宿六(やどろく); 《隠》制服を着たやつ, 下士官; 《話》若造, 青二才. **5**《複数 Hähne, -en》(ガス・水道などの)栓, コック. den ～ aufdrehen⟨zudrehen⟩コックを開ける⟨閉める⟩. *seinen* ～ aufdrehen《卑》小便をする. *j*³ den ～ zudrehen《話》人³への(経済的)援助を打切る. **6**《複数 Hähne》(銃の)撃鉄. den ～ spannen 撃鉄を起す.

'Hähn·chen ['hɛ:nçən] 中 -s/- (Hahn の縮小形) **1** 小さな雄鶏(おんどり), 雄鶏のひな; (とくに食肉用の)若鶏. **2**《虫》ねくいむし (根喰い葉虫).

'Häh·ne ['hɛ:nə] Hahn の複数.

'Hah·nen·fuß 男 -es/-e《植物》きんぽうげ(科).

'Hah·nen·kamm 男 -[e]s/⁼e **1** とさか, 鶏冠. **2**《植物》けいとう(鶏頭). **3**《話》お団子 (昔の少女のヘアスタイルの一種). **4** ハーネン・カム (とさかに似た形のパイ菓子).

'Hah·nen·kampf 男 -[e]s/⁼e **1** 闘鶏. **2** 闘鶏ごっこ (片手を使わず片足で跳ねながら互いに体をぶつけ合って相手を倒す遊戯).

'Hah·nen·schrei 男 -[e]s/-e (夜明の)鶏の声. beim ersten ～ aufstehen 一番鶏の声で起きる.

'Hah·nen·sporn 男 -s/..sporen 鶏の蹴爪(けづめ).

'Hah·nen·tritt 男 -[e]s/⁼e **1** (鶏卵の)胚盤. **2**《複数なし》(馬の)鶏跛(けいは), 跛行症. **3**《複数なし》千鳥格子.

'Hah·nium ['ha:niʊm] 中 -s/《記号 Ha》《化学》ハニウム.

'Hahn·rei ['ha:nraɪ] 男 -s/-e《古》《雅》コキュ (妻を寝取られた男).

Hai [haɪ] 男 -[e]s/-e (*isländ*.) **1**《魚》(Haifisch) さめ(鮫). **2**《話》あくどい企業家(実業家).

'Hai·fisch 男 -[e]s/-e **1**《魚》さめ(鮫). **2** (やくざの隠語で)ひも(売春婦の).

'Hai·fisch·flos·sen·sup·pe 女 -/-n 鱶(ふか)ひれスープ.

'Hai·ku ['haɪku] 中 -[s]/-s (*jap*.) 俳句.

'Hai·mons·kin·der ['haɪmɔns..] 複 **1**《神話》ハイモンの子供たち (カロリング朝時代の伝説に登場するハイモン伯 Graf Heimon⟨Aymon⟩ von Dordogne の 4人の子供). **2** 誠実な兄弟姉妹; 実(じつ)のある友人たち.

Hain [haɪn] 男 -[e]s/-e《雅》小さな森, 林苑; (古代の)聖域としての森(多く聖堂がある).

'Hain·bund 男 -[e]s/《文学》森林同盟 (Klopstock を鑑(かがみ)としゲッティンゲンで結成されたゲッティンゲン詩人同盟 Göttinger Dichterbund, 1772-74 のこと).

Ha'iti [ha'i:ti]《地名》ハイチ (西インド諸島のなかのヒスパニオラ Hispaniola 島西半分を占める共和国, 首都ポルトー・プランス Port-au-Prince).

Ha·iti'a·ner [haitia'na:r] 男 -s/- ハイチ人.

ha·iti'a·nisch [haitia'ni:ʃ] 形 ハイチの.

'Häk·chen ['hɛ:kçən] 中 -s/- 《Haken の縮小形》小さな鉤(かぎ); 《文法》発音区分符 (フランス語の ç (Cedille), チェコ語の č の ˇ (Háček) など); 略字符号, アポストロフィ(ʼ). Was ein ～ werden will, krümmt sich früh¹ [schon] beizeiten.《諺》蛇は寸にして人を呑む, 栴檀(せんだん)は双葉より芳(かんば)し.

'Hä·kel·ar·beit ['hɛ:kəl..] 女 -/-en **1**《複数なし》鉤(かぎ)針編み. **2** 鉤針編みで編んだもの.

Hä·ke'lei ['hɛ:kə'laɪ] 女 **1** (Häkelarbeit) 鉤(かぎ)針編み. **2** (冗談半分の)口げんか. **3**《話》(スポーツでの)激しい反則プレー.

'hä·keln ['hɛ:kəln] **❶** 他 **1**《手芸》鉤(かぎ)針で編む.

Häkelnadel

2〖ﾇｹﾞ・ｹﾘ〗(相手の)足をひっかける. **❷** 自 an et³ ～〈戯〉物を(書物などを)作成する. **❸** 再 (**sich**⁴)〈話〉(mit j³ ³と)軽口をたたき合う(ふざけあう).

'**Hä·kel·na·del** 女 -/-n (手芸用の)鉤針(かぎばり).

'**ha·ken** ['haːkən] **❶** 他 **1** (A⁴ an〈in〉B⁴ A⁴ を B⁴ に)鉤(かぎ)で掛ける, 吊るす, 留める. **2** (サッカーなどで)(人⁴の)足をひっかける. **❷** 自〈話〉(an at³ 物⁴に)しっかりとひっ掛かっている.

*'**Ha·ken** ['haːkən ハーケン] 男 -s/- **1** 鉤(かぎ); 帽子(洋服)掛け, (鉤)ホック, 鉤針; 〖医学〗レトラクタ(開創器). ～ und Öse 鉤ホック(の1組). mit ～ und Ösen 〈話〉あらゆる手を使って, 〈話〉(スポーツなどで)何でもありのむちゃくちゃなプレーで. den Hut an〈auf〉den ～ hängen 帽子を帽子掛けにかける. einen Wagen auf den ～ nehmen (レッカー車が)自動車を牽引する. einen ～ schlagen〈話〉走る(逃げる)方向を急に変える; 考え(意見)をころっと変える. **2** (発音区分符などの文字につける)鉤印, チェック印; (筆跡の特徴としての文字の)撥(は)ね. **3** 難点, 問題点. Da steckt der ～! そこが難点(問題)だ. **4** 〖ﾎﾞｸｼﾝｸﾞ〗フック. von einem linken ～ getroffen werden 左フックを受ける. **5**〖地理〗砂嘴(さし). **6**〖猟師〗(鹿・猪・狐などの)犬歯, 牙; (かもしか の)角.

'**Ha·ken·büch·se** 女 -/-n〖軍事〗(Arkebuse)(鉤形架台を用いて射つ15-16世紀の)火縄銃.

'**Ha·ken·kreuz** 中 -es/-e **1** (Swastika) 鉤(かぎ)形十字架. ▶ 古来幸福と救済のシンボルとして使われた. **2** (ナチスのシンボルとしての)鉤十字, ハーケンクロイツ.

'**Ha·ken·na·se** 女 -/-n 鉤(かぎ)形の鼻.

'**ha·kig** ['haːkɪç] 形《副詞的には用いない》鉤(かぎ)形の.

Ha·kim [haˈkiːm] 男 -s/-s (*arab.*) (中近東の)学者, 賢者; 医師.

Ha·la·li [halaˈliː] 中 -s/-[s] (*fr.*)〖狩猟〗**1** 獲物を追いつめた合図の角笛(呼声). **2** 狩を終える合図の角笛; 狩の終了.

halb [halp ハルプ] 形《述語的には用いない》**1** 半分の, 2分の1の. ein ～*es* Brot パン半分(半個). ein ～[*es*] Dutzend 半ダース. ～ Europa ヨーロッパの半分. auf ～*er* Höhe des Berges 山の中腹で. ein ～*er* Meter 半メートル. eine ～*e* Note 2分音符. eine ～*e*〈zwei und eine ～*e*〉Stunde 半時間〈2時間半〉. alle ～*e* Stunde / in je [e] Stunden 半時間ごとに. auf ～*em* Weg[e] 中途中で.《副詞的用法で》Es hat eben ～ drei geschlagen. たった今2時半を打ったところです. Es ist ～ eins. 12時半です. Die Flasche ist schon ～ leer. その瓶はもう半分空(から)です. Mein Haus ist ～〈nicht ～〉so groß wie deines. 私の家は君の家の半分ほどの大きさだ〈大きさは君の家に遠く及ばない〉. Holz ～ mit Kohle 薪を薪を重ねて〉～ lachend, ～ weinend 半分笑い半分泣きながら. Deine Arbeit ist ～ Kunst, ～ Wissenschaft. 君の仕事は半ば芸術, 半ば学問だ. ～ und ～ 半々に(して), だいたい. Kaffee und Milch ～ und ～ コーヒーとミルクを半々に. et² ～ und ～〈～*e*-*e*〉 machen 物⁴を山分け(折半(せっぱん))にする. ～ und ～ verstehen だいたい理解する. Bist du zufrieden? — Nur ～ und ～ ! 満足したかい — まあまあだ.《名詞的用法で》eine *Halbe* (酒)半マース(= eine ～*e* Maß). ein *Halbes* 半杯 (= ein ～*es* Glas). einen *Halben* trinken (ワインを)半ショッピン(= ein ～*en* Schoppen) 飲む. Das ist nichts *Halbes* und Nichts Ganzes. それは中途半端だ. ▶ 中性・無冠詞の地名の前では不変化(～ Europa), また all の後では

強変化の場合もある (alle ～ Stunden).

2 大半の; ほぼ完全な. Er wartete eine ～*e* Ewigkeit. 彼は気の遠くなるほど長く待っていた. *Halb* Hamburg verkehrt in diesem Bierlokal. ハンブルクの人々の大半がこのビヤホールに出入りする(11)》 noch ein ～*er* Kind sein まだ子供同然である. Du bist ein ～*er* Künstler.〈話〉君はもう立派な芸術家で *sein* ～*es* Leben auf Reisen sein しょっちゅう旅に出ている.《副詞的用法で》Frisch gewagt, ist ～ gewonnen.〈諺〉断じて行えば半ばは成功. sich ～ totlachen 死ぬかと思うほど笑う. ～ nackt 半裸で. Er war schon ～ tot. 彼はもう死んだも同然だった.

3 ～ず半分程度の; 不完全な(不充分な). nur die ～*e* Arbeit haben ほとんどする仕事がない. einen ～*er* Blick auf et⁴ werfen 物⁴をちらりと見る. mit ～*er* Geschwindigkeit のろのろと. eine ～*e* Maßnahme 中途半端な処置. ein ～*er* Mensch sein 元気がない, 意気があがらない. nur mit ～*em* Ohr zuhören うわの空で聞いている. ein ～*es* Zimmer ごく小さい部屋.《副詞的用法で》Die Tür stand ～ offen. ドアは半開きになっていた. Das ist ～ so schlimm. それはそう悪く(ひどく)はない.

♦ halbgar, halblinks, halb nackt, halb offen, halbrechts, halb tot, halb voll, halb wach

'**Halb·af·fe** 男 -n/-n《多く複数で》〖動物〗疑猿亜目(もく), 原猴目(きつねざるなど).

'**halb·amt·lich** (offiziös) 半ば公式の, 準公式の; 半官半民の.

'**Halb·bil·dung** 女 -/ 半端(生半可)な教養.

'**Halb·blut** 中 -[e]s/ **1** 混血児. **2** 雑種(とくに馬の).

'**Halb·bru·der** 男 -s/⁼ 異母(異父)兄弟.

'**halb·bür·tig** [..byrtɪç] 形 **1** (兄弟姉妹が)異母(異父)の. **2**〖古〗庶出の.

'**Halb·dun·kel** 中 -s/ 薄暗がり.

'**Halb·edel·stein** 男 -[e]s/-e 準宝石, 半宝石.

'**hal·be-'hal·be** ['halbəˈhalbə] 副 ～ machen 折半(山分け)する, 半々の分担にする(mit j³ ³と).

..hal·ben [..halbən]《接尾》〖古〗代名詞と合成して「…のために, …のせいで」の意の副詞をつくる.

'**hal·ber** ['halbər] **❶** 前《2格支配／つねに後置》(wegen, um…willen)…のために, …のせいで. dringender Geschäfte ～ 緊急の仕事(用事)があるので. **❷** 副《南 ﾊﾞｲｴﾙﾝ・ｼｭﾄﾞﾂﾛｰﾙ》半分だけ. Das Kind ist noch ～ im Schlaf. その子はまだ半分眠っている.

..hal·ber [..halbər]《接尾》名詞につけて「…のために, …のせいで」の意の副詞をつくる. krankheits*halber* 病気のために. umstände*halber* 事情により.

'**Halb·fa·bri·kat** 中 -[e]s/-e〖経済〗(↔ Fertigfabrikat) 半製品.

'**halb·fer·tig** 形《付加語的用法のみ》完全には仕上がって(済んで)いない.

'**halb·fett** 形 **1**〖印刷〗セミボールド体(中太)の. **2**〖食品〗(チーズなどの)脂肪分 20% 以上の.

'**Halb·fi·na·le** 中 -s/-〖ｽﾎﾟｰﾂ〗準決勝, セミファイナル.

'**Halb·franz** 中 -/ (↑ Franzband)〖製本〗背角革装.

'**halb·gar** 形 **1**《比較変化なし／付加語的用法のみ》**1** 生煮え(生焼け)の. **2**〈話〉(知識・理論などが)生半可な. ♦ halb gar とも書く.

'**Halb·ge·fro·re·ne** 中《形容詞変化》泡雪アイス(型に詰めて半ば凍らせた氷菓).

'**Halb·ge·schoss** 中 -es/-e 中2階.

'**Halb·ge·schwis·ter** 中 -s/- **1**《多く複数で》異

母(異父)兄弟, 異母(異父)姉妹. **2**《複数で》異母(異父)兄弟姉妹.

'**Halb·gott** 男 -es/⁻er《話》神様, 英雄, 大ボス. ~ in Weiß《反語》白衣の神様(医者のこと). **2**(古代神話の)半神.

'**Halb·heit** 囡 -/-en 半分; 中途半端(不十分)なこと.

'**halb·her·zig** 形 (返事などが)いい加減な, 一応の.

hal'bie·ren [hal'biːrən] 他 半分に(2等分)する.

'**Halb·in·sel** ['halpˌɪnzəl] ハルブインゼル 囡 -/-n 半島.

'**Halb·jahr** ['halpjaːr] 中 -[e]s/-e 半年.

'**halb·jäh·rig** 形《付加語的用法のみ》**1** 生後6か月の. **2** 半年間の.

'**halb·jähr·lich** 形《述語的には用いない》半年毎の.

'**Halb·kon·so·nant** 男 -en/-en 〖音声〗半子音. ↑ Halbvokal

'**Halb·kreis** 男 -es/-e 半円.

'**Halb·ku·gel** 囡 -/-n 半球. die nördliche(südliche) ~ [der Erde] 北〈南〉半球.

'**halb·lang** 形 半分の長さの. ein ~*er* Ärmel 七分袖. [Nun] mach mal ~!《話》大げさなことを言うな.

'**halb·laut** 形 抑えた声の, 小声の.

'**Halb·le·der** 中 -s/〖製本〗半革(背革)装.

'**Halb·le·der·band** 男 -[e]s/⁻e〖製本〗半革(背革)装本.

'**halb·lei·nen** 形 混紡麻(半麻)製の.

'**Halb·lei·nen** 中 -s/ **1**〖紡織〗混紡麻布. **2**〖製本〗背布装.

'**Halb·lei·nen·band** 男 -[e]s/⁻e〖製本〗背布装本.

'**Halb·lei·ter** 男 -s/〖物理〗半導体.

Halb'lin·ke 男《形容詞変化》《ᴅsᴘ》(とくにサッカーの)レフトインナー(かつての ww システムにおけるフォワード 5人の内, うしろ2人の左の方のポジション).

halb'links 副《ᴅsᴘ》レフトインナー(のポジション)で. ♦ halb links とも書く. ↑ Halblinke

'**halb·mast** 副 半旗の位置に. [auf] ~ flaggen / die Flagge [auf] ~ setzen 半旗を掲げる. die Hosen〈die Krawatte〉auf ~ tragen《戯》ズボンをつんつるてんにはいている〈ネクタイをだらしなくしめている〉.

'**Halb·mes·ser** 男 -s/〈記号 r, R〉〖幾何〗(Radins) 半径.

'**Halb·me·tall** 中 -s/-e〖化学〗半金属(砒素・アンチモンなど).

'**halb·mo·na·tig** 形《付加語的用法のみ》半月(間)の.

'**halb·mo·nat·lich** 形《述語的には用いない》半月毎の.

'**Halb·mond** 中 -[e]s/-e **1**《複数なし》〖天文〗半月. **2** (Mondsichel) 三日月. **3** 三日月形のもの(装身具・パンなど). **4** (イスラーム教のシンボルの)三日月;〖紋章〗(星をあしらった)三日月(天空の象徴). **5** (Schellenbaum) トルコ・クレッセント.

'**halb nackt**, °'**halb·nackt** 形《付加語的用法のみ》半裸の.

'**halb of·fen**, °'**halb·of·fen** 形《付加語的用法のみ》**1** (ドアなどが)半開きの; (花が)ほころびかけた. **2**《書》(病院・刑務所などが)半開放制の. **3**《ᴅsᴘ》~ *es* Spiel 半公開対局.

'**halb·part** [ˌpart] 副 (halbe-halbe) mit j³ ~ machen《話》人³と分担を半々にする, (と)山分けする.

'**Halb·pen·si·on** 囡 -/《多く無冠詞》2 食(朝食とまたは夕食)付宿泊. ↑ Vollpension

Halb'rech·te 男《形容詞変化》《ᴅsᴘ》(とくにサッカーの)ライトインナー. ↑ Halbrechte

'**halb'rechts** 副《ᴅsᴘ》ライトインナー(のポジション)で. ♦ halb rechts とも書く. ↑ Halbrechte

'**Halb·rund** 中《付加語的用法のみ》**1** 半円(半球)形の. **2** (誤用で)まんまるでない.

'**Halb·schat·ten** 男 -s/〖天文・光学〗(↔ Kernschatten) 半影. **2** 薄暗がり.

'**Halb·schlaf** 男 -[e]s/ まどろみ, うたた寝, 夢うつつ.

'**Halb·schuh** 男 -[e]s/-e 短靴(ローファーなど).

'**halb·schü·rig** 形 [..ʃyːrɪç]《古》**1** (羊毛などが)半年刈りの. **2** あまり質のよくない, 粗悪な.

'**Halb·schwer·ge·wicht** 中 -[e]s/-e《ᴅsᴘ》**1**《複数なし》(ボクシングの)ライトヘビー級, (レスリングの)ミドルヘビー級, (柔道の)半重量級. **2** ライトヘビー(ミドルヘビー, 重量)級選手.

'**Halb·schwes·ter** 囡 -/-n 異母(異父)姉妹.

'**Halb·sei·de** 囡 -/-n〖紡織〗半(混紡)絹織物.

'**halb·sei·den** 形 **1** 混紡絹の. **2** ~*e* Klöße 〈Knödel〉(小麦粉入り)じゃがいも団子. **3**《侮》得体のしれない, いかがわしい;《古》ゲイの, おかまの.

'**Halb·sei·ten·läh·mung** 囡 -/-en〖病理〗片麻痺.

'**halb·sei·tig** 形 **1** 片側(だけ)の. ~ gelähmt sein 半身不随である. **2** (記事などが)半ページの.

'**Halb·star·ke** 男《形容詞変化》《侮》不良少年, ちんぴら(とくに 1950 年代の, 多くグループを組んで反社会的・反抗的な行動に走った少年たち).

'**Halb·stie·fel** 男 -s/ ハーフブーツ.

'**Halb·strumpf** 男 -[e]s/⁻e ハイソックス.

'**halb·stün·dig** 形《付加語的用法のみ》半時間の.

'**halb·stünd·lich** 形《述語的には用いない》半時間毎の.

'**halb·tä·gig** 形《付加語的用法のみ》半日(間)の.

'**halb·täg·lich** 形《述語的には用いない》半日毎の.

'**halb·tags** 副 半日(間).

'**Halb·tags·ar·beit** 囡 -/-en (午前あるいは午後だけの)半日労働.

'**Halb·ton** 男 -[e]s/⁻e **1**〖音楽〗半音. **2**〖絵画・美術・写真〗ハーフトーン, 中間(色)調.

'**halb tot**, °'**halb·tot** 形 半死半生の, 死にかけの; 精根尽き果てた.

'**Halb·trau·er** 囡 -/ **1** 半喪期(服喪の後半の期間). **2** 半喪服(半喪期に着る真っ黒ではない喪服). ~ tragen《話》爪の先が黒い.

'**halb·tro·cken** 形 (ワインなどが)中辛口の.

'**Halb·vo·kal** 男 -s/-e〖音声〗半母音(Auge の u, Nation の i など. Halbkonsonant ともいう).

'**halb voll**, °'**halb·voll** 形《付加語的用法のみ》半分入った.

'**halb wach**, °'**halb·wach** 形《付加語的用法のみ》まだ完全に目覚めていない, 寝ぼけまなこの.

'**Halb·wai·se** 囡 -/-n 片親が亡くなった子.

'**halb'wegs** ['halpˌveːks] 副 **1**《古》中途で. j³ ~ entgegenkommen 人³を途中まで出迎える. **2** ある程度, いくぶん, まずまず, どうにか.

'**Halb·welt** 囡 -/ ドゥミ・モンド, 半社交界(上流社交界をしめ出された高級娼婦たちがつくっている裏の社交界). ♦ フランスの作家デュマ Alexandre Dumas d. J., 1824–95 の喜劇 *Demi-monde* のタイトルの翻訳借用語.

'**Halb·welt·da·me** 囡 -/-n 高級娼婦.

'**Halb·werts·zeit** 囡 -/-en **1**〖原子物理〗半減期. **2** biologische ~〖医学・生物〗生物学的半減期.

'**Halb·wis·sen** 中 -s/ 生半可な知識.

'**Halb·wol·le** 囡 -/-n《紡織》混紡ウール.
'**halb·wüch·sig** [..vy:ksɪç] 厖《比較変化なし》大人になりきっていない, 未成年の.
'**Halb·wüch·si·ge** 男囡《形容詞変化》未成年者.
'**Halb·zeit** 囡 -/-en **1**《スポーツ》(a) 試合時間の半分. die erste〈zweite〉 ~. (b) ハーフタイム. **2** (任期・学年などの)半期. **3**《慣用的表現で》Nun mach aber [mal] ~!《話》それ以上しゃべるな.
'**Halb·zeug** 匣 -[e]s **1**《工業》半製品(針金・鉄棒などの半加工製品). **2**《製紙》半洗紙料, パルプ.
'**Hal·de** ['haldə] 囡 -/-n **1**《雅》(山・丘のなだらかな)斜面, 山腹. **2** (廃石・鉱滓(こうさい)・選鉱屑などの)山, ぼた山. **3** 在庫(量). Auto*halde* 車の在庫(数). auf ~ liegen (商品が)在庫している.
half [half] helfen の過去.
'**häl·fe** ['hɛlfə] helfen の接続法 II hülfe の別形.
***Hälf·te** ['hɛlftə ヘルフテ] 囡 -/-n (↑halb) **1** 半分, 2分の 1; 半分ほど, 半ば. Die ~ der Schüler ist erkältet. 生徒たちの半数が風邪をひいている. die erste〈zweite〉 ~ des Monats 月の前半〈後半〉. die größere〈kleinere〉 ~ 大きい方の半分〈小さい方の半分, 半分以上〈小さい方の半分, 半分以下〉. die gute ~ たっぷり半分, 大半. die linke〈rechte〉 ~ 左半分〈右半分〉. meine bessere ~《戯》うちの奥さん;《まれ》うちの旦那(亭主). meine schönere ~《戯》うちのカミさん. auf der ~ des Weges umkehren 中途で引返す. et⁴ in der ~ durchschneiden 物⁴を真ん中で切る. et⁴ in zwei ~n teilen 物⁴を半分に分ける(2 等分する). um die ~ größer〈kleiner〉 werden 1.5 倍の大きさに〈半分小さく〉なる. zur ~ 半分(だけ). die Kosten je zur ~ tragen 経費をそれぞれ半分ずつ負担する.《強調表現で》Von dem, was er sagt, muss man die ~ abstreichen 彼の言うことは話半分に聞かなければいけない. Ich habe die ~ vergessen. 私はおおかた忘れてしまった. **2**《スポーツ》(フィールド・コートのサイド; ハーフ(1 試合・1 ゲームの半分). die eigene〈gegnerische〉 ~ 自陣〈敵陣〉.
'**Half·ter**¹ ['halftər] 男 匣 -s/-《古》囡 -/-n (馬・牛の端綱(はなづな), 頭絡(とうらく)(銜(はみ)のついていない引綱). j⁴ am ~ haben 人⁴を操(あやつ)っている.
'**Half·ter**² 囡 -/-n(まれ 匣 -s/-)(馬の鞍についている)ピストル用革ケース, ホルスター.
'**hälf·tig** ['hɛlftɪç] 厖《述語的には用いない》半分の.
'**Hall** [hal] 男 -[e]s/-e《複数まれ》 **1** 響き, 轟(とどろ)き, 音響. **2** こだま, 反響.
***Hal·le**¹ ['halə ハレ] 男 -/-n 大広間, ホール; 会館, 会堂, 体育館; 展示館, 格納庫, 倉庫; (ホテル・商館などの)ロビー, ラウンジ; (協会などの)柱廊; (玄関の)ポーチ.
'**Hal·le**²《地名》ハレ((a) ザクセン゠アンハルト州のザーレ川中流にある都市. (b) ノルトライン゠ヴェストファーレン州の都市. ▶両者を区別するときは (a) をハレ(ザーレ) Halle (Saale), (b) をハレ(ヴェストファーレン) Halle (Westf.) と書く).
hal·le·lu·ja [hale'lu:ja] 圓 (hebr., preiset Gott')《宗教》*Halleluja*! ハレルヤ(主を讃美せよ, の意. 聖歌などにおける歓喜の叫び);《話》(歓喜・安堵を表わしてやった, やれやれ.
Hal·le·lu·ja 匣 -s/-s ハレルヤ(誦).
'**hal·len** ['halən] 圓 **1** (音が)鳴響く, 響きわたる; こだま(反響)する. **2** (建物が)鳴響いている.
'**Hal·len·bad** 匣 -[e]s/⸗er 屋内プール.
'**Hal·len·kir·che** 囡 -/-n《建築》ホール式聖堂(側廊と身廊がほぼ同じ高さのキリスト教聖堂).

'**Hal·len·sport** 男 -[e]s/ インドアスポーツ.
'**Hal·ley·sch** ['haleʃ] 厖 der ~*e* Komet《天文》ハレー彗星(イギリスの天文学者 Edmond Halley, 1656-1742 にちなむ).
'**Hal·lig** ['halɪç] 囡 -/-en ハリヒ(シュレースヴィヒ゠ホルシュタイン州西海岸の高潮時には海没する小島). die ~*en* ハリゲン諸島.
hal'lo [ha'lo:, 'halo] 圓 *Hallo*! おーい, ちょっと; (電話で)もしもし; (挨拶で)やあ, これはこれは; (驚いて)おやまあ, あれっ.
'**Hall·statt·zeit** ['halʃtat..] 囡 -/《歴史》ハルシュタット期(ヨーロッパの古鉄器時代, おおよそ前 750-450. 遺跡の見つかったオーストリアの町 Hallstatt にちなむ).
Hal·lu·zi·na·ti·on [halutsinatsi'o:n] 囡 -/-en (*lat.*) 幻覚.
hal·lu·zi·nie·ren [halutsi'ni:rən] 圓 (*lat.*) 幻覚を起す.
Halm¹ [halm] 男 -[e]s/-e (麦・稲などの)茎, わら. die Ernte auf dem ~ kaufen〈verkaufen〉作物を青田買い(売り)する.
Halm² 匣 -[e]s/-e《地方》(斧・ハンマーなどの)柄(え).
'**Hal·ma** ['halma] 匣 -s/ (*gr.* halma, Sprung')《遊戯》ハルマ(2 人または 4 人が互いに自分の駒を敵陣へ納め合う盤上ゲーム).
'**Ha·lo** ['ha:lo] 男 -[s]/-s(-nen [ha'lo:nən]) (*gr.* halos, Tenne') **1**《天文・気象》(太陽・月・銀河系などの)暈(かさ), 輪. **2**《医》暈輪(うんりん), 乳輪.
'**Ha·lo·ef·fekt** ['ha:lo.., 'he:lo..] 男 -[e]s/《心理》ハロー効果, 後光(光背)効果.
Ha·lo·gen [halo'ge:n] 匣 (*gr.*)《化学》ハロゲンの.
Ha·lo·gen 匣 -s/-e (*gr.*)《化学》ハロゲン(フッ素・塩素・臭素・ヨウ素・アスタチンの総称).
Ha·lo·ge·nid [haloge'ni:t] 匣 -[e]s/-e《化学》ハロゲン化物.
Ha·lo·gen·schein·wer·fer 男 -s/- (自動車の)ハロゲン前照灯.

Hals
[hals ハルス] 男 -es/ Hälse **1** 頸(くび). ~ über Kopf あたふたと; あっという間に. j³ den ~ brechen《話》人³を殺す; (経済的に)人³の息の根をとめる. sich³ den ~ brechen 首の骨を折る(経済的に)破滅する. einen [dicken] ~ haben《話》かんかんに怒っている. j⁴(³) den ~ kosten《話》人⁴,³の命にかかわる, (とって)ひどく高いものにつく. einen langen ~ machen《話》(よく見ようと)首を伸ばす. den ~ riskieren 首(命)を賭(か)ける. einem Vogel《話 j³》den ~ umdrehen 鳥の首をひねる〈人³の息の根をとめる〉. sich³ nach et³ den ~ verrenken《話》物³を見ようとけん命に首を伸ばす.《前置詞と》j⁴et⁴ am〈auf dem〉~ haben《話》人⁴物⁴をしょいこんで難儀している. j³ am ~ hängen 人³の首に抱きついている. sich³ j³ an den ~ werfen《話》人³の首っ玉にとびつく; (女が)人³にしつこく言い寄る. j³ auf dem ~ bleiben《話》人³の苦の種になっている. j³ die Polizei auf den ~ hetzen〈schicken〉《話》人³に警察をさし向ける. sich³ et⁴ auf den ~ laden 事⁴をしょいこむ. bis an den ~ / bis zum ~ 首まですっぽりと. et⁴ bis an den ~ satt haben《話》物⁴にうんざりしている. bis an den ~ in Schulden stecken《話》首が回らないほどに借金を抱えている. Das Wasser steht ihm bis an den〈bis zum〉~.《比喩》彼はもう沈没寸前だ. barfuß bis zum ~《戯》すっぱだかで. j³ um den ~ fallen 人³の首に抱きつく. sich⁴ um den〈*seinen*〉~ reden

つまらないことを言って進退谷(きわ)まる(身の破滅を招く). j³ **über** den ~ kommen《話》人³を不意に訪ねる. j³ mit et³ **vom** ~ bleiben〈gehen〉物³で人⁴を煩わせない. sich⁴ et⟨j⟩⁴ vom ~ halten 物〈人〉に掛り合いにならない,(に)近づかない. sich⁴ et⟨j⟩⁴ vom ~ schaffen 物〈人〉⁴と手を切る,(を)厄介払いする.
2 喉(のど). Mein ~ tut weh. 喉が痛い. Halt den ~! 黙れ,やかましい. den ~ nicht voll genug kriegen《話》飽く(足る)ことを知らない. den ~ ölen〈salben/schmieren〉《話》一杯やる. den ~ vollhaben《話》物³にうんざりしている.《前置詞と》**aus** dem ~ quatschen《話》話が回りくどい. sich³ fast die Lunge aus dem ~ schreien《話》声を限りに叫ぶ. aus vollem ~[e] 大声をはりあげて. Das Herz schlägt mir **bis** zum ~ [herauf]. 心臓がどきどきしている. sein Geld **durch** den ~ jagen《話》有り金をすっかり飲んでしまう. et⁴ **in** den falschen〈verkehrten〉~ bekommen《話》物⁴を変な所〈気管〉に嚥(の)みこむ;事⁴を変に(間違って)取って気まく. es im ~ haben《話》(風邪で)喉が痛い. **sich**³ nicht in den ~ schämen《話》消えいりたいほど恥かしい. Das hängt〈wächst〉mir **zum** ~ heraus.《話》私はもうそれにはうんざりだ.
3 首状のもの(瓶の首など);《楽器》(ギターなどの)ネック;《建築》柱頭(柱頭の頸部);《解剖》(子宮などの)頸部. einer Flasche den ~ brechen 酒瓶の栓を抜く, 1本空(あ)ける.
4《猟師》(犬の)吠え声. ~ geben 吠えたてる.
Hals-ab-schnei-der 男 -s/- 《侮》(あくどい)商売人;高利貸.
Hals-aus-schnitt 男 -[e]s/-e 襟ぐり,ネックライン.
Hals-band 中 -[e]s/=er **1**(犬などの)首輪. **2** チョーカー,ネックレス. **3**(Halseisen)首枷(かせ).
Hals-bin-de 女 -/-n **1**《古》ネクタイ. **2**(制服などの襟の下につける)カラー.
Hals-bräu-ne 女 -/《話》(褐色の舌苔(たい)を伴う)咽頭(とう)カタル(アンギーナ・咽頭ジフテリアなど).
hals-bre-che-risch ['halsbreçərɪʃ] 形《副詞的には用いない》命がけの,危険きわまりない.
Häls-chen ['hɛlsçən] 中 -s/- 《Hals の縮小形》小さい(可愛い)首.
Häl-se ['hɛlzə] Hals の複数.
Hals-ei-sen 中 -s/- (中世の)鉄の首枷(かせ).
'hal-sen¹ ['halzən] 他 (古)(人⁴の)首に抱きつく.
'hal-sen² 自《海事》(帆船が)下手(しもて)回しに回る.
Hals-ent-zün-dung 女 -/-en 咽頭(とう)カタル,(とくに)扁桃炎.
Hals-ge-richt 中 -[e]s/-e (中世の)重罪裁判所.
..hal-sig [..halzıç](接尾)(↓Hals)数詞・形容詞につけて「…の首の」の意の形容詞をつくる. acht*halsig* で 8 つの首の長い.
'Hals-ket-te 女 -/-n **1** ネックレス, 首飾り. **2**(犬の)首鎖.
'Hals-kra-gen 男 -s/- (南ドイツ・オーストリア・スイス) **1** カラー, 詰め襟. **2**《獣医》(負傷した動物の首に巻くコルセット).
'Hals-krau-se 女 -/-n **1**(市長・聖職者などの)ひだ襟. **2**《動物》(鳥の雄の首に羽毛)ひだ襟状の羽毛. **3**《獣医》=Halskragen 2.
'Hals-län-ge 女 -/-n 首 1つの長さ(競馬のリード差).
'Hals-'Na-sen-'Oh-ren-Arzt 男 -es/=e《略 HNO-Arzt》耳鼻咽喉科医.
'Hals-schlag-ader 女 -/-n《解剖》頸動脈.

'Hals-schmerz 男 -es/-en《ふつう複数形で》喉の痛み.
'hals-star-rig ['halstarɪç] 形 強情な, 頑固な, 依怙地な.
'Hals-tuch 中 -[e]s/=er マフラー, スカーフ.
'Hals- und 'Bein-bruch 間《話》~! せいぜい頑張りなよ, 幸運を祈る.
'Hals-wei-te 女 -/-n 首回り.
'Hals-wir-bel 男 -s/-《解剖》頸椎(けいつい).
halt¹ [halt] 副 (南ドイツ・オーストリア・スイス)(もはや変更不可能な現実にするあきらめの気持ちを表して)とにもかくにも, いずれにせよ結局. Das ist ~ so. それはそういうものなんだ. Wenn es nicht geht, müssen wir es ~ sein lassen. うまくいかなければ,結局放っておく外はない. Ich muss es ~ versuchen. 私はとにかくやってみるしかない.
halt² ❶ halten の du に対する命令形. ❷ =*Halt*! おい待て, 動くな, やめろ.
*****Halt** [halt] 男 -[e]s/-e **1**《複数なし》支え;(心の)よりどころ, 安定. Er fand mit den Füßen auf der Eiswand keinen ~. 彼は氷壁に足掛りが見つからなかった. bei j³ ~ finden〈suchen〉人³に心の支えを見いだす〈人³を頼ろうとする〉. einem Baum durch einen Pfahl ~ geben 木に支柱を立ててやる. j³ einen ~ geben 人³を支えてやる. Das Regal hat keinen ~. この戸棚は据わりが悪い. einen [inneren] ~ an j³ haben 人⁴を頼りにしている. an et³ [einen] ~⟨an et³ nach [einem] ~⟩ suchen 物³につかまって体を支えようとする. den ~ verlieren よろける, ぐらつく.
2 停止, 休止. Der Zug fuhr ohne ~. 汽車はノンストップで走った. der Ausbreitung der Seuche ~ gebieten《雅》疫病の蔓延を防ぐ. einen kurzen ~ machen しばらく停止(停車)する, すこし休む. **3**《オ》停車場, 停留所. **4**《複数なし》《オ》(土地の)面積. (樽などの)容量.
♦↑Halt machen
hält [hɛlt] halten の現在 3 人称単数.
'halt-bar ['haltba:r] 形 (↓ halten)(食品などが)長持ちする, 保存のきく;(理論・陣地・状態などが)持ちこたえられる, 維持し得る, 支えられる;(物品が)丈夫な, しっかりした;《スポーツ》(攻撃が)阻止し得る.
'Halt-bar-keit 女 -/ (持久)性, 抵抗力.
'Halt-bar-keits-da-tum 中 -s/..ten (食品などの)品質保証期限.
'Hal-te-gurt ['halt..] 男 -[e]s/-e 《交通》安全ベルト, シートベルト.
'Hal-te-li-nie 女 -/-n《交通》(交差点などの)停止線.

'hal-ten*
['haltən ハルテン] hielt, gehalten / du hältst, er hält ❶ 他 **1** 持っている, 抱えている, つかんで(支えて)いる. j⁴ am Arm ~ 人⁴(病人など)の腕を持ってやる. ein Kind an⟨bei⟩ der Hand ~ 子供の手をとっている. ein Baby auf dem Schoß⟨im Arm / in den Armen⟩ ~ 赤ん坊を膝に〈腕に〉抱いている. et⁴ in der Hand ~ 物⁴を手に持って(握って)いる. einen Arm ~ untern Arm ~ 物⁴を小脇に抱えている. die Leiter ~ 梯子(はしご)をおさえている. j³ den Mantel ~ 人³のコートを(着せかけようと)持っていてやる. sich³ vor Lachen die Seiten⟨den Bauch⟩ ~ 腹を抱えて笑う. j³ die Stange ~ 人³に味方する,(を)かばってやる.
2《方向を示す語句と》かざす, あてがう, さし出す. das Negativ gegen das Licht ~ ネガを光にあてて見る. et⁴ in die Höhe ~ 物⁴を高くさし上げる. die Hände über das Feuer ~ 両手を火にかざす. ein Kind über die Taufe ~ 子供の洗礼に立ち会う;(の)名親にな

halten

る. die Hand vor den Mund ~ 手を口にあてる.
3 引止める, 放さない, 抑える, 阻(﹅)む. Die Firma versucht alles, um den Facharbeiter zu ~. 会社はその熟練工を引止めようとあらゆる手を尽くした. Mich *hält* hier nichts mehr. 私はここにはもう未練がない. Das Fass *hält* das Wasser. その桶は水がもれない. [den Ball] ~ (サッカーなどで)シュートをとめる. einen Elfmeter ~ 〚ｻｯｶｰ〛ペナルティキックを阻止する. den Hund an der Leine ~ 犬をひもにつないでおく. den Mund ~ 口をつぐむ. das Regal mit den Dübeln in der Wand ~ 戸棚を合せ釘で壁に固定する. das Wasser〈den Urin〉nicht ~ können 小便をがまんできない. 《中性名詞として》Es gab kein *Halten* mehr. もう誰も引止めようがなかった.
4(状態・態勢を)維持する;(陣地などを)固守する;(記録を)保持する. Er kann seinen Laden nicht mehr ~. 彼はもう店をやっていけない. Diese Thermosflasche *hält* die Wärme länger. こっちの魔法瓶の方が保温時間が長い. Abstand ~ 距離をおく, 遠ざかっている(von j〈et〉³〈人〈物〉から). die Festung ~ 要塞を守る. mit j³ Frieden ~ 人³と仲よくやっていく. Kurs nach Norden〈auf Rostock〉~ 針路を北に〈ロストックへ向けて〉とり続ける. Ordnung〈Ruhe〉~ 秩序を守る〈静粛を保つ〉. die Stellung ~ 陣地(立場, 地位)を守る. den Vorsprung ~ 優位を保つ. den Weltrekord ~ 世界記録を保持している.
5(規則・約束などを)守る. Diät ~ 食事療法を守る. Disziplin〈Maß〉~ 規律〈節度〉を守る. den Takt ~ 拍子を合せる. j³ die Treue ~ 人³に信義を守る. den Vertrag ~ 契約を守る. Wird er sein Wort ~? 彼は約束を守るだろうか.
6《様態を示す語句と》(ある状態に)しておく, 保つ. die Augen geschlossen ~ 目を閉じている. et⁴ instand ~ 物⁴を手入れ(整備)しておく. die Temperatur konstant ~ 温度を一定に保つ. das Zimmer rein ~ 部屋をきれいにしておく. den Kopf schief ~ 首をかしげている. das Essen warm ~ 食事をあたためておく. j⁴ auf dem laufenden ~ 人⁴を時勢に遅れさせないようにする(たえず新しい情報を与えるなどして). et⁴ in Gang ~ 物⁴(機械など)を作動させ(運転し)続けておく. et⁴ zum Besten〈zum Narren〉~ 人⁴をからかう. die Wohnung in Ordnung ~ 住居を整頓して(片づけて)おく. j⁴ zum Besten〈zum Narren〉~ 人⁴をからかう.
7(しばしば再帰的に)保有している, 飼っている, 雇っている;(新聞・雑誌を)予約購読している. [sich³] ein Auto〈einen Hund〉~ 自動車を持っている〈犬を飼っている〉. [sich³] eine Hausgehilfin ~ 家政婦を雇っている.
8 する, 行う, 催す. eine Andacht ~ 礼拝をする. über j⁴ Gericht ~ 人⁴を法廷で審理する, 裁く. Hochzeit ~ 結婚式を挙げる. Messe ~ ミサを行う. ein Mittagsschläfchen ~ 昼寝をする. eine Predigt ~ 説教をする. Rast ~ 休息する. eine Vorlesung ~ 講義をする. Wache ~ 見張りをする.
9(…だと)思う, 見なす, 評価する. A⁴ für B⁴ ~ A⁴をB⁴と思う, 見なす. j⁴ für *seinen* Freund ~ 人⁴を友人と思う. et⁴ für Unsinn ~ 事⁴をナンセンスだと思う. et⁴ für gefährlich〈möglich〉~ 事⁴を危険だと〈あり得ることだと〉思う. Für wen〈Wofür〉*halten* Sie mich? 《話》私を誰だと(何だと)思っているのですか. viel von j〈et〉³ ~ / viel〈große Stücke〉auf j〈et〉⁴ ~ 人〈物〉³,⁴を高く評価する, 重んじる. Von diesem Vorschlag *halte* ich wenig〈nichts〉. 私はこの提案に

あまり〈まったく〉買わない. Was *hältst* du von unsrem neuen Bürgermeister? 君は今度の市長をどう思いますか.
10《不定のes⁴と》(a) es mit j³ ~ 人³の味方である;(に)与(ｸﾐ)する; 人³(異性)と関係がある. Er *hält* immer mit den Unterdrückten. 彼はつねに抑圧された人たちの味方だ. Man erzählt sich, dass sie ~ mit ihrem Chef *hält*. 彼女は上役とできているというだ. (b) es mit et³ ~ 事³に関して…の態度をとる Wie *hältst* du es mit der Steuererklärung? 君は税金の申告はどうするか. *Halten* Sie es damit, wie Sie wollen! それはあなたの好きなようにしてください. (c) es mit et³ ~ 物³を好む. Ich *halte* es lieber mit dem Wein. 私はワインの方がいい.

❷ 囡 (*sich*⁴) **1** 自制する. Ich konnte *mich* einfach nicht mehr ~. 私はもうどうにも自制できなかった. *sich* vor Lachen nicht ~ können 笑わずにいられない
2 体を支える; もちこたえる, (長く)もつ. Die Stadt wird *sich* nicht mehr lange ~ können. その町はもう長くもちこたえられないだろう. Ob das Wetter *sich* ~ wird? 天気はもつだろうか. *sich* am Geländer ~ 手すりにつかまって体を支える. *sich* gut ~ よくやる, 元張る; もちがよい. Du hast *dich* in der Prüfung gut *gehalten*. 君は試験でよく頑張った. Sie hat *sich* gut *gehalten*. 《戯》彼女は(年のわりには)ふけていない *sich* nicht ~ lassen (理論などが)批判に耐え得ない, 無理ない.
3 …の姿勢をとる. *sich* aufrecht〈gebeugt〉~ 背筋を伸ばして〈背中を丸めて〉いる. *Halt' dich* senkrecht! 《話》くじけるな.
4 (ある状態に)身をおく;(ある位置に)いる;(ある方向に)進む. *sich* abseits ~ 離れて(避けて)いる. *sich* bereit ~ 用意ができている. *sich* rechts ~ 右側を通行する; 右へ向かう. *sich* umschlungen ~ 抱き合っている(*sich* は相互代名詞). *sich* warm ~ あたたかい物を着ている. *sich* an der Spitze ~ トップを守る *sich* auf einer Höhe von 8000m ~ 高度8千メートルで飛行する. *sich* im Gleichgewicht ~ バランスを保つ; 平静である. *sich* in Grenzen ~ 分(﹅)を守っている; もうひとつぱっとしない, まあまあである. *sich* nach Norden ~ 進路を北にとる. *sich* zu j³ ~ 人³に味方する, (を)支持(支援)する.
5《*sich an et*〈j〉⁴ *halten* の形で》(a) …を頼り(拠り所)にする; …(に)責任(義務)を負わせる;(規則などに)従う Ich *halte mich* lieber an das, was ich selbst gesehen habe. 私はむしろ自分の眼で見たものに信をおく In der Höhle *halten* Sie *sich* immer an den Reiseleiter! 洞穴の中ではつねにガイドの指示に従ってください Wenn deine Auskünfte falsch sind, *halte* ich *mich* an dich. 《話》君の情報が間違っていたら責任をとってもらうよ. *sich* an ein Gesetz〈einen Vertrag〉~ 法律〈契約〉に従う. *sich* an die Tatsachen ~ 事実に立脚(依拠)する. (b) 《話》…の方をとる, 選ぶ. Ich *halte mich* lieber an den Wein. 私はワインの方を頂きましょう.

❸ 圓 **1** 止まる; 停車する. *Halt*! 止まれ. *Halt*[*e*] *mal*! ちょっと待ってくれ, 考えさせて; ちょっと待てよ(思案などするときの独り言). 《中性名詞として》et⁴ zum *Halten* bringen 物⁴を止める.
2 もちこたえる, 持続する. Wird das Seil ~? ロープは(切れずに)もつだろうか. Ihre Freundschaft *hielt* nicht lange. 彼らの友情は長くは続かなかった.
3 an sich⁴ ~ 自制する, こらえる. vor Lachen nicht

mehr an sich ～ können どうにも笑いをこらえきれない． **4** auf et⁴ ～ 物⁴に気をくばる(使う); (射撃で)物に狙いをつける; 《船員》(船が)物⁴に向けて進路をとる． Er hielt viel auf die Kleidung. 彼は身なりにとても気をくばった． auf sich⁴ ～ 自分を大切にする(健康・名誉・体裁などに関して)．

5 zu 〈et〉³ ～ 人〈物〉³に味方する． fest zu *seinem* Glauben ～ 信念を堅持する． zueinander ～ 互いに助け合う．

Hal・te・platz 男 -es/¨e **1** パーキングエリア． **2** タクシー乗場．

Hal・te・punkt 男 -[e]s/-e **1** (ポイントのない)小駅, 無人駅． **2**《物理》(熱分析の)停止点, 臨界点． **3**《軍home》(射撃の)照準点．

Hal・ter ['haltər] 男 -s/- **1** (a) 留め具, 取付金具． (b) 柄(ぇ), 取っ手; ハンドル． **2**《話》万年筆; 靴下止め; ブラジャー． **3**《法制》保有者, (動物の)飼主． **4** 〈ﾋﾞﾙﾀﾞｰ〉牧人, 羊飼い．

Hal・te・rie・men 男 -s/- (電車・バスなどの)吊革．

Hal・te・si・gnal 中 -s/-e 停止信号．

Hal・te・stel・le ['haltəʃtɛlə ハルテシュテレ] 女 -/-n《交通》停留所．

Hal・te・tau 中 -[e]s/-e 係留索; (帆の)張り網．

Hal・te・ver・bot ['haltafɛrboːt] 中 -[e]s/-e《交通》停車禁止; 停車禁止区域．

..hal・tig [..haltɪç]《接尾》名詞・形容詞につけて「…を含んだ」の意の形容詞をつくる． gold*haltig* 金を含有した． reich*haltig* 中身の濃い．

..häl・tig [..hɛltɪç]《接尾》〈ｵｰｽﾄﾘｱ〉 = ..haltig

halt・los ['haltloːs] 形 **1** (精神的・道徳的に)だらしない, 無節操な． **2** (言説・噂などが)根拠(理由)のない, あやふやな． **3**《まれ》支柱(支え)のない．

Halt・lo・sig・keit ['haltloːzɪçkaɪt] 女 -/ だらしなさ, 無節操; 根拠のなさ．

Halt ma・chen, °'**halt**|**ma・chen** 自 **1** 立止まる; 停止する; 休憩する． **2** (vor j〈et〉³ 人・事³に)ひるむ．

hältst [hɛltst] halten の現在形 2人称単数．

Hal・tung ['haltʊŋ ハルトゥング] 女 -/-en **1**《複数なし》姿勢． eine aufrechte〈krumme〉～ haben 姿勢がよい〈悪い〉． in gebückter ～ 背をかがめて(丸めて)． ～ annehmen〈einnehmen〉(兵士が)直立不動の姿勢をとる． **2**《複数まれ》(a) 態度, 振舞, 身のこなし． eine entschlossene〈vornehme〉～ 決然とした態度〈上品な物腰〉． (b) 心的態度, ものの考え方． in einer Frage eine fortschrittliche ～ einnehmen ある問題で進歩的な姿勢をとる． **3**《複数なし》自制心, 落着き． *seine* ～ bewahren 平静を保つ． die ～ verlieren うろたえる． in〈mit〉～ 冷静に． **4**《複数なし》(動物の)飼育．

Ha'lun・ke [ha'lʊŋkə] 男 -n/-n《侮》ごろつき, ならず者, 悪党．

Ham [ham]《人名》(*hebr.*) ハム (Noah の息子, Hamit の始祖)．

häm.., **Häm..** [hɛm..]《接頭》(*gr.*) = hämo.., Hämo..

'**Ha・mann** ['haːman]《人名》Johann Georg ― ヨーハン・ゲオルク・ハーマン(1730-88, Sturm und Drang 期の思想家)．

hä・ma・to.., **Hä・ma・to..** [hɛmato..]《接頭》(*gr.* haima, Blut') 名詞などに冠して「血…」の意を表す． 母音の前では hämat.., Hämat.. となる．

hä・ma・to'gen [hɛmato'geːn]《医学》血行性の, 血液原の; 血液生成性の, 造血性の．

Hä・ma・to・lo'gie [hɛmatolo'giː] 女 -/《医学》血液学．

Hä・ma'tom [hɛma'toːm] 中 -s/-e《医学》血腫(ｹ)．

'**Ham・burg** ['hambʊrk]《地名》ハンブルク(ドイツ北部, エルベ川下流の都市・州)．

'**Ham・bur・ger** ['hambʊrgər] **❶** 男 -s/- ハンブルク市民, ハンブルク出身の人． **❷**《不変化》ハンブルクの． (['hɛmbø・rgər とも]男 -s/《英語式発音のとき -s/-s)《料理》**1** ～ [Steak] ハンバーグステーキ． ♦ ハンバーガー．

'**ham・bur・gisch** [..gɪʃ] 形 ハンブルクの．

'**Hä・me** ['hɛːmə] 女 -/ 悪意．

'**Ha・me・ler** ['haːmələr]《まれ》= Hamelner

'**Ha・meln** ['haːməln]《地名》ハーメルン(ニーダーザクセン州, ヴェーザー河畔の都市)． ↑Rattenfänger

'**Ha・mel・ner** ['haːmələr] **❶** 男 -s/- ハーメルン市民． **❷**《不変化》ハーメルンの．

'**ha・melnsch** ['haːməlnʃ] 形 ハーメルンの．

'**Ha・men**¹ ['haːmən] 男 -s/- (*lat.*)《地方》釣針．

'**Ha・men**² 男 -s/- (*ahd.*)《地方》**1** 捕虫網． **2** たも網．

'**Ha・men**³ 男 -s/-《西中部ﾄﾞｲﾂ》(輓馬(ﾊﾞﾝﾊﾞ)用の)首輪．

'**hä・misch** ['hɛːmɪʃ] 形 意地の悪い, 陰険な．

Ha'mit [ha'miːt] 男 -en/-en ハム人, ハム語族(アフリカ北部および北東部に住まいハム語を用いる諸民族, Noah の息子 Ham の名にちなむ)．

ha'mi・tisch [ha'miːtɪʃ] 形 ハム人(ハム語族)の． ～ *e* Sprachen《言語》ハム語． ♦ deutsch

'**Ham・let** ['hamlɛt]《人名》ハムレット(Shakespeare の戯曲『ハムレット』 *Hamlet* の主人公, デンマーク王子)．

'**Ham・mel** ['haməl] 男 -s/-(Hämmel) **1** 去勢された雄羊． um [wieder] auf besagten ～ zu kommen 閑話休題, 話の本筋にもどると． **2**《複数なし》羊の(焼)肉． **3**《卑》馬鹿者, 抜け作．

'**Ham・mel・bei・ne**《複数》《次の用法で》j³ die ～ lang ziehen《話》人³にお灸(ｷﾕｳ)をすえる． j⁴ bei den ～ *n* nehmen〈kriegen〉《話》人⁴の足をつかむ; (に)釈明をさせ, の責任を問う．

'**Ham・mel・fleisch** 中 -[e]s/ マトン, 羊肉．

'**Ham・mel・keu・le** 女 -/-n 羊の腿(ﾓﾓ)肉．

'**Ham・mel・sprung** 男 -[e]s/《法制》羊式表決(全議員をいったん退場させ賛成・反対・棄権の別に異なる入口から再入場させて行なう採決の方法, 牧者に従う議員たちを羊の群れになぞらえた命名)．

***Ham・mer** ['hamər ハマー] 男 -s/ Hämmer **1** (a) ハンマー, 槌(ﾂﾁ)． ～ und Amboss 槌と鉄敷(ｶﾅｼｷ)． ～ und Sichel 槌と鎌(労働者と農民の連帯のシンボル, 旧ソビエト連邦の国旗の紋章)． den ～ führen (schwingen) ハンマーをふるう． Ob du denn ～ oder Amboss sein willst? いったいお前は(人生の勝利者になりたいのか負け犬でいたいのか． wissen, wo der ～ hängt《話》事情に通じている; 身の処し方が分かっている． et⁴ unter den ～ bringen 物⁴を競売に付す． zwischen ～ und Amboss geraten 板ばさみになる． (b)《古》(Hammerwek) 鍛造工場, 鍛工所． (c)《工学》(Maschinenhammer) 機械(動力)ハンマー． **2**《比喩》すごいもの, とんでもないもの． Sein neues Buch ist ein ～ である． 彼の新しい本はすごいよ． Das ist ein ～! こいつはすごい; これはたいしたことだね． **3**《話》大きな間違い． Da hast du dir aber einen ganz schönen ～ geleistet! 君はまたずいぶんひどいへまをやらかしたもの

hämmerbar

だ． einen ～ haben 頭がおかしい． **4**《話》（サッカーなどの）すごいシュート． **5**《陸上競技》（ハンマー投げの）ハンマー；《音楽》（ピアノの）ハンマー；《解剖》槌骨． **6**《隠》ペニス．

'häm·mer·bar [ˈhɛmərbaːr] 肥（金属などが）可鍛性の，展性の．

'Häm·mer·chen [ˈhɛmərçən] 匣 -s/- (Hammer の縮小形) 小さなハンマー，小槌(3゚).

'Ham·mer·kla·vier 匣 -s/-e《楽器》ハンマークラヴィーア（ピアノの旧称）．

'Häm·mer·ling [ˈhɛmərlɪŋ] 男 -s/-e《古》妖精，妖魔．Meister ～ 悪魔；死刑執行人．

'häm·mern [ˈhɛmərn] ❶ 自 ハンマーで打つ(たたく)；どんどんたたく，とんとんと打つ．Er *hämmerte* den ganzen Tag im Keller. 彼は終日地下室でハンマーをふるっていた．Eine Schreibmaschine *hämmert* im Nebenraum. 隣室でかたかたとタイプライターの音がする．Sein Herz *hämmerte* zum Zerspringen. 彼の心臓はどきんどきんといり裂けんばかりに激しく打っていた．an die Tür〈auf die Tasten des Klaviers〉～ ドアをどんどん〈ピアノの鍵盤をがんがん〉たたく．
❷ 他 **1** ハンマーで打つ，打って加工する；（ハンマーで）打ってくる．Blech〈Kupfergefäße〉～ ブリキをハンマーで打ちのばす〈銅の容器を打ってくる〉． **2** (a) [einen Ball] ins Tor ～《ホ゛ール》強烈なシュートをたたきこむ．(b)《ホ゛ク゛》（人を）連続殴打する，（パンチをたたきこむ（人³に）． **3** j⁴ et¹ ins Bewusstsein〈Gewissen〉 ～ 人³の頭に事⁴をたたきこむ．

'Ham·mer·schlag 男 -[e]s/¨e **1** ハンマーで打った（たたく）こと． **2**《工学》鉄錆(ミ゙̇)，鎚滓(ミ゙̇)． **3**《紡織》たき出し模様の入った絹布． **4**《ホ゛ク゛》チョップブロー；《ファウスト》チョップボール（↑Faustball）．

'Ham·mer·schmied 男 -[e]s/-e《古》鍛工，鍛冶屋．

'Ham·mer·wer·fen 匣 -s/《陸上競技》ハンマー投げ．

'Ham·mond·or·gel [ˈhɛmənd..] 匣 -/-n ハモンドオルガン（アメリカの発明者 Laurens Hammond, 1888-1973 にちなむ）．

Ham·mu'ra·bi [hamuˈraːbi]《人名》ハムラビ(Babylonien 第1王朝の王，位前 1793-前 1750). ◆ Hammurapi [..pi] も同じ．

hämo..., Hämo.., [hɛmo..]（接頭）(*gr.* haima, Blut˚) 名詞などに冠して「血液」の意を表す．

Hä·mo·glo'bin [hɛmogloˈbiːn] 匣 -s/（略 Hb）《生物，医学》ヘモグロビン，血色素．

Hä·mo·phi'lie [hɛmofiˈliː] 女 -/-n《病理》(Bluterkrankheit) 血友病．

Hä·mor·rho'i·de [hɛmoroˈiːdə], **Hä·mor'ri·de** [hɛmoˈriːdə] 女 -/-n（ふつう複数で）《病理》痔，痔核．

'Ham·pel·mann [ˈhampəlman] 男 -[e]s/¨er **1** 操り人形，傀儡(ガイ)．j² zu einem〈*seinem*〉 ～ machen / aus j³ einen ～ machen《話》人⁴˒³ を意のままに操る． **2**《話》（ハンドボールでの）大の字なりのジャンプ・ストップ．

'ham·peln [ˈhampəln] 自（妙な格好で）ばたばた動く（跳ねる）．

'Hams·ter [ˈhamstər] 男 -s/-《動物》ハムスター（ちょうせんネズミ属）．Ich glaube, mein ～ bohnert!《話》本当かわさだ，まさかそんな．

'Hams·te·rer [ˈhamstərər] 男 -s/- (↑hamstern)《俗》買いだめをする人，買出しをする人．

'hams·tern [ˈhamstərn] 他 自《俗》 **1** 買いだめする

（食料品などを）． **2** 買出しをする．zum *Hamster* aufs Land fahren 田舎へ買出しに出かける．

Hand [hant ハント] 女 -/Hände **1** 手．die flache ～ 手のひら，掌(タナコ゛コロ)．die linke〈rechte〉 ～ 左手〈右手〉．die schöne ～ 右のお手々（幼児に対して使う言葉）．die *Hände* voll Kirschen haben 両手いっぱい桜桃(サ̇クラン)を持っている．eine ～ voll〈˚ *Handvoll*〉 Körner 一握りの穀物．eine ～ voll〈eine *Handvoll*〉 Rebellen 一握りの暴徒．die Tür stand zwei ～〈*Hände*〉 breit offen. ドアが手の巾 2 つ分位開いていた．Hände hoch! 手を上げろ．～ aufs Herz! 正直に言え．Mir ist die ～ ausgerutscht.《話》私はついかっとなって手が出てしまった．Eine ～ wäscht die andere.《諺》旅は道連れ世は情，魚心あれば水心．《動詞で》die ～ zur Faust ballen 拳固を握りしめる．j³ die ～ **drücken**〈**schütteln**〉 人³の手を握る，（と握手する．die ～ gegen j⁴ **erheben**《雅》人⁴に手を振りあげる．j³ die ～ **führen** 人³に手を取って教える（bei et³ 事³を）．j³ die ～〈**reichen**〉 人³に握手を求める，（の）手を握る（↑2). schmutzige *Hände* **haben** 手がきたない（↑2). j³ die ～ **küssen** 人³の手にキスをする．[Ich] küss' die ～(ヒ゛゙ー)! こんにちは，こんばんは，これはこれは（婦人に対する挨拶）．sich³ die *Hände* **reiben** (寒さ・嬉しさなどから）手をこすり合せる．die *Hände* **ringen** (絶望して）手を揉(ϳ̇)み合せる．die ～ nicht vor [den] Augen **sehen** [**können**] 一寸先も見えない．sich³ die *Hände* **waschen** 手を洗う．die *Hände* überm Kopf **zusammenschlagen** ひどく驚く（困惑する）．《前置詞と》ein Kind **an** der ～ führen〈nehmen〉 子供の手をひく．**auf** den *Händen* stehen〈laufen〉 逆立ちする〈逆立ちして歩く〉．**aus** der ～ essen 手で（手づかみで）食べる．j³ **aus** der ～ fressen (動物が）人³の手から餌を食べる（↑2). et⁴ **aus** der ～ geben 物⁴を手放す（↑2). j³ **aus** der ～ lesen 人³の手相を見る．j³ et⁴ **aus** der ～〈den *Händen*〉 nehmen 人³の手から物⁴を奪い取る（↑2). j⁴ **bei** der ～ fassen 人⁴の手をつかむ．**hinter** der vorgehaltenen ～ 手を口にあててそっと．Der Sperling **in** der ～ ist besser als die Taube auf dem Dach《諺》先の雁(ϳ̇ン)より手前の雀，明日の百より今日の五十．～ **in** ～ 手をつないで，手に手をとって（↑2). j³ et⁴ **in** die ～ drücken 人³に物⁴（金銭など）を握らせる，人³に物⁴（安物など）をつかませる．j³ **in** die ～〈die *Hände*〉 fallen 人³の手に入る（渡る）（↑2). Die Bewerber gaben sich³ die Türklinke **in** die ～.《話》応募者が続々とやって来た．**in** die *Hände* klatschen 拍手する．et¹ **in** die ～ nehmen 物⁴を手に取る（↑2). mit bloßen *Händen* 素手で．**mit** den *Händen*〈mit *Händen* und Füßen〉 reden 身振り手振りで話す．**über** ～ klettern〈schwimmen〉 片手ずつ前に出しながらよじ登る〈抜き手を切って泳ぐ〉．**von** ～ gearbeitet〈genäht〉 手製の〈手縫いの〉．eine Klaviersonate **zu** vier *Händen*〈für vier *Hände*〉 4 つの手のためのピアノソナタ．et⁴ **zur** ～ nehmen 物⁴を手に取る．

2《比喩》（多く成句で／とくに支配・所有・労働・庇護・援助・信義などを意味して） Alle *Hände* an〈auf〉 Deck!《海事》総員甲板へ．eine feste ～ しっかりした指導者．jede helfende ～ brauchen 猫の手も借りたい．Ausgabe letzter ～（文学作品などの）決定版．die öffentliche ～ / die öffentlichen *Hände* 公共体；国家．j² rechte ～ sein 人²の右腕である．schlan-

ker ~² 《まれ》ためらうことなく，あっさりと． von *seiner Hände*² Arbeit leben 自活する． die Tote = 《法制》死手(宗教法人などの譲渡不能の土地・家屋，またその所有権)． Mir sind die *Hände*〈Mir sind *Hände* und Füße〉 gebunden. 私はさっぱり身動きがとれない． ~ drauf! 誓って間違いない，絶対だいじょうぶだ；間違いないと言ってくれ．
《動詞と》sich³ für j⁴ die **abhacken**〈**abschlagen**〉 lassen 《話》人⁴のことを絶対間違いないと保証する． die〈*seine*〉~ von et³ **abziehen**《雅》事³から手を引く．[selbst mit] ~ **anlegen** 手を貸す(bei et³ 事³に). einer Frau seine ~ **antragen**《古》女性に求婚する． j² ~ **ausschlagen** 人²の求婚を退ける． die〈die〉~ nach et³ **ausstrecken** 物³に手をのばす，食指を動かす． j² *Händen* **entkommen** 人²の手を逃れる． j³ die ~ **geben**〈**reichen**〉 人³に(援助・和解の)手を差しのべる． sich³〈einander〉die ~ geben〈reichen〉können 互いに似た者同志である． j³ die ~ **auf**⁴ geben 人³に事⁴を絶対に保証する，固く約束する． j³ die ~ fürs Leben geben〈reichen〉《雅》人³の求婚に応じる． ~ und Fuß **haben** (計画などが)よく考えられている． freie ~ haben 自由に裁量できる． eine glückliche〈leichte〉~ haben bei et³ 事³が上手である． eine grüne ~ haben 《話》植物を育てるのがうまい． klebrige *Hände* haben 《話》手癖が悪い． zwei linke *Hände* haben 《話》不器用である． eine lockere〈lose〉~ haben すぐ手を出す，手が早い． eine offene〈milde〉~ haben 気前がよい． schmutzige *Hände* haben 《雅》(悪事で)手がよごれている． alle 〈beide〉*Hände* voll zu tun haben 《話》仕事を山ほど抱えている，手いっぱいの状態である． die ~ auf der Tasche〈dem Beutel〉haben 財布の紐を締めている，けち(締り屋)である． bei et³ ~ **haben**〈[mit] im Spiel haben〉事³に裏で一枚嚙んでいる． die〈*seine*〉~ auf et³ **halten**《話》物³を出ししぶる，がっちり押さえている． *seine* [schützende] ~ über j⁴ halten《雅》j⁴を庇護(援助)する． j³ freie ~ **lassen** 人³の自由裁量に任せる． ~ an j〈sich〉⁴ **legen**《雅》人³に暴力をふるう(自害する)． [die] letzte ~ an et⁴ legen 物⁴(作品など)に最後の手を加える． die〈*seine*〉~ auf et⁴ legen 《雅》物⁴の所有権を得る，(を)獲得する． die ~ für j〈et〉³ ins Feuer legen 人⁴のこと〈事⁴〉を絶対保証する，(について)太鼓判を押す． die *Hände* in den Schoß legen 手をこまねいている． keine ~ **rühren**《話》指一本動かそうとしない． j³ die *Hände* **schmieren**〈**versilbern**〉《話》人³に鼻薬を嗅がせる，(を)買収する． *seine*〈die〉*Hände* in Unschuld **waschen**《雅》自分は与り知らぬと言う(↓『新約』マタ27:24).
《前置詞と》Das kannst du dir **an**〈beiden〉 *Händen* **abzählen**〈abfingern〉．《話》それは容易に想像がつくことだろう，すぐ分かる話じゃないか． an *Händen* und Füßen gebunden sein どうにも身動きがとれない，手出しができない． j³ et⁴ an die ~ geben 事⁴を人³の手に委ねる，任せる． j³ an die ~ **gehen** 人³に手を貸す(bei et³ 事³をするのに). et⁴〈j〉⁴ an der ~ haben 物⁴が自由になる，(を)いつでも調達できる，(を)いつでも力にしてもらえる． **auf** die [flache] ~〈《話》即金で；現金で，手取りで． [klar] auf der ~ **liegen**《話》誰の目にも明らかである． j³ auf die *Hände* sehen 人³が*Händen* tragen 人⁴を大事に大事にする，甘やかす(↓『旧約』詩91: 11, 12). **aus** der ~ 確かな資料なしで． aus privater 個人から． aus der freien ~ fotografieren 三脚なしで写真を撮る． j³ aus der ~ **fressen** 人³の言いなりになる． et⁴ aus erster〈zweiter〉~ **kaufen** 物⁴をじかに〈人を介して〉買う；(を)新品(中古)で買う． j³ et⁴ aus der ~〈den *Händen*〉**nehmen** 人³から物⁴(仕事・地位など)を取りあげる． [aus der]〈*Händen*〉~ wissen 事⁴を直接聞いて〈また聞きで〉知っている． et⁴ aus erster〈zweiter〉~ wissen 事⁴を直接聞いて〈また聞きで〉知っている． aus der freien ~ **zeichnen** 手本なしで描く． **bei** der ~ **haben** 物⁴を手元に置いている，常備している． mit et³ schnell〈rasch〉bei der ~ sein《話》事³(判断・対応など)するのがすばやい． **durch** j² *Hände* gehen (検閲・決裁などで)人²の手を経る． Sie ist schon durch viele *Hände* gegangen.《話》彼女はもう何人もの男を渡り歩いてきた． **hinter** vorgehaltener ~ 内々で，こっそり． mit j³ **in** ~ arbeiten 人³と協力し合う． j³ in die *Hände* **arbeiten** うっかり人⁴(とくに敵など)の手助けをする． et⁴ in die〈die *Hände*〉 **bekommen** 物⁴を偶々(たま)手に入れる． in die ~〈die *Hände*〉bekommen 事⁴を自由にできるようになる． j³ in die ~〈die *Hände*〉 **fallen** 人³の手中に陥る(はまる)，術中にはまる． j³ et⁴ in die ~ ~ **geben** 人³に事⁴を委ねる． ~ in ~ **gehen** 手を携えていく(mit j³ 人³と). 平行して(付随して)起る(mit et³ 事³と). j〈et〉⁴ in der ~〈den *Händen*〉haben 人〈物〉⁴を支配下に置いている，しっかり掌握している． die **Hand**¹ ~ haben 自分を抑えられる． et⁴ in *Händen* halten 物⁴が自由になる． j³ in die *Hände* **laufen**《話》人³とばったり出くわす，鉢合せする． et⁴ in die *Hände* **legen** 物⁴を人³の手に委ねる． in j² ~〈*Händen*〉 **liegen** 人²の手に握られている，(の)思いのままである． et⁴ [selbst] in die ~〈*seine Hände*〉 **nehmen** 事⁴を引き受ける． das Herz in die ~〈beide *Hände*〉 **nehmen** 勇気をふりしぼる． besser sein als in die hohle ~ **geschissen**《卑》何もないよりはましである． in j² ~ sein 人²の手中にある． in fester ~ sein 売物ではない；《話》(女性が)もう決った男がいる，結婚している． in guten *Händen* sein 大事にされている(bei j³ 人³の所で). j³ et⁴ in die ~〈die *Hände*〉 **spielen** 人³に事⁴を物⁴をこっそり送(おく)りこませる(つかませる)． in j² ~〈j² *Hände*〉 **übergehen** 人²の手に渡る． Alle〈Die〉Fäden laufen in seiner ~ zusammen. 実権は彼が握っている，万事彼が仕切っている． **mit** fester〈starker〉~ 決然(断固)として，厳しく． mit leeren *Händen* 手ぶらで；空手(くうしゅ)で． mit leichter ~ なんの苦もなく． mit der linken ~《話》片手間に，楽々と． mit vollen *Händen* たっぷりと，気前よく，ぜいたくに． mit *Händen* zu greifen sein 明々白々(一目瞭然)である． sich⁴ mit *Händen* und *Füßen* sträuben〈wehren〉 死物狂いで抵抗する． **um** die ~ einer Frau anhalten〈bitten〉 ある女性に求婚する． **unter** der ~《話》こっそりと，ひそかに． et⁴ unter den *Händen* haben (仕事として)事⁴に取りかかっている． dem Arzt unter den *Händen* sterben《話》医者にかかっている最中に死ぬ． j³ unter den *Händen* zerrinnen (財産などが)人³の手からまたたく間に消えてなくなる． Die Arbeit ging ihm gut〈leicht〉 von ~. 彼は仕事がすらすらと片ついた． **von** ~ zu ~ gehen 人手を転々と渡る． von der ~ in den Mund leben《話》その日暮しをしている． j² *Hand*¹にかかって死ぬ． et⁴ von langer ~ **vorbereiten** 事⁴(悪企みなどを)周到に準備する． et⁴ von der ~ **weisen** 事⁴をはねつける，退(しりぞ)ける． Firma S, **zu**

Handabzug

Händen des Herrn⟨von Herrn⟩ Kluge S 社内クルーゲ様(手紙の上書き). j³ zur ~ gehen 人³を手伝う. et⁴ zur ~ haben 物を手元に置いている、つねに用意している. j³ et⁴ zu treuen *Händen* übergeben 人³を恃⟨ﾀﾉ⟩んで物を託す.

3 側、…の方. linker ~² / zur linken ~ 左側に、左手に.

4 《複数なし》《Handschrift》筆跡. eine gute⟨schöne⟩ ~ schreiben 字が上手である⟨きれいな字を書く⟩.

5 《複数なし》《ｽﾎﾟｰﾂ》《Handspiel》ハンド.

6 《複数なし》《馬術》(a) Vorder*hand*（馬体の）前軀. Mittel*hand* 中軀. Hinter*hand* 後軀. (b) 手綱さばき.

♦ ↑Hand voll, anhand

'Hand·ab·zug 男 -[e]s/²e《印刷》手刷り；《写真》手焼きの写真(陽画).

'Hand·ar·beit 囡 -/-en **1**《複数なし》(↔ Maschinenarbeit) 手作り、手細工；(↔ Kopfarbeit) 肉体労働. **2** 手芸品、工作. **3** 手芸；(とくに)編物、刺しゅう. **4**《無冠詞で》《話》手芸教室.

'hand·ar·bei·ten 自 手芸をする.

'Hand·ar·bei·ter 男 -s/- **1** (↔ Kopfarbeiter) 肉体労働者. **2** 手作業をする人.

'Hand·auf·le·gung 囡 -/-en《祝福・病気治療などのため》人の頭に手をあてがうこと、按手(ｱﾝｼｭ).

'Hand·ball 男 -[e]s/²e《ｽﾎﾟｰﾂ》**1**《複数なし》ハンドボール. **2** ハンドボールのボール.

'Hand·bal·len 男 -s/-《解剖》母指球(親指のつけ根のふくらみ).

hand·be·dient 形《付加語的用法のみ》(機械などが)手動の.

'Hand·be·sen 男 -s/- 手箒(ﾎｳｷ).

'Hand·be·trieb 男 -[e]s/-《機械》手動操作.

'Hand·be·we·gung 囡 -/-en 手の動き；(拒絶などの)手ぶり.

'Hand·bi·bli·o·thek 囡 -/-en《図書館》レファレンス・ライブラリー、参考図書.

'Hand·boh·rer 男 -s/-《工学》ハンドドリル、(小型の)錐(ｷﾘ).

'hand·breit 形 手の幅の.

'Hand·breit 囡 -/- 手の幅. zwei ~ über dem Tisch 机から手の幅 2 つ分上の所に.

'Hand·brem·se 囡 -/-n《工学》ハンドブレーキ.

'Hand·buch 中 -[e]s/²er《製本》ハンドブック、便覧、手引書、案内書.

'Händ·chen ['hɛntçən] 中 -s/-《Handの縮小形》小さい(可愛い)手；《幼児》おてて. ~ halten《話》(恋人同志)手を握り合っている. j³ [das] ~ halten 人³の力になってやる、(に)手を貸す. für et⁴ ein [feines] ~ haben《話》事が上手である.

'Hand·druck 男 -[e]s/-e(-s) **1**《印刷》(プレスせずに刷毛やヘラで刷りあげた)手刷り. **2**《複数 -s》《紡織》手染め、手捺染(ﾅﾂｾﾝ).

'Hän·de ['hɛndə] Hand の複数.

'Hän·de·druck 男 -[e]s/²e 握手.

'Hän·de·klat·schen 中 -s/ 拍手.

***'Han·del¹** ['handəl] 男 -s/Händel **1**《複数なし》(a) 商取引；商業、商売；貿易、通商. Der ~ blüht⟨liegt darnieder⟩. 商売は繁盛している⟨不振で⟩. ~ und Gewerbe den 商工業. ~ und Wandel 商業活動；日々の営み. der ~ mit den benachbarten Staaten 近隣諸国との貿易. der ~ mit Waffen 武器の取引. et⁴ aus dem ~ ziehen 物を市場から引っこめる、(の)販売をやめる. et⁴ in den ~ bringen 物を市場に出す、(を)売りに出す. im ~ sein 市場に出ている、販売されている. **2**《売買(取引)契約》Der ~ kommt zustande. 商談が成立する. ~ mit j³ abschließen 人³と売買契約を結ぶ. mit in den ~ kommen 人³と取引を開始する. (c) 商店. einen [kleinen] ~ betreiben 小売店を営む. **2**《複数なし》事柄、一件. Auf diesen ~ lasse ich mich nicht ein. この件には私は首をつっこまない. den⟨seinen⟩ ~ verstehen 事情に通じている. **3**《ふつう複数で》争い、けんか；係争. mit j³ Händel haben 人³とやっている、けんかをしている. Händel stiften⟨suchen⟩ いさかいを起す⟨けんかをふっかける⟩. sich⁴ in Händel einlassen 争いに掛り合う、けんかに加わる. mit j³ in Händel geraten 人³とけんかになる. j⁴ in Händel verwickeln 人⁴をけんかに巻きこむ.

'Hän·del² Händel の複数.

'Hän·del³ ['hɛndəl]《人名》ヘンデル. Georg Friedrich ~ ゲオルク・フリードリヒ・ヘンデル(1685-1759, ドイツのバロック後期の作曲家).

'han·deln ['handəln] ハンデルン ❶ 自 **1** (a) 行動する；(しかるべき)処置をとる、ふるまう. Jetzt ist Zeit zu ~. 今こそ行動に移る時だ. besonnen⟨selbstsüchtig⟩ ~ 慎重に行動する⟨利己的に立回る⟩. auf eigene Faust ~ 独自の判断(一存)で行動する. die *handelnden* Personen dieses Dramas このドラマの登場人物たち.《中性名詞として》ein politisches *Handeln* 政治的行動. (b) (an j³ / gegen j³,⁴ ﾆ) …の態度をとる. Sie *handelte* kaltherzig an mir⟨gegen mich⟩. 彼女は私につれなくあたった. **2** (a) (mit et³ 物³)をあきなう、(で)商売をする. Er *handelt* mit⟨in⟩ Lebensmitteln. 彼は食料品をあきなっている(in et³ は商業用語). en gros⟨en detail⟩ ~ / im großen⟨im kleinen⟩ ~ 卸売⟨小売⟩をする. (mit j³ 人³と)取引をする、取引関係がある. mit ausländischen Firmen ~ 外国の商社と取引きをする(がある). (c)《話》(um et⁴ 物⁴の値段を交渉する；(を)値切る. um den Preis⟨eine Ware⟩ ~ 価格⟨ある商品の値⟩をねぎる. Ich *handle* nicht, der Preis steht fest. 私は掛値は言わないので1セントも負かりません. mit sich³ ~ lassen 値段の相談に応じる. **3** (über et⁴ / von et³) ~ 論じる、(テーマとして)扱う.

❷ 他《ふつう受動態または受動的表現で》売買(取引)する、売りに出す. Spargel werden heute für 4 Euro das Kilo *gehandelt*. アスパラガスは今日はキロあたり4ユーロで取引されている.

❸ 他 (sich⁴)《非人称的に》*Es handelt sich* um et⟨j⟩⁴. 事⟨人⟩⁴が問題(話題)になっている、要は事⟨人⟩⁴である. *Es handelt sich* um meine Arbeit. 問題は(要は)私の仕事のことだ. Hier *handelt es sich* um unsere Ehre. これには私たちの名誉がかかっている. Worum *handelt es sich*? お話(問題)は何なのですか. *Es kann sich* nur noch um Sekunden⟨Minuten⟩ ~, bis ……は時間の問題である. Bei der Fremden *handelt es sich* um eine Schwester seiner Frau. その見知らぬ女性は彼の妻の妹だった.

'Han·dels·ab·kom·men 中 -s/《経済》通商協定.

'Han·dels·aka·de·mie 囡 -/-n (ｱｶﾃﾞﾐｰ)(5年制の)商業専門学校.

'Han·dels·bank 囡 -/-en《経済》商業銀行.

'Han·dels·be·schrän·kung 囡 -/-en《経済》貿易(通商)制限.

'Han·dels·be·triebs·leh·re 囡 -/《経済》経営学.
'Han·dels·be·zie·hun·gen 覆《経済》取引(とくに貿易)関係.
'Han·dels·bi·lanz 囡 -/-en《経済》(国の)貿易収支;(商人の)収支決算,貸借対照表.
'Han·dels·blatt 中 -[e]s/ 商業新聞.
'Han·dels·brauch 男 -[e]s/ⁿe《経済》商習慣.
'Han·dels·ei·nig, 'han·dels·eins 形《述語的用法のみ》~ werden 商談がまとまる.
'Han·dels·flot·te 囡 -/-n 商船団.
'Han·dels·frei·heit 囡 -/ 通商の自由.
'Han·dels·ge·richt 中 -[e]s/-e 商事裁判所.
'Han·dels·ge·schäft 中 -[e]s/-e 1《経済》商企業. 2《法制》商行為.
'Han·dels·ge·sell·schaft 囡 -/-en《経済・法制》商事会社. offene ~《略 OHG》合名会社.
'Han·dels·ge·setz·buch 中 -[e]s/《略 HGB》《法制》商法典.
'Han·dels·haus 中 -es/ⁿer 1 商会. 2 商館.
'Han·dels·herr 男 -n/-en《古》豪商.
'Han·dels·hoch·schu·le 囡 -/-n《古》《略 HH》商科大学.
'Han·dels·kam·mer 囡 -/-《経済》(Industrie- und Handelskammer) 商工会議所.
'Han·dels·mann 男 -[e]s/..leute (..männer)《古》小商人(ぁきゅうど).
'Han·dels·mar·ke 囡 -/-n《経済》商標.
'Han·dels·mi·nis·ter 男 -s/- 通産(商務)大臣.
'Han·dels·part·ner 男 -s/-《経済》貿易の相手国;(まれに)取引先(の企業).
'Han·dels·platz 男 -es/ⁿe 商業の中心地.
'Han·dels·po·li·tik 囡 -/《経済》商業(貿易)政策.
'Han·dels·recht 中 -[e]s/《法制》商法.
'Han·dels·re·gis·ter 中 -s/-《法制》商業登記簿.
'Han·dels·rei·sen·de 男囡《形容詞変化》《経済》=Handlungsreisende
'Han·dels·schiff 中 -[e]s/-e 商船;外航船舶.
'Han·dels·schu·le 囡 -/-n 商業学校.
'Han·dels·span·ne 囡 -/-n《経済》売買価格差,マージン.
'Han·dels·sper·re 囡 -/-n 通商停止,経済封鎖.
'Han·dels·üb·lich 形 商習慣上の.
'Hän·del·sucht 囡 /《雅》けんか好き.
'hän·del·süch·tig 形《雅》けんか好きの.
'Han·dels·un·ter·neh·men 中 -s/《経済》商企業.
'Han·dels·ver·trag 男 -[e]s/ⁿe《経済》通商条約.
'Han·dels·ver·tre·ter 男 -s/-《経済》代理商.
'Han·dels·weg 男 -[e]s/-e《経済》1 通商路. 2 (商品の)流通経路.
'Han·dels·wert 男 -[e]s/-e《経済》(美術品などの)市場価値,取引相場.
'Han·del trei·bend, °'han·del·trei·bend 商業(貿易)に従事している.
'hän·de·rin·gend 形《述語的には用いない》もみ手をしている(哀願・絶望のしぐさ),必死の.
'Hän·de·trock·ner 男 -s/-(トイレなどの)ハンドドライヤー.
'Hand·fe·ger 男 -s/- (Handbesen) 手箒(ほうき). wie ein wild gewordener ~ herumlaufen《地方》《話》髪ふり乱して走り回る.
'Hand·fer·tig·keit 囡 -/ 手先の器用さ(とくに職人仕事での).
'Hand·fes·sel 囡 -/-n《多く複数で》手錠.
'hand·fest ['hantfɛst] 形 1 がっしりした体つきの,たくましい. 2 (証拠などが)明々白々の;(嘘などが)途方もない. 3 (食物が)栄養たっぷりの,精のつく.
'Hand·fes·te 囡 -/-n 1《古》(許可証などの)署名による裁可. 2 証書.
'Hand·feu·er·waf·fe 囡 -/-n (携帯用の)小火器.
'Hand·flä·che 囡 -/-n 手の平,掌(てのひら).
'hand·ge·ar·bei·tet 形 手作りの.
'Hand·ge·brauch 男 -[e]s/《ふつう次の用法で》zum 〈für den〉 ~ (食器などの)日用の. ein Wörterbuch für den ~ (携帯用の)小型版辞書.
'Hand·ge·bun·den 形 (本)の手綴じの.
'Hand·geld 中 -[e]s/-er 1《法制》手付金,内金. 2 (a)《古》(傭兵に支払われる)支度金. (b)《経済》契約一時金.
'Hand·ge·lenk 中 -[e]s/-e 手首の関節,手首. ein lockeres〈loses〉~ haben すぐ手をあげる,すぐ殴る(とくに子供を). et⁴ aus dem ~ machen 〈schütteln/tun〉事⁴を苦もなく(いとも簡単に)やってのける.
'hand·ge·macht 形 手作りの,手製の.
'hand·ge·mein 形《次の用法でのみ》~ werden 殴り合い(取っ組合い)になる (miteinander 互いに / mit j³ 人³と).
'Hand·ge·men·ge 中 -s/- 殴り合い,つかみ合い,乱闘. ins ~ [miteinander] kommen 乱闘になる.
'Hand·ge·päck 中 -[e]s/ 手荷物.
'Hand·ge·schöpft 形《製紙》手漉(ずき)の.
'Hand·ge·schrie·ben 形 手書きの.
'Hand·gra·na·te 囡 -/-n《軍事》手榴弾.
'hand·greif·lich 形 1 明々白々の,紛れようのない. 2 ~ werden つかみ(取っ組)合いになる.
'Hand·griff ['hantgrɪf] 男 -[e]s/-e 1 (道具・器具の)握り,取っ手,柄(え). 2 (a) (道具・器具の)扱い方,操作,仕事のこつ. (b) (ちょっとした)手助け,援助. Er machte so manchen ~ für mich. 彼は私のためにずいぶんと働いてくれた. Es ist nur ein ~ [für mich].《話》そんなことならお安いご用だ. keinen ~ tun 指一本動かさない. et⁴ mit einem ~ machen《話》事⁴を苦もなく片づける.
'hand·groß 形 手の大きさの,手のひら大の.
'Hand·ha·be ['hantha:bə] 囡 -/-n 1 (非難・攻撃などの)きっかけ,理由,根拠. j³ eine ~ einzugreifen bieten〈geben〉 人³に介入の口実(きっかけ)を与える. 2《まれ》取っ手,柄(え).
'hand·ha·ben ['hantha:bən] handhabte, gehandhabt / du handhabst, er handhabt 他 1 (手で)扱う,操作する. Das Gerät ist leicht zu ~. この道具は簡単に操作できる. 2 (規則などを)運用する;(機会などを)利用する.
'Hand·ha·bung 囡 -/-en (道具・器具の)操作;(法律などの)運用,適用.
'Hand·har·mo·ni·ka 囡 -/-s(..ken[..kən])《楽器》(Ziehharmonika) アコーディオン.
..hän·dig [..hɛndɪç](接尾)数詞・形容詞などにつけて「…の手の」の意の形容詞をつくる. zweihändig 手が2本の. eigenhändig 自筆の.
'Han·di·kap ['hɛndikɛp] 中 -s/-s (engl.) 1《競技》ハンディキャップ,ハンデ;(競馬の)ハンディキャップレース. 2 不利な条件,ハンディキャップ. ◆Handicap とも書く.
'han·di·ka·pen ['hɛndikɛpən] 他 1 (人⁴に)ハンディ

キャップをつける. Er ist durch seinen Sprachfehler zeitlebens *gehandikapt*. 彼は言語障害があるため一生ハンディキャップを背負っている. **2** einen Wettkampf ~ ⟨ﾊﾝﾃﾞ⟩ ある試合をハンデ戦にする. ◆ handicapen と書く.

'**Hand-in-'Hand-Ar-bei-ten** ['hant|ɪn'hant|arbaɪtən] 中 -s/ 協力, 共同作業.

'**hand-kehr-um** ['hantkeːr|ʊm] 副⟨ｽｲｽ⟩ **1** 突然, 思いがけなく. **2** 他方, 同時にまた一方で.

'**Hand-kehr-um** 《次の用法で》im ~ ⟨ｽｲｽ⟩ あっという間に.

'**Hand-kof-fer** 男 -s/- 小型トランク(スーツケース).

'**Hand-kuss** 男 -es/ﾞe **1** 手の甲へのキス(尊敬・愛情などの表現). et⁴ mit ~ [an]nehmen 事を大喜びで受ける. zum ~ kommen ⟨ｵｰｽﾄﾘｱ⟩ (金銭の)肩代わりをさせられる. **2** 手の甲(指輪)へのキス(高位聖職者に対する典礼上の行為).

'**hand-lang** 形 手の長さ位の.

'**Hand-lan-ger** ['hantlaŋər] 男 -s/- **1** 下働き, 走り使い, 追回し. **2** 《侮》手先, 子分.

'**hand-lan-gern** ['hantlaŋərn] 自 ⟨話⟩ 下働きをする; 手先となって働く.

'**Hand-lauf** 男 -[e]s/ﾞe (階段・欄干などの)手すり.

'**Händ-ler** ['hɛndlər] 男 -s/- **1** 商人. Groß*händler* 卸売商. Klein*händler* 小売業者. **2** 雑貨屋. **3** 《金融》株式仲買人.

'**Hand-le-se-kunst** 女 -/ **1** (Chiromantie) 手相術. **2** (Chirologie) 観掌学.

'**Hand-le-ser** 男 -s/- (Chiromant) 手相見. ◆ 女性形 Handleserin 女 -/-nen

'**hand-lich** ['hantlɪç] ❶ 形 **1** 扱いやすい, 手ごろな. ein ~es Buch ハンディーな本. **2** ⟨ｽｲｽ⟩ (a) すばしこい. (b) 手腕の強い, 力強い. **3** 手近の. in ~er Nähe 真近に. ❷ 副 ⟨ｽｲｽ⟩ 手で.

*'**Hand-lung** ['handlʊŋ ハンドルング] 女 -/-en **1** 行動, 行為, 行い. bewusste⟨menschliche⟩ ~ 意識的な⟨人間的な⟩行為. die heilige ~ einer Messe ミサの聖式. kriegerische ~en unternehmen 軍事行動を起す. **2** (小説・ドラマなどの)筋, ストーリー. **3** 商店; 商売.

'**Hand-lungs-be-voll-mäch-tig-te** 男女 《形容詞変化》《法制》取引(商事)代理人.

'**hand-lungs-fä-hig** 形 行動力のある;《法制》行為能力を持つ.

'**Hand-lungs-frei-heit** 女 -/ 行動の自由.

'**Hand-lungs-rei-sen-de** 男女 《形容詞変化》《経済》**1** 出張販売員. **2** 《古》外交販売を行う)代理商.

'**Hand-lungs-voll-macht** 女 -/-en 《法制》取引(商事)代理権.

'**Hand-lungs-wei-se** 女 -/-n 行動(対処)の仕方.

'**Hand-out** ['hɛnt|aʊt, 'hɛnd..] 中 -s/-s 《engl.》(会議やセミナーなどの)配布資料, ハンドアウト.

'**Hand-pferd** 中 -[e]s/-e **1** (↔ Sattelpferd) 副⟨ﾂｷ⟩馬(2頭立て馬車で御者の右に付けられる馬). **2** (遠乗りなどに連れていく)予備馬.

'**Hand-pfle-ge** 女 -/ 手の手入れ, マニキュア.

'**Hand-pres-se** 女 -/-n 《印刷》手動印刷機.

'**Hand-pup-pe** 女 -/-n 指人形.

'**Hand-rei-chung** 女 -/-en **1** 手助け. j³ eine ~ machen ちょっと人³の手伝いをする. **2** 助言; 指針. **3** ハンドアウト.

'**Hand-riss** 男 -es/-e 《測量》土地利用図面.

'**Hand-rü-cken** 男 -s/- 手の甲.

'**Hand-satz** 男 -es/ﾞe 《印刷》手組み.

'**Hand-schel-le** 女 -/-n 《多く複数で》手錠. j³ ~anlegen⟨abnehmen⟩ 人³に手錠をかける.

'**Hand-schlag** 男 -[e]s/ﾞe 《複数まれ》**1** (挨拶や契約成立のしるしとしての)握手. j³ durch ~ verpflichten 人⁴に誓約させる. keinen ~ tun ⟨話⟩(仕事らしいこと)を何一つしない. **2** 《まれ》手で打つ(殴る)こと.

'**Hand-schrei-ben** 中 -s/- **1** 親書(とくに高位高官の). **2** 推薦状, 信任状.

*'**Hand-schrift** ['hant-ʃrɪft ハントシュリフト] 女 -/-e **1** 筆跡, 手跡⟨ｼｭｾｷ⟩. eine gute⟨schlechte⟩ ~ habe 字が上手⟨へた⟩である. eine kräftige ~ schreibe ⟨haben⟩《戯》手ひどい殴り方をする. **2** (文体などの特徴. **3** (a) 手書き(筆写)したもの. (b) (略 Hs., 複数 Hss.) 写本, 古文書.

'**Hand-schrif-ten-deu-tung** 女 -/ (Graphologie) 筆跡学, 筆跡鑑定.

'**Hand-schrif-ten-kun-de** 女 -/ 古文書学.

'**hand-schrift-lich** 形 《述語的には用いない》**1** (履歴書などが)手書きの. **2** 写本の.

*'**Hand-schuh** ['hant-ʃuː ハントシュー] 男 -[e]s/-e 手袋. die ~e anziehen⟨ausziehen⟩ 手袋をはめる⟨脱ぐ⟩. den ~ aufnehmen 挑戦に応じる. j³ den ~ hinwerfen / j³ den ~ ins Gesicht⟨vor die Füße⟩ werfen 人⁴に戦いを挑む. j³ mit seidenen ~en an fassen ⟨話⟩人⁴を丁重に(腫⟨ﾊﾚ⟩ものにさわるように)扱う.

'**Hand-schuh-fach** 中 -[e]s/ﾞer (自動車の)グローボックス.

'**Hand-schuh-num-mer** 女 -/-n 手袋のサイズ番号. nicht j² ~ sein ⟨話⟩人²に似つかわしくない, 合ない.

'**Hand-spie-gel** 男 -s/- 手鏡.

'**Hand-stand** 男 -[e]s/ﾞe ⟨ｽﾎﾟｰﾂ⟩ 倒立, 逆立ち.

'**Hand-streich** 男 -[e]s/-e 《軍事》奇襲(攻撃). eine Festung durch einen ~⟨im ~⟩ erobern 要塞を奇襲して落す.

*'**Hand-ta-sche** ['hanttaʃə ハントタシェ] 女 -/-n 手提げ鞄, (とくに)ハンドバッグ.

'**Hand-tel-ler** 男 -s/- (Handfläche) 掌⟨ﾀﾅｺﾞｺﾛ⟩.

*'**Hand-tuch** ['hanttuːx ハントトゥーフ] 中 -[e]s/ﾞer **1** 手拭い, タオル. das ~ werfen (ボクシングでタオルを投げる);⟨話⟩ギブアップする. **2** 《戯》痩せぽち. **3** 《話》ひどく細長い地所; 鰻⟨ｳﾅｷﾞ⟩の寝床のような部屋.

'**Hand-um-dre-hen** 中 -s/- 手の平を返すこと. 《次の用法で》im ~ あっという間に, すぐさま, 即座に.

'**Hand voll**, *'**Hand-voll** 女 -/- ひと握り, ひとつかみ. eine ~ Körner ひと握りの穀物. nur eine ~ Zuschauer ごくわずかの観客. ◆ ↑ Hand 1

'**Hand-wa-gen** 男 -s/- 手押し車, リヤカー.

'**hand-warm** 形 微温の, 人肌ほどの, ぬるい.

'**Hand-wä-sche** 女 -/ **1** 手洗い(の洗濯); 手洗いの洗濯物.

*'**Hand-werk** ['hantvɛrk ハントヴェルク] 中 -[e]s/-e 手工業. **1** (職人の)仕事, 手職; 生業⟨ﾅﾘﾜｲ⟩, 職. das ~ des Schneiders⟨des Schuhmachers⟩ 仕立屋⟨靴屋⟩の仕事. ~ hat goldenen Boden.《諺》手に職があれば食いはぐれはない, 芸は身を助く. ein ~ erlernen 手に職をつける. j³ das ~ legen ⟨話⟩人³の悪事をやめさせる. sein⟨was von seinem⟩ ~ verstehen 仕事の腕が立つ, いい腕をしている. j³ ins ~ pfuschen 人³の仕事にいらぬ手出しをする. **3** 《複数なし》(11-19世紀

）職人(手工業者)階級; 職人(同業者)仲間.

Hand·wer·ker 男 -s/- 職人, 手工業者. Er ist ein guter ~. 彼はとにかく腕だけはいい.

hand·werk·lich 形《述語的には用いない》手工業の, 職人仕事の.

Hand·werks·bur·sche 男 -n/-n《古》=Handwerksgeselle

Hand·werks·ge·sel·le 男 -n/-n (徒弟修行を終え親方になる前の)職人.

Hand·werks·kam·mer 女 -/-n『経済』手工業会議所.

hand·werks·mä·ßig 形 手工業の, 職人仕事の.

Hand·werks·meis·ter 男 -s/- 手工業の親方. ↑Meister

Hand·werks·zeug 中 -[e]s/ (1揃いの)職人の道具, 手工具.

Hand·wör·ter·buch 中 -[e]s/-̈er 中型辞典.

Hand·wur·zel 女 -/-n『解剖』手首.

Han·dy ['hɛndi] 中 -s/-s 《engl.》携帯電話.

Hand·zei·chen 中 -s/- **1** 手による合図. **2**（文盲者の）署名代りの記号(ふつう×印3つ). **3**（表決の際の）挙手. **4** (Hausmarke 1)（家具・備品などにつける）所有者印.

Hand·zeich·nung 女 -/-en 素描, デッサン.

Hand·zet·tel 男 -s/- ビラ, ちらし.

ha·ne·bü·chen ['haːnəbyːçən] 形（嘘などが）ひどい, とんでもない.

Hanf [hanf] 男 -[e]s/ 麻, 大麻; 麻の実(種子), 麻の繊維. ~ spinnen 麻糸を紡(つむ)ぐ. [wie der⟨ein⟩ Vogel] im ~ sitzen〈話〉安楽に暮す.

han·fen ['hanfən] 形《付加語的用法のみ》麻の.

hän·fen ['hɛnfən] 形 =hanfen

Hanf·garn 中 -[e]s/-e 麻糸.

Hänf·ling ['hɛnflɪŋ] 男 -s/-e **1**〖鳥〗むねあかひわ(胸赤鶸).**2**〈話〉ひ弱な男.

Hang [haŋ] 男 -[e]s/ Hänge **1** 斜面, 傾斜地, 坂, 勾配. ein Haus am ~ bauen 傾斜地に家を建てる. **2**（複数なし）〖スポーツ〗懸垂(けんすい). **3**（複数なし）傾向, 性向, 性癖(zu et³ 事³への). Sie hat einen ~ zur Verschwendung 彼女は浪費癖がある.

Han·gar ['haŋgaːr, -'-] 男 -s/-s《fr.》格納庫.

Hän·ge ['hɛŋə] Hang の複数.

Hän·ge·ba·cke 女 -/-n《多く複数形で》垂れ下がった頬.

Hän·ge·bahn 女 -/-en ロープウェー; 懸垂式モノレール.

Hän·ge·bauch 男 -[e]s/-̈e《侮》垂れ下がった腹.

Hän·ge·bo·den 男 -s/-̈『建築』天袋; (納屋などの)吊り棚.

Hän·ge·brü·cke 女 -/-n『建築』吊り橋.

Hän·ge·brust 女 -/-̈e 垂れ下がった乳房.

Hän·ge·glei·ter 男 -s/- ハンググライダー.

Hän·ge·lam·pe 女 -/-n 吊り電灯, 吊りランプ.

han·geln ['haŋəln] 自 (s, h) 中 (sich) ぶら下がって移動する(のぼる).

Hän·ge·mat·te 女 -/-n ハンモック, 吊り床(ゆか).

han·gen* ['haŋən] hing, gehangen / du hängst, er hängt 自《古》《地方》=hängen¹《中性名詞として》mit *Hangen* und Bangen《雅》どきどき(はらはら)しながら, おおいに気をもんで.

'hän·gen¹* ['hɛŋən ヘンゲン] hing, gehangen

❶ 自 **1** 掛けて(吊して)ある, ぶら下がって(垂れ下がって)いる. An der Wand *hängt* ein Bild. 壁に絵が掛かっている. Der Baum *hängt* voller Früchte. その木には実が鈴生(すずな)りだ. Der Mörder soll [am Galgen] ~.《古》その人殺しは縛り首にしてしまえ. Die Jacke *hängt* mir [nur so] am Leib. このジャケットは私にはだぶだぶです. Sein Leben *hing* nur noch an einem [seidenen] Faden. 彼の命はもはや風前の灯だった. Das *hängt* mir zu hoch.《話》それは私には理解不可能だ.

2 宙に浮いている;（月などが）中空に懸かっている,（雲・煙などが）たれこめている. Im Raum *hing* Zigarettenrauch. 室内には煙草の煙がたれこめていた. Ein Gewitter⟨Ein Streit⟩ *hängt* in der Luft. 今にも雷雨になりそうな雲行き⟨一触即発の剣呑(けんのん)の空気⟩だ. Die Sache *hängt* noch in der Luft. その件は宙に浮いたままだ.

3 (a) (an et³ 物³に)付着している. An seinen Schuhen *hängt* Schmutz. 彼の靴には泥がくっついている. alles, was [drum und] dran *hängt* それに付随(付属)するいっさいのもの. (b) am Auto ~ 自動車につながれて(曳かれて)いる. (c)《話》しがみついている. Er *hing* zwei Nächte in dieser Felswand. 彼は2晩この岩壁でへばりついていた. Ihre Blicke *hingen* an ihm. 彼女の視線はじっと彼に注がれていた. Der *hängt* jeden Abend in der Kneipe! あいつは毎晩飲屋にいりびたりだ! Hier *hängt* er!《戯》(自分の名を呼ばれて)「はい, ここですよ」. an der Strippe⟨am Telefon⟩ ~ いつでも電話にかじりついている. auf einem Stuhl⟨in einem Sessel⟩ ~ かろうじて椅子に尻をのっけている. bei j³ 人³のところに長居をする. in den Seilen ~〖ボクシング〗ロープに腰を落す;《比喩》すっかり参っている.

(d) (an et⟨j⟩³ 物⟨人⟩³に)執着(執心)している. 深い愛着を持っている. am Geld⟨Leben⟩ ~ 金⟨生⟩に執着している. Sie *hängt* sehr an ihrem Bruder. 彼女は弟をとても愛している.

4（話）（引っかかって）動かない, 進展しない. Der Prozess *hängt* noch immer. 審理は依然として行詰ったままだ. Er *hängt* in Mathematik. 彼は数学ができない. Wo[ran] *hängt*'s denn noch? この上まだ何が問題だというのか.

5（壁面などが）傾いている.

6《話》(an et⟨j⟩³ 物⟨人⟩³に)依存している, …次第である. Der weitere Verlauf der Verhandlung *hängt* an ihm⟨seiner Geschicklichkeit⟩. 交渉の今後の進展は彼⟨彼の手腕⟩にかかっている.

7《猟»（犬・狼・狐などが）番(つが)う.

8《話》(bei j³ 人³に)受け(評判)が悪い, にらまれている; 借金がある. Ich *hänge* bei ihm mit 50 Euro. 私は彼に50ユーロ借りがある.

9 einen ~ haben《話》ほろ酔い機嫌である.

▶ ↑hängen bleiben, hängen lassen

❷ 他《地方》=hängen²

'hän·gen²* ['hɛŋən ヘンゲン] ❶ 他 **1** 掛ける, 吊す, ぶら下げる;（人⁴を）縛り首にする. ein Bild an die Wand ~ 絵を壁に掛ける. die Wäsche an⟨auf⟩ die Leine ~ 洗濯物を紐に掛ける. eine Fahne ⟨sich⁴⟩ aus dem Fenster ~ 窓から旗をたらす⟨窓から身をのり出す⟩. den Kopf ~ うなだれる, がっくりくる. sich⁴ die Kamera über die Schulter ~ カメラを肩に掛ける. Lieber lasse ich mich ~, als dass…《話》…になるくらいなら縛り首になる方がましだ. …und wenn sie mich *hängen*!《話》首を賭けてもいいよ.《中性名詞と

して) mit *Hängen* und *Würgen* やっとのことで、どうにかこうにか。 **2** das Boot〈den Wohnwagen〉ans Auto ~ ボート〈キャンピングカー〉を車につなぐ。 **3**《話》(金・暇などを)かける。 Geld an ein Hobby ~ 趣味に金をかける。 *seine* Liebe an j⁴ ~ 人⁴に愛情を寄せる。 *sich*³ alles Geld〈all *sein* Geld〉auf den Leib ~ 有り金残らず衣装につぎこむ。
❷ 囲(**sich**⁴) **1** ぶら下がる；首を吊る。 *sich* an einen Ast ~ 枝にぶら下がる。 **2** (a) (泥などが)付着する、くっつく。 (b) しがみつく。 *sich* j³ an den Hals ~ 人³の首っ玉に抱きつく。 *sich* an die Strippe〈ans Telefon〉~ 電話口にかじりついている。 *sich* an j⁴ ~ 人⁴にまとわりつく、(を)つけまわす。 (c) 執着〈執心〉する。 *sich* ans Geld〈Leben〉~ 金〈生〉に執着する。 (d) *sich* an die Bahn ~ (飛行機が高度を下げてから)鉄道の線路に沿って飛ぶ。 **3** (in et¹ 事⁴に) 身をつこむ。

'**hän·gen blei·ben***, '**hän·gen|blei·ben*** 囲 (s) **1** 引っかかっている。 Gib Acht, dass du nicht mit der Hose an diesem Nagel *hängen bleibst*! この釘で君のズボンを引っかけないように気をつけなさい。 **2** 引っかかったまま動かない、滞(た)る；《話》留年する。 am Start ~《スポ》スタートに失敗する。 bei j³ ~ 人³のところに長居をする(居座る)；《戯》j³というまに関係を続けている。 **3** くっついている。 Der Staub *bleibt* an den Gardinen *hängen*. ほこりがカーテンについたままになっている。 Ein schlechter Ruf *bleibt* immer *hängen*. 悪名はいつまでもついてまわる。 Die Kosten dafür *bleiben* schließlich doch an mir *hängen*. その費用は結局私ひとりが負担することになった。 Von dem Vortrag ist bei mir wenig *hängen geblieben*. その講演で私の記憶に残っているものはほとんどない。 Beim Geschäft ist viel *hängen geblieben*. その商売では大いに儲(も)かった。

'**hän·gend** 現分 (↑hängen)《付加語的用法のみ》掛かっている、ぶら下がった、垂れ下がった。 eine ~*e* Brücke 吊り橋。 die ~*en* Gärten《歴史》空中庭園 (Assyrien の伝説上の女王セミーラミス Semiramis が Babylon に築いたといわれる)。 Blumen mit ~*en* Köpfen 枯れしぼんだ花。 mit ~*en* Ohren 意気消沈して、うちしおれた。

'**Han·gen·de** 囲《形容詞変化・複数なし》《鉱業》(↔ Liegende) 上盤(じょうばん)。

'**hän·gen las·sen***, °'**hän·gen|las·sen*** **❶** 囲 **1** 掛けっ放しにする；掛けたまま忘れる。 Er hat seinen Hut im Restaurant *hängen lassen* 〈まれ *hängen gelassen*〉. 彼は帽子をレストランに置き忘れた。 **2** (腕など)をだらっと下げている。 den Kopf ~ うなだれる、これに(諦めて)いる。 **3** (人⁴を)放ったらかしにする、見捨てる。 **❷** 囲 (**sich**⁴) 元気(やる気)をなくしている。
◆ 過去分詞 hängen lassen 〈まれ hängen gelassen〉

'**Hän·ger** ['hɛŋɐr] 男 -s/- **1** サックコート；サックドレス。 **2**《話》トレーラー。 **3**《話》くうたら。

'**Hän·ge·schloss** 囲 -es/⁼er (Vorhängeschloss) 南京錠。

'**Hän·ge·schrank** 男 -[e]s/⁼e 吊戸棚、袋戸棚。

'**Hän·ge·wei·de** 囲/⁼n《植物》枝垂(しだ)れ柳。

'**hän·gig** ['hɛŋɪç] 形 **1**《スイス》(訴訟が)係属中の。 **2** 斜面にある；傾斜(勾配)のある。 **3**《地方》(子供が)寝足りなくてむずかっている。

Hang-'over [hɛŋ'o:vɐr, '---] 男 -s/ (*engl.*) 二日酔い。

'**Hang·tä·ter** 男 -s/-《法制》性癖犯罪人(盗癖・虚言などの性癖が原因で常習犯罪をおかす者)。

'**Han·na** ['hana] **❶**《女名》(↓ Johanna) ハナ、ハンナ。 **❷**《人名》(*hebr.* ,Gnade, Anmut') ハンナ(預言者 Samuel の母。《旧約》サム 1:2)。

Han'na·ke [ha'na:kə] 男 -n/-n ハナーケ人(Mähren 地方のチェック系住民)。

'**Hann·chen** ['hançən]《女名》《Hanna の縮小形》ハンヒェン。

'**Han·ne** ['hanə]《女名》(↓ Hanna) ハネ、ハンネ。

'**Han·ni·bal** [hanibal]《人名》(*phöniz.* ,[der Gott] Baal ist gnädig') ハンニバル(前 247–前 183, カルタゴの武将)。

'**Han·no** ['hano]《男名》(↓ Johannes) ハノ、ハンノ。

Han·no·ver [ha'no:fɐr]《地名》ハノーファー(ニーダーザクセン州の州都)。

Han·no·ve·ra·ner [hanova'ra:nɐr] 男 -s/- **1** ハノーファー(出身)の人。 **2** ハノーファー種の馬。

han·no·ve·risch [ha'no:fərɪʃ], **han·nö·ve·risch** [ha'nø:fərɪʃ] 形 ハノーファーの。

Hans [hans] **❶**《男名》(Johannes の短縮形)ハンス。 **❷** 男 -[ens]/-[ens] 《古》(かつてドイツで最もありふれた男の名前であったものが普通名詞化して)男、野郎、やつ。 ~ Liederlich 放蕩者。 ~ Taps ぶきっちょなやつ。 ~ im Glück 果報者、幸運児(グリム童話の主人公)。 Jeder ~ findet seine Grete. 《諺》破鍋(われなべ)にとじ蓋(どのハンスも自分のグレーテを見つけるものだ)。 Ich will ~ heißen, wenn… もしも…なら馬鹿よばわりされてもいい。

'**Han·sa** ['hanza] 囡 -/-.en《複数まれ》**1**《歴史》Hanse **2** (船・航空会社の名で) Luft*hansa* ルフト*ハンザ*航空。

'**Häns·chen** ['hɛnsçən] 囲 -s/- (Hans の縮小形) ヘンスヒェン。 Was ~ nicht lernt, lernt Hans nimmermehr. 《諺》習うなら若いうち。

Hans'dampf [hans'dampf, '--] 男 -[e]s/-e ~ in allen Gassen 知ったかぶりの出しゃばり。

'**Han·se** ['hanzə] 囡 -/-n《複数まれ》《歴史》ハンザ同盟。

'**Hän·se** ['hɛnzə] 囲 Hans ❷ の複数。

Han·se'at [hanzə'a:t] 男 -en/-en **1**《歴史》ハンザ商人。 **2** ハンザ同盟都市の市民。

han·se'a·tisch [hanzə'a:tɪʃ] 形 **1** = hansisch **2** ハンザ商人(ハンザ同盟都市市民)の。

'**Hän·sel** ['hɛnzəl] **❶**《男名》(Hans の愛称形)ヘンゼル。 **❷** 男 -s/-[n] = Hans ❷

'**hän·seln** ['hɛnzəln] 他 (人⁴を)からかう、嘲弄する。

'**Han·se·stadt** ['hanzəʃtat] 囡 -/⁼e **1**《歴史》ハンザ同盟都市。 **2** ハンザ自由都市 (Hamburg, Bremen, Lübeck など)。

'**han·sisch** ['hanzɪʃ] 形 **1**《歴史》ハンザ同盟の。 **2** ハンザ同盟(自由)都市の。

Hans'narr [hans'nar, '--] 男 -en/-en 馬鹿、お人よし。

Hans'wurst [hans'vʊrst, '--] 男 -[e]s/-e《戯》-e **1** (謝肉祭劇あるいは 17–18 世紀のドイツ喜劇の)道化。 **2**《話》おっちょこちょい、ひょうきん者；(とくに上役などを)侮って)馬鹿者、まぬけ者。 den ~ machen〈spielen〉道化役を演じる、物笑いの種になる。

Hans·wurs·ti'a·de [hansvʊrsti'a:də] 囡 -/-n **1** ハンスヴルスティアーデ、ハンスヴルスト物(Hanswurst が主役の喜劇)。 **2** 冗談、ぶりざまい。

'**Han·tel** ['hantəl] 囡 -/-n《スポ》バーベル、亜鈴。

han·tie·ren [han'ti:rən] 自 **1** 仕事をする、働く。 geschäftig in der Küche ~ 台所仕事に忙しい。 **2**

Han·tie·rung 囡 -/-en（家事・工作などの）仕事.

Ha·pag ['ha:(-)pak] 囡 -/（略）=Hamburg-Amerikanische Packetfahrt-Actien-Gesellschaft ハンブルク＝アメリカ郵船株式会社.

ha·pern ['ha:pərn]《非人称》**1** *Es hapert* an et³. 物³が欠けている，不足している. Bei diesem Studenten *hapert es* stets an Geld. この学生はいつも金に困っている. **2** *Es hapert* mit⟨in⟩ et³. 事³がうまくいかない，はかどらない. Im Rechnen *hapert es* noch etwas bei ihm. 計算が彼はまだすこし弱い.

Hap·pen ['hapən] 男 -s/-《話》(食物の) 1 口，少量. Er hat noch keinen ~ gegessen. 彼はまだ何も食べていない. Ich will noch schnell einen ~ essen. 私はこれから急いで何かちょっと腹にいれるよ. einen fetten ~ nicht entgehen lassen うまい儲け話(絶好のチャンス)を逃さない. Du bist vielleicht 'nen ~ doof.《北ドイツ》君も相当に馬鹿だね.

'Hap·pe·ning ['hɛpənɪŋ] 中 -s/-s (*engl.*) ハプニング(異様な，挑発的な手法で観衆をもまきずり込み芸術と日常性の境界を破ろうとする芸術行為).

'hap·pig ['hapɪç] 形 **1**《北ドイツ》貪欲な. ~ nach et³ sein 物³にがつがつしている. **2**《話》ひどい，べらぼうな，法外な. Das ist ein bisschen ~. それはいくらなんでもあんまりだ.

Happy end [hɛpi'|ɛnt, '-'-'-] 中 -[s]/-s (*engl.*) ハッピーエンド. ◆ Happy End とも書く.

Ha·ra·ki·ri [hara'ki:ri] 中 -s/- (*jap.*) 切腹.

'Ha·rass, °**Ha·raß** ['haras] 男 -es/-e (*fr.*)（グラス・陶器など破(ワ)れ物を梱包するよい）木箱.

'Här·chen ['hɛ:rçən] 中 -s/- (Haar の縮小形) 細い毛. j³ kein ~ krümmen《話》人³に少しも危害を加えない.

'Hard·copy ['ha:ɐtkɔpi, 'ha:dkɔpi] 囡 -/-s (*engl.*)《コンピュータ》ハードコピー. ◆ Hard Copy とも書く.

'Hard·co·ver ['ha:ɐtkʌvər, 'ha:d'kʌvʌ] 中 -s/-s (*engl.*)『製本』ハードカバー. ◆ Hard Cover とも書く.

'Hard·disk ['ha:ɐtdɪsk, 'ha:d'dɪsk] 囡 -/-s (*engl.*)《コンピュータ》ハードディスク. ◆ Hard Disk とも書く.

'Hard·drink ['ha:ɐtdrɪŋk, 'ha:d'drɪŋk] 男 -s/-s (*engl.*) アルコール度の高い飲物. ◆ Hard Drink とも書く.

'Hard·li·ner ['ha:ɐtlaɪnər, 'ha:d'laɪnə] 男 -s/- (*engl.*)（政治上の）強硬論者.

'Hard·rock ['ha:ɐtrɔk, 'ha:d'rɔk] 男 -[s]/ (*engl.*)『音楽』ハードロック. ◆ Hard Rock とも書く.

'Hard·ware ['ha:ɐtvɛ:ɐ, 'ha:dwɛə] 囡 -/-s《コンピュータ》(↔ Software) ハードウェア.

'Ha·rem ['ha:rɛm] 男 -s/-s (*türk.*) **1** ハレム，後宮(イスラーム教団の妻妾の居室，男子禁制). **2** (a) ハレムに住む女たち；1 人のイスラーム教徒が持つ夫人たち. (b)《戯》1 人の男が引連れている女たち.

'hä·ren ['hɛ:rən] 形《付加語的用法のみ》《雅》(山羊の毛でできた，(山羊の)毛皮でつくった.

Hä·re·sie [hɛre'zi:] 囡 -/-n (*gr.* heiresis , das Erwählte) **1**《キリスト教》異端. **2**《一般》異説.

Hä·re·ti·ker [hɛ're:tikər] 男 -s/- (*gr.*) **1**《キリスト教》異端者. **2** 異説を唱える者，異端児.

hä·re·tisch [hɛ're:tɪʃ] 形《比較変化なし》《キリスト教》異端的な，逸脱(偏向)した.

＊**'Har·fe** ['harfə ハルフェ] 囡 -/-n **1** ハープ，竪琴. **2**《地方》(穀物・草などを干す)すのこ棚；《北ドイツ》(穀物用の)ふるい.

'har·fen ['harfən] 自《雅》ハープを弾く. **2**《地方》(すのこ台で)干す；《北ドイツ》(穀物)をふるう.

Har·fe·nist [harfə'nɪst] 男 -en/-en ハープ奏者. ◆ 女性形 Harfenistin 囡 -/-nen

'Harf·ner ['harfnər] 男 -s/-《古》竪琴弾き. ◆ 女性形 Harfnerin 囡 -/-nen

'Har·ke ['harkə] 囡 -/-n《北ドイツ》熊手，レーキ. j³ zeigen, was eine ~ ist《話》人³に手本を示して見せる；(に)っと意見する. **2**《話》アンテナ. **3**《話》櫛.

'har·ken ['harkən] 他 **1** 熊手(レーキ)で掻く. das Beet ~ 苗床を熊手でならす. Blätter vom Weg ~ 熊手で道の落葉を掻く. den Rasen ~ 芝生の上を熊手できれいに払う. **2** j⁴ ~《話》人⁴の髪を手荒くとかす.

'Har·le·kin ['harleki:n] 男 -s/-e (*it.*) **1**『演劇』アルルカン(Commedia dell'Arte の流れをくむ道化); 《比喩》ひょうきん者. **2**《虫》すぐりしろえだしゃく.

Har·le·ki·na·de [harleki'na:də] 囡 -/-n《古》道化芝居.

Harm [harm] 男 -[e]s/《古》**1** 悲嘆，苦悩. **2** ひどい侮辱. j³ ~ zufügen 人³をひどく侮辱する.

Har·ma·ge·don [harma'gɛdɔn] 中 -/ (→Armageddon

'här·men ['hɛrmən] ❶ 再 (*sich⁴*)《雅》深く憂える，ひどく心を痛める (um j⟨et⟩⁴ 人⟨物⟩⁴のことで). ❷ 他《古》(人⁴を)ひどく悲しませる.

＊**'harm·los** ['harmlo:s ハルムロース] 形 **1** 悪意(他意，底意)のない，無邪気な. ein ~*er* Scherz ぎわじゃない冗談. **2** (a) 害(危険)のない，無害の. ein ~*es* Schlafmittel 副作用のない睡眠薬. (b)（病気などが）軽い.

'Harm·lo·sig·keit ['harmlo:zɪçkaɪt] 囡 -/-en 無害であること，安全性；悪気のなさ，無邪気.

Har·mo·nie [harmo'ni:] 囡 -/-n [..'ni:ən] (*gr.* harmonia , Verbindung, Ebenmaß') (↔ Disharmonie) **1**『音楽』和音，和声. **2** 調和，ハーモニー；和合，融和. **3**『哲学』=Sphärenharmonie

Har·mo·nie·leh·re [harmo'ni:le:rə] 囡 -/-n《音楽》**1**《複数なし》和声学. **2** (ある作曲家・音楽学者の唱える)和声理論.

Har·mo·ni·en¹ [harmo'ni:ən] Harmonie の複数.

Har·mo·ni·en² [har'mo:niən] Harmonium の複数.

har·mo·nie·ren [harmo'ni:rən] 自 (↔ disharmonieren) **1** 調和する (mit et³ 物³と); 和音(和声)をなす. **2** 仲良くやっていく，仲が良い(mit j³ 人³と).

Har·mo·nik [har'mo:nɪk] 囡 -/《音楽》**1**《古》和声学. **2** 和声，和声法.

Har·mo·ni·ka [har'mo:nika] 囡 -/-s ⟨..ken [..kən]⟩ **1** グラスハーモニカ；ハーモニカ；アコーディオン，バンドネオン. auf der ~ spielen⟨blasen⟩ アコーディオンを奏でる(ハーモニカを吹く). Das spielt keine ~《話》そんなことは大したことではない. **2**（車両連結部の）幌(ﾎﾛ).

har·mo·nisch [har'mo:nɪʃ] 形 (*gr.*) **1** 調和(つり合い)のとれた；協調(融和)的な. ein ~*er* Charakter 調和のとれた性格. eine ~ Familie 円満な家庭. Die Feier verlief sehr ~. 祝賀会はとてもなごやかに進行した. **2**《音楽》和声学上の. ~*e* Reihe 倍音列. **3**《数学・物理》~*e* Bewegung ⟨Schwingung⟩ 調和振動，単振動. ~*e* Funktion 調和関数.

har·mo·ni·sie·ren [harmoni'zi:rən] 他 **1** eine Melodie ~《音楽》旋律に和音をつける. **2** 調和さ

Harmonium

せる、調整する.
Har´mo·ni·um [har´moːniʊm] 中 -s/..nien 《楽器》ハーモニウム(リードオルガン属の鍵盤楽器).
Harn [harn] 男 -[e]s/-e 《生理》尿. ～ lassen 排尿する, 放尿する.
'**Harn·bla·se** 女 -/-n 《解剖》膀胱(ぼうこう).
'**Harn·drang** 男 -[e]s/《強い》尿意.
'**Harn·fla·sche** 女 -/-n 溲瓶.
'**Har·nisch** [´harnɪʃ] 男 -[e]s/-e **1** 鎧(よろい), 甲冑(かっちゅう). den ～ anlegen 鎧兜を身につける. j⁴ in ～ bringen 人⁴を激怒させる. in ～ kommen 激怒する, かっとなる (über et⁴ 事⁴に). **2** 《地質》鏡肌, すれ肌. **3** 《紡織》(ジャカード織機の)通糸(つうし).
'**Harn·lei·ter** 男 -s/-《解剖》尿管.
'**Harn·ruhr** 女 -/《話》尿崩症; 糖尿病.
'**Harn·säu·re** 女 -/《生化学》尿酸.
'**Harn·stoff** 男 -[e]s/《生化学》尿素.
'**harn·trei·bend** 形 利尿作用のある. ～es Mittel 《薬学》利尿剤.
'**Harn·ver·gif·tung** 女 -/-en《病理》尿毒症.
Har·pu´ne [har´puːnə] 女 -/-n (fr.) **1** (捕鯨用の)銛(もり); 籍(やす). **2** 《紡織》(自動織機の)横糸を織込む金具. **3** 《ほや》(ゴールキーパーから最前線にいる味方選手へのロングパス.
Har·pu´nier [harpu´niːr] 男 -s/-e 銛(もり)を投げる人, 捕鯨砲手.
har·pu´nie·ren [harpu´niːrən] 他 (物⁴に)銛(もり)を射る(射って捕える).
Har·py´ie [har´pyːjə] 女 -/-n (gr.) **1** 《ギ神話》ハルピュイア(女の顔に鳥の姿をした怪物). **2** 《比喩》強欲漢. **3** 《鳥》おうぎわし(中南米産の大わし). **4** 《紋章》ハルピュイアの図柄の紋章.
'**har·ren** [´harən] 自 《雅》(et⟨j⟩² / auf et⟨j⟩⁴ 物⟨人⟩²,⁴ を)待ちわびる, 待ち望む. Diese Aufgabe harrt noch der⟨ihrer⟩ Lösung. この一件はいずれ解決しなければならない. 《中性名詞として》Hoffen und Harren macht⟨hält⟩ manchen zum Narren. 《諺》待ってばかりいても始まらぬ.
harsch [harʃ] 形 **1** 氷のように冷たい; 凍りついた. ～er Schnee 氷結した雪. **2** 《雅》無愛想な, ぶっきらぼうな.
Harsch 男 -[e]s/ クラスト, アイスバーン.

hart [hart ハルト] härter, härtest **1** (a) 硬い, 固い. ein ～er Bleistift 芯の硬い鉛筆. ein ～es Ei 固ゆでの卵. ～er Gaumen《解剖》硬口蓋. ein ～en Kopf⟨Schädel⟩ haben《比喩》頭が固い, 頑固である. einen ～en Leib haben 便秘している. (b) (水・X 線などが)硬性の, 硬質の. ～es Wasser 硬水. **2** (a) 逞(たくま)しい, 頑強な, しっかりした, タフな. ～e Burschen 屈強な野郎ども. ein ～er Hund 《俗語》扱いにくい犬. ein ～er Mann タフガイ. ～ bleiben 譲らない, 動じない. im Nehmen sein 《俗》打たれ強い; 《比喩》逆境に強い. (b) (通貨が)安定している. eine ～e Währung《経済》(軟貨に対して)硬貨.
3 きびしい, 情容赦のない, 冷酷(非情)な. ein Gesetze きびしい法律. mit ～er Hand 手きびしく, 強硬手段で. ein ～es Herz haben 思いやりがない, 冷酷(非情)である. ein ～es Spiel《スポーツ》きびしいプレー. eine ～e Strafe 厳罰. ～ gegen j⁴ sein 人⁴に対してきびしい, 冷たい. Es geht ～ auf ～. (交渉・議論・事態などが)きびしい局面になる.
4 つらい, 苦しい, 苛酷な. ～e Arbeit つらい仕事.

ein ～es Los⟨Schicksal⟩ 苛酷な運命. j³ gegenüber einen ～en Stand haben 人³に対してつらい立場にある, 強いことが言えない. ～e Zeiten hinter sich haben 苦しい時代を経験している. Es kommt mich ～ an, dir das zu sagen. 君にこんなことを言うのはつらい.
5 激しい, 猛烈な; どぎつい, けばけばしい; 濃度の高い ein ～er Aufprall⟨Kampf⟩ 激突〈激闘, 激戦〉. eine ～e Aussprache 耳障(みみざわ)りな(ぎくしゃくした)発音をする. ～e Farben けばけばしい色合い. ～e Getränke 強い酒. ein ～er Konsonant《音声》無声子音. ein ～es Negativ《写真》硬調のネガ. ein ～er Schlag 痛撃. ～er Wein 酸味(渋味)の勝ち過ぎたワイン. ～ aneinander geraten 激しく殴り〈のの〉し〉り合う. j⁴ ～ am Arm packen 人⁴の腕をきつくつかむ.
6 《副詞的用法で》すぐそばに, きわに, ぎりぎり(すれすれ)に. ～ an et³ vorbei 物³のすぐ脇を通って. ～ an et³ grenzen 物³と境を接している; (と)紙一重である. ～ an der Grenze des Erlaubten 許容限度ぎりぎりの. ～ am Wind segeln (船員)(帆船が)詰め開きで走る. j³ auf den Fersen folgen (sein) 人³のすぐ後をつける, (の)後にぴたっとくっつく.
◆↑hart gekocht, hart gesotten
'**Hart·blei** 中 -[e]s/《工学》硬鉛.
*'**Här·te** [´hɛrtə ヘルテ] 女 -/-n **1** 硬さ, 硬度. die ～ der Strahlung 放射線の硬度(透過力). die ～ des Wassers 水の硬度. ein Stein von großer ～ 非常に堅い石. **2** 逞(たくま)しさ, 頑強さ; (通貨の)安定性. Den Spielern fehlt noch die nötige ～. 選手たちにはまだ必要なタフネスが無い. **3** きびしさ, 冷酷, 非情; つらさ, 苛酷. die ～ des Gesetzes⟨der körperlichen Arbeit⟩法のきびしさ(肉体労働のつらさ). mit rücksichtsloser ～ 情容赦なく. **4** (色彩などの)どぎつさ, (対立・矛盾などの)激しさ. **5** つらい(苦しい)状態; 不当な措置(そち). **6** Das ist die ～! 《話》これはすごい; これはあんまりだ.
'**Här·te·fall** 男 -[e]s/ ²e (法規の厳正な適用が招いた)ひどい社会的不公平のケース(またその当該者).
'**Här·te·grad** 男 -[e]s/-e 《金属・水などの》硬度.
'**här·ten** [´hɛrtən] **①** 硬くする; 固める; (体などを)鍛える; 《冶金》(物⁴に)焼きを入れる; 《化学》(脂肪を)硬化させる. **②** 自 ((sich)) 硬くなる; 固まる.
'**Här·te·pa·ra·graph** 男 -en/-en《法制》苛酷条項 (Härtefall を緩和する条項).
'**Här·ter** [´hɛrtər] 男 -s/-《化学》硬化剤.
'**Här·te·ska·la** 女 -/..len [..lən]《鉱物》鉱物の硬度.
'**Hart·fa·ser·plat·te** 女 -/-n 硬質繊維板.
'**hart ge·kocht**, °'**hart ge·kocht**《付加語的用法のみ》(卵が)固ゆでの.
'**Hart·geld** 中 -[e]s/ (↔ Papiergeld) 硬貨, 貨幣.
'**hart ge·sot·ten** [´hartgəzɔtən] 形《話》《副詞的には用いない》冷酷な, 無情な, 頑固な, 度しがたい.
'**hart ge·sot·ten**, °'**hart ge·sot·ten**² 《古》= hart gekocht
'**Hart·glas** 中 -es/ 硬質ガラス.
'**Hart·gum·mi** 中 -s/ (Ebonit) 硬質ゴム.
'**Hart·guss** 男 -es/《冶金》冷硬鋳造(ちゅうぞう), 膚(はだ)入れ; 冷硬(チルド)鋳物(いもの).
'**hart·her·zig** 形 思いやりのない, 薄情な, 冷たい.
'**Hart·her·zig·keit** 女 -/-en 《複数稀》思いやりのない態度, 薄情.
'**Hart·holz** 中 -es/²er (↔ Weichholz) 硬材, 堅木(か

な・黒檀など).
hart・hö・rig [..hø:rɪç] 形 **1**《古》難聴の. **2**(人の言うことに)耳を貸さない、聞く耳を持たない.
Hart・kä・se 男 -s/-《食品》(水分55%以下の硬質チーズ.
hart・köp・fig ['hartkœpfɪç]《地方》**1** 頭の固い、呑込みの悪い. **2** 頑固な、強情な.
hart・lei・big [..laɪbɪç] 形《副詞的には用いない》《古》**1** 便秘の. **2** 物惜しみをする、けちな.
Härt・ling ['hɛrtlɪŋ] 男 -s/-e **1**《地質》堅牢残丘. **2**《冶金》錫(ネネ)の鉱滓(ゲッ), (溶鉱炉の底に残った)鉱滓塊. **3**《古》未熟な果物(とくにぶどう).
Hart・lot 中 -[e]s/-e《工学》硬質はんだ, 硬鑞(ネネ).
Hart・mann ['hartman] **❶**《男名》ハルトマン. ~ von Aue ハルトマン・フォン・アウエ(1160頃-1210頃、中世ドイツの宮廷叙事詩人). **❷** 男 -[e]s/-er《戯》山高帽.
hart・mäu・lig ['hartmɔʏlɪç] 形 馬銜(ネネ)の利きにくい, 手綱さばきのむつかしい;《比喩》強情な.
Hart・me・tall 中 -s/-e 硬質合金.
hart・nä・ckig ['hartnɛkɪç ハルトネキヒ] 形 頑固な、強情な;ねばり強い、しぶとい;(病気が治りにくい.
Hart・nä・ckig・keit 女 -/ 頑固(強情)さ, ねばり強さ, しぶとさ;《心理》固執.
Hart'schier [har'tʃi:r] 男 -s/-e (it.)《歴史》(バイエルン王国の)近衛兵.
Hart・spi・ri・tus 男 -/-《燃料用》固形アルコール.
Har・tung ['hartoŋ] 男 -s/-e《複数まれ》《古》1月. ◆11月, 12月を指すこともある.
Här・tung ['hɛrtoŋ] 女 -/-en 硬化;《冶金》焼き入れ.
Harz¹ [ha:rts] 中 -/-《地名》ハルツ(ドイツ中央部の山地, 最高峰は Brocken).
Harz² 中 -es/-e《植物》脂(ネネ), 樹脂(とくに針葉樹の).
har・zen ['ha:rtsən] **❶** 自 **1**(木や樹脂を分泌する、やにを出す. **2**《ネネ》(物事が)うまく捗(ネネ)らない. **❷** 他 **1**《林業》(木から)樹脂を採る(樹皮に傷をつけて). **2**(物に)樹脂を塗る.
Har・zer ['ha:rtsər] **❶** 男 -s/- **1**(ハルツの住民、出身の人). **2** ハルツ産のチーズ. **❷** 形《不変化》ハルツの.
har・zig ['ha:rtsɪç] 形 **1** 樹脂の;樹脂を含んだ. **2** 樹脂でねばっいた. **3**《ネネ》はかどらない.
Ha'sard [ha'zart] 中 -s/ (fr.) ばくち. ~ spielen 軽はずみなことをする, 一か八かの賭(ネネ)に出る.
Ha・sar'deur [hazar'dø:r] 男 -s/-e (fr.) 賭博師;《比喩》《俗》一発勝負をする人, 勝負師.
ha・sar'die・ren [hazar'di:rən] 他 賭博する;《比喩》《俗》一発勝負をする.
Ha'sard・spiel 中 -[e]s/-e =Hasard
Hasch [haʃ] 中 -s/《話》=Haschisch
Ha'schee [ha'ʃe:] 中 -s/-s (fr.)《料理》挽き肉(料理).
ha・schen¹ ['haʃən] **❶** 他 さっと掴(ネネ)まえる. 《相互代名詞として》Die Kinder haschten sich. 子供たちは鬼ごっこをしている. 《中性名詞として》 Haschen spielen 鬼ごっこをする. **❷** 自 (nach et³ 物に)さっと手を伸ばす, (を)すばやく掴もうとする. nach Beifall ~ 必死に受けを狙う.
ha・schen² 自《話》ハシシュを吸う.
Häs・chen ['hɛ:sçən] 中 -s/- (Hase の縮小形) 小兎. Mein ~!(子供などへの呼掛けて)ねえお前.
Ha'scher ['haʃər] 男 -s/- ハシシュを吸う人, ハシシュ常習者.

'**Ha・scher**² 男 -s/-《ネネ》哀れな(気の毒な)やつ.
'**Hä・scher** ['hɛʃər] 男 -s/-《古》**1** 廷吏. **2** 追手.
ha'schie・ren [ha'ʃi:rən] 他 (fr.)《料理》(肉を細かく切る, きざむ;ひき肉にする.
'**Ha・schisch** ['haʃɪʃ] 中 -[s]/ (arab.) ハシッシュ(インド大麻からつくる麻薬).
*'**Ha・se** ['ha:zə ハーゼ] 男 -n/-n **1** 野兎(類);(一般に)兎;《地方》家兎. Er ist furchtsam wie ein ~. 彼は兎のように臆病だ. Man soll nicht zwei ~n auf einmal jagen.《諺》兎を追うべからず. wo sich³ Fuchs und ~ gute Nacht sagen《話》狐か狸の出そうな(人里離れた、辺鄙な)所に. Da liegt der ~ im Pfeffer.《話》そこに問題(難点)がある, 原因はそこだ. wie der ~ läuft《話》事の成行き, 先の見通し. wissen, wie der ~ läuft《話》事情に明るい. ein alter ~ sein ベテランである(in et³ 事では). armer ~《話》哀れなやつ. kein heuriger ~ [mehr] sein 昨日今日の駆け出しじゃない. den ~n laufen lassen《話》金を湯水のように使う. einen ~n machen《話》ずらかる. wie ~ tun《話》馬鹿(無知)をよそおう. **2**《話》(a) 兎の焼肉料理. falscher ~《料理》(Hackbraten) ミートローフ. (b) 兎の毛皮. **3** der ~ 《天文》兎座. **4** Mein Name ist ~, [ich weiß von nichts]. 私は何も知りません. ▶ 1854 Heidelberg の学生 Victor von *Hase* が決闘相手を殺した友人の逃亡を助けるため学生証を悪用した廉(ネネ)で法廷に立った時の科白(ネネ), と言われている.
'**Ha・sel** ['ha:zəl] 女 -/-n =Haselnuss 1
'**Ha・sel・huhn** 中 -[e]s/-er えぞらいちょう(蝦夷雷鳥).
'**Ha・sel・maus** 女 -/-e《動物》ヨーロッパやまね.
'**Ha・sel・nuss** 女 -/-e《植物》**1** 榛(ネネ)の木. **2** 榛の実, ヘーゼルナッツ.
'**Ha・sen・brot** ['ha:zən..] 中 -[e]s/-e《戯》(子供たちの土産に持帰った)弁当の食べ残しのパン.
'**Ha・sen・fuß** 男 -es/-e《話》臆病者, 小心者.
'**Ha・sen・herz** 中 -ens/-en =Hasenfuß 格変化は Herz 参照.
'**Ha・sen・klein** 中 -s/《料理》(首・足・肋のついた)兎の臓物;兎のモツ煮込み.
'**Ha・sen・pa・nier** 中《次の用法でのみ》das ~ ergreifen《話》一目散に逃げる(逃げる兎の尾が旗のように立つところから).
'**Ha・sen・pfef・fer** 男 -s/-《料理》兎のモツしょう煮込み.
'**ha・sen・rein** 形 **1**《猟術》(猟犬が)兎を嗅ぎつけるが命令なしには追わないように仕込まれた. **2** nicht ganz ~《話》疑わしい, あやしい.
'**Ha・sen・schar・te** 女 -/-n《医学》兎唇(ネネ).
'**Hä・sin** ['hɛ:zɪn] 女 -/-nen 雌の野兎. ↑Hase
'**Has・pe** ['haspə] 女 -/-n《窓・ドアなどの》掛け金.
'**Has・pel** ['haspəl] 女 -/-n (男 -s/-) **1**《鉱業・海事》巻揚げ機, ウィンチ. **2**《紡織》桛(ネネ)枠, 紡車(ネネ). **3**《製革》染色桶, たいこ. **4**《冶金》(ワイヤなどの)巻き枠. **5**《農業》(脱穀機の側についている)巻き取り装置.
'**has・peln** ['haspəln] **❶** 他 (ウィンチなどで)巻揚げる;(リールなどに)巻取る. **❷** 自《話》せかせか話す, せわしなく働く.
*'**Hass**, °**Haß** [has ハス] 男 -es/ 憎しみ, 憎悪;《話》憤激. einen mächtigen ~ bekommen《話》むかっ腹をたてる. [einen] ~ auf (gegen) j⁴ haben《話》人⁴にむかむかする. ~ bei j³ schüren 人³の憎しみをかきたてる. sich³ j²~ zuziehen 人²の恨みを買う. aus ~ 憎しみから.

ˈhas·sen [ˈhasən ハセン] ❶ 他 憎む; (ひどく嫌う), いやがる。 ~ bis auf〈bis in〉 den Tod ~ をとことん憎む. Er *hasst* es, über sein Privatleben ausgefragt zu werden. 彼は私生活について根掘り葉掘り聞かれるのをいやがる. ❷ 自《猟師》(猛禽などが)襲う.

ˈhass·ensˌwert 形 憎むべき.

ˈhassˌerˌfüllt 形《比較変化なし》憎しみのこもった, 憎悪にみちた.

*ˈ**häss·lich** [ˈhɛslɪç ヘスリヒ] 形 **1** 醜い, 醜悪な. ein ~es Gesicht 醜い顔. ~ wie die Nacht〈die Sünde〉 ひどく醜い. **2** 不快な, いやな. eine ~e Angelegenheit いやな(厄介な)用件. ein ~es Wetter いやな天気. **3** 下品な, 卑しい; きたならしい; 意地悪な. einen ~en Charakter haben いやな性格をしている. ~ schimpfen 口ぎたなくののしる. zu j³ ~ sein 人³に意地悪(いやなこと)をする. ~ von j³ sprechen 人³のことを悪しざまに言う. **4** 《klein und hässlich の形で》 klein und ~ dastehen〈werden〉《戯》しょんぼり立っている〈しゅんとなる〉.

ˈHässˌlichˌkeit 女 -/-en **1**《複数なし》醜さ, 醜悪さ. **2** 下卑た(醜い)言動.

ˈHassˌliebe 女 -/ 愛憎相半ばする感情.

hast [hast] haben の現在 2 人称単数.

***Hast** [hast] 女 -/ (大)急ぎ, せわしさ. die ~ des Alltags 日々の慌(あわ)ただしさ. in〈mit〉 ~ 大急ぎで, せわしなく. ohne ~ あわてずに, ゆっくり.

ˈhas·te [ˈhastə]《話》(hast du) [was] ~, was kannste 大急ぎで. *Haste* was, biste was.《金を持ってる人間には名声もついてくる. ◆♦ haben ⑬ 13

ˈhas·ten [ˈhastən] 自 (s) 急ぐ, 急いで行く. von Termin zu Termin ~ 期限に追われて駆けずり回る(せわしなく働く).

*ˈ**has·tig** [ˈhastɪç ハスティヒ] 形 せかせかした, 慌(あわ)ただしい. ein ~er Zettel 走り書きのメモ.

hat [hat] haben の現在 3 人称単数.

ˈhät·scheln [ˈhɛːtʃəln]《話》**1** (犬・猫・子供などを)愛撫する. **2** (人)をちやほやする, (の)ご機嫌をとる. **3** (計画などに)執着する.

hatˈschi [haˈtʃiː, ˈhatʃi] 間 *Hatschi*! はくしょん.

ˈhat·te [ˈhatə] haben の過去.

ˈhät·te [ˈhɛtə] haben の接続法 II.

ˈHatˌtrick [ˈhɛttrɪk] 男 -s/-s 《*engl.*》《ハット・トリック》ハットトリック;《野球》サイクルヒット.

Hatz [hats] 女 -/-en **1**《猟師》(Hetzjagd) 追い込み猟. **2** (犯人などの)追跡;《話》(異端者・異人種などへの)迫害. Kommunisten*hatz* 赤狩り. die ~ auf die Juden ユダヤ人迫害. **3** (何かを取合う)駆けっこ, 大騒ぎ.

Hau [hao] 男 -[e]s/-e **1**《林業》(共有林での)伐採権; 伐採区域. **2** (↑hauen) 一撃. einen ~ haben《卑》頭がおかしい.

ˈHäubˌchen [ˈhɔʏpçən] 中 -s/- 《Haube の縮小形》 **1** 小さい帽子(頭巾), キャップ. **2**《製本》(本の背の)花飾り(ヘドバン)カバー.

ˈHau·be [ˈhaobə] 女 -/-n **1** 頭巾, ボンネット, キャップ(多く既婚女性の被り物). j⁴ unter die ~ bringen 《戯》人⁴(とくに女性)を結婚させる. unter die ~ kommen《戯》結婚する(とくに女性が). unter der ~ sein《戯》結婚している. **2**《歴史》兜(かぶと);《南ドイツ・オーストリア》 (とくに子供用の)縁なし帽子. **3** Schwesternhaube) 看護婦帽; (Nonnenhaube) (修道女の)コイフ. **3** 覆い, フード; 蓋(ふた); (Motorhaube) (車の)ボンネット; (ポット用)保温カバー; (Fliegenhaube) 蝿除け(Trockenhaube) (美容員の)ドライヤー. **4**《建築》(Kuppel) 丸屋根, 円蓋(えんがい). **5**《狩猟》(鷹狩用の鷹に被せる)目隠し; (野生動物捕獲用の)袋網. **6**《動物》(Schopf) 羽冠;《解剖》(Netzmagen) 蜂巣胃, 網胃. **7**《数学》球冠.

ˈHauˌbenˌlerˌche 女 -/-n《動物》かんむりひばり. **2**《戯》修道女.

ˈHauˌbitˌze [haoˈbɪtsə] 女 -/-n (*tschech.*)《軍事》榴弾砲. voll wie eine ~ sein《卑》ぐでんぐでんに酔っている.

***Hauch** [haox ハオホ] 男 -[e]s/-e《複数まれ》 **1**《雅》吐く息. den letzten ~ von sich³ geben 息を引きとる. **2**《雅》(風の)そよぎ, そよ風. **3**《雅》(香水などの)かすかな香り, 香気. **4** かすかな(ほのかな)痕跡; 気配, そこはかとない雰囲気. der ~ eines Lächelns ほのかな笑み. ein ~ des Orients かすかに東洋的な雰囲気. einen ~ [von] Rouge auftragen うっすらと紅をさす. ein ~ von Schwermut 一抹(いちまつ)の憂愁.

ˈhauchˈdünn [ˈhaoxˈdyn] 形《比較変化なし》 **1** ごく薄い. **2** かろうじての. ein ~er Sieg 冷汗ものの勝利.

ˈhau·chen [ˈhaoxən] ❶ 自 **1** (強く)息を吐く, 息を吹きかける. an〈gegen〉 die gefrorenen Fensterscheiben ~ 凍(こお)ってついた窓ガラスに息を吹きかける. auf den Spiegel〈in die klammen Finger〉 ~ 鏡〈かじかんだ指〉に息を吹きかける. **2**《雅》(風のように)漂う, そよぐ. Da *hauchte* ein wunderbares Gefühl durch meine Seele. すると不思議な感覚が私の心をそっと吹きぬけた.

❷ 他 **1**《雅》(聞きとれぬほどの小声で)ささやく, (そっともらす. j³ et⁴ ins Ohr ~ 人³に事をそっと耳うちする. **2** 息を吹きかけてくる. ein Guckloch in eine vereiste Scheibe ~ 氷結した窓ガラスに息を吹きかけて覗き穴をつくる. j³ einen Kuss auf die Stirn ~ 人³の額にそっとキスをする. **3**《雅》(臭い・ガスなどを)吐き出す, 発散させる. Je wärmer es wird, desto frostigere Nebel *haucht* das Moor. 暖かくなるにつれて沼地にたちこめる霧はいよいよ冷たくなってくる. **4**《音声》気音を伴って発音する.

ˈHauchˌlaut 男 -[e]s/-e《音声》(Aspirata) 気音.

ˈhauchˌzart [ˈhaoxˌtsaːrt] 形《比較変化なし》ごく繊細な; (織物などが)透けるほど薄い.

ˈHauˌde·gen [ˈhaodeːgən] 男 -s/- **1** 両刃の剣. **2** 歴戦の勇士, 古強者(ふるつわもの).

ˈHaue [ˈhaoə] 女 -/-n **1**《南ドイツ・オーストリア・スイス》鍬(くわ), 斧(おの). **2**《複数なし》《話》殴打(なぐ)[げ].

*ˈ**hau·en***) [ˈhaoən ハオエン] haute(まれ hieb), gehauen(まれ gehaut) ❶ 他 **1** (schlagen) ぶつ, 叩く, 殴る. Ich *haue* keine Kinder. 私は子供は叩かない. Ehe ich mich ~ lasse! 《話》(食べることを強要されて)そうまで仰しゃるなら頂きます. j³ den Buckel〈die Jacke〉 voll ~ 人³を散々殴りつける. j³ den Hintern voll ~ 人³の尻をひっぱたく. einen Nagel in die Wand ~ 壁に釘を打込む. eine Zigarette zwischen die Zähne ~ タバコを口にくわえる. 《結果を示す状況語と》j⁴ braun und blau〈grün und blau〉 ~ 人⁴をあざ(痣)のできるほどひどく殴る. j⁴ krumm und lahm ~ 人⁴をぶちのめす. et⁴ in Stücke ~ 物を打ち砕く, 粉々に叩き壊す. j⁴ zu Brei ~《話》人⁴を手ひどく殴る. j⁴ zu Mus ~《話》人⁴をぶちのめす. 《目的語が道具・手段を示して》j³ eine Bierflasche auf den Kopf ~ 人³の頭をビール壜(びん)で殴る. j³ eine〈ein paar〉

hinter die Ohren ～ 人³にびんたを〈往復びんたを〉くわす。j³ eins über den Schädel ～ 人³の頭に一発お見舞いを。einem Schüler das Heft um die Ohren ～ 生徒の横っ面をノートで撲(な)る。
2 叩いてつくる(つくり出す)、打ってこしらえる; 彫る、刻む。eine Büste aus〈in〉Marmor ～ 大理石で胸像を彫刻する。Feilen ～ ヤスリを刻む(つくる)。ein Loch ins Eis ～ 氷に穴をあける。j³ ein Loch in den Kopf ～ 人³の頭を殴って裂傷を負わせる。einen Schacht ～ 縦坑を掘る。
3 《地方》(木を)切倒す、(森林を)伐採する、(草・穀物を)刈る、(鉱石を)切出す、(肉・骨を)ぶつ切りにする、(薪(まき)を)割る。Holz ～ 薪を割る; 木材を伐り出す。
4 (a) 放り投げる、叩きつけ(投げ)つける。Er *haute* die Mappe auf den Tisch〈gegen die Wand〉. 彼は鞄を机の上に放り出した〈壁に向かって投げつけた〉。das [ganze] Geld auf den Kopf ～ 有り金をじゃんじゃん使ってしまう(蕩尽(とうじん)する)。die erhöhten Steuern auf die Preise ～ 《話》増税分を価格に上乗せする。Eier in die Pfanne ～ 《話》卵をフライパンに落す。j³ in die Pfanne ～ 《話》人³をやっつける; (に)お灸(きゅう)をすえる。einen [Fuß]ball ins Tor ～ シュートをたたきこむ。Das hat mich [fast] vom Stuhl *gehauen*. これには私もまげた。(再帰的に) *sich*⁴ aufs〈ins〉Bett ～ 寝床に倒れて寝る〈ベッドにもぐりこむ〉。*sich*⁴ aufs Ohr ～ 《話》横になる。*sich*⁴ in einen Sessel ～ 安楽椅子に腰かける(倒れる)ように座りこむ。(b) 書きなぐる、走り書きする。*seinen* Namen unter das Protokoll ～ 議事録の下にさっとサインをする。
5 《猟師》(獣が牙などで)突っかかる、食い破る。
❷ 自 (h, s) **1** (h) ぶつ、叩く、殴る、打ち(斬り)かかる。Ärgerlich *haute* er an die Wand〈mit der Faust auf den Tisch〉. 腹立たしげに彼は壁を〈こぶしで机を〉叩いた。j³ [nach j³] ～ 人³に打ちかかる。j³ auf den Magen ～ (食物が)人³に胸やけを起す、(の)胃に重くもたれる。auf die Pauke ～ どんちゃん騒ぎをする; 大風呂敷を広げる。j³〈まれ j³〉auf die Schulter ～ 人³,⁴の肩を叩く、auf〈in〉die Tasten ～ ピアノ(の鍵盤)を乱暴に叩く。j³〈まれ j³〉ins Gesicht ～ 人³,⁴の顔を殴る。j³ übers Maul ～ 人³の発言(口)を封じる。um *sich*⁴ ～ 手当たりかまわず殴りかかる。
2 (s) ぶつかる、突きあたる。Der Regen *haut* ans Fenster. 雨が窓を打つ。mit dem Fuß an〈gegen〉einen Stein ～ 石に蹴つまずく。aufs Gesicht ～ばったりうつ伏せに倒れる。Das Flugzeug *haute* in den Acker. 飛行機が畑に突っこんだ。
3 (h) 《古》〔突〕打ちこむ、(↑ stechen)。《過去分詞で》Das ist nicht *gehauen* und nicht *gestochen*. 《話》これはどっちつかずだ、これはちゃんとしたしろもの(まともな出来)じゃない(本来、刺されたか切り割られたか判然としないまで剣さばきを意味するフェンシング用語)。Das ist *gehauen* wie *gestochen*. 《話》それは相変わらず(旧態依然)だ。Hier weiß man nicht, was *gehauen* und *gestochen* ist. ここはさっぱりわけが分からない(かいもく見当がつかない)。《中性名詞として》Da gibt es *Hauen* und *Stechen*. 大喧嘩が始まっている。auf *Hauen* und *Stechen* mit j³ stehen ～ 人³といがみ合っている(犬猿の仲である)。
4 (h)《学生》筆太の男性的な字を書く。
5 (h)《地方》Es *haut*. うまくいく、成功する。Das *haut* [in die Äpfel]. 思うつぼだ。Das *haut* richtig. これは好都合だ(ありがたい)。
❸ 再 ⟨sich⟩ **1** *sich* mit j³ ～ 人³と殴り合う。

2 *sich* ⟨sich³ einen Weg⟩ durch et⁴ ～ (道をきりひらいて・掻き分けながら)物⁴のなかを突き進む。
3 *sich* an et³ ～ 物³にぶつかる。
◆過去形はふつう haute. hieb は文章語として、とくに武器・戦争などに関する叙述において用いるにすぎない。過去分詞は、方言を別にすれば gehauen.

'Hau・er ['haʊɐ] 男 -s/- 《猟師》雄の猪の下の牙(きば)。**2**《南ダ・オースト・チロル》ぶどう園経営者; ぶどう園労働者。**3** = Häuer.

'Häu・er ['hɔyɐr] 男 -s/-《鉱業》先山(さきやま)鉱員、採炭夫。

'Häuf・chen ['hɔyfçən] 中 -s/- (Haufen の縮小形) (砂などの)小さな山、ほんの一握り(の…); 《話》糞。wie ein ～ Elend〈Unglück〉《話》すっかりしょげて、しゅんとなって。nur noch ein ～ Elend〈Unglück〉sein《話》(病気・年令などで)やつれ果てている。ein ～ machen (子供・犬などが)うんちをする。

'Hau・fe ['haʊfə] 男 2 格 -ns, 3 格 -n, 4 格 -n, 複数 -n《古》= Haufen 1

'häu・feln ['hɔyfəln] 他 **1**《農業》(じゃがいもなどの)根元に土寄せをする。**2**（干し草・砂などの）小さな山にする。

*'**Hau・fen** ['haʊfən ハオフェン] 男 -s/- **1** (a) (積まれてきた)山、堆積、～ ～ ～ machen 山と積む。ein Getreide〈Kartoffeln〉～ 穀物〈じゃがいも〉の山。ein ～ faulender〈faulende〉Orangen 腐りかけたオレンジの山。an einem ～ liegen〈sitzen〉《話》山となっている。Schmutz auf einen ～ kehren ごみを掃き寄せて山にする。Heu auf〈in〉～ setzen 干し草の山をつくる。Brennholz in〈zu〉～ stapeln 薪(まき)を山と積み上げる。j⁴ über den ～ fahren〈rennen〉人⁴を車をはねる〈人⁴にぶつかって突倒す〉。j⁴ über den ～ schießen 人⁴を情容赦なく射殺する。et⁴ über den ～ werfen〈stoßen〉事⁴(計画など)をひっくり返して、ご破算(おじゃん)にする。(b)《隠》糞。einen ～ machen 糞をする。(c)《醸造》(脱穀場に蓄えられた)大麦の山。**2** たくさん、大量、多数。einen ～ Arbeit〈Schulden〉haben 山ほど仕事〈借金〉を抱えている。Das kostet einen ～ Geld. それはひどく値が張る。**3** (a) (人・動物の)群れ。ein ～ Kinder 子供たちの群れ。ein ～ Neugierige[r] 大勢の野次馬連。auf einen〈einem〉～ となって、in hellen〈dichten/ganzen〉～ 大挙して、どっと。zum großen ～ gehören 群集の中の1人(ありきたりの人間)である。(b) 連中〈特殊な〉仲間、一味、連中。in einen üblen ～ hineingeraten 悪い連中の仲間になる。**4**《兵隊》部隊(とくに傭兵の)。zum alten ～ fahren《古》《隠》死ぬ。

'häu・fen ['hɔyfən] 他 ❶ 山と積む; どんどん溜める(ふやす)。Schuld auf Schuld ～ 借金を重ねる。zwei gehäufte Teelöffel Zucker ティー・スプーンに山盛り2杯分の砂糖。❷ 再 ⟨sich⟩ (sich¹)。

'Hau・fen・dorf 中 -[e]s/=er 塊村(かいそん)(民家が雑然と犇(ひし)めき合っている村落)。

'Hau・fen・wei・se 副 山になって; どっさり、たくさん。

'Hau・fen・wol・ke 女 -/-n《気象》積雲。

Hauff [haʊf]《人名》Wilhelm ～ ヴィルヘルム・ハウフ (1802-1827, ドイツの童話作家・小説家)。

'häu・fig ['hɔyfɪç ホイフィヒ] 形 たび重なる、頻発する。～ e Besuche たびたびの訪問。Das ist ～ der Fall. そういうことはよくある。

'Häu・fig・keit 女 -/ 頻発;《統計》頻度。

'Häu・fung ['hɔyfʊŋ] 女 -/-en **1** 積上げ、積重ね; 積

上げられた山. 堆積, 蓄積. **2** 頻発.
'**Hau·klotz** 男 -es/-¨e 肉切りまないた; 薪(ﾀｷ)割台.
*'**Haupt** [haupt ハオプト] 中 -[e]s/Häupter《単位 -》《*lat.* caput, Kopf '》**1** (a)《雅》頭, 頭部. das ~ neigen 頭を下げる(垂れる). *sein* graues〈greises/weises〉~ schütteln《話》首を横にふる. das ~ sinken lassen 項垂(ｳﾅ)れる. bloßen〈entblößten〉~*es*/mit bloßem〈entblößtem〉~ 帽子をかぶらないで. erhobenen ~*es*/mit erhobenem ~ 昂然と頭を上げて. eine Reform an ~ und Gliedern 全面的な改革. j' aufs ~ schlagen 人'を完膚(ﾌ)なきまでにやっつける.《**zu Häupten**の形で》zu *Häupten des Bettes*〈*des Toten*〉ベッドの頭の方に〈死者の枕もとに〉. ▶ Häupten は複数 3 格の古形.《頭(ｱﾀﾏ)...の頭の人. ein bemoostes ~《学生》《古》(落第を続けている)古参学生. ein gekröntes ~ 王冠を戴く人, 君主. ein graues ~ 白髪(ｶﾞ)の人, 老人. **2** 長, 長(ｵｻ). das ~ der Familie〈des Staates〉一家の長〈国の元首〉. das ~ der Verschwörung 陰謀の首魁(ﾌｶｲ). das ~ der katholischen Christenheit カトリック教会の首長(ローマ法王のこと). **3**《雅》山頂, いただき. **4**《複数 -》(家畜の数を示して)頭(ﾄｳ). drei ~ Rinder 牛 3 頭. **5**《建築》(積み石塀の)表側の面;《土木》水門の側溝(引出したゲートの端を受ける溝部分).

haupt.., Haupt.. [haupt..]《接頭》「主たる, 中心的な, 最大の」の意を表す. *Haupt*arbeit 本業. *haupt*sächlich まず第一に. *Haupt*werk 代表作.
'**Haupt·ach·se** 女 -/-n《数学·物理》主軸, 対称軸.
'**Haupt·ak·zent** 男 -[e]s/-e《言語》第 1 アクセント. auf et¹ den ~ legen《比喩》事¹をとくに強調する.
'**Haupt·al·tar** 男 -[e]s/-¨e (教会の)中央祭壇.
'**haupt·amt·lich** 形《述語的には用いない》専任の, 常勤の, 本務の.
'**Haupt·au·gen·merk** 中 -[e]s/ *sein* ~ auf et¹〈j'〉richten 物〈人〉にとくに注目する.
'**Haupt·bahn** 女 -/-en (鉄道の)幹線, 本線.
'**Haupt·bahn·hof** 男 -[e]s/-¨e《略 Hbf.》中央駅.
'**Haupt·be·ruf** 男 -[e]s/-e (↔ Nebenberuf) 本職, 本業.
'**Haupt·buch** 中 -[e]s/-¨er《経済》元帳.
'**Haupt·dar·stel·ler** 男 -s/-《映画·演劇》主演俳優(男優). ◆ 女性形 Hauptdarstellerin 女 -/-nen
'**Haupt·ein·gang** 男 -[e]s/-¨e (↔ Nebeneingang) 正面入口, 正門, 表玄関.
'**Häup·tel** ['hɔʏptəl] 中 -s/-[n]《南ﾄﾞ·ｽｲ·ｵｰｽﾄﾘｱ》(キャベツ·レタスなどの)玉.
'**Häup·ter** ['hɔʏptɐr] Haupt の複数.
'**Haup·tes·län·ge** 女 -/- 頭の長さ. j' um ~ übertragen 人'より頭 1 つだけ背が高い.
'**Haupt·fach** 中 -[e]s/-¨er《教育》(↔ Nebenfach) 主要科目, 主攻(学科).
'**Haupt·feld·we·bel** 男 -s/-《軍事》陸軍(空軍)上級曹長.
'**Haupt·fi·gur** 女 -/-en = Hauptperson
'**Haupt·ge·bäu·de** 中 -s/-
'**Haupt·ge·frei·te** 男《形容詞変化》兵長.
'**Haupt·ge·richt** 中 -[e]s/-e《料理》(コース料理の)中心の料理, メーンコース.
'**Haupt·ge·schäft** 中 -[e]s/-e **1** 本店, 本社. **2** 売上がピークとなる時間. **3** 主要取引.
'**Haupt·ge·winn** 男 -[e]s/-e (宝くじ·懸賞などの)1 等.
'**Haupt·haar** 中 -[e]s/《雅》頭髪.
'**Haupt·hahn** 男 -[e]s/-¨e **1** (水道·ガスなどの)元栓 j³ den ~ abdrehen《戯》人³の計画を邪魔する. **2**《古》《学生》リーダー, 親玉, 旗ふり. **3**《猟師》特別大きい雄の大雷鳥.
'**Haupt·kampf·li·nie** 女 -/-n《軍事》最前線.
'**Haupt·leu·te** 複 Hauptmann² の複数.
'**Häupt·ling** ['hɔʏptlɪŋ] 男 -s/-e **1** 會長, 族長, 首長. **2**《戯》親玉, 頭目, 首領.
'**häupt·lings** ['hɔʏptlɪŋs] 副《古》**1** 頭から先に, まっさかさまに. **2** 頭のところに, 枕もとに.
'**Haupt·mahl·zeit** 女 -/-en 1 日のメーンとなる食事
'**Haupt·mann¹** ['hauptman]《人名》Gerhart ~ ゲーアハルト·ハウプトマン(1862-1946, ドイツの劇作家).
'**Haupt·mann²** 男 -[e]s/..leute **1**《軍事》大尉. **2** 隊長, リーダー; 傭兵隊長.
'**Haupt·mas·se** 女 -/-n 大部分, 大多数.
'**Haupt·merk·mal** 中 -[e]s/-e 主たる特徴.
'**Haupt·nen·ner** 男 -s/-《数学》公分母. unterschiedliche Positionen auf einen ~ bringen《比喩》さまざまな異なる立場を 1 つにまとめる.
'**Haupt·per·son** 女 -/-en (芝居·祭·グループなどの)主役, 中心人物.
'**Haupt·por·tal** 中 -s/-e = Haupteingang
'**Haupt·post·amt** 中 -[e]s/-¨er 中央郵便局.
'**Haupt·pro·be** 女 -/-n《演劇》**1** ゲネプロ(Generalprobe) 直前の舞台稽古. **2** ゲネプロ.
'**Haupt·quar·tier** 中 -s/-e《略 H. Qu., HQu》《軍事》司令部.
'**Haupt·rech·nungs·ar·ten** 複《数学》四則計算
'**Haupt·rol·le** 女 -/-n 主役. die ~ in〈bei〉et¹ spielen 事¹で主役を演じる.
*'**Haupt·sa·che** ['hauptzaxə ハオプトザヘ] 女 -/-n (↔ Nebensache) **1** 主要な点(事柄), 要点, 眼目 in der〈zur〉~ として, とりわけ. **2**《法制》(a) (従物に対して)主物. (b) 本案. (c) (従たる物に対して)主たる物.
*'**haupt·säch·lich** ['hauptzɛçlɪç ハオプトゼヒリヒ] 形 **1**《付加語的用法のみ》主(要)な. ▶ 比較変化しないが話し言葉では最上級のみ用いる. die *ste* Frage 最重要問題. **2**《副詞的用法で》とくに, まず第 1 に.
'**Haupt·sai·son** 女 -/-s(ｼﾞｰｿﾝ -en) (観光などの)シーズンの最盛期(まっさかり).
'**Haupt·satz** 男 -es/-¨e **1**《文法》(↔ Nebensatz) 主文(章). **2** (学問上の)基礎的な原則, 法則; 基礎定律, 公理. der erste ~ der Thermodynamik《物理》熱力学の第 1 法則. **3**《音楽》第 1 主題.
'**Haupt·schal·ter** 男 -s/- (電気の)主開閉器, 元スイッチ.
'**Haupt·schlag·ader** 女 -/-n《解剖》大動脈.
'**Haupt·schlüs·sel** 男 -s/- マスターキー.
'**Haupt·schrift·lei·ter** 男 -s/-《古》編集長, 編集主幹.
'**Haupt·schuld** 女 -/- (事故などの)主な責任;《法制》主債務.
'**Haupt·schul·di·ge** 男《形容詞変化》正犯, 主犯.
'**Haupt·schu·le** 女 -/-n 基幹学校(ドイツで Grundschule 修了(4 年生で卒業)後に進む 5 年制の上級学校. オーストリアでは Volksschule の上級第 5-8 年次をいう).
'**Haupt·spei·cher** 男 -s/-《ｺﾝﾋﾟｭｰﾀ》メーンメモリー.

Haupt·stadt ['haʊpt-ʃtat ハオプトシュタト] 囡 -/-e《略 Hptst.》首都.

Haupt·stra·ße ['haʊpt-ʃtraːsə ハオプトシュトラーセ] 囡 -/-n **1** 本通り, 目抜き通り, メーンストリート. **2**〈交通〉(Vorfahrtstraße) 優先道路.

Haupt·stück 回 -[e]s/-e **1** 主要部, 本体(の部分). **2**〈プロテスタント〉ルターの信仰問答書の章, 信仰箇条.

Haupt·sün·de 囡 -/-n〈カトリック〉大罪(傲慢・貪欲・邪淫・嫉妬・飽食・憤怒・怠惰をいう).

Haupt·teil 男 -[e]s/-e 主要(中心となる)部分.

Haupt·ton 男 -[e]s/¨e **1**《音楽》(a)(ターン・トリルなど)装飾された音. (b) (Grundton)(和音の)根音. **2**《韻律》第1アクセント.

Haupt·tref·fer 男 -s/- =Hauptgewinn

Haupt- und 'Staats·ak·ti·on 囡 -/-en《次の用法で》aus et³ eine ～ machen《話》事を大げさに騒がてる. ◆ 原義は, 17世紀後半から18世紀前半にかけてドイツの旅役者たちが演じた歴史的政治的内容のドタバタ喜劇のこと.

Haupt·ver·hand·lung 囡 -/-en《法制》公判.

Haupt·ver·kehrs·stra·ße 囡 -/-n (市内)幹線道路.

Haupt·ver·kehrs·zeit 囡 -/-en ラッシュアワー.

Haupt·ver·samm·lung 囡 -/-en 総会;《経済》株主総会.

Haupt·werk 囲 -[e]s/-e **1** 主要作品, 代表作. **2** 本社工場. **3**《楽器》(オルガンの)主鍵盤.

Haupt·wort 囲 -[e]s/¨er《文法》(Substantiv) 名詞.

hau 'ruck ['haʊ 'rʊk] 圃 Hau ruck!(力を合せて重い物を動かすときの掛け声)せーの, それ, よいしょ.

Haus [haʊs ハオス] 囲 -es/Häuser **1** 家, 家屋. ～ und Hof 家屋敷. ein altes〈neues〉～ 古い〈新しい〉家. ein dreistöckiges ～ 3階建ての家. das irdische ～《雅》肉体. das letzte ～《雅》棺. ein ～ bauen〈umbauen〉家を建てる〈建替える〉. Häuser auf j⁴ bauen《比喩》人⁴に全幅の信頼を置く. ein eigenes ～ besitzen 持ち家がある. Drei Häuser weiter ist eine Post. 3軒先が郵便局です. mit j³ an ～ wohnen 人³と隣合せに住む. von ～ zu ～ gehen 1軒1軒まわる.

2 (a) わが家, 家(2). ～ und Herd 家庭, 所帯. Lieferung frei ～《商業》無料宅配. j³ das ～ einlaufen〈einrennen〉《話》人³の家にうるさく押しかける(足しげく通う). das ～ hüten 留守番をする. ein ～ auf den Kopf stellen《話》家じゅう引っかきまわす. j³ das〈sein〉～ verbieten 人⁴に家への出入りを差止める.《前置詞と》**aus** dem ～[e] gehen 外出する. Unsere Kinder sind alle aus dem ～. 子どもたちはみな家を出ました(独り立ちしています). j⁴ aus dem ～[e] jagen 人⁴を家からたたき出す. **außer** ～[e] essen〈schlafen〉外食〈外泊〉する. vor der Tür **ins** ～ fallen《話》いきなり用件を持出す. j³ ins ～ platzen《話》人³を突然訪問する. j³ ins ～ schneien〈geschneit kommen〉《話》人³のもとに舞込む, に突然訪ねてくる. ins ～ stehen《話》(話し相手などが)間近に迫っている. **nach** ～[e] 家へ, 家に;故郷へ. j⁴ nach ～e begleiten〈bringen〉人⁴を家まで送る. rund 5000 Euro nach ～e bringen 全体で5000 ユーロの手取(収入)がある. nach ～[e] gehen〈kommen〉帰宅する. Komm du nur nach ～e!《話》(子供などに向って)いいから帰ったらこわいぞ. **zu** ～[e] 家で, 自宅で;《スポーツ》ホームグラウンドで. zu ～e bleiben 家にとどまる. Damit kannst du zu ～e bleiben.《話》そんなつまらない話はご免こうむるよ. zu ～[e] sein 家(₂)にいる, 在宅である;郷里(キャᾳ)にいる. Es ist niemand zu ～e. 家には誰もいない. Tu, als ob du zu ～e wärest! / Fühle dich wie zu ～e. くつろいでくださいね. Ich bin heute für niemanden zu ～e. 私は今日誰とも会わない. Wo sind Sie zu ～e? お宅はどちらですか;郷里(キャᾳ)はどちらですか. Er ist in Bonn zu ～e. 彼はボンに住んでいる;ボンが郷里である. Dieser Brauch ist hier noch zu ～e.《比喩》この慣習は当地ではまだ生きている. auf〈in〉et³ zu ～e sein《話》事³に精通している. Er ist in der Kriegsgeschichte zu ～e. 彼は戦史に通じている. von zu ～[e] fortbleiben しばらく家を空ける. von zu ～e kommen 家から(まっすぐに)来る. (b) (Haushalt) 家政, 家事, 家計;(一家の)暮しぶり. j³ das ～ besorgen 人³のために家事の面倒を見る. das〈sein〉～ bestellen《雅》(旅立ちや死を前にして)身辺を整理する. ein großes〈glänzendes〉～ führen(お客などの多い)はでな暮しをする. ein offenes ～ haben 客好きである. mit et¹ ～ halten 物¹を倹約(節約)する.(↑haushalten). (c) (Familie) 家族, 家系;(とくに)王家, 名門(の一族). das ～ Habsburg ハープスブルク家. der Herr des ～es 一家の主, 家長. aus gutem ～e stammen 良家の出である. j³ ins ～ nehmen 人⁴を家族の一員に迎える. von ～ [e] aus 元来, もともと, 生れつき. Herzliche Grüße von ～ zu ～!(手紙の結びで)家族一同よりみなさまによろしく.

3 (a) 会館, 会堂, 館(₂)(…の)所. das ～ des Herrn 主の家, 教会. ～ der Jugend 青年の家. das Weiße ～ ホワイトハウス.《ホテル・ペンションなどの名前で》Deutsches ～ ドイチェス・ハウス(Dinkelsbühlの有名な旅館). Pension ～ Staufen ペンション・シュタウフェン屋. (b) 劇場;(劇場の)観衆. Das ～ klatschte Beifall. 観衆は拍手した. volle *Häuser* haben 大当りを取る. vor vollem〈leerem〉～ spielen 大入りの〈不入りな〉劇場で公演する. (c) 議会;議員(一同). die beiden *Häuser* des Parlaments 議会の両院. das Hohe ～ 議会. (d) 会社, 商会;店. ein alteingeführtes ～ 老舗. das erste ～ am Platz 当地でいちばんの店(カフェ・ホテルなど). Der Chef ist zur Zeit außer ～〈nicht im ～[e]〉. 課長(部長, 店長)はただいま留守をしております. Verkauf außer ～. (飲食店などで)お持帰り承ります. (e) ein öffentliches ～《古》娼家.

4《集合的に》(ある家屋の)居住者たち, 家じゅうの人. Das ganze ～ wusste davon. 家じゅうの人がそのことを知っていた.

5 (かたつむりなどの)殻.

6《占星》(12宮の)宮, 宿. die zwölf himmlischen *Häuser* 黄道12宮.

7《戯》(Mensch) 人, やつ. ein lustiges〈gelehrtes〉～ 愉快な〈学のある〉やつ. Wie geht's, altes ～?《話》(仲のいい友人に呼びかけて)よっ, 元気かい. Er hat Einfälle wie ein altes ～.《話》あいつは妙なことを思いつくやつだ.

'Haus·an·dacht 囡 -/-en《キリスト教》家庭礼拝.

'Haus·an·ge·stell·te 囡《形容詞変化》=Hausgehilfin

'Haus·apo·the·ke 囡 -/-n 家庭常備薬, 家庭用救急箱.

'Haus·ar·beit 囡 -/-e 1 家事. 2 宿題.
'Haus·ar·rest 男 -[e]s/-e 自宅軟禁,自宅拘留.
'Haus·arzt 男 -es/⁼e かかりつけの医者,ホームドクター.
'Haus·auf·ga·be 囡 -/-n《ふつう複数で》宿題.
'haus·ba·cken 厖 1《古》(パンなどが)自家製の,ホームメイドの. 2 平凡な,月並みな,ぱっとしない.
'Haus·bar 囡 -/-s ホームバー.
'Haus·bau 男 -[e]s/-ten 1《複数なし》家屋の建築. 2 (建てられた)家屋.
'Haus·be·darf 男 -[e]s/ (Hausgebrauch) 家庭での使用. für den ~ 家庭用に,自家の.
'Haus·berg 男 -[e]s/-e《話》1 (ある町の)裏山. 2 (スキーヤーの間で)なじみのスキー場.
'Haus·be·set·zer 男 -s/- 家屋の不法占拠者.
'Haus·be·set·zung 囡 -/-en (住宅難などに抗議する政治的行動としての)家屋の不法占拠.
'Haus·be·sit·zer 男 -s/- 家屋の所有者,家主.
'Haus·be·such 男 -[e]s/-e 往診;(牧師などの)家庭訪問.
'Haus·be·woh·ner 男 -s/- (同じ建物に住んでいる)居住者,住人.
'Haus·bier 中 -[e]s/-e 自家製ビール,地ビール.
'Haus·boot 中 -[e]s/-e (水上生活者用の)居住船.
'Haus·brand 男 -[e]s/ 家庭用燃料.
'Haus·brand·koh·le 囡 -/-n 家庭暖房用の石炭.
'Häus·chen 中 ['hɔʏsçən]《Haus の縮小形》1 小さな家, 小屋. j⁴ [ganz] aus dem ~ bringen《話》人⁴を興奮(驚喜,逆上)させる. [ganz/rein] aus dem ~ geraten《話》(興奮・驚喜・逆上のあまり)われを忘れる. 2《地方》(母屋の外にある)便所. aufs ~ gehen 便所へ行く.
'Haus·da·me 囡 -/-n (裕福な家庭や上流家庭の)家政婦,女執事;(独り暮しの年配者に雇われる)話相手(世話係)の女性.
'Haus·die·ner 男 -s/- (ホテルの)ボーイ,ポーター(客室係のほか,荷物の運搬や靴磨きなどの雑役係). 2《古》家僕.
'Haus·dra·chen 男 -s/-《話》口喧(ぐち)しい女房(家政婦).
'haus·ei·gen 厖 (ホテル・会社などの)自家用の;専属(直営)の.
'Häu·sel 中 ['hɔʏzəl] -s/-[n]《南ド》《Haus の縮小形》小さな家.
'hau·sen ['haʊzən] 国 1 (ひどい所に)住む,暮している;(盗賊などが)巣くう. in einer Baracke ~ バラック住まいをする. 2《話》(兵隊などが)暴れる,乱暴を働く;(嵐などが)荒れ狂う. 3《古》家計をやりくりする,倹約する. 4《古》滞在する.
'Hau·sen 男 -s/-《魚》ちょうざめ.
'Hau·sen·bla·se 囡 -/-n ちょうざめなどの浮袋(接着剤・接合剤などに使われる).
'Häu·ser ['hɔʏzər] Haus の複数.
'Häu·ser·block 男 -[e]s/-e(-s) (都市の)1 区画,街区,ブロック.
'Häu·ser·chen Häuschen の複数.
'Häu·ser·flucht 囡 -/-en = Häuserreihe
'Häu·ser·mak·ler 男 -s/- 家屋周旋業者.
'Häu·ser·meer 中 -[e]s/ 見渡すすぎりの家並,甍(いらか)の波.
'Häu·ser·rei·he 囡 -/-n 家並.
'Haus·flur 男 -[e]s/-e 玄関(の間).
*'Haus·frau ['haʊsfraʊ ハオスフラオ] 囡 -/-en 1 主婦. 2 (客に対して)女主人. 3《南ド・オーストリア》女家主.
'Haus·freund 男 -[e]s/-e 1 家族ぐるみの友人. 2《戯》人妻の浮気相手.
'Haus·frie·dens·bruch 男 -[e]s/《法制》家宅侵入(罪).
'Haus·ge·brauch 男 -[e]s/ 家庭での使用.《ふつう次の用法で》für den ~ 家庭用の(に),自家の(音楽会などに)内輪の;《比喩》(知識や能力について)日常生活には困らない程度の,平均的な. Seine Kenntnisse reichen gerade für den ~. 彼の知識はまあ世間なみだ(あまり大したことはない).
'Haus·ge·hil·fin 囡 -/-nen お手伝いさん,家政婦.
'Haus·geist 男 -[e]s/-er《民俗》家の精.◆古くからの家政婦などを親しみをこめてこう呼ぶこともある.
'haus·ge·macht 厖 1 自家製の,手作りの,ホームメイドの. 2《比喩》自業自得の.
'Haus·ge·nos·se 男 -n/-n 同居人.◆女性形 Hausgenossin 囡 -/-nen
'Haus·ge·rät 中 -[e]s/-e《話》1《複数なし》家財道具. 2 (個々の家具,什器,所帯道具.
*'Haus·halt ['haʊshalt ハオスハルト] -[e]s/-e 1 (a) 家政,家事;家計. den ~ führen〈話 machen〉家政をとる,家を切り盛りする. einen ~ gründen〈auflösen〉所帯をかまえる〈たたむ〉. (b) (同居の)家族,所帯. Das Dorf hat 800 ~ e. その村には 800 所帯ある. 2 (国や市町村の)財政;予算. einen ~ aufstellen 予算を組む.
'haus·hal·ten* ['haʊshaltən] 国《ふつう不定詞の形で》1《古》家政をとる,家事をきりもりする. 2 (mit et³ 物³を)倹約(節約)する,有効に使う. Ich muss diesen Monat mit meinem Gehalt ~. 私は今月給料を節約しなくてはならない.◆Haus halten とも書く. ↑ Haus 2(b).
'Haus·hal·ter, 'Haus·häl·ter 男 -s/-《古》1 家政をとる人,執事,家令. 2 世帯主,家長. 3 やりくり上手な人.
'Haus·hal·te·rin 囡 -/-nen 家政婦,ハウスキーパー.
'haus·häl·te·risch 厖 やりくり上手な. mit et³ ~ umgehen 物³を始末(節約)する.
'Haus·halts·ar·ti·kel 男 -s/- 家庭用品.
'Haus·halts·aus·schuss 男 -es/⁼e 予算委員会.
'Haus·halts·buch 中 -[e]s/⁼er 家計簿.
'Haus·halts·geld 中 -[e]s/-er《複数まれ》家計費.
'Haus·halts·ge·rät 中 -[e]s/-e 家庭用器具.
'Haus·halts·hil·fe 囡 -/-n (パートタイムの)お手伝いさん,家政婦.
'Haus·halts·jahr 中 -[e]s/-e 1 会計年度. 2《古》(若い娘の)家事見習いの 1 年.
'Haus·halts·plan 男 -[e]s/⁼e《経済・政治》予算案.
'Haus·halts·po·li·tik 囡 -/《経済・政治》財政政策.
'Haus·halts·wa·ren 圏 家庭用品.
'Haus·hal·tung 囡 -/-en 1 家政,家計. 2 財政.
'Haus·hal·tungs·schu·le 囡 -/-n《古》家政専門学校.
'Haus·hal·tungs·vor·stand 男 -[e]s/⁼e 世帯主,戸主,家長.
'Haus-'Haus-Ver·kehr 男 -[e]s/《鉄道》戸口輸送.
'Haus·herr ['haʊshɛr] 男 -n/-en 1 (一家の)主人,家長,世帯主. 2 (客に対する)ホスト;《オーストリア》ホームチーム. 3《南ド》家主. 4《法制》家屋の処分権を持つ

つ人. **5**《まれ》指導的人物.
Haus·her·rin 囡 -/-nen **1**（一家の）女主人; 家長の妻. **2**《南ﾄﾞ》女家主.
haus·hoch 形 家ほどの高さの, 非常に高い（大きい）. **2**《比喩》著しい, はなはだしい. Er ist seinen Mitschülern ~ überlegen. 彼は同級生とくらべてけた違いに優秀だ.
Haus·hof·meis·ter 男 -s/- 《古》執事, 家令.
hau·sie·ren [hau'ziːrən] 自 (mit es³ 物³) 売り歩く, 行商する;《話》吹聴して歩く, 触れまわる.
Hau'sie·rer [hau'ziːrɐr] 男 -s/- 行商人.
Haus·ka·pel·le 囡 -/-n **1**（城館などの）附属礼拝堂. **2**（ﾎﾃﾙなどの）専属楽団.
Haus·kat·ze 囡 -/-n **1** 家猫, 飼い猫. **2**《戯》出不精（の人）.
Haus·kleid 中 -[e]s/-er ふだん着, 家庭着.
Haus·kreuz 中 -es/-e《戯》家庭内の悩み（厄介事）; ろうるさい女房.
Haus·leh·rer 男 -s/- **1**《古》家庭教師. **2**（公的教育機関の指導のもとに義務教育学童に対して）個人教育を行う教師. ◆女性形 Hauslehrerin 囡 -/-nen
Häus·ler ['hɔyslɐr] 男 -s/-《古》家持ち小作人. **2**（地方）《地方》零細農. **3**（建物）の管理人夫婦. **3**（ｿﾞｸ）（ある家の）借家人. **4**《まれ》同じ屋根の下に住む人たち, 同居人.
häus·lich ['hɔyslɪç ﾎｲｽﾘﾋ] 形 **1** 家庭の, 家の中の; 家内の. ~e Arbeiten 家事. ~e Krankenpflege 自宅看護. ~er Streit 家庭内のいさかい, 内輪もめ. am ~en Herd わが家で. **2** 家庭的な, 家族思いの; 所帯向きの, やりくり上手な. Er ist ein ~er Typ. 彼はマイホーム型だ. sich⁴ bei j³ ~ niederlassen〈einrichten〉人³の所に腰を据える, 居座る.
Häus·lich·keit 囡 -/-en **1**（複数なし）所帯持のこと, やりくり上手. **2**（複数なし）家庭的であること, 家族思い; 家にばかりいること. **3** わが家, マイホーム（での暮し）.
Haus·ma·cher·art 囡 -/-《次の成句で》nach ~ ホームメイド風の.
Haus·ma·cher·wurst 囡 -/ⁿe（ブラッドソーセージやレバーソーセージなどの）自家製ソーセージ.
Haus·macht 囡 -/ **1**《歴史》（中世の土地所有にもとづく王侯の）領土（権）, 支配権. **2**（政党などの）派閥（勢力）.
Haus·mäd·chen 中 -s/- お手伝いさん.
Haus·mak·ler 男 -s/- = Häusermakler
Haus·mann 男 -[e]s/ⁿer **1**《古》(Hausmeister)（アパートなどの）管理人. **2**（↔ Hausfrau）家事をする男（夫）, 主夫.
Haus·manns·kost 囡 -/（素朴で栄養のある）家庭料理;《比喩》平凡なできばえ, 月並のもの.
Haus·mar·ke 囡 -/-**1**（家財などの）所有者印, 標章. **2** 銘柄（ブランド）品. **3**《話》(a) 愛用のブランド（品）. (b) その店で安く飲めるグラスワイン.
Haus·mei·er 男 -s/-《歴史》（とくにﾒﾛｳﾞｨﾝｸﾞ朝の）宮宰（ﾐﾔﾂｶｻ）.
Haus·meis·ter 男 -s/- **1**（アパート・ビルなどの）管理人. **2**（ｵｰｽﾄﾘｱ）(Hausbesitzer) 家主.
Haus·mit·tel 中 -s/- 家庭薬.
Haus·müll 男 -[e]s/（↔ Industriemüll）家庭ごみ.
'Haus·mu·sik 囡 -/ 家庭音楽（会）.
Haus·mut·ter 囡 -/ⁿ **1**《古》（子供のいる家庭の）主婦. **2**（施設などの）寮母; 保母. **3**《虫》（夜蛾）

の一種.
'Haus·num·mer 囡 -/-n 家屋番号, 番地.
'Haus·ord·nung 囡 -/-en 居住者心得;（施設などの）使用規則, 館内規則.
'Haus·putz 男 -es/（家屋の）大掃除.
'Haus·rat 男 -[e]s/ 家財道具（一式）.
'Haus·rat·ver·si·che·rung 囡 -/-en《保険》家財保険.
'Haus·recht 中 -[e]s/《法制》**1** 家宅不可侵権. **2** 議事堂管理権.
'Haus·samm·lung 囡 -/-en（戸別訪問による）家庭募金.
'Haus·schlach·tung 囡 -/-en 家畜の自家畜殺.
'Haus·schlüs·sel 男 -s/- 家屋（玄関）の鍵.
'Haus·schuh 男 -[e]s/-e 上履き, 室内靴.
'Haus·schwamm 男 -[e]s/ⁿe《植物》なみだけ（木材を腐らせる菌類）.
Hausse ['hoːs(ə), oːs] 囡 -/-n (fr. hausser, erhöhen`)（↔ Baisse）**1**《金融》（株価などの）値上がり; 高値. auf ~ spekulieren 高値を見込んで思惑買いをする. **2**《経済》好況, 好景気.
'Haus·se·gen 男 -s/（玄関や部屋の壁に掲げてある）祝福の詞. Der ~ hängt schief.《話》家の中がうまくいっていない.
Haus·si·er [(h)osiˈeː] 男 -s/-s（↓ Hausse）《金融》（相場での）強気筋, 高値を見越して買いにまわる人.
'Haus·stand 男 -[e]s/《雅》所帯. einen eigenen ~ gründen 所帯を持つ.
'Haus·su·chung 囡 -/-en 家宅捜索.
'Haus·tier 中 -[e]s/-e 家畜（の総称的の）, ペット.
'Haus·tor 中 -[e]s/-e（表）門.
'Haus·tür 囡 -/-en 玄関のドア.
'Haus·va·ter 男 -s/ⁿ **1**《古》家長. **2**（寮・宿舎などの）長, 管理者.
'Haus·ver·wal·ter 男 -s/-（家屋の）管理人.
'Haus·wart 男 -[e]s/-e (ｼｭｳﾞｧｲﾂﾞ)=Hausmeister
'Haus·we·sen 中 -s/-（集合的に）家政.
'Haus·wirt 男 -[e]s/-e **1** 家主, 大家. **2**《古》家長. ◆女性形 Hauswirtin 囡 -/-nen
'Haus·wirt·schaft 囡 -/-en **1**（複数なし）家政, 家事. **2** (Haushalt) 所帯. **3**《経済》自給自足経済. **4**（旧東ドイツの）集団農場における私有地（私有財産）.
'Haus·zins 男 -es/-en《南ﾄﾞ, ｵｰｽﾄ》(Miete) 家賃.
*****Haut** [haut ﾊｳﾄ] 囡 -/Häute **1** 皮膚, 肌. empfindliche ~ 敏感な肌. eine zarte ~ 柔肌（ﾔﾜﾊﾀﾞ）. die ~ in der Sonne bräunen 肌を日に焼く. die ~ pflegen 肌の手入れをする. et⁴ auf der bloßen ~ tragen 物⁴を素肌にじかに着る. et⁴ in die ~ einreiben 物⁴を皮膚に擦り込む.《比喩的用法で》Er ist nur noch ~ und Knochen. 彼は骨と皮ばかりだ. j³ die ~ abziehen（商売などで）人³をかもにする, ひどいペテンにかける. seine [eigene] ~ retten 我が身を救う. seine ~ zu Markte tragen 身を張る, 命を賭す; 売春をする. seine ~ so teuer wie möglich verkaufen 全力で抵抗する. sich⁴ seiner Haut² wehren《話》必死に抵抗する.《前置詞と》Man möchte〈könnte〉 **aus** der ~ fahren. / Es ist, um aus der ~ zu fahren. / Es ist zum Aus-der-*Haut*-Fahren. 腸（ﾊﾗﾜﾀ）が煮えくり返りそうだ. nicht aus *seiner* ~ [heraus]können どうにも自分の性分（習慣）は変えられない. sich⁴ **in** seiner ~ nicht wohl fühlen 自分の境遇（地位）に安んじることができない. in keiner gesunden ~

stecken 病弱である. Ich möchte nicht in seiner ~ stecken.《話》私は彼のような立場には立たされたくない. **mit** ~ und Haar[en] まるごと,すっかり; 身も心も. mit heiler ~ davonkommen 無事に切抜ける. j³ **unter** die ~ gehen 人³の心にしみいる, (を)感動させる. **2** (Fell) (動物の)皮, 獣皮; 毛皮. *Häute* gerben 皮をなめす. j³ die ~ gerben《比喩》人³をさんざん殴る. auf der faulen ~ liegen《話》のらくらする. **3** (果実などの)皮, 外皮; (液体の表面にできる)薄い膜; (船・飛行機などの)外板; (ソーセージの)皮; (薄手のレインコート. **4**《複数なし》《話》(ふつう良い意味の形容詞と結びついて)人, やつ. eine ehrliche(lustige) ~ 正直者《おもしろいやつ》.

'**Haut·ab·schür·fung** 囡 -/-en 擦過傷(ぞく), 擦り傷;《医学》表皮剝離(ぞく).

'**Haut·arzt** 男 -es/..¨e (Dermatologe) 皮膚科医.

'**Haut·aus·schlag** 男 -[e]s/..¨e《病理》発疹(ぞく), 皮疹; 吹き出物.

'**Haut·bank** 囡 -/-en《医学》(移植用の)皮膚銀行, スキンバンク.

'**Häut·chen** ['hɔʏtçən] 中 -s/-《Haut の縮小形》薄い皮(膜), 被膜.

'**Haut·creme** [..krɛːm, ..krɛːm] 囡 -/-s スキンクリーム.

'**Häu·te** ['hɔʏtə] Haut の複数.

'**Haute Cou·ture** ['(h)oːt kuːˈtyːr] 囡 -/ (fr.) オートクチュール(パリの高級衣装店).

'**häu·ten** ['hɔʏtən] ❶ 他 (物¹の)皮を剝ぐ. ❷ 再 (**sich⁴**) (日焼けなどで)皮がむける; (蛇などが)脱皮する.

'**haut·eng** 形 (衣服が)体にぴったりの.

'**Haut·ent·zün·dung** 囡 -/-en 皮膚炎.

Haute·vo·lee [(h)oːtvoˈleː] 囡 -/ (fr. ˌhoher Rang')《俗》上流社会の人.

'**Haut·far·be** 囡 -/-n 肌の色.

'**Haut·flüg·ler** [..flyːɡlər] 男 -s/-《虫》膜翅(ぞく)類(蜂や蟻など).

'**haut·freund·lich** 形 肌に優しい, 肌ざわりのいい.

Haut·gout [oˈɡuː] 男 -s/ (fr. ˌhoher Geschmack') **1**《料理》(食べ頃になるまで吊るしておいた狩猟肉の)つんとくる独特の風味. **2**《比喩》いかがわしさ.

'**häu·tig** ['hɔʏtɪç] 形 **1** (薄い)膜状の, 皮膜状の. **2** (料理肉などの)皮のついた; 筋っぽい.

'**Haut·ju·cken** 中 -s/- 皮膚のかゆみ;《病理》皮膚瘙痒(ぞく)症.

'**Haut·krank·heit** 囡 -/-en《病理》皮膚病.

'**Haut·krebs** 男 -es/..¨e《複数まれ》《病理》皮膚癌.

Haut Mal, 'Haut·mal [oˈmal] 中 -/ (fr. ˌgroßes Übel')《医学》(癲癇(てん)などの)大発作.

'**haut·nah 1** 皮下の. **2**《ぞく》(相手選手を)ぴったりマークした. **3**《話》(描写などが)生々しい, 迫真の.

'**Haut·pfle·ge** 囡 -/ 肌の手入れ, スキンケア.

'**Haut·sinn** 男 -[e]s/..¨e《ふつう複数で》《生理》皮膚感覚.

'**Haut·re·li·ef** ['(h)oːrelief, oreliˈɛf] 中 -s/-e(-s) (fr.)《彫刻》(↔ Basrelief) 高肉彫り.

'**Haut·trans·plan·ta·ti·on** 囡 -/-en《医学》植皮, 皮膚移植.

'**Haut·über·tra·gung** 囡 -/-en Hauttransplantation

'**Häu·tung** 囡 -/-en **1** 皮をむく(はぐ)こと. **2**《動物》脱皮.

'**Haut·wolf** 男 -[e]s/《病理》(股ずれなどの)間擦疹(かん).

Ha·van·na¹ [haˈvana] (*sp.*, Hafen') ❶《地名》ハバナ(キューバ共和国の首都). ❷ 囡 -/-[s] (Havannazigarre) ハバナ葉巻. ❸ 男 -s/ (Havannatabak) ハバナ産のタバコ.

Ha·va·rie [havaˈriː] 囡 -/-n [..ˈriːən] (*ndl.*) **1**《海事》海損, 海難;《複数なし》~《法制》大〈小〉海損. **2** (飛行機・船・大型機械などの)事故; 破損. **3**《ぞく》自動車事故; (事故による)破損, 損害.

ha·va·rie·ren [havaˈriːrən] 自 **1**《海事》海損を受ける. **2** (飛行機などの)事故で破損する. **3**《ぞく》(自動車が)事故で破損する.

'**Ha·vel** ['haːfəl] 囡 -/《地名》die ~ ハーフェル川(エルベ川の支流).

Ha·ve·rei [havəˈraɪ, haf..] 囡 -/-en《古》= Havarie

Ha·waii [haˈvaɪi, haˈvaɪ]《地名》ハワイ.

'**Ha·xe** ['haksə] 囡 -/-n《南ぞく》= Hachse

Haydn [ˈhaɪdən]《人名》ハイドン. Franz Joseph ~ フランツ・ヨーゼフ・ハイドン(1732-1809, オーストリアの作曲家).

Ha·zi'en·da [hatsiˈɛnda] 囡 -/-s(..den [..dən]) (*sp.*) (中南米の)大農園, 大農場.

Hb《略》= Hämoglobin

Hbf.《略》= Hauptbahnhof

'**H-Bom·be** ['haːbɔmbə] 囡 -/-n (Wasserstoffbombe) 水素爆弾.

h. c.《略》(*lat.*) = honoris causa

'**H-Dur** ['haːduːr, -'-] 中 -/《記号 H》《音楽》ロ長調.

he [heː] 間 **1** (注意を促して)おい, こら, もし. *He*, Si da! おい, そこのあなた. **2** (驚き・憤慨・不機嫌などを表して)おい, おいおい, こら, へえー, ふーん. *He*, wa soll denn das? おい, それはいったい何のまねだ. **3**《疑問文の後で》(答えを促して)ええ, おい.

He《記号》《化学》= Helium

h. e.《略》(*lat.*) = hoc est

'**Hea·ring** ['hiːrɪŋ] 中 -[e]s (*engl.*) (Anhörung) 公聴会, ヒアリング.

'**Heb·am·me** ['heːpˌamə, 'heːˌbamə] 囡 -/-n 産婆, 助産婦. ♦古高ドイツ語 hevianna ˌhebendeˌ Ahnin' が, Amme より掛かって転訛した語.

'**Heb·bel** ['hɛbəl]《人名》Christian Friedrich ~ クリスティアン・フリードリヒ・ヘッベル(1813-1863, ドイツの劇作家).

Heb·do·ma'dar [hɛpdomaˈdaːr] 男 -s/-e, **Heb·do·ma'da·rius** [..ˈdaːrɪʊs] 男 -/..rien (*gr.*)《宗教》週番者.

'**He·be** ['heːbə] 囡 -/《ギ神話》ヘーベ(春の女神).

'**He·be·baum** 男 -[e]s/..¨e 梃子(てこ)棒.

'**He·be·bock** 男 -[e]s/..¨e《工業》ジャッキ.

'**He·be·büh·ne** 囡 -/-n《工学》(自動車などの)リフティングジャッキ, せり上げ台; (作業用の)昇降台.

'**He·bel** ['heːbəl] 男 -s/- **1** 梃子(てこ). den ~ ansetzen 梃子を使う(an et³ 物¹に); (比喩)(...から)手をつける, 事を始める. am ~ sitzen《比喩》決定権を握っている. am längeren ~ sitzen《比喩》相手より有利な立場にいる(影響力がある). **2** (機械などの)レバー, ハンドル. den ~ betätigen レバーを操作する. alle *Hebel* in Bewegung setzen《比喩》あらゆる手段を使う.

'**He·bel²**《人名》Johann Peter ~ ヨーハン・ペーター・ヘーベル(1760-1826, ドイツの作家).

'**He·bel·arm** 男 -[e]s/-e《力学》梃子(てこ)の腕.

he·ben* ['he:bən ヘーベン] hob, gehoben ❶ 他 **1** 上げる, 持上げる. et⁴ mühelos ～ 物⁴をらくらくと持上げる. ein Glas ～（乾杯のために）グラスをあげる. ein Kind ～《古》子供の名親になる;（産婆などが）赤ん坊を取上げる. einen ～《話》一杯やる.《身体の一部を意味する語と》die Augen ～ 目を上げる. die Faust ～ 拳を振上げる. die Hand ～ 手を挙げる, 挙手する. die Schultern ～ 肩をすくめる.《方向や場所を示す語句と》j⁴ auf den Schild ～《雅》人⁴を指導者に担(になう). die Tür aus den Angeln ～ ドアを蝶番(ちょうつがい)からはずす. die Welt aus den Angeln ～《比喻》世の中をひっくり返す. j⁴ aus dem Sattel ～（馬上槍試合で）人⁴を打負かす;《比喻》人⁴を失脚させる. j〈et〉⁴ in den Himmel ～《話》人〈物〉⁴をほめちぎる. j⁴ in den Sattel ～《比喻》人⁴を引立てる(もりたてる). ein Kind vom Stuhl ～ 子供を椅子から抱上げる.《目的語なしで》Er hat früher gehoben. 彼は以前重量挙げをやっていた.
2（埋蔵物などを）掘出す, 発掘する;（沈没船などを）引揚げる.
3 (a)（効果・水準・気分などを）高める, 促進する, 向上させる. j² Ansehen ～ 人²の声望を高める. den Ertrag ～ 収穫を増やす. den Lebensstandard ～ 生活水準を上げる. Die dunkle Tapete hebt die weißen Möbelstücke sehr. 沈んだ色調の壁紙で白い家具がぐっと映える. die Stimme ～（いちだんと）声を張上げる. die Stimmung ～ 気分を引立てる. (b)《雅》(erbauen)（人⁴の）精神（心）を高める.
4《南ら》(festhalten)（落さないように）しっかり持つ, 支える.
5《南ら》(erheben)（税金などを）取立てる, 徴収する.
6《さる非人称的に》《話》（人に）吐き気を催させる. Es hebt mich, wenn ich nur daran denke. それは思っただけでもむかむかする.
7《古》(beseitigen)（争い・困難などを）取除く.
❷ 再 (sich⁴) **1**（人が）立上がる, 身を起す. sich auf die Zehenspitzen ～ 爪先立つ.
2 上がる, 持上がる,（鳥などが）飛立つ, 舞上がる;（煙などが）立ちのぼる;（平らなものが）盛上がる,（山々や塔などが）そびえる. Bei dem Erdbeben hob sich der Boden. その地震のときに地面が盛上がった. Der Deckel des Topfes hebt sich. 鍋の蓋がもちあがる. Ein Turm hob sich in den Nachthimmel.《雅》塔が夜空に浮かび上がった. Der Vorhang hebt sich langsam. 幕がゆっくり上がる.
3（効果・水準などが）高まる, 向上する,（気分などが）高揚する. Sein Geschäft hat sich in letzter Zeit sehr gehoben. 彼の商売は最近とみに繁盛してきた. Die Preise heben sich. 物価が上がる. Ihre Stimmung hob sich zusehends. 彼女は見る見るご機嫌になった.
4《雅》始まる, 起る. Von neuem hob sich der Jubel der Soldaten. あらためて兵士たちの歓声が上がった. Der Tag hebt sich allmählich. 夜がしだいに明けていく.
5《南ら》(an et³ 物³に)しっかりつかまる.
6（古）約分される, 整除される. 6 lässt sich durch 3 oder 2 ～. 6 は 3 ないし 2 で整除される.
◆↑gehoben

'He·ber [ˈheːbər] 男 -s/- **1** 巻揚げ機, ジャッキ. **2**《化学》サイホン, ピペット, スポイト. **3**《重量挙げ》重量挙げの選手.

'He·be·werk 中 -[e]s/-e《工学》**1**《古》（船の）起重機, 巻揚げ機. **2**（閘門(こうもん)式運河の）船舶リフト.

He'brä·er [heˈbrɛːɐr] 男 -s/- **1**《旧約》ヘブライ人(にん)(Israelit の別称). **2**《新約》ヘブライ人, ヘブル人(じん). der Brief an die Hebräer《新約》ヘブライ人への手紙.

He'brai·cum [heˈbraːikum] 中 -s/（神学生に課される）ヘブライ語学力認定試験.

he'brä·isch [heˈbrɛːɪʃ] 形 ヘブライ（人, 語）の. ↑deutsch

He·bra'ist [hebraˈɪst] 男 -en/-en ヘブライ（語）学者.

'He·bung [ˈheːbʊŋ] 女 -/-en **1**《複数なし》持上げること, 持上げ.（埋蔵物の）発掘;（沈没船などの）引揚げ, サルベージ. **3**《複数なし》向上, 促進, 改善, 高揚. **4**《韻律》(↔ Senkung) 揚格(音), 強音部. **5**《地形》(↔ Senkung) 隆起.

'He·chel [ˈheçəl] 女 -/-n （麻・亜麻などの）すき櫛(ぐし). j〈et〉⁴ durch die ～ ziehen《古》人〈事〉⁴をこきおろす.

He·che'lei [heçəˈlaɪ] 女 -/-en《話》こきおろし, 酷評.

'he·cheln [ˈheçəln] ❶ 他 （麻を）梳(す)く. ❷ 自《話》こきおろす (über j〈et〉⁴ 人〈事〉⁴を).

'he·cheln² 自 （犬などが舌をたらして）はっはっと喘(あえ)ぐ. **2**《医学》浅く速く呼吸する.

Hecht [hɛçt] 男 -[e]s/-e **1**《魚》かわかます. der ～ im Karpfenteich《比喻》鶏群の一鶴, 羊群の狼. **2**《話》威勢のいい若者, いきのいいやつ. **3** = Hechtsprung **4**《複数なし》《話》（室内にたちこめた）もうもうたる煙草の煙, むっとする空気.

'hech·ten [ˈhɛçtən] 自 (s, h) **1** (s, h)《水泳》えび型飛込みをする;《体操》伸身跳びをする;《サカ》ダイビングヘディングをする,（キーパーが）セービングをする. **2** (s)《話》（いそいで）飛んでいく.

'hecht·grau 形 （かわかすのように）青灰色の, 鉛色の.

'Hecht·sprung 男 -[e]s/-e **1**《水泳》えび型飛込み. **2**《体操》伸身跳び. **3**《サカ》（セービングやヘディングのさいの）ダイビング.

Heck¹ [hɛk] 中 -[e]s/-e(-s) (↔ Bug) **1** 船尾, 艫(とも). **2**（飛行機・自動車の）尾部, テール.

Heck² 中 -[e]s/-e《北ド》**1** (Koppel)（棚で囲まれた）牧草地, 囲い地. **2**（囲い地の）格子戸.

'Heck·an·trieb 中 -[e]s《自動車》後輪駆動.

'He·cke¹ [ˈhɛkə] 女 -/-n **1** 生垣, 垣. **2** 藪(やぶ), 茂み.

'He·cke² 女 -/-n **1**（小動物の）一腹の子;（鳥の）一腹(ぷく)の雛(ひな). eine ～ Kinder《話》たくさんの子どもたち. **2** 繁殖期; 繁殖地.

'he·cken [ˈhɛkən] 自 **1**（小動物が）子を産む;（鳥が）卵を孵(かえ)す. **2**《話》（金・財産などが）どんどん殖える.

'He·cken·ro·se 女 -/-n （垣根などに生える）野ばら, ドッグ・ローズ.

'He·cken·sche·re 女 -/-n （垣根用の）刈込み鋏.

'He·cken·schüt·ze 男 -n/-n《侮》（待伏せして狙う）狙撃者; ゲリラ兵.

'Heck·meck [ˈhɛkmɛk] 男 -s/《話》余計な（無意味な）おしゃべり, 無駄口; わざとらしい物言い, 仰々(ぎょうぎょう)しいまね.

'Heck·mo·tor 男 -s/-en《自動車》リアエンジン.

'Heck·pfen·nig 男 -s/-e《民俗》(Glückspfennig)（財布に入れておくと金が殖えるという）幸運の硬貨.

'Heck·schei·be 女 -/-n （自動車の）リアウインドーのガラス.

'he·da [ˈheːda] 間《古》(hallo) Heda!（注意を促して）おい, もしもし. ◆おそらく, He, Sie〈du〉da! など

'**He·de** ['he:də]《女名》(Hedwig の短縮)ヘーデ.
'**He·de**² 囡 -/-《北↙》(Werg) 麻(亜麻)くず.
'**He·de·rich** ['he:dərɪç] 男 -s/-e《植物》せいようのだいこん, のはらがらし.
He'do·ni·ker [he'do:nikər] 男 -s/- 快楽主義者.
He·do·nis·mus [hedo'nɪsmʊs] 男 -/ (gr. hedone, Lust')《哲学》快楽主義.
He·do'nist [..'nɪst] 男 -en/-en =Hedoniker
'**He·dschra** ['hɛdʒra] 囡 -/ (arab., Auswanderung') ヒジュラ, ヘジラ, 聖遷. ◆預言者 Mohammed の Mekka から Medina への移住を指す. 西暦 622 に当り, この年の 7 月 16 日がイスラム歴の紀元元年とされる.
'**Hed·wig** ['he:tvɪç]《女名》ヘートヴィヒ.
***Heer** [he:r ヘーア] 囲 -[e]s/-e **1**《軍事》軍, 軍隊;(とくに)陸軍. das stehende ~ 常備軍. **2** 多数, 大群. ein ~ [von] Ameisen 蟻(ア)の群れ.
'**Heer·bann** 男 -[e]s/-e《歴史》**1** (中世初期の König または Herzog が発した)召集令, 徴兵令. **2** 召集軍. **3** (非応召者に課された)罰金.
'**Hee·res·be·richt** 男 -[e]s/-e《軍事》(第 1 次大戦時に総司令部が毎日発表した)戦況報告.
'**Hee·res·dienst** 男 -[e]s/-e (陸軍における)兵役.
'**Hee·res·dienst·vor·schrift** 囡 -/-en (略 HDV)《軍事》軍人服務規程.
'**Hee·res·grup·pe** 囡 -/-n《軍事》兵団, 軍集団.
'**Hee·res·lei·tung** 囡 -/《軍事》(Reichswehr の)最高司令部.
'**Hee·res·zug** 男 -[e]s/-e **1** (Feldzug) 出兵, 出征. **2** 行軍中の兵列.
'**Heer·füh·rer** 男 -s/- 軍司令官.
'**Heer·la·ger** 囲 -s/- 陣営(地).
'**Heer·schar** 囡 -/-en 《ふつう複数で》《古》軍勢, 大勢の人, 大群. die himmlischen ~ en《新約》天の大軍, 天使の群 (ルカ 2 :13).
'**Heer·schau** 囡 -/-en《古》観閲(式), 閲兵(式).
'**Heer·stra·ße** 囡 -/-n《古》(道幅の広い)軍用道路;街道.
'**Heer·we·sen** 囲 -s/ 軍制, 軍事.
'**Heer·zug** 男 -[e]s/-e =Heereszug
'**He·fe** ['he:fə] 囡 -/-n **1** 酵母, イースト;《比喩》原動力. **2** (a) (醸造のさいの)滓(カス), 酵母滓(カス). den Kelch bis auf die ~ leeren《比喩》辛酸を舐め尽くす. (b)《比喩》(人間の)屑(クズ).
'**He·fe·ku·chen** 男 -s/- 酵母入りケーキ.
'**He·fe·pilz** 男 -es/-e 酵母菌(類).
'**He·fe·teig** 男 -[e]s/-e (パンなどの)酵母発酵生地.
'**he·fig** ['he:fɪç] 形 酵母(イースト)の, 酵母(イースト)入りの; 酵母(イースト)の味がする.

Heft¹

[hɛft ヘフト] 囲 -[e]s/-e **1** ノート, 帳面. ein ~ für Aufsätze 作文帳. et⁴ in ein ~ eintragen 物⁴をノートに記入する. **2** (a)《略 H.》(雑誌などの)号. ~ 12 des 3. Jahrgangs (ある雑誌の)第 3 巻 12 号. (b)《書籍》(書物の)分冊. in einzelnen ~ en erscheinen 分冊で刊行される. **3** パンフレット, 小冊子, 仮綴じ本. **4** (紙の数量単位)ヘフト(全紙 10 分に当たる).
'**Heft²** 囲 -[e]s/-e **1** (雅) (Griff) (道具・刃物の)柄(ツカ), 握り; (刀剣の)柄(ツカ). **2**《比喩》権力, 主導権. das ~ ergreifen 権力(主導権)を握る. das ~ aus der Hand geben 権力(主導権)を手放す. j³ das ~ aus der Hand nehmen 人³から権力(主導権)を奪う.

'**Heft·chen** ['hɛftçən] 囲 -s/- (Heft の縮小形) **1** 小さなノート, 小冊子. **2** (漫画・ポルノなどの薄っぺらな低俗本. **3** (回数券などの)綴り. **4**《地方》(Tüte) ~袋, 紙袋.
'**Hef·tel** ['hɛftəl] 囲 -s/-《地方》(Haftel) (衣服の鉤(カギ))ホック, 留め金(針).
'**hef·ten** ['hɛftən] ❶ 他 **1** (A⁴ an ⟨auf⟩ B⁴・B⁴ にピン・クリップなどで)留める, (貼り付ける. d' Augen auf j⟨et⟩ ~ 人⟨物⟩⁴をじっと見つめる. d' Sieg an seine Fahnen ~《雅》勝利をおさめる. **2** (書類・手紙などを)ファイルする. **3**《製本》仮綴じる. **4**《服飾》仮縫いする. ❷ 雹 (sich⁴) sich an j⁴ Fersen (Sohlen) ~ 人²にぴったり付きまとう. sich auf j⟨et⟩ ~ (視線などが)人⟨物⟩⁴にじっと注がれる.
'**Hef·ter** ['hɛftər] 男 -s/- **1** (Schnellhefter) 書類ばさみ, ファイル, バインダー. **2** =Heftmaschine
'**Heft·fa·den** 男 -s/ϋ 仮綴い糸, しつけ糸.
*'**hef·tig** ['hɛftɪç ヘフティヒ] 形 **1** 激しい, 猛烈な, ひどい. ein ~ er Kampf 激しい戦い. ~ e Schmerzen 激しい痛み. Es regnet ~. 雨が激しく降る. **2** 怒りっぽい, 激しやすい, 激情的な; 激した, 激越な. ein ~ er Mensch 激しやすい人. mit ~ en Worten 激しい口調で, 語気荒く. gleich ~ sein⟨werden⟩ すぐかっとなる.
'**Hef·tig·keit** 囡 -/ **1** 激しさ, 猛烈さ. **2** 気性の激しさ, 激情, 癇癪(カンシャク); 激した言動.
'**Heft·klam·mer** 囡 -/-n **1**《製本》(仮綴じ)針, ステーブル, ホチキスの針. **2** (Büroklammer) クリップ.
'**Heft·ma·schi·ne** 囡 -/-n《製本》綴じ機, ステープラー, ホチキス.
'**Heft·pflas·ter** 囲 -s/- 絆創膏(バンソウコウ).
'**Heft·stich** 男 -[e]s/-e 仮縫い, しつけ.
'**Heft·zwe·cke** 囡 -/-n (Reißzwecke) 画鋲(ガビョウ).
'**He·ge** ['he:gə] 囡 -/ (山林・鳥獣などの)保護, 育成.
'**He·gel** ['he:gəl]《人名》Georg Wilhelm Friedrich ~ ゲオルク・ヴィルヘルム・フリードリヒ・ヘーゲル (1770–1831, ドイツの哲学者).
He·ge·li'a·ner [he:gəli'a:nər] 男 -s/- ヘーゲル学派の哲学者.
he·ge·li'a·nisch [..a:nɪʃ] 形 =hegelsch
he·ge·lisch ['he:gəlɪʃ] 形 ヘーゲル学派の.
'**he·gelsch** ['he:gəlʃ] 形 **1** ヘーゲル哲学の. **2** ヘーゲルの. die ~ e ⟨°Hegelsche⟩ Philosophie ヘーゲル哲学.
°'**He·gelsch** ↑hegelsch 2
'**He·ge·meis·ter** 男 -s/-《古》(狩猟の保護育成にあたる)猟場保護官.
he·ge·mo·ni'al [hegemoni'a:l] 形 覇権の, 覇権を握った; 覇権(主導権)を得ようとする, 覇権主義的な.
He·ge·mo'nie [hegemo'ni:] 囡 -/-n (gr. hegemonia, Anführer'') ヘゲモニー, 覇権, 主導権; 支配的地位, 優位. die westliche Welt unter der ~ der USA 合衆国の覇権下にある西側世界. kulturelle ~ 文化的覇権.
he·ge·mo'nisch [hege'mo:nɪʃ] 形 覇権(主導権)を握った.
'**he·gen** ['he:gən] ❶ 他 **1** (山林・鳥獣などを)保護する, 育成する; (人⟨物⟩⁴の)世話をする, 面倒を見る; (子どもなどを)育てる. j⟨et⟩⁴ ~ und pflegen 人⟨物⟩⁴を大事に世話する, 心を込めて育てる. **2** (考え・感情などを)心に抱く. ein Misstrauen gegen j⁴ ~ 人⁴に対して不信感を抱く. Zweifel ~ 疑いを抱く. **3**《古》(enthalten) 含む, 蔵している; (umzäumen) (垣で)囲む.

Ge·richt ~ 裁判を行う(昔, 法廷を柵で囲ったことから).
He·ger ['he:gər] 男 -s/- **1**(鳥獣の保護育成をする)猟場の番人. **2** 古 (Schützer) 保護者, 庇護者.
He·ge·zeit 女 -/-en (猟師) (Schonzeit) 禁猟期.
Hehl [he:l] 中 (既) 《次の成句で》 kein〈keinen〉 ~ aus et³ machen 事³を隠さない.   Er macht kein〈keinen〉 ~ daraus, dass... 彼は…ということを隠さないで.   《古》隠さずに.
heh·len ['he:lən] 他 《古》隠す, 隠匿する; (盗品を)故買する.
Heh·ler ['he:lər] 男 -s/- (盗品の)隠匿者, 故買者.
Heh·le·rei [he:lə'raɪ] 女 -/-en 《法制》贓物(ぞうぶつ)収得(盗品の隠匿や故買の罪).
hehr [he:r] 形 (erhaben) 高貴な, 崇高な, 壮厳な, 神々(こうごう)しい.
hei [haɪ] 間 Hei! (歓喜の気持を表して)わーい, いいぞ, やった.
Heia ['haɪa] 女 -/-[s] (幼児) (Bett) ベッド.   Jetzt aber ab in die ~! もうおねんねしなさい. 《小文字で》 heia machen (幼児語)おねんねする.
hei·a·po'peia [haɪapo'paɪa] 間 (eiapopeia) Heiapopeia! (幼児を寝かしつけるときの言葉)ねんねんころり, ねんころよ.
hei'da [haɪ'da:, 'haɪda] 間 Heida! (歓喜の気持を表して)わーい, やった; [励まして]さあ, がんばれ.
Hei·de¹ ['haɪdə] 男 -n/-n (キリスト教徒・ユダヤ教徒・イスラム教徒からみて)異教徒; 《聖書》異邦人, 異国の民, 諸国民; 不信心者, 無神論者.   die ~n bekehren 異教徒を改宗させる.   Das Kind ist noch ein kleiner ~. (戯)その子供はまだ洗礼を受けていない.
◆ ↑ Heidin
'Hei·de² 女 -/-n **1**(杜松(ねず)やヒースしか生えていない)荒野, 荒れ野.   die Lüneburger ~ 《地名》リューネブルク原野.   dass du ~ wackelt (話)(強の文句で)こっぴどく.   **2**(複数なし)《植物》(Heidekraut) ヒース, エリカ.   **3** 《北ドイツ・東中部》(砂地の)松林.
'Hei·deg·ger ['haɪdegər] 男 《人名》Martin ~ マルティーン・ハイデッガー(1889-1976, ドイツの哲学者).
'Hei·de·korn 中 -[e]s/ 《植物》(Buchweizen) そば.
'Hei·de·kraut 中 -[e]s/ 《植物》ヒース, エリカ.
'Hei·de·land 中 -[e]s/ 荒野, 荒地.
'Hei·del·bee·re ['haɪdəl..] 女 -/-n 《植物》こけもも; (Blaubeere) ブルーベリー.
'Hei·del·berg ['haɪdəlbɛrk] 《地名》ハイデルベルク(ネッカー河畔の大学都市).
'Hei·del·ber·ger [..gər] ❶ 男 -s/- ハイデルベルクの人. ❷ 《不変化》ハイデルベルクの.
'Hei·del·berg·mensch 男 -en/-en 《人類学》ハイデルベルク人(ハイデルベルク近郊で発見された化石人類).
'Hei·de·ler·che 女 -/-n 《鳥》もりひばり.
hei·den.., **Hei·den..** [haɪdən..] (接頭) **1** 名詞などに冠して「異教徒の…」の意の名詞・形容詞などをつくる.   Heidenmission 異教徒伝道.   **2**(話)「非常な, ものすごい」を意味する名詞・形容詞などをつくる.   heidenmäßig 莫大な, 法外な.
'Hei·den'angst 女 -/ (話)非常な不安(恐怖).
'Hei·den'ar·beit 女 -/ (話)ひどく骨の折れる仕事.
'Hei·den'christ 男 -en/-en (↑Heide¹)(↔Judenchrist) (初期キリスト教時代の)異邦人(非ユダヤ人)キリスト教徒.
'Hei·den'geld 中 -[e]s/ (話) 莫大な金, 大金.
'Hei·den'lärm 男 -[e]s/ (話) ものすごい騒音.
'hei·den·mä·ßig 形 (話)ものすごく大きな, 莫大な, 法外な.

'Hei·den·mis·si·on 女 -/-en 異教徒伝道, 布教.
'Hei·den·rös·chen 中 -s/- =Heideröschen 1
'Hei·den·rös·lein 中 -s/- (雅) =Heideröschen 1
'Hei·den·tum 中 -s/ (集合的に) 異教徒; 異教, 異教世界.
'Hei·de·rös·chen 中 -s/- **1** 野ばら, 野いばら. **2** (Seidelbast) じんちょうげ(沈丁花).
'Hei·de·ro·se ❶ 《女名》 ハイデローゼ. ❷ 女 -/-n =Heideröschen 1
hei'di [har'di:, 'haɪdi] 間 Heidi! (迅速な動きや進行を目の当りにしたときの叫び声)わーい, いいぞ, それいけー. 《しばしば副詞的に用いられて》 ~ gehen (話)なくなる, 失われる.   ~ sein (話) なくなっている; こわれている.
'Hei·di ['haɪdi] 《女名》 ハイディ, ハイジ.
'Hei·din ['haɪdɪn] 女 -/-nen (Heide¹ の女性形) (女性の)異教徒.
'heid·nisch ['haɪdnɪʃ] 形 (↓Heide¹) 異教の, 異教徒の.
'Heid·schnu·cke ['haɪt..] 女 -/-n 《動物》 ハイデ羊, リューネブルク羊(リューネブルク原野で飼育される小型の羊).
Hei'duck [haɪ'dʊk] 男 -en/-en (ung. hajdú , Hirt') **1** (15-16世紀, ハンガリーの傭兵. **2** (15-18世紀, オスマントルコ支配下のバルカン半島における愛国的義賊)ヘイドゥク. **3** (18世紀, 独特のお仕着を着たハンガリー貴族に仕えた)従僕, 召使い; 廷吏. **4** (戯)腕白小僧, がき大将. ◆ Haiduck, Hayduck と綴られることもある.
*'**hei·kel** ['haɪkəl ハイケル] 形 **1** 面倒な, 厄介な, ややこしい, 扱いにくい.   ein heikles Thema 扱いにくいテーマ. **2** 《地方》(wählerisch) (食べ物などに)好き嫌いのある, うるさい.   Er ist im Essen sehr ~. 彼は食べ物にとてもうるさい.
'heik·lig ['haɪklɪç] 形 《古》 =heikel
*'**heil** [haɪl ハイル] 形 **1** 健全な, 無事な; (病気・怪我などの)治った.   ~e Glieder haben 五体健全である.   mit ~er Haut davonkommen 《比喩》(罰や害を受けずに)無事切抜ける.   Die Wunde ist wieder ~. 傷が治った. **2**(品物や物品の)無事な, (壊れて)破れていない.   die ~e Welt 完全無欠の(現実離れした)世界.   et⁴ [wieder] ~ machen (幼児)(壊れたり破れたりした)物⁴を元通りにする, 修繕する.   Die Stadt war im Krieg ~ geblieben. その町は戦争で被害を受けずにすんだ.
'Heil [haɪl] 中 -[e]s/ **1** (雅) 健康, 無事; 平安, 安寧(あんねい), 繁栄; 幸福, 幸せ.   sein ~ im Alkohol suchen アルコールで気を紛らす.   sein ~ in der Flucht suchen 逃げ出す.   bei j³⟨mit et³⟩ sein ~ versuchen 人³のもとで〈事³で〉運をためす.   zu deinem ~ 君にとって幸いなことに. **2** 《挨拶の言葉で》 ~ Hitler! (ナチス時代に)ハイル・ヒトラー.   Petri ~! (釣り仲間で)こんにちは.   Schi⟨Ski⟩ ~! (スキーヤーの間で)シー・ハイル. **3** 《宗教》救済; 至福.   das ewige ~ 永遠の救い.   im Jahr des ~s 962 キリスト紀元962年に.
'Hei·land ['haɪlant] 男 -[e]s/-e **1**(雅)救済者, 解放者. **2** (複数なし) 《宗教》 救世主, 救い主(イエス・キリストのこと).
'Heil·an·stalt 女 -/-en (結核や中毒患者の)療養所; 精神病院.
'Heil·bad 中 -[e]s/=er 湯治場, 療養泉; 薬浴.
'heil·bar ['haɪlba:r] 形 治療(治癒)可能な, 治る見込みのある.

'heil·brin·gend [形] 1 《キリスト教》永遠の救済をもたらす. 2 治療効果のある. ◆Heil bringend とも書く.

'Heil'bronn [hailbrɔn] [地名] ハイルブロン (Neckar 河畔の商工業都市).

'Heil·butt ['hailbʊt] [男] -[e]s/- 《魚》おひょう.

*'hei·len ['hailən ハイレン] ❶ [他] 1 (病気·怪我など を)治し, 治療する. eine Entzündung durch 〈mit〉 Penizillin ~ 炎症をペニシリンで治す. Die Zeit heilt alle Wunden. 《諺》時はすべての傷を癒〈いや〉す. 2 (j⁴ von et³) 人⁴の事³を治す. j⁴ von einer fixen Idee 〈vom Trinken〉 ~ 人を固定観念から解放する〈人⁴に 酒をやめさせる〉. Davon bin ich für immer geheilt. 《諺》そんなことは金輪際しません. ❷ [自] (s) (病気·怪 我などが)治る.

'heil·froh [形] 《述語的用法のみ》《話》(うまくいって)ほっ とした, たいへんうれしい.

'Heil·gym·nast [男] -en/-en 医療(治療)体操指導 員. ◆女性形 Heilgymnastin [女] -/-nen

'Heil·gym·nas·tik [女] -/ 医療(治療)体操, 健康体 操; リハビリ体操.

*'hei·lig ['hailıç ハイリヒ] ❶ [形] 1 《略 hl., 複数 hll.》 聖なる, 神聖な. der ~e《略 hl.》 Augustinus 聖アウ グスティヌス. der ~e《略 Heilige》 Krieg (イスラーム教 徒の)聖戦. die ~e Messe 《カトリック》ミサ聖祭. die ~e Woche 聖週間(復活祭前の1週間). 《頭文字を 大きくして》der Heilige Abend クリスマスイブ (=Heilig- abend). die Heilige Allianz 《歴史》神聖同盟 (1815 にロシア·プロイセン·オーストリアによって締結され た). der Heilige Dreifaltigkeit 《キリスト教》聖三位(さん み)一体. die Heilige Familie 聖家族. der Heilige Geist 聖霊. die Heilige Jungfrau 聖処女(マリア). die Heilige Nacht 聖夜. das Heilige Römische Reich Deutscher Nation 《歴史》神聖ローマ帝国 (962-1806). die Heilige Stadt 聖都(エルサレム). der Heilige Stuhl 《カトリック》聖座(教皇座); 教皇庁. der Heilige Vater 《カトリック》教皇(の尊称). 2 信仰の篤〈あつ〉 い, 敬虔な. ein ~er Mann 信仰心の篤い男. ein ~es Leben führen 敬虔な生活を送る. 3 おごそか な, 厳粛な, 侵しがたい. Das ist mein ~er Ernst. 私 は本気でそう言っているのだ. eine ~e Scheu vor et³ haben 物³に畏怖(いふ)の念を抱く. eine ~e Stille 壮 厳な静けさ. ein ~er Zorn (近寄りがたいばかりの)心 底からの憤り(怒り). Deine Gefühle sind mir ~. 君 の気持ちを僕はなによりも尊重する. Ihm ist nichts ~. 彼にはものを畏(おそ)れる気持ちがない. bei allem, was mir ~ ist 神かけて, 誓って. et⁴ ~ halten 物⁴を尊重する. et⁴ hoch und ~ beschwören 事⁴をおごそかに誓う. 4 《話》ひどい, あきれはてた, とんでもない. Heiliger Bim- bam〈Himmel〉! (驚きあきれて)なんてことだ. [Du] ~e Einfalt! 君はまたなんとおめでたい奴だ. mit j³ seine ~e Not haben 人³にほとほと手を焼いている. ❷ [副] 《地方》本当に, まったく. Ich habe ~ nichts damit zu tun. 私は本当にそれとは何の関係もないんだ. ◆↑heilig halten, heilig sprechen

'Hei·lig·abend [男] -s/-e クリスマスイブ.

'Hei·li·ge ['hailıgə] [男] [女] 《形容詞変化》 1 《キリスト教》聖 人, 聖女. die ~n anrufen 諸聖人に守護を求める. bei allen ~n 誓って, 断じて. 2 《話》敬虔な, 徳の 高い人. kein ~r sein 弱点を持った(並みの)人間であ る. ein komischer〈sonderbarer/wunderlicher〉 ~r《反語》変わり者, 変人.

Hei·li·ge·drei·kö·nigs·tag [男] -[e]s/-e (Heili- ge- の部分が形容詞変化することもある)《カトリック》御公現 の祝日; 《プロテスタント》公現日(1月6日). ein kalter Hei- lige[r]königstag 寒い御公現の祝日. am Vor- abend des Heilige[n]dreikönigstag[e]s 御公現の 日の前の晩に. am Heilige[n]dreikönigstag 御公現 の祝日に. ◆↑Dreikönigsfest

'hei·li·gen ['hailıgən] [他] 1 《物⁴を神聖なものとし て》崇〈あが〉める. Feiertage ~ 祝日を守る. Geheiligt werde dein Name.《聖書》御名が崇められますように (マタ 6:9). 2 (weihen) (物〈人⁴を)神聖にする, 清〈きよ〉 める; 聖別化する. 3 正当化する. Der Zweck heiligt die Mittel. 目的は手段を正当化する.

'Hei·li·gen·bild [中] -[e]s/-er 聖人(画).

'Hei·li·gen·schein [男] -[e]s/-e (聖人画やキリスト の 画像における)光輪, 後光. j⁴ mit einem ~ umgeben 人⁴を美化する.

'hei·lig hal·ten*, °'hei·lig·hal·ten* (heili- gen) (安息日·戒律などを)守る, 尊ぶ.

'Hei·lig·keit [女] -/ 1 《カトリック》聖性. Eure ~ (呼掛け て)教皇猊下(げいか). Seine ~ 教皇猊下(教皇のことを 人称で名指すときの尊称). 2 神聖さ. 3 《雅》尊 厳, 侵しがたさ, 不可侵性.

'hei·lig spre·chen*, °'hei·lig·spre·chen* [他] 《カトリック》(人⁴を)列聖する, 聖人の列に加える.

'Hei·lig·spre·chung [女] -/ 列聖(式).

'Hei·lig·tum ['hailıçtu:m] [中] -s/..tümer [..ty:mɐr] 1 神聖な場所, 聖域, 聖所. 2 (一般に)神聖なもの ひじょうに大切な物; 聖遺物の入った容れ物.

'Hei·li·gung [女] -/ 1 神聖なものとして崇めること, 尊 崇, 尊重. 2 《カトリック》成聖. 3 《プロテスタント》聖化. 3 正当 化.

'Heil·kli·ma [中] -s/-s (..mate) 病気療養に適した気 候.

'Heil·kraft [女] -/⸚e 治癒力, 病気を治す力; (薬などの) 効き目.

'heil·kräf·tig [形] 治癒力(効き目)のある.

'Heil·kraut [中] -[e]s/⸚er 薬草.

'Heil·kun·de [女] -/ (Medizin) 医学, 医術.

'heil·kun·dig [形] 医学(医術)の心得のある.

'Heil·kunst [女] -/ 治療法, 治療術.

'heil·los [hailloːs] [形] 1 手の施(ほどこ)しようのない, どう しようもない; ひどい, はなはだしい. 2 《古》忌まわしい, 卑劣な, 嫌悪すべき.

'Heil·me·tho·de [女] -/-n 治療法.

'Heil·mit·tel [中] -s/- 1 治療薬. 2 治療法;《比 喩》対抗策, 救済手段.

'Heil·pflan·ze [女] -/-n 《植物》薬用植物, 薬草.

'Heil·prak·ti·ker [男] -s/- (医師資格は持たないが当 局の許可を得ている)医療士.

'Heil·quel·le [女] -/-n 鉱泉, 療養泉.

'Heil·ruf [男] -[e]s/-e (ナチス時代の, 万歳·挨拶として の)ハイルの声.

'heil·sam ['hailza:m] [形] 1 有益な, ためになる. Diese Erfahrung war für ihn ~. この経験は彼にはい い薬になった. 2 《古》治癒力のある, よく効く.

'Heils·ar·mee [女] -/ 救世軍.

'Heils·bot·schaft [女] -/ 《神学》(Evangelium) 福 音.

'Heil·schlaf [男] -[e]s/ 《医学》睡眠療法.

'Heil·se·rum ['hailze:rʊm] [中] -s/..ren(..ra) 《医学》 (抗体を含んだ)免疫血清.

'Heils·ge·schich·te [女] -/ 《キリスト教》救済史.

'Heils·leh·re [女] -/ 《宗教》救済の教義.

'Heil·stät·te [女] -/-n 療養所, サナトリウム.

Hei·lung ['haɪlʊŋ ハイルング] 囡 -/-en 治療; 治癒.
Hei·lungs·pro·zess 男 -es/-e 治療(治癒)過程.
Heil·ver·fah·ren 中 -s/ (医師による)治療行為; (健康保険の取決めに沿った)医療処置.
heim [haɪm] 副 わが家へ, うちへ, 故郷へ, 祖国へ.
＊Heim [haɪm ハイム] 中 -[e]s/-e 1 わが家, うち; 住まい. ~ und Herd 《雅》わが家. in ein neues ~ einziehen 新しい住まいに引越す. 2 養護(収容)施設, ホーム; 療養(保養)所; 寄宿舎, 寮; クラブハウス, 会館.
'Heim·abend 男 -s/-e (ホームや会館などでの)夕べの集い.
'Heim·ar·beit 囡 -/-en 家内労働; 家内労働製品.
'Heim·ar·bei·ter 男 -s/- 家内労働者.

Hei·mat ['haɪma:t ハイマート] 囡 -/-en 1 故郷, ふるさと. die ~ verlassen 故郷を離れる. die ewige ~ 《雅》あの世, 彼岸. 2 《動植物の》原産地; 発祥地.
'hei·mat·be·rech·tigt 形 1 居住権のある. 2 《ス》市民権のある. in Zürich ~ sein チューリヒの市民である.
'Hei·mat·dich·ter 男 -s/- 郷土詩人(作家).
'Hei·mat·ha·fen 男 -s/-häfen 本籍港, 母港.
'Hei·mat·kun·de 囡 -/ (教科としての)郷土学習.
'Hei·mat·kunst 囡 -/ 郷土芸術.
'Hei·mat·land 中 -[e]s/-¨er 1 祖国, 故国. 2 自国, 居住国. 3 《政治》(南アフリカ共和国の)ホームランド.
'hei·mat·lich 形 故郷の; 故郷を思わせる.
'hei·mat·los 形 1 故郷のない, 故郷を追われた. 2 無国籍の.
'Hei·mat·ort 男 -[e]s/-e 1 故郷の町(村); 出生地. 2 《ス》(ある人が市民権を有する)本籍地. 3 =Heimathafen
'Hei·mat·recht 中 -[e]s/-e 《複数まれ》居住権.
'Hei·mat·stadt 囡 -/-¨e 故郷の町.
'Hei·mat·ver·trie·be·ne 男囡《形容詞変化》故郷を追われた人(ふつう第2次大戦後オーデル川以東の旧ドイツ帝国領内および占領地から強制退去させられた人をさして用いられる).
'heim|be·ge·ben 再 《sich⁴》家路につく.
'heim|be·glei·ten 他 家まで送っていく.
'heim|brin·gen 他 1 (人⁴を)家まで送っていく. 2 (物⁴を)家へ持って帰る.
'Heim·chen ['haɪmçən] 中 -s/- 1 《虫》いえこおろぎ. 2 《侮》目立たない(平凡な)女性. ~ am Herd (家事だけが生きがいの)所帯じみた女, ぬかみそくさい女.
'Heim·com·pu·ter 男 -s/- 家庭用パソコン.
'hei·me·lig ['haɪməlɪç] 形 わが家のような, 居心地のいい, アットホームな, 気楽な.
'heim|fah·ren ❶ 自 (s) (乗物で)帰省(帰郷)する, 帰宅する. ❷ 他 (人⁴を)乗物で家まで送る.
'Heim·fahrt 囡 -/-en (乗物での)帰省, 帰郷, 帰宅.
'Heim·fall 男 -[e]s/-¨e 《法制》1 (とくに中世の)封地(小作地)の封主(地主)への復帰. 2 (相続人がない場合の)遺産の国家帰属; (地上権などの)地主への復帰.
'heim|fal·len 自 (s)《法制》1 (とくに中世で)(封地などが)封主へ復帰する. 2 (遺産が)国家へ帰属する; (居住権などが)地主へ復帰する.
'heim|fin·den* 自 他 再 《sich⁴》[sich] ~ (家・故郷への)帰り道を見つける.
'heim|füh·ren 他 1 (人⁴を)家(故郷, 故国)へ連れて帰る, 家まで送る. ein kleines Kind ~ 小さな子供を

家まで送る. Die Sorge um seine kranke Frau führte ihn wieder heim. 病気の妻を気遣って彼は帰宅した. 2《古》(人⁴を)妻に娶(めと)る.
'Heim·gang 男 -[e]s/《雅》(Tod) 他界, 昇天.
'Heim·ge·gan·ge·ne 男囡《形容詞変化》(↑heimgehen) 他界した人, 故人.
'heim|ge·hen* 自 (s) 1 家へ帰る, 帰宅する. 《非人称的に》Jetzt geht's heim! さあ家に帰ろう. 2《雅》(sterben) 他界する. ♦↑Heimgegangene
'heim|ho·len 他 (人⁴を)家(故郷, 故国)へ連れて帰る. Gott hat ihn heimgeholt.《比喩》彼は神に召された.
'hei·misch ['haɪmɪʃ] 形 1 土着の, その土地の; 自国の, 国内の; …原産の. die ~e Bevölkerung その土地の人々. die ~e Industrie 国内(地場)産業. Diese Pflanzen sind in Asien ~. これらの植物はアジア原産である. 2 故郷の, わが家の. die ~e Mundart お国訛(なま)り. 3 なじんだ, 慣れ親しんだ; わが家のような. mein ~es Klavier 私の弾き慣れたピアノ. in et³ ~ sein e³に詳しい, 精通している; e³になじんでいる. Er ist in Berlin ~. 彼はベルリーン生活にすっかりなじんでいる. ~ werden / sich⁴ ~ fühlen (ある場所・状態に)なじむ, 慣れ親しむ.
'Heim·kehr 囡 -/ 帰宅, 帰郷, 帰国, 帰還.
'heim|keh·ren 自 (s) 帰宅する; 帰郷(帰国)する; 帰還する.
'Heim·keh·rer 男 -s/ 帰郷(帰国)者, 引揚(ひきあげ)者; 帰還兵.
'heim|kom·men* 自 (s) 帰宅する, 帰郷(帰国)する.
'Heim·kunft 囡 -/《雅》=Heimkehr 帰宅, 帰郷, 帰国.
'heim|leuch·ten 自 1《古》(人³を)ランプ(松明)を持って家まで送る. 2《話》(人³を)追払う, 追返す.
＊'heim·lich ['haɪmlɪç ハイムリヒ] 形 1 秘密の, 内密の, ひそかな, 人目を忍んだ. ein ~er Anhänger 隠れたファン. ein ~er Plan 秘密計画. ~e Wege gehen《比喩》裏街道を歩く, 人目をはばかることをする. ~, still und leise《話》抜き足差し足忍ばせて, こっそりと. 2《古》(地域の)《heimelig》 居心地のいい, 気楽な. ♦ heimlich tun
'Heim·lich·feiß 形《ス》貧乏(無能)をよそおった.
'Heim·lich·keit 囡 -/ 1 人目につかないこと. in aller ~ ごく内密に, こっそりと. 2《ふつう複数で》秘密, 内緒ごと.
'Heim·lich·tu·er [..tu:ər] 男 -s/-《侮》秘密めかして振る舞う(隠し立てをする)人.
'Heim·lich·tu·e·rei [..tu:əˈraɪ] 囡 -/-en 秘密めかした振舞, 思わせぶりにふるまいがちな態度.
'heim·lich tun*, °'heim·lich|tun 自《侮》秘密めかして振る舞う; (mit et³ 事³を)隠し立てする.
'Heim·rei·se 囡 -/ 帰郷の旅.
'heim|rei·sen 自 (s) 故郷へ旅立つ, 帰郷(帰国)の旅をする.
'heim·schwach 形 《スポ》ホームゲームに弱い.
'Heim·spiel 中 -[e]s/-e《スポ》(↔ Gastspiel) ホームゲーム.
'heim·stark 形 《スポ》ホームゲームに強い.
'Heim·statt 囡 -/ =Heimstätte 1
'Heim·stät·te 囡 -/-n 1《複数まれ》《雅》すみか, 安住の地. 2《法制》家産地(難民や引揚(ひきあげ)者に交付される菜園付住宅ないしは住宅付農地).
'heim|su·chen 他 1 (不幸・災難などが)襲う, 見舞う, 降りかかる. Diese Stadt wurde von einem Erdbeben heimgesucht. この町は地震に見舞われた. 2《戯》(人⁴のところに)押しかける, 押入る.

'Heim·su·chung 囡 -/-en **1** 不幸, 災厄; 神の試練. **2**《ｶﾄﾘｯｸ》Mariä ~ / ~ Mariä 聖母の訪問の祝日(5月31日, 以前は7月2日だった).

'Heim·tü·cke 囡 -/-n 陰險さ, 惡意; 陰謀, 背信.

'heim·tü·ckisch ['haɪmtʏkɪʃ] 厖 **1** 陰險な, 卑劣な, 惡意のある. **2**《病氣などが》たちの悪い, 潜在性の. eine ~e Krankheit 潜在性疾患.

'heim·wärts [..vɛrts] 副 わが家へ, 故郷へ向かって.

'Heim·weg ['haɪmveːk] 男 -[e]s/-e 家路, 歸路. sich[4] auf den ~ machen 家路(歸路)につく.

*'Heim·weh ['haɪmveː: ﾊｲﾑｳﾞｪｰ] 囲 -s/(↔ Fernweh) ホームシック, 郷愁. an〈unter〉~ leiden ホームシックにかかっている.

'Heim·wer·ker 男 -s/- **1** 日曜大工. **2** 家庭用電動工具.

'heim|zah·len 他 **1**(人[3]に事[4]の)仕返しをする. in 〈mit〉gleicher Münze ~ 同じやり方で仕返しをする, しっぺ返しをする. **2**《古》恩返しをする.

'heim·zu ['haɪmtsuː] 副《地方》(heimwärts) わが家へ, 故郷へ向かって.

Hein [haɪn]《男名》(Heinrich の短縮)ハイン. Freund ~《雅》死神.

'Hei·ne ['haɪnə]《人名》ハイネ. Heinrich ~ ハインリヒ·ハイネ(1797–1856, ドイツの詩人).

'hei·nesch ['haɪnəʃ] 厖 =heinisch

'Hei·nesch 厖 =Heinisch

'Hei·ni ['haɪni] ❶《男名》ハイニ(Heinrich の愛称). ❷ 男 -s/-s《戲》(名前の分からない男に對するふざけた呼ぴ方)某什. So ein doofer ~! このまぬけ野郎.

'hei·nisch ['haɪnɪʃ] 厖 **1** ハイネ流の, ハイネ風の. **2** ハイネの.

°**'Hei·nisch** heinisch ↑2

'Hein·rich ['haɪnrɪç]《男名》ハインリヒ. den flotten ~ haben《話》下痢をしている. den müden ~ spielen / auf müden ~ machen《話》だらだらと仕事をする.

Heinz [haɪnts] ❶《男名》(Heinrich の短縮)ハインツ. ❷ 男 -en/-en =Heinze[1]

'Hein·ze ['haɪntsə] 男 -n/-n《南ﾄﾞ》**1** (Heureiter) 干し草掛け. **2** (Stiefelknecht) (長靴用の)靴脱ぎ台.

'Hein·zel 囡 -/-n《ｵｰｽﾄ》=Heinze[1]

'Hein·zel·männ·chen ['haɪntsəlmɛnçən] 囲 -s/-《ふつう複數で》《民俗》(こっそり家の仕事を助けてくれる)小妖精, 家の精.

hei·o·po'peio [haɪopoˈpaɪo] 間 =heiapopoeia

*'Hei·rat ['haɪraːt ﾊｲﾗｰﾄ] 囡 -/-en 結婚. eine ~ aus Liebe 戀愛結婚. eine ~ mit j[3] eingehen 人[3]と結婚する.

'hei·ra·ten ['haɪraːtən ﾊｲﾗｰﾃﾝ] ❶ 自 結婚する. früh ~ 若くして結婚する. aufs Land〈in die Stadt〉~ 田舍〈町〉へ嫁ぐ. ❷ 他《人[4]と結婚する. j[4] aus Liebe ~ 人[4]と戀愛結婚する. Geld ~《話》金持と結婚する.《相互的に》 sich[4] ~ (ふたりが)結婚する.

'Hei·rats·an·trag 男 -[e]s/-e (男性から女性への)結婚の申し込み, プロポーズ.

'Hei·rats·an·zei·ge 囡 -/-n **1** 結婚通知狀; 新聞紙上での結婚通知. **2** (新聞などの)求婚廣告.

'Hei·rats·bü·ro 囲 -s/-s =Heiratsinstitut

'Hei·rats·fä·hig 厖 (法的に)結婚の許される年令に達した, 結婚能力のある.

'hei·rats·freu·dig 厖 =heiratslustig

'Hei·rats·gut 囲 -[e]s/-er 《ﾔﾔ古》(Mitgift) 持參金, 婚資.

'Hei·rats·in·sti·tut 囲 -[e]s/-e 結婚相談所.

'Hei·rats·kan·di·dat 男 -en/-en《戯》結婚志望者, 結婚相手の男, 花婿候補.

'hei·rats·lus·tig 厖 結婚したがっている.

'Hei·rats·markt 男 -[e]s/-e《戯》(新聞などの)求婚欄; 集団見合の催し.

'Hei·rats·schwin·del 男 -s/《法制》結婚詐欺.

'Hei·rats·schwind·ler 男 -s/- 結婚詐欺師.

'Hei·rats·ur·kun·de 囡 -/-n《法制》婚姻証明書.

'Hei·rats·ver·mitt·ler 男 -s/- 結婚仲介業者.

'Hei·rats·ver·mitt·lung 囡 -/-en (業者による)結婚の仲介.

'hei·sa ['haɪza, ..sa] 間 Heisa! (喜びの聲)わーい; (励ましの声)さあ, そら, それー.

'hei·schen ['haɪʃən]《雅》❶ 他 (事[4]を強く要求する; 懇請する. ❷ 自 (nach et[3] 事[3]を強く求める.

'Hei·sen·berg ['haɪzənbɛrk]《人名》Werner ~ ヴェルナー·ハイゼンベルク(1901-76, ドイツの物理学者).

*'hei·ser ['haɪzər ﾊｲｻﾞｰ] 厖 (声の)嗄(ｶﾞ)れた, しわがれた, かすれた. mit ~er Stimme しゃがれ声で. ~ sein 〈werden〉声がかすれている〈かすれる〉. sich[4] ~ reden しゃべりすぎて声を嗄らす.

'Hei·ser·keit 囡 -/-en《複数まれ》声の嗄(ｶﾞ)れていること; しゃがれ声(であること).

heiß

[haɪs ﾊｲｽ] 厖 **1** (↔ kalt) 熱い, 暑い. ein ~es Bad (熱い)風呂. ~e Quellen 温泉. eine ~e Zone 熱帯. Es ist heute sehr ~. 今日はひどく暑い. Mir ist ~. 私は暑い. nicht ~ und nicht kalt sein / weder ~ noch kalt sein《比喩》中途半端である. Es läuft j[3] ~ und kalt den Rücken herunter〈hinunter〉/ Es überläuft j[4] ~ und kalt. 人[3]は背筋がぞっとする, 慄然(ﾘﾂｾﾞﾝ)とする. Dich haben sie wohl [als Kind] zu ~ gebadet!《話》君は頭がおかしいんじゃないか. Es wird nichts so ~ gegessen, wie es gekocht wird.《諺》案ずるより産むが易し(煮たときの熱さのままで食べるものはない). **2** 激しい, 熱烈の, 情熱的な; 刺激的な, 煽情的な. Heißen Dank!《話》ほんとにありがとう. ein ~er Kampf 激戦. ~e Liebe 熱愛. Es geht ~ her.《話》白熱した場面になる, 激論(熱戰)になる. sich[4] ~ reden 話しているうちに興奮してくる. Was ich nicht weiß, macht mich nicht ~.《諺》知らぬが仏. **3** 危險な, 一触即發の, やっかいな, ホットな. ~er Draht (各國首腦間の)ホットライン. ~e Eisen《比喩》手を出しにくい(厄介な)問題, 火中の栗. ein ~es Thema 扱いにくいテーマ. ~e Ware《話》危ない品(盗品など). **4**《話》(スポーツ·ゲームなどで)有力な, 有望な; (スポーツカーなどが)高性能の. ein ~er Favorit 優勝候補, 本命. ein ~er Tip 有力なヒント. Heiß! (クイズなどで)近い, 惜しい. **5**《話》(犬·猫が)さかりのついた; (人間が)性的に興奮的した. **6**《核物理》高放射性の.

♦ ↑heiß ersehnt, heiß geliebt, heiß umstritten

heiß.., **Heiß..** [haɪs..]《接頭》(↓heiß) 形容詞, 名詞に冠して「熱い, ひどく, 非常に」の意を表す. heißblütig 血の気の多い. Heißhunger 猛烈な空腹.

'hei·ßa ['haɪsa] 間 =heisa

'hei·ßas·sa [ˈhaɪsasa] 間 =heisa

'heiß·blü·tig 厖 情熱的な, 熱血の, 血の気の多い.

'Heiß·dampf 男 -[e]s/-e 過熱蒸気.

hei・ßen[1]*

['haɪsən ハイセン] hieß, geheißen／du heißt(まれ heißest), er heißt ❶ 1 …という名である、…と呼ばれる. Wie *heißen* Sie? — Ich *heiße* Peter Müller. お名前は何といいますか ── 私はペーター・ミュラーといいます. Wie *heißt* die Straße? その通りの名はなんですか. Wie *heißt* das auf Deutsch? それはドイツ語でなんといいますか. Der Titel des Filmes *heißt* „ Das U-Boot ". その映画のタイトルは『U ボート』です. Wenn das stimmt, will ich ein Schuft ⟨Emil/Hans/Meier⟩ ～.《話》それは絶対に違うよ(「もしそうなら私はなんと呼ばれてもかまわない」の意から). so wahr ich…*heiße*《話》私の名前にかけて、誓って(…の箇所に話者の名前が入る). 2 …を意味する、…ということである. Was soll das ～? どういうことだ. Das will viel⟨etwas⟩～. それは大変なことだ. Das will wenig⟨nichts⟩～. それは大したことではない. Sein Motto *heißt* Geduld. 彼のモットーは忍耐ということだ. Alles verstehen *heißt* alles verzeihen.《諺》すべてを理解するはすべてを許すことだ. *Heißt* das, ich soll gehen? それは私に行けという意味ですか. das *heißt*《略 d.h.》すなわち、詳しくいうと；ただし. Er lebte von 1850 bis 1948, das *heißt* fast ein ganzes Jahrhundert. 彼は 1850 年から 1948 年まで、つまりほとんど丸 1 世紀を生きた. Ich komme morgen, das *heißt*, nur wenn es nicht regnet. 明日来るよ、ただし雨さえなければね. 3《非人称的に》(a) …と言われている；…と書かれている. Es *heißt*, er kommt morgen. 彼は明日来るそうだ. Das ist nicht nur meine Meinung, es *heißt* allgemein so. それは私だけの考えではない、一般にそう言われているんだ. wie *es* bei Goethe *heißt* ゲーテが言っているように. Es *heißt* dort folgendermaßen: …そこに次のように書かれている…. (b) …が必要(肝要)である. Da *heißt* es aufgepasst⟨aufpassen⟩! そのさい注意することが肝心だ. Jetzt *heißt* es arbeiten! いまは働くときだ.

❷ 1 (a)《雅》…と呼ぶ、見なす. j⁴ einen Dummkopf ～ 人⁴を馬鹿呼ばわりする. Das *heiße* ich Humor. それこそユーモアというものだ. j⁴ willkommen ～ 人⁴を歓迎する. (b)《古》(nennen) (A⁴ B⁴と)命名する. Sie haben das Kind Karl *geheißen*. 彼らはその子をカールと名付けた. 2《雅》(j⁴ et⁴) 人⁴に事⁴を命じる、言いつける. Wer hat es dich *geheißen*? 誰が君にそれを命じたのか.《zu 不定詞句と》Wer hat dich *geheißen*, das zu tun? 誰が君にそれをせよと命じたのか.《zu のない不定詞と／完了形ではふつう過去分詞は heißen となる》Er hat mich schweigen *heißen*⟨まれ *geheißen*⟩. 彼は私に黙っているように命じた. et⁴ mitgehen ～ ／ et⁴ mit sich³ gehen ～《戯》物⁴を盗む、くすねる.

'hei・ßen[2] [(船員)] (hissen) (旗・帆などを)揚(ᵃ)げる、かかげる.

'heiß・er・sehnt, °'heiß・er・sehnt 形《付加語的用法のみ》待ちこがれた、熱望された.

'heiß ge・liebt, °'heiß・ge・liebt 形《付加語的用法のみ》熱愛された.

'Heiß・hun・ger 男 -s/ 猛烈な食欲；《比喩》渇望(ᵏᵃⁿ).

'heiß・hung・rig 形 猛烈に腹を空かせた.

'heiß|lau・fen* 自(s) (sich) 形 〉 ～(エンジンなどが)過熱する. Der Motor ist⟨hat sich⟩ *heißgelaufen*. モーターが焼けた. ◆heiß laufen とも書く.

'Heiß・luft 女 -/ 熱気、熱風.

'Heiß・luft・bal・lon 男 -s/-s(-e) 熱気球.

'Heiß・man・gel 女 -/-n (洗濯物のしわを伸ばす)マングル、熱ローラーアイロン.

'Heiß・sporn 男 -[e]s/-e 無鉄砲な熱血漢、気短な(せっかちな)男(Shakespeare の『ヘンリー 4 世』 *Henry IV* 中の登場人物 Sir Henry Percy のあだ名 hotspur の翻訳借用語).

'heiß・um・strit・ten, °'heiß・um・strit・ten 形《付加語的用法のみ》激しい議論の的になっている、異論のきわめて多い.

'Heiß・was・ser 中 -s/- 熱水、熱湯.

'Heiß・was・ser・spei・cher 男 -s/- 温水貯蔵器.

..heit [..haɪt]《接尾》形容詞や名詞につけて「人間の集合、性状、状態、行為」を表す女性名詞 (-/-en) をつくる. Christen*heit* キリスト教徒. Mensch*heit* 人類. Krank*heit* 病気. Schön*heit* 美. Dumm*heit* 愚かさ；愚行.

*'hei・ter [haɪtər ハイテル] 形 1 晴れた、澄んだ、雲のない. ～*er* Tag 晴れた日. ～ bis wolkig (天気予報で)晴れまたは曇り. wie ein Blitz aus ～*em* Himmel 晴天の霹靂(ᵏⁱʳᵉᵏⁱ)のように、突然. 2 (気分などの)晴れやかな、明るい；陽気な、朗らかな、愉快な、楽しい；上機嫌の、ほろ酔い気分の. ein ～*er* Film 楽しい映画. ein ～*er* Mensch 陽気な人. 3《反語》困った、厄介な. Das ist ja ～! これは困った. Das kann ～ werden! これは大へんなことになりそうだ.

'Hei・ter・keit 女 -/ 1 明朗さ、陽気さ、快活さ、上機嫌. 2 (明るい)笑い、哄笑(ᵏᵒᵘˢʰᵒᵘ). 3 晴朗、晴天.

'Hei・ter・keits・er・folg 男 -[e]s/-e (たくまざる明るさ・おかしさによる)成功、受け. mit et³ einen ～ haben⟨erzielen/erringen⟩ (芝居などで)事³で大いに受ける、大笑いをまきおこす.

'Heiz・an・la・ge ['haɪts..] 女 -/-n セントラルヒーティング、暖房設備.

'Heiz・ap・pa・rat 男 -[e]s/-e = Heizgerät

'heiz・bar ['haɪtsbaːr] 形 暖房(設備)のついた、暖房できる.

'Heiz・de・cke 女 -/-n 電気毛布.

*'hei・zen ['haɪtsən ハイツェン] ❶ 他 暖房する. elektrisch⟨mit Öl⟩ ～ 電気⟨石油⟩で暖房する. im Zimmer ～ 部屋を暖房する. Der Ofen *heizt* gut. このストーブはよく温まる. ❷ 他 (部屋などを)暖める、暖房する. (ストーブなどを)炊く、(燃料を)燃やす. Kohle ～ 石炭を焚く. einen Ofen ～ ストーブを焚く.《受動態で》Das Zimmer ist gut *geheizt*. その部屋は暖房がよくきいている. ❸ 再《sich》(部屋などが暖房で)暖まる.

'Hei・zer ['haɪtsər] 男 -s/- ボイラーマン、暖房係.

'Heiz・flä・che 女 -/-n (暖房機器の)放熱面、伝熱面.

'Heiz・gas 中 -es/-e『工学』(暖房の)排気ガス；燃料ガス.

'Heiz・ge・rät 中 -[e]s/-e (小型の)暖房器具.

'Heiz・kes・sel 男 -s/-『工学』暖房用ボイラー.

'Heiz・kis・sen 中 -s/- 電気クッション.

'Heiz・kör・per 男 -s/- (暖房機器の)放熱体；ラジエーター.

'Heiz・kraft・werk 中 -[e]s/-e『工学』(廃熱を利用して地域暖房を行う)熱併給発電所.

'Heiz・lüf・ter 男 -s/- 温風機、ファンヒーター.

'Heiz・ma・te・ri・al 中 -s/- 暖房用燃料.

'Heiz・öl 中 -[e]s/-e 暖房用石油、灯油.

'Heiz・plat・te 女 -/-n (レンジの)加熱板、クッキングプレート.

Heiz·raum 男 -[e]s/¨e ボイラー室, 火室.
Heiz·rohr 中 -[e]s/-e 暖房用パイプ, ボイラー管.
Heiz·son·ne 女 -/-n 反射式電気ストーブ.
***Hei·zung** ['haitsυŋ ハイツング] 女 -/-en **1** 暖房装置, ヒーター. **2**《複数なし》加熱; 暖房.
Hei·zungs·an·la·ge 女 -/-n =Heizanlage
Heiz·wert 男 -[e]s/-e **1**《物理》発熱量. **2** 暖房効果.
He·ka·be [he:kabe]《人名》《ギリシャ神話》ヘカベー(トロイア王 Priamos の妃, Hektor, Paris, Kassandra らの母).
He·ka·te [he:kate]《人名》《ギリシャ神話》ヘカテー(夜と冥界の女神. また道の支配者で, 地獄の吠えたける犬を従えて十字路や三叉路に恐ろしい姿で立つという).
He·ka·tom·be [heka'tɔmbə] 女 -/-n (*gr.*) **1**(古代ギリシアで神々に捧げられた)雄牛 100 頭の生け贄(ﾆｴ). **2**《ふつう複数で》多数の犠牲者.
hekt.., Hekt.. [hεkt..]《接頭》=hekto.., Hekto..
Hek'tar [hεk'ta:r, '--] 中 -[e]s/-e (*gr.* Hekto.. + *lat.* Ar)(記号 ha)(面積単位)ヘクタール(=100 アール).
'Hek·tik [hεktɪk] 女 -/ (*gr.*) **1**(古)(とくに肺結核による)消耗. **2** 慌(ｱﾜ)ただしさ, 性急さ, めまぐるしさ.
'Hek·ti·ker [hεktɪkər] 男 -s/- **1**(話)せわしない人, せかせかした人. **2**(古)肺結核患者, 肺病病み.
'hek·tisch [hεktɪʃ] 形 **1** 慌(ｱﾜ)ただしい, せわしない, 性急な, めまぐるしい. **2**(古)《病理》肺結核にかかった; 消耗性の. ~ es Fieber 消耗熱.
hek·to.., Hek·to.. [hεkto..]《接頭》(*gr.* hekaton, hundert)母音の前では hekt.., Hekt.. となる. **1**(記号 h)単位名につけて「100」を意味し, 「ヘクト…」となる. *Hekto*gramm ヘクトグラム(hg). **2** 名詞に冠して「何倍かの, 多数の」を意味する. *Hekto*graph ヘクトグラフ(複写器).
Hek·to'gramm [hεkto'gram, '---] 中 -s/-e(単位-)(記号 hg)(重量単位)ヘクトグラム(=100 グラム).
Hek·to'graph [..'gra:f] 男 -en/-en 《商標》ゼラチン版複写機, ヘクトグラフ.
Hek·to·gra'phie [..gra'fi:] 女 -/-n (古) **1**《複数なし》ゼラチン版複写. **2** ゼラチン版複写物.
Hek·to'li·ter [..'li:tər, '----] 中 -s/-(記号 hl)(容積単位)ヘクトリットル(=100 リットル).
Hek·to·pas'cal [..pas'kal, '----] 中 -s/-(記号 hPa)(気圧単位)ヘクトパスカル(=100 パスカル).
'Hek·tor ['hεkto:r]《人名》《ギリシャ神話》ヘクトール(Troja 王 Priamos と Hekabe との長子, Troja 第1 の英雄, Achilles に討たれる).
He·ku·ba ['he:kuba]《人名》《ギリシャ神話》ヘクバ(Hekabe のローマ名). j³ ~ sein〈werden〉《まれ》人³にとってどうでもいい〈どうでもよくなる〉.
Hel [he:l] **❶**《人名》《北欧神話》ヘル(冥界の女神). **❷** 女 -/《ふつう無冠詞で》死者の国, 冥界.
***Held** [hεlt ヘルト] 男 -en/-en **1** 英雄, 勇者; 戦士. die *~en* des Altertums 古代の英雄たち. ~ der Arbeit (旧東ドイツで)労働英雄. Du bist mir ein schöner〈netter/rechter〉~!《反語》君はたいした英雄だよ〈情けないやつだ〉. Er ist ein ~ im Trinken.《話》彼は大の酒豪だ. kein ~ in et³ sein《話》事³(とくに学科など)が得意でない. sich⁴ als ~ aufspielen《話》えらそうに振舞う. **2**(小説などの)主人公, ヒーロー. 《演劇》主役; 《比喩》花形, 人気者. der ~ des Tages その日の人気者; 時の人. den *~en* spielen 主役を演じる. ◆ †Heldin

'Hel·den·dich·tung ['hεldən..] 女 -/-en 《文学》(中世の)英雄文学(叙事詩).
'Hel·den·epos 中 -/..epen《文学》(中世の)英雄叙事詩.
'Hel·den·fried·hof 男 -[e]s/¨e 戦没者墓地.
'hel·den·haft ['hεldənhaft] 形 (英雄のように)勇敢な, 英雄的な.
'Hel·den·mut 男 -[e]s/ 英雄的な勇気, 豪勇.
'hel·den·mü·tig [..my:tɪç] 形 英雄のように勇敢な, 勇猛果敢な, 豪胆な.
'Hel·den·sa·ge 女 -/-n 《文学》英雄伝説.
'Hel·den·tat 女 -/-en 英雄的行為, 偉業.
'Hel·den·te·nor 男 -s/-e《音楽》ヘルデンテノール(Wagner の楽劇の主人公などに適したテノール).
'Hel·den·tod 男 -[e]s/-e(複数まれ)《雅》壮烈な最期, 戦死. den ~ sterben〈finden〉戦死する.
'Hel·den·tum ['hεldəntu:m] 中 -s/ 英雄的精神(行為).
***'Hel·din** ['hεldɪn ヘルディン] 女 -/-nen《Held の女性形》**1**(女性の)英雄, 女傑. **2**(小説などの)女主人公, ヒロイン.
'hel·disch ['hεldɪʃ] 形《雅》英雄の; 英雄的な.
He·le·na ['he:lena]《人名》ヘレーナ. **2**《女名》《ギリシャ神話》ヘレネー(Zeus の娘でギリシャ第 1 の美女, Sparta 王メネラーオス Menelaos の妻となるが Troja の王子 Paris に奪われ Troja 戦争の原因となる).
He'le·ne [he'le:nə]《女名》ヘレーネ.

'hel·fen
['hεlfən ヘルフェン] half, geholfen / du hilfst, er hilft **❶ 1**(人³に)助力する, (を)助ける, 手伝う. Kann ich Ihnen ~? お手伝いしましょうか. j³ finanziell ~ 人³に経済的な援助をする. So wahr mir Gott *helfe*! 神かけて, 誓って. Ich werde〈will〉dir ~!《話》(子供などをたしなめて)たたきはせんぞ. Ihm ist nicht mehr zu ~. 彼はもう助からない; 彼は救いようのない男だ. Wem nicht zu raten ist, dem ist nicht zu ~.《諺》人の言うことを聞かぬ者は救いようがない. 《相互代名詞と》*einander*〈*sich*³〉gegenseitig ~ 互いに助け合う. 《前置詞と》j³ **auf** die Beine ~ 人³を助け起こしてやる, 再起させる, 立直らせる. j³ **aus** dem Auto ~ 人³に手を貸して車から降ろしてやる. j³ aus der Not ~ 人³を苦境から救い出す. j³ **bei** et³ ~ 人³が事³をするのを手伝う. j³ bei der Arbeit〈beim Lernen〉~ 人³の仕事〈勉強〉を手伝う. j³ **in** den Mantel ~ 人³にコートを着せかける. j³ **über** den Berg ~ 人³を助けてピンチを乗切らせる. j³ **zu** Brot ~ 人³に働き口を世話する. (zu のない不定詞で) Er *half* ihr kochen (= Er *half* ihr beim Kochen). 彼は彼女の料理の手伝いをした. Er hat mir den Tisch decken *helfen*〈*geholfen*〉. 彼は私を手伝って食卓の用意をしてくれた. 《**zu** 不定詞句と / 一般に不定詞句が長くなる場合は zu を伴うことが多い》Er *half* mir, das Kind ins Bett zu tragen. 彼は私を手伝って子供をベッドに運んでくれた.
2(ある事が)役に立つ, 有効(有益)である; (薬などが)効く. Hier *hilft* kein Bitten und kein Flehen. この際いくら泣きついても無駄である. Das Mittel *hilft* gegen〈bei〉Kopfschmerzen. その薬は頭痛に効く. 《しばしば **nichts, viel, was** などと》Was *hilft* mir das? 私にとってそれが何の役に立つのか. Das *hilft* mir nichts. 私にはそれは何の役にも立たない. j³ viel〈wenig〉~ 人³にとって大いに役立つ〈あまり役に立たない〉. 《非人称的に》*Es hilft* nichts. どうしようもない, 仕方がない.

❷ 再 (**sich**³) 自分で何とかする, 自力で切抜ける. *Hilf dir selbst, so hilft dir Gott.*《諺》天は自ら助くる者を助ける. *sich zu ～ wissen* 自分の力で何とかできる. *Ich wusste mir nicht mehr zu ～.* 私はもうどうしていいか分からなかった. *Ich kann mir nicht ～, [aber] ich muss daran denken.*《話》私はどうしてもそのことを思わざるを得ません.

Hel·fer ['hɛlfər] 男 -s/- **1** 助力者, 協力者, 手伝い; 共犯者. **2** 相談相手, 顧問. ◆女性形 Helferin -/..nen

Hel·fers·hel·fer 男 -s/- (悪事の)仲間, 共犯者.

Hel·ga ['hɛlga]《女名》ヘルガ.

Hel·go·land ['hɛlgolant]《地名》ヘルゴラント(北海にあるドイツ領の島).

Hel·go·län·der [..lɛndər] ❶ 男 -s/- ヘルゴラントの人. ❷ 形《不変化》ヘルゴラントの.

He·li.., **He·li..** [heli..]〔接頭〕=helio..., Helio..

He·li·and ['he:liant] 男 -s/-《文学》ヘーリアント(9世紀に古ザクセン語で書かれた布教目的の宗教叙事詩. 現代ドイツ語のHeiland にあたり, 「救世主」の意).

He·li·an·thus [heli'antʊs] 男 -/..then [..tən] (*gr.*)《植物》(Sonnenblume) ひまわり(属).

He·li·kon¹ ['he:likɔn] 中 -s/-s (*gr.* helikos, gewunden¹)《楽器》ヘリコン(軍楽隊用の Tuba).

He·li·kon² [-s]《地名》der ～《ギリシア神話》ヘリコーン山(ギリシア中部ボイオティアの Böotien 地方にある山 山, Muse たちが住む場所とされた).

He·li·kop·ter [heli'kɔptər] 男 -s/- (*gr.*) (Hubschrauber) ヘリコプター.

he·lio.., **He·lio..** [helio..]〔接頭〕(*gr.* helios, Sonne¹) 名詞などに冠して「太陽」の意を表す. 母音の前では heli.., Heli.. となる. *Helioskop* ヘリオスコープ, 太陽鏡. *heliozentrisch* 太陽中心の. *Helianthus* ひまわり.

He·lio'graph [..'gra:f] 男 -en/-en **1**《天文》ヘリオグラフ, 太陽写真儀. **2**《通信》日光反射信号機.

He·lio·gra'phie [..gra'fi:] 女 -/《印刷》ニエプス式写真石版法, エリオグラフィー. **2**《通信》日光反射信号法.

He·lio·gra'vü·re [..gra'vy:ra] 女 -/-n《印刷》**1**《複数なし》写真凹版術, グラビア. **2** グラビア写真.

'He·li·os ['he:liɔs]《人名》《ギリシア神話》ヘーリオス, ヘリオス(Hyperion の息子で, ローマ神話の Sol にあたる太陽神).

He·lio'skop [helio'sko:p] 中 -s/-e《天文》ヘリオスコープ, 太陽観測用望遠鏡.

He·lio'stat [..'sta:t] 男 -[e]s(-en)/-en《天文》ヘリオスタット(反射鏡を用いて太陽光をつねに極軸方向に送る装置).

He·lio·the·ra·pie [..ra'pi:] 女 -/《医学》日光浴療法.

He·lio'trop¹ [helio'tro:p] 中 -s/-e **1**《植物》ヘリオトロープ, 木立瑠璃草(きだちるりそう), 香水草(同種の草から採れる)ヘリオトロープ香水;《複数なし》(棟ふ)色に近い淡紫の)ヘリオトロープの染料). **2**《測量》回照器.

He·lio'trop² 男 -s/-e《鉱物》血石(けっせき).

he·lio'tro·pisch [..'tro:pɪʃ] 形《古》《植物》(phototropisch) 向日性の.

he·lio'zen·trisch [..'tsɛntrɪʃ] 形《天文》(↔ geozentrisch) 太陽を中心とした, 太陽中心の; 日心の, 日心による.

hel·i'port [heli'pɔrt] 男 -s/-s (*engl.*) ヘリポート.

'He·li·um ['he:liʊm] 中 -s/《記号 He》《化学》ヘリウム.

hell [hɛl ヘル] 形 **1** (↔ dunkel) 明るい, 澄んだ, 晴れた. *ein ～es Licht* 明るい光. *am ～en Tag[e]* 真昼間に; 白昼堂々と. *ein ～es Zimmer* 明るい部屋. *Der Mond scheint ～.* 月が皓々(こうこう)と照る. *Der Himmel ist ～.* 空は晴れ渡っている. *Es wird ～.* 明るくなる, 夜が白む. **2** (↔ dunkel) 明るい色の; 淡い, 淡色の. *～es Bier* (黒ビールに対して)ふつうのビール, 淡色ビール. *ein ～es Blau* ライトブルー. *～es Haar* 金髪. *Sie hat eine sehr ～e Haut.* 彼女はとても白い肌をしている. **3** (声·音の)澄んだ, 冴えた. *ein ～er Klang* 澄んだ響き. *eine ～e Stimme* よく通る声. *～ lachen* からからと笑う. **4** 聡明な, 頭の冴えた; 意識のはっきりした. *Er ist ein ～er Kopf.* 彼は頭脳明晰だ. *ein ～er Junge* 利発な少年. *Sie ist sehr ～.* 彼女はとても頭が冴えている. **5**《話》抑えもない, まったくの; 非常な, ひどい. *seine ～e Freude an et‹j›³ haben* 事〈人〉³のことで心から喜ぶ. *in ～en Haufen* 〈Scharen〉大挙して. *～e Tränen weinen* はらはら涙を流して泣く. *in ～e Wut geraten* かんかんに怒る. 《副詞的用法で》*Er ist ～ begeistert.* 彼はすっかり感激している.

◆↑ hell leuchtend

'Hel·las ['hɛlas]《地名》ヘラス(ギリシアの古名, 元来はテッサリア南部の一地域を指した).

'hell'auf ['hɛl'laʊf] 副 **1** 大いに, 非常に; 声高らかに. *～ begeistert* すっかり夢中になって. *～ lachen* 声高らかに笑う.

'hell·äu·gig 形 明るい〈澄んだ〉目をした.

'hell·blau 形 淡青色の, ライトブルーの; 藍白の.

'hell·blond 形 (淡い)金髪の, プラチナブロンドの.

'hell·dun·kel 形《とくに絵画で》明暗の交錯する.

'Hell·dun·kel 中 -s/《絵画》明暗(光と影)の交錯;《絵画》明暗法, キアロスクーロ.

'hel·le ['hɛla] 形《地方》(aufgeweckt) 利発な, 利口な; 抜目のない.

'Hel·le¹ 中《形容詞変化》**1** 明るい所(状態). *noch im ～n* まだ明るいうちに. *ins ～ treten* 明るいところに出る. **2** (黒ビールに対して)ふつうのビール, 淡色ビール. *Ein ～s‹zwei Helle› bitte!* ビールを1杯〈2杯〉ください.

'Hel·le² 女 -/ 明るさ; 明るい光.

Hel·le'bar·de [hɛle'bardə] 女 -/-n 矛槍(ほこやり)(矛と槍をかねた中世後期の武器).

'hel·len ['hɛlən] 動 (**sich**³)《雅》明るくなる.

Hel·le·ne [hɛ'le:nə] 男 -n/-n ヘラス人(本来は古代ギリシアの Hellas の民のことだったが, 後にギリシア人全体の総称となった). ↑Hellenin

Hel·le·nen·tum [hɛ'le:nəntu:m] 中 -s/ 古代ギリシア民族; 古代ギリシア精神(文化).

Hel·le·nin [hɛ'le:nɪn] 女 -/-nen Hellene の女性形.

hel·le·nisch [hɛ'le:nɪʃ] 形 (古代)ギリシア(人, 語)の, ヘラスの. ↑deutsch

hel·le·ni'sie·ren [hɛleni'zi:rən] 他 自 ギリシア風にする(なる), ギリシア化する.

Hel·le'nis·mus [hɛle'nɪsmʊs] 男 -/ **1**《歴史》ヘレニズム(Alexander 大王以後古代ローマ帝国にいたる約300年間の時代と文化). **2**《言語》ヘレニズム(同

Hellebarde

時期に用いられたギリシア語. **3** (Griechentum) (古代)ギリシア精神(文化).

Hel·le·nist [hɛlɛˈnɪst] 男 -en/-en ヘレニズム研究家. **2** (アレクサンドリア期の)ギリシア的教養を身につけた学者(文化人); (新約聖書で)ギリシア語を話すユダヤ人《新約》使6:1).

Hel·le·nis·tik [..ˈnɪstik] 女 -/ ヘレニズム研究.

hel·le·nis·tisch [..ˈnɪstɪʃ] 形 ヘレニズムの.

'Hel·ler [ˈhɛlɐ] 男 -s/- (昔の少額銅貨および銀貨)ヘラー(鋳造地 Schwäbisch Hall にちなむ). 《慣用的表現で》keinen [roten/lumpigen/blutigen] ~ wert sein びた一文の値打ちもない. keinen ~ haben 無一文である. bis auf den letzten ~ / auf ~ und Pfennig《話》一文残さず, きっかり; 最後の一文まで(びったりと).

Hel·les·pont [hɛlɛsˈpɔnt] 男 -[e]s/ (gr.) ヘレスポントス(Dardanellen 海峡の古称).

'**hell·leuch·tend** [ˈhɛlˌlɔʏçtənt] ↑ hell leuchtend

'**hell·haa·rig** 形 金髪の, ブロンドの.

'**hell·hö·rig** 形 **1**《古》耳のいい, 耳聡い; (おやっと思って)聞耳を立てた, 注意深く様子をうかがった. ~ werden 聞耳を立てる, 注意を払う. Als sein Name fiel, wurde sie ~. 彼女の名前が出ると彼女は耳をすました. j⁴ ~ machen 人におやっと思わせる,〈を〉用心深くさせてしまう. **2**(壁が薄くて)音が筒抜けの. Die Wohnung ist sehr ~. その住まいは防音がよくない.

'**hellicht** [ˈhɛlˌlɪçt] ↑ helllicht

'**Hel·li·gen** [ˈhɛlɪɡən] Helling の複数.

'**Hel·lig·keit** [ˈhɛlɪçkaɪt] 女 -/(複数なし)明るさ; (光源の)光度, 輝度. **2**《天文》(星の)等級.

'**Hel·ling** [ˈhɛlɪŋ] 女 -/-en (Helligen) 男 -s/-e 《造船》(傾斜した)造船台, 進水台.

'**hell leuch·tend** 形《付加語的用法のみ》明るく光る(輝く).

'**hell·licht** [ˈhɛlˌlɪçt]《付加語的用法のみ》非常に明るい.《次の成句で》Es ist ~ er Tag. 昼日中のことである. am《まれ beim》 ~ en Tag 真っ昼間に, 白昼に.

'**hell|se·hen*** 自 《ふつう不定詞で》透視する, 千里眼を働かせる. Er kann ~. 彼は千里眼だ;《話》彼は人の心が読める.

'**Hell·se·hen** 中 -s/ 透視, 千里眼.

'**Hell·se·her** 男 -s/- 透視者, 千里眼(の人).

'**hell·se·he·risch** 形 透視のできる, 千里眼の, 炯眼(けいがん)の.

'**Hell·sicht** 女 -/《雅》=Hellsichtigkeit

'**hell·sich·tig** 形 炯眼(けいがん)の, 眼力の鋭い, 先見の明のある.

'**Hell·sich·tig·keit** 女 -/ 炯眼(けいがん)の, 先見の明.

'**hell·wach** はっきりと目覚めた;《比喩》頭の冴えた, 明敏な.

Helm¹ [hɛlm] 男 -[e]s/-e **1** 兜(かぶと), ヘルメット. **2**《建築》(塔の円錐形や角錐形の)とんがり屋根. **3**《紋章》(大紋章を構成するアクセサリーの一部)ヘルメット. **4**《工学》(煙突などの)円蓋.

Helm² -[e]s/-e **1**(斧・ハンマーなどの)柄(え). **2**《海事》舵柄(だへい).

'**Helm·busch** 男 -[e]s/⁼e (兜の)羽飾り.

'**Helm·dach** 中 -[e]s/⁼er =Helm¹ 2

'**Hel·min·the** [hɛlˈmɪnta] 女 -/-n (gr.)《ふつう複数》《医学》内臓寄生虫, 蠕虫(ぜんちゅう).

'**Hel·mut** [ˈhɛlmuːt]《男名》ヘルムート.

He·lot [heˈloːt] 男 -en/-en, **He·lo·te** [heˈloːtə] 男 -n/-n **1**《歴史》ヘイローテース(古代 Sparta の奴隷身分の農民, 複数形の訳語ヘイロータイも用いられる). **2**《比喩》被抑圧者, 被搾取(さくしゅ)者.

'**Hel·sin·ki** [ˈhɛlzɪŋki, ˈhɛlsɪŋki]《地名》ヘルシンキ(Finnland の首都).

Hel·ve·tia [hɛlˈveːtsia]《地名》(lat.) =Helvetien

Hel·ve·ti·en [hɛlˈveːtsiən]《地名》(lat.) ヘルヴェーティア, ヘルベティア(スイスの別名, Helvetier の住む土地の意).

Hel·ve·ti·er [hɛlˈveːtsiɐ] 男 -s/-(↓ Helvetia)《歴史》ヘルヴェーティア人, ヘルベティア人(ケルト人の種族, 紀元前1世紀ごろスイス北部・西部に住んでいた).

hel·ve·tisch [..ˈtiʃ] 形 ヘルヴェーティア(人)の, ヘルベティア(人)の; スイスの. die *Helvetische* Republik《歴史》ヘルヴェーティア共和国(ナポレオン支配下のスイスにつくられた共和国, 1798-1803).

Hemd

[hɛmt ヘムト] 中 -[e]s/-en **1** シャツ, ワイシャツ; アンダーシャツ, 肌着. ein bügelfreies ~ ノーアイロンのワイシャツ. ein frisches ~ 洗いたてのシャツ. ein halbes ~《話》生意気な若造, 青二才; やせっぽちの男. Das ~ ist mir näher als der Rock.《諺》わが身はどなかいものはない(シャツは上着よりも身近だ). ein ~ anziehen〈ausziehen〉シャツを着る〈脱ぐ〉. sich³ das ~ ausziehen lassen《話》さんざん利用される. kein ~ [mehr] am Leib〈auf dem Leib〉 haben《話》すかんぴんである. sein letztes ~ hergeben / sich³ das letzte ~ vom Leib reißen / sich³ sein aufs [letzte] ~ ausziehen《話》(他人のために)なにもなにまで投出す, すべてを犠牲にする. seine Meinung wie sein ~ wechseln《話》しじゅう意見を変える. j⁴ das ~ über den Kopf ziehen / j⁴ bis aufs ~ ausziehen《話》人⁴を身ぐるみはぐ. nass bis aufs ~ sein びしょ濡れである. alles bis aufs ~ verlieren《話》無一物になる, 丸裸になる. Mach dir nicht ins ~ !《話》そんなにびくびくするな, がたがた(つべこべ)言うな. Ich trete dir ins ~ ! 《話》(言うことをきかないと)痛い目にあわせるぞ. **2**(Hemdbluse)シャツブラウス. **3**《古》(頭から被る長くてゆったりとした袖付きの)寛衣, スモッグ.

'**Hemd·blu·se** 女 -/-n シャツブラウス.

'**Hemd·brust** 女 -/(礼服などの)胸当て, いか胸, ディッキー.

'**Hem·den·knopf** 男 -[e]s/⁼e シャツのボタン.

'**Hem·den·matz** 男 -es/-e(⁼e)《戯》肌着(寝間着)姿のおちびちゃん.

'**Hemd·ho·se** 女 -/-n コンビネーション(上下一体の婦人・子供用下着).

'**Hemds·är·mel** 男 -s/-《ふつう複数で》ワイシャツの袖. in ~n 上着を脱いで.

'**hemds·är·me·lig** 形 ワイシャツ姿の, 上着を脱いだの;《比喩》くだけた, ざっくばらんの.

he·mi·, He·mi·, [hemi..](接頭) (gr., halb, Halb°) 名詞などに冠して「半分(の)」の意を表す(↑ semi.., Semi..). *Hemi*plegie《病理》片麻痺, 半身不随.

He·mi·ple·gie [hemipleˈɡiː] (gr. plege, Schlag°) 女 -/-n[..ˈɡiːən]《病理》片麻痺, 半身不随.

He·mi·sphä·re [hemiˈsfɛːra] 女 -/-n **1**(地球の)半球. die nördliche〈südliche〉 ~ 北〈南〉半球. die östliche und die westliche ~ 旧世界と新世界. **2**(天球の)半球. **3**《解剖》脳半球.

'**hem·men** [ˈhɛmən] 他(人・物)⁴の)動きを妨げる, 阻

む, 阻止する; (に)ブレーキをかける. den Fortschritt ~ 進歩を妨げる. den Lauf des Flusses ~ 川の流れをせき止める. einen Wagen ～ 車にブレーキをかける. Seine Anwesenheit hemmt mich. 彼がいると私は気後(ぎ)れがする. j² bei der Arbeit ～ 人の仕事を妨げる. 《過去分詞で》Das Kind war in seiner Entwicklung gehemmt. その子供は発育不良であった. 《現在分詞で》hemmende Wirkung 抑止作用.

Hemm·nis ['hɛmnɪs] 甲 -ses/-se 障害, 妨害物.
Hemm·schuh [..] 男 -[e]s/-e **1** 車輪止め, 輪止め; ブレーキシュー. **2** 《複数なし》《比喩》障害, 妨げ.
Hemm·stoff 男 -[e]s/-e 《生化》 (反応などの)抑制物質, 阻害物質; 成長抑制剤.
Hem·mung ['hɛmʊŋ ヘムング] 女 -/-en **1** 妨害, 障害, 阻害; 抑止, 制動. eine ～ der Entwicklung 発展の妨げ. **2** ためらい, 気後れ;《心理》抑制. Nur keine ～en! 弱気になるんじゃない. keine ～ en haben〈kennen〉なんのためらいも感じない. an〈unter〉～en leiden 引っ込み思案である. **3**《精密機械》(時計などの)エスケープメント. **4** ～ der Verjährung 《法制》(消滅)時効の停止.
hem·mungs·los 形 抑えのきかない, 自制心のない; 傍若無人な.
Hen·del ['hɛndəl] 甲 -s/-[n] =Hendl
Hen·di·a·dy·oin [hɛndiady'ɔyn] 甲 -s/- (gr. hen dia dyoin , eins durch zwei‘) 《修辞》二詞一意((a) 付加語に変る名詞を und で結合する表現. aus Bechern und Gold (=aus goldenen Bechern) 黄金の杯から. (b) 同様の語を2つ並べる強意表現. Hilfe und Beistand 援助と支援).
Hen·di·a·dys [..'dys] 甲 -/- =Hendiadyoin
Hendl ['hɛndəl] 甲 -s/-[n] 《南ド・オーストリア》 **1** (若い)鶏. **2** ローストチキン.
Hengst [hɛŋst] 男 -[e]s/-e (↔ Stute) 雄馬; (ろば・らくだなどの)雄.
Hen·kel ['hɛŋkəl] 男 -s/- **1** (鍋・水差しなどの)取っ手, 柄; (カバンなどの)握り. **2**《地方》(Aufhänger) (衣服などの)襟吊り.
'Hen·kel·korb 男 -[e]s/=e 手提げ籠(ご).
'Hen·kel·krug 男 -[e]s/=e 取っ手付き水差し; ジョッキ.
'hen·ken ['hɛŋkən] 他 (人²を)絞首刑に処する.
Hen·ker ['hɛŋkər] 男 -s/- 死刑執行人, (絞首)刑吏; 《比喩》暴君, 独裁者. 《しばしば悪態・罵りの言葉で Teufel の代りに》Hol mich der ～! / Hol's der ～! ちくしょう. Weiß der ～! 知るもんか. Ich schere mich den ～ darum. / Ich frage den ～ danach. そんなことは知るもんか. Beim〈Zum〉～! ちくしょう. Geh zum ～! / Scher dich zum ～! 失せろ.
'Hen·kers·frist 女 -/ 最後の猶予.
'Hen·kers·knecht 男 -[e]s/-e 刑吏の助手(手下); (残忍な)権力者の手先.
'Hen·kers·mahl 甲 -[e]s/-e(=er) 《雅》=Henkersmahlzeit
'Hen·kers·mahl·zeit 女 -/-en **1**《古》処刑前の最後の食事(囚人は好きな食べ物を食べることが許された). **2**《戯》(重大な試練や長い別離を前にした)最後の食事, 別れの宴.
'Hen·ne ['hɛnə] 女 -/-n (↔ Hahn) 雌鶏; (一般に)鳥の雌.
Hen'ri [ã'ri(:)] 《人名》アンリ (Heinrich のフランス語形).
Hen·ri'qua·tre [ãri'katr] 男 -[s]/[..'katr]/-s [..'katr] (fr.) アンリ4世的(短い顎(あご)ひげで上にはねた口ひげをあわせたカット, フランス王 Henri IV, 1553-1610 にちなむ).
'Hen·ry ['hɛnri] **❶**《男名》 (engl.) ヘンリー. **❷** 甲 -/- (《記号 H》《物理》(インダクタンスの単位)ヘンリー.
he·pat.., **He·pat..** [hepat..]《接頭》=hepato.., Hepato..
he'pa·tisch [he'pa:tɪʃ] 形 《医学》肝(性)の.
He·pa'ti·tis [hepa'ti:tɪs] 女 -/..titiden [..ti'ti:dən] 《病理》肝炎.
he·pa·to.., **He·pa·to..** [hepato..]《接頭》(gr. hepar , Leber‘) 名詞・形容詞などに冠して「肝臓」を意味する. 母音の前では hepat.., Hepat.. となる.
He·pa·to·lo'gie [hepatolo'gi:] 女 -/ 《医学》肝臓学.
He'phais·tos [he'faɪstɔs], **He'phäst** [he'fɛ:st], **He'phäs·tus** [..stʊs]《人名》《ギリシア神話》ヘーパイストス, ヘファイストスの神. ローマ神話の Vulkan にあたる).
hept.., **Hept..** [hept..] 《接頭》=hepta.., Hepta..
hep·ta.., **Hep·ta..** [hepta..]《接頭》(gr. , sieben‘) 名詞などに冠して「7」を意味する. 母音の前では hept.., Hept.. となる. *Heptateuch* [..'tɔyç] 旧約聖書の冒頭の7書.
Hep·ta'chord [hɛpta'kɔrt] 男 -s/-e 《音楽》ヘプタコード, 7音音階.
Hep·ta·me·ron [hɛp'ta:merɔn] 甲 -s/- (gr. Hepta.. +Hemera , Tag‘) 《文学》七日物語, エプタメロン(フランスのナヴァール女王マルグリット Marguerite de Navarre, 1492–1549 が『十日物語』Dekameron に刺激を受けて書いた小説集).
Hep'ta·me·ter [hɛp'ta:metər] 男 -s/- 《韻律》七歩格.
Hep'tan [hɛp'ta:n] 甲 -s/ 《化学》ヘプタン.
Hep·ta'teuch [hɛpta'tɔyç] 男 -s/- (gr. Hepta..+teuchos , Buch‘) 《聖書》旧約聖書の最初の七書.

her

her [he:r ヘーア] 副 **1** (↔ hin) こちらへ. *Her* mit dem Geld! お金をよこせ. *Her* zu mir! 私のところへ来い. Wo hat er das Buch ～? 彼はその本をどこで手に入れたのですか(↑herhaben). Wo sind Sie ～? あなたはどこから来たのですか; どこのご出身ですか (=Woher sind Sie?). Er soll sofort ～! 彼をすぐここへよこしなさい. **2**《時間的に》(過去のある時点から)今まで, これまで. Das ist schon lange ～. それはもうずいぶん前のことだ. Es ist drei Jahre ～, dass〈seit〉……以来3年になる. die ganze Zeit ～ 《地方》あれからずっと. **3 (von..her の形で)** (a) 《空間的に》…から〈こちらへ〉. Vom Fenster ～ zieht es. 窓からすきま風が入ってくる. von dort〈weit〉～ そこから〈遠くの方から〉. (b)《時間的に》…から〈今まで〉. …以来〈ずっと〉. von meiner Jugend ～ 私の若い頃から. von früher〈alters〉～ 以前〈昔〉からずっと. (c) …から判断して; …の観点(立場)から. von seinem Äußeren ～ beurteilt 彼の外見から判断すると. **4**《前置詞と/一定の間隔を保っての移動を示す》Er ist immer hinter〈neben/vor〉mir ～ gerannt. 彼はずっと私の後ろ〈横/前〉を走りぬけている. die Polizei ist hinter dem Täter ～. 《話》警察は犯人を追いつづけている. Er ist sehr hinter diesem Buch ～. 《話》彼はたいそうこの本にご執心だ. um sich⁴ ～ sehen あたりを見回す. **5** Mit j〈et〉³ ist es nicht weit ～. 《話》人〈事〉³はたいしたことはない. Mit seinem Englisch ist es nicht weit ～. 彼の英語はたいしたことない. **6** hin und ～ あちこ

her.. [hɛr..] ❶《分離前つづり / つねにアクセントをもつ》**1**《「こちらへ」の意を表す》*her*bringen こちらへ持ってくる. *her*kommen こちらへ来る. **2**《一定の間隔を保っての移動》(↑her 4) hinter j³ *her*gehen 人³の後についていく. **3**《「単調に, 機械的に」》*her*beten 機械的にお祈りを唱える. **4**《由来・起源》*her*stammen 由来する. **5**《整理・仕上げ》*her*stellen 作り上げる. ❷《他の副詞や前置詞と融合して / アクセントをもたない》da*her* そこから, それ故. wo*her* どこから. her*auf* こちらの上へ.

'**He·ra** [ˈheːra]《人名》《ᵭᵘᵣᵏᴵ神話》ヘーラー, ヘラ(王神 Zeus の妃, ローマ神話では Juno).

he·rab [hɛˈrap ヘラブ]《副》(herunter)(こちらの)下へ, 下の方へ. den Berg⟨den Fluss⟩ ~ 山⟨川⟩を下って. von oben ~ 上から下へ; 人を見下ろして. j³ von oben ~ behandeln 人³に対して高飛車に出る.

he·rab.. [hɛrap..]《分離前つづり / つねにアクセントをもつ》「(こちらの)下へ」を意味する. *herab*hängen 垂れ下がる.

he'rab|bli·cken《自》**1**《雅》=herunterblicken **2** (auf j⟨et⟩⁴ 人⟨物⟩⁴を)見下す.

he'rab|fal·len* 《自》(s) =herunterfallen

he'rab|fle·hen《他》《雅》Gottes Segen auf j⁴ ~ 人⁴の上に神の恵みがあらんことを祈る.

he'rab|hän·gen* 《自》(こちらへ)垂れ下がる, ぶら下がる.

he'rab|kom·men 《自》(s)《雅》=herunterkommen

he'rab|las·sen* [hɛˈraplasən] ❶《雅》=herunterlassen ❷《再》**(sich⁴) 1** *sich* zu j³ ~ 《高貴な人・目上の人が人³に心安く接する. 気さくな態度をとる. **2**《しばしば反語で》*sich* zu et³ ~ (もったいなくも) 事³してくださる. ♦ †herablassend

he'rab|las·send 《現分形》人を見下したような, 慇懃(いんぎん)無礼な; 恩着せがましい.

He'rab|las·sung《女》-/ 人を見下すような態度, 慇懃無礼; 恩着せがましさ.

he'rab|se·hen* 《自》**1**《雅》=heruntersehen **2** (auf j⟨et⟩⁴ 人⟨物⟩⁴を)見下す.

*he'rab|set·zen [hɛˈrapzɛtsən ヘラブゼツェン]《他》**1**(価格・速度などを)下げる, 落とす.《過去分詞で》mit *herab*gesetzter Geschwindigkeit 速度を落として. **2**(人⁴を)貶(おとし)める, けなす. j⁴ in den Augen der anderen ~ 人⁴を他人の前でけなす.

He'rab|set·zung《女》-/-en **1**(価格・費用などの)引下げ, 減少, 縮小; 減速. **2**《複数なし》人を貶(おとし)めること(けなすこと).

he'rab|sin·ken* 《自》(s)《雅》(heruntersinken) 降りてくる. Die Nacht *sinkt herab*. 夜の帳(とばり)が下りる. **2** 堕落する, 落ちぶれる; 成り下がる. auf ein Niveau ~ ある水準に成り下がる.

he'rab|stei·gen* 《自》(s) (heruntersteigen) 下りてくる.

he'rab|wür·di·gen ❶《他》(人⁴を)貶(おとし)める, 辱(はずかし)める;(不当に)けなす. j³ Namen ~ 人³の名声をけなす. ❷《再》**(sich⁴)** 身を落とす, 成り下がる. *sich* zum Spitzel ~ スパイに成り下がる.

He'rab|wür·di·gung《女》-/-en 《複数まれ》貶(おとし)めること, けなすこと; 身を落とすこと.

'**He·ra·kles** [ˈheːrakles]《人名》《ᵭᵘᵣᵏᴵ神話》ヘーラクレース, ヘラクレス《ギリシア神話最大の英雄. ↑Herkules》.

He·ra·kli·de [heraˈkliːdə]《男》-n/-n 《ふつう複数形で》

《ᵭᵘᵣᵏᴵ神話》ヘーラクレイダイ (Herakles の後裔の意).

He·ra·klit [heraˈkliːt]《人名》ヘラクレイトス(前 55? 頃〜前 480 頃, 古代ギリシアの哲学者).

He'ral·dik [heˈraldɪk]《女》-/ (fr.) (Wappenkunde) 紋章学.

He'ral·di·ker [heˈraldɪkər] 《男》-s/- 紋章学者.

he'ral·disch [..dɪʃ]《形》紋章学(上)の. ～e Farb 紋章の色《厳しい取決めがあり, 使用が許されている色としては赤, 青, 黒, 緑, 紫, 橙, 黄/金, 白/銀などだけ》.

he'ran [hɛˈran ヘラン]《副》(こちらへ), 近づいて. Weihnachten ist bald ~. もうすぐクリスマスだ. Nur ~! あこちらへ. Rechts ~! 右へ寄って.

he'ran.. [hɛran..]《分離前つづり / つねにアクセントをもつ》**1**《「こちらへ」の意を表す》*heran*kommen 近づいてくる. **2**《成長・育成》*heran*wachsen だんだん成長する. *heran*bilden 育て上げる.

he'ran|ar·bei·ten《再》*sich* an j⟨et⟩ ~ 苦労して人⟨物⟩³に近づく.

he'ran|bil·den ❶《他》養成する, 育成する. ❷《再》**(sich⁴)** 育つ, 育ち, 育成される;(才能などが)開花する.

he'ran|brin·gen《他》**1**(こちらへ)もってくる(連れてくる). **2** j⁴ an et⁴⟨et⁴ an j⁴⟩ ~ 人⁴を事⁴に親しませる, なじませる/人⁴を身近なものに感じさせる.

he'ran|füh·ren ❶《他》**1**(人⁴を)こちらに案内する(導く). **2** (a) (et⁴ an et⁴ 物を物に)近づける. die Flasche an die Nase ~ (匂いを嗅ごうと)びんを鼻先に近づける. (b) (j⁴ an et⁴) 人⁴を事⁴に手ほどきする. Er hat seine Frau an moderne Technologien *he*rangeführt. 彼は妻に最新の技術の手ほどきをした. **2** (an et⁴ 物に)通じている(道などが). Der Weg *führt* an den Fluss *heran*. その道を行くと川に出る.

he'ran|ge·hen* 《自》(s) **1** (an j⟨et⟩⁴ 人⟨物⟩⁴に)近づく, 近寄る. **2**《比喩》(an et⁴ 事⁴に)取りかかる, 着手する.

he'ran|kom·men* [hɛˈrankɔmən]《自》(s) **1**(こちらに)やって来る, 近寄って来る;(ある日時が)近づいてくる. Ein Hund *kam* ganz nahe an mich *heran*. 一匹の犬が私のすぐそばに寄ってきた. Der Urlaub *kam heran*. 休暇が近づいてきた. et⁴ an sich⁴ ~ lassen 《比喩》事が迫ってくるのを静観する. nichts an sich⁴ ~ lassen 《比喩》何ものも寄せつけない(受けつけない). **2** (a) (heranreichen) (an et⁴ 物に)手が届く, 達する(に)肩を並べる. An seine Leistungen *kommst* du nicht *heran*. 彼の業績には君は及ばない. (b) (an et⁴ 物が)手に入る. Wie bist du an diese Antiquitäten *herangekommen*? どうやって君はこの骨董品を手に入れたんだ. (c) (an j⁴ 人⁴に)連絡がつく. An dem Mann ist nicht *heranzu*kommen. その男はなかなかつかまらない; その男は近寄りがたい.

he'ran|las·sen* 《他》(人⁴を)近づかせる. Er *ließ* niemanden an seine Tochter *heran*. 彼はだれも娘に近づかせなかった.

he'ran|ma·chen《再》**(sich⁴) 1** *sich* an j⁴ ~ 《下心や魂胆をもって)人⟨女⟩に近づく. **2** *sich* an et⁴ ~ 事⁴に取りかかる, 着手する.

he'ran|müs·sen* 《自》《話》仕事をさせられる.

he'ran|na·hen《自》(s) 近づいてくる;(危険などが)切迫る.

he'ran|neh·men* 《他》(労働者・兵士などを)きびしく締め上げる, しごく.

he'ran|rei·chen《自》**1** (an et⁴ 物に)手が届く; 達する. **2** (an j⟨et⟩⁴ 人⟨物⟩⁴に)肩を並べる, 匹敵する.

he'ran|rei·fen 圓(s) (しだいに)成長する, 成熟する; (計画などが)熟する.

he'ran|tra·gen* **1** (こちらへ)運んでくる. **2** et⁴ an j⁴ ~ 事(苦情・嘆願など)を人⁴のところへ持込む, 提出する.

he'ran|tre·ten* 圓(s) **1** (an j⟨et⟩⁴ 人⟨物⟩⁴に)歩み寄る, 近づく; (疑念・条件・問題などが)迫ってくる. Bitte, *treten* Sie näher *heran*! どうぞもっと近くに来てください. An ihn trat die Pflicht *heran*. 彼はその義務の履行を迫られた. Zweifel *traten* an ihn *heran*. 疑念が彼の心にしだいに寄った. **2** mit et³ an j⁴ ~ 事³(頼み事など)を人⁴のところへ持込む. mit einer Frage ⟨einem Vorschlag⟩ an j⁴ ~ 人⁴に質問⟨提案⟩をする.

he'ran|wach·sen* 圓(s) (しだいに)成長する, 成人する.

He'ran·wach·sen·de 男囡 〔形容詞変化〕《法制》年長少年 (18歳以上 21 才未満の).

he'ran|wa·gen 圓 (**sich⁴**) **1** (an j⟨et⟩⁴ 人⟨物⟩⁴に) あえて近づく. **2** (an j⁴ 人⁴に)あえて批判(非難)の矛先を向ける. **3** (an et⁴ 事⁴に)あえて手をつける, (を)思い切ってやってみる.

he'ran|zie·hen* ❶ 他 **1** (こちらへ)引寄せる, 近寄せる. et⁴ zu sich³ ~ 物⁴を手元に引寄せる. **2** (動植物を)育て上げる, 飼育(培養)する; (後継者などを)育成(養成)する. **3** (a) (j⁴ zu et³ 人⁴を事³のために)引っぱり出す, 参加(協力)させる. ausländische Arbeitskräfte ~ 外国人労働者を動員する. j⁴ zur Deckung der Kosten ~ 人⁴に費用を分担してもらう. (b) (et⁴ zu et³ 事⁴を事³のために)引合に出す, 援用する. et⁴ zum Vergleich ~ 事⁴を比較の対象にする. ❷ 圓(s) (嵐などが)近づいてくる, 接近する.

*****he'rauf** [hεˈrauf ヘラオフ] 圃 (こちらの)上へ. *Herauf*! 上がってこい. den Fluss ~ 川をさかのぼって. j⁴ von unten ~ ansehen ~ 人⁴を胡散⟨ ⟩しげに見つめる.《地図上の「上方」, 即ち「北」を意味して》《話》Sie hat von Bayern ~ nach Norddeutschland geheiratet. 彼女はバイエルンからこの北ドイツへ嫁いできた.

he'rauf.. [hərauf..] 〔分離前つづり / つねにアクセントをもつ〕「(こちらの)上へ」の意を表す. *herauf*kommen 上がってくる.

he'rauf|ar·bei·ten 再 (**sich⁴**) (苦労して)登ってくる;《比喩》のし上がる.

he'rauf|be·schwö·ren* **1** (災いなどを)引起す. einen Krieg⟨einen Streit⟩ ~ 戦争⟨争い⟩を引起す. **2** (過去の記憶を)呼び覚ます, 思い起す. **3** 《古》(霊を)呼び出す. ◆過去分詞 heraufbeschworen

he'rauf|brin·gen* 他 上に持ってくる(連れてくる).

he'rauf|kom·men* 圓(s) **1** (こちらに)上がってくる. **2** (月・太陽などが)昇ってくる. **3** (雷雨などが)近づいてくる.

he'rauf|set·zen 他 **1** (下にあるものを)上に置く(載せる). **2** (価格などを)引上げる.

he'rauf|stei·gen* 圓(s) **1** 上がって(登って)来る. **2** (記憶・感情などが)心に浮かぶ, わく. **3** 《雅》(新たな一日・時代が)始まる.

he'rauf|zie·hen* ❶ 他 (こちらへ)引っ張り上げる. das Boot auf den Strand ~ ボートを浜に引き上げる. ❷ 圓(s) (嵐などが)近づいてくる. (現在分詞で)ein *heraufziehendes* Unheil 迫り来る災厄. **2** 《話》下

の階から(南から)引っ越してくる.

he'raus [hεˈraus ヘラオス] 圃 (こちらの)外へ. *Heraus* aus dem Bett! *Heraus* mit euch! 君たち出て来なさい. *Heraus* mit dem Geld! 金を出せ. *Heraus* damit⟨mit der Sprache⟩! さっさと言え, 白状しろ. 《aus⟨von⟩...*heraus* の形で》Aus der Küche ~ dringt der Duft frischen Kaffees. 台所から淹(´)れたてのコーヒーの香りがしてくる. aus sich³ ~ 自分からすすんで. von innen ~ 内部から; 心の底から. ◆↑heraus sein

he'raus.. [hεraus..] 〔分離前つづり / つねにアクセントをもつ〕「(こちらの)外へ」の意を表す. *heraus*kommen 出てくる. *heraus*nehmen 取出す.

he'raus|ar·bei·ten ❶ 他 **1** (彫像などを素材から)作り出す, 浮き彫りにする. die Muskeln an einer Plastik deutlich ~ 彫像の筋肉をくっきりと彫り上げる. **2** (問題などを)浮かび上がらせる, きわだたせる. einen Unterschied ~ 違いをはっきりさせる. **3** 《話》(休暇を取るためにある期間を)余分に働く;(休んだ時間を)働いて埋め合す. Der Sonnabend vor dem Fest wurde *herausgearbeitet*. 余分に働いて祝日前の土曜日を休みにした. die verlorenen Tage ~ 無駄にした日を働いて埋め合す. ❷ 再 (**sich**) sich aus et³ ~ 事³(苦境・難関など)から抜け出る, 自由になる.

he'raus|be·kom·men* 他 **1** (et¹ aus et⟨j⟩³) 物¹を物⟨人⟩³から)取除く, 抜取る;《話》(悪癖などを)やめさせる. den Fleck aus der Bluse ~ ブラウスのしみを抜く. Das Vögelfangen *bekommt* man aus einer Katze nie *heraus*. 鳥を取る癖を猫にやめさせることはできない. **2** (j³ aus et³ 人³をある状態³から) j⁴ aus einer Notlage ~ 人⁴を窮地から救い出す. **3** 《話》(秘密などを)聞出さす, 探り出す; (答えなどを)見出す. **4** (ある金額を)払い戻してもらう; お釣りにもらう. ◆過去分詞 herausbekommen

he'raus|bil·den ❶ 再 (**sich⁴**) 形づくられる, 生れる, 出現する. ❷ 他 《まれ》(ある状態・事態などを)形づくる, 生み出す.

he'raus|bre·chen* ❶ 他 **1** (a) (et⁴ aus et³ ~ 物³を壊して物⁴を取出す. eine Fliese aus der Mauer ~ タイルを 1 枚壁中から取出す. (b) (j⁴ aus et³ ~ 人⁴を物³(グループ・同盟など)から引離す, 離脱させる. ein Land aus dem feindlichen Militärblock ~ ある国を敵対する軍事ブロックから離脱させる. **2** 《話》(食べた物を)吐く, もどす. ❷ 圓(s) **1** (a) (タイルなどが)壊れてとれる, はがれる(aus et³ 物³から). (b) aus et³ ~ 物³(グループ・同盟など)から抜け出る, 離脱する. **2** (感情が)爆発する;(ひどい言葉などが)ほとばしり出る. Wut *brach* aus ihm *heraus*. 彼は怒りを爆発させた. **3** 《まれ》(herausschlangen) (炎が)吹出す.

he'raus|brin·gen* 他 **1** (外へ)持出してくる, 運び出してくる. Sie wurde ohnmächtig *herausgebracht*. 彼女は気を失ったまま運び出されてきた. **2** (新製品・新作などを)発表する, 公開する;(大々的に)売出す; 出版する. ein neues Modell ~ 新しいモデルを発表する. **3** 《話》取除く, 抜取る. den Fleck aus dem Rock ~ スカートのしみを抜く. den Korken ~ コルク栓を抜く. **4** 《話》(秘密などを)聞出す, 探り出す;(謎などを)解く. **5** 《話》(言葉・声を)口に出す.

he'raus|drü·cken 他 **1** 押出す, 絞り出す. **2** (腹を)突出す; (胸を)反(´)らす.

he'raus|fah·ren* ❶ 圓(s) **1** (乗物で)外へ出る, (乗物が)外へ出てくる. **2** 《話》(急に)飛出す;(言葉などが)思わず洩れる. aus dem Bett ~ ベッドから飛出

す. Das ist mir nur so *herausgefahren*. つい口がすべってそう言ってしまった. ❷ 他 **1** (乗物を運転して)外へ出す; (乗物で運び出す. das Auto aus der Garage ~ 車をガレージから出す. **2** 《話》(カーレースなどで)記録を)出す; (勝利などを)勝取る. einen Vorsprung ~ リードをる.

he'raus|fal·len* 自(s) **1** (中から外へ)ころがり(こぼれ)落ちる. aus dem Bett ~ ベッドから転がり落ちる. **2** 《比喩》(aus et³ か)はずれる, 逸脱する.

he'raus|fin·den [hɛˈraʊsfɪndən] ヘラオスフィンデン] ❶ 他 **1** (多数の中から)見つけだす, 捜し出す; (調べて)発見する. die Ursachen des Unglücks ~ 事故の原因を突き止める. **2** [sich] aus et³ ~ 物³(森・迷路など)から外へ出る道が見つかる; 《苦境などから)抜け出す.

He'raus·for·de·rer 男 -s/- 挑戦者.

he'raus|for·dern [hɛˈraʊsfɔrdərn] 他 **1** (人³に)挑む, 挑戦する. j⁴ zum Zweikampf ~ 人⁴に決闘を挑む. **2** (人⁴を)挑発する; (事⁴を)誘発する, 招く. eine Gefahr mutwillig(leichtsinnig)~ 悪ふざけ(軽はずみ)をしてことさら危険を招く.

he'raus·for·dernd 現分 形 挑戦(挑発)的な, 人に挑みかかるような, 傲慢無礼な.

He'raus·for·de·rung 女 -/-en 挑戦; 挑発.

he'raus|füh·len 他 (人の胸のうちなどを)感じ取る.

He'raus·ga·be 女 -/ **1** (保管物などの)返却, 返還; 引き渡し. **2** (書籍などの)出版, 発行; 編集.

he'raus|ge·ben [hɛˈraʊsgeːbən] ヘラオスゲーベン] ❶ 他 **1** (中から)こちらへ渡す, よこす. die Speisen von der Küche in den Speisesaal ~ 料理を調理場から食堂へ出す. **2** (保管物などを)出してきて手渡す, 返す; (捕虜などを)引渡す. **3** (釣銭を)渡す. Geben Sie mir bitte zehn Euro *heraus*! 10 ユーロお釣りをください(残りはチップとして取っておいてください). 《中性名詞として》Ich habe kein Kleingeld zum *Herausgeben*. お釣りの小銭がありません. **4** (書籍などを)出版する; 発行(刊行)する; (雑誌を)編集(発行)する; (切手・記念硬貨などを)発行する; (法律・布告などを)発する, 発布する.

❷ 自 **1** (人³に)釣銭を出す. Können Sie auf 100 Euro ~? 100 ユーロお釣りがありますか. **2** 《地方》(人³に)ぞんぶんに言返す.

♦ ¹herausgegeben

He'raus·ge·ber [hɛˈraʊsgeːbər] 男 -s/- (略 Hrsg.)編者, 編集者, 発行人.

he'raus·ge·ge·ben 過分 形 (↑herausgeben)《略 hg., hrsg.》編集(発行)された. Goethes Werke, ~ von ….によって編集のゲーテ全集.

he'raus|ge·hen* [hɛˈraʊsgeːən] 自(s) **1** (外へ)出ていく. Man sah ihn aus dem Haus ~. 彼が家を出るのが見えた. aus sich³ ~ 《比喩》打解けてくる, のびやか(快活)になる. **2** (コルク栓などが)抜ける, はずれる; (しみなどが)とれる. **3** (商品などが)世に出る, 出回る.

he'raus|grei·fen* 他 (多数の中から)選び出す, 取出す, (zu 不定詞句で) um ein Beispiel *herauszugreifen* 一例を挙げると.

he'raus|ha·ben* 他 《話》**1** (a) (栓・釘などが)抜かってある; (汚れなどが)取除いてある. Endlich *habe* ich den Korken *heraus*. やっとコルク栓が抜けたよ. (b) (人⁴を)追出してしまう. **2** (やり方・要領などを)心得ている, (が)分かっている; (問題・謎などを)解き終っている. *Hast* du schon das Geheimnis *heraus*? 君はもうその

秘密を見破っているのか. die Lösung ~ 解決策が分かっている. Ich *hab's heraus*! (答えなどが)分かったぞ. den Bogen ~ / es [gut|fein] ~ 《話》要領をのみこんでいる, こつを心得ている.

he'raus|hal·ten* 他 **1** (中から)こちらへ差出す bunte Fähnchen aus den Zugfenstern ~ 色とりどりの小旗を列車の窓から掲げる. **2** 《話》(人⁴を)外へ遠ざけておく. 《再帰的に》Ich möchte *mich* aus dieser Angelegenheit ~. 私はこの件にはかかわりたくない.

he'raus|hän·gen* **1** 自 外に垂れている. Ihr hängt die Bluse aus dem Rock *heraus*. 彼女はブラウスがスカートから外へ垂れている. Das *hängt* mir zum Hals *heraus*. 《話》それには私はもううんざりだ. (非常分で) mit *heraushängender* Zunge (犬が)舌をだらりと垂らして; 《比喩》息を切らして, 疲労困憊(こんぱい)して.

he'raus|hän·gen 他 **1** 外へ垂らす. Wäsche ~ 洗濯物を外へ掛ける(吊す). **2** 誇示する, ひけらかす. den Erzieher ~ 教育者であることを鼻にかける, 教育者ぶる.

he'raus|hau·en(*) 他 **1** (樹木を)伐(き)り出す, 伐採する; (石などを)切出す; (文字・文様などを)彫り出す. **2** 《話》(人⁴を)身を挺して救い出す. 《再帰的に》*sich*⁴ ~ 血路を開く.

he'raus|he·ben* 他 **1** (こちらへ)持上げて出す. ein Kind aus dem Bad ~ 赤ん坊を風呂から出す. **2** (人〈物〉⁴を)際立たせる, 目立たせる. 《再帰的に》*sich*⁴ ~ 際立つ, 目立つ.

he'raus|hel·fen* 自 (人³に)手を貸して外へ出してやる. j³ aus Schwierigkeiten ~ 《比喩》人³を困難から助け出す.

he'raus|ho·len 他 **1** (こちらへ)取り(連れ)出す, 持出す; (aus et³ 物³から)救い出す. die Menschen aus dem brennenden Haus ~ 人々を炎上する家屋から救い出す. **2** 《話》(利益・能力・好成績などを)引き出す, 獲得する; (秘密・情報などを)聞出す. Geld aus j³ ~ 人³から金を巻上げる. einen Sieg ~ (競技などで)勝利を収める. **3** 《話》(特徴などを)際立たせる, はっきりさせる.

he'raus|hö·ren 他 (言葉・声・音などを)聞分ける, 聞取る; (感情・思いを)感じ取る (aus et³ 物³から).

he'raus|keh·ren 他 **1** (こちらへ)掃(は)き出す. den Chef ~ 上役づらをする.

he'raus|kom·men [hɛˈraʊskɔmən] ヘラオスコメン] 自(s) **1** (外へ)出てくる, 現れ出る; 《比喩》(aus et³ 事³から)抜け出る. Die ersten Knospen sind *herausgekommen*. 最初の蕾(つぼみ)が顔をだした. Er kommt viel zu wenig *heraus*. 彼はめったに家の外に出ない. aus dem Gefängnis ~ 刑務所を出る. aus dem Grübeln ~ 《比喩》くよくよ考えるのをやめる. aus dem Lachen nicht ~ 《比喩》笑いが止まらない. aus dem Trinken ~ 《比喩》酒をやめる. **2** (a) (新製品などが)世に出る, 発売される; (本などが)出版される, 発行される; (映画が封切られる, (芝居が)初演される; (法律が)発布される. Ein neues Kursbuch ist *herausgekommen*. 新しい時刻表が出た. groß ~ 《話》(新人歌手・俳優などが)華々しく世に出る, 大成功を収める. (b) (mit et³ 物³に)世に出、発表する. Die Firma *kommt* mit einem neuen Modell *heraus*. その会社は新モデルを発表する. **3** (a) (ある発言が…の口調で)口にされる. Der Vorwurf *kam* etwas zu scharf *heraus*. その非難はちょっときつすぎた. (b) (mit et³ 事³をやっとの思いで)口にする, 切出す. mit einem Wunsch ~ 願い事を切出す. **4** (…の)結果に

なる. Das *kommt* auf dasselbe〈auf eins / aufs Gleiche〉*heraus*.《話》それは結局同じことだ. Bei der Diskussion ist nichts *herausgekommen*. その議論からは何も出てこなかった. **5**(色・音・特徴などが)はっきり出る, 際立つ. Das Rot *kommt* gut *heraus*. 赤色がよく目立つ. **6**《話》(秘密などが)露見する, ある われる. **7**(ダンス・行進などで)調子(歩調)についていけない, 遅れる;(スポーツなどで)腕が落ちる, 動作が鈍くなる. **8**《話》(賭事などで)勝つ, 儲ける;(くじが)当る. **9**《話》(トランプで)最初のカードを出す.

he'raus|krie·gen 《話》=herausbekommen

he'raus|kris·tal·li·sie·ren ❶ 他(物⁴を)結晶として取出す;《比喩》(論点などを)明確にする, 要約する. ❷ 再《sich⁴》結晶する, 析出する;《比喩》(論点などが)明確になる. ◆過去分詞 herauskristallisiert

he'raus|las·sen* ❶ 他 **1** 外へ出す, 放つ, 放出する. **2**(感情を)表に出す. **3** 省く, 抜かす.

he'raus|le·sen* 他 **1**(事⁴を)読みとる (aus et³ 物³から). **2**《話》選び出す (aus et³ 物³の中から).

he'raus|lo·cken 他 **1** おびき〈誘い〉出す. **2**(人³の物⁴を)巻上げる;(秘密などを)うまく聞出す.

he'raus|ma·chen ❶ 他《話》(しみ・とげなどを)取除く. ❷ 再《sich⁴》《話》(子供が)元気に育つ, りっぱに〈美しく〉成長する. **2** 出世する, 成功する.

he'raus|neh·men [hɛˈraʊsneːmən ヘラオスネーメン] **1** 取出す, 連出す;(手術で)摘出する. den Anzug aus dem Koffer ~ 服をスーツケースから取出す. das Kind aus der Schule ~ 子供を学校からやめさせる. Sie wollten mich aus diesem Milieu ~. 彼らはこの環境から私を連出そうとした. j³ den Blinddarm ~ 盲腸を切除する. **2**《再帰的に》《話》《sich⁴ et³ 事⁴をあえてする. *sich* Freiheiten ~ 勝手な振舞をする. *sich* allerhand〈zu viel〉~ 図々しいまねをする. 出過ぎた振舞をする.

he'raus|plat·zen 自 (s)《話》**1** 突然笑い出す, 吹出す. **2** (mit et³ 事³を)不意に言う.

he'raus|put·zen 他 (物⁴を)飾り立てる;(人⁴を)着飾らせる.

he'raus|ra·gen **1** 突き出ている, そびえる. **2** 抜きんでている, 卓越(傑出)している.

he'raus|re·den 再《sich⁴》《話》言い逃れ(言い訳)をする. *sich* auf das Wetter〈mit *seiner* Krankheit〉~ 天候〈病気〉を口実にする.

he'raus|rei·ßen* 他 **1** 破り取る, 裂き取る;引抜く. Unkraut ~ 雑草を引っこ抜く. **2** (j⁴ aus et³ 人⁴を事³から無理やりに)引張り出す, 引離す. Kinder aus ihrer vertrauten Umgebung ~ 子どもたちを住み慣れた環境から引離す. j⁴ aus der Arbeit ~ 人⁴に仕事をやめさせる. **3**《話》(苦境などから)救い出す.《再帰的に》*sich⁴* ~ 苦境を切抜ける. **4**《話》(失敗・不足分などの)埋め合せをする, (を)補う. **5**《話》(人〈物〉⁴を)ほめちぎる.

he'raus|rü·cken ❶ 他 **1** (中から)こちらへ出す, こちらへ動かす, ずらす;離す. den Stuhl aus der Reihe ~ 椅子を列の外へずらす. eine Zeile ~ (強調のために) 行をずらす. **2**《話》(金などを)しぶしぶ出す. ❷ 自 (s) **1** (部屋・列などから)出てくる, ずれて出る. **2**《話》(mit et³ 物³などを)しぶしぶ出す(手渡す). mit der Wahrheit ~ 仕方なしに真実を話す.

he'raus|ru·fen* 他 **1** (事⁴を)中から(こちらへ向って)叫ぶ, 呼ばわる. **2** (人⁴を)呼出す;カーテンコールをする.

he'raus|rut·schen 自 (s) **1** 滑り出て来る, ずり出して来る. Das Hemd ist ihm aus der Hose *herausgerutscht*. シャツが彼のズボンからはみ出ていた. **2**《話》(言葉が人³の口から)うっかり洩れる.

he'raus|schaf·fen 他《話》(こちらへ)運び出す, 連れ出す.

he'raus|schä·len ❶ 他 **1** (物⁴の)皮(殻)をむく;(を)皮(殻)をむいて取出す. die Nuss ~ 胡桃(ㇽミ)の殻をむく. ein faules Stück aus einer Frucht ~ 腐ったところを果実から取除く. ❷ 再《sich⁴》(問題などが)しだいに明らかになる, 判明してくる.

he'raus|schie·ßen* ❶ 他 **1** (的・景品などを)射止める, 撃ち落す. einen Preis ~ 射撃で賞を射止める. **2** einen Punktevorsprung ~ シュートでリードを奪う. ❷ 自 (h, s) **1** (h)(建物・車などの中から)外に向かって撃つ. **2** (s)《話》(猛スピードで)飛出してくる;(血などが)迸(ホシラ)り出る.

he'raus|schla·gen* ❶ 他 **1** 叩き出す, 叩き落す. Staub aus den Büchern ~ 本のほこりを払い落す.《話》(利益などを)まんまとせしめる (aus〈bei〉et³ 事³から〈で〉). eine hohe Summe ~ 大金をせしめる. ❷ 自 (s)(炎などが)噴き出してくる.

he'raus|schrei·ben* 他 ([sich³] et⁴ aus et³ 事⁴を物³から)書出す, 抜き書きする.

he'raus|sein, °he·r'aus|sein 自 (s)《話》**1** (外に)出ている;(本・法律などが)世に出ている;(芽などが)顔を見せる. Sein Buch ist *heraus*. 彼の本が出た. **2** 取除かれている, 取出されている;(盲腸などが)摘出されている. **3** (aus et³ 事³を)脱している, 済ませている. Du *bist* ja fein *heraus*. 君はうまく切抜けたな. Er *ist* jetzt aus den Schulden *heraus*. 彼はいまでは借金を払い終えている. **4** (ある事柄が)公になっている, 確定している. Der Termin *ist* noch nicht *heraus*. 期日はまだ決っていない.

he'rau·ßen [hɛˈraʊsən] 副《南ド・オーストリア》(hier draußen) ここ戸外(屋外)で

he'raus|sprin·gen* 自 (s)《話》**1** (こちらへ)飛出して来る;(急に)脱落する, 抜け落ちる,(列車が)脱線する;(目玉・喉仏などが)飛出している. Die Sicherung ist *herausgesprungen*. ヒューズがとんだ. aus dem Fenster ~ 窓から飛出す. **2**《話》(利益・儲けなどが)生れる.

he'raus|ste·cken(*) ❶ 他《規則変化》**1** (こちらへ)突き出す. **2**《話》ひけらかす. ❷ 自《不規則変化》突き出ている.

he'raus|ste·hen 自 (釘・杭・骨などが)突き出ている, 飛出している.

he'raus|stel·len [hɛˈraʊsʃtɛlən ヘラオスシュテレン] ❶ 他 **1** 外へ立てる(置く, 出す);(選手などを)退場させる. den Abfalleimer ~ ごみバケツを外に出す. **2** (特徴などを)強調する, 前面に出す;(問題などを)解決する. besondere Merkmale einer Person ~ ある人物の特徴を挙げる. ❷ 再《sich⁴》明らかになる, 判明する. Die Behauptung *stellte sich* als ein〈古 einen〉Irrtum *heraus*. その主張は誤りだと分かった. Es hat *sich herausgestellt, dass*... ...ということが明らかになった.

he'raus|stre·cken 他 (外へ向けて)突き出す. j³ die Zunge ~ 人³に向かって舌を出す.

he'raus|strei·chen* 他 **1** 削除する, 抹消する. **2** 際立たせる, 強調する;ほめちぎる.《再帰的に》*sich⁴* ~ 自画自賛する.

he'raus|strö·men 自 (s)(どっと)流れ出してくる, 溢れ出てくる.

he'raus|su·chen 他 (多くの中から)探し出す, 選び

he·raus|tre·ten 自(s) 1 歩み出る. aus *seiner* Zurückhaltung ~《比喩》遠慮を捨てる. 2 （水底などが）あらわれる；（血管などが）浮き出る.

he'raus|wach·sen* 自(s) （植物などが外へ）生え出る, 伸びout；はみ出る. aus dem Topf ~（根などが）鉢からはみ出る. Der Junge ist aus dem Anzug ⟨den Schuhen⟩ *herausgewachsen*. その男子は大きくなって服⟨靴⟩が着られなくなった.《事が主語》j³ zum Hals ~《話》人³の我慢できないものになっている. So was *wächst* mir schon zum Hals *heraus*. もう私はうんざりだ.

he'raus|wer·fen* 他 1 （外へ）投げてよこす. 2《話》（hinauswerfen）（人⁴を）放り出す, 首にする.

he'raus|win·den* 他（sich⁴）sich aus et³ ~ 事³（苦境・困難など）からなんとかして抜け出す, 逃れ去る.

he'raus|zie·hen* [hɛˈraʊstsiːən] 他 1 引抜く, 引出す. einen Verletzten aus dem Auto ~ 負傷者を車から引っぱり出す. 2 (a) (j⁴ aus et³ 人⁴を物³から）選抜する, 抜擢（ばってき）する. (b) (et⁴ aus et³ 物⁴を物³から）書出す, 抜粋する；（エキスなどを抽出する, 分泌させる；（部隊などを）撤退する. ❷ 再（sich⁴）sich aus et³ ~ 身を脱する, （から）抜け出る. 3 自(s) (aus et³ 物³から）出て来る（行く）；（部隊が）撤退する.

herb [hɛrp] 形 1 渋み（酸味）のある, 苦みのきいた；辛口の. ~e Schokolade 苦みのきいたチョコレート. ~er Wein 辛口のワイン. Dieses Parfüm ist mir zu ~. この香水は私には渋すぎる（地味すぎる）. 2 つらい, 苦しい, 耐え難い；辛辣（しんらつ）な, 手厳しい. eine ~e Niederlage 手ひどい敗北. ~e Kritik 手厳しい批判. 3 無愛想な, 可愛げのない. eine ~e Schönheit とりすました美人.

Her·ba·ri·um [hɛrˈbaːriʊm] 中 ~s/..rien [..riən] (*lat.*)《植物》（押し葉にした）植物標本.

'Her·be [ˈhɛrbə] 女 -/ =Herbheit

***her'bei** [hɛrˈbaɪ ヘアバイ] 副 こちらへ. *Herbei* zu mir! 私のそばへおいで. Alles ~! みんな集まれ. Alle Mann ~! 全員集合.

her·bei.. [hɛrˈbaɪ..]（分離前つづり／つねにアクセントをもつ）「こちらへ」の意を表わす.

her'bei|brin·gen* 他 1 こちらへ持って（連れて）来る. 2（人³に物⁴を）用立てる.

her'bei|ei·len (s) 急いでやって来る.

her'bei|füh·ren [hɛrˈbaɪfyːrən] 他 1（人⁴を）連れてくる. 2（事⁴を）引き起こす, 招く.

her'bei|ho·len 他（行って）持って来る, 連れて来る.

her'bei|las·sen* 他（sich⁴）sich zu et³ ~ 事³にしぶしぶ取りかかる, やっと応じる.

her'bei|ru·fen* 他（こちらへ）呼寄せる；（医者・警官などを）呼ぶ.

her'bei|schaf·fen 他 1（こちらへ）運んで（連れて）来る, 取り（呼び）寄せる. 2 Beweise ~ 証拠を提出する.

her'bei|strö·men 自(s)（群集などが）押寄せて来る.

her'bei|wün·schen 他（誰）j（et）~《人⁴（物）⁴が）来ればいいと願う. Er *wünscht* [sich³] das Wochenende *herbei*. 彼は週末が来ることを待ち望んでいる.

her'bei|zie·hen* 他（こちらへ）引寄せる. et⁴ an ⟨bei⟩ den Haaren ~《話》事⁴（喩（たとえ）など）を無理やりこじつける（「髪の毛をつかんで無理やり引寄せる」の意から）.

'her|be·müh·en [ˈheːr..] ❶ 他（人⁴に）わざわざ来てもらう. ❷ 再（sich⁴）わざわざやって来る. ◆過去分詞 herbemüht

'Her·ber·ge [ˈhɛrbɛrɡə] 女 -/-n 1 安宿, 簡易宿泊所；（Jugendherberge）ユースホステル. 2《複数なし》《古》人を泊めること. um ~ bitten 宿を請（こ）う. be j¹ ~ nehmen 人¹のところに泊めてもらう.

'her·ber·gen [ˈhɛrbɛrɡən] ❶ 他《古》泊まる, 宿をとる. ❷ 他《古》泊める.

'Her·bert [ˈhɛrbɛrt]《男名》ヘルベルト.

'her|be·stel·len [ˈheːr..] 他（人⁴に）来てもらう,（を）呼ぶ. einen Patienten für 10 Uhr ~（診察のため）ある患者に10時に来てもらう. ein Taxi ~ タクシーを呼ぶ. ◆過去分詞 herbestellt

'her|be·ten 他（詩などを）一本調子に（念仏のように）唱える.

'Herb·heit [ˈhɛrphaɪt] 女 -/ 渋み, 酸味, 苦味；《比喩》無愛想さ, 辛辣（しんらつ）さ.

'her·big·keit [ˈhɛrbɪçkaɪt] 女 -/ =Herbheit

'her·bit·ten* [ˈheːr..] 他（人⁴に）来るように頼む.

Her·bi·zid [hɛrbiˈtsiːt] 中 -[e]s/-e (*lat.*) 除草剤.

'her|brin·gen* 他 運んで（持って）くる, 連れてくる. ↑ hergebracht

Herbst

[hɛrpst ヘルプスト] 男 -[e]s/-e 1 秋. der ~ des Lebens 人生の秋. Es wird ~. 秋になる. Wir bekommen einen frühen ~. 秋の訪れが早い. [im] vergangenen ~ 昨秋. 2《地方》果実の収穫；ぶどう摘み. einen guten ~ haben（果物が）豊作である. in den ~ gehen（ぶどう摘みの）出稼ぎに行く.

'Herbst·an·fang 男 -[e]s/-e 秋の始まり, 秋分（9月23日頃）.

'herbs·teln [ˈhɛrpstəln] 自《非人称的に》《南》《オーストリア》=herbsten ❶

'herbs·ten [ˈhɛrpstən] ❶ 自《非人称的に》 *Es herbstet*. 秋めく, 秋らしくなる. ❷ 他《地方》（ぶどうを）収穫する.

'herbst·lich [ˈhɛrpstlɪç] 形 秋の, 秋らしい.

'Herbst·ling [ˈhɛrpstlɪŋ] 男 -s/-e《地方》1 秋の果実. 2（通常より遅れて）秋に生まれた仔牛. 3《話》《植物》(Reizker) ちちたけ（乳茸）.

'Herbst·mo·nat 男 -[e]s/-e 1《複数まれ》《古》(September) 9月. 2《複数で》秋の月（9月・10月・11月）.

'Herbst·mond 男 -[e]s/-e《複数まれ》《古》=Herbstmonat 1

'Herbst-Tag·und·nacht·glei·che 女 -/-n 秋分.

'Herbst·zeit·lo·se 女 -/-n《植物》いぬさふらん.

***Herd** [heːrt ヘアト] 男 -[e]s/-e 1 レンジ, かまど；炉, 囲炉裏；《比喩》わが家, 家庭. et⁴ auf den ~ stellen 物⁴をレンジにのせる. et⁴ vom ~ nehmen 物⁴をレンジから下ろす. [sich³] einen eigenen ~ gründen《比喩》所帯を持つ. am häuslichen ⟨heimischen⟩ ~《雅》わが家で, うちで. Eigener ~ ist Goldes wert.《諺》わが家にまさるものはない. 2（事件・騒動などの）発生地, 中心；火元. der ~ des Erdbebens 震源. der ~ der Krankheit 病巣. der ~ der Unruhe 騒動の火元. 3《工学》（高炉の）火床（かしょう）.

'Herd·buch 中 -[e]s/⸚er《畜産》家畜の血統登録簿.

'Her·de [ˈheːrdə] 女 -/-n 1（家畜・獣の）群れ, 畜群；（俗）（人間の）群れ, 群集. wie eine ~ Schafe laufen《話》（羊群のように）てんでばらばらに走り回る, 右往左往する. in ~n leben（動物が）群棲する. mit der ~

laufen / der ~ folgen 付和雷同する. **2**《雅》(教会の)会衆, 信徒たち.

Her·den·mensch 男 -en/-en 主体性のない人間; 群畜的人間, 群盲(Nietzsche の言葉).

Her·den·tier 中 -[e]s/-e 群棲(群居)動物;《俗》主体性のない人間.

Her·den·trieb 男 -[e]s/-e 群棲(群居)本能;《俗》(人間の)群集心理.

her·den·wei·se 副 群をなして.

Her·der ['hɛrdɐr]《人名》Johann Gottfried von ~ ヨーハン・ゴットフリート・フォン・ヘルダー (1744–1803, ドイツの思想家・文学者).

'**Herd·feu·er** 中 –s/– 《複数まれ》かまどの火. am ~ かまどの火のそばで,《比喩》家庭で.

'**Herd·plat·te** 女 –/–n (電気レンジなどの)加熱板, クッキングプレート; (石炭ストーブなどの)覆い鉄板.

he·re·di·tär [heredi'tɛːr] 形 (*lat.*) **1** 相続(上)の. **2**《生物・医学》遺伝性の.

He·re·di·tät [heredi'tɛːt] 女 –/ 《古》相続(財産). **2**《生物・医学》遺伝.

*****he·rein** [hɛ'raɪn] 副 (こちらへ)中へ. *Herein!* お入り. Nur 《Immer》~! さあずっとお入り. Von draußen ~ bläst es kalt. 外から冷たい風が吹込む.

he·rein.. [hɛraɪn..] 《分離前つづり/つねにアクセントをもつ》「(外から)こちらの中へ」の意を表す.

he|rein·be·kom·men* 他《話》(商品を)仕入れる. ◆過去分詞 hereinbekommen

he|rein·bre·chen* 自 (s) **1** (壁などが内側へ)倒れ込む, 崩れ落ちる; (水が)どっと流れ込む, ざぶりと降りかかる〈über j⟨et⟩⁴ 人〈物⟩⁴の上に〉. **2**《雅》〈über j⟨et⟩⁴ 人〈事⟩⁴の上に〉災厄などが突然降りかかる, (を)襲う. **3**《雅》突然始まる. Die Nacht brach herein. 急に日が暮れた.

he|rein·brin·gen* 他 **1** 持込む, 運び入れる. **2** (損失・投資金などを)取戻す.

he|rein·fal·len* 自 (s) **1** (こちらの中へ)落込む, 降り込んでくる. Durch einen Spalt *fiel* Licht *herein.* 隙間から光が射し込んできた. **2**《話》(bei〈mit〉et³ 事³のことで)だまされる, 一杯食わされる; (auf j⟨et⟩⁴ 人〈事⟩⁴にひっかかる, ひっかかる. auf j⟨et⟩⁴ 人〈事⟩⁴にひっかかる, ひっかかる. auf einen Trick ~ トリックにかかる. bei einem Kauf arg〈sehr〉~ ある買物でひどくだまされる.

he|rein·flie·gen* 自 (s) **1** 飛込んでくる. **2**《話》 (hereinfallen) (auf j⟨et⟩⁴ 人〈事⟩⁴に)まんまとだまされる, ひっかかる.

he|rein·füh·ren* 他 **1** 導き入れる, 案内する(家・部屋の中などへ).

he|rein·ge·ben* 他 **1** (中にいる人へ)手渡してよこす, 差入れる. **2**《球技》(ボールを)内側へ回す. den Ball in die Mitte ~ ボールをセンタリングする.

he|rein·kom·men* 自 **1** 入って来る. **2**《話》(a) (商品が)入荷する; (金が)入る. (b) (投資などが)引き合う.

he|rein·las·sen* 他《話》(こちらへ)入らせる, 入れてやる.

he|rein·le·gen 他 **1** (こちらの中へ)入れる, 置く. **2**《話》(人⁴を)ひっかける, だます.

he|rein·plat·zen 自 (s)《話》突然入って来る, 闖入(ちんにゅう)する; 不意に現れる.

he|rein·schau·en 自 **1** こちらへのぞき込む. **2**《話》ちょっと立寄る.

he|rein·schnei·en 自 (h, s) **1** (h) 《非人称的に》 *Es* schneit *herein.* 雪が吹込む. **2** (s)《話》(客などが)突然舞込んでくる.

he|rein·strö·men 自 (s) (水が)どっと流れ込んでくる; (群集が)殺到する.

he|rein·tra·gen* 他 (こちらへ)運び込む.

he|rein·tre·ten* 自 (s) (こちらへ)入って来る.

he|rein·zie·hen* ❶ 他 (こちらへ)引き入れる, 引っ張り込む. j⁴ ins Zimmer ~ 人⁴を部屋の中に引きずり込む. ❷ 自 **1** (h)《非人称的に》*Es zieht herein.* すきま風が入って来る. **2**《威風堂々と》入場して来る.《話》引越して来る.

'**her|fah·ren*** ['heːr..] ❶ 自 (s) **1** (乗物で, 乗物から)こちらへ来る. **2** hinter 〈vor/neben〉 j⁴ ~ (一定の間隔を保ちながら乗物で)人⁴の後ろについて〈先に立って / 横に並んで〉走る. ❷ 他 (乗物で)運んで来る, 乗せて来る; (乗物を)運転してくる.

'**Her·fahrt** 女 –/–en (乗り物で)こちらへ来ること; 帰路, 復路.

'**her|fal·len*** ['heːrfalən] 自 (s) **1** 〈über j⟨et⟩⁴ 人〈物⟩⁴に〉襲いかかる, (を)こきおろす, 酷評する. mit Fragen 〈Vorwürfen〉 über j⁴ ~ 人⁴に質問〈非難〉を浴びせかける. **2** über et⁴ ~ 物⁴(食べ物)にかぶりつく, (を)むさぼり食べ始める.

'**her|fin·den*** 自《話》(こちらへ)来る道が分かる. Haben Sie gleich *hergefunden?* 道はすぐ分かりましたか.

'**her|füh·ren** ❶ 他 (こちらへ)案内してくる, 導いてくる. Was *führt* Sie *her?* こちらへは何の用で来られましたか. ❷ 自 (道などが)こちらへ通じている.

'**Her·gang** 男 -[e]s/- (出来事の)経過, 成行き, いきさつ.

*****'**her|ge·ben*** ['heːrgeːbən] ヘーアゲーベン ❶ 他 **1** こちらへ渡す, よこす; 差出す, 提供する. *Gib* mir mal das Buch *her!* ちょっとその本を取って. alles 〈sein Letztes〉~ 何もかもしんにやる, 全力をふりしぼる. Sie hat zwei Söhne im Krieg *hergegeben.* 彼女は2人の息子を戦争で失った. *seinen* Namen für et⁴〈zu et³〉~ 事⁴·³に名前を貸す(連なる). **2** (利益などを)もたらす; (事⁴の)役に立つ. viel ~ 大いに役立つ, ためになる. Das Buch *gibt* wenig *her.* その本はあまり役に立たない. *Das gibt* dieser Stoff nicht *her.* この素材(材料)では間に合わない. rennen, was die Beine hergeben 全力で走る.

❷ (sich⁴) sich⁴ für et⁴〈zu et³〉~ (怪しげな)事⁴·³に手を貸す, 首を突っ込む. Wie konntest du *dich* dafür〈dazu〉~? よくもそんなことに首を突っ込んだものだ.

'**her·ge·bracht** 過分 形 (↑herbringen) 昔ながらの, 伝統的な, 伝来の. in ~*er* Weise 旧来のやり方で.

'**her|ge·hen*** ['heːrgeːən] 自 (s) **1** vor〈hinter/neben〉 j⟨et⟩³ ~ 人〈物〉³の先に立って〈後について / 横に並んで〉歩いていく. hintereinander ~ 相前後して歩いていく. **2**《南ド·オ州》こちらへ来る, やって来る. *Geh her!* こっちへ来いよ. **3**《話》~ und et⁴ tun事⁴をあっさり(無造作に)やってのける. **4**《話》〈über j⁴ 人⁴のことを〉さんざん悪く言う, けなす, 酷評する.《非人称的に》Gestern *ging es* scharf über ihn *her.* きのう彼はさんざんこきおろされた. **5**《話》〈über et⁴ 物⁴を〉さんざん消費する. über das Essen ~ 食べ物をさんざん食い散らす.《非人称的に》Über meinen Wein ist *es* mächtig *hergegangen.* 私のワインをしこたま飲まれた. **6**《非人称的に》《話》*Es* geht...*her.*(会·催などが)...に進行する, ...の成行きである. Bei der Diskussion *ging es* heiß *her.* 議論は白熱した.

'her·ge·lau·fen 過分 形 (↑herlaufen)《付加語的用法のみ》(侮)素姓(得体)の知れない,どこの馬の骨ともからない.

'her|ha·ben* 他《話》《疑問副詞 wo と結びついて》(…から)手に入れる; 聞き知る. *Wo hast* du die Nachricht *her?* 君はそのニュースをどこで知ったの.

'her|hal·ten* ❶ 他 こちらへ差出す. *Halte* bitte die Tasse *her!* その茶碗をこっちょうだい. ❷ 自《ふつう **müssen** と》**1** als et¹ ~ müssen (否応なく)物¹として利用される, (の)役割を押しつけられる. als Sündenbock ~ müssen スケープゴートにされる. **2** für j<et>⁴ ~ müssen 人<事>⁴の尻拭(ぬぐ)いをさせられる.

'her|ho·len 他 取って来る, 連れて来る.《過去分詞で》weit *hergeholt* こじつけの.

'her|hö·ren 自《話》(こちらへ)耳を傾ける.

****He·ring** ['heːrɪŋ] 男 -s/-e **1**《魚》にしん(鰊). geräucherte〈gesalzene〉~e 薫製〈塩漬け〉にしん. wie die ~e《戯》ぎゅうぎゅう詰めにして, すし詰めになって. **2**《戯》(やせて)ひょろひょろの男. **3** (テント用の)杭, ペグ.

'He·rings·milch 女 -/《食品》にしんの白子(しらこ).

he·rin·nen [heˈrɪnən] 副《南ドッ・スィス》(hier drinnen) ここの中で.

'her|kom·men* ['heːrkɔmən] 自 (s) **1** こちらへ来る, やって来る. *Komm* mal *her!* こっちへ来いよ. Er ist zu Besuch *hergekommen*. 彼が訪ねてきた. **2** ~の出である; …に由来(派生)する, …に起因する. Wo *kommen* Sie *her?* あなたはどこの出身ですか(=Woher kommen Sie?). Das *kommt* von etwas anderem *her*. 事の起りは別なところにある. Wo soll das Geld ~? その金はどこで工面すればいいんだ.

'Her·kom·men 中 -s/ **1** 出自, 素姓; 由来. von gutem ~ sein 良家の出である. **2** しきたり, 慣習, 伝統.

her·kömm·lich ['heːrkœmlɪç] 形 慣習的な, 慣例の, 従来(伝来)の.

'Her·ku·les ['hɛrkulɛs] ❶《人名》《ギ神話》ヘルクレス, ヘーラクレース, ヘラクレス (Herakles のラテン語形). ❷ 男 -/-se **1**《比喩》怪力無双の人. **2**《ラテ》= Lukas² **3** der ~《天文》ヘルクレス座.

'Her·ku·les·ar·beit 女 -/-en **1**《複数で》《ギ神話》ヘーラクレースの 12 功業. **2**《比喩》難行苦行.

her·ku·lisch [hɛrˈkuːlɪʃ] 形 (ヘーラクレースのように)強大な, 超人的な.

****'Her·kunft** ['heːrkʊnft ヘーアクンフト] 女 -/..künfte [..kʏnftə] **1** 素性, 出自. adliger ~² sein / von adliger ~ sein 貴族の出である. **2** 起源, 出所, 由来. die ~ eines Wortes 語源. Diese Ware ist englischer ~². この品は英国製である.

'Her·kunfts·be·zeich·nung 女 -/-en (商品の)生産地表示.

'Her·kunfts·land 中 -[e]s/⸚er (商品の)生産国, 原産地.

'her|lau·fen 自 (s) **1** (こちらへ)歩いて(走って)来る. **2** hinter〈vor/neben〉j³ ~ 人³の後について(先に立って/横に並んで)歩く(走る). ◆↑hergelaufen

'her|lei·ten ❶ 他 (aus〈von〉et³ 事³から事²を)導き出す. 演繹(えんえき)〈推論〉する. ein Wort aus dem Lateinischen ~ ある語の起源をラテン語に求める. ❷ 再 *(sich) sich* aus〈von〉et³ ~ 事³から由来する, …に由来する. *sich* aus altem Adel ~ 古い貴族の出である.

'her|ma·chen ❶ 再 *(sich)*《話》**1** *sich* über et⁴ ~ (精力的に)事⁴に取りかかる. *sich* über die Arbeit ~ 猛烈に仕事に取りかかる. *sich* über das Essen ~ 食べ物にかぶりつく. **2** (über j⁴ 人⁴に)襲いかかる; 非難を浴びせる. ❷ 自 **1** etwas〈viel〉 ~ 見栄えがする〈たいそう見栄えがする〉. In diesem Kleid *macht* sie wenig〈nichts〉 *her*. こんなドレスでは彼女はあまり(少しも)ぱっとしない. **2** viel von et<j>³ ~ 〈人〉³のことで大騒ぎする. 大げさにもてはやす. Er *macht* gar nichts von sich³ *her*. 彼はきわめて慎み深い人間だ.

'Her·mann ['hɛrman]《男名》ヘルマン. ↑ Armin

'Her·manns·denk·mal 中 -[e]s/ ヘルマン記念碑 (トイトブルクの森に建てられた Armin の戦勝記念碑).

'Her·manns·schlacht 女 -/《歴史》ヘルマンの戦い. ↑ Varusschlacht

Her·ma·phro'dis·mus [hɛrmafroˈdɪsmʊs] 男 -/ = Hermaphroditismus

Her·ma·phro'dit [hɛrmafroˈdiːt] 男 -en/-en **1**《医学》半陰陽者, 両性具有者; ふたなり. **2**《生物》雌雄同体. ◆ギリシア神話の両性具有の神ヘルマプロディートス Hermaphroditos にちなむ. ちなみに, この神は Hermes と Aphrodite の間にできた子供とされる.

her·ma·phro'di·tisch [..ˈdiːtɪʃ] 形《医学》半陰陽の, 両性具有の;《生物》雌雄同体の.

Her·ma·phro·di'tis·mus [..diˈtɪsmʊs] 男 -/《医学》半陰陽, 両性具有;《生物》雌雄同体現象.

'Her·me ['hɛrmə] 女 -/-n《美術》(古代ギリシアの)ヘルメス柱像. ◆神々や著名人の頭部を戴いた四角柱像. 元来は Hermes 胸像を戴き中央部に男根を屹立させた石柱で, 道標や境界標として使用された一種の道祖神のごときものだった.

'Her·me·lin [hɛrməˈliːn] ❶ 中 -s/-e《動物》おこじょ, えぞいたち. ❷ 男 -s/-e **1** アーミン(おこじょの毛皮). **2**《紋章》アーミン模様.

her·me'neu·tik [hɛrməˈnɔʏtɪk] 女 -/ (gr.)《キ教》聖書解釈学. **2** (一般に)解釈学.

'Her·mes ['hɛrmɛs]《人名》《ギ神話》ヘルメース, ヘルメス. ◆神々の使者で富と幸運の神, おそらくは Herme に由来する神だったらしく商業・旅行・盗みなどに携わる者の保護者とされる. ローマ神話の Merkur に当る.

'Her·mes Tris·me·gis·tos [..trɪsˈmɛːgɪstɔs]《人名》(gr., Hermes, der Dreimalgrößte')ヘルメス・トリスメギストス. ◆ギリシア神話の Hermes とエジプトのトート Thot の習合神で紀元前後にエジプトで成立したらしい, いわゆるヘルメス文書はその教えの書とされる. ↑ hermetisch

Her'me·tik [hɛrˈmeːtɪk] 女 -/ **1** (古) (Alchimie) 錬金術; (Magie) 魔術. **2** 気密装置.

Her'me·ti·ker [hɛrˈmeːtikɐr] 男 -s/- **1** (Hermes Trismegistos の教えと信じられた)ヘルメス思想の信奉者. **2** (一般に)神秘家.

her'me·tisch [hɛrˈmeːtɪʃ] 形 **1** 気密の, 密閉された. **2** 神秘的な, 難解な. ~e Literatur〈Schriften〉《文学・哲学》ヘルメス文書 (Hermes Trismegistos の名に結びついた神秘説・占星術・錬金術などに関するさまざまな書物).

Her·mi·ne [hɛrˈmiːnə]《女名》ヘルミーネ.

her'nach [hɛrˈnaːx] 副《地方》(danach) その後で; (nachher) 後で.

'her|neh·men* ['heːr..] 他 **1**《ふつう疑問副詞 **wo** とともに》(物¹を…から)取って来る, 手に入れる. Wo soll ich das Geld denn ~? いったいそんな金をどこで都合してくればいいんだ. Wo *nimmt* er nur die Geduld *her?* どうして彼はそんなに我慢強いんだ. **2**《話》(精神

Her·nie ['hɛrniə] 女 -/-n (*lat.*) **1**《医学》ヘルニア, 脱腸. **2**《植物·園芸》根瘤病.

her'ni·der [hɛr'ni:dər] 副《雅》(こちらの)下へ.

Her·ni·o·to'mie [hɛrnioto'mi:] 女 -/-n [..'mi:ən]《医学》ヘルニア切開(術).

he'ro·ben [hɛ:ro:bən] 副《南ド·中部ド》(hier oben) ここの上で(に).

He'ro·des [he:ro:dɛs]《人名》ヘロデス, ヘロデ(ヘロデ大王 Herodes der Große と呼ばれるユダヤ人の王. 新約聖書によれば, Bethlehem の幼児殺しを命じたとされる. 前73年頃-前4).

He·ro'dot [hero'dɔt, ..'do:t]《人名》ヘーロドトス, ヘロドトス(「歴史の父」と呼ばれる前5世紀のギリシアの歴史家. 生没年不詳).

He'roe [he'ro:ə] 男 -n/-n =Heros

He'ro·en [he'ro:ən] Heroe, Heros の複数.

He'ro·en·kult 男 -[e]s/-e 《複数まれ》英雄崇拝.

He'ro·in[1] [hero'i:n] 女 -/-nen **1** (Heldin) 英雄的な女性, 女傑; 《小説などの》女主人公, ヒロイン. **2** = Heroine

He·ro'in[2] [hero'i:n] 中 -s/《化学》ヘロイン.

He·ro'i·ne [hero'i:nə] 女 -/-n 《演劇》女主人公の女優.

he·ro'isch [he'ro:ɪʃ] 形 英雄の, 英雄的な, ヒロイックな;《比喩》英雄的な. ein ~er Tod 英雄的な死. eine ~e Landschaft《美術》(しばしば神話中の人物などを配した)雄大な風景画.

he·ro·i'sie·ren [heroi'zi:rən] 他 英雄視する, 英雄扱いする.

He·ro'is·mus [hero'ɪsmʊs] 男 -/ 英雄主義, ヒロイズム; 英雄的精神(行為).

'He·rold [he'rɔlt] 男 -[e]s/-e **1**《古》紋章官. **2** (a)《歴史》王侯の布告官, 触れ役(馬上槍試合などのおいには審判や進行役を努めた). (b)《雅》(重大な知らせの)告知者, 先触れ.

'He·rolds·amt 中 -[e]s/-ᵉr《歴史》紋章局.

'He·ros [he:rɔs] 男 -/..roen [he'ro:ən]《ギリシア神話》半神, 神人;《比喩》英雄, 勇者.

He·ros'trat [hero'stra:t] 男 -en/-en 売名目的の犯罪者(後世に名を残そうと前356年にエペソ Ephesus のアルテミス神殿に放火したヘーロストラトス Herostratos にちなむ).

Her·pes ['hɛrpɛs] 男 -/ (*gr.*)《病理》ヘルペス, 疱疹(ほうしん).

Herr

[hɛr ヘル] 男 2格 -n(まれ -en), 3格 -n(まれ -en), 4格 -n(まれ -en), 複数 -en **1** 紳士, 殿方; 男の人. ein alter〈junger〉 ~ 老紳士〈若い紳士(口3)〉. Alter ~《話》師父(クラッなどの)先輩, OB. ein feiner ~ 上品な紳士.《反語》いかがわしい御仁(ごじん). ~en《略 H》(トイレなどの表示で)殿方用. ein geistlicher ~ 聖職者. die ~en der Schöpfung《戯》男連中. **2** (男性に対する敬称として)あなた様, お客様,《略 1格 Hr., 3·4格 Hrn.》(姓·称号·職名などの前に冠して)…様, …殿, …氏, …さん. Wie wünschen Sie, mein ~? お客さま, ご用件(ご注文)は なんでしょうか. Meine ~en!(呼掛けで)みなさん, 諸君,(驚きの声で)これは驚いた, なんてこった. Meine Damen und ~en!(呼掛けで)お集まりのみなさま. ~ Klein クライン氏. Sehr geehrter ~ Meier!(手紙で)拝啓マイヤー様. Lieber ~ Müller!(手紙で)親愛なるミュラー様. ~ Ober!(レストランなどで)ボーイさん. ~ Professor! 先生. Grüßen Sie bitte ihren ~n Vater! お父様によろしくお伝えください. **3** 主人, あるじ; 主君, 領主, 支配者; 雇い主, 親方; 亭主. der ~ des Hauses 一家のあるじ, 家長. der junge ~ 若主人, 若旦那(↑1). mein Herr und Gebieter 〈Meister〉《戯》私のだんな様. sein eigener ~ sein 独立している, 一国一城の主である. nicht mehr ~ seiner Sinne〈seiner selbst〉 sein / nicht mehr ~ über sich[4] selbst sein 自制心を失っている. et[2] ~ werden 事〈困難など〉を克服する. ~ der Lage sein 事態を掌握している. über et〈j〉[4] ~ sein 事〈人〉[4]を支配している. den ~n heraus- kehren 主人づらをする. den [großen] ~n spielen 紳士ぶる, えらぶる. aus aller ~en Ländern あらゆる国々から. Niemand kann zwei〈古 zween〉 ~en dienen.《新約》誰も2人の主人に仕えることはできない (マタ6:24). **4**《複数なし / 冠掛け以外では定冠詞をつける》《宗教》神, 主. Gott, der ~ は主なる神. der ~ Jesus 主イエス. ~, hilf uns! 主よ, われらを救いたまえ. der Tag des ~n 主日(日曜日のこと). der Tisch des ~n 祭壇; 聖餐台. im ~n entschla- fen《雅》永眠する.

'Herr·chen ['hɛrçən] 中 -s/-《Herr の縮小形》**1** 若い紳士, 小柄な紳士;《戯》(紳士気取りの)若者, 若旦那. **2** 犬の飼主.

'Her·rei·se ['he:r..] 女 -/-n (↔ Hinreise) こちらへの旅; 帰りの旅, 帰路.

'Her·ren·abend ['hɛrən..] 男 -s/-e 男性だけのタベの集い.

'Her·ren·an·zug 男 -[e]s/ᵉe 紳士服.

'Her·ren·ar·ti·kel 男 -s/-《ふつう複数で》紳士用品.

'Her·ren·aus·stat·ter 男 -s/- (高級)紳士服店, 紳士用洋品店.

'Her·ren·be·glei·tung 女 -/ 男性の同伴. Sie wurde oft in ~ gesehen. 彼女はしばしば男性と一緒のところを見られた.

'Her·ren·be·klei·dung 女 -/ 紳士服, 紳士用の衣類.

'Her·ren·be·such 男 -[e]s/-e(女性の部屋への)男性の訪問.

'Her·ren·dienst 男 -[e]s/-e《歴史》賦役(ふぇき).

'Her·ren·dop·pel 中 -s/-《スポ》男子ダブルス.

'Her·ren·ein·zel 中 -s/-《スポ》男子シングルス.

'Her·ren·es·sen 中 -s/- **1**《古》豪勢な食事. **2** 男だけの宴会.

'Her·ren·fah·rer 男 -s/- **1**《スポ》(↔ Werkfah- rer)(メーカー専属に対して)自前参加のオートレーサー. **2** (速足(はや)競馬の)アマチュア騎手. **3**《話》大型車をわがもの顔で乗りまわすドライバー.

'Her·ren·haus 中 -es/ᵉer **1** 領主の館. **2**《歴史》(プロイセン·オーストリアの)貴族院, 上院(1918まで).

'Her·ren·hemd 中 -[e]s/-en 紳士用シャツ, ワイシャツ.

'Her·ren·kon·fek·ti·on 女 -/-en 紳士用既製服.

'Her·ren·le·ben 中 -s/ 豪勢な暮し, 大名暮し.

'her·ren·los 形 主人を持たない; 持主(飼主)のいない. ein ~er Hund 野良犬. ~e Sache《法制》無主物.

'Her·ren·mensch 男 -en/-en 支配者側の人間; 支配者タイプの人, 人の上に立ちたがる人.

'Her·ren·mo·ral 女 -/《哲学》(↔ Sklavenmoral) 君主道徳(Nietzsche の用語).

'Her·ren·rei·ter 男 -s/-《競馬》オーナー騎手.

'Her·ren·schnei·der [男] -s/- 紳士服の仕立屋, テーラー.

'Her·ren·schnitt [男] -[e]s/-e《女性的》の男性風のカット, 断髪.

'Her·ren·sitz [男] -es/-e 1 領主の館. 2《乗馬で》鞍にまたがって乗る》男乗り.

'Her·ren·toi·let·te [女] -/-n 男性用トイレ.

'Her·ren·zim·mer [中] -s/-《応接間を兼ねた》主人の仕事部屋, 書斎.

'Herr·gott ['hɛrɡɔt] [男] -s/ 1《話》主なる神. ～ noch mal!《卑》畜生め. 2《南ﾄﾞ・ｵｰｽﾄﾘ》(Krucifix)キリスト磔刑(たっけい)像.

'Herr·gotts·frü·he [女]《話》《次の成句で》in aller ～ 朝早く, 夜も明けやらぬ頃に.

her|rich·ten ['hɛr..] [他] 1 整える, 用意する, しつらえる. 2《物》の手入れをする, 修理(修繕)する. ❷ [再] (sich) 身なりを整える.

Her·rin ['hɛrɪn] [女] -/-nen (Herr の女性形) 1 女主人, 女性の支配者(君主). 2《古》《呼掛けて》奥方様.

'her·risch ['hɛrɪʃ] [形] 命令的(高圧的)な, 高飛車な, 尊大な.

herr·je ['hɛrjeː], herr·je·mi·ne [..ˈminə], herr·je·ses [..zəs] [間] Herrje〈Herrjemine/Herrjeses〉!《話》へえー, これはこれは, おやおや. ◆ Herr Jesu [Domine] の転訛形.

*'herr·lich ['hɛrlɪç ヘㇽリヒ] [形] すばらしい, すてきな, みごとな, 豪華な. eine ～e Aussicht すばらしい眺め. Das Wetter ist ～. 天気は上々だ. ～ und in Freuden leben 《何不自由のない》すばらしい暮しをする.

'Herr·lich·keit ['hɛrlɪçkaɪt] [女] -/-en 1《複数なし》すばらしさ, みごとさ. die ～ Gottes《ｷﾘｽﾄ教》神の栄光. 2《複数で》すばらしい事(物).

'Herrn·hut ['hɛrnhuːt] [地名] ヘルンフート(ザクセン州の都市).

'Herrn·hu·ter ['hɛrnhuːtɐ] ❶ [男] -s/- ヘルンフート派の信者. ❷ [形]《無変化》ヘルンフート派の. ～ Brüdergemeine ヘルンフート兄弟団(1722にツィンツェンドルフ Zinzendorf 伯が Herrnhut の地に創設した敬虔主義の一派).

'Herr·schaft ['hɛrʃaft] [女] -/-en 1《複数なし》支配, 統治. 支配(統治)権, 覇権, 統制, コントロール. eine absolute ～ 絶対支配. die ～ zur See(in der Luft) ～制海(制空)権. die ～ über j⟨et⟩⁴ ausüben 人〈物〉⁴を支配する. die ～ über j⟨et⟩⁴ verlieren 人〈物〉⁴をコントロールできなくなる. unter der ～ eines Königs ある王の治世に. ～ [noch mal]!《話》いまいましい, なんてこった. 2《複数で》(a)《その場にいる》紳士淑女(たち);《話》《目下や未成年の人たちへの呼掛けて》諸君. Meine ～en!《呼掛けで》みなさん. Wünschen die ～en etwas zu trinken? みなさん何かお飲物はいかがでしょうか. ～en, so geht das nicht weiter!《話》諸君, こんなことではだめだ. alte ～en《戯》両親.《古》主人(領主)一家, 主家の人々. Sind die ～en zu Hause? ご主人方はご在宅でしょうか. 3《古》(Landgut)(田舎の)領地, 荘園.

'herrschaft·lich [形] 1 領主の; 主人の. 2 領主(主人)にふさわしい; りっぱな, 優雅な.

*'herr·schen ['hɛrʃən ヘㇽシェン] ❶ [自] 1 支配する, 統治する, 権力をふるう. unumschränkt ～ 専制支配をする. in einem〈über ein〉 Land ～ 国を治める. über ein Volk ～ 人民を統治する. Hierzulande herrscht das Geld. ここ(この国)では何でも金次第だ.

die herrschende Klasse〈Partei〉支配階級〈政権政党〉. 2 支配的である, 大勢を占めている, 顕著である, 流行している. Hier herrscht Ordnung. ここでは秩序(規律)が保たれている. Zur Zeit herrscht in der Stadt eine Seuche. 現在その町では疫(x)病がはやっている. Es herrschte eine furchtbare Kälte in diesem Winter. この冬はひどい寒さだった. Es herrscht die Meinung〈Auffassung〉, dass… …という意見(見方)が大勢を占めている. die herrschende Lehre 通説. ❷《地方》《言》をうこう口調で言う.

'Herr·scher ['hɛrʃɐ] [男] -s/- 支配者, 権力者, 君主. ein absolutistischer〈unumschränkter〉～ 専制君主. ◆ 女性形 Herrscherin [女] -/-nen

'Herr·scher·ge·schlecht [中] -[e]s/-er 君主の家系, 王家.

'Herr·scher·haus [中] -es/¨er = Herrschergeschlecht

'Herrsch·sucht ['hɛrʃ..] [女] -/ 支配欲.

'herrsch·süch·tig [形] 支配欲の強い.

'her|rü·cken ['hɛr..] ❶ [他] (s) こちらへ寄る. ❷ [他] こちらへ寄せる(ずらす, 動かす).

'her|ru·fen* [他] 呼寄せる.

'her|rüh·ren [自] 起因(由来)する, を発する(von et³ 事³に). Das alles rührt von deinem Leichtsinn her. 何もかもまったく君の軽はずみのせいだ.

'her|sa·gen [他] 1 暗誦する. 2 棒読みする;(スローガンなどを)唱える.

'her|stam·men [自] (von j⟨et⟩³ 人〈物〉³に)由来する, (から)生じる.

*'her|stel·len ['heːrʃtɛlən ヘーアシュテレン] ❶ [他] 1《商品》を製造(製作)する, 生産する. et⁴ maschinell〈serienmäßig〉～ 物を機械で製造(大量生産)する. 2《連絡・関係》をつける; (均衡・秩序などを)生み出す, 確立する. eine telefonische Verbindung ～ 電話で連絡をとる. das Gleichgewicht zwischen den Mächten ～ 大国間の均衡を生み出す. 3 元通りにする, 復旧する, (健康を)回復させる. 4《話》こちらに置く.
❷ [再] (sich) 1《ある状態が》生み出される, もたらされる. 2《話》こちらに来る(来て立つ); ぼんやり突っ立っている.

'Her·stel·ler ['heːrʃtɛlɐ] [男] -s/- 製造者, メーカー.《書籍》編集者.

*'Her·stel·lung ['heːrʃtɛlʊŋ ヘーアシュテルング] [女] -/ 1《商品の》製造, 製作, 生産. Maschinelle〈serienmäßige〉～ 機械〈大量〉生産. 2《関係などの》確立, 樹立. die ～ der diplomatischen Beziehungen 外交関係の樹立. 3 復元, 復旧, 回復, 快癒. 3《書籍》《出版者の》製作部.

'Her·stel·lungs·kos·ten [複] 製造(生産)コスト; 製造原価.

'Her·ta, 'Her·tha ['hɛrta] (lat.)《女名》ヘルタ.

Hertz [hɛrts] [中] -/ 《物理》《記号 Hz》ヘルツ《周波数の単位; ドイツの物理学者 H. R. Hertz, 1857-94 にちなむ》.

he'rü·ben [hɛˈryːbən] [副]《南ﾄﾞ・ｵｰｽﾄﾘ》こちら(側)に. ↑hüben

*he'rü·ber [hɛˈryːbɐ ヘリューバー] [副]《越えて》こちらへ, こちら側へ. Wie lange dauert der Flug von Amerika ～? アメリカから《海を越えて》こちらまでの飛行時間はどのくらいですか.

he·rü·ber.. [hɛryːbɐ..] 《分離前つづり / つねにアクセントをもつ》「《越えて》こちらへ」の意を表す. herüber-

he|rü|ber|brin|gen* 他 こちらへ持って(連れて)来る.

he|rü|ber|kom|men* 自 (s) こちらへ来る,(他国から)渡ってくる; 立寄る.

he|rü|ber|rei·chen ❶ 自 こちらまで(越えて)来る, 達する, 届く. Kannst du über das Gitter ~? 格子垣を越えて来れるかい. ❷ 他 こちらへ手渡す, 差出す. Würden Sie mir bitte den Aschenbecher ~? すみませんが灰皿を取っていただけませんか.

he|rü|ber|zie·hen ❶ 他 引寄せる. j⁴ zu sich¹ ~ 《比喩》人⁴を味方に引入れる. ❷ 自 (s) こちらへやって来る, こちらへ移って来る.

he'rum [hɛˈrʊm ヘルム] 副 ❶ ぐるりと, 回って; まわりに, あたりに. im Kreis ~ ぐるりと円を描いて. die Reihe ~ (円形に並んだものが)順ぐりに. hier⟨dort⟩~ ここ⟨あそこ⟩のあたりに. 『前置詞 um と結びつきを強めて』(a) まわりに, あたりに. die Gegend um Berlin ~ ベルリーン近郊. um die Ecke ~ 角を曲がって; 《話》この近くに. (b)《略》《およその数を示す》um 1930~1930 年頃に. um Weihnachten ~ クリスマスのころに. ein Mann um [die] 50～50 歳ぐらいの男. um 100 Euro ~ およそ 100 ユーロ. ❷ 自 (sein と) (a) (um j⁴ 人⁴に)つき添って. (b)(噂などが)広まって, 知れわたって. Die Nachricht war im Nu ~. そのニュースはたちまち広まった. (c)(時が)過ぎて, 終って. Die Ferien sind ~. 休暇は過ぎた. =herum sein

he·rum.. [hɛrʊm..]《分離前つづり／つねにアクセントをもつ》❶『ぐるりと, 回って』などの意を表す』 herumwickeln 巻きつける. sich⁴ herumdrehen ❷『あてもなく, あちこち』 herumstehen ぼんやりと突っ立っている. herumrennen あちこち駆け回る. ❸『だらだらと, やたらに』 herumdoktern あれこれいじくり回す. sich⁴ herumärgern やたらに腹を立てる.

he'rum|är·gern《sich⁴》《話》(mit j⟨et⟩³ 人⟨物⟩³ に)しょっちゅう腹を立てている.

he'rum|bal·gen 自《sich⁴》《話》(mit j³ 人³とふざけて)取っ組合いをする.

he'rum|be·kom·men* 他《話》=herumkriegen

he'rum|brin·gen* 他《話》❶ (時間を)費(つい)やす, つぶす. ❷ (うわさなどを)言い触らす.

he'rum|bum·meln 自 (h, s) ❶ (h) だらだら時間を過ごす. ❷ (s) ぶらぶら歩き回る.

he'rum|dok·tern 自《話》❶ (an j³ 人³に)素人療法を試みる. ❷ (an et³ 物³を)(修繕しようと)あれこれいじくり回す.

he'rum|dre·hen ❶ 他 ❶ (軸を中心に)ぐるりと回す, 回転させる. den Schlüssel im Schloss ~ 鍵穴に差込んだ鍵を回す. ❷《話》(人⟨物⟩⁴の)向きを変える, (を)方向転換させる;《比喩》(人⁴に)意見(考え, 方針)を変えさせる. die Matratze⟨die Tischdecke⟩~ マットレス⟨テーブルクロス⟩を裏返す, ひっくり返す. ❷ 自《sich⁴》❶ ぐるりと回る, 回転する. sich ganz ⟨halb⟩ ~ ぐるりと1回転⟨半回転⟩する. ❷ 向きが変る, 方向転換する;《比喩》寝返る. sich im Schlaf ~ 寝返りを打つ. sich auf dem Absatz⟨auf der Stelle⟩ ~ その場で回れ右をする, 直ちに引返す. ❸ 自 (an et³ 物³を)ぐるぐると回し続ける. am Radio ~ ラジオのつまみをあちこちへ回す.

he'rum|drü·cken ❶ 他 (反対側へと)押しやる. den Hebel⟨das Ruder⟩~ レバーを向こう側へ倒す⟨オールをこぐ⟩. ❷ 自《sich⁴》❶ うろつく, ぶらつく, ぶらぶらしている. Wo hast du dich schon wieder herumgedrückt? またどこでおまえは油を売っていたんだ. ❷ (仕事・義務などを)うまく回避する, ずるける. sich um die Arbeit⟨die Entscheidung⟩ ~ 仕事をさぼる⟨決定を下すのを避ける⟩.

he'rum|druck·sen 自《話》口ごもる, (ためらって)しゃべろうとしない.

he'rum|fah·ren ❶ 自 (h, s) ❶ (s) (乗物で)くるりと一回りする. um die Stadt ~ 車で町をくるりと回る. ❷ (s)《話》(乗物で)あちこち走り回る, ドライブする. mit dem neuen Auto in der Gegend ~ 新車で近辺を乗回す. in der [Welt]geschichte ~ 世界中を旅して回る. ❸ (s)《話》(驚いて)急に振向く. ❹《話》(a) (s) mit den Händen in der Luft ~ 両手を振回す(議論などの際に). (b) (h, s) mit der Hand⟨den Fingern⟩ in et³ ~ 手⟨指⟩で物をなでる, こする. ❷ 他《話》乗物に乗せてあちこち走り回る. Ich habe meine Großmutter in der Stadt herumgefahren. 私は祖母を乗せて町中をドライブした.

he'rum|füh·ren《話》❶ 他 ❶ あちこち案内する, 連れ回る. j⁴ in der Stadt⟨im Museum⟩ ~ 人⁴を連れて町⟨美術館⟩を案内して回る. ❷ ぐるりと案内して(連れて)回る(um et⁴ 物⁴の周囲を). j⁴ auf dem Platz ~ 人⁴を連れて広場を案内して回る. ❸ (物⁴で)取囲む, 包囲する(um et⁴ 物⁴の周囲を). eine Mauer um ein Grundstück ~ 土地に塀をめぐらす. ❷ 自 (um et⁴ 物⁴の周囲を)回って通っている, 巡っている(gehen). Der Weg führt um den Wald herum. その道は森の周囲を巡っている.

he'rum|ge·hen* 自 (s) ❶ (あてどなく)あちこち歩き回る;(人から人へ)歩いて回る. im Haus⟨Garten⟩ ~ 家の中⟨庭⟩をあちこち歩き回る. j⁴ im Kopf ~ (考えなどが)人⁴の頭から離れようとしない. ❷ (um et⁴ 物⁴の周囲を)回⟨巡⟩る, 避けて通る. um eine Pfütze ~ 水溜(り)をよけて通る. ❸ 順々に手渡される, 回される;(噂などが)広まる. Das Foto ging [im Kreis der Versammelten] herum. 写真が一同に回覧された. eine Spendendose ~ lassen 寄付金入れの容器を回す. Die Neuigkeit ging in der ganzen Stadt herum. そのニュースが町中に広まった. ❹ (時が)過ぎ去る. Die Ferien sind schnell herumgegangen. 休暇はあっという間に過ぎてしまった.

he'rum|hor·chen 自《話》聞いて回る.

he'rum|kom·men* 自 (s)《話》❶ (um j⟨et⟩⁴ 人⟨物⟩⁴の周囲を)くるりと回る, 回って来る. um die Ecke ~ 街角を回ってやって来る. Kommst du mit den Armen um den Stamm herum? 君のその腕でこの幹が抱えこめるかい. ❷ あちこち旅して回る. ❸ (um et⁴ 事⁴を)うまく回避する, 免れる. um die Prüfung ~ 試験を免れる. ❹ (mit et³ 事³を)済ませる, 片づける. mit der Arbeit ~ 仕事を済ませる. ❺ (噂などが)広まる. Das Gerücht kam sofort in der Stadt herum. 噂がすぐ町中に広まった.

he'rum|krie·gen 他《話》❶ なんとか回す(ひねる, ねじる)ことができる. den Schlüssel nicht ~ 鍵が回せない. ❷ (人⁴を)説き伏せる. ❸ (時間を)費(つい)やす, つぶす.

he'rum|lau·fen* 自 (s) ❶ (あてもなく)あちこち歩き回る. ❷ (um et⁴ 物⁴の周囲を)回る;迂回する, 避けて通る. ❸ (ある特殊な格好で)人前に出る. So kannst du doch nicht ~! そんな格好でうろうろしないでくれ.

he'rum|lie·gen* 自 ❶《話》(だらしなく)ごろごろしている;(持物などが)散らかっている. den ganzen Tag faul ~ 一日中何もしないでごろごろしている. ❷ (um

he'rum|lun·gern 自(h, s)《話》(何もしないで)ぶらぶらしている. Was *lungerst* du hier *herum*? おまえどうしてこんな所で油を売っているのか.

he'rum|rät·seln 自《話》(an et¹ 事³の)謎解きにあれこれ頭を悩ます.

he'rum|rei·chen ❶ 他 順繰りに手渡す. die Aufschnittplatte ~ ハムやソーセージののった皿を順に回してゆく. *herumgereicht* werden《比喩》あちこちで紹介攻めにあう. ❷ 自 (um et⁴ 物⁴の周囲を)巻くのに足りる. Ich kann um den Baumstamm nicht ~. その木の幹に両腕を回しても私の腕では届かない.

he'rum|rei·ßen* ❶ 他 (車などの)向きを急に変える. das Steuer ~ ハンドルを急に切る;《比喩》方針を急に変える. ❷ 自 《sich⁴》《地方》《話》殴り合いをする.

he'rum|rei·ten* ❶ 自《話》あちこち馬を乗回す. 2 (um j⟨et⟩⁴ 人⟨物⟩⁴の)周囲を馬に乗って回る,(を)馬で迂回する. 3 《話》(a) (s) (auf et³ 事³のことを)いつまでもくどくどと言う. auf der dummen Geschichte ~ ばかばかしい話をくどくどと繰返す. (b) (s, h) (auf j³ 人³に)しつこくいじめる. Der Lehrer *reitet* ständig auf diesem Schüler *herum*. 先生はこの生徒をしょっちゅういびる.

he'rum|ren·nen* 自(s) 1《話》あちこち駆け回る. 2 (um j⟨et⟩⁴ 人⟨物⟩⁴の)周囲を走り回る.

he'rum|schla·gen* ❶ 他 (物⁴で)包む, くるむ(um j⟨et⟩⁴ 人⟨物⟩⁴の周囲を). eine Decke um den Kranken ~ 病人を毛布でくるむ. ❷ 再《sich⁴》(mit j³ 人³と)殴り合いをする;《比喩》(mit j⟨et⟩³ 人⟨物⟩³と)格闘する, 対決する. sich mit vielen Problemen ~ 多くの問題と取組む.

he'rum|schlep·pen 他《話》(物⁴を)あちこち持運ぶ;(人⁴を)あちこち引回す. 2 et⁴ mit sich³ ~ 事⁴にとりつかれて難儀する,(を)なかなか処理できない. einen Kummer⟨ein Problem⟩ mit sich³ ~ 塞ぎの虫にとりつかれている⟨問題をなかなか解決できない⟩. Ich *schleppe* eine Grippe mit mir *herum*. 私はずっと風邪気が抜けなくて弱っている.

he'rum|schnüf·feln 自《話》嗅ぎ回る.

he'rum sein*, °her·um|sein* 自(s)《話》1 (時が)過ぎてしまっている. 2《噂などが)広まっている, 知れわたっている. 3 (um j⁴ 人⁴に)つき添っている. Sie *ist* immer um ihr Brüderchen *herum*. 彼女はいつも幼い弟のそばにいる.

he'rum|sit·zen* 自 1《話》ぼんやりとすわっている. 2 (um j⟨et⟩⁴ 人⟨物⟩⁴の)周囲にすわっている.

he'rum|spre·chen*《sich⁴》《話》(噂などが)広まる. Eine solche Neuigkeit *spricht* sich schnell *herum*. このようなニュースはまたたく間に知れ渡る.

he'rum|ste·hen* 自 1《話》ぼんやりと突っ立っている;(物⁴が)雑然と置かれている. 2 (um j⟨et⟩⁴ 人⟨物⟩⁴の)周囲に立っている,(を)囲むように置いてある.

he'rum|sto·ßen* 他《話》(孤児などを)たらい回しにする. Er ist als Kind nur *herumgestoßen* worden. 彼は子供の頃人の手間をたらい回しにされてばかりいた.

he'rum|strei·chen* 自(s) 1 (um et⁴ 物⁴の)周囲をうろつき回る. 2 (um j⁴ 人⁴に)つきまとう.

he'rum|tan·zen 自(s) 1 踊り回る, 跳ね回る. j³ auf der Nase ~《比喩》人³を甘く見て好き勝手なことをする, 図に乗る.

he'rum|tra·gen* 他《話》1 (物⁴を)あちこち持運ぶ;(子供⁴を)抱いて歩いて回る. 2 et⁴ mit sich³ ~ 事⁴(心配事など)をいつも抱えている. 3《俗》(噂などを)言いふらす.

he'rum|trei·ben* ❶ 再《sich⁴》《話》(あてどもなく)歩き回る, うろつき回る, 放浪する, ぶらぶらする. ❷ 他 あちこち追回す; ぐるぐる(円を描いて)走り回らせる.

He'rum·trei·ber 男 -s/-《俗》浮浪者, 遊び人; うろつき回る人.

he'rum|wer·fen* 1 (物⁴の)向きを急に変える. den Kopf⟨das Pferd⟩ ~ 頭をぐいと回す⟨馬の首をいと回して方向を変える⟩. das Steuer ~ (ボートなどの)舵を切る,(車などの)ハンドルを切る;《比喩》(政治の)方針・事業の計画などを)急に方向転換する.《再帰的に》sich⁴ ~ 寝返りを打つ. sich⁴ ruhelos im Bett ~ 寝苦しくてベッドの中で輾転反側(てんてんはんそく)とする. 2《話》投げ散らかす. Wirf deine schmutzige Wäsche nicht in der ganzen Wohnung *herum*! おまえの脱いだ汚れたものを家じゅうに投げ散らかさないでくれよ.

he'rum|zie·hen* ❶ 自(s) 1 あちこち移り歩く. im Wohnwagen in der Welt ~ キャンピングカーに乗って世界を旅して回る. mit j³ ~《話》人³と徒党を組む. ein *herumziehendes* Schauspieler 旅興行の役者. 2 (um et⁴ 物⁴の周囲を)歩いて(行進して)回る. ❷ 他 1《話》(人⁴を)あちこち引っぱり回す. 2 (物⁴を巻きつける(um et⁴ 物⁴の周囲に). einen Bindfaden um ein Paket ~ 包みに紐をかける. 3《地方》(帽子などを)延び延びにする;(人⁴を)待たせる. ❸ 再《sich⁴》取囲む⟨巻く⟩(um et⁴ 物⁴の周囲を).

he'run·ter [hɛrʊntən] 副《南ち・オースト》(hier unten)この下に, 下のここに.

*he'run·ter [hɛrʊntər ヘルンター] 副 1 (こちらの)下へ. *Herunter* mit euch! 君たち下りてきなさい. den Fluss ~ 川を下って. Von den Bergen ~ wehte ein kalter Wind. 山から冷たい風が吹き下ろしてきた. von Hamburg ~ ハンブルクから南下して. 2 脇へのけて. *Herunter* vom Tisch! 机の上のものをのけろ. ♦ ↑ herunter sein

he·run·ter.. [hɛrʊntər..]《分離前つづり / つねにアクセントをもつ》1《(こちらの)下へ の意を表す》*herunter*-fallen 落ちてくる. 2《表面からの除去》*herunter*-gehen(染み・汚れなどが)落ちる. 3《「単調に, 通りいっぺんに..」》*herunter*spielen(曲を)機械的に弾き流す.

he'run·ter|bli·cken 自 1 (こちらを下を)見下ろす(auf j⟨et⟩⁴ / zu j⟨et⟩³ 人⟨物⟩⁴,³の方を). 2 =herab-blicken 2

he'run·ter|brin·gen* 他 1 こちらへ降ろす, 運び(連れ)降ろす. Er *brachte* sie [die Treppe] *herun-ter*. 彼は彼女を下まで送って行った. 2《話》《比喩》没落⟨破滅⟩させる;(人⁴を)衰弱させる. einen Betrieb⟨eine Firma⟩ ~ 会社を経営不振に陥らせる. 3《話》(j¹ von et³ 人¹に事³をやめさせる, 思い切らせる. j¹ vom Alkohol ~ 人⁴に酒をやめさせる. 4《話》(飲食物⁴を)飲み下せる. keinen Bissen mehr ~ もう一口たりとものどを通らない. Das *bringe* ich im Leben nicht *herunter*!《比喩》そんなことは断じて許せない.

he'run·ter|fal·len* 自(s) 落ちてくる.

he'run·ter|ge·hen* 自(s) 降りてくる;(道などが)下っている. 2《話》下がる. Das Fieber⟨Die Temperatur⟩ *ist heruntergegangen*. 熱⟨温度⟩が下がった. mit dem Preis⟨der Geschwindigkeit⟩ ~ 値段⟨速度⟩を下げる. 3《話》(von et³ 物³から)降りる, 離れる;(染み・汚れなどが)落ちる.

he'run·ter·ge·kom·men 過分 形 (↑ herunter-kommen) 落ちぶれた, 荒(すさ)んだ; 衰弱した; 経営⟨業績⟩不振に陥った. einen ~en Eindruck machen 荒(すさ)

んだ印象を与える.

he'run·ter·hau·en(*) 囲《話》**1** 叩き落し. **2** j³ eine ～ 人³を殴りつける. **3**《話》ささっと書き上げる, 書きなぐる.

he'run·ter·ho·len 囲 **1** こっちへ降ろす, 運び(連れ)降ろす. Kannst du mir bitte mein Gepäck [von oben]～? 私の手荷物を降ろしていただけませんか. die Nüsse vom Baum ～ 木から実を摘み取る. **2**《話》撃ち落す(飛行機などを).

he'run·ter·kom·men* 圓(s) **1** 降りて来る. Er *kam* die Treppe *herunter*. 彼は階段を降りて来た. **2**《話》不振になる, 落目になる; 荒廃する; 落ちぶれる, 衰弱する. Die Firma ist völlig *heruntergekommen*. 会社はすっかり業績不振に陥った. durch *sein* Trinken sehr ～ 飲酒ですっかり体をこわす. **3**《話》(von et³ 事³の)がれる, 克服する. von einer schlechten Leistung ～ 業績不振を回復する.

he'run·ter·la·den 囲〔コンピュ〕ダウンロードする.

he'run·ter·las·sen* 囲 **1** 降ろす, 下げる. die Jalousien ～ ブラインドを降ろす. **2**《話》降りてこさせる.

he'run·ter·lei·ern 囲《話》**1**（詩の文句などを）機械的に唱える. **2**（ブラインドなどを）降ろす.

he'run·ter·ma·chen 囲《話》叱りつける; こきおろす, 酷評する.

he'run·ter·put·zen 囲《話》こきおろす.

he'run·ter·rei·ßen* 囲 **1** 引き降ろす, はぎ取る. (レスリングで)マットに引倒す. ein Plakat von der Wand ～ ポスターを壁から引きはがす. die Vase vom Tisch ～ 花びんを倒して机から落してしまう. **2**《地方》(abreißen) 着古す, ぼろにする. **3**《話》(heruntermachen) こきおろす.

he'run·ter·schrau·ben 囲 ねじって(ねじを回して)下げる. den Docht einer Lampe ～（火を細めるために）ランプの芯を(ねじを回して)下げる. *seine* Ansprüche ～《比喩》要求を引下げる.

he'run·ter·se·hen* 囲 **1**（こちらを）見下ろす (auf j⟨et⟩⁴ / zu j⟨et⟩³ 人⟨物⟩⁴·³の方を). an j³ ～ 人³の頭のてっぺんから足の爪先までじろじろ見る. **2** =herabsehen 2

he'run·ter sein*, **~her·un·ter|sein*** 圓(s)《話》**1** 衰弱している; 不振に陥っている, 落目である. mit den Nerven ziemlich ～ 神経がかなりまいっている. Die Firma⟨Das Geschäft⟩ *ist* völlig *herunter*. その会社は大変な業績不振に陥っている/その店はすっかり左前になっている. **2** 降りている, 下がっている. Das Fieber *ist* schon *herunter*. 熱はもう下がっている. **3** (von et³ 事³から)ぬけている, 克服している. vom Alkohol ～ 飲酒を絶っている.

he'run·ter·spie·len 囲 **1**（曲を）機械的に弾き流す. **2**（↔ hochspielen）(事⁴を)過小評価する.

he'run·ter·wirt·schaf·ten 囲《話》(企業などを)経営不振に陥らせる.

he'run·ter·zie·hen* ❶ 囲 **1** 引き降ろす, 引下げる;《話》(人⁴を)引きずり降ろす, 貶(ヘショッ)める. die Jalousien ～ ブラインドを降ろす. **2** j⟨et⟩⁴ in den Dreck ⟨Schmutz⟩ ～《話》人⟨物⟩⁴をくそみそに言う(けなす).
❷ 圓(s)《話》降りて来る, 下へ引越す.

***her'vor** [hɛrfoːr..]《分離前つづり／つねにアクセントをもつ》**1**《(こちらの)前へ」の意を表す》*hervor*treten 出

てくる, 進み出る. **2**《「際立って, 目に見えて」》*hervor*heben 際立たせる, 強調する.

her'vor·bre·chen* 圓(s) **1** 突然現われる;（言葉などが）急に発せられる (aus j³ 人³の口から). Plötzlich *brach* der angestaute Unwille⟨Zorn⟩ aus ihm *hervor*. 突如うっ積した不満⟨忿まん⟩が彼の口をついて出た.

her'vor·brin·gen* 囲 **1**《話》取り(持ち)出す. den Krug aus einer Nische ～ 壁龕(ヘキカン)からこうばを取り出す. **2** 生み出す, 作り出す, 産出する. Diese Stadt hat schon viele bekannte Schriftsteller *hervorgebracht*. この町はすでに幾多の著名作家を世に送り出している. **3**（言葉をやっとのことで）発する, しぼり出す;（メロディーを）奏でる, 響かせる. vor Schreck kein Wort ～ 驚きのあまり一言も発しない.

her'vor·ge·hen* 圓(s) **1** (aus et³ 物³から)生れる, (世に)出る; (aus et³ 事³の)結果として…になる. Aus dieser Schule *gingen* bekannte Musiker *hervor*. この学校から著名音楽家たちが輩出された. aus einer Abstimmung als Sieger ～ 投票の結果勝者となる. **2** (aus et³ 事³から)明らかになる. Daraus *geht* [klar/eindeutig] *hervor*, dass… そのことから…であること(がはっきり)と分かる.

her'vor·he·ben* 囲 際立たせる, 強調する. Ich möchte ～, dass… …ということを私は強調したい.

her'vor·keh·ren 囲 **1** 掃(*)き出す. Schmutz unter dem Schrank ～ たんすの下からごみを掃き出す. **2** (herauskehren) 強調する, 見せびらかす, 誇示する. gern den Chef ～ 上役づらをしたがる.

her'vor·kom·men* 圓(s) 出てくる, 現れ出る. Der Hund *kam* unter dem Tisch *hervor*. 犬がテーブルの下から出てきた.

her'vor·lo·cken 囲 おびき出す, 誘い出す.

her'vor·ra·gen 圓 **1** 突き出る, そびえ立つ. Aus dem Häusermeer *ragt* der Kirchturm *hervor*. 甍(いらか)の海の中にひときわ高く教会の塔が突き出して見える. **2** 抜き出る, 傑出する (durch et⁴ 事⁴で). Sie *ragt* unter ihren Kolleginnen durch Ausdauer *hervor*. 彼女は同僚の女性たちの間では根気の良さで群を抜いている.

***her'vor·ra·gend** [hɛrˈfoːˌraːgənt] ヘアフォーアラーゲント〔現分〕**1** 突き出ている, そびえ立っている. **2** すば抜けた, 抜群の, 傑出した. eine ～*e* Leistung 抜群の成績, 顕著な業績. Der Wein ist ～. このワインは極上だ. ～ schmecken とびきりおいしい.

her'vor·ru·fen [hɛrˈfoːˌruːfən] ヘアフォーアルーフェン〕囲 **1** 呼出す,（劇場などで）カーテンコールをする. **2**（怒り・興奮などを）呼起す,（病気・事故などを）ひき起す,（の）原因となる. Diese Krankheit wird durch ein⟨einen⟩ Virus *hervorgerufen*. この病気はウイルスによって起る.

her'vor·schie·ßen* (h, s) **1** (h) こちらへ向かって発砲する. hinter der Mauer ～ 壁の向こうから発砲する. **2** (s) 飛出してくる, 走り出てくる; ほとばしり出る. aus dem Versteck ～ 隠れ家(が)から飛出してくる. Aus dem Schlauch *schoss* plötzlich ein Wasserstrahl *hervor*. ホースから突然水しぶきが噴き出した.

her'vor·spru·deln ❶ 圓(s) **1** 湧き出る, ほとばしり出る. **2**（言葉が）次々と口をついて出る. Ihre Worte *sprudelten* nur so *hervor*. 言葉がただもう彼女の口をついてぽんぽんと出て来た. ❷ 囲 畳みかけるように言う. Fragen über Fragen ～ 次から次へと質問を浴びせかける.

her·vor|ste·chen* 自 突き出る；目立つ．Das Rot *sticht* zu sehr *hervor*. その赤は余りにも目立ちすぎる．

her·vor·ste·chend 現分 形 目立つ，顕著な．ein ～es Merkmal 顕著な特徴．

her·vor|ste·hen* 自 突き出る(aus et⁴ 物から)．《現在分詞》ein *hervorstehender* Gebäudeteil 出っ張った建物の一部．*hervorstehende* Zähne〈Backenknochen〉出っ歯〈高い頬骨〉．

her·vor|tre·ten* 自 (s) **1** (歩いて)出て来る，進み出る；現れる．aus dem Dunkel ～ 暗がりから歩み出る．Die Sonne *trat* aus den Wolken *hervor*. 太陽が雲間から顔を出した．**2** 突き(飛び)出る；明瞭になる，際(＊)立つ．Seine Backenknochen *treten* deutlich *hervor*. 彼の頬骨はむやみに出っ張っている．Die Ähnlichkeit zwischen den beiden *tritt* immer deutlicher *hervor*. 両者の間の類似性がいよいよ明らかになる．**3** (mit et⁴ 物⁴で)世に出る，有名になる．mit einer Erfindung ～ ある発明で世に打って出る．

her·vor|tun* (*sich*⁴) **1** 抜きん出る，傑出する；名を挙げる．*sich* sehr〈nicht sonderlich〉 ～ 非凡の才を示す〈大した才を示さない〉．*sich* als brillanter Mathematiker ～ 秀れた数学者として頭角を現す．**2** 自分の能力をひけらかす，偉そうにする．*sich* seiner Wissens ～ 自分の知識をひけらかす．

her·vor|zau·bern 他 魔法(手品)で出現させる(呼出す，取出す)；思いがけぬ出現をさせる．Kaninchen aus dem Hut ～ 手品で帽子からうさぎを出して見せる．

'her·wärts ['hɛːrvɛrts] 副《古》こちらへ来る道で，こちらへ．

'Her·weg 男 -[e]s/-e (↔ *Hinweg*) こちらへ来る道．auf dem ～ こちらへ来る途中で．

Herz [hɛrts ヘルツ] 中 2格 -ens(医学 -es), 3格 -en(医学 -), 4格 -, 複数 -en **1** 心臓．ein gesundes〈schwaches〉 ～ haben 心臓が丈夫である〈弱い〉．ein ～ verpflanzen〈transplantieren〉心臓を移植する．Vor Angst schlug ihr das ～ bis zum Hals. 怖くて彼女は心臓がどきどきした．Mir stand beinahe das ～ still. (驚いて)私は心臓が止まりそうだった．Er hat es am〈mit dem〉 ～*en*. / Er hat mit dem ～*en* zu tun. 《話》彼は心臓が悪い．j⁴ ans〈an *sein*〉 ～ drücken 人⁴を胸に抱きしめる．Die Kugel *traf* ihn ins ～. 銃弾は彼の心臓に命中した．ein Kind unter dem ～*en* tragen《雅》身ごもっている．

2 心，心情，気持ち．Sie hat ～〈kein ～〉. 彼女は思いやりがある〈ない〉．ein weiches〈kaltes〉 ～ haben 心がやさしい〈冷たい〉．ein ～ aus〈von〉 Stein haben 情け知らずである．ein ～ für die Alten haben 年寄をいたわる気持ちがある．Man kann einem Menschen nicht ins ～ sehen. 人の心の内までは覗けない．Wes das ～ voll ist, des geht der Mund über.《諺》思うことは口に出る(「人の口からは心にあふれていることが出て来る」《新約》マタ12:34)．《慣用的表現で》Mir blutet〈bricht〉 das ～, wenn ich daran denke. 私はそれを思うと胸が痛む．Er gehört der Musik〈seinem Kind〉. 彼は音楽〈彼の子供〉のことしか頭にない．Mein ～ hängt an der Stadt. 私はその町に愛着を感じている．Mir dreht sich⁴ das ～ im Leibe herum. 私は胸が引き裂ける思いがする．Das ～ hüpfte mir vor Freude. 私は嬉しくて胸が躍った．Ihm lacht das ～ im Leibe. 彼は心がうきうきしている．Mir rutschte〈fiel〉 das ～ in die Hose[n].《話》私は

おじけづいた(ひるんだ)．Mein ～ schlägt höher. 私(期待)に胸が高鳴る．ein ～ und eine Seele sein 一心同体である(↑《新約》使4:32)．Im Grunde se*nes* ～*ens* 心の底では．leichten〈schweren〉 ～ *es* 軽い気持ちで〈いやいやながら〉．*seinem* ～*en* eine Stoß geben 人⁴の気持ちにふんぎりをつける，決断する．se*nem* ～*en* Luft machen《話》胸の内をぶちまける．das〈*sein*〉 ～ ausschütten 人³に胸中を打明ける(《旧約》サム上1:15)．j³ das ～ brechen 人³に死ぬほどつらい思いをさせる．*sein* ～ für j〈et〉⁴ entdecken 人〈物〉⁴に急に関心を持ち始める．Er hat *sein* ～ für die Malerei entdeckt. 彼は急に絵に興味を持ち始めた．*sich*³ ～ fassen / das〈*sein*〉 ～ in die Han〈in beide Hände〉 nehmen 勇気をふるい起す．da ～ auf dem rechten Fleck haben 人間ができている，物分かりがいい．Ich habe nicht das ～, es ihm zu sagen. 私はそれを彼に言う勇気がない〈言うに忍びない〉．*sein* ～ an j〈et〉⁴ hängen 人〈物〉⁴に惚れ込む，熱を上げる．j³ das ～ schwer machen 人³につらい思いをさせる．Sie hat ihm sein ～ *gestohlen*. 彼は彼女に心を奪われた．das〈*sein*〉 ～ auf der Zunge tragen〈haben〉 隠し事のできない性分(⇔"*)*である．*sein* ～ an j⁴ verlieren 人⁴に惚れ込む．

《前置詞と》**an** gebrochenem ～*en* sterben 心痛のあまり死ぬ．j³ ans ～ greifen 人³の感動を呼び起す；(を悲しい気持ちにさせる)．j³ et⁴ ans ～ legen 人³に事⁴を心に留めておいてくれるように頼む．Vor der Abreise legte sie ihm die Blumen ans ～. 旅立つ前に彼女は彼に花の世話を忘れないよう頼んだ．j³ am ～*en* liegen 人³にとって気の置かれぬ事柄である．Das Kind ist mir ans ～ *gewachsen*. (時とともに)私はその子がとても可愛くなった．Hand **aufs** ～! 正直に言いなさい．j³ schwer aufs ～ fallen 人³にとって気が重いことである．Er hat etwas auf dem ～*en*, was er nicht sagen kann. 彼は何か言いたくて言えないことがある．j〈et〉⁴ auf ～ und Nieren prüfen 人〈物〉⁴を徹底的に調べる(↓《旧約》詩7:10)．**aus** tiefstem ～*en* 心底から．Du hast mir aus dem ～*en* gesprochen. 君が言ったことは私の思っていることと同じだ．**im** tiefsten ～*en* 心の底で(は)，密(²)かに．j³ einen Stich ins ～ geben / j⁴ ins〈im ～*en*〉 treffen 人³の心を傷つける．j⁴ ins〈im ～*en*〉 schließen 人⁴を好きになる．*sich*⁴ in j³ ～ *stehlen* 人⁴の心をとらえる，(に)(次第に)愛されるようになる．**mit** [**viel**] ～ 感情をこめて．mit halbem ～*en*《雅》気乗りしないままに．et⁴ nicht **übers** ～ bringen (相手のことを思うと)とても事⁴をする気になれない．Ich kann es nicht übers ～ bringen, sie zu belügen. 私には彼女に嘘をつくことなどとうていできない．Mir ist leicht〈schwer〉 **ums** ～. 私は心がうきうきする〈気が重い〉．Sprechen Sie, wie es Ihnen ums ～ ist! 感じたままをお話しください．Das kleine Geschenk kommt **von** ～*en*. そのささやかなプレゼントには心がこもっている．Die linke Hand kommt von ～*en*. 左手で失礼します(握手で右手が使えないときの表現)．von ～*en* gern 心からよろこんで．von ganzem ～*en* 心の底から．*sich*³ et⁴ vom ～*en* reden (胸につかえている)事⁴をすっかり話す．j³ **zu** ～ gehen 人³の心を打つ．*sich*³ et⁴ **zu** ～*en* nehmen 事⁴を肝に銘じる；(を)深刻に受取る．Nimm dir die Sache nicht so zu ～*en*! そのことをあまり深刻に受取るな(《旧約》サム下13:20)．

3 いとしい人(ふつう夫婦・恋人などの間での呼掛けとして)．

4 心臓部，中心部；(レタス・サラダ菜などの)芯部．im

~en der Stadt 町の中心部に. **5** ハートの形をしたもの. ein ~ aus Schokolade ハートのチョコレート. 〖植物〗(けし科の多年草. 桃紅色でハート形の花をつける). **6** 〖トランプ〗(a) 《複数なし》ハート. ~ ist Trumpf. ハートが切れだ. (b)《複数》~en ハートの札. Er hat drei ~ auf der Hand. 彼は手にハートを3枚持っている. **7**〖料理〗ハツ(牛・豚などの心臓). geschmortes ~ ハツの煮込.

her·zäh·len ['heːr..] 他 数えあげる.
herz·al·ler·liebst ['hɛrts|alɐr'liːpst] 形 最愛の.
Herz·al·ler·liebs·te 男女《形容詞変化》最愛の人.
Herz·an·fall 男 -[e]s/⸚e 心臓発作.
Herz·at·ta·cke 女 -/-n =Herzanfall
Herz·be·klem·mung 女 -/-en 胸苦しさ;〖医学〗胸内苦悶.
Herz·be·schwer·den 複 心臓障害.
Herz·beu·tel 男 -s/《解剖》心膜.
Herz·blatt 中 -[e]s/~er **1**〖植物〗うめばちそう属. **2** 双葉, 子葉. **3**(愛称として)可愛い人(子).
Herz·blut 中 -[e]s/《雅》《次の用法で》sein ~ für j⟨et⟩⁴ hingeben 人⟨物⟩⁴のために命を捧げる. et⁴ mit seinem ~ tun⟨schreiben⟩ 心血を注いで事をを行なう〈真心をこめて物を書く〉.
Herz·chen ['hɛrtsçən] 中 -s/《Herz の縮小形》**1** ハート形のもの(菓子・ケーキなど). **2**(愛称として)可愛い人. **3**《侮》お人好し.
Herz·chi·rur·gie 女 -/ 心臓外科.
Herz·da·me 女 -/-n ハートのクイーン.
Her·ze·go·wi·na [hɛrtse'goːvina, ..goːvi'naː] 女 -/〖地名〗die ~ ヘルツェゴヴィナ(旧ユーゴスラビア南西部の一地方. 1991年10月以降ボスニア=ヘルツェゴヴィナ共和国).
Her·ze·leid ['hɛrtsə..] 中 -[e]s/《雅》心痛.
her·zen ['hɛrtsən] 他(愛情をこめて)抱きしめる, 抱いてかわいがる, 愛撫する. sich⁴(einander)~ 抱き合う. Sie *herzten* und küssten sich. 彼らは抱き合ってキスした.
'Her·zens·angst 女 -/《雅》大きな不安.
'Her·zens·bre·cher 男 -s/《話》女たらし, プレイボーイ.
'Her·zens·bru·der 男 -s/《古》**1** 仲の良い兄(弟). **2** 親友.
'Her·zens·freund 男 -[e]s/-e 親友. ◆女性形 Herzensfreundin 女 -/-nen
'her·zens·gut 形《比較変化なし》心から親切な; 心底善良な.
'Her·zens·gü·te 女 -/《雅》心からの親切.
'Her·zens·lust 女《次の句でのみ》nach ~ 思う存分, 心ゆくまで. nach ~ essen 思う存分食べる.
'her·zer·fri·schend 形 心をさわやかにさせる, すがすがしい.
'herz·er·grei·fend 形《話の意味》心を打つ, 非常に感動的な.
'herz·er·qui·ckend 形 すがすがしい, 心さわやかな.
'Herz·feh·ler 男 -s/〖医学〗心臓欠陥;(とくに)心臓弁膜症.
'herz·för·mig 形(ブローチなど)ハート形の.
'Herz·gru·be 女 -/-n〖解剖〗=Magengrube
'herz·haft ['hɛrtshaft] 形 **1** 力強い, 勢いのある. ein ~er Händedruck⟨Kuss⟩力強い握手⟨キス⟩. einen ~en Schluck nehmen ぐいと一飲みする. ~ zugreifen(食事の際に)手をのばして(料理を)たっぷりと皿に取る. **2** 栄養的; 香辛料のきいた, 味の濃い. ein ~es Frühstück しっかりした(味の濃い)朝食.《名詞的用法で》Ich esse lieber etwas *Herzhaftes* als etwas Süßes. 私は甘い物より香辛料のきいた物の方が好きだ. **3**《古》(mutig)勇敢な, 大胆な.

'her·zie·hen* ['heːr..] ❶ 他 **1**《話》こちらへ引き寄せる. Kannst du den Teppich noch etwas ~? じゅうたんをもう少しこちらへ引き寄せてくれない. **2**〈j⟨et⟩⁴ hinter sich³ ~〉人⟨物⟩⁴を後ろに引いて行く, 引っぱって〈引きずって〉歩く. einen Schlitten hinter sich ~ そりを引きずって歩く. ❷ 自 (s, h) **1** (s)《話》引越して来る. Er ist vor zwei Jahren *hergezogen*. 彼は2年前に引越して来ました. **2** (s) ついて歩く. Die Kinder *zogen* hinter⟨neben⟩ der Musikkapelle *her*. 子供たちは楽隊の後ろ⟨横⟩について歩いた. **3** (h, s)《話》⟨über j⟨et⟩⁴ 人⟨物⟩⁴⟩けなす, こきおろす.
'her·zig ['hɛrtsɪç] 形(とくに子供が)可愛い, 可愛らしい.
'Herz·in·farkt 男 -[e]s/-e〖病理〗心筋梗塞(ᶜᵒᵏᵘ).
'herz·in·nig 形《古》心からの.
'Herz·in·suf·fi·zi·enz 女 -/〖病理〗心不全.
Herz-'Je·su-Fest [hɛrts'jeːzufɛst] 中 -[e]s/-e《複数まれ》〖カトリック〗イエスの聖心の祝日(聖体の祝日Fronleichnamsfest 後の第3金曜日).
'Herz·kam·mer 女 -/-n〖解剖〗心室. die rechte ⟨linke⟩~ 右⟨左⟩心室.
'Herz·ka·the·ter 男 -s/〖医学〗心臓カテーテル.
'Herz·klap·pe 女 -/-n 心臓弁(膜), 心片膜.
'Herz·klap·pen·feh·ler 男 -s/〖病理〗心臓弁膜症.
'Herz·klop·fen 中 -s/ 動悸(ᵈᵒᵏⁱ). starkes⟨heftiges⟩~ bekommen 胸の動悸が激しくなる.
'Herz·krampf 男 -[e]s/⸚e〖病理〗心臓痙攣(ᵏᵉⁱʳᵉⁿ).
'herz·krank 形 心臓病の.《名詞的用法で》*Herzkranke* müssen eine besondere Diät einhalten. 心臓病患者は特別な食餌療法を守らねばならない.
'Herz·krank·heit 女 -/-en 心臓病.
'Herz·kranz·ge·fäß 中 -es/-e(多く複数で)〖解剖〗冠状動(静)脈.
'Herz·läh·mung 女 -/-en〖病理〗心臓麻痺.
'Herz·lei·den 中 -s/ 心臓病.
***'herz·lich** ['hɛrtlɪç] 形 **1** 心からの, 心のこもった; 心のやさしい; 情の深い. eine ~e Bitte 心から(切実な)願い. eine ~e Freundschaft 熱い友情. *Herzlichen* Dank! ほんとうにありがとう. Mein ~*es* ⟨Mein ~*stes*⟩Beileid! 心からお悔やみ申し上げます. Sie war sehr ~ zu mir. 彼女は私にとてもやさしかった. j³ ~ gut sein 人³に好意を抱いている. j⁴ ~ empfangen 人⁴をあたたかく迎える. *Herzlich* willkommen! ようこそいらっしゃいませ. *Herzlich* gern! 大いによろこんで(お受けします, いただきます). **2**《副詞的用法で》ひじょうに, まったく. Es geht mir ~ schlecht. 私はひじょうに(身体の)具合が悪い. Das ist mir ~ egal. それは私にはまったくどうでもいいことだ.
'Herz·lich·keit 女 -/-en《複数なし》真心, 誠意; 真心のこもった言動.
'Herz·liebs·te 男女《形容詞変化》最愛の人.
'herz·los ['hɛrtsloːs] 形 薄情な, 思いやりのない; 冷酷な. ein ~*er* Mensch 薄情な人. sich⁴ ~ verhalten 心ない振舞をする.
'Herz·lo·sig·keit 女 -/-en **1**《複数なし》薄情, 思いやりのなさ; 冷酷さ. **2** 思いやりのない(冷酷な)言動.

'Herz-'Lun·gen-Ma·schi·ne 囡 -/-n《医学》人工心肺.
'Herz·mit·tel 田 -s/《薬学》強心剤.
'Herz·mus·kel 男 -s/《解剖》心筋.
'Her·zog ['hɛrtso:k] 男 -[e]s/Herzöge(-e) (↓ Heer + ziehen) **1** (a) 《古代ゲルマン族の》将軍. (b) 公, 大公(フランク王国初期の王につかえる代官で Graf に匹敵する権限をもつ. 後に部族領邦の領主の位ともなる). **2** 公爵. **3**《複数なし》公爵位(Großherzog と Fürst の間の爵位). ~ von Bismarck ビスマルク公.
'Her·zo·gin ['hɛrtso:gɪn] 囡 -/-nen (Herzog の女性形) **1**《女性形》の公爵. **2** 大公妃; 公爵夫人.
'her·zog·lich ['hɛrtso:klɪç] 形《付加語的用法のみ》大公(公爵)の. aus ~em Hause stammen 大公(公爵)家の出である.
'Her·zog·tum ['hɛrtso:ktu:m] 田 -s/..tümer **1** 大公領. **2** 大公(公爵)の位.
'Herz·schlag 男 -[e]s/=e **1** 心臓の鼓動, 心拍. einen ~ lang《雅》一瞬の間. **2**《複数なし》《話》心臓麻痺. Er starb an einem ~. 彼は心臓麻痺で死んだ.
'Herz·schritt·ma·cher 男 -s/-《医学》**1** 心臓の歩調とり(洞結節). **2** [künstlicher] ~ 心臓ペースメーカー.
'Herz·schwä·che 囡 -/《病理》心臓衰弱.
'Herz·spen·der 男 -s/-《心臓移植手術の》心臓提供者. ◆ 女性形 Herzspenderin 囡 -/-nen
'herz·stär·kend 形《比較変化なし》心機能を強める. ein ~es Mittel 強心剤.
'Herz·still·stand 男 -[e]s/《医学》心拍停止.
'Herz·ton 男 -[e]s/=e《多く複数形》心音.
'Herz·trans·plan·ta·ti·on 囡 -/-en《医学》(Herzverpflanzung) 心臓移植.
her'zu [hɛr'tsu:] 副《雅》こちらへ.
'Herz·ver·pflan·zung 囡 -/-en《医学》= Herz-transplantation
'Herz·ver·sa·gen 田 -s/ 心不全. an ~ sterben 心不全で死亡する.
'herz·zer·rei·ßend 形 胸の張り裂けるような, 悲痛な, 痛ましい. Es war ein ~er Anblick. それは見るも痛ましい光景であった.
He·si'od [hezi'o:t, ..zi'ot]《人名》へーシオドス(紀元前 8 世紀末のギリシアの叙事詩人, 『神統記』 *Theogonia* の作者, ギリシア語形 Hesiodos).
Hes·pe'ri·de [hɛspe'ri:də] 囡 -/-n《人名》《ふつう複数で》《神話》ヘスペリス Hesperis たち(『夕べの娘たち』の意. Atlas の 3 人娘で, 西方の園で黄金のりんごを守っている. ↑ Hesperos).
Hes·pe'ri·en [hɛs'pe:riən] 中 (*gr.*) ヘスペリア Hesperia 『夕べの国』の意, 古代ギリシアでイタリア・スペインに対する呼称. ↑ Hesperos.
'Hes·pe·ros ['hɛsperɔs], **'Hes·pe·rus** [..rʊs] 男 -/《人名》《神話》(Abendstern) ヘスペロス(Atlas の息子, Zeus によって天に上げられ宵の明星となった).
'Hes·se¹《人名》Hermann ~ ヘルマン・ヘッセ(1877-1962, ドイツの詩人・小説家).
'Hes·se² 男 -n/-n ヘッセン(州)の住民(出身者).
'Hes·sen ['hɛsən]《地名》ヘッセン(ドイツ中部の州, 州都ヴィースバーデン Wiesbaden).
'Hes·sin [hɛsɪn] 囡 -/-nen (Hesse² の女性形) ヘッセン(州)の(女の)住民(出身者).
'hes·sisch ['hɛsɪʃ] 形 ヘッセン(人)の.

'Hes·tia ['hɛstia]《人名》《^{ギリシア}神話》ヘスティア(炉・かどの擬人化女神, ローマ神話の Vesta に当る).
He'tä·re [he'tɛ:rə] 囡 -/-n (*gr.* hetaira ,Gefährtin') **1** ヘタイラ(古代ギリシアの遊女). **2**《雅》娼家売春婦.
he·ter.., **He·ter..** [heter..]《接頭》=hetero.., Hetero..
'he·te·ro ['hɛtero] 形《話》=heterosexuell
he·te·ro.., **He·te·ro..** [hetero..]《接頭》(*gr.* ‚anders') (↔ homo.., Homo..) 形容詞・名詞に冠し「別の, 異なる」の意を表す. 母音の前では heter..,
Heter.. となる. *hetero*nom 他律の. *Hetero*doxie《宗教》異端.
he·te·ro'dox [hetero'dɔks] 形《宗教》(↔ ortho-dox) 異端の.
He·te·ro·do'xie [..do'ksi:] 囡 -/-n《宗教》異端
he·te·ro'gen [hetero'ge:n] 形 (*gr.* hetero+genos ,Gattung') (↔ homogen) **1** 異質の, 異種の. ~ Faktoren 異質の因子. **2** 異成分からなる, 不均一の. ~e Systeme《化学・地質》不均一系.
He·te·ro·ge·ni'tät [..ɡeniˈtɛ:t] 囡 -/ 異質性; 不均質(不均一)性.
he·te·ro'log [hetero'lo:k] 形 (↔ homolog) 均質しない, 異種(異質)の, 異性(異型)の. ~e Insemination《医学》非配偶者間人工授精.
he·te·ro'nom [hetero'no:m] 形 **1** (↔ autonom) 他律の, 他律的な. **2**《生物》不等の.
He·te·ro·no'mie [..no'mi:] 囡 -/ **1** (↔ Autonomie) 他律(性). **2**《生物》不等性.
He·te·ro·se·xu·a·li'tät [..] 囡 -/ (↔ Homosexualität) 異性愛.
he·te·ro·se·xu'ell 形 異性愛の.
He·te·ro'troph [hetero'tro:f] 形《植物》(↔ auto-troph) 有機栄養(従属栄養)の.
He'thi·ter [he'ti:tər] 男 -s/- (*hebr.*) ヒッタイト人(紀元前 2000 頃小アジア地方で栄えた古代民族).
He'ti·ter ['hɛti:tər] 男 -s/- = Hethiter
'Hetz·blatt ['hɛts..] 田 -[e]s/=er《侮》扇動的な新聞アジビラ.
'Het·ze ['hɛtsə] 囡 -/-n《複数まれ》**1**《複数なし》扇動; 誹謗(^ひ), 中傷. ~ zum Krieg 戦争へのアジテーション. [eine] ~ gegen j⟨et⟩⁴ betreiben 人⟨物⟩⁴に対して誹謗攻撃を行う. **2** 大急ぎ, 慌(^{あわ})しさ. Das war eine große⟨schreckliche⟩ ~ heute. 今日は本当に目の回るような忙しさだった. in großer ~ あわてふためいて. **3**《猟師》=Hetzjagd 1
'het·zen ['hɛtsən] ❶ 他 **1** (a)《獲物などを》狩り(駆り)立てる. (b)《比喩》人⁴を追立てる, 急(^せ)き立てる j⁴ in den Tod⟨zu Tode⟩ ~ 人⁴を死ぬほどこきつかう eine Redensart zu Tode ~ ある言回しを擦り切れるほど繰返す. Er ist ein *gehetzter* Mensch. 彼はちっともせわしない人間だ. mit allen Hunden *gehetzt* sein《話》海千山千である. **2** einen Hund auf j⁴ ~ 人⁴に犬をけしかける. j⁴ j⁴ auf den Hals ~《比喩》人³の方へ人⁴を差向ける.
❷ 再 (**sich**⁴) [*sich*] ~ 大急ぎで仕事をする; あたふた(せかせか)する. Warum *hetzt* du [*dich*] denn so sehr? 君はどうしてそんなにあたふたとしているのか. sich müde ~ 忙しく立ち働いてへとへとになる.
❸ 自 (s, h) **1** (s) 大急ぎで行く. Wir sind sehr *ge-hetzt*, um den Zug noch zu erreichen. 私たちは列車に乗遅れまいと大急ぎでかけつけた. von einem Termin zum anderen ~《比喩》期日に追回される. **2**

(h) 扇動する，反感(憎悪)を煽(㍍)る．der Mensch, der immer *hetzt* und stichelt 始終他人の悪口や嫌味ばかり言っている人．gegen *seine* Kollegen ～ 同僚を誹謗する．zum Krieg ～ 戦争へと煽る．

Het・zer [hɛtsər] 男 -s/- 《侮》扇動者，アジテーター．

Het・ze・rei [hɛtsəˈraɪ] 女 -/-en 1 《複数なし》大急ぎ，慌(㍍)しさ．2 《侮》(a)《複数なし》扇動; 誹謗, 中傷．(b) 扇動的な言動．

het・ze・risch [ˈhɛtsərɪʃ] 形 扇動的な．

Hetz・jagd 女 -/-en 1 《狩猟》(Hetze)(猟犬などを使っての)追出し猟．2 《比喩》誹謗攻撃(auf〈gegen〉j⁴ 人に対しての)．eine ～ gegen j⁴ veranstalten 人⁴に対して誹謗攻撃を行う．3 《話》大急ぎ，慌(㍍)しさ．

Hetz・re・de 女 -/-n 《侮》アジ演説．

Hetz・schrift 女 -/-en 扇動文書．

Heu [hɔʏ ホイ] 中 -[e]s/ 1 干し草．ein Bündel ～ 1束の干し草．Geld wie ～ haben《話》大金持である．*sein* ～ im Trockenen haben《比喩》蓄財がある，金の心配をしなくてよい．2 《俗》(たくさんの)金(㍍)．3 《隠》マリファナ．

Heu・bo・den 男 -s/= 1 干し草置き場．2 《戯》天井桟敷(㍍)．

Heu・che・lei [hɔʏçəˈlaɪ] 女 -/-en 1《複数なし》うわべを偽ること，偽善．ohne ～ 本心で．2 見せかけの言動．

heu・cheln [ˈhɔʏçəln] ❶ 自 うわべを偽る，猫をかぶる．❷ 他《事》を装う，見せかける，(の)ふりをする．Mitleid〈Erstaunen〉～ 同情している〈驚いている〉ふりをする．mit *geheuchelter* Liebenswürdigkeit antworten 愛想よく見せかけて答える．

Heuch・ler [ˈhɔʏçlər] 男 -s/- 偽善者，ねこかぶり．
♦女性形 Heuchlerin 女 -/-nen

heuch・le・risch [ˈhɔʏçlərɪʃ] 形 うわべを装った(偽った), 見せかけの, 偽善的な．

heu・en [ˈhɔʏən] 自《地方》干し草を作る．

heu・er [ˈhɔʏər] 副《南ド・㌰・㌰》今年．

Heu・er¹ [ˈhɔʏər] 男 -s/-《地方》干し草を作る人．

Heu・er² 女 -/-n 1 船員の賃金．2 船員の雇用．

Heu・er・baas 男 -es/-e《古》船員周旋業者．

heu・ern [ˈhɔʏərn] 他 1《船員》を雇う．2 ein Schiff ～ 船をチャーターする．

Heu・ern・te 女 -/-n 干し草の刈入れ．

Heu・fie・ber 中 -s/《病理》枯草(㌰)熱(花粉によるアレルギー性疾患の一種)．

Heu・ga・bel 女 -/-n 干し草用フォーク(熊手)．

Heu・hau・fen 男 -s/- 干し草の山．

Heul・bo・je [ˈhɔʏl..] 女 -/-n 1《海事》鳴笛ブイ(風や波の動きによって音を出す)．2《話》(下手でうるさい)流行歌手．

heu・len [ˈhɔʏlən ホイレン] 自 1 (a)(犬・狼などが)遠吠えする．mit den Wölfen ～《比喩》付和雷同する．(b)(風・嵐などが)うなる; (海が)吼える．(c)(サイレン・モーターなどが)鳴る，うなる．2《話》(大声で)泣く，泣きわめく．wie ein Schlosshund ～ 激しく泣きわめく．das *heulende* Elend kriegen《話》身の回りのひどい泣きたくなる，絶望的な気分になる．Du siehst ja aus wie das *heulende* Elend.《話》君はまったくひどい顔(色)をしているじゃないか．《中性名詞として》Es ist zum *Heulen*.《話》泣きたくなるよ，やりきれないね．Da gab es *Heulen* und Zähneklappern.《戯》(不安や苦しみで泣きわめいたり歯ぎしりしたりの)ひどいありさまだった(《新約》マタ 8:12)．

Heu・ler [ˈhɔʏlər] 男 -s/- 1 (よく泣く子, 泣きむし (とくに男の子)．2 (母親を呼ぶなくて)あざらしの子．3《話》泣きわめく声; (エンジンなどが)うなる音．4 ひゅうと音を立てる花火．

ʼHeul・su・se 女 -/-n《話》泣き虫(の女の子)．

Heu・ho・nat 男 -[e]s/-e《複数まれ》《古》7月(干し草を刈る月，の意)．

ʼHeu・mond 男 -[e]s/-e《古》=Heumonat

ʼHeu・pferd 中 -[e]s/-e 1《虫》=Heuschrecke 2《俗》まぬけ．

ʼHeu・rei・ter 男 -s/-（㌰）干し草掛け．

ʼheu・re・ka [hɔʏrekaː] 間 (*gr*. „ich hab's gefunden") Heureka! ユリイカ, 見つけた, 分かったぞ(Archimedes が入浴中に浮力の法則を発見したときの喜びの叫びから)．

ʼHeu・reu・ter 男 -s/-《南ド》=Heureiter

ʼheu・rig [ˈhɔʏrɪç] 形 (↓heuer)《付加語的用法のみ》《南ド・㌰・㌰》今年の．～*er* Wein ワインの新酒．～*er* Käse ワインの新酒，新入り．

Heu・ri・ge [ˈhɔʏrɪɡə] 男《形容詞変化》《南ド・㌰》1 ワインの新酒．2 ワインの新酒を出す酒場, ホイリゲ(とくにヴィーン郊外の)．3《多く複数で》新じゃが(いも)．

Heu・ris・tik [hɔʏˈrɪstɪk] 女 -/ (*gr*. heuriskein "finden") (新たな認識の)発見法．

heu・ris・tisch [hɔʏˈrɪstɪʃ] 形 発見法による, 発見法に基づいた．～*es* Prinzip 発見法的原理．

ʼHeu・schnup・fen 男 -s/《病理》(アレルギー性)鼻炎, 花粉症．

ʼHeu・scho・ber 男 -s/-《南ド・㌰》干し草の山．

ʼHeu・schreck 男 -[e]s/-e (㌰)=Heuschrecke

ʼHeu・schre・cke [ˈhɔʏʃrekə] 女 -/-n《動物》直翅(㌰)類の昆虫(ばった・いなご・きりぎりすなど)．

heut [hɔʏt] 副《話》=heute

ʼheu・te [ˈhɔʏtə ホイテ] 副 1 きょう，本日．*Heute* ist Montag〈der 3. Mai〉. きょうは月曜日〈5月3日〉だ．～ früh〈Morgen〉今朝．～ in acht Tagen〈über acht Tage〉来週のきょう．noch ～ きょうのうちに；今日でもなお．lieber ～ als morgen できるだけ早いうちに．～ oder morgen きょう明日にも，すぐに．Das geschieht nicht ～ und nicht morgen. きょう明日にそうなるわけではない．*Heute* mir, morgen dir.《諺》明日はわが身．*Heute* rot, morgen tot.《諺》朝(㍍)に紅顔，夕(㍍)に白骨．《前置詞と》**ab** ～ / von ～ ab〈an〉きょうから．Schluss **für** ～ ! きょうはこれでおしまい．die Zeitung **von** ～ きょうの新聞．von ～ auf morgen 大急ぎで，すぐに；突然．Das geht nicht von ～ auf morgen. それはおいそれとはいかない．et⁴ von ～ auf morgen verschieben 事⁴をきょうから明日に(一日延ばしに)延ばす．2 今日，この頃，現代．*Heute* ist vieles anders als früher. 今はいろんなことが昔とちがう．die Jugend von ～ 現代の若者．

ʼHeu・te 中 -/ 今日，現代．das Gestern und das ～ 過去と現在，今昔(㍍)．im Hier und ～ leben 現代に生きる．

*ʼ**heu・tig** [ˈhɔʏtɪç ホイティヒ] 形 1《付加語的用法のみ》きょうの，本日の．der ～*e* Abend 今晩．die ～*e* Zeitung きょうの新聞．am ～*en* Tag[e] きょう．bis auf den〈bis zum〉～*en* Tag きょう(現在)まで．unter dem ～*en* Datum 本日付けで．2《主として付加語的に》現代の，今日の，今の；現代的な，今風な．die ～*e* Jugend 現代の若者．die ～*e* Mode 今の流

行. die ~e Zeit 現代.《名詞的用法で》wir Heutige[n] われわれ現代人. ▶まれに述語的に用いることがある.

'**heut·zu·ta·ge** ['hɔyttsuta:gə] 副 今日(では), 現今, この頃.

he·xa.., **He·xa..** [hɛksa..] 《接頭》 (*gr.* , sechs') 形容詞・名詞に冠して「6」を表す. *hexa*edrisch 【数学】6 面体の. *Hexa*emeron 【ﾍｷｻｴｰﾒﾛﾝ宗教】6 日間天地創造説; 天地創造の 6 日間.

He·xa'eder [hɛksa'e:dər] 中 -s/- 【幾何】(Sechsflach) 6 面体.

He·xa'gon [hɛksa'go:n] 中 -s/-e 【幾何】(Sechseck) 6 角形.

he·xa·go'nal [..go:na:l] 形 6 角形の.

He·xa'gramm [..'gram] 中 -s/-e 6 角星形 (✶).
↑ Davidsstern

He'xa·me·ter [hɛ'ksa:metər] 男 -s/- 【韻律】6 歩格.

'**He·xe** ['hɛksə] 女 -/-n **1** (童話・伝説などの)魔女, 女魔法使い. **2** (中世に)魔女として迫害された女. **3** (俗)(醜く)性悪(の老婆)な女. Diese alte ~! あのくそばばあ. **4** 魅惑的な女, 妖婦. eine blonde ~ 金髪の妖婦.

'**he·xen** ['hɛksən] ❶ 自 魔法を使う. Ich kann doch nicht ~!《話》ぼくは魔法使いじゃないからそんな早技はできないよ. Es geht wie *gehext*.《話》(まるで魔法を使ったように)驚くほど早く事が運ぶ. ❷ 他 魔法で引起す. Regen ~ 魔法で雨を降らせる.

'**He·xen·jagd** 女 -/-en **1** (中世の)魔女狩. **2**《比喩》迫害(誹謗・中傷などによる).

'**He·xen·kes·sel** 男 -s/- **1** (魔法の秘薬を作る)魔女の大釜. **2**《比喩》混乱, 喧噪, 興奮の坩堝(ｶﾞﾗﾊ). mitten im ~ sitzen 混乱(喧噪)の只中にいる.

'**He·xen·kü·che** 女 -/-n **1** (魔法の秘薬を作る)魔女の厨(ｸﾘﾔ). **2** =Hexenkessel 2

'**He·xen·kunst** 女 -/-¨e 魔法, 魔術.

'**He·xen·meis·ter** 男 -s/- (Zauberer) 魔法使い.

'**He·xen·pro·zess** 男 -es/-e (14-18 世紀の)魔女裁判.

'**He·xen·sab·bat** 男 -s/-e **1** 魔女の宴会(年 1 回ヴァルプルギスの夜にブロッケン山の山上で催される). ↑Walpurgisnacht **2** (収拾のつかない)大混乱, らんちき騒ぎ.

'**He·xen·schuss** 男 -es/ ぎっくり腰.

He·xe'rei [hɛksə'raɪ] 女 -/-en《複数まれ》魔法, 魔術; 魔女としての働き.

He'xo·de [hɛ'kso:də] 女 -/-n 【電子工】6 極管.

Hf 《記号》【化学】 =Hafnium

HF 《略》 =Hochfrequenz

hfl 《略》=holländischer Gulden ギルダー(オランダの旧通貨単位). ◆ **holländischer Florin**

Hg 《記号》【化学】 =Hydrargyrum

hg. 《略》=herausgegeben

Hg. 《略》=Herausgeber

HGB 《略》【法制】 =Handelsgesetzbuch

hi [hi:] 間 *Hi*! ひっひっひ(他人の失敗などを嘲ったりする笑い).

Hi'bis·kus [hi'bɪskʊs] 男 -/-Hibisken [..kən] (*lat.*) 【植物】(Eibisch) ふよう(ハイビスカス)属.

'**hic et 'nunc** ['hi:k ɛt 'nʊŋk] (*lat.* , hier und jetzt') 今ここで, 即座に, ただちに.

'**Hick·hack** ['hɪkhak] 中(男) -s/-s《話》無益な言争い, 水かけ論.

Hi'dal·go [hi'dalgo] 男 -s/-s (*sp.*) **1** イダルゴ, 郷士(ｺﾞｳｼ)(中世スペインの爵位のない領主). **2** 【貨幣】イダルゴ(メキシコの金貨).

hie [hi:] 副 **1** ~ und da《南ﾄﾞ・ﾄｰｸﾞ方》あちらこちに(で), 時々. **2**(次の用法で)~ Freude, ~〈da〉Leid 悲しや喜び, 片や苦しみ.

hieb [hi:p] hauen の過去.

Hieb [hi:p] 男 -[e]s/-e (↓hauen) **1** 打つこと, 1 回の一撃;【ﾌｪﾝｼﾝｸﾞ】(フェンシングの)打ち(切り)込み. j³ einen ~ versetzen 人³に一撃を加える. auf den ersten ~ 最初の一撃で;《比喩》1 回で, 一挙に. auf einen ~《話》1 回で, 一挙に. Auf einen〈den ersten〉~ fällt kein Baum. 焦ってすぐにあきらめてはならない(どんな樹木も一撃では倒れない). einen ~ haben《戯》頭がおかしい, まともでない. Ein ~ sitzt〈geht fehl〉.《フェンシングで)切込が決まる〈はずれる). **2**《複数で》《話》(Prügel) 殴ること, 殴打. ~e bekommen〈beziehen〉殴られる. Nächstens gibt's ~e! 次は殴られるぞ. **3** 当てこすり, 皮肉. j³ einen ~ versetzen 人³に当てこすりを言う. Der ~ hat gesessen. その当てこすりは痛い所を突いた. **4** 切り倒, 打ち倒. **5**【工学】(やすりの)刻み目. **6**【地方】(酒の)ひと呑み, ひと口; ほろ酔い気分. einen ~ haben ほろ酔い気分(機嫌)である. **7**《複数なし》【林業】(山林の)伐採.

'**hie·be** ['hi:bə] hauen の接続法II.

'**hieb·fest** 形 **1**《古》刀で立たない, 不死身の. **2**《次の用法で》hieb- und stichfest (理論・証明などが)反駁の余地のない, 完璧な.

hielt [hi:lt] halten の過去.

'**hiel·te** ['hi:ltə] halten の接続法II.

'**hie'nie·den** ['hi:'ni:dən] 副, 指示強調 '-'-- '--'- 副《雅》この世で.

hier [hi:r ヒーア] 副 **1** (↔dort) ここに(で). ~ auf Erden この世で. ~ in der Nähe この近くに. ~ herum ここらあたりに. Wo ist ~ die Post? このあたりで郵便局はどこですか. *Hier* gibt es nichts zu lachen. これは笑い事ではない. *Hier* hast du Recht. この点は君の言うとおりだ. *Hier* ist〈spricht〉Frank. (電話で)こちらフランクです. Müller! — *Hier*! (点呼などで)ミュラー! — はい. *Hier*, nimm! どうぞ(取って)食べて. ~ und da そこここに, あちこちに(12). von ~ nach dort ここからそこまで. Ich bin nicht von ~ 私はここ(この土地)の者ではない. Du bist wohl nicht von ~!《比喩》君は頭がどうかしてるよ.《名詞・代名詞の後ろに置いて》der Mann ~ (ここにいる)この男. Geben Sie mir dieses ~! (ここにある)これを私に下さい. ~ und jetzt, 今, 今. ~ und da ときどき. ~ und heute〈jetzt〉今すぐ, 即刻. von ~ ab〈an〉この時(今)から.

▶ ! hier behalten, hier bleiben, hier sein

'**hie'ran** ['hi:'ran, -'-, 指示強調 '--'--] 副 **1** ここに(で), ここ(これ)に, ここへ. **2** この事で, これによって, この点で. *Hieran* kann man erkennen, dass... この事で...と分かる.

Hie·rar'chie [hierar'çi:, hir..] 女 -/-n [..'çi:ən] (*gr.*) **1** 階級制度, ヒエラルヒー; 階級, 序列. **2** ヒエラルヒーの構成メンバー. **3**《複数なし》【ｶﾄﾘｯｸ】(聖職者の)位階制.

hie·rar·chisch [hie'rarçɪʃ, hi'r..] 形 ヒエラルヒー的な, 階級制の;【ｶﾄﾘｯｸ】位階制の.

'**hie'rauf** ['hi:'rauf, -'-, 指示強調 '--'--] 副 **1** この上で(に), この上へ. **2** この事に, この点に関して. **3** この

後で, これに続いて, それから. **4** この結果, これにより.

hie'raus ['hi:'raʊs, -'-, 指示強調 '--] 副 **1** この中から. **2** この事から. *Hieraus* kann man Folgendes ersehen. この事から次のような事を見てとることができる. **3** これを使って. **4** ここから(原典・書物などについて).

hier be·hal·ten*, °**hier|be·hal·ten*** 他 手許(ﾃﾓﾄ)に置いておく.

hier'bei ['hi:r'baɪ, -'-, 指示強調 '--] 副 **1** この際に, これと共に. **2** これに関して, これについて. **3** この近く(で), このそばに(で).

hier blei·ben*, °**hier|blei·ben*** 自(s) ここに留まる.

hier'durch ['hi:r'dʊrç, -'-, 指示強調 '--] 副 **1** これ(それ)によって, この(その)ために. **2** ここを通って. **3** =hiermit 3

hier'für ['hi:r'fy:r, -'-, 指示強調 '--] 副 **1** このために, この目的で. **2** これに関して. **3** この代りに, これの代償として.

hier'ge·gen ['hi:r'ɡe:ɡən, -'--, 指示強調 '---] 副 **1** これに対して, これに反対して. **2** これに向かって. **3** これと比べて.

hier'her ['hi:r'he:r, -'-, 指示強調 '-- ヒーアヘーア] 副 こちらへ, ここへ. *Hierher!* おい(犬に向かって). bis ~ ここまで. ◆↑ hierher gehören, hierher kommen

hier'her ge·hö·ren, °**hier'her|ge·hö·ren** 自 **1** ここに所属すべき物である; これと関連する事柄である. Dieser Stuhl *gehört hierher*. この椅子の位置はここである. Das *gehört* nicht *hierher*. それは関係ない(当面の問題ではない). **2** ここ(家・国など)の者である.

hier'her kom·men*, °**hier'her|kom·men*** 自(s) ここへ来る.

hier·he'rum ['hi:r:hɛ'rʊm, --'-, 指示強調 '---] 副 この辺りに; ここを回って.

hier'hin ['hi:r'hɪn, -'-, 指示強調 '--] 副 ここへ, こちらへ. ~ und dorthin あちこちへ. bis ~ ここまで.

hier·hi'nauf ['hi:r:hɪ'naʊf, --'-, 指示強調 '---] 副 ここから上へ, ここを上って.

hier·hi'naus ['hi:r:hɪ'naʊs, --'-, 指示強調 '---] 副 ここ(の中)から外へ; ここから向こうへ.

hie'rin ['hi:'rɪn, -'-, 指示強調 '--] 副 **1** この中で(に). **2** この点で, これに関して.

hier'lands ['hi:r'lants, -'-, 指示強調 '--] 副《古》=hierzulande

hier'mit ['hi:r'mɪt, -'-, 指示強調 '--] 副 **1** これを用いて, これで. **2** こういうやり方で. **3** これを以て, これと共に, ここに. *Hiermit* bestätige ich, dass… この書面を以て…の事を証明する. *Hiermit* teilen wir Ihnen mit, dass… この書面を以て…の事をあなたにご通知致します. **4** これに関して.

hier'nach ['hi:r'na:x, -'-, 指示強調 '--] 副 **1** これに従って, これに基づいて; これによれば. *Hiernach* wäre der Angeklagte schuldig. これによれば被告は有罪だと思われる. **2** この後で, これ以後.

°**hier'ne·ben** ['hi:r'ne:bən, -'-, 指示強調 '---] 副 **1** この(その)横に. **2** このほかに.

Hie·ro'gly·phe [hiero'ɡly:fə] 女 -/-n (*gr.*) **1** 象形文字(とくに古代エジプトの). **2** 《複数で》《戯》判読しにくい下手な字.

hie·ro'gly·phisch [hiero'ɡly:fɪʃ] 形 **1** 象形文字の, 象形文字で書かれた. **2** 判読しにくい.

Hie·ro·ny·mus [hie'ro:nymʊs] 男名 (*gr.*) ヒエローニュムス(英語形 Gerome). der heilige ~ 聖ヒエローニュムス(4-5世紀の人, ラテン教父, 教会博士, 聖書の翻訳者・釈義家として著名. 聖人. ↑付録「聖人暦」9月30日).

'**hier'orts** ['hi:r'ɔrts, -'-, 指示強調 '--]《書》この場所で, 当地で.

'**hier sein***, °**hier|sein*** 自(s) ここ(当地)にいる(滞在している), ここ(手もと)にある. Sie ist vorgestern noch *hier gewesen*. 彼女は一昨日はまだ当地にいた. Er *ist* schon *hier*. 彼はすでに当地に着いている.

'**Hier·sein** 中 -s/. während meines ~s 私が当地に滞在しているあいだ.

'**hier'selbst** ['hi:r'zɛlpst, -'-, 指示強調 '--] 副《古》この場所(町)で.

'**hie·rü·ber** ['hi:'ry:bər, -'-, 指示強調 '---] 副 **1** この上(方)に, この上(方)へ, ここ(これ)を越えて. **2** これについて, これに関して.

'**hie'rum** ['hi:'rʊm, -'-, 指示強調 '--] 副 **1** この周りに, ここを曲がって. **2** これに関して, これをめぐって.

'**hie·run·ter** ['hi:'rʊntər, -'-, 指示強調 '---] 副 **1** この下で, この下へ. **2** この(グループ, 部類の)中に. *Hierunter* fallen auch folgende Beispiele. この中には次のような例も含まれる. **3** この事で(に). ~ leiden この事で苦しむ.

'**hier'von** ['hi:r'fɔn, -'-, 指示強調 '--] 副 **1** この中から, このうち. die Hälfte ~ この半分. **2** これについて, これに関して. *Hiervon* höre ich heute zum ersten Mal. この事は今日が初耳だ. **3** この結果として, これによって. **4** これ(この素材)で, これを使って. **5** ここから. in kurzer Entfernung ~ ここから少し離れた所に.

'**hier'zu** ['hi:r'tsu:, -'-, 指示強調 '--] 副 **1** ここ(これ)へ, この事へ. **2** これに加えて, これに合せて. *Hierzu* schmeckt Weißwein. これには白ワインが合う. **3** このグループ(部類)に. **4** このために, この目的で. **5** これについて, これに関して. *Hierzu* möchte ich nichts sagen. これについては私は何も言いたくない.

'**hier'zu'lan·de** ['hi:r'tsu:landə, 指示強調 '----] 副 この国では, 当地では. ◆hier zu Lande とも書く. ↑Land

'**hier'zwi·schen** ['hi:r'tsvɪʃən, -'---, 指示強調 '---] 副 この間に(へ).

'**hie·sig** ['hi:zɪç] 形《比較変化なし/付加語的用法のみ》ここの, 当地の. ein ~er Wein 当地産のワイン. ~e Gebräuche〈Zeitungen〉当地の慣習〈当地の新聞〉. ~ en Ort[e]s《古》当地では.

'**Hie·si·ge** ['hi:zɪɡə] 男 女《形容詞変化》土地の人, 当地(現地)の人.

hieß [hi:s] heißen の過去.

'**hie·ße** ['hi:sə] heißen の接続法 II.

'**hie·ven** ['hi:fən, 'hi:vən] 他 (*engl.* heave) **1** (船員) 引揚げる, 巻上げる. **2** (話)(人〈物〉を持上げて)乗せる; (人〈物〉⁴を持上げてから)降ろす.

'**hie'von** ['hi:'fɔn, -'-, 指示強調 '--] 副《古》(南ﾄﾞｲﾂ・ｵｰｽﾄﾘｱ) =hiervon

'**Hi-Fi** ['haifi, 'haɪ'faɪ]《略》=Highfidelity

'**Hift·horn** ['hɪfthɔrn] 中 -[e]s/=er《猟師》角笛.

'**High Church** ['haɪtʃɜ:rtʃ, ..tʃɚrtʃ] 女 -/- (*engl.*, Hochkirche') (英国の)高教会.

'**High·fi·de·li·ty** ['haɪfɪ'dɛliti] 女 -/ (*engl.*)《略 Hi-Fi》高忠実度再生, ハイファイ. ◆High Fidelity とも書く.

'**High·so·ci·e·ty** ['haɪzo'saɪɪti, 'haɪsə'saɪəti] 女 -/

(*engl.*)上流社会, ハイソサイェティ. ◆ High Society とも書く.

High·teck ['haɪtɛk] ❶ 围 -[s]/ (室内装飾の)ハイテク様式. ❷ 田 -[s]/(囡 -/) 先端技術, ハイテク.

hi·hi [hi'hi:] 間 *Hihi!* ひっひっひ(他人の失敗などを嘲ったりする笑い).

Hi·ja·cker ['haɪdʒɛkər] 围 -s/- (*engl.*)ハイジャッカー. ◆女性形 Hijackerin 囡 -/-nen

Hi·ja·cking ['haɪdʒɛkɪŋ] 田 -[s]/-s ハイジャック.

Hil·de·brand ['hɪldəbrant]《男名》ヒルデブラント. *Hildebrands*lied ヒルデブラントの歌(8世紀初頭に成立したドイツ最古の英雄叙事詩).

Hil·de·gard ['hɪldəgart]《女名》ヒルデガルト. die heilige ~ von Bingen ビンゲンの聖ヒルデガルト(11-12世紀の聖女↑付録「聖人暦」9月17日).

Hil·des·heim ['hɪldəshaɪm]《地名》ヒルデスハイム(ニーダーザクセン州南東部の都市, ロマネスク様式の古建築が多い).

hilf [hɪlf] helfen の命令形.

Hil·fe ['hɪlfə ヒルフェ] 囡 -/-n **1**《複数まれ》助け, 手助け, 手伝い; 援助, 助成, 補助; 救助; (救助)手段, 方策. Sie ist mir eine große ~ im Haushalt. 彼女は私の家事をとてもよく手伝ってくれる. erste ~ 応急処置. j³ ~ leisten 人³を助ける, 援助する. bei j³ ~ suchen 人³に援助を求める. mit ~ ⟨mit*hilfe*⟩ von j⁴ seit³ 人³の助けを借りて⟨物⁴を用いて⟩. mit ~ ⟨mit*hilfe*⟩ eines Wörterbuches 辞書を使って. ohne fremde ~ 人手を借りずに, 自力で. j⁴ um ~ bitten 人⁴に援助を乞う. um ~ rufen ⟨schreien⟩ 助けてくれと叫ぶ. j³ zu ~ kommen 人³を助けに来る. j² Gedächtnis zu ~ kommen 人²に(いやなことを)思い出すきっかけを与える. et⁴ zu ~ nehmen 物⁴の助けを借りる, ⟨を⟩利用する. j⁴ zu ~ rufen 人⁴の助けを呼び求める. [Zu] ~! 助けてくれ. **2** 手伝い人, 助っ人. eine ~ für den Haushalt お手伝いさん. **3**《ふつう複数で》《馬術》馬に与える合図. ◆ ↑ Hilfe bringend, Hilfe suchend

Hil·fe brin·gend, °**hil·fe·brin·gend** 形 助けになる.

Hil·fe·leis·tung 囡 -/-en 救援, 助力; 援護, 救助. ~ in Seenot 海難救助.

Hil·fe·ruf 围 -[e]s/-e 助けを求める(叫び)声.

Hil·fe·stel·lung 囡 -/-en (体操の練習の際の)補助, サポート; 補助(サポート)する人. **2** 援助, 支援. j³ ~ geben⟨leisten⟩ 人³を援助(支援)する.

Hil·fe su·chend, °**hil·fe·su·chend** 形 助けを求めている.

*°**hilf·los** ['hɪlflo:s ヒルフロース] 形 **1** 助けてくれる(頼りになる)人のない. **2** (子供などが)身寄りのない, 無力な. **3** (ratlos) 途方に暮れた, 困りはてた. ~ um sich⁴ blicken 途方に暮れて周りを見回す.

Hilf·lo·sig·keit ['hɪlflo:zɪçkaɪt] 囡 -/ 頼りになる人のない(身寄りがない)こと; 途方に暮れた(困りはてた)様子.

°**hilf·reich** ['hɪlfraɪç] 形《雅》**1** 喜んで援助する, 親切な, 慈悲深い. j³ eine ~*e* Hand bieten / j³ ~ zur Seite stehen 人³に救いの手をさしのべる. **2** 役に立つ, 助けになる. ein ~*es* Nachschlagewerk 重宝な辞典(事典).

Hilfs·ak·ti·on 囡 -/-en 救援(救済)活動.

Hilfs·ar·bei·ter 围 -s/- 見習工, 臨時工.

°**hilfs·be·dürf·tig** 形 助け(援助)を必要としている; 困窮している.

°**hilfs·be·reit** ['hɪlfsbəraɪt] 形 喜んで人の力になる, 進んで援助する, 親切な.

°**Hilfs·be·reit·schaft** 囡 -/ 喜んで人の力になること, 面倒見の良さ, 親切.

°**Hilfs·geist·li·che** 围《形容詞変化》《カト》助任司祭;《プロテスタ》副牧師.

°**Hilfs·gel·der** 囡 -s/- 補助金, 助成金.

°**Hilfs·kraft** 囡 -/-*e* 手助けをする人(助手・補助員・アシスタント・手伝いなど).

°**Hilfs·leh·rer** 围 -s/- 補助(臨時)教員.

°**Hilfs·maß·nah·me** 囡 -/-n《多く複数で》救済措置, 救援対策.

°**Hilfs·mit·tel** ['hɪlfsmɪtəl] 田 -s/- **1** 補助手段, 補助器具(用具); 参考資料, 参考書. **2**《複数で》補助(援助)金, 救援物資.

°**Hilfs·pre·di·ger** 围 -s/- = Hilfsgeistliche

°**Hilfs·quel·le** 囡 -/-n《多く複数で》**1** 補助(援助)金, 救援物資; 資金源. **2** 文献, 資料. **3** 資源.

°**Hilfs·schu·le** 囡 -/-n《古》特殊学校(現在の Sonderschule).

hilfst [hɪlfst] helfen の現在2人称単数.

°**Hilfs·trup·pe** 囡 -/-n《多く複数で》予備軍; 援軍.

°**Hilfs·verb** 田 -s/-en《文法》助動詞.

°**Hilfs·werk** 田 -[e]s/-e 慈善事業, 救援事業.

°**Hilfs·wis·sen·schaft** 囡 -/-en 補助的な学問(歴史学にとっての古文書学など).

°**Hilfs·zeit·wort** 田 -[e]s/¨er《文法》= Hilfsverb

hilft [hɪlft] helfen の現在3人称単数.

Hi·ma·la·ja [hi'ma:laja, hima'la:ja] 围 -[s] (*sanskr.*) der — ヒマラヤ山脈.

°**Him·bee·re** ['hɪmbe:rə] 囡 -/-n《植物》木苺(きいちご), ラズベリー; 木苺(ラズベリー)の実.

°**Him·beer·geist** 围 -[e]s/-e《複数まれ》ヒムベーアガイスト(木苺のブランデー).

Him·mel ['hɪməl ヒメル] 围 -s/-《複数まれ》**1** (↔ Erde) 空, 天. ein blauer⟨bewölkter⟩ ~ 青空 ⟨曇り空⟩. soweit der ~ reicht 空の続くかぎり, どこまでも. Eher hätte ich gedacht, der ~ stürzt ein.《話》思いもよらないことだ. Am Anfang schuf Gott ~ und Erde.《旧約》はじめに神は天と地とを創造された(創 1:1).《前置詞と》aus heiterem ~ 思いがけなく, 突然に. wie ein Blitz aus heiterem ~ 晴天の霹靂(へきれき)のように. den Blick gen ~ richten《雅》天を仰ぐ. Dein Wille geschehe wie **im** ~ also auch auf Erden.《新約》みこころが天に行われるとおり, 地にも行われますように(マタ 6:10,『主の祈り』の1節). in den ~ ragen 天にそびえる. Es ist dafür gesorgt, dass die Bäume nicht in den ~ wachsen.《諺》ものにはおのずから限度がある(樹木は天にまで達しないように配慮されてある). **unter** freiem ~ 野外で, 露天で. unter griechischem ~ wohnen ギリシアに住んでいる. wie **vom** ~ gefallen《話》降って湧いたように, 突然. **zwischen** ~ und Erde schweben 空中に漂う.

2 (↔ Hölle) 天国, 天上; 神, 神意, 天命. Der ~ behüte uns davor! 神が私たちをそれからお守りくださいますように. Ihm⟨Für ihn⟩ hängt der ~ voller Geigen. 彼は嬉しくてたまらない, 浮かれ気分である. Das weiß der [liebe] ~! そんなこと知るもんか. Weiß der ~!《卑》誰にも分からんよ. Du lieber ~! / Gerechter ~!《驚き・狼狽などを表して》おやまあ, これは大変. ~ noch ein! / ~ noch [ein]mal! / ~ und Donner

nochmal! (怒り・いらだちなどを表して)ちくしょう、いまいましい.　Dem ～ sei Dank!(安堵の気持ちを表して)やれやれ、ありがたい.　den ～ auf Erden haben この地上の天国の気分である.　j³ den [auf Erden] versprechen 人³に無上の幸福(豊かな生活)を約束する.　den ～ offen sehen 天にも昇る心地がする.　～ und Hölle 〈～ und Erde〉 in Bewegung setzen あらゆる手を尽くす.　～ und Hölle《料理》焼きソーセージにりんご《天国とじゃがいも(地上)のピュレを添えたもの.　～ und Hölle《遊戯》天国と地獄((a)地面に天国と地獄を区切った図を描いて片足で跳ぶけんけん遊び.　(b) 折紙を使って天国と地獄の当てっこをする遊び).　《前置詞と》 aus allen ～n fallen〈stürzen〉びっくり仰天する、ひどくがっかりする.　im sieb[en]ten ～ sein / sich¹ [wie] im sieb[en]ten ～ fühlen 極楽気分である.　j〈et〉⁴ in den ～ heben 人⁴をほめちぎる.　in den ～ kommen(死んで)天国へ行く.　Um [des] ～s willen! お願いだから、後生だから;(驚きを表して)大変だ.　zum ～ schreien〈stinken〉けしからぬ(ふらちな)ことである(↓《旧約》創 4:10).
3 (祭壇・玉座などの)天蓋(がい).

him·mel·an [hıməlˈʔan] 副《雅》天(空)に向かって.
him·mel·angst 形 《古》(jˈ istˈ〈wirdˈ〉の形で》 Mir ist〈wurde〉～. 私はとても不安である〈不安になった〉.
Him·mel·bett 中 -[e]s/-en 天蓋付のベッド.
him·mel·blau 形 空色の.
Him·mel·fahrt [ˈhıməlfaːrt] 女 -/ **1** 昇天. Christi〈Mariä〉 ～ キリストの昇天〈聖母マリアの被昇天〉.　**2**《無冠詞で》(キリスト)昇天祭. Christi ～ キリスト昇天祭(Ostern 後 40 日目).　Mariä ～ 《カト》聖母マリア被昇天祭(8 月 15 日).　zu〈an〉 ～ キリスト昇天祭の日に.　**3**《話》(決死の覚悟の)危険な企て.
Him·mel·fahrts·kom·man·do 中 -s/-s **1** (決死の覚悟の特別な特別任務(とくに軍隊で).　**2** 特別任務に加わる人々; 決死隊.
him·mel·hoch 形《比較変化なし》非常に高い; (塔などが)高くそびえる.
him·meln [ˈhıməln] 自 **1**《多く現在分詞で》うっとりと見つめる.　mit *himmelnden* Augen うっとりした目付きで.　**2**《地方》(婉曲) 死ぬ.
Him·mel·reich 中 -[e]s/《キ》教》天国、神の国. Des Menschen Wille ist sein ～.《諺》好きなことができれば天国.
Him·mels·bo·gen -s/《雅》天空、蒼穹(そうきゅう).
Him·mel·schlüs·sel 男 -s/-《植物》=Himmelsschlüssel
him·mel·schrei·end 形《副詞的には用いない》許すことのできない、けしからぬ、ひどい.
Him·mels·fes·te 女 /《雅》天空、蒼穹(そうきゅう).
Him·mels·ge·gend 女 -/-en 方位、方角.
Him·mels·ge·wöl·be 中 -s/《雅》天空、蒼穹(そうきゅう).
Him·mels·kar·te 女 -/-n《天文》(Sternkarte) 星図.
Him·mels·kö·ni·gin 女 -/《カト》天の元后(聖母マリアのこと).
Him·mels·kör·per 男 -s/《天文》天体.
Him·mels·ku·gel 女 -/-n《天文》**1**《複数なし》天球.　**2**《古》天球儀.
Him·mels·kun·de 女 -/ (Astronomie) 天文学.
Him·mels·lei·ter 女 -/ **1**《植物》花忍(はなしのぶ).　**2**《旧約》(天に通じている)ヤコブの梯子(はしご).

Him·mels·rich·tung [ˈhıməlsrıçtʊŋ] 女 -/-en 方位、方角.　die vier ～en 四方位(東西南北).　aus allen〈vier〉 ～en 至る所(四方八方)から.
Him·mels·schlüs·sel 男 -s/-《植物》(Schlüsselblume) さくらそう属.
Him·mels·schrei·ber 男 -s/-《話》(煙などで)空に宣伝用の文字を書く飛行機.
Him·mels·schrift 女 -/-en《話》(煙などで)空に書かれた宣伝用の文字.
Him·mels·strich 男 -[e]s/-e 空の一区域.　unter diesem〈jenem〉 ～《雅》この地〈かの地〉で.
Him·mel[s]·stür·mer 男 -s/- **1**《雅》理想主義者、夢想家.　**2**《戯》宇宙飛行士.
Him·mels·wa·gen 男 -s/《雅》der ～《天文》(der Große Bär) 大熊座.
Him·mels·zelt 中 -[e]s/-e《雅》天空、蒼穹(そうきゅう).
him·mel·wärts [..vɛrts] 副《雅》天(空)に向かって.
him·mel·weit 形《話》はるか遠くに離れた.　ein ～er Unterschied 天地の相違、雲泥(うんでい)の差.
himm·lisch [ˈhımlıʃ] 形 **1**《付加語的の用法のみ》《古》天空の、空の.　das ～e Licht《雅》太陽.　**2**《付加語的の用法のみ》《宗教》天の、天国の、神の.　das ～e Reich 神の国、天国.　unser ～er Vater 天にまします我等が父、神.　der ～e Bräutigam《キリスト教》キリスト.　eine ～e Fügung 神の摂理.　die ～en Mächte 天の神々.　《名詞的用法で》 die *Himmlischen* 神々; 天使.　**3**《比喩》崇高な、すばらしい.　eine ～e Musik 妙(たえ)なる音楽.　ein ～es Antlitz 神々しい顔.　**4**《比喩》《話》途方もない、絶大な.　Es hat ～ geschmeckt. 舌がとろけそうなおいしさだった.

hin [hın ヒン] 副 **1**《空間的に》(a) あちらへ、向こうへ.　Bis zur Post ～ sind es etwa 500 Meter. 郵便局まではおよそ 500 メートルである.　nach Süden ～ 南に向かって.　nach allen Seiten ～ 四方八方へ. Nach außen ～ wirkt er ganz ruhig. 彼は表向きはとても落着いて見える.　das Fenster zur Straße ～ 通りに面した窓.　～ und zurück 行ったり来たり、行きも帰りも.　Bitte einmal Köln ～ und zurück! ケルン往復 1 枚ください.　《**wohin, dahin** などが分離した》 Wo gehst du ～? 君はどこへ行くのか.　Da will ich nicht ～. そこへ私は行きたくない.　《dahin の意味で》 Man braucht zehn Minuten bis ～. そこまで行くのに 10 分かかる.　Nichts wie ～! すぐに行かなくちゃ.　(b)《延長・広がりを示して》ずっと.　Wir gingen am Ufer ～. 私たちはずっと岸に沿って歩いて行った.　Der Weg führt durch die Wiese〈über den Berg〉 ～. 道は牧草地をぬけて〈山を越えて〉延びている.　über die ganze Welt ～ 世界中に(広がって).　vor sich⁴ ～ ひとりで、誰にともなく、ぼんやりと.　vor sich ～ sprechen ひとりごとを言う.

2《時間的に》(ある時点まで)ずっと、続いて、経過して.　die ganze Nacht ～ 夜どおし.　Bis zum Urlaub ist es noch eine Weile ～. 休暇まではまだ少し間(ま)がある.　durch〈über〉 viele Jahre ～ 長年にわたって.　gegen Mittag ～ 昼にかけて.　zum Winter ～ 冬に向かって.　～ und wieder ときどき.

3《**her** と対比的に》 ～ und her あちこち; 行ったり来たり、行って戻って; あれこれ.　～ und her gehen あちこち歩き回る.　～ und her gefahren 行ったり来たりする、往復する.　Die Diskussion ging ～ und her, ohne zu einem Ergebnis zu führen. 議論はすったもんだして結論が出なかった.　～ und her raten〈überlegen〉 あれこれ助言〈思案〉す

hin..

る。～ und her gerissen sein 気持ちがぐらついている，ふんぎりがつかない．《名詞的用法で》das *Hin* und *Her* (人の)行き来；(議論などの)やりとり；長い思案，れこれ迷うこと．《慣用的表現で》《話》Das reicht⟨langt⟩ nicht ～ und nicht her. それではどうにも不十分だ．…～, …her …であろうと…でなかろうと，…のことはさておき．Regen ～, Regen her, die Arbeit muss getan werden. 雨が降ろうと降るまいと仕事はしなければならない．Das ist ～ wie her. それはどっちみち同じことだ．～ oder her, Regen oder her, das macht doch nichts aus. 1 時間やそこらの違いはなんでもないよ．

4 auf et⁴ ～ 事実に基づいて；(の)観点から，(に)関して，(を)目標に；(を)覚悟の上で．Ich habe es auf seinen Rat ～ getan. 私は彼の助言に従ってそれをした．Wörter auf ihre Herkunft ～ untersuchen 言葉の由来を調べる．et⁴ auf die Zukunft ～ planen 将来のことを考えて事を計画する．auf die Gefahr ～ 危険を冒しても．

♦ ↑hin sein

hin.. [hIn..] 副《分離前つづり／つねにアクセントをもつ》**1**《『あちらへ，向こうへ』の意を表す》*hin*fliegen 飛んで行く．**2**《単調・無為》*hin*vegetieren 無為に暮す．**3**《無造作・でたらめ》*hin*schreiben 走り書きする．**4**《消滅・消失》*hin*schwinden 消え去る．❷《他の副詞や前置詞と融合して／アクセントをもたない》*hin*ab, *hin*weg, *hin*auf, *hin*unter

*hi'nab [hɪ'nap ヒナプ] 副 (hinunter) (あちらの)下へ，下の方へ．*Hinab* mit euch! 君たち下りて行きなさい．den Berg⟨den Fluss⟩ ～ 山⟨川⟩を下って．

hi·nab.. [hɪnap..] 副《分離前つづり／つねにアクセントをもつ》「(あちらの)下へ」を意味する．*hinab*gehen 降りて行く．

hi'nab|ge·hen* 自 (s) 《雅》降りて行く，下る．
hi'nab|stei·gen* 自 (s) 《雅》降りる，下る．
hi'nan [hɪ'nan] 副《雅》 (hinauf) (あちらの)上へ，上の方へ．den Hügel ～ 丘を上って．
hi·nan.. [hɪnan..] 《雅》《分離前つづり／つねにアクセントをもつ》「(あちらの)上へ」の意を表す．*hinan*gehen 上って行く．
hi'nan|ge·hen* 自 (s) 《雅》上って行く．
'hin|ar·bei·ten 自 (auf et⁴ 物を目ざして)努力する，働く．auf *sein* Examen ～ 試験に向けて勉強する．

*hi'nauf [hɪ'naʊf ヒナォフ] 副 (あちらの)上へ，上の方へ．den Fluss ～ 川を上って．～ an die Ostsee 北上してバルト海に．
hi·nauf.. [hɪnaʊf..] 《分離前つづり／つねにアクセントをもつ》「(あちらの)上へ」の意を表す．*hinauf*gehen 登る，上がって行く．*hinauf*setzen 上へ置く．
hi'nauf|ar·bei·ten 自 《sich⁴》**1** 苦労して登る．*sich* die Wand⟨an der Wand⟩ ～ 一生懸命に壁をよじ登る．**2** 努力して昇進(出世)する (zu et³ 物³に)．*sich* zum Abteilungsleiter ～ 努力して部(課)長に昇進する．
hi'nauf|brin·gen* ❶ 他 (物⁴を)運び上げる；(人⁴を)上へ連れて行く．❷ 《sich⁴》《に俗》出世(昇進)する．
hi'nauf|fah·ren* ❶ 自 (s) (乗物で)上がる，登って行く．einen Fluss ～ 川を遡る(乗物で)．nach Hamburg ～ 《話》ハンブルクに向かって北上する．❷ 他 (物⁴を車などで)運び上げる，(人⁴を車などで)上へ連れて行く．
hi'nauf|fal·len* 自 (s) 《戯》(階段・坂道などを)上っている時につまづいて転ぶ．die Treppe ～ 階段を上っていて転ぶ．《比喩》(自分では何もしないのに)思いがけず昇進する．

hi'nauf|füh·ren ❶ 他 (人⁴を)上へ案内する．❷ 自 (道などが)上へ通じている．
hi'nauf|ge·hen* 自 (s) **1** 登る，上がって行く．(道などが)上へ通じている．《非人称的に》*Es* geht *hinauf*. 上り坂になる．**3** 《話》(物価・温度などが)上がる，上昇する．Die Preise sind in der letzten Zeit *hinauf*gegangen. 最近物価が上昇している．mit der Stimme⟨dem Preis⟩ ～ 声を高くする⟨値段を上げる⟩．
hi'nauf|kom·men* 自 (s) **1** 上って行く．**2** 《比喩》昇進する．
hi'nauf|schrau·ben ❶ 他 **1** (ランプの芯などを)捻りながら上へ動かす．**2** 《話》(税金・値段などを)じわじわ上げる．❷ 再 《sich⁴》(鳥・飛行機などが)旋回しながら上昇する．
hi'nauf|schwin·gen* 再 《sich⁴》(馬などに)跳乗る；(鳥などが)舞上がる．
hi'nauf|set·zen* **1** 上へ置く，(人⁴の)席順を上にする．**2** (価格などを)引上げる．eine Ware im Preis ～ 商品を値上げする．die Preise⟨die Mieten⟩ ～ 価格⟨家賃⟩を吊上げる．
hi'nauf|stei·gen* 自 (s) 登る，上がる．einen Berg ～ 山を登って行く．
hi'nauf|trei·ben* 他 **1** (家畜を)追上げる．Kühe auf die Alm ～ 雌牛を山の牧草地へ追上げる．**2** (価格などを)引上げる．die Preise⟨die Kurse⟩ ～ 価格⟨相場⟩を吊上げる．
hi'nauf|zie·hen* ❶ 他 **1** 引張り上げる，吊上げる．einen Rollladen ～ ブラインドを巻上げる．❷ 再 《sich⁴》**1** (an et³ 物³につかまって)よじ登る．**2** 上へ向かって広がっている．❸ 自 (s) **1** 《話》上へ引っ越す．in die dritte Etage ～ 4階へ移る．**2** 上へ登って行く；北上する．

*hi'naus [hɪ'naʊs ヒナォス] 副 **1** (あちらの)外へ；越えて；過ぎて，先へ；以上に，さらに．*Hinaus* mit dir! おまえ出ていきなさい．auf Monate ～ 数か月先まで，数か月にわたって．nach der Straße ～ wohnen 通りに面した所に住んでいる．über die Grenze ～ 境界の向こうへ．über Mittag ～ 昼を過ぎて．über *seine* Mittel ～ leben 身分不相応な暮しをしている．zur Tür ～ ドアから外へ．♦ ↑hinaus sein
hi·naus.. [hɪnaʊs..] 《分離前つづり／つねにアクセントをもつ》**1**《『(中から)外へ』の意を表す》*hinaus*bringen 運び出す，連出す．**2**《『(ある期間を)過ぎて』》*hinaus*ziehen 引き延ばす．
hi'naus|be·glei·ten 他 (人⁴を)外まで見送る．♦ 過去分詞 hinausbegleitet
hi'naus|beu·gen 再 《sich⁴》外に身を乗出す．
hi'naus|brin·gen* 他 **1** 運び出す，連出す；(客などを)外まで送って行く．**2** (不定の es¹ と)es über et⁴ ～ 物より上の段階に進む；(から)さらに昇進する．es über die Anfangsstufe ～ 初級段階を越える．
hi'naus|ekeln 他 《話》(人⁴を)いびり出す．
hi'naus|flie·gen* ❶ 自 (s) **1** (aus et³ 物³から外へ) 飛んで出て行く；(遠方へ)飛んで行く．aufs Meer ～ 海へ出て行く．**2** 《話》くびになる，つまみ出される．in hohem⟨großem⟩ Bogen ～ 放り出される．**3** (über et⁴ 物⁴を)飛越える．❷ 他 (飛行機などで)運び出す，救出する．
hi'naus|ge·hen* [hɪ'naʊsɡeːən] ❶ 自 (s) **1** 外へ出る，出て行く，外出する．zur Tür⟨aus dem Zimmer⟩ ～ 戸口⟨部屋⟩の外へ出る．**2** (家・窓などが)面

している(nach et³ / auf et⁴ 物³,⁴に). Das Zimmer *geht* nach dem⟨auf den⟩ Garten *hinaus*. その部屋は庭に面している. Die Fenster *gehen* nach Süden *hinaus*. 窓が南向きである. **3**〈戸口などが〉通じている(in⟨auf⟩ et⁴ 物⁴に). Diese Tür *geht* auf den Hof *hinaus*. この戸口は中庭に通じている. **4**〈ある物⁴を〉越える, 凌駕する. Das *geht* über meine Kräfte *hinaus*. それは私の手に余る. ❷《非人称》〈道が〉外へ通じている. *Es geht* hier *hinaus*. ここから外へ出られる.

hi'naus|kom·men* 圓(s) **1** 外へ出る, 出て来る, 外出する. auf die Straße⟨zur Tür⟩ ~ 通りへ出る⟨戸口から出て来る⟩. Sie ist nie aus ihrer Heimatstadt *hinausgekommen*. 彼女は故郷の町から一度も出たことがない. **2**《話》(auf et⁴ 事⁴という)結果になる; (auf eins⟨dasselbe⟩ ~ 同じ結果に終る, 結局同じことである. über die Anfänge nicht ~ 初期(初級)段階にとどまっている.

hi'naus|kom·pli·men·tie·ren 他 (訪問客を)丁重に送り出す; 丁重に追返す, うまく追払う. ◆過去分詞 hinauskomplimentiert

hi'naus|lau·fen* 圓(s) **1** (走って)外へ出る, 走り出る. Die Kinder *liefen* zum Spielen *hinaus*. 子供たちは遊びに駆け出した. **2** (auf et⁴ 事⁴という)結果になる; (auf et⁴ 事⁴を)目的とする, 目指す. auf eins⟨dasselbe⟩ ~ 同じ結果に終る, 結局同じことである. auf nichts ~ 結局何にもならない. Wo soll das ~ ? それは結局どうなるのだろう. Der Plan *läuft* darauf *hinaus*, dass... この計画は...ことを目的とするものである. **3** (über et⁴ 物⁴を)越える, 行き過ぎる.

hi'naus|leh·nen 他《*sich*⁴》外へ乗出す. Nicht ~! 窓から体を乗出さないこと(列車内の掲示).

hi'naus|rü·cken ❶ 他 **1** 外へ動かす, 移動させる. die Bank in die Sonne ~ ベンチを日向(ぴ)に移(出)す, 移動する. Er *rückte* mit seinem Stuhl auf die Terrasse *hinaus*. 彼は椅子ごとテラスの方へ出た. **2** 延期(先送)する. ❷ 自 **1** 外へ移る(出る), 移動する. Er *rückte* mit seinem Stuhl auf die Terrasse *hinaus*. 彼は椅子ごとテラスの方へ出た. **2** 〈駐屯部隊などが〉出て行く. **3** 延期(先送)になる.

hi'naus|schaf·fen 他 運び出す, 連出す.

hi'naus|schie·ben* ❶ 他 **1** 押出す. *seinen* Oberkörper aus dem Fenster ~ 窓から上半身を乗出す. **2** 延期する. eine Entscheidung um einen Monat ⟨bis in den Herbst⟩ ~ 決定を1ヶ月⟨秋まで⟩延期する. ❷ 自《*sich*⁴》 **1** そろそろ(じりじり)と出て行く. **2** 延期される.

hi'naus|schie·ßen* 他 (h, s) (1) **1**(h) 外へ向かって撃つ. **2**(s) 《話》勢いよく外へ飛び出す. **3**(s) 《話》(über et⁴ 物⁴を)すばやく越す, さっと行き過ぎる.

hi'naus|schmei·ßen* 他 《話》**1** 〈物⁴を〉外へ投げ出す. **2** 〈人⁴を〉外へ放り出す(つまみ出す), 追出す; くびにする.

hi'naus sein*, °hin·aus|sein* 自(s) **1** (a) 〈ある時点・年令などを〉過ぎている. über die 50 ~ 50歳を越えている. (b) 乗越えて(克服して)いる. Über solche Kindereien *ist* er *längst hinaus*. そんな子供じみたことは彼はとっくに卒業している. **2**《話》外へ出かけている, 出発(発車)している.

hi'naus|set·zen 他 **1** 外へ置く; 外へ乗わせる《再帰的に》*sich*⁴ in den Garten ~ 庭に出すわる. **2** 〈人⁴を〉外へ放り出す(つまみ出す).

hi'naus|wer·fen* 他 **1** 外へ投げ出す; (光・視線などを)投げかける. Geld zum Fenster ~《比喩》《話》金をどぶに捨てる. **2**《話》〈人⁴を〉外へ放り出す

す), 追出す; くびにする. **3**《話》(不要の物⁴を)捨てる, 処分する.

hi'naus|wol·len* 自《話》**1** 外に出ようと思う, 外に出たがる. **2** (《様態を示す語句》) hoch ~ 高望みをする. zu hoch ~ 分(禁)不相応の望みを抱く, 望みが高すぎる. **3** (auf et⁴ 事⁴を)目指す, 志す, 意図する. Ich weiß, worauf er *hinauswill*. 彼の狙いが何であるか⟨彼が何を言いたいのか⟩私には分かっている.

hi'naus|zie·hen* ❶ 他 **1** (a) 外へ引張り出す. den Handwagen in den Hof ~ リヤカーを外へ引張り出す. jⁿ mit sich³ ~ 人ⁿを連れ出す. (b) 《非人称的に》*Es zieht* jⁿ *hinaus*. 《雅》人ⁿが外へ出たくなる, (の)心が外へ引かれる(駆り立てられる). Es *zog* ihn in die Ferne *hinaus*. 彼は無性に遠くへ行きたくなった. **2** 引き延ばす, 長引かせる. die Verhandlungen ~ 交渉を引き延ばす. **3** (hinausschieben ❶ **2**) 延期する. ❷ 自(s) **1** 外へ出て行く. Die Truppen *zogen* aus der Stadt *hinaus*. 軍隊が町から出て行った. in die Welt ~ 世の中へ出て行く. ins Feld ~ 前線へ出て行く. **2** [aufs Land] ~ 郊外へ移る. ❸ 再《*sich*⁴》**1** 長引く, 長く続く. Seine Genesung *zieht sich hinaus*. 病気が長引く(回復が遅れている). **2** 延期される. **3** (道などが)外方へ伸びている.

hi'naus|zö·gern ❶ 他 (事⁴を)先に延ばす, 延期する. ❷ 再《*sich*⁴》先延ばしになる.

'**Hin·blick** ['hɪnblɪk] 男《次の用法でのみ》im ~ auf et⁴ 事⁴を考慮して; (に)関して. im ~ auf seinen Gesundheitszustand 彼の健康状態を考慮して.

'**hin|bli·cken** 自 そちらの方へ目を向ける. zu⟨nach⟩ j⟨et⟩³ ~ 人⟨物⟩³の方へ目をむける.

*'**hin|brin·gen*** ['hɪnbrɪŋən ヒンブリンゲン] 他 **1** 持って(連れて, 送って)行く(ある場所へ). **2** (時を)過ごす(mit et³ 事³で). *seine* freie Zeit mit Schlafen ~ 暇な時間を寝て過ごす. **3**《話》(仕事・計画などを)やりとげる.

'**Hin·de** ['hɪndə] 女 -/-n《古》= Hindin

'**Hin·den·burg** ['hɪndənbʊrk]《人名》Paul von ~ パウル・フォン・ヒンデンブルク(1847-1934, ドイツの軍人・政治家).

'**hin|den·ken*** 自《話》《次の用法で》Wo *denkst* du *hin*! / Wo *denken* Sie *hin*! 何てことを考えているんだ, とんでもない.

'**hin·der·lich** ['hɪndərlɪç] 形 (j⟨et⟩³ 人⟨事⟩³にとって)邪魔な, 妨げになる.

*'**hin·dern** ['hɪndərn ヒンダーン] 他 **1** (jⁿ an et³ 人ⁿが事をするのを)妨げる, 阻(は)む, 阻止する; (jⁿ bei⟨in⟩ et³ 人ⁿの事³をしているのを)妨害する, 邪魔する. Der Lärm *hinderte* mich am Einschlafen⟨bei der Arbeit⟩. 騒音が私の眠り⟨仕事⟩を妨げた. Der Nebel *hinderte* mich *daran*, schneller zu fahren. 霧にさえぎられて私はそれ以上速く走れなかった. (まれに目的語なしで)Du *hinderst* hier nur. 君はここでは邪魔になるだけだ. **2**《古》(verhindern)〈事⁴の〉実現を妨げる, 阻む. den Krieg ~ 戦争を阻止する.

*'**Hin·der·nis** ['hɪndərnɪs] 中 -ses/-se **1** 障害, 妨害, 邪魔; 支障, 困難. jⁿ ~ *se* in den Weg legen 人ⁿの邪魔をする. auf ein ~ stoßen 障害(困難)にぶつかる. *sich*⁴ über ~ *se* hinwegsetzen 障害(困難)をのり越える. **2** (陸上競技や馬術などの)障害(物), ハードル. ein ~ nehmen 障害物(ハードル)を跳び越える.

'**Hin·der·nis·lauf** 男 -[e]s/¨e〘陸上競技〙障害物

'**Hin·der·nis·ren·nen** 中 -s/- **1**《馬術》障害レース. **2** =Hindernislauf

'**Hin·de·rung** 女 -/-en《複まれ》邪魔, 妨害, 阻止.

*'**hin|deu·ten** ['hɪndɔytən] 自 **1** (auf j〈et〉⁴ 人〈物〉⁴を)指す, 指し示す. **2**《比喩》(auf j〈et〉⁴ 人〈事〉⁴を)示唆する, 暗示する. *Das deutet auf einen nahenden Sturm hin.* これは嵐の前ぶれだ.

'**Hin·di** ['hɪndi] 中 -[s]/ (*pers.*) ヒンディー語.

'**Hin·din** ['hɪndɪn] 女 -/-nen《古》雌鹿.

'**Hin·du** ['hɪndu] 男 -[s]/-[s] ヒンドゥー(ヒンズー)教徒.

'**Hin·du·is·mus** [hɪndu'ɪsmʊs] 男 -/ ヒンドゥー(ヒンズー)教.

'**Hin·du·kusch** ['hɪndukʊʃ] 男 -[s]/《地名》der ~ ヒンドゥークシ山脈(中央アジアのアフガニスタン北東部から中部を走る山脈).

*'**hin'durch** [hɪn'dʊrç ヒンドゥルヒ] 副 **1**《空間的》durch et⁴ ~ 物⁴を通り抜けて(貫いて). *Durch die Wand ~ ist kein Laut zu hören.* 壁の向こうからは物音ひとつ聞こえない. **2**《時間的/ 4格名詞の後に置かれて》…の間じゅう, …を通じて. *den ganzen Tag ~* 一日じゅう. *Jahre ~* 何年もの間.

hin'durch|ge·hen* 自 (s) (durch et⁴の中を)通り抜ける. *durch eine harte Schule ~*《比喩》厳しい試練を経験する.

hin'durch|zwän·gen 他 (A⁴ durch B⁴ A⁴ を B⁴の間に)無理やり押し通す(突っ込む). (再帰的に) *sich⁴ durch et⁴ ~* 物⁴の間を無理やり通り抜ける.

'**Hin·dus·tan** ['hɪndʊsta(:)n] 中《地名》ヒンドスタン(インド北部地方を指す呼称, パキスタンに対してインドのことをいう場合もある).

*'**hi'nein** [hɪ'naɪn ヒナイン] 副 (あちらの)中へ, 内部へ. *ins Fenster ~* 窓の中へ. *bis in die Nacht ~* 夜遅くまで. *bis ins Innerste ~ erschrecken* 心底から驚く. *zur Tür ~* ドアから中へ.

hi·nein.. [hɪnaɪn..]《分離前つづり/ つねにアクセントをもつ》(あちらの)中へ,」の意を表す. *hinein*fliegen 飛び込む. *hinein*gehen 中へ入って行く.

hi'nein|ar·bei·ten ❶ 再 (sich⁴) **1** (in et⁴ 事⁴に)没頭する; 習熟する. **2** (in et⁴ 物⁴の中へ)苦労して入り込む. ❷ 他 (A⁴ in B⁴ A⁴ を B⁴に)なんとかしてはめ込む, 取付ける.

hi'nein|den·ken* 再 (sich⁴) 身(立場)になって考える(in j¹ / in j² Lage 人¹²の); 身を入れてよく考える(in et⁴ 事⁴を).

hi'nein|fal·len* 自 (s) **1** (in et⁴ 物⁴の中へ)落ちる. *sich⁴ in den Sessel ~ lassen* 安楽椅子の中へがっくりと腰を下ろす(倒れ込む). **2** (et⁴ が光などが射し込む(in et⁴ 物⁴の中へ). **3**《話》《まれ》だまされる(bei/mit) et³ 事³で).

hi'nein|fin·den* ❶ 自 (in et⁴ 物⁴の中へ)入る道が分かる, 入って行ける. ❷ 再 (sich⁴) (in et⁴ 事⁴に)慣れる. *sich in eine neue Arbeit ~* 新しい仕事に慣れる.

hi'nein|flie·gen* ❶ 自 (s) **1** (ボールなどが)飛び込む, 飛んで入る. **2**《比喩》《話》窮地に陥る, 嫌な思いをする. ❷ 他 (飛行機などで)運び込む, 空輸する.

hi'nein|fres·sen* ❶ 他 (sich⁴) *sich in et⁴ ~* (虫などが)食って物⁴の中に入り込む; (錆(さび)などが)物⁴の中を浸食する; (のこぎり・切断機などが)物⁴の中に食い込んでゆく. ▶↑ fressen ① 5 ❷ 他 *et⁴ in sich⁴ ~*《卑》物⁴をがつがつ食う;《話》事⁴(とくに怒り・悲しみなど)をじっとこらえる. *seinen Ärger in sich ~* 怒りをじっとこらえる. (↑ fressen ① 3).

hi'nein|ge·hen* 自 (s) 中へ入って行く. *in den Gegner ~*《球技》相手選手に体当り攻撃(タックル)する;《ボクシング》接近戦にもちこむ. **2**《話》(in et⁴ 物⁴の中に)入る.

hi'nein|ge·ra·ten* 自 (s) (意図せずに)入り込む, 陥る(in et⁴ 物⁴に). *in eine unwegsame Gegend ~* 道なき道に迷い込む. *in eine schwierige Lage ~* 難しい状況に陥る.

hi'nein|knien 再 (sich⁴)《話》(in et⁴ 事⁴に)没頭する, 打ち込む.

hi'nein|kom·men* 自 (s) **1** (in et⁴ 物⁴の中に)入る. **2** (意図せずに)入り込む, 陥る(in et⁴ 物⁴に). **3** *in eine wichtige Stellung ~* 重要な地位に就く.

hi'nein|krie·chen* 自 (s) (その)中へ這い込む. *j hinten ~*《卑》人³にぺこぺこする.

hi'nein|las·sen* 他《話》中に入らせる, 中へ通す(in et⁴ 物⁴の). *Lass mich hinein!* 私を中へ入れて下さい(入れろ).

hi'nein|le·ben 再 (sich⁴) =einleben

hi'nein|le·gen ❶ 他 **1** (in et⁴ 物⁴の中へ)入れる. *die Wäsche in den Schrank ~* 下着をたんすにしまう. **2**《感情などを》移し入れる, 込める(in et⁴ 事⁴に). **3**《話》(hereinlegen)(人⁴を)だます, 欺(あざむ)く. **4** *et⁴ in j² Worte〈Verhalten〉 ~* 人の言葉〈態度〉から事⁴を勝手に読取る. ❷ 再 (sich⁴) (in et⁴ 物⁴の中へ)入る. *sich ins Bett ~* ベッドにもぐり込む.

hi'nein|pas·sen ❶ 自 (in et⁴ 物⁴に)ぴったり合う, きっちり収まる; (in et⁴ 事⁴に)なじむ. ❷ 他 (A⁴ in B⁴ を B⁴に)ぴったりはめ込む, うまく合せて入れる.

hi'nein|re·den 自 **1** (話に)口をはさむ, 話の腰を折る. **2** (人⁴に)口出しする, 介入(干渉)する(in et⁴ 事⁴の問題で). *Er ließ sich³ in seine Pläne nicht ~.* 彼は自分の計画に他人が口出しすることを許さなかった. **3**《地方》(in j³ 人³に)しきりに説き勧める, (を)説得しようとする. **4** *in et⁴ 物⁴の中へ/人⁴に向けて*)語りかける. *ins Dunkel ~* 暗闇の中へ声をかける. ❷ 再 (sich⁴) *sich in et⁴ ~* 話しているうちに事⁴の状態になる. *sich in Wut ~* 話しているうちに次第に激昂する.

hi'nein|rie·chen* 自《話》(in et⁴ ~ 事⁴(初めての仕事など)をとりあえずやってみる, かじってみる.

hi'nein|schau·en 自 =hineinsehen

hi'nein|se·hen* 自 **1** (in et⁴ 物⁴の中を)のぞき込む. *Er lässt sich³ in seine Arbeit〈sein Privatleben〉 nicht ~.*《比喩》彼は仕事のこと〈プライベートの生活〉を秘密にしている. **2**《話》*in seine Stammkneipe ~* 行きつけの店に立寄る.

hi'nein|ste·cken 他 **1** 挿し込む(in et⁴ 物⁴の中へ). **2**《話》(人⁴を)押込む, 詰込む. **3**《話》《金・時間など》をつぎ込む.

hi'nein|stei·gern 再 (sich⁴) 次第に引込まれる(in et⁴ 物⁴の中へと). *sich in Zorn ~* 次第に怒りを募(つの)らせる. *sich in ein Problem ~* 次第にある問題にのめり込む.

hi'nein|stür·zen ❶ 自 (s) **1** 落込む, 転落する(in et⁴ 物⁴の中へ). *kopfüber in die Grube ~* まっさかさまに穴の中に落ちる. **2** 慌(あわ)てて(急いで)駆込む. *ins Haus ~* 家の中へ駆込む. ❷ 他 **1** (人⁴を)突落す(in et⁴ 物⁴の中へ). **2**《話》(人⁴)(j³ in et⁴ 人⁴を事⁴へ)人⁴を陥(おとしい)れる. *j⁴ in Not und Elend ~* 人⁴を悲惨な境遇に陥れる. ❸ 再 (sich⁴) **1** 飛込む(in et⁴ 物⁴の中へ). *sich ins Wasser ~* 水の中に飛び込む. **2**《比喩》身を投じる, 没頭する(in et⁴ 事⁴に).

hi'nein|ver·set·zen ❶ 再 (sich⁴) (in j¹ / in j²

Lage 人^{4,2}の)身(立場)になって考える. ❷ [他] 《まれ》 (A^4 in B^4 A^{4}をB^{4}の中に)移し変える, 置き換える. ♦ 過去分詞 hineinversetzt

hi'nein|zie·hen* ❶ [他] **1** 引入れる, 引張り込む (in et^4 物^{4}の中へ). **2** 《話》 (j^4 in et^4 人^{4}を事^{4}の中へ)巻込む. j^4 in einen Skandal〈ein Gespräch〉 ~ 人^{4}をスキャンダルに巻込む〈話に引きずり込む〉. ❷ [自] (s) **1** 入って行く, 進み入る(in et^4 物^{4}の中へ). Der Zirkus *zog* in die Stadt *hinein*. サーカスが町にやって来た. **2** (in et^4 物^{4}の中へ)入居する; 引越す. in das Haus〈die Stadt〉 ~ その家に入居する〈都会に引越す〉.

hin|fah·ren ['hɪnfa:rən] ❶ [自] (s, h) **1** (s) (乗物で・乗物が)行く, 走って行く(ある場所へ). **2** (s) 《古》《雅》 立去る, 遠ざかる, 消え失せる. *Fahre hin*! さようなら(去るがいい). **3** (s) 《古》 死去する. **4** (h) (über et^4 物^{4}の上を)なでる, さする. j^3 über das Haar ~ 人^{3}の髪をなでる. ❷ [他] (乗物で)運ぶ, 乗せて行く. j^4 zum Bahnhof ~ 車で人^{4}を駅まで送る.

'Hin·fahrt ['hɪnfa:rt] [女] –/–en (↔ Rückfahrt) (乗物で)向こうへ行くこと; 往路. auf der ~ 往きに. *Hin*- und Her*fahrt* (乗物での)往復.

'hin|fal·len* ['hɪnfalən] [自] (s) **1** (a) 倒れる, 転倒する. der Länge nach ~ ばったりと倒れる. (b) 落ちる, 落下する. einen Teller ~ lassen 皿を落す. **2** 《雅》 (vor j^3 人^{3}の前に)跪(ひざまず)く. **3** 《成句として》《戯》 Wo die Liebe *hinfällt*! 恋は思案の外(意外な人に惚れたものだ).

'hin·fäl·lig ['hɪnfɛlɪç] [形] 《副詞的には用いない》 **1** 老衰した, 衰弱した, 虚弱な. ein ~*er* Greis よぼよぼの老人. **2** 《比較変化なし》 無効の, 効力のない, 不必要な. Diese Bestimmung〈Diese Verfügung〉 ist ~ geworden. この決定〈処分〉は無効になった.

'Hin·fäl·lig·keit [女] –/ **1** 衰弱, 衰え, 老衰. **2** 無効であること.

'hin|fin·den* [自] [再] (**sich**^{4}) (zu j〈et〉^{3} 人〈物〉^{3}に)通じる道を見つける.

'hin|flie·gen* ❶ [自] (s) **1** 飛んで行く. **2** 急いで行く, (飛ぶように)走って行く. **3** 《話》 転倒する, ひっくり返る. ❷ [他] (飛行機などで)運ぶ, 空輸する.

'hin|flie·ßen* [自] (s) 流れて行く.

hin'fort [hɪn'fɔrt] [副] 《雅》 今からは, 今後は, 将来は.

'hin|füh·ren ❶ [他] 連れて行く, 案内する, 導く. ❷ [自] (道が)通じている. Wo soll das ~? 《比喩》《話》 これはどんな結果になるのだろうか.

hing [hɪŋ] hangen, hängen^1 の過去.

'Hin·ga·be ['hɪnga:bə] [女] –/ (↓ hingeben) **1** 献身, 帰依(きえ); 専念, 熱意. die ~ an Gott 神への帰依. einen Kranken mit ~ pflegen 献身的に患者の看護をする. mit ~ Klavier üben 一生懸命にピアノの練習をする. **2** 《雅》《婉曲》 (女性が)肌を許すこと. **3** 《まれ》 手渡すこと, 引渡し, 交付.

'Hin·gang ['hɪngaŋ] [男] –[e]s/ 《雅》 (Tod) 死.

'hin·ge ['hɪŋə] hängen^1 の接続法 II.

'hin|ge·ben* ['hɪnge:bən] ❶ [他] **1** (人^{3}に物^{4}を)手渡す, 引渡す, 与える. **2** 投出す, 犠牲にする, 捧げる. *sein* Leben für j〈et〉^{4} ~ 《雅》 人〈物〉^{4}のために生命を捧げる. ❷ [再] (**sich**^{4}) **1** (事^{3}に)身を捧げる, 専念する, 没頭する. *sich seiner* Arbeit ganz ~ 自分の仕事に完全に没頭する. **2** (事^{3}に)身を任せる, ふける, 溺(おぼ)れる. *sich* dem Trunk ~ 飲酒に溺れる. **3** 《雅》《婉曲》 *sich* einem Mann ~ (女性が)男に肌を許す.

'hin·ge·bend [現分] [形] **1** 献身的な. ~*e* Pflege 献身的な看護(世話). **2** 熱心な.

'Hin·ge·bung [女] –/ =Hingabe 1

'hin·ge·bungs·voll [形] 献身的な; 熱心な.

hin'ge·gen [hɪn'ge:gən] [副] (dagegen) これに反して.

*'**hin|ge·hen*** ['hɪnge:ən ヒンゲーエン] [自] (s) **1** (ある場所へ)行く, 向こうへ行く; 立去る, 失せる; 《雅》 世を去る, 死ぬ; (時が)過ぎ去る. zu j〈et〉^{3} ~ 人〈物〉^{3}のところへ行く, (を)訪れる. Wo *gehst* du *hin*? どこへ行くんだい. Wo *geht* es hier *hin*? この道はどこに通じていますか. Über diese Ereignisse *gingen* Jahre *hin*. この出来事から何年かが過ぎた. **2** 《雅》 (視線などが)すべるように動く, かすめて行く(über et^4 物^{4}の上を). die Augen über et^4 ~ lassen 物^{4}の上に目を走らせる. **3** 《比喩》 まあまあ我慢(許容)できる, どうにか通用する. j^3 et^4 ~ lassen 人^{3}の事^{4}を大目に見る, 見のがしてやる. Das mag ~. それでいいことにしよう, 大目に見よう.

'hin|ge·hö·ren [自] 《話》 (ある場所に)置かれる(入れられる)べきものである. Wo *gehört* das *hin*? — Leg es dahin, wo es *hingehört*. これはどこに置いたらいいの — 元あった所に置いといて. ♦ wo, da, hier, dort とともに用いる.

'hin·ge·ris·sen [過分] [形] (↑ hinreißen) 魅了された, 心を奪われた.

'hin|hal·ten* [他] **1** 差出す. j^3 die Hand〈die Zigaretten〉 ~ 人^{3}に手を差しのべる〈煙草を差出す〉. den〈*seinen*〉 Kopf für et^4 ~ 《比喩》 事^{4}に対して全面的に責任を負う. **2** (a) (人^{4}を)希望を持たせて釣っておく, (に)気を持たせておく. Sie *hielt* ihren Freund lange *hin*. 彼女は長い間恋人に気を持たせて返事を延ばしていた. (b) (時間かせぎのために)引留める, 足止めする; (進行を)阻(はば)む, 食止める. *hinhaltender* Widerstand 〖軍事〗 (援軍が来るまでの間)敵の進行を食止めておく抵抗.

'hin|hän·gen^1* [自] 《話》《次の用法でのみ》 et^4 ~ lassen 事^{4}を棚上げにして放っておく.

'hin|hän·gen^2 [他] 《話》 (ある場所へ)掛ける, ぶら下げる. Wo darf ich meinen Mantel ~? 私のコートはどこに掛けたらいいですか.

'hin|hau·en* ❶ [自] (h, s) **1** (h) 《話》 打ってかかる, 切りつける. **2** (s) 《話》 勢いよく倒れる, ぶっ倒れる. der Länge nach ~ ばったりと倒れる. **3** (h) 《地方》 急ぐ. *Hau hin*! 急げ(急いでやれ). **4** (h) 《話》 (a) うまく行く, 成功する. Die Sache wird schon ~. この件はきっとうまく行くだろう. (b) 正しい, 適切である, 足りる, 十分である. (c) 好評を博する, 効果的である. ❷ [他] 《卑》 **1** (a) (物^{4}を)放り投げる, 投げつける, 投捨てる. (b) 《比喩》 (事^{4}を)不意に投出す(やめてしまう). *seine* Arbeit ~ 仕事を放り出す. **2** (a) (人^{4}を)地面に投倒す. (b) 《比喩》 (人^{4}を)驚かせる, 唖然とさせる, 狼狽させる. Das *haut* einen *hin*! これはおどろいた, 何たることだ. **3** 《侮》 (a) 急いでぞんざいに仕上げる(書き上げる). eine *hingehauene* Arbeit やっつけ(ずさんな)仕事. (b) (言葉を)吐く, ぶっきらぼうに述べる. ❸ [再] (**sich**^{4}) 《卑》 **1** 地面にひれ伏す, ぶっ倒れる. **2** 横になる, 身を横たえる. *sich* aufs Bett ~ 床につく.

'hin|hö·ren [自] 注意して聞く, 耳を傾ける.

'Hin·ke·bein ['hɪŋkə..] [中] –[e]s/–e 《話》 **1** びっこを引く足. **2** びっこの人.

'Hin·ke·fuß [男] –es/⸚e 《話》 =Hinkebein

'Hin·kel ['hɪŋkəl] [中] –s/– 《西中部ドイツ》 **1** ひよこ. **2** 《侮》 うすら馬鹿, 単細胞(の人).

*'**hin·ken** ['hɪŋkən ヒンケン] [自] (h, s) **1** (h) 片足を引きずって歩く, 歩行が不自由である. auf〈mit〉 dem rechten Fuß ~ 右足がびっこである. **2** (s) 片足を引

きずって歩いて行く. **3** (h) 完全(正確)でない; (喩(たと)えなどが)ぴったりでない; (詩句のリズムが)整っていない, 乱れている. Der *hinkende* Bote kommt nach!《話》悪い知らせはあとから来る, あとが怖い. der *Hinkende* Bote 凶報(過去の出来事や未来の予言を載せた民衆暦の名称).

'hin|kom·men* ❶ [自] (s) **1** (ある場所へ)行く, 到着する. Wo *kommen*⟨*kämen*⟩ wir *hin*, wenn…?《比喩》もし…としたら我々はどうなるのだろうか. **2**《話》(a) (ある場所に)置かれるべきである, 属している. Wo *kommen* die Bücher *hin*? これらの本はどこに置くのですか. (b) 紛失する, 失くなる. Wo ist der Hut *hingekommen*? あの帽子はどこへ行ったのだろう. **3**《話》間に合う, 十分である, 足りる(mit et^3 物^{3}で). Ich *komme* mit dem Geld nicht *hin*. これだけの金額ではやってゆけない. **4**《話》正しい, 合っている. Das Datum *kommt* ungefähr *hin* 大体その日の頃だ.
❷ [非人称]《話》うまくゆく. *Es* wird schon irgendwie ~. きっとなんとかなるだろう.

'hin|krie·gen [他]《話》**1** (事^{4}を)やり遂げる. Das hast du prima *hingekriegt*. 君はそれをまったくうまくやってのけたものだ. **2** j⟨et⟩^{4} wieder ~ 人⟨物⟩^{4}を直す, 正常に戻す. einen Kranken wieder ~ 病人を治す.

'hin·läng·lich ['hɪnlɛŋlɪç] [形]《述語的には用いない》十分な.

*__'hin|le·gen__ ['hɪnle:gən ヒンレーゲン] ❶ [他] **1** (ある場所に)置く, 横たえる, 寝かせる; 手から放す, 放る;《話》(人^{4}を)倒す. den Hörer ~ 受話器を置く. den Verletzten ~ 怪我人を寝かせる. *Leg* das Messer sofort *hin*! (子供にむかって)そのナイフをすぐに放しなさい. Es hätte mich beinah *hingelegt*.《話》驚いて目をまわしそうだったよ. **2**《話》(多額の金を)支払う. **3**《卑》(見事な芸・腕前を)披露する, 上手に演じて(踊って)みせる.
❷ [再]《sich^4》身体を横たえる, 横になる, 床につく;《話》(人が)倒れる. *sich* flach ~ べったり横になる. *sich* zum Sterben ~ 死の床につく. Da *legst* du *dich* [lang] *hin*!《話》本当にびっくりするよ. *Hinlegen*! 伏せ(軍隊の号令).

'hin|neh·men* ['hɪnne:mən] [他] **1** 受取る, 受入れる. Er *nahm* das Geld schweigend *hin*. 彼はその金を黙って受取った. et^4 als selbstverständlich ~ 事^{4}を当りまえのことだと考える. **2** (不運・侮辱などに)耐える, (を)甘受する. **3** j^4 mit ~《話》人^{4}を連れていく. Gott hat sie mit *hingenommen*. 神は彼女をお召しになった. **4**《物が主語》j^4 ~ 人^{4}の心を奪う, 感動させる; (を)わずらわす, 疲れさせる.

'hin|nei·gen ❶ [他] (et^4 zu j⟨et⟩^{3} 物^{4}を人⟨物⟩^{3}の方へ)傾ける.《再帰的に》*sich*^{4} zum Kind ~ 子供の方へ身をかがめる. ❷ [自] (zu et^3 事^{3}に)傾く; 心を惹かれる. Ich *neige* zu der Auffassung *hin*, dass… 私は…という考えに傾く.

'hin·nen ['hɪnən] [副] von ~《雅》ここから. von ~ gehen ここから立去る;《比喩》死ぬ.

'hin|raf·fen [他]《雅》(人^{4}の)命を奪う.

'hin|rei·chen ❶ [他] 差出す, 手渡す. j^3 ein Trinkgeld ~ 人^{3}にチップを渡す. ❷ [自] 足りる, 十分である. Das Geld *reicht* nicht *hin*. その金額では足りない.

'hin·rei·chend [現分] [形]《比較変化なし》十分な. ein ~*es* Einkommen 十分な収入. ~*e* Bedingung〘論理〙十分条件.

'Hin·rei·se [女] -/-n (↔ Rückreise) (旅行で)向こうへ行くこと; 往路. auf der ~ 行きに.

'hin|rei·sen [自] (s) (ある場所へ向けて)旅行に出る.

'hin|rei·ßen* [他] **1** (a) (人^{4}を)無理やり引張って行く. (b) (物^{4}を)強引に奪い去る, ひったくる. **2**《比喩》(人の)心を奪う, (を)魅了する. Der Sänger⟨Die Musik⟩ *riss* die Zuhörer *hin*. その歌手⟨音楽⟩は聴衆の心をすっかりひきつけた. j^4 zu et^3 ~ 人^{4}の心を奪って事^{3}をさせる. j^4 zur Bewunderung ~ 人^{4}を思わず感嘆させる.《過去分詞で》*Hingerissen* lauschten alle der Musik. 誰もがうっとりしてその音楽に聞き入っていた. **3**《次の成句で》sich^4 zu et^3 ~ lassen 我を忘れて事^{3}をしてしまう. Er ließ sich zu Tätlichkeiten ~. 彼はかっとなってつい暴力を振るってしまった.

'hin·rei·ßend [現分] [形] 人の心を奪う, うっとりとさせる. ~ spielen⟨singen⟩ うっとりとさせるような演奏(演技)をする⟨歌を歌う⟩. eine ~ schöne Frau 思わず見とれるような美人.

'hin|rich·ten ['hɪnrɪçtən] [他] **1** 処刑する, 死刑に処する. j^4 durch Erhängen ~ 人^{4}を絞首刑にする. **2**《話》(人^{3}に事^{4}を)用意する.

'Hin·rich·tung [女] -/-en 処刑.

'hin|sa·gen [他] (事^{4}を)何げなく言う.

'hin|schei·den* [自] (s)《雅》亡くなる, 他界する.

'hin|schla·gen* [自] (h, s) **1** (h) (狙って)打つ(叩く, 殴る), 打ち(叩き, 殴り)つける, 打ちかかる. **2** (s)《話》ばたっと倒れる. auf dem Eis ~ 氷の上で転ぶ.

'hin|schlep·pen ❶ [他] **1** (ある場所へ)引きずって行く. **2**《話》(人^{4}を)無理やり引張って(連れて)行く. ❷ [再]《sich^4》**1** (疲労・衰弱のため)足を引きずるようにして歩いて行く. **2** だらだらと事が運ぶ, 長びく. Der Prozess *schleppte sich* über Jahre *hin*. 訴訟はずるずると何年も続いた.

'hin|schmei·ßen* [他] [再]《sich^4》《話》=hinwerfen

'hin|schrei·ben* ❶ [他] **1** (ある場所に)書く. **2** 走り書きする. ❷ [自]《話》(役所・会社などに)手紙を書く.

'hin|se·hen* [自] 見やる, 目をやる.

'hin sein*, °**'hin|sein*** [自] (s)《話》**1** (a) 失われて(なくなって)いる. Hin *ist hin*. 失われた(壊れた)ものは取戻しようがない. Alles *ist hin*! すべてはおしまい(万事休す)だ. (b) 壊れて(故障して)いる. Die Vase *ist hin*. 花瓶が壊れた. (c) (会社などが)つぶれている. Die Firma *ist hin*. 会社は倒産した. **2** (a) 疲れ果てている. (b) 死んでいる. **3** (a) 心を奪われている, 夢中になっている(von et⟨j⟩^{3} 物⟨人⟩^{3}に). Sie *waren* von ihrer Schönheit ganz *hin*. 彼らはすっかり彼女の美しさのとりこになっていた. (b) 惚れ込んでいる(in j^4 人^{4}に). Er *ist* ganz *hin* in sie. 彼は彼女に首ったけだ. **4** 出かけて(立去って)いる. Er *ist* gerade *hin* zu ihr. 彼はあいにく彼女の家に行ってしまった. **5** 酔っぱらっている. **6**《bis と》続く, 継続する. Bis es soweit ist, dürfte es noch eine Weile ~. そうなるまでにはまだ暫くかかるだろう.

'hin|set·zen ['hɪnzɛtsən] ❶ [他] (人^{4}をある場所に)すわらせる; (物^{4}をある場所に)置く, 据える; (荷物などを)降ろす. ❷ [再]《sich^4》**1** すわる; 机に向かう. **2**《話》尻もちをつく. **3**《比喩》《話》びっくり仰天する.

*__'Hin·sicht__ ['hɪnzɪçt ヒンズィヒト] [女] -/-en《複数まれ》観点, 点; 関係. in dieser⟨gewisser⟩ ~ この⟨ある⟩点で(は). in jeder ~ どの点から見ても. in wirtschaftlicher ~ 経済的には. in ~ auf et^4 事^{4}に関して(は).

'hin·sicht·lich ['hɪnzɪçtlɪç] [前]《2 格支配》《書》…に関して, …について.

hin·stel·len ['hɪnʃtɛlən ヒンシュテレン] ❶ 他 **1** (ある場所に)置く, 立てる; (職場などに)配置する; (荷物などを)降ろす. *Stell den Stuhl hier hin!* その椅子をここに置け. **2** j⟨et⟩⁴ als ~... ~ 人⟨物⟩⁴を...と評価する, 称する, 呼ぶ. j⁴ als dumm⟨Dummkopf⟩ ~ 人⁴を馬鹿呼ばわりする. j³ als Vorbild ~ 人³に人を模範にすべき人物として挙げる.
❷ 再 (sich) **1** (ある場所に)立つ, 位置する. *sich vor j⁴ ~* 人⁴の前に(行って)立つ. **2** (als ...)と自称する. *sich als unschuldig ~* 無実を名のる. *sich als guter Christ*⟨古 als guten Christ⟩ ~ 善良なキリスト教徒と自称する.

'hin·steu·ern 他 **1** (ある場所へ向けて)舵を取る; (ある場所へ向けて)運転(操縦)する. *das Schiff zum Ufer ~* 船の進路を岸の方へ向ける. ❷ 自 (s) **1** (ある方向へ)進路を取る, 向かっていく. *Das Schiff steuerte zum Ufer hin.* 船は岸の方へ進路を取った. **2** 《比喩》(auf et⁴ 事⁴を)目指す, もくろむ. *Das Land steuert auf einen Krieg hin.* その国は戦争へと向かっている.

'hin·stre·cken ❶ 他 **1** (物⁴を)差出す. j³ *zur Begrüßung die Hand ~* 人³に挨拶の手を差しのべる. **2** 《古》(人⁴を)殺す, 倒す. ❷ 再 (sich) **1** 長々と横になる, 寝そべる. **2** 伸びている, 広がっている.

'hin·stür·zen 自 (s) **1** 倒れる, 転倒する. **2** (zu et⁴ 物⁴へ)突進する, 急いで行く.

hint·an.. [hɪntan..] 《分離前つづり / つねにアクセントをもつ》《雅》「最後に, 後に続いて」の意を表す》. **2** 《比喩》(『あと回しで, 無視して』) *hintan*setzen あと回しにする, 無視する.

hint'an·set·zen 《雅》**1** あと回しにする. **2** なおざりにする, 無視する.

hint'an·stel·len 他 《雅》なおざりにする, 無視する.

'hin·ten ['hɪntn̩ ヒンテン] 副 (↔ vorn[e]) 後ろで, 後方に; 裏側に, 背後に; 奥に, 後尾に. sich⁴ ~ anstellen (列の)後ろに並ぶ. ~ bleiben (前に出ないで)引っ込んでいる; (順位などが)尻の方から上がらない. et⁴ ~ haben《地方》物⁴をためこんでいる. j³ ~ hineinkriechen《卑》人³にぺこぺこする. ~ sein (発育・仕事の進み具合などが)遅れている. ~ im Auto sitzen 車の後ろの席に座っている. ~ im Buch 本の巻末に. ganz ~ in der Schublade 引出しの一番奥に. 《*hinten und vorn*[e] または *vorn*[e] *und hinten* の形で》《話》sich⁴ ~ und vorn[e] bedienen lassen 何から何まで人の世話になる. es j³ ~ und vorn[e] reinstecken《侮》人³に(気に入られようと)あれこれ金品を与える. nicht [mehr] wissen, wo ~ und vorn[e] ist もうどうしていいのか分からない. *Das Geld reicht* ~ *und vorn*[e] *nicht.* このお金では全然足りない. et⁴ von vorn[e] und ~ betrachten 事⁴をあらゆる面から観察(考察)する. 《前置詞と》von vorn[e] bis ~ 初めから終わりまで, 全部. nach ~ fallen 仰向けに倒れる. *Das Fenster geht nach* ~. 窓は家の裏手に面している. j⁴ von ~ ansehen《卑》人⁴に目もくれない. j⁴ am liebsten von ~ sehen 人⁴の顔も見たくない. *Das ist von* ~ *bis vorn*[e] *gelogen.* それはまるっきり嘘だ. j⁴ von ~ überfallen 人⁴を背後から襲う. ein Stich von ~ 背後からの一突き; 《陰険な》あてこすり. von ~ durch die Brust [ins Auge]《戯》回りくどく; 不正に, 裏口から.

'hin·ten·drein ['hɪntn̩draɪn] 副 =hinterdrein

'hin·ten·he·rum ['hɪntn̩he'rʊm] 副《話》**1** (a) うしろ(裏)を回って, うしろ(裏)から. (b) 尻の辺りに. **2**《話》裏からこっそりと, 密かに, 不法手段で. et⁴ ~ erfahren 事⁴を密かに聞き知る. *Waren* ~ *bekommen* 商品を闇⟨ヤミ⟩で手に入れる.

'hin·ten'nach ['hɪntn̩'naːx] 副《南独・オーストリア》**1**《空間的》後ろから. **2**《時間的》あとから, あとで.

'hin·ten'über ['hɪntn̩|yːbər] 後ろへ, 後方に, 仰向けに.

'hin·ter ['hɪntər ヒンター] ❶ 前 《3・4格支配》場所を示す場合は3格に, 方向を示す場合は4格を支配する. 定冠詞 dem, den, das と融合して, それぞれ hintern, hintern, hinters となり, 代名詞と融合して dahinter, wohinter, hintereinander となる. ① 《3格支配》**1**《場所・位置》...の後ろに, ...の裏に, ...の向こうに. ~ dem Haus 家の後ろに. einer ~ dem anderen gehen 相前後して(1列になって)歩いて行く. die Tür ~ sich³ schließen 出た(入った)あとドアを閉める. ~ der Säule hervortreten 柱のかげから現れる. j⁴ ~ sich³ lassen《比喩》(競走・成績などで)人⁴を引きはなす. eine Stadt ~ sich³ lassen ある町を(永久に)去る. ~ j³ stehen《比喩》人³の後ろに控えている(後ろ盾である). **2**《時間的》人⁴の後ろからついて行く. ~ j⟨et⟩³ her gehen 人⁴の後ろからついて行く. ~ j⟨et⟩³ her sein 人⟨物⟩³のあとを追っている; 人³の尻を追回している⟨物³を追い求めている⟩. **3**《時間的》...のあとに, ...に後れて. die Generationen, die ~ uns kommen 私たちのあとに来る世代. ~ j³ an die Reihe kommen 人³のあとに順番がくる. *Der Zug ist zehn Minuten* ~ *der Zeit.* 《地方》その列車は10分遅れている. **4**《*hinter sich³ haben* の形で》(仕事などを)終えた, (ある距離を)進んだ. *zwei Kilometer* ~ *sich haben* 2キロメートル進んだ. *Das Schlimmste haben wir* ~ *uns.* 最悪の状況を私たちは乗り越えた. **5**《順位・序列》...より劣って, ...の下位に. ~ j³ zurückstehen 人³にひけをとる.

② 《4格支配》**1**《運動の方向》...の後ろへ, ...の裏へ, ...の向こうへ. sich⁴ ~ j⁴ setzen 人⁴の後ろに座る. sich⁴ ~ j⁴ stecken《比喩》人⁴に代弁してもらう. sich⁴ ~ j⁴ stellen《比喩》人⁴の後ろ盾になる, 人⁴を支持する. ~ j² Geheimnisse kommen 人²の秘密を知る. **2**《時間的》...のあとへ; 《まれ》...より以前に. et⁴ ~ sich⁴ bringen 事⁴を終える, 済ませる. ~ den Ersten Weltkrieg zurückreichen 第1次世界大戦以前にさかのぼる. **3**《順位・序列》...の下位へ. *Er ist in seinen Leistungen* ~ *seine Vorgänger zurückgefallen.* 彼は業績が彼の前任者たちより落ちた.

❷ 副《地方》(nach hinten) 後ろへ, 裏へ, 向こうへ. ~ in den Garten gehen 裏の庭へ行く.

❸ 形《付加語的にのみ用いる》(↔ vorder) 後ろの, 奥の. die ~*en* Räder des Wagens 車の後輪. *in der* ~*sten Reihe* 最後列に.

hin·ter.. [hɪntər..] ❶ 《分離前つづり / つねにアクセントをもつ》「後ろへ, 裏へ」などの意を表す》*hinter*bringen 後ろ(裏)へ運ぶ. ❷《非分離前つづり / つねにアクセントをもたない / 抽象的な意味の他動詞をつくる》*hinter*bringen こっそり伝える.

'Hin·ter·ach·se 女 -/-n《自動車》後車軸.
'Hin·ter·an·sicht 女 -/-en (建物の)背面, 裏側.
'Hin·ter·ba·cke 女 -/-n《大複数で》尻, 臀部.
'Hin·ter·bein 中 -[e]s/-e (↔ Vorderbein) (四足動物の)後脚. sich⁴ auf die ~e stellen⟨setzen⟩ 後脚で立つ; 《比喩》《話》抵抗(反抗)する; 努力する, 奮起する.

Hin・ter・blie・be・ne [hɪntərˈbliːbənə] 男 女《形容詞変化》《多く複数で》遺族.

'**hin・ter'brin・gen** 他 **1**《東中部・南ドイツ・オーストリア》後ろの方〔奥〕へ運ぶ. **2**《東中部ドイツ》飲込む, 飲下す.

hin・ter'brin・gen² * 他 (人³に事⁴を)こっそり伝える, 告げ口する, 密告する.

hin・ter'drein [hɪntərˈdraɪn] 副 **1**《空間的》後ろから, うしろに. **2**《時間的》あとから, あとで.

'**Hin・te・re** ['hɪntərə]《形容詞変化》❶ 男 後ろの人. ❷ 男《話》(Hintern) 尻(しり).

*****hin・ter・ei'nan・der** [hɪntərˌaɪˈnandər ヒンターアィナンダー]副 (hinter + einander) **1**《空間的》前後に並んで, 次々に. sich⁴ ~ aufstellen 縦1列に並ぶ. **2**《時間的》続けて, 連続で. an drei Tagen ~ 3日間連続で. acht Stunden ~ arbeiten 8時間ぶっとおしで働く.

Hin・ter・ei・nan・der・schal・tung 女 -/-en《電子工》直列接続.

'**Hin・ter'es・sen** * 自 他《東中部ドイツ》残らず食べる, 飲込む.

'**hin・ter'fot・zig** [..fɔtsɪç] 形《卑》(バイエルン)陰険な, ずる賢い. (↓ Fotze)

hin・ter'fra・gen 他 (事⁴の生じた)背景を尋ねる, 裏を探る.

'**Hin・ter・fuß** 男 -es/-̈e (↔ Vorderfuß) (動物の)後ろ足.

'**Hin・ter・ge・bäu・de** 中 -s/- = Hinterhaus

'**Hin・ter・ge・dan・ke** 男 -ns/-n 底意, 下心. ohne ~ n 腹を割って, 腹蔵なく. ◆格変化は Gedanke 参照.

'**hin・ter'ge・hen**¹* 自 (s)《地方》《話》後ろへ行く, 裏に回る.

*****hin・ter'ge・hen**²* [hɪntərˈgeːən ヒンターゲーエン] 他 **1** だます, 欺く. Er hat seine Frau mit einer anderen hintergangen. 彼は他の女と浮気をして妻を裏切った. **2**《まれ》《故意に》避ける, 無視する. die Antwort ~ 質問をはぐらかす.

*****'**Hin・ter・grund** ['hɪntərgrʊnt ヒンターグルント] 男 -[e]s/-̈e **1** (↔ Vordergrund) (風景・絵・舞台などの)背景, 遠景, 後景; (物の)後部, 奥. Im ~ sieht man die Alpen. 背景にアルプスが見える. im ~ bleiben / sich⁴ im ~ halten 引っこんでいる, 目立たない, 前面に出ない. im ~ stehen あまり注目されない(目立たない). j(et)⁴ in den ~ drängen (勢い・力量など)人〈物〉⁴を圧倒する, (を)押し退けて(てのさばる). in den ~ treten〈rücken / geraten〉重要でなくなる, 注目されなくなる, 等閑に付される. **2** (事件などの)背景, 背後関係; 隠れた事情, 周囲の状況. der politische〈gesellschaftliche〉 ~ 政治的〈社会的〉背景. die Hintergründe einer Tat aufdecken ある行為(犯罪など)の背後関係を暴く. et⁴ im ~ haben〈話〉裏に事⁴(企み・魂胆など)がある; 物⁴を貯えて〈隠して〉いる.

'**hin・ter'grün・dig** [..gryndɪç] 形 ~ vordergründig) 見極め難い, 計り難い, 意味深長な, 奥深い. ein ~ es Lächeln いわくありげな(謎めいた)微笑.

'**Hin・ter・grund・mu・sik** 女 (映画・喫茶店・レストランなどの)バックに流れる音楽, バックグラウンドミュージック.

'**Hin・ter・halt** ['hɪntərhalt] 男 -[e]s/-e《複数まれ》 **1** (a) 待伏せの場所, 隠れ場. im ~ liegen〈lauern〉待伏せている. et⁴ im ~ haben〈話〉物⁴を蓄えている. (b)《比喩》わな, 陥穽(かんせい). in einen ~ des Feindes fallen〈geraten〉敵のわなにはまり込む. **2**《古》(a) (Zurückhaltung) 遠慮, 控え目. (b) (Rückhalt) 支え, 後援, 後ろ楯.

'**hin・ter'häl・tig** [..hɛltɪç] 形 下心〈悪意〉のある, 陰険な, 意地悪い, 狡猾な. eine ~ e Frage 意地の悪い質問. ~ es Lächeln 陰険な笑み.

'**Hin・ter・hand** 女 -/- (↔ Vorhand) **1** (犬や馬などの)後脚部. **2**《トランプ》最後にカードを出す人. et⁴ in den ~ haben〈話〉物⁴を奥の手に残している; (が)とってある.

'**Hin・ter・haupt** 中 -[e]s/-er《解剖》後頭部.

'**Hin・ter・haus** -es/-̈er **1** (通りに面した)建物の裏側部分. **2** (通りに面していない)裏庭にある建物.

*****hin・ter'her** [hɪntərˈheːr, ─ ─ ─ ヒンターヘーア] 副 **1**《空間的》後ろから(ついて). Sie rannten los, er voran, die anderen ~. 彼らは駆け出した, 彼を先頭に, その後ろから他の者たちが. **2**《時間的》あとから, あとになって. Er konnte sich ~ an nichts mehr erinnern. あとになると彼はもう何ひとつ思い出せなかった. ◆↑ hinterher sein

hin・ter'her'lau・fen 自 (s) **1** (人³の後ろを)急いで追う; (の)後ろからついて行く. **2**《話》(人〈物〉³を)ふり構わず追求める. einem Mädchen ~ 女の子を追っかけ回す.

hin・ter'her sein*, ° **hin・ter'her|sein**² 自 (s) 《話》 **1** 遅れている(in〈mit〉 et³ 事⁴の点で). Das Kind ist in seiner Entwicklung etwas hinterher. その子供は成長がいくらか遅れている. **2** (人〈物〉³を)追回す. einem Dieb ~ 泥棒を捜索する. **3** (hinterherlaufen) (人〈物〉³を)なりふり構わず追求める. Diesem Buch bin ich schon lange hinterher. この本をずっと長い間探していた. **3** 気を配る(人³に); 見張る. Ich bin sehr hinterher, dass das Kind rechtzeitig schlafen geht. 子供が時間通りに寝に行くように私はしっかり気を配っている.

'**Hin・ter・hof** 男 -[e]s/-̈e (建物に囲まれて日当りの悪い)裏庭.

'**Hin・ter・in・di・en** 《地名》インドシナ半島.

'**Hin・ter・kopf** 男 -[e]s/-̈e 後頭部. et⁴ im ~ haben〈behalten〉《話》事⁴を憶えている, 記憶している.

'**Hin・ter・land** 中 -[e]s/-e **1** 後背(地)地(都市・港湾などの後方地域), ヒンターランド. **2**《軍事》(前線の)後方.

'**hin・ter|las・sen**¹* 他《地方》後ろ(向こう側)に行かせる.

*****hin・ter'las・sen**²* [hɪntərˈlasən ヒンターラセン] 他 あとに残す; 書残す, 言い置く; (遺産として)残す. ein großes Vermögen〈viele Schulden〉 ~ 莫大な財産〈多額の借金〉を残す. bei j³ einen guten Eindruck ~ 人³にいい印象を残す. hinterlassene Schriften 遺稿〈遺文〉集.

Hin・ter'las・sen・schaft 女 -/-en (↓ hinterlassen²) **1** 遺産, 遺品. **2** (去った人が残していった物; 《話》やり残した仕事.

'**hin・ter'las・tig** 形 (船・飛行機などが)後部に荷を積み過ぎた, 尻下がりの.

'**hin・ter|le・gen**¹ 他《地方》後ろへ置く.

hin・ter'le・gen² 他 (物⁴を)保管してもらう; (担保・手付金として)預ける; 《法制》(お金・有価証券などを)供託する, 寄託する. den Schlüssel beim Portier ~ 鍵をフロントに預ける.

Hin・ter'le・gung 女 -/-en (担保・手付金などの)預け入れ; 《法制》供託.

'**Hin・ter・leib** 男 -[e]s/-er《生物》(昆虫の)腹部.

'**Hin・ter・list** 女 -/-en **1**《複数なし》陰険さ, ずる賢

さ. **2**《複数まれ》悪だくみ,陰謀,罠(な).
hin·ter·lis·tig ['hɪntərlɪstɪç] 厖 陰険な,ずる賢い,意地の悪い. et⁴ zu ~en Zwecken/für ~e Zwecke〉 verwenden《戯》物⁴をお尻を拭くのに使う(↑ Hintern との連想から).
hin·term ['hɪntərm]《話》前置詞 hinter と定冠詞 dem との融合形.
'Hin·ter·mann ['hɪntərman] 男 -[e]s/⸚er **1** 後ろの人;後続車(船). **2**《金融》(手形の)次の裏書人. **3**《多く複数で》(テロ・暴動などの)黒幕. **4**《秘密の》情報提供者. **5**《球技の》後衛,バックス.
'Hin·ter·mann·schaft 囡 -/-en《スポ》後衛,バックス.
'hin·tern ['hɪntərn]《話》前置詞 hinter と定冠詞 den の融合形.
'Hin·tern ['hɪntərn] 男 -s/-(↓Hintere)《話》**1**(Gesäß) 尻(と). j³ den ~ verhauen〈versohlen〉 人³の尻をたたく. sich³ den ~ wischen お尻を拭(ぬ)く. sich³ auf den〈seinen〉 ~ setzen 尻餅をつく,腰をおろす. **2**《慣用的表現で》sich⁴ auf den ~ setzen 腰を据えて取組む(仕事や勉強などに). j³ in den ~ kriechen / j³ den ~ lecken《卑》人³に取入る,へつらう. den ~ betrügen《戯》嘔吐(だ)する,吐く. j⁴ in den ~ treten 人³⁴にはっぱをかける,(の)尻をたたく. j⁴ in den ~ beißen 人⁴を背後から襲う,(に)不意打をくらわす. Ich könnte〈möchte〉mir〈mich〉in den ~ beißen, weil ich das getan habe. そんなことをしてしまって自分の尻にかみつきたいくらいだ(それ程後悔している). j³ mit dem [nackten] ~ ins Gesicht springen《卑》腹を立てて人³につかみかからんばかりになる. sich³ mit et⁴ den ~ abwischen《卑》物⁴を全く無用な物(便所紙同然)とみなす.
'Hin·ter·rad 中 -[e]s/⸚er 後輪.
'Hin·ter·rad·an·trieb 男 -[e]s/《自動車》後輪駆動.
'hin·ter·rücks ['hɪntərryks] 副 **1** 後ろから. j⁴ ~ überfallen 人⁴を背後から襲う. **2** 陰で,こっそり. **3**《地方》後ろへ,後ろ向きに.
'hin·ters ['hɪntərs]《話》前置詞 hinter と定冠詞 das との融合形.
'Hin·ter·schiff 中 -[e]s/-e 船の後部.
'Hin·ter·sei·te 囡 -/-n **1** (Rückseite) 後ろ側,裏面. **2**《話》尻.
'Hin·ter·sinn 男 -[e]s/ 裏の意味;(背後にある)より深い意味.
hin·ter·sin·nen [hɪntər'zɪnən] 再《sich⁴》《南ド・スイス》あれこれ思い悩む.
'hin·ter·sin·nig [..zɪnɪç] 厖 **1** 隠れた(裏)の意味の,深い意味の隠された. eine ~e Geschichte 意味深長なお話. **2**《южД》憂鬱になる,ふさぎこんだ.
'Hin·ter·sitz 男 -es/-e 後ろの座席.
'hin·terst ['hɪntərst] 厖《hinter の最上級》一番後ろの;一番奥の.
'Hin·ter·ste·ven 男 -s/- 《船員》船尾材.
'Hin·ter·teil ❶ 中 -[e]s/-e《話》尻. aufs〈auf sein〉 ~ fallen 尻もちをつく. ❷ 中(男) -[e]s/-e(ま れ) 後部分.
'Hin·ter·tref·fen 中 **1**《話》《慣用句で》ins ~ geraten〈kommen〉 不利な状況に陥る,後れをとる. j〈et〉 in ~ bringen 人⁴を不利な(恵まれない)状況に追いやる〈事⁴に不利益をもたらす〉. im ~ sein / sich⁴ im ~ befinden 不利な状況にある,後れをとっている.

2《古》(戦闘での)後方部隊,後衛.
hin·ter'trei·ben* 他《計画・意図などを》つぶす,妨害する.
Hin·ter'trei·bung 囡 -/-en《複数まれ》妨害,阻止.
'Hin·ter·trep·pe 囡 -/-n 裏口に通じる階段.
'Hin·ter·trep·pen·ro·man 男 -s/-e (低俗な)娯楽小説.
'Hin·ter·tür 囡 -/-en 裏口;抜け道. sich³ eine ~ offen halten〈lassen〉 逃道をあけておく.
'Hin·ter·wäld·ler [..veltlər] 男 -s/-《侮》田舎者.
'hin·ter·wärts [..verts] 副《古》後ろへ,後方へ.
'hin·ter'zie·hen¹* 他 **❶** 引き下げ引張る. ❷(自)《s》裏へ引っ越す,奥(裏)の部屋へ移る.
hin·ter'zie·hen²* 他(税金などを)ごまかす,着服する.
Hin·ter'zie·hung 囡 -/-en (税金などの)詐取(なく),横領,着服.
'Hin·ter·zim·mer 中 -s/- 奥(後ろ側)の部屋.
'hin·tun*《ある場所に》置く. Wo soll ich das Glas ~? このグラスはどこに置きましょうか.
***hi'nü·ber** [hɪ'ny:bər] ヒニューバー 副 **1**(越えて)あちらへ,向こう側へ. **2**《sein》《話》(a) 壊れて,腐って,使い古されて,破産して. (b) 死んで. (c) 眠り込んで,酔って,意識を失って. (d) 陶酔して. (e)(あちらへ)出かけて. Sie ist gerade ~ zu ihm. 彼女はちょうど彼の所へ行ってしまっている.
hi·nü·ber.. [hɪny:bər..]《分離前つづり/つねにアクセントをもつ》「(越えて)あちらへ」の意を表す. *hinübergehen* 向こうへ行く.
hi'nü·ber|bli·cken 自 (向こうの方を)見やる;(zu〈nach〉j〈et〉³) 人〈物〉³の方を見る.
hi'nü·ber|fah·ren* **❶** 自《s》(乗物で(が))向こうへ行く. über die Grenze nach Österreich ~ 国境を越えてオーストリアへ行く. **❷** 他(乗物で)向こうへ運ぶ(連れて行く).
hi'nü·ber|ge·hen* **❶**《s》**1** 向こうへ行く(über et⁴ 物⁴を越えて);(zu j⁴ 人³の所へ)出かけて行く. zu den Nachbarn ~ ご近所を訪ねる. **2**《婉曲》死ぬ.
hi'nü·ber|kom·men* **❶**《s》**1** 向こうへ行く. **2** zu j³ ~《話》(近くにいる)人³を訪ねる.
hi'nü·ber|rei·chen ❶ (越えて)向こうへ届く,達する. **❷** 他(向うの人³に物⁴を)渡してあげる.
hi'nü·ber sein*, °**hin'über|sein*** 自《s》↑hin·über 2
hi'nü·ber|set·zen ❶ 自 **1** 跳び越える(über et⁴ 物⁴を). über einen Fluss ~ 川をボートで渡る. ❷ 他 (人⁴物⁴を)向こうへ置く,向こう岸へ渡す.
hi'nü·ber|zie·hen* **❶** 他 向こうへ引っ張って行く. j⁴ [zu sich³] ~ 人⁴を向こうへ引入れる. ❷ 自《s》**1**(向こう側の住居などに)引越す. **2** 向こう側へ進行して行く(煙などが)流れて行く. ❸ 再《sich⁴》向こうへ伸びている,広がっている(土地などが).
Hin-und-her'fah·ren [hɪn|ʊnt'he:r..] 中 -s/ (乗物で)気ままにあちこち行くこと.
***hi'nun·ter** [hɪ'nʊntər] ヒヌンター 副 (あちらの)下へ,下の方へ. den Berg〈den Fluss〉 ~ 山〈川〉をおりて. ~ nach Bayern fahren 南下してバイエルンへ行く.
hi·nun·ter.. [hɪnʊntər..]《分離前つづり/つねにアクセントをもつ》「(あちらの)下へ」の意を表す. *hinunterstürzen* 向こうへ落ちる.
hi'nun·ter|ge·hen* 自《s》**1** 下りて行く. die Treppe ~ 階段を下りて行く. **2**《話》(道が)下りにな

hi'nun·ter|schlu·cken 他 飲込む, 飲下す. *seinen* Zorn ⟨Verdruss⟩ ~ 〈比喩〉怒り〈不愉快な気持〉を表に出さずにぐっとこらえる. eine Antwort ~ 〈比喩〉返事(返答)を飲込む.

hi'nun·ter|stür·zen* ❶ 自(s) **1** 向こうへ落ちる. die Treppe ~ 階段からころげ落ちる. **2** 〈話〉駆け下りる. ❷ 他 (人〈物〉⁴を)突落す; (飲物を)大慌(淦)てて飲込む. ❸ 再 《sich⁴》飛下りる.

hi'nun·ter|wür·gen 他 やっとの思いで飲込む. die Tränen ~ 〈比喩〉涙をこらえる.

hi'nun·ter|zie·hen* ❶ 他 下へ引張る, 下の方へ引張って行く. ❷ 自(s) **1** (下の方へ)移動して行く. **2** 〈話〉下の階へ移る, 引越す. ❸ 再 《sich⁴》下へ向かって伸びている, 広がっている(土地など).

'hin·wärts ['hɪnvɛrts] 副 あちらへ, 向こうへ.

hin'weg [hɪn'vɛk] 副 **1** 〈雅〉去った. *Hinweg* mit euch! お前たちは出て行け. **2** 《über et⁴ hinweg の形で》j⟨et⟩⁴ über *seine* Brillengläser ~ ansehen 眼鏡のガラス越しに人〈物〉³を見る. über viele Jahre ~ 長年に渡って. ◆ ↑hinweg sein

'Hin·weg ['hɪnveːk] 男 -[e]s/-e (↔ Rückweg) (目的地への)行程. auf dem ~ 往きに.

hin'weg|ge·hen* [hɪn'vɛk..] 自(s) **1** 無視する, 黙殺する(über j⟨et⟩⁴ 人〈物〉⁴を). Er *ging* mit einem Achselzucken über meinen Einwand *hinweg*. 私が異議を唱えるのに対して彼は肩をすくめつつそれを聞き流した. **2** 越えて行く, 通り過ぎて行く(über j⟨et⟩⁴ 人〈物〉⁴の上を). Zwei Weltkriege sind über Europa *hinweggegangen*. 2度の大戦が欧州の上を通り過ぎて行った.

hin'weg|hel·fen* 自 (j³ über et⁴ 人³が事⁴を)乗越える(克服する)のを助ける.

hin'weg|kom·men* 自(s) (über et⁴ 事⁴を)乗越える, 克服する.

hin'weg|re·den 自 (über et⁴ 事⁴を)言わずじまいにする, (に)触れないですます.

hin'weg|se·hen* 自 **1** (über j⟨et⟩ 人〈物〉⁴越しに)向こうを見る. **2** (über j⟨et⟩ 人〈物〉⁴を)無視する, 問題にしない; 見て見ぬふりをする. total über ihn ~ 完全に彼を無視する. taktvoll über eine Ungeschicklichkeit ~ 不手際を大目に見る.

hin'weg|sein*, **°hin'weg|sein*** 自(s) 〈話〉(über et⁴ 事⁴を)乗越えて(克服して)いる. Er *ist* über seine Enttäuschung *hinweg*. 彼は落込んでいたのではもう立直った.

hin'weg|set·zen [hɪn'vɛkzɛtsən] ❶ 自(s, h) 跳越える(über et⁴ 物⁴を). ❷ 再 《sich⁴》〈比喩〉無視する; 克服する, 乗越える(über et⁴ 事⁴を).

hin'weg|täu·schen* 他 (j⁴ über et⁴ 人⁴が事⁴に気づかないように)欺(は)く, だます. ❷ 再 《sich⁴》(über et⁴ 事⁴を)見ないようにする. Man darf *sich* nicht darüber ~, dass... ...ということから目をそらしてはいけない.

'Hin·weis ['hɪnvaɪs] 男 -es/-e 指示, 指摘; 示唆(しさ), ヒント; (簡単な)情報. j³ einen ~ geben 人³に指示(示唆)を与える. ~e aus der Bevölkerung 住民からの情報. unter ~ auf et⁴ 事⁴に言及して; (を)考慮して.

'hin|wei·sen ['hɪnvaɪzən] ヒンヴァイゼン 自他 **1** (auf et⟨j⟩⁴ 物〈人〉⁴を)指し示す, 指示する. den Finger auf et⁴ ~ 物⁴を指さす. *hinweisendes* Fürwort 《文法》指示代名詞. **2** (auf et⁴ 事⁴を)指摘する, (事⁴への)注意を促す; (ある状況を)示す, 示唆する. auf einen Übelstand ~ 弊害を指摘する. Es wurde darauf *hingewiesen*, dass... ...ということが指摘(示唆)された. j⁴ auf et⁴ ~ 人⁴に事⁴を指摘する, 気づかせる.

'hin|wen·den* ❶ 他 そちらへ向ける. den Kopf zu j⟨et⟩³ ~ 人〈物〉³の方へ顔を向ける. ❷ 再 《sich⁴》(zu j⟨et⟩³ 人〈物〉³の方へ)向く, 注意を向ける; (願い事などを持って)向かう. Wo kann man *sich* mit dieser Frage ~? この件はどなたに(どこで)尋ねればいいのですか.

'hin|wer·fen* ❶ 他 **1** (人〈物〉⁴を)(地面に)倒す, 投げつける; (物⁴を)うっかり落す. *seine* Kleider ⟨Sachen⟩ einfach ~ 〈話〉脱いだ物をぽいぽい投げ散らかして行く. einen Blick ~ 〈比喩〉視線をさっと走らせる. **2** (人³に物⁴を)投げる, 投げつける. **3** 〈比喩〉(人⁴が)口走る, ふっと口にする; 走り書きする. **4** 〈比喩〉(事⁴を)途中で投出す. *sein* Leben ~ 〈雅〉自殺する. ❷ 再 《sich⁴》身を投出す; (懇願のために)ひれ伏す, ひざまずく.

hin'wie·der [hɪn'viːdər], **hin'wie·de·rum** [hɪn'viːdərʊm] 副 〈古〉もう一度, 再び; 他方, それに対して.

Hinz [hɪnts] 〈男名〉(Heinrich の短縮形)ヒンツ. ~ und Kunz 〈話〉猫も杓子(じゃくし)も, 誰も彼も. von ~ zu Kunz 〈話〉どこへでも(見境なしに).

'hin|zie·hen* ❶ 他 **1** (ある場所へ)引張って行く, 引張る. **2** (会議などを)長引かせる; (出発などを)延期する, 遅らせる. **3** (人³を)引寄せる; (人⁴を)魅了する. 《非人称的に》*Es zieht* mich immer wieder in diese Stadt *hin*. 繰返し私にはこの町へと引寄せられる. 《過去分詞で》*sich⁴* zu j⟨et⟩³ *hingezogen* fühlen 人〈物〉³に魅了される. ❷ 自(s) **1** (ある場所へ)移る, 引越す. **2** (ある場所へ向けて)移動して行く; (雲などが)流れて行く. ❸ 再 《sich⁴》**1** (土地などが)伸びている, 広がっている. **2** (会議・病気などが)長引く; 延びる.

'hin|zie·len 自 **1** (auf et⁴ 事⁴を)目指す, ねらう. **2** (auf et⁴ 事⁴を)ほのめかす; 当てこする.

***hin'zu** [hɪn'tsu:] ヒンツー 副 その上, おまけに.

hin·zu.. [hɪntsu:..] 《分離前つづり / つねにアクセントをもつ》**1** 『(ある場所)へ』の意を表す *hinzu*kommen (その場所に)やって来る. **2** 『付加・追加』*hinzu*fügen 付加える.

hin'zu|den·ken* 他 《sich³》j⟨et⟩⁴ ~ 人〈物〉⁴を(頭の中で)補って考える.

hin'zu|fü·gen 他 付加える, 付足す; 付足して言う.

Hin·zu·fü·gung 女 -/-en **1** 《複数なし》付加えること. **2** 付加えられたもの; 追加, 補足; 追記.

hin'zu|ge·sel·len 他 《sich⁴》仲間に加わる([zu j⟨et⟩³ 人〈物〉³の). ◆ 過去分詞 hinzugesellt

hin'zu|kom·men* 自(s) **1** (その場に)やって来る, 来合せる; 新たに加わる. Ich *kam* gerade *hinzu*, als... 私は...した時ちょうど来合せた. **2** (考慮されねばならない事柄が)さらに付加わる. Es *kommt* noch *hinzu* ⟨*Hinzu kommt* noch⟩, dass... そのことに加えてさらに ...ということが考慮されねばならない.

hin'zu|set·zen ❶ 他 付記(付言)する. ❷ 再 《sich⁴》仲間に加わって座る.

hin'zu|tre·ten* 自(s) **1** やって来る; 仲間に加わる. **2** (事が)さらに付加わる.

hin'zu|tun* 他 〈話〉付加える.

hin'zu|zie·hen* 他 (人⁴に)助言を求める, 相談する.

'Hi·ob ['hiːɔp] 〈人名〉《旧約》ヨブ(ヨブ記の主人公, 悪魔のあらゆる誘惑にもめげず神を信じることをやめなかった義人. Vulgata の表記では Job). das Buch ~ ヨブ

記.
Hi·obs·bot·schaft 囡 -/-en 悪い知らせ, 凶報, 悲報.
Hi·obs·post 囡 -/ 《古》凶報, 悲報.
hip [hɪp] 形 《engl.》《隠》最新流行の, ナウい.
Hip-Hop ['hɪphɔp] 男 -s/ 《engl.》《音楽》ヒップホップ.
hipp.., **Hipp..** [hɪpo..]《接頭》↑hippo.., Hippo..
Hip·pe[1] ['hɪpə] 囡 -/-n 鎌; (死神の持つ)大鎌.
Hip·pe[2] 囡 -/-n《地方》**1** (雌の)山羊. **2** 醜い女(老婆); 性悪女.
Hip·pe[3] 囡 -/-n《地方》(せんべいのような)焼菓子.
hipp, 'hipp, hur'ra ['hɪp 'hɪp ho'ra]《間》Hipp, hipp, hurra! ばんざい(スポーツなどの喝采の叫び).
hip·pie ['hɪpi] 男 -s/-s 《am.》ヒッピー.
hip·po.., **Hip·po..** [hɪpo..]《接頭》《gr. hippos 'Pferd'》形容詞・名詞に冠して「馬」の意を表す. 母音の前では hipp.., Hipp.. となる. Hippodrom (古代の馬(馬車)競技場.
Hip·po'drom [hɪpo'dro:m] 中 -s/-e 《gr. Hippo..+dromos, Lauf'》**1** (古代の競馬・戦車競走の)競技場. **2** (年の市の)曲馬場(館).
Hip·po'gryph [hɪpo'gry:f] 男 -s(-en)/-e[n] 《gr. Hippo..+gryps, Greif'》ヒッポグリフ(鷲の頭部と翼をもつ馬で伝説上の動物), ペガソス, 天馬.
Hip'po·kra·tes [hɪ'po:krates]《人名》ヒッポクラテス(紀元前5世紀後半,「医学の祖」と称されるギリシアの医術家).
Hip·po'po·ta·mus [hɪpo'po:tamʊs] 男 -/- 《gr. Hippo..+potamos, Fluss'》《動物》(Flusspferd) かば(河馬).
✱**Hirn** [hɪrn ヒルン] 中 -[e]s/-e **1** (Gehirn) 脳, 脳髄. **2**《話》頭脳, 知能, 知恵. sein ~ anstrengen 知恵をしぼる, 頭を使う. sich[3] das 〈sein〉 ~ zermartern 無い知恵を懸命にしぼる. Welchem 〈Wessen〉 ~ ist das entsprungen? それは誰が考え出したことなんですか.
'**Hirn·ge·spinst** 中 -[e]s/-e 幻影; 幻想, 妄想. sich[4] in ~e verrennen 幻想(妄想)にとりつかれる.
'**Hirn·haut·ent·zün·dung** 囡 -/-en 《医学》髄膜(脳膜)炎.
'**Hirn·holz** 中 -es/ (↔ Langholz) 木口(ś₂), 横挽き材.
'**hirn·los** 形《話》脳足りんの, どじな.
'**Hirn·schä·del** 男 -s/- 《解剖》頭蓋.
'**Hirn·scha·le** 囡 -/-n 《解剖》頭蓋.
'**Hirn·schlag** 男 -[e]s/²e 《病理》脳卒中.
'**Hirn·stamm** 男 -[e]s/²e 《解剖》脳幹.
'**Hirn·tod** 男 -[e]s/ 《医学》脳死.
'**Hirn·tu·mor** 男 -s/-en 《病理》脳腫瘍.
'**hirn·ver·brannt** 形《話》気の狂った, 馬鹿げた.
'**Hirn·zel·le** 囡 -/-n 《解剖》脳細胞.
✱**Hirsch** [hɪrʃ ヒルシュ] 男 -[e]s/-e **1**《動物》鹿(科の動物), (とくに)赤鹿(の雄). **2**《戯》馬鹿, とんま. **3**《戯》妻を寝とられた男. **4**《戯》自転車, オートバイ, バイク. **5**《ś₂》名人, 達人.
'**Hirsch·fän·ger** 男 -s/- 猟刀, 山刀.
'**Hirsch·ge·weih** 中 -[e]s/-e (枝状に伸びた)鹿の角.
'**Hirsch·horn** 中 -[e]s/ (加工用の)鹿の角.
'**Hirsch·horn·salz** 中 -es/ 《化学》鹿角塩(ś₂₂₂)(ふくらし粉として使用する).
'**Hirsch·kä·fer** 男 -s/- 《虫》みやまくわがた.
'**Hirsch·kalb** 中 -[e]s/²er (雄の)子鹿.
'**Hirsch·kuh** 囡 -/²e 雌鹿.

'**Hirsch·le·der** 中 -s/- 鹿革.
'**Hir·se** ['hɪrzə] 囡 -/-n 《植物》きび(黍), あわ(粟), ひえ(稗)の類.
'**Hir·se·brei** 男 -[e]s/-e きび(粟)の粥(ś₂).
Hirt [hɪrt] 男 -en/-en 牧人, 家畜番, 羊飼い. Wie der ~, so die Herde.《諺》上を学ぶ下; 勇将のもとに弱卒(ś₂₂₂)なし.
'**Hir·te** ['hɪrtə] 男 -n/-n 《古》(Hirt) 羊飼い, 牧童;《比喩》牧師, 司祭. der Gute ~《ś₂₂》よき羊飼い(イエス・キリストである↓《新約》ヨハ10:11).
'**hir·ten** ['hɪrtən] 自《ś₂》羊(牛)飼いをする, 家畜の番をする.
'**Hir·ten·amt** 中 -[e]s/²er 《ś₂₂》司牧職.
'**Hir·ten·brief** 男 -[e]s/-e 《ś₂₂》司教教書.
'**Hir·ten·flö·te** 囡 -/-n 牧笛.
'**Hir·ten·ge·dicht** 中 -[e]s/-e 《文学》牧歌, 田園詩.
'**Hir·ten·stab** 男 -[e]s/²e **1**《雅》羊飼い(牧童)の杖. **2**《ś₂₂》司教杖, 牧杖. **3**《植物》なべな, チーゼル.
'**Hir·ten·ta·sche** 囡 -/-n (肩からさげる)袋.
'**Hir·ten·volk** 中 -[e]s/²er 遊牧民.
'**Hir·tin** ['hɪrtɪn] 囡 -/-nen 羊飼いの女.
his, His [hɪs] 中 -/- 《音楽》嬰ハ音.
His'pa·ni·en [hɪs'pa:niən]《地名》《lat.》ヒスパニア, イスパニア (Pyrenäenhalbinselの古名).
'**his·sen** ['hɪsən] 他 (旗などを)掲げる, 揭揚する.
His·ta'min [hɪsta'mi:n] 中 -s/ 《化学》ヒスタミン.
His·to·lo'gie [hɪstolo'gi:] 囡 -/ 《医学》組織学.
His'tör·chen [hɪs'tø:rçən] 中 -s/- 《Historieの縮小形》小咄(はなし).
His'to·rie [hɪs'to:riə] 囡 -/-n 《lat.》《古》**1**(複数なし) 歴史(学). **2** 物語; 報告.
His·to·ri·en·ma·le·rei [hɪs'to:..] 囡 -/ 歴史画.
His'to·rik [hɪs'to:rɪk] 囡 -/ 《lat.》歴史学; 史学方法論.
His'to·ri·ker [hɪs'to:rikər] 男 -s/- (歴)史学者, (歴)史家; 史学専攻生.
His·to·ri·o'graph [hɪstorio'gra:f] 男 -en/-en 修史家.
✱**his'to·risch** [hɪs'to:rɪʃ ヒストーリシュ] 形 《lat.》(比較変化なし)歴史(上)の, 歴史的な, 史実に基づく, 歴史に残る. ein ~er Augenblick 歴史的瞬間. ein ~er Hintergrund 歴史的背景. ein ~er Roman 歴史小説. ~e Stätten 史跡.
his·to·ri·sie·ren [hɪstori'zi:rən] 他 《lat.》(事の)歴史的な面を強調する.
His·to'ris·mus [hɪsto'rɪsmʊs] 男 -/..men [..mən] 《lat.》**1** (複数なし) 歴史主義. **2** 歴史偏重主義. **3** 《美術》(19世紀の建築の)折衷(ś₂₂₂)主義.
Hit [hɪt] 男 -[s]/-s 《engl.》《話》**1** ヒット曲; ヒット商品. **2** (麻薬の) 1回分.
'**Hit·ler** ['hɪtlər]《人名》Adolf ~ アードルフ・ヒトラー(1889-1945, ドイツの政治家, 1933首相, 翌年第三帝国の総統となる).
'**Hit·lis·te** ['hɪt..] 囡 -/-n ヒットチャート.
'**Hit·pa·ra·de** 囡 -/-n **1** ヒットパレード. **2** ヒットチャート.
✱'**Hit·ze** ['hɪtsə ヒツェ] 囡 -/-n **1** 暑さ, 暑気, 暑熱; 熱, 高熱, 高温. eine brütende ~ 蒸し暑さ. fliegende ~《医学》間歇(ś₂₂₂)熱. Gestern war eine ~! 昨日は暑かったね. ~ haben 熱がある. Bei dieser ~ kann man nicht arbeiten. この暑さでは仕事にならない. et[4] bei schwacher ~ eine Stunde kochen

hitzebeständig

物をとろ火で1時間煮る. **2** 激情, 興奮, 激昂. in der ~ des Gefechts 興奮(熱中)のあまり. in der ersten ~ かっとなって, かっとなった途端に. bringen 人を興奮(激怒)させる. j³ in ~ geraten いきり立つ, かっとなる. sich³ in ~ reden 話しているうちに興奮する. **3** 《雌犬・雌猫の》発情期, さかり.

'**hit·ze·be·stän·dig** 形 耐熱性の.

'**Hit·ze·fe·ri·en** 複 暑気休校.

'**hit·ze·frei** 形 暑気休みの. Wir haben heute ~. きょうは暑気休みだ.

'**Hit·ze·grad** 男 -[e]s/-e 《多く複数で》高い温度.

'**Hit·ze·wel·le** 女 -/-n 熱波, 猛暑.

'**hit·zig** ['hɪtsɪç] 形 **1** 激烈な, 激しい; 情熱的な. ~es Blut haben 激しい気性をしている. eine ~e Debatte 激烈な討論. ein ~er Kopf 癇癪(かんしゃく)持ち. Er wird leicht sehr ~. 彼はすぐにかっとなる. **2** 《古》《付加語的用法のみ》熱ぐてする, ~en Wangen 頬をほてらせて. **3** 《雌犬などが》さかりのついた. **4** 《農業》《土地が》よく肥えた.

'**Hitz·kopf** 男 -[e]s/¨e おこりっぽい人, 癇癪(かんしゃく)持ち.

'**hitz·köp·fig** ['hɪtskœpfɪç] 形 短気な, おこりっぽい.

'**Hitz·schlag** 男 -[e]s/¨e 《医学》日射病, 熱射病.

HIV [ha:|i:'faʊ] 中 -[s]/-[s] (*engl.*)《略》=human immune [deficiency] virus エイズウィルス.

hl 《記号》=Hektoliter

hl. 《略》=heilig

Hl. 《略》=Heilige 1

hll. 《略》hl. の複数.

Hll. 《略》Hl. の複数.

hm [hm] 間 *Hm!* (咳払いを表して)えへん, おほん; (無関心や逡巡を表して)うーん, さあ; (考慮や心配を表して)ふーん; (驚きや疑念を表して)えっ, へえっ.

'**H-Milch** ['ha:..] 女 -/《食品》(高温滅菌処理された)長期保存牛乳 (haltbare Milch の短縮).

'**h-Moll** ['ha:mɔl, '-'-] 中 -/《記号 h》《音楽》口短調.

HNO-Arzt [ha:|ɛn'|o:..] 男 -es/¨e 耳鼻咽喉科医 (Hals-Nasen-Ohren-Arzt の短縮).

ho [ho:] 間 *Ho!* (驚きや呆れを表して)ほう, まあ.

Ho 《記号》《化学》Holmium

Ho'ang·ho [ho'aŋho, hoaŋ'ho:] 男 -[s]/《地名》黄河.

hob [ho:p] heben の過去.

Hob·by ['hɔbi] 中 -s/-s (*engl.*) 趣味, 道楽.

'**hö·be** ['hø:bə] heben の接続法 II.

Ho·bel ['ho:bəl] 男 -s/-《↓hobeln》**1** 鉋(かんな). **2** (野菜やパンなどの)削り器. **3** 《鉱業》ホーベル.

'**Ho·bel·bank** 女 -/¨e (鉋(かんな)をかける)作業台.

'**Ho·bel·ma·schi·ne** 女 -/-n 平削り盤, プレーナー.

'**ho·beln** ['ho:bəln] ❶ 他 **1** 鉋(かんな)で削る, (物に)鉋をかける. Den musst du noch ein bisschen ~. 《話》君はあいつをもう少ししつけなくちゃいけないよ. Wo gehobelt wird, [da] fallen Späne. 《諺》大事の前には多少の犠牲はやむを得ない(鉋をかければ木屑が落ちる). **2** (野菜などを削り器で)薄切りにする. **3** 《卑》(人と)セックスをする. ❷ 自 **1** 鉋をかける. **2** 《卑》セックスをする.

'**Ho·bel·span** 男 -[e]s/¨e 鉋(かんな)屑; 削り屑.

Ho·boe [ho'bo:ə] 女 -/-n 《楽器》オーボエ.

'**hoc an·no** ['hɔk 'ano] (*lat.*)《略 h. a.》《古》《商業》in diesem Jahre 今年(に).

'**hoc est** ['hɔk 'ɛst] (*lat.*, das ist, das heißt ')《略 h. e.》《古》つまり, すなわち.

---

hoch

[ho:x ホーホ] höher, höchst 形 《付加語的用法のときは hoh..》**1** (a) (↔ niedrig, tief) 高い; 高所の, 上方にある. ein *hoher* Baum〈Berg〉高い木〈山〉. Schuhe mit *hohen* Absätzen かかとの高い靴. ein Mann von *hoher* Gestalt〈*hohem* Wuchs〉《雅》大男, 背の高い男. *hohe* Schuhe ブーツ.《南》ハイヒール. *hohe* See 《法制》公海. auf *hoher* See 沖合で. eine *hohe* Stirn 広い(秀でた)額. ~ oben am Himmel 空高く. Hände ~! 手を上げろ. ein ~ aufgeschossener Junge 背のひょろけた高い少年. Die See geht ~. 海は荒れている. die Arme ~ über den Kopf heben 腕を頭上高く掲げる. Der Schnee liegt ~. / Es liegt *hoher* Schnee. 雪が深くつもっている. Die Sonne steht ~. 日は高い. Wer ~ steigt, fällt tief. 《諺》高いところに登る者は深く落ちる. Sie war morgens immer als erste ~. 彼女はいつも朝一番に起きた. ▶人の身長の場合はふつう groß を用いる. (b) 《数量を示す4格と》(↔ tief) …の高さの. ein 3000 Meter *hoher* Berg 3000メートルの山. Der Schnee liegt einen Meter ~. 積雪1メートルである. Der Turm ist [um] zehn Meter *höher* als das Haus. その塔は家よりも10メートル高い. vier Treppen ~ wohnen 5階に住む. (c) (地図の)北方(上方)の. im *hohen* Norden / ~ oben im Norden 極北の地で. nach Hamburg ~ 《話》ハンブルクへ北上して. (d) 《慣用的表現で》in *höheren* Regionen〈Sphären〉schweben 《戯》足が地に着いていない, 浮き世離れしている. et⁴ von *hoher* Warte [aus] betrachten〈beurteilen〉事⁴を大所高所から見る. ~ Kopf ~! 元気を出せ. hinten nicht mehr ~ kommen 困った(やっかいな)ことになる. j'《für j⁴》zu ~ sein j³,⁴ の理解を超えている; j³,⁴ にとって度を越している. die Nase ~ tragen いばる. 思いあがる.

2 (a) (↔ niedrig)(数値などが)高い, 大きい. *hoher* Blutdruck 高血圧. *hohes* Fieber 高熱. mit *hoher* Geschwindigkeit 高速で. *hohe* Preise〈Löhne〉高い物価〈賃金〉. eine *hohe* Summe 大きな金額. drei Mann ~ 《戯》3人連れで, 3人揃って. wenn es ~ kommt, 《話》せいぜい, たかだか. zu ~ gegriffen sein 過大に見積もられている. ~ versichert sein 高い保険金がかかっている. ~ spielen うんと賭ける, 大博打(ばくち)を打つ. Wie ~ stehen die Aktien? 株価はいくらですか. ~ verlieren 大敗する. (b) (質・程度などが)高い, 著しい. *hohe* Ansprüche stellen 過大な要求を出す. eine *hohe* Ehre 大いなる名誉. in *hohem*〈*höchstem*〉Grade 非常に《極度に》. ein *hoher* Lebensstandard 高い生活水準. eine *hohe* Meinung von j³ haben 人³を高く評価している. eine *hohe* Strafe 重罰. ~ begabt 才能〈天分〉豊かな. ~ schwanger 臨月の. j³ et⁴ ~ anrechnen 人³の事⁴を高く評価する. ~ hergehen 大いに盛り上がる. ~ erfreut〈interessiert〉sein 大いに喜ぶ〈興味がある〉. ~ im Kurs stehen 評価が高い, 信望が篤(あつ)い (bei j³ 人³に). aufs *Höchste*〈*höchste*〉きわめて, 非常に.

3 (a) 地位(身分)の高い, 上流の, 高貴な. ein *hoher* Beamter 高官. ein *hoher* Feiertag 大祭. die *hohe* Frau 《古》侯爵夫人, 奥方. ein *hoher* Gast 賓(ひん)客. von *hoher* Geburt sein 《雅》高貴な(やんごとない)生まれである. *höhere* Gewalt 運命, 巡り合せ; 不可抗力. das *hohe*〈*Hohe*〉Haus 議会. der *hohe* Herr 《古》侯爵, 殿様; 《戯》親分, 御大(ごたい).

die *hohe* Jagd〖狩猟〗猛獣(大物)狩り; 大物. *Hoch und Niedrig* 身分の上下なく(誰もが). ~ *hinauswollen* 高望みする, 野心をもやす. *et*^{4} ~ *und heilig versprechen*〈*versichern*〉事^{4}を固く約束する.《名詞的用法で》*der Höchste* 神. (b) 高等な, 高度の; 精神性の高い. *ein Mensch von hoher Bildung* 教養の高い人. *ein hohes Ideal* 崇高な理想. *das Hohe Lied*〈*Hohelied*〉雅歌. *höhere Mathematik* 高等数学. *die hohe*〈*Hohe*〉*Schule*〖馬術〗高等馬術; (職業・技術の)専門コース; 大学. **4** 高齢の, 期の熟した, 盛りの. *im hohen Alter*〈*an Jahren* / ~ *in den Jahren*〉*sein* 高齢である. *in den Sechzigern sein* / *in hoher Sechziger sein* 60歳代も終りである. *im hohen Mittelalter* 中世の盛期に. *hoher Sommer* 盛夏. *Es ist hohe*〈*höchste*〉*Zeit*. そろそろ時間(潮時)だ; 今が絶好のチャンスだ, 今がぎりぎりの時間だ. *Hoch lebe die Königin!* 女王陛下万歳. **5** 高音の;〖音楽〗調子の高い. *das hohe C*〖音楽〗(1オクターブ)高いド. *j*^{4} *in den höchsten Tönen loben*〖比喩〗人^{4}をほめちぎる. **6**〖数学〗*vier* ~ *zwei* 4の2乗.
♦ **†** hoch achten, hoch bezahlt, hoch empfindlich, hoch geachtet, hoch geehrt, hoch gespannt, hoch gestellt, hoch qualifiziert, hoch schätzen, hoch stehend, Hohe Lied, Hohe Priester

Hoch [ho:x] 甲 -s/-s **1** (Hochruf の短縮)万歳; 乾杯. *ein dreifaches* ~ *auf j*^{4} *ausbringen* 人^{4}のために万歳を三唱する. **2**〖気象〗(= Tief) 高気圧(圏).

hoch.. [ho:x..] ❶《接頭》形容詞に付して「きわめて高度に, 非常に」の意を表す. *hochwirksam* 非常に効果的な. ▶比較級 *höher..*, 最上級 *höchst..* ❷《分離前つづり / つねにアクセントをもつ》「高く, 上へ, 大いに」の意を表す. *hochheben* 高く掲げる.

hoch|ach·ten, °**hoch|ach·ten** 他 (大いに)尊敬する, 高く評価する; (人^{4}物^4)に(大いに)敬意を払う.

Hoch·ach·tung ['ho:x|axtʊŋ] 女 -/ 尊敬の念, (深い)敬意. *mit vorzüglicher* ~ (手紙の)敬具.

hoch·ach·tungs·voll 形 尊敬の念を抱いた. *Hochachtungsvoll* (手紙の結びで)敬具.

Hoch·adel 男 -s/《総称的に》名門貴族(階級).

hoch·ak·tu·ell 形《比較変化なし》極めて今日的な.

Hoch·al·tar 男 -[e]s/ⁿe (カトリックの教会の)中央祭壇.

Hoch·amt 中 -[e]s/ⁿer〔ɛmtɐ〕盛式ミサ.

'Hoch·an·ten·ne 女 -/-n 屋上アンテナ.

'hoch|ar·bei·ten (**sich**) (高い所で働いて)出世する.

'hoch·auf·lö·send 〖光学〗高解像度の. ~ *es Fernsehen* ハイビジョンテレビ.

'Hoch·bahn 女 -/-en 高架鉄道.

'Hoch·bau 男 -[e]s/-ten〖土木〗**1**《複数なし》(↔ Tiefbau) 地上工事(建築). **2** (地上)建築物.

'hoch·be·gabt 形《付加語的用法のみ》非常に才能のある, 大変質高い. ♦ *hoch begabt* とも書く.

'Hoch·be·häl·ter 男 -s/- 高架水槽.

'hoch·bei·nig 形《比較変化なし》脚の長い; 高脚の.

'hoch·be·tagt 形《雅》高齢の.

'Hoch·be·trieb 男 -[e]s/ 大賑わい, 大混雑.

'hoch·be·zahlt, °**hoch·be·zahlt** 形 高給の.

'hoch·blü·te 女 -/-n **1** 花盛り, 満開. *in* [*der*] ~ *stehen* 満開である. **2**〖比喩〗絶頂期, 最盛期. *eine* ~ *erleben* 絶頂期を迎える.

'hoch|brin·gen* 他 **1** 持ち上げる, 運び上げる.《話》家 につれて(持って)来る. **2** (病人などを)回復させる, 元 気にする; (事業などを)発展させる, 再建する. **3** (子供 を)育てる. **4**《話》(人^{4}を)怒らせる. **5** *einen*〈*keinen*〉 ~《卑》ぼっ起する(くしない).

'Hoch·burg 女 -/-en 山城〔ゾ〕;《比喩》中心点(地), 本拠地, 拠点.

'hoch·deutsch (↔ *niederdeutsch*) 高地ドイツ語 の, 標準ドイツ語の.

'Hoch·deutsch 中 -[s]/ **1** 高地ドイツ語. **2** 標準 ドイツ語.

'Hoch·deut·sche 中 -n/《つねに定冠詞と》**1** (↔ *Niederdeutsche*) 高地ドイツ語の. **2** 標準ドイツ語.

'Hoch·druck^1 男 -[e]s/ⁿe **1**《複数なし》高気圧. **2** 〖物理〗(液体・ガスなどの)高圧. **3**《複数なし》〖医学〗 高血圧. **4**《複数なし》〖比喩〗大急ぎ, 全力. *mit* 〈*unter*〉 ~ *arbeiten* 大急ぎで(全力をあげて)働く. *Zur Zeit herrscht* ~. 目下のところ全力が投入されている.

'Hoch·druck^2 男 -[e]s/-e〖印刷〗**1**《複数なし》凸版 印刷. **2** 凸版印刷物.

'Hoch·druck·ge·biet 中 -[e]s/-e〖気象〗高気圧 圏.

'Hoch·ebe·ne 女 -/-n 高原.

'hoch emp·find·lich, °**hoch·emp·find·lich** 形 (フィルムや器械などが)高感度の.

'hoch|fah·ren* ❶ 自 (s)《話》**1** (乗物で)上がる, 昇, 北上する. **2** (びっくりして)飛上がる. *aus dem Schlaf* ~ 目を覚まして飛起きる. **3** (突然)怒り出す. ❷ 他《話》(乗物で)運び上げる. *j*^{4} *nach Hamburg* ~ (北上して)人^{4}をハンブルクへ連れて行く.

'hoch·fah·rend 形反 高慢ちきな, おもい上った.

'hoch·fein 形 極上の, (感覚が)極めて鋭敏(敏感)な.

'Hoch·fi·nanz 女 -/《総称的に》財界首脳.

'hoch·flie·gend 形 高邁〔六〕な, 野心的な, 遠大な.

'Hoch·flut 女 -/-en **1** 高潮, 最高水位. **2**《比喩》 洪水. *eine* ~ *von Druckschriften* 印刷物の洪水.

'Hoch·form 女 -/〖スポ〗絶好調, ベストコンディション.

'Hoch·for·mat 中 -[e]s/-e 縦長のサイズ(写真など).

'Hoch·fre·quenz 女 -/-en (略 HF) 周波数.

'Hoch·ga·ra·ge 女 -/-n 立体駐車場.

'hoch·ge·ach·tet, °**hoch·ge·ach·tet** 形 大い に尊敬されている.

'hoch·ge·bil·det 形 教養の高い. ♦ *hoch gebildet* とも書く.

'Hoch·ge·bir·ge 中 -s/- 高い山脈.

'hoch·ge·bo·ren 形《古》高貴な生れの.

'hoch·ge·ehrt, °**hoch·ge·ehrt** 形 大いに尊敬さ れた.

'Hoch·ge·fühl 中 -[e]s/-e 高揚した感情, 大得意. *im* ~ *der Freude* 喜びに感情を高ぶらせて.

'hoch|ge·hen* ['ho:xgeːən] 自 (s) **1**《話》上へ行 く, (階段などを)登る; (幕などが)上がる; (価格が上昇す る; (海が)荒れる. *die Treppe* ~ 階段を登る.《現在 分詞で》*hochgehende Wellen* 高波. **2** 爆発する. **3**《話》激高する, いきり立つ. *j*^{3} *geht der Hut hoch*. 人^{3}がかんかんに怒る. **4**《卑》(警察に)見つかる, 捕えら れる. *j*^{4} ~ *lassen* 人^{4}を警察に密告する. **5**《猟師》 (鹿などが)堂々とした枝角を持っている.

'hoch·ge·lehrt 形 教養の高い, 学識豊かな.

'hoch·ge·mut 形〖雅〗快活な, 威勢のいい, 意気揚々 とした.

'Hoch·ge·nuss 男 -es/-e 格別の喜び(楽しみ).

'Hoch·ge·richt 中 -[e]s/-e **1** (中世の)重罪裁判所. **2** 処刑場; 絞首台.

'hoch·ge·schlos·sen 形 《衣服が》ハイネックの.
'hoch·ge·sinnt 形 《雅》気高い.
'hoch·ge·spannt 形 《電子工・工学》高圧の.
'hoch ge·spannt¹, °'hoch·ge·spannt² 形 《比喩》極度に張りつめた《緊張した》, 途方もない. ~e Erwartung haben〈hegen〉過剰な期待を抱く.
'hoch ge·stellt, °'hoch·ge·stellt 形 《付加語的用法のみ》《社会的に》地位の高い, 名望のある.
'hoch·ge·stimmt 形 《雅》朗らかな, 浮き浮きした気分《調子》の, 《気分の》高揚した.
'hoch·ge·sto·chen 形 《話》《むやみに》難解な, 気取った, お高くとまった; 偉ぶった, 思い上がった.
'hoch·ge·wach·sen 形 《すらりとして》背の高い. ♦ hoch gewachsen とも書く.
'Hoch·glanz 男 -es/ きらびやかな光沢. et⁴ auf ~ bringen 物をぴかぴかに磨き上げる.
'hoch·gra·dig [..gra:dɪç] 形 極度の, 強度の, 極端な.
'Hoch·hal·ten ['ho:xhaltən ホーホハルテン] 他 1 高くさし上げる, 掲げる. die Fahne ~ 節操を守り抜く; 旗を巻かない, 降参しない; 居残る. 2 《雅》《伝統・真理などを》尊重する, 守る; 《思い出などを》大切にしまっておく.
'Hoch·haus 中 -es/¨er 高層建築《ビル》.
'hoch|he·ben* 他 《高々と》持ち上げる.
'hoch·her·zig 形 《雅》寛大な, 寛大な; 気高い.
'hoch|ja·gen 他 1 《動物を》狩り出す; 追起る. 2 《話》《人⁴を》叩き起す. 3 《エンジンをふかす.
'hoch·kant, 'hoch·kan·tig 副 幅の狭い方を下にして, 縦に. die Bücher ~ ins Regel stellen 本を本棚に立てて置く. j⁴ ~ hinauswerfen〈hinausschmeißen〉《話》人⁴を叩き出す. ~ hinausfliegen 《話》叩き出される.
'hoch·ka·rä·tig [..karɛ:tɪç] 形 1 《宝石などの》カラットが高い. 2 《比喩》品質の高い; すぐれた, 優秀な.
'Hoch·kir·che 女 -/-n 《新教》《イギリスの》高教会派.
'hoch|kom·men 自 1 上《住居》に上がる; 《通りなどを》上ってくる, やって来る; 浮かび上がる; 起き上がる, 立ち上がる. 2 出世する, 《社会的に》成功する. niemanden [neben sich⁴] ~ lassen 誰であれ自分と同列になることに耐えられない. 3 健康になる, 元気を回復する; 《精神的に》立ち直る. 4 《食べた物が人³の》口から上がる. Wenn ich so etwas höre, kommt mir die Galle hoch. 《比喩》そんな話を聞くと私はへどが出そうだ. 《非人称的に》Es kommt j³ hoch. 人³の胸がむかつく. 5 《記憶などが》意識にのぼってくる, 《不信感などが》生じる (in j³ 人³に).
'Hoch·kon·junk·tur 女 -/-en 《経済》好況.
'hoch|krem·peln 他 《袖・襟などを》高くまくり上げる.
'Hoch·land ['ho:xlant] 中 -[e]s/¨er(-e) 高地, 高原.
'Hoch·län·der ['ho:xlɛndər] 男 -s/- 1 高地《高原》の住民. 2 スコットランドの高地人《住民》.
'hoch|le·ben 自 《次の用法で》Die Demokratie lebe hoch! 民主主義万歳!. j⁴ ~ lassen 人⁴のために万歳を唱える《乾杯する》.
'Hoch·leis·tung 女 -/-en 優秀な成績; 優れた性能.
'höch·lich ['ho:çlɪç] 副 《古》= höchlichst
'höch·lichst 副 《古》(sehr) 非常に, 大いに.
'Hoch·meis·ter 男 -s/- 《歴史》《ドイツ騎士団や宗教騎士団の》騎士団長.
'hoch·mo·dern 形 非常にモダンな, 最新《型》の.
'hoch·mö·gend 形 《古》権勢を誇る, 有力な.
'hoch·mo·le·ku·lar höhermolekular, höchstmolekular 形 《化学》高分子の.

'Hoch·moor 中 -[e]s/-e 《地理》高層湿原.
*'Hoch·mut ['ho:xmu:t ホーホムート] 男 -[e]s/ 高慢, 傲慢, 思い上がり, 尊大, 不遜. ~ kommt vor dem Fall. 《諺》驕《おご》るもの久しからず《旧約》箴 16:18).
*'hoch·mü·tig ['ho:xmy:tɪç ホーホミューティヒ] 形 高慢《ちきな》, 傲慢な, 思い上がった.
'hoch·nä·sig ['ho:xnɛ:zɪç] 形 高慢な.
'hoch|neh·men* 他 1 持上げる, 抱上げる; 《衣服すそなどを》からげる. 2 《話》(a) からかう, かつぐ; いじる, 叱りとばす. Wir haben ihn ordentlich hochgenommen. 私たちは彼をさんざんからかってやった; こらしてやった. (b) 《人⁴から》大金を巻上げる, ぼる. (c) 《逮捕の意で》ぱくる.
'Hoch·ofen 男 -s/¨ 《冶金》《製鉄用》高炉, 溶鉱炉
'Hoch·par·ter·re 中 -s/-s 中 2 階.
'hoch·pro·zen·tig höherprozentig, höchstprozentig アルコール度の高い; 《成分の》含有率の高い 高濃度の.
'hoch qua·li·fi·ziert, °'hoch·qua·li·fi·zier 形 非常に優秀《有能》な.
'hoch|rech·nen 自他 《部分的な数値から全体を》推計する, 《選挙結果などを》コンピュータで予想する.
'Hoch·rech·nung 女 -/-en 推計, 予測.
'Hoch·re·li·ef 中 -s/-s(-e) 《彫刻》(↔ Flachrelief) 高肉彫, 高浮彫.
'hoch·rot 形 《顔や耳などが》真っ赤な.
'Hoch·ruf 男 -[e]s/-e「万歳」の叫び声; 喝采.
'Hoch·sai·son 女 -/-s(-en) 《旅行・観光シーズンなどの》最盛期, 書き入れ時.
'hoch schät·zen, °'hoch|schät·zen 他 高く評価する, 大いに尊重《尊敬》する.
'hoch|schla·gen* 1 他 《袖などを》たくし上げる, 《襟（えり）を》立てる. 2 自 (s) 《炎が》燃え上がる, 《波が》どっと砕ける.
'hoch|schre·cken(*) 1 自 (s) 驚いて飛上がる. 2 他 《驚かせて》飛上がらせる, びっくりさせる.
*'Hoch·schu·le ['ho:xʃu:lə ホーホシューレ] 女 -/-n (単科)大学. technische ~ 工科大学. ~ für Musik 音楽大学. ♦ ↑ Universität
'Hoch·schü·ler 男 -s/- 大学生.
'Hoch·schul·leh·rer 男 -s/- 大学の教員.
'Hoch·schul·rei·fe 女 -/ 大学入学資格.
'hoch·schwan·ger 形 妊娠後期の.
'Hoch·see 女 -/ 外海, 外洋, 公海.
'Hoch·see·fi·sche·rei 女 -/ (↔ Küstenfischerei) 遠洋漁業.
'hoch·sin·nig 形 気高い, 寛大な.
'Hoch·sitz 男 -es/-e 1 《猟師》《樹上などの高い所に》設けた待ち伏せの足場. 2 《車掌用の》高い腰掛.
*'Hoch·som·mer 男 -s/ 真夏, 盛夏.
'Hoch·span·nung 女 -/-en 《電子工》高電圧; 《比喩》極度の緊張《状態》, 切迫感.
'Hoch·span·nungs·lei·tung 女 -/-en 《電子工》高圧線.
'Hoch·span·nungs·mast 男 -[e]s/-e 《電子工》《高圧線の》送電塔.
'hoch|spie·len 他 《事⁴を》ひどく喧伝（けんでん）する, 大げさに扱う.
'Hoch·spra·che 女 -/-n 《言語》(Standardsprache) 標準語.
'hoch|sprin·gen* 自 (s) 1 跳び上がる; (an j⁴et) 《人・物³に》跳びつく. 2 《陸上競技》走り高跳びをする.
'Hoch·sprin·ger 男 -s/- 《陸上競技》走り高跳び

選手. ◆女性形 Hochspringerin 囡 -/-nen
'Hoch·sprung 男 -[e]s/-e《陸上競技》走り高跳び(のジャンプ);《馬術》(障害の)飛越(ﾋﾞｭﾂ).
höchst [hø:çst ヘーヒスト]《hoch の最上級》❶ 形 最高の, 至高の; 極度の, 最盛(期)の. die ~e Not 絶体絶命のピンチ. der ~e Richter 神. in den ~en Tönen 大声を張りあげて; 最大級の讃辞で. Es ist ~e Zeit〈[die] ~e Eisenbahn〉. 今が絶好の潮時だ, もはや猶予はならない. Das ist das ~e der Gefühle.《話》これが(認めてもよい)精一杯の線だ. ❷ 副 非常に, きわめて, はなはだ. ~〈auf das Höchste / aufs Höchste〉erstaunt sein ひどく驚いている.
hoch·stäm·mig 形 (樹木が)幹の高い.
'Hoch·stand 男 -[e]s/=e =Hochsitz 1
'hoch·sta·pe·lei [ho:ʃta:pəˈlaɪ] 囡 -/-en 1 (名士を装った)詐欺. 2 ほら, まやかし.
'Hoch·stap·ler ['ho:ʃta:plɐ] 男 -s/- 高等詐欺師.
'Höchst·be·las·tung 囡 -/-en 最大負荷.
'Höchst·bie·ten·de 男囡《形容詞変化》(入札・競売で)最高値をつけた人.
hoch|ste·hen* 自 そびえ立つ, まっすぐに立つ. Morgens stehen meine Haare immer hoch. 朝, 私の髪の毛はいつもさか立っている.
hoch ste·hend, °'hoch·ste·hend 形 (社会的)地位の高い; (教養・文化・知性の面で)すぐれた, レベルの高い; 高品質の.
'hoch|stei·gen* 自 (s) 1 上に登る. die Leiter ~ はしごを登る. 2 (ロケットなどが)まっすぐ上昇する. 3 (感情などが)わき上がる.
'höchs·tens ['hø:çstəns ヘーヒステンス] 副 たかだか, せいぜい. Sie ist ~ 15 Jahre alt. 彼女はせいぜい 15歳だ. Ich gehe nur ~ gelegentlich ins Kino. 私はたまに映画に行く以外は外出しない. ~ wenn… …でなければ.
'Höchst·fall ['hø:çst..] 男《次の用法でのみ》im ~(höchstens)せいぜい.
'Höchst·form 囡 -/ ベストコンディション, 絶好調.
'Höchst·ge·schwin·dig·keit 囡 -/-en 最高速度.
'Höchst·gren·ze 囡 -/-n 最高限度.
'Hoch·stim·mung 囡 -/-en 華やいだ気分(雰囲気).
'Höchst·leis·tung 囡 -/-en 最高の成績; (機械などの)最大能力, (スポーツの)最高記録.
'Höchst·maß 中 -es/ 最大限. ein ~ an Sauberkeit 最大限の清潔さ.
'höchst'mög·lich 形 可能な(できる)限りの.
'höchst'per·sön·lich 形 じきじきの.
'Höchst·preis 男 -es/-e 最高価格.
'Höchst·satz 男 -es/=e 最高(限度)額.
'Höchst·stu·fe 囡 -/-n 最高段階;《文法》最上級.
'höchst'wahr·schein·lich 副 まず間違いなく, きっと.
'Höchst·wert 男 -[e]s/-e 最高(最大)値.
'höchst·zu·läs·sig 形 (法的に許容された)最大(最高)の. die ~e Geschwindigkeit 最高許容速度.
'Hoch·tech·no·lo·gie 囡 -/-n 先端技術, ハイテク.
'Hoch·ton 男 -[e]s/=e 1《音声》強音. 2《言語》第 1 (主)アクセント.
'hoch·tö·nend 形 大げさな, 仰々(ﾋﾞｮｳ)しい.
'Hoch·tour [..tu:ɐ̯] 囡 -/-en 1 登山, ハイキング. 2《次の用法で》auf ~en laufen〈sein〉《話》フル回転している, 全力をあげる; 怒っている. jⁿ auf ~en bringen

《話》人ⁿをどんどん働かせる, (の)尻をたたく; (を)怒らせる.
'Hoch·tou·rig [..tu:rɪç] 形 高速で回転している.
'Hoch·tou·rist -en/-en アルピニスト, 登山家.
'hoch·tra·bend 仰々(ﾋﾞｮｳ)しい, 大げさな.
'hoch|trei·ben* 他 1 (家畜などを)高い所へ追い上げる. 2 (価格を)つり上げる.
'hoch·ver·dient 形 大いに功績のある.
'hoch·ver·ehrt 形 心から尊敬する.
'Hoch·ver·rat 男 -[e]s/ 内乱(大逆)罪, (国家に対する)謀反(ﾎﾑﾎﾝ), 国事犯.
'Hoch·ver·rä·ter 男 -s/- 内乱(大逆)罪を犯した者.
'hoch·ver·rä·te·risch 形 内乱(大逆)罪の.
'Hoch·wald 男 -[e]s/=er (年を経た)背の高い森;《林業》高林, 喬林(用材用の森林).
*'Hoch·was·ser ['ho:xvasɐr ホーホヴァッサー] 中 -s/- 高潮, 洪水, 満潮(時). ~ haben《戯》つんつるてんのズボンをはいている.
'hoch·wer·tig ['ho:xve:ɐ̯tɪç] 形 極めて価値の高い; 高品質の, 栄養価の高い.
'Hoch·wild 中 -[e]s/ (→ Niederwild)《猟師》大物の猟獣(おおしか・ダマしか・あかしかなど).
'Hoch·wohl·ge·bo·ren 形《古》高貴な生れの.《呼掛けで》Euer Hochwohlgeboren 閣下. Ihrer〈Seiner〉Hochwohlgeboren Herrn B. B 閣下.
'Hoch·wür·den ['ho:xvyrdən]《無定詞》《古》《キ教》尊師(神父および司教の牧師に対する尊称, 呼掛け). Euer〈Eure〉~ 神父様(牧師先生).
'Hoch·zahl 囡 -/-en《数学》指数.

'Hoch·zeit¹ ['hɔxtsaɪt ホホツァィト] 囡 -/-en 1 結婚, 結婚式, 婚礼. ~ feiern〈halten/machen〉結婚式を挙げる. die diamantene〈goldene/silberne〉~ ダイアモンド〈金 / 銀〉婚式. die grüne ~ 結婚式当日. Das ist nicht deine ~.《話》そいつは君の仕事(義務)じゃない. auf allen ~en tanzen《話》どこにでも顔を出す, 何にでも首をつっこむ. auf der falschen〈einer fremden〉~ tanzen《話》手段(選択)を誤る, 目算(ﾓﾙ)違いをする. auf zwei ~en tanzen《話》両方にいい顔を(しようと)する; 二兎を追う. 2《印刷》(誤植による単語または行の)重複.
'Hoch·zeit² ['ho:xtsaɪt] 囡 -/-en《雅》最(全)盛期.
'Hoch·zei·ter ['hɔxtsaɪtɐr] 男 -s/- =Bräutigam
'Hoch·zei·te·rin [..tərɪn] 囡 -/-nen =Braut
'hoch·zeit·lich 形 結婚式の, 婚礼の.
'Hoch·zeits·fei·er 囡 -/-n 結婚式, 婚礼.
'Hoch·zeits·kleid 中 -[e]s/-er 1 ウェディングドレス, 花嫁衣裳. 2《動物》(鳥類の)婚衣; (魚類などの)婚姻色.
'Hoch·zeits·rei·se 囡 -/-n 新婚旅行.
'Hoch·zeits·tag 男 -[e]s/-e 結婚式の日; 結婚記念日.
'hoch|zie·hen* ['ho:x..] ❶ 他 1 引っ張り(引き)上げる. die Augenbrauen〈die Nase〉~ 眉をつり上げる; 鼻水をすすり上げる. ein Flugzeug ~《話》飛行機を急上昇させる. den Motor ~ エンジンを高速回転させる. 2 (建物などを)建てる, 築く. 3《話》(人⁴を)からかう, かつぐ. ❷ 再 (sich⁴) 1 (an et³ 物³によじ登る. 2《話》(an et³ 事³に)難癖をつける. 3《卑》興奮(欲情)する(an et³ 物³で). ❸ 自 (s) 1《話》上階に引越す. 2 (煙などが)立ち昇る; (雷が)発生する, 接近する; (痛みが)上の方に広がる.
'Ho·cke ['hɔkə] 囡 -/-n (乾燥させるために)麦の束を寄せかけて立てたもの.

'Ho·cke 囡 -/-n (↓hocken) **1** しゃがんだ姿勢. **2** 〖スポーツ〗(体操の)かかえこみ(跳び), (レスリングの)守備姿勢; (スキーの)ホッケ姿勢. **3** (チェス盤の)隅の目.

*'**ho·cken** ['hɔkən ホケン] ❶ 自 (h, s) **1** (h, s) しゃがむ, うずくまる. an〈auf dem〉Boden ~ 地べたにしゃがむ. auf *seinem* Geld〈*seinen* Schätzen〉~ ごうつく張りである. j³ im Nacken ~ 人³をひどく悩ませる. in *hockender* Stellung 腰を屈めて. **2** (h, s) 〖話〗(所在なげに)じっと座っている, ごろごろする. Sie *hockt* meist bei ihrer Tante. 彼女はたいてい伯母のところで話しこんでいる. den ganzen Tag in der Kneipe〈vor dem Fernseher〉~ 一日中飲屋でとぐろを巻いて〈テレビの前に座って〉いる. [immer] zu Hause ~ 家にくすぶっている〈ごろごろしている〉. an einer Arbeit ~ 根(ℓ)をつめて仕事をする. Die Furcht *hockt* in seinen Augen. 彼の目には恐怖の色が浮かんでいる. noch ein Jahr länger in der Schule ~ müssen 落第する. **3** (s) 〖体操〗屈膝(閉膝)跳びをする.
❷ 他 (*sich*) 〖話〗しゃがれこむ, うずくまる, 尻をおろす. ❸ 他〖地方〗**1** 背負う, になう. **2** (穀物の)刈束を立てかける.

'**Ho·cker** ['hɔkər] 男 -s/- **1** (背もたれのない1人がけの)椅子. vom ~ fallen〖比喩〗びっくり仰天する. j⁴ nicht vom ~ reißen 人⁴を感動させない(驚かさない). locker vom ~ 大して下準備することなく, いいかげんに. **2** 〖話〗長尻の人; 落第坊主. **3** 〖考古〗屈葬された死者(人骨).

'**Hö·cker** ['hœkər] 男 -s/- **1** こぶ, 隆肉; せむし, 猫背; 小高い丘; 隆起. **2** 〖軍事〗(戦車の防御用の)錐(䆞)形のコンクリート.

'**Ho·cker·grab** 中 -[e]s/-̈er〖考古〗屈葬墳墓.

'**hö·cke·rig** ['hœkərɪç]形 瘤(ℓ)(隆起)のある, でこぼこの.

'**Ho·ckey** ['hɔkə, 'hɔki] 中 -s/- 〈*engl.*〉〖スポーツ〗ホッケー.

'**Ho·ckey·schlä·ger** 男 -s/- 〖スポーツ〗ホッケーのスティック.

'**hoc lo·co** ['hoːk 'loːko] 〈*lat.*, an diesem Ort'〉《古》ここに.

'**Ho·de** ['hoːdə] 男 -n/-n (↓-n) =Hoden
'**Ho·den** ['hoːdən] 男 -s/- 睾丸(ℓ), 精巣.
'**Ho·den·bruch** 男 -[e]s/-̈e〖病理〗陰嚢ヘルニア.
'**Ho·den·sack** 男 -[e]s/-̈e〖解剖〗陰嚢.

*'**Hof** [hoːf ホーフ] 男 -[e]s/Höfe **1** 中庭, (裏)庭; 構内. auf dem〈im〉~ spielen 中庭で遊ぶ. das Fahrrad im ~ abstellen 自転車を中庭にとめておく. **2** 農場, 農園; 農家. Haus und ~ 家屋敷, 全財産. einen ~ bewirtschaften 農場を経営する. in einen ~ einheiraten 農家に嫁ぐ, 農家の婿に入る. **3** 宮廷, 宮殿, 王宮;〈複数なし〉(集合的に)廷臣; 館(ℓ); (旅館・ホテルの名前に) …館. einen ~ halten (君主が)御前会議を開く; (戯)取巻きを集める. j³ den ~ machen《古》人³ (女性)に言寄る. am ~ verkehren 宮中に出入りする. j⁴ bei ~ [e] einführen〈vorstellen〉人⁴を宮廷に紹介する. **4** 〖天文〗暈(ℓ), 光冠, 光輪. **5** 〖遊戯〗(Halmaの盤の)隅. ◆ ↑Hof halten

'**Hof·burg** 囡 -/-en 王宮, 宮殿.
'**Höf·chen** ['høːfçən] 中 -s/- 《Hof の縮小形》ちょっとした中庭; 小さな農場.
'**Hof·da·me** 囡 -/-n (領主の夫人に仕える)女官.
'**Hof·dienst** 男 -[e]s/-e 宮廷での勤務, 宮仕え.
'**Hö·fe** ['høːfə] Hof の複数.
'**Hö·fe·recht** 中 -[e]s/〖法制〗一子相続制(農地の).

'**hof·fä·hig** 形 参内(䕁)資格のある, 宮廷に出入りするのにふさわしい; (身なりが)きちんとした.
'**Hof·fahrt** ['hɔfart] 囡 -/〖雅〗おもい上がり, 傲慢.
'**hof·fär·tig** ['hɔfɛrtɪç] 形《雅》傲慢な, 思い上がった.

'**hof·fen** ['hɔfən ホフェン] ❶ 他 望む, 願う, 希望する, 期待する. Ich *hoffe* stark, dass alles gut geht. 私はぜひとも万事うまくいくように願っています. Ich *hoffe*, dass Sie bald gesund werden. 早くお元気になられることをお祈りしています. Er *hoffte*, den Zug noch zu erreichen. 彼はまだ列車に間に合えばいいがと思った. *Hoffen* wir das Beste[, lieber Leser]! (続き物の大衆小説などの結びで)こうご期待. Das ist ja besser〈mehr〉als ich zu ~ gewagt hätte. 私にはとてもここまでは期待できなかった, これはじつに望外のことだ. Ich will nicht ~, dass sie krank ist. 私は彼女が病気だとは思いたくない. Das will ich nicht ~. そうはあって欲しくありません. Ich will es ~! そう願いたいものね. Da gibt〈ist〉es nichts mehr zu ~. こうなるともはや望みはない. Er hat nichts mehr zu ~. 彼はもう絶望的だ(終りだ). Es steht zu ~, dass … …が期待される.《中性名詞として》*Hoffen* und *Harren* macht manchen zum Narren.《諺》待つばかりが能じゃない, 棚からぼた餅は落ちてこない.
❷ 自 **1** (a) (auf et⁴ 事⁴を)期待する(待望)する, 心当てにする. Ich *hoffe* auf baldige Antwort. 早速返事がいただきたい. Wir *hoffen* auf baldige Besserung. 私たちは一日も早いご快復を祈っております. auf j² Hilfe ~ 人²の助けを当てにする. auf eine gute Nachricht ~ 吉報を期待する. auf ein Wunder ~ 奇跡を待つ. (b) (auf j⁴ 人⁴に)望み(期待)をかける, (を)当て(頼み)にする. auf einen Freund ~ 友人を当てにする. auf Gott ~ 神にすがる. **2** 《雅》望みを持つ. Er hörte nie auf zu ~. 彼はけっして諦(ℓ)めなかった. Ich glaube, da *hoffst* du vergebens. それは君のそら頼みに終るんじゃなかろうか.

*'**hof·fent·lich** ['hɔfəntlɪç ホフェントリヒ] 副 願わくば, 望むらくは. *Hoffentlich* ist ihr nichts passiert. 彼女の身に何事も起っていなければよいのだが. *Hoffentlich* ist es so. そうあってほしいものだ. Ob es morgen schönes Wetter wird? — *Hoffentlich*. 明日晴れるだろうか — そう願いたいものだね.

..**höf·fig** [..hœflɪç] 〈接尾〉(↓hoffen) 《坑夫》「鉱石などが多くの産出量が見込める」の意の形容詞をつくる. Erdöl*höffig* 豊富な産油量のありそうな.

'**höff·lich** ['hœflɪç] 〖坑夫〗(鉱床などが)有望な.

*'**Hoff·nung** ['hɔfnʊŋ ホフヌング] 囡 -/-en 希望, 望み, 夢; 期待, 当て, 見込み; 希望の星, 頼みの綱. Ich habe die ~, dass morgen schönes Wetter ist. 明日は何とか晴れて欲しいものだ. ~ auf Genesung 快復の望み. Es besteht keine ~ mehr. もはや希望はない. Seine ~ hat sich⁴ erfüllt. 彼の望みは叶(ℓ)った. Du bist meine letzte ~. 君は私の最後の頼みの綱だ. *seiner* ~ Ausdruck geben〈verleihen〉《雅》希望を述べる. die ~ aufgeben 希望を捨てる. eine ~ begraben〈zu Grabe tragen〉断念する. j³ ~ einflößen〈machen〉人³に希望を持たせる. j³ ~ [en] machen 人³に気を持たせる(auf et⁴ 事⁴について). *sich*³ vergebliche ~ machen あだな望みを抱く. die ~ [im Busen] nähren 《雅》胸に希望を育(ℓ)む. ~ schöpfen 希望を抱く. guter ~² 〈in [der] ~〉sein 《雅》身籠っている. *seine* ~ auf j(et)⁴ setzen 人〈事〉⁴に期待をかける, (を)当てにする. in der ~, dass

… …を期待(当てに)して; (手紙の結びで)…を念じつつ. in *seinen* ~ *en* enttäuscht werden 夢破れる. in die ~ kommen 《古》妊娠する. zu den schönsten 〈größten / besten〉~ *en* berechtigen 将来が大いに嘱望される.

hoff·nungs·los [ˈhɔfnʊŋsloːs] ❶ 形 **1** 希望を無くした, 絶望した. **2** 見込みがない, 絶望的だ. Du bist ein ~ *er* Fall. 《話》君には手の施しようがない. ❷ 副《話》どうしようもないほど, 非常に.

Hoff·nungs·lo·sig·keit 女 -/ **1** 希望を無くしていること, 絶望. **2** 見込みが無いこと.

Hoff·nungs·schim·mer 男 -s/ 一縷(いちる)の望み.

Hoff·nungs·strahl 男 -[e]s/-en 一縷(いちる)の望み.

hoff·nungs·voll 形 **1** 期待に胸をふくらませた. **2** 前途有望な.

Hof hal·ten*, °**hof|hal·ten*** [ˈhoːf..] 自 宮居(みやい)をかまえる, (君主が)居をかまえて政務を行う.

Hof·hal·tung 女 -/ **1** 宮廷を構えること; 宮廷. **2** 廷臣.

Hof·hund 男 -[e]s/-e 《農場の》番犬.

ho·fie·ren [hoˈfiːrən] 他(↓Hof) (人^4)にお世辞をいう, とりいる.

hö·fisch [ˈhøːfɪʃ] 形 **1** 宮廷の, 宮廷風の. ~ *e* Dichtung⟨Epik⟩ 《中世の》宮廷文学⟨叙事詩⟩. **2** 上品な, 優雅な.

'Hof·ka·pel·le 女 -/-n **1** 宮廷にある礼拝堂. **2** 宮廷楽団.

'Hof·ka·plan 男 -s/¨e 宮廷内礼拝堂つきの司祭.

'Hof·leu·te 複 《古》**1** (農場に住みこみの)農夫, 作男. **2** Hofmannの複数.

'höf·lich [ˈhøːflɪç ヘーフリヒ] 形 (↓Hof) 鄭重な, 慇懃(いんぎん)な, 礼儀正しい, 恭々(うやうや)しい, 如才ない, 愛想のよい (zu j^3 / gegen j^4 人^3,4 に対して).

'Höf·lich·keit [ˈhøːflɪçkaɪt ヘーフリヒカイト] 女 -/-en 《複数なし》礼儀, 儀礼, 親切. aus ~ 儀礼上. Darüber schweigt des Sängers ~. 《話》それは儀礼上話すわけにはいかない, 言わぬが花というものだ. **2** 《多く複数で》儀礼的な(如才ない)挨拶, 社交辞令, お愛想.

'Höf·lich·keits·be·such 男 -[e]s/-e 表敬訪問.

'Höf·lich·keits·be·zei·gung 女 -/-en 挨拶; 社交辞令.

'Hof·lie·fe·rant 男 -en/-en 《古》宮中御用達(商).

'Höf·ling [ˈhøːflɪŋ] 男 -s/-e (↓Hof) **1** 廷臣. **2** 《侮》佞臣(ねいしん).

'Hof·mann [ˈhoːfman] 男 -[e]s/..leute 廷臣.

'hof·män·nisch [..mɛnɪʃ] 形 廷臣のような, 宮廷人らしい.

'Hof·manns·thal [ˈhoːfmanstaːl, ˈhof..] 《人名》Hugo von — フーゴ・フォン・ホーフマンスタール (1874-1929, オーストリアの詩人・劇作家).

'Hof·mar·schall 男 -s/¨e 侍従長.

'Hof·meis·ter 男 -s/- **1** 師傅(しふ); 式部官. **2** (貴族の子弟の)家庭教師. **3** 領地管理人.

'Hof·narr 男 -en/-en 宮廷道化師.

'Hof·rat 男 -[e]s/¨e 宮廷顧問官; 《侮》しかつめらしく官僚的な人.

'Hof·schran·ze 女 -/-n(男 -n/-n) 《古》佞臣(ねいしん).

'Hof·staat 男 -[e]s/- **1** 廷臣, 君主の側近; 《侮》とりまき. **2** 宮廷の財政.

'Hof·statt 女 -/-en(=en) (農家の)屋敷; 農場.

'Hof·tor 中 -[e]s/-e 中庭(裏庭)に通じる門(入口).

2 農場の門(入口).

'Hof·trau·er 女 -/ 宮中喪. ~ haben 《話》爪に垢(あか)をためている.

hoh.. [hoː..] ↑hoch

***'Hö·he** [ˈhøːə ヘーエ] 女 -/-n (↓hoch) **1** 高さ, 高度; 高み, 上方; 天(国); 標高, 海抜. Länge, Breite und ~ [von] einer Kiste 箱の長さ, 幅, 高さ. Dieser Turm hat eine ~ von 130 Metern. この塔の高さは 130 メートルである. in schwindelnder ~ 目のくらむような高さで. Das Dorf liegt in 400m [NN] ~. その村は海抜 400 メートルの所にある. Ehre sei Gott in der ~. いと高きところには栄光, 神にあれ《新約》ルカ 2:14. [an] ~ gewinnen⟨verlieren⟩ 高度を上げる⟨高度が落ちる⟩. in die ~ 上方へ. in die ~ fahren 《話》とびあがる, さっと起き(立ち)あがる. かっとなる. in die ~ gehen 《話》かっとなる, 興奮する;(パンなどの生地が)ふくれる. et^4 in die ~ heben 物を高くかかげる. in die ~ schießen 《話》ぐんぐん成長する, すくすく伸びる. die Augenbrauen in die ~ ziehen 眉をつりあげる. sich^4 zu *seiner* ganzen ~ erheben すっくと立ちあがる.

2 (数量・数値・価格・程度などの)大きさ, 高さ, 強さ. die ~ der Geschwindigkeit 速度⟨の速さ⟩. die ~ des Bewusstseins⟨des Schadens⟩ 意識の高さ⟨損害の程度(額)⟩. in ~ von 5 000 Euro 5 チューロ(の金額)で(の). in die ~ gehen (熱が)あがる;(物価が)上昇する.

3 丘, 丘陵; 頂点, 絶頂. die ~*n* und Tiefen des Lebens《雅》人生の山と谷. Das ist ja⟨doch⟩ die ~! そいつはしかしあんまりだ, ひどいにも程があるぜ. auf der ~ *seines* Erfolgs 成功の絶頂で. Er ist auf der ~ *seiner* Jahre. 彼は男盛りだ. nicht auf der ~ sein 《話》体の具合(調子)がよくない. auf der ~ der Zeit sein⟨stehen⟩ 時代の最先端をいく. j^4⟨ein Geschäft⟩ ~ bringen 人^4 を元気にしてやる⟨商売を繁昌させる⟩.

4 《通常 auf et》(水平面の)高さ, 面;《測量》測量線, (図面上の)水平線;《地理》緯度;《数学》高さ. Das Schiff liegt auf der ~ von der Insel Helgoland. 船はヘルゴラント島の沖合いにいる. Die beiden Rennfahrer fuhren immer noch auf⟨in⟩ gleicher ~. 2 人のレーサーは相変らず並走していた. Oslo liegt ungefähr auf der gleichen ~ wie Leningrad. オスロはレニングラードとほぼ同緯度に位置する.

5 《音楽》音(声)の高さ, ピッチ;《物理》(1 秒間の)振動数.

'Ho·heit [ˈhoːhaɪt] 女 -/-en **1** 《複数なし》威厳, 高貴, 崇高. **2** 《複数なし》(国家の所有する)権利, 統治権, 主権. **3** 君主. Eure [Königliche] ~ 殿下. [Seine] Kaiserliche ~ 陛下.

'ho·heit·lich 形 **1** 国家主権にもとづく, 主権のおよぶ. **2** 威厳のある, 上品な.

'Ho·heits·ge·biet 中 -[e]s/-e 《法制》領土.

'Ho·heits·ge·wäs·ser 中 -s/- 《法制》領海.

'Ho·heits·recht 中 -[e]s/-e 《法制》主権, 高権.

'ho·heits·voll 形 **1** 威厳にみちた, 崇高な. **2** 《侮》尊大な, 見くだすような.

'Ho·heits·zei·chen 中 -s/- 国章.

Ho·he 'Lied, °Ho·he'lied¹ 中 Hohen Lied[e]s/ (旧約聖書の)雅歌. ♦ Hohe は形容詞変化をする. das Hohe Lied, ein Hohes Lied

Ho·he'lied² 中 -[e]s/-e 《比喩》賛歌. ♦ Hohe Lied とも書く. Hohe が形容詞変化をする場合は, つねに 2

'**Hö·hen·angst** ['hø:ən..] 囡 -/-e《複数まれ》【心理】高所恐怖症.
'**Hö·hen·flos·se** 囡 -/-n【工学】水平尾翼.
'**Hö·hen·flug** 男 -[e]s/⸚e **1**（高度4000m以上の）高空飛行. **2**（精神的の）高揚；（思考などの）大胆さ.
'**Hö·hen·krank·heit** 囡 -/【病理】高山病.
'**Hö·hen·kur·ort** 男 -[e]s/-e 高山の療養地.
'**Hö·hen·la·ge** 囡 -/-n **1**《複数まれ》（海抜の）高さ，高度. **2** 高地.
'**Hö·hen·li·nie** 囡 -/-n【地理】等高線.
'**Hö·hen·luft** 囡 -/ 高山の空気；すがすがしい空気.
'**Hö·hen·mes·ser** 男 -s/-【工学】高度計.
'**Hö·hen·ru·der** 囲 -s/-【航空】昇降舵.
'**Hö·hen·schrei·ber** 男 -s/-【航空】自記高度計.
'**Hö·hen·son·ne** 囡 -/-n **1**《複数なし》（紫外線に富む）高山の太陽光線. **2** 太陽灯.
Ho·hen'stau·fe [ho:ən'ʃtaufə] 男 -n/-n ホーエンシュタウフェン家の人（中世ドイツの王家）.
Ho·hen'stau·fen [..'ʃtaufən] 囲 -s/《地名》der ～ ホーエンシュタウフェン（シュヴァーベンにある標高 684 m の山, ホーエンシュタウフェン家が居城をかまえた）.
ho·hen'stau·fisch 形 ホーエンシュタウフェン家の.
'**Hö·hen·steu·er** 囲 -s/-【航空】昇降舵.
'**Hö·hen·strah·lung** 囡 -/-en【物理】宇宙線.
Ho·hen'zol·ler [ho:ən'tsɔlər] 男 -n/-n ホーエンツォレルン家の人（プロイセンの王家）.
Ho·hen'zol·le·risch 形 ホーエンツォレルン家の.
Ho·hen'zol·lern [..'tsɔlərn] 囲 -s/《地名》der ～ ホーエンツォレルン（シュヴァーベンにある標高 855 m の山, ホーエンツォレルン家が居城をかまえた）.
'**Hö·hen·zug** 囲 -[e]s/⸚e【地理】山走, 連山.
Ho·he 'Pries·ter, '**Ho·he**'**pries·ter**¹ Hohen Priesters/Hohe[n] Priester（古代ユダヤ教の）祭司長. ◆ Hohe は形容詞変化をする. ein Hoher Priester, der Hohen Priester, 複数 Hohe Priester, die Hohen Priester
Ho·he'pries·ter² 男 -s/-（比喩）指導的人物. ◆ Hohe Priester とも書く. Hohe が形容詞変化をする場合は，さらに 2 語に分けて書く.
'**Hö·he·punkt** ['hø:əpʊŋkt ヘーエプンクト] 男 -[e]s/-e (↔ Tiefpunkt) 頂点, 絶頂(期)；最高潮；山場, クライマックス；圧巻, ハイライト. Die Stimmung erreichte ihren ～. 気分は最高潮に達した.
'**hö·her** ['hø:ər] hoch の比較級.
＊'**hohl** [ho:l ホール] 形 **1** 空洞(がらん洞)の，中空の，くりぬかれた；（比喩）無内容な，無意味な，くだらない. ein ～er Kopf 馬鹿, 空(っ)ぽ. eine ～e Nuss 実の入っていないクルミ. ～e Phrasen 空疎な決り文句. ein ～er Zahn 虫歯. Das ist [nur] ihr für den ～en Zahn.（卑）これっぽっちゃ腹の足しにならない. **2** くぼんだ, へこんだ. ～e Augen〈Wangen〉落ちくぼんだ目〈こけた頬〉. ～e Gasse 谷間の小道；切通し. Wasser aus der ～en Hand trinken 水を手で受けて飲む. j³ die ～e Hand hinhalten 人³に袖の下を要求する. eine ～e Hand machen すぐお頂戴の恰好をする. 金に弱い. ein ～er Rücken 猫背. **3**（声などが）くぐもった, にぶい, うつろな.
'**hohl·äu·gig** 形 目のくぼんだ.
＊'**Höh·le** ['hø:lə ヘーレ] 囡 -/-n (↓ hohl) **1** ほら穴, 洞穴, 洞窟；（獣の）巣穴；（比喩）あばら屋, 陋屋(ろうおく)；巣窟(そうくつ). sich⁴ in die ～ des Löwen begeben〈wagen〉/ in die ～ des Löwen gehen（戯）（思いきって）敵地にのりこむ，虎穴(こけつ)に入る. **2** 空洞, 穴, くぼみ；腔, 眼窩(がんか). eine ～ machen 穴をあける.（古）【鉱業】トロッコ.
'**höh·len** ['hø:lən] 他 (↓ hohl)（古）窪(くぼ)める. Steter Tropfen höhlt den Stein.（諺）点滴石を穿(うが)つ.
'**Höh·len·be·woh·ner** 男 -s/- **1**（石器時代の）穴居(けっきょ)人. **2**【動物】洞窟動物.
'**Höh·len·for·schung** 囡 -/ = Höhlenkunde
'**Höh·len·kun·de** 囡 -/ 洞窟学.
'**Höh·len·ma·le·rei** 囡 -/-en 洞窟絵画.
'**Höh·len·mensch** 男 -en/-en（石器時代の）穴居(けっきょ)人.
'**Hohl·heit** 囡 -/ うつろ（空洞）であること；（比喩）（話などの）無内容さ, 空虚さ.
'**Hohl·keh·le** 囡 -/-n **1**【建築】大刳(おおぐり). **2** 海水などによってできた洞窟.
'**Hohl·kopf** 男 -[e]s/⸚e (侮) 間抜け, 抜け作.
'**Hohl·ku·gel** 囡 -/-n 中空の球.
'**Hohl·maß** 囲 -es/-e 体積（容積）の単位（立方メートル・リットルなど）；（液体の量を計る）目盛つき容器.
'**Hohl·na·del** 囡 -/-n【医学】管状針（注射針など）.
'**Hohl·raum** 男 -[e]s/⸚e 空洞.
'**Hohl·saum** 男 -[e]s/⸚e【手芸】ヘムステッチ.
'**Hohl·schliff** 男 -[e]s/-e【工学】（刃物などの）凹面研磨.
'**Hohl·spie·gel** 男 -s/-【光学】凹面鏡.
'**Hohl·tier** 囲 -[e]s/-e《多く複数で》腔腸動物.
'**Höh·lung** 囡 -/-en **1** 窪み, へこみ；洞(ほら). **2**《複数なし》窪ませる（へこませる）こと, 穴をあけること.
'**Hohl·ve·ne** 囡 -/-n【解剖】大静脈.
'**hohl·wan·gig** 形 頬のこけた.
'**Hohl·weg** 男 -[e]s/-e 切通し, 隘路(あいろ).
'**Hohl·zie·gel** 男 -s/-【建築】**1** 空洞レンガ. **2**（断面が半円形の）棧瓦(さんがわら).
＊'**Hohn** [ho:n ホーン] 男 -[e]s/（ひどい）嘲(あざけ)り, 嘲笑, (あからさまな）蔑(さげす)み, 侮蔑. Ich erntete nur〈nichts als〉Spott und ～. 私はただ物笑いの種になっただけだった. Das ist der reine〈reinste/blanke〉～. それは無茶苦茶だ, とんでもないことだ. ～ lachen 嘲笑する, あざ笑う (↑ hohnlachen). et³ ～ sprechen 事³に反する, 矛盾する (↑ hohnsprechen). j¹ mit ～ behandeln 人を愚弄（嘲弄）する. j³ et³ zum ～ tun 事⁴をして人³を怒らせる（侮辱する, 馬鹿にする）.
'**höh·nen** ['hø:nən] 圓 囲 嘲笑する, 愚弄する；嘲って言う.
'**Hoh·neu·jahr** ['ho:..] 囲 -[e]s/-e《カトリ》主の御公現の祝日（1月6日）；《民俗》新年の始まり（1月6日）.
'**Hohn·ge·läch·ter** 囲 -s/ 嘲笑.
'**höh·nisch** ['hø:nɪʃ] 形 嘲笑的な, あざけるような.
'**hohn|la·chen** 囲 **1** 嘲笑する, あざ笑う（über et¹ 事⁴を）. **2**《雅》（事³に）反する, （を）ないがしろにする. ◆ 現在形と過去形では非分離動詞の形に用いられる. ich hohnlache / ich hohnlachte ◆² Hohn lachen とも書く. ↑ Hohn
'**hohn|spre·chen**＊ 囲《雅》（事³に）反する, 矛盾する. ◆ Hohn sprechen とも書く. ↑ Hohn
ho·ho [ho:'ho:] 囲（話）Hoho!（驚きや不同意を表して）へえっ, ほおっ, まさか.
'**hö·ken** ['hø:kən] 囲（古）= hökern
'**Hö·ker** ['hø:kər] 男 -s/-（古）露店商. ◆ 女性形 Hökerin 囡 -/-nen
'**hö·kern** ['hø:kərn] 囲（古）露店商で商売をする.
Ho·kus'po·kus [ho:kus'po:kus] 囲 -/（engl.）**1**

術, 手品; 子供騙(だま)し, トリック. ❷《無冠詞で》[Fidibus] ちちんぷいぷい. ❸ いたずら, 悪ふざけ. mit j³ ~ treiben〈anstellen〉人³にいたずらを仕掛ける. ❹ ごてごてした《余計な》飾り物.

Hol·bein ['hɔlbaɪn]《人名》ホルバイン. Hans ~ ハンス・ホルバイン (ドイツの画家, 父子同名)《Hans ~ der Ältere 父ホルバイン, 1465頃–1524. Hans ~ der Jüngere 子ホルバイン, 1497頃–1543》.

hold [hɔlt]形《雅》❶ 好意をもっている, 親切な. j³ ~ sein 人³に好意をもっている. ❷ 愛らしい, 魅力的な; 優美な, 雅美な.

Hol·der ['hɔldər]男 -s/-《地方》《植物》にわとこ.

Höl·der·lin ['hœldərliːn]《人名》Friedrich ~ フリードリヒ・ヘルダーリン (1770–1843, ドイツの詩人).

Hol·ding·ge·sell·schaft ['hoːldɪŋ.., 'houldɪŋ..] 女 -/-en〈engl.+dt.〉《経済》持株会社.

hold·se·lig ['hɔltzeːlɪç]形《雅》魅力的な, 愛らしい, (この上なく)優美な.

ho·len ['hoːlən ホーレン]❶他 **1** (a)《行って》取ってくる, 持ってくる; 取りにいく(くる); 《話》買ってくる. Ich *hole* morgens die Zeitung. 私が毎朝新聞を取ってくる. Bitte *hol* mir meinen Hut! 私の帽子を取ってきておくれ. Wein aus dem Keller ~ 地下庫からワインを取ってくる. Würste vom Metzger ~《話》肉屋からソーセージを買ってくる. Atem〈Luft〉~ 息をつく, ひと息入れる. ein Bild von der Wand ~《地方》壁から絵をはずす. Bücher aus dem Regal ~《地方》本を書架から取出す. ein Feuerzeug aus der Tasche ~ ポケットからライターを取出す. für j⁴ die Kastanien aus dem Feuer ~《話》人⁴のために火中の栗を拾う. Man hat das Kind mit der Zange *geholt*. 赤ん坊は鉗子(かんし)で取出された. Morgen wird Sperrmüll *geholt*. 明日は大型ゴミを取りに来る日だ. j³〈für j⁴〉die Sterne vom Himmel ~《比喩》人³,⁴のためならどんなことでもする. j³〈für j⁴〉einen Stuhl ~ 人³,⁴に椅子を持ってくる. 《慣用的表現で》*Hol*'s der Henker! (いらいらして)ええいくそっ, こんちくしょう. Dort ist nichts zu ~.《話》あそこじゃ金(稼ぎ)にならない. Dort ist nichts〈nicht viel〉zu ~.《話》それはほとんど〈いくらも〉儲からない. Bei ihm ist nicht viel〈nichts [mehr]〉zu ~.《話》彼はもう一文も持っていない; 彼にはほとんど〈一文も〉カネがない. (b) 呼んでくる, 連れてくる; 呼びに〈迎えに, 連れに〉いく(くる); 《犯人として》ひっぱる. *Hol* den Vater, er wird am Telefon verlangt. お父さんを呼んでよ, 電話がかかっているから. den Arzt〈die Polizei〉~ 医者〈警察〉を呼ぶ. j⁴ aus dem Bett ~ 人⁴の寝ているところを起こす(起こしくる). j⁴ zu Hilfe ~ 人⁴に助けに来てもらう. j⁴ zum Militär ~ 人⁴を軍隊にとる. den Pfarrer ~ lassen 牧師を呼びにやる. Der Tod *holt* uns alle.《話》誰でもいずれお迎えがくる. Früh morgens wurde er von der Polizei *geholt*.《話》朝早く彼は警察に連れていかれた. *Hol* dich der Henker〈Teufel〉! / Der Teufel soll dich ~!《話》おまえなんかくたばってしまえ.《再帰的に》j³〈j⁴〉~《話》人³〈犯人など〉をあげる〈ばくる〉; 《兵隊》人⁴〈敵兵〉を銃殺刑にする, 武装解除する; 人⁴の責任を追究する; 人⁴をどなりつける. Den [Kerl] werde ich mir mal ~!《話》あの野郎一度こらしめてやるぞ. ❷ **1**《試合・競走などで》勝取る, 獲得する. zwei Punkte〈sich³ den ersten Preis〉~ 2点挙げる〈1等賞をとる〉. das Spiel ~ 勝負〈ゲーム〉をものにする.

3《船員》降ろす; 引く. ein Boot〈ein Schiff an Land〉~ ボートを〈鉤竿(かぎざお)で〉引寄せる〈船を陸(おか)に揚げる〉. ein Segel ~ 帆を張る. **4**《地方》買う. j〈sich〉³ et⁴ ~ 人³に物⁴を買ってやる〈物⁴を買う〉.

❷ 再《sich³》**1**《話》(不快なことを)わが身に招く, こうむる. *sich* eine Abfuhr ~ にべもなくはねつけられる. *sich* kalte Füße ~《卑》しくじる, 不首尾におわる. *sich* blutige Köpfe ~《卑》ひどく傷つく, ほうほうの体で退散する. Da *holst* du *dir* nur eine Krankheit. それじゃ君は病気になるだけだよ. *sich* Prügel〈Schläge〉~ 殴られる, 痛い目に会う. *sich* einen Schnupfen ~ 鼻風邪をひく. Dabei kannst du *dir* den Tod ~! そんなことをすると死ぬかもしれんぞ. **2** 請う, 求める; もらう, 手に入れる. Wo willst du *dir* Beistand〈Hilfe〉~? 君は誰に助けてもらおうというのですか. *sich* j² Erlaubnis〈Zustimmung〉~ 人²の許可を得る〈諒解を取りつける〉. *sich* bei j³ Rat〈Trost〉~ 人³に助言を求める〈慰めてもらう〉.

Ho·lis·mus [ho'lɪsmʊs]男 -/ 〈gr. holon ,Ganzes'〉《哲学》全体論.

'**hol·la** ['hɔla] 間 (↓ holen) *Holla*! おーい (呼掛け); お, まあ, ウヘェー (軽い驚き); こらこら (制止).

*'**Hol·land** ['hɔlant ホラント]《地名》オランダ.

'**Hol·län·der**¹ ['hɔlɛndər ホレンダー]男 -s/- **1** オランダ人. der Fliegende ~ 幽霊船(の乗組員), さまよえるオランダ人 (R. Wagner のオペラ). den ~ machen《話》ずらかる. **2** オランダチーズ (Holländer Käse の短縮). **3** 酪農家. **4** 飼い兎. **5**(子供用)手漕ぎ4輪車. **6**《製紙》ビーター, パルプ・エンジン, 叩解(こうかい)機. **7**《スポーツ》(鞍馬・平行棒からの)側転4分の1ひねり降り. ❷形《不変化》《食品》オランダ(製, 産)の.

Hol·län·de·rei [hɔlɛndə'raɪ]女 -/-en《古》《地方》酪農, 乳業.

'**Hol·län·de·rin** ['hɔlɛndərɪn]女 -/-nen オランダ女性.

'**hol·län·dern** ['hɔlɛndərn]❶他《製本》仮綴じにする. ❷自 (h, s)《古》2人で腕を組んでスケートをする.

'**hol·län·disch** ['hɔlɛndɪʃ]形 オランダ(人, 語)の. ↑deutsch

'**Hol·län·disch** 中 -[s]/ オランダ語. ↑Deutsch

'**Hol·län·di·sche** 中《形容詞変化 / 定冠詞と》das ~ オランダ語; オランダ的なもの (特性). ↑Deutsche ②

'**Hol·le**¹ ['hɔla] 女 -/-n《猟師》(鳥の)羽毛.

'**Hol·le**² 《人名》Frau ~ ホレ婆さん (伝説中の女性). Frau ~ schüttelt die Betten. 雪が降る.

*'**Höl·le** ['hœla ヘレ] 女 -/-n **1**《複数なし》(↔ Himmel) 地獄, 冥府(めいふ); 地獄の苦しみ. der Fürst der ~ 冥府の王, 悪魔. die ~ auf Erden この世の地獄. die grüne ~ (熱帯の)密林. Dort ist die ~ los.《話》そこは大混乱だ, てんやわんやの大騒ぎだ; ひどい嵐(大荒れ)だ; 大激戦になってた. Er hat die ~ zu Hause. 彼のところは家庭の事情がよくない. j³ die ~ heiß machen《話》人³を脅かす; (をうるさく言ってたてる, 厳しく叱りつける. Himmel und ~ in Bewegung setzen 手(全力)を尽す. in die ~ kommen 地獄に落ちる. Zur ~ mit den Verrätern〈dem Computer〉! 裏切者は死んでしまえ〈コンピュータなんかなくなってしまえ〉. Fahr〈Scher dich〉zur ~!《卑》失せやがれ, くたばってしまえ. j³ das Leben zur ~ machen 人³の人生(生活)を生き地獄にする, (に)生きる甲斐をなくさせる. j⁴

Höllen..

zur ~ wünschen《雅》人⁴を呪う．Der Weg zur ~ ist mit guten Vorsätzen gepflastert.《諺》志しなりとくとも行ないが伴わねば破滅は免れぬ．**2**《話》(裁縫台の)裁(た)ち屑入れ(の穴)．**3**《古》《南》暖炉と壁の間の空間．

Höl·len.. [hœlən..]《接頭》《話》名詞に冠して「馬鹿でかい，ものすごい」の意を表す．*Höllen*lärm 大騒ぎ．

'**Höl·len·angst** 囡 -/《話》ひどい不安．

'**Höl·len·brand** 男 -[e]s/-e **1**《雅》地獄の業火(ごうか)．**2**《話》ものすごい喉(のど)の渇き．

'**Höl·len·brut** 囡 -/《侮》極悪人．

'**Höl·len·fahrt** 囡 -/ (《複数無し》) 地獄落ち，地獄巡り．~ Christi 囡《宗教》キリストの黄泉(よみ)下り．

'**Höl·len·fürst** 男 -en/ 地獄の王(悪魔)．

'**Höl·len·hund** 男 -[e]s/-e《神話》(Zerberus) 地獄の番犬．

'**Höl·len·lärm** 男 -[e]s/《話》大騒ぎ，喧噪．

'**Höl·len·ma·schi·ne** 囡 -/-n《古》時限爆弾．

'**Höl·len·pein** 囡 -/《話》地獄の苦しみ．

'**Höl·len·qual** 囡 -/-en《話》地獄の苦しみ．

'**Höl·len·spek·ta·kel** 男 -s/《話》=Höllenlärm

'**Höl·len·stein** 男 -[e]s/《化学》棒状硝酸銀．

'**höl·lisch** [ˈhœlɪʃ] 形 (↓ Hölle) **1** 地獄の；悪魔の．das ~*e* Feuer 地獄の業火(ごうか)．**2**《話》(a) 地獄のような．~*e* Qualen 地獄の苦しみ．(b) 非常な，極度の，ものすごい．eine ~*e* Hitze ものすごい暑さ．~ gespannt sein 極度に緊張している．

Holm¹ [hɔlm] 男 -[e]s/-e **1** (梯子(はしご)の)横木；(平行棒の)バー．**2** (飛行機の主翼を支える)翼桁．**3** (斧・オールなどの)柄(え)，握り．**4**《建築》横梁．

Holm² -[e]s/-e **1** 中州，小島．(小さな)半島．**2** (まれ) 造船所．

Hol·mi·um [ˈhɔlmiʊm] 田 -s/《記号 Ho》《化学》ホルミウム(希土類金属名)．

Ho·lo·caust [ˈhoːlokaʊst, holoˈkaʊst] 男 -[s]/-[s] (*gr.*, Brandopfer') ホロコースト，大量殺戮(さつりく)(とくにナチスによるユダヤ人の)．

Ho·lo·gramm [holoˈgram] 田 -s/-e《物理》ホログラム．

Ho·lo·gra·phie [hologra'fiː] 囡 -/-n《物理》**1**《複数無し》ホログラフィー．**2** ホログラフィーによる像．

'**hol·pe·rig** [ˈhɔlpəriç] 形 **1** でこぼこの．ein ~*er* Weg でこぼこ道．**2**《比喩》(話し方・文章などが)ごつごつした，ぎこちない，つかえがちの．sich⁴ ~ ausdrücken つっかえつっかえ自分の意見を述べる．

'**hol·pern** [ˈhɔlpərn] 自 (h, s) **1** (s) (車などが)がたがた走る．(b) (h) 揺れる．**3** (s) つまづきながら歩く，よろめきながら進む．**3** (h) つっかえながら読む(言う)．(詩句・文章などが)ぎくしゃくしている．

'**holp·rig** [ˈhɔlpriç] 形 =holperig

'**Hol·schuld** [ˈhoːl..] 囡 -/-en《法制》(↔ Bringschuld) 取立債務．

'**Hols·te** [ˈhɔlstə] 男 -n/-n =Holsteiner ①

'**Hol·stein** [ˈhɔlʃtaɪn] 《地名》ホルシュタイン．

'**Hol·stei·ner** [ˈhɔlʃtaɪnər] ❶ 男 -s/- **1** ホルシュタインの住民．❷ 女性形 Holsteinerin 囡 -/-nen ホルシュタイン種の馬．❷《不変化》ホルシュタインの．

'**hol·stei·nisch** 形 ホルシュタインの．

hol·ter·di·pol·ter [hɔltərdiˈpɔltər] 副 (↓ poltern)《話》どたばた(と)，ごろごろと．

'**Ho·lun·der** [hoˈlʊndər] 男 -s/- **1**《植物》にわとこ．**2**《複数無し》にわとこの実．

*****Holz** [hɔlts] ホルツ 田 -es/Hölzer(-) **1**《複数無し，ただし種類を示すときのみ複数 "er》木；木材，材木；薪(たきぎ)；《植物》木部(もくぶ)．grünes ~ 生木．~ au legen 薪をくべる．~ fällen(hauen) 木を伐(き)る．[viel] ~ vor der Hütte〈dem Haus / der Tür haben〉《戯》豊満な胸をしている．~ hacken〈spalten〉薪を割る．~ auf sich³ hacken lassen《比》何事にも甘んじる，人がよい．~ sägen 木を挽(ひ)く；《戯》大いびきをかく．~ in den Wald tragen《話》余計なことをする．100 Euro für die Bluse ist vie ~.《話》このブラウスに100ユーロは高過ぎる．vie ein Stück ~ dastehen〈dasitzen〉《話》むすっと押し黙っている．《前置詞と》Und das am grünen ~*e*! いったい素人にどうしろというんだ《新約》ルカ 23:31). [drei mal] an ~ klopfen (いいことがおこるように)木をたたく．Möbel aus ~ 木製の家具．Ich bin doch nicht aus〈von〉~ ! 《話》私だって木石(ぼくせき)(朴念仁(ぼくねんじん))ではないよ(生身の人間だ)．aus dem ~ sein aus dem man…macht …にうってつけである．Er is aus anderem ~ geschnitzt. 彼はできが違う．aus feinem〈hartem〉~ [geschnitzt] sein 人間が繊細にできている《情がこわい》．ins ~ schießen《話》(樹木が)実を結ばずに枝ばかり茂る．Der Baum steht noch gut im ~. この木はまだ大分太っている．**2** (a)《複数無し》木製品，(道具などの)木の部分；《スポーツ》ウッド；《スキー・スポーツ》(ゴールの)枠；《スポーツ》(ラケットの)フレーム．(b)《複数-》《九柱戯》ピン．Gut ~ !《九柱戯》ストライク．《複数無し》《音楽》オーケストラの木管楽器全体．**4**《複数無し》《古》《猟師》森．ins ~ gehen〈fahren〉森に入って行く．zu ~*e* ziehen 《獣》が森へ引きあげる，逃げていく．

'**Holz·ap·fel** 男 -s/⁼《植物》やまりんご．

'**Holz·au·ge** 田《次の成句で》*Holzauge*, sei wachsam!《戯》よく気をつけろ，だまされるな．

'**Holz·bau** 男 -[e]s/-ten **1**《複数無し》木造．**2** 木造建築．

'**Holz·bein** 田 -[e]s/-e 木製の義足．

'**Holz·bild·hau·er** 男 -s/- 木彫家．

'**Holz·bir·ne** 囡 -/-n《植物》野生の梨(なし)．

'**Holz·blas·in·stru·ment** 田 -[e]s/-e《楽器》木管楽器．

'**Holz·bock** 男 -[e]s/⁼e **1**《動物》いぬだに(犬壁蝨)．**2** 木挽(びき)台．

'**Hölz·chen** [ˈhœltsçən] 田 -s/- 《Holz の縮小形》小木片；マッチ．vom ~ aufs Stöckchen kommen《話》(話題が)横道へそれてゆく．

'**hol·zen** [ˈhɔltsən] (↓ Holz) ❶ 自《古》(樹木を)伐採する．❷ 自 (h, s) **1**《話》そんざいな仕事をする．**2** (h)《スポ》(とくにサッカーで)ラフプレーをする．**3** (h)《古》殴り合う．**4** (h, s)《猟師》(猟獣が)木に登る(飛び移る)．

'**Hol·zer** [ˈhɔltsər] 男 -s/- **1**《古》木こり．**2**(サッカーなどで)乱暴な(フェアでない)プレーをする者．

'**Hölz·er** [ˈhœltsər] Holz の複数．

Hol·ze·rei [hɔltsəˈraɪ] 囡 -/-en《侮》ラフプレー．

*****'höl·zern** [ˈhœltsərn] ヘルツェルン 形 (↓ Holz) **1**《付加語的用法のみ》木の，木製(木造)の．**2**《比喩》(身のこなし・態度が)かたい，きこちない，無器用な．

'**Holz·es·sig** 男 -s/《化学》木酢(もくさく)．

'**Holz·fäl·ler** 男 -s/- 木こり．

'**Holz·fa·ser** 囡 -/-n《植物》木質繊維．**2** セルロース．

holz·frei 形《製紙》木質繊維の入っていない．

'**Holz·geist** 男 -[e]s/《化学》木精(メチルアルコール)．

Holz·ha·cker 男 -s/- **1**《とくにスイスで》木こり. **2**《話》ラフプレーをする者. **3**《話》下手な演奏家.

Holz·ham·mer 男 -s/- 木づち. j³ et⁴ mit dem ~ beibringen《話》人の頭に事をたたきこむ. Er hat eins mit dem ~ abgekriegt.《卑》彼は頭がどうかしている.

Holz·ham·mer·me·tho·de 女 -/-n《戯》強引な〈詰込式の〉教え方.

Holz·haus -es/¨er 木造家屋.

hol·zig ['hɔltsɪç] 形 **1** 木質の. **2** 固い繊維の.

Holz·klotz 男 -es/¨e **1** 丸太; 割り木. **2**《比喩》武骨者.

Holz·koh·le 女 -/-n 木炭.

Holz·kopf 男 -[e]s/¨e **1** 木製の頭(部). **2**《比喩》《俗》まぬけ, のろま.

Holz·pan·tof·fel 男 -s/-n 木製サンダル, 木靴.

Holz·scheit 中 -[e]s/-e[r] 薪(#き).

Holz·schliff ['hɔltsʃlɪf] 男 -[e]s/-e 砕木パルプ.

Holz·schnei·de·kunst 女 -/- 木版術.

Holz·schnei·der 男 -s/- 版画家.

Holz·schnitt ['hɔltsʃnɪt] 男 -[e]s/-e《複数なし》木版彫刻. **2** 木版画.

Holz·schnit·zer 男 -s/- 木彫家.

Holz·schuh 男 -[e]s/-e《多く複数で》**1** 木靴. **2** 木底の靴.

Holz·span -[e]s/¨e **1**《多く複数で》かんな屑(ず). **2**（火付用の）木屑.

Holz·stich 男 -[e]s/-e =Holzschnitt

Holz·stoff 男 -[e]s/- 木材パルプ; 木質素.

Holz·stoß 男 -es/¨e 薪(#き)の山.

Hol·zung 女 -/-en **1** 森, 林. **2**《複数なし》伐採.

Holz·wa·re 女 -/-n《多く複数で》木製品, 木工品.

Holz·weg 男 -[e]s/-e 木材運搬用の道. auf dem ~ sein / sich⁴ auf dem ~ befinden たいへんな思い違いをしている.

Holz·wol·le 女 -/-（包装用の）木毛.

Holz·wurm 男 -[e]s/¨er《話》木食い虫.

Holz·zu·cker 男 -s/-《化学》木糖, キシローゼ.

hom.., **Hom..** [hom..]《接頭》=homo.., Homo..

Home·ban·king ['ho:mbɛŋkɪŋ] 中 -[s]/- (engl.) ホームバンキング.

Home·com·pu·ter ['ho:m..] 男 -s/- (engl.) 家庭用パソコン.

Home·page ['ho:mpe:tʃ] 女 -/-s (engl.)《コンピュー》ホームページ.

Ho'mer [ho'me:r]《人名》ホメーロス(『イーリアス』 Ilias, 『オデュッセイア』 Odyssee の作者とされるギリシア最大の叙事詩人, 前8世紀頃の人, ギリシア語形 Homeros).

Ho·me'ri·de [home'ri:də] 男 -n/-n (↓Homer)《多く複数で》**1** ホメーロス風の詩を作る詩人たち. **2** ホメーロスの作品を吟唱して歩く伶人(#ん)たち.

ho·me'risch [ho'me:rɪʃ] 形 ホメーロス(風)の. ~es Gelächter《比喩》（終りのない)高笑い, 哄笑. ◆↑ Homer

Ho·me'ros [ho'me:rɔs]《人名》=Homer

Ho·mi'let [homi'le:t] 男 -en/-en (gr.) **1** 説教学者. **2** 説教師.

Ho·mi'le·tik [homi'le:tɪk] 女 -/- (gr.) 説教学.

Ho·mi'lie [homi'li:] 女 -/-[n ˌli:ən] (lat.) 聖書聖訓.

'Ho·mo¹ ['ho:mo] 男 -[s]/..mines [..mine:s] (lat.) homo , Mann, Mensch') 人, 人間.

'Ho·mo² ['ho:mo, 'hɔmo] 男 -s/-s《話》ホモ, 同性愛の男 (Homosexueller の短縮).

ho·mo.., **Ho·mo..** [homo..]《接頭》(gr. homos , gemeinsam, gleich') (↔ hetero.., Hetero..) 形容詞・名詞に冠して「同じ, 同種の」の意を表す. 母音の前では hom.., Hom.. となる. homosexuell 同性愛の. Homonym《言語》同音異義語.

ho·mo'fon [homo'fo:n] 形 =homophon

ho·mo'gen [homo'ge:n] 形 (↔ heterogen) 同種の, 同質(均質)の, 同成分の, 同質の.

ho·mo·ge·ni·sie·ren [homogeni'zi:rən] 他 (↓homogen) 均質化する, 同質化する.

Ho·mo·ge·ni'tät [homogeni'tɛ:t] 女 -/ (↓homogen) (↔ Heterogenität) 同質性, 均一性.

ho·mo'log [homo'lo:k] 形 **1**《化学》同族の. ~e Reihen 同族列. **2**《生物》(↔ heterolog) 相同の. ~e Organe 相同器官.

ho·mo'nym [homo'ny:m] 形 (lat.)《言語》同音異義の.

Ho·mo'nym 中 -s/-e《言語》同音異義語.

ho·möo.., **Ho·möo..** [homøo..]《接頭》(lat. ,ähnlich, gleichartig') 形容詞・名詞に冠して「類似の, 同種の」の意を表す. 母音の前では homö.., Homö.. となる. Homöoplastik《医学》同種移植.

Ho·mö·o'path [homøo'pa:t] 男 -en/-en ホメオパシー(同種療法)の専門医.

Ho·mö·o·pa'thie [homøopa'ti:] 女 -/ ホメオパシー(同種療法)(少量の毒をもって病気を制する療法).

ho·mo'phon [homo'fo:n] 形 **1**《音楽》(↔ polyphon) ホモフォニーの. **2**《言語》同音の.

Ho·mo·pho'nie [..fo'ni:] 女 -/ **1**《音楽》(↔ Polyphonie) ホモフォニー. **2**《言語》同音(異義).

'Ho·mo 'sa·pi·ens ['ho:mo 'za:pi̯ɛns] 男 - -/ - (lat.) ホモ・サピエンス(現生人類の学名).

Ho·mo·se·xu·a·li'tät [homozɛksuali'tɛ:t] 女 -/ (↔ Heterosexualität) 同性愛.

ho·mo·se·xu'ell [..su'ɛl] 形 (↔ heterosexuell) 同性愛の.

Ho·mo·se·xu'el·le 男女《形容詞変化》同性愛者.

Ho'mun·ku·lus [ho'mʊŋkulʊs] 男 -/..li[..li](-se) (lat.) **1**《古》小人. **2** ホムンクルス(Goethe の『ファウスト』 Faust II にも登場する人造人間).

Hon'du·ras [hɔn'du:ras]《地名》ホンジュラス(中央アメリカの共和国, 首都テグシガルパ Tegucigalpa)

'ho·nen ['ho:nən] 他 (engl.)《工学》eine Metallfläche ~ 金属表面を研ぐ, ホーニング加工する.

ho·nett [ho'nɛt] 形 (fr.)《雅》尊敬すべき, 誠実な, 礼儀正しい.

'Hong·kong ['hɔŋkɔŋ]《地名》ホンコン, 香港.

*****'Ho·nig** ['ho:nɪç ホーニヒ] 男 -e/-e 蜂蜜,《話》甘い言葉. j³ ~ um den Bart〈ums Maul / um den Mund〉 schmieren〈streichen〉《話》人³におべっかを使う, ごまをする.

'Ho·nig·bie·ne 女 -/-n《虫》蜜蜂.

'Ho·nig·ku·chen 男 -s/- 蜂蜜ケーキ.

'Ho·nig·le·cken 中《次の用法でのみ》kein ~ sein《話》なかなか厄介な〈難儀な〉ことである.

'Ho·nig·mond 男 -[e]s/-e《複数まれ》《古》(Honigmonat) 蜜月, ハネムーン.

'Ho·nig·seim 男 -[e]s/-e《古》（精製していない)蜂蜜. Ihre Rede floss wie ~ von ihren Lippen.《比喩》彼女の話は彼の耳に甘く響いた.

'ho·nig·süß 形 蜜のように甘い; とろけるように甘い. ~es Wort《比喩》甘言.

'**Ho·nig·wa·be** 囡 -/-n (蜂蜜のつまった)蜂の巣房.

Hon'neur [(h)oˈnøːr] 男 -/-s (fr.) **1**《多く複数で》《古》尊敬, 敬意. die ～s machen《雅》(うやうやしく)客を出迎える. **2**《複数で》《ﾄﾗﾝﾌﾟ》(ブリッジ・ホイストでの)最高の役札, アナース.

Ho·no'rar [honoˈraːr] 回 -/-e (lat.) 謝礼, 報酬.

Ho·no'rar·pro·fes·sor 男 -s/-en (略 Hon. Prof.) 客員教授.

Ho·no·ra·ti'o·ren [honoratsiˈoːrən] 履 (町の)名士, 有力者.

ho·no·rie·ren [honoˈriːrən] 他 (lat. honorare, ehren, belohnen') **1** (j⁴ et¹ 人⁴に〈事⁴の〉)謝礼(報酬)を払う. **2** 正当な評価をする, 報いる(mit et³ 事³で). **3**《金融》手形を引受けて支払う.

ho·no'rig [hoˈnoːrɪç]《古》**1** 尊敬すべき, 立派な. **2** 気前のよい.

ho·no'ris 'cau·sa [hoˈnoːrɪs ˈkauza] (lat., ehrenhalber') (略 h. c.) 名誉のために. Doktor ～ 名誉博士.

Hon. -Prof.《略》=Honorarprofessor

'Hoo·li·gan [ˈhuːlɪɡən] 男 -s/-s (engl.) **1** ごろつき, よた者. **2** (サッカーの)フーリガン. ◆アイルランドの家族名にちなむといわれる.

'Hop·fen [ˈhɔpfən] 男 -s/《植物》ホップ. Bei〈An〉ihm ist ～ und Malz verloren.《話》あいつは救いようがない.

'Hop·fen·stan·ge 囡 -/-n **1** ホップの支柱. **2**《比喩》のっぽの人.

hopp [hɔp] 間 (迅速な動作を求めて)それ, ほら. Mach schon, ～! それっ, さっさとやれ.《副詞的用法で》Bei ihr muss alles ～ gehen. 彼女は何事でもさっさと済まさないと気がすまない. j⁴ ～ nehmen《話》人⁴をぱくる(逮捕する).

'hop·peln [ˈhɔpəln] 自 (s) (うさぎが)ぴょんぴょんはねて行く；(車でごこぼこ道を)がたごと走って行く.

'hopp·la [ˈhɔpla] 間 Hoppla! おっとっと(つまずいた時の声)；おいおい(他人にぶつかった時の声)；ほらよ, そらよ(物を投げる際などに他人に注意をうながす時の声).

hops [hɔps] ❶ 間 Hops! それっ(跳ぶ時の掛け声). ❷ 形《話》なくなった, 壊れた; 死んだ.

Hops [hɔps] 男 -es/-e (↓hopsen)《話》ぴょんと跳ぶこと.

'hop·sa [ˈhɔpsa] 間《幼児》Hopsa! ぴょん, そらっ(子供が跳ぶ時のそばからの掛声); よいしょ, ほいっ(子供を椅子などにすわらせる時の掛声).

'hop·sen [ˈhɔpsən] 自 (h, s)《話》**1** (s) 跳びはねる, ぴょんぴょん跳ぶ. Das ist gehopst wie gesprungen. どちらも同じことだ. **2** (h)《卑》性交する.

'Hop·ser [ˈhɔpsər] 男 -s/- **1** ぴょんと跳ぶこと. **2** ホプサー(4分の2拍子のテンポの速い舞踊).

'hops|ge·hen* [ˈhɔps..] 自 (s) **1** 壊れる, だめになる; 消えてなくなる. **2** 死ぬ, くたばる. **3** (現行犯で)ぱくられる.

'ho·ra [ˈhoːra] (lat., Stunde') **1** (記号 h) 8h 8時 (=8 Uhr). **2** (記号 ʰ) 8ʰ 8時間 (=8 Stunden). ◆つねに記号 h, ʰ でのみ用いる.

'Ho·ra¹ [ˈhoːra] /-Horen (gr.)《聖務日課》の定時, 定時課. die Horen beten 定時課の祈禱をする.

'Ho·ra² 囡 -/-s ホーラル(ルーマニアの輪舞).

'Hör·ap·pa·rat [ˈhøːr..] 男 -[e]s/-e 補聴器.

Ho'ra·tius [hoˈraːtsiʊs]《人名》Quintus ～ Flaccus クゥイーントゥス・ホラーティウス・フラックス(前65–前8, ラテン文学の黄金期を代表する詩人の1人).

Ho'raz [hoˈraːts]《人名》ホラーツ(Horatius のドイツ語形).

'hör·bar [ˈhøːrbaːr] 形 聞こえる, 聞きとれる.

'hör·be·hin·dert 形 聴覚の障害がある.

'Hör·bild 中 -[e]s/-er (ラジオ番組の)録音構成.

'Hör·buch 中 -[e]s/ⁿer カセットブック.

***'hor·chen** [ˈhɔrçən ホルヒェン] 自 (↓hören) **1** 耳を澄まして(耳をそばだてて)聞く；(こっそり)聞耳を立てる. Horch, ein Geräusch! しぃっ, なにか物音がするぞ. an der Tür ～ 戸口で立聞きする. auf et⁴ ～ 事⁴に耳を傾ける, (注意深く)聞入る. Er horchte auf jeden Laut. 彼はどんな音も聞き漏らすまいと耳をそばだてた. **2**《地方》(auf j⁴ 人⁴の)言うことを聞く.

'Hor·cher [ˈhɔrçər] 男 -s/- 盗み聞きする人. Der ～ an der Wand hört seine eigene Schand.《諺》盗み聞きする者は自分の恥を耳にすることになる.

'Horch·ge·rät 中 -[e]s/-e《軍事》聴音機.

'Horch·pos·ten 男 -s/- **1**《軍事》聴音哨(ﾋｮｳ). **2**《戯》盗み聞きする場所.

'Hor·de¹ [ˈhɔrdə] 囡 -/-n (果物・じゃがいもなどを保存する)すのこ箱(棚).

'Hor·de² 囡 -/-n (türk.) **1** (悪党などの統御されていない)集団, 徒党. **2** 遊牧民の群.

'Hora [ˈhoːra] Hora の複数.

'Ho·ren² (gr.)《ﾐﾞｼﾞｬ神話》ホーラーたち(季節と秩序の女神).

'hö·ren [ˈhøːrən ヘーレン] ❶ 他 **1** (音・声を)聞く, (が)聞こえる. ein Geräusch ～ 物音が聞こえる. Vor Lärm konnte man sein eigenes Wort nicht ～. 騒々しくて自分の言葉も聞取れなかった. Hörst du mich? 私の声が聞こえますか. [auf beiden Ohren] nichts ～ 耳で何も聞こえない. Ich hörte, wie〈dass〉die Tür zuschlug. 私はドアが閉まるのを耳にした.《zu のない不定詞と／過去分詞は hören〈gehört〉》Ich habe ihn kommen hören〈gehört〉. 私は彼の来る足音を聞いた(↑sehen). sprechen ～ 話し声が聞こえる. Er hört sich⁴ gern reden]. 彼はひとりべらべらとよくしゃべる(自分の話しぶりに酔っている).

2 (音楽・演説などを)聞く, 傾聴する；(講義を)聴講する, 受講する；(人々の話などを)聴く, 聴取する. im Konzert〈einen Vortrag〉～ 演奏会〈講演〉を聞く. die Messe ～ ミサにあずかる. beide Parteien ～ 双方の言分を聞く. Radio〈Rundfunk〉～ ラジオを聞く. [eine Vorlesung] von Professor Neumann ～ ノイマン教授の講義を聞く. et⁴ nur mit halbem Ohr ～ 事⁴をうわの空で聞く.《lassen と》sich⁴ vor einem Publikum ～ lassen 聴衆の前で歌う(演奏する). Das lässt sich⁴ ～. (好ましい報告・提案などを聞いて)それはうれしい話だ, 傾聴に値する.《zu のない不定詞と／↑1》Ich habe ihn Mozart spielen hören〈gehört〉. 私は彼がモーツァルトを演奏するのを聞いた.《目的語にして》Man höre und staune! 聞いて驚くな. Hör mal!《話》まあ聞けよ, ねえ君, おい(命令・禁止などで)；なんだって, おいおい(異義・不満などで), ねえ君(謹聴謹聴, ヒヤヒヤ(異義・不満の野次).

3 (偶然)耳にする, 伝え聞く; 聞き知る(von j⁴〈et⁴〉／über j⁴〈et⁴〉人⁴〈事⁴〉について). Hast du etwas Neues gehört? 君は何か新しいことを聞いたかい. Das habe ich von ihr gehört. 私はそれを彼女から聞いた. Er wollte es nicht gehört haben. 彼はそんなことは聞いていないと言い張った. Das ist das Erste, was ich höre. それは初耳だ. Ich habe ge-

hört, dass... 私は…ということを伝え聞いた． Von dir *hört* man ja schöne Sachen〈Dinge〉! (皮肉をこめて)君のことはいろいろ聞いているよ． Ich habe von ihm 〈über ihn〉 nicht viel Gutes *gehört*. 私は彼のことであまりいい話は聞いていない． Ich will nichts mehr davon ~. 私はもうそんなことは聞きたくない(そんなことにはかかわりあいたくない)． Ich habe lange nichts von ihm *gehört*. 私は久しく彼の消息をも聞いていない． etwas von j³ zu ~ bekommen〈kriegen〉《話》人³からさんざん小言をくう，こってりしぼられる．(**lassen** と) [etwas] von sich³ ~ lassen 消息を知らせる，便りをよこす． Er hat schon drei Monate nichts mehr von sich ~ lassen. 彼からはもう3ヶ月間なんの音沙汰もない．(*zu* のない不定詞と／↑1) Ich habe sagen *hören* 〈*gehört*〉, dass... 私は…という話(噂)を耳にした．《目的語なしで》wie ich gestern *hörte* 私が昨日聞いたところでは．Ich habe schon davon *gehört*. 私はすでにそれについて聞いている． Sie werden bald wieder von mir ~. またすぐにお便り(ご連絡)いたしましょう． Sie werden noch von mir ~! (威嚇して)覚えていろよ，いずれこの礼はさせてもらうよ． Lass ~! さあ話にたまえ． Lassen Sie bald von sich ~! すぐにお便りをください． **4** (an et³ 事³で)…ということを聞分ける，(に)気づく． Am Schritt *hörte* sie, dass es ihr Mann war. 足音で彼女はそれが夫だとわかった．
❷ 圁 **1** (耳が)聞こえる． Der Alte *hört* gut 〈schlecht〉. その老人は耳がよい(悪い)． nur auf einem Ohr ~ 片耳しか聞こえない． **2** (a) (auf et⁴ 事⁴に)耳を澄ます，耳を傾ける． aufmerksam auf ein Geräusch ~ 注意深く物音に耳を傾ける． (b) (auf et〈j〉⁴ 事⁴〈人⁴のいうこと〉を)聞く，(に)従う． auf die Eltern〈auf einen Rat〉 ~ 両親の言うことを聞く〈忠告に従う〉． Der Hund *hört* auf den Namen „Luchs". その犬は「ルックス(山猫)」という．(c)《話》(子供などが)言うことを聞く． Das Kind *hört* einfach nicht. その子はとにかく言うことを聞かない． Wer nicht ~ will, muss fühlen. (諺)言って聞かぬものは痛い目にあわせよ．

'**Hö·ren** 匣 -s/ 聞くこと，聴取；聴力，聴覚． Mir verging ~ und Sehen. 《話》私は気が遠くなった． beim ~ der Musik 音楽を聴きながら．

'**Hö·ren·sa·gen** 匣 -s/ 伝え聞き，風説． et⁴ nur vom ~ kennen〈wissen〉事⁴のことは話(噂)に聞いて知っているだけである．

*'**Hö·rer** ['hø:rɐr ヘーラー] 男 -s/- **1** 聞き手；ラジオ聴取者；聴衆，聴講生，受講者． **2** 受話器，ヘッドホン．

'**Hö·re·rin** ['hø:rərɪn] 囡 -/-nen ↑ Hörer 1

'**Hö·rer·schaft** 囡 -/ 聴衆．

'**Hör·feh·ler** ['hø:r..] 男 -s/- **1** 聞き間違い． **2** 難聴．

'**Hör·fol·ge** 囡 -/-n (ラジオの)シリーズ番組．

'**Hör·fre·quenz** 囡 -/-en 《電子工》可聴周波数．

'**Hör·funk** 男 -s/ (テレビ放送に対して)ラジオ放送．

'**Hör·ge·rät** 匣 -[e]s/-e 補聴器．

'**hör·ge·schä·digt** 形 聴覚に障害のある．

'**hö·rig** ['hø:rɪç] 形 (↓hören) **1** 《歴史》(領主に)隷属している．~*e* Bauern 農奴． **2** (人³の)とりこになっている，言いなりである．

'**Hö·ri·ge** ['hø:rɪɡə] 男囡《形容詞変化》《歴史》農奴．

'**Hö·rig·keit** 囡 -/-en **1** 《複数なし》《歴史》(領主への)隷属． **2** (性的に)とりこになっていること．

*'**Ho·ri'zont** [hori'tsɔnt ホリツォント] 男 -[e]s/-e (*gr.*) **1** 地平線，水平線． Die Sonne verschwindet am ~. 太陽が地平線(水平線)に消えていく． Der politische ~ ist bewölkt. 政情があやしくなってきた． **2** (精神的・知的な)視野，(関心・理解力の)範囲． seinen ~ erweitern 視野を広める． einen engen ~ haben 視野が狭い． Das geht über meinen ~. これは私の理解を超えている． **3** 《地質》層準，層位． **4** 《舞台の》背景．

ho·ri·zon'tal [horitsɔn'taːl] 形《比較変化なし》(↔ vertikal) 水平の． das ~*e* Gewerbe《卑》売春．

Ho·ri·zon'ta·le 囡 -/-n《形容詞変化も》(↔ Vertikale) 水平，水平線． sich⁴ in die ~ begeben《話》横になる，寝る．

Hor'mon [hɔr'moːn] 匣 -s/-e (*gr.*)《生化学》ホルモン．

hor·mo'nal [hɔrmoˈnaːl] 形 ホルモンの．

hor·mo'nell [..'nɛl] 形 =hormonal

'**Hör·mu·schel** ['hø:r..] 囡 -/-n (電話器の)受話口．

*'**Horn** [hɔrn ホルン] 匣 -[e]s/Hörner (Horne) **1**《複数 Hörner》角(⓪);《話》(額・頭の)瘤(⓪)，おでき． sich³ die *Hörner* ablaufen〈abstoßen〉《話》(経験を積んで)おとなになる，1回り大きくなる；青雲生活を卒業する． j³ *Hörner* aufsetzen《話》人³(夫)に不貞を働く． sich³ ein ~ rennen〈stoßen〉ぶつかって瘤をつくる． j³ die *Hörner* zeigen《話》人³に手むかう． et⁴ auf die 〈*seine*〉*Hörner* nehmen 事⁴の責任を持つ；j⁴ auf die *Hörner* nehmen (獣が)人⁴を角にかける;《話》人⁴をはげしく攻撃する． den Stier bei den *Hörnern* nehmen〈fassen/packen〉果敢に事に立向かう，火中の栗を拾う． **2**《複数 Hörner》鉄敵(なてき)の尖端；角製の(角型の)杯;（さとか・触手といった）角状突起；切り立った峰，尖頂；半島，岬；弓形の入江． **3**《複数 Hörner》(a)《楽器》ホルン(とくにフレンチホルン)；角笛． [das] ~ blasen〈tuten〉ホルンを吹く． in j² ~ blasen〈tuten/stoßen〉／in das gleiche〈dasselbe〉 ~ blasen〈tuten/stoßen〉wie j¹／mit j¹ in ein ~ blasen《話》人²¹·¹·³と同じ意見である，(に)同調する． ins ~ stoßen 角笛を吹く．(b)(自動車などの)警笛，クラクション． **4**《複数 Horne》(材料としての)角，角質．

'**horn·ar·tig** 厅 -[e]s/-e 角(⓪)状の，角質の．

'**Horn·blen·de** 囡 -/-n《鉱物》角閃石(かくせんせき)．

'**Horn·bril·le** 囡 -/-n 角縁(⓪)めがね．

'**Horn·chen** ['hœrnçən] 匣 -s/- (← Horn の縮小形) **1** 小さい角． **2** クロワッサン． **3**《動物》りす．

'**hor·nen** ['hœrnən] ❶ 圄《sich⁴》(鹿の)角が落ちる． ❷ 佢 **1**(物⁴を)角質化する． **2**《比喩》den Ehegatten ~ (夫の目を盗んで)密通する．

'**Hör·ner** ['hœrnɐr] Horn の複数．

'**hör·nern** ['hœrnɐrn] 形 **1** 角(⓪)製の． **2** 角質化した．

'**Horn·haut** 囡 -/-e **1**《複数なし》角質層，たこ． sich³ eine ~ zulegen《比喩》無関心(鈍感)になる． **2**《解剖》角膜．

'**hor·nig** ['hɔrnɪç] 形 角質の，角質化した．

Hor'nis·se [hɔr'nɪsə, '---] 囡 -/-n《虫》すずめばち．

'**Hor'nist** [hɔr'nɪst] 男 -en/-en ホルン奏者．

'**Horn·och·se** 男 -n/-n《侮》大ばか者，たわけ者．

'**Horn·si·gnal** 匣 -s/-e 角笛(クラクション)による合図．

'**Hor·nung** ['hɔrnʊŋ] 男 -s/-e《古》《複数まれ》(Februar) 2月．

'**Horn·vieh** 匣 -[e]s/..viecher **1**《複数なし》(角のあ

Hörorgan

ら)家畜. **2**《俗》大ばか者.

'Hör·or·gan ['høːr..] ⊕ -s/-e 聴覚器官.

Ho·ro'skop [horo'skoːp] ⊕ -s/-e (gr.)(星占いのための)天宮図, ホロスコープ; 占星術. j³ das ~ stellen 人³の星占いをする.

hor'rend [ho'rɛnt] 圏 (lat.) **1** 非常な, とてつもない. **2**《古》恐ろしい, ぞっとする.

hor·ri'do [hɔri'doː] 圃 Horrido!《猟師》乾杯!(喜びを表す叫び)やったぞ, 万歳.

'Hör·rohr ['høːr..] ⊕ -[e]s/-e **1** 聴診器. **2**(ラッパ形の)補聴器.

'Hor·ror ['hɔro·r] ⊕ -s/ (lat.) **1** 恐怖, 恐れ, 嫌悪感 (vor et⟨j⟩³ 事⟨人⟩³に対する). **2** ~ vacui (Aristoteles が真空を否定して主張した)真空嫌悪.

*'**Hör·saal** ['høːrzaːl]ヘーアザール 圐 -[e]s/..säle **1** 講義室, (階段)教室. **2**《複数なし》《話》(講義室の)全聴講者.

'Hör·sam·keit ['høːrzaːmkaɪt] 囡 -/ 音響効果.

Hors d'oeu·vre [(h)oːr'døːvrə, (h)oː'r'døːvrə] ⊕ -s/-s (fr.) オードブル, 前菜.

'Hör·spiel ⊕ -[e]s/-e 放送劇, ラジオドラマ.

Horst¹ [hɔrst] 圐 -[e]s/-e **1**(高い場所に作られた)猛禽類の巣. **2** 空軍基地 (Fliegerhorst の短縮). **3** 茂み, 藪. **4**《地質》地塁.

Horst² (男名)ホルスト.

'hors·ten ['hɔrstən] 圓 (鷹などが)巣食う, 巣をつくる.

Hort¹ [hɔrt] 圐 -[e]s/-e **1**《雅》宝, 財宝. **2** 避難所, 本拠(地), 中心; 守護者. der ~ der Freiheit 自由の砦. **3** 託児所, 保育所.

Hort² (男名)ホルト.

'hor·ten ['hɔrtən] ⊕ (金銭・食料品を)貯える.

Hor'ten·sie [hɔr'tɛnziə] 囡 -/-n《植物》あじさい属.

'Hort·ne·rin ['hɔrtnərɪn] 囡 -/-nen 保母.

'Hor·tung 囡 -/-en (複数まれ)貯蓄, 貯蔵.

'Hör·ver·mö·gen ['høːr..] ⊕ -s/ 聴力.

'Hör·wei·te 囡 - 声の届く範囲. in⟨außer⟩ ~ 声が聞こえる⟨聞こえない⟩所に.

'Hös·chen ['høːsçən] ⊕ -s/- (Hose の縮小形) **1** 短パンツ, ショートパンツ. heiße ~《話》ホットパンツ. **2**(蜜蜂の足についた)花粉.

'Ho·se ['hoːzə ホーゼ] 囡 -/-n **1**(しばしば複数で)ズボン, スラックス; (とくに女性・子供の)パンツ, ショーツ. ein Paar ~n ズボン 1 本. Das ist Jacke wie ~.《話》それはどっちでもいいことだ. die ~n anhaben《話》亭主を尻に敷く. die ~[n] anziehen⟨ausziehen⟩ ズボンをはく⟨脱ぐ⟩. die ~ über die⟨der⟩ Tonne gebügelt⟨getrocknet⟩ haben《戯》がに股である. die ~[n] [gestrichen] voll haben《卑》びくびくしている, 気が気でない. die ~n voll kriegen《卑》尻をぶたれる. ~n runter! (ズカートで)手札公開. die ~n runterlassen《卑》(いさぎよく)旗幟(き)を鮮明にする. Meine ~n sind wol.《卑》私は心配で居ても立ってもいられない, 怖くてならない. eine tote ~ sein《とくに若者》さっぱり(駄目)である. j³ die ~n strammziehen⟨spannen⟩《話》人³(子供)の尻をひっぱたく. Machen wir die ~n wieder zu! もうやめよう.《前置詞と》sich⁴ auf die ~n setzen《話》真面目に〔腰をすえて〕勉強する. nicht aus der ~ kommen können《話》便秘である. Dort hat man ihm das Herz in die ~[n] gefallen⟨gerutscht⟩.《話》彼は怖気づいた, 意気沮喪した. in die ~n gehen《卑》(計画など)不首尾

に終る. sich³ in die ~n machen / die⟨seine⟩ vollmachen《卑》ズボンに漏らす; びくびくしている. mit j³ in die ~n müssen《卑》人³と雌雄(し)を決する (羽目になる). in die ~n steigen《話》ズボンをはく(で)》闘いの準備をする. **2**(鷲・鷹・鳩などの)もも; くく複数で》(動物, とくに馬の後脚の)大腿部, 下腿. **3**(蜜蜂の後脚に付いた)花紛(の玉).

Ho'sea [ho'zeːa](人名》《旧約》ホセア(前 8 世紀のユダヤの預言者、ホセア書はその預言の記録). der Prophet ~ 預言者ホセア; ホセア書.

'Ho·sen·an·zug 圐 -[e]s/-¨e パンタロンスーツ.

'Ho·sen·band·or·den 圐 -s/- (英国の)ガーター章.

'Ho·sen·bo·den 圐 -s/-¨《話》ズボンの尻. ~ voll kriegen《比喩》(子供が)尻をぶたれる. sich⁴ auf den ~ setzen 腰をすえて勉強する.

'Ho·sen·bund 圐 -[e]s/-¨e ズボンの(ウェスト)バンド.

'Ho·sen·matz 圐 -es/-e(-¨e) **1** 幼ない子供. **2** 半ズボンをはいた子供.

'Ho·sen·naht 囡 -/-¨e ズボンの外側の縫い目.

'Ho·sen·rock 圐 -[e]s/-e《服飾》キュロットスカート.

'Ho·sen·rol·le 囡 -/-n **1** (女優が演じる)男役. **2** (女優が演じる)男装の女役.

'Ho·sen·schlitz 圐 -es/-e ズボンの前あき.

'Ho·sen·ta·sche 囡 -/-n ズボンのポケット. et⁴ wie seine ~ kennen《話》事を知り尽くしている. j³ fällt das Herz in die ~.《戯》人³が(急に)不安になる.

'Ho·sen·trä·ger 圐 -s/-《ふつう複数で》サスペンダー, ズボン吊り.

ho·si'an·na [hozi'ana] 圃 (hebr., hilf!°) Hosianna!《聖書》ホサナ, ホザナ《神・キリストに対する賛美の叫び, hosanna とも. 《新約》ヨハ 12:13).

Hos·pi'tal [hɔspi'taːl] ⊕ -s/-e(-¨er) (lat.) **1** 病院. **2**《古》養老院.

hos·pi·ta·li'sie·ren [hɔspitali'ziːrən] ⊕ (強制的に)病院や施設に入院させる.

Hos·pi·ta'lis·mus [hɔspita'lɪsmʊs] 圐 -/《医学》**1** ホスピタリズム(長期の入院による心身の障害). **2** 院内感染.

Hos·pi'tant [hɔspi'tant] 圐 -en/-en (Gasthörer) (大学の)聴講生.

hos·pi'tie·ren [hɔspi'tiːrən] 圓 (lat.) (講義などを)聴講する.

Hos'piz [hɔs'piːts] ⊕ -es/-e (lat.) **1** (修道院に設けられている)巡礼者用宿泊所, 宿坊. **2** (キリスト教精神にもとづいて経営されている)ホテル, 宿泊所.

Host [hoːst] 圐 -[s]/-s (engl.)《コンピュ》ホストコンピュータ.

'Hos·tess, °**Ho·steß** ['hɔstɛs, -'-] 囡 -/-en (engl.) **1** (旅行社等の)案内係. **2** スチュワーデス. **3** (アメリカのバーのホステス. **4** 《婉曲》娼婦.

'Hos·tie ['hɔstiə] 囡 -/-n (lat.)《カト教》ホスチア, 聖餅(き)(聖餐式のパン).

'Host·rech·ner ['hoːst..] 圐 -s/-《コンピュ》=Host

Ho'tel [ho'tɛl ホテル] ⊕ -s/-s (fr.) ホテル. in einem ~ absteigen ホテルに投宿する.

Ho'tel gar'ni [ho'tɛl gar'niː] ⊕ - -/- -s (fr.) ホテルガルニ(朝食つき簡易ホテル).

Ho·te·li·er [hotɛli'eː, hɔta..] 圐 -s/-s (fr.) ホテル経営者.

'Hot·line ['hɔtlaɪn] 囡 -/-s (engl.) ホットライン.

hott [hɔt] 圃 (→ hüh) Hott!(家畜に対する掛声)前

へ, 進め; 右へ. nicht ~ und nicht har wissen 何を
したらいいか分からない. einmal ~ und einmal har
sagen〈話〉言うことをころころ変える.
ˈHot·tenˈtot·te [hɔtənˈtɔtə]〖男〗-n/-n (*afrikaans.*)
ホッテントット(アフリカ南西部に住む種族名).
HP〖記号〗=h. p.
h. p.〖記号〗=horsepower
hPa〖記号〗=Hektopascal
Hptst.〖略〗=Hauptstadt
Hr.〖略〗=Herr
Hrn.〖略〗=Herrn
hrsg.〖略〗=herausgegeben
Hrsg.〖略〗=Herausgeber
Hs.〖略〗=Handschrift 3 ◆複数は Hss.=Handschriften
HTL〖略〗=Höhere Technische Lehranstalt 高等工業専門学校.
HTML [ha:te:ɛmˈɛl]《略》=Hypertext Markup Language〖コンピュ〗HTML (インターネットのページ記述言語).
hu [hu:]〖間〗*Hu*! ひゃ, うわっ, ぶるぶる(恐怖・驚き・寒さを表す時の声). わっ(人を驚かそうとして出す声).
hü [hy:]〖間〗=hüh
hub [hu:p] (まれ) heben の過去形 hob の古形.
Hub [hu:p]〖男〗-[e]s/Hübe (↓heben) **1** 持上げること, 引上げること. **2**〘工学〙(ピストンの)行程, 上下運動.
ˈHub·brü·cke〖女〗-/-n〘工〙昇開橋.
ˈhü·be [ˈhyːbə] (まれ) heben の接続法 II höbe の古形.
ˈHü·be [ˈhyːbə] Hub の複数.
ˈHu·bel [ˈhuːbəl]〖男〗-s/- =Hübel
ˈHü·bel [ˈhyːbəl]〖男〗-s/- 丘, 丘陵.
ˈhü·ben [ˈhyːbən]〖副〗こちら側に. ~ und〈wie〉drüben こちら側にもあちら側にも.
ˈHu·berˈtus [huˈbɛrtʊs]〖人名〗フベルトゥス. der heilige ~ 聖フベルトゥス(727 没, Lüttich の司教. ↑付録「聖人暦」11 月 3 日).
ˈHub·raum〖男〗-[e]s/-e〘工学〙気筒容積.

hübsch

[hʏpʃ ヒュプシュ]〖形〗**1** 感じのよい, 快い, 好もしい; 美しい, かわいらしい. ein ~*es* Kind かわいい子供. eine ~*e* Melodie 美しい旋律. sich⁴ ~ anziehen こざっぱりとしたなりをする. ~ machen〈話〉〈地方〉(犬が)ちんちんをする. sich⁴ ~ machen 身づくろい(おしゃれ)をする.《名詞的用法で》Na, ihr *Hübschen*!〈話〉おや, お前さんたち. **2**〈話〉意に叶(ホŧ)った, 快適な; 好意的な, 親切な.《反語》まことに結構な. ein ~*er* Abend 素晴しい宵(ャュ). ~*er* Wein (値の割には)イケるワイン. Das ist ja〈eine ~*e* Geschichte〉!(皮肉)それはまた結構なことで(ひどい話だ). Das ist ~ von Ihnen! ご親切にどうも. Mach's ~!〈話〉〈地方〉じゃあまたね. **3**〈話〉《付加語的用法のみ》相当量の, 少なからぬ. ein ~*es* Stück Arbeit〈Weg〉たいへんな大仕事〈かなりの道のり〉. ein ~*es* Summchen ちょっとした大金. **4**〈話〉《副詞的用法で》相当に, かなり, なかなか;《命令文で》とにもかくにも, いずれにしろ. Ich war gestern Abend ganz ~ betrunken. 昨夜はしたたか酔っぱらった. Sei ~ brav! いい子でお利口にしなさい.
ˈHub·schrau·ber [ˈhuːpʃraʊbər フープシュラオバー]〖男〗-s/-〘航空〙ヘリコプター.
ˈHub·stap·ler〖男〗-s/- フォークリフト.

huch [huːx]〖間〗*Huch*!(ちょっとした驚きを表して)あら, おやまあ.
ˈHu·chen [ˈhuːxən]〖男〗-s/-〘魚〙(ドーナウ川原産のいとう(さけ科の大魚).
ˈHu·cke [ˈhʊka]〖女〗-/-n〈地方〉**1** 背荷物. **2**〈古〉背負いかご. **3** 多数. **4**《複数なし》背中. j³ die ~ voll hauen〈lügen〉〈話〉人³をさんざん殴る〈だます〉. sich³ die ~ voll lachen〈話〉笑いころげる.
ˈhu·cke·pack [ˈhʊkəpak]〖副〗背負って, 背中に. ein Kind ~ nehmen 子供を背負う. j〈et〉⁴ ~ tragen 人〈物〉⁴を背負う. bei〈mit〉 j³ ~ machen 人³に背負われる, おんぶされる.
ˈHu·cke·pack·ver·kehr〖男〗-s/ ピギーバック輸送.
ˈHu·del [ˈhuːdəl]〖男〗-s/-[n]〈地方〉**1** ぼろ布. **2** よた者, ならず者.
Hu·deˈlei [huːdəˈlaɪ]〖女〗-/-en (↓hudeln)《話》**1**《複数なし》粗雑な仕事(の仕方). **2** 重荷, 面倒.
ˈhu·deln [ˈhuːdəln] **❶**〖自〗〈地方〉そんざいな仕事をする, 手を抜く;〈古〉なまける, ぶらぶらする. **❷**〖他〗**1**(仕事などを)そんざいにする. **2** いじめる, 手荒く扱う.
Huf [huːf]〖男〗-[e]s/-e **1**(馬などの)蹄(ワ்கの. **2** 有蹄(ケ்ヤン)類の動物.
ˈHu·fe [ˈhuːfə]〖女〗-/-n フーフェ(中世の農民 1 世帯にわりあてられた農地単位. =約 10 ヘクタール).
ˈHuf·ei·sen [ˈhuːfˌaɪzən]〖中〗-s/- 蹄(ヷコs)鉄(幸運の象徴とも考えられた).
ˈhuf·ei·sen·för·mig〖形〗馬蹄(バ)形の.
ˈHuf·lat·tich〖男〗-s/-e〘植物〙ふきたんぽぽ, 款冬(於).
ˈHuf·na·gel〖男〗-s/-〘= (装蹄用の)平蹄鉄釘.
ˈHuf·ner [ˈhuːfnər]〖男〗-s/- =Hüfner
ˈHüf·ner [ˈhyːfnər]〖男〗-s/- Hufe を所有する農民. ◆↑Hufe
◆**ˈHuf·schlag**〖男〗-[e]s/⸚e **1**《複数まれ》蹄(ワ்கの)の音. **2** 蹄で蹴ること. **3**〘馬術〙馬術路.
ˈHuf·schmied〖男〗-[e]s/-e 装蹄師.
ˈHüft·bein [ˈhyft..]〖中〗-[e]s/-e〘解剖〙腰骨.
***ˈHüf·te** [ˈhʏftə ヒュフテ]〖女〗-/-n **1** 腰, 尻, ヒップ. aus der ~ schießen 腰だめで(銃を)射つ;《話》くぐくせずに(適切な)手を打つ. die Arme in die ~n stemmen〈stützen〉両手を腰にあてがう. sich⁴ in den ~n wiegen 腰を振る(振って歩く). **2**〘食品〙腰肉.
ˈHüft·ge·lenk〖中〗-[e]s/-e〘解剖〙股関節.
ˈHüft·gür·tel〖男〗-s/-〘服飾〙ガーターベルト.
ˈHüft·hal·ter〖男〗-s/-〘服飾〙ガーターつきガードル.
ˈHuf·tier [ˈhuːf..]〖中〗-[e]s/-e〘動物〙有蹄(タン)類.
***ˈHü·gel** [ˈhyːgəl ヒューゲル]〖男〗-s/- **1** 丘, 丘陵, 小山. **2** 塚, 盛り土;〈雅〉土まんじゅう. **3**(土砂などの)山.
ˈhü·ge·lig [ˈhyːgəlɪç]〖形〗丘陵状の, 起伏のある.
ˈHü·gel·land〖中〗-[e]s/-er 丘陵地.
Hu·geˈnot·te [hugəˈnɔtə]〖男〗-n/-n (*fr.*) ユグノー派の人(フランスの新教徒).
hu·ge·ˈnot·tisch [..ˈnɔtɪʃ]〖形〗ユグノー派の.
ˈhüg·lig [ˈhyːglɪç]〖形〗=hügelig
ˈHu·go¹ [ˈhuːgo]〖男名〗フーゴ.
ˈHu·go² [yˈgo]〖人名〗Victor ~ ヴィクトル・ユゴー. (1802–85, フランスの詩人・小説家).
hüh [hy:]〖間〗*Hüh*!(馬などに対するかけ声)ハイ, どうどう, 進め;(↔hott)左へ; 止まれ.
Huhn [hu:n]〖中〗-[e]s/Hühner **1** (a)〘鳥〙にわとり, 鶏肉. [sich³] *Hühner* halten にわとりを飼う. gebratenes ~ ローストチキン.《比較的に》wie ein aufgescheuchtes〈kopfloses〉 ~〈話〉興奮(いらい)して, 神経質に. Ein blindes ~ findet auch einmal

Korn.《諺》下手な鉄砲も数打ちゃあたる(目の見えないにわとりでも穀物を見つけることもある). Er sieht aus, als hätten ihm die *Hühner* das Brot weggefressen.《話》彼はまるでとんびに油揚げをさらわれた(にわとりにパンをとられた)ような顔をしている. Nach ihr〈meinem neuen Auto〉kräht kein ～ und kein Hahn.《話》彼女は誰にも相手にされない〈誰一人私の新車に目をとめる者はいない〉. Da lachen ja die *Hühner*!《話》そいつはまったく馬鹿げている, とんだお笑いぐさだ. das Ei unterm ～ verkaufen müssen 金にこまっている. mit den *Hühnern* aufstehen〈zu Bett gehen〉《話》早起き〈早寝〉する. (b) (Henne) めんどり. **2**《猟師》ヨーロッパやまうずら. **3**《比喩》やつ. ein leichtsinniges ～ 軽率なやつ(女). ein lustiges〈dummes〉～ 陽気な〈馬鹿な〉やつ.

'Hühn·chen ['hy:nçən] 中 -s/- 《Huhn の縮小形》鶏の雛. mit j^3 ein ～ zu rupfen haben《比喩》人^{3}と話をつけなければならない(ことがある).

'Hüh·ner ['hy:nər] Huhn の複数.

'Hüh·ner·au·ge ['hy:nər|aʊgə] 中 -s/-n〖医学〗魚(うお)の目, 鶏眼(けいがん). j^3 auf die ～*n* treten《話》人^{3}を侮辱する; (の)痛いところをつく; (に)念を押す.

'Hüh·ner·brü·he 女 -/-n〖料理〗チキンブイヨン.

'Hüh·ner·brust 女 -/‥e〖病理〗鳩胸. **2**《話》(とくに男の)うすい胸.

'Hüh·ner·ei 中 -[e]s/-er 鶏卵.

'Hüh·ner·farm 女 -/-en 養鶏場.

'Hüh·ner·ha·bicht 男 -s/-e〖鳥〗おおたか.

'Hüh·ner·hof 男 -[e]s/‥e **1** 鶏の運動場. **2** 養鶏場.

'Hüh·ner·hund 男 -[e]s/-e《猟師》鳥猟犬.

'Hüh·ner·lei·ter 女 -/-n **1** 鶏用のはしご. **2**《話》狭い階段.

'Hüh·ner·stall 男 -[e]s/‥e 鳥小屋, 鶏舎.

'Hüh·ner·zucht 女 -/ 養鶏(業).

hu·hu 間《話》**1** ['hu:hu] *Huhu*!(遠くの人に)おおい. **2** [hu'hu:] *Huhu*! (人を驚かそうとして, また自分の恐怖・驚きを表して)うわー.

hui [hʊɪ] 間 **1** *Hui*! (喜び・驚きを表して)わあ, おお. *Hui*! Wie schön! わあ, なんてすばらしい. Oben ～, unten pfui.《話》見かけ倒し, うわべばかり. **2** *Hui*! (風の音を表して)ひゅう, ぴゅう. im〈in einem〉～ あっという間に, さっと.

'hu·ius 'an·ni ['hu:jʊs 'ani] (*lat.* , dieses Jahres') 《略 h. a.》《古》今年の, 今年に.

'hu·ius 'men·sis [..'mɛnzɪs] (*lat.* , dieses Monats')《略 h. m.》《古》今月の, 今月に.

'Hu·la ['hu:la] 女 -/-s(男 -s/-s) (*polynes.*) (ハワイの)フラダンス.

Huld [hʊlt] 女 -/《雅》恩寵(おんちょう), 寵愛, 愛顧. in j^2 ～ stehen 人^{2}の寵愛を受ける.

'hul·di·gen ['hʊldɪgən] 自 **1** (人^{3}に)敬意を払う;《古》忠誠を誓う. **2** (a)《雅》(事^{3}を)信奉する. einem Brauche ～ ある習慣を信奉する. (b)《反語》熱中する, ふける. dem Wein ～ 酒にふける.

'Hul·di·gung 女 -/-en **1**《古》忠誠の誓い. **2**《雅》敬意の表明.

'huld·reich 形《古》《雅》=huldvoll

'huld·voll 形《古》**1**《雅》慈悲深い. **2**《反語》恩着せがましい.

'hül·fe ['hʏlfə] helfen の接続法 II.

***'Hül·le** ['hʏlə ヒュレ] 女 -/-n (↓hüllen) **1** 覆い, 外被, 被膜; 包装, カバー, 封筒; パック, ケース, サック. die ～ der Nacht 夜のとばり. eine ～ des Schweigens 沈黙のベール. die fleischliche〈leibliche〉～《雅》(霊魂に対して)肉体, 現身(うつしみ). die sterbliche ～《雅》屍(しかばね). die ～ ehelichen《戯》女の容姿(財産)だけに惹かれて結婚する. in ～ und Fülle /《雅》die ～ und Fülle どっさり, ふんだんに. **2**《戯》着衣, 服. die ～*n* fallen lassen 着ている物を脱ぐ. **3**〖植物〗総苞(そうほう); (豆の)莢(さや), (種子の)殻.

***'hül·len** ['hʏlən ヒュレン] ❶ 他 包む, くるむ, おおう. Blumen in Papier ～ 花を紙に包む. ein Kind in eine Decke ～ 子供を毛布にくるむ. Er *hüllte* einen Schal um sie. 彼は彼女にショールを掛けてやった. sich^3 ein Tuch um die Schultern ～ ショールで肩をおおう. 《過去分詞で》in Dunkel *gehüllt* sein 闇(謎)に包まれている. ❷ 再《sich^4》身を包む, くるまる(in et^4 に). *sich* in Schweigen ～《比喩》沈黙を守る.

'hül·len·los 形 **1**《話》裸の. **2**《比喩》あからさまな.

'Hüll·wort ['hʏl..] 中 -[e]s/‥er〖言語〗婉曲語法.

'Hül·se ['hʏlzə] 女 -/-n **1** (豆類の)さや, 殻. **2**〖植物〗豆果(とうか), 莢果(きょうか). **3** (さや状の)容器, ケース, カプセル, (ペンの)キャップ.

'Hül·sen·frucht ['hʏlzən..] 女 -/‥e《多く複数で》莢果(きょうか), 豆果(とうか)(えんどう・そら豆など).

hu'man [hu'ma:n] 形 (*lat.* humanus , menschlich') **1** (↔ inhuman) 人間的な, 人道的な; 人間味のある. **2**〖医学〗人間(特有)の.

Hu·ma·ni'o·ra [humani'o:ra] 複 (*lat.*)《古》古典古代(研究); 古典古代の文献.

hu·ma·ni'sie·ren [humani'zi:rən] 他 (*lat.*) 人間らしくする, 人間味のあるものにする.

Hu·ma'nis·mus [huma'nɪsmʊs] 男 -/ (*lat.*) **1** 人文主義. **2** 人道主義, 人間主義(ヒューマニズム).

Hu·ma'nist [huma'nɪst] 男 -en/-en **1** 人文主義者. **2** 人道主義者. **3** 古典研究家. **4**《古》古典語系のギュムナージウム卒業者.

hu·ma'nis·tisch [huma'nɪstɪʃ] 形 **1** 人文主義の; 古典語の. **2** 人道主義の.

hu·ma·ni'tär [humani'tɛ:r] 形 (*lat.*) 博愛主義的な, 人道的な.

Hu·ma·ni'tät [humani'tɛ:t] 女 -/ (*lat.* humanitas , Menschlichkeit') (↔ Inhumanität) 人間性, ヒューマニティ.

'Hum·boldt ['hʊmbɔlt]《人名》Wilhelm von ～ ヴィルヘルム・フォン・フンボルト(1767–1835, ドイツの言語学者・政治家). Alexander von ～ アレクサンダー・フォン・フンボルト(1769–1859, Wilhelm の弟, 自然科学者・地理学者).

'Hum·bug ['hʊmbʊk] 男 -s/ (*engl.*)《話》**1** いんちき, ぺてん. **2** ナンセンス, たわごと.

'Hum·mel ['hʊməl] 女 -/-n〖虫〗まるはなばち. eine wilde ～《話》おてんば娘. ～*n* im〈unterm〉Hintern haben《卑》かたときもじっとしておれない.

'Hum·mer ['hʊmər] 男 -s/-〖動物〗ロブスター.

***Hu'mor**[1] [hu'mo:r フモーア] 男 -s/-e (*lat.* humor , Feuchtigkeit') **1**《複数なし》ユーモア, 洒落っ気. ein goldener ～ 素晴しい(真の)ユーモア(のセンス). keinen ～〈keinen Sinn für ～〉haben ユーモアを解さない. Du hast [ja vielleicht] ～! 冗談じゃないぜ君. **2**《まれ》冗談, 洒落. schwarzer ～ ブラックユーモア. **3**《複数なし》(上)機嫌, 快活さ. bei gutem ～ sein ご機嫌である.

'Hu·mor[2] ['hu:mo:r] 男 -s/-es [hu'mo:re:s] (*lat.*)〖医学〗体液; 湿潤.

Hu·mo·res·ke [humoˈrɛskə] 囡 -/-n (↓ Humor¹) **1**《文学》ユーモア小説. **2**《音楽》ユーモレスク.
hu·mo·rig [huˈmoːrɪç] 形 ユーモアのある, 陽気な.
Hu·mo·rist [humoˈrɪst] 男 -en/-en **1** ユーモア作家. **2** 冗談のうまい人, コメディアン.
hu·mo·ris·tisch [ ] 形 ユーモラスな, こっけいな.
hu·mor·los 形 ユーモアのない.
hu·mor·voll 形 ユーモアに富んだ.
hum·peln [ˈhʊmpəln] 自 (h, s) びっこを引く, 足を引きずって歩く. Ein Geschäft *humpelt*.《比喩》商売がうまくゆかない.
Hum·pen [ˈhʊmpən] 男 -s/- (ふた付きの)大ジョッキ.
den ~ schwingen 大酒を飲む.
Hu·mus [ˈhuːmʊs] 男 -/ (*lat.*)《農業》腐植土.

Hund [hʊnt フント] 男 -[e]s/-e **1**《動物》犬. Vorsicht, bissiger ~! 猛犬注意. fliegender ~《動物》おおこうもり属. einen ~ an der Leine führen〈an die Kette legen〉犬を紐につないで連れ歩く〈鎖につなぐ〉. [sich³] einen ~ halten 犬を飼う.《比喩的用法・慣用的表現で》weiße ~e《雅》白い波頭. wie ein geprügelter ~《話》きまり悪そうに; しょんぼりして. wie ein 〈junger〉 ~ frieren《話》やたらに寒い. wie ein ~ leben《話》みじめな(ひどい)暮している. wie ~ und Katze leben《話》いがみ合っている, 犬猿の仲である. wie ein bunter〈schrecklicher〉~ bekannt sein《話》誰にも知られている. wie ein ~ müde sein《話》へとへとに疲れている. ~*e*, die [viel] bellen, beißen nicht.《諺》能なしの口たたき. Den letzten beißen die ~*e*.《話》遅れた者が損をする. Da liegt der ~ begraben.《話》それが問題の核心(本当の理由, 一番厄介な点)なのだ. wenn die ~*e* mit dem Schwanz bellen 犬が尻尾で西から昇っても. Das ist ein dicker ~!《話》そいつはひどい話じゃないか; これは大間違いだ; 厄介な(面倒な)ことだな. Von dem nimmt kein ~ ein Stück Brot [mehr].《話》誰も何もあいつを相手にしない. Viele ~*e* sind des Hasens Tod.《諺》衆寡(しゅうか)敵せず, 多勢に無勢(ぶぜい). j⁴ wie einen ~ behandeln《話》人⁴を乱暴に(虫けらのように)扱う. einen dicken ~ haben《話》《口》《学》手がよごれている. Bei diesem Wetter jagt man keinen ~ hinaus〈auf die Straße / vor die Tür〉.《話》こいつは大変な天気だ. Damit kann man keinen ~ hinter dem Ofen hervorlocken〈vom Ofen locken〉.《話》こんなものには誰ひとり食指を動かさない. Das kann〈muss〉[sogar] einen ~ jammern.《話》これは目も当てられぬ(ほど哀れだ). Das macht den ~ in der Pfanne verrückt. こいつはまったく頭が変になってしまいそうだ.《前置詞で》j⁴ **auf** den ~ bringen《話》人⁴を破滅(没落)させる, だめにする. auf den ~ kommen《話》零落する, 尾羽打ち枯らす; (商売が)左前になる; 衰弱する. [ganz] auf dem ~ sein 困窮(難渋)している; 零落(衰弱)している. **mit** allen ~*en* gehetzt sein《話》海千山千(狸)である. Kommt man **über** den ~, kommt man auch über den Schwanz. 厄介な点(大半)を片づけてしまえばあとは楽だ. Das ist **unter** allem 〈dem〉 ~.《話》論外だ, 論外だ. **vor** die ~*e* gehen《話》堕落(落魄)する, 落ちはてる. et⁴ vor die ~*e* werfen《話》物⁴を無駄にする.
2《卑》やつ, 野郎; 卑劣漢, 下等(な)やつ. ein armer ~ 哀れなやつ. ein junger ~ 若造. ein krummer ~ 胡散(うさん)くさいやつ. Du ~! この野郎め.
3 der ~《天文》犬座. der Große〈Kleine〉~ 大〈小〉犬座.
4 der laufende ~《建築》(ギリシアの)波形渦巻き装飾.
5《鉱業》トロッコ.
6 kalter ~《話》チョコレートトルテ.
hun·de·.., Hun·de·.. [hʊndə..] 《接頭》(↓ Hund)《話》名詞・形容詞などに冠して「犬の; いやな, ひどい」の意を表す. *Hunde*arbeit いやな仕事.
'Hun·de·ar·beit 囡《話》ひどく辛い仕事.
'Hun·de·blu·me 囡 -/-n《話》たんぽぽ.
'hun·de·elend 形《話》ひどく悪い. Mir war ~ zumute. 私はとても気分が悪かった.
'Hun·de·hüt·te 囡 -/-n 犬小屋;《話》あばら屋.
'hun·de·kalt 形《話》ひどく寒い.
'Hun·de·käl·te 囡《話》ひどい寒さ.
'Hun·de·ku·chen 男 -s/- 犬の餌用ビスケット.
'Hun·de·le·ben 回 -s/《比喩》みじめな(ひどい)暮し.
'Hun·de·lei·ne 囡 -/-n 犬の引き綱.
'Hun·de·mar·ke 囡 -/-n **1** 犬の鑑札. **2**《卑》兵隊の認識票; 私服警官のバッジ.
'hun·de·mü·de 形《話》へとへとに疲れた.

'hun·dert [ˈhʊndɐt フンダート] 数 **1** 100, 百 (の). ein paar ~〈*Hundert*〉Menschen 2, 3 百人の人々. an die ~ Menschen 百人かそこらの人々. die *Hundert* Tage《歴史》(ナポレオンの)百日天下. Ich wette ~ gegen eins, dass... 《話》私は…だと確信している(賭けてもいい). auf ~ kommen〈sein〉《話》かんかんに怒る〈怒っている〉. 頭にくる〈きている〉. j⁴ auf ~ bringen 人⁴をかんかんに怒らせる. [mit] ~ fahren / mit ~ Sachen fahren / ~ Sachen drauf haben《話》時速100キロ(猛スピード)でぶっとばす. **2**《話》あまた(の), うんとたくさん(の), 山ほど(の). Ich wusste ~ Neuigkeiten zu berichten. 私には報告すべきニュースが山ほどあった. Was drei wissen, erfahren ~.《諺》3人知れば世界中. ◆↑ Hundert¹
'Hun·dert¹ [ˈhʊndɐt フンダート] 回 -s/-[e] **1**《複数 -》100(という数量); 100個, 100人(匹). einige *Hundert* Packungen スーツケース 数百個の葉巻. sechs vom〈von〉~ / (略) 6 v. H. 6 パーセント. **2**《複数 -*e* の形で》数百, 幾百; たくさん, 無数. ~*e* und Tausende〈*hunderte* und *tausende*〉von Menschen 何百何千という人々. ~ und Aber*hunderte*〈*hunderte* und aber*hunderte*〉何百となく. Die Kosten gehen in die ~*e*〈*hunderte*〉.《話》金額が数百ユーロにのぼる. Das kann unter〈von〉~*en*〈*hunderten*〉nur einer〈nicht einer〉. それができる者はほんど 1 人もいない. Sie kamen zu ~*en*〈*hunderten*〉. 彼等は何百人かやって来た. 1, 4 格は格を示す語が他にある場合, 語尾 -*e* を付さないとき男性は Einige ~[*e*] standen vor den Toren. 数百人が門の前に立っていた). また 2 格は格を示す語が他に無い場合, 形容詞変化語尾 -*er* となることがある Er erwartete die Beteiligung ~*er*〈einiger ~*e*〉. 彼は何百人もの(数百人の)参加を期待していた). Tausend¹ の 2 もこれに準じる. ◆↑ hundert 1
'Hun·dert² 囡 -/-en 100 という数(数字).
'hun·der·tein[s] 数 =hundertundein[s]
'Hun·der·ter [ˈhʊndɐtɐ] 男 -s/- **1** 100 の数(100 から 900 までの100の倍数). **2**《数学》100 の位(3 けたの数). **3**《話》100 ユーロ(マルク)紙幣.
'hun·der·ter·lei [ˈhʊndɐtɐˈlai] 形《不変化》**1** 100 種類の. **2**《比喩》種々雑多の.

Hun·dert·eu·ro·schein 男 -[e]s/-e 100ユーロ紙幣. ◆Hundert-Euro-Schein とも書く.
'hun·dert·fach [hʊndərtfax] 形 100倍の.
'hun·dert·fäl·tig 形《古》=hundertfach
'hun·dert·fünf·zig·pro·zen·tig 形《話》度を越した(150パーセントの).
Hun·dert·jahr·fei·er 女 -/-n 100年(記念)祭.
'hun·dert·jäh·rig 形 **1** 100歳の. **2** 100年間の.
'hun·dert·mal 副 **1** 100回, 100倍. **2**《比喩》何度も, ひんぱんに. ◆hundert Mal, 100-mal とも書く.
'hun·dert·ma·lig 形 100回(度)の.
'hun·dert·pro·zen·tig 形 **1** 100パーセントの. **2**《比喩》完全な. In diesem Punkt kannst du mir ~ vertrauen. この点では100パーセント私を信頼してくれていい. ◆100-prozentig とも書く.
'Hun·dert·satz 男 -es/ パーセンテージ, 百分率.
'Hun·dert·schaft 女 -/-en 百人隊(軍隊・警察などの編隊).
*****'hun·dertst** ['hʊndərtst フンダートット] 形 (↓hundert)《序数》第100の, 百番目の. zum ~en Mal (…するのが)百回目;《話》しょっちゅう, 何度も.《名詞的用法で》Das weiß kaum〈nicht〉der *Hundertste*. それを知る者はほとんどいない. vom *Hundertsten* ins Tausendste kommen《話》どんどん脱線していく.
'hun·derts·tel ['hʊndərtstəl] 形《不変化》100分の1の.
'Hun·derts·tel 田 (ｽｲｽでは多く)男 -s/- 100分の1.
'hun·dert·tau·send 数 **1** 10万. **2**《比喩》(数えられないくらい)多くの.
'Hun·dert·tau·send 田 -s/-e 10万個(人, 匹).
'hun·dert·und·ein[s] 数 101.
'hun·dert·wei·se 副 100個(人)ずつ.
'Hun·de·sa·lon ['hʊnda..] 男 -s/-s(-e) 犬の美容室.
'Hun·de·schlit·ten 男 -s/- 犬ぞり.
'Hun·de·schnau·ze 女 -/-n 犬の鼻. kalt wie eine ~ sein《話》ひどく冷淡(無関心)である.
'Hun·de·steu·er 女 -/《法制》畜犬税.
'Hun·de·wa·che 女 -/-n《船員》ドッグウォッチ, 夜半直(0-4時の当直).
'Hun·de·wet·ter 田 -s/《話》荒天.
'Hün·din ['hʏndɪn] 女 -/-nen (↓Hund) めす犬.
'hün·disch ['hʏndɪʃ] 形 卑屈な, 卑劣な.
hunds.., **Hunds..** [hʊnts..]《接頭》=hunde.., Hunde..
'Hunds·fott [hʊntsfɔt] 男 -[e]s/-e(-⸚er) **1**《侮》ごろつき, やくざ者. **2**《船員》索具.
'hunds·föt·tisch [..fœtɪʃ] 形《卑》卑劣な.
'hunds·ge'mein 形《話》**1**《侮》(きわめて)卑劣な. **2** ひどい, 激しい.
'hunds·mi·se·ra·bel 形《話》ひどく悪い, みじめな.
'hunds·mü·de 形《話》=hundemüde
'Hunds·stern 男 -[e]s/《天文》シリウス(天狼星).
'Hunds·ta·ge 複 盛夏(7月24日頃から8月23日頃まで).
'Hunds·wut 女 -/《古》=Tollwut
'Hü·ne ['hyːnə] 男 -n/-n 巨人; 大男.
'Hü·nen·grab 田 -[e]s/⸚er《話》**1** 巨人塚. **2**《地方》古墳.
'hü·nen·haft 形 巨大な, 巨人のような.

Hun·ger
['hʊŋər フンガー] 男 -s/ **1** 飢え, 空腹(感); 飢餓, 食糧不足. ~ ist der beste Koch.《諺》
空(ｽ)き腹にまずい物無し. Der ~ treibt's rein〈hnein〉.《戯》腹がへっていればきらいなものだって食べる. Guten ~ ! 《戯》おいしく召上がれ. ~ bekommen〈haben〉腹がへる〈へっている〉. ~ auf et haben《話》物が食べたくてたまらない. ~ wie ein Wolf〈ein Bär〉haben 猛烈に腹がへっている. ~ leden 飢えに苦しむ. seinen ~ stillen 飢えを満た(mit et³ 物³で). an〈vor〉~ sterben /《雅》*hunge* ⟨ｽ~s⟩ sterben 餓死する. vor ~ [fast] umfalle ⟨umkommen⟩《話》腹がへって死にそうだ. **2**《雅》しい欲求, 渇望(nach et³ 物³に対する). ~ nac Ruhm 名声欲.
'Hun·ger·blo·cka·de 女 -/-n《政治》食料封鎖
'Hun·ger·künst·ler 男 -s/- 断食(を見せる)芸人.
'Hun·ger·kur 女 -/-en 飢餓療法.
'Hun·ger·lei·der 男 -s/-《侮》貧乏人.
'Hun·ger·lohn 男 -[e]s/⸚e《侮》(ひどい)安月給.
*****'hun·gern** ['hʊŋərn フンガーン] **❶** 自 **1** 飢えに苦しむ, 腹を空(ｽ)かす; 絶食(断食)する. ein Kind ~ lassen 子供に食物を与えない. **2** (nach et³ 物³を)渇望(切望)する, (に)餓(ﾌ)える. **❷** 非人称 **1**《雅》*Es hun* gert mich. / Mich *hungert*. 私は空腹である. **2** *E hungert* ihn〈Ihn *hungert*〉nach Wissen.《雅》彼は知識に飢えている. **❸** 再 (sich⁴) 絶食(断食)してなる. sich gesund〈zu Tode〉~ 断食療法で健康なる〈絶食して餓死する〉.
'Hun·ger·ödem 田 -s/-e《病理》飢餓水腫(浮腫
'Hun·gers·not 女 -/⸚e 飢饉(ｷﾝ), 食料難.
'Hun·ger·streik 男 -[e]s/-s ハンガーストライキ.
'Hun·ger·tuch 田 -[e]s/⸚er 断食布(聖書の場面を描いた布で, 18世紀頃まで四旬節の断食期間中祭壇の前にかけられた). am ~[e] nagen《話》食べるものに事欠く, 生活に困っている.
*****'hung·rig** ['hʊŋrɪç フングリヒ] 形 **1** 空腹の, 腹のへた; (nach et³ / auf et⁴ 物³,⁴が)食べたい, (に)飢えている **2**《雅》物欲しげな; (nach et³ 物³を)渇望している
'Hun·ne ['hʊnə] 男 -n/-n **1** フン族. **2**《侮》野人. **3**《比喩》屈強な人.
'hun·nisch ['hʊnɪʃ] 形 フン族の.
Hunt [hʊnt] 男 -[e]s/-e《鉱業》トロッコ.
'hun·zen [hʊntsən] 他 (↓Hund)《古》(犬のようにじめる, 虐待する; 罵倒する. ◆本来は wie einer Hund behandeln の意, ursprüngl. ≈ du zu, siezen とSie から形作られたのと同様のケース.
*****'Hu·pe** ['huːpə フーペ] 女 -/-n (自動車の)クラクション
'hu·pen ['huːpən] 自 クラクションを鳴らす.
'hup·fen ['hʊpfən] 自 (h, s) =hüpfen
*****'hüp·fen** ['hʏpfən ヒュプフェン] 自 (s) ぴょんぴょん跳ぶ (跳んで歩く); (胸が)躍(ｵﾄ)る;《戯》跳んだりはねたりする (下手なダンスに対する郷愉(ﾁﾕﾖﾖ)にも). Das Herz *hüpfte* ihr vor Freude. 彼女の胸は喜びにはずんでいた. Das ist *gehüpft*〈gehupft〉wie gesprungen.《話》それはどっちも同じだ, どっちだって構わない. 《中性名詞として》*Hüpfen* spielen けんけん遊びをする.
'Hür·de ['hʏrdə] 女 -/-n **1**《陸上競技・馬術》障害物, ハードル. eine ~ nehmen《比喩》障害を取除く **2** (家畜用の移動可能な)棚, 囲い. **3** =Horde]
'Hür·den·lauf 男 -[e]s/⸚e《陸上競技》ハードル競走.
'Hür·den·ren·nen 田 -s/《馬術》障害飛越競技.
'Hu·re ['huːrə] 女 -/-n《侮》**1** 売春婦, 娼婦. **2** 淫婦, 売女(ﾊｲﾀ); 尻軽女.
'hu·ren ['huːrən] 自《侮》姦淫(ｶﾝｲﾝ)する; (しょっちゅう)相手を変えてセックスする.

Hu·ren·kind 田 –[e]s/–er **1** 娼婦の子. **2**《印刷》ウィドー(次ページへはみ出した残りの行).

Hu·re·rei [‥‥'‥] 囡 –/–en《卑》姦淫(かんいん); 相手を変えてセックスすること.

Hu·ri ['huːri] 囡 –/–s《arab.》〖イスラム〗フーリ, 天女(楽園で信者にかしずく美しい乙女).

hur·ra [hoˈraː, ˈhora] 圓 Hurra! (喜び・歓喜を表して)ばんざい, やったぞ; (突撃のさいに)わあ, それっ.

Hur'ra [hoˈraː, ˈhora] 田 –s/–s 万歳の叫び, 歓喜の声.

Hur·ra·pa·tri·o·tis·mus [‥‥‥‥‥‥‥] 男 –/《話》熱狂的愛国心.

Hur·ra·ruf 男 –[e]s/–e 万歳の叫び, 歓喜の声.

Hur·ri·kan [ˈhorikan, harikən] 男 –s/–e (英語の発音で –s)《engl.》ハリケーン.

hur·tig [ˈhortiç] 形《地方》急いた, 速い, 敏捷た.

Hus [hos]《人名》Jan ~ ヤン・フス(1370頃–1415, ボヘミアの宗教改革家, 別形 Johannes Huss).

Hu'sar [huˈzaːr] 男 –en/–en 《ung.》《軍事》(15世紀ハンガリーの軽騎兵; ハンガリー風の制服を着た)軽騎兵.

Hu·sa·ren·streich 男 –[e]s/–e 大胆な奇襲, 勇猛果敢な行為.

husch [hoʃ] 圓 **1** *Husch!* (すばやく音のない動きを表して)さっと, しゅっと. *Husch, weg war er.* さっと彼はいなくなった. **2** *Husch!* (動物や子供などを追いたてる時に)っっ, さっさと, とっとと. *Husch, ins Bett!* さっさと寝なさい.

hu·scheln [ˈhoʃəln]《地方》 ❶ 圓 (h, s) **1** (h)《俗》やっつけ仕事をする. **2** (s) =huschen ❷ 他《*sich*[4]》(in et[4] 物に)暖かく身をくるむ, もぐりこむ. *sich in die Kissen ~* ふとんにくるまる.

'hu·schen [ˈhoʃən] 圓 (s) さっと動く; (über et[4] 物[4] の上を)かすめる, よぎる. *Ein Lächeln huschte über ihr Gesicht.* 彼女の顔を微笑がよぎった.

Huss [hos]《人名》= Hus

Hus·serl [ˈhosərl]《人名》Edmund ~ エドムント・フッサール (1859–1938, ドイツの哲学者).

Hus'sit [hoˈsiːt] 男 –en/–en《歴史》フス派の人. ↑ Hus

Hus·si·ten·krieg 男 –[e]s/–e《歴史》フス戦争(15世紀にフス派が起した戦争).

hüs·teln [ˈhyːstəln] 圓 軽くせきをする, せきばらいをする. *diskret ~* 軽くせきばらいをして合図する.

'hus·ten [ˈhoːstən フーステン] ❶ 圓 せきをする(せきが出る), せきばらいをする; 《話》(エンジンが)ノッキングする. *diskret ~* せきばらいをして合図する. *auf et[4] ~*物[4] を問題にしない, (に)とりあわない. ❷ 他 せきをして吐き出す. *Blut ~* せきこんで血を吐く. j[3] [et]was〈eins〉 ~《俗》人[3] の頼みをはねつける, 言いなりにならない. ❸ 圓 《*sich*[4]》せきをして‥‥になる. *sich halbtot ~* せきこんで息も絶えだえになる.

'Hus·ten [ˈhoːstən] 男 –s/– 《複数まれ》せき, せきばらい. *trockener ~* からせき. ~ *haben* せきが出る.

'Hus·ten·an·fall 男 –[e]s/¨e せきの発作.

'Hus·ten·bon·bon 田 (男) –s/–s せき止めドロップ.

'Hus·ten·mit·tel 田 –s/–《医》せき止め薬.

'Hus·ten·saft 男 –[e]s/¨e せき止めの水薬.

'Hus·ten·tee 男 –s/–s せき止めのお茶.

'Hus·ten·trop·fen 複 せき止めの滴薬.

'Hus·ter [ˈhuːstər] 男 –s/– **1**《まれ》せきをする人. **2**《話》こほん, ごほん(という短くて1回切りのせき).

Hut[1] [huːt フート] 男 –[e]s/Hüte **1** (つばのある)帽子. *ein alter ~* 古い帽子; 《比》周知の(陳腐な)こと, 古くさい話. *Da geht einem ja der ~ hoch.*《話》実にけしからん(腹の立つ)話だ. ~ *ab!* (称賛・敬意を表して)脱帽. *den ~ abnehmen〈aufsetzen〉* 帽子をとる〈かぶる〉. *vor j[3] den [ab]nehmen〈[ab]ziehen〉*《話》人[3] に脱帽する, 敬意を払う. *den ~ ins Gesicht drücken〈in den Nacken schieben〉* 帽子をまぶかに〈あみだに〉かぶる. *seinen ~ nehmen [müssen]*《話》辞職する.《前置詞と》*mit j〈et〉[3] nichts am ~ haben*《話》人〈物〉[3] とは無関係である, かかわりたくない. *Das kannst du dir an den ~ stecken.*《話》それは(いらない)から君が持っていくがいい, そんなものを君からもらいたくない. *eins〈einen〉 auf den ~ bekommen〈kriegen〉*《話》人[3]からお灸をすえられる, 文句を言われる. *j[3] eins auf den ~ geben*《話》人[3] に意見をする, お灸(きゅう)をすえる. *et[4] aus dem ~ machen*《話》物を即席(即興)で作る. *Mit dem ~ e in der Hand kommt man durch das ganze Land.*《諺》腰の低いが世渡りのこつ. *unter einen ~ bringen*《話》(意見などを)1つにまとめる, 調整する. *unter einen ~ kommen*《話》まとまる, 折合いがつく. *nicht richtig unter dem ~ sein / eine Meise unter dem ~ haben*《話》頭がおかしい, いかれている. **2** ふた; 円蓋(がい), 天蓋; キャップ, サック; 〖植物〗(きのこの)かさ. **3** 円錐形のもの. *ein ~ Zucker* (円錐形の)砂糖 1個.

Hut[2] 囡 –/ **1**《雅》庇護, 保護, 監督. *in guter〈sicherer〉 ~ sein* 安全である, しっかり監督(保管)されている. *Ich stand damals unter der ~ des Onkels.* 私は当時叔父の世話になっていた. **2** 用心, 注意. *auf der ~ sein* 気をつける, 用心〈警戒〉する(vor j〈et〉[3] / bei j〈et〉[3] 人〈物〉[3] に対して). **3**《中部ドイツ》牧権; 放牧場; 家畜(の群れ).

'Hut·band 田 –[e]s/¨er **1** 帽子のリボン. **2** 帽子のあごひも.

'Hü·te [ˈhyːtə] Hut の複数.

'Hü·te·jun·ge 男 –n/–n 牧童.

*'**hü·ten** [ˈhyːtən ヒューテン] ❶ 他 監視(監督)する, 見張る, 見守る, 注意を払う; (家畜の)番をする. *das Bett〈das Haus〉 ~* (病気で)ずっと寝ている〈家にとじこもっている〉. *ein Geheimnis ~* 秘密を守る. *die Kinder ~* 子供たちの守(もり)りをする. *mit j[3] Schweine gehütet haben*《話》人[3]と心安い仲である.
❷ 他《*sich*[4]》警戒(用心)する, 気をつける(vor j〈et〉[3] 人〈物〉[3] に対して). *Hüte dich vor ihr!* 彼女には用心しろ. 《*zu* 不定詞句と》*Ich werde mich ~, es ihm zu sagen.* 私はそれを彼には言わないようにしよう. 《返答として》*Kommst du mit? — Ich werde mich ~!* 一緒に来るか一やめとくよ.

'Hü·ter [ˈhyːtər] 男 –s/– **1** 番人, 保護者. ~ *des Gesetzes*《戯》警官(法の番人). **2**《球技》(Torhüter) ゴールキーパー. ◆女性形 Hüterin 囡 –/–nen

'Hut·ge·schäft 田 –[e]s/–e 帽子店.

'Hut·krem·pe 囡 –/–n 帽子のつば(へり).

'hut·schen [ˈhotʃən] ❶ 自他《*sich*[4]》《南ドイツ・オーストリア》ぶらんこに乗る. ❷ 他 *j[3] ~* これ[3] を, すべる.

'Hut·schnur 囡 –/¨e 帽子のひも. *Das geht mir über die ~!*《話》それはひどすぎる, あんまりだ.

*'**Hüt·te** [ˈhytə ヒュテ] 囡 –/–n **1** 小屋, ほら小屋; 《卑》あばら家, ぼろ家; 〖聖書〗幕屋(まくや). *Hier lasst uns ~ n bauen!*《話》ここにとどまる(定住する)ことにしよう(《新約》マタ17:4). *Welch ein Glanz in meiner*

Hutten

[armen] ~!《戯》むさくるしいあばら家へようこそおいで下さいました． **2** 山小屋, 避難小屋, スキー小屋, 番(小)屋, 狩猟小屋;《猟師》鳥打ち小屋． **3** 《海事》船尾楼． **4**《工学》=Hüttenwerk

'**Hut·ten** ['hʊtən]《人名》Ulrich von ~ ウルリヒ・フォン・フッテン(1488-1523, ドイツの人文主義者, 宗教改革の支持者).

'**Hüt·ten·ar·bei·ter** ['hʏtn..] 男 -s/- 精錬工, 冶金工.

'**Hüt·ten·in·dus·trie** 女 -/ 冶金(ﾔｷﾝ)(精錬)工業.

'**Hüt·ten·kun·de** 女 -/ (Metallurgie) 冶金(ﾔｷﾝ)学.

'**Hüt·ten·werk** 中 -[e]s/-e《工学》(金属・ガラスなどの)精錬所, 冶金(ﾔｷﾝ)工場.

'**Hüt·ten·we·sen** 中 -s/ 冶金(ﾔｷﾝ), 精錬.

'**Hut·zel** ['hʊtsəl] 女 -/-n **1**《南ｼﾞ・ｽ・ﾁﾛｰﾙ》ドライフルーツ(とくに洋梨)の． **2**《地方》(話) しわくちゃばあさん． **3**《地方》(Tannenzapfen) 樅(もみ)の毬(まり).

'**Hut·zel·brot** 中 -[e]s/-e《南ｼﾞ・ｽ・ﾁﾛｰﾙ》ドライフルーツ入りのパン.

'**hut·ze·lig** ['hʊtsəlɪç] 形《話》**1** しわだらけの, しわくちゃの． **2** ひからびた, しなびた.

'**Hut·zel·männ·chen** 中 -s/-《話》**1** =Heinzelmännchen **2** しわくちゃじいさん.

'**hut·zeln** ['hʊtsəln]《南》❶ 他 (果物を)干す, 乾燥させる． ❷ 自 (果物が)乾燥する.

'**hutz·lig** ['hʊtslɪç] 形 =hutzelig

'**Hut·zu·cker** ['hu:t..] 男 -s/ (円錐形の)砂糖.

'**Hwang·ho** ['xvaŋho] 男 -[e]/《地名》=Hoangho

Hy'ä·ne [hy'ɛ:nə] 女 -/-n (gr. hys, Schwein')《動物》ハイエナ． **2**《侮》がりがりに痩せ; がみがみ女.

Hy·a'zinth [hya'tsɪnt] ❶《人名》《ｷﾞﾘｼｬ神話》ヒュアキントス(Apollon 神に愛され, 神が投げた円盤に当って落命した美少年)． **2**《植物》《話》しわがれ声さん． **3** die ~《天文》海蛇座. ❸ 男 -[e]s/-e 美少年． ❸ 男 -[e]s/-e《鉱物》ヒヤシンス, 赤色ジルコン.

Hy·a'zin·the [hya'tsɪntə] 女 -/-n (gr.)(↓Hyazinth)《植物》ヒヤシンス.

hy'brid¹ [hy'bri:t] 形 ヒュブリート] 形 混合した; 雑種の, 混血の; ハイブリッドの． ~e Bildungen〈Wörter〉《言語》混種語(異なる言語の要素どうしが結合してできた語).

hy'brid² 形 思い上がった, 不遜な． ↑Hybris

Hy'bri·de [hy'bri:də] 女 -/-n (男 -n/-n) (lat. hybrida, Mischling')《生物》雑種, 交配種.

Hy'brid·fahr·zeug 中 -[e]s/-e ハイブリッドカー(複数の動力源をもつ車).

hy·bri·di'sie·ren [hybridi'zi:rən] 他《生物》(異種どうしを)交配させる, 掛合せる.

Hy'brid·mo·tor 男 -s/-en ハイブリッドエンジン.

Hy'brid·rech·ner 男 -s/-《ｺﾝﾋﾟｭｰﾀ》(アナログとデジタル両方の情報を処理することのできる)ハイブリッド計算機.

Hy'brid·züch·tung 女 -/-en《生物》**1** (品種改良などのための)異種交配, 交雑． **2** (交雑の結果生れた)雑種, 交配種.

'**Hy·bris** ['hy:brɪs] 女 -/ (gr.) 不遜, (神への)反抗.

hydr.., **Hydr..** [hydr..]《接頭》=hydro-, Hydro-.

'**Hy·dra** [hy:dra] 女 -/..ren (gr. hydor, Wasser')**1**《動物》ヒドラ． **2**《ｷﾞﾘｼｬ神話》ヘラクレスに退治された九頭の大蛇). **3** die ~《天文》海蛇座.

Hy'drant [hy'drant] 男 -en/-en (街頭の)消火栓, 給水栓.

Hy'drar·gy·rum [hy'drargyrʊm] 中 -s/ (記号Hg)《化学》(Quecksilber) 水銀.

Hy'drat [hy'dra:t] 中 -[e]s/-e《化学》水化物.

Hy·dra[·ta]·ti'on [hydra(ta)tsi'o:n] 女 -/ **1**《化学》水化, 水和． **2**《土木》水和(作用).

Hy'drau·lik [hy'draʊlɪk] 女 -/《工学》**1**《複数なし》水力学, 水理学． **2** 水圧(油圧)装置.

hy'drau·lisch 形《工学》**1** 水力の, 水圧(油圧)による． ~e Bremse 水圧(油圧)ブレーキ． **2** 水力学の, 水理学の.

'**Hy·dren** ['hy:drən] Hydra の複数.

hy'drie·ren [hy'dri:rən] 他《化学》(物¹に)水素を添加する.

hy·dro.., **Hy·dro..** [hydro-, hy:dro..]《接頭》(gr. hydor, Wasser') 形容詞・名詞に冠して「水」の意を表す． 母音の前では hydr-, Hydr-, となる． Horologium 水時計． Hydrat 水化物.

Hy·dro·dy'na·mik 女 -/《物理》(→ Hydrostatik) 流体動力(ﾘｭｳﾀｲ)学.

Hy·dro'gen [hydro'ge:n], **Hy·dro·ge'ni·um** [..'ge:niʊm] 中 -s/《記号 H》《化学》水素.

Hy·dro·gra'phie [hydrogra'fi:] 女 -/ 水路学.

Hy·dro·kul'tur [hydrokɒl'tu:r, 'hy:drokɒltu:r] 女 -/-en **1**《複数なし》水栽培, 水耕． **2** 水栽培の植物.

Hy·dro'ly·se [hydro'ly:zə] 女 -/-n《化学》加水分解.

Hy·dro·me'cha·nik 女 -/《物理》流体力学.

Hy·dro'me·ter 中 -s/- 流速計; 水量計; 液体比重計.

Hy·dro·pa'thie [..pa'ti:] 女 -/《医学》水治療法.

hy·dro'phil [..'fi:l] 形《化学・工学》(→ hydrophob) 親水性の;《生物》水生の.

hy·dro'phob [..'fo:p] 形《化学・工学》(→ hydrophil) 疎水性の.

Hy·dro'sphä·re 女 -/《地質》水圏, 水界.

Hy·dro'sta·tik 女 -/《物理》(→ Hydrodynamik) 流体静力学.

Hy·dro·the·ra'pie 女 -/-n《医学》水治療法.

Hy·dro'xid [..'ksi:t] 中 -[e]s/-e《化学》水酸化物.

Hy'gi·eia [hygi'aıa]《人名》《ｷﾞﾘｼｬ神話》ヒュゲイア(「健康」の擬人化女神).

Hy·gi·e'ne [hygi'e:nə] 女 -/ (gr. hygieinos , heilsam') **1**《医学》衛生学, 予防医学． **2** 衛生, 清潔． die ~ des Körpers 身体衛生.

Hy·gi·e·ne·ar'ti·kel 男 -s/- 衛生用品.

hy·gi·e·nisch [hygi'e:nɪʃ] 形 **1** 衛生(学)上の． **2** 衛生的な, 清潔な． eine ~e Verpackung 衛生的な包装.

hy·gro.., **Hy·gro..** [hygro..]《接頭》(gr. hygros , feucht, nass') 形容詞・名詞に冠して「湿気」の意を表す． Hygrometer 湿度計.

Hy·gro'me·ter 中 -s/-《気象》湿度計.

Hy·gro'skop 中 -s/-e《気象》験湿器.

hy·gro'sko·pisch 形《化学》吸湿性の.

'**Hy·men** ['hy:mən] 中 (男) -s/-(gr. , Haut')《解剖》(Jungfernhäutchen) 処女膜.

'**Hy·men²**《人名》《ｷﾞﾘｼｬ神話》ヒュメーン, ヒュメナイオス(結婚の神, ギリシア語形 Hymenaios).

'**Hy·me'nä·us** [hyme'nɛ:ʊs], **Hy·me·nae·us** [hyme'nɛ:ʊs] 男 -/..naei [..'nɛ:i] (古代ギリシアの)婚礼の歌.

Hy·me'nä·us [hyme'nɛ:ʊs]《人名》=Hymen²

'**Hym·ne** ['hymnə] 女 -/-n (gr. hymnos , Lobesang') **1** (古代ギリシアの)神への賛歌;《ｷﾘｽﾄ教》賛美歌, 聖歌;《文学》賛歌, 頌歌． eine ~ auf die Freiheit 自由の賛歌． **2** (Nationalhymne) 国歌.

Hym·nen ['hymnən] Hymne, Hymnus の複数.

hym·nisch ['hymnɪʃ] 形 **1** 賛歌形式の. **2** 賛歌風の, おおげさな. ～*es* Lob おおげさな称賛.

Hym·nus ['hymnʊs] 男 -/..nen《雅》賛歌.

hyp.., **Hyp..** [hyp..]《接頭》=hypo.., Hypo..

hy·per.., **Hy·per..** [hypər.., hypɛr..]《接頭》(*gr.*, über, übermäßig') 形容詞・名詞などに冠して「超…, 極度の, 過度の」の意を表す. *hyper*kritisch 極度に批判的な. *Hyper*akusie 聴覚過敏.

Hy·per'ämie [hypərɛ'mi:] 女 -/-n《医学》充血.

Hy·per·bel [hy'pɛrbəl] 女 -/-n **1**《数学》双曲線. **2**《修辞・文体》誇張法(例 zahlreich wie Sand am Meer 海の砂の数ほど多い).

Hy·per·bo·lisch [hypɛr'boːlɪʃ] 形 **1**《数学》双曲線の. **2**《修辞・文体》誇張法の, おおげさな.

Hy·per·bo·re·er [hypərboːreːər] 男 -s/-《ｷﾞﾘｼｬ神話》ヒュペルボレイオス(極北に住むという伝説上の民族).

Hy·per·fein·struk·tur ['hy:pər..] 女 -/-en《原子物理》超微細構造.

hy·per·ge·o·me·trisch 形《数学》超幾何の.

Hy·pe·ri·on [hy'peːriɔn, hype'ri:ɔn]《人名》**1**《ｷﾞﾘｼｬ神話》ヒュペリーオーン(Titan 神族の 1 人, Helios 神の父). **2** ヒュペーリオン(Hölderlin の同名の小説の主人公).

Hy·per·link ['haɪpərlɪŋk] 男 -s/-s《ｺﾝﾋﾟｭｰﾀｰ》ハイパーリンク.

Hy·per·me·tro·pie [hypərmetro'pi:] 女 -/《病理》遠視.

hy·per·mo·dern ['hy:pərmɔdɛrn, hypərmo'dɛrn] 形 超モダンな.

Hy·per·text ['haɪpərtɛkst] 男 -s/-e《ｺﾝﾋﾟｭｰﾀｰ》ハイパーテキスト.

Hy·per·to·nie [hypərto'ni:] 女 -/-n[..'ni:ən]《医学》(↔ Hypotonie) 高張, 緊張過度; 高血圧(症).

hyp·no.., **Hyp·no..** [hypno..]《接頭》(*gr.*) (↑ Hypnos) 形容詞・名詞に冠して「眠り」の意を表す. *Hyp*notik 催眠術.

Hyp·no·ana·ly·se 女 -/-n《医学》催眠分析.

Hyp·no·nar·ko·se 女 -/-n《医学》催眠麻酔(法).

Hyp·no·pä·die [..pɛ'di:] 女 -/ 睡眠学習.

'Hyp·nos ['hypnɔs]《人名》《ｷﾞﾘｼｬ神話》ヒュプノス(「眠り」の擬人化神).

Hyp·no·se [hyp'no:zə] 女 -/-n《心理・医学》催眠(状態). j⁴ in ～ versetzen 人⁴を催眠状態にする.

Hyp·no·ti·kum [hyp'no:tikʊm] 中 -s/..ka [..ka]《薬学》(Schlafmittel) 催眠薬.

hyp·no·tisch 形 **1** 催眠の(による); 催眠作用のある. **2** 催眠術にかかったような, 魅せられたような.

Hyp·no·ti'seur [hypnoti'zøːr] 男 -s/-e 催眠術師.

hyp·no·ti'sie·ren [hypnoti'zi:rən] 他 **1** 催眠状態にする, 催眠術をかける. **2** 魅了する, とりこにする.

Hyp·no'tis·mus [..'tɪsmʊs] 男 -/ 催眠法, 催眠学.

hy·po.., **Hy·po..** [hypo..]《接頭》(*gr.*, unter') 形容詞・名詞に冠して「下, 以下」の意を表す. 母音の前では hyp.., Hyp.. となる. *Hypo*tonie 低血圧.

Hy·po'chon·der [hypo'xɔndər, hypo..] 男 -s/- (*gr.*) 心気症患者, ヒポコンデリーの人.

Hy·po·chon'drie [hypoxɔn'dri:, hypo..] 女 -s/《複数まれ》《医学》心気症, ヒポコンデリー.

hy·po'chon·drisch [hypo'xɔndrɪʃ, hypo..] 形 心気症の, ヒポコンデリーの.

Hy·po·kri'sie [hypokri'zi:] 女 -/ (*gr.* hypokrisis ,Verstellung') (Heuchelei) 偽善, まやかし.

Hy·po'krit [hypo'kri:t] 男 -en/-en (Heuchler) 偽善者, まやかし者.

Hy·po'phy·se [hypo'fy:zə] 女 -/-n《解剖》脳下垂体. **2**《植物》原根層.

Hy·po'sta·se [hypo'sta:zə] 女 -/-n (*gr.* hypostasis ,Grundlage') **1**《哲学》基礎, 実体, 本質; (概念の)実体化, 具象化. **2**《神学》位格, ペルソナ. **3**《文法》品詞転換. **4**《医学》血液沈滞. **5**《遺伝》(遺伝子効果の)下位.

hy·pos·ta'sie·ren [hyposta'zi:rən] 他 (概念などを)実体化する, 具象化する.

Hy·po·sta·tisch [hypo'sta:tɪʃ] 形 **1**《哲学》実体の, 本質の. **2**《神学》位格の. **3**《医学》血液沈滞の. **4**《遺伝》(遺伝子効果が)下位の.

hy·po'tak·tisch [hypo'taktɪʃ] 形《文法》(↔ parataktisch) 従属の.

Hy·po'ta·xe [hypo'taksə] 女 -/-n (*gr.* hypotaxis ,Unterordnung') **1**《文法》(↔ Parataxe) (文・文肢の)従属(関係). **2**《医学・心理》調和減退.

Hy·po·te'nu·se [hypote'nu:zə] 女 -/-n《幾何》(直角 3 角形の)斜辺.

Hy·po'thek [hypo'teːk] 女 -/-en (*gr.* hypothek ,Unterlage') **1**《法制・経済》抵当権. die erste ～ 第 1 抵当権. ein Grundstück mit ～*en* belasten 土地を抵当に入れる. **2**《比喩》重荷, 負い目.

hy·po'the'ka·risch [hypote:ka:rɪʃ] 形 抵当権の(による).

Hy·po'the·ken·bank [hypo'te:kən..] 女 -/-en《経済》抵当銀行.

Hy·po'the·ken·brief 男 -[e]s/-e《法制》抵当証券.

Hy·po'the·ken·frei 形 抵当に入っていない.

Hy·po'the·ken·gläu·bi·ger 男 -s/-《法制》抵当権者.

Hy·po'the·ken·schuld·ner 男 -s/-《法制》抵当権設定者.

Hy·po'the·se [hypo'te:zə] 女 -/-n (*gr.*) 仮説, 仮定. eine ～ aufstellen 仮説をたてる.

hy·po'the·tisch [hypo'te:tɪʃ] 形 仮説(仮定)の, 仮説(仮定)にもとづく;《哲学》(↔ kategorisch) 仮言的な. ～*e* Periode《言語》条件(仮定)文.

Hy·po·to'nie [hypoto'ni:] 女 -/-n[..'ni:ən]《医学》(↔ Hypertonie) 低張, 緊張低下; 低血圧(症).

Hy·po'zen·trum 中 -s/..ren[..rən]《地質》震源.

Hys·te're·se [hystə're:zə], **Hys·te're·sis** [..'re:zɪs] 女 -/ (*gr.* hysteros ,später')《物理》ヒステリシス, 履歴現象.

Hys·te'rie [hystəˈriː] 女 -/-n [..'riːən] (*gr.* hystera ,Gebärmutter')《医学》ヒステリー; 病的興奮.

Hys·te'ri·ker [hys'te:rikər] 男 -s/-《医学》ヒステリー患者; ヒステリックな人. ◆ 女性形 Hysterikerin 女 -/-nen

hys·te·risch [hys'te:rɪʃ] 形《医学》ヒステリー性の; ヒステリックな, 極度に興奮した.

Hz [hɛrts]《記号》=Hertz

i, I

i¹, I¹ [i:] 中 -/- ドイツ語アルファベットの第9文字(母音字). der Punkt(das Tüpfelchen) auf dem i 〔比喩〕画竜点睛〈がりょうてんせい〉, 最後の仕上げ. ◆口語では単数2格および複数形を [i:s] と発音することがある. *I bewahre*〈wo〉! 〔話〕よしてくれ, とんでもない.

i² [i:] 〖記号〗〖数学〗虚数単位.

i³ [i:] 間 *I!* 〔嫌悪・不快・拒絶などを表して〕うえー, うわあ. *I bewahre*〈wo〉! 〔話〕よしてくれ, とんでもない.

I² 〖記号〗(ローマ数字の) 1.

I³ 〖記号〗〖化学〗=Jod

i.(略) **1 =in, im** (地名につける) Freiburg *i. Br.* (=*im Breisgau*) ブライスガウのフライブルク. **2 =innen**

I. (略) =Imperator

Ia ['aɪns 'a:] 〔話〕=eins a / prima 極上(の).

i. A., I. A. (略) =im Auftrag[e], Im Auftrag[e] 委任(委嘱, 委任)により, 代理で. ◆書信の末尾で社名・役所名などと署名の間に置くが, 社名などを欠くとき大文字で I. A. とする.

iah [i:'a:, i'a:] 間 *Iah!* いーやー(ろばの鳴声).

ia·hen [i:'a:ən, i'a:ən] iahte, iaht 自 (ろばが)いーやーと鳴く.

i. Allg. (略) =im Allgemeinen 一般に, 概して.

Iam·be [i'ambə] 女 -/-n 〖韻律〗=Jambe

Iam·bus [i'ambʊs] 男 -/..ben[..bən] 〖韻律〗=Jambus

..ia·na [..ia:na] 〔接尾〕=..ana

Ia·son [i'a:zɔn] 〖人名〗〖ギリシャ神話〗イアーソーン(アルゴナウテスたちを率いて金羊皮を探しに出かけた英雄, Medea の良人. ドイツ語形 Jason). ↑Argonaut, Medea

'I-Aus·weis ['i:..] 男 -es/-e (略) =Identitätsausweis

ib., ibd. (略) =ibidem

Ibe·rer [i'be:rər] 男 -s/- (古代)イベリア人((a) 先史時代にイベリア半島に居住した民族. (b) 古代に現在のグルジア共和国周辺に居住した非印欧語民族).

Ibe·ri·en [i'be:riən] 〖地名〗イベリア(スペイン・ポルトガルの古称).

ibe·risch [i'be:rɪʃ] 形 **1** イベリア(半島)の. die *Iberische* Halbinsel イベリア半島. **2** 古代イベリア(人, 語)の. ▶ ↑deutsch

Ibe·ro·ame·ri·ka [i'be:ro..] 〖地名〗ラテンアメリカ.

Ibe·ro·ame·ri·ka·ner 男 -s/- ラテンアメリカ人.

Ibe·ro·ame·ri·ka·nisch 形 ラテンアメリカの.

ibid. (略) **=ibidem** ◆ ib., ibd.

ibi·dem [i'bi:dɛm, 'i:bɪdɛm, 'ɪb..] (略 ib., ibd., ibid.) 同書(同ページ, 同所)に.

'Ibis [i:bɪs] 男 -ses/-se (gr., Nilreiher‛) 〖鳥〗とき(朱鷺)属(科). Heiliger ~ アフリカ黒朱鷺(ナイル地方に多く, 古代エジプトで聖鳥とされた).

'Ib·sen ['ɪpsɛn, 'ipsən] 〖人名〗Henrik ~ ヘンリク・イプセン(1828-1906, ノルウェーの劇作家).

IC (略) =Intercity[zug]

ICE (略) =Intercity-Express[zug]

ich [ɪç イヒ] 代 〖人称〗(1人称単数1格, 格変化は付録品詞変化表 VII 参照) 私, 僕. *Ich* Esel! なんて馬鹿なんだ, この私は. Hier bin ~! (名前を呼ばれてはいここです. Immer ~! いつだって私(僕)なんだから.

Ich [ɪç] 中 -[s]/-[s] (↑ich) 自分自身; 〖心理〗自我, エゴ. *sein* anderes〈zweites〉 ~ わが分身(たとえば無二の親友など); わが良心. *sein* besseres ~ 良心 Sie stellt immer ihr wertes ~ in den Mittelpunkt 彼女はいつだって自分中心なんだ.

'Ich·be·wusst·sein 中 -s/ 〖心理〗自我意識.

'ich·be·zo·gen 形 (egozentrisch) 自己中心的な.

'Ich·form 女 -/ 〖文学〗1人称形式, 自叙体.

'Ich·laut 男 -[e]s/-e 〖音声〗イヒラウト, ich 音(ドイツ語で a, o, u, au 以外の母音および子音の後の ch の音, 発音記号 [ç]). ↑Achlaut

'Ich·ro·man 男 -s/-e 〖文学〗1人称形式の小説, 自叙体小説.

'Ich·sucht 女 -/ (Egoismus) 利己主義.

'ich·süch·tig [..zʏçtɪç] 形 (egoistisch) 利己的な.

..icht¹ [..ɪçt] 〔接尾〕植物名につけその群生場所を表す中性名詞 (-s/-e) をつくる. *Röhricht* 葦の茂み.

..icht² 〔接尾〕〖古〗名詞につけて形容詞をつくる (..ig). faul*icht* 腐りかけた (faulig). tör*icht* 愚かな.

Ich·thyo'lith [ɪçtyo'li:t] 男 -s(-en)/-e(-en) (gr.) 魚の化石.

Ich·thyo·lo'gie [ɪçtyolo'gi:] 女 -/ (gr.) 魚(類)学.

Ich·thyo'sau·rus [ɪçtyo'zaʊrʊs] 男 -/..saurier [..riər] (gr.) 〖古生物〗イクティオサウルス, 魚竜.

Icon ['aɪkɔn, 'aɪkɔn] 中 -s/-s (engl.) 〖コンピュータ〗アイコン.

id. (略) =idem

..id¹ [..i:t] 〔接尾〕(gr.) 〖人類学〗人種を表す形容詞をつくる. mongol*id* モンゴロイドの.

..id² 〔接尾〕(gr.) 〖化学〗化合物を表す中性名詞 (-[e]s/-e) をつくる. Chlor*id* 塩化物.

'Ida¹ [i'i:da] 女 (ダ) der ~ イダ((a) 小アジアにある山脈. (b) クレタ島の最高峰, Zeus が育った場所とされる).

'Ida² 〖女名〗イーダ.

*ide'al [ide'a:l イデアール] 形 **1** 理想的な, 模範(典型)的な, 申分のない. **2** (比較変化なし)(↔ real) 観念的, 理念上の; 空想(想像)上の. ~*es* Gas 〖化学〗理想(完全)気体. ~*e* Landschaft 〖美術〗理想郷画. der ~*e* Staat 理想国家. ~*e* Zahl 〖数学〗虚数. **3** (↔ materiell) 精神的な. ~*e* Werte 精神的な価値.

*Ide'al [ide'a:l イデアール] 中 -s/-e (*lat.* idealis , vorbildlich‛) **1** 理想; 理想像; (倫理的)完全無欠な; 〖哲学〗(ヘーゲル美学における)精神美. einem ~

nach·streben 理想を追求する. Sie ist das ~ einer Hausfrau. 彼女は主婦の鑑(ᴷᴬᴳᴬᴹᴵ)だ. **2**『数学』イデアル.

Ide·al·bild 囲 -[e]s/~er 理想像.

Ide·al·fall 囲 -[e]s/~e 理想的なケース(場合).

Ide·al·fi·gur 囡 -/-en **1** (観念上の)理想像. **2** 理想的なプロポーション(体型).

Ide·a·li·sie·ren [ideali'zi:rən] 囮 理想化する.

Ide·a·li·sie·rung 囡 -/-en 理想化, 美化.

Ide·a·lis·mus [idea'lɪsmʊs] 囲 -/ (↔ Realismus) 理想主義;『哲学』(↔ Materialismus) 観念論.

Ide·a·list [idea'lɪst] 囲 -en/-en **1** (↔ Materialist) 理想主義者; 観念論者. **2** (↔ Realist) 夢想家.

ide·a·lis·tisch [idea'lɪstɪʃ] 厖 (↔ materialistisch) 理想主義的な; 観念論(的)の.

Ide·a·li·tät [ideali'tɛ:t] 囡 -/ 理想性;『哲学』(↔ Realität) 観念性.

Ide·al·kon·kur·renz [ide'a:l..] 囡 -/『法制』理想的(観念的)競合(単一犯↑Tateinheit のうち, 1 行為が複数の刑罰法規に違反する犯罪をいう).

Ide·al·ty·pus 囲 -/..typen 理想的なタイプ;『社会学』理想型, 理念型.

Idee

[i'de: イデー] 囡 -/-n [i'de:ən] (*gr.* idea, Erscheinung, Gestalt, Form) **1** (a) 観念, 理念, 基本思想. die ~*n* von Freiheit und Gleichheit 自由と平等の理念. die revolutionären ~*n* des 19. Jahrhunderts 19 世紀の革命思想. (b)『哲学』理念, イデー; (プラトンの)イデア, (カントの)純粋理性概念. **2** 考え, 思いつき, アイデア; 意図;(芸術作品の)構想. eine fixe ~ 固定観念. eine geniale ~ 天才的なひらめき. Ich habe eine ~. 《話》私に考えがある. Ich habe die ~, möglichst bald umzuziehen. 《話》私はできるだけ早く引越そうと思っている. Das ist eine [gute] ~! それはいい考えだ(名案)だ. Das ist eine ~ von Schiller. 《話》それはうまい考えだ. keine⟨nicht die leiseste⟩ ~ von et³ haben 《話》事³ についてさっぱりわからない, まるで知らない. auf die ~ kommen, ...zu tun 《話》...をする気になる. **3** eine ~ 《話》わずか(少し)ばかり, ほんの少々. keine ~ 《話》全然(まるっきり)...ない. Die Weste ist [um] eine ~ zu kurz. チョッキは少しばかり短すぎる.

Idée 'fixe [i'de: 'fɪks] 囡 - -/-s -s[i'de: 'fɪks] (*fr.*) **1** 固定(固着)観念. **2**『音楽』固定楽想, イデー・フィクス.

ide·ell [ide'ɛl] 厖《比較変化なし》(↔ materiell) 観念的な, 理念的な; 精神的な.

ide·en·arm [i'de:ən..] 厖 着想(アイデア)に乏しい.

Ide·en·as·so·zi·a·ti·on 囡 -/-en 連想;『心理学』観念連合.

Ide·en·flucht 囡 -/『心理学』観念(意想)奔逸(ᴴᴼɴɪᴛꜱᴜ).

Ide·en·gut 囲 -[e]s/ 思想の所産.

ide·en·los 厖 着想(アイデア)をもたない.

ide·en·reich 厖 着想(アイデア)に富んだ.

Ide·en·welt 囡 -/(ある個人・時代の)思想の全体像, 思想(観念)の世界.

idem (*lat.*) 《略 id.》 **1** ['i:dɛm] (derselbe) 同著者 (文献指示の注記で). **2** ['ɪdɛm] (dasselbe) 同書, 同上(文献指示の注記で).

Iden ['i:dən] 覆 (古代ローマ暦における)月半ば(3 月・5 月・7 月・10 月は 15 日, その他の月は 13 日).

Iden·ti·fi·ka·ti·on [identifikatsi'o:n] 囡 -/-en **1** 同定, 識別; 照合,(身元)確認. **2** 同一視. **3**『心理』同一視(自己の人格と他者のそれとの混同またはそれへの没入).

iden·ti·fi·zie·ren [idɛntifi'tsi:rən] 囮 **1** 本人(同一物)であることを確認(同定)する. 同一を明らかにする. Der Festgenommene wurde bald als der gesuchte Einbrecher *identifiziert*. 逮捕された男はまもなく捜査中の強盗犯だと確認された. eine Leiche ~ 死体の身元を確かめる. **2** 同一視する, 同じものとして扱う(mit et³ 物³と). Traum und Wirklichkeit ~ 夢と現実を同一視する. 《再帰的に》*sich*¹ mit et³ ~ 物³と自分自身を同一視する, 一体感をおぼえる. Mit den Beschlüssen seiner Partei konnte er *sich* nicht ~. 党の決定に彼は双手(ᴹᴏʀᴏᴛᴇ)をあげて賛成というわけにはいかなかった.

Iden·ti·fi·zie·rung 囡 -/-en 同定, 識別,(身元)確認; 同一視.

*****iden·tisch** [i'dɛntɪʃ イデンティシュ] 厖 同一の, 寸分違(ᴛᴀɢᴀ)わぬ(mit et⟨j⟩³ 物⟨人⟩³と);(意見などが)一致した, 本質的に等しい. eine ~*e* Gleichung『数学』恒等式. Sie beteuerte, dass der Mann ~ mit dem Bankräuber war. 彼女はその男が銀行強盗犯と同一人物であると断言した. *sich*⁴ mit j³ ~ fühlen 人³ と一体だと感じる.

Iden·ti·tät [identi'tɛ:t] 囡 -/ (*lat.*) **1** 本人に相違ないこと, 同一性;『心理』アイデンティティー, 自己同一性. die ~ eines Toten feststellen 死者の身元を確認する. **2** (完全な)一致.

Iden·ti·täts·aus·weis 囲 -es/-e (ʙᴇsᴀᴛsᴜɴɢsᴢᴇɪᴛ) 《略 I-Ausweis》 (1945-55 の被占領時代の)身分証明書.

Iden·ti·täts·kar·te 囡 -/-n (ᴏ̈sᴛᴇʀʀ・sᴄʜᴡᴇɪᴢ) 身分証明書.

Iden·ti·täts·kri·se 囡 -/-n『心理』アイデンティティーの危機.

Iden·ti·täts·nach·weis 囲 -es/-e 身元証明;(税関の)同一品証明.

ideo.., Ideo.. [ideo..] 《接頭》(*gr.*) 形容詞・名詞に冠して「観念・概念・表象」などの意を表す. *Ideogramm* 表意文字.

Ide·o·lo·ge [ideo'lo:gə] 囲 -n/-n (*fr.*) **1** イデオローグ, 理論的指導者(とくに政治的イデオロギーの). **2** 空論家.

Ide·o·lo·gie [ideolo'gi:] 囡 -/-n[..i:ən] (*fr.*) イデオロギー, 観念体系; 空理空論.

ide·o·lo·gisch [ideo'lo:gɪʃ] 厖 **1** イデオロギー(上)の. **2** 空理空論の.

'id 'est ['ɪt 'ɛst] (*lat.*, das ist, das heißt') 《略 i. e.》 すなわち.

idg. 《略》 =**in·do**germanisch

Idi·om [idi'o:m] 囲 -s/-e (*gr.* idioma, Eigentümlichkeit, Besonderheit') 『言語』**1** (ある個人・階級・土地などに)固有の言葉づかい. **2** 慣用句, 成句.

Idi·o·ma·tik [idio'ma:tɪk] 囡 -/『言語』慣用語法論;(総称的に)(一言語の)慣用句.

idi·o·ma·tisch [idio'ma:tɪʃ] 厖『言語』(ある言語に)固有の語法の, イディオマティックな; 慣用句の; 慣用句論の.

idi·o·morph [idio'mɔrf] 厖『鉱物』自形の.

Idi·o·syn·kra·sie [idiozynkra'zi:] 囡 -/-n[..'zi:ən] (*gr.*) **1**『医学』(Atopie) 特異質. **2**『心理』病的嫌悪(ᴋᴇɴᴏ).

Idi·ot [idi'o:t] 囲 -en/-en (*gr.* idiotes ,Privatmann') 『医学』白痴(者); 《俗》馬鹿者. ♦女性形 Idiotin 囡 -/-nen

idi·o·ten·si·cher [idi'o:tən..] 厖《話》(器具などが)

Idiotie 馬鹿にでも扱える, 馬鹿ちょんの.

Idi·o'tie [idio'ti:] 囡 –/–n (↑Idiot) **1**《病理》白痴. **2**《俗》馬鹿げた言動.

idi·o'tisch [idi'o:tɪʃ] 形 (↑Idiot) 白痴の, 白痴的な; 《俗》愚かな, 馬鹿げた, 愚かにもつかない.

Idi·o'tis·mus[idio'tɪsmʊs]男 –/..men[..man] **1**《複数なし》《病理》白痴(症). **2**. 白痴的言行.

Idi·o'tis·mus 男 –/..men《言語》=Idiom

Idol [i'do:l] 中 –s/–e (gr.) 偶像; (盲目的な)崇拝の対象, 憧れのもの, アイドル.

Ido·lo·la'trie [idolola'tri:] 囡 –/–n [..i:ən] (↑Idol) 偶像崇拝.

Idun [i'du:n], **Idu·na** [i'du:na]《人名》《北欧神話》イドゥン(永遠の青春・不老不死の女神).

Idyll [i'dʏl] 中 –s/–e (gr.) 牧歌的(田園風の)生活情景.

Idyl·le [i'dʏlə] 囡 –/–n **1**《文学・美術》牧歌, 田園詩, 牧人画(劇). **2**《まれ》=Idyll

idyl·lisch [i'dʏlɪʃ] 形 牧歌的な, 田園詩風の; ひなびた, のどかな.

i. e.《略》=id est

I. E.《略》《医学》**1** =Internationale Einheit 国際単位. **2** =Immunitätseinheit 免疫単位.

..ie·ren [..i:rən]《接尾》(fr.) 外来動詞の, または外来語めかした動詞の接尾辞. つねにアクセントをもち, 過去分詞に ge- をつけない. stud*ieren* 研究する. halb*ie·ren* 半分にする. ♦ =isieren

i. e. S.《略》**1** =im engeren Sinne 狭義では(↔i. w. S.). **2** =im eigentlichen Sinne 本来の意味では.

i. f.《略》=ipse fecit (誰それが)これを作れり.

IG [i:'ge:]《略》**1** =Industriegewerkschaft **2** =Interessengemeinschaft

..ig《接尾》名詞・動詞の語幹・形容詞につけて「…の形状の, …の性質を帯びた, …に類似した, …しがちな」などの意を表す形容詞をつくる. また副詞につけて形容詞化する. dort*ig* そこの. faul*ig* 腐りかけの. kugel*ig* 球形の. trotz*ig* 反抗的な. wack[e]l*ig* ぐらぐらする.

'Igel [i'gəl] 男 –s/– **1**《動物》はりねずみ(類);《比喩》とりつくしまもない無愛想な人. Das passt wie der ~ zum Handtuch〈zur Türklinke〉. それはまったく変な取合せだ. **2**《料理》アーモンドの薄片をふりかけたチョコレートケーキ. **3** 瓶洗いブラシ;《農業》馬鍬(ま), ハロー. **4**《軍事》(Igelstellung という)はりねずみ陣.

'Igel·stel·lung 囡 –/–en《軍事》はりねずみ陣(槍ぶすまでぐるりと円形に囲った防御の陣形).

IG-'Far·ben [i:ge:'farbən] 複《略》=Interessen-Gemeinschaft der deutschen Farbenindustrie AG イーゲー染色工業株式会社(第2次大戦後解体されたドイツの化学工業コンツェルン).

Igno'rant [ɪgno'rant] 男 (lat.) 無知な, 無学な.

Igno'rant –en/–en (lat.) 無知(無学)な人, 愚人. ein politischer ~ 政治音痴.

Igno'ranz [ɪgno'rants] 囡 –/ (lat.) **1** 無知, 無学. **2**《まれ》無視.

igno'rie·ren [ɪgno'ri:rən] 他 (lat.) 無視する, 顧みない, 黙殺する.

i. H.《略》=im Haus[e] an Herrn Mayer, ~ (社内連絡の宛名で)マイヤー殿, 社内.

IHK《略》=Industrie- und Handelskammer 商工会議所.

ihm [i:m] 代《人称》er 及び es の 3 格.

ihn [i:n] 代《人称》er の 4 格.

'ih·nen ['i:nən] 代《人称》3 人称複数 sie² の 3 格.

'Ih·nen 代《人称》2 人称敬称 Sie¹ の 3 格.

ihr [i:r イーア] 代 Ⅰ《人称》**1** 2 人称親称 du の複数 1 格. 格変化は付録品詞変化表 VII 参照. 手紙では大書して Ihr とする. Ihr Lieben! 親愛なる皆様方. **2** 3 人称単数 sie¹ の 3 格. **3** 3 人称複数 sie² の 2 格 ihrer の古形. Ⅱ《所有》(3 人称単数女性および 3 人称複数の所有代名詞)彼女の, それの, 彼ら(彼女ら)の, それらの. ↑mein Ⅰ

Ihr [i:r イーア] 代 Ⅰ《所有》**1** (2 人称敬称単数および複数の所有代名詞)あなたの, あなた方の. ↑mein Ⅰ **2**《女性の尊称の一部として》Ihre Majestät 女王陛下. Ⅱ《人称》《古》《地方》2 人称敬称単数および複数 1 格. 格変化は ihr Ⅰ に同じ. ▶ 元来 ihr Ⅰ を大書したもの. とくに老人に用いられる. Habt ~ heute Nacht gut geschlafen, Gevatter? 昨夜はよく眠れましたか親爺さん.

'ih·rer ['i:rər]《人称》3 人称単数 sie¹ および 3 人称複数 sie² の 2 格. ↑meiner

'Ih·rer《人称》2 人称敬称単数および複数 Sie¹ の 2 格. ↑meiner

'ih·rer'seits [..'zaɪts] 副 彼女(彼ら)の方では, 彼女(彼ら)の側から言えば. ↑meinerseits

'Ih·rer'seits 副 あなた(あなた方)の方では, あなた(あなた方)の側から言えば. ↑meinerseits

'ih·res'glei·chen ['i:rəs'glaɪçən] 代《不定》《不変化》彼女(彼ら)のような人(たち), それ(それら)と同じような物. ↑meinesgleichen

'Ih·res'glei·chen 代《不定》《不変化》あなた(あなた方)のような人(たち). ↑meinesgleichen

'ih·ret'hal·ben ['i:rət'halbən] 副 彼女(彼ら)のために, 彼女(彼ら)によかれと思って.

'Ih·ret'hal·ben 副 あなた(あなた方)のために.

'ih·ret'we·gen [..'ve:gən] 副 =ihrethalben

'Ih·ret'we·gen 副 =Ihrethalben

'ih·ret'wil·len [..'vɪlən] 副 um — 彼女(彼ら)のために.

'Ih·ret'wil·len 副 um — あなた(あなた方)のために.

'ih·ri·ge [ˈiːrɪgə]《所有》《雅》(つねに定冠詞を伴って名詞的に用いられる. 格変化は形容詞の弱変化に準じる)彼女のもの; 彼ら(彼女ら)のもの. ↑meinige

'Ih·ri·ge 代《所有》《雅》(つねに定冠詞を伴って名詞的に用いられる. 格変化は形容詞の弱変化に準じる)あなた(あなた方)のもの. ↑meinige

'ihr·zen ['i:rtsən] 他 あなた(方)と呼ぶ. ♦ かつて Sie を Ihr といったことから. ↑Ihr Ⅱ

IHS [i:ha:'|ɛs]《略》=*IHΣOYΣ* (Jesus のギリシア文字表記)イエス. ♦ 他に「救世主イエス」の意のラテン語 Jesus, hominum salvator , Jesus, der Menschen Retter' あるいはドイツ語 Jesus, Heiland, Seligmacher の頭文字とも解される.

I. H. S.《略》**1** =in hoc salus **2** =in hoc signo

i. J.《略》=im Jahre …

'Ika·ros [ˈiːkaros], **'Ika·rus** [..rʊs]《人名》《ギリシア神話》イーカロス(Dädalus の息子, 父の作った人口翼で迷宮から脱出するとき高く飛翔しすぎたために翼の蠟が太陽の熱で溶けて海に墜落死した).

Ike·ba·na [ike'baːna] 中 –[s]/ (jap.) 生け花.

Ikon¹ [i'ko:n] 中 –s/–e (engl. icon , Bild, Symbol')《記号》類似的記号.

Ikon² 中 –s/–e, **Iko·ne** [i'ko:nə] 囡 –/–n (gr. eikon , Bild, Abbild') **1** (東方教会の)聖画像, イコン. **2**

[アイコン] アイコン.

Iko·no·gra'fie, **Iko·no·gra'phie** [ikonogra'fiː] 女 -/-n 1《複数なし》図像学, イコノグラフィー. 2《書籍》《書物の中の》図版リスト.

Iko·no'klas·mus [..'klasmus] 男 -/..klasmen [..mən] (*gr.*)《歴史》聖(画)像破壊, 偶像破壊.

Iko·no'klast [..'klast] 男 -en/-en 聖画像(偶像)破壊主義者.

Iko·no·lo'gie [ikonolo'giː] 女 -/(図像学に基づく)図像解釈学.

Iko·no'skop [ikono'skoːp] 男 -s/-e《電子工》アイコノスコープ, テレビ送像管.

Iko·nos'tas [ikonos'taːs] 男 -/-e (*gr.*)《東方教会》イコノスターシス, 聖画廊(身廊と内陣とを仕切る障壁で, 壁全体に多くのイコンを掛ける).

Iko·no·sta'se [..'staːzə] 女 -/-n, **Iko·no·sta'sis** [..'staːzɪs] 女 -/..stasen《東方教会》= Ikonostas

Ik·te·rus ['ɪkterus] 男 -/ (*gr.*)《病理》黄疸(おうだん);《農業》黄化(おうか)病.

Il.., **Il..** [ɪl..] (接頭) = in..[1,2], In..[1,2]

Ili'a·de [ili'aːdə] 女 -/ = Ilias

Ili·as ['iːlias] 女 -/ (↓ Ilion) イーリアス(トロイア戦争を歌ったギリシア最古の長編叙事詩, Homer の作と伝えられる).

Ili·on ['iːlion]《地名》イーリオン(トロイアのギリシア名).

ill.《略》= illustriert 挿し絵(イラスト)入りの.

il·le·gal ['ɪlegaːl, - - -'] 形《比較変化なし》(↔ legal) 不法な, 非合法の, 違法の.

Il·le·ga·li·tät ['ɪlegalitɛːt, - - - -'] 女 -/-en 1《複数なし》(↔ Legalität) 違法性, 非合法. 2 違法行為.

il·le·gi·tim [ɪlegiˈtiːm, - - -'] 形 (*lat.* illegitimus, gesetzwidrig, unerlaubt')(↔ legitim) 違法な, 不正な, 不当な;婚姻外の. ~ *en* Anspruch 不当な要求. ein ~*es* Kind 非嫡出子.

Il·le·gi·ti·mi·tät ['ɪlegitimitɛːt, - - - - -'] 女 -/違法(不当)性;非嫡出, 庶出.

il·li·be·ral ['ɪliberaːl, - - -'] (*lat.*) (↔ liberal) 反自由主義の; 料簡の狭い.

il·lo·yal [ɪloaˈjaːl, - - -'] 形 (*fr.*) (↔ loyal) 忠誠心のない; 不実(不誠実)な, 卑劣な; 違法な, 不正な.

Il·lo·ya·li·tät ['ɪloajalitɛːt, - - - - -'] 女 -/-en《複数なし》不忠, 不誠実. 2 不忠(不正)行為, 不誠実な態度.

Il·lu·mi·na·ti'on [ɪluminatsi'oːn] 女 -/-en (*lat.*) 1 イルミネーション, 電飾;照明. 2 (中世の写本の)彩飾. 3《神学》照明.

il·lu·mi·nie·ren [ɪlumi'niːrən] 他 (*lat.*) (建物・施設などを)イルミネーションで飾る;(版画などに)彩色を施す;(写本を)細密画で飾る. *illuminiert sein*《古》《戯》酩酊(めいてい)している.

***Il·lu·si'on** [ɪluzi'oːn] イルジィオーン 女 -/-en (*lat.* illusio, , Täuschung') 1) 幻影, 幻覚; 妄想, 幻想; 気の迷い;《心理》錯覚. ~ *en* haben 夢みたいなことを考えている. sich[3] über et⟨1⟩[4] ~*en* machen 事⟨人⟩[4]について幻想を抱く. wieder um eine ~ ärmer werden また 1 つ夢が破れる. 2 まやかし, トリック. 3《美学》(芸術作品に触発された)イリュージョン.

il·lu·si·o'när [ɪluzio'nɛːr] 形 1 妄想(錯覚)の;まやかしの. 2《美学》イリュージョニズムの.

Il·lu·si·o'nis·mus [ɪluzio'nɪsmus] 男 -/ 1《哲学》幻想説, 迷妄説(一切の実在世界は幻影であるとする説). 2《美術・演劇》イリュージョニズム(視覚的詐

術によって限りなく現実に近い錯覚を創り出そうとする方法論).

il·lu'so·risch [ɪlu'zoːrɪʃ] 形 1 幻覚の, 錯覚の, 人を欺(あざむ)く. 2 徒労の, 無益な, 徒(いたず)らな.

il·lus·ter [ɪ'lʊstɐr] 形 (*lat.*)《副詞的には用いない》輝かしい, 立派な; 著名な, 錚々(そうそう)たる; 高貴な, 貴顕の.

Il·lus·tra·ti'on [ɪlostratsi'oːn] 女 -/-en (*lat.* illustratio , Erklärung')挿絵, 説明図, イラスト.《複数なし》(挿絵などによる)具体的な解説, 図解.

Il·lus'tra·tor [ɪlus'traːtoːr] 男 -s/-en[ɪlostra'toːrən] 挿し絵画家, イラストレーター.

***il·lus'trie·ren** [ɪlus'triːrən] イルストリーレン 他 (*lat.*) 1 (物に)挿絵(図解)を入れる. 2 (絵・図版などで)詳しく説明する, 図解(例証)する. 3《料理》(物[4]につけ合せ(つま)として添える(mit et[3] 物[3]を).

il·lus'triert 過分 形 挿絵(イラスト)入りの. ~ von G. Müller《略》*ill.* G. Müller 挿絵 G. ミュラー.

***Il·lus'trier·te** [ɪlus'triːrtə] イルストリーアテ 女《形容詞変化》グラビア誌, グラフ雑誌, (大衆向き)週刊誌.

Il·me'nit [ɪlmeˈniːt] 男 -s/-e《鉱物》チタン鉄鉱(ウラル山脈のイルメン Ilmen 連山の名にちなむ).

'Il·se ['ɪlzə]《女名》(Elisabeth の短縮形)イルゼ.

'Il·tis ['ɪltɪs] 男 -ses/-se《動物》[europäischer] ~ ヨーロッパけながいたち(の毛皮).

im [ɪm] 前置詞 in と定冠詞 dem の融合形.

im.., **Im..** [ɪm..]《接頭》= in..[1,2], In..[1,2]

'Image ['ɪmɪtʃ, 'ɪmɪdʒ] 中 -[s]/-s ['ɪmɪtʃ(s), 'ɪmɪdʒs] (*lat.* imago) 心象(しんしょう), イメージ.

ima·gi'när [imagi'nɛːr] 形 (*lat.* imaginarius , nur vorgestellt') 想像上の, 非現実の;《数学》虚の. ~*e* Einheit 虚数単数(記号 i, j).

Ima·gi·na·ti'on [imaginatsi'oːn] 女 -/-en (*lat.*) 想像力; 空想, 妄想.

Ima·go [i'maːgo] 女 -/..gines[..giːnəs] (*lat.*) 1《動物》成虫. 2《美術》肖像;イマーゴ(古代ローマで Atrium に保存された蠟製の祖先のデスマスク). 3《心理》イマーゴ(幼時に形成される身近な人を理想化した像).

Imam [i'maːm] 男 -s/-s(-e) (*arab.* , Vorsteher')《イスラム教》(a) モスクでの集団礼拝の指導者. (b) スンナ派 Sunniten では Kalif と同義語. (c) シーア派 Schiiten ではその派の最高指導者. (d) 一般にすぐれた学者の尊称. (e) イェメンでは国家元首の称号).

'Im·biss, °**'Im·biß** ['ɪmbɪs] 男 -es/-e 軽い食事, 軽食, 立食い; (Imbisshalle) 軽食堂, スナック.

'Im·biss·hal·le, **'Im·biss·stu·be** 女 -/-n 軽食堂, スナック(バー).

Imi·ta·ti'on [imitatsi'oːn] 女 -/-en (*lat.* imitatio , Nachahmung') 模倣, (もの)まね; 模造(偽造)品, まがいもの, イミテーション;《音楽》模倣(カノンやフーガにみられる主題の反復).

Imi'ta·tor [imi'taːtor] 男 -s/-en[..ta'toːrən] 声帯模写芸人.

imi·ta'to·risch [imitaˈtoːrɪʃ] 形 模倣(ものまね)の.

imi'tie·ren [imi'tiːrən] 他 まねる, 模倣する; 模造(偽造)する;《音楽》模倣する(↑ Imitation).

imi'tiert 過分 形 模倣の, (天然に対して)人造の.

'Im·ker ['ɪmkər] 男 -s/- 養蜂家.

Im·ke'rei [ɪmkaˈraɪ] 女 -/-en 1《複数なし》養蜂. 2 養蜂園.

Im·ma·cu'la·ta [ɪmakuˈlaːta] 女 -/ (*lat.*)《カトリック》(die Unbefleckte) 汚れなき女, 童貞(聖母マリアの添え名).

Im·ma·cu·la·ta Con·cep·tio [..kɔnˈtsɛptsio] 囡 --/ 《宗》(unbefleckte Empfängnis) 聖母マリアの無原罪のおん宿り(祝日12月8日).

im·ma·nent [ˈımaˈnɛnt] 厖 (lat.) 内部にある, 内在する; 《哲学》(↔ transzendent) 経験(認識)の範囲内の, 内在的な. et³ ~ sein 物¹に内在する.

Im·ma·nenz [ımaˈnɛnts] 囡 --/ 内在.

Im·ma·te·ri·al·gü·ter·recht [ımateriˈaːl..] 田 -[e]s/-e 《法制》無体財産権(著作権・特許権など).

im·ma·te·ri·ell [ˈımaterieˈl, ----ˈ-] 厖 (fr.) 非物質的な; 知的な. ein ~er Schaden 《法制》非物質的(精神的)損害.

Im·ma·tri·ku·la·ti·on [ımatrikulatsiˈoːn] 囡 -/-en **1** 大学入学許可, 学籍登録. **2** 《スイス》自動車所有登録.

im·ma·tri·ku·lie·ren [ımatrikuˈliːrən] 囮 **1** (人⁴を)学籍簿に登録する, (に)大学入学を許可する. sich⁴ ~ lassen 学籍登録を受ける, 学籍を取得する. **2** 《スイス》(車を)登録する.

Im·me [ˈımə] ❶ 囡《女名》インメ (Irmin.., Irm[en].. などの愛称. Imma, Immi, Immy とも). ❷ 囡 -/-n 《雅》蜜蜂(みつばち).

im·me·di·at [ımediˈaːt] 厖 (lat. immediatus, unvermittelt*) (元首・最高機関に)直属の.

Im·me·di·at·ge·such 田 -[e]s/-e《書》(元首・最高機関への)直接請願, 直訴(ちょくそ).

im'mens [ıˈmɛns] 厖 (lat. immensus, unermesslich*) 計り知れない, 莫大な.

im·men·su·ra·bel [ımɛnzuˈraːbəl] 厖 (lat.) 計測できない.

'im·mer [ˈımər イマー] 圓 **1** (a) つねに, いつも, しじゅう. Er ist ~ fröhlich. 彼はいつも陽気だ. Hast du ~ so viel zu tun? 君はいつもそんなに忙しいのか. Die beiden zanken sich⁴ ~. 2人はしょっちゅうけんかばかりしている. Seit dem Unfall habe ich ~ Kopfschmerzen. あの事故以来私はずっと頭が痛い. *Immer* der Deine! 《古》(手紙に)いつでもあなたの友より. Er ist ~ nicht zu Hause. 彼はいつだって家にいない. Er ist nicht ~ zu Hause. 彼はいつも家にいるとは限らない. ~ und ~ / ~ und ewig しょっちゅう, ひっきりなしに, 年から年じゅう. ~ mal 《話》時おり. schon ~ これまでずっと. ~ und überall いついかなる時(で)も. ~ [und ~] wieder 何度でも(繰返して), 再三再四. auf⟨für⟩ ~ いつまでも, 永久に. Dann bist du auf⟨für⟩ ~ ruiniert. そうなると君は永久におしまいだ. Er hat die Gelegenheit für ~ versäumt. 彼は永久にチャンスを逸してしまった. die Augen für ~ schließen《雅》最後の眠りにつく. wie ~ いつものように, いつも通り, 例による(通り). (b) そのつど, 毎度, ..のたび毎に. Er kommt ~ sonntags. 彼は日曜毎に来る. Du kommst ~ zu spät. 君はいつも遅刻だわ. *Immer* ich!《話》(用事など言いつけられて)いつだって私, また私か. Er ist ~ der Dumme.《話》いつも馬鹿を見るのは彼だ. *Immer* wenn ich den Schirm vergessen habe, dann regnet es! 私が傘を忘れたときに限って雨が降るんだ. (c)《数詞と》..ずつ, ..毎に. ~ zwei und zwei nebeneinander aufstellen 2人ずつ並んで整列する. ~ vier Personen auf einmal 4人ずつ. ~ zu dritt in einem Zimmer 1部屋に3人ずつ. ~ der fünfte 5人目ごとに; 5人に1人は.
2《noch と》(a) ~ noch / noch ~ 相(も)変らず, 依然として. Es regnet ~ noch⟨noch ~⟩. 相変らず雨が降り続いている. (b) ~ noch とにかく, いずれにしろ, なんといっても. Ich verbitte mir diesen Ton, ich bin ~ noch dein Vater. こんな言方はやめてくれよ, 私はともかくもお前の父さんなんだから.
3《形容詞・副詞の比較級と》いよいよ.., ますます.. Es wurde ~ dunkler draußen. 外はいよいよ暗くなってきた. Es kamen ~ mehr Menschen. どんどん人がやってきた. Eines ist ~ schöner als das andere. どれもすがれ劣らず美しい, いずれが菖蒲(あやめ)か杜若(かきつばた)だ. ~ weiter さらに, (続けて)どんどん.
4《命令文・要求文で / しばしば **nur** と》さあ(..せよ); なまわずに(..しよう); かって(に..するがよい). *Immer* langsam! あんまり急ぐなったら. *Immer* mit der Ruhe! あわてるな, いいから落着いて. [Nur] ~ zu! さあ(元気を出して)続けろ, さあかかれ. Lass ihn nur ~ reden! 彼にはかってに言わせておけ. Sie kommt anscheinend nicht mehr, fangen wir [schon] ~ an! 彼女はどうやらもう来ないようだからかまわず始めよう. Mag⟨Soll⟩ sie [nur] ~ schimpfen! 彼女にはかってにぎゃあぎゃあわめかせておけばいいんだ.
5《疑問詞あるいは **so** に導かれた副文で / 多く **auch** と》たとえ..であろうとも. Du kannst kommen, wann ~ du willst. いつだって君の好きな時に来たらいいよ. Was ~ geschieht, dafür bin ich nicht verantwortlich. 何が起ろうと私に責任はない. Lass niemanden herein, wer [auch] ~ es sein mag! 誰であろうと入れるな. Ich halte zu ihm, wie ~ es auch gehen mag. どうなろうと私は彼の味方だ. Ich denke an dich, wo [auch] ~ du hingehst. 君がどこへ行こうとも私は君のことを想っている. Der Mensch, so klug er [auch] ~ sein mag, irrt sich⁴. 人間はたとえどんなに賢くても思い違いはするものだ.
6《*so* + 副詞, あるいは(*so*..)*als* で始まる副文で / しばしば **nur** と》およそ..する限り. Ich helfe ihm, sooft ich ~ kann. 私はできるだけ彼を助けてやる. Er lief, so schnell er ~ konnte. 彼はできるだけ速く走った. Du kannst davon nehmen, soviel du [nur] ~ magst. 君の好きなだけたくさん取っていいんだよ. so bald, als es ~ nur möglich ist / so bald, als ~ nur möglich できるだけ(可能な限り)早く.
7《疑問文で》いったい. Was treibst du denn ~? いったいぜんたいどうしてるの.
8 *Immer*! (返答で)そうき, もちろんとも.
9 ~ dabei《兵隊》防毒マスク.

'im·mer·dar [ˈımərˈdaːr] 圓 いつまでも, 永久に.

'im·mer·fort [ˈımərˈfɔrt] 圓 つねに, 絶えず.

'im·mer·grün 厖 常緑の.

Im·mer·grün 田 -s/-e **1**《植物》つるにちにちそう(夾竹桃科). **2**《話》きづた(などの常緑植物).

*****'im·mer·hin** [ˈımərˈhın イマーヒン] 圓 **1** とにかく, ともかく, いずれにしろ. Blieb der Erfolg auch aus, so war es ~ ein Versuch. 成果はなかったにしろともかくも1つの試みには違いなかった. Versuchen wir es ~! とにかく一度やってみようじゃないか. Die Sitzung hat ~ drei Stunden gedauert. 会議はいずれにしろ3時間は続いた. **2** 何といっても, 結局のところ, 少くとも. Versöhne dich endlich mit ihr, sie ist ~ deine Frau! いいかげんに彼女と仲直りしろよ, 何といったって君の奥さんじゃないか. Bevor er abreiste, hätte er sich¹ ~ verabschieden können. 旅発つ前にお別れの挨拶ぐらいはできたろうに. *Immerhin*! せめても(の慰め)だ. **3**《*mögen* と / 容認・譲歩を表す》Mag

es ~ spät werden, ich komme auf alle Fälle. どんなに遅くなろうと必ず参ります.
im·mer 'wäh·rend, °**'im·mer'wäh·rend** 絶間のない, 延々と続く. der ~e Kalender 万年暦.
im·mer·zu ['ɪmɐ'tsuː] 副《話》絶えず, しょっちゅう.
Im·mi'grant [ɪmi'ɡrant] 男 -en/-en (lat.) (↔ Emigrant) (他国からの)移住者, 移民;《生物》(本来の生息地からの)移入種.
Im·mi·gra·ti'on [ɪmiɡratsi'oːn] 女 -/-en (lat.) (↔ Emigration) 移住, 入植;《生物》移入.
im·mi'grie·ren [ɪmi'ɡriːrən] 自 (s) (lat. immigrare , einwandern') (↔ emigrieren) (他国から)移住する.
Im·mis·si'on [ɪmɪsi'oːn] 女 -/-en 1【法制】イミシオーン(煙・臭気・騒音などによる近隣への侵害). 2《古》(官職への)任務.
im·mo·bil ['ɪmobiːl, ‒ ‒'‒] 形 (lat.) (↔ mobil) 1 動かない, 不動の, 停滞した. 2《軍事》平時状態の.
Im·mo·bi·lie [ɪmo'biːlia] 女 -/-n (lat.)《ふつう複数で》《経済》(↔ Mobilie) 不動産.
Im·mo·bi·li·en·han·del 男 -s/ 不動産業.
Im·mo·bi·li·en·händ·ler 男 -s/- 不動産業者.
im·mo·ra·lisch ['ɪmoraːlɪʃ, ‒ ‒'‒ ‒] 形 不道徳な.
Im·mo·ra·lis·mus [ɪmora'lɪsmʊs] 男 -/ 不道徳主義, 背徳主義.
Im·mo·ra·list 男 -en/-en 不道徳(背徳)主義者.
Im·mor'tel·le [ɪmɔr'tɛlə] 女 -/-n (fr.)《植物》永久花, 乾燥花(むぎわらぎくなど枯死しても形を保つ花). Rote ~ 千日紅(せんにちこう).
im'mun [ɪ'muːn] 形 (lat.) 1 (gegen et⁴ 物に対して)免疫の. gegen Masern ~ sein 麻疹(はしか)に免疫になっている. gegen Versuchungen ~ sein 誘惑に強い. 2【法制】(国会議員が)不逮捕特権を有する, (外交官が)治外法権を有する.
im·mu·ni·sie·ren [ɪmuni'ziːrən] 他 j⁴ gegen et⁴ ~ 人⁴を物⁴(病気など)に対して免疫にする.
Im·mu·ni'tät [ɪmuni'tɛːt] 女 -/ (lat.)《複数れ》1【医学】免疫. 2 (a)【法律】(国会議員の)不逮捕特権, (外交官の)治外法権. (b)【歴史】(教会の)不可侵権.
Im·mu·ni'täts·ein·heit 女 -/-en (略 I. E.)【医学】免疫単位.
Im'mun·kör·per 男 -s/-《ふつう複数で》【医学】免疫体.
Im·mu·no·lo'gie [ɪmunolo'ɡiː] 女 -/ 免疫学.
imp. (略) =imprimatur
Imp. (略) 1 =Imperator 2 =Imperatrix
Im·pe'danz [ɪmpe'dants] 女 -/-en【電気】インピーダンス.
im·pe·ra'tiv [ɪmpera'tiːf] 形 (lat.)《比較変化なし》命令的な, 強制的な. ~es Mandat【法制・政治】命令的委託.
'Im·pe·ra·tiv ['ɪmperatiːf, ‒ ‒ ‒'‒] 男 -s/-e[..və] (lat. , modus' imperativus , Befehlsform') 1【文法】命令法. 2【哲学】命令. kategorischer〈hypothetischer〉~ 定言的〈仮言的〉命令.
im·pe·ra'ti·visch [ɪmpera'tiːvɪʃ, '‒ ‒ ‒ ‒ ‒] 形 1【文法】命令法の. 2 命令的な, 強制的な.
Im·pe'ra·tor [ɪmpe'raːtɔr] 男 -s/ ‒en[..raːtoːrən] (lat.) (略 I., Imp.)【歴史】インペラートル(古代ローマではじめ元帥, のち凱旋将軍, 帝政以後は皇帝の称号). ~ Rex[..'reːks] (略 I. R.)【歴史】皇帝兼国王(たとえば Wilhelm II. の称号).

im·pe·ra'to·risch [ɪmpera'toːrɪʃ] 形 1 インペラートルの. 2 命令的な, 威圧的な, 有無(うむ)を言わせぬ.
Im·pe·ra'trix [ɪmpe'raːtrɪks] 女 -/ ‒..ratrices[ɪmpera'triːtseːs] (lat.)《略 Imp.》女帝.
'Im·per·fekt ['ɪmpɛrfɛkt, ‒ ‒'‒] 中 -s/-e (lat.)【文法】未完了相, (ドイツ語文法で)過去, (フランス語などで)半過去.
Im·per·fek·tum [ɪmpɛr'fɛktʊm, '‒ ‒ ‒ ‒] 中 -s/..ta[..ta] (lat.)【文法】=Imperfekt
im·pe·ri'al [ɪmperi'aːl] 形 (lat.) 1【歴史】インペリウム(↑ Imperium 1) の; ローマ帝国の. 2 帝国(皇帝)の.
Im·pe·ri·a'lis·mus [ɪmperia'lɪsmʊs] 男 -/ (lat.) 帝国主義.
Im·pe·ri·a'list [..'lɪst] 男 -en/-en 帝国主義者.
im·pe·ri·a'lis·tisch [..'lɪstɪʃ] 形 帝国主義的な.
Im·pe·ri·um [ɪm'peːrium] 中 -s/..ri·en[..riən] (lat. , Befehl, Herrschaft, Staatsgewalt') 1【歴史】インペーリウム(古代ローマで高級官僚が持っていた絶対的命令権). 2【歴史】ローマ帝国. 3 (事業などの)巨大な勢力権, 一大帝国.
Im·per·so'na·le [ɪmpɛrzo'naːlə] 中 -s/..lien[..liən]..lia[..lia] (lat.)【文法】非人称動詞.
im·per·ti'nent [ɪmpɛrti'nɛnt] 形 無礼な, ぶしつけな, 恥知らずの, 図々(ずうずう)しい.
Im·per·ti'nenz [ɪmpɛrti'nɛnts] 女 -/-en (lat.) 1《複数れ》無礼, 厚顔無恥, 図々(ずうずう)しさ. 2 無礼な言動(態度).
'Impf·arzt ['ɪmpf..] 男 -es/ⁿe 予防接種(種痘)医.
***'imp·fen** ['ɪmpfən インプフェン] 他 (lat.) 1【医学】予防接種(種痘, ワクチン投与)をする (gegen Pocken 天然痘の). 2 (培地に)種を植えつける, 接種処置をする. den Boden ~【農業】(窒素に乏しい)土地にバクテリアを与える. einen Nährboden ~【生物】培養基に接種する. eine unterkühlte Schmelze ~【化学】過冷却溶体に結晶種を入れる. 3《比喩》(人⁴に)よくës って聞かせる, (事⁴を人³の心に)植えつける.
'Impf·ling ['ɪmpflɪŋ] 男 -s/-e 1 予防接種を受ける(受けた)人. 2【化学】接種結晶, 結晶だね.
'Impf·nar·be 女 -/-n 種痘痕.
'Impf·pass 男 -es/ⁿe 予防接種証明書. Internationaler ~ (世界保健機構発行の)国際予防接種証明書.
'Impf·stoff 男 -[e]s/-e ワクチン, 痘苗(とうびょう).
'Imp·fung ['ɪmpfʊŋ] 女 -/-en【医学】予防接種;【生物・農業・化学】接種.
'Impf·zwang 男 -[e]s/ 強制(法定)接種, 種痘義務.
Im·plan·ta·ti'on [ɪmplantatsi'oːn] 女 -/-en【医学】内移植, (骨髄(こつずい)などの)納入, (神経の)挿入;【生物】(受精卵の)着床, 内植.
im·plan'tie·ren [ɪmplan'tiːrən] 他 (lat.)【医学】内移植する, 植えこむ;【生物】(受精卵・胚子などを)着床させる.
im·pli'zie·ren [ɪmpli'tsiːrən] 他 (lat.) (事⁴の)意味を言外に含んでいる, 包含している.
im·pli'zit [ɪmpli'tsiːt] 形 (lat.) (↔ explizit) 暗示的な, 含みのある, 言外に匂わせた, 暗黙の;【数学】~e Funktion 陰関数.
im·pli'zi·te [ɪm'pliːtsite] 副 (lat.) 暗黙のうちに, それとなく.
Im·plo·si'on [ɪmplozi'oːn] 女 -/-en 1【工学】(真空容器の)内側への破裂. 2【音声】内破.
im·pon·de'ra·bel [ɪmpɔnde'raːbəl] 形 (lat.)《古》

計量(計測)不能の.

Im·pon·de·ra·bi·li·en [ɪmpɔndera'biːliən] 覆 (lat.) 1《物理》不可量物質(光・熱など,実在するが質量がないとかつての物理学が考えた物質). 2 不確定要素,不測の事態.

im·po'nie·ren [ɪmpo'niːrən] 自 (lat.) (人³に)感銘を与える,畏敬(感嘆)の念を抱かせる.

im·po'nie·rend 現分形 感銘を与える,畏敬の念を起させる,堂々たる,立派な.

Im·po'nier·ge·ha·be [ɪmpo'niːr..] 中 -s/《行動学》(雄の動物が雌やライバルに対してとる)威圧行動;《比喩》こけおどし的な振舞.

***Im'port** [ɪm'pɔrt] 男 -[e]s/-e (engl.) (↔ Export) 輸入,輸入貿易;輸入品.

Im'por·te [ɪm'pɔrtə] 女 -/-n (↔ Exporte) 《多く複数で》輸入品;《古》輸入葉巻.

Im'por'teur [ɪmpɔr'tøːr] 男 -s/-e (↔ Exporteur) 輸入者;輸入業者,輸入商.

Im'port·ge·schäft 中 -[e]s/-e 輸入商社;輸入契約.

***im·por'tie·ren** [ɪmpɔr'tiːrən インポルティーレン] 他 (lat. importare ‚hineintragen') (↔ exportieren) 輸入する.

im·por'tun [ɪmpɔr'tuːn] 形 (lat.) 不適当な,不都合な.

im·po'sant [ɪmpo'zant] 形 (fr.) 堂々たる,見事な,立派な,感銘深い.

'**im·po·tent** ['ɪmpotɛnt, – –'–] 形 (lat. impotens ‚ohne Macht, schwach') 1 (男性が)不能症の,インポテンツの. 2 役立たずの.

'**Im·po·tenz** ['ɪmpotɛnts, – –'–] 女 -/ (lat.) (男性の)性的不能,インポテンツ;《まれ》創造力の衰弱,無能.

impr. =imprimatur

im·prä'gnie·ren [ɪmprɛ'gniːrən] 他 (lat.) (物に)防水(防腐,防錆等)加工を施す,(化学溶剤を)浸み込ませる.《過去分詞で》ein *imprägnierter* Mantel 防水コート.

Im·prä'gnie·rung 女 -/-en 1 防水(防腐,防錆等)加工;《化学》透浸,含浸(ｶﾞﾝｼﾝ). 2 防水(防腐,防錆加工.

'**im·prak·ti·ka·bel** ['ɪmpraktikaːbəl, – – –'– –] 形 実行(応用)不可能な.

Im·pre'sa·rio [ɪmpre'zaːrio] 男 -s/-s (..ri[en] [..ri(ən)]) (it.)《古》興業主,プロモーター.

Im·pres·si'on [ɪmprɛsi'oːn] 女 -/-en (lat.) 1 (Eindruck) 印象,感銘. 2《医学》陥凹,陥没.

im·pres·si·o·na·bel [ɪmprɛsio'naːbəl] 形 印象を受けやすい,感受性の強い,感じやすい.

Im·pres·si·o·nis·mus [..'nɪsmʊs] 男 -/ (fr.) 印象主義,印象派(19世紀後半の芸術運動).

Im·pres·si·o'nist [..'nɪst] 男 -en/-en 印象主義者,印象派(の芸術家).

im·pres·si·o·nis·tisch 形 印象主義的の,印象派の.

Im'pres·sum [ɪm'prɛsʊm] 中 -s/..ssen [..sən] (lat.)《印刷》(書物の)刊記,奥付け.

im·pri'ma·tur [ɪmpri'maːtʊr] (lat. ‚es möge gedruckt werden')《略 imp., impr.》《印刷》印刷許可,校了.

Im·pri·ma'tur 中 -s/ 1《印刷》印刷許可,校了. 2《ｷﾘｽﾄ》出版許可.

Im·promp'tu [ɛ̃prõ'tyː] 中 -s/-s (fr.)《音楽》即興曲.

Im·pro·vi·sa·ti'on [ɪmprovizatsi'oːn] 女 -/-e (it.) 1 即興,アドリブ. 2 即興演奏(演技);即興曲,即興劇,即興詩.

Im·pro·vi'sa·tor [improvi'zaːtoːr] 男 -s/-e [..za'toːrən] 即興演奏家,アドリブ歌手;即興詩人.

im·pro·vi'sie·ren [ɪmprovi'ziːrən] ❶ 他 (事¹を即興で行う,即興に作る;アドリブで演じる. ❷ 自 即興演奏(演技)を行う.

Im'puls [ɪm'pʊls] 男 -es/-e (lat.) 1 刺激,衝撃. 2 (内心の)衝動,心のはずみ;出来心. 3《生理》(神経繊維を伝わる)インパルス. 4《物理》力積,インパルス. 5《電子工》衝撃電流.

im·pul'siv [ɪmpʊl'ziːf] 形 衝動的な,感情的な,かっとなる;とっさの,一時の感情にかられた.

Im·pul·si·vi'tät [ɪmpʊlzivi'tɛːt] 女 -/ 衝動的なること;衝動にかられた行動.

im'stand [ɪm'ʃtant] 形《地方》=imstande ◆in Stand とも書く.

im'stan·de [ɪm'ʃtandə イムシュタンデ] 形《zu et³ zu 不定詞句と》…することができる(状態,立場にある)…する能力がある. Leider bin ich nicht ~, die Arbeit allein zu machen. 残念ながら私にはその仕事はひとりでは片づけできない. Er ist zu allem ~. 彼にできないことはない;彼なら何でもやりかねない. Er ist ~ und lässt seinen Freund im Stich. 彼なら友人を見殺しにしかねない. ◆im Stande とも書く. ↑Stand

in¹ [ɪn イン] 前《3・4格支配》囲まれた空間の中や範囲内を表し,位置を示す場合は3格を,方向を示す場合は4格を支配する. 定冠詞 dem および das と融合して im および ins となり,代名詞と融合して3格支配の場合は d[a]rin, worin, ineinander, 4格支配の場合は d[a]rein, worein, ineinander となる. ① 《3格支配》 **1** 《場所・位置》…の中に(で),…に(で). im Bett liegen ベッドに寝ている. ~ Deutschland ドイツで. ~ der Ferne〈Nähe〉遠くに〈近くに〉. ~ einem Haus wohnen ある家に住む. Die Sonne geht *im* Osten auf. 太陽は東に昇る. ~ der Schule sein 学校にいる;在学している.

2《所属》…において. Er ist der Beste ~ der Klasse. 彼はクラスのトップだ. Mitglied ~ einer Partei sein ある党の党員である.

3《関係する領域・分野》…に関して,…において. ~ allem すべてにおいて. ~ Allgemeinen 一般に. ~ Gebrauchtwagen handeln 中古車を商っている. *In* [der] Mathematik ist er sehr gut. 数学の成績は彼はよい.

4《期間・時点》…の間に,…のうちに;…(の時)に. *im* April 4月に. ~ den Ferien 休暇中に. *im* Frühling 春に. *im* Jahr 1960 1960年に. ~ der Jugend 若い時に. ~ der Nacht 夜に. Er war ~ zwei Stunden mit seiner Arbeit fertig. 彼は2時間で仕事をやりおえた.

5《経過すべき時間》…たって,…の後に. Kommen Sie bitte ~ einer Stunde wieder! 1時間後にもう一度来てください. heute ~ acht Tagen 来週の今日.

6《単位時間》…につき,…あたり. 130 km ~ der Stunde 時速130キロ. einmal ~ der Woche 週に1度.

7《状況・状態》…(の状態)で,…のうちに. ~ Armut 貧困のうちに. *im* Flug 飛行中に. ~ guter Laune sein 上機嫌である. ~ Schwierigkeiten sein 困難な状況にある. ~ Verzweiflung 絶望して.

8《方法・様態》…(の仕方)で; …の様態(形状, 数量)で。 ~ der Art von Picasso ピカソ流で。 ein Lexikon ~ 8 Bänden 8巻本の事典。 ~ bar 現金で。 ~ Deutsch ドイツ語で。 ~ aller Eile 大急ぎで。 *im* höchsten Grad[e] 極度に, きわめて。 ~ Größe 38 38号のサイズで。 ~ Mengen 大量に。 ~ aller Ruhe 落ち着きはらって。 ~ Wahrheit 実際は, ほんとうは。

9《着衣》…を着て。 Er war *im* Mantel. 彼はコートを着ていた。 ~ Pantoffeln スリッパで。 eine Frau ~ Weiß 白い服を着た女。

10《資格・立場》…において。 *im* Auftrag 委託を受けて。 ~ *seiner* Eigenschaft als …の資格で。 *im* Namen der Wahrheit 真理の名において。

11《同一性》…の中に。 *Im* Glauben findet er Trost. 信仰に彼は慰めを見いだしている。 Ich habe ~ ihm einen Rivalen verloren. 私は彼というライバルを失った。

Ⅱ《4格支配》**1**《方向》…の中へ(に)。 *ins* Ausland reisen 外国へ旅行する。 *ins* Auto steigen 車に乗込む。 ~ die Höhe 上方へ, 高々と。 *ins* Kino gehen 映画を見に行く。 ~ die Schule gehen 学校へ行く, 登校する; 学校に通っている。 *ins* Zimmer treten 部屋に入る。

2《加入・従事》…に。 ~ die Ferien reisen 休暇旅行に出かける。 Er kommt in diesem Jahr ~ die Schule. 彼は今年入学する。 ~ eine Partei eintreten ある党に入る。

3《[bis] in et⁴ [hinein]の形で》《時間的波及・到達》…まで。 Seine Erinnerungen reichen *bis* ~ die frühe Kindheit zurück. 彼の記憶は幼い子供の頃にまでさかのぼる。 bis ~ die späte Nacht [hinein] 深夜まで。

4《到達する数量・程度》…に(のぼって, およんで)。 [bis] *ins* Endlose 際限なく, はてしなく。 Die Ausgaben gehen ~ die Tausende. 支出は数千マルクにのぼる。

5《ある状態への移行・変化》…に, …へと。 sich⁴ ~ Bewegung setzen 動き出す。 et⁴ *ins* Deutsche übersetzen 物⁴をドイツ語に翻訳する。 mit j³ *ins* Gespräch kommen 人³と会話を始める。 et⁴ *ins* Reine schreiben 物⁴を清書する。 ~ Verlegenheit kommen〈geraten〉当惑する。

6《行為・関係の及ぶ》…に。 Er lässt sich⁴ ~ seine Arbeit nicht hineinreden. 彼は自分の仕事に口を出させない。 Einführung ~ die Mystik 神秘主義入門。 ~ einen Vorschlag einwilligen ある提案に同意する。 ~ j⁴ Hoffnungen setzen 人⁴に期待をかける。 ~ sich⁴ gehen 反省する。

in² 《in seinの形で》《話》流行している, トレンディーである; 売れっ子である。

In [i:ʔɛn] 《記号》=Indium

in. 《略》=Inch

in..¹, **In..**¹ [ɪn..] 《接頭》動詞・形容詞・名詞に冠して「中に, 中へ(in, hinein)」の意を表す。 b, m, pの前では im.., Im.., lの前では il.., Il.., rの前では ir.., Ir.. になる。 *Inexistenz*《哲学》内在。

in..², **In..**² 《接頭》un.., nicht)」形容詞・名詞に冠して「無..., 不..., 非...」の意を表す。 b, m, pの前では im.., Im.., lの前では il.., Il.., rの前では ir.., Ir..になる。 *in*akkurat 不正確な, ぞんざいな。 *Impersonale*《文法》非人称動詞。

..in [..ɪn] 《接尾》男性名詞と結びついて女性形 (-/

-nen)をつくる。 その際しばしば幹母音がウムラウトする。 *Göttin* 女神(↓ Gott). *Lehrerin* 女性教師(↓ Lehrer). *Löwin* 雌ライオン(↓ Löwe).

in ab·sen·tia [ɪn apˈzɛntsia] (*lat.*, in Abwesenheit⁴)不在のときに;《法制》被告人欠席のまま。

in ab·strac·to [ɪn apˈstrakto] (*lat.*) (↔ in concreto)抽象的に, 概念的に。

'**in·adä·quat** [ˈɪnadɛkvaːt, ˈɪnlatɛ.., --ˈ-] 形 (unangemessen) 不適切な, 適切(妥当)でない。

in ae·ter·num [ɪn ɛˈtɛrnʊm] (*lat.*, in Ewigkeit⁴) 永遠に, とこしえに。

'**in·ak·tiv** [ˈɪnʔaktiːf, --ˈ-] 形 (↔ aktiv) 不活発な, 活動的でない; 現役でない, 退役(退職)した;《化学》不活性の;《医学》非活動性の。

in·ak·ti'vie·ren [ɪnʔaktiˈviːrən] 他 **1**《化学》不活性にする;《医学》非活動性にする。 **2**《まれ》(人⁴を)退職(退役)させる。

'**in·ak·zep·ta·bel** [ˈɪnʔaktseptaːbəl, ---ˈ--] 形 (unannehmbar) 受入れがたい。

inan [iˈnaːn] 形 (*lat.*)《哲学》(leer) 空虚な, むなしい。

In'an·griff·nah·me [ɪnˈʔangrɪfnaːmə] 図 -/-n (↓ in Angriff nehmen)《書》(大きな仕事の)着手, 開始。

In'an·spruch·nah·me [ɪnˈʔanʃprʊxnaːmə] 図 -/-n (↓ in Anspruch nehmen) **1** (権利などの)主張, 行使; (特典などの)利用。 **2** (人⁴をこき使うこと, 過重労働; (器材などの)過度の使用, 酷使。

'**in·ar·ti·ku·liert** [ˈɪnʔartikuliːrt, ----ˈ-] 形 (発音・表現などが)不明瞭な, 曖昧な。

In·au·gu'ral·dis·ser·ta·ti·on [ɪnʔaugura:l..] 図 -/-en 学位論文。 ◆ *Dissertation* の正式名称で論文題目に添えられる。

In·au·gu·ra·ti'on [ɪnʔauguratsiˈoːn] 図 -/-en (首相・教授などの)就任式; 学位授与式。

in·au·gu'rie·ren [ɪnʔauguˈriːrən] 他 (*lat.* inaugurare , einweihen⁴) **1** (人⁴の)就任式(学位授与式)を行う。 **2** (物⁴を)導入する, 開拓(創始)する。 **3** 《古》(物⁴の)竣工式(落成式)を行う。

'**In·be·griff** [ˈɪnbəɡrɪf] 男 -[e]s/-e **1** 権化(記), 典型; 極致。 der ~ der Dummheit 愚の骨頂。 **2** 《哲学》総括概念。

'**in·be·grif·fen** [ˈɪnbəɡrɪfən] 形 (料金に)含まれた, 込みの。 [Die] Bedienung [ist] ~. サービス料込み。

In·be'trieb·nah·me [ɪnbəˈtriːpnaːmə] 図 -/-n (↓ in Betrieb nehmen) 操業(運転, 使用)開始; (新規)開業。

In·be'trieb·set·zung 図 -/-en (↓ in Betrieb setzen) (機械などの)運転開始。

'**In·brunst** [ˈɪnbrʊnst] 図 -/《雅》情熱, 熱意。

'**in·brüns·tig** [ˈɪnbrʏnstɪç] 形 熱心な, 熱烈な。

I. N. C. (*lat.*)《略》=in nomine Christi キリストの御名において。

Inch [ɪntʃ] 男 (中) -/-es[ˈɪntʃɪs, ..ɪz] (ただし数詞に続く複数は -[es])(*engl.*)《略 in. / 記号 "》(ヤード・ポンド法の長さの単位)インチ(=2.54 cm)。 **4** ~ [*es*] 4インチ。

incl. [ɪnkluˈziːvə] 《略》=**inclusive** (↑ inkl.)

in con'cre·to [ɪn kɔnˈkreːto] (*lat.*) (↔ in abstracto) 具体的には, 実際は。

in 'cor·po·re [ɪn ˈkɔrpore] (*lat.*) **1** (insgesamt) 全部で, ひっくるめて。 **2** (alle gemeinsam) みんな一緒に。

Ind. 《略》**1** =**Indikativ 2** =**Industrie 1**

I. N. D. (*lat.*)《略》**1** =**in nomine Dei** 神の御名に

おいて. **2** =in nomine Domini 主の御名において.
Ind·an·thren [ɪnˈdanˈtreːn] 田 -s/-e (↓ Indigo＋Anthrazen)《商標》インダンスリーン(ドイツの Bayer 社が開発した色落ち・色あせしない青色染料).
in·de·fi·nit [ɪndefiˈniːt, ˈ----] 形 (unbestimmt) 不定の.
In·de·fi·nit·pro·no·men 田 -s/-(..nomina)《文法》不定代名詞.
In·de·fi·ni·tum [ɪndefiˈniːtʊm] 田 -s/..nita[..ˈniːta]《文法》＝Indefinitpronomen
in·de·kli·na·bel [ɪndekliˈnaːbəl, ˈ-----] 形《文法》不変化の, 語形変化しない.
＊in·dem [ɪnˈdeːm インデーム] ❶ 接《従属／定動詞後置》**1** (dadurch, dass) …によって, …することで. Du kannst mir helfen, ~ du einen Teil der Arbeit machst. 君が仕事の一部をやってくれると私は助かる. **2** (während) …している間に, …していると; …しながら. Indem ich das sagte, kam sie zur Tür herein. 私がそう言っているところへ彼女がドアを開けて入ってきた. **3** ~ [dass]…《地方》…なので, …のために. Indem dass ich plötzlich krank wurde, konnte ich an der Tagung nicht teilnehmen. 私は急病のために会議に出られなかった.
❷ 副《古》(indessen) その間に, そうするうちに.
In·dem·ni·tät [ɪndɛmniˈtɛːt] 女 -/ (lat.)《法制》**1** (議員に対する)刑事免責(の保証). **2** (政府の憲法違反措置に対する議会の)追認.
In·de·pen·denz [ɪndepɛnˈdɛnts] 女 -/ (lat., Unabhängigkeit)《雅》独立, 自主.
ˈIn·der [ˈɪndər] 男 -s/- インド人. ◆女性形 Inderin 女 -/-nen
inˈdes [ɪnˈdɛs] 副 接《まれ》＝indessen
＊in·desˈsen [ɪnˈdɛsən インデセン] ❶ 接《従属／定動詞後置》《雅》**1** …している間に. Er erledigte schnell meine Arbeit, ~ er im Café auf mich wartete. 私は彼が喫茶店で私を待っているあいだに手早く仕事を片づけた. **2**《先行する主文を受けて》これに反して, ところが(一方)…. Ihr könnt schon gehen, ~ wir noch eine Weile bleiben. 君たちもう行ってもいいよ, 私たちの方はもうしばらくいるけれどね.
❷ 副 **1** その間に. Ich habe noch einiges zu erledigen, du kannst ~ schon anfangen. 私はまだ少し片づけることが残っているけれど, 君はすでに始めてくれればいいよ. **2** それなのに, ところが. Ich glaube es zwar, kann ~ nichts unternehmen. 私だってそう思っているけれど, どうにも手の打ちようがないんだ.
in·de·ter·miˈna·bel [ɪndetɛrmiˈnaːbəl, ˈ------] 形 (unbestimmbar) 決定(限定)不可能な.
in·de·ter·mi·na·tiˈon [ɪndetɛrminatsiˈoːn, ˈ-------] 女 -/《哲学》非決定性. **2** (Unentschlossenheit) 不決断.
In·de·ter·mi·nisˈmus [..ˈnɪsmʊs] 男 -/ (lat.)《哲学》(↔ Determinismus) 非決定論.
ˈIn·dex [ˈɪndɛks] 男 -[es]/-e(Indizes, Indices) (lat.) **1**《書物などの》索引, 見出し, インデックス. **2**《複数-e》《カトリック》禁書目録 Index librorum prohibitorum の省略形). **3**《複数 Indizes, Indices》(a)《数学》《冪》指数(aᵐ, aⁿ などの ᵐ, ⁿ); 添え字, 添数(ẓ̣ẓ)(x₁, x₂ などの ₁, ₂). (b)《統計》指数, 指標. (c)《印刷》(辞書の見出語などの)添え数字, 肩番号(Ball¹, Ball² などの ¹, ²). **4**《医学》(Zeigefinger) 人差指.
ˈIn·dex·zif·fer 女 -/-n 指数, 添え数字(↑ Index 3).
ˈin·de·zent [ˈɪndetsɛnt, ˈ--ˈ-] 形 (fr.) 不作法な, 不穏当な; 品の悪い.
ˈIn·di·an [ˈɪndiaːn] 男 -s/-e(ẓ̣ẓ) (Truthahn) 七面鳥(ẓ̣ẓ). ◆ Indianischer Hahn の短縮語.
In·di·a·ner [ɪndiˈaːnər] 男 -s/- (lat.) **1** アメリカインディアン(アメリカ大陸の先住民の総称, 中南米では Indio と呼ばれる. ◆女性形 Indianerin 女 -/-nen **2**(ẓ̣ẓ) ＝Indianerkrapfen
In·di·a·ner·krap·fen 男 -s/- (ẓ̣ẓ) (Mohrenkopf) モーレンコップ(菓子の一種).
In·di·a·ner·som·mer 男 -s/- (engl., Altweibersommer) インディアン・サマー, 小春日和(ẓ̣ẓ).
in·di·a·nisch [ɪndiˈaːnɪʃ] 形 アメリカインディアン(語)の. ↑deutsch
ˈIn·di·ces [ˈɪndɪtses] Index の複数.
ˈIn·di·en [ˈɪndiən](地名) (lat.) インド.
In·dienst·stel·lung [ɪnˈdiːnst..] 女 -/-en (↑ in Dienst stellen)《書》(船舶を)就航させること, 就役.
ˈIn·di·er [ˈɪndiər] 男 -s/-《古》(Inder) インド人.
ˈin·dif·fe·rent [ˈɪndɪfərɛnt, ---ˈ-] 形 (lat.) **1** 無関心な; (考え方などが)無色の, 中立の. **2**《化学》無作用(無反応)の. **3**《物理》~es Gleichgewicht 中立の平衡.
ˈIn·dif·fe·renz [ˈɪndɪfərɛnts, ---ˈ-] 女 -/-en **1**《複数なし》無関心さ, 中立. **2**《化学》無作用.
In·di·gesˈti·on [ɪndɪgɛstiˈoːn, ˈ-----] 女 -/-en (lat.)《医学》消化不良.
In·di·gnaˈti·on [ɪndɪgnatsiˈoːn] 女 -/ (lat., Unwille) 憤慨, 腹立ち, 不興.
in·diˈgniert [ɪndɪˈgniːrt] 形 憤慨した, 腹を立てた.
ˈIn·di·go [ˈɪndigo] 男(中) -s/-s (gr. indikon , das Indische)《複数まれ》インジゴ, インド藍(ẓ̣).
ˈIn·di·go·blau -s/ インジゴブルー, 青藍(ẓ̣ẓ)色(デニムのズボンに使われる紺色).
ˈIn·dik [ˈɪndɪk] 男 -s/《地名》der ~ インド洋.
In·di·kaˈti·on [ɪndikatsiˈoːn] 女 -/-en (lat.) **1**《医学》治療(投薬)事由. **2**《法制》妊娠中絶認定事由.
ˈIn·di·ka·tiv [ˈɪndikatiːf, ---ˈ-] 男 -s/-e (lat. [modus] indicativus)《文法》直説法.
ˈin·di·ka·ˈti·visch [ˈɪndikatiːvɪʃ, ---ˈ--] 形《文法》直説法の.
In·di·ˈka·tor [ɪndiˈkaːtɔr] 男 -s/-en [..kaˈtoːrən] **1** 指標, 目安, バロメーター. **2**《化学》指示薬;《物理》追跡子, トレーサー. **3**《工学》指示器, インジケーター.
ˈIn·dio [ˈɪndio] 男 -s/-s (sp.) インディオ(↑ Indianer 1).
＊ˈin·di·rekt [ˈɪndirɛkt, --ˈ- インディレクト] 形 (mittelbar) 間接の, 間接的な. die ~e Rede《文法》間接話法.
ˈin·disch [ˈɪndɪʃ] 形 (↓ Indien) インド(人)の. der Indische Ozean《地名》インド洋(der Indik). ◆↑deutsch
ˈin·dis·kret [ˈɪndɪskreːt, ---ˈ-] 形 (fr.) (↔ diskret) 不謹慎な, 軽率な, 不躾(ẓ̣ẓẓ)な; 口の軽い.
In·dis·kreˈti·on [ɪndɪskretsiˈoːn, ˈ------] 女 -/-en 1 口の軽いこと, 不躾(ẓ̣ẓẓ)さ. ~ begehen 口をすべらせる. **2** 不謹慎, 軽率, 不躾(ẓ̣ẓẓ)さ.
ˈin·dis·ku·ta·bel [ˈɪndɪskutaːbəl, ---ˈ--] 形 (fr.) 論ずる価値のない, 問題外の.
ˈin·dis·po·niert [ˈɪndɪsponiːrt, ---ˈ-] 形 (芸術家・歌手などが)不調の, 本調子でない.
In·dis·po·siˈti·on [ˈɪndɪspozitsioːn, ------]

In·dis·po·si·tion 女 -/-en (fr.)〔心身の〕不調.

n·di·um ['ɪndiʊm] 中 -s/〔記号 In〕《化学》インジウム.

n·di·vi·du·a·li·sie·ren [ɪndividuali'ziːrən] 他 個別に扱う, 個別化する;（人˙物˙）の個性を際立たせる.

n·di·vi·du·a·lis·mus [ɪndividua'lɪsmʊs] 男 -/ (lat.) 個人主義.

n·di·vi·du·a·list [..'lɪst] 男 -en/-en 個人主義者.

n·di·vi·du·a·lis·tisch 形 個人主義の.

In·di·vi·du·a·li·tät [ɪndividuali'tɛːt] 女 -/-en **1**〔複数なし〕個性. **2** 個性的な人.

in·di·vi·du·ell [ɪndividu'ɛl] 形 (fr.) **1** 個人の, 個人的な, 個々（個別）の. **2** 個性的な, 独特な.

In·di·vi·du·en [ɪndi'viːduən] Individuum の複数.

In·di·vi·du·um [ɪndi'viːduʊm] インディヴィードゥゥム 中 -s/..duen[..duən] (lat., "Unteilbares") **1** (a) 個人, 個. das ~ und die Gesellschaft 個人と社会. (b)《哲学》個体. (c)《生物》（動植物の）個体. **2**〔話〕〔怪しい〕やつ, 野郎.

In'diz [ɪn'diːts] 中 -es/Indizien[..tsiən] (lat. indicium, "Anzeichen") **1**《法制》〔犯罪の〕徴憑（ちょうひょう）, 間接（状況）証拠. **2**〔一般に〕徴（しるし）, 徴候.

In·di·zes ['ɪnditseːs] Index の複数.

In'di·zi·en [ɪn'diːtsiən] Indiz の複数.

In'di·zi·en·be·weis 男 -es/-e《法制》間接（状況）証拠.

in·di'zie·ren [ɪndi'tsiːrən] 他 **1**〔事˙〕を示す, 証明する. **2**《医学》〔治療˙授業などの〕必要性を示す（↑ Indikation）. 〔過去分詞で〕Bei dieser Entzündung ist die operative Entfernung *indiziert*. このような炎症には摘出手術が適正である. **3**《ｺﾝﾋﾟｭ》禁書目録に載せる（↑ Index 2). **4**〔物˙〕に添え字（添え数字）を付ける（↑ Index 3). **5**《ｺﾝﾋﾟｭ》指標（索引）を付ける. 〔過去分詞で〕*indizierte* Adresse 指標（索引）付アドレス.

In·do·chi·na [ɪndo'çiːna]《地名》インドシナ.

In·do·eu·ro·pä·er [..ɔɪro'pɛːər] 男 -s/-《ふつう複数で》インド = ヨーロッパ（印欧）語民族（↑ Indogermane).

in·do·eu·ro·pä·isch 形 **1** インド = ヨーロッパ（印欧）語の. **2** 印欧語民族の. ◆ ↑ deutsch

In·do·ger'ma·ne [ɪndo..] 男 -n/-n《ふつう複数で》インド = ゲルマン語民族（ドイツでは Indoeuropäer のことをこう呼ぶことが多い）.

in·do·ger'ma·nisch 形 (indoeuropäisch) **1** インド = ゲルマン語の. **2** インド = ゲルマン語民族の. ◆ ↑ deutsch

In·do·ger·ma'nis·tik 女 -/ インド゠ゲルマン学.

In·dok·tri·na·ti'on [ɪndɔktrinatsi'oːn] 女 -/-en (lat.)（↑ Doktrin）（思想的な）教化, 洗脳, 折伏（しゃくぶく）.

in·dok·tri'nie·ren [ɪndɔktri'niːrən] 他（人˙を）教化する, 洗脳する; 折伏（しゃくぶく）する.

'in·do·lent ['ɪndolɛnt, - -'-] 形 **1** 無関心〔無感動〕な; 怠惰な, 投げやりな. **2**《医学》〔痛みに対して〕無感覚な, 無痛性の.

'In·do·lenz ['ɪndolɛnts, - -'-] 女 -/ **1** 無関心, 無感動な, 怠惰, 投げやり. **2**《医学》無感覚, 無痛（性）.

In·do·lo·ge [ɪndo'loːgə] 男 -n/-n インド学者.

In·do·lo'gie [ɪndolo'giː] 女 -/ インド学.

In·do·ne·si·en [ɪndo'neːziən]《地名》インドネシア.

In·do·ne'si·er [ɪndo'neːziər] 男 -s/- インドネシア人. ◆ 女性形 **Indonesierin** 女 -/-nen

in·do'ne·sisch [ɪndo'neːzɪʃ] 形 インドネシア（人, 語）の. ↑ deutsch

In·dos·sa'ment [ɪndɔsa'mɛnt] 中 -[e]s/-e (it.)《経済》〔手形などの〕裏書き.

In·dos'sant [ɪndɔ'sant] 男 -en/-en《経済》〔手形などの〕裏書き人.

In·dos'sat [ɪndɔ'saːt] 男 -en/-en, **In·dos·sa'tar** [ɪndɔsa'taːr] 男 -s/-e《経済》〔手形などの〕被裏書き人, 譲り受け人.

in·dos'sie·ren [ɪndɔ'siːrən] 他《経済》〔手形などに〕裏書きする.

in 'du·bio [ɪn 'duːbio] (lat., im Zweifelsfalle") 疑わしい場合には.

in 'du·bio pro 'reo [.. proː 'reːo] (lat., im Zweifelsfalle für den Angeklagten") 疑わしい場合には罰せず（被告人に有利なように）.

In·duk'tanz [ɪndʊk'tants] 女 -/《電子工》インダクタンス, 誘導係数.

In·duk·ti'on [ɪndʊktsi'oːn] 女 -/-en (lat.) **1** (↔ Deduktion)《論理》帰納（法）. **2**《電気》誘導. **3**《生物》誘導.

In·duk·ti'ons·ap·pa·rat 男 -[e]s/-e《電子工》誘導コイル.

In·duk·ti'ons·be·weis 男 -es/-e《論理》帰納法の立証的.

In·duk·ti'ons·mo·tor 男 -s/-en《電子工》誘導電動機, インダクションモーター.

In·duk·ti'ons·ofen 男 -s/¨《工学》誘導電気炉.

In·duk·ti'ons·strom 男 -[e]s/¨e《電気》誘導電流.

in·duk'tiv [ɪndʊk'tiːf] 形 **1** (↔ deduktiv)《論理》帰納的な. **2**《電気》誘導の.

In·duk·ti·vi'tät [ɪndʊktivi'tɛːt] 女 -/《電気》誘導率.

In·duk'tor [ɪn'dʊktoːr] 男 -s/-en[..dʊk'toːrən] **1**《電子工》= Induktionsapparat **2**《化学・生物》誘導物質. **3**《超心理》降霊誘導物（霊媒が用いる故人の関係品）.

in 'dul·ci 'ju·bi·lo [ɪn 'dʊltsi 'juːbilo] (lat., in süßem Jubel") **1** 楽しい歓声をあげて（古いクリスマスソングの冒頭句）. **2**〔話〕~ leben 贅沢に暮す.

in·dul'gent [ɪndʊl'gɛnt] 形 (lat.) (nachsichtig) 寛容な.

In·dul'genz [ɪndʊl'gɛnts] 女 -/-en **1** 寛容. **2** 刑の免除, 赦免. **3**《ｶﾄﾘ》(Ablass) 免償.

In'dult [ɪn'dʊlt] 男（中）-[e]s/-e (lat.) **1** (Nachsicht) 寛容. **2**《商業》支払い（履行）猶予. **3**《法制》（開戦直後の）商船拿捕（だほ）猶予期間. **4**《ｶﾄﾘ》特典.

'In·dus ['ɪndʊs] 男 -/ der ~《地名》インダス川.

In'du·si [ɪn'duːzi] 女 -/ (induktive Zugsicherungseinrichtung の略)《鉄道》列車自動制御装置.

in·dus·tri·a·li·sie·ren [ɪndʊstriali'ziːrən] 他（国などを）工業化する.

In·dus·tri·a·li·sie·rung 女 -/-en 工業化.

*In·dus'trie [ɪndʊs'triː] インドゥストリー 女 -/-n [..'triːən] (fr.)〔複数なし〕〔略 Ind.〕工業, 産業. **2** 工業界, 産業界. in der ~ arbeiten 産業界で働く.

In·dus'trie·ab·gas 中 -es/-e《ふつう複数で》工場廃ガス.

In·dus'trie·ab·was·ser 中 -s/¨《ふつう複数で》工場廃水.

In·dus·trie·an·la·ge 囡 -/-n 工業施設.
In·dus·trie·ar·bei·ter 男 -s/- 工場(産業)労働者.
In·dus·trie·aus·stel·lung 囡 -/-en 産業博覧会, 工業展.
In·dus·trie·be·trieb 男 -[e]s/-e 工業会社; 工場.
In·dus·trie·er·zeug·nis 囲 -ses/-se 工業生産物(製品).
In·dus·trie·ge·biet 囲 -[e]s/-e 工業地帯.
In·dus·trie·ge·werk·schaft 囡 -/-en 《略 IG》産業別労働組合.
In·dus·trie·land 囲 -[e]s/⁼er =Industriestaat
in·dus·tri·ell [ɪndʊstriˈɛl] 形 工業の, 産業の. die ~e Revolution 〖歴史〗産業革命.
In·dus·tri·el·le 男 囡《形容詞変化》工業家, 工場経営者.
In·dus·trie·ma·gnat 男 -en/-en 産業界の大物.
In·dus·trie·mes·se 囡 -/-n =Industrieausstellung
In·dus·trie·müll 男 -[e]s/ 産業廃棄物.
In·dus·trie·pro·dukt 囲 -[e]s/-e =Industrieerzeugnis
In·dus·trie·ro·bo·ter 男 -s/- 産業用ロボット.
In·dus·trie·staat 男 -[e]s/-en (先進)工業国.
In·dus·trie·stadt 囡 -/⁼e 工業都市.
In·dus·trie- und 'Han·dels·kam·mer 囡 -/-n 《略 IHK》商工会議所.
In·dus·trie·ver·band 男 -[e]s/⁼e (ある産業部門の)企業家団体, 経営者団体.
In·dus·trie·zweig 男 -[e]s/-e 業界, 業種.
in·du·zie·ren [ɪndu'tsiːrən] 他 (lat.) 1 (結果などを)誘発(招来)する, 引起す. 2 〖哲学〗(↔ deduzieren) 帰納する. 3 〖電気〗誘導する.
in·du·ziert 過分形 (↑induzieren) 誘導(誘発)された. ~e Emission 〖物理〗誘導放出. ~er Widerstand 〖航空〗誘導抗力. ~es Irresein 〖医学〗感応精神病(集団ヒステリーなど).
'in·egal [ˈɪnlegaːl, - - -ˈ] 形 (ungleich) 等しくない, 不均等な.
in·ei'nan·der [ɪnlaɪˈnandər] 副 (in+einander) お互いの中へ(に), 入り混じって.
in·ei·nan·der fü·gen, °in·ein·an·der|fü·gen ❶ 他 (互いにぴったりと)組合せる, はめ込む. ❷ 再 《sich⁴》(互いにぴったりと)合さる.
in·ein·an·der grei·fen*, °in·ein·an·der|grei·fen* 自 (歯車などが)噛み合う;《比喩》(事件・事情などが)重なり合う, 込み入る.
inert [iˈnɛrt] 形 (fr.) (↑in..²) 活発でない, だらけた; 〖化学〗不活性の.
Inert·gas 囲 -es/-e 〖化学〗不活性気体.
'in·exakt [ˈɪnlɛksakt, - -ˈ] 形 不正確な; いい加減な, ずさんな.
'In·exis·tent [ˈɪnlɛksɪstɛnt, - - -ˈ] 形 (lat.) (↑in..²) 存在しない, 非存在の.
'In·exis·tenz¹ [ˈɪnlɛksɪstɛnts, - - -ˈ] 囡 -/ (lat.) (↑In..²) 存在しないこと; 〖哲学〗非存在.
'In·exis·tenz² [- - -ˈ - とも] 囡 -/ (↑In..¹) 〖哲学〗内在.
in ex·ten·so [ɪn ɛksˈtɛnzo] (lat.) (in aller Ausführlichkeit) (省略せずに)完全に, 詳細に.
in ex·tre·mis [ɪn ɛksˈtreːmiːs] (lat.) 〖医学〗(in den letzten Zügen) 死に臨んで, 臨終の.
Inf. 《略》1 〖文法〗=Infinitiv 2 〖軍事〗=Infanterie

in·fal'li·bel [ɪnfaˈliːbəl] 形 (lat.) 〖カトリック〗(unfehlbar) 不可謬(ふかびゅう)の.
In·fal·li·bi·li'tät [ɪnfalibiliˈtɛːt] 囡 -/ (lat.) 〖カトリック〗(教皇の)不可謬性.
in'fam [ɪnˈfaːm] 形 (lat.) 1 卑劣な, 破廉恥な. 2 《話》ひどい. Es ist ~ kalt. ひどく寒い.
In·fa'mie [ɪnfaˈmiː] 囡 -/-n[..ˈmiːən] 1 卑劣, 破廉恥; 破廉恥行為, 醜行. 2 〖カトリック〗(教会法浸犯者)の名誉剥奪.
In·fant [ɪnˈfant] 男 -en/-en (sp.) (スペイン・ポルトガルの)王子. ♦ ↑Infantin
'In·fan·te·rie [ˈɪnfantəri-, - - -ˈ] 囡 -/-n[..riːən] (lat.) (略 Inf.) 〖軍事〗(Fußtruppe) 歩兵, 歩兵部隊.
'In·fan·te·rist [ˈɪnfantərɪst, - - -ˈ] 男 -en/-en 〖軍事〗歩兵.
in·fan'til [ɪnfanˈtiːl] 形 (lat.) 1 (kindlich) 子供の, 子供らしい. 2 《侮》(kindisch) 子供っぽい, 幼稚な.
In·fan·ti'lis·mus [ɪnfantiˈlɪsmʊs] 男 -/ 〖心理・病理〗(肉体的・精神的な)発育不全, 幼稚症.
In·fan·tin [ɪnˈfantɪn] 囡 -/-nen 《Infant の女性形》(スペイン・ポルトガルの)王女.
In·farkt [ɪnˈfarkt] 男 -[e]s/-e (lat.) 〖病理〗梗塞(こうそく); (Herzinfarkt) 心筋梗塞(こうそく).
In·fekt [ɪnˈfɛkt] 男 -[e]s/-e (lat.) 1 〖病理〗感染症. 2 (Infektion) 感染, 伝染.
In·fek·ti'on [ɪnfɛktsiˈoːn] 囡 -/-en 〖病理〗1 感染, 伝染. 2 《話》(Entzündung) 炎症. 3 〖心理〗感応精神病.
In·fek·ti'ons·ab·tei·lung 囡 -/-en (病院などの)隔離病棟.
In·fek·ti'ons·herd 男 -[e]s/-e 〖病理〗感染巣.
In·fek·ti'ons·krank·heit 囡 -/-en 感染症, 伝染病.
in·fek·ti'ös [ɪnfɛktsiˈøːs] 形 〖医学〗感染する, 伝染性の.
In·fe·ri'or [ɪnferiˈoːr] 形 (lat.) 下位の; 劣った, 劣等の.
In·fe·rio·ri'tät [ɪnferioriˈtɛːt] 囡 -/ 下位; 劣っていること, 劣等.
In·fe·rio·ri'täts·kom·plex 男 -es/-e 〖心理〗劣等コンプレックス, 劣等感.
in·fer'nal [ɪnfɛrˈnaːl] 形 《まれ》=infernalisch
in·fer'na·lisch [ɪnfɛrˈnaːlɪʃ] 形 (lat.) 1 地獄のような, 悪魔的な. 2 《話》堪えがたい, 凄まじい.
In'fer·no [ɪnˈfɛrno] 囲 -s/ (it., Hölle*) 1 地獄, 奈落(ならく); (Dante『神曲』 Divina Commedia の)『地獄篇』. 2 《比喩》地獄(のような惨状), 阿鼻叫喚(あびきょうかん)の巷(ちまた).
in·fer'til [ɪnfɛrˈtiːl, - - -ˈ] 形 (lat.) (↑in..²) 〖生物・医学〗(unfruchtbar) 不妊(不毛)の.
In·fil·tra·ti'on [ɪnfɪltratsiˈoːn] 囡 -/-en 1 浸入, 浸透, 〖政治〗(思想などの)浸透. 2 〖病理・地質〗浸潤(しんじゅん).
in·fil'trie·ren [ɪnfɪlˈtriːrən] (fr.) ❶ 他 1 (物に)しみ込む, 浸入(浸透)する; (国・組織に)潜入する; 〖医学〗(に)浸透する. 2 〖医学〗(人³に)物を注入する. einem Kranken flüssige Nahrung ~ 病人に流動食を注入する. ❷ 自 (s) 浸入(浸透)する; 〖医学〗浸潤が起こる.
'in·fi·nit [ˈɪnfiniːt, - -ˈ] 形 〖文法〗不定の. ~es Verb 不定詞.
in·fi·ni·te·si'mal [ɪnfinitɛziˈmaːl] 形 〖数学〗無

In·fi·ni·te·si·mal·rech·nung 囡 -/-en 〘数学〙極限算法, 微積分学.

In·fi'ni·tiv [ˈɪnfiniːtiːf, ---ˈ-] 男 -s/-e (lat. [modus] infinitivus) (略 Inf.) 〘文法〙(動詞の)不定詞.

In·fi·ni·tiv·kon·struk·ti·on 囡 -/-en 〘文法〙不定詞構文.

In·fi·ni·tiv·satz 男 -es/⸚e 〘文法〙(文相当の)不定詞; 不定詞文.

In'fix [ɪnˈfɪks, ˈ--] 中 -es/-e (lat.) 〘文法〙挿入辞, 接中辞.

in·fi'zie·ren [ɪnfiˈtsiːrən] ❶ 他 1 (人に)感染させる, うつす (mit et³ 物³を). 2 (物を)病原菌で汚染する. ❷ 再 (**sich⁴**) 感染する (mit et³ 物³に).

in fla'gran·ti [ɪn flaˈɡranti] (lat.) (auf frischer Tat) 現行犯で.

In·fla·ti'on [ɪnflatsiˈoːn] 囡 -/-en (lat.) (↔ Deflation) 1 〘経済〙インフレーション, 通貨膨脹. 2 〘比喩〙(供給などの)過剰, 激増.

in·fla·ti·o'när [ɪnflatsioˈnɛːr] 形 1 インフレーションの, インフレを誘発する; インフレ傾向の. 2 〘比喩〙(表現などが)乱発された, 使いすぎの.

in·fla·ti·o'nis·tisch [ɪnflatsioˈnɪstɪʃ] 形 1 =inflationär 2 インフレ政策の.

in·fla'to·risch [ɪnflaˈtoːrɪʃ] 形 1 (inflationär) インフレーションの, インフレだだしい, 洪水のような. 2 〘比喩〙硬直した, 融通のきかない. 3 〘文法〙(unflektierbar) 語形変化しない.

in·fle·xi·bel [ˈɪnflɛksiːbəl, ---ˈ-] 形 1 曲がらない, 弾力性のない. 2 〘比喩〙硬直した, 融通のきかない.

In·fle·xi·bi·li'tät [ɪnflɛksibiliˈtɛːt] 囡 -/ 曲がらないこと.

In·flu'enz [ɪnfluˈɛnts] 囡 -/-en 1 (Einfluss) 影響, 作用. 2 〘電気〙静電誘導.

In·flu'en·za [ɪnfluˈɛntsa] 囡 -/ (it.) 1 〘医学〙流行性感冒, インフルエンザ. 2 〘獣医〙馬のジステンパー.

'In·fo¹ [ˈɪnfo] 中 -s/-s (話) (Informationsblatt の短縮) 宣伝用パンフレット.

'In·fo² 囡 -/-s (話) (Information の短縮) 情報, インフォメーション; 案内所.

*****in'fol·ge** [ɪnˈfɔlɡə インフォルゲ] ❶ (2 格支配) …の結果, …によって, …のために. *Infolge des Unfalls sind die Straßen gesperrt worden.* その事故のせいで道路が封鎖された. ❷ 副 (**infolge von et³** の形で) ~ von Materialfehlern 材料の欠陥によって.

in·fol·ge'des·sen [ɪnfɔlɡəˈdɛsən] 副 その結果, そのために.

in 'fo·lio [ɪn ˈfoːlio] (lat.) 〘印刷〙(im Folioformat) 2つ折判の.

In·for'mand [ɪnfɔrˈmant] 男 -en/-en (lat.) 1 情報の提供を受ける人, 情報受容者. 2 技術研修生.

In·for'mant [ɪnfɔrˈmant] 男 -en/-en 1 情報提供者. 2 〘言語・民俗〙情報提供者, インフォーマント. ◆女性形 Informantin 囡 -/-nen

In·for·ma·tik [ɪnfɔrˈmatɪk] 囡 -/ 情報理論, 情報処理学.

In·for·ma·ti·ker [ɪnfɔrˈmatikər] 男 -s/- 情報理論研究者, 情報処理学者.

*****In·for·ma·ti'on** [ɪnfɔrmatsiˈoːn] インフォルマツィオーン] 囡 -/-en 1 《複数なし》(情報を)知らせる(知らせる)こと; 情報の提供, 通報, 報知. *das Recht des Bürgers auf* ~ 国民の知る権利. *zu Ihrer* ~ ご参考までに. 2 《ふつう複数で》情報, インフォーメーション; ニュース, 知らせ, 消息. ~*en erhalten* (*sammeln*) 情報を入手(収集)する. ~*en verarbeiten* 情報を処理する. *nach neuesten* ~*en* 最新の情報によると. 3 (Auskunft) (駅などの)案内所.

In·for·ma·ti'ons·aus·tausch 男 -[e]s/ 情報交換.

In·for·ma·ti'ons·bank 囡 -/-en (まれ) (Datenbank) データバンク.

In·for·ma·ti'ons·blatt 中 -[e]s/⸚er (↑Info) (会議・催しなどの)宣伝用パンフレット, ちらし; 情報誌.

In·for·ma·ti'ons·bü·ro 中 -s/-s (観光)案内所; (会社などの)資料部, 情報室.

In·for·ma·ti'ons·dienst 男 -[e]s/-e インフォメーションサービス.

In·for·ma·ti'ons·ma·te·ri·al 中 -s/..lien 情報資料.

In·for·ma·ti'ons·quel·le 囡 -/-n 情報源.

In·for·ma·ti'ons·the·o·rie 囡 -/ 情報理論.

In·for·ma·ti'ons·ver·ar·bei·tung 囡 -/-en 情報処理.

In·for·ma·ti'ons·zen·trum 中 -s/..zentren インフォメーションセンター.

in·for·ma'tiv [ɪnfɔrmaˈtiːf] 形 情報の豊富な, 資料として役に立つ, 啓発的な.

In·for'ma·tor [ɪnfɔrˈmaːtɔr] 男 -s/-en [..maˈtoːrən] (Informant) 情報提供者.

in·for·ma'to·risch [ɪnfɔrmaˈtoːrɪʃ] 形 最新情報を与えてくれる, 速報の.

In·for'mel [ɛ̃fɔrˈmɛl] 中 -/ (fr.) 〘美術〙アンフォルメル(1950 年代にフランスを中心に展開された抽象絵画の運動).

'in·for'mell¹ [ˈɪnfɔrmɛl, ---ˈ-] 形 (fr., formlos⁵) 1 非公式の, 略式の. ~*e Gruppe* 有志のグループ. 2 〘美術〙アンフォルメルの (↑Informel).

in·for'mell² [ɪnfɔrˈmɛl] 形 =informatorisch

in·for'mie·ren [ɪnfɔrˈmiːrən] ❶ 他 (人に)情報を与える, 知らせる, 教える (über et⁴ 事について). 《過去分詞で》*Er ist immer bestens informiert.* 彼は情報を得る(集める); 照会する.

In·fo'tain·ment [ɪnfoˈteːnmənt] 中 -s/ (engl. information＋entertainment) (テレビなどの)情報娯楽番組, ニュースワイドショー.

in·fra.., **In·fra..** [ɪnfra..] (接頭) (lat.) (unterhalb) 形容詞・名詞に冠して「下方の, 下部の」の意を表す. *Infraschall* 〘物理〙超低周波音.

in'fra·ge [ɪnˈfraːɡə] 副 =in Frage (↑Frage 2, 3)

'in·fra·rot [ˈɪnfraroːt] 形 〘物理〙赤外線の.

'In·fra·rot 中 -s/ 〘物理〙(Ultrarot) 赤外線.

'In·fra·schall 男 -[e]s/ 〘物理〙(16 Hz 以下の)超低周波音.

'In·fra·struk·tur 囡 -/-en 〘経済〙インフラストラクチャー, インフラ, 経済基盤(社会の生産や生活を支える基礎的な施設, 水道・電気・ガス・交通網など).

'In·ful [ˈɪnfʊl] 囡 -/-n (lat.) 1 インフラ(古代ローマの神官・斎女などが用いた垂れ飾り付きの額帯). 2 〘カトリック〙(Mitra) (垂れ飾りの付いた)司教冠.

In'fus [ɪnˈfuːs] 中 -es/-e (lat.) 〘薬学〙浸剤.

In·fu·si'on [ɪnfuziˈoːn] 囡 -/-en 〘医学〙(輸液などの)注入, 点滴.

In·fu'so·ri·um [ɪnfuˈzoːriʊm] 中 -s/..rien [..riən] 《ふつう複数で》〘動物〙滴虫類, 繊毛虫類.

Ing. 《略》=Ingenieur

In'gang・set・zung [ɪn'gaŋ..] 囡 -/ (↓ in Gang setzen)《書》(機械・生産などの)始動, 運転開始.

'In・ge ['ɪŋə]《女名》インゲ.

'In・ge・borg ['ɪŋəbɔrk]《女》インゲボルク.

in ge・ne・re [ɪn 'gɛːnere, .. 'gɛnere] (lat.) (im Allgemeinen) 一般に.

***In・ge・ni'eur** [ɪnʒeni'øːr インジェニエーア] 男 -s/-e (fr.) (《略 Ing.》) 技師, 技術者, エンジニア. ◆↓ Ingenieurin

In・ge・ni'eu・rin [ɪnʒeni'øːrɪn] 囡 -/-nen (Ingenieur の女性形) 女性技術者.

In・ge・ni'eur・schu・le 囡 -/-n (3 年制の)工業単科大学, 工業高等専門学校.

in・ge・ni'ös [ɪŋgeni'øːs] 形 (fr.) 創意に富んだ, 独創的な; 才気豊かな.

In・ge・ni・um [ɪn'geːniʊm] 回 -s/..nien [..niən] (lat.) 天分, 天稟(ミシ); 天才.

in glo・bo [ɪn 'gloːbo] (lat.) (im ganzen) 全体で, 全体として.

In・gol・stadt ['ɪŋɔlʃtat]《地名》インゴルシュタット (バイエルン州の工業都市).

'In・got ['ɪŋgɔt] 男 -s/-s (engl.)《冶金》インゴット, 鋳塊(ネネェ).

In・gre・di・ens [ɪn'greːdiɛns] 回 -/Ingredienzien [..gredi'ɛntsiən] (ふつう複数で) =Ingredienz

In・gre・di'enz [ɪŋgredi'ɛnts] 囡 -/-en (lat.) (ふつう複数で) (料理・カクテルなどの)添加材料, 添加物;《薬》成分.

In・gres・si'on [ɪŋgrɛsi'oːn] 囡 -/-en《地質》海進.

'In・grid ['ɪŋgrɪt, ..riːt]《女名》イングリット, イングリート.

In'grimm ['ɪŋgrɪm] 男 -[e]s/ (↓ in Grimm) 《雅》(内にこもった)怒り, 憤懣(ネミミ).

'in・grim・mig ['ɪŋgrɪmɪç] 形《雅》憤懣のかたない.

Ing・wer ['ɪŋvər] 男 -s/- (sanskr.) **1**《植物》しょうが. **2** (複数なし)《料理》生姜(ジッッ). **3** 生姜菓子; ジンジャーリキュール.

Inh.《略》=Inhaber

'In・ha・ber ['ɪnhaːbər] 男 -s/- (《略 Inh.》) 持ち主, 所有者, オーナー;(記録・タイトルなどの)保持者;(流通証券などの)持参人. ◆女性形 Inhaberin 囡 -/-nen

'In・ha・ber・ak・tie [..aktsiə] 囡 -/-n《経済》(↔ Namensaktie) 無記名株式.

'In・ha・ber・pa・pier 回 -s/-e《経済》無記名証券.

'In・ha・ber・scheck 男 -s/-s《商業》無記名(持参人払い)小切手.

in・haf'tie・ren [ɪnhaf'tiːrən] 他 拘留(拘置)する.

In・haf'tie・rung 囡 -/-en 拘留, 拘置.

'In・haft・nah・me [ɪn'haft..] 囡 -/-n (↓ in Haft nehmen) 拘引(ほ), 拘留; 逮捕.

In・ha・la・ti'on [ɪnhalatsi'oːn] 囡 -/-en (lat.)《医学》吸入.

In・ha・la・ti'ons・ap・pa・rat 男 -[e]s/-e《医学》吸入器.

in・ha'lie・ren [ɪnha'liːrən] 他 **1**《医学》吸入する. **2**(話)(煙草の煙などを)深々と吸い込む;《戯》(飲食物を)摂(ミ)る.

***'In・halt** ['ɪnhalt インハルト] 男 -[e]s/-e **1** 内容(物), 中身, 量.(知的・精神的な)内容; 主旨, 要旨, テーマ, 意味, 意義. Form und ~ 形式と内容. der ~ des Briefes 手紙の内容. ein Leben ohne ~ 虚しい人生. etwas zum ~ haben (映画・芝居などが)事をテーマにしている. **3**《数学》(立体の)容積, 体積;(平面図形の)面積. **4**《言語》(意味)内容;《論理》内包 **5**(複数なし)(╳ツ)(↔ Ausführung)(体操・飛込み・フィギュアスケートなどの)技術的内容.

'in・halt・arm 形 《まれ》=inhaltsarm

'in・halt・leer 形 《まれ》=inhaltsleer

'in・halt・lich 形 内容(中身)に関する, 内容上の.

'in・halt・los 形 《まれ》=inhaltslos

'in・halt・reich 形 《まれ》=inhaltsreich

'In・halts・an・ga・be 囡 -/-n **1** (劇などの)粗筋(ホシェュ), 梗概. **2**(小包などの)内容表示.

'in・halts・arm 形 内容のとぼしい.

'in・halt・schwer 形 《まれ》=inhaltsschwer

'in・halts・leer 形 =inhaltslos

'in・halts・los 形 内容のない, 空疎な.

'in・halts・reich 形 内容の豊な. ~es Leben 充実した人生.

'in・halts・schwer 形 内容の重い, 重大な意味のある, ゆゆしい.

'In・halts・ver・zeich・nis 回 -ses/-se **1**《書籍》(本の)目次. **2**(梱包などの)内容表示.

'in・halts・voll 形 内容の多い, 中身のつまった.

'in・halt・voll 形 《まれ》=inhaltsvoll

in・hä'rent [ɪnhɛ'rɛnt] 形 (lat.) (物³に)含まれた, 内在する, 固有の.

In・hä'renz [ɪnhɛ'rɛnts] 囡 -/《哲学》内属.

in・hä'rie・ren [ɪnhɛ'riːrən] 自 (物⟨人⟩³に)含まれ, 備わっている;《哲学》内属する.

in・hi'bie・ren [ɪnhi'biːrən] 他 (lat.) **1** (hemmen) 抑制する. **2**《古》(verhindern) 妨げる; (verbieten) 禁ずる.

In'hi・bi・tor [ɪn'hiːbitɔr] 男 -s/-en[..hibi'toːrən]《化学》(反応の)阻害物質, 抑制剤.

in 'hoc 'sa・lus [ɪn 'hoːk 'zaːlʊs] (lat., in diesem [ist] Heil') 《略 I.H.S.》) ここに(この十字架に)救いあり. ◆Jesus のモノグラム IHS にラテン語の解釈を当てはめたもののひとつ.

in 'hoc 'si・gno [ɪn 'hoːk 'zɪgno] (lat., in diesem Zeichen [wirst du siegen]')《略 I.H.S.》) この十字架のしるしによって汝は勝利を得ん. ◆コンスタンチヌス大帝の座右の銘に由来する. ↑in hoc salus

'in・hu・man ['ɪnhumaːn, - - ' -] 形 (lat.) 非人間的な, 非道な; 残酷な, 冷酷な.

In・hu・ma・ni・tät ['ɪnhumanitɛːt, - - - - ' -] 囡 -/-en (↔ Humanität) **1**(複数なし)非人間的(非人道的)であること, 非人間性. **2** 非人間的な行為.

in 'in・te・grum [ɪn 'ɪntegrum] (lat., ins Unversehrte, noch Ganze'《次の用法で》~ restituieren《古》《法制》原状回復を行う.

Ini・ti'al [initsi'aːl] 回 -s/-e《まれ》=Initiale

Ini・ti'a・le [initsi'aːlə] 囡 -/-n (lat.) **1** 頭文字, イニシャル. **2**《書籍》(章の始めの)装飾文字.

ini・ti・a・li'sie・ren [initsiali'ziːrən] 他 (engl.)(╳╳ッ)初期化する.

Ini・ti・a・li'sie・rung 囡 -/-en (╳╳ッ) 初期化.

Ini・ti'al・spreng・stoff 男 -[e]s/-e (ふつう複数で) 起爆剤.

Ini・ti'al・zün・dung 囡 -/-en **1** 起爆. **2**《比喩》(一連の出来事の)発端, 口火(となるアイデア・提案など).

Ini・ti・a・ti'on [initsiatsi'oːn] 囡 -/-en《社会学・民俗》(ある集団・結社への)加入儀礼, 入社式; (未開社会の)成年式, イニシエーション.

ini・ti・a'tiv [initsia'tiːf] 形 **1** 主導的な, イニシアチブをとった. ~ werden イニシアチブをとる. **2**(╳ッ) 国

民発案，国民発案手続きを開始した．

Ini·ti·a·ti·ve [ınitsia'ti:və] 囡 -/-n (fr.) **1**《複数なし》主導権，イニシアチブ; 発意，首唱． die ~ ergreifen イニシアチブをとる． auf j² ～ s/j² s Initiative 人²の提唱によって． aus eigener ～ handeln 率先してことを運ぶ． **2** (Bürgerinitiative) 市民(住民)運動． **3**《法制》(Initiativrecht) 法案提出権，提案権． **4**《ジシ》(Volksbegehren) 国民(住民)請願，国民発案．

Ini·ti·a·tiv·recht 匣 -[e]s/《法制》法案提出権，提案権．

Ini·ti·a·tor [initsi'a:tor] 囲 -s/-en [..a'to:rən] **1** 主導者，首唱者，発起人． **2**《化学》(連鎖反応の)開始剤．

ini·ti·ie·ren [initsi'i:rən] 他 **1** (行動・プロジェクトなどを)起す，開始する，発足させる． **2** (人⁴を加入させる)(集団・結社に)，入社(入会)させる． ◆ ↑Initiation

In·jek·ti·on [ınjɛktsi'o:n] 囡 -/-en (lat.) **1**《医学》(a) 注射，注入． (b) 充血，鬱血． **2**《地質》(マグマの)貫入． **3**《建築》(コンクリートの)充填． **4**《原子物理》(素粒子の加速器系への)突入．

In·jek·ti·ons·na·del 囡 -/-n《医学》注射針．

In·jek·ti·ons·sprit·ze 囡 -/-n《医学》注射器．

In·jek·tor [ın'jɛkto:r] 囲 -s/-en [..jɛk'to:rən]《工学》蒸気式給水器，ジェットポンプ，インジェクター．

in·ji·zie·ren [ınji'tsi:rən] 他《医学》(einspritzen)(物⁴を)注射する．

In·ju·rie [ın'ju:riə] 囡 -/-n (lat.)《法制》(Beleidigung) 侮辱，名誉毀損．

in·ju·ri·ie·ren [ınjuri'i:rən] 他《法制》(beleidigen)(人⁴を)侮辱する，(の)名誉を毀損する．

In·ka ['ıŋka] 男 -[s]/-[s] (indian., Herr¹) インカ人 (昔ペルーにインカ帝国を作ったアメリカインディアン)．

in·kar·nat [ınkar'na:t] 形《古》《美術》肉色の．

In·kar·nat 匣 -[e]s/《美術》肉色調．

In·kar·na·ti·on [ınkarnatsi'o:n] 囡 -/-en (lat., Fleischwerdung¹) **1**《キリスト教》(キリストの)託身(たくしん)，受肉(神が人の姿になること)． **2** 体現，具現，化身(けしん)，権化(ごんげ)．

In·kas·so [ın'kaso] 匣 -s/-s (それぞれ ..kassi[..'kasi]) (it.)《経済》債権(代金)取立て．

In·kas·so·bü·ro 匣 -s/-s《経済》債権(代金)取立て事務所．

In·kas·so·voll·macht 囡 -/《法制》債権(代金)取立ての代理権．

inkl.《略》=inklusive ❶

In·kli·na·ti·on [ınklinatsi'o:n] 囡 -/-en (lat., Neigung¹) **1** 傾向，愛着，好み． **2**《数学》傾き． **3**《天文》(惑星軌道の)傾斜角． **4**《地球物理》(地磁気の)伏角(ふっかく)．

in·klu·si·ve [ınklu'zi:və] (lat.) (einschließlich) (↔ exklusive) ❶ 前《2格支配 / ただし冠詞や付加語を伴わない名詞の場合，単数では無変化，複数には3格支配》《略 inkl.》...を含めて，...込みで． ～ Trinkgeld チップ込みで． ein Menü ～ Getränken für 20 Euro 飲み物込みで20ユーロの定食． ❷ 副《後置》(...をも含めて． bis zum 1. Mai ～ その日を含めて5月1日まで．

in·ko·gni·to [ın'kɔgnito] 副 (it.) 匿名(変名)で，お忍びで．

In·ko·gni·to 匣 -s/-s 匿名(変名)を使うこと; 微行，お忍び． sein ～ lüften 身分を明かす．

in·ko·hä·rent [ınkohɛrɛnt, - - -'-] 形 (lat.) **1** 脈絡のない，支離滅裂な． **2**《光学》非干渉性の．

In·ko·hä·renz ['ınkohɛrɛnts, - - -'-] 囡 -/-en 脈絡のないこと，支離滅裂.

In·koh·lung [ın'ko:luŋ] 囡 -/ (↑Kohle)《地質》(石)炭化．

in·kom·men·su·ra·bel ['ınkɔmɛnzura:bəl, - - - - '- -] 形 (lat.) **1** 同一尺度で測り得ない，比較不可能な． **2**《数学》通約できない．

in·kom·mo·die·ren [ınkɔmo'di:rən] 他 (lat.)(人⁴を)煩わす，(に)面倒をかける．《再帰的に》Bitte inkommodieren Sie sich⁴ nicht! どうぞお構いなく．

in·kom·pa·ti·bel ['ınkɔmpati:bəl, - - -'- -] 形 (lat.) 両立し得ない，相容(あいい)れない; 互換性のない．

In·kom·pa·ti·bi·li·tät ['ınkɔmpatibilitɛ:t, - - - - - -'-] 囡 -/-en《法制》(職務などの)不両立． **2**《医学》不適合． **3**《言語》非両立． **4**《コンピュ》非互換性．

in·kom·pe·tent ['ınkɔmpetɛnt, - - -'-] 形 (lat.) **1** 不適格な，無資格の，専門的知識(能力)のない; (法的に)無能力の． **2**《地質》(岩石が)変成を受けやすい．

In·kom·pe·tenz ['ınkɔmpetɛnts, - - -'-] 囡 -/-en 不適格，無資格，専門的知識(能力)のなさ; (とくに法的な)無能力．

in·kom·plett ['ınkɔmplɛt, - -'-] 形 (fr.) 不完全な．

in·kon·gru·ent ['ınkɔŋgruɛnt, - - -'-, ..kɔn..] 形 (lat.) **1** 一致しない． **2**《数学》(図形などが)不合同の． **3**《法制》～ e Deckung 不当弁済．

In·kon·gru·enz ['ınkɔŋgruɛnts, - - -'-, ..kɔn..] 囡 -/-en (lat.) (↔ Kongruenz) **1**《複数なし》不一致． **2**《数学》合同でないこと．

in·kon·se·quent ['ınkɔnzekvɛnt, - - -'-] 形 首尾一貫しない，筋の通らない，無定見の．

In·kon·se·quenz ['ınkɔnzekvɛnts, - - -'-] 囡 -/-en 首尾一貫していないこと，不整合，矛盾，無定見．

in·kon·sis·tent ['ınkɔnzistɛnt, - - -'-] 形 (lat.) **1** 持続しない，変りやすい，不安定な． **2**《論理》矛盾のある，不整合な．

in·kon·stant ['ınkɔnstant, - -'-] 形 (lat.) 変りやすい，一定しない．

In·kon·stanz ['ınkɔnstants, - -'-] 囡 -/ 一定しないこと，不安定．

In·kon·ti·nenz ['ınkɔntinɛnts, - - -'-] 囡 -/-en (lat.)《複数なし》《医学》失禁．

In·kor·po·ra·ti·on [ınkɔrporatsi'o:n] 囡 -/-en (lat.) **1** 加入，編入． **2**《法制》(国家・領土の)併合． **3**《キリスト教》(聖職禄)の合体． **4**《医学》(体内・組織内への)取込み，吸収．

in·kor·po·rie·ren [ınkɔrpo'ri:rən] 他 **1** (人⁴を)加入させる，編入させる． **2**《法制》(国家・領土など)を併合する． **3**《キリスト教》(聖職禄)を合体する． **4**《医学》(体内・組織内へ)取込む． **5** (現在分詞で) inkorporierende Sprache《言語》抱合的言語．

in·kor·rekt ['ınkɔrɛkt, - -'-] 形 (lat.) (↔ korrekt) 不正確な，間違った; 不適切(不穏当)な．

In·kraft·set·zung [ın'kraft..] 囡 -/-en (↓ in Kraft setzen)《書》(法律・条約などの)発効．

In-'Kraft-Tre·ten 匣 -s/ (↓ in Kraft treten)《書》(法律・条約などの)発効．

In·kreis ['ınkraıs] 男 -es/-e《幾何》内接円．

In·kret [ın'kre:t] 匣 -[e]s/-e (lat.)《生理》内分泌物，ホルモン．

in·kre'to·risch [ınkre'to:rıʃ] 形《生理》内分泌

in·kri·mi·nie·ren [ınkrimi'ni:rən] 他 (fr.) (人'に)責めを負わせる，罪を帰する．

In·krus·ta·ti·on [ınkrʊstatsi'o:n] 女 -/-en (lat.) 1 《建築》化粧張り．2 《服飾》インサーション(布・レースなどをはめ込んだ装飾)．3 《植物》皮殻，外皮(で覆うこと)．4 (洗濯物に付着した)洗剤滓(ª). 5 《地質》蒸皮．6 《医学》塩類浸漬．

In·ku·ba·ti·on [ınkubatsi'o:n] 女 -/-en (lat.) 1 《医学》潜伏(期)．2 (古代ギリシアで行われた神託を受けるための)お籠(こ)もり．3 《動物》抱卵(ほうらん)，孵卵(ふらん)(ふん)．4 《細菌》培養．

In·ku·ba·ti·ons·zeit 女 -/-en 《医学》潜伏期．

In·ku·ba·tor [ınku'ba:tor] 男 -s/-en [..ba:tor·ən] 1 《医学》保育器．2 《生物》孵卵(ふらん)器．

In·ku·bus ['ınkubʊs] 男 -/..ben [ın'ku:bən] (lat., Aufl·ieger) 1 《民俗》(a) (古代ローマの)夢魔．(b) インクブス(魔女と情を通じた中世の悪魔で睡眠中の婦女を犯すとされた．↑Sukkubus)．2 《複数なし》《医学》(Alpdrücken) うなされ，夢魔．

in·ku·lant ['ınkulant, ‒‒'‒] 形 (fr.) 《商業》(↔ kulant) (商取引において)好意的な．

In·ku·na·bel [ınku'na:bəl] 女 -/-n 《ふつう複数で》《書籍》インクナブラ，インキュナブラ(1500 までの初期印刷本の総称)．

In·land ['ınlant] 中 -[e]s/ 1 (↔ Ausland) 国内，自国，内国．2 (Binnenland) 内地(内陸部)．

In·län·der ['ınlɛndər] 男 -s/- 自国民，国内居住者． ◆女性形 Inländerin 女 -/-nen

In·land·flug 男 -[e]s/⸚e =Inlandsflug

in·län·disch 形 国内の，自国の；国産の．

In·lands·flug 男 -[e]s/⸚e 国内航空．

In·lands·markt 男 -[e]s/⸚e 《経済》国内市場．

In·lands·nach·fra·ge 女 -/-n 《経済》国内需要．

In·laut ['ınlaʊt] 男 -[e]s/-e 《音声》語中音．

In·lett ['ınlɛt] 中(-[e]s/-e(-s) (羽布団などの)布団袋．

in·lie·gend ['ınli:gənt] 形 《書》(とくに[商業])同封の．

In·li·ner ['ınlaɪnər] 男 -s/- (engl.) =Inlineskater 1, 2

In·line·skate ['ınlaɪnske:t] 男 (中) -s/-s =Inlineskater 1

in·line·ska·ten ['ınlaɪnske:tən] 自 インラインスケートで滑る．

In·line·ska·ter ['ınlaɪnske:tər] 男 -s/- 1 インラインスケート(縦一列に車輪のついたローラースケート)．2 インラインスケートで滑る人．

in me·di·as res [ın 'me:dias 're:s] (lat., mitten in die Dinge hinein') 《次の用法で》 ~ gehen⟨kommen⟩ 直接本題に入る．

in me·mo·ri·am [ın me'mo:riam] (lat. ,zum Andenken') ~ Maria Theresia マリア=テレジアを記念して．

in·mit·ten [ın'mıtən] 前 《2 格支配》《雅》 1 ...の真ん中に；...の最中に．~ der Nacht 真夜中に．2 ~ von et³ 物'に取囲まれて．~ von Blumen 花に囲まれて．

Inn [ın] 男 -[s]/ 《地名》der ~ イン川(ドーナウ川の支流，パッサウで合流する)．

in na·tu·ra [ın na'tu:ra] (lat.) 1 実物で，実際に．et⁴ ~ sehen 物'を実際に見る．2 現物で．seinen Lohn ~ bekommen 報酬を現物支給でもらう．

in·ne.. [ınə..] /分離前つづり / つねにアクセントをもつ/「所有，保持，獲得」などを表す． *inne*wohnen 内在する．◆↑inne sein

'in·ne·ha·ben* ['ınəha:bən] **1** 他 1 (地位・役職などを)占めている．2 《雅》(物⁴を)所有している，自のままにできる．**2** 自 《狩猟》(うさぎなどが)孕(は)んでいる．

'in·ne·hal·ten* ['ınəhaltən] **1** 自 (in⟨mit⟩ et³ 事³を)中断する，休む．**2** 他 《雅》(期限・規則などを)守る．

***'in·nen** ['ınən イネン] 副 1 中で，中で，内側で；内面で，胸(心)のうちで．Das Fleisch war ~ noch rot. ステーキは中がまだ赤かった．Der Mantel ist ~ mit Pelz gefüttert. この外套は裏が毛皮である．~ im Haus 屋内で．~ laufen インコースを走る；(とくに球技で)グラウンドの中央を走る．j⁴ ~ und außen kennen 人⁴の真'も表'も知っている．nach ~ 内側へ．nach ~ aufgehen (ドアなどが)内開きになっている．die Füße [beim Gehen] nach ~ setzen 内股に歩く．von ~ her 内(内部)から．et⁴ von ~ [her] kennen 事⁴の内幕(うちまく)を知っている．et⁴ von ~ und außen kennen 《話》物'を知りつくして(知りぬいて)いる．2 ([古語]) (drinnen) この(部屋の，建物の)中で；《古》室内(屋内)で．

'In·nen·an·ten·ne 女 -/-n 室内アンテナ．

'In·nen·ar·chi·tekt 男 -en/-en 室内設計(装飾)家，インテリアデザイナー．◆女性形 Innenarchitektin 女 -/-nen

'In·nen·ar·chi·tek·tur 女 -/ 室内設計(装飾)，インテリアデザイン．

'In·nen·auf·nah·me 女 -/-n 《映画・写真》屋内(スタジオ)撮影．

'In·nen·aus·stat·tung 女 -/-en 内装．

'In·nen·bahn 女 -/-en ([スポーツ]) 内側のレーン，インコース．

'In·nen·be·leuch·tung 女 -/-en 室内照明．

'In·nen·dienst 男 -[e]s/ (↔ Außendienst) 屋内勤務，内勤．

'In·nen·ein·rich·tung 女 -/-en 室内装備，インテリア．

'In·nen·flä·che 女 -/-n 内側の面．die ~ der Hand 手のひら．

'In·nen·hof 男 -[e]s/⸚e 中庭．

'In·nen·le·ben 中 -s/ 1 内的(内面)生活，精神生活．2 (自然の営みの目に見えない内部の)仕組み．3 《話》(機械などの)内部構造，からくり．

'In·nen·mi·nis·ter 男 -s/- 内務大臣．

'In·nen·mi·nis·te·ri·um 中 -s/..rien (Innenministerien) 内務省．

'In·nen·po·li·tik 女 -/ 国内政策，内政．

'in·nen·po·li·tisch 形 内政上の．

'In·nen·raum 男 -[e]s/⸚e 内部(空間)；室内；車内．

'In·nen·sei·te 女 -/-n (Innenfläche) 内側．

***'In·nen·stadt** ['ınənʃtat イネンシュタット] 女 -/⸚e 市(街)の中心地，都心．

'In·nen·ta·sche 女 -/-n (服・鞄などの)内ポケット．

'In·nen·welt 女 -/ 内面の世界，精神の世界．

'In·nen·win·kel 男 -s/- 《幾何》内角．

***'in·ner** ['ınər イナー] 形 《付加語的用法のみ》 1 中の，内側の，内部の，奥の；内在的な，本質的な．die ~e Brusttasche 胸の内ポケット．~er Dienst 《軍事》営営勤務．~e Emigration 《文学》国内亡命；国内亡命文学(作品においては内的な傾向を帯びながらも国内に留まって抵抗の意志を示したこと，またそのような道を選んだ文学，とくにナチス時代の)．~e Energie 《物理》固有エネルギー．~e Funktion 《数学》内関数．die ~e Stadt 中心街，都市．*Innere* Stadt 《地名》ウィーン第 1 区．2 内面の(精神的)な；心の．das ~e Auge 心眼．das ~e Bedürfnis 内的欲求．der

~e Halt 精神的な支え. ~e Reserven haben《比喩》芯がしっかりしている. die ~e Stimme 心の(内なる)声. **3** 体内の;《医学》内科の. die ~ Blutung 内出血. ~e Krankheiten 内科的疾患. die ~e Medizin 内科医学. die ~en Organe〚解剖〛内臓. **4** 国内の, 内地の; 内陸(奥地)の; 内政(上)の, 内務(国務)の. der Minister für ~ e Angelegenheiten / der Minister des *Inneren* 内務大臣. die *Innere* Mission (略 I. M.)(プロテスタントの)国内伝道(団).

'in·ner·be·trieb·lich 形《述語的には用いない》企業内の, 社内の.

'in·ner·deutsch 形《述語的には用いない》ドイツ国内の.

'in·ner·dienst·lich 形《述語的には用いない》内勤の, 職務上の.

'In·ne·re ['ɪnərə] 中《形容詞変化》**1** 内部, 内側, 中, 奥, ж; 本質, 核心, 真髄, 精髄. das *Innere* des Landes 内陸, 奥地. das *Innere* eines Schiffes 船内. **2** 心(胸)の内, 内心(ない), 心底, 心底. j³ sein *Inneres*〈*Innerstes*〉öffnen 人³に心の底を明かす, 肚(はら)を割る. im *Inneren* / in seinem [tiefsten] *Inner*[e]n 心の底では, 内心は. **3** 国内(内政)問題, 内務. das Ministerium des *Inneren* 内務省.

In·ne·rei·en [ɪnəˈraɪən] 複 臓物, もつ.

'in·ner·halb ['ɪnərhalp イナーハルプ] ❶ 前《2格支配》**1**《空間的》…の中で, …の内側で;(グループ·組織などの)内部で;(分野·領域などの)範囲内で. ~ Berlins ベルリーン(市)内で. ~ des Gartens〈der Mauern〉庭内〈塀の内側〉で. ▶名詞の前に強変化2格形を伴うとき3格支配となる. ~ Karls neuem Hause カールの新しい家の中で. **2**《時間的》…以内に. ~ der Ferien〈einer Woche〉休暇中〈1週間〉以内に. ~ dreier〈weniger〉Jahre 3年以内に〈2, 3年もたたないうちに〉. ▶ 2格を冠詞や語尾変化などで明示できないとき3格支配となる. ~ sieben Tagen 1週間以内に. ❷ 副 *(innerhalb von et³* の形で) ~ von Berlin ベルリーン市内で. ~ von drei Jahren 3年以内に.

*'in·ner·lich ['ɪnərlɪç イナーリヒ] 形《比較変化なし》**1** 内面の, 心の; 内心の, 内心(ないしん)の, 心からの. ~ betroffen sein 内心狼狽(ろうばい)している. ~ lachen 独り(心の内で)笑う. **2** 内省的な, 精神性の豊かな. ein ~*er* Mensch 精神的な人. **3**《まれ》内部の, 内部の, 中(奥)の;《医学》内服(用)の. ~*e* Anwendung (薬剤の)内用.

'In·ner·lich·keit 女 -/ 内面性.

'in·ner·po·li·tisch 形《まれ》= innenpolitisch

'in·nerst ['ɪnərst] 形*(inner* の最上級 / 述語的には用いない)最も内部の.

'In·ners·te 中《形容詞変化 / 複数なし》最も内部(奥)の部分, 核心, 心髄, 心底. bis ins *Innerste* des Waldes vordringen 森の一番奥まで突き進む. im *Innersten* getroffen〈gekränkt〉sein 心に深く傷ついている, 骨身にこたえている. ◆↑ *Innere* 2

'in·nert ['ɪnərt] 前《2·3格支配》(スイス·オーストリア)= innerhalb

'in·ne sein*, ~ **'in·ne|sein*** 自 (s)《雅》(事²に)気づいている, (を)知って(意識して)いる.

'in·ne|wer·den* 自 (s)《雅》(事²に)気づく; (事²を)知る, 認める. 《副文を伴って》Sie *wurde inne*, dass ... 彼女は...に気がついた. ◆ 不定詞·過去分詞以外は副文中でも分離して書く.

'in·ne|woh·nen 自《雅》(物³に)内在する, 宿る, 固有である.

*'in·nig ['ɪnɪç イニヒ] 形 **1** 心からの, 本心の, 衷心(ちゅうしん)の; 真心(愛情)のこもった, 真摯(しんし)な. mit ~*er* Anteilnahme 深い関心をもって. j³ ~*en* Dank sagen / j³ ~ danken 人³に心からお礼を言う. **2** 密接(緊密)な, 分かち難い; 親密な. ~ mit et³ verknüpft sein 物³と切っても切れない関係にある.

'In·nig·keit 女 -/ ひたむきさ, 真摯(しんし)なこと, 心がこもっていること.

'in·nig·lich [ɪnɪklɪç] 形《雅》= innig

in 'no·mi·ne [ɪn ˈnoːmineː] *(lat.*, I. N. C.) ... (の)名において. ~ Christi (略 I. N. C.) キリストの御名において. ~ Dei (略 I. N. D.) 神の御名によりて. ~ Domini (略 I. N. D.) 主の御名において.

In·no·va·ti'on [ɪnovatsi'oːn] 女 -/-en 刷新, 革新, イノベーション. technische ~*en* 技術革新.

'Inns·bruck ['ɪnsbrʊk]〖地名〗インスブルック(オーストリア, ティロール州の州都).

in 'nu·ce [ɪn ˈnuːtsə] *(lat.*, im Kern') 要するに, 簡潔に.

'In·nung [ˈɪnʊŋ] 女 -/-en〚経済〛同業組合. Handwerks-*innung* 手工業組合. die ganze ~ blamieren《話》仲間の顔に泥をぬる.

in·of·fi·zi'ell [ˈɪnʔofitsiɛl, ---'-] 形《比較変化なし》*(lat.)* (↑in.²) = offiziell **1** 非公式の, 内々の. **2** 格式ばらない; 内輪の, ざっくばらんの.

in·ope·ra·bel [ˈɪnʔopera:bəl, ---'--] *(fr.)* 形《副詞的には用いない》〚医学〛手術不能の.

in per·pe·tu·um [ɪn pɛrˈpeːtuʊm] *(lat.*, für immer') 永遠に, いつまでも.

in per·so·na [ɪn pɛrˈzoːna] *(lat.* persönlich') 自ら, 自身で.

in 'pet·to [ɪnˈpɛto] *(it.*, in der Brust') (成句として) et⁴ ~ haben 事⁴をもくろんでいる, 胸の内に秘めている.

in 'ple·no [ɪn ˈpleːno] *(lat.*, in voller [Menge]') **1** 全員揃って, 全員で. **2** 全員の前で.

in 'pra·xi [ɪn ˈpraksi] *(lat.*, in der Praxis') 実際には, 実際問題としては.

in 'punc·to [ɪn ˈpʊŋkto] *(lat.*, im Punkte') (事²の)点で, に関して. ~ seines Betrages 彼の振舞いに関して.

'In·put [ˈɪnpʊt] 男/中 -s/-s *(engl.)* **1**〚コンピュータ〛(Eingabe) インプット, 入力; (入力した)全データ. **2**〚経済〛(生産のための)投入物, インプット.

in·qui·rie·ren [ɪnkviˈriːrən] 他 *(lat.)* 《古》(人⁴を)審問する, 取調べる; (事⁴を)審理(調査)する.

In·qui·si·ti'on [ɪnkvizitsi'oːn] 女 -/-en *(lat.)* **1**〚歴史〛(12-18世紀, とくにスペインの)異端審問. **2** 厳しい審問(調査).

In·qui·si·tor [ɪnkviˈziːtor] 男 -s/-en [..ziˈtoːrən] **1**〚歴史〛宗教裁判官, 異端審問官. **2** 厳しい審問官.

in·qui·si·to·risch [ɪnkviziˈtoːrɪʃ] 形 **1**〚歴史〛宗教裁判の, 異端審問の. **2** 詰問するような.

I. N. R. I.(略)= *Jesus Nazarenus Rex Judaeorum (lat.*, Jesus von Nazareth, König der Juden') ユダヤ人の王ナザレのイエス. ◆ 15世紀頃まではIとJは区別なく用いられた.

ins [ɪns] 前置詞 in と定冠詞 das との融合形.

'In·sas·se [ˈɪnzasə] 男 -n/-n (アパート·老人ホームなどの)同居人; (同じ監獄の)収容者; (同じ飛行機·船などに乗合せた)乗客, 同乗者. ◆女性形 Insassin 女

—/-nen

ins·be·son·de·re [ɪnsbə'zɔndərə] 副 とくに, 殊に, とりわけ.

'In·schrift ['ɪnʃrɪft] 女 -/-en **1** (金石(ﾙｲ)などに)刻まれた文字, 銘; 碑文. **2** (絵画などの)題名, 表題.

*'**In·sekt** [ɪn'zɛkt インゼクト] 中 -[e]s/-en 〖動物〗昆虫.

In'sek·ten fres·send, °**in'sek·ten·fres·send** 形〖副詞的には用いない〗〖生物〗食虫の.

In'sek·ten·fres·ser 男 -s/- **1**〖動物〗食虫類. **2**〖植物〗食虫植物.

In'sek·ten·kun·de 女 -/ (Entomologie) 昆虫学.

In'sek·ten·pul·ver 中 -s/- 粉末殺虫剤, 除虫粉.

In'sek·ten·stich 中 -[e]s/-e 虫さされ, 虫刺(咬(ﾔｳ))傷.

In·sek·ti'zid [ɪnzɛkti'tsi:t] 中 -s/-e (Insekt + lat. ..cidere, töten') 殺虫剤.

In·sek·to'lo·ge [ɪnzɛkto'lo:gə] 男 -n/-n 〖まれ〗(Entomologe) 昆虫学者.

'In·sel ['ɪnzəl インゼル] 女 -/-n **1** 島; 孤立した(隔離された)場所; (道路上の)安全地帯;〖言語〗言語島. auf einer ~ landen 島に上陸する. die Grüne ~《地名》アイルランド. die ~ der Seligen〖ｷﾞﾘｼｬ神話〗エリュシオン; 至福の地, 極楽. **2**《複数で》〖解剖〗ランゲルハンス島; (大脳皮質の一部である)島.

'In·sel·berg 男 -[e]s/-e〖地形〗インゼルベルク, 島山, 島状丘.

'In·sel·be·woh·ner 男 -s/- 島民, 島の住民.

'In·sel·grup·pe 女 -/-n 群島.

'In·sel·land 中 -[e]s/ﾞer 島国.

'In·sel·reich 中 -[e]s/-e 島からなる王国(帝国).

'In·sel·welt 女 -/《複数で》群島, 諸島. die Agäische ~ エーゲ海, 多島(ﾄｳ)海.

In·se·mi·na·ti'on [ɪnzeminatsi'o:n] 女 -/-en (lat.)〖生物〗配偶子融合, 受精(授精), 受粉(授粉). künstliche ~〖医学〗人工受精.

'**in·sen·si·bel** ['ɪnzɛnzi:bəl, --'--] 形 **1** 感受性のにぶい, 鈍感な. **2**〖医学〗知覚のない, 無感覚の.

In·se'rat [ɪnze'ra:t] 中 -[e]s/-e (lat.) (Anzeige) (新聞・雑誌などの)広告.

In·se'ra·ten·teil 男 -[e]s/-e (新聞などの)広告欄.

In·se'rent [ɪnze'rɛnt] 男 -en/-en 広告主.

in·se·rie·ren [ɪnze'ri:rən] (lat) ❶ 自 広告を出す. ❷ 他 (物4の)広告を出す.

In·ser·ti'on [ɪnzɛrtsi'o:n] 女 -/-en **1** 広告掲載. **2**〖植物〗着生(点). **3**〖解剖〗付着点. **4**〖遺伝〗(遺伝子の)挿入.

ins·ge'heim [ɪnsgə'haɪm, '---] 副 こっそり, ひそかに, 内心.

ins·ge'mein [ɪnsgə'maɪn, '---] 副〖古〗**1** 全体として, 全部で. **2** 一般に, 通例.

ins·ge'samt [ɪnsgə'zamt, '---] 副 全部合せて, 全部で, 全体として.

'In·si·der ['ɪnzaɪdər, 'ɪnsaɪdər] 男 -s/- (engl.) 内部にいる者, 情報通;〖経済〗インサイダー.

In'si·gni·en [ɪn'zɪgniən] 複 (lat. , Kennzeichen') (王冠・王笏(ﾜﾜ)などの)権標, 表章.

in·si·nu·ie·ren [ɪnzinu'i:rən] (lat.)〖古〗❶ 他 **1** (人3に物4を)持っていく, (とくに裁判所などに)提出する. **2** (人3に物4を)吹込む, こっそり告げる. ❷ 再 (sich4) 取入る(bei j3 人3に).

in·sis'tie·ren [ɪnzɪs'ti:rən] 自 (lat.) (auf et3 事3 を)強く主張する, (に)固執する.

in·skri'bie·ren [ɪnskri'bi:rən] (lat.)《とくに ｵｰｽﾄﾘｱ》 ❶ 自 (immatrikulieren) (大学への)入学手続きをする. ❷ 他 (belegen) (講義などの)履習届けをする. Er hat Jura〈ein Seminar bei Professor X〉inskribiert. 彼は法学〈X 教授のゼミ〉の履修届けを出した. 《再帰的に》sich4 ~ (ある科目の履習の)登録をする.

In·skrip·ti'on [ɪnskrɪptsi'o:n] 女 -/-en (lat.) 《ｵｰｽﾄﾘｱ》**1** (大学)入学手続き. **2** (科目の)履習手続.

in·so'fern ❶ 副 [ɪn'zo:fɛrn, 'ɪnzofɛrn, --'--] …の限りでは, その点では. (als と) Sie hat ~ unklug gehandelt, als sie zu voreilig war. あまり急ぎすぎたという意味で彼女の振舞は賢明でなかった. ❷ 接 [ɪnzo'fɛrn, '---, ɪn'zo:fɛrn]《従属 / 定動詞後置》…であるならば, …という限りでは, …という点では.

In·so·la·ti'on [ɪnzolatsi'o:n] 女 -/-en (lat.) **1** 〖気象〗(Einstrahlung) 日射. **2**〖医学〗(Sonnenstich) 日射病.

'in·so·lent ['ɪnzolɛnt, --'--] 形 (lat.) 厚かましい, 横柄な, 不遜な, 恥知らずな, 尊大な.

'In·so·lenz ['ɪnzolɛnts, --'--] 女 -/-en (lat.) 尊大, 横柄, 不遜, 厚かましい態度.

'in·sol·vent ['ɪnzɔlvɛnt, --'--] 形 (lat.)《副詞的には用いない》〖経済〗支払不能の.

'In·sol·venz ['ɪnzɔlvɛnts, --'--] 女 -/-en (lat.)〖経済〗支払不能.

°**In'son·der·heit** [ɪn'zɔndərhaɪt] ↑Sonderheit

in·so'weit ❶ 副 [ɪn'zo:vaɪt, 'ɪnzovaɪt, --'--] = insofern ①. ❷ 接 [ɪnzo'vaɪt, '---, ɪn'zo:vaɪt] 《従属 / 定動詞後置》=insofern ②

in 'spe [ɪn 'spe:] (lat. , in der Hoffnung')《名詞の後に置かれて》将来の, 未来の. der Bürgermeister ~ 将来の市長となるべき人.

In·spek'teur [ɪnspɛk'tø:r] 男 -s/-e (fr.) **1** 監督局長; 視察官, 検査官. **2**〖軍事〗幕僚長.

In·spek·ti'on [ɪnspɛktsi'o:n] 女 -/-en (lat. inspectio , Besichtigung') **1** 検査; 視察, 査察, 監査; (車の)点検. **2** 監督官庁; 監査機関;〖軍事〗兵部.

In'spek·tor [ɪn'spɛktor] 男 -s/-en[..spɛk'to:rən] (lat.) **1** 検査官, 視察官; 監督官. **2** (ｱﾒﾘｶ・ｲｷﾞﾘｽの)警視. ◆女性形 Inspektorin 女 -/-nen

In·spi·ra·ti'on [ɪnspiratsi'o:n] 女 -/-en (lat.) **1** インスピレーション, 霊感. **2**《複数なし》〖医学〗吸気作用, 吸息, 吸気. **3**〖ｷﾘｽﾄ教〗神来, 霊感.

in·spi'rie·ren [ɪnspi'ri:rən] 他 (j4 zu et3 人4に事3 への)刺激(きっかけ)を与える, インスピレーションを与える.

In·spi·zi'ent [ɪnspitsi'ɛnt] 男 -en/-en (lat.) **1** 検査官, 視察官; 監督官. **2**〖軍事〗監察官. **2** 舞台監督; (映画やテレビ撮影の)助監督.

in·spi'zie·ren [ɪnspi'tsi:rən] 他 (lat. inspicere , besichtigen') 検査(点検)する; 視察する;〖軍事〗査閲する.

'**in·sta·bil** ['ɪnstabi:l, --'--] 形 (lat.) 不安定な.

In·stal·la'teur [ɪnstala'tø:r] 男 -s/-e (電気・水道・ガスなどの)取付人, 据付工事の職人.

In·stal·la·ti'on¹ [ɪnstalatsi'o:n] 女 -/-en (fr.) 電気・水道・ガスなどの)取付け, 配線(配管)工事; (取付けられた)設備;〖ｺﾝﾋﾟｭｰﾀ〗インストール.

In·stal·la·ti'on² 女 -/-en (lat.) (聖職者の)叙任, 叙階.

in·stal·lie·ren[1] [ɪnstaˈliːrən] 他 (fr.)(電気・水道・ガスなどの設備を)取付ける;《コンピュータ》インストールする. Gasrohre ~ ガスを引く, ガスの配管をする.

in·stal·lie·ren[2] (lat.) 1 (雅)(聖職者を)任命(叙任)する. 2 (物¹をある場所に)据える, 設置する;《再帰的に》sich¹ ~ (ある場所に)居を定める, 落着く.

In'stand [ɪnˈʃtant] 副 良い状態に. et⁴ ~ halten 物⁴を手入れ(整備, 修理)しておく. et⁴ ~ setzen 物⁴を手入れ(整備, 修理)する.《物が主語 / **zu** 不定詞句と}j⁴ ~ setzen, …zu tun j⁴が…することのできる状態にする. Die Erbschaft hat ihn ~ gesetzt, ein Haus zu bauen. その遺産で彼は家を建てることができた. ◆ in Stand とも書く.

In'stand·hal·tung 女 -/-en《複数まれ》(機械・家屋の)整備, 修繕, 手入れ.

in·stän·dig [ˈɪnʃtɛndɪç] 形 (願いごとが)切なる, たっての. j⁴ ~ um et⁴ bitten 人⁴に折り入って事⁴をお願いする.

In'stand·set·zung 女 -/-en《複数まれ》修繕, 修理.

In'stanz [ɪnˈstants] 女 -/-en (lat.) 1 所轄官庁, 担当部局. 2《法制》審. et⁴ in erster〈zweiter〉 ~ entscheiden 事⁴を1審〈2審〉で決する.

In·stan·zen·weg 男 -[e]s/-e《複数まれ》1 官庁での手続き. den ~ gehen 担当諸部局を経る. 2《法制》審級.

*__In'stinkt__ [ɪnˈstɪŋkt インスティンクト] 男 -[e]s/-e (lat.) 本能,(自然)衝動; 本性, 天性; 直観(力), 直覚, 勘. für et⁴〈in et⁴〉 ~ haben 事⁴,³に関して素養がある. sich⁴ von *seinem* ~ leiten lassen 本能のままに行動する, 直感に従う. sich⁴ auf *seinen* ~ verlassen 勘に頼る.

in·stink·tiv [ɪnstɪŋkˈtiːf]《比較変化なし》本能的な, 直観的な.

in'stinkt·los 形 鈍感な, 無神経な, 思いやりのない.

in'stinkt·mä·ßig《比較変化なし》=instinktiv

in'stinkt·si·cher 心配りの行き届いた, 思いやりのある.

in·sti·tu·ie·ren [ɪnstituˈiːrən] 他 (lat.) 1 設置する, 設立する. 2 (古)(人⁴に)教える, 指導する.

*__In·sti'tut__ [ɪnstiˈtuːt インスティトゥート] 中 -[e]s/-e (lat. institutum, Einrichtung') 1 研究所, 協会, 学会; 専門学校, 大学(とくに理工系の);(単科大学の)学科. 2 研究所の建物; 会館. 3《法制》(法的)制度. 4 (まれ)営利事業(企業)体.

In·sti·tu·ti·on [ɪnstitutsiˈoːn] 女 -/-en (lat.) 1《複数なし》任命, 叙任;(とくに聖職)への任職. 2 社会制度, 慣習. 3 (公共の機関, 施設, 協会. 4 (古) 指示, 手引き, 概説書. 5《複数で》《法制》法学提要.

in·sti·tu·ti·o·na·li'sie·ren [ɪnstitutsionaliˈziːrən] ❶ 他 制度化する. ❷ 再 (*sich*⁴) 制度として定着する.

in·stru·ie·ren [ɪnstruˈiːrən] 他 (lat.) 1 (人⁴に)知らせる, 教える(von et⁴ 事³のことを). 2 (人³に)指示する, 指図する, 指導する.

In·struk·teur [ɪnstrʊkˈtøːr] 男 -s/-e (fr.) 指導員, インストラクター.

In·struk·ti·on [ɪnstrʊktsiˈoːn] 女 -/-en (lat.) 1 指図, 指示; 命令, 訓令. 2《軍事》指導, 教育.《コンピュータ》命令, インストラクション.

in·struk'tiv [ɪnstrʊkˈtiːf] 形 教育的な, 教訓的な, 啓発的な.

In·struk·tor [ɪnˈstrʊktoːr] 男 -s/-en [..strʊkˈtoː-rən] (lat.) 1 (古) 教師, (とくに貴族の子弟の)家庭教師, 教育係. 2 =Instrukteur

*__In·stru'ment__ [ɪnstruˈmɛnt インストルメント] 中 -[e]s/-e (lat.) 1 器具, 機器; 道具, 用具, 工具. 2 (比喩) 手段, 道具; 手先, だし;(出先)機関. j² zum ~ machen 人⁴を道具(だし)に使う. 3 楽器.

in·stru·men·tal [ɪnstrumɛnˈtaːl] 形 1 楽器による. die ~*e* Musik 器楽. 2 (手段(道具)として役立つ. 3《言語》具格, 助格(手段・道具をあらわす格)の.

In·stru·men·tal·mu·sik 女 -/ 器楽.

In·stru·men·ta·ti·on [ɪnstrumɛntatsiˈoːn] 女 -/-en《音楽》1 器楽編成法. 2 オーケストラ用に編曲すること.

In·stru·men·ten·brett 中 -[e]s/-er《航空》計器盤.

In·stru·men·ten·flug 男 -[e]s/⁼e《航空》計器飛行.

In·stru·men'tie·ren [ɪnstrumɛnˈtiːrən] ❶ 他 1《音楽》オーケストラ用に編曲する. 2 計器を取付ける. ❷ 自《医学》(手術の際)器具を手渡す, 器具係をつとめる.

In·stru·men'tie·rung 女 -/-en 1《音楽》オーケストラ用に編曲すること. 2 計器を取付けること;(手術の際)器具を手渡すこと. 3《総称的に》器具(計器, 装置).

In·sub·or·di·na·ti·on [ˈɪnzʊpʔɔrdinatsioːn, -------] 女 -/-en (↔ Subordination) 不服従, 服従拒否, 反抗.

In·suf·fi·zi·enz [ˈɪnzʊfiʦiɛnts, -----] 女 -/-en 1 (↔ Suffizienz) 不十分, 不足. 2《法制》債務者の負債超過. 3《病理》不全症. Herz*insuffizienz* 心不全. Nieren*insuffizienz* 腎不全.

In·su·la·ner [ɪnzuˈlaːnɐr] 男 -s/- (lat.) 島民, 島の住民.

in·su·lar [ɪnzuˈlaːr] 形 (副詞的には用いない)島の.

In·su·lin [ɪnzuˈliːn] 中 -s/-e (lat. insula , Insel')《複数まれ》《医学》インシュリン.

In'sult [ɪnˈzʊlt] 男 -[e]s/-e (lat.) 1 侮辱, 無礼. 2《医学》侵襲; 発作. apoplektischer ~ 卒中発作.

in 'sum·ma [ɪnˈzʊma] (lat. , in der Gesamtheit') まとめて, 全部で; 要するに.

In·sur'gent [ɪnzʊrˈɡɛnt] 男 -en/-en (lat.) 叛徒, 暴徒.

In·sur·rek·ti·on [ɪnzʊrɛktsiˈoːn] 女 -/-en (lat.) 反乱, 謀反, 暴動.

in sus'pen·so [ɪn zʊsˈpɛnzo] (lat.) (古) 未決定のままで.

in·sze·nie·ren [ɪnstseˈniːrən] 他 (↓ in+Szene) 1《映画・演劇》演出する. 2 (比喩)(事件・スキャンダルなどを)仕組む, 惹き起す.

In·sze'nie·rung 女 -/-en 演出.

in'takt [ɪnˈtakt] 形《比較変化なし》損傷を受けていない, 無傷の; 健全な, 損なわれていない.

In'tar·sia [ɪnˈtarzia] 女 -/..sien《家具・工芸》=Intarsie

In'tar·sie [ɪnˈtarziə] 女 -/-n (it.)《家具・工芸》象眼細工.

in·te·ger [ɪnˈteːɡɐr] 形 (lat.) 1 (古) 無傷の, 真新しい. 2 非の打所のない, 完全な, 正直な, 実直な.

in·te'gral [ɪnteˈɡraːl] 形 (lat.)(全体を構成するのに)不可欠の, 完全な.

In·te'gral 中 -s/-e (↓ integral)《数学》積分.

In·te'gral·rech·nung 囡 -/-en〘数学〙積分法.
In·te·gra·ti'on [ɪntegratsi'o:n] 囡 -/-en 1 統合, 統一, 融合. 2〘政治・経済〙経済統合; 企業の系列化, 企業集中. 3〘心理・教育〙(人格の)統合; (個人やグループなどの既成の社会への)組み込み, 融和. 4〘数学〙積分法. 5〘言語〙(方言などの標準語への)混和; 統合.
in·te·grie·ren [ɪnte'gri:rən] 他 (lat. integrare, ergänzen⁴) 1 (物⁴を)統合する, 編入する, 集大成する (in et⁴ 物⁴に). 2〘数学〙積分する.
in·te'grie·rend 現分 形 (全体を構成するのに)不可欠の.
In·te·gri'tät [ɪntegri'tɛ:t] 囡 -/ 1 完璧, 完全無欠. 2 無傷, 不可侵性. 3 潔白さ, 正直.
In·tel'lekt [ɪntɛ'lɛkt] 男 -[e]s/ (lat. intellectus, Einsicht⁴) 知性, 知力, 思考力.
In·tel·lek·tu·a'lis·mus [ɪntelektua'lɪsmʊs] 男 -/ 1〘哲学〙主知主義. 2〘侮〙知性偏重.
in·tel·lek·tu'ell [ɪntɛlektu'ɛl] 形 1 知的な, 知性の; 理性的な. 2 知識人(インテリ)の. 3〘侮〙知性偏重の, 高尚な.
In·tel·lek·tu'el·le 男 囡《形容詞変化》知識人, インテリ.
*in·tel·li·gent [ɪnteli'gɛnt インテリゲント] 形 (lat.) 知性のある, (理)知的な; 聡明な(賢明な), 頭のよい, 利口な;〘ｺﾝﾋﾟｭ〙データ処理能力を有する. ~es Terminal インテリジェント端末.
*In·tel·li'genz [ɪntɛli'gɛnts インテリゲンツ] 囡 -/-en (lat.) 1〘複数なし〙知性, 理知, 智力; 聡明, 利発, 明敏;〘心理〙知性. 2〘複数なし〙知識階級. 3 (多く複数で)知的生物; 理性的存在.
In·tel·li'genz·bes·tie 囡 -/-n 1〘話〙優秀な頭脳の持主. 2〘侮〙インテリぶるやつ.
In·tel·li'genz·ler [ɪntɛli'gɛntslər] 男 -s/〘侮〙インテリ.
In·tel·li'genz·quo·ti·ent 男 -en/-en (略 IQ)〘心理〙知能指数.
In·tel·li'genz·test 男 -[e]s/-s(-e)〘心理〙知能テスト.
in·tel·li'gi·bel [ɪntɛli'gi:bəl] 形 (lat.)〘哲学〙知性によってのみ把握される, 叡智的. die intelligible Welt 叡智界.
In·ten'dant [ɪntɛn'dant] 男 -en/-en (fr.) 1 (歴史)(フランス王制期の州の)代官, 知事. 2 劇場監督(支配人); 放送協会会長. 3〘軍事〙主計局長.
In·ten·dan'tur [ɪntendan'tu:r] 囡 -/-en〘古〙= Intendanz. 2〘軍事〙経理部.
In·ten'danz [ɪntɛn'dants] 囡 -/-en 1 劇場監督(支配人)職; 放送協会会長職. 2 1の事務所.
in·ten·die·ren [ɪntɛn'di:rən] 他 (lat.)(事⁴を)意図する, 企てる, 志す.
In·ten·si'on [ɪntɛnzi'o:n] 囡 -/-en 1 (精神の)緊張, 集中. 2〘論理〙(↔ Extension) 内包.
In·ten·si'tät [ɪntɛnzi'tɛ:t] 囡 -/-en (↓ intensiv) 1〘複数なし〙緊張, 迫力; 内容の充実度, 密度の高さ;〘感覚の〙激しさ, 強烈さ;〘物理〙強度. 2〘農業〙集約性.
in·ten'siv [ɪntɛn'zi:f] 形 (fr.) (↔ extensiv) 1 集中的な, 徹底的な, 力を振り絞った. 2 (色・匂い・痛みなどが)強烈な. 3〘農業〙集約的な. 4〘文法〙強意の.
in·ten·si·vie·ren [ɪntɛnzi'vi:rən] 他 (事⁴を)強化(徹底)する.

In·ten'siv·kurs 男 -es/-e (語学などの)集中講座, 速習コース.
In·ten'siv·sta·ti·on 囡 -/-en 集中治療室, ICU
In·ten·ti'on [ɪntɛntsi'o:n] 囡 -/-en (lat. intentio, Spannung⁴) 1 意図, 志向, 意向, 趣旨. 2〘医学〙癒合(ごう).
in·ten·ti·o'nal [ɪntɛntsio'na:l] 形 意図的な, 故意の.
in·ter.., In·ter.. [ɪntər..]〘接頭〙(lat. zwischen, unter⁴) 形容詞・名詞などに冠して「間, 中, 内, 相互」などの意を表す. international 国際的な.
In·ter·ak·ti'on [ɪntər|aktsi'o:n] 囡 -/-en〘心理社会学〙相互作用.
in·ter·ak'tiv 形 双方向性の, 対話式の.
'in·ter·al·li·iert ['ɪntər|alii:rt, ----'-] 形《比較変化なし》同盟国間の; (第 1 次・第 2 次世界大戦の)連合国間の.
In·ter'ci·ty [ɪntər'sɪti, '----] 男 -s/-s (engl.) Intercityzug
In·ter'ci·ty-ex'press 男 -[es]/-e = Intercityexpresszug
In·ter'ci·ty-ex'press·zug 男 -[e]s/⸚e (略 ICE) インターシティ超特急, ドイツ新幹線.
In·ter'ci·ty·zug 男 -[e]s/⸚e (略 IC) 都市間特急列車, インターシティ.
In·ter·de·pen'denz [ɪntərdepɛn'dɛnts] 囡 -/-en 相互依存.
In·ter'dikt [ɪntər'dɪkt] 中 -[e]s/-e (lat. interdictum, Verbot⁴) 禁止;〘ｶﾄﾘｯｸ〙聖務禁止.
In·ter·dik·ti'on [ɪntərdɪktsi'o:n] 囡 -/-en (lat.)〘古〙1 禁止. 2 禁治産宣告.
in·ter·dis·zi·pli·när [ɪntərdɪstsɪpli'nɛ:r] 形 学問分野間の; (研究などが)学際的な.

in·te·res'sant

[ɪntərɛ'sant インテレサント] 形 (fr.) 1 関心(興味)を惹く, 興味をそそる; おもしろい, 興味深い, 得るところの多い 2 人を惹く, 変った, 奇妙な. Das ist ja sehr ~! それはじつにおもしろい(変っている)ね. ein ~es Buch おもしろい本. ~ erzählen können 話し上手である. sich⁴ ~ machen [wollen] 人の気(関心)を惹こうとする, 目立ちたがる. 2《副詞的にも用いない》〘商業〙得な, 儲かる, 分(ぶ)のよい.

In·te·res·se

[ɪntə'rɛsə インテレセ] 中 -s/-n (lat., dabei sein⁴) 1〘複数なし〙関心, 興味, 好奇心; 注目, 関与; 買気, 需要; (多く複数で)愛好, 好み; (…したい)気, 乗り気. Sein ~ gilt nur der Musik. 彼の関心は音楽にしかない. An diesem Artikel〈Für diesen Artikel〉besteht wenig ~. この商品はあまり人気がない. Er hat überhaupt kein ~〈keine ~n〉. 彼はおよそ趣味というものがない. Haben Sie ~, Ihren Wagen zu verkaufen? 車を売る気はありませんか. an et³〈für et⁴〉~ haben 事³·⁴に興味がある. für j³ von ~ sein 人³の関心を惹く, (にとって)関心事である. 2 利益, 得; (多く複数で)利害, 損得(勘定); 重要(性), 重大さ. j² ~n vertreten〈wahren〉人²の利益を代表する〈守る〉. im eigenen ~ 利己的(打算的)に. im ~ des Weltfriedens 世界平和のために. Es liegt in unser aller ~. それは我々みんなのためになることだ. von ~ sein 重要(重大事)である. 3〘古〙《複数で》利子, 利息.
in·te·res·se·los 形《比較変化なし》興味のない, 無関心の.

In·te·res·sen·ge·biet 甲 -[e]s/-e 関心のある分野.

In·te·res·sen·ge·mein·schaft 女 -/-en **1** 同好会. **2**《略 IG》《経済》利益共同体.

In·te·res·sen·grup·pe 女 -/-n 利益集団.

In·te·res·sen·sphä·re 女 -/-n 国家の勢力(利益)範囲. **2**《まれ》=Interessengebiet

In·te·res'sent [ɪntərɛˈsɛnt] 男 -en/-en (↓ interessieren) 参加希望者, 応募者, 購入希望者.

In·te·res·sen·ver·tre·tung 女 -/-en (人²の)利害を代表すること; 利害代表.

in·te·res·sie·ren

[ɪntərɛˈsiːrən] インテレスィーレン ❶ 他 (人⁴の)関心(興味)をよび起こす; (人⁴の)気持を惹きつける(an et³ / für et⁴ 事³,⁴,と). Das Buch *interessiert* mich nicht im Geringsten. この本には全く興味がわからない.

❷ 再 (sich⁴) (für et⁴ 事⁴に)関心(興味)を抱く, 気持(食指)を動かす. sich für Autos⟨Hunde⟩ ~ 車⟨犬⟩に興味がある, (が)好きである. Ich *interessiere mich* sehr für diesen Film. 私はこの映画に大いに興味があり, この映画をぜひ観たい. Er *interessiert sich* für meine Schwester. 彼は私の妹に気がある. sich für alles ~ 好奇心が旺盛である.

in·te·res'siert [ɪntərɛˈsiːrt] 過分 形 **1** 興味を抱く, 関心のある, 好奇心を持った. Sie ist ein ~er Mensch. 彼女は何にでも興味を持つ(首を突っ込む)人間だ. Er ist politisch ~. 彼は政治好きである. an et⟨j⟩³ ~ sein 事⟨人⟩³に興味(関心)がある. **2**《古》私利を図った, 利己的な.

In'ter·face [ˈɪntərfeːs] 甲 -/-s (engl.)《コンピュ》インターフェース.

In·ter·fe'renz [ɪntərfeˈrɛnts] 女 -/-en (lat.) **1**《物理》(光波・音波・電波などの)干渉. **2**《言語》言語干渉.

In·ter·fe'renz·far·be 女 -/-n《光学》干渉色.

In·ter·fe'renz·fil·ter 甲(男) -s/-《光学》干渉フィルター.

In·ter·fe'ron [ɪntərfeˈroːn] 甲 -s/-e (lat.)《医学》インターフェロン.

in·ter·frak·ti·o'nell [ɪntərfraktsioˈnɛl] 形 (議会の)会派間の.

in·ter·ga'lak·tisch [ɪntərgaˈlaktɪʃ] 形《天文》銀河系相互間の.

in·ter·gla·zi'al [..glatsiaˈl] 形《地質》間氷期の.

In·ter·gla·zi'al 甲 -s/-e《地質》=Interglazialzeit

In·ter·gla·zi'al·zeit 女 -/-en《地質》(Interglazial, Warmzeit, Zwischenzeit) 間氷期.

In·te·ri'eur [ɛteriˈøːr] 甲 -s/-s(-e) (fr.) **1** (↔ Exterieur) 内部, 内側, 室内, 屋内, 内装. **2**《絵画》室内像.

In·te'rim [ˈɪntərɪm] 甲 -s/-s (lat., inzwischen') **1** (政治的・宗教的問題についての)暫定的協定, 仮協定. **2** 中間期, 暫時.

in·te·ri'mis·tisch [ɪnteriˈmɪstɪʃ] 形 (lat.) 仮の, 臨時の, 暫定的な.

In'te·rims·re·gie·rung 女 -/-en 臨時政府.

In·ter·jek·ti'on [ɪntərjɛktsioˈn] 女 -/-en (lat.)《文法》間投(感嘆)詞.

In·ter·kon·fes·si·o·na'lis·mus [ɪntərkonfɛsionaˈlɪsmos] 男 -/《宗教》宗派無差別主義.

in·ter·kon·fes·si·o'nell [..nɛl] 形 (↑inter..)《宗教》宗派相互の, 諸宗派共同の.

in·ter·kon·ti·nen'tal [ɪntərkɔntinɛnˈtaːl] 形 大陸間の.

In·ter·kon·ti·nen'tal·ra·ke·te 女 -/-n《軍事》大陸間弾道ミサイル.

in·ter·kul·tu'rell 形 異なる文化間の, 異文化どうしの.

in·ter·li·ne'ar [ɪntərlineaˈr] 形 (lat.) (主にラテン語原典の)行間に書込まれた.

In·ter·li·ne·ar·ver·si·on 女 -/-en (主に中世初期のラテン語原典の)行間に書込まれた逐語(ちくご)訳.

In·ter'mez·zo [ɪntərˈmɛtso] 甲 -s/-s(..mezzi [..tsi]) (lat.) **1**《音楽・演劇》(劇やオペラの)幕間(まくあい)劇, インテルメッツォ. **2**《音楽》間奏曲. **3** (愉快な)小事件.

in·ter·mit'tie·rend [ɪntərmɪˈtiːrənt] 形 (lat.)《比較変化なし》間欠(かんけつ)的な, 断続的な.

in'tern [ɪnˈtɛrn] 形 (lat. internus , im Innern befindlich')《比較変化なし》(↔ extern) **1** 内の, 内部の, 内側の; 内輪の, 内々の, 内密の. **2**《医学》内科の. **3**《古》寄宿している.

In·ter'nat [ɪntərˈnaːt] 甲 -[e]s/-e (lat.) **1** (高等学校などの)寄宿舎, 寮. **2** (↔ Externat) 寄宿(全寮制)学校.

***in·ter·na·ti·o'nal** [ɪntərnatsioˈnaːl] インターナツィオナール] 形《比較変化なし》国際的な, 国際上の, 国際(国家)間の, 超国家的な, 万国の. ~ anerkannt sein 国際的に評価されている. eine ~e Abmachung 国際協定. *Internationale* Arbeitsorganisation《略 IAO, ILO》《政治》国際労働機構. ~e°*Internationale*⟩ Einheit I. E. 》《医学》国際単位. *Internationaler* Währungsfonds《略 IWF, IMF》《経済》国際通貨基金.

In·ter·na·ti·o·na'le¹ 女 女《形容詞変化》ナショナルチームの選手.

In·ter·na·ti·o·na'le² 女 -/-n **1** (Internationale Arbeiterassoziation) 国際労働者同盟, インター. **2** 《複数なし》インターナショナル(の歌), **3**《比喩》国際的組織. die schwarze ~ イエズス会士.

in·ter·na·ti·o·na·li·sie·ren [ɪntərnatsionaliˈziːrən] 他 **1**《国際法》(ある国家・地域などを)国際管理の下に置く. **2** 国際化する.

In·ter·na·ti·o·na·lis·mus [..ˈlɪsmos] 男 -/..men **1**《複数なし》国際主義. **2**《言語》国際共通語.

In·ter·na·ti·o·na·li·tät [ɪntərnatsionaliˈtɛːt] 女 -/ 国際的であること, 国際性.

In'ter·ne [ɪnˈtɛrnə] 女 男《形容詞変化》(↔ Externe) 寮生, 寄宿生.

In·ter·net [ˈɪntərnɛt] 甲 -s/-s (engl.) インターネット.

In·ter·net·nut·zer 男 -s/- インターネット利用者.

In·ter·net·shop·ping 甲 -s/-s インターネットショッピング.

in·ter·nie·ren [ɪntərˈniːrən] 他 (↓intern) **1**《軍事・法制》(捕虜などを)拘禁する, 抑留する. **2** (伝染病患者を)隔離する.

In·ter·nier·te 女 男《形容詞変化》抑留者; 隔離患者.

In·ter·nie·rung 女 -/-en 拘留, 逮捕, 抑禁; 隔離.

In·ter·nie·rungs·la·ger 甲 -s/- 抑留民収容所.

In·ter'nist [ɪntərˈnɪst] 男 -en/-en (↔ Externist) **1**《医学》内科医. **2**《古》寮生.

in·ter·par·la·men'ta·risch 形《政治》各国の議会間の. *Interparlamentarische* Union《略 IPU》列国議会同盟.

In·ter·pel·la·ti·on [ɪntərpɛlatsi'o:n] 囡 -/-en (lat.) **1** 《古》《法制》抗告書. **2** 《政治》(議会での政府に対する)質疑, 質問.

in·ter·pel·lie·ren [ɪntərpɛ'li:rən] (lat.) ❶ 圁 (議会で)質問する. ❷ 圑《古》(人々の話に)質問をさしはさむ.

in·ter·pla·ne·tar [ɪntərplane'ta:r], **in·ter·pla·ne·ta·risch** [..'ta:rɪʃ] 形《天文》惑星間の.

'In·ter·pol ['ɪntərpo:l] (lat.)《ふつう無冠詞で》国際刑事警察機構, インターポール (Internationale kriminalpolizeiliche Kommission の略).

In·ter·po·la·ti·on [ɪntərpolatsi'o:n] 囡 -/-en (lat.) **1**《数学》補間法. **2** (原典への後世の)加筆, 改竄(ざん).

in·ter·po·lie·ren [ɪntərpo'li:rən] 他 圁 (lat.) **1**《数学》(数値を補間法で求める. **2** (原典に)加筆する, 改竄(ざん)する.

In·ter·pret [ɪntər'pre:t] 圑 -en/-en (lat. interpres, Erklärer') **1** 解釈者, 注釈者. **2** 演奏者, 演出家. ◆女性形 Interpretin 囡 -/-nen

In·ter·pre·ta·ti·on [ɪntərpretatsi'o:n] 囡 -/-en (lat.) **1** 解釈, 解説, 注釈. **2** (楽曲・歌曲などの)演奏.

in·ter·pre'tie·ren [ɪntərpre'ti:rən] 他 (lat.) **1** 解釈する. ein Gedicht ~ 詩を(自己の解釈を加えて)説明する. seinen Rücktritt als Feigheit ~ 彼の辞職を卑怯なことだと受取る. j⁴ falsch ~ 人⁴の(言葉, 態度)を曲解する. **2** (音楽作品を自己の解釈を加えて)演奏する(歌う).

in·ter·punk'tie·ren [ɪntərpʊŋk'ti:rən] 圁《言語》句読(とう)点を打つ.

In·ter·punk·ti·on [ɪntərpʊŋktsi'o:n] 囡 -/-en (lat.)《言語》(Zeichensetzung) 句読法.

In·ter·punk·ti'ons·zei·chen 甲 -s/-《言語》句読点.

'In·ter·rail·kar·te [ɪntərrɛi:l..] 囡 -/-n (engl. international+rail)《鉄道》(青少年のための)ヨーロッパ内鉄道割引切符.

In·ter're·gio [ɪntər're:gio] 圑 -s/-s (略 IR) 中距離快速列車.

In·ter·reg·num [ɪntər'rɛgnʊm] 甲 -s/..nen[..nən] (..na[..na]) (lat.) **1**《政治》臨時政府(の存続期間). **2** 空位期間. **3**《歴史》(神聖ローマ帝国の)大空位時代(1254–73).

in·ter·ro·ga'tiv [ɪntərroga'ti:f] 形 (lat.)《文法》疑問の.

In·ter·ro·ga'tiv 甲 -s/-e《文法》疑問詞. *Interrogativ*pronomen 疑問代名詞. *Interrogativ*adverb 疑問副詞.

In·ter·ro·ga'tiv·pro·no·men 甲 -s/..nomina《文法》疑問代名詞.

in·ter·stel'lar [ɪntərstɛ'la:r] 形 (lat. inter+stella , Stern')《天文》恒星間の. *~ e* Materie 星間物質.

In·ter'vall [ɪntər'val] 甲 -s/-e (lat.) (時間的な)間隔, 合間, 間(かん);《音楽》音程;《数学》区間.

in·ter·ve'nie·ren [ɪntərve'ni:rən] 圁 (lat.) **1** (in et³ 事³)の)仲に入る(を仲裁する). **2**《政治》干渉(介入)する; (bei et³ 物³に)異議をさしはさむ.

In·ter·ven·ti·on [ɪntərvɛntsi'o:n] 囡 -/-en **1** 仲裁, 調停, 介入. **2**《政治》(他国への)抗議, 干渉. **3**《法制》訴訟参加.

'In·ter·view ['ɪntərvju:, - - -'] 甲 -s/-s (engl.) (記者)会見, インタビュー;《社会学》面接調査;《医学》問診. ein ~ mit j³ führen(machen) 人³にインタビューをする.

in·ter·vie·wen [ɪntər'vju:ən, ' - - - -] 他 (人に)インタビューする.

In·ter·vie·wer [ɪntər'vju:ər, ' - - - -] 圑 -s/- インタビューアー.

in·ter·zo'nal [ɪntərtso'na:l] 形 **1** 地域間の. (1945 以降の)ドイツ占領地区内の. **3** 旧東西両ドイツ間の.

In·ter'zo·nen·ver·kehr [ɪntər'tso:nən..] 圑 -s/- ドイツ占領地区内の交通; 旧東西両ドイツ間の交通.

In·thro·ni·sa·ti·on [ɪntronizatsi'o:n] 囡 -/-en 即位式. **2**《教皇(司教)着座式.

in·thro·ni'sie·ren [ɪntroni'zi:rən] 他 即位させる, 王位につける;《教皇(教皇などを)着座させる.

in'tim [ɪn'ti:m] 形 (lat.) **1** 親しい, 親密な, 昵懇(じっこん)な; 私的な, 内輪の. ein *~er* Freund 親友. ein *~e* Feier ごく内輪のお祝い. **2**《婉曲》性的な. mit j³ ~ sein(werden) 人³と割ない(深い)仲である(仲になる). **3** 性器にかんする. **4** 心おきない, 居心地のよい. ein *~es* Lokal くつろげる店. **5**《ふつう最上級で》心の奥底の, 内奥の. **6** (事に)精通した. et⁴ ~ kennen 事⁴を知り尽くしている.

'In·ti·ma ['ɪntima] 囡 -/-s Intimus の女性形.

In'tim·be·reich 圑 -[e]s/-e **1** 恥部, 陰部. **2** プライバシー, 私生活.

In'tim·feind 圑 -[e]s/-e 宿敵.

'In·ti·mi ['ɪntimi] Intimus の複数.

In·ti·mi'tät [ɪntimi'tɛ:t] 囡 -/-en **1**《複数なし》親密さ, 親交. **2**《複数なし》居心地のよさ. **3** 個人的事情, 内輪の事柄. **4** 性的な言動.

In'tim·sphä·re 囡 -/ プライバシー, 私生活; 性生活.

'In·ti·mus ['ɪntimus] 圑 -/Intimi (lat.) 親友.

in·to·le'ra·bel [ɪntole'ra:bəl] 形 耐えられない, 我慢できない.

'in·to·le·rant ['ɪntolerant, - - -'-] 形 (lat.)《比較変化なし》(↔ tolerant) 偏狭な, 寛容でない, 狭量な.《医学》耐性のない. ~ gegen Alkohol sein アルコールを受けつけない.

'In·to·le·ranz ['ɪntoleranʦ, - - -'-] 囡 -/-en (lat.) **1** 不寛容, 狭量, 偏狭. **2**《医学》不耐性.

In·to·na·ti·on [ɪntonatsi'o:n] 囡 -/-en (lat.) **1**《楽器》調律. **2** (グレゴリオ聖歌・祭文などの)始唱, 先唱. **3**《音楽》(歌唱・演奏の際の)音程の調節. **4**《言語》イントネーション, 音調.

in·to'nie·ren [ɪnto'ni:rən] (lat.) ❶ 他 **1**《音楽》(歌曲を)歌い出す, 歌唱を始める. einen Ton ~ (音合わせのための)音を出す. **2**《楽器》調律する. ❷ 圁 **1**《音楽》(オルガンで合唱曲の)前奏を弾く. (歌唱・演奏の)音高を定める. **3**《言語》イントネーションをつける.

in 'to·to [ɪn 'to:to] (lat., im ganzen') 全体として.

In·to·xi·ka·ti·on [ɪntɔksikatsi'o:n] 囡 -/-en《病理》中毒.

in·tra.., In·tra.. [ɪntra..]《接頭》(lat.) 主として形容詞に冠して「内部に, あいだに」などの意を表す. *intra*molekular 分子内部の.

In'tra·da [ɪn'tra:da], **In'tra·de** [..də] 囡 -/Intraden (lat.)《音楽》イントラーダ(バロック音楽の導入曲).

in·tra·ku'tan [ɪntraku'ta:n] 形 (lat.)《医学》皮膚内の.

in·tra·mus·ku'lär [..muskule:r] 形 (lat.)《略 i. m.》《医学》筋肉内の. *~e* Injektion 筋肉注射.

In·tra·net [ˈɪntranɛt] 囲 -s/-s《*engl.*》《コンピュ》イントラネット.

in·tran·si'gent [ɪntranziˈgɛnt] 形 (*lat.*) 非妥協的な, 強硬な.

in·tran·si·tiv [ˈɪntranziti:f] 形 (*lat.*)《文法》(↔ transitiv) 自動の. ein ~*es* Verb 自動詞.

in·tran·si·tiv 囲 -s/-e《文法》(↔ Transitiv) 自動詞.

in·tra·ute'rin [ɪntra|uteˈri:n] 形《医学》子宮内の.

in·tra·ve'nös [..veˈnøːs] 形《略 i. v.》《医学》静脈内の. ~*e* Injektion 静脈注射.

in·tri'gant [ɪntriˈgant] 形 (*fr.*) 陰謀を好む.

In·tri'gant 囲 -en/-en (*fr.*) **1** 陰謀家, 策士. **2**《演劇・文学》悪人, 悪玉. ◆女性形 **Intrigantin** 囡 -/-nen

In·tri'ge [ɪnˈtriːgə] 囡 -/-n (*fr.*) **1** 陰謀, 策略(ばく), 奸計(かん), 奸策. ~*n spinnen* 陰謀をめぐらす. **2**（小説・劇などの）波瀾万丈の筋立て.

in·tri'gie·ren [ɪntriˈgiːrən] 自 (*fr.*) (gegen j⁴に対して)陰謀をたくらむ, 奸計をめぐらす.

in'trin·sisch [ɪnˈtrɪnzɪʃ] 形 (*engl.*)《心理・教育・医学》(↔ extrinsisch) 内部からの, 内因性の.

in·tro.., **In·tro..** [ɪntro..]《接頭》(*lat.*, ,nach innen, hinein‘) 動詞・形容詞・名詞に冠して「中へ, 内部へ」の意を表す. *Introitus*《カトリ》入祭文.

In·tro·duk·ti'on [ɪntrodʊktsiˈoːn] 囡 -/-en (*lat.*) **1** 序, 序論, 案内, 入門. **2**《音楽》序曲, 導入部.

In'tro·i·tus [ɪnˈtroːitʊs] 囲 -/- (*lat.*) **1**《カトリ》(ミサの)入祭文. **2**《ブロテス》礼拝開始時の讃美歌. **3**《解剖》入口(骨盤入口, 膣入口など).

In·tro·spek·ti'on [ɪntrospɛktsiˈoːn] 囡 -/-en《心理》内省.

in·tro·spek'tiv [..spɛkˈtiːf] 形 内省的な.

in·tro·ver'tiert [ɪntroverˈtiːrt] 形 (↔ extravertiert) 内向的な.

In·tu·i·ti'on [ɪntuitsiˈoːn] 囡 -/-en (*lat.*) 直観.

in·tu·i'tiv [ɪntuiˈtiːf] 形 (*lat.*) (↔ diskursiv) 直観的な; 勘のよい.

'in·tus [ˈɪntʊs] 副 (*lat.*)《話》《次の用法で》et⁴ ~ haben (物⁴を)食べた(飲んだ);（事⁴を)理解した, 呑みこんだ. einen ~ haben 一杯機嫌でいる.

Inuk [ˈɪnʊk] 囲 -s/Inuit[ˈɪnuɪt] (*eskim.*, ,Mensch‘) イヌイット(エスキモーの人たちが自分自身を呼ぶ名. カナダでは公称にもなっている). ↑Eskimo

in·va'lid [ɪnvaˈliːt], **in·va'li·de** [ɪnvaˈliːdə] 形 (*fr.*) (病気や負傷などで)働けなくなった, 就業不能の.

In·va'li·de 囲 -n/-n (↓ invalid) 就業不能者; 傷病兵, 傷痍(しょうい)軍人.

In·va'li·den·heim 囲 -[e]s/-e 身体障害者用施設.

In·va'li·den·ren·te 囡 -/-n 傷病兵恩給, 廃疾(はいしつ)年金.

In·va'li·den·ver·si·che·rung 囡 -/-en《保険》廃疾(はいしつ)保険.

In·va·li·di'tät [ɪnvaliditɛːt] 囡 -/ (*fr.*) 就業不能.

'in·va·ri·a'bel [ˈɪnvaːriaˌbal, ˗ ˗ ˗ ˈ ˗ ˗] 形 (*lat.*) 一定不変の, 変らない.

In·va·ri'an·te [ɪnvariˈantə] 囡 -/-n **1**《数学》不変数式. **2**《物理》不変量.

In·va·si'on [ɪnvaziˈoːn] 囡 -/-en (*lat.*) **1**《軍事・法制》侵入, 侵攻, 侵略. **2** (多勢の人の)殺到. **3**《医学》(病原菌の)侵入.

In·va·sor [ɪnˈvaːzoːr] 囲 -s/-en[..vaˈzoːrən] (*lat.*)《ふつう複数で》侵略(侵入)者.

In·ven'tar [ɪnvɛnˈtaːr] 囲 -s/-e (*lat.*) **1** 財産(在庫品)目録, 棚卸(たなおろ)し表; 遺産目録. **2** 在庫品, 備品, 財産, 属具. *Lebendes* ~ 生ける属具(財産)(家畜など);《戯》(会社などの)古株. *Totes* ~ 死せる属具(財産)(家具など).

In·ven·ta·ri'sie·ren [ɪnvɛntariˈziːrən] 他 (↓ Inventar) 財産(在庫品)目録を作る.

In·ven·ti'on [ɪnvɛntsiˈoːn] 囡 -/-en (*lat.*) **1**《古》発明. **2**《音楽》インヴェンション.

In·ven'tur [ɪnvɛnˈtuːr] 囡 -/-en (*lat.*)《経済》棚卸し.

In·ven'tur·aus·ver·kauf 囲 -[e]s/-¨e《経済》在庫品一掃, 大売出し, 棚ざらえ.

in'vers [ɪnˈvɛrs] 形 (*lat.*)《比較変化なし》**1** 逆の, 反対の. **2** ~*e Funktion*《数学》逆関数.

In·ver·si'on [ɪnvɛrziˈoːn] 囡 -/-en (*lat.*) **1** 転倒. **2**《文法》倒置法. **3**《音楽》転回. **4**《医学》(臓器の)逆位, 内反病, 転位. **5**《遺伝》(遺伝子配列順序の)逆位. **6**《地質》逆転褶曲. **7**《化学》転化, 反転. **8**《気象》(気温の)逆転. **9**《心理》倒錯, 同性愛.

In·ver'ta·se [ɪnvɛrˈtaːzə] 囡 -/-n《生化学》インベルターゼ, 転化酵素

in·ver'tie·ren [ɪnvɛrˈtiːrən] (*lat.*) ❶ 他 転倒(逆転, 反転)させる. ❷ 自 転倒(逆転, 反転)する. ◆↑invertiert

in·ver'tiert [ɪnvɛrˈtiːrt] 過分 形 **1** 逆になった. **2**《心理》同性愛の, 性倒錯の.

in·ves'tie·ren [ɪnvɛsˈtiːrən] 他 (*lat.*) **1** (人⁴を)官職に就ける, 叙位する. **2** (物⁴を)投入(投資)する, そそぎ込む (in et〈j〉⁴ 事〈人〉⁴に). in j⁴ *seine Liebe* ~ 人々に愛情をそそぎ込む.

In·ves'tie·rung 囡 -/-en 投資, 投入; 叙位, 任命.

In·ves·ti·ti'on [ɪnvɛstitsiˈoːn] 囡 -/-en (*lat.*) 出資, 投資.

In·ves·ti·ti'ons·gü·ter 複《経済》投資財, 資本財.

In·ves·ti'tur [ɪnvɛstiˈtuːr] 囡 -/-en (*lat.*) **1** (旧ドイツ法で)叙任(授爵・叙位・任命など); 叙任式. **2**《カトリ》聖職叙任.

In·ves·ti'tur·streit 囲 -[e]s/《歴史》叙任権論争. ◆中世前期以来聖職叙任権をめぐって教皇と皇帝とのあいだで争われた戦い. 1122 ヴォルムスの和約によって妥協的解決を見た.

In'vest·ment [ɪnˈvɛstmənt] 囲 -s/-s (*engl.*) 出資, 投資.

In'vest·ment·ge·sell·schaft 囡 -/-en《経済》投資(信託)会社.

in 'vi·no 've·ri·tas [ɪn ˈviːno ˈveːritas] (*lat.*, ,im Wein [ist] Wahrheit‘)《諺》酒中に真あり.

in·vi'zi·bel [ɪnviˈziːbəl, ˗ ˗ ˗ ˈ ˗ ˗] 形 (*lat.*, unsichtbar‘) 目に見えない.

in 'vi·tro [ɪn ˈviːtro] (*lat.*, ,im Glase‘) 試験管の中で. *In-vitro-*Befruchtung 試験管内受精.

In·vo'ka·vit [ɪnvoˈkaːvɪt] (*lat.*, ,無冠詞/不変化で)《カトリ》四旬節第1の主日(日曜日). 復活祭前前の第6日曜日. ◆*er hat* [mich] *angerufen* の意.

In·vo·lu·ti'on [ɪnvolutsiˈoːn] 囡 -/-en (*lat.*) **1** 退化, 退行. **2**《社会学》(民主主義などの)後退. **3**《数学》対合. **4**《医学》(出産後の子宮など器官の)退縮. **5**《心理》(老年の)退行.

in·vol·vie·ren [ɪnvɔl'viːrən] 他 (lat.) (物¹を)包含する, 含む; (必然的に)伴う.

'in·wärts ['ɪnvɛrts] 副 《古》内部へ, 内側へ.

'in·wen·dig ['ɪnvɛndɪç] 形 (↔ auswendig) 中の, 内側の, 内部の, 内面の. j⟨et⟩⁴ *in-* und aus*wendig* kennen《話》人〈事〉をよく知りつくしている.

in·wie'fern [ɪnvi'fɛrn] 副 《疑問》どのようにして, どうして, どの程度(まで).

in·wie'weit [ɪnvi'vaɪt] 副 《疑問》どの程度(まで).

In'zest [ɪn'tsɛst] 男 -[e]s/-e (lat.) **1** 近親相姦. **2** 《動物》近親(同種)交配.

in·zes·tu'ös [ɪntsɛstu'øːs] 形 (↓ Inzest) 近親相姦の; 同種交配の.

'In·zucht ['ɪntsʊxt] 女 -/-en. 同種交配, 近親結婚.

*****in'zwi·schen** [ɪn'tsvɪʃən] インツヴィシェン 副 **1** そのあいだに, そうこうするうちに. Ich muss noch arbeiten, du kannst ~ essen. 私はあす仕事があるからそのあいだに食事をしていていいよ. *Inzwischen* ist viel geschehen. そのあいだに(あれから)いろんなことがあった. Ich kenne dich ..《話》(この頃は)(こちらも)君という人間がよく分かったよ. **2** 《話》さしあたり.

Io (記号)《化学》= Ionium

IOK (略) = Internationales Olympisches Komitee 国際オリンピック委員会.

Ion [i'oːn, 'iːɔn] 中 -s/-en [i'oːnən] (gr.) 《化学》 positive⟨negative⟩ ~*en* 陽⟨陰⟩イオン.

Io·nen·aus·tausch [i'oːnən..] 男 -[e]s/-e 《化学》 イオン交換.

Io·nen·bin·dung [i'oːnən..] 女 -/-en 《化学》 イオン結合.

Io·ni·en [i'oːniən] (地名) イオニア(小アジアの海岸地方).

Io·ni·er [i'oːniər] 男 -s/- イオニア人.

io·ni·sa·ti'on [ionizatsi'oːn] 女 -/-en《化学》イオン化, 電離.

io·nisch [i'oːnɪʃ] 形 イオニアの, イオニアの. die ~*en* Inseln イオニア諸島. ~*e* Säule《建築》イオニア式円柱. ~*e* Tonart 《音楽》イオニア旋法.

io·ni·sie·ren [ioni'ziːrən] 他 《化学》イオン化させる, 電離させる.

Io·ni·sie·rung 女 -/-en《化学》イオン化, 電離.

Io·ni·um [i'oːnium] 中 -s/ (↓ Ion) (記号 Io) 《化学》イオニウム.

Io·no'sphä·re [iono'sfɛːrə] 女 -/ 電離層.

Io·ta [i'oːta] 中 -[s]/-s = Jota

Iphi'ge·nie [ifi'geːniə] 《女名》《ギリ神話》イーピゲネイア. ♦ Agamemnon 王の娘, Orestes の姉, Tauris の Artemis 女神の巫女(?).

'ip·se 'fe·cit ['ɪpsə 'feːtsɪt] (lat., hat [es] selbst gemacht) 《略 i. f.》(誰それが)これを作り, (何某)作. ♦ 芸術作品などで作者の銘の前または後に記す文句.

'ip·so 'fac·to ['ɪpso 'fakto] (lat.) 事実そのものによって.

'i-Punkt ['iːpʊŋkt] 男 -[e]s/-e *i* の上の点. bis auf den..《比喩》極めて綿密(正確)に.

IQ [iːˈkuː, aɪˈkjuː] (略) = Intelligenzquotient

Ir (記号)《化学》= Iridium

IR (略) = Interregio

ir.., **Ir..** [ɪr..] (接頭) = in..¹,², In..¹,²

i. R. (略) = im Ruhestand 退職した.

Irak [i'raːk, 'iːrak] 男 -[s]/ (arab.) (地名) [der] ~ イラク共和国, 首都は Bagdad).

Ira·ker [i'raːkər] 男 -s/- イラク人.

ira·kisch [i'raːkɪʃ] イラク(人)の. ↑deutsch

Iran [i'raːn] 男 -[s]/ (pers.) (地名) [der] ~ イラン·イスラーム共和国, 首都は Teheran).

Ira·ner [i'raːnər], **Ira·ni·er** [i'raːniər] 男 -s/- イラン人.

ira·nisch [i'raːnɪʃ] 形 イラン(人, 語)の. ↑deutsch

'ir·den ['ɪrdən] 形 土製の, 陶製の.

*****'ir·disch** ['ɪrdɪʃ] イルディシュ 形 《比較変化なし》**1** この世の, 現世の, 世俗の. die ~*e* Hülle 骸(??). ~*e* Jammertal この浮き世. 《名詞的用法》den Weg alles *Irdischen* gehen《雅》生ある者のさだめに従う(死ぬ). **2** 地球の, 地(球)上の.

Ire ['iːrə] 男 -n/-n (Irländer) アイルランド人.

Ire·ne [i'reːnə] ❶《女名》イレーネ. ❷《人名》《ギリ神話》イーレーネー(平和の女神).

Ire·nik [i'reːnɪk] 女 -/ (gr.) 《キリスト教》融和神学.

*****'ir·gend** ['ɪrgənt] イルゲント 副 **1** (jemand, etwas, sc ein などとともに) 何らか の. *irgend*jemand ⟨~ jemand⟩ 誰かある人. *irgend*etwas ⟨~ etwas⟩ 何かあること. ~ so ein Kerl《話》何というかとにかくそんなやつ. ▶ ↑ irgendetwas, irgendjemand **2** 《ふつう条件を表す副文で》何とかして, どうにか; およそ(ともかくも)…ならば. Ich werde ihn unterstützen, solang ich ~ kann. 私はできうる限り彼を支援する. Bitte komm, wenn es dir ~ möglich ist! どうにかできたら来てください. Wer ~ Grund zur Beschwerde hat soll sich⁴ melden. 異議があれば申出られたい. ohne auf andere ~ Rücksicht zu nehmen およそ他人のことなど頓着せずに.

ir·gend.. [ɪrgənt..] (接頭) 疑問副詞·疑問代名詞などに冠して "不特定の" の意を表す. *irgend*wer 誰かある人.

*****'ir·gend'ein** ['ɪrgənt|aɪn] イルゲントアイン 代 《不定》 **1** (付加語的用法で / 語尾変化は ↑ ein ①に同じ, 複数は irgendwelche. ↑ ein¹ ①, irgendwelch 1) なにかある, 誰かある. Er suchte ~ Buch über Atomphysik. 彼はなにか原子物理学に関する本をさがしていた. aus ~ em Grunde なんらかの理由で. auf ~ e Weise なんらかの方法で, どうにかして. ~ anderer 誰かほかの人. an ~ em ruhigen Ort どこか静かな所で. **2** 《名詞的用法 / 語尾変化は ↑ ein⟨ ⟩ ③に同じ, 複数は irgendwelche. ↑ein¹ ①, irgendwelch 2) なにかある物(事), 誰かある人. *Irgendeiner* der Anwesenden muss mir die Mappe weggenommen haben. 出席者の誰かが私の鞄を持去ったにちがいない. Ich heirate doch nicht ~ en! 私の結婚相手は誰でもいいというわけじゃありませんからね.

'ir·gend'ei·ner ['ɪrgənt|aɪnər] 代 《不定》↑ irgendein 2

'ir·gend'ein·mal ['ɪrgənt|aɪn'maːl] 副《話》いつかある時, いつかの一度.

'ir·gend'et·was ['ɪrgənt|ɛtvas] 代 《不定》 なにかある物(事). ↑ irgend 1

'ir·gend'je·mand ['ɪrgənt|jeːmant] 代 《不定》誰かある人. *Irgendjemand* hat nach dir gefragt. 誰か知らないが君のことを尋ねていたよ. Er ist nicht ~, er ist Doktor Meier. 彼こそほかでもない(誰あろう)マイアー博士なのだ. ♦ ↑ irgend 1

*****'ir·gend'wann** ['ɪrgənt'van] イルゲントヴァン 副 いつか(ある時に). Wir haben uns ~ schon einmal gesehen. 私たちはいつか一度会ったことがある. Ich werde mir ~ das Rauchen abgewöhnen. 私はいつかタバコをやめようと思う.

'ir·gend'was 代 《不定》《話》(irgendetwas) なにかある

る物(事). *Irgendwas* stimmt hier nicht. これはどこかおかしい(変だ). Wenn mal ~ war, konnten wir zum Alten gehen. なにか事があるたびに私たちは老人に相談できた. ◆ ↑irgend 1

ir·gend'welch ['ɪrɡənt'vɛlç イルゲントヴェルヒ] 代《不定》**1**《付加語的用法で／語尾変化は welch に同じ. ↑welch》なにかある, なんらかの, 誰かある. Gibt es ~e Fragen? なにか質問がありますか. Er gibt sich⁴ nicht mit ~*en* Zigaretten zufrieden. 彼はタバコなど何でもいいというわけではない. ▶後続の形容詞は強変化または弱変化である. die Ansicht ~*er* kluger⟨klugen⟩ Leute ある賢明な人たちの意見. **2**《名詞的用法で／語尾変化は welch に同じ. ↑welch》なにかある物(事), 誰かある人.

ir·gend·wer 代《不定》《...wer の部分が疑問代名詞 wer と同じ変化. ↑wer》《話》(irgendeiner, irgendjemand) 誰かある人. *Irgendwer* wollte dich sprechen. 誰方が君に会いたいと言ってきていました. *irgendwen* nach dem Weg fragen 誰かに道を尋ねる.

ir·gend'wie ['ɪrɡənt'vi: イルゲントヴィー] 副 **1** なんらかの方法で, どうにか(して). Du wirst das schon ~ schaffen. 君のことだからそれぐらいきっとなんとかできるだろう. Das Geheimnis war ~ bekannt geworden. 秘密はどうしてか漏れてしまっていた. **2** どことなく, なんとなく. *Irgendwie* tust du mir leid. 君を見ているとどことなくかわいそうになってくる. Ich fühle mich ~ schuldig. 私はなんとなく責任を感じている.

ir·gend·wo ['ɪrɡənt'vo: イルゲントヴォー] 副 **1** どこかある所で. Haben wir uns nicht schon ~ einmal gesehen? 私たちはどこかで一度お会いしていませんか. Gibt es [hier] ~ ein Café? この辺にどこか喫茶店はないでしょうか. *Irgendwo* tut sie mir doch leid. (心の)どこかで私は彼女のことがかわいそうな気がする. ~ anders どこかほかの所で. ~ in England イギリスのどこかで. von ~《話》どこからか. **2**《話》どことなく, なんとなく. Der spinnt ~. / Der ist ~ verrückt. あいつはどこか{頭が}おかしい.

'**ir·gend·wo·her** 副 **1** どこかある所から, どこからか. **2** なにかの事情(具合)で. *Irgendwoher* wusste er schon darüber Bescheid. どういうわけか彼はもうそのことをよく知っていた.

'**ir·gend·wo·hin** 副 どこかある所へ, いずこへか. ~ in die Ferne blicken どこか遠くを見る. ~ müssen 《略》トイレに行きたい.

Iri·di·um [i'ri:diʊm] 田 -s/-《gr.》《記号 Ir》【化学】イリジウム.

'**Irin** ['i:rɪn] 女 -/-nen ⟨Ire の女性形⟩ (Irländerin) アイルランド人女性.

'**Iris** ['i:rɪs]《gr., Regenbogen '》❶《人名》【 神話】イーリス(虹の女神). ❷ 女 -/- **1**【解剖】虹彩({ }). **2**【植物】アイリス, イリス, あやめ属.
Iris-blen·de 女 -/-n 【写真】虹彩({ })絞り.

'**irisch** ['i:rɪʃ] 形 アイルランド(人, 語)の. ↑deutsch

iri'sie·ren [iri'zi:rən] 自《gr.》虹色に輝く.

IRK《略》=Internationales Rotes Kreuz 国際赤十字.

'**Ir·land** ['ɪrlant] 【地名】アイルランド.
Ir·län·der ['ɪrlɛndər] 男 -s/- アイルランド人. ◆ 女性形 Irländerin 女 -/-nen

'**ir·län·disch** ['ɪrlɛndɪʃ] 形 =irisch

'**Ir·min** ['ɪrmɪn]《人名》【 神話】イルミン.
'**Ir·min·säu·le, 'Ir·min·sul** ['ɪrmɪnzu:l] 女 -/ イルミンの柱. 古代ゲルマン人が Irmin 神のために建て

た巨大な木の柱, 772 Karl 大帝によって破壊された.

*****Iro'nie** [iro'ni: イローニー]-/-n[..'ni:ən]《gr.》《ふつう単数で》皮肉, 嫌味; 反語(法), イロニー, 逆説. die ~ des Schicksals 運命の皮肉. romantische ~ 【文学】ロマン派の反語(イロニー). voller ~ 皮肉(嫌味)たっぷりに.

Iro·ni·ker [i'ro:nikər] 男 -s/- 皮肉屋.

*****iro·nisch** [i'ro:nɪʃ] 形 皮肉な, 嫌味な, あてこすりの(当てつけの); 反語(法)の.

iro·ni'sie·ren [ironi'zi:rən] 他 皮肉る.

irr [ɪr] 形 =irre

'**ir·ra·ti·o·nal** ['ɪratsiona:l, ----'-] 形 (↑in..²) **1** 非合理的の, 不合理な. **2** 不測の, 無分別な. **3** ~e Zahl 【数学】無理数.

Ir·ra·ti·o·na'lis·mus [ɪratsionaˈlɪsmʊs] 男 -/..men[..mən] (← Rationalismus) **1**《複数なし》【哲学】非合理主義. **2** 不条理, 非(不)合理な(言動).

'**ir·ra·ti·o·nell** ['ɪratsionɛl, ----'-] 形《fr.》非合理な, 非理性的な.

'**ir·re** ['ɪrə] 形 **1** 気のちがった, 正気でない, 精神錯乱の. **2** 不確かな, おぼつかない. an j⟨et⟩³ *irre*werden⟨° ~ werden⟩ 人⟨物⟩³が信用できなくなる (↑irrewerden). **3**《卑》普通でない, 異常な, なみはずれた; 素敵な. ein ~r Typ なみはずれたやつ. eine ~ Angst 大きな不安. Es ist ~ heiß. すごい暑さだ.

'**Ir·re** ['ɪrə] ❶ 男 女《形容詞変化》狂人, 気ちがい. ❷ 女 -/ 迷い, 誤り. in die ~ fahren⟨gehen⟩ 道に迷う; 誤まる. j⁴ in die ~ führen 人⁴をだます, 惑わす.

'**ir·re·al** ['ɪrea:l, --'-] 形 (↑in..²) 非現実的な.

'**Ir·re·a·li·tät** ['ɪrealitɛ:t, ----'-] 女 -/-en (↑in..²) (← Realität) 非現実性.

Ir·re·den·ta [ɪre'dɛnta] 女 -/..ten[..tən] (it.) **1**【歴史】イタリアイレデンタ(1870 に起こった国外イタリア人居住地域の本国編入をめざす運動). **2** 他国にある同民族の居住地域を自国に編入する運動.

'**ir·re·du·zi·bel** ['ɪredutsi:bəl, ----'-] 形 (↑in..²) (← reduzibel) **1** 還元できない. **2**【数学】不還元の, 既約の.

'**ir·re'füh·ren** 他 間違った所へ連れて行く, 道に迷わせる; だます, 欺く.

'**ir·re'füh·rend** 現分 形 紛らわしい, 誤解を招く.

'**ir·re'ge·hen*** 自 (s) 道を間違える, 道に迷う; 思いちがいをする.

'**ir·re·gu·lär** ['ɪreɡulɛ:r, ---'-] 形 (↑in..²) 変則的な, 不規則な, 非合法の;《 》《叙階》不適格の. ~e Truppen【軍事】不正規軍.

'**Ir·re·gu·lä·re** 男 女《形容詞変化》不正規兵.

'**ir·re'lei·ten** 他《雅》**1**(物)を誤配する. **2**(人⁴を)惑わせる, 誤った方向(行為)に導く.

'**ir·re·le·vant** ['ɪrelevant, ---'-] 形 (↑in..²) 取るに足らない, 重要でない.

'**ir·re·li·gi·ös** ['ɪreliɡiø:s, ----'-] 形 (↑in..²) 不信仰の, 無宗教の.

'**ir·re'ma·chen** 他 迷わせる, 当惑させる, うろたえさせる. j⁴ an et³ ~ 人⁴に物³への信頼を失わせる.

*****'ir·ren** ['ɪrən イレン] ❶ 再 (sich⁴) 思い(見当)違いをする, 間違える. wenn ich mich nicht *irre* 私の思い違いでなければ (↑②). *sich* im Datum⟨in der Person⟩ ~ 日付を間違える⟨人違いをする⟩. *sich* in j³ ~ 人³を見損なう. *sich* [in der Rechnung] um eine Euro ~ 1ユーロ計算違いをする.
❷ 自 (h, s) **1** (h) 思い(見当)違いをする. wenn ich nicht *irre* 私の思い違いでなければ (↑①). Es *irrt* der

Mensch, solang er strebt. 人間は努力する限り迷うものだ(Goethe, *Faust I*).《中性名詞として》Irren ist menschlich.《諺》過ちは人の常. **2** (s)《あてもなく》さまよう, さすらう. durch den Wald ~ 森をさまよう. Seine Augen *irrten* unruhig durch den Saal. 彼の視線は落ち着きなく広間をさまよった. *irrender*(=fahrender) Ritter《古》遍歴の騎士. **3** (s)《古》正しい道からそれる, 道を誤る.
❸ 他《古》惑われ, 迷わす; 困らせる.

Ir·ren·an·stalt 囡 -/-en《話》精神病院.
Ir·ren·arzt 男 -es/⁼e《話》精神科医.
Ir·ren·haus 中 -es/⁼er《話》精神病院. Ich bin bald reif fürs ~ 私はこんな状態にもう耐えられない.
ir·re·pa·ra·bel ['ɪrepara:bəl, ---'--] 形〈↑in..²〉
1 修理不能な, 償うことのできない. ein ~er Verlust 取返しのつかない損失. **2**《医学》不治の, 回復不能の.
ir·re|re·den 自 あらぬことを口走る, うわごとを言う.
Ir·re·sein 中 狂気, 精神病.
ir·re·ver·si·bel ['ɪrevɛrzi:bəl, ---'--] 形 (*lat.*)(↔ reversibel) 逆戻りできない, 不可逆の.
ir·re|wer·den* 自(s)自信がなくなる. an j⟨et⟩³ ~ 人⟨物⟩が信用できなくなる. ↑irre 2
Irr·fahrt ['ɪr..] 囡 -/-en 道に迷うこと, さまよい.
Irr·gang 男 -[e]s/⁼e 迷路.
Irr·gar·ten 男 -s/⁼(Labyrinth) 迷宮, 迷路.
Irr·glau·be 男 -ns/-n **1** 間違った考え, 誤解. **2**《古》異端, 邪教. ♦ 格変化は Glaube 参照.
irr·gläu·big 形 異端の.
Irr·gläu·bi·ge 囡 男《形容詞変化》異端者.
ir·rig ['ɪrɪç] 形 (見解などが)間違った, 誤った.
Ir·ri·ga·ti·on [ɪrɪgatsi'o:n] 囡 -/-en (*lat.*)《医学》灌注(*ちゅう*), 洗浄.
Ir·ri·ga·tor [ɪri'ga:tor] 男 -s/-en ..ga'to:rən] (*lat.*)《医学》灌注器, イリガトール.
ir·ri·ger'wei·se ['ɪrɪgərˈvaizə] 副 間違って, 誤って.
ir·ri·ta·bel [ɪri'ta:bəl] 形 興奮しやすい, 過敏な.
Ir·ri·ta·ti·on [ɪritatsi'o:n] 囡 -/-en (*lat.*) **1** 刺激. **2** 興奮; 苛(*いら*)立ち, 立腹.
ir·ri·tie·ren [ɪri'ti:rən] 他 (*lat.*)刺激する, 興奮させる; 苛立(*いらだ*)たせる, 怒らせる; (人*⁴*)のじゃまをする; まごつかせる, 当惑させる.
Irr·läu·fer 男 -s/- 間違って配達された郵便物.
Irr·leh·re 囡 -/-n 誤った教え, 謬(*びゅう*)説, 邪説;《宗》異端.
Irr·licht 中 -[e]s/-er 鬼火, 狐火, 人魂(*だま*).
Irr·sal ['ɪrza:l] 中 -[e]s/-e《雅》迷妄, 惑い.
Irr·sinn -[e]s/ **1** 狂気. **2** 狂気の沙汰.
irr·sin·nig ['ɪrzɪnɪç] 形 **1** 狂気の. **2**《話》猛烈な, 途方もない, ものすごい.
***Irr·tum** ['ɪrtu:m イルトゥーム] 男 -s/Irrtümer[..ty:mər] 誤り, 過(*あやま*)ち, 間違い; 思い違い, 錯覚, 誤解, 過失, 失策;《法制》錯誤. einen ~ unterlegen 判断の誤り. einen ~ begehen 過ちを犯す. im ~ sein / sich⁴ im ~ befinden 思い違いをしている.
irr·tüm·lich ['ɪrty:mlɪç] 形 誤った, 間違いの; 思い違いの, 過失の, しくじった.
Ir·rung ['ɪrʊŋ] 囡 -/-en《雅》=Irrtum
Irr·wahn 男 -[e]s/- =Irrglaube 1
Irr·weg 男 -[e]s/-e 間違った道; 邪道. einen ~ gehen⟨erschlagen⟩ / auf einen ~ geraten 道に迷う; 邪道に陥る.
Irr·wisch ['ɪrvɪʃ] 男 -[e]s/-e **1** 鬼火. **2**《話》やんちゃ坊主, お転婆. **3** 移り気な人.

is.., **Is..** [iz..]《接頭》↑iso.., Iso..
Isaak ['i:zak, 'i:za:k, 'i:zaak] (*hebr.*, Gott lacht) ❶《男名》イーザク. ❷《人名》《旧約》イサク(イスラエルの族長, Abraham と Sara の息子. Jakob と Esau の父).
Isa·bel·la [iza'bɛla]《女名》(*it.*) イザベラ.
isa'bell·far·ben [iza'bɛl..] 形 淡黄色の, 灰黄色の, 黄褐色の. ♦ スペイン王フィリップ 2 世の王女 Isabell が, 夫が Ostende を占領するまでの 3 年間肌着を代えなかったことにちなむ.
isa'bell·far·big 形 =isabellfarben
Isa'i·as ['iza:ias]《人名》《旧約》=Jesaja
Isar ['i:zar] 囡 -/《地名》die ~ イーザル川(ドイツ南部ドーナウ川の支流).
ISBN《略》=Internationale Standardbuchnummer 国際標準図書番号.
..isch [..ɪʃ]《接尾》名詞につけて「由来, 所属, 類似, 性質, 関係」などを意味する形容詞をつくる. japan*isch* 日本語の. närr*isch* ばかげた. ♦ ..isch と ..lich の両形がある場合, 後者には所属の, 前者には軽蔑の意味が込められていることが多い. kind*isch* 幼稚な, kind*lich* 子供らしい.
Ischa·ri·ot [ɪ'ʃa:riɔt]《人名》(*gr.*) Judas ~《新約》イスカリオテのユダ. ↑Judas ① 1
Ischi·as ['ɪʃias, 'ɪsçias] 男中《医学用語では 囡》(*gr.*)《病理》坐骨神経痛.
ISDN [i:ɛsde:'ɛn]《略》=Integrated Services Digital Network 総合デジタルサービス網.
Ise·grim ['i:zəgrɪm] 男 -s/-e **1**《複なし》イーゼグリム(動物寓話の狼の名). **2**《比喩》気難しい人.
..isie·ren [..izi:rən]《接尾》(*fr.*) 外来動詞の, または外来語めかした動詞の接尾辞. つねにアクセントをもつ. したがって過去分詞に ge.. をつけない.《付加·装備などの意を表す》aromat*isieren* 芳香をつける.《変化·変換》dramat*isieren* 脚色する. ♦ ↑..ieren
Isis ['i:zɪs]《人名》《エジプト神話》イーシス (Osiris 神の妃, 豊饒の女神).
Is·lam [ɪs'la:m, 'ɪslam] 男 -[s]/ (*arab.*, Hingabe an Gott) ❶ イスラム, 回教.
Is·la·ma·bad [ɪslama'ba:t]《地名》イスラマバード(パキスタンの首都).
is·la·misch [ɪs'la:mɪʃ] 形 イスラム(回教)の.
is·la·mi·sie·ren [ɪslami'zi:rən] 他 イスラム教化する.
Is·la·mis·mus [ɪsla'mɪsmus] 男 -/ イスラム主義.
Is·la·mist [ɪsla'mɪst] 男 -en/-en **1** イスラム主義者. **2** イスラム学者. ♦ 女性形 Islamistin 囡 -/-nen
is·la·mis·tisch 形 イスラム主義の.
Is·la·mit [ɪsla'mi:t] 男 -en/-en イスラム教徒.
is·la·mi·tisch [ɪsla'mi:tɪʃ] 形 =islamisch
Is·land ['i:slant]《地名》アイスランド(北大西洋の火山島).
Is·län·der ['i:slɛndər] 男 -s/- アイスランド人.
is·län·disch ['i:slɛndɪʃ] 形 アイスランド(人, 語)の. ↑deutsch
Is·mus ['ɪsmus] 男 -/..men[..mən]《俗》空論, 主義.
..is·mus [..ɪsmus]《接尾》(*gr.*) 合成して男性名詞(..men) をつくる. **1**《主義·学説·理論を表す》Sozial*ismus* 社会主義. **2**《傾向·性癖》Masoch*ismus* マゾヒズム. **3**《機構》Organ*ismus* 有機体. **4**《病的状態》Alkohol*ismus* アルコール中毒. **5**《言語·語法に関する特性》Amerikan*ismus* アメリカ語法. **6**

《侮蔑》Bürokrat*ismus* 官僚主義.

iso.., **Iso..** [izo..]《接頭》(*gr.*, gleich') 形容詞・名詞などに冠して「同等の」の意を表す. 母音の前では Is.. になる. *iso*chromatisch《光学》等色の. *Iso*top《物理》アイソトープ, 同位元素.

Iso'ba·re [izoˈbaːrə] 女 -/-n (*gr.*)《気象》等圧線.

iso'chron [izoˈkroːn] 形 (*gr.*)《物理》等時性の.

Iso'gon [izoˈgoːn] 中 -s/-e《幾何》等角形.

Iso'hyp·se [izoˈhypsə] 女 -/-n《地理》等高線.

Iso·la·ti'on [izolaˈtsioːn] 女 -/-en 1 隔離; 孤立, 孤絶. 2 絶縁(体), 断熱(材), 遮音(材).

Iso·la·ti·o'nis·mus [izolatsioˈnɪsmʊs] 男 -/ (外交上の)不干渉主義, 孤立主義.

Iso·la·tor [izoˈlaːtɔr] 男 -s/-en [..laˈtoːrən]《電子工》絶縁体(材);《工学》遮音(材), 断熱材.

Isol·de [iˈzɔldə]《女名》イゾルデ(中世叙事詩および Wagner の楽劇 *Tristan und Isolde* の女主人公).

iso'lier·band [izoˈliːr..] 中 -[e]s/⸚er《電気》絶縁テープ.

iso'lie·ren [izoˈliːrən] (*it.*) ❶ 他 1 孤立させる, 隔てる; 隔離する. *isolierende* Sprache《言語》孤立語(中国語などのように語形変化・接辞のない言語). 2 絶縁する, (熱・音などを)遮断する. 3 (細菌などを)単離する, 分離する. ❷ 再 (sich⁴) 孤立する. ◆↑isoliert

Iso'lier·haft 女 -/ 独房監禁(刑).

Iso'lier·schicht 女 -/-en 絶縁層.

iso'lier·sta·ti·on 女 -/-en 隔離病棟.

iso'liert 過分 形 隔離された, 孤立した; (電気が)絶縁された.

Iso'lie·rung 女 -/-en 孤立, 隔離(電気の)絶縁.

Iso'lier·zel·le 女 -/-n 独房.

'Iso·li·nie [ˈizoliːniə] 女 -/-n《気象》等値線.

iso'mer [izoˈmeːr] 形 (*gr.*) 1《化学》異性体の. 2《原子物理》異性核の. 3《植物》(花のガク片・花弁・おしべなどが)等数の, 同数の.

Iso'mer 中 -s/-e (多く複数で)《化学》異性体. 2《原子物理》異性核.

Iso·me'rie [izomeˈriː] 女 -/ 1《化学》異性. 2《植物》(花弁等の)同数性.

iso'morph [izoˈmɔrf] 形 1 同形の. 2《化学》異質同像の. 3《数学》同形の. 4《言語》同形の.

Iso·mor'phie [izomɔrˈfiː] 女 -/ 1 同像. 2《化学》異質同像. 3《数学》同形. 4《言語・植物》同形性.

Iso'ther·me [izoˈtɛrmə] 女 -/-n《気象》等温線.

Iso'top [izoˈtoːp] 中 -s/-e《核物理》アイソトープ, 同位元素.

iso'trop [izoˈtroːp] 形《物理》等方性の.

'Is·ra·el [ˈɪsraeːl, ..ɛl] (*hebr.*, für den Gott streitet') ❶《人名》《旧約》イスラエル(ヤコブの尊称). ❷ イスラエルの民(旧約聖書におけるユダヤ民族). der Auszug der Kinder ∼ [s]《旧約》イスラエルの子らのエジプト出立;《比喩》示威的な一斉退場. ❸《地名》イスラエル共和国.

Is·ra·e·li [ɪsraˈeːli] 男 -[s]/- [s] (女 -/- [s]) イスラエル共和国民.

is·ra·e'lisch [ɪsraˈeːlɪʃ] 形 イスラエル共和国の.

Is·ra·e'lit [ɪsraeˈliːt] 男 -en/-en イスラエル人, ユダヤ人. ─ 女性形 Israelitin 女 -/-nen

is·ra·e'li·tisch [..ˈliːtɪʃ] 形 イスラエル(ユダヤ)人の. ↑deutsch

iss, °**iß** [ɪs] essen の du に対する命令形.

isst, °**ißt** [ɪst] essen の現在 2·3 人称単数.

ist [ist] sein の現在 3 人称単数.

Ist.. [ɪst..]《接頭》(↓ist) 名詞に冠して「現有の, 実際の」の意を表す. *Ist*aufkommen 実税収.

..ist [..ɪst]《接尾》(*gr.*)「ある主義・学説などの信奉者・支持者, ある職能に従事する人」を意味する男性名詞(-en/-en)を作る. Marx*ist* マルキスト. Jur*ist* 法学者. Pian*ist* ピアニスト. ─ 女性形 ..istin (-/-nen)

'Is·tan·bul [ˈistambuːl]《地名》イスタンブール(トルコ北西部の町, 旧称 Konstantinopel).

'Ist·be·stand 男 -[e]s/⸚e《経済》(↔ Sollbestand) 実際在高; 在庫現在高.

'Isth·mos [ˈɪstmɔs] 男 -/..men [..mən] (*gr.*) =Isthmus

'Isth·mus [ˈɪstmʊs] 男 -/..men [..mən] (*gr.*) 地峡. der ∼ von Korinth コリント地峡.

'Ist·stär·ke 女 -/-n《軍事》(↔ Sollstärke) 現有(実動)兵力, 実員.

it.《略》=item

'Ita·ker [ˈiːtakər] 男 -s/-《侮》イタリア人, イタ公.

'Ita·la [ˈiːtala] 女 -/ (*lat.*) イタラ(最古のラテン語訳聖書).

'Ita·ler [ˈiːtalər] 男 -s/- (Italiker) イタリック人(古代イタリアの住民)

Ita'lia [iˈtaːlia]《地名》イタリア(Italien のラテン語・イタリア語形).

ita·li·a·ni'sie·ren [italianiˈziːrən] 他 イタリア風にする, イタリア化する.

*****Ita'li·en** [iˈtaːliən] 《地名》イタリア.

Ita'lie·ner [italiˈeːnər] 男 -s/- 1 イタリア人. 2《話》イタリア料理店. 3 レグホン(イタリア原産の卵用種鶏).

Ita'lie·ne·rin [..nərɪn] 女 -/-nen イタリア人女性.

*****ita'li·e·nisch** [italiˈeːnɪʃ イタリエーニシュ] 形 イタリア(人, 語)の; イタリア風(式)の. eine ∼*e* Nacht イタリアン・イヴニング(提灯で飾られた野外での夜会). ◆↑deutsch

Ita'li·e·nisch 中 -[s]/ イタリア語. ↑ Deutsch

Ita'lie·ni·sche 女《形容詞変化 / 定冠詞と》das ∼ イタリア語; イタリア的なもの(特色), イタリア人気質. ◆↑Deutsche ②

Ita'li·ker [iˈtaːlikər] 男 -s/- =Italer

Ita'lique [itaˈlik] 女 -/ (*fr.*)《印刷》(Kursive) イタリック体.

ita'lisch [iˈtaːlɪʃ] 形 古代イタリア(人)の. die ∼*en* Sprachen イタリア諸語.

'item [ˈiːtɛm] 副 (*lat.*, ebenso') (略 it.) 1 同様に, 同じく. 2 さらに, なお. 3 要するに.

'ite, 'mis·sa 'est [ˈiːtə ˈmɪsa ˈɛst] (*lat.*, geht, es ist Entlassung')《カト》行け, ミサは終わり(ミサの終りを告げる言葉).

ite·ra'tiv [iteraˈtiːf] 形 (*lat.*) 1《言語》反復的な. ein ∼*es* Verb 反復動詞(例 kränkeln, stichelns). 2《数学》反復法の.

'Itha·ka [ˈiːtaka]《地名》(*lat.*) イタカ(ギリシア西端のイオニア諸島の1つ, Odysseus の故郷).

'i-Tüp·fel·chen [ˈiːtypfəlçən] 中 -s/- i の上の点;《比喩》最後の仕上げ. das ∼ aufsetzen 最後の仕上げをする. bis aufs [letzte] ∼ [genau] 細部にいたるまで, きわめて綿密に.

i. V., I. V. [iːˈfaʊ]《略》1 =in Vertretung 代理で. 2 =in Vollmacht 全権を委任されて.

..iv [..i:f]《接尾》(*lat.*)「…の性質・作用をもった」の意の形容詞をつくる. attrakt*iv* 魅力的な. aggress*iv* 攻撃的な.

'Iwan ['i:vaːn] (*russ.* „Johann') ❶《男名》イワン, イーヴァーン. ❷圐-[s]/-s《戯》ロシア人.

'Iwein ['i:vaɪn]《人名》イーヴァイン(アーサー王伝説の騎士, Hartmann von Aue の同名叙事詩の主人公).

IWF [iːveː'|ɛf]圐-[s]《略》=Internationaler Währungsfonds 国際通貨基金.

i.w.S.《略》=im weiteren Sinn[e] 広い意味で(↔ i. e. S.).

j, J

J¹ [jɔt, 略 je:] 中 -/- ドイツ語アルファベットの第10文字(子音字). ◆口語では単数2格および複数形を [jɔts] と発音することがある.

J² 〖記号〗**1** [jɔt, jo:t] 〖化学〗=Jod **2** [dʒaʊl, dʒu:l, ʒu:l] =Joule **3** 〖国際自動車標識で〗=Japan **4** 硬貨に刻印されてハンブルク造幣局を表す.

j. 〖略〗=Jahr

ja [ja: ヤー] 圖 **1** (a)《問いに対する肯定の返事》(↔ nein) はい, ええ, そうです. *Gefällt dir das? — Ja*! これ気にいったかい — ええ. *Ist es wirklich so? — Ja natürlich〈gewiss/freilich〉*! 本当にそうなのか — ええもちろんだ. *Aber ～*! / *Ja doch*! そうだとも. *O ～*! ええ, ええ. *War es gestern Abend schön? — Na*〈*Nun*〉～. 昨夜は楽しかったかい — まあね. *Ist das wahr? — Ich glaube, ～*! それ本当の話なの —(そう)だと思うんだ. *Sag doch ～*! うん, と言ってくれ. *Warst du auch dabei? Ja oder nein*! 君もその場に居るか, 居なかったの. *Trifft das so zu? — Ja und nein*! この通りなのか — そうとも言えるしそうでないとも言えます. *～〈Ja〉und nein〈Nein〉sagen* 生返事をする. *～〈Ja〉und amen〈Amen〉sagen* 何にでもはいはい(ふんふん)と言う. (b)《問いが否定詞を含むときの返事》いえ. *Hast du es nicht gelernt? — Ja*, ich habe es gelernt. 君はそれを習わなかったのかね — いいえ, 習いましたとも. ◆ふつう ja ではなく doch を用いる(↑ doch). (c)《呼掛けに対する応答・問返し》*Marie! — Ja*? マリー — はぁい(なんですか). *Hallo! — Ja*?《電話で》もしもし — はい, どなたですか. *Das hat er getan! — Ja*? あれは彼がやったんだって — 本当ですか.

2《前言をさらに強めて》いやそれどころか. *Ich schätze* [*ihn*], *～ verehre ihn.* 私は彼を高く評価している, いや尊敬していると言ってもいい. *Das ist schwer, ～ unmöglich*. それはむつかしい, それどころか不可能だ. *Es gibt ～ Leute in der Welt, die davon leben*. 世間にはそれで飯(メシ)を食っている連中すらいるんだ.

3 (a)《発言内容の強調または驚き・喜び・不快などの感情を表して》じつに, まったく, 本当に. *Das ist ～ großartig*! それはじつにすばらしいよ. *Das ist ～ nicht möglich*! そんなことってあるものか. *Ja so*!, *das ist mir neu*! そうか, それは初耳だ. *Das kann ～ heiter werden*. これはえらいことになりそうだ. *Es geht ～.* 大丈夫だとも. *Guck mal*! *es schneit ～*! ごらん, 雪だよ. *Da kommt er ～*! 彼が来た来た. *Das hätte ich ～ nicht gedacht.* それは私も思いもしなかったよ. (b)《発言の前に冠して / 思考・ためらいなどにけりをつけるように》そうど…なのだ, つまりは…ということだ. *Ja*, *das waren noch Zeiten.* そう, あの頃はまだいい時代だった. *Ja*, *das wird nicht gehen.* うん, まあそうはいかないだろうね. *Ja, hör mal*! まあともかくよく聞いてよ. *Nun*〈*Na*〉～, *jeder muss seine Erfahrungen machen.* そうですねえ, 誰だってそれぞれいろんな目に遭うってことですよ.

4《命令文・目的文で / 要求・願望の強調》*Lass das ～ bleiben*! そんなことは放っておきなさい. *Sei ～ still*! おとなしくしろよ. *Tu das ～ nicht*! そんなことはけっしてしないように. *Heb' es hoch, damit es nur ～ alle sehen*! とにかくみんなに見えるようにそれを高く上げてください.

5《既知の事柄の再確認・反論・理由づけ》…じゃないか. *Wieso weißt du es? Ich habe es ～ niemandem gesagt*! どうして君がそれを知っているの, 私は誰にも言わなかったはずだけど. *Dränge nicht so*! *Ich komme ～ schon.* そうせかすな, すぐ行くから. *Ich sag's ～*! だから言ったじゃないか. *Willst du ausgehen? — Nein, es ist ～ so sehr kalt.* 出かけるの — いや, こんなに寒いんだもの. *Die haben's ～*《話》なんていったってあいつらは懐(フトコロ)があったんだからな.

6《あとに **aber**, **doch** などを伴って》たしかに(なるほど)…ではあるが. *Ich könnte ～, will aber nicht.* 私にもできるでしょうがその気にならないんです. *Er mag ～ Recht haben.* なるほど彼の言う通りかも知れないね.

7 (a)《平叙文型の疑問文で / 肯定の返事を期待して》…だろうね. *Du kommst ～ mit*? 君いっしょに来るんだよね. (b)《発言のあとに添えて / 同意を求める》ね, そうだろ. *Du wartest noch ein bisschen, ～*? 君はもうすこし待っているよね.

8《条件文で》ひょっとして. *Wenn sie es ～ erfahren sollte, wird die Sache umso schwieriger.* 万一彼女に知られてしまったら事はますます面倒になる.

Ja 中 -[s]/-[s] 肯定(同意)の返事. *mit ～ stimmen* 賛成票を投じる.

'Ja·bo ['ja:bo] 男 -s/-s 〖軍事〗(Jagdbomber) 戦闘爆撃機.

Ja'bot [ʒa'bo:] 中 -s/-s 〈*fr.*〉〖服飾〗ジャボ(婦人用ブラウス・スーツの襟元を飾るレースのひだ飾り, 18世紀には男子が用いた).

Jacht [jaxt] 囡 -/-en ヨット. ◆*Jachtschiff, Jageschiff* の短縮形. ↑*jagen*

'Jäck·chen ['jɛkçən] 中 -s/- (*Jacke* の縮小形) Bolero*jäckchen* ボレロ(婦人用の短い上着).

'Ja·cke ['jakə ヤケ] 囡 -/-n 〈*arab.* sakk , Brünne**〉 **1** (背広・スーツの)上着; ジャケット, ジャケット. *Das ist ～ wie Hose.*《話》それはどっちでも同じことだ. *Das ist eine alte ～.*《話》その話はもう古い. *Ich brauche mir diese ～ nicht anzuziehen.*《話》それは私には関係ない, それは私の責任じゃない. *eine warme ～*《戯》コニャック. *aus der ～ gehen*《話》かっとなる, いきり立つ. *j*³ *die ～ voll hauen*《話》人³をさんざん殴る. *die ～ voll kriegen*《話》こっぴどく殴ら

Jäckel

れる. j³ die ~ voll lügen《話》人³にしゃあしゃあ(ぬけぬけ)と嘘をつく. **2**《猟師》(猟犬用)胴着.

'Jä·ckel ['jɛkəl] ❶《男名》イェッケル(Jakob の愛称). ❷ 男 -s/-《侮》まぬけ, うすのろ.

'Ja·cken·kleid ['jakən..] 中 -[e]s/-er (婦人服の)スーツ, ツーピース.

Ja'ckett [ʒa'kɛt] 中 -s/-s(-e) (fr.) (紳士服の)上着, ジャケット. einen unter das ~ brausen《話》一杯やる(ビールなどを).

'Ja·de ['ja:də] 男 -[s]/(女 -/) (sp.) 翡翠(ʰʲ...), 玉(ʸʲ...).

*__**Jagd**__ [ja:kt ヤークト] 女 -/-en (↑jagen) **1** (a) 狩猟, 猟, 狩り; 狩猟会. die hohe ~ 大物猟;《鹿・熊・狼などの狩猟鳥獣の》大物. die niedere ~《狩猟》(兎・狐・穴熊などの)小物猟. ~ frei(vorbei)!《狩猟》(合図のかけ声)猟始め〈猟やめ〉. die ~ auf Hasen 兎狩り. auf die ~ gehen 出猟する. (b) 追跡, 追求. die ~ auf den Verbrecher 犯人の探索. die ~ nach Geld〈[dem] Glück〉金銭の追求〈幸福の探究〉. auf j⟨et⟩⁴ ~ machen 人⁴を追跡〈物⁴を追求〉する. **2** (a) 猟人, 狩り場;《猟区の》猟獣総数. (b) (猟師・猟犬などをひっくるめて)狩りのパーティー, 狩猟隊. die Wilde ~《ゲルマン神話》幽鬼の軍勢(嵐の夜Wodan に率いられて天空を疾駆するという).

'Jagd·auf·se·her 男 -s/-《法制》猟区監視人.
'jagd·bar ['ja:ktba:r] 形《猟師》(狩猟法下で)狩猟可能な. ~e Tiere 狩猟鳥獣.
'Jagd·beu·te 女 -/-n 猟の獲物.
'Jagd·bom·ber 男 -s/-《軍事》戦闘爆撃機(短縮形 Jabo).
'Jagd·flie·ger 男 -s/- **1** 戦闘機のパイロット. **2**《話》戦闘機隊の隊員. **3**《話》戦闘機.
'Jagd·flin·te 女 -/-n (銃身の内側に旋条のない)猟銃.
'Jagd·flug·zeug 中 -[e]s/-e《軍事》戦闘機.
'Jagd·fre·vel 男 -s/-《狩猟》(Jagdvergehen) 狩猟法違反, 密猟.
'jagd·ge·recht 形《猟師》(weidgerecht) 狩猟の作法を心得た.
'Jagd·ge·schwa·der 中 -s/-《軍事》戦闘機編隊.
'Jagd·ge·sell·schaft 女 -/-en 狩りの一行.
'Jagd·ge·wehr 中 -[e]s/-e 猟銃.
'Jagd·grund 男 -[e]s/ᵉe (ふつう複数で)狩り場, 猟場. in die ewigen *Jagdgründe* eingehen《戯》あの世へ行く.
'Jagd·haus 中 -es/ᵉer (Jägerhaus) 狩猟小屋; 猟師小屋.
'Jagd·horn 中 -[e]s/ᵉer (Jägerhorn) **1** 角笛, 狩猟用らっぱ. **2**《音楽》狩猟ホルン(Waldhorn の前身, 初期のホルン).
'Jagd·hund 男 -[e]s/-e 猟犬. die ~e《天文》猟犬座.
'Jagd·hüt·te 女 -/-n (小さな)狩猟小屋.
'jagd·lich ['ja:ktlɪç] 形《述語的には用いない》狩猟の, 狩猟に適した.
'Jagd·mes·ser 中 -s/- 猟刀.
'Jagd·recht 中 -[e]s/-e《法制》**1**《複数なし》狩猟法. **2** 狩猟権.
'Jagd·ren·nen 中 -s/-《馬術》障害競走.
'Jagd·re·vier 中 -s/-e《狩猟》狩猟区, 猟場.
'Jagd·schein 男 -[e]s/-e《狩猟》**1** 狩猟試験合格証書. **2** 狩猟免許証. einen⟨den⟩ ~ haben《話》(法的に)責任無能力者と認められている.
'Jagd·staf·fel 女 -/-n《軍事》戦闘機中隊.

'Jagd·ta·sche 女 -/-n (猟師が肩にかけた)獲物袋.
'Jagd·wurst 女 -/ᵉe《食品》ヤークトヴルスト(辛子・ニンニクの味をきかせた燻製またはゆでソーセージ).
'Jagd·zeit 女 -/-en《狩猟》(↔ Schonzeit) 猟期.

ja·gen ['ja:gən ヤーゲン] ❶ 他 **1**《獣を》狩る. **2** (つかまえようと)追いかける. einen Verbrecher ~ 犯人を追跡する. Ein Unglück *jagte* das andere. 不運が不運を呼んだ. von Todesfurcht *gejagt* 死の恐怖に駆られて.《方向を示す語句と》追いたてる, 駆りたてる. j⁴ aus dem Hause ~ 人⁴を家から出す. j⁴ durch Europa ~ 人⁴をヨーロッパじゅう追い廻す. *seinen* ganzen Lohn durch die Gurgel〈die Kehle〉 ~ 給料をすっかり飲んでしまう. die Kinder ins Bett ~ 子供たちをさっさと寝かしつける. die Feinde in die Flucht ~ 敵を敗走(潰走)させる. die Hühner in die Luft ~ 物⁴を爆破する. die Hühner in den Stall ~ 鶏を小屋に追込む. j⁴ in den Tod ~ 人⁴を死に追いやる. j⁴ zum Teufel ~ 人⁴を追っ払う. ein Pferd zu Tode ~ 馬を乗りつぶす. (c)《j³ mit etwas ⟨et⟩ jagen können の形で》Mit Spinat〈Opern〉kann man mich ~.《話》ほうれん草は私は大嫌い〈オペラはごめんです〉. **3**《題》突刺す. j³ den Dolch durch das Herz ~ 人³の心臓に匕首(ﾟﾊﾟ)を突刺す. sich³ eine Kugel durch⟨in⟩den Kopf ~ 自分の頭をピストルで撃ち抜く. j³ eine Spritze in den Arm ~ 人³の腕に注射をうつ.

❷ 自 (h, s) **1** (h) 狩り(狩猟)をする, 狩り(猟)に出かける. auf ein Reh⟨nach einem Reh⟩ ~ のろ鹿猟をする. **2** (h) (nach et³ 物³を追い求める. nach Genuss〈Ruhm〉~ 快楽を追求〈名声を追う〉. (s) 飛ぶように走る, 疾駆(疾駆)する. Wir sind zum Bahnhof *gejagt.* 私たちは横っとびに駅へ急いだ. Die Wolken *jagten* am Himmel.《雅》雲が飛ぶように空を流れていた. mit *jagendem* Atem 息せきって. in *jagender* Eile 大急ぎで.

'Ja·gen 中 -s/- **1** 狩猟, 狩り; 追跡, 追求; 疾走, 疾駆. **2**《林業》林区, 林班(林道で仕切られた森林土地区分の極小単位).

*__**'Jä·ger**__ ['jɛ:gər イェーガー] 男 -s/- **1** 猟師, 狩人, 猟家, ハンター. ~ und Sammler《民俗》狩猟民. der Wilde ~《ゲルマン神話》(幽鬼の軍勢 die Wilde Jagd を率いる)荒ぶる神ヴォーダン(↑ Wodan). ▶女性形 *Jägerin* 女 -/-nen **2**《軍事》小銃兵, 狙撃兵;《複数で》狙撃隊; (Jagdflugzeug) 戦闘機; (Jagdflieger) 戦闘機乗り.

Jä·ge'rei [jɛ:gə'raɪ] 女 -/ **1** 狩りをすること, 狩猟. **2** 狩猟に関するすべてのこと. **3**《集合的に》猟師, ハンター.

'Jä·ger·la·tein 中 -s/ 狩猟の大げさな自慢話. ◆本来は, 猟師間で用いられる特殊な言葉, の意.
'Jä·ger·meis·ter 男 -s/-《古》(役場の)狩猟係員(複数なし)(役職名としての)狩猟係.
'Jä·gers·mann 男 -[e]s/..leute《話》猟師, 狩人.
'Jä·ger·spra·che 女 -/ 猟師家言葉.
'Ja·gu·ar ['ja:gua:r] 男 -s/-e (*indian.*)《動物》ジャガー.

jäh [jɛ:] 形 **1** 突然の, 急激な, 思いがけない. **2** 急勾配の, 険しい, 切り立った.
'Jä·he ['jɛ:ə] 女 -/ (Jähheit)《古》不意なこと, 急激, 急然; 急勾配, 急傾斜, 険しさ.
'jäh·lings ['jɛ:lɪŋs] 副 突然, 不意に; 急勾配(急傾斜)で, 険しく.

ahn [ja:n]《人名》ヤーン．Friedrich Ludwig ~ フリードリヒ・ルートヴィヒ・ヤーン(1778-1852，ドイツの教育者, 体操の父 Turnvater とよばれる).

Jahr [ja:r ヤール] 中 -[e]s/-e **1**《略 J.》年, 暦年; 1年(間); 年度;《複数で》年月, 歳月．das ~ 1999 1999年(という年). ~ der Frau 国際婦人年. der Sportler des ~es 年間最優秀スポーツ選手(賞). die 30er〈dreißiger〉~e 1930年代. die sieben fetten ~e und die sieben mageren ~e 豊年と凶年, (人生の)よい時と悪い時《↓[旧約]創世41》. soziales ~ セツルメントのボランティア活動. j³ ein gutes neues ~ wünschen 人³に新年のお祝いを言う.《2格または4格で副詞的に》alle〈話 aller〉drei ~e 3年ごとに. dieses ~es ことし. jedes zweite ~ 2年目ごとに. nächstes〈im nächsten〉~ 来年. lange ~e [hindurch] ながく(ずっと). vier ~e lang 4年間. zehn ~e nach dem Krieg 戦後10年を経て.《前置詞と》~ für〈um〉~ 毎年. einmal im ~[e] 年に1度. **nach** einem ~,《話》übers ~ 1年後には. **ohne** 《abo J.》《書籍》出版欠年号. **von** ~ zu ~ 年々歳々. **zwischen** den ~en《地方》クリスマスから新年または顕現祭(1月6日)までの間に.《**Jahr und Tag** の形で》auf ~ und Tag 日付まで詳細に. nach ~ und Tag ずっとのちになって. seit ~ und Tag もずっと前から, 久しく.
2 年齢, 歳;《複数で》老齢. 50 ~e [alt] sein 50 歳である. seine ~e fühlen〈spüren〉歳を感じる. Ich gebe ihm noch zwei ~e.《話》彼はまだ2年は大丈夫だ. 70 ~e auf dem Buckel haben《話》齢(ﾖﾜｲ)七十を数える. noch nicht die ~e zu it³ haben《話》事³(をする)にはまだ若い. Er hat seine ~e voll. 彼は定年まで勤めあげた.《前置詞と》noch jung an ~en sein まだ年が若い. **aus** den besten ~en heraus sein 盛りを過ぎている. [schon] **bei** ~en sein《雅》もう若くない. **in** den besten ~en 花の(盛りの)年頃に. ein Mann in meinen ~ en 私と同い年の男. in die ~ e kommen《話》(そろそろ)いい歳になる, 老(ﾌ)ける. Kinder **über** 10 ~e〈**unter** 16 ~en〉10歳以上〈16歳以下〉の子供達. Er ist **um** ~e gealtert. 彼は(近頃)めっきり老けた. **vor seinen** ~en sterben 若死する.

ahr'aus [ja:r'|aus] 副《次の用法で》~, jahrein 毎年毎年, 年々歳々.

Jahr·buch ['ja:rbu:x] 中 -[e]s/⸗er 年鑑, 年報.

Jähr·chen ['jɛːrçən] 中 -s/- (Jahr の縮小形)《戯》《婉曲》小(ﾁｲ)1年. Er wird wohl seine fünf Jährchen kriegen. あいつはまず5年は食らいこむだろうよ.

jahr'ein [ja:r'|aɪn] 副 ↑jahraus

ah·re·lang ['ja:rəlaŋ] 形《述語的には用いない》数年(間)の, 多年にわたる.

äh·ren ['jɛːrən] 自《sich²》1年たつ. Das Ereignis 〈Der Tag des Ereignisses〉jährt sich zum dritten Mal. その出来事が起きてちょうど3年目だ.

Jah·res·abon·ne·ment 中 -s/-s 年間予約.

Jah·res·ab·schluss 男 -es/⸗e **1** 年末, 学年末. **2**《経済》年度末決算(書).

Jah·res·bei·trag 男 -[e]s/⸗e 年会費.

Jah·res·be·richt 男 -[e]s/-e 年次報告; 年鑑, 年報.

Jah·res·ein·kom·men 中 -s/- 年収, 年間所得.

Jah·res·en·de 中 -s/-n《複多まれ》年の終り; 年度末.

'Jah·res·fei·er 女 -/-n 記念日のお祝い, (例年の)記念祭.

'Jah·res·frist 女 -/ 1年の期間. binnen〈in/innerhalb〉~ 1年以内に. nach〈vor〉~ 1年後〈前〉に.

'Jah·res·ge·halt 中 -[e]s/⸗er 年俸.

'Jah·res·lauf 男《次の用法で》im ~ その年の内に.

'Jah·res·ren·te 女 -/-n 年金.

'Jah·res·ring 男 -[e]s/-e《多く複数で》《植物・動物》年輪(樹木の切断面・魚の鱗など).

'Jah·res·tag 男 -[e]s/-e (年ごとの)記念日.

'Jah·res·wech·sel 男 -s/- (= Jahreswende) 年が改まること. Glückwunsch zum ~ 新年の挨拶.

'Jah·res·wen·de 女 -/-n = Jahreswechsel

'Jah·res·zahl 女 -/-en 紀元年数(また, その数字); (歴史の)年号.

*'**Jah·res·zeit** ['ja:rəstsaɪt ヤーレスツァイト] 女 -/-en 季節. die vier ~en 四季.

'**jah·res·zeit·lich** 形《述語的には用いない》季節(ごと)の, 季節による.

Jahr'fünft [ja:r'fʏnft] 中 -[e]s/-e 5年(間). ein Plan für ein ~ 5ヶ年計画.

*'**Jahr·gang** ['ja:rgaŋ ヤールガング] 男 -[e]s/⸗e …年度(年次), …期生, …年生れ; (ワインの)…年もの, 収穫年; 《略 Jg., 複数 Jgg.》(新聞・雑誌の)…年度版, 1年分, 第…巻; (商品・製品の)…年度型, …年タイプ. Er ist ~ 1942. 彼は1942年生れだ. Er ist mein ~. 彼は私と同い年だ. die reiferen Jahrgänge 中年(熟年)組. die weißen Jahrgänge 徴兵を免れた世代(第2次大戦後新たに徴兵制度ができるまでの).

*'**Jahr·hun·dert** [ja:r'hʊndərt ヤールフンダート] 中 -s/-e 《略 Jh.》世紀, 1世紀, 百年.

jahr·hun·der·te·lang 形《述語的には用いない》幾世紀(幾百年)もの間の, 何世紀にもわたる.

Jahr·hun·dert·fei·er 女 -/-n 百年祭.

Jahr·hun·dert·wen·de 女 -/-n 世紀の変り目, 世紀転換期.

'**jäh·rig** [ˈjɛːrɪç] 形《古》**1** 1年の, 1年間の, 1歳の, 1年を経た. eine ~e Pflanze 1年生植物. Es ist nun ~, dass sein Vater starb. 彼の父が死んでもう1年になる. **2** 成年の

..**jäh·rig** [..ˈjɛːrɪç]《接尾》数詞などにつけて「…年の, …年間の, …歳の」の意の形容詞をつくる. dreijährig 3年の(3歳の). diesjährig ことしの. volljährig 成年の

*'**jähr·lich** [ˈjɛːrlɪç イェーアリヒ] 形《述語的には用いない》毎年(例年)の, 1年ごとの; 1年の間の. ein ~er Beitrag 年会費. das ~e Einkommen 年収, 歳入. einmal ~ 年(毎年)1回.

..**jähr·lich** [..ˈjɛːrlɪç]《接尾》数詞などにつけて「…年ごとの」の意の形容詞をつくる. zweijährlich 2年ごとに. vierteljährlich 4半期ごとに, 季刊の.

'**Jähr·ling** [ˈjɛːrlɪŋ] 男 -s/-e《畜産》1歳(当歳)の動物, 1歳子; (とくに)1歳駒.

'**Jahr·markt** [ˈjaːrmarkt] 男 -[e]s/⸗e (年1回または数回の)大市, 年の市, 縁日. Das ist ja der reinste ~!《話》これはひどい混雑だ.

'**Jahr·markts·bu·de** 女 -/-n 年の市の屋台店(見世物小屋).

Jahr'tau·send 中 -s/-e 1000年(間), 10世紀.

*'**Jahr·zehnt** [ja:r'tseːnt ヤールツェーント] 中 -[e]s/-e 《略 Jz., Jzht.》10年(間). in den ersten ~en dieses Jahrhunderts 今世紀の最初の2, 30年間に. Er vollendet demnächst sein viertes ~. 彼もじきに40

jahr'zehn·te·lang 形《述語的には用いない》数十年間の.

'Jah·ve ['ja:və] (hebr. yahwë, er ist') 《人名》ヤハウェ (旧約聖書のイスラエルの神の名. ユダヤ人は神の名 YHWH (hebr.) を唱えることを戒(いまし)め Adonai と発音してきたので YHWH の真の発音が不明になり, 両者の混同から一時エホバ Jehova という呼び方が生じたが, のちヤハウェがより正しいと訂正された. 口語訳聖書は「主(しゅ)」と訳している. ↑Adonai, Jehova

'Jah·we ['ja:və] 《人名》=Jahve

'Jäh·zorn ['jɛ:tsɔrn] 男 –[e]s/ 怒りの発作, 癇癪(かんしゃく). im wilden ~ 突然怒り狂って, かっとなって.

'jäh·zor·nig ['jɛ:tsɔrnɪç] 形 かっとなり易い, 癇癪(かんしゃく)もちの. ~ veranlagt sein かっとなる, 気が短い.

'Jai·na ['dʒaɪna] 男 –[s]/–[s] =Dschaina

Jak [jak] 男 –s/–s (tibet.) 《動物》ヤク.

'Ja·kob ['ja:kɔp] (hebr., Gott schützt') ❶《男名》ヤーコプ. ❷《人名》❶《旧約》ヤコブ(イスラエル人の太祖, Abraham の孫, Isaak の子, Esau の双生の弟, のち神から Israel という名前を与えられる. 彼の12人の息子からイスラエルの12部族が分派する. 創25:24–26, 32:29, 35:23–26). ❷《新約》ヤコブ(↑Jakobus). der billige ~ (安物を売り歩く)行商人, 大道商人. den billigen ~ abgeben いい加減な口実を述べる. Das ist der wahre ~!《話》これこそ探していたものだ, 本物に間違いないだ(使徒ヤコブの墓があるスペインの有名な巡礼地 Santiago de Compostela には使徒の偽の墓がいくつもあったことから).

Ja·ko·bi [ja'ko:bi] 中 –/(ふつう無冠詞で) =Jakobitag ◆ Jakobus の2格(属格)形.

Ja·ko'bi·ner [jako'bi:nər] 男 –s/– **1**《カト》ドミニコ会士(のフランスでの呼び名. パリのサン=ジャック Saint-Jacques ドミニコ会修道院院になちむ). **2**《歴史》ジャコバン党員(フランス革命当時の過激な急進派, 上記修道院に本拠を置いていたことから).

Ja·ko'bi·ner·müt·ze 女 –/–n ジャコバン帽(ジャコバン党員がかぶった自由の象徴の三角頭巾).

Ja·ko'bi·tag [ja'ko:bi..] 男 –[e]s/–e 《複数まれ》聖大ヤコブの祝日(↑Jakobus).

'Ja·kobs·lei·ter ['ja:kɔps..] 女 –/–n **1**《旧約》(Himmelsleiter) ヤコブのはしご(詭計によって兄を欺いた Jakob が逐われて逃げる途中ベテル Bethel の野で夢に見た天に通じるはしご. 創28:12). **2**《船員》縄ばしご. **3**《植物》はなしのぶ(属).

'Ja·kobs·mu·schel 女 –/–n《動物》ヤコブの貝(ほた貝の一種, Santiago de Compostela への巡礼者がその貝殻を帽子につけたことから巡礼者の記章とされる. ↑Jakob ②2).

'Ja·kobs·stab 男 –[e]s/ᵉ–e **1** ヤコブの杖(中世航海に使われた簡単な天測機で巡礼杖に似た形状をしていた). **2**《天文》オリオン座のオリオンの腰帯にあたる3つの星.

Ja·ko·bus [ja'ko:bʊs] 《人名》(↑Jakob) ❶《新約》ヤコブ. ~ der Ältere 大ヤコブ(12使徒の1人で使徒 Johannes の兄弟, ↑付録「聖人暦」7月25日). ~ der Jüngere 小ヤコブ(12使徒の1人で聖母 Maria の姉妹または縁者に当たる Maria の子, 当時のユダヤの習慣から「主の兄弟」と呼ばれた. 『ヤコブの手紙』 *Der Brief des Jakobus* の筆者, ↑付録「聖人暦」5月3日).

Ja'ku·te [ja'ku:tə] 男 –n/–n ヤクート人(北東シベリアに住むトルコ系の種族).

Ja'lou'set·te [ʒalu'zɛta] 女 –/–n (fr.) (Jalousie 縮小形)(アルミニウムなど軽量素材でできた)ベネチアンブラインド, 軽量ブラインド.

Ja·lou'sie [ʒalu'zi:] 女 –/–n [..'zi:ən] (fr., Eifersucht') (巻上式)ブラインド, ベネチアンブラインド, ジャージー.

Ja'mai·ka [ja'maɪka] 《地名》ジャマイカ.

'Jam·be ['jambə] 男 –/–n《韻律》=Jambus

'Jam·ben ['jambən] Jambe, Jambus の複数.

'jam·bisch ['jambɪʃ] 形《韻律》ヤンプスの, 短長(抑揚)格の.

'Jam·bus ['jambʊs] 男 –/..ben《韻律》ヤンプス, インボス, 短長格(–◡), 弱強(抑揚)格(XX).

★'Jam·mer ['jamər] 男 –s/ **1** 悲嘆, 嘆き(の叫び). in ~ und Tränen ausbrechen どっと泣き崩れる. 悲惨, 困窮, 困苦; 残念なこと. ein Bild des ~ bieten 悲惨な光景(惨状)を呈する. Das ist ein ~, dass…《話》…とは残念なことだ. Es ist ein ~, dass… It wäre ein ~ um den schönen Tag, wenn wir nicht ausgehen. んないい天気に出かけないなんてもったいない.

'Jam·mer·bild 中 –[e]s/–er 悲惨な光景, 惨めな姿.

'Jam·mer·ge·schrei 中 –s/ 悲嘆の叫び.

'Jam·mer·ge·stalt 女 –/–en **1** 惨めな(哀れな)みすぼらしい人. **2**《話》=Jammerlappen

'Jam·mer·lap·pen 男 –s/–《話》弱虫, 腰抜け, 意地なし.

'jäm·mer·lich ['jɛmərlɪç] 形 **1** 嘆きの, 悲嘆の. **2** 悲惨な, 哀れな, 惨めな; みすぼらしい, 貧弱(貧相)な. **3** 情けない, 見下げはてた, あさましい. **4** 非常な, ひどい《副詞的用法で》Es ist ~ kalt. ひどく寒い.

'Jäm·mer·ling ['jɛmərlɪŋ] 男 –s/–e《話》情けないやつ, 弱虫, 腰抜け.

'jam·mern ['jamərn] ❶ 自 (声をあげて)嘆く, 悲しむ. Der Verletzte *jammerte* schrecklich. けが人はおそろしい声で泣き叫んでいた. nach et⟨j⟩ ~ 物を欲しがって⟨人³を探して⟩泣く. über et⟨j⟩ ~ 事⟨人⟩のことを嘆き悲しむ. um et⟨j⟩ ~ 物を惜しんで⟨人⟨ を)悼んで嘆き悲しむ.
❷ 他 《雅》(人⁴に)哀れみの情を起させる, (の)哀れを誘う. Die junge Witwe *jammerte* mich sehr. その若い寡(やもめ)婦のことを私はひどく気の毒に思った.(非人称的に) Es kann einen ~⟨*Es jammert* einen⟩, wenn man sieht, wie … 見るも哀れなことに….

'jam·mer·scha·de 形《次の成句で》Es ist ~, dass…… はほんとうに残念だ. Es ist ~ um ihn. 彼はほんとに気の毒だ.

'Jam·mer·tal 中 –[e]s/《雅》(不幸に満ちた)現世, 此岸(しがん);《旧約》嘆きの谷(詩84:7). das irdische ~ 浮世.

'jam·mer·voll 形 悲惨な, 痛ましい; 悲痛な.

Jan [jan] 《男名》ヤン(Johann の低地ドイツ語形).

Jan. (略) =Januar

'Jang·tse [jaŋtsə], **'Jang·tse·ki·ang** [..kiaŋ] 男 –[s]/《地名》der =揚子江, 長江.

Jan'ha·gel [jan'ha:gəl, '–––] 男 –s/ (ndl.) (Pöbel) 賤民, ならず者, 無頼(ぶらい)の徒.

'Jan·ker ['jaŋkər] 男 –s/– (↑Jacke)《南ドイツ・オーストリア》(=Jacke) 服, ジャンパー(バイエルン風の男子用上着).

'Jän·ner ['jɛnər] 男 –[s]/–《南ドイツ・オーストリア》=Januar

Jan·se'nis·mus [janze'nɪsmʊs] 男 –/《宗教》ジャンセニスム, ヤンセン主義(オランダの神学者 C. Jansen[ius], 1585–1638 の教説にちなむ宗教運動).

an·se·nist [janzɛ'nɪst] 男 -en/-en ジャンセンニスト，ヤンセン主義の信奉者．

Ja·nu·ar
['janua:r ヤヌアール] 男 -[s]/-e (↓ Janus)《略 Jan.》1 月．

a·nus ['ja:nʊs] (*lat.* ianua, Tür, Tor') ❶《人名》《ﾛｰﾏ神話》ヤヌス(門の守護神で物事の始まりを司る神．前後両面に顔があり過去と未来の双方を見ているという)．❷ 男 -/ der 〜《天文》ヤヌス(土星の衛星のひとつ)．

a·nus·kopf 男 -[e]s/¨-e **1** ヤヌスの顔(前後に顔をもつ双面神 Janus にちなむ)．**2**《比喩》矛盾をはらんだもの(こと)．

a·nus·köp·fig 形 **1** ヤヌスの顔をもった，双面の．**2**《比喩》両義的な，曖昧な，矛盾をはらんだ．

Ja·pan
['ja:pan ヤーパン]《地名》日本．

Ja·pa·ner [ja'pa:nər] 男 -s/- 日本人．
Ja·pa·ne·rin [ja'pa:nərɪn] 女 -/-nen (Japaner の女性形) 日本人の女性，日本女性．
ja·pa·nisch [ja'pa:nɪʃ ヤパーニッシュ] 形 日本(人, 語)の; 日本風(式)の．↑deutsch
Ja·pa·nisch 中 -[s]/ 日本語．↑Deutsch
ja·pa·ni·sche 中《形容詞変化》《定冠詞と》**1** 日本語．**2** 日本的なもの，日本(人)的特性． ◆ Deutsche ②

a·pan·lack 男 -[e]s/-e 漆(ｳﾙｼ)．
a·pan·mat·te 女 -/-n 莫蓙(ござ)．
a·pa·no·lo·ge [japano'lo:gə] 男 -n/-n 日本学者，日本語日本文学研究者．
Ja·pa·no·lo·gie [..loˈgi:] 女 -/ 日本学．
a·pa·no·lo·gisch [..loˈgɪʃ] 形 日本学の．
a·pan·pa·pier 中 -s/-e 和紙．
a·pan·talg 男 -[e]s/-e 木蝋(もくろう)．
a·pan·wachs 中 -es/-e =Japantalg
ap·pen ['japən]《北ド》=japsen
ap·sen ['japsən]《話》❶ 自 あえぐ，口をぱくぱくさせる．❷ 他 あえぎながら言う．

ar·gon ['jargɔn] 男 -s/-s (*fr.*) **1** [ʒar'gõ:](特定の階級・職業などの)特殊語，ジャルゴン; 隠語，スラング．**2** [jar'go:n]《鉱物》ジャーゴン(ジルコンの一変種で白色または灰色の貴石)．

Ja·sa·ger ['ja:za:gər] 男 -s/-《侮》イエスマン．
as·min [jas'mi:n] 男 -s/-e (*pers.*)《植物》ジャスミン(もくせい科ｿｹｲ属の総称名)．[Echter] 〜 ジャスミン．[Falscher] 〜 ばいかうつぎ．
a·son ['ja:zɔn]《人名》《ﾛｰﾏ神話》イアーソーン，イアソン(Argonaut 隊を率いた英雄，Medea の良人．↑ Iason のドイツ語形)．

as·pers ['jaspərs]《人名》Karl 〜 カール・ヤスパース (1883-1969，ドイツの哲学者．「実存哲学」の立場を体系化して，Heidegger とともに現代実存主義哲学の礎石を築いた)．

as·pis ['jaspɪs] 男 -[ses]/-se《鉱物》碧玉(ﾍｷｷﾞｮｸ)，ジャスパー．

a·stim·me ['ja:..] 女 -/-n (↔ Neinstimme) 賛成票．

ä·ten ['jɛːtən] 他 **1** (雑草を抜く，とる．**2** (庭などの)草抜きをする，除草する．

Jau·che ['jaʊxə] 女 -/-n (*slaw.*) **1**《農業》水肥(ﾐｽﾞｺﾞﾔｼ)，下肥(ｼﾓｺﾞｴ)．**2** 腐った汚水，《医学》腐敗膿．
au·che[n]·gru·be 中 -/-n 肥溜め．
au·chen ['jaʊxən] 他《農業》(物に)水肥(下肥)をや

る．
jau·chig ['jaʊxɪç] 形 **1** 肥(ｺｴ)やしていっぱいの; 肥やし臭い．**2** 腐敗膿を出す，腐敗性の．
jauch·zen ['jaʊxtsən] ❶ 自 歓声をあげる，歓呼する． vor Freude 〜 喜びのあまり歓声をあげる．❷ 他《雅》jʼ Beifall 〜 人に喝采を浴びせる．
Jauch·zer ['jaʊxtsər] 男 -s/- 歓呼の声，歓声．
jau·len ['jaʊlən] 自 **1**(犬などが)悲しげに吠える(吠え)．**2**《比喩》(風・矢弾などが)ひゅうひゅう(ぴゅんぴゅん)鳴る; (機械などが)うなり声をあげる．
Jau·se ['jaʊzə] 女 -/-n (*slowen.*) **1**《ｵｰｽﾄﾘｱ》(午後の)おやつ，間食．**2** おやつのパン．
jau·sen ['jaʊzən], **jaus·nen** ['jaʊsnən] 自《ｵｰｽﾄﾘｱ》(午後の)おやつを食べる，軽食をとる．
Ja·va ['ja:va]《地名》ジャワ(島)．
Ja·va·ner [ja'va:nər] 男 -s/- ジャワ島の住民．
ja·va·nisch [ja'va:nɪʃ] 形 ジャワ(人，語)の．↑ deutsch
*ja'wohl [ja'vo:l ヤヴォール] 副《ja を強めて》はい確かに，そうですとも;《命令を受けて》かしこまりました，承知しました．
Ja·wort ['ja:vɔrt] 中 -[e]s/-e《ふつう単数で》(とくに結婚の申込みに対する)承諾の言葉，同意の返事．
Jazz [dʒɛs, jats, dʒæz] 男 -/《音楽》ジャズ．
'Jazz·band ['dʒɛsbɛnt, 'dʒæzbænd] 女 -/-s,
'Jazz·ka·pel·le 女 -/-n ジャズバンド．
Jb.《略》=Jahrbuch

je¹
[je: イェー] ❶ 副 **1**《過去もしくは未来の不定の時を示して》かつて，これまで，以前; いつか，そのうちに．Hast du 〜 davon gehört? 君はこれまでにその話を聞いたことがあるかい．Wirst du dich 〜 ändern? いつか君が変る日は来るのだろうか． Dies ist das schönste Schloss, das ich 〜 gesehen habe. これはかつて私が見たもっとも美しい城だ．Wer hätte so was 〜 gedacht! かつてだれがそんなことを考えただろうか． Es ist schlimmer denn〈als〉〜 [zuvor]. 以前よりも悪い状態だ． 〜 und 〜《古》いつも，いつでも; 時折． seit〈von〉〜 / [seit] eh und 〜 以前(昔)から，これまでずっと． wie eh und 〜 これまで同様に．
2《数詞と》それぞれ..ずつ，...毎に．Je ein Exemplar der verschiedenen Waren wurde mir zugesandt. いろいろな商品のサンプルがそれぞれひとつずつ私のもとへ送られてきた．Die Bände haben 〜 300 Seiten. 各巻はそれぞれ300頁ある． 〜 drei und drei vortreten 3人ずつ前に出る． 〜 der vierte 4人目ごとに，4人にひとりに． die Arme 〜 zweimal vorwärts und seitwärts werfen 腕を前と横に各2回ずつ上げる． Gruppen zu 〜 zehn Personen 10人ずつのグループ． **3** (a)《**je nach et³** の形で》事に応じて，事じたいで． 〜 nach Bedarf 需要(必要)に応じて． 〜 nach Lust und Laune 気分しだいで． 〜 nach den Umständen 状況に応じて，事情しだいで． (b)《**je nachdem** の形で》...に応じて，...しだいて． Er wird kommen, 〜 nachdem[,] ob er bis dahin wieder gesund ist. 彼は来るだろうが，それまでに健康を回復するかどうかによる． 〜 nachdem[, ob] es regnet oder nicht 雨が降るかどうかによって． Wann kommst du? — Je nachdem, wann ich fertig bin. いつ来るの — 体があきしだいにね． 〜 nachdem wie das Wetter ist お天気しだいで． Willst du mitkommen? — Je nachdem.《話》君はいっしょに来るかい — 場合によってはね．
❷ 前《4格支配》(pro) ...につき，...当り，...毎に．

Die Kosten betragen 15 Euro ~ Person. 費用は1人につき15ユーロである。 das Einkommen ~ Kopf der Bevölkerung 人口1人当りの所得. ▶格支配の意識が薄れて，1格とともに副詞的に用いられることもある. ~ Student〈erwachsener Teilnehmer〉 学生〈大人の参加者〉1人につき.

❸《従属／定冠詞後置》《形容詞・副詞の比較級と》…であればあるほど，…すればするほど. Je älter sie wird, desto〈umso〉 jünger zieht sie sich⁴ an. 彼女は年をとるほどに服装が若作りになる. Je eher, desto lieber. 早ければ早いほどよい. Je mehr er hat, ~ mehr will er. 《諺》持てば持つほど欲が出る.

je² 副 《je nun の形で》《古》《言葉を濁して》うーん, そりゃまあ〈そうなんだけどね〉. Je nun, so einfach ist das nicht. そりゃまあそうだけどね, それがそう簡単なことでもないんだよ.

je³ 間 《↓ Jesus》《他の間投詞と》Ach〈O〉 ~! (同情・驚きを表して)おやまあ; あーあ, なんとまあ〈お気の毒に〉.

Jean [ʒɑ̃ː] 《男名》ジャン (Johann のフランス語形). ~ Paul ジャン・パウル (1763-1825, ドイツの小説家, 本名 Johann Paul Friedrich Richter).

Jeanne [ʒaːn, ʒan] 《女名》ジャンヌ (Johanna のフランス語形). ~ d'Arc [ʒɑn'dark] ジャンヌ・ダルク (1412/13-1431, 百年戦争末期に現れたフランス救国の愛国者. 信託を受けたと信じ, 軍の先頭に立ってイギリス軍を撃破, オルレアンを奪還するが, のちに異端審判を受け焚〈ふん〉刑となる.「オルレアンの少女」として知られる. ↑付録「聖人録」5月30日).

Jeans [dʒiːns, dʒiːnz] (am.) ❶ 複 《女-/-》(ブルー)ジーンズ. ❷ 中-/-ジーンズ色(色あせた青色).

* **je den'falls** ['jeːdən'fals イェーデンファルス] 副 **1** いずれにせよ, どうちみち, とにかく; 必ず, きっと. Ich rufe dich ~ wieder an. とにかく君にまた電話するよ. **2** すくなくとも. Er ist sehr erfahren, ~ auf seinem Gebiet. 彼はたいそう経験豊富だ, すくなくとも彼の専門分野ではね.

'je·der ['jeːdər イェーダー] 代《不定》原則として単数だけで用いる(↑「品詞変化表」IX-4). 不定冠詞の後ろでは形容詞の混合変化に準じる. **1** 《付加語的用法で／強変化名詞の単数2格に付加されている場合はしばしば弱変化. ただしその場合でも形容詞を伴うと強変化する》どの…も, 各々の, すべての; 毎…, …ごとに. jeder Beliebige 任意の誰でも. jeder Einzelne 各人. jeder Zweite 2人目ごとに, 2人にひとりは. Jeder Junge und jedes Mädchen bekommt〈まれ bekommen〉 einen Bonbon. 男の子も女の子もそれぞれキャンデーを1個ずつもらう. jede Menge 《話》いくらでも, ほしいだけ. Heute Abend habe ich jede Menge Zeit. 今晩はいくらでも暇がある. Ihm fehlt jeder Sinn für Kunst. 彼にはおよそ芸術にたいするセンスというものが欠けている. Er ist bar jedes feinen Empfindens. 彼はデリケートな感情というものがない. am Anfang jedes〈eines〉 jeden〉 Satzes 各文章の冒頭で. 《名詞の副詞的4格で》Er kann jeden Augenblick kommen. 彼は今すぐにも来るかも知れない. [ein] jedes Mal 毎回, 毎度. jeden Sonntag 毎日曜日に. jeden Tag 毎日. 《例外的に複数名詞と》jede zehn Minuten 10分毎に. 《前置詞と慣用句的表現で》 auf jeden Fall いかなる場合でも, どんなことがあっても. in jeder Hinsicht あらゆる点で, どの点から見ても. ohne jeden Grund なんの理由もなく. um jeden Preis 是が非で

も, なにがなんでも.

2 《名詞的用法で》各人, どの人も, 誰でも; どれも, すべて. jede der Frauen, die dabei waren, wusste davon. 居合わせた女性たちの誰もがそのことを知っていた. jeder von uns 私たちの誰もが. Hier darf jeder〈ein jeder〉 herein. ここは誰でも出入り自由です. H kennt jeder jeden. ここにいるものはみな顔見知り Jedem das Seine! 人はみなそれぞれ, 蓼〈たで〉食う虫も好き好き(各人にそれぞれの分を). alles und jedes なにかも. ▶口語的表現で中性形 jedes を性・数の区別なく, 「それぞれ, おのおの」の意で用いることがある. D Schwestern haben jedes zwei Kinder. 姉妹はそれ2人ずつの子持ちである.

'je·der'lei ['jeːdər'laɪ] 代 《不定》《不変化／付加的用法のみ》どんな種類の…も, いかなる…も; あらゆ Dazu eignet sich¹ ~ Gemüse. それにはどんな野菜でもあう. auf ~ Weise いろんな(あらゆる)方法で.

* **'je·der·mann** ['jeːdər'man イェーダーマン] 代《不定(格変化には付録「品詞変化表」IX-1 参照》どの人も, 誰でも(みな). Das versteht doch ~! 誰だって分ることじゃないか. Das ist nicht ~s Sache. それは誰にもできるということではない.

'Je·der·manns·freund 男 -[e]s/-e 《複数まれ》《古》万人の友.

* **'je·der'zeit** ['jeːdər'tsaɪt イェーダーツァイト] 副 いつも, つねに; 今にも. Er kann ~ sterben. 彼はいまにも死ぬかもしれない.

* **'je·des 'Mal**, °**'je·des·mal** ['jeːdəs 'maːl イェーデス マール] 副 毎回, そのつど, 《話》(immer) いつ ~, wenn… …の度ごとに, …の時にはいつも.

'je·des·ma·lig ['jeːdəsmaːlɪç] 形 《付加語的用法のみ》毎回の, その度ごとの.

* **'je'doch** ['jeː'dɔx イェドホ] 接 《並列》副 (aber, doch けれども, しかしながら. Ich wünsche es zwar, glau es ~ nicht. 私はそう願っているが, しかし信じてはいな ◆¹副詞として文中に用いる場合, aber, doch と同様どの文成分の間にも置くことができる. また文頭に用いる場合には並列の接続詞に準じる扱いとなるが, 後続文に定動詞倒置が起こる場合と起らない場合のいずれ見られる. Die Sonne scheint, es ist ~ sehr kalt〈es ist sehr kalt / ~ ist es sehr kalt〉. 日は照っていがとても寒い. Hans ~ ist noch ledig. / Hans ist noch ledig. / Jedoch Hans ist noch ledig. しかしらハンスはまだ独身だ. ◆²doch のように, 並列の接続詞 und, aber などの後にづづけて用いることはできな (誤) Er hat mich im Stich gelassen, und ~ [正は doch) bin ich sein Freund. 彼は私を見殺しにしが, それでも私は彼の友人だ.

'jed'we·der ['jeːt've:dər] 代 《不定》《古》 =jeder
Jeep [dʒiːp] 男 -s/-s (am.) 《商標》ジープ.
'jeg·li·cher ['jeːklɪçər] 代 《不定》《古》 =jeder
'je·her ['jeːheːr, '-'-] 副 《次の成句で》von〈seit〉ずっと以前から, 昔からずっと.
Je·ho·va [je'hoːva] 《人名》(hebr.) 《旧約》エホバ (スラエルの神の名の誤読形. ↑ Jahve).
Je'län·ger'je'lie·ber ['jeːlɛŋərjeˈliːbər] 中 -s (↓ je länger, je lieber)《植物》**1** (Geißblatt) すいずら(属). **2** 三色すみれ, きんれんか(などの俗称).

* **'je·mals** ['jeːmaːls イェーマールス] 副 《過去もしく来の不定の時を示して》かつて; いつか.

'je·mand ['jeːmant イェーマント] 代 《不定》《性単数扱い／2格 jemand[e]s, 3格 jemand[em],

格 jemand[en] 誰か、ある人. Es ist ~ draußen. 外に誰か出ているよ. Das wird kaum ~ wollen. それはまず誰も望まないだろう. ~ sein《話》(ひとかどの)人物である. Das kann man nicht [°irgend] ~[en]〈irgendjemand[en]〉machen lassen. これは誰かにやらせるというわけにはいかない. Ich will nicht ~[e]s Diener sein. 私は人に仕える気はない. ◆anders や名詞化した形容詞を伴う場合はおおむね不変化. またそのとき名詞化した形容詞はふつう中性単数の格変化をする. anders や中性単数名詞化した形容詞はしばしばその格にかかわらず anders, -es の形で用いられる. Er sprach von ~ anders〈ander[e]m〉. 彼は誰かほかの人のことを言ったのだ. ~ Fremdes〈Fremder〉誰かよその人、知らない人. mit ~ Fremdes〈Fremdem〉誰か知らない人と.

e·mand 男 -[e]s/《話》ある人、某氏. ein gewisser ~《戯》どこかの誰かさん.

e·men ['je:mən] 男 -[e]s/《地名》(arab.) der ~ イエメン(アラビア半島南西端のアラブ共和国、その住民は Saba の女王の子孫であると自負している. 首都サヌア San'a).

e·me·nit [jeme'ni:t] 男 -en/-en イエメン人.

e·mi·ne ['je:mine] 《ラテン語 Jesu domine, Herr Jesus'の転訛形》Ach ~!《驚き・恐怖の叫び》おやまあ、わあ、ひえー. ↑herrje

e·na ['je:na]《地名》イェーナ(チューリンゲン州ザーレ河畔の町).

e·na·er ['je:naər] ❶ 男 -s/- イェーナ人(出身者). ❷ 形《不変化》イェーナ(人)の、イェーナ産の. ~ Glas《商標》イェーナ・ガラス(硬質ガラス).

e'nen·ser [je'nɛnzər] 男 -s/- =Jenaer ①

---

e·ner ['je:nər イェーナー] 代《指示》変化は dieser と同じ. **1**《付加語的用法で》(a)《遠隔指示》あの、その. Dieser Koffer gehört mir, wem gehört *jenes* Gepäck dort? このトランクは私のものだが、あそこにあるあの荷物は誰のものですか. *Jenen* Tag sollst du doch nie vergessen. あの日のことを君はけっして忘れてはならないよ. *jene* Welt あの世、来世. in *jenen* Tagen / in *jener* Zeit あの頃. zu *jener* Zeit あの時代(時期)に、(b)《よく知られている人・事物を指して》あの、例の. *jene* berühmte Anekdote かの有名な逸話. *jene* Arroganz, die ihn so kennzeichnet いかにも彼らしいあの傲慢さ. **2**《名詞的用法で》あの人(事、物)、かの人(事、物);《**dieser**「後者」に対して》前者. Dieses Buch kostet 20 Euro, *jenes* dort ist viel teurer. この本は 20 ユーロであちらのあれはずっと値が高い. Ich kenne seine Tochter und seinen Sohn, dieser studiert noch, *jene* ist schon verheiratet. 私は彼の娘も息子も知っているが、息子のほうはまだ学生で娘のほうはすでに結婚している. 《成句的に》dieser〈der〉und ~ あの人この人、いろんな人. dies[es]〈das〉und *jenes* あれこれ、いろんなこと. Wir sprachen von diesem und *jenem*. 私たちはいろんなことを話し合った. 《指示代名詞 der / die / das の強調形として》Ich wollten Verzweifelten aufrichten, aber *jener* (=der) blickte nur ins Leere. 私はその絶望した男を励まそうとしたが、その男はただ虚空を見つめるばかりだった.

en·sei·tig ['je:nzaɪtɪç, 'jɛn..] 形 (↔ diesseitig) **1** あちら側の、向こう側の. **2**《比喩》あの世の、彼岸の. **3**《まれ》放心した.

en·seits ['je:nzaɪts, 'jɛn.. イェーンザィツ] (↔ diesseits) ❶ 前《2 格支配》…のあちら側に(で)、…の向こ

う側に(で). ~ des Rheins ライン河の向こう側で. eine Hypothese ~ aller Erfahrung あらゆる経験を超えた仮説. Er ist schon ~ der Vierzig. 彼はもう 40 歳を過ぎた. ❷ 副 あちら側で、向こう側で;《比喩》あの世で. Wir überquerten den Fluss, um ~ zu wandern. 私たちは対岸を歩くために川を渡った.《*jenseits von et*[s]》vom Rhein ライン川の向こう側で. ~ von Gut und Böse 善悪を超えて.

'Jen·seits 中 -/ あの世、彼岸、来世. ins ~ abberufen〈abgerufen〉werden《雅》死ぬ. jⁿ ins ~ befördern《雅》jⁿ をあの世に送り込む.

Je·re·mia [jere'mi:a]《人名》《旧約》エレミア(紀元前 7-6 世紀のイスラエルの預言者). der Prophet ~ 預言者エレミヤ;(旧約の)エレミヤ書. die Klagelieder ~s (旧約の)哀歌、エレミヤ哀歌.

Je·re·mi'a·de [jeremi'a:də] 女 -/-n《雅》哀歌、悲歌;(とめどない)嘆き、悲嘆、泣き言(ユダヤ王国の滅亡を嘆く預言者 Jeremia の哀歌になちむ).

Je·re'mi·as [jere'mi:as] (hebr. „Jahwe erhöht‟) ❶《人名》=Jeremia ❷《男名》イェレミーアス.

'Je·rez ['çe:rɛs], **'Je·rez·wein** ['çe:..] 男 -[e]s/-e (Sherry) シェリー酒. ◆優秀なワインの産地として知られる南スペインの都市ヘレス・デ・ラ・フロンテラ Jerez de la Frontera にちなむ. 転じて Sherry となった.

Je·ri·cho ['je:riço]《地名》(hebr.) エリコ、イェリコ、ジェリコ. ◆ヨルダン低地にある世界最古の都市の 1 つ、旧約聖書にしばしば出てくる.

'Jer·sey ['dʒœːrzi, 'dʒɛrzi] (engl.) ❶ 男 -[s]/-s《紡織》ジャージー. ❷ 中 -s/-s《スポーツ》ジャージー(のシャツ、ユニフォーム).

'je·rum ['je:rʊm]《ラテン語 Jesu domine, Herr Jesus'の転訛形》Jerum!《古》《驚き・恐怖の叫び》おお、ひぇー. ◆↑jemine, ojerum

Je'ru·sa·lem [je'ru:zalɛm] ❶《地名》(hebr. „Stadt des Friedens‟) エルサレム. ◆イスラエル共和国の首都、世界最古の町の 1 つ、ユダヤ教・キリスト教・イスラームの聖地. ❷《人名》イェルーザレム.

Je'sa·ja [je'za:ja]《人名》(hebr. „Jahwe ist Heil‟) 《旧約》イザヤ(旧約 4 大預言者中最大の預言者、紀元前 8 世紀の人. ↑Isaias). der Prophet ~ 預言者イザヤ;(旧約の)イザヤ書.

Je·su·it [jezu'i:t] 男 -en/-en (↓ Jesus) イエズス会士 (↑Jesuitenorden).

Je·su'i·ten·or·den 男 -s/《キリスト》イエズス会、耶蘇(ヤソ)会. ◆1534 にイグナティウス・ロヨラ Ignatius de Loyola によって創立された修道会. ↑ad majorem Dei gloriam.

je·su'i·tisch [jezu'i:tɪʃ] 形 **1** イエズス会(士)の;イエズス会士のような. **2**《比喩》陰険な、狡猾な、ずるがしこい.

'Je·sum ['je:zʊm] ↑Jesus

*****Je·sus** ['je:zʊs イェーズス]《人名》(hebr. „Jahwe hilft‟)《不変化、または 2 格 Jesu, 3 格 Jesu, 4 格 Jesum, 呼格 Jesu /ふつう無冠詞で》イェズス、イエス. ~ [Maria]! / ~ Maria und Josef!《古》おお神様、たいへんだ. im Namen *Jesu Christi* イエス・キリストの名において.

'Je·sus 'Chris·tus [..'krɪstʊs]《人名》《不変化、または 2 格 Jesu Christi, 3 格 Jesu Christo, 4 格 Jesum Christum, 呼格 Jesus Christus または Jesu Christe》イエス・キリスト.

'Je·sus·kind 中 -[e]s/ 幼な子イエス.

Je·sus Na·za·re·nus 'Rex Ju·dae'o·rum [ˈjeːzʊs natsaˈreːnʊs ˈrɛks judeˈoːrʊm] (*lat.*, Jesus von Nazareth, König der Juden》《略 I.N.R.I.》《キリスト教》ユダヤ人の王ナザレのイエス(十字架に付けられた罪標).

Jet[1] [dʒɛt] 男 -[s]/-s (*engl.*) **1** ジェット推進. **2** (Düsenflugzeug) ジェット機.

Jet[2] [dʒɛt, jɛt] 男 (中) -[e]s/《鉱物》=Jett

'Jet·lag [ˈdʒɛtlɛk, ..læg] 男 -s/-s (*engl.*) (長時間の飛行機旅行による)時差ぼけ.

Je'ton [ʒəˈtõː] 男 -s/-s (*fr.*, Spielmarke) **1** (賭け事などに使う)チップ. **2** (自動販売機・電話などに使う)代用コイン. **3** (Rechenpfennig) (中世に算術の練習や点数の計算などに使われた貨幣型の数取り札.

'Jet·set [ˈdʒɛtzɛt, ..sɛt] 男 -[s]/-s (*engl.*) (複数まれ)ジェット族(ジェット機で世界中を旅行して回るブルジョア階級).

Jett [dʒɛt, jɛt] 男 (中) -[e]s/《engl.》《鉱物》(Gagat) ジェット, 黒玉(ぎょく); 貝褐炭(かったん) (硬度の高い褐炭の一種で, 有史以前から飾り石として用いられている).

'jet·ten [ˈdʒɛtən] 《話》 **❶** 自 (s) (ジェット機が)飛ぶ; ジェット機で飛ぶ. **❷** 他 ジェット機で運ぶ.

'jet·zig [ˈjɛtsɪç] 形 《付加語的用法のみ》今の, 現在の; 現今の, 現下の.

'jet·zo [ˈjɛtso] 副 《古》=jetzt

jetzt [jɛtst イェット] 副 **1** いま, この瞬間に; いまや(もう); もうそろそろ, そうこうするうちに. Ich habe ~ keine Zeit. いま時間がないんです. Bist du ~ fertig mit der Arbeit? いま仕事が終わったんですか. *Jetzt* oder nie! やるならいまだ. Ich muss ~ gehen. もう行かなきゃならない. *Jetzt* ist es aber genug! もうたくさんだよ. *Jetzt* ist aber Schluss mit dem Geschwätz! さあもうお喋りはしまいだ. Wir arbeiten ~ schon fünf Jahre hier. 私たちはこれでもう5年ここで働いている. bis ~ (いまの)いままで, これまで. eben ~ / ~ gerade たったいま, いましがた. erst ~ いまようやく, いますぐに. noch ~ いまでもまだ. ~ schon いまもう. von ~ an《話 ab》いまから. von ~ auf gleich / von ~ auf nachher《話》いますぐにも, さっそく. **2** ~ では, 現代では; この頃, 昨今. Das ist ~ alles ganz anders als früher. こういうことはいまはもうすべて昔とすっかり変わってしまった. **3** 《話》《疑問文で/間投詞的に》はてさて. Wer kommt denn ~ noch? こんな時間に来るなんていったい誰なんだ. Wo hab ich denn ~ [schon] wieder mein Feuerzeug hingelegt? 私はいったいまたどこへライターを置いたんだろう.

'Jetzt·mensch 男 -en/-en 《人類学》現代人.

'Jetzt·zeit 女 -/ 現代, この時代, 今日(きょう), いま(の世).

'je·wei·lig [ˈjeːvaɪlɪç] 形 《述語的には用いない》その時の, その時々の, そのつどの.

'je·weils [ˈjeːvaɪls] 副 その時々に, そのつど, 当面.

Jg. 《略》=Jahrgang

Jgg. 《略》=Jahrgänge(Jahrgang の複数)

JH 《略》=Jugendherberge

Jh. 《略》=Jahrhundert

'jid·deln [ˈjɪdəln] 自 イディッシュなまりで話す.

'jid·disch [ˈjɪdɪʃ] 形 (↓jüdisch) イディッシュ語の. ~e Sprache イディッシュ語(1300 頃中世ドイツ語方言から生れた東欧ユダヤ人の言語. ヘブライ語とスラヴ語の要素が混じっている). ↑deutsch

'Jid·disch 中 -[s]/ イディッシュ語. ↑Deutsch

'Jid·di·sche 中 《形容詞変化／複数なし》《定冠詞とともに》das ~ イディッシュ語. ↑Deutsche ②

Ji-'Jit·su [ˈdʒiːˈdʒɪtsu] 中 -[s]/ (*jap.*) =Jiu-Jitsu

'Jin·go [ˈdʒɪŋgo] 男 -s/-s (*engl.*)(イギリスの)好戦的愛国主義者.

'Jin·go'is·mus [dʒɪŋgoˈɪsmʊs] 男 -/ 好戦的愛国主義, ジンゴイズム.

Jiu-'Jit·su [ˈdʒiːˈdʒɪtsu] 中 -[s]/ (*jap.*) 柔術.

'Jo·a·chim [ˈjoːaxɪm, joˈaxɪm] (*hebr.*)《男名》ヨアヒム.

Job [dʒɔp] 男 -s/-s **1** (*engl.*) (Gelegenheitsarbeit) アルバイト, (臨時の)仕事; 働き口, 勤め口. **2** 《コンピュータ》ジョブ(ある業務処理のための関連プログラムをまとめた仕事の単位).

'job·ben [ˈdʒɔbən] 自 (↑Job) アルバイトをする, (臨時の)仕事をする. Er *jobbt* zur Zeit als Taxifahrer. 彼は目下タクシー運転手のアルバイトをしている.《中性詞として》sich[3] durch *Jobben* das Geld für eine Reise verdienen アルバイトで旅行のお金をかせぐ.

'Job·ber [ˈdʒɔbɐr] 男 -s/- (*engl.*) **1**《金融》(Dealer) (a) (英米の株式取引所で自己売買のみを行う)買人. (b)《侮》相場師, 投機家. **2**《話》アルバイトをする人; アルバイト学生.

'Job·sha·ring [ˈdʒɔpʃɛːrɪŋ] 中 -[s]/ (*engl.*) ワークシェアリング.

Joch [jɔx] 中 -[e]s/-e(単位で -) **1** くびき; 束縛, 重圧; 隷従, 苦役. Ochsen ins〈unters〉 ~ spannen 牛をくびきにつなぐ. j⁴ ins ~ spannen 人⁴を束縛する, ⁴に重荷を課す. sich⁴ einem〈dem/unter das〉 ~ beugen〈fügen〉屈従する. *kaudinisches* ~《比喩》えがたい屈辱(紀元前 321 にイタリア南西部にあるCaudium 近辺での戦いに破れたローマ軍が 3 本の槍で組んだゲートをくぐらされて逃れたという屈辱の故事による). **2**《複数 -》くびきにつながれた 1 連の牛; ヨッホ(連の牛で 1 日に耕作できる土地, 約 30-55 アール). 天秤(てんびん)棒. **4**《地理》(山の)尾根, 鞍部, 肩.《建築》(教会建築で)張り間, ベイ;《土木》くい橋脚, 横げた; 《電子工》ヨーク, 継鉄. **6**《解剖》Jochbein

'Joch·bein 中 -[e]s/-e《解剖》頬骨.

'Jo·chem [ˈjɔxəm]《男名》(Joachim の短縮)ヨッヘム.

'Jo·chen [ˈjɔxən]《男名》(Joachim の短縮)ヨッヘン.

'Jo·ckei, 'Jo·ckey [ˈdʒɔke, ˈdʒɔkɪ, ˈdʒɔk'jɔkaɪ] 男 -s/-s (*engl.*) 競馬の騎手, ジョッキー.

Jod [joːt] 中 -[e]s/ (*gr.*)《記号 J》《化学》ヨード, ヨウ素.

'Jo·del [ˈjoːdəl] 男 -s/-(-¨) ヨーデル(アルプス地方の羊飼や牧人の間で今なお歌われている民謡, およびその歌法).

'jo·deln [ˈjoːdəln] 自 ヨーデルをうたう, ヨーデルで歌う.

'jod·hal·tig [ˈjoːthaltɪç] 形 ヨードを含む.

Jo'did [joˈdiːt] 中 -[e]s/-e《化学》ヨウ化物.

'Jod·ler [ˈjoːdlɐ] 男 -s/- **1** ヨーデル(の歌, 声). ヨーデル歌手. ▶ 女性形 Jodlerin 女 -/-nen

Jo·do'form [jodoˈfɔrm] 中 -s/《化学》ヨードホルム.

'Jod·tink·tur 女 -/-en《化学・医学》ヨードチンキ.

'Jod·was·ser·stoff 男 -[e]s/《化学》ヨウ化水素.

'Jo·el [ˈjoːɛl, ˈjoːɛl] (*hebr.*, Jahwe ist Gott')《男名》ヨーエール, ヨーエル. **❷**《人名》《旧約》ヨエル(12 人の小預言者の 1 人).

'Jo·ga [ˈjoːga] 男 (中) -[s]/ (*sanskr.*) ヨガ, 瑜伽(ゆが)

行.

jog·gen ['dʒɔgən] 圓 ジョギングをする.

Jog·ging ['dʒɔgɪŋ] 囲 -s/ (am.) ジョギング.

Jo·ghurt ['joːgʊrt] 圐 (囲) -[s]/-[s] (türk.) ヨーグルト. ◆口語では 囡 -/-[s] の場合もあり, オーストリアでは 囲 または 囡.

Jo·gi ['joːgi], **Jo·gin** ['joːgɪn] 男 -s/-s ヨガの行者(信奉者).

Jo·gurt ['joːgʊrt] 男 (囲) -[s]/-[s] =Joghurt

Jo·hann [joˈhan, ˈjoːhan] 《男名》(Johannes の短縮) ヨハン, ヨーハン.

Jo·han·na [joˈhana] 《女名》(Johann の女性形) ヨハナ, ヨハンナ.

Jo·han·nes [joˈhanəs, ..nɛs] (hebr. , Jahwe ist gnädig') ❶ 《男名》ヨハネス (↑ Johann). ❷ 《人名》《新約》1 ~ der Täufer 洗礼者聖ヨハネ (ラテン語形 Joannes Baptista, 旧約最後の預言者にしてイエスの先駆者, ヨルダン川でイエスに授洗, マタ 3, ルカ 1 他. ↑付録「聖人暦」6月 24日). 2 (福音史家)聖ヨハネ (12 使徒の 1 人, Jakobus der Ältere の弟, イエスの愛弟子. ↑付録「聖人暦」12月 27日). das Evangelium nach ~ / *Johannes*evangelium ヨハネによる福音書. die Offenbarung des ~ ヨハネの黙示録.

Jo·han·nes·burg [joˈhanəsbʊrk, joˈhanɛs..] 《地名》ヨハネスブルク (南アフリカ共和国最大の都市).

Jo·han·nes·evan·ge·li·um [joˈhanəs..] 男 -s/ 《新約》ヨハネによる福音書.

Jo·han·ni [joˈhani], **Jo·han·nis** [..nɪs] 男 -/ =Johannistag an⟨zu⟩ ~ 聖ヨハネ祭(夏至祭り)に.

Jo·han·nis·bee·re [joˈhanɪs..] 囡 -/-n すぐり(の実).

Jo·han·nis·brot 男 -[e]s/-e いなごまめ (Johannisbrotbaum の実で, 洗礼者聖ヨハネが荒野でこの実を食べて飢えをしのいだとの伝説からこの名がついている). ◆オーストリアでは Bockshörndl

Jo·han·nis·feu·er 男 -s/- 聖ヨハネ祭の前夜に焚(た)かれるかがり火.

Jo·han·nis·kä·fer 男 -s/- 《虫》(Johanniswürmchen)《虫》ほたる(蛍); こふきこがね.

Jo·han·nis·nacht 囡 -/¨e 聖ヨハネ祭の前夜.

Jo·han·nis·tag 男 -[e]s/-e 聖ヨハネ祭(6月 24日), 夏至祭り.

Jo·han·nis·trieb 男 -[e]s/-e 1 《植物》土用芽(聖ヨハネスのころ急に伸びる若枝). 2 《戯》初老期男性に起こる性衝動.

Jo·han·nis·würm·chen 囲 -s/- 《虫》=Johanniskäfer

Jo·han·ni·ter [johaˈniːtər] 男 -s/- ヨハネ騎士修道会士.

Jo·han·ni·ter·or·den 男 -s/ ヨハネ騎士修道会, ヨハネ騎士団 (紀元 1100 頃にエルサレムに設立, マルタ騎士団 Malteserorden ともいう).

joh·len ['joːlən] 圓 わめく, どよめく.

Joint [dʒɔynt] 男 -s/-s (*engl.*) 1 ジョイント (マリファナやハッシッシ入りの手巻タバコ). 2 《若者》紙巻タバコ

Joint·ven·ture ['dʒɔyntˈvɛntʃər] 囲 -[s]/-s (*engl.*)《経済》合併事業, ジョイントベンチャー. ◆ Joint Venture とも書く.

Jo·ker ['joːkər, ˈdʒoːkər] 男 -s/- (*engl.*)《トランプ》ジョーカー.

Jo·kus [joːkʊs] 男 -/-se (*lat.*)《複数まれ》《古》冗談, ジョーク; 悪ふざけ.

Jol·le ['jɔlə] 囡 -/-n 《船員》(船舶備え付けの)小ボート, 艀(はしけ); 競走用小ボート.

Jo·na ['joːna], **Jo·nas** ['joːnas] 《人名》(hebr. , Taube') 《旧約》ヨナ (12 小預言者の 1 人, ヨナ書の主人公, 大魚に呑まれ 3 日 3 晩その腹の中にいた).

Jo·na·than ['joːnatan] 《人名》(hebr. , Jahwe hat [ihn] gegeben')《旧約》ヨナタン (Saul 王の長子, David の親友, サム上 1: 19-1:00).

Jon·gleur [ʒõˈgløːr, ʒõŋˈ(g)løːr] 男 -s/-e (*fr.*, Gaukler') 1 軽業(かるわざ)師, 曲芸師. 2 (とくに中世の)道化師, 遍歴楽師.

jon·glie·ren [ʒõˈgliːrən, ʒõŋˈ(g)liːrən] 圓 1 曲芸をする (mit et³ 物³を使って). mit Bällen⟨Tellern⟩ ~ ボール⟨皿⟩の曲芸をする. 2 《比喩》《話》(mit et³ 事³を)巧みに処理する, 操る. mit Worten ~ 言葉を巧みに操る.

Jop·pe ['jɔpə] 囡 -/-n 短い上着 (ジャンパーやカーディガンなど).

Jor·dan ['jɔrdan] 男 -[s]/《地名》der ~ ヨルダン川 (パレスチナ地方を流れる). über den ~ gehen《婉曲》死ぬ.

Jor·da·ni·en [jɔrˈdaːniən] 《地名》(hebr.) ヨルダン (アラビア半島北西部の王国, 首都アマン Amman).

Jörg [jœrk] 《男名》(Georg の別形) イェルク.

Jo·sef, **Jo·seph** ['joːzɛf] (hebr. , Jahwe möge vermehren!') ❶ 《男名》ヨーゼフ. ~ II. ヨーゼフ 2 世 (神聖ローマ皇帝, 位 1765-90. ↑Josephinismus). ❷ 《人名》1 《旧約》ヨセフ (イスラエル人の族長, 太祖 Jakob の第 11 子, 兄たちに憎まれてエジプトへ奴隷として売られ, 苦難の末 Pharao の宰相にして立身する物語は創 37-50 に詳しい). 2 《新約》ヨセフ (聖母マリアの夫, 聖父, ルカ 1: 27, 2: 4, 16. ↑付録「聖人暦」3月 19日). *Josephs*ehe ヨセフの結婚 (ヨセフとマリアの関係のようにセックスを伴わない夫婦生活).

Jo·se·phi·ne [joze'fiːnə] 《女名》(Joseph の女性形) ヨゼフィーネ (Josefine とも. 参考 Paul → Pauline, Wilhelm → Wilhelmine).

Jo·se·phi·nis·mus [jozefiˈnɪsmʊs] 男 -/《歴史》ヨーゼフ主義. ◆皇帝 Joseph 2 世が始め, その後 19 世紀にも引き継がれたオーストリアのカトリック的啓蒙主義的な解放・改革運動. ↑Josef, Joseph ①

Jo·sua ['joːzua] (hebr. , Jahwe ist Hilfe')《旧約》ヨシュア (Moses の後継者, ヨシュア記の中心人物). das Buch ~ (旧約の)ヨシュア記.

Jot [jɔt] 囲 -[s]/-[s] ヨット (ドイツ語アルファベットの第 10 文字 j, J).

Jo·ta ['joːta] 囲 -[s]/-s イオタ (ギリシア語アルファベットの第 9 文字 I, ι);《比喩》僅少, 些事. [um] kein ~ / nicht ein ~ 少しも…ない.

Joule [dʒaʊl, dʒuːl, ʒuːl] 囲 -[s]/-《記号 J》《物理》ジュール (エネルギーおよび仕事の単位, イギリスの物理学者 J. P. Joule, 1818-1889 にちなむ).

Jour [ʒuːr] 男 -s/-s (*fr.* , Tag') 1 (特定の義務や仕事を履行するように定められた)日; 面会日. 2 《古》当直(日直)の日. 3 ~ fixe [fiks] (定期的な会合のための)特定の日.

Jour·nail·le [ʒʊrˈnaljə] 囡 -/ (*fr.*) (↑Journal)《侮》(扇情的な)低俗新聞, イエローペーパー;《集合的に》低俗新聞のかき手たち.

Jour·nal [ʒʊrˈnaːl] 囲 -s/-e (*fr.*) 1 (ぜいたくな作りの)専門雑誌. 2 《海事》航海日誌;《経済》仕訳(し)帳. 3 《古》日記; (日刊)新聞.

Jour·na·lis·mus [ʒʊrnaˈlɪsmʊs] 男 -/ (*fr.*) 1 ジャーナリズム(業, 業界). 2 ジャーナリズム調(の文体).

Jour·na·list [ʒɔrnaˈlɪst ジュルナリスト] 男 -en/-en ジャーナリスト, (新聞・雑誌の)記者; 寄稿家, ライター.

Jour·na·lis·tik [ʒɔrnaˈlɪstɪk] 女 -/ **1** 新聞学; 新聞学科, マスコミ(研究)分野. **2**《雅》《まれ》報道記事, (ジャーナリストの)論稿.

jour·na·lis·tisch 形《述語的には用いない》**1** 新聞学(マスコミ過程)の. **2**(仕事などが)ジャーナリズム(マスコミ)の. (文体などが)ジャーナリスティックな.

jo·vi·al [joviˈaːl] 形 (lat.) 陽気な, 好意的な; (目下の者に対して)気さくな. ◆ 男性についてのみ用いる.

Jo·vi·a·li·tät [jovialiˈtɛːt] 女-/ 陽気さ; 気さくなこと, 愛想のいいこと.

jr.《略》=junior

Ju'an [xuˈan] (sp.) 《男名》(Johann) ファン. Don ~ ドン・ファン.

'Ju·bel [ˈjuːbəl] 男 -s/ (lat.) 大喜び, 歓声. ~, Trubel, Heiterkeit 陽気なにぎわい.

'Ju·bel·fei·er 女 -/-n 記念の祝い, 記念祭.

'Ju·bel·ge·schrei 中 -s/ 歓声.

'Ju·bel·greis 男 -es/-e **1** 祝賀を受ける老人. **2** 《戯》陽気な老人.

'Ju·bel·jahr 中 -[e]s/-e **1** (25 周年・50 周年などの祝いが祝われる)記念の年. **2**《カトリ教》ヨベルの年(50年ごとの許しの年). **3**《ユタヤ教》聖年(25 年ごとに大赦・全贖宥(ぜんしょくゆう)が与えられる年). Das kommt alle ~e [einmal] vor. (話) そんなことは滅多に起こるものではない.

'ju·beln [ˈjuːbəln] 自 歓呼する, 歓声を上げる.

'Ju·bel·paar 中 -[e]s/-e 金(銀, ダイヤモンド, 鉄)婚式のカップル.

'Ju·bel·ruf 男 -[e]s/-e 歓呼, 歓呼(の声).

Ju·bi·lä·en [jubiˈlɛːən] Jubiläum の複数.

Ju·bi·lar [jubiˈlaːr] 男 -s/-e 記念のお祝いを受ける人. ◆ 女性形 Jubilarin 女 -/-nen

Ju·bi·la·te [jubiˈlaːtə] 《無冠詞》《不変化》 (lat., frohlocket!') 《キリスト教》復活祭後第 3 の主日(この日の入祭文の冒頭句から. 《旧約》詩 66, 100).

*__Ju·bi·lä·um__ [jubiˈlɛːʊm ユビレーウム] 中 -s/..läen (lat.) 記念式典, 祝典, 祝(賀)祭; …周年記念祭. ein ~ begehen〈feiern〉祝典を行なう(祝う). beim〈zum〉100-jährigen ~ der Firma 会社創立百周年記念に際して.

Ju·bi·lä·ums·aus·ga·be 女 -/-n《書籍》(著者の生誕・没後何年などの)記念出版.

ju·bi·lie·ren [jubiˈliːrən] 自 (lat.) **1**《雅》歓声をあげる. **2**《雅》(鳥が)さえずる. **3**《戯》記念祭を祝う.

juch·he [jʊxˈheː] 間 Juchhe! 万歳!など喜びの叫び(声). ◆ 別形 juchhei, juchheirassa, juchheirassasa, juchheisa, juchheißa

juch'hei [jʊxˈhaɪ] 間 =juchhe

'juch·ten [ˈjʊxtən] 形 (russ.)《付加語的用法のみ》ロシア革(皮)の.

'Juch·ten 男(中) -s/ **1** (Juchtenleder) ロシア革(しらかばのタール油の独特の香りがある). **2** ロシア革の香りのする香料.

'juch·zen [ˈjʊxtsən] 自 (話) (jauchzen) 歓声を上げる, 歓呼する.

*__ju·cken__ [ˈjʊkən ユケン] **❶** 他 **1** かゆく(感じ)させる, かゆがらせる. Diese Bluse juckt [mich]. / Diese Bluse juckt mich auf der Haut. このブラウスはちくちくする. Die Haut juckt mich. 皮膚がかゆい. 《比喩的に》Ihn〈Ihm〉juckt das Fell. (話) 彼は思いあがって(つけあがって)いる, おしおきされたいらしい. Die Finger jucken mich. (話) 腕が鳴る(むずむずする). **2** (話) (人⁴の気持ちを)うずうずさせる, くすぐる, そそる, 惹く. Ihn juckt nur das Geld. 彼は金にしか興味がない. Das juckt mich nicht. そんなことは私には関係ない. Es juckt ihn, einen neuen Wagen zu kaufen. 新車が買いたくてならない. Lass ~! (話) さあさあ, 早く.

❷ 自 かゆい, むずがゆい. Mein Rücken juckt. / Rücken juckt mir. 背中がかゆい. 《比喩的に》 ihn juckt der Buckel. 彼は生意気な(なやつ)だ. Die Ha juckt. / Mir juckt die Hand. 《話》(殴りたくて)手がうずうずしている. Mir juckt das linke Ohr. 何かよいらせがありそうだ.

❸《非人称》Es juckt mich〈mir〉auf dem Rücken. 背中がかゆい. Wen's juckt, der kratze sich⁴. かゆければかけ. 《比喩的に》Mich〈Mir〉juckt es in den Beinen. 《話》私は(踊りたくて)足がうずうずしている. Es juckt uns nach einem Abenteuer. 私たちは冒険がしたくてたまらない.

❹ 再 (sich⁴) (話) 体をかく.

'Juck·reiz [ˈjʊk..] 男 -es/-e かゆみ.

'Ju·da [ˈjuːda] **❶** 《人名》《旧約》ユダ(イスラエルの太祖 Jakob の 12 人の息子たちの第 4 子, ユダ族の祖, David およびイエス・キリストの祖先に当る. ↑《約》ルカ 3 : 23-33). der Stamm ~ ユダ族. **❷** 《名》《歴史》ユダ王国.

'Ju·da·is·mus [judaˈɪsmʊs] 男 -/ ユダヤ教; ユダヤ神; ユダヤ主義.

'Ju·da·is·tik [judaˈɪstɪk] 女 -/ ユダヤ学.

'Ju·das [ˈjuːdas] **❶** 《人名》《新約》**1** ~ Ischariot〈Iskalioth〉イスカリオテのユダ(イエスの弟子の 1 人でありながら裏切り, Gethsemane の園で接吻を合図にイエスを敵の手に売渡した. ↑ Ischariot). **2** ~ Thaddäus ユダ・タダイオス(またはタダイ)(たぶん小 Jakobus 子, またイエスの兄弟の Judas と同一視されることもある使徒. ↑付録「聖人暦」10 月 28 日). **❷** 男-/ Judasse (↓ ① ①) (話) 裏切者.

'Ju·das·kuss 男 -es/ˆe ユダの接吻, 裏切りを秘めた意(↑Judas ① ①).

'Ju·das·lohn 男 -[e]s/ (Judasgeld) ユダの報酬, 裏切の報酬(ユダがイエスを裏切って得た報酬にちなむ).

*__'Ju·de__ [ˈjuːda ユーデ] 男-/-n ユダヤ人; ユダヤ教徒. der Ewige ~ さまよえるユダヤ人 (=Ahasver).

'Ju·den·christ [ˈjuːdən..] 男 -en/-en **1** (初期キリスト教で)ユダヤ人キリスト教徒 (Heidenchrist に対する). **2** キリスト教に改宗したユダヤ人.

'Ju·den·heit [ˈjuːdənhaɪt] 女 -/(まれ)(総称的に)ユダヤ人, ユダヤ民族.

'Ju·den·kir·sche 女 -/-n 《植物》(Blasenkirsch ほおずき(属).

'Ju·den·schu·le 女 -/ (Synagoge) シナゴーグ(ユダヤ教の会堂, 文化的・教育的な集いの場としても使ていた).

'Ju·den·tum [ˈjuːdəntuːm] 中 -s/ **1** ユダヤ教; ユダヤ精神(文化); ユダヤ人気質. **2** (総称的に)ユダヤ人, ユダヤ民族.

'Ju·den·ver·fol·gung 女 -/-en ユダヤ人迫害.

'Ju·den·vier·tel 中 -s/- ユダヤ人居住区域, ゲット

'Ju·di·ka [ˈjuːdika] (lat.)《無冠詞》《キリスト教》御受難主日(復活祭前の第 2 日曜日).

Ju·di·ka'ti·ve [judikaˈtiːvə] 女 -/ (lat.)《法制》法権.

Ju·di·ka'tur [judikaˈtuːr] 女 -/-en (lat.)《法制》(Rechtsprechung) 裁判.

ü·din ['jy:dɪn] 囡 -/-nen Jude の女性形.
ü·disch ['jy:dɪʃ] 形 《比較変化なし》ユダヤ人の; ユダヤ(人)的な. ↑deutsch
u·dith ['ju:dɪt] (hebr.) ❶《女名》ユーディト. ❷《人名》ユディト (*Judithbuch* の女主人公, 敵将ホロフェルネス Holofernes を泥酔させて寝首を掻き, 町と祖国を救った). das Buch ~ = *Judithbuch* (旧約聖書続編の)ユディト記.
u·diz [ju:'di:ts] 中 -es/..zien [..tsiən] =Judizium
u·di·zi·um [ju'di:tsiom] 中 -s/..zien [..tsiən] (*lat.*) 1 判決. 2 裁判官のもつ判断力.
u·do [ju:do] 中 -[s]/ (*jap.*) 柔道.
u·gend ['ju:gənt ユーゲント] 囡 -/ 1 青春時代, 若い時, 青年(少年)期;《生物》成長期;《雅》《時代の)初期, 黎明(热切). seine ~ genießen 青春を謳歌する. über die〈*seine*〉erste ~ hinaus sein もう(それほど)若くない. von ~ an〈*auf*〉若い時から. 2 若さ, 若々しさ, 初々(沁)しさ. 3《総称的に》若者, 若人(ぬぢ), 青少年; 青年団. die ~ von heute 近頃の若い者. die reifere ~《戯》中年組. ~ kennt〈*hat*〉keine Tugend.《諺》若気の無分別. 4《スキー》ジュニアクラス; ジュニアチーム.
Ju·gend·al·ter 中 -s/ 青年期, 青春時代.
Ju·gend·amt 中 -[e]s/ 青少年福祉局.
Ju·gend·ar·beits·lo·sig·keit 囡 -/ 若年失業.
Ju·gend·be·we·gung 囡 -/ (20世紀初頭のドイツの)青少年運動.
Ju·gend·er·in·ne·rung 囡 -/-en 青少年(青春)期の思い出.
u·gend·frei 形《映画・文芸などが》未成年者の鑑賞も許された.
Ju·gend·freund 男 -[e]s/-e 1 竹馬(なっ)の友, 幼なじみ. 2 若者に理解のある人. ◆女性形 Jugendfreundin 囡 -/-nen
Ju·gend·für·sor·ge 囡 -/《教育・法制》青少年福祉事業.
Ju·gend·ge·richt 中 -[e]s/-e《法制》少年裁判所.
Ju·gend·her·ber·ge ['ju:gənthɛrbɛrgə ユーゲントヘルベルゲ] 囡 -/-n ユースホステル.
Ju·gend·kleid 中 -[e]s/《総称的に》《猟師》幼鳥の(↔ Alterskleid) 羽(羽毛).
Ju·gend·kri·mi·na·li·tät 囡 -/ 青少年犯罪.
ju·gend·lich ['ju:gəntlɪç ユーゲントリヒ] 形 青少年の, 若い; 青春(時代)の; 若者(青年)らしい; 若々しい. in ~*em* Alter sterben 早死(天折(災))する. ~*er* Leichtsinn 若気のいたり. ~*er* Liebhaber《演劇》(役柄としての)若い恋人, 二枚目. ~*e* Naive〈Sentimentale〉《演劇》生娘(い)役. ~ aussehen〈*wirken*〉若く見える.
Ju·gend·li·che ['ju:gəntlɪçə ユーゲントリヒェ] 男 囡《形容詞変化》若者, 青年; 少年(少女);《法制》未青年(14歳以上18歳未満).
Ju·gend·lich·keit 囡 -/ 若いこと, 若さ; 若々しさ.
Ju·gend·lie·be 囡 -/-n 1《複数なし》若き日の恋, 初恋. 2 若き日の恋人.
Ju·gend·mann·schaft 囡 -/-en《スキー》(14-18歳の)ユースチーム.
Ju·gend·pfle·ge 囡 -/《教育・法制》青少年育成事業.
Ju·gend·psy·cho·lo·gie 囡 -/ 青年心理学.
Ju·gend·schrif·ten 複 少年少女向けの読物, 児童図書.
Ju·gend·schutz 男 -es/《法制》1 少年保護. 2《集合的に》少年保護のための法規.
'Ju·gend·stil 男 -[e]s/《芸術》ユーゲントシュティール, ユーゲント様式(1900 前後のドイツの工芸・絵画・建築の様式. 当時ミュンヒェンで発行されていた雑誌 , Jugend' にちなむ. アール・ヌーヴォーのドイツでの呼称).
'Ju·gend·sün·de 囡 -/-n 若気の過(***)ち.
'Ju·gend·tor·heit 囡 -/-en 若い時の愚行.
'Ju·gend·wei·he 囡 -/-n 1 (非宗教団体が行う)成人式. 2 (旧東ドイツの)成人式(14歳になった男女に社会主義への忠誠を誓わせた).
'Ju·gend·zeit 囡 -/ 青少年(青春)時代.
Ju·go·sla·we [jugo'sla:və] 男 -n/-n (旧)ユーゴスラヴィア人. ◆女性形 Jugoslawin 囡 -/-nen
Ju·go·sla·wi·en [jugo'sla:viən]《地名》(旧)ユーゴスラヴィア(連邦人民共和国).
ju·go·sla·wisch [jugo'sla:vɪʃ] 形 (旧)ユーゴスラヴィア(人, 語)の. ↑deutsch
Juice [ʤu:s] 男 -/-s (*engl.*) ジュース.
'Juke·box ['ʤu:kbɔks] 囡 -/-es (*engl.*) ジュークボックス.
Jul [ju:l] 中 -[s]/ (*anord.*) 1 (ゲルマン人の)冬至祭. 2 (スカンディナヴィア諸国の)クリスマス.
Jul.《略》=Juli
Ju'lei [ju'laɪ, 'ju:laɪ] 男 -[s]-s 7月(聞き違えられぬように Juli の代りに).
'Jul·fest ['ju:lfɛst] 中 -[e]s/-e =Jul

'Ju·li ['ju:li ユーリ] 男 -[s]/-s《複数まれ》《略 Jul.》7月. ◆Juni との混同を避けるため [ju'laɪ, 'ju:laɪ] と発音することもある. ↑Julei
'Ju·lia ['ju:lia]《女名》ユーリア.
ju·li'a·nisch [juli'a:nɪʃ] 形 ユリウス・カエサルの. ~*er* Kalender ユリウス暦.
'Ju·lie [ju:liə]《女名》ユーリエ.
'Ju·li·er ['ju:liər] 男 -s/- ユリウス家(の人).
'Ju·li·us ['ju:lios]《男名》(*lat.*) ユリウス.
'Jul·klapp ['ju:lklap] 男 -s/《民俗》クリスマスプレゼント(スカンディナヴィア地方の風習で, ドアをノックして投げ込まれるプレゼント).
'Jul·mo·nat, **'Jul·mond** 男 -[e]s/-e《古》(Dezember) 12月.
'Jum·per ['ʤampər, 'ʤɛm..'jʊm..] 男 -s/-《服飾》ジャンパー, プルオーバー.
jun.《略》=junior
Jun.《略》=Juni

---

jung [jʊŋ ユング] jünger, jüngst 形 (↔ alt) 1 若い, 幼い. ein ~*er* Autor 若い作家. ein ~*er* Baum 若木. ein ~*es* Blut《雅》若者. das *Junge* Deutschland《文学》青年ドイツ派(19世紀の文芸運動). ein ~*er* Hund 幼犬. in ~*en* Jahren 若い(幼い)時に. ein ~*er* Mann 若い男. *Junger* Mann!(呼掛け)お兄さん. der ~*e* Meyer マイアー2世. der ~*e* Schiller 若きシラー. ~*e* Volk 若者たち. Sie haben ~ geheiratet. 彼らは年若くして結婚した. Für diese Arbeit ist er noch zu ~. 彼はこの仕事にはまだ若すぎる. So ~ kommen wir nicht mehr zusammen.《話》今晩は大いにやろう, まだいいじゃないか(今度会うときはお互いもう若くない). *Jung* gewohnt, alt getan.《諺》習い性となる. 《年齢を示す4格と》Sie ist 40 Jahre ~.《戯》彼女は40歳の若さだ. das siebzehn Jahre ~*e* Mädchen《戯》芳紀(鷺)17歳の娘.《名詞的に》*Jung* und *Alt* (°~ und *alt*) 老いも

若きも. von ~ auf 若い(幼い)時から. **2** 若々しい, 元気な(気の)若い. Er hat ~e Beine. 彼は健脚だ. ein ~es Gesicht〈Herz〉若々しい顔〈心〉. sich⁴ ~ fühlen 気が若い. ~ mit der Jugend sein 若者たちに理解がある. Sport erhält ~. スポーツは若さを保つ. **3** 新しい, 新鮮な. ~es Gemüse 新鮮な野菜. 〈戯〉若い人たち, 子供たち. ~es Gras 新緑. ein ~es Paar 新婚カップル. ein ~er Staat 新興国家. der ~e Tag〈雅〉朝. ~er Wein (ワインの)新酒. Sie sind ~ verheiratet. 彼らは新婚ほやほやだ. ◆ ↑jünger, jüngst.

Jung《人名》Carl Gustav ~ カール・グスタフ・ユング (1875–1961, スイスの心理学者).

'**Jung·brun·nen**[男]-s/- (とくに中世の伝説で)若返りの泉; 力の源泉.

'**Jun·ge**¹ ['jʊŋə ユンゲ][男]-n/-(-ns, Jungs) (↓ jung) **1** 少年, 男の子; 〈話〉若者, 若造; 息子, 伜(せがれ). Sie haben einen ~n bekommen. 彼らのところに男の子が生れた. ~! 〈話〉これは驚いた, へぇ～っ. Alter〈Mein lieber〉~! やあ君, おぉっ. die blauen *Jungs*〈話〉水夫(船員)たち. ein dummer〈grüner〉~ 青二歳, ひよっ子. j⁴ wie einen dummen ~n behandeln 人⁴を鼻(先)であしらう. j⁴ als dummen ~n hinstellen 人を笑いものに(馬鹿)にする. ein schwerer ~ 暴力犯, ギャング. **2**〈古〉見習い, 弟子, 手伝い. **3**《ジャブ》ジャック(の札).

'**Jun·ge**²《形容詞変化》❶ 《形》若い人. ~ und Alte 老いも若きも. ❷[中]《動物の》子; 雛. Das ist ja zum ~n kriegen.《話》そいつはまったくいやになっちまうぜ.

'**jun·gen** ['jʊŋən] [自] **1**《家畜などが》子を産む. **2**《雅》若返る.

'**jun·gen·haft** ['jʊŋənhaft][形]少年のような, 少年らしい, ボーイッシュな. sich⁴ ~ benehmen《女の子が》男の子のように振舞う. ~ lachen《大人が屈託なく》子供のように笑う.

'**Jun·gen·haf·tig·keit**[女]-/少年らしさ, 《少女の示す》男の子っぽさ.

'**jün·ger** ['jʏŋər][形]《jung の比較級》**1** より若い, 年下の, かなり(比較的)若い. mein ~er Bruder 私の弟. **2**《時代・日付けなどが》より(比較的)新しい.

'**Jün·ger**¹[男]-s/- 〖宗教〗《キリストの 12 人の》使徒. **2** 弟子, 門人, 信奉者.

'**Jün·ger**²《人名》Ernst ~ エルンスト・ユンガー(1895–1998, ドイツの小説家).

'**Jün·ge·re**《形容詞変化》年下の人, 年少者, 後輩. 《人名とともに》Plinius der ~ 小プリニウス.

'**Jün·ger·schaft**[女]-/ **1**《集合的に》弟子, 門人. **2** 弟子であること, 弟子たる身分.

'**Jung·fer** ['jʊŋfər][女]-/-n (↓ Jungfrau) **1**〈古〉乙女, 処女; 《未婚の》若い娘; 《名前の前に冠して》…嬢; 侍女, 小間使い. eine alte ~《俺》オールドミス. ~ Martha マルタ嬢. ~ Naseweis《戯》おしゃまな娘. ~ im Busch〈Grünen〉〖植物〗くろたねそう. **2**〖印刷〗誤植のないページ.

'**jüng·fer·lich** ['jʏŋfərlɪç][形] オールドミスのような; はにかみやの, とりすました, お上品ぶった.

'**Jung·fern·fahrt** ['jʊŋfərn..][女]-/-en 処女航海.
'**Jung·fern·häut·chen**[中]-s/- 処女膜.
'**Jung·fern·kranz**[男]-es/..kränze〖古〗花嫁の花冠.
'**Jung·fern·re·de**[女]-/-n (議員の)処女演説.
'**Jung·fern·zeu·gung**[女]-/-en〖生物〗単為生殖

(発生), 処女生殖.

*¹**Jung·frau** ['jʊŋfrau ユングフラオ] ❶ [女]-/-en 処女, 生(き)娘, おぼこ; 〈古〉《若い》未婚女性; 聖母(マア); 純潔. eiserne ~ 鉄の処女(中世の拷問具). die [Heilige] ~《カトリック》聖母マリア. zu et³ wie die zum Kind kommen《話》ひとりでに(労せずして)物⁴手にはいる. **2** (a) die ~〖天文〗乙女座, 《占星》女宮. (b) 乙女座生れ(の人). ❷ [女]-/《地名》~ ユングフラウ(アルプスの高峰).

'**jung·fräu·lich** ['jʊŋfrɔʏlɪç][形]処女の, 処女らしい, 純潔な, 無垢な. ~er Boden 処女地.
'**Jung·fräu·lich·keit**[女]-/処女であること, 処女性; 純潔. sich³ die ~ bewahren 純潔を守る.

'**Jung·ge·sel·le** ['jʊŋɡəzɛlə][男]-n/-n **1** 独身男. **2**〈古〉《遍歴中の》若い職人.
'**Jung·ge·sel·lin**[女]-/-nen 未婚(独身)の女性; 職業婦人(就業女性).
'**Jung·he·ge·lia·ner**[男]-s/- 青年ヘーゲル派(ヘーゲル左派)の哲学者.
'**Jung·leh·rer**[男]-s/- 助教諭(2 回目の国家試験合格までの見習い教員).
'**Jüng·ling** ['jʏŋlɪŋ][男]-s/-e《雅》若者, 青年; 《俺》二才, 若造.
'**Jüng·lings·al·ter**[中]-s/《雅》青年期, 青年(青春)時代.

jüngst [jʏŋst][形]《jung の最上級》**1** 最も若い. Er ist nicht mehr der *Jüngste*. 彼はすでに年配だ. **2** 最近の. in ~er Zeit 最近, ついこの前. **3** 起ったばかりの, 新しい. Sein ~es Werk ist sehr bedeutend 彼の新作はとても重要だ. **4**《キリスト教》《未来に関して》最終の, 最後の. das *Jüngste* Gericht 最後の審判. der *Jüngste* Tag 最後の審判の日. **5**《副詞的用法》《書》最近, 先日.

'**Jung·stein·zeit**[女]-/ 新石器時代.
'**Jüngs·ten·recht**[中]-[e]s/-e〖法制〗末子相続権.
'**jüngs·tens** ['jʏŋstəns][副]《古》最近, つい先日.
'**jüngst'hin** ['jʏŋst'hɪn][副]《古》最近, ついこのあいだ.
'**jung·ver·hei·ra·tet**[形]新婚(ほやほや)の.
'**Jung·vieh**[中]-[e]s/《成獣前の》若い家畜.
'**Jung·wäh·ler**[男]-s/- 新有権者; 若い有権者.

'**Ju·ni** ['juːni ユーニ][男]-[s]/-s (*lat.*)《略 Jun.》6 月.
'**Ju·ni·kä·fer**[男]-s/-〖虫〗こふきこがね属.
'**ju·ni·or** ['juːniɔr][形](*lat.*)《人名の後に置かれて不変化》《略 jr., jun.》(↔ senior) 年下の, 息子の, 小…. Herr Meier ~ 小マイアー氏.
'**Ju·ni·or**[男]-s/-en [juni'oːrən] (↔ Senior) **1**《親と同名の》息子, ジュニア. **2** 社主(店主)の息子, 2 世. 《ふつう複数で》若者. **3**《スポーツ》ジュニア選手.
'**Ju·ni·or·chef**[男]-s/-s 若社長, 若主人.
Ju·ni'o·ren·meis·ter·schaft [juni'oːrən..][女]-/-en ジュニア選手権(試合).
'**Jun·ker** ['jʊŋkər][男]-s/- **1** ユンカー(とくに東エルベ地方の地主貴族); いなか貴族. **2**〖歴史〗青年貴族, 貴公子.
'**jun·ker·haft**, '**jun·ker·lich**[形] ユンカー的な, ユンカーらしい, ユンカーのような.
'**Jun·ker·tum** ['jʊŋkərtuːm][中]-s/ **1** ユンカー気質. **2**《集合的に》ユンカー, 地主貴族.
'**Junk·tim** ['jʊŋktɪm][中]-s/-s (*lat.*)〖法制・政治〗《法案などの》付帯, 抱合せ.
Ju·no¹ ['juːnoː, 'juːno][男]-[s]/-s 6 月 (Juli との間に

いを避けて).

Ju·no² ['ju:no] ❶《人名》《ロ-マ神話》ユーノー, ジュノー(古代ローマ最高の女神, Jupiter の妃, ギリシア神話の Hera に当る). ❷ 囡 -/ die ~《天文》ジュノー(小惑星の1つ).

u'no·nisch [ju'no:nɪʃ] 圏 (↓Juno²)《雅》ユーノーのような; 気品のある, 威厳のある.

Jun·ta ['xʊnta, 'jɔnta] 囡 -/..ten [..tən] (sp.) フンタ, (スペイン・ラテンアメリカ諸国の)臨時政府, 評議会.

Ju·pi·ter ['ju:pitər, ..tɛr] ❶ -s (Jovis ['jo:vɪs])《人名》《ロ-マ神話》ユーピテル, ジュピター(古代ローマの最高神, ギリシア神話の Zeus に当る). ❷ 男 -s/ der ~《天文》木星.

Ju·pi·ter·lam·pe 囡 -/-n《商標》ジュピター灯(舞台・映画などの照明に用いられるアーク灯の商標名).

Ju·ra¹ ['ju:ra] 男 -s/ (lat.) **1**《地理》ジュラ山脈(フランス東部とスイスの国境沿い). **2**《地質》ジュラ紀(系).

Ju·ra² 履 (lat.)《無冠詞 / 不変化》法学, 法律学.

u'ras·sisch [ju'rasɪʃ] 圏《地質》ジュラ紀(系)の.

Jür·gen ['jʏrgən]《男名》ユルゲン.

ju'ri·disch [ju'ri:dɪʃ] 圏 (lat.)《古》《カトリック》法(律)の, 法律上の.

Ju·ris·dik·ti·on [jurɪsdɪktsi'o:n] 囡 -/-en **1**《法制》司法権, 裁判権, 裁判管轄. **2**《カトリック》(教皇以下聖職者の有する)裁治権.

Ju·ris·pru'denz [jurɪspru'dɛnts] 囡 -/ (Rechtswissenschaft) 法学, 法律学.

Ju'rist [ju'rɪst] 男 -en/-en (lat.) 法学者, 法律家; 法学部(法学科)の学生.

Ju·ris·te'rei [jurɪstə'raɪ] 囡 -/ **1** 法(律)学. **2** (大学での)法律学研究. **3** 法律家(法学者)の仕事.

ju'ris·tisch [ju'rɪstɪʃ] 圏《比較変化なし》**1** 法律学(上)の. die ~e Fakultät 法学部. **2** 裁判(上)の. **3** 法(律)的な, 法規に従った. ~e Person《法制》法人. **4** 法律家(特有)の. mit ~er Exaktheit 法律家のように厳密に(細かく).

Jur·te ['jʊrta] 囡 -/-n (russ. jurta)《民族学》ユルト, ユルタ(中央アジアのトルコ系遊牧民の用いる円形テント).

Ju'ry [ʒy'ri:, 'ʒy:ri, 'dʒu:ri, 'ju:ri] 囡 -/-s (fr.) **1** (競技会などの)審査委員会. **2**《法制》陪審員.

ju'ry·frei 圏 無審査の.

Jus¹ [ju:s] 囲 -/ Jura (lat.)《多く無冠詞》《古》《オーストリア・スイス》法(律), 法(律)学.

Jus² [ʒy:] 囡 (南ドイツ 囲, オーストリア 囲) -/ (fr.) **1** (煮つめた)肉汁, ブイヨン. **2**《スイス》果汁, ジュース.

just [jʊst]《古》❶ 副 (lat.) まさに, ちょうど, 選(よ)りにも選って. ❷ 圏 nicht ~ sein まともでない, うす気味悪い.

jus'tie·ren [jʊs'ti:rən] 囮 (lat.) 調整(調節)する; (貨幣の量目を)検査する;《印刷》製版する.

Jus·ti·fi·ka·ti'on [jʊstifikatsi'o:n] 囡 -/-en (lat., Rechtfertigung')《神学》義化, 成義(人間を罪の状態から神との正しい関係に高めること).

Jus'ti·tia [jʊs'ti:tsia]《人名》《ロ-マ神話》ユスティティア(「正義」の擬人化女神).

Jus·ti·ti'ar [jʊstitsi'a:r] 男 -s/-e (lat.)《法制》法律顧問, 顧問弁護士.

Jus'tiz [jʊs'ti:ts] 囡 -/ (lat.) **1** 司法(権), 裁判(権). **2** 司法当局, 裁判所.

Jus'tiz·be·am·te 男 -n/-n《形容詞変化》司法官.

Jus'tiz·irr·tum 男 -s/-tümer《法制》誤審.

Jus'tiz·mi·nis·ter 男 -s/- 法務(司法)大臣.

Jus'tiz·mi·nis·te·ri·um 囲 -s/..rien 法務(司法)省.

Jus'tiz·mord 男 -[e]s/-e 司法殺人(誤判による無実の者への死刑判決およびその執行).

Jus'tiz·rat 男 -[e]s/⁼e《古》法律顧問官.

'Ju·te ['ju:ta] 囡 -/ (bengal.) **1**《植物》ジュート, 黄麻. **2** (Jutefaser) ジュート繊維.

'Jü·te ['jy:ta] 男 -n/-n (1 Jütland) ユトラント人.

'Jüt·land ['jy:tlant]《地名》ユトラント半島(北海とバルト海の間に突き出た半島. 大部分はデンマーク領で, 南部のみドイツ領).

Ju'wel [ju've:l] ❶ 囲(男) -s/-en (lat. iocus , Scherz')《多く複数で》(研磨した)宝石; (宝石や貴金属でできた)装身具. ~en tragen 宝石を身につける. ❷ 囲 -s/-e《話》かけがえのない人(物), 至宝. Sie ist ein ~ von einer Köchin. 彼女は得がたい料理人だ.

Ju·we'lier [juve'li:r] 男 -s/-e 宝石(貴金属)商; 宝石(貴金属)細工師.

Ju·we'lier·ge·schäft 囲 -[e]s/-e 宝石(貴金属)店.

Jux [jʊks] 男 -es/-e (lat. iocus , Scherz')《複数まれ》《話》冗談, ふざけ. Das war doch nur ein ~! あれはほんの冗談さ. sich³ einen ~ mit j³ machen 人³をからかう, 茶化す. aus [lauter] ~ und Tollerei 調子に乗って, はしゃぎすぎて.

k, K

k¹, K¹ [ka:] 㦯 -/- ドイツ語アルファベットの第 11 文字 (子音字). ◆口語では単数 2 格および複数形を [ka:s] と発音することがある.

k² 《記号》 **1** =Karat 1 **2** =Kilo.. **3** 《物理》 ボルツマン定数.

K² ❶ 《記号》 **1** 《物理》 =Kelvin **2** 《化学》 =Kalium **3** 《古》《光学》 =Kerze **5** 《まれ》 =Kilo.. ❷ 《略》 =österreichische Krone (旧) オーストリアクローネ.

K. 《略》 =Karat 2

'Ka·a·ba ['ka:aba] 囡 -/ (*arab.* ka'b , Würfel') カーバ (メッカにある方形の神殿, イスラーム教第 1 の聖所).

Ka'ba·le [ka'ba:lə] 囡 -/-n (*fr.*) 《古》企み, 陰謀.

Ka·ba'rett [kaba'rɛt, ..re:, 'kabarɛt, ..re] 㦯 -s/-(-e) (*fr.* cabaret , Schenke ') **1** (a) 寄席, カバレット; 寄席の演(し)物, ボードヴィル, バラエティーショー. ins ~ gehen 寄席へ行く. (b) 寄席芸人の一座. **2** (回転式の)盛合せ皿 (とくにサラダなどの).

Ka·ba·ret'tist [kabarɛ'tɪst] 男 -en/-en 寄席芸人, ボードヴィリアン. ◆女性形 Kabarettistin 囡 -/-nen

'Kab·ba·la ['kabala] 囡 -/ (*hebr.* , Überlieferung, Geheimlehre') **1** 《ユダヤ教》 カバラ (中世のユダヤ神秘説およびその文書). **2** (15 世紀スペインの) ユダヤ神秘主義運動.

kab·ba'lis·tisch [kaba'lɪstɪʃ] **1** カバラの. **2** 《比喩》神秘的な; 難解な.

'kab·be·lig ['kabəlɪç] 〜 *e* See 《船員》波が逆巻く海.

'kab·beln ['kabəln] ❶ 冉 (sich) 《北ぢ》《話》喧嘩でふざけ合う (mit j³ ³と). ❷ 自 Die See *kabbelt*. 《船員》海は波が逆巻いている.

*'Ka·bel [ka:bəl カーベル] 㦯 -s/- **1** 《電子工》ケーブル. **2** 《工学・土木》ワイヤロープ; 《海事》鋼索; 錨鎖. **3** 《古》海外電報, 外電. **4** (複数なし) =Kabelfernsehen

'Ka·bel² 囡 -/-n 《北ぢ》利益配当, 分け前.

'Ka·bel·fern·se·hen 㦯 -s/ ケーブルテレビ.

'Ka·bel·jau ['ka:bəljaʊ] 男 -s/-e(-s) 《魚》たら (鱈).

'Ka·bel·län·ge [..] 囡 -/-n 《海事》ケーブル, 鏈(災) (長さの単位, 10 分 1 海里, =185,2 m).

'ka·beln ['ka:bəln] 他 《古》海外電報で知らせる; 外電を打つ.

'Ka·bel·nach·richt 囡 -/-en 《古》電報, 外電.

'Ka·bel·schuh 男 -[e]s/-e 《電子工》ケーブルストッパー (ケーブルを留める金具).

'Ka·bel·trom·mel 囡 -/-n 《電子工》ケーブルドラム (ケーブルを巻いておくための枠).

'Ka·bel-TV [..te:faʊ, ..ti:vi:] 囡 -/ ケーブルテレビ.

Ka'bi·ne [ka'bi:nə] 囡 -/-n (*engl.* cabin) (仕切られた)小部屋, 小室, ボックス; 更衣室; 船室, キャビン (ロープウェーのゴンドラ, (エレベーターの)ケージ; (旅客機の)客室; 《宇宙》(Raumkabine) 宇宙船室.

Ka'bi·nen·kof·fer 男 -s/- (中仕切りのある)大きなトランク.

Ka'bi·nen·rol·ler 男 -s/- キャビンスクーター.

Ka·bi'nett [kabi'nɛt] 㦯 -[e]s/-e (*it.*) **1** (a) 《政治》内閣. ein ~ bilden 〈umbilden〉組閣 (の改造) する. (b) 《古》(王侯などの)官房, 枢密顧問. **2** (a) (とくに宮殿などの)小部屋; (美術品などの)陳列室, 収納室; 用箪笥 (とくに貴重品用の); 《古》(君主の)執務室兼会議室. (b) 《古》(窓が 1 つの)小室. **3** (旧東ドイツ)教育指導センター. **4** =Kabinettwein **5** 《地方》トイレ.

Ka·bi'nett-for·mat 㦯 -[e]s/-e 《古》(写真の)キャビネ版 (10×14 cm).

Ka·bi'netts·fra·ge 囡 -/-n 《政治》内閣(閣僚)信任問題.

Ka·bi'netts·kri·se 囡 -/-n 《政治》内閣の危機.

Ka·bi'netts·lis·te 囡 -/-n 《政治》閣僚名簿.

Ka·bi'netts·or·der 囡 -/-n 《古》勅令.

Ka·bi'netts·sit·zung 囡 -/-en 《政治》閣議.

Ka·bi'nett·stück 㦯 -[e]s/-e **1** 《古》(古美術などの)貴重品, 絶品, 至宝. **2** 《比喩》傑作(な行為), 妙技. ～ in der Verhandlungskunst 交渉術の妙技. sich³ ein ~ leisten 大ポカをやらかす.

Ka·bi'nett·wein 男 -[e]s/-e カビネットワイン (品質保証肩書付き高級ワイン).

'Ka·brio ['ka:brio], **Ka·bri·o'lett** [kabrio'lɛt] 㦯 -s/-s (*it.*) **1** キャブリオレー, コンバーチブル・クーペ (幌屋根を取りはずしできる乗用車). **2** 《古》1 頭立て 2 輪馬車.

'Ka·chel ['kaxəl] 囡 -/-n (*gr.*) **1** タイル, 化粧タイル. **2** 《南ぢ》(陶製の)皿 (鉢).

'ka·cheln ['kaxəln] ❶ 他 **1** (物⁴に)タイルを張る. **2** 《卑》(人⁴と)性交する. ❷ 自 (h, s) **1** (h) 《話》たま飲む, 宴会をする. **2** (h) 《卑》しゃべくる. **3** (s) 《話》猛スピードで突っ走る.

'Ka·chel·ofen -s/- タイル張りの暖炉.

'Ka·cke ['kakə] 囡 -/ 《卑》 **1** (Kot) 糞(ふ). **2** 《俺》ろくでもないこと. So eine verdammte ~! くそいまいましいことだ. Die ~ ist am Dampfen. いやな(厄介な)ことが起っている. in die ~ greifen しくじる, やりこなう.

'ka·cken ['kakən] 自 《卑》糞をする.

Ka'da·ver [ka'da:vər] 男 -s/- (*lat.*) **1** (動物の)死肉, 腐肉; 《卑》(人間の)死体, 屍(☆). **2** 《戯》疲れった(ぼろぼろになった)体.

Ka'da·ver·ge·hor·sam -s/ 《俺》盲従, 絶対服従. ◆イエズス会の創始者イグナティウス・デ・ロヨラ Ignatius de Loyola の戒律より.

Ka'denz [ka'dɛnts] 囡 -/-en (*it.* cadenza , das Fallen') **1** 《音楽》(a) カデンツ, 終止法. (b) カデ

ツァ(カデンツの前に挿入される装飾的独奏部). **2** 《韻律》(詩句の)終止形. **3** 《音声》(文末で)声を落とすこと. **4** 《軍事》(銃の)発射速度.

Ka·der ['kaːdɐ] 男 -s/- (fr.) 《集合的に》幹部, 中核; 党幹部; 《スポーツ》(チームの)主要メンバー.

Ka'dett [ka'dɛt] 男 -en/-en (fr.) **1** 《古》(陸海軍士官候補の)幼年学校生, 軍事教練生. Ich kenne meine *Kadetten*! 《戯》部下の扱い方は心得ているよ. **2** 《戯》若者.

Ka'det·ten·an·stalt 女 -/-en 《古》(将校養成の)幼年学校.

Ka·di ['kaːdi] 男 -s/-s (arab., Richter') カーディ(イスラーム国における民事・刑事の裁判官). zum ~ laufen 訴訟を起す.

ad·mi·um ['katmiʊm] 中 -s/- (gr.) 《記号 Cd》《化学》カドミウム.

ka'duk [ka'duːk] 形 (lat.) 《比喩変化なし》《古》 **1** 虚弱な, もろい. **2** 失効(失権)した.

ka·du'zie·ren [kaduˈtsiːrən] 他 (株式などの)失効(失権)を宣する.

Kä·fer ['kɛːfɐ ケーファー] 男 -s/- **1** 《総称的に》甲虫. **2** 《話》かぶと虫(甲虫型のフォルクスワーゲンの愛称). **3** 《戯》かわいい女の子.

Kaff[1] [kaf] 中 -[e]s/ 《北ドイツ》 **1** もみがら, わらくず. **2** くず, がらくた; 無駄話.

Kaff[2] 中 -s/-(-e, ¨er) (zigeuner.) 《話》片田舎, 寒村.

Kaf·fee[1] ['kafe, kaˈfeː カフェ] 男 -s/-s (arab. qahwa, Wein, Kaffee') **1** コーヒー; コーヒー豆; コーヒーの木, コーヒーの実(種子). Bitte zwei [Tassen] ~! コーヒー2つください. ~ aufbrühen〈kochen〉 ~ コーヒーを淹(い)れる. ~ brennen〈rösten〉 コーヒー豆を煎(い)る. ~ 《地方》 レモネード入りコーラ. ~ kalter ~ komplett 砂糖ミルク入りコーヒー. ~ verkehrt カフェオレ. Da kommt einem der [kalte] ~ hoch! 《話》その話は不愉快きわまる. Das ist [alles] kalter ~! 《話》そんな話は面白くもおかしくもない, そいつはとうの昔に知ってる話だ. Dir haben sie wohl〈Dir hat wohl jemand〉[et]was in den ~ getan? 《話》ちょっと君(頭が)どうかなってるんじゃないの. **2** お茶の時間, コーヒータイム, (軽い)朝食, モーニングコーヒー. jʼ zum ~ einladen 人ʼをお茶に招く. Hast du schon ~ getrunken? もう朝食は済みましたか.

Kaf·fee[2] 中 -s/-s 喫茶店(ふつう *Café* を用いる).

Kaf·fee·boh·ne 女 -/-n コーヒー豆.

kaf·fee·braun 形 コーヒー色の, 焦げ茶色の.

Kaf·fee·er·satz, **'Kaf·fee-Er·satz** 男 -es/ 代用コーヒー.

Kaf·fee·ex·trakt, **'Kaf·fee-Ex·trakt** 男 -[e]s/-e コーヒーエキス(の粉).

Kaf·fee·ge·schirr 中 -[e]s/-e コーヒー茶碗セット.

Kaf'fee·haus [kaˈfeː..] 中 -es/¨er (とくにオーストリア・ドイツで)カフェ, コーヒーハウス.

Kaf·fee·kan·ne 女 -/-n コーヒーポット.

Kaf·fee·klatsch 男 -[e]s/《話》コーヒーを飲みながらのおしゃべり, (昼下がりの)お茶の会.

Kaf·fee·kränz·chen 中 -s/- (ご婦人方の)お茶の会; お茶の会の仲間.

Kaf·fee·ma·schi·ne 女 -/-n コーヒーメーカー.

Kaf·fee·müh·le 女 -/-n コーヒーミル.

Kaf·fee·müt·ze 女 -/-n = Kaffeewärmer

Kaf·fee·pau·se 女 -/-n コーヒーブレイク.

Kaf·fee·satz 男 -es/ コーヒーかす. aus dem ~ wahrsagen〈lesen〉《俗》へたな(でたらめな)占いをする.

Kaf·fee·tan·te 女 -/-n **1** コーヒー好きの女性. **2** 《戯》しじゅうお茶の会に出て行く女.

Kaf·fee·tas·se 女 -/-n コーヒーカップ.

Kaf·fee·wär·mer 男 -s/- (Kaffeemütze) コーヒーポットの保温カバー.

Kaf·fe·in [kafeˈiːn] 中 -s/ 《古》 = Koffein

Kaf·fer[1] ['kafɐ] 男 -s/- カフィル人(南アフリカ Bantu 族の一種).

Kaf·fer[2] 男 -s/- (jidd. kapher, Bauer')《俗》馬鹿, うすのろ.

Kä·fig ['kɛːfɪç] 男 -s/-e (lat.) **1** 檻(おり); 鳥かご;《隠》監房. im goldenen ~ sitzen 《俗》金だけあって籠の鳥の身の上である. **2** 《工学》(ボールベアリングの)内輪.

Ka'fil·ler [kaˈfɪlɐ] 男 -s/- 《隠》(Abdecker) 皮剥(はぎ)ぎ屋.

'Ka·fir ['kaːfɪr] 男 -s/-n (arab., Ungläubiger') (↔ Moslem) カーフィル(イスラーム教徒の非イスラーム教徒に対する蔑称)

'Kaf·ka ['kafka] 《人名》 Franz ~ フランツ・カフカ (1883–1924, プラハ生れのユダヤ系ドイツ語作家, 代表作『変身』 *Die Verwandlung*, 『城』 *Das Schloss*).

kafˈka·esk [kafkaˈɛsk] 形 カフカ的な, 無気味な.

'Kaf·tan ['kaftan] 男 -s/-e(-s) (arab.) **1** カフタン(中近東の北(ほく)の長い上着, またはユダヤ人が着る長い衣). **2**《俗》長いだぶだぶの服.

*****kahl** [kaːl カール] 形 はげた, 毛のない;(山・土地が)草木の生えていない, 不毛の;(木・枝が)葉を落した, 裸の;(壁が)装飾のない, むき出しの(裸)の;(部屋が家具(調度)の備えていない, がらんとした. ein ~er Kopf〈Berg〉はげ頭〈はげ山〉. jʼ den Kopf ~ scheren 人ʼの頭を剃(そ)る. Der Pelzmantel hat viele ~ e Stellen. この毛皮のコートはあちこちはげている. ♦↑kahl fressen, kahl geschoren, kahl scheren

'Kahl·fraß 男 -es/ 《古》ひどい虫害.

'kahl fres·sen*, °**'kahl|fres·sen*** 他 (害虫が葉を)食い尽くす.

'kahl ge·scho·ren, °**'kahl·ge·scho·ren** 形 丸坊主にした.

'Kahl·heit 女 -/ はげ; 裸, むき出し; 飾りのないこと, 殺風景, 丸坊主; 不毛.

'Kahl·kopf 男 -[e]s/¨e はげ頭(の人).

'kahl·köp·fig 形 はげ頭の.

'kahl sche·ren*, °**'kahl|sche·ren** 他 丸坊主(丸刈り)にする.

'Kahl·schlag 男 -[e]s/¨e **1** 《林業》皆伐(かいばつ), 皆伐地. **2** 《俗》坊主頭, 丸坊主.

'Kahl·wild 中 -[e]s/ 角のない(雌の)獣;(鹿などの)幼獣.

Kahm [kaːm] 男 -[e]s/-e (lat.)(ワインなどの表面に浮ぶ)かび.

'kah·men ['kaːmən] 自 (ワインなどに)かびが生える.

'kah·mig ['kaːmɪç] 形 かびた, かびの生えた.

Kahn [kaːn] 男 -[e]s/Kähne **1** 小舟, ボート;(エンジンのついていない)艀(はしけ), 荷役船;《俗》(Schiff) 船. ein alter ~ おんぼろ船. **2** 《複数で》《話》ぶかぶかの靴; スリッパ. **3** 《話》ベッド. in den ~ gehen〈steigen〉ベッドに入る, 寝る. **4** 《隠》刑務所.

Kai [kai] 男 -s/-e(-s) (fr. quai) 埠頭, 波止場; 岸壁.

'Kai·man ['kaiman] 男 -s/-e (sp. caiman) カイマン (南米産のワニ).

Kain [kaɪn, 'kaːɪn]《人名》カイン(Adam と Eva の第 1 子, 弟 Abel を殺した. 《旧約》創 4:1,《新約》Ⅰヨハ 3:12 ほか).

'Kains·mal 中 –[e]s/-e, **'Kains·zei·chen** 中 -s/- カインのしるし(《旧約》創 4:15); 罪(犯罪者)のしるし.

'Kai·ro ['kaɪro]《地名》カイロ(エジプトの首都).

*'**Kai·ser** ['kaɪzɐr カイザー] 男 –s/– (*lat.* Caesar) 皇帝, 帝王; (日本の)天皇. am Hofe ~ Karls⟨des ~s Karl⟩ des Großen カール大帝の宮廷で. Ich bin ~!《戯》(いちばん早く食べ終った子供が僕(私)が 1 番だ. Wo nichts ist, hat [auch/selbst] der ~ sein Recht verloren.《諺》無い袖は振られぬ. dem ~ geben, was des ~s ist 市民としての義務をはたす(皇帝のものは皇帝に返す)(↓《新約》マタ 22:21). da ⟨dort⟩, wo auch der ~ zu Fuß hingeht《戯》はばかり(便所)で. um des ~s Bart streiten つまらないことで争う喧嘩をする). des ~s Rock tragen《古》帝国軍人である.

'Kai·ser·ad·ler 男 -s/–《鳥》かたじろわし(肩白鷲).

'Kai·ser·haus 中 –es/⁻er 皇室, 帝室.

'Kai·se·rin ['kaɪzərɪn] 女 -/-nen 女帝; 皇后.

'Kai·se·rin·mut·ter 女 -/⁻ (複数まれ) 皇太后.

'Kai·ser·kro·ne 女 -/-n 1 帝冠, 王冠. 2《植物》ようらくゆり, クラウン・インペリアル.

'kai·ser·lich ['kaɪzərlɪç]形《比較変化なし》皇帝の, 帝国の, 皇帝らしい. ~ gesinnt 皇帝派の.

'kai·ser·lich·kö·nig·lich《付加語的用法のみ》帝国兼王国の, 皇帝兼国王(帝室兼王室)の;《略 k.k.》《歴史》オーストリア＝ハンガリー帝国の.

'Kai·ser·pin·gu·in 男 -s/-e《鳥》皇帝ペンギン.

'Kai·ser·reich 中 –[e]s/-e 帝国.

'Kai·ser·schnitt 男 –[e]s/-e (*lat.*)《医学》帝王切開.

'Kai·ser·tum ['kaɪzɐrtuːm] 中 -s/..tümer [..tyːmɐr] 1《複数なし》帝政; 帝位. 2 (Kaiserreich) 帝国.

'Kai·ser·wür·de 女 -/ 帝位; 皇帝の威厳.

'Ka·jak ['kaːjak] 男 (中) -s/-s (*eskim.*) カヤック(エスキモーの 1 人乗りの小舟. (b) カヌー競技用の小舟).

Ka·jü·te [kaˈjyːtə] 女 -/-n 船室, キャビン.

Ka·ka·du ['kakadu, kakaˈduː] 男 -s/-s (*mal.*)《鳥》おうむ(鸚鵡).

Ka'kao [kaˈkao, kaˈkaːo] 男 -s/-s (*sp.* cacao) カカオの木; カカオの実, カカオ豆; ココア, ココアの粉. jⁿ durch den ~ ziehen《話》人ⁿのことを嘲(ぅ)う, 茶にする. Da kam mir fast der ~ [wieder] hoch.《話》それには思わずへどを吐きそうになった.

Ka·kao·but·ter 女 -/ カカオバター.

Ka·kao·pul·ver 中 -s/ ココア(の粉).

'ka·keln ['kaːkəln] 自《北ﾄﾞ》1 (鶏・あひるなどが)くわっくわっ(があがあ)と鳴く. 2《話》ぺちゃくちゃおしゃべりをする, だべる.

'Ka·ker·lak ['kaːkɐrlak] 男 -s(-en)/-en (*sp.* cucaracha) 1《虫》ごきぶり. 2 (Albino) 白子(ｼﾞ).

'Ka·ki ['kaːki] (*pers.*, Staub-, Erdfarben) ❶ 中 -[s]/ カーキ色. ❷ 男 -[s]/ カーキ色の布地.

'ka·ki·far·ben ['kaːkifarbən] 形 カーキ色の.

Kak'tee [kakˈteːə] 女 -/-n (*gr.*)《植物》=Kaktus

'Kak·tus ['kaktʊs] 男 –/Kakteen [kakˈteːən](-ses/-se) (*gr.*)《植物》サボテン(仙人掌).

Ka·la·bri·en [kaˈlaːbriən] (*lat.*) カラブリア(イタリア南部の地方, 前 268 ギリシアの植民地となる).

Ka·la·mi'tät [kalamiˈtɛːt] 女 -/-en (*lat.*) 1 (a) 苦境, 窮状. (b) 災厄. 2《生態》(害虫による作物などの)大量枯死.

Ka'lan·der [kaˈlandɐr] 男 -s/- (*fr.*)《工学》(布・紙などの)つや出し機, カレンダー.

ka'lan·dern [kaˈlandɐrn] 他《工学》(布・紙などを)つや出し機にかける.

Ka'lau·er [kaˈlauɐr] 男 -s/- (*fr.* calembour, Wortspiel⁺) 駄じゃれ, つまらぬ冗談.

'ka·lau·ern [kaˈlauɐrn] 自 駄じゃれを言う.

Kalb [kalp] 中 –[e]s/Kälber 1 子牛. glotzen⟨augen machen⟩ wie ein [abgestochenes] ~《話》目丸くする, あっけにとられる. mit fremden *Kälbern* pflügen《話》(自分のために)ひとを働かせる(使う). das Goldene ~ 金の子牛(イスラエルの民の崇拝する像で, 金と富の象徴.《旧約》出 32). das Goldene ~ anbeten《話》金銭欲のとりこになる. der Tanz um das Goldene ~《俺》金の亡者(ﾓﾉ)になること, 拝金主義. 2 (きりん・象など有蹄(ﾃｲ)類の)幼獣;《猟師》子鹿(こに 1 歳までの). 3《話》(Kalbfleisch) 子牛の肉. 青二才, 小娘,《俺》馬鹿, とんま.

'Kal·be ['kalbə] 女 -/-n (初産前の)雌の若牛.

'kal·ben ['kalbən] 自 1 (牛・きりん・象などが)子を産む. 2《地理》(氷河が)海中に崩れ落ちる.

'Käl·ber [ˈkɛlbɐr] Kalb の複数.

'kal·bern [ˈkalbɐrn] 自 1《話》ふざける, はしゃぐ. (ﾊﾞｷﾞ)=kalben 1 3《地方》《古》へどを吐く, もどす.

'käl·bern [ˈkɛlbɐrn] 自《俗》1=kalbern 1 2《話》へどを吐く. 3《南ﾄﾞ・ｵｰｽﾄ》=kalben 1

'käl·bern²《南ﾄﾞ・ｵｰｽﾄ》子牛肉の.

'Kalb·fell 中 –[e]s/-e (Kalbsfell) 子牛の皮.

'Kalb·fleisch 中 –[e]s/ 子牛の肉.

'Kalb·le·der 中 -s/- 子牛の革.

'Kalbs·bra·ten 男 -s/-《料理》子牛の焼き肉.

'Kalbs·bries 中 -es/-e《料理》子牛の胸腺(シュなどにつかう).

'Kalbs·brust 女 -/⁻e《料理》子牛の胸肉.

'Kalbs·hach·se 女 -/-n《料理》子牛の脛(ｽﾈ)肉.

'Kalbs·keu·le 女 -/-n《料理》子牛のもも肉.

'Kalbs·kopf 男 –[e]s/⁻e 1 子牛の頭(食用). 2《俺》あほう, まぬけ.

'Kalbs·milch 女 -/《料理》=Kalbsbries

'Kalbs·schnit·zel 中 -s/-《料理》子牛のカツレツ (シュニッツェル). ↑ Schnitzel

Kal'dau·nen [kalˈdaʊnən] 複 (*lat.*) 1《料理》牛の臓物(ﾓﾉ). 2《古》《戯》(人間の)はらわた.

Ka·lei·do·skop [kalaɪdoˈskoːp] 中 -s/-e カレイドスコープ, 万華(ｹﾞ)鏡.

ka·len·da·risch [kalɛnˈdaːrɪʃ] 形 暦に基づく, 暦の上での.

Ka·len·da·ri·um [kalɛnˈdaːriʊm] 中 -s/..rien [..riən] (*lat.*) 1《ｶﾄ教》教会暦, 教会祝日表. 2 = Kalender

*'**Ka·len·der** [kaˈlɛndɐr カレンダー] 男 -s/- (*lat.*) カレンダー; 暦法. der gregorianische⟨julianische⟩ ~ グレゴリオ⟨ユリウス⟩暦. der hundertjährige ~ 百年暦. den ~ abreißen 日めくりを剥(ﾊ)ぐ. [einen ~ führen 年間予定表をつくる. ~ machen《話》あれこれ思案する, 考えこむ. sich³ et⁴ im ~ [rot] anstreichen 事⁴を心に銘記する(刻みこむ),《俺》特記する.

Ka'len·der·block 男 –[e]s/⁻e(-s) 日めくり.

Ka·len·der·jahr 甲 -[e]s/-e 歴年(1月1日から12月31日まで).
Ka·len·der·uhr 囡 -/-en カレンダー(日付)つき時計.
Ka·le·sche [ka'lɛʃə] 囡 -/-n (*tschech.*)(幌付きの)1頭立て軽4輪馬車.
Ka·le·va·la ['kɑləvɑlɑ], **'Ka·le·wa·la** ['kaleva-la] 甲(田)-[s]/ (*finn.*, Land des Kalewa=Finnland) カレヴァラ, カレワラ(フィンランドの民族的英雄叙事詩, 7-10世紀の成立).
Kal'fak·ter [kal'faktər] 男 -s/- =Kalfaktor
Kal'fak·tor [kal'fakto:r] 男 -s/-en [..fak'to:rən] (*lat.*) **1** 雑役夫, 用務員; (看守の手伝いなどの)雑役をしている囚人. **2**〖地方〗(侮)おべっか使い; 犬(スパイ)みたいなやつ.
kal'fa·tern [kal'fa:tərn] 他 (*arab.*) ein Schiff〈die Fugen eines Schiffs〉~〖船員〗船体〈船板の継ぎ目〉をコーキングする, 板のすき間を詰める.
'Ka·li ['ka:li] 甲 -s/-s〖化学〗(Kalisalz) カリ塩; Kaliumverbindung カリウム化合物.
Ka·li·ber [ka'li:bər] 甲 -s/- (*gr.* kalopodion, Schusterleisten‛) **1** (円筒の)内径;〖軍事〗(銃砲の)口径, (弾丸・砲弾の)直径. **2**〖工学〗リングゲージ, 内径(外径)測定器;〖冶金〗(圧延機のローラー間の寸法);〖精密機械〗(時計の)型(丸型・角型などの), 外径. **3**(話)種類, 性質, 程度. ein Politiker〈ein Betrüger〉größeren ~s 第1級の政治家〈とんでもない詐欺師〉. Die beiden sind ein und dasselbe ~. 2人はまったくの同類だ. Er ist vielleicht ein ~! あいつはまったくおかしなやつだ.
ka·li·brie·ren [kali'bri:rən] 他 (*fr.*)〖工学〗(物の)口径(内径)を測る; (圧延機のローラーの)間隔を補正する; (測定器具の)目盛を検定する.
'Ka·li·dün·ger [ka'li:..] 男 -s/-〖農業〗カリ肥料.
Ka'lif [ka'li:f] 男 -en/-en (*arab.* halifa, Nachfolger‛) カリフ(Mohammed の後継者, 15世紀以後トルコの Sultan の称号).
Ka·li'fat [kali'fa:t] 甲 -[e]s/-e カリフの位(支配権); カリフが支配する国(領土).
Ka·li'for·ni·en [kali'fɔrniən]〖地名〗カリフォルニア(アメリカ合衆国西海岸の州).
'Ka·li·ko [ka'li:ko] 男 -s/-s (*fr.*) キャラコ, (製本用)クロス. ◆インド東部の町カリクト Kalikut にちなむ.
'Ka·li·lau·ge ['ka:li..] 囡 -/-n 水酸化カリウム水溶液.
Ka·li·nin·grad [ka'li:nɪngra:t]〖地名〗カリーニングラード(ロシア西部の港湾都市, ドイツ領時代は Königsberg といった. Kant 生誕の地).
'Ka·li·sal·pe·ter [ka'li:..] 甲〖化学〗硝酸カリウム.
'Ka·li·salz 甲 -es/-e カリ塩.
'Ka·li·um ['ka:liʊm] 甲 -s/〖記号 K〗〖化学〗カリウム.
Kalk [kalk] 男 -[e]s/-e (*lat.* calx) **1** 石灰. gebrannter〈gelöschter〉~ 生〈消〉石灰〈消石灰〉. **2** 石灰モルタル, 漆喰(しっくい); 石灰乳. Bei meinem Großvater rieselt schon der ~.(戯)私の祖父はもうすっかり老朽(ろうきゅう)してしまった. weiß wie ~ werden (話)(顔が)真っ青になる. **3**(骨・歯の成分である)カルシウム, (肥料としての)カルシウム, カリ肥料. **4**〖地質〗(Kalkgebirge) 石灰岩山地.
'kalk·ar·tig 形 石灰質の; 石灰様の.
'Kalk·bo·den 男 -s/.. 石灰質土壌.
'Kalk·bren·ner 男 -s/- 石灰焼成(しょうせい)業者.
'Kalk·dün·ger 男 -s/-〖農業〗石灰肥料.

'kal·ken ['kalkən] 他 **1**(壁などに)漆喰(しっくい)を塗る. **2**〖農業〗(畑に)石灰肥料を施す; (果樹などに)石灰乳を塗る.
'käl·ken ['kɛlkən] ❶ 他 **1**〖地方〗=kalken **2**〖製革〗(獣皮などを)石灰処理する. ❷ 自〖猟師〗(猛禽類などが)ふんを落す.
'Kalk·er·de 囡 -/ 石灰質土壌; 生(せい)石灰.
'kalk·hal·tig 形〖地質・鉱物〗石灰を含んだ.
'Kalk·kig 形 -/- **1** (kalkhaltig) 石灰を含んだ, 石灰質の. **2** 石灰のように白い, 青白い.
'Kalk·milch 囡 -/ 石灰乳(塗料などに用いる).
'Kalk·mör·tel 男 -s/- 石灰モルタル, 漆喰(しっくい).
'Kalk·ofen 男 -s/..〖工学〗石灰窯(がま)(石灰を焼く窯).
'Kalk·spat 男 -[e]s/-(-e)〖鉱物〗方解石.
'Kalk·stein 男 -[e]s/-e 石灰岩, 石灰石.
'Kalk·stick·stoff 男 -[e]s/〖記号 CaCN₂〗石灰窒素.
Kal'kül¹ [kal'ky:l] 甲 (男) -s/-e (*fr.*) 計算, 打算, 考慮. et¹ ins ~ ziehen〈einbeziehen〉事¹を計算(考慮)に入れる.
Kal'kül² 男 -s/-e〖数学・論理〗計算法.
Kal·ku·la·ti'on [kalkulatsi'o:n] 囡 -/-en (*lat.*)(費用・価格などの)計算, 見積り. **2** 見込み. et¹ in *seine* ~ mit einbeziehen 事¹を考慮にいれる.
Kal·ku'la·tor [kalku'la:to:r] 男 -s/-en [..la'to:rən] (*lat.*) **1** 会計(見積り)係. **2** 打算的な(計算高い)人.
kal·ku'lie·ren [kalku'li:rən] 他 **1** (費用・価格などを)計算する, 算出する, 見積る;〖商業〗見積りをする. **2**〖比喩〗計算する, 見込みをたてる; (話)(まれ)推量する. Er *kalkulierte* blitzschnell. 彼はすばやく計算した. [Ich] *kalkuliere*, er hat jetzt ausgespielt. 私の見たところどうやら彼は今勝負をかけたらしい.
Kal'kut·ta [kal'kʊta]〖地名〗カルカッタ, コルカタ(インド東部の都市).
Kal·li·gra'fie [kaligra'fi:] 囡 -/ = Kalligraphie
kal·li·gra'fisch [kaligra'fɪʃ] 形 = kalligraphisch
Kal·li·gra'phie [kaligra'fi:] 囡 -/ (*gr.*) 能書(法), 書道, カリグラフィー.
kal·li·gra'phisch [kaligra'fɪʃ] 形〖述語的には用いない〗能筆の, 能書法の, カリグラフィーの.
Kal'li·o·pe [kal'li:ope]〖人名〗〖神話〗カリオペー(叙事詩をつかさどる女神, Muse の1人).
kall'lös [ka'lø:s] 形 (*lat.* callosus, dick-, harthäutig‛) **1**〖植物〗カルスのできた, カルスによる. ▶↑Kallus **2**〖医学〗皮膚の硬化した, 胼胝(べんち)のできた.
'Kal·lus ['kalʊs] 男 -/-se (*lat.* callus, callum, Schwiele, Knorpel‛) **1**〖植物〗癒傷組織, カルス. **2**〖医学〗仮骨; 硬皮, たこ, 胼胝(べんち).
'Kal·mäu·ser ['kalmɔʏzɐr, - - -] 男 -s/- (*jidd.*)〖古〗つまらない(どうでもよい)ことに拘泥する人; 家にとじこもってばかりいる人.
'Kal·me ['kalmə] 囡 -/-n (*fr.*)〖気象〗凪(なぎ).
Kal·men·gür·tel 男 -s/-〖気象〗(赤道付近の)無風帯.
'Kal·mus ['kalmʊs] 男 -/-se (*lat.* calmus, Rohr, Halm‛)〖植物〗しょうぶ(菖蒲).
'Ka·lo ['ka:lo] 男 -s/-s (*it.*)〖古〗(乾燥などによる)商品の重量減損, 目減り.
Ka·lo'rie [kalo'ri:] 囡 -/-n [..'ri:ən] (*lat.*) **1**〖古〗〖記号 cal.〗〖物理〗カロリー. große ~〖古〗(Kilokalorie) キロカロリー. kleine ~〖古〗(Kalorie) カロリー.

kalorienarm

▶ 今日では Joule を用いるのがふつう. **2**《ふつう複数で》《記号 kcal》《栄養》カロリー.

ka·lo·ri·en·arm [kalo'riːən..] 形 低カロリーの.

ka·lo·ri·en·reich 形 高カロリーの.

Ka·lo·ri'me·ter [kalori'meːtər] 中 -s/- 《物理》熱量計.

ka·lo·risch [ka'loːrɪʃ] 形 (fr.) **1**《物理》熱の. ~e Maschine 熱機関. **2**《栄養》カロリーの.

Ka'lot·te [ka'lɔtə] 女 -/-n (fr.) **1**《幾何》球冠. **2**《解剖》頭蓋冠. **3**（カトリック聖職者の）帽子, カロッタ. **4**《建築》低い丸天井（ドーム）. **5**《服飾》(15-16世紀の)キャロット, (半球形の)小さな帽子.

kalt [kalt カルト] kälter, kältest **1** 冷たい, 寒い; 寒々しい; 冷えた. Draußen ist es ~. 外は冷たい. Mir ist ~. 私は寒い. Er ist schon lange ~. 彼が死んで久しい. ~er Bauer《卑》(精液による)シーツの汚れ. ~en Blutes 平然と. ~es Blut bewahren 平静を保ち, 動じない. j³ eine ~e Dusche geben〈verabreichen〉 a³ にブレーキをかける, (の)頭を冷やしてやる. ~e Fährte〈Spur〉《狩》(2時間以上経ったりもはや嗅ぎわけられない獣の足跡. ~e Farben 寒色. ~e Füße bekommen《話》怖気(け)づく. ~e Pracht sein《話》豪華だが寒々しい, 壮麗だがどこか冷たい. ~er Schweiß 冷や汗. ~e Umschläge machen 湿布をする. auf ~em Wege / auf die ~e Tour《話》目立たないように, そっと; 簡略に, あっさりと; 手荒なことをしないで. ~ baden 冷水浴をする. j⁴ erwischen《ｺﾝﾝﾞ》人⁴に(相手選手に)不意打を食らわす, 先制攻撃をかける. ~ haben《ﾎ》寒い, 凍える. et⁴ ~ stellen 物⁴を冷やす.

2 火の気のない, 熱の出ない; 熱(火)を使わない. ~er Blitz〈Schlag〉発火しない落雷. ~es Fieber《病理》マラリア. der Kalte Krieg《政治》冷戦. ~e Küche (火を使わない)冷たい料理(食事). ein ~er Kuss アイスチョコバー. ~es Licht《物理》冷光. ~e Miete 暖房費を含まない家賃. ~ essen 冷たい(熱を使わない)物を食べる. den Ofen ~ legen 暖炉の火を落す. die〈seine〉Pfeife ~ rauchen《話》火のついていないパイプをくわえる. ~ schlafen《話》暖房のない部屋で寝る. 《名詞的用法で》im Kalten sitzen 火の気のない部屋にいる.

3 冷淡な, 冷酷な, 無愛想な. mit ~em Lächeln / ~ lächelnd 冷笑をうかべて. j³ die ~e Schulter zeigen《話》人³につれなくあたる, (を)ないがしろにする. ~ wie eine Hundeschnauze sein《話》人間が冷たい, 情無しである.

4 冷静な, 平静な, さめた; 冷感症(不感症)の. j⁴ ~ lassen 人⁴の気を惹かない. weder ~ noch warm sein 無関心である, 気がない, 煮えきらない.

5 そっとする(血も凍る)ような, 身震いするほどの. Es überlief mich ~. / Es lief mir ~ über den Rücken. 私は背筋がぞっとした.

♦ ↑ kalt bleiben, kalt lächelnd, kalt lassen

'kalt blei·ben*, °**'kalt|blei·ben*** 自 (s) 平静さをあらわさない, 冷然(平然)としている.

'Kalt·blut 中 -[e]s/-e (↔ Warmblut) 冷血種(温和な性質で労役に使われる馬).

'Kalt·blü·ter ['kaltblyːtər] 男 -s/- **1**《生物》冷血(変温)動物. **2**《まれ》= Kaltblut

'kalt·blü·tig ['kaltblyːtɪç]《比較変化なし》**1**《生物》冷血(変温性)の. **2** 冷静な, 沈着な. **3** 冷酷な, 無情な.

'Kalt·blü·tig·keit 女 -/ 冷静, 沈着; 冷酷, 非情.

****Käl·te** ['kɛltə ケルテ] 女 -/ **1** 冷たさ, 寒さ; 零下(の度). Wir haben heute 10 Grad ~. 今日はマイナス10度だ. [viel] ~ mit hereinbringen《話》寒い外からとびこんでくる. sich⁴ gegen die〈vor der〉 ~ schützen 寒さから身を守る(mit et³ 物³で). vor ~ zittern 寒さに震える. ~ ertragen 寒さに強い, そっけない. j⁴ mit eisiger ~ empfangen 人⁴をひどく冷たく迎える.

'Käl·te·be·hand·lung 女 -/-en 寒冷療法.

'käl·te·be·stän·dig 形 寒さに強い, 耐寒性の; 不凍性(抗凍結性)の.

'Käl·te·ein·bruch 男 -[e]s/ꞌe 突然の寒さ, 寒波の到来.

'Käl·te·emp·find·lich 寒さ(寒冷)に敏感な.

'Käl·te·grad 男 -[e]s/-e《話》(↔ Wärmegrad) 氷点下の温度.

'Käl·te·ma·schi·ne 女 -/-n《工学》冷凍(冷却)機.

'Käl·te·mi·schung 女 -/-en《工学》寒剤, 起寒合剤(冷却剤の一種).

'käl·ter ['kɛltər] kalt の比較級.

'Käl·te·schutz·mit·tel 中 -s/- 不凍剤.

'käl·test [kɛltast] kalt の最上級.

'Käl·te·tech·nik 女 -/ 冷凍工学.

'Käl·te·tod 男 -[e]s/ **1** 凍死. den ~ sterben〈erleiden〉凍死する. **2**《熱力学》= Wärmetod

'Käl·te·wel·le 女 -/-n《気象》寒波.

'Kalt·front 女 -/-en《気象》(↔ Warmfront) 寒冷前線.

'kalt·her·zig [..hertsɪç] 形 冷淡な; 冷酷な, 無情な.

'kalt lä·chelnd, °**'kalt·lä·chelnd**《話》冷笑を浮かべた, 冷厳とした.

'kalt las·sen*, °**'kalt|las·sen*** 他《話》(人⁴の)心を動かさない, (に)感動(感銘)を与えない.

'Kalt·leim 男 -[e]s/-e《工学》木工用常温接着剤.

'Kalt·luft 女 -/《気象》寒気団.

'kalt|ma·chen 他《卑》(人⁴に)冷たくなってもらう, (を)してしまう.

'Kalt·mie·te 女 -/-n 暖房費ぬきの家賃(部屋代).

'Kalt·scha·le 女 -/-n (果物を使った甘いデザート用の)冷製スープ.

'kalt·schnäu·zig 形《話》冷淡な, そっけない.

'Kalt·sinn 男 -[e]s/《雅》冷淡, 薄情.

'Kalt·start 男 -[e]s/-s(-e) (エンジンの)寒冷時始動;《ｺﾝﾋﾟｭｰﾀ》(コンピュータの)立ち上げ.

'kalt|stel·len 他《話》j⁴ ~ 人⁴の勢力をくじく, (を)失脚させる. ♦ ただし kalt stellen (物⁴を冷やす).

'Kalt·was·ser·kur 女 -/-en《医学》冷水療法, 水治療法.

'Kalt·wel·le 女 -/-n コールドパーマ.

Kal·va·ri·en·berg [kal'vaːriənberk] 男 (lat. calvaria, Hirnschale, Schädel‿) ❶ 男 -[e]s/《地名》der ~ カルヴァリの丘(キリスト磔刑(たっけい)の丘 Golgotha のラテン名). ❷ 男 -[e]s/-e カルヴァリの丘, 巡礼の丘(1を模したカトリックの巡礼地).

kal'vi·nisch [kal'viːnɪʃ] 形 カルヴァン(カルヴィン)派の.

Kal·vi'nis·mus [kalvi'nɪsmʊs] 男 -/《宗教》カルヴァン(カルヴィン)主義, カルヴィニズム(Johann Calvin, 1509-1564 の教えにもとづく).

Kal·vi'nist [kalvi'nɪst] 男 -en/-en カルヴァン(カルヴィン)主義者の.

Ka'lyp·so [ka'lypso]《人名》《ｷﾞﾘｼｬ神話》カリュプソ(難

破したOdysseusを愛したオーギュギア島のニンフ).

kal·zi·nie·ren [kaltsi'ni:rən] 他《化学》煆焼(ᵃ゜゜)する.

Kal'zit [kal'tsi:t] 男 -s/-e《鉱物》方解石.

Kal·zi·um ['kaltsiʊm] 中 -s/ (lat.)《記号Ca》《化学》カルシウム.

kam [kam] kommen の過去.

Ka·mal·du·len·ser [kamaldu'lɛnzər] 男 -s/- 《ｸﾘｽﾄ》カマルドリ修道会士(カマルドリ会は1012頃イタリアのカマルドリに創設されたベネディクト系系の独立修道会).

Ka·ma·ril·la [kama'rɪlja, ..'rɪla] 女 -/-rillen [..l(j)ən] (sp.)《雅》奸臣, 佞臣(ﾈｲｼﾝ), 君側の奸.

kam·bi'al [kambi'a:l]《古》手形(為替)の.

Kam·bio ['kambi̯o] 男 -s/..bi[..bi]̯ (lat.)《古》手形, 為替.

Kam·bi·um ['kambi̯ʊm] 中 -s/..bien[..bi̯ən] (lat.)《植物·解剖》形成層.

Kam·bod·scha [kam'bɔdʒa]《地名》(Khmer) カンボジア(東南アジアの王国, 首都プノン·ペン Phnom Penh).

Kam·bri·um ['kambri̯ʊm] 中 -s/《地質》カンブリア紀(古生代最古の時代, 地質学的発見の地北ウェールズの古称 Cambria にちなむ).

'kä·me ['kɛ:mə] kommen の接続法 II.

Ka·mee [ka'me:] 女 -/-n (it.) カメオ(浮彫細工をした宝石類). ↑ Gemme

Ka'mel [ka'me:l] 中 -[e]s/-e (arab. gamal, Höckertier)《動物》ラクダ. Eher geht ein ~ durch ein Nadelöhr, als dass..《話》...なんてありえないことだ(↓新約》マタ19:24). **2**《卑》まぬけ, とんま. Ich ~! ああこの私としたことがとんだドジを.

Ka'mel·haar 中 -[e]s/《紡織》(コートなどに使う)キャメル·ヘア, らくだの毛織物).

Ka·me·lie [ka'me:li̯ə] 女 -/-n《植物》つばき. ♦この花を日本からヨーロッパに伝えたというモラヴィア人イエズス会士 G. Joseph Kámel, 1661-1706 の名にちなむ.

Ka'mel·len [ka'mɛlən] 複《次の用法で》olle〈alte〉 ~《話》古くさい(陳腐な)話.

Ka'mel·lie [ka'mɛli̯ə] 女 -/-n《植物》= Kamelie

Ka'mel·trei·ber [ka'me:l..] 男 -s/- **1** らくだの御者, らくだの飼い主. **2**《侮》アラビア人.

*'**Ka·me·ra** ['ka(:)məra カメラ] 女 -/-s (lat., Wölbung, Raum mit gewölbter Decke') カメラ; (映画の)キャメラ, テレビカメラ. j² vor die ~ bringen〈bekommen〉《話》...のインタビューを撮る. vor die ~ stehen 映画(テレビ)に出る.

Ka·me'rad [kamə'ra:t] 男 -en/-en (it. camerata, Kammergenosse, Genosse, Gefährte') 仲間, 同僚, (とくに軍隊の)隊員仲間. Berufs*kamerad* (職場の)同僚. Klassen*kamerad* 級友. Lebens*kamerad* 人生の伴侶. Spiel*kamerad* 遊び仲間. Schnürschuh《兵隊》オーストリア兵士, オーストリア人(親しみをこめた呼掛けで)戦友. ♦女性形 **Kameradin** 女 -/-nen

Ka·me·ra·de'rie [kaməradə'ri:] 女 -/《侮》わざとらしい仲間意識.

Ka·me'rad·schaft [kamə'ra:t-ʃaft] 女 -/-en **1** 《複数なし》友人関係, 友情, 親交. aus ~ 友達のよしみで. **2**《総称的に》仲間, 同僚.

ka·me'rad·schaft·lich 形 友情(親しみ)のある, 友情にもとづく.

Ka·me'rad·schafts·ehe 女 -/-n 友愛結婚(愛情より友情的相互理解による結婚).

'Ka·me·ra·ein·stel·lung 女 -/-en《映画》カット, ショット.

Ka·me·ra'lis·mus [kamera'lɪsmʊs] 男 -/ (lat. cameralius, Kämmerchen')《経済》カメラリズム(16-18世紀ドイツ·オーストリアの重商主義的政治思想);《総称的に》官房学(カメラリズムの理論と政策).

Ka·me·ral·wis·sen·schaft [kamera'l..] 女 -/-en《多く複数で》《古》官房学. ↑ Kameralismus

'**Ka·me·ra·mann** 男 -[e]s/..männer〈..leute〉(とくに映画·テレビの)カメラマン.

'**Ka·me·run** ['ka(:)məru:n, kamə'ru:n]《地名》カメルーン(西アフリカの共和国, 首都ヤウンデ Yaoundé).

Ka'mil·le [ka'mɪlə] 女 -/-n (gr.)《植物》カミツレ, カミレ(きく科の薬用植物).

Ka'mil·len·tee 男 -s/-s カミツレ(カミルレ)茶.

*'**Ka'min** [ka'mi:n カミーン] 男 -[e]s/-e (gr. kaminos, Schmelzofen, Bratofen') **1**《地方》南ドイツ》煙突. et⁴ in den ~ schreiben《話》物を戻らぬもの(無いもの)と諦(ｱｷﾗ)める. **2** 暖炉. **3**《登山》チムニー(岸壁の細い裂け目).

Ka'min·fe·ger, Ka'min·keh·rer 男 -s/-《地方》煙突掃除人.

Ka'min·sims 男〈中〉 -es/-e マントルピース.

*'**Kamm** [kam カム] 男 -[e]s/Kämme **1** 櫛(ｸｼ). Bei ihr liegt der ~ auf〈bei/neben〉der Butter.《話》彼女のところは家の中がひっくりかえっている. sich³ mit dem ~ durchs Haar fahren 髪をとかす. alle⁴ über einen ~ scheren 十把(ｼﾞｯﾊﾟ)ひとからげに扱う, 味噌も糞もいっしょにする. **2** とさか, 鶏冠; (両生類·爬虫類の背から出た)突起, 背鰭. Ihm schwillt der ~.《話》彼は天狗になっている, 態度がでかい; 彼はかっとなる, いきり立つ. **3** (a) (馬·牛·犬などの)首筋; (牛·豚の)肩肉;《猟師》猪の首の峰. (b)山の背, 稜線, 尾根; (堤防の)頂, 背; 波がしら;《医学》稜(とくに骨の). **4** (歯車の)歯,《工学》カム,《紡織》おさの歯), (梳毛機の)櫛歯. **5**《農業》実を摘み取ったあとのぶどうの枝(幹). **6**《動物》蟻柱ともいう, 蟻繋ぎとした木材).

°'**Kamma·cher** ↑ Kammmacher

'**Käm·me** ['kɛmə] Kamm の複数.

*'**käm·men** ['kɛmən ケメン] 他 j⁴ ~ / j³ das Haar ~ 人⁴˒³の髪をくしで梳(ｽ)く, とかす. Hasen ~《猟師》野兎を散弾銃でしとめる(毛がたくさん飛び散るように). Wolle ~《紡織》羊毛を梳く(さばく), コーミングする.

*'**Kam·mer** ['kamər カマー] 女 -/-n (gr. kamara, Gewölbe') **1**（暖房のない)小部屋, 小室, 間(ﾏ);納戸(ﾅﾝﾄﾞ), 物置き.《古》女中(下男)部屋;《地方》寝室;《船員》船室. **2**《古》枢密院, 王侯の宮廷, 宮房;《古》《総称的に》事務官, 局員;《政治》議会, 議員;《法制》(裁判所の)部, 小法廷. die Erste〈Zweite〉 ~ 上院, 参議院〈下院, 衆議院〉;刑事〈民事〉部. **3**（同業者組織の名称としての)会, 団, 会議所(↑ Anwalts*kammer*, Handels*kammer*). **4**《軍事》物資貯蔵庫, 武器(被服)庫, 補給庫(ﾎｷｭｳｺ). **5**《工学》(装置·機械内部の)室, (炉·窯の)火室;《兵器》(火器の薬室)(拳銃の)輪胴(内の仕切り). **6**《鉱業》(採掘によってできた鉱床内の)穴, 採掘穴, 巣穴(の奥);《狩猟》(猟師·勢子の)包囲網, 追い込み場. **7**《解剖》室(とくに心室), 房, 窩(ｶ), (体内の)孔.

'**Käm·mer·chen** ['kɛmərçən] 中 -s/-《Kammer の

'Kam·mer·chor 男 -[e]s/-e 室内合唱団(曲).
'Kam·mer·die·ner 男 -s/- 《古》(王侯などの)近侍.
Käm·me·rei¹ [kɛmə'raɪ] 囡 -/-en 《古》(市)の会計課, 財務部.
Käm·me·rei² 囡 -/-en (紡績工場などの)糸すき部門.
'Käm·me·rer [kɛmərər] 男 -s/- 1 《古》(市)の出納長, 会計課長, 収入役, 財務局長. 2 《古》宮内長官, 侍従長; 王室御物(宝物)管理官; (とくにバイエルン・オーストリアの)宮廷の廷臣.
'Kam·mer·frau 囡 -/-en 侍女, 女官.
'Kam·mer·ge·richt 中 -[e]s/-e 1 (中世の)王室裁判所. 2 (ベルリンの)上級地方裁判所.
'Kam·mer·herr 男 -n/-en 《古》侍従.
'Kam·mer·jä·ger 男 -s/- 1 (王侯貴族の)狩猟官, おかかえ猟師. 2 (屋内の)害虫(害獣)駆除業者.
'Kam·mer·jung·fer 囡 -/-n 《古》(未婚の)若い侍女, 腰元.
'Kam·mer·jun·ker 男 -s/- 《古》(若い)侍従(Kammerherrの下に位する).
'Kam·mer·kätz·chen 中 -s/- 《戯》若い侍女.
'Kam·mer·mu·sik 囡 -/ 室内楽.
'Kam·mer·or·ches·ter 中 -s/- 室内管弦楽団.
'Kam·mer·sän·ger 男 -s/- 1 《複数なし》宮廷歌手(名歌手に与えられる称号). 2 Kammersänger の称号を持つ歌手.
'Kam·mer·spiel 中 -[e]s/-e 1 室内劇. 2 《複数で》室内劇場, 小劇場.
'Kam·mer·ton 男 -[e]s/ 《音楽》(楽器の調律する際の)標準音程(現在は440Hzのイの音).
'Kam·mer·tuch 中 -[e]s/-e 《紡織》キャンブリック(上質の平織り綿布または麻布).
'Kam·mer·zo·fe 囡 -/-n 《古》若い侍女.
'Kamm·garn 中 -[e]s/-e 梳毛(もう)糸, ウーステッドヤーン; 梳毛織物, ウーステッド.
'Kamm·griff 男 -[e]s/-e 《体操》(鉄棒などの)逆手(さかて).
'Kamm·ma·cher 男 -s/- 櫛(くし)つくり職人.
'Kamm·rad 中 -[e]s/-er 歯車.
'Kamm·stück 中 -[e]s/-e (牛・豚などの)肩肉, 肩ロース.
'Kamm·wol·le 囡 -/ 梳(す)いた(コーミングした)羊毛, 梳毛(そもう).
Kam·pa·gne [kam'panjə] 囡 -/-n (lat.) 1 キャンペーン, (組織的な)宣伝活動. 2 (a) (季節に左右される企業の)繁忙期; (とくに)農繁期. (b) (カーニバルの最も盛りあがる)本番期間. 3 《考古》発掘作業期(段階). 4 《古》出兵, 出陣.
Kam·pa·ni·en [kam'pa:niən] 《地名》カンパーニア(イタリア南部の地方・州, 州都 Napoli (Neapel)).
Kam·pa·ni·le [kampa'ni:lə] 中 -/- (it., Glockenturm') (教会から独立して立つ)鐘塔, 鐘楼(とくにイタリアの).
'Käm·pe [kɛmpə] 男 -n/-n 1 《古》《戯》戦士, 闘士, 勇士. 2 ベテラン選手.
Kam·pe·sche·holz [kam'pɛʃəhɔlts] 中 -es/ Campecheholz

*Kampf [kampf カンプフ] 男 -[e]s/Kämpfe (lat. campus, Feld, Schlachtfeld') 1 戦い, 戦闘, 争い, 抗争; 格闘; 《スポーツ》競技, 試合. ein ~ auf Leben und Tod 生死を賭(と)した戦い. ein ~ bis aufs Messer 死闘, 血戦. der ~ für die Freiheit 自由を守る闘い. der ~ gegen den Krieg 反戦闘争. ein ~ Mann gegen Mann 一騎打ち. der ~ mit dem Schlaf〈gegen den Schlaf〉睡魔との闘い. der ~ mit〈gegen〉Windmühlen ひとり相撲. der ~ mit Worten 論戦, 舌戦. der ~ ums Dasein〈um die Macht〉生存競争〈権力闘争〉. Auf in den ~, Torero! 《戯》さあ始めるぞ, やろうやるか. j¹ den ~ ansagen 人に宣戦布告する. j¹ zum ~ [heraus] fordern 人に闘いを挑む. 2 (内的)葛藤(かっとう).
'Kampf·ab·stim·mung 囡 -/-en (どちらにころぶか分からない)きわどい票決.
'Kampf·bahn 囡 -/-en 競技場, スタジアム.
'kampf·be·reit 形 戦闘準備のできた.
'Kämp·fe ['kɛmpfə] Kampf の複数.
*'kämp·fen ['kɛmpfən ケンプフェン] ❶ 自 戦う; 取っ組合いをする; 《スポーツ》試合をする. für den Frieden ~ 平和のために戦う. gegen die Aggressoren〈den Bau von Atomkraftwerken〉~ 侵略者と〈原発建設反対のために〉戦う. mit einer Entscheidung〈mit sich〉~ 決断に迷う〈煩悶する〉. mit dem Tode ~ 死に瀕(ひん)している. mit den Tränen ~ 涙を必死にこらえる. um sein Recht ~ 権利を求めて闘う. die kämpfende Truppe 戦闘部隊.
❷ 他 einen aussichtslosen Kampf ~ 勝目のない戦いをする, 負け戦(いくさ)を戦う.
❸ 再 (sich⁴) (結果を示す語を) sich erschöpft ~ 戦って疲れ果てる. (方向を示す語句と) sich durch〈über〉et¹ ~ 苦心惨憺して物を突破する〈克服する〉. sich in die Höhe〈nach oben〉~ 奮闘努力して成功(出世)する.
'Kamp·fer ['kampfər] 男 -s/ (arab.) 樟脳(しょうのう), カンフル.
'Kämp·fer¹ ['kɛmpfər] 男 -s/- (↓kämpfen) 戦士, 闘士; 《スポーツ》選手(とくに格闘技の); (旧東ドイツで)武装民兵隊員.
'Kämp·fer² 男 -s/- (lat. capreolus, Stützbalken') 《建築》迫台(はくだい), アーチ受け, 橋台; (窓の十字の桟(さん)の)横材.
'kämp·fe·risch ['kɛmpfərɪʃ] 形 《述語的には用いない》戦闘的, 闘争的(好戦的)な.
'Kamp·fer·öl 中 -[e]s/-e 樟脳(しょうのう)油, カンフル油.
'Kämp·fer·typ 男 -s(-en)/-en (とくにスポーツ選手の)ファイタータイプ.
'kampf·fä·hig 形 戦闘能力のある.
'Kampf·fisch 男 -[e]s/-e 《魚》闘魚.
'Kampf·flie·ger 男 -s/- 1 《軍事》戦闘(爆撃)機のパイロット. 2 《話》戦闘(爆撃)機.
'Kampf·flug·zeug 中 -[e]s/-e 《軍事》戦闘(爆撃)機.
'Kampf·gas 中 -es/-e 《軍事》毒ガス.
'Kampf·geist 男 -[e]s/ 闘志, 闘争心.
'Kampf·ge·richt 中 -[e]s/-e 《スポーツ》審判団.
'Kampf·grup·pe 囡 -/-n 《軍事》1 (第2次世界大戦中特別な目的のために編成された)戦闘部隊; (ドイツ連邦国防軍の)旅団. 2 (旧東ドイツで)武装民兵隊.
'Kampf·hahn 男 -[e]s/-e 1 闘鶏用おんどり. 2 《多く複数で》《戯》喧嘩早い人.
'Kampf·hand·lung 囡 -/-en 《ふつう複数で》戦闘行為.
'kampf·los 形 戦闘なしの, 無血の.
'Kampf·lust 囡 -/ 闘争心(敵愾心), 血の気(け).
'kampf·lus·tig 形 戦闘的(好戦的)な, 喧嘩好きの,

血の気(")の多い.

'**Kampf·platz** 男 -es/¨e 戦場. auf dem ~ bleiben《婉曲》戦場に倒れる,戦場の露と消える.

'**Kampf·preis** -es/-e《経済》競争価格.

'**Kampf·rich·ter** 男 -s/-《スポーツ》審判員.

'**Kampf·spiel** 中 -[e]s/-e《スポーツ》格闘技.

'**Kampf·stoff** 男 -[e]s/-e (毒ガス·細菌·放射性物質などの)化学兵器.

'**kampf·un·fä·hig** 戦闘能力のない.

'**Kampf·wa·gen** 男 -s/- 1 (古代ギリシア・ローマの)戦車. 2 (Panzer) (1945 まで使用された)戦車, タンク.

'**Kampf·wil·le** 男 -ns/ 闘争心, 闘志. ◆格変化は Wille 参照.

kam'pie·ren [kam'pi:rən] 自 (lat.) 1 キャンプ(野営)する. 2 (a) 仮住まいする. (b) (間に合せの場所で)寝る. 3《東ドイツ》荒れ狂う.

Kam'sin [kam'zi:n] 男 -s/-e (arab.)《気象》カムシン, ハムシン(春にエジプトで吹く南寄りの風でサハラ砂漠の砂を大量に含む).

Kam'tschat·ka [kam'tʃatka]《地名》カムチャツカ(半島).

'**Ka·na·an** ['ka:naan] (hebr.)《地名》カナン(旧約聖書で,神がイスラエルの民に約束された土地).

Ka·na·a'ni·ter [kanaa'ni:tər] 男 -s/-《旧約》カナン人(の).

'**Ka·na·da** ['kanada]《地名》カナダ.

Ka·na·di·er [ka'na:diər] 男 -s/- 1 カナダ人. 2《スポーツ》カナディアンカヌー. 3《スポーツ》安楽椅子.

ka·na·disch [ka'na:dɪʃ] 形 カナダ(人)の. ↑deutsch

Ka'nail·le [ka'naljə] 女 -/-n (lat. canis, Hund')
1《侮》ごろつき, 悪党. 2《複数なし》賤民.

Ka'na·ke [ka'na:kə] 男 -n/-n (polynes., Mensch')
1 カナカ人(南太平洋の島々の原住民). 2《侮》外国人労働者(とくにトルコ人をさして).

*'**Ka'nal** [ka'na:l カナール] 男 -s/Kanäle (lat. canalis, Röhre, Rinne') 1 運河, (用)水路, 掘割, 疏水; 下水道, 排水溝. 2 海峡, 水道, (とくに)ドーバー海峡(Ärmelkanal). 3 (テレビの)チャンネル, (ラジオの)周波数帯. ich kann auf ~ 8 zu empfangen sein (ラジオ 8 で)受信(受像)できる. 4 (情報などの)経路, ルート, 筋. durch dunkle Kanäle 闇のルートを通じて. 5《解剖》溝, 管(とくに消化管). den ~ voll haben(話) したたか飲んでいる; うんざりしている. sich' den ~ voll saufen(話) 酔っぱらう.

Ka'nal·ar·bei·ter 男 -s/- 1 運河建設(下水道敷設)工事労働者. 2《話》(表に出ないで)黒子役で立ちまわる議員(とくに SPD 内の保守派の).

Ka'nä·le [ka'nɛ:lə] Kanal の複数.

Ka·na·li·sa·ti'on [kanalizatsi'o:n] 女 -/-en 1《複数なし》運河の建設(掘削), 水路の開設; 下水道の敷設. 2 下水道, 下水(排水)施設.

ka·na·li'sie·ren [kanali'zi:rən] 他 1 (都市などに)下水道を設ける. 2 (河川を)船が通れるようにする. 3 (不満・怒りなどに)はけ口を与えてやる, (を)やわらげる.

Ka'nal·strah·len 複《物理》カナル線.

'**Ka·na·pee** [kanape] 中 -s/-s (gr.) 1《古》ソファー. 2《多く複数で》《料理》カナッペ.

Ka'na·ren [ka'na:rən] 複《地名》die ~ カナリア諸島.

Ka·na·ri·en·vo·gel [ka'na:riənfo:gəl] 男 -s/¨-《鳥》カナリア.

Kan'da·re [kan'da:rə] 女 -/-n (ung. kantár, Zaum') 銜(くつわ)鎖. j" an die ~ haben(halten) 人"の首根っこを抑えている. j" an die ~ nehmen / j" die ~ anlegen 《話》人¹の手綱を締める.

Kan·de'la·ber [kande'la:bər] 男 -s/- (lat.) 枝付き燭台; 枝付き燭台型街灯.

'Kan·del·zu·cker ['kandəl..] 男 -s/《地方》= Kandiszucker

*Kan·di'dat [kandi'da:t カンディダート] 男 -en/-en (lat. candidatus, weiß gekleidet') 1 志願(志望)者, 応募者. 2 立候補者, 候補(とくに旧東ドイツで) SED 党員候補者. j" als ~en aufstellen 人¹を候補にする. 3 受験者(略 cand.) (大学の)卒業試験受験者, ドクトル受験資格者. 4 (とくに旧ソ連で学位の称号として)カンディダート(博士号程度に相当)

Kan·di·da'tur [kandida'tu:r] 女 -/-en 立候補, 志願.

kan·di'die·ren [kandi'di:rən] 自 立候補(志願)する. für das Amt des Präsidenten ~ 大統領選に出馬する.

kan'die·ren [kan'di:rən] 他 (it.) (果実を)砂糖漬けにする. Zucker ~ 砂糖を煮つめてカラメルにする.

'**Kan·dis** ['kandɪs] 男 -/ = Kanadiszucker

'**Kan·dis·zu·cker** 男 -s/ (it.) 氷砂糖.

Ka'neel [ka'ne:l] 男 -s/-e (fr.)《食品》肉桂, シナモン.

'**Ka·ne·vas** ['kanəvas] 男 -[ses]/-[se] (fr., Packleinwand, Segeltuch') 1《紡織》キャンバス, ズック(麻・木綿の平織り地, 画布・帆布などに用いる). 2 (即興喜劇の)台本(とくに Commedia dell'Arte の).

'**Kän·gu·ru,** °**Kän·gu·ruh** ['kɛŋguru] 中 -s/-s (austr.)《動物》カンガルー.

Ka'nin [ka'ni:n] 中 -s/-e (lat.) うさぎの毛皮.

Ka'nin·chen [ka'ni:nçən] 中 -s/- 1《動物》いえうさぎ(家兎), 飼い兎. 2 兎の毛皮; 兎の焼肉.

Ka'nis·ter [ka'nɪstər] 男 -s/- (gr.) (液体を入れる箱型の)携帯容器; 石油缶, ポリタンク.

kann [kan] können の現在 1·3 人称単数.

'**Kann·be·stim·mung** 女 -/-en《法制》(↔ Muss-bestimmung) 任意規定.

'**Känn·chen** ['kɛnçən] 中 -s/-《Kanne の縮小形》小さなポット.

*'**Kan·ne** ['kanə カネ] 女 -/-n (gr. kanna, Rohr')
ポット, 水差し; ブリキの缶, (錫(すず)製)ジョッキ, ビヤマグ; (運搬用大型)牛乳缶. Es gießt wie aus〈mit〉 ~ n. (話) 土砂降りだ. volle ~ (話) 全力で, もっぱら. zu tief in die ~ gucken 《話》飲みすぎる. in die ~ steigen 《学生》いっ気飲みさせられる; 《話》したたか飲む. 2《古》(液体の量目として)カネ(1 リットル位). 3《ジャズ》サキソフォン. eine heiße〈scharfe/stolze〉 ~ blasen 《話》最高にご機嫌なサックスを吹く.

'**Kan·ne·gie·ßer** ['kanəgi:sər] 男 -s/- 居酒屋の政談家, (くだらぬ)政治話の好きな人. ◆デンマークの劇作家ホルベア L. B. von Holberg, 1684-1754 の喜劇の主人公にちなむ.

kan·ne·gie·ßern ['kanəgi:sərn] 自 居酒屋政談(くだらぬ政治談議)をする.

kan·ne'lie·ren [kanə'li:rən] 他 (fr.)《建築》(柱などに)縦に溝(みぞ)を彫る.

Kan·ni'ba·le [kani'ba:lə] 男 -n/-n (indian.) 1 人食い人種, 食人種. 2《侮》残忍な人間, 鬼畜.

kan·ni'ba·lisch [kani'ba:lɪʃ] 形 1 人食いの, 食人

種の. **2** 残忍な. **3**《副詞的用法で》《戯》むちゃくちゃに, めっぽう.

Kan·ni·ba·lis·mus [kaniba'lɪsmʊs] 男 -/ **1** 食人(の風習), カニバリズム. **2**《動物の》共食い.

kannst [kanst] können の現在 2 人称単数.

'kann·te ['kantə] kennen の過去.

'Ka·non¹ ['ka:nɔn] 男 -s/-s 《*gr*., Richtschnur, Regel, Kettengesang*》 **1** 規範, 規則, 規準. **2**《音楽》カノン. die ~ singen 輪唱する. **3**《複数なし》《神学》《聖書正典》《ｶﾄﾘｯｸ》聖人録;ミサ典文;《古典学における》必読書(一覧). **4**《複数 -es ['ka:nəne:s]》《ｶﾄﾘｯｸ》教会法(細則), 公認教理. **5**《美術》カノン(プロポーションの規範). **6**《天文》星図, 天体運行表. **7**《数学》一般解. **8**《中世の法制で》年貢, 地代. **9**《楽器》カノン(音程を測るのに用いた古代ギリシアの弦楽器の一種).

'Ka·non² 図 -/- 《古》《印刷》キャノン(36 ポイント活字の古称). ◆ カトリックのミサ典書主要部 canon missae の印刷által よく使用されることになる.

Ka·no·na·de [kano'na:də] 図 -/-n 《*fr*.》(連続)砲撃. eine ~ von Schimpfwörtern loslassen 罵詈雑言(ぞうごん)を浴びせる.

Ka'no·ne [ka'no:nə] 図 -/-n 《*lat*. canna, Rohr*》 **1** 大砲, カノン砲. eine Stadt mit ~*n* beschießen ある町を砲撃する. mit ~*n* auf〈nach〉Spatzen schießen 鳶を割(さ)くに牛刀をもってする. voll [besoffen] wie eine ~ sein《話》泥酔している. **2**(専門分野での)大家, 名手, 1級品; (スポーツで)エース. **3**《話》ピストル(=Kanon¹ の誤用で) Das ist unter aller ~. 《話》それはひどいにはならない, 悪すぎるよ.

Ka·no·nen·boot 中 -[e]s/-e 《軍事》砲艦.

Ka·no·nen·fut·ter 中 -s/ 砲火の餌食(えじき)(となって犬死にさせられる兵士または一部隊).

Ka·no·nen·ku·gel 図 -/-n 砲弾.

Ka·no·nen·ofen 男 -s/- 円筒形ストーブ.

Ka·no·nen·rohr 中 -[e]s/-e **1** 砲身. [Ach du heiliges ~ ! 《話》うわぁ(ひゃあ)これはたまげた. **2**《話》 =Kanonenstiefel

Ka·no·nen·stie·fel 男 -s/- 《膝までの》長靴, ブーツ.

Ka·no·nier [kano'ni:ɐ̯] 男 -s/- **1** 砲手; 2 等砲兵. **2**《話》(痛烈なシュート・スパイクを決める)ストライカー.

ka·no·nie·ren [kano'ni:rən] ❶ 他《古》砲撃する. ❷ 自《話》強烈なシュート(スパイク)をたたきこむ.

Ka·no·ni·kat [kanoni'ka:t] 中 -[e]s/-e 司教座聖堂参事会員の職(位).

Ka·no·ni·ker [ka'no:nikɐ] 男 -s/- =Kanonikus

Ka·no·ni·kus [ka'no:nikʊs] 男 -/..ker[..kɐ] 《*lat*.》司教座聖堂参事会員.

Ka·no·ni·sa·ti·on [kanonizatsi'o:n] 図 -/-en 《ｶﾄﾘｯｸ》列聖.

ka·no·nisch [ka'no:nɪʃ] 形 **1** 規範(規準)となる, 標準的(模範的)な. **2**《音楽》カノン形式の. **3**《ｶﾄﾘｯｸ》教会法に則った;《神学》聖典の. ~*e* Alter (教会法が定める)聖職に就く適齢. ~*e* Bücher(↔ apokryphe Bücher)(聖書の)正典. ~*es* Recht 教会法. ~*e* Stunden 正務日課(の)時間.

ka·no·ni·sie·ren [kanoni'zi:rən] 他 **1**《ｶﾄﾘｯｸ》(heilig sprechen) 聖人に加える. **2**(a) 規範(規準)にする. (b) 模範的作家(作品)に加える.

Ka·no·nis·se [kano'nɪsə] 図, **Ka·no·nis·sin** [kano'nɪsɪn] 図 -/-nen 《ｶﾄﾘｯｸ》共誦祈祷会修道女.

Ka'nos·sa [ka'nɔsa]《地名》カノッサ. den Gang nach ~ antreten / nach ~ gehen カノッサ参りをする. 心ならずも詫びを入れる. ↑Canossa

Ka'nos·sa·gang 男 -[e]s/⁼e《複数まれ》カノッサ行, 屈辱的な(心ならずの)謝罪, 屈従.

Kä·no·zo·i·kum [kɛno'tso:ikʊm] 中 -s/ 《*gr*.》《地質》新生代.

Kant [kant]《人名》カント. Immanuel ~ = イマヌエル・カント(1724-1804, ドイツの哲学者;『純粋理性批判』*Kritik der reinen Vernunft*,『判断力批判』*Kritik der Urteilskraft* など).

kan·ta·bi·le [kan'ta:bile] 副 《*it*.》《音楽》カンタービレ, 歌うように.

Kan'ta·bi·le 中 -/- 《*it*.》《音楽》カンタービレの曲(楽章).

Kan'ta·te¹ [kan'ta:tə] 図 -/-n 《*it*. cantata, Gesangstück*》《音楽》カンタータ.

Kan'ta·te² 《無冠詞/不変化》《ｷﾘｽﾄ教》カンターテの主日(復活祭後の第 4 日曜日). ◆ 入祭の歌の冒頭の語 Cantate Domino(「主にむかいて歌え」,『旧約』詩 98:1)にちなむ.

*'**Kan·te** ['kantə カンテ] 図 -/-n 《*lat*. cantus, eiserner Radreifen*》 **1** 角(かど), 稜角(りょうかく); 端, へり, 縁(へり); (スキーの)エッジ, 《登山》岸壁の稜線. sich³ die ~ abschleifen《話》角(かど)がとれ, 人間がまるくなる. an allen Ecken und ~*n* いたる所に, そこらじゅうに(あっちこっち). et⁴ auf die hohen ~ haben《話》物⁴を貯めこんでいる. et⁴ auf die hohe ~ legen《話》物⁴を貯めこむ. auf et⁴ stehen《話》危うい(きわどい)状態にある; どちらともつかない, 不確かである. **2**(織物の)耳; (衣類の)縁, 緑飾り. **3**《話》地域, 地帯, あたり. Aus welcher ~ stammst du denn? 君はどこの産なの. **4**《数学》稜.《言語》線.

'Kan·tel¹ ['kantəl] 中 -s/- 方形定規.

'Kan·tel² 図 -/-n (椅子の脚などに使う)加材.

'kan·ten ['kantən] 他 **1** (a)(家具などを運ぶときに)横に倒す, 斜めにする. (b)(重い角材などを)鈎(かぎ)でこて返す, 半転させる. (c)《ｽｷｰ》die Ski ~ スキーのエッジを立てる. **2** (木材などに)稜角をつける.

'Kan·ten 男 -s/- 《地方》(パンの)端切れ, パンの耳.

'Kan·ter¹ [kantɐ] 男 -s/- 《*lat*.》 **1** (Verschlag) 板仕切り;《古》地下貯蔵室. **2** (樽などを斜めに寝かせておく)台架.

'Kan·ter² [kantɐ, kɛntɐ] 男 -s/- 《*engl*.》《馬術》キャンター, 普通駆け足(Galopp と Trott の中間の速度). im ~ siegen《ｽﾎﾟｰﾂ》楽勝する(とくに馬術で).

'Kan·ter·sieg 男 -[e]s/-e 《ｽﾎﾟｰﾂ》楽勝(とくに馬術での).

'Kant·ha·ken 男 -s/- 鉤(かぎ)てこ. j⁴ beim ~ fassen 〈kriegen〉《話》人にずけずけ(はっきり)意見を言う.

Kan·tha·ri·de [kanta'ri:də] 図 -/-n 《*gr*.》《多く複数で》《虫》(つち)つちはんみょう.

Kan·tha·ri·din [kantari'di:n] 中 -s/ 《薬学》カンタリジン.

'Kant·holz 中 -es/⁼er 《土木》角材.

Kan·ti·a·ner [kanti'a:nɐ] 男 -s/- カント哲学の信奉者. ↑Kant

'kan·tig [kan'tɪç] 形 角(稜角)のある;(顔などが)角ばった;《比喩》ぎくしゃくした, ぎこちない.

Kan·ti·le·ne [kanti'le:nə] 図 -/-n 《*lat*.》《音楽》カンティレーナ(抒情的な旋律).

Kan'ti·ne [kan'ti:nə] 図 -/-n 《*it*. cantina, Flaschenkeller*》社内(従業員)食堂; (兵舎の)酒保.

'Kan·ton¹ [kan'to:n] 男 -s/-e 《*it*. canto, Ecke*》 **1**

(略 Kant., Kt.)(スイスの)州. **2** (フランス・ベルギーの)小郡. **3** 《古》(旧プロイセンの)徴兵区.

'**Kan·ton**² [ˈkantɔn] 《地名》広州(中国広東 Kwangtung 省の主都).

kan·to·nal [kantoˈnaːl] 形 **1** (略 kantl.)(スイスの)州(立)の. **2** (フランス・ベルギーの)小郡の. **3** (旧プロイセンの)徴兵区の.

Kan·to·nie·ren [kantoˈniːrən] 他《古》(部隊を)駐留させる.

Kan·to·nist [kantoˈnɪst] 男 -en/-en《古》(旧プロイセンの Kanton¹ の)新兵. ein unsicherer ~《古》(旧プロイセンの徴兵忌避兵.《話》頼り(あて)にならないやつ.

'**Kan·tor** [ˈkantoːr] 男 -s/-en[kanˈtoːrən] (lat., Sänger') **1** (プロテスタント教会の)聖歌隊長(兼オルガン演奏者). **2** (中世カトリック教会の)礼拝先唱者; (15世紀以後)校長(兼聖歌教師)補佐.

Kan·to·rei [kantoˈraɪ] 囡 -/-en《古》**1** (中世の)聖歌隊. (b) (プロテスタントの)合唱隊. **2** Kantor の住居.

'**Kan·tus** [ˈkantʊs] 男 -/-se (lat.)《学生》(Gesang).

'**Ka·nu** [ˈkaːnu, kaˈnuː] 匣 -s/-s (karib.) **1** カヌー, 丸木舟. **2** 《スポ》カヌー(競技用ボート).

Ka·nü·le [kaˈnyːlə] 囡 -/-n (lat.)《医学》**1** 注射針. **2** カニューレ, 挿管.

Ka·nu·te [kaˈnuːtə] 男 -n/-n《スポ》カヌー選手.

'**Kan·zel** [ˈkantsəl] 囡 -/-n (lat.) **1** 《教会の)説教壇. **2** (a)《古》演壇. (b)《おどけ》(大学の)講座. **3** 《狩猟》(木の上に設けた)見張り台;《まれ》(交通整理の)監視塔. **4** (飛行機の)コックピット. **5** 《登山》テラス, 岩棚.

Kan·zel·red·ner 男 -s/- 説教者.

kan·ze·ro·gen [kantseroˈgeːn] 形 (lat.)《医学》発癌性の.

Kanz·lei [kantsˈlaɪ] 囡 -/-en (lat.) **1** (弁護士・税理士などの)事務所, オフィス;(役所の)事務室, 局. **2** 総理府;官房. **3**《古》(君主・都市などの)尚書局.

Kanzlei·pa·pier 匣 -s/《古》官庁用紙, A4判上質紙.

Kanzlei·spra·che 囡 -/ **1** 官庁語. **2** 古めかしく勿体な言葉づかい.

Kanzlei·stil 男 -[e]s/ **1** 公文書体. **2** = Kanzleisprache 2

'**Kanz·ler** [ˈkantslər カンツラー] 男 -s/- **1** (a)(ドイツ・オーストリアの)(連邦)首相. (b)《歴史》(ドイツ第2帝国・ヴァイマル共和国の)宰相;(北ドイツ連邦の)連邦宰相. **2** (大学の)事務局長. **3** (大使館・領事館の)総務担当(1等)書記官. **4** (欧州裁判所の)書記部長. **5**《古》(中世の)尚書省局長, 大法官;(プロイセンの)法務長官.

Kanz·list [kantsˈlɪst] 男 -en/-en《古》官房職員.

Kan·zo·ne [kanˈtsoːnə] 囡 -/-n (it.) カンツォーネ(a) 《詩学》フランスの抒情詩形. (b)《音楽》歌曲, 民謡曲.

Kan·zo·net·te [kantsoˈnɛtə] 囡 -/-n (it.)《音楽》カンツォネッタ, 小曲.

Ka·o·lin [kaoˈliːn] 匣 (男) -s/-e (chin. kao-ling) カオリン, 高陵土(陶土の一種).

Kap [kap] 匣 -s/-s (lat. caput „Kopf') 岬. **2** (Kap der Guten Hoffnung の短縮)喜望峰.

Kap. (略) =Kapitel 1(a)

Ka·paun [kaˈpaʊn] 男 -s/-e (lat.)(食用の)去勢した雄鶏(ニワトリ).

Ka·pa·zi·tät [kapatsiˈtɛːt] 囡 -/-en (lat. capacitas ‚Fassungsvermögen') **1** (劇場・病院などの)収容能力, 容積, 容量. **2** (b)《電子工》電気量(エネ) (情報の)容量. **2** 《経済》(a)(複数형)(工場・機械などの)生産能力. ein Kraftwerk mit einer ~ von 10 Mill. kW 千万キロワットの発電所. (b) 《多く複数で》(企業・工場が保有する)生産設備. **3** 理解力, 知的能力. **4** (専門分野の)大家, エキスパート.

Ka·pee [kaˈpeː]《話》(次の用法で) schwer von ~ sein もの分かりが悪い, とろい.

*'**Ka·pel·le**¹ [kaˈpɛlə カペレ] 囡 -/-n (lat. cap[p]ella ‚kleines Gotteshaus') **1** 拝礼堂, チャペル. **2** (付属の)礼拝室;小聖堂.

Ka·pel·le² 囡 -/-n (it. cappella, ‚Musikgesellschaft') (教会の)聖歌隊, 合唱隊, (一般に)楽団, 楽隊, バンド.

'**Ka·pel·le**³ 囡 -/-n (lat. cupula, kleine Tonne') 精製(精錬)室;《冶金》灰吹き皿, 坩堝(るつぼ).

Ka·pell·meis·ter 男 -s/- **1** 指揮者, 楽長. **2** オーケストラの常任指揮者(音楽監督の次に位置する). **3** バンドマスター.

'**Ka·per**¹ [ˈkaːpər] 囡 -/-n (gr.)《多く複数で》《料理》ケーパー, ケッパー(ふうちょうぼくの蕾(つぼみ)の酢漬け).

'**Ka·per**² 男 -s/- **1** 《歴史》(とくに15-18世紀に国家から免許状を得て敵国商船を襲った)私拿捕(しだほ)船.

'**Ka·per·brief** 男 -[e]s/-e《歴史》(敵国商船襲撃の)私拿捕(しだほ)免許状.

Ka·pe·rei [kaːpəˈraɪ] 囡 -/-en《歴史》(Kaperbrief に基く)敵国商船の掠奪, 私拿捕(しだほ)(1856海洋法布告により禁止).

'**ka·pern** [ˈkaːpərn] 他 **1**《歴史》(私拿捕(しだほ)免許状に基いて)拿捕する. **2**《話》(a) j⁴ für et⁴ ~ j⁴ を事⁴(計画・仕事などに)巻込む, 引きずりこむ. (b)《再帰的に》sich³ j⁴ ~ 物⁴ を分捕る, ふんだくる. sich³ j⁴ ~《戯》j⁴ を拿捕すると結婚相手にする.

'**Ka·per·schiff** 匣 -[e]s/-e = Kaper² 1

'**Ka·pe·tin·ger** [ˈkaː(ː)petɪŋər] 男 -s/- (フランスの)カペー王家(987-1328)の人.

ka·pie·ren [kaˈpiːrən] 他 (lat.)《話》(verstehen) 分かる, 呑み込む.

ka·pil·lar [kapɪˈlaːr] 形 (lat.) **1** 極細の, 毛のように細い. **2** 毛(細)管現象による. **3**《医学》毛(細)の.

Ka·pil·la·re [kapɪˈlaːrə] 囡 -/-n (lat.) **1** 《解剖》毛細(血)管. **2** 《物理・工学》毛(細)管.

Ka·pil·lar·ge·fäß 匣 -es/-e 《解剖》毛細(血)管.

Ka·pil·la·ri·tät [kapɪlariˈtɛːt] 囡 -/《物理》毛(細)管現象.

Ka·pil·lar·wir·kung 囡 -/《物理》毛(細)管現象.

ka·pi·tal [kapiˈtaːl] 形 (lat. capitalis, hauptsächlich') **1** とんでもない, たいへんな, ものすごい;《地方》すばらしい. ein ~er Fehler 大失敗. **2**《猟師》(獣が)大物の.

*'**Ka·pi·tal** [kapiˈtaːl カピタール] 匣 -s/-e (いくつかの形) -ien [..li̯ən] (lat.) **1** 資本, 資金;元本, 元金;(企業の)基本資金, 資産.《話》儲(もう)け. Das ~ bringt jährlich 5000 Euro. その元本で年5 チューロの果実があがる. Deine Stimme ist dein ganzes ~. 声こそ君の元手のすべてのだ. fixes⟨flüssiges⟩ ~ 固定⟨流動⟩資本. geistiges ~ 知力, 知識. konstantes⟨variables⟩ ~ 不変⟨可変⟩資本. totes ~ 寝かせ資本;不

Kapitäl

用の知識(学問). [*sein*] ~ anlegen 投資する. ~ aufnehmen 資金を調達する, 融資を仰ぐ. das ~ erhöhen 増資する. aus et³ ~ schlagen 事³でひと儲けする, (を)利用する. ~ in et⁴ stecken 事⁴に資本をつぎこむ, 元手をかける. **2** 《複数なし》資本家階級. **3** 《製本》花ぎれ, ヘッドバンド(ヘドバン).

Ka·pi·täl [kapi'tɛ:l] 匣 -s/-e 《まれ》《建築》(Kapitell) 柱頭.

Ka·pi·tal·an·la·ge 囡 -/-n 投資.

Ka·pi·tal·band 匣 -[e]s/-er 《製本》ヘッドバンド, 花ぎれ.

Ka·pi·tal·bil·dung 囡 -/ 《経済》資本形成.

Ka·pi·tal·buch·sta·be 匣 -ns(-n)/-n 大文字, 頭文字. ◆格変化は Buchstabe 参照.

Ka·pi·täl·**chen** [kapi'tɛ:lçən] 匣 -s/- 《印刷》スモールキャップ, 小型文字(小文字の大きさの大文字体).

Ka·pi·ta·le [kapi'ta:lə] 囡 -/-n (*lat.*) **1** 《まれ》首都. **2** 《印刷》(斜字体の)大文字, キャピタル.

Ka·pi·tal·er·hö·hung 囡 -/-en 《経済》増資.

Ka·pi·tal·flucht 囡 -/-en《複数まれ》《経済》(国外への)資本逃避.

Ka·pi·tal·ge·sell·schaft 囡 -/-en 《経済》(↔ Personengesellschaft) (株式会社・有限会社などの)資本会社.

Ka·pi·tal·ge·winn 匣 -[e]s/-e 《金融》資本利得, キャピタルゲイン.

Ka·pi·ta·li·en [kapi'ta:liən] 《複数》Kapital の複数.

ka·pi·ta·li·sie·ren [kapitali'zi:rən] 他 《経済》資本化する, 資本に還元(計上)する.

*****Ka·pi·ta·lis·mus** [kapita'lɪsmʊs カピタリスムス] 匣 -/ 《経済・政治》資本主義.

Ka·pi·ta·list [kapita'lɪst] 匣 -en/-en **1** (a) 資本家. (b) 資本主義者. **2** 《侮》金持, 資産家.

ka·pi·ta·lis·tisch 形 資本主義の, 資本主義的の.

ka·pi·tal·kräf·tig 形 《話》資本力のある, 大金持の.

Ka·pi·tal·markt 匣 -[e]s/-e 《経済》資本市場.

Ka·pi·tal·ver·bre·chen 匣 -s/- 重大犯罪. ◆元来は死刑に値する犯罪, の意.

Ka·pi·tal·zins 匣 -es/-en 《経済》資本利子.

*****Ka·pi·tän** [kapi'tɛ:n カピテーン] 匣 -s/-e (*it.*) 船長; 機長; 《スポーツ》主将, キャプテン. ~ der Landstraße《話》(長距離)トラックの運転手. ~ zur See《軍事》海軍大佐.

Ka·pi·tän·leut·nant 匣 -s/-e(-) 海軍大尉.

*****Ka·pi·tel** [ka'pɪtəl カピテル] 匣 -s/- (*lat.*) **1** (*略* Kap.)《書物の》章. (b) (人生・歴史の)一章, 一時期. ein dunkles ~ meines Lebens 我が人生の暗い1ページ. Seine Ehe ist ein trauriges ~. 彼の結婚生活は悲劇的. **2** 一件, 事柄. Das ist ein anderes ~.《話》それはまた別問題だ. ein ~ für sich⁴ sein 問題である. **2** (教会・司教座聖堂の)参事会; (修道院の)総会.

ka·pi·tel·fest 形 **1** 博識で, (とくに)聖書に精通した. **2** 《地方》(a) 造りのしっかりした. (b) 健康(丈夫)な.

Ka·pi·tell [kapi'tɛl] 匣 -s/-e (*lat.*)《建築》柱頭.

Ka·pi·tel·saal 匣 -[e]s/..säle (教会・修道院の)集会室.

Ka·pi·tol [kapi'to:l] (*lat.* capitolium, Haupttempel des Jupiter') ❶ 《地名》カピトリヌス丘(ローマ七丘の1つ, 古代ローマの元老院があった). ❷ 匣 -s/ アメリカの国会議事堂.

Ka·pi·tu·la·ti·on [kapitulatsi'o:n] 囡 -/-en (*fr.*, Übergabe[vertrag]) **1** (a) 降伏. eine bedingungslose ~ 無条件降伏. (b) 降伏条約(協定). **2** 《比喩》屈伏, 降参. **3** 《古》兵役(軍務)延長契約.

ka·pi·tu·lie·ren [kapitu'li:rən] 自 **1** 降伏する. **2** (vor j⁴等)³《人・事³》³に)降参する. **3** 《古》兵役(軍務)延長契約を結ぶ.

Ka·plan [ka'pla:n] 匣 -s/Kapläne (*lat.*) **1** 《カトリック》助任司祭; 施設付き司祭(従軍司祭・病院付き司祭など). **2** (古)(宮廷の)礼拝堂付き司祭.

'Ka·po ['kapo] 匣 -s/- (*it.*) **1** (強制収容所などで囚人の監視を手伝う)監督囚人, (囚人の)班長. **2** 《兵隊》下士官. **3** 《南ドイツ》《話》職長.

'Ka·pok ['kapɔk, 'ka:pɔk] 匣 -s/ (*mal.*) カポック, パンヤ(枕などにつめる).

ka·po·res [ka'po:rəs] 形 (*hebr.* kapparoth, Sühneopfer '《次の用法で》 ~ gehen 《sein》 (話)壊れる 〈壊れている〉, 《卑》くたばる 〈くたばっている〉.

Ka·pott·e [ka'pɔtə] 囡 -/-n (*lat.*)《服飾》カポート(19世紀に流行したあご紐つき婦人帽).

Ka·pott·hut [ka'pɔt..] 匣 -[e]s/-e =Kapotte

'Kap·pa [kapa] 匣 -[s]/-s カッパ(ギリシア語アルファベットの第10文字 K, κ).

Kap·pa·do·ki·en [kapa'do:kiən], **Kap·pa·do·zi·en** [..tsiən] (*gr.*)《地名》カッパドキア(小アジア東部の古代の呼称, 邦訳聖書ではカパドキア. 《新約》使 2:9).

'Käpp·chen ['kɛpçən] 匣 -s/- 《Kappe の縮小形》 **1** 小さな帽子. **2** (靴下・ストッキングなどの)かかと.

'Kap·pe [kapə] 囡 -/-n **1** (つば無しの)帽子, キャップ, フード.《古》道化帽;《狩猟》(鷹の目隠し用の)頭巾(ホ̈ン). j¹ etwas auf die ~ geben / j¹ auf die ~ kommen《話》人³をさんざん殴りつける. et⁴ auf *seine* [*eigene*] ~ nehmen 事⁴の責任をとる. Das geht auf deine ~. それは君が責任をとらないといけない. **2** (帽子様の)カバー, 蔽い; (容器・器具の)キャップ; (靴の)つま先革, かかと革, (腱を包む)外套; (蹄鉄の)爪掛かり. **3** 《建築》丸天井, (丸天井の)迫頂(ホク);《鉱業》ころがし(坑道の支柱の上端にかます横木). **4** 《数学》球冠.

'kap·pen [kapən] 他 (*lat.*) **1** (物の)頭(先, 端)を切る, (切って)短くする, 刈りこむ, 剪定(する) (予算などを)切りつめる; (関係などを)絶ち切る. ein Gespräch ~ 会話を打ち切る. Taue (Masten) ~《船員》(事故などの際に)ロープ〈マスト〉を切りつめる. eine gleichmäßig *gekappte* Hecke きれいに刈り揃えた生垣. **2** 《畜産》(雄鶏を)去勢する. 《地方》(雄鶏が雌鶏と)つがう. **3** 《話》(泥棒などを)捕える.

'Kap·pes ['kapəs] 匣 -/ (*lat.*)《地方》 **1** キャベツ. **2** ナンセンス, ばか話.

'Kapp·hahn ['kap..] 匣 -[e]s/-e =Kapaun

'Käpp·i ['kɛpi] 匣 -s/-s 《Kappe の縮小形》小さな縁なし帽子, (軍隊の)略帽.

Kapp·naht 囡 -/-e《服飾》折り伏せ縫い.

Ka·pric·cio [ka'prɪtʃo] 匣 -s/-s (*it.*)《音楽》(Capriccio) カプリッチョ, 奇想(狂想)曲.

Ka'pri·ce [ka'pri:sə] 囡 -/-n (*fr.*) 気まぐれ, むら気.

Ka·pri·o·le [kapri'o:lə] 囡 -/-n (*it.* capriola, Bocksprung ') **1** (おどけた)跳躍. ~ *n* schlagen とびはねる. **2** (多く複数で)(馬鹿げた)思いつき, 悪ふざけ. **3** 《馬術》カプリオール.

ka·pri·zie·ren [kapri'tsi:rən] 再 《*sich*⁴》 (auf et⁴ 事⁴に)固執する, 強くこだわる.

ka·pri·zi'ös [kapritsi'ø:s] 形 気まぐれな, 移り気な.

'Kap·sel ['kapsəl] 女 -/-n (*lat.*) **1**（円形または楕円形の）小型容器, 小函, 小ケース. **2**（薬のカプセルや, ガラス瓶の）口金. **3**〚植物〛蒴(さく), 蒴果. **4**〚医学〛被膜, 囊(のう), 包(ほう). **5**〚宇宙〛宇宙カプセル. **6**（猟師）雷管.

ka'putt [ka'put カプト] 形 (*fr.*) **1** 壊れた, つぶれた; 故障した, だめ(台無し)になった; 健康を損ねた; (関係などが)冷えきった; 没落(崩壊)した; 破産(倒産)した. ein ~es Bein〚戯〛骨折した足. ~ene Schuhe はきつぶした靴(語尾~enは方言). ein ~er Typ〚話〛落伍者, 落ちこぼれ. Was ist ~?〚話〛何が起きたんだ. Bei dir ist was ~.〚話〛君はちょっとどうかしてるね. sich⁴ ~ arbeiten〈lachen〉体をこわすほど働く〈死ぬほど笑う〉. **2**（副詞的には用いない）ばてた, へとへとに打ちひしがれた, 絶望(意気沮喪)した. ◆ 標準語としては付加語的には用いない.

ka'putt|fah·ren* 他〚話〛**1**（車を）運転して壊す; (ドアなどを)無理に押して(引いて)壊す. **2**（動物を轢き殺す）

ka'putt|ge·hen* 自 (s) **1** 壊れる, つぶれる. **2**〚話〛(精神的あるいは肉体的に)だめになる, まいる; 取乱す, 度を失う. **3**〚話〛(会社などが)倒産する. **4**（動・植物が）死ぬ.

ka'putt|la·chen〈**sich**⁴〉〚話〛笑いころげる, 大笑いする.

ka'putt|ma·chen 他〚話〛**1** 壊す, つぶす. **2**（精神的あるいは肉体的にだめにする. 《再帰的に》sich⁴ ~ 疲れはてる, へばる (mit et³ 事³で).

Ka'pu·ze [ka'pu:tsə] 女 -/-n (*it.*)（コート・アノラックなどの）フード.

Ka·pu'zi·ner [kapu'tsi:nər] 男 -s/- **1**〚ぽ〛カプチン修道会士. **2** =Cappuccino **3**〚動物〛南米産おまきざる.

Ka·pu'zi·ner·kres·se 女 -/-n〚植物〛のうぜんれん(凌霄葉蓮), きんれんか(金蓮花).

Ka·pu'zi·ner·or·den 男 -s/- (略 O. F. M. Cap.)〚ぽ〛カプチン修道会 (Franziskanerordenの1分派, Kapuze 付き修道服を着用した).

Kar [ka:r] 中 -[e]s/-e〚地形〛カール(氷河の侵食によるくぼ地).

Ka·ra'bi·ner [kara'bi:nər] 男 -s/- (*fr.*) **1** カービン銃; 騎銃. **2** =Karabinerhaken

Ka·ra'bi·ner·ha·ken 男 -s/- スプリングフック, (ばね式)安全フック;〚登山〛カラビナ.

Ka·ra·bi·ni'e·re [karabini'e:rə] 男 -[s]/..ri[..ri] (*it.*)（イタリアの）憲兵.

Ka'ra·cho [ka'raxo] 中 -[s]/- (*sp.* carajo, Penis')〚話〛mit ~ ものすごい勢いで, 猛スピードで.

Ka'raf·fe [ka'rafə] 女 -/-n (*arab.*) カラフ, デカンター（水・ワインなどを入れておく胴のふくれたガラス瓶）.

Ka·ra'ko'rum [karako'ru:m, ..'ko:rom] 男 -[s]/（地名）der ~ カラコルム(中央アジアの大山脈).

Ka·ram·bo'la·ge [karambo'la:ʒə] 女 -/-n (*fr.*, Zusammenstoß') **1**（a）(車の)衝突;〚スポ〛(選手同士の)ぶつかり合い. (b)（まれ）諍(いさか)い.〚ビリヤード〛キャノン/手玉が連続して2つの的玉に当ること.

Ka·ram'bo·le [karam'bo:lə] 女 -/-n (*fr.*)〚ビリヤード〛赤玉.

Ka·ram·bo'lie·ren [karambo'li:rən] 自 (h, s) (↓ Karambolage) **1** (h)〚ビリヤード〛キャノンを突く. **2** (h, s)（まれ）(mit et³)³ 物〈人〉³と）衝突する.

°**Ka·ra·mel** [kara'mɛl] ↑ Karamell

°**ka·ra·me·li'sie·ren** [karamɛli'zi:rən] ↑ karamellisieren

Ka·ra'mell [kara'mɛl] 男 (中) -s/ (*lat.*) カラメル(食品やビールなどの着色に用いる).

Ka·ra'mel·le [kara'mɛlə] 女 -/-n《多く複数で》キャラメル.

ka·ra·mel·li'sie·ren [karamɛli'zi:rən] 他 (砂糖を)カラメル状にする. **2**（料理）にカラメルをかける.

Ka·ra'o·ke [kara'o:kə] 中 -[s]/ (*jap.*) カラオケ.

Ka'rat [ka'ra:t] 中 -[e]s/-e《単位 ~》(*gr.*) **1**（略 k, Kt.）カラット(宝石の重さを示す単位, 0.2 グラム). **2**（略 K.）ein Diamant von 10 ~ 10 カラットのダイヤ. **2**（略 K.）位(金合金の純度を示す単位). Reines Gold hat 24 ~. 純金は24金である. **3** 乾燥した稲子豆(いなご).
▶昔金や宝石の重さを測るのに乾燥した稲子豆を使った.

Ka·ra·te [ka'ra:tə] 中 -[s]/ (*jap.*) 空手(からて).

..ka·rä·tig [..kaːrɛ:tɪç]〚接尾〛「..カラットの」の意の形容詞を作る. zwölfkarätig 12カラットの.

Ka'rau·sche [ka'rauʃə] 女 -/-n (*gr.*)〚魚〛ふな(鮒).

Ka·ra'vel·le [kara'vɛlə] 女 -/-n (*port.*) カラベル (14-16世紀の3本マストの帆船).

Ka·ra'wa·ne [kara'va:nə] 女 -/-n (*pers.* karwan, Kamelzug, Reisegesellschaft') **1** 隊商, キャラバン. **2**（人・車の)長い列.

Ka·ra'wa·nen·stra·ße 女 -/-n 隊商路.

Ka·ra·wan·se'rei [karavanzə'raɪ] 女 -/-en 隊商宿.

karb.., **Karb..** [karb..]〚接頭〛=karbo.., Karbo..

Kar'bat·sche [kar'ba:tʃə] 女 -/-n (*türk.*) 革紐で編んだ鞭(むち).

Kar'bid [kar'bi:t] 中 -[e]s/-e (*lat.*)〚化学〛**1** 炭化物, カーバイド. **2**《複数なし》(Karziumkarbid) 炭化カルシウム.

Kar'bid·lam·pe 女 -/-n アセチレン灯.

kar·bo.., **Kar·bo..** [karbo..]〚接頭〛(*lat.* carbo, Kohle') 形容詞・名詞に冠して「炭, 炭素, 黒色」の意を表す. 母音の前では karb.., Karb.. となる. *Karbonado*〚鉱物〛カルボナード, 黒ダイヤ.

Kar'bol [kar'bo:l] 中 -s/ (*lat.*) (Karbolsäure) 石炭酸. Du hast wohl schon lange kein ~ mehr gerochen.〚戯〛お前はそんなにぶん殴られたいのかお前はずいぶん長いこと消毒液のにおいをかいでいないだろう).

Kar'bol·säu·re 女 -/〚化学〛(Phenol) 石炭酸.

Kar'bon [kar'bo:n] 中 -s/〚地質〛石炭紀.

Kar·bo'na·de [karbo'na:də] 女 -/-n (*it.*) **1**（豚・子牛・マトンの薄切りにした肋肉(あばら); 肋肉を使った焼肉. **2**〚料理〛(Frikadelle) フリカデル.

Kar·bo'na·do [karbo'na:do] 男 -s/-s (*sp.*)〚鉱物〛カルボナード, 黒ダイヤ.

Kar·bo'nat¹ [karbo'na:t] 男 -[e]s/-e =Karbonado

Kar·bo'nat² 中 -[e]s/-e〚化学〛炭酸塩.

Kar·bo·ni·sa·ti'on [karbonizatsi'o:n] 女 -/ 炭化, 炭酸塩化. **2**〚医学〛炭化(4度の火傷).

kar·bo'nisch [kar'bo:niʃ] 形〚地質〛石炭紀の.

kar·bo·ni'sie·ren [karboni'zi:rən] 他 **1** 炭酸塩化する. **2**（木材を)炭化する(防腐のため). **3**〚紡織〛(羊毛を)炭化処理する(植物質を除くため).

Kar'bun·kel [kar'buŋkəl] 男 -s/-〚病理〛癰(よう).

Kar'dan·an·trieb [kar'dan.., 'karda:n..] 男 -[e]s/〚工学〛カルダン伝動装置.

Kar·dan·ge·lenk 中 -[e]s/-e 〖工学〗カルダン自在継手(考案したイタリアの数学者・医師カルダーノ G. Cardano, 1501-1576 の名にちなむ).

Kar·dan·wel·le 女 -/-n 〖工学〗(自動車などの)カルダン軸.

Kar·dät·sche [karˈdɛːtʃə] 女 -/-n (lat.) **1** (馬の)手入れブラシ. **2** 〖紡織〗けば立てブラシ; (羊毛などの)梳(す)き櫛.

kar·dät·schen [karˈdɛːtʃən] 他 (馬などの)毛を梳(す)く, (に)ブラシをかける.

'Kar·de [ˈkardə] 女 -/-n 〖植物〗チーゼル, らしゃかきぐさ(羅紗掻草). **2** 〖紡織〗カード, 梳綿(そめん)機.

'Kar·den [ˈkardən] 他 梳綿(そめん)機にかける, カーディングする.

kar·di.., **Kar·di..** [kardi..] 〖接頭〗= kardio.., Kardio..

Kar·dia [karˈdiːa, kardia] 女 -/ (gr., Herz') 〖解剖〗**1** (まれ)心臓. **2** (Mageneingang) 噴門.

kar·di·al [kardiˈaːl] (↓ Kardia) 〖医学〗**1** 心臓の. **2** 噴門の.

kar·di·nal [kardiˈnaːl] (lat.) 〖比較変化なし〗主要な, 枢要な, 根本的(基本的)な.

Kar·di·nal [kardiˈnaːl] 男 -s/..näle [..ˈnɛːlə] **1** 〖カトリック〗枢機卿(すうきけい). **2** 〖鳥〗紅冠鳥 Roter ~ 猩々(しょうじょう)紅冠鳥. **3** オレンジ・ポンチ(白ワインに砂糖とオレンジを加えた飲物).

Kar·di·nal·feh·ler 男 -s/- 根本的な誤り.

Kar·di·nals·kol·le·gi·um 中 -s/..gien [..giən] 枢機卿会.

Kar·di·nal·tu·gend 女 -/-en (多く複数で)〖哲学〗枢要徳, 主徳, 元徳(古代ギリシア哲学では勇気・正義・節制・知恵, カトリックでは信仰・愛・希望).

Kar·di·nal·zahl 女 -/-en 〖数学〗基数.

kar·dio.., **Kar·dio..** [kardio..] 〖接頭〗(↑ Kardia) 形容詞・名詞に冠して「心臓..., 噴門...」を意味する. 母音の前では kardi.., kard.. となる. *kardiogen* 心臓からきている. *Kardio*plastik 噴門形成術.

Kar·dio·gramm [kardioˈgram] 中 -s/-e 〖医学〗心拍(動)曲線, 心電図.

Kar·dio·graph [..ˈgraːf] 男 -en/-en 〖医学〗心拍(動)記録器.

Kar·dio·lo·gie [..loˈgiː] 女 -/ 〖医学〗心臓(病)学.

Ka·renz [kaˈrɛnts] 女 -/ (lat.) **1** (保険金支給の)猶予期間, 待機期間; 〖労働法で〗停止(中止)期間. **2** 〖医学〗節制, 節欲.

Ka·renz·zeit 女 -/-en = Karenz **2** 〖園芸〗待機期間(最後の農薬処理から収穫までにおかねばならない期間).

ka·res·sie·ren [karɛˈsiːrən] (fr.) ❶ 他 (人を)愛撫する; (に)こびへつらう. ❷ 自 〖古〗(mit j³ 人と)肉体関係にある.

Kar·fi·ol [karfiˈoːl] 男 -s/ (it.) 〖南ドイツ・オーストリア〗〖植物〗カリフラワー.

Kar·frei·tag [kaːrˈfraita:k] 男 -[e]s/-e 聖金曜日(復活祭直前の金曜日, キリスト受難の日にあたる).

Kar·fun·kel [karˈfuŋkəl] 男 -s/- **1** = Karfunkelstein. **2** 〖話〗おでき, 腫(は)れ物.

Kar·fun·kel·stein 男 -[e]s/-e (lat.) 〖古〗紅玉(ルビー・ザクロ石など). ♦童話では持主の姿を見えなくする魔力を秘めている.

karg [kark] karger (kärger), kargst (kärgst) 形 **1** 少ない, 僅かの. an et³ ~ sein 物³に乏しい. **2** みすぼらしい, 粗末な. ein ~es Leben führen つましく暮す.

3 mit et³ ~ sein 物³を倹約する, 出し惜しみする. mit Worten ~ sein 口数が少ない. **4** (土壌などが)やせた, 不毛の.

'kar·gen [ˈkargən] 自 (mit et³ 物³を)出し惜しみする, けちる. nicht mit Lob ~ 称賛を惜しまない.

'Karg·heit [ˈkarkhaet] 女 -/ 乏しさ; みすぼらしさ; 貧しさ.

'kärg·lich [ˈkɛrklɪç] 形 乏しい, 僅かな, みすぼらしい.

'Kar·go [ˈkargo] 男 -s/-s (sp. cargo) 船荷.

Ka·ri·be [kaˈriːbə] 男 -n/-n カリブ人(南米北東部のインディアンの一種族).

Ka·ri·bik [kaˈriːbɪk] 女 -/ 〖地名〗die ~ カリブ海(中米・西インド諸島・南米に囲まれた海域).

ka·ri·bisch [kaˈriːbɪʃ] 形 カリブ(人, 語, 海)の. ~ deutsch

ka·rie·ren [kaˈriːrən] 他 (fr.) (まれ)(物¹に)市松(いちまつ)模様をつける.

ka·riert 過分 形 **1** 市松(いちまつ)模様の, 碁盤縞の, チェックの. ~es Papier 方眼紙. **2** 支離滅裂の. ~ gucken 焦点の定まらない(ぼうっとした)目つきをする.

'Ka·ri·es [ˈkaːriɛs] 女 -/ (lat.) 〖病理〗**1** カリエス. **2** 虫歯, 齲歯(うし).

Ka·ri·ka·tur [karikaˈtuːr] 女 -/-en (it.) **1** 諷刺漫画, カリカチュア, 戯画. **2** 戯画化.

Ka·ri·ka·tu·ren·zeich·ner 男 -s/- (おもに新聞・雑誌などの)諷刺漫画家, 諷刺画家.

Ka·ri·ka·tu·rist [karikatuˈrɪst] 男 -en/-en 諷刺画家.

ka·ri·kie·ren [kariˈkiːrən] 他 諷刺漫画に描く, 戯画化する.

ka·ri·ös [kariˈøːs] 形 (lat.) 〖医学〗カリエス(性)の, 骨疽(こつそ)性の, 齲歯(うし)の.

'Ka·ri·tas [ˈkaːritas] 女 -/ (↑Caritas) 〖カトリック〗カリタス, 隣人愛, 慈善.

ka·ri·ta·tiv [karitaˈtiːf] 形 隣人愛にもとづく, 慈善の.

Karl [karl] 〖男名〗カルル, カール (Carl とも). ~ der Große カール大帝(742-814, フランク王国王, 西ローマ皇帝. ラテン語形 Carolus Magnus, フランス語形 Charlemagne).

'Karls·bad [ˈkarlsbaːt] 〖地名〗カールスバート(チェコの温泉地, チェコ語形 Karlovy Vary).

'Karls·ru·he [ˈkarlsruːə] 〖地名〗カールスルーエ(バーデン=ヴュルテンベルク州ライン川上流の工業都市).

'Karls·sa·ge 女 -/-n カール大帝をめぐる伝説.

'Kar·ma [karma], **Kar·man** [ˈkarman] 中 -[s]/ (sanskr., Tat, Werk') 〖仏教・ヒンドゥー教・ジャイナ教〗業(ごう), カルマ.

'Kar·mel [ˈkarməl] 男 -[s]/ (hebr., Baumgarten') 〖地名〗der ~ カルメル山脈(イスラエル北西部). ↑Karmeliterorden

Kar·me·lit [karmeˈliːt] 男 -en/-en = Karmeliter ♦女性形 Karmelitin 女 -/-nen

Kar·me·li·ter [karmeˈliːtər] 男 -s/- カルメル会修道士. ♦女性形 Karmeliterin 女 -/-nen

Kar·me·li·ter·geist 男 -[e]s/ カルメリート酒, メリッサ精(カルメル会士が作った鎮痛塗剤).

Kar·me·li·ter·or·den 男 -s/ 〖カトリック〗カルメル会. ♦12世紀中頃パレスティナのカルメル山上で十字軍兵士の1人が始めた隠修生活から発展した修道会.

Kar·me·sin [karmeˈziːn] 中 -s/ (pers.) 深紅色.

kar·me·sin·rot 形 〖比較変化なし〗(karminrot) 洋紅色の, 臙脂(えんじ)色の.

Kar·min [karˈmiːn] 中 -s/ (pers.) カーミン, 洋紅色, 臙脂(えんじ)色.

kar·min·rot 形 洋紅色の, 臙脂(えんじ)色の.
Kar·ne·ol [karne'o:l] 男 -s/-e 《lat.》〖鉱物〗紅玉髄.
'Kar·ner ['karnər] 男 -s/- 《lat.》 **1** 納骨堂; (墓地の)礼拝堂. **2**《地方》《古》燻製室; (精肉店の)肉貯蔵庫.
'Kar·ne·val ['karnəval] 男 -s/-e(-s) 《it.》 カーニバル, 謝肉祭. auf den ～ gehen カーニバルを見に行く.
Kar·ne·va'list [karnəva'lɪst] 男 -en/-en カーニバルの参加者.
kar·ne·va'lis·tisch 形 カーニバルの.
'Kar·ne·vals·prinz 男 -en/-en カーニバルプリンス(その年のミスターカーニバルに選ばれた者).
'Kar·ne·vals·prin·zes·sin 囡 -/-nen カーニバルプリンセス(その年のミスカーニバルに選ばれた女性).
'Kar·ne·vals·zug 男 -[e]s/⸚e カーニバルの行列.
Kar'ni·ckel [kar'nɪkəl] 中 -s/- **1** (Kaninchen) 家兎, 飼い兎; 穴兎. **2** 兎の毛皮のコート(上衣). **3**《話》馬鹿, お人好し, どじなやつ. Immer bin ich das ～! いつも馬鹿をみるのは私だ.
Kar'nies [kar'ni:s] 中 -es/-e 《gr.》〖建設〗コルニス, (軒)蛇腹(じゃばら).
kar·ni'vor [karni'vo:r] 形 〖生物〗肉食の, 肉類の; (植物が)食虫の.
'Kärn·ten ['kɛrntən] 中 《地名》ケルンテン(オーストリア南部の州).
'Kärnt·ner ['kɛrntnər] ❶ 男 -s/- ケルンテンの人. ▶ 女性形 Kärntnerin 囡 -/-nen ❷ 形 《不変化》ケルンテンの.
'Ka·ro ['ka:ro] 中 -s/-[s] 《fr.》 **1** 菱形, 格子(基盤)縞, チェック. **2**《複数なし》〖トランプ〗ダイヤの札(ふだ); 《複数-》《話》ダイヤのカード. ～ trocken《einfach》《戯》(バターなど)何もつけないパン.
Ka·ro'li·ne [karo'li:nə]《女名》カロリーネ. ◆ Karolina, Carolina とも.
'Ka·ro·lin·ger ['ka:rolɪŋər] 男 -s/-〖歴史〗カロリング家(751以降 Merowinger に代ってフランク王国を支配した王家). ◆家名は全盛期を実現した Karl der Große にちなむ. ドイツでは911, フランスでは987に断絶.
'Ka·ro·lin·ger·zeit 囡 -/〖歴史〗カロリング王朝時代.
'ka·ro·lin·gisch ['ka:rolɪŋɪʃ] 形 カロリング王朝の.
Ka'ros·se [ka'rɔsə] 囡 -/-n 《fr.》Prunkwagen ') **1** 豪華な4輪馬車(公式行事などに使われる). **2**《まれ》= Karosserie
Ka·ros·se'rie [karɔsə'ri:] 囡 -/-n 《fr.》Wagenbau ') (自動車の)車体, ボディー.
Ka·ro'tin [karo'ti:n] 中 -s/- 《lat.》〖生化学〗カロチン.
Ka'rot·te [ka'rɔtə] 囡 -/-n 《gr. karoton》 **1** (Möhre) 人参. **2**《地方》赤蕪(かぶ), ビート.
Kar·pa·ten [kar'pa:tən] 複《地名》die ～ カルパート(カルパティア)山脈(ポーランドとチェコの国境からルーマニア中央部にまたがる).
'Karp·fen ['karpfən] 男 -s/- 〖魚〗こい(鯉). ～ des kleinen Mannes 鰊(にしん).
'Kar·re ['karə] 囡 -/-n = Karren¹
Kar·ree [ka're:] 中 -s/-s 《fr. carré, Viereck ') **1** 正方形, 4角形; 格子縞. **2** (通りに囲まれた)ブロック, 街区; (ダイヤモンドの)スクウェア·カット;〖軍事〗方陣. **3**〖料理〗(豚·子牛·羊の)あばら肉.
'kar·ren ['karən] ❶ 他 手押し車(荷車)で運ぶ;《話》(人⁴を)車に乗せて行く. ❷ 自 (s)《話》車で走る.

'Kar·ren ['karən] 男 -s/- 《lat. carrus, Wagen ') **1** 荷車; (工事現場·倉庫内などで使う)手押し車, ねこ車, 荷馬車, 大八車. Der ～《Die Karre》läuft im absolut》 schief.《話》まずいことになる. Der ～《Die Karre》steckt im Dreck. / Der ～《Die Karre》 ist total verfahren.《話》もうにっちもさっちもいかなくなった. den ～《die Karre》in den Dreck führen《fahren / schieben》《話》とんでもない事態を招いてしまう, 泥沼にはまりこむ. den ～《die Karre》《einfach》 laufen lassen《話》事態を成行きにまかせる. seinen ～ 〈seine Karre〉 ins Trockene schieben《話》混乱に乗じて漁夫の利を得る. den ～《die Karre》 im Dreck stecken lassen 手をこまぬいている, なんの手も打とうとしない. den ～《die Karre》aus dem Dreck ziehen 《話》事態を収拾する.《前置詞と》 j³ **an** den ～ 〈die Karre〉 fahren〈pinkeln / pinsen〉《話》 人³を激しく攻撃する, 難詰する. mit j³ an einem ～ ziehen《話》人³と力を合わせる, 手をつなぐ. **aus** dem ～ in den Wagen gespannt werden《話》小難を逃れて大難に遭う. **unter** den ～ kommen 車に轢(ひ)かれる;堕落する. **vom** ～ gefallen sein《古》私生児である. j³ **vor seinen** ～ spannen《話》人⁴を自分のために利用する. 2 荷車, ぽんこつ自動車, 自転車.
◆南ドイツ·オーストリアでは Karren が, 北ドイツでは Karre がよく用いられる.
'Kar·ren² 〖地質〗カレン, ラピエ, 墓石地形.
'Kar·ren·gaul 男 -[e]s/⸚e 荷馬;《侮》駄馬.
Kar're·te [ka're:tə] 囡 -/-n 《lat.》《地方》おんぼろ自動車, ぽんこつ.
Kar'ret·te [ka'rɛtə] 囡 -/-n 《it.》(スイス) **1** 手押し車, ねこ車. **2**〖軍事〗山岳部隊用輸送車. **3** (2輪の)ショッピングカート.
Kar·ri'e·re [kari'e:rə] 囡 -/-n 《it.》 **1** 出世, 栄達; (輝かしい)経歴. ～ machen 成功をおさめる, 出世する, 功成り名遂げる. **2**〖馬術〗カリエール, 全速疾走. ～ reiten カリエールで騎乗する. in voller ～ 全速力で.
Kar·ri'e·re·frau 囡 -/-en キャリアウーマン.
Kar·ri'e·re·ma·cher 男 -s/- (立身)出世主義者.
Kar·ri'e·ris·mus [karie'rɪsmʊs] 男 -/ 出世第一主義.
Kar·ri·e'rist [karie'rɪst] 男 -en/-en (Karrieremacher) 出世第一主義者.
kar·ri·e'ris·tisch ['..'rɪstɪʃ] 形 出世第一主義の.
Kar·ri'ol [kari'o:l] 中 -s/-s = Karriole
Kar·ri'o·le [kari'o:lə] 囡 -/-n 《lat.》 **1** キャリオール(多く1頭立ての2輪軽馬車). **2**《古》駅馬車.
kar·ri·o'len [kari'o:lən] 自 (s)《古》駅馬車で行く(旅をする);《話》車であちこち走り回る.
'Kärr·ner ['kɛrnər] 男 -s/- **1**《古》荷馬車の御者. **2** 重労働をする人.
'Kärr·ner·ar·beit 囡 -/-en つらくて報われない仕事.
Kar'sams·tag [ka:r'zamsta:k] 男 -[e]s/-e〖旧教〗聖土曜日(復活祭前の土曜日).
Karst¹ [karst] ❶ 男 -[e]s/-e《複数まれ》〖地形〗カルスト地形(地名にちなむ). ❷ 男 -[e]s/《地名》der ～ カルスト山地(ユーゴ北西部の石灰岩台地).
Karst² 男 -[e]s/-e《地方》 2股(3股)のつるはし, 備中(びっちゅう)ぐわ.
kart.《略》= **kartoniert**
Kar'tät·sche [kar'tɛ:tʃə] 囡 -/-n 《it.》 **1**《古》〖軍事〗榴弾(りゅうだん). **2**〖建築〗(壁の仕上げ鏝(こて).
Kar'tau·se [kar'taʊzə] 囡 -/-n 《フランス教》カルトゥジア会修道院. ↑ Chartreuse

Kar'täu·ser [kar'tɔyzər] 男 -s/- **1** 《カトリ》 カルトゥジア会修道士. ▶女性形 Kartäuserin 女 -/-nen 《複数なし》《料理》シャルトルーズ(リキュールの一種).

'Kar·te ['kartə カルテ] 女 -/-n (gr.) **1** (a) カード. die gelbe〈rote〉~ 《スポ》イエロー〈レッド〉カード. die grüne ~ 《交通》グリーンカード(保険組合発行の通行許可証). (b) 記録(整理)カード; 証票; 荷札. **2** 葉書, 絵葉書; 招待(案内, 挨拶)状(のカード). **3** (a) 乗車(船)券, 搭乗券; 入場券, チケット; 食料配給券. sich³ eine ~ besorgen 切符を手配する. Fleisch auf ~n kaufen 肉を配給切符で買う. (b) 《話》クレジットカード. Kann man hier mit ~ bezahlen? ここはカードで払えますか. **4** 名刺. **5** 《トラ》カード; 《複数なし》カード1組; 《複数なし》(配られた)手札; 《複数なし》カードゲーム(とくにスカート). ein Spiel〈ein Satz〉 ~n (ゲームなどに必要な)1組のカード. Ich habe heute keine ~. 《話》今日はさっぱりいい手がつかない. Diese ~ sticht nicht. これでは切れない; 《比喩》この手はもう利かない. gute ~n〈eine gute ~〉haben 手が良い. j³ die ~n legen 《地方 schlagen》人³にカード占いをする. die ~n mischen カードをシャッフルする. ~n spielen トランプをする. (成句として) die〈seine〉~n aufdecken / die〈seine〉~n [offen] auf den Tisch legen / die〈seine〉~n offen legen 手の内を明かす, 肚(ﾊﾗ)を割る. die letzte ~ ausspielen 最後の手段に賭ける. alle ~n in der Hand behalten〈haben〉切り札をすべて握っている. alles auf eine ~ setzen 乾坤一擲(ｹﾝｺﾝｲｯﾃｷ)の勝負をしてる. auf die falsche ~ setzen 決断(選択)を誤る, 計算違いをする. j³ in die ~n〈eine ~n sehen〈shauen / 話 gucken〉人³の手の内をのぞく. mit offenen〈verdeckten〉 ~n spielen 正々堂々と行動する〈こっそり事を運ぶ〉. wissen, wie die ~n fallen 一寸先を予見する. **6** 献立表, メニュー; ワインリスト. nach der ~ essen〈speisen〉一品料理をとる. **7** 地図; 海図; 天球図; 星図.

Kar'tei [kar'taɪ] 女 -/-en カード目録(カードボックス・ファイルにおさめた検索カード).

Kar'tei·kar·te 女 -/-n 検索カード, 索引カード.

Kar'tei·kas·ten 男 -s/=- カードボックス.

Kar'tell [kar'tɛl] 中 -s/-e (lat. charta) **1** 《経済》カルテル, 企業連合. **2** 《政治》(選挙などの際の政党の)連合. **3** 学生組合連合. **4** 《古》(決闘の)挑戦状.

kar·tel·lie·ren [kartɛ'liːrən] 他 《経済》 (a) 《多く過去分詞で》(価格などを)カルテルによって協定する. (b) 《多く受動態で》(企業を)カルテル化する. **2** 《古》(人¹に)挑戦状をたたきつける.

'kar·ten ['kartən] 自 《話》トランプをする.

'Kar·ten·gruß 男 -es/=e (絵)葉書での便り.

'Kar·ten·haus 中 -es/=er 《海軍》海図室. **2** トランプで作った家; 《比喩》砂上の楼閣.

'Kar·ten·kunst·stück 中 -[e]s/-e カードマジック.

'Kar·ten·le·gen 中 -s/ トランプ占い.

'Kar·ten·le·ge·rin, 'Kar·ten·schlä·ge·rin 女 -/-nen (女の)トランプ占い師.

'Kar·ten·spiel 中 -[e]s/-e **1** トランプ遊び. **2** トランプの1組.

'Kar·ten·te·le·fon 中 -s/-e カード専用(公衆)電話.

'Kar·ten·vor·ver·kauf 男 -[e]s/=e 切符(チケット)の前売り.

'Kar·ten·vor·ver·kaufs·stel·le 女 -/-n プレーガイド.

'Kar·ten·zeich·ner 男 -s/- 地図製作者.

kar·te·si'a·nisch [kartezi'aːnɪʃ] デカルト(哲学)の. ◆Descartes のラテン語形 Cartesius より.

Kar·te·si'a·nis·mus [kartezia'nɪsmʊs] 男 -/ 《哲学》デカルト哲学.

kar'te·sisch [kar'teːzɪʃ] =kartesianisch

Kar'tha·ger [kar'taːgər] 男 -s/- カルタゴ人.

Kar'tha·gisch [kar'taːgɪʃ] カルタゴ(人)の.

Kar'tha·go [kar'taːgo] 《地名》カルタゴ. ◆紀元前9世紀頃フェニキア人がアフリカ北岸に建設した都市国家, 前146ローマに滅ぼされる.

kar'tie·ren [kar'tiːrən] 他 **1** 《地図》(ある土地の)地図を作製する. **2** 索引(目録)カードに入れる.

Kar'tof·fel [kar'tɔfəl カルトッフェル] 女 -/-n (it.) **1** じゃがいも, 馬鈴薯(ﾊﾞﾚｲｼｮ). Der Dümmste Bauer hat die dicksten〈größten〉 ~n. 《諺》果報はねたわけにつく. Es sind kleine ~n. 《話》そんなことは朝飯前だ. Rein〈Rin〉 in die ~n, raus aus den ~n! 《話》うんだと言ったりこうだと言ったり(どうしろと言うんだ). ~n abgießen 《話》小便をする. die ~n von einem ansehen〈betrachten / wachsen sehen〉. 《話》墓に入っている. **2** 《戯》団子っ鼻; 《戯》ばかでかい懐中時計(腕時計); 《戯》ストッキング(衣類)の穴; 《戯》べこべこの(空気の抜けた)ボール.

Kar'tof·fel·acker 男 -s/= じゃがいも畑.

Kar'tof·fel·brei 男 -[e]s/ (バターと牛乳をいれて作った)マッシュポテト.

Kar'tof·fel·chips [..tʃɪps] 複 ポテトチップス.

Kar'tof·fel·kloß 男 -es/=e 《多く複数で》じゃがいもの団子.

Kar'tof·fel·knö·del 男 -s/- 《南ドイツ・オーストリア》=Kartoffelkloß

Kar'tof·fel·mehl 中 -[e]s/ じゃがいものでんぷん粉.

Kar'tof·fel·puf·fer 男 -s/- 《料理》ポテトパンケーキ(すりおろしたじゃがいもをフライパンで焼いたもの).

Kar'tof·fel·pü·ree 中 -s/ =Kartoffelbrei

Kar'tof·fel·sa·lat 男 -[e]s/-e ポテトサラダ.

Kar·to'graf [karto'graːf] 男 -en/-en =Kartograph

Kar·to·gra'fie [..gra'fiː] 女 -/ =Kartographie

kar·to·gra·fisch [..'graːfɪʃ] =kartographisch

Kar·to'gramm [karto'gram] 中 -s/-e 《地理》統計地図.

Kar·to'graph [karto'graːf] 男 -en/-en **1** 地図製作者. **2** 地図学者.

Kar·to·gra'phie [kartogra'fiː] 女 -/ 地図学, 地図(海図)作製法; 製図.

kar·to'gra·phisch [karto'graːfɪʃ] 地図(学)の, 地図(海図)作製上の.

∗Kar'ton [kar'tɔ̃ː, kar'tɔŋ, kar'toːn カルトン] 男 -s/-s(-e[..'toːnə]) (lat.) **1** ボール紙, 厚紙, 板紙. **2** ボール箱, 段ボール, カートン; 《話》(頭の)鉢. fünf ~[s] Seife 石鹸5箱. Es knallt im ~. 《話》大目玉をくらうぞ. Bei ihm rappelt's〈knistert's〉 im ~. 《話》彼はすこしいかれている. nichts〈viel〉im ~ haben 《話》馬鹿〈利口〉である. j³ einen vor den ~ hauen 《卑》人³の頭(ﾂﾑ)をぶん殴る. **3** 《美術》(壁画・モザイク画・毯子(ﾀﾍﾟｽﾄﾘｰ)などの下絵, 画稿; 《書籍》(本に挟みこんだ)訂正(補遺)ページ.

Kar·to'na·ge [karto'naːʒə] 女 -/-n (fr.) **1** (段)ボール紙. **2** (本の)ハードカバー.

kar·to·nie·ren [karto'niːrən] 他 《製本》厚紙表紙で装丁する.

kar·to'niert 過分 形 (略 kart.)『製本』厚紙表紙装の.

Kar·to'thek [karto'te:k] 囡 -/-en (Kartei) カード索引, カード目録.

Kar'tu·sche [kar'tʊʃə] 囡 -/-n (it.) **1**『軍事』弾薬筒, 薬包；《古》弾薬盒(ごう). **2**『建築・美術』カルトゥーシュ(バロック様式の柱頭などに見られる巻軸状装飾).

Ka·rus'sell [karʊ'sɛl] 匣 -s/-s(-e) (fr. carroussel) メリーゴーラウンド, 回転木馬；《比喩》堂々めぐりをする. mit dem ~ fahren 回転木馬に乗る；《話》人³をどやしつける, こきおろす. mit j³ ~ fahren〈俚隊〉人³《新兵など》をしごく；《話》人³をどやしつける, こきおろす.

Kar·wo·che [ka:rvɔxə] 囡 -/-n 《複数まれ》『キ教』聖週間, 受難週(復活祭の前の週).

Ka·ry·a'ti·de [karya'ti:də] 囡 -/-n (gr.)『建築』(古代ギリシアの)女人柱像, 女像柱, カリアティード.

'Kar·zer ['kartsər] 匣 -s/- (lat. carcer, Gefängnis, Kerker') 《古》 **1** (大学などの)監禁室. **2**《複数なし》(大学などの)監禁(禁足)処分.

kar·zi·no'gen [kartsino'ge:n] 形 (gr. karkinos, Krebs)『病理』発癌性の.

Kar·zi'nom [kartsi'no:m] 匣 -s/-e (gr.) (略 Ca.)『病理』(Krebs) 癌.

Ka'sa·che [ka'zaxə] 匣 -n/-n (türk.) カザフ人(中央アジアに住むトルコ系の種族).

'Ka·sachs·tan ['ka:zaxsta(:)n] 地名 カザフスタン(中央アジアのカザフ人の共和国, 首都アルマトゥイ Almaty).

'Ka·sack ['ka:zak] 匣 -s/-s (pers.)『服装』カザック(婦人用の長い上衣).

'Kas·ba[h] ['kasba] 囡 -/-s(Ksabi/'ksa:bi) (arab. Festung') **1** カスバ(要塞のように防備を固くしたモロッコの Sultan の宮殿). **2** カスバ(北アフリカの諸都市の, 迷路のように造り入りくんだ原住民居住地区).

Ka'schem·me [ka'ʃɛmə] 囡 -/-n (zigeuner.) (犯罪者・ごろつきなどの出入りする)下等な酒場.

ka'schie·ren [ka'ʃi:rən] (fr.) 他 **1** (欠点などを)隠くす. **2**『演劇』(大道具・書割)などの張りぼてをつくる. **3**『製本』(物'に)紙(布)を貼り合せる. Buchenbände ~ 装丁に化粧をほどこす. **4**『紡織』(2枚の布を)貼り合せる.

'Kasch·mir ['kaʃmi:r] 匣 -s/-e『紡織』カシミア(カシミア山羊の毛糸もしくはその織物).

'Kä·se ['kɛ:zə ケーゼ] 匣 -s/- (lat.) **1** チーズ. weißer ~《地方》凝乳. Er ist kaum drei ~ hoch. 彼はほんとにちびだ. **2**《話》馬鹿話, ちな(は), ナンセンス. Red doch keinen ~ ! 馬鹿を言うな. Das ist doch alles ~. てちめな話ばかりじゃないか. So ein [verdammter] ~ ! なんという馬鹿なことを. **3**《まれ》アーティチョークの花托(食用部分)；《地方》カリフラワー, ブロッコリー.

'Kä·se·blatt 匣 -[e]s/-er《話》**1** イエローペーパー, 赤新聞； 低俗雑誌. **2**《生徒》成績表.

'Kä·se·glo·cke 囡 -/-n (つり鐘形の)チーズ用ふた付トレー.

Ka·se'in [kaze'i:n] 匣 -s/- (lat.)『化学』カゼイン.

'Kä·se·ku·chen 匣 -s/- チーズケーキ.

'Kä·sel ['kɛ:zəl] 囡 -/-n (lat.)『キ教』カズラ(司祭が羽織るミサ用の上衣).

'Kä·se·mat·te [kazə'matə] 囡 -/-n (it.)《古》『軍事』(要塞の)装甲室, 防弾室；(戦艦の)砲郭.

'kä·sen ['kɛ:zən] 自 (h, s) **1** (h) チーズを製造する. **2** (h, s) (牛乳などが)チーズになる.

Kä·se'rei [kɛ:zə'raɪ] 囡 -/-en《複数なし》チーズの製造. **2** チーズ製造所.

Ka'ser·ne [ka'zɛrnə] 囡 -/-n (fr.) 兵営； 営舎.

ka·ser'nie·ren [kazer'ni:rən] 他 兵営内(に)入れる, 入営させる.

'Kä·se·stoff 匣 -[e]s/『化学』= Kasein

'kä·se·weiß 形《話》(顔色が)まっ青の, 蒼白の.

'kä·sig ['kɛ:zɪç] 形 **1** チーズのような, チーズ状の. **2**《話》(käseweiß) 顔面蒼白の. **3**《地方》あつかましい. **4**《生徒》おちゃのこさいさいの.

Ka'si·no [ka'zi:no] 匣 -s/-s (it., herrschaftliches Haus') **1** (社交用の)会館, クラブハウス. **2** (a) 将校クラブ. (b) (会社などの)職員食堂. **3** (Spielkasino) 賭博場, カジノ.

Kas·ka·de [kas'ka:də] 囡 -/-n (it.) **1** (人工の)階段状の滝. eine ~ von Schimpfwörtern 並べたてた悪口雑言(ぞうごん). **2** (滝落ちの)花火. **3** (サーカスなどの)墜落の離れ業(わざ). **4**『物理』カスケード・シャワー. **5**『電子工』縦続接続, 直列. **6**『化学・工学』カスケード(液体分離用容器の段階的配列).

Kas'ka·den·schal·tung 囡 -/-en『電子工』縦続接続.

'Kas·ko ['kasko] 匣 -s/-s (sp.) **1** (a) (船員)(船荷に対して)船体. (b) (輸送される貨物に対して)車体, 機体. **2**『ジラ』カスコ(トランプゲームの一種).

'Kas·ko·ver·si·che·rung 囡 -/-en 船体(車体, 機体)保険.

Kas·par [kaspar] (pers.) ❶《男名》カスパル. ❷《人名》カスパル. ▶幼な子イエスを訪れた東方の3博士の物語は伝説化されて die Heiligen Drei Könige となり, その1人の名前が Kaspar であるとされた. ↑Dreikönigsfest.

'Kas·per [kaspər] 匣 -s/- **1** カスパー(昔のウィーンの滑稽芝居に出てくる道化). **2** カスパー(指人形劇で主役を演じるおどけ者). **3**《話》おどけ(ひょうきん)者. ▶中世の聖3王劇 (Dreikönigsspiele) では, Kaspar はアフリカ大陸の代表者として黒人の姿で登場しおどけた仕草をしたことから道化者 Kasper が誕生した.

'Kas·perl ['kaspərl] 匣 -s/-[n] (《南部》) カスパール(= Kasper).

'Kas·per·le ['kaspərlə] 匣 (囡) -s/- (Kasper 2 の縮小形) カスパーレ.

'Kas·per·le·pup·pe 囡 -/-n (↑Kasper 2) **1** カスパー人形劇で使われる指人形. **2** カスパー役の指人形. ◆Kasper[l]puppe とも.

'Kas·per·le·the·a·ter 匣 -s/- **1** カスパー人形劇. **2** カスパー人形劇場. ◆Kasper[l]theater とも.

'kas·pern ['kaspərn] 自 ふざける, おどける.

kas·pisch ['kaspɪʃ] 形 (lat.) das *Kaspische Meer* カスピ海(der Kaspisee とも).

'Kas·sa ['kasa] 囡 /..ssen [..san]《古》《ジラ》= Kasse

'Kas·sa·ge·schäft 匣 -[e]s/-e『金融』(有価証券の)現物(現金)取引；『経済』直物(じきもの)取引.

Kas'san·dra [ka'sandra]《人名》《ギリ神話》カッサンドラ(トロイアの王女・女予言者, 祖国の滅亡を予言したが周囲から無視された).

Kas'san·dra·ruf 匣 -[e]s/-e カッサンドラの警告(誰も耳を傾けない凶事予言と).

Kas·sa·ti'on [kasatsi'o:n] 囡 -/-en (lat.)『法制』(文書などの)廃棄, 取消；(判決の)破棄；《古》(公務員・軍人の)免職, 罷(ひ)免.

Kas·sa·ti·on² 囡 -/-en (*it.*)【音楽】カッサツィオーネ (18世紀のとくに野外演奏用器楽組曲).

Kas·sa·ti·ons·hof 男 -[e]s/=e 【法制】上告裁判所.

'Kas·se ['kasə カセ] 囡 -/-n (*lat.* capsa ,Behältnis, Kasten') **1** 金庫; レジスター. Meine ~ ist leer. / In meiner ~ ist〈herrscht〉Ebbe.《話》私は懐(ﾌﾄｺﾛ)が寂しい. Das reißt ein〈großes〉Loch in die ~.《話》それは高くつく. volle ~n bringen 大当りをとる. ~ machen【商業】勘定(帳簿)をしめる. in die ~ greifen / einen Griff in die ~ tun《話》店(帳場)の金に手をつける. **2** (商店のレジ係、帳場;(銀行の)受払い窓口; 切符(入場券)売場;(役所・会社の)会計課, 出納係. Bitte an der ~ zahlen. お勘定はレジで. j⁴ zur ~ bitten《話》人に勘定を請求する. **3** 現金;【商業】現金払い. ~ bei Lieferung《略 C.O.D.》【商業】代金引換渡し. ~ gegen Dokumente《略 C.A.D.》【商業】証書引替払い. die ~ führen 会計を預かる. gemeinsame〈getrennte〉~ machen 会計を一つにく割勘に〉する. ~ machen《話》ひと儲け〈ひと稼ぎ〉する. gut〈schlecht/knapp〉bei ~ sein《話》懐(ﾌﾄｺﾛ)が暖かい〈寂しい〉. gegen〈per〉~ 現金で. netto ~ 正価(正札)で. **4**《話》信用(金融)機関;銀行,信用金庫. keinen Pfennig auf der ~ haben 一銭の貯(ﾀｸﾜ)えもない. **5** 健康保険. Alle ~n. 各種保険取扱. ~ machen《話》健康保険給付金をもらう(の世話になる). Das geht auf die ~.《話》これは保険がきく. in der ~ sein 健康保険に加入している.

'Kas·sel ['kasəl] 【地名】カッセル(ヘッセン州の都市). Ab nach ~!《話》《古》とっとと消えな;さあもう寝なさい(アメリカの独立戦争当時カッセルがイギリスに売渡されるヘッセンの兵たちの集合地であったことから).

'Kas·se·ler ['kasələr] ❶ 男 -s/- カッセルの住民;カッセル出身の人. ❷《不変化》カッセルの. ❸ 囲 -s/-【料理】豚の塩漬燻製仔肉.

'Kas·sen·arzt 男 -es/=e 健康保険医.

'Kas·sen·be·stand 男 -[e]s/=e 現金在高.

'Kas·sen·bon [..boŋ, ..bõː] 男 -s/-s (レジでもらう)レシート,領収書.

'Kas·sen·bo·te 男 -n/-n 現金輸送係.

'Kas·sen·buch 男 -[e]s/=er【経済】現金出納帳.

'Kas·sen·er·folg 男 -[e]s/-e (映画・演劇の)ヒット作品.

'Kas·sen·ma·gnet 男 -en(-[e]s)/-e[n] (映画・ショービジネスの)大ヒット作;ドル箱スター.

'Kas·sen·pa·ti·ent 男 -en/-en 健康保険扱いの患者.

'Kas·sen·schla·ger 男 -s/-《話》**1** (映画などの)大ヒット作;(ショービジネスの)ドル箱スター. **2** ヒット商品.

'Kas·sen·schrank 男 -[e]s/=e 大型金庫.

'Kas·sen·sturz 男 -es/=e【経済】現金在高検査(調べ). ~ machen《話》手持ちの現金を調べる.

'Kas·sen·wart 男 -[e]s/-e (協会などの)経理主任.

'Kas·sen·zet·tel 男 -s/- 支払請求伝票(売場でもらう伝票、レジで支払後は領収書となる);レシート.

Kas·se·rol·le [kasəˈrɔlə] 囡 -/-n (*fr.*) シチュー鍋,カセロル.

Kas·set·te [kaˈsɛtə] 囡 -/-n (*it.* cassetta ,Kästchen') **1**(現金・宝石などをしまっておく)小箱,手提金庫. **2**(本・レコードなどの)ケース,函. **3** カセットテープ;【写真】パトローネ,乾板ケース. **4**【建築】格間(ｺﾞｳﾏ)(格天井の4角い凹部).

Kas·set·ten·deck 男 -s/-s カセットデッキ.

Kas·set·ten·de·cke 囡 -/-n【建築】格(ｺﾞｳ)天井.

Kas·set·ten·re·kor·der 男 -s/- カセットテープレコーダー.

Kas·sier [kaˈsiːr] 男 -s/-e (ｵｰｽﾄ・南ﾄﾞ) = Kassierer

***kas·sie·ren**¹ [kaˈsiːrən カスィーレン] 個 (会費など)を集金する、徴収(収納)する;《話》(人⁴から)金を取りたてる. [für das] Gas ~ kommen《話》ガス代の集金に来る. **2**《話》要求する,とる;もらう,受ける. Lob〈hohe Zinsen〉~ 称賛を受ける〈高利をとる〉. **3**《話》没収する、取りあげる;逮捕する、召し捕る. **4**《話》喫(ｷｯ)する,くらう. eine Niederlage〈eine Kritik〉~ 敗北を喫するくこきおろされる〉.

kas·sie·ren² [kaˈsiːrən] 個 (*lat.*) **1**【法制】(判決を)破棄する. **2**(地位・ポストを)廃止する;(要求・約束を)撤回する;(通貨を)流通停止にする.(古) 寵(ﾁｮｳ)免(免職)する.

Kas·sie·rer [kaˈsiːrər] 男 -s/- 出納係;会計;レジ係.

Kas·si·o·peia [kasioˈpaɪ̯a] ❶ 【人名】【ギ神話】カシオペイア(Andromeda の母.↑Perseus). ❷ 囡 -s/【天文】カシオペア座.

Kas·ta·gnet·te [kastanˈjɛtə] 囡 -/-n (*sp.*)【楽器】カスタネット.

Kas·ta·nie [kasˈtaːni̯ə] 囡 -/-n (*gr.*) **1** (Rosskastanie) マロニエ、西洋栃の木; マロニエの実. **2** (Edelkastanie) 栗;(Esskastanie) 栗の実. die ~n aus dem Feuer holen 火中の栗を拾う(für j⁴ 人⁴のために). **3** 馬の足の(内側のたこ,夜目(ﾖﾒ)). **4**【猟師】(鹿などの)後ろ足の捲き毛.

Kas·ta·ni·en·baum 男 -[e]s/=e **1** 栗の木. **2** 橡(ﾄﾁ)の木.

kas·ta·ni·en·braun 形 栗色の.

'Käst·chen ['kɛstçən] 田 -s/-《Kasten の縮小形》**1** 小箱. **2** (ノートなどの)桝(ﾏｽ),桝目,方眼.

'Ka·ste ['kasta] 囡 -/-n (*lat.* castus ,rein')**1** カースト(ヒンドゥー社会を構成する閉鎖的な社会単位, またそれによって構成される社会体系). **2**《侮》閉鎖的な特権階級,排他的なグループ. **3**【動物】カースト(蟻など社会性昆虫類に見られる一集団内の特定の機能を分担するグループ単位,たとえば働き蟻,兵隊蟻など).

kas·tei·en [kasˈtaɪ̯ən] 個 (sich⁴) (*lat.*)(修行・懲罰として)苦行をする,肉体を虐げる. **2**(多く反語的に)禁欲する. ◆過去分詞 kasteit

Kas·tei·ung [kasˈtaɪ̯ʊŋ] 囡 -/-en 贖罪(ｼｮｸｻﾞｲ)の行(ｷﾞｮｳ),苦行;禁欲.

Kas·tell [kasˈtɛl] 田 -s/-e (*lat.*)(古代ローマの)城塞,砦(ﾄﾘﾃﾞ). **2** (中世の)城. **3**《古》(軍船の)船楼.

Kas·tel·lan [kastɛˈlaːn] 男 -s/-e **1** (公共施設の)管理者. **2** (中世の城の)司令官,城代.

***'Kas·ten** ['kastən カステン] 男 -s/Kästen **1** 箱;ケース,外箱;(容量・単位として) 1 箱. drei ~ Bier ビール3箱. **2**《話》郵便箱,ポスト. einen Brief in den ~ stecken〈werfen〉手紙を投函する. **3** 陳列(飾り)棚, ショーケース;窓台板;(地方)戸棚,簞笥(ﾀﾝｽ);抽斗(ﾋｷﾀﾞｼ). im ~ hängen〈戯〉結婚予告の届出をしている. **4**《古》(教区の)金庫,金箱. **5**【体操】跳び箱. **6**《多く侮蔑的に等閑のものを指して》(a) 古い建物(ﾋﾞﾙ),あばら家;学校;刑務所;《複数なしに》(兵隊)営倉(ｴｲｿｳ). vier Tage ~ bekommen〈kriegen〉4日間の営倉をくらう. im ~ sitzen〈sein〉ムショ暮しをしている, くら

いこんでいる． (b) テレビ；ラジオ；コンピュータ；カメラ． et¹ im ~ haben 物¹をカメラに収めて(ある)． vor dem ~ hocken テレビ(など)にかじりついている． (c) おんぼろ自動車，老朽船；車体，ボディ；《馬車・トラックの》荷台． **7** 〖蹴〗《サッカーなどの》ゴール． im ~ stehen ゴールキーパーをつとめる． **8** 《戯》おつむ，《頭の鉢》． etwas〈nichts〉auf dem ~ haben 《話》利口である，できる〈賢くない，無能である〉． Er hat nicht [mehr] alle auf dem ~. 彼は〔頭が〕おかしい．

Kas·ten·brot 匣 -[e]s/-e 《箱型の》食パン．
Kas·ten·geist 匣 -[e]s/ (↓Kaste)《侮》特権意識．
Kas·ten·wa·gen 匣 -s/- 箱型荷馬車；配達用ワゴン車．
Kas'ti·li·en [kas'ti:liən]《地名》(*sp.*, Kastell')カスティーリャ《スペインの中央部・北部を占める地方，15世紀末までは独立した王国》．
'Käst·ner ['kɛstnər]《人名》Erich ~ エーリヒ・ケストナー(1899-1974, ドイツの作家)．
'Kas·tor ['kasto:r] ❶《人名》〖ギ神話〗カストル《Zeus の息子でPollux と双生児の兄弟》． wie ~ und Pollux sein〈zusammenhängen〉《古》《男同士が》まるで一卵性双生児である． ❷ 匣 -[s]/ 1 der ~《天文》カストル《双子座のアルファー星》． 2《紡織》カスター《とくに上着用の重い毛織物》．
Kas'trat [kas'tra:t] 匣 -en/-en (*lat.*) 去勢された男；〖音楽〗カストラート《17-18世紀の去勢男性歌手》．
Kas·tra·ti'on [kastratsi'o:n] 囡 -/-en (*lat.* castratio, Entmannung)〖医学〗去勢《睾丸または卵巣の摘出》，去勢術；〖植物〗去莠(きょゆう)，除雄．
kas'trie·ren [kas'tri:rən] 他 (*lat.*) 1 〖医学・獣医〗去勢する．〖植物〗去莠(きょゆう)する． 2 《人¹の》男らしさを失わせる，(を)不感症《不能》にさせる． 3 《話》《物¹の》不都合(有害)な部分を除去する． kastrierter Kaffee カフェインを抜いたコーヒー． kastrierte Zigarette フィルター付き煙草．
Ka·su'ar [kazu'a:r] 匣 -s/-e (*mal.*)《鳥》ひくいどり《火食鳥》．
Ka·su'ist [kazu'ıst] 匣 -en/-en 1 《倫理学の》決疑論者；《法律の》事例主義者． 2 屁理屈屋，詭弁家．
Ka·su'is·tik [kazu'ıstık] 囡 -/ 1 (*lat.* casus, Gewissensfälle) 1 《倫理》決疑論，決疑法． 2 《法制》《法の適用などにおける》事例主義． 3 〖医学〗症例報告． 4 屁理屈，詭弁； 瑣末主義．
'Ka·sus [ka:zus] 匣 -/-[..zu:s] (*lat.* casus, Fall') 1 〖文法〗格． 2 《古》出来事，事例．
Kat [kat] 匣 -s/-s 《話》1 《車の》触媒式排気ガス浄化装置， 2 触媒式排気ガス浄化装置付自動車．
kat.., **Kat..** [kat..]《接頭》=kata.., Kata.
ka·ta.., **Ka·ta..** [kata..]《接頭》(*gr.*) 形容詞・名詞に冠して，母音および h の前では kat.., Kat.. となる． 1 《下へ》の意を表す *Kat*arakt 早瀬，急流． 2 《『…の後で』》*Kat*amnese〖医学〗病歴史． 3 《『違反，失敗』》*Kat*achrese 比喩の誤用．
Ka·ta'falk [kata'falk] 匣 -s/-e (*it.*)《葬儀用の》棺台．
Ka·ta·kom·be [kata'kɔmbə] 囡 -/-n (*gr.*)《しばしば複数で》〖歴史〗カタコンベ《初期キリスト教時代の地下墓所》．
Ka·ta'la·ne [kata'la:nə] 匣 -n/-n (↓Katalonien) カタロニア人，カタロニアの住民．
ka·ta'la·nisch [kata'la:nıʃ] 形 カタロニア《人，語》の． ↑deutsch
Ka·ta'la·se [kata'la:zə] 囡 -/ 〖生化学〗カ

ターゼ《酵素の一種》．
Ka·ta'lau·ni·sche 'Fel·der [kata'laʊnıʃə 'fɛldər]《地名》die *Katalaunischen Felder* カタラウヌムの野． ◆シャンパーニュ北部の平原，451 アエーチウス Aetius 率いるローマ・ゲルマン連合軍が Attila のフン族 Hunne を破った古戦場．
Ka·ta·lep'sie [katalɛ'psi:] 囡 -/-n[..'psi:ən] (*gr.*)〖医学〗カタレプシー，強硬症．
Ka·ta'log [kata'lo:k] 匣 -[e]s/-e (*gr.*) カタログ，目録；一覧《表》．
ka·ta·lo·gi'sie·ren [katalogi'zi:rən] 他 《物¹の》目録を作る；(を)目録に加える《載せる》．
Ka·ta'lo·ni·en [kata'lo:niən]《地名》カタルーニャ，カタロニア《スペイン北東の地方，中心都市バルセロナ》． ↑Katalane
Ka·ta·ly'sa·tor [kataly'za:tor] 匣 -s/-en[..za·'to:rən] 1 〖化学〗触媒． 2 《自動車》触媒式排気ガス浄化装置．
Ka·ta'ly·se [kata'ly:zə] 囡 -/-n (*gr.*)〖化学〗触媒作用．
ka·ta·ly'sie·ren [kataly'zi:rən] 他 〖化学〗(化学反応に)触媒作用をおよぼす．
Ka·ta·ma'ran [katama'ra:n] 匣 -s/-e (*tamil.*) 1 〖民族学〗カタマラン《東南アジア海域の双胴の帆船》． 2 《水上競技》双胴帆船． 3 《漁船・フェリーなどの》双胴船．
Ka·ta'pult [kata'pʊlt] 匣 (匣) -[e]s/-e (*gr.*) 1 《小鳥などを撃つ》ぱちんこ． 2 〖工学〗カタパルト《装置》；《戦艦の甲板などで使う》飛行機射出機；《飛行機の》射出装置． 3 《古》弩砲(どほう)．
Ka·ta'pult·flug·zeug 匣 (匣) -[e]s/-e カタパルト発進の飛行機．
ka·ta·pul'tie·ren [katapʊl'ti:rən] 他 1 カタパルトで射出する． 2 《再帰的に》*sich*⁴ aus dem brennenden Flugzeug ~ 燃えている飛行機から射出装置で脱出する． 2 in eine Stellung〈auf einen Posten〉~ 人¹をある地位〈あるポスト〉に抜擢する．《再帰的に》*sich*⁴ an die Tabellenspitze ~ 順位表のトップに躍り出る．
'Ka·tar ['ka:tar, 'katar]《地名》(*arab.*) カタール《アラビア半島北東部の首長国，首都ドーハ Doha》．
Ka·ta'rakt¹ [kata'rakt] 匣 -[e]s/-e (*gr.* katarrhaktes, Wassersturz') 奔流，早瀬；滝．
Ka·ta'rakt² [kata'rakt] 囡 -/-e (*gr.*)〖病理〗白内障．
Ka·'tarr[h] [ka'tar] 匣 -s/-e (*gr.*) 1 〖医学〗粘膜炎症，カタル． 2 《話》《鼻》風邪．
ka·tar'r[h]a·lisch [kata'ra:lıʃ] 形 〖医学〗カタル性の．
Ka'tas·ter [ka'tastər] 匣 (匣) -s/- (*lat.*) 1 《法制》土木〗土地台帳． 2 《古》徴税台帳．
Ka'tas·ter·amt 匣 -[e]s/⸚er 《法制》《土地《登記》所，地籍局．
ka·ta·stro'phal [katastro'fa:l] 形 (↑Katastrophe) 破滅的な，惨憺たる，とてもひどい．
*****Ka·ta'stro·phe** [katas'tro:fə カタストローフェ] 囡 -/-n (*gr.*, Umkehr') 1 大惨事，大災害；破局，破滅． Sie〈Ihre Kleidung〉ist eine ~. 《戯》彼女はじつにいやな女だ〈彼女の服装は最低だ〉． 2 《演劇》カタストロフィー，大詰め．
Ka·ta'stro·phen·ein·satz 匣 -es/⸚e 災害出動．
Ka·ta'stro·phen·ge·biet 匣 (匣) -[e]s/-e 災害《被災》地．
Ka·ta'stro·phen·schutz 匣 -es/ 災害予防対策，大惨事救援隊．

'Ka·te ['kaːtə] 囡 -/-n 《地方》粗末な小屋, 掘立(ほったて)小屋.

'Kä·te ['kɛːtə] 《女名》=Käthe

Ka·te'che·se [katɛ'çeːzə] 囡 -/-n (gr., Unterricht') 《キリスト教》教理問答, 公教要理説明.

Ka·te'chet [katɛ'çeːt] 男 -en/-en (↑Katechese) 《キリスト教》教理教師, 伝道士. ◆女性形 Katechetin 囡 -/-nen

ka·te·chi'sie·ren [katɛçi'ziːrən] 他 (↑Katechese) 〈人⁴に〉教理を教える.

Ka·te'chis·mus [katɛ'çısmʊs] 男 -/..men [..mən] (↑Katechese) 《キリスト教》カテキズム(問答形式で教理を簡単に教えるための問答書. 公教要理, 信仰問答書などともいう).

Ka·te·chu'me·ne [katɛçu'meːnə] 男 -n/-n (↑Katechese) 1 《カトリック》受洗志願者. 2 《プロテスタント》(Konfirmand) 堅振(けんしん)礼を受ける少年.

Ka·te·go'rie [katego'riː] 囡 -/-n[..'riːən] (gr. kategoria, Grundaussage') 1 《哲学・論理》カテゴリー, 範疇(はんちゅう). 2 (学問の諸分野における)包括的概念. 3 種類, 部類. Das fällt unter eine andere ~. それはまたべつのことだ. Zu welcher ~ Mensch gehört er? あいつはどんな人間だ.

ka·te·go'risch [kate'goːrɪʃ] 形 断定的とした, きっぱりとした;《哲学》(↔hypothetisch) 定言的な. et⁴ mit ~er Bestimmtheit sagen 事⁴を断固とした口調で言い切る. ~er Imperativ (カントの)定言的命令.

ka·te·go·ri'sie·ren [kategori'ziːrən] 他 分類する (in et⁴ 物⁴に).

'Ka·ter¹ ['kaːtər] 男 -s/- 雄猫;《戯》浮気者;《狩猟》(Kuder) (大)山猫の雄.

'Ka·ter² 男 -s/- 二日酔. ein moralischer ~ 良心の疼(うず)き. einen ~ haben 《話》二日酔である. seinen ~ ausführen 〈spazieren führen〉《戯》二日酔をさましに散歩に出る.

'Ka·ter·früh·stück 中 -[e]s/-e (二日)酔ざましの朝食(とくに酢漬け鰊(にしん)やきゅうりのピクルスなどからなる).

'Ka·ter·idee 囡 -/-n[..'deːən] (↓Kater²) 馬鹿げた考え, とほうもない思いつき.

kath. (略)=katholisch 1

'Ka·tha·rer ['kaːtarər, 'kat..] 男 -s/- (gr. katharos, rein') 《歴史》1 カタリ派の信者. 2 《複数で》カタリ派(10-14 世紀にかけてヨーロッパ南部・西部からバルカン地方にかけて流布した二元論的異端).

Ka·tha'ri·na [kata'riːna] 《女名》(gr., die Reine') カタリーナ. die heilige ~ von Alexandria アレクサンドリアの聖カタリナ(3-4 世紀の童貞女史, その墓はシナイ山にあるという).

'Ka·thar·sis ['kaːtarzɪs, ka'tarzɪs] 囡 -/ (gr., Reinigung') 1 《文学》カタルシス(悲劇的などによる観客の心の浄化・解放作用, Aristoteles の詩学から). 2 《心理》カタルシス(精神分析の一方法としての精神浄化法).

'Käth·chen ['kɛːtçən] 《女名》(Katharina の愛称形)ケートヒェン.

'Kä·the ['kɛːtə] 《女名》(Katharina の短縮形)ケーテ.

Ka·the·der [ka'teːdər] 中(男) -s/- (gr. kathedra, Stuhl') 1 教卓, 教壇, 講壇. 2 (大学の)講座.

Ka·the·der·blü·te 囡 -/-n (授業中の)教師の愉快な言い間違い.

Ka·the·der·so·zi·a'lis·mus 男 -/ 《経済》講壇社会主義(19 世紀後半ドイツの経済学者らが大学の講壇から説いた穏健な社会主義理論).

Ka·the·der·weis·heit 囡 -/-en 空理空論.

Ka·the·dra·le [kate'draːlə] 囡 -/-n (gr., Sitz' (とくにフランス・スペイン・イギリスの))司教(とくにフランス・スペイン・イギリスの)(主教)座聖堂, カテドラル(カテドラル); (一般に)大聖堂. ◆ドイツでは Dom という. ↑Münster

Ka·the·dral·ent·schei·dung [kate'draːl..] 囡 -/-en 1 《キリスト教》(教皇の)聖座宣言. 2 (撤回不可能な)最終決定.

Ka·the·ter [ka'teːtər] 囡 -s/- (gr.)《幾何》(直角三角形の)直角をはさむ辺.

Ka·the·ter [ka'teːtər] 男 -s/- (gr.) 《医学》カテーテル.

ka·the·te·ri'sie·ren [katetɛri'ziːrən] 他 《医学》(患者・器官に)カテーテルを挿入する;(器官などの)液めをカテーテルで抜きとる.

Ka·tho·de [ka'toːdə] 囡 -/-n (gr.)《電子工》(↔Anode) 陰極, カソード.

Ka·tho·den·strahl 男 -[e]s/-en 《多く複数で》《電気》陰極線.

Ka·tho'lik [kato'liːk] 男 -en/-en カトリック教徒. ◆女性形 Katholikin 囡 -/-nen

*ka·tho'lisch [ka'toːlɪʃ] 形 (gr. katholikos, alle betreffend') 1 《略 kath.》カトリックの. die ~e Kirch カトリック教会(宗教改革以後は die römisch- ~e Kirche とも). die ~e Aktion カトリック・アクション(↑Aktion 1). 2 普遍的な, 全世界的な. ~e Briefe 《神学》公同書簡(新約聖書中の, パウロの手紙を除いた 7 通の手紙の総称). ◆比較変化はしないが, 次の慣用的表現のみ例外. Er ist ~er als der Papst. 彼はボスよりも大げさだ(うるさい).

Ka·tho·li'zis·mus [katoli'tsɪsmʊs] 男 -/ カトリシズム, カトリック教会主義; カトリックの教義(信仰).

'Kät·ner ['kɛːtnər] 男 -s/- 1 掘立(ほったて)小屋 (Kate) に住む人. 2 《北独》日雇い労働者.

ka'to·nisch [ka'toːnɪʃ] 形 ~e Strenge 《古》仮借(かしゃ)ない厳しさ(厳格さで知られたローマの監察官 Cato にちなむ).

'Kat·te·gat ['katəgat] 《地名》 das ~ カテガット海峡(デンマークとスウェーデンの間).

Kat'tun [ka'tuːn] 男 -s/-e (arab. qutun, Baumwolle') 1 更紗(さらさ), 更紗木綿, キャラコ. 2 《話》(次の用法で) j³ ~ geben 人³を殴りつける. ~ kriegen さんざん殴られる;《兵隊》激しい砲撃にさらされる.

Katz 囡 -/-en 1《話》=Katze (次の用法で) mit j³ ~ und Maus spielen 人³にさんざん気をもませる, (を)もてあそぶ. für die ~ sein 無駄骨(無意味)である. 2《猟師》山猫の雌; マーモットの雌.

'katz·bal·gen ['katsbalgən] 再 (sich⁴) 取っ組み合いをする(sich は相互代名詞).

Katz·bal·ge'rei [katsbalgə'raɪ] 囡 -/-en (子供などの)取っ組合い.

katz·bu·ckeln ['katsbukəln] 自 ぺこぺこする, へつらう(vor j³ 人³に).

'Kätz·chen ['kɛtsçən] 中 -s/-《Katze の縮小形》1 子猫. 2 《多く複数で》《植物》榛(はん)の木・柳などの尾状花序, 花穂. 3 《話》女の子; ガールフレンド;《ぼくの》子猫ちゃん; 娼婦. entlaufenes ~ 昔の恋人. 4《卑》陰門.

'Kat·ze ['katsə カッツェ] 囡 -/-n 1 《動物》ねこ科(の食肉獣). 2 (a) 猫, 飼い猫; (↔Kater) 雌猫. Da beißt sich³ die ~ in den Schwanz. それは循環論法(鶏と玉子)だ. Das hat die ~ gefressen. 《話》どう

いうわけかきれいさっぱり消えてしまった． Das trägt die ~ auf dem Schwanz fort⟨weg⟩. それはつまらない⟨些細な⟩ことだ． Es war keine ~ da. ⟨話⟩人っ子ひとり⟨猫の仔一匹⟩いなかった． Wenn die ~ fort⟨aus dem Haus⟩ ist, tanzen die Mäuse [auf dem Tisch / auf Tischchen und Bänken]. ⟨諺⟩鬼の居ぬ間に洗濯． Die ~ lässt das Mausen nicht. ⟨諺⟩氏⟨性⟩素性は争われぬ． In der Nacht⟨Bei Nacht⟩ sind alle ~n grau. ⟨諺⟩闇夜の錦，闇夜に烏雪に鷺． j³ die ~ den Buckel hinaufjagen ⟨⁉⟩人⁴を怖がらせる． im Sack kaufen ⟨話⟩中身をあらためずに⟨よく見もしないで⟩買う． die ~ aus dem Sack lassen ⟨話⟩胸中を洩らす⟨明かす⟩． mit j³ ~ und Maus spielen ⟨話⟩人¹にさんざん気をもませる，⟨を⟩やきもきさせる． der ~ die Schelle umhängen ⟨話⟩猫の首に鈴をつける． für die ~ sein ⟨話⟩無駄⟨無意味⟩である． wie Hund und ~ leben ⟨話⟩犬猿の仲である． Mach es nicht zur ~! ⟨話⟩こわすな． j⁴ zur ~ machen 人⁴をくそみそにけなす． (b) 意地悪⟨陰険⟩な女；小娘，子猫ちゃん；⟨卑⟩陰門． **3** ⟨船員⟩neunschwänzige ~ ⟨体刑用⟩九尾の猫苔⟨ね⟩． **4** ⟨猟師⟩⟨やまねこ類の⟩雌猫． **5** ⟨地方⟩⟨古⟩巾着⟨きんちゃく⟩，銭入れ． **6** 〖工学〗高架輸送滑車，移動式ウィンチ，トロリ；⟨地方⟩⟨古⟩(Rammbock)⟨杭打用⟩落し槌．

Kat·zen·au·ge ['katsən..]⊞ –s/–n **1** ⟨多く複数で⟩猫の目；⟨話⟩猫を思わせる目． **2** 〖鉱物〗猫目石，キャッツアイ． **3** キャッツアイ⟨路面や自動車・自転車の後部につけた夜間反射装置⟩．

Kat·zen·bu·ckel 男 –s/– 猫背． einen ~ machen 猫のように背を丸める．

kat·zen·freund·lich 形 うわべだけ愛想のよい．

Kat·zen·gold 中 –[e]s/ **1** ⟨話⟩金雲母，黄鉄鉱． **2** ⟨戯⟩模造金，にせ金⟨きん⟩．

Kat·zen·haft 形 猫のような．

Kat·zen·jam·mer 男 –s/ **1** 二日酔い，宿酔． **2** 興ざめ，落胆．

Kat·zen·kopf 男 –[e]s/⸚e ⟨話⟩ **1** 丸い舗石，⟨舗装用⟩玉石． **2** ⟨頭に見舞われた⟩げんこつ，拳固．

Kat·zen·mu·sik 女 –/ ⟨戯⟩調子はずれの⟨聞いていられない⟩音楽．

Kat·zen·sprung 男 –[e]s/⸚e **1** ⟨話⟩目と鼻の先⟨の近さ⟩． **2** 〖体操〗開脚跳び．

Kat·zen·tisch 男 –[e]s/–e ⟨戯⟩子供用の小さい食卓．

Kat·zen·wä·sche 女 –/–n ⟨戯⟩からすの行水⟨ぎょうずい⟩．

Kau·der·welsch ['kaodərvɛlʃ]⊞ –[s]/ ⟨外国語や専門用語が混ざっていて⟩訳の分からない言葉，唐人の寝言；⟨発音や文法が不正確な⟩ちんぷんかんぷん． ein ~ aus Deutsch und Englisch ドイツ語と英語のちゃんぽん．

kau·der·wel·schen ['kaodərvɛlʃən] 自 訳の分からない⟨ちんぷんかんぷんな⟩ことを言う．

kau·di·nisch [kao'di:nɪʃ] 形 ⟨次の用法で⟩ ~es Joch 耐えがたい屈辱． ↑Joch

kau·en ['kaoən カオエン] **❶** 他 **1** 噛む，咀嚼⟨そしゃく⟩する． Speisen gut ~ 食物をよく噛んで食べる． hoch ~ ⟨話⟩いやいや食べる． [die] Nägel ~ 爪を噛む⟨癖がある⟩． den Wein ~ ワインの利⟨き⟩きを試みる． Worte⟨Silben⟩ ~ とつとつと話す． **2** 自 ⟨an⟨auf⟩ et³⟩ 物³をいつまでも噛んでいる． am⟨auf dem⟩ Bleistift ~ 鉛筆を噛んでいる． an den Fingernägeln ~ 爪を噛む． Er wird noch lange an diesem Problem zu ~ haben. ⟨比喩⟩彼はこれからも当分この問題に苦しむことになるだろう．

'kau·ern ['kaoərn] **❶** 自 しゃがんで⟨うずくまって⟩いる． **❷** 再 ⟨sich⁴⟩ しゃがみこむ，うずくまる．

∗**Kauf** [kaof カオフ] 男 –[e]s/Käufe **1** 購入，購買，買付け；〖法制〗売買，取引． der ~ eines Autos 自動車の購入． ein ~ auf Kredit クレジットでの購入． ~ nach⟨auch⟩ Probe ⟨商業⟩試味⟨見本⟩売買． einen ~ abschließen 売買契約を結ぶ． leichten ~es davonkommen ⟨雅⟩軽微な損害⟨軽傷⟩で済む． einen guten ~ machen⟨tun⟩ 上手な買物をする． et⁴ in ~ nehmen 事¹には目をつむる，⟨の点は⟩我慢する． et⁴ zum ~ anbieten 物⁴を売りに出す． zum ~ [aus] stehen ⟨商業⟩売りに出ている． **2** 買った物，購入品．

'Kauf·brief 男 –[e]s/–e 売買契約書．

'Käu·fe ['kɔyfə] Kauf の複数．

'kau·fen ['kaofən カオフェン] (lat. caupo, Schenkwirt, Höker') **❶** 他 **1** 買う． Ich habe das Buch für 10 Euro gekauft. 私はこの本を10ユーロで買った． Diese Marke wird viel⟨gern⟩ gekauft. このブランドはよく出て⟨売れて⟩います． j⟨sich³⟩ ein Auto ~ 人³に車を買ってやる⟨車を買う⟩． et⁴ alt ⟨neu⟩ ~ 物⁴を中古⟨新品⟩で買う． et⁴ billig ⟨für billiges Geld⟩ ~ 物⁴を安く⟨ただ同然の値段で⟩買う． et⁴ teuer⟨für teures Geld⟩ ~ 物⁴を高く買う． Dafür kann ich mir nichts ~. ⟨話⟩こんなものは私にはなんの役にも立たない． **2** ⟨話⟩⟨人⁴を⟩買収する． **3** ⟨⁉⟩ eine Karte ~ カードを1枚山に⟨ストック⟩から取る． **❷** 自 買い物をする． Sie *kauft* schon jahrelang bei Herrn Meyer. 彼女はもうみんなマイヤーさんの店で買っている． Bei mir kannst du nichts ~! ⟨話⟩こっちへ言って⟨頼みに⟩きても無駄だぞ． In diesem Geschäft kauft man billig⟨gut⟩. この店は安い⟨いい物が買える⟩． **❸** 再 ⟨sich³⟩ sich j⁴ ~ ⟨話⟩人⁴をとっちめる；⟨に⟩お礼⟨仕返し⟩をする；⟨を⟩とっつかまえる，ひっくくる． Den werde ich mir [mal] ~! あいつは一度とっちめてやらなければならない． *sich* einen [Affen] ~ ⟨話⟩酔っぱらう，飲みに出かける．

'Käu·fer ['kɔyfər] 男 –s/– 買い手，購入者． ♦女性形 Käuferin 女 –/–nen

'Käu·fer·schicht 女 –/–en 購買者層．

'Kauf·fah·rer 男 –s/– 商船．

'Kauf·frau 女 –/–en ⟨商業登記簿に登録された⟩女性の商人，女性経営者⟨商店主⟩．

'Kauf·geld 中 –[e]s/–er ⟨古⟩=Kaufsumme

∗**'Kauf·haus** ['kaofhaos カオフハオス] 中 –es/⸚er 百貨店，デパート；〖商業〗専門大店；⟨古⟩大店⟨たな⟩，問屋．

'Kauf·herr 男 –n/–en ⟨古⟩大商店主，豪商．

'Kauf·kraft 女 –/ 〖経済〗購買力．

'Kauf·la·den 男 –s/⸚(–) **1** ⟨古⟩小体⟨こてい⟩な店． **2** ⟨子供の玩具としての⟩お店．

'Kauf·leu·te 複 Kaufmann の複数．

∗**'käuf·lich** ['kɔyflɪç コイフリヒ] 形 ⟨比較変化なし⟩金で買える，売物の；買収できる⟨袖の下のきく⟩． ~e Liebe 売春． ein ~es Mädchen ⟨売笑⟩婦． et⁴ erwerben 物⁴を買取る．

'Kauf·lust 女 –/ 購買欲，買う気．

'kauf·lus·tig 形 購買欲のある，購買欲の盛んな．

∗**'Kauf·mann** ['kaofman カオフマン] 男 –[e]s/..leute 商人，商売人；商社員；⟨古⟩⟨地方⟩食料雑貨商． ~ lernen 商人になる勉強をする．

'kauf·män·nisch [..mɛnɪʃ] 形 **1** 商人の． ~ tätig sein 商売をしている． **2** 商業⟨上⟩の． ~e Berufs-

'Kauf·mann·schaft 囡 -/ 《集合的に》商人.
'Kauf·manns·deutsch 田 -[s] 商業ドイツ語;《比喩》わざとらしい紋切り型の言葉.
'Kauf·preis 男 -es/-e 購入(購買)価格;《法制》代金.
'Kauf·sum·me 囡 -/-n 購入金額, 代金.
'Kauf·ver·trag 男 -[e]s/⸚e《法制》売買契約.
'Kauf·wert 男 -[e]s/-e 購入価値(販売価格に対して).
'Kauf·zwang 男 -[e]s/ 購入義務.
'Kau·gum·mi ['kao..] 男 (田) -s/-s チューインガム.
'Kau·ka·si·en [kao'ka:ziən]《地名》(gr.) カフカズ, コーカサス(ロシア南西部, 黒海とカスピ海との間の地方).
'Kau·ka·si·er [..ziər] 男 -s/- カフカズ人(の住民).
'kau·ka·sisch [..zɪʃ] 形 カフカズ(人, 語)の. ↑deutsch
'Kau·ka·sus ['kaokazʊs] 男 -/《地名》der ~ カフカズ (コーカサス)山脈.
'Kaul·quap·pe ['kaolkvapə] 囡 -/-n 《動物》おたまじゃくし.

kaum [kaom カオム] 副 1《否定詞的に》(a) ほとんど…ない. Wir kennen ihn ~. 私たちはほとんど彼を知らない. Das ist ~ zu glauben. それはほとんど信じられない. Ich kann es ~ erwarten, dass⟨bis⟩ der Vater zurückkehrt. 私は父が戻ってくるのが待ち遠しくてならない. ~ etwas ⟨jemand⟩ ほとんど何も, ~ jemand 誰も. (kaum dass…の形で) Es ist dunkel, ~ dass man die Umrisse wahrnehmen kann. ほとんど物の形が分からないほど暗い. An allem herrschte Mangel, ~ dass man genug zu essen hatte. 満足に食べる物もないくらいになにもかもが不足していた. (b) 《多く noch, wohl と》どうやら(たぶん)…ない. Sie wird ~ noch kommen. 彼女はまずもう来ないだろう. Ob er unseren Vorschlag annimmt? — [Wohl] ~. 彼は我々の申出をのむだろうか — まず(十中八九)駄目だろうな. 2 やっと, かろうじて, どうにかこうにか. ~ habe den Zug ~ noch erreicht. 私はなんとかその汽車に間に合った. (数詞などと) Der Turm ist ~ dreißig Meter hoch⟨~ höher als dreißig Meter⟩. その塔は高さが30 メートルあるかないかだ. Er war ~ größer als ich. 彼は背丈は私とおっつかっつだった. 3 ちょうどそのとき, …するやいなや. (als, da, so などと) Kaum hatte ich mich hingelegt, als das Telefon klingelte. 私が横になったとたんに電話が鳴った. Er war ~ gekommen, da wollte er schon wieder gehen. 彼は来たと思ったらもうまた行こうとした. (kaum dass…の形で) Es war vorbei, ~ dass es begonnen hatte. それは始まったか始まらないかのうちに終わってしまった.

kau'sal [kao'za:l] 形 (lat. causa ‚Ursache') 原因の, 因果関係にある;《法律》有因の. ein ~er Zusammenhang 因果関係. für et⁴ ~ sein 事⁴の原因である. ~e Konjunktion《文法》因由の接続詞 (denn, weil など).
Kau'sal·ge·setz 田 -es/《哲学》因果律.
Kau·sa·li'tät [kaozali'tɛ:t] 囡 -/-en 因果関係.
Kau·sal·zu·sam·men·hang 男 -[e]s/⸚e (とくに哲学で)因果関係.
'kau·sa·tiv ['kaozati:f, - - '-] 形 (lat.) 原因となる, 作因の;《文法》作為(使役)の. ~e Formen《文法》作為(使役)形 (trinken に対する tränken など).
'Kau·sa·tiv 田 -s/-e《文法》1 (動詞の)作為(使役)形. 2 作為(使役)動詞. ◆ ↑kausativ

'kaus·tisch ['kaostɪʃ] 形 (gr. kausis ‚Brand')《医学》焼灼(しょうしゃく)性の. 2《化学》腐食性の; 苛すの. 3 (皮肉などが)辛辣な, 痛烈(苛烈)な.
'Kau·ta·bak ['kao..] 男 -s/-e 噛みタバコ.
Kau'tel [kao'te:l] 囡 -/-en (lat.)《多く複数で》《法制》留保(条項). 2《医学》予防措置.
Kau·ti'on [kaotsi'o:n] 囡 -/-en (lat.)《法制》保証担保や, 保釈金;(借家の)敷金.
Kautsch [kaotʃ] 囡 -/-s(-en) =Couch
'Kaut·schuk ['kaotʃok] 男 -s/-e (fr.) 生ゴム, (とくに)弾性ゴム. synthetischer ~ 合成ゴム.
'Kaut·schuk·pa·ra·graph 男 -en/-en《話》Gummiparagraph
'Kau·werk·zeu·ge 複《生物》咀嚼(そしゃく)器官.
Kauz [kaots] 男 -es/Käuze 1《鳥》ふくろう. 2 変り者, 変人, 奇人. 3《地方》髷(まげ). das Haar i⟨zu⟩ einem ~ aufbinden 髪を髷に結う.
'kau·zig ['kaotsɪç] 形 変人の, 変り者の.
Ka·va'lier [kava'li:r] 男 -s/-e (lat.) 1《古》騎士, 貴人, 宮廷人. 2 (とくに女性に親切な)紳士;《愛人, ボーイフレンド, ナイト. wie ein ~ handeln 紳士然とふるまう. ein ~ der alten Schule 昔風の完璧な紳士. 3 (昔の城塞の)眺望(ちょう).
Ka·va'liers·de·likt 田 -[e]s/-e (不名誉にはならない)微罪.
Ka·va'lier[s]·start 男 -[e]s/-e(-s) (自動車の)轟音を轟(とど)かす急発進.
Ka·val'ka·de [kaval'ka:də] 囡 -/-n (it.) 騎馬行列.
'Ka·val·le·rie ['kavaləri:, - - -'-] 囡 -/-n[..l'ri:ən (fr.)《軍事》騎兵隊. schwere⟨leichte⟩ ~ 重⟨軽⟩騎兵.
'Ka·val·le·rist ['kavalərɪst, - - -'-] 男 -en/-en《軍事》騎兵.
Ka·va'ti·ne [kava'ti:nə] 囡 -/-n (it.)《音楽》カヴァティーナ (a) オペラやオラトリオの中のリート風の独唱曲 (b) 歌謡的な器楽曲).
Ka'ver·ne [ka'vɛrnə] 囡 -/-n (lat.) 1《医学》空洞(とくに肺の). 2 (廃棄物の貯蔵・軍事施設の収容などに使う)穴蔵, 地下施設.
'Ka·vi·ar [ka'vıar] 男 -s/-e (türk.) キャビア.
'Ka·wi ['ka:vi] 田 -[s] カーヴィ語 (Kawisprache とも. 900-1600 頃の古いジャワ語).
Kč《記号》=tschechische Krone チェコ・コルナ(チェコ共和国の通貨).
kcal《記号》=Kilokalorie
Ke'bab [ke'bap, ke'ba:p] 男 -[s] (türk.)《料理》カバブ, シシカバブ(羊肉を串焼きにした中近東の料理).
'Keb·se ['kɛ:psə] 囡 -/-n《古》側妻(そばめ), 妾(めかけ).
'Kebs·weib ['kɛ:ps..] 田 -[e]s/-er《古》(Kebse) 妾(めかけ).
keck [kɛk] 形 1 活発(快活)な, 生き生き(のびのび)した. eine ~e Frage⟨Antwort⟩ 元気のいい質問⟨返答⟩. 2 生意気な, しゃれな, 厚かましい; 向う見ずな, 無遠慮的な. ein ~er Bursche 小生意気な若者. 3 洒落た, 小粋な.
'Keck·heit 囡 -/-en 1《複数なし》厚かましさ; 大胆さ. 2 厚かましい⟨大胆な⟩言動.
'Ke·fir ['ke:fɪr, ..fi:r] 男 -s/ (türk.) ケフィール酒(馬乳などを発酵させた乳飲料).
'Ke·gel ['ke:gəl] 男 -s/- 1 (a)《幾何》円錐, 円錐形(体). gerader⟨schiefer/stumpfer⟩ ~ 直⟨斜⟩円頭⟩円錐. (b) 円錐状のもの(山の頂きなど). 2《プップシ·九柱戯》ピン, 標柱. ~ schieben⟨spielen⟩ ボ

Keil

ウリング(九柱戯)をする. Petrus schiebt ~. 《戯》雷がごろごろ鳴る. **3**《古》私生児, 庶子. mit Kind und ~ 一家族みんなで (厚さ). **5**《猟師》(Männchen)(兎などが)後足で直立の姿勢をとること. **6**《工学》円錐台形の部品(機械のバルブなど). ◆↑Kegel schieben

Ke·gel·bahn 囡 -/-en **1** 九柱戯(ボウリング)のレーン. **2** 九柱戯(ボウリング)場.
ke·gel·för·mig 形 《副詞的には用いない》円錐形の.
ke·ge·lig [ke:gəlɪç] 形 円錐のような.
Ke·gel·ku·gel 囡 -/-n 九柱戯(ボウリング)のボール.
ke·geln ['ke:gəln] ❶ 圓 (h, s) **1** (h) 九柱戯(ボウリング)をする, (九柱戯・ボウリングで)球を投げる. **2** (s) 《話》ころがり落ちる. **3**《猟師》(兎などが)後足で立つ. ❷ 他 eine Neun〈einen Kranz〉 ~ 《九柱戯》ストライクを打つ《キングピン König だけを残す》. eine Partie ~ 《九柱戯など》を 1 ゲーム投げる.
Ke·gel·rad 中 -[e]s/̈-er《工学》かさ歯車.
Ke·gel·schie·ben 中 -s/ 九柱戯, ボウリング.
**Ke·gel·schie·ben*, °'ke·gel|schie·ben* 圓 九柱戯(ボウリング)をする.
Ke·gel·schnitt 男 -[e]s/-e《幾何》円錐曲線.
Ke·gel·spiel 中 -[e]s/-e **1**《複数なし》ピン(標柱)を用いるスポーツ類. **2** ボウリング, 九柱戯; ボウリング(九柱戯)の 1 ゲーム.
Ke·gel·stumpf 男 -[e]s/̈-e《幾何》円錐台.
Keg·ler ['ke:glɐ] 男 -s/- 九柱戯(ボウリング)をする人, 九柱戯(ボウリング)のプレーヤー.
Keh·le ['ke:lə ケーレ] 囡 -/-n **1** のど, 咽喉; 気管, 食道; 頸部, のど首. Der Schreck schnürte mir die ~ zu. 恐怖のあまり彼は声も出せなかった. Ihr geht es an die ~. 彼女は非常な苦境に立たされている. j⁴ an der ~ packen 人⁴ののど首に手をかける. j³ das Messer an die ~ setzen 人³ののどに七首(くび)を突きつける;(を)脅す. j³ an die ~ springen 人³ののど元にとび (を)かく;《話》(に)手を出す, 暴力をふるう. aus voller ~ 大声で, 声を張りあげて(ふり絞って). Das Wasser reicht〈steht〉ihm bis an die〈bis zur〉~. 彼は絶体絶命の窮地に陥っている. et⁴ durch die ~ jagen《話》物(財産など)を呑みつぶす. et⁴ in die falsche ~ be- kommen〈kriegen〉《話》事⁴を悪意に取って怒る. j³ in die falsche〈unrechte〉~ geraten (食物が)人³の気管にとびこむ. Gold in der ~ haben《話》いいのどをしている. j³ in der ~ stecken bleiben 人³の口に出かかっている. Das Wort blieb mir in der ~ stecken. 私は言葉に詰まった(口がきけなかった). j³ die ~ durchschneiden《話》人³を殺(ころ)す. eine rauhe ~ haben 声が嗄(か)れている. [immer] eine trockene ~ haben《話》飲み助(飲ん兵衛)である. sich³ die ~ schmieren〈ölen/anfeuchten〉《戯》のどをしめらす, 一杯やる. sich³ die ~ aus dem Hals schreien《話》声を限りに叫ぶ. **2**《建築》溝(切り), 溝刻(ほり)り, 刳(く)り型. **3**《古》《軍事》要塞(堡塁)の背面, 稜堡(りょうほ). **4**《水産》籤(も)(の)口.

keh·lig ['ke:lɪç] 形 **1** のどの;(声などの)のどの奥から出る, 喉音(こうおん)の. **2**《建築》溝彫(ほり)りのある.
Kehl·kopf ['ke:l..] 男 -[e]s/̈-e《解剖》喉頭(こうとう).
Kehl·kopf·spie·gel 男 -s/-《医学》喉頭鏡.
Kehl·laut 男 -[e]s/-e《音声》喉音(こうおん).
Kehl·leis·te 囡 -/-n《手工業》鳩腹剣形(くちばしけんがた), 葱花(そうか)形.
Kehr·aus ['ke:r|aʊs] 男 -/ **1** (ダンスパーティーなどの大詰めの)ラストダンス. den ~ tanzen ラストダンスを

踊る. **2** (パーティーなどの)終り, 打上げ; あと片付け. den ~ machen おしまい(お開き)にする.
'Kehr·be·sen 男 -s/- 箒(ほうき).
'Keh·re ['ke:rə] 囡 -/-n **1** (道の)急な曲り角, 急カーブ, ヘアピンカーブ. **2**《体操》(鉄棒・平行棒の)背面横飛越し, (鞍馬の)側肌跳び. **3**《古》順番. Ich habe den ~. 私の番です.
*'**keh·ren**¹ ['ke:rən ケーレン] 他《fegen》掃(は)く, はらう, 掃除する. den Hof〈den Schornstein〉~ 中庭を掃く〈煙突を掃除する〉. den Schnee vom Bürgersteig ~ 雪を歩道から掃き落す.《目的語なしで》Jeder kehre vor seiner Tür!《諺》自分の頭の蠅を追え. mit eisernem Besen ~. 思い切った手を打つ.
*'**keh·ren**² ['ke:rən ケーレン] ❶ 他 (ある方向へ)向ける, 転じる. j〈et〉³ den Rücken ~ 人〈物〉³に背を向ける. die Waffe gegen j⁴ ~ 武器を人に向ける. das Futter der Jacke nach außen ~ ポケットを裏返す. seine beste〈rauhe〉Seite nach außen ~ いい所を見せる, 愛想よくふるまう〈つっけんどんな態度をとる〉. die Augen〈das Gesicht〉zum Himmel ~ 天を仰ぐ. et⁴ zum Besten ~ 事⁴を上首尾におさめる. das Unterste zuoberst ~ / das Oberste zuunterst ~ 何もかもごちゃごちゃにひっくり返す.
❷ 再 (sich⁴)...の方を向く. Sein Zorn kehrte sich gegen uns. 彼の怒りは我々に向けられた. sich nicht an et⁴ ~ 事⁴を意に介さない. sich zum Besten ~ 上首尾に終る. **2** 回れ右をする.
❸ 圓 (h, s) **1** (h) (まれ) 回れ右をする; 折返する. Diese Buslinie kehrt am Hauptbahnhof. このバスの路線は中央駅で折返しです. Rechtsum kehrt!《軍事》回れ右. **2** (s)《雅》(風が)向きを変える. **3** (s)《雅》もどる, 帰る. nach Hause ~ 帰宅する. in sich⁴ 〈nach innen〉gekehrt 物思いに沈んだ. **4** (h, s) 《体操》背面横飛越し(側肌跳び)をする.
'Keh·richt ['ke:rɪçt] 男〈中〉-s/- **1** (掃き集めた)ごみくず, ちり, 汚物. den ~ auf die Schaufel nehmen ごみをシャベルですくいあげる. Das geht dich keinen feuchten ~ an!《話》そんなこと君の知ったことではない. Das interessiert mich einen feuchten ~.《話》ぼくはそんなことにはまるっきり興味がない. **2** (まれ) (Müll) (家庭や工場から出る)廃(棄)物, ごみ.
'Keh·richt·ei·mer 男 -s/- ごみバケツ.
'Keh·richt·schau·fel 囡 -/-n ちり取り.
'Kehr·ma·schi·ne 囡 -/-n 掃除機; 道路清掃車.
'Kehr·reim 男 -[e]s/-e《文学》リフレイン, 折返し.
'Kehr·sei·te 囡 -/-n **1** 裏(面), 裏側; (事柄の)不都合な面, 裏の事情. Das ist die ~ der Medaille. これがメダルの裏(話のウラ)だ. **2**《戯》背中; 尻. j³ seine ~ zuwenden 人³に背を向ける.
'kehrt|ma·chen ['ke:rt..] くるりと向きを変える, 回れ右をする, 引返す.
'Kehrt·wen·dung 囡 -/-en 回れ右;《比喩》180 度の方向転換.
'Kehr·wert 男 -[e]s/-e《数学》逆数.
'Kehr·wisch 男 -[e]s/-e《地方》箒(ほうき), 羽ぼうき, モップ.
'kei·fen ['kaɪfən] 圓《侮》かん高い声でののしる, がみがみ言う.
Kei·fe·rei [kaɪfəˈraɪ] 囡 -/-en いつまでもかん高い声でののしる(がみがみ言う)こと.
Keil [kaɪl] 男 -[e]s/-e **1** 楔(くさび). einen ~ in einen Spalt treiben 割れ目に楔を打込む. einen ~ zwischen zwei Menschen treiben 2 人の人間の仲を裂

く. Ein ~ treibt den andern.《諺》両雄並び立たず; 毒を制するに毒を以てす. **2** (a)《工学》(V 字型)車論止め. einen ~ unter die Räder legen 車輪の下に輪止め(枕)をかます. (b) (機械の)コッタ, くさび栓. **3** (木工・石工に使う)干切(ホネェ), くさび;《土木工事の》楔石, かなめ石. **4**《服飾》ゴア, まち. **5**《ミミス》(ボウリングなどの)ピン. **6**《軍事》楔状(傘形)隊形, V 字編隊.

'**Kei·le** ['kaɪlə] 因 -/《話》《地方》(Prügel) 殴打. ~ kriegen〈beziehen〉殴られる.

'**kei·len** ['kaɪlən] ❶ 他 **1** 楔(きさ)で割る; 楔として(楔代りに)打込む. Holz ~ 木材を楔で割る. einen Pflock in den Boden ~ 地面に杭を打つ. **2** (人を)むりやり押す, 押しのける. **3** 《話》(人を)勧誘する(für die Partei 党に). ❷ 自 (馬などが)蹴る, 蹴とばす. ❸ 再 (**sich**) **1** 割込む(in die Zuschauer 見物の中に); 押しわけて進む(durch die Menge 人混みの中を). **2** 《話》殴り合いをする(sich は相互代名詞).

'**Kei·ler** ['kaɪlər] 男 -s/-《猟師》雄の猪.

'**Kei·le'rei** [kaɪlə'raɪ] 因 -/-en 殴り合い.

'**keil·för·mig** 形《副詞的には用いない》楔(きさ)形の.

'**Keil·haue** 因 -/-n《鉱業》つるはし.

'**Keil·kis·sen** 中 -s/-（ベッドの頭部または足元の高くするための）楔(きさ)形マット.

'**Keil·rie·men** 男 -s/- 《工学》V ベルト.

'**Keil·schrift** 因 -/ 楔(きさ)形文字.

'**Keil·wel·le** 因 -/-n 《工学》スプライン軸.

*****Keim** [kaɪm カイム] 男 -[e]s/-e **1** (a)芽; 《比喩》芽生え, 萌芽. den ~ zu et³ legen 事¹の引金になる. ~*e* treiben 芽をふく. et⁴ im ~ ersticken 事(謀叛など)を芽のうちに摘みとる. im ~ vorhanden sein 胚芽する, 萌(きざ)す. (b) 胚(種), 胎児, 胎芽. **2** (多く複数で)《細菌》病原細菌. die ~*e* abtöten 殺菌する. **3**《物理》凝結核, 芽晶, 種.

'**Keim·blatt** 中 -[e]s/-*er* **1**《植物》子葉. **2**《動物》胚葉.

'**Keim·drü·se** 因 -/-n《多く複数で》《生物・医学》胚腺; 性腺, 生殖腺.

'**kei·men** ['kaɪmən] 自 (h, s) **1** (h) 芽が出る, 発芽する, 胚胎する. *keimendes* Leben《雅》芽生え始めた生命. **2** (s)《希望・疑心など》萌(きざ)す, 芽生える. In ihm *keimte* die Hoffnung auf eine bessere Zukunft. 彼の心によりよき未来に対する希望が生じた.

'**keim·fä·hig** 形《植物》発芽力のある.

'**keim·frei** 形 無菌の, 滅菌の. et⁴ ~ machen 物⁴を殺菌する.

'**Keim·ling** ['kaɪmlɪŋ] 男 -s/-e《生物》**1** 胚; 胎児. **2** 実生(みしょう); 芽生え.

'**keim·tö·tend** 形《比較変化なし》殺菌力のある.

'**Keim·trä·ger** 男 -s/- 保菌者.

'**Kei·mung** ['kaɪmʊŋ] 因 -/-en 発芽, 芽生え.

'**Keim·zel·le** 因 -/-n **1**《生物》(Gamet) 配偶子, 生殖細胞, 胚胞. **2** 基(もと), 出発点. die Familie als ~ des Staates 国家の大本(おおもと)としての家族.

kein

[kaɪn カイン] 代《不定》格変化は付録品詞変化表 IX-3 参照. **1**《付加語的用法》*e* と終る不定冠詞もつ名詞または無冠詞の名詞の否定形をつくって (a) どんな(なんの)…もない. Ich habe ~ Auto. 私は車を持っていない. Dazu hat er ~ Grund. そんなことをする理由は彼にはない. Haben Sie ~*e* Kinder ？ お子さんはいらっしゃらないのですか. *Kein* Mensch〈*Kein* Einziger〉wird das wagen.《話》誰でも(誰ひとりとして)そんなことをする勇気はないだろう. Es gibt ~*e* ander*e* Möglichkeit. ほかに可能性はない. Das ist ~ Vergnügen. こんなことは面白くもなんともない. auf ~*en* Fall けっして(ぜったいに)…ない. unter ~*en* Umständen どんなことがあっても…ない. in ~*er*《戯》~*ster* Weise ぜんぜん(まるっきり)…ない. (b) すこしの(いささかの)…もない. Hast du ~*e* Angst ？ 不安じゃ(怖かじゃ)ないかい. Er kann ~ Englisch. 彼は英語がさっぱりできない. *Keine* Ursache ！《話》（礼を言われて）めっそうもない, どう致しまして. Ich habe leider ~*e* Zeit. 残念だが時間がないんだ. ~ bißchen 少しも(ちっとも)…ない. ~ Geld haben 文無しである. ~*en* Schlaf finden 一睡もされない. ~*e* Spur《話》ぜんぜん…ない. (c)《後続の形容詞を否定して》まったく…ない. Das ist ~ schlechter Gedanke. そいつは悪くない考えだ. Er ist ~ guter Mensch. 彼は人間が悪い. (d)《数詞と》…に達しない. Der Junge war noch ~ *e* zehn Jahre alt. 少年はまだ 10 歳にもなっていなかった. Seitdem ist es doch ~ halbes Jahr her. あれ以来まだ半年とたっていない.

2《名詞的用法》(a) 誰も(誰ひとり)…ない; なにも(なにひとつ)…ない. *Keiner* kam uns zu Hilfe. 誰も私たちの助けには来なかった. *Keine* weiß das besser als sie. 彼女ほどそのことをよく知っている女性はいない. *Kein*[*e*]*s* dieser Argumente überzeugt mich. これらの論拠のどれひとつとして私を納得させるものはない. Sie traut ~*em*. 彼女は誰(の言うこと)も信用しない. Ich kenne ~*en*, der dazu in der Lage wäre. 私はそれができる人を知らない. ~*er* von uns 私たちのなかの誰ひとりとして…ない. (b) 《副詞的に》/ 1(b) の強調形として〉まったく…ない. Geld habe ich ~[*e*]*s* mehr. お金はもう一文もない. Lust hab' ich ~*e*. その気はまるっきりないんだけどね.

'**kei·ner'lei** ['kaɪnər'laɪ] 形《不定冠詞 / 不変化》すこしの…もない; どんな…もない. Ich mache mir darüber ~ Gedanken. 私はそれについてはなんにも心配していない. Der Vorschlag fand ~ Zustimmung. 提案はさっぱり同意を得られなかった.

'**kei·ner'seits** ['kaɪnər'zaɪts] 副《まれ》どこ(どの方面)からも…ない. *Keinerseits* erhob sich⁴ Widerspruch. どこからも反対の声はあがらなかった.

*'**kei·nes'falls** ['kaɪnəs'fals カイネスファルス] 副 けっして(どんなことがあろうと)…ない. Er darf mich ~ hier sehen. 彼にはぜったいに私がここにいるのを見られてはいない.

*'**kei·nes'wegs** ['kaɪnəs've:ks カイネスヴェークス] 副 けっして(ぜんぜん)…ない. Er hat ~ böse Absicht. 彼には悪意などさらさらない.

'**kein·mal** ['kaɪnma:l] 副 一度(一回)も…ない. Es hat im Urlaub ~ geregnet. 休暇中一度も雨が降らなかった.

keins [kaɪns] ↑kein 2

..keit [..kaɪt]《接尾》..bar, ..el, ..er (ただし sicher を除く), ..ig, ..lich, ..sam で終る形容詞につけて性質・状態を表す女性名詞 (-/-en) をつくる. Gesetzmäßig*keit* 合法性. Einsam*keit* 孤独.

Keks¹ [ke:ks] 男 《中》 -[es]/-[e] (キーノ 中 -[e]/-[e]) (*engl.*) クッキー, ビスケット.

Keks² -es/-e (*jidd.*)《話》頭. einen weichen ~ haben 頭がわるい. Du gehst mir auf den ~. 君にはこっちの神経がまいるよ.

Kelch [kɛlç] 男 -[e]s/-e (*lat.*) **1** ゴブレット, 高脚付きの杯, ワイン(シャンパン)グラス;《ギリ教》聖餐杯, カリス.

den [bitteren] ～ bis zur Neige〈bis auf den Grund〉leeren この世の辛酸をなめつくす. Möge dieser ～ an mir vorübergehen! こんなひどい目には遭わされたくないものだ(この杯をわたしから過ぎ去らせてください;《新約》マタ 26:39). **2**《植物》(花の)萼(がく).

Kelch・blatt 甲 -[e]s/-er《植物》萼片(がくへん).

Kelch・glas 甲 -es/-er ゴブレット, 高脚付きグラス.

Kel・le ['kɛlə] 囡 -/-n **1**(左官職人の)こて. **2** ひしゃく, しゃくし,(とくに)スープ・スプーン. **3**(駅員などが使う)発車信号棒;(交通巡査の)停止指示棒. **4**《猟》ビーバーの尾.

Kel・ler¹

['kɛlər ケラー] 男 -s/-《lat. cellarium, Speisekammer》**1** 地下室, 地下食料庫;《話》(地下に貯えた)ワインのストック. einen ausgezeichneten ～ haben 極上のワインを持っている. auftischen, was Küche und ～ bieten〈zu bieten haben〉ありったけの酒と食物を饗(きょう)する. **2** 地階, 地下室. in den ～ fallen〈rutschen〉(相場が)暴落する,(取引が)がた落ちする〈どん底まですべり落ちる〉. im ～ sein《話》《楽》(スカートで)マイナスしている. et⁴ in den ～ spielen《話》物⁴(芝居・台本などを)ぶちこわす(まずい演技で). **3** 地下のレストラン(酒場). **4** 地下壕, 防空壕. **5**《古》地下室, 土牢.

Kel・ler²《人名》Gottfried ～ ゴトフリート・ケラー(1819-90, スイスの作家).

Kel・ler・as・sel 男 -s/-n《動物》わらじむし.

Kel・le・rei [kɛləˈraɪ] 囡 -/-en ワイン醸造会社, 造り酒屋.

Kel・ler・ge・schoss 甲 -es/-e《建物》建物の地階.

Kel・ler・meis・ter 男 -s/- ワイン貯蔵室の監督, 酒蔵(醸造所)主任.

Kel・ler・wech・sel 男 -s/-《経済》空(から)手形.

Kel・ler・woh・nung 囡 -/-en 地階にある住居.

Kell・ner ['kɛlnər ケルナー] 男 -s/-《lat.》ウェーター, ボーイ. ◆ 女性形 Kellnerin 囡 -/-nen

kell・nern ['kɛlnərn] 自《話》(レストランの)ボーイ(ウェートレス)をする.

Ke・lo・id [keloˈiːt] 甲 -[e]s/-e《gr.》《医学》ケロイド, 蟹足腫(かいそくしゅ).

Kel・te ['kɛltə] 男 -n/-n ケルト人.

Kel・ter ['kɛltər] 囡 -/-n《lat.》果汁しぼり器,(とくに)ぶどう圧搾器. Trauben in der ～ pressen ぶどうを圧搾器にしぼる.

Kel・te・rei [kɛltəˈraɪ] 囡 -/-en ぶどう圧搾工場.

kel・tern ['kɛltərn] 他 (果実, とくにぶどうを)圧搾する;(果汁を)圧搾機で搾(しぼ)る.

Kelt・ibe・rer [kɛltiˈbeːrər] 男 -s/-《歴史》ケルトイベリア人(南下してきたケルト人とイベリア人との混血, 古代イベリア半島の北部に居住).

'kel・tisch ['kɛltɪʃ] 形 ケルト(人, 語)の. ～e Sprachen ケルト語派(とくにアイルランド語・スコットランド語・ウェールズ語などを含むインド=ヨーロッパ語族の一派). ◆¹deutsch

Kel・vin ['kɛlvɪn] 甲 -s/-《記号 K》《物理》ケルヴィン(絶対温度の単位, イギリスの物理学者 W. T. Kelvin, 1824-1907 の名にちなむ).

Ke・me・na・te [kemeˈnaːtə] 囡 -/-n《lat.》**1**《古》(中世の城の)暖炉のある居間,(とくに)婦人の私室. **2**《戯》居心地のよい小部屋.

'Ke・nia ['keːnia] **❶** 甲《地名》ケニア(アフリカ東部の共和国, 首都ナイロビ Nairobi). **❷** 男 -s/《地名》der ～ ケニア山(標高 5199 m).

'Ken・nel ['kɛnəl] 男 -s/-《engl.》犬小屋.

'ken・nen*

['kɛnən ケネン] kannte, gekannt

❶ 他 **1**(人⁴を)知っている;(と)知己である, 面識がある. Kennen Sie Frau Schneider? シュナイダー夫人をご存じですか. Ich kenne meinen Mann gut. 夫のことならよく知っています. Da kennst du mich aber schlecht.《話》それでは君は私のことが分かっていないよ, 君は私のことを見損なっているよ. Sie will mich nicht mehr ～. 彼女は私に会っても知らん顔をする. Man kennt ihn nur als Politiker. 彼は政治家としてしか知られていない. j⁴ nur dem Namen nach ～ 人⁴の名前しか知らない. j⁴ nur vom Sehen ～ 人⁴の顔しか知らない. j⁴ vom Fernsehen ～ 人⁴をテレビで見て知っている.《相互代名詞》Woher kennen wir uns? どこでお目にかかりましたか. sich⁴ von früher〈von Jugend auf〉～ 昔〈若い頃〉からの知合いである.

2 (a)(物⁴を)知っている, 見た(聞いた, 読んだ, 体験した)ことがある;(物〈人〉⁴の)心当りがある. Kennst du seine Adresse〈seinen Namen〉? 彼の住所〈名前〉を知っていますか. Diese Blume kenne ich noch nicht. こんな花はまだ見たことがない. Ich kenne die Stadt sehr gut. 私はその町をよく知っている. Kennt jemand einen Zahnarzt? 誰か歯医者を知りませんか. Das kennen wir [schon]!《話》そんなことは百も承知だ. (b)(事⁴を)心得ている, わきまえている. Er kennt seine Arbeit. 彼は自分の仕事をよく心得ている. das Leben〈die Welt〉～ 人生〈世の中〉を知っている. seine Pflicht ～ 自分の義務をわきまえている. Ich kenne meinen Schiller.《話》私はシラーについてはうるさいよ.《nur と》Er kennt nur seine Arbeit. 彼の眼中には仕事しかない. nur Gewalt ～ 暴力しか知らない.《否定詞と》keine Angst ～ 恐れを知らない. keine Grenze ～ 際限がない, とどまるところを知らない. keine Rücksicht ～ 思いやりがない. Da kenne ich nichts.《話》(こうなってしまっては)もう知らないぞ. (c)(擬人的表現で)Das Land kennt keinen Winter. 彼の国は冬を知らない. Das Judentum kennt bereits diese Lehre. ユダヤ教にはすでにその教えがある.

3 (erkennen) 識別する, 見(聞き)分ける(an et³ 物³で). Kennen Sie mich noch? 私をまだ覚えていますか. j⁴ am Gang〈an der Stimme〉～ 歩き方〈声〉で人⁴だと分かる.

❷ 再 **sich⁴**) **1** おのれを知っている, 身の程をわきまえている. **2** sich nicht mehr ～ 我を忘れる(vor Wut〈Freude〉怒り〈喜び〉のあまり). **3** Er kennt nur sich.《話》彼はエゴイストだ.

♦¹ kennen は, ある人物・事物を自分自身の見聞や体験に基づいて「知っている」ことを意味し, もっぱら 4 格の名詞と代名詞を目的語とする. 一方 wissen は, おおむねある事柄についての抽象的・間接的な知識や情報を有していることを意味し, しばしば副文を伴う. Ich kenne den Mann, weiß aber nicht, wie er heißt. 私はその男にことは知るが, なんという名前なのかは知らない. den Weg kennen〈wissen〉その道を通ったことがある〈(地図などで)その道を知っている〉.

♦²↑ kennen lernen

*'ken・nen ler・nen,° 'ken・nen|ler・nen ['kɛnənlɛrnən ケネン レルネン] 他 **1** (人⁴と)知合う, 知合いになる. [Es] freut mich, Sie kennen zu lernen. 初めまして(お近づきになれてうれしく思います).《相互的に》sich⁴ ～(互いに)知合いになる. **2** (人〈物〉⁴を直接見たり聞いたりして)知るようになる. die Welt ～ 世間を知る.

Du wirst mich noch ~!《話》いまに思い知らせてやるぞ．

*'**Ken·ner** ['kɛnər ケナー]《男》-s/- 専門家，玄人（ú∂とう）, 通（ºう），権威者． ◆女性形 Kennerin《女》-/-nen

'**Ken·ner·blick**《男》-[e]s/-e 専門家の目，鑑識眼．

'**ken·ner·haft**《形》専門家らしい．

'**Ken·ne·risch** ['kɛnərɪʃ]《形》1 =kennerhat 2《ある》専門的知識のある，その道に通じた．

'**Ken·ner·mie·ne**《女》-/ 専門家らしい顔つき(目つき)；玄人（ú∂とう）ぶった顔つき．

'**Ken·ner·schaft**《女》-/ 専門的知識；精通，熟知．

'**Ken·ning** ['kɛnɪŋ]《女》-/-e(-ar]{¦}ŋgar])《anord.》《文学》ケニング(複数の語によってある概念を比喩的に表現する古北欧語の修辞法．例 das Tosen der Pfeile = Kampf).

'**Kenn·kar·te** ['kɛn..]《女》-/-n《古》(Personalausweis) 身分証明書．

'**ken·nte** ['kɛntə] kennen の接続法 II.

'**kennt·lich** ['kɛntlɪç]《形》識別(判別)できる，すぐそれと分かる，見分けやすい．Das Gebäude ist von weitem schon durch seine Farbe ~. その建物は遠くからでもすぐその色で分かる．et⁴ ~ machen 物⁴を見分けやすくする，目立つようにする．

'**Kennt·nis** ['kɛntnɪs ケントニス]《女》-/-se (↑ kennen) 1《複数なし》知っていること，承知．von et³ ~ bekommen〈erhalten〉事³を知る(知らされる). von et³ ~ haben 事³を知っている．von et³ ~ nehmen 事³に注目する，注意を向ける．Das entzieht sich meiner ~. 《雅》それは私には分からない．j⁴ von et³ in ~ setzen 人⁴に事³を知らせる．nach meiner ~ der Gesetze 私が法律について知っているところによれば，ohne ~ der Sachlage 事情も知らずに．j³ et¹ zur ~ bringen〈geben〉人³に事¹を知らせる．et¹ zur ~ nehmen 事¹の事実(存在)を確認する，一応聞いておく，心に留める；《商業》事¹(商品の受領など)を承（ＨＡＨＡＨＡ）る．j¹ zur ~ nehmen 人⁴のことを承知する．2 《~e》(専門的の)知識，学識．Er hat gute ~e in Informatik. 彼は情報科学に通じている．

'**Kennt·nis·nah·me**《女》-/《書》知ること，承知．nach ~ der Akten 書類閲覧後に．Um gefällige ~ wird gebeten. ご承知おき願います．

'**kennt·nis·reich**《形》博識な，博学な．

'**Ken·nung** ['kɛnʊŋ]《女》-/-en 1 目印，特徴．2 (馬の年齢を識別する)歯の標徴．3《海事·航空》(灯火などによる)標識，識別信号; (Landmarke) 陸標．4《放送》コールサイン．

'**Kenn·wort** ['kɛn..]《中》-[e]s/..wörter 1 符丁，コードネーム．2 合言葉；暗証，パスワード．3《ＨＡＨＡＨＡ》呼び出し語．

'**Kenn·zahl**《女》-/-en 1《経済》指数．2《物理》数値，特有値．3《電話》局番．

*'**Kenn·zei·chen** ['kɛntsaɪçən ケンツァイヒェン]《中》-s/- 1 (目印となる)特徴；目印，記章，標章; (病気などの)徴候．2 (車輌などの)登録番号，ナンバー．3《ＨＡＨＡＨＡ》フラッグ，標識．

'**Kenn·zei·chen·schild**《中》-[e]s/-er (自動車などの)ナンバープレート．

*'**kenn·zeich·nen** ['kɛntsaɪçnən ケンツァイヒネン]《他》1 目印(記号，標識)をつける． eine Kiste durch eine Aufschrift ~ 箱にラベルを貼る．Namen in einer Liste durch Kreuze ~ 名簿の名前に×印をつける．2 特徴づける；(事·人)⁴の特徴をよく表している．

Diese Tat *kennzeichnet* seinen Charakter. この行為は彼の性格をよく表している．Sein Verhalten *kennzeichnet* ihn als ein gut erzogenen Menschen. 彼の振舞いで彼がしつけの良い人間であることがよく分かる．Dieses Wort ist als umgangssprachlich zu ~. この語は口語とされている．《再帰的に》Sein Denken *kennzeichnet sich* durch logische Genauigkeit. 彼の思考の特徴は論理的な厳密さだ．

'**kenn·zeich·nend**《現分》《形》特徴的な．Diese Aussage ist ~ für ihn. この発言はいかにも彼らしい．

'**Kenn·zeich·nung**《女》-/-en 1《複数なし》目じるしをつけること；特徴づけ．2 (a) 目じるし，標識；記号．(b) 特徴．

'**Kenn·zif·fer**《女》-/-n 1 (符号としての)数字，番号．2《数学》(対数の)指標．3《経済》(Kennzahl) 指数．

Ken'taur [kɛn'taʊər]《男》-en/-en 1《ギ神話》ケンタウロス(人面馬身の怪物). 2 der ~《天文》ケンタウルス座. ◆↑Zentaur

'**ken·tern** ['kɛntərn]《自》(h, s) 1 (s)《船が主語》転覆する《人が主語》Wir sind mit dem Boot *gekentert*. 私たちのボートが転覆した．2 (h)《船員》(潮流や風が)逆方向に変わる．

'**Kep·ler** ['kɛplər]《人名》Johannes ~ ヨハネス·ケプラー(1571-1630, ドイツの天文学者).

'**kep·lersch**, °'**Kep·lersch** ['kɛplərʃ]《形》ケプラーの．~e Gesetze (惑星運動に関する)ケプラーの(三)法則．

Ke'ra·mik [ke'ra:mɪk]《女》-/-en《gr.》1 陶(磁)器．2《複数なし》陶芸，焼き物；製陶業，窯（かま）業．◆↑Porzellan

Ke'ra·mi·ker [ke'ra:mɪkər]《男》-s/- 陶芸家，陶工．

ke'ra·misch [ke'ra:mɪʃ]《形》陶(磁)器の，セラミックの；製陶の，陶器(陶器の焼き)色．

Ke'ra·tin [kera'ti:n]《中》-s/-e《gr.》《生化学》ケラチン，角質．

'**Ker·be** ['kɛrbə]《女》-/-n 1 刻み目，切れ込み，ぎざぎざ．in dieselbe ~ hauen〈schlagen〉《話》(他の人と同じことを考えている(目指している). 2《卑》尻の割れ目．

'**Ker·bel** ['kɛrbəl]《男》-s/《gr.》《植物》チャービル，セルフィーユ(しゃく属せり科のハーブ，サラダや魚料理に用いられる).

'**ker·ben** ['kɛrbən]《他》1 (物¹に)刻み目(切れ込み，ぎざぎざ)をつける．2 (模様を)彫り込む．

'**Kerb·holz** ['kɛrp..]《中》-es/-er《歴史》(中世に用いられた)割り符，合札(以借金額などを示す刻み目のついた細長い棒で，縦に2分けて各々を当事者が保有し証とした). viel auf dem ~ haben《話》さんざんよからぬ事をしてきている；《古》たくさんの借金を抱えている．

'**Kerb·schnitt**《男》-[e]s/《工芸》(家具などに施される)削（けず）り彫りの装飾．

'**Kerb·tier**《中》-[e]s/-e (Insekt) 昆虫．◆ラテン語 insectum の翻訳借用語．

Kerf [kɛrf]《中》-[e]s/-e =Kerbtier

'**Ker·ker** ['kɛrkər]《男》-s/- 1《古》(地下の)牢獄．2《ＨＡＨＡＨＡ》《古》重禁固(刑).

'**Ker·ker·meis·ter**《男》-s/-《古》牢番，看守．

'**ker·kern** ['kɛrkərn]《他》《古》《雅》投獄する．

'**Ker·ker·stra·fe**《女》-/-n 禁固刑．

*'**Kerl** [kɛrl ケルル]《男》-[e]s/-e《北ドイツ -s)《話》1 《しばしば軽蔑あるいは親愛の情をこめて》(a) (Mann, Bursche) 男，あいつ，やつ．Das ist ein ~! これは男

だ, たいしたやつだ. ~, wie siehst du denn aus! (呼掛けて)君, どうしたんだ(なんて顔をしているんだ). ein armer〈dummer〉~ 哀れな〈馬鹿な〉やつ. ein guter 〈netter〉~ いいやつ. ein richtiger〈ganzer〉~ 頼もしいやつ, 男の中の男. die langen ~s《歴史》(プロイセン王 Friedrich Wilhelm I. の)のっぽの近衛兵たち. (b) (Liebhaber) 情人, おとこ. (c)《ときに女性や子供にも用いられて》ein hübscher ~ きれいな娘(こ). ein kleiner ~ おちびちゃん. (d)《古》(Diener) 召使い. **2**《事物に対して》([Pracht]exemplar) (すごい)やつ. Ich habe gestern Forellen geangelt, solche ~e! 僕はきのう鱒(ます)を釣ったよ, こんなにすごいやつを.

Kerl·chen ['kɛrlçən] 中 -s/《Kerl の縮小形》おちびちゃん, ぼうや.

Kern [kɛrn ケルン] 男 -[e]s/-e **1** (果実の)核, 芯(しん), 種; (堅果の)実, 仁(じん);《南ドイツ》(脱穀した)殻種. die ~e des Apfels りんごの種. der ~ der Nuss 胡桃(くるみ)の実. Wer den ~ essen will, muss die Nuss knacken.《諺》虎穴に入らずんば虎子を得ず. **2** (一般に)中心部分, 本体, 中核; (物事の)核心, 本質, 真髄, 要諦; (ある人の)性根, 心底. der ~ der Sache 事柄の本質. der ~ der Stadt 町の中心部, 都心. In ihm steckt ein guter ~. 彼はなかなかいい素質をしている(見所のある人物だ). Der harte ~ (政治集団や犯罪グループの)中核, 中枢部. Das ist des Pudels ~.《比喩》これが事の真相だ(↑ Goethe, *Faust I*, 1323). **3**《生物》細胞核;《医学・生物》神経核;《地質》中心核, コア;《気象》凝結核;《物理》原子核;《工学》(原子炉の)炉(ろ)心;《電子工》鉄心, 磁心;《冶金》中子(なかご), 心型;《木工》芯材, コア;《楽器》(竪笛のマウスピースの)心;《オルガンのパイプの》心;《猟師》皮を剝(は)いだ獣の中身;《製革》(Kernleder) 極上の原料皮.

Kern·bei·ßer 男 -s/-《鳥》しめ(鴲)(すずめ目あとり科).

Kern·brenn·stoff 男 -[e]s/-e《核物理》核燃料.

Kern·che·mie 女 -/ 核化学.

Kern·durch·mes·ser 男 -s/- **1**《物理》原子核の直径. **2**《工学》(ねじの)内径.

Kern·ener·gie 女 -/-n 核エネルギー, 原子力.

Kern·ex·plo·si·on 女 -/-en 核爆発.

Kern·fa·mi·lie 女 -/-n《社会学》核家族.

kern·fest 形 きわめて堅い, 堅牢な; 芯(しん)のしっかりした.

Kern·for·schung 女 -/ 核物理学の研究.

Kern·fra·ge 女 -/-n 中心(根本)問題.

Kern·frucht 女 -/-¨e《植物》核果.

Kern·fu·si·on 女 -/-en《核物理》核融合.

Kern·ge·dan·ke 男 -ns/-n 中心思想. ◆格変化は Gedanke 参照.

Kern·ge·häu·se 中 -s/- =Kernhaus

kern·ge·sund 形 きわめて健康な, 頑健な.

kern·haft 形《古》=kernig

Kern·haus 中 -es/《植物》果芯.

Kern·holz 中 -es/《木工》心材, 赤身(木材の中心に近い部分).

ker·nig ['kɛrnɪç] 形 **1** 強健(頑健)な, 逞(たくま)しい; (荒削りで)力強い. ein ~er Ausspruch 力強い発言. ein ~er Mann 逞しい男. ein ~er Wein こくのあるワイン. **2** (木材などが)堅実な, 丈夫な; (皮革などが)強靱(きょうじん)な. **3**《話》すごい, 抜群の. **4** (果実など)が種の多い.

Kern·kraft 女 -/-¨e **1** 核エネルギー. **2**《複数で》《核物理》核力.

Kern·kraft·werk 中 -[e]s/-e《略 KKW》原子力発電所.

Kern·la·dung 女 -/-en《物理》核電荷.

Kern·la·dungs·zahl 女 -/-en《物理》原子番号.

Kern·le·der 中 -s/《製革》(たとえば牛の背部からとれるベンド革のような)上質の原料皮.

Kern·ling ['kɛrnlɪŋ] 男 -s/-e《園芸》(接(つ)ぎ木の台木に用いられる)実生(みしょう), みばえ.

kern·los 形《園芸》種なしの.

Kern·obst 中 -[e]s/《集合的に》《植物》梨状果(りんご・なし・かりんなど).

Kern·phy·sik 女 -/ 核物理学.

Kern·pro·blem 中 -s/-e =Kernfrage

Kern·punkt 男 -[e]s/-e 中心点, 要点, 核心.

Kern·re·ak·ti·on 女 -/-en《核物理》核反応.

Kern·re·ak·tor 男 -s/-en《物理》原子炉.

Kern·satz 男 -es/-¨e **1** 要点, 中心思想(をまとめた文). **2**《文法》(a)《まれ》定動詞正置文. (b)《構造文法の)主文.

Kern·schat·ten 男 -s/《光学》(↔ Halbschatten) 本影.

Kern·sei·fe 女 -/-n ソーダ石鹸, 硬石鹸.

Kern·spal·tung 女 -/-en《核物理》核分裂.

Kern·spin 男 -s/-s《核物理》核スピン.

Kern·stück 中 -[e]s/-e **1** 主要部分, 中核. **2**《冶金》心型, 中子(なかご).

Kern·tech·nik 女 -/ 原子核工学.

Kern·tei·lung 女 -/-en《生物》(細胞の)核分裂.

Kern·trup·pe 女 -/-n 精鋭部隊.

Kern·ver·schmel·zung 女 -/-en **1**《核物理》=Kernfusion **2**《核生物》細胞核融合.

*'**Kern·waf·fe** ['kɛrnvafə ケルンヴァフェ] 女 -/-n (ふつう複数で)核兵器.

Ke·ro·plas·tik [kero'plastɪk] 女 -/-en =Zeroplastik

Ke·ro·sin [kero'ziːn] 中 -s/《engl.》(ジェットエンジン用燃料の)灯油, ケロシン.

'Ke·ryg·ma ['keːrʏgma] 中 -s/《gr.,Bekanntmachung'》《神学》ケリュグマ, 福音の告知, 宣教.

*'**Ker·ze** ['kɛrtsə ケルツェ] 女 -/-n **1** ろうそく(蠟燭). eine elektrische ~ ろうそく型電球. eine ~ stiften お燈明をあげる. ~n gießen〈ziehen〉ろうそくを製造する. **2** (Zündkerze) 点火プラグ. **3**《話》(体操の)肩倒立, ショルダースタンド. **4**《話》(サッカーでセンタリングなどの際の)ロビング・ボール. **5**《古 [記号 K]》《物理》(光度の単位)燭(しょく), 燭光 (↑ Candela).

'ker·zen·ge·ra·de (ろうそくを立てたように)真っ直ぐな, 垂直な.

'Ker·zen·hal·ter 男 -s/- (クリスマスツリー用の)ろうそく立て.

'Ker·zen·leuch·ter 男 -s/- 燭台, ろうそく立て.

'Ker·zen·licht 中 -[e]s/ ろうそくの光(明かり).

'Ke·scher ['kɛʃər] 男 -s/- (枠と柄のついた)捕虫網; たも網.

kess, °**keß** [kɛs] 形《jidd.》**1** (若くて屈託のない娘などに対して)かわいい. **2** (服装などが)粋な, シックな. **3** 小生意気な, 図々しい; 人をくった.

*'**Kes·sel** ['kɛsəl ケセル] 男 -s/- **1** (a) (Wasserkessel) 湯沸かし, やかん, ケトル. einen ~ aufsetzen〈aufs Feuer setzen〉湯沸かしを火にかける. (b) (大型の深鍋, 釜; 蒸気ボイラー, 汽罐; 暖房用ボイラー; (輸送用)

'**Kes·sel·fli·cker** 男 -s/- 《古》鋳(い)掛け屋.
'**Kes·sel·haus** 中 -es/=er ボイラー室.
'**Kes·sel·pau·ke** 女 -/-n 《楽器》ティンパニー, ケトルドラム.
'**Kes·sel·schlacht** 女 -/-en 《軍事》包囲(殲)(滅)戦.
'**Kes·sel·schmied** 男 -[e]s/-e 釜鍋(ボイラー)製造業者.
'**Kes·sel·stein** 男 -[e]s/ (ボイラーなどの)湯垢.
'**Kes·sel·trei·ben** 中 -s/- 1《狩猟》追込猟, 巻狩(野うさぎなどの). 2《比喩》(政治家などに対する)一斉(集中)攻撃, 魔女狩りキャンペーン.
'**Kes·sel·wa·gen** 男 -s/- タンク車, タンクローリー.
'**Ket·chup** ['kɛtʃap, 'kɛtʃɛp] 男(中) -[s]/-s (mal.) ケチャップ.
Ke'ten [ke'tɛn] 中 -s/-e 《化学》ケテン.
Ke'ton [ke'to:n] 中 -s/-e 《化学》ケトン.
Ke'ton·säu·re 女 -/-n 《化学》ケトン酸.
Ketsch [kɛtʃ] 女 -/-en (engl.) 《海事》ケッチ(2檣(しょう)の縦帆船).
'**Ket·schup** ['kɛtʃap, 'kɛtʃɛp] 男(中) -[s]/-s = Ketchup
'**Kett·chen** ['kɛtçən] 中 -s/- 《Kette の縮小形》小さな鎖.

***Ket·te**[1] ['kɛtə ケテ] 女 -/-n (lat. catena) 1 鎖, チェーン. einen Hund an die ~ legen 犬を鎖につなぐ. j⁴ an die ~ legen 《比喩》人⁴の行動の自由を奪う, (を)束縛する. die ~ [an der Tür] vorlegen ドアにチェーンをかける. 2 (装身具の)鎖, ネックレス, ブレスレット. eine ~ aus Perlen 真珠の首飾り. 3 (人や事物の)連鎖, 連なり, 列; 数珠(じゅず)つなぎ. eine ~ von Bergen〈Unfällen〉連山〈一連の事故〉. eine ~ bilden (手をつないで)人の列をつくる; バケツリレーをする. 4 《経済》(系列店などの)チェーン. 5 《化学》(原子の)連鎖. 6 《言語》言連鎖. 7 《紡織》(↔Schuss 7)経糸(たていと).
'**Ket·te**[2] 女 -/-n (ahd. ,Schar') 1 《狩猟》(山鶉などの)群, 一群. 2 《軍事》3機編隊, 飛行小隊.
'**ket·teln** ['kɛtəln] 《服飾》かがる.
'**ket·ten** ['kɛtən] 鎖でつなぐ;《比喩》縛りつける. den Hund an einen Pflock ~ 犬を杭につなぐ. j⁴ an sich⁴ ~ 人⁴をしっかりつかまえておく.
'**Ket·ten·an·trieb** 男 -[e]s/-e =Kettengetriebe
'**Ket·ten·brief** 男 -[e]s/-e チェーンレター(幸福の手紙など).
'**Ket·ten·bruch** 男 -[e]s/=e 《数学》連分数.
'**Ket·ten·brü·cke** 女 -/-n 鎖吊り橋.
'**Ket·ten·fa·den** 男 -s/= =Kettfaden
'**Ket·ten·fahr·zeug** 中 -[e]s/-e 《自動車》無限軌道車輌, キャタピラー車.
'**Ket·ten·ge·schäft** 中 -[e]s/-e =Kettenladen
'**Ket·ten·ge·trie·be** 中 -s/- 《工学》伝動チェーン, チェーンドライブ.
'**Ket·ten·glied** 中 -[e]s/-er 鎖の(個々の)環, リンク.
'**Ket·ten·han·del** 男 -s/ 連鎖取引, 転(てん)がし(流通過程での価格吊上げのための不当な商取引).
'**Ket·ten·hemd** 中 -[e]s/-en (中世の)鎖帷子(かたびら).
'**Ket·ten·hund** 男 -[e]s/-e 1 (鎖につながれた)番犬. 2 《俗》見張り, 番人; 憲兵.
'**Ket·ten·la·den** 男 -s/= チェーン店.

'**Ket·ten·li·nie** 女 -/-n 《幾何》カテナリー, 懸垂線
'**Ket·ten·pan·zer** 男 -s/- =Kettenhemd
'**Ket·ten·rad** 中 -[e]s/=er 《工学》鎖歯車, スプロケト;(自転車の)チェーンホイール.
'**Ket·ten·rau·cher** 男 -s/- チェーンスモーカー.
'**Ket·ten·re·ak·ti·on** 女 -/-en 連鎖反応.
'**Ket·ten·reim** 男 -[e]s/-e 《韻律》鎖韻.
'**Ket·ten·sä·ge** 女 -/-n チェーンソー.
'**Ket·ten·schluss** 男 -es/=e 《論理》連鎖式.
'**Ket·ten·stich** 男 -[e]s/-e 《手芸》鎖編み, 鎖縫(ぬい), チェーンステッチ.
'**Kett·fa·den** ['kɛt..] 男 -s/= 《紡織》(織物の)経糸(たていと).
'**Ket·zer** ['kɛtsər] 男 -s/- (gr. katharos ,rein') 《カトリック》(中世の)異端者. 2 《比喩》非正統派の人 ♦¹女性形 Ketzerin 女 -/-nen ♦²↑Katharer
Ket·ze'rei [kɛtsə'raɪ] 女 -/-en 異端(信仰).
'**Ket·zer·ge·richt** 中 -[e]s/-e 《カトリック》(中世の)異端審問(所).
'**ket·ze·risch** ['kɛtsərɪʃ] 形 異端の; 異端的的な, 非正統的な.

*'**keu·chen** ['kɔʏçən コイヒェン] ❶ 自 (h, s) 1 (h) 喘(あえ)ぐ, 荒い息をする, 息を切らす, ぜいぜい(はあはあ)言う《現在分詞》mit keuchendem Atem 息を切らして. 2 (s) 喘ぎながら歩く(走る). 3 (h) 《話》吐く. ❷ 他 あえぎあえぎ(息を切らして)言う.
'**Keuch·hus·ten** ['kɔʏç..] 男 -s/ 《医学》百日咳.
'**Keu·le** ['kɔʏlə] 女 -/-n 1 (先の太くなった)棍棒; (体操の)インディアンクラブ; (ホッケーのスティック(の頭部)) 2 (食肉獣の)大腿部, もも肉.
'**Keu·len·schlag** 男 -[e]s/=e 棍棒で殴ること;《比喩》手痛い打撃.
'**Keu·len·schwin·gen** 中 -s/ 棍棒体操.
'**Keu·per** ['kɔʏpər] 男 -s/ 《地質》コイパー統, 上畳統(ドイツにおける三畳紀上部統の総称).

***keusch** [kɔʏʃ コイシュ] 形 1 汚れのない, 純潔な, 貞潔(貞節)な; 童貞(処女)の. ein ~es Leben führen 性的に)清らかな生活を送る. 2 《雅》《古》慎み深い, しとやかな, はにかみ屋の. ein ~er Joseph《戯》恐ろしく操えぬ男(とくに女性に対して).
'**Keusch·heit** 女 -/ 純潔, 貞潔.
'**Keusch·heits·ge·lüb·de** 中 -s/ 《カトリック》貞潔願.
'**Keusch·heits·gür·tel** 男 -s/- (中世の)貞操帯.
'**Key·board** ['ki:bɔːrt, ..bɔːd] 中 -s/-s (engl.) 1 《楽器》キーボード. 2 《コンピュータ》キーボード.
Kfm. 《略》=Kaufmann
Kfz 《略》=Kraftfahrzeug
kg 《記号》=Kilogramm
KG 《略》=Kommanditgesellschaft
KGB [ka:ge:'beː] 中 -[s]/ (russ.) 《略》=Komitet Gossudarstwennoj Besopasnosti (旧ソビエト連邦の)国家保安委員会.
kgl. 《略》=königlich
'**Kha·ki** ['ka:ki] 中(男) -[s]/ =Kaki
'**kha·ki·far·ben** 形 =kakifarben
Khan [ka:n] 男 -s/-e (türk. ,Herr, Fürst') カン(汗), ハーン(a) 昔のモンゴル族・タタール族などの君主の称号. (b) 中央アジア地方の王族・大官などに対する尊称).
Kha'nat [ka'naːt] 中 -[e]s/-e (↓Khan) 1 ハーンの支配する国. 2 ハーン(カン)の地位.
Khmer [kmeːr] ❶ 男 -/- クメール人. ❷ 中 -/ クメール語.

kHz 《記号》=Kilohertz

Kib'buz [kɪ'buːts] 男 -/-im [kɪbu'tsiːm] (hebr., Gruppe) キブツ(イスラエルの集団農場).

Ki'bit·ka [kɪ'bɪtka] 女 -/-n (arab. kubbat, Gewölbe, Zelt) **1**《民族学》(Jurte) ユルト, ユルタ(中央アジアのトルコ系遊牧民の用いるフェルト製の円形テント. モンゴル族の用いるゲルすなわちパオによく似た構造をしている). **2** (ロシアの) 幌(ほろ)馬車, 幌付きの橇(そり).

Ki·cher ['kɪçɐr] 中 -s/-n, **'Ki·cher·erb·se** 女 -/-n《植物》ひよこまめ.

ki·chern ['kɪçɐrn キヒェルン] ❶ 自 くすくす笑う, 忍び笑いする; (意地悪く)ひっひっと笑う. Dass ich nicht kichere!《話》笑わせるなよ. ❷ 他 くすくす笑いながら言う.

Kick [kɪk] 男 -[s]/-s (engl.) **1** (サッカーで)キック. **2** (卑) (a) ぞくぞくする興奮, スリル. (b) (ドラッグによる)陶酔感, エクスタシー.

ki·cken ['kɪkən] (engl.) ❶ 他 (ボールを)キックする. ❷ 自《話》サッカーをする.

'Ki·cker ['kɪkɐr] 男 -s/-《話》サッカー選手.

Kicks [kɪks] 男 -es/-e **1**《ゴルフ》ミスキック. **2**《ビリヤード》撞(つ)き損じ.

kick·sen ['kɪksən] 自《話》=gicksen

Kick·star·ter ['kɪk..] 男 -s/- (オートバイの)始動ペダル, キック.

Kid [kɪt] 中 -s/-s (engl.) **1** 子山羊(やぎ). **2**《複数なし》キッド(子山羊・子羊・子牛の革). **3**《複数で》キッドの手袋. **4**《話》子供; 若者.

kid·nap·pen ['kɪtnɛpən] 他 (engl.) (子供を)誘拐する. ◆ 過去分詞 gekidnappt

Kid·nap·per ['kɪtnɛpɐr] 男 -s/- 誘拐犯, 人さらい.

Kie·bitz¹ ['kiːbɪts] 男 -es/-e《鳥》たげり.

Kie·bitz² 男 -es/-e (1 kiebitzen) (トランプなどのゲーム中に横からうるさく口を出す)お節介な見物人.

kie·bit·zen ['kiːbɪtsən] 自《話》**1** (トランプのゲームなどを見物しながら)横から口を出す. **2** 覗く, 覗き見をする.

*<u>**Kie·fer**¹</u> ['kiːfɐr] 男 -s/-《解剖》あご(顎).

*<u>**Kie·fer**²</u> 女 -/-n **1**《植物》まつ(松). **2**《複数なし》松材.

Kie·fer·höh·le 女 -/-n《解剖》上顎洞.

Kie·fer·kno·chen 男 -s/-《解剖》顎骨.

kie·fern ['kiːfɐrn] 形 松材の.

Kie·fern·holz 中 -es/ 松材.

Kie·fern·na·del 女 -/-n 松葉.

Kie·fern·zap·fen 男 -s/-《植物》松ぼっくり).

Kie·ken ['kiːkən] 自《北ドイツ》(gucken) 見る; 覗く.

Kie·ker ['kiːkɐr] 男 -s/-《北ドイツ》(船員) 望遠鏡. j⁴ auf dem ~ haben《話》人⁴に目をつける; (を)目の敵にする.

'Kiek·in·die·welt ['kiːkɪndiːvɛlt] 男 -s/-s (↑ kieken) 《戯》(いつもじっとしていられない)小さな子ども; 新米, 若造.

Kiel¹ [kiːl] 男 -[e]s/-e **1** (羽毛の)羽茎, 羽軸. **2** (昔の)羽ペン, 鵞(が)ペン.

<u>**Kiel**²</u> 男 -[e]s/-e《造船》竜骨, キール. ein Schiff auf ~ legen 船を起工する.

Kiel³ 男 -[e]s/-e《古》(Schiff) 船.

Kiel⁴ 中《地名》(ドイツ北部の港湾都市. シュレスヴィヒ=ホルシュタイン州の州都).

'Kie·ler ['kiːlɐr] ❶ 男 -s/- キールの人. ❷ 形《不変化》キールの.

'kiel·ho·len ['kiːlhoːlən] 他《船員》**1** (修理・清掃のために船を)傾ける, 横倒しにする. **2**《古》(刑罰として綱に縛って)船底を潜らせる. ◆ 過去分詞 gekielholt

'Kiel·li·nie 女 -/-n《海事》(艦船の)縦陣列, 縦列.

'Kiel·oben 副 船腹を上にして. ~ liegen 転覆している.

'Kiel·raum 男 -[e]s/=e 船底倉.

'Kiel·schwein 中 -[e]s/-e《船員》キールソン, 内竜骨.

'Kiel·was·ser 中 -s/- 航跡. in j² ~ segeln《比喩》人²の後をたどっていく; (に)追随する.

'Kie·me [kiːmə] 女 -/-n《ふつう複数で》《動物》(魚などのえら(鰓).

Kien¹ [kiːn] 男 -[e]s/-e 脂(やに)の多い松材.

Kien² (ugs. kein, scharf) (次の成句で)auf dem ~ sein《話》神経をぴりぴりさせている, 警戒している.

'Kien·ap·fel 男 -s/= (Kieferzapfen) 松ぼっくり.

'kie·nig ['kiːnɪç] 形 脂(やに)の多い.

'Kie·pe ['kiːpə] 女 -/-n《北ドイツ・中部ドイツ》背負い籠.

'Kier·ke·gaard ['kɪrkagart, 'kirgəgoːr]《人名》Sören ~ ゼーレン・キルケゴール(1813-1855, デンマークの哲学者).

*<u>**Kies**</u> [kiːs キース] 男 -es/-e **1** 砂利(じゃり), 砂礫(されき). **2**《鉱物》硫化鉱. **3**《話》(Geld) お金, 現なま.

'Kie·sel [kiːzəl] 男 -s/- **1** 小石, 玉石利. **2** (地方) (Hagelkorn) 霰(あられ), 雹(ひょう)(の粒).

'Kie·sel·al·ge 女 -/-n《生物》珪藻(けいそう).

'Kie·sel·er·de 女 -/-n《化学》珪土, シリカ.

'Kie·sel·glas 中 -es/ 石英ガラス.

'Kie·sel·gur [..guːr] 女 -/《化学》珪藻土.

'Kie·sel·säu·re 女 -/《化学》珪酸.

'Kie·sel·stein 中 -[e]s/-e 小石, 玉砂利.

'kie·sen¹ ['kiːzən] 他 (道に)砂利(じゃり)を敷く.

'kie·sen²* kor, gekoren《古》《雅》(wählen) 選ぶ.

'Kies·gru·be 女 -/-n 砂利坑, 砂利採取場.

'kie·sig ['kiːzɪç] 形 砂利の多い; 砂利の敷かれた.

'Kies·weg 男 -[e]s/-e 砂利道.

'Ki·ew ['kiːɛf]《地名》キエフ(ウクライナ共和国の首都, 「ロシア諸都市の母」と言われる古都).

Kif [kɪf] 男 -[s]/ (engl.)《話》大麻, マリファナ.

kiff [kɪf]《古》keifen の過去.

'kif·fen ['kɪfən] 自《話》大麻(マリファナ)を吸う.

ki·ke·ri·ki [kikəri'kiː] 間 Kikeriki! こけこっこう.

Ki·ke·ri·ki ❶ 中 -s/-s こけこっこう(という鳴声). ❷ 男 -s/-s《幼児》(Hahn) こけこっこう(雄鶏のこと).

'kil·le·kil·le ['kɪlə'kɪlə] 間 Killekille!《幼児》(赤ん坊みをくすぐりながら)こちょこちょ. ~ machen こちょこちょする.

'kil·len ['kɪlən] 他 (engl.)《話》殺す, ばらす. Wir haben zu zweit eine Flasche Whisky gekillt. 私たちは 2 人でウイスキーを 1 本あけた.

'Kil·ler ['kɪlɐr] 男 -s/-(雇われ)殺し屋.

*<u>**'Ki·lo**</u> ['kiːlo キーロ] 中 -s/-[s]《話》(Kilogramm の短縮形)キログラム.

Ki·lo.. [kiːlo..]《接頭》(gr.)《記号 k, まれに K》単位名について「キロ.., 10³」を意味する.

Ki·lo'bit [kilo'bɪt, 'kiːlobɪt] 中 -[s]/-[s]《記号 Kbit》《コンピュータ》キロビット (1024 Bit).

Ki·lo'byte [kiːlo'baɪt, 'kiːlobaɪt] 中 -[s]/-[s]《記号 kByte, KB》《コンピュータ》キロバイト (1024 Byte).

*<u>**Ki·lo'gramm**</u> [kilo'gram キログラム] 中 -s/-《記号

Ki·lo'hertz [kilo'hɛrts, 'ki:lohɛrts] 中 -/-《記号 kHz》キロヘルツ.

Ki·lo·ka·lo'rie [kilokalo'ri:] 女 -/-n《記号 kcal》キロカロリー.

Ki·lo'li·ter [kilo'li:tər, 'ki:loli:tər] 男(中) -s/-《記号 kl》キロリットル.

***Ki·lo'me·ter** [kilo'me:tər キロメーター] 男 -s/-《記号 km》キロメートル.

Ki·lo'me·ter·fres·ser 男 -s/-《戯》(休息なしに)長距離を突っ走るドライバー.

Ki·lo'me·ter·geld 中 -[e]s/《走行距離に基づく》旅費; レンタカー料金.

Ki·lo'me·ter·lang 形 数キロメートルの, 何キロにも及ぶ.

Ki·lo'me·ter·stein 男 -[e]s/-e《キロ単位の》距離標識, 里程標石.

Ki·lo'me·ter·zäh·ler 男 -s/- 走行距離計, オドメーター.

Ki·lo'pond [kilo'pɔnt] 中 -s/-《記号 kp》キロポンド, 1000 ポンド.

Ki·lo'volt [kilo'vɔlt, 'ki:lovɔlt] 中 -(-[e]s)/-《記号 kV》キロボルト.

Ki·lo·volt·am'pere [kilovɔlt|am'pe:r, 'ki:lo..] 中 -[s]/-《記号 kVA》キロボルトアンペア.

Ki·lo'watt [kilo'vat, 'ki:lovat] 中 -s/-《記号 kW》キロワット.

Ki·lo'watt·stun·de [kilo'vat.., 'ki:lovat..] 女 -/-n《記号 kWh》キロワット時.

Kilt¹ [kɪlt] 男 -[e]s/-s《engl.》**1** キルト(スコットランドで男子が着用するスカート風の民族衣装). **2**『服飾』キルトスカート.

Kilt² 男 -[e]s/《南西部…》夜這い.

'Kilt·gang 男 -[e]s/=e =Kilt²

'Kim·ber ['kɪmbər] 男 -s/-n (Zimber) キンブリ族, キンベル族(ユトラント半島を原住地とするゲルマン人の1部族).

Kimm [kɪm] 女 -/-e[n] (↑Kimme) **1**《複数 -en》『造船』(船底の)湾曲部, ビルジ. **2**《複数 -e》『海事』可視水平線, 視界.

'Kim·me ['kɪmə] 女 -/-n **1**(銃の)照門. ~ und Korn 照門と照星. j³ auf der ~ haben《話》人に狙(ﾈﾗ)いを付ける, (を)付け狙う. **2**(底板をはめる)樽(桶)板の溝. **3**《卑》尻の割れ目.

'Kim·mung ['kɪmʊŋ] 女 -/《海事》**1** =Kimm 2 **2**(海の)蜃気楼; 浮き島, 浮景.

Ki'mo·no ['ki:mono, 'ki:mo:no, 'kɪmono] 男 -s/-s (jap.)(日本の)着物, 和服; 着物風のガウン.

Kin·äs·the'sie [kinɛstɛ'zi:] 女 -/-n (gr.)『医学』運動感覚.

Kind [kɪnt キント] 中 -[e]s/-er **1** 子供, 小児, 児童; 赤ん坊, 幼児. ein neugeborenes ~ 新生児. ein totgeborenes ~ 死産児. 《比喩》初めから見込みのない企て. ~er bis zu 10 Jahren〈話 bis 10 Jahre〉10 歳以下の児童. ~er unter 12 Jahren 12 歳未満の児童. ein ~ von fünf Jahren 5 歳の子供. Kleine ~er, kleine Sorgen — große ~er, große Sorgen.《諺》誰にでもそれなりの苦労はあるものだ(子供には子供の心配, 大人には大人の心配). Das ~ muss schon einen Namen haben.《諺》どんなことでも名目が要るものだ, 何とか口実を設けねばならない. ~er und Narren sagen die Wahrheit.《諺》馬鹿と子供は正直. Das weiß doch jedes ~.《話》そんないことは誰だって知っているさ. Bei deinem Vater zeigt sich¹ das ~ im Manne.《戯》君のお父さんには子供みたいに夢中になっているね). Du bist noch ein ~. 君はまだ子供さ. Du bist kein ~ mehr. 君はもう子供ではない. bei j³ lieb ~ sein《話》人³のお気に入りである. ~ in abtreiben 子供を堕胎す. das ~ mit dem Bade ausschütten《比喩》角を矯(た)めて牛を殺す(湯水もろとも赤ん坊も流してしまう). ein ~ bekommen〈kriegen〉(夫婦に)子供ができる. ein ~ empfangen《雅》身ごもる. ein ~ erwarten 身ごもっている. j³ ein ~ machen〈andrehen〉《話》人³に子供を孕(はら)ませる. sich⁴ bei j³ lieb ~ machen《話》人³に取入る. das ~ beim [rechten] Namen nennen《話》歯に衣(きぬ)着せずに物を言う, 率直な口をきく. j³ ein ~ in den Bauch reden《話》人³を言いくるめる. Wir werden das ~ schon [richtig] schaukeln.《話》大丈夫私たちはきっとうまくやるさ. Aus ~ern werden Leute.《諺》月日のたつのは早いのだ(子供もいずれ大人になる). Das ist noch ein kleine ~er.《話》それは君(君たち)にはまだ関係のないことだ. mit einem ~e gehen《雅》身ごもっている. von ~ an〈auf〉子供の頃から.

2(親子関係における)子供, 子. ein angenommenes〈leibliches〉 ~ 養子〈実子〉. ein eheliches ~ 結婚した両親から生まれた子供, 嫡出子. Er ist da einzige ~ [seiner Eltern]. 彼はひとり子だ. Wir sind vier ~er zu Hause. 私たちは4人兄弟です. Haben Sie ~er? お子さんはいますか. Wie sag ich' meinem ~e?《話》(切り出しにくい話を)さてどう話したものかな. j¹ an ~es Statt annehmen《古》人¹を養子にする. mit ~ und Kegel《戯》家族ぞろっと.

3(比喩的な意味で)子; 所産. ein Berliner ~ ベルリンっ子. ein geistiges ~ 精神的所産. ein ~ des Glücks 幸運児. die ~er Gottes《雅》神の子ら, 人間. ~ Gottes [in der Hutschachtel]!《話》お馬鹿さんだな, なんまあ呆れなだ. ein ~ der Liebe《雅》私生児. Er ist ein ~ des Todes.《雅》彼はもう助からない. kein ~ von Traurigkeit sein《話》楽天家である. ein ~ seiner Zeit 時代の子.

4《親しみをこめた呼掛けて》(a) (とくに若い女性に対て)おまえ, 君. Mein [liebes] ~! ねえ君. Aber ~, だめだよ, よしなさい. (b)《複数で》諸君, 君たち, みんな. ~er, hört mal her! ねえみんな, ちょっと聞いて.

'Kind·bett 中 -[e]s/《Wochenbett》産褥(じょく). ins ~ kommen 産褥につく.

'Kind·bet·te·rin [..bɛtərɪn] 女 -/-nen《古》《えん》(Wöchnerin) 産婦.

'Kind·bett·fie·ber 中 -s/《病理》産褥熱.

'Kind·chen ['kɪntçən] 中 -s/-(Kinderchen)《Kindの縮小形》小さな子, かわいい子(若い娘にも言う).

'Kin·del ['kɪndəl] 中 -s/-《植物》側芽, ひこばえ.

'Kin·del·bier 中 -[e]s/《北部》洗礼式(の祝宴).

'Kin·der·ar·beit 女 -/《稀》[kɪndər..] 児童労働.

'Kin·der·arzt 男 -es/=e 小児科医.

'Kin·der·bei·hil·fe 女 -/-n 児童手当.

'Kin·der·bett 中 -[e]s/-en 小児用ベッド.

'Kin·der·be·wahr·an·stalt 女 -/-en **1**《古》児童養護施設. **2** 児童保育所, 託児所; 児童教護施設.

'Kin·der·buch 中 -[e]s/=er 子供の本, 児童書.

'Kin·der·dorf 中 -[e]s/=er 子供の村(身寄りのない児童のための養護施設).

Kin·de·rei [kɪndəˈraɪ] 囡 -/-en 子供っぽい振舞、いたずら；愚にもつかないこと.
Kin·der·feind 男 -[e]s/-e 子供嫌い(の人).
kin·der·feind·lich 形 子供嫌いの；(環境などが)子供を育てるのに適していない.
Kin·der·frau 囡 -/-en〔古〕乳母、子守女.
Kin·der·fräu·lein 中 -s/-〔古〕(住込みの)女家庭教師.
Kin·der·freund 男 -[e]s/-e 子供好きの人.
kin·der·freund·lich 形 子供好きの；(環境などが)子供を育てるのに適した、子供にやさしい.
Kin·der·funk 男 -s/(ラジオ・テレビの)子供番組(製作).
Kin·der·gar·ten [ˈkɪndɐɡartən キンダーガルテン] 男 -s/⸚ 幼稚園.
Kin·der·gärt·ne·rin 囡 -/-nen 幼稚園の先生、保母.
Kin·der·geld 中 -[e]s/〘法制〙(国が支給する)児童手当、子供養育補助金.
Kin·der·got·tes·dienst 男 -[e]s/-e 子供のための礼拝(式).
Kin·der·heil·kun·de 囡 -/〘医学〙(Pädiatrie) 小児科学.
Kin·der·heim 中 -[e]s/-e **1** 児童保育所、託児所. **2**(孤児・障害児等の)養護施設.
Kin·der·hort 男 -[e]s/-e 学童保育所.
Kin·der·jah·re 複 幼年時代、幼少期.
Kin·der·krank·heit 囡 -/-en **1**(とくに伝染性の)小児病. **2**〘比喩〙(新しい機械・システムの)初期故障、初期トラブル.
Kin·der·kreuz·zug 男 -[e]s/⸚e〘歴史〙(1212 の)少年十字軍.
Kin·der·krie·gen 中 -s/〘話〙子供を産むこと. Das ist [ja] zum ~! これはまいった、どうすればいいんだ.
Kin·der·krip·pe 囡 -/-n（乳幼児の)託児所.
Kin·der·la·den 男 -s/⸚ **1** 子供用品店. **2**〘教育〙(1960 年代末にうまれた反権威主義的な)私設共同保育所.
Kin·der·läh·mung 囡 -/〘医学〙小児麻痺.
kin·der·leicht 形 (子供にも分かるほど)とても簡単な、ものすごく易しい.
kin·der·lieb 形 子供好きの.
Kin·der·lie·be 囡 -/ 子供に対する愛情、子供を慈(いつく)しむ心.
Kin·der·lied 中 -[e]s/-er 童謡、わらべ歌.
Kin·der·los 形 子供のない.
Kin·der·mäd·chen 中 -s/- 子守の娘.
Kin·der·mär·chen 中 -s/- 童話、おとぎ話.
Kin·der·mord 男 -[e]s/-e 子殺し、嬰児殺し. ~ [von Bethlehem]〘新約〙罪なき幼子の虐殺（マタ2: 16).
Kin·der·mund -[e]s/ 子供の口；〘比喩〙(可愛いおませな)子供らしい口ぶり. ~ tut Wahrheit kund.〘諺〙子供は正直.
Kin·der·narr -en/-en 子供好きな人；親馬鹿.
Kin·der·pfle·ge·rin 囡 -/-nen (正式な職業名としての)児童保育者、保母.
Kin·der·psy·cho·lo·ge 男 -n/-n 児童心理学者.
Kin·der·psy·cho·lo·gie 囡 -/ 児童心理学.
Kin·der·pu·der 男〘話〙-s/- ベビーパウダー.
Kin·der·reich 形 子だくさんの.
Kin·der·schreck 男 -[e]s/ (子供が怖がる)お化け、妖怪；子供を怖がらせる人.

Kin·der·schuh 男 -[e]s/-e 子供靴. die ~e ausgezogen〈ausgetreten/abgestreift〉 haben / den ~en entwachsen〈aus den ~en herausgekommen〉 sein〘比喩〙もう子供ではない. noch in den ~en stecken〘比喩〙まだ子供(駆け出し)である；(物事が)まだ初期の段階にある、緒についたばかりである.
Kin·der·schutz 男 -es/ 児童保護.
Kin·der·sei·te 囡 -/-n（新聞や雑誌の)子供ページ.
Kin·der·sen·dung 囡 -/-en (テレビなどの)子供番組.
Kin·der·sitz 男 -es/-e (車や自転車用の)チャイルドシート.
Kin·der·spiel 中 -[e]s/-e 子供の遊び；〘比喩〙たやすいこと、児戯に類すること).
Kin·der·spra·che 囡 -/-n 幼児語、小児語.
Kin·der·sterb·lich·keit 囡 -/ 乳幼児死亡率.
Kin·der·stu·be 囡 -/-n **1**〔古〕〘地方〙子供部屋. **2**〘複数なし〙〘比喩〙(家庭での)躾(しつけ). eine gute〈schlechte〉 ~ haben 躾がよい〈悪い〉. seine gute ~ verleugnen りっぱな躾に似つかわしくない振舞をする.
Kin·der·ta·ges·stät·te 囡 -/-n〘短縮語 Kita / 略 KTst〙全日制託児所.
Kin·der·tel·ler 男 -s/- (レストランなどの)子供用メニュー；お子さまランチ.
Kin·der·wa·gen 男 -s/- 乳母車、ベビーカー.
Kin·der·zeit 囡 -/ 子供時代、子供時代.
Kin·der·zim·mer 中 -s/- 子供部屋.
Kin·der·zu·la·ge 囡 -/-n〘法制〙(災害保険年金受給者などに支給される)特別子供手当.
Kin·des·al·ter 中 -s/ 子供時代.
Kin·des·bei·ne 複〈次の成句で〉 von ~n an ごく幼い頃から.
Kin·des·ent·füh·rung 囡 -/-en 児童(嬰児)誘拐.
Kin·des·kind 中 -[e]s/-er〔古〕(Enkel) 孫、子孫. Kind[er] und ~er 子々孫々.
Kin·des·lie·be 囡 -/〘雅〙(子の)親を思う心、孝心.
Kin·des·miss·brauch 男 -[e]s/⸚e 児童虐待、チャイルド・アビューズ；児童に対する性的暴行.
Kin·des·miss·hand·lung 囡 -/-en〘法制〙(両親による)児童虐待.
Kin·des·mord 男 -[e]s/-e（とくに親の手による)子殺し、嬰児殺し.
Kin·des·mör·de·rin 囡 -/-nen 嬰児殺しの母親.
Kin·des·nö·te 複〔古〕(Wehen) 陣痛. in ~n liegen 陣痛が来ている.
Kin·des·pflicht 囡 -/-en（親に対する)子の義務.
kind·haft [ˈkɪnthaft] 形（いかにも)子供のような、子供らしい.
***Kind·heit** [ˈkɪnthaɪt キントハイト] 囡 -/ 幼少年期、子供時代. von ~ an 幼い頃から.
***kin·disch** [ˈkɪndɪʃ キンディシュ] 形 子供っぽい、子供じみた；幼稚な、愚かしい、大人げない.
***kind·lich** [ˈkɪntlɪç キントリヒ] 形〘雅〙子供の、子供らしい；無邪気な、あどけない、天真爛漫な. in ~em Alter 子供の頃に.
Kind·lich·keit 囡 -/ 子供らしさ、あどけなさ、無邪気.
Kinds·kopf [ˈkɪnts..] 男 -[e]s/⸚e〘話〙子供じみた人.
Kind[s]·tau·fe 囡 -/-n **1** 幼児洗礼(式). **2** 幼児洗礼の日のお祝い(家庭での).
Ki·ne·maˈthek [kinemaˈteːk] 囡 -/-en フィルムライブラリー、シネマテーク.
Ki·ne·maˈtik [kineˈmaːtɪk] 囡 -/ (gr. kinema, Bewegung')〘物理〙運動学.

Ki·ne·ma·to'graph [kinemato'gra:f] 男 -en/-en (昔の)映画写真(撮影, 映写)機, シネマトグラフ.

Ki'ne·tik [ki'ne:tɪk] 女 (gr. kinetikos, die Bewegung betreffend') **1**【力学】動力学. **2**【美術】キネティックアート.

ki·ne'tisch [ki'ne:tɪʃ] 形 **1**【力学】運動の, 動力学の. ~*e* Energie 運動エネルギー. **2**【美術】キネティックアートの.

Kin·ker·litz·chen ['kɪŋkərlɪtsçən] 複 -s/- (fr.) (ふつう複数で)《話》くだらないこと, 馬鹿げたこと; たわごと.

*__Kinn__ [kɪn] 中 -[e]s/-e (下)顎(き), おとがい. das ~ aufstützen〈in die Hand stützen〉頬杖をつく. j⁴ unters ~ fassen 人⁴の頤に手をかけて〈て顔を上げさせる〉.

'Kinn·ba·cke 女 -/-(ふつう複数で)顎(から頬にかけての部分), 頬粘(な).

'Kinn·ba·cken 男 -s/-《南ド》=Kinnbacke.

'Kinn·bart 男 -[e]s/⁻e 顎(が)ひげ.

'Kinn·ha·ken 男 -s/-《スポ》アッパーカット.

'Kinn·la·de 女 -/-n (下)顎.

'Kinn·rie·men -s/- (ヘルメットなどの)顎ひも.

Ki·no ['ki:no キーノ] 中 -s/-s **1** 映画館. ins ~ gehen 映画を見に行く. in die ~*s* kommen (映画が)公開される. **2**(複数なし) 映画, 映画界;(複数れ)映画の上映. ◆ Kinematograph の短縮語.

'Ki·no·be·su·cher 男 -s/- 映画の観客.

'Ki·no·gän·ger 男 -s/- 映画によく行く人, 映画ファン, シネマファン.

'Ki·no·re·kla·me 女 -/-n **1** 映画の広告. **2**(映画館での)スクリーン広告.

'Ki·no·vor·stel·lung 女 -/-en 上映.

'Kin·topp ['kɪntɔp] 男-s/-s〈..töppe[..tœpə]〉《戯》(Kino) 映画(館). ◆ ベルリーン方言で Kinematograph の訛語.

*__Ki·osk__ [ki:ɔsk, ki'ɔsk キーオスク] 男 -[e]s/-e (türk.) **1**(駅などの)売店, キオスク. **2**【建築】(東洋風の)四阿(き), 亭(て).

Kipf [kɪpf] 男 -[e]s/-e 《南ド》(小型の)細長い白パン.

'Kip·fel ['kɪpfəl] 中 -s/-《バイエ・オースト》角(?)形のパン, クロワッサン.

'Kip·ferl ['kɪpfərl] 中 -s/-n《オースト》=Kipfel.

'Kip·pe¹ ['kɪpə] 女 -/(ndl., Spitze' の意) **1**(次の用法で) auf der ~ stehen《話》いまにも倒れ(落ち)そうである;心もとない, おぼつかない, 危険な状態にある. Der Kranke steht auf der ~. あの病人は危険な状態にある. Es steht auf der ~, ob...…かどうかどちらともまだはっきりしない. **2**【体操】(鉄棒の蹴上がり)【床運動の】倒立回転. **3** (a) (坑夫) 廃石捨て場, ぼた山; ずり捨て場. (b) ごみ捨て場. **4**《話》(タバコの)吸殻;タバコ. Hast du eine ~ für mich? タバコを1本おくれ.

'Kip·pe² 女 -/ (jidd.)《話》(泥棒などの)仲間, 一味;分け前. ― machen ぐるになる;山分けする.

'kip·pe·lig ['kɪpəlɪç] 形《話》(wackelig) ぐらぐらする, 危なっかしい.

'kip·peln ['kɪpəln] 自《話》**1**(椅子などが)ぐらぐらする, 落着きが悪い. **2** mit dem Stuhl ~ (背後に体重をかけて)椅子を揺する.

'kip·pen ['kɪpən] ❶自 (s) (平衡を失って)傾く; ひっくり返る, 転倒する. Vorsicht, die Leiter *kippt*! 気をつけろ, 梯子が倒れるぞ. aus dem Boot ~ ボートから転落する. aus den Latschen ~《話》気を失う; 度を失う, 我を忘れる.

❷他 **1** 傾ける; ひっくり返す. **2**(容器などを傾けて)空ける, ぶちまける. Wasser aus dem Eimer ~ バケツの水を空ける. **3**《話》(酒を一気に飲む, 空ける. **4**《話》(タバコの吸いさしを)揉(も)み消す. **5**《話》(a) (計画・決定などを途中で)撤回する, 中止する. (b) (職務・地位から)はずす, 下ろす. **6**《古》(次の成句で)Münzen ~ und wippen 貨幣を変造する.

'Kip·per ['kɪpər] 男 -s/- **1** ダンプカー. **2**【工学】(貨車などの)列車傾倒装置.

'Kipp·fens·ter ['kɪp..] 中 -s/- 引き倒し窓, 回転窓

'Kipp·kar·ren 男 -s/- カート, ねこ車.

'kipp·lig ['kɪplɪç] 形 =kippelig

'Kipp·lo·re 女 -/-n ダンプトロッコ.

'Kipp·pflug 男 -[e]s/⁻e 両用犂(き).

'Kipp·re·gel 女 -/-n【測量】望遠鏡付きアリダード.

'Kipp·schal·ter 男 -s/- (電灯の)タンブラスイッチ, トグルスイッチ.

'Kipp·wa·gen -s/- **1** ダンプカー. **2** =Kipplore

'Kir·che ['kɪrçə キルヒェ] 女 -/-n (gr. kyriakon, das zum Herrn gehörende [Haus]) **1**(建物としての)教会, 聖堂. eine gotische〈romanische〉~ ゴシック〈ロマネスク〉様式の教会. eine ~ bauen 教会堂を建てる. eine ~ [ein]weihen 献堂式を行う. die ~ im Dorf lassen《話》ほどほどにしておく, やりすぎないようにする. die ~ ums Dorf tragen / mit der ~ ums Dorf fahren〈laufen〉《話》持って回ったやり方(言い方)をする. **2**(信者の共同体としての)教会. die evangelische〈katholische〉~ 福音(カトリック)教会. die orthodoxe ~ 東方正教会; ギリシア正教会. die Trennung von ~ und Staat 政教分離. **3**(複数なし) (Gottesdienst) 礼拝, ミサ. Morgen ist keine ~. あすは礼拝がありません. in die〈zur〉~ gehen 礼拝に行く. ◆付録「図解小辞典」参照.

'Kir·chen·äl·tes·te 男《形容詞変化》《プロテスタント》教会の長老, 教区の役員.

'Kir·chen·aus·tritt -[e]s/-e【法制】教会からの脱退.

'Kir·chen·bann -[e]s/-e 《カトリック》破門.

'Kir·chen·buch 中 -[e]s/⁻er 教会(教区)記録簿.

'Kir·chen·chor 男 -[e]s/⁻e 聖歌隊.

'Kir·chen·die·ner 男 -s/- 教会の使用人.

'kir·chen·freund·lich 形 教会に理解のある.

'Kir·chen·fürst 男 -en/-en 《雅》高位聖職者(司教・大司教・枢機卿などの).

'Kir·chen·gän·ger 男 -s/- = Kirchgänger.

'Kir·chen·ge·mein·de 女 -/-n 教区, 教区民.

'Kir·chen·ge·sang 男 -[e]s/⁻e (教会堂内での)聖歌合唱.

'Kir·chen·ge·schich·te 女 -/ 教会史.

'Kir·chen·ge·setz 中 -es/-e 教会法規.

'Kir·chen·ge·walt 女 -/《カトリック》教権.

'Kir·chen·jahr 中 -[e]s/-e 教会暦(Advent の第1日曜日に始まる).

'Kir·chen·kampf 男 -[e]s/⁻e **1** 教会勢力どうしの争い. **2** 国家権力(とくにナチス)と教会との闘争.

'Kir·chen·leh·rer 男 -s/- 教会博士.

'Kir·chen·licht 中 -[e]s/-er 教会のあかり.(次のような成句で) kein [großes] ~ sein《話》あまり頭がよくない. Jetzt geht mir ~ auf.《戯》やっと分かったぞ. ◆教会ラテン語 lumen ecclesiae の翻訳借用語. もともと傑出した聖職者や神学者を指して用いた.

'Kir·chen·lied 中 -[e]s/-er 聖歌, 賛美歌.

Kir·chen·mann 男 -[e]s/⸚er 《高位》聖職者.
Kir·chen·maus 女 /《次の用法で》arm wie eine ~ sein《戯》すかんぴんである.
Kir·chen·mu·sik 女 -/ 教会音楽.
Kir·chen·ord·nung 女 -/-en 《プロテスタント》教会法規.
Kir·chen·pa·tron 男 -s/-e 《カトリック》教会の守護聖人.
Kir·chen·po·li·tik 女 -/ (国の)教会政策; 教会自身の政策.
Kir·chen·pro·vinz 女 -/-en 《カトリック》(複数の司教区からなる)首都大司教区.
Kir·chen·rat 男 -[e]s/⸚e 《プロテスタント》**1**(ラント教会の)教会会議(役員); (称号として)教会顧問. **2** 教区委員会(委員).
Kir·chen·raub 男 -[e]s/ 教会泥棒.
Kir·chen·räu·ber 男 -s/- 教会泥棒, 教会荒らし(をする人).
Kir·chen·recht 中 -[e]s/ 教会法.
Kir·chen·schiff 中 -[e]s/-e (教会堂の)身廊.
Kir·chen·schrift·stel·ler 男 -s/- (古代キリスト教の)教会著述家.
Kir·chen·spal·tung 女 -/-en 《キリスト教》教会分裂, シスマ. ↑Schisma
Kir·chen·spren·gel 男 -s/- =Kirchsprengel
Kir·chen·staat 男 -[e]s/ **1**《歴史》教皇領(1870まで). **2**(今日の)ヴァチカン市国.
Kir·chen·steu·er 女 -/-n 《法制》教会税.
Kir·chen·tag 男 -[e]s/-e (教会関係者や信徒が会同する)教会大会.
Kir·chen·ton 男 -[e]s/⸚e =Kirchentonart
Kir·chen·ton·art 女 -/-en 《音楽》教会旋法(せんぽう).
'Kir·chen·va·ter 男 -s/⸚ 《カトリック》教父(7世紀までのすぐれた教会著述家に対する呼称).
Kir·chen·ver·samm·lung 女 -/-en 《カトリック》(Konzil) 公会議. ◆教義および教会規律に関する事項を審議決定する司教会議. 325の第1ニカイア公会議から1959–62の第2ヴァティカン公会議まで通算21回しか開催されていない.
'Kir·chen·vor·stand 男 -[e]s/⸚e 《プロテスタント》教会役員会.
Kirch·gang ['kırç..] 男 -[e]s/⸚e 教会(礼拝)に行くこと.
Kirch·gän·ger 男 -s/- (きちんきちんと)教会(礼拝)に行く人.
Kirch·geld 中 -[e]s/-er 教会献金.
Kirch·hof 男 -[e]s/⸚e 《古》(Friedhof) (教会に隣接した)墓地.
'kirch·lich ['kırçlıç] 形 **1** 教会の, 教会による; 教会のきまりに従った. ein ~er Feiertag 宗教上の祝祭日. sich¹ ~ trauen lassen 教会で結婚する. **2** (fromm) 信心深い, 篤信の. ~ gesinnt sein 信仰が篤い.
'Kirch·spiel 中 -[e]s/-e, **'Kirch·spren·gel** 男 -s/- 教区.
'Kirch·tag 男 -[e]s/-e 《南ドイツ·オーストリア》=Kirchweih
'Kirch·turm 男 -[e]s/⸚e 教会の塔, 鐘楼(しょうろう).
'Kirch·turm·po·li·tik 女 -/ 偏狭な政治(政策); 《諷》視野の狭い考え方(や行動). ◆元来は Bismarck の造語.
'Kirch·weih 女 -/-en 教会堂開基祭(年に1度の大市が立つ).
'Kirch·wei·he 女 -/-n (教会堂の)献堂式.
'Kirch·weih·fest 中 -[e]s/-e =Kirchweih
'Kirch·zeit 女 -[e]s/-en 教会(礼拝)へ行く時間.

Kir·gi·se [kır'gi:zə] 男 -n/-n キルギス人.
Kir·gi·si·en [kır'gi:ziən] 中名 キルギスタン(中央アジア東部の共和国, 首都ビシュケク Bischkek).
kir·gi·sisch [kır'gi:zıʃ] 形 キルギス(人, 語)の. ↑deutsch
Kir·gi·sis·tan [kır'gi:zısta(:)n]《地名》=Kirgisien
'Kir·ke ['kırkə]《人名》Circe
'Kir·mes ['kırmes, ..məs] 女 -/-sen (↓ Messe zur Kirchweih) **1** =Kirchweih **2** 開基祭のときに立つ年の市.
'kir·nen ['kırnən] **❶** 他 (マーガリンを)つくる. **❷** 自 《地方》(buttern) バターをつくる.
'kir·re ['kırə] 形《話》よく馴れた, 従順な. j⁴ ~ ma·chen〈kriegen〉人⁴を手なずける. ~ werden 手なずけられる.
'kir·ren ['kırən] 他 手なずける.
Kirsch [kırʃ] 男 -[e]s/ =Kirschwasser
'Kirsch·baum ['kırʃbaʊm] 男 -[e]s/⸚e **1**《植物》桜の木. **2**《複数なし》桜材.
'Kirsch·blü·te 女 -/-n **1** 桜の花. **2** 桜の季節.
***'Kir·sche** ['kırʃə キルシェ] 女 -/-n **1** さくらんぼ, 桜桃. Mit dem ist nicht gut ~n essen.《話》あいつはつきあいにくいやつだ. **2** 桜の木. **3**(コーヒー関係者の間で)コーヒーの紅い実.
'Kirsch·geist 男 -[e]s/ =Kirschwasser
'Kirsch·kern 男 -[e]s/-e さくらんぼの種.
'Kirsch·ku·chen 男 -s/- さくらんぼ入りのケーキ.
'kirsch·rot 形 (さくらんぼの実のように)鮮やかな紅色の, チェリーレッドの.
'Kirsch·was·ser 中 -s/- キルシュヴァッサー, チェリーブランデー(さくらんぼの実からつくった蒸留酒).
'Kir·tag ['kırta:k] 男 -[e]s/-e 《オーストリア》=Kirchweih
'Kis·met ['kısmɛt] 中 -s/ (arab., Zugeteiltes')《イスラム教》(アラーの神が人間に与えた避けがたい)運命, 宿命. ~!《話》しかたないさ.
***'Kis·sen** ['kısən キッセン] 中 -s/- **1**(柔らかい詰め物をした)枕, クッション, 座布団. **2**《複数で》(ベッド用の)寝具(マットと布団). in die *Kissen* zurücksinken (仰向けに)ベッドに倒れ込む.
'Kis·sen·be·zug 中 -[e]s/⸚e 枕(クッション)カバー.
'Kis·sen·schlacht 女 -/-en《話》まくら投げ.
***'Kis·te** ['kıstə キステ] 女 -/-n **1**(木)箱, 商品箱, ケース, ボックス. eine ~ deutscher Wein《雅 deutschen Weines》ドイツワイン1箱. ~n, Kasten und Keller voll haben《比喩》何でも腐るほど持っている, 大金持である. **2**《話》(a) (旧式でごつい感じの)自動車, 船, 飛行機. So eine ~ fährt noch 100 km/h. こんなポンコツでもまだ時速100キロは出る. (b) (Bett) ベッド;《卑》(Sarg) お棺. in der ~ liegen 寝床についている. in die ~ springen くたばる, 往生する. (c) (サッカーの)ゴール. (d)《卑》(Gefängnis) ブタ箱. (e)《卑》(でかい)お尻; おっぱい. **3**《話》(ある)事柄, 一件(の一切合切); ひと仕事. Und fertig ist die ~! さあこれで一件落着だ(ひと仕事終ったぞ). eine faule ~ 胡散(うさん)臭い話. die [ganze] ~ schmeißen (課題·仕事などを)全部片づける.
'Ki·ta ['ki:ta] 女 -/-s Kindertagesstätte
'Ki·tha·ra ['ki:tara] 女 -/-s(..ren[ki'ta:rən])《楽器》キタラ(古代ギリシアの7-18弦の弦楽器, 楽器としては Harfe に似ているが, 語としては Zither, Gitarre につながる).
Ki·tha·rö·de [kita'rø:də] 男 -n/-n (gr.)《音楽》キタラ奏者.

Ki·tha·ro·die [kitaro'di:] 囡 -/-n [..'di:ən] 《音楽》キタラ伴奏の歌, キタロディー.

Kitsch [kɪtʃ] 男 -[e]s/ 《芸術上の》まがい物, きわ物, キッチュ. süßer ~ 甘ったるい通俗作品. saurer ~ お涙頂戴物.

'kit·schig ['kɪtʃɪç] 形 趣味の悪い, まがい物(きわ物)の, 俗悪(低俗)の; お涙頂戴の.

Kitt [kɪt] 男 -[e]s/-e **1** 接合(充塡)剤, パテ. **2**《話》くだらない物(事), がらくた; たわごと. der ganze ~ まとめて全部, 一切合切. ~ reden ばかばかしい話をする. **3**《俗》(Geld) 金(ね), お宝.

'Kitt·chen ['kɪtçən] 中 -s/-《話》(Gefängnis) 刑務所, ブタ箱.

'Kit·tel ['kɪtəl] 男 -s/- **1** 上っ張り, 仕事着, オーバーオール, スモック. ein weißer ~《医者などの》白衣. **2**《南ドッ》(Jackett)《男子用の》上着. Ich glaub', dir brennt der ~!《話》君は頭がおかしいんじゃないか. **3**（ミニ）(Damenrock) スカート.

'Kit·tel·schür·ze 囡 -/-n エプロンドレス.

'kit·ten ['kɪtən] 他 **1**《パテなどで》接合(固定)する, 継ぎ合せる;《隙間などを》充塡する. A⁴ an B³ ~ A⁴ を B³ に接合(固定)する. eine Vase ~《割れた》花瓶を継ぎ合せる. **2**《比喩》《関係などを》修復する.

Kitz [kɪts] 中 -es/-e《のろしか・かもしかなどの》仔; 子鹿, 子山羊.

'Kit·ze ['kɪtsə] **①** Kitz の複数. **②** 囡 -/-n = Kitze

'Kit·zel ['kɪtsəl] 男 -s/- **1**《複数まれ》むずがゆい, くすぐったさ. einen ~ auf dem Rücken spüren 背中がむずがゆい. **2**《許されないこと・危険なことがしたくて》うずうずする気持ち;《欲望の》疼(うず)き.

'kit·ze·lig ['kɪtsəlɪç] 形 = kitzlig

* **'kit·zeln** ['kɪtsəln] 他 キツェルン 《し》**1** くすぐる, むずがゆく(ちくちく)させる. j¹ an den Fußsohlen〈unter den Armen〉~ 人¹の足の裏〈脇の下〉をくすぐる. j² Eitelkeit ~ 人²の虚栄心をくすぐる.《目的語なして》Die Wolle kitzelt [mich]. 《セーターなどの》毛がちくちくする. **2**《人⁴の》心をくすぐる, 気持ちをそそる. Die Neugier kitzelt mich. 好奇心で私はうずうずしている. Es kitzelt mich, das einmal zu probieren. 私はそれが一度試したくてうずうずしている.《非人称的に》Es kitzelt ihn danach. 彼はそれをしたくて(欲しくて)うずうずしている.

'Kitz·ler ['kɪtslər] 男 -s/-《解剖》(Klitoris) クリトリス, 陰核.

* **'kitz·lig** ['kɪtslɪç] キッツリヒ 形 **1** (a) くすぐったい; くすぐったがりの. eine ~e Stelle くすぐったいところ. Er ist sehr ~. 彼女はとてもくすぐったがり屋だ. Er ist sehr ~ unter den Armen. 彼は脇の下をひどくくすぐったがる. (b) 敏感な, 傷つきやすい. In diesem Punkt ist er sehr ~. この点では彼はとても敏感だ. **2**《問題・事柄が》微妙な, デリケートな, 厄介(面倒)な.

'Ki·wi ['ki:vi] (Maori) **①** 男 -s/-s《鳥》キーウィ, キウイ《ニュージーランド産の無翼無尾の鳥》. **②** 囡 -/-s **1**《植物》キウイ《果実の形が ① に似ている》. **2** 中 -s キウイフルーツ.

k. J.（略）=künftigen Jahres 来年(の).

k. k.（略）=kaiserlich-königlich

KKW（略）=Kernkraftwerk

kl（記号）=Kiloliter

Kl.（略）**1** = Klasse 2 **2** = Klappe 4

kla·bas·tern [kla'bastərn]《地方》**①** 自 (h, s) **1** (s) どたどた歩く;《馬が》ばかぱか歩む. **2** (h) (an et³ 物³)こそごそといじくり回す. **②** 他《人や動物を》殴る, ぶつ.

Kla'bau·ter·mann [kla'baʊtərman] 男 -[e]s/-《北ド》《民俗》**1** 船の精《難破の危険を告知したりハンマーで船腹を修理したりするといわれるコーボルト》. **2**《困った時に現れる》救いの精.

klack [klak] 間 Klack!《堅いもの同士がぶつかり合った時の音》かちゃん, かちゃん, かちゃ;《どろりとしたものが落下した時などの音》ぼたり, ぼとっ, べちゃん.

Klack [klak] 男 -s/-s《話》かちゃん(かちゃん)という音. **2**《ミ・南西ド》割れ目(裂け目), ひび.

'kla·cken ['klakən] 自 (h, s)《話》**1** (h) がちゃん(かちゃん)と音を立てる. **2** (s) ばたり, ぼとっ, べちゃんと落ちる.

'kla·ckern ['klakərn]《話》**①** 自 (h, s) **1** (h) かちゃ(かちゃかちゃん)と音を立てる. **2** (s) ぼたぼた落ちる(こぼれる). **②** 他 ばたばた落す(こぼす).

klacks [klaks] 間 =klack

Klacks 男 -es/-e《話》**1** ばたり(ぼとっ)と落ちる音. **2**《どろりとした物の》少量, ひと匙(さじ). ein ~ Brei《Marmelade》 ひと匙の粥(む)《マーマレード》. **2**《比喩》たやすいこと. Für mich ist es doch nur ein ~. 私にとってそんなことは朝飯前だ.

'Klad·de ['klada] 囡 -/-n **1** 下書き, 草案. **2** 雑記帳, メモ帳;《とくに》宿題帳. **3**《商業》当座帳, 付込み帳.

klad·de·ra'datsch [kladəra'da(:)tʃ] 間 Kladderadatsch!《堅いものが落ちて壊れる音》がちゃーん, がしゃん.

Klad·de·ra'datsch 男 -[e]s/-e《話》**1** がちゃーん(がしゃん)という音. **2**《事業などの》破綻(はたん), 瓦解;《倒産などの》大混乱. **3**《複数なし》大騒動, スキャンダル.

klaff [klaf] 間 Klaff!《犬の吠える声》わん, きゃん.

'klaf·fen ['klafən] 自 **1**《割れ目・傷などが》ぱっくりと口を開けている. **2**《北ドッ》(大声で)おしゃべりする, ぺちゃくちゃしゃべる.

'kläf·fen ['klɛfən] 自 **1**《犬が》きゃんきゃん吠える. **2**《話》(金切り声で)がみがみ言う.

'Kläf·fer ['klɛfər] 男 -s/-《話》きゃんきゃんとよく鳴く犬; がみがみうるさい人.

'Klaf·ter ['klaftər] 男 囡 (中) -s/-(まれ 囡 -/-n) **1**《昔の長さの単位》尋(ひろ), クラフター《両腕を拡げた長さで 1.7–2 m》. **2** 棚, クラフター《昔の木材の容積単位, 約 3 m³》.

'klaf·tern ['klaftərn] 他《木材を》ひと棚毎に積む.

'klag·bar [kla:kba:r] 形《法制》訴えの対象となり得る, 立件可能な. ~er Anspruch 訴え得べき請求権.

'Kla·ge ['kla:gə] クラーゲ 囡 -/-n **1** 嘆き, 悲嘆(の声)《über et¹ 事¹についての / um j² 人⁴の死を悼(た)んでの》. in laute ~n ausbrechen わっと悲嘆の声をあげる. **2** 苦情, 不平; 泣き言. über et¹ ~ führen 事¹について苦情を言う. Dass mir keine ~n kommen!/ Dass ich keine ~n höre!《話》お行儀よくするんですよ. Anlass〈Grund〉zur ~ geben 苦情の種になる. **3**《法制》訴え, 訴(そ);（Klageschrift）訴状. öffentliche ~ 公訴. eine ~ einreichen 訴状を提出する. gegen j⁴ erheben〈führen〉人⁴を相手どって訴訟を起す.

'Kla·ge·än·de·rung 囡 -/-en《法制》訴えの変更.

'Kla·ge·be·fug·nis 〈-s〉囡《法制》訴えの提起.

'Kla·ge·ge·schrei 中 -s/- 悲嘆の叫び.

'Kla·ge·laut 男 -[e]s/-e 悲嘆の声, うめき声.

'Kla·ge·lied 中 -[e]s/-er 悲歌, 哀歌. ~er Jeremiä《旧約》エレミアの哀歌. ein ～ über j〈et〉⁴ anstimmen《話》人〈事〉⁴について不平をこぼす(ぶつぶつ言う).

Kla·ge·mau·er 囡 -/ 嘆きの壁(エルサレムの神殿跡と伝えられる西壁面の一部).

kla·gen [klaːgən クラーゲン] ❶ 圁 **1** 嘆く, 悲嘆する, 悲嘆の声を発する. Schon von weitem hörte man die Frau ～. はやくも遠くからその女の悲嘆の声が聞こえてきた. über Schmerzen ～ 苦痛を訴える. um j⁴ ～《雅》人⁴の死を悼む.《現在分詞で》mit *klagender* Stimme 悲嘆の声をあげながら. **2**《über j〈et〉⁴》人〈事〉⁴について苦情(不平)を言う, こぼす, ぼやく. Wie geht's? — Danke, ich kann nicht ～.《話》元気ですか — ありがとう, まあこんなものです. Deine Frau *klagt* immer über dich. 奥さんはいつも君のことをこぼして苦情を言う. über ständigen Lärm ～ たえまない騒音のことで苦情を言う. **3**《法制》訴える, 告訴(提訴)する(auf et⁴ 事を請求して / gegen j⁴ 人⁴を相手取って). auf Entschädigung〈Scheidung〉～ 賠償請求の訴訟〈離婚訴訟〉を起す.《現在分詞で》die *klagende* Partei / der *klagende* Teil 原告(側). **4**《猟師》(獣や鳥が怯(おび)えて·悲しげに)鳴く.

❷ 他 **1**(人³に事⁴を嘆く, 訴える, こぼす, ぼやく. j³ *sein* Leid ～ 人³に悩みを訴える. Er *klagt* ständig, er habe zu wenig Zeit. 彼はたえず時間が足りないとぼやいている. Gott〈dem Himmel〉sei's *geklagt* 残念ながら, 遺憾なことに(=leider). **2**《古語》(verklagen)(人⁴を)告訴する.

Kla·gen·furt ['klaːɡənfurt]〔地名〕クラーゲンフルト(オーストリアのケルンテン Kärnten 州の州都).

'Klä·ger ['klɛːɡər] 男 -s/-《法制》(↔ Beklagter) 原告. ♦ 女性形 Klägerin 囡 -/-nen

'Kla·ge·schrift 囡 -/-en《法制》訴状.

'Kla·ge·weib 田 -[e]s/-er《古》(葬式に雇われる)泣き女.

'kläg·lich [klɛːklɪç] 形 **1** 悲しげな, 悲痛な. ein ～*es* Geschrei 悲痛な泣き声. ～ lächeln 悲痛げに微笑む, 痛々しい微笑を浮べる. **2** 惨(みじ)めな, 悲しむべき; 貧弱な, みすぼらしい. ein ～*er* Anblick 見るも哀れな光景. ein ～*es* Ende verlorenem 惨めな結果に終る. eine ～*e* Leistung みすぼらしい業績. **3**《副詞的用法で》(völlig) まったく, こっぴどく. Der Plan ist ～ misslungen. その計画は手ひどい失敗に終わった.

'klag·los [klaːkloːs] 形 **1** 不平(泣き言)を言わない. **2**《オーストリア》文句の付けようない.

Kla'mauk [klaˈmaʊk] 男 -s/《話》大騒ぎ, 馬鹿騒ぎ.

klamm [klam] 形 **1** 冷たい (ひやり)で湿っぽい, じっとして. ～*e* Bettwäsche じっとっとしたシーツ. **2** (寒さで)かじかんだ, 凍えた. **3**《述語的用法のみ》《話》金がない, 懐(ふところ)が淋しい.

Klamm [klam] 囡 -/-en 峡谷, 渓谷.

***'Klam·mer** ['klamər クラマー] 囡 -/-n (↑klemmen) **1** クリップ, ステープル; 締め(留め)金, かすがい; 洗濯ばさみ, ヘアピン;《医学》創傷クリップ. **2** 括弧(かっこ). eckige ～ 大括弧, 角括弧, ブラケット ([ ]). geschweifte〈geschwungene〉～ 中括弧, ブレース ({ }). spitze ～ 山型括弧 (〈 〉). ～ auf〈zu〉! (口述で括弧開く〈閉じる〉. die ～ auflösen《数学》括弧を解く(はずす). Lesen Sie die ～ mit! 括弧の中も読んで下さい. et⁴ in ～ [n] setzen 物⁴を括弧に入れる(で括る). **3**《音楽》ブレース. **4**《レスリングの》ホールド;《ボクシングの》クリンチ. **5**《戯》=Klammer-

äffchen 1

'Klam·mer·äff·chen 田 -s/-《戯》(男性ライダーにしがみついた)女性の同乗者. **2** すぐ手をつないでもらいたがる(抱っこされたがる)子供.

'Klam·mer·af·fe 男 -n/-n **1**《動物》くもざる. **2**《戯》両手両足でしがみつく人. **3**《コンピュータ》アットマーク (@).

'Klam·mer·beu·tel 男 -s/- 洗濯ばさみ袋. Du bist wohl mit dem ～ gepudert!《話》君は頭がおかしいんじゃないか.

'klam·mern ['klamərn] ❶ 他 **1** (A⁴ an B⁴ A⁴ を B⁴ に) クリップ(洗濯ばさみ)で接合する. **2** eine Wunde ～ 傷口を創傷クリップで接合する. ❷ 圁《スポーツ》クリンチする. ❸ 国 (sich⁴) (an et〈j〉⁴ 物〈人⁴に)しがみつく; (に)すがる, すがりつく. *sich* an ein Geländer ～ 手すりにしがみつく. *sich* an eine Hoffnung ～ 希望にすがる. *sich* ans Leben ～ 生に執着する.

'klamm'heim·lich 形《話》(ganz heimlich) まったく人目に立たない, ひそかな. ～ verschwinden こっそり姿を消す.

Kla'mot·te [klaˈmɔtə] 囡 -/-n **1**《話》(a)《複数で》衣服, 衣類. alte〈schäbige〉～*n* ぼろ着. (b)《ふつう複数で》(身の回りの古いがらくた, 家具, 道具. **2**《話》(娯楽本位で陳腐な)懐かしの映画(ドラマ). **3**《地方》(とくにベルリーンで)瓦礫(がれき).

'Klam·pe [klampə] 囡 -/-n **1**《船員》(耳型の)綱止め, クリート. **2** (救命艇などの)端艇梁, チョック.

'Klamp·fe [klampfə] 囡 -/-n《古》(Gitarre) ギター (の一種); かすがい.

Klan [klaːn] 男 -s/-s(-e) *(engl.)* =Clan

klang[klaŋ] klingen の過去.

klang[klaŋ]《次の用法で》Kling, ～! (鈴や鐘の音を表して)ちりんちりん, からんころん. mit Kling und *Klang* 晴れやかな歌とともに.

Klang[klaŋ クラング] 男 -[e]s/ Klänge (↑klingen) **1** (快い)音, 響き. der ～ der Glocken 鐘の音. Sein Name hat einen guten ～.《比喩》彼は評判がいい. **2**《複数で》楽の音(ね), 調べ.

'klän·ge ['klɛŋə] klingen の接続法 II.

'Klän·ge ['klɛŋə] Klang の複数.

'Klang·far·be 囡 -/-n《音楽》音色(ねいろ), 音質.

'Klang·fül·le 囡 -/ 豊かな音量.

'klang·lich ['klaŋlɪç] 形 響きの, 音色(ねいろ)の.

'klang·los 形 響きのない, くぐもった, 抑揚のない.

'klang·voll 形 **1** 響きの豊かな, 朗々たる. **2**《比喩》著名な, 評判の高い. Er hat als Politiker einen ～*en* Namen. 彼は政治家として名高い.

klapp [klap] 間 *Klapp!* (軽く物がぶつかったりはたりする音)ぱたん, ぽしゃり, ぴちゃん, こつん. ↑klipp[2]

'Klapp·bett 田 -[e]s/-en (壁に取付けられた)折畳み式ベッド.

'Klapp·brü·cke 囡 -/-n 跳ね橋.

'Klapp·de·ckel 男 -s/- (ぱたんと閉じる)蓋(ふた), はね蓋.

'Klap·pe ['klapə] 囡 -/-n **1** (a) (ぱたんと閉じる)蓋(ふた), はね蓋, 落し戸; (郵便箱などの)垂れ蓋; (衣類のポケットの蓋, フラップ; (封筒·ブックカバーの)折返し; 通気調節蓋, エアフラップ; (木管楽器の)鍵, キー;《解剖》弁. ～ zu, Affe tot!《話》話はさあこれで片づいた, 一件落着だ; (子供に対して)さあおしまい. (b) (飛行機のフラップ. (c) (制服の)肩章. (d)《映画》カチンコ. (e) (Fliegenklappe) 蝿叩き. zwei Fliegen mit einer

~ schlagen 一石二鳥(一挙両得)である. **2**《話》(Bett) ベッド, 寝床. **3**《話》(Mund) 口. die ~ aufreißen / eine große ~ haben / die große ~ schwingen 大口をたたく, 大きな口をきく. j³ eins auf die ~ geben 人³に一発食らわす. die ~ halten 黙る. **4**《ﾃﾚｺﾑ》(略 Kl.) 内線(電話).

'**klap·pen** ['klapən] ❶ 圓 **1** ぱたん(かたん, こつん)と音を立てる; ぱたんと開く(閉まる). Die Tür klappte. ドアがぱたんと締まった. Seine Schritte klappten auf dem Pflaster. 彼の靴音が舗石にこつこつと鳴った. mit den Lidern ~ 瞼(まぶた)をぱちくりさせる, 目を瞬(しばた)く. **2**《話》(gelingen) うまくいく, 成功する. Es hat alles gut geklappt. 万事うまくいった. 《非人称的に》Hat es geklappt? うまく行ったかい. 《中性名詞として》et¹ zum Klappen bringen 事¹をうまく片づける. zum Klappen kommen うまく片づく.
❷ 他 **1** ぱたんと上げる(下ろす). den Deckel in die Höhe ~ 蓋(ふた)をぱたんと跳ね上げる. den Kragen nach oben ~ 襟(えり)を立てる. den Sitz nach vorn〈hinten〉~ 座席を前〈後〉に倒す. **2**《地方》(犯人などを)とっ捕まえる.

'**Klap·pen·text** 男 -[e]s/-e (本のカバーの折返しの)宣伝文, 著作(著者)紹介.

'**Klap·per** ['klapər] 女 -/-n 鳴子(なるこ), (玩具の)がらがら.

'**klap·per·dürr** 形《話》やせこけた, 骨と皮ばかりの.

'**klap·pe·rig** ['klapərɪç] 形 = klapprig

'**Klap·per·kas·ten** 男 -s/-《話》**1**(オンボロ)ピアノ. **2** ポンコツ車.

'**klap·pern** ['klapərn] 圓 (h, s) **1**(h) かたかた(かちゃかちゃ, がたがた)音を立てる. Das Fenster〈Die Mühle〉klappert. 窓がたたがたいっている〈水車がたたと回っている〉. Der Storch klappert [mit dem Schnabel]. こうのとりが嘴(くちばし)を鳴らす. Ihm klapperten die Zähne vor Kälte. / Er klapperte vor Kälte mit den Zähnen. 彼は寒くて歯をがちがち鳴らした. 《中性名詞として》Klappern gehört zum Handwerk. 《諺》宣伝も商売のうち. **2**(s) かたかた(がたごと)走る. **3**(h)《話》ぺちゃくちゃお喋(しゃべ)りする.

'**Klap·per·schlan·ge** 女 -/-n **1**《動物》がらがらへび. **2**《俗》陰険な(たちのよくない)女.

'**Klap·per·storch** 男 -[e]s/ⁿ-e《民俗》(赤ん坊を運んで来るとされた)こうのとり. Zur Nachbarsfamilie ist der ~ gekommen. お隣さんにこうのとりがやって来た(赤ん坊が生れた).

'**Klapp·fens·ter** 中 -s/- 突き上げ窓.

'**Klapp·hut** 男 -[e]s/ⁿ-e (折畳み式の)オペラハット. ◆ フランス語 chapeau claque の翻訳借用語.

'**Klapp·mes·ser** 中 -s/- 折畳みナイフ, ジャックナイフ.

'**Klapp·rad** 中 -[e]s/ⁿ-er 折畳み自転車.

'**klapp·rig** ['klaprɪç] 形 がたがたの, ポンコツの; よぼよぼの.

'**Klapp·sitz** 男 -es/-e (劇場などの)折畳み座席; (バスなどの)補助席.

'**Klapp·stuhl** 男 -[e]s/ⁿ-e 折畳み椅子.

'**Klapp·tisch** 男 -[e]s/-e 折畳みテーブル.

'**Klapp·ver·deck** 中 -[e]s/-e (馬車・自動車などの)折畳み幌(ほろ).

'**Klapp·zy·lin·der** 男 -s/- = Klapphut

klaps [klaps] 間 Klaps!《軽くたたく音》ぱちん, ぴしゃり, ぽん.

Klaps [klaps] 男 -es/-e《話》(頭・肩・お尻などを)ぱちん(ぴしゃり, ぽん)と叩くこと. ein aufmunternder ~ 励ますようにぽんと叩くこと. j³ einen ~ geben 人³をぱちん(ぴしゃり)と叩く. einen ~ haben《話》頭が少しおかしい.

'**klap·sen** ['klapsən] 他《話》ぱちん(ぴしゃり, ぽん)と叩く.

'**Klaps·müh·le** 女 -/-n《卑》精神病院.

klar

[klaːr] クラール 形 **1** 澄んだ, 透き通った, 透明な, 曇り(濁り)のない. ~e Augen 澄んだ目. ~e Flüssigkeit 透明な液体. ein ~er Himmel 晴れ渡った空. ~e Sicht haben 見晴らしがきく. ~e Suppe コンソメスープ. ein ~er Ton 澄んだ音色 ~es Wetter 晴天. Der Mond scheint ~. 月が皓(こう)々と冴えている. **2**(輪郭などが)はっきりした, くっきりした, 鮮明な, シャープな; 明確な, 明白な, 明解な, 平明な; 疑いようのない, 紛れもない. ~e Antwort 確答. ein ~es Bild 鮮明なイメージ. ein ~er Sieg 完勝, 圧勝. ~e Umrisse くっきりとした輪郭. ~ und deutlich / 《話》klipp und ~ はっきりと. Klar? [Ist] alles ~? 分りましたか. 《話》Na ~!《話》もちろん, 当り前だよ. sich³ über et⁴ ~ sein / sich³ über et⁴ im Klaren〈° ~ en〉sein 事⁴についてはっきり分かっている. et⁴ ins Klare〈° ~ e〉bringen 事⁴をはっきりさせる. mit et³ ins Klare〈° ~ e〉kommen 事³がはっきりする. **3**(頭脳・精神などが)明晰な, 冷徹な, 理知的な; (意識が)はっきりした. et⁴ mit ~em Blick betrachten 事⁴を冷徹な目で〈虚心坦懐に〉見る. bei ~em Bewusstsein sein 意識がはっきりしている. einen ~en Kopf〈Verstand〉haben 頭脳明晰である. Er ist nicht ganz ~ im Kopf. 彼は頭がすこしおかしい. **4**《海事・軍事》(発進・戦闘などの)準備が完了した. Das Flugzeug ist ~ zum Start. 飛行機は発進準備ができている. [Schiff] ~ zum Gefecht! (全艦)戦闘準備. **5**《地方》(fein)(砂糖などが)粒(つぶ)の細かい, 精製した. ◆↑klar denkend, klar machen, klar sehen, klar werden

Klar [klaːr] 中 -s/-《ﾃﾚｺﾑ》(Eiweiß) 卵白.

'**Kla·ra** ['klaːra]《女名》(lat., die Leuchtende) クラーラ. die heilige ~ in〈von〉Assisi アシジの聖クララ (Klarissenorden の創立者, 聖女. ↑付録「聖人暦」8月11日).

'**Klär·an·la·ge** [klɛːr..] 女 -/-n (汚水の)浄化装置; 汚水処理場, 浄水場.

'**Klär·be·cken** 中 -s/- (汚水の)浄化槽.

'**Klar·blick** 男 -[e]s/-e 炯眼(けいがん), 慧眼(けいがん).

'**klar·bli·ckend** 形 冷徹な, 炯眼(慧眼)の.

'**Klär·chen** ['klɛːrçən]《女名》(Klara の縮小形) クレールヒェン.

klar den·kend, °**klar·den·kend** 形 頭脳明晰な.

'**Kla·re** ['klaːra] 男《形容詞変化》(透明な)蒸留酒, シュナプス; (とくに)穀物酒.

*'**klä·ren** ['klɛːran クレーレン] ❶ 他 **1**(液体・気体を)澄ます, 浄化する. **2**(問題などを)明らかにする, 解明する. die Schuldfrage ~ 責任問題をはっきりさせる. 《現在分詞で》auf ein klärendes Wort warten はっきりした説明を待つ. **3**(ボールを)クリアする. ❷ 再 (sich) **1**(液体・気体が)澄む, きれいになる. **2**(問題などが)明らかになる, 解明される. Das Motiv der Tat hat sich geklärt. 犯行の動機が判明した. ❸ 圓 (サッカーなどで)クリアする. zur Ecke ~ (ボールを)コーナーにクリアする.

'**klar|ge·hen*** 圓 (s)《話》うまくいく.

Klar·heit ['klaːrhaɪt クラールハィト] 囡 -/-en《複数まれ》**1**(水・空・色・音などが)澄み切っていること, 明澄なこと. **2**(概念・思考の)明晰さ, 明確さ, 明快さ. Darüber besteht ~. それは分り切ったことだ. ~ in et⁴ bringen 事⁴を明らかにする(はっきりさせる). sich³ ~ über et⁴ verschaffen 事⁴を解明する.

kla'rie·ren [klaˈriːrən] 他《海事》ein Schiff ~ 船の出航(入港)手続きをする.

Kla·ri·net·te [klariˈnɛtə] 囡 -/-n (*it.*)《楽器》クラリネット.

Kla·ri·net'tist [klarinɛˈtɪst] 男 -en/-en クラリネット奏者.

Kla'ris·sa [klaˈrɪsa]《女名》(↓ Klara) クラリッサ.

Kla'ris·se [klaˈrɪsə] 囡 -/-n (↓ Klara) 聖クララ会修女.

Kla'ris·sen·or·den 男 -s/《宗教》聖クララ女子修道会, 聖クララ会(Klara in Assisi により1212年に創立されたフランシスコ第2会. ↑ Orden 1).

Kla'ris·sin [klaˈrɪsɪn] 囡 -/-nen =Klarisse

klar|kom·men* 自 (s)《話》(mit j⟨et⟩³ 人⟨物⟩³と)うまくやって行く; (を)上手(ジャ)に使いこなせる.

klar|le·gen 他《話》(人³に事⁴を)明らかにする, 説明(解明)する.

klar|ma·chen¹ 他 **1** (et⁴ zu et³ 事³のために物⁴の)準備を整える. das Schiff zum Gefecht ~ 全艦戦闘準備を整える. **2**《話》(代金などを)払う.

klar ma·chen, **klar|ma·chen²** 他《話》(人³に事⁴を)はっきりと分からせる, 理解させる.《再帰的に》*sich*³ et⁴ ~ 事⁴をはっきり理解する.

'Klär·schlamm 男 -[e]s/ᵉe (浄水場の)沈澱汚泥.

'klar se·hen*, **'klar|se·hen*** 自《話》はっきり分かる, 合点がいく.

'Klar·sicht·fo·lie 囡 -/-n (透明な)ラップフィルム, ラップ.

'Klar·sicht·pa·ckung 囡 -/-en (ラップなどによる)透明包装.

'klar|stel·len はっきりさせる, 明確にする.

'Klar·text 男 -[e]s/-e **1** (暗号化・記号化される前の)普通の文, 平文. **2**《比喩》~ reden⟨sprechen⟩ ふつうの言葉で話す. im ~ 平たく言って.

'Klä·rung ['klɛːrʊŋ] 囡 -/-en **1** 明らかにすること, 解明. **2** (硬水などの)浄化.

klar wer·den*, **klar|wer·den*** 自 (s) **1** (人³に)明らかになる, はっきりする. **2**《人が主語》(sich³ über et⁴ 事⁴について)はっきり分かる.

klass, **klaß** [klas] 形《ジュゲ》=klasse ♦ただし語形変化しる. ein *klasser* Typ すごいやつ.

'klas·se [klasə] 形《不変化》《話》(toll, super) すばらしい, すごい. ein ~ Typ すごいやつ. Das ist ~ ⟨*Klasse*⟩! それはすごい.

'Klas·se ['klasə クラセ] 囡 -/-n **1 (a)** 学級, クラス. Die ~ hat 20 Schüler. / Die ~ besteht aus 20 Schülern. クラスの生徒数は20名だ. **(b)** 学年. Er besucht die dritte ~. / Er geht in die dritte ~. 彼は第3学年の生徒だ. eine ~ über⟨unter⟩ j³ sein 人³の1学年上⟨下⟩である. **(c)** (Klassenzimmer) 教室. **2**《略 Kl.》(種別・類別としての)クラス, …級. Führerschein ~ III 第3種運転免許証. die ~ der Junioren⟨der Senioren⟩ ジュニア級⟨シニア級⟩. Meister aller ~*n* 無差別級チャンピオン. **3** 等級. ein Abteil erster ~ 1等車室. der Verdienstorden erster ~ 勲1等功労賞. ein Hotel zweiter ~ 2流ホテル. erste[r]⟨zweite[r]⟩ ~ fahren 1等⟨2等⟩に乗る. **4**《話》(優れた)資質, 品質, 水準; 1級品, すぐれもの. eine Mannschaft erster ~ 第1級のチーム. Der Spieler ist eine ~ für sich⁴. そのプレーヤーは1流だ. Das ist [einsame/ganz große] ~! それはすごい. **5** (大学などの)部門, 科. die ~ für Medizin 医学部門. **6**《社会学・政治》階級. die herrschende ⟨unterdrückte⟩ ~ 支配者⟨被支配者⟩階級. **7**《生物》綱(ξ). **8**《宝(ξ)》(クラスくじの)等級(↑ Klassenlotterie).

'Klas·se·frau 囡 -/-en《話》すごい女, すばらしい女性.

Klas·se'ment [klasəˈmãː, ..ˈmɛnt] 匣 -s/-s (*fr.*) **1** 分類, 区分. **2**《スポ》順位(表), ランキング.

'Klas·sen·ar·beit 囡 -/-en (授業中の)課題, 小試験.

'klas·sen·be·wusst 形 階級意識を持った.

'Klas·sen·be·wusst·sein 匣 -s/- 階級意識.

'Klas·sen·buch 匣 -[e]s/ᵉer (教師の)学級日誌, えん帳.

'Klas·sen·ge·sell·schaft 囡 -/-en 階級社会.

'Klas·sen·hass 男 -es/ 階級間の憎悪.

'Klas·sen·ka·me·rad 男 -en/-en 級友, クラスメート. ♦女性形 Klassenkameradin 囡 -/-nen

'Klas·sen·kampf 男 -[e]s/ᵉe 階級闘争.

'Klas·sen·leh·rer 男 -s/- クラス担任教師.

'klas·sen·los 形 階級のない, 階級差別のない, 等級別のない.

'Klas·sen·lot·te·rie 囡 -/-n クラスくじ(等級ごとに日を追って抽選が行われ, 賞金額も増える).

'Klas·sen·par·tei 囡 -/-en《政治》(↔ Volkspartei)(ある階級の利害を代弁する)階級政党.

'Klas·sen·spre·cher 男 -s/- 学級委員(長).

'Klas·sen·tref·fen 匣 -s/- (卒業生の)クラス会, 同窓会.

'Klas·sen·zim·mer 匣 -s/- 教室.

klas'sie·ren [klaˈsiːrən] 他《話》**1** 階級別する, 等級を付ける. **2**《鉱業》(鉱石を)選別する, 分粒する.

Klas·si·fi·ka·ti·on [klasifikatsiˈoːn] 囡 -/-en Klassifizierung

klas·si·fi'zie·ren [klasifiˈtsiːrən] 他 分類(類別)する, 等級に分ける.

Klas·si·fi'zie·rung 囡 -/-en **1** 分類, 類別; 等級わけ. **2** 等級(等級分け)されたもの.

..klas·sig [..klasɪç]《接尾》**1** 基数とともに「…(個)のクラスの」の意の形容詞をつくる. drei*klassig* 3 クラスの, 3階級の. **2** 序数とともに「…等級の」の意の形容詞をつくる. erst*klassig* 第1級の, 1流の.

'Klas·sik ['klasɪk] 囡 -/ **1** (古代ギリシア・ローマ時代を総称して)古典古代; 古典文化. **2** (一般にある民族・王朝などの文化的・芸術的な頂点をなす時代をさして)古典時代, 古典期. die deutsche ~《文学》(1786-1805 の Goethe = Schiller 時代をさして)ドイツ古典主義. [Wiener]《音楽》(Haydn, Mozart, Beethoven などが活躍した)ヴィーン古典派(の時代). **3**《話》クラシック(音楽).

'Klas·si·ker ['klasɪkɐr] 男 -s/- **1** 古典時代(とくに古典古代)の代表的人物; (学問・芸術の)古典的大家, 巨匠. die Wiener *Klassiker*《音楽》ヴィーン古典派の作曲家たち. **2** 古典的作品, 名作.

***'klas·sisch** ['klasɪʃ クラスィシュ] 形 **1** 古典古代の, 古代ギリシア・ローマの. das ~*e* Altertum 古典古代. die ~*en* Sprachen 古典語(ギリシア語とラテン語). **2** (それぞれの文化にとっての)古典時代の, 古典期の; 古典

Klassizismus 798

主義の, 古典派の; 古典主義様式の. ~e Musik クラシック音楽. im Drama in ~en Stil 古典主義様式の戯曲. **3** 古典的な, 伝統的な, 古風な. die ~ Physik 古典物理学. **4** 模範的な, 典型的な. ein ~er Fall von Melancholie 鬱病の典型的な症例. ein ~es Französisch sprechen 模範的なフランス語を話す. **5** 《話》《klasse》すばらしい, すごい. Das ist ja ~! それはすばらしい; (反語的に)いや実にすばらしい. **6** 《ジャズ》グレコ・ローマンスタイルの.

Klas·si·zis·mus [klasiˈʦɪsmʊs] 男 -/ (とくに16–17世紀の建築, また 18世紀末–19世紀前半の建築・美術分野に見られた古典古代を範とする)擬古典主義, (新)古典主義.

klas·si·zis·tisch [..ˈʦɪstɪʃ] 形 擬古典主義の.

Kla·ter [ˈklaːtɐr] 男 -s/-n 《北ドイツ》 **1** 《複数なし》 (Schmutz) 汚れ, 汚物. **2** 《複数なし》 ぼろ; ぼろ着.

kla·te·rig [ˈklaːtərɪç] 形 《北ドイツ》 **1** 汚い, 汚れた. **2** 落ちぶれた, みすぼらしい, 哀れな. **3** 気遣わしい, ゆゆしい. **4** 気分のすぐれない, 病弱な.

klatsch [klatʃ] 間 Klatsch! (柔らかい物が落ちたり, 当たりする音)ぱしっ, ぴしゃっ, ぴしゃん, ばしゃん.

Klatsch [klatʃ] 男 -[e]s-e **1** ぱしっ(ぴしゃっ, ぴしゃん, ばしゃん)という音. **2** 《複数なし》《話》おしゃべり, 噂話, ゴシップ, 陰口.

ˈKlatsch·ba·se 女 -/-n 《話》おしゃべり女.

ˈKlatsch·e [ˈklatʃə] 女 -/-n **1** 《話》 = Klatschbase **2** 《地方》告げ口屋, 密告者. **3** 《地方》平手打ち. **4** 《古》(訳読用の)虎の巻. **5** 《話》 (Fliegenklatsche) はえ叩き.

ˈklat·schen [ˈklatʃən] クラチェン **①** 自 **1** ぱしっ(ぴしゃっ, ぴしゃん, ばしゃん)と音を立てる. Der Regen klatscht gegen die Fenster. 雨が窓を打っている. sich³ auf die Schenkel ~ 膝を打つ; (非人称的で) Halt den Mund, sonst klatscht's! 黙らないと一発くらわすぞ. **2** 拍手する. in die Hände ~ (喜んで)手をたたく, 拍手する. **3** 《話》噂話をする, 陰口をたたく. **4** 《地方》告げ口をする.

② 他 **1** (物¹を…に)ぴしゃり(ばしゃり)と叩きつける. Voll Zorn klatsche er das Buch auf den Tisch. 腹立ちまぎれに彼はその本を机に叩きつけた. j³ eine ~ 人³に平手打ちをくらわす. **2** 手をたたく, 拍手する. j³ Beifall ~ 人³に拍手する. den Takt ~ 手拍子をする. **3** 《話》(人⁴に事¹を)告げ口する.

ˈKlat·scher [ˈklatʃɐr] 男 -s/- (報酬を受取って)拍手する人.

Klat·scheˈrei [klatʃəˈraɪ] 女 -/-en 《話》おしゃべり; 噂話, 陰口.

ˈKlatsch·ge·schich·te 女 -/-n 噂話, ゴシップ.

ˈklatsch·haft 形 噂話(陰口)の好きな, 口さがない.

ˈKlatsch·maul 中 -[e]s/-er 噂話(陰口)の好きな人.

ˈKlatsch·mohn 男 -[e]s/ 《植物》ひなげし.

ˈklatsch·nass 形 びしょぬれの.

ˈKlatsch·ro·se 女 -/-n = Klatschmohn

ˈKlatsch·sucht 女 -/ 噂話(陰口)が大好きなこと.

ˈklatsch·süch·tig 形 噂話(陰口)の大好きな.

ˈKlatsch·tan·te 女 -/-n, **ˈKlatsch·weib** 中 -[e]s/-er = Klatschbase

ˈklau·ben [ˈklaʊbən] 他 **1** ひとつひとつ拾い集める, 丹念に選り集める. **2** (et¹ aus et³) より抜いて(取出し, 選り出す. die Rosinen aus dem Kuchen ~ 干しぶどうをケーキから取出す; 《話》いいとこ取りをする. **3** (a) 《南ドイツ》 (豆など)選り分ける. (b) 《坑夫》(石炭・鉱石など)選り分ける. **4** (字句を)穿鑿(せんさく)する.

ˈKlaue [ˈklaʊə] 女 -/-n **1** (a) (猛獣・猛禽の)鉤爪(かぎづめ)(の足). An der ~ erkennt man den Löwen. 爪を見てライオンを知る(「その特徴を見れば何ものであるかが分かる」の意). (b) (牛・豚などの)蹄(ひずめ). (c) (昆虫の)爪. **2** 《比喩》魔の手. j³ in die ~n fallen ⟨geraten⟩ 人³の手中に陥る. j³ den ~n des Todes entreißen 人⁴を死神の手から救い出す. **3** 《話》 (a) 《ふつう複数形》 (Hand) (人間の)手. (b) 《複数形》 (金釘)流の筆跡, 悪筆. **4** 《工学》 (a) 爪, ハーケン. (b) (鉤型の)つかみ道具; 釘抜き.

ˈklau·en [ˈklaʊən] 他 《話》盗む, くすねる.

ˈKlau·en·seu·che 女 -/ 《獣医》口蹄疫(こうていえき).

Klaus [klaʊs] 《男名》クラウス.

ˈKlau·se [ˈklaʊzə] 女 -/-n (lat. clausus, geschlossen') **1** (修道院の)独居室; (隠者の)庵(いおり). **2** (静謐に満ちた)小部屋, 住まい. **3** (とくにアルプスの)峡谷, 峡道. **4** 《植物》分果.

ˈKlau·sel [ˈklaʊzəl] 女 -/-n (lat. clausula ‚Schluss') **1** (契約などの)条項, 約款(やっかん). **2** 《修辞》(古典修辞法における)定型韻律を持つ終句, クラウスラ. **3** 《音楽》(中世の)定型的終止(法), カデンツァ.

ˈKlaus·ner [ˈklaʊsnɐr] 男 -s/- (Einsiedler) 隠者, 世捨て人, 隠修士.

Klaus·tro·pho·bie [klaʊstrofoˈbiː] 女 -/-n [..ˈbiːən] (lat. claustrum ‚Schloss' + gr. phobos ‚Furcht') 《心理》閉所恐怖(症).

Klau·sur [klaʊˈzuːɐr] 女 -/-en (lat. clausura ‚Einschließung') **1** (外界からの)隔絶, 孤絶. **2** (修道院の)立入禁止区域, 禁域. **3** = Klausurarbeit

Klau·sur·ar·beit 女 -/-en 筆記試験(の答案).

Kla·vi·a·tur [klavia'tuːɐr] 女 -/-en 《楽器》鍵盤.

Kla·vi'chord [klaviˈkɔrt] 中 -[e]s/-e (lat. clavis ‚Taste') 《楽器》クラヴィコード.

Kla'vier [klaˈviːɐr クラヴィーア] 中 -s/-e (fr. ‚Tastenbrett') 《楽器》ピアノ. ~ spielen ピアノを弾く. auf j² Nerven ~ spielen 《話》人²の神経に障る. Wo steht das ~? 《戯》(ちょっとした仕事を頼まれて)それでどうすればいいの? j⁴ am ⟨auf dem⟩ ~ begleiten ピアノで人⁴の伴奏をする. ein Stück für Cello auf dem ~ spielen チェロのための曲をピアノで弾く. auf zwei ~en spielen 《話》二兎を追う. mit ~ und Geige 《話》盛大に, 豪勢に. Ganz groß, ~ und Geige! 《話》これはすごい, 参った参った. **2** 《古》《楽器》クラヴィコード; チェンバロ. **3** 《ジャズ》(女性の)大きな尻.

Kla'vier·aus·zug 男 -[e]s/ 《音楽》(オペラなどの)ピアノ用スコア.

Kla'vier·kon·zert 中 -[e]s/-e **1** 《音楽》ピアノ協奏曲. **2** ピアノコンサート.

Kla'vier·leh·rer 男 -s/- ピアノ教師.

Kla'vier·quar·tett 中 -[e]s/-e 《音楽》ピアノ4重奏(団).

Kla'vier·schu·le 女 -/-n 《音楽》ピアノ教則本.

Kla'vier·so·na·te 女 -/-n ピアノソナタ.

Kla'vier·spiel 中 -[e]s/-e ピアノ演奏.

Kla'vier·spie·ler 男 -s/- ピアノ演奏者, ピアニスト.

Kla'vier·stim·mer 男 -s/- ピアノ調律師.

Kla'vier·stück 中 -[e]s/-e ピアノ曲.

Kla'vier·stun·de 女 -/-n ピアノのレッスン.

ˈKle·be [ˈkleːbə] 女 -/-n 《話》 (Klebstoff) 接着剤.

Kle·be·band 田 -[e]s/⁼er 接着テープ.
Kle·be·fo·lie 囡 -/-n 接着フィルム.
Kle·be·mit·tel 田 -s/- 接着剤.
kle·ben ['kle:bən クレーベン] ❶ 他 **1** 貼る, 貼り付ける. ein Bild an die Wand ~ 絵を壁に貼る. eine Marke auf den Brief ~ 切手を手紙に貼る. Fotos ins Album ~ アルバムに写真を貼る. **2** 〈接着剤で〉貼り合せる, 修復する. einen Riss ~ 割れ目を貼り合せる. **3** j³ eine ~ 《話》人³に一発食らわす. **4** 《古》〔Versicherungsmarken〕 ~ 社会保険料を払い込む.
❷ 自 **1** はりつく, くっつく. Am Fenster *klebt* ein Blatt. 窓に木の葉がはりついている. Das Hemd *klebt* mir am Körper. シャツが体にはりつく. Dieser Leim *klebt* gut. この膠(にかわ)はよくつく. An dieser Arbeit *klebt* viel Schweiß. 《比喩》この仕事は汗の結晶だ. Mir *klebt* die Zunge am Gaumen. 《比喩》私は喉がからからだ. **2** 《話》〈菓子などが〉べとつく 〈汚れや汗で〉べとべとである. Die Bonbons *kleben*. キャンディーがべとついている. Vorsicht, ich *klebe*! 気をつけて, 手がべとべとなんだ. **3** 《話》〈…から〉離れようとしない, 執着〈拘泥〉する. am Gegner ~ 〖スポ〗相手にはりつく, (を)ぴったりマークする. am Geld ~ 金に執着する. an einem Posten ~ 地位にしがみつく. im Wirtshaus ~ 居酒屋でねばる.
♦↑kleben bleiben

kle·ben blei·ben*, °**'kle·ben|blei·ben*** 自 (s) **1** はりついた〈くっついた〉ままである. **2** 《話》(a) 何までも居続ける. bei j³ ~ 人³のところに長居をする. (b) (sitzen bleiben) 落第する.
'Kle·be·pflas·ter 田 -s/- 絆創膏(ばんそうこう).
Kle·ber ['kle:bər] 男 -s/- **1** (Gluten) グルテン. **2** 《話》(Klebstoff) 接着剤. **3** 《話》落葉生.
'kle·be·rig ['kle:bəriç] =klebrig
'Kle·be·stift 田 -[e]s/-e スティック糊.
'Kle·be·strei·fen 男 -s/- 接着(粘着)テープ.
'Kle·be·zet·tel 男 -s/- (裏糊の)ステッカー, ラベル.
'Kleb·mit·tel ['kle:p-...] -s/- =Klebemittel
'kleb·rig ['kle:briç] 形 **1** 粘着性の, ねばねばした, べとべとした. ~e Hände haben 《話》手癖が悪い. **2** 《比喩》〈態度などが〉いやにべたついた, べたべたした.
'Kleb·stoff 男 -[e]s/-e 接着剤, 糊.
'Kleb·strei·fen 男 -s/- =Klebestreifen
'kle·ckern ['klεkərn] ❶ 自 (h, s) 《話》 **1** (h) 〈食事の際などに〉ぽたぽたこぼす. auf die Schürze ~ エプロンを染みにする. **2** (s) ぽたぽたこぼれる, 滴(したた)り落ちる. **3** (h) (a) 〈仕事などが〉ぽつぽつ進む. Die Angelegenheit *kleckert* nur. 今件はなかなか捗(はかど)らない. (b) ぽつぽつやる(↑klotzen). ❷ 他 ぽたぽたこぼす. Suppe auf den Boden ~ スープを床にこぼす.
'kle·cker·wei·se ['klεkərvaizə] 副 《話》ぽつぽつと, ぽつりぽつりと.
Klecks [klεks] 男 -es/-e **1** (Fleck) (インク・塗料などの)染み, 汚れ. **2** 《話》〈柔らかい物の〉少量. ein ~ Sahne ホイップクリームを少し.
'kleck·sen ['klεksən] ❶ 自 **1** (こぼして)染みをつける. Pass auf, dass du nicht *kleckst*! 染みをつけないように気をつけて!. Der Füller *kleckst*. その万年筆はインクが漏れる. **2** 《話》〈染みのような〉下手な絵を描く(字を書く). ❷ 他 ぽたっ(ぱたっ)と落す; べたりと塗りつける.
'kleck·sig ['klεksiç] 形 染みだらけの.
Klee¹ [kle:] 男 -s/ 《植物》クローバー, しろつめくさ. j⟨et⟩⁴ über den grünen ~ loben 《話》人⟨事⟩⁴を大げさに褒(は)める, べた褒めする.
Klee² 〔人名〕Paul ~ パウル・クレー(1879–1940, スイスの画家).
'Klee·blatt 田 -[e]s/⁼er **1** クローバーの葉. ein vierblättriges ~ 四つ葉のクローバー. **2** 〔仲良し〕3人組; 3つ組. **3** (四つ葉の)クローバー型立体交差路.
'Klee·salz 田 -es/-e 〖化学〗重蓚酸(じゅうしゅうさん)カリウム(しみ抜きやさび取りに使われる有毒物質).
'Klee·säu·re 囡 -/ 〖化学〗(Oxalsäure) 蓚酸(しゅうさん).
Klei [klai] 男 -[e]s/ 《北ドイツ》(肥沃な)粘土質土壌.
'klei·ben ['klaibən] 他 《地方》 **1** =kleben ① **2** (物⁴に)粘土を塗る.
'Klei·ber ['klaibər] 男 -s/- 《鳥》ごじゅうから(五十雀).

Kleid
[klait クライト] 田 -[e]s/⁼er **1** 婦人服, ドレス, ワンピース. ein festliches ~ 晴れ着. ein kurzes 〈langes〉 ~ 裾の短い〈長い〉ドレス. erstes ~ 《古》ファウンデーション(コルセット・ブラジャーなど). zweites ~ 《古》女性用下着, アンダーウェア. ein ~ anhaben 〈tragen〉 ドレスを着ている. **2** 《複数で》 着衣, 衣服. die ~er ablegen 着衣を脱ぐ. aus den ~ern fallen 《話》げっそり痩せる. nicht aus den ~ern kommen 《忙しくて》寝る暇もない. schnell in die ~er fahren 〈schlüpfen〉 急いで服を着る. j³ nicht in den ~ern hängen lassen (事の)人³にひどくこたえる, 大打撃である. sich¹ tüchtig in die ~er tun müssen 《地方》(太るために)しっかり食べなくてはならない. *Klei·der* machen Leute. 〔諺〕 馬子(まご)にも衣装. **3** 《古》《雅》 (Uniform) 制服. **4** 《古》 (Anzug) 背広. **5** 〔飾り〕 (鳥の)羽毛; (兎などの)毛皮. **6** 《船員》 (1幅の)帆布(ほぬの), カンバス; 帆布製カバー(羅針盤などに).

*'klei·den ['klaidən クライデン] ❶ 他 **1** (人⁴に)衣服を着せる. Sie *kleidet* ihre Kinder immer ordentlich. 彼女は子供たちにいつもきちんとした身なりをさせている. j³ nähren und ~ 人³の衣食の面倒を見る. 《過去分詞で》gut *gekleidet* sein よい身なりをしている. **2** 〈衣服・色調などが〉人⁴によく似合う, (を)引き立たせる. Der Mantel *kleidet* dich 〔gut〕. そのコートは君によく似合う. **3** 《比喩》(A⁴ in B⁴ を B⁴ の形で)言い表す, 表現する. seine Gefühle in Worte ~ 自分の感情を言葉に言い表す.
❷ 〔**sich**〕 ['klaidən] 自 **1** (人⁴の)〜に装う. sich modern〈sportlich〉 ~ モダンな〈スポーティな〉服装をする. sich in Trauer ~ 喪服を着る.
'Klei·der·ab·la·ge 囡 -/-n (Garderobe) クローク, 携帯品預かり所.
'Klei·der·bad 田 -[e]s/⁼er ドライクリーニング.
'Klei·der·bü·gel 男 -s/- 洋服掛け, ハンガー.
'Klei·der·bürs·te 囡 -/-n 洋服ブラシ.
'Klei·der·ha·ken 男 -s/- コート掛け(のフック).
'Klei·der·pup·pe 囡 -/-n マネキン人形.
'Klei·der·schrank 男 -[e]s/⁼e 洋服ダンス.
'Klei·der·stän·der 男 -s/- (スタンド式の)コート掛け.
'kleid·sam ['klaitza:m] 形 (衣服・髪型などが)よく似合う.
*'Klei·dung ['klaidʊŋ クライドゥング] 囡 -/-en 《複数で》〔総称的に〕衣類, 衣服; 服装. leichte 〈warme〉 ~ 身軽な〈暖かい〉服装. seine ~ ablegen 着ている物を脱ぐ. ♦付録《図解小辞典》参照.
'Klei·dungs·stück 田 -[e]s/-e (個々の)衣服, 衣類 (コート・上着・靴下など).
Kleie ['klaiə] 囡 -/-n ふすま(麸・麬); ぬか(糠).

'klei·ig[1] ['klaɪɪç] 形 (↑Kleie) **1** ぬか(ふすま)状の. **2** ぬかくさみの入った.

'klei·ig[2] 形 (↑Klei) (北ﾄﾞ) 粘土状の; 粘土質の.

klein

[klaɪn クライン] 形 (↔ groß) **1** 小さい, 小型の; 背の低い. ein ～es Auto 小型自動車. der ～e Finger 小指. der ～e Zeiger (時計の)短針. *Klein*, aber fein《戯 oho》! 《話》なりは小さいがすごいやつだ. Der Koffer ist für diese Reise zu ～. このスーツケースは今回の旅行には小さすぎる. ～ machen《話》おしっこをする. sich[4] ～ machen 身をかがめる. im *Kleinen*《～en》 小規模の(で), 縮小した形の(で). Er ist einen Kopf ～ er als sie. 彼は彼女より頭一つ低い. der *Kleinste*《～ste》 in der Klasse クラスでいちばん背の低い男の子. bis ins *Kleinste*《～ste》 細部にいたるまで.

2(年齢が)まだ小さい, 幼い, 年少の. ♦ der ～e Bruder 弟. das ～e Volk 子供たち. *Klein* Elise / die ～e Elise エリーゼちゃん. Groß und *Klein* / Große und *Kleine* 大人も子供も. von ～ an〈auf〉 幼い頃から. unser *Kleinster*〈unsere *Kleinste*〉《話》 うちの末っ子《末娘》.

3(数量が)僅かな, 少数(少量)の, 小額の; 短時間の. eine ～e Familie 小家族. ～es Geld 小銭. eine ～e Pause 小休止. eine ～e Summe 僅かな金額. Haben Sie es ～?《話》 細かいのをお持ちですか. nichts ～ haben 小銭がない. einen *Kleinen*《～en》 sitzen haben《話》 ほろ酔い機嫌である. bei ～em (北ﾄﾞ) 徐々に, しだいに. et[1] im *Kleinen*《～en》 verkaufen 物[4]を小売りする. über ein *Kleines*《～es》《古》 やがて, ほどなく. um ein *Kleines*《～es》《雅》 ほとんど, 危うく, すんでのところで.

4(程度・度合いが)小さい, 少ない; 取るに足らない, 些細な. eine ～e Erkältung 軽い風邪. ein ～es Geschenk ちょっとした贈物. ein ～[es] bisschen ちょっと. Das ist mir ein *Kleines*《～es》 それは私には何でもないことだ. Bei der ～sten Schwierigkeit gibt er sofort auf. ほんのちょっとした困難にあってもすぐに投げ出してしまう.

5(地位・身分などが)取るに足らない, しがない, 下っ端の, 無名の; 裕福ではない, 慎ましやかな. ein ～er Angestellter しがないサラリーマン. ein ～er Beamter 小役人. Er ist ein Kind ～er Eltern. 彼は名もない家庭の出である. ～e Leute 名もない人々, 庶民. ～ anfangen《話》下っ端〈裸一貫〉から始める.

6(人物が)小さい, 狭量な. ein ～er Geist 小人物. ～ und niedrig von j[3] denken 人[3]のことを軽んじる.

7《話》(kleinlaut) (態度が)小さくなった, しゅんとなった. ～ [und hässlich] werden (態度が)小さくなる, 弱腰になる.

♦ ↑klein gedruckt, klein kariert, klein machen, klein schneiden, klein schreiben

Klein 中 -s/ **1**《料理》(鳥・兎などの)臓物, 前脚, 頸. **2** (坑夫) 粉炭, 粉炭.

'Klein·ar·beit 女 -/ (骨の折れる)細かい仕事.

klein·asi·a·tisch [klaɪn|azi'a:tɪʃ] 形 小アジアの.

'Klein·asi·en [klaɪn'a:ziən] (地名) 小アジア.

'Klein·bahn 女 -/-en《交通》軽便鉄道.

'Klein·bau·er 男 -n(-s)/-n, -s 小農.

'Klein·be·trieb 男 -[e]s/-e《経済》**1** 小企業. **2** 小農経営.

'Klein·bild·ka·me·ra 女 -/-s《写真》小型カメラ.

'Klein·buch·sta·be 男 -ns(-n)/-n《印刷》小文字. ♦ 格変化は Buchstabe 参照.

'Klein·bür·ger 男 -s/- 《しばしば軽蔑的に》小市民, プチブル.

'klein·bür·ger·lich 形 小市民(プチブル)的な, 俗物的な.

'Klein·bür·ger·tum 中 -s/ 小市民(プチブル)階級.

'Klein·bus 男 -ses/-se ミニバス.

'Klein·chen [klaɪnçən] 中 -s/-《複稀まれ》小さな子供; (呼掛け)おちびちゃん.

'klein·den·kend 形《雅》狭量な.

'klein·deutsch 形《歴史》小ドイツ主義の(オーストリアを除外したプロイセン主導の統一を主張した).

'Klei·ne ['klaɪnə] (形容詞変化) ❶ 男 女 **1**《男性形》(小さな)男の子, 少年; 坊や, ぼく. Na *Kleiner* ねえ, ぼくや.《しばしば若い女性が親しみをこめて男性に呼掛けるときにも用いられる》 **2**《女性形》(小さな)女の子, 少女; お嬢ちゃん. meine ～ 私の可愛い子(恋人や娘をさして). **3**《複数形》子供たち. ❷ 中 **1** 小さな子供, 赤ん坊, 動物の子. sich[1] etwas ～ bestellt haben《戯》子供ができる. **2** 小さなこと, 些細なこと. Das ist mir ein ～s. それは私には何でもないことだ(↑klein 4). im ～n 細かな点で. eine Welt im ～n 世の中の縮図.

'Klein·emp·fän·ger 男 -s/- 小型ラジオ(受信機).

'Klein·fa·mi·lie 女 -/-n《社会学》小家族, 核家族.

'Klein·for·mat 中 -[e]s/-e 小型サイズ.

'Klein·gar·ten 男 -s/- (郊外の)小菜園, 家庭菜園.

'Klein·gärt·ner 男 -s/- 小菜園の持主, 家庭菜園家.

'Klein·ge·bäck 中 -[e]s/-e ビスケット, クッキー.

'klein ge·druckt, 'klein·ge·druckt 形 細字で印刷された. 《名詞的用法で》 das klein Gedruckte / das Kleingedruckte 細字印刷の箇所(契約書の付帯事項など).

'Klein·geist 男 -[e]s/-er 狭量な人.

'Klein·geld 中 -[e]s 小銭, 釣銭.

'klein·gläu·big 形 疑り深い, 他人を信じられない.

'Klein·han·del 男 -s/《経済》小売り.

'Klein·händ·ler 男 -s/- 小売商, 小売業者.

'Klein·heit 女 -/ **1** 小さいこと; 微少, 少量. **2**《稀》(精神・器量などの)狭さ, 狭小さ.

'Klein·hirn 中 -[e]s/-e《解剖》小脳.

'Klein·holz 中 -es/ 細かく割った木, 薪(たきぎ). et〈j〉[4] zu ～ machen / ～ aus et〈j〉[3] machen《話》物[4],[3]をめちゃめちゃに壊す〈人[4],[3]をぶちのめす〉.

*'**Klei·nig·keit** ['klaɪnɪçkaɪt クライニヒカイト] 女 -/-en **1** (a) わずかばかりのもの, ちょっとしたもの; つまらないもの, 些細なこと. Ich muss noch einige ～ en besorgen. 私はまだちょっと買物がある. j[3] eine ～ schenken 人[3]にちょっとした贈物をする. Das kostet die ～ von 5 000 Euro!《反語》わずか 5000 ユーロという安さなんだ. (b)《eine Kleinigkeit の形で》《話》(ein bisschen) ほんの少し, ちょっとだけ. Der Rock ist eine ～ zu kurz. スカートがほんのちょっぴり短すぎる. Das kostet eine ～.《反語》それはちょっとした値段だ. **2** 些細なこと, 些事, 小事; つまらない用件. sich[4] nicht mit ～en abgeben 些細なことにかかずらわない. **3** 造作もない(たやすい)こと. Das ist keine ～.《話》これはなかなか厄介だ.

'Klei·nig·keits·krä·mer 男 -s/-《侮》小事にこだわる人.

Klein·ka·li·ber 匣 -s/- 《略 KK》(銃器の)小口径.

Klein·ka·li·ber·ge·wehr 匣 -[e]s/-e 小口径銃.

Klein·ka·riert, °**'klein·ka·riert**¹ 形 細かいチェック(格子縞)の.

Klein·kind 匣 -[e]s/-er (就学前の)幼児.

Klein·kram 男 -[e]s/ 《話》**1** こまごましたもの、くだらないもの. **2** 些事、くだらないこと.

Klein·krieg 男 -[e]s/-e **1** (後方での)ゲリラ戦. **2** (絶え間ない)いざこざ、小競(ぜ)り合い.

klein·krie·gen 他 《話》**1** (人⁴を)意のままにする、屈服させる. **2** (物⁴を)小さく砕く(割る); 壊す. **3** (物⁴を)使い果たす、食べ尽くす.

Klein·kunst 女 -/ **1** 小工芸(品). **2** 寄席芸.

Klein·kunst·büh·ne 女 -/-n 寄席、カバレット; 小劇場.

klein·laut ['klaınlaʊt] 形 (初めの元気が失せて)急にしょんぼりした、しゅんとなった. ～ werden しゅんとなる.

klein·lich ['klaınlıç] 形 (↔ großzügig) 心の狭い、狭量(偏狭)な; こせこせした、けちな.

Klein·lich·keit 女 -/-en **1** 《複数なし》心の狭さ、狭量. **2** こせこせした言動.

klein|ma·chen, °**'klein|ma·chen**¹ (金・財産などを)使い果たす.

klein ma·chen, °**'klein|ma·chen**² 他 《話》**1** 細かく割る(砕く). **2** (お札などを)くずす. **3** (人⁴を)辱(はずかし)める、卑しめる.

Klein·ma·le·rei 女 -/-en **1** 細密画、ミニアチュール. **2** 〖文学〗(ディテールの)細密描写.

Klein·mut 男 -[e]s/ 小心、臆病、無気力.

klein·mü·tig 形 小心な、臆病な; 無気力な.

'Klein·od ['klaın|o:t] 匣 -[e]s/-e (..odien[klaın'o:diən]) **1** 《複数 ..odien》(a) (高価な)宝飾品、宝石. (b) 《複数のみ》〖料理〗臓物. **2** 《複数 -e》貴重品、宝物.

'Klein·rent·ner 男 -s/- 僅かな年金で暮らしている人. ein geistiger ～ 《俗》気概の乏しい人.

'klein schnei·den¹*, °**'klein|schnei·den**¹* 小さく切る、細かく刻む.

'klein|schrei·ben¹*, °**'klein schrei·ben**¹* 他 (ある語を)小文字で書き始める. ein Wort ～ ある語の頭文字を小文字で書く.

'klein schrei·ben²*, °**'klein|schrei·ben**²* 他 《ふつう受動態で》(↔ groß schreiben)《話》(ことさらに)軽視する、軽んじる.

Klein·schrei·bung 女 -/ (名詞の頭文字などの)小文字書き.

'Klein·staat 男 -[e]s/-en 小国、弱小国家.

Klein·staa·te·rei [klaɪnʃtaːtəˈraɪ] 女 -/ 小邦分立(状態).

'Klein·stadt 女 -/⸚e 小都市(人口 5 千～2 万人の).

'Klein·städ·ter 男 -s/- 小都市の住民;《俗》田舎者.

'klein·städ·tisch 形 小都市の;《俗》田舎町特有の、田舎じみた.

Kleinst·ka·me·ra 女 -/-s 超小型カメラ、ミニカメラ.

Kleinst·kind ['klaınst..] 匣 -[e]s/-er (2 歳までの)乳幼児.

'kleinst'mög·lich 形 これ以上はないほど小さな、極小の、超小型の.

'Kleinst·woh·nung 女 -/-en (台所・浴場付きの)ワンルーム住宅.

'Klein·tier 匣 -[e]s/-e (ペット用の)小動物.

'Klein·vieh 匣 -[e]s/ 小家畜(羊・豚・兎などの).

'Klein·wa·gen 男 -s/- 小型車.

'klein·win·zig 形 とても小さな、ごく僅かな.

'Klein·woh·nung 女 -/-en 小住宅.

'Kleio ['klaɪo] 《人名》〖ギリシャ神話〗クレイオー. ↑Klio

Kleist [klaɪst]《人名》Heinrich von ～ ハインリヒ・フォン・クライスト(1777-1811, ドイツの劇作家).

'Kleis·ter ['klaɪstər] 匣 -s/- **1** (澱粉質の)糊. **2**《話》(糊のような)お粥、どろりとした食べ物. **3**《話》(Kram) がらくた、くず.

'kleis·te·rig ['klaɪstərɪç] 形 **1** 糊のついた. **2**《話》糊のある、べとべとした.

'kleis·tern ['klaɪstərn] 他《話》**1** 糊で貼る、糊付けする. **2** (糊のように)塗りつける. die Marmelade aufs Brot ～ マーマレードをパンにたっぷり塗る. **3** j³ eine ～ 人³に平手打を食らわす.

Kle·ma·tis [kle'maːtɪs, 'kleːmatɪs] 女 -/- (gr.)〖植物〗(Waldrebe) せんにちそう属(てっせん・クレマチスなど).

'Kle·mens ['kleːməns]《男名》=Clemens

'Klem·me ['klɛmə] 女 -/-n **1** 締め具、挟み具、クリップ; 〖工学〗端子, 〖医学〗鉗子(かんし), 創傷クリップ. **2**《話》窮地、窮境. in die ～ kommen (geraten) 窮地に陥る. in der ～ sitzen 窮境にある. **3** (囲露)刑務所、監獄.

*＊**'klem·men** ['klɛmən クレメン] ❶ 他 **1** 挟む、挟み込む; 押さえ(締め)つける; 無理やり押し込む. die Klips an die Ohren ～ イヤリングのクリップを耳に留める. sich³ den Finger in der Tür ～ ドアで指を詰める. [sich³] die Mappe unter den Arm ～ 書類かばんを小脇に挟む. **2**《話》くすねる. **3**《俗》(授業を)さぼる. ❷ 再 (sich⁴) **1** (無理やり)乗り込む、割り込む. **2** 体を挟まれる. sich an der Tür ～ ドアに体を挟まれる. **3**《話》(a) (hinter j⁴ 人⁴に)頼み込む、泣きつく. (b) (hinter et⁴ 事⁴に)精を出す. sich hinter die Bücher ～ 猛勉強する. ❸ 自 **1** (ドア・抽き出しなどが)挟まって動かない、開き(閉まり)にくい. Das Fenster klemmt. その窓はなかなか開かない.《非人称的に》Wo klemmt es denn?《話》いったい何に手こずっているのか. **2**《ボクシング》ホールディングをする.

'Klem·mer ['klɛmər] 男 -s/- **1**《地方》鼻眼鏡. **2**（卑）泥棒.

'Klemm·schrau·be ['klɛm..] 女 -/-n 〖工学〗固定(締め付け)ねじ、電子工端子ねじ.

'Klemp·ner ['klɛmpnər] 男 -s/- ブリキ職人、板金工; (ガス・水道の)配管工.

Klemp·ne·rei [klɛmpnəˈraɪ] 女 -/-en **1**《複数なし》ブリキ職人、板金業; 配管業. **2** ブリキ職人(板金工)の仕事場; 配管工の店.

Kle·o·pa·tra [kle'o:patra]《人名》クレオパトラ(7 世, エジプトのプトレマイオス王朝最後の女王, 前 69-前 30).

'Klep·per ['klɛpər] 男 -s/- 老いぼれ馬.

Klep·to·ma·ne [klɛpto'maːnə] 男 -n/-n (gr. kleptein, stehlen ')〖心理〗盗癖のある人, 窃盗狂. ◆女性形 Kleptomanin 女 -/-nen

Klep·to·ma·nie [klɛptomaːˈniː] 女 -/ (gr.)〖心理〗(病的な)盗癖.

klep·to·ma·nisch [klɛptoˈmaːnɪʃ] 形 〖心理〗(病的な)盗癖のある.

kle·ri·kal [kleriˈkaːl] 形 聖職者の; 教会の.

Kle·ri·ka·lis·mus [klerikaˈlɪsmʊs] 男 -/ 聖職者至上主義, 教権主義.

'Kle·ri·ker ['kleːrikər] 男 -s/- (カトリックの)聖職者.

Kle·ri·sei [kleriˈzaɪ] 女 -/《古》=Klerus

'**Kle·rus** ['kleːrʊs] 男 -/ (*gr.* kleros, Stand der Auserwählten)《集合的》(カトリックの)聖職者.

'**Klet·te** ['klɛtə] 女 -n《植物》ごぼう(の野生種); (ごぼうなどの)頭花(先が鉤(ﾊ)状になった芒(ｹﾞ)を持つ). an j³ wie eine ~ hängen《話》人³にしつこくつきまとう.

Klet·te·rei [klɛtə'raɪ] 女 -/-en《話》よじ登るようにして)よじ登ること. **2**《スポ》**(a)** クライミング, 登攀(ﾊﾝ). **(b)** 棒登り, 吊り網登り.

'**Klet·ter·ei·sen** ['klɛtɐr..] 中 -s/- =Steigeisen

'**Klet·ter·er** ['klɛtərɐr] 男 -s/- (ロック)クライマー.

'**Klet·ter·ge·rüst** 中 -[e]s/-e クライミングフレーム; ジャングルジム.

*'**klet·tern** ['klɛtərn] クレターン 自 (h, s) **1** (s) **(a)** よじ登る, 這(ﾊ)い登る. am Seil(auf einen Baum) ~ ロープを〈木に〉よじ登る. über den Zaun ~ 垣根を乗り越える. 《現在分詞で》*kletternde* Pflanzen 蔓植物. **(b)**《話》這うようにして乗る(降りる), 這い込む(出る). aus dem Bett ~ ベッドから這い出る. in den Wagen ~ 車に這い込む. **2** (s) 登山をする. Er ist 〈hat〉früher viel *geklettert*. 彼は昔よく登山をしたもの. **3** (h)《比喩》(物価・気温などが)じりじり上昇する.

'**Klet·ter·pflan·ze** 女 -/-n 攀縁(ﾊﾝｴﾝ)植物, 蔓(ﾂﾙ)植物.

'**Klet·ter·seil** 中 -[e]s/-e **1** 登山用ザイル. **2** =Klettertau

'**Klet·ter·stan·ge** 女 -/-n《体操》登り棒.

'**Klet·ter·tau** 中 -[e]s/-e《体操》吊り網.

klick [klɪk] 間 *Klick!* かちり, かしゃ, かちん.

'**kli·cken** ['klɪkən] 自 **1** かちり, かしゃ, かちんと音がする. Die Kamera *klickte*. カメラのシャッターがかしゃっとなった. **2**《コンピュ》(マウスで)クリックする.

'**Kli·cker** ['klɪkɐr] 男 -s/-《地方》(Murmel) ビー玉.

'**kli·ckern**¹ ['klɪkɐrn] 自《地方》ビー玉で遊ぶ.

'**kli·ckern**² 自 (硬貨・鍵束などが)かちゃかちゃ音を立てる.

'**klie·ben**⁽*⁾ ['kliːbən] klob (kliebte), gekloben (gekliebt) 他《南ド・オーストリア》《話》(木材を)割る, 裂く.

Kli'ent [kli'ɛnt] 男 -en/-en (*lat.* cliens, der Hörige) **1** 依頼人, クライアント; (とくに訴訟〈弁護〉依頼人. **2**《歴史》(古代ローマの)被保護民, クリエンス(複数ではクリエンテス). ◆女性形 Klientin 女 -/-nen

Kli·en'tel [kliɛn'teːl] 女 -/-en **1** (訴訟・弁護依頼人の総称). **2**《歴史》(古代ローマの)庇護民(の総称), クリエンテス.

kliff [klɪf] 間 *Kliff!* (犬の吠え声)わん, きゃん. *Kliff, klaff!* わんわん, きゃんきゃん.

Kliff [klɪf] 中 -[e]s/-e《北ド》(海岸の)断崖, 絶壁.

***Kli·ma** ['kliːma] クリーマ 中 -s/-s (-te) (*gr.*) **1** 気候, 風土; (室内の)空調. ein mildes ~ 温和な気候. **2** (Atmosphäre)《政治的・精神的な》風土; 雰囲気, 環境.

'**Kli·ma·än·de·rung** 女 -/-en《気象》気候変動.

***Kli·ma·an·la·ge** ['kliːmaʔanlaːgə] クリーマアンラーゲ 女 -/-n 空調設備, エアコン.

'**Kli·ma·er·wär·mung** 女 -/-en 温暖化. die globale ~ 地球温暖化.

'**Kli·ma·gip·fel** 男 -s/-《政治》地球サミット(「環境と開発に関する国連会議」の通称).

kli·mak'te·risch [klimak'teːrɪʃ] 形 更年期の.

Kli·mak'te·ri·um [klimak'teːrɪʊm] 中 -/..rien (*lat.*)《医学》更年期.

'**Kli·ma·schutz** 男 -es/ 地球環境保護.

'**Kli·ma·sün·der** 男 -s/-《話》地球環境を破壊する人.

Kli'ma·te [kli'maːtə] Klima の複数.

kli·ma·tisch [kli'maːtɪʃ] 形 気候(上)の. ein ~er Kurort 転地療養地.

kli·ma·ti'sie·ren [klimati'ziːrən] 他 (部屋の)気調節(冷暖房)する; (物に)エアコンを取り付ける.

Kli·ma·to·lo'gie [klimatoloˈgiː] 女 -/ 気候学.

'**Kli·ma·wech·sel** 男 -s/- (旅行などによる)気候の変化; 転地(療法).

'**Kli·max** ['kliːmaks] 女 -/-e (*gr.* klimax, Treppe, Leiter) **1** 絶頂, 最高潮, クライマックス. **2**《修辞》(しだいに表現を強めていく)漸増法. **3**《植物》極相. **4**《医学》(Klimakterium)更年期.

'**Klim·bim** [klɪm'bɪm] 男 -s/《話》**1** 余計なもの, がらくた. **2** 大騒ぎ, 馬鹿騒ぎ.

'**klim·men**⁽*⁾ ['klɪmən] klomm (klimmte), geklommen (geklimmt) 自 (s)《雅》《古》(klettern) よじ登る.

'**Klimm·zug** ['klɪm..] 男 -[e]s/..e《スポ》懸垂.

Klim·pe'rei [klɪmpə'raɪ] 女 -/-en《話》かちゃかちゃ(ちゃらちゃら)音を立てること; (ギター・ピアノで)でたらめに弾くこと.

'**klim·pern** ['klɪmpərn] ❶ 自《話》**1** (a) かちゃかちゃ(ちゃらちゃら)と音を立てる. Die Münzen *klimperten* in seiner Hosentasche. コインが彼のズボンの中でちゃらちゃら鳴った. (b) (mit et³ 物³を)かちゃかちゃ(ちゃらちゃら)鳴らす. mit dem Schlüsselbund ~ 鍵束をちゃかちゃか言わせる. **2** auf et³ ~ 物(ピアノ・ギターなど)をでたらめに(下手そに)弾く. ❷ 他 (曲などを)下手くそに弾く.

Klimt [klɪmt]《人名》Gustav ~ グスタフ・クリムト(1862-1918, オーストリアの画家).

kling [klɪŋ] 間 *Kling!* (鈴や鐘の音)ちりん, からん, ちん; (グラスのふれあう音)ちゃん. *Kling, klang!* ちりりん, からんからん.

*'**Klin·ge** ['klɪŋə] クリンゲ 女 -/-n **1** (剣・剃刀などの)刃, 刀身. die ~ schleifen 〈schärfen〉刃を研(ﾄ)ぐ. **2**《雅》《古》刀, 剣. eine gute ~ führen 〈schlagen〉手練(ﾂﾞ)れである, すご腕である; (für et⁴ 事⁴のために)果敢に戦う; 《戯》みごとな食いっぷりをする. eine scharfe ~ führen《比喩》舌鋒鋭く切り込む, 鋭い論戦を張る. mit j³ die ~[n] kreuzen 人³と刃を交える《比喩》舌戦を交わす, 打ち打ち合いをする. j⁴ über die ~ springen lassen《話》(無抵抗な)人⁴を殺戮(ｻﾂﾘｸ)する;(情け容赦なく)破滅させる,《比喩》(人⁴に)反則をしかける. j³ von der ~ kommen 人³に手向かう. **3**《地方》(険しい)峡谷.

*'**Klin·gel** ['klɪŋəl] クリンゲル 女 -/-n **1** ベル, 呼び鈴. Die ~ ging dreimal. 呼び鈴が3度鳴った. auf ~ drücken《話》呼び鈴を押す. **2** (柄付きの)鐘, 振鈴.

'**Klin·gel·beu·tel** 男 -s/- (ミサの途中に回される長い柄と鈴の付いた)献金袋.

'**Klin·gel·knopf** 男 -[e]s/..e 呼び鈴のボタン.

'**klin·geln**

['klɪŋəln] クリンゲルン ❶ 自 **1** 呼び鈴(ベル)を鳴らす. an der Haustür ~ 玄関ベルを鳴らす. [nach] j³ ~ 呼び鈴を鳴らして人³を呼ぶ. **2** (呼び鈴・ベルが)鳴る. Das Telefon *klingelt*. 電話が鳴っている. ~ *Es klingelt*. ベルが鳴っている. Jetzt hat *es* aber *geklingelt*.《話》もう我慢の限界だ. *Es* hat bei j³ *geklingelt*.《話》やっと人³にもぴんときた(事情がのみ込めた);(女性について)人³はおめでただ. **3**

Klin·gel·schnur 囡 -/-e 呼び鈴の引き紐. **2** 呼び鈴の電線.

Klin·gel·zei·chen -s/- (始まり・終りを告げる)ベルの音.

Klin·gel·zug 田 -[e]s/-e 呼び鈴の引き紐.

klin·gen* ['klɪŋən クリンゲン] klang, geklungen 直 **1** 鳴る, 響く. Das Instrument *klingt* gut. その楽器は音が良い. die Gläser ~ lassen グラスを打合せて乾杯する. Der Stadtlärm *klang* bis zu uns. 町の騒音が私たちのところまで聞こえてきた. Mir *klingen* die Ohren. 《話》私はどこかで噂されているらしい.《現在分詞で》*klingender* Reim《韻律》女性韻(↔ stumpfer Reim). mit〈in〉*klingender* Münze 現金で. mit *klingendem* Spiel (軍楽隊の)鳴物入りで. Es geht mir nicht um *klingenden* Gewinn〈Vorteil〉. 私には金儲けなど問題ではない.《中性名詞として》in j¹ eine Saite zum *Klingen* bringen 人³の心の琴線にふれる. **2** (…のように)聞こえる, 思われる. Die Geschichte *klingt* unglaublich. その話はとても本当のこととは思えない. wie ein Vorwurf ~ 非難めいて聞こえる. nach Prahlerei ~ 自慢たらしく聞こえる.

Kling·klang ['klɪŋklaŋ] 男 -[e]s/ ちりんちりん(からんころん)と鳴る音; [グラスを打合せる]乾杯の音.

kling'ling [klɪŋ'lɪŋ] 間 *Klingling*! ちりんちりん, りんりん.

Kling·so[h]r ['klɪŋzoːr] 《人名》 クリングゾーア (Wolfram von Eschenbach の叙事詩 *Parzival* に出てくる魔法使い, Wagner の楽劇『パルジファル』*Parsifal* にも登場する).

***Kli·nik** ['kliːnɪk クリーニク] 囡 -/-en (*gr.* kline , Bett, Lager') **1** (特定診療科の)専門病院, 診療所, クリニック; (大学付属病院の)診療科.《複数なし》【医学】臨床講義.

Kli·ni·ker ['kliːnɪkər] 男 -s/- **1** (大学付属病院の)医師, 臨床医(学生の指導や臨床講義も行う). **2** 臨床実習生, インターン.

Kli·ni·kum ['kliːnɪkʊm] 田 -s/..ka [..ka] (..ken [..kən]) **1** (全診療科を総合した)大学付属病院.《複数なし》臨床実習.

kli·nisch ['kliːnɪʃ] 形 臨床(上)の; (大学付属病院の)診療科での, 臨床部門の. ~e Ausbildung 臨床実習.

'Klin·ke ['klɪŋkə] 囡 -/-n **1** (ドアの)取っ手, ハンドル. j³ die ~ in die Hand drücken《話》人³を外へ放り出す. [die] ~n putzen《話》戸口から戸口へとセールス(物乞いに)歩く. **2**【工学】(a) (開閉)ハンドル, レバー. (b) (歯止めの)つめ. (c) 電話交換機のジャック.

'klin·ken ['klɪŋkən] 直 (ドアの)取っ手を回す(押し下げる).

'Klin·ker ['klɪŋkər] 男 -s/- 硬質煉瓦, クリンカー.

Kli·no·me·ter [klino'meːtər] 田 -s/- クリノメーター, 傾斜計.

'Klio ['kliːo]《人名》《ギリシア神話》クリーオー(Kleio のラテン語形, 歴史をつかさどる Muse).

klipp¹ [klɪp] 形《次の成句で》 ~ und klar《話》明快に, はっきりと.

klipp² *Klipp*! かたん, かちッ, こつン; ぱたッ, ぴしゃり. *Klipp*, klapp! かたかた, かたこと; ぱたぱた.

Klipp [klɪp] 男 -s/-s (*engl.* clip) **1** クリップ, 留め具(万年筆のキャップなどの); ヘアクリップ, ネクタイ留め. **2** (クリップ式の)イアリング.

'Klip·pe ['klɪpə] 囡 -/-n **1** (海岸近くの)岩礁; 暗礁. auf eine ~ [auf]laufen 暗礁に乗上げる. **2**【地質】クリッペ. **3**【比喩】困難, 障害.

'klip·pen·reich 形 岩礁の多い.

'Klip·per ['klɪpər] 男 -s/- (*engl.*) クリッパー(19世紀に活躍した速力重視の快速帆船). **2** クリッパー(米国の長距離快速旅客機).

'Klipp·fisch 男 -[e]s/-e 干鱈(たら).

klip·pig ['klɪpɪç] 形《まれ》 = klippenreich

'Klipp·schu·le 囡 -/-n《北ドイツ》(Grundschule) 基礎学校.《侮》(程度の低い)小学校.

Klips [klɪps] 男 -es/-e **1** ヘアクリップ. **2** = Klipp 2

klirr [klɪr] 間 *Klirr*! (ガラス・陶磁器などの壊れる音)ちゃん, がしゃん.

'klir·ren ['klɪrən] 直 (金属・ガラス・陶磁器などが)がちゃがちゃ(かちゃかちゃ)と音を立てる. Die Gläser *klirren*. グラスがかちゃかちゃ音を立てる. mit den Ketten ~ 鎖をがちゃがちゃいわせる. Die Kälte *klirrt*.《比喩》凍(い)てつくような寒さだ.《現在分詞で》*klirrender* Frost (足下がきしむような)凍てつく寒さ. Es ist *klirrend* kalt. 凍てつくように寒い.

'Klirr·fak·tor 男 -s/-en【電気音響】ひずみ率.

Kli'schee [kli'ʃeː] 田 -s/-s (*fr.*) **1**【印刷】凸版, ステロ版. **2**《比喩》(安易な)模倣, 焼直し; (月並みな)決り文句, 常套句, 紋切型, ステロタイプ. in ~s reden〈denken〉 型にはまった話し方〈考え方〉をする.

kli'schee·haft 形 紋切型(ステロタイプ)の, 型にはまった, 月並みな.

kli'schie·ren [kli'ʃiːrən] 他 **1**【印刷】凸版(ステロ版)にする. **2**《比喩》(安易に)模倣する; 紋切型に表現する.

Klis'tier [klɪsˈtiːr] 田 -s/-e (*gr.*)【医学】(Einlauf) 浣腸.

klis'tie·ren [klɪsˈtiːrən] 他 (人³に)浣腸をする.

Klis'tier·sprit·ze 囡 -/-n 浣腸器.

'Kli·to·ris ['kliːtɔrɪs] 囡 -/- (..torides [kli'toːrideːs]) (*gr.*)【解剖】陰核, クリトリス.

klitsch [klɪtʃ] 間 *Klitsch*! ぴしゃ, ぴちゃ. *Klitsch*, klatsch! ぴしゃぴしゃ.

Klitsch [klɪtʃ] 男 -[e]s/-e《地方》 **1** 粥[のもの], 粥状のもの, べちゃっとしたもの(たとえば生焼けのケーキなど). **2** ぴしゃりと打つこと; (軽い)平手打. j³ einen ~ geben 人³をぴしゃりと叩く.

'Klit·sche ['klɪtʃə] 囡 -/-n《話》(*poln.*) **1** (a) 貧弱な農場; 寒村. (b) 零細工場. **2** (安手の)三文劇場, 田舎芝居小屋. **3**《地方》(Pons) (語学テキストなどの)あんちょこ, 虎の巻.

'klit·schen ['klɪtʃən]《地方》❶ 直 **1** (土・雪などが)べとつく. **2** ぴしゃっ(べちゃっ)と音を立てる. ❷ 他 ぴしゃっと叩く.

'klit·sche'nass ['klɪtʃəˈnas] 形 = klitschnass

'klit·schig ['klɪtʃɪç] 形 (パンなどが)生焼けでべとべとした.

'klitsch'nass ['klɪtʃˈnas] 形《話》びしょぬれの.

'klit·tern ['klɪtərn] 他 **1** (作品などを)継ぎはぎしてつくる; 捏造(ねつぞう)する, でっち上げる. **2**《地方》(a) 小さく割る(砕く). (b)【商】書きなぐる.

'Klit·te·rung ['klɪtərʊŋ] 囡 -/-en 継ぎはぎ細工, 寄せ集めでできた作品; でっち上げ.

'klit·ze'klein ['klɪtsəˈklaɪn] 形《話》ちっぽけな.

'Kli·vie ['kliːviə] 囡 -/-n Clivia

***Klo** [kloː] 田 -s/-s《話》トイレ, 便所; 便器. aufs ~ gehen トイレに行く. ◆Klosett の短縮形.

Klo·a·ke [klo'a:kə] 囡 -/-n (*lat.*) **1** 下水溝, 暗渠 (౿). **2** 《動物》（総）排泄腔.
'**Klo·ben** [klo:bən] 男 -s/- **1** 丸太, 丸木; 《話》無骨者. **2** 《手工業》（小型の）万力(ﾁﾞ), 手万力. **3** 《工学》《蝶番の》軸; 肘金物, フック. **4** 《地方》（不格好な）パイプ.
'**klo·big** ['klo:bɪç] 形 丸太のような, ごつい; 無骨な.
klomm [klɔm] klimmen の過去.
'**klöm·me** ['klœmə] klimmen の接続法II.
Klon [klo:n] 男 -s/-e (*gr.*)《生物》クローン.
'**klo·nen** ['klo:nən] 他 （ある生物の）クローンをつくる, （を）クローニングする.
'**klö·nen** ['klø:nən] 自 《北方》（なごやかに）おしゃべりする, 雑談する.
klo·ni·e·ren [kloni'ri:rən] 他 =klonen
'**Klo·pa·pier** 匣 -s/-e トイレットペーパー.

'**klop·fen** ['klɔpfən] クロプフェン ❶ 自 **1** とんとんと打つ(叩く), ノックする. Der Specht *klopft*. キツツキが木をつつく. Jemand *klopft* an die〈der〉Tür. 誰かがドアをノックしている. bei j³ auf den Busch ~ 《話》j³ に探りを入れる. j³ auf die Finger ~ 《話》人³ をたしなめる. j³〈まれ j⁴〉 auf die Schulter ~ 人³·⁴の肩を叩く. 《非人称的に》 Es *klopft* an die〈der〉 Tür. ドアをノックする音が聞こえる. **2** (心臓·脈が)どきどきする. 《現在分詞で》 mit *klopfendem* Herzen 胸をどきどきさせて. **3** (エンジンが)ノッキングする. ❷ 他 **1** (物⁴を)とんとんと打つ(叩く). Fleisch ~ (柔らかくするために)肉を叩く. die Matratze ~ (埃(ﾎﾟﾞ)をとるために)マットレスを叩く. Steine ~ 石を叩いて砕く; 砕石(ｻｲｾ)を突き固める. j⁴ aus dem Bett ~ ドアをノックして人⁴を起す. den Staub aus dem Teppich ~ じゅうたんの埃を叩く. einen Nagel in die Wand ~ 壁に釘を打込む. [sich³] den Schnee vom Mantel ~ コートの雪を払う. **2** Beifall ~ 机を叩いて喝采する. mit dem Fuß den Takt ~ 足で拍子を取る.
'**Klop·fer** ['klɔpfər] 男 -s/- **1** じゅうたん叩き. **2** (玄関ドアの)ノッカー.
'**Klopf·fech·ter** ['klɔpf..] 男 -s/- **1** 《古》《剣術指南などをしながら遍歴した》剣術使い. **2** 《俗》論争好きな著作家(ジャーナリスト).
'**klopf·fest** 形 (ガソリンが)アンチノック性の.
'**Klopf·zei·chen** [klɔpf..] 匣 -s/- 合図.
'**Klöp·pel** ['klœpəl] 男 -s/- **1** (太鼓などの)ばち, 木づち; 打ち棒. **2** (鐘の)舌. **3** 《紡織》（レース編み用の）ボビン.
'**Klöp·pel·ar·beit** 囡 -/-en, **Klöp·pe·lei** [klœpəˈlaɪ] 囡 -/-en 《複数なし》ボビンレース編み. **2** ボビンレース(の作品).
'**Klöp·pel·ma·schi·ne** 囡 -/-n レース編み機.
'**klöp·peln** ['klœpəln] ❶ 自《紡織》ボビンレース編みをする. ❷ 他 **1** 《紡織》 ボビンレース編みで作る. Spitzen ~ レースを編む. **2** 《地方》(指先やばちで)とんとんと叩く.
'**Klöp·pel·spit·ze** 囡 -/-n 《紡織》ボビンレース.
'**klop·pen** ['klɔpən] (↓klopfen) 《北ド·中部ド》❶ 他 たたく, 打つ, 殴る. ❷ 再 (**sich**) 殴り合う.
Klops [klɔps] 男 -es/-e 《北ド》肉団子, ミートボール.
'**Klop·stock** ['klɔpʃtɔk] 《人名》 Friedrich Gottlieb ~ フリードリヒ·ゴットリープ·クロップシュトック (1724-1803, ドイツの詩人).
Klo·sett [klo'zɛt] 匣 -s/-s(-e) (*engl.*) (水洗)便所, トイレット; 便器. aufs ~ gehen 手洗いに行く.
Klo'sett·pa·pier 匣 -s/-e トイレットペーパー.
Kloß [klo:s] 男 -es/Klöße **1** (粘土などの)塊(ｶﾀﾞﾏﾘ) ein ~ Erde 一塊(ｶﾀﾏﾘ)の土. einen ~ im Hals haben 《比喩》(感動や興奮などで)喉が詰まる. einen ~ im Mund haben 《比喩》不明瞭な話し方をする. **2** 《料理》（すいとん風の）団子. gekochte Klöße 煮込みじゃがいもでつくった団子. grüne〈rohe〉Klöße 生じゃがいももをすり潰して作った団子. **3** 《卑》でぶっちょ. ♦ Knödel
'**Kloß·brü·he** 囡 -/-n 団子の煮汁.
'**Klöß·chen** ['klø:sçən] 匣 -s/- 《Kloß の縮小形》小さな団子.
'**Klö·ße** ['klø:sə] Kloß の複数.
*'**Klos·ter** ['klo:stər クローㇲター] 匣 -s/Klöster **1** (a) 修道院; 僧院, 尼僧院. ins ~ gehen 修道院に入る. (b) 《古》（ある修道院の）全修道者. **2** 《古》(Kabinett) (諸侯の)官房. **3** 《古》女学校. **4** 《婉曲》(Klosett) 便所, トイレ.
'**Klos·ter·bru·der** 男 -s/⸚ (Laienbruder)（正式の司祭叙階を受けていない）(平)修道士, 助修士.
'**Klos·ter·frau** 囡 -/-en (Nonne) 修道女.
'**klös·ter·lich** ['klø:stərlɪç] 形 修道院の(ような).
'**Klos·ter·schwes·ter** 囡 -/-n (平)修道女, 助修女.
Klotz [klɔts] 男 -es/Klötze(話 Klötzer) **1** 《複数 Klötze(話 Klötzer)》(a) （大きくて太い）木塊, 丸太. wie ein ~ dastehen (丸太のように)ぎこちなく突っ立っている. wie ein ~ schlafen ぐっすり眠っている. j³ ein ~ am Bein sein 《話》人³のお荷物になっている. sich³ einen ~ am Bein binden 《話》お荷物を背負い込む. aus einem groben ~ gehört ein grober Keil. 《諺》無作法には無作法で, 売り言葉に買い言葉(太い丸太には大きい楔(ﾀﾞﾔ)がふさわしい). (b) (Bauklotz) 積み木. **2** 《複数 Klötze》《話》無骨者, がさつ者. **3** 《複数 Klötze》(Stollen) (サッカー靴などの)スパイク. **4** 《複数なし》(ｿﾞｸ) (Geld) お金.
'**klot·zen** ['klɔtsən] ❶ 自 (h, s) **1** (h)《地方》(a) はあっと(盛大に, 豪儀に)やる. nicht kleckern, sondern ~ ちまちまやせずにばあっとやる. (b) つらい(難儀な)仕事をする. Jetzt muss kräftig *geklotzt* werden. さあ踏ん張って仕事にかからなくちゃ. **2** (s)《地方》大儀そうに(のそのそ)歩く. **3** (h)《サッカー》相手のすねを蹴る. ❷ 他 《紡織》(パディング材で)捺染(ﾅｯｾﾝ)する.
'**klot·zig** ['klɔtsɪç] 形 **1** 丸太のようにごつい, 不格好な; 無骨な, がさつな. **2** 《話》ものすごい. Er verdient ~ [viel Geld]. 彼はものすごく稼ぐ.
Klub [klʊp] 男 -s/-s (*engl.*) クラブ, 同好会; (クラブハウス·クラブルームをさして)クラブ.
'**Klub·gar·ni·tur** 囡 -/-en 応接セット.
'**Klub·haus** 匣 -es/⸚er クラブハウス, 会館.
'**Klub·ses·sel** 男 -s/- (豪華な)安楽椅子, クラブチェア.
Kluft¹ [klʊft] 囡 -/Klüfte **1** (地面·岩などの)割れ目, 裂け目; 深淵. **2** 《比喩》(人と人との)溝, 隔たり, ギャップ. eine ~ überbrücken 溝を埋める.
Kluft² 囡 -/-en (*hebr.*) **1** 制服, ユニフォーム. **2** 《話》(特定の目的を持った)衣服(仕事着·式服など). sich³ in ~ werfen〈schmeißen〉めかし込む. **3** 《料理》牛の腿肉.
'**Klüf·te** ['klʏftə] Kluft¹ の複数.
'**klüf·tig** ['klʏftɪç] 形 《古》裂け目の(割れ目の)ある.

klug

klug [kluːk クルーク] klüger, klügst 形 賢い, 利口な, 頭のいい; 賢明な, 思慮分別のある, 物の分かった; 如才ない, 抜け目のない. Er ist ein ~er Kopf. 彼は頭のいいやつだ. Er ist nicht recht ~. 《話》彼はすこし頭がおかしい. ~ wie vorher〈zuvor〉 sein《反語》相変わらず何も分かっていない. Durch Schaden wird man ~.《諺》痛い目にあって賢くなる. 艱難《汝を玉にす》. aus j〈et〉³ nicht ~ werden《話》人〈事〉³が分からない, 如才ない, 抜け目のない. wie nicht ~ むちゃくちゃに. ◆↑klugreden

Klü·ge·lei [klyːgəˈlai] 女 -/-en (重箱の隅をほじくるような)穿鑿(せんさく), 屁理屈.

klü·geln [ˈklyːgəln] 自 (an et³ 事³のことで)あれこれ考える, 細々(こまごま)と思い悩む.

klü·ger [ˈklyːgər] klug の比較級.

klü·ger·wei·se [klyːgərˈvaizə] 副 賢明にも.

Klug·heit [ˈkluːkhait クルークハイト] 女 -/-en 1《複数なし》聡明さ, インテリジェンス; 賢さ, 賢明さ, 思慮分別; 如才なさ, 抜け目なさ. 2《複数で》利巧ぶった発言. Deine ~en kannst du dir sparen. 利口いたずら口をきくものじゃない.

Klüg·ler [ˈkluːglər] 男 -s/- (まれ)(屁)理屈屋, 穿鑿(せんさく)好き.

klüg·lich [ˈkluːklɪç] 副《雅》賢明にも, 思慮深く.

klüg|re·den 自 利口ぶる, 知ったかぶりをする.

Klug·red·ner 男 -s/- 知ったかぶり屋.

Klug·schna·cker 男 -s/-《北ドイツ》=Klugredner

klügst [klyːkst] klug の最上級.

Klump [klʊmp] 男 -(e)s/-e〈-s〉(粘土・バターなどの)塊(かたまり), (ゆでた)団子(だんご). et〈j〉⁴ zu ~ schlagen〈hauen〉《話》物をめちゃめちゃに(こなごなに)打ち砕く〈人⁴を散々に叩きのめす〉.

Klum·patsch [ˈklʊmpatʃ] 男 -(e)s/-e〉 がらくた(の山).

Klümp·chen [ˈklʏmpçən] 中 -s/-《Klump[en] の縮小形》 1 小さな塊, だま. 2《地方》キャンデー.

klum·pen [ˈklʊmpən] 自 (粘土・バター・血などの)塊(かたまり)になる, だまになる; 固まる. an et³ ~ 物³に塊(団子)になってくっつく.

Klum·pen [ˈklʊmpən] 男 -s/- 1 (粘土・バター・血などの)塊(かたまり). Alle standen auf einem ~.《比喩》全員が一塊になって立っていた. et⁴ in〈zu〉 ~ hauen〈schlagen/fahren〉《話》物をめちゃめちゃに(こなごなに)打ち砕く. 2《金属・岩石・氷などの》塊. 3《地方》(Holzschuh) 木靴, 木のサンダル.

Klump·fuß 男 -es/⁼e《医学》(↔ Knickfuß) 内反足; えび足.

klum·pig [ˈklʊmpɪç] 形 1 塊(かたまり)になった, だまになった. 2 団子状の; 不格好な.

Klün·gel [ˈklʏŋəl] 男 -s/- 1 一味, 一派; 派閥. 2《地方》がらくた.

Klu·ni·a·zen·ser [kluniaˈtsɛnzər] 男 -s/-《キリスト》クリュニー修道会(士). ◆ フランス中東部の町 Cluny に由来する.

klu·ni·a·zen·sisch [kluniaˈtsɛnzɪʃ] 形 クリュニー修道(士)の.

Klun·ker [ˈklʊŋkər] 女 -/-n(男 -s/-)《地方》(a)小さな塊(かたまり), だま. (b) (紐・鎖などの端の飾り)玉, 総(ふさ), タッセル. 2《話》(ばかでかい)宝石, 宝飾品.

Klup·pe [ˈklʊpə] 女 -/-n 1《工学》ノギス, カリパス; ダイスハンドル. 2《獣医》去勢用鉗子(かんし). 3《方》洗濯ばさみ.

Klü·se [ˈklyːzə] 女 -/-n 1《船員》錨鎖(びょうさ)孔. 2《北ドイツ》《比喩》(Auge) 目.

Klü·ver [ˈklyːvər] 男 -s/-《船》ジブ(船首に張る三角帆).

Klü·ver·baum 男 -[e]s/⁼e《船》(三角帆を張る船首の)第2斜檣(しゃしょう), ジブブーム.

km [kiloˈmeːtər]《記号》=Kilometer

km² [kvadraːtkiloˈmeːtər]《記号》=Quadratkilometer

km³ [kuˈbiːkkiloˈmeːtər]《記号》Kubikkilometer

k. M.《略》=künftigen Monats 来月(の).

km/h, km/st《記号》=Stundenkilometer

kn《記号》=Knoten 6

'knab·bern [ˈknabərn] ❶ 自 (an et³ 物³を)かじる. an einem Apfel ~ リンゴをかじる. an et³ zu ~ haben《話》事³に手こずる(手を焼く). ❷ 他《話》ぱりぱり(ぱりぱり, かりかり)食べる. Kekse〈Nüsse〉 ~ ビスケット〈胡桃〉を食べる. nichts mehr zu ~ haben《話》その日の暮しに困っている.《中性名詞として》 etwas zum Knabbern 何かつまむもの.

'Kna·be [ˈknaːbə] 男 -n/-n 1《雅》(Junge) (15歳くらいまでの)少年, 男の子, 童. 2《戯》(Bursche) 若者; (Kerl) 男, やつ. Hallo, alter ~! やあ君. Er ist schon ein alter ~. 彼はもういい歳だ. 3《スイ》(Junggeselle) 独身者.

'Kna·ben·al·ter 中 -s/《雅》少年時代.

'Kna·ben·chor 男 -[e]s/⁼e 少年合唱(団).

'kna·ben·haft 形 1《少年》(女の子が)男の子のような, ボーイッシュな. 2《まれ》男の子らしい.

'Kna·ben·kraut 中 -[e]s/⁼er《植物》はくさんちどり(らん科の一種).

'Kna·ben·lie·be 女 -/ (Päderastie) 少年愛.

'Knäb·lein [ˈknɛːplain] 中 -s/- Knabe の縮小形.

knack [knak] 間 =knacks

Knack [knak] 男 -[e]s/-e =Knacks

'Knä·cke·brot [ˈknɛkə..] 中 -[e]s/-e (schwed.) クネッケ(粗挽き麦粉で作ったクラッカー状の固パン).

'kna·cken [ˈknakən] ❶ 自 (h, s) 1 (h) ぼきっ(ぱきっ)と音を立てる. (ぎしぎし)きしむ. Das Bett knackt. ベッドがきしむ. Holzscheite knacken im Feuer. 薪(まき)がぱちぱち燃えている. mit et³ ~ 物³をぼきっ(ぱきっ, ぱりっ)と鳴らす. mit den Knöcheln ~ 指の関節をぽきぽき鳴らす. an et³ zu ~ haben《話》事³に手こずる(手を焼く).《非人称的に》 Es knackt im Radio〈in der Leitung〉. ラジオ〈回線〉がぱりぱりいう. 2 (s)《話》ぽきっと折れる, ぽきっと割れる. Die Fensterscheibe ist geknackt. 窓ガラスがぱりっと割れた. 3 (h)《話》(schlafen)(ぐうぐう)眠る.

❷ 他 1《話》(物³をぽきっと折る, ぱきっと割る, ぱりっと壊す. Nüsse ~ くるみを割る. j³ eine harte Nuss zu ~ geben《話》人³に難題を課す. 2《卑》(蚤(のみ)・虱(しらみ))をぷちっと潰す. 3《卑》(金庫・錠前などを)破る, こじ開ける; (謎・暗号を)解く.

'kna·ckend 現分 形《副詞的用法で》《話》(sehr, übermäßig) ひどく, すごく. Es ist ~ heiß hier. ここはおそろしく暑い. ~ voll sein 超満員である.

'Kna·cker [ˈknakər] 男 -s/- 1 (Nussknacker) くるみ割り. 2《ふつう複数で》《地方》=Knackwurst. 3《卑》(痂) じじい, じじぃ. 4《話》金庫破り.

'kna·ckig [ˈknakɪç] 形 1《話》(割っても噛んだりしたときにぽきっ(かりっ)ととくる. ein ~er Apfel (かりっとした歯ごたえのあるみずみずしい)リンゴ. 2《話》(若くてぴちぴちした; てきぱきした, びしっと決った. 3《副詞的用法で》《話》(sehr) ひどく. Es ist ~ kalt. ひどい寒さだ.

'**Knack·laut** 男 -[e]s/-e **1** ぽきっ(ぱきっ、ばりっ)という音. **2**《音声》声門閉鎖音.
'**Knack·man·del** 女 軟核つきアーモンド.
knacks [knaks] 間 Knacks! ぽきっ、ばきっ、ばりっ、みしっ.
Knacks [knaks] 男 -es/-e **1** ぽきっ(ぱきっ、ばりっ)という音. **2**《話》ひび、ひび割れ; 亀裂. einen ~ bekommen ひびが入る. **3**《話》(健康上の)障害. ein ~ am Herzen 心臓の疾患.
'**Knack·wurst** 女 -/⁼e クナックヴルスト(皮のかたい粗挽き肉ソーセージで噛んだときぱりっと音がする).
'**Knag·ge** [knagə] 女 -/-n, '**Knag·gen** [..gən] 男 -s/- **1**《梁などを支える》ブラケット、持ち送り. **2**《ブリキを曲げるときの》受け台;《木工旋盤の》送り板どめ.
***Knall** [knal クナル] 男 -[e]s/-e **1**《爆発・破裂したときの》ぱん(どん、どかん)という音; 《激しく打ちつけたときの》ぱたん(ぱしっ、ぴしっ)という音. der ~ eines Schusses 〈des Donners〉 ばんという銃声(雷鳴の轟き). die Tür mit einem ~ zuwerfen ドアをばたんと締める. **2**《比喩》大騒ぎ、ひと騒動. **3**[auf] ~ und Fall / ~ auf Fall《話》突然、出し抜けに; 即刻.
'**Knall·bon·bon** 中 -s/-s 《玩具の》クラッカー(両端を引張るとパンと破裂する).
'**Knall·büch·se** 女 -/-n 《戯》(Gewehr) 鉄砲.
'**Knall·ef·fekt** 男 -[e]s/-e《話》(物語などの)山場、クライマックス. ◆花火をぱんばんと打上げる連想から.
*'**knal·len** ['knalən クナレン] ❶ 自 (h, s) **1** (h)《ぱんどかん》という音がする; ばたん(ばしっ、ぴしっ)と鳴る. Ein Schuss knallt. 銃声がする. den Sektpfropfen ~ lassen シャンパンの栓をぽんと抜く. mit dem Gewehr 〈der Peitsche〉 ~ 銃をばんと撃つ{鞭をぴしっと鳴らす}.《非人称的に》Es knallt. ばん(どん)という音がする.《比喩》《喧嘩、衝突》があり得る. Hör auf, sonst knallt's!《話》やめろ、さもないと一発食らわすぞ. **2** (s) 《話》(…に)ばん(どん、どしん)とぶつかる. Das Auto ist gegen den Baum geknallt. 車は木にどかんと衝突した. Die Tür knallte ins Schloss. ドアがばたんと締まった. mit dem Kopf gegen die Tür ~ 頭をドアに激しくぶつける. **3** (s)《話》(風船などが)ぱんと破裂する; パンクする. **4** (h) 強烈なシュートをする. **5** (h)《話》(太陽が)ぎらぎら照りつける; (色彩などが)はげしく目をさす.《現在分詞で》knallende Farben どぎつい色. **6** (h)《卑》交接をする.
❷ 他 (…に)力まかせに投げつける、ぶつける、叩きつける; (弾丸などを)ぶっ放す; 強烈なシュートをする. den Hörer auf die Gabel ~ 受話器をがちゃんと置く. j³ eine Kugel in den Bauch ~ 人³の腹に弾をぶち込む. die Tür ins Schloss ~ ドアをばたんと締める. j³ über den Haufen ~《話》人³を撃ち殺す. j³ eine ~《話》人³に一発くらわす.
❸ 再 (**sich**)《話》(…に)どさっと倒れ込む、どすんと腰を下ろす.
'**knall·eng** ['knal'ɛŋ] 形 (ジーパンなどが)ぱんぱんの、ぴちぴちの.
'**Knall·erb·se** 女 -/-n かんしゃく玉.
'**Knall·frosch** 男 -[e]s/⁼e ねずみ花火.
'**Knall·gas** 中 -es/《化学》爆鳴気.
'**Knall·gold** 中 -[e]s《化学》雷金(きわめて爆発性の高い化合物).
'**knall·hart**《話》**1**《皮革などが》ばりばり(ぱりぱり)の、ごわごわした. **2**《仕事などが》すごくきつい、ハードな. **3** すごく手厳しい、情容赦のない、猛烈(強烈)な. Der 〈Die〉 bringt's ~!《言い方・やり口が》あいつはきつすぎる.

'**knal·lig** ['knaliç] 形《話》**1** けばけばしい、どぎつい、はでな. **2** ひどい、ものすごい. Die Sonne scheint ~ heiß. 日がかんかん照りつける. **3** =knalleng
'**Knall·kopf** 男 -[e]s/⁼e, '**Knall·kopp** 男 -s/⁼e 《話》(人を罵って)馬鹿、あほう.
'**Knall·kör·per** 男 -s/- (おもちゃの)かんしゃく玉.
'**Knall·queck·sil·ber** 中 -s/《化学》雷酸水銀、雷(らい)汞(こう).
'**knall·rot** 形《話》まっ赤な、どぎつい赤の.
'**Knall·säu·re** 女 -/-n《化学》雷酸(シアン酸の異性体の1つ).
'**Knall·sil·ber** 中 -s/《化学》雷銀(窒化銀の俗称、きわめて爆発性が高い).
***knapp** [knap クナプ] 形 **1** 乏しい、余裕のない. ein ~es Gehalt 薄給. ~e Zeiten (物の)乏しい時代 Es geht uns etwas ~ zu〈her〉.《話》私たちはやりくりが苦しい. ~ bei Kasse sein《話》手元不如意である. am Ende der Zeit〈[dem] Geld〉 ~ sein 時間〈お金〉に余裕がない. ~ werden 乏しくなる、すれすれのeine ~e Mehrheit ぎりぎりの過半数. ein ~er Sieg 辛勝. mit ~er Not かろうじて. nur ~ dem Tode entgehen かろうじて死を免れる. 《前置詞句と》~ am 〈vor〉 j³ vorbeifahren (車などが)人³のすぐ脇を通り過ぎる. ~ vor Mittag 正午直前に. **3**《数量を示す語句を》…足らずの、…弱の. Er ist ~ zwanzig [Jahre alt] 彼は二十歳そこそこだ. ~ drei Meter 3メートル弱. vor einer ~en Stunde / vor einer Stunde 小1時間前に. **4** (衣服などが)窮屈な、きつい. Das Kleid sitzt〈ist〉 ~. そのドレスは窮屈だ. **5** (表現などが)簡潔な、簡略な. kurz und ~ 簡にして要を得た. ◆ knapp halten
'**Knap·pe** ['knapə] 男 -n/-n **1** (騎士見習いの)小姓、近習(きんじゅ). **2**《古》坑夫. **3**《古》(若い)職人、徒弟.
'**knapp hal·ten***, '**knapp**|**hal·ten*** 他 **1** (人³に)充分な物(金、食べ物)を与えない; (j³ mit et³ 人³に)³を出し惜しみする. **2** (物⁴を)出し(売り)控える.
'**Knapp·heit** 女 -/ **1** 乏しいこと、欠乏、窮乏. **2** (表現などの)簡潔さ.
'**Knapp·sack** 男 -[e]s/⁼e《古》旅囊、ナップザック.
'**Knapp·schaft** 女 -/-en **1**《集合的に》鉱山労働者. **2** 鉱山労働者組合;《法制》鉱業従事者保険金庫.
knaps [knaps] 副 ↑knips
'**knap·sen** ['knapsən] 自《話》(mit et³ 物³)にけちる.
'**Knar·re** ['knarə] 女 -/-n **1** (玩具の)がらがら. **2**《話》(Gewehr) 鉄砲.
'**knar·ren** ['knarən] 自 ぎしぎし(ぎいぎい)音を立てる、きしむ.《現在分詞で》mit knarrender Stimme がらがら声で.
Knast¹ [knast] 男 -[e]s/-e (Knäste) (jidd.)《話》懲役、禁固刑; 監獄、刑務所. ~ schieben 刑期を勤め上げる.
Knast² 男 -[e]s/-e (Knäste) **1**《北ドイツ》木の瘤(こぶ)、節(ふし). **2**《話》(a) 背中の瘤. (b) じいさん.
'**Knas·ter**¹ ['knastər] 男 -s/- **1**《話》安タバコ. **2**《古》高級タバコ.
'**Knas·ter**² 男 -s/-《地方》気むずかし屋(の老人).
'**Knas·ter·bart** 男 -[e]s/⁼e, '**Knas·te·rer** ['knastərər] 男 -s/- = Knaster²
'**knas·tern** ['knastərn] 自《地方》**1** (タバコが)燻る. **2** (くすぶって)パイプを燻らす.
'**knas·tern**² 自《地方》(不機嫌そうに)ぶつぶつ言う.

knatsch [knatʃ] 男 -[e]s/ 《地方》いさかい、いざこざ.

knat・schen ['knatʃən] 自 《地方》 **1** (子供が)だだをこねる、ぐずる. **2** (食べるときに)ぴちゃぴちゃ音を立てる.

knat・tern ['knatərn] 自 (h, s) **1** (h) (オートバイ・機関銃などが)だだだと音を立てる; (旗などが)ばたばたと鳴る. **2** (s) (オートバイなどが)だだだと走る.

Knäu・el ['knɔyəl] 男 -s/- **1** (毛)糸玉. **2** (a) (糸などの)もつれた塊(ホキタ). (b) 《比喩》(雑然とした)群、集団. ein ~ von Menschen 人だかり. in ~n 群をなして. (c) 《比喩》もつれ合い、こんがらがり、紛糾. das ~ der Gedanken もつれた思考.

knäu・eln ['knɔyəln] 《まれ》 **❶** 他 (巻いて)糸玉にする. **❷** 再 (*sich*[4]) (群集・交通などが)収拾のつかない混乱となる.

Knauf [knaof] 男 -[e]s/ Knäufe 球状の先端; (刀剣の)柄頭、(ステッキの)握り; (鍋ぶたの)つまみ; (Kapitell) 柱頭.

knau・peln ['knaopəln] 自 an et[3] ~ 《地方》物[3]を指でこじ開けようとする(ほどこうとする); 事[3](仕事・表現などに)苦心惨憺する; (苦痛などに)打ち勝とうとする. (c) 物[3](固いパンなど)をかじる.

Knau・ser ['knaozər] 男 -s/- 《話》けち、しみったれ.

Knau・se・rei [knaozə'raɪ] 女 -/- 《話》けちけちすること.

knau・se・rig ['knaozərɪç] 形 《話》けちな、しみったれた.

knau・sern ['knaozərn] 自 《話》けちけちする; (mit et[3] 物[3])けちる.

knaut・schen[1] ['knaotʃən] 《話》 **❶** 他 (布・紙などを)しわくちゃにする、くしゃくしゃにする. **❷** 自 (布地などが)しわになる.

knaut・schen[2] 自 《地方》 **1** (ドアなどが)ぎいっと鳴る、きいきい音を立てる. **2** ぐずぐず言う、むずがる; いやいや食事をする.

Knautsch・zo・ne ['knaotʃ..] 女 -/-n 《自動車》(車体の)衝撃吸収部、クラッシャブルゾーン.

Kne・bel [kne:bəl] 男 -s/- **1** 《工学》(弦掛け鋸の歯の)張り棒. (b) (網などを締める)締め棒. **2** (荷物運搬用の)荷からげ棒. **3** 猿くつわ. j[3] einen ~ in den Mund stecken 人[3]に猿くつわを噛ませる. **4** (ダッフルコート用の)木ボタン、トッフル.

'kne・beln ['kne:bəln] 他 **1** (人[4]に)猿くつわを噛ませる. **2** 《比喩》抑圧(弾圧)する. **3** 《古》(人[4]を)縛り上げる.

Knecht [knɛçt] 男 -[e]s/-e **1** 《古》(主人に仕える)僕(ヒゞ)、召使い、従者. ein ~ Gottes 《雅》神の僕(ヒゞ). **2** (a) 《古》(農家の)使用人、作男、下男. die *Knechte* und Mägde 男下男下女. (b) 《複合語として》(決った仕事のための)雇い人、…夫. Fuhr*knecht* 御者、車夫. Stall*knecht* 馬丁(ヒット). **3** 《雅》他人の言いなりになる人; (愛情・欲望の)奴隷 ein ~ der Leidenschaft 情熱のとりこ.

'knech・ten ['knɛçtən] 他 《雅》(民衆などを)隷属させる、抑圧する. 《過去分詞で》ein *geknechtes* Volk 虐げられた民.

'knech・tisch [knɛçtɪʃ] 形 《雅》下僕(奴隷)のような、卑屈な. eine ~*e* Gesinnung 奴隷根性.

'Knecht・schaft 女 -/ 《雅》奴隷状態.

'Knech・tung ['knɛçtʊŋ] 女 -/ 《雅》抑圧、奴隷化.

'knei・fen* ['knaɪfən] クナイフェン kniff, gekniffen **❶** 他 **1** (人[4]を)つねる、つまむ. j[3] in den Arm ~ 人[4]の腕をつねる. **2** (物[4]を)ぎゅっと挟む; 結ぶ(閉じる). die Augen〈die Lippen〉~ 目をぎゅっとつぶる

〈唇をぎゅっと結ぶ〉. das Monokel ins Auge ~ 片眼鏡を目にはめる. den Schwanz zwischen die Beine ~ (犬が)尻尾を巻く. **3** den Wind ~ 《海事》帆を詰め開き(クロスホールド)にする. **❷** 自 **1** つねる、つまむ. j[3] in den Arm ~ 人[3]の腕をつねる. **2** (身を締めつけるように)痛い、きつい. Die Hose *kneift*. ズボンがきつい. Das Wasser ist so kalt, dass es *kneift*. 水は手が切れるほど冷たい. **3** 《話》尻込みする、こそこそ逃げ出す(vor j〈et〉[3] 人〈物〉[3] の前から). **4** 《海事》帆を詰め開きする.

'Knei・fer ['knaɪfər] 男 -s/- 鼻眼鏡.

'Kneif・zan・ge ['knaɪf..] 女 -/-n やっとこ.

*★**'Knei・pe** ['knaɪpə クナイペ] 女 -/-n **1** 《話》居酒屋、飲み屋. **2** 《学生》酒宴、飲み会、コンパ; (学生組合員の定期的な飲み会のための)集会室. **3** 《地方》= Kneifzange

'knei・pen[1] ['knaɪpən] 自 **1** 《話》(飲み屋で)酒を飲む. **2** 《学生》飲み会(コンパ)をする.

'knei・pen[2*] kneipte(knipp), gekneipt(geknippen) 他 《地方》=kneifen

Knei・pe'rei [knaɪpə'raɪ] 女 -/-en 《度を過ごした)酒盛、居酒屋通い.

'kneip・pen ['knaɪpən] 自 《話》クナイプ式療法を行う.

'Kneipp・kur ['knaɪp..] 女 -/-en クナイプ式療法(水浴療法のひとつで、ドイツの聖職者 Sebastian Kneipp 1821–1897 にちなむ).

'knet・bar ['kne:tba:r] 形 捏(゚)ねることのできる.

'Kne・te ['kne:tə] 女 -/ **1** 《話》(彫塑用の)粘土. in der ~ sein にっちもさっちも行かない、お手上げである. **2** (Geld) の金.

'kne・ten ['kne:tən] 他 **1** (a) (パン生地・粘土などを)捏(゚)ねる. (b) (パン・塑(゚)像などを)捏ねて造る; 《比喩》(人[4]を)思い通りの人間に仕立てる. **2** (massieren) 揉(゚)む、マッサージする.

'Knet・mas・se 女 -/-n (彫塑用の)粘土、こね土.

Knick [knɪk] 男 -[e]s/-e(-s) **1** 《複数 -e》(a) (壁・卵などの)ひび、割れ目. (b) (急角度の折曲がり、カーブ. einen ~ im Auge〈in der Linse / in der Optik〉haben 《戯》斜視である; 物がちゃんと見えていない. (c) (本・布地などの)折れ目、しわ. **2** 《複数 -s》《北ドイツ》(地所の境界などの)灌木の植わった土手.

'Kni・cke・bein ['knɪka..] 男 -s/ (チョコレートボンボンなどに詰める)卵黄入りのリキュール(同名の考案者の名にちなむ).

'kni・cken ['knɪkən] **❶** 他 **1** (紙などを)折曲げてしまう、しわにする. die Seiten im Buch ~ 本の頁をおってしまう. 《目的語なしで》Bitte nicht ~! (封筒などを)折曲げないでください. **2** (物[4]を)折曲げる、へし折る. die Bäume ~ (嵐などが)木々をへし折る. j[3] den Finger ~ 人[3]の指をへし折る. das Knie〈das Bein〉~ 膝を折る. **3** 《比喩》(a) (人[4]を)打ちのめす、がっくりさせる. Dieser Misserfolg hat mich völlig *geknickt*. この失敗が私を完膚(゚゚)無きまでに打ちのめした. (b) 人[4]の誇りを打ち砕く. j[2] Stolz ~ 人[2]のプライドを打ちくだく. **4** 《話》(蚤・虱などを)ぷちんと潰す.

❷ 自 (s) (ぽきっと折れる、折曲がる; (卵など)にひびが入る. in die Knie ~ 膝ががくっとなる.

◆↑geknickt

'Kni・cker[1] ['knɪkər] 男 -s/- 《猟師》(Genickfänger) 猟刀.

'Kni・cker[2] 男 -s/- 《話》けちん坊.

'Kni・cker[3] 男 -s/- 《北ドイツ》(Murmel) ビー玉.

'Kni·cker·bo·cker ['(k)nɪkərbɔkər] ❶ 腰 《服飾》ニッカーボッカー. ❷ 男 –[s]/–[s] ニッカーボッカー（カクテルの一種）.

'kni·cke·rig ['knɪkərɪç] 形 《話》けちな, しみったれの.

'kni·ckern ['knɪkərn] 自 《話》けちけちする.

'Knick·fuß 男 –es/⁼e 《医学》(↔ Klumpfuß) 外反足.

'knick·rig ['knɪkrɪç] 形 = knickerig

knicks ['knɪks] 間 Knicks! ぽきっ, ぽきん, めきっ.

Knicks [knɪks] 男 –es/–e 《女性, とくに少女が》膝をかがめてするお辞儀.

'knick·sen ['knɪksən] 自 《女性が》膝をかがめてお辞儀をする.

Knie

[kniː クニー] 中 –s/– ['kniːə, kniː] 1 膝, 膝頭, 《話》膝《ズボンなどの》膝. Mir zitterten die Knie vor Angst. 私は不安のあまり膝ががくがく震えた. das ~ beugen ひざまずく. weiche Knie bekommen / in den ~n weich werden 《話》《怖くて·不安で》立っていられなくなる. auf den ~n 両膝をついて. auf die 〈die〉 Knie fallen ひざまずく, vor j³ auf den ~n liegen 人³ の前にひれ伏している. sich⁴ vor j³ auf die Knie werfen 人³ の前にひれ伏す. in die Knie brechen 〈fallen / sinken〉がくっと膝を折る, くずおれる. in die Knie gehen (へなへなと)膝から落ちる; (vor j³ 人³ に) 屈服する. mit weichen ~n 《話》おどおど(びくびく)しながら, おぼつかない足取りで. et⁴ übers ~ brechen 《話》事⁴ をぞんざいに(あっさりと)片づける. j⁴ übers ~ legen (罰として)人⁴ のお尻を叩く. 2 (川·道などの)曲り角, 屈曲部. 3 《配管の》肘継ぎ手, エルボー. 4 《動物》(蜘蛛などの足の)節.

'Knie·bank 女 –/⁼e (教会の信者席などの)膝つき台.
'Knie·beu·ge 女 –/–n (体操で)膝の屈伸, 屈取(ず).
'Knie·fall 男 –[e]s/⁼e (屈服や嘆願のしるしとして)ひざまずくこと. vor j³ einen ~ tun 人³ に平身低頭する.
'knie·fäl·lig 形 ひざまずいた; 平身低頭した.
'Knie·ge·lenk 中 –[e]s/–e 膝(?)関節.
'knie·hoch 形 膝まで届く高さの.
'Knie·holz 中 –es/– (高山やツンドラの幹に生える曲がりくねった)矮(?)小樹(這松(??)の類など).
'Knie·ho·se 女 –/–n (膝下までの)半ズボン.
'Knie·keh·le 女 –/–n ひかがみ, 膝窩(??).

*'knien [kniːn, 'kniːən クニーエン] 1 自 (h, s) 膝をついている, ひざまずく. ❷ 再 (sich⁴) 1 ひざまずく, (片)膝を折る. 2 《話》sich in et⁴ 事⁴ に没頭(専念)する.
'Knie·rohr 中 –[e]s/–e 《工学》エルボー, 膝継ぎ手.
'Knie·schei·be 女 –/–n 膝のお皿, 膝蓋骨.
'Knie·schüt·zer 男 –s/– 《スポーツ》(膝の)サポーター, 膝当て.
'Knie·strumpf 男 –[e]s/⁼e ハイソックス, ニーストッキング.
'Knie·stück 中 –[e]s/–e 1 = Knierohr 2 《絵画》七分像(膝までの肖像画).
'knie·tief 形 膝まで埋まるほどの.
kniff [knɪf] kneifen の過去.

Kniff [knɪf] 男 –[e]s/–e (↑kneifen) 1 つねること. ein ~ in den Arm 腕をつねること. 2 折れ目, しわ (ズボンなどの折り目. die ~e ausbügeln アイロンでしわを伸ばす. 3 (仕事などの)こつ, 要領, トリック.
'knif·fe [knɪfə] kneifen の接続法 II.
Knif·fe·lei [knɪfəˈlaɪ] 女 –/–en 《話》厄介(面倒)な仕事.
'knif·fe·lig [ˈknɪfəlɪç] 形 《話》厄介(面倒)な, 込入った.

た.
'knif·fen ['knɪfən] 他 (紙などを)折る, 折り目をつける.
'knif·fig ['knɪfɪç] 形 = kniffelig
'Knig·ge [ˈknɪɡə] 男 –[s]/– 1 礼儀作法の書(有名な処世術の書を著したドイツの作家クニッゲ Adolf Freiherr von Knigge, 1752–1796 にちなむ). 2 《比喩》手引書, 案内書. ein ~ für Studenten 大学生の手引.

Knilch [knɪlç] 男 –s/–e (とくに北ドイツ·北西ドイツ)《いやな》やつ, 野郎.

'knil·le [ˈknɪlə] 形 = knülle
knipp [knɪp] kneipen² の過去.
'knip·pe [ˈknɪpə] kneipen² の接続法 II.
knips [knɪps] 間 Knips! (切符に鋏を入れる音などに)ぱちん, ぱちっ; (シャッターを切る音などに)ぱちり. Knips knaps! ぱちんぱちん.

*'knip·sen [ˈknɪpsən クニプセン] ❶ 自 1 ぱちん(ぱちっ, かちっ)と音を立てる. den Schalter ~ スイッチをぱちっと入れる. mit den Fingern ~ 指を鳴らす. 2 シャッターを切る. ❷ 他 1 (スイッチなどを)ぱちっと(入れる)(切る); (切符に)鋏を入れる; (人や物⁴ を)ぱちり撮る. 2 (指で)はじく, はじきとばす.

Knirps [knɪrps] 男 –es/–e 《話》1 (a) 小さな男の子, おちびちゃん. (b) 《侮》小男, ちび. 2 《商標》クニルプス, 折畳み傘.

*'knir·schen ['knɪrʃən クニルシェン] ❶ 自 ぎしぎし音を立てる, きしむ. Der Schnee knirscht. 雪[下で]がきゅっきゅっと鳴る. mit den Zähnen ~ 歯ぎしりする. ❷ 他 (激怒のあまり)歯ぎしりしながら言う.

*'knis·tern ['knɪstərn クニスターン] 自 ぱりぱり(ぱちぱち, かさかさ, めりめり)音を立てる. Das Feuer knistert im Ofen. 火が暖炉でぱちぱち燃えている. mit Papier – 紙をぱりぱりいわせる. Der Saal knisterte vor Spannung. ホールにはぴりぴりするような緊張感が張りつめていた. 《非人称的に》Es knistert im Gebälk. 梁(?)がめりめり音を立てている; 《話》屋台骨がぐらつき始めている.

'Knit·tel ['knɪtəl] 男 –s/– = Knüttel
'Knit·tel·vers 男 –es/–e 《韻律》クニッテルフェルス (各行が4つの揚音を持ち, 2行ずつ韻を踏む詩形).
'Knit·ter ['knɪtər] 男 –s/– (ふつう複数で)(服地などの)しわ.
'knit·ter·frei 形 しわにならない.
'knit·te·rig ['knɪtərɪç] 形 1 しわになりやすい. 2 しわくちゃの, しわだらけの.
'knit·tern ['knɪtərn] ❶ 自 (布地などが)しわになる. ❷ 他 (物⁴ を)しわにする.
'knitt·rig ['knɪtrɪç] 形 = knitterig
'Kno·bel ['knoːbəl] 男 –s/– 《地方》1 (Knöchel) くるぶし. 2 (Würfel) さいころ, ダイス.
'Kno·bel·be·cher 男 –s/– 1 ダイスカップ. 2 《戯》(兵隊の)半長靴.
'kno·beln ['knoːbəln] 自 1 さいころ(くじ, じゃんけん)で決める(um et⁴ 事⁴ を). 2 さいころ(くじ, じゃんけん)で遊ぶ. 3 《話》(an et³ 事³ について)知恵を絞る, 頭をひねる. an einem Rätsel ~ 謎々を解こうと頭をひねる.
'Knob·lauch ['knoːplaʊx, 'knɔp..] 男 –[e]s/– 《植物》にんにく(大蒜).
'Knö·chel ['knœçəl] 男 –s/– 1 《解剖》くるぶし(踝). 2 指関節(とくに指の付根の). 3 《古》《地方》(Würfel) さいころ.
'Knö·chel·chen ['knœçəlçən] 中 –s/– (Knochen の縮小形)小さい骨.

Knoten

'knö·chel·lang 形 〈衣服が〉くるぶしまでの丈の.
'knö·chel·tief 形 くるぶしまでの深さの.

Kno·chen ['knɔxən クノヘン] 男 -s/- 骨. Der Mann ist nur noch Haut und ~. その男は骨と皮ばかりだ. keinen Mumm〈kein Mark〉in den *Knochen* haben〈比喩〉気骨〈気概〉がない. **2**〈複数で〉〈話〉手足, 四肢. Mir tun alle *Knochen* weh. 私は体じゅうが痛い. für j〈et〉⁴ *seine Knochen* hinhalten 人〈事〉⁴のために体を張る. Die Arbeit geht auf〈über〉die *Knochen*. この仕事はえらく骨が折れる. j³ in die *Knochen* fahren〈恐怖などが〉人³の全身を走る. Die Grippe〈Die Angst〉liegt〈steckt/sitzt〉mir noch in den *Knochen*. 私は流感が治りきらない〈不安がいつまでも尾を引いている〉. **3**〈話〉(Kerl) 男, やつ. Alter ~!（親しみをこめて）君. Du fauler ~! この怠け者め. **4**〈話〉（両口の）スパナ.〈ざれ〉硬い〈しっかりした〉〈ざれ〉丈夫な〈きゃしゃな〉*Knochen* がっしりした〈きゃしゃな〉骨格. Das ist ein harter ~.〈話〉そいつは骨だ〈骨の折れる仕事だ〉. sich³ einen ~ brechen 骨折する. Du kannst dir die *Knochen* nummerieren lassen.〈話〉痛い目に会いかいたぞ. bis auf〈in〉die *Knochen* 骨の髄まで, 徹頭徹尾. sich¹ bis auf die *Knochen* blamieren 赤っ恥をかく. nass bis auf die *Knochen* sein ずぶぬれである.

'Kno·chen·bau 男 -[e]s/ 骨格.
'Kno·chen·bruch 男 -[e]s/...brüche 骨折. ein einfacher〈komplizierter〉~ 単純〈複雑〉骨折.
'kno·chen·dürr 形〈話〉（骨と皮ばかりに）やせこけた.
'Kno·chen·fraß 男 -es/ (Karies) カリエス, 骨疽〈の俗称〉.
'Kno·chen·ge·rüst 中 -[e]s/-e **1** 骨格; 骸骨. **2**〈戯〉（骸骨のように）痩せた人.
'Kno·chen·haut 女 -/..häute〖解剖〗骨膜.
'Kno·chen·mann 男 -[e]s/..er **1**〈雅〉（骸骨姿の）死神. **2**〈話〉（人体の）骨格標本.
'Kno·chen·mark 中 -[e]s/〖解剖〗骨髄.
'Kno·chen·mehl 中 -[e]s/ 骨粉.
'kno·chen·tro·cken 形〈話〉ひからびきった.
'knö·che·rig ['knœçərɪç] 形 =knöchrig
'knö·chern ['knœçərn] 形 **1** 骨製の. **2**〈まれ〉knochig
'kno·chig ['knɔxɪç] 形 骨張った.
'knöch·rig ['knœçrɪç] 形〈古〉**1** =knöchern **2** 骨のような.
knock-'out, knock'out [nɔk'aʊt, '- -] 形〈述〉〈engl.〉〖付加語的には用いない〗(略 k. o.) ノックアウトされた. j⁴ ~ schlagen 人⁴をノックアウトする.
Knock-'out, Knock'out 男 -[s]-s (略 K. o.)〖スポーツ〗ノックアウト.
'Knö·del ['knø:dəl] 男 -s/-〈南ドイツ・オーストリア〉〖料理〗(Kloß)（じゃがいもなどの）団子.
'Knol·le ['knɔlə] 女 -/-n **1**〖植物〗塊茎, 球根. **2**〈話〉瘤〈ß〉状のもの; 木の瘤; 〈戯〉団子鼻. **3**〈話〉Knollen 2
'Knol·len ['knɔlən] 男 -s/- **1** 塊〈ß〉, 団子〈状のもの〉. **2**〈話〉交通違反ステッカー.
'Knol·len·blät·ter·pilz 男 -es/-e〖植物〗てんぐたけ（有毒なこの）.
'Knol·len·ge·wächs 中 -es/-e〖植物〗塊茎植物（じゃがいもなど）.
'knol·lig ['knɔlɪç] 形 **1** 塊茎状の; 団子のような. eine ~e Nase 団子鼻. **2**〈地方〉(klumpig)（土などの）

Knopf [knɔpf クノプフ] 男 -[e]s/Knöpfe **1**（衣服の）ボタン. einen ~ annähen ボタンを縫いつける. die *Knöpfe* öffnen〈aufmachen〉ボタンをはずす. die *Knöpfe* schließen〈zumachen〉ボタンをとめる. Hast du denn *Knöpfe* auf den Augen〈in den Ohren〉?〈話〉君の目は節穴か〈君は耳に栓でもしているのか〉. [sich¹] et¹ an den *Knöpfen* abzählen〈話〉事⁴を適当に決める（成行きにまかせる）. **2**（機器の）押しボタン, つまみ. [auf] den ~ drücken ボタンを押す. **3**（先端の）円球〈状のもの〉; （ステッキの握り）; （刀剣の柄頭; （留め針などの）頭; （塔の）球飾り; （佩刀）（若い鹿などの）生えかけた角〈ß〉. **4**〈話〉(a) 男, やつ; 小男. (b)（かわいい）坊や, おちびちゃん. **5**〈南ドイツ・オーストリア・スイス〉(a) (Knoten) 結び目. Ihm ging der ~ auf.彼は不意にぴんときた. (b) (Knospe) 蕾. **6**〈複数で〉〈話〉はした金.

'Knöpf·chen ['knœpfçən] 中 -s/-《Knopf の縮小形》小さなボタン.
'knöp·fen ['knœpfən] 他 **1**（衣服などの）ボタンを掛ける（はずす）. Das Kleid ist vorn〈hinten〉zu ~. そのドレスは前〈後〉ボタンだ. **2** (A⁴ an〈in〉B⁴ A⁴ を B⁴ に）ボタンでとめる.
'Knopf·loch 中 -[e]s/..er ボタン穴. ein blindes ~ 飾りだけのボタンホール. aus allen〈sämtlichen〉*Knopflöchern* あふれんばかりの〈に〉. aus allen *Knopflöchern* platzen〈話〉はち切れんばかりに太っている.
'Knopf·zel·le 女 -/-n（ボタン型の水銀電池などをさして）ボタン電池.
'knor·ke ['knɔrkə] 形〈不変化〉〈古〉〈とくにベルリン〉すばらしい.
'Knor·pel ['knɔrpəl] 男 -s/-〖解剖〗軟骨.
'knor·pe·lig ['knɔrpəlɪç] 形 =knorplig
'knorp·lig ['knɔrplɪç] 形 軟骨質の, 軟骨まじりの; 骨状の.
'Knor·ren ['knɔrən] 男 -s/-〈地方〉**1**（木の）瘤〈ß〉, 節. **2** 切株, 丸太.
'knor·rig ['knɔrɪç] 形 **1**（木が）瘤〈ß〉のある, 節の多い; （手指が）節くれ立った, ごつごつした. **2**〈比喩〉依怙地〈な〉, 打ち解けない.
*'Knos·pe ['knɔspə] 女 -/-n **1**〖植物〗蕾〈つぼみ〉, 芽; 〈雅〉芽生え, 萌芽. Die ~n brechen auf. 蕾がほころぶ. Sie ist noch eine [zarte] ~.〈雅〉彼女はまだ花の蕾だ. ~n ansetzen〈treiben〉蕾をつける, 芽吹く. **2**〖生物〗（芽生生殖における）芽体.
'knos·pen ['knɔspən] 自 蕾〈つぼみ〉をつける, 芽を出す, 芽を吹く, 萌〈も〉える.
'knos·pig ['knɔspɪç] 形 芽〈蕾〉をつけた; 蕾のままの.
'Knos·pung ['knɔspʊŋ] 女 -/-en **1** 発芽. **2**〖生物〗出芽, 芽生生殖.
'Knöt·chen ['knø:tçən] 中 -s/-《Knoten の縮小形》小さな結び目;〖医学〗小結節.
'kno·ten ['kno:tən] 他（紐などを）結ぶ, 結び合せる; 結びつける(an et⁴ 物に).
*'Kno·ten ['kno:tən クノーテン] 男 -s/- **1** 結び目, 結わえ目. einen ~ machen〈lösen〉結び目を作る〈解く〉. [sich¹] einen ~ ins Taschentuch machen（心覚えに）ハンカチに結び玉を作る. **2**〈比喩〉難問, 難事; （劇などの）葛藤. Bei ihm ist der ~ endlich geplatzt〈gerissen〉.〈話〉彼はやっと合点がいった（事情が呑み込めた）. den [gordischen] ~ durchhauen 難

題を一挙に片づける．den ~ des Dramas schürzen 劇的な葛藤をこらせる(ドラマの筋を盛り上げる)． **3** 結い髪，束髪，まげ． einen ~ tragen 髪を束ねて結っている． **4** (a)《植物》節(ﾌｼ); (木の)節(ﾌｼ), 節(ﾌｼ); (木材の)節目． (b)《病理》結節，瘤． (c)《解剖》(神経などの)節(ﾌｼ)． **5** (a)《物理》(定常波の)節(ﾌｼ), 波節． (b)《数学》(線・面の)結節点． (c)《天文》交点． **6**《記号 kn》《海事》ノット(時速1海里)． [mit] 15 ~ fahren / 15 ~ machen 15ノットで走る．

'**Kno·ten·punkt** 男 -[e]s/-e 結合点，分岐点; (鉄道などの)接続駅, 連結駅;《物理》節点;《比喩》(筋書きなどの)山．

'**Kno·ten·stock** 男 -[e]s/-e 節くれ立った杖．

'**Knö·te·rich** ['knø:tərɪç] 男 -s/-e《植物》たで(蓼)．

'**kno·tig** ['kno:tɪç] 形 **1** 瘤(ｺﾌﾞ)のある，瘤状の；節くれ立った． **2**《医学》(tuberkular) 結節状の．

Know-'how [no:'hau, '--] 中 -[s] (engl.) ノーハウ, 技術情報．

'**Knub·be** ['knɔbə] 女 -/-n《北ﾄﾞ》**1** (Knorren) (木の)瘤(ｺﾌﾞ)． **2** (Knospe) 蕾(ﾂﾎﾞﾐ)． **3** (Geschwulst) 腫(ﾊﾚ)れ物，おでき．

'**Knub·bel** ['knɔbəl] 男 -s/-《地方》**1** 腫れ物, 瘤． **2** ずんぐりした人．

'**Knub·ben** ['knɔbən] 男 -s/-《地方》**1** = Knubbe 1 **2** = Knubbel 2

Knuff [knɔf] 男 -[e]s/Knüffe《話》(こぶし・肘で)突っつくこと． j³ einen ~ in die Seite geben 人³の脇腹をつつく．

'**knuf·fen** ['knɔfən] 他／自《話》(こぶし・肘で)突っつく． j³ in den Rücken ~ 人³の背中を突っつく．

Knülch [knʏlç] 男 -s/-e = Knilch

knüll [knʏl] 形 = knülle

'**knül·le** ['knʏlə] 形《述語的用法のみ》《話》**1** 酔っぱらった． **2** 疲れ果てた．

'**knül·len** ['knʏlən] **❶** 自 (紙・布地などが)しわになる，しわくちゃになる． Der Stoff knüllt leicht． その布地はしわが寄りやすい． **❷** 他 (紙・布地などを)しわくちゃにする． die alte Zeitung〈das Taschentuch〉 ~ 古新聞紙〈ハンカチ〉をくしゃくしゃに丸める．

'**Knül·ler** ['knʏlər] 男 -s/-《話》大当り(大評判)のもの (商品・映画・歌謡曲など)． Der Film ist ein ~． この映画はものすごく面白い．

*'**knüp·fen** ['knʏpfən クニュプフェン] **❶** 他《絵》**1** 結ぶ，結び目を作る; (an et⁴ 物⁴に)結びつける． zerrissene Fäden ~ 切れた糸を結ぶ． Bande der Freundschaft ~ 友情の絆を結ぶ． Hoffnungen〈Bedingungen〉an et⁴ ~ 物⁴に希望をつなぐ〈条件をつける〉． **2** 編む，なう． Teppiche〈Netze〉~ 絨毯(ｼﾞｭｳﾀﾝ)を織る〈網を編む〉． **❷** 再 (sich⁴) sich an et⁴ ~ 物⁴に結びついている． An diesen Brunnen knüpfen sich viele Sagen． この泉にはたくさんの伝説が結びついている．

'**Knüp·pel·damm** 男 -[e]s/⁼e (湿地帯につけられた)丸太道．

'**knüp·pel·dick** 形 **1**《比較変化なし》丸太のように太い． **2**《次の用法で》《話》(a) Es kommt ~． 困ったことが一度にどっとやってくる． (b) ~ voll ぎっしりつまり，ぎゅうぎゅう詰めの． Der Saal〈Der Bus〉war ~ voll． ホール〈バス〉は人で満員だった． (c) es ~ hinter den Ohren haben すごく賢い，抜け目がない．

*'**knur·ren** ['knʊrən クヌレン] **❶** 自 **1** (犬などが)うなる．《話》(胃が)ぐうぐう鳴る． Mir knurrt der Magen． 私は腹ぺこだ． **2**《話》ぶつぶつ(ぶつぶつ)言う，ぼやく．

'**Knurr·hahn** ['knʊr..] 男 -[e]s/⁼e **1**《魚》ほうぼう． **2**《戯》不平屋．

'**knur·rig** ['knʊrɪç] 形《話》ぶうぶう言ってばかりいる，不機嫌な，気むずかしい．

'**knus·pe·rig** ['knʊspərɪç] 形 = knusprig

'**knus·pern** ['knʊspərn] 自／他 an et³ ~ / et⁴ ~《地方》物³,⁴をぽりぽりかじる．

'**knus·prig** ['knʊsprɪç] 形 **1** (パン・焼き肉などが)かりっと焼き上がった． **2**《話》(娘などが)ぴちぴちした．

Knust [knu:st] 男 -[e]s/-e(⁼e)《北ﾄﾞ》(切った)パンの両端部．

'**Knu·te** ['knu:tə] 女 -/-n (russ.) **1** 革のむち． **2** 暴力支配，圧制． unter j³ ~ stehen 人³の圧制に苦しんでいる，(に)弾圧されている．

'**knu·ten** ['knu:tən] 他《話》**1** (人⁴を)むちで打つ． **2** (人⁴に)圧政を加える，(を)弾圧する．

'**knut·schen** ['knu:tʃən] 自／他《話》mit j³ ~ / j⁴ ~ 人³,⁴と長々とキスをする，抱き合っていちゃつく． Ich glaub[e], mich knutscht ein Elch!《卑》まさかそんなことがあるはずがない(信じられない)．

'**Knüt·tel** ['knʏtəl] 男 -s/- (= Knüppel) こん棒，丸太．

'**Knüt·tel·vers** 男 -es/-e = Knittelvers

k. o. [ka:'ʔo:] 形 (engl.) **1**《ｽﾎﾟｰﾂ》ノックアウトされた． **2**《話》(肉体的に)疲れ切った． Ich bin total ~． ぼくは完全にグロッキーだ． ♦ knock-out の略形．

K. o. [ka:'ʔo:] 男《略》= Knock-out

ko.., Ko.. [ko.., ko:..]《接頭》↑ kon.., Kon..

ko·a·gu'lie·ren [koagu'li:rən] (部) 《化学・医学》凝結(凝固)する． koagulierende Mittel《医学》血液凝固剤． **❷** 自 (s) 凝結(凝固)する．

Ko·a·la [ko'a:la] 男 -/-s (austr.)《動物》コアラ．

ko·a·lie·ren [koa'li:rən], **ko·a·li·sie·ren** [koali'zi:rən] 自 (fr.)《政治》(政党・国家などが)連合(連立)する．

Ko·a·li·ti·on [koalitsi'o:n] 女 -/-en《政治》(政党・国家などの)連合，連立，合同． eine ~ eingehen〈bilden〉連合(連立)する．

Ko·a·li'ti·ons·frei·heit 女 -/《法制》団結の自由．

Ko·a·li'ti·ons·re·gie·rung 女 -/-en 連立政府．

ko·a·xi'al [ko|aksi:a:l] 形 (lat. kon..+axial)《幾何・工学》同軸の．

Ko·axi'al·ka·bel 中 -s/-《電子工》同軸ケーブル．

Kob [kɔp] 男 -s/-s 巡回警官(Kontaktbereichsbeamte の略)．

'**Ko·balt** ['ko:balt] 中 -s/ (↓ Kobold)《記号 Co》《化学》コバルト．

'**ko·balt·blau** 形《比較変化なし》コバルトブルーの．

'**Ko·balt·bom·be** 女 -/-n《軍事》コバルト爆弾．

'**Ko·ben** ['ko:bən] 男 -s/- 家畜小屋; 豚小屋．

'**Ko·ber** ['ko:bər] 男 -s/-《地方》(とくに食料品を運ぶための)ふたつきの籠．

'**Ko·blenz** ['ko:blɛnts]《地名》コーブレンツ(ライン川とモーゼル川の合流点に位置する都市)．

Ko·bold ['ko:bɔlt] 男 -[e]s/-e コーボルト(民間信仰でいたずら好きな家の精である小人のこと).

'Ko'bolz [ko:bɔls] 『(次の用法でのみ)(einen) ~ schießen〈schlagen〉《地方》でんぐり返りをする.

ko·bol·zen [ko:bɔltsən] 自《地方》でんぐり返りをする.

Ko·bra ['ko:bra] 女 -/-s 《port.》〖動物〗コブラ.

Koch¹ [kɔx コㇰ] 男 -[e]s/ Köche 料理〈調理〉人, コック;《複数なし》(免許を取った)調理士, 栄養士. ein begeisterter ~ sein 料理をつくるのが好きである. Hunger ist der beste ~.《諺》空(す)き腹にまずいものなし. Viele *Köche* verderben den Brei.《諺》船頭多くして船, 山に登る. ◆女性形 Köchin 女 -/-nen

Koch² 田 -s/-e《南ド》粥(ゆ).

Koch³《人名》Robert ~ ローベルト・コッホ(1843-1910, ドイツの細菌学者, コレラ菌の発見者).

Koch·ap·fel 男 -s/¨ 料理用りんご.

Koch·buch 中 -[e]s/¨er 料理の本.

Kö·che ['kœçə] Koch¹ の複数.

koch·echt 形 (kochfest)(繊維製品などが)熱湯で洗ってもいたまない.

Kö·chel·ver·zeich·nis ['kœçəl..] 中 -ses/《略 KV》〖音楽〗ケッヘル番号(L. v. Köchel によりつけられた Mozart 全作品の年代順番号).

ko·chen ['kɔxən コヘン] ❶ 他 煮る, 沸かす, 茹でる; 料理する. Kaffee ~ コーヒーをいれる. Kartoffeln ~ じゃがいもをゆでる. Leim ~ 膠(にかわ)をとく. Die Sonne *kocht* die Trauben.《比喩》太陽がぶどうを成熟させる. Es wird nichts so heiß gegessen, wie es *gekocht* wird.《諺》案ずるより産むがやすし(口に入れたときは煮ているときほど熱くない). sich⁴ schwer〈leicht〉 ~ 煮えにくい〈煮えやすい〉.
❷ 自 **1** (a) 煮える, 沸く, 沸騰する, ゆだる. Das Wasser *kocht*. 湯が沸く. Das Gemüse muss noch 5 Minuten ~. その野菜はあと 5 分間煮なくてはならない.《現在分詞で》Die Brühe ist noch *kochend* heiß. その肉汁はまだ煮えたぎるほど熱い(↑kochend heiß). (b)《比喩》沸き立つ, たぎる. Die See *kocht*. 海が荒れている. Er *kocht* vor Wut. / In ihm *kocht* es. 彼は怒りで腹の中が煮えくり返っている. **2** 料理をする. Sie *kocht* gut. 彼女は料理が上手だ. Hier wird auch nur mit Wasser *gekocht*. 世の中はいずこも同じだ(ここでもやはり水で煮炊きをする).

'ko·chend heiß, °'ko·chend-heiß 形 煮えたぎる熱さの. ~*es* Wasser (ぐらぐらと煮えたぎった)熱湯.

'Ko·chend'was·ser·au·to·mat 男 -en/-en 瞬間湯沸かし器.

'Ko·cher ['kɔxər] 男 -s/- **1** (小型の)こんろ. ein elektrischer ~ 電気こんろ. **2**〖工学〗(材料を加熱するための)圧力釜, ボイラー. **3**《話》(タバコの)パイプ.

'Kö·cher ['kœçər] 男 -s/- **1** 矢筒, えびら. **2** 矢筒形の入物(望遠鏡のケース・ゴルフバッグなど).

'koch·fer·tig 形 煮るだけですぐ食べられる, インスタントの. ~*e* Suppe インスタントスープ.

'koch·fest 形 =kochecht

'Koch·ge·schirr 中 -[e]s/-e **1** (とくに軍隊で使う)飯盒. **2**《複数なし》調理用具.

'Koch·herd 男 -[e]s/-e レンジ.

'Kö·chin ['kœçɪn] 女 -/-nen Koch¹ の女性形.

'Koch·kis·te 女 -/-n (電気用) 保温器.

'Koch·kunst 女 -/¨e **1**《複数なし》料理法. **2**《戯》料理の腕前.

'Koch·löf·fel 男 -s/- (柄の長い木製の)料理用スプーン.

'Koch·ni·sche 女 -/-n (壁がんに設けられた)簡易キッチン.

'Koch·plat·te 女 -/-n **1** 電気のレンジのプレート(加熱板). **2** ホットプレート, 電気こんろ.

'Koch·re·zept 田 -[e]s/-e 調理法,(調理用の)レシピ.

'Koch·salz 田 -es/ 食塩.

'Koch·topf 男 -[e]s/¨e (料理用)深鍋(ふか).

'Ko·da 女 -/-s 《it.》 **1**〖音楽〗コーダ,(とくにソナタ形式の楽章の結尾部. **2**〖韻律〗(とくにイタリアのソネットで最終行に付加される)字余りの詩行.

Kode [ko:t] 男 -s/-s 《engl.》 **1**(暗号・記号を解読するための)規則体系, コード. **2**〖言語〗コード; 符合, 記号. elaborierter〈restringierter〉 ~ 精密〈制限〉コード. **3** genetischer ~〖生物〗遺伝情報.

'Kö·der ['kø:dər] 男 -s/- (魚・獣などを捕えるための)餌;《比喩》おとり. einen ~ auswerfen 餌を投げる, 誘惑する. an〈auf〉 den ~ anbeißen 餌に食いつく; 誘惑に乗る.

'kö·dern ['kø:dərn] 他 **1** (魚・ねずみなどを)おびき寄せる(mit et³ 物³で). Fische mit Würmern ~ 魚をみみずくごかい〉で釣る. **2** j¹ mit et³ ~《話》人⁴を物で〈金・約束などで〉釣る.

'Ko·dex ['ko:dɛks] 男 -[es]/-e (..dizes [..ditse:s]) 《lat. codex ‚Schreibtafel'》 (Codex) **1** (ローマ法の)法典. **2** (社会の規範的な)不文律. **3** (特定の専門分野の)規範集.

ko·die·ren [ko'di:rən] 他 (↓ Kode) (↔ dekodieren) **1**(テキスト・情報などをコードに従って)符号化する. **2**〖言語〗言語化する(考えや意図などを).

ko·di·fi'zie·ren [kodifi'tsi:rən] 他 (↓ Kodex) **1**(法律を)体系的にまとめる, 法典に編む. **2**(各種の規則・規範などを)集大成する.

'Ko·edu·ka·ti·on ['ko:ɛdukatsio:n, ko¦ɛdukatsi'o:n] 女 -/《engl.》(男女)共学.

Ko·ef·fi·zi'ent [ko¦ɛfitsi'ɛnt] 男 -en/-en《lat.》〖数学〗 (Beizahl) 係数. **2**〖物理・工学〗係数. Ausdehnungs*koeffizient* 膨張率.

'Ko·exis·tenz ['ko:ɛksɪstɛnts, ko¦ɛksɪs'tɛnts] 女 -/-en《lat.》(複数まれ)共存. friedliche ~ 平和共存.

'ko·exis·tie·ren ['ko:ɛksɪsti:rən, ko¦ɛksɪs'ti:rən] 自 共存する.

Kof·fe·in [kɔfe'i:n] 中 -s/《engl.》カフェイン.

kof·fe·in·frei 形 (コーヒーなどが)カフェインを含まない.

'Kof·fer ['kɔfər コファー] 男 -s/- **1** トランク, スーツケース, 旅行鞄. einen ~ aufgeben トランクを託送する. den ~ packen トランクを詰める, 旅支度をする. seine[n] ~ packen《話》荷物をまとめる, 出て行く, 他所へ移る. die *Koffer* packen müssen〈können〉〈dürfen〉《話》クビになる. einen ~ stehen lassen《戯》屁をひる. j³ an den ~ fahren《話》人³に難儀をかける. aus dem ~ leben《話》たえず旅の空(旅鳥)の暮しである. et⁴ in den ~ packen〈tun〉物⁴をトランクに詰める. j³ vor den ~ treten《話》人³に意見をする. **2**(タイプライター・ミシンなどの)ポータブルケース, 工具(器具)ケース, 書籍ケース. **3**〖土木〗道床, 路床. **4**〖兵隊〗砲弾, 榴弾. **5**《話》ばかでかい(嵩(かさ)高い)代物(しろもの), 何か途方もない異様な, 凄いもの. **6**〖隠〗(刑務所などにこっそり持ちこまれた)煙草 1 箱.

'Kof·fer·ge·rät 囲 -[e]s/-e ポータブル機器(とくにラジオ).

'Kof·fer·ku·li 男 -s/-s (駅に置いてある)手荷物運搬用カート.

'Kof·fer·ra·dio 囲 -s/-s ポータブルラジオ.

'Kof·fer·raum 男 -[e]s/ⁿe (車の)トランクルーム.

'Kö·ge [ˈkøːgə] Koog の複数.

'Kog·ge [ˈkɔgə] 女 -/-n コッゲ船(13-15 世紀に商用・戦争用として用いられた帆船).

'Ko·gnak [ˈkɔnjak] 男 -s/-s (fr. Cognac) コニャック.

Ko·gnat [kɔˈgnaːt] 男 -en/-en (lat. cognatus, belegt ist 'blutsverwandt') 1 (広義の)血縁者. 2 (← Agnat) (古代ローマの)母系の親族.

ko·gni·tiv [kɔgniˈtiːf] 形 (lat.) 〖心理〗認識に関する.

Ko·ha·bi·ta·ti·on [kohabitatsiˈoːn] 女 -/-en (lat.) 〖医学〗性交.

ko·hä·rent [koheˈrɛnt] 形 (lat.) (↔ inkohärent) 1 (内的に)関連のある, まとまりのある. 2 〖物理〗干渉性の. ~es Licht コヒーレント光.

Ko·hä·renz [koheˈrɛnts] 女 -/-en (↔ Inkohärenz) 1 関連性, まとまり. 2 〖物理〗干渉性, コヒーレンス.

Ko·hä·si·on [kohɛziˈoːn] 女 -/-en (lat.) (複数まれ) 1 緊密なつながり. 2 〖物理〗(分子間の)凝集(力). 3 〖心理〗凝集力(人をある 1 つの集団に留まらせる力).

ko·hä·siv [koheˈziːf] 形 (lat.) 凝集力のある.

*Kohl¹ [koːl コール] 男 -[e]s/-e キャベツ; キャベツ料理; 〖地方〗白キャベツ. [seinen] ~ anbauen〈bauen〉ひっそり暮す, 隠棲する. alten ~ wieder aufwärmen 〖話〗済んだ話(昔のこと)をむし返す. [Das ist doch] aufgewärmter ~! 〖話〗またその話か. Das macht den ~ [auch] nicht fett. 〖話〗それも無駄(無益, 栓にいこと)だ. seinen ~ pflanzen つましい生活をする.

Kohl² 男 -[e]s/ (jidd.) 〖話〗(くだらない)お喋り, 馬鹿げた話, たわ言.

'Kohl·dampf 男 -[e]s/ 〖話〗(Hunger) 空腹. ~ schieben 腹ぺこだ.

*'Koh·le [ˈkoːlə コーレ] 女 -/-n 1 石炭. feurige ~n auf j² Haupt sammeln 〖雅〗人²に(寛大さを見せて)面目を失わせる(↓〖旧約〗箴言 25:22). glühende ~n auf j² Haupt sammeln 人²の悪行に善(徳)で報いて恥入らせる. [wie] auf glühenden ~n sitzen 〖話〗居ても立ってもいられない, やきもきする; 困り果てる. mit ~[n] heizen 石炭を(暖房の)燃料にする. weiße ~ 水力. 2 炭, 木炭. in〈mit〉 ~ zeichnen 木炭でスケッチする. 3 (a) (複数なし) 〖生化学〗活性炭. (b) 〖電子工〗炭素ブラシ. 4 〖話〗(複数で) 銭(ぜ), お金. Hauptsache, die ~n stimmen. 〖話〗要は実入りがいいということだ.

'Koh·le·fa·den 男 -s/ⁿ 〖電子工〗(白熱電球の)炭素フィラメント.

'Koh·le·hy·drat 囲 -[e]s/-e =Kohlenhydrat

'koh·len [ˈkoːlən] (↓ Kohl¹) ❶ 他 Holz ~ 炭を焼く. ❷ 自 1 (船員)(船が)石炭を積む. 2 (何か燃えるものが)ゆっくり燃える.

'koh·len² 自 (↓ Kohl²) 〖話〗馬鹿なことを言う, ほらを吹く.

'Koh·len·be·cken 囲 -s/- 1 火鉢. 2 〖地質〗石炭盆地.

'Koh·len·berg·werk 囲 -[e]s/-e 炭鉱.

'Koh·len·bren·ner 男 -s/- (Köhler) 炭焼き(人).

'Koh·len·bun·ker 男 -s/- (船の)石炭庫.

'Koh·len·di·oxid [..ˈdiːɔksiːt, ..diˈɔksiːt] 囲 -[e]s/ 〖化学〗二酸化炭素, 炭酸ガス.

'Koh·len·flöz 囲 -es/-e 〖地質・鉱業〗石炭層.

'Koh·len·gas 囲 -es/ (石炭からとる)都市ガス.

'Koh·len·gru·be 女 -/-n 炭坑.

'Koh·len·hy·drat 囲 -[e]s/-e 〖生化学〗炭水化物.

'Koh·len·mei·ler 男 -s/- 炭焼き窯(がま).

'Koh·len·mon·oxid [..ˈmoːnɔksiːt, ..ˈmonɔksiːt] 囲 -[e]s/ 〖化学〗一酸化炭素.

'Koh·len·oxid 囲 -[e]s/ 〖化学〗(Kohlenmonoxid) 一酸化炭素.

'koh·len·sau·er 形 〖比較変化なし / 副詞的には用いない〗〖化学〗炭酸の.

'Koh·len·säu·re 女 -/ 〖化学〗炭酸.

'Koh·len·staub 男 -[e]s/ 炭塵.

'Koh·len·stift 囲 -[e]s/-e =Kohlestift 1

'Koh·len·stoff 男 -[e]s/ (記号 c) 〖化学〗炭素.

'Koh·len·wa·gen 男 -s/- 1 石炭運搬用貨車. 2 (Tender) 炭水車.

'Koh·len·was·ser·stoff 男 -[e]s/-e 〖化学〗炭化水素.

'Koh·le·pa·pier 囲 -s/ カーボン紙.

'Köh·ler¹ [ˈkøːlər] 男 -s/- (Kohlenbrenner) 炭焼き(人).

'Köh·ler² 男 -s/- 〖魚〗(Seelachs)(北大西洋産の鱈).

Köh·le·rei [køːləˈraɪ] 女 -/-en 1 (複数なし) 炭を焼くこと. 2 炭焼き場.

'Köh·ler·glau·be 男 -ns/ 〖古〗盲目的信仰(ある炭焼きの素朴な信仰心を表す故事から). ◆格変化は Glaube 参照.

'Koh·le·stift 囲 -[e]s/-e 1 〖電子工〗(Effektkohle) 炭素棒. 2 デッサン用木炭.

'Koh·le·ver·flüs·si·gung 女 -/ 〖化学〗石炭液化.

'Koh·le·zeich·nung 女 -/-en 木炭画.

'Kohl·kopf 男 -[e]s/ⁿe キャベツの玉.

'Kohl·mei·se¹ 女 -/-n (↓ Kohle) 〖鳥〗しじゅうから(四十雀).

'Kohl·mei·se² 女 -/-n (↓ kohlen²) 〖戯〗うそつきの子供.

'Kohl·ra·be 男 -n/-n = Kolkrabe

'kohl·ra·ben·schwarz [ˈkoːlˈraːbənˈʃvarts] 形 〖比較変化なし〗まっ黒な; まっ暗な.

'Kohl·ra·bi [koːlˈraːbi] 男 -[s]/-[s] (it.) 〖植物〗コールラビ, かぶキャベツ.

'Kohl·rou·la·de [..ruˈlaːdə] 女 -/-n ロールキャベツ.

'Kohl·rü·be 女 -/-n 1 〖植物〗スウェーデンかぶ, かぶはぼたん. 2 = Kohlrabi

'kohl·schwarz [ˈkoːlˈʃvarts] 形 〖比較変化なし〗まっ黒な.

'Kohl·weiß·ling 男 -s/-e 〖虫〗もんしろちょう.

Ko·hor·te [koˈhɔrtə] 女 -/-n (lat.) 1 〖歴史〗(古代ローマの)部隊 (Legion の 10 分の 1 の編成). 2 〖俺〗群れ, 群衆. 3 〖社会学〗コーホート(ある体験を共有する人々の集合).

Koi·ne [kɔɪˈneː] 女 -/ (gr. koine dialektos, gemeinsame Sprache') 1 コイネー(Hellenismus 時代に成立したギリシアの共通語, 新約聖書はこれによって書かれている). 2 〖比喩〗共通語, 標準語.

Ko·in·zi·denz [koˈɪntsiˈdɛnts] 女 -/-en (lat.) (複数まれ) 1 (複数の出来事が)同時に起ること. 2 (a) 〖物理〗コインシデンス; 〖生態〗同所共存. (b) 〖医学〗併発.

ko·i·tie·ren [koiˈtiːrən] 自 (lat.) (j⁴〈mit j³〉

人┄と)性交する.

Ko·i·tus ['ko:itʊs] 男 -/-[se] =Coitus

Ko·je ['ko:jə] 女 -/-n **1** (船室の作りつけ)寝台. **2** (話) 非常に小さな寝室. **3** (戯) ベッド. **4** (展覧会場などの)ブース.

Ko·jo·te [ko'jo:tə] -n/-n (sp.) **1** 〖動物〗コヨーテ. **2** (話) 悪漢, ならず者.

Ko·ka ['ko:ka] 女 -/- (sp.) 〖植物〗コカ(南米ペルー原産, 葉から麻酔薬コカインがとれる).

Ko·ka·in [koka'i:n] 中 -s/- コカイン.

Ko·ka·i'nis·mus [kokai'nɪsmʊs] 男 -/-〖医学〗コカイン中毒.

Ko'kar·de [ko'kardə] 女 -/-n (fr.) **1** (制帽の)帽章. **2** (軍用機の)国籍マーク.

ko·ken ['ko:kən] 自 (↓ Koks¹) コークスを作る.

Ko·ke'rei [ko:kə'rai] 女 -/-en 〖複数なし〗コークス製造. **2** コークス製造工場.

ko'kett [ko'kɛt] 形 (fr. coquet, eitel, gefallsüchtig') (目つき・振舞などが)コケティッシュな, 色っぽい, なまめかしい.

Ko·ket·te'rie [kokɛta'ri:] 女 -/-n [..'ri:ən] **1** 〖複数なし〗コケットリー, 媚態(ᠵᡪᡪᡪ). **2** コケティッシュな言動. **3** (mit et³ 事³で)人の気をひくこと; (事³を)ひけらかすこと.

ko·ket'tie·ren [kokɛ'ti:rən] 自 (fr.) **1** (とくに女性が)コケティッシュな振舞をする, 媚態(ᠵᡪᡪᡪ)を示す. mit j³ ~ 人に媚(を)を売る. **2** (a) (mit et³ 事³を)もてあそぶ, (に)色気を見せる. Er kokettiert mit dem Gedanken, ein Haus zu kaufen. 彼は家を買うという考えに色気を見せている. (b) (mit et³ 事³で)わざとらしくひけらかす(とくに自分の欠点などを), (で)人の気を引こうとする. mit seinem Alter ~ 自分の年齢のことをいやに口にする.

Ko'kil·le [ko'kɪlə] 女 -/-n (fr.) 〖冶金〗 (金属性の)鋳(ᠱ)型.

Ko·kil'len·guss 男 -es/ᵘe 〖冶金〗金属鋳型による鋳(ᠱ)造.

'Kok·ke ['kɔkə] 女 -/-n (多く複数で)=Kokkus

'Kok·ken ['kɔkən] Kokke, Kokkus の複数.

'Kok·kus ['kɔkʊs] 男 -/Kokken (gr.) (多く複数で) 〖生物・医学〗球菌.

Ko'kon [ko'kõ:, ko'kɔŋ, ko'ko:n] 男 -s/-s (fr.) 〖動物〗 **1** (昆虫の)繭(ᡬᡪ). **2** (みみずなどの卵を包む)卵嚢(ᡫ).

'Ko·kos ['ko:kɔs] 女 -/- 〖植物〗ココやし.

Ko'kosch·ka [ko'kɔʃka, 'kɔkɔʃka] 〖人名〗Oskar ~ オスカル・ココシュカ(1886-1980, 表現主義時代のオーストリアの画家・劇作家).

'Ko·kos·fa·ser 女 -/-n やし繊維(ココやしの実の外皮からとる).

'Ko·kos·fett 中 -[e]s/ やし油.

'Ko·kos·läu·fer 男 -s/- やし繊維でてきた細長い敷物.

'Ko·kos·nuss 女 -/ᵘe やしの実, ココナッツ.

'Ko·kos·öl 中 -[e]s/ やし油.

'Ko·kos·pal·me 女 -/-n 〖植物〗ここ椰子(ᡪ).

Ko·kot'te [ko'kɔtə] 女 -/-n (fr.) 高級娼婦.

Ko·kot·te² 女 -/-n (fr.) (蓋・取っ手つきの)シチュー鍋.

Koks¹ [ko:ks] 男 -es/-e (engl.) コークス.

Koks² -es/ 〖麻薬〗 (Kokain) コカイン.

'kok·sen¹ 自 (↓ koksen²) 眠りにつける.

'kok·sen² 自 (↓ Koks²) 〖麻薬〗コカインをやる.

'Kok·ser ['ko:ksər] 男 -s/- (とくに修道院で)軽い夕食をする

者.

Ko'ky·tos [ko'ky:tɔs] 男 -/〖ᠲᢛ神話〗コキュトス(冥界を流れる川で, Acheron の支流).

kol.., Kol.. [kɔl..] 〖接頭〗↑ kon.., Kon..

'Ko·la ['ko:la] Kolon の複数.

'Ko·la 女 -/ =Cola

'Ko·la·nuss 女 -/ᵘe 〖植物〗コーラナッツ (Kola² の種子カフェインを含む).

'Kol·ben ['kɔlbən] 男 -s/- **1** 先の太い棒, 棍棒. **2** (先太の)電球. **3** 〖軍事〗(銃の)床尾. **4** 〖工学〗(a) ピストン. die Kolben von Dieselmotoren ディーゼル機関のピストン. der ~ einer Pumpe ポンプの吸子(ᠴᡪ). (b) (注射器などの)ピストン. **5** 〖植物〗肉穂(ᠷᡪ)花序. ~ von Mais とうもろこしの穂軸. **6** 〖化学〗フラスコ. **7** 〖猟師〗(鹿の)幼角.

'Kol·ben·hir·se 女 -/-n 〖植物〗粟(ᠳᡬ).

'Kol·ben·hub 男 -[e]s/-e 〖工学〗ピストン行程.

'Kol·ben·ring 男 -[e]s/-e 〖工学〗ピストンリング.

'Kol·ben·stan·ge 女 -/-n 〖工学〗ピストン棒.

'Kol·chos ['kɔlçɔs] 男 (中) -/-e [kɔl'ço:zə] =Kolchose

Kol'cho·se [kɔl'ço:zə] 女 -/-n (russ.) コルホーズ (旧ソ連の集団農場).

'Ko·li·bak·te·rie ['ko:libaktəriə] 女 -/-n (gr. kolon, Dickdarm') (多く複数で) 〖医学〗大腸菌.

'Ko·li·bri ['ko:libri] 男 -s/-s (karib.) 〖鳥〗はちどり.

'Ko·lik [ko:lɪk, ko'li:k] 女 -/-en (gr.) **1** 〖医学〗疝(ᡪ)痛. **2** 〖獣医〗(発作性の)腹痛.

Kolk [kɔlk] 男 -[e]s/-e 〖地質〗甌穴(ᡪᡪ), ポットホール.

'Kolk·ra·be 男 -n/-n 〖鳥〗わたりがらす.

kol·la'bie·ren [kɔla'bi:rən] 自 (s, h) (lat.) 〖医学〗虚脱状態になる.

Kol·la·bo'ra·teur [kɔlabora'tø:r] 男 -s/-e (fr.) (敵・占領軍への)協力者; (とくに第2次世界大戦中占領下フランスの)対独協力者.

Kol·la·bo·ra·ti'on [kɔlaboratsi'o:n] 女 -/-en (fr.) (敵・占領軍への)協力, 〖歴史〗(第2次世界大戦中占領下フランスの)対独協力. **2** (まれ) 共同の仕事.

kol·la·bo'rie·ren [kɔlabo'ri:rən] 自 (fr.) **1** (mit j³ 人³と)共同で仕事をする. **2** mit dem Feind ~ 敵に協力する.

'Kol·laps ['kɔlaps, -'-] 男 -es/-e (lat. collapsus, Zusammenbruch') **1** 〖医学〗虚脱, 衰弱. Kreislaufkollaps 循環虚脱. einen ~ bekommen 〈kriegen〉〖比喩〗(話) 度を失う, 打ちのしがれる. **2** (話) 崩壊, 破滅, 没落. **3** 〖天文〗(星の)重力崩壊.

kol·la·te'ral [kɔlate'ra:l] 形 (lat. con..+lateral) **1** 同じ側の, 〖解剖〗側副の. (家系上)傍系の.

Kol·la·ti'on [kɔlatsi'o:n] 女 -/-en (lat.) **1** 〖書籍〗(製本の際の)丁合(ᡪᡪᡪ)調べ. **2** (原本との)照合. **3** 〖ᠷᠣᠷ〗(a) (四旬節の断食日に供される)軽い夕食. (b) 聖職任命, 聖職禄授与. **4** 〖地方〗間食. **5** 〖法制〗持戻し(相続財産分割の際の精算).

kol·la·ti·o'nie·ren [kɔlatsio'ni:rən] (lat.) ❶ 他 **1** 〖書籍〗丁合(ᡪᡪᡪ)を取る; (古本屋が)本に落丁がないかどうかを調べる. **2** (写本・帳簿などを)照合する. **2**

Kol'leg [kɔ'le:k] 中 -s/-s (..gien) (lat. collegium, Amtsgenossenschaft') **1** (a) 〖古〗(大学の)講義. ein ~ besuchen 〈hören〉 聴講する. **2** 講義棟. **2** (a) 〖教育〗コレーク(職業教育のコースを修了した者が大学入学資格を取るために設けられた全日制高等専門学校). (b) コレークの校舎. **3** (a) (College) (イギリス・

アメリカの)カレッジ. (b) (Collège) (フランス・ベルギー・スイスの)高等中学校. 4 《カトリック》神学校, 学院, コレジオ. 5 (a) (Funkkolleg) ラジオ講座. (b) (Telekolleg) テレビ講座. 6 《歴史》= Kollegium 2

*Kol·le·ge [kɔ'le·gə コレーゲ] 男 -n/-n (lat. collega , Amtsgenosse') 同業の, 仕事(職場)仲間, 同僚, 同輩; (組合などの)同志, 仲間; 《話》(他人に対する呼掛けで)君. ~ kommt gleich. 係の者がすぐ参ります.

Kol'leg·geld 中 -[e]s/-er 《古》(大学の)聴講料.
Kol'leg·heft 中 -[e]s/-e (学生の)講義ノート.
kol·le·gi'al [kɔlegi'a:l] 形 1 同僚のような, 親切な; 《俗》なれなれしい. 2 《比較変化なし》《政治・法制》合議制の.
Kol'le·gi'al·ge·richt 中 -[e]s/-e 《法制》合議制裁判所.
Kol·le·gi·a·li'tät [kɔlegiali'tɛ:t] 女 -/ 1 同僚らしさ, (同僚のような)友好関係. 2 《政治・法制》合議制.
Kol'le·gi·en [kɔ'le:giən] 女 Kolleg, Kollegium の複数.
Kol'le·gin [kɔ'le:gɪn] 女 -/-nen Kollege の女性形.
Kol'le·gi·um [kɔ'le:gium] 中 -s/..gien [..giən] (↑ Kolleg) 1 (a) 同僚(同業者)の一団. ein ~ von Ärzten 医師団. Kardinalskollegium 《カトリック》枢機卿団. (b) (Lehrerkollegium) (1つの学校の)教師陣. (c) 合議制の団体 (評議会・審議委員会など). 2 《歴史》(Collegium, Kolleg) (15世紀末頃の)帝国議会を構成する部会(選帝侯・諸侯・帝国都市のそれぞれの部会のうちの1つ). 3 部会の内の一部会.
Kol'leg·map·pe 女 -/-n (取っ手のついていない)書類鞄(かばん), クラッチバッグ.
Kol'lek·te [kɔ'lɛktə] 女 -/-n (lat.) 1 《キリスト教》(Sammlung) (教会内で礼拝中または礼拝後に行われる)募金. 2 《カトリック》(Oratio) 集禱文(ミサの初めの部分を締めくくる短い祈り, 司祭がとなえる).
Kol·lek·ti'on [kɔlɛkʦi'o:n] 女 -/-en (lat. collectio , das Sammeln') 1 商品見本一覧, (とくにファッション関係の)コレクション. Frühjahrskollektion 春物コレクション. 2 (Sammlung) 収集品, コレクション.
kol·lek·tiv [kɔlɛk'ti:f] 形 (lat.) 《比較変化なし》 1 (gemeinsam) 共同(共通)の. eine ~e Lebensform 共同生活形式. eine ~e Zielsetzung 共通の目標設定. 2 集団(的)の. die Kinder ~ erziehen 子供達を集団として教育する. ~e Führung 集団指導. ~e Sicherheit 《政治》集団安全保障. ~es Unbewusstes 《心理》集合的無意識 (C. G. Jung の概念).
Kol·lek'tiv 中 -s/-e (od. -s) 1 集団; 社会主義国における, とくに農業の作業(労務)集団. 2 《社会学》(人種・地域・世界観などにおいて共通の)集団. 3 《統計》統計的集団, 母集団. 4 《光学》(光学器械内部で中間像を結ぶ)凸レンズ.
Kol·lek'ti·va [kɔlɛk'ti:va] Kollektivum の複数.
Kol·lek'ti·ven [..'ti:vən] Kollektivum の複数.
Kol·lek·ti'vis·mus [kɔlɛkti'vɪsmus] 男 -/ 集団主義; 集産主義.
Kol·lek·ti'vis·tisch 形 《比較変化なし》集団(集産)主義の.
Kol·lek'ti·vum [kɔlɛk'ti:vum] 中 -s/..va(..ven) 《文法》集合名詞.
Kol·lek'tiv·ver·trag 男 -[e]s/ːe 《法制》 1 (3か国以上の間で結ばれる)国際条約. 2 (Tarifvertrag) 労働協約.
Kol·lek'tiv·wirt·schaft 女 -/-en (社会主義国の)集団農場; (とくに旧ソ連の)コルホーズ.
Kol·lek'tor [kɔ'lɛktɔr] 男 -s/-en [kɔlɛk'to:rən] 《電子工》整流子; (トランジスタの)コレクター. 2 《光学》(顕微鏡の)コレクターレンズ. 3 (Sonnenkollektor) 太陽熱集熱器.

'Kol·ler' ['kɔlɐ] 中 -s/- (lat. collum , Hals') 《服飾》 1 (中世の)革製の胴鎧(よろい)(胴着). 2 (15.16世紀以降の)(婦人服の大きくあいた首回りを被うための)肩ケープ; (袖なしの)上着. 3 (Schulterpasse) ショルダーヨーク, 肩当て.

'Kol·ler² 男 -s/- (gr. cholera , Gallenbrechdurchfall') 1 《話》(病的な)怒りの発作(爆発), 癇癪(かんしゃく) einen ~ bekommen〈kriegen〉(突然)激怒する, 癇癪を起こす. 2 《話》(不安などの)鬱積(うっせき)した感情の発作(爆発). 3 《獣医》(Dummkoller) (馬の)量倒.

'kol·lern' ['kɔlərn] 自 (s) 《地方》= kullern
'kol·lern² (↓ Koller²) 1 激怒する, 癇癪(かんしゃく)を起こす. 2 (馬が)暈倒(うんとう)病にかかる.
'kol·lern³ 《猟師》(七面鳥が交尾期に)くっくっと鳴く.
'kol·lern⁴ (非人称的に) Es kollert im Magen〈Darm, Bauch〉. おなかがくうくう鳴る.

Kol'li ['kɔli] Kollo の複数.
kol·li·die·ren [kɔli'di:rən] 自 (h, s) (lat.) 1 (s) (a) (乗物が)衝突する, ぶつかる (mit et³ 物と). Das Auto kollidierte mit dem entgegenkommenden Lastwagen. 自動車が前から来たトラックと衝突した. (b) 《戯》(人が)突進る, ぶつかる (mit j⟨et⟩³ 人⟨物⟩³と). 2 (s) 《雅》(aneinander geraten) 喧嘩(いさかい)を始める (mit j³ 人³と). 3 (h) (意見・利害・要求などが)衝突する, 対立する, 抵触する (mit et³ 事³と). Unsere Ansichten kollidieren [miteinander]. 我々の見解はくい違っている. kollidierende Interessen 対立する利害関係. mit den Bestimmungen ~ 規則に反する. 4 (h) (催しなどが時間的に)かち合う (mit et³ 事³と) Die beiden Vorlesungen kollidieren [miteinander] その2つの講義は時間的に重なっている.
Kol·li'er [kɔli'e:] 中 -s/-s (fr.) 1 (高価な)首飾り. 2 (細い)毛皮の襟巻.
Kol·li·si'on [kɔlizi'o:n] 女 -/-en (kollidieren) 1 (乗物の)衝突. die ~ eines Schiffs mit einem Eisberg 船の氷山との衝突. 2 (意見などの)衝突, 対立, 確執, 抵触. die ~ der Interessen 利害の対立. eine ~ zwischen Vater und Sohn 父と子の確執. mit j⟨et⟩³ in ~ kommen 〈geraten〉人〈事⟩³と衝突(対立)する. mit den Gesetzen in ~ kommen〈geraten〉法律に抵触(違反)する. 3 (催しなどが)かち合うこと.

'Kol·lo ['kɔlo] 中 -s/-s (Kolli) (it. , Frachtstück') (多く複数で)貨物, 積荷.
Kol·lo·di·um [kɔ'lo:dium] 中 -s/ (gr.) 《工学》コロジオン.
Kol·lo'id [kɔlɔ'i:t] 中 -[e]s/-e (gr.) 《化学・医学》コロイド.
kol·lo·i'dal [kɔlɔi'da:l] 形 《比較変化なし》コロイド(状)の, 膠質(こうしつ)の, 膠状(こうじょう)の. eine ~e Lösung コロイド溶液.
Kol·lo·qui·um [kɔ'lo:kvium, kɔ'lɔk..] 中 -s/..quien [..kviən] (lat. colloquium , Gespräch') 1 コロクウム ((a) 大学の対話形式の授業. (b) 学者・政治家の会議). 2 (大学の)小テスト.
Köln [kœln] 《地方》ケルン(ライン川流域のドイツ最古の都市の1つ).

Köl·ner ['kœlnər] ❶ 男 -s/- ケルンの住民(出身者). ❷ 形《付加語的用法のみ》《不変化》ケルンの. der ~ Dom ケルン大聖堂.

köl·nisch ['kœlnɪʃ] ケルンの. ~[es] Wasser オーデコロン.

Köl·nisch·was·ser ['kœlnɪʃvasər, --'--] 中 -s/ オーデコロン.

Ko·lo·fo·ni·um [kolo'fo:niʊm] 中 -s/= Kolophonium

Ko·lom·bi·ne [kolɔm'bi:nə] 女 -/-n (it.) コロンビーナ (Commedia dell'arte に登場する Harlekin の恋人役).

Ko'lon ['ko:lɔn] 中 -s/-s(Kola) (gr.) **1**《文法》(Doppelpunkt) コロン(:). **2**《修辞・韻律》コロン(詩のリズムの構成要素). **3**《解剖》結腸.

ko·lo·ni·al [kolo'nia:l]形《比較変化なし》**1** 植民地の. **2**《生物》コロニー(群れ)をつくる.

Ko·lo·ni·a·lis·mus [kolonia'lɪsmʊs] 男 -/ 植民地主義.

Ko·lo·ni·al·po·li·tik 女-/ **1** 植民地政策. **2** 植民地主義の政治.

Ko·lo·ni·al·wa·ren 複《古》(砂糖・コーヒー・紅茶・南国産の果物など)旧植民地産の輸入食料品.

Ko·lo·ni·al·wa·ren·händ·ler 男 -s/-《古》輸入食料品店主.

Ko·lo·nie [kolo'ni:] 女 -/-n [..'ni:ən] (lat. colonia, Ansiedlung') **1** 植民地、海外領土. **2** 入植地, (外国人)居留地, 開拓部落; 移民(集団, 外国人居留民). **3** (芸術家仲間などの)…部落, …村; キャンプ(休暇)村. **4** (郊外などの)集団住宅地, 団地;《生物》(細菌・バクテリアの)集落, コロニー; (動物の)群れ, 群棲; (植物の)群落.

Ko·lo·ni·sa·ti·on [kolonizatsi'o:n] 女 -/-en **1** (国内での)入植, 開拓; (国外への)植民. **2** 植民地化.

Ko·lo·ni'sa·tor [koloni'za:tor] 男 -s/-en [koloniza'to:rən] 入植(開拓)者; 植民者.

ko·lo·ni·sie·ren [koloni'zi:rən] 他 **1** 入植(開拓)する. **2** 植民地化する. **3**《政治・社会学》(他国の文化・思考様式を)支配統制する.

Ko·lo·nist [kolo'nɪst] 男 -en/-en **1** 植民者. **2** 入植(開拓)者. **3** コロニー(芸術家村・キャンプ村など)の住人.

Ko·lon·na·de [kolɔ'na:də] 女 -/-n (fr.)《多く複数で》《建築》コロネード, 柱廊.

Ko'lon·ne [ko'lɔnə] 女 -/-n (fr.) **1** (a) (行進の)列, 隊列, 縦列. eine ~ von Demonstranten デモ隊. in ~n marschieren 隊列を組んで行進する. eine ~ bilden 列を組む. (b) (軍隊の)縦隊, 部隊. ~n von Infanteristen 歩兵部隊. fünfte ~ 第5列(敵中に潜り込んだ秘密工作部隊のこと). (c) (労働者の)作業グループ, 作業班. (d) (車の長い)列. **2**《印刷》(Kolumne) 段組み. **3** (表・リストなどの縦に並んだ列, 縦行. **4**《化学・工学》蒸溜塔.

Ko·lo'pho·ni·um [kolo'fo:niʊm] 中 -s/ (gr.) コロホニウム, ロジン(すべり止めなどに使用する松やに).

Ko·lo·ra'tur [kolora'tu:r] 女 -/-en (it.)《音楽》コロラトゥーラ.

Ko·lo·ra·tur·sän·ge·rin 女 -/-nen《音楽》コロラトゥーラ歌手.

Ko·lo·ra·tur·so·pran 男 -s/-e《音楽》コロラトゥーラ・ソプラノ.

ko·lo'rie·ren [kolo'ri:rən] 他 (lat. color, Farbe') **1**《美術》(絵・版画・写真などに)彩色する. **2**《音楽》(メロディーを)装飾音で飾り立てる.

Ko·lo'ri·me·ter [kolori'me:tər] 中 -s/- 色彩計, 測色計.

Ko·lo'rit [kolo'ri:t] 中 -[e]s/-e **1**《絵画》彩色. **2**《音楽》音色(法). **3** 特色, 特徴; 雰囲気.

Ko'loss, °**Ko'loß** [ko'lɔs] 男 -es/-e (gr. kolossos, Riesenstatue') 巨大なもの; 巨人, 巨像. der ~ von Rhodos ロードス島の巨像. ein ~ auf tönernen Füßen 砂上の楼閣. **2**《話》大男.

ko·los'sal [kolɔ'sa:l] 形 **1**《副詞的にも用いない》巨大な, 非常に大きな. ein ~es Bauwerk 巨大な建造物. **2**《話》ものすごい, 非常な, 恐ろしい程の. ~er Eindruck 強烈な印象. eine ~e Hitze ひどい暑さ. ~ durstig sein 恐ろしく喉(%)が渇いている.

Ko'los·ser [ko'lɔsər] 男 -s/- (gr.) コロサイ人(小アジアのフリュギア Phrygien の古い町コロサイ Kolossä (Kolossai)の住民). *Kolosserbrief* (新約聖書の)コロサイの信徒への手紙.

Ko·los'se·um [kolɔ'se:ʊm] 中 -s/ (lat.) コロセウム(古代ローマの円形劇場).

Kol·ping·fa·mi·lie ['kɔlpɪŋ..] 女 -/-n コルピング徒弟組合(創立者でカトリックの祭司 Adolf Kolping, 1813-1865 にちなむ).

Kol·ping·haus 中 -es/"er コルピングハウス(Kolpingfamilie の会員のための宿泊・研修施設).

Kol·por'ta·ge [kɔlpɔr'ta:ʒə] 女 -/-n (fr.) (↑ kolportieren) **1**《古》(大衆向けの本・雑誌の)行商. **2**《侮》通俗文学. **3** うわさを触れ回ること. **4**《ﾄﾞｲﾂ》《新聞・雑誌・本の)街頭販売.

Kol·por'ta·ge·ro·man 男 -s/-e **1**《古》(行商で売られた)大衆小説. **2**《侮》(Hintertreppenroman)通俗(三文)小説.

Kol·por'teur [kɔlpɔr'tø:r] 男 -s/-e (fr.) **1**《古》(本・雑誌の)行商人. **2** うわさを触れ回る人.

kol·por'tie·ren [kɔlpɔr'ti:rən] 他 **1**《古》(本・雑誌を)売り歩く(行商する). **2** (うわさを)言い広める, 触れ回る.

Kölsch[1] 中 -[s]/- (↓ kölnisch)《醸造》ケルシュ・ビール(ケルン産の上面醗酵ビール).

Kölsch[2] 男 -es/ 《ﾄﾞｲﾂ》ケルシュ織(格子縞の粗い綿布, 寝具などに使われる). ↑ Kölsch[1]

Ko·lum·bi·a·ner [kolombi'a:nər] 男 -s/- コロンビア人.

ko·lum·bi·a·nisch [..'a:nɪʃ] 形 コロンビア(人)の.

Ko·lum·bi·en [ko'lʊmbiən]《地名》(↓ Kolumbus) コロンビア(南米の共和国, 1810 独立, 首都ボゴタ Bogotá).

Ko·lum·bi·er [..biər] 男 -s/- = Kolumbianer

Ko·lum·bi·ne [kolʊm'bi:nə] 女 -/-n = Kolombine

ko·lum·bisch [ko'lʊmbɪʃ] 形 = kolumbianisch

Ko·lum·bus [ko'lʊmbʊs]《人名》Christoph ~ クリストフ・コロンブス(1451-1506, イタリア生れの航海者, 1492 アメリカを発見).

Ko'lum·ne [ko'lʊmnə] 女 -/-n (lat. columna, Säule') **1** (表・リストなどの)縦の段(欄, 列). **2**《印刷》段組み. **3**《新聞》コラム.

Ko'lum·nen·ti·tel 男 -s/-《印刷》柱, ヘッドライン(その章の内容を最も大きな文字で印刷した見出し).

Ko·lum'nist [kolʊm'nɪst] 男 -en/-en コラムニスト. ◆女性形 Kolumnistin 女 -/-nen

kom.., Kom.. [kɔm..]《接頭》↑ kon.., Kon..

'Ko·ma¹ ['ko:ma] 囡 -/-s 〈gr.「kome」Haar'〉 **1**〘天文〙(彗星の尾の部分). **2**〘光学〙コマ(レンズの球面収差の1つ).

'Ko·ma² 囲 -s/-s(-ta [..ta]) 〈gr.「fester Schlaf'〉〘医学〙昏睡(ﾎﾝｽｲ), 意識不明, コーマ.

Kom·bat'tant [komba'tant] 男 -en/-en 〈fr.〉 **1**《古》戦友. **2**〘法制〙(国際法の)戦闘員.

'Kom·bi ['kombi] 男 -[s]/-s **1** (Kombiwagen) ステーションワゴン. **2** (Kombination²) 上下のつながった服(オーバーオールなど), つなぎ.

Kom·bi'nat [kombi'na:t] 囲 -[e]s/-e 〈lat.〉(社会主義国の)コンビナート.

*****Kom·bi·na·ti'on¹** [kombinatsi'o:n コンビナツィオーン] 囡 -/-en 〈lat.〉 **1** 結合, 連結, 連合, 組み[取り]合せ, 配合. **2** 思考連合; 連想; 推測; 総合判断. **3**〘球技〙連繋プレー;〘体操〙演技の組立て, ルーティーン;〘ｽｷｰ〙複合競技(アルペン・ノルディックなど);〘ﾎﾞｸｼﾝｸﾞ〙コンビネーション・ブロー;〘馬術〙飛越障碍の組合せ;〘ｽｷｰ〙1組の連続手;〘数学〙組合せ;〘音楽〙(オルガンの)音栓の連動;〘結晶〙集形. **4** (錠前などの)組合せ番号.

Kom·bi·na·ti'on² [kombinatsi'o:n, kombi'ne:ʃən] 囡 -/-en(英語発音のとき -s) 〈engl. combination〉つなぎ, オーバーオール; (紳士用)コーディネート(スーツ);《古》コンビネーション(とくに婦人・子供用下着の);〘軍事〙戦闘服(飛行士・戦車隊員などの).

Kom·bi·na·ti'ons·ton 男 -[e]s/ǝe〘音楽〙結合音.

*****kom·bi'nie·ren** [kombi'ni:rən コンビニーレン] 〈lat.〉 ❶ 他 **1** 結び[つなぎ]合せる, 結合(連結)する, 組み[取り]合せる(mit eｔ³ 物³と). **2** 推論(推測)する, 考え合せる, 総合判断する. ❷ 自 連繋(ﾚﾝｹｲ)プレーをする.

'Kom·bi·wa·gen ['kombi..] 男 -s/- ステーションワゴン.

Kom'bü·se [kɔm'by:zə] 囡 -/-n 〘船員〙(船内の)調理室.

'Ko·me·do ['ko:medo] 男 -s/-nen [kome'do:nən] 〈lat. comedo「ich esse mit'〉 **1**《古》(Schlemmer) 美食家. **2** (ふつう複数で)〘医学〙(Mitesser) 面皰(ﾒﾝﾎﾟｳ).

Ko'met [ko'me:t] 男 -en/-en 〈gr.「kome」Haar'〉 **1**〘天文〙彗星. **2**《比喩》《話》(彗星のように現れた)スター歌手.

Ko'me·ten·schweif 男 -[e]s/-e **1**〘天文〙彗星の尾. **2**〘魚〙コメット(ひれが彗星の尾のように長い金魚).

*****Kom'fort** [kɔm'fo:r, ..'fort コンフォール] 男 -s 〈engl.〉快適さ, 心地好さ, 気楽; (室内の)設備.

kom·for'ta·bel [kɔmfɔr'ta:bəl] 配 (住居・暮しなど)快適な. ein komfortables Hotel 快適なホテル.

'Ko·mik ['ko:mɪk] 囡 -/ 〈fr.〉おかしみ, 滑稽(ｺｯｹｲ); 滑稽な演技.

'Ko·mi·ker ['ko:mikər] 男 -s/- **1** (舞台・映画・カバレットの)喜劇役者, コメディアン. **2** ひょうきん者.

Kom·in'form [komɪn'fɔrm] 囲 -s/ 共産党情報局, コミンフォルム(ヨーロッパ各国の共産党の情報交換・活動調整のために結成された Kommunistisches Informationsbüro 1947-1956 の略).

Kom·in'tern [komɪn'tɛrn] 囡 -/ 共産主義インターナショナル, コミンテルン(世界の革命政党および組織の指導機関 Kommunistische Internationale 1919-1943 の略).

*****'ko·misch** ['ko:mɪʃ コーミシュ] 配 〈gr.〉(↓ Komödie) **1** 面白い, おかしい, 滑稽な, おどけた, 剽軽(ﾋｮｳｷﾝ)な, 《演劇》喜劇の, 喜劇的な. eine ~e Figur machen (三枚目)を演じる. die ~e Oper 喜歌劇. **2**《話》変な, 奇妙な, 奇異な, 不思議な ein ~er Kauz〈Vogel〉妙なやつ, 変り者. Das kommt mir ~ vor. こいつは怪しい(変だ)ぞ. Mir ist so ~. 私はなんだか妙な気分が悪い.

'ko·mi·scher'wei·se 副《話》おかしいことに, 奇妙なことに.

Ko·mi'tee [komi'te:] 囲 -s/-s 〈fr.〉 (Ausschuss) 委員会.

'Kom·ma ['koma] 囲 -s/-s(-ta) 〈gr.「Schlag'〉 **1**〘文法〙(Beistrich) コンマ, 読点(記号,). **2**〘数学〙小数点(記号,). drei ~ null vier 3,04. **3**〘修辞・韻律〙コンマ(コーロンの小節). **4**〘音楽〙(a) コンマ(大きな音程どうしの間に存在する微小な音程の差). (b)(声楽・吹奏楽の)呼吸記号.

Kom·man'dant [koman'dant] 男 -en/-en 〈fr.〉〘軍事〙指揮官; 司令官(駐屯地・要塞・兵営などの), 艦長, 機長, 戦車長.

Kom·man·dan'tur [komandan'tu:r] 囡 -/-en 〘軍事〙司令部.

Kom·man'deur [koman'dø:r] 男 -s/-e 〈fr.〉〘軍事〙(Bataillon 以上の部隊の)指揮官; (軍の学校の)校長. **2** = Komtur 2

kom·man'die·ren [koman'di:rən] 〈fr.〉 ❶ 他 **1**〘軍事〙(a) (軍隊などを)指揮する, 統率する. eine Kompanie〈eine Flotte〉 ~ 中隊〈艦隊〉を率いる. 《現在分詞》der Kommandierende General (1945以前のドイツ陸・空軍で)軍団(部隊)長. (b)《方向を示す語句と》j⁴ an die Front〈zu einer anderen Abteilung〉 ~ 人⁴を前線〈他の部隊〉に転属させる. **2**《話》(人⁴に)命令する, 命令口調で言う. Ich lasse mich nicht von dir ~. 君の指図は受けません. seine Familie ~ 家族の者にきつく言う. **3** (事⁴を)命令する, 命じる. den Angriff〈den Rückzug〉 ~ 攻撃〈退却〉を命じる. ❷ 自 **1** 命令(決定)の権限を持つ. Hier kommandiere ich! ここでは私が決定権を持っているのだ. **2**《話》命令口調で指図する(話す). Seine Frau kommandiert den ganzen Tag. 彼の妻は一日中口やかましく指図している.

Kom·man'di·te [koman'di:tə] 囡 -/-n 〈fr.〉《古》= Kommanditgesellschaft **2** 支店, 支社.

Kom·man'dit·ge·sell·schaft [koman'di:t..] 囡 -/-en(略 KG)〘経済〙合資会社. ~ auf Aktien (略 KGaA) 株式合資会社.

Kom·man·di'tist [komandi'tɪst] 男 -en/-en〘経済〙(合資会社の)有限責任社員.

Kom'man·do [ko'mando] 囲 -s/-s(ｲﾀﾘｱ ..den) 〈it.〉 **1** 号令, 命令. das ~, Stillgestanden! 「気をつけ」の号令. ein ~ geben〈erteilen〉指令を出す, 命令する. auf ~ tun 号令(命令)により事⁴を行なう. **2**《複数なし》命令権, 指揮権. das ~ führen 指揮をとる. das ~ über eine Einheit haben 部隊を指揮している. unter j² ~ stehen 人²の指揮下にある. **3** (特別任務のための)分遣隊, 派遣隊, コマンド. Überfallkommando (警察の)特別機動隊. **4**〘軍事〙司令部, 参謀部. Generalkommando 参謀本部.

Kom·man·do·brü·cke 囡 -/-n ブリッジ, 船(艦)橋(船で船長が指揮をとる場所).

Kom·man·do·stab 男 -[e]s/ǝe〘軍事〙司令部, 参謀部.

Kom·man·do·turm 男 -[e]s/ǝe (軍艦の)司令塔.

Kom·ma·ta ['kɔmata] Komma の複数.

kom·men* ['kɔmən コメン] kam, gekommen 自 (s) (↔ gehen) **1** 来る, やってくる; (相手のところへ)行く; 着く. Da *kommt* sie. ほら彼女がやってくる. Der Bus *kommt*. バスが来た. Der Zug *kommt* aus〈von〉Berlin. その列車はベルリン発だ. Er *kommt* aus Polen. 彼はポーランド出身だ. denselben Weg〈desselben Weg[e]s〉~ 同じ道を来る. zu spät ~ 遅刻する. Wie *komme* ich zum Bahnhof? 駅へはどう行けばよいのですか. (**lassen** と) j⁴ ~ lassen 人⁴を来させる, 呼びにやる. et⁴ ~ lassen 物⁴を取寄せる, 注文する. einen Arzt〈ein Taxi〉~ lassen 医者〈タクシー〉を呼ぶ. 《過去分詞と》gefahren〈gegangen/geritten〉~ 乗物で〈歩いて/馬で〉来る. Ein Hund *kam* angekrochen. 犬がはい寄ってきた.

2 起る, 生じる, 現れる. Es *kommt* ein Gewitter. 嵐になる. Der Tag〈Die Nacht〉*kommt*. 朝〈夜〉になる. Die Kirschen *kommen* erst später. 桜の花が咲く〈さくらんぼが実る〉のはまだ先だ. Vor Freude *kamen* ihr die Tränen. 喜びのあまり彼女は涙がこみあげてきた. Mir *kam* plötzlich der Gedanke, dass... ふいに私の頭に…の考えが浮かんだ. Ein Unglück *kommt* selten allein. 《諺》弱り目にたたり目, 泣きっつらに蜂. *Kommt* Zeit, *kommt* Rat. 《諺》時がくれば良い思案も生れる, 待てば海路の日和(ひより)あり. Das durfte nicht ~ / Das hätte nicht ~ dürfen. そんなことを言っては〈しては〉ならなかったのだ. Das habe ich schon lange ~ sehen. そうなることは私にはとっくにわかっていた. 《接続法II と》Wohin *kämen* wir, wenn ... もし…だったらどうなることだろうか. 《非人称的に》So musste es ~! そんなのは目に見えていた. Es wird noch soweit〈dahin〉~, dass... あげくのはてには…になるだろう. Woher *kommt* es, dass du auf mich schimpfst? どうしてあなたは私のことを怒っているのか. Es ist mit ihm weit *gekommen*. 彼もえらくなった〈落ちぶれた〉ものだ. wenn es hoch *kommt* せいぜい, たかだか. Wie's *kommt*, so *kommt*'s! / Wie's *kommt*, so wird's gefressen〈genommen〉! なるようになる, じたばたしても始まらない. wie's gerade *kommt* なりゆきまかせ. Wie es auch immer ~ mag〈Was auch immer ~ mag〉, ich bleibe bei dir. どんなことになろうとも私は君のそばを離れない. Es mag ~, wie es will〈was da will〉. なるようになるまでだ.

3 《順序を示して》als Erster〈Letzter〉~ 最初〈最後〉に来る. Wann *kommen* wir an die Reihe? / Wann *kommt* die Reihe an uns? いつ私たちの番になりますか. Achtung, es *kommt* eine Kurve! 注意, この先カーブあり. Wenn Sie diese Straße entlanggehen, *kommt* erst eine Kirche, dann das Museum. この通りに沿っていくと, 最初に教会が１つあって次にその博物館がある. Nach den Nachrichten *kommt* der Wetterbericht. ニュースの次は天気予報です.

4 《帰属を示して》(a) 《話》…に帰する, 属する. Die Löffel *kommen* in diese Schublade. スプーンはこの引出しにしまいます. Nach dem Krieg sind diese Gebiete an〈zu〉Deutschland *gekommen*. 戦後これらの地域はドイツに帰属した. Das Gut *kam* an ihn. その財産は彼のものとなった. (b) 《学校・軍隊などに》入る. in die Schule〈aufs Gymnasium / ins Gefängnis / zum Militär〉~ 学校〈ギムナージウム/監獄/軍隊〉に入る. in den Himmel〈in die Hölle〉~ 天国に入る〈地獄に落ちる〉. ins Krankenhaus ~ 入院する. ▶「出る」場合には前置詞 aus を用いる. aus dem Krankenhaus ~ 退院する. (c) 《新聞・本などに》載る, 出る. Der Aufsatz *kommt* in die nächste Nummer. その論文は次号に掲載される.

5 《値段を示して》《話》…につく. Die Reparatur *kommt* [auf] etwa 100 Euro. 修理代はおよそ 100 ユーロに. Der Aufenthalt in Paris *kam* ihm〈まれ ihn〉teuer. パリ滞在は彼には高くついた. Wie teuer〈hoch〉*kommt* das Stück? それは１個いくらになりますか. (**zu** 不定詞句と) Sein Leichtsinn wird ihm〈まれ ihn〉teuer zu stehen ~. 彼の軽はずみは高くつくだろう.

6 《話》オルガスムスに達する, いく. Sie *kommt* nur bei ihrem Mann. 彼女は夫にしかオルガスムスを感じない. Mir *kommt*'s. いく.

7 《j³ と》(a) 《物が主語》(人³にとって)…である. j³ gelegen〈ungelegen〉~ 人³に好都合〈不都合〉である. Sein Besuch *kam* mir sehr überraschend. 彼の来訪は私にはたいへん意外であった. (b) 《話》(人³に対して)…の態度をとる. j³ dumm〈frech / grob〉~ 人³に対して愚かな〈あつかましい / 無礼な〉振舞に出る. So lasse ich mir nicht ~! そんな真似はさせないぞ. (c) 《話》([zu] j³ mit et³ 事³と人³を伴って)わずらわせる. Kommen Sie mir nicht immer mit derselben Geschichte! いつも同じ話で私をわずらわさないでください. Ich *komme* zu Ihnen mit einer Bitte. あなたにお願いがあって来ました.

8 《前置詞と》**an** den Bettelstab ~ 落ちぶれる. Da bist du bei mir an den Falschen〈an die falsche Adresse〉*gekommen*. そいつぁ君が私のところへ来たのは見当ちがいだよ. ans Licht〈an den Tag〉~ 明るみに出る, 世間に知れる. an j² Stelle ~ 人²の後釜(あとがま)にすわる. aneinander ~ つかみ合いになる. **auf** et⁴ ~ 事⁴を思いつく, (に)想到する. Sie *kam* nicht mehr auf meinen Namen. 彼女はもはや私の名前を思い出せなかった. Wie *kommst* du auf so etwas? 君はどうしてそんなことを考えているのかね. im Gespräch auf et⁴ ~ 話が事におよぶ. Die Rede *kam* zufällig darauf. たまたま話がそのことにおよんだ. Später *kommen* wir noch einmal darauf zu sprechen. あとでもう１度その点について話すことになります. auf die schiefe Bahn〈Ebene〉~ 落ち目になる. wieder auf die Beine ~ 健康を回復する; 再起する. auf den Hund ~ 落ちぶれる, みじめな状態に生れる. Auf jeden *kommt* ein Stück. 各人に１個ずつ行きわたる. auf j⁴ nichts ~ lassen 人⁴をかばう, (の)悪口を言わせない. **aus** der Fassung ~ 狼狽(ろうばい)する. aus der Schule ~ 学校を卒業する. Das kommt mir nicht aus dem Sinn. それは私の頭から離れない. **außer** Atem ~ 息を切らす. außer sich⁴ ~ 度を失う. **durch** das Examen ~ 《話》試験に通る. **hinter** j² Schliche ~ 人²の策略を見やぶる. hinter die Wahrheit ~ 真相を知る. hinter ein Geheimnis ~ 秘密を嗅(か)ぎつける. **in** Betracht〈Frage〉~ 考慮される, 問題となる. in Bewegung〈Gang〉~ 動きはじめる. in Fahrt ~ 調子にのる; いり立つ. in Gedränge ~ 窮地にまきこまれる; 苦境に陥る. j³ ins Gehege ~ 人³の縄張りを侵す; (の)邪魔をする. mit j³ über et⁴ ins Klare〈Reine〉~ 人³と事⁴について意見の一致を見る. in Not ~ 苦境に陥る. in Ordnung〈ins Lot〉~ きちんと片づく. in Schwung ~ 調子づく, 景気をおびる. ins Stocken ~ 停滞する, 途絶する. j³ in den Weg ~ 人³と偶然

出会う；(の)邪魔になる. nach Haus[e] ~ 帰宅する. Kein Wort *kam über* ihre Lippen. 彼女は一言もしゃべらなかった. über j² ~ (感情・災厄などが)人をおそう. Plötzlich *kam* Verzweiflung über sie. 突然絶望が彼女をおそった. um et⁴ ~ 物⁴を失う. ums Leben ~ 命を落とす. unter ein Auto ~ 車にひかれる. Ich werde Ihnen nicht wieder unter die Augen ~. 私はあなたに再びお会いすることはないでしょう. unter den Hammer ~ 競売に付される. unter die Haube ~ 嫁(ﾖﾒ)ぐ. unter die Schlitten ~ 堕落（破滅）する. von et³ ~ 〈話〉事³のせいである，〈起〉起因している. Sein Husten *kommt* vom vielen Rauchen. 彼の咳(ｾｷ)はタバコの吸いすぎが原因だ. Das *kommt* davon! それ見たことか. nicht vom Fleck 〈von der Stelle〉 ~ はかどらない. von Kräften ~ 力が抜ける, へばる. vom Hundertsten ins Tausendste ~ 本題からますますそれていく. vor Gericht 〈vor den Richter〉 ~ 出廷する. zu et³ ~ 物を得る; 事³に至る(しばしば zu Fall ~・fallen; zum Abschluss ~・abgeschlossen werden のように, 動詞の言替えに用いられる). zu Atem ~ 息を吹きかえす. zur Besinnung〈zu sich³〉 ~ 正気に返る. zu Ende ~ 終る. zu etwas〈nichts〉 ~ 成功〈失敗〉する. zu Geld ~ 金(ｶﾈ)を得る. j³ zu Gehör〈Gesicht〉 ~ j³の耳〈眼〉にとまる. j³ zu Hilfe ~ 人³を助ける. mit et³ zu Rande ~ 事³をなしとげる. zur Sprache ~ 話題になる. zu Wort ~ 発言の機会を得る. bei et³ zu kurz ~ 事³で損をする.《非人称的に》*Es kommt* zu et³. 事³(ある事態など)になる. *Es kam* bald zum Krieg. すぐに戦争になった.

9 |zu| 不定詞句と / 偶然のなりゆきを示して) Sie *kam* neben den Minister zu sitzen. 彼女は偶然, 大臣の横にすることになった. unter ein Fahrzeug zu liegen ~ 乗物にひかれる.

♦ kommen の名詞形に当る ..kunft は, 単独に用いられることはなく, つねに複合名詞の基礎語となる(性は 女). ankommen → Ankunft; zukommen → Zukunft

'**Kom·men** 中 -s/ 来ること, 到着. das ~ und Gehen 行き来, 往来. im ~ sein 流行(普及)している.

'**kom·mend** ['kɔmənt] 現分 形 (述語的には用いない) 次の, 将来の. am ~en Sonntag 来たる(次の)日曜日に. der ~e Mann 登り坂の(将来有望な)男.

kom·men·su·ra·bel [kɔmɛnzu'raːbəl] 形 (*lat.*) 《比較変化なし》同じ尺度(基準, 単位)で測れる, 比較できる;《数学》通約的な.

Kom'ment [kɔ'mã] 男 -s/-s (*fr.*) (とくに学生組合の)しきたり, ならわし.

Kom·men'tar [kɔmɛn'taːr] 男 -s/-e (*lat.*) **1** (個人的な)論評, 説明, 注釈, コメント. einen ~ zu et³ geben 事³を論評する. Kein ~! ノーコメント. ~ überflüssig! 説明するまでもないことだ. **2** (文学作品・法律などの)注釈(書), 注解(書). **3** (新聞・ラジオ・テレビなどの)解説, 論評, 論説.

Kom·men·ta·tor [kɔmɛn'taːtoːr] 男 -s/-en [..ta'toːrən] 注釈(注解)者; (時事)解説者, コメンテーター; 論説委員.

kom·men·tie·ren [kɔmɛn'tiːrən] 他 (*lat.*) **1** 論評(説明)する, (事³に)注釈(コメント)を加える, (について)所見を述べる. **2** (文学作品・法律などを)注釈(注解)する, (に)注釈を付ける. **3** (時事問題などを)解説(論評)する.

Kom'mers [kɔ'mɛrs] 男 -es/-e (*fr.*) (学生組合の)酒宴.

Kom'mers·buch 中 -[e]s/¨er 学生歌集.

Kom'merz [kɔ'mɛrts] 男 -es/ (*fr.*) **1** 〈古〉(Handel) 商業. **2** 〈侮〉(Gewinn) もうけ.

kom·mer·zi·a·li·sie·ren [kɔmɛrtsialiˈziːrən] 他 (*fr.*) **1** 〈侮〉商業(営利)化する, 金もうけの手段にする. **2** 《経済》(公的債務を)民間に転嫁する.

kom·mer·zi·ell [kɔmɛrtsiˈɛl] 形 《比較変化なし》**1** 商業(上)の. **2** 〈侮〉営利(本位)の.

Kom'mer·zi·en·rat [kɔ'mɛrtsiənraːt] 男 -[e]s/¨e 商業顧問官(1919年まで大実業家に与えられた名誉称号). ♦ オーストリアでは Kommerzialrat

Kom·mi·li'to·ne [kɔmili'toːnə] 男 -n/-n (*lat.*) 《学生》学友. ♦ 女性形 Kommilitonin 女 /-nen

Kom'mis [kɔ'miː] 男 -[kɔ'miː(s)]/-[kɔ'miːs] (*fr.*) 〈古〉**1** 店員. **2** 行商人, 旅商人.

Kom'miss, °**Kom'miß** [kɔ'mɪs] 男 -es/ (*lat.*) 〈古〉(兵士に支給される)給与・物品. **2** 〈話〉軍隊; 兵役. beim ~ sein 軍隊にいる. zum ~ gehen 軍隊に入る.

Kom·mis'sar [kɔmi'saːr], 南ﾄﾞ·ｵｰｽﾄﾘｱ·ｽｲｽ **Kom·mis'sär** [kɔmi'sɛːr] 男 -s/-e (*lat.*) **1** (政府任命の)特別委員. **2** (官職の)代行(代理)者. **3** 警部.

Kom·mis·sa·ri'at [kɔmisari'aːt] 中 -[e]s/-e **1** 特別委員の地位(管轄区域); 特別委員の執務室. **2** (ｵｰｽﾄﾘｱ) 警察署.

kom·mis'sa·risch [kɔmi'saːrɪʃ] 形 **1** (指示·命令などの)特別委員(警部)による. **2** (官職などが)代行(代理)の.

Kom'miss·brot 中 -[e]s/-e (4角く黒い)軍用パン.

＊**Kom·mis·si'on** [kɔmɪsi'oːn] コミスィオーン 女 -/-en (*lat.*) **1** 委員会, 専門(諮問)委; 全委員. **2** 《経済》委託, 委任; 代理(業務), 取次ぎ. et⁴ in ~ geben 委託(物品)の注文. ~en machen (ｽｲｽ) 買入れをする, 仕入れる.

Kom·mis·si·o·när [kɔmɪsio'nɛːr] 男 -s/-e (*fr.*) **1** 《経済》委託販売業者; 問屋, 仲買人. **2** 《商業》(本の)取次業者.

Kom·mis·si'ons·buch·han·del -s/ 《書籍》書籍取次業.

Kom·mis·si'ons·ge·bühr 女 -/-en 《商業》(委託の)手数料, コミッション.

Kom·mis·si'ons·ge·schäft 中 -[e]s/-e 《経済》= Kommission 2

Kom·mis·si'ons·han·del -s/ 《経済》委託(代理)業務, 取次ぎ.

Kom'miss·stie·fel 男 -s/- 〈古〉軍靴.

kom'mod [kɔ'moːt] 形 (*fr.*) 《地方》(bequem) 快適な.

＊**Kom'mo·de** [kɔ'moːdə] コモーデ 女 -/-n (*fr.*) 簞笥 (ﾀﾝｽ), 整理簞笥;《戯》ピアノ.

Kom·mo·di'tät [kɔmodi'tɛːt] 女 -/-en 《地方》快適さ.

Kom·mo'do·re [kɔmo'doːrə] 男 -s/-n(-s) (*engl.*) **1**《軍事》海軍の提督; (空軍の)飛行大隊長. **2**《海事》コモドーレ(海運会社の古参船長に与えられる名誉称号).

kom'mun [kɔ'muːn] 形 (*lat.* communis, gemeinsam) **1** 共同(共通)の. **2**〈古〉(gemein) 普通の, ありふれた.

kom·mu·nal [kɔmu'naːl] 形 (*fr.*) 地方自治体の,

市町村の. ~e Selbstverwaltung 地方自治.

Kom·mu'nal·be·am·te 男《形容詞変化》(Gemeindebeamte) 地方公務員.

kom·mu·na·li'sie·ren [kɔmunali'ziːrən] 他《k kommunal》 1 《役所・機関を》市(町, 村)の管轄に移す. 2 《民間企業を》市(町, 村)営化する.

Kom·mu'nal·po·li·tik 女 -/ 地方自治体(市町村)の政治.

Kom·mu'nal·ver·wal·tung 女 -/-en《法制》地方行政.

Kom·mu'nal·wahl 女 -/-en 地方選挙.

Kom'mu·ne [kɔ'muːnə] 女 -/-n (fr.) 1 《中世ヨーロッパの》コミューン, 自治都市; (とくにイタリアの)コムーネ. 2 《法制》(Gemeinde) 地方自治体, 市町村. 3 (とくに学生たちが作る)生活共同体, コミューン. 4 《古》《複数なし》《俗》共産党(員). 5 [kɔ'myn]《複数なし》《歴史》パリ・コミューン (Pariser Kommune, 1871, 3月-5月). 6 (中国の)人民公社.

Kom·mu·ni'kant [kɔmuni'kant] 男 -en/-en (lat.) 1 《カト》聖体拝領者; (Erstkommunikant) 初聖体拝領者. 2 《社会学・言語》情報伝達与者; (狭義では)情報伝達の受信者. ◆女性形 Kommunikantin 女 -/-nen.

Kom·mu·ni·ka·ti'on [kɔmunikatsi'oːn] 女 -/-en (lat.) 1 《複数なし》コミュニケーション, 情報伝達; 意志の疎通, 交流, つきあい; 会話. 2 結びつき, 関係. seelische〈geistige〉~ 心のつながり.

Kom·mu·ni'kee [kɔmyni'keː, kɔmu..] 中 -s/-s Kommuniqué

Kom·mu·ni'on [kɔmuni'oːn] 女 -/-en (lat. communio,Gemeinschaft') 1 《カト》聖餐(*)式. 2 《複数なし》《カト》聖体拝領; (Erstkommunion) 初聖体拝領. 3 《カト》ホスチア, 聖体. die ~ empfangen〈austeilen〉聖体拝領を《授ける》.

Kom·mu·ni'on·bank 女 -/⁼e《複数まれ》《カト》聖体拝領台.

Kom·mu·ni'qué [kɔmyni'keː, kɔmu..] 中 -s/-s (fr.) 1 コミュニケ, 公式声明書. ein gemeinsames ~ herausgeben 共同コミュニケを発表する. 2 (公的機関への)報告書, 答申書.

Kom·mu·nis'mus [kɔmu'nɪsmʊs] 男 -/ (lat. communis,allen gemeinsam')《政治》共産主義; 共産主義体制, 共産主義運動.

Kom·mu'nist [kɔmu'nɪst] 男 -en/-en 共産主義者; 共産党員.

kom·mu·nis·tisch [kɔmu'nɪstɪʃ] 形 共産主義の. Kommunistische Internationale 共産主義インターナショナル (↑Komintern). Manifest der Kommunistischen Partei 共産党宣言(1848, マルクスとエンゲルスが共産主義者同盟の綱領として起草した宣言).

kom·mu·ni'zie·ren [kɔmuni'tsiːrən] 自 (lat.) ❶ 自 1 (互いに)結びついて(つながって)いる; (mit j³ 人³と)話し合う, 意思の疎通を図る. kommunizierende Röhren《物理》連通管. 2 《カト》聖体拝領する. ❷ 他《古》(考えなどを)伝える.

Kom·mu'ta·tor [kɔmu'taːtɔr] 男 -s/-en [..ta'toːrən] (lat.) 1《電子工》(Kollektor) 整流子.

Ko·mö'di·ant [komødi'ant] 男 -en/-en 1《古》《俗》役者. 2《俗》猫かぶり, 偽善者.

ko·mö·di·an·tisch 形 役者の; 芝居がかった.

Ko'mö·die [ko'møːdiə] 女 -/-n《文学》(↔ Tragödie) 喜劇; 喜劇作品. 1《文学》(↔ Tragödie) 喜劇; 喜劇作品. 2 笑劇, 道化芝居, コメディー. 3 喜劇めいたこと, 茶番. Die Vollversammlung war die reinste ~! その総会は全くの茶番劇だった. 4 (見せかけの)狂言, お芝居. ~ spielen 狂言を演じる, 見せかけをする. j³ eine ~ vorspielen 人³をたぶらかそうとする(かつごうとする). 5《複数まれ》(喜劇を主に上演する)小劇場.

Ko·mö·di·en·haus 中 -es/⁼er (主に喜劇を上演する)小劇場.

Komp.《略》=**Kompanie** 1

Kom·pa'gnie [kɔmpa'niː] 女 -/-n [..'niːən]《古》《カリ》=**Kompanie** 1, 2

Kom·pa'gnon [kɔmpan'jõː, 'kɔmpanjõ,..jɔŋ] 男 -s/-s (fr.) 1《経済》共同経営者. 2《戯》仲間, 相棒.

kom'pakt [kɔm'pakt] 形 (fr.) 1 (肉体・岩石などが)緊密な, 堅固な, 頑丈な; (群衆などが)密着した. 2 (家・車などが)こじんまりした, コンパクトな. 3《話》(体格などが)ずんぐりした, がっしりした.

Kom'pakt·schall·plat·te 女 -/-n コンパクトディスク, CD.

Kom·pa'nie [kɔmpa'niː] 女 -/-n [..'niːən] (fr.) 1 《略 Komp.》《軍事》中隊(約 100-250 人規模の). wie für eine ganze ~《戯》非常に多く. 2 《略 Co., Com.》《古》《経済》(Handelsgesellschaft) 商会, 商社, 会社. die Firma Meier & Co. マイアー商会. 3《歴史》簡易会社(Handelskompanie の略). die Ostindische ~ 東インド会社(17-19 世紀にアジア全域で貿易の独占権をもった特権会社).

Kom·pa'nie·chef 男 -s/-s《軍事》中隊長.

Kom·pa'nie·füh·rer 男 -s/-《軍事》=**Kompaniechef**

Kom·pa'nie·ge·schäft 中 -[e]s/-e《古》共同経営(の会社).

Kom·pa·ra·ti'on [kɔmparatsi'oːn] 女 -/-en (lat.)《文法》比較変化.

'Kom·pa·ra·tiv ['kɔmparatiːf, - - -'-] 男 -s/-e [..iːvə] (lat.)《文法》比較級.

Kom'par·se [kɔm'parzə] 男 -n/-n (it.)《映画・演劇》(せりふのない)端(*)役. ◆女性形 Komparsin 女 -/-nen

Kom·par·se'rie [kɔmparzə'riː] 女 -/-n [..'riːən] 《複数まれ》(総称的に)《映画・演劇》(せりふのない)端(*)役.

'Kom·pass, ◦'Kom·paß ['kɔmpas] 男 -es/-e (it.) 羅針儀(盤), コンパス;《比喩》指針.

'Kom·pass·häus·chen 中 -s/- 羅針儀箱.

'Kom·pass·na·del 女 -/-n 羅針針.

'Kom·pass·ro·se 女 -/-n (羅針盤の)コンパスカード, 羅牌.

kom·pa'ti·bel [kɔmpa'tiːbəl] 形 (lat.) 1《電算》互換性のある. 2《医学》(薬剤・血液などが)適合性のある.

Kom'pen·di·um [kɔm'pɛndiʊm] 中 -s/..dien [..diən] (lat.) 1 概説(書), ハンドブック, 便覧. 2《写真》(逆光撮影などに用いる)レンズフード.

Kom·pen·sa·ti'on [kɔmpɛnzatsi'oːn] 女 -/-en (↓ kompensieren) 補償, 代償;《物理・工学》(反作用による)補整;《心理・医学》代償作用;《経済・法制》相殺(☆).

Kom·pen·sa·ti'ons·ge·schäft 中 -[e]s/-e《経済》1 (銀行で行われる)有価証券取引. 2 バーター(物々交換)貿易.

Kom·pen·sa'tor [kɔmpɛn'zaːtɔr] 男 -s/-en [..za

'to:rən] (*lat.*) **1**〖工学〗補整器, 伸縮継手. **2**〖電子工〗電位差形. **3**〖光学〗補償板.

kom·pen·sie·ren [kɔmpɛn'ziːrən] 他 (*lat.*) **1**(事を)相殺する, 補う(mit et³ / durch et⁴ 事⁴で). **2**〖物理・工学〗補整する;〖経済・法制〗相殺(発生)する.

kom·pe'tent [kɔmpe'tɛnt] 形 (*lat.* competens, zuständig') **1**〖比較変化なし〗〖法制〗法的資格を有する, 権限のある. **2** 専門知識のある, 学識経験のある, 能力のある.〖言語〗母国語を自由にあやつる能力のある. **3**〖地質〗(岩層などが)変形を受けにくい, コンピーテントな.

Kom·pe'tenz [kɔmpe'tɛnts] 女 -/-en (*lat.*) **1**〖法制〗権限. **2**(専門家としての)知識, 能力, 資格.**3**〖複数なし〗〖言語〗(母国語を自由にあやつる)言語能力. kommunikative ~ コミュニケーション能力.

Kom·pe'tenz·strei·tig·keit 女 -/-en (官庁などの)権限(管轄)争い.

Kom·ple'ment [kɔmple'mɛnt] 中 -[e]s/-e (*fr.*) **1**(Ergänzung) 補足(物). **2**〖数学〗補集合. **3**〖医学〗補体. **4**〖文法〗補足語.

kom·ple·men'tär [kɔmplemɛn'tɛːr] 形 (*fr.*)〖比較変化なし〗相互補完的な.

Kom·ple·men'tär·far·be 女 -/-n 補色.

Kom'plet¹ [kɔm'pleː, kõ'pleː] 中 -[s]/-s (*fr.*)〖服飾〗アンサンブル.

Kom'plet² [kɔm'pleːt] 女 -/-e (*lat.*)〖カト〗終課(聖務日課の最後に行う夜の祈禱).

kom'plett [kɔm'plɛt] 形 (*fr.*) **1**(vollständig) 完全な, 全部(全員)そろった. eine ~e Sammlung 完全なコレクション. Unsere Wohnung ist jetzt ~. 我々の住まいは今や必要な物はすべてそろっている. **2**《話》(述語的には用いない)(völlig) 全くの. Das ist ja ~er Wahnsinn! それは全くの気違いざただ. **3**《ホテル》(副詞的には用いない)(besetzt) 満員の.

kom·plet'tie·ren [kɔmplɛ'tiːrən] 他 (*fr.*) (物⁴を)全部そろえる, 完全にする; 補う(mit et³ 物³で).

Kom'plex [kɔm'plɛks] 形 (*lat.* complexus, umschlossen) 複合的な, 複雑な. ein ~er Sachverhalt こみ入った事情. eine ~e Zahl〖数学〗複素数.

Kom'plex [kɔm'plɛks] 男 -es/-e **1** 複合体(複雑に絡み合った物の総体). ein ~ von Problemen 一連の問題群. im ~ 総合的に, 包括的に. **2** 建築物の集合体. Fabrik*komplex* 工場群. **3**〖心理〗複合観念, コンプレックス. Minderwertigkeits*komplex* 劣等コンプレックス. **4**〖化学〗錯体.

Kom·ple·xi'on [kɔmplɛksi'oːn] 女 -/-en (*lat.*) **1**《古》複合. **2**〖医学・人類学〗(総体的に見た)毛髪・皮膚・眼の色.

Kom'pli·ce [kɔm'pliːtsə, ..iːsə] 男 -n/-n (*fr.*) = Komplize

Kom·pli·ka·ti'on [kɔmplikatsi'oːn] 女 -/-en (↓ komplizieren) **1** 面倒なこと, やっかいな事態, ごたごた, 紛糾(読). **2**〖医学〗合併症, 余病.

＊**Kom·pli'ment** [kɔmpli'mɛnt コンプリメント] 中 -[e]s/-e **1** お世辞, 愛想笑, 程(『)の好い言葉;讃辞, ほめ言葉;〖外交〗辞令, 儀礼. Bitte keine ~e! どうぞ如辞いことは抜きにしましょう. Mein ~!〈おめでとうございます, お見事です. nach ~en fischen(angeln)〈戯〉(わざと身をけなしたりして)お世辞を言ってもらおうとする. j³ ~s machen 人³にお世辞(お上手)を言う;(を)ほめる(für et⁴ 事⁴の件で) **2**《古》お辞儀, 礼; 挨拶. j³ ein ~ machen 人³にお辞儀(挨拶)をする. Richten Sie bitte meine ~e aus! よろしくお伝えください.

kom·pli·men'tie·ren [kɔmplimɛn'tiːrən] 他 《古》(人³に)お世辞を言う. **2**《方向を示す語句と》(人⁴を)丁重に導く.

Kom'pli·ze [kɔm'pliːtsə] 男 -n/-n 共犯者.

kom·pli'zie·ren [kɔmpli'tsiːrən] (*lat.*) ❶ 他 (事⁴を)複雑にする, 面倒なことにする. ❷ 再 (*sich*)(事⁴が)複雑になる, 面倒なことになる.

＊**kom·pli'ziert** [kɔmpli'tsiːrt コンプリツィーアト] 過分 形 複雑な, やっかいな. ein ~er Bruch〖医学〗複雑骨折. ein ~er Charakter 気むずかしい性格(の人).

Kom'plott [kɔm'plɔt] 中 (男) -[e]s/-e (*fr.*) 陰謀. ein ~ gegen j⁴ schmieden 人⁴に対して陰謀を企てる.

Kom·po'nen·te [kɔmpo'nɛnta] 女 -/-n **1**(Bestandteil) 構成要素, 成分. **2**(ベクトルなどの)分力. **3**〖言語〗(生成文法で文法を構成する)部門.

＊**kom·po'nie·ren** [kɔmpo'niːrən コンポニーレン] 他 (*lat.* componere, zusammenstellen') **1** 作曲する《目的語なしで》作曲をする, 作曲家である. **2**〖芸術的に〗構成する; 組立てる, 組合す, 配合(配列)する.

＊**Kom·po'nist** [kɔmpo'nɪst コンポニスト] 男 -en/-en 作曲家.

Kom·po·si·ti'on [kɔmpozitsi'oːn] 女 -/-en **1** 構成(物), 合成(物). **2**(芸術作品の)構成;(絵画の)構図, コンポジション. **3** 作曲(された作品). **4**〖言語〗(語の)合成, 複合.

Kom·po·si·tum [kɔm'poːzitʊm] 中 -s/..ta [..ta](まれ ..siten [..po'ziːtən])〖言語〗合成語.

Kom'post [kɔm'pɔst] 男 -[e]s/-e (*fr.*) 堆肥(気う).

kom·pos'tie·ren [kɔmpɔs'tiːrən] 他 **1**(落葉・廃物などを)堆肥にする. **2**(ある土地に)堆肥を施す.

Kom'pott [kɔm'pɔt] 中 -[e]s/-e (*fr.*) コンポート(果物の砂糖煮).

kom'preß, °**kom'preß** [kɔm'prɛs] 形 (*lat.*) **1**《古》ぎっしり詰まった. **2**〖印刷〗ベタ組みの.

Kom'pres·se [kɔm'prɛsə] 女 -/-n (*lat.*) **1** 湿布. **2** 圧迫包帯.

Kom·pres·si'on [kɔmprɛsi'oːn] 女 -/-en (*lat.*) **1**〖物理〗圧縮. **2**〖医学〗加圧, 圧迫.

Kom·pres·sor [kɔm'prɛsoːr] 男 -s/-en [..pre'soːrən] **1** 圧縮機, コンプレッサー. **2** 圧縮冷凍機.

kom·pri'mie·ren [kɔmpri'miːrən] 他 (*lat.*) **1**〖物理・工学〗圧縮する. **2**〖医学〗(血管などを)圧迫する. **3** 要約する, 切りつめる.

kom·pri'miert 過分 形 (文体などが)簡潔な; 切りつめた.

＊**Kom·pro'miss**, °**Kom·pro'miß** [kɔmpro'mɪs コンプロミス] 中 (まれ男) -es/-e (*lat.* compromissum ,gegenseitiges Versprechen') 妥協, 歩み寄り, 譲り合い;協調, 和解. mit j³ einen ~ eingehen〈schließen〉人³と妥協(和解)する. einen faulen〈ein faules〉~ machen《話》いい加減なところで手を打つ.

kom·pro'miss·los 形 (態度などが)妥協のない, 妥協をしない.

kom·pro·mit'tie·ren [kɔmpromi'tiːrən] 他 (*fr.*) (人⁴の)体面(名誉)を傷つける. *kompromittierende* Reden〈Dokumente〉人の名誉を傷つける発言〈証言〉.《再帰的に》*sich*⁴ ~ 面目を失う, 体面が傷つく.

Kom'tess, °**Kom'teß** [kɔm'tɛs, kõ'tɛs], **Kom'tes·se** [kɔm'tɛsə, kõ'tɛsə] 女 -/Komtessen (*fr.*) 伯爵令嬢.

Kom'tur [kɔm'tuːr] 男 -s/-e (*fr.*) **1**〖歴史〗騎士

修道会管区長. **2** (Kommandeur) コムトゥール(コマンデール)勲章の所持者.

kon.., Kon.. 〖接頭〗(*lat.*)形容詞・動詞・名詞などに冠して「ともに、いっしょに」の意を表す. b, p, m の前では kom.., Kom.., l の前では kol.., Kol.., r の前では kor.., Kor.., h および母音の前では ko.., となる. *konfluieren* (河川が)合流する. *kompakt* コンパクトな. *Kollege* 同僚. *Koedukation* 男女共学.

Kon·dem·na·ti·on [kɔndɛmnatsi'o:n] 囡 -/-en **1** 〖古〗有罪の宣告. **2** 〖法制〗廃船宣告. **3** 〖法制〗(敵艦の)拿捕(だほ).

Kon·den·sa·ti·on [kɔndɛnzatsi'o:n] 囡 -/-en (*lat.*) **1** 〖物理〗(ガスなどの)凝縮,凝結. **2** 〖化学〗縮合.

Kon·den·sa·tor [kɔndɛn'za:tor] 男 -s/-en [..za-'to:rən] **1** 〖工学〗復水(凝縮)器. **2** 〖電子工〗蓄電器, コンデンサー.

kon·den·sie·ren [kɔndɛn'zi:rən] (*lat.*) ❶ 国 (s, h) 〖物理〗(ガスなどが)凝結(凝縮)する. ❷ 他 **1** 〖物理〗(ガスなどを)凝結(凝縮)させる. **2** (ジュースなどを)濃縮する. 《過去分詞で》*kondensierte* Milch コンデンスミルク. **3** 〖化学〗縮合させる.

Kon'dens·milch [kɔn'dɛns..] 囡 -/ (Dosenmilch) コンデンスミルク.

Kon'den·sor [kɔn'dɛnzoːr] 男 -s/-en [..dɛn-'zo:rən] (*lat*) **1** 〖光学〗集光レンズ. **2** 〖工学〗(Abscheider) 分離器.

Kon'dens·strei·fen 男 -s/- 飛行機雲.

Kon'dens·was·ser 中 -s/ 凝結水, 復水.

Kon·di·ti·on [kɔnditsi'o:n] 囡 -/-en (*lat.* condicio, Bestand, Bedingung') **1**《多く複数で》〖経済〗(商取引の)条件. **2**《複数なし》(心身の)状態, コンディション. in guter〈schlechter〉 ~ sein コンディションが良い〈悪い〉. **3** 《複数なし》(家畜の)飼育状態.

kon·di·ti·o·nal [kɔnditsio'na:l] 形 〖言語〗条件を示す. ~*e* Konjunktion 条件文を導く接続詞(wenn, falls など).

Kon·di·ti·o·nal 男 -s/-e 〖文法〗条件法.

Kon·di·ti·o·na·lis [kɔnditsio'naːlɪs] 男 -/..les [..le:s] = Konditional

Kon·di·ti·o·nal·satz 男 -es/ⁿe 〖文法〗条件文.

kon·di·ti·o·nie·ren [kɔnditsio'ni:rən] 他 **1** 〖紡織〗(繊維製品を)湿度検査する, 標準湿度に調整する. **2** (磁くやく前に穀物を温度と湿度に関して)調節する. **3** 〖心理〗(ある特定の反応を)条件付ける.

kon·di·ti'ons·schwach 形 〖スポ〗コンディションの悪い, 不調の.

kon·di'ti·ons·stark 形 〖スポ〗コンディションの良い, 好調の.

Kon'di·tor [kɔn'di:tɔr] 男 -s/-en [..di'to:rən] (*lat.*) 菓子製造職人.

*****Kon·di·to'rei** [kɔndito'raɪ コンディトライ] 囡 -/-en 洋菓子屋, 喫茶店; 製菓会社(工場); 《複数なし》製菓(業).

Kon·do'lenz [kɔndo'lɛnts] 囡 -/-en (*lat.* kon..+ dolor, Schmerz') 《まれ》**1** 《複数なし》(Beileid) 哀悼, お悔み. **2** 哀悼の意. j³ *seine* ~ *erweisen* 人³ に哀悼の意を表す.

Kon·do'lenz·be·such 男 -[e]s/-e 弔問.

kon·do'lie·ren [kɔndo'li:rən] 国 (*lat.*) (人³に)弔意を表す, お悔みの言葉を述べる.

Kon'dom [kɔn'do:m] 男(中) -s/-e(-s) コンドーム.

¹Kon'dor ['kɔndɔr] 男 -s/-e (*sp.*) 〖鳥〗コンドル.

Kon·duk'teur [kɔndʊk'tø:r] 男 -s/-e (*fr.*) 〖古〗(スイス) (Schaffner) 車掌.

'Ko·nen ['ko:nən] Konus の複数.

Kon'fekt [kɔn'fɛkt] 中 -[e]s/-e (*lat.*) 高級チョコレート菓子(類).

Kon·fek·ti·on [kɔnfɛktsi'o:n] 囡 -/-en (*fr.*) **1** 既製服. Kinder*konfektion* 子供用既製服. **2** 既製服の大量製造. **3** 〖製服〗既製服産業.

Kon·fek·ti·o·när [kɔnfɛktsio'nɛ:r] 男 -s/-e 既製服製造業者; 既製服製造工場の主任.

Kon·fek·ti·o'neu·se [kɔnfɛktsio'nø:zə] 囡 -/-n Konfektionär の女性形.

Kon·fek·ti'ons·an·zug 男 -[e]s/ⁿe 既製服のスーツ.

Kon·fek·ti'ons·ge·schäft 中 -[e]s/-e 既製服の店.

*****Kon·fe'renz** [kɔnfe'rɛnts コンフェレンツ] 囡 -/-en (*lat.*) **1** 会議, 会談, 会合, 話合い. *eine* ~ *abhalten*〈*einberufen*〉 会議を開催(招集)する. *eine* ~ *haben* 会議(会合)がある, (に)出なければならない. *in einer* ~ *sein* 会議中である. **2** 〖経済〗海運連合.

Kon·fe'renz·schal·tung 囡 -/-en 〖工学〗(テレビ電話の)会議回路(これにより通信による多人数の会話が可能になる).

kon·fe'rie·ren [kɔnfe'ri:rən] (*fr.*) ❶ 国 (mit j³ 人³と)協議(交渉)する(über et⁴ 事⁴のことで). ❷ 他 国 司会をする. *eine Sendung* ~ / *bei einer Sendung* ~ 番組の司会をする.

Kon·fes·si·on [kɔnfɛsi'o:n] 囡 -/-en (*lat.* confessio) **1** (Bekenntnis) 信仰告白, 告解(ごかい). *die evangelische*〈*katholische*〉 ~ 新教〈旧教〉. **2** (a) 《総称的に》宗徒. *die christlichen* ~*en* キリスト教徒. (b) 宗派. **3** 信条書. **4** 《比喩》(Geständnis) 告白.

kon·fes·si·o'nell [kɔnfɛsio'nɛl] 形 《述語的には用いない》宗派の.

Kon·fes·si'ons·los 形 無宗派の, どの宗派にも属さない.

Kon·fes·si'ons·schu·le 囡 -/-n 単一宗派(カトリック, プロテスタントどちらかの)学校.

Kon'fet·ti [kɔn'fɛti] 中 -[s]/ (*it.*) **1** (カーニバルなどでまく)紙ふぶき. **2** 〖オース〗〖古〗= Konfekt

Kon·fi'dent [kɔnfi'dɛnt] 男 -en/-en (*fr.*) **1** 〖古〗親友. **2** 〖オース〗(警察の)スパイ.

Kon·fi·gu·ra·ti·on [kɔnfiguratsi'o:n] 囡 -/-en (*lat.*) **1** 形成, 造形; 形態. **2** 〖化学〗立体配置; 〖物理〗配置, 配位. **3** 〖医学〗(身体の部位・器官などの)形状. **4** 〖天文〗(Aspekt) 星位.

Kon·fir'mand [kɔnfɪr'mant] 男 -en/-en (*lat.*) 〖プロテスト〗堅信礼(式)志願者, 受堅者. ◆女性形 Konfirmandin 囡 -/-nen

Kon·fir'man·den·stun·de 囡 -/-n 《複数まれ》= Konfirmandenunterricht

Kon·fir'man·den·un·ter·richt 男 -[e]s/-e 《複数まれ》〖プロテスト〗堅信礼志願者が受ける教理授業.

Kon·fir·ma·ti·on [kɔnfɪrmatsi'o:n] 囡 -/-en (*lat.*) 〖プロテスト〗堅信礼(式).

kon·fir'mie·ren [kɔnfɪr'mi:rən] 他 〖プロテスト〗(人⁴に)堅信礼を施す.

Kon·fis·ka·ti·on [kɔnfɪskatsi'o:n] 囡 -/-en (*lat.*) 〖法制〗(補償を伴わない)没収.

kon·fis'zie·ren [kɔnfɪs'tsi:rən] 他 〖法制〗(財産を)没収する.

Kon·fi'tü·re [kɔnfiˈtyːrə] 囡 -/-n (fr.)（1 種類の果実から粗く砕いてつくられた）ジャム.

*__Kon'flikt__ [kɔnˈflɪkt コンフリクト] 男 -[e]s/-e (lat.) 不和, 対立, いがみ合い; もめごと, いざこざ, もつれ; 紛争, 争い（とくに国家間の）; 煩悶, 懊悩.《心理》葛藤, コンフリクト. im bewaffneter ～ 武力紛争（闘争）. j⁴ in ～e bringen 人⁴を煩悶（苦悩）させる. mit j³ in ～ geraten 人³と衝突する（もめる）. mit dem Gesetz in ～ geraten⟨kommen⟩ 法律に違反する.

Kon·fö·de·ra·ti'on [kɔnfœderatsi'oːn] 囡 -/-en (lat.) 1 (Staatenbund) 国家連合. 2《歴史》(16-18 世紀のポーランドの)貴族同盟.

kon'form [kɔnˈfɔrm] 形 (lat.)《比較変化なし》一致した. mit j³ ～ gehen 人³と同じ考え（意見）である. mit et³ ～ gehen 事³に賛成する. ～e Abbildung《幾何》共形（等角）写像.

Kon·for'mis·mus [kɔnfɔrˈmɪsmʊs] 男 -/ (↓ konform) 大勢順応主義.

Kon·for'mist [kɔnfɔrˈmɪst] 男 -en/-en 1 大勢順応主義者. 2 英国国教徒.

Kon·fron·ta·ti'on [kɔnfrɔntatsi'oːn] 囡 -/-en (lat.) 1（意見・主張の異なる者どうしの）対決;（問題などに）直面すること. 2 対置, 対比.

kon·fron'tie·ren [kɔnfrɔnˈtiːrən] 他 (lat., Stirn gegen Stirn stellen') 1 (j⁴ mit et³ 人⁴を人³と）対決させる; (j⁴ mit et³ 人⁴を事³に）直面させる. mit einem Problem konfrontiert werden ある問題に直面する. 2 (et⁴ mit et³ 事⁴を事³と）対置する, 対比する.

kon'fus [kɔnˈfuːs] 形 (lat.)（1（話・考えなどが）よくわからない, 不明瞭な. ～es Zeug reden 訳の分からないことをしゃべる. 2（頭が）混乱した. Ich bin schon ganz⟨völlig⟩ ～. 私はもうすっかり頭が混乱してしまった.

Kon·fu·si'on [kɔnfuzi'oːn] 囡 -/-en (lat.) 1 混乱. in ～ geraten 混乱に陥る. 2（話などの）不明瞭, 支離滅裂. 3《法制》混同.

Kon'fu·tse [kɔnˈfuːtsə]《人名》孔子（前 551-前 479, 中国の思想家）.

kon·fu·zi'a·nisch [kɔnfutsiˈaːnɪʃ] 形 儒教の.

Kon·fu·zi·a'nis·mus [kɔnfutsiaˈnɪsmʊs] 男 -/ 儒教.

kon·fu·zi·a'nis·tisch 形 =konfuzianisch

Kon'fu·zi·us [kɔnˈfuːtsiʊs]《人名》孔子. ◆ Konfutse のラテン語化した形.

kon·ge·ni'al [kɔngeniˈaːl, kɔn‥, ˈ‐‐‐] 形 (lat.)（オリジナルの精神性・独創性に対して）遜色なくぴったりの, ふさわしい（翻訳などに）. ein Gedicht ～ übersetzen 詩にぴったりの翻訳をほどこす.

kon·ge·ni'tal [kɔngeniˈtaːl, kɔn‥] 形 (lat.)（副詞的には用いない）《医学・心理》(angeboren) 先天性の, 先天的な.

Kon·ges·ti'on [kɔngɛstiˈoːn, kɔn‥] 囡 -/-en (lat.)《医学》充血.

Kon·glo·me'rat [kɔnglomeˈraːt, kɔn‥] 中 -[e]s/-e (fr.) 1 異質なものの集まり, 寄せ集め. 2《地質》礫(れき)岩. 3《医学》(結核結節・腸の寄生虫などの)集合, 塊集. 4《経済》(Mischkonzern) 複合企業, コングロマリット.

'Kon·go [ˈkɔŋgo] 男 -s/ (Bantu „Berg")《地名》der ～ コンゴ（アフリカ西部の共和国, 首都ブラザビル Brazaville）.

'Kon·go² 男 -[s]/《地名》(↑Kongo¹) der ～ コンゴ川 （アフリカ中央部の山地に発し大西洋に注ぐ大河）.

Kon·go'le·se [kɔŋgoˈleːzə] 男 -n/-n コンゴ人. ◆ 女性形 Kongolesin 囡 -/-nen

kon·go'le·sisch [kɔŋgoˈleːzɪʃ] 形 コンゴの.

Kon·gre·ga·ti'on [kɔngregatsiˈoːn, kɔn‥] 囡 -/-en (lat., Versammlung') 《カトリック》 1 信心会. marianische ～ マリア信心会. 2 単式誓願修道会 3（ローマ教皇庁内の）聖省.

*__Kon'gress__, °__Kon'greß__ [kɔnˈgrɛs, kɔn‥] 男 -es/-e (lat.) 会議; 代議員会, 党大会; 国家首脳会議（会議）;（アメリカの）議会.

kon·gru'ent [kɔŋgruˈɛnt, kɔn‥] 形 (lat.)《比較変化なし》1 完全に一致する. 2《幾何・数学》合同の 3 ～e Deckung《法制》正当弁済.

Kon·gru'enz [kɔŋgruˈɛnts, kɔn‥] 囡 -/-en (↔ Inkongruenz) 1（複数なし）一致. 2 (a)《幾何》合同. (b) 整数論における合同. 3《文法》(性・数・格・人称の)一致.

Kon·gru'enz·satz 男 -es/‥e《幾何》合同の定理

kon·gru·'ie·ren [kɔŋgruˈiːrən, kɔn‥] 自 (lat. congruere „übereinstimmen") 1（意見・考えなどが）完全に一致する. 2《幾何》合同である.

'Kö·nig [ˈkøːnɪç ケーニヒ] 男 -s/-e 1 王, 国王. 君主; 王者, 第一人者; 射撃大会優勝者. der ～ der Lüfte⟨der Wüste⟩《雅》大空の王（鷲）〈荒野の王（ライオン）〉. Heilige Drei ～e《カトリック》王の御公現の祝日(1 月 6 日);《カトリック》公現日(祭);《カトリック》神現祭. ein ungekrönter ～ 第一人者, ナンバーワン. j zum ～ krönen 人⁴を王位に即(つ)ける. wie ein ～ leben《雅》贅沢三昧に暮す. des ～s Rock tragen《古》軍人である, 兵役に服している. 2《トランプ》王, キング;《チェス》1 番ピン.

*__'Kö·ni·gin__ [ˈkøːnɪgɪn ケーニギン] 囡 -/-nen 1 女王, 王妃, Frau Ministerin, クイーン;（美の）女王, 名花;《動物》女王蜂, 女王蟻. die ～ der Blumen⟨der Instrumente⟩《雅》花の女王（バラ）〈楽器の女王（オルガン）〉. die ～ der Nacht《植物》夜の女王（サボテンの一種）. 2《トランプ》クイーン.

'Kö·ni·gin·mut·ter [ˈkøːnɪgɪnˈmʊtər] 囡 -/‥ 母后, 国王（女王）の母.

'Kö·ni·gin'wit·we [ˈkøːnɪgɪnˈvɪtvə] 囡 -/-n 皇太后, 国王の寡婦(*).

'kö·nig·lich [ˈkøːnɪklɪç] 形 (付加語的用法のみ)国王の, 王家の, 王室の. die ～e Familie 王家, 王族. ein ～es Dekret erlassen 勅令を発する. [Seine] Königliche Hoheit 殿下（王子・王女・大公などに対する呼掛け). 2 (態度・風格などが)国王にふさわしい, 王者のような. 3 (話)《述語的には用いない》格別な, ひじょうな. sich⁴ ～ freuen⟨amüsieren⟩ ひどく喜ぶ（存分に楽しむ）. 4（贈物などが）気前のいい, 豪華な. j⁴ ～ belohnen⟨entlohnen⟩ 人⁴に報酬をたっぷり与える.

'Kö·nig·reich [ˈkøːnɪkraɪç] 中 -[e]s/-e 国王, 王族, 君主国.

'Kö·nigs·ad·ler [ˈkøːnɪçs‥] 男 -s/-《鳥》(Steinadler) いぬわし.

'Kö·nigs·berg [ˈkøːnɪçsbɛrk]《地名》ケーニヒスベルク((a) 現在のロシア連邦の1都市; 旧ソ連時代は Kaliningrad であったが再び旧名に戻った. (b) 旧東プロイセンの州都).

'Kö·nigs·blau [ˈkøːnɪçs‥] コバルトブルーの.

'Kö·nigs·kro·ne 囡 -/-n 王冠.

'Kö·nigs·schlan·ge 囡 -/-n《動物》ボアコンストリ

クター(南米産の大蛇).

Kö·nigs·schloss 匣 -es/⁼er 王宮.
Kö·nigs·ti·ger [..] 男 -s/- 《動物》ベンガル虎.
Kö·nigs·was·ser 匣 -s/ 《化学》王水.
Kö·nigs·wür·de 囡 -/-n 王位, 王の威厳.
Kö·nig·tum ['kø:nɪçtu:m] 匣 -s/..tümer **1**《複数なし》王(君主)制. **2** (Königreich) 王国.
'ko·nisch ['ko:nɪʃ] 形 (↓ Konus) 円錐形の.
Konj. (略) **1** =**Konjunktion** 1 **2** =**Konjunktiv**
Kon·jek'tur [kɔnjɛk'tu:r] 囡 -/-en (lat.) **1** 推定. **2**《文学》(推定に基づく)原典批判(校訂).
Kon·ju·ga·ti'on [kɔnjugatsi'o:n] 囡 -/-en **1**《文法》動詞の語形変化(活用). **2**《生物》(繊毛虫類・細菌の有性生殖における)接合.
kon·ju'gie·ren [kɔnju'gi:rən] 他 (lat.)《文法》語形変化させる. ein Verb ~ 動詞を活用する.
kon·ju'giert 過去分詞《数学・光学・化学》共役の. konjugierte Punkte《光学》共役点. konjugierte Doppelbindung《化学》共役 2 重結合.
Kon·junk·ti'on [kɔnjuŋktsi'o:n] 囡 -/-en (lat.) **1**(略 Konj.)《文法》(Bindewort) 接続詞. **2**《論理》連言. **3**《天文》合(ごう).
'Kon·junk·tiv ['kɔnjuŋkti:f] 男 -s/-e (略 Konj.)《文法》接続法.
'kon·junk·ti·visch ['kɔnjuŋkti:vɪʃ, --'--] 形《述語的には用いない》《文法》接続法の.
Kon·junk'tur [kɔnjuŋk'tu:r] 囡 -/-en (lat.) **1**《経済》(市場)景気, 市況. **2** 好景気. Zur Zeit haben wir ~. 目下のところは好景気である. Dieses Auto hat im Augenblick ~. この車は現在売行きがよい.
Kon·junk'tur·ba·ro·me·ter 匣 -s/- 《経済》景気指標.
kon·junk·tu'rell [kɔnjuŋktu'rɛl] 形 景気の(による).
Kon·junk'tur·po·li·tik 囡 -/《経済》景気政策.
Kon·junk'tur·rit·ter 男 -s/-《侮》日和見(ひよりみ)主義者, 便乗者.
Kon·junk'tur·schwan·kung 囡 -/-en《多く複数》《経済》景気の変動.
kon'kav [kɔn'ka:f, kɔŋ..] 形 (lat.)《比較変化なし》(↔ konvex) 凹(面, 型)の, 中くぼみの. ~e Linse 凹レンズ. ~e Figur《幾何》凹多角形.
Kon'kla·ve [kɔn'kla:və, kɔŋ..] 匣 -s/-n (lat.)《カト》**1** 教皇選挙秘密会議室. **2** (枢機卿団による)教皇選挙会議.
Kon·kor'danz [kɔnkɔr'dants, kɔŋ..] 囡 -/-en (lat.) **1** (↔ Diskordanz 1) 一致, 調和;《音楽》協和音;《地質》(地層の)整合;《遺伝》(双生児における性格・特徴の)一致(点). **2**《書籍》語句(用語)索引;(Bibelkonkordanz) 聖書索引. **3** (異なる版の異同対照表. **4**《印刷》(活字の長さの単位で) 48 ポイント.
Kon·kor'dat [kɔnkɔr'da:t, kɔŋ..] 匣 -[e]s/-e (lat.) **1**《法制》政教条約, コンコルダート(ローマ教皇と国家との間で結ばれる). **2**《スイス》(各州間の)条約.
Kon'kor·dia [kɔn'kɔrdia, kɔŋ..] 囡 -/ (lat.) **①** concordia「Eintracht」) 一致, 協和(しばしば団体・教会などの名称として). **②**《人名》《ロ神話》コンコルディア「協和, 一致」の擬人化女神).
***kon'kret** [kɔn'kre:t, kɔŋ..] 形 (lat.) **1** 具体的な; 実際(現実)に即した, 即物的な; 具象の; (内容・詳細・輪郭の)はっきりした, きっちりした, 精確である

ein ~es Beispiel 具体例. ~e Formen annehmen 具体的な(はっきりした)形をとる. ~e Kunst 具象芸術(とくに美術). ~e Musik 具象音楽. ~e Normenkontrolle《法制》具体的立法審査. ein ~es Substantiv《文法》具象名詞. ~e Zahlen nennen 具体的な数字をあげる. **2** 実際(本当)の, 現実の, 実在の. die ~e Wirklichkeit 目に見える現実. Und wie ist Ihre ~e Meinung dazu? であなたのご意見は本当のところどうなんですか.
kon·kre·ti'sie·ren [kɔnkreti'zi:rən, kɔŋ..] **❶** 他 具体的に(詳しく, 分かりやすく)述べる(示す). **❷** 再 (*sich*¹) 具体的に分かりやすくはっきりとなる.
Kon·ku·bi'nat [kɔnkubi'na:t, kɔŋ..] 匣 -[e]s/-e (lat.)《法制》内縁(同棲)関係. mit j³ im ~ leben 人³と内縁関係にある.
Kon·ku'bi·ne [kɔnku'bi:nə, kɔŋ..] 囡 -/-n (lat., Beischläferin') 内縁関係にある女性; 愛人, 情婦.
Kon·kur'rent [kɔnkʊ'rɛnt, kɔŋ..] 男 -en/-en (lat.) 競争相手, ライバル. ◆女性形 Konkurrentin 囡 -/-nen
***Kon·kur'renz** [kɔnkʊ'rɛnts, kɔŋ..] 囡 -/-en (lat.) **1**《複数なし》競争(とくに商売上の), 競(きょう)り合い, 争い. j³ ~ machen 人³に張り合う. Die beiden Firmen machen sich³〈einander〉~. 両社は互いに張り合っている. mit j³ in ~ treten 人³と競争になる. **2** 競技, 試合; 競技(競演)会, コンクール. außer ~ 競技の対象外(番外)で. **3**《複数なし》競争相手; 商売がたき. Diese Ware ist ohne ~. この商品は他に類がない(ずば抜けている). zur ~ abwandern〈[über]gehen〉商売がたきの方へ鞍替えする. **4**《法制》競合, 併存;《生態》生存競争.
kon·kur'renz·fä·hig 形 (他社と)競争できる.
Kon·kur'renz·kampf 男 -[e]s/⁼e《複数まれ》(企業の)生存)競争. den ~〈im ~〉bestehen 競争に勝残る.
kon·kur'renz·los 形 競争相手のない, 無競争の.
kon·kur'rie·ren [kɔnkʊ'ri:rən, kɔŋ..] 自 (lat. concurrere「aufeinander stoßen') 競争する, 競合する(mit j³ um et⁴ 人³と事⁴をめぐって). mit j³ um einen Post ~ 人³と地位を争う. Mit seiner Leistung kann zur Zeit niemand ~. 彼の成績は目下のところ誰にも負けない. konkurrierende Gesetzgebung《法制》競合的立法.
Kon'kurs [kɔn'kʊrs, kɔŋ..] 男 -es/-e (lat.)《経済・法制》(Bankrott) 破産, 破産手続. in ~ gehen 〈geraten〉/ ~ machen 破産する. ~ anmelden 破産を申立てる. den ~ eröffnen 破産手続を開始する.
Kon'kurs·mas·se 囡 -/-n《複数まれ》《法制》破産財団.
Kon'kurs·ver·fah·ren 匣 -s/-《法制》破産手続.
Kon'kurs·ver·wal·ter 男 -s/-《法制》破産管財人.

'kön·nen ['kœnən ケネン] konnte, können (gekonnt) / ich kann, du kannst, er kann ▶本動詞を伴う時の過去分詞には不定詞形の können を, 本動詞を伴わない独立的用法のときは gekonnt を用いる. 他《話法》①《本動詞を伴って》《過去分詞 können》**1**《能力・力量》…できる, …する能力がある. Er kann schwimmen〈Auto fahren〉. 彼は泳ぐこと〈車の運転〉ができる. Kann das Kind schon sprechen? その子

Können

はもう喋(しゃべ)れるのですか. Vor Schmerzen habe ich heute Nacht nicht schlafen *können*. 苦痛のあまり昨夜は眠れなかった. Der Topf *kann* 4 Liter fassen. この深鍋は4リットルはいる. sich⁴ nicht lassen ~ じっとしていられない, 度を失う(vor Freude 嬉しさのあまり). et(j)⁴ nicht leiden ~ 事(人)⁴が気にいらない(気に合ない). Dort herrscht vielleicht ein Chaos, ich *kann* dir sagen! 《話》いやもうそこはムチャクチャだろうよ, ほんとに. Vorsicht *kann* nie〈nichts〉 schaden. 《諺》用心に怪我なし, ころばぬ先の杖. Man *kann* nie wissen. 先のことなど分からない. 《本動詞を省略して》Man *kann* alles, wenn man [nur] will. 《諺》精神一到何事か成らざらん. Ihm *kann* keiner. 《話》彼には誰もかなわない; 彼には誰も手出しできない. [es] mit j³ [gut] ~ 《話》人⁴と仲よくやっていく. Sie lief so schnell[, wie] sie *konnte* / Sie lief, was sie *konnte*. 彼女は精いっぱい速く走った. Borg mir mal 30 Euro! — [Erst mal] ~ vor Lachen! 《話》ちょっと30ユーロ貸してよ — そんなのできないよ. 《丁寧な依頼・婉曲な催促の表現で》*Könnten* Sie nicht anklopfen? ノックして〈からはいって〉いただけませんか. *Kannst* du nicht etwas leiser sein? 君もう少し静かにできないか. *Könne*⟨*Könnten*⟩ Sie mir [bitte] sagen, wie viel Uhr es ist? すみませんが今何時でしょうか.

2 (a) 《実行可能な状況・状態》…できる(状況, 状態にある). Heute Abend *kann* ich Sie anrufen. 今晩なら電話をさしあげることができます. Man *kann* annehmen, dass das nie geschieht. そんなことにぜったいならないと思って間違いないだろう. Es *kann* hier nicht darum gehen, alle Argumente aufzuzählen. ここはすべての論拠を数えあげることはやめておこう. Ich werde wohl nicht kommen ~. 私は恐らく来られないと思います. Da *kann* man nichts machen! そうなるとも手の打ちようがない. (b) 《資格・権限》…する資格(権限)がある, …するのも無理はない. Diese Frechheit *kann* [einfach] nicht geduldet werden. こんな図々しいことがまかり通ってはいけない. Das *kann* ich nicht erlauben. そんなことは許可するわけにはいかない. Ich *kann* doch wohl etwas mehr Respekt erwarten. もう少し気を遣ってもらっても当らないと思うのだがね. Du *kannst* mich [mal] gern haben! 《話》《ぶっきらぼうな拒絶》君の言うことなど知るものか. Er *kann* mir doch keine Vorschriften machen. 彼は私に指図する資格などない. Man hätte meinen *können*, dass das Kind schlafe. その子は眠っていると思われても無理からぬところだった. Er *kann* einem Leid tun. 《話》彼には同情に値する. (c) 《許可・容認》…してもよい(差支ない). *Kann* ich jetzt ausgehen? これから外出してもいいですか. Ich *kann* noch etwas Zucker haben? もう少し砂糖をいただけますか. *Kannst* du machen! 《話》どうぞご勝手に. So etwas *kannst* du doch nicht machen! そういうことをやってもらっては困るよ. Sie *können* alles sehen. 喜んでなにもかもご覧にいれましょう. Das *können* Sie gerne 〈meinetwegen〉 tun. それならどうやっていただいて結構です. 《本動詞を省略して》Du *kannst* mich [mal]! 《卑》やくらえ(am Arsch lecken を補う). ◆許可・容認を表す können は dürfen より意味がやわらか. たとえば子供に対しては Du *darfst* mitkommen. (一緒に来てもいい)というが, 相手がおとなのときは Sie *können* mitkommen. を用いる.

3 《可能性・推量》…する可能性がある, …するかもしれない. Die Verhältnisse *können* sich⁴ schnell ändern. 状況は急変する可能性がある. Das *kann* noch lange dauern. それはまだ当分続くかもしれない. Er *kann* jeden Augenblick kommen. 彼は今にもやって来るかもしれない. Der Brief *kann* verloren gegangen sein. 手紙はどうやらなくなってしまったらしい. Das Wort *könnte* griechischen Ursprungs sein. この単語はもしかするとギリシア語からきているのかもしれない. Es *kann* sein, dass sie krank ist. 彼女は病気かもしれない. *Kann* sein!《話》かもしれない.《強い疑惑を表して》Wie *konnte* das nur geschehen? どうしてこんなことになったのでしょうか. Wer *kann* das getan haben? 誰がそんなことをしたのだ.

[II]《独立的用法》《過去分詞 gekonnt》できる, やれる, 知って〈分かって〉いる. Englisch〈kein Spanisch〉 ~ 英語ができる〈スペイン語ができない〉. et⁴ auswendig ~ 物⁴を暗記している. Er *kann* alles〈etwas/viel/gar nichts〉. あの方は万能選手〈なかなかのやり手/多芸/さっぱり無能〉だ. Was *können* Sie? あなたのお得意はなんですか. Was du alles *kannst*! 君はなんでもできるんだね. etwas〈nichts〉 für et⁴ ~ 《話》事⁴に責任がある〈ない〉. Was *kann* ich denn dafür? いったいそれが私のせいだというのか. Ich *kann* nicht anders. 《諺》私にはこうするしかないのだ. Ich *kann* nicht mehr. 《話》私はもうだめだ(力尽きた); 私はもういやだ. Ich *kann* ich nicht [mehr] mit. 《話》そうなると私にはもう理解できない(ついていけない). *Kannst* du noch [weiter]? まだ大丈夫か. Wir *konnten* nicht mehr vor Lachen. 私たちは腹がよじれるほどばかか笑いた.

♦完了形については wollen の項の末尾を参照.

'Kön·nen 甲 -s/ 能力, 腕前, 力量, 力.
'Kön·ner ['kœnər] 男 -s/- 能力のある人, 名人, 名手.
Kon·nex [kɔ'nɛks] 男 -es/-e (*lat.*) **1** 関係, 関連. **2** (人との)つながり, 接触, コンタクト.
Kon·nos·se·ment [kɔnɔsə'mɛnt] 甲 -[e]s/-e (*fr.*) 《経済》船荷証券.
'konn·te ['kɔntə] können の過去.
'könn·te ['kœntə] können の接続法 II.
'Kon·rad ['kɔnra:t] 《男名》コンラート.
'Kon·rek·tor ['kɔnrɛkto:r] 男 -s/-en [kɔnrɛk'to:rən, '-‑‑‑] (*lat.*) 副校長 (Grundschule や Hauptschule の).
Kon·se·kra·ti'on [kɔnzekratsi'o:n] 囡 -/-en (*lat.* consecratio, Weihe, Heiligung) **1** (古代ローマで神々に対する) 奉納, 奉献. **2** 《カト》(Wandlung) 聖変化(ミサ中にパンとぶどう酒をキリストの聖体と聖血に変えること). **3** 《カト》聖別(ある物を宗教上の目的に使用するために世俗的使用から引き離すこと); 聖別式. **4** 《カト》(司教の)叙階式.
Kon·se·ku'tiv·satz [kɔnzeku'ti:f‑] 男 -es/⸗e 《文法》(Folgesatz) 結果文.
Kon'sens [kɔn'zɛns] 男 -es/-e (*lat.* consensus) **1** (zu et⁴ 事⁴への)同意, 承諾. **2** 合意, コンセンサス, 意見の一致.
***kon·se'quent** [kɔnze'kvɛnt] コンゼクヴェント 形 (*lat.* consequentis, folgerecht') **1** 論理的必然の, 筋の通った, 首尾一貫した. **2** 不屈の, 確固たる; 断固とした, 徹底した. **3** 不断(不変)の. Du musst ~ bleiben! 君は自分を貫かなければいけない, 動じてはならない. j⁴ ~ decken 《スポ》人⁴(敵手)を徹底的にマークする. ~ schweigen 頑なに口をつぐむ. sein Ziel ~ verfolgen 目標に向って邁進する.
Kon·se'quenz [kɔnze'kvɛnts] 囡 -/-en **1** 《複数な

Konstanz

し)(語尾)一貫性; 不撓(とう)不屈, 徹底性. mit logischer ~ 論理的な一貫性をもって. ein Ziel mit aller ~ verfolgen 不退転の決意で目標を追求する. **2**(ある行為・出来事から)帰結, 結論. ~ bei einer Tat tragen⟨auf sich⁴ nehmen⟩ ある行為の結果に対して責任を負う. aus es³ die ~en ziehen 事³から結論を引出し, その責任を取る.

Kon·ser·va'tis·mus [kɔnzerva'tɪsmʊs] 男 =/ (engl.)〖政治〗=Konservativismus

◦**kon·ser·va'tiv** [kɔnzɛrva'ti:f コンゼルヴァティーフ] 形 (lat. conservatus, erhalten⁺) **1** 保守的な, 伝統主義の; 保守党の, 保守主義の, 保守派の; 昔からの, 伝統的な, 旧式の. sich⁴ ~ kleiden 地味な服装をする. ~ eingestellt sein 保守主義者である. ~ wählen 保守党(候補)に投票する. **2**〖比較変化なし〗〖医学〗保存的な, 非手術的な(非外科的)な. ~*e* Behandlung 保存療法.

Kon·ser·va'ti·ve [kɔnzɛrva'ti:və] 男女〖形容詞変化〗保守党員; 保守主義者. die ~*n* wählen 保守党(候補)に投票する.

Kon·ser·va·ti'vis·mus [kɔnzɛrvatɪ'vɪsmʊs] 男 -/ 保守主義.

Kon·ser·va'tor [kɔnzɛrva'to:r] 男 -s/-en [..va'to:rən] (博物館などの)学芸員.

Kon·ser·va·to'rist [kɔnzɛrvato'rɪst] 男 -en/-en 音楽学校の(男子)学生. ♦女性形 Konservatoristin 女 -/-nen

Kon·ser·va'to·ri·um [kɔnzɛrva'to:riʊm] 中 -s/..rien [..riən] (it.) 音楽学校.

Kon'ser·ve [kɔn'zɛrvə] 女 -s/-n (lat.) **1**(びん詰・缶詰などの)保存食品; (保存食品の入ったびん, 缶. sich⁴ von ~*n* ernähren 保存食品を食べて生活する. **2**(話)(生放送・生演奏に対して)録音(録画されたもの)(テープ・CD など). Musik aus der ~ テープ(レコード, CD)ミュージック. **3**〖医学〗(Blutkonserve)保存血液.

Kon·ser·ven·büch·se 女 -/-n 缶詰のかん.
Kon·ser·ven·do·se 女 -/-n =Konservenbüchse
Kon·ser·ven·fa·brik 女 -/-en 缶詰工場.

kon·ser'vie·ren [kɔnzɛr'vi:rən] 他 (lat. conservare, bewahren⁺) **1** (化学的・技術的処理を施して)保存する. Obst⟨Fleisch⟩ ~ ⟨くだもの⟨肉⟩を保存食にする. Gurken in Essig ~ きゅうりを酢づけにする. Blut⟨Blutplasma⟩ ~ 〖医学〗血液⟨血漿(しょう)⟩を保存する. einen Leichnam ~ 死体を保存する. Musik auf Tonband ~ (話)音楽をテープに録(ろく)っておく. **2**(録画・建物などを)維持(保存)する. *konservierende* Behandlung 〖医学〗保存療法(↑ konservativ 2). *seine* Jugend⟨Gesundheit⟩ ~ 若さ⟨健康⟩を保つ.

Kon·ser'vie·rung 女 -/-en〖複数まれ〗保存(すること).

Kon·si'gnant [kɔnzɪ'gnant] 男 -en/-en (lat.)〖経済〗(外国貿易における)委託販売の委託者.

Kon·si·gna'tär [..'tɛ:r] 男 -s/-e (fr.)〖経済〗(外国貿易における)委託販売の受託者.

Kon·si·gna·ti'on [kɔnzɪgnatsi'o:n] 女 -/-en **1**〖経済〗(外国貿易における)委託販売. **2**(古)指令, 指図.

kon·si'gnie·ren [kɔnzɪ'gni:rən] 他 (lat.) **1**〖経済〗(外国貿易で商品を)委託する. **2**(古)記録する. **3**(古)〖軍事〗(船・軍隊を)出動させる.

Kon·si'li·um [kɔn'zi:liʊm] 中 -s/..lien [..liən] (lat., Rat⁺)**1** 審議(会); (複数の医師による)診察結果協議. **2** 診察結果協議医師団.

kon·sis'tent [kɔnzɪs'tɛnt] 形 (lat.) (↔ inkonsistent) 安定した, 永続性のある; 強靭(じん)な, 堅固な, 濃密な. **2**〖論理〗整合性(無矛盾性)をもった.

Kon·sis'tenz [kɔnzɪs'tɛnts] 女 -/ (↔ Inkonsistenz) **1**(変化に対する物質の)安定度, 強靭(じん)性; 濃密さ. **2**〖論理〗整合性, 無矛盾性.

Kon·sis'to·ri·um [kɔnzɪs'to:riʊm] 中 -s/..rien [..riən] (lat.) **1**〖プロテスタント〗教会の役員会, 長老会. **2**〖カトリック〗(a)(教皇の主宰する)枢機卿会議. (b) 司教区裁判所. (c)〖正教会〗(大)司教区長老会.

Kon'so·le [kɔn'zo:lə] 女 -/-n (fr.) **1**〖建築〗持ち送り, ブラケット. **2**(壁に取付ける 2本足の置物(陳列)台.

Kon·so·li'die·ren [kɔnzoli'di:rən] ❶ 他 (fr.) 強固にする, 安定させる;〖経済〗(公債などを)整理する. *seine* Finanzlage ~ 財政状態を安定させる. *konsolidierte* Staatsanleihen 整理国債. ❷ 再 (*sich*⁴) 強固になる, 安定する.

Kon·so·li'die·rung 女 -/-en **1**〖複数まれ〗安定, 保全, 強化. **2**〖経済〗国債の統合(整理); 国債の長期化. **3**〖医学〗(病気の全治, (病状の)安定化; (骨折後の)骨硬化.

Kon·som'mee [kõso'me:] 中 -/-s (中 -s/-s) (fr.) 〖料理〗 =Consommé

kon·so'nant [kɔnzo'nant] 形 (lat.)〖比較変化なし〗**1**〖音声〗(↔ dissonant) 協和(音)の. **2**〖音響〗共鳴する.

Kon·so'nant -en/-en〖言語〗(↔ Vokal)子音.

kon·so'nan·tisch 形〖言語〗(↔ vokalisch)子音の(からなる).

Kon·so'nanz [kɔnzo'nants] 女 -/-en **1**〖音楽〗(↔ Dissonanz)協和音. **2**〖言語〗子音の重なり.

Kon'sor·te [kɔn'zɔrtə] 男 -n/-n (lat.)〖経済〗銀行間の一時的提携の構成員(↑ Konsortium). (俗)(主に複数形で人の名前と)Braun und ~*n* ブラウンとその一味(同類, 共犯者たち).

Kon'sor·ti·um [kɔn'zɔrtsiʊm] 中 -s/..tien [..tiən] (lat.)〖経済〗銀行(企業)間の一時的提携.

Kon·spi·ra·ti'on [kɔnspiratsi'o:n] 女 -/-en (lat.) (政治的な)陰謀, 謀反.

kon·spi'rie·ren [kɔnspi'ri:rən] 自 (lat.) 陰謀(謀反)を企てる(gegen j⟨et⟩⁴ 人⟨物⟩⁴に).

kon'stant [kɔn'stant] 形 (lat.) **1** 不変の, 一定した. mit ~*er* Geschwindigkeit 一定した速度で. eine ~*e* Größe〖数学〗定数. **2** 持続的な, 不断の. **3** 頑(がん)固な.

Kon'stan·te [kɔn'stantə] 女〖形容詞変化〗(または -/-n)〖数学・物理〗定数, 常数, 恒数.

'**Kon·stan·tin** ['kɔnstanti:n, - -'-]〖男名〗コンスタンティーン(ラテン語形 Constantinus). ~ *der* Große コンスタンティヌス大帝(ローマ皇帝, 在位 306-37).

kon·stan'ti·nisch [kɔnstan'ti:nɪʃ] 形 **1** コンスタンティヌス大帝風(流)の. **2** コンスタンティヌス大帝の.

◦**Kon·stan·ti·nisch 2** ↑ konstantinisch 2

Kon·stan·ti'no·pel [kɔnstanti'no:pəl]〖地名〗コンスタンティノーブル(イスタンブールの 1930 までの旧称).

Kon'stanz¹ [kɔn'stants] 女 -/ (lat.) **1** 不変(性), 恒常(性). **2** 執拗(よう)さ; 頑固さ. **3**〖心理〗恒常現象.

'Kon·stanz² ['kɔnstants] 《地名》コンスタンツ(ドイツ南部、ボーデン湖畔の都市).

Kon·stan·ze [kɔn'stantsə] 《女名》コンスタンツェ.

kon·sta·tie·ren [kɔnsta'ti:rən] 他 (fr.) **1** (feststellen) 確認(確言)する. **2** 《事》に気づく. **3** 《まれ》突きとめる, 捜しだす.

Kon·stel·la·ti·on [kɔnstelatsi'o:n] 女 -/-en (lat. stella, Stern') **1** 状況, 情勢. **2** 《天文・占星》(地球から見た)星と星, あるいは星と地球・太陽の間の)位置関係, 星位. eine günstige〈ungünstige〉~ haben 《占星》星回りが良い〈悪い〉.

kon·ster·nie·ren [kɔnstɛr'ni:rən] 他 (lat.) 《人⁴》をびっくりさせる, 狼狽〈当惑〉させる.

kon·ster·niert 過分 びっくりした, 狼狽した.

kon·sti·tu·ie·ren [kɔnstitu'i:rən] (lat. constituere , aufstellen') ❶ 他 (委員会などを)設置する; (団体を)設立する; (政府などを)構成する; (共和国などを)樹立する; (規約・法などを)制定する. die konstituierende Versammlung 憲法制定会議. ❷ 再 (sich) (団体・委員会などが)設置される, 設立される; (規約・法などが)制定される; (政府などが)発足する.

Kon·sti·tu·ti·on [kɔnstitutsi'o:n] 女 -/-en (lat.) **1** 体質; 体格. eine kräftige〈schwache〉~ haben 強い〈弱い〉体質である. **2** 《化学》(分子)構造. **3** 《法制》(Verfassung) 憲法. **4** 《カトリ》教皇令; 公会議の決定; 修道会則(会憲). Apostolische ~ 使徒教令(教憲).

Kon·sti·tu·ti·o·na·lis·mus [kɔnstitutsiona'lismʊs] 男 -/《政治》**1** 立憲政体. **2** 立憲主義.

kon·sti·tu·ti·o·nell [kɔnstitutsio'nɛl] 形 **1** 《医学》体質的な. **2** 《政治》憲法の(に基づく). ~e Monarchie 立憲君主制.

kon·sti·tu·tiv [kɔnstitu'ti:f] 形 《比較変化なし》**1** 本質をなす, 根本的(決定的)な. **2** 《法制》設権的な.

kon·stru·ie·ren [kɔnstru'i:rən] 他 (lat. construere , erbauen') **1** (機械・建物などを)組立てる, 建造する; 設計する, 考案する. **2** (文章・句などを文法に従って)構成する, 作る. einen Satz richtig ~ 文章を正しく作る. **3** 《幾何》作図する. **4** 《事を概念的に》作り出す, 考え出す. ein Begriffssystem ~ 概念体系を構築する. 《過去分詞で》Die Handlung des Buches ist allzu konstruiert. その本の筋立てはあまりにわざとらしい.

Kon·struk'teur [kɔnstrʊk'tø:r] 男 -s/-e (fr.) **1** 設計(建造)者. **2** 設計技師, エンジニア.

Kon·struk·ti·on [kɔnstrʊktsi'o:n] 女 -/-en (lat.) **1** (機械・建物などの)組立て, 建造; 設計, 考案; 構造, 構成. **2** 建築(建造)物. **3** 《言語》構文; (文や句としての)構造(体);《幾何》作図. **4** (概念的な)構築物; 作りごと, こしらえ物.

Kon·struk·ti·ons·bü·ro 中 -s/-s 設計事務所.

Kon·struk·ti·ons·feh·ler 男 -s/- 設計(構造)上の欠陥.

kon·struk·tiv [kɔnstrʊk'ti:f] 形 **1** (↔ destruktiv) (批判・提案などが)建設的な. ~es Misstrauensvotum《政治》(議会の後継首相の選出によってはじめて有効となる)不信任投票. **2** 《述語的には用いない》《工学》設計(構造)上の.

*'Kon·sul ['kɔnzʊl コンズル] 男 -s/-n (lat.) 領事; (古代ローマ共和国の)執政官; (ナポレオン時代のフランスの)執政.

kon·su·la·risch [kɔnzu'la:rɪʃ] 形 領事(館)の.

*Kon·su·lat [kɔnzu'la:t コンズラート] 中 -[e]s/-e (lat.) 領事館; 領事の職; 執政(官)の地位(任期).

Kon·su·lent [kɔnzu'lɛnt] 男 -en/-en (lat.)《古》(法律)顧問, 顧問弁護士.

kon·sul·ta·tiv [kɔnzʊlta'ti:f] 形 協議の.

kon·sul·tie·ren [kɔnzʊl'ti:rən] 他 (lat.) **1** (専門家, とくに医師による)助言. j⁴ zur ~ heranziehen 人⁴の助言を求める. **2** 協議の(とくに政治的な).

kon·sul·tie·ren [kɔnzʊl'ti:rən] 他 (lat.) **1** (専門家, とくに医師などに)相談する. **2** (人⁴と)協議する(とくに政治的な問題などを). **3** (辞書などを)調べる, 引く. ein Lexikon ~ 辞書を引く.

*Kon·sum¹ ['kɔn'zu:m コンズーム] 男 -s/ (it.) 消費(とくに食料・嗜好品の); 消費量, 消費高;《経済》(消費財・サービスの一定期間内の)消費, 消費量. Vorübermäßigem ~ von Alkohol wird gewarnt. 過度の飲酒は注意しましょう. seinen persönlichen ~ an Zigaretten einschränken 節煙する.

'Kon·sum² ['kɔn'zu:m, ..zʊm, kɔn'zu:m] 男 -s/-e **1** 《複数なし》(Konsumgenossenschaft) 生活共同組合. **2** 生協の店(とくに食料品の). in den ~ gehen 生協へ(買物に)行く;《話》生協に加入する.

Kon·su'ment [kɔnzu'mɛnt] 男 -en/-en (lat.) (↔ Produzent) 消費者.

Kon·sum·ge·nos·sen·schaft 女 -/-en《経済》(消費)生活共同組合.

Kon·sum·ge·sell·schaft 女 -/-en 消費社会.

Kon·sum·gü·ter 複《経済》消費財.

kon·su'mie·ren [kɔnzu'mi:rən] 他 (lat. consumere , verbrauchen') **1** 消費する. **2** 《多く目的語なしで》《俗》使いすてる.

Kon·sump·ti·on [kɔnzʊmptsi'o:n] 女 -/-en = Konsumtion

Kon·sum·ter·ror 男 -s/ 消費テロ(宣伝によって消費者の購買欲をかきたてること).

Kon·sum·ti·on [kɔnzʊmtsi'o:n] 女 -/-en (lat.) **1** 《医学》消耗. **2** 《経済》(Konsum¹) 消費(量). **3** 《法制》(複数の罰則に関わる犯行においての重い罰則への)吸収.

Kon·sum·ver·ein 男 -[e]s/-e《経済》= Konsumgenossenschaft

kon·ta·gi·ös [kɔntagi'ø:s] 形 (lat.)《医学》感染(伝染)性の.

*Kon·takt ['kɔn'takt コンタクト] 男 -[e]s/-e (lat. contactus , Berührung') **1** 連絡, 繋がり; 交渉, 関係; 関係筋, コネ; 接触, 触れ合い. körperlicher〈sexueller〉~ スキンシップ〈性的交渉〉. persönlicher ~ 私的つき合い. 《電子工》チャージング. Ich bekomme mit ihr keinen ~. 《話》私は彼女と親しくなれない, (に)なじめない. mit〈zu〉j⁴ ~ aufnehmen 人³とコンタクト(連絡)を取る. mit j³ in ~ stehen 人³と接触している, 交渉(連絡)がある. den ~ verlieren 関係が切れる. **2** 《電子工》接触(部), 接点; 《化学》固体触媒. einen ~ öffnen〈schließen〉回路を開く〈閉じる〉.

kon'takt·arm 形 (↔ kontaktfreudig) 人づき合いの悪い, 引っ込み思案の.

Kon'takt·be·reichs·be·am·te 男《形容詞変化》《略 Kob》(ある地区の)巡回担当警官.

kon'takt·freu·dig 形 (↔ kontaktarm) 人づき合いの良い, 交際好きの.

Kon'takt·gift 中 -[e]s/-e **1** (DDT などの)接触毒. **2** 《化学》触媒毒.

Kon'takt·glas 中 -es/⁼er《多く複数で》= Kontaktlinse

kon·tak·tie·ren [kɔntak'ti:rən] 他 (j⁴ mit j³)

人々と)コンタクトを取る、接触を保つ.
Kon·takt·lin·se 囡 -/-n 《多く複数で》コンタクトレンズ.
Kon·takt·mann 男 -[e]s/⸚er(..leute) **1** 連絡係、情報員. **2** (会社などの)渉外係.
Kon·takt·per·son 囡 -/-en 〖医学〗伝染病患者との接触者.
Kon·takt·scha·le 囡 -/-n 《多く複数で》 ＝Kontaktlinse
Kon·takt·ver·fah·ren 中 -s/- **1** 〖化学〗接触式硫酸製造法. **2** 〖写真〗密着焼きつけ法.
Kon·ta·mi·na·ti·on [kɔntaminatsiˈoːn] 囡 -/-en (lat.) **1** 〖言語〗(意味の似た 2 つの単語あるいは成分の誤った)混交(でできた単語). **2** 〖医学・生態〗(放射能)汚染. **3** 〖地質〗シンテクシス. **4** 合成.
Kon·tem·pla·ti·on [kɔntɛmplatsiˈoːn] 囡 -/-en (lat.) **1** 瞑想. **2** (仏教・キリスト教などの)観想.
kon·tem·pla·tiv [kɔntɛmplaˈtiːf] 形 瞑想(観想)的な;観想的な.
'Kon·ten [ˈkɔntən] Konto の複数.
kon·ter.., **Kon·ter..** [kɔntər..] 〖接頭〗 (lat. contra, gegen') 動詞・名詞などに冠して「反対の」の意を表す. konterkarieren 妨害する. Konterrevolution 反革命.
'Kon·ter·ad·mi·ral 男 -s/-e(⸚..räle) (fr.) 〖軍事〗海軍少将.
'Kon·ter·ban·de 囡 -/ (fr.) (Bannware) 密輸品;〖軍事〗戦時禁制品.
'Kon·ter·fei [ˈkɔntərfai --ˈ-] 男 -s/-s(-e) (fr.) **1** 〈古〉模写, 写し. **2** 〈戯〉肖像.
kon·ter·fei·en [kɔntərˈfaiən, ˈ----] 他〈古〉〈戯〉(人[物]の)肖像をえがく、模写する. ◆過去分詞 konterfeit
'kon·tern [ˈkɔntərn] (engl. counter) ❶ 他 〖印刷〗左右逆に転写する. ❷ 自 〖ボクシング〗カウンターパンチを見舞う; 〈柔道で〉返し技をかける; 反撃する. ❸ 自 (argumentativ)激しく反対する, 対抗処置をとる.
'Kon·ter·re·vo·lu·ti·on 囡 -/-en 反革命;反革命勢力(分子).
'Kon·ter·tanz 男 -es/⸚e 〖音楽〗(カドリールなどの)コントルダンス.
'Kon·text [ˈkɔntɛkst, -ˈ-] 男 -[e]s/-e (lat.) **1** 〖言語〗前後の文章, 文脈, コンテキスト. **2** 状況, 背景. **3** 〖書籍〗まとまった文章.
'Kon·ti [ˈkɔnti] Konto の複数.
＊**'Kon·ti·nent** [ˈkɔntinɛnt, --ˈ-] コンティネント] 男 -[e]s/-e (lat.) 大陸, ヨーロッパ大陸.
kon·ti·nen·tal [kɔntinɛnˈtaːl] 形 大陸(性)の. ~es Klima 大陸性気候.
Kon·ti·nen·tal·kli·ma 中 -s/ 〖気象〗(↔ Seeklima) 大陸性気候, 大陸気候.
Kon·ti·nen·tal·schelf 男 中 -s/-e 〖地質〗大陸棚.
Kon·ti·nen·tal·sper·re 囡 -/ 〖歴史〗(ナポレオンが 1806 年に英国に対して行なった)大陸封鎖.
Kon·ti·nen·tal·ver·schie·bung 囡 -/-en 〖地質〗大陸移動.
Kon·tin'gent [kɔntɪnˈgɛnt] 中 -[e]s/-e (fr.) 割当量(額), 分担量(額); (ある国の)分担兵力. ein bestimmtes ~ [an] Wasser 一定の割当で量の水.
kon·tin·gen'tie·ren [kɔntɪngɛnˈtiːrən] 他 〖経済〗(商品を)割当てる.
kon·ti·nu'ier·lich [kɔntinuˈiːrlɪç] 形 〖述語的には用いない〗絶え間のない, 連続的な. ↑diskret 3

Kon·ti·nu·i'tät [kɔntinuiˈtɛːt] 囡 -/-en (lat.) 連続; 連続(持続)性.
Kon·ti·nuo [kɔnˈtiːnuo] 男 -s/-s ＝Continuo
＊**'Kon·to** [ˈkɔnto コント] 中 -s/Konten(Konti, Kontos)(it. conto, Rechnung') 口座(とくに銀行の)〖商業〗(貸借)勘定, 計算. ein laufendes ~ 当座勘定. das ~ auflösen〈löschen/schließen〉口座をとじる, 取引をやめる. ein ~ eröffnen 口座を開設する(für j⁴ 人⁴の取引用に). Geld auf ein ~ einzahlen 口座に金を払込む. ein ~ eröffnen 口座を開く, 取引を始める. ein ~ führen 帳簿をつける. Der Wein geht auf mein ~. 〈話〉ワイン(の勘定)は私がもつ. Das kommt〈geht〉alles auf dein ~./Das muss alles auf dein ~ gesetzt〈geschrieben〉werden.《話》これはすべて君の所為〈責任〉だ. 700 Euro auf dem ~ 〈seinem〉~ haben 700 ユーロ口座にある. et〈j〉⁴ auf dem ~ haben 事⁴の前科がある《人に精神的借りがある、やましい気持がある》. ein ~ überziehen 預金高以上に金を引出す.
'Kon·to·aus·zug 男 -[e]s/⸚e 〖銀行〗口座残高明細書.
'Kon·to·buch 中 -[e]s/⸚er 〖商業〗(商業簿記において)会計帳簿, 元帳.
'Kon·to·in·ha·ber 男 -s/- 〖銀行〗銀行口座所有者.
Kon·to·kor·rent [kɔntokɔˈrɛnt] 中 -s/-e 〖銀行〗(laufende Rechnung) 交互計算.
'Kon·to·num·mer 囡 -/-n 〖銀行〗口座番号.
Kon'tor [kɔnˈtoːr] 中 -s/-e (fr.) **1** 〈古〉事務室. **2** (商社・船会社の国外にある)支店, 営業所.
Kon·to'rist [kɔntoˈrɪst] 男 -en/-en 商社の事務員. ◆女性形 Kontoristin 囡 -/-nen
'Kon·to·stand 男 -[e]s/⸚e 〖銀行〗預金残高.
'kon·tra [ˈkɔntra] (lat.) ❶ 中 《4格支配》(contra) …に対(反)して. ❷ 形 《付加語的には用いない》《話》(↔ pro) 反対の.
'Kon·tra 中 -s/-s **1** (激しい)反対. j³ ~ geben 人³に激しく反対(反論)する. das Pro und [das] ~ 賛否. **2** 〖トランプ〗(ブリッジなどの)ダブル.
'Kon·tra·alt 男 -[e]s/-e (it.) 〖音楽〗コントラアルト(低いアルト).
'Kon·tra·bass -es/⸚e (it.) 〖楽器〗コントラバス.
Kon·tra·dik·ti·on [kɔntradɪktsiˈoːn] 囡 -/-en (lat.) 〖論理〗矛盾.
kon·tra·dik'to·risch [kɔntradɪkˈtoːrɪʃ] 形 矛盾する. ~es Urteil 〖法制〗対席判決.
Kon·tra'hent [kɔntraˈhɛnt] 男 -en/-en (lat.) **1** 〖商業〗契約の相手. **2** 論敵, 論争の相手. **3** 競技(決闘)の相手.
kon·tra'hie·ren [kɔntraˈhiːrən] (lat.) ❶ 他 **1** 〖医学〗収縮させる. **2** 〖商業〗(契約などを)結ぶ. **3** 〈古〉〖学生〗(人⁴に)決闘を申込む. **4** 〖フェンシングで〗突きを払い攻撃する. ❷ 再 《sich⁴》 〖医学〗収縮する.
Kon'trakt [kɔnˈtrakt] 男 -[e]s/-e (lat.) 契約(書). einen ~ schließen〈brechen〉契約を結ぶ〈破る〉.
Kon'trakt·bruch 男 -[e]s/⸚e 〖法制〗契約違反.
Kon·trak·ti·on [kɔntraktsiˈoːn] 囡 -/-en (lat.) **1** 〖医学〗(筋肉などの)収縮. **2** 〖言語〗縮約(言語の短縮化現象を言う). **3** 〖物理・地質〗(冷却などによる物質・地殻の)収縮. 〖経済〗(通貨の)収縮.
'Kon·tra·punkt 男 -[e]s/-e (lat.) **1** 〖音楽〗**(a)** 《複数なし》対位法. **(b)** 対位旋律, 対位法で作曲された

kon·trär [kɔnˈtrɛːr] 形 (fr.) **1** 対立する，相反する． **2** 不都合な．

***Kon'trast** [kɔnˈtrast] コントラスト 男 -[e]s/-e (it.) 対照,対比;《写真･ｼﾞﾙｸ》コントラスト. einen ～ zu et³ bilden 等³と対照をなす. im〈in〉～ zu et³ stehen 物³と対照的である.

Kon'trast·brei 男 -[e]s/-e 【医学】造影剤.

kon·tras'tie·ren [kɔntrasˈtiːrən] (↓ Kontrast) **❶** 自 (mit j〈et〉³ / zu j〈et〉³ 人〈物〉³と)対照をなす. **❷** 他 (事⁴を対比する(mit et³ 事³と).

Kon'trast·mit·tel 中 -s/- =Kontrastbrei

Kon·tri·bu'tion [kɔntributsiˈoːn] 女 -/-en (lat.) **1** (占領軍によって住民に課される臨時の)軍税. **2** 寄与. **3** 《古》地租.

Kon'troll·ab·schnitt [kɔnˈtrɔl..] 男 -[e]s/-e (入場券などの)半券.

*** Kon'trol·le** [kɔnˈtrɔlə コントロレ] 女 -/-n (fr.) **1** 監督,管理;監視,監察;統制,支配. Kameras zur ～ der Verkaufsräume 売場監視用カメラ. soziale ～ 【社会学】社会統制. j〈et〉⁴ unter ～ haben 〈物〉⁴を管理(監督,掌握)している. unter j² stehen 人²の監督(管理)下にある. j〈et〉⁴ unter ～ stellen 人〈物〉⁴を統御(支配)する. **2** 点検,検査;検問;テスト. eine ～ durchführen 点検(検査)を行う. die ～ verschärfen 点検(検査)を強化する. eine Maschine zur ～ laufen lassen 機械を試運転する. **3** 制御,コントロール;操縦;調整,調節. die ～ über et³ verlieren 物³(自動車などの)操縦(操作)ができなくなる. Er verliert leicht die ～ über sich⁴. 彼はすぐ自制心を失う. außer ～ geraten 手に負えなく〈収拾がつかなく〉なる. **4** 検問所(係);(自動車レースでの)チェックポイント.

Kon'trol·leur [kɔntrɔˈløːr] 男 -s/-e (fr.) **1** 検査官. **2** 検札係.

*** kon·trol'lie·ren** [kɔntrɔˈliːrən コントロリーレン] 他 (fr. contrôler, prüfen ') **1** 監督(管理)する,監視(監察)する,統制(支配)する. sein Gewicht ～ 体重を管理する. **2** 点検(検査)する(auf et⁴ [hin] / nach et³ 物⁴·³に関して); (目的語なしで) 検問する. die Schulaufgaben ～ 学校の宿題を点検する. **3** 制御(コントロール)する,操縦する;《ｽﾎﾟｰﾂ》(敵手を)制する,封じる.(ゲームを支配する. den Markt ～ 市場を支配(リード)する.

Kon'troll·kas·se 女 -/-n レジスター.

Kon'troll·lam·pe 女 -/-n **1** 作動(パイロット)ランプ. **2** 警告ランプ.

Kon'troll·lor [kɔntrɔˈloːr] 男 -s/-e (it.) 《ｵｰｽﾄﾘｱ》= Kontrolleur

Kon'troll·punkt 男 -[e]s/-e 検問所(とくに国境の).

Kon'troll·rat 男 -[e]s/ Alliierter ～ (第2次世界大戦後の被占領地ドイツにおける連合国の)共同管理委員会.

Kon'troll·stel·le 女 -/-n 検問所.

Kon'troll·uhr 女 -/-en タイムレコーダー.

kon·tro'vers [kɔntroˈvɛrs] 形 (lat.) **1** (意見などが)対立する. **2** 議論の余地のある.

Kon·tro'ver·se [kɔntroˈvɛrzə] 女 -/-n (lat.) 論争,議論;意見の対立.

Kon'tur [kɔnˈtuːr] 女 -/-en(男 -s/-en) (fr.) 《多く複数で》輪郭.

kon·tu'rie·ren [kɔntuˈriːrən] 他 (物⁴の)輪郭を描く; (事⁴の)概略を述べる(書く).

'**Ko·nus** [ˈkoːnʊs] 男 -/-se (Konen) (lat.) **1** 円錐(体). **2** 【工学】(機械・道具の)円錐形の部分,テーパー. **3** 活字胴部の尖った部分.

Kon·va·les'zenz [kɔnvalɛsˈtsɛnts] 女 -/ (lat.) **1** 【医学】回復(期). **2** 【法制】追完.

Kon·vek·ti'on [kɔnvɛkʦiˈoːn] 女 -/-en (lat.) **1** 【気象】(↔ Advektion) 対流. **2** 【物理】(熱の)対流.

Kon·ve·ni'enz [kɔnveˈniːɛnts] 女 -/-en (lat.) 《古》 **1** 慣習,しきたり;適切. **2** 快適,好都合.

kon·ve·nie·ren [kɔnveˈniːrən] 自 (lat.)《古》《ｵｰｽﾄﾘｱ》 **1** 適切である. **2** (人³に)快適(好都合)である. **3** (mit j³ 人³と)意見が一致する.

Kon'vent [kɔnˈvɛnt] 男 -[e]s/-e (lat.) **1** 《ｶﾄﾘｯｸ》(修道院内の投票権のある修道士の総会;(修道院内の)全修道士(Kloster) 修道院. **2** 《ﾌﾟﾛﾃｽﾀﾝﾄ》牧師集会. **3** 学生組合の集会. **4** 《複数なし》(Nationalkonvent) 国民公会(フランス革命時, 1792-95). **5** (ある大学の)教授資格者(の全員).

Kon·ven'ti·kel [kɔnvɛnˈtiːkəl] 中 -s/- (lat.) **1** (少数の同志の秘密の)会合. **2** (敬虔主義などの)宗教的秘密集会.

*** Kon·ven·ti'on** [kɔnvɛnʦiˈoːn コンヴェンツィオーン] 女 -/-en (fr.) **1** 協定,協約,条約. eine ～ schließen〈verletzen〉協定を結ぶ〈に違反する〉. **2** 《しばしば複数で》慣習,しきたり,因習. **3** 《ﾄﾗﾝﾌﾟ》(フルーレまたはサーブル試合の)ルール.

Kon·ven·ti·o'nal·stra·fe [kɔnvɛnʦioˈnaːl..] 女 -/-n 【法制】違約罰.

*** Kon·ven·ti·o'nell** [kɔnvɛnʦioˈnɛl コンヴェンツィオネル] 形 (fr.) **1** 協定に基づいた,協約(条約)上の. **2** 慣習的な,因習(伝統)的な;儀礼(形式)的な,型通りの. ～ e Phrasen〈Redensarten〉常套句,紋切型の言葉. sich⁴ ～ kleiden クラシックな(古臭い)服装をする. **3** 《比較変化なし》【軍事】通常兵器(装備)の,非核の;【工学】従来(旧来)の方式の. ein ～ er Krieg 非核戦争.

kon·ver'gent [kɔnvɛrˈgɛnt] 形 (lat.) (↔ divergent) **1** 収斂(ﾚﾝ)する. **2** 【数学】収束する. ～ e Reihe[n] 収束数列. **3** (意見などが)一致した.

Kon·ver'genz [kɔnvɛrˈgɛnts] 女 -/-en (lat.) (↔ Divergenz) **1** 《複数なし》収斂(ﾚﾝ);【気象・海洋】(気や海流の)合流. **2** 意見の一致. **3** 【生物】収斂(ﾚﾝ),相似;【数学】収束. **4** 【医学】(視線の)輻輳(ﾌｸｿｳ). **5** 【心理】(伝統と環境の)複合作用. **6** 【民族学】収斂(異文化間における類似の現象の発生).

Kon·ver'genz·kri·te·ri·en [..rĭən] 複 【経済】収斂基準(マーストリヒト条約で定められた欧州経済通貨同盟(EWWU)加盟国がみたすべき経済的・政治的基準).

kon·ver'gie·ren [kɔnvɛrˈgiːrən] 自 (lat.) **1** 収斂(ﾚﾝ)する;【数学】(数列が)収束する. **2** (意見が)一致する.

*** Kon·ver·sa·ti'on** [kɔnvɛrzaʦiˈoːn コンヴェルザツィオーン] 女 -/-en (fr.) 会話,おしゃべり,座談;会話練習. mit j³ ～ machen 人³とおしゃべりをする. ～ in Deutsch treiben〈führen〉ドイツ語で会話(ドイツ語の会話練習)をする.

Kon·ver·sa·ti'ons·le·xi·kon 中 -s/..lexika (..lexiken) 《古》百科辞典.

kon·ver·sie·ren [kɔnvɛrˈziːrən] 自 (fr.) (mit j³ 人³と)歓談する.

Kon·ver·si'on [kɔnvɛrziˈoːn] 女 -/-en (lat. conversio, Umkehrung ') 変換,転換;(宗教上の)回心,(とくにキリスト教への,またカトリックへの)改宗;(思想上

の)転向;〖医学〗(検査結果の)陽転;〖法制〗無効の転換;〖心理〗転換;〖理論〗換位;〖経済〗(債券の借り換え;〖核物理〗転換;〖言語〗(品詞の)転換.
Kon·ver·ter [kɔnˈvɛrtɐr] 男 -s/- (*engl.*) 1〖冶金〗転炉. 2〖核技術〗(転換)原子炉. 3〖ﾃﾚﾋﾞ〗周波数変換器. 4〖写真〗(テレ)コンバージョンレンズ.
kon·verˈtier·bar [kɔnvɛrˈtiːrbaːr] 形〖経済〗(通貨が)交換可能な;〖ｺﾝﾋﾟｭｰﾀ〗(データが)互換性のある.
◆**kon·verˈtie·ren** [kɔnvɛrˈtiːrən] (*lat.*) ❶ 自 (h, s)(とくにカトリックへ)改宗する. ❷ 他 1〖経済〗(通貨を)交換する. 2 交換する;〖ｺﾝﾋﾟｭｰﾀ〗(データを他のコード・媒体へ)交換する.
Kon·verˈtit [kɔnvɛrˈtiːt] 男 -en/-en (*engl.*) (とくにカトリックへの)改宗者.
konˈvex [kɔnˈvɛks] 形 (*lat.*) (↔ konkav) 凸(面,型)の.
Konˈvex·lin·se 女 -/-n〖光学〗凸レンズ.
Konˈvikt [kɔnˈvɪkt] 中 -[e]s/-e (*lat.*) 1 (教会の)神学生寮. 2〖ｶﾄﾘｯｸ〗修道院付属学校の寄宿舎. 3〖古〗(貧乏な学生のための)無料昼食.
Konˈvoi [kɔnˈvɔy, ˈ--] 男 -s/-s (*fr.*) 1 護衛つき船団. 2 護衛艦隊(空軍). 3 (自動車の)一団.
Kon·voˈlut [kɔnvoˈluːt] 中 -[e]s/-e (*lat.*) 1 書類の束. 2 合本;ファイル. 3〖医学〗(腸の)迂曲.
Kon·vulˈsi·on [kɔnvʊlziˈoːn] 女 -/-en (*lat.*)〖医学〗痙攣.
konˈvul·si·visch [kɔnvʊlˈziːvɪʃ] 形〖医学〗痙攣(性)の.
kon·zeˈdie·ren [kɔntseˈdiːrən] 他 (*lat.*) 容認する.
Kon·ze·leˈbra·ti·on [kɔntselebratsiˈoːn] 女 -/-en〖ｶﾄﾘｯｸ〗(複数の司祭で行う)共同ミサ.
Kon·zenˈtrat [kɔntsɛnˈtraːt] 中 -[e]s/-e 1 濃縮液(物). 2 要約.
Kon·zen·traˈti·on [kɔntsɛntratsiˈoːn] 女 -/-en (*fr.*) 1 (権力・経済力・軍事力などの)集中,集積;(軍隊などの)集結;(住宅などの)密集. 2《複数なし》精神の集中(力),専心,(思考力などの)集中. mit äußerster ~ arbeiten〈zuhören〉極度に精神を集中させて働く〈聞く〉. 3 ~ einer Gattungsschuld〖法制〗種類債務の特定.
Kon·zen·traˈti·ons·la·ger 中 -s/- (略 KZ)(ナチスの)強制収容所.
◆**kon·zenˈtrie·ren** [kɔntsɛnˈtriːrən ｺﾝﾂｪﾝﾄﾘｰﾚﾝ] (*fr.*) ❶ 他 1 (一点に・一所に)集める,集中させる;集合(集結)させる. *seine ganze Kraft auf et⁴ ~* 全力を事に傾注する. Truppen an der Grenze ~ 軍隊を国境に集結させる. 2〖化学〗濃縮(凝縮)させる. ❷ 再 (*sich⁴*) 1 集る,集中する;密集する. 2 精神を集中させる(統一する);(auf et⁴ 事に)専念(専心)する,熱中する. *sich gut〈schlecht〉 ~* 精神統一がよくできる〈うまくできない〉. *sich auf seine Arbeit ~* 仕事に専念する.
kon·zenˈtriert 過分形 1 (一点に・一所に)集められた,集中した. 2 精神(注意)を集中した,神経を張りつめた,専念(没頭,熱中)した. *mit ~er Aufmerksamkeit* 細心の注意を払って. *~ arbeiten* 一心不乱に働く.〖化学〗濃縮(凝縮)した. *eine ~e Darstellung* 簡潔な表現. *~e Schwefelsäure* 濃硫酸.
konˈzen·trisch [kɔnˈtsɛntrɪʃ] 形《比較変化なし》集中的な;同心の,中心を共有する. *~e Kreise*〖数学〗同心円. *~es Feuer* 集中砲火.
*****Konˈzept** [kɔnˈtsɛpt ｺﾝﾂｪﾌﾟﾄ] 中 -[e]s/-e (*lat. conceptus, das Zusammenfassen*) 1 草稿,草案,下書き. j⁴ aus dem ~ bringen 人⁴を困惑(当惑)させる,うろたえさせる. aus dem ~ geraten〈kommen〉困惑(当惑)する,うろたえる. et⁴ ins ~ schreiben 物⁴を下書きする. ohne ~ 下書き(メモ)なしで. 2 計画,企画,企図,もくろみ;(腹)案,プラン. Sein Wort verdarb mir das [ganze]〈mein [ganzes]〉 ~. 彼の一言で私の計画はぶち壊しになった. Das passt mir nicht ins〈in mein〉 ~. それは私の構想に合わない.
Kon·zepˈti·on [kɔntsɛptsiˈoːn] 女 -/-en (*lat.*)〖医学〗受胎. 2 着想,構想,草案. 3 考え方.
Konˈzept·pa·pier 中 -s/- 草案(下書き)用紙.
Konˈzern [kɔnˈtsɛrn] 男 -s/-e (*engl.*)〖経済〗コンツェルン.
*****Konˈzert** [kɔnˈtsɛrt ｺﾝﾂｪﾙﾄ] 中 -[e]s/-e (*it. concerto, Wettstreit*) 1 音楽会,演奏会. コンサート. ein ~ besuchen / ins ~ gehen 音楽会に行く. ein ~ geben 音楽会を催す. 2 協奏曲,コンチェルト. 3《複数なし》〖雅〗協調,(一致)協力,協同.
kon·zerˈtant [kɔntsɛrˈtant] 形〖音楽〗1 コンサート(演奏会)形式の. 2 協奏曲風の. *~e Sinfonie* 協奏交響曲.
Konˈzert·flü·gel 男 -s/-〖楽器〗コンサート用グランドピアノ.
kon·zerˈtie·ren [kɔntsɛrˈtiːrən] (*it.*) ❶ 自〖音楽〗コンサートをする(開く). *konzertierende Künstler* ソリストたち. ❷ 他〖古〗(et⁴ mit j³ 事⁴を人³と)申合せる,協定する. *konzertierte Aktion*〖経済〗協調行動(労組と経営者などの).
Konˈzert·meis·ter 男 -s/-〖音楽〗コンサートマスター. ◆女性形 Konzertmeisterin 女 -/-nen
Konˈzert·saal 男 -[e]s/..säle コンサートホール.
Kon·zesˈsi·on [kɔntsɛsiˈoːn] 女 -/-en (*lat.*) 1 譲歩. *~en machen* 譲歩する. 2〖法制〗(当該官庁の)認許;(営業の)認可,許可. 3 (国家が所有する地下資源の)採掘権.
Kon·zes·si·oˈnär [kɔntsɛsioˈnɛːr] 男 -s/-e 認可(許可)の所有者.
kon·zes·si·oˈnie·ren [kɔntsɛsioˈniːrən] 他 (人〈物〉⁴に)営業を認可する.
konˈzes·siv [kɔntsɛˈsiːf] 形〖文法〗認容(譲歩)の.
Konˈzes·siv·satz 男 -es/¨e〖文法〗認容(譲歩)文.
Konˈzil [kɔnˈtsiːl] 中 -s/-e(..lien [..liən]) (*lat. concilium, Versammlung*) 1〖ｶﾄﾘｯｸ〗公会議(↑Kirchenversammlung). 2 (ドイツの)大学の教官・学生,職員の代表者によって構成される全学評議会.
kon·ziˈli·ant [kɔntsiliˈant] 形 (*lat.*) 1 愛想のよい. 2 譲歩(融和)的な.
Kon·ziˈpi·ent [kɔntsipiˈɛnt] 男 -en/-en (*lat.*) 1〖古〗起草者,作者. 2〖ｵｰｽﾄﾘｱ〗〖書〗法律事務所員.
kon·ziˈpie·ren [kɔntsiˈpiːrən] (*lat.*) ❶ 他 1 計画する,構想を練る. 2 草案を書く. ❷ 自〖生理〗妊娠する.
konˈzis [kɔnˈtsiːs] 形 (*lat.*)〖修辞〗簡潔な.
Koog [koːk] 男 -[e]s/Köge〖北ド〗干拓地.
Ko·ope·raˈti·on [koʔoperatsiˈoːn] 女 -/-en (*lat.*) 協同,協力;〖経済〗協業.
ko·opeˈra·tiv [koʔoperaˈtiːf] 形 協力的な,協力する(による).
Ko·opeˈra·tor [koʔopeˈraːtor] 男 -s/-en [..ˈraːtoːrən] 1〖古〗協力者. 2〖ｶﾄﾘｯｸ〗助任司祭.
ko·opeˈrie·ren [koʔopeˈriːrən] 自 協力する.

Ko·or·di·na·te [koɔrdi'na:tə] 囡 -/-n 《*lat.*》《多く複数化》【数学】座標.

Ko·or·di'na·ten·ach·se 囡 -/-n【数学】座標軸.

Ko·or·di·na·ti·on [koɔrdinatsi'o:n] 囡 -/-en 《*lat.*》**1**(相互の)調整; 協調. **2**【文法】(文の)並列. **3**【化学】配位.

ko·or·di'nie·ren [koɔrdi'ni:rən] 他 **1** 調整する. **2**【文法】(→subordinieren) 並列する. *koordinierende* Konjunktion 並列的な接続詞.

Kop.《略》=**Kopeke**

Ko'pe·ke [ko'pe:kə] 囡 -/-n 《*russ.*》《略 Kop.》**1**《古》ロシア銀貨. **2** コペイカ(ロシア連邦の補助通貨単位, 1 コペイカが 100 分の 1 ルーブルに当る, カペイカとも).

Ko·pen'ha·gen [ko:pən'ha:gən]【地名】コペンハーゲン(デンマークの首都).

Kö·pe·ni'cki'a·de [kø:pənɪki'a:də] 囡 -/-n 大胆な詐欺行為(1906 年ベルリーンの 1 市区 Köpenick で起った事件にちなむ).

'Kö·per ['kø:pər] 男 -s/- (*ndl.*)【紡織】**1**《複数なし》綾織(り). **2** 綾織物.

ko·per·ni'ka·nisch [kɔpɛrni'ka:nɪʃ] 形 コペルニクスの(的な).

Ko'per·ni·kus [ko'pɛrnikʊs]【人名】Nikolaus ~ ニコラウス・コペルニクス(1473–1543, 地動説を唱えたポーランドの天文学者).

Kopf

[kɔpf コップ] 男 -[e]s/Köpfe **1**(人間・動物の)頭; 頭部(顔を含めた首から上の部分). 首. Mir brummt der ~.《話》私は頭ががんがんする. Er ist einen ganzen ~ größer als ich. 彼は私より頭 1 つ大きい. ~ hoch! しっかりして, くじけるな. ~ weg!《話》あぶない, 首を引っ込めろ. Der ~ ist mir schwer. / Mein ~ ist schwer.(心配事で)頭が痛いよ. Mir raucht der ~.《話》私は頭がこんがらかっている. Mir schwirrt der ~.《話》頭がくらくらする, 何がなんだか分からなくなっている. Ich weiß nicht, wo mir der ~ steht.《話》何から手をつけたらいいのか分からない. Er wird dir nicht gleich den ~ abreißen.《話》彼も君にそんなにひどいことはしないと思うよ. Der Wein ist mir in den ~ gestiegen. ワインがすっかりまわった. ~ oder Zahl?(コインを投げ打って表か裏か).《動詞と》*seinen* ~ **aufsetzen**《話》強情をはる, 片意地になる. den ~ oben **behalten**《話》くじけ(へこたれ)ない; 平然(悠然)としている. einen roten 〈rote *Köpfe*〉 **bekommen** 顔から火が出る(顔をまっ赤にする). sich[3] an et[3] den ~ **einrennen** 物にぶつかって頭を怪我する; 事[3]でてつまずく(へまをする). sich[3] (einander) die *Köpfe* **einschlagen** 大喧嘩をする(大乱闘を演じる). den ~ **einziehen** 首をひっこめる. j[2] ~ **fordern** 人[2]の首(処刑)を要求する; 人[2]の処罰(解雇, 罷免)を求める. einen dicken 〈schweren〉 ~ **haben**(二日酔いで)頭がどんより重い; ほとほと困っている, 頭を痛めている. den ~ **über Wasser halten** なんとか持ちこたえる(踏んばる). den ~ **hängen lassen** うなだれる, しょんぼり(がっくり)する. für j[3] den 〈*seinen*〉 ~ **hinhalten** [müssen]《話》人[3]に代って責任をとる, (の)尻拭いをする. j[3,4] den ~ **kosten** 人[3,4]の首(命)がかかっている. sich[3] die *Köpfe* heiß **reden** 白熱した議論をたたかわす(sich[3] は相互代名詞). *seinen* ~ 〈~ und Kragen〉 **riskieren** 命をかける(mit et[3] 事[3]に). den ~ in den Sand **stecken** 現実(危険など)から目をそらす. den ~ hoch **tragen** 昂然としている. den ~ unter dem Arm tragen《話》重病である; 完全にまいっている. sich[3]《話 j[3]》den ~ **waschen** 髪を洗う〈人[3]にきびしく意見する〉. den 〈*seinen*〉 ~ aus der Schlinge **ziehen** 危うく窮地を脱する. j[3] den ~ **zurechtsetzen** 〈**rechtrücken**〉《話》人[3]にずばずば言って(目を覚まさせて)やる. die *Köpfe* **zusammenstecken** ひたいを集める〈(前置詞と)sich[3] an den ~ **fassen** 〈**greifen**〉《話》(理解に苦しんで)頭をかかえる. ~ an ~ **stehen** 群がっていく. j[3] et[4] an den ~ **werfen**《話》人[3]に事[4]をずばりと(包み隠さずに)言う. nicht **auf** den ~ gefallen sein《話》馬鹿でない, なかなか(けっこう)している. das Geld auf den ~ **hauen**《話》ぱっと散財する. j[3] auf dem ~ **herumtanzen**〈**herumtrampeln**〉《話》人[3]の好き勝手なことをする, (者[3]に)いいように(にげにする. j[3] auf den ~ **kommen**《話》人[3]をどなりつける(叱りとばす). j[3] auf den ~ **spucken können**《話》人[3]よりはるかに大きい. sich[3] nicht auf den ~ **spucken lassen**《話》自分勝手なことはさせない, されるままにはならない(von 人[3]に). einen Preis auf j[2] ~ **aussetzen** 人[2]の首に賞金を懸ける. auf dem ~ ~ **stehen** 倒立(逆立ち)する; 逆さまになっている; 乱雑にひっくり返っている. das ganze Haus auf den ~ **stellen**《話》(捜し物などで)家じゅうをひっくり返す(とり散らかす); どんちゃん騒ぎをやる. eine Tatsache auf den ~ **stellen**《話》事実を曲げる. und wenn du dich auf den ~ stellst《戯》(断固たる拒否の意志を示して)君が泣こうがわめこうが. j[3] et[4] auf den ~ **zusagen** 人[3]に事[4]をずばりと(包み隠さずに)言う. sich[3] die Augen nach j[3] **aus** 〈**sehen**〉《話》目を皿にして人[3]をさがす(待ちうける). **beim** ~ **nehmen**《話》人[4]の首をつかむ. **bis** über den ~ in et[3] stecken《話》事[3]に忙殺されている; 事[3](借金など)で身動きがとれない. j[3] eine Kugel **durch** 〈in〉 den ~ **jagen**〈**schießen**〉 自分の頭を銃で撃ちぬく. **mit seinem** ~ 命を賭して. mit dem ~ **voran** 〈zuerst〉 まっさかさまに; やみくもに. mit dem ~ **durch** die Wand wollen《話》無理(我)を押し通そうとする. wie ein Huhn ohne ~《北》《話》気が狂ったように, やみくもに. Hals **über** ~ 大あわてて, 出しぬけに, 急に, いきなり. j[3] das Haus über dem ~ **anzünden**《話》人[3]が家にいるところを狙って放火する. kein Dach über dem ~ **haben** 寝る所がない. über j[2] ~ [hin]weg 人[2]の頭ごしに, (を)無視して. über die *Köpfe* hinwegreden 自分勝手にしゃべりまくる. j[3] über den ~ **wachsen**《話》人[3]の手に負えなく(手にあまるように)なる. Es geht **um** ~ und Kragen.《話》生きるか死ぬかの瀬戸際だ. j[3] [um] einen ~ kürzer 〈kleiner〉 **machen**《話》人[4]の首を刎(は)ねる. **von** ~ bis Fuß 頭のてっぺんから足の爪先まで. ein Brett **vor** dem ~ **haben**《話》のみ込みが悪い, 馬鹿である. vor den ~ **geschlagen sein**《話》茫然自失する. j[3] vor den ~ **stoßen**《話》人[3]の心を傷つける.

2〈頭脳の種々の働きを意味して〉(a) 思考(判断力). *seinen* ~ **anstrengen**《話》知恵をしぼる. ~ **haben** 頭がいい. keinen ~ für et[4] haben 事[4]にかかずらっていられない. den ~ voll haben 考え事(心配事)で頭の中がいっぱいである. j[3] den ~ **verdrehen**《話》人[3]の心を迷わせる(惚れこませる). sich[3] den ~ **zerbrechen**《話》頭を捻(ひね)る(über et[4] 事[4]に). sich[3] et[4] durch den ~ **gehen lassen** 事[4]をじっくり考えてみる. im ~ [aus]**rechnen** 暗算する. viel[es] im ~ **haben** いろいろ考えることが多い. j[3] nicht in den ~ [hinein] **gehen**〈[hinein]**wollen**〉《話》なかなか人[3]の頭にはいらない; (にとって)納得(理解)しがたい. (b) 記憶力. aus dem ~ そらで. j[3] nicht aus dem ~ **gehen**〈**wollen**〉

人³の頭からいつまでも離れない．　et⁴ im ～ behalten 事を覚えておく．　et¹ [noch] frisch im ～ haben《話》事をまだよく覚えている．　Was man nicht im ～ hat, [das] muss man in den Beinen haben.《諺》物忘れがひどい人は自分の足で歩いてそれを確かめなくちゃならない．　(c) 意志．　seinen ～ durchsetzen 意志を通す(つらぬ く)．　einen eigensinnigen〈harten〉～ haben 強情〈頑固〉である．　seinen ～ für sich¹ haben 片意地である，手前勝手である．　sich³ et⁴ aus dem ～ schlagen 事〈計画など〉を諦める，断念する．　sich³ et⁴ in den ～ setzen《話》事⁴を固く決意する．　nach j² ～《話》人²の思い通りに．　(d) 意識．Ihm steht der ～ gar nicht nach Arbeit. 彼はさっぱり仕事をする気がない(仕事に気が向かない)．einen klaren〈kühlen〉～ behalten〈bewahren〉冷静である，落着いている．　den ～ verlieren《話》度を失う，うろたえる．　j³ durch den ～ fahren〈schießen〉頭にひらめく．　nur〈nichts anderes als〉Mädchen im ～ haben 女の子のことしか頭にない．　j³ im ～ herumgehen《話》いつも人³の頭(話)の中にある，頭を去らない．　nicht ganz richtig im ～ sein《話》(頭が)ちょっとおかしい．　Der Erfolg ist ihm zu《まれ in den》～ gestiegen. この成功で彼は天狗になって(思いあがって)しまった．

3 (a) 優れた頭脳の持主．　ein fähiger ～ 有能な人物，できるやつ．　ein heller ～ 明晰な頭脳(の持主)．　(b) 首脳，幹部；頭(²ト³)，長．　der ～ einer Bande 一味の首領．　die Köpfe des Unternehmens 企業の首脳陣(幹部連中)．

4 (員数としての)個人．Der Eintritt kostet zehn Euro pro ～. 入場料は1人10ユーロです．Die Besatzung des U-Boots war 100 Köpfe stark. 潜水艦の乗組員は百名だった．　eine Familie mit sechs Köpfen 6人家族．Viele Köpfe, viele Sinne.《諺》十人十色．

5 (物の)頭部；頭状の物(野菜の結球・花頭など)．　zwei Köpfe Salat レタス2個．den Nagel auf den ～ treffen《話》急所を突く(さ)，図星をさす；的を射たことを言う．Nägel mit Köpfen machen《話》中途半端なことをしない；途中で投げ出さない．

6 (a) 先頭，先端．　am ～ des Zuges marschieren 隊列の先頭を行進する．　(b) 上(⁸)，上座．am ～ der Tafel sitzen 食卓の上座につく．　(c) (新聞の)標題；(ページの)上欄；レターヘッド；橋頭；『製本』(書物の)天．

◆↑Kopf stehen

'Kopf·ar·beit 因-/ 精神(頭脳)労働．
'Kopf·bahn·hof 男 -[e]s/ーe (↔Durchgangs-bahnhof) 頭端式駅(行止りになっている駅)．
'Kopf·ball 男 -[e]s/ーe 『ザ』ヘディング(したボール)．
'Kopf·be·de·ckung 因 -/-en かぶりもの，帽子，巾．
'Köpf·chen ['kœpfçən] 田 -s/- 《Kopfの縮小形》1 小さな頭．　2《話》頭，機転．～ haben ものわかりがいい．～ müssen sich³ ...《自慢するときなどに》頭を使わなくちゃ．　3 『植物』頭状花序．
'Köp·fe ['kœpfə] Kopfの複数．
'köp·feln 他（↓Kopf）《南ǐ・テǐ・スǐ・^》❶ 1 (水の中に)頭から飛込む．　2 『ザ』ヘディングをする．　❷ 他 =köpfen 2
'köp·fen ['kœpfən] 他 1 (人⁴の)首をはねる，(を)打首する．　2 (物⁴の，頭⁴を)切除する(切取る)．　eine Flasche ～ びんの栓を抜く．　3 『ザ』(ボール⁴を)ヘディングする．　den Ball ins Tor ～ / ein Tor ～ ヘディングシュートを決める．

'Kopf·en·de 田 -s/-n (ベッドの)上端．
'Kopf·fü·ßer 男 -s/- 《多く複数で》『動物』頭足類．
'Kopf·geld 田 -[e]s/-er (お尋ね者などの首にかけられた)賞金．
'Kopf·grip·pe 因 -/-n《話》1 脳炎．　2 激しい頭痛をともなう風邪．
'Kopf·hän·ger 男 -s/-《話》元気のない人．
'kopf·hän·ge·risch 形《話》元気のない．
'Kopf·haut 因 -/ 頭皮．
'Kopf·hö·rer 男 -s/- ヘッドホン．
..köp·fig [..kœpfɪç] (接尾) 数詞などにつけて「…の頭(の)」の意の形容詞をつくる．　rundköpfig 丸頭の．　eine vierköpfige Familie 4人家族．
'Kopf·jagd 因 -/-en (未開民族の)首狩．
'Kopf·jä·ger 男 -s/- 首狩族(の男)．
'Kopf·kis·sen 田 -s/- 1 枕．　2 枕カバー．
'Kopf·kohl 男 -[e]s/-e (形が球状の種々の)キャベツ類．
'kopf·las·tig 形 1 『工学』(船・飛行機などの)前部が重すぎる．　2《話》でんでんに酔っ払った．　3 つりあいのとれていない．
'köpf·lings ['kœpflɪŋs] 副 まっさかさまに．
'kopf·los 形 1 頭部(首)のない．　2 (驚きなどのために)うろたえた，あわてふためいた；思慮分別を欠いた．
'Kopf·ni·cken 田 -s/ (同意のしるしとしての)うなずき．
'Kopf·nuss 因 -/-e《話》1 (指の中間関節で)軽く頭をたたくこと．　2 難解ななぞなぞ(↑Nuss 1)．
'Kopf·rech·nen 田 -s/ 暗算．
'Kopf·sa·lat 男 -[e]s/-e たまちしゃ，モチレタス．
'Kopf·scheu 形 ものに驚かされやすい(元来，馬が頭の近くの動きにおびえた様子という)．　j¹ ～ machen《話》人¹をたじろがせる，不安にする．～ werden《話》たじろく，不安になる．

*'Kopf·schmerz ['kɔpfʃmɛrts コプフシュメルツ] 男 -es/-en《多く複数で》頭痛．～en haben 頭が痛い．　j³ ～en machen〈bereiten〉《話》人³の頭痛の種である．sich³ keine ～en machen《話》思い煩わない，くよくよしない(über et⁴ / wegen et² 事⁴,²のことで)．
'Kopf·schup·pe 因 -/-n《多く複数で》ふけ．
'Kopf·schüt·teln 田 -s/ (否定・驚きの表現として)頭を振ること．
'Kopf·sprung 男 -[e]s/-e (水泳で)頭からの飛込．
'Kopf·stand 男 -[e]s/-e 頭つき倒立．
'Kopf ste·hen*, °'kopf|ste·hen* 自 1 頭つき倒立をする．　2《話》びっくり仰天する，我を忘れる．
'Kopf·stein·pflas·ter 田 -s/- 『建築』円頭石(角を取っただけの自然の石)による舗道．
'Kopf·steu·er 因 -/-n 人頭税．
'Kopf·stim·me 因 -/-n 『音楽』(↔Bruststimme) 頭声(⁵);裏声．
'Kopf·stoß 男 -es/-e ヘディング；『ツヘ』バッティング．
'Kopf·stüt·ze 因 -/-n (自動車の座席などの)頭受け，ヘッドレスト．
'Kopf·tuch 田 -[e]s/-er 頭にまくスカーフ．
kopf'über [kɔpf|'y:bər] 副 頭から先に，まっさかさまに．sich⁴ ～ in die Arbeit stürzen やる気満々で仕事に取りかかる．
'Kopf·wä·sche 因 -/-n 1 洗髪．　2《話》大目玉．
'Kopf·was·ser 田 -s/- =Haarwasser
'Kopf·weh 田 -s/《話》頭痛．
'Kopf·zahl 因 -/-en (動物の)頭数；人数．
'Kopf·zer·bre·chen 田 -s/ 苦慮，頭を悩ますこと．

j³ viel ~ machen〈verursachen〉人³を大いに悩ます. sich³ über et⁴ ~ machen 事⁴のことで苦悩する, 頭を悩ます.

*Ko'pie [ko:pi:コピー] 因 -/-n [..ˈpi:ən] (*lat.* copia, Fülle, Menge‹) **1** 写し, 複写, コピー; 謄本, カーボンコピー, 写し. von et³ eine ~ machen 物³の写しをとる. **2** 〖映画〗(オリジナルフィルムに対して)プリント;〖写真〗陽画, 焼付. **3** 模倣, 人(猿)真似; 複製, 模写.

Ko'pier·buch [ko'pi:r..] 匣 -[e]s/⁼er《古》(書類の)写しが綴じられた本.

ko'pie·ren [ko'pi:rən コピーレン] 他 **1** (物⁴を)複写(謄写)する, (の)コピーをとる. **2** 〖映画〗(オリジナルフィルムを)プリントする;〖写真〗焼付ける;〖服飾〗(型を)型紙にとる;〖工学〗(鋳型などで)複製する. **3** 模倣する, 真似る; 複製する, 模写する.

Ko'pie·rer [ko'pi:rər] 男 -s/-《話》コピー機, 複写機.

Ko'pier·ge·rät 匣 -[e]s/-e Kopierer

Ko'pier·schutz 男 -es/-e〚コンピュータ〛コピー防止, プロテクト.

Ko'pier·stift 男 -[e]s/-e (芯に水溶性コールタール染料を含んだ, 消しゴムで消えない)色鉛筆.

'Ko·pi·lot [ˈko:pilo:t] 男 -en/-en **1** 副操縦士. **2**〚クラシ〛運転助手.

Ko'pist [ko'pɪst] 男 -en/-en **1**《古》(手書きで)写しを作る人. **2** コピーをする人. **3** 複製画家. **4** 模倣者. ◆女性形 Kopistin 因 -/-nen

'Kop·pel¹ [ˈkɔpəl] 因 -/-n (*lat.* copula, Band‹) **1** (柵などで囲まれた)牧草地, 囲い地. **2** (革紐などでつながれた)一群の動物(とくに猟犬・馬など); (動物をひとつにつなぎにする)革紐, 綱. **3**〖音楽〗(オルガンの)カップラー;〖工学〗連結器.

'Kop·pel² 匣 -s/-〚オーストリア〛 因 -/-n) (制服などの)革帯, ベルト, 剣帯;〖猟師〗猟刀をつるすベルト.

kop·peln [ˈkɔpəln] 他 **1** (a) (犬や馬などを)革紐でつなぎ合せる. (b) (乗物を)連結させる; ドッキングさせる. einen Wagen an den Zug ~ 車両を列車に連結する. (c)〖工学〗(機器類・回路などを)接続する, つなぎ合せる. (d)〖言語〗(語をハイフンでつなぐ, または)〖比喩〗連関させる, 結びつける (an et⁴ 事⁴に / mit et³ 事³と). sein Versprechen mit bestimmten Bedingungen ~ 約束に一定の条件をつける.《過去分詞で》mit et³ ge-koppelt sein 事³と連関している;《と》抱合せである. **2**〖海事・航空〗(地図に航跡を記入して)現在位置を算定する. **3**〖狩り〗囲い地にする(牧草地として使用するために).

'Kop·pel·schloss 匣 -es/⁼er ベルトの留め金.

'Kop·pe·lung 因 -/-en〖遺伝〗連鎖, リンケージ. **2** = Kopplung

kopp'heis·ter [kɔpˈhaɪstər] 副〚北独〛まっさかさまに.

'Kopp·lung [ˈkɔplʊŋ] 因 -/-en **1** 連結;〖電子工〗(2つの電気回路の結合). **2**〖音楽〗(Koppel¹ 3) (オルガンのカップラー).

'Ko·pra [ˈko:pra] 因 -/ (*port.* copra) コプラ (ココ椰子の胚乳を乾燥させたもの).

Ko·pro·duk·ti·on [ˈko:prodʊktsjo:n] 因 -/-en (映画・テレビ番組などの)共同製作(作品, 製品). eine englisch-deutsche ~ 英独合作作品.

'Kop·te [ˈkɔptə] 男 -n/-n (*arab.*) コプト人 (古代エジプト人の子孫でキリスト教徒になった人たち). ◆女性形 Koptin 因 -/-nen

'kop·tisch [ˈkɔptɪʃ] 形 (↓ Kopte) コプト(人, 語)の.

'Ko·pu·la [ˈko:pula] 因 -/-s(-e) (*lat.*, Band‹)〖文法〗連辞, 繋辞(ケイジ), コプラ. **2**〖生物〗交尾体.

'Ko·pu·lae [ˈko:pulɛ] Kopula の複数.

Ko·pu·la·ti·on [kopulatsjo:n] 因 -/-en **1**〖法制〗婚礼. **2**〖生物〗交尾, 融合. **3**〖園芸〗接ぎ木.

ko·pu·la'tiv [kopula'ti:f] 形〖言語〗並列的な接続詞. eine ~e Konjunktion 並列の接続詞.

ko·pu'lie·ren [kopu'li:rən] (*lat.*) **❶** 他 **1**《古》(trauen) (人⁴を)結婚させる. **2**〖園芸〗(物⁴に)接ぎ木する. **3**〖言語〗(単語を)並列する. **❷** 自 性交する;〖生物〗交尾する.

kor [ko:r] kiesen, küren の過去.

kor..., **Kor..** [kɔr..]《接頭》¹ kon.., Kon..

'Ko·rah [ˈko:ra]《人名》〖旧約〗コラ (Levi の孫, 荒野放浪の途中仲間とはからって Mose と Aaron の主導権に反抗したが, 神の審判によって滅ぼされた. 民 1:16-50). eine Rotte ~ 不穏分子の一味.

Ko'ral·le [koˈralə] 因 -/-n (*gr.*)〖動物〗珊瑚(サンゴ) (虫);(装飾品としての)珊瑚(細工).

Ko'ral·len·bank 因 -/⁼e 珊瑚(サンゴ)礁.

Ko'ral·len·fi·scher 男 -s/- 珊瑚とり(採取者).

Ko'ral·len·tier 匣 -[e]s/-e〖動物〗珊瑚虫.

Ko'ran [koˈra:n, ˈko:ra(:)n] 男 -s/-e (*arab.*, Lesung‹) コーラン (イスラム教の聖典).

*Korb [kɔrp コルプ] 男 -[e]s/Körbe (*lat.* corbis) **1** 籠(カゴ), バスケット; 1 籠(の量);〖比喩〗断わり, 拒否; 肘(ヒジ)鉄砲(結婚の申込などの際の). Körbe austeilen 断ってばかりいる. einen ~ bekommen(erhalten) 断られる(von j³ 人³). j³ einen ~ geben《話》人³に断わりを言う, はねつける. **2** (気球の吊り籠, ゴンドラ;(縦坑の)昇降台;(鳥・家禽・飼鳥の)寝床, 魚籠(ビク);《.》. **3**〚スポーツ〛マスク; (剣の)籠柄;〚バスケットボール〛バスケット, ゴール; シュート, 得点. **4** (堤防用の粗朶(ソダ)束;《複数なし》枝編み(籠編み)細工. **5** (会議の)一部...

'Korb·ball 男 -[e]s/⁼e〚スポーツ〛ネットボール ((a) 女子に限られるバスケットボールに似た球技. (b) その競技に用いられるボール).

'Korb·blüt·ler 男 -s/- きく(菊)科植物.

'Körb·chen [ˈkœrpçən] 匣 -s/-《Korb の縮小形》(a) 小さな籠, 小籠(コカゴ);(b) 子供やペットの寝床(として)の小さな籠. Husch, ins ~ ! (子供に対して) 早くおやすみ. **2**〖植物〗頭状花序(きく科植物の). **3**〖虫〗(みつばちの)ブレス. **4** (ブラジャーの)カップ.

'Kör·be [ˈkœrbə] Korb の複数.

'Korb·fla·sche 因 -/-n 籐巻(トウマキ)瓶.

'Korb·flech·ter, **'Korb·ma·cher** 男 -s/- 籠編み職人.

'Korb·mö·bel 匣 -s/-《多く複数で》籐(トウ)製家具, 籐(トウ)編み細工の家具.

'Korb·ses·sel 男 -s/- 籠編み細工の安楽椅子, 籐(トウ)椅子.

'Korb·stuhl 男 -[e]s/⁼e 籠編み細工の椅子, 籐椅子.

'Korb·wei·de 因 -/-n〖植物〗(籠編み細工に用いる)柳の一種.

Kord [kɔrt] 男 -[e]s/-e(-s) (*engl.* cord)〖紡織〗コール天, コーデュロイ.

'Kor·del [ˈkɔrdəl] 因 -/-n (*fr.*) **1** 打ち紐, 組み紐. **2**〚地方〛(包装用の)紐. **3**〚装飾〛紐状の縁飾り.

Kor'don [kɔrˈdõ:, ˈkɔrˈdo:n] 男 -s/-s(⁼-e)

(fr.) **1** (軍隊・警察などによる)哨兵(遮断)線. **2** (勲章の)大綬(たいじゅ). **3**〖園芸〗生け垣仕立ての果樹.

Ko・re ['kɔːrə] 囡 -/-n (gr., Mädchen, Jungfrau') **1**〖美術〗コレー(ギリシャ archaisch 時代の少女著衣立像). **2**〖複数なし〗〖ギ神話〗コレー(ペルセポネー Persephone の呼名).

kören kiesen, küren の接続法 II.

Ko・rea [koˈreːa コレーア]〖地名〗朝鮮(半島). die Republik ~ 大韓民国. die Demokratische Volksrepublik ~ 朝鮮民主主義人民共和国.

Ko・re・a・ner [koreˈaːnər] 男 -s/- 朝鮮(韓国)人.
◆女性形 **Koreanerin** 囡 -/-nen

ko・re・a・nisch [koreˈaːnɪʃ コレアーニッシュ] 厖 朝鮮(人,語)の, 韓国(人,語)の. ↑deutsch

Ko・re・a・nisch [−] -[s]/ 朝鮮(韓国)語. ↑Deutsch

Ko・re・a・ni・sche 中〖形容詞変化 / 定冠詞と〗das ~ 朝鮮(韓国)語; 朝鮮(韓国)的なもの(特色). ◆ ♦ Deutsche ②

kö・ren ['køːrən] 他 (↓ küren)(北ドィッ)〖畜産〗(種付け用に雄を)選び出す.

Ko・ri・an・der [koriˈandər] 男 -s/- (gr.)〖植物〗コエンドロ, コリアンダー(独特の匂いがあり粉末にしてカレー・ソーセージなどに用いる).

Ko'rinth [koˈrɪnt]〖地名〗コリント(ギリシャ南部の都市, ギリシャ語ではコリントス Korinthos).

Ko'rin・the [koˈrɪntə] 囡 -/-n 小粒の干しぶどう.

Ko'rin・ther [koˈrɪntər] 男 -s/- コリント人. *Korintherbrief* (ふつう複数で) 〖新約聖書の〗コリントの信徒への手紙.

ko・rin・thisch [koˈrɪntɪʃ] 厖 コリント(人)の. *~e Säule*〖建築〗コリント式オーダー, コリント柱式.

Kork [kɔrk] 男 -[e]s/-e (ndl. kurk) **1** コルク. **2**《地方》(Korken) コルク栓.

Kork・ei・che 囡 -/-n〖植物〗コルクがし(樫).

kor・ken ['kɔrkən] 厖 コルク(製)の.

Kor・ken 男 -s/- コルク栓; (びんの)栓. die *Korken knallen lassen*《話》(シャンパンなどを抜いて)お祝いをする, 祝杯をあげる.

Kor・ken・zie・her 男 -s/- (コルク)栓抜き.

Kork・wes・te 囡 -/-n コルク製の救命胴衣.

Kor・mo'ran [kɔrmoˈraːn] 男 -s/-e (fr.)〖鳥〗鵜(う).

Korn¹ [kɔrn コルン] 中 -[e]s/-e(複数なし)穀物(とくに製パン用の), 穀類, 穀粒; 穀物粉. Das ~ hier steht gut. ここの穀物は実りがよい. das ~ [zu Mehl] mahlen 粉を碾(ひ)く. die Flinte ins ~ werfen《話》あきらめる, ギブアップする. **2**《複数 Körner》穀粒, (穀物の)種子 (砂・塩・砂糖などの)粒, 粒状の物. Ein blindes Huhn findet auch ein ~.《諺》愚者の一得. **3**《複数なし》(岩石・紙・皮革などの)表面, 肌目;〖写真〗(フィルムの)粒子;〖印刷〗網目スクリーンの網点;〖冶金〗(金属の)結晶粒子. **4**《複数 Korne》《古》〖貨幣〗(含有貴金属の)規定純度, グレン. von echtem〈echtem〉 Schrot und ~ 正真正銘の, 本物の, 間違いのない. **5**《複数 Korne》(銃の)照星. et⁴ aufs ~ nehmen《話》物⁴(獣など)に狙いをつける; 事⁴を赦(ゆ)せぬ嘴(ひょ)う. j⁴ aufs ~ nehmen《話》人⁴を見張る, (から)目を離さない; 《を論難する》; (を)嘲(あざ)けう(狙う). über Kimme und ~ zielen ぴたりと狙いを定める.

Korn² 男 -[e]s/-《話》〖穀物を原料とする〗シュナップス, 穀物製蒸溜酒(*Kornbranntwein* の短縮).

'Korn・blu・me 囡 -/-n〖植物〗やぐるまぎく(矢車菊).

'**Korn・brannt・wein** 男 -[e]s/-e (↑Korn²)〖穀物を原料とする〗シュナップス, 穀物製蒸溜酒.

'**Körn・chen** ['kœrnçən] 中 -s/- (↑Korn¹ の縮小形) **1** 穀物の小さい粒. **2** 小粒. ein ~ Wahrheit《比喩》いささかの(ある種かの)真実. mit einem ~ Salz 条件付けで.

Kor'nel・kir・sche [kɔrˈneːl..] 囡 -/-n (fr. corneille)〖植物〗せいようさんしゅゆ(みずき科).

'**kör・nen** ['kœrnən] 他 (↓ Korn¹) **1** 顆粒(かりゅう)状にする, 粒状にする.《過去分詞で》gekörnte Brühe 顆粒状の濃縮ブイヨン. **2** (物⁴の)表面をざらざらにする. **3**〖工学〗(穴をあける所を指示するために材料などに)センターポンチで目印をつける. **4**〖猟師〗(動物を)まき餌(き)でおびき寄せる.

'**Kor・ner** ['kɔrnər] 男 -s/- =Corner 3

'**Kör・ner** ['kœrnər] 男 -s/-〖工学〗センターポンチ, 心立ポンチ(先のとがった棒状の道具). ↑körnen 3

Kor'nett¹ [kɔrˈnɛt] 中 -[e]s/-e(-s) (it.)〖楽器〗コルネット.

Kor'nett² 男 -[e]s/-e(-s) (fr.)《古》(プロイセンの)騎兵隊の最年少士官.

'**Korn・feld** ['kɔrnfɛlt] 中 -[e]s/-er 穀物畑.

'**Korn・haus** 中 -es/-er《古》穀物倉庫.

'**kör・nig** ['kœrnɪç] 厖 **1** 顆粒(かりゅう)状の, 粒状の. **2** (表面などが)ざらざらの, 粒子状の.

'**Korn・kä・fer** 男 -s/-〖虫〗(Kornwurm) こくぞうむし(穀象虫).

'**Korn・kam・mer** 囡 -/-n **1** 穀物倉庫. **2** 穀倉地帯.

'**Korn・ra・de** 囡 -/-n〖植物〗むぎせんのう.

'**Korn・wurm** 男 -[e]s/⁻er〖虫〗**1** Schwarzer ~ こくぞうむし(穀象虫) (Kornkäfer). **2** Weißer ~ こくが(穀蛾)の幼虫.

Ko・ro・na [koˈroːna] 囡 -/..nen (lat. corona ,Kranz') **1**〖天文〗(皆既日食の際の太陽の)コロナ. **2**〖電子工〗コロナ放電. **3**《古》一座, (若い人たちの)陽気な仲間;《俗》連中, 一味.

Ko・ro・nen [koˈroːnən] Korona の複数.

****Kör・per** ['kœrpər ケルパー] 男 -s/- **1** 体, 肉体, 身体; 体つき, 体格, 体躯. *seinen ~ abhärten〈stählen〉* 体を鍛える. *seinen ~ pflegen* 身体を手入れする. *am ganzen ~ zittern* 全身をガタガタ震わす. **2** 胴(体), 躯体(くたい), 体幹(機械・道具の)本体, 胴部, ボディー. *ein Treffer auf dem ~*〖ボクシング・フェンシング〗ボディー(胴)への一撃. **3** 物(体), 個体;〖幾何〗立体,〖化学・物理〗物体, (化学)物質. *feste*〈*flüssige / gasförmige*〉 *Körper* 固〈液 / 気〉体. **4** 濃度, 密度, こく. *Dieser Wein hat ~.* このワインにはこくがある. **5**《古》団体, 組織体, 法人, 社団; 集団, 隊.

'**Kör・per・bau** 男 -[e]s/- 体格. ein Mann von gedrungenem〈untersetztem〉 ~ ずんぐりした体つきの男.

'**Kör・per・be・hin・dert** 厖〖形容詞変化〗身体に障害のある.

'**Kör・per・be・hin・der・te** 男 囡〖形容詞変化〗身体障害者.

'**Kör・per・fül・le** 囡 -/ 肥満.

'**Kör・per・ge・wicht** 中 -[e]s/- 体重.

'**Kör・per・grö・ße** 囡 -/-n 身長; (動物の)体長.

'**Kör・per・hal・tung** 囡 -/-en 姿勢.

'**Kör・per・kraft** 囡 -/⁻e 筋力, 体力.

'**Kör・per・kul・tur** 囡 -/《古》=*Körperpflege* (旧東ドイツで)体育.

****kör・per・lich** ['kœrpərlɪç ケルパーリヒ] 厖《比較変化

körperlos

なし) **1** 体の, 身体上の, 肉体的な; 体格的な; 体力的な. ~*e* Arbeit 肉体労働, 力仕事. ~*er* Eid 宣誓 (↔ schriftlicher Eid). in guter ~*er* Verfassung sein 体調がよい. j⁴ ~ züchtigen 人に体罰を科する. **2** 物体(個体)の, 有形(実体)の; 立体の; 物質の.

'kör·per·los 形 **1** 形体のない, 肉(実)体のない. **2** 《法》体を使わずの.

'Kör·per·ma·ße 女-/ (身長・胴回りなどの)体のサイズ.
'Kör·per·pfle·ge 女-/ 体の手入れ, 身体衛生.
'Kör·per·schaft 女-/-en 《法制》団体(社団・法人など).
'kör·per·schafts·lich 形 団体(法人)の(形で).
'Kör·per·schafts·steu·er 女-/-n 法人税.
'Kör·per·teil 男-[e]s/-e 身体の部分.
'Kör·per·tem·pe·ra·tur 女-/-en 《複数まれ》体温.
'Kör·per·ver·let·zung 女-/-en 《法制》傷害.
'Kör·per·wär·me 女-/- 体の暖かみ, 体温.
Kor·po·ra ['kɔrpora] Korpus ② の複数.
Kor·po·ral ['kɔrpo'ra:l] 男-s/-e[..'rɛ:lə] (*it.*) 《古》伍長.
Kor·po·ra·ti·on [kɔrporatsi'o:n] 女-/-en (*lat.*) = Körperschaft **2** 学生組合.
kor·po·ra·tiv [kɔrpora'ti:f] 形 **1** 団体(組織)の(形で); 《学生組合の. **2** 団結(一致結束)した.
Korps [ko:r] 中-[ko:r(s)]/-[ko:rs] (*fr.* corps, Körper) **1** 《軍事》軍団. **2** 学生組合. **3** 《職業・身分の同じ》団体. das diplomatische ~ 外交団.
'Korps·geist ['ko:r..] 男-[e]s/ 《雅》 **1** 階級(仲間)意識. **2** 《侮》《上流階級の》エリート意識.
'Korps·stu·dent ['ko:r..] 男-en/-en 学生組合員.
kor·pu'lent [kɔrpu'lɛnt] 形 (*lat.*) 太った, 肥満した.
Kor·pu'lenz [kɔrpu'lɛnts] 女-/- 肥満.
'Kor·pus ['kɔrpus] (*lat.* corpus, Körper) ❶ 男-/-se 《家具》(家具の扉などを除いた)本体. **2** 《戯》肉(実)体の, からだ. **3** 《謔》カウンター. **4** 《美術》キリストの磔刑(はりつけ)像. ❷ 中-/-pora[..pora] **1** 資料. **2** 《言語》(言語学的)言語資料集成, コーパス. **3** 《弦楽器などの》胴. ❸ 女-/ 《印刷》(Garamond) 10ポイント活字.

Kor'pus·kel [kɔr'puskəl] 男-s/-n (*lat.*) 《物理》粒子(中性子・陽子など).
'Kor·re·fe·rat ['kɔrefəra:t, ---'-] 中-[e]s/-e (*lat.* Kon-.+Referat) 補足(追加)報告(発表).
'Kor·re·fe·rent ['kɔreferent, ---'-] 男-en/-en **1** 副(補足)発表者(報告者). **2** (論文などの)副判定者.

*****kor'rekt** [kɔ'rɛkt Correct] 形 (*lat.* correctus) **1** 正しい, 正確な, 間違い(誤り)のない. **2** 申分のない, 欠陥(欠点)のない, 几帳面な, まっとうな.
Kor'rekt·heit [kɔ'rɛkt..] 女-/ 正しさ, 正確さ; (振舞い・態度などが)非の打ちどころのないこと.
Kor·rek·ti·on [kɔrɛktsi'o:n] 女-/-en (*lat.*) **1** 《古》訂正. **2** 調整, 除去. **3** 改善.
Kor'rek·tor [kɔ'rɛktor] 男-s/-en[..rɛk'to:rən] (*lat.*) 校正係.

Kor·rek'tur [kɔrɛk'tu:r] 女-/-en (↓ korrigieren) **1** 訂正, 修正, 是正. **2** 《印刷》校正; 校正刷り. ~ lesen 校正する / 《Änderung》変更.
Kor·rek'tur·ab·zug 男-[e]s/ᵉe =Korrekturfahne
Kor·rek'tur·bo·gen 男-s/- =Korrekturfahne

Kor·rek'tur·fah·ne 女-/-n 《印刷》校正刷り, ラ(刷り).
Kor·rek'tur·zei·chen 中-s/- 《印刷》校正記号
Kor·re·lat [kɔre'la:t] 中-[e]s/-e (↓ Korrelation **1** 相関概念, 相関関係にあるもの. **2** 《言語》相語.
Kor·re·la·ti·on [kɔrelatsi'o:n] 女-/-en 相互係, 《数学》相関; 《医学》協関, 相関.
kor·re·la'tiv [kɔrela'ti:f] 形 《比較変化なし》相的な, 相関関係にある.
Kor·re·pe'ti·tor [kɔrepe'ti:tor] 男-s/-e [..ti'to:rən] 《音楽・演劇》コレペティトル(オペラなど独唱者にピアノの伴奏で稽古をつける人).
Kor·res·pon'dent [kɔrɛspɔn'dɛnt] 男-en/-e (*lat.*) **1** (新聞社などの)通信員, 特派員. **2** (商社どの)文書係; (商売上の)取引相手. **3** 《古》文通の手. ◆女性形 Korrespondentin 女-/-nen
Kor·res·pon'denz [kɔrɛspɔn'dɛnts] 女-/-e (*lat.*) **1** (a) 文通; (商業上の)通信. (b) (受取っベての)書簡, 手紙; (特派員から送られてくる)通信. 《古》一致, 合致.
Kor·res·pon'denz·bü·ro 中-s/-s (まれ) 通信社
kor·res·pon'die·ren [kɔrɛspɔn'di:rən] 自 (*lat* **1** 文通をする(mit j³ ある³ と). korrespondierendes Mitglied (学会の)通信会員. **2** 一致する, 符合する(m... ∅ 事と).

*'**Kor·ri·dor** ['kɔrido:r コリドーア] 男-s/-e (*it.*) 廊下 回廊; 《政治》回廊.
Kor·ri'gen·da [kɔri'gɛnda] 複 (*lat.*) 《書籍》(学作書の)正誤表.
***kor·ri'gie·ren** [kɔri'gi:rən コリギーレン] 他 (*lat.*) す, 直す; 添削(修正)する, 校閲(校正)する; (人の言表現)を訂正する; 改める, 修整(調整)する. Tippfehler《Hefte》~ タイプミスを直す《ノートを添削する》.
kor·ro'die·ren [kɔro'di:rən] (*lat.*) ❶ 他 腐食(破壊する. ❷ 自(s) 腐食する, 破壊される.
Kor·ro·si'on [kɔrozi'o:n] 女-/-en (*lat.*) **1** 《化学》(金属などの)腐食. **2** 《地質》溶食作用. **3** 《医学》(組織の)破壊, 腐食.
kor·rum'pie·ren [kɔrum'pi:rən] 他 (*lat.* corrumpere, verderben)《多く過去分詞で》《侮》(人)を買収する, 堕落させる. ein *korrumpierter* Politiker 汚職政治家.
kor·rum'piert 形 《文献》(古文書などの)破損した.
kor'rupt [kɔ'rupt] (*lat.*) 形 腐敗(堕落)した, 買収できる. ~*e* Politiker 腐敗政治家たち.
Kor·rup·ti'on [kɔruptsi'o:n] 女-/-en 買収, 汚職; (道義上の)腐敗, 堕落.
Kor'sar [kɔr'za:r] 男-en/-en (*it.* ‚Seeräuber') **1** 《古》海賊(船). **2** 《スポ》レース用2人乗ヨット.
'Kor·se ['kɔrzə] 男-n/-n コルシカ島の住民(出身者).
Kor·sett [kɔr'zɛt] 中-s/-e(-s) (*fr.* corps, Körper') 《服飾・医学》コルセット.
'Kor·si·ka ['kɔrzika] 《地名》コルシカ島(地中海にあるフランス領の島).
'kor·sisch ['kɔrziʃ] 形 コルシカ島の.
'Kor·so ['kɔrzo] 男-s/-s (*it.* corso, ‚Fahrt') **1** 《古》(イタリアの)騎手なしの競馬. **2** 馬車(山車(ᶜᵃ), 自動車)のパレード; 車のデモ隊. **3** メインストリート, 遊歩道, プロムナード.
Kor·ti'son [kɔrti'zo:n] 中-s/ (*lat.*) 《生理》コーチゾン(副腎皮質ホルモンの一種, 炎症をおさえる薬).
Ko'rund [ko'runt] 男-[e]s/-e (*sanskr.*) 《鉱物》鋼

Kor'vet·te [kɔr'vetə] 囡 -/-n (fr.) **1**《軍事》コルベット艦(小型の護衛艦). **2**《古》帆船軍艦.

Kor'vet·ten·ka·pi·tän [..] —s/-e 海軍少佐.

Ko'ry·bant [kory'bant] —en/-en《ギリシャ神話》コリュバース(激しい音楽と踊りで Kybele に仕える).

ko·ry'ban·tisch [kory'bantɪʃ] 形 コリュバースのような, 狂乱した.

Ko·ry'phäe [kory'fɛ:ə] 囡 -/-n (gr.) 第一人者, 権威, 大家.

Ko'sak [ko'zak] 男 -en/-en (russ.) コサック人(騎兵).

ko'scher [ˈkɔ:ʃər] 形 (hebr.) **1** (↔ treife) (食物に関するユダヤ教の律法において)食べてよい, 律法にかなって清浄な. **2**《話》立派な, 問題のない. Das Geschäft ist nicht ganz ~. その商売にはどこかうさんくさい(いかがわしい)ところがある.

Ko·se·form [ˈko:zə..] 囡 -/-en 愛称形.

Ko·se·kans [ˈko:zekans] 男 -/- (lat.)《記号 cosec》《数学》コセカント, 余割.

ko·sen [ˈko:zən] (↓ liebkosen) ❶ 自 (mit j³ a³と)愛撫し合う; いちゃつく. ❷ 他 (人⁴を)愛撫する.

Ko·se·na·me 男 -ns/-n 愛称. ◆ 格変化は Name 参照.

Ko·se·wort 中 -[e]s/-e 〈愛の〉優しい言葉.

Ko·si·nus [ˈko:zinʊs] 男 -/[-se] (lat.)《記号 cos》《数学》コサイン, 余弦.

Kos·me·tik [kɔs'me:tɪk] 囡 -/-en (fr.)《複数まれ》**1** 美容(法); 化粧品. chirurgische ~ 整形美容. **2** 糊塗(ぬ), ごまかし.

Kos·me·ti·ka [kɔs'me:tika] Kosmetikum の複数.

Kos·me·ti·ke·rin [kɔs'me:tikərɪn] 囡 -/-nen 女性美容師, エステティシャン.

Kos·me·ti·kum [kɔs'me:tikʊm] 中 -s/..ka 化粧品.

kos'me·tisch [..tɪʃ] 形 **1** 美容(法)の. ein ~es Mittel 化粧品. **2** うわべを取り繕った, ごまかしの.

'kos·misch [ˈkɔsmɪʃ] 形 (gr.) **1** 宇宙の, 宇宙的な. ~er Raum 宇宙空間. ~e Strahlung 宇宙線. **2** とてつもなく大きい, 無限の.

Kos·mo·bio·lo'gie [kɔsmo..] 囡 -/ 宇宙生物学.

Kos·mo·go'nie [kɔsmogo'ni:] 囡 -/-n [..'ni:ən] 宇宙進化論.

kos·mo·go'nisch [..'go:nɪʃ] 形 宇宙進化論の.

Kos·mo·gra'phie [..gra'fi:] 囡 -/-n [..'fi:ən]《古》**1** 宇宙形態説. **2** 〈中世の〉地理学.

Kos·mo·lo'gie [..lo'gi:] 囡 -/-n [..'gi:ən] 宇宙論.

Kos·mo'naut [kɔsmo'naʊt] 男 -en/-en (russ.) 宇宙飛行士 (Astronaut のロシアでの言い方).

kos·mo'nau·tik [..'naʊtɪk] 囡 -/ 宇宙飛行(学).

kos·mo'nau·tisch [..'naʊtɪʃ] 形 宇宙飛行(学)の.

kos·mo·po'lit [..po'li:t] 男 -en/-en **1** 世界市民. **2** コスモポリタン, 世界主義者. **3**《生物》汎存種.

kos·mo·po'li·tisch [..po'li:tɪʃ] 形 **1** 世界市民の, コスモポリタンの. **2**《生物》汎存種の.

Kos·mo·po·li'tis·mus [..poli'tɪsmʊs] 男 -/ 世界(市民)主義, コスモポリティズム.

'Kos·mos [ˈkɔsmɔs] 男 -/ (gr. 「Ordnung」) **1** (Weltall) 宇宙. **2** 〈統一のとれた〉秩序ある世界.

Kost [kɔst] 囡 -/ (↓ kosten¹) 食べ物, 食事, まかない, 食事の世話. ~ und Logis まかないつきの下宿. geistige ~《比喩》精神的な糧. Das ist leichte (schwere) ~.《比喩》それは容易に理解(理解しがたい)できる. j¹ auf [eine] schmale ~ setzen 人⁴に十分な

食事を与えない. j⁴ bei j³ in ~ geben 人⁴を人³のところに寄宿させる. j⁴ in ~ nehmen 人⁴の食事の世話をする, (を)まかなう. bei j³ in ~ sein 人³のところに寄宿している.

Kos·ta'ri·ka [kɔsta'ri:ka]《地名》(sp.) (Costa Rica) コスタリカ(南米の共和国, 首都サン ホセ San José).

*'**kost·bar** [ˈkɔstba:r コストバール] 形 高価な, 値の張る; 貴重な, 大事(大切)な. sich¹ ~ machen 滅多に顔を出さない; 自分を無くてはならぬ人物に仕立てる.

'**Kost·bar·keit** 囡 -/-en **1**《複数なし》高価(貴重)なこと. ein Schmuckstück von großer ~ 非常に高価なアクセサリー. **2** 高価(貴重)なもの.

'**kos·ten**¹ [ˈkɔstən コステン] 他 **1** (物⁴の)味を見る, 試食(試飲)する. Koste bitte einmal die Suppe! ちょっとスープの味を見てください. Willst du [etwas] vom neuen Wein ~? ワインの新酒をためしてみるかい. j¹ et⁴ zu ~⟨zum Kosten⟩ geben 人に物⁴を味わわせる. **2**《雅》味わう, 経験する; (幸福などを)享受する; (辛酸などを)なめる. alle Freude des Lebens ~ 人生のあらゆる喜びを味わう. eine Tracht Prügel zu ~ bekommen さんざん殴られる. j¹ et⁴ ~ lassen / j¹ et⁴ zu ~ geben 人⁴³に事⁴を味わわせる.

'**kos·ten**² [ˈkɔstən コステン] (lat.) ❶ 自 (数量を示す 4 格と)…の価値(価格)である. Wie viel⟨Was⟩ kostet das? それはいくらですか. Ein Kilogramm Äpfel kostet⟨kosten⟩ 3 Euro. リンゴ 1 キログラムは 3 ユーロです. Das kostet nicht die Welt.《話》それは払いないような値段ではない. Was kostet die Welt? 《戯》(調子に乗って)いくらでもいいぞ; やってやろうじゃないか, 何でもこいだ. koste es ⟨was koste⟩, was es wolle いくらかかっても; どんな犠牲を払っても, 何としても.
❷ 他 (物が主語)(金・時間・労力などを)要する; 費やさせる, 失わせる(j¹⁽³⁾ et⁴ 人¹⁴³に物⁴を). Das kostet viel Arbeit. それには多くの労苦が必要である. Das Gemälde hat mich eine Menge Geld gekostet. その絵を買うのに私はたくさんの金を費やした. j¹⁽³⁾ das Leben ~ 人¹³の命にかかわる, 人¹³の命取りになる. Der Krieg hat viele Menschen das Leben gekostet. 戦争で多くの人の命が失われた. Das kann dich ⟨dir⟩ deine Stellung ~. これで君は地位を失うことになるかもしれない. Die Arbeit hat mich zwei ganze Tage gekostet. その仕事をするのに私はまる 2 日かかった. Es kostet dich nur ein Wort und ich darf dableiben. 君がひとこと言ってくれさえすれば私はここにおれるんだ. sich¹³ et⁴ etwas ~ lassen《話》事⁴のために出費を惜しまない.

*'**Kos·ten** [ˈkɔstən コステン] 複 (lat.) 費用, 経費; 出費; 負担; 損失, 犠牲. die ~ der Reise⟨für die Reise⟩ 旅行費用. die ~ decken 支出をカバーする. keine ~ scheuen 費用をいとわない. die ~ tragen 費用を負担する(für et⁴ 物⁴の).《前置詞と》**auf** eigene ~ 自費で. auf j² ⟨auf ~ von j³⟩ 人²³の金で; 人²³をだしにして. auf ~ der Gesundheit 健康を犠牲にして. Das geht auf meine ~. これは私の奢(おご)りだ. auf **seine** ~ kommen 元をとる, 儲ける; 満足する. auf ~ **seiner** Eltern leben 親の脛(すね)をかじる. **für** alle ~ aufkommen 掛かりをすべて持つ. **mit** großen ~ verbunden sein 多大の出費が避けられない. **ohne** ~《商業》無費用償還.

'**Kos·ten·an·schlag** 男 -[e]s/ᵘᵉ《経済》費用の見

積もり.
'**Kos·ten·auf·wand** 男 –[e]s/ 〖経済〗経費.
'**Kos·ten·ex·plo·si·on** 女 –/–en 費用の高騰.
'**Kos·ten·fra·ge** 女 –/–n 費用の問題.
'**kos·ten·frei** 形 〖法制〗費用を伴わない.
'**kos·ten·güns·tig** 形 コストの安い.
*'**kos·ten·los** [ˈkɔstənloːs コステンロース] 形 無料の, ただの.
'**Kos·ten·pflich·tig** 形 費用負担義務のある.
'**Kos·ten·preis** 男 –es/–e 〖経済〗費用価格.
'**Kos·ten·punkt** 男 –[e]s/ 〖話〗費用の点(問題).
'**Kos·ten·rech·nung** 女 –/ 〖経済〗費用(原価)計算.
'**Kos·ten·vor·an·schlag** 男 –[e]s/⸚e =Kostenanschlag
'**Kost·gän·ger** [ˈkɔstgɛŋɐr] 男 –s/– 食事(まかない)付の下宿人.
'**Kost·geld** 中 –[e]s/ 生活費, 食費.
'**Kost·haus** 中 –es/⸚er 〖古〗まかない付の下宿.
*'**köst·lich** [ˈkœstlɪç ケストリヒ] 形 **1** たまらなく美味な, とてもおいしい;《雅》精選した, 吟味した. ～*er Wein* 実にうまい(極上の)ワイン. **2**《比喩》すばらしく快適な. ～*e Kühle* 心地よい涼しさ. **3** 何とも楽しい(滑稽な). eine ～*e Geschichte* 愉快な(面白い)話. **4**《古》高価な, 値の張る. **5**《副詞的用法で》はなはだ, すごく, たっぷり. sich～ amüsieren 大いに(たっぷり)楽しむ. ～ schlafen たっぷり眠る.
'**Köst·lich·keit** 女 –/–en **1**《複数なし》《雅》おいしさ, うまみ. **2** おいしい食べ物, 快い(すてきな)もの.
'**Kost·pro·be** 女 –/–n **1** 試食品. **2** 証拠, あかし.
'**kost·spie·lig** [ˈkɔst·ʃpiːlɪç コストシュピーリヒ] 形 金のかかる, 費用のかさむ; 贅沢な.
*'**Kos'tüm** [kɔsˈtyːm コステューム] 中 –s/–e (fr.) **1** 婦人用スーツ. **2** (民族·時代·階級·職業に特有の)衣装, 装束; 服装, 身なり. **3** 舞台衣装, コスチューム; (カーニバル·舞踏会などの)仮装服, 扮装.
'**Kos'tüm·ball** 男 –[e]s/⸚e 仮装舞踏会.
'**Kos'tüm·fest** 中 –[e]s/–e 仮装パーティー.
kos·tü'mie·ren [kɔstyˈmiːrən] (fr.) ❶ 他 (人⁴に)仮装させる. j⁴ als Clown ～ 人⁴に道化の仮装をさせる. ❷ 再 (*sich*) **1** 仮装する. **2**《話》奇妙な(似合わない)服装をする. Wie hast du *dich* denn kostümiert! いったい君はどんな変な服装をしているんだい.
Kos'tüm·pro·be 女 –/–n 〖演劇〗ドレスリハーサル.
'**Kost·ver·äch·ter** [ˈkɔst..] 男 《次の用法で》 kein ～ sein 〈言外に〉美食家である.
Kot [koːt] 男 –[e]s/ **1** 糞, 便. **2** ぬかるみ, 泥. j⟨et⟩⁴ mit ～ bewerfen〈besudeln〉《比喩》人〈事〉⁴をあくどくけ中傷する. j⟨et⟩⁴ in den ～ ziehen〈treten〉《比喩》人〈事〉⁴を侮辱(誹謗)する.
'**Ko·tan·gens** [ˈkoːtaŋɡɛns] 男 –/– (lat.) 〖記号 cot[g], ctg〗〖数学〗コタンジェント, 余接.
'**Ko·tau** [koːˈtau] 男 –s/–s (chin.) **1** (中国の)叩頭(ティン). **2**《比喩》追従(ショウ). vor j³ einen〈den/ seinen〉～ machen 人³に平身低頭(ペコペコ)する.
Ko·te'lett [kotəˈlɛt, kɔtˈlɛt] 中 –s/–(–e) (fr.) カツレツ.
Ko·te·let·te [kotəˈlɛtə, kɔtˈlɛtə] 女 –/–n (多く複数で)ほおひげ.
'**Kö·ter** [ˈkøːtər] 男 –s/– 〖侮〗犬.
Ko·te'rie [kotəˈriː] 女 –/–n [..ˈriːən] (fr.) 〖古〗徒党, 一味, 派閥.
'**Kot·flü·gel** 男 –s/– (車の)フェンダー, 泥よけ.

'**Ko'thurn** [koˈtʊrn] 男 –s/–e (gr.) コトルノス(古典劇の役者が用いた底の厚い靴). auf hohem ～ [einher]schreiten⟨gehen/stolzieren⟩《比喩》荘重な(仰仰しい)調子で話す.
ko'tie·ren [koˈtiːrən] 他 (fr.) **1** ein Wertpapier ～ 〖金融〗ある株の証券取引所上場を許可する. Höhen ～ 〖地理〗標高を測定する.
'**ko·tig** [ˈkoːtɪç] 形 糞のついた, 糞(泥)だらけの.
'**Ko·til·lon** [koˈtɪljõ, kɔtiˈjõː, kɔtiˈjõː] 男 –s/–s (fr.) コティヨン(19世紀に流行した社交ダンス).
'**Kot·ze**¹ [ˈkɔtsə] 女 –/ (↓ kotzen) 《卑》へど. die ～ kriegen 吐き気がする, 非常にむかつく.
'**Kot·ze**² 女 –/–n **1**《南ドイツ·オーストリア》目の粗い毛布. **2**《南ドイツ》マント.
'**kot·zen** [ˈkɔtsən] 自 《卑》へどを吐く. wie ein Reiher ～ ひどくへどを吐く.《過去分詞》Das ist *ge kotzt* wie geschissen. どちらでも同じことだ. wie *gekotzt* aussehen まっ青っ青である.
'**Kot·zen** 中 –s/ (↓ kotzen) へどを吐くこと, 嘔吐. Es ist zum ～ 不愉快きわまる(むかつく)ほどだ. das große ～ bekommen⟨kriegen⟩胸くそが悪くなる.
'**Ko·va·lenz** [ˈkoːvalɛnts] 女 –/–en 〖化学〗(Atombindung) 共有原子価.
kp 《記号》=Kilopond
KPD [kaːpeːˈdeː] 《略》=Kommunistische Partei Deutschlands ドイツ共産党.
Kr 《記号》〖化学〗=Krypton
'**Krab·be** [ˈkrabə] 女 –/–n **1**〖動物〗かに. **2**〖戯〗元気のいい子供, かわいい女の子. **3**〖建築〗こぶし花(浮彫の飾り).
Krab·be'lei [krabəˈlaɪ] 女 –/ 〖話〗がさがさはいまわること.
'**krab·beln** [ˈkrabəln] ❶ 自 (s) (虫などが)がさがさ這いまわる; (子供が)這い這いをする. ❷ 他 〖話〗くすぐる. j⁴ an der Nase ～ 人⁴の鼻をくすぐる. Der Pullover *krabbelt* [mich]. このセーターはちくちくする.《非人称的に》Überall *krabbelte es* ihn. 彼は体のあちこちがかゆかった.
krach [krax] 間 *Krach*! (物が落ちたり, ぶつかったり壊れる時の音)がしゃん, どしん, ばりっ, めりめり.
*'**Krach** [krax クラハ] 男 –[e]s/–e⟨–s, item Kräche⟩ (↓ krachen) **1** がしゃん(どしん, ばりっ, めりめり)という音; 《複数なし》騒音, 騒ぎ. Mach nicht solchen ～! そんなに騒ぐな. **2**〖話〗破産, 倒産, 経済危機〔恐慌〕, 暴落. **3**〖話〗喧嘩, 口論; 軍事衝突. mit j³ ～ bekommen⟨haben⟩ 人³と喧嘩になる(している). ～ machen⟨schlagen⟩ 声高に罵(ノノ)る, 大声でどなる. **4**《次の成句で》 mit Ach und ～《話》どうにかこうにか, やっとのことで.
*'**kra·chen** [ˈkraxən クラヘン] ❶ 自 (h, s) **1** (h) がしゃん(どしん, ばりっ, めりめり)と音を立てる; (床板·氷などがきしむ); (雷·砲声などが)とどろく. Das Bett *kracht*. ベッドがきしむ. in allen Fugen ～ (建物などが)あちこちがたがたしている, きしぎしという; 《比喩》(組織·体制などが)至る所でがたつく.《非人称的に》Gestern hat *es* auf der Straße wieder mal *gekracht*. 昨日また町の通りでまたしても衝突事故があった. Er arbeitet, dass *es* [nur so] *kracht*. 《話》彼は猛然と働く. Hör auf, sonst *kracht's*! やめろ, さもないと怒るぞ. 《現在分詞》Das Haus brach *krachend* zusammen. その家はめりめりと音を立てて倒壊した. *krachende* Kälte 凍てつくような寒さ.《中性名詞として》Es kommt

zum *Krachen*. 喧嘩になる; 戦争になる. **2** (s) (大きな音を立てて)落ちる, ぶつかる; 壊れる, 折れる, 裂ける. Ein Brett *kracht*. 板がばりっと折れる. Das Hemd ist *gekracht*. シャツがびりっと裂けた. gegen et⁴ ~ (自動車などが)物⁴にどかんとぶつかる. Die Tür *kracht* ins Schloss. ドアががちゃんと閉まる. **3** (s) (話)倒産(破産)する.

❷ 他 (大きな音を立てて)投げつける, ぶつける. den Koffer in die Ecke ~ トランクを隅にどさっと放り出す.

❸ 再 (**sich**⁴) 喧嘩する, いがみ合う(mit j³ 人³と).

Kra·chen 男 -s/- 《雅》(Schlucht) 峡谷.

kräch·zen ['krɛçtsən] 自 (↓ krachen) **1** (鳥などが)があがあ鳴く. **2** (話)しわがれ声で話す; せきをする.

Krack·ver·fah·ren ['krak.., 'krɛk..] 中 -s/-《化学》クラッキング, 分解.

Krad [kraːt] 中 -[e]s/⸗er オートバイ (Kraftrad の短縮).

kraft [kraft] 前 《2 格支配》…にもとづいて, …の力で, …のおかげで. *kraft* des Gesetzes 法律にもとづいて.

Kraft [kraft クラフト] 女 -/Kräfte **1** (肉体的·精神的)力, 体力, 活力, エネルギー; (自然の)威力, 力強さ. die ~ des Willens 意志の力. ~ zur Verteidigung 防衛力. geistige〈körperliche〉 ~ 精神力〈体力〉. die militärische〈wirtschaftliche〉 ~ 軍事力〈経済力〉. die treibende ~ (事業·計画などの)推進力. am Ende *seiner* ~ sein 疲れきっている. seine *Kräfte* anspannen〈mobilisieren〉全力をふりしぼる. *seine* ganze ~ aufbieten 全力を尽くす(für et⁴ 事⁴のために). ~ haben 力がある. keine ~ in den Knochen haben《話》体力がない. <*Kräfte*> sammeln 力を蓄える. *Kräfte* sparen 労を惜しむ.《前置詞と》**an** ~ zunehmen 力を増す. **aus** eigener ~ 自力で. **bei** *Kräften* sein〈bleiben〉元気(いっぱい)である. Wir werden tun, was **in** unserer ~ 〈in unseren *Kräften*〉 steht. 私たちはできる限りのことをするつもりだ. **mit** aller ~ 全力をあげて, 力の限り. mit vereinten *Kräften* 力を合せて. **nach** *Kräften* できる範囲内で, 力の限り. **ohne** Saft und ~《話》弱々しい; 中身〈迫力〉のない, 味も素っ気もない. **über** j² ~ 〈*Kräfte*〉 kommen 衰弱する, 力が抜ける. **vor**〈von〉 *Kräften* kommen 衰弱する, 力が抜ける. [wieder] **zu** *Kräften* kommen 元気(健康)を回復する. 2 (薬·法律などの)効力, 効果. die heilende ~ einer Arznei 薬の効力. außer〈in〉~ sein 無効〈有効〉である. et⁴ außer ~ setzen 事⁴(法規·契約など)の無効を宣言する, (を)破棄する. et⁴ in ~ setzen 事⁴(法律など)を施行する. in ~ treten (法律などが)効力を発する, 施行される. **3**《物理》力, エネルギー. die elektrische〈magnetische〉 ~ 電力〈磁力〉. mit voller〈halber〉 ~ (船員)全速で〈減速して〉. **4**《複数で》(社会的)勢力; 兵力, 軍隊. demokratische〈reaktionäre〉 *Kräfte* 民主〈反動〉勢力. **5** 働き手, 人手, 労働力.

'**Kraft·akt** 男 -[e]s/-e 力わざ.

'**Kraft·an·stren·gung** 女 -/-en 力を出すこと.

'**Kraft·auf·wand** 男 -[e]s/ 力を出すこと, 骨折り.

'**Kraft·aus·druck** 男 -[e]s/⸗e (多く複数で)荒っぽい〈野卑な〉言葉(表現).

'**Kraft·brü·he** 女 -/-n 濃いブイヨン(肉汁).

'**Kraft·drosch·ke** 女 -/-n 《書》タクシー.

'**Kräf·te** ['krɛftə] Kraft の複数.

'**Kräf·te·paar** 中 -[e]s/-e《物理》偶力.

'**Kräf·te·pa·ral·le·lo·gramm** 中 -s/-e《幾何·物理》力の平衡四辺形.

'**Kräf·te·ver·fall** 男 -[e]s/ 衰弱, 力のおとろえ.

'**Kraft·fah·rer** 男 -s/-《書》(職業としての)自動車運転手.

'**Kraft·fahr·zeug** 中 -[e]s/-e (略 Kfz)《書》原動機付車両(自動車·オートバイなど).

'**Kraft·fahr·zeug·kenn·zei·chen** 中 -s/- (自動車の)ナンバープレート.

'**Kraft·fahr·zeug·steu·er** 女 -/-n《法制》自動車税.

'**Kraft·feld** 中 -[e]s/⸗er《物理》力の場.

'**Kraft·fut·ter** 中 -s/ 濃厚飼料.

*'**kräf·tig** ['krɛftɪç クレフティヒ] 形 (↓ Kraft) **1** (a) 力のある, 力強い, 元気な, たくましい; 力をこめた. ~*e* Arme たくましい腕. eine ~e Konstitution 丈夫な体質. ein ~*er* Schlag 強い一撃. j³ ~ die Hand drücken 人³の手を力強く握る. (b) よく育った, (植物が)茂った. ein ~es Baby 発育のいい赤ん坊. Der Baum hat ~*e* Zweige. その木は枝がよく伸びている. **2** 強烈な, 激しい; 鮮明な, 断固とした. ~e Farben 鮮やかな(どぎつい)色. ~*en* Hunger haben ひどく腹がへっている. einen ~*en* Schluck aus der Flasche nehmen 瓶からぐっと1口飲む. 《副詞的用法》für j〈et〉⁴ ~ eintreten 人〈事〉⁴を断固支持する. Es regnete ~. 大雨が降った. j³ ~ *seine* Meinung sagen (話) mit j³ ein ~*es* Wörtchen reden 人³にきっぱりと自分の意見を言う. Die Preise sind ~ gestiegen. 物価がひどく上昇した. ~ trinken したたか飲む. **3** 栄養のある, こってりした. **4** 下品な, 野卑な.

'**kräf·ti·gen** ['krɛftɪɡən] 他 (人⁴に)力をつける, (を)元気づける; 強くする, 丈夫にする.《再帰的に》 *sich*⁴ ~ 丈夫になる; (病後に)体力を回復する.

'**Kräf·ti·gung** 女 -/ 力〈体力〉をつけること.

'**Kräf·ti·gungs·mit·tel** 中 -s/- 強壮剤.

'**Kraft·leh·re** 女 -/《物理》(Dynamik) 動力学.

'**Kraft·li·ni·en** 複《物理》力線.

'**kraft·los** 形 **1** 力のない, 無力の. **2**《法制》無効の.

'**Kraft·lo·sig·keit** [..loːzɪçkaɪt] 女 -/ **1** 力の無さ, 弱さ. **2**《法制》無効.

'**Kraft·ma·schi·ne** 女 -/-n 原動機.

'**Kraft·mei·er** 男 -s/-《話》力自慢の人.

'**Kraft·mensch** 男 -en/-en 力持, 強靱な体力の持主.

'**Kraft·mes·ser** 男 -s/-《工学》動力計; 筋力計.

'**Kraft·post** 女 -/《古》郵便バス.

'**Kraft·pro·be** 女 -/-n 力くらべ.

'**Kraft·rad** 中 -[e]s/⸗er オートバイ.

'**Kraft·stoff** 男 -[e]s/-e (ガソリンなどの)動力用燃料.

'**Kraft·strom** 男 -[e]s/⸗e **1**《複数なし》動力用の電気. **2**《雅》(ある人から放射される)強い力(影響力).

'**kraft·strot·zend** 形 力に満ち溢れた, 元気まんまんの.

'**Kraft·über·tra·gung** 女 -/-en《工学》力の伝導.

'**Kraft·ver·kehr** 男 -s/《書》自動車の交通.

'**kraft·voll** ['kraftfɔl] 形 力強い, 力いっぱいの.

'**Kraft·wa·gen** 男 -s/- 自動車.

'**Kraft·werk** 中 -[e]s/-e 発電所.

'**Kraft·wort** 中 -[e]s/-e(⸗er) 荒っぽい(野卑な)言葉.

*'**Kra·gen** ['kraːɡən クラーゲン] 男 -s/- (Krägen) **1** 襟(ʳ), カラー; 《古》(Hals) 首. den ~ hochschlagen

Kragenknopf

襟を立てる. mit offenem ~ 襟をはだけて. 《慣用的表現で》Jetzt platzt mir aber der ~! もう我慢ならん. Das kostet ihn〈ihm〉den ~. それは彼の命にかかわる. j³ den ~ umdrehen 人³を殺す, ばらす. j³ am〈beim〉~ nehmen〈packen/fassen〉人³の首ねっこをおさえる;(を)とっちめる. j³ an den ~ fahren 人³につかみかかる. Es geht j³ an den ~. / Bei j³ geht es um Kopf und ~. 人³の生死にかかわる問題だ,(は)大ピンチだ. j³ an den ~ gehen 人³につかみかかる. j³ an den ~ wollen 人³を殺そう〈破滅させよう〉とする; とっちめようとする; 殴ろうとする. **2**《猟師》《動物の》頸部の毛皮. **3**《地方》《鳥・瓶などの》首.

'**Kra·gen·knopf** 囲 -[e]s/¨-e 襟《カラー》のボタン.

'**Kra·gen·wei·te** 囡 -/-n 襟《カラー》のサイズ. j² ~ sein《卑》人²の気にいる, 好みに合う.

'**Krag·stein** [kra:k..] 囲 -[e]s/-e《建築》持送(もちおくり)の石, ブラケット.

*'**Krä·he** ['krɛːə クレーエ] 囡 -/-n (↓krähen)《鳥》烏. Eine ~ hackt der anderen kein Auge aus.《諺》仲間の悪口は言わぬもの《烏は互いに目をつつかない》.

'**krä·hen** ['krɛːən] 圓 **1**《おんどりが》鳴く. Nach et〈j³〉kräht kein Hahn mehr.《話》いまでは誰も事〈人³〉のことをもう口にはしない. **2**《話》甲高い声でどなる〈話す〉, へたくそな歌をうたう. Das Baby krähte vergnügt. 赤ん坊が喜んできゃっきゃと声をあげた.

'**Krä·hen·fü·ße** 複 **1** 鳥の足, 鳥の足のしわ. **2** 金釘流の字.

'**Krä·hen·nest** 田 -es/-er **1** 鳥の巣. **2**《船員》クローネスト《マストの上の見張り台》.

'**Kräh·win·kel** ['krɛː...] 囲 -s/《無冠詞》《話》こせこせした田舎町(A. V. Kotzebue の喜劇『ドイツ小市民 Die deutschen Kleinstädter』の中に出てくる町名に由来).

Kra·kau ['kraːkao] 《地名》(poln.) クラクフ, クラーカウ《ポーランド南部の都市, ポーランド語形 Kraków》.

'**Kra·ke** ['kraːkə] 囲 -n/-n (norw.) **1**《動物》だいおういか《大王いか》. **2**《神話》クラーケ《たこの怪獣》.

Kra'keel [kra'keːl] 囲 -s/ となり合い; 大騒ぎ.

kra'kee·len [kra'keːlən] krakeelte, krakeelt 圓《話》大声で叫ぶ, ののしる, 騒ぐ.

Kra'kee·ler [kra'keːlɐ] 囲 -s/- 《話》大騒ぎをしている人, 大声で喧嘩をしている人.

'**Kra·kel** ['kraːkəl] 囲 -s/- 金釘流の字.

'**Kra·ke·lei** [kraːkə'laɪ] 囡 -/-en《複数なし》**1** 金釘流で書くこと. **2** 金釘流《の下手な字》.

'**kra·keln** ['kraːkəln] 圓《話》金釘流で書く.

Kral [kraːl] 囲 -s/-e (ndl.) クラール (a) アフリカ南部に多い原住民の円形集落. (b) その中央に設けられた家畜用の円形の柵囲い.

'**Kral·le** ['kralə] 囡 -/-n《獣・猛禽の》鉤(かぎ)爪. Die Katze zeigt ihre ~ n. 猫が爪を出す. j³ aus den ~n des Gegners befreien《雅》人³を敵の手から救い出す.《次の成句で》《話》j³ die ~n zeigen 人³にはむかう. et⁴ in seinen ~n haben / et⁴ nicht aus den ~n lassen et⁴をつかんで離さない. et⁴ in die ~n bekommen〈kriegen〉物⁴を支配下に置く. **2**《多く複数》《若者》《マニキュアを塗った》爪.

'**kral·len** ['kralən] **❶** 他 (a) die Finger in et⁴ ~ 物⁴に指を突き立てる, (を)ぎゅっとつかむ. Sie krallte die Finger in seinen Ärmel. 彼女は彼の袖をぎゅっとつかんだ. seine Finger vor Schmerz in die Erde ~ 苦痛のあまり地面をかきむしる. (b) die Finger〈die Hand〉um et⁴ ~ 物⁴をしっかり握りしめる, わしづかみにする. (c)《指や爪》を鉤爪のようにする. **2**《話》(a) [sich³] ~

~ ¹をかっぱらう, くすねる. (b) [sich¹] j¹ ~ 人¹をとつかまえる. **❷** 再 (**sich¹**) sich an et⁴ ~《動物が》物⁴に鉤爪でつまる;《人が》物を指でしっかり摑む, (に)しがみつく. sich in et⁴ ~《動物が》物⁴に鉤爪を突き立てる;《人が》物⁴に指を突き立てる, つかむ. sich um et⁴ ~《指・手などが》物⁴をしっかり握る, わしづかみにする.

'**kral·lig** ['kralıç] 形 **1** 鉤爪(かぎつめ)をもった. **2** 鉤爪状の.

Kram [kraːm] 囲 -[e]s/《話》**1**《侮》がらくた, 身の回りの品. Das ist doch nur ein halber ~. そいつはきそこないだ. **2**《侮》(ちょっとした)用件, 仕事, 事柄やぼ用. seinen ~ vor allen Leuten austreiben 自分のことをみんなにべらべらしゃべる. den [ganzen] ~ hinwerfen〈hinschmeißen〉仕事をほっぽり出す Mach doch deinen ~ alleine! 自分のことは自分でやってくれ. j³ den ganzen ~ vor Füße werfen 頼まれたことを途中でほうり出す. in j² ~ hineinreden 人²のことに口をはさむ. j³ in den ~ passen / in j² ~ passen 人³にとって都合がよい. **3** 手間, 面倒. **4**《地方》《屠畜の》内臓. **5** よろず屋, 雑貨店;《南》年の市の商品, 年の市で買った贈物.

'**Kram·bu·de** 囡 -/-n **1** 露店, よろず屋. **2**《卑》散らかった部屋.

'**kra·men** ['kraːmən] (↓Kram)《話》**❶** 圓 **1** かき回して搜す, ひっかき回す(in〈unter〉et³ 物³の中を); 搜し回る (nach et¹ 物¹を). in seiner Erinnerung ~《比喩》あれこれ記憶を探る. **2**(ぶり) (a) こまごました物をする(とくに歳の市で). (b)《古》小売商を営む. **3**《地方》(mit j³ ~)人³と恋愛関係にある, できている. **❷** 他《かき回して》搜し出す, 取出す. Zigaretten aus der Tasche ~ ポケットをさぐってタバコを取出す.

'**Krä·mer** ['krɛːmɐ] 囲 -s/- **1**《食料・雑貨の》小売商. Jeder ~ lobt seine Ware.《諺》手前味噌は商人のつね. **2**《侮》けちけちした人, こせこせした人.

'**Krä·mer·geist** 囲 -[e]s/《侮》けちくさい根性.

'**Krä·mer·see·le** 囡 -/-n《侮》けちくさい人.

'**Kram·la·den** 囲 -s/¨- 雑貨店, よろず屋.

'**Kram·mets·vo·gel** ['kraməts..] 囲 -s/¨-《地方》《鳥》つぐみ.

'**Kram·pe** ['krampə] 囡 -/-n《電線などを留める U 字型の》留め釘, ステープル.

'**Kram·pen** ['krampən] 囲 -s/- **1** =Krampe **2** つるはし.

Krampf [krampf] 囲 -[e]s/Krämpfe **1** 痙攣(けいれん), ひきつけ. einen ~ bekommen〈kriegen〉痙攣を起す. einen ~ im Bein〈in der Wade〉haben〈bekommen〉こむら返りを起す. **2**《複数なし》《話》無駄な骨折り, 悪あがき. **3**(ぶり)《話》(a) 苦役, 重労働. (b) 違法行為.

'**Krampf·ader** 囡 -/-n《病理》静脈瘤.

'**krampf·ar·tig** 形 痙攣性の.

'**Kräm·pfe** ['krɛmpfə] Krampf の複数.

'**kramp·fen** ['krampfən] (↓Krampf) **❶** 圓 **1** 痙攣(けいれん)する, ひきつけを起す. **2** あくせく働く. **3** 泥棒仲間で 仕事(盗み)をする. **❷** 他 **1** die Finger〈die Hände〉~ et⁴ ~ 物⁴をぎゅっとつかむ. die Finger〈die Hände〉um et⁴ ~ 物⁴にしがみつく. **2**《まれ》痙攣させる. **3** sich³ et⁴(人³) ~ 物⁴を《人⁴から》つかむ, つかみ取る. **❸** 再 (**sich¹**) **1** 痙攣する. **2** sich an〈in/um〉et⁴ ~ 物⁴にしがみつく. Seine Finger krampften sich zu Fäusten. 彼は手を握りしめた.

krampf・haft ['krampfhaft クランプフハフト] 形 **1** 痙攣(けいれん)性の, ひきつった; 不自然な. **2** 一生懸命の, 必死の.

kramp・fig ['krampfıç] 形 **1**(顔などが)ひきつった; 不自然な. ein ~*es* Lächeln ひきつった(不自然な)笑い. **2** 痙攣性の, 痙攣を起した.

Kram・pi ['krampi] Krampus の複数.

Kram・pus ['krampʊs] 男 -/.pi (↓Krampf)《医学》痙攣(けいれん), クランピ(こむらがえりなど).

Kran [kra:n] 男 -[e]s/Kräne(-e) **1**《工学》クレーン, 起重機. **2**《地方》(水道・ガスなどの)コック, 栓. ▶ 単数2格と複数形に -en も.

krän・gen ['krɛŋən] 自《船員》(船が)傾く.

Kra・nich ['kra:niç] 男 -s/-e **1**《鳥》つる. **2** der ~《天文》鶴座.

krank [kraŋk クランク] kränker, kränkst **1**(↔gesund) 病気の, 病んだ, 具合の悪い. ein ~*er* Baum 病気にかかった木. die ~*e* Hand 傷ついた(いたんだ)手. ein ~*es* Staatswesen《比喩》病める国家. an der Lunge ⟨Leber⟩ ~ sein 肺(肝臓)を患っている. ~ werden 病気になる. sich⁴ ~ fühlen 気分がすぐれない, 具合が悪い. ~ zu⟨im⟩ Bett liegen 病床に伏している. j⁴ ~ machen 人⁴の健康を損ねる. auf den Tod ~ sein 重病(危篤)である. ~ vor Heimweh⟨Liebe⟩ sein ホームシック(恋わずらい)にかかっている. nach j³ ~ sein《古》人³に恋いこがれる. sich⁴ ~ stellen / ~ spielen 仮(け)病を使う. sich⁴ ~ ärgern⟨lachen⟩《話》かんかんに怒る《大笑いする》. Du bist wohl ~!《話》君は頭がどうかしているよ. Das macht mich ~!《話》そいつはうんざりだ, 気が変になるよ, それにはいらいらさせられる. **2**《猟師》(獣などが)手負いの.

◆ ↑krankmelden, krankschreiben

Kran・ke ['kraŋkə クランケ] 男女《形容詞変化》病人, 患者.

kränk・eln ['krɛŋkəln] 自 病弱(病気がち)である.

kran・ken ['kraŋkən] 自 **1** an einer Krankheit ~《古》ある病気にかかっている, (を)患っている. **2** an et³ ~ 事³に苦しんで(悩んで)いる. Ich *kranke* an chronischem Geldmangel. 私は慢性金欠病に苦しんでいる.

krän・ken ['krɛŋkən クレンケン] (↓krank) ❶ 他 (人⁴の)感情を害する, (を)侮辱する. eine *kränkende* Äußerung 侮辱的な発言. Das ist für mich sehr *kränkend*. それは私にとって大変な侮辱だ. 《過去分詞で》ein *gekränktes* Gesicht machen いやな顔をする. die *gekränkte* Leberwurst spielen《戯》なんでもないことにすぐ気分を害する. Er fühlte sich¹ [in seinem Stolz] schwer *gekränkt*. 彼は自尊心をひどく傷つけられた. ❷ 再⟨sich⁴⟩ sich über j⟨et⟩⁴ ~ 人⟨事⟩⁴のことを悲しむ, (て)感情を害する, (を)気に病む.

'Kran・ken・an・stalt 女 -/-en 病院.
'Kran・ken・au・to 中 -s/-s = Krankenwagen
'Kran・ken・be・such 男 -[e]s/-e (病気)見舞; 往診, 回診.
'Kran・ken・bett 中 -[e]s/-en **1** 病床; 病人用のベッド. ans ~ gefesselt sein 病気で寝たきりである. **2** 病気についていること.
'Kran・ken・geld 中 -[e]s/-er 疾病給付金.
'Kran・ken・ge・schich・te 女 -/-n **1** 病歴. **2** カルテ.
'Kran・ken・gym・nas・tik 女 -/ 医療体操.

*'**Kran・ken・haus** ['kraŋkənhaʊs クランケンハオス] 中 -es/⁼er 病院. im ~ liegen 入院している. ins⟨aus dem⟩ ~ kommen 入院⟨退院⟩する.
'Kran・ken・haus・in・fek・ti・on 女 -/-en 院内感染.
'Kran・ken・haus・reif 形 入院の必要がある.
'Kran・ken・kas・se 女 -/-n 健康保険組合.
'Kran・ken・kost 女 -/ 病人食.
'Kran・ken・la・ger 中 -s/- **1** 病床. **2** 病床についていること.
'Kran・ken・pfle・ge 女 -/ 看病, 看護.
'Kran・ken・pfle・ger 男 -s/-(病院の)看護人; 看護士. ◆ 女性形 Krankenpflegerin 女 -/-nen
'Kran・ken・schein 男 -[e]s/-e **1** 健康保険証. **2** 診断書. einen ~ machen⟨nehmen⟩《地方》医師に診断書を書いてもらう.

*'**Kran・ken・schwes・ter** ['kraŋkənʃvɛstɐ クランケンシュヴェスター] 女 -/-n 看護婦.
'Kran・ken・stand -[e]s/⁼e (一定地域の)患者率(数).
'Kran・ken・tra・ge 女 -/-n 担架; 患者運搬用の手押し車.
'Kran・ken・ver・si・che・rung 女 -/-en 疾病保険, 健康保険.
'Kran・ken・wa・gen -s/- 救急車; 患者輸送車.
'Kran・ken・wär・ter -s/- (とくに精神病院の)看護士.
'Kran・ken・zim・mer 中 -s/- 病室.
'kränk・er ['krɛŋkɐ] krank の比較級.
'krank|fei・ern 自《話》仮(け)病を使って休む(健康保険金を詐取する).
'krank・haft ['kraŋkhaft] 形 **1** 病気の, 病気による. **2** 病的な, 異常な. ~*e* Eifersucht 病的な嫉妬心.

*'**Krank・heit** ['kraŋkhaɪt クランクハイト] 女 -/-en 病気, 疾病;《比喩的に》病弊. eine akute⟨chronische⟩ ~ 急性⟨慢性⟩疾患. ~*en* der Zeit 時代の病弊. Dieser Apparat ist eine ~!《話》この機械はまったくおんこつだ⟨壊れてばかりいる⟩. einer ~ vorbeugen 病気を予防する. eine ~ bekommen 病気にかかる. eine ~ vortäuschen 仮(け)病を使う. an einer ~ leiden⟨sterben⟩ ある病気を患っている⟨で死ぬ⟩. Facharzt für innere ~*en* 内科医.
'Krank・heits・bild 中 -[e]s/-er 《医学》病像, 病状.
'Krank・heits・er・re・ger 男 -s/- 病原体.
'Krank・heits・er・schei・nung 女 -/-en = Krankheitssymptom
'krank・heits・hal・ber 副 病気のために.
'Krank・heits・herd 男 -[e]s/-e《医学》病巣.
'Krank・heits・symp・tom 中 -s/-e 病状, 症候.
'Krank・heits・zei・chen 中 -s/- 病状, 症候.
'kränk・lich ['krɛŋklıç] 形 病弱な, 病気がちの.
'krank|ma・chen 自《話》= krankfeiern
'krank|mel・den, °**krank mel・den** 再⟨sich⁴⟩ 病欠届を出す.
'Krank・mel・dung 女 -/-en 病気(欠勤)届.
'krank|schrei・ben°, °**krank schrei・ben*** 他 (人⁴に)診断書を書く(出す).
kränkst [krɛŋkst] krank の最上級.
'Krän・kung -/-en (人の)感情を害すること, 侮辱.

*'**Kranz** [krants クランツ] 男 -es/Kränze **1**(花や木の葉で作られた)輪, 花輪, 花冠(かかん);(勝利の)栄冠. Braut*kranz* 花嫁の花冠. Sieger*kranz* 勝利の栄冠, 月桂冠. ein ~ von⟨aus⟩ Rosen バラの花輪.

einen ~ binden〈winden／flechten〉 花輪を編む. den ~ erringen 勝利の栄冠を勝取る. am Denkmal einen ~ niederlegen 記念碑に花輪を捧げる. Wenn du das tust, kannst du dir gleich einen ~ schicken lassen!《話》そんなことをしたら命がないものと思え（すぐに葬式の花輪が送られて来るぞ）. in die *Kränze* kommen《話》入賞する，成功する. Das kommt nicht in die *Kränze*.《だ》《話》それは成功（実現）の見込がない. **2** 輪，輪状のもの；輪状に編んだ髪；王冠形のケーキ；（車輪の）外輪，リム. der ~ der Zuschauer 見物人の輪. Die Stadt ist von einem ~ von Hügeln umgeben. その町は連なる丘にとり囲まれている. ein ~ von Sagen 一連の伝説. **3**《猟師》赤鹿の足跡. **4**《建築》軒蛇腹.

'**Kränz·chen** ['krɛntsən] 中 -s/-《Kranz の縮小形》**1** 小さな花輪（花冠）. **2**《雅》（婦人たちの定期的な）お茶の会，午後の集い. **3**《猟師》赤鹿の足跡.

'**Krän·ze** ['krɛntsə] Kranz の複数.

'**krän·zen** ['krɛntsən] 他 **1**《雅》花輪で飾る. **2** einen Baum ~《林業》輪状に木の皮を剥(は)ぐ. ❷ 自《猟師》（赤鹿が）足跡を残す.

'**Kranz·ge·sims** 中 -es/-e《建築》コーニス（コルニス），軒蛇腹.

'**Kranz·jung·fer** 女 -/-n《古》《南だ》花嫁に付き添う未婚の女性.

'**Kranz·spen·de** 女 -/-n（葬式の）花輪.

'**Krap·fen** ['krapfən] 男 -s/- クラッペン（揚げパンの一種）.

'**Krapp** [krap] 男 -[e]s／《植物》せいようあかね.

'**krass**,º '**kraß** [kras] 形 (*lat*.) 極端な，甚だしい；あからさまな，どぎつい. eine ~e Lüge まっ赤な嘘. ein ~er Fall von Misshandlung 恐るべき虐待事件. sich⁴ ~ ausdrücken あからさまに考えを述べる.

..**krat** [..kra:t]《接尾》(*gr*. kratein , herrschen `）「支配者，主義者」を意味する男性名詞（-en／-en）をつくる. Aristo*krat* 貴族. Demo*krat* 民主主義者.

'**Kra·ter** ['kra:tər] 男 -s/- **1**《地形》噴火口，火口. **2**（月面などの）クレーター，クレーター型の穴.

'**Kratz·bürs·te** ['krats..] 女 -/-n **1** 擦りブラシ，たわし. **2**《戯》反抗的な人，じゃじゃ馬娘.

'**Kratz·bürs·tig** 形《戯》反抗的な，強情な.

'**Krat·ze** ['kratsə] 女 -/-n (↓ kratzen) **1** 掻き取る道具，（玄関などの靴の）泥落し. **2**《紡織》梳綿(そめん)機. **3**《鉱業》スクレーパー.

'**Krät·ze** ['krɛtsə] 女 -/-n《南だ》背負いかご.

'**Krät·ze²** 女 -/《病理》疥癬(かいせん). sich³ die ~ an den Hals ärgern《話》かんかんに怒る. **2**《冶金》熔滓(はい).

*'**krat·zen** ['kratsən クラツェン] ❶ 他 **1** (a) 掻く，ひっかく (mit et³ 物で). j't im Gesicht〈jm das Gesicht〉 ~ 人の¹,³の顔をひっかく. Die Katze hat mich gekratzt. 猫が私をひっかいた. j't auf dem Rücken〈j³ den Rücken〉 ~ 人の¹,³の背中を掻く. sich¹ den Rücken ~ 自分の背中を掻く. sich¹ den Bart ~《戯》ひげを剃る. Wolle ~《紡織》羊毛を梳(す)く. Das Lob hat ihn mächtig gekratzt.《比喩》誉められて彼はとても気分が良かった.（再帰的に） sich⁴ am Kopf〈auf dem Rücken〉 ~ 頭〈背中〉を掻く. sich¹ wund ~ 掻いて傷をつくる. sich⁴ hinter dem Ohr ~（当惑して）頭を掻く. Wenn du kratzt, der kratze sich⁴.《諺》かゆい者は掻け，不満ははっきり口に出せ. (b)《方向を示す語句と》掻き落とす；（ひっかいて穴などを）掘る，刻み込む；（ひっかくようにして）塗る. den Schmutz von den Schuhen ~ 靴の泥を掻き落す. Der Hund hat ein Loch in den Boden gekratzt. 犬が地面に穴をつくった. *seinen* Namen an〈in〉 Wand ~ 自分の名前を壁に刻み込む. die Butter auf den Toast ~ バターをトーストに塗りつける.《目的語なしでも》（肌や喉を）刺激する，むずがゆくする；らいらさせる. Der Pullover *kratzt* [mich] mich die Haut. このセーターは肌ざわりが悪い（ちくちくする. Der Rauch *kratzt* [mich] im Hals. 煙で喉がひりひりする. Das *kratzt* mich nicht. 《卑》そんなこと私は気に.《非人称的に》 Es *kratzt* mir〈mich〉im Hal 私は喉がひりひりする. **3**《地方》くすねる，かっぱら **4** die Kurve ~《卑》ずらかる.

❷ 自 ひっかく；ひっかかる. Die Feder *kratzt* [a dem Papier. このペンはひっかかる. Das Huh *kratzt* im Sand. 鶏が砂をひっかく. Der Hun *kratzt* an der Tür. 犬がドアをがりがりひっかく. S *kratzte* mit dem Messer im Topf. 彼女はナイフで鍋 の汚れを掻き落した. auf der Geige ~《戯》ヴァイオ ンをぎーぎー鳴らす. an j² Ehre ~《比喩》人の名誉 傷つける. zu ~ haben《話》つめに火をともすような しをする，かろうじて食いつなぐ.

'**Krat·zer** ['kratsər] 男 -s/- **1**《話》（顔や車体など ひっかき傷. **2**（泥などを）かき落す道具. **3**《動物 鉤頭(こうとう)虫.

'**Krät·zer** ['krɛtsər] 男 -s/-《地方》**1** 酸っぱいワイン **2**（南チロルの）赤ワイン，クレッツァー.

'**Kratz·fuß** 男 -es/-e **1**《古》片足を後ろにひいてする 辞儀. **2**《戯》ばか丁寧なお辞儀.

'**krat·zig** ['kratsɪç] 形 **1** ざらざら（ごわごわ）した， ささくれだった；（声が）耳障りな；（ワインが）酸っぱい.《比喩》反抗的な，強情な.

'**krät·zig** ['krɛtsɪç] 形 疥癬(かいせん)にかかった.

'**krau·chen** ['krauxən] 自《中部だ》=kriechen

'**krau·eln¹** ['krauəln] 他《地方》=kraulen²

'**krau·en** ['krauən] 他《雅》=kraulen²

'**Kraul** [kraol] 中 -[s]/ (*engl*.)《水泳》クロール.

'**krau·len¹** ['kraolən] 自 (s, h) クロールで泳ぐ.

'**krau·len²** ['kraolən] 他 (↓ krauen)（指先・手などで）軽くなでる 愛撫する. sich³ den Kopf ~（当惑して）頭をかき乱す.

kraus [kraus] 形 **1**（髪などが）縮れた，巻毛の. **2**（額に）しわが寄った；（海が）波だった. die Stirn ~ ziehen 額にしわを寄せる. **3** 混乱した，支離滅裂の. ~er Unsinn reden わけの分からないことを言う.

Kraus [kraus]《人名》Karl ~ カール・クラウス (1874-1936，オーストリアの作家).

'**Krau·se** ['krauzə] 女 -/-n **1** ひだ襟，ひだ飾り，フリル. **2**《複数なし》（髪の）ウェーブ，パーマ.

'**Kräu·sel·krepp** ['krɔyzəl..] 男 -s/-(e)《紡織》ちりめん，クレープ.

'**kräu·seln** ['krɔyzəln] (↓ krausen) ❶ 他（髪などを）縮らす，（布などに）ひだ（しわ）をつける，（顔に）しわを寄す. j³ die Haare ~ 人³の髪にウェーブをつける. die Lippen ~（嘲笑して）唇をまげる. die Stirn ~ 額にしわを寄せる. Der Wind kräuselt das Wasser. 風が水面にさざ波をたてる. ❷ 再 (sich⁴)（髪などが）縮れている；波立たせる；しわになる；（煙が）うずまく，渦をまく [vor Lachen] ~《話》腹の皮がよじれるほどおかしい. ❸ 自 (h, s) **1** (h) しわになる. **2** (s)《方向を示す語句を伴なって》うずまきながらある方向へ向かう.

'**krau·sen** ['krauzən] ❶ 他（髪を縮らせる；（布地に）ひだをつくる，（額などに）しわを寄せる. die Nase ~ 顔（鼻）をしかめる. ❷ 再 (sich⁴) 縮れる，しわになる. ❸

自《布地などが》しわになる.
kraus·haa·rig 形 縮れ毛の, 巻毛の.
'Kraus·kopf 男 -[e]s/⸚e **1** 縮れ毛(巻毛)の頭(人). **2**《戯》頭のいかれた人. **3**《工学》菊座ぎり.
Kraut[kraut クラオト] 匝 -[e]s/Kräuter **1**《植物》草本. **2**《複数なし》(通常食用には用いない)草, 茎. das 〜 der Rüben かぶらの葉. wie 〜 und Rüben [durcheinander]《話》ごちゃごちゃに, ひっくり返って. ins 〜 schießen《話》(悪習などが)はびこる. **3**《ふつう複数で》草; 薬草; 香草, ハーブ. giftige〈heilsame〉Kräuter 毒草(薬草). Kräuter an die Suppe geben スープに薬味(香草)を入れる. Gegen et⟨j⟩⁴ ist kein 〜 gewachsen. こと〈人〉に効く(つける)薬はない. **4**《複数なし》《とくに南》(a) キャベツ. (b) (Sauerkraut) ザウアークラウト. Das macht das 〜 [auch] nicht fett.《話》そんなことをしてもどうしようもない. **5**《複数なし》《地方》(りんごなどから作った)シロップ. **6**《複数なし》《俺》たばこ. **7**《古》《猟師》火薬. 〜 und Lot 弾薬.
Kraut² 男 -s/-s《俺》ドイツ野郎(Sauerkraut の意味. ドイツ人はこれをよく食べるというのでアメリカ人によってつけられたあだ名).
Kraut³ 男 -s/《北ド》《総称として》えび, かに.
kraut·ar·tig 形 草のような.
Kräu·ter ['krɔʏtər] Kraut¹ の複数.
Kräu·ter·buch 匝 -[e]s/⸚er 薬草の本.
Kräu·ter·kä·se 男 -s/- 薬草入りチーズ.
Kräu·ter·tee 男 -s/-s 薬草湯, ハーブティー.
Kraut·jun·ker 男 -s/-《古》《俺》田舎貴族.
Kraut·kopf 匝 -[e]s/⸚e《地方》キャベツ(の玉).
Kra'wall [kra'val] 男 -s/-e **1**《複数で》《話》暴動, 騒乱. **2**《複数なし》騒音, 喧嘩, 大騒ぎ.
Kra'wat·te [kra'vatə クラヴァテ] 囡 -/-n (fr.) **1** ネクタイ. eiserne 〜《戯》はじめから結んであるネクタイ. j³ die 〜 zuziehen〈um den Hals legen〉《卑》人³を絞め殺す, 縛り首にする. j⁴ an den 〜 nehmen〈packen〉《話》人⁴の胸ぐらにつかみかかる. [sich³] einen hinter die 〜 gießen《話》一杯ひっかける. **2** (婦人用の)毛皮の襟巻. **3**《レスリング》ヘッドロック. **4**《医学》《頸部固有筋》のギプス.
Kra'wat·ten·na·del 囡 -/-n ネクタイピン.
kra·xeln ['kraksəln] 自 (s)《地方》よじ登る.
Kra'yon [krɛ'jõ:] 男 -s/-s (fr.)《古》鉛筆; チョーク; クレヨン.
Kre·a·ti'on [kreatsi'o:n] 囡 -/-en (lat.) **1**《古》(芸術の)創作. **2**《服飾》創作モード.
kre·a'tiv [krea'ti:f] 形 創造的な, 創造力豊かな.
Kre·a·ti·vi'tät [kreativi'tɛ:t] 囡 -/ 創造力, 創造性.
Kre·a'tur [krea'tu:r] 囡 -/-en (lat.) **1** 被造物; 生き物. **2**《あわれなやつ》《俺》手下, 腰巾着.
kre·a'tür·lich [krea'ty:rlɪç] 形 被造物の, 生き物に特有の.
Krebs [kre:ps クレープス] 男 -es/-e **1** ざりがに, かに, えび; 甲殻類. einen 〜 fangen《ボート》オールをちゃんと漕がない. **2**《ふつう複数で》節足動物. **3**《医学》癌(比喩的にも用いられる), 《植物》(組織の病理的な)異常増殖, (木の)瘤. **4**《天文》(a) der 〜 蟹座, 巨蟹(ミ)宮. (b) 蟹座生れの人. Ich bin [ein] 〜. 私は蟹座の生れです. **5**《音楽》逆行形式. **6**《ふつう複数で》《書籍》返本.
krebs·ar·tig 形《病理》癌性の.
'kreb·sen ['kre:psən] 自 (h, s) (↓Krebs) **1** (h) ざりがに捕りをする. mit et³ 〜 gehen《地方》事³を引合いに出して利益を得ようとする. **2** (h)《次の成句で》zu 〜 haben 無駄骨を折る(mit et³ 事³で); あくせく働く. **3** (s) 這いずって(やっとのことで)進む, へとへとになってよじ登る. **4** (s)《ズ》あとずさりする, 後退する.
'krebs·er·re·gend, 'krebs·er·zeu·gend 形《病理》発癌性の. ◆ Krebs erregend, Krebs erzeugend とも書く.
'Krebs·früh·er·ken·nung 囡 -/ 癌の早期発見.
'Krebs·gang 男 -[e]s/ **1** あとずさり, 退歩. **2**《音楽》逆行, 蟹形進行.
'Krebs·ge·schwür 匝 -[e]s/-e《医学》癌性腫瘍.
'krebs·rot 形 (ゆでた蟹のように)真っ赤な.
'Krebs·scha·den 男 -s/⸚ (比喩的な意味での)癌, 諸悪の根源.
Kre'denz [kre'dɛnts] 囡 -/-en (it.)《古》食器棚, サイドボード.
kre'den·zen [kre'dɛntsən] kredenzte, kredenzt 匝 -/《雅》人³に飲物をすすめる.
∗**Kre'dit**¹ ['kre:dɪt クレディート] 匝 -[e]s/-e (fr.)《経済》信用貸し, 掛け(売り), クレジット, 借款(,,,); 貸付金. bei der Bank einen 〜 aufnehmen 銀行で貸付(融資)を受ける. j³ einen 〜 eröffnen 人³と信用取引をはじめる. j³ 〜 geben 人³に信用貸しをする, 掛売をする. auf 〜 つけで. **2**《複数なし》信用, 信頼性. bei j³ 〜 haben〈genießen〉人³に信用がある.
'Kre·dit² ['kre:dɪt] 匝 -[e]s/-s《経済》(↔ Debet) 貸し方.
Kre'dit·an·stalt, Kre'dit·bank [kre'di:t..] 囡 -/-en 信用銀行.
Kre'dit·brief 男 -[e]s/-e《銀行》委託信用証券, 信用状.
kre'dit·fä·hig 形《法制》債務支払能力のある, 信用能力のある.
Kre'dit·ge·ber 男 -s/- 債権者, 貸主.
Kre'dit·ge·nos·sen·schaft 囡 -/-en 信用組合.
kre·di'tie·ren [kredi'ti:rən] (↓Kredit¹) ❶ 匝 (人³に)信用を供与する. ❷ 匝 j³ einen Betrag 〜 ある金額を人³の貸方に記入する; (に)信用貸しする. j³ et⁴ 〜 人³に物を掛売する.
Kre'dit·in·sti·tut 匝 -[e]s/-e 金融機関.
Kre'dit·kar·te 囡 -/-n《経済》クレジットカード.
'Kre·di·tor ['kre:dito:r] 男 -s/-en [kredi'to:rən] (it.) (↔ Debitor) 債権者.
Kre'dit·we·sen 匝 -s/ 金融制度.
kre'dit·wür·dig 形 クレジットを受ける資格がある, (経済的に)信用がある.
'Kre·do ['kre:do] 匝 -s/-s Credo.
'Kre·gel ['kre:gəl] 形《地方》元気のいい, 活発な.
∗**'Krei·de** ['kraɪdə クライデ] 囡 -/-n (lat.) **1**《複数なし》石灰石. **2** 白墨, チョーク. auf 〜 leben《話》つけ(借金)で暮す. bei j³ tief〈mit 300 Euro〉in der 〜 sitzen〈stehen/sein〉《話》人³にたっぷり〈300 ユーロ〉借金がある. in die 〜 kommen〈geraten〉《話》借金をする(負う). mit doppelter 〜 [an]schreiben《話》代金を倍に水増しする. **3**《北ド》粥(,). **4**《複数なし》《地質》白亜紀.
'krei·de·bleich 形 (顔が)真っ青な, 蒼白の.
'Krei·de·pa·pier 匝 -[e]s/-e《製紙》アート紙.
'krei·de·stift 匝 -[e]s/-e チョーク, コンテ.
'krei·de·weiß 形 真っ白な; (顔が)蒼白の.
'Krei·de·zeit 囡 -/《地質》白亜紀.

'**krei·dig** ['kraɪdɪç] 形 **1** チョークまみれ(だらけ)の. **2** 真っ白の；蒼白の. **3**『地質』白亜を含んだ.

kre·ie·ren [kre'i:rən] 他 (lat.) **1** (新しいファッション・モードを)創作する；創造する. **2**『演劇』(ある役を)初演で演じる. **3** j¹ ～ 人¹を枢機卿に任命する.

***Kreis** [kraɪs クライス] 男 **1** 円，円形；輪，円環. der Durchmesser〈der Umfang〉eines ～es 円の直径〈円周〉. mit dem Zirkel einen ～ schlagen〈beschreiben〉コンパスで円を描く. einen ～ um j〈et〉¹ schließen〈bilden〉人〈物〉¹のまわりに円陣をつくる, (を)とり囲む. j² ～e stören 人²の仕事の邪魔をする. Störe meine ～e nicht! 私にかまわないでくれ(Archimedes の言葉にちなむ). ～e ziehen 弧を描く；広範囲におよぶ. Der Flugzeug zog am Himmel seine ～e. 飛行機が空を旋回していた，空に弧を描いた. Die Affäre zog immer weitere ～e. その事件はますます波紋を広げた. Der ～ ist geschlossen. 証拠は出そろった. sich⁴ im ～ bewegen〈drehen〉くるくる回る；〖比喩〗(思考や議論が)堂々巡りする. Ihm dreht sich⁴ alles im ～e. 彼はめまいがする. Wir sind im ～ gegangen. 我々は同じところに戻ってきた(1 周した). in einem ～ sitzen〈stehen〉輪になって座る〈立つ〉. sich⁴ im ～e umsehen 周囲を見回す. **2** サークル, グループ, 仲間；〖複数で〗(階級や職業を同じくする)集団, 階層, …界. die besseren ～e 上流階級. politische〈kirchliche〉～ 政界〈宗教界〉. gut unterrichtete ～e 消息筋. im ～ der Freunde〈Familie〉仲間内で〈家族だけで〉. im engsten ～e ごく内輪で. in weiten〈breiten〉～en der Bevölkerung 広く住民のあいだで. Das kommt in den besten ～en vor. そんなによくよく(心配)することはないよ. **3** 範囲, 領域. Gesichtskreis 視野. **4** (略 Kr[s].) 郡(Gemeinde の上部行政区画). **5**『電子工』回路.

'**Kreis·ab·schnitt** 男 -[e]s/-e 〖数学〗弓形.
'**Kreis·amt** 中 -[e]s/-er 郡役所.
'**Kreis·arzt** 男 -es/⁼e 郡衛生局医師, 郡医官.
'**Kreis·aus·schnitt** 男 -[e]s/-e 〖数学〗扇形.
'**Kreis·bahn** 女 -/-en 円軌道；環状道路(鉄道).
'**Kreis·be·we·gung** 女 -/-en 円運動, 回転運動.
'**Kreis·bo·gen** 男 -s/- 〖数学〗円弧.

krei·schen⁽*⁾ ['kraɪʃən] kreischte (krisch), gekreischt (gekrischen) 自 **1** (鳥が)高い声で〈かん〉鳴く；(人が)金切声をあげる. **2** (ブレーキなどが)キーキーいう, きしむ.

'**Krei·sel** ['kraɪzəl] 男 -s/- こま；ジャイロスコープ. **2**〖交通〗ロータリー. **3**〖スポ〗パスを回すこと.
'**Krei·sel·kom·pass** 男 -es/-e 〖海事〗ジャイロコンパス.
'**krei·seln** ['kraɪzəln] 自 (h, s) **1** (h) こま回しをする. **2** (h, s) くるくる回る, 回転する. **3** (s) まわりながら進む. **4** (h)〖スポ〗パスを回す.
'**Krei·sel·pum·pe** 女 -/-n 〖工学〗渦巻ポンプ, 回転(遠心)ポンプ.

*'**krei·sen** ['kraɪzən クライゼン] (↓Kreis) ❶ 自 (h, s) **1** (h, s) 回る. 回転(旋回)する；(思考などが)堂々巡りする；循環する. Die Erde kreist um die Sonne. 地球は太陽のまわりを回っている. Das Flugzeug hat 〈ist〉über die Stadt gekreist. 飛行機はその町の上を旋回した. Seine Gedanken kreisen ständig um diese Frage. 彼の考えはたえずこの問題をめぐって堂々巡りしている. die Flasche ～ lassen 酒(瓶)を回し飲みする. **2** (h) mit et³ ～ 物³(とくに体の一部)を回す.

mit den Armen ～ 腕を回す.
❷ 他 **1**〖体操〗(腕や足を)回す. **2**〖猟師〗(獲物を)囲んで追い込む.
'**kreis·för·mig** 形 円形の, 環状の.
'**kreis·frei** 形 (都市が)郡に属さない, 独立行政の.
'**Kreis·in·halt** 男 -[e]s/- 〖数学〗円の面積.
'**Kreis·ke·gel** 男 -s/- 〖数学〗円錐.
*'**Kreis·lauf** ['kraɪslaof クライスラオフ] 男 -[e]s/-e 循環, 回転, 周行. **2**〖医学〗血液循環, 血行.
'**Kreis·lauf·stö·rung** 女 -/-en 〖医学〗循環障害.
'**Kreis·li·nie** 女 -/-n 〖数学〗円形の線, 円.
'**kreis·rund** 形 円形の, 円のまんまるの.
'**Kreis·sä·ge** 女 -/-n 〖工学〗丸鋸(⁰), 丸鋸盤. **2**〖戯〗カンカン帽子.
'**krei·ßen** ['kraɪsən] 自〖古〗陣痛で苦しむ, 分娩中である. Der Berg *kreißt* und gebiert eine Maus.〖諺〗大山鳴動してねずみ一匹.
'**Kreiß·saal** 男 -[e]s/..säle 分娩室, 産室.
'**Kreis·stadt** 女 -/⁼e 郡庁所在地.
'**Kreis·tag** 男 -[e]s/-e 郡議会.
'**Kreis·um·fang** 男 -[e]s/⁼e 〖数学〗円周.
'**Kreis·ver·kehr** 男 -[e]s/-e 〖交通〗循環式交通.
Krem [kre:m, krɛm] 女 -/-s(男 -s/-e(-s)) (Creme) **1** (料理の)クリーム. **2** (化粧用の)クリーム.
Kre·ma·ti'on [krematsi'o:n] 女 -/-en (lat.) 火葬.
Kre·ma'to·ri·um [krema'to:rium] 中 -s/..rien (lat.) 火葬場.
kre·mie·ren [kre'mi:rən] 他 (lat.)〖古〗火葬する.
'**kre·mig** ['kre:mɪç, krɛmɪç] 形 クリーム状の.
Kreml ['kre:məl, 'krɛml] 男 -[s]/- (russ.) **1** (中世ロシアの)城砦. **2**〖複数なし〗(a) (モスクワの)クレムリン. (b) ロシア政府.
'**Krem·pe** ['krɛmpə] 女 -/-n (帽子の)つば, 縁.
'**Krem·pel** ['krɛmpəl] 男 -s/ (it.)〖話〗がらくた. den [ganzen] ～ hinwerfen 〖比喩〗(仕事などをほうり)出す.
'**Krem·pel** 女 -/-n 〖紡織〗梳(⁰)綿(毛)機.
'**krem·peln** ['krɛmpəln] 他 **1** (袖・裾などを)折返す. **2**〖ぞ〗まくり上げる.
Kren [kre:n] 男 -[e]s/- (slaw.)〖ぞ・方言〗わさび大根. zu et³ *seinen* ～ geben 事³について出しゃばった口をきく.
'**kren·geln** ['krɛŋəln] 他 (sich⁴) 巻付く, ほっつき歩く；ぶらつく；忍び歩く.
Kre·o·le [kre'o:lə] 男 -n/-n (port.) クレオール〈schwarzer〉～ 黒クレオール(南米, とくにブラジルに連れてこられた黒人奴隷の子孫). 〈weißer〉～ (南米に移住した白人の子孫). ◆女性形 Kreolin 女 -/-nen
Kre·o·len·spra·che 女 -/-n 〖言語〗クレオール語, 混清言語(主としてヨーロッパ移民の言葉と土着語とが混淆し, 独立した 1 言語と見なされるようになった言語).
kre·o·lisch [kre'o:lɪʃ] 形 クレオール(人, 語)の. deutsch
Kre·o'pha·ge [kreo'fa:gə] 男 -n/-n (gr.)〖生物〗肉食動物.
Kre·o'sot [kreo'zo:t] 中 -[e]s/ (gr.)〖化学〗クレオソート.
kre·pie·ren [kre'pi:rən] 自 (s) (it.) **1** (爆弾などが)炸裂(⁰)する. **2** くたばる, 死ぬ.
Krepp [krɛp] 男 -s/-s(-e) (fr.)〖紡織〗クレープ.
°**Krepp·pa·pier** ↑Krepppapier
'**Krepp·pa·pier** 中 -s/-e クレープ・ペーパー.

'repp·soh·le 囡 -/-n ラバーソール，クレープゴム底.
'res'cen·do [kreˈʃɛndo] 田 -s/-s(..di[..di]) = Crescendo
're·sol [kreˈzɔːl] 田 -s/-e (gr.)『化学』クレゾール.
'res·se [ˈkrɛsə] 囡 -/-n 『植物』こしょうそう属.
'kre·ta [ˈkreːta]『地名』クレータ島(エーゲ海南部，ギリシア最大の島).
'kre·ter [ˈkreːtər] 男 -s/- (↑Kreta) クレータ島の住民(出身者);『聖書』クレテ人.
'kre·thi und 'Ple·thi [ˈkreːti ont ˈpleːti] 覆《無冠詞／単数としても》《侮》有象無象. ◆ダビデ王の親衛兵クレテ人(Kreter)とペリシテ人(Philister)に由来. ↑『旧約』サム下 8:18.
'kre·tin [kreˈtɛ̃ː] 男 -s/-s (fr.)『医学』クレチン病患者. **2**《侮》馬鹿，うすのろ.
'kre·ti·nis·mus [kretiˈnɪsmʊs] 男 -/『病理』クレチン病.
'kreuz [krɔyts] 副《次の成句で》~ und quer あちこち，ごちゃごちゃに，縦横に.
'Kreuz [krɔyts クロイツ] 田 -es/-e (*lat.* crux) **1** 十字，十字の印，ばつ印;『記号†』(死亡・古語を表す)ダガー; 十字路，交差点. das griechische〈lateinische／russische〉~ ギリシア〈ラテン／ローマ〉十字. ein liegendes ~ 斜め十字. das Eiserne ~《略 E. K.》鉄十字勲章. Das Deutsche Rote ~《略 DRK》ドイツ赤十字. ~ des Südens／Südliches ~『天文』南十字星. ein ~ bilden (通りなどが)交差している. ein ~ über et⁴ machen 物⁴の上にばつ印をつける; (を)無いものとあきらめる. drei ~e unter ein Schriftstück machen〈setzen〉(字の書けない人がサインの代りに)書類にばつ印(十字)を3つつける. ein ~ hinter j³ Namen setzen (死亡の印として)人²の名前の後ろに十字の印(†)をつける. et⁴ über[s] ~ legen 物⁴を十字に重ねて(交差させて)置く. mit j³ über[s] ~ sein〈stehen／liegen〉《話》人³と角突き合せている，仲違いしている. 《次の用法では女性名詞として》in die ~ und in die Quer[e] やみくもに，屈服する(vor j³ に). 2 (a)(刑具としての)十字架. j⁴ ans ~ schlagen〈nageln〉人⁴を十字架にかける. (b)(キリスト教の象徴としての)十字架，十字. *~ auf dem Altar* 祭壇の上にある十字架. *ein ~ schlagen〈machen〉／das Zeichen des ~es machen* 十字を切る. *~ und 〈drei ~e〉 hinter j³ machen*《話》人³がいなくなって(事³がすんで)喜ぶ(ほっとする). 《比喩的に》das ~ nehmen〈predigen〉《古》十字軍に参加する(参加を呼びかける). zu ~e kriechen《話》膝を屈する，屈服する(vor j³ に).
3《比喩》苦難，辛苦，試練; 重荷. Es ist ein ~ mit j〈et〉³. 《話》人〈事〉³に手を焼く. Jeder hat sein ~ [zu tragen]. 誰にも悩みはあるものだ. mit j〈et〉³ *sein* ~ haben《話》人〈事〉³でさんざん苦労する，(に)てこずる. sein ~ tragen〈auf sich⁴ nehmen〉(じっと)苦難に耐える.
4 背中の下部，腰. j³ das ~ aushängen《卑》人³をひどい目にあわせる，さんざん殴る. aufs ~ fallen《話》(仰向けに)ひっくり返る，しりもちをつく. fast [beinahe] aufs ~ fallen《話》(腰を抜かすほど)びっくりする. j⁴ aufs ~ legen《話》人⁴を仰向けにひっくり返す，打負かす;《話》人⁴をだます，(に)不意打ちをくらわす. j³ et⁴ aus dem ~ leiern《戯》人³から物⁴をせびり取る，無理に言わせる. Ich hab's〈habe es〉im ~.《話》私は腰が痛い. **5**『ゲ』(a)《複数なし》クラブ. (b)《複数 -》クラブの札.

6『記号♯』『音楽』シャープ.

griechisch   lateinisch   Andreas-K.

Antonius-K.   Schächer-K.   Tatzen-K.

achtspitzig   Anker-K.   Krücken-K.

Doppel-K.   russisch   Winkelmaß-K.

Kreuz

'Kreuz·ab·nah·me 囡 -/-n キリスト降架(の絵).
'Kreuz·band 田 -[e]s/⸚er **1**『解剖』十字靱帯. **2** 帯封.
'Kreuz·bein 田 -[e]s/-e『解剖』仙骨.
'Kreuz·blu·me 囡 -/-n **1**『植物』ひめはぎ，十字花. **2**『建築』頂華，ピナクル.
'Kreuz·blüt·ler [..blyːtlər] 男 -s/-『植物』十字花科.
'kreuz'brav 形 とてもおとなしい，真っ正直な.
*'kreu·zen [ˈkrɔytsən クロイツェン] (↓Kreuz) ❶ 他 **1** 交差させる. die Arme〈die Beine〉~ 腕〈足〉を組む. mit j³ den Degen〈die Klinge〉~ 人³と剣を交える; 激論をかわす. 《過去分詞で》mit *gekreuzten* Armen〈Beinen〉腕〈足〉を組んで. **2**(et⁴ 物⁴と)交差する，交わる，(を)横切る. den Platz〈einen Fluss〉~ 広場を横切る〈川を渡る〉. Die Eisenbahnlinie *kreuzt* die Straße. 鉄道の線路が道路と交差している. Ich habe seinen Weg mehrmals *gekreuzt*.《比喩》私は(人生で)何度か彼に出会ったことがある. **3**《生物》交配される，かけ合す. Pferde mit Eseln ~ 馬とろばをかけ合す.
❷ 再 (**sich**⁴) 交差する; (手紙などが)行違う; すれ違う; (意見などが)食違う. Die beiden Wege *kreuzen sich* hier. 2本の道路がここで交差している. Unsere Briefe haben *sich gekreuzt*. 我々の手紙は行違いになった. Seine Ansicht *kreuzte sich* mit der seiner Frau. 彼の意見は妻のものと食違っていた.
❸ 自(h, s) **1**(船や飛行機が一定の区域を)あちこち走る，めぐる. **2**(船員)間切る，風を斜めに受けて(ジグザグに)進む.
◆↑gekreuzt
'Kreu·zer¹ [ˈkrɔytsər] 男 -s/-『貨幣』クロイツァー(13

世紀から 19 世紀にドイツ・オーストリア・ハンガリーで用いられた).

'**Kreu·zer**[男] -s/- (ndl.) 1 〖軍事〗巡洋艦. 2 クルーザー, 大型ヨット.

'**Kreu·zer·hö·hung** [女] -/ 〖ｷﾘｽﾄ教〗聖十字架称賛(祭)(9 月 14 日).

'**Kreu·zes·tod** [男] -[e]s/-e 十字架上の死.

'**Kreu·zes·weg** [男] -[e]s/ =Kreuzweg 2(a)

'**Kreu·zes·zei·chen** [中] -s/- =Kreuzzeichen

'**Kreuz·fah·rer** [男] -s/- 〖歴史〗十字軍従軍者.

'**Kreuz·fahrt** [女] -/-en 1 〖歴史〗十字軍の遠征. 2 (観光船による)巡航, クルージング.

'**Kreuz·feu·er** [中] -s/- 1 〖古〗〖軍事〗十字砲火. 2 〖比喩〗集中攻撃. ins ～ geraten 集中攻撃を受ける.

'**kreuz·fi·del** [形] とても陽気な, 上機嫌な.

'**kreuz·för·mig** [形] 十字形の, 十字架状の.

'**Kreuz·gang** [男] -[e]s/-e 1 〖建築〗(修道院などの)回廊. 2 (祝祭などの)行列.

'**Kreuz·ge·wöl·be** [中] -s/- 〖建築〗交差ヴォールト, 交差穹窿(ｷｭｳﾘｭｳ).

'**kreu·zi·gen** ['krɔʏtsɪgən] [他] (↓ Kreuz) 十字架にかける, はりつけにする. der Gekreuzigte 〖ｷﾘｽﾄ教〗十字架にかけられた方(イエス・キリスト). ♦ ↑ gekreuzigt

'**Kreu·zi·gung** [女] -/-en 磔刑(ﾀｯｹｲ); 〖美術〗キリストの磔刑像.

'**Kreuz·kno·ten** [男] -s/- 〖海事〗スクエアノット, こま結び; リーフノット, 本結び.

'**kreuz·lahm** [形] 〖話〗腰が痛い; くたくたになった.

'**Kreuz·ot·ter** [女] -/-n 〖動物〗ヨーロッパくさりへび.

'**Kreuz·rit·ter** [男] -s/- 1 〖歴史〗十字軍の騎士. 2 (ドイツ)騎士修道会士.

'**Kreuz·schmerz** [男] -es/-en 〖ふつう複数で〗腰痛.

'**Kreuz·spin·ne** [女] -/-n 〖虫〗おにぐも.

'**Kreuz·stich** [男] -[e]s/-e 〖手芸〗クロス・ステッチ.

*'**Kreu·zung** ['krɔʏtsʊŋ クロイツング] [女] -/-en 1 交差点, 十字路. 2 〖生物〗交雑.

'**kreu·zungs·frei** [形] 交差点のない.

'**Kreu·zungs·punkt** [男] -[e]s/-e 交差点.

'**Kreuz·ver·hör** [中] -[e]s/-e 〖法制〗反対尋問. j³ ins ～ nehmen 人³に反対尋問をする.

'**Kreuz·weg** [男] -[e]s/-e 1 十字路, 交差点. am ～ stehen 〖比喩〗岐路に立つ. 2 (a)〖新約〗十字架の道(キリストが十字架を背負って歩いた). (b)〖ｷﾘｽﾄ教〗十字架の道(キリスト受難の道行を表す絵画や彫刻. 14 の場面からなる).

'**kreuz·wei·se** [副] 十字形に, 交差(クロス)して. Du kannst mich [mal] ～ ! / Leck mich ～ !〖卑〗まっぴらごめんだ, くそくらえ.

'**Kreuz·wort·rät·sel** [中] -s/- クロスワードパズル.

'**Kreuz·zei·chen** [中] -s/- 〖ｶﾄﾘｯｸ教〗十字(架)の印. ein ～ schlagen〈machen〉十字を切る.

'**Kreuz·zug** [男] -[e]s/-̈e 1 〖歴史〗十字軍の遠征. 2 〖比喩〗正義のための戦い(キャンペーン).

'**krib·be·lig** ['krɪbəlɪç] [形] 〖話〗いらいらした; じれったい.

'**krib·beln** ['krɪbəln] ❶ [自] (虫などが)うごめく, うようよ這(ﾊ)い回る. Überall *kribbelt* [und krabbelt] eine Unzahl von Ameisen. あたり一面に蟻がうようよ這い回っている. **Es kribbelt und krabbelt** の形で非人称的に)*Es* kribbelt und krabbelt wie in einem Ameisenhaufen. 蟻塚の中のように黒山の人々がうごめ

いている.

❷ [自] 〖他〗かゆい, むずむずする; くすぐる. Mein Rücken *kribbelt*. 背中がかゆい. Die Wolle *kribbelt* auf der Haut. このウールは肌にちくちくする. Sie *kribbe*... ihn. 彼女は彼をくすぐった.《非人称的に》*Es* kribbe... mir〈mich〉in der Nase. 私は鼻がむずむずした. ... *kribbelt* mir in den Fingern.《比喩》私は(何かした...て)うずうずしている.

'**krib·lig** ['krɪblɪç] [形] =kribbelig

'**Kribs·krabs** ['krɪpskraps] [男] 〖田〗-/ たわごと, 訳の分からない話; 混乱, 大騒ぎ.

'**Kri·cket** ['krɪkət] [中] -s/- (engl.)〖ｽﾎﾟｰﾂ〗クリケット.

*'**krie·chen*** ['kriːçən クリーヒェン] kroch, gekrochen (h, s) 1 (s) (a) 這(ﾊ)う, 這って進む. auf dem Bauch〈auf allen vieren〉～ 腹這い〈四つん這い〉になって進む. j³ auf den Leim ～〖卑〗人³にだまされる. aus dem Ei ～ (雛が)卵から出てくる. 食われる. auf allen vieren ins Bett ～〖話〗ベッドにもぐり込む, 寝る. Ich wä... am liebsten in ein Mauseloch *gekrochen*. 私は穴があったら入りたいような気分だった. Der Hund *kroch* unter den Tisch. 犬がテーブルの下にもぐり込んだ. 2 〖植物〗(蔦(ﾂﾀ)などが)這う. 2 (s)(乗物などが)ゆっくりのろのろ進む; (時間が)ゆっくり過ぎる; (霧などが)ゆっくり広がる. Der Zug *kriecht* auf den Berg. 列車がのろのろと山を登る. Die Zeit *kriecht*. 時がゆっくりとしてすすまない. Der Nebel *kroch* durchs Tal. 霧がゆっくりと谷間に広がっていった.《現在分詞で》Der Verkehr kommt nur *kriechend* voran. 交通は渋滞している. 3 (h, s) 〖侮〗(vor j³ 人³に)へつらう, ぺこぺこする.

'**Krie·cher** [男] -s/- 〖侮〗おべっか使い.

'**Krie·che·rei** [kriːçəˈraɪ] [女] -/-en 〖侮〗ぺこぺこすること, お追従(ﾂｲｼｮｳ), へつらい.

'**krie·che·risch** ['kriːçərɪʃ] [形] 〖侮〗ぺこぺこした, べっか使いの, 卑屈な.

'**Kriech·spur** ['kriːç...] [女] -/-en 登坂車線.

'**Kriech·tier** [中] -[e]s/-e 〖動物〗爬(ﾊ)虫類.

*'**Krieg** [kriːk クリーク] [男] -[e]s/-e (↔ Frieden) 戦争; 不和, 確執. Welt*krieg* 世界大戦. Bürger*krieg* 内戦. der totale ～ 全面戦争. der Kalte ～ 冷戦. der heilige ～ 聖戦. der Siebenjährige ～ 〖歴史〗七年戦争(1756-63). häuslicher ～ 家庭内の不和(評(ﾋｮｳ)). der ～ zu Lande, zu Wasser und in der Luft 陸, 海(ｶｲ), 空(ｸｳ)にわたる戦争. Der ～ ist aus. 戦争は終った. j〈et〉³ den ～ ansagen 人〈事〉³に戦いを宣告する. einem Staat den ～ erklären ある国に宣戦布告する. ～ führen 戦争をする. einen ～ gewinnen〈verlieren〉戦争に勝つ〈負ける〉. ～ spielen (子供が)戦争ごっこをする. am ～ teilnehmen 参戦する. im ～[e] fallen 戦死する. im ～ stehen 戦争中である. Die beiden leben〈liegen〉ständig im ～ miteinander. 2人はいつもいがみ合っている(喧嘩ばかりしている). in den ～ ziehen 出征する. zum〈für den〉～ rüsten 軍備を整える. ♦ ↑ Kriegführend

'**krie·gen** ['kriːgən クリーゲン] [他] (↓ Krieg)〖話〗1 (bekommen) もらう, 得る, 手に入れる; くらう. eine Arbeit〈eine Stellung〉～ 仕事〈職〉を見つける. Besuch〈Gäste〉～ 訪問を受ける. einen Brief ～ 手紙をもらう. Das Buch ist nicht mehr zu ～. その本はもう手に入らない. eine Erlaubnis ～ 許可をもらう. sein Fett ～ 罰をくらう. eine Frau〈einen Mann〉～ 妻〈夫〉を見つける. Er hat 2 Jahre Gefängnis *gekriegt.* 彼は2年の懲役をくらった．Gehalt ~ 給料をもらう．Hunger ~ 腹がへる．von et³ Kenntnis ~ 事³を知る．ein Kind ~ 子供ができる．Macht〈Gewalt〉 über j⁴ ~ 人⁴を支配下に置く．eine Ohrfeige ~ びんたをくらう．ein paar ~ (2, 3発)殴られる．Risse ~ ひびが入る．Schnupfen ~ 鼻風邪をひく．mit j³ Streit ~ 人³と喧嘩する．Er *kriegt* immer seinen Willen. 彼はいつも自分の意志を押し通す．schlechtes Wetter ~ 悪天候にみまわれる．zu viel ~ 頭にくる; うんざりする．Das werden wir schon ~! それはきっとなんとかなるさ．《前置詞と》 eins **aufs** Dach ~ 頭に一発くらう．den Fleck **aus** dem Anzug ~ 服のしみを抜取る．j⁴ aus dem Haus ~ 人⁴を外に連出す．das Klavier **durch** die Tür ~ ピアノをドアから入れる(出す)ことができる．et⁴ **in** den Griff ~ 物⁴をなんとかして操る．et⁴ in die Hände 〈die Finger〉 ~ 物⁴をたまたま手に入れる．et⁴ in die falsche Kehle ~ 物⁴を飲んでむせる; 事⁴を感違いして気を悪くする．j⁴ ins Bett ~ なんとかくどいて人⁴と寝る．festen Boden **unter** die Füße ~ 足場をかためる．j⁴ **zu** et³ ~ 人⁴に事³をさせる(する気にさせる)．j⁴ zu Gesicht ~ 人⁴に出会う．《過去分詞と》 et⁴ geschenkt ~ 物⁴をプレゼントされる．die Haare geschnitten ~ 髪の毛を切ってもらう．《**zu** 不定詞句と》 et⁴ zu kaufen ~ 物⁴が買える．et⁴ zu sehen ~ 物⁴を見ることができる; (を)見る羽目になる．Vorwürfe zu hören ~ さんざん非難される羽目になる．Der wird von mir was zu hören ~! あいつに一言いってやるぞ．es⁴ mit der Angst zu tun ~ 不安になる．es³ mit j³ zu tun ~ 人³と喧嘩する, もめる．es⁴ über sich⁴ ~, …**zu** 不定詞句 することができる, 思い切って…する．Er *kriegte* es nicht über sich, so schamlos zu handeln. 彼にはそんな恥知らずな振舞はどうしてもできなかった．《結果を示す語句と》 j⁴ ruhig ~ 人⁴を落着かせる．et⁴ satt ~ 事⁴にあきあき(うんざり)する．et⁴ sauber ~ 物⁴を清潔にしておく．Sie ist einfach nicht tot zu ~. あの女は殺しても死ぬようなやつじゃない．《相互代名詞 **sich**⁴ と》 sich ~ 《話》 結婚する．sich in die Haare ~ (とっくあいの)喧嘩をする．▶ 同じ意味で用いられる bekommen よりも俗臭．

2 捕らえる, 《列車などに》間に合う.

Krie·ger ['kriːɡər] 男 -s/- 戦士, 武士; 兵士.

Krie·ger·denk·mal 中 -[e]s/⁼er(-e) 戦没兵士記念碑.

krie·ge·risch ['kriːɡərɪʃ] 形 **1** 戦争の, 戦争に関する, 軍事上の. **2** 好戦的な. **3** 軍人のような.

Krie·ger·wit·we 女 -/-n 戦争未亡人.

Krieg füh·rend, °**krieg füh·rend** 形 《付加語的用法のみ》交戦中の.

Krieg füh·rung 女 -/-en 戦争行為; 戦略, 作戦.

Kriegs·aka·de·mie 女 -/-n (昔の)陸軍大学校.

Kriegs·an·lei·he 女 -/-n 戦時公債.

Kriegs·beil 中 -[e]s/-e いくさ斧．das ~ ausgraben〈begraben〉《比喩》闘いを始める〈仲直りする〉.

Kriegs·be·ma·lung 女 -/-en **1** (未開人の)戦いの化粧. **2** 《戯》 こてこての厚化粧.

Kriegs·be·richt·er·stat·ter 男 -s/- 従軍記者.

kriegs·be·schä·digt 形 戦傷を負った.

Kriegs·be·schä·dig·te 男 女 《形容詞変化》 戦傷者.

Kriegs·dienst 男 -[e]s/-e 兵役, 軍務.

Kriegs·dienst·ver·wei·ge·rer 男 -s/- 兵役(徴兵)拒否者.

'Kriegs·dienst·ver·wei·ge·rung 女 -/《法制》 兵役拒否.

Kriegs·en·de 中 -s/-n 終戦.

'Kriegs·ent·schä·di·gung 女 -/-en 戦争(戦時)賠償(金).

'Kriegs·er·klä·rung 女 -/-en 宣戦(布告).

'Kriegs·flag·ge 女 -/-n 軍艦旗.

'Kriegs·flot·te 女 -/-n (1国の)艦隊, 海軍力.

'Kriegs·frei·wil·li·ge 男 女 《形容詞変化》 志願兵.

'Kriegs·fuß 男 《次の用法でのみ》 mit j〈et〉³ auf ~ stehen 人³と仲が悪い〈事³にてこずっている〉.

'Kriegs·ge·fan·ge·ne 男 女 《形容詞変化》 戦時捕虜.

'Kriegs·ge·fan·gen·schaft 女 -/ 捕虜になること.

'Kriegs·ge·richt 中 -[e]s/-e 軍法会議, 軍事法廷.

'Kriegs·ge·winn·ler 男 -s/- 《侮》 戦争成金, 戦時利得者.

'Kriegs·ha·fen 男 -s/⁼ 軍港.

'Kriegs·herr 男 -n/-en 《複数まれ》最高司令官.

'Kriegs·het·ze 女 -/ 戦争挑発.

'Kriegs·het·zer 男 -s/- 戦争挑発者.

'Kriegs·hin·ter·blie·be·ne 男 女 《形容詞変化》 戦没者の遺族.

'Kriegs·ka·me·rad 男 -en/-en 戦友.

'Kriegs·kos·ten 複 戦費.

'Kriegs·kunst 女 -/ 戦術, 戦法, 兵法.

'Kriegs·list 女 -/ 軍略, 奇計, 奇襲.

'kriegs·lus·tig 形 好戦的な, 戦闘的な.

'Kriegs·ma·ri·ne 女 -/ 《軍事》 海軍.

'Kriegs·ma·te·ri·al 中 -s/ 軍需物資.

'Kriegs·mi·nis·ter 男 -s/- 国防大臣.

'Kriegs·pfad 男 《次の用法で》 auf dem ~ sein (とくにインディアンの物語で)出征する; 《比喩》 攻撃(不意打)しようとしている.

'Kiegs·rat 男 -[e]s/-e 《複数まれ》 作戦(軍事)会議, 参謀会議．~ halten 《話》 (ある事について)皆で話合う.

'Kriegs·recht 中 -[e]s/- 戦時国際法.

'Kriegs·scha·den 男 -s/⁼ 《複数で》 戦争による損害.

'Kriegs·schau·platz 男 -es/⁼e 戦場.

'Kriegs·schiff 中 -[e]s/-e 軍艦.

'Kriegs·schuld 女 -/ 戦争責任.

'Kriegs·schul·den 複 戦時国債.

'Kriegs·schu·le 女 -/-n 士官学校.

'Kriegs·stär·ke 女 -/ 《軍事》 軍事力, 兵力.

'Kriegs·teil·neh·mer 男 -s/- 参戦者; 兵士.

'Kriegs·trau·ung 女 -/-en (前線兵士との)新郎不在の婚礼.

'Kriegs·trei·ber 男 -s/- 戦争挑発者.

'Kriegs·ver·bre·chen 中 -s/- 《法制》 戦争犯罪.

'Kriegs·ver·bre·cher 男 -s/- 戦争犯罪人, 戦犯.

'Kriegs·ver·letz·te 男 女 《形容詞変化》 戦傷者.

'kriegs·ver·wen·dungs·fä·hig 形 《略 kv.》 《軍事》 兵役に適した.

'kriegs·wich·tig 形 戦争に役立つ.

'Kriegs·wirt·schaft 女 -/ 戦時経済.

'Kriegs·zeit 女 -/-en 戦時.

'Kriegs·zug 男 -[e]s/⁼e 出征, 出兵; 軍事行動.

'Kriegs·zu·stand 男 -[e]s/- 戦争状態.

Kriek [kriːk] 男 -s/-e (*engl.*) 水路, クリーク; 入江.

'Kriem·hild ['kriːmhɪlt] 《女名》 クリームヒルト, 《『ニーベルンゲンの歌』*Nibelungenlied* の女主人公》クリームヒ

Krim [krɪm] 囡 -/〘地名〙die ~ クリミア(半島).
'Kri·mi ['krɪmi, 'kri:mi] 围 -[s]/-[s]〘話〙**1** (Kriminalroman の短縮) 推理(探偵)小説. **2** (Kriminalfilm の短縮) 推理映画(ドラマ).
kri·mi·nal [krimi'na:l] 形 (lat.) 刑法上の, 犯罪の.
kri·mi·nal·be·am·te [krimi'na:l..] 围〖形容詞変化〗刑事.
kri·mi·na·le [krimi'na:lə] 围〖形容詞変化〗〘話〙デカ, 刑事.
Kri·mi'nal·film 围 -[e]s/-e 犯罪(探偵)映画.
kri·mi·na·li·sie·ren [kriminali'zi:rən] 他 **1** (人⁴を)犯罪に走らせる. **2** (事⁴を)犯罪とみなす.
kri·mi·na·list [krimina'lɪst] 围 -en/-en **1** 刑事. **2** 刑法学者.
Kri·mi·na·lis·tik [..'lɪstɪk] 囡 -/ 犯罪(科)学, 犯罪捜査学.
kri·mi·na·lis·tisch [..'lɪstɪʃ] 形 犯罪(科)学上の, 犯罪捜査学上の.
Kri·mi·na·li'tät [kriminali'tɛ:t] 囡 -/〘総称的に〙犯罪(行為); 犯罪性.
Kri·mi'nal·po·li·zei [krimi'na:l..] 囡 -/〘短縮Kripo〙刑事警察.
Kri·mi'nal·psy·cho·lo·gie 囡 -/ 犯罪心理学.
Kri·mi'nal·ro·man 围 -s/-e 推理(探偵)小説.
kri·mi·nell [krimi'nɛl] 形 (fr.) 犯罪の, 犯罪的な; (社会環境などが)犯罪を犯しやすい; 犯罪を犯した. **2**〘話〙破廉恥な, むちゃくちゃな, ひどい.
Kri·mi·nel·le 围〖形容詞変化〗犯罪者.
Kri·mi·no·lo'gie [kriminolo'gi:] 囡 -/ 犯罪学.
'Krim·krieg ['krɪm..] 围 -[e]s/ クリミア戦争(1853-56).
'Krim·mer ['krɪmɐr] 围 -s/- **1** クリミア産の羊毛皮, クリマー. **2**〘紡織〙クリマー風の織物.
'krim·pen[*] ['krɪmpən] krimpte, gekrimpt (gekrimpen) **❶ 1**〘地方〙(布地が)縮む. **2**〘船員〙(風が北半球で)時計の針と逆回りに吹く; (南半球で)時計回りに吹く. **❷** 他 (布地を)縮ませる.
'Krims·krams ['krɪmskrams] 围 -[es]/〘話〙がらくた.
'Krin·gel ['krɪŋəl] 围 -s/- **1** 小さな円, 輪. **2** 輪形のビスケット.
'krin·geln ['krɪŋəln] **❶** 他 丸める, 丸くする, 巻く. **❷** 再 (sich) 丸くなる, (髪などが)カールする. *sich vor Lachen* ~ 〘話〙腹を抱えて笑う. *sich vor zum Kringeln sein*〘話〙とてもおかしい.
Kri·no·li·ne [krino'li:nə] 囡 -/-n (fr.)〘古〙〘服飾〙クリノリン(スカートを大きく広げる下着).
'Kri·po ['kri:po] 囡 -/-s〘複数稀〙(Kriminalpolizei の短縮) 刑事警察.
'Krip·pe ['krɪpə] 囡 -/-n **1** 馬草(まぐさ)桶(おけ), 飼葉桶. 〘戯〙食事, めし. *an der* ~ *sitzen*〘話〙左うちわで暮らす. *an die* ~ *kommen*〘話〙いい地位につく. **2** クリップ, キリスト降誕祭(キリスト降誕のうまやの場面を木彫や粘土細工で模したもの, クリスマスに飾られる). **3** 託児所. **4** die ~ 〘天文〙蟹座のプレセペ星団.
'Krip·pen·spiel 围 -[e]s/-e キリスト降誕劇.
krisch [krɪʃ] kreischen の過去.
'kri·sche ['krɪʃə] kreischen の接続法 II.
***'Kri·se** ['kri:zə クリーゼ] 囡 -/-n (gr.) **1** 危機;〘経済〙恐慌. *eine politische* ⟨*wirtschaftliche*⟩ ~ 政治的〈経済的〉危機. *in eine* ~ *geraten* 危機に陥る. **2**〘医学〙= Krisis 1
'kri·seln ['kri:zəln] 自〘非人称的に〙*Es kriselt.* 危

機が迫っている, 不穏な状態に陥る.
'Kri·sen ['kri:zən] Krise, Krisis の複数.
'Kri·sen·an·fäl·lig 形 危機に陥りやすい.
'Kri·sen·fest 形 危機に耐えうる, 抵抗力のある.
'Kri·sen·herd 围 -[e]s/-e (政治・経済的な)危機の源泉(領域).
'Kri·sen·ma·nage·ment [..mɛnɪtʃmənt] 中 -/〘政治〙危機管理.
'Kri·sis ['kri:zɪs] 囡 -/..sen (gr.) **1**〘医学〙分利, (病気の)危機; 発疹, クリーゼ. **2** = Krise 1
Kris'tall [krɪs'tal] (gr.) **❶** 围 -s/-e 結晶, 水晶. **❷** 中 -s/ クリスタルガラス; カットグラス.
kris'tal·len [krɪs'talən] 形 **1** クリスタルガラス(製)の. **2** クリスタルガラスのように透明な, 澄みきった.
Kris'tall·glas 中 -es/¨er **1**〘複数なし〙クリスタルガラス. **2** クリスタルガラス製品.
kris'tall'hell [-'--- とも] 形 クリスタルガラスのように透明な, 澄みきった.
kris·tal'lin [krɪsta'li:n] 結晶(性)の, 結晶状の.
kris·tal'li·nisch [krɪsta'li:nɪʃ] 形 = kristallin
Kris·tal·li·sa·ti'on [krɪstalizatsi'o:n] 囡 -/-e 結晶化, 晶出.
kris·tal·li·sie·ren [krɪstali'zi:rən] (fr.) **❶** 自 結晶になる. **❷** 再 (sich) 結晶する.
kris'tall'klar [-'--- とも] 形 クリスタルガラスのように透明な, 澄みきった.
Kris'tall·nacht 囡 -/〘歴史〙水晶の夜(1938, 11月9日夜から10日にかけておこなわれたナチスのユダヤ人迫害のこと. ユダヤ人商店のショーウインドーが大量に破壊され, 水晶のように光っていたことに由来).
Kris'tall·wa·ren 複 クリスタルガラス製品.
Kris'tall·was·ser 中 -s/〘化学〙結晶水.
Kris·ti'a·nia [krɪsti'a:nia] **❶**〘地名〙クリスチャーニア(ノルウェーの首都オスローの古称). **❷** 围 -s/〘スキー〙クリスチャニア.
Kri'te·ri·um [kri'te:riom] 中 -s/..rien[..riən] (gr.) **1** (判断の)基準; 試金石. **2**〘スポーツ〙選抜競技(競輪のサーキットレース.
***Kri'tik** [kri'ti:k クリティーク] 囡 -/-en (fr.) **1**〘複数まれ〙(a) 批判, 評価. *eine positive* ⟨*negative*⟩ ~ 肯定的な〈否定的な〉評価. *j⟨et⟩⁴ der* ~ *unterziehen* 人〈事⟩⁴を批評する(評価する). (b) 批判, 非難. *an j⟨et⟩³ üben* 人〈事⟩³を非難する. *unter aller* ⟨*jeder*⟩ ~ *sein* 〘話〙(できが)さんざんである. **2** (とくに芸術・学問に関する)批判, 評論, 論評. *Buchkritik* 書評. *eine* ~ *über ein Stück schreiben* ある作品の批評を書く. *gute* ~*en erhalten* 好評を博す. **3**〘複数なし〙(総称的に)批評家, 評論家.
Kri'ti·kas·ter [kriti'kastər] 围 -s/-〘侮〙へぼ批評家, あらさがし屋, 揚げ足取り.
'Kri·ti·ker ['kri:tikər] 围 -s/- 批評家, 評論家; 毒舌家. ◆ 女性形 **Kritikerin** 囡 -/-nen
kri'tik·los [kri'ti:k..] 形 無批判の, 批判力のない.
Kri'tik·lo·sig·keit [kri'ti:klo:zɪçkaɪt] 囡 -/ 無批判(な態度), 批判力の欠如.
***'kri·tisch** ['kri:tɪʃ クリーティッシュ] 形 (lat.) **1** (批評・批判の); 批判的な. *eine* ~*e Ausgabe* 原典批判版. ~*e Bemerkungen machen* 批判的な意見を述べる. *ein* ~*er Mensch* ⟨*Leser*⟩ 批評眼のある人〈読者〉. *et⁴* ~ *betrachten* 事⁴を批判的に見る. **2** 決定的な, 分かれ目の, 重大な; 危険な;〘核物理〙臨界の. *das* ~*e Alter* / *die* ~*en Jahre* 思春期; 更年期. *der* ~*e Augenblick* 決定的瞬間. *eine* ~*e Phase*

重大局面. ~er Punkt 《スポーツ》(ジャンプの) K 点; 《核物理》臨界点. ~e Temperatur 《熱力学》臨界温度. Die Lage ist ~. 状況は危機的である.

kri·ti'sie·ren [kriti'tsi:rən] 他 批評する, 論評する; 批判する, けなす. Er hat an allem etwas zu ~. 彼はなににでもなにかしらけちをつける.

Kri'ti·zis·mus [kriti'tsɪsmʊs] 男 -/ 1 《哲学》(カントの)批判主義. 2 批判的姿勢.

Krit·te'lei [krɪtə'laɪ] 女 -/-en 《侮》(口うるさく)文句を言うこと, あらさがし, 難癖.

krit·teln ['krɪtəln] 自 《侮》難癖(けち)をつける, あらさがしをする(an et³ 事³について).

Kritt·ler ['krɪtlər] 男 -s/- 《侮》あら探し屋.

Krit·ze'lei [krɪtsə'laɪ] 女 -/-en 《侮》 1 《複数なし》小さな読みづらい字で書くこと. 2 小さくて下手な字 (筆跡). 3 いたずら書き, 落書き.

krit·zeln ['krɪtsəln] ❶ 他 自 小さな読みづらい字で書く; 落書きする(いたずら書きする); なぐり書き(走り書き)する. ❷ 自 (ペンが)がりがり音をたてる.

Kro'a·te [kro'a:tə] 男 -n/-n クロアチア人.

Kro'a·ti·en [kro'a:tsiən] 《地名》クロアチア(旧ユーゴスラビアの 1 共和国).

kro'a·tisch [kro'a:tɪʃ] 形 クロアチア(人, 語)の. ↑ deutsch

kroch [krɔx] kriechen の過去.

krö·che ['krœçə] kriechen の接続法 II.

Kro·cket ['krɔkət, krɔ'kɛt] 中 -s/-s 《engl.》《スポーツ》クロッケー.

Kro'kant [kro'kant] 男 -s/ 《fr.》クロカン(アーモンドの砂糖菓子).

Kro'ket·te [kro'kɛtə] 女 -/-n 《fr.》コロッケ.

Kro'ki [kro'ki:] 中 -s/-s 《fr.》 1 《美術》クロッキー, 素描. 2 略図, 見取り図.

kro'kie·ren [kro'ki:rən] 他 《侮》 1 (物⁴を)クロッキー画法で素描する. 2 略図(見取図)を書く.

Kro·ko'dil [kroko'di:l] 中 -s/-e 《gr.》 1 《動物》わに, クロコダイル. 2 《話》わに皮.

Kro·ko'dils·trä·ne [kroko'di:ls...] 女 -/-n 《話》空涙, うそ泣き.

Kro·kus ['kro:kʊs] 男 -/[-se] 《lat.》《植物》クロッカス.

Kro·ne ['kro:nə] 女 -/-n 《lat.》 1 冠, 王冠, 帝冠; 王位, 王室. eine goldene ~ 黄金の王冠. mit Edelsteinen besetzte ~ 宝石をちりばめた王冠. die dreifache ~ des Papstes 教皇の 3 重王冠. die englische ~ im Besitz der ~ sein 《雅》王室の所有である. j³ (sich)³ die ~ aufsetzen 人³を王位につける〈王冠を戴(いた)く〉. die ~ niederlegen 退位する. die ~ tragen 王位についている, 支配(統治)している. Dem Verdienste seine ~! 《比喩》功績にはそれにふさわしい栄誉を〈↓Schiller 『歓喜に寄す』 An die Freude〉. Dabei fällt dir kein Stein〈keine Perle〉aus der ~. / Dabei bricht dir kein Zacken aus der ~. 《話》そうしたってなにも君の恥にはならないよ. 2 《複数なし》最高(至高)のもの, 極致, 絶頂. die ~ der Schöpfung 創造の精華(人間). die ~ des Glücks〈der Dummheit〉幸福の極み〈愚の骨頂〉. Damit hat er seinen Taten die ~ aufgesetzt. それでついに彼は偉業を成し終えた. Das setzt allem die ~ auf! 《話》それはあまりにひどすぎる. 3 《話》(Kopf) 頭. 《次の成句で》einen in der ~ haben 酔っぱらっている. j³ in die ~ fahren 人³の機嫌を損ねる, (を)怒らせる. j³ in die ~ steigen 人³を有頂天にする, 舞い上がらせる. 4 冠状のもの; 樹冠; 頂冠; (時計的の)竜頭(りゅうず); 波頭; 《古》シャンデリア; 《猟師》鹿の 3 股の角の先; 《植物》花冠; 《歯学》歯冠; 《動物》(ひめの)蹄冠. 5 die ~ 《天文》冠座. 6 クローネ(王冠が刻印された貨幣)((a) 《歴史》ドイツの 10 マルク金貨 (1871-1924). (b) オーストリア=ハンガリー帝国の通貨単位(1892-1924). (c) 北欧諸国, チェコおよびスロヴァキアの通貨, クローナとも. 略 Kr).

'krö·nen ['krø:nən] 他 1 冠を授ける, 戴冠(たいかん)させる. j⁴ zum Kaiser〈König〉~ 人⁴を帝位〈王位〉につける. sich⁴ ~ 戴冠する, 王位につく. einen Sieger mit dem Lorbeerkranz ~ 勝者に月桂冠を授ける 《過去分詞で》ein *gekrönter* Dichter 桂冠詩人. *gekrönte* Häupter 君主たち. 2 (物⁴の上に)そびえる; (事⁴の)頂点〈最後〉をなす. Eine Kuppel *krönt* die Kirche. 丸屋根が教会の上にそびえている. Ein Feuerwerk *krönte* den festlichen Abend. 花火が祭の夜のクライマックスだった. Diese Arbeit *krönt* das Lebenswerk des Künstlers. この作品がその芸術家のライフワークの最後を飾る. Er *krönte* seine sportliche Laufbahn mit dem Olympiasieg. 彼は選手生活の頂点をオリンピックの勝利で飾った. Seine Bemühungen waren von Erfolg *gekrönt*. 彼の努力はみごとに花を咲かせた.

'Kro·nen·kor·ken 男 -s/- (瓶の)王冠.

'Kro·nen·mut·ter 女 -/-n 《工学》菊ナット.

'Kron·er·be ['kro:n...] 男 -n/-n (Thronerbe) 王(帝)位継承者. ◆女性形 Kronerbin 女 -/-nen

'Kron·gut ['kro:n...] 中 -[e]s/Krongüter 《歴史》王(帝)室領地.

'Kron·ker·ken 男 -s/- =Kronenkorken

'Kron·ko·lo·nie 女 -/-n (イギリスの)直轄植民地.

'Kron·leuch·ter 男 -s/- シャンデリア.

'Kro·nos ['krɔnɔs, 'kro:nɔs] 《人名》《ギリシア神話》クロノス(Zeus の父, Uranus と Gäa との息子).

'Kron·prinz 男 -en/-en 皇太子; 《比喩》(ある権力の)継承者; 長男. ◆女性形 Kronprinzessin 女 -/-nen

'Kron·rad 中 -[e]s/⸚er (時計の)クラウンギア.

'Kron·rat 男 -[e]s/Kronräte 枢密院.

'Krö·nung ['krø:nʊŋ] 女 -/-en 1 戴冠(たいかん), 即位. 2 戴冠(即位)式. 3 《比喩》絶頂, クライマックス.

'Krö·nungs·in·sig·ni·en 複 (戴冠式に用いられる)王(帝)権の象徴(王冠・王笏(おうしゃく)など).

'Kron·zeu·ge 男 -n/-n 1 主要な証人. 2 (英米で, 減刑を条件に主犯に不利な証言をする)共犯証人.

Kropf [krɔpf] 男 -[e]s/Kröpfe 1 甲状腺腫. überflüssig〈unnötig〉sein wie ein ~ 《戯》まったくよけいである. 2 《鳥》そ嚢(のう), 餌袋(えぶくろ). 3 《植物》こぶ. 4 《楽器》(オルガンの曲管(部). 5 《猟師》銃把(じゅうは).

'kröp·fen ['krœpfən] ❶ 他 1 《建築》(飾り縁や軒蛇腹を柱などに)めぐらす, 取付ける. 2 (金属パイプなど)を直角に曲げる. 3 (家禽を)飼育する, (に)無理やり餌を食わせる. ❷ 自 《猟師》(猛禽が)餌を食う.

'krop·fig ['krɔpfɪç] 形 1 甲状腺腫にかかった. 2 (植物が)成長の遅れた, こぶ病にかかった.

'kröp·fig ['krœpfɪç] 形 《古》 =kropfig

'Kröp·fung ['krœpfʊŋ] 女 -/-en 1 (建築物などの)屈曲部, (工作物などの)隅の面取り. 2 《複数なし》《猟師》(猛禽が)餌を食うこと.

'Kropp·zeug ['krɔp..] 中 -[e]s/ 1 《地方》がきども, ちびっこ. 2 《地方》小さな家畜, 家禽. 3 《侮》ごろつき(くず)ども; がらくた, くず.

kross, °**kroß** [krɔs] 形 《北ドイツ》(パン・肉などが)かりかりに(こんがり)焼けた.

'**Krö·sus** ['krøːzʊs] 男 -[ses]/-se (gr.) (しばしば冗談で) 大金持ち, 金満家. ◆ 最後のリュディア王で非常な富豪であったと言われるクロイソス Kroisos (前 546 没) の名前から.

'**Krö·te** ['krøːtə] 女 -/-n **1**〖動物〗ひきがえる, がまがえる. eine ~ schlucken〈地方〉いやなことを甘んじて受ける. **2**〈話〉⒜ガキ, おてんば娘. ⒝〈侮〉いやなやつ, 下司(ゲス). **3**〈卑〉ぜに, 金.

'**Krü·cke** ['krʏkə] 女 -/-n **1**(ふつう複数で) 松葉杖. an ~n gehen 松葉杖をついて歩く;〈比喩〉〈話〉へとへとに疲れている. **2**(ステッキ・傘などの) 柄. **3** (パン製造などに用いる)T字型の(撹拌)棒. **4**〈話〉ろくでなし, 能なし; ポンコツ, おんぼろ.

'**Krück·stock** ['krʏk..] 男 -[e]s/∺e 撞木杖(シュモク), 松葉杖.

*'**Krug**¹ [kruːk クルーク] 男 -[e]s/Krüge (取っ手のついた) 壺, 瓶(ビン), 水差し, ジョッキ. ein ~ Bier ジョッキ 1 杯のビール. Der ~ geht so lange zum Brunnen〈Wasser〉, bis er bricht.〈諺〉悪事はいつか破綻をきたす; 忍耐にも限度あり.

'**Krug**² 男 -[e]s/Krüge〈地方〉居酒屋.

'**Krü·ge** ['kryːgə] Krug¹,² の複数.

'**Kru·ke** ['kruːkə] 女 -/-n **1**〈北ドイツ〉(素焼きの) 大がめ. **2**〈戯〉変人, ひょうきん者.

'**Krüm·chen** ['krʏːmçən] 中 -s/〈Krume の縮小形〉**1** (パンなどの) くず, かけら. **2** ほんの少量, 微量.

'**Kru·me** ['kruːmə] 女 -/-n **1** (パン・ケーキなどの) くず. nicht eine ~ / keine ~〈話〉(食べ物などが) ひとかけらもない. et⁴ bis auf die letzte ~ aufessen〈話〉物をきれいさっぱりたいらげる. **2** パンの柔らかい部分. **3** 表土.

'**Krü·mel** ['kryːməl] 男 -s/〈パン・ケーキなどの〉くず. Krümel machen〈話〉くずをこぼす. Er hat aber auch nicht einen ~ Verstand.〈比喩〉彼には理性のかけらもない. in den ~n wühlen〈suchen〉〈話〉重箱の隅をつつく. **2**〈戯〉ちび, ガキ.

'**krü·me·lig** ['kryːməlɪç] 形 **1** (パンなどが) くずれやすい. **2** パンくずだらけの.

'**krü·meln** ['kryːməln] ❶ 自 **1** (パンなどが) ぼろぼろとくずれる. **2** パンくずを落とす. ❷ 他 (パンを) くずにする, (スープなどに) パンくずをふりかける.

'**krüm·lig** ['kryːmlɪç] 形 = krümelig

*'**krumm** [krʊm クルム] 形 krummer (krümmer), krummst (krümmst) **1** (↔ gerade) 曲がった, 歪んだ, 湾曲した. ~e Beine が に股. eine ~e Linie 曲線. eine ~e Nase 鷲(ワシ)鼻. einen ~en Buckel machen / den Buckel ~ machen 背中を曲げる;〈話〉ぺこぺこする, へつらう. Er ist mit den Jahren ganz ~ geworden. 彼は歳をとるにつれすっかり背中が曲がってしまった. keinen Finger ~ machen〈話〉仕事を何一つしない. ~ gehen 背中を丸めて歩く;〈比喩〉〈話〉うまくゆかない. sich⁴ ~ und schief lachen〈卑〉身をよじって笑う. j³ ~ und lahm schlagen〈話〉人⁴をさんざん打ちのめす. **2** (付加語的用法のみ)〈話〉邪(ヨコシマ)な, 不正な, 曲がった, いかがわしい. ein ~es Ding〈~e Dinge〉drehen 悪事をはたらく. ~e Finger machen 盗みをする. ~e Geschäfte machen いかがわしい商売(不正な取引)をする. et⁴ auf die ~e Tour machen 事⁴を正しくない〈いかがわしい〉やり方でする. ~e Wege gehen 邪道を歩む, 不正を行う. ~er Hund ろくでなし.

◆ j³ krumm legen, krumm nehmen の Ο.

'**krumm·bei·nig** 形 が に股の, O 脚の.

*'**krüm·men** ['krʏmən クリュメン] ❶ 他 曲げる, 湾曲させる, たわめる. den Rücken ~ 背中をまげる (かがめる). keinen Finger ~〈比喩〉〈話〉仕事を何一つしない. j³ kein Haar〈Härchen〉~〈比喩〉〈話〉 eine gekrümmte Linie 曲線. gekrümmter Raum〖数学〗曲空間. ❷ 再 (sich⁴) **1** (人が主語) 身を曲げる (よじる). sich vor Lachen ~ 笑いをよじって笑う. sich vor Schmerzen ~ 苦しさのあまり身をよじる. sich ~ winden のたうちまわる;〈比喩〉〈話〉言い逃れをする. **2** (物が主語) 曲がる, 湾曲する, たわむ. Die Straße krümmt sich ein wenig〈zwischen den Häusern〉. 道は少しカーブしている〈家々のあいだを曲がりくねっている〉. Sein Rücken krümmte sich mit den Jahren. 歳をとるにつれて彼の背中は曲がっていった. Früh krümmt sich, was ein Häkchen sein will.〈諺〉 (ナサケ) は双葉(フタバ) より芳(カンバ) し.

'**krüm·mer** ['krʏmər] krumm の比較級.

'**Krüm·mer** ['krʏmər] 男 -s/- **1** 曲管. **2**〖農業〗耕耘(コウウン) 機, カルチベーター.

'**Krumm·horn** 中 -[e]s/∺er〖楽器〗**1** クルムホルン (15–17 世紀の木管楽器). **2** オルガンの音栓.

'**krumm|la·chen** 再 (sich⁴)〈話〉腹を抱えて笑う.

'**krumm le·gen**, °'**krumm|le·gen** 再 (sich⁴) 〈話〉切りつめた生活をする, 倹約につとめる.

'**krumm·li·nig** 形 曲線の.

'**krumm·na·sig** 形 鼻の曲がった, 鉤鼻の.

'**krumm neh·men***, °'**krumm|neh·men*** 他 (j³ et⁴ 人³の事⁴を) 悪くとる, 曲解する.

krümmst [krʏmst] 形 krumm の最上級.

'**Krumm·stab** 男 -[e]s/∺e **1** 牧杖. **2**〖カト〗司教杖(ジョウ).

'**Krüm·mung** ['krʏmʊŋ] 女 -/-en **1** (複数なし) 曲げる〈曲がる〉 こと. **2** 湾曲; 曲線, カーブ;〖数学〗曲率.

'**krum·peln** ['krʊmpəln]〈地方〉他 **1** (紙・布が) しわくちゃになる. **2** (紙・布を) しわくちゃにする.

'**krumpf·echt** 形〖紡織〗縮まない, 防縮性の.

'**krumpf·en** ['krʊmpfən]〖紡織〗❶ 自 (s) (布地が縮む. ❷ 他 (布地に) 防縮加工をする.

Krupp [krʊp] 男 -s/〈engl.〉〖病理〗クループ (咽頭・気管に生ずる急性炎症).

'**Krup·pe** ['krʊpə] 女 -/-n (fr.) (馬の) 尻.

'**Krüp·pel** ['krʏpəl] 男 -s/- 身体障害者, 手足の不自由な人. j³ zum ~ schlagen 殴って人⁴を不具にする Du elender ~! 傴(かたわ) このろくでなし.

'**krüp·pel·haft** 形 身体障害のある, 不具の, 奇形の.

'**krüp·pe·lig** ['krʏpəlɪç], '**krüpp·lig** ['krʏplɪç] 形 身体に障害のある, 不具の, 奇形の.

'**Krus·te** ['krʊstə] 女 -/-n (lat.) (堅い) 上皮, 外皮殻, かさぶた. die ~ der Erde 地殻.

'**Krus·ten·tier** 中 -[e]s/-e〖動物〗甲殻類.

'**krus·tig** ['krʊstɪç] 形 堅い皮のある, 甲殻のある.

'**Kru·zi·fe·re** [krutsi'feːrə] 女 -/-n (ふつう複数で)〖植物〗十字花科植物.

'**Kru·zi·fix** [krutsi'fɪks, krutsi'fɪks] 中 -es/-e キリスト磔刑(タツケイ) 像.

Kru·zi·fi·xus [krutsi'fɪksʊs] 男 -/- 十字架上のキリスト.

krypt.., **Krypt..** [krʏpt..]〈接頭〉↑ krypto.., Krypto..

'**Kryp·ta** ['krʏpta] 女 -/..ten[..tən] (lat.) クリプタ, 地下聖堂; (初期のキリスト教殉教者の) 地下墓室.

kryp·to.., **Kryp·to..** [krʏpto..]〈接頭〉(gr. verborgen, heimlich) 形容詞・名詞などに冠して「隠れた

秘密の」の意を表す．母音の前では krypt..，Krypt..となる．*Krypto*gramm 判じ文；暗号文．

Kryp·to'ga·me [krypto'gaːmə] 囡 -/-n (*gr.*)《ふつう複数で》〖植物〗(↔ Phamerogame) 隠花植物．

Kryp·ton ['krypton, kryp'toːn] 匣 -s/ (*gr.*)《記号 Kr》〖化学〗クリプトン．

KSZE《略》Konferenz über Sicherheit und Zusammenarbeit in Europa 全欧州安保協力会議．

Kt.《略》=Kanton 1

Kto.《略》=Konto

Ku·ba ['kuːba]《地名》キューバ(西インド諸島最大の島にして共和国，首都 Havana)．

Ku·ba·ner [ku'baːnɐr] 男 -s/- キューバ人．◆女性 Kubanerin 囡 -/-nen

ku'ba·nisch [ku'baːnɪʃ] 形 キューバ(人)の．↑ deutsch

Kü·bel ['kyːbəl] 男 -s/- (*lat.*) **1** バケツ，桶，たらい；植木鉢．Es gießt [wie] mit〈aus〉~n.《話》土砂降りだ．~ voll〈von〉Bosheit〈Schmutz〉über j⁴ ausgießen《話》人⁴の悪口をさんざん言う．**2**〖刑務所の〗便器．

Kü·bel·wa·gen 男 -s/- **1** バケツ車，ホッパ貨車．**2** ジープ．

Ku·ben ['kuːbən] Kubus の複数．

ku·bie·ren [ku'biːrən] 他 (↓ Kubus) **1**〖数学〗3乗する．**2** 体積(容積)を求める．

ku·bik..，Ku·bik.. [kubiːk..] (↓ Kubus) 形容詞・名詞に冠して「3乗の，立方の」の意を表す．*Kubik*inhalt 容積，体積．

Ku'bik·de·zi·me·ter 男 匣 -s/-《記号 dm³, cdm》立方デシメートル．

Ku'bik·in·halt 男 -[e]s/-e 体積，容積．

Ku'bik·ki·lo·me·ter 男 匣 -s/-《記号 km³, ckm》立方キロメートル．

Ku'bik·me·ter [ku'biːkmeːtɐr] 男 匣 -s/-《記号 m³, 古 cbm》立方メートル．

Ku'bik·mil·li·me·ter 男 匣 -s/-《記号 mm³, 古 cmm》立方ミリメートル．

Ku'bik·wur·zel 囡 -/-n〖数学〗立方根．

Ku'bik·zahl 囡 -/-en〖数学〗立方数．

Ku'bik·zen·ti·me·ter 男 匣 -s/-《記号 cm³, ccm》立方センチメートル．

ku·bisch ['kuːbɪʃ] 形 立方体の，〖数学〗3乗(立方)の，3次の，〖結晶〗立方(等軸)晶系の．eine ~*e* Gleichung 3次方程式．

Ku·bis·mus [ku'bɪsmʊs] 男 -/〖美術〗立体派，キュービズム．

Ku'bist [ku'bɪst] 男 -en/-en〖美術〗立体派の画家(彫刻家)，キュービスト．

ku'bis·tisch [ku'bɪstɪʃ] 形 立体派(キュービズム)の．

Ku·bus ['kuːbʊs] 男 -/..ben (*gr.*) 立方体；〖数学〗3乗，立方．

Kü·che ['kʏçə キュヒェ] 囡 -/-n (*lat.*) **1** 台所，厨房，キッチン．alles, was ~ und Keller zu bieten haben ありったけの(極上の)料理と酒．den ganzen Tag in der ~ stehen《話》一日中おさんどんをする．Es raucht in der ~. 家庭内にもめ事がある．in [des] Teufels ~ kommen〈geraten〉困った羽目に陥る，厄介なことになる．**2** 厨房設備．**3**《複数なし》料理．französische ~ フランス料理．kalte ~ 冷肉料理．Sie versteht die ~. 彼女は料理がうまい．**4**《複数なし》《話》《総称的に》料理人．

Ku·chen ['kuːxən クーヘン] 男 -s/- **1** ケーキ；《地方》クッキー，ビスケット．sich³ den ~ teilen の《比喩》利益を山分けする．**2** どろどろした粥状のもの；(酒・油の)しぼりかす．**3** Ja ~!《話》だめだ，とんでもない．

'Kü·chen·ab·fall ['kʏçn..] 男 -[e]s/⸚e 台所ごみ．

'Kü·chen·blech 匣 -[e]s/-e ケーキ焼き用の鉄板．

'Kü·chen·bul·le 男 -n/-n〖戯〗(とくに軍隊の)料理人，炊事係．

'Kü·chen·chef 男 -s/-s 料理長，シェフ．

'Kü·chen·form 囡 -/-en ケーキ型．

'Kü·chen·gar·ten 男 -s/⸚ 家庭菜園．

'Kü·chen·ge·rät 匣 -[e]s/-e 台所用品，調理器具．

'Kü·chen·herd 男 -[e]s/-e (台所の)レンジ，かまど．

'Kü·chen·kraut 匣 -[e]s/⸚er 香味野菜．

'Kü·chen·la·tein 匣 -s/《反語》(とくに中世後期の修道院や大学における)へたくそなラテン語．

'Kü·chen·ma·schi·ne 囡 -/-n 台所用電化製品．

'Kü·chen·meis·ter 男 -s/- (親方の資格を持つ)料理人，シェフ．

'Kü·chen·scha·be 囡 -/-n〖虫〗ごきぶり．

'Kü·chen·schel·le 囡 -/-n〖植物〗おきなぐさ属．

'Kü·chen·schrank 男 -[e]s/⸚e〖台所の〗食器戸棚．

'Kü·chen·teig 男 -[e]s/-e ケーキの生地．

'Kü·chen·zet·tel 男 -s/- 献立予定表．

'Küch·lein¹ ['kʏçlaɪn] 匣 -s/- Küche の縮小形．

'Küch·lein² ['kyːçlaɪn] 匣 -s/- Kuchen の縮小形．

'Küch·lein³ 匣 -s/- =Küken

'ku·cken ['kʊkən]《地方》=gucken

'Kü·cken ['kʏkən] 匣 -s/- =Küken

'ku·ckuck ['kʊkʊk] 間 *Kuckuck!* カッコー(かっこうの鳴き声)；《話》(かくれんぼ遊びで)カッコー(もういいよ)．

*'**Ku·ckuck** ['kʊkʊk ククク] 男 -s/-e **1**〖鳥〗かっこう．Der ~ ruft. かっこうが鳴く．ein ~ unter Nachtgallen《戯》玄人(⸜⸝)の中にまじった素人．Der Ruf des ~*s* kündet den Frühling an. かっこうの鳴き声が春を告げる．Der hört den ~ nicht mehr rufen〈schreien〉．《話》あいつ(の命)は春までもたないだろう．**2**《話》《婉曲》(Teufel) 悪魔．Hol dich der ~! Der ~ soll dich holen! とっととうせろ，くたばっちまえ．Dort〈Bei ihm〉ist der ~ los. あそこ(彼のところ)は大騒ぎだ．[Das] weiß der ~. 誰が知るものか，(信じられないかもしれないが)本当なんだ．den ~ nach et³ fragen / sich⁴ den ~ um et⁴ scheren 事³,⁴のことなんかぜんぜん問題じゃない，まったく気にかけていない．Zum ~ [noch mal]! こんちくしょう．Sein ganzes Geld war zum ~. 彼はあり金全部使い果たしてしまった，彼の金はすっかりなくなっていた．j⁴ zum ~ wünschen 人⁴なんか消えてなくなれと思う．**3**《戯》差押えの封印(そのうえに押印された鷲の紋章を鳥肉のもの)．Bei ihm klebt der ~ an〈auf〉allen Möbeln. 彼のところの家具はすべて差押えられている．

'Ku·ckucks·ei 匣 -[e]s/-er **1** かっこうの卵；《話》胡散(⸜⸝)臭い(迷惑な)贈り物．j³ ein ~ ins Nest legen 人³に迷惑なものを押しつける．**2**《卑》(同じ家族の中で養われる)父親の違う子供．

'Ku·ckucks·uhr 囡 -/-en 鳩時計．

'Ku·damm ['kuːdam] 男 -[e]s/《話》クーダム(Kurfürstendamm の短縮)．

'Kud·del·mud·del ['kʊdəlmʊdəl] 男 匣 -s/《話》混乱，大騒ぎ，てんやわんや．

'Ku·fe¹ ['kuːfə] 囡 -/-n (そりの)滑走部；(スケート靴の)

Ku·fe² 囡 -/-n (lat.) **1**《地方》(とくにビール醸造やぶどう酒造りに使われる大きな)桶、樽. **2** クーフェ(昔のドイツのビールの容量の単位、=450-700 l).

'Kü·fer ['ky:fər] 男 -s/- **1** 酒倉管理人. **2**《南西部ドイツ・スイス》(とくにワイン醸造用の)桶(樽)作りの職人.

＊**'Ku·gel** ['ku:gəl] クーゲル 囡 -/-n **1** (a)《数学》球. eine ~ von 5 cm Durchmesser 直径 5 cm の球. (b) 球状の物；玉；《球技》(球)、ボール、砲丸. Erd*ku·gel* 地球. eine gläserne ~ ガラス玉. Die Erde ist eine ~. 地球は球体である. Dieses Geschehen brachte die ~ ins Rollen. この出来事によっていよいよ事態は動き出した. eine ruhige ~ schieben《話》楽な仕事をする；怠ける、油を売る. **2**《話》弾丸、銃弾. j³ die ~ geben《古》人³を撃ち殺す. sich¹ eine ~ durch〈in〉den Kopf schießen〈jagen〉(頭を撃って)ピストル自殺する. **3**《解剖》関節骨頭. **4**(牛・豚の)もも肉.

'Ku·gel·blitz 男 -es/-e 球電(雷雨のときの電光の一種).

'Kü·gel·chen ['ky:gəlçən] 中 -s/-《Kugel の縮小形》小さな球.

'Ku·gel·fang 男 -[e]s/¨e 射垜(いろ)、あづち(射撃場の標的の後ろにある弾丸止めの土塁).

'ku·gel·fest 形 防弾の.

'Ku·gel·form 囡 -/ 球形.

'ku·gel·för·mig 形 球形の.

'Ku·gel·ge·lenk 中 -[e]s/-e《解剖》球関節；《工学》球(形)継ぎ手.

'ku·ge·lig ['ku:gəlɪç] 形 **1** 球形の. **3** sich⁴ ~ lachen《話》腹を抱えて笑う.

'Ku·gel·la·ger 中 -s/-《工学》玉軸受け、ボールベアリング.

'ku·geln ['ku:gəln] (↓Kugel) ❶ 自 (s) 転がる. ❷ 他 転がす. (再帰的に) sich⁴ ~ 転げる、転げまわる. sich⁴ vor Lachen ~《話》笑い転げる.《中性名詞として》Das ist ein *Kugeln*.《話》そいつは大笑いだ.

'Ku·gel·re·gen 男 -s/ 弾雨.

'ku·gel·rund 形 **1** まん丸い、球形の. **2**《戯》丸々と太った.

'Ku·gel·schrei·ber ['ku:gəlʃraɪbər] クーゲルシュライバー 男 -s/- ボールペン.

ku·gel·si·cher 形 =kugelfest

'Ku·gel·sto·ßen 中 -s/《陸上競技》砲丸投げ.

'kug·lig ['ku:glɪç] 形 =kugelig

＊**Kuh** [ku: クー] 囡 -/¨e/Kühe **1** (a) 雌牛. eine ~ melken 牛の乳を搾(しぼ)る. eine heilige ~〈インドの〉聖牛；《比喩》《話》神聖不可侵なもの. eine melkende ~ 乳牛；《比喩》《話》金づる. dastehen wie die ~ vorm neuen Tor〈vorm Scheunentor / vorm Berg〉《卑》まったく途方にくれている. dastehen wie die ~, wenn's donnert あっけにとられている. von et³ so viel verstehen wie die ~ vom Sonntag《卑》事³をまるっきり理解していない. die ~ vom Eis bringen〈kriegen〉《話》厄介な問題を解決する. (b) (鹿・象などの) 雌. (俚) 馬鹿な(血のめぐりが悪い)女. Du blöde ~〈dumme〉~! この馬鹿女め.

'Kuh·dorf 中 -[e]s/¨er《話》(さびれた)小村.

'Kü·he ['ky:ə] Kuh の複数.

'Kuh·fla·den 男 -s/- 牛の糞.

'Kuh·glo·cke 囡 -/-n カウベル、牛の鈴.

'Kuh·han·del 男 -s/《侮》裏取引、不正取引.

'Kuh·haut 囡 -/¨e 雌牛の皮.《ふつう次の用法で》Das geht auf keine ~.《話》それは途方もないことだ、それはひどすぎる、言語道断だ.

'Kuh·hirt 男 -en/-en 牛飼い.

kühl

[ky:l クール] 形 **1** 涼しい、ひんやりした、冷たい. ein ~es Bier 冷えたビール. ein ~er Wind 涼しい風. ein ~es Zimmer ひんやりした部屋. ein ~es Blondes / eine ~e Blonde《話》1 杯の(淡色)ビール. Mir wird ~. 私はうすら寒い. Für diese Jahreszeit ist es zu ~. この季節にしては涼しすぎる. et⁴ ~ stellen 物⁴を冷やす.《名詞的用法》im *Kühlen* 涼しい所(木陰)に. **2** (a) 冷淡な、冷ややかな、そっけない. eine ~e Antwort そっけない返事. ein ~er Blick ややかな眼差(ま). ~ bis ans Herz hinein 心の底まで冷淡な. (b) 冷静な、クールな. ein ~er Realist 冷静な現実主義者. aus einem ~en Grunde ごく単純な理由で. ~en Kopf behalten〈bewahren〉冷静さを失わない.

'Kühl·an·la·ge 囡 -/-n 冷凍(冷蔵)設備.

'Kühl·box 囡 -/-en アイスボックス.

'Kuh·le ['ku:lə] 囡 -/-n 穴、窪み.

＊**'Küh·le** ['ky:lə キューレ] 囡 -/ (↓kühl) **1** 涼しさ；冷気、涼風. **2** 冷淡、冷ややかさ、無愛想；冷静さ. **3**《船員》至軽風. **4**《醸造》冷却槽.

＊**'küh·len** ['ky:lən キューレン] 他 冷やす、さます、静める. seinen Zorn ~ 怒りを静める. Bier ~ ビールを冷やす. sein Mütchen an j³ ~ 人³に怒り(うっぷん)をぶちまける. kühlende Getränke 冷たい飲物. gut gekühlte Getränke よく冷えた飲物.《目的語なしで》Das Lederpolster kühlt. この皮のクッションはひんやりする.

'Küh·ler ['ky:lər] 男 -s/- **1**《工学・化学》冷却器、冷却装置；(エンジンの)ラジエーター. **2**《話》(自動車の)ボンネット.

'Küh·ler·hau·be 囡 -/-n (自動車の)ボンネット.

'Kühl·haus 中 -es/¨er 冷凍(冷蔵)倉庫.

'Kühl·ket·te 囡 -/-n 低温流通ネット.

'Kühl·mit·tel 中 -s/-《工学》冷却剤、冷媒.

'Kühl·raum 男 -[e]s/¨e 冷凍(冷蔵)室.

'Kühl·rip·pe 囡 -/-n (自動車などの)クーリングフィン.

'Kühl·schiff 中 -[e]s/-e **1** 冷凍船. **2**《醸造》芽汁などを冷やす冷却槽.

'Kühl·schlan·ge 囡 -/-n《工学》冷却コイル、コイル型冷却管.

＊**'Kühl·schrank** ['ky:lʃraŋk キュールシュランク] 男 -[e]s/¨e 冷蔵庫.

'Kühl·tru·he 囡 -/-n フリーザー、冷凍庫.

'Küh·lung ['ky:lʊŋ] 囡 -/-en **1**《複数まれ》冷却；冷却装置. **2**《複数なし》涼しさ、涼しい空気.

'Kühl·wa·gen 男 -s/- 冷凍(冷蔵)車.

'Kühl·was·ser 中 -s/- 冷却水.

＊**kühn** [ky:n キューン] 形 **1** 大胆な、思い切った、勇敢な；奇抜な. ein Einfall 大胆な(奇抜な)発想. ein ~er Mann〈Plan〉大胆な男〈計画〉. eine ~e Tat 大胆な(思い切った)おこない. ein ~ gebogene Nase ものすごくまがった鼻.《最上級で》Das übertrifft meine ~sten Erwartungen. それは私の希望をはるかに超えている. **2** 厚かましい、図々しい. eine ~e Frage ぶしつけな質問.

'Kühn·heit 囡 -/-en **1**《複数なし》大胆さ；厚かましさ. **2** 大胆な(思い切った)行為.

'Kuh·po·cken 複《医》牛痘(ぎゅうとう).

Kuh·rei·gen, **'Kuh·rei·hen** 男 -s/- (スイス・アルプス地方の)牛飼いの歌(踊り).

Kuh·stall 男 -[e]s/..ställe 牛小屋, 牛舎.

kuh·warm 形 (牛乳が)搾りたてで温い.

Ku'jon [kuˈjoːn] 男 -s/-e (fr.)《古》悪いやつ, 悪党.

ku·jo'nie·ren [kujoːˈniːrən] 他 (fr.)(↓Kujon)《俗》いじめる, (に)嫌がらせをする.

k. u. k.《略》=kaiserlich uud königlich (オーストリア‐ハンガリー帝国の)帝国兼王国の.

Kü·ken [ˈkyːkən] 甲 -s/- **1** ひな鳥, ひよこ. Das ~ will klüger sein als die Henne.《諺》青二才の知ったかぶり(ひよこのほうがめんどりより利口ぶる). **2**《話》小娘, ひよっこ. **3**《工学》コック, プラグ.

Ku·ku'ruz [ˈkuːkurots] 男 -[es]/ (serb.)《情ネ》とうもろこし.

ku'lant [kuˈlant] 形 (fr.)(↔inkulant)(商売において)気前のいい, 愛想のいい; (値段や条件などが)妥当な, まあまあの.

Ku'lanz [kuˈlants] 女 -/ (商売上の)客あしらい(愛想)のよさ; (値段・条件などの)妥当性, まあまあ.

Ku·li[1] [ˈkuːli] 男 -s/-s (Hindi, Lastträger')(中国・インドなどの)苦力, クーリー; (安い賃金で酷使される)下層労働者; (駅などに備えつけの)手荷物用手押し車.

Ku·li[2] 男 -s/-s (= Kugelschreiber の短縮)ボールペン.

ku·li'na·risch [kuliˈnaːrɪʃ] 形 (lat.) 料理(法)の; 美食(家)の. eine ~e Reise 食べ歩き.

Ku'lis·se [kuˈlɪsə] 女 -/-n (fr.) **1** 書割(ﾎﾞｸ); 舞台装置, セット. Das ist doch alles nur ~.《比喩》《話》それはどうせみなまやかしにすぎない. hinter den ~n《比喩》舞台裏で, こっそりと. einen Blick hinter die ~n tun(werfen)《比喩》《物事の》裏面(内幕)をのぞく. **2**《工学》連結リンク. **3**《金融》場外取引, (集合的に)場外仲買人.

Ku'lis·sen·schie·ber 男 -s/- 《戯》(劇場の)道具係, 裏方.

Kul·ler·au·gen [ˈkʊlər..] 複《戯》くりくりした目, どんぐり目. ~ machen 目を丸くする.

kul·lern [ˈkʊlərn] ❶ 自 (h, s) **1** (s)《話》ころころ転がる. **2** (h) mit den Augen ~ 目玉をくるくるまわす(ぎょろぎょろさせる). ❷ 他 ころころ転がす.《再帰的に》sich[4] vor Lachen ~ 腹を抱えて笑いこける.

Kulm [kʊlm] 中 (甲) -[e]s/-e (lat.) 円形の山頂.

Kul·mi·na·ti'on [kʊlminatsiˈoːn] 女 -/-en (fr.) **1**《天文》南中, 正中(天体の子午線通過). **2** (発展の)頂点に達すること, 全盛.

Kul·mi·na·ti'ons·punkt 男 -[e]s/-e **1**《天文》子午線通過点, 南中点. **2** 頂点, 絶頂.

kul·mi'nie·ren [kʊlmiˈniːrən] 自 (fr.) **1** (天体が)子午線に達する, 南中(正中)する. **2**《比喩》頂点(最高潮)に達する(in et[3] 事において).

Kult [kʊlt] 男 -[e]s/-e (lat. cultus, Pflege, Verehrung [einer Gottheit]') **1** 祭祀, 祭式; 礼拝, 神事. **2** (度を超した)崇拝, 礼賛. der ~ mit dem Auto 車に対するあがめよう. einen ~ aus et[3] machen 事に熱をあげる(熱中する). mit j[3] einen ~ treiben 人[3]に熱をあげる.

Kul·te [ˈkʊltə] Kult, Kultus[1] の複数.

Kult·fi·gur 女 -/-en 熱烈な崇拝者をもつ人物.

kul·tig [ˈkʊltɪç] 形《話》大評判の, 大人気の, 熱烈な愛好者をもつ.

kul·tisch [ˈkʊltɪʃ] 形 祭礼(祭式)の, 礼拝の.

Kul·ti'va·tor [kʊltiˈvaːtoːr] 男 -s/..toren [..vaˈtoːrən] (lat.)《農業》カルチベーター, 耕作機.

kul·ti'vie·ren [kʊltiˈviːrən] 他 (fr.) **1** 耕す, 開墾する; 栽培(培養)する. **2** (友情などを)育む, つちかう. **3** 洗練させる, 陶冶(ﾄｳﾔ)(錬磨)する.

kul·ti'viert 区分 形 教養のある; 洗練された, 上品な.

'Kult·stät·te [ˈkʊlt..] 女 -/-n 礼拝所.

Kul'tur [kʊlˈtuːr クルトゥーア] 女 -/-en (lat. cultura, Landbau, Pflege [des Körpers und Geistes]') **1** (a)《複数なし》文化(全般). eine hoch entwickelte ~ 高度に発達した文化. (b) (個々の)文化, 文明. die antiken〈orientalischen〉~en 古代〈オリエント〉文明. ein Volk von hoher ~ 高い文化を持つ民族. nicht von [der] ~ bedeckt sein《話》文明の洗練をまだもっていない, 教養がない. **2**《複数なし》教養, 洗練; 錬磨. ein Mensch von〈ohne〉~ 教養のある(ない)人. Seine Stimme hat viel ~. 彼はよく鍛えられた声をしている. **3**《農業・林業》(a)《複数なし》開墾, 耕作; 栽培. ~ von Erdbeeren いちごの栽培. ein Stück Land in ~ nehmen 土地の1区画を開墾する(耕す). (b) 苗, 苗木. **4**《生物・医学》培養.

Kul·tur·ab·kom·men 中 -s/-《政治》文化協定.

Kul·tur·aus·tausch 男 -[e]s/ 文化交流.

Kul·tur·beu·tel 男 -s/- 化粧ポーチ.

Kul·tur·bo·den 男 -s/..böden **1**《農業》耕地. **2** 文化地帯. **3**《生物・医学》培地.

Kul·tur·denk·mal 中 -[e]s/..mäler(-e) 文化的記念物, 文化財.

***kul·tu'rell** [kʊltuˈrɛl クルトゥレル] 形 文化の, 文化的な, 文化面での.

Kul·tur·fä·hig 形 文化を創造しうる, 文化に適応できる.

kul·tur·feind·lich 形 文化に敵対する, 反文化的な.

Kul'tur·film 男 -[e]s/-e 文化映画.

Kul·tur·fol·ger 男 -s/-《生物》環境の変化に適応する動植物.

Kul·tur·ge·schich·te 女 -/ 文化史.

kul·tur·ge·schicht·lich 形 文化史の.

Kul·tur·gut 中 -[e]s/..güter 文化財.

Kul·tur·kampf 男 -[e]s/《歴史》文化闘争(1871-87, Bismarck が行なったカトリック抑圧政策).

Kul·tur·kreis 男 -es/-e 文化圏.

Kul·tur·land·schaft 女 -/-en (↔ Naturlandschaft) 人間の手が加わった土地(景観).

kul·tur·los 形 教養のない; 未開の.

Kul·tur·mensch 男 -en/-en 文明人.

Kul·tur·pflan·ze 女 -/-n 栽培植物.

Kul·tur·po·li·tik 女 -/ 文化政策.

Kul·tur·staat 男 -[e]s/-en 文化国家.

Kul·tur·volk 中 -[e]s/..völker (高い)文化を持った民族.

Kul·tur·wis·sen·schaft 女 -/-en 文化科学.

Kul·tur·zen·trum 中 -s/..tren [..trən] **1** 文化の中心. **2** 文化センター.

'Kul·tus[1] [ˈkʊltʊs] 男 -/-Kulte =Kult

'Kul·tus[2] 男《次の用法でのみ》Minister〈Ministerium〉für Unterricht und ~ 文部大臣〈文部省〉.

'Kul·tus·mi·nis·ter 男 -s/- (ドイツ各州の)文部大臣.

'Kul·tus·mi·nis·te·ri·um 中 -s/..rien [..riən] (ドイツ各州の)文部省.

Kumm [kʊm] 男 -[e]s/-e, **'Kum·me** [ˈkʊmə] 女 -/-n《地方》深い丸鉢, ボール.

'Küm·mel [ˈkʏməl] 男 -s/- (lat.)《植物》姫茴香

Kümmelturke

...), キャラウェイ; 姫茴香の実, キャラウェイシード; キュンメル酒. den ~ aus dem Käse suchen〈bohren〉《比喩》(話)重箱の隅をほじくる, せんさく立てをする.

'Küm·mel·tür·ke 男 -n/-n 1《古》俗物, 退屈な人. 2《卑》トルコ人, 出稼ぎのトルコ人; 馬鹿者. So ein ~! 馬鹿め. arbeiten wie ein ~ あくせく働く.

'Kum·mer ['kʊmɐr クマー] 男 -s/(lat.)《雅》(深い)悲しみ, 心痛;《話》悩み, 心配; 心配事, やっかい, 遺憾. Das ist mein geringster ~.《話》そんなことへっちゃらさ. großen ~ um〈über〉 et³ haben 事で大いに心を痛める. seinen ~ herunterspülen〈im Alkohol ertränken〉《話》悲しみを酒でまぎらわす. j³ ~ machen〈bereiten〉 人³ を苦しめる, 悲しませる. sich³ über et³ keinen ~ machen《話》事であれこれ思い悩まない. Das macht mir keinen ~.《話》そんなことぜんぜん平気だ. Wir sind [ja] ~ gewöhnt!《話》そんなこともう慣れっこさ. Na, was hast du denn für ~?《話》いったいなにをくよくよ(心配)してるんだい. vor ~ krank werden 悲しみのあまり病気になる. Zu meinem großen ~ kann ich nicht mitfahren. まことに残念ですがご一緒できません.

'Küm·me·rer ['kʏmərɐr] 男 -s/- 1《農業》発育不良の家畜, 出来の悪い作物. 2《猟師》角の発育の良くない雄の獣. 3《俺》虚弱な人.

'küm·mer·lich ['kʏmɐrlɪç] 形 1 みすぼらしい, 貧弱な; 乏しい, わずかな. ein ~es Leben führen みすぼらしい生活を送る. ein ~er Lohn わずかばかりの賃金. 2 不十分な, お粗末な. ein ~es Ergebnis 不十分な成果. 3 発育の悪い.

'Küm·mer·ling ['kʏmɐrlɪŋ] 男 -s/-e 発育の遅れている人(家畜, 作物).

*'**küm·mern** ['kʏmɐrn キュマーン] (↓Kummer) ❶ 再 (**sich**⁴) (**sich um j〈et〉⁴ kümmern** の形で) 1 (人〈物〉⁴の)面倒をみる, 世話をする. sich um die Kinder〈den Haushalt〉 ~ 子供たち〈家事〉の面倒をみる. Ich muss mich hier um alles〈jeden Dreck〉 [selbst] ~. ここでは何もかも自分でしなくてはならない. 2 (人〈物〉⁴に)かかわり合う, 関心を持つ. Er kümmert sich nicht um Politik. 彼は政治に関心がない. Kümmere dich [nur] um dich selbst〈deine Angelegenheiten〉! 人のことに口を挟むな.

❷ 他 (人⁴に)かかわりがある. Das kümmert mich nicht. そんなこと私はなんとも思わない, 私には関係ない. Was kümmert mich das! それが私になんの関係がある というんだ.

❸ 自 (植物や動物の)成長が遅い, 育ちが悪い.

'Küm·mer·nis ['kʏmɐrnɪs] 女 -/-se 悩み, 心労.
'Kum·mer·speck 男 -[e]s/《精神的ストレスをまぎらすための過食による》心労太り.
'kum·mer·voll 形 苦悩に満ちた, 悲痛な.
'Kum·met ['kʊmɛt] 中 -[e]s/-e (Kumt) (荷役動物にかける詰物をした)首当て, 頸帯.
Kum'pan [kʊm'pa:n] 男 -s/-e (fr.) 1《話》仲間, 連れ, 相棒;《俺》共犯者, ぐる. 2《俺》やつ, 野郎. 3《行動学》仲間.
Kum·pa'nei [kʊmpa'naɪ] 女 -/-en《卑》1《集合的》《複数なし》友情, 仲間づきあい.
'Kum·pel ['kʊmpəl] 男 -s/-[s] 1 坑夫. 2《卑》仲よくに若者》仕事仲間, 同僚, (頼りになる)友達.
Kumt [kʊmt] 中 -[e]s/-e = Kummet
Ku·mu·la·ti'on [kumulatsi'o:n] 女 -/-en (lat.) (Anhäufung) 蓄積, 累積, 集積.
ku·mu·la'tiv [kumula'ti:f] 形 蓄積した, 累積した.

'Ku·mu·li ['ku:muli] Kumulus の複数.
ku·mu'lie·ren [kumu'li:rən] (lat.) ❶ 他 (物⁴を)蓄積する, 集積(集積)する. ❷ 自 (**sich**⁴) (...が)堆積する, 累積(集積)する.
Ku·mu·lo'nim·bus [kumulo'nɪmbʊs] 男 -/-(lat.)《気象》積乱雲.
'Ku·mu·lus ['ku:mulʊs] 男 -/..li《気象》積雲.
kund [kʊnt] 形《古》知られた, 周知の. j³ et³ ~ zu wissen tun 人³に事³を知らせる.
'kund·bar ['kʊntba:r] 形 1《古》周知の. et⁴ ~ machen 事⁴を公表する. j³ ~ werden 人³に知られる.
'künd·bar ['kʏntba:r] 形 解約できる, 撤回《破棄, 解雇》の可能な.
'Kun·de¹ ['kʊndə] 女 -/-n《複数まれ》1《雅》知らせ, 通知, 情報. gute ~ 良い知らせ. j³ von et³ geben 人³に事³を知らせる. Es geht die ~, dass ...という情報(噂)が流れている. 2 学問. 3 馬の歯の凹(これによって馬の年齢を識別する).
*'**Kun·de²** ['kʊndə クンデ] 男 -n/-n 1 顧客, 得意先. ein fauler ~《話》払いの悪い客. ein ruhiger ~ 固い客. Hier ist der ~ König. 当店ではなによりもお客様第一を心がけております. Dienst am ~n 顧客サービス. 2《話》やつ, 野郎. 3《隠》渡り職人; 渡り歩く...
..kun·de ['kʊndə] (接尾) 名詞につけて「...についての学問(研究)」を意味する女性名詞 (-/) をつくる. Naturkunde 博物学. Volkskunde 民族学.
'kün·den ['kʏndən] ❶ 他 1《古》(人³に)事⁴を知らせる, 告げる. 2《古》(人³に物⁴の)解約を通告する. ❷ 自 (von et³ 事³を)知らせる, 告げる.
'Kun·den·dienst 男 -[e]s/-e 1《複数なし》顧客サービス. 2 サービスステーション.
'Kun·den·spra·che 女 -/-n (↓Kunde²)《古》(詐欺師・盗賊などの使う)隠語.
'Kund·ga·be 女 -/-n《雅》通知, 告知, 公布.
*'**kund|ge·ben*** ['kʊntgeːbən クントゲーベン] 他《雅》知らせる, 伝える, 表明する.《再帰的に》sich⁴ ~ 表れる, 示される.
*'**Kund·ge·bung** ['kʊntgeːbʊŋ クントゲーブング] 女 -/-en 1 (街頭での)政治集会, デモ. 2《雅》表明, 公表.
'kun·dig ['kʊndɪç] 形《雅》事情(消息)に通じた, (もの)の専門知識を持った, (を)よくする. Er ist des lateinischen ~. 彼はラテン語に通暁している.《名詞的用法》ein Kundiger 専門家, 消息通.
*'**kün·di·gen** ['kʏndɪgən キュンディゲン] ❶ 他 1 (予約などの)破棄(解消)を予告(通告)する(人³に). einen Vertrag ~ 契約の解除を通告する. eine Hypotheke ~ 抵当流れを予告する. j³ die Wohnung ~ 人³に家の明渡しを申入れる. j³ die Freundschaft ~ 人³に絶交を申渡す. 2《法制》《話》(人³に)解雇を通告する.

❷ 自 1 (人³に)解雇(解約)を通告する. Das Unternehmen hat 10 Arbeitern gekündigt. その企業は10人の労働者に解雇を通告した. Der Hausbesitzer hat mir zum 30. Juni gekündigt. 家主は私に6月30日までに立ち退くよう通告してきた. 2 辞職を申出る. Ich habe gestern mündlich gekündigt. 私はきのう口頭で辞職を申出た.
*'**Kün·di·gung** ['kʏndɪgʊŋ キュンディグング] 女 -/-en 1 解約告知, 解雇(退職)通知. Vertrag mit monatlicher ~ 月極めの契約. 2 ~ Kündigungsfrist
'Kün·di·gungs·frist 女 -/-en《法制》解約告知期間, 解雇(退職)予告期間.

Kün·di·gungs·schutz 男 -es/〖法制〗解約(解雇)からの保護.

Kün·di·gungs·ter·min 男 -s/-e =Kündigungsfrist

Kun·din ['kʊndɪn] 女 -/-nen Kunde² 1 の女性形.

kund|ma·chen 〔雅〕〖ﾄﾞｲﾂでは書〗公示する, 告知する.

Kund·ma·chung 女 -en 〔雅〕〔南ﾄﾞｲﾂでは書〕公示, 告知.

Kund·schaft¹ ['kʊnt-ʃaft] 女 -en (↓Kunde¹)《複数まれ》〔古〕**1** 偵察, 諜報, 探索. j⁴ auf ~ aussenden 人⁴を偵察に出す. **2** 知らせ, 報告.

Kund·schaft² 女 -en **1**《複数なし》《総称として》顧客;〔話〕(何人かの)客. 〖ﾄﾞｲﾂ〗客.

kund·schaf·ten ['kʊnt-ʃaftən] 自 偵察(斥候)に出る, 情報を収集する.

Kund·schaf·ter 男 -s/- 偵察兵, 間諜, スパイ.

kund|tun* 他 =kundgeben

kund|wer·den* 自 (s)〔雅〕知られる, 知れわたる; 気づく(事²に).

künf·tig ['kʏnftɪç キュンフティヒ] ❶ 形《付加語的用法のみ》将来(未来)の, 来(きた)る, 今後の. ~e Geschlechter 次代の人々. ~en Jahres(略 k.J.)来年. ~en Monats(略 k.M.)来月.《名詞的用法》ihr Künftiger 彼女の将来の夫, 婚約者. ❷ 副 将来, 今後, これから.

künf·tig·hin ['kʏnftɪçhɪn] 副〔雅〕今後, 将来.

Kun·kel ['kʊŋkəl] 女 -/-n (lat.)〔地方〕糸巻竿.

Ku·no ['ku:no] 男名(↓Konrad) クーノ.

Kunst [kʊnst クンスト] 女 -/Künste(↓können) **1** (a) 芸術. angewandte ~ 工芸. die bildende ~ 造形芸術(絵画・彫刻・建築など). die schönen Künste 芸術(美術・文芸・音楽など). ein Freund der ~ 芸術愛好家. Von [der] ~ allein kann man nicht leben. 芸術だけでは食ってゆけぬ. (b)《複数なし》《集合的に》芸術作品. eine Ausstellung moderner ~ 現代芸術(作品)の展示会. Dieses Bild ist keine ~, sondern Kitsch. この絵は芸術なんかじゃなくてまがい物だ. **2** 術, 技, 技能, 技法, 腕前. die ärztliche ~ 医術. die ~ des Reitens〈Singens〉乗術〈歌唱法〉. eine brotlose ~ 金にならない技(芸). die Schwarze ~ 魔術;〔戯〕印刷術. die Sieben Freien Künste〖歴史〗(古代および中世の)自由七学芸(文法・論理・修辞・算術・幾何・音楽・天文). Was macht die ~?〔話〕調子はどうだい. Das ist keine ~! そんなこと朝飯前だ. nach allen Regeln der ~ 非常にうまく(適切に); 完全に, すっかり. alle seine Künste spielen lassen 手練手管のかぎりを尽くす. seine ~ zeigen〈versuchen/erproben〉腕を見せる〈腕試しをする〉(an et³ 事³で). Der Hund zeigt seine Künste. 犬が芸を見せる. Jetzt bin ich mit meiner ~ zu Ende. 私はもうお手上げだ, 万策尽きた. **3** 人造物, つくり物. Das ist nur ~. それはたんなるつくり物だ, まがい物にすぎない.

'Kunst·aka·de·mie 女 -/-n 美術(芸術)大学.

'Kunst·aus·stel·lung 女 -en 美術展示会.

'Kunst·bau 男 -[e]s/-ten《ふつう複数で》〖土木〗(橋・高層建築などの)高度の技術を要する建築物.

'Kunst·blatt 中 -[e]s/⸚er (印刷した)複製画.

'Kunst·druck 男 -[e]s/-e **1**《複数なし》〖印刷〗美術印刷. **2** =Kunstblatt

'Kunst·druck·pa·pier 中 -s/-e 〖製紙〗アート紙.

'Kunst·dün·ger 男 -s/- 化学肥料.

'Küns·te ['kʏnstə] Kunst の複数.

Küns·te'lei [kʏnstə'laɪ] 女 -/-en **1**《複数なし》わざとらしさ, 不自然さ, 気どり. **2** わざとらしい(不自然な, 気どった)態度(作品).

'küns·teln ['kʏnstəln]《過去分詞でのみ》↑gekünstelt

'Kunst·fa·ser 女 -/-n 化学繊維.

'Kunst·feh·ler 男 -s/- 技術的なミス, (とくに)医療過誤.

'kunst·fer·tig 形 熟達した, 腕のたしかな.

'Kunst·fer·tig·keit 女 -/ (技能上の)熟練.

'Kunst·flie·ger 男 -s/- 曲芸飛行士.

'Kunst·flug 男 -[e]s/⸚e 曲芸飛行.

'Kunst·freund 男 -[e]s/-e 芸術愛好家.

'Kunst·ge·gen·stand 男 -[e]s/⸚e 美術(工芸)品.

'kunst·ge·mäß, **'kunst·ge·recht** 形 技術的に的確(たしか)な, きちんとした.

'Kunst·ge·schich·te 女 -/-n **1**《複数なし》美術史. **2** 美術史書. **3** (学問としての)美術史.

'Kunst·ge·wer·be 中 -s/ (美術)工芸.

'Kunst·glied 中 -[e]s/-er 〖医学〗(Prothese)義肢.

'Kunst·griff 男 -[e]s/-e 技巧, こつ; 術策, 手管.

'Kunst·hal·le 女 -/-n 美術館.

'Kunst·han·del 男 -s/- 美術品売買.

'Kunst·händ·ler 男 -s/- 美術商.

'Kunst·hand·lung 女 -/-en 美術品店.

'Kunst·hand·werk 中 -[e]s/-e **1**《複数なし》《広義で》=Kunstgewerbe **2**《狭義で》工芸.

'Kunst·harz 中 -es/-e 合成樹脂.

'Kunst·hoch·schu·le 女 -/-n 美術大学, (音楽を含まない)芸術大学.

'Kunst·ho·nig 男 -s/-e〖食品〗人造はちみつ.

'Kunst·ken·ner 男 -s/- 美術(芸術)通.

'Kunst·kri·tik 女 -/-en **1** 美術(芸術)批評. **2**《複数なし》《総称的に》美術(芸術)批評家.

'Kunst·kri·ti·ker 男 -s/- 美術(芸術)批評家.

'Kunst·lauf 男 -[e]s/⸚e 〖ｽﾎﾟｰﾂ〗フィギュアスケート.

'Kunst·le·der 中 -s/- 人造(合成)皮革.

*'**Künst·ler** ['kʏnstlɐ キュンストラー] 男 -s/- **1** 芸術家, 芸人. **2** 名人, 達人. ein ~ im Sparen 倹約の名人. Du bist mir ein ~!〔話〕おやおや, やってくれたじゃないか. ◆ 女性形 Künstlerin 女 -/-nen

'künst·le·risch ['kʏnstlərɪʃ] 形 芸術の, 芸術的な; 芸術家の, 芸術家らしい.

'Künst·ler·na·me 男 -ns/-n 芸名, ペンネーム. ◆ 格変化は Name 参照.

'Künst·ler·pech 中 -[e]s/ 〔戯〕災難.

'Künst·ler·tum ['kʏnstlɐrtu:m] 中 -s/ 芸術家であること, 芸術家気質, 芸術家としての資質(才能).

*'**künst·lich** ['kʏnstlɪç キュンストリヒ] 形 **1** 人工の, 人造の, 模造の. ~e Blumen 造花. ~e Ernährung 人工栄養. ein ~es Gebiss 義歯. ein ~er See 人造湖. j⁴ ~ beatmen 人⁴に人工呼吸をする. **2** 人為的な, 不自然な, わざとらしい. ein ~es Lachen 作り笑い. sich⁴ ~ aufregen〔話〕わざと大げさに騒ぎ立てる. die Preise ~ hochtreiben 物価を人為的に上昇させる. **3**〔古〕芸術的な; 巧みな.

'Kunst·lieb·ha·ber 男 -s/- 芸術愛好家.

'Kunst·lied 中 -[e]s/-er (↔Volkslied) (芸術家の手になる)歌曲, 芸術歌曲.

'kunst·los 形 素朴な, 単純な, 飾り気のない.

'Kunst·ma·ler 男 -s/- 画家.

'Kunst·mär·chen 田 -s/- 〖文学〗(↔ Volksmärchen) 創作童話(メールヒェン).
'Kunst·markt 男 -[e]s/≃e 美術(品)市場.
'Kunst·pau·se 女 -/-n (話術上の効果をねらった)間(ᵃ). eine ~ machen 間を置く.
'kunst·reich 形 =kunstvoll
'Kunst·rei·ter 男 -s/- 曲馬師.
'Kunst·rich·ter 男 -s/- 芸術(美術)批評家.
'Kunst·samm·lung 女 -/-en 美術品の蒐(ᵃ)集(コレクション).
'Kunst·schwim·men 田 -s/ シンクロナイズドスミング.
'Kunst·sei·de 女 -/-n 人造絹糸, レーヨン.
'kunst·sin·nig 形 芸術を解する, 芸術心のある.
'Kunst·spra·che 女 -/-n 人工語.
'Kunst·sprin·gen 田 -s/ 〖水泳〗飛込(競技).
*'Kunst·stoff ['kʊnst-ʃtɔf クンストシュトフ] 田 -[e]s/-e 合成物質.
*'Kunst·stück ['kʊnst-ʃtʏk クンストシュテュック] 田 -[e]s/-e 芸当, 妙技, 離れ業. Das ist kein ~. それはたやすいことだ. ~! (話)たいしたことじゃない, 驚くにあたらない.
'Kunst·tisch·ler 男 -s/- 美術家具職人.
'Kunst·tur·nen 田 -s/ 〖スポ〗体操競技.
'kunst·voll 形 巧みを凝らした, 精巧な.
'Kunst·werk 田 -[e]s/-e 芸術作品, 芸術品; 精巧な製品.
'Kunst·wert 男 -[e]s/-e (↔ Geldwert) 1 芸術的価値. 2 《ふつう複数で》芸術(美術)品, 美術学.
'Kunst·wis·sen·schaft 女 -/ 芸術学.
'Kunst·wort 田 -[e]s/≃er 〖言語〗新造語.
'kun·ter·bunt ['kʊntɐbʊnt] 形 (話)色とりどりの, カラフルな, けばけばしい; 乱雑な; 多種多様の, 多彩な.
Kunz [kʊnts] 《男名》(↓ Konrad) クンツ.
'Kü·pe ['ky:pə] 女 -/-n (lat.) 〖紡織〗 1 染料溶液. 2 《古》(染め物用の)大桶.
Ku'pee [ku'pe:] 田 -s/-s =Coupé
*'Kup·fer ['kʊpfɐ クプファー] 田 -s/- (lat.) 1 《複数なし》(記号 Cu) 〖化学〗銅. 2 《複数なし》銅貨, 小銭; 銅製品. 3 銅版画. ▶ この意味では 田 -s/- も.
'Kup·fer·berg·werk 田 -[e]s/-e 銅山.
'Kup·fer·blech 田 -[e]s/-e (薄い)銅板.
'Kup·fer·draht 男 -[e]s/≃e 銅線.
'Kup·fer·druck 男 -[e]s/-e 1 《複数なし》銅版印刷. 2 銅版印刷物, 銅版画.
'Kup·fer·erz 田 -es/-e 銅鉱.
'kup·fe·rig ['kʊpfərɪç] 形 銅のような, 銅に似た.
'Kup·fer·kies 男 -es/ 〖鉱物〗黄銅鉱.
'Kup·fer·mün·ze 女 -/-n 銅貨.
*'kup·fern ['kʊpfɐn クプファーン] 形 1 銅の, 銅製の. ~er Sonntag 銅の日曜日(クリスマス 3 週間前の日曜日). 2 銅色(ʲᵃ)の, 赤褐色の.
'Kup·fer·oxid 田 -[e]s/-e 〖化学〗酸化銅.
'kup·fer·rot 形 赤銅色の.
'Kup·fer·schmied 男 -[e]s/-e 銅器製造職人, 銅細工師.
'Kup·fer·ste·cher 男 -s/- 1 銅版彫刻師, 銅版画家. Mein lieber Freund und ~! (話)おい, 君, 君(軽い驚きまたは警告をこめて). 2 《虫》(とくにドイツとうひに被害を与える)木食い虫.
'Kup·fer·stich 男 -[e]s/-e 1 《複数なし》銅版画の技法, 銅板彫刻術. 2 銅版画.
'Kup·fer·vi·tri·ol 田 -s/ 〖鉱物〗胆礬(ᵇᵃⁿ).

'kup·frig ['kʊpfrɪç] 形 =kupferig
Ku'pi·do [ku'pi:do] 男 -/ (lat., Begierde ʰ) 《古》性欲, 欲望, 欲求. ʰ Cupido
ku'pie·ren [ku'pi:rən] 他 (fr.) 1 (犬・馬などの耳を)短く刈る. einen Hund am Schwanz(einer Hund den Schwanz)~ 犬の尾を切りつめる. 2 (生垣などを)刈込む. kupiertes Gelände (垣根などで)切られた土地. 3 《古》(切符を)切る, 改札する. (abheben) (トランプのカードを)切る. 5 et⁴ ~ 物(とにウィルスに混ぜ物をする. 6 (病気を)初期の段階でおえる, たち切る.
Ku'pol·ofen [ku'po:l..] 男 -s/≃ (lat.) 〖冶金〗キュポラ, 溶銑(ʲᵃⁿ)炉.
Ku'pon [ku'põ:] 男 -s/-s (fr.) =Coupon
'Kup·pe ['kʊpa] 女 -/-n (lat.) (釘などの)丸い頭; 指先; (山の)円頂.
'Kup·pel ['kʊpəl] 女 -/-n (it.) 〖建築〗(教会堂などの)円天井, 円蓋(ᵍᵃⁱ), ドーム.
Kup·pe'lei [kʊpə'laɪ] 女 -/ (↓ kuppeln)《侮》(色事)の取持ち; 〖法制〗売春斡旋.
'kup·peln ['kʊpəln] 1 他 1 つなぎ合せる, 結びつける(乗物などを)連結する; 〖工学〗連結(接続)する, 連動させる. ❷ 自 1 (自動車の)クラッチを入れる. 2 《古》男女の取持ちをする; 売春を斡旋する.
'Kup·pel·pelz 男 《次の用法でのみ》 sich³ einen ~ verdienen《侮》男女の仲を取持つ.
'Kup·pel·stan·ge 女 -/-n (機関車の動輪)連結棒
'Kup·pe·lung 女 -/-en = Kupplung 1, 2
'Kupp·ler ['kʊplɐ] 男 -s/- (男女の仲を)取持つ人, 売春の客引, ぽん引.
'Kupp·le·rin ['kʊplərɪn] 女 -/-nen 取持ち女, 売春宿のおかみ.
'kupp·le·risch ['kʊplərɪʃ] 形《侮》男女の仲を取持つ, 売春を斡旋する.
'Kupp·lung ['kʊplʊŋ] 女 -/-en 1 《複数なし》連結, 結合. 2 (機械などの)継手, 連結(連動)装置; (鉄道車両などの)連結器. 3 (自動車などの)クラッチ(ペダル).
'Kupp·lungs·pe·dal 田 -s/-e 〖自動車〗クラッチペダル.
*Kur¹ [ku:r クーア] 女 -/-en (lat.) 治療, 療法; 療養, 休養. Hormonkur ホルモン療法. sich⁴ einer ~ unterziehen 治療を受ける. j⁴ in die ~ nehmen 人⁴を治療する; (話)人⁴にきつく言って聞かせる(意見する). zur ~ fahren 保養に行く.
Kur² 女 -/-en 〖歴史〗 1 (Wahl) 選挙(とくに神聖ローマ皇帝の). 2 (Kurfürstentum の短縮)選帝侯国.
Kur³ 女 -/ =Cour
Kür [ky:r] 女 -/-en (ᵃᵘˢ..) (↔ Pflicht) (体操・フィギュアスケートなどの)自由演技.
ku'ra·bel [ku'ra:bəl] 形 〖医学〗(heilbar) (病気が)治療できる, 治る.
ku'rant [ku'rant] 形 (fr.) (略 crt.) (貨幣などが)流通(通用)している.
Ku'rant¹ 田 -[e]s/-e 通貨.
Ku'rant² 男 -en/-en (ᵏᵘˑ) =Kurgast
'Kü·rass, °'Kü·raß ['ky:ras] 男 -es/-e (fr., Brustharnisch ʰ) (15-19 世紀の重騎兵が身につけた)胸甲.
Kü·ras'sier [kyra'si:r] 男 -s/-e (15-19 世紀の)甲騎兵; (一般に)重騎兵.
Ku·ra'tel [kura'te:l] 女 -/-en (lat.) 後見. unter ~ stehen 後見を受けている. j⁴ unter ~ stellen 人⁴を

後見をする.
Ku·ra·tor [ku'ra:to:r] 男 –s/–en [..a'to:rən] **1** 《古》後見人, 法定代理人. **2** (財団などの)管理者, 理事; (大学の)事務(管財)局長.
Ku·ra·to·ri·um [kura'to:riom] 中 –s/..rien[..riən] (財団などの)管理(監督)機関, 理事会; (大学の)事務(管財)局.
Kur·bel [ˈkʊrbəl] 女 –/–n (*lat.*) (L字型の)ハンドル, クランク.
Kur·bel·ge·häu·se 中 –s/– 【工学】クランク室.
kur·beln [ˈkʊrbəln] **1** 自 (s, h) **1** (h) (クランク式の)ハンドルを回す; (自動車の)ハンドルを操る. **2** (s, h) (車や飛行機が)旋回する. **2** 他 **1** (クランクを回して物を)動かす, 巻上げる(下ろす). das Autofenster in die Höhe ~ クランクを回して車の窓を上げる. **2** 《話》(クランクを回して物を)作る. Zigaretten ~ 巻煙草を作る. einen Film ~ 映画を撮る.
Kur·bel·stan·ge 女 –/–n 【工学】(クランク軸の)連接棒.
Kur·bel·wel·le 女 –/–n 【工学】クランク軸.
Kür·bis [ˈkʏrbɪs] 男 –ses/–se (*lat.*) **1** 【植物】かぼちゃ属; かぼちゃの実. **2** 《話》(かぼちゃ)頭.
Kür·bis·fla·sche 女 –/–n (容器としての)ひょうたん.
Kur·de [ˈkʊrdə] 男 –n/–n クルド人(クルディスタンに居住するイラン系アジア人).
Kur·dis·tan [kʊr'dɪsta(:)n] 【地名】クルディスタン(トルコ・イラン・イラクの国境にまたがる山岳地帯).
ku·ren [ˈku:rən] 自 《話》保養(療養)する.
kü·ren(*) [ˈky:rən] kürte(kor), gekürt(gekoren) 他 《雅》選ぶ, 選出する. Sie wurde zur Miss World *gekürt*. 彼女はミス・ワールドに選ばれた.
Kur·fürst [ˈku:rfʏrst] 男 –en/–en 【歴史】選帝(選挙)侯(神聖ローマ皇帝の選挙権を持っていた). ◆女性形 Kurfürstin 女 –/–nen
Kur·fürs·ten·damm [ˈku:rfʏrstən'dam] –[e]s/ クーアフュルステンダム(ベルリーンの目抜通り).
Kur·fürs·ten·tum [ku:rfʏrstn'tu:m] 中 –s/¨er 【歴史】選帝(選挙)侯国.
kur·fürst·lich 形 選帝(選挙)侯の.
Kur·gast 男 –[e]s/¨e 保養(療養)客, 湯治客.
Kur·haus 中 –es/¨er 保養センター, クアハウス; リゾートホテル.
ku·ri·al [kuri'a:l] 形 **1** 【カトリック】教皇庁の. **2** 宮廷の.
Ku·rie [ˈku:riə] 女 –/–n (*lat.*) **1** 【カトリック】ローマ教皇庁(聖庁). **2** 【歴史】クリア(古代ローマの氏族制社会の単位); 元老院の議場.
Ku·rier [ku'ri:r] 男 –s/–e (*fr.*) (とくに外交上の)急使, 書送使.
ku·rie·ren [ku'ri:rən] 他 (*lat.*) **1** (j¹ von et³ 人⁴の事³を)治す, 治療する; (事⁴を)治す, 治療する; j¹ von einer Krankheit ~ / j² Krankheit ~ 人⁴,²の病気を治す. **2** j¹ von et³ ~《話》人⁴の事³(とくに偏見・思い違いなど)を直す, 正す. Davon bin ich *kuriert*! それはもう卒業した, それはもうたくさんだ.
Ku·ri·len [ku'ri:lən] 複【地名】 die ~ 千島列島, クリル列島.
ku·ri·os [kuri'o:s] 形 (*lat.*) 珍奇な, 奇妙な, 変った.
Ku·ri·o·sa [kuri'o:za] Kuriosum の複数.
Ku·ri·o·si'tät [kuriozi'tɛ:t] 女 –/–en **1**《複数なし》珍奇さ. **2** 珍しい物, 珍品.
Ku·ri·o·sum [kuri'o:zʊm] 中 –s/..sa 珍しい物(事).
Kür·lauf [ˈky:r..] 男 –[e]s/¨e 【スケート】(↔ Pflichtlauf)

(フィギュアスケートの)自由演技.
***Kur·ort** [ˈku:r|ɔrt] クーアオルト 男 –[e]s/–e 保養(療養)地, 湯治場.
Kur·park 男 –s/–s(–e) 保養(療養)地の公園.
Kur·pfu·schen [ˈku:rpfʊʃən] 中 無免許(もぐり)で医者をする.
Kur·pfu·scher 男 –s/– 無免許医師;《俗》やぶ医者.
Kur·pfu·sche·rei [ku:rpfʊʃə'raɪ] 女 –/–en 無免許医業, もぐり医療行為.
Kur·ren·de [kʊ'rɛndə] 女 –/–n (*lat.*) **1** (昔の)学童聖歌隊(葬式や降臨節に戸口で聖歌を歌って施しを受けた). **2**【カトリック】少年聖歌隊.
kur'rent [kʊ'rɛnt] 形 (*lat.*) **1** 《まれ》現行の. **2**【カトリック】ドイツ文字の. ~ schreiben ドイツ文字で書く.
Kur'rent·schrift 女 –/–en **1** 筆記体. **2**【カトリック】ドイツ文字の筆記体.
***Kurs** [kʊrs] クルス 男 –es/–e (*lat.* cursus, Lauf⁴) **1** (船・飛行機などの)進路, 針路, 航路, コース;【カトリック】(競争などの)コース, 走路; (選挙の)路線, 方針. den ~ halten(wechseln) 予定のコースを守る(変更する). ~ auf et⁴ nehmen 物に向けて進路をとる;《比喩》にねらいをつける. auf ~ gehen 所定のコースを進んでいる. j⁴ aus dem ~ bringen《比喩》人⁴の頭を混乱させる. vom ~ abkommen〈abweichen〉コースからそれる. **2**【金融】(為替・有価証券などの)相場, レート; (通貨などの)流通, 通用. Die ~e steigen〈fallen〉. 相場が上がる〈下がる〉. außer ~ kommen 通用しなくなる;《比喩》人気がなくなる. et⁴ außer ~ setzen 物⁴の流通を止める, 無効にする. ein Gerücht in ~ setzen うわさを広める. [bei j¹] hoch im ~ stehen《比喩》(人³に)高く買われている, 人気がある. im ~ steigen〈fallen〉《比喩》人気が上がる〈下がる〉. **3** (Kursus) 課程, 講座, 講習(会), コース; 講習会の参加者. ein ~ für erste Hilfe〈in Englisch〉応急手当〈英語〉の講習(会). einen ~ besuchen 講習会に通う.
Kurs·be·richt 男 –[e]s/–e 【金融】= Kurszettel
Kurs·buch 中 –[e]s/¨er (列車やバスの)時刻表.
Kurs·chat·ten [ˈku:r..] 男 –s/– 《戯》保養地で知合った異性の友人(恋人).
Kürsch·ner [ˈkʏrʃnər] 男 –s/– **1** 毛皮加工職人. **2** (Pelzkäfer) かつおぶしむし(毛皮の害虫).
Kürsch·ne·rei [kʏrʃnə'raɪ] 女 –/–en **1**《複数なし》毛皮加工業, 毛皮加工工業.
Kur·se [ˈkʊrzə] Kurs, Kursus の複数.
kur·sie·ren [kʊr'zi:rən] 自 (h, まれに s) (貨幣などが)流通する; (うわさなどが)広まる, 流布する.
kur·siv [kʊr'zi:f] 形 (*lat.*)【印刷】イタリック体の.
Kur·si·ve [kʊr'zi:və] 女 –/ 【印刷】イタリック体, **Kur'siv·schrift** 女 –/ 【印刷】イタリック体.
kur·so·risch [kʊr'zo:rɪʃ] 形 連続した; 大まかな, 細部に立入らない. einen Text ~ lesen テキストをざっと通読する.
Kurs·schwan·kung [ˈkʊrs..] 女 –/–en【金融】相場の変動.
Kurs·sturz 男 –es/¨e 【金融】相場の暴落.
Kur·sus [ˈkʊrzʊs] 男 –/Kurse = Kurs 3
Kurs·wa·gen 男 –s/– 直通車両(途中で他の列車に連結されて, 目的地まで乗換えなしで行く車両).
Kurs·wert 男 –[e]s/–e 【金融】(↔ Nennwert) (有価証券の)相場(市場)価格.
Kurs·zet·tel 男 –s/– 【金融】相場表.
Kur·ta·xe [ˈku:r..] 女 –/–n 保養施設利用税.
Kur·ti·sa·ne [kʊrti'za:nə] 女 –/–n (*fr.*) (王侯や宰

'**Kür·tur·nen** ['kyːr..] 田 -s/ (↔ Pflichtturnen) (体操の)自由演技.

'**Kür·übung** 囡 -/-en (↔ Pflichtübung) (体操・フィギュアスケートなどの)自由演技.

*'**Kur·ve** ['kʊrvə, 'kʊrfə クルヴェ] 囡 -/-n (*lat.* curvus, gekrümmt¹) 曲線, 弧;(道路などの)カーブ,(《複数で》) 《話》(女体の)曲線美. eine scharfe ~ 急カーブ. eine ~ fahren〈nehmen〉カーブを切る. die ~ herausbaben〈weghaben〉《話》こつを心得ている, 巧みである. die ~ kratzen《話》さっさと逃出す, ずらかる. die ~ kriegen《話》なんとか切抜ける. eine ~ schneiden カーブの内側寄りを回る, カマを切る. aus der ~ getragen〈geschleudert〉werden カーブを曲りきれずに外へ飛出す. in die ~ gehen カーブにさしかかる. die Schauspielerin mit aufregenden ~n グラマーな女優.

'**kur·ven** ['kʊrvən, 'kʊrfən] ❶ 圓 (s, h) **1** (s, h) カーブを切る, 曲がる, 旋回する;(乗物で)あちこち走り回る. **2** (h)《話》(über et⁴ 事を)あれこれ思案する. ❷ 他 (**sich**⁴) 曲がる, 曲線を描く.

'**Kur·ven·li·ne·al** 囲 -s/-e 雲形定規, 曲線定規.

'**kur·ven·reich** カーブの多い;《話》(女性が)グラマーな.

kurz

[kʊrts クルツ] kürzer, kürzest 形 **1** (↔ lang, weit)(空間的に)短い,(背丈が)低い, 近い. ~es Haar 短い髪. ~e Strecken laufen 《スポ》短距離を走る. der *kürzeste* Weg nach Hause 家へ帰る一番の近道. ~e Welle《物理》短波. den *Kürzeren*〈*kürzeren*〉ziehen《話》貧乏くじを引く, 損をする, 負ける. ~ von Verstand sein 思慮が浅い.《副詞的用法で》~ vor dem Bahnhof 駅のすぐ前に. zu ~ greifen《話》表面的である. zu ~ kommen (他の人より)分け前が少ない, 損をする, 顧みられない. et⁴〈alles〉~ und klein schlagen《怒りや憎悪から》物⁴を〈何もかも〉粉々にたたきこわす. **2** (↔ lang, lange)(時間的に)短い, 短時間(期間)の. einen ~en Atem haben 息切れする;根気がない. von ~er Dauer sein 長続きしない. ein ~es Gedächtnis haben《話》もの覚えが悪い. ~e Zeit 少しの間.《副詞的用法で》die Arbeit ~ unterbrechen 仕事を少し中断する. ~ darauf〈danach〉その少し後で. ~ vorher〈zuvor〉その少し前に. ~ vor Toresschluss《話》(期限の)直前になって, ぎりぎり間に合って.《前置詞と》**binnen**〈in〉~em 近いうちに, まもなく. **seit** ~em 少し前から. **über** ~ oder lang 遅かれ早かれ, そのうち. **vor** ~em 少し前に, 先日. **3** 簡潔な, 手短かな. einen ~en Überblick geben 概略を示す. et⁴ in〈mit〉~en Worten erklären 事を簡単に説明する.《副詞的用法で》~ und bündig 簡潔に, 要領よく. ~ und gut 要するに. sich⁴ ~ fassen 簡潔に述べる. ~ gesagt / um es ~ zu sagen〈machen〉簡単に言うと. **4** すばやい, 即座の;無愛想な, そっけない. einen ~en Blick auf et⁴ werfen 物⁴をちらっと見る. einen ~en Entschluss fassen 即座に決心する.《副詞的用法で》~ und schmerzlos《話》あっさりと, いとも簡単に. j⁴ ~ abfertigen 人⁴をけんもほろろに扱う;ぞんざいな追返す. es ~ machen 簡単に片付ける.

♦ ↑ kurz gefasst, kurz halten, kurz treten

'**Kurz·ar·beit** 囡 /《経済》操業短縮.

'**kurz|ar·bei·ten** 操業短縮をする.

'**kurz·är·me·lig** [..ɛrməlɪç] 形 袖の短い, 半袖の.

'**kurz·at·mig** ['kʊrtsˌaːtmɪç] 形 **1** 息切れのする, 呼吸困難の. **2**《比喩》長続きしない. eine ~e Modeerscheinung つかの間の流行現象.

*'**Kür·ze** ['kʏrtsə キュルツェ] 囡 -/(-n) **1**(空間的・時間的な)短さ, 近さ. in ~ まもなく, 近いうちに. **2** 簡潔, 簡略. in aller ~ できるだけ手短に. In der ~ liegt die Würze.《諺》簡のうちに妙あり. **3** 短音節の.

'**Kür·zel** ['kʏrtsəl] 囲 -s/- 略語, 略号.

'**kür·zen** ['kʏrtsən] 他 **1** 短くする, 縮める. j³ Haar〈die Nägel〉~ 人³の髪を刈る〈爪を切る〉. der Rock um 3 cm ~ スカートの丈を3センチつめる. eine *gekürzte* Übersetzung 抄訳. **2**(金額などを)減らす, カットする. j³ das Gehalt〈die Rente〉~ 人³の給料〈年金〉を削減する. **3**《数学》約分する.

'**kür·zer** ['kʏrtsər] kurz の比較級.

'**kür·zer·hand** ['kʊrtsərˈhant] 副 さっさと, あっさりと, 即座に.

'**kür·zest** ['kʏrtsəst] kurz の最上級.

'**Kurz·fas·sung** 囡 -/-en 要約, ダイジェスト(版).

'**Kurz·film** 囲 -[e]s/-e 短編映画.

'**Kurz·form** 囡 -/-en 《言語》短縮形(例 Auto < Automobil).

'**kurz·fris·tig** [..frɪstɪç] 形 短期間の;早急の;不意の, 突然の. ein ~er Vertrag 短期の契約. einen Besuch ~ absagen 訪問を直前になって取止める.

'**kurz ge·fasst**, °**kurz·ge·fasst** 形 簡潔な, 手短かな.

'**Kurz·ge·schich·te** 囡 -/-n 《文学》短編小説, ショートストーリー.

'**kurz·haa·rig** 形 髪の短い.

'**kurz hal·ten***, °**kurz|hal·ten*** 他 (子供などを)金や食事の点で)甘やかさない, 自由にさせない, 締めつける.

'**kurz·le·big** ['kʊrtsleːbɪç] 形 短命の, 寿命の短い;(流行などが)長続きしない,(器具などが)長持ちしない.

*'**kürz·lich** ['kʏrtslɪç キュルツリヒ] 副 最近, この間, 先日.

'**kurz|schlie·ßen*** 他 (電気回路を)短絡(ショート)させる.

'**Kurz·schluss** 囲 -es/¨e **1** 《電子工》短絡, ショート. **2** (思考の短絡, 誤った判断;短気, 逆上.

'**Kurz·schluss·hand·lung** 囡 -/-en 短絡的な行動.

'**Kurz·schrift** 囡 -/(-en) 速記(術).

'**kurz·sich·tig** ['kʊrtszɪçtɪç] 形 (↔ weitsichtig) **1** 近視(近眼)の. **2**《比喩》近視眼的な, 先見の明のない, 先の見通しのない.

'**Kurz·sich·tig·keit** 囡 -/ (↔ Weitsichtigkeit) **1** 近視, 近眼. **2**《比喩》短見, 浅慮.

'**Kurz·stre·cken·lauf** 囲 -[e]s/¨e 《スポ》短距離競走.

'**Kurz·stre·cken·läu·fer** 囲 -s/- 《スポ》短距離選手.

'**kurz tre·ten***, °**kurz|tre·ten*** 圓 (s, h) **1** (s)(まれ)小さな歩幅で行進する. **2** (h)(生活などを)切りつめる;(活動などを)控えめにする, 無理をしない.

'**kurz·um** [kʊrtsˈʊm, '-ˈ-] 副 要するに, 簡単に言うと.

'**Kür·zung** ['kʏrtsʊŋ] 囡 -/-en 短縮, 省略;(賃金などの)削減, 引下げ;《数学》約分.

'**Kurz·wa·ren** 圈 裁縫道具(ボタン・糸・針など).

'**Kurz·wa·ren·händ·ler** 囲 -s/- 裁縫道具屋.

'**kurz·weg** [kʊrtsˈvɛk, '-ˈ-] 副 = kurzerhand

Kurz·weil ['kʊrtsvaɪl] 囡 -/《古》(Zeitvertreib) 暇つぶし, 退屈しのぎ, 気晴し. allerlei ~ treiben あれこれと気晴しをする.

kurz·wei·lig ['kʊrtsvaɪlɪç] 形 (↔ langweilig) 気晴しになる, 楽しい, おもしろい.

Kurz·wel·le 囡 -/-n《物理・放送》短波. auf ~³/ über ~³ 短波で.

Kurz·wort -[e]s/-er《言語》短縮語, 略語(例 Krad＜Kraftrad, Akku＜Akkumulator).

kusch [kʊʃ] 間 *Kusch*! 伏せ, 静かに(犬に対する命令;《ﾅｰﾝ》話) 黙れ.

ku·scheln ['kʊʃəln] 他 (sich¹) (an j³ 人³に)身をすり寄せる, まとわりつく;(in et¹ 物¹に)身をうずめる, もぐりこむ. sich in die Kissen — ふとんにくるまる.

Ku·schel·tier 田 -[e]s/-e 動物のぬいぐるみ.

ku·schen ['kʊʃən] 自 1 (犬が)おとなしく腹ばいになる, 伏せる.《再帰的にも》*Kusch(e) dich*! 伏せ. 2 (vor j³ 人³に対して)服従する, 黙って言うことをきく.

Ku·si·ne [ku'zi:nə クズィーネ] 囡 -/-n (*fr.*) (Cousine) 従姉妹(いとこ).

Kuss, °**Kuß** [kʊs クス] 男 -es/=e キス, 口づけ, 接吻. j³ einen ~ auf die Wange〈den Mund〉geben 人³のほお〈口〉にキスする. einem Mädchen einen ~ rauben《雅》少女から唇を奪う.

'Küss·chen ['kʏsçən] 田 -s/- Kuss の縮小形.

'kuss·echt 形 (口紅が)キスしても色の落ちない.

'küs·sen ['kʏsən キュセン] 他 (人〈物〉⁴に)キスする, 口づけする. j⁴ auf den Mund〈die Wange〉~ 人⁴の口〈ほお〉にキスする. j³ die Hand ~ 人³の手に口づけする. Ein leichter Wind *küsste* die Blätter.《雅》そよ風が木の葉をなでていった.

'kuss·fest 形 = kussecht

'Kuss·hand 囡 -/=e 投げキス. j³ eine ~ zuwerfen 人³に投げキスをする. et⟨j⟩⁴ mit ~ nehmen《話》物〈人〉⁴を大歓迎する, 大喜びで受取る.

'Küs·te ['kʏstə キュステ] 囡 -/-n (*lat.*) 海岸, 海辺; 海岸(沿岸)地帯. eine flache〈felsige〉~ 遠浅の〈岩の多い〉海岸. an der ~ entgegenfahren 沿岸を航行する. seinen Urlaub an der ~ verbringen 休暇を海辺で過ごす.

'Küs·ten·ar·til·le·rie 囡 -/-n [..ri:ən]《軍事》海岸(沿岸)防衛砲兵隊.

'Küs·ten·be·feu·e·rung 囡 -/ 沿岸照明設備(灯台など).

'Küs·ten·fi·sche·rei 囡 -/ (↔ Hochseefischerei) 沿岸漁業.

'Küs·ten·ge·biet -[e]s/-e 海岸(沿岸)地帯.

'Küs·ten·ge·wäs·ser 田 -s/- 沿岸海域, 領海.

'Küs·ten·han·del 男 -s/ 沿岸貿易.

'Küs·ten·schiff·fahrt 囡 -/ 沿岸航行.

'Küs·ten·strei·fen 男 -s/- (帯状の)沿岸地域.

'Küs·ten·strich 男 -[e]s/-e = Küstenstreifen

'Küs·ten·ver·tei·di·gung 囡 -/《軍事》海岸(沿岸)防衛.

'Küs·ter ['kʏstər] 男 -s/- (*lat.*) (教会の雑役をつとめる)寺男, 堂守.

'Kus·tos ['kʊstɔs] 男 -/..toden [kʊs'to:dən] (*lat.*) 1 (博物館・図書館などの)学芸員, 専門職員. 2《書籍》つなぎ語(昔の書物で, 各ページの右下に印刷された次ページの最初の語). 3《古》= Küster

Ku'ti·ku·la [ku'ti:kula] 囡 -/-s(..lä[..lɛ]) (*lat.*)《生物》角皮, クチクラ.

Kutsch·bock ['kʊtʃbɔk] 男 -[e]s/=e (馬車の)御者台.

'Kut·sche ['kʊtʃə] 囡 -/-n (*ungar.*) 1 (乗用の)馬車. in〈mit〉einer ~ fahren 馬車に乗って行く. 2《戯》おんぼろ自動車. 3《地方》(板で囲った)寝床.

'Kut·scher ['kʊtʃər] 男 -s/- (馬車の)御者.

kut'schie·ren [kʊ'tʃi:rən] ❶ 自 (s) 馬車に乗って行く;《話》乗物に乗って行く. Mit ihm lässt sich⁴ gut〈schlecht〉~.《話》彼とはうまくやっていけない〈いけない〉. ❷ 他 1 (人〈物〉⁴を)馬車に乗せて行く;《話》乗物に乗せて行く. 2 (馬車を)御する;《話》(乗物を)運転する.

'Kut·te ['kʊtə] 囡 -/-n (*lat.*) 1 (頭巾のついたすその長い)修道服. die ~ anlegen 修道士(女)になる. aus der ~ springen《戯》聖職をする. 2《若者》(フードつきの)コート, パーカ, アノラック;《南ﾃﾞ》(作業時の)上っ張り.

'Kut·tel ['kʊtəl] 男 -s/-《ふつう複数で》《南ﾃﾞ・ｽｲｽ・ｵｰｽﾄ》(とくに牛の)内臓, 臓物, もつ.

'Kut·tel·fleck 男 -[e]s/-e《ふつう複数で》《南ﾃﾞ・ｽｲｽ・ｵｰｽﾄ》= Kuttel

'Kut·ter ['kʊtər] 男 -s/- (*engl.*) 1 カッター(1本マストの帆船). 2 (Fischkutter) (エンジンつきの)小型漁船. 3 (軍艦に搭載する)小艇.

Ku'vert [ku've:r, ..'vɛ:r, ..'vɛrt] 田 -s/-s([ku'vɛrt] -/-) (*fr.*) 1《地方》(Briefumschlag) 封筒. 2《雅》(Gedeck) 食器1人前(皿・ナイフ・フォーク・ナプキンなど).

ku·ver'tie·ren [kuver'ti:rən] 他 (手紙を)封筒に入れる.

Ku·ver'tü·re [kuver'ty:rə] 囡 -/-n (*fr.*) (ケーキなどの)チョコレートコーティング.

Kü'vet·te [ky'vɛtə] 囡 -/-n (*fr.*) 1《化学》キュベット(光学実験用の透明な箱型の容器). 2《古》懐中時計の内ぶた.

Ku'wait [ku'vaɪt, 'ku:vaɪt]《地名》クウェート(ペルシア湾岸の立憲首長国, 首都 Kuwait).

Kux [kʊks] 男 -es/-e《経済》鉱山株, 鉱業持株.

kV [kilo'vɔlt]《記号》= Kilovolt

KV (略)《音楽》= Köchelverzeichnis

kVA [kilovɔlt|am'pe:r, ..'pɛ:r]《記号》= Kilovoltampere

kW [kilo'vat]《記号》= Kilowatt

kWh [kilo'vat-ʃtʊndə]《記号》= Kilowattstunde

'Ky·be·le ['ky:bele, ky'be:la]《人名》《ｷﾞﾘｼｱ神話》キュベレー(小アジアの大地女神, ギリシアのレアー Rhea と同一視される).

Ky·ber·ne·tik [kybɛr'ne:tɪk] 囡 -/ (*gr.* Kybernetes, Steuermann') サイバネティックス(アメリカの数学者 Norbert Wiener が創始した総合的情報科学).

ky·ber·ne·tisch 形 サイバネティックスの.

'Kyk·li·ker ['ky:klikər] 男 -s/- = Zykliker

'Ky·klop [ky'klo:p] 男 -en/-en = Zyklop

'Ky·ni·ker ['ky:nikər] 男 -s/- (*gr.* kyon , Hund')《哲学》キュニコス学派の人(極端な禁欲主義と自然生活を説いた. 犬儒派ともいう).↑ Zyniker

'ky·nisch ['ky:nɪʃ] 形 キュニコス学派の(↑ zynisch).

'Ky·rie ['ky:riə] 田 -/-s キリエ(Kyrieeleison の略).

Ky·rie·elei·son [ky:rie|e'laɪzɔn, ..'le:izɔn] 田 -s/ ミサで唱えられるあわれみの賛歌).

'Ky·rie elei·son ['ky:ri e'laɪzɔn, 'ky:rie .., .. e'le:izɔn] 間 (*gr.*, Herr, erbarme dich!') ~! キリエ・エレイソン(礼拝の冒頭などで唱えられる祈願).

Ky·ri·eleis [kyrie'laɪs] 画 Kyrie eleison の短縮形.
Ky'rill [ky'rɪl]《人名》キリル, キュリロス(827–869, スラブ世界にキリスト教をもたらしたギリシア人伝道者).
ky'ril·lisch [ky'rɪlɪʃ] 厖 キュリロス(キリル)の, キリル文字の. ~*e* Schrift キリル文字(ギリシア文字から作られた教会スラブ文字, キュリロスの名にちなむ).
Kyu [kjuː] 男 -s/-s (*jap.*) (武道の)級.
KZ [kaː'tsɛt] 中 -[s]/-[s] 《略》=**Konzentrationslager**
KZ-Ge'denk·stät·te 囡 -/-n 強制収容所跡に作られた記念館.

l, L

l¹, L¹ [ɛl] 中 -/- ドイツ語アルファベットの第 12 文字(子音字). ◆口語では単数 2 格および複数形を [ɛls] と発音することがある.

l²《記号》**1** =Liter　**2** =Leu⁴

L²《記号》**1** (ローマ数字の) 50.　**2** =Pfund [Sterling]

l.《略》**1** =lies!（…と）読め(略号などの読み方の指示).　**2** =links

l.《略》=Lira, Lire　◆リラ↑Lira の単数と複数.

la¹ [la:] 中 Lala...ら ら...(メロディーだけを口ずさむ声).

la² (it.)《音楽》ラ(階名唱法で長音階の第 6 音).

La《記号》《化学》=Lanthan

LA《略》=Lastenausgleich

Lab [la:p] 中 -[e]s/-e《複数まれ》《生化学》凝乳酵素, レンネット.

'lab·be·rig ['labərıç] 形《話》**1**（飲食物が）水っぽい, 味が薄い.　**2**（ゴム・生地などが）たるんだ.　**3** 気分などが）だるい, しまらない.

'lab·bern ['labərn] 自《北ドツ》❶形**1**（帆が）垂下がる.　**2**《話》愚にもつかぬことを喋りちらす.　❷他《話》ぴちゃぴちゃ音をたてて食べる(飲む).

'labb·rig ['labrıç] 形《話》=labberig

'La·be ['la:bə] 女-/《雅》=Labsal

'La·bel ['le:bəl, leɪbl] 中 -s/-s (engl.)（商品などに貼る）ラベル, レッテル.　**2** (a)（レコードなどの）レーベル, レコード会社の商標.　**3**《コンピュータ》ラベル.

'la·ben ['la:bən] (lat.) ❶他 j⁴ mit et³～《雅》物³（飲食物）で人⁴の元気を回復させる, 気分を爽快にする. Das satte Grün der Wälder *labte* das Auge. 森林の溢れるような緑で目が洗われた. ein *labender* Trunk 爽やかな飲物.　❷再 (**sich**⁴) *sich* an et³～物³（飲食物）でひと息入れる, 気分を爽快にする.

La·ber·dan [labər'daːn] 男 -s/-e (fr.) 塩漬けの鱈（タラ）.

'la·bern ['la:bərn] 自《話》**1** ぺちゃくちゃ喋りまくる.　**2** お喋りを楽しむ.

'La·be·trank, 'La·be·trunk 男 -[e]s/ᵘe《複数まれ》《雅》元気を回復させる(気分を爽快にする)飲物.

La·bia ['la:bia] Labium の複数.

la·bi·al [labi'a:l] 形 (↓Labium) **1**《医学》唇の.　**2**《音声》唇音（シンオン）の.

La·bi·al 男 -s/-e《音声》唇音 (Lippenlaut) の.

'La·bi·en·bi·lung Labium の複数.

la·bil [la'bi:l] 形 (lat.)（副詞的には用いない）(↔ stabil) 不安定な. eine ～*e* Gesundheit 病身. **2**《力学》不安定平衡. eine ～*e* Wetterlage 不安定な気象状況.

La·bi·li·tät [labili'tɛ:t] 女 -/-en《複数まれ》(↔ Stabilität) 不安定(性). vegetative ～ 自律神経失調.

La·bio·den·tal [labiodɛn'ta:l] 男 -s/-e (lat.)《音声》唇歯音（[f] [v] など）.

'La·bi·um ['la:biom] 中 -s/Labien (Labia) (lat., Lippe⁶) **1**《解剖》唇; (Schamlippe) 陰唇（インシン）.　**2**《生物》(昆虫の)下唇.

'Lab·kraut ['la:p..] 中 -[e]s/ᵘer《植物》やえむぐら(八重葎）属.

'Lab·ma·gen 男 -s/ᵘ=《生物》皺胃（ヒダイ）, 反芻（ハンスウ）胃（反芻類の第 4 胃）.

La·bor [la'bo:r, ゙゙ラ ボ ˈla'bo:r] 中 -s/-s(-e) (Laboratorium の短縮) 実験室(所), 研究室(所), 試験室(所).

La·bo·rant [labo'rant] 男 -en/-en 実験室の助手. ◆女性形 Laborantin 女 -/-nen

La·bo·ra·to·ri·um [labora'to:rium] 中 -s/..rien [..riən] (lat.) 実験室(所), 研究室(所), 試験室(所).

la·bo·rie·ren [labo'ri:rən] 自 (まれ) **1** 実験室の仕事をする.　**2** an et³～《話》事³（仕事・病気など）にいつまでもてこずる, 苦しめられている.

'Lab·sal ['la:pza:l] 中 -[e]s/-e (゙゙ゼー・南ドツ 女 -/-e 併用)《雅》元気を回復させる(気分を爽快にする)もの. Die Kühle des Waldes war ein wahres ～ für uns. 森の涼気は我々にとってまさに一服の清涼剤だった.

'Labs·kaus ['lapskaus] 中 -/ (engl.)《料理》ラプスコース(船員料理でシチューの一種).

'La·bung ['la:bun] 女 -/-en《雅》**1**《複数なし》元気を回復させる(気分を爽快にする)こと.　**2** 元気を回復させる(気分を爽快にする)もの.

La·by'rinth [laby'rınt] 中 -[e]s/-e (gr., Haus der Doppelaxt⁶) **1**《ギリシア神話》ラビリンス, ラビュリントス (Minos が Minotaurus を閉じこめるため Dädalus に造らせた迷宮).　**2** 迷路, 迷宮;《比喩》《雅》混乱, 錯綜.　**3**《解剖》(内耳の)迷路.　**4**《生物》迷路器官, 褶鰓（ショウサイ）(きのえびうおの副呼吸器官).

la·by'rin·thisch [laby'rıntıʃ] 形 迷路(迷宮)のような; 入りくんだ, 解き難い.

'La·che¹ ['laxə, 'la:xə] 女 -/-n 水たまり; こぼれたまった少量の液体. eine ～ von Milch〈Blut〉こぼれたミルク〈血の海〉.

'La·che² ['laxə] 女 -/-n《複数まれ》《話》(↑lachen¹) 笑い, 笑い声; 笑い方.

'La·che³ 女 -/-n《林業》**1**（木に刻まれた）目印.　**2**（樹脂採取用に切込まれた）溝.

'lä·cheln ['lɛçəln　レヒェルン] ❶自 **1** 微笑する, ほほえむ. freundlich ～ 愛想よくほほえむ. spöttisch ～ せせら笑いを浮かべる. Das Glück *lächelte* ihm nie.《雅》幸運の女神が彼にほほえむことはついになかった.　**2** (über j⟨et⟩⁴《人〈事〉⁴》) ひそかに笑う, 小ばかにする.　❷他《雅》微笑で示す. Sie *lächelte* ihre Einwilligung. 彼女の微笑が同意を語っていた.

'Lä·cheln 中 -s/ 微笑, ほほえみ. mit einem ～（顔に）笑みを浮かべて, あわてず騒がず.

ˈla·chen¹ [ˈlaxən ラヘン] ❶ 圓 **1** 笑う．fröhlich ~ 陽気に笑う．gern⟨viel⟩ ~ よく笑う，笑い上戸である．hämisch⟨laut⟩ ~ せせら笑う⟨高笑いする⟩．aus vollem Halse ~ 大笑いする．jᵃ ins Gesicht ~ 人ᵃあざ笑う．über das ganze Gesicht ~ 顔をくしゃくしゃにして笑う．nichts⟨nicht viel⟩ zu haben jᵃ つらい目にあっている．bei jᵃ nichts zu haben 《話》人ᵃに泣かされている．《慣用的表現で》Wer zuletzt *lacht, lacht* am besten.《諺》最後に笑う者が最もよく笑う．Selten so *gelacht*! / Lange nicht so *gelacht*!《戯》《反語》(相手のへたな洒落に)いやあおもしろいおもしろう．Das⟨Es⟩ wäre ja⟨doch⟩ *gelacht*, wenn ich das nicht könnte!《話》私にそれができないなんて冗談じゃないよ．Dass ich nicht *lache*!《話》笑わせるな，ちゃんちゃらおかしいね．Da⟨Hier⟩ gibt es nichts zu ~. これは笑い事じゃない．Du hast ⟨kannst⟩ gut⟨leicht⟩ ~!《話》君は(他人事だと思って)のん気に笑っていられるだろうさ．Ja, er kann ~!《話》まったく彼ときたら笑いがとまらないところだ．**2** (a) (über jᵃ⟨etᵃ⟩) 人ᵃ⟨物ᵃ⟩を嘲ろう，あざ笑う．Die ganze Stadt *lachte* über diesen Sonderling. 町じゅうがこの変人を笑いものにした．Darüber kann man nur noch ~. これはまったくお笑いぐさ(噴飯もの)だ．(b)《雅》(über jᵃ⟨etᵃ⟩ 人ᵃ⟨事ᵃ⟩を) 笑ってとり合わない，鼻で笑う．Sie *lachte* meiner Mahnungen. 彼女は私がたしなめるのを一笑に付した．**3**《地方》(mit jᵃ 人ᵃに) 笑いかける．Mit wem hast du eben *gelacht*? 君がいま笑って会釈したあの人は誰だい．《比喩的に》Das Glück *lachte* ihm. 幸運の女神が彼にほほえんだ．Bei diesem Anblick *lacht* mir das Herz im Leibe. こういうものを見ると私は心が浮き弾かれる．❷ 圓 ein meckerndes Lachen ~ けたたましい笑い声をあげる．Tränen ~ 涙が出るほど笑う．❸ (sich³⟨sich¹⟩) **1** (sich³) sich einen Ast ~《話》腹をかかえて笑う，笑いこける．sich eins / sich [eins] ins Fäustchen ~《話》ひとりほくそ笑む．**2** (sich¹) 《結果を示す語と》 sich kaputt ⟨krank / krumm und bucklig / schief⟩ ~《話》腹の皮がよじれるほど笑う．

ˈla·chen² 他 einen Baum ~《林業》(樹脂採取用に)木に切傷をつける；(伐採のために)木に目印をつける．

ˈLa·chen 中 -s/- 笑い．sich³ das ~ verbeißen 笑いをかみ殺す．in ~ ausbrechen 急に笑い出す．jᵃ zum ~ bringen 人ᵃを笑わせる．zum ~ sein《話》ばかげている．Mir ist nicht zum ~ [zumute]. 私は笑う気になどなれない．

ˈla·chend 現分形 《述語的には用いない》 笑っている．der ~e Dritte 漁夫の利を占める者．~*en* Erben《戯》(遺産の)笑いのとまらぬ相続人たち．

ˈLa·cher [ˈlaxɐr] 男 -s/- **1** 笑う人．die *Lacher* auf *seiner* Seite haben (討論会などで)巧みなユーモアによって聴衆を味方につけてしまう．**2** 笑い，笑い声．

*ˈlä·cher·lich [ˈlɛçɐrliç レヒャーリヒ] 形 **1** おかしな，こっけいな．ein ~*er* Aufzug 変てこりんな恰好．eine ~*e* Figur machen こっけいな，恥をさらす．j⟨sich⟩⁴ ~ machen 人ᵃを笑いものにする⟨物笑いの種になる⟩．《名詞的用法で》etᵃ ins *Lächerliche* ziehen 事を茶化す．**2** ばかげたいい，お話にならない．Diese Argumentation ist einfach ~! こんな論証はまったくばかばかしくて話にならない．**3** あまりにわずかで，ごくささいな．ein ~*er* Anlass つまらない原因．ein ~*er* Verdienst 雀の涙ほどの稼ぎ．**4** (まれ) 笑いたくなるような．Mir war ~ zumute. 私は笑わずにはいられない気分だった．**5** 《副詞的用法で》 ひどく，とても．ein ~ niedriger Preis おそろしく安い値段．

ˈlä·cher·li·cherˈwei·se 副 こっけいな(馬鹿げた)ことに，こっけいなほど．

ˈLä·cher·lich·keit 女 -/-en **1**《複数なし》おかしさ，こっけいさ，ばかばかしさ．jᵃ der ~ preisgeben 人ᵃを物笑いのものにする．**2** つまらぬ(くだらない)事．

ˈlä·chern [ˈlɛçɐrn] 他 (人ᵃを) 笑わせる．《非人称的に》 *Es* lächert mich. 私は笑わずにいられない．

ˈLach·gas [ˈlax..] 中 -es/《化学》笑気(亜酸化窒素)．

ˈlach·haft [ˈlaxhaft] 形《話》くだらない，ばかばかしい．

ˈLach·krampf 男 -[e]s/¨e **1**《医学》痙攣(ヒステリー性)の笑い．**2**《話》発作的な笑い，笑いの衝動．

ˈLach·lust 女 -/ 笑いたい(吹出したくなる)気持．

ˈlach·lus·tig 形 よく笑う，笑い上戸の，陽気な．

*Lachs [laks ラクス] 男 -es/-e《魚》鮭．

ˈLach·sal·ve [ˈlax..] 女 -/-n どっと笑う声，爆笑．

ˈlachs·far·ben [ˈlaks..] 形 サーモンピンクの．

ˈLachs·fo·rel·le 女 -/-n《魚》アトランティック・サーモン．

ˈLachs·schin·ken 男 -s/- (豚ロースの)生ハム．

ˈLach·tau·be [ˈlax..] 女 -/-n《鳥》じゅずかけ鳩(鳴声が笑っているように聞こえる)．Das Mädchen ist eine richtige ~《比喩》あの娘はほんとうによく笑う子だよ．

Lack [lak] 男 -[e]s/-e (*pers.*) **1** ラッカー，ニス，漆，エナメル．Der ~ ist ab.《話》新鮮さ(若さ)が失せた．Und fertig ist der ~.《話》これでよし，これで片づいた．**2** (Nagellack) マニキュア；(Lippenlack) リップクリーム．**3**《話》においあらせいとう(Goldlack の俗称)．

ˈLack·af·fe 男 -n/-n《侮》きざな男，しゃれ者，銀流し．

ˈLack·ar·beit 女 -/-en 漆工芸；漆器，塗り物．

ˈLa·ckel [ˈlakəl] 男 -s/-《南ドイツ・オーストリア》《侮》ぶきっちょう，いなか者，まぬけ．

ˈla·cken [ˈlakən] 他 **1**《地方》(物ᵃに)ラッカー(漆)を塗る．**2** ぺてんにかける，一杯くわす．

ˈLack·far·be 女 -/-n 有色ラッカー，色ワニス．

laˈckie·ren [laˈkiːrən] (*it.*) 他 **1**《物ᵃに》ラッカーを塗る．sich³ die Fingernägel ~ マニキュアをする．jᵃ eine ~《話》人ᵃに平手打ちをくわせる．**2** だます，ぺてんにかける．Die machen mich schön *lackiert*. あいつらにはみごとに一杯くわされた．♦ *lackiert*

LaˈckieˑreƦ [laˈkiːrɐr] 男 -s/- 塗装工；漆職人．

laˈckiert 過分 形《侮》(男が)飾りたてた，めかしこんだ．

LaˈckieˑrungƦ [laˈkiːrʊŋ] 女 -/-en ラッカー(エナメル，漆)塗装；ラッカー(エナメル，漆)塗膜．

ˈLack·le·der 中 -s/- エナメル革．

ˈLack·mus [ˈlakmʊs] 中〈男〉-/ (*ndl.*)《化学》リトマス．

ˈLack·mus·pa·pier 中 -s/《化学・電子工》リトマス試験紙．

ˈLack·schuh 男 -[e]s/-e エナメルシューズ．

ˈLa·cri·ma ˈChris·ti [ˈlakrima ˈkrɪsti] 中 -/- (*lat.*, Tränen Christi) ラクリマ・クリスティ(イタリアのヴェスヴィオ山とその周辺で産するワイン，赤と白)．

Laˈcross [laˈkrɔs] 中 -/ (*fr.*)《運動》ラクロス．

ˈLa·de [ˈlaːdə] 女 -/-n **1**《古》長持，櫃；《地方》抽斗(ひきだし)，引出し．**2** (鳩などの)餌受け(台)．**3** (Bundeslade) 契約の櫃(旧約)代下 6:11)；(Weblade) 筬框；(Windlade) (オルガンの)風函．

ˈLa·de·ag·gre·gat 中 -[e]s/-e《電子工》充電装置．

La·de·büh·ne 囡 -/-n =Laderampe.
La·de·fä·hig·keit 囡 -/ 積載力, 荷重.
La·de·hem·mung 囡 -/-en (銃器の)装填機の故障. [eine] ~ haben〈銃などが〉故障している;《戯》《急にもたつく、つかえる、立往生する.
la·den[1]* ['laːdən ラーデン] lud, geladen / du lädst, er lädt 他 **1** (a) 〈車輛・船舶などが〉積載する. Der Güterzug *lädt* Großcontainer. この貨物列車は大型コンテナを積んでいる.《目的語なしで》Der Lastwagen hat zu schwer *geladen*. そのトラックは荷物を積み過ぎている. schwer〈ganz schön〉*geladen* haben《話》べろべろに酔っぱらっている. (b) 〈物[4]に〉荷を積む; (mit et[3]) Steinen 〜 荷車に石を積む. **2** (a) (auf〈in〉et[4] 物[4]に)積込む, 載せる. Kohlen auf einen Lastwagen 〜 石炭をトラックに積む. die Koffer ins Auto 〜 トランクを車に積込む. j[3] et[4] auf den Hals 〜《比喩》事[4]を人[3]にしょいこませる. (b) (von〈aus〉et[3] 物[3]から)おろす. die Möbel vom Wagen 〜 家具を自動車からおろす. **3** (auf j[4] 人[4]に)しょいこませる. Sie will alles Unangenehme auf ihren Bruder 〜. 彼女はいやなことはすべて弟に押しつけようとする. j[2] Hass auf sich[4] 〜 人[2]の憎しみを買う. eine Schuld auf sich[4] 〜 罪をひと身に負う. auf j[4] *geladen* sein《話》人[4]のことで頭にきている. **4** (銃に)弾を装填する;〈薬室に〉爆薬を装填する; (に)充電する;《話》(カメラに)フィルムを入れる;《ｽｷｰ》ロード(負荷)する. ein Gewehr scharf〈blind〉〜 銃に実弾〈空砲〉をこめる. sich[3] den Magen voll 〜《話》腹いっぱいつめこむ. mit Energie *geladen* sein 元気いっぱいである. Die Atmosphäre war [mit Spannung] *geladen*. そこには張りつめた空気が漲(ﾐﾅｷﾞ)っていた.
la·den[2]* 他 **1**《雅》招く. j[4] zum Essen 〜 人[4]を食事に招く. **2**《法制》召喚する. j[4] vor Gericht 〜 人[4]を法廷に召喚する. ◆du ladest, er ladet の規則変化形もある.

La·den
['laːdən ラーデン] 男 -s/Läden(-) **1** (a)《複数 Läden》店, 商店. der 〜 an der〈um die〉 Ecke《話》近所の行きつけの食料品店. einen 〜 eröffnen 新規に店を出す. im 〜 bedienen / den ganzen Tag im 〜 stehen 売子の仕事をしている. (b)《複数なし》事, 事柄. Der 〜 klappt〈läuft〉.《話》万事順調だ. ein müder 〜《話》おもしろくない職場, 行きたくない(退屈な)集り. einen 〜 aufmachen《話》もったいをつける, えらそうにする. den 〜 hinschmeißen〈hinwerfen〉《話》仕事を(中途で)放り出す. den 〜 kennen《話》事情に通じている. den [ganzen] 〜 schmeißen《話》仕事を立派にやってのける, 見事にとりしきる. Er kann seinen 〜 [bald] zumachen.《話》彼もそろそろ年貢の納め時です〈おしまいだ〉. **2**《複数 Läden, まれ -》鎧(ﾖﾛｲ)戸, ウィンドーシャッター. **3**《複数 Läden》《話》(サッカーなどの)ゴール. **4**《複数 Läden》《話》ズボンの前. Mach mal den 〜 zu!《社会》の窓が開いてるよ.

La·den·dieb 男 -[e]s/-e 万引き(する人). ◆女性形 Ladendiebin 囡 -/-nen
La·den·dieb·stahl 男 -[e]s/ⁿe 万引(行為).
La·den·hü·ter 男 -s/-《話》店晒(ｻﾗｼ)商品, 売れない品.
La·den·kas·se 囡 -/-n 店のレジ. Die 〜 klingelt. 店は繁昌している.
La·den·ket·te 囡 -/-n チェーンストア.
La·den·preis 男 -es/-e《経済》店頭価格, 小売値;《書籍》(本の)協定価格.
La·den·schild 中 -[e]s/-er 店の看板.
La·den·schluss 男 -es/ 閉店, 閉店時間.
La·den·schwen·gel 男 -s/-《侮》丁稚(ﾃｯﾁ), 小僧.
La·den·stra·ße 囡 -/-n 商店街.
La·den·tisch 男 -[e]s/-e 商店のカウンター. hinter dem 〜 stehen カウンターに立ち, 売子として働く. et[4] unter dem 〜 kaufen〈bekommen〉物[4]を闇で手に入れる.
La·den·toch·ter 囡 -/ⁿ (ｽｲｽ) 女店員.
La·de·platz ['laːdə..] 男 -es/ⁿe 貨物積込場; 貨物用プラットホーム.
La·der ['laːdər] 男 -s/- **1**《工学》(エンジンの)空気圧縮機, 過給機. **2** 荷役人夫. **3**《鉱業》ばら荷の積込機.
La·de·ram·pe 囡 -/-n 貨物用プラットホーム.
La·de·raum 男 -[e]s/ⁿe 船倉;〈航空機の〉貨物室.
La·de·schein 男 -[e]s/-e《経済》船荷証券, 船荷(船積み)証書.
lä·die·ren [lɛˈdiːrən] 他 **1** 傷つける, 破損する. ein schwer *lädiertes* Möbelstück ひどい傷のついた家具. **2** 疲弊(消耗)させる. Er ist ganz *lädiert*. 彼は疲労困憊(ｺﾝﾊﾟｲ)している.
lädst [lɛːtst] laden[1], laden[2] の現在 2 人称単数.
lädt [lɛːt] laden[1], laden[2] の現在 3 人称単数.
***La·dung**[1] ['laːdʊŋ ラードゥング] 囡 -/-en (laden[1]) **1** 積荷, 貨物. **2** (銃砲の) 1 発分の装薬(弾薬); 1 回分の爆薬(火薬);〈火器の〉薬室. **3**《物理》電荷;負荷;充電. **4** (熔鉱炉などの)投入, 中身. **5**《話》かなりの量(の…). Es kam gestern Abend eine 〜 hübscher Mädchen. 昨夜はかわいい女の子がわんさと来た.
La·dung[2] 囡 -/-en (laden[2])《法制》召喚.
La·dy ['leːdi, 'leɪdi] 囡 -/-s(..dies) (*engl.*) **1** 貴婦人, 淑女, レディー. **2**《複数なし》レディー(英国の侯爵・伯爵・子爵・男爵たちの夫人, 公爵・侯爵・伯爵などの令嬢および Lord の夫人に対する敬称として).
la·dy·like ['leːdɪlaɪk, 'leɪdɪ..] 形 (*engl.*)《付加語的には用いない》貴婦人(淑女)らしい.
La·fet·te [laˈfɛtə] 囡 -/-n (*lat.*) 砲架.
Laf·fe ['lafə] ❶ 男 -n/-n《侮》きざなやつ, おしゃれな男, 伊達男. ❷ 囡 -/-n **1** スプーンの先. **2**《地方》ポットの口.
lag [laːk] liegen の過去.
lä·ge ['lɛːɡə] liegen の接続法 II.
***La·ge** ['laːɡə ラーゲ] 囡 -/-n (↑liegen) **1** (a) 位置, 位置取り; 場所柄, 地勢. die geographische 〜 地理上の位置. eine sonnige〈verkehrsgünstige〉〜 日当りのよい〈交通の便がよい〉場所. Die 〜 eines Hauses〈eines Organs〉家の立地条件〈器官の位置〉. eine bestimmte 〜 beibehalten《航空》一定の高度を保つ. in höheren 〜*n*《気象・地理》山間(山岳地帯)では. ein Zimmer mit 〜 nach dem See 湖に面した部屋. (b)《音楽》音域, 声域;〈弦楽器の〉運指のポジション, ポジションでの音; (和音の)構成音の位置. enge〈weite〉〜 (和音の)密集〈開離〉位置. die erste〈zweite〉〜《弦楽器の》第 1〈第 2〉ポジション. die hohe〈tiefe〉〜 高〈低〉音域. (c)《農業》(ぶどう園の)特定の品質のワインがとれる耕作地; (またその)ワイン. **2** (a) 姿勢, 格好, 体位(とくに臥位);《医学》胎位. eine bequeme〈horizontale〉〜 らくな姿勢〈水平に寝た格好〉. aus jeder 〜 schießen《球技》どんな姿

L

Lagebericht

勢からでもシュートを打つ. et⁴ in die richtige ~ bringen 物の位置を正しく直す. 《水泳》《ふつう複数で》(メドレーリレーの)泳法, スタイル. 《ゴフ》(クラブのシャフトとソールがなす角度. 400 m-~(4×100 m-~n) 400メートル・メドレーリレー.
3 状況, 情勢, 状態; 立場; 《軍事》戦況. eine bedauernswerte ~ 憂慮すべき事態. die internationale〈politische〉~ 国際情勢《政治状況》. Herr der ~ sein 事態(指揮権)を掌握している. die ~ peilen 《話》事情(様子)を探る. j〈sich〉⁴ in eine schiefe ~ bringen 人を苦境に追込む《自ら苦境を招く》. Ich bin in der glücklichen ~, Ihnen helfen zu können. 私は幸いにあなたのお役に立つことができます. Ich bin nicht in der ~, die Rechnung sofort zu bezahlen. 私はこの勘定をすぐには払えない. Ich möchte nicht in deiner ~ sein. 君の立場にいたくないものだ. Versetz dich in meine ~!/Stell dir meine ~ vor! 私の身にもなってみてくれよ. nach ~ der Dinge 現状(諸般の事情)からすると.
4 (a) 層; ひと重ね(の物). eine ~ Holz ひと重ねの薪(き). (b) 《製本》帖.
5 《軍事》一斉砲射(射撃).
6 《複数なし》(Lagebesprechung の短縮)《軍事的・政治的な》情勢分析(のための討議), 作戦会議.
7 (酒の)一座にひとわたりする量. eine ~ Bier ausgeben 一座のものにビールを(1杯ずつ)おごる.
8《東中部》天井.

'**La·ge·be·richt** 男 -[e]s/-e 状況(現況)報告.
'**La·gen·schwim·men** 中 -s/ 《水泳》個人メドレー.
'**la·gen·wei·se** ['la:gən..] 副 層を成して, 層状に.
'**La·ge·plan** 男 -[e]s/⸚e (市街・家などの)見取図, 配置図.
*'**La·ger** ['la:gər ラーガー] 中 -s/-(Läger)(↑liegen) **1** 《複数 -, Läger》《商業》(a) 倉庫, 蔵; 在庫品置場. Lieferung ab〈frei〉 ~ 倉庫渡し. Das Ersatzteil haben wir nicht am〈auf〉 ~. そのスペア部品の在庫はありません. Er hat immer ein paar Witze auf ~. 《話》彼はいつだってジョークの種の2つや3つ用意している. Waren am ~ nehmen〈legen〉商品を仕入れる. die Läger auffüllen 在庫の補充をする. das ~ räumen 在庫品を一掃する, 蔵ざらえ(棚ざらえ)する. (c) 《企業の》倉庫部門, 倉庫部門の従業員. **2** 《複数 -》寝床, 臥床(ぎしょう); 《猟師》(獣の)巣穴, 塒(ねぐら). ein ~ aus Stroh 藁(わら)の寝床. j⁴ aufs ~ werfen (病気などが)人にベッド生活を余儀なくさせる. **3** 《複数 -》(捕虜・難民などの)キャンプ, 収容所;(青少年のための)キャンプ場;《軍隊の》野営(宿営)地. ein ~ aufschlagen〈abbrechen〉キャンプを張る〈たたむ〉. ins ~ fahren キャンプに出かける. **4** 《複数 -》(政治勢力などの)陣営;《話》(スポーツの)チーム. **5** 《工学》軸受け;《建築》梁受け. Gleit*lager* すべり軸受け. Kugel*lager* ボールベアリング. **6** 《地質》鉱脈.
7 《植物》葉状体.

'**La·ger·be·stand** 男 -[e]s/⸚e 在庫品, ストック.
'**La·ger·bier** 中 -[e]s/-e ラガービール(貯蔵タンクに2-6ヶ月寝かせて熟成させたビール).
'**La·ger·buch** 中 -[e]s/⸚er《経済》在庫品台帳(元帳),《古》土地台帳.
'**la·ger·fä·hig** 形《食料品が》貯蔵(保存)のきく.
'**La·ger·fest** 形 貯蔵(保存)に強い.
'**La·ger·feu·er** 中 -s/- キャンプファイアー.
'**La·ger·ge·bühr** 女 -/-en, '**La·ger·geld**

-[e]s/- Lagermiete
'**La·ger·haus** 中 -es/⸚er 倉庫.
'**La·ge·rist** [la:gə'rɪst] 男 -en/-en 倉庫管理人, 倉庫係.
'**La·ger·le·ben** 中 -s/ キャンプ(収容所)生活.
'**La·ger·me·tall** 中 -s/-e《工学》軸受メタル, (とくにバビット・メタル).
'**La·ger·mie·te** 女 -/-n (倉庫の)保料金, 倉敷料.
*'**la·gern** [ラーゲルン] **❶** 他 **1**(食品などを)貯蔵(保存)する. **2**(a) 寝かせる, 横たえる. einen Verunglückten auf eine Bahre ~ 遭難者を担架に寝かせる. den Kopf eines Verletzten hoch ~ 怪我人の頭を高くして寝かせる. (b)《比喩》《とくに gelagert sein の形で》Dieses Problem ist hier anders *gelagert* als in Amerika. この問題はここではアメリカと事情が違う. Er ist ganz anders *gelagert*. 彼(我々とは)まったく人種がちがう. **3**《工学・建築》(軸・柱などを)支える, 据える(auf〈in〉 et³ 物の上〈なか〉に). **4**《猟師》(ワナを)しかける.

❷ 自 **1**(食品などが)貯蔵(保存)されている, 寝かせてある. Der Wein muss noch ~. このワインはまだしばらく寝かせておかなければならない. **2** 野営(宿営)する, キャンプを張る. **3**《工学・建築》(軸・柱などが)支えられている, のっている(はまっている)(auf〈in〉 et³ 物の上〈なか〉に). **4** 層をなして堆積している; 層となって浮んで(漂って)いる;《地質》(鉱物)が鉱床(鉱脈)をなしている. auf dem Tisch *lagert* Staub. 机の上に埃がたまっている. Über die Gegend *lagerte* dicker Nebel. あたり一面に濃い霧が立ちこめていた.

❸ 再 (sich) **1** 横になって(腰をおろして)休む. *sich* im〈ins〉 Gras ~ 草のなかに横たわる. **2** 層をなして積している; 層となって浮ぶ. **3**《農業》(作物が倒れる)(風雨・施肥の失敗などで).
'**La·ger·platz** 男 -es/-e **1** 野営(宿営)する場所. **2** 貯蔵所, 在庫品置場(集積場).
'**La·ger·raum** 男 -[e]s/⸚e 倉庫, 物置;《複数なし》(倉庫の)在庫品フロア.
'**La·ger·statt** 女 -/-en《雅》寝床.
'**La·ger·stät·te** 女 -/-n **1** 寝床. **2**《地質・鉱業》鉱床.
'**La·ge·rung** ['la:gəruŋ] 女 -/-en **1**《複数なし》貯蔵, 保存; (病人を)寝かせること. **2**《工学・土木・建築》座, 受け座, 軸受け;(軸・柱などを)置く(据える)こと.《地質》成層.
'**La·ger·ver·wal·ter** 男 -s/- 倉庫管理人.
'**La·go Mag·gio·re** ['la:go mad'dʒo:re] 男 --[s] (it.)《地名》der ~ マジョーレ湖(スイスとイタリアにまたがる湖). ↑Langensee
La'gu·ne [la'gu:nə] 女 -/-n (lat.) **1** 入江, 潟, ラグーン. **2** 礁湖.
*'**lahm** [lam ラーム] 形 **1** (手・足などが)不随の, 麻痺した, 萎(な)えた. ~ gehen びっこをひく. auf dem rechten Bein〈in der Hüfte〉~ sein 右足が不自由である〈腰が立たない〉. **2**《話》(麻痺しているように)こわばった, 疲労した. vom langen Sitzen ~ werden 長時間座っていて足がしびれる. **3**《話》活気のない, だるい, 退屈な, つまらない; 不活発な, のろくさい. eine ~e Diskussion 低調な議論. eine ~*e* Ente《戯》おもしろくもなんともないやつ; 役立たずの代物(しろもの). eine ~*e* Entschuldigung へたな言い訳. ◆lahm legen
'**lah·men** ['la:mən] 自 (多く動物が)びっこをひく.
*'**läh·men** ['lɛ:mən レーメン] 他 麻痺させる; (人⁴から)

活力(気力)を奪う. **halbseitig**〈an beiden Beinen〉 **gelähmt** sein 半身不随である〈両足が麻痺している〉. *lähmendes* Entsetzen 全身の力が抜けてしまいそうな恐

lahm le‧gen, °**lahm|le‧gen** 他 (交通などの)機能を麻痺させる.

Läh·mung ['lɛːmʊŋ] 女 -/-en **1**〖医学〗麻痺. **2**(交通・経済活動などの)停止, 麻痺状態.

Lahn[1] [laːn] 女 -/〖地名〗die ~ ラーン川(ライン川の支流).

Lahn[2] 男 -[e]s/-e (*lat.*) ラメ(金糸・銀糸などを織込んだ装飾用のリボン).

Lahn[3] 女 -/-en (南ド・ス・オースト) 雪崩(なだれ). ↑Lawine

Lah·ne ['laːnə], **Läh·ne** ['lɛːnə] 女 -/-n (南ド・ス・オースト) =Lahn[3]

Laib [laɪp] 男 -[e]s/-e (単位 -/-) (円形・楕円形に形作ったパン・チーズなどの) 1個, 全塊.

Lai·bung ['laɪbʊŋ] 女 -/-en〖建築・土木〗(くり抜いた出入口・窓などの)内枠, 抱き;(アーチなどの)内輪(うちわ).

Laich [laɪç] 男 -[e]s/-e〖動物〗(水中に産卵される魚類・両生類などの)卵塊.

lai·chen ['laɪçən] 自 (魚類・両生類などが)産卵する.

Laie ['laɪə ライエ] 男 -n/-n (*gr.*) **1**(← Fachmann) 素人(しろうと), 門外漢, ディレッタント. ein völliger ~ ずぶの素人. **2**(キリ教)(← Kleriker) 平信徒.

Lai·en·apos·to·lat ['laɪən..] 中 (男) -[e]s/-e (キリ教) 平信徒使徒職.

Lai·en·bru·der 男 -s/¨ (キリ教) (Klosterbruder) 助修士, 労働修士(修道院にあって霊務ではなく俗務にあたる修道士).

lai·en·haft 形 素人(しろうと)の, 門外漢の.

Lai·en·pries·ter 男 -s/-《古》(キリ教) (Weltpriester) 教区付き司祭.

Lai·en·rich·ter 男 -s/-〖法制〗素人裁判官(名誉裁判官 ehrenamtlicher Richter の俗称).

Lai·en·spiel 中 -[e]s/-e 素人芝居; 素人芝居の脚本.

Lai·en·tum ['laɪəntuːm] 中 -s/ **1** 素人であること;《集合的に》素人大衆. **2**《キリ教》信徒(平信徒)であること;《まれ》《集合的に》信徒.

La·i·sie·rung [laiˈziːrʊŋ] 女 -/-en (キリ教) (聖職者の)還俗(げんぞく).

Lais·ser·faire [lɛsɛˈfɛːr] 中 -/ (*fr.* machen lassen') **1**〖経済〗自由放任政策(とくに19世紀自由主義経済の). **2** 無干渉, (教育上の)自由放任主義.

Lais·sez-'faire [lɛseˈfɛːr] 中 -/ (*fr.* , Lasst sie machen!, Lasst sie gehen!') =Laisser-faire

La·i'zis·mus [laiˈtsɪsmʊs] 男 -/ (↑Laie)〖歴史・政治〗(↔ Klerikalismus) 世俗主義(すべての世俗的問題から教会の干渉を排除しようとする反教権的運動).

La'kai [laˈkaɪ] 男 -en/-en (*fr.*) **1**《古》(お仕着せを着た)召使, 従僕. **2**《侮》下僕根性の人, お追従(ついしょう)者, おべっか使い.

La·ke ['laːkə] 女 -/-n (食料品の)塩漬用塩水.

La·ken ['laːkən] 中 -s/- 敷布, シーツ; 大きな布.

La·ko·ni·en [laˈkoːniən]〖地名〗(*gr.*) ラコニアア(古代ギリシアのペロポネソス半島の南東部, Spartaner の住んでいた地域).

la·ko·nisch [laˈkoːnɪʃ] 形 **1** 言葉数の少ない, 寡黙な. **2** (文体・表現が)簡潔な. ◆ラコニーア人 Lakonier (Spartaner) は寡黙で表現に無駄がないことで知られていた.

La·krit·ze [laˈkrɪtsə] 女 -/-n (*gr.*) 甘草(かんぞう), 甘草エ

キス;《多く複数で》甘草エキス飴.

lakt.., **Lakt..** [lakt..]〖接頭〗↑lakto.., Lakto..

Lak'tie·ren [lakˈtiːrən] 他 **①** 自 (乳腺が)乳を分泌する. **②** 他 授乳(哺乳)する.

Lak·to.., **Lak·to..** [lakto..]〖接頭〗(*lat.*, Milch') 形容詞・名詞などに冠して「乳…」の意を表す. 母音の前では lakt..., Lakt... となる. *Laktase*〖生化学〗ラクターゼ.

Lak·to·fla'vin [laktofla'viːn] 中 -s/-e〖生化学〗ラクトフラビン.

Lak·to·se [lakˈtoːzə] 女 -/〖生化学〗乳糖.

Lak·to'skop 中 -s/-e 検乳器.

'la·la ['laˈla] 副 (*fr.*)(次の用法で) so ~《話》まずまず, まあまあ. Das Wetter ist so ~. 天気はまずまずだ.

'lal·len ['lalən] 自 他 (幼児などが)まわらぬ舌で訳の分からないことを言う, (酔っぱらいが)ろれつの回らぬ声で話す.

'Lall·wort ['lal..] 中 -[e]s/¨er〖文法〗幼児語.

'La·ma[1] ['laːma] 中 -s/-s (*sp.*) **1**〖動物〗ラマ. **2**《複数なし》ラマウール. **3**〖紡織〗ラマ織.

'La·ma[2] 男 -[s]/-s (*tibet.*) ラマ僧.

La·ma'is·mus [lamaˈɪsmʊs] 男 -/ ラマ教.

La·ma'ist [lamaˈɪst] 男 -en/-en ラマ教徒.

Lamb·da ['lampda] 中 -[s]/-s (*gr.*) ラムダ(ギリシア語アルファベットの第11字 Λ, λ).

'Lam·bert ['lambɛrt]《男名》ランベルト. ↑Lamprecht

'Lam·berts·nuss 女 -/¨e〖植物〗ロンバルジアはしばみ.

La·mé [laˈmeː] 男 -[s]/-s (*fr.*)〖紡織〗ラメ(金属箔の糸); ラメ入りの生地.

La'mel·le [laˈmɛlə] 女 -/-n (*lat.*) **1** 薄板, 薄片; (放熱器・冷却器などの)ひれ. die ~n einer Jalousie ブラインドの羽根. **2** (ふつう複数で)〖植物〗菌褶(きんしゅう);〖解剖〗鰓葉(さいよう);〖生物〗層板薄膜, ラメス.

La·men·ta·ti'on [lamɛntatsiˈoːn] 女 -/-en (*lat.*) **1** 嘆き, 悲嘆. **2**《複数で》~en〖旧約〗エレミアの哀歌;《キリ教》哀歌(Karwoche の終りの3日間ミサで歌われた).

La'men·ti [laˈmɛnti] Lamento の複数.

la·men'tie·ren [lamɛnˈtiːrən] 自 (*lat.*) **1**《侮》(大仰に)嘆く, 悲しむ(über et[4] 事[4]を). **2** (地方)(幼児がせがむ, 欲しがる, ねだる(nach et[1] / um et[4] 物[3,4]を).

La'men·to [laˈmɛnto] 中 -s/-s (..ti) (*lat.*) **1**〖音楽〗悲歌. **2**《侮》(大仰な)嘆き, 悲嘆.

la·men'to·so [lamɛnˈtoːzo] 副 (*it.*)〖音楽〗ラメントーソ, 悲しげに.

La'met·ta [laˈmɛta] 女 -s/ (*lat.*) **1** ラメッタ(クリスマスツリーに飾る薄い金属片). **2** (侮)(胸にたくさん飾りたてた)勲章.

la·mi'nie·ren [lamiˈniːrən] 他 **1** (金属などを)薄板(箔)にする, 薄層(層板)にする;〖紡織〗(繊維を)伸延する. **2** (製品材料にラミネート加工を施す;〖製本〗(カバーなどを)ラミネートする.

Lamm [lam] 中 -[e]s/Lämmer **1** 子羊;《まれ》子山羊;《比喩》(子羊のように)おとなしい人. ~ Gottes《キリ教》神の子羊(イエス・キリストのこと).《新約》ヨハ 1:29. ↑Agnus Dei. **2**《複数なし》《話》子羊の肉; 子羊の毛皮.

'Lamm·bra·ten 男 -s/- 子羊肉のロースト.

'Lämm·chen ['lɛmçən] 中 -s/-《Lamm の縮小形》**1** かわいい子羊. **2** 辛抱強くおとなしい人.

'lam·men ['lamən] 自 (羊・山羊が)子を産む.

'Läm·mer ['lɛmər] Lamm の複数.

'**Läm·mer·gei·er** 男 -s/- 〚鳥〛ひげわし(鬚鷲).
'**Läm·mer·wol·ke** 囡 -/-n 〚話〛《多く複数で》(Schäfchenwolke) 羊雲, うろこ雲.
'**Lamm·fell** 中 -[e]s/-e **1** 子羊の毛皮. **2**〚紡織〛(フラシ天製の)ラムスキン風生地.
'**lamm'fromm** ['lam'frɔm] 形 子羊のようにおとなしい, 非常に従順な.
'**Lamms·ge·duld** 囡 -/〚話〛子羊のような我慢強さ.
'**Lämp·chen** ['lɛmpçən] 中 -s/-《Lampe¹の縮小形》小さいランプ(電灯), 小さい電球.

'**Lam·pe¹** ['lampə ランペ] 囡 -/-n (fr.) **1** ランプ, あかり, 灯火; 電灯. Steh*lampe* スタンド. Taschen*lampe* 懐中電灯. die Ewige ～〚カトリ〛永明燈, 聖体ランプ(聖堂内陣の天井から吊すか祭壇に置いて日夜点灯し聖體に聖體のあることを示す). die ～ einschalten〈ausschalten〉電灯を点(つ)ける〈消す〉. einen auf die ～ gießen《話》強いやつ(酒)を一杯ひっかける. **2**(白熱)電球. **3**(Lötlampe)発炎ランプ; (Heizlampe)加熱灯. **4**《複数で》《古》フットライト. ein Stück vor die ～ bringen 作品を舞台にかける. vor die ～ treten(役者が)舞台にあがる.

'**Lam·pe²** 《男名》(Lamprecht の短縮) Meister ～ ランペの親爺さん(動物寓話に登場する野兎の名前).
'**Lam·pen·docht** 男 -[e]s/-e ランプの芯.
'**Lam·pen·fie·ber** 中 -s/《舞台にあがる前などの》緊張, 気おくれ, あがること. ～ haben あがっている.
'**Lam·pen·schirm** 男 -[e]s/-e ランプ(電灯)の笠.
Lam·pi'on [lampi'ɔ̃, ..pi'ɔŋ, 'lampiõ, ..piɔŋ] 男 (中) -s/-s (it.) 提灯(ちょうちん).
'**Lam·precht** ['lamprɛçt] 《男名》(↓Lambert) ランプレヒト.
'**Lam·pre·te** [lam'pre:tə] 囡 -/-n 〚動物〛やつめうなぎ(八つ目鰻).
lan'cie·ren [lã'si:rən] 他 (fr. lancer, werfen') **1** 〈物を〉世に広める, 大々的に売出す; 〈人を〉世に出してやる, (いろいろ工作などして)昇進させる, とりたてる. einen neuen Artikel〈einen jungen Künstler〉～ 新商品を市場に出す〈若い芸術家を世に出してやる〉. j⁴ auf den Direktorenposten ～ 人をうまく社長の椅子に座らせる. eine Nachricht in die Presse ～ ニュースをジャーナリストに流す. **2**〚猟師〛〈獣を〉追う(猟犬に射手の方へ追いたてさせること). **3**〚軍事〛魚雷で攻撃する.

Land [lant ラント] 中 -[e]s/Länder(雅 -e) **1**《複数なし》土地, 地所. fruchtbares ～ 肥沃な土地. sein ～ bebauen 自分の土地(田畑)を耕す. einige Hektar ～ besitzen 数ヘクタールの土地持である.
2《複数なし》陸地, 陸(2). Wir waren sehr froh, als wir wieder [festes] ～ unter den Füßen hatten. 再び大地を踏めたとき私達はとても嬉しかった. Diese Tiere leben im Wasser und auf dem ～. これらの動物は水中にも陸上にも棲(す)む. ～ in Sicht!《船員》陸が見えたぞ. ～ unter!《被害状況の報告で》こちら冠水. Ich habe noch etwas ～.《話》(いやなことを目前にひかえて)それまでまだすこしは間(ま)がある. ～ sehen《比喩》希望の灯(ひ)が見える, 目鼻がつく. j〈et〉⁴ an ～ bringen 人〈物〉⁴を船から降ろす. an ～ gehen〈steigen〉上陸する. an〈ans〉～ schwimmen 岸に泳ぎ着く. sich³ j〈et〉⁴ an ～ ziehen《話》人〈物〉⁴を手に入れる, 調達(工面)する. unter ～ fischen 岸近くで漁をする. Streitkräfte zu ～, zu Wasser, und in der Luft 陸・海(2)・空(2) 3軍の戦力.
3《複数なし》(↔Stadt) 田舎, 田園(地帯). aufs ～ gehen〈ziehen〉田舎へ行く〈引越す〉. auf dem ～[e] leben〈wohnen〉田舎に住まう. in Stadt un ～《雅》到るところで, どこへ行っても. über ～ gehe〈fahren〉《古》村々を行商して回る. vom ～[e] sei〈stammen〉田舎の出である.
4 地帯, 地域, 地方. ein dünnbesiedeltes〈hügeliges〉～ 人口のまばらな地域〈丘陵地帯〉. aus〈i deutschen ～en ドイツ各地(ドイツ)から〈ドイツ各地イツ)では〉.
5 (a) 国. ein armes ～ 貧しい国. die europäischen *Länder* ヨーロッパ諸国. Das ～ geriet i Aufruhr. 国じゅうが大混乱に陥った. Andere *Länder*, andere Sitten.《諺》所変われば品変る. das Gelobte ～〚カトリ教〛約束の地(↑Kanaan). das ～, w Milch und Honig fließt〚旧約〛乳と蜜の流れる土地 (出 3: 8). das ～ der tausend Seen 千の湖の国(フンランドのこと). das ～ meiner Väter わが祖国. ～ und Leute kennen lernen 土地柄と人情を知る j⁴ des ～es verweisen 人⁴に国外退去を命じる. aller Herren *Länder*[n] あらゆる国々から. auße ～es gehen 国を出る(去る). durch die ～e reisen 国を旅して回る. ins ～ gehen〈ziehen〉(歳月が)過去る, 流れる. wieder im ～[e] sein《話》(旅から)戻ている. 《複数 Länder》(ドイツ・オーストリアの)州 (ヴァイマル共和国の)邦;〚歴史〛(旧ドイツ帝国の)領邦
♦ ↑hierzulande, zu Lande

land'ab [lant'ap] 副 ↑landauf
'**Land·adel** 男 -s/《古》(地方に領地を持って住む)地方貴族, 田舎貴族.
'**Land·ar·beit** 囡 -/-en 農作業, 畑仕事.
'**Land·arzt** 男 -es/-¨e 村医者, 田舎医者.
'**Lan·dau·er** ['landaʊər] 男 -s/- ランダウ形馬車(前後に幌がかかる 4 人乗馬車, プファルツの町ランダウ Landau の名から).
land'auf [lant'aʊf] 副《次の用法で》～, landab 国じゅうのところで(に).
land'aus [lant'aʊs] 副《次の用法で》～, landein 国外の)到るところで, いろんな土地で; 多くの国々を通って
'**Land·bau** 男 -[e]s/- **1** 農林業. **2** 農業.
'**Land·be·sitz** 男 -es/- **1** 土地所有. **2** 所有地, 所.
'**Land·be·völ·ke·rung** 囡 -/《集合的に》地方(農村)の住民; 地方(農村)人口.
'**Land·be·woh·ner** 男 -s/- **1** 地方(農村)の住民 **2**〚生態〛陸棲動物.
'**Land·brot** 中 -[e]s/-e 農家の自家製パン; 田舎風ライ麦パン.
'**Län·de** ['lɛndə] 囡 -/-n《南ドイツ》船着き場.
'**Lan·de·bahn** 囡 -/-en〚航空〛着陸用滑走路.
land'ein [lant'aɪn] 副 ↑landaus
land'ein·wärts [lant'aɪnvɛrts] 副《海岸・国境から)内陸部へ, 内地(奥地)へ.
*'**lan·den** ['landən ランデン] ❶ 自 (s, h) **1** (s) (a) 上陸する, 下船する;(船が)接岸する. Unsere Truppe *landete* auf der Insel. 私達の部隊はその島に上陸した. Das Schiff ist soeben im Hafen *gelandet*. 船たったいま港に着いた. (b)(飛行機が)着く;(飛行機着陸する. auf dem Mond weich ～ 月面に軟着陸する. bei j³ nicht ～ können《戯》人³の心をつかむ(動かす)ことができない. Damit kannst du bei mir nich ～. そんな手で私に取入ろうったってそりゃだめだ. (c

《体操》着地する. **2** (s)《話》(旅から)もどる, 帰る. **3** (s)《話》(思いがけない場所・状態に)行き着く, はまりこむ. auf einem Acker〈im Straßengraben〉~ 《車が》畑につっこむ〈側溝にはまりこむ〉. im Gefängnis ~ ムショ送りになる. im Papierkorb ~ (書類などが)屑籠行きになる. **4** (h) Das Ufer *landet*. 岸が(泥の車)広がる. ❷ 他 **1** (部隊を)上陸させる,(物資を)陸揚げする;(落下傘部隊などを)降下させる,(飛行機を)着陸させる. **2** (魚を)陸に釣り揚げる. **3**《話》(a)《ボクシング》(パンチを)ヒットさせる. eine kräftige Rechte am Kinn des Gegners ~ 強烈なライトを相手のチンに叩きこむ. einen Witz ~ ジョークをとばす. (b)(勝利・成功を)思いがけない手にいれる, うまくものにする.

län·den ['lɛndən] 他《南ド・スイ・オーストリア》(死体などを)水から引き揚げる.

Land·en·ge 囡 -/-n 《地理》地峡.

Lan·de·platz 男 -es/⸗e **1** 小さな飛行場; 離着陸用地. **2** 船着き場.

Län·der 複 Land の複数.

Län·de·rei [lɛndəˈraɪ] 囡 -/-en 《ふつう複数で》広大な私有地, 領地.

Län·der·kampf 男 -[e]s/⸗e 《スポーツ》国際競技(大会).

Län·der·kun·de 囡 -/ 地誌(学), 地理学.

Län·der·spiel 中 -[e]s/-e 《スポーツ》国際試合, テストマッチ.

Land·er·zie·hungs·heim 中 -[e]s/-e 田園教育舎(独自の教育理念からとくに共同生活を重視する全寮制の Gymnasium).

Lan·des·auf·nah·me 囡 -/-n 土地測量.

Lan·des·bi·schof 男 -s/⸗e 《プロテスタント》領邦教会の監督.

Lan·des·far·ben 複 (Nationalfarben) 国旗の色.

lan·des·flüch·tig 形 《古》国外に逃亡した. Er ist ~ geworden. 彼は国外に逃れた(逃亡中である).

Lan·des·fürst 男 -en/-en (Landesherr) 領邦君主, 君侯.

Lan·des·gren·ze 囡 -/-n 国境; 州境.

Lan·des·haupt·mann 男 -[e]s/..leute(⸗er) **1** (旧プロイセンで)州知事. **2** 《オーストリア》州政府首相.

Lan·des·herr 男 -n/-en **1** (独立国家の)君主. **2** 《歴史》領邦君主, 君侯.

Lan·des·herr·lich·keit, **Lan·des·ho·heit** 囡 -/《歴史》領邦主権.

Lan·des·kind 中 -[e]s/-er (多く複数で)**1**《古》(領邦君主の)臣民, 領民. **2**《戯》国民, 住民.

Lan·des·kir·che 囡 -/-n **1** (Nationalkirche) 国民教会. **2**《プロテスタント》領邦教会.

Lan·des·kul·tur 囡 -/ 土地改良.

Lan·des·kun·de 囡 -/(国・地方・地域の特徴を多角的・総合的にとらえる)地誌(学), ランデスクンデ.

lan·des·kun·dig 形 その土地(国)のことに通じた.

Lan·des·mut·ter 囡 -/⸗ **1**《古》女の領邦君主(に対する尊称), 女君主. **2**《戯》君主の奥方, 御台所(みだいどころ)様.

Lan·des·pla·nung 囡 -/ 国土計画.

Lan·des·rat 男 -[e]s/⸗e《オーストリア》州大臣.

Lan·des·re·gie·rung 囡 -/-en 州政府.

Lan·des·spra·che 囡 -/-n 国語.

Lan·des·tracht 囡 -/-en 郷土(民族)衣裳.

Lan·des·trau·er 囡 -/ 国を挙げての服喪, 国喪.

lan·des·üb·lich 形 その国(土地)の習慣の, その国(土地)で広く行われている.

Lan·des·va·ter 男 -s/⸗ **1**《古》領邦君主(に対する尊称), 国主. **2**《戯》(我らが)国父様.

Lan·des·ver·rat 男 -[e]s/《法制》国家反逆罪, 外患罪, 国家裏切罪.

Lan·des·ver·rä·ter 男 -s/- 売国奴(ばいこくど), 国賊.

Lan·des·ver·si·che·rungs·an·stalt 囡 -/-en 《略 LVA》州保険局.

Lan·des·ver·tei·di·gung 囡 -/ 国土防衛, 国防.

Lan·des·ver·wei·sung 囡 -/-en 《法制》国外退去(命令), 国外追放.

Lan·des·wäh·rung 囡 -/-en 国の通貨.

Lan·de·ver·bot 中 -[e]s/-e (複数まれ)(航空機に対する)着陸禁止(の命令).

'Land·fah·rer 男 -s/- 放浪者, 流れ者.

'land·fein 形 (船員)《次の用法で》sich⁴ ~ machen (船員が)上陸にそなえて身づくろい(おめかし)をする.

'Land·flucht 囡 -/ (農民の)離村.

'land·flüch·tig 形《古》=landesflüchtig

'Land·frau 囡 -/-en 農婦; 農家の主婦(嫁).

'land·fremd 形 《副詞的には用いない》その土地に不案内な.

'Land·frie·de 男 -ns/-n = Landfrieden

'Land·frie·den 男 -s/《歴史》国家平和令, 国内治安法(中世以降のドイツで施行されたフェーデ禁止令. 教会が同じ目的のために発した Gottesfriede に対して, 皇帝・国王すなわち Landesherr による禁令). ↑ Fehde

'Land·frie·dens·bruch 男 -[e]s/⸗e **1**《歴史》国家平和令違反. **2**《法制》騒擾(そうじょう)罪.

'Land·ge·mein·de 囡 -/-n (小さな)田舎町.

'Land·ge·richt 中 -[e]s/-e《略 LG》《法制》地方裁判所.

'Land·graf 男 -en/-en《歴史》(旧ドイツ帝国における)方伯.

'Land·grä·fin 囡 -/-nen《歴史》女性の方伯; 方伯夫人.

'Land·gut 中 -[e]s/⸗er 田舎の領地(所領), 田舎の家屋敷.

'Land·haus 中 -es/⸗er **1** (田舎の)別荘. **2** 別荘風の建物.

'Land·heim 中 -[e]s/-e 林間学校.

'Land·jä·ger 男 -s/- **1**《古》(地方)田舎の警官(巡査). **2** ラントイェーガー・ソーセージ.

*'**Land·kar·te** ['lantkartə ラントカルテ] 囡 -/-n 地図.

'Land·kli·ma -s/《気象》(Kontinentalklima) 大陸性気候.

'Land·kreis 男 -es/-e (行政区としての)郡.

'land·läu·fig ['lantlɔyfɪç] 形 《比較変化なし》広く行われている, 一般的な, 慣用的な.

'Land·le·ben 中 -s/ 田舎の生活, 田園生活.

'Länd·ler ['lɛntlər] 男 -s/- レントラー(とくにバイエルン・アルプス地方の ³/₄ ないし ³/₈ 拍子の民族舞踊でワルツの前身. オーストリアの Landl―現 Oberösterreich―を発祥の地とするという).

'Land·leu·te 複 **1** Landmann の複数. **2** = Landvolk

*'**länd·lich** ['lɛntlɪç レントリヒ] 形 (↔ städtisch) 田舎の, 地方の, 農村(田園)の; 田舎風の, 地方色の, ひなびた.

'länd·lich-'sitt·lich 形《反語》いかにも純朴な.

'Land·luft 囡 -/ 田舎(田園)の空気.

'Land·macht 囡 -/⸗e (↔ Seemacht 2) 陸軍国.

'Land·mann 男 -[e]s/..leute《古》農民, 農夫.

'**Land·mar·ke** 囡 -/-n〚海事・航空〛陸標(山・尖塔など運行の目印となるもの).

'**Land·ma·schi·ne** 囡 -/-n 農業機械.

'**Land·mes·ser** 男 -s/- (土地)測量技師, 測量士.

'**Land·nah·me** 囡 -/ 土地占拠, 領土獲得.

'**Land·par·tie** 囡 -/-n [..tiːən] 田舎への遠足, ピクニック.

'**Land·pfar·rer** 男 -s/- 田舎の牧師.

'**Land·pfle·ge** 囡 -/〚歴史〛(ローマ帝国の属州の)総督(Luther が聖書の翻訳においてラテン語 procurator にあてた訳語). ↑Prokurator

'**Land·pla·ge** 囡 -/-n 国(一地方)全体にわたる災害. Du bist eine ～!〚戯〛君にはほとほと手を焼くよ.

'**Land·po·me·ran·ze** 囡 -/-n〚話〛田出しの娘.

'**Land·rat** 男 -[e]s/-e 1 郡長(しばしば郡議会議長を兼ねる). 2〚ス〛州議会.

'**Land·rat·te** 囡 -/-n (船員)〚戯〛陸(おか)者.

'**Land·recht** 匣 -[e]s/-e 1〚歴史〛(中世の)ラント法(都市法・封建法・荘園法など一領邦内の特別法に対して該当邦共通の一般法). 2 州法.

'**Land·re·gen** 男 -s/- 長雨.

'**Land·rü·cken** 男 -s/- 低い丘陵の連なり.

'**Land·sas·se** 男 -n/-n 1 (中世の)小作農民. 2 (旧ドイツ帝国の)領邦君主の臣民, 下臣.

*'**Land·schaft** ['lant-ʃaft ラントシャフト] 囡 -en 1 (地理的・風土的に特徴のある)地方, 地域, 風景, 景色. eine bergige ～ 山岳地方. die norddeutsche ～ 北ドイツの風景. Das Gebäude fügt sich⁴ gut in die ～ ein. その建物はあたりの景観にみごとにとけこんでいる. 2 状況, 現状. die politische ～ in Japan 日本の政治の現状. 3〚絵画〛風景画. 4〚経済〛土地金融組合.

'**land·schaft·lich** 1 地方(地域)の; 風景(景観)上の. die ～*en* Gebräuche 地域(そのあたり)の慣習. eine ～ sehr reizvolle Gegend 景色がとても魅力的な地方. 2 方言の, 土地の言葉の.

'**Land·schafts·bild** 匣 -[e]s/-er 1 風景画. 2〚複数まれ〛景色, 風景.

'**Land·schafts·gärt·ner** 男 -s/- (公園などをつくる)造園技師.

'**Land·schafts·pfle·ge** 囡 -/ 景観保全.

'**Land·schafts·schutz** 男 -es/ 景観保護.

'**Land·schafts·schutz·ge·biet** 匣 -[e]s/-e 景観保護地区.

'**Land·schrei·ber** 男 -s/- 〚ス〛区役所(村役場)所長.

'**Land·ser** ['lantsər] 男 -s/- 〚兵隊〛(Landsknecht の短縮)兵士, 兵卒.

'**Lands·ge·mein·de** 囡 -/-n〚ス〛州民会, 州民総会(スイスの特定の比較的少ない いくつかの Kanton で毎年春行われる青年男子全員の集会).

'**Land·sitz** 男 -es/-e (田舎の)別邸, 別荘.

'**Lands·knecht** 男 -[e]s/-e (15-16 世紀ドイツの)歩兵の傭兵.

'**Lands·leu·te** Landsmann の複数.

*'**Lands·mann** ['lantsman ラントスマン] 男 -[e]s/..leute 1 同郷人, 同国人. 2 ある(地方)の人. Was ist er für ein ～? 彼はどこの人間(どこの産)か. ◆女性形 Landsmännin 囡 -/-nen

'**Lands·mann·schaft** 囡 -/-en 1〚複数なし〛同郷(同国人)であること. 2 (大学生などの)同郷人会; とくに旧西ドイツで(故郷を追われた人たちの)同郷会. 3 学生組合(独自のクラブカラーを持ち決闘の伝統を尊ぶ).

'**Land·stadt** 囡 -/-e 1 田舎町. 2〚古〛(↑Reichsstadt)領邦君主統治下の町.

'**Land·stän·de** 複〚歴史〛領邦等族(領邦国家において領邦議会を構成した特権的身分階級).

'**Land·stra·ße** 囡 -/-n 田舎道, 街道.

'**Land·strei·cher** 男 -s/- 浮浪者, 無宿者. ◆女性形 Landstreicherin 囡 -/-nen

'**Land·streit·kräf·te** 複 陸軍.

'**Land·strich** 男 -[e]s/-e 地域, 地帯, 地区.

'**Land·sturm** 男 -[e]s/-e 1〚古〛国家総動員. 2 兵役終了者の動員; (兵役終了者から成る)国民予備軍. 3 (民兵制国防軍のなかの 49-60 歳の旧兵役経験者から成る)後備部隊.

'**Land·tag** 男 -[e]s/-e 1 州議会; 州議会議事堂. 2〚歴史〛領邦議会.

*'**Lan·dung** ['landʊŋ ランドゥング] 囡 -/-en 着陸, 上陸, 陸揚げ; 接岸;〚体操〛着地.

'**Lan·dungs·brü·cke** 囡 -/-n 桟橋.

'**Lan·dungs·platz** 男 -es/-e 船着き場.

'**Land·ur·laub** 男 -[e]s/-e (船員の)上陸休暇.

'**Land·vogt** 男 -[e]s/-e〚歴史〛1 (旧ドイツ帝国の)帝国直轄地の代官. 2 (1798 までのスイスの)州知事.

'**Land·volk** 匣 -[e]s/ 田舎(農村)の人々.

'**land·wärts** ['lantvɛrts] 副 (海から)陸の方へ; 内陸へ.

'**Land·weg** 男 -[e]s/-e 1 田舎道, 野道. 2 陸路. auf dem ～ 陸路で.

'**Land·wehr** 囡 -/-en 1 (中世の)国境の砦(とりで). 2〚軍事〛(a) 国土防衛軍. (b) 後備軍(1918 までのドイツ帝国で国防軍のなかの予備兵ないし退役者たちを総動員して編成した部隊を, 1935-45 では 35 歳から 45 歳までのすべての兵役義務のあるもので編成した部隊を, またスイスでは民兵制国防軍のなかの 37 歳から 48 歳までのもので編成したものをいう).

'**Land·wein** 男 -[e]s/-e その土地のワイン, 地酒.

'**Land·wind** 男 -[e]s/-e (→ Seewind) 陸風.

'**Land·wirt** 男 -[e]s/-e 1 農業(農場)経営者, 営農家. 2 農民.

'**Land·wirt·schaft** 囡 -/-en 1〚複数なし〛農業(経営). 2 (小さな)農場, 農園.

'**land·wirt·schaft·lich** 形 農業の. ～*e* Produktionsgenossenschaft (略 LPG) 農業生産協同組合.

'**Land·wirt·schafts·mi·nis·te·ri·um** 匣 -s/..rien [..riən] 農業(農林)省.

'**Land·zun·ge** 囡 -/-n 岬, 砂嘴(さし).

lang [laŋ ラング] länger, längst 形 (↔ kurz) 1〚空間的〛(a) 長い, …の長さの. ～*e* Arme〈Beine〉長い腕〈脚〉. ein ～*er* Brief 長い手紙. ～*es* Gras 長く伸びた草. ein ～*er* Kerl / eine ～*e* Lappe〚話〛背高(せい)のっぽ. ein ～*er* Mantel 丈の長いコート. eine ～*e* Nase 高い鼻. eine ～*e* Strecke 長距離. Wie ～ ist das Seil? そのロープの長さはどれくらいですか. das Haar ～ tragen 髪を長くしている. ～ und breit / des *Langen* und Breiten / des *Länger*[*e*]*n* und Breiter[e]n 詳細に, こと細かく.〚長さを示す名詞の 4 格と〛ein 10 cm ～*es* und 5 cm breites Rechteck 長さ 10 センチ幅 5 センチの長方形. Der Tunnel ist drei Kilometer ～. そのトンネルの長さは 3 キロメートルだ. (b)〚話〛〚比喩〛(スープなどが)薄い, 水でのばした. eine ～*e* Suppe 薄めたスープ. 2〚時間的〛(a) 長い, 長時間(長期間)にわたる. ein ～*er* Aufenthalt 長期

滞在. ein ~*es* Leben 長い人生. Sie hat drei ~*e* Monate gewartet. 彼女は3カ月もの長い間待った. den lieben ~*en* Tag 日がな一日. *Er war* ~*e*〈*längere*〉 Überlegen 長い熟慮の末に. Er war ~*e*〈*längere*〉 Zeit krank. 彼は長い〈かなり長い〉間病気だった. nach ~*er* Zeit〈~*en* Zeiten〉ずっと後に. vor ~*er* Zeit ずっと以前に. Die Sitzung war heute sehr ~. 会議は今日はとても長かった. Ihm wird die Zeit ~. 彼はじりじりし始めている(退屈してきた). ~ anhaltender Beifall 長く続く拍手. ~ und breit /《雅》des *Langen* [und Breiten] 長々と, 延々と. nach ~*em* ずっと後に. seit ~*em* ずっと以前から. über ~ oder kurz / über kurz oder ~ 遅かれ早かれ. 《時間を示す名詞の4格と/述語的には用いない》einen Augenblick ~ 一瞬間. drei Jahre ~ 3年間にわたって. Das werde ich mein Leben ~ nicht vergessen. それを私は生涯忘れはしない.

◆↑lang gestielt, lang gestreckt, lang gezogen

lang² ❶ 前《4格支配/後置される》(entlang)…に沿って. den Fluss〈die Straße〉 ~ 川に沿って〈通りをたどって〉. ❷ 前 am Ufer ~ 岸に沿って. hier ~ ここ(この道)をずっと. Ich weiß, wo es ~ geht.《話》私にはこのさきどうなるか(どうすればよいか)分かっている.

'lang-är·me·lig [..|ɛrmǝlɪç] 形 袖の長い, 長袖の.
'lang·ar·mig [..|armɪç] 形 腕の長い.
'lang·ärm·lig [..|ɛrmlɪç] 形 = langärmelig
'lang·at·mig [..|a:tmɪç] 形 長ったらしい, 冗長な.
'lang·bei·nig [..|baɪnɪç] 形 脚の長い.

'lan·ge ['laŋǝ ランゲ] länger, am längsten 副 **1**《時間的》長く, 長い間; ずっと前に. Ich habe heute ~ gearbeitet. 今日は長い時間働いた. Er brauchte ~, um sich⁴ zu entscheiden. 彼は決心するのに長いことかかった. Wie ~ dauert es noch? あとどれくらい時間がかかりますか. Es wird nicht mehr ~ dauern, und es fängt an zu regnen. まもなく雨が降り始めるだろう. Was fragst du noch ~ (=viel)?《話》君は何をまだくどくどと尋ねているんだ. Er wird[*s*] nicht mehr ~ machen. / Er wird nicht mehr ~ mitmachen.《話》彼はもう長くはもつまい. Wir haben uns ~ nicht gesehen. お久しぶりです. Er ist schon ~ tot. 彼が死んでもう随分になる. Das ist schon ~ (nicht) ~ her. それはもうずっと以前の(ついこの間の)ことだ. Da kannst du ~ warten!《話》そうやっていつまで待っていたっていくら待っても無駄なことだ!. Ich kann nicht *länger* warten. 私はもうこれ以上待てない. Sie ging aus, ~ bevor er zurückkam. 彼女が家を出たのは彼が戻ってくるずっと前に. nicht ~ darauf それから間もなく. **2** (a) 《後続する否定詞と》[noch] ~ nicht 到底…ではない, …にはほど遠い. Das ist noch ~ nicht alles. それで全部というには程遠い(まだまだ後がある). Sie kocht ~ nicht so gut wie ihre Mutter. 彼女の料理の腕前はまだまだ母親に及ばない. (b)《話》十分に, まったく. Für ihn ist das ~ gut. 彼にはそれで十分だ.

*'**Län·ge** ['lɛŋǝ レンゲ] 女 -/-n **1** (a) 《空間的》長さ; 縦, 奥行; 身の丈(⁴). die ~, Breite und Höhe des Postpaketes〈des Schranks〉 郵便小包の縦・横・高さ〈簞笥の奥行・巾・高さ〉. auf der ganzen ~ des Weges entlang 道を端から端まで歩く. zwei Meter in der ~ messen 縦(長さ)が2メートルある. in die ~ wachsen 縦に伸びる. in *seiner* ganzen ~《話》体をいっぱいに伸ばして, すっくと. *et*⁴ *der* ~ nach durchschneiden 物を縦に切る. der ~ nach

hinfallen (棒のように)ばたんと倒れる.《長さを示す名詞/単数で》ein Gang von sechs Meter[n] ~ 6メートルの廊下. auf〈in〉 einer ~ von drei Kilometern キロメートルにわたって. (b) 《競馬》…馬身;《ボート》…艇身. mit zwei ~n [Vorsprung] gewinnen 2馬身(2艇身)差で勝つ. um ~ gewinnen〈verlieren〉《話》圧勝〈完敗〉する. **2**《複数なし》《時間的》長さ. die ~ unsres Urlaubs 私たちの休暇の長さ. ein Film von drei Stunden ~ 3時間の映画. auf die ~《話》長い間には; 長きにわたって. *et*〈*sich*〉 in die ~ ziehen《話》事を長びかせる〈長びく〉. **3**《複数で》《小説・映画などの》冗慢な箇所, だらだらした場面. **4**《韻律》長音節. **5**《複数なし》《地理》経度.《天文》黄経. Das Dorf liegt [auf〈unter〉] 30 Grad östlicher ~〈略 30°ö.L.〉. その村は東経30度の位置にある.

'län·ge·lang ['lɛŋǝlaŋ]《話》長さ(高さ)いっぱいに, 縦に. ~ hinfallen 棒倒しに(ばたっと)倒れる. ~ liegen 長々と寝そべる.

'lan·gen ['laŋǝn]《話》❶ 自 **1** (a) 足りる, 十分である(für *et*¹/zu *et*³ に). Der Stoff *langt* wohl für ein Kleid〈zu einem Kleid〉. この生地(⁵)だとたぶんワンピース1着分はとれるでしょう. (b) やっていける, 間に合う(mit *et*³ 物で). Bis zum Monatsende *langen* wir mit dem Geld. 月末まで私達はこのお金で間に合う. (c) 《非人称的に》[Danke,] es *langt* [mir]! いえ, もう十分です. Jetzt *langt*'s [mir] aber! もうたくさんだ, いいかげんにしてくれ. *Es langt* nicht hinten und nicht vorn〈nicht hin und nicht her〉. これはどうにもやっていけない. **2** 手が届く; 達する, 届く. *Langst* du an die Decke? 天井に手が届くかい. Der Mantel *langt* ihm bis zum Knöchel. そのコートは彼の踝(⁴⁵)まである. **3** 《auf *et*⁴ 物へ/nach *et*³ 物を取ろうと》手を伸ばす; (in *et*⁴ 物の中に)手を入れる. Kannst du mal auf den Schrank ~ und mir ein Glas geben? ちょっと棚に手を伸ばしてグラスを1つ取ってくれないか. in die Tasche ~ ポケットに手を入れる;《比喩》金を払う.

❷ 他 取出す, (人³に)取出して渡す. *Lang* mir bitte eine Tasse aus dem Regal〈eine Buch vom Regal〉! 戸棚からカップを〈書棚から本を〉取ってください. Ich werde ihn mir schon ~!《比喩》彼にはいっぺんはっきり言ってやる. j' eine ~ 人⁴の横っ面に(⁴⁵)

'län·gen ['lɛŋǝn] ❶ 他 長くする, 伸ばす;《話》(スープなどを)薄める, のばす. ❷ 再 (*sich*⁴) 長くなる, 伸びる.

'Län·gen·ein·heit 女 -/-en = Längenmaß
'Län·gen·grad 男 -[e]s/-e 《地理》経度.
'Län·gen·kreis 男 -es/-e 《地理・天文》(Meridian) 子午線, 経線.
'Län·gen·maß 中 -es/-e 長さの単位.
'Lan·gen·see ['laŋǝnze:] 男 -s/ 《地名》 der ~ マジョーレ湖(のドイツ語名). ↑Lago Maggiore

'län·ger ['lɛŋǝr] ❶ 形 《lang¹ の比較級》**1** より長い. **2**《比較的》比較的長い. eine ~*e* Pause machen しばらく休憩する. Wir haben noch einen ~*en* Weg vor uns. 道はまだかなりある. ❷ lange の比較級.

'län·ger·fris·tig 形 比較的長期間の(にわたる).
Lan'get·te [laŋ'gɛtǝ] 女 -/-n, **Lan'get·ten·stich** 男 -[e]s/-e (*fr*.) 《服飾》スカラップ(ボタンホールのステッチなどに用いられる波形の縁縫い).

*'**Lan·ge·wei·le** ['laŋǝvaɪlǝ, --'-- ランゲヴァイレ] 女 -/ 退屈, 無聊(ぶ). ~ haben 退屈している, 無聊

Langfinger

をかこつ. [fast vor] ~ sterben〈vergehen〉《話》死ぬほど退屈する. ◆Lange.. の部分が形容詞変化する場合は2語に分けて書く. wegen ~ / wegen der Langen Weile 退屈のせいで. aus ~ / aus Langer Weile 退屈しのぎに.

'**Lang·fin·ger** 男 -s/- 《話》泥棒, すり.

'**lang·fris·tig** ['laŋfrɪstɪç] 形 長期の. ein ~er Vertrag 長期契約.

'**lang ge·hen*** 自 《話》(an et³ 物³)に沿って歩いて行く. wissen〈sehen〉, wo es〈wos〉langgeht この先どうなるか(どうすればいいか)分かっている.

lang ge·stielt, °**lang·ge·stielt** 形 長い柄(え)のついた.

lang ge·streckt, °**lang·ge·streckt** 形 長く伸びた, 細長い.

lang ge·zo·gen, °**lang·ge·zo·gen** 形《音・声が》長くひっぱった.

'**lang·haa·rig** 髪を長く伸ばした, 長髪の;《犬・猫などが》毛の長い,《毛皮などが》毛足の長い.

'**Lang·hang** 男 -[e]s/《体操》《吊輪・鉄棒での》懸垂 (の姿勢).

'**Lang·haus** 中 -es/¨er 1《建築》身廊(しんろう)《キリスト教の長堂式聖堂における入口から内陣部までの中央部分. 並行している左右の Seitenschiffe を含むこともあり, それと区別するときは Mittelschiff と呼ぶ. ↑Langschiff, Basilika, Chor》. 2《民族学》破風屋根の長屋.

'**lang'hin** ['laŋˌhɪn] 副《雅》遠くまで.

'**Lang·holz** 中 -es/¨er 1《複数なし》長材, 長丸太. 2 (→ Hirnholz) 板目(材).

'**lang·jäh·rig** ['laŋjɛːrɪç] 形《述語的には用いない》長年の, 長年(長期)にわたる.

'**Lang·lauf** 男 -[e]s/《ｽﾎﾟｰﾂ》《ノルディック種目の》距離競技.

'**Lang·le·big** [..lə..bɪç] 形 長生き(長命)の; 長もちする.

'**Lang·le·big·keit** 女 -/ 長命, 長寿; 長もち.

'**lang·le·gen** 自 (sich⁴)《話》横になる, 寝る.

'**läng·lich** ['lɛŋlɪç] 形 やや長目の, 縦長の, 細長い. Sein Gesicht ist ~. 彼は面長(おもなが)だ.

'**läng·lich rund**, °**läng·lich·rund** 形 卵形の, 楕円形の.

'**Lang·mut** 女 -/《雅》忍耐, 辛抱, 我慢.

'**lang·mü·tig** 形《雅》辛抱のよい, 我慢強い, 寛容な.

Lan·go'bar·de [laŋgo'bardə] 男 -n/-n (pl. , Langbärte*)《ふつう複数で》《歴史》ランゴバルド人《ゲルマン人の1部族. 568 北イタリアに侵入して王国を建てたが 774 フランク王国の Karl 大帝に滅ぼされた》.

'**Lang·ohr** 中 -[e]s/-en《戯》兎; ロバ. Meister ~《寓話などで》兎(ロバ)の旦那.

längs [lɛŋs] ❶ 前《2格支配, まれに3格支配》…に沿って. ~ des Flusses 川沿いに. ❷ 副 1 (↔ quer) 縦に. einen Stoff ~ nehmen《裁縫で》生地を縦にとる. 2《北ﾄﾞｲﾂ》わきを通り抜けて. hier〈bei uns〉~《私達の傍》を通って.

'**Längs·ach·se** 女 -/-n (→ Querachse) 縦軸.

'**lang·sam** ['laŋza:m ラングザーム] 形 (↔ schnell) 1 ゆっくりした, 遅い; ゆったりした, 悠然とした. ein ~es Tempo 遅いテンポ. ~en Schrittes / mit ~en Schritten ゆったりとした足取りで. In Wohngegenden muss man ~ fahren. 住宅地では徐行運転しなければならない. [Nun mal] ~! そうあわてるな, とにかく落着け. ~ aber sicher ゆっくりかつ着実に. 2 のろまの, 鈍い. ein ~er Kerl くず. Der Schüler ist ~ von Begriff. この生徒は呑みこみが遅い. 3《述語的には用いない》漸次の, 少しずつの, ぼつぼつの. da ~e Nachlassen der Geisteskräfte 気力がだんだん衰えてくること. Langsam wurde mir nicht klar, worum es ging. 何が問題なのか私にしだいに分かってきた. Es wird ~ Zeit zu gehen. そろそろ出かける時間だ. 4《ﾀｸｼｰﾊﾞｽ》《トラックなどが》記録の出にくい, 遅い, 重い.

'**Lang·sam·keit** 女 -/ 遅いこと, 緩慢; のろいこと, 遅鈍.

'**Lang·schiff** 中 -[e]s/-e =Langhaus 1

'**Lang·schlä·fer** 男 -s/- 朝寝坊の人.

'**längs ge·streift**, °**längs·ge·streift** 形 (↔ quer gestreift) 縦縞(たてじま)の.

'**Lang·spiel·plat·te** 女 -/-n《略 LP》LPレコード.

'**Längs·rich·tung** 女 -/-en (↔ Querrichtung) 縦 (の)方向.

'**längs·schiffs** ['lɛŋsʃɪfs] 副《船員》(↔ querschiffs) 船の縦方向に.

'**Längs·schnitt** -[e]s/-e (↔ Querschnitt) 縦断; 縦断(面)図.

'**Längs·sei·te** 女 -/-n (↔ Querseite)《テーブルなどの》長い方の側 (Breitseite とも).

'**längs·seits** ['lɛŋszaɪts]《船員》❶ 副 舷側沿いに. Der Segler legt ~ am Kai an. ヨットは埠頭(ふとう)に横づけになる. ❷ 前《2格支配》舷側に(沿って). ~ meines Schiffes 私の船の舷側に.

*'**längst** [lɛŋst レングスト] ❶ lang¹ の最上級. ❷ 副 1 (もう)とっくに, ずっと前から. ~ nicht とうてい…ではない, …にはほど遠い. Die Sache ist ~ noch nicht ausgestanden. この件はまだ片がついたとはとても言えない.

'**längs·tens** ['lɛŋstəns] 副《話》1《時間的に》長くても, せいぜい; 遅くとも. 2 (längst ❷) とっくの昔に.

'**lang·stie·lig** 形 1 柄の長い. 2 《茎(葉柄, 花梗)の長い. 3《話》長ったらしい, 回りくどい, 退屈な.

'**Lang·stre·cken·flug** 男 -[e]s/¨e 長距離飛行.

'**Lang·stre·cken·lauf** 男 -[e]s/¨e《陸上》長距離競走.

'**Lang·stre·cken·ra·ke·te** 女 -/-n《軍事》長距離ミサイル.

Lan'gus·te [laŋˈɡʊstə] 女 -/-n (lat.)《動物》いせえび(伊勢蝦).

'**Lang·wei·le** ['laŋvaɪlə] 女 -/ =Langeweile

*'**lang·wei·len** ['laŋvaɪlən ラングヴァイレン] ❶ 他 退屈させる (mit et³ 事³で). ❷ (sich⁴) 退屈する.

'**Lang·wei·ler** ['laŋvaɪlɐ] 男 -s/-《話》1 退屈な(おもしろくない)人. 2 ぐず.

*'**lang·wei·lig** ['laŋvaɪlɪç ラングヴァイリヒ] 形 1 (↔ kurzweilig) 退屈な, 単調な, うんざりする. ein ~er Mensch おもしろくない(退屈な)やつ. eine ~e Stadt つまらない町. 2 (a)《用件などが時間(手間ひま)のかかる. (b)《性格・行動などが》ぐずな, 遅鈍な.

'**Lang·wel·le** 女 -/-n《物理》長波;《複数なし》《放送》長波放送.

'**lang·wie·rig** ['laŋviːrɪç] 形 長びく, 手間どる.

'**Lang·zeit·wir·kung** 女 -/-en 長期間(長時間)にわたる作用(効果).

La·no'lin [lano'liːn] 中 -s/ (lat.)《化学》ラノリン.

Lan'than [lan'taːn] 中 -s/ (gr.)《記号 La》《化学》ランタン.

'**Lan·ze** ['lantsə] 女 -/-n (lat. lancea , Speer mit Wurfriemen*) 槍. eine ~ für j〈et〉* brechen〈einlegen〉人〈物〉⁴を弁護(擁護)する, 〈に〉味方する.

Lan·zet·te [lan'tsɛtə] 囡 -/-n (fr.)〚医学〛ランセット, 披針(ᵾ.).

La·o·ko·on [la'o:koɔn]《人名》〚ᗰ神話〛ラーオコオーン, ラオコーン(トロイの神官, ギリシア軍の木馬の計を見破ったために2人の息子とともに大蛇に絞め殺された). *Laokoon*gruppe ラーオコーン群像(ロードス島の3人の彫刻家の手になる古代美術の傑作, 前1世紀の作).

La·os ['la:ɔs]《地名》ラオス(インドシナ半島中北部を占める人民民主共和国, 首都ビエンチャン Vientiane).

La·o·te [la'o:tə] 男 -n/-n ラオス人.

la·o·tisch [la'o:tɪʃ] 形 ラオス(人, 語)の. ↑deutsch

Lao·tse [la'o:tsə, 'laʊtsə]《人名》老子(前4世紀頃の中国の思想家).

la·pi·dar [lapi'daːr] 形 (lat. lapidarius ,zu den Steinen gehörig') 簡潔な, 的確な.

La·pi'dar·schrift 囡 -/-en (石碑などに刻まれた)無装飾の大文字.

La·pis'la·zu·li [lapɪs'la:tsuli] 男 -/- (lat., Blaustein)〚鉱物〛ラピスラズリ, 瑠璃(ᑏ), 青金石(古くから装身具・工芸品として愛好されたアフガニスタン原産の宝石).

Lap·pa·lie [la'pa:liə] 囡 -/-n 些細な(取るに足らない)こと, つまらないこと.

'Läpp·chen ['lɛpçən] 中 -s/-《Lappen の縮小形》小さな布切れ.

'Lap·pe ['lapə] 男 -n/-n (Lappländer) ラップ人(ラップランドに居住する種族).

'Lap·pen ['lapən] 男 -s/- **1** (掃除などに使う)ぼろ切れ, 布切れ. ⦅俗⦆(嫌な人を指して)ほろ. **2**⦅話⦆(a)(高額の)紙幣. ein blauer ~ (旧)100マルク札. (b) 運転免許証. **3**《複数で》〚猟師〛おどし縄(狩立て猟で使う布切れなどを吊した張り綱). j³ durch die *Lappen* gehen⦅話⦆人³の手を逃れる;(チャンスなどが)人³から逃げる. **4**(鶏・七面鳥の喉首の)肉垂れ, (犬の)垂れ耳;《複数で》〚猟師〛(水鳥の水搔き, 《猟犬の》唇. **5**〚解剖〛葉(肺葉・肝葉など);〚医学〛皮弁. **6**⦅地方⦆⦅俗⦆弱虫.

Lap·pe'rei [lapə'raɪ] 囡 -/⦅まれ⦆=Läpperei

Läp·pe'rei [lɛpə'raɪ] 囡 -/- 些細な(取るに足りない)こと, つまらないこと.

'läp·pern ['lɛpərn] **❶**(自⦅地方⦆ちびちび飲む. **❷**非人称 *Es läppert* mich nach Fisch.⦅地方⦆私は魚が食べたくてたまらない. **❸**他 **(sich⁴)** Es〈Das〉 *läppert sich*.⦅話⦆塵もつもれば山となる.

'lap·pig ['lapɪç] 形 **1**⦅話⦆(生地・衣服などが)ぴん(しゃき)としていない, だらんとなった;(皮膚が)たるんだ. **2**⦅話⦆(話にならないほど)わずかな. Was soll ich mit ~ *en* 5 Euro anfangen? たった5ユーロぽっちの金を私にどうしろというのか. **3**〚医学〛分葉の, 葉状の.

'lap·pisch ['lapɪʃ] 形 ラップランド(人, 語)の. ↑deutsch

'läp·pisch ['lɛpɪʃ]⦅俗⦆馬鹿げた, おろかな, 子供じみた;取るに足らない, ぐくわずかの.

'Lapp·land ['laplant]《地名》ラップランド(スカンディナヴィア半島北部, 大部分がツンドラやタイガの地域. ラップ族 Lappe が住む).

'Lapp·län·der ['laplɛndər] 男 -s/- =Lappe

'lapp·län·disch ['laplɛndɪʃ] 形 =lappisch

'Lap·sus ['lapsʊs] 男 -/- ['lapsu:s] (lat., das Gleiten, Fallen')ちょっとした間違い;〚心理〛失錯行為. ~ Calami ['ka:lami] 書き間違い. ~ Linguae ['lɪŋguɛ] 言い間違い. ~ Memoriae [me'mo:riɛ]

記憶違い.

'Lap·top ['lɛptɔp] 中 -s/-s (engl.) ラップトップ(型コンピュータ).

'Lär·che ['lɛrçə] 囡 -/-n〚植物〛からまつ(落葉松).

'La·ren ['la:rən] 複 (lat. lares)〚ᗰ神話〛ラレース(家・家族・道などの守護神).

lar'ghet·to [lar'gɛto] (it.)〚音楽〛ラルゲット, largo よりやや早く.

Lar'ghet·to 中 -s/-s (..ti[..ti]) (it.)〚音楽〛ラルゲットの楽曲(楽章).

'Lar·ghi ['largi] Largo の複数.

'Lar·go ['largo] (it., breit, gedehnt, langsam')〚音楽〛ラルゴ, ゆったり堂々と.

'Lar·go 中 -s/-s (Larghi) (it.)〚音楽〛ラルゴの楽曲(楽章).

la·ri'fa·ri [lari'fa:ri] **❶** 間 (it.) *Larifari*!⦅話⦆馬鹿らしい, くだらぬ. **❷** 中 上っつらの, いいかげんな. ◆イタリア語の音名 la, re, fa, re を続けたもの.

La·ri'fa·ri -/- 愚にもつかぬお喋り, ナンセンス.

*****Lärm** [lɛrm レルム] 男 -[e]s/ (古) **1** 騒音, 喧騒; 騒ぎ, 大声. ohrenbetäubender ~ 耳を聾(ᑏ)するばかりの騒音. der ~ auf der Schulhof 校庭の喧声. ~ um nichts 空(ᑏ)騒ぎ(Shakespeare の喜劇『から騒ぎ』*Much Ado About Nothing* より). viel ~ machen〈schlagen〉大騒ぎする(um et⁴ 事⁴で). **2** 警報. ~ schlagen 警鐘を打つ(鳴らす).

'Lärm·be·kämp·fung 囡 -/ 騒音防止.

'Lärm·be·läs·ti·gung 囡 -/-en 騒音公害.

*****lär·men** ['lɛrmən レルメン]直 騒音をたてる; 騒ぐ;⦅まれ⦆がなる. die *lärmende* Großstadt 騒々しい大都会.

lar·mo'yant [larmoa'jant] 形 (fr.)⦅俗⦆涙もろい; お涙頂戴式の.

'Lärm·schutz -es/ 騒音防止策(設備).

L'art pour l'art ['la:r pu:r 'la:r] 男 - - -/ (fr.) ラール・プール・ラール, 芸術のための芸術(フランス19世紀後半の芸術至上主義に対して哲学者ヴィクトル・クザン Victor Cousin, 1792-1867 が与えた標語).

'Lärv·chen ['lɛrfçən] 中 -s/-《Larve の縮小形》 **1** 小さな仮面. **2** 人形みたいな(小ぎれいなだけの)顔; 人形みたいな顔の無表情な女の子.

'Lar·ve ['larfə] 囡 -/-n (lat. ,Maske, Gespenst') **1**〚動物〛幼虫, 幼生. **2** 仮面. j³ die ~ vom Gesicht reißen 人³の顔から仮面を剥(˝)ぐ. **3** 無表情な(能面のような)顔.

lar'viert [lar'vi:rt] 形〚医学〛(versteckt) 仮面性の. ~ *e* Malaria 仮面性マラリア.

las [la:s] lesen の過去.

lasch [laʃ] 形 **1** 力の入っていない, たるんだ; だらけた, 活気〈元気〉のない. **2** ないなく, 気の抜けた味の.

'La·sche ['laʃə] 囡 -/-n **1**〚工学〛(接機・挟機の)継目板, 帯金;〚建築〛目板. **2** (靴の)舌革;(ポケットの垂れ, 雨ぶた;(封筒の)ふた;(ベルトの)とめ輪;(服の)まち.

'La·schung ['laʃʊŋ] 囡 -/-en〚工学〛目板で継ぐこと, 添接, 挟接法.

'La·se ['la:zə] 囡 -/-n (lat. lasanum ,Gefäß')《中部ᗰ》(把手つきの)水差;(大型)ジョッキ.

'lä·se ['lɛ:zə] lesen の接続法 II.

'La·ser ['le:zər, 'lɛɪzə] 男 -s/- (engl.) **1**〚物理・工学〛レーザー(英語 light amplification by stimulated emission of radiation の略). **2**〚ᗰ〛レーザー級.

'La·ser·dru·cker 男 -s/-〚ᗰ〛レーザープリンタ.

Laserplatte

'La·ser·plat·te 囡 -/-n レーザーディスク.
'La·ser·strahl 男 -[e]s/-en《物理・工学》レーザー光線.
'Lash-Car·ri·er, 'LASH-Car·ri·er [ˈlæʃkɛriər] 男 -s/-s《*engl.*》艀(はしけ)母船, ラッシュ船(艀を貨物船積みのまま船内に積込む). ◆ Lash は英語 lighter aboard ship の略.
la'sie·ren [laˈziːrən] 他(物に)透明塗料を塗る, ワニスをかける.
lass¹, °laß¹ [las] 形《古》《雅》力の抜けた, ぐったりとした; なげやりな, 怠惰な.
lass², °laß² [las] lassen の du に対する命令形.
Las'salle [laˈsal] 《人名》Ferdinand ～ フェルディナント・ラサール (1825–64, ドイツの社会主義思想家).

'las·sen*

[ˈlasən ラセン] ließ, gelassen (助動詞的用法のとき多く lassen) / du lässt (°läßt), er lässt (°läßt) ❶ 圃 1 やめる, 中止する. *Lass* das! そんなことはやめなさい. *Lassen* wir das! その話はやめようよ. das Rauchen⟨das Trinken⟩ ～ たばこ⟨酒⟩をやめる. Ich kann es nicht ～, ihr zu helfen. 私はどうしても彼女を助けずにいられない. Zuletzt wusste ich nicht mehr, was ich tun und⟨oder⟩ ～ sollte. ついに私はどうしてよいのか分からなくなった.
2 (人³に事⁴を)許す, 認めてやる, (人³の事⁴を)妨げない. Sie *lässt* den Kindern ihre Freiheit. 彼女は子供たちを自由にさせておく. Bitte, *lass* mir meine Ruhe! 頼むから私をそっとしておいてください. *Lass* ihm doch das Vergnügen! 彼の楽しみを奪うなよ. Er ist tüchtig, das muss man ihm ～. 彼は有能だ, それは認めてやらなくてはならない. j³ den Vortritt ～ 人³に先を譲る. j³ Zeit ～ 人³に猶予を与える.
3 (人⁴に物⁴を)貸す, 譲る. Ich *lasse* dir mein Auto bis morgen. 私の車を明日まで君に貸してあげる. *Lass* mir das! それは私にまかせて. Er hat mir das Fahrrad billig⟨für 100 Euro⟩ *gelassen*. 彼は私にその自転車を安く⟨百ユーロで⟩譲ってくれた. j³ et⁴ als ⟨zum⟩ Pfand ～ 人³に物⁴を担保として渡す.
4 放つ, 排出する; 失う. Gestern habe ich beim Pokern ⟨in der Kneipe⟩ viel Geld *gelassen*. きのう私はポーカーで大金をすった⟨その飲屋で大散財をした⟩. für j⟨et⟩⁴ *sein* Leben ～ 人⟨事⟩⁴のために命を捧げる. einen ～ 《卑》屁をたる. Wasser ～ 小便をする.
5《古》《雅》(人⁴と)別れる, (ある場所⁴を)あとにする. Wie ists möglich dann, dass ich dich ～ kann. あなたと別れるなんてどうしてそんなことがあり得ましょうか (民謡). Ich *lasse* dich nicht, du segnest mich denn. 《旧約》私を祝福してくださらないならあなたを去らせません (創 32:26). Der Mann musste die Heimat ～. 男は故郷をあとにしなければならなかった.
6《方向を示す語句と》…へ来る⟨…から去る⟩ことを許す, 入れて⟨出して⟩やる. Der Hund *lässt* keinen Fremden in die Wohnung. この犬は見知らぬ人を中に入れない. Sie ließen die Rinder auf die Weide ⟨aus dem Stall⟩. 彼らは牛を牧草地に放った⟨小屋から出した⟩. Man hat mir die Luft aus dem Reifen *gelassen*. 私は車のタイヤの空気を抜かれた. die Kinder nicht allein ins Kino ～ 子供たちだけで映画を観に行かせはしない. Wasser in die Wanne ～ 浴槽に水を入れる⟨はる⟩. alles unter sich⁴ ～ 《古》(大小便)たれ流しである. *Lass* die Hände davon! それに触るな, それから手をひけ. Sie kann ihn nicht von sich³ ～. 彼女は彼と別れる⟨手を切る⟩ことができない. j⁴ vor sich⁴ ～ 後ろの人⁴を自分の前に行かせてあげる(順番待ちなどで); 人⁴を接見する. Er will niemanden zu sich³ ～ 誰も近づけようと⟨誰とも会おう⟩としない《方向を示す語句なしで》Sie *lässt* ihn nicht. 彼女は体を許さない.
7《場所を示す語句と》置いておく, あとに残しておく; 置き忘れる. Er ließ das Gepäck am Bahnhof. 彼は荷物を駅に預けておいた. die Stadt hinter sich³ ～ 町をあとにする. Er *lässt* noch etwas Kaffee in der Kanne. 彼はポットにコーヒーを少し残してある. Wir *lassen* die Kinder nicht allein in der Wohnung. 私たちは子供だけを家に置いて出ることはしない. Heute *lassen* wir das Auto zu Hause. 今日は車を家に置いていこう. Wo habe ich nur meinen Schirm *gelassen*? いったい傘をどこへ置き忘れたんだろう.
8《様態を示す語句と》…のままにしておく, 放っておく. Die Nachricht *ließ* sie völlig kalt. その知らせは彼女を少しも動じさせなかった. die Tür offen ～ ドアを開けっぱなしにする. et⁴ so ～, wie es ist 物⁴を現状のままにしておく. et⁴ ungesagt ～ 事⁴を言わないでおく. nichts unversucht ～ あらゆる手を尽くす. et⁴ nicht aus den Augen ～ 物⁴から目を離さない. alles beim Alten ～ すべてを元のままにしておく. Wir wollen es dabei ～. それはそのままにしておこう. Ich *lasse* ihn bei seinem Glauben. 私は彼がそう思いたいなら思わせておく. j⁴ in Ruhe ～ 人⁴をそっとしておく. et⁴ in der Schwebe ～ 事⁴をペンディングにしておく.
9《助動詞的用法》話法の助動詞のように他の動詞の不定詞とともに用いる. lassen の目的語が同時に不定詞の意味上の主語となる. 過去分詞は lassen, まれに gelassen も. (a)《使役》…させる;《依頼》…してもらう. Er *lässt* seine Sekretärin einen Brief schreiben. 彼は秘書に手紙を書かせる. Ihr Benehmen *lässt* mich annehmen, dass sie das getan hat. 彼女の態度からしてどうも私はそれが彼女のしわざのように思う. j⁴ et⁴ empfinden⟨fühlen⟩ ～ 人⁴に事⁴を思い知らせる, 痛感させる. Wasser in die Badewanne laufen ～ (蛇口をひねって)浴槽に水を入れる. die Farbe trocknen ～ 絵の具を乾かす. j⁴ et⁴ wissen ～ 人⁴に事⁴を知らせる, 教える. 《lassen の目的語を省略して》Ich *lasse* bitten! お通しなさい(客に). sich³ eine Spritze geben ～ 注射を打ってもらう. Er *lässt* Sie vielmals grüßen. 彼があなたにくれぐれもよろしくとのことです. den Arzt holen⟨rufen⟩ ～ 医者を呼びにやる. *Lass* mal hören! ともかく話してみなさい. *Lassen* Sie bald wieder [etwas] von sich³ hören! 近いうちにまたお便り(お電話)を. sich¹ einen Anzug machen ～ スーツを誂(あつら)える. sich³ die Haare schneiden ～ 散髪してもらう. *Lass* dich bald einmal [bei uns] sehen! 近いうちに顔を見せなよ. In diesem Anzug kann er sich⁴ sehen ～. この背広だと彼も立派なものだ(人前に出られる). Er *lässt* sich⁴ häufig verleugnen. 彼はしょっちゅう居留守を使う.
(b)《黙認・放置》…させておく, (黙って)…させておく. *Lassen* Sie mich Ihr guter Freund ⟨古 Ihren guten Freund⟩ bleiben! 私をあなたの良き友人にしておいてください. das Licht brennen ～ 灯りをつけっぱなしにする. einen fahren ～ おならをする. et⁴ fallen ～ 物⁴を落とす. sich³ et⁴ gefallen ～ 事⁴をなんとか我慢⟨甘受⟩する. *Lass* mich gehen! 行かせてください, 邪魔をするな. Der Hund *ließ* alles mit sich³ geschehen. 犬は何をされても怒らなかった. *Lass* mich dir helfen! 君の力にならせてくれたまえ. *Lass* mich [das] nur

machen! いいから私にやらせろ, 私にまかせておきなさい. *Lass* das sein! やめなさい, よせ.　et⁴ gut sein ~ *4* をよしとする, (を)ほうておく.　Ich *lasse* jetzt die Arbeit Arbeit sein. (話) 私はしばらく仕事のことは忘れますよ. *Lassen* Sie das nur meine Sorge sein! そんなことは私にまかせておけばいいのです.　die Kinder toben ~ 《lassen の目的語を省略して》Ich *lasse* mich nicht beleidigen. 私を侮辱することは許さない.　*Lass* dich nicht so lange bitten! いいかげんにウンと言ったらどうだ.　Er lässt sich³ nicht nehmen ~ wollen, selbst zu kommen. 彼は自分で来ると言ってきかなかった.　Er *lässt* mit sich³ reden. 彼は話の分かる男だ.　Er *lässt* sich³ nichts sagen. 彼はひとの言うことに耳を貸さない.　*Lassen* Sie sich⁴ nicht stören! どうぞ私におかまいなく.　▶(a), (b) において lassen の目的語, すなわち不定詞の意味上の主語を von j⟨et⟩³ または durch j⟨et⟩⁴ で表わすこともある.　Ich *lasse* mir die Haare von meiner Schwester ⟨durch meine Schwester⟩ schneiden. 私は姉に散髪してもらう.

(c) 《とくに **uns** を目的語にした命令形で》*Lass*⟨*Lasst*⟩ uns beten! 祈りましょう.　*Lassen* Sie uns noch ein Bier trinken! さあもう一杯ビールを飲みましょう.

(d) 《sich⁴ と/受動の可能》…し得る.　Das *lässt* sich nicht ⟨leicht⟩ beweisen. それは証明できない⟨簡単に証明できる⟩.　Dagegen *lässt* sich nichts einwenden. それには異論の唱えようがない.　Mit Geld *lässt* sich alles machen. 《諺》地獄の沙汰も金次第.　Der Wein *lässt* sich trinken. このワインはいける. 《慣用的表現で》*Das lässt* sich denken! それはわかる, 考えられる⟨ありそうな⟩ことだ.　Das *lässt* sich hören! それはいい考え⟨もっともな話⟩だ.　Das *lässt* sich machen! それならできる⟨何とかなる⟩よ. 《非人称的に》Hier *lässt* es sich [gut] leben. ここは住みよい.

❷ 圓 (von et³ 事³を)やめる; (von j³ 人³と)別れる.　Von meinem Glauben will ich nicht ~. 私は自分の信仰を棄てることはしない.　nicht vom Spielen ~ können 賭けごとがやめられない.　Er kann von ihr nicht ~. 彼は彼女と別れられない.

❸ 再 《sich⁴》《**sich nicht zu lassen wissen** の形で》Er wusste *sich* vor Freude nicht zu ~. 彼はうれしくてじっとしていられなかった.

'**läs·sest** ['lɛsəst] lassen の現在 2 人称単数 lässt の古形.

'**läs·sig** ['lɛsɪç] 圏 **1** (服装・態度などが)無造作な, さりげない; 自由な.　Sie ist immer sehr ~ angezogen. 彼女はいつもとても気どらない恰好をしている. **2** そんざいな, いいかげんな.　mit et³ ~ umgehen 物³を粗末にする. **3** (話)容易な, たやすい.　Er hat das ~ geschafft. 彼はそれをやすやすとやってのけた. **4** (若者)すばらしい, すごい.　Sein Motorrad ist einfach ~. 彼のオートバイときたらとにかく最高だ.

'**Läs·sig·keit** 囡 -/ 無造作, さりげなさ; なげやり, そんざいさ; 不精, 怠惰.

'**läss·lich**, °'**läß·lich** ['lɛslɪç] 圏 **1** (a) (罪・過失などが)些細な. (b) 《ﾄﾘｯｸ》赦(ゆる)され得る.　~e Sünden 小罪. **2** (処置などが)寛大な, ゆるやかな.　et⁴ ~ behandeln 事⁴を寛大にとり扱う. **3** (古)なげやりな, だらしない.

'**Las·so** ['laso] 匣 (匣) -s/-s (*lat.* laqueus , Strick als Schlinge') **1** 投げ縄. **2** 《ｼﾝｸﾛﾅｲｽﾞﾄﾞｽｲﾐﾝｸﾞ》(ﾀﾞﾌﾞﾙﾗｯｿｰ)(ペア種目で, 女性を頭上で回転させる演技).

lässt, °**läßt** [lɛst] lassen の現在 2·3 人称単数.

*'**Last** [last ラスト] 囡 -/-en **1** (a) 荷, 荷物; 貨物, 積荷; (船の)バラスト.　Du bist mir eine süße ~. 《戯》君なら背負ってもすこしも重くないよ, 君のためなら僕はどんな苦労もいとわない. (b) 荷重, 重さ.　Die Brücke trägt eine ~ von 10 000 Tonnen. この橋は 1 万トンの荷重に耐えられる.　unter der ~ des Amtes⟨der Beweise⟩ 職務の重圧に押しひしがれて⟨確たる証拠をつきつけられて⟩. **2** 《複数なし》(精神的な)重荷.　Mir fiel eine ~ von der Seele. 私は肩の荷がおりた.　Das Leben wird ihm zur ~. 彼は生きているのが苦しくなってきた.　*seine* Liebe ~ mit j³ haben (話)人³のことで苦労させられる.　eine ~ auf sich⁴ nehmen (集合, 責任)を引き受ける.　j³ zur ~ fallen⟨werden⟩ 人³に厄介をかける, (の)お荷物になる.　j³ et⁴ zur ~ legen 人³に事⁴の罪⟨責任⟩をかぶせる. **3** 《多く複数で》(経済的な)負担.　militärische⟨steuerliche⟩ ~en 軍事費⟨税金⟩. Auf diesem Grundstück liegen erhebliche ~en. こっちの土地は相当な金の抵当に入っている. zu ~*en* ⟨zulasten⟩ von j³ gehen (経費などが)人³の負担になる, 人³持ちである.　Die Versandkosten gehen zu ~*en*⟨zulasten⟩ unserer Firma. 送料は当社が負担いたします. zu ~*en*⟨zulasten⟩ einer Minderheit 少数者の犠牲にされて. **4** 《海事》(船の所索具・糧食用)収納庫, 貯蔵室; 食倉. **5** 《電子工》負荷(電気抵抗など). **6** 《古》ラスト (a) 船荷の重量単位. (b) 船の積載量の単位, トン数. (c) 《ﾄﾞｲﾂ·ｵｰｽﾄﾘｱ·ｽｲｽ》穀物の量単位.

'**Last·arm** 圐 -[e]s/-e 《物理》(↔ Kraftarm) 挺子(ﾃｺ)の腕(荷重点と支点との間).

'**Last·au·to** 匣 -s/-s (話) トラック.

'**las·ten** ['lastən] 圓 (↓ Last) (auf j⟨et⟩³ 人⟨物⟩³の上に)重くのしかかる.　Alle Arbeit ⟨Die Verantwortung⟩ *lastete* auf ihm. すべての仕事が⟨責任は⟩彼にかかっていた.　Auf dem Grundstück *lasten* hohe Schulden. この土地は莫大な借金の抵当に入っている. Die Stille *lastete* im Raum. 静寂が部屋に重くたれこめていた.　*lastende* Schwüle うっとうしい蒸暑さ.

'**Las·ten·auf·zug** 圐 -[e]s/-⸚e (↔ Personenaufzug) 貨物用エレベーター.

'**Las·ten·aus·gleich** 圐 -[e]s/ (略 LA)《法制》負担調整(戦時の個人的損失に対する国家補償措置).

'**las·ten·frei** 圏 債務のない, 抵当に入っていない.

'**Las·ten·seg·ler** 圐 -s/-《航空·軍事》(大型)輸送用グライダー.

*'**Las·ter**¹ ['lastɐ ラスター] 匣 -s/-1 悪徳; 悪習.　das ~ der Spielleidenschaft 賭博癖という悪徳. **2** ein langes ~ 《戯》のっぽ.

'**Las·ter**² 圐 -s/- (話) (Lastkraftwagen) トラック.

'**Läs·te·rer** [lɛstərɐr] 圐 -s/- 誹謗(中傷)する人, 陰口をきく人; 冒瀆者.　◆女性形 Lästerin 囡 -/-nen

'**las·ter·haft** ['lastɐrhaft] 圏 悪習にそまった, 不道徳な, ふしだらな.

'**Las·ter·haf·tig·keit** 囡 -/ 背徳, 不道徳, 自堕落.

'**Las·ter·höh·le** 囡 -/-n 《戯》悪の巣窟.

'**Las·ter·le·ben** 匣 -s/ (侮)背徳の(自堕落な)生活.

'**läs·ter·lich** ['lɛstɐrlɪç] 圏 誹謗(中傷)の, 陰口の; 冒瀆的な.

'**Läs·ter·maul** 匣 -[e]s/⸚er (卑) **1** 中傷癖.　ein ~ haben 陰口が好きである. **2** 陰口の好きな人.

'**läs·tern** ['lɛstɐrn] 圓 冒瀆する. ❷ 圓 (話)(über j⟨et⟩³ 人⟨物⟩³の)陰口をきく, 悪口を言う.

'**Läs·te·rung** 囡 -/-en 冒瀆, 陰口, 誹謗, 中傷.

'**Läs·ter·zun·ge** 囡 -/-n (話) = Lästermaul

'Last·he·be·ma·gnet 男 -[e]s(-en)/-e[n]【機械】(クレーンの)マグネット.

*'läs·tig ['lɛstɪç レスティヒ] 形 煩わしい、いやな、厄介な. ~e Anrufe うるさい(しつこい)電話. eine ~e Pflicht 面倒な義務. j³ ~ sein(fallen) 人³にとって煩わしい.

..las·tig [..lastɪç] (↓ Last)「…に重い荷を積んだ」の意の形容詞をつくる. kopflastig 頭部に重い荷を積んだ; へべれけの. linkslastig 左側に荷を積みすぎた; 深しかった.

'Läs·tig·keit 女 -/ 1 煩わしさ. 2 煩わしいもの(事柄).

'Last·kahn 男 -[e]s/¨e 荷船, 艀(はしけ).

'Last·kraft·wa·gen 男 -[e]s/- (略 Lkw, LKW) (↔ Personenkraftwagen) トラック.

'Last-Mi·nute-An·ge·bot ['la:stˈmɪnɪt..] 中 -[e]s/-e 最終特別割引(旅行社や航空会社が出発まぎわまで売残った空席を安価で提供すること).

'Last·pferd 中 -[e]s/-e 荷馬(にうま), 駄馬.

'Last·schiff 中 -[e]s/-e 貨物船.

'Last·schrift 女 -/-en【経済・銀行】借方記入;【銀行】払出し(引落し)通知書.

'Last·tier 中 -[e]s/-e 荷役用動物(らくだ・ろばなど).

'Last·trä·ger 男 -s/- ポーター, 荷物運搬人.

*'Last·wa·gen ['lastvaːgən ラストヴァーゲン] 男 -s/-(¨) 1〈古〉荷馬車. 2〈話〉(Lastkraftwagen) トラック.

'Last·zug 男 -[e]s/¨e トレーラートラック.

La·sur [laˈzuːr] 女 -/-en (pers.) 1《複数まれ》透明の上塗り. 2 (Lasurfarbe) 透明の顔料.

La·sur·far·be 女 -/-n (↔ Deckfarbe) 透明の顔料(彩料), 青色顔料.

La·sur·stein 男 -[e]s/-e【鉱物】= Lapislazuli

las·ziv [lasˈtsiːf] 形 (lat. lascivus, ausgelassen, unzüchtig, züggelos>) みだらな, 好色な, 猥褻(わいせつ)な, いかがわしい.

Las·zi·vi·tät [lastsiviˈtɛːt] 女 -/-en 1《複数なし》淫蕩, 好色, 猥褻さ. 2 みだらな(猥褻な)言動.

lat.《略》= lateinisch

Lä·ta·re [lɛˈtaːrə] 女 -/《無冠詞 / 不変化》(lat., Freue dich')【宗教】喜びの主日(カトリック教会の第4日曜日, プロテスタントでは Ostern の3週間前の日曜日. ↑【旧約】イザ 66 : 10).

*La'tein [laˈtaɪn ラタイン] 中 -s/ (lat.) 1 ラテン語. mit seinem ~ am Ende sein〈話〉もうどうしていいか分からない, 万策尽き果てた. 2《無冠詞》(学科としての)ラテン語ラテン文学. 3《比喻》(素人にはちんぷんかんぷんの)専門用語.

La'tein·ame·ri·ka〈地名〉ラテンアメリカ(メキシコ以南のロマンス語を公用語とする中・南米諸国).

La'tein·ame·ri·ka·ner 男 -s/- ラテンアメリカ人.

La'tei·ner [laˈtaɪnər] 男 -s/- ラテン語ができる人; ラテン語を学んでいる人. ♦女性形 Lateinerin 女 -/-nen

*la'tei·nisch [laˈtaɪnɪʃ ラタイニシュ] 形 (lat.) ラテン(語, 文字)の. die ~e Kirche ローマカトリック教会(カトリック教会のとくにラテン語による典礼を遵守する一派). das ~e Kreuz ラテン十字架(縦軸が横軸より長い最も一般的な十字架). ~e Schrift ラテン文字; ローマ字体. die ~e Sprache ラテン語(もと Latiner が使ったイタリック語族の1言語で, ローマ帝国の公用語となり, のちにカトリック教会・公文書の言語となる).

La'tei·ni·sche 中《形容詞変化 / 複数なし》《定冠詞つき》ラテン語. ↑ Deutsche ❷

La'tein·schrift 女 -/-en ラテン文字.

La'tein·schu·le 女 -/-n ラテン語学校(Gymnasium の前身で, 古典語教育を主にした).

la'tent [laˈtɛnt] 形 (lat. latere, verborgen sein)《比較変化なし》潜在的な, 隠れた;【医学・病理】潜伏した;【生物】潜伏(休眠)の. ~es Bild【写真】潜像. ~e Gene【遺伝】潜在因. ~e Wärme【物理】潜熱.

La'tenz [laˈtɛnts] 女 -/-en 1《複数なし》潜在, 潜伏(状態). 2《複数なし》【遺伝】(遺伝因子の)潜伏 3【生理】潜期. 4【医学・病理】潜伏伏性.

La'tenz·zeit 女 -/-en【生理】潜(刺激)期(刺激から反応までの時間);【医学・病理】潜伏期.

la·te·ral [lateˈraːl] 形 (lat.) 1 横の, わきの, 側面(から)の. 2【解剖】外側の, 側面(側方)の.

La·te·ran [lateˈraːn] 中 -s/ (it. Laterano) 1 ラテラーノ(ローマ7丘の1つチェリオの丘にある地区名. 帝政ローマ時代の地主 Laterani 家の名にちなむ. 4世紀ローマ教会に寄進され, 教皇座聖堂である San Giovanni in Laterano 聖堂がここに建てられた). 2 ラテラーノ宮殿(San Giovanni in Laterano に隣接する教皇宮殿. 1308 焼失. 16 世紀末再建され現在は博物館.

La·te·ran·pa·last 男 -[e]s/ = Lateran 2

La·te·ran·ver·trä·ge 複《歴史》ラテラーノ条約(1929 ローマ教皇庁とイタリア政府間とで締結された2条約, これにより Vatikanstadt の独立が承認された).

La'ter·na 'ma·gi·ca [laˈtɛrna ˈmaːgika] 女 -/..-e [..ˈntse] (lat.) 1 幻燈, Zauberlaterne'〉(17世紀に発明されたスライド用)幻灯機, マジックランタン.

*La'ter·ne [laˈtɛrnə ラテルネ] 女 -/-n (gr. lamptera, Leuchter') 1 ランタン, 角灯, カンテラ; 提灯(ちょうちん); 街灯. die ~ anzünden ランタンを点(つ)けす. die rote ~《話》(スポーツランキング表での)どん尻, びり(列車のテールランプをもじって). Da ging ihm eine ~ auf. そのとき彼はやっと気づいた.［Hängt ihn］an die ~! 縛り首にしろ. Geh mir aus der ~!《話》暗いからどいてくれ. Solche Menschen kannst du mit der ~ suchen.《話》そういう人はちょっと見つからぬまいよ(そんなにそこらにいるものじゃない). 2【建築】頂塔(円蓋などの上の明かり取り). 3 (馬の顔の)大きな白斑.

La'ter·nen·pfahl 男 -[e]s/¨-e 街灯の柱. ein Wink mit dem ~ 露骨な(あからさまな)ほのめかし.

'La·tex ['laːtɛks] 男 -/..tizes (gr. latax, Tropfen') (ゴムの木の)乳樹脂, ラテックス.

La·ti'fun·di·um [latiˈfundiom] 中 -s/..dien [..dien]【歴史】ラティフンディウム(古代ローマの貴族の大領地). 2 (借地人・管理人などに経営されている)大私有農地(山林).

La'ti·ner [laˈtiːnər] 男 -s/- (lat.)【歴史】ラティーニ人(ラティウム地方の住民の意. その言葉がラテン語のもとになった). ↑ Latium

la'ti·nisch [laˈtiːnɪʃ] 形 ラティーニ人(語)の. ~e Sprache ラテン語. ↑ deutsch

la·ti·ni·sie·ren [latiniˈziːrən] 他 ラテン語化する, ラテン語風にする.

La·ti'nis·mus [latiˈnɪsmus] 男 -/..men [..mən]【言語】1 ラテン語特有の表現, ラテン語法. 2 (他国語による)ラテン語風表現.

La·ti'nist [latiˈnɪst] 男 -en/-en ラテン学者; ラテン語ラテン文学専攻の学生.

La·ti·ni'tät [latiniˈtɛːt] 女 -/ (lat. latinitas, reines Latein') 1《複数なし》1 ラテン語の語法. 2 模範的なラテン語(文体); 古典的なラテン語文献. goldene〈klassische〉~ ラテン文化黄金期(前 100-後 14 頃, とくに

Cicero のラテン語). silberne ~ ラテン文化白銀期 (14–120頃).

Laˈtiˌnum [laˈtiːnʊm] 田 -s/ (*lat.*)《ギュムナジウム卒業時の》ラテン語学力認定試験. großes ~ 上級ラテン語試験(Cicero, Tacitus などから出題). kleines ~ 初級ラテン語試験(Caesar 読解に要する文法の知識と語彙のテスト).

Laˈtiˌtüˌde [latiˈtyːdə] 囡 -/-n (*fr*., Breite') **1**《地理》緯度. **2**《古》広がり, 広さ, 余地.

Laˈtiˌum [ˈlaːtsiʊm] 囡 (*lat*.) ラティウム(イタリア中西部, 現代のラツィオ Lazio 州の古称, 古代ローマ発祥の地. ↑Latiner).

Laˈtiˌzes [laˈtriːzəːs] Latex の複数.

Laˈtriˌne [laˈtriːnə] 囡 -/-n (*lat*.) **1**《野営地などの》仮設便所. **2**《話》《根も葉もない噂話.

Laˈtriˌnenˌpaˌroˌle 囡 -/-n《話》(↑Latrine) (とくに兵士たちの間で交わされる)根も葉もない噂話, デマ.

Latsch [laːtʃ] 男 -[e]s/-e **1**《話》履き古したのど靴; 室内履き, スリッパ. **2**《話》だらしなく足を引きずって歩く人. **3**《自動車》(車道と接触する面のタイヤの)扁平率. **4** [langer ~]《地方》薄いコーヒー.

Laˈtsche¹ [ˈlatʃə] 囡 -/-n《植物》わいまつ(矮松).

Laˈtsche² [laːtʃə] 囡 -/-n **1**《話》履き古したのど靴; 室内履き, スリッパ. **2**《多く複数で》(白鳥以外の)水鳥の足. **3**《俗》自堕落な女.

ˈlatˌschen [ˈlaːtʃən]《話》❶ 目 (s) ずるずる足をひきずって歩く. j⁴ eine ~ kleben 《⁴》にびんたをくらわす

Latˌschen 男 -s/-《話》はき古したのど靴; 室内履き, スリッパ. aus den *Latschen* kippen 気を失う; 平静を失う, うろたえる.

ˈLatˌschenˌkieˌfer [ˈlatʃən..] 囡 -/-n《植物》はいまつ(這松), わいまつ(矮松).

latˌschig [ˈlaːtʃɪç]《話》(歩き方・態度が)だらしない, だらしない.

ˈLatˌte [ˈlatə] 囡 -/-n **1**《木摺{⬜}・木舞{⬜}・貫{⬜}などに使用する》細長い割板. eine lange ~《比喩》痩せっぽちの背高{⬜}のっぽ. einen auf der ~ haben《話》したたか酔っぱらっている. et⁴ auf der ~ haben《話》事が上手{⬜}い. [sie⁴] nicht alle auf der ~ haben《話》すこし頭がおかしい. **2**《林業》まっすぐな若枝. **3**(*Kerbholz*) 割符. viel auf der ~ haben《話》たくさん借金を抱えている. **4**《古》《測量》ポール. j⁴ auf der ~ haben《話》人⁴を嫌っている, (に)気を許さない. **5**《🏃》(走高跳・棒高跳の)バー; (サッカー・ラグビーなどのゴールの)クロスバー; 〈隠〉スキー(の板). **6**《卑》勃起したペニス. **7**《話》たくさん, 山ほどの…. eine [lange/große/schöne] ~ von Vorstrafen haben 前科がたくさんある.

ˈLatˌtenˌkisˌte 囡 -/-n (じゃがいもなどの運送用)木箱, クレート.

ˈLatˌtenˌrost 男 -[e]s/-e 簀(⬜)の子; 簀の子床.

ˈLatˌtenˌverˌschlag 男 -[e]s/⸚e 格子板の仕切り.

ˈLatˌtenˌzaun 男 -[e]s/⸚e 板垣, 木柵.

ˈLatˌtich [ˈlatɪç] 男 -s/-e (*lat*.)《植物》ちしゃ, レタス.

Latˈwerˌge [latˈvɛrɡə] 囡 -/-n (*gr*.) **1**《古》《甘味を混ぜた》なめ薬, 舐(⬜)剤. **2**(すももなどの)ジャム.

Latz [lats] 男 -es/⸚e(-e) (*lat.* laqueus, Strick als Schlinge') **1**(エプロン・オーバーオールなどの)胸あて. j³ eine〈eins〉 vor den ~ knallen〈ballern/donnern〉《話》人³の顔(胸)に一発お見舞いする; (を)叱りつける. **2** ズボンの前たて. **3** (Lätzchen) よだれかけ.

ˈLätzˌchen [ˈlɛtsçən] 田 -s/- (Latz の縮小形) よだれかけ, 前掛け.

ˈLatzˌhoˌse 囡 -/-n オーバーオール, つなぎ(服).

*lau [laʊ] 形 **1** (液体が)ぬるい, 生温かい; (態度などが)はきはきしない, どっちつかずの; (景気などが)ああまあの, いまひとつぱっとしない. ein ~er Kerl 煮えきらないやつ. Die Nachfrage ist ~. 需要がいまひとつだ. Ich bin ganz ~ geworden. 私はすっかりやる気をなくした. **2** 陽気・風などが)暖かい, 温暖な. ein ~er Abend 心地よい夕べ.

lau² 形《次の用法で》für ~《話》無料(ただ)で.

*Laub [laʊp] 田 -[e]s/ **1**《集合的に》木の葉. ~ zusammenharken 落葉を掻き寄せる. Der Baum steht im fünften ~《林業》この木は樹齢 5 年だ. **2**《遊》 (Grün)(ドイツ式トランプの)スペード.

ˈLaubˌbaum 男 -[e]s/⸚e (↔ Nadelbaum) 広葉樹.

ˈLaubˌdach 田 -[e]s/⸚er《雅》葉の屋根(生い茂って屋根のようになった木の葉).

ˈLauˌbe [ˈlaʊbə] 囡 -/-n **1** 四阿屋(⬜), 園亭, 亭(⬜). [Und] fertig ist die ~!《話》この件はこれでおしまいだ(片づいた). **2**《建築》アーケード; (丸天井の)玄関ホール. **3**《演劇》桟敷(⬜), ます席.

ˈLauˌbe² 囡 -n/-n《魚》うぐい(鯎)属.

ˈLauˌbenˌgang 男 -[e]s/⸚e **1** (トンネルのような葉の屋根の下の道. **2**《建築》アーケード; (マンションの廊下などの)バルコニー式通路.

ˈLauˌbenˌkoˌloˌnie 囡 -/-n [..niːən] (郊外の)家庭菜園地区.

ˈLaubˌfall 男 -[e]s/ 落葉.

ˈLaubˌfrosch 男 -[e]s/⸚e《動物》あまがえる(雨蛙).

ˈLaubˌholz 田 -es/⸚er 広葉樹[材].

ˈLaubˌhütˌte 囡 木の枝と葉で作った仮小屋.

ˈLaubˌhütˌtenˌfest 田 -[e]s/-e《ユダヤ教》仮庵(⬜)の祭(ユダヤ教の 3 大巡礼祭の 1 つ, もと収穫感謝祭.《旧約》レビ 23: 42-43 ほか). Das ist mir ein ~.《話》私はそれがじつに嬉しい.

ˈlauˌbig [ˈlaʊbɪç] 形《雅》葉の茂った.

ˈLaubˌsäˌge 囡 -/-n 糸鋸(⬜).

ˈLaubˌsänˌger 男 -s/-《鳥》むしくい(虫喰).

ˈLaubˌwald 男 -[e]s/⸚er 広葉樹林.

ˈLaubˌwerk 田 -[e]s/-e **1**《複数なし》《集合的に》繁った葉(全体). **2**《建築》木の葉模様, 葉形飾.

Lauch [laʊx] 男 -[e]s/-e《植物》ねぎ(葱)属.《地方》にらねぎ, リーキ.

Lauˈdaˌtio [laʊˈdaːtsio] 囡 -/-nes [..datsiˈoːneːs] (*lat*., Lobrede') (受賞者などに対する)賛辞.

ˈLauˌer¹ [ˈlaʊər] 男 -s/- (*lat.* lora, mit Wasser aufgegossener Wein') 二番搾りの(のうすいワイン).

*ˈLauˌer² [ˈlaʊər ラオアー] 囡《次の表現で》auf der ~ liegen〈sein/sitzen/stehen〉 / sich⁴ auf die ~ legen 《話》待伏せする; 機会(様子)をうかがう.

*ˈlauˌern [ˈlaʊərn ラオアーン] 自 **1** (auf⁴) 人⁴を待伏せする, こっそり待ちかまえる. auf *seine* Beute ~ 獲物をうかがう. ein *lauernder* Blick うかがうような(虎視眈々たる)目つき. **2**《話》 (auf j⁴〈et⁴〉) 人⁴〈物⁴〉を心待ちにする, 待ちこがれる.

*Lauf [laʊf ラオフ] 男 -[e]s/Läufe (↑laufen) **1**《複数なし》走ること, 駆け足; 歩くこと, 歩行. in schnellem 〈vollem〉 ~ 疾走して〈全速力で〉. plötzlich im ~ anhalten 急に立ちどまる. sich⁴ in ~ setzen 走り(歩き)出す. **2** (a) 競走;《陸上》(トラック種目などの決勝までのラウンド) (《🎿》(1 シリーズの個々のレース). zweiter ~ der Vorrunde 2 次予選. (b)《野球》ダイヤモンドの 1 巡;《🎾》ラン. *Läufe* machen 得点する. (c)《🏒》ハーフバック・ライン. im ~ spielen

ハーフバックをつとめる． **3**《複数なし》《機械などの》作動，回転．*Der Motor hat einen leisen ~.* モーターは静かに運転している． **4**《複数なし》《物事の》進行，進展，経過，成り行き；《時の》流れ．*Das ist der ~ der Welt.* それが世の習いというものだ． *et³ freien ~ lassen* 事′を成り行きにまかせる．*Wir mussten den Dingen ihren〈freien〉 ~ lassen.* 我々は成り行きをまかせていくしかなかった．*seinen* Tränen〈*seinem* Zorn〉 freien ~ lassen 涙の流れるにまかせる〈怒りを爆発させる〉．*seinen ~ nehmen*《事が》なるようになっていく，押しとどめようもなく動いて〈流れて〉いく；《ある方向に》進路をとる，向う．*im ~ [e] des Gesprächs*〈*seines Lebens*〉話合っているうちに〈一生の間に〉．*im ~ [e] der Jahre*〈*der Zeit*〉時のうちうちに，しだいに，いずれは． **5**《天体の》運行，軌道；《川の》流れ，《道の》走っている方向．*der obere*〈*untere*〉 *~ des Rheins* ライン川の上流〈下流〉． **6**《狩猟》ラン，実行． **7** 銃身（とくに小銃の）．*et⁴ vor den ~ nehmen*《猟師》物′を照準にとらえる．*Ein Rehbock kam ihm vor den ~.* 彼は運よくの牡鹿を仕留めることができた．*Ihm ist der ~ eingerostet.*《戯》《兵隊》あいつのお道具はもう錆びちまってる，あいつはインポだ． **8**《猟師》《猟犬・一部猟獣の》足． **9**《音楽》パッセージ，走句． **10**《ミミミ》《ミ》の刃．

'**Lauf·ach·se** 囡 -/-n《工学》《機関車などの》従輪車軸(駆動軸 Treibachse に対する).

'**Lauf·bahn** 囡 -/-en **1**《人生の》経路；経歴，履歴，キャリア．*die berufliche ~* 職歴．*die medizinische ~ einschlagen* 医学の道に入る． **2**《陸上》走路，レーン，トラック． **3**《天体などの》軌道.

'**Lauf·brett** 匣 -[e]s/-er 足場板，渡り板.

'**Lauf·bur·sche** 男 -n/-n《古》使い走りの少年，メッセンジャーボーイ.

'**Läuf·chen** ['lɔyfçən] 匣 -s/-《Lauf の縮小形》《獣の》小さな足(とくに調理された).

'**Läu·fe** ['lɔyfə] Lauf の複数.

lau·fen* ['laofən ラオフェン] lief, gelaufen / du läufst, er läuft ❶ 圄 (s, h) **1** (a) (s)《人や獣が》走る，駆ける；急いでいく．*Nicht ~, sondern ruhig gehen!* 走らずに静かに歩きなさい．*So lauf doch!* さあ急げ！ *im Galopp ~* ギャロップで駆ける．*Ich laufe jetzt zur Post.* これからひとっ走り郵便局へ行って来るよ．《過去分詞で》 *gelaufen kommen* 走ってくる．《慣用的表現で》《結果・様態を示す4格と》*Gefahr〈~〉 ~* 危険を冒す．*gegen et〈j〉⁴ Sturm ~* 事〈人〉′に激しく抗議(抵抗)する．(b) (h, s)《レースで》走る，出走する．*Er läuft für Japan.* 彼は日本代表として出走する．*um die Wette ~* 競走する．《結果・様態を示す4格で》*Er hat〈ist〉 [die] 100 m in 9,9 Sekunden gelaufen.* 彼は100メートルを9秒9で走った．*einen neuen Rekord ~*《競争で》新記録を出す．(c) (s, h) Ski〈Schlittschuh/Rollschuh〉 *~* スキー〈スケート/ローラースケート〉をする．

2 (s)《話》(a) 歩く，歩行する；歩いて行く．*Das Kind kann schon ~.* その子どもはもう歩ける．*Fahren oder ~?* 乗物にする，それとも歩く？ *am Stock ~* 杖を突いて歩く．*Im dunklen Zimmer lief er gegen einen Stuhl.* 暗い部屋の中を歩いていて彼は椅子にぶつかった．*j³ in die Arme*〈*in den Weg*〉 *~*《話》人′にぱったり出会う．*nach Hause ~* 《歩いて》帰宅する．(b)《...へ足繁く》通う，出向く．*Sie läuft jeden Sonntag in die Kirche.* 彼女は毎日曜日教会に通っている．*Er läuft wegen jeder Kleinigkeit zum Arzt.* 彼はほんのささいなことでもすぐ医者に駆込む．

3 (s)《物が主語》(a)《滑るように》動く．*Der Kran läuft auf Schienen.* クレーンがレールの上を動く．*Seine Finger liefen leicht über die Tasten.* 彼の指が鍵盤のうえを軽やかに動いた．*Die Erde läuft um die Sonne.* 地球は太陽の周りを回っている．(b)《車・船などが》走る，動く；運行(航行)している．*Der Zug läuft zwischen Frankfurt und Kassel.* その列車はフランクフルト－カッセル間を運行している．*auf den Grund ~* 《船が》座礁する．*aus dem〈in den〉 Hafen ~* 《入港》する．(c)《機械などが》動く，作動する；運転である．*Der Fernsehapparat läuft den ganzen Tag.* テレビを一日中つけっぱなしである．*Die Kamera läuft.* カメラが回っている．*den Motor ~ lassen.* モーターを回す．(d)《映画・番組が》上映(放映)される；《芝居が》上演される．*Der Film läuft seit Freitag.* その映画は金曜日からやっている．

4 (s) (a) 進行中である；《...に》進展する，運ぶ．*Die Ermittlungen laufen.* 調査は進行中である．*Seine Bewerbung läuft noch.* 彼の申込みはまだ検討中である．*Der Laden läuft auch ohne dich.*《話》店は君がいなくてもうまくいっているよ．*Wie ist die Prüfung gelaufen?* 試験はどうだった．*wie geplant ~* 計画通りに運ぶ．*Alles ist gelaufen.*《話》万事おしまいだ．*Er lässt alles einfach ~.*《話》彼はなんでも成行きにまかせた．《非人称的に》 *Es läuft bestens.* とてもうまく行っている．(b)《契約・法律などが》有効である，通用している．*Der Pass läuft noch ein Jahr.* 旅券はあと1年有効だ．*auf j² Namen ~* 人²の名義で登録〈発行〉されている．*Das Konto läuft auf seinen Namen.* 口座は彼の名義になっている．*Das Projekt läuft unter dem Decknamen.* そのプロジェクトは暗号名で呼ばれている．

5 (s) (a)《水などが》流れ出る，滴る．*Das Wasser läuft.* 《水道の》水が出ている．*Ihr liefen die Tränen über die Wangen.* 彼女の頬を涙が伝った．(b)《容器が》漏る；《身体器官が》分泌物を出す．*Das Fass läuft.* その樽は漏る．*Der Hahn läuft.*《水道の》コックが漏れている．*Ihm läuft die Nase.* 彼は鼻水を垂らしている．(c)《話》《ものが》溶けて》垂れる．*Der Käse läuft.*《話》チーズが溶けている．

6 (s)《道路・線などが》走っている，のびている．*Die Promenade läuft am Fluss entlang.* 遊歩道は川に沿ってのびている．*Die Narbe läuft quer über das Gesicht.* 傷跡が顔を横に走っている．

7 (s)《震え・痛みなどが》走る．*Ein Zittern lief durch ihren Körper.* ななわきが彼女の体を走った．《非人称的に》 *Vor Grauen lief es mir eiskalt über den Rücken.* 恐怖のあまり背筋を氷のように冷たいものが走った．

8 (s)《噂などが》伝わる，走る．*Ein Raunen lief durch die Menge.* ささやきが群集のあいだを伝わった．

9《話》《商品が》よく売れる．*Sein neues Buch läuft sehr gut.* 彼の新しい本はよく売れている．

❷ 溥《sich³/ sich¹》**1**《sich³》《結果を示す語句と》 *sich Blasen ~* 歩いて足にまめができる．*sich ein Loch in die Schuhsohle ~* 歩きすぎて靴底に穴があく．

2《sich⁴》(a)《結果を示す語句と》*Ich habe mich müde gelaufen.* 私は歩き(走り)過ぎてくたびれた．*sich außer Atem ~* 歩いて(走って)息を切らす．(b)《非人称的に》 *In diesen Schuhen läuft es sich schlecht.* この靴は歩きにくい．

◆↑laufen lassen

lau·fend ['laofənt ラオフェント] 形分 形 **1** 絶間ない，持続的な；日常の．die ~en Arbeiten / das Laufende 日々の仕事．die ~en Ausgaben 経常費．~ steigen (物価などが)どんどん上がる．**2** 今の，現在(現行)の；当座の．ein ~es Konto 当座口座．~ auf dem Laufenden 《略 lfd. M.》今月の．auf dem Laufenden ⟨~en⟩ sein ⟨bleiben⟩ 最新情報に通じている；最新の状態にある．Sind Sie mit der Kartei auf dem Laufenden? 索引カードは更新されていますか．j³ auf dem Laufenden halten 人³に最新の情報を与え続ける．**3** 連続した．am ~en Band ベルトコンベアで．《話》ひっきりなしに．~ Nummern 通し番号；バックナンバー．~ Meter (生地などの)1メートル．

lau·fen las·sen*, °**lau·fen|las·sen*** 《話》釈放(放免)する；自由にしてやる．◆過去分詞 laufen lassen(まれ laufen gelassen)

Läu·fer ['lɔyfər] 男 -s/- **1** (a) 走る人；競走選手，走者，ランナー；スキー(スケート)選手；(サッカーなどの)ハーフバック．(b) 《古》(身分ある人の馬車の先導をする)徒歩の従者，伝令．**2** (廊下・階段用の)細長いじゅうたん，ランナー，テーブルランナー．**3** 〖工学〗(a) (モーターなどの)回転部，ローター；(タービンの)羽根車．(b) 移動式ウィンチ，ウィンチ台車．(c) (石臼の)回転石．**4** 〖数学〗(計算尺の)カーソル．**5** 〖土木〗(← Binder) 長手積みの煉瓦, 石材．**6** 〖キェス〗ビショップ．**7** 〖動物〗(Lauftier) 走禽類．**8** 〖畜産〗(乳離れした)子豚．**9** (氷上ヨットの)滑り木．**10** 〖地方〗(Murmel) ビー玉．◆女性形 Läuferin 女 -/-nen

Lau·fe·rei [laofə'raɪ] 女 -/-en 《話》かけずり回ること (無益な)奔走．

'Lauf·feu·er 中 -s/- 野火．sich⁴ wie ein ~ verbreiten (噂などが)燎原(ドペペ)の火のごとく広がる．

'Lauf·flä·che 女 -/-n **1** (タイヤの)接地面，トレッド．**2** (スキー板の)滑走面．**3** (ボーリングの)レーン．

'Lauf·ge·wicht 中 -[e]s/-e (棹秤などの)移動分銅．

'Lauf·git·ter 中 -s/- ベビーサークル．

'Lauf·gra·ben 男 -s/- 〖軍事〗塹壕，連絡壕．

'läu·fig ['lɔyfɪç] 形 (雌犬などが)さかりのついた．

'Lauf·jun·ge 男 -n/-n Laufbursche

'Lauf·kat·ze 女 -/-n 〖工学〗移動式(走行)ウィンチ，ウィンチ台車．

'Lauf·kran 男 -[e]s/-e⟨-e⟩ 〖工学〗走行クレーン．

'Lauf·kun·de 男 -n/-n (↔ Stammkunde) 浮動客，ふりの客．

'Lauf·kund·schaft 女 -/ 《集合的に》(↔ Stammkundschaft) 浮動客．

'Lauf·ma·sche 女 -/-n (靴下などの線状の)ほつれ，伝線．

'Lauf·pass 男 -es/-e **1** 《古》解雇(除隊)証明書．**2** 《次の用法で》j³ den ~ geben 人³を解雇する；(と)絶交する．den ~ erhalten⟨bekommen⟩ 解雇される；交際を絶たれる．

'Lauf·rad 中 -[e]s/-er **1** (動輪以外の)車輪，従輪．**2** 〖工学〗(タービンの)羽根車．**3** (Draisine) (保線用の)軌道車．**4** (Tretrad) 踏み車．

'Lauf·rol·le 女 -/-n **1** (家具などの)脚輪，キャスター．**2** (キャタピラーの)転輪．

'Lauf·schie·ne 女 -/-n **1** (重量物などの)移動用レール，ガイドレール．**2** (家具の)照準台レール．

'Lauf·schrift 女 -/-en (電光掲示板の)動く文字．

'Lauf·schritt 男 -[e]s/-e 駆け足．sich⁴ in ~ setzen 駆け足になる．

'Lauf·schuh 男 -[e]s/-e **1** 散歩靴．**2** ランニングシューズ，運動靴．

läufst [lɔyfst] laufen の現在 2 人称単数．

'Lauf·stall 男 -[e]s/-e **1** (子牛などの)運動畜舎．**2** (Laufgitter) ベビーサークル．

'Lauf·ställ·chen ['laofʃtɛlçən] 中 -s/- (Laufstall の縮小形) ベビーサークル．

'Lauf·steg 男 -[e]s/-e **1** 歩み板，渡し板，タラップ．**2** (ファッションショーなどの)ステージ．

läuft [lɔyft] laufen の現在 3 人称単数．

'Lauf·vo·gel 男 -s/- 〖鳥〗走禽類(ダチョウなど)．

'Lauf·werk 中 -[e]s/-e **1** 〖鉄道〗走行装置．**2** 〖工学〗(機械の)駆動装置．**3** 〖コンピュ〗ディスクドライブ．**4** 〖戯〗(人間の)脚．

'Lauf·zeit ['laofsaɪt] 女 -/-en **1** 〖銀行〗(手形などの)支払期間．**2** 〖法制〗(法律の)有効期限．**3** (ある距離を進むための)所要時間；〖スポーツ〗(所要)タイム．**4** (映画の)上映時間(期間)，〖演劇〗の上演時間(期間)．**5** 〖工学〗実行時間．**6** (雌犬の)交尾期．

'Lauf·zet·tel 男 -s/- **1** 回状，回覧状，(回覧物の)閲覧確認票．**2** (工場などの)入構証．**3** 作業工程票．**4** 〖古〗(郵便物がたどった経路の)追跡調査票．

'Lau·ge ['laogə] 女 -/-n 灰汁(ホ)，アルカリ液；石鹸液．

'lau·gen ['laogən] 他 灰汁(アルカリ液)に浸す；アルカリ液で処理する(洗浄する)．

'Lau·heit ['laohaɪt] 女 -/ **1** 生暖かいこと，生温(ホォ)さ．**2** 《比喩》優柔不断(な態度，言動)．

'Lau·ig·keit ['laoɪçkaɪt] 女 -/ 《古》= Lauheit

*'**Lau·ne** ['laonə] ラオネ] 女 -/-n (lat. luna, Mond') **1** (a) (一時的な)気分，機嫌．gute ⟨schlechte⟩ ~ haben / in guter ⟨schlechter⟩ ~ sein / guter ⟨schlechter⟩ ~² sein 機嫌がよい⟨悪い⟩．Dazu habe ich heute keine ~ (=Lust). 《話》きょうはその気になれない．j³ die ~ verderben 人³の機嫌をそこねる．nach Lust und ~ 気の向くままに，好きなように．(b). 上機嫌．Sie hat wieder eine ~. 《反語》彼女はまたご機嫌ななめだ．Das macht ~ (=Spaß). 《話》それはおもしろい．in ⟨bei⟩ ~ sein 上機嫌である．**2** (気紛れな)思いつき，気まぐれ．Das war nur eine ~ von mir. それは私のほんの思いつきだった．aus einer ~ heraus 一時の気紛れから，思いつきで．**3** 《複数で》むら気，移り気．Er hat ~n. 彼は気分屋だ．

'lau·nen·haft ['laonənhaft] 形 気紛れな，むら気な，移り気な．

Lau·nen·haf·tig·keit 女 -/ 気紛れ，むら気，移り気(なこと)．

'lau·nig ['laonɪç] 形 上機嫌な，陽気な；機知(ユーモア)に富んだ．

'lau·nisch ['laonɪʃ] 形 気紛れな，むら気な，すぐ不機嫌になる，気むずかしい．

'Lau·ra ['laora] 〖女名〗ラウラ．

Lau·ren·tius [lao'rɛntsios] 〖男名〗(lat.) ラウレンツィウス，ラウレンティウス．der heilige ~ 聖ラウレンティウス(258 ローマで殉教，3 大殉教聖人の１人．↑付録「聖人暦」8 月 10 日)．

'Lau·rids ['laorɪs] 〖男名〗(dän.) ラウリス．

'Lau·rin ['laori:n] 〖男名〗ラウリーン(中世の Dietrich 伝説に出てくる小人国の王)．

Laus [laos] 女/Läuse しらみ(虱)．Ihm ist eine ~ über die Leber gelaufen. 《話》彼は虫の居所が悪い．j³ eine ~ in den Pelz ⟨ins Fell⟩ setzen 《話》人³に面倒(厄介)をかける，不愉快な思いをさせる；不信の念を抱

Lau·sanne [loˈzan] 《kelt.》《地名》ローザンヌ《スイス西部ジュネーブ湖畔の都市》.

'Laus·bub [ˈlausbuːp] 男 -en/-en 《話》《とくに南ドで》《多く好意的に》腕白小僧, いたずら坊主, 悪童.

'Laus·bu·ben·streich [ˈlausbuːbən..] 男 -[e]s/-e 《子供の》いたずら, 腕白.

Laus·bü·be·rei [lausbyːbəˈraɪ] 囡 -/-en =Lausbubenstreich

'Lausch·ak·ti·on [ˈlauʃ..] 囡 -/-en =Lauschangriff

'Lausch·an·griff 男 -[e]s/-e 盗聴.

***'lau·schen** [ˈlauʃən ラウシェン] 自 1 耳を澄ます. auf et⁴ ~ 物に耳を澄ます. nach draußen 〈in die Stille〉 ~ 外の様子〈静けさ〉に耳を澄ます. 2 《人〈物〉に》耳を傾ける. dem Gesang der Vögel ~ 鳥の歌声に耳を傾ける. 3 盗み聞き《立聞き》する. an der Tür ~ 戸口で立聞きする. 4 《南ドイツ》うつらうつらする.

'Lau·scher [ˈlauʃər] 男 -s/- 1 盗み聞き〈立聞き〉する人. 2《猟師》《鹿・狐などの》耳.

'lau·schig [ˈlauʃɪç] 形 静かなたたずまいの, 閑静な.

'Läu·se [ˈlɔyzə] 囡 Laus の複数.

'Lau·se·ben·gel [ˈlauzə..] 男 -s/- 《話》腕白小僧, 悪童; ろくでなし.

'Lau·se·jun·ge 男 -n/-n =Lausebengel

'Lau·se·kalt 形 《話》 (sehr kalt) ひど寒い, くそ寒い.

'Lau·se·kerl 男 -[e]s/-e 《話》ろくでなし.

'lau·sen [ˈlauzən] 他 1 《人の》しらみを取る. Ich denke, mich laust der Affe! 《話》これはたまげた, どうだろう. 2 《話》《人の身体・持物を》しらみつぶしに調べる. 3 《話》《人⁴の》金をまきあげる. 4 《古》ひっつかまえる, つかみとる.

'Lau·ser [ˈlauzər] 男 -s/- 《話》(Lausejunge) 腕白小僧; ろくでなし.

'lau·sig [ˈlauzɪç] 形 《話》1 いやな, 惨めな; 取るに足らぬ. ein paar ~e Groschen わずかな金. 2 ひどい, ものすごい. ein ~es Geld すごい大金. 《副詞的用法で》Es ist ~ kalt. ものすごく寒い.

'Lau·sitz [ˈlauzɪts] 囡 -/《地名》die ~ ラウジッツ《ドイツ東部の地方》.

laut¹ [laut ラオト] 形 1 (↔ leise) 声〈音〉の大きな, 大声の. ein ~er Schrei 大きな叫び声. ~ und deutlich 大声ではっきりと. ~ lesen 声を出して読む, 音読する. Das kannst du aber ~ sagen. 《話》まったくその通りだ, 私も同じ意見だ. Sprich doch ~er! もっと大きな声で話しなさい. Das Radio ist zu ~. ラジオの音が大きすぎる. Er wird immer gleich ~. 彼は何かというとすぐ声を荒げる. 2 (↔ ruhig) 騒がしい, やかましい; 《比喩》《色彩などが》けばけばしい, うるさい. ~e Nachbarn 騒がしい隣人たち. eine ~e Straße 騒々しい通り. ~e Reklame 《比喩》どぎつい広告. Er hat ein ~es Wesen. 彼は騒々しい人間だ. sich³ ~ die Nase putzen 音をたてて鼻をかむ. 3 (laut werden の形で) 《世間に》知れ渡る, 公になる. Immer wieder wurden Stimmen ~, dass... 繰返し...という声が上がった《意見が表明された》. et⁴ ~ werden lassen 事⁴を公にする. 4 Im Wald ist es ~. 《猟師》《獲物に接近して声を荒げる》《人⁴に乾いていて》森の中が騒々しい.

***laut²** 《2格または3格支配. 冠詞などの規定詞を伴わぬ名詞が不変化とされる》《書》...の文言によれば, ...より, ...に従って. ~ ärztlichen Gutachtens〈ärztlichem Gutachten〉診断書によれば. ~ dem Bericht des Ministers 大臣の報告によると. ~ Vertrag 契約に従って. ◆ laut des Berichts des Ministers のごとく強変化名詞の2格が連なる形はふつう避ける.

Laut [laut ラオト] 男 -[e]s/-e 1 音, 物音; 声. keinen ~ von sich³ geben 音〈声〉を出さない. ~ geben 《猟師》《猟犬が獲物を見つけたことを》吠え知らせる; 《話》《意向などを》知らせる, 返事する. 2 《言語》音声.

'laut·bar [ˈlautbaːr] 形 《次の成句で》 ~ werden 《古》知れ渡る, 公になる.

'Laut·bil·dung 囡 -/-en 《音声》(Artikulation) 音の形成, 調音.

'Lau·te [ˈlautə] 囡 -/-n (arab.)《楽器》リュート《ギターに似た古楽器》. ~ spielen〈古 schlagen〉リュートを弾く.

***'lau·ten** [ˈlautən ラオテン] ❶ 自 1 ...と書いてある, ...という文面《文書》である. Wie lautet der Originaltext? 原文はどうなっていますか. Das Gesetz lautet: ... 法律では...となっている. 2 (auf et⁴ 事⁴を) その内容としている, 謳⁽ウタ⁾っている, 指定している. Das Urteil lautet auf fünf Jahre Gefängnis. 判決は禁固5年である. Die Papiere lauten auf einen falschen Namen. 証券は私名義である. 3 《雅》...のように聞こえる. Ihre Antwort lautete günstig. 彼女の返事は好意的な響きをもっていた.

❷ 他 《言語》発音する. ein Wort richtig〈falsch〉~ ある言葉を正しく〈間違って〉発音する.

***'läu·ten** [ˈlɔytən ロイテン] ❶ 自 1 《鐘が》鳴る. Die Glocke läutet um zwölf Uhr. 鐘が12時に鳴る. Ich habe [etwas] davon ~ hören〈gehört〉, dass... 《話》私は...という話を小耳に挟んだ. 《非人称的に》Es läutet zur Messe. ミサを告げる鐘が鳴っている. 2《南ドイツ・オーストリア》(a) 《klingeln》《呼鈴・ベルが》鳴る. Das Telefon läutet. 電話が鳴る.《非人称的に》Es läutet [an der Tür]. 呼鈴が鳴る. Es läutet zur Arbeit. 始業のベルが鳴る. (b) 呼鈴《ベル》を鳴らす. Bitte dreimal ~! 3度ベルを鳴らしてください. j⁴ 〈nach j³〉 ~ ベルを鳴らして人³を呼ぶ.

❷ 他 (しばしば自動詞なしで) 《鐘を》鳴らす. Der Küster läutet [die Glocken]. 聖堂の番人が鐘を鳴らす. 2 (a) 《鐘を》鳴らして知らせる. Man hat Mittag geläutet. 正午の鐘が鳴った. Sturm ~ 《比喩》《警鐘・呼鈴を激しく鳴らす. (b) 《鐘などが》告げる, 知らせる.

Lau·te·nist [lautəˈnɪst] 男 -en/-en =Lautenspieler

'Lau·ten·schlä·ger 男 -s/- 《古》=Lautenspieler

'Lau·ten·spiel 囡 -[e]s/ リュートの演奏.

'Lau·ten·spie·ler 男 -s/- リュート奏者.

***'lau·ter** [ˈlautər ラオター] 形 1 《雅》(a) 純粋な, 混じりけのない; 《水などが》澄み切った. ~es Gold 純金. die ~e Wahrheit 飾りのない真実. (b) 《比喩》《心が》純粋な, 誠実な, 無私の. 2 《付加語的用法のみ / 不変化》《話》まったくの, ただ...ばかり. vor ~ Freude ただもううれしくて. Das sind ~ Lügen. それは嘘ばっかりだ.

'Lau·ter·keit 囡 -/ 純粋, 混じりけのないこと; 純真, 誠実.

***'läu·tern** [ˈlɔytərn] 他 《雅》1 《物⁴から》不純物を除く, (を)純化する, 精錬《精製》する; 《液体を》澄ます, 浄化する. 2 《比喩》《試練などが人⁴の》心を清める, 純化す

Läu・te・rung ['lɔytərʊŋ] 囡 -/ **1** 不純物を除くこと, 純化; (液体を)澄ますこと; 《比喩》(心を)清める(高める)こと. **2** 〖林業〗(若木の)下枝おろし.

Läu・te・werk 匣 -[e]s/-e **1** 〖鉄道〗(踏切などの)警報機, 警報装置. **2** (目覚まし時計などの)ベル.

Laut・ge・setz 匣 -es/-e 〖言語〗音韻法則.

laut・ge・treu 形 〖音声〗発音通りの, 原音に忠実な.

Laut・hals ['laʊthals] 副 声を限りに, 声を張り上げて.

Laut・heit ['laʊthaɪt] 囡 -/ **1** 声(音)の大きなこと; 騒々しいこと, 喧噪. **2** 〖電〗〖音響〗(Lautstärke) 音量.

lau・tie・ren [laʊ'tiːrən] 他 〖音声〗〖音節〗(音節)ごとに正確に発音する.

Laut・leh・re 囡 -/ 語音論(Phonetik と Phonologie を含む).

'laut・lich ['laʊtlɪç] 形 音声(音韻)に関する, 音声学(上)の.

'laut・los ['laʊtloːs] 形 物音のしない, 静まり返った; 声(音)を立てない. ~*e* Stille 物音ひとつしない静けさ.

Laut・lo・sig・keit [..loːzɪçkaɪt] 囡 -/ 無音, 静寂.

'laut・ma・lend 形 〖言語〗擬音(擬声)の.

Laut・ma・le・rei 囡 -/-en 〖言語〗(Onomatopöie) 擬音(語), 擬声(語).

'Laut・schrift 囡 -/-en **1** 表音文字, 音標文字. **2** 〖音声〗音声記号, 発音記号.

'Laut・spre・cher 男 -s/- 拡声器, ラウドスピーカー.

'laut・stark 大声の, 声高な, 喧々ごうごうたる.

'Laut・stär・ke 囡 -/-n 声(音)の大きさ; 音量, ボリューム.

Laut・stär・ke・reg・ler 男 -s/- 〖電子工〗音量調節器.

Laut・ver・schie・bung 囡 -/-en 〖言語〗子音推移.

Laut・wan・del 男 -s/ 〖言語〗音韻変化.

Läut・werk ['lɔyt..] 匣 -[e]s/-e **1** (鐘楼の)鐘(の総称). **2** =Läutewerk

Laut・zei・chen 匣 -s/- 〖言語〗 **1** 音声記号. **2** 音標文字.

'lau・warm ['laʊvarm] 形 生ぬるい, 生暖かい; 煮え切らない.

'La・va ['laːva] 囡 -/Laven ['laːvən] (*it.*) 熔岩.

La・va・strom 男 -[e]s/⸚e 熔岩流.

'La・va・ter ['laːvaːtər] 〖人名〗Johann Kaspar ~ ヨハン・カスパル・ラーヴァーター(1741–1801, スイスの神学者・文筆家).

La'ven・del ['laːvɛndəl] 形 《不変化》ラベンダー色の.

La'ven・del (*lat.*) ❶ 男 -s/ 〖植物〗ラベンダー. ❷ 匣 -s/ **1** 薄紫色, 藤色の, ラベンダー色. **2** (Lavendelwasser) ラベンダー香水.

La'ven・del・was・ser 匣 -s/ ラベンダー香水.

la'vie・ren[1] ['laːviːrən] (*ndl.*) ❶ 自 (s, h) **1** 〖古〗(船員) 間切る(風を斜めに受けてジグザグに帆走する). ❷ 他 (船を)巧みに操る. ❸ 再 《*sich*》自 (s, h) 《比喩》[*sich*[1]] ~ (aus et[3] / durch et[4] 事[3,4]を)巧みに切り抜ける; (zwischen et[3] 事[3]の間で)うまく立回る.

la'vie・ren[2] (*it.*) 〖美術〗 **1** (水彩画の)色をぼかす. **2** 水彩で彩色する.

La・voir [laˈvoːr] 匣 -s/-s (*fr.*) 〖古〗(Waschschüssel) 洗面器, 洗面台.

La'wi・ne [la'viːnə] 囡 -/-n (*lat.* labina 'Erdrutsch') **1** 雪崩. **2** 〖話〗(雪崩のように)殺到するもの(こと). eine ~ von Briefen 殺到する手紙, 手紙の洪水.

la'wi・nen・ar・tig 形 雪崩のような.

Law'ren・ci・um [lo'rɛntsiʊm] 匣 -s/ 〖記号 Lr〗〖化学〗ローレンシウム.

lax [laks] 形 (*lat.*) だらしない, しまりのない, ルーズな.

'Lax・heit 囡 -/-en **1** 《複数なし》だらしなさ, ルーズなこと. **2** だらしない(ルーズな)振舞.

Lay'out [leˈaʊt, '--] 匣 -s/-s (*engl.*) 〖印刷〗レイアウト, 割付.

La・za・rett [latsaˈrɛt] 匣 -[e]s/-e (*it.*) (↓ Lazarus) 衛戌(えいじゅ)病院; 野戦病院.

La・za・rett・schiff 匣 -[e]s/-e 〖軍事〗病院船.

La・za・rett・zug 男 -[e]s/⸚e 〖軍事〗病院列車.

La・za・rist [latsaˈrɪst] 男 -en/en 〖カト〗 **1** ラザリスト会修道士. **2** 《複数》ラザリスト会(1625 パリに創立された修道会, 社会事業を主務とする. ↑Lazarus).

'La・za・rus ['laːtsarʊs] (*hebr.* Eleaser 'Gott hilft') ❶ 〖人名〗〖新約〗ラザロ (a) ベタニア Bethanien の Martha と Maria の弟. 死後4日目にイエスによってよみがえる. ↑ヨハ 11, 12. (b) イエスが語るたとえ話に出てくる貧い病気の男. ↑ルカ 16:19–31). ❷ 男 -[es]/-se 《話》見るも哀れな男, 悲惨な病人.

l. c. ['loːko tsiˈtaːto] 〖略〗=loco citato

LCD [ɛltseːˈdeː] 匣 -s/-s (*engl.*) 〖工学〗(Flüssigkristallanzeige) 液晶ディスプレイ. ◆英語の liquid crystal display の略.

Ld. ['lɪmɪtɪt] 〖略〗=limited

'Lea [ˈleːa] 〖人名〗(*hebr.*) 〖旧約〗レア(Jakob の最初の妻, Rahel の姉. 創 29:23, 26).

'Lea・der [ˈliːdər, ..dɐ] 男 -s/- (*engl.*) **1** 〖スポーツ〗〖スキー〗(トーナメントの)首位チーム. **2** 〖音楽〗バンドリーダー. **3** 〖若者〗(Führer) リーダー.

Le'an・der [le'andɐr] 〖人名〗〖ギリシア神話〗レアンダー, レアンドロス(夜ごと海を泳いで渡り愛する女神官 Hero と逢う瀬を重ねていたが, ある夜嵐のために溺死した若者. Leander はギリシア語形 Leandros のラテン語形).

'lea・sen ['liːzən] 他 (*engl.*, 'mieten') 賃借りする, リースする.

'Lea・sing ['liːzɪŋ, ..sɪŋ] 匣 -s/- (*engl.*) 賃貸借, リース.

'Le・be・da・me ['leːbədaːmə] 囡 -/-n (↑ Lebemann) (贅沢に遊んで暮せる)有閑マダム, 享楽的な女性.

Le・be'hoch [leːbəˈhoːx] 匣 -s/-s 万歳(の声). ein ~ auf j[4] ausbringen 人のために万歳を唱える.

'le・be・lang [ˈleːbəlaŋ] 副 《所有代名詞と》*sein* ~ 《古》一生の間, 終生.

'Le・be・mann [ˈleːbəman] 男 -[e]s/-er (有閑階級の)享楽家, 遊蕩児, プレーボーイ.

'le・ben [ˈleːbən] レーベン ❶ 自 **1** (a) 生きている, 生存する. Das Kind *lebte* nur drei Tage. その子は3日しか生きなかった. Meine Eltern *leben* noch. 両親はまだ健在です. Er hat nicht mehr lange zu ~. 彼はもう長くはない. so wahr ich *lebe* 〖話〗誓って, 確かに. So was *lebt* nicht [mehr]! 〖話〗まさか, そんなことがあるのか. 《接続法Ⅰで》Lang *lebe* der König! 王様万歳. Es *lebe* die Freiheit! 自由万歳. (b) 《作品などが》生き生きとしている, 生気がある; (思い出などが)生き続けている. Die Statue *lebt*. その立像は生きているようだ. Die Hoffnung *lebt* in ihr. 希望が彼女の心のなかで生き続けている. **2** (a) (existieren) (この世に)いる. Auf der Erde *leben* über vier Milliarden Menschen. 地球上には

40億以上の人間がいる. Luther *lebte* im 16. Jahrhundert. ルターは 16 世紀の人だった. Wie geht's? — Man *lebt*! 《話》元気かい — まあまあだね. (b) 生活する, 暮す; …の生き方をする. Er hat genug zu ~. 彼は十分暮していけるだけの収入がある. zu ~ wissen 生きる(人生を楽しむ)術(ﾎﾟ)を心得ている. ~ und ~ lassen 人それぞれの生き方を大切にする.「人は人, 自分は自分」の生き方をする. 《様態を示す語句と》Sie *lebt* allein. 彼女は独り暮しをしている. bescheiden〈einfach〉~ herりしく暮す. herrlich und in Frieden ~《雅》贅沢に遊び暮す(↓《新約》ルカ 16 : 19). *Leb*[*e*] *wohl*!《雅》(長い別れの挨拶)さようなら, お達者で. wie ein Fürst ~《話》殿様暮しする. wie Gott in Frankreich ~《話》贅沢三昧に暮す. wie Hund und Katze ~《話》犬猿の間柄である. Das ist mein Vater, wie er leibt und *lebt*. それはいかにも父らしい(↑leiben). aus großem Fuß ~ 贅沢な暮しをする. aus dem Koffer ~《話》(仕事で)始終家を空けている, 旅から旅への暮しである. mit j³ in Frieden ~ 人³と仲良く暮している. in dem Glauben ~, dass… …と思い込んでいる. in den Tag hinein ~ / von heute auf morgen ~ のんきに暮す. über *seine* Verhältnisse ~ 分不相応な暮しをする. (c)《für j〈et〉⁴ / 雅 j〈et〉³ 人〈事〉⁴³のために》生きる, に献身する. Er *lebt* ganz für seine Familie. 彼は家族一筋に生きている. nur *seiner* Musik ~ ひたすら自分の音楽のために生きる.《d》(von et³ 物³を)食って生きていく, (で)生計を立てる;《von j³ 人³》に養ってもらう. Der Mensch *lebt* nicht vom Brot allein.《新約》人はパンだけで生きるものではない(マタ 4:4). von *seinen* Eltern ~ 親掛かりである. von der Rente ~ 年金生活をする.

3 (…に)住んでいる, 居住する; (動物が)棲息する. auf dem Lande〈in der Stadt〉~ 田舎〈町〉で暮す. im Wasser ~ 水中に棲む. in einer Traumwelt ~《比喩》夢の世界に生きる, 夢想家である.

❷ 個 《sich》(…の生活・生涯を)送る. ein glückliches Leben ~ 幸福な人生を過ごす. **2**《雅》(ある思想・信条を身をもって)生きる. *seine* Religion ~ おのれの信仰を生きる.

❸ 直 《*sich*》《非人称的に》Hier *lebt* es sich gut. / Hier lässt *es sich* [*gut*] ~. ここは暮しやすい.

'Le·ben ['le:bən レーベン] 匣 -s/- **1** 生, 生命, 命(ｲﾉﾁ). ~ und Tod 生と死. außerirdisches〈irdisches〉~ 地球外〈地球上〉の生命. das ewige ~《宗教》永遠の命. das werdende ~ 芽生えつつある命, 胎児. Du mein ~!《雅》いとしい人よ. Die Kinder sind ihr ~.《比喩》子供たちが彼女の生きがいだ. Er sieht wie das blühende ~ aus.《話》彼は健康そのものに見える. *sein* ~ für j〈et〉³ 〈人〈事〉³のために生命を賭す. *sein* ~ lassen (戦争などで)命を落す. sich³ das ~ nehmen / *seinem* ~ ein Ende machen〈setzen〉自殺する. j³ das ~ retten 人³の命を救う. einem Kind das ~ schenken《雅》子供を産む. *sein* ~ teuer verkaufen《雅》必死の抵抗をする.《前置詞と》**am** ~ sein 生きている. j³ **ans** ~ wollen《雅》人³の命を狙う. ein Kampf **auf** ~ und Tod 生死を賭けての戦い. Ich trinke **für** mein ~ gern grünen Tee.《話》私は緑茶が大好きだ. et⁴ **ins** ~ rufen (計画・組織などを創設する. **ins** ~ treten《比喩》創設〈設立〉される. **mit** dem ~ davonkommen 命からがら逃げ出す. j⁴ **ums** ~ bringen 人⁴を殺す. ums ~ kommen 命を落す.

2 一生, 生涯. ein kurzes〈langes〉~ 短い〈長い〉一生. ~ und Werk eines Dichters ある詩人の生涯と作品. *sein* ~ lang / zeit *seines* ~s 一生の間. der Frühling des ~s《雅》人生の春, 青年. *sein* ~ [noch] vor sich³ haben《比喩》まだ春秋(ﾋｭﾝｼｭｳ)に富んでいる. *sein* ~ [schon] hinter sich³ haben すでに老境に入っている. nie im ~ / im ~ nicht《話》断じて…ない.

3 生活, 暮し. das ~ des Studenten 大学生の生活. das ~ der Wasservögel 水鳥の生態. ein bürgerliches ~ 市民的な生活. ein großes ~ führen《話》派手な生活をする. Was soll das schlechte ~ nützen?《話》けちけち暮してなんになるか, 人生楽しもうよ. das süße ~ (上流社会の)怠惰で贅沢な甘い生活. j³ das ~ sauer machen 人³の生活をつらいものにする.

4《実》人生, 世の中. Das ~ prägt den Menschen 人生が人をつくる. So ist das ~. 世の中とはそういうものだ. aus dem ~ gegriffen 事実に基づいた, 実話の. mit beiden Beinen im ~ stehen《話》(考え方や行動が)現実に根ざしている, 足が地に付いている. ins ~ treten 実社会に出る.

5《~の時代・分野での》活動. das wirtschaftliche〈kulturelle〉~ einer Epoche ある時代の経済活動〈文化生活〉.

6 活気, 生気. das ~ [und Treiben] auf den Straßen 街頭の賑(ﾆｷﾞ)わい. ~ in die Bude bringen 座を盛上げる. ~ ins Haus bringen 家の中を活気づける. voll[er] ~ sein 活気にあふれている.

'le·bend ['le:bənt] 現分《形》(↑leben) 生きている, 現存の; (…に)在住の. ~*e* Blumen 生花. ein hier ~er Maler 当地在住の画家. ~*e* Sprachen 現在使われている言語. Keine ~*e* Seele war zu sehen. 人っ子ひとり見あたらなかった.《名詞的用法で》die *Lebenden* und die *Toten* 生者と死者.

'le·bend ge·bä·rend, **ᵒ'le·bend ge·bä·rend**《動物》(↔ Eier legend) 胎生の.

'Le·bend·ge·wicht 匣 -[e]s/-e **1** (↔ Schlachtgewicht)(屠畜(ﾄﾁｸ)の)生体重量. **2**《戯》(人間の)生体重.

*'le·ben·dig** [le'bεndɪç レベンディヒ] 形 **1** (↔ tot) 生きている, 生命のある. ein ~*es* Geschöpf 生き物, 生物. Keine ~*e* Seele war zu sehen. 人っ子ひとりもいなかった. Er war vor Schreck mehr tot als ~.《戯》彼は恐怖のあまり半死半生のていだった. j⁴ ~ verbrennen / j⁴ bei ~em Leibe verbrennen 人⁴を生きながらに焼き殺す.《名詞的用法で》es vom〈von den〉*Lebendigen* nehmen《話》法外な値段をふっかける. **2**《比喩》生きている, 血の通った; 生々しい. eine ~*e* Demokratie 血の通った民主主義. ~*e* Wirklichkeit 生々しい現実, 生き生きとした現実. Die Erinnerung wurde wieder ~ in ihr. 思い出が再び彼女の心の中に蘇った. **3** (lebhaft) 生き生きした, 活発な, 元気な; (描写・表現などが)生彩をおびた, 鮮やかな. eine ~*e* Darstellung 生き生きした描写. ~*e* Farben 鮮やかな色彩. eine ~*e* Straße 賑(ﾆｷﾞ)やかな通り. Das Kind ist sehr ~. その子はとても活発だ.

Le'ben·dig·keit [le'bεndɪçkaɪt] 囡 -/ 生きていること; 生き生きしていること, 活気.

'Le·bens·abend 男 -s/-e《雅》晩年, 人生のたそがれ.

'Le·bens·ab·schnitt 男 -[e]s/-e 人生の一時期.

Le·bens·ader 囡 -/-n（都市などの）生命線，大動脈．
Le·bens·al·ter 中 -s/- 年齢；（少年期・青年期などの）年齢期．
Le·bens·an·schau·ung 囡 -/-en =Lebensauffassung
Le·bens·art 囡 **1** 生き方，生活様式． **2** 礼儀作法，マナー．
Le·bens·auf·fas·sung 囡 -/-en 人生観．
Le·bens·auf·ga·be 囡 -/-n 人生の課題（目標）．
Le·bens·bahn 囡 -/-en《雅》（予定の）人生行路（コース）．
Le·bens·baum 男 -[e]s/ニe **1**《植物》くろべ（属）． **2**《宗教》(生命力の象徴としての)生命の木；《旧約》『生命の樹』(創 2:9)． **3**《解剖》小脳活樹．
Le·bens·be·din·gung 囡 -/-en《ふつう複数で》生活(生存)条件．
Le·bens·be·dürf·nis·se 複 生活必需品．
le·bens·be·ja·hend 人生に肯定的な，楽天的な．
Le·bens·be·schrei·bung 囡 -/-en (Biographie) 伝記．
Le·bens·bild 中 -[e]s/-er **1**（ある人の）伝記；（ある町・地方などの）生活像，現実像． **2** 現実生活のイメージ，人生観．
Le·bens·dau·er 囡 -/ 寿命；（機械などの）耐用年数．
Le·bens·en·de 中 -s/ 人生の終り，死．
Le·bens·er·fah·rung 囡 -/-en 人生経験．
Le·bens·er·in·ne·run·gen 複 **1** 生涯の思い出． **2** (Memoiren) 回想録．
Le·bens·er·war·tung 囡 -/-en 平均余命．
Le·bens·fa·den 男 -s/《雅》命，玉の諸（ギリシア神話の Moira たちが，紡(つむ)ぎ，割当て，断切る運命の糸にちなむ）．j³ den ~ abschneiden 人³の命を絶つ；(の)人生にとってかけがえのないものを奪う．
le·bens·fä·hig **1** 生存能力のある；(新生児が)生育可能な． **2** 生活力のある．
Le·bens·fä·hig·keit 囡 -/ **1** 生存能力． **2** 生活力．
Le·bens·feind·lich 生存に適さない．
le·bens·fern 現実離れした．
Le·bens·fra·ge 囡 -/-n 死活問題．
le·bens·fremd 世事に疎い，浮世離れした．
Le·bens·freu·de 囡 -/ 生きる歓び．
le·bens·froh 生きる歓びに満ちた，陽気な，快活な．
Le·bens·füh·rung 囡 -/ 生活態度，生き方．
Le·bens·ge·fahr 囡 -/《ふつう無冠詞で》生命の危機．in ~ schweben 死線をさまよう．mit〈unter〉 ~ 身の危険を冒して．
le·bens·ge·fähr·lich 生命にかかわる，致命的な．
Le·bens·ge·fähr·te 男 -n/-n《雅》人生の伴侶，連れ合い．◆女性形 Lebensgefährtin 囡 -/-nen
Le·bens·ge·fühl 中 -[e]s/-e 生きているという実感，生命感；生活感．
Le·bens·geis·ter 複 活気，精気，元気．Meine ~ wurden wieder wach. 私はまた元気がよみがえった．
Le·bens·ge·mein·schaft 囡 -/-en **1**（家族などの）生活共同体；同棲，同居（生活）． **2**《生物》(Biozönose) 群集．
Le·bens·ge·schich·te 囡 -/-n（ある人の）一生の物語，伝記．
le·bens·groß 等身大の，実物大の．
Le·bens·grö·ße 囡 -/ 等身大．《ふつう次の成句で》 in [voller] ~ 等身大(実物大)で．ein Standbild in ~ 等身大の立像． Plötzlich stand er in voller ~ vor uns.《戯》ふいに当の彼が私たちの目の前に姿を現した．

Le·bens·hal·tung 囡 -/ 生計，家計，暮し向き．
Le·bens·hal·tungs·kos·ten 複 生活(生計)費．
Le·bens·in·halt 男 -[e]s/-e《複数まれ》人生の意味，生きがい．
Le·bens·in·te·res·se 中 -s/-n《ふつう複数で》(人の生死や国家の存亡にかかわる)重大事，死活問題．
Le·bens·jahr 中 -[e]s/-e 年齢．im 10. ~ stehen 9歳である(生まれたその年を第1年目と数える)．
Le·bens·kampf 男 -[e]s/ニe 生存競争，生きるための闘い．
le·bens·klug 人生経験の豊かな，世故にたけた．
Le·bens·klug·heit 囡 -/ 人生経験，世間知(が豊かなこと)．
Le·bens·kos·ten 複 =Lebenshaltungskosten
Le·bens·kraft 囡 -/ニe 生命力，活力，バイタリティー．
Le·bens·kunst 囡 -/ 処世術．
Le·bens·künst·ler 男 -s/- 世渡り上手，人生の達人．
Le·bens·la·ge 囡 -/ 生活状態，境遇．
le·bens·lang 生涯にわたる，一生涯の；終身の．
le·bens·läng·lich **1** 終身刑の． **2**《まれ》=lebenslang
***Le·bens·lauf** ['le:bənslauf レーベンスラオフ] 男 -[e]s/ニe **1** 履歴，経歴． **2** 履歴書．
Le·bens·licht 中 -[e]s/-er **1**《雅》生命の灯(ともしび)．j³ das ~ ausblasen (auspusten)《話》人³を殺す． **2** バースデーケーキのろうそく．
Le·bens·lust 囡 -/ 生きる喜び；人生の楽しみ．
le·bens·lus·tig 人生を楽しんでいる，享楽的な，陽気な．
***Le·bens·mit·tel** ['le:bənsmɪtəl レーベンスミテル] 中 -s/-《ふつう複数で》食料品．
Le·bens·mit·tel·ge·schäft 中 -[e]s/-e 食料品店．
Le·bens·mit·tel·ver·gif·tung 囡 -/-en《医学》食物中毒，食中毒．
le·bens·mü·de 人生(生活)に疲れた，生きる意欲を失った．
Le·bens·mut 男 -[e]s/ 生きる意欲(勇気)，活力．
le·bens·nah 現実に密着した，実際に即した；リアルな．
Le·bens·nerv 男 -s/-en **1**《まれ》自律神経． **2**《比喩》（社会・組織などの）中枢部分，生命線．
le·bens·not·wen·dig 生命(生存)に不可欠な，生きるのに必要な．
Le·bens·phi·lo·so·phie 囡 -/ **1** 人生哲学． **2**《哲学》生の哲学．
Le·bens·qua·li·tät 囡 -/ 生活の質．◆英語の quality of life の翻訳借用語．
Le·bens·raum 男 -[e]s/ニe **1**《生物》生活空間，行動範囲． **2** 生活圏．
Le·bens·ret·ter 男 -s/- 人命救助者；命の恩人．
Le·bens·stan·dard 男 -s/ 生活水準．
Le·bens·stel·lung 囡 -/-en 終身雇用身分；終身職．
Le·bens·stil 男 -[e]s/-e 生活様式，ライフスタイル．
le·bens·tüch·tig 生活能力のある，世才にたけた．
le·bens·über·drüs·sig 人生にうんだ，厭世的な．

Lebensunterhalt

'Le·bens·un·ter·halt 男 -[e]s/ 生活費; 生計.
'Le·bens·ver·si·che·rung 女 -/-en 《経済》生命保険. eine ～ abschließen 生命保険契約を結ぶ.
'lebens·voll ['le:bənsfɔl] 形 生き生きとした, 真に迫った.
'le·bens·wahr 形 真に迫った, 迫真の, 現実そのものの.
'Le·bens·wan·del 男 -s/ 行状, 素行, 品行, 身持ち.
'Le·bens·was·ser 中 -s/ 1《神話》(あらゆる病気を癒し, 永遠の若さを保つとされる)生命の水. 2《戯》(Brandwein) 火酒.
'Le·bens·weg 男 -[e]s/-e 人生行路, 生涯. Heute beginnt unser gemeinsamer ～. 本日私たちは結婚します.
'Le·bens·wei·se 女 -/ 生活習慣, 暮らしぶり.
'Le·bens·weis·heit 女 -/-en 1 《複数なし》(豊富な)人生経験, 人生知. 2 処世術.
'Le·bens·werk 中 -[e]s/-e 畢生(ᵅᵂ)の事業, ライフワーク.
'le·bens·wert 形 生きるに値する, 生きがいのある.
'le·bens·wich·tig 形 生命(生活)にとって重要な, きわめて重大な.
'Le·bens·wil·le 男 -ns/ 生きる意欲. ◆格変化は Wille 参照.
'Le·bens·zei·chen 中 -s/- 生きているしるし;《比喩》消息, 便り. ein ～ von j³ erhalten 人³から便りをもらう.
'Le·bens·zeit 女 -/ 生涯, 寿命. auf ～ 一生涯, 終身.
'Le·bens·ziel 中 -[e]s/-e 人生の目標.
'Le·bens·zweck 男 -[e]s/-e 人生の目的(意義).
*'Le·ber¹ ['le:bər レーバー] 女 -/-n 《解剖》肝臓. Die ～ ist geschwollen. 肝臓が腫(ℋ)れている. eine durstige〈trockene〉～ haben《話》いつも喉を渇かしている, 大酒飲みである. Der Ärger〈Der Kummer〉frisst mir an der ～.《話》怒り〈心痛〉のあまり私は体がどうかなりそうだ. es⁴ mit der ～ [zu tun] haben《話》肝臓が悪い. sich³ et⁴ von der ～ reden《話》事〈怒りなど〉をぶちまけてうっぷんを晴らす. frei〈frisch〉von der ～ weg sprechen《話》素直に話す. 2 (料理に使う)肝(ᵏⁱ), レバー.
'Le·ber·blüm·chen 中 -s/-《植物》すはまそう.
'Le·ber·ent·zün·dung 女 -/-en《病理》肝炎.
'Le·ber·fleck 男 -[e]s/-e《医学》肝斑, 褐色斑.
'Le·ber·kä·se 男 -s/《複数まれ》《料理》レバーケーゼ(肉のすり身を材料にしたドイツ風ミートローフ).
'Le·ber·kno·del 男 -s/《南ド》《多く複数形》《料理》レバー入り団子.
'le·ber·krank 形 肝臓を病んだ, 肝臓病の.
'Le·ber·krank·heit 女 -/-en 肝臓病.
'Le·ber·krebs 男 -es/《病理》肝臓癌.
'Le·ber·lei·den 中 -s/- 肝障害.
'Le·ber·pas·te·te 女 -/-n《料理》レバーペースト.
'Le·ber·tran 男 -[e]s/ 肝油.
'Le·ber·wurst 女 -/-"e《料理》レバーソーセージ. die beleidigte〈gekränkte〉～ spielen《話》わけもなくむくれる, すねる.
'Le·ber·zir·rho·se [..tsiro:zə] 女 -/-n《病理》肝硬変.
'Le·be·welt 女 -/ 1 生物界. 2 (奢侈(ᴸˣ)と享楽を事とする)有閑階級 (↑Lebemann, Lebedame).

'Le·be·we·sen 中 -s/- 生き物, 生物.
'Le·be·wohl ['le:bəvo:l] 中 -[e]s/-e(-s)《雅》別れの挨拶, さよなら. j³ ～ sagen 人³に別れを告げる.
*'leb·haft ['le:phaft レープハフト] 形 1 生き生きとした, 活発な, 元気な; 活気のある. 賑(ᴸˣ)やかな. ein ～es Gespräch 活発な会話. ein ～es Kind 元気な子供. ～es Treiben 賑わい. Nun aber ～! さあ元気にいこう. 2 (記憶などが)はっきりとした, 鮮明な. et⁴ in ～er Erinnerung haben 事⁴をはっきりと覚えている. 3 激しい, 力強い, 激しい. ～er Beifall 盛んな拍手. mit ～em Interesse 強烈な関心を持って. 4 (色彩などが)鮮やかな, 派手な. ❷ 副 (sehr) ひじょうに, ひどく. et⁴ ～ bedauern 事⁴をひどく残念に思う.
'Leb·haf·tig·keit 女 -/ 活気, 元気, 賑(ᴸˣ)やかさ.
'Leb·ku·chen ['le:p..] 男 -s/- レーブクーヘン(蜂蜜入りスパイスケーキ).
'leb·los ['le:plo:s] 形 生命のない, 死んだ; 生気(活気)のない. mit ～en Augen うつろな目で.
'Leb·lo·sig·keit 女 -/ 生命がないこと; 生気(活気)のなさ.
'Leb·tag 男《所有代名詞と次の用法で》[all] sein ～ 生涯, ずっと. sein ～ nicht《雅》《古》決して...ない.
'Leb·zei·ten 複《次の成句で》auf ～ (その後)生涯にわたって. bei〈zu〉～ 在世中, 存命中.
Lech [lɛç] 男《地名》der ～ レヒ川(ドナウ川の支流).
'lech·zen ['lɛçtsən] 自《雅》(nach et³ 物³を)渇望する.
'leck [lɛk] 形 水漏れのする; 浸水箇所のある.
'Leck 中 -[e]s/-s (樽などの)漏れ口; (船の)浸水箇所.
'Le·cka·ge [lɛ'ka:ʒə] 女 -/-n (↑Leck + ↑...age) 1《経済》漏損(液体の漏れによる積荷の目減り分). 2 (とくに船体の)浸水箇所. 3《核物理》(原子炉の)中性子の漏れ.
'le·cken¹ ['lɛkən] 自 (樽などから)漏る; (船が)浸水する.
*'le·cken² ['lɛkən レケン] ❶ 他 なめる. Eis ～ アイスクリームをなめる. Der Hund leckt mir die Hand. 犬が私の手をなめる. Leck mich [am Arsch]!《俗》くそくらえ. sich³ die Sahne von den Lippen ～ 唇のまわりのクリームをなめ取る.《慣用的表現で》Er hat Blut geleckt.《話》彼はすっかり味をしめた. sich³ die Finger〈die Lippen〉nach et³ ～ 物³が欲しくて舌なめずりする.
❷ 自 (an et³ 物³を)なめる. am Eis ～ アイスクリームをなめる. Die Flammen leckten an den Wänden.《比喩》炎が壁をなめるように広がった. an et³ [lange] zu ～ haben《話》事³の痛手がなかなか癒えない.
◆ ↑geleckt
'le·cken³ 自 = löcken

*'le·cker ['lɛkər レカー] 形 1 美味(ᴸˣ)しい, 美味しそうな;《話》(少女などが)かわいい, 愛くるしい. 2《まれ》好きゆきな, 好き嫌いの多い.
'Le·cker 男 -s/- 1《猟師》(猪・鹿などの)舌. 2《古》美食家. 3《地方》= Lutscher 4 (ᴸˣ) = Lausbub
'Le·cker·bis·sen ['lɛkərbɪsən] 男 -s/- 美味しいもの, 珍味, ごちそう.
Le·cke'rei [lɛkə'raɪ] 女 -/-en 美味しいもの; (とくに)甘い菓子.
'Le·cker·li ['lɛkərli] 中 -s/- (ᴸˣ) レッカリー(蜂蜜胡椒入りの四角いクッキー).
'Le·cker·maul 中 -[e]s/"er《話》1 美食家, 食通. 2 甘いもの好き, 甘党.
'le·ckern ['lɛkərn]《話》❶ 自 甘いもの好き(甘党)である. ❷ 他《非人称的に》Es leckert j⁴ nach et³. 人⁴

は物³が食べたくてたまらない.

led.《略》=ledig 1

Le・da ['le:da]《人名》《ギ神話》レーダー, レダ(スパルタ王妃, 白鳥に化けた Zeus と交わり, Dioskuren の母となった).

Le・der ['le:dɐ レーデァ] 囲 -s/- 1 (なめした)革, 皮革. aus ~ 革製の. ein Buch in ~ binden 本を革装にする.《慣用的表現で》j³ das ~ gerben《話》人³をぶちのめす. j³ ans ~ wollen《話》人³に打ってかかる, やっつけようとする. j³ auf das ~ knien《話》人³にきつく迫る(圧力をかける). j³ aufs ~ rücken《話》人³にしつこく迫る(せがむ). 2 皮革製品, レザー; レザーウェア, 革の前掛け(尻当て); 革張りの椅子; (窓拭き用の)セーム革; (サッカーの)ボール; ~ haben ~ halt《話》激しく, さんざんに《『革の馬具も切れんばかりに』の意から》. gegen j⁴ vom ~ ziehen《話》人⁴にくってかかる, はげしくみみつく《『刀の鞘を払う』の意から》. ♦↑ledig gehend

Le・der・band 囲 -[e]s/ⁿe 革装本.

Le・der・ein・band 囲 -[e]s/ⁿe (本の)革装.

Le・der・fett 囲 -[e]s/- 保革用油脂.

Le・der・hand・schuh 囲 -[e]s/-e 革手袋.

Le・der・haut 囡 -/ 1《解剖》真皮(ひふ). 2 (Sklera) (眼球のまわりの)強膜.

Le・der・ho・se 囡 -/-n 革ズボン.

Le・der・ja・cke 囡 -/-n 革ジャケット.

le・dern¹ ['le:dɐn] 囲 1 革布で磨く. 2《話》ぶん殴る, ぶちのめす. 3 (Leder) (gerben) なめす.

le・dern² ['le:dɐn レーデァン] 囲 1 革の, 革製の. 2 革のような, 強靭な; (肉が)革のように固い. 3《話》退屈な, 味気ない.

Le・der・wa・ren 圏 皮革製品.

Le・der・zeug 囲 -[e]s/-《集合的に》革具, 革装具.

le・dig ['le:dɪç レーディヒ] 囲 1《略 led.》(↔ verheiratet) 未婚の, 独身の. Unser Sohn ist noch ~. うちの息子はまだ独身です. eine ~e Mutter 未婚の母. ein ~es Kind《古》《南ド》私生児, 非嫡出子. 2 (a)《雅》(…に)拘束されない, (…を)免れた. aller Verpflichtungen [frei[los]] und| ~ sein 一切の義務を免れている. j⁴ et² ~ sprechen 人⁴を事²から放免(解放)する. j⁴ et² ~ lassen《古》人⁴を釈放する. 3 (地方) 空(から)の, 空いている. ein ~er Acker 休閑地. ~es Gestein〈坑夫〉鉱物を含まない岩石. ein ~es Pferd (乗り手のいない)空馬(からうま). ~e Schicht〈坑夫〉時間外労働. ♦↑ledig gehend

Le・di・ge 囲囡《形容詞変化》独身者.

le・dig・ge・hend, °**le・dig ge・hend** 囲 単身赴任(中)の.

le・dig・lich ['le:dɪklɪç] 囲 (nur) ただ, 単に, …だけ.

Lee [le:] ❶ 囡 -/ (囲 -s/-) (船員) (↔ Luv) 風下(かざしも). nach ~ steuern 風下に向けて舵をとる. ❷ 囲 -s/ (地理) (山の)風の当たらない側.

leer [le:r レーア] 囲 1 (↔ voll) 空(から)の, 空っぽの, 中味のない; 人のいない, 人気のない, 空席の; 白紙の, ブランクの. ein ~es Glas 空のグラス. mit ~en Händen 手ぶらで. vor ~em Haus〈~en Bänken〉spielen がらがらの劇場で演じる. mit ~em Magen 空きっ腹で. die ~e Menge《数学》空集合. eine ~e Straße 人気のない通り. den Teller ~ essen 皿をきれいに平らげる. Das Haus steht ~. その家は無人だ. 空(から)の, 内容のない, うつろな, 虚しい. ~e Gerede くだらないおしゃべり, たわごと. ~e Versprechungen 空約束. Sein Leben war ~ an Freuden. 彼の人生には喜びがなかった. ~ ausgehen (分け前にあずかったりすることなく)むなしく引き揚げる. ~ laufen (エンジンが)空転する. ♦↑leer gefegt, leer laufen, leer stehend

..leer [..le:r] 《接尾》名詞などにつけて「…のない」の意の形容詞をつくる. inhaltsleer 内容のない. menschenleer 人影のない.

'Lee・re ['le:rə] ❶ 囲《形容詞変化》空(から), 虚空(こくう). ins ~ greifen 空をつかむ. ins ~ starren 虚空を見つめる. ❷ 囡 -/ 空虚, むなしさ.

*'lee・ren** ['le:rən レーレン] ❶ 囲 1 空(から)にする, 空(から)ける. das Glas auf j⁴ ~ 人⁴のために乾杯する. den bitteren Kelch bis auf den Grund⟨bis zur Neige⟩ ~《雅》辛酸をなめ尽くす. den Mülleimer ~ ごみバケツを空ける. 2《地方》(水・ごみなどを)ぶちまける, 捨てる. 3《地方》(果樹の)実を摘む; (果実を)摘む, 収穫する. ❷ (sich) 空になる. Der Saal leerte sich langsam. 広間からだんだん人がいなくなった.

'leer ge・fegt, °**'leer・ge・fegt** 囲《話》1 通りなどが人影(人通り)のない. 2 (商品棚・冷蔵庫などが)空(から)の.

'Leer・ge・wicht 囲 -[e]s/-e (車輌などの)自重.

'Leer・gut 囲 -[e]s/- (箱・ビンなど)空(から)の容器. ~ bitte zurück! 空の容器はお返しください.

'Leer・lauf 囲 -[e]s/ⁿe 1 (機械の)空転, アイドリング. in den ~ schalten《話》(ギアを)ニュートラルに入れる. 2《比喩》徒労, 無駄骨; (時間などの)空費.

'leer lau・fen*, °**'leer|lauf・en*** 囲 (s) 1 (容器が)漏って空になる. die Badewanne ~ lassen 浴槽の水を落とす. 2 einen Gegner ~ lassen〈スポーツ〉(フェイントなどで)相手をかわす.

'leer ste・hend, °**'leer・ste・hend** 囲 空き家の; 家具の入っていない.

'Leer・stel・le 囡 -/-n 1 空いた場所(箇所), 空席. 2《文法》空位. 3《結晶》空位, 空格子点(結晶内の原子の欠けた場所).

'Leer・tas・te 囡 -/-n (キーボードの)スペースバー(キー).

'Lee・rung ['le:rʊŋ] 囡 -/-en 空(から)にすること; (郵便ポストの)開函(かいかん).

'Lee・sei・te 囡 -/-n (船員) 風下, 風下舷.

le 'Fort [lə'fɔ:r]《人名》Gertrud von ~ ゲルトルート・フォン・ル・フォール(1876-1971, ドイツの女流カトリック作家).

'Lef・ze ['lɛftsə] 囡 -/-n (犬や肉食獣の)唇.

le'gal [le'ga:l]《lat.》適法の, 合法的な.

le・ga・li・sie・ren [legali'zi:rən] 囲 1 eine Urkunde ~《法律》ある文書を公的に認証する. 2 (事⁴を)合法(適法)化する.

Le・ga・li・tät [legali'tɛ:t] 囡 -/《法制》(↔ Illegalität) 合法(適法)性.

Le・gas・the'nie [legaste'ni:] 囡 -/-n [..'ni:ən] (lat. legere, lesen' + Asthenie)《医学・心理》読み書き障害.

Le'gat¹ [le'ga:t] 囲 -[e]s/-e (lat. ,Vermächtnis') 《法制》遺贈.

Le'gat² 囲 -en/-en (lat. ,Gesandter') 1《歴史》(古代ローマの)元老院が派遣する)外交使節. (b) (古代ローマの軍団の)参謀将校.

Le・ga'tar [lega'ta:r] 囲 -s/-e 遺産受取人.

Le・ga・ti'on [legatsi'o:n] 囡 -/-en (lat. ,Gesandtschaft') 1 教皇使節団. 2 枢機卿(くき)管区, 旧教皇領の一地方.

le・ga'to [le'ga:to] 圓 (it.)《略 leg.》《音楽》レガート,

なめらかに.

'le·gen ['leːgən レーゲン] ❶ 他 1 横たえる, 寝かせる. einen Kranken ~ 病人を寝かせる. Weinflaschen sollen *gelegt* werden. ワインの瓶は寝かせなければならない. j⁴ ins Bett〈in den Sarg〉~ 人⁴をベッド〈お棺〉に寝かせる.
2 《方向を示す語句と》(a)〈横にして〉置く; 入れる, しまう. ein Buch auf den Tisch ~ 本を机の上に置く. die Kleider in den Schrank ~ 衣類をたんすにしまう. 《比喩的表現で》et⁴ an den Tag ~ 事⁴(性格・力量など)をはっきり示す(見せる). den Akzent auf et⁴ ~ 事⁴にアクセントを置く, 《比喩》事⁴を重視する. die Sprechstunden auf den Nachmittag ~ 面会時間を午後に置く(移す). die Kompanie in ein Dorf ~ 中隊をある村に駐屯させる. (b) 立て(もたせ)掛ける. eine Leiter an die Wand ~ 梯子(きし)を壁に立て掛ける. j³ den Kopf an die Schulter ~ 人³の肩に頭をもたせ掛ける. (c) あてがう, 当てる, 掛ける. das Kind an die Brust ~ 子供に乳房を含ませる. die Hand an die Mütze ~ (挨拶のために)帽子に手をやる. Hand an j⁴ ~ 《比喩》人⁴に手にかける(殺す). j³ ein Kissen unter den Kopf ~ 人³の頭に枕をあてがう. sich³ eine Kette um den Hals ~ ネックレスを首に掛ける. den Riegel vors Tor ~ 門に閂(かんぬき)を掛ける. (d)〈布などを〉敷く; 〈絆創膏などを〉貼る. einen Teppich auf den Boden ~ 絨毯(じゅうたん)を床に敷く. (e)〈鎖などに〉つなぐ. einen Hund an die Kette ~ 犬を鎖につなぐ. j⁴ in Ketten〈Fesseln〉~ 《比喩》人⁴の自由を束縛する.
3 〈礎石などを〉置く, 埋める; 〈配管などを〉敷設する, 埋設する; 〈床などを〉張る. das Fundament ~ 基礎を置く. Gas〈Wasser〉~ 《話》ガス管〈水道管〉を埋設する. Gleise ~ 線路を敷く. Minen ~ 地雷を埋める.
4 《物⁴を》整える, セットする; (きちんと)畳む. Sie lässt sich³ die Haare ~. 彼女は髪をセットしてもらう. Wäsche ~ (アイロンの前に)洗濯物を折畳む. einen Stoff in Falten ~ 布に折り目をつける.
5 《卵を》置く. 《目的語なしでも》Das Huhn *legt* gut. その鶏は卵をよく産む.
6 《地方》 植え付ける, 蒔(ま)く. Kartoffeln〈Bohnen〉~ じゃがいもを植え付ける〈豆の種を蒔く〉.
7 《スポーツ》(相手を)転倒させる.
❷ 再 〈sich〉 1 横になる, 横たわる. Er musste *sich* ~. (病気のため)彼は床につかねばならなかった. *Leg dich*! (犬に対して)伏せ. *sich* auf den Bauch〈auf den Rücken〉~ 俯せ〈仰向け〉に寝る. *sich* auf die Seite ~ 体を横向けに寝る; (船が)傾く. *sich* aufs Sofa ~ ソファーに横になる. *sich* ins〈zu〉Bett ~ ベッドに入る. *sich* in die Kurve ~ 体(車体)を傾けてカーブを切る. *sich* in die Sonne ~ 日光浴をする. *sich* vor Anker ~ 錨を下ろす. *sich* zur Ruhe ~ / *sich* schlafen ~ 就寝する.
2 (雲・霧などが)覆う, 垂れ込める. Der Nebel *legt sich* auf〈über〉die ganze Stadt. 霧が町全体に垂れ込める. *sich* um den Gipfel ~ (雲などが)山頂を覆う.
3 (j³ auf et⁴ 人³の物⁴に)重くのしかかる, 負担(過重)がかかる. Das Kind legt *sich*³ auch〈auf die Seele〉~ (心配事などが)人³の心に重くのしかかる. Das fette Essen *legte sich* mir schwer auf den Magen. 脂っこい食事で胃がもたれた. Meine Erkältung hat *sich* [mir]

auf die Nieren *gelegt*. 私は風邪が腎臓にきてしまった.
4 (auf et⁴ 事⁴に)没頭する, 打込む. *sich* aufs Bitten ~ 必死に頼む. *sich* auf die Malerei ~ 絵に打込む.
5 (嵐・興奮などが)治まる, 鎮まる, やむ. Der Wind〈Der Zorn〉hat *sich* bald *gelegt*. 風〈怒り〉はすぐにおさまった.

le·gen·där [legɛnˈdɛːr] 形 1 聖人伝の, 伝説上の伝説的な. 2《比喩》信じられないような.

****Le'gen·de** [leˈgɛndə レゲンデ] 女 -/-n 1 聖人伝 2 伝説;《比喩》(荒唐無稽な)作り話. 3《音楽》聖譚曲, 譚詩曲. 4 (地図・図版などの)凡例, 記号解説; (貨幣などの)刻銘.

le'ger [leˈʒeːr, leˈɛːr] 形 (fr.) 格式(形式)ばらない, ざっくばらんな; (服装などが)軽快な, 気楽な, くつろいだ; 投げやりな, いい加減な.

'Le·ges [ˈleːgeːs] Lex の複数.

'Le·ge·zeit [ˈleːgə..] 女 -/-en (↓ legen)(にわとりの)産卵期.

le·gie·ren [leˈgiːrən] 他 (it.) 1 合金にする. Kupfer und Zinn ~ / Kupfer mit Zinn ~ 銅とスズを合金にする. 2《料理》(スープ・ソースに)とろみをつける (mit et³ 物³で).

Le'gie·rung [leˈgiːruŋ] 女 -/-en 合金.

Le'gi·on [legiˈoːn] 女 -/-en (lat.) 1《歴史》(古代ローマの)軍団. 2 傭兵隊, 義勇軍. die ~ (とくにフランスの)外人部隊. 3《比喩》大勢, 無数. Ihre Zahl war ~. (雅)その数は知れないかった.

Le·gi·o·när [legioˈnɛːr] 男 -s/-e 1《歴史》(古代ローマの)軍団兵. 2 傭兵, 義勇兵; (フランスの)外人部隊の兵士.

le·gis·la·tiv [legɪslaˈtiːf] 形《述語的には用いない》《政治・法制》立法(上)の. ~e Gewalt 立法権.

Le·gis·la·ti·ve [..ˈtiːvə] 女 -/ (fr.)《政治・法制》1 立法権. 2 立法府(機関).

Le·gis·la·tur [legɪslaˈtuːr] 女 -/《政治・法制》1 立法. 2《古》立法府(機関). 3 =Legislaturperiode

Le·gis·la·tur·pe·ri·o·de 女 -/-n《政治・法制》被選期間(立法議会議員の任期).

le·gi'tim [legiˈtiːm] 形 (lat.) (↔ illegitim) 1 合法の, 適法の; 嫡出の. ein ~es Kind 嫡出子. 2 正当な, 当然の.

Le·gi·ti·ma·ti'on [legitimatsiˈoːn] 女 -/-en 1 (複数なし) 資格の認定). 2 資格認定書. 3《法制》(非嫡出子の)嫡出宣言.

le·gi·ti·mie·ren [legitiˈmiːrən] ❶ 他 1 (人〈事〉を)合法化(適法)にであると宣言(認定)する. 2 (j⁴ zu et³ 人⁴に事³の)資格を与える(認める). 3 (非嫡出子の)嫡出宣言をする. 4 (事⁴を)正当化する, 根拠づける. ❷ 再 〈sich〉(自分の)資格(身分)を証明する.

Le·gi·ti·mie·rung 女 -/ 合法(適法)性の認定; 資格の付与(認定); 正当化.

Le·gi·ti·mi'tät [legitimiˈtɛːt] 女 -/ 1 合法性, 正当性. 2《社会学・政治》(国家体制の)正当性.

'Le·hen [ˈleːən] 中 -s/-《歴史》(中世の封建君主が臣下に与えた)封土, 知行(ちぎょう), レーエン.

Lehm [leːm] 男 -[e]s/-e (砂を含む)粘土; ローム(質土壌).

'Lehm·bo·den 男 -s/⁼ 1 粘土(ローム)質土壌. 2 土間.

'Lehm·gru·be 女 -/-n 粘土採取場.

'leh·mig [ˈleːmɪç] 形 1 粘土(ローム)質の. 2 粘土まみれの. 3 (味や匂いが)粘土みたいな.

Lehn [le:n] ⸺s/-e =Lehen
Leh·ne ['le:nə] 囡 -/-n **1**〈椅子の〉背もたれ;肘掛け. **2**〈南ドイツ〉〈山の〉斜面.
leh·nen¹ ['le:nən レーネン] ❶ 他 立てかける,もたせかける(an/gegen) et⁴ 物に). eine Leiter an die Wand ~ 梯子(はしご)を壁に立てかける. ❷ 再(**sich⁴**)もたれる,寄りかかる(an/auf/gegen) et⁴ 物に); 身を乗り出す(aus et³ 物から / über et⁴ 物の上に). Nicht aus dem Fenster ~! 窓から身を乗出さないでください. ❸ 自 もたれて(寄りかかって)いる, 立てかけてある(an et³ 物に).
leh·nen² 他 **1**〈古〉〈地方〉(leihen) (a)〈人³に物⁴を〉貸す. (b)〈物⁴を〉借りる. **2**〖歴史〗封土(レーエン)として与える.
Lehns·eid ['le:ns..] 男 -[e]s/-e〖歴史〗(封土を受ける際の)忠誠(臣従)の誓い.
Lehn·ses·sel ['le:n..] 男 -s/- 安楽椅子.
Lehns·herr 男 -n/-en〖歴史〗封建君主, 封主.
Lehns·mann 男 -[e]s/-er(-en, ..leute)〖歴史〗封建家臣, 封臣.
Lehns·pflicht 囡 -/-en〖歴史〗**1**(封主に対する)忠誠(臣従)の義務. **2**(封臣に対する)保護の義務.
Lehn·stuhl 男 -[e]s/⸚e (背もたれのついた)肘掛椅子.
Lehns·we·sen 中 -s/〖歴史〗封建制.
Lehn·über·set·zung 囡 -/-en〖言語〗直訳借用(語)(たとえば Gehirnwäsche<英語 brainwashing).
Lehn·über·tra·gung 囡 -/-en〖言語〗意訳借用(語)(たとえば Vaterland<ラテン語 patria).
Lehn·wort 中 -[e]s/⸚er〖言語〗借用語(外来語が自国語化したもの. たとえば tanzen<フランス語 danser).
Lehr·amt ['le:r..] 中 -[e]s/⸚er〖官庁〗教職.
Lehr·an·stalt 囡 -/-en〖書〗教育施設;(主として中等以上の)学校.
Lehr·auf·trag 男 -[e]s/⸚e (大学などの)講師委嘱.
Lehr·be·auf·trag·te 男 囡〖形容詞変化〗(大学などの)非常勤講師.
Lehr·be·fä·hi·gung 囡 -/ 教員資格.
Lehr·be·ruf 男 -[e]s/-e **1** 教職. **2**〈古〉徒弟(見習い)期間の必要な職業.
Lehr·bo·gen 男 -s/-〖土木〗(アーチ型のせり枠.
Lehr·brief 中 -[e]s/-e **1** 通信(放送)教育の教材. **2**〈古〉徒弟修業証書.
Lehr·buch ['le:rbu:x] 中 -[e]s/⸚er 教科書.
Leh·re ['le:rə レーレ] 囡 -/-n **1** 教え, 教訓. eine bittere ~ 苦い教訓. eine ~ aus et³ ziehen 事³から教訓を引出す. **2** 学説, 教説; 教義. die christliche ~ キリスト教の教え. die ~ Buddhas 仏陀の教え. die ~ von der Erhaltung der Energie エネルギー保存の法則. die ~ vom Schall 音響学. eine ~ aufstellen 学説をたてる. **3** 見習い, 修業(期間); 徒弟奉公. j⁴ bei(zu) j¹ in die ~ geben 人⁴を人³のもとに見習い(修業)に出す; 弟子入りさせる. j⁴ in die ~ nehmen 人⁴を弟子に取る. j¹ hart in die ~ nehmen《比喩》人⁴を厳しく扱う. **4**〖工学〗(計測器の)ゲージ, キャリパス, ノギス;(製図用の)ひな形, 型板.

leh·ren ['le:rən レーレン] 他〘h〙 **1**(事⁴を)教える. Deutsch ~ ドイツ語を教える. Er lehrt Kernphysik in München. 彼はミュンヒェンで核物理学を教えている.《目的語なしで》am Gymnasium<an der Universität> ~ ギュムナージウム<大学>で教えている. **2**(人⁴まれに事³を)教える, 手ほどきする. Die Mutter lehrte sie<まれ ihr> das Kochen. 母親は彼女に料理の手ほどきをした. j⁴ Rechtschreibung ~ 人⁴に正書法を教える.《受動文ではしばしば人³を補足語に》Mir wurde das nicht *gelehrt*. 私はそれを教わらなかった.《不定詞句と / 不定詞句が長くなる場合は zu を伴う傾向にある》Er *lehrt* die Kinder<まれ den Kindern> malen. 彼は子どもたちに絵を教えている. Er hat mich schwimmen *gelehrt*<古 lehren>. 彼が私に水泳を教えてくれた. j¹ ein Pferd satteln ~ / j⁴ ~, ein Pferd zu satteln 人⁴に鞍の付け方を教える. Ich werde dich ~, deine Mutter zu belügen!《話》母さんに嘘をつくなんて許しません. **3**《事柄が主語》(人⁴に事⁴を)教える, 示す. Die Geschichte *lehrt* uns, dass ... 歴史が私たちに教えるところによると...である. Das wird die Zukunft ~. そのことは将来分かるだろう.
♦↑gelehrt

Leh·rer ['le:rər レーラー] 男 -s/- 教師, 教員, 先生; 師匠, 師. Er ist ~ an einem Gymnasium. 彼はギュムナージウムの先生だ. ~ für Mathematik 数学の先生. ♦女性形 Lehrerin 囡 -/-nen
leh·rer·haft ['le:rərhaft] 形 教師ぶった.
Leh·re·rin ['le:rərɪn] 囡 -/-nen (Lehrer の女性形)(女性の)教師, 先生.
Leh·rer·kol·le·gi·um 中 -s/..gien (ある学校の)教員全体, 教師陣.
Leh·rer·kon·fe·renz 囡 -/-en 教員会議.
Leh·rer·schaft ['le:rərʃaft] 囡 -/-en (ある学校・地区の)教員全体, 教師団.
Leh·rer·zim·mer 中 -s/- 教員室.
Lehr·fach 中 -[e]s/⸚er **1** 授業科目, 教科. **2**《複数なしで》教職.
Lehr·film 男 -[e]s/-e 教材用映画.
Lehr·frei·heit 囡 -/〖法制〗(教授の自由を含む)学説の自由.
Lehr·gang ['le:rɡaŋ] 男 -[e]s/⸚e (Kurs) (教科)課程; 講習コース.
Lehr·ge·bäu·de 中 -s/-〖教育〗学説(学問)の体系.
Lehr·ge·dicht 中 -[e]s/-e 教訓詩.
Lehr·geld 中 -[e]s/-er〈古〉(徒弟が親方に支払う)授業料, 謝礼. ~ zahlen<geben>《比喩》高い授業料を払う, 痛い目にあって賢くなる. Lass dir dein ~ zurückgeben!《話》学校で何を習ってきたんだ(授業料を払い戻してもらえ).
lehr·haft ['le:rhaft] 形 **1** 教育的(教訓的)な. **2**《俺》=lehrerhaft
Lehr·herr 男 -n/-en (徒弟の)親方, 師匠.
Lehr·jahr ['le:rja:r] 中 -[e]s/-e **1** (徒弟の)修業期間(中の1年間). **2**《複数で》徒弟期間, 修業時代. ~e sind keine Herrenjahre.《諺》修業中は我慢の日々だ(まだ親方のようにはいかない).
Lehr·jun·ge 男 -n/-n《話》(男の)徒弟, 見習い.
Lehr·kör·per 男 -s/-〖書〗教師陣, (大学の)教授陣.
Lehr·kraft 囡 -/⸚e〖書〗教員.
*****Lehr·ling** ['le:rlɪŋ レーアリング] 男 -s/-e 徒弟, 見習い; 弟子. ♦今日では Auszubildende が主に用いられる.
Lehr·mäd·chen 中 -s/-《話》(女性の)徒弟, 見習い.
Lehr·mei·nung 囡 -/-en (Theorie) 学説.
Lehr·meis·ter 男 -s/- (徒弟の)親方; (一般に)師, 先生. Das Erlebnis war ihm ein guter ~.《比喩》その体験は彼にとってよい教訓となった.
Lehr·me·tho·de 囡 -/-n 教授法.
Lehr·mit·tel 中 -s/-《ふつう複数で》教材, 教具.

'Lehr·plan 男 −[e]s/⁼e《教育》教科課程, カリキュラム.

'lehr·reich ['leːrraɪç] 形 啓発的な, ためになる.

'Lehr·satz 男 −es/⁼e 命題, 定理, 学説; 《宗教》教義.

'Lehr·stand 男 −[e]s/《古》教師および聖職者階級.
♦ ↑Nährstand, Wehrstand

'Lehr·stel·le 女 −/−n 徒弟(見習い)の職.

'Lehr·stoff 男 −[e]s/−e 教材.

'Lehr·stück 中 −[e]s/−e《文学》教訓劇.

'Lehr·stuhl 男 −[e]s/⁼e (大学の)教授のポスト, 講座.

'Lehr·ver·trag 男 −[e]s/⁼e《法制》徒弟契約; 職業実習契約.

'Lehr·werk 中 −[e]s/−e =Lehrbuch

'Lehr·zeit 女 −/ (徒弟の)修業期間, 見習期間.

Lei [lei, 'leːi] Leu² の複数.

..lei [..laɪ]《接尾》(mhd. lei[e], Art°) 多く ..erlei の形で基数・代名詞などにつけて「...種類の」の意の形容詞(不変化)をつくる. derlei のような種類の. dreierlei 3 種類の. welcherlei どんな種類の.

*Leib [laɪp ライプ] 中 −[e]s/−er 1《雅》(↔ Seele) (Körper) 体, 肉体; (Rumpf) 胴体. ein gesunder ~ 健全な肉体. ein rundlicher ~ ふっくらとした胴体. der ~ des Herrn《キリ教》聖体, ホスチア. seinen ~ pflegen《話》身をいたわる, 怠ける. et⁴ am eigenen ~ erfahren/[ver]spüren°事⁴を身をもって知る(体験する). 《前置詞と》sich³ alles an den ~ hängen《話》有り金をそっくり衣装に注ぎ込む. j³ auf den ~ rücken《話》人³に強く迫る. j³ [wie] auf den ~ geschneidert/zugeschnitten° sein《比喩》人³(の要求, 必要)にぴったりあう, うってつけである. Die Rolle ist ihm [wie] auf den ~ geschrieben.《比喩》その役は彼にうってつけだ. bei lebendigem ~ [e]《雅》lebendigen ~es 生きながらに. gut bei [e] sein よく肥えている. kein Herz im ~e haben 血も涙もない. mit ~ und Seele 全身全霊をあげて; すっかり, 骨の髄まで. Bleib mir [drei Schritt] vom ~e!《話》私に近づくな. sich³ j[et]⁴ vom ~e halten《話》人⁴事³を近づけない, 遠ざける. et³ zu ~e rücken〈gehen〉事³(難題などに)取組む. 2 命 (Leben) 生命. ~ und Gut für et⁴ wagen 生命財産を事⁴に賭ける. eine Gefahr für ~ und Leben 生命にかかわる危険. 3《雅》(Bauch) 腹, 下腹部; 胎(內). nichts im ~e haben《話》お腹が空っぽである. gesegneten〈schweren〉~es sein《雅》妊娠している. 4《建築》(円柱や尖塔の)基部.

'Leib·arzt 男 −es/⁼e 侍医.

'Leib·bin·de 女 −/−n 腹巻.

'Leib·chen ['laɪpçən] 中 −s/− (Leib の縮小形) 1《古》(Mieder)(婦人用の)胴衣. 2《古》(靴下留めのついた)子供用胴衣. 3《オーストリア》(男性用の)アンダーシャツ; トリコット.

'leib·ei·gen ['laɪp|aɪɡən] 形《歴史》農奴身分の, 隷属している.

'Leib·ei·ge·ne 女 男《形容詞変化》《歴史》農奴, 隷農.

'Leib·ei·gen·schaft 女 −/《歴史》農奴の身分.

'lei·ben ['laɪbən] 自《次の成句で》wie er leibt und lebt いかにも彼らしく, 実際あるがままに.

'Lei·bes·er·be ['laɪbəs..] 男 −n/−n 実子相続人.

'Lei·bes·er·zie·hung 女 −/《書》体育(授業).

'Lei·bes·frucht 女 −/《医学·法制》胎児.

'Lei·bes·kräf·te 複《次の成句で》aus〈nach〉Leibeskräften 全力で.

'Lei·bes·stra·fe 女 −/−n 体刑.

'Lei·bes·übung 女 −/−en《ふつう複数で》体操, 体育運動.

'Lei·bes·vi·si·ta·ti·on 女 −/−en 身体検査, ボディーチェック.

'Leib·gar·de ['laɪp..] 女 −/−n 親衛隊, 近衛隊.

'Leib·gar·dist 男 −en/−en 親衛隊員, 近衛兵.

'Leib·ge·richt 男 −[e]s/−e 好きな食べ物, 好物.

'leib·haft ['laɪphaft] 形《まれ》=leibhaftig

'leib·haf·tig [laɪp'haftɪç, '−−−] ❶ 形 1 (a) 肉体を具えた, 肉体化した; 人間の姿をした. der ~e Gott 人間の姿をした神, 受肉の神. die ~e Rachgier 復讐心の権化. Sie sieht aus wie die ~e Unschuld.《話》彼女は無邪気そのもののような顔をしている. der ~e Teufel / der Leibhaftige 悪魔. (b) 生き写しの, そっくりの. Er ist der ~e Vater. 彼は父親に生き写しだ. (c)《副詞的用法で》当人その人が; 紛れもなく, ありありと. Plötzlich stand der Verbrecher ~ vor ihr. 突然犯人自身が彼女の前に立っていた. 《話》本物の, 正真正銘の. Er heiratete eine ~e Prinzessin. 彼は本物の王女と結婚した. ❷ 副《話》(思いも及ばないことだが)本当に, 確かに Er hat seinen Vater ~ verklagt. あろうことか彼は父親を告訴した.

..leib·big [..laɪbɪç]《接尾》(↓ Leib)「...の肉つきをした」の意の形容詞をつくる. dickleibig 肥満した.

'leib·lich ['laɪplɪç] 形 1 身体の, 肉体の; 生身の mit ~en Augen 自分の目で. ~e Bedürfnisse 肉体的欲求. ~e Genüsse 浮世の楽しみ. 2 肉親の, 血を分けた. sein ~es Kind 彼の実子.

'Leib·niz ['laɪbnɪts]《人名》Gottfried Wilhelm ~ ゴットフリート·ヴィルヘルム·ライプニッツ (1646−1716, ドイツの哲学者·数学者). ♦ 一般にはライプニッツのカナ表記が行われている.

'Leib·ren·te ['laɪp..] 女 −/−n《法制》終身年金, 恩給.

'Leib·rock 男 −[e]s/⁼e《古》=Gehrock

'Leib·schmer·zen 複 腹痛.

'Leib·schnei·den 中 −s/−《地方》=Leibschmerzen

'Leib·spei·se 女 −/−n 好きな料理, 好物.

'Leib·wa·che 女 −/−n 護衛, ボディーガード.

'Leib·wäch·ter 男 −s/− 護衛, ボディーガード(の人).

'Leib·wä·sche 女 −/−n 肌着, 下着.

'Leib·weh 中 −[e]s/ (Leibschmerzen) 腹痛.

'Lei·ca ['laɪka] 女 −/−s《商標》ライカ(小型カメラ).

Leich¹ [laɪç] 男 −[e]s/−e《文学》ライヒ(中高ドイツ語で書かれた中世抒情詩の詩形. Lied とは行が不規則な節からなる).

Leich² 中 −[e]s/−en《南部·オーストリア》=Leiche

'Leich·dorn ['laɪçdɔrn] 男 −[e]s/−e(⁼er)《地方》 1 (Warze) 疣(いぼ). 2 (Hühnerauge) 魚(うお)の目.

*Lei·che ['laɪçə ライヒェ] 女 −/−n 1 死体, 屍(しかばね); 《雅》(動物の)死骸. eine lebende〈wandelnde〉~ 生ける屍. Er sieht aus wie eine ~ auf Urlaub.《話》彼はまるで死人みたいだ(すごく顔色が悪い). eine ~ im Keller haben《話》後ろめたいところがある. Nur über meine ~! 《話》私の目の黒いうちは断じて許さないぞ. über ~n gehen《比喩》(めざす目的のためなら)死体の山を築いても平気である, どんなあくどい(非情な)まねでもする. 2《南部·オーストリア》埋葬式, 葬儀; 葬式のあとの会食. zur ~ gehen 葬儀に参列する. 3《印刷》

漏語句.
Lei·chen·be·gäng·nis 中 -ses/-se《雅》埋葬式, 葬式.
Lei·chen·be·schau·er 男 -s/- 検屍官.
Lei·chen·be·stat·ter 男 -s/- 葬儀屋.
Lei·chen·bit·ter 男 -s/-《古》(村で死人が出たときに)葬式を触れてまわる人.
Lei·chen·bit·ter·mie·ne 女 -/-n《話》いかにも悲しそうな(見るからに暗い)顔つき.
lei·chen·blass 形 (死人のように)真っ青な, 蒼白な.
Lei·chen·frau 女 -/-en 湯灌(かん)をする女.
Lei·chen·ge·ruch 男 -[e]s/°e 屍臭.
Lei·chen·gift 中 -[e]s/-e 屍毒, プトマイン.
lei·chen·haft ['laɪçənhaft] 形 死人(死体)のような.
Lei·chen·hal·le 女 -/-n 霊安室; 死体仮安置所.
Lei·chen·haus 中 -es/°er = Leichenhalle
Lei·chen·hemd 中 -[e]s/-en 屍衣, 経帷子(きょうかたびら).
Lei·chen·öff·nung 女 -/-en 死体解剖.
Lei·chen·re·de 女 -/-n 弔辞. eine ~ halten 弔辞を述べる;《比喩》(今さらどうにもならないことについて)愚痴を言う.
Lei·chen·schän·dung 女 -/-en《法制》死体凌辱, 屍姦.
Lei·chen·schau 女 -/《法制》検屍.
Lei·chen·schau·haus 中 -es/°er (身元不明者の)死体公示所.
Lei·chen·schmaus 男 -es/°e 葬式の後の会食.
Lei·chen·star·re 女 -/-n 死後硬直.
Lei·chen·tuch 中 -[e]s/°er **1** 遺体を包む白布. **2**《古》(Bahrtuch) 棺の覆い.
Lei·chen·ver·bren·nung 女 -/-en 火葬.
Lei·chen·wa·gen 男 -s/- 霊柩車.
Lei·chen·zug 男 -[e]s/°e《雅》葬列.
Leich·nam ['laɪçnaːm] 男 -[e]s/-e《雅》遺体, 亡骸(なきがら). ein lebender⟨wandelnder⟩ ~ 生ける屍.

leicht

[laɪçt ライヒト] ❶ 形 (↔ schwer) **1** 軽い, 軽量の. eine ~e Bluse 薄手のブラウス. ~es Gepäck 軽い手荷物. ~es Metall 軽金属. Sie ist 42 Kilo ~.《戯》彼女の体重はわずか42キロだ.《副詞的用法で》bekleidet sein 軽装(薄着)である. j⁴ um et⁴ ~er machen《話》人⁴から物を巻上げる. **2** 易(やさ)しい, 容易な. eine ~ Arbeit 易しい仕事. Das ist kein ~er Entschluss. それは容易にできる決心ではない. Sie hat ein ~es Leben. 彼女は気楽な生活をしている. ein ~er Sieg 楽勝.《名詞的用法で》Das ist mir ein Leichtes⟨~es⟩ そんなことは私には朝飯前だ.《副詞的用法で》Er ist ~ beleidigt. 彼は感情を害しやすい. Er wird ~ böse. 彼はすぐに腹を立てる. Das ist ~ gesagt[, aber schwer getan]. それは「言うは易く行うは難し」だ. Es ist ~ möglich, dass...は大いにありそうなことだ.《不定の es⁴ と》es ~ haben (人生などで)苦労がない, 楽をする. Er hat es nicht ~ mit seiner Frau. 彼は奥さんには手を焼いている. **3** (程度の)軽い, 軽微の, ちょっとした, 僅かな. ein ~er Anfall 軽い発作. ~er Regen 小雨. ein ~er Schlaf 浅い眠り.《副詞的用法で》~ grüßen 軽く会釈する. das Fenster ~ öffnen 窓をすこし開ける. ~ verletzt 軽傷を負った. **4** (気分・動きなどが)軽やかな, 軽快な, 楽な. ~en Fußes⟨Herzens⟩足取り軽く⟨楽な気持ちで⟩. eine ~e Hand haben 手腕がいい, 器用である. Mir ist so ~ ums Herz. 私は心が浮き浮きしている.《副詞的用法で》~ tanzen 軽やかに踊る. **5** (飲食物が)軽い, 消化のよい;(香水・煙草などが)軽い. ~e Speisen 軽い食事. 《名詞的用法で》etwas Leichtes essen 軽い食事をとる. **6** (音楽・読み物などが)軽い, 肩の凝らない. ~e Musik 軽音楽. **7**《話》軽薄な, 軽はずみな, ふしだらな. ~es Blut haben 軽はずみな人間である. ~es Mädchen 尻軽な娘.
❷ 副《南ド・オーストリア》(vielleicht) ひょっとして.
♦↑ leicht bewaffnet, leicht fallen, leicht machen, leicht nehmen, leicht tun, leicht verdaulich, leicht verletzt, leicht verständlich, leicht verwundet

'Leicht·ath·let 男 -en/-en 陸上競技選手. ♦ 女性形 Leichtathletin 女 -/-nen
'Leicht·ath·le·tik 女 -/ 陸上競技.
'Leicht·bau 男 -[e]s/《工学》軽量構造;《建築》軽量建造(方式).
'Leicht·ben·zin 中 -s/-e 軽ベンジン, 揮発油(沸点60-110℃の).
'Leicht·be·ton 男 -s/-s 軽量コンクリート.
'leicht be·waff·net, °**'leicht be·waff·net** 形《軍事》軽装備の.
'leicht·blü·tig ['laɪçtblyːtɪç] 形 陽気な, 快活な, 楽天的な.
'Leich·ter ['laɪçtɐr] 男 -s/- 《海事》**1** 艀(はしけ). **2** 水上コンテナ.
'leich·tern ['laɪçtɐrn] 他《海事》(船の)積荷をはしけで降ろす;(を)軽くする.
'leicht fal·len*, °**'leicht|fal·len*** 自 (s) (↔ schwer fallen) (人³にとって)たやすいことである, 容易である.
'leicht·fer·tig ['laɪçtfɛrtɪç] 形 軽率な, 軽はずみな, 無思慮な;《古》軽佻浮薄な.
'Leicht·fer·tig·keit 女 -/-en 軽率, 軽薄.
'leicht·flüs·sig 形《化学》易融性の.
'Leicht·fuß 男 -es/°e《話》軽率な人, おっちょこちょい. Bruder ~《古》《戯》軽率者.
'leicht·fü·ßig ['laɪçtfyːsɪç] 形 すばしこい, 敏捷な; 軽快な足取りの.
'Leicht·ge·wicht 中 -[e]s/-e **1** (複数なし)《スポーツ》ライト級. **2** ライト級の選手;《話》軽はずみな人.
'Leicht·ge·wicht·ler ['laɪçtɡəvɪçtlər] 男 -s/- ライト級の選手.
'leicht·gläu·big 形 信じやすい, だまされやすい.
'Leicht·gläu·big·keit 女 -/ 信じやすいこと(だまされやすいこと).
'Leicht·heit ['laɪçthaɪt] 女 -/ 軽いこと, 軽さ.
'leicht·her·zig 形 のんきな, 気楽な, 屈託のない.
'leicht'hin ['laɪçt'hɪn] 副 **1** 軽はずみに, 無造作に, つい, うっかりと. **2** ことのついでに, さりげなく, そっと, ちょっと.
'Leich·tig·keit ['laɪçtɪçkaɪt] 女 -/ **1**《まれ》= Leichtheit **2** たやすいこと, 容易. mit ~ 楽々と. **3** 気楽さ, のびやかさ.
'leicht·le·big ['laɪçtleːbɪç] 形 (生き方が)気楽な, のんきな, いい加減な.
'leicht ma·chen, °**'leicht|ma·chen** 他 (人³に)事⁴を容易にしてやる. j⁴ einen Entschluss ~ 人³の決断を容易にしてやる.《再帰的に》es sich¹ ~ 手を抜く, 手軽に片づける.
'Leicht·ma·tro·se 男 -n/-n《海事》2等船員.
'Leicht·me·tall 中 -s/-e 軽金属.
'leicht neh·men*, °**'leicht|neh·men*** 他 (事⁴を)軽く考える.

Leicht·öl 匣 -[e]s/-e 〖化学〗軽油.

*__Leicht·sinn__ ['laɪçtzɪn ライヒトズィン] 男 -[e]s/ **1** 軽率, 軽はずみ. aus ~ ついうっかり, 軽はずみに. **2**《まれ》軽薄.

*__leicht·sin·nig__ ['laɪçtsɪnɪç ライヒトズィニヒ] 形 **1** 軽率な, 軽はずみな, 不注意な, 無思慮な. **2**《まれ》軽薄な.

'leicht tun*, °**'leicht|tun*** 〈**sich³**〉/まれ **sich⁴**〉《話》*sich*³⟨⁴⟩ bei⟨mit⟩ et³ ~ 事³を軽々と(やすやすと)やってのける. 彼女は自分の上司にうんざりしている.

'leicht ver·dau·lich, °**'leicht·ver·dau·lich** 形 胃に軽い, 消化しやすい.

'leicht ver·letzt, °**'leicht·ver·letzt** 形 軽傷の.

'leicht ver·ständ·lich, °**'leicht·ver·ständ·lich** 形 分かりやすい, 平明な.

'leicht ver·wun·det, °**'leicht·ver·wun·det** 形 軽傷の.

Leicht·was·ser·re·ak·tor 男 -s/-en 軽水炉.

*__leid__ [laɪt ライト] 形 **1**〈**j⟨et⟩²leid sein⟨werden⟩**/雅 **j⟨et⟩²leid sein⟨werden⟩**/話 **j⟨et⟩⁴leid haben**の形で》《人が主語》人⟨事⟩⁴,²にうんざりしている⟨うんざりする). Er ist diese Arbeit längst ~. 彼はこの仕事がとっくにいやになっている⟨↑2(a)⟩. Sie ist ihren Chef ~ [geworden]. 彼女は自分の上司にうんざりしている. Er ist seines Lebens ~. 彼は人生に嫌気がさしている. Ich bin⟨話 habe⟩ es ~. 彼はもう利用されるのはこりごりだ. **2**〈**j³ leid sein⟨werden⟩**の形で》《事柄が主語》《古》(a) (…に)人³はうんざりしている⟨うんざりする). Diese Arbeit ist ihm längst ~. この仕事が彼にはとっくにいやになっている⟨↑1). (b) (…を)人³は悔やんでいる, 後悔している. Es ist ihm ~ [geworden], früh geheiratet zu haben. 彼は若くして結婚したことを後悔している. **3**《古》不愉快な, いやな. ein ~*es* Wetter いやな天気. ◆ *j³* leid tun については ↑Leid 1.

*__Leid__ [laɪt ライト] 匣 -[e]s/ **1** 悲しみ, 苦しみ, 悩み. Geteiltes ~ ist halbes ~.《諺》分かちあった苦しみは半分になる(悩みを打明ける). j³ *sein* ~ klagen 人³につらい思いを訴える⟨悩みを打明ける). j³ ~⟨*leid*⟩ tun 人³を残念がらせる, 気の毒に思わせる. Der arme Junge tut mir ⟨*leid*⟩. その哀れな男の子が私は気の毒でならない. Er tut mir ⟨*leid*⟩. / Es tut mir ⟨*leid*⟩ um ihn. 彼は気の毒だ. Es tut mir ~⟨*leid*⟩, dass ich nicht mit kommen kann. いっしょに来れ(行けなくて残念です. [Es] tut mir ~⟨*leid*⟩, aber… 申し訳ありませんが⟨あいにくですが⟩… **2** 危害. j³ ein ~ ⟨ein ~*s*⟩ antun 人³に危害を加える. sich³ ein ~⟨古 ein ~*s*⟩ antun《雅》自害する. **3**《古》葬式(の後の会食); 喪服. j³ ins ~ laden 人³を葬式の後の会食に招く. ◆ ↑zuleide

Lei·de·form ['laɪdə..] 囡 -/-en 〖文法〗(↔ Tatform) (Passiv) 受動態.

*__lei·den*__ ['laɪdən ライデン] litt, gelitten **❶** 匣 **1** 苦しむ, 悩む⟨an⟨unter⟩ et³事³で); 病んでいる⟨an et³ 物³を). an der Leber ~ 肝臓が悪い. an Rheuma ⟨Zucker⟩ ~ リューマチ⟨糖尿病⟩にかかっている. Christus hat für uns *gelitten*. キリストは私たちに代わって苦しみを受けられた. unter Schlaflosigkeit ~ 不眠に悩む. unter j³ ~/ unter j³ [viel] zu ~ haben 人³のせいでつらい思いをさせられる. **2** 害を受ける, 損なわれる⟨durch et⁴ 物⁴によって/ unter et³ 物³のもとで). Die Obstbäume haben durch den Frost *gelitten*. 果樹が霜の害を受けた. unter der Feuchtigkeit ~ 湿気でいたむ. **❷** 他 **1** (苦痛·害を)受ける, こうむる; (に)苦しむ Hunger ~ 飢えに苦しむ. Not ~ 貧苦に悩む Schaden ~ 損害を受ける. **2** (a)《ふつう否定形で》耐える, 我慢する; 許容する. Das *leide* ich nicht! それは我慢ならない(許せない). Ich *leide* es nicht, dass er mitgeht. 彼が同行するのは困る.《事柄が主語》Die Sache *leidet* keinen Aufschub. その件は一刻の猶予もならない. Diese Regel *leidet* keine Ausnahme. この規則には例外は認められない.《非人称的に》*Es leidet* mich hier nicht länger. 私はもう以上ここにはいられない. (b) ⟨**können, mögen**と〉気にいる, 好ましく思う. j⟨et⟩¹ gut ~ können⟨mögen⟩ 人⟨物⟩が気に入る, 好きである. j⟨et⟩¹ nicht ~ können ⟨mögen⟩ 人⟨物⟩¹が好きになれない, (が)我慢ならない (c)《過去分詞で》bei j¹ gut ⟨wohl⟩ *gelitten* sein 人¹に好かれている, 好まれている. Er ist dort nur *gelitten*. 彼はそこであまり快く思われていない.
♦ ↑leidend

*__Lei·den__ ['laɪdən ライデン] 匣 -s/- **1** (長引く)病気, 病苦. ein altes⟨unheilbares⟩ ~ 持病⟨不治の病⟩. ein langes ~ 長患い.《戯》ひょろひょろと背の高い人. Das ist ja [eben] das ~! それがまさに辛い⟨苦しい⟩ところだ. **2**《ふつう複数で》苦しみ, 苦悩. die Freuden und *Leiden* des Lebens 人生の哀歓. **3**〈宗〉 das ~ Christi キリストの受難. wie das ~ Christi aussehen《諺》見るも哀れな様子の.

'Lei·den² [地名] ライデン(オランダ西部の都市).

'lei·dend 現分/形 **1** 病気の, 病気持ちの. **2** 苦しげな, 苦しげに満ちた.

*__Lei·den·schaft__ ['laɪdənʃaft ライデンシャフト] 囡 -/-en **1** 激情, 情熱, 熱情. eine blinde ~ 盲目的な情熱. aus ~ 激情にかられて. ~ mit 情熱的に. **2**《複数なし》激しい恋情, 恋心; 欲情. eine glühende ~ zu j³⟨für j⁴⟩ 人³,⁴に対する灼熱の恋情. **3** 熱中(の対象). Autos sind seine ~. 彼はカーマニアだ.
♦ ↑Passion

*__lei·den·schaft·lich__ ['laɪdənʃaftlɪç ライデンシャフトリヒ] 形 **1** 情熱的な, 熱烈な; 激しい, 熱烈な. Er ist ein ~*er* Mensch. 彼は情熱家だ. j⁴ ~ küssen 人⁴に熱烈なくちづけをする. **2** 熱中した, 熱狂的な. ein ~*er* Sammler 収集マニア. Sie isst ~ gern Schokolade. 彼女はチョコレートが大好きだ.

'lei·den·schaft·lich·keit 囡 -/ 情熱的なこと.

'lei·den·schafts·los ['laɪdənʃaftslo:s] 形 感情に左右されない, 冷静な, 醒めた.

'Lei·dens·ge·fähr·te, **'Lei·dens·ge·nos·se** 男 -n/-n 苦難(運命)をともにする人; 同病者. ◆女性形 Leidensgefährtin, Leidensgenossin 囡 -/-nen

'Lei·dens·ge·schich·te 囡 -/-n **1** die ~ Christi 〖宗教〗キリストの受難物語. **2** (ある人物·時代の)苦難の物語(歴史).

'Lei·dens·weg 匣 -[e]s/-e **1** der ~ Christi 〖宗教〗キリストの受難の道(Gethsemane から Golgatha までの). **2**《雅》苦難の道, いばらの道.

'lei·der ['laɪdər ライダー] 副 残念ながら, あいにく. *Leider* kann ich nicht mitkommen. 残念ながら私はご一緒できません. Hast du Zeit? — *Leider* nicht ⟨nein⟩! 暇はあるかい — あいにく暇はないよ. *Leider* Gottes! 残念無念.

'leid·ge·prüft 形 幾多の試練を経た, 辛酸をなめ尽くした.

lei·dig ['laɪdɪç] 《付加語的用法のみ》嫌な, 煩わしい, やっかいな, いまいましい.

leid·lich ['laɪtlɪç ライトリヒ] 形 まあまあの, まずまずの.

leid·tra·gend 形 **1**《まれ》喪中の, 喪に服している. **2** 被害を被っている, 犠牲者の. ◆Leid tragend とも書く.

Leid·tra·gen·de 男 女《形容詞変化》**1**《まれ》喪中の人, 遺族. **2** 被害者, 犠牲者. ◆Leid Tragende とも書く.

leid·voll ['laɪtfɔl] 形《雅》悲しみ(苦悩)に満ちた.

Leid·we·sen 中 -s/《次の成句で》zu meinem ~ 遺憾(残念)ながら.

Lei·er ['laɪɐr] 女 -/-n **1**《楽器》(a) (Lyra)(古代ギリシアの7弦の竪琴)リラ. (b) (Drehleier)(中世の擦奏弦楽器)ハーディ・ガーディ. Es ist immer die alte ⟨die gleiche / dieselbe⟩ ~.《話》相も変らぬ同じ話だ. **2**《話》(Kurbel) クランク. **3** die ~《天文》琴座.

Lei·er·kas·ten 男 -s/=手回しオルガン.

Lei·er·kas·ten·mann, **Lei·er·mann** 男 -[e]s/手回しオルガン弾き.

lei·ern ['laɪɐrn] ❶ 自 **1** クランクを回す; (an et³ 物³を)回す. **2** 単調に(だらだらと)話す(唱える, 演奏する). ❷ 他 **1** (物⁴のクランクを回して動かす. den Eimer aus dem Brunnen ~ 井戸からつるべを巻上げる. die Jalousie nach oben⟨unten⟩ ~ ブラインドを上げる⟨下げる⟩. j⁴ et⁴ aus dem Kreuz⟨den Rippen⟩ ~《話》人³から物を強引に巻上げる. **2**(物⁴を)単調に(だらだらと)話す(唱える, 演奏する). ein Gedicht ~ 詩を棒読みする.

Leih·amt 中 -[e]s/=er 公営の質屋.

Leih·an·stalt 女 -/-en Leihhaus.

Leih·ar·bei·ter 男 -s/- 出向社員, 派遣労働者.

Leih·ar·beit·neh·mer 男 -s/- =Leiharbeiter

Leih·bi·blio·thek, **Leih·bü·che·rei** 女 -/-en 貸出文庫, 貸本屋.

Lei·he ['laɪə] 女 -/-n (↑leihen) **1**《法制》(↔ Miete) 使用貸借. **2**《話》=Leihhaus

lei·hen* ['laɪən ライエン] lieh, geliehen 他 **1** (a) (人³に物⁴を)貸す. Kannst du mir dein Auto ~? 君の車を貸してくれないか. j³ Geld mit ⟨zu⟩ 5% Zinsen ~ 人³にお金を5%の利息で貸す. (b)《雅》(人⁴に力などを)貸す; (援助などを)与える. Leihen Sie mir bitte Ihr Ohr! どうか耳を貸してください. j³ sein Vertrauen ~ 人³に信頼を寄せる. **2** ([sich³] et⁴ 物⁴を)借りる. [sich³] bei der Bank Geld ~ 銀行からお金を借りる. ◆ borgen

Leih·fahr·rad 中 -[e]s/=er レンタル自転車.

Leih·ga·be 女 -/-n (特別展示用の)貸出品.

Leih·ge·bühr 女 -/-en 貸出料(金).

Leih·haus 中 -es/=er 質屋.

Leih·mut·ter 女 -/- 代理母.

Leih·rad 中 -[e]s/=er =Leihfahrrad

Leih·schein 男 -[e]s/-e **1** 質札. **2**《図書館》(Bestellschein) 貸出証.

Leih·wa·gen 男 -s/- レンタカー.

leih·wei·se ['laɪvaɪzə] 副 貸借りによって. j³ et⁴ ~ überlassen 人³に物⁴を貸す.

Leim [laɪm] 男 -[e]s/-e **1** 膠(ニカワ); 糊(のり), 接着剤. aus dem ~ gehen《話》ばらばらになる; (友情などが)くずれる, 破綻する; (太り出して)体の線が崩れる. **2** 鳥もち. j⁴ auf den ~ führen⟨locken⟩《話》人⁴を罠にかける.

j³ auf den ~ gehen⟨kriechen⟩《話》人³の罠にかかる.

'lei·men ['laɪmən] **1** (物⁴を)膠(にかわ)でくっつける; (物⁴に)膠(糊, 接着剤)を塗る. **2**《話》(人⁴を)だます, ぺてんにかける.

'Leim·far·be 女 -/-n 水性ペンキ.

'lei·mig ['laɪmɪç] 形 膠(ニカワ)の.

'Leim·ring 男 -[e]s/-e《園芸》もち輪(果樹の害虫駆除のため, 殺虫成分を混ぜた樹脂などを塗布したテープを幹に巻きつける).

'Leim·ru·te 女 -/-n (鳥を捕うえるための)もち竿(ざお).

Lein [laɪn] 男 -[e]s/-e《植物》あま(亜麻)(属).

..lein [..laɪn]《接尾》-chen と同じく名詞につけて「小さいもの, かわいいもの」を表す中性名詞(~ -s/-) をつくる. 主として ch, g に終る名詞に対して用いるが, 今日では ..chen の方が一般的で, ..lein は雅語的. ..lein をつけた名詞の幹母音 a, o, u, au は必ず Umlaut を起す. Kindlein かわいい子. Häuslein 小さな家.

*'**Lei·ne** ['laɪnə ライネ] 女 -/-n 綱, 紐, ロープ; 物干用ロープ; (犬などの)引き綱, 手綱;《船員》索, (船の)とも綱. einen Hund an der ~ führen 犬に綱をつけて引く. j⁴ an der [kurzen] ~ haben⟨halten⟩《話》人⁴を意のままに操る. j³ [die lange] ~ lassen《話》人³の手綱を緩める. j⁴ an die ~ legen《話》人⁴の自由を縛る. ~ ziehen《話》(こそこそ)立去る, 消え失せる.

'lei·nen ['laɪnən] 形 亜麻織りの, リンネルの.

*'**Lei·nen** ['laɪnən ライネン] 中 -s/-《紡織》亜麻布, リンネル. ein Buch in ~ gebunden クロス装の本.

'Lei·nen·band¹ 男 -[e]s/=e《略 Ln., Lnbd.》クロス装(の本).

'Lei·nen·band² 中 -[e]s/=er 亜麻ひも.

'Lei·nen·zeug 中 -[e]s/- **1** 亜麻布, リンネル. **2** 亜麻布製品(シーツやテーブルクロスなど).

'Lein·ku·chen 男 -s/- (飼料用の)亜麻仁油(あまにゆ)の油かす.

'Lein·öl 中 -[e]s/- 亜麻仁油(あまにゆ).

'Lein·pfad 男 -[e]s/-e (運河や川沿いの)船曳き道.

'Lein·sa·men 男 -s/- 亜麻の種子, 亜麻仁.

'Lein·tuch 中 -[e]s/=er 亜麻布(リンネルの)敷布, シーツ.

'Lein·wand ['laɪnvant] 女 -/=e **1**《紡織》亜麻布, クロース. **2** (映画の)スクリーン, 銀幕. einen Roman auf die ~ bringen ある小説を映画化する. **3** 画布, カンバス.

'Leip·zig ['laɪptsɪç]《地名》ライプツィヒ(ドイツ中部ザクセン州の都市).

'Leip·zi·ger ['laɪptsɪgɐr] ❶ 男 -s/- ライプツィヒの人. 女性形 Leipzigerin 女 -/-nen ❷ 形《不変化》ライプツィヒの.

leis [laɪs] 形《雅》=leise

'lei·se ['laɪzə ライゼ] 形 **1** (↔ laut)(音・声の)小さな, かすかな, 低い; 静かな, おとない. ein ~s Geräusch 微かな物音. ein ~s Kind おとない子供. auf ~n Sohlen 足音をしのばせて. mit ~r Stimme 小声で. Sei ~! 静かにしろ. ~ sprechen⟨weinen⟩ 小声で話す⟨忍び泣く⟩. ~ weinend《戯》すごすごと. **2**《述語的には用いない》かすかな, 僅かな, ほのかな, 軽度の. ein ~r Duft ほのかな香り. eine ~ Hoffnung かすかな希望. ein ~r Regen 小糠雨(こぬかあめ). einen ~n Schlaf haben 眠りが浅い. et⁴ ~ berühren 軽くにそっと触れる. ~ lächeln かすかにほほえむ.《否定詞+最上級の形で》nicht die ~ste Ahnung haben 夢にも思わない, 露ほども知らない. nicht im *Leisesten*

Lei·se·tre·ter ['laɪzətreːtɐ] 男 -s/- 《俺》はっきりものを言わない人, 事なかれ主義の人.

'Leis·te ['laɪstə] 女 -/-n **1** 縁取り, へり, 桟(さん); 押縁(おしぶち). **2** 《紡織》織り耳, 織り縁(ぶち). **3** 《解剖》鼠経部(そけいぶ). **4** 《紋章》(細い)横帯. **5** 《登山》(足が乗せられないほど)小さい岩棚.

****leis·ten** ['laɪstən ライステン] ❶ 他 **1** 成し遂げる, 果たす; 〈業績〉をあげる. eine Aufgabe ～ ある任務を果たす. Großartiges〈Übermenschliches〉 ～ でかいこと〈超人的なこと〉をやり遂げる. zehn Überstunden ～ 10時間の超過勤務(残業)をする. Der Motor *leistet* 120 PS. このエンジンは120馬力だ. Er *leistet* viel. 彼はよくできる男だ. **2**《機能動詞として》(…を)行う, する. [bei] j³ Abbitte ～ 人³に謝罪する. j³ Beistand ～ 人³を支援する. j³ einen Dienst ～ 人³に尽くす. einen Eid ～ 宣誓する. j³ für et¹ Ersatz ～ 人³に事⁴の補償(埋め合せ)をする. et³ Folge ～ 事³に従う, 応じる. j³ Gesellschaft ～ 人³につきあう, (の)お相手をする. eine Unterschrift ～ 署名する. auf et⁴ Verzicht ～ 事⁴を断念する. Widerstand ～ 抵抗する. Zahlungen an j⁴ ～ 人⁴に(かなり高額の)支払いをする.
❷ 再《sich³》〈物⁴〉を奮発して買う; 〈事⁴〉を思い切って(厚かましくも)やってのける. *sich* ein neues Auto ～ 思い切って新車を買う. *sich* eine große Reise ～ 奮発して大旅行に出かける. Das kann ich *mir* nicht ～. とてもじゃないがそれを買う(する)余裕はないよ, そんなことはできないよ.

'Leis·ten 男 -s/- (靴の制作・修理用の)木型, 靴型. Schuster, bleib bei deinem ～!《諺》分に安んじよ, 出過ぎたまねはするな. alles über einen ～ schlagen《話》何もかも一律に扱う.

'Leis·ten·bruch 男 -[e]s/⁺e《病理》鼠径(そけい)ヘルニア.

'Leis·ten·ge·gend 女 -/《解剖》鼠径部(そけいぶ).

****'Leis·tung** ['laɪstʊŋ ライストゥング] 女 -/-en **1** 業績, 成績; 成果, 仕事. eine große ～ 偉大な成果. eine schwache ～ 不出来な仕事. eine wissenschaftliche ～ 学問上の業績. Das ist eine ～! はみごとな出来映えだ. Dieser Schüler hat gute〈schlechte〉 ～en. この生徒は成績が良い〈悪い〉. **2**《機械などの》働き, 機能, 性能, 能力; 効率, 仕事率;《電気》出力, 電力. die ～ des menschlichen Auges 人間の目の働き. eine ～ von 100 PS〈von 200 kW〉100馬力〈200キロワット〉. **3**《複数なし》(仕事・義務などを)成し遂げること, 遂行, 履行. **4**《法制》(保険などの)給付, (支払い義務などの)履行. eine ～ in Geld〈Naturalien〉現金〈現物〉給付.

'leis·tungs·be·zo·gen 形 (給料などが)業績しだいの, 業績に見合った.

'Leis·tungs·bi·lanz 女 -/-en《経済》経常収支.

'Leis·tungs·druck 男 -[e]s/《業績(成績)主義のプレッシャー, 業績(成績)を上げなくてはという精神的重圧.

'leis·tungs·fä·hig **1** 有能な; 性能(効率)のよい. **2** 給付能力のある.

'Leis·tungs·fä·hig·keit 女 -/ (作業)能力; 性能, 能率;《電気》可能出力.

'Leis·tungs·ge·sell·schaft 女 -/-en《複数まれ》能力主義社会.

'Leis·tungs·lohn 男 -[e]s/⁺e《経済》能率給, 出来高賃金.

'Leis·tungs·mes·ser 男 -s/《電子工》電力計;

出力計.

'leis·tungs·ori·en·tiert 形 業績本位の, 能力主義の.

'Leis·tungs·prin·zip 中 -s/ 能力(能率)主義(の原理).

'Leis·tungs·prü·fung 女 -/-en 学力検査, 能力(性能)テスト.

'Leis·tungs·sport 男 -[e]s/ (↔ Freizeitsport) 競技スポーツ.

'Leis·tungs·trä·ger 男 -s/-《スポーツで》チーム貢献度の高い選手. ♦ 女性形 Leistungsträgerin 女 -/-nen

'Leis·tungs·ver·mö·gen 中 -s/ =Leistungsfähigkeit.

'Leis·tungs·zen·trum 中 -s/..tren (スホーツ)(強化選手のための)トレーニングセンター, 強化合宿所.

'Leis·tungs·zu·la·ge 女 -/-n《経済》(本給に上積みされる)特別手当, 勤勉手当.

'Leit·ar·ti·kel ['laɪtʔartiːkəl] 男 -s/-《新聞》論説, 社説; (雑誌の)巻頭論文. ♦ 英語 leading article の翻訳借用語.

'Leit·ar·tik·ler 男 -s/-《話》(新聞などの)論説委員.

'Leit·bild 中 -[e]s/-er 模範, 理想像.

****'lei·ten** ['laɪtən ライテン] 他 **1** 率いる, 指導(指揮)する, 経営する, 主宰する, …の長をつとめる. eine Gruppe ～ グループを率いる. ein Krankenhaus ～ 病院の院長をつとめる. ein Spiel ～《スポーツ》試合の審判をつとめる. ein Unternehmen ～ 企業を経営する. **2** (人⁴を…へ)導く, 連れて行く. j⁴ ins Zimmer ～ 人⁴を部屋の中へ案内する. Seine Schwächen *leiten* ihn zu diesem Entschluss. 《比喩》弱さが彼にそう決心させた. *sich*¹ von et³ ～ lassen 《比喩》事(感情・思想など)に支配される. **3** (物⁴を…へ)導く, 送る, 通す. Erdöl durch Rohre ～ 石油をパイプで輸送する. das Regenwasser in ein Becken ～ 雨水を水槽に導く. et⁴ in die Wege ～《比喩》事⁴を軌道に乗せる. den Verkehr über eine andere Straße ～ 交通を別の道路へ迂回させる. **4** (熱・電気などを)伝える, 伝導する. 《目的語なしでも》Gummi *leitet* [Elektrizität] nicht. ゴムは絶縁体である.

'lei·tend 現分 形《述語的には用いない》**1** 指導的な, 主要な, 重要な. der ～e Gedanke (講演・本などの)中心思想, 主題. eine ～e Stellung 指導的な地位, 管理職. **2** 導体の, 伝導性の.

****'Lei·ter** ['laɪtɐ ライター] 男 -s/- 指導者, 指揮者, リーダー, 長; 支配人, 部局長, 主任, 監督; 主宰者, 司会者; (試合の)審判. der ～ einer Handelsabteilung 商事部局(部, 課)長. der ～ einer Schule ある学校の校長. ein künstlerischer ～ 美術監督. **2**《物理》(電気・熱などの)導体. ♦ 女性形 Leiterin 女 -/-nen

****'Lei·ter²** 女 -/-n 梯子(はしご). eine ～ anlegen〈aufstellen〉梯子を掛ける. eine ～ an die Wand lehnen 梯子を壁に立てかける. auf der ～ der höchsten Macht stehen 《比喩》権力の頂点に立っている. auf die ～ steigen 梯子に上る.

'Lei·ter·spros·se 女 -/-n (梯子の)横木.

'Lei·ter·wa·gen 男 -s/- (両側に梯子(はしご)状の枠がついた)干し草用荷車.

'Leit·fa·den 男 -s/⁺ **1** 入門書, 手引. **2** 指針. ♦ ギリシア神話の Ariadnefaden の話にちなむ.

'leit·fä·hig 形《物理》伝導性の.

'Leit·fä·hig·keit 女 -/-en《物理》**1** 伝導率. **2** 導電率.

'**Leit·fos·sil** 中 -s/..lien 〖地質〗示準(標準)化石.
'**Leit·ge·dan·ke** 男 -ns/-n 中心思想, 主題, 基調.
  ◆格変化は Gedanke 参照.
'**Leit·ham·mel** 男 -s/ **1** (群を導く)先導の羊. **2**
  《比喩》(盲目的群衆の)先導者, 扇動者; 首謀者.
'**Leit·hund** 男 -[e]s/-e 盲導犬. **2** 〖狩猟〗(ハウ
  ンド系の)先導犬.
'**Leit·li·nie** 女 -/-n **1** ガイドライン, 指針; 路線.
  〖交通〗車線境界線. **3** 〖幾何〗準線.
'**Leit·mo·tiv** 中 -s/-e **1** 〖音楽〗ライトモチーフ, 示導
  (主導)動機. **2** 〖文学〗(作品の)中心思想, 主題.
'**Leit·plan·ke** 女 -/-n 〖交通〗ガードレール.
'**Leit·satz** 男 -es/¨-e **1** 指導原理, 綱領, テーゼ. **2**
  (判決などの)主文.
'**Leit·seil** 中 -[e]s/-e 《南ﾄﾞｲﾂ･ｽｲｽ･ｵｰｽﾄﾘｱ》(馬･犬などの)引
  綱, 手綱. am ～ der Partei hängen《比喩》党の言
  いなりになる.
'**Leit·spruch** 男 -[e]s/¨-e 標語, モットー.
'**Leit·stel·le** 女 -/-n 指令センター.
'**Leit·stern** 男 -[e]s/-e **1** 《比喩》導きの星; 指標, 指針.
'**Leit·strahl** 男 -[e]s/-en **1** 〖航空〗誘導電波, 無線
  ビーム. **2** 〖物理･幾何〗動径, 径線ベクトル.
'**Leit·stu·die** 女 -/-n (↑Pilotstudie) パイロット調査,
  予備研究.
'**Leit·tier** 中 -[e]s/-e (群の)先導獣.
*'**Lei·tung** ['laɪtʊŋ ライトゥング] 女 -/-en **1** 《複数なし》
  (a) 指導, 指揮, 監督; 管理, 経営, 主宰, 司会; (試合
  の)審判. die ～ der Expedition übernehmen 探検
  隊の指揮を取る. unter [der] ～ des Dirigenten X
  指揮者 X のタクトのもと. (b) 《集合的に》首脳陣, 経
  営陣; 指導部. **2** (水道･ガスなどの)導管, 配管, パイ
  プライン; (電気などの)ケーブル, 配線, 送電線, 電話回
  線. Die ～ ist besetzt. 電話がふさがっている, 話し中
  である. eine lange ～ haben《話》頭の回転が遅い,
  血のめぐりが悪い. eine ～ legen〈ziehen〉導管を敷
  設する〈電線を引く〉. auf der ～ stehen〈sitzen〉
  《話》ぼんやりしている, のみこみが悪い. Es ist jemand
  in der ～.《話》電話が混線している(盗聴されている).
'**Lei·tungs·draht** 男 -[e]s/¨-e 電線, 導線, ケーブル.
'**Lei·tungs·netz** 中 -es/-e 送電網, 配管網.
'**Lei·tungs·rohr** 中 -[e]s/-e (水道･ガスなどの)導管.
'**Lei·tungs·was·ser** 中 -s/ 水道の水.
'**Leit·werk** 中 -[e]s/-e **1** 〖航空〗(昇降舵･方向舵･
  補助翼などの)操縦装置(の総称); (ﾛｹｯﾄの)尾翼(装置).
  2 〖土木〗導流工. **3** 〖電算〗制御装置, コントロール
  ユニット.
'**Leit·wort** 中 -[e]s/¨-er 《複数 ¨er》**1** キーワード.
  2 《複数 -e》=Leitspruch
*'**Lek·ti·on** [lɛktsi'oːn レクツィオーン] 女 -/-en (lat.,
  ,das Lesen') **1** (テキストの)課; 課題. die Übun-
  gen zu ～ 3 3 課の練習問題. seine ～ [in Franzö-
  sisch] lernen〈gut können〉(フランス語の)課題をうま
  くこなす. Sie hat ihre ～ gelernt.《比喩》彼女は多く
  を学んだ(失敗したり嫌な目にあったりして). **2** 《古》講
  義, 授業. **3** 教訓, 訓戒. j³ eine ～ erteilen〈ver-
  passen〉人にお説教をする, お灸(きゅう)をすえる. **4** 《ｷﾘｽﾄ
  教》(Lesung) 聖書の朗読. **5** 〖馬術〗(馬の調教テス
  トの)課題.
'**Lek·tor** ['lɛktoːr] 男 -s/-en [lɛk'toːrən] (lat.,
  ,Leser') **1** (大学の外国語の授業などの)講師. **2**
  (出版社の)原稿審査係, 編集員. **3** 《ｶﾄﾘｯｸ》(牧師の
  代理として聖書を朗読する)読師. ◆女性形 Lekto-
  rin 女 -/-nen

Lek·to·rat [lɛkto'raːt] 中 -[e]s/-e **1** Lektor の職.
  2 (出版社の)原稿審査部. **3** 原稿審査.
*'**Lek'tü·re** [lɛk'tyːrə レクテューレ] 女 -/-n (fr.) **1** 読
  み物. **2** 読むこと, 読書; (授業の原書の)講読.
'**Lem·ma** ['lɛma] 中 -s/-ta [..ta] (gr.) **1** 《古》(作品な
  どの)表題, 題目. **2** 〖数学･論理〗レンマ, 補助定理.
  3 (辞書などの)見出し語. **4** 〖文法〗(Grundform)
  原形.
'**Lem·ming** ['lɛmɪŋ] 男 -s/-e (dän.) 〖動物〗(ノルウェ
  ー)レミング.
Le·mur [le'muːr] 男 -en/-en, **Le·mu·re** [le'muː-
  rə] 男 -n/-n (lat.) **1** (ふつう複数で)〖ﾛｰﾏ神話〗レムレ
  ース(5 月の決った日の夜家々に徘徊するという死者の
  霊. **2** 〖動物〗(Maki) きつねざる.
'**Le·na** ['leːna] 《女名》レーナ (Lene の別形).
'**Le·nau** ['leːnaʊ] 《人名》Nikolaus ～ ニコラウス･レー
  ナウ (1802-50, ドイツロマン派の詩人).
'**Len·de** ['lɛndə] 女 -/-n **1** 〖解剖〗腰部. **2** 《複数
  で》《雅》(a) (生殖能力をもつ)腰. die Kraft seiner
  ～n 彼の生殖力. (b) ein Schwert um *seine*
  ～n gürten 刀を腰に差す. **3** (Filet) (牛･豚など食肉
  用家畜の)ヒレ肉, 腰肉.
'**Len·den·bra·ten** 男 -s/- ヒレ肉のロースト.
'**len·den·lahm** 形 《比較変化なし》腰が抜けたような,
  腰が立たない;《比喩》弱々しい, 女々しい.
'**Len·den·schurz** 男 -es/-e (一枚布などの)腰巻.
'**Len·den·stück** 中 -[e]s/-e ヒレ肉, 腰肉.
'**Len·den·wir·bel** 男 -s/- 〖解剖〗腰椎(ようつい).
'**Le·ne** ['leːnə] 《女名》 (Helene および Magdalene の
  短縮)レーネ. ↑Lena
'**Le·nin** ['leːnɪn] 《人名》Wladimir Iljitsch ～ ヴラデ
  ィーミル･イリイチ･レーニン (1870-1924, ロシア革命の指
  導者).
'**Le·nin·grad** ['leːnɪnɡraːt] 《地名》レニングラード.
  ↑Sankt Petersburg
Le·ni'nis·mus ['leːniˈnɪsmʊs] 男 -/ レーニン主義.
'**Lenk·ach·se** [lɛŋk..] 女 -/-n 〖鉄道〗(機関車など
  の)操舵(そうだ)軸, 転向軸.
'**lenk·bar** ['lɛŋkbaːr] 形 **1** 操縦できる, 制御できる.
  2 (子供などが)指導しやすい, 扱いやすい, 従順な.
*'**len·ken** ['lɛŋkən レンケン] 他 **1** (乗物などを)向ける
  (方向に); 運転する. einen Wagen nach links ～
  車のハンドルを左に切る. seine Schritte nach Hause
  ～《雅》家路につく.《目的語なしで》mit einer Hand
  ～ 片手で運転する. **2** (関心･考えなどを)向ける(ある
  ことに); 導く, 指導する. das Gespräch auf et⁴ ～ 話
  を事に向ける. die Aufmerksamkeit auf et⁴ ～ 注
  意を事に向ける. die Presse ～ 言論を統制する.
  《目的語なしで》Der Mensch denkt, Gott *lenkt*.《諺》
  はかりごとは人にあり, 運は天にあり.《過去分詞で》*ge-
  lenkte* Wirtschaft 統制経済.
'**Len·ker** ['lɛŋkər] 男 -s/- **1** (a) 操縦者, 運転者; 御
  者. (b) 《雅》指導者, 統率者, 指揮者. ▶女性形
  Lenkerin 女 -/-nen **2** (乗物の)ハンドル. **3** 〖工
  学〗滑り棒. sich³ den goldenen ～ verdienen (上
  司や教師などに)胡麻(ゴマ)をすって取入る.
'**Lenk·rad** 中 -[e]s/¨-er (自動車などの)円形ハンドル.
'**Lenk·rad·schal·tung** 女 -/-en〖自動車〗コラムシ
  フト.
'**lenk·sam** ['lɛŋkzaːm] 形 《副詞的には用いない》操縦
  (制御)しやすい; (子供･馬などが)指導しやすい, 扱いやす
  い, 従順な.
'**Lenk·stan·ge** 女 -/-n (自転車･オートバイの)ハンド

'Len·kung ['lɛŋkʊŋ] 囡 -/-en **1**《複数なし》(機械などの)操縦, 運転; (国などの)支配, 指導. **2** 運転(操縦)装置.

'len·to ['lɛnto] 副 (it.)〖音楽〗レント, 遅く.

Lenz [lɛnts] 男 -es/-e **1**《古》《雅》(Frühling) 春. ~ des Lebens 青春. **2**《複数で》《雅》歳, 年齢. Sie zählt gerade 18 ~ e. 彼女は芳紀(ほうき)まさに18歳である. **3**《話》《次の用法で》sich³ einen [schönen] ~ machen / einen [schönen] ~ haben〈schieben〉(仕事を怠けて)のんびり暮す, のんびり仕事をする.

'len·zen ['lɛntsən] 自《古》《雅》(非人称的に) Es lenzt. 春になる.

'Len·zing ['lɛntsɪŋ] 男 -s/-e《複数まれ》《古》(März) 3月.

'Lenz·pum·pe ['lɛntspʊmpə] 囡 -/-n《船員》(船の)排水ポンプ, ビルジポンプ.

'Leo ['le:o]《男名》(lat., Löwe¹) (Leonhard, Leopold の短縮) レーオ.

Le·o·nar·do [leo'nardo]《人名》~ da Vinci レオナルド・ダ・ヴィンチ (1452-1519, イタリア・ルネサンス期の画家・彫刻家・建築家).

'Le·on·hard ['le:ɔnhart]《男名》レーオンハルト. ↑Leo

Le·o·no·re [leo'no:rə]《女名》(Eleonore の短縮) レオノーレ.

Le·o·pard [leo'part] 男 -en/-en (lat.)〖動物〗(Panther) ひょう(豹).

'Le·o·pold ['le:ɔpɔlt]《男名》レーオポルト. ↑Leo

Le·po·rel·lo [lepo'rɛlo] ❶《人名》(it.) レポレロ (Mozart のオペラ『ドン・ジョヴァンニ』Don Giovanni に登場する従者). ❷ 中 -s/-s 経本式アルバム (仏教の経本のような折畳式の絵葉書帳または写真帳. ❶ のレポレロが主人の色事をすべて記録したリストにちなむ).

'Le·pra ['le:pra, 'lɛpra] 囡 -/ (gr.)〖病理〗(Aussatz) 癩病(らいびょう), ハンセン氏病.

le·pros [le'pro:s], **le·prös** [le'prø:s] 形〖医学〗ハンセン氏(癩)病の, ハンセン氏(癩)病に感染した; 癩性の.

lep·to'som [lɛpto'zo:m] 形 (gr.)〖医学〗痩せ型の, 細身の; 痩せ顔の.

*'Ler·che ['lɛrçə レルヒェ] 囡 -/-n〖鳥〗ひばり. eine ~ schießen《地方》(馬などから)まっ逆様に落ちる; もんどりうって倒れる.

'lern·bar ['lɛrnba:r] 形《比較変化なし》学ぶことのできる, 習得可能の.

'Lern·be·gier·de [-] 囡 -/ 向学心, 知識欲.

'Lern·be·gie·rig 形 向学心(知識欲)がある, 知識欲が旺盛である.

'lern·be·hin·dert 形 学習障害のある, 知恵遅れの.

'Lern·ei·fer 男 -s/ 勉強熱心, 向学心.

'ler·nen ['lɛrnən レルネン] ❶ 他 **1** 学ぶ, 習う, 覚える; 習得する, 修行する. Deutsch〈Englisch〉~ ドイツ語〈英語〉を学ぶ. Klavier ~ ピアノを習う. ein Gedicht〈Vokabeln〉~ 詩〈単語〉を覚える. et⁴ von j³ ~ 事⁴を人³から習う. et⁴ auswendig ~ 事⁴を暗記する. ein Handwerk ~ (ある)手仕事を習う覚える. Er hat Tischler gelernt.《話》彼は指物師としての修行をすでに積んでいる. Das Gedicht〈Das Lied〉lernt sich⁴ leicht. その詩〈歌〉は覚えやすい. Mancher lernt's nie. 物覚えの悪いやつがいるもんだ. Er muss ~, pünktlich zu sein. 彼は時間に正確になることを学ばねばならない.《zu のない不定詞と》Klavier spielen ~ ピアノを習う. Auto fahren ~ 車の運転を習う. schwimmen ~ 泳ぎを習う. Er hat verzichten gelernt. 彼はあきらめることを学んだ. ▶↑gelernt ❷ 自 学ぶ, 勉強する, 宿題をする; 修行する. aus seinen Fehlern ~ 失敗に学ぶ. Ich habe zwei Stunden gelernt. 私は2時間勉強した. Du musst mehr ~. もっと勉強しないとだめですよ.《話》leicht〈schwer〉~ のみこみが早い〈悪い〉. Die Mutter lernt täglich mit ihm.《話》お母さんが毎日彼の宿題を手伝ってあげている. Er lernt noch. 彼はまだ学校へ行っている; 彼はまだ修行中である. Gelernt ist gelernt.《話》習ったことはなかなか忘れないもの.

♦ ↑kennen lernen, lieben lernen

'Lern·mit·tel 中 -s/- (教科書・ノートなどの)学習教材.

'Lern·mit·tel·frei·heit 囡 -/ 学習教材(用具)無償供与.

'Lern·pro·gramm 中 -s/-e 教育用ソフト.

'Lern·schwes·ter 囡 -/-n 見習い看護婦.

'Les·art ['le:sa:rt] 囡 -/-en **1**《文学》(一本間の・あるいは原典と異本との)字句の異同. **2** 解釈, 見解.

'les·bar ['le:sba:r] 形 **1**《文字を読むことができる, 判読できる. **2**《論文などが》読んで分かりやすい, 読みやすい.

'Les·be ['lɛsbə] 囡 -/-n =Lesbierin

'Les·bi·e·rin ['lɛsbiərɪn] 囡 -/-nen (↓Lesbos) レスボス島の女性. **2** 同性愛の女性, レスビアン(レスボス島の女流詩人 Sappho が同性愛を好んだといわれることから).

'les·bisch ['lɛsbɪʃ] 形 (↓Lesbos) **1** レスボス島の. **2** (女性の)同性愛の, レスビアンの. ~ e Liebe (女性の)同性愛.

'Les·bos [lɛsbɔs]《地名》レスボス島(エーゲ海東部の島, 古代ギリシア人の植民地. 女流詩人 Sappho の生地. ↑Lesbierin.

'Le·se ['le:zə] 囡 -/-n **1** (ぶどうの)収穫. **2**《雅》(詩作品のアンソロジー, 調査集.

'Le·se·bril·le 囡 -/-n《話》読書用眼鏡.

'Le·se·buch 中 -[e]s/¨er 読本, リーダー.

'Le·se·dra·ma 中 -s/..men [..mən]〖文学〗レーゼドラマ(読むための戯曲).

'Le·se·frucht 囡 -/¨e《多く複数で》《雅》読書で得た知識.

'Le·se·ge·rät 中 -[e]s/-e **1** (データ・文字などの)自動読取機. **2** (マイクロフィルム用)リーダー.

'Le·se·hal·le 囡 -/-n 閲覧室; 公共の図書館.

'le·sen* ['le:zən レーゼン] las, gelesen / du liest, er liest ❶ 他 **1** 読む, 読書する; 朗読する. ein Buch〈einen Brief〉~ 本〈手紙〉を読む. Dieses Buch wird gern〈viel〉gelesen. この本はよく読まれる. Hesse ~ ヘッセ〈の作品〉を読む. Korrektur ~ 校正する. die Messe ~ 〖カトリック〗ミサをあげる. Ihre Handschrift ist leicht zu ~. 彼女の字は読みやすい. Hier ist zu ~, dass... ここには…と書かれている.《目的語なしで》Der Schriftsteller XY liest heute aus eigenen Werken. 作家XYがきょう自作を朗読する. Das Kind kann schon ~. その子はもう字が読める. Er liest gern. 彼は読書が好きだ. **2** 読取る, 判読する. In seinen Augen kann man die Enttäuschung ~. 彼のまなざしには落胆の色がうかがえる. Die Zukunft aus den Karten〈den Sternen〉~ 未来をカードで占う〈星占いをする〉. j³ aus der Hand ~ 人の手

相を見る．Daten ~ 〖コンピュ〗データを読み取る．**3** 講義する．[über] deutsche Literatur ～ドイツ文学の講義をする．《directive語なしで》Der Professor *liest* an der Universität Frankfurt. その教授はフランクフルト大学で講義をしている．**4** 摘む，拾い集める，選り分ける．Wein⟨Ähren⟩ ~ ぶどうを摘む⟨落穂を拾う⟩．Erbsen ~ えんどう豆を選り分ける．
❷ 他 《**sich**》Das Buch⟨Seine Schrift⟩ *liest* sich leicht⟨schwer⟩. この本⟨彼の字⟩は読みやすい⟨にくい⟩．Ich habe *mich* durch Thomas Manns „Zauberberg" *gelesen*. 私はトーマス・マンの『魔の山』を読み通した．

'**Le·sen** 中 -s/ 読むこと; 読書．
'**le·sens·wert** 形 読む価値がある，一読に価する．
'**Le·se·pro·be** 囡 -/-n **1** (新刊書の宣伝用の)内容見本, 抜粋見本．**2** 《演劇》本読み．
'**Le·se·pult** 中 -[e]s/-e 書見台; (教会の)朗読台．
'**Le·ser** ['leːzɐr レーザー] 男 -s/- **1** (a) 読者, 購読者．Zeitungs*leser* 新聞の購読者．(b) 拾い集める人．Ähren*leser* 落穂拾い．**2** 〖コンピュ〗自動読取機．
'**Le·se·rat·te** 囡 -/-n 《戯》本の虫, 多読家．
'**Le·ser·brief** 男 -[e]s/-e 読者からの手紙，投書．
'**Le·se·rei** [leːzəˈraɪ] 囡 -/ 乱読．
'**Le·ser·kreis** 男 -es/-e 読者層(数)．
'**le·ser·lich** ['leːzɐrlɪç] 形 (字が)読みやすい．
'**Le·ser·schaft** ['leːzɐrʃaft] 囡 -/ 《集合的に》読者，購読者．
'**Le·ser·zu·schrift** 囡 -/-en (Leserbrief)(新聞・雑誌への)投書．
'**Le·se·saal** ['leːzəzaːl] 男 -[e]s/..säle (図書館の)閲覧室, 読書室．
'**Le·se·stoff** 男 -[e]s/-e 読物．
'**Le·se·stück** 中 -[e]s/-e (授業用の)短い読物．
'**Le·se·zei·chen** 中 -s/- (本の)しおり．
'**Le·se·zim·mer** 中 -s/- 読書室, 閲覧室．
'**Le·se·zir·kel** 男 -s/- 雑誌回覧サークル(予約制で定期的に雑誌を貸出しする営利組織)．
'**Les·sing** ['lɛsɪŋ] 《人名》Gotthold Ephraim ~ ゴットホルト・エフライム・レッシング(1729-81, ドイツ啓蒙主義の劇作家・批評家)．
'**les·singsch** 形 **1** レッシング風の．**2** レッシングの．
°'**Les·singsch** ↑lessingsch 2
'**Le·sung** ['leːzʊŋ] 囡 -/-en **1** 朗読(とくに (a) ミサの際の聖書の朗読．(b) 作家などの作品の朗読．**2** (作家などの)朗読会．**3** 《政治》(法案の)読会．**4** (Lesart) (異本間の)字句の異同．
le·tal [leˈtaːl] 形 (*lat.*)《医学》(tödlich) 致命的な，致死の．
Le·thar·gie [letarˈɡiː] 囡 -/ (*gr.*) **1** 《病理》嗜眠(みん)．**2** 《比喩》無気力，無関心，無感動．
le·thar·gisch [leˈtarɡɪʃ] 形 **1** 《病理》嗜眠(みん)性の．**2** 《比喩》無気力な，無関心な，無感動な．
'**Le·the** ['leːtə] 囡 ❶ 《人名》der ~ , das Vergessen') 〖ギリシア神話〗 レーテー(冥界を流れる川．「忘却」の擬人化女神，死者はこの川の水を飲むと過去を忘れる)．~ trinken 過去を忘れる．❷ 中 / 忘却．
'**Le·to** ['leːto] 《人名》〖ギリシア神話〗 レート(Titanen の 1 人. Zeus の愛を受けて Apollon と Artemis の母となる)．
'**Let·te** ['lɛtə] 男 -n/-n ラトヴィア人(出身者). ↑Lettland ◆女性形 Lettin 囡 -/-nen
'**Let·ter** ['lɛtɐr] 囡 -/-n (*fr.*) 活字体の文字; 《印刷》活字．

'**Let·tern·gieß·ma·schi·ne** ['lɛtɐrn..] 囡 -/-n 《印刷》活字鋳造(いがた)機．
'**let·tisch** ['lɛtɪʃ] 形 ラトヴィア(人, 語)の．↑deutsch
'**Lett·land** ['lɛtlant] 《地名》ラトヴィア(バルト海に面する共和国ラトヴィア 3 国の 1 つ, 1991 年に旧ソビエト連邦より独立．首都リガ Riga)．
'**Lett·ner** ['lɛtnɐr] 男 -s/- (*mhd.*)《建築》(中世の教会において)内陣と身廊との間の仕切り壁(聖書朗読壇がおかれ, 合唱隊席でもあった. ↑Langhaus)．

letzt [lɛtst レッツト] 形《付加語的用法のみ》**1** 最後の, 最終の．der ~ e Bus 最終バス．die ~ en ⟨*Letzten*⟩ Dinge 《宗教》 四終(死・審判・天国・地獄)．j⁴ die ~ e Ehre erweisen 人⁴の葬儀に列席する．~ *en* Endes 結局．Hier bin ich das ~ e Mal gewesen. ここにきるのはこれが最後だ．zum ~ en Mal 最後に．bis zum ~ *en* Mann kämpfen 最後の 1 人まで戦う．j⁴ zur ~ en Ruhe tragen⟨betten⟩ 人⁴を埋葬する．die ~ e Stunde 《雅》死期, 臨終．der ~ e ⟨*Letzte*⟩ Wille 遺言．in den ~ *en* Zügen liegen 虫の息である, 臨終の床にいる．《名詞的用法》Er ist in seiner Klasse der *Letzte*. 彼はクラスで成績がびりだ．Er kam als *Letzter*⟨~ *er*⟩. 最後に彼がやってきた．Er wäre der *Letzte*⟨~ *e*⟩, dem ich es sagen würde. 彼にだけはそれを話さないだろう．Den *Letzten*⟨~ *en*⟩ beißen die Hunde. 《諺》のろまにはいつも馬鹿を見る．am *Letzten* des Monats 月の末日に．**2** 極限の; 究極の．mit ~ *er* Kraft 最後の力をふりしぼって．Das ist doch die ~ *e* Unverschämtheit. これは本当にこれ以上ない恥知らずな行為だ．der ~ *e* Zweck 究極の目的．sein *Letztes* hergeben 最後の力をふりしぼる．《前置詞》bis aufs *Letzte*⟨~ *e*⟩ 完全に, すっかり．bis ins *Letzte*⟨~ *e*⟩ きわめて詳細に，事細かに．bis zum *Letzten*⟨~ *en*⟩ とことん, 極度に．bis zum *Letzten*⟨~ *en*⟩ gehen 極端に走る, 最後の手段に訴える．**3** 最近の，この前の; 最新の．in ~ *er* Zeit / in der ~ *en* Zeit 近頃，最近．in der ~ *en* Woche 先週．~ *es* Jahr 昨年．am ~ *en* Sonntag この前の日曜日に．~ *en* Mal / beim ~ *en* Mal この前, 前回．die ~ *en* Nachrichten 最新のニュース．
Letzt 囡 -/ 《次の用法でのみ》zu guter ~ 結局, 終(つい)には．

'**letz·te Mal**, °'**letz·te·mal** 副《次の用法で》das ~ / zum *letzten* Mal 最後に．↑letzt ①
'**letz·tens** ['lɛtstəns] 副 **1** 最後に．**2** (neulich) 先日, この間．
'**letz·ter** ['lɛtstɐr] 形《しばしば **erster** と相関的に》後者の．im ~ *en* Falle 後者の場合．
'**letzt·ge·nannt** 形《付加語的用法のみ》最後に述べた(挙げた)．
'**letzt·hin** ['lɛtsthɪn] 副 先日, この間; 最近, 近頃．
'**letzt·jäh·rig** 形《付加語的用法のみ》去年(昨年)の．
'**letzt·lich** ['lɛtstlɪç] 形 ❶ **1** 結局, 最後には．**2** (letzthin) 最近, 近頃．❷ 形 最終的な．
'**letzt·mög·lich** 形《付加語的用法のみ》最終的に可能な．die ~ e Frist ぎりぎりの期限．
'**letzt·wil·lig** 形《述語的には用いない》《法制》遺志の, 遺言による．~ e Verfügung 終意処分, 遺言．
Leu¹ [lɔʏ] 男 -en/-en (*lat.* leo, Löwe')《雅》ライオン．
Leu² [leu, 'leːu] 男 -/ Lei (*rumän.*) レウ(ルーマニアの通貨単位)．
'**Leucht·ba·ke** ['lɔʏçt..] 囡 -/《海事》灯標．
'**Leucht·bom·be** 囡 -/-n 照明弾．

'**Leuch·te** ['lɔyçtə] 囡 -/-n **1** (Lampe) ランプ,灯火,明かり.〈懐中電灯・ろうそく・松明などの〉照明道具. Decken*leuchte* 天井灯. **2**《比喩》《話》頭脳明断な人;権威,専門家. Er ist eine ~ auf seinem Gebiet. 彼はその専門分野の権威である.

***'leuch·ten** ['lɔyçtən ロイヒテン] 圓 **1** 輝く,光る,照る. Die Sterne *leuchten* in der Nacht. 夜空に星がきらめいている. *sein* Licht ~ lassen《比喩》《戯》才能を発揮する. Sein Gesicht *leuchtet* vor Freude. 彼の顔は喜びに輝いている. **2** 光を発する,発光する. *leuchtende* Tiere 発光生物. **3** 照らす. unter den Tisch ~《探し物などをして》机の下を照らす. in alle Ecken ~ 隅々を照らす. j³ [mit der Taschenlampe] ~ 人³の足もとを〈懐中電灯で〉照らして歩きやすくする.

'**leuch·tend** 現分 形 光る,輝いている;《比喩》立派な,優れた. ein ~*er* Tag 快晴の一日. ein ~*es* Rot 鮮やかな赤色. ein ~*es* Beispiel 立派な手本〈模範〉.

'**Leuch·ter** ['lɔyçtɐ] 男 -s/- 燭台,ろうそく立て.
'**Leucht·far·be** 囡 -/-n 発光〈夜光〉塗料.
'**Leucht·feu·er** 田 -s/- 《海事・航空》〈灯台・空港などの〉灯光標識.
'**Leucht·gas** 田 -es/《古》(Stadtgas) 都市ガス.
'**Leucht·kä·fer** 男 -s/- 《虫》蛍.
'**Leucht·kraft** 囡 -/"e 〈色彩の〉明るさ,輝き;《天文》光度.
'**Leucht·ku·gel** 囡 -/-n 発光信号弾,照明弾.
'**Leucht·pis·to·le** 囡 -/-n 発光信号〈照明弾〉用ピストル.
'**Leucht·ra·ke·te** 囡 -/-n 信号〈照明弾〉用ロケット.
'**Leucht·re·kla·me** 囡 -/-n ネオンサイン.
'**Leucht·röh·re** 囡 -/-n 《電子工》蛍光〈放電〉管,ネオン管.
'**Leucht·schiff** 田 -[e]s/-e =Feuerschiff
'**Leucht·schirm** 男 -[e]s/-e 《物理》蛍光板.
'**Leucht·si·gnal** 田 -[e]s/-e 発光信号.
'**Leucht·spur·mu·ni·ti·on** 囡 -/-en 《軍事》曳光(えいこう)弾.
'**Leucht·stoff** 男 -[e]s/-e 《物理》発光物質.
'**Leucht·stoff·lam·pe** 囡 -/-n 蛍光灯.
'**Leucht·turm** 男 -[e]s/"e 灯台.
'**Leucht·zif·fer** 囡 -/-n 〈時計などの〉発光文字.
'**Leucht·zif·fer·blatt** 田 -[e]s/"er 〈時計などの〉発光文字盤.

***'leug·nen** ['lɔygnən ロイグネン] 個 否定する,否認する. die Existenz Gottes ~ 神の存在を否定する. *seine* Schuld ~ 自分の罪を否認する. Es ist nicht zu ~, dass... …は否定しがたい,明白である.《中性名詞として》Alles *Leugnen* half ihm nichts. 彼がいくら否定してもむだだった.《目的語なしで》Er *leugnete* hartnäckig. 彼はがんこに否定した.

'**Leug·ner** ['lɔygnɐ] 男 -s/- 否定〈否認〉する人.
'**Leug·nung** ['lɔygnuŋ] 囡 -/-en 否定,否認.
leuk..,Leuk.. [lɔyk..]《接頭》↑leuko-, Leuko..
Leu·kä'mie [lɔykɛ'miː] 囡 -/-n [..'miːən] (*gr.* Leuk.. + ..'ämie)《病理》白血病.
Leu·ko-, Leu·ko.. [lɔyko..]《接頭》(*gr.*, weiß, hell')形容詞・名詞などに冠して「白い,白」の意を表す. 母音の前では leuk.., Leuk.. となる. *Leuko*dermie《病理》白斑.
Leu·ko·pa'thie [lɔykopa'tiː] 囡 -/-n [..'tiːən]《医学・獣医》白皮病,白子.
Leu·ko'plast [lɔyko'plast] (*gr.*) ❶ 田 -[e]s/-e

《商標》ロイコプラスト(酸化亜鉛を含有する絆創膏). ❷ 男 -en/-en《複数で》《植物》白色体.
Leu·ko'zyt [lɔyko'tsyːt] 男 -en/-en (*gr.* Leuko.. + ..zyt)《ふつう複数で》《解剖》白血球.
'**Leu·mund** ['lɔymʊnt] 男 -[e]s/ (Ruf) 《素行上の》評判. einen guten〈schlechten〉 ~ haben 評判がよい〈悪い〉. j⁴ in schlechten ~ bringen 人⁴を誹謗する,中傷する. böser ~ 陰口,悪口.
'**Leu·munds·zeug·nis** 田 -ses/-se 素行〈行状〉証明書.
'**Leut·chen** ['lɔytçən] 覆 (Leute の縮小形)《話》〈よい〉人たち,連中. meine ~《若者》うちの連中〈家族,親類〉.

'**Leu·te** ['lɔytə ロイテ] 覆 **1** 人々. Viele ~ sind gekommen. 大ぜいの人がやって来た. nette〈alte〉 ~ 親切な人々〈老人〉たち. kleine ~ 庶民;子供たち. die jungen ~ 若者たち;《同居している》若夫婦. Land und ~ kennen lernen その土地と人情を知る. Was werden die ~ dazu sagen どうしたことについて世間は〈人は〉何と言うだろう. Aus Kindern werden ~.《諺》子供もいずれおとなになる. Wenn das noch einmal vorkommt, dann sind wir geschiedene ~. もう一度こんなことがあったら,君とは絶交だ. 《前置詞と》Hier ist es [ja/doch] nicht wie **bei** armen ~n. 《客に物を差出して》ここにはなんでも揃っているんですよ〈貧乏人のところとは違って〉. viel〈wenig〉 **unter** die ~ kommen 人との交際が多い〈あまり人と交際したがらない〉. Du musst mehr unter die ~ gehen. 君はもっと人前に出ていったほうがいいよ. Du musst dafür sorgen, dass es nicht unter die ~ kommt. その事が人に知られないようにしなければいけないよ. et⁴ unter die ~ bringen その事を人に知らせる,広める. Geld unter die ~ bringen 《話》お金を使う. eine Ware unter die ~ bringen 《話》ある品物を売る. **vor** allen ~n 公衆の面前で. et⁴ nur der ~ **wegen** tun ひたすら人に悪く思われないために事をする. **2** 部下,使用人;兵士;《話》従業員,人手. Der Graf und seine ~ 伯爵とその使用人. Der Betrieb beschäftigt über 1000 ~. その企業は 1000 人以上の従業員を雇っている. **3**《話》《所有代名詞と》家族,親類.

'**Leu·te·schin·der** 男 -s/- 《卑》人を酷使する人,部下をこき使う人.
'**Leut·nant** ['lɔytnant] 男 -s/-s(-e) (*fr.*)《略 Lt.》《軍事》陸軍〈海軍〉少尉.
'**Leut·pries·ter** ['lɔyt..] 男 -s/- 《古》《宗教》(Laienpriester) 教区付き司祭.
'**leut·se·lig** ['lɔytzeːlɪç] 形 《目下の者に対して》腰が低い,気さくな;人づきあいのよい.
'**Leut·se·lig·keit** 囡 -/ 腰が低い〈気さくな〉こと;人づきあいのいいこと.
Le'van·te [le'vantə] 囡 -/ (*it.*, Ost') 《地名》 die ~ レヴァンテ,レバント(地中海東岸地域の歴史的名称).
Le·van'ti·ner [levan'tiːnɐ] 男 -s/- レヴァンテの住民(ヨーロッパ人と中近東人の混血);レヴァンテの商人(とくにユダヤ・ギリシア・イタリア・アルメニア系の). ♦女性形 Levantinerin 囡 -/-nen
Le'vi [le'viː] (*hebr.*) ❶《男名》レーヴィ. ❷《人名》《旧約》レビ(Jakob と Lea の第 3 子,レビ族およびそれから派生した諸部族の祖. 創 35:23, 23:46).
Le·vi'a·th[**j**]**an** [levi'aːtan, levia'taːn] 男 -s/-e (*hebr.*) **1** レビアタン(聖書では 5 回名前が挙げられてい

e'vit [le'vi:t] 男 -en/-en (↓ Levi 2) **1** レビ人(ｲｽﾗｴﾙにおける祭司連合). **2** (ユダヤ教の)祭司, 助祭司. **3** (複数で)《ｶﾄ》 (盛儀ミサにおける)助祭, 副助祭. j³ ~ en lesen 《話》人³をきびしく叱る.

e·vi·ti·kus [le'vi:tikʊs] 男 -/ (*lat*.) (↓ Levit 1) 《旧約》レビ記.

e·vi·tisch [le'vi:tɪʃ] 形 (↓ Levit 1) レビ人(ﾋﾄ)の.

ev'ko·je [lɛf'ko:jə] 女 -/-n (*gr*., weißes Veilchen') 《植物》あらせいとう.

ew [lɛf] 男 -[s]/Lewa ['lɛva, 'le:va] (*bulgar*., Löwe ') レフ(ブルガリアの通貨単位).

ex [lɛks] 女 -/Leges ['le:ge:s] (*lat*., Gesetz') 法, 法律, 法条.

e·xi'gra·phisch [lɛksi'gra:fɪʃ] 形 =lexikographisch

e·xi·ka ['lɛksika] Lexikon の複数.

e·xi·ka·lisch [lɛksi'ka:lɪʃ] 形 (*gr*. lexis, Ausdruck ') **1** 辞書の; 事典のような. **2** 語彙(ｺﾞｲ)の. ~ *e* Einheit 《言語》語彙素.

Le·xi·ken ['lɛksikən] Lexikon の複数.

Le·xi·ko'graf [lɛksiko'gra:f] 男 -en/-en =Lexikograph

Le·xi·ko·gra'fie [..gra'fi:] 女 -/ =Lexikographie

le·xi·ko'gra·fisch [..'gra:fɪʃ] 形 =lexikographisch

Le·xi·ko'graph [lɛksiko'gra:f] 男 -en/-en 辞典(事典)編集者.

Le·xi·ko·gra'phie [..gra'fi:] 女 -/ (Lexikon + ..graphie) 辞典(事典)編集.

le·xi·ko'gra·phisch [..'gra:fɪʃ] 形 辞典(事典)編集(上)の.

Le·xi·kon ['lɛksikɔn レクスィコン] 中 -s/Lexika (Lexiken) (*gr*., Wörterbuch ') **1** 事典. Konversations*lexikon*《話》百科事典. Er ist ein wandelndes *bendes*)~《話》彼は生き字引だ. **2** 《古》(Wörterbuch) 辞書, 辞典. **3** 《言語》語彙(ｺﾞｲ).

Le·zi'thin [letsi'ti:n] 中 -s/-e (*gr*., Eigelb ') 《生化学》レシチン.

lfd. 《略》=laufend

lfd. J. 《略》=laufendes Jahr, laufenden Jahres 今年(の).

lfd. m. 《略》=laufender Meter, laufenden Meters (布地などの)連続した 1 メートル分(の).

lfd. M. 《略》=laufender Monat, laufenden Monats 今月(の).

lfd. Nr. 《略》=laufende Nummer (雑誌などの)最新号.

Lfg. 《略》=Lieferung 2

LG 《略》=Landgericht

Lha·sa ['la:za] 《地名》ラサ, 拉薩(中国チベット自治区の首都).

Li [ɛl'li:] 《記号》《化学》Lithium

Li·ai·son [liɛ'zõ:] 女 -/-s (*fr*.) リエゾン, 連音. **1**(恋愛)関係; 連絡, 協力. **2** 《音声》リエゾン, 連音.

Li'a·ne [li'a:nə] 女 -/-n (*fr*.) (多く複数で)《植物》蔓(ﾂﾙ)植物.

Li·as ['li:as] 男 (女) -/ (*fr*.) 《地質》ライアス (黒ジュラ).

Li·ba'ne·se [liba'ne:zə] 男 -n/-n (↓ Libanon) レバノン人.

li·ba'ne·sisch [..zɪʃ] 形 レバノン(人)の. ↑ deutsch

'Li·ba·non ['li:banon] 男 -[s]/ (*arab*., weißer Berg ') 《地名》**1** [der] ~ レバノン (アラブ人の共和国, 首都ベイルート Beirut). **2** der ~ レバノン山脈(レバノン中部, 地中海に沿って南北に走る山脈).

'Li·ba·non·ze·der [..'..] 女 -/-n 《植物》レバノン杉, 香柏(ｺｳﾊｸ) (美しい姿, 力強きのゆえに旧約聖書でしばしば言及される. 《旧約》エゼ 31 : 3-7, 詩 104 : 16 など).

Li·bel'le [li'bɛlə] 女 -/-n **1**《虫》とんぼ. **2** (Wasserwaage) (測量用の)水準器. **3** 髪留め, ヘアクリップ.

****li·be'ral** [libe'ra:l リベラール] 形 **1** 自由主義的の, 自由主義的(リベラル)な. ~ *e* Gedanken 自由主義的な(リベラル)な考え方. die ~ *en* Abgeordneten 自由主義政党の議員. ~ wählen 自由主義政党に投票する. **2** 偏見のない, 寛容な.

Li·be'ra·le [libe'ra:lə] (形容詞変化) **1** 自由主義政党の党員. **2** 自由主義者, リベラルな考え方をする人.

li·be·ra·li'sie·ren [liberali'zi:rən] 他 (貿易・法律規制などを)自由化する, 緩和する.

Li·be·ra·li'sie·rung 女 -/ 自由化, 緩和.

****Li·be·ra'lis·mus** [libera'lɪsmʊs リベラリスムス] 男 -/ 自由主義. **2** (政治上の)リベラルな立場(保守主義と社会民主主義あるいは社会主義との中間).

Li·be·ra'list [libera'lɪst] 男 -en/-en 自由主義者, リベラリスト.

li·be·ra'lis·tisch [..] 形 自由主義的な.

Li·be·ra·li'tät [liberali'tɛ:t] 女 -/ 自由(主義的な)こと, 自由思想; 寛大さ, 気前の良さ.

Li·be'ria [li'be:ria] 《地名》リベリア (西アフリカの共和国, 首都モンロビア Monrovia).

'Li·be·ro [li:bero] 男 -s/-s (*it*., freier Mann ') 《ｻｯｶｰ》リベロ.

Li·ber'tas [li'bɛrtas] 《人名》 (*lat*.) 《ﾛｰﾏ神話》リベルタース (「自由」の擬人化女神).

Li·ber'tin [libɛr'tɛ̃:] 男 -s/-s (*fr*.) **1**《雅》放蕩者, 無頼の徒. **2**《古》 (Freidenker) 自由思想家.

Li·ber·ti'na·ge [libɛrti'na:ʒə] 女 -/-n (*fr*.) 放縦, 無頼.

li·bi·di'nös [libidi'nø:s] 形 (↓ Libido) 《医学・心理》リビドーの(による).

'Li·bi·do [li:bido, li'bi:do] 女 -/ (*lat*., Lust, Begierde ') 《医学・心理》リビドー (人間のすべての行為の基底となる心的エネルギー, Freud はこれを性欲, C. G. Jung は生命力と規定).

Li·bret'ti [li'brɛti] Libretto の複数.

Li·bret'tist [librɛ'tɪst] 男 -en/-en (オペラなどの)台本作者.

Li·bret'to [li'brɛto] 中 -s/-s (Libretti) (*it*., Büchlein ') (オペラなどの)台本, リブレット.

Li·bus·sa [li'bʊsa] (*slaw*., Liebling ') ❶《女名》リブッサ. ❷《人名》リブッサ (プラハを建設したとされるチェコの伝説上の女王).

'Li·by·en ['li:byən] 《地名》リビア (アフリカ中北部にある共和国, 首都トリポリ Tripoli).

'Li·by·er [li:byər] 男 -s/- リビア人.

'li·bysch ['li:bʏʃ] 形 リビア(人)の. ↑ deutsch

Lic. 《略》=Lizentiat ②

licht [lɪçt] 形 **1** 明るい, 明るく輝いている; (色彩・色調が)明るい, 淡い; (意識の)明瞭な, 正気の. ein ~ *er* Raum 明るい部屋. ~ *es* Grün 明るい(淡い)緑色. Der Kranke hatte einen ~ *en* Augenblick. その病人は一時的に意識(正気)を取戻した. **2**(木立などが)

まばらな,(頭髪などが)うすい,(編み目などが)あらい. eine ~e Stelle im Wald 森の中の木立がまばらな所. Sein Haar wird schon ~. 彼の頭髪はもうすぐなり始めている. **3** 内側の,内のりの. das ~e Maß 内のりの寸法. ━~e Höhe⟨Weite⟩ 内のりの高さ⟨幅⟩.

Licht

[lɪçt リヒト] 中 -[e]s/-er(-e) **1**《複数なし》光,日光. das ~ des Mondes⟨des Scheinwerfers⟩ 月の光⟨サーチライト(車のヘッドライト)の光⟩. künstliches ~ 人工的なあかり(ランプ・ろうそくなどの). natürliches ~ 自然の光(太陽・月などの). das ~ der Welt erblicken《雅》生れる(この世の光を見る). das ~ scheuen 隠しごとがある, 人目を憚る. ~ in et⁴ bringen 事⁴を解明する, はっきりさせる. Jetzt erscheint die Sache in einem milderen ~. 今や事態はそんなに悪いものではなくなった. Wo [viel] ~ ist, ist auch [viel] Schatten. 《諺》良いこと(がたくさん)あるところには悪いこと(もたくさん)ある. 《前置詞と》et⁴ ans ~ bringen 事⁴(秘密など)を明るみに出す, 白日の下に曝す $\binom{\ddot{3}5}{\dot{5}}$; 物⁴(文書・記録など)を公開する. ans ~ kommen 明るみに出る, 白日の下に曝される. Geh mir aus dem ~! じゃまだ, どいてくれ(見えない). bei ~e besehen⟨betrachtet⟩ よく考えてみると. gegen das ~ halten 物⁴を光にかざす. gegen das ~ fotografieren 逆光で写真をとる. j⁴ hinters ~ führen 人⁴を欺($\begin{smallmatrix}あざ\\む\end{smallmatrix}$)く;(人⁴の)邪魔をする. sich³ [selbst] im ~ stehen《話》自分⁴の光をさえぎる;⟨⁴⟩自分の不利益を招く. et⁴ im rosigsten⟨in rosigem⟩ ~ sehen⟨darstellen⟩ 事⁴を楽観的に見る. in einem guten⟨schlechten⟩ ~ erscheinen 人に良い⟨悪い⟩印象を与える. j⟨et⟩⁴ ins rechte ~ rücken ⟨setzen⟩ 人⟨物⟩⁴の良いところをはっきりさせる. j⟨et⟩⁴ ins falsche ~ rücken⟨setzen⟩ 人⟨物⟩⁴を悪く言う, 中傷する.

2 (a)《複数 -er》灯火, あかり. schlechtes ~ am Arbeitsplatz 仕事場の不十分な照明. das ~ einschalten⟨ausschalten⟩ あかりをつける⟨消す⟩. grünes ~ geben (計画などに)ゴーサインを出す(信号機の青信号より). ~ er führen《船員》航海灯をつける. Jetzt geht mir ein ~ auf. 《比喩》(物事が)やっとのみこめてきた. (b)《複数 Lichter, Lichte》《雅》(Kerze) ろうそく. die ~ er am Weihnachtsbaum anstecken ⟨anzünden⟩ クリスマスツリーのろうそくに火を灯す. ein ~ auf einen Leuchter aufstecken 燭台にろうそくを立てる. j³ ein ~ aufstecken《比喩》《話》人³に事を分からせる;⁴をたしなめる. sein ~ leuchten lassen 自分の能力を世に示す;自分のできることをする(↓《新約》マタ 5:15, 16). Er ist kein großes ~. 彼はたいして能力はない. sein ~ unter den Scheffel stellen 自分の能力をひけらかさない(↓《新約》マタ 5:15).

3《複数なし》《話》電気. In der neuen Wohnung haben wir noch kein ~. 新しい住居にはまだ電気が来ていない.

4《複数 -er》《絵画》(絵の)最も明るい部分, ハイライト.

5《複数 -er》《多く複数で》《猟師》(鹿・猪などの)けものの目.

6《複数 -er》$\binom{5}{5}$《話》(子供が垂らしている)鼻水.

'**Licht·an·la·ge** 女 -/-n 照明設備.
'**Licht·bad** 中 -[e]s/-er《医学》日光浴.
'**Licht·be·hand·lung** 女 -/-en《医学》光線治療(療法).
'**licht·be·stän·dig** 形 =lichtecht

'**Licht·bild** 中 -[e]s/-er **1** 身分証明書(パスポート)の写真. dem Antrag zwei ~er beifügen 申請書写真を 2 枚そえる. **2** (Diapositiv) スライド. ~ Vortrag mit ~ ern スライド使用の講演(講義).《古》(Fotografie) 写真.
'**Licht·bil·der·vor·trag** 男 -[e]s/-e (Diavortrag) スライド使用の講演(講義).
'**Licht·bild·ner** 男 -s/-《古》(Fotograf) 写真師, 写真家.
'**licht·blau** 形 (hellblau) 淡青色の, ライトブルーの.
'**Licht·blick** 男 -[e]s/-e 希望の光, 光明;慰め.
'**Licht·bo·gen** 男 -s/-《電子工》アーク(放電), 電弧.
'**Licht·bre·chung** 女 -/-en《光学》光の屈折.
'**licht·dicht** 形 光を通さない. eine ~e Verpackung für Filme フィルム用の遮光性の包装.
'**Licht·druck** 男 -[e]s/-e **1**《複数なし》《物理》光圧. **2**《印刷》(a)《複数なし》コロタイプ. (b)コロタイプ印刷物.
'**licht·durch·läs·sig** 形 光を通す;透明な.
'**Lich·te** ['lɪçtə] 女 -/ (↑licht 3) 内法($\begin{smallmatrix}うち\\のり\end{smallmatrix}$), 内径.
'**licht·echt** 形 (衣服・カーテンなどが)日光で変色しないような.
'**licht·emp·find·lich** 形 光を感じる, 感光性の;(皮膚などが)光に敏感な. ein ~er Film 高感度フィルム.

'**lich·ten**¹ ['lɪçtən] (↓licht) **❶** 他《雅》明るくする, ばらにする, うすくする. Wald⟨Unterholz⟩ ~ 森の木を間伐する(森の下生えをすく). **❷** 再 (sich) 明るくなる;まばらになる,(霧・頭髪などが)うすくなる. Das Dunkel lichtet sich. 暗闇が明るくなる;《比喩》不明の点が明らかになる. Mein Geist⟨Bewusstsein⟩ lichtet sich. 私の理性⟨意識⟩がもどる. Die Reihen der Zuschauer lichten sich. 見物人の姿がまばらになる.
'**lich·ten**² 他 (nd. licht, leicht¹)《船員》den Anker ~ 錨($\begin{smallmatrix}いか\\り\end{smallmatrix}$)をあげる. Ein Schiff lichtet die Anker. 船が出港する.
'**Lich·ten·berg** ['lɪçtənbɛrk]《人名》Georg Christoph ~ ゲオルク・クリストフ・リヒテンベルク(1742-99, ドイツの物理学者・著述家).
'**Lich·ter**¹ Licht の複数.
'**Lich·ter**² 男 -s/-(↓lichten²)《船員》はしけ.
'**Lich·ter·baum** 男 -[e]s/-̈e (Weihnachtsbaum) クリスマスツリー.
'**lich·ter·loh** ['lɪçtɐloː] 形《述語的には用いない》炎々と, あかあかと.
'**Licht·er·meer** 中 -[e]s/-e 光の海.
'**Licht·fil·ter** 男(中) -s/-《光学》(カメラの)フィルター.
'**Licht·ge·schwin·dig·keit** 女 -/《物理》光速.
'**Licht·hof** 男 -[e]s/-̈e **1**《建築》(彩光のための)吹抜け, 中庭. **2**《写真》ハレーション(ぼけ). **3**《天文》(太陽・月などの)暈($\begin{smallmatrix}かさ\\\end{smallmatrix}$).
'**Licht·hu·pe** 女 -/-n (自動車の)パッシングライト.
'**Licht·jahr** 中 -[e]s/-e (略 Lj)《天文》光年.
'**Licht·ke·gel** 男 -[e]s/-《写真》(懐中電灯やサーチライトの)円錐状の光.
'**Licht·kreis** 男 -es/-e 照明の範囲, 光の環.
'**Licht·lei·tung** 女 -/-en 電灯線.
'**Licht·ma·schi·ne** 女 -/-n (電車・自動車の)発電機, ジェネレーター;(自転車の)点灯用発電機.
'**Licht·mess** 女《冠詞の》《不変化》$\begin{smallmatrix}ろう\\そく\end{smallmatrix}$ (Mariä) ~ 聖母マリアお潔めの祝日(2 月 2 日).
'**Licht·mes·ser** 男 -s/-《写真》露出計.
'**Licht·pau·se** 女 -/-n 青写真法による複写(コピー).

icht·quel·le 囡 -/-n 光源.

icht·re·kla·me 囡 -/-n ネオンサイン, 電光広告.

icht·schacht 男 -[e]s/-e **1**〖建築〗採光用吹抜. **2**〖写真〗(レフレックスカメラの)ファインダーボックス.

icht·schal·ter 男 -s/- 電灯のスイッチ.

icht·schein 男 -[e]s/ 光.

icht·scheu 形 **1** (動物などが)光を嫌う. **2**《比喩》人目を避ける, 後ろめたい所のある. ~es Gesindel 胡散(ｸﾞｻ)臭い奴ら.

icht·sei·te 囡 -/-n (↔ Schattenseite) 明るい(プラスの)側面. die ~ des Lebens 人生の明るい面.

icht·si·gnal 中 -s/-e (交通・通信用の)灯火(発光)信号.

icht·spiel 中 -[e]s/-e **1**〖古〗映画. **2**《複数で》映画館.

icht·spiel·haus 中 -es/⁼er (Kino) 映画館.

icht·spiel·the·a·ter 中 -s/- (Kino) 映画館.

icht·stark 形 強い光の, ひじょうに明るい.

icht·stär·ke 囡 -/-n **1** 光度; (電球の)ワット数. **2**〖写真〗(レンズの)明るさ.

icht·strahl 男 -[e]s/-en **1** 光線. **2**《雅》希望の光, 光明; 慰め.

icht·strom 男 -[e]s/ **1**〖物理〗光束. **2**《話》電灯用の電流, 電気.

icht·un·durch·läs·sig 形 光を通さない, 光を遮蔽.

Lich·tung ['lıçtʊŋ] 囡 -/-en (↓ lichten¹) 森の中の空地(伐採して木のない所).

icht·voll 形 **1**《雅》(光・月などが)明るい. eine ~e Zukunft《比喩》明るい未来. **2**《比喩》明快な.

Licht·zeit 囡 -/-en〖天文〗光芝.

Lid [li:t] 中 -[e]s/-er (上あるいは下の)まぶた. j³ fallen die ~er zu. 人⁴のまぶたが閉じる(眠くなる).

Li·do ['li:do] 男 -s/-s(Lidi[..di]) (it.) (潟や外洋をへだてる)砂州(ｻｽ), 砂嘴(ｻｼ)(とくにヴェネツィアのそれが有名).

Lid·schat·ten 中 -s/- アイシャドー.

lieb [li:p リープ] 形 **1** 愛する, 大切な. meine ~en Eltern 愛する両親. Dieses Schmuckstück ist mir sehr ~ [und wert]. このアクセサリーは私には大事な物だ. Er ist mir der Liebste⟨°~ste⟩ [von allen]. 彼は私には一番大事な(私の最愛の)人だ. meine Lieben 私の家族(親類縁者). Grüßen Sie Ihre Lieben von mir! ご家族の皆様によろしくお伝えください. ≪親しみをこめた種々の呼掛けで≫ Lieber Herr X! / Liebe Frau X! 親愛なる X さん(手紙の冒頭で). Mein ~er Hans! 親愛なるハンス(手紙の冒頭で). Liebe Zuschauer! 観客の皆さん. 《特定の名詞に添えられてほとんど意味はしに, あるいは皮肉をこめて》 das ~e Brot (毎日の)パン. et⁴ wie das ~e Brot nötig haben《話》物⁴がぜひとも必要である. das ~e Geld お金. der ~e Gott 神様. den ~en Gott einen frommen⟨guten⟩ Mann sein lassen《話》のんきに暮す. du ~er Gott⟨Himmel⟩ / du ~e Zeit⟨Güte⟩ おやまあ, なんてことだ. Das weiß der ~e Himmel! そんなこと知るものか. manch ~es Mal⟨manches ~e Mal⟩ 何度も何度も. seine ~e Not mit j⟨et⟩³ haben 人⟨物⟩³のことで苦労する. Es hat den ~en langen Tag geregnet. 日がな一日雨が降り続いた. **2** (freundlich) 親切な, 思いのこもった. ein ~es Wort (心のこもった)やさしい言葉. Das ist sehr ~ von Ihnen. それはどうもご親切に. Er ist sehr ~ mit⟨zu⟩ den Kindern. 彼は子供にはとてもやさしい. Seien Sie so ~ und helfen Sie mir!《話》済入りますが手を貸していただけませんか. viele ~e Grüße, dein Hans 心からの挨拶を, ハンス(手紙の末尾). **3** ありがたい, 好都合な. ein ~er Gast ありがたい客. ein Besuch haben うれしい訪問客を迎える. Es wäre mir ~, wenn... ... だとありがたいんだが(↑liebst). **4** (a)《話》愛らしい, かわいい. ein ~es Gesicht 愛らしい顔. (b) (brav) おとなしい, お行儀の良い(とくに子供に対して). ein ~er Hund おとなしい犬. Warst du auch ~ bei der Oma? おばあちゃんの所でもいい子にしてたかい.

◆ ↑lieb behalten, lieb gewinnen, lieb haben

Lieb 中 -s/《雅》(Geliebte) 恋人, 愛する人. Mein ~!《古》愛(ｲﾄ)しい人よ.

'lieb·äu·geln ['li:pˌɔygəln] 自 **1** (mit et³ 物³を)手にいれたいと思う, (の)考えを心にいだく. Ich liebäugele mit einem Wohnwagen. キャンピングカーを買おうと思ってあれこれ考えている. **2** (まれ) (mit j³ 人³に)色目を使う; (と)いちゃつく.

'lieb be·hal·ten°, **'lieb|be·hal·ten*** 他 (人⁴に)愛情を抱き続ける.

'Lieb·chen ['li:pçən] 中 -s/- **1**《古》(Geliebte) 恋人, 愛する人. Mein ~!《古》いとしい人よ. **2**《侮》愛人, 女.

'Lie·be ['li:bə リーベ] 囡 -/-n **1**《複数なし》愛, 愛情; 恋, 恋愛. mütterliche ~ / Mutterliebe 母の愛, 母性愛. ~ zum Vaterland / Vaterlandsliebe 祖国への愛, 祖国愛. ~ auf den ersten Blick 一目惚れ. eine unerwiderte⟨unglückliche⟩ ~ 実らぬ恋, 片思い. die erste ~ 初恋(ﾊﾂｺｲ). ein Kind der ~ 愛の結晶; 私生児. Werke der ~ 愛の事業, 慈善事業. Die ~ geht durch den Magen.《戯》女は料理で男の愛を得る(愛は胃を通る). j⁴ aus ~ heiraten 人⁴と恋愛結婚する. Glück⟨kein Glück⟩ in der ~ haben 恋が実る⟨失恋する⟩. mit ~ kochen 心をこめて料理する. **2**《複数なし》愛着, 愛好. et⁴ mit Lust und ~ tun 事⁴を喜んでする. **3**《複数なし》好意, 親切. j³ eine ~ erweisen⟨tun⟩ 人³に好意を示す. Bei aller ~ kann ich dir den Wunsch nicht erfüllen. ほんとうに気の毒に思うが君の願いを叶えてあげることはできない. **4**《複数なし》恋人, 愛人. Sie war meine große ~. 彼女は私の最愛の人だった. **5**《複数まれ》情交; 情事. käufliche ~ 売春. ~ machen 情を交わす.

'Lie·be·die·ner 男 -s/-《古》《侮》おべっか使い, こびへつらう人.

Lie·be·die·ne·rei [li:bədi:nəˈraɪ] 囡 -/《侮》おべっか, お追従(ｼｮｳ).

Lie·be·lei [li:bəˈlaɪ] 囡 -/-en 戯れの恋, つかの間の情事.

'lie·beln ['li:bəln] ❶ 自《古》戯れの恋をする, つかの間の情事にふける. ❷ 他《猟師》(猟犬などを)なでてやる(愛撫する).

'lie·ben ['li:bən リーベン] 他 **1** 愛する; 好む; 愛好する. Sie liebt ihren Mann innig. 彼女は夫を心底愛している. Er liebt nur sich⁴. 彼は自分だけがかわいい. Die Pflanze liebt sandigen Boden⟨den Schatten⟩. この植物は砂地⟨日陰⟩を好む. Du kannst mich ~, aber nicht heiraten!《話》(断りの言

liebend

葉として)声をかけてくれるのはありがたい遠慮しときます. seinen Beruf〈das Leben〉～ 仕事〈人生〉を愛する. Blumen〈Musik〉～ 花〈音楽〉を愛する. gutes Essen ～ 食道楽である. die Flasche〈den Alkohol〉～〈戯〉飲み助である. die Frauen ～ 女好きである. die Gerechtigkeit〈Wahrheit〉～ 正義〈真実〉の人である.《相互代名詞と》 einander〈sich〉[gegenseitig] ～ 相思相愛の仲である. Was sich¹ liebt, das neckt sich¹.《諺》惚れた同士の痴話げんか. **2**《人⁴と》性交する,（を）抱く. Die letzte Nacht hat er sie zum ersten Mal geliebt. 昨夜彼は彼女を初めて抱いた. **3** ...するのが好きである. Ich liebe es, Musik zu hören. 私は音楽を聴くのが好きだ. Sie liebt [es] nicht zu warten. 彼女は待たされるのが嫌いだ. Es liebt die Welt, das Strahlende zu schwärzen. 出る杭は打たれるのが世の常というものだ. Er liebt es nicht, wenn man ihn beim Arbeiten stört. 彼は仕事中に邪魔をされるのをいやがる.

♦ ↑ lieben lernen, geliebt

'**lie·bend** 現分形 **1**《述語的には用いない》愛している, 恋愛中の. Dein Dich ～er Sohn (手紙の結びで) あなたの息子より.《名詞的用法で》die Liebenden 恋人どうし.《副詞的用法で》～ gern よろこんで丁寧な承諾の表現. Ich würde ～ gern kommen, aber meine Frau ist leider krank. 何を措(ぉ)いても お伺いしたいところですがあいにく家内が病気で行けません.

'**lie·ben ler·nen**, ○'**lie·ben·ler·nen** 他《人〈物〉⁴を》しだいに好きになる,（を）愛情を持始める.

'**lie·bens·wert** 形 愛すべき, 感じのよい.

*'**lie·bens·wür·dig** [ˈliːbənsvʏrdɪç リーベンスヴュルディヒ] 形 愛すべき；親切な, 愛想のいい (zu j³ 人³ に対して). Das ist sehr ～ von Ihnen. これはご親切にどうもありがとうございます. Würden Sie so ～ sein, mir zu helfen? すみませんがちょっと手を貸していただけないでしょうか.

'**Lie·bens·wür·dig·er·wei·se** 副 親切にも.

'**Lie·bens·wür·dig·keit** 囡 -/-en **1**《複数なし》親切, 厚情. Würden Sie die ～ haben, mir zu helfen? 恐れ入りますが手を貸していただけませんか. **2** 親切な言動, 愛想のいい言葉. j³ [einige] ～en sagen〈an den Kopf werfen〉《反語》人³にひどいことを言う.

*'**lie·ber** [ˈliːbɐ リーバー] **❶** lieb の比較級. **❷** 副《gern の比較級》より好んで, むしろ...したい. Ich trinke ～ Wein. 私は[むしろ]ワインの方が飲みたい. **2** (besser) ...の方がよい. Geh ～ nach Hause! 家に帰った方がいいよ. Lieber spät als nie. 遅くても全くないよりはよし. Je eher, desto ～. 早ければ早いほどよい.

'**Lie·bes·aben·teu·er** 匣 -s/- 恋のアバンチュール, 情事.

'**Lie·bes·af·fä·re** 囡 -/-n 情事.

'**Lie·bes·brief** 匣 -[e]s/-e ラブレター.

'**Lie·bes·dienst** 匣 -[e]s/-e 親切, 手助け. j³ einen ～ erweisen 人³に親切にする, 手助けをする.

'**Lie·bes·er·klä·rung** 囡 -/-en 愛の告白.

'**Lie·bes·ga·be** 囡 -/-n 慈善(愛)の贈物, 施し物.

'**Lie·bes·ge·schich·te** 囡 -/-n 恋愛小説, 恋物語；《話》色恋沙汰, 情事.

'**Lie·bes·gott** 匣 -[e]s/-er 愛の神 (Eros, Amor など).

'**Lie·bes·göt·tin** 囡 -/-nen 愛の女神 (Venus など).

'**Lie·bes·han·del** 匣 -s/"《ふつう複数で》情事, 色恋沙汰.

'**Lie·bes·hei·rat** 囡 -/-en 恋愛結婚.

'**Lie·bes·kum·mer** 匣 -s/- 失恋の悩み, 恋煩い.

'**Lie·bes·mü·he** 囡《次の用法で》Das ist verloren〈vergebliche〉～. それは無駄骨(徒労)である.

'**Lie·bes·paar** 匣 -[e]s/-e 恋仲のカップル, 恋人どうし.

'**Lie·bes·spiel** 匣 -[e]s/-e 恋の戯れ；(性交のための)前戯, ペッティング；《動物》求愛動作(行動).

'**lie·bes·toll** 恋に狂った.

'**Lie·bes·trank** 匣 -[e]s/"-e 媚(び)薬, 惚れ薬.

'**Lie·bes·ver·hält·nis** 匣 -ses/-se 恋愛関係, (肉体的な)関係.

'**Lie·bes·werk** 匣 -[e]s/-e 慈善行為(事業).

'**lie·be·voll** 愛情のこもった, 心優しい. j¹ ～ behandeln 人⁴を優しく取扱う,（に）優しく応対する.

'**Lieb·frau·en·kir·che** 囡 -/-n 聖母マリア教会.

'**lieb ge·win·nen*, ○'**lieb·ge·win·nen* 他《人⁴が》愛情(愛着)を持始める,（を）好きになる.

'**lieb ha·ben*, ○'**lieb·ha·ben* 他《人⁴が》ひじょうに好きである,（を）愛している.

'**Lieb·ha·ber** [ˈliːpˌhaːbɐ] 匣 -s/- **1** 恋人, 愛人, 情夫；《古》(ある女性の)崇拝者, 求婚者. **2**《演劇》女性を崇拝する(女性に求愛する)役；二枚目(色男)役. **3**《稀》アマチュア, 素人. **4** 愛好家, ファン (古銭などの)収集家. Kunst/liebhaber 芸術愛好家 ein ～ alter englischer Autos 古い英国車のファン(収集家). ♦ 女性形 Liebhaberin 囡 -/-nen

'**Lieb·ha·ber·aus·ga·be** 囡 -/-n《書籍》愛蔵版

'**Lieb·ha·ber·büh·ne** 囡 -/-n =Liebhabertheater

'**Lieb·ha·be·rei** [liːphaːbəˈraɪ] 囡 -/-en 趣味, 道楽. etⁿ aus ～ tun 事を趣味(道楽)でする.

'**Lieb·ha·ber·preis** 匣 -es/-e 愛好家(収集家)の買取値段.

'**Lieb·ha·ber·the·a·ter** 匣 -s/- (とくに 18-19 世紀の)素人芝居, 素人演劇.

'**Lieb·ha·ber·wert** 匣 -[e]s/ 愛好家(収集家)的価値.

'**Lieb·knecht** [ˈliːpknɛçt]《人名》Karl ～ カール-リープクネヒト (1871-1919, 政治家でドイツ共産党の創立者). ↑ Spartakusbund

lieb·ko·sen [liːpˈkoːzən, '---] 他《雅》かわいがる愛撫する.

'**Lieb·ko·sung** [liːpˈkoːzʊŋ, '---] 囡 -/-en 愛撫.

*'**lieb·lich** [ˈliːplɪç リープリヒ] 形 **1** (子供などが) 愛らしい；(風景などが)好ましい；(音楽などが)快い；(花の香りなどが)甘美な,（ワインなどが）甘くまろやかな. **2**《反語》(unangenehm) 好ましくない. Das kann ja ～ werden. これはまずいことになるかもしれない.

'**Lieb·lich·keit** 囡 -/ 愛らしいこと, 好ましいこと；(音楽などが)快いこと；(花の香りなどが)甘美なこと；(ワインなどが)甘くまろやかなこと.

'**Lieb·ling** [ˈliːplɪŋ] 匣 -s/-e お気に入り, 人気者 ein ～ des Publikums 大衆(聴衆)の人気者. Sie war Papas ～. 彼女はパパのお気に入り(の子)だった. mein ～ (親しみのこもった呼掛け)ねえ君, あなた.

'**Lieb·lings·be·schäf·ti·gung** 囡 -/-en《ふつうこの用法で》Was ist deine ～? 何をしているのが君はいちばん好きですか.

'**Lieb·lings·buch** 匣 -[e]s/-er 愛読書.

'**Lieb·lings·fach** 匣 -[e]s/-er とくに好きな科目. Deutsch ist sein ～. ドイツ語は彼の好きな科目だ.

'**lieb·los** [ˈliːploːs] 愛情(思いやり)のない；心のこもっていない. ein ～ zubereitetes Essen いいかげんに料理した食事.

lieb･lo･sig･keit ['li:plo:ziçkaıt] 囡 -/-en **1**〖複数なし〗愛情(思いやり)のないこと. **2** 思いやりのない言動.

ieb･reich 形〖雅〗(liebevoll) 愛情(心)のこもった.

ieb･reiz 男 -es/〖雅〗愛らしさ, 魅力.

ieb･rei･zend 形 愛らしい, 魅力的な, チャーミングな.

ieb･schaft ['li:pʃaft] 囡 -/-en 情事, 色事.

iebst [li:pst リープスト] ❶ 形 (lieb の最上級) 最も愛する; 最も好ましい. Es wäre mir das *Liebste*⟨am *~en*⟩, wenn~. …だと一番ありがたいんですが. ❷ 副 (gern 最上級) 最も好んで, …が一番好きで. Am *~en* würde ich Wein trinken. 一番飲みたいのはワインです.

.iebs･te ['li:pstə] 男囡〖形容詞変化〗恋人, 愛人.

.iech･ten･stein ['lıçtənʃtaın]〖地名〗リヒテンシュタイン(スイスとオーストリアの間にある公国).

Lied [li:t リート] 中 -[e]s/-er **1** 歌, 歌曲, リート. Volks*lied* 民謡. Wiegen*lied* 子守歌. *~er* ohne Worte〖音楽〗無言歌(歌曲風のメロディーのピアノ曲). Davon kann ich ein ~ singen. そのことなら私にも(苦い)経験がある(ひとふし歌って聞かせられる). Es ist immer das alte ~.〖話〗相も変らず同じことのくり返しだ. **2**〖文学〗叙事詩, 歌. Niebelungen*lied*〖ニーベルンゲンの歌〗.

Lie･der･abend 男 -s/-e 歌曲(リート)の夕べ.

Lie･der･buch 中 -[e]s/⸚er 歌曲集; 歌の本.

Lie･der･jan [ˈliːdərjaːn] 男 -[e]s/-e〖話〗だらしのない男, ふしだらな男.

lie･der･lich [ˈliːdərlıç] **1** (nachlässig) だらしない, ずぼらな. ein *~er* Mensch⟨Kerl⟩ だらしのない人間⟨やつ⟩. eine *~e* Arbeit ずさんな仕事. ~ angezogen sein だらしない服装をしている. **2** ふしだらな, 不品行な. ein *~es* Leben führen 自堕落な生活を送る.

Lie･der･lich･keit 囡 -/ だらしない(ずぼらな)こと; ふしだらなこと, 不品行.

Lie･der･ma･cher 男 -s/- シンガーソングライター.

Lie･der･ta･fel 囡 -/-n リーダーターフェル(男性合唱団の名称, 作曲家 C. F. Zelter が 1809 に結成したのが最初).

Lie･der･zy･klus 男 -/..zyklen〖音楽〗連作歌曲.

lief [li:f] laufen の過去.

lie･fe ['li:fə] laufen の接続法 II.

Lie･fe'rant [lifəˈrant] 男 -en/-en (↓liefern) 納入業者; 供給者(国).

'lie･fer･bar ['li:fərba:r] 形 納入(引渡し)できる, 在庫のある.

'Lie･fer･fir･ma 囡 -/..men [..mən] 納品会社.

'Lie･fer･frist 囡 -/-en = Lieferzeit

'lie･fern ['li:fərn リーファーン] 他 **1** 配達する, 納入する. Wann können Sie mir die Möbel ~? その家具をいつ配達してもらえますか. Waren frei Haus ~ 品物を無料で配達する. **2** 産出する, 供給する. Das Land *liefert* Baumwolle. この国は木綿の産出国である. **3** (人¹を危険な状態に)陥れる. j¹ ans Messer ~ 人¹を(密告などによって)破滅させる. Wenn das passieren sollte, bin ich *geliefert*. もしそんなことになれば私はおしまいだ. **4**〖機能動詞的に〗…する. für et¹ den Beweis ~ 事¹を証明する. j¹ eine Schlacht ~ 人³と戦う. Ich kann genügend Beispiele dafür ~, dass… …であることを十分に例証することができます.

'Lie･fer･schein 男 -[e]s/-e 納品書; 出荷指示書.

'Lie･fe･rung ['li:fəruŋ] 囡 -/-en **1** (a) 納入, 引渡し; 配達. ~ frei Haus 無料宅配. (b) 納品, 配達商品. **2**〖略 Lfg.〗〖書籍〗(本の)分冊. Das Lexikon erscheint in *~en*. この辞典は分冊で刊行される.

'Lie･fe･rungs･wei･se 副〖刊行が〗分冊で.

'Lie･fer･wa･gen 男 -s/- (小型の)配達車.

'Lie･fer･zeit 囡 -/-en〖経済〗(Lieferfrist) 納品期限.

'Lie･ge ['li:gə] 囡 -/-n 寝椅子.

'Lie･ge･geld 中 -[e]s/〖経済〗(停泊期限を超過したときの)滞船料, デマレージ.

'Lie･ge･kur 囡 -/-en 臥床(がしょう)(静臥)療法(肺結核などの病気の治療法の 1 つ).

'lie･gen* ['li:gən リーゲン] lag, gelegen 自 (h / 南ｵｰｽﾄﾘｱ･ｽｲｽでは s) **1**〖人が主語〗(a) 横になっている, 寝ている. auf dem Bauch⟨dem Rücken / der Seite⟩ ~ 腹ばいになって⟨仰向けになって / わき腹を下にして⟩寝る. krank⟨mit einer Grippe⟩ im⟨zu⟩ Bett ~ 病気で⟨風邪で⟩床に臥(ふ)せっている. Sie *liegt* seit drei Tagen krank im Bett. 彼女は 3 日前から病床にある. [monatelang] im Krankenhaus ~ (何か月も)入院している. Ich habe eine Woche *gelegen*. (南ｵｰｽﾄﾘｱ･ｽｲｽでは Ich bin eine Woche *gelegen*.) 私は 1 週間ベッドに寝たきりだった. auf der Bank⟨in der Sonne⟩ ~ ベンチで横になる⟨日光浴をする⟩. auf der Straße ~〖比喩〗〖話〗失業中である. auf den Knien ~ ひざまずいている. die ganze Nacht wach ~ 夜じゅうベッドで眠れないで(目を覚まして)いる. (b) (床・地面に)倒れている; 葬られている. Der Verunglückte *lag* besinnungslos am⟨auf dem⟩ Boden. 事故に遭った人が意識を失って地面に倒れていた. Ein Kind kam unter das Auto zu ~. 子供が車にひかれた. Seine Frau *liegt* schon lange unter der Erde. 彼の奥さんが亡くなってもう久しい.
2〖物が主語〗(a) (ある場所に横になって)ある, 置かれている. Die Zeitung *liegt* auf dem Tisch. 新聞は机の上にある. Auf dem Boden *lag* ein grüner Teppich. 床には緑の絨毯(じゅうたん)が敷いてあった. Die Wäsche *liegt* im Schrank. 下着はたんすの中に(しまって)ある. Auf den Bergen *liegt* noch Schnee. 山の上にはまだ雪が残っている. Der Schnee *lag* über 2 Meter hoch. 雪が 2 メートル以上も積もっていた. Nebel *liegt* über dem Tal. 霧が谷間をおおっている. Das Schiff *liegt* im Hafen. (船員)船は港に停泊している. (b) (建物・町などがある場所に)位置している. Wo *liegt* Dresden? ドレスデンはどこにありますか. Dresden *liegt* an der Elbe. ドレスデンはエルベ河畔にあります. Das Hotel *liegt* direkt am Bahnhof. ホテルは駅のすぐそばにあります. Das Haus *liegt* verkehrsgünstig. その家は交通の便利なところにある. Mein Zimmer *liegt* nach dem Garten⟨zur Straße / nach Süden⟩. 私の部屋は庭に⟨通りに / 南に⟩向いている. im Norden ~ / nördlich ~ 北方にある. im 3. Stock ~ 4 階にある. wie die Dinge *liegen* このような事情では. gut in der Hand ~ (器具などが)持ちやすい, 扱いやすい. eng am Körper ~ (衣服が)体にぴったりである. Der Wagen *liegt* gut auf der Straße. この車はロード・ホールディングがよい(走行時の安定性が高い). Sein Zimmer *liegt* voller Bücher und Zeitungen. 彼の部屋は本と新聞で一杯

である.
3《人が主語》(…の順位・順番に)ある. an der Spitze〈auf dem 3. Platz〉～ トップ〈3 位〉である. in Führung〈im Rückstand〉～ リードして〈勝って〉いる〈遅れて／負けている〉. Seine Leistungen *liegen* weit über dem Durchschnitt. 彼の成績は標準をはるかに上回っている.
4 (in et³ 事)に存する, ある, 含まれている. Im Wein *liegt* [die] Wahrheit. ワインの中にまことあり. In ihrem Blick *lag* etwas Trotziges. 彼女の視線には何ら反抗的なものが含まれていた. Das *lag* nicht in meiner Absicht. それは私の意図するところではなかった. Es *liegt* nicht in meiner Macht, …zu tun. …することは私の力に余る(私の権限ではない). in der Luft ～ (嵐などが)迫っている; (事件などが)今にも起りそうな気配である.
5 (an j⟨et⟩³ 人⟨事⟩³ / bei j³ 人³)次第である, (の)せいである. Es *liegt* an euch, die Verhältnisse zu verbessern. 状況(事態)を改善できるかどうかは君たち次第である. Es *liegt* ganz bei Ihnen, ob Sie auf dieses Angebot eingehen. あなたのご提案を取上げるかどうかは全くご自由です(あなた次第です). Woran *liegt* es? 原因はどこにあるのか. An mir soll es nicht ～. 私のせいにされるのはごめんだ; それに文句をつけるつもりはない. Was an uns *liegt*, werden wir tun. 私たちにできることはしましょう. Die Schuld *liegt* nicht allein bei ihm. 罪は彼にだけあるのではない.
6《前置詞と》j³ am Herzen ～ 人³にとってとても気にかかっている, 大きな関心事である. an der Kette ～ (犬などが)鎖につながれている. Das Geld *liegt* auf der Bank. お金は銀行に預けてある. Ein Lächeln *lag* auf seinem Gesicht. ほほえみが彼の顔に浮かんでいた. Die Betonung *liegt* auf der zweiten Silbe. この単語のアクセントは第 2 音節にある. Die Entscheidung *liegt* bei dir. 決めるのは君がしてくれ. Die Durchschnittstemperatur *liegt* bei 22°C. 平均気温は(摂氏)22度です. Die Musik *liegt* ihm im Blut. 彼には音楽の才能が生れつきそなわっている. im Fenster ～ 窓際で肘をついたりなどして外を眺めている. sich³ in den Haaren ～ 仲たがいをしている. in Ketten ～ (牢獄)につながれている. in Scheidung ～ 離婚手続中である. in tiefem Schlaf ～ 深い眠りの中にある. im Sterben ～ 死に瀕している. mit j¹ in Streit ～ 人¹と争っている. unter Beschuss⟨Feuer⟩ ～ 砲火を浴びる. vor Anker ～ 投錨(とうびょう)(停泊)している. j¹ zu Füßen ～ 人¹の足もとに寝そべっている, ひれ伏している.
7 (j³ と) (a) (人³に)適している, (の)好みに合う. Dieser Mensch *liegt* mir nicht. そういう人間は私は好きではない. Das Malen *lag* ihr schon immer. 絵を描くことはこれまでずっと彼女は得意だった. Es *liegt* mir nicht, viele Worte zu machen. 多言を弄(ろう)することは私の性に合わない. (b) (人³にとって)関心(興味)がある. An Geld *liegt* ihm nichts. お金には彼は全く関心がない. Mir *liegt* viel⟨nichts⟩ daran. それは私にとってはとても大事なことだ〈全くどうでもいいことだ〉.
◆ ↑liegen bleiben, liegen lassen

'**lie·gen blei·ben***, °**lie·gen|blei·ben*** 圓 (s) **1** 横たわった(寝た, 休んだ)ままでいる. **2** (物が)残ったままである, そのまま置かれている; (商品が)売残っている; (仕事が)滞っている. Das Geld *bleibt* auf der Bank *liegen*. お金は銀行に預けたままである. **3** (車が)立住

生する, 故障する. **4** (物が)忘れられる.

'**lie·gend** ['li:gənt] 現分 形 横になって(寝て)いる; 水平の; 横になれかけた. ～ aufbewahren (瓶のラベルなどに)寝かせて保存. ～e Habe 《古》《法制》不動産(= fahrende Habe).

'**Lie·gen·de** 《形容詞変化 / 複数なし》《鉱業》(↑ Hangende) 下盤(したばん).

* '**lie·gen las·sen***, °**lie·gen|las·sen*** ['li:gənlasən リーゲンラセン] 他 **1** (人⁴を)置去りにする, 残しいく; (を)寝かせておく. **2** (物⁴を)置いたままにする; (を)置忘れる. Lass das *liegen*! それにさわるんじゃない(危ないから); それにはさわらないでくれ(君には関係のない物だ). alles stehen und ～ 何もかもほったらかす. Ich habe meine Mappe in der U-Bahn *liegen lassen*. 地下鉄にかばんを置忘れてきてしまった. **3** (物⁴を)残しておく. die Arbeit vorerst⟨einstweilen⟩ ～ 当分の間その仕事はそのままにしておく. **4** j⟨et⟩⁴ links ～ (比喩) 人⟨物⟩⁴に目もくれない, を黙殺する. ◆過去分詞 liegen lassen(まれ liegen gelassen).

'**Lie·gen·schaft** ['li:gənʃaft] 囡 -/-en (多く複数で)土地, 地所, 不動産.

'**Lie·ge·sitz** 男 -es/-e リクライニングシート.

'**Lie·ge·statt** 囡 -/-en《雅》ベッド, 寝床.

'**Lie·ge·stuhl** ['li:gəʃtu:l] 男 -[e]s/-e (折畳式)寝椅子, デッキチェア.

'**Lie·ge·stütz** 男 -[e]s/-e (体操の)腕立伏せ.

'**Lie·ge·wa·gen** 男 - 簡易寝台車.

lieh [li:] leihen の過去.

'**lie·he** ['li:ə] leihen の接続法 II.

lies [li:s] lesen の du に対する命令形.

Lie·sa ['li:za]《女名》リーザ(Elisabeth の短縮). Liese¹

'**Lies·chen** ['li:sçən] ❶《女名 / Liese¹ の縮小形》リースヒェン. ～ Müller 平凡な女, ありふれた娘, 平均的市民(どちらもありふれた名前であったことから). ❷ 匣 -s/- fleißiges ～ 《植物》ベゴニア.

'**Lie·se**¹ ['li:zə] 囡《女名》リーゼ(Elisabeth の短縮). ↑ Liesa ❷ 囡 -/-n《話》小娘, 女. dumme ～ ばか娘.

'**Lie·se**² 囡 -/-n《鉱業》(岩などの)狭い割れ目.

'**Lie·se·lot·te** ['li:zəlɔtə, - -'- -] 囡《女名》(Elisabeth + Charlotte の短縮) リーゼロッテ.

'**lie·sest** ['li:zəst] lesen の現在 2 人称単数 liest の別形.

ließ [li:s] lassen の過去.

'**lie·ße** ['li:sə] lassen の接続法 II.

liest [li:st] lesen の現在 2・3 人称単数.

Lift¹ [lɪft] 男 -[e]s/-e(-s) (*engl.*) **1** (Fahrstuhl) エレベーター. **2** (複数 -e) (Skilift) スキーリフト; (Sessellift) チェアリフト.

Lift² 男 (匣) -s/-s (*engl.*) リフティング(皮膚のしわを取り, たるみをなくす美容整形).

'**Lift·boy** ['lɪftbɔy] 男 -s/-s (*engl.*) エレベーターボーイ.

'**lif·ten**¹ ['lɪftən] 自 (s) (スキー場などで)リフトに乗って行く.

'**lif·ten**² 他 **1** (a) (皮膚のしわ(たるみ)を取る. (b)《話》(人⁴に)リフティングを施す(↑ Lift²). sich⁴ ～ しわ〈たるみ〉を取る手術を受ける. **2** (起重機などで)揚げる. **3**《話》(価格を)上げる. **4**《兵隊》(部隊などを)航空機で移動させる.

'**Li·ga** ['li:ga] 囡 -/ Ligen (*sp.*) **1** (Bündnis) 同盟, 連盟. ～ für den Weltfrieden 世界平和連盟. die Katholische ～《歴史》(三十年戦争当時の)旧教連

連盟. **2**《スポーツ》(能力別・地域別の)リーグ. Bundes-*liga* サッカーのドイツ連邦リーグ.

Li·gand [líːgant] 男 -en/-en (*lat.*)《化学》配位子.

Li·ga·tur [liga'tuːr] 囡 -/-en (*lat.*) **1**《印刷》合字 (œ, æ など). **2**《音楽》リガトゥラ, 連結符. **3**《医学》結紮(法).

Li·gen ['liːgən] Liga の複数.

Li·gist [liˈɡɪst] 男 -en/-en (↓ Liga) **1** 同盟の構成員. **2**《スポーツ》リーグに加盟しているチームのプレーヤー.

Li·gus·ter [liˈɡʊstər] 男 -s/-《植物》いぼたのき (属).

li·ie·ren [liˈiːrən] (*fr.*) ❶ 他 (人⁴と)恋愛関係を結ぶ.《過去分詞で》mit j¹ *liiert* sein 人¹と関係がある. ❷ 《sich⁴》**1** (男女が)関係をもつ つき合いをする. (mit j³ 人³と). **2** *sich* mit einem anderen Unternehmen ～ (企業などが)他の企業と連合(提携)する.

Li·kör [liˈkøːr] 男 -s/-e (*fr.*) リキュール(アルコール・シロップ・果物などを用いて作られる飲料). Kirschl*ikör* チェリー酒.

li·la ['liːla リーラ] 形 (*fr.*)《不変化》紫色の, 藤色(ライラック色)の. eine ～ Bluse 藤色のドレス. Mir geht es ～.《話》私はまあまあ元気にしている. ◆口語では語尾変化を持つこともある(eine *lilane* Bluse).

Li·la 中 -s/-《話-s》紫色, 藤色.

Li·lie ['liːliə リーリエ] 囡 -/-n (*lat.*)《植物》ゆり(百合).

li·li·en·weiß 形 百合のように白い.

Li·li·put ['liːlipʊt] 中 -/ リリパット(島)(イギリスの作家スウィフト J. Swift『ガリバー旅行記』 *Gulliver's Travells* に出てくる小人国).

Li·li·put.. [liːlipʊt..] (接頭)《戯》名詞に冠して「ちっぽけな, 極小の」の意を表す. *Liliput*eisenbahn (遊園地などの)小型鉄道. *Liliput*wörterbuch 豆辞典.

Li·li·pu·ta·ner [lilipuˈtaːnər] 男 -s/- **1** リリパット(小人国)人. **2** 生れつきの小人.

Lil·li ['lɪli]《女名》リリ(Elisabeth の愛称形. 別形 Lili, Lilly, Lily).

lim ['liːmɛs]《記号》《数学》(Limes) 極限値.

lim., Lim.《略》=limited

Li·ma ['liːma]《地名》リマ(ペルーの首都).

Lim·bi ['lɪmbi] Limbus の複数.

Lim·bus ['lɪmbʊs] 男 -/Limbi (*lat.*, Saum, Rand') **1**《複数なし》《キリスト教》(Vorhölle) リンボ, 孩所(がいしょ), 古聖所(キリスト教以前の時代に死んだ善人たちや受洗前に死亡した幼児たちの霊魂がキリストが救いに来るまでの間とどまっている場所. スコラ神学の用語.《新約》I ペト 3:18–20). **2**《植物》縁鞘(しぞ類の茎葉体の縁辺をふちどっている特殊細胞群). **3**《工学》(分度盤などの)分度弧.

Li·mes ['liːmɛs] 男 -/ (*lat.*) **1**《記号 lim》《数学》極限値. **2**《歴史》(ローマの)防壁.

Li·mit ['lɪmɪt] 中 -s/-s(-e) (*engl.*) リミット, 限界, 限度, 制限; 指し値. ein ～ setzen 制限を設ける.

li·mi·ted ['lɪmɪtɪd] (*engl.*)《略 Ltd., Lim., Ld.》《商業》有限責任の.

li·mi·tie·ren [limiˈtiːrən] 他 (↓ Limit) **1** 制限する, 限定する, 限度を設ける. *limitierte* Ausgabe 《書籍》(発行部数)限定版. **2**《商業》指し値する.

Lim·no·lo·gie [lɪmnoloˈɡiː] 囡 -/ (*gr.*, Seekunde') 湖沼学, 陸水学.

Li·mo ['liːmo, 'lɪmo] 囡 -/-[s]《略》=*Limo*nade

Li·mo·na·de [limoˈnaːdə] 囡 -/-n (*it*, limone, Zitrone') レモネード(果汁と砂糖の入った炭酸飲料); 清涼飲料水.

Li·mo·ne [liˈmoːnə] 囡 -/-n (*it.*)《植物》**1**《まれ》レモン(の実, 木). **2** ライム(の実, 木).

Li·mo·nit [limoˈniːt] 男 -s/-e (*lat.*)《鉱石》褐鉄鉱.

Li·mou·si·ne [limuˈziːnə] 囡 -/-n (*fr.*) リムジン(高級箱形乗用車).

lind [lɪnt] 形 **1** (天候などが)温和な, 穏やかな, 快い. ein ～*er* Sommerabend〈Herbsttag〉穏やかな夏の宵〈秋の日〉. **2** 柔らかい, やさしい. j³ ～ über die Stirn streichen 人³の額(ひたい)をやさしくなでる. **3**《スイス》(料理が)煮えた, 焼けた.

'Lin·dau ['lɪndaʊ]《地名》リンダウ(バイエルン州ボーデン湖畔にある都市)

'lin·de ['lɪndə] 形 =lind

*'**Lin·de** ['lɪndə] 囡 -/-n **1**《植物》(西洋)菩提樹(ぼだいじゅ), しなのき属. **2**《複数なし》しな材.

'Lin·den·baum 中 -[e]s/ᵉ̈e《雅》=Linde

'lin·dern ['lɪndərn] 他 (↓ lind) (苦悩・苦痛などを)和らげる, 鎮める, 軽減する. j² Schmerzen〈Not〉～ 人²の痛みを〈苦しみを〉和らげる.

'Lin·de·rung ['lɪndərʊŋ] 囡 -/-en《複数まれ》(痛みなどを)和らげること; 軽減, 鎮痛.

'Lin·de·rungs·mit·tel 中 -s/- 鎮痛剤, 緩和剤.

'lind·grün ['lɪnt..] 形 (↓ Linde) 薄緑色の.

'Lind·wurm ['lɪnt..] 男 -[e]s/ᵉ̈er《北欧神話》竜.

*'**Li·ne·al** [lineˈaːl] 中 -s/-e (*lat.*) 定規. et⁴ mit einem ～ unterstreichen 物⁴に定規でアンダーラインを引く. Er geht, als hätte er ein ～ verschluckt.《戯》彼は(定規を呑みこんだみたいに)しゃちこばって歩く.

li·ne·ar [lineˈaːr] 形 (*lat.*)《比較変化なし》**1** 直線状の, 線の. **2**《経済》(税が)一定率の;《音楽》(対位法が)線的な;《数学》一次(の関数, 方程式)の.

Li·ne·ar·be·schleu·ni·ger 男 -s/-《核物理》線形加速器.

Li·ne·ar·mo·tor -s/-en《電子工》リニアモータ.

Li·ne·ar·zeich·nung 囡 -/-en 線画; (とくに)略図.

..ling [..lɪŋ](接尾)「...な人, ...する人」などを意味する男性名詞 (-s/-e) をつくる. **1**《形容詞と》Feig*ling* 臆病者. Jüng*ling* 若者. **2**《動詞と》Eindring*ling* 侵入者. Täuf*ling* 受洗者. **3**《名詞と》さらに軽蔑的な意味合いがこめられて》Dichter*ling* 三文詩人.

..lings [..lɪŋs](接尾) (↓ lenken)「...向きで; ...の仕方で」の意の副詞をつくる. bäuch*lings* 腹ばいで, うつ伏せに. blind*lings* 盲目的に, やみくもに. ritt*lings* 馬乗りで.

Lin·gu·ist [lɪŋguˈɪst] 男 -en/-en (*lat.*) 言語学者.

Lin·gu·is·tik [lɪŋguˈɪstɪk] 囡 -/ 言語学.

lin·gu·is·tisch [lɪŋguˈɪstɪʃ] 形 言語学(上)の.

'Li·nie ['liːniə リーニエ] 囡 -/-n (*lat.* linea, Schnur, Faden') **1** (a) (Strich) 線; 罫線. eine gerade〈dicke〉～ 直線〈太線〉. mit dem Lineal eine ～ ziehen 定規で線を引く. Briefpapier mit ～n 罫紙. (b)《スポーツ》ライン, 線. den Ball über die ～ [ins Aus] schießen ボールをラインの外に蹴り出す. ～!《テニス》オンライン. (c) (肌に刻まれた)すじ, しわ. die ～n der Hand 手相. Lebens*linie* 生命線. **2** (a) (Reihe) 列. sich⁴ in einer ～ aufstellen 一列に並ぶ. eine ～ bilden 列をつくる. In ～ antreten! (軍隊や体操などの号令)整列. Die Buchstaben

Linienblatt

halten nicht ~.〖印刷〗活字がまっすぐ(一列に)揃っていない. (↔ Reihe)(チェス盤などの)縦の列. **3** (鉄道・バス・船・飛行機の)線, 路線. Welche ~ fährt nach Schönbrunn? シェーンブルンへは何番線の電車が行きますか. Nehmen Sie die ~ 4! 4番線に乗って下さい. mit der ~ 8 fahren 8番線に乗る; 8号線のバス(市電)に乗る. eine ~ einstellen〈stillegen〉路線の運転を中止する. **4** 家系, 血統. die männliche〈weibliche〉 ~ 男系〈女系〉. in gerader〈direkter〉 ~ von j³ abstammen 人³の直系である. **5** (政党などの)路線, 方針. die ~ [einer Partei] festlegen〈einhalten/ändern〉 (ある政党が)路線を固める〈守る / 変更する〉. **6** (体などの)線, 輪郭. auf die [schlanke] ~ achten 体の線(スタイル)に気をつける. **7**〖軍事〗戦列, 戦線;〖古〗常備軍. in vorderster ~ kämpfen 第一線で戦う. **8** 〈複数なし〉 〖天〗 〈Äquator〉赤道. **9** リーニエ(昔の長さの単位, = ¹/₁₀ または ¹/₁₂ Zoll). **10**〖成句で〗 auf der ganzen ~ すっかり, 完全に. in erster〈letzter〉 ~ まず第1に〈最後に〉.

'Li·ni·en·blatt 中 -[e]s/⸚er 罫線入り下敷.
'Li·ni·en·bus 男 -ses/-se 路線バス.
'Li·ni·en·dienst 男 -[e]s/-e (船・飛行機などの)定期便.
'Li·ni·en·flug·zeug 中 -[e]s/-e 定期便の飛行機.
'Li·ni·en·pa·pier 中 -s/- 罫紙.
'Li·ni·en·rich·ter 男 -s/-〖球技〗線審.
'Li·ni·en·schiff 中 -[e]s/-e **1** 定期船. **2**〖古〗戦艦.
'Li·ni·en·spie·gel 男 -s/- (⸚) =Linienblatt.
'Li·ni·en·tau·fe 女 -/-n =Äquatortaufe.
'li·ni·en·treu〖俚〗(イデオロギーや政党路線に)忠実に(無批判に)従う. ~e Funktionäre 党の方針に忠実な幹部達.
'Li·ni·en·trup·pen 複〖軍事〗常備軍.
li'nie·ren [li'niːrən], **li·i·ren** [lini'iːrən] (↓Linie) (物に)線を引く, 罫線をひく. *liniertes*〈*liniiertes*〉Papier 罫紙.

Li·ni·ment [lini'mɛnt] 中 -[e]s/-e (*lat.*)〖薬学〗リニメント剤, 塗布剤.

***link** [lɪŋk] リンク] 形 **1**〖付加語的用法のみ〗左の. ~er Hand² / zur ~en Hand 左側に. mit der ~en Hand (話) 左手側に, 苦もなく. zwei ~e Hände haben (話) 不器用である. mit dem ~en Bein〈Fuß〉 zuerst aufgestanden sein (話) 寝起きが悪い, 機嫌が悪い(左足から朝起きてしまった). **2**〖付加語的用法のみ〗(政治的に)左派の, 左翼の. eine ~e Zeitung 左翼系の新聞. **3**〖付加語的用法のみ〗〈衣服や布地の〉裏側の, 内側の. die ~e Seite des Mantels オーバーの裏側. ~e Maschen (編み物の)裏目, 裏編みの目. **4** (話) ずるい, 怪しい, いかがわしい. Er ist ~. 彼はずるい. Er ist eine ~e Ratte. 〈卑〉彼は(ずるくて)最低だ. ~e Geschäfte machen いかがわしい商売をする.

Link [lɪŋk] 男 (中) -s/-s (*engl.*)〖電算〗リンク.
'Lin·ke ['lɪŋkə] 女〖形容詞的変化〗〈複数まれ〉 **1** (↔Rechte) 左手, 左側; 左(手によるパンチ). **2** Er sitzt ihr zur ~n. 彼は彼女の左側にすわっている. **2**〈複数なし〉(政治上の)左派, 左翼. Er gehört der neuen ~n an. 彼は新左翼である. **3**〖古〗(フランスの)国会で議長から見て左側に座った党.
'lin·ken ['lɪŋkən] 他 だます. Er hat mich *gelinkt*. 私は彼にだまされた.

'lin·ker·seits ['lɪŋkərzaɪts] 副 左側に, 左手に.
'lin·kisch ['lɪŋkɪʃ] 形 (↓link) 不器用な; ぎこちない. sich⁴ ~ benehmen ぎこちない振舞をする.

links [lɪŋks] リンクス] **❶** 副 (↔rechts) **1** 左側に, 左に. nach ~ gehen 左へ行く. erster Stock zweite Tür ~ 2階の左側の2番目のドア. ~ um die Augen ~! 〈軍隊の号令で〉頭(を)左. j〈et〉⁴ ~ liegen lassen 〖比喩〗(話) 人〈物〉⁴に目もくれない, (を)無視する. nicht mehr wissen, wo ~ und rechts ist 〈話〉うろたえてしまって(右も左もわからないでいる). **2** 〈話〉左手で. ~ schreiben 左手で書く. ~ sein 左利(が)きである. et¹ mit ~ machen〖比喩〗片手間に(苦もなく)事³をする(↑link 1). **3** 裏向きに, 裏返しに. ~ zu bügeln 裏返しにしてアイロンをかけるべし(洗濯物などの表示). Claudia hat ihr T-Shirt mal wieder ~ an. クラウディアはTシャツをまた裏返しに着ている. die Socken〈Pullis〉 ~ waschen ソックス〈プルオーバー〉を洗濯の前に裏返す. j〈et〉⁴ ~ machen 人⁴を すっかり動転させる〈物⁴をひっくりかえして探し物をする〉. eine ~ gestrickte Weste 裏編みのベスト. **4** (政治的に)左派の, 左翼の. ~ eingestellt sein〈sein〉左翼である. ~ wählen 左派に投票する. **❷** 前〈2格支配〉…の左側に. ~ der Donau ドナウ川の左岸に.

'Links·au·ßen 男 -/- 〖スポ〗レフトウイング.
'links·dre·hend 形〖物理・化学〗左旋の, 左回りの.
'Link·ser ['lɪŋksər] 男 -s/- 左利(の)の人.
'Links·ex·tre·mis·mus 男 -/- 極左主義.
'Links·ex·tre·mist 男 -en/-en 極左主義者.
Links·hän·der ['lɪŋkshɛndər] 男 -s/- 左利きの人.
'links·hän·dig ['lɪŋkshɛndɪç] 形〖副詞的には用いない〗左利きの.
'links·he·rum ['lɪŋkshəˈrʊm] 副 左回りに.
'Links·kur·ve 女 -/-n 左カーブ.
'links·läu·fig 形 **1** (ネジ)左巻きの, 左回りの. **2** (文字が)右から左に書かれた, 右横書きの.
'Links·par·tei 女 -/-en 左翼政党.
'links·ra·di·kal 形 極左(過激派)の.
'links·sei·tig 形 左側の.
'links·um [lɪŋks'ʊm, '--] 副 左へ回って. *Linksum!* 左向け左.
'Links·ver·kehr 男 -s/- (車の)左側通行.
'Links·wen·dung 女 -/-en〈複数まれ〉左への方向転換, 左転回.
Lin·né [lɪ'neː] 〖人名〗 Carl von ~ カール・フォン・リンネ (1707-78, スウェーデンの医者・植物学者).
'lin·nen ['lɪnən] 形〖古〗(leinen) 亜麻織りの, リネン(リンネル)の.
'Lin·nen -s/-〖古〗(Leinen) 亜麻織物, リネン(リンネル).
Li·no·le·um [li'noːleʊm, lino'leːʊm] 中 -s/- (*lat.*) (床敷材料の)リノリウム.
Li'nol·schnitt [li'noːl..] 男 -[e]s/-e〖美術〗**1**〈複数なし〉リノリウム版画. **2** リノリウム版(印刷).
Li'non [li'nõː, 'lɪnɔn] 男 -s/-s (*fr.*) 〖紡織〗リノン(リンネル風の薄地の平織り綿織物).
'Li·no·type [ˈlaɪnotaɪp] 女 -/-s (*engl.*)〖印刷〗ライノタイプ.
***Lin·se** ['lɪnzə] リンゼ] 女 -/-n **1**〖植物〗レンズまめ属; (食料の)レンズ豆. **2**〖光学〗レンズ;〈話〉(カメラの)対物レンズ; 〖解剖〗 (眼球の)水晶体. Der Junge knipst alles, was ihm vor die ~ kommt. その少年は目に見えるものを手当り次第に写す. **3**〖地質〗レンズ

(岩石にはさまれた両凸レンズ状の小岩体). **4**《地方》(レンズ状の)肝臓斑.

in·sen ['lınzən] 围《話》こっそり見る, 盗み見る. durch den Türspalt ― ドアのすき間から様子をうかがう.

Lin·sen·ge·richt 匣 ―[e]s/-e レンズ豆料理. et⁴ für ein ~ hergeben (貴重な)物⁴を無価値なものと交換する (↓《旧約》創 25: 29-34).

Linz [lınts]《地名》リンツ(オーストリアのオーバーエースターライヒ州の州都, ドーナウ川中流域に位置する).

Lip·pe ['lıpə リペ] 囡 -/-n **1** 唇. die obere ⟨untere⟩ ~ 上⟨下⟩唇. die ~ n kräuseln ⟨schürben⟩ (不服・軽蔑の念から)口をとがらせる.《前置詞と》**an** j² ~ n hängen 人²の言葉にじっと聞入っている. Die Kinder hingen an seinen ~ n. 子供たちは彼の話にじっと聞入っていた. j³ **auf** die ~ n liegen⟨schweben⟩(ある言葉が)人³の口まで出かかっている. sich³·⁴ auf die ~ n beißen はっとして唇をかむ(しゃべった事に後悔して). j³ einen Kuss auf die ~ n drücken 人³の唇にくちづけする. den Finger auf die ~ n legen 指を口に当てる(静かにさせる時のしぐさ). et⁴ nicht **über** die ~ n bringen 事⁴を思い切って口に出すことができない. Kein Wort kam über ihre ~ n. 一言も彼女の口から出てこなかった. **von** den ~ n lesen 唇から読み取る(耳の悪い人などが). **2**《複数なし》《話》口のきき方, しゃべり方. eine dicke/große[~] ~ riskieren《話》ずけずけ物を言う. **3**《植物》唇形(しんけい)花冠.

Lip·pen·be·kennt·nis 匣 -ses/-se《侮》口先だけの信仰告白.

Lip·pen·blüt·ler 男 -s/- 《植物》唇形(しんけい)植物, しそ科植物.

Lip·pen·stift 男 ―[e]s/-e リップスティック, (棒状)口紅. Sie benutzt⟨verwendet⟩ keinen ~. 彼女は口紅は使わない.

li·quid [li'kvi:t] 形 (*lat.*, flüssig °) **1**《化学》液体の, 液状の. **2**《経済》支払能力のある, 換金可能の. **3**《音声》流音の. **~e** Laute 流音.

Li·quid [li'kvi:t] 囲 -s/-e《音声》流音 (l, r など).

Li·qui·da ['li:kvida] 囡 -/..dä [..de] (..den [lik-'vi:dən])《商》(Fließlaut との 例 [l] [r]).

Li·qui·da·ti·on [likvidatsi'o:n] 囡 -/-en **1** (会社・団体の)破産整理, 清算, 弁済 (資産などの)現金化. in ~ gehen⟨treten⟩破産整理する. **2** (医師・弁護士などの労力に対する報酬の)請求書. **3** (争いなどの)調停, 解決;(政敵などの)粛清, 殺害.

Li·qui·da·tor [likvi'da:toːr] 男 -s/-en [..da'toːrən]《法制》管財人, 清算人.

li·qui·die·ren [likvi'diːrən] (*it.*) ❶ 他 **1** (ふつう受動態で)《経済》(会社などを)破産整理する. Die Firma wird wegen Konkurs *liquidiert*. その会社は倒産のため整理される. **2** (有価証券などを)換金する;(負債・借金などを)弁済する. **3** (弁護士や医師などが労力に対する報酬を)請求する. **4** (争いなどを)解決する, 調停する;(旧弊などを)取除く;(政敵などを)粛清(殺害)する. ❷ 圓 (会社などが)解散する.

Li·qui·die·rung 囡 -/-en **1**《経済》(会社などの)破産整理, 清算;解散. **2** (争議などの)調停, 解決;(政敵などの)抹殺, 粛清;(旧弊などの)一掃, 除去.

Li·qui·di·tät [likvidi'tɛːt] 囡 -/《経済》支払能力, 流動性;流動資産.

Li·ra ['li:ra] 囡 -/Lire [..rə] (略 L., Lit.) リラ (ユーロ導入前のイタリアの通貨単位).

'**Li·sa·beth** ['li:zabɛt]《女名》(Elisabeth の短縮) リーザベト.

Lis·boa [lıs'boːa]《地名》リスボア. ↑ Lissabon

lisch [lıʃ] löschen の du に対する命令形.

'**li·schest** ['lıʃəst], **lischst** [lıʃst] löschen の現在 2 人称単数.

lischt [lıʃt] löschen の現在 3 人称単数.

'**Li·se·lot·te** ['liːzəlɔtə, ―-'――]《女名》=Lieselotte

'**lis·peln** ['lıspəln] ❶ 圓 **1** (舌を歯の間にはさんであるいは上の歯の裏側に押し当てたりして)s の音を舌足らずに発音する. **2**《雅》(木の葉などが)さやさやと鳴る, ざわめく. ❷ 他 (flüstern) ささやく, ひそひそ話す.

'**Lis·sa·bon** ['lısabɔn, ―-'――]《地名》リスボン (ポルトガルの首都. ポルトガル語形 Lisboa).

'**Lis·sa·bon·ner** ['lısabɔnər, ―-'――] ❶ 男 -s/- リスボンの人. ❷ 形《不変化》リスボンの.

*****List** [lıst] 囡 -/-en **1** 策略. eine ~ anwenden / zu einer ~ greifen 策略を用いる, 策略をめぐらす. **2**《複数なし》ずる賢さ, 悪知恵. mit ~ und Tücke《話》知恵をしぼって, あらゆる手を尽くして.

*'**Lis·te** ['lıstə リステ] 囡 -/-n (*it.*) **1** 一覧表, 目録, 名簿, リスト. Namens*liste* 名簿. eine ~ anlegen ⟨aufstellen⟩ リストを作成する. auf der schwarzen ~ stehen《話》ブラックリストに載っている(にらまれている). **2** (Wahl*liste*) 候補者名簿.

'**Lis·ten·preis** 男 -es/-e カタログ価格, 表示価格.

'**lis·ten·reich** 形 (↑ List) 策略に富んだ, ずる賢い.

'**Lis·ten·wahl** 囡 -/-en (↓ Liste)《政治》(↔ Persönlichkeitswahl) (比例代表制の)名簿式選挙.

*'**lis·tig** ['lıstıç リスティヒ] 形 ずる賢い, 狡猾な.

'**lis·ti·ger·wei·se** ['lıstıgərˌvaızə] 副 ずる賢く, 狡猾に.

Liszt [lıst]《人名》Franz ~ フランツ・リスト (1811-86, ハンガリーの作曲家・ピアニスト).

Lit.《略》=Lira, Lire

Lit.《略》=Litera

Li·ta·nei [lita'naɪ] 囡 -/-en (*gr.*) **1**《カト》連禱(れんとう)(先唱者に応唱する祈りの形式). die ~ vom Namen Jesu イエスの御名(みな)の連禱. **2**《話》長たらしい話, 繰り言, 愚痴.

'**Li·tau·en** ['liːtaʊən, 'lɪt..]《地名》リトアニア (バルト海に面する 1 共和国でバルト 3 国の 1 つ, 1991 に旧ソビエト連邦より独立).

'**Li·tau·er** ['liːtaʊər, 'lɪt..] 男 -s/- リトアニア人 (出身者). ◆女性形 Litauerin 囡 -/-nen

'**li·tau·isch** ['liːtaʊıʃ, 'lɪt..] リトアニア(人, 語)の. ▷ deutsch

*'**Li·ter** ['liːtər, 'lıtər リーター] 男 -s/- (*fr.*)《記号 l》リットル. zwei ~ Wein 2 リットルのワイン.

'**Li·te·ra** ['lıtəra] 囡 -/-s (Literä [..rɛ]) (*lat.*)《略 Lit.》文字.

Li·te·rar·his·to·ri·ker [lıta'raːr..] 男 -s/- 文学史家.

li·te·ra·risch [lıta'raːrıʃ] 形 **1** 文学(上)の, 文学的な. ~e Werke 文学作品. **2** 文筆(業)の, 作家の. sich⁴ ~ betätigen 文筆(作家)活動をする.

Li·te·rat [lıta'raːt] 男 -en/-en (*lat.*) 作家, 文学者. 《侮》三文文士.

*'**Li·te·ra·tur** [lıtəra'tuːr リテラトゥーア] 囡 -/-en (*lat.*) **1** 文学. die moderne⟨klassische⟩ ~ 近代⟨古典⟩文学. die schöne ~ 文学, 文芸. **2** 文献. Über dieses Gebiet gibt es noch keine ~. この分野についてはまだ文献がない.

Li·te·ra'tur·bei·la·ge 囡 -/-n (新聞の)付録文芸欄.
Li·te·ra'tur·ge·schich·te 囡 -/-n 文学史.
Li·te·ra'tur·kri·tik 囡 -/ 文芸(文学)批評.
Li·te·ra'tur·nach·weis 男 -es/-e (論文などの)参考文献リスト.
Li·te·ra'tur·preis 男 -es/-e 文学賞.
Li·te·ra'tur·ver·zeich·nis 囲 -ses/-se 参考文献目録.
Li·te·ra'tur·wis·sen·schaft 囡 -/ 文芸学, 文学研究.
'**li·ter·wei·se** ['liːtərvaɪzə] 副 リットル(単位)で. et⁴ ~ verkaufen 物⁴をリットル単位で売る.
'**Lit·faß·säu·le** ['lɪtfasʣɔʏlə] 囡 -/-n (街頭などに置かれた円筒形の)広告柱 (1855 にベルリーンで初めてこの広告柱を設置した E. Litfaß の名による).
lith.., Lith.. [lit..] (接頭) ↑ litho.., Litho..
Li'thi·a·sis [liˈtiːazɪs] 囡 -/Lithiasen [litiˈaːzən] (gr. lithos, Stein) 〖医学〗結石症.
'**Li·thi·um** ['liːtiom] 囲 -s/ 〖記号 Li〗〖化学〗リチウム.
'**Li·tho** ['liːto] 囲 -s/-s (Lithographie の略) 石版画, 石版印刷物.
li·tho.., Li·tho.. [lito..] (接頭) (gr. lithos, Stein) 名詞などに冠して「石, 岩石」の意を表す. 母音の前では lith.., Lith.. となる. Lithosphäre 〖地学〗岩石圏.

Litfaßsäule

Li·tho'graf [litoˈgraːf] 男 -en/-en = Lithograph
Li·tho·gra'fie [..graˈfiː] 囡 -/-n [..ˈfiːən] = Lithographie
li·tho·gra'fie·ren [..graˈfiːrən] 他 = lithographieren
li·tho'gra·fisch [..ˈgraːfɪʃ] 形 = lithographisch
Li·tho'graph [litoˈgraːf] 男 -en/-en **1** 石版工. **2** 石版画家.
Li·tho·gra'phie [litograˈfiː] 囡 -/-n [..ˈfiːən] 〖美術・印刷〗**1** 〈複数なし〉石版印刷. **2** 石版. **3** 石版画, リトグラフ.
li·tho·gra'phie·ren [litograˈfiːrən] 他 **1** 石版に描く. **2** (物⁴を)石版印刷にする. lithographierte Plakate 石版印刷のポスター.
li·tho'gra·phisch [litoˈgraːfɪʃ] 形 (述語的には用いない) 石版(印刷)の.
Li·tho'sphä·re [litoˈsfɛːrə] 囡 -/ 〖地質〗岩石圏.
li·to'ral [litoˈraːl] 形 (lat.) 〖地理〗沿岸の, 沿岸性の.
litt [lɪt] leiden の過去.
'**lit·te** ['lɪtə] leiden の接続法 II.
Li·tur'gie [litorˈgiː] 囡 -/-n [..ˈgiːən] (gr., Dienst am Volk) 〖キリスト教〗典礼(礼拝執行の体系); 礼拝式.
li'tur·gisch [liˈtorgɪʃ] 形 典礼(上)の; 礼拝式的. ~e Bücher 典礼書. ~es Drama 典礼劇.
'**Lit·ze** ['lɪtsə] 囡 -/-n (lat.) **1** (制服などの縁飾りに用いる)組紐, 平紐, ブレード, モール. **2** 〖電子工〗縒(よ)り線. **3** 〖紡織〗綜絖(そうこう), ヘルド. **4** 〖工学〗(綱索の)ストランド, 子縄. **5** 〖北ドイツ〗荷造り紐.
live [laɪf] 副 (engl.) 〖放送〗生(実況)で, ライブで; 実際に. Das Fußballspiel wird ~ übertragen (gesendet). そのサッカーの試合は生中継される.

'**Live·auf·nah·me** ['laɪf..] 囡 -/-n (コンサートなどの)生録音, ライブ録音.
'**Live·auf·zeich·nung** 囡 -/-en 〘テレビ〙(放送の)実況録画.
'**Live·sen·dung** 囡 -/-en 〖放送〗実況中継, 生放送.
'**Liv·land** ['liːflant] 〖地名〗リーフラント, リヴォニア(バト海沿岸のエストニア・ラトヴィア両国にまたがる地方).
Li'vree [liˈvreː] 囡 -/-n [..ˈreːən] (fr.) (運転手・ホテルのボーイなどの)制服; (使用人などのお仕着せ.
li'vriert [liˈvriːrt] 形 制服(お仕着せ)を着た. ein ~er Hotelboy 制服を着たホテルのボーイ.
Li·zen'ti·at [litsɛntsiˈaːt] (lat.) **❶** 囲 -en/-e 修士号(今日ではスイスやその他の国の神学部に残る学位). **❷** 男 -en/-en 〖略 Lic., Liz.〗修士号所有者.
Li'zenz [liˈtsɛnts] 囡 -/-en (lat.) **1** (公的な)認可, 許可, ライセンス, 免許. in ~ 許可を得て. **2** 〖話〗認可料, 許可証交付料. **3** 〘スポーツ〙(プロの選手や審判としての)資格認定証, ライセンス. **4** 〖修辞〗(詩的表現上許容された)破格. poetische ~ 詩的許容.
Li'zenz·aus·ga·be 囡 -/-n 出版(翻訳)権取得版.
Li'zenz·ge·bühr 囡 -/-en 許可料, ライセンス料.
li·zen'zie·ren [litsɛnˈtsiːrən] 他 (↓ Lizenz) 認可する, 許可する.
Lkw, LKW ['ɛlkaːveː, ɛlkaːˈveː] 囲 -[s]/-[s] (Lastkraftwagen の短縮) トラック.
lm 〖記号〗= Lumen 2
*'**Lob** [loːp] 囲 -[e]s/-e 〈複数まれ〉(↓ loben) (↔ Tadel) 称賛, 賛辞. j³ [ein] ~ spenden〈zollen〉 人³に賛辞を呈する. für et¹ ein ~ erhalten〈bekommen〉事¹でほめられる. über j〈et〉⁴ des ~es voll sein 〖雅〗人〈物〉⁴を激賞する. j² ~ singen 〖話〗人²をほめそやす. über alles〈jedes〉 ~ erhaber sein / keines ~es bedürfen 〖雅〗いかなる賛辞も必要としない. Gott³ sei ~ und Dank! 神に賛美と感謝を; ありがたい. **2** 〖雅〗名誉, ほまれ. zu j³ ~ 人³をたたえて. Es gereicht ihm zum ~ e. それは彼の名誉となる.
'**Lob·by** ['lɔbi] 囡 -/-s (..bbies [..biːs]) (engl.) **1** (イギリスやアメリカの議事堂の)ロビー. **2** (国会の)ロビイスト, 圧力団体.
Lob·by'ist [lɔbiˈɪst] 男 -en/-en (国会への)陳情者, ロビイスト.
'**lo·ben** ['loːbən] 他 (↔ tadeln) ほめる, 称賛する; たたえる. j⁴ für et⁴〈wegen et²〉 ~ 人⁴を事¹,² のことでほめる. j⁴ über den grünen Klee ~ 〖話〗人⁴をほめちぎる. Man soll den Tag nicht vor dem Abend ~ . 〖諺〗事⁴の先は闇. (現在分詞で) j〈et〉⁴ lobend erwähnen 人〈事〉⁴をほめて話す. 《過去分詞で》Gelobt sei Jesus Christus! イエス・キリストにたたえあれ. (再帰的に) Das lob' ich mir. それは気に入った. Da lob ich mir doch ein ordentliches Schnitzel! 本式のカツレツとよかったんだが. Er lobte sich⁴ für seine Vorsicht. 彼は用心していてよかったと思った.
'**lo·bens·wert** 形 ほめるべき, 称賛に値する.
'**lo·be·sam** ['loːbəzaːm] 形 〖古〗(多く付加語的用法で / 名詞の後に置かれる)ほまれ高い, あっぱれな.
'**Lo·bes·er·he·bung** ['loːbəs..] 囡 -/-en (ふつう複数で) 〖雅〗(過大な)称揚, 絶賛.
'**Lob·ge·sang** ['loːp..] 男 -[e]s/=e 頌歌, 賛歌. einen ~ auf j〈et〉⁴ anstimmen 人〈事〉⁴をたたえて賛歌を歌う; j³をほめそやす.
Lob·hu·de'lei [loːphuːdəˈlaɪ] 囡 -/-en 〖侮〗追従

(ら), へつらい.

ob·hu·deln ['lo:phu:dəln] 他 (自) (侮) (人⁴に)追従する, へつらう.

öb·lich ['lø:plɪç] 形 称賛すべき, 見上げた; ご立派な.

.ob·lied 中 -[e]s/-er 頌歌, 賛歌.

ob·prei·sen* [*] ['lo:pprаızən] lobpries (lobpreiste), lobgepriesen (gelobpreist) 他 賛美する, ほめたえる.

.ob·re·de 女 -/-n **1** 賛辞. eine ~ auf j⁴ halten 人⁴にほめ言葉をおくる. **2** ほめやすこと.

ob·red·ner 男 -s/- **1** 賛辞をおくる人. **2** こびへつらう人.

ob·sin·gen* 他 (自) ['lo:pzɪŋən] lobsang, lobgesungen Gott〈dem Herrn〉 ~ 《雅》主をほめたたえて歌う.

.ob·spruch 中 -[e]s/⁼e **1** 《古》《文学》頌詩. **2** 賛辞.

Lo'car·no [lo'karno] 《地名》 ロカルノ(スイス南部の).

Loch [lɔx ロホ] 中 -[e]s/Löcher **1** 穴, くぼみ; 裂け目, 割れ目. ein kleines〈tiefes〉 ~ 小さな〈深い〉穴. schwarzes ~ 《天文》ブラックホール. Die Straße〈Die Hose〉 ist voller Löcher. その通りくズボン〉は穴だらけだ. ein ~ graben 穴を掘る. ein ~ in die Wand bohren 壁に穴をあける. mit der Zigarette ein ~ in die Tischdecke brennen タバコの火でテーブルクロスに穴をあける. sich³ ein ~ in die Hose reißen ズボンに鉤(☆)裂きをつくる. ein ~ ins Eis schlagen 氷に穴をうがつ. sich³ ein ~ in den Kopf stoßen〈fallen〉《話》頭にけがをする《成句で》《話》 wie ein ~ trinken〈saugen〉大酒のみ(底なし)である. j³ Löcher〈ein ~〉in den Bauch fragen〈reden〉 人³を質問攻めにする((したとめどなく話しかける). ein ~ im Magen haben《戯》猛烈に腹がへっている; 大飯喰らいである. Die Rechnung hat ein ~. 計算(勘定)が合わない. Ich werde ihm zeigen, wo der Zimmermann das ~ gelassen hat. あいつをほうり出してやる. ein ~ in den Geldbeutel reißen 財布に穴をあける, 出費がかさむ. Löcher〈ein ~〉in die Luft schießen (射撃で)的をはずす;〔サッカーで〕ゴールをはずす. den Gürtel ein ~ enger schnallen ベルトの穴を1つきつく締める; 食費を切りつめる. Löcher〈ein Loch〉in die Luft〈die Wand〉 starren〈stieren/gucken〉ぼんやりと前(どこか)を見つめる. ein ~ stopfen (借金の)穴を埋める. ein ~ zurückstecken 要求を一段下げる. ein ~ mit dem anderen zustopfen (借金を返すために)借金を重ねる. auf〈aus〉 dem letzten ~ pfeifen (精根)尽きている. Jetzt pfeift der Wind aus einem anderen ~ 最近はどうも風当りが強い. **2**《動物の》巣穴;《話》家. sich³ ein ~ in seinem ~ verkriechen 家にひっそりこもる. **3**《卑》監獄, ぶた箱. ins ~ kommen〈fliegen〉ぶた箱入りになる. j⁴ ins ~ stecken 人⁴をむしょにぶち込む. **4**《侮》(薄暗い)あばら屋, 穴蔵. **5**《卑》尻の穴; 尻. **6**《卑》ヴァギナ, 膣;《侮》女. **7**〔ゴルフ〕ホール. **8**《絵画》暗い部分.

'Loch·ei·sen 中 -s/- ポンチ, つぼたがね.

'lo·chen 他 (↓ Loch) (パンチなどで物に)穴をあける, (切符に)入鋏(☆⁵⁷)する, ミシン目を入れる; (電算機のカードに)パンチする.

'Lo·cher ['lɔxər] 男 -s/- **1** 穴あけ器, パンチ. **2** カードパンチャー.

'Lö·cher ['lœçər] Loch の複数.

lö·che·rig ['lœçərɪç] 形 穴だらけの.

'lö·chern ['lœçərn] 他《話》(人⁴に)しつこくせがむ, うるさく尋ねる. j⁴ mit et³ ~ 人⁴を事³でせめる.

'Loch·ka·me·ra 女 -/-s ピンホール・カメラ.

'Loch·kar·te 女 -/-n (電算機の)パンチカード.

'löch·rig ['lœçrɪç] 形 =löcherig

'Loch·sti·cke·rei 女 -/-en 〖手芸〗(白の)カットワーク; (飾りに)カットワークを使った手芸品.

'Loch·strei·fen 男 -s/- 〖工学〗(テレタイプ・電算機などの)穿孔テープ.

'Loch·zan·ge 女 -/-n 改札ばさみ, パンチ.

'Lo·cke¹ ['lɔkə] 女 -/-n 巻毛, カールした髪; 一房の髪; (羊毛などの)房.

'Lo·cke² 女 -/-n (↓ locken¹)《猟師》 **1** 鳥笛. **2** 囮(☆゚).

***'lo·cken¹** ['lɔkn ロケン] 他 **1** おびき寄せる, 呼寄せる; 誘う (mit et³ 事³で). den Hund mit einer Wurst ~ 犬をソーセージでおびき寄せる. den Fuchs aus dem Bau ~ 狐を巣からおびき出す. Die Henne lockt ihre Küken. 雌鳥が雛を呼び寄せる. j³ das Geld aus der Tasche ~《話》人³に散財させる. Damit kannst du keinen Hund vom Ofen ~《話》そんなことじゃ誰も見向きもしないぞ. j⁴ auf die falsche Fährte〈Spur〉 ~ 人⁴をだます(ぺてんにかける). j⁴ in eine Falle〈ins Netz〉 ~ 人⁴を罠にかける. Das schöne Wetter lockte sie ins Freie. いい天気に誘われて彼女は外に出かけた. **2** (人⁴の)気持(関心)をひく, 誘惑する. Der Vorschlag lockte mich sehr. その提案は大いに私の気をひいた.《現在分詞で》 ein lockendes Angebot 魅力的な申出.

'lo·cken² 他 (↓ Locke¹) (髪を)縮らせる, カールさせる. sich³ die Haare ~ lassen 髪をカールしてもらう.《過去分詞で》 gelocktes Haar 巻毛.《再帰的に》 sich⁴ ~ (髪が)カールしている.

'lö·cken ['lœkən] 自《雅》《次の成句で》 wider〈gegen〉 den Stachel ~ 無駄な抵抗をする(とげのある鞭を蹴る.《新約》使 26:14).

'Lo·cken·haar 中 -[e]s/-e 巻毛, カールした髪.

'Lo·cken·kopf 男 -[e]s/⁼e **1** 巻毛の頭. **2** (愛称として)巻毛の人(子供).

'Lo·cken·wickel, 'Lo·cken·wick·ler 男 -s/- (髪をカールさせるための)ヘアカーラー.

***'lo·cker** ['lɔkər ロッカー] 形 **1** ゆるい; ゆるんだ, ぐらぐらした; ゆるやかな. ein ~es Seil たるんだ綱. ein ~er〈 sitzender〉 Zahn ぐらぐらしている歯. eine ~e Beziehung ゆるやかな関係. eine ~e Haltung ゆったりした姿勢. eine ~e Hand haben《話》すぐ手を出す(殴る). Die Schraube ist ~. ねじがゆるんでいる. Bei dir ist wohl eine Schraube ~?《卑》君はどうかしてるんじゃないかい. die Zügel ~ lassen 手綱をゆるめる. Das Geld sitzt den Käufern nicht mehr so ~. お客の財布の紐が堅くなった. Es geht hier immer [sehr] ~ zu.《話》ここはいつものんびりしている. **2** だらしない, 自堕落な. ein ~es Leben 〈einen ~en Lebenswandel〉 führen 自堕落な生活をする. ein ~es Mundwerk haben《話》生意気なロをきく. ein ~er Vogel〈Zeisig / Bruder〉放蕩者. **3** 目の粗い, 柔らかい. ein ~es Brot ふっくらしたパン. **4**《卑》たやすい. Das schaffst du doch ~ in drei Tagen. 君ならそんなこと3日もあれば軽く片づくよ.

'lo·cker|las·sen* 自《ふつう否定形で》 [mit〈in〉et³] nicht ~ (事³で)譲歩しない, 急を譲めない.

'lo·cker|ma·chen 他《話》 **1** (金を)出す, 用立てる. **2** bei j³ Geld ~ 人³に金を出させる.

'**lo·ckern** ['lɔkərn] ❶ 他 ゆるめる. eine Schraube 〜 ネジをゆるめる. eine Beziehung 〜 関係をゆるめる. die Erde 〜 土地をやわらかくする(すき返す). sich³ den Kragen 〜 カラーをゆるめる. Muskeln 〜 筋肉をほぐす. Vorschriften 〜 規制をゆるめる.《過去分詞で》in gelockerter Stimmung くつろいだ気分で. ❷ 再 (sich¹) ゆるむ, ぐらつく; ゆったりする;《霧などが》薄くなる. Der Zahn lockert sich. 歯がぐらつく. Die Stimmung lockert sich. 気分がくつろぐ.

'**Lo·cke·rung** 囡 -/-en ゆるしこと, ゆるめること.
'**lo·ckig** ['lɔkɪç] 形 カールした, 巻毛の.
Lock·mit·tel ['lɔk..] 中 -[e]s/- おとり; 客寄せの道具.
Lock·pfei·fe 囡 -/-n 《猟師》鳥寄せ笛, 鳥笛.
Lock·ruf 男 -[e]s/-e おとりの鳴声.
Lock·spei·se 囡 -/-n おびき餌, えさ.
Lock·spit·zel 男 -s/- (おとり捜査の)おとり.
Lo·ckung ['lɔkʊŋ] 囡 -/-en 誘惑, 魅惑, 魅力.
Lock·vo·gel 男 -s/" 《狩猟》囮(おとり);《比喩》(人を犯罪などに巻きこむための)おとり役(とくに女).
'**lo·co** ['lo:ko, 'lɔko] (*lat.*, am [rechten] Platz) **1**《商業》(am Ort) 現場で, その場で; 在庫で. 〜 Berlin ベルリン渡しで. **2**《音楽》ローコ, 原位置で.
'**lo·co ci·ta·to** ['lo:ko tsi'ta:to] (*lat.*, am angeführten Ort) (略 l.c.) 前述の箇所で.
'**Lo·den** ['lo:dən] 男 -s/- **1**《紡織》ローデン(防水性の粗毛織物);（加工していない）生地. **2**《複数で》《地方》毛皮.
Lo·den·man·tel 男 -s/" ローデン地のコート.
'**lo·dern** ['lo:dərn] 自 燃えあがる. Das Feuer *lodert*. 炎が燃えあがる. Ihre Augen *loderten* vor Zorn.《比喩》彼女の目は怒りに燃えていた.
*'**Löf·fel** ['lœfəl] レフェル 男 -s/- **1** スプーン, 匙(さじ). zwei [voll] Zucker スプーン2杯の砂糖. Der Kaffee ist so stark, dass der 〜 darin steht.《戯》このコーヒーはものすごく(スプーンが立つほど)濃い. den 〜 zum Mund führen スプーンを口へ運ぶ. den 〜 sinken lassen〈fallen lassen / hinlegen / abgeben〉《卑》死ぬ, くたばる. keine silbernen *Löffel* stehlen やましいところがない. et⁴ mit dem 〜 essen 物をスプーンで食べる. die Weisheit mit 〜n gefressen haben《話》利口である;《皮肉》おつむがいい. mit einem silbernen〈goldenen〉〜 im Mund geboren sein《話》裕福な生れである; 幸運の星の下に生れついている. **2** 匙状の器具;《医学》キューレット;（パワーショベルの）シャベル. **3** j³ eins〈ein paar〉〜《話》人³にびんたをくらわせる;（猟師）うさぎの耳. (b)《話》（人の）耳. die *Löffel* spitzen〈aufsperren〉聞耳を立てる. j³ eins〈ein paar〉hinter die *Löffel* geben j³にびんたをくらわす. eins〈ein paar〉hinter die *Löffel* kriegen〈bekommen〉びんたをくらう. sich³ et⁴ hinter die *Löffel* schreiben 事⁴を胸に刻みつける.
Löf·fel·bag·ger 男 -s/- パワーショベル.
Löf·fel·en·te 囡 -/-n 《鳥》はしひろがも.
'**löf·feln** ['lœfəln] 他 (↓ Löffel) **1** スプーンですくって食べる, かきまぜる. **2**《話》理解する, のみこむ. **3** j³ eine 〜《話》人³にびんたをくらわせる.
Löf·fel·rei·her 男 -s/- 《鳥》へらさぎ.
Löf·fel·stiel 男 -[e]s/-e スプーンの柄.
löf·fel·wei·se 副 ひと匙(さじ)ずつ, スプーンで.
log¹ [lo:k] lügen の過去.
log² [lɔk] 《記号》= Logarithmus
Log [lɔk] 中 -s/-e (*engl.*)《海事》(船の速度を測る)測

程器.
..**log¹** [..lo:k] 《接尾》(*gr.*)「会話, 語り, 言葉」などのを表す男性名詞(-[e]s/-e)をつくる. Mono*log* 独白.
..**log²** 《接尾》《古》= ..loge
..**log³** 《接尾》(↓ ..log¹)「…の関係にある」の意の形容をつくる. ana*log* 類似の.
Lo·ga·rith·men·ta·fel [loga'rɪtmən..] 囡 -/-n 《数学》対数表.
Lo·ga·rith·mus [loga'rɪtmʊs] 男 -/..men [..mən] (記号 log)《数学》対数.
'**Log·buch** ['lɔkbu:x] 中 -[e]s/"er 《海事》航海誌.
'**Lo·ge** ['lo:ʒə] 囡 -/-n (*fr.*) **1**（劇場などの)ボックス(席). die königliche 〜 ロイヤルボックス. **2**（門詰所, 守衛室. **3**（フリーメーソンの)支部; 集会所.
'**lö·ge** ['lø:gə] lügen の接続法 II.
..**lo·ge** [..lo:ʒə]《接尾》(↓ ..log¹)「…の学問に従事している人, 研究者」の意の男性名詞(-n/-n)をつくる. Ethno*loge* 民族学者.
Lo·gen·bru·der ['lo:ʒən..] 男 -s/" フリーメーソン結社の会員.
Lo·gen·schlie·ßer 男 -s/- (劇場の)案内係.
Log·ger ['lɔgər] 男 -s/- (*engl.*)《海事》ラガー(帆又はエンジンで動く小型漁船).
'**Log·gia** ['lɔdʒa, 'lɔdʒia] 囡 -/..gien [..dʒiən, ..dʒən] (*it.*) **1**《建築》遊歩廊. **2**（住居の中に組込まれた）バルコニー.
..**lo·gie** [..lo'gi:] 《接尾》(↓ ..log¹)「…学, 論; …集」の意の女性名詞(-/-n)をつくる. Psycho*logie* 心理学. Antho*logie* 選集.
Lo·gier·be·such [lo'ʒi:r..] 男 -[e]s/-e **1**（家庭の）泊り客. **2**（客として)宿泊すること. auf 〜 zu kommen among 泊まりに泊りにやって来る.
lo·gie·ren [lo'ʒi:rən] (*fr.*) ❶ 他 宿泊させる. ❷ 自 宿泊(滞在)する.
*'**Lo·gik** ['lo:gɪk] ロージク 囡 -/ (*gr.*) **1** 論理学. **2** 論理, 論理性, 論理的一貫性. Das ist〈verstößt〉gegen alle 〜. それはまったく論理に反している.
'**Lo·gi·ker** ['lo:gɪkər] 男 -s/- **1** 論理学者. **2** 論理家.
Lo·gis [lo'ʒi:] 中 -[lo'ʒi:(s)]/-[lo'ʒi:s] (*fr.*) **1** 住居. **2**（船員）船員室.
*'**lo·gisch** ['lo:gɪʃ] ローギシュ 形 **1** 論理学(上)の. **2** 論理的な, 理路整然とした. **3**《話》理の当然な. Das ist doch 〜! そりゃ当然のことだ.
Lo·gis·tik [lo'gɪstɪk] 囡 -/ (*gr.*) 記号論理学.
Lo·gis·tik² 囡 -/《軍事》兵站(へいたん).
'**Lo·goi** ['lɔgɔy, 'lo:gɔy] Logos の複数.
Lo·go·pä·de [logo'pɛ:də] 男 -n/-n 言語治療士. ♦女性形 Logopädin 囡 -/-nen
Lo·go·pä·die [logopɛ'di:] 囡 -/ (*gr.*) 言語治療.
Lo·gos ['lɔgɔs, 'lo:gɔs] 男 -/..goi (*gr.*)《複数まれ》**1**《哲学》ロゴス, 言葉; 思想, 意味, 概念. **2**《複数なし》(ストア派の)世界理性;（新プラトン学派で)神的理性. **3**《複数なし》《新約》神の言; 神の子イエス.
'**Lo·he¹** ['lo:ə] 囡 -/-n 《雅》**1** 火炎, 炎. **2**《比喩》(炎のような)感情の高まり.
'**Lo·he²** 囡 -/-n 《製革》(なめし用の)タンニン樹皮.
'**lo·hen¹** ['lo:ən] 自 (↓ Lohe¹)《雅》燃えあがる.
'**lo·hen²** (↓ Lohe²)《製革》（皮を)なめす.
'**Lo·hen·grin** ['lo:əngri:n]《人名》ローエングリーン (Parzival の息子, 白鳥の騎士).
'**loh·gar** ['lo:ga:r] 形 《製革》タンニンでなめした.

oh·ger·ber 男 -s/- 皮なめし工.

Lohn [loːn ローン] 男 -[e]s/Löhne **1** 賃金, 給料. ein fester ~ 固定給. den ~ drücken⟨steigern⟩ 賃金を抑える⟨上げる⟩. der Kampf für⟨um⟩ höhere Löhne 賃上げ闘争. j⁴ in ~ und Brot nehmen 人⁴ を雇う. bei j³ in ~ und Brot stehen 人³のところで働いている. j⁴ um ~ und Brot bringen 人⁴の職を奪う. **2**《複数なし》報い, 報酬. ~ in verdienten ~ 当然の報い. um Gottes ~ 無報酬(無償)で. *seinen* ~ für et⁴ empfangen⟨bekommen⟩ 事⁴の報酬をもらう;《悪事などの》報いを受ける. Er wird schon seinen ~ bekommen. 彼はそのうちばちがあたるぞ. Undank ist der Welt ~.《諺》忘恩は世のならい.

Lohn·ab·zug 男 -[e]s/ᵘe (賃金からの)控除.
Lohn·ar·beit 女 -/-en 賃金労働.
Lohn·aus·fall 男 -[e]s/ᵘe 賃金カット.
Lohn·bü·ro 中 -s/-s 給与課.
Lohn·die·ner 男 -s/- 臨時雇い.
Löh·ne [ˈløːnə] Lohnの複数.
Lohn·emp·fän·ger 男 -s/- 賃金労働者.

lohnen [ˈloːnən ローネン] (↓Lohn) ❶ 自/他 (*sich*⁴) **1**《物が主語》value がある, 値打がある; 報われる. Die Arbeit *lohnt* [*sich*]. その仕事はやりがいがある(儲かる). Fleiß *lohnt sich* immer. 勤勉はつねに報われる. Es *lohnt* nicht, darüber zu sprechen. そのことについて話してもしかたない. Es *lohnt sich der Mühe²*.《古》苦労のしがいがある. **2**《人が主語》(j³ für et⁴ 人³の事⁴に)報いる. Er hat mir für meine Hilfe gut *gelohnt*. 彼は私の助力にたっぷり報いてくれた.
❷ 他 **1**《物が主語》(事⁴に)値する, (の)値打がある. Die Stadt *lohnt* einen Besuch. その街は一度訪れてみる値打がある. Das alte Auto *lohnt* keine Reparatur mehr. その古い車はもう修理してもしかたがない. Es *lohnt* die Mühe nicht. 苦労のかいがない. **2**《人が主語》(j³ et⁴ 人³の事⁴に)報いる. j³ *seine* Hilfe ~ 人³の助力に報いる.

löh·nen [ˈløːnən] 他 (人⁴に)賃金を払う;《話》(金を)払う.
loh·nend 現分/形 やりがいのある; 引合う, 儲かる; (見る・聞く)値打のある. eine ~e Arbeit やりがいのある(儲かる)仕事. eine ~e Ausstellung 見ごたえのある展覧会.
Lohn·er·hö·hung 女 -/-en 賃上げ.
Lohn·for·de·rung 女 -/-en 賃上げ要求.
Lohn·fort·zah·lung 女 -/-en (病気のさいの)賃金支払の継続.
Lohn·kür·zung 女 -/-en 賃金カット.
Lohn·ni·veau 中 -s/-s 賃金水準.
Lohn-/Preis-Spi·ra·le 女 -/-《経済》賃金と物価の悪循環.
Lohn·steu·er 女 -/-n《法制》勤労所得税.
Lohn·steu·er·jah·res·aus·gleich 男 -[e]s/-《法制》(給与所得税の)年末調整.
Lohn·stopp 男 -s/-s《経済》賃上げ停止.
Lohn·strei·fen 男 -s/- 給与明細書.
Lohn·tag 男 -[e]s/-e 給料日.
Lohn·ta·rif 男 -[e]s/-e 給与表.
Lohn·tü·te 女 -/-n 給料袋.
Löh·nung [ˈløːnʊŋ] 女 -/-en **1** 賃金の支払. **2** (支払われた)賃金.
Lohn·zet·tel 男 -s/-《経済》=Lohnstreifen.
Loi·pe [ˈlɔypə] 女 -/-n (*norw.*)《スキー》ロイペ(クロスカン

トリー用のコース).
Loire [loˈaːr, lwaːr] 女 -/《地名》die ~ ロワール川(フランス中部を流れ大西洋にそそぐ同国最長の川).
Lok [lɔk] 女 -/-s (Lokomotiveの短縮)機関車.
lo·kal [loˈkaːl] 形 (*fr.*) **1** 局地的な, その地方に限られた; 局部的な. ~*e* Nachrichten ローカルニュース. j⁴ ~ betäuben 人⁴に局部麻酔をかける.《名詞的用法で》das *Lokale* 新聞の地方版. **2**《文法》場所に関する. ~*e* Adverben ローカル副詞.

*****Lo·kal** [loˈkaːl ロカール] 中 -[e]s/-e (*fr.*) **1** 飲食店, レストラン, 酒場. Bier*lokal* ビヤホール. In diesem ~ isst man gut. この店はうまい. **2** (ある目的に使用される)場所, 集会所. Wahl*lokal* 投票所.
Lo·kal·an·äs·the·sie 女 -/-n《医学》局部麻酔.
Lo·kal·bahn 女 -/-en《鉄道》ローカル線, 支線.
Lo·kal·blatt 中 -[e]s/ᵘer 地方新聞.
lo·ka·li·sie·ren [lokaliˈziːrən] 他 (*fr.*) **1** (物⁴の)場所(位置)を確定する, つきとめる. **2** (物⁴の)拡大(蔓延)を防ぐ. einen Brand auf das Haus ~ 火事をその家だけでくい止める.
Lo·ka·li·sie·rung 女 -/-en **1** 場所(位置)の確定. **2** 局限, 拡大の防止.
Lo·ka·li·tät [lokaliˈtɛːt] 女 -/-en (*fr.*) **1** 場所; 部屋. **2**《多く複数で》(婉曲)トイレ, 化粧室.
Lo·kal·ko·lo·rit 中 -[e]s 地方色, ローカルカラー.
Lo·kal·ma·ta·dor 男 -s/-e 地方の有名人(とくにスポーツ選手).
Lo·kal·nach·richt 女 -/-en《ふつう複数で》地方記事, ローカルニュース.
Lo·kal·pa·tri·o·tis·mus 男 -/ (極度の)郷土愛.
Lo·kal·zei·tung 女 -/-en 地方紙.
Lo·kal·zug 男 -[e]s/ᵘe ローカル線の列車.
Lo·ka·tiv [ˈloːkatiːf] 男 -s/-e (*lat.*)《文法》位置格.
Lok·füh·rer [ˈlɔk..] 男 -s/- (Lokomotivführerの短縮)機関士.
Lo·ki [ˈloːki]《人名》《北欧神話》ロキ(狡知(ᶜᶜ)にたけた半神, デーモン).
Lo·ko·mo·bi·le [lokomoˈbiːlə] 女 -/-n《工学》牽引機関車, 自動推進車.

*****Lo·ko·mo·ti·ve** [lokomoˈtiːvə, ..fə ロコモティーヴェ] 女 -/-n (*engl.*) 機関車.《比喩》牽引力.
Lo·ko·mo·tiv·füh·rer [lokomoˈtiːf..] 男 -s/- 機関士.
Lo·ko·mo·tiv·schup·pen 男 -s/- 機関車庫.
Lo·ko·wa·re [ˈloːko..] 女 -/-n《経済》現品.
Lo·kus [ˈloːkus] 男 -[ses]/-se (*lat.*)《話》**1** トイレ, 便所. auf den ~ gehen トイレへ行く. **2** 便器.
Lom·bard [ˈlɔmbart, -ˈ-] 男/中 -[e]s/-e (*fr.*)《銀行》動産貸付, 動産貸付銀行.
Lom·bar·de [lɔmˈbardə] 男 -n/-n ロンバルディアの住民(出身者).
Lom·bar·dei [lɔmbarˈdaɪ] 女 -/《地名》die ~ ロンバルディア(イタリア北部の州).
Lom·bard·ge·schäft 中 -[e]s/-e《銀行》動産貸付.
lom·bar·die·ren [lɔmbarˈdiːrən] 他《銀行》質付ける, 抵当に入れる.
Lon·don [ˈlɔndən]《地名》ロンドン(イギリスの首都).
Lon·ge [ˈlõːʒə] 女 -/-n (*fr.*) **1**《馬術》調教綱. **2** (曲芸・水泳などの)練習綱.
lon·gi·tu·di·nal [lɔŋgitudiˈnaːl] 形 (*lat.*) **1** 縦(方向)の. **2** 経度の.
Look [lʊk] 男 -s/-s (*engl.*) 流行(のスタイル), 外見.

'**Loo·ping** ['lu:pɪŋ] 男 (田) -s/-s (engl.)《飛行競技》宙返り.

'**Lor·beer** ['lɔrbe:r] 男 -s/-en (lat.) **1**《植物》月桂樹；葉が月桂樹に似た木. **2**（香料として用いる）月桂樹の葉, ベイリーフ, ローリエ. **3** 月桂樹の枝, 月桂冠（勝利や栄誉の象徴）. blutiger ~ 武勲, 戦功. ~en pflücken〈ernten〉成功をおさめる, 名声を得る. j³ den ~ reichen A³を称賛する. sich⁴ auf seinen ~en ausruhen 名声の上にあぐらをかく.

'**Lor·beer·blatt** 田 -[e]s/⸚er =Lorbeer 2
'**Lor·beer·kranz** 男 -es/⸚e 月桂冠.
Lorch [lɔrç] 男 -s/-e =Kröte
Lord [lɔrt] 男 -s/-s (engl.) **1**《複数なし》卿, 閣下（イギリスの貴族の称号）. **2** 卿の称号をもった人.
Lo·re ['lo:rə] 女 -/-n (engl.) **1** トロッコ. **2**（まれ）ロリー（石炭を測る単位）.
Lo·re·ley [lo:rə'laɪ, '---] 女 -/- ローレライ（ライン川右岸にそびえる岩. またそこに住む水の精）. ◆Lorelei とも書く.
Lo·renz ['lo:rɛnts]《男名》ローレンツ.
Lor'gnet·te [lɔrn'jɛtə] 女 -/-n (fr.) 柄付めがね.
Lor'gnon [lɔrn'jõ:] 男 -s/-s (fr.) 柄付片めがね, 柄付めがね.
'**Lo·ri¹** ['lo:ri] 男 -s/-s =Lore
'**Lo·ri²** 男 -s/-s《動物》のろまざる.
'**Lo·ri³** 男 -s/-s (mal.)《鳥》しょうじょうインコ.
＊**los** [lo:s ロース] 形 **1** とれた, はずれた, 放された. Der Hund ist von der Kette ~. その犬は鎖をはずされている〈鎖から逃げた〉. Der Knopf ist ~. ボタンがとれた. Bei dir ist wohl eine Schraube ~!《卑》君は頭がどうかしているよ. Dort ist der Teufel〈die Hölle〉~.《話》あそこはてんやわんやの大騒ぎだ. ~ sein《a》（人〈事〉から）解放された,《b》免れた. den lästigen Gast ~ sein いやな客を厄介払いした. Endlich bin ich meinen Schnupfen [wieder] ~. やっと鼻風邪が治った. Der Schulden〈eine Sorge〉~ sein 借金〈心配〉から解放された.（**los und ledig** の形で 2 格と）aller Verpflichtungen ~ und ledig sein あらゆる責任を免れている.《b》（物）をなくした. Ich bin mein ganzes Geld ~. 私は有金全部使いはたした. Meinen Schirm bin ich ~. 私は傘をなくした. **3**《話》（予期せぬこと・特別なことが）起った, 生じた（mit j³〈人³〉に）. Was ist ~? どうしたんだ, えっ, なんだって. Was ist mit dir ~? 君はいったいどうしたんだい. Hier ist etwas ~. ここではなにかが起っている（どこかおかしい）；ここは楽しそうだ. Dort ist nichts〈nicht viel〉~. あそこは退屈だ（なにも起らない）. Dort drüben muss etwas ~ sein. 向こうでなにかあったに違いない. Mit dir ist doch irgend etwas ~. 君はなんだか様子がおかしいよ. Mit ihm ist nichts〈nicht viel〉~. 彼は（体の）調子がよくない, 機嫌が悪い；彼はどうしようもない（退屈だ）. Damit ist nichts〈nicht viel〉~. そんなものしようもない. etwas〈was〉~ haben 有能である, よくできる（in et³ 事³が）.

❷ 副 **1**《要求・命令》さあ, それ. Nun aber ~! さあ急げ（始めろ）. Auf die Plätze — fertig — ~. 位置について — 用意 — どん! **2**《前置詞 **von** とともに》…から離れて. ~ von allen Traditionen あらゆる伝統から離れて. **3** (los.. を前つづりとする分離動詞の代りに)《話》Ich will schon ~ (=losgehen) もう出かけるぞ. Sie ist gleich auf ihn ~ (=losgesprungen). 彼女はすさまじく彼に飛びかかった. Ich habe die Schraube schon ~ (=losgedreht). もうネジははずしておいたよ.

＊**Los** [lo:s ロース] 田 -es/-e **1**(a) くじ, くじ引き. Das ~ soll entscheiden. くじ引きで決めよう. Ihn trifft das ~. 彼にくじが当った. ein ~ ziehen〈ziehen lassen〉くじを引く〈引かせる〉. durch das ~ entscheiden 事⁴をくじで決める. (b) くじ券〈宝くじの券〉. Das ~ war eine Niete. くじははずれだった. Er hat das große ~ gezogen〈gewonnen〉彼は 1 等〈大当り〉を引当てた. mit j⟨et⟩ das große ~ ziehen《比喩》人〈事〉で大きな幸運に恵まれる, 大当りのくじを引く. Er hat auf sein ~ 1000 Euro gewonnen. 彼は宝くじで 1000 ユーロ当った. **2**《雅》運命, 定め. mit seinem ~ zufrieden sein おのれの運命に満足している. **3**《古》（くじで割当てられた）1 区画土地. **4**（商品の）一定量. 1 山, 1 口.

los.. [lo:s..]《分離前つづり／つねにアクセントをもつ》《分離・解放を表す》losbinden 解き放つ. **2**《開始・突発》loslaufen 走り出す. **3**《目標》auf j¹ losstürmen 人¹に向かって突進する.

..los [..lo:s]《接尾》名詞につけて「…のない」の意の形容詞をつくる. arbeitslos 失業している.

'**los|ar·bei·ten** 自 **1** 働き始める. **2** auf et⁴ ~ を目ざして努力する.
'**lös·bar** ['lø:sba:r] 形 **1** 解ける, 解決し得る. **2** 溶ける, 可溶性の.
'**los|be·kom·men**＊ 他《話》取りはずす；解放する. ◆過去分詞 losbekommen
'**los|bin·den**＊ 他 解き放す.
'**los|bre·chen**＊ **1** 他 引きはがす, もぎ取る, 折り取る. einen Stein aus der Mauer ~ 石を壁から引き剥がす. **2** 自 (s)《不意に》とれる〈折れる〉. **2**（いきおい）始まる. **3** 激しくしゃべり〈ののしり〉始める. **4**《猟師》〈獣が〉逃げ出す.
losch [lɔʃ] löschen¹ の過去.
'**Lösch·blatt** ['lœʃ..] 田 -[e]s/⸚er 吸取紙.
'**lö·sche** ['lœʃə] löschen¹ の接続法 II.
＊'**lö·schen**¹(e*) ['lœʃən レシェン] löschte (losch), gelöscht (geloschen) ❶ 他《規則変化》**1**（炎を）消す；消火する；《雅》（明かりを）消す. die Kerze〈das Licht〉~ ろうそく〈明かり〉を消す. Kalk ~ 石灰を消和する.《目的語なしで》mit Wasser ~ 水で消火する. **2**《比喩》（渇きを）いやす,（感情を鎮める. **3** 消し去る, 抹消する. eine Eintragung ~ 登録を抹消する. die Erinnerung ~ 思い出を消し去る. eine Firma〈ein Konto〉~ 会社の登録を抹消する〈口座を閉じる〉. das Geschriebene auf der Tafel ~ 黒板の字を消す. eine Schuld ~ 借金を帳消しにする. eine Tonbandaufnahme ~ 録音（テープ）を消す. **4**（インクを）吸取る.《目的語なしで》Dies Löschblatt löscht nicht gut. この吸取紙は〈インクを〉あまり吸わない.

❷ 自 (s)《不規則変化》《古》（火などが）消える.
'**lö·schen²** 他《海事》（積荷を）おろす, 陸揚げする. ein Schiff ~ 船の積荷をおろす.
'**Lö·scher** ['lœʃər] 男 -s/- **1** インク吸取器. **2**《話》消火器.
'**Lösch·ge·rät** 田 -[e]s/-e 消火器.
'**Lösch·kalk** 男 -[e]s/ 消石灰.
'**Lösch·mann·schaft** 女 -/-en 消防隊（団）.
'**Lösch·pa·pier** 田 -s/-e《複数まれ》吸取紙.
'**Lö·schung¹** ['lœʃʊŋ] 女 -/-en (↓löschen¹) **1**《複数なし》清隊, 帳消. die ~ einer Schuld 負債の清算. **2**《法制》削除, 抹消.
'**Lö·schung²** 女 -/ (↓löschen²)《海事》荷揚げ, 陸揚げ.

ösch·zug 男 -[e]s/-e 消防車の列.
os·drü·cken 他 引き金を引く, 発砲する.
lo·se ['loːzə ローゼ] 形 **1** ゆるい, ゆるんだ;〈服などが〉ゆったりした;〈関係などが〉ゆるやかな, 密でない. *lose* Beziehungen zu j³ haben 人³とちょっとした顔見知りである. eine ~ Bluse ゆったりしたブラウス. ein ~r Nagel ゆるんだくぎ. Der Knopf ist ~. ボタンがゆるんでいる. ~ aufgesteckte Haare ゆったりまとめた髪. einen Knoten ~ binden (ひもなどを) ゆるく結ぶ. Die beiden Ereignisse hängen nur ~ zusammen. ふたつの出来事にはほんの些細なつながりしかない. **2**〈商品などが〉ばらの, *lose* Blätter とじていない紙, ルーズリーフ. ~ Ware ばら売りの商品. Das Geld ~ in der Tasche haben お金をばらでポケットに入れている. **3** (a) 軽率な; だらしのない, ルーズな. einen ~n Lebenswandel führen ふしだらな生活を送る. ~ Reden führen 軽率なことを言う. ein ~r Vogel《卑》道楽者. (b) 厚かましい, 小生意気な. einen ~n Mund〈ein ~s Mundwerk〉haben 小生意気な口をきく, 口が悪い. j³ einen ~n Streich spielen 人³にひどいいたずらをする.
Lö·se·geld ['løːzə..] 中 -[e]s/-er 身代金.
los|ei·sen 他《話》**1** (j⁴ von j〈et〉~ 人⁴を人〈事〉³から) 解放する. **2**〈物⁴を〉調達する.
lo·sen¹ ['loːzən] 自 (↓Los) くじを引く, くじで決める (um et⁴ 事¹を).
lo·sen² 自《地方》耳を傾ける(澄ます).
lö·sen ['løːzən レーゼン] (↓ los) ❶ 他 **1** (切り)離す, はがす. die Briefmarke vom Umschlag ~ 切手を封筒からはがす. das Fleisch vom Knochen ~ 肉を骨から切離す. den Blick von j〈et〉³ nicht ~ können 人〈物〉³から目が離せない, (じ)くぎづけになる. Dieses Mittel *löst* den Schmutz. この洗剤は汚れを落す. Das Denken ist nicht von der Sprache zu ~. 思考は言葉とは切離せない. **2** ゆるめる; 解く, ほどく. den Gürtel〈die Schrauben〉~ ベルト〈ネジ〉をゆるめる. Der Saft *löst* den Husten. ジュースは咳をよくする. einen Knoten〈die Haare〉~ 結び目〈髪〉をほどく. die Krawatte ~ ネクタイをゆるめる(ほどく). j³ die Zunge ~ 人³の口を軽くする. 《過去分詞で》in *gelöster* Haltung〈Stimmung〉くつろいだ態度〈気分〉で. **3** (問題などを)解く, 解決する. eine Frage〈ein Rätsel〉~ 問題〈謎〉を解く. einen Konflikt ~ 争いを解決する. Damit ist nicht alles *gelöst*. それではまだ何も解決していない. **4** (契約などを)解消する. die Verlobung ~ 婚約を解消する. **5** 溶かす. Zucker in Milch ~ 砂糖をミルクに溶かす. **6** einen Schuss ~ 発砲する. **7** (切符を)買う. **8**《古》(物を売って)金を得る. ❷ 再 (sich⁴) **1** 離れる, 身を離す. Die Tapete *löst sich*. 壁紙がはがれる. *sich* frei aus ihren Armen. 彼女は彼女の腕から身を離した. *sich* aus der Gruppe ~ 群れから離れる. *sich* aus dem Elternhaus ~ 両親の家を出る. *sich* aus einer Verpflichtung ~ 義務を免れる. *sich* von der Partei ~ 脱党する. *sich* von Vorurteilen ~ 偏見から自由になる. **2** ゆるむ; 解ける, ほどける. Eine Schraube *löst sich*. ネジがゆるむ. Mein Husten hat *sich gelöst*. 咳がおさまった. Die Spannung *löst sich*. 緊張が解ける. Der Schmerz *löste sich* in Tränen. 泣いているうちに苦しみがやわらいだ. **3** (問題が)解ける, 解決する. Das Rätsel hat *sich gelöst*. 謎が解けた. **4** 溶ける. Zucker löst *sich* schwer. 砂糖は溶けにくい. **5** (銃

が)暴発する.
♦ *gelöst*
'los|fah·ren* 自 (s) **1** 出発する, 発進する. Um acht Uhr *fuhren* wir *los*. 8時に我々は出発した. **2** auf j〈et〉⁴ ~ 人〈物〉⁴を目がけて突進する. **3** auf j⁴ ~ 人⁴に襲いかかる. **4** (怒った声で)まくしたてる.
'los|ge·ben* 他 (捕縛などを)釈放する.
'los|ge·hen* 自 (s) **1** 出発する, 立去る. Geh los mit deinem Geschwätz!《話》おしゃべりはやめてくれ. **2** (auf et⁴ 物⁴を)目指す;〈j⁴ 人⁴に〉襲いかかる. auf das Examen ~ 試験の準備にとりかかる. **3**《話》(催し物などが)始まる, (騒ぎなどが)起こる. Nun kann's ~! さあ始まるぞ. **4**《話》取れる, はずれる, ほどける. **5** (銃などが)火を吹く; 爆発する.
'los|ha·ben* 他 得意である, よくできる (in et³ 事³が). Im Sport *hat* sie viel *los*. 彼女はスポーツがとても得意だ.
'Los·kauf 男 -[e]s/ (身代金を払っての)請け出し.
'los|kau·fen 他 (人⁴を)身代金を払って解放する.
'los|kom·men* 自 (s) **1** 離れ去る, 自由になる. beim Start gut ~ よいスタートを切る. von j³〈einem Gedanken〉nicht ~ 人³〈ある考え〉から逃れられない.
'los|krie·gen 他《話》**1** 解き離す, 取りはずす. **2** (人⁴を)やっかい払いする. **3** 売払う.
*'**los|las·sen*** ['loːslasən ロースラセン] 他 **1** 離す; 解き放つ, 解放する. Gefangene ~ 捕虜を解放する. das Steuer ~ ハンドルを離す. einen Hund auf j⁴ ~ 犬を人⁴にけしかける. *Lass* mich *los*! 私を離してくれ. Der Gedanke *lässt* mich nicht *los*. その考えが私の頭から離れない. Seine Blicke *ließen* sie nicht *los*. 彼女をじっと見つめて離さなかった.《過去分詞で》wie *losgelassen* sein《話》浮かれている, 大はしゃぎである. **2**《話》j⁴ auf et〈j〉⁴ ~ 人⁴を事〈人〉⁴に差向ける. skrupellose Ärzte auf die Menschheit〈die Menschen〉~ 良心のない医者たちを野放しにする. Diesen Kerl haben sie auf unsere Schule *losgelassen*. こんなやつを連中はわれわれの学校に差向けた. **3**《話》(手紙などを)書く, 送る; (言葉を)発する. eine Rede ~ (演説を)一席ぶつ. einen Witz ~ 洒落を言う. einen Schuss ~《卑》屁をひる.
'los|lau·fen* 自 (s) 走り出す (auf j〈et〉⁴ 人〈物〉⁴に向かって).
'los|le·gen 自《話》**1** (猛然と)とりかかる (mit et³ 事³に). Er *legte* gleich mit der Arbeit *los*. 彼はただちに仕事にとりかかった. **2** ののしり(話し)始める.
'lös·lich ['løːslɪç] 形 溶ける, 可溶性の.
'Lös·lich·keit 女 -/ 溶けること, 可溶性.
'los|lö·sen 他 引離す, 解放する.《過去分詞で》et⁴ *losgelöst* betrachten 物⁴をそれだけ切離して観察する.
'los|ma·chen ❶ 他 (再帰的に) *sich*⁴ von et³ ~ 事³から解放される. **2** einen〈etwas〉~《比喩》はめをはずす. ❷ 自 **1**《話》急ぐ. **2** (船員)出航する.
'los|plat·zen 自 (s) 突然笑出す; いきなり吹出す.
'los|rei·ßen* ❶ 他 もぎ取る, ちぎる. ❷ 再 (sich⁴) *sich* von et³ ~ (物³から)身をひき離す. Der Hund hat *sich* von der Kette *losgerissen*. その犬は鎖をひきちぎっていった.
Löss [lœs], **Löß** [lø:s] 男 -es/-e《地質》黄土.
'los|sa·gen 再 (sich⁴) (von j³ 人³〈物³〉との関係を絶つ.《特に》der Familie ~ 家族と絶縁する. *sich* von der Kirche ~ 教会から離れる.
'Los·sa·gung 女 -/-en 絶交, 絶縁.

'los|schie·ßen* 自(h, s) **1** (h) 発砲する, 射ち始める. **2** (h)《話》語り始める; まくしたてる(mit et³ 事³を). **3** (s)《話》駆け出す; (auf j⁴)⁴ 人⁴物⁴)に)急いで駆寄る, 飛びかかる.

'los|schla·gen* ❶ 他 **1** 叩いて離す, 叩き落す. **2**《話》(在庫品などを)処分する; 投売る. ❷ 自《話》**1** (auf j⟨et⟩⁴ 人⁴物⁴)にくらいかかる. **2** 戦闘を始める.

'los|schrau·ben 他 ねじをはずす.

'los|spre·chen* 他 (j⁴ von et³ 人⁴事³を)解除する, 免除する, (人⁴を事³から)解放する. j⁴ [von einer Sünde] ~ 【カト】(秘蹟を授けて)人⁴の罪を赦す. einen Lehrling ~ 徒弟に職人の免状を与える.

'Los·spre·chung 女 -/-en 免除; 【カト】赦免.

'los|sprin·gen* 自 (s) **1**《話》はじけとぶ. **2**《地方》走り出す, 出ていく. **3** (auf j⁴ 人⁴)にとびかかる.

'los|steu·ern (s) (auf et⟨j⟩⁴ 物⁴)人⁴)に向って進む; (auf et⁴ 物⁴)に)狙いをつける, (を)目指す.

'los|stür·men 自 (s) **1** ものすごい勢いで走り出す(去る). **2** (auf j⟨et⟩⁴ 人⁴物⁴)に向って)突進する.

'los|stür·zen 自 (s) **1**《急いで》立去る. **2** (auf j⟨et⟩⁴ 人⁴物⁴)に向って)突進する.

'Los·ta·ge 複 (↓ Los)【民俗】(1 年間, あるいはむこう何日かの天候が決る)運命の日.

'Lo·sung¹ ['lo:zʊŋ] 女 -/-en (↓ Los) **1** スローガン, 標語;【プロテス】日々の聖句. **2**【軍事】合言葉.

'Lo·sung² 女 -/-en【猟師】(犬や野獣の)糞.

'Lo·sung³ 女 -/-en (↓ lösen)【商業】(小売店・デパートなどの) 1 日の売上高.

'Lö·sung ['lø:zʊŋ] 女 -/-en **1** 解くこと; 解決, 解決策, 解答. **2**【数学】解. **2**【関係などの)解消; 離別 (von et³ 物³からの). **3**【化学】溶解; 溶液. in ~ gehen 溶解する.

'Lö·sungs·mit·tel 中 -s/-【化学】溶剤, 溶媒.

'Lö·sungs·wort 中 -[e]s/..ör モットー; 合言葉.

'Los-von-'Rom-Be·we·gung ['lo:sfɔn'ro:m..] 女 -/【歴史】ローマからの分離運動(19 世紀末から 20 世紀初頭にかけてオーストリアを中心に *Los von Rom!* を合言葉にして起った反カトリック運動).

'los|wer·den 他 (s) **1** (事⟨人⟩³から)解放される, のがれる; (事⟨人⟩³を)厄介払いする. eine Erkältung ~ 風邪が治る. den Verdacht nicht ~ 疑いをぬぐいきれない. **2** (胸につかえていることを)話す, ぶちまける. **3**《話》(不用なものを処分する, 売りさばく. **4**《話》失う, なくす. viel Geld ~ たくさん金を使う.

'los|zie·hen* 自 (s)《話》**1** 出発する. Früh um acht *zogen* sie *los*. 朝 8 時に彼らは出発した. **2** gegen⟨über⟩ j⟨et⟩⁴ ~ (人⟨事⟩³の悪口を言う.

Lot [lo:t] 中 -[e]s/-e **1** (a)【建築】下げ振り, 錘重(すいちょう). (b)《複数なし》鉛直. nicht im ~ sein / aus dem ~ sein 傾いている;《比喩》正常でない; 健康がすぐれない. j⟨et⟩⁴ ins [rechte] ~ bringen 人⁴に分別を戻させる⟨事⁴を正常にする⟩. j⟨et⟩⁴ aus dem ~ bringen 人⟨事⟩⁴を混乱させる. [wieder] ins ~ kommen 正常に戻る; 健康になる. **2**【海事】測鉛. **3**《複数まれ》【数学】垂(直)線. **4**《古》《複数なし》ロート(重さの単位; 約 16 グラム);《比喩》的にほんのわずか. Freunde in der Not gehen hundert⟨tausend⟩ auf ein ~.《諺》用心も困った時には当てにはならない. **5**【工学】はんだ. **6**《古》【猟師】弾丸, 散弾. ▶↑ Kraut 7

'lo·ten ['lo:tən] 他 (↓ Lot) **1**【土木・建築】鉛直を確かめる. **2**【海事】深度を測る. **3** et⁴ in die Tiefe ~《比喩》事⁴を深く(徹底的に)探求する.

'lö·ten ['lø:tən] 他 はんだづけする. den Bruch zwischen ihnen ~ 彼らを仲直りさせる. einen ~《俗》一杯ひっかける.

'Loth·rin·gen ['lo:trɪŋən]【地名】ロートリンゲン(フランス北東部の地方ロレーヌのドイツ語形).

'Loth·rin·ger ['lo:trɪŋər] ❶ 男 -s/- ロートリンゲンの住民. ❷ 形《不変化》ロートリンゲンの.

..lö·tig [..lø:tɪç]【接尾】《古》数詞につけて「…ロートの」の意を表す形容詞をつくる. sechzehn*lötig* (銀などが) 16 ロートの. ◆↑ Lot 4

Lo·ti·on [lotsi'o:n] 女 -/-en(-s) (fr.) ローション, 化粧水.

'Löt·kol·ben ['lø:t..] 男 -s/- **1** はんだ鏝(ごて). **2**《卑》(酒飲みの)赤鼻.

'Löt·lam·pe 女 -/-n (はんだ付け用の)トーチランプ.

Lo·to'pha·ge [loto'fa:gə] 男 -n/-n (gr.)【ギリシア神話】ロートパゴス人(Homer『オデュッセイア』*Odyssee* に出てくる Lotos を常食する種族).

'Lo·tos ['lo:tɔs] 男 -/- (gr.)【植物】**1** =Lotosblume. **2**【ギリシア神話】ロートス(Lotophagen がその実を常食する古代ギリシア・エジプトの想像上の植物).

'Lo·tos·blu·me 女 -/-n はすの花.

'lot·recht ['lo:t..] 形 垂直の.

'Lot·rech·te 女 -n(形容詞変化) 垂直(線).

'Löt·rohr ['lø:t..] 中 -[e]s/-e【化学】吹管.

'Lot·se ['lo:tsə] 男 -n/-n (engl.) 水先案内人.

'lot·sen ['lo:tsən] 他 **1** (船舶の)水先案内をする; (j⁴ 行楽地を)誘導する; 道案内する. die Schüler über die Straße ~ 学童を引率して道路を渡らせる. j⁴ durch eine Prüfung ~ 人⁴を助けて試験に合格させる. das Geld aus der Tasche ~ 人⁴の財布の紐をゆるめさせる. **2** (人⁴を)口説いて行かせる, (いやがるのを)引っぱり出す, 引っぱって行く.

'Lot·te ['lɔtə]【女名】(Charlotte の短縮) ロッテ.

'Lot·ter ['lɔtər] 男 -s/-《古》 Lotterbube.

'Lot·ter·bett 中 -[e]s/-en **1**《俳》夫婦(情事の)寝床. **2** 怠け者のベッド. auf dem ~ liegen のらくらしている. **3**【家具】長椅子. **4**《古》ソファー.

'Lot·ter·bu·be 男 -n/-n《古》のらくら者, 怠け者.

Lot·te'rei [lɔtə'rai] 女 -/-en《俳》ぐうたら, 怠惰.

Lot·te'rie [lɔtə'ri:] 女 -/-n [..ri:ən] (ndl.) **1** 宝くじ; 福引. die reinste ~ 全くの運まかせ. [in der] ~ spielen 宝くじを買う, 福引をする. **2** 賭けトランプ.

Lot·te'rie·ein·neh·mer 男 -s/-《俳》宝くじ販売人.

Lot·te'rie·los 中 -es/-e 宝くじ(券).

'lot·te·rig ['lɔtərɪç] 形 (↓ Lotter)《話》だらしない, ぐうたらな.

'Lot·ter·le·ben 中 -s/《俳》怠惰な生活.

'lot·tern ['lɔtərn] 自 (↓ Lotter) **1**《地方》自堕落な生活を送る. **2**《方》接合部が緩む, がたつく.

'Lot·ter·wirt·schaft 女 -/《俳》怠慢経営.

'Lot·to ['lɔto] 中 -s/-s (it.) **1** ロット(数字を選んで賭ける宝くじ). **2** ロット(ビンゴに似たゲーム).

'Lot·to·schein 中 -[e]s/-e 宝くじ券.

'lott·rig ['lɔtrɪç] 形 =lotterig.

'Lo·tung ['lo:tʊŋ] 女 -/-en 水深測量.

'Lö·tung ['lø:tʊŋ] 女 -/-en はんだ付け.

'Lo·tus ['lo:tʊs] 男 -/- (gr.) **1**【植物】みやこぐさ属. **2** はす.

'Löt·zinn ['lø:t..] 中 -[e]s/【工学】はんだ.

'Lou·is ['lu:i] ❶【男名】ルイ (Ludwig のフランス語形). ❷ 男《話》ポン引き, ひも.

Lou·is'dor [lui'do:r] 男 -s/-e (fr.)【貨幣】ルイ金貨.

(17世紀フランスの金貨).

Lou·is-'quinze [lwi'kɛːz] 囲 -/ (fr.) ルイ15世様式(18世紀のロココ様式).

Lou·is-'seize [lwi'sɛːz] 囲 -/ (fr.) ルイ16世様式(ロココ様式から古典主義への移行期の様式).

Lourdes [lurd] 《地名》ルルド(南フランスの巡礼地).

Louvre [luːvr] 囲 -[s]/ (fr.) ルーブル(フランス, パリの旧王宮で現在は美術館).

Lö·we ['løːvə] 囲 -n/-n (lat.) **1** 〖動物〗ライオン, 獅子. **wie ein ~ brüllen**〈話〉(ライオンのような)大声でどなる. **wie ein ~ kämpfen**〈話〉(ライオンのように)勇猛果敢に戦う. **Gut gebrüllt, ~!**〈戯〉(演説家などに対して)よく言った. **der ~ des Tages (des Abends) sein**〈比喩〉その日〈夜〉の花形(主役)である. **sich⁴ in die Höhle des ~n begeben〈wagen〉**〈比喩〉恐ろしい人のところへ思い切ってゆく. **den Kopf in den Rachen des ~n stecken** とても危険なことをする, 危ない橋を渡る(ライオンの口に頭をつっこむ). **den schlafenden ~ wecken**(余計なことをして)眠れる獅子を起す. **2** 紋章のライオン. **3** (a) der ~ 〖天文〗獅子座, 〖占星〗獅子宮. (b) 獅子座生れの人. **Er ist [ein] ~**. 彼は獅子座の生れだ.

'Lö·wen·an·teil 囲 -[e]s/ 〖話〗最大かつ最良の取り分, 獅子の分け前(イソップ物語にちなむ).

'Lö·wen·bän·di·ger 囲 -s/- ライオン使い.

'Lö·wen·maul 囲 -[e]s/ 〖植物〗きんぎょそう.

'Lö·wen·mut 囲 -[e]s/ 豪胆, 勇猛心.

'Lö·wen·zahn 囲 -[e]s/ 〖植物〗たんぽぽ.

'Lö·win ['løːvɪn] 囡 -/-nen 雌のライオン.

lo'yal [loa'jaːl] 厖 (fr.) (↔ illoyal) **1** 忠実な, 忠節な. **2** 公正な, 公平な. **3** まじめな, 誠実な.

Lo·ya·li'tät [loajali'tɛːt] 囡 -/-en (↔ Illoyalität) 忠誠, 忠実(さ); 誠実, まじめさ.

LP [ɛl'peː, ɛl'piː] 囡 -/-[s] (Langspielplatte の短縮) LPレコード.

LSD 囲 -[s]/ 《略》 = Lysergsäurediäthylamid LSD (幻覚剤の一種).

lt. 《略》 = laut²

Lt. 《略》 = Leutnant

Ltd. 《略》 = limited

Lu 《記号》〖化学〗 = Lutetium

'Lü·beck ['lyːbɛk] 《地名》リューベック(ドイツ北東部, バルト海沿岸の港湾都市).

'Lü·be·cker ['lyːbɛkər] ❶ 囲 -s/- リューベック市民. ❷ 《不変化》リューベックの.

'lü·be·ckisch ['lyːbɛkɪʃ], **'lü·bisch** ['lyːbɪʃ] 厖 リューベックの.

Luch [luːx] 囡 -/Lüche -[e]s/-e 〖地方〗湿地, 沼沢地.

Luchs [luks] 囲 -es/-e **1** 〖動物〗大山猫. **wie ein ~ aufpassen** 抜かりなく目を光らせる. **2** 大山猫の毛皮. **3** der ~ 〖天文〗山猫座.

'luch·sen ['luksən] 匝 (↓ Luchs) ❶ 〖話〗注意深く見る, 目を光らせる; (nach j〈et〉³ 人〈物〉³に)視線を注ぐ; (auf et⁴ 物⁴を)窺(がが)う, 待ちうける. **durchs Schlüsselloch ~** 鍵穴から覗き見る. ❷ 匝〖地方〗盗み取る(j³ et⁴ 人³から物⁴を).

'Lu·cia ['luːtsia, lu'tʃiːa] 《女名》ルーツィア. **die heilige ~ von Syrakus** シラクサの聖ルチーア (3-4世紀, Diokletian のときの殉教聖女. 〖付録「聖人暦」〗12月13日 *36).

'Lü·cke ['lykə リュケ] 囡 -/-n **1** すきま, 穴, 間隙(がげ). **eine schmale〈große〉 ~** 細い〈大きな〉すきま. **eine ~ füllen** すきまをふさぐ. **Sein Gebiss hat erhebliche ~n**. 彼の歯ならびに抜けている所(歯ー 欠(か)ざと)すきまをあけて[残して]おく; (不注意で)脱落箇所を残す. **et⁴ auf ~〈~ auf ~〉stellen**〖話〗物⁴を互い違いに並べる. **2** 欠けている(欠落した)部分, 空白, 脱落; 『学』欠けた所, 不備. **Sein Wissen hat große ~n** 彼の知識には大きな穴がある. **Der Krieg hat viele ~n gerissen**. 戦争は多数の人命を奪った. **Sein Tod hat eine schmerzliche ~ hinterlassen**. 彼の死は手痛い損失だった. **durch eine ~ des Gesetzes schlüpfen** 法の網をかいくぐる. **Mut zur ~** 不完全を恐れぬ勇気.

'Lü·cken·bü·ßer 囲 -s/- 代役, 穴埋め, 代用品.

'lü·cken·haft ['lykənhaft] 厖 すきまのある; 不完全な. **~e Kenntnisse** 不完全な知識.

'Lü·cken·haf·tig·keit 囡 -/ すきまのあること, 不完全なこと.

'lü·cken·los ['lykənloːs] 厖 すきまのない; 完全な, 遺漏のない. **~es Alibi** 完全なアリバイ.

lud [luːt] laden¹,² の過去.

'lü·de ['lyːdə] laden¹,² の接続法 II.

'Lu·de ['luːdə] 囲 -n/-n (↓ Ludwig) 〖卑〗**1** ポン引き, ひも. **2** よた者.

'Lu·der ['luːdər] 囲 -s/- **1** 〖話〗すれっからし, あばずれ, 下司(げ); やつ. **ein armes ~** かわいそうなやつ. **2** 《猟師》(猛獣をおびき寄せるための)腐肉, 屍(しかばね); (鷹をよびもどすための)擬鳥.

'Lu·der·le·ben 匣 -s/ 〖侮〗 = Lotterleben

'lu·dern ['luːdərn] 匝 〖侮〗ふしだらな生活をする. ❷ 《猟師》(猛獣などを)餌でおびき寄せる.

'Lu·dolf ['luːdɔlf] 《男名》ルードルフ. **~ I. von Habsburg** ハープスブルクのルードルフ1世(Habsburg 家出身の最初の神聖ローマ皇帝, 在位 1273-91).

'Lud·wig ['luːtvɪç] 《男名》ルートヴィヒ. **~ II. von Bayern** バイエルン王ルートヴィヒ2世(Richard Wagner のパトロン. 多くの美しい城を建てた狂王, 在位 1864-86).

'Lu·es ['luːɛs] 囡 -/ (lat.) 〖医学〗(Syphilis) 梅毒.

Luft

Luft [lʊft ルフト] 囡 -/Lüfte **1** (複数なし) 空気, 大気. **kalte〈feuchte〉 ~** 冷たい〈湿った〉空気. **die ~ im Gebirge〈am Meer〉** 山〈海辺〉の空気. **Na, dann gute ~!**〖話〗〖反語〗こいつはとんだことになった. **Hier ist〈herrscht〉 dicke ~.** ここは空気がよどんでいる; 〖話〗険悪な雰囲気だ. **Hier ist eine ~ zum Schneiden.** 〖話〗ここは空気がひどく悪い. **Die ist rein〈sauber〉.** 空気がきれいである; 〖話〗誰にも見られ(聞かれ)ていない, 安全だ. **Aus et³ ist die ~ raus.** 〖話〗事³なども面白くも何ともない, 何の意味もない. **Er ist für mich ~.** 〖話〗彼なんか眼中にない, 空気みたいなものだ. **Er behandelt mich, als wäre ich ~.** 〖話〗彼は私を(わざと)無視する. **die gleiche ~ atmen** 同じ土地に暮している, 境遇が同じである. **gesiebte ~ atmen**〖戯〗刑務所暮しをする, くさい飯を食う. **keine ~ halten** (タイヤなどの)空気が漏れる. **die ~ aus dem Reifen herauslassen** タイヤの空気を抜く. **frische ~ ins Zimmer [herein] lassen** 部屋に新鮮な空気を入れる. **die ~ aus dem Glas lassen**〖戯〗グラスに酒を注ぐ. **die ~ rauslassen**〖話〗気持を鎮める. **die ~ reinigen** 空気を浄化する; 険悪な雰囲気を和らげる. **sich⁴ in ~ auflösen**〖話〗(物⁴が)消えてなくなる; (計画などが)ぱしゃる. **nicht von der ~ [allein]〈von ~ und Liebe〉leben können** 霞を食っては生きてゆけ

2《複数なし》(Atem) 息. Ihm ging die ～ aus. 彼は息切れがした; 彼は金が払えなくなった. Mir blieb vor Schrecken die ～ weg.《話》私は驚きのあまり息をのんだ. ～ abschnüren〈abdrücken / abdrehen〉人³の息をつまらせる;《話》(経済的に)人³の息の根をとめる. die ～ anhalten 息をとめる;《話》考えをこらす. Halt mal die ～ an! 口をとじろ; ほらを吹くな. wieder ～ bekommen〈kriegen〉《話》ふたたび息がつける;（困難な状況から）息を吹返す. tief ～ holen〈schöpfen〉深く息を吸う; 一息入れる. nach ～ schnappen はあはあ息をする, あえぐ;《比喩》(経済的に)あっぷあっぷしている.

3《複数なし》戸外, 屋外. [frische] ～ schöpfen〈schnappen〉[gehen] / an die [frische] ～ gehen 散歩に出る, 外の空気を吸いにゆく. et⁴ an die ～ hängen 物を外気にさらす, 外に干す. j³ an die [frische] ～ setzen〈befördern〉《話》人⁴を放り出す, お払い箱〈くび〉にする. draußen in〈an〉der freien ～ 外で.
4 空, 空中. einen Ort aus der ～ fotografieren ある場所を空中から撮影する. Das ist aus der ～ gegriffen〈geholt〉. それはでたらめ〈でっち上げ〉だ. in der ～ hängen〈schweben〉《話》宙ぶらりんである, 不確か（未決定）である;（経済的に）不安定である. in der ～ liegen（危険などが）さし迫っている; 時代に合っている. Es liegt etwas in der ～. なにか気配りがする. j³ in der ～ zerreißen《話》人⁴を糞味噌にこき下ろす; (怒りのあまり) 人⁴をずたずたにする. Das Flugzeug erhebt sich⁴ in die ～〈die Lüfte〉. 飛行機が空に舞上る. in die ～ gehen〈fliegen〉爆発する. schnell〈leicht〉in die ～ gehen《話》すぐかっとなる. in die ～ greifen 空(\')をつかむ. in die ～ gucken 空(\')を見つめる. et⁴ in die ～ sprengen 物を爆破する. in die ～ reden むなしく（甲斐なく）語る. per ～ 空路で.

5 微風, そよ風. frische〈eine andere〉 ～ in et⁴ [hinein] bringen 事'に新風を吹き込む, 活力を与える.
6《複数なし》《話》空間, すきま, 余地. zwischen Wand und Schrank noch etwas ～ lassen 壁と戸棚のあいだを少しあけておく. Da〈In der Kalkulation〉ist noch genügend ～.《話》そこにはまだ十分余地（ゆとり）がある〈そのコスト計算には十分交渉の余地がある〉. Es wird allmählich ～.《話》だんだん片づいてくる, すっきりしてくる. Hier muss erst einmal ～ gemacht〈geschaffen〉werden.《話》ここをまず整理しなければいけない. Jetzt gibt es ～. さああずくそ, 席があくぞ. seinem Ärger〈Herzen〉 ～ machen 怒り〈心中〉をぶちまける. sich³ ～ machen〈schaffen〉《話》（物をのけて）行動の自由を得る; うっぷんを晴らす.

'**Luft·ab·wehr** 囡 -/【軍事】**1** 対空防衛, 防空. **2** 防空部隊.
'**Luft·an·griff** 男 -[e]s/-e 【軍事】空襲.
'**Luft·auf·klä·rung** 囡 -/en 【軍事】空中偵察.
'**Luft·auf·nah·me** 囡 -/-n 空中撮影, 航空写真.
'**Luft·bad** 匣 -[e]s/⁼er **1** 空気浴. **2** 空気浴施設.
'**Luft·bal·lon** 男 -[e]s/-s⟨-e⟩ 風船; 気球.
'**Luft·be·feuch·ter** 男 -s/- 加湿器.
'**Luft·bild** 匣 -[e]s/-er **1** 航空写真. **2**《雅》蜃気楼(½¾).
'**Luft·bla·se** 囡 -/-n **1** 気泡, あわ. **2**《比喩》実体のないもの. **3**《動物》(魚の)浮きぶくろ.
'**Luft-'Bo·den-Ra·ke·te** 囡 -/-n 【軍事】空対地ミサイル.

'**Luft·brü·cke** 囡 -/-n 空輸(作戦).
'**Lüft·chen** ['lʏftçən] 匣 -s/-《Luft の縮小形》微風, そよ風.
'**luft·dicht** 厖 気密の.
'**Luft·dich·te** 囡 /【気象】空気密度.
'**Luft·druck** ['lʊftdrʊk] 男 -[e]s/⁼e **1**【物理・気象】気圧. **2** (タイヤなどの)空気圧. **3** 爆風.
'**Luft·druck·brem·se** 囡 -/-n エアブレーキ.
'**Luft·druck·mes·ser** 男 -s/- 気圧計.
'**Lüf·te** ['lʏftə] Luft の複数.
*'**lüf·ten** ['lʏftn̩ リュフテン] (↓Luft) ❶ 他 **1** (物に)風を通す(入れる); 風(外気)にあてる. Kleider〈ein Zimmer〉～ 衣類に風を通す(部屋を換気する). 《過去分詞で》ein gut *gelüftetes* Zimmer 換気のゆきとどいた部屋. **2** すこし持ちあげる, ちょっと浮かす. der Hut [zum Gruß] ～ 帽子をちょっと取って挨拶する. seine Maske ～《比喩》正体を現す; 本音をもらす. den Schleier ～ ヴェールをあげる; 真相(秘密)を明かす; 正体を暴露する. **3** (秘密などを)明かす, もらす, ばらす. sein Inkognito ～ 身分を明かす.《再帰的に》sich⁴ ～ (秘密などが)ばれる.
❷ 自 風(外気)を通す, 換気をする. Hier muss einmal *gelüftet* werden. ここは一度換気する必要がある.
'**Lüf·ter** ['lʏftɐ] 男 -s/- 通風機; 換気扇; 扇風機.
'**Luft·fahrt** ['lʊftfaːrt] 囡 -/-en **1**《複数なし》航空学, 航空(術); 飛行. **2**《まれ》空の旅.
'**Luft·fahr·zeug** 匣 -[e]s/-e 航空機(気球なども含む).
'**Luft·fe·de·rung** 囡 -/-en エアサスペンション.
'**Luft·feuch·tig·keit** 囡 /【気象】大気湿度.
'**Luft·fil·ter** 男 -s/-【工学】エアフィルター.
'**Luft·flot·te** 囡 -/-n【軍事】**1** (1国の)空軍機. **2** 空軍, 空軍隊.
'**Luft·fracht** 囡 -/-en **1** 航空貨物. **2** 航空貨物運賃.
'**luft·ge·kühlt** 厖【工学】空冷(式)の.
'**Luft·ge·wehr** 匣 -[e]s/-e【軍事】空気銃.
'**Luft·ha·fen** 男 -s/⁼ 空港.
'**Luft·han·sa** ['lʊfthanza] 囡 -/ ルフトハンザ(ドイツの航空会社).
'**Luft·hei·zung** 囡 -/-en【工学】温風暖房.
'**Luft·herr·schaft** 囡 -/【軍事】制空権.
'**Luft·ho·heit** 囡 -/ 領空権.
'**Luft·hül·le** 囡 -/ 大気圏.
'**luf·tig** ['lʊftɪç] 厖 **1** (部屋などの)風通しがいい; 明るく広々とした. **2** 吹きさらしの, 風の吹きわたる. **3** (衣服などが)風をよく通す, 薄手の. **4**《話》軽薄な, 浮わついた; いい加減な, 取るに足らない.
'**Luf·ti·kus** ['lʊftikʊs] 男 -[ses]/-se《話》軽薄な(ちゃらんぽらん)な男.
'**Luft·kampf** 男 -[e]s/⁼e【軍事】空中戦.
'**Luft·kis·sen** 匣 -s/- **1** 空気枕. **2**【工学】エアクッション.
'**Luft·kis·sen·fahr·zeug** 匣 -[e]s/-e ホバークラフト.
'**Luft·klap·pe** 囡 -/-n 空気弁, (車の)チョーク.
'**Luft·kor·ri·dor** 男 -s/-e 空中回廊.
'**Luft·krank·heit** 囡 -/【医学】航空病, 飛行酔い.
'**Luft·krieg** 男 -[e]s/-e【軍事】空中戦.
'**Luft·küh·lung** 囡 -/【工学】**1** (↔ Wasserkühlung) 空冷. **2** 冷房.
'**Luft·kur·ort** 男 -[e]s/-e (空気の良い)保養地.
'**Luft·lan·de·trup·pe** 囡 -/-n【軍事】空挺部隊.

'luft·leer 形 真空の.

Luft·li·nie 囡 -/-n (2点間の)直線(最短)距離.

Luft·loch 田 -[e]s/ˁer **1** 通気孔, 空気孔. **2**《話》エアポケット.

Luft-'Luft-Ra·ke·te 囡 -/-n《軍事》空対空ミサイル.

Luft·man·gel 男 -s/ **1** 空気(酸素)の欠乏(不足). **2** 呼吸困難.

Luft·mas·se 囡 -/-n **1** 《多く複数で》《気象》気団. kalte ~ 寒気団. **2** 大気量.

Luft·ma·trat·ze 囡 -/-n エアマット.

Luft·mi·ne 囡 -/-n《軍事》**1** 投下機雷. **2** 投下炸裂弾.

Luft·pi·rat 男 -en/-en《法制》ハイジャック犯.

Luft·pi·ra·te·rie 囡 -/-n [..riːən]《法制》航空機ハイジャック.

Luft·post ['lʊftpɔst ルフトポスト] 囡 -/ 航空郵便, エアメール. et⁴ mit⟨per⟩ ~ schicken 物⁴をエアメールで送る.

Luft·pum·pe 囡 -/-n **1** 空気ポンプ. **2** die ~《天文》ポンプ座.

Luft·raum 男 -[e]s/ 領空.

Luft·rei·fen 男 -s/- 空気タイヤ.

Luft·re·kla·me 囡 -/-n =Luftwerbung

Luft·röh·re 囡 -/-n《解剖》気管.

Luft·sack 男 -[e]s/ˁe **1**《生物》(鳥の)気嚢(ノゥ), (馬の)耳管. **2**《工学》空気嚢. **3**《自動車》エアバッグ.

Luft·schacht 男 -[e]s/ˁe 通気立抗.

Luft·schicht 囡 -/-en《気象》気層.

Luft·schiff ['lʊft-ʃɪf] 中 -[e]s/-e 飛行船.

Luft·schlan·ge 囡 -/-n 《ふつう複数で》(カーニバルなどで空中に投げる)紙テープ.

Luft·schloss 中 -es/ˁer《多く複数で》空中楼閣. *Luftschlösser bauen* 空中楼閣を築く.

Luft·schrau·be 囡 -/-n《工学》プロペラ.

Luft·schutz 男 -es/ **1** 防空. **2** 防空組織.

Luft·schutz·bun·ker 男 -s/- 防空壕.

Luft·schutz·kel·ler 男 -s/- 地下防空壕.

Luft·sperr·ge·biet 中 -[e]s/-e 飛行禁止区域.

Luft·spie·ge·lung 囡 -/-en 蜃気楼.

Luft·sprung 男 -[e]s/ˁe (喜んで)飛び上ること. vor Freude einen ~ machen 喜びのあまり小躍(ござ)りする.

Luft·streit·kräf·te 複 空軍(力).

Luft·strom 男 -[e]s/ˁe 気流.

Luft·stütz·punkt 男 -[e]s/-e《軍事》空軍基地.

Luft·ta·xi 中 -s/-s (小型)チャーター機.

Luft·tem·pe·ra·tur 囡 -/-en 気温.

'luft·tüch·tig 形 飛行準備のできた, 整備の整った; 飛行機に酔わない.

Lüf·tung ['lʏftʊŋ] 囡 -/-en **1** 通風(換気)すること. **2** 換気装置.

Luft·ver·än·de·rung 囡 -/-en 転地(療養).

Luft·ver·kehr 男 -[e]s/ 航空交通(輸送).

Luft·ver·schmut·zung 囡 -/-en 大気汚染.

Luft·ver·tei·di·gung 囡 -/《軍事》防空.

Luft·waf·fe 囡 -/-n 空軍.

Luft·wech·sel 男 -s/ 転地(療養).

Luft·weg 男 -[e]s/-e **1** 航空路. **2**《複数で》気道.

Luft·wi·der·stand 男 -[e]s/ˁe 空気抵抗.

Luft·wir·bel 男 -s/- 空気の渦, 乱気流.

Luft·wur·zel 囡 -/-n《植物》気根.

'Luft·zie·gel 男 -s/- 日干しれんが.

'Luft·zu·fuhr 囡 -/ 通気, 通気, 換気.

Luft·zug 男 -[e]s/ˁe 空気の流れ, すきま風, 微風.

Lug¹ [luːk] 男 -[e]s/-e (↓ lügen)《つぎの成句で》~ und Trug 嘘いつわり. Das war alles nur ~ und Trug. それはすべて嘘いつわりだった.

Lug² 田 -[e]s/-e (↓ lugen)《猟師》熊のねぐら.

Lu'ga·no [luˈgaːno]《地名》ルガーノ(スイス南部の都市).

*__**'Lü·ge**__ ['lyːɡə リューゲ] 囡 -/-n (↓ lügen) 嘘, いつわり. eine fromme ~ 善意による嘘. eine glatte ~ まっ赤な嘘. ~n haben kurze Beine.《諺》嘘はすぐばれる. Die ~ steht dir auf der Stirn geschrieben. 君の顔に嘘だって書いてある. Bei ihm ist jedes dritte Wort eine ~. 彼は嘘ばかりつく. j⟨et⟩⁴ ~n strafen 人〈事⟩⁴の嘘を明かす. um eine ~ nicht⟨nie⟩ verlegen sein 嘘に困らない, いくらでも言い抜けできる.

'lu·gen ['luːɡən] 自《古》**1** 覗く. **2** (物が)のぞいている.

*__**'lü·gen**__* ['lyːɡən リューゲン] log, gelogen 自他 嘘をつく, でたらめ(でまかせ)を言う. Wenn er den Mund auftut, *lügt* er. 彼は千三(ﾂ)(ほらふき)だ. „Es war nicht wahr", *log* sie. 「彼じゃなかったわ」と彼女は嘘をついた. Das *lügst du!* / Das ist *gelogen!* 嘘をつけ. Ich müsste ~, wenn ich sagte, es gefiele mir nicht. 気にいらないと言えば嘘になります. Er *lügt*, dass sich die Balken biegen.《話》彼はとんでもないほらふき だ. Wer *lügt*, der stiehlt.《諺》嘘は泥棒のはじまり. Wer einmal *lügt*, dem glaubt man nicht, und wenn er auch die Wahrheit spricht.《諺》1度の嘘つきはつねの嘘つき. wie gedruckt ~ / das Blaue vom Himmel [herunter] ~《話》途方もないでたらめを言う. j³ die Hucke voll ~《話》おおぼらを人³をかつぐ.

'Lü·gen·de·tek·tor 男 -s/-en 嘘発見機.

'Lü·gen·ge·we·be 中 -s/- 嘘八百.

'lü·gen·haft ['lyːɡənhaft] 形 **1** 嘘つきの. **2** いつわりの, 嘘の. eine ~e Nachricht 虚報, デマ.

'Lü·gen·maul 中 -[e]s/ˁer《侮》嘘つき.

'Lug·ins·land ['luːkʔɪnslant] 男 -[e]s/-e《古》見張台; 展望台.

*__**'Lüg·ner**__ ['lyːɡnɐ リューグナー] 男 -s/- 嘘つき. ♦ 女性形 Lügnerin 囡 -/-nen

'lüg·ne·risch ['lyːɡnərɪʃ] 形 **1** 欺瞞的な. **2** 嘘の, いつわりの.

Lu'i·se [luˈiːzə]《女名》ルイーゼ(フランス語形 Louise).

'Lu·kács [ˈlukaːtʃ]《人名》ルカーチ. Georg ~ ゲオルク・ルカーチ(1885–1971, ハンガリーの哲学者).

'Lu·kas¹ [ˈluːkas] ❶《男名》ルーカス. ❷《人名》《新約》ルカ(使徒 Paulus の弟子, 福音史家, また医者・画家であったという. 『ルカによる福音書』 *Lukasevangelium*, 『使徒言行録』 *Apostelgeschichte* の著者とされる. ↑付録「聖人暦」10月18日).

'Lu·kas² 男 -/ (縁日などの遊戯の)力だめし器. Hau den ~!《話》(喧嘩などをけしかけて)さあやっちまえ.

'Lu·ke [ˈluːkə] 囡 -/-n (屋根裏部屋や地下室への)小窓, 天窓. **2** (船の)ハッチ, 艙口(ﾂﾞﾎ). **3**《軍事》(兵士たちや車同士のすき間, 間隙.

lu·kra'tiv [lukraˈtiːf] 形 *(lat.)* 利益になる, もうかる.

'lu·kul·lisch [luˈkʊlɪʃ] 形 (食事の)豪華な.

'Lu·latsch [ˈluːla(ː)tʃ] 男 -[e]s/-e《話》のっぽのでかい男. ein langer ~ のっぽのろま.

'lul·len ['lʊlən] ❶ 他 j⁴ in [den] Schlaf ~ 歌を歌っ

て人⁴を寝かせる. ❷ 他 《地方》 1 吸う, しゃぶる. 2 小便をする.

Lum·ba·go [lʊmˈbaːgo] 中 -/ (lat.)《医学》腰痛.
'lum·be·cken ['lʊmbɛkən] 他 (本を無線綴じする.
Lu·men ['luːmən] 中 -s/- (...mina) (lat.) 1《生物》(血管などの)腔(ら). 2《記号 lm》《物理》ルーメン(光束の単位). 3《戯》《古》利口な人, 賢人.
Lu·mi·na ['luːmina] Lumen の複数.
Lu·mi·nes'zenz [luminɛsˈtsɛnts] 女 -/-en (lat.)《物理》(燐光・蛍光などの)ルミネセンス.
lu·mi·nös [lumiˈnøːs] (lat.)《古》1 光る, 明るい. 2 すばらしい.
'Lum·me ['lʊmə] 女 -/-n (dän.)《動物》うみがらす.
Lüm·mel ['lʏməl] 男 -s/- 1《侮》無作法な男(若者); 《話》若造, 青二才, やつ. 2《卑》ペニス. 3(ヨットの)グース·ネック.
Lüm·me·lei [lʏmə'laɪ] 女 -/-en 無作法な態度.
lüm·mel·haft ['lʏməlhaft] 形 無作法な, 生意気な.
lüm·meln ['lʏməln] 再 (**sich**⁴)《話》だらしのない(無作法な)格好をする, だらだらする.
Lump¹ [lʊmp] 男 -en/-en《侮》 1 ごろつき, ろくでなし, ならずもの. 2《話》悪だれ小僧, いたずら者.
Lump² -en/-en《魚》だんごうお.
'lum·pen ['lʊmpən]《話》❶ 自 ふしだらな(だらしない)生活をする. ❷ 再 (**sich**⁴)《次の成句で》*sich* nicht ～ lassen けちけちしない, 太っ腹である.
'Lum·pen¹ ['lʊmpən] Lump¹,² の複数.
Lum·pen² -s/- 1 ぼろ, ぼろ布. j⁴ aus den *Lumpen* schütteln《卑》人⁴を叱りつける, (に)きつく意見する. 2《多く複数で》《侮》すりきれた(薄汚れた)服, みっともない服装. 3《地方》雑巾.
'Lum·pen·ge·sin·del 中 -s/《話》愚連隊, 無頼の徒.
'Lum·pen·händ·ler 男 -s/- くず屋, 古物商.
'Lum·pen·hund 男 -[e]s/-e《侮》=Lumpenkerl
'Lum·pen·kerl 男 -[e]s/-e《侮》ごろつき, ならず者.
'Lumpen·pack 中 -[e]s/《侮》浮浪者, よた者.
'Lum·pen·pro·le·ta·ri·at 中 -[e]s/-e ルンペン·プロレタリアート(資本主義social化の最下層).
'Lum·pen·samm·ler 男 -s/- 1 廃品回収業者. 2《戯》最終電車(バス).
Lum·pe'rei [lʊmpəˈraɪ] 女 -/-en《侮》はしたない行為. 2 ささいな(くだらない)事.
'lum·pig ['lʊmpɪç] 形《侮》1 卑劣な, 悪辣(あくらつ)な. 2 みすぼらしい, おんぼろの. 3《話》ごく僅(わず)かの, 取るに足らない.
Lu·na ['luːna]《人名》(lat., Mond⁴)《ローマ神話》ルーナ(月の女神, ギリシア神話の Selene と同一視される).
lu'nar [luˈnaːr], **lu'na·risch** [luˈnaːrɪʃ] 形 (↓ Luna) 月の.
Lunch [lanʃ, lantʃ] 男 -(-[e]s)/-[e]s(-e) (engl.) ランチ, (軽い)昼食.
'lun·chen ['lanʃən, 'lantʃən] 自 (軽い)昼食をとる.
'Lü·ne·burg ['lyːnəbʊrk]《地名》リューネブルク(Lüneburger Heide の東縁部にある古都).
'Lü·ne·bur·ger ['lyːnəbʊrɡər]《不変化》リューネブルクの. ～ Heide リューネブルガー·ハイデ(ドイツ北部, ヴェーザー川の支流アラー川 die Aller とエルベ川下流との間の地域, ドイツ最大の荒野).
Lü'net·te [ly'nɛta] 女 -/-n (fr.) 1《建築》(アーチ形)半円窓. 2《軍事》眼鏡堡. 3《工学》背控え, つば板.
****'Lun·ge** ['lʊŋə] 女 -/-n 肺. eiserne ～《医学》

鉄の肺. die grünen ～n (都市の)緑地帯. eine gute ～ haben 肺が丈夫である; 《比喩》大声を出せる, 長く走れる. Schone deine ～! そんなにしゃべるな. sich³ die ～ aus dem Hals〈dem Leib〉schreien《話》声をかぎりに叫ぶ. Er hat es auf〈mit〉der ～.彼は肺を患っている. auf ～〈über die ～〉rauchen 煙を深く吸い込む. aus voller ～ schreien〈singen〉声を張り上げて叫ぶ〈歌う〉.
'Lun·gen·bläs·chen 中 -s/-《解剖》肺胞.
'Lun·gen·ent·zün·dung 女 -/-en《医学》肺炎.
'Lun·gen·flü·gel 男 -s/-《解剖》肺翼.
'lun·gen·krank 形 肺病にかかった.
'Lun·gen·krebs 男 -es/《病理》肺癌.
'Lun·gen·lap·pen 男 -s/- 肺葉.
'Lun·gen·schwind·sucht 女 -/《医学》=Lungentuberkulose
'Lun·gen·tu·ber·ku·lo·se 女 -/-n《医学》肺結核.
'Lun·ge·rer ['lʊŋərər] 男 -s/- 怠け者, のらくら者.
'lun·gern ['lʊŋərn] 自 たむろする, ぶらつく.
'Lun·ker ['lʊŋkər] 男 -s/-《冶金》(鋳物の)空洞.
'Lun·te ['lʊntə] 女 -/-n 1 火縄. ～ riechen《話》危険をかぎつける, 疑念をもつ. die ～ ans Pulverfass legen (紛争などに)火をつける. 2《紡織》(繊(かせ)りの弱い)粗糸. 3《猟師》(狐などの)尾.
'Lu·pe ['luːpə] 女 -/-n (fr.) 拡大鏡, ルーペ. j⟨et⟩ unter die ～ nehmen 人⟨事⟩をこと細かに調べる. So einen Mann kannst du mit der ～ suchen. そんな男はちょっとやそっとでは見つからないよ.
'lu·pen·rein ['luːpənˌraɪn] 形 1 (宝石などが)不純物のない. 2《比喩》模範的な, 完璧な.
'lup·fen ['lʊpfən], **'lüp·fen** ['lʏpfən] ❶ 他 (ちょっと)持ち上げる. ❷ 再 (**sich**⁴) 腰を浮かす.
Lu'pi·ne [lu'piːnə] 女 -/-n (lat.)《植物》はうちわまめ属, ルピナス.
'Lup·pe ['lʊpə] 女 -/-n (fr.)《冶金》1 粒鉄. 2 ルッペ.
'Lu·pus ['luːpʊs] 男 -/[-se] (lat.) 1《病理》狼瘡(ろうそう). 2 ～ in fabula! (der Wolf in der Fabel) 噂をすれば影だ(寓話の狼). 3 der ～《天文》狼座.
Lurch [lʊrç] 男 -[e]s/-e《動物》両生類.
'Lu·sche ['lʊʃə] 女 -/-n 1《話》(トランプの)くず札. 2《侮》腑なし, くず. 3《地方》たばこ; ふしだらな(だらしのない)人, あばずれ.

Lust [lʊst ルスト] 女 -/Lüste 1《複数なし》欲求, ...したい気持. ～ zu et³ haben 事³をしたいと思う. Ich habe große〈keine〉～ dazu. 私はそれがしたくてたまらない〈全然したくない〉. Da kann einem [wirklich] die〈alle〉～ [dazu] vergehen! それじゃあまったくやる気もなくなっちゃうよ. Ich habe ～ auf ein Stück Kuchen〈auf Wein〉.《話》私はケーキが食べたい〈ワインを飲みたい〉. Das kannst du machen, wie du ～ hast. 君はすきな丈好きなようにやっていいよ. Du kannst warten, solange er ～ hat.《話》彼は好きなだけ待つがいいさ. j³ ～ zu et³ machen 人³に事³をしようという気を起させる. [zu 不定詞句と] keine ～ verspüren, ... zu tun ...をしようという気にならない. Ich habe große〈keine〉～, ins Kino zu gehen. 私は映画に行きたくてたまらない〈全然行きたくない〉. nach ～ und Laune 思う存分, 好きなように. 2《複数なし》喜び, 楽しみ. Das Reisen ist seine höchste ～. 旅行が彼の最高の楽しみだ. Sie sangen so schön, dass es eine ～ war.《雅》彼らの歌はすばらしかったので, みんなとても楽し

んだ. bei et³ ~ empfinden 事³に喜びを覚える. an et³ ~ haben 事³を楽しむ. die ~ am Leben verlieren 生きる喜びを失う. ~ und Leid miteinander teilen《雅》苦楽をともにする.《zu 不定詞句と》Es ist eine ~ zu leben. 生きているのは楽しいものだ. Es ist eine ~, ihm zuzusehen. 彼の姿を眺めているのは楽しい. mit ~ und Leib 全身全霊をこめて. **3** (a) 《性的》欲求, 情欲. fleischliche ~ 肉欲. Er ist ein Sklave seiner *Lüste*. 彼は情欲の虜(とりこ)になっている. *seinen Lüsten* leben 肉欲にふける. j³ ~ machen 人³を(性的に)興奮させる. (b)《雅》(性的)快楽.

Lust·bar·keit ['lʊstbaːrkaɪt] -en《古》楽しみ, 娯楽, 《ダンスなどの》催し.

Lust·bar·keits·steu·er -/ 遊興税.

Lüst·chen ['lʏstçən] -s/-(Lust の縮小形) ちょっとしてみたい気持. ein ~ verspüren, ...zu tun ちょっと...してみたい気がする.

Lüs·te ['lʏstə] Lust の複数.

Lüs·ter ['lʏstər] -s/-(*fr.*) **1** シャンデリア. **2**《陶器などの》釉薬(うわぐすり). **3**《紡織》光沢のある綿織物, ラスター・クロース.

lüs·tern ['lʏstərn] 《↓Lust》**1**《雅》物欲しげな. nach et³ (auf et⁴) ~ sein 物³·⁴を欲しがる, 食べたがる. **2** 好色な, みだらな.

Lüs·tern·heit -/ 好色, 欲望.

Lust·fahrt -/-en《古》行楽.

Lust·gar·ten -s/≠ 《古》遊歩庭園.

Lust·ge·fühl -[e]s/-e **1**(↔ Unlustgefühl) 満足感, 充足感. **2**《複数なし》快感.

Lust·haus -es/≠er《古》園亭, あずまや.

lus·tig ['lʊstɪç ルスティヒ] 《↓Lust》**1** (a) 愉快な, 楽しい; 陽気な, にぎやかな. ein ~*er* Abend 楽しい夕べ. ~*e* Farben にぎやかな色. ein ~*er* Mensch 陽気な(愉快な)人. Bruder *Lustig* いつも愉快な(陽気な)男. Hier ist es ~. ここは楽しい(にぎやかだ). Das ist aber ~! そいつは愉快だ. sich⁴ über j(et)⁴ ~ machen 人(事)³をからかう, 人(事)³にしてもいう. Das kann ja ~ werden!《皮肉》こいつは厄介なことになるぞ. (b) おもしろい, 滑稽な. ~*e* Geschichten おもしろい話. ein ~*er* Kerl おかしな奴. ~*e* Person《劇》の道化役. Es war sehr ~, dem Affen zuzusehen. 猿を見るのはとてもおもしろかった. **2**《副詞的用法で》元気よく, くよくよせずに. Ihr Haar flatterte ~ im Wind. 彼女の髪が勢いよく風にひるがえっていた. Immer ~! さあ, 元気を出して. **3**《話》...する気がある. Das kannst du machen, solange〈wie〉du ~ bist. それを君は好きなだけくしたければ)してもいい.
◆動詞や名詞と結合して「...したがる, ...好きの」という意の形容詞をつくることがある. kamp*flustig* 好戦的な. kauf*lustig* 購買欲のある.

Lus·tig·keit -/ 楽しい(愉快な, おもしろい)こと.

Lüst·ling ['lʏstlɪŋ] -s/-e《俗》好色漢, 色好み.

lust·los ['lʊstloːs] いやいやの, 気乗りのしない;《株式市況などが》気乗り薄の.

Lust·lo·sig·keit [lʊstloːzɪçkaɪt] -/ 気乗りのしないこと, 無関心.

Lust·mord -[e]s/-e《法制》痴情殺人, 快楽殺人.

Lust·schloss -es/≠er《古》離宮, 別邸.

Lust·seu·che -/《古》(Syphilis) 梅毒;《雅》性病.

Lust·spiel -[e]s/-e《文学》(Komödie) 喜劇.

lust·wan·deln ['lʊstvandəln] (s, h)《雅》逍遥(散歩)する. ◆過去分詞 gelustwandelt

Lu·te·ti·um [luˈteːtsiʊm] -s/《記号 Lu》《化学》ルテチウム(希土類金属元素).

luth.《略》=lutherisch

'Lu·ther ['lʊtər]《人名》Martin ~ マルティン・ルター(1483–1546, ドイツの宗教改革者).

Lu·the·ra·ner [lʊtəˈraːnər] -s/- ルターの信奉者; ルター教会の信徒.

'lu·the·risch ['lʊtərɪʃ, luˈteːlɪʃ] ルター派の. die ~*e* Kirche ルター教会.

'Lu·ther·ro·se -/-n ルターの薔薇(ルターの用いた紋章, 白い薔薇のなかに黒い十字架のついた赤いハートが描かれている).

'Lu·ther·tum ['lʊtərtuːm] -s/ ルターの教え, ルター主義; プロテスタンティズム.

****lut·schen** ['lʊtʃən ルチェン] **1**《飴(あめ)などを》しゃぶる, なめる, 口のなかで溶かす. ein Eis ~ アイスクリームをなめる. **2** (an et³ 物³を)しゃぶる, なめる, 吸う. am Daumen ~ 親指をしゃぶる.

'Lut·scher ['lʊtʃər] -s/- **1** 棒飴. **2**《話》おしゃぶり;(哺乳瓶の)ゴムの乳首.

'Lüt·tich ['lʏtɪç]《地名》リエージュ(ベルギー東部の工業都市).

Luv [luːf] -/-(−s/) (*ndl*. loefzijde, Ruderseite') (↔ Lee) **1**《船員》風上. nach ~ drehen 風上へ向きを変える. **2** 《地理》《山の》風上の側. im ~ der Alpen アルプスの風上側に.

'lu·ven ['luːfən, 'luːvən] 《船員》**1** 船首を風上へ向ける. **2**《船》風上へ向かう.

'Luv·sei·te [-]   -Leeseite) =Luv

Lux [lʊks] -/ (*lat.* lux , Licht') 《記号 lx》《物理》ルクス(照度の単位).

Lu·xa·ti·on [lʊksatsiˈoːn] -/-en (*lat.*) 《医学》(Verrenkung) 脱臼(だっきゅう).

'Lu·xem·burg ['lʊksəmbʊrk]《地名》ルクセンブルク(ドイツ・フランス・ベルギーの間の大公国, およびその首都).

'Lu·xem·burg²《人名》Rosa ~ ローザ・ルクセンブルク(1870–1919, ドイツの女性革命家).

'Lu·xem·bur·ger ['lʊksəmbʊrɡər] **❶** -s/- ルクセンブルク人. **❷** 《不変化》ルクセンブルクの.

'lu·xem·bur·gisch [..ɡɪʃ] ルクセンブルクの.

lu·xu·ri·ös [lʊksuriˈøːs] ぜいたくな, 豪華な, デラックスな. ein ~*es* Apartment 豪華マンション. ein ~*es* Leben führen ぜいたくな暮しをする.

****'Lu·xus** ['lʊksʊs ルクスス] -/ (*lat.*) ぜいたく, 豪華; 浪費. Das ist doch [reiner] ~. それはぜいたくというものだ. ~ mit et³ treiben 物³にぜいたくする, 金をつぎこむ. im ~ leben ぜいたくな暮しをする.

'Lu·xus·ar·ti·kel -s/- ぜいたく品.

'Lu·xus·aus·ga·be -/-n (本の)豪華版, 特装本.

'Lu·xus·damp·fer -s/- 豪華客船.

'Lu·xus·wa·re -/-n ぜいたく品.

'Lu·xus·zug -[e]s/≠e《略 L-Zug》豪華列車.

Lu·zern [luˈtsɛrn]《地名》ルツェルン(スイス中部の州, およびその州都).

Lu·zer·ne [luˈtsɛrnə] -/-n《植物》(Alfalfa) むらさきうまごやし.

Lu·zer·ner [luˈtsɛrnər] **❶** -s/- ルツェルンの人. **❷**《不変化》ルツェルンの.

lu·zer·nisch [luˈtsɛrnɪʃ] ルツェルンの.

'Lu·zia ['luːtsia]《女名》ルーツィア. ↑Lucia

'Lu·zie ['luːtsiə]《女名》ルーツィエ. ↑Lucia

'Lu·zi·fer ['luːtsifər] 男 -s/ (*lat.* Lucifer, Lichtbringer') 1 《天文》(Venus) 明けの明星, 金星. 2 《キリスト教》ルツィフェル, ルキフェル(悪魔の長).

LVA 《略》=Landesversicherungsanstalt

lx 《記号》=Lux

'Ly·di·en ['lyːdiən] 《地名》リュディア, リディア(古代小アジア西部の王国).

'Ly·di·er ['lyːdiər] 男 -s/- リュディア(リディア)の住民.

'ly·disch ['lyːdɪʃ] 形 リュディア(リディア)の.

'Ly·ki·en ['lyːkiən] 《地名》リュキア(古代小アジア南岸の地方).

'Ly·ki·er ['lyːkiər] 男 -s/- リュキアの住民.

lym'pha·tisch [lʏm'faːtɪʃ] 形 《医学》リンパ(液)の, リンパ節(管)の, リンパ性の.

'Lymph·drü·se ['lʏmf..] 女 -/-n 《古》《医学》リンパ腺.

'Lym·phe ['lʏmfə] 女 -/-n (*lat.*) 1 《生理・解剖》リンパ(液). 2 《医学》痘苗(とうびょう)(牛のリンパ液からとった種痘用ワクチン).

'Lymph·ge·fäß 中 -es/-e 《解剖》(Saugader) リンパ管.

'Lymph·kno·ten 男 -s/- 《解剖》リンパ節, リンパ腺.

Lym·pho'zyt [lʏmfo'tsyːt] 男 -en/-en (ふつう複数で)《解剖》リンパ球.

'lyn·chen ['lʏnçən, 'lɪnçən] 他 (*engl.*) リンチにかける.

'Lynch·jus·tiz ['lʏnç.., 'lɪnç..] 女 -/ リンチ, 私刑. an j³ ~ üben 人³にリンチを加える.

Ly'on [li'ɔ̃ː] 《地名》リヨン(フランス南東部の都市).

Ly'o·ner [li'oːnər] 1 男 -s/- リヨンの人. 2 [女] -/- リヨン風ソーセージ. 3 形 《不変化》リヨンの. Wurst リヨン風ソーセージ.

Ly·o·ne·ser [liːo'neːzər] 男 -s/- =Lyoner ①

ly·o·ne·sisch [liːo'neːzɪʃ] 形 リヨンの.

'Ly·ra ['lyːra] 女 -/ Lyren [..rən] (*gr.*) 1 (Leier) リラ(古代ギリシアの竪琴). 2 (軍楽隊の)グロッケンシュピール. 3 die ~ 《天文》琴座.

'Ly·rik ['lyːrɪk] 女 -/ (*gr.* lyrikos, zum Spiel der Lyra gehörend') 抒情詩.

'Ly·ri·ker ['lyːrɪkər] 男 -s/- 抒情詩人. ◆女性形 Lyrikerin 女 -/-nen

'ly·risch ['lyːrɪʃ] 形 1 抒情詩の; 抒情的な. ~ Gedichte 抒情詩. 2 《音楽》(声の)抒情的な, リリックな. ein ~er Tenor リリックテノール. 3 情感ゆたかな. eine ~e Stimmung ロマンティックな気分.

Ly'ris·mus [lyˈrɪsmʊs] 男 -/..men [..mən] 1 (複数なし)抒情性, リリシズム. 2 (文学や音楽の)抒情的な箇所.

Ly'sol [lyˈzoːl] 中 -s/《商標》リゾール(消毒殺菌剤の名).

'Lys·sa ['lʏsa] 女 -/ (*gr.*) 《医学》狂犬病.

Ly'ze·um [lyˈtseːʊm] 中 -s/..zeen [..'tseːən] (*gr.*) 1 《古》リュツェーウム(女子高等学校). 2 《スイス》ギムナージウムの上級課程. ◆本来はアリストテレスの学園の名前.

'L-Zug ['ɛl..] 《略》=Luxuszug

m, M

n¹, M¹ [ɛm] 田 -/- ドイツ語アルファベットの第13文字(子音字). ◆口語では単数2格および複数形を [ɛms] と発音することがある.
n²(記号) **1** =Meter **2** =milli.., Milli.. **3** =Minute
μ(記号) **1** =Mikro..² **2** =Mikron
M²(記号)(ローマ数字の)1000.
M³ ❶(略)=Mark¹ **❷**(記号) **1** =Mega.. 2 **2**《古》=Mach[zahl] **3** =Mille
m.(略)《文法》=Maskulinum
M.(略)=Monsieur
m²(記号)=Quadratmeter
m³(記号)=Kubikmeter
mA(記号)=Milliampere
Ma(略)=Mach, Machzahl
ma.(略)=mittelalterlich
MA.(略)=Mittelalter 1
M. A.(略) **1** (*lat.*) =Magister Artium マギステル・アルティウム(↑Magister). **2** (*engl.*) =Master of Arts マスター・オブ・アーツ(↑Master).
Mä·an·der [mɛˈandər] (*gr.* Maiandros) ❶ 男 -[s]/- 《地名》der ~ マイアンドロス(小アジアの古代フリュギア Phrygien 地方を流れる川, 神話では河神の名, 現在名 Menderes). ❷ 男 -s/- **1**(ふつう複数で)《地理》(河川の)曲流, 蛇行(ᚷᚢ..). **2**《建築・美術》メアンダー, ギリシア雷文(らいもん)(古代ギリシア・ローマの代表的な装飾文様).
mä·an·dern [mɛˈandərn], **mä·an'drie·ren** [mɛanˈdriːrən] ❶ 他《建築・美術》(物に)メアンダー文様をほどこす. ❷ 自(河川が)蛇行する.
Maar [maːr] 中 -[e]s/-e (*lat.* mare, Meer') 《地理》マール(噴火の円形の凹地).
Maas [maːs] 女 -/《地名》die ~ マース川(ライン川下流の支流).
Maas'tricht [maːsˈtrɪçt]《地名》マーストリヒト(オランダ南東部, マース河畔の町).
Maas'trich·ter [maːsˈtrɪçtər] 形《不変化》マーストリヒトの. der ~ Vertrag マーストリヒト条約(1992に調印されたヨーロッパ連合の設立条約).
Maat [maːt] 男 -[e]s/-e[n] **1**《海事》海軍4等兵曹; (旧ドイツの)海軍3等兵曹; 海軍下士官. **2**《古》(船員)(帆船の)航海士; 操舵助手.
Mach [max] 男 -[s]/- (略 Ma / 記号 M)《物理》マッハ(数)(音速の単位, オーストリアの物理学者 Ernst Mach, 1838-1916 にちなむ).
'Mach·art [ˈmax..] 女 -/-en (物の)作り, でき(くあい), (衣服などの)裁(たち)方, 仕立て, スタイル. die ~ eines Films 映画のでき.
'mach·bar [ˈmaxbaːr] 形 実現可能な, 実行(遂行)できる, 思い通りになる.
'Ma·che [ˈmaxə] 女 -/(↑machen) **1** 作為, こしらえごと; ごまかし, 見せかけ. Vieles an seinem Verhal-

ten ist nur ~. 彼の振舞はおおむね見せかけにすぎない. **2**(映画・芝居などの)作り, でき, 手法. **3**《成句で》et⟨j⟩⁴ in der ~ haben《話》物⁴を製作中である⟨人⁴をとっちめている⟩; (を)さんざん殴りつける. et⟨j⟩⁴ in die ~ nehmen《話》物⁴の製作にとりかかる⟨人⁴をとっちめる⟩; (を)痛めつける.

'ma·chen [ˈmaxən マヘン] ❶ 他 **1** (a) つくる, こしらえる, 製作(作成)する. Unsere Firma *macht* Möbel. わが社は家具をつくっている. et⁴ aus Holz ~ 物⁴を木でつくる. Abzüge von Dias ~ スライドの焼増をする. einen Bach⟨ein Bächlein⟩ ~《話》おしっこをする. Essen ~ 食事をつくる. sich³ Feinde ⟨Freunde⟩ ~ 敵をつくる⟨友を得る⟩(mit et³ 事³で). Feuer ~ 火をおこす. ein Foto von j³ ~ 人³を写真に撮る. ein Gedicht ~ 詩を書く. Geld ~ 金を儲(もう)ける; ぼろ儲けをする(mit et³ 事³で). ein Gesetz ~ 法律をつくる. sein Glück ~ 幸運をつかむ. Holz ~ 薪(たきぎ)をつくる. Kaffee ~ コーヒーをいれる. sich³ ein Kleid ~ ワンピースを縫う. einen Preis ~ (競売で)値をつける. *Mach* keine Sachen! 馬鹿を言え, 馬鹿は止してくれ. Schulden⟨ein Vermögen⟩ ~ 借金を⟨ひと財産⟩つくる. (sich³ et⁴ machen lassen の形で) sich³ einen Anzug ~ lassen 背広を誂(あつら)える(beim/vom) Schneider 仕立屋で). sich³ Dauerwellen ~ lassen パーマをかけてもらう. (b) (音・声を)たてる, 出す; (顔つきなどを)する, してみせる; (考え・言葉を)ひねり出す. große Augen ~ 目をまるくする. kleine Augen ~ (眠くて)目をしょぼつかせる. eine Bemerkung ~ 論評を加える. bitte, bitte ~ (子供がお頂だいをする. Geräusch⟨Lärm⟩ ~ 騒ぐ. ein erstauntes⟨langes⟩ Gesicht ~ びっくりした⟨がっかりした⟩顔をする. Musik ~ 演奏をする; 《話》音楽をかける. Späße ~ 冗談を言う; 楽しむ, ふざける. Sprüche ~ ごたくを並べる. einen Witz ~ しゃれをとばす. viel[e] Worte ~ 言葉かずが多い. (c) 育てあげる, 養成(育成)する(j¹ aus j³ 人³を人⁴に); つくり変える, 置換する(et⁴ aus et³ 物³を物⁴に). Er hat schon so manchen Weltmeister *gemacht*. 彼はすでに相当な数の世界チャンピオンを育てている. Kleider *machen* Leute, Gelegenheit *macht* Diebe.《諺》馬子にも衣装髪かたち盗みはほんの出来心. Sie hat etwas aus ihren Kindern *gemacht*. 彼女は子供たちを立派に育てあげた. etwas aus sich³ ~ 実力を十二分に発揮する; 自分を実力以上に見せる. aus et³ ein Geheimnis⟨ein Problem⟩ ~ 事³を秘密⟨問題⟩にする. Ich weiß nicht, was ich daraus⟨aus dieser Person⟩ ~ soll. 私にはそれ⟨この人物⟩をどう理解したらよいのか分からない.
2 (j⁴ zu et³ 人⁴を物³に)指名(任命)する, 指定する, 仕立てる; (et⁴ zu et³ 物⁴を物³に)変える, 換える. j⁴ zum Abteilungsleiter ~ 人⁴を局長に任命する. sich³ et⁴

machen ~

zur Aufgabe ~ 事⁴を自分の仕事とする．　j⁴ zu *seiner* Frau ~ 《古》人⁴を妻にする(娶(めと)る)．　den Bock zum Gärtner ~ 盗っ人に蔵の番をさせる．　et⁴ zu Geld ~ 物⁴を金に換える．　j⁴ zum Helden〈Märtyrer〉~ 人⁴を英雄〈殉教者〉に仕立てる．　sich⁴ zum Sklaven *seiner* Begierden ~ 《話》情欲のとりこになる．　die Nacht zum Tage ~ 夜を日に継ぐ．

3《感覚・感情などを》惹き起す，よびさます；《事態・状態などを》もたらす，生じさせる．　Die frische Luft *macht* Appetit. 空気がきれいだとお腹がすく．　Er *macht* mir jedes Mal Ärger. 彼はいつでも私の気に障(さわ)ることを言う(する)．　Das¹ *macht* das Wetter. それは天気のせいだ．　*Macht* es dem Tisch etwas, wenn ich darauf steige? この机は上にのったらどうかなりますか．　*Mach* dir nur keinen Fleck ins Hemd!《話》そういう馬鹿なまねはやめろ．　Das *macht* nichts. /《話》《これくらい》どうってことはありません．　j³ [viel] Arbeit ~ 人³を手こずらせる，(に)骨を折らせる．　einen guten Eindruck ~ 好印象を与える．　es ~《話》セックスする，寝る(mit j³ 人³と)．　es j³〈sich⁴ selbst〉 ~《話》(セックスで)人³を歓ばせる(オナニーをする)．　j³ Hoffnungen ~ 人³に希望を与える，気をもたす．　j〈sich〉³ Sorgen ~ 人³に心配をかける〈気をもむ〉．　sich³ wenig〈nichts〉 aus j⁴ ~《話》人⁴のことをあまり好まない，(を)たいして買わない〈人³が嫌いである，(には)演(えん)もひっかけない〉．　*Mach* dir nichts daraus!《話》むつかしく考えないでくれ，気分を悪くしないでくれよ．

4《機能動詞的に》(a)《名詞と》unangenehme Erfahrungen ~ よい経験，にがい思いをする．　einen Fehler ~ へまをする，どじを踏む．　ein Fest ~《話》お祝いをする．　Fortschritte ~ 前進(進展, 進歩, 上達)する．　einen guten Kauf ~ よい買物をする．　eine Reise ~ 旅に出る．　Schulaufgaben ~ 宿題をする．　eine Versammlung ~ 集会を催す．　(b)《とくに **was, nichts, es, das** と》Was *machst* du da? そこでなにをしているの．　Was *machst* du heute Abend? 今晩はどういう予定ですか．　Was soll ich denn nur ~? どうすりゃいいんだよ，まったく．　Was soll〈will〉 man ~? どうしろっていうんだ．　*Mach* was dran!《話》まあなんとでもしてごらん．　Was *macht* dein Sohn〈dein Magen〉?《話》息子さんは〈胃の具合は〉どうですか．　息子さんお元気でなにをしているんですか．　Da〈Dagegen〉kann man nichts ~. / Da ist nichts zu ~.《話》こうなったらもう手の打ちようがない．　Wie man's *macht*, [so] *macht* man's falsch.《話》どうしてみても八方まるくはおさまらぬ，万病に効(き)く妙薬はない．　*Mach's* gut!《話》《別れの挨拶で》お元気で，しっかりやりな．　Nun *mach's* nur halb!《話》ほどほどにしろよ．　es kurz ~ 要約する，かいつまんで言う．　Er *macht* es nicht mehr lange.《話》彼の命はもう長くない．　Mit mir *macht* ihr's ja ~!《話》《からかわれて》なんとでも君たちの好きに言いなよ．　Unter 1000 Euro *mache* ich es nicht.《話》千ユーロ以下ではご免こうむる(やめとくよ)，千ユーロが私の最低線だ．　wenn es sich⁴ ~ lässt できるのなら．　Das *macht* sich nicht. そういうことはしないんだよ．　Das wird sich⁴ nicht ~ lassen. それは無理というものだろう．　(c)《目的語なしで》*Mach* nicht so lange!《話》ぐずぐずするな，あんまり待たせるな．　Nun *mach* [aber] mal halbpart!《話》ちょっと大袈裟じゃないか，そのへんにしとけよ．　*Machen* wir!《話》さあ片づけよう．　Lass mich nur ~!《話》私に任せておけ．

5《話》急いでする，せく．　*Mach*, dass du for kommst! とっとと学校へ行きな！Nun *mach* [aber]! / Nun *mach* schon! さあぐずぐずするな．

6《話》整える，整頓する；修理(修繕)する；《物⁴の》をする．　das Bett〈*sein* Zimmer〉~ 寝床を整えベッドメーキングをする〈部屋を片づける〉．　die Uhr 〈den Wagen in der Werkstatt〉~ lassen 時計〈自動車を修理〉に出す．　sich³ die Zähne ~ lassen 歯を直してもらう．　das Wohnzimmer neu ~ 居間を改装する．

7《様態を示す形容詞と》《人⁴物⁴を》…の状態にする Der Hut *macht* dich alt. その帽子は老けて見える．　*Mach* dich nicht besser〈schlechter〉, als du bist 格好をつけるなよ〈悪ぶるのはよせ〉．　Liebe *mach* blind. 恋は盲目．　Das *macht* die Sache ja u schlimmer. それは事態を悪くするばかりだ．　j⁴ ärger lich〈froh〉~ 人⁴を怒らせる〈喜ばせる〉．　es sich⁴ be quem ~ くつろぐ，楽にする．　j⁴ dumm ~ 人⁴をこけにいがしろ)にする．　sich⁴ hübsch〈schön〉~ おめかしする．　j³ das Herz schwer ~ 人³の気を重くさせ sich⁴ wichtig ~ もったいをつける，大物ぶる．

8《助動詞的用法 / 他の動詞の不定詞を伴って使役の意を表す》…させる．　j⁴ lachen〈weinen〉~ 人⁴を笑わせ〈泣かせる〉．　viel von sich³ reden ~ おおいに名を馳せる，評判になる(durch et⁴ 事⁴で)．　¶完了形《Das ha uns lachen *machen*〈*gemacht*〉. それは我々を笑わせた》については sehen ◆¹ を参照．

9《話》(役割)を演じる，つとめる．　Heute *macht* e den Hamlet. 今日は彼がハムレットを演じる．　den Dolmetscher ~ 通訳をつとめる．　den wilden Mann ~ めったやたらと暴れまわる，荒れ狂う．　den Wirt ~ 主人役(ホスト)をつとめる．

10《隠》排泄(はいせつ)する，もらす．　alles unter sich ~ 大小便たれ流しである．　《目的語なしで》ins Bett〈in die Hose〉~ ベッドにやってしまう〈おもらしをする〉 Das Kind *macht* noch in die Hose. この子はまだおむつがとれない．

11《話》(合計)…になる．　Drei mal vier *mach* zwölf. 3掛ける4は12 (3×4=12)．　Das *macht* zusammen〈im Ganzen〉25 Euro. 〆て25ユーロになります．　Was *macht* es〈das〉? おいくらですか．

12《話》(…へ)旅行する；《名所などを》ちらっと見物する Australien habe ich voriges Jahr *gemacht*. オーストラリアは去年行ってきた．

13《隠》《物⁴を》ひと仕事(盗み・詐欺など)して手にいれる；《人⁴を》だます，ひっかける．　eine Frau〈einen〉~ 女と一発やる．　der *Gemachte* ひっかかった(やられた)男．

❷ 圓 (h, s) **1** (h)《話》(ことさらに)ふるまう，装う auf großzügig〈in Großzügigkeit〉~ 太っ腹なところを見せる．　auf Märtyrer ~ 殉教者ぶる．　**2** (h)《話》(in et³ 物³を)商う，商売にする；(に)たずさわる，手を出す． in Lederwaren ~ 皮革製品を商う．　in Patriotismus ~ 愛国心を吹いてまわる(ふりまわす)．　Neuerdings *macht* er in Politik〈Kunst〉. このところ彼は政治に手を染めている〈芸術づいている〉．　**3** (s, h) 行く，赴く；移る，移動(移住)する．　in die Stadt ~ 町へ行く〈都心へ移る〉．　Sie sind nach Amerika *gemacht*. 彼らはアメリカへ移住した．

❸ 圓 (**sich**) **1** (a) 出かける，出発する．　*Mach dich* in die Schule! さっさと学校へ行きなさい．　sich⁴ auf den Weg ~ 出発する，出かける．　sich aus dem Staub ~ 風をくらって逃げる，雲を霞と消えうせる．　sich hinter j⁴ ~《話》人⁴に頼みこむ(泣きつく)．　(b) (an et⁴ 事¹に)着手する, とりかかる. sich an die Arbeit ～ 仕事にとりかかる. **2** 《話》進展する, はかどる; 進歩(上達)する. Sein Zustand macht sich. 彼の容態は快方に向っている. Er macht sich [in der Schule] recht gut. 彼はかなり成績があがっている. Der Neue macht sich, du machst dich! 君なかなかやるじゃないか. Wie geht's? — Danke, es macht sich! 元気かい — うん, まあなんとかね. **3** (似)合う, 調和する. Das Bild macht sich gut an dieser Stelle. その絵はこの場所にぴったりだ. Die Brosche macht sich hübsch auf dem Kleid. ブローチが服にとてもよくうつっている. 《非人称的に》Er kommt nur, wenn es sich gerade so macht. 彼はお膳立てがそろわないと来ない.

Ma·chen·schaft ['maxənʃaft] 囡 -/-en 《多く複数で》陰謀, 策略.

Ma·cher ['maxər] 男 -s/- **1** 首謀者, 黒幕, 仕掛け人; 指導者(的タイプ); 実行者(型の人間). Der eigentliche ～ war X. 黒幕はXであった. **2** 作る人, 製作(製造)者.

.ma·cher [..maxər] 《接尾》「…を作る人」の意の男性名詞(-s/-)をつくる. Kammmacher くし職人.

Ma·cher·lohn [..max..] 男 -[e]s/⸚e 《複数まれ》(衣服などの)仕立代, 製作費; (衣服·靴などの)修繕料.

Ma·chi·a·vel·li [makia'vɛli] 《人名》Niccolò ～ ニコロ·マキアヴェリ(1469-1527, イタリアの政治家·歴史家, 『君主論』Il Principe など).

Ma·chi·a·vel·lis·mus [makiavɛ'lɪsmʊs] 男 -/ マキアヴェリズム, 権謀術数主義.

Ma·chi·a·vel·list [makiavɛ'lɪst] 男 -en/-en マキアヴェリスト.

Ma·chi·na·ti·on [maxinatsi'o:n] 囡 -/-en 《lat. machinatio, Kunstgriff, List》**1**《複数で》《雅》陰謀, 策略. **2**《古》策略, トリック.

Ma·cho ['matʃo] 男 -s/-s (sp.)《話》マッチョ(男らしさをアピールする男性).

Macht [maxt マハト] 囡 -/Mächte **1**《複数なし》権力, 支配力. die politische〈staatliche〉～ 政治〈国家〉権力. ～ geht vor Recht. 《諺》無理が通れば道理ひっこむ, 勝てば官軍. die ～ über Leben und Tod 生殺与奪(せいさつよだつ)の権. ～ ausüben 権力を行使する. ～ über j〈et〉⁴ haben 人〈物〉を意のままにする. an der ～ bleiben 権力の座に居すわっている. an die〈zur〉～ kommen 権力の座につく. j⁴ in seiner ～ haben 人⁴を自由に操れる. Das steht〈liegt〉 nicht in meiner ～. それは私の力ではどうにもならない. **2**《複数なし》力, 威力. die ～ des Geldes〈der Gewohnheit〉金〈習慣〉の力. Wissen ist ～. 《諺》知は力なり. Das ist eine ～! 《話》これはすごい. seine ganze ～ aufbieten 全力を尽くす. aus eigener ～ 独力で. mit ～ über j⁴ kommen 人⁴の身の上にずっしりとのしかかる. Der Frühling kommt mit ～. 春はいっ気にやってくる. mit aller ～ / mit seiner ganzen ～ 全力をあげて. **3**《政治的·社会的》勢力. die Mächte der Reaktion 反動勢力. die geistliche und die weltliche ～ 宗教的勢力〈教会〉と世俗的勢力(国家). **4** 強国, 大国. die europäischen Mächte ヨーロッパ列強. **5** この世ならぬ力を揮(ふる)うもの. die Mächte der Hölle 地獄の悪霊たち. himmlische Mächte 天界の諸力. **6**《古》軍隊, 部隊.

Macht·be·fug·nis 囡 -/-se 《多く複数で》権限, 権能, 資格.

Macht·be·reich 男 -[e]s/-e 勢力範囲, 勢力圏.

Mäch·te ['mɛçtə] Macht の複数.

'Macht·er·grei·fung 囡 -/《政治》権力の掌握.

'Macht·fül·le 囡 -/ 絶大な力(権力).

'Macht·ha·ber [..ha:bər] 男 -s/-《多く複数で》権力者(とくに独裁的な).

*'**mäch·tig** ['mɛçtɪç メヒティヒ] 形(↓Macht) **1**《副詞的には用いない》強大な, 勢力(権力)のある. ein ～er Herrscher 強力な支配者. ein ～er Staat 強大国家. 《名詞的用法で》die Mächtigen 権力者たち. **2**《雅》et²～ sein 事²を能(よ)くする, マスターしている, 御せる. des Englischen ～ sein 英語がでできる. der Rede〈des Wortes〉～ sein 弁がたつ. seiner selbst〈seiner Sinne〉kaum noch ～ sein もうほとんど自分が抑えられない. **3**《古》力強い. Der Herr hat euch mit ～er Hand von dort herausgeführt. 主(しゅ)が力強い御手(みて)をもってあなたたちをそこから導き出された(《旧約》出 13:3). 《名詞的用法で》der Herr Zebaoth, der Mächtige Israels 主なる万軍の神, イスラエルの力ある方(《旧約》イザ 1:24). **4** 巨大な, 堂々とした;《話》ものすごい. ein ～er Bau 巨大な建築. ～es Glück haben《話》ばかづいている. ～en Hunger haben《話》えらく腹がへっている. eine ～e Stimme 大音声(だいおんじょう). ～ wütend《話》かんかんに怒っている. Es hat gestern ～ geschneit. 《話》昨日はひどい雪だった. **5**《地方》《副詞的には用いない》(食物が)胃に重い, しつこい. **6**《副詞的には用いない》《鉱業·地質·気象》(鉱脈·岩層·雲などの厚い).

'Mäch·tig·keit 囡 -/《複数なし》**1** 強大, 勢力(権力)があること; 巨大, 堂々たること. **2**《鉱業·地質·気象》(鉱脈·岩層·雲などの)厚さ;《数学》(集合の)濃度.

'Macht·kampf 男 -[e]s/⸚e 権力闘争, 抗争.

'macht·los ['maxtlo:s] 形 無力な, 力のない; 権力のない.

'Macht·lo·sig·keit [..lo:zɪçkaıt] 囡 -/ 無力.

'Macht·mit·tel 中 -s/-《多く複数で》権力(行使の)手段.

'Macht·po·li·tik 囡 -/ 権力政治.

'Macht·spruch 男 -[e]s/⸚e (権威者の)絶対命令, 鶴のひと声;《古》(専制君主の)問答無用の決定(判決).

'Macht·stel·lung 囡 -/-en 権力のある地位, 権力の座.

'Macht·über·nah·me 囡 -/《政治》権力の継承(掌握).

'macht·voll ['maxtfɔl] 形 (地位などが)実権のある, 影響力の強い; (行動などが)力強い. ein ～er Aufmarsch 堂々たる行進.

'Macht·voll·kom·men·heit 囡 -/ 絶対的権力, 至上権. aus eigener ～ 独断で, 自分の一存で.

'Macht·wort 中 -[e]s/-e 絶対命令, 鶴のひと声. ein ～ sprechen 鶴のひと声を放つ, 断をくだす.

'Mach·werk ['max..] 中 -[e]s/-e 《侮》下手な作品(仕事), 駄作.

'Mach·zahl ['max..] 囡 -/-en《物理》=Mach

'Ma·cke [makə] 囡 -/-n 《話》**1** (製品などの)疵(きず), 欠陥. **2** eine ～ haben (頭がちょっとおかしい).

'Ma·cker [makər] 男 -s/- **1**《若者》ボーイフレンド. **2**《若者》やつ, あんちゃん. **3**《話》首謀者, リーダー. **4**《北ドイツ》仕事仲間.

MAD [ɛmla'de:] 男 -[s]/《略》=Militärischer Abschirmdienst (ドイツの)軍事防諜機関.

Ma·da·gas·kar [mada'gaskar] 《地名》マダガスカル(アフリカ南東部, インド洋上の島にして共和国).

Ma·da·gas·se [madaˈgasə] 男 -n/-n マダガスカル人（の島民）.

ma·da·gas·sisch [madaˈgasɪʃ] 形 マダガスカル(人)の. ~e Sprache マダガスカルの言葉, マダガシ語. ◆ ↑deutsch

Ma·dam[1] [maˈdam] 女 -/-s(-en) 《fr.》《話》一家の主婦; 奥さん, おかみさん;《戯》(恰幅のいい)おばさん, マダム;《地方》《戯》妻君, 奥様.

'**Ma·dam**[2] [ˈmædəm] 女 -/-s 《engl. ˌgnädige Frau'》奥様(既婚または中年女性に対する英語の呼掛).

Ma·dame [maˈdam] 女 -/Mesdames[meˈdam] 《lat. mea domina, meine Herrin'》(略 Mme., 複数 Mmes.) **1** …夫人(既婚女性の姓に冠するフランス語の敬称). ~ Butterfly 蝶々夫人. **2** (呼掛として)奥様.

'**Mäd·chen** [ˈmɛːtçən メートヒェン] 中 -s/- 《Magd の縮小形》**1** 少女, 女の子; 生(*き*)娘, 乙女. ein altes〈älteres〉~ オールドミス. Na, [altes] ~, wie geht's? (女性に対して変に馴れ馴れしくうねえ, ちょっと君, 調子はどう. ein gefallenes〈käufliches〉~ 売春婦. ein leichtes ~ 《侮》尻軽(女); 娼婦. ein spätes ~ オールドミス; 奥手(*で*)の女の子; 夜の女. ein ~ laufen haben《話》ヒモの暮しをしている. für〈auf〉kleine *Mädchen* müssen《戯》《隠》お手洗いに行きたい. Er hat die kleinen *Mädchen* so gern. 《戯》彼はなかなかモテる;《隠》彼はロリータ趣味だ. **2** (Tochter) 娘. Wir hätten lieber ein ~ als einen Jungen. 私たちはどちらかと言えば男の子より女の子が欲しいのです. **3** お手伝いさん, 女中, メイド. ~ für alles (家事万端何でもする)女中;《話》何でも屋, 便利屋(みたいな人). **4**《話》ガールフレンド, 恋人.

'**mäd·chen·haft** [..haft] 形 少女(女の子)らしい.

'**Mäd·chen·han·del** 男 -s/《法制》婦女売買.

'**Mäd·chen·na·me** 男 -ns/-n 女性名; 既婚女性の旧姓. ◆格変化は Name 参照.

'**Mäd·chen·schu·le** 女 -/-n 女子校, 女学校.

'**Ma·de** [ˈmaːdə] 女 -/-n 蛆(*じ*). wie die ~ im Speck leben《話》御蚕(*おかいこ*)ぐるみの暮しをする.

Ma·dei·ra ❶ [maˈdeːra]《地名》マデイラ(アフリカ沿岸から約 800 km の大西洋上に位置する島, また諸島). **❷** [maˈdeːra, maˈdaɪra] 男 -s/-s マデイラ酒(マデイラ産の芳香の強い強化白ワイン).

Ma·dei·ra·wein 男 -[e]s/-e =Madeira ②

'**Mä·del** [ˈmɛːdəl] 中 -s/-(北"*ド*", "*バイエルン*"-n) 《Magd の縮小形》《話》=Mädchen

Made·moi·selle [madəmoaˈzɛl] 女 -/Mesdemoiselles[medəmoaˈzɛl]《fr.》(略 Mlle, 複数 Mlles) …嬢;(呼掛として)お嬢さん.

'**Ma·den·wurm** [ˈmaːdən..] 男 -[e]s/..er《医学・獣医》ぎょうちゅう(蟯虫).

'**ma·dig** [ˈmaːdɪç] 形 (↓ Made)(食べ物などが)蛆(*じ*)のわいた, 虫のくった. j(*č*)et[4] ~ machen《話》人[4]物[3]をけなす, 嘲弄する. j[3] et[4] ~ machen《話》人[3]の事[4]に対する楽しみを台無しにする. sich[4] ~ machen《話》(偉そうにして)嫌われ者になる, 鼻つまみになる.

Mad·jar [maˈdjaːr] 男 -en/-en =Magyar

mad·ja·risch [maˈdjaːrɪʃ] 形 =magyarisch

Ma·don·na [maˈdɔna] 女 -/..nen [..nən] 《it. ˌmeine Herrin'》**1**《複数なし》聖母マリア. **2** 聖母マリア像.

Ma·don·nen·bild [maˈdɔnən..] 中 -[e]s/-er 聖母

(マリア)の像.

ma·don·nen·haft [..haft] 形 聖母(マリア)のような.

Ma'drid [maˈdrɪt]《地名》マドリード(スペインの首都).

Ma·dri'gal [madriˈgaːl] 中 -s/-e 《it.》**1**《音楽》ドリガル(14-17 世紀にさかえたイタリア発祥の声楽曲). **2**《文学》マドリガール(14-17 世紀にイタリアを中心に流行した叙情短詩, 牧歌,（小）恋歌).

ma·es'to·so [maɛsˈtoːzo] 副 形 《音楽》マエストソ, 荘厳に, 堂々と.

Ma'es·tro [maˈɛstro] 男 -s/-s(..ri [..ri]) 《it.》(Meister)（音楽)巨匠, 大家, 名匠;（大音楽家に対する呼掛として）マエストロ, 先生. **2** 音楽教師.

'**Maf·fia** [ˈmafia] 女 -/-s = Mafia

'**Ma·fia** [ˈmafia] 女 -/-s 《it.》マフィア(イタリアやアメリカの秘密犯罪組織);《比喩》(マフィア的な)圧力集団.

mag [maːk] mögen の現在 1・3 人称単数.

Mag. [略]《鉱》=Magister 2

Ma·ga'zin [magaˈtsiːn] 中 -s/-e 《arab. mahazin》**1** 倉庫,（図書館などの)書庫;（美術館などの)収蔵庫. **2** (a) (機関銃などの)弾倉. (b) (プロジェクターの)スライドボックス. (c) 《工学》(工作機械の)部品収納ボックス. **3** (a) (グラフ)雑誌, マガジン. (b) (時事)報道番組.

Ma·ga·zi'neur [magatsiˈnøːr] 男 -s/-e《*フランス*》倉庫管理人.

Magd [maːkt] 女 -/Mägde **1** 下女, 女中; 雇われ婦. **2**《雅》《古》処女, 乙女. Maria, die reine ~《*キリスト教*》清らかな乙女マリア.

Mag·da·le·na [makdaˈleːna] **❶**《女名》(hebr. , aus Magdala'）マクダレーナ. ▶別形 Magdalene **❷**《女名》Maria ~《新約》マリア・マグダレーナ, マグダラのマリア. ▶早くからイエスに随伴した婦人たちの1人で復活のイエスを最初に見た. 単に Magdalena ないし Magdalena と呼ぶことも. Magdala はパレスチナ北部の町.

'**Mäg·de** [ˈmɛːkdə] Magd の複数.

'**Mag·de·burg** [ˈmakdəburk]《地名》マクデブルク(ドイツ西部ザクセン–アンハルト州の州都).

'**Mag·de·bur·ger** [ˈmakdəburɡər] **❶** -s/- マクデブルクの人. **❷** 形《不変化》マクデブルクの.

'**mag·de·bur·gisch** 形 マクデブルクの.

'**Mäg·de·lein** [ˈmɛːkdəlaɪn], '**Mägd·lein** [ˈmɛːktlaɪn] 中 -s/-《雅》(Mädchen) 少女, 乙女.

Ma·gel'lan [magɛˈlaːn, magɛlˈjaːn, ˈmagɛljan] 《人名》Ferdinand ~ フェルディナント・マゼラン(1480 頃–1521, ポルトガルの軍人, 最初の世界周航者. ポルトガル語形 Fernão de Magalhães).

Ma·gel'lan·stra·ße 女 -/《地名》die ~ マゼラン海峡.

*'**Ma·gen** [ˈmaːɡən マーゲン] 男 -s/Mägen(-) 胃;《話》腹. Mir hängt der ~ schon schief(in den Knie kehlen)《話》私はもう腹の皮が背中にくっつきそうだ. Mein ~ streikt.《話》私はおなかがいっぱいです. Bei diesem Gedanken dreht sich[4] mir der ~ um.《話》このことを考えると胸がむかむかする. einen guter〈schwachen〉~ haben 胃が丈夫である〈弱い〉. j[3] den ~ umdrehen《話》人[3]に吐き気を催させる,（をむかむかさせる). sich[3] den ~ verderben 胃をこわす. Lieber den ~ verrenken als dem Wirt was schenken.《戯》残すくらいなら胃袋がはち切れても平らげる《前置詞》Und das auf nüchternen ~!《話》おまけに起き抜けの胃の腑から棒をたたきこむ(不意にいやな知らせを受取って). die Arznei auf nüchternen ~ ein–

nehmen 薬を空腹時に服用する. j³ auf den ~ schlagen〈gehen〉/ sich⁴ j³ auf den ~ legen 人³を食欲不振に陥らせる; (の)気分を台なしにする. j⁴ **im** ~ haben《話》人のことが我慢ならない, (を)顔も見たくないほど嫌っている. nichts im ~ haben《話》腹に何もいれていない. Es kommt ja doch alles in einen ~.《戯》どうせ何もかも同じ 1 つの胃袋に納まるんだから《料理の順序が狂ったときなどに》. j³ [schwer] im〈auf dem〉~ liegen《話》(食べ物などが)人³の胃にもたれている; (心配事などが)人³の気を重くしている. **mit** ~ 空腹をかかえて. es mit dem ~ haben《話》胃をこわしている. Das Essen steht mir **vor** dem ~.《地方》この料理は私の胃には合わない.

Ma·gen·aus·gang 男 -[e]s/¨e《複数まれ》《解剖》幽門.

Ma·gen·be·schwer·den 複 胃障害.

Ma·gen·bit·ter 男 -s/-マーゲンビター, 健胃用の苦味酒(胃がもたれた時に飲む薬草酒).

Ma·gen-'Darm-Ka·tarrh 男 -s/-e《病理》胃腸カタル.

Ma·gen·drü·cken 中 -s/ 胃のもたれ, 胃部圧迫感.

Ma·gen·er·wei·te·rung 女 -/-en《病理》胃拡張.

Ma·gen·ge·schwür 中 -[e]s/-e《病理》胃潰瘍.

Ma·gen·gru·be 女 -/-n《解剖》(Herzgrube) 心窩(しんか), みぞおち.

Ma·gen·knur·ren 中 -s/ 腹がぐうぐう鳴ること.

Ma·gen·krampf 男 -[e]s/¨e《病理》胃痙攣.

Ma·gen·krebs 男 -es/《病理》胃癌.

Ma·gen·mit·tel 中 -s/- 胃薬, 健胃剤.

Ma·gen·mund 男 -[e]s/-《解剖》噴門.

Ma·gen·pfört·ner 男 -s/-《解剖》幽門.

Ma·gen·saft 男 -[e]s/¨e《医学》胃液.

Ma·gen·säu·re 女 -/ 胃酸.

Ma·gen·schmer·zen 複 胃の痛み, 胃痛.

Ma·gen·sen·kung 女 -/-en《病理》胃下垂.

Ma·gen·spü·lung 女 -/-en《医学》胃洗浄.

Ma·gen·ver·stim·mung 女 -/-en (軽い)消化不良, 胃の変調.

'ma·ger ['maːɡɐr マーガー] 形 (→ fett) **1** 脂肪(分)の少ない. ~ essen《話》脂肪分の少ない食事をとる. **2** 痩(や)せた, 細い. **3**《印刷》(活字が)肉細の. **4**(土地が)やせた, 不毛の; (鉱石などが)含有成分の少ない. **5**《話》乏しい, 貧しい, 実質(中身)のない. eine ~es Gehalt 乏しい給料. eine ~e Mahlzeit 貧弱な食事. ~e Zeiten 経済的に苦しい時代.

'Ma·ger·milch 女 -/ スキムミルク, 脱脂乳.

'Ma·ger·sucht 女 -/《医学・心理》(少女期における)痩瘦(そうそう)病.

Ma·gie [ma'ɡiː] 女 -/ (gr. mageia) **1** (a) 魔法, 魔術, 呪術. (b) 奇術, 手品. **2** 魔力, 摩訶不思議な力.

'Ma·gi·er ['maːɡiɐr] 男 -s/- (gr. magos ,Zauberer') **1** 魔法使い, 魔術師. **2** (Zauberkünstler) 奇術(手品)師.

'ma·gisch ['maːɡɪʃ] 形 (gr. magikos)《比較変化なし》**1** 魔法の, 魔術による, 魔術のような. ~es Auge マジックアイ(同調指示管). eine ~e Formel 呪文. ein ~es Quadrat 魔方陣. ~e Zahlen《核物理》マジックナンバー. **2** 不思議な魅力のある, 摩訶不思議な.

Ma·gis·ter [ma'ɡɪstɐr] 男 -s/- (lat.) **1**《複数なし》(a)《略 M. A.》(Magister Artium) 文学修士(号).

(b)《話》文学修士号取得試験. den ~ machen 文学修士号を得る. **2**《複数なし》(メーギスター)《略 Mag.》修士(号), マスター(号). ~ pharmaciae [.. farma'tsiːɛ]《略 Mag. pharm.》薬学修士. ~ philosophiae [.. filozo'fiːɛ]《略 Mag. phil.》哲学修士. ~ theologiae [.. teolo'ɡiːɛ]《略 Mag. theol.》神学修士. **3**(文学)修士号所有者. **4**《歴史》(ローマ帝国後期における)宮内官, 長官. **5**《古》(学校の)先生.

Ma·gis'trat¹ [maɡɪs'traːt] 男 -[e]s/-e (lat.) **1**《歴史》(古代ローマの)行政長官(執政官・独裁官など); 官庁, 行政当局. **2**《法制》市(町, 村)参事会. ▶オーストリアでは市, 町, 村の行政執行機関をさす.

Ma·gis'trat² 男 -en/-en《古》政府の高官, 閣僚.

'Mag·ma ['maɡma] 中 -s/..men [..mən] (gr. ,geknetete Masse')《地質》マグマ, 岩漿.

'Ma·gna 'Char·ta ['maɡna 'karta] 女 -/《歷史》《古代》マグナ・カルタ, 大憲章.

'ma·gna cum 'lau·de ['maɡna kʊm 'laʊdə] (lat. ,mit großem Lob') 優で(ドクトル試験の第 2 位の評価).

Ma'gnat [ma'ɡnaːt] 男 -en/-en (lat. magnus ,groß') **1**《古》(とくにポーランド・ハンガリーの)大貴族. **2** 裕福な貴族, 大地主. **3**《複合名詞で》…業界の大立物. Stahlmagnat 鉄鋼王.

Ma'gne·sia [ma'ɡneːzia] 女 -/《化学》マグネシア, 酸化マグネシウム, 苦土(くど).

Ma'gne·sit [maɡne'ziːt] 男 -s/-e マグネサイト, 菱苦土(りょうくど)石(鉱).

Ma'gne·si·um [ma'ɡneːzium] 中 -s/《記号 Mg》《化学》マグネシウム.

Ma'gnet [ma'ɡneːt] 男 -en/-(e]s)/-e[n] (gr.) 磁石; 電磁石; (比喩)多くの人を惹きつける人(物), 人気(注目)の的.

Ma'gnet·band 中 -[e]s/¨er (テーク) 磁気テープ.

Ma'gnet·feld 中 -[e]s/¨er《磁気》磁場, 磁界.

ma'gne·tisch [ma'ɡneːtɪʃ] 形 **1** 磁気(磁性)の, 磁気を帯びた. ~e Anomalie《地球物理》磁気異常. ~es Feld《物理》磁場, 磁界. ~e Induktion《物理》磁気誘導. ~e Linse《光学》磁気レンズ. ~er Pol《物理》磁極. ~e Quantenzahl《原子物理》磁気量子数. ~er Sturm《地球物理》磁気あらし. **2**(比喩)磁石のような. j⁴ ~ anziehen 人⁴を磁石のような力で惹きつける.

Ma·gne·ti'seur [maɡneti'zøːr] 男 -s/-e (↑ magnetisieren) 磁気療法師; 催眠術師.

ma·gne·ti'sie·ren [maɡneti'ziːrən] 動 **1**《物理・工学》(物⁴を)磁化する, (に)磁気を帯びさせる. **2**(人⁴に)磁気(催眠)療法を施す.

Ma·gne'tis·mus [maɡne'tɪsmʊs] 男 -/ **1**《物理》磁気学; 磁気, 磁性. **2** 磁気療法. animaler〈tierischer〉~ 動物磁気療法, メスメリズム.

Ma'gnet·na·del [ma'ɡneːt..] 女 -/-n 磁針.

Ma·gne·to'me·ter [maɡneto'meːtɐr] 中 -s/-《工学》磁力計.

Ma·gne·to'phon -s/-e《商標》マグネットフォン(テープレコーダーの商標名).

Ma'gnet·plat·te [ma'ɡneːt..] 女 -/-n (テーク) 磁気ディスク.

Ma'gnet·plat·ten·spei·cher 男 -s/- (テーク) 磁気ディスク記憶装置.

Ma'gnet·schwe·be·bahn 女 -/-en《工学》磁気浮上鉄道, リニアモーターカー.

Ma'gnet·spu·le 女 -/-n《電子工》電磁石コイル.

Ma·gnet·strei·fen [男] -s/- 《ｺﾝﾋﾟｭｰﾀ》磁気ストリップ.
Ma·gnet·strei·fen·kar·te [女] -/-n 磁気カード.
Ma·gnet·zün·dung [女] -/-en 磁力点火.
Ma·gni·fi·kat [magniˈfikat] [中] -[s]/-s 《lat., Hochpreist》 **1** 《複数なし》《ｶﾄﾘｯｸ》マグニーフィカト，マニーフィカト．▶Vesper で唱えられる聖母マリア賛歌．《新約》ルカ1:46-55 の冒頭句．「（私の魂は主を）あがめます」の意．**2** 《地方》《古》カトリック聖歌集．
Ma·gni·fi·zenz [magnifiˈtsɛnts] [女] -/-en 《lat. magnificentia「Pracht, Herrlichkeit」》**1**《複数なし》《古》閣下（大学の学長や新教の地方監督などに対する尊称）. Euer 〈Eure〉 ～ 学長閣下！ **2** 大学の学長，新教の地方監督．
Ma·gni·tu·de [magniˈtuːdə] [女] -/-n 《地球物理》マグニチュード（地震の大きさの単位）.
Ma·gno·lie [maˈgnoːliə] [女] -/-n 《植物》もくれん（木蓮）属．◆フランスの植物学者マニョル P. Magnol, 1638-1715 にちなむ.
magst [maːkst] mögen の現在 2 人称単数.
Ma·gyar [maˈdjaːr] [男] -en/-en *(magyar.*, Ungar.*)* マジャール人（ハンガリー人の自称）.
ma·gya·risch [maˈdjaːrɪʃ] [形] *(ungarisch)* マジャール（人，語）の．↑deutsch
mäh [mɛː] [間] *Mäh!* めえ（羊・山羊の鳴声）.
Ma·ha·go·ni [mahaˈɡoːni] [中] -s/- *(sp.)* マホガニー（材）.
Ma·ha·ra·dscha [mahaˈradʒa] [男] -s/-s *(sanskr.)* **1**《複数なし》マハラジャ（インドの王の称号の1つ）．**2** マハラジャの称号をもつ王．
Ma·hat·ma [maˈhatma] [男] -s/-s *(sanskr., große Seele)* マハトマ《Brahmanismus で大知・大聖の人に対する敬称》．**2** マハトマの尊称を受けた人．～ Gandhi マハトマ・ガンジー．
ˈMäh·bin·der [ˈmɛː..] [男] -s/- 《農業》刈取結束機，バインダー．
Mahd [maːt] [女] -/-en **1** （穀物・牧草の）刈取り，刈入れ（期）．**2** 刈入れた穀物〈牧草〉. die zweite ～ 2番刈りの牧草〈牧草〉.
Mahd [中] -[e]s/Mähder 《ｵｰｽﾄﾘｱ・ｽｲｽ》山の牧草地．
ˈMäh·der[1] [ˈmɛːdər] Mahd[2] の複数．
ˈMäh·der[2] [男] -s/- （穀物〈牧草〉を）刈取る人，刈入人夫．
ˈMäh·dre·scher [男] -s/- コンバイン，刈取脱穀機．
ˈmä·hen[1] [ˈmɛːən] [他] （草・穀物などを）刈る；（牧草地などの）草を刈る．
ˈmä·hen[2] [自] （山羊などが）めえめえと鳴く．
ˈMä·her [ˈmɛːɐr] [男] -s/- **1** 《話》刈取機，草刈り（芝刈り）機．**2** （穀物・牧草を）刈取る人，刈入人夫．
Mah-ˈJongg [maˈdʒɔŋ] [中] -s/-s *(chin.)* 麻雀.
Mahl [maːl] [中] -[e]s/-e(Mähler) 《複数まれ》《雅》食事，会食，餐宴．
Mahl [中] -[e]s/-e （古代ゲルマンの法廷での）弁論．
ˈmah·len [ˈmaːlən] mahlte, gemahlen （穀類・コーヒーの豆などを）碾（ﾋ）く. den Kaffee grob ～ コーヒーを粗碾きする. Mehl ～ 粉を碾く. *gemahlenes* Fleisch 《地方》挽（ﾋ）肉．《目的語なしで》Wer zuerst kommt, *mahlt* zuerst.《諺》早いもの勝ち. Seine Kiefer〈Seine Zähne〉 *mahlen.* 彼はじつにゆっくりとよく噛んで食べる. Die Räder *mahlten* im Schlamm. 車輪がぬかるみで空回りした.
ˈMah·ler [ˈmaːlər] [人名] マーラー. Gustav ～ グスタフ・マーラー（1860-1911, オーストリアの作曲家・指揮者，『大地の歌』*Das Lied von der Erde* など）.

ˈMahl·gang [男] -[e]s/ｴ 碾（ﾋ）き臼式製粉機．
ˈmäh·lich [ˈmɛːlɪç] 《雅》*(allmählich)* **❶** [形] ゆるやかな，漸次の．**❷** [副] 徐々に，だんだん．
ˈMahl·müh·le [女] -/-n 《古》製粉所．
ˈMahl·stein [男] -[e]s/-e 碾臼（ﾋｷｳｽ）.
ˈMahl·strom [男] -[e]s/ｴ-e = Malstrom
ˈMahl·zahn [男] -[e]s/ｴ-e 臼歯，奥歯.
ˈMahl·zeit [ˈmaːltsaɪt マールツァイト] [女] -/-en （定時の，またとくに家族揃っての）食事. drei ～*en* am Tag 1 日 3 度の食事. in ～*en* halten （みんなで）食事をする. Er hält sich[4] nicht an die ～*en.* 彼は食事が不規則である．～！《話》やあ（昼食時前後の，とくに職場の仲間同志の挨拶）．[Gesegnete] ～！《話》いただきます，ご馳走さま；どうぞ召しあがれ，お粗末でした．[Na dann] ～！[Na dann] prost ～！《話》こいつはしまった，これはうるさいことになるぞ；それはご免だ，冗談じゃないよ．
ˈMäh·ma·schi·ne [女] -/-n （穀物などの）刈取機；草刈（芝刈）機．
ˈMahn·be·scheid [ˈmaːn..] [男] -[e]s/-e 《法制》督促決定．
ˈMahn·brief [男] -[e]s/-e 督促(催促)状；戒告状．
ˈMäh·ne [ˈmɛːnə] [女] -/-n （馬・ライオンなどの）たて髪《話》（人の）ぼさぼさの長い髪，蓬髪（ﾎｳﾊﾂ）．
ˈmah·nen [ˈmaːnən] [マーネン] **❶** [他] **1** （人に）注意を与える，警告する(zu et[3] 事[3]をするよう)；督促(催促)する(wegen et[2] 事[2]のことで). Mutter *mahnt* mich dauernd, meine Schulaufgaben zu machen. 母は私にしょっちゅう宿題をするようやかましく言う. Die Uhr *mahnt* uns zu gehen. 私たちは一刻も早く出かけなければならない. Lass dich nicht immer ～！いちいち言わせるな. einen Schuldner ～ 債務者に返済を督促する. j[4] wegen der Miete ～ 人[4]に家賃の催促をする. j[4] zur Eile〈Mäßigkeit〉 ～ 人[4]をせかす〈人[4]に節制を勧める〉. ein *mahnendes* Beispiel 他山の石（と
すべき範）. **2** (an et[4] 事[4]を)思い出させる，気づかせる. 《雅》想起させる. Ich muss ihn an sein Versprechen ～. 彼に自分のした約束を思い出させてやらねばならない. Das Bild *mahnt* mich an meinen verstorbenen Mann. この絵を見ていると私は亡夫を思い出す.
❷ [自] （雌鹿が鼻にかかった声で短かく）鳴いて雄を誘う，鳴いて（仲間に）危険を告げる.
ˈMah·ner [ˈmaːnər] [男] -s/- 督促(催促)者；戒告者. Er war ein ～ seiner Zeit. 彼は時代の警告者だった.
ˈMahn·ge·bühr [女] -/-en 督促手数料.
ˈMahn·mal [中] -[e]s/-e(..mäler) （過去の過ちに対する反省をうながす）警告の記念碑．
ˈMahn·schrei·ben [中] -s/- 督促(催促)状．
ˈMah·nung [ˈmaːnʊŋ] [女] -/-en **1** 勧告，警告；催促；《法制》催告，督促状. eine ～ aussprechen 警告を発する. gerichtliche ～ 裁判所の催告状. **2** 警告の記念. Dieses Denkmal wurde zur ständigen ～ an die Gefallenen errichtet. この碑は戦没者たちを不断に追憶するよすがとして建てられた．
Mahr [maːr] [男] -[e]s/-e 《まれ》夢魔；悪夢.
ˈMäh·re[1] [ˈmɛːrə] [女] -/-n 老いぼれ馬，廃馬.
ˈMäh·re[2] [男] -n/-n メーレン(モラヴィア)人．◆女性形 Mährin [女] -/-nen
ˈMäh·ren [ˈmɛːrən] 《地名》メーレン，モラヴィア（チェコの1地方．チェコ語形 Morava）.
ˈmäh·risch [ˈmɛːrɪʃ] [形] モラヴィア（人）の. *Mährische* Brüder 《歴史》モラヴィア兄弟団（Hus 派の流れをくむ）.

Mai

Mai [maɪ マイ] 男 -(-[e]s, -en)/-e (*lat.* Maius)《複数まれ》5月. ~ des Lebens 人生(わが世)の春. wie einst im ~ 若かりし日(楽しかった昔)のように. am 17. ~ geboren sein《戯》ゲイである(刑法旧175条が男の同性愛を禁じていたのにかけて).

'Mai·an·dacht 女 -/-en《カト》五月の念禱, 聖母賛月の信心.

'Mai·baum 男 -[e]s/⸚e《民俗》メイポール, 五月柱. ◆ Maifest に立てる白樺または樅の木の飾り柱, そのまわりを悪霊・病魔の退散を祈願して村人たちが踊りまわる.

'Mai·blu·me 女 -/-n **1** 五月の花. **2** =Maiglöckchen

'Mai·bow·le [..boːlə] 女 -/-n マイボウル, マイワイン(くるまば草で香りをつけたパンチ).

Maibaum

Maid [maɪt] 女 -/-en《雅》(Mädchen) 乙女, 少女;《戯》小娘, 娘っ子.

'Mai·den·schu·le [ˈmaɪdən..] 女 -/-n《古》(1, 2年の選択制で農業や家政を教える)女子補習学校.

Maie[1] [ˈmaɪə] 女 -/-n《古》**1** (五月祭・聖霊降臨祭に家の飾りにする)白樺の若木(若枝). **2** (飾りつけた)メイポール.

Maie[2]《女名》Maria の短縮形.

'Mai·fei·er 女 -/-n メーデー(5月1日)の祭り.

'Mai·fest 中 -[e]s/-e 春祭り(ふつう5月1日).

'Mai·glöck·chen 中 -s/-《植物》(ドイツ)すずらん.

'Mai·kä·fer [ˈmaɪkɛːfɐr] 男 -s/-《虫》こがねむし(黄金虫). strahlen wie ein ~ 喜色満面である. ◆ ドイツでは春の使者とされる.

'Mai·land [ˈmaɪlant]《地名》ミラノ(イタリア北部の県とその県都, またロンバルディア州の州都. イタリア語形 Milano).

'Mai·län·der [ˈmaɪlɛndər] ❶ 男 -s/- ミラノの人. ❷ 形《不変化》ミラノの.

'mai·län·disch [ˈmaɪlɛndɪʃ] 形 ミラノの.

'Mail·box [ˈmeːlbɔks, ˈmeɪl..] 女 -/-en (*engl.*)《コンピュータ》メールボックス.

'mai·len [ˈmeːlən, ˈmeɪlən] 自 他 (*engl.*)《コンピュータ》(emailen) E メールで送る.

'Mai·ling·lis·te [ˈmeːlɪŋ.., ˈmeɪlɪŋ..] 女 -/-n《コンピュータ》メーリングリスト.

'Mail·or·der [ˈmeːlˌɔːrdər, ˈmeɪlˌɔːrdə] 女 -/-s 通信販売.

Main [maɪn] 男 -[e]s/《地名》der ~ マイン川(ライン川の支流). Frankfurt am ~ フランクフルト・アム・マイン, マイン河畔のフランクフルト.

Mainz [maɪnts]《地名》マインツ(ラインラント＝プファルツ州の州都).

'Main·zer [ˈmaɪntsər] ❶ 男 -s/- マインツの人. ❷ 形《不変化》マインツの.

Maire [mɛːr] 男 -s/-s (*fr.*, ˏBürgermeisterʼ)(とくにフランスの)市長, 町(村)長.

Mais [maɪs] 男 -es/-e (*sp.*)《植物》とうもろこし(玉蜀黍); とうもろこしの実.

'Maisch·bot·tich [ˈmaɪʃbɔtɪç] 男 -[e]s/-e (醸造用の)マッシュ樽.

'Mai·sche [ˈmaɪʃə] 女 -/-n《農業》マッシュ, 仕込み汁(ワイン原料のぶどう搾り汁・ビール原料の麦芽汁・ウイスキー原料の糖とでんぷんの混合汁など).

'mai·schen [ˈmaɪʃən] ❶ 自 マッシュ(仕込み汁)を作る. ❷ 他 (ぶどう・麦芽を)マッシュ(仕込み汁)にする.

'Mais·flo·cke [ˈmaɪs..] 女 -/-n **1** (多く複数で)《農業》とうもろこしの屑粉. **2**《複数で》《食品》コーンフレーク.

'Mais·kol·ben 男 -s/- とうもろこしの穂, 軸.

'Mais·mehl 中 -[e]s/ とうもろこし粉.

Mai·so·'nette [mɛzɔˈnɛt] 女 -/-n メゾネット(マンションなどで上下2フロアで1戸タイプの住居).

'Ma·ja[1] [ˈmaːja] (*sanskr.*, Trugbild) ❶ 女 -/《宗教》マーヤ(ヒンズー教における仮象としての現実界). ❷《人名》摩耶夫人(まや)(釈迦の母).

'Ma·ja[2]《人名》(*gr.*)《ギ神話》マイア (Atlas の娘で Hermes の母);《ロ神話》マイア(豊穣の女神).

Ma·jes·'tät [majɛsˈtɛːt] 女 -/-en (*lat.*) **1** 陛下(皇帝・国王・女王に対する呼掛けあるいは称号). Euer 〈Eure〉 ~《略 Ew. M.》陛下. Ihre 〈略 I. M.》皇后陛下. Seine 〈略 S[e]. M.》皇帝陛下. die ~ en 国王女王両陛下. **2**《複数なし》尊厳, 威厳. die ~ der Berge 威容を誇る山々.

ma·jes·'tä·tisch [majɛsˈtɛːtɪʃ] 形《雅》荘厳な, 壮大な; 威厳のある, 堂々たる.

Ma·jes·'täts·be·lei·di·gung 女 -/-en《古》王室(皇室)に対する不敬; 目上の者に対する侮辱的な言動, 名誉毀損. Das ist ja ~!《戯》これは不敬罪ものだよ.

Ma·jo·'li·ka [maˈjoːlika] 女 -/-s(..ken [..kən]) マジョルカ焼 (Mallorca 島に始まり 15-16 世紀イタリアで発達した陶磁器).

Ma·jo·'nä·se [majoˈnɛːzə] 女 -/-n =Mayonnaise

Ma-'Jongg [maˈdʒɔŋ] 中 -s/-s =Mah-Jongg

Ma·'jor [maˈjoːr] 男 -s/-e (*lat.* ˏgrößerʼ)《軍事》少佐.

Ma·jo·ran [ˈmaːjoran, majoˈraːn] 男 -s/-e (*gr.*)《植物》マヨラナ(薬用・香辛料に使うしそ科の植物). wilder ~《植物》はなはっか.

Ma·jo·'rat [majoˈraːt] 中 -[e]s/-e (*lat.* maioratus, ˏStand des Höheren, Recht des Älterenʼ)《法制》(↔ Minorat) **1**《複数なし》長子相続権. **2** (土地などの)長子相続財産.

Ma·'jor·do·mus [maˈjoːrˌdoːmʊs] 男 -/- (*lat.*, ˏOberer des Hausesʼ)《歴史》=Hausmeier

ma·jo·'renn [majoˈrɛn] 形 (*lat.*)《古》(述語的用法のみ)《法制》(↔ minorenn) 成年の, 成年に達した.

ma·jo·ri·'sie·ren [majoriˈziːrən] 他 多数決(投票)で負かす.

Ma·jo·ri·'tät [majoriˈtɛːt] 女 -/-en (*lat.*) (↔ Minorität) (投票などの)大多数, 過半数.

Ma·'jus·kel [maˈjʊskəl] 女 -/-n (*lat.* maiusculus, ˏetwas größerʼ)《印刷》(斜字体の)大文字, キャピタル.

ma·ka·ber [maˈkaːbər] 形 (*fr.*) 無気味な, 身の毛もよだつような; (小話などが)怪奇趣味の.

Ma·ka·dam [maˈkaːdam] 男(中) -[s]/-e マカダム道路(砕石を敷き固めてつくった道路, スコットランドの道路建設技師 J. L. McAdam, 1756–1836 にちなむ).

Ma·'kao[1] [maˈkaːo, maˈkao]《地名》(*port.*) マカオ, 澳門(中国広東省南部の地域).

Ma·'kao[2] 男 -s/-s (*port.*)《鳥》こんごういんこ(金剛鸚哥).

'Ma·kart·bu·kett [ˈmakart..] 中 -[e]s/-e(-s)《古》ドライフラワーの花束(オーストリアの画家マカルト Hans Makart, 1840–84 にちなむ).

Ma·ke·do·ni·en [makeˈdoːniən]《地名》(gr.) **1**《歷史》マケドニア(古代の大帝国, 今日のギリシア・旧ユーゴスラヴィア・ブルガリアにまたがる). **2** マケドニア共和国(バルカン半島南部の内陸国, 首都スコピエ Skopje).

Ma·ke·do·ni·er [makeˈdoːniər] 男 -s/- マケドニア人.

ma·ke·do·nisch [makeˈdoːnɪʃ] 形 マケドニア(人, 語)の. ↑deutsch

'**Ma·kel** [ˈmaːkəl] 男 -s/- (lat. macula, Fleckˈ)《雅》欠点, 欠陥; 汚点, 恥.

Mä·ke·lei [mɛːkəˈlaɪ] 女 -/-en《侮》**1**《複数なし》文句(けち)ばかりつけること, あら捜し. **2** 文句, けち.

'**mä·ke·lig** [ˈmɛːkəlɪç] 形《侮》あら捜しばかりする, うるさい.

'**ma·kel·los** [ˈmaːkəlloːs] 形 欠点(汚点)のない, 非の打ちどころのない. ein ~ weißes Kleid 純白のドレス. Sein Ruf ist ~. 彼の評判は申分ない.

'**ma·keln** [ˈmaːkəln] 自 **1** (不動産などの)仲買(仲介)業を営む, ブローカーをする. **2**《話》(長距離電話で)電話をつないで通話者の方へ切換える.

'**mä·keln** [ˈmɛːkəln] 自 **1**《侮》(an jˈet〉³ 人〈事〉に)けちをつける, (の)あら捜しをする. am Wein ~ ワインにうるさい. **2**《まれ》=makeln

Make-ˈup [meːkˈlap, ˈ-ˈ-] 中 -s/-s (engl.) メーキャップ, 化粧; 化粧品.

Mak·ka·bä·er [makaˈbɛːər] 男 (gr.)《歷史》❶《人名》マカバイ, マカベア. ❷《男》《マカバイ家の人. die *Makkabäer* マカバイ家(前2世紀に対シリア反乱戦に勝利したユダヤ民族の支配者ハスモン家 Hasmonäer のこと. Makkabäer は「ハンマー」を意味するヘブライ語に由来し, もとこの独立戦争の指導者 Judas のあだ名であった). *Makkabäer*bücher (旧約聖書続編の)マカバイ記.

Mak·ka·ro·ni [makaˈroːni] ❶ 複《女-/-》(it.) マカロニ. ❷ 男 -[s]/-s《侮》イタリア人, イタ公.

'**Mak·ler** [ˈmaːklər] 男 -s/- 仲買人, 周旋屋, ブローカー; 《法制》仲立人.

'**Mäk·ler**[1] [ˈmɛːklər] 男 -s/-《まれ》=Makler

'**Mäk·ler**[2] 男 -s/- やかまし(あら捜し)屋, うるさ型.

'**Mak·ler·ge·bühr** 女 -/-en《法制》仲介(周旋)料, 仲買手数料.

'**mäk·lig** [ˈmɛːklɪç] 形 =mäkelig

'**Ma·ko** [ˈmaːko] 男 中 (図)(中)-[s]/-s(女 -/-)《紡織》エジプト木綿(19世紀のエジプト高官 Mako Bey にちなむ).

'**Ma·ko·baum·wol·le** 女 -/ =Mako

Ma·kra·mee [makraˈmeː] 中 -[s]/-s (arab.)《手芸》マクラメ(レース).

Ma·kre·le [maˈkreːlə] 女 -/-n (lat.)《魚》鯖(さば), マッカラル(大西洋産の鯖).

ma·kro.., Ma·kro.. [makro.., ˈmakro..]《接頭》(gr. makros ˈlang, großˈ) (↔mikro.., Mikro..) 形容詞・名詞に冠して「長い, 大きな」の意を表す. *Makro*ökonomie マクロ経済学.

Ma·kro·kos·mos [makroˈkɔsmɔs, ˈmakrokɔsmɔs] 男 -/ (↔ Mikrokosmos) 大宇宙.

Ma·kro·mo·le·kül [makromoleˈkyːl, ˈmakromolekyːl] 中 -s/-e《化学》巨大分子.

Ma·kro·ne [maˈkroːnə] 女 -/-n (fr.) マカロン, マコン (アーモンドなどを入れて焼いたクッキーの一種). jˀ auf die ~ gehen〈fallen〉《地方》人³にとって荷厄介(煩わしいもの)になる.

ma·kro·sko·pisch 形 肉眼で見える.

'**Ma·kro·struk·tur** [ˈmakro..] 女 -/-en マクロ組織 (肉眼や低倍率で観察できる生体・金属などの組織).

Ma·ku·la·tur [makulaˈtuːr] 女 -/-en (lat. maculatura, fleckiges Stück ˈ) **1**《印刷》刷り損じの紙, 破(の). **2** 故紙, 紙屑, 反故(ほご). ~ reden《話》馬鹿なことを言う. [reine] ~ werden《比喩》まったくの反故同然となる.

∗**mal** [maːl] 副 **1** ...掛ける(記号×, ・). Zwei ~ vier ist〈macht/gibt〉 acht. 2掛ける4は8, 2×4 =8. **2**《話》(einmal の短縮) Sag das noch ~! もう一度言ってみろ. Er ist noch ~ so alt wie ich. 彼は私より倍も歳上だ. Ich war schon ~ dort. 私はそこへ行ったことがある. Komm ~ her! ちょっと来ない. Es ist nun ~ so. とにかくそういうことなんだよ. nicht ~ ...すらない.

Mal[1] [maːl] 中 -[e]s/-e(Mäler) **1**《複数ふつう -e》痣(あざ), しみ, ほくろ; 傷痕, 烙印(らくいん). **2**《複数ふつう Mäler》《雅》碑, 石碑, 記念碑. **3**《複数 -e》《スポーツ》(野球の塁, クリケットのウィケット; ラグビーのゴールの); (ラグビーの)イン・ゴール.

∗**Mal**[2] [maːl] 中 -[e]s/-e 回, 度. Es war das erste und [das] letzte ~, dass er so etwas getan hat. 彼がそんなことをしたのはそれが最初で最後だった. 《副詞の4格で》ein anderes ~ 別の機会に, また今度. beide ~[e]〈°beidemal〉/zu ~e(2回とも). dieses eine ~ nur この1回だけ. das eine oder andere ~ 時どき. kein einziges ~ たったの一度も...ない. jedes ~ 毎回. manches [liebe] ~ / manch liebes ~ ちょくちょく, しばしば. das nächste ~〈das °nächstemal〉/ nächstes ~ 次回には. ein paar ~〈ein paar*mal*〉 2, 3度, 数回. einige ~[e]〈°unzähligemal〉 何度も何度も. viele〈ein paar〉 Dutzend〉~e 何度も何度も.《前置詞と》 beim dritten ~ 3回目に. beim〈zum〉 nächsten ~〈°nächstenmal〉 次回に, この次に. für dieses ~ 今回は. ~ für ~ そのつど, そのたび毎に. ein für alle ~[e] これを最後として (↑allemal). mit einem ~[e] 突然, だしぬけに. ein ~ übers andere / ein ~ ums andere / ein um andere〈übers〉 andere ~ 1回おきに. von ~ zu ~ 回を追う毎に, だんだん. Ich habe als Student zum ersten ~[e] geraucht. 私がはじめてタバコを吸ったのは学生のときだった. Ich sage dir das jetzt zum letzten ~[e]. 君にこんなことを言うのもこれが最後だ. zu wiederholten ~*en* たびたび, 何度も.

..**mal** [..maːl]《接尾》数詞などにつけて副詞をつくる. dies*mal* 今回. fünf*mal* 5回; 5倍. kein*mal* 一度も...ない.

Ma·la·ˈchit [malaˈxiːt] 男 -s/-e (gr.)《鉱物》マラカイト, 孔雀石.

ma·la·chit·grün 形 マラカイト・グリーンの.

ma·ˈla·de [maˈlaːdə] 形 (fr.)《話》体調が悪い, 気分がすぐれない.

'**Ma·la·ga** [ˈma(ː)laga] 男 -s/-s (sp.) マラガ酒 (Málaga 原産の甘口の白ワイン, Malagawein とも).

'**Má·la·ga** [ˈma(ː)laga] 中《地名》マラガ(スペイン南部の州およびその州都, Picaso の生地).

Ma·ˈlaie [maˈlaɪə] 男 -n/-n マレー人(マレー半島・マレー諸島一帯に住む蒙古系の民族). ◆女性形 Malaiin 女 -/-nen

ma·ˈlai·isch [maˈlaɪɪʃ] 形 マレー(人, 語)の. die *Malaiische* Halbinsel マレー半島(=Malakka). ◆ ↑deutsch

Ma·ˈlai·se [maˈlɛːzə] 女 -/-n (ミ 中 -s/-s) (fr.) **1** 不快感, 不機嫌. **2** 憂き目, 苦境.

Ma·la·ria [maˈlaːria] 囡 -/ (*it.*「böse Luft」) 【病理】マラリア.

Ma·lay·sia [maˈlaɪzia] 【地名】(*sanskr.* malaya, Gebirge」) マレーシア（マレー半島南部とボルネオ島北部とからなる立憲君主連邦，首都クアラ・ルンプール Kuala Lumpur).

Mal·buch [maː l..] 回 -[e]s/-er 塗り絵帳.

Ma·le·di·ven [maleˈdiːvən] 囡 -/【地名】die ~ モルディヴ，モルジブ（インド洋上に浮かぶ約2000の珊瑚礁からなる海上国国家，首都マレー Male).

Ma·le·fiz [maleˈfiːts] 回 -es/-e (*lat.*) **1**《古》悪行，犯罪. **2**【地方】刑事裁判所.

Ma·le·fiz·kerl 男 -[e]s/-e《話》向こう見ずな男，無鉄砲者；どえらやつ.

'ma·len [ˈmaːlən] マーレン **❶** 囲 **1** (a)《絵を》かく. ein Ölgemälde ~ 油絵をかく. ein Porträt〈ein Stillleben〉 ~ 肖像画〈静物画〉をかく. Schilder ~ 看板をかく；看板屋である.《目的語なしで》Mein Onkel *malt*. おじは趣味で絵をかく；おじは絵かきだ. Die Kinder *malen* jetzt.《話》子供たちはいまお絵かきをしている. auf Glas ~ ガラス絵をかく. in〈mit〉Wasserfarben ~ 水彩画をかく. (b)《人《物》》を絵にかく，描く. eine Landschaft ~ 風景をかく. sich⁴ ~ lassen 肖像画をかかいてもらう. wie *gemalt* sein《話》すばらしく美しい，まるで非の打ち所がない. et⁴ in Lebensgröße ~ 物⁴を実物大（等身大）にかく. et⁴ in Öl ~ 物⁴を油絵具でかく. et⁴ nach der Natur〈dem Leben〉 ~ 物⁴を写生する.《成句で》den Teufel an die Wand ~《話》縁起でもないことを言う.《中性名詞として》zum *Malen* sein 絵にしたいほどすばらしい. **2** 描写（叙述）する；想い描く. et⁴ mit wenigen Worten ~ 事⁴を簡潔に話す. et⁴ grau in grau ~ 事⁴を悪く悪く言う，悲観的に見る. die Zukunft rosig〈schwarz〉 ~ 将来を楽観〈悲観〉する. **3**《物に》ペンキを塗る，塗装（彩色）する. die Tür〈das Zimmer〉 ~ ドアにペンキを塗る〈部屋の壁を塗装する〉. sich³ die Lippen〈die Fingernägel〉 ~ ルージュをひく〈マニキュアをする〉. Der Herbst *malt* die Blätter bunt. 秋は木の葉を色とりどりにそめる.

❷ 囲《sich》**1**（表情・顔色に）出る，現れる. Auf seinem Gesicht〈in seinen Augen〉 *malt sich* Angst. 彼の顔〈目〉に不安の色がうかぶ. **2**《話》化粧をする. Ich habe *mich* noch nicht *gemalt*. 私お化粧がまだなのよ.

'Ma·ler [ˈmaːlər] マーラー 男 -s/- **1** 画家，絵かき. **2** ペンキ屋. ◆女性形 Malerin 囡 -/-nen

'Mä·ler [ˈmɛːlər] Mal¹の複数.

Ma·le·rei [maːləˈraɪ] マーレライ 囡 -/-en **1**《複数なし》（芸術の一分野としての）絵画. die ~ der Romantik ロマン派の絵画. **2**《多く複数で》絵. Zwei schöne *~en* hängen an der Wand. 美しい絵が2つ壁にかかっている. **3**《複数なし》《話》化粧（とくにごてごてした）.

'ma·le·risch [ˈmaːlərɪʃ] 彫 **1** 絵画の，絵画に関する. ein *~es* Talent 画才. **2**【美術】絵画的な. **3** 絵のように美しい.

Mal·heur [maˈløːr] 回 -s/-s(-e) (*fr.*「Unglück」)《話》災難，困ったこと，不運. Mir ist ein kleines ~ passiert. ちょいやな目にあった. Das ist doch kein ~ !《話》そんなのたいした事じゃないよ. Wir hatten schon viel ~ mit unserem Auto. 私たちの車にはほとほと手を焼かされた. Seine Tochter ist ein Stück ~. 彼の娘はちょっと困った子だ. ein ange-

borenes ~《雅》先天的な身体障害.

'Ma·li [ˈmaːli]【地名】マリ（西アフリカの共和国，首都バマコ Bamako).

..ma·lig [..maː lɪç]【接尾】(↓Mal²) 数詞などにつけて「…度の，…回の」の意の形容詞（付加語的用法のみ）をつくる. drei*malig* 3度（3回）の.

ma·li·gne [maˈlɪɡnə] 彫 (*lat.*)【医学】(↔ benigne) 悪性の.

ma·li·zi·ös [malitsiˈøːs] 彫 (*fr.*)《雅》意地の悪い，陰険な.

'Mal·kas·ten [ˈmaːl..] 男 -s/⸚（学童用の）絵の具箱.

Mal·lor·ca [maˈlɔrka, maˈjɔrka]【地名】マヨルカ，マリョルカ，マジョルカ（地中海西部，スペイン領バレアレス Baleares 諸島最大の島）.

Mal·lor·qui·ner [malɔrkiːnər, majɔr..] 男 -s/- マジョルカ島の住民.

'mal·men [ˈmalmən] 囲 物を噛み砕く，すりつぶす. mit den Zähnen ~ 歯で物を噛みつぶす.

mal|neh·men* [ˈmaːl..] 囲【数学】乗じる，掛ける. 3 mit 4 ~ 3に4を掛ける. 5 mit 3 *malgenommen*, ergibt 15. 5掛ける3は15.

ma·lo·chen [maˈlɔxən, maˈloːxən] 自 《俗》重労働をする，あくせく働く.

..mals [..maːls]【接尾】「…の時点で，…の回数で」の意の副詞をつくる. damals 当時，そのころ. mehr*mals* 何度も.

'Mal·strom [ˈmaːl..] 男 -[e]s/⸚e メイルストローム（ノルウェー北西岸沖ロフォーテン Lofoten 諸島の大うず潮)；《比喩》大うず巻，大混乱.

'Mal·ta [ˈmalta]【地名】**1** マルタ島（地中海中央部，シチリアの南に位置する). **2** マルタ共和国（マルタ島と周辺の島々を合せた英連邦内の独立国，首都ヴァレッタ Valetta). *Malta*fieber【医学】(Mittelmeerfieber) マルタ（地中海）熱.

Mal·te·ser [malˈteːzər] **❶** 男 -s/- **1** マルタ島の住民. **2** マルタ騎士団騎士. **3**【動物】マルチーズ犬. **❷**《不変化》マルタ（島）の.

Mal·te·ser·kreuz 回 -es/-e マルタ十字，マルタ騎士団十字架；【工学】マルタクロス（映写機の間欠的送り装置).

Mal·te·ser·or·den 男 -s/- マルタ騎士団. ↑Johanniterorden

mal·te·sisch [malˈteːzɪʃ] 彫 マルタ（島）の；マルタ（人，語）の. ↑deutsch

Mal·thu·si·a·nis·mus [maltuziˈanɪsmʊs] 男 -/【経済】マルサス理論（イギリスの経済学者 Thomas Robert Malthus, 1766-1834 が唱えた人口と食料の関係についての学説).

Mal·to·se [malˈtoːzə] 囡 -/ (*lat.*)【生化学】(Malzzucker) マルトース，麦芽糖.

mal·trä·tie·ren [maltrɛˈtiːrən] 囲 (*fr.*) 虐待（酷使）する，いじめる；（道具などを）乱暴に扱う.

'Ma·lus [ˈmaːlʊs] 男 -[ses]/- (*lat.*)【経済】(自動車保険などで多事故者に課せられる）割増料金. **2**（競技などで条件の有利な者に課せられる）マイナス点，減点，ハンディ.

'Mal·ve [ˈmalvə] 囡 -/-n (*lat.*)【植物】ぜにあおい（属).

'mal·ven·far·ben, 'mal·ven·far·big ぜにあおい色（藤色）の.

Malz [malts] 回 -es/ 麦芽(ばくが)，モルト. Bei〈An〉ihm ist Hopfen und ~ verloren.《比喩》彼はどうにも度しがたい人間だ.

'Malz·bier 回 -[e]s/-e **1** モルトビール（麦芽入りの黒ビ

Malzbonbon

—ル). **2** マルツビール(ノンアルコールで甘い. 別名 Kinderbier).

'**Malz·bon·bon** [..bɔnbɔn, ..bõbõː] 男 -s/-s 麦芽糖キャンデー(咳止め用の家庭薬).

'**Mal·zei·chen** ['maːl..] 中 -s/- 掛け算(乗法)記号(×または・).

'**mal·zen** ['maltsən] 他 《古》=mälzen

'**mäl·zen** ['mɛltsən] 他 《物から》麦芽(モルト)をつくる,(を)麦芽(モルト)にする.

'**Mäl·zer** ['mɛltsər] 男 -s/- 麦芽製造職人(製造業者).

'**Mäl·ze·rei** [mɛltsəˈraɪ] 女 -/-en 麦芽製造所, 製麦工場.

'**Malz·ex·trakt** 男 -[e]s/-e 麦芽エキス(滋養強壮剤).

'**Malz·kaf·fee** 男 -s/ 麦芽コーヒー(一種の代用コーヒー).

'**Malz·zu·cker** 男 -s/ =Maltose

'**Ma·ma** ['mama, maˈmaː] 女 -/-s 《fr.》《話》(Mutter) ママ, お母さん(ふつう呼掛けに使う).

Ma·ma·chen [maˈmaːçən] 中 -s/- 《Mamaの愛称形》ママ, お母ちゃん.

'**Mam·bo** ['mambo] 男 -[s]/-s 《sp.》《音楽》マンボ(1940年代にキューバに起ったダンス音楽).

'**Ma·mi** ['mami] 女 -/-s 《幼児》(多く呼掛けで)ママ, お母さん.

'**Mam·mon** ['mamɔn] 男 -s/ 《gr.》《侮》(悪徳としての)富, 財貨, お金. dem ~ nachjagen 銭金(ぜにかね)を追い求める. Ihr könnt nicht Gott dienen und dem ~.《新約》あなたがたは, 神にも仕え, また富にも仕えるということはできません(マタ 6:24, ルカ 16:13).

'**Mam·mut** ['mamʊt, 'mamuːt] 中 -s/-s(-e) 《russ.》マンモス.

'**Mam·mut·baum** 男 -[e]s/﹁e 《植物》セコイア, マンモスツリー.

'**Mam·mut·un·ter·neh·men** 中 -s/- マンモス企業.

'**mamp·fen** ['mampfən] 自 他 《話》口一杯に頬張る, もぐもぐ食う. Gibt es heute nichts zu ~? 今日は食い物は何もないのか.

Mam·sell [mamˈzɛl] 女 -/-en(-s) (Mademoiselleの略称) **1** (ホテル・レストランなどの)調理婦. eine kalte ~ 冷たい料理の配膳係. **2** 女中, お手伝いさん; (地主などの)家政婦, ハウスキーパー. **3** 《古》(Fräulein) お嬢さん, …嬢.

man¹

[man マン] 代《不定》格変化は einer のそれを代用して 2 格 eines, 3 格 einem, 4 格 einen. 所有代名詞は sein, 再帰代名詞は sich を用いる. **1** 世間の人, 人びと. Darüber denkt ~ heute anders. それについては近頃は考え方が変ってきている. Man sagt, dass er das getan hat. 世間の噂では彼がそれをやったということだ. Dazu serviert ~ Salate oder grünes Gemüse. それにはふつうサラダや青い物をつけ合せる. **2** (a)(不特定の)ひと, 誰でも. Von hier hat ~ eine herrliche Aussicht. ここからの眺めはとてもすばらしい. Man kann nie wissen [, wozu es gut ist]. 何がどうなるか知れたものではない. Man wende sich⁴ an den Pförtner. 門衛の方へお回りください. (b) ふつうの(まともな)人. So etwas tut ~ nicht. そういうことはしないものだ. **3** 誰かある人. Man klopft an der Tür. 誰かがドアをノックしている. Man hat das Theater wieder aufgebaut. 劇場は再建された. **4**《表現をやわらげるため人称代名詞に替えて》(a)《1人称の意味で》Darf ~ hier parken? ここに駐車してもいいでしょうか. Man darf sie nicht übersehen. それは無視できません. Sie sieht *einen* an, als wäre ~ ein Mörder. 彼女はひとのことをまるで殺人犯でも見るような目で見る. (b)《2・3 人称の意味で》Hat ~ gut geschlafen? よく眠れましたか. Aha, ~ hat heute schlechte Laune. はあ, 今日はご機嫌ななめですね. ◆ man を er で代理することはできない. Wenn ~ Fieber hat, soll ~ nicht baden. 熱があるときは風呂にはいってはいけない.

man² 副《北ドイツ》《話》《命令の意を強調して》Tu das ja nicht! それはするなよ. Aber ~ schnell! ともかくすぐにですよ.

m. A. n.《略》=meiner Ansicht nach 私の意見では.

Mä·na·de [mɛˈnaːdə] 女 -/-n 《gr., die Rasende》**1**《ギリシア神話》マイナス(Bacchantinの別名). **2** 暴れまわる(荒れ狂う)女. ◆↑Bacchantin

'**Ma·nage·ment** ['mɛnɪʤmənt] 中 -s/-s 《engl.》**1**《複数なし》(企業の)経営, 管理. **2** 経営陣. das mittlere ~ 中間管理職.

'**ma·na·gen** ['mɛnɪʤən] 他《engl.》《話》**1** うまく処理する, 巧みにあしらう, 操縦する; 管理(経営)する. eine Krise ~ 首尾よく危機を乗越える. **2** (人⁴の)マネージャーを務める.

'**Ma·na·ger** ['mɛnɪʤər] 男 -s/- 《engl.》経営者, 管理者, 支配人;(スポーツチームなどの)監督;(芸能人などの)マネジャー. ~in 女性形 Managerin 女 -/-nen

'**Ma·na·ger·krank·heit** 女 -/ マネージャー(管理者)病, ストレス病.

manch

[manç マンヒ] 代《不定》不定数詞とも呼ばれる. 格変化は dieser に準じるが, 語尾が -[e]s に終る男・中性名詞単数 2 格の前では弱変化となる(付録「品詞変化表」IX-5). 後続する形容詞は単数では強変化, 複数(とくに 1・4 格)ではつうう強変化する. また語尾なしで用いることもあり, そのとき後続の形容詞は強変化. 不定冠詞(ein¹ ①)与不定代名詞(ein¹ ③)の前にはつねに無語尾. 単数両形で用いる.

1《付加語的用法》(多数の同種のものの中での「いくつか」の意で)かなりの, そこそこの数の, 少なからぬ. Bücher ~ br ~ es Buch 幾種類もの(いろいろの)本. Ich hat so ~es Buch darüber gelesen. 彼はそれに関して相当多くの本を読んだ. in ~em schwierigen Fall / in ~ schwierigem Fall 困難扛場合にしばしば. die Ansicht ~ eines Gelehrten いろいろな学者の意見. so ~es Mal しばしば. ~ liebes Mal ときおり. aufgrund ~en⟨まれ ~es⟩ Missverständnisses いろいろな誤解がもとで. Manche Leute glauben, dass er das getan habe. それは彼のしわざだと思っている人もけっこういる. Die Straße war an ~en Stellen beschädigt. その通りはあちらこちら傷んでいた. ~e schöne⟨schönen⟩ Aussichten いくつもの美しい景観. die Ansichten ~er berühmter Gelehrter⟨berühmten Gelehrten⟩ いろいろな有名な学者たちの意見. Ich habe damit ~e hundert Euro verdient. 私はそれで数百ユーロ稼いだ.

2《名詞的用法》かなりの(少なからぬ数)の人(物, 事). *Mancher*⟨*Manch* einer⟩ glaubt das. それを信じている人もけっこういる. Ich habe Ihnen ~es zu erzählen. あなたにお話することがたくさんあります. Da war noch so ⟨gar⟩ ~es, was ungeklärt blieb. 未解決のままに終った事柄がまだいずいぶんあった. *Manche* sind anderer Meinung. 意見の違う人もたくさんいる. ~e

Mango

der Verletzten〈von den Verletzten / unter den Verletzten〉負傷者のうちの幾人か. so ~ einer von ihnen 彼らのうちのかなりの人数が. Es waren viele da, darunter ~*e*, die ich nicht kannte. 大勢の人が来ていたが私の知らない人もけっこういた.

man·chen·orts [ˈmançənˈ|ɔrts] 副 =mancherorts

man·cher·lei [ˈmançərˈlaɪ] 形《不変化》いろいろな, いくつかの;《名詞的用法で》いろいろなもの(事).

man·cher·orts [ˈmançərˈ|ɔrts] 副 方々(あちこち)で, ここかしこに.

Man·ches·ter [ˈmɛntʃɛstər, ˈmæntʃɪstə] ❶《地名》マンチェスター《(a) イギリス北西部の商工業都市. (b) 北米ニューハンプシャー州の工業都市》. ❷ [ˈmɛntʃestər, manˈʃɛstər] 男 -s/ マンチェスター綿布, コーデュロイ.

Man·ches·ter·tum [ˈmɛntʃɛstərtuːm] 中 -s/《政治・経済》マンチェスター主義《とくに自由主義貿易を強く主張した英国19世紀の経済学の一派マンチェスター学派の理論》.

manch·mal [ˈmançmaːl マンヒマール] 副 ときどき, とき.

Man·da·la [ˈmandala] 中 -[s]/-s (*sanskr.*, Kreis') **1** マンダラ, 曼荼羅(仏教で仏・菩薩の配置によって悟りの世界や宇宙の姿を表現した図絵). **2**《心理》マンダラ(C. G. ユングの心理学において自我のシンボルとしての無像).

Man·dant [manˈdant] 男 -en/-en (*lat.*) 弁護依頼人, クライアント. ◆女性形 Mandantin 女 -/-nen

Man·da·rin [mandaˈriːn] (*sanskr.* mantrin, Ratgeber, Minister') ❶ 男 -s/-e (中国清朝時代の)高官, マンダリン. ❷ 中 -[s]/ 北京語(現在中国の標準語).

Man·da·ri·ne [mandaˈriːnə] 女 -/-n (*sp.*)《植物》ミカンの実.

Man·dat [manˈdaːt] 中 -[e]s/-e (*lat.*) **1** (a)《弁護士に対する》委任, 依頼. (b)《政治》(代表者への)委任, 権能付与;《議会の》議席. **2**《国際法》(国際連盟 1919-1946 による)委任統治;(Mandatsgebiet の短縮)委任統治領.

Man·da·tar [mandaˈtaːr] 男 -s/-e《法制》**1** 受任者; 全権者; (訴訟)代理人. **2** (Mandatarstaat の短縮)委任統治国.

Man·dats·ge·biet [manˈdaːts..] 中 -[e]s/-e《国際法》委任統治領.

Man·del¹ [ˈmandəl] 女 -/-n (*lat.*) マンデル(古い数量単位, =卵 15-16 個, 刈取った穀草の束 15-16 束). eine ~ Eier 1 マンデルの卵.

Man·del² 女 -/-n (*lat.*) **1** アーモンド(扁桃, 巴旦杏)の実. **2**《多く複数で》《解剖》扁桃(腺), 口蓋扁桃. **3**《地質》晶洞, ジオード.

Man·del·ent·zün·dung [manˈdeːl..] 女 -/-en《病理》扁桃(腺)炎.

Man·do·la [manˈdoːla] 女 -/..len [..lən] (*it.*)《音楽》マンドラ(16-17 世紀の楽器, マンドリンの原型).

Man·do·li·ne [mandoˈliːnə] 女 -/-n (*it.*)《音楽》マンドリン.

Man·dor·la [ˈmandɔrla] 女 -/..len [manˈdɔrlən] (*it.*, Mandel')《美術》マンドルラ, 身光(しんこう), 大輪光(キリスト教の聖画でキリストや聖母マリアの全身を取囲むアーモンド形の輪光). ↑ Nimbus

Man·drill [manˈdrɪl] 男 -s/-e《動物》マンドリル(西アフリカ産のヒヒ).

Mand·schu [ˈmandʒu, ˈmantʃu] ❶ 男 -[s]/-s 満州人, 満州族の人. ❷ 中 -[s]/ 満州語.

Mand·schu·rei [mandʒuˈraɪ, mantʃu..] 女 -/《地名》満州(中国東北部の旧称).

Ma·ne·ge [maˈneːʒə] 女 -/-n (*it.*) (サーカスの)円形演技場, リング, アリーナ;(屋内の)円形馬場.

Ma·nen [maˈneːn] 複 (*lat.*)《ローマ神話》マネス(神格化した死者の霊魂).

Man·fred [ˈmanfreːt]《男名》マンフレート.

mang [maŋ] 前《3・4 格支配》《北ドイツ》(unter, zwischen) …の中に(へ), …の間に(へ).

Man·ga [ˈmaŋɡa] 中 -s/-s (*jap.*) 漫画.

Man·gan [manˈɡaːn] 中 -s/ (*lat.*)《記号 Mn》《化学》マンガン.

Man·ge [ˈmaŋə] 女 -/-n《南ドイツ》= Mangel¹

Man·gel¹ [ˈmaŋəl] 女 -/-n (*gr.* magganon, Schleudermaschine') (洗濯物の仕上用)しわ伸ばし機, (圧搾)ローラー. die Wäsche durch die ~ drehen 洗濯物をローラーにかける. j⁴ durch die ~ drehen / j⁴ in die ~ nehmen / j⁴ in der ~ haben《話》人をきゅうきゅうの目にあわせる.

*Man·gel² [ˈmaŋəl マンゲル] 男 -s/Mängel **1**《複数なし》不足, 欠乏, 欠如(an et³ ³物¹の); 貧しさ, 困窮. ein erheblicher ~ an Arbeitskräften 深刻な労働力不足. aus ~ an Beweisen〈Erfahrung〉証拠不十分で〈経験不足のために〉. Sie leidet keinen ~. 彼女は何不自由ない暮しをしている. **2**《多く複数で》欠陥, 欠点. bauliche〈charakterliche〉Mängel 肉体的の欠陥〈性格上の欠点〉. **3**《法制》瑕疵(かし).

Man·gel·be·ruf 男 -[e]s/-e 人手不足に泣いている職業.

Man·gel·er·schei·nung 女 -/-en《医学・獣医》(ビタミンなどの)欠乏症状.

man·gel·frei 形 欠陥(欠点)のない.

*Man·gel·haft [ˈmaŋəlhaft マンゲルハフト] 形 欠陥(欠点)のある, 不十分な, 不完全な. ~e Durchblutung 血行不良. die Note „ ~ " (6 段階成績評価で)評点「5」(↑ gut 11).

Man·gel·krank·heit 女 -/-en《医学・獣医》物質欠乏病(ビタミン欠乏症, 角膜軟化症, 食事性貧血などの総称).

man·geln¹ [ˈmaŋəln] 他 (↓ Mangel¹) (洗濯物を)ローラー(しわ伸ばし機)にかける.

man·geln² 自 (↓ Mangel²) 不足している, 欠乏(欠如)している. Ihm *mangelt* der Mut. 彼は勇気がない. *mangelnde* Aufmerksamkeit 注意不足. *mangelnde* Kenntnisse über et⁴ haben 事⁴についてよく知らない 《非人称的に》Es *mangelt* an Arbeitskräften. 労働力不足だ. Ihm *mangelt* es an Einsicht. 彼には分別が欠けている. Er lässt es am guten Willen ~. 彼には善意というものが見られない.

Män·gel·rü·ge [ˈmɛŋəl..] 女 -/-n《商業》(購入商品の欠陥・不備などに関する)瑕疵(かし)通告.

man·gels [ˈmaŋəls] 前《2 格支配》(↓ Mangel²) …が欠けているために, …の不足のために. ~ eines triftigen Grundes もっともな理由がないので. ◆名詞が 2 格語尾を欠くことがある(~ Beweis 証拠がないので). また複数名詞で 2 格が明示できないときは 3 格支配(j⁴ ~ Beweisen freisprechen 人⁴を証拠不十分により無罪放免とする).

Man·gel·wa·re 女 -/-n《複数まれ》品薄の商品, 不足物資.

Man·go [ˈmaŋɡo] 女 -/-s(-nen [maŋˈɡoːnən]) (*port.*)《植物》マンゴー; マンゴーの実.

'Man·gold ['maŋɡɔlt] 男 -[e]s/(-e)《複数まれ》《植物》マンゴルト, ふだんそう(不断草).

Man'gro·ve [maŋ'ɡro:və] 女 -/-n (port.+engl.)《植物》マングローブ(熱帯・亜熱帯の河口近くに群生する常緑高木の総称).

Man'gus·te [maŋ'ɡustə] 女 -/-n (fr.)《動物》マングース.

Ma·ni'chä·er [mani'çɛːər] 男 -s/- **1** マニ教徒. **2**《話》しつこい借金取り.

Ma·ni·chä'is·mus [maniçe'ɪsmʊs] 男 -/《宗教》マニ教(3 世紀半ばペルシア人 Mani[chäus] が Zoroaster 教より分派して興した Gnosis の一分派, のちローマ帝国により禁じられる).

Ma'nie [ma'niː] 女 -/-n [..'niːən] (gr. mania, Wahnsinn, Raserei) **1** 病的偏愛, 嗜癖(ﾍｷ). **2**《心理》躁病. **3**《古》狂気.

Ma'nier [ma'niːr] 女 -/-en (lat. manuarius , zu den Händen gehörig') **1**《複数なし》(a) 仕方, やり口. et³ in guter ~ loswerden 事³からうまくのがれる. (b)《芸術上の》手法, 流儀, 作風. in der ~ Cézannes セザンヌの手法で. **2**《複数なし》《侮》(パターン化した)技法, 技巧. zur reinen ~ werden 全くの技巧に堕(ﾀ)する. **3**《多く複数形》礼儀作法, マナー. Das ist keine ~!《話》そんな態度はよくない. ein Mensch mit〈von〉guten ~en 礼儀作法をよく心得た人間. **4**《音楽》装飾音.

ma·nie'riert [mani'riːrt] 形 わざとらしい, 不自然な.

Ma·nie'riert·heit 女 -/-en **1**《複数なし》(a) わざとらしい(不自然な)こと. (b)《心理》衒気(ゲﾝｷ)症. **2** 気取った態度, わざとらしい(不自然な)言動.

Ma·nie'ris·mus [mani'rɪsmʊs] 男 -/..men[..mən] (lat. mannuarius)《複数まれ》**1**《絵画・文学》(a) マニエリスム, マニエリスモ(ルネサンスからバロックに至る過渡期に見られた一手法, 現今では異端・奇矯なとを強調する手法に対してもいう). (b) マニエリスム期. **2** 型にはまった様式, 過度な技巧性, マンネリズム.

ma'nier·lich [ma'niːrlɪç] 形《話》礼儀正しい, 上品な, きちんとした. Benimm dich ~! 行儀よくしなさい.

Ma'nier·lich·keit 女 -/ 礼儀正しい(上品な)こと, きちんとしたこと.

ma·ni'fest [mani'fɛst] 形 (lat. manifestus , handgreiflich, offenbar') **1** 明白の(明瞭な), はっきり(歴然)とした. et⁴ ~ machen 事⁴を明らかにする. **2**《病理》(↔ latent) 顕在的な, 顕性的.

Ma·ni'fest [mani'fɛst] 中 -es/-e **1** 宣言(文), 声明(文). **2**《海事》船舶の積荷の目録.

Ma·ni·fes·ta·ti'on [manifɛstatsi'oːn] 女 -/-en **1** 現われ, 出現, 顕現, 《病理》(病気・遺伝子などの)発現. **2** 表明, 公表, 明示.

ma·ni·fes'tie·ren [manifɛs'tiːrən] 他 **1** 明らかにする, 明示する; 表現する, 表明(公表)する. die Stimmung einer Zeit ~ 時代の気分を表現する. 《再帰的に》sich⁴ in〈an〉et³ ~ 事³において明らかになる. Hierin manifestieren sich⁴ bestimmte Widersprüche. この点にはっきりとした矛盾が現われている. **2** 他《古》(財産などの)開示宣誓をする. **3** 自 示威運動(デモ)をする(für〈gegen〉et⁴ 事⁴に賛成(反対)して).

Ma·ni'kü·re [mani'kyːrə] 女 -/-n (lat. manus , Hand'+cura , Pflege') **1**《複数なし》マニキュア. ~ machen マニキュアをする. **2** マニキュア師. **3** マニキュアセット入れ.

ma·ni'kü·ren [mani'kyːrən] 他 マニキュアをする.

Ma·ni·la [ma'niːla] 中《地名》マニラ(フィリピン共和国の首都). ❷ 男 -/-s (Manilatabak の短縮)マニラタバコ. ❸ 女 -/-s (Manilazigarre の短縮)マニラ葉巻.

Ma'ni·la·hanf 男 -[e]s/ **1**《植物》マニラ麻. (繊維としての)マニラ麻.

Ma·ni'ok [mani'ɔk] 男 -s/-s (sp. mandioca)《植物》マニオク, タピオカの木(ブラジル原産のとうだい草, 台某)科植物, 根茎から得られる良質の澱粉はタピオカ Tapioka の原料となり中南米原住民の主食の1つとなる).

Ma·ni·pu'lant [manipu'lant] 男 -en/-en **1**《世評などを》操作する人(組織). **2**《ｵｰｽﾄﾘ》(仕事の)補助者, 助手.

Ma·ni·pu·la·ti'on [manipulatsi'oːn] 女 -/-en (lat. manipulatio , Handgriff, Verfahren') **1**《世論・相場などの》操作, 操縦. ~ durch die Sprach 言論による(世論)操作. genetische ~ 遺伝子操作. **2**《多く複数形》ごまかし. geschickte ~en 巧妙な匿窟(ｲﾝﾄｸ). **3**(毛皮の染色・選別)の処理. **4**《古》《侮》な手の使い方, 手さばき; 《医学》(手術などの)手技, 処置.

Ma·ni·pu'la·tor [manipu'laːtɔr] 男 -s/-en [..la'toːrən] **1** = Manipulant **1 2**《工学》マニピュレーター, 遠隔操作機, マジックハンド. **3**《まれ》手品師(奇術師), 曲芸師.

ma·ni·pu'lie·ren [manipu'liːrən] **❶** 他 **1**〈人⁴の〉意識を操縦(操作)する; 〈言論・世論などを〉操作する. **2**〈決算報告書・戦況報告などを〉不正に操作する, ごまかす. manipulierte Währung《経済》管理通貨. **3**《生物》〈遺伝子組換えなどの〉操作をする. **4** 〈道具などを〉手際よく扱う. **5** 〈製品, とくに毛皮・タバコなどに〉手を加える(精選・加工・調合など). **❷ 1**〈et³ 物³に〉手を加える, 細工をほどこす, 〈を〉ごまかす. **2**〈an〈mit〉et⁴ 物⁴を〉上手に扱う.

'ma·nisch ['maːnɪʃ] 形 **1** (a)《心理・医学》躁病の. (b) 気違いの, 病的な. ~e Vorliebe für Rennwagen レーシングカーに対する偏愛. **2**《古》狂気の(精神異常)の.

'Man·ko ['maŋko] 中 -s/-s (it. , Fehler, Mangel') **1** 不足, 欠落; 欠点, 短所. ein ~ an Wissen 知識不足. **2**《商業》(Fehlmenge) 不足分(量); (Fehlbetrag) 不足高; 欠損, 赤字.

Mann¹

[man マン] 男 -[e]s/Männer(-, -en)《複数 Männer》(a) (成人の)男, 男性. Ein ~, ein Wort! 《諺》男子に二言なし. Sei ein ~! 男らしくしろ. Zeig dich als ~! 男らしいところを見せつけろ. Meine Männer sind nicht zu Hause. 我が家の男どもは出払っています. ein alter ~ 老人; 《比喩》《鉱業》廃坑. ein ~ in den besten Jahren 男盛りの人 der ~ im Mond 月の男(月に見える影を人に見たてた架空の人間). einen kleinen ~ im Ohr haben《話》頭がちょっとおかしい. Gott einen guten ~ sein lassen《話》のほほんと(極楽とんぼで)暮す. für Männer男子用. ein Gespräch von ~ zu ~ 男同志の肚(ﾊﾗ)を割った話合い. 《間投詞として》~! おい, 君, こら(警告・怒り); あれっ, へえ(驚き), ~ o ~! いやはや, えらいくそぐさ(驚き・怒り). ~ Gottes!《地方》何だと, おい(驚き・焦燥). Mein lieber ~! 何てことだ(驚き・怒り); ああまあ, 君(宥)める). (b) (とくに性別の意識なしに)ひと, 人. Der Hund ist auf den ~ dressiert. この犬はよそ人に襲いかかるよう仕込んである. Dieser Beruf ernährt

Mannschaft

seinen ～．《話》この職業でけっこう食っていける．～ über Bord!《海事》誰か海に落ちたぞ．Sie sind genau mein ～! あなたこそまさに私の思っていた人だ． Er ist der ～ dazu〈danach〉. 彼はそれにうってつけの人間だ．Du bist nicht ～s genug, dies zu verhindern. 君はこれを阻止できるだけの力を持った人間じゃない．der böse〈schwarze〉～《子供を脅かす言葉として》こわいおじさん, 人さらい．der erste ～ an der Spitze《話》実力者, リーダー格, 顔役．der gemeine ～《古》普通の(ただの)人, 一市民．der kleine ～《話》一小市民;《卑》ペニス, むこ．der rechte ～ am rechten Ort 適所に配された適材．ein toter ～ sein《話》命脈すでに尽きている, もう終っている．ein ～ der Feder《雅》文筆家, 文士．ein ～ der Tat 実行の人．ein ～ des Volkes 庶民の味方．ein ～ der Wissenschaft 学究の徒．der ～ auf(von) der Straße ただの人, 一介の庶民．ein ～ aus dem Volk 庶民の出, しがない一市民．ein ～ von Welt 世慣れた人．ein ～ von großen Worten 大言壮語の御仁(ごじん)． seinen ～ stehen〈stellen〉立派に責務を果す, 頑張り通す．～ an ～ 棒(ぼう)めき合って．et⁴ an den ～ bringen《話》物⁴を手放す, 売払う;事³を話題に供する．bis auf den letzten ～ 最後の1人(1兵)まで．～ für ～ 次々と, 順次．ein Kampf ～ gegen ～ 1対1の戦い．zehn Euro pro ～ 1人につき10ユーロ．wie ein ～ いっせいに, 全員そろって.
2《複数 Männer》夫, 亭主．mein lieber ～ うちの人, 主人;《呼掛けて》あなた．einen ～ bekommen〈finden〉いい男を見つける．als〈wie〉～ und Frau leben 夫婦同然に暮す．seine Tochter an den ～ bringen《古》娘を稼がせる.
3 (a)《複数 Männer》(企業・部隊・班などの)一員, メンバー; (チームの)選手．der Leutnant und ein paar seiner Männer 少尉と配下の兵士2, 3名．freier〈letzter〉～《スポ》リベロ〈スウィーパー〉．[seinen] ～ decken 対面(たいめん)の選手(マークする相手)を封じこめる．an⟨in⟩ den ～ gehen《スポ》体を張ったプレーをする．(b)《複数 -》(員数を示して)…名．Wir waren nur vier ～, als wir mit dem Unternehmen begannen. 私たちはこの会社を始めたときたったの4名だった．ein Unteroffizier und zehn ～ 下士官1名と兵10名．Alle ～ an Deck!《海事》(号令)全員甲板へ．alle ～ [hoch]《話》全員手が揃った．acht ～ hoch 総勢8名と.
4《複数 -en》《古》封建家臣, 従士．《戯》取巻, 子分．der König und seine ～ en 王と側近たち．ein ～ Gottes 神の僕(しもべ), 僧．ein《sein》freier ～ sein 主(あるじ)持てでない.《話》体が空(あ)いている．seine ～ en um sich⁴ scharen 自分の軍団(子分たち)を身のまわりに集める.

Mann²《人名》Thomas ～ トーマス・マン(1875-1955, ドイツの作家．『ブッデンブローク家の人々』 Buddenbrooks, 『魔の山』 Der Zauberberg など). Heinrich ～ ハインリヒ・マン(1871-1950, Thomas の兄, 作家). Golo ～ ゴーロ・マン(1909-95, Thomas の息子, 歴史学者).

'**Man·na** ['mana] 囲 –[s]/(囡 –/) (hebr. man, Geschenk') **1**《旧約》マナ(エジプト脱出のときイスラエルの民が天から授けられたパン．出16:15). **2** マンナ(木犀科とねりこ属から採(と)れる甘い樹液, 食欲亢進剤・緩下剤などに用いる).

'mann·bar ['manba:r] 形 **1**《雅》(少年について)性的に成熟した, 生殖能力のある. **2**《古》(女の子について) 結婚適齢期の. **3**《まれ》男性的な, 男らしい.

'Männ·chen ['mɛnçən] 囲 –s/(–Männerchen) **1**《Mannの縮小形／複数 - または Männerchen》小男, ちび; (簡単な)人物画, スケッチ．nicht mehr wissen, ob man ～ oder Weibchen ist《話》頭が混乱して何が何だかさっぱり分からない, へとへと(くたくた)である．die kleinen grünen Männchen 緑色の小さな異星人たち(地球上にさまざまな混雑を惹き起すという伝説上の存在). ～ kritzeln (暇つぶしに)人の姿を落書きする. [seine] Männchen bauen〈machen〉《兵隊》(上官の前で)直立不動の姿勢をとる．～ machen《話》こびへつらう(vor j³ 人³に); (動物が)ちんちんをする. **2**《複数 -》(動物の)雄. **3**《複数 -》(曲乗飛行における機体の)垂直姿勢.

'**Mann·de·ckung** 囡 –/《球技》マンツーマン(のマーク).

'**Man·ne·quin** ['manəkɛ̃, manə'kɛ̃:] (fr.) **1** 囲 –s/–s マネキンガール; ファッションモデル. **2** 囲《男》–s/–s マネキン人形. **2**《古》(画家や彫刻家用の)モデル人形, 人体模型.

'**Män·ner** ['mɛnər] Mann¹ 1, 2, 3(a) の複数.
'**Män·ner·be·ruf** [–]s/–e 男の仕事.
'**Män·ner·chen** ['mɛnərçən] Männchen の複数.
'**Män·ner·chor** [–]s/–e 男性合唱(団).
'**Män·ner·sa·che** 囡《次の成句で》Das ist [reine] ～. これは男だけの問題(話だ).
'**Man·nes·al·ter** 囲 –s/ 壮年, 丁年．im besten ～ sein 男盛りである.
'**Man·nes·kraft** 囡 –/ 男としての体力(とくに生殖能力).
'**Man·nes·stamm** 囲 –[e]s/–e 男系.
'**Man·nes·wort** 囲 –[e]s/–e 男子の一言, 男の約束.
'**mann·haft** ['manhaft] 形 勇敢な, 男らしい, 毅(き)然とした.
'**Mann·heim** ['manhaɪm]《地名》マンハイム(ドイツ南西部の都市).
'**Mann·heit** ['manhaɪt] 囡 –/《雅》男性的な(雄々しい)こと, 男らしさ; 男性としての生殖能力.
'**man·nig·fach** ['manɪçfax] 形 多様な, いろいろな.
'**man·nig·fal·tig** ['manɪçfaltɪç] 形 多種多様な, 多彩な, いろいろな, 変化に富んだ.
'**Man·nig·fal·tig·keit** 囡 –/ 種々多様であること; 多様性.
'**Män·nin** ['mɛnɪn] 囡 –/–nen **1**《古》女丈夫. **2**《聖書》女. **3**《侮》男のような女性.
'**Männ·lein** ['mɛnlaɪn] 囲 –s/– **1**《雅》= Männchen 1 **2** ～ und Weiblein《話》男も女も.
*'**männ·lich** ['mɛnlɪç メンリヒ] 形 (↔weiblich) **1** 雄(おす)の, 男の．das ～ e Glied ペニス．～ es Wesen (総称として)男性, 男子. **2** 男性的な, 男らしい; 雄々しい, 勇敢な．eine ～ e Arbeit 男(男性向き)の仕事．～ handeln 勇敢に振舞う．Er spricht schon ganz ～. 彼はもうすっかり男の声だ. **3**《文法・韻律》男性の.
'**Männ·lich·keit** 囡 –/ **1** 男らしさ. **2** 男の生殖器.
'**Mann·loch** ['man..] 囲 –[e]s/–er《工学》(ボイラー・タンクなどの)マンホール.
'**Manns·bild** [–]s/–er《話》男; 野郎．So ein [blödes] ～! この馬鹿野郎めが.
*'**Mann·schaft** ['manʃaft マンシャフト] 囡 –/–en **1**《集合的に》(士官・下士官を除いた)兵隊, 兵; 《複数で》

兵卒. **2**(船舶・飛行機などの)乗組員, 乗員. **3**(仕事・作業における)スタッフ, チーム, クルー. der neue Regierungschef und seine ～ 新首班とその閣僚. **4**《ᴋᴀʀᴛᴇ》チーム. **5** die ganze ～《話》一同, 全員.

'**Mann·schafts·auf·stel·lung**囡-/-en《ᴋᴀʀᴛᴇ》チームの編成; チームの構成.

'**Mann·schafts·füh·rer**男-s/-《ᴋᴀʀᴛᴇ》(チームの)キャプテン; ゲームリーダー.

'**Mann·schafts·geist**男-[e]s/ (とくにスポーツでの)チームスピリット.

'**Mann·schafts·raum**男-[e]s/⸚e《海事》船員(水夫)室.

'**Mann·schafts·ren·nen**中-s/-《自転車》団体戦 (1チーム4人のうち3人の合計タイムを争う).

'**Mann·schafts·wa·gen**男-s/- 兵員(警官)輸送車.

'**manns·dick** ['mans..]形 大人の体の太さ(胴回り)ほどの.

'**Manns·hö·he**囡-/ 大人の背丈(ほどの高さ).

'**Manns·leu·te**《話》男-/pl.《話》男連中.

'**Manns·per·son**囡-/-en《話》男, 男性.

'**manns·toll**形 **1**《心理》(女が)色情狂の. **2**《俗》男狂いの.

'**Manns·volk**中-[e]s/《話》(Männer, Mannsleute)男たち.

'**Man·nus** ['manus]《人名》マヌス(ゲルマン神話の人物, Tacitusの『ゲルマニア』によれば, Tuistoの息子).

'**Mann·weib**中-[e]s/-er **1**《医学》半陰陽, ふたなり. **2** 男みたいな女.

'**ma·no 'des·tra** ['ma:no dεstra](*it.*)《略 m. d.》《音楽》右手で.

Ma·no·me·ter [mano'me:tər] ❶ 中-s/-《工学》(Druckmesser)圧力計. ❷ *int.* *Manometer!* 《話》(驚き・憤慨を表して)おや(まあ), いやはや.

'**ma·no si·nis·tra** ['ma:no zi'nıstra](*it.*)《略 m. s.》《音楽》左手で.

Ma·nö·ver [ma'nø:vər] 中-s/- (*fr.* manœvre 'Handhabung, Verrichtung') **1**《軍事》大演習. **2** (船舶・自動車・飛行機の)巧みな操縦(操舵, ハンドルさばき). **3**《俗》策略, 策略, かけひき.

ma·nö·vrie·ren [manø'vri:rən] ❶ 自 **1**《軍事》演習を行う. **2**《海事》(船が)巧みに操縦して進む. **3**《俗》策略を用いる. ❷ 他 **1** (船・自動車などを)うまく操縦する. den Wagen in die Garage ～ 車をうまく車庫に入れる. **2** (人⁴を)誘導する(とくにうまい手を使って). Sie *manövrierte* den Fremden erst einmal ins Wohnzimmer. 彼女はその知らない人をとりあえず間へと通した. 《再帰的に》sich⁴ in eine Position ～ うまくある地位につく.

ma·nö·vrier·fä·hig [manø'vri:r..]形《海事》(船の)操縦(操舵)可能な.

Man'sar·de [man'zardə]囡-/-n(マンサード屋根の下の)屋根裏部屋.

Man'sar·den·dach中-[e]s/⸚er《建築》マンサード(腰折れ)屋根(フランスの建築家 J. Hardouin-Mansart, 1646-1708 の創始).

Man'sar·den·zim·mer中-s/- =Mansarde

Mansch [manʃ]男-[e]s/《話》どろどろしたもの(粥・ぬかるみなど).

'**man·schen** ['manʃən](↓Mansch) ❶ 自 (in ⟨mit⟩ et³ ⟨物³⟩を)かきまわす, こねる. ❷ 他 どろどろにかきまぜる.

Man'schet·te [man'ʃεtə]囡-/-n(*fr.*,'Ärmel') **1** (a) カフス, 袖(⸚)口. vor j⟨et⟩³ ～ haben《話》⟨物⟩³をこわがる. (b)《隠》手錠, わっぱ. **2** (植木鉢, 花束などに巻く)紙飾り. **3**《ᴢᴜɴғᴛ》(禁じ手の)首じめ. **4**《工学》(ゴムなどでできている)スリーブ, パッキング・リング;《医学》マンシェット(血圧の緊迫帯).

Man'schet·ten·knopf男-[e]s/⸚e カフスボタン.

'**Man·tel** ['mantəl マンテル]男-s/Mäntel(*lat.* mantellum, Hülle, Decke') **1** 外套, コート, オーバー, マント. den ～ anziehen⟨ausziehen⟩コートを着る⟨脱ぐ⟩. den ～ nach dem Wind drehen⟨hängen⟩《話》景気のいい方に調子を合せる. 日和見(⸚⸚)主義の態度をとる. j³ aus dem ～ in ⟨in den ～⟩ helfen 人³がコートを脱ぐ⟨着る⟩のを手伝う. et⁴ mit dem ～ der Barmherzigkeit bedecken⟨verhüllen⟩事⁴(失態など)に目をつぶって(知らぬ顔をして)いてやる. mit offenem⟨wehendem⟩～ コートのボタンをかけないで. **2** (電線などの)外被; (管・箱などの)被(⸚)い, シェル; (シリンダーなどの)ジャケット; (チューブを取巻く)ゴムタイヤ; (鐘の)弾の被り; (炉床まわりの)マントル; マントルピース; (釣鐘型・鏡などの)外殻; (建物の)外部. **3**《幾何》(円錐・円柱の)側面. **4**《解剖》脳蓋部; (軟体動物の)外套膜. **5**《林業》林査(森林の外縁の樹木). **6**《狩猟》(鳥の)襟羽(⸚). **7**《新聞》(Zeitungsmantel の短縮)マント(新聞のカバーページを含めたニュース・論説が掲載したページ全体をさす). **8**《経済》(証券の)本券原券; (合資会社の)出資総額.

'**Män·tel·chen** ['mεntəlçən]中-s/-《Mantelの縮小形》小さい(子供用リ)マント. et³ ein ～ umhängen 《話》事³をとりつくろう, 適当にごまかす.

'**Man·tel·ge·setz**中-es/-e《法制》(Rahmengesetz) 大綱的法律.

'**Man·tel·kind**中-[e]s/-er (ゲルマンの法制で)婚姻によって準正された子. ◆結婚前に生れた子供を結婚式のとき母親が外套の下にいれて祭壇の前へと歩んだ習慣から.

'**Man·tel·sack**男-[e]s/⸚e《古》(馬につけた)旅行かばん. **2**《地方》(Manteltasche)コートのポケット.

'**Man·tel·ta·rif**男-s/-e《経済》概括的協定賃率(Manteltarifvertrag)概括的労働協約.

'**Man·tik** ['mantık]囡-/ (*gr.*)予言(占い)術.

Man'til·le [man'tıljə,..'tıljə]囡-/-n(*fr.*) マンティラ(スペインの女性が頭と肩にかぶるレースのショール).

Ma·nu'al¹ [manu'a:l]中-s/-e(*lat.* manus, Hand') **1**《楽器》(オルガン・チェンバロなどの)手鍵盤, マニュアル. **2**《古》便覧, 手引書; 出納帳; 日記.

Ma·nu·al² ['mεnjuəl, 'mænjuəl]中-s/-s(*engl.*)《ᴋᴀʀᴛᴇ》マニュアル.

ma·nu·ell [manu'εl]形(*lat.* manualis)手(先)の, 手による. ～*e* Tätigkeiten 手仕事. bei ～*er* Bedienung der Anlage 装置を手で操作して.

Ma·nu·fak·tur [manufak'tu:r]囡-/-en(*lat.* manu factus, mit der Hand hergestellt') **1** マニュファクチュア, 手製手工業. **2** (複数なし)マニュファクチュアによる生産(製造). **3**《古》手織物.

Ma·nu·fak·tu'rist [manufaktu'rıst]男-en/-en **1** マニュファクチュア経営者(工場主). **2** マニュファクチュア製品を扱う業者(商人).

Ma·nu·fak'tur·wa·ren複 **1** 手工業(マニュファクチュア)製品. **2**《古》メーター売りの織物(布地).

'**ma·nu 'pro·pria** ['ma:nu 'pro:pria](*lat.* 'mit eigener Hand')《略 m. p., m. pp.》自筆で(かつては文書の末尾の署名に添えて書かれた).

Ma·nu'skript [manu'skrɪpt マヌスクリプト] 田 -[e]s/-e (*lat.* manu scriptus, mit der Hand geschrieben) **1** (略 Ms., Mskr., 複数 Mss.)〖手書きまたはタイプで打った〗原稿．als ~ gedruckt 原稿扱い(私家版に付す表示)．**2**〖古代・中世の〗写本．

Man·za·nil·la [mantsa·nɪlja, mansa..] 男 -s/ (*sp.*, Kamille)マンサニーリャ(Sherry 酒に似た甘口の白ワイン, アンダルシア Andalusien 産)．

Mao-Bi·bel ['ma:o..] 囡 -/- 毛(沢東)語録．

Mao'is·mus [mao'ɪsmʊs]男〖歴史〗毛沢東主義, 毛沢東路線．↑Mao Tse-tung

Ma·o·ri [ma'o,ri, 'maori] ❶ 男 -[s]/-[s] (*polynes.*) マオリ人(ニュージーランドの原住民)．❷ 田 -[s]/ マオリ語．

Mao Tse-'tung [maʊtse'tʊŋ]《人名》毛沢東 (1893–1976, 中国の革命家・政治家)．

Map·pe ['mapə マペ] 囡 -/-n (*lat.* mappa, Leintuch) **1** 書類鞄, ルーフケース; 学生鞄．**2** ファイル, バインダー, 書類(紙)ばさみ．**3** 画集, アルバム．

Ma'quis [ma'ki:]男 -/ (*it.* macchia, Buschwald) **1** マキ(地中海地方特有の常緑樹林)．**2** マキ(第2次大戦中のフランスのレジスタンスのゲリラ隊)．

Ma·qui'sard [maki'za:r]男 -/-s(-en) マキ隊員．↑Maquis **2**

Mär [mɛːr] 囡 -/-en **1**〖古〗昔(おとぎ)話, 物語, 伝説．**2**〖戯〗お話, 作り話．

'Ma·ra·bu ['ma:rabu]男 -s/-s (*arab.*)〖鳥〗はげこう(こうのとり科)．

Ma·ras'chi·no [maras'ki:no]男 -s/-s (*it.*) マラスキーノ(ユーゴスラヴィアのダルマチア Dalmatien 地方のさくらんぼマラスカ marascha から作られるチェリーブランデー)．

Ma'ras·mus [ma'rasmʊs] 男 -/ (*gr.* marainein, sich verzehren)〖医学〗衰弱, 消耗(症)．

'Ma·ra·thon ['ma:ratɔn, 'mar..] ❶〖地名〗マラトン(アテネ市の北方 40 km にある古戦場．前 490 ここでアテネ軍がペルシア軍を撃破する)．❷ 男 -s/-s **1**〖スポ〗=Marathonlauf **2**〖比喩〗長々と続くもの(の会議・プログラムなど)．

Ma·ra·thon- [ma:ratɔn.., mar..]〖接頭〗名詞に付いて「長々と続く…」の意を表す．*Marathon*sitzung 長時間にわたる会議．*Marathon*redner 延々と話続ける演説家．

'Ma·ra·thon·lauf 男 -[e]s/〖スポ〗マラソン．

'Ma·ra·thon·läu·fer 男 -s/-〖スポ〗マラソン走者．

'Mar·burg a. d. 'Lahn ['ma:rbʊrk an der 'la:n, 'mar..]〖地名〗マールブルク・アン・デア・ラーン(ヘッセン州ラーン河畔の大学都市)．

'Mar·bur·ger ['ma:rbʊrgər, 'mar..] ❶ 男 -s/- マールブルクの人．❷ 形〖不変化〗マールブルクの．

Marc [mark]《人名》Franz ～ フランツ・マルク(1880–1916, ドイツの画家, 「青騎士」*Der Blaue Reiter* 創立者の 1 人)．

mar'ca·to [mar'ka:to] 副 (*it.*)〖音楽〗マルカート, 強くアクセントをつけてはっきりと．

***'Mär·chen** ['mɛːrçən メールヒェン] 田 -s/-《Mär の縮小形》**1** おとぎ話, 童話．**2** つくり話．Dieses ～ kannst du deiner Großmutter erzählen.〘話〙こんな話に乗せられる私がとても思うのかい．

'Mär·chen·buch 田 -[e]s/¨er 童話(の絵)本．

'mär·chen·haft 形 **1** (a) おとぎ話(童話)風の．(b) おとぎ話にでも出てきそうな; 夢のような．〖話〗信じられないほど美しい, 途方もなくすばらしい．

'Mär·chen·land 田 -[e]s/¨er **1** おとぎの国, 夢の国．**2** メルヘンパーク(有名な童話のいろいろなシーンを人形で再現した遊園地)．

'Mar·co ['marko]《男名》マルコ (Markus のイタリア語・スペイン語形)．～ Polo マルコ・ポーロ(1254–1324, ヴェネツィアの商人で旅行家, 『東方見聞録』の著者)．

'Mar·der ['mardər] 男 -s/- (*lat.*) **1**〖動物〗てん(貂), いたち．**2**〖話〗どろぼう, 盗人．

'Mä·re ['mɛːrə] 囡 -/-n《古》=Mär

Mar·ga're·te [marga'reːtə]《女名》(*gr.*, Perle)マルガレーテ．die heilige ～ von Antiochia アンテオキアの聖マルガレータ(3-4 世紀 Diokletian 帝のときの童貞殉教者, 14 Nothelfer の 1 人．↑付録「聖人暦」7 月 20 日)．

Mar·ga·ri·ne [marga'ri:nə] 囡 -/-n (*fr.*, Perle)〖複数まれ〗マーガリン．

'Mar·ge ['marʒə] 囡 -/-n (*lat.* margo, Rand) **1** 隔たり, 開(ひら)き, 違い．**2**〖経済〗(a) 利ざや, マージン．(b) (商品の地域的な)価格差; (有価証券の相場の)発行価格との間の値幅．(c) (先物取引における)内金．

Mar·ge·ri·te [marga'riːtə] 囡 -/-n (*fr.*, Perle)〖植物〗フランスぎく．

mar·gi'nal [margi'naːl] 形 (*lat.*) **1**(付加語的用法のみ)**1** はし(へり)の, 周辺の．der ~e Bereich der Netzhaut 網膜の周辺部．**2** 中心部ではない, 非本質的な, 副次的な．ein ~es Thema 付随(副次)的なテーマ．**3**〖心理〗識閾(しきいき)上の;〖社会〗限界的な, 境界的な．eine ~e Gruppe マージナル・グループ, 限界集団(複数の集団のはざまに置かれて, そのいずれにも同化・帰属できないでいる人々)．**4**〖植物〗周縁の．~e Plazenta 周辺胎座．

Mar·gi'na·lie [..liə] 囡 -/-n〖書籍〗欄外注, 傍注．

'Mar·git ['margɪt]《女名》マルギット (Margarete, Margareta, Margarita の短縮)．

Ma'ria[1] [ma'riːa]《女名》マリーア．～ Theresia マリーア・テレジア(1717–80, オーストリア皇后)．◆[1] プロテスタント地域では別形の Marie が好まれる．◆[2] カトリック地域では聖母マリアの加護を願って男名の後に 2 つ目の Vorname として Maria を添えることがある．Rainer ～ Rilke ライナー・マリーア・リルケ．

Ma'ria[2]《女名》《新約》**1** Gottesmutter ～ 聖母マリア (聖父 Josef の妻．↑Marienfest)．Jesus, ～ und Joseph!／Jesses ～! わぁっ, えらいこっだ (Jesses = Jesus)．**2** die heilige ～ von Ägypten エジプトの聖マリア(年代不詳, 痛悔女, ヨルダン東部の砂漠で 47 年間苦行の生活をおくった．↑付録「聖人暦」4 月 2 日)．~ von Bethanien ベタニアのマリア(Lazarus の姉妹の 1 人, 高価な香油をイエスの足にぬり, 自分の髪の毛でそれを拭いた．〘新約〙ルカ 11:1)．~ Magdalena マリア・マグダレーナ(↑Magdalena ②)．

Ma'riä, **Ma'riae** [ma'riːɛ]《女名》(*lat.*) (Maria[2] の 2 格)聖母マリアの．

Ma·ri'a·nen [mari'a:nən] 複〖地名〗die ~ マリアナ諸島(西太平洋にある火山列島, グアム Guam 島のみアメリカ領で他はアメリカの国連信託統治領)．

ma·ri'a·nisch [mari'a:nɪʃ]形〖カトリ〗聖母マリアの(に関しての)．~e Kongregationen マリア信心会．die ~e Theologie マリア神学．

Ma·ri'an·ne [mari'anə]《女名》マリアンネ．

ma·ria-the·re·si'a·nisch [mari:aterezi'a:nɪʃ] 形 マリーア・テレジア時代の．↑Maria[1]

Ma·ria·the·re·si·en·ta·ler [..te're:ziən..]

Ma·ri·en·bad -s/- 《貨幣》マリーア・テレージア・ターラー(女帝 Maria Theresia の没年 1780 を刻印した旧オーストリア銀貨).

Ma'ri·en·bad [ma'ri:ənba:t] 中《地名》マリーエンバート(チェコ領ボヘミア地方の保養地マリヤンスケ・ラーズニエ Mariánské Lázně のドイツ語名).

Ma'ri·en·bild [ma'ri:ən..] 中 -[e]s/-er 《美術》(わが子キリストを腕にかかえた)聖母マリア像.

Ma'ri·en·fest 中 -[e]s/-e 《多く複数で》《カトリック》聖母マリアの祝日. ◆主なマリアの祝日 — Mariä Reinigung (マリアお潔め, 2月2日). Mariä Verkündigung (マリアへのお告げ, 3月25日). Mariä Heimsuchung (マリアのエリザベトご訪問, 5月31日). Mariä Himmelfahrt (聖母被昇天, 8月15日). die Unbefleckte Empfängnis (無原罪の御宿(やどり), 12月8日). ↑付録 "聖人暦" 1月1日 *1

Ma'ri·en·kä·fer 男 -s/- 《虫》(Glückskäfer) てんとう虫(民間信仰では, 幸福をもたらすとされる).

Ma'ri·en·le·ben 中 -s/- 《美術・文学》マリアの生涯(宗教画・文芸作品のモティーフとしてのマリア伝説).

Ma'ri·en·tag 男 -[e]s/-e 《多く複数で》=Marienfest

Ma·ri·hu'a·na [marihu'a:na, ..xu'a:na] 中 -[s]/ (sp.) マリファナ.

Ma'ril·le [ma'rɪlə] 女 -/-n (lat.) 《オーストリア》(Aprikose) あんず(杏).

Ma·rim·ba [ma'rɪmba] 女 -/-s (sp.) 《楽器》マリンバ(木琴の一種).

Ma·rim·ba'phon [marɪmba'fo:n] 中 -s/-e 《楽器》マリンバフォン(金属製の共鳴管の付いたマリンバ).

ma'rin [ma'ri:n] 形 (lat.) 海の; 海にいる, 海産の.

Ma·ri'na·de [mari'na:də] 女 -/-n (fr.) 《料理》1 マリネード液(酢にレモン・たまねぎ・香辛料などを加えたソース, 魚・肉を漬ける). 2 マリネ.

Ma'ri·ne [ma'ri:nə] 女 -/-n (lat. mare, Meer) 1 (一国家の所有する)全船舶, (全船舶と海事設備を全て含めた)海上勢力; (狭義で)海軍. zur ~ gehen 船乗りになる; 海軍に入る. in der ~ dienen / bei der ~ sein 海軍に在役(勤務)している. 2 海の絵, 海洋画.

ma'ri·ne·blau 形 ネイビーブルーの, 濃紺の.
Ma'ri·ne·flie·ger 男 -s/- 海軍航空兵.
Ma'ri·ne·of·fi·zier 男 -s/-e 海軍士官.
Ma'ri·ner [ma'ri:nɐr] 男 -s/- 《戯》船員; 水兵.
Ma'ri·ne·sol·dat 男 -en/-en 水兵, 海軍兵士.
Ma'ri·ne·sta·ti·on 女 -/-en 《軍事》海軍基地.

ma·ri'nie·ren [mari'ni:rən] 他 (魚・肉を)マリネードに漬ける, マリネにする.

Ma·ri·o·la'trie [mariola'tri:] 女 -/ (gr.) 聖母マリア崇拝.

Ma·ri·o·lo'gie [mariolo'gi:] 女 -/ 《神学》マリア論.

Ma·ri·o·net·te [mario'nɛtə] 女 -/-n (it.) 操り人形, マリオネット; 《比喩》他人の言いなりになる人.

Ma·ri·o·net·ten·re·gie·rung 女 -/-en 傀儡(かいらい)政権.

Ma·ri·o·net·ten·spiel 中 -[e]s/-e 操り人形劇.
Ma·ri·o·net·ten·the·a·ter 中 -s/- 1 マリオネット劇. 2 マリオネット劇場.

ma·ri'tim [mari'ti:m] 形 (lat.) 1 海の. ~es Klima 海洋気候. 2 海軍の.

*__Mark__¹ [mark マルク] 女 -/- (話 Märker) (略 M) マルク(ユーロ導入前のドイツの通貨単位, =100 ペニヒ). Deutsche ~ (略 DM) ドイツマルク. Der Eintritt kostet zwei ~(3,50 DM). 入場料は2マルク(3マルク50ペニヒ)だ(3,50 DM は drei Mark fünfzig [Pfennig] と読む). keine müde ~《話》びた一文...ない. Er dreht jede ~ [zweimal] um, ehe er sie ausgibt. 彼はけちだ(とてもこまかい). Sie muss mit jeder ~ rechnen. 彼女は一文も無駄にはできない. 個々の貨幣は, Markstück, Markschein を用いた.

Mark² 中 -[e]s -1 《古》境界; 国境. 2 (境界づけされた)領域. Dorfmark 全村境. 3 《歴史》1 辺境伯領. (b) 《略》~ ~ Brandenburg マルク・ブランデンブルク. 4 《ピアノ》タッチ.

Mark³ 中 -[e]s/-e 1 (動物の骨・器官などの)髄, 髄質(部); (草木の)髄, 果芯; 《比喩》芯(しん). Knochenmark 骨髄. Rücken-mark 脊髄. verlängertes ~ 延髄. ~ in den Knochen haben (体の芯(しん)が)丈夫である; 気骨(根性)がある. j³ das ~ aus der Knochen saugen 人³を骨までしゃぶりつくす. j⁴ bis aufs ~ quälen 人⁴をとことん苦しめる. bis ins ~ erschrecken 心底驚く. j⁴ bis ins ~ treffen 人⁴に致命的な打撃を与える. 《**Mark und Bein**》の形で》Diese Musik kann einem ~ und Bein erweichen. 《話》この音楽はとても聞けたものじゃない. Der Schrei ging ihm durch ~ und Bein《戯 durch ~ und Pfennig》. その悲鳴は彼を芯(しん)から震えあがらせた. 2 《料理》(果肉の)ピューレ. Tomaten*mark* トマトピューレ.

mar'kant [mar'kant] 形 (fr.) 際立った, はっきりした, 特徴のある; 卓越した.

*__Mar·ke__ ['markə マルケ] 女 -/-n 1 (a) しるし, マーク; 目印, 標識; 識別符号; 《跳躍・投擲などの》記録, レコード. (b) 記章, 認識票, (犬などの)鑑札. 2 《商業》商標; 銘柄, ブランド. Diese ~ führen wir nicht. この銘柄は当店では扱っておりません. 3 券, 切符, チケット. Essensmarke 食券. Garderobenmarke クロークの預り札. mit ~n bezahlen 券(切符)で支払う. 4 (Briefmarke の短縮)郵便切手. 5 《話》変り者, 変(へん)ちき. 6 《生物》(動物が自分のなわばり・勢力圏を主張する)マーク. 7 《地質》(堆積物に見られる風・水流の, また有機物の活動などの)痕跡.

Mar·ken·ar·ti·kel 男 -s/- 《経済》銘柄品, ブランド商品.

Mar·ken·but·ter 女 -/ 《食品》(規格に合った)優良バター.

mar·ken·frei 形 1 (食料品が)配給券のいらない, 自由販売の. 2 《経済》(markenlos) 商標(ブランド)のない.

Mar·ken·samm·lung 女 -/-en 切手の収集, 切手コレクション.

Mar·ken·schutz 男 -es/ 《経済》商標権の保護.
Mar·ken·wa·re 女 -/-n 《経済》=Markenartikel
Mar·ken·zei·chen 中 -s/- 《経済》商標, トレードマーク.

Mär·ker¹ ['mɛrkɐr] 男 -s/- 《歴史》1 辺境伯領(↑ Mark²)の住民, (とくに)マルク・ブランデンブルクの住民. 2 =Markgenosse

Mär·ker² 《話》Mark¹ の複数.

mar·ker·schüt·ternd 形 (↓ Mark³) 心底ぞっとするような.

Mar·ke'ten·der [markə'tɛndɐr] 男 -s/- (it. mercatante, Händler) 《古》(とくに 16-18 世紀の)従軍酒保商人.

Mar·ke·ten·de'rei [..tɛndə'raɪ] 女 -/-en 1《複数なし》従軍(移動)酒保の経営. 2 従軍(移動)酒保.

'Mar·ke·ting ['markətɪŋ, 'ma:rkɪtɪŋ] 中 -[s]/ (engl.) 《経済》マーケティング.

'Mark·ge·nos·se 男 -n/-n 《歴史》マルク共同体(↑

Markgenossenschaft）の構成員.

'Mark·ge·nos·sen·schaft 囡 -/-en《歴史》マルク共同体（古代ゲルマン社会や中世初期における村落共同体）.

'Mark·graf 男 -en/-en（↓Mark² 3(a)）辺境伯.

'Mark·graf·schaft 囡 -/-en《古》（Mark² 3(a)）辺境（伯）領.

mar'kie·ren [mar'ki:rən]（*fr.* marquer , kennzeichnen）❶ 他 **1**（物に）しるし（マーク, 標識, ラベル）をつける;（記号・標識などが）表示（標示）する. die Fahrrinne durch Bojen ～ 水路を浮標(ﾌﾞｲ)で示す. Bojen *markieren* die Fahrrinne. 浮標が水路を示している. Dieses Ereignis *markiert* den Beginn einer neuen Epoche. この出来事は新時代の始まりをはっきりと告げている. **2**《猟師》（猟犬が吠えたり尾を立てりして獲物の居場所などを）教える. **3** 際立たせる, 強調する. Der Gürtel *markiert* die Taille. ベルトがウェストを強調している. jedes Wort ～ 一語一語はっきり発音する. *markierte* Züge《古》はっきりした顔だち. **4**《演劇》（リハーサルなどで）軽く演じる（歌う）. **5** 装う, ふりをする. Mitgefühl〈den Dummen〉～ 同情した〈馬鹿の〉ふりをする. **6**（動物が尿などによって）しるしをつける. **7**《ｽﾎﾟｰﾂ》（得点を）あげる;（相手を）マークする. **8**《化学》（同位元素などで）しるしをつける, 標識する. **9**（切符を）切る. ❷ 自 (sich⁴)（輪郭などが）はっきりとあらわれる, 際(ｷﾜ)立つ.

Mar'kie·rung 囡 -/-en **1** しるしをつけること. **2** しるし, 標示, 標識.

'mar·kig ['markıç] 形 **1**（声・言葉などが）力のこもった;（体つきなどが）がっしりした. **2** 髄質に富んだ.

'mär·kisch ['mɛrkıʃ] 形 辺境領（とくに Mark Brandenburg）の.

Mar'ki·se [mar'ki:zə] 囡 -/-n（*fr.*）**1**（窓・ショーウィンドーなどの巻上式の）ひさし, 日よけ. **2**（a）マルキーズ彫形（宝石のカッティングの一種）.（b）マルキーズ彫形の宝石.

'Mark·kno·chen 男 -s/-（料理用の）髄の多い骨.

Mar·ko'man·ne [marko'manə] 男 -n/-n マルコマンニ人（Sweben の 1 部族）.

'Mark·schei·de¹ 囡 -/-n **1**《古》境界（線）. **2**《鉱業》鉱区境界線.

'Mark·schei·de² 囡 -/-n《解剖》髄鞘(ｽｲｼｮｳ).

'Mark·schei·der 男 -s/- 鉱山調査測量技師.

'Mark·stein 男 -[e]s/-e **1**《古》境界石. **2**《比喩》（歴史上の）画期的事件, 転機.

'Mark·stück 中 -[e]s/-e（旧）1 マルク硬貨.

Markt

[markt マルクト] 男 -[e]s/Märkte（*lat.* mercatus , Kauf ⁴）**1**《経済》市場(ｼｼﾞｮｳ), マーケット. Auslands*markt* 国外市場. Börsen*markt* 株式市場. der Gemeinsame ～ 共同市場（正しくは Europäische Wirtschaftsgemeinschaft 欧州経済共同体）. der schwarze ～ 闇市場, ブラックマーケット. Der ～ ist für diesen Artikel erschöpft. この商品は需要がない. Der ～ ist übersättigt. 市場は品物がだぶついている. den ～ drücken（ダンピングで）市場を圧迫する. sich⁴ neue *Märkte* erobern 新しい市場を開拓する. et⁴ auf den ～ bringen〈werfen〉物⁴（新製品など）を市場に出す. auf dem ～ sein〈fehlen〉（商品が）市場に出まわっている〈出ていない）. **2** 市(ｲﾁ), 市(ｲﾁ)場, 定期市. Jeden Donnerstag wird hier ～ abgehalten. 毎木曜日ここに市が立つ. auf den ～ gehen 市(市場)に出かける. et⁴ auf dem ～ kaufen 物⁴を市(ｲﾁ)で買う. *seine* Haut zu ～*e* tragen 命を賭ける, 体を張る.《戯》春をひさぐ; 裸を売る. **3** 市(ｲﾁ)の立つ広場, 中央広場. auf offenem ～*e* 公衆の面前で. **4** 開市権を持つ村（町）.

'Markt·an·teil 男 -[e]s/-e《経済》市場占有率, シェア.

'Markt·be·richt 男 -[e]s/-e《経済》市況報告.

'Markt·bu·de 囡 -/-n 市(ｲﾁ)の露店, 屋台店.

'Märk·te ['mɛrktə] Markt の複数.

'mark·ten ['marktən] 自《古》(mit j³ um et⁴ 人³と物⁴の）値段の交渉をする.

'markt·fä·hig 形 市場に出せる, 売れる.

'Markt·fle·cken 男 -s/- 開市権（↑Marktrecht）を持つ村.

'Markt·for·schung 囡 -/-en《経済》市場調査, マーケットリサーチ.

'Markt·frau 囡 -/-en 市(ｲﾁ)の女商人.

'Markt·füh·rer 男 -s/-《経済》市場占有率の極めて高い企業.

'markt·gän·gig 形 売行きのよい, よく捌(ｻﾊﾞ)ける.

'Markt·ge·bühr 囡 -/-en 市(ｲﾁ)への出店料.

'Markt·geld 中 -[e]s =Marktgebühr

'Markt·hal·le 囡 -/-n 市場の大きな建物.

'Markt·la·ge 囡 -/-n《経済》市況.

'Markt·lü·cke 囡 -/-n《経済》市場間隙（需要に比して商品が不足している市場の穴）.

'markt·ori·en·tiert 形 市場（市況）に合せた（をにらんだ）.

*'**Markt·platz** ['marktplats マルクトプラッツ] 男 -es/=e 市(ｲﾁ)の立つ広場,（町の）中央広場.

'Markt·preis 男 -es/-e《経済》市場価格.

'Markt·recht 中 -[e]s/《古》**1**（中世に都市・村に与えられた）開市権（市を開く権利）. **2** 市(ｲﾁ)の規則.

'Markt·schrei·er 男 -s/- 市(ｲﾁ)の呼売り, 香具師(ﾔｼ). **2**《俗》誇大宣伝をする人.

Markt·schrei·e'rei 囡 -/- 誇大宣伝.

'markt·schrei·e·risch 形《俗》派手で安っぽい, 香具師(ﾔｼ)のような, 誇大宣伝の.

'Markt·schwan·kun·gen 複 市況の変動.

'Markt·tag 男 -[e]s/-e 市(ｲﾁ)の立つ日, 開市日.

'Markt·weib 中 -[e]s/-er《俗》市場の女商人.

'Markt·wert 男 -[e]s/-e《経済》市場価値.

'Markt·wirt·schaft 囡 -/-en《経済》市場経済.

'markt·wirt·schaft·lich 形 市場経済の.

'Mar·kung ['markʊŋ] 囡 -/-en《古》境界.

'Mar·kus ['markʊs]（*lat.*）❶《男名》マルクス. ❷《人名》《新約》マルコ（福音史家, 聖人. ヴェネツィアの San Marco 大聖堂にその聖遺物があるという. ↑付録「聖人暦」4 月 25 日）. Evangelium des〈nach〉～ / *Markus*evangelium マルコによる福音書（四福音書中成立年代が最も早く, いちばん短い）.

Mar'le·ne [mar'le:nə]《女名》（Maria Magdalene の短縮）マルレーネ.

'Mar·mel¹ ['marməl] 男 -s/-《古》=Marmor

'Mar·mel² 囡 -/-n《地方》（Murmel）ビー玉.

*'**Mar·me'la·de** [marmə'la:da マルメラーデ] 囡 -/-n（*gr.* melimelon , Honigapfel ⁴）ジャム, マーマレード.

'mar·meln ['marməln] 自《地方》ビー玉で遊ぶ.

'Mar·mel·stein 男 -[e]s/-e =Marmor

'Mar·mor ['marmo:r] 男 -s/-e（*gr.* marmaros , Stein⁴）大理石.

'Mar·mor·bild 中 -[e]s/-er 大理石像, 大理石彫

Marmorbruch

刻.

'**Mar·mor·bruch** 男 -[e]s/⸚e 大理石の砕石場.

mar·mo·rie·ren [marmo'riːrən] 他 大理石模様をつける.

mar·mo'riert 過分 形 大理石模様のついた.

'**mar·morn** ['marmɔrn, ..moːrn] 形《雅》**1** 大理石でできた. **2** 大理石のように白い(すべすべした, 冷たい).

ma'rod [ma'roːt] 形《バイ》《話》少し体の具合が悪い.

ma'ro·de [ma'roːdə] 形 (fr. maraud, Vagabund, Bettler')**1**《兵隊》行軍できない. **2**《地方》疲れきった, へとへとの. **3** 堕落した; 破滅(没落)した.

Ma·ro'deur [maroˈdøːr] 男 -s/-e (fr.)《古》略奪行為をはたらく落伍兵.

ma·ro·die·ren [maroˈdiːrən] 自 (fr. marauder)《古》(部隊から離れ)略奪行為をはたらく.

Ma'rok·ka·ner [maroˈkaːnɐr] 男 -s/- モロッコ人.

Ma·rok'ka·nisch [maroˈkaːnɪʃ] 形 モロッコの.

Ma'rok·ko [maˈrɔko]《地名》(arab.) モロッコ(アフリカ北西端の立憲君主国, 首都ラバト Rabat).

Ma'ro·ne [maˈroːnə] 女 -/-n (Maroni) (fr.) **1**《複数 -n または Maroni) くりの実; 焼き栗. **2**《複数 -n》=Maronenpilz

Ma'ro·nen·pilz 男 -es/-e《植物》にせいろがわり(食用茸の1種).

Ma'ro·ni [maˈroːni] ❶ 女 -/《南ドイツ・オストリア》(Marone 1) 焼き栗. ❷ 複数 Marone 1 の複数.

Ma'ro·nit [maroˈniːt] 男 -en/-en (lat.)《キリスト教》**1**《複数で》マロン派(7世紀頃レバノンに成立, シリア語典礼を用いるカトリックの異端, 1445 ローマ教会に帰正. 5世紀の修道士 Johannes Maro の名から). **2** マロン派の信者.

Ma·ro'quin [maroˈkɛ̃ː] 男(中) -s/- (fr. Maroc, Marokko')(Marokkoleder) モロッコ革.

Ma'rot·te [maˈrɔtə] 女 -/-n (fr., Narrenzepter mit Puppenkopf')変った癖.

Mar'quis [marˈkiː] 男 -/-[..iːs]/-[..iːs] (fr. marche)《フランスの爵位で》侯爵.

Mar'qui·se [marˈkiːzə] 女 -/-n (fr.) (↑Marquis) **1** 女の侯爵. **2** 侯爵夫人.

Mars[1] [mars] 男 -/ (lat.) ❶《人名》《ギリシア神話》マルス(軍神, ギリシア神話でのAres). ❷ 男 -/ der ~《天文》火星.

Mars[2] 男 -/-e《船員》檣楼(しょうろう), クローネスト.

Mar·sa·la [marˈzaːla] 男 -s/-s (it.) (Marsalawein) マルサーラ酒(シチリア島西端の港町 Marsala 原産の甘口の白ワイン).

'**Mars·be·woh·ner** 男 -s/- 火星人.

marsch [marʃ] 間 **1** Marsch! 前へ進め. Kehrt ~! 回れ右前へ進め. Im Laufschritt ~! 駆け足進め. **2** Marsch!《話》それっ, さあ. Marsch an die Arbeit⟨ins Bett⟩! さあ仕事にかかれ⟨ほらほらもう寝るんだよ⟩.

*'**Marsch**[1] [marʃ] 男(マルシュ) 男 -[e]s/Märsche (fr. marche, Gang, Tritt') **1** 行進;《軍事》行軍, 進軍. einen ~ antreten 行軍を開始する, 進発する. auf dem ~ zur Front sein 前線に向かって進撃中である. j⟨sich⟩[4] in ~ setzen 人を進発させる; (を)仕事にとりかからせる⟨進発する; 仕事にかかる⟩. Wir haben einen langen ~ hinter uns. 我々は長い道のりを歩いてきた. **2** 行進曲, マーチ. j[3] den ~ blasen《話》人[4]を叱り⟨どやし⟩つける; (を)追払う.

Marsch[2] 女 -/-en (とくに北海沿岸の)水沿の肥沃な低地.

'**Mar·schall** ['marʃal] 男 -s/Marschälle (fr., Pferdeknecht')《古》**1** マルシャル(宮廷の軍事高官), 主馬首(しゅめのかみ). **2** (16-17世紀以後)元帥.

'**Mar·schal·lin** [marʃalɪn] 女 -/-nen 元帥夫人.

'**Mar·schall[s]·stab** 男 -[e]s/⸚e 元帥杖(しょう)(元帥の地位の象徴). den ~ im Tornister haben 軍人としての輝かしい将来が開けている.

'**marsch·be·reit** **1**《軍事》行軍準備の整った. **2** 出かける用意のできた.

'**Mär·sche** ['mɛrʃə] Marsch[1] の複数.

'**Marsch·flug·kör·per** 男 -s/-《軍事》巡航ミサイル.

***mar'schie·ren** [marˈʃiːrən] マルシーレン 自 (s) **1** 行進する;《軍事》行軍(進軍)する. Wir sind heute tüchtig *marschiert*. 我々は今日はずいぶんと歩いた. Dann ist er sofort in die nächste Kneipe *marschiert*.《話》それから彼は最寄りの酒場に直行した. **2**《話》着々と進行する. Der Fortschritt der Medizin *marschiert* [voran]. 医学は日進月歩だ. **3**《話》攻勢をかける;⟨ゲームが⟩スムーズに流れる.

'**Marsch·ko·lon·ne** 女 -/-n《軍事》行軍隊列.

'**Marsch·land** 中 -[e]s/ =Marsch[2]

'**Marsch·lied** 中 -[e]s/-er 行進歌, 進軍歌.

'**Marsch·mu·sik** 女 -/《音楽》行進曲, マーチ.

'**Marsch·ord·nung** 女 -/-en《軍事》行軍隊形.

'**Marsch·rou·te** 女 -/-n **1**《軍事》行軍経路. **2** (政治・スポーツなどの)作戦, 戦術.

'**Marsch·ver·pfle·gung** 女 -/《軍事》行軍のための糧食.

Mar·seil'lai·se [marsɛˈjɛːzə, ..ˈjɛːz] 女 -/ (fr.) die ~ ラ・マルセイエーズ(フランス国歌, フランス革命の時マルセーユからの義勇軍がこの歌を歌いながらパリに進軍したのに始まる).

Mar'seille [marˈsɛːj, marˈsɛj]《地名》マルセーユ(フランス南東部の地中海に臨む港町).

'**Mar'stall** ['marʃtal] 男 -[e]s/⸚e《名》**1** 王侯の厩舎. **2** 王侯の所有する馬の総体.

'**Mar·ter** ['martɐr] 女 -/-n (gr. martyrion, Blutzeugnis')**1**《雅》責め苦. unter der ~ des Gewissens leiden 良心の呵責(こ)に苦しむ. **2** 拷問.

'**Mar·ter·bank** 女 -/⸚e《古》(Folterbank) 拷問台.

'**Mar·terl** ['martɐrl] 中 -s/-[n]《オストリア・バイエルン》遭難碑.

'**mar·tern** ['martɐrn] 他《雅》拷問にかける; 責めさいなむ(mit et[3] 事[3]で). sich ~ mit Sorgen ~ 不安でさいなまれる.

'**Mar·tha** ['marta] (hebr., Herrin') ❶《女名》マルタ. ❷《人名》《新約》聖マルタ(ベタニア Bethanien の婦人, Lazarus および Maria[2] の姉. ルカ 10: 38-42 ほか. ↑付録「聖人暦」7月29日).

mar·ti'a·lisch [martsiˈaːlɪʃ] 形 (lat.) 戦闘的な, 攻撃的な, 荒々しい.

'**Mar·tin** ['martiːn]《男名》(lat.) (↓Mars) マルティーン. der heilige ~ von Tour トゥールの聖マルティヌス(316頃-97. ↑付録「聖人暦」11月11日).

Mar·ti·ni[1] ['marˈtiːni] 中 -/《無冠詞 / 不変化》(Martinstag) an⟨zu⟩ ~ 聖マルティヌスの祝日に.

Mar·ti·ni[2] [marˈtiːni] 男 -s/《商標》マルティーニ(イタリアの Martini & Rossi 社製のベルモットワイン). **2** マルティーニ(ベルモットとジンのカクテル).

'**Mar·tins·gans** 女 -/⸚e 聖マルティヌスの鵞鳥(聖マルティヌスの祝日の料理).

'**Mar·tins·horn** 中 -[e]s/⸚er (救急車・消防車などの)

サイレン. ◆製作会社名 Martin による.

Mar·tins·tag 男 -[e]s/-e《複数まれ》聖マルティヌスの祝日(11月11日). die Laternenumzüge der Kinder am ～ 聖マルティヌスの祝日の子供たちの提灯パレード.

Mär·ty·rer ['mɛrtyrər] 男 -s/- (*gr.* martyr, Zeuge') 殉教者; 殉難者. ◆女性形 Märtyrerin 女 -/-nen

Mär·ty·rer·tod 男 -[e]s/-e《複数まれ》殉教の死.

Mär·ty·rer·tum [..tu:m] 中 -s/ 殉教(の苦しみ).

Mar·ty·ri·um [mar'ty:riom] 中 -s/..rien [..iən] (*gr.* martyrion, Blutzeugnis') 1 《雅》大きな苦しみ, 苦難. 2 殉教. 3 殉教者聖墓教会.

Mar·ty·ro·lo·gi·um [martyro'lo:gium] 中 -s/..gien [..giən]《カトリック教会》殉教者(聖人)祝日表.

Marx [marks] 《人名》Karl ～ カール・マルクス(1818-1883, ドイツの経済学者・哲学者・革命家).

Mar'xis·mus [mar'ksɪsmus] 男 -/ マルクス主義, マルキシズム(マルクスとエンゲルスに始まる科学的社会主義の理論体系).

Mar'xist [mar'ksɪst] 男 -en/-en マルクス主義者, マルキ(シ)スト. ◆女性形 Marxistin 女 -/-nen

mar'xis·tisch [mar'ksɪstɪʃ] 形 マルクス主義の(に基づいた).

'Ma·ry 'Jane ['mɛːri 'dʒɛːn, 'mɛəri 'dʒɛɪn] 女 --/ (*engl.*)《隠》=Marihuana

März [mɛrts メルツ] 男 -[es](-en)/-e (*lat.* Martius)《複数まれ》3月.

'März·bier, **'Mär·zen·bier** 中 -[e]s/-e メルツェンビール(強い黒ビール, もと3月に醸造したことから).

Mar·zi'pan [martsi'paːn, '---] 中 (男) -s/-e (*arab.* mautaban, sitzender König')マルチパン(すりつぶしたアーモンドに砂糖を混ぜて焼いた菓子).

'märz·lich ['mɛrtslɪç] 形 3月の, 3月らしい.

'März·re·vo·lu·ti·on 女 -/《歴史》3月革命 (1848-49, ドイツ・オーストリアに起こった革命).

'Ma·sche[1] ['maʃə マシェ] 女 -/-n 1 (網・編物などの)目;《複数で》《スポーツ》ゴールネット. Bei dir läuft eine ～! あなたのストッキング伝線してるわよ. eine ～ aufnehmen〈fallen lassen〉(編物で)目を1つ拾う〈落とす〉. durch die ～n des Gesetzes schlüpfen 法の網をくぐる. 2 《スイス》蝶結びのけ形に; 蝶ネクタイ.

'Ma·sche[2] 女 -/-n (*jidd.* mezio , Gewinn, Lösung')《話》うまい手; やり口, 手口. Das ist die ～! それは妙案だ. Er hat die ～ raus! 彼はいい手を知っている. mit der sanften ～ 穏やかな手で, やんわりと.

'Ma·schen·draht 男 -[e]s/ᵉe 金網.

'ma·schen·fest 形 (ストッキングなどが)伝線しない.

'Ma·schen·werk 中 -[e]s/ 編み(網)細工.

Ma'schi·ne [ma'ʃiːnə マシーネ] 女 -/-n (*gr.* mechane) 1 (a) 機械. an einer ～ arbeiten 機械を操作する. (b)《話》(自動車の)エンジン;《スポーツ》コンピュータ. ein Programm in die ～ eingeben プログラムをコンピュータにインプットする. 2 飛行機; 機関車;《話》オートバイ. in der ～ ～ fahren 小型オートバイに乗る. Er fliegt mit der nächsten ～ nach München. 彼は次の便でミュンヘンへ飛ぶ. 3 (Schreibmaschine) タイプライター; (Nähmaschine) ミシン; (Waschmaschine) 洗濯機. ～ schreiben タイプを打つ. et⁴ in der ～ waschen 物⁴を洗濯機で洗う. 4 《戯》Das ist aber eine ～! なんとまあでっかい女だこと.

◆↑Maschine schreiben

ma'schi·ne·ge·schrie·ben 形 =maschinengeschrieben

ma'schi·nell [maʃiˈnɛl] 形 1 機械による. 2 機械の(ような), 機械的な.

Ma'schi·nen·ar·beit 女 -/-en 1《複数なし》(↔ Handarbeit) 機械による製造, 機械仕事. 2《まれ》機械製品.

Ma'schi·nen·bau 男 -[e]s/ 1 機械製作. 2 (工科大学の学科としての)機械工学.

Ma'schi·nen·bau·er 男 -s/- 機械製作者, 機械設計技師, 機械修理工.

Ma'schi·nen·fa·brik 女 -/-en 機械製造工場.

Ma'schi·nen·garn 中 -[e]s/-e ミシン糸.

Ma'schi·ne ge·schrie·ben 形 (↑Maschine schreiben) タイプライターで打った.

Ma'schi·nen·ge·wehr 中 -[e]s/-e (略 MG) 機関銃, マシンガン.

Ma'schi·nen·kun·de 女 -/ =Maschinenlehre

Ma'schi·nen·leh·re 女 -/ 機械工学.

ma'schi·nen·les·bar 《コンピュータ》(読取装置で)読取ることができる.

ma'schi·nen·mä·ßig 形 機械のような, 機械的な.

Ma'schi·nen·meis·ter 男 -s/- 1 (工場などの)機械管理責任者. 2《演劇》舞台装置管理責任者, 技術主任. 3《印刷》機械印刷主任.

Ma'schi·nen·pis·to·le 女 -/-n (略 MP)《軍事》自動小銃.

Ma'schi·nen·raum 男 -[e]s/ᵉe 機械室; (船の)機関室.

Ma'schi·nen·satz 男 -es/《印刷》(↔ Handsatz) 機械植字.

Ma'schi·nen·scha·den 男 -s/ᵉ 機械(エンジン)の故障.

Ma'schi·nen·schlos·ser 男 -s/- 機械(機関)組立工.

Ma'schi·nen·schrei·ben 中 -s/ タイプを打つこと.

Ma'schi·nen·schrei·ber 男 -s/- (男の)タイピスト. ◆女性形 Maschinenschreiberin 女 -/-nen

Ma'schi·nen·schrift 女 -/-en タイプで打った文字.

ma'schi·nen·schrift·lich 形 タイプで打った.

Ma'schi·nen·set·zer 男 -s/-《印刷》機械植字工.

Ma'schi·nen·stür·mer 男 -s/- (ふつう複数で) 《歴史》(産業革命初期の)機械破壊者.

Ma·schi·ne'rie [maʃinə'riː] 女 -/-n [..'riːən] (*fr.*) 1 機械装置. 2《演劇》(機械仕掛けの)舞台装置. 3 (社会・政治の複雑な)仕組, 機構. in die ～ der Justiz geraten 司法の複雑な仕組にはまり込む.

Ma'schi·ne schrei·ben*, °**ma'schi·ne|schrei·ben*** 動 タイプを打つ.

Ma'schi·nist [maʃi'nɪst] 男 -en/-en 1 機械係; 機関士, エンジン係. 2《海事》機関長.

'Ma·ser[1] ['maːzər] 女 -/-n 木目(ଞ);《複数で》《病理》麻疹(ଞ).

'Ma·ser[2] ['meːzər, 'maːzər, 'mɛɪzər] 男 -s/- (*engl.*)《物理》メーザー (microwave amplification by simulated emission of radiation の略).

'Ma·ser·holz ['maːzər..] 中 -es/ᵉer 木目のある木材.

'ma·se·rig ['maːzərɪç] 形 木目(模様)のある.

'ma·sern [ma:zərn] ❶ 他《多く過去分詞で》木目(もくめ)模様をつける; (扉・戸棚など)木目材で飾る. ge-maserter Marmor 木目模様のある大理石. **2** 自《古》麻疹(はしか)になる.

'Ma·sern [ma:zərn] 複《病理》麻疹(はしか). die ~ haben 麻疹にかかっている.

'Ma·se·rung 女 -/-en 木目(模様).

***'Mas·ke** ['maskə マスケ] 女 -/-n (arab. mas-chara, Possenreißer[ei]') **1** (a) 面, 仮面; 《比喩》仮面. Seine Hilfsbereitschaft ist nur [eine] ~. 彼の親切はうわべだけのことだ. eine ~ anlegen〈ablegen〉仮面をつける(はずす). die ~ fallen lassen / die ~ von sich³ werfen 仮面をぬぐ, 本性をあらわす. j³ die ~ herunterreißen / j³ die ~ vom Gesicht reißen 人³の仮面をひっぺがす. ohne ~ あからさまに, はだかで. unter〈hinter〉der ~ der Gleichgültigkeit 無関心を装って. (b) 仮面の(仮装した)人物. **2** 防護用マスク. Fechtmaske フェンシングのマスク. Gasmaske ガス(防毒)マスク. **3**《医学》酸素吸入用マスク; 麻酔マスク. **4** (a)《演劇》メーキャップ. ~ machen メーキャップをする. schon in ~ sein もう顔はできている. (b) (美顔)パック. **5** (Totenmaske) デスマスク. **6**《建築》(Maskaron) (装飾としての)仮面飾り. **7**《写真》焼付用のマスク; (カラーフィルムの)マスクフィルター. **8** (ボクサーの犬などに見られる鼻づら周りの)面形模様.

'Mas·ken·ball 男 -[e]s/¨-e 仮面(仮装)舞踏会.

'Mas·ken·bild·ner 男 -s/- 《演劇・映画》メーキャップ係.

Mas·ke·ra·de [maskə'ra:də] 女 -/-n (sp. mascarada, Maskenanzug') **1** 仮装, 扮装; 仮装(仮面)舞踏会, 仮装行列. **2**《比喩》見せかけ. Seine Selbstsicherheit ist doch nur ~! やつの自信なんてただの見せかけじゃないか.

mas·kie·ren [mas'ki:rən] ❶ 他 **1** (人⁴に)仮面をつけさせる, 仮装(変装)させる. **2** 蔽い隠す; 偽装(カモフラージュ)する. **3**《料理》(物⁴に)ソースをかける; 泡雪をまぶす. **4**《写真》(フィルムにマスクフィルターをかける. ❷ (sich⁴) 仮装(変装)する;《動物》(昆虫などが)偽装する.

Mas·kott·chen [mas'kɔtçən] 中 -s/- マスコット(幸運をもたらす小動物や人形).

Mas·kot·te [mas'kɔtə] 女 -/-n(-s[..'kɔts]) (fr.) Maskottchen.

mas·ku·lin [masku'li:n, '- - -] 形 (lat. masculinus, männlich') **1** 男の. **2** 男っぽい, 男性的な. **3**《俗》(女性が)男みたいな. **4**《文法》男性の.

'Mas·ku·li·num ['maskuli:num, - -'- -] 中 -s/..na [..na] (略 m.)《文法》**1** (複数なし) (名詞の)男性. **2** 男性名詞(代名詞).

Ma·so·chis·mus [mazo'xısmus] 男 -/ 《心理》(↔ Sadismus) マゾヒズム. ♦ オーストリアの作家マゾッホ L. v. Sacher-Masoch, 1836-95 にちなむ.

Ma·so·chist [mazo'xıst] 男 -en/-en 《心理》マゾヒスト, 被虐(自虐)傾向のある人.

ma·so·chis·tisch [mazo'xıstıʃ] 形 **1**《心理》マゾヒズムの, マゾヒストの. **2** 被虐(自虐)的な.

maß [ma:s] messen の過去.

***Maß¹** [ma:s マース] 中 -es/-e(単位 -) (lat. modus, Art und Weise') **1** (a) 度量衡の単位, 尺度. Der Meter ist das ~ für die Bestimmung der Länge. メートルは長さを計る単位である. (b) 物差(ものさし), 桝(ます). das ~ an et¹ anlegen 物⁴に物差をあてる. ein gerüttelt [an/von] et³ haben 物³(仕事・心配事など)をうんざりするほどかかえている (↓《新約》ルカ 6:38). zweierlei ~ messen べつべつの物差を使う. Das meiner Leiden ist voll. 私の苦しみはもう限界だという. Das ~ ist voll! もうたくさん(うんざり)だ. **2** 測定値; 寸法, サイズ. ideale ~e haben 理想的なプロポーションである. j³〈bei j³〉~ nehmen j³〈人³〉の寸法をとる, 採寸する. j⁴ ~ nehmen《話》人⁴をこってりしかる; こっぴどく殴る. in natürlichem〈vergrößertem〉~ 実物大で〈拡大して〉. ein Anzug nach ~ 誂(あつら)えのスーツ. **3** 程度, 大きさ, 規模. In gewisses ~ Mut ist dafür erforderlich. それにはある程度の度胸が必要だ. Das überschreitet das ~ meiner Kräfte. これは私の手に余る. in dem ~, dass... ...の程度に. in dem ~, wie... ...の度合に応じて. in gewissem ~e ある程度に. in hohem〈höchstem〉~e 大いに, 著しく. in zunehmendem ~e だんだん, ますます. **4** 節度, 中庸, 程よい合い. das ~ halten〈überschreiten〉節度を守る〈度を過ごす〉. weder ~ noch Ziel kennen 極端に走る, ほどを知らない. in〈mit〉~en ほどよに, 適度に. ohne ~ und Ziel 節度がなく, 極端(過度)に, むちゃくちゃに. über die〈alle〉~en 度がはずれて, ものすごく. Das geht über alles ~ [hinaus]. それはむちゃだ, ひど過ぎる. ❺《複数 -》マース(古い液量単位, =約 1-2 リットル).

Maß² 女 -/-e (単位 -) (バイエル・オーストリア) **1** = Maß¹ 5 **2** 1 リットルのビール.

Mas·sa·ge [ma'sa:ʒə, パイエル..'sa:ʃ] 女 -/-n (fr.) マッサージ, あんま.

Mas·sa·ge·sa·lon 男 -s/-s **1**《古》マッサージ治療院. **2**《隠》(あやしげな)マッサージサロン.

Mas·sai [ma'saı, '- -] 男 マサイ族(東アフリカのマサイ語を話す遊牧民の総称).

Mas·sa·ker [ma'sa:kər] 中 -s/- (fr.) 大虐殺, 大量殺戮(さつりく).

mas·sa·krie·ren [masa'kri:rən] 他 (fr.) **1** 虐殺する. **2**《話》虐待する, ひどく苦しめる.

'Maß·ana·ly·se ['ma:s..] 女 -/-n 《化学》容量分析.

'Maß·an·zug 男 -[e]s/¨-e オーダーメードの背広.

'Maß·ar·beit 女 -/-en **1** 注文で作った品物, 誂(あつら)え品;《複数なし》すばらしい出来映え(のもの). Das war ~!《話》それはじつにみごとだった.

***'Mas·se** ['masə マセ] 女 -/-n (gr. maza, Brotteig') **1** (形のさだまらない, 多く粘性の物質の)塊(かたまり). **2** (a) 大量, 多数. eine ~ Bekannte〈Geld〉数えきれぬほど多くの知人〈すごい大金〉. ~n von〈an〉Erde 大量の土. Eine ~ faule Orangen〈fauler Orangen〉lag〈lagen〉auf dem Boden. 無数の腐ったオレンジが地面にころがっていた. Die ~ muss es bringen.《話》大量に売れないと引合わない. Ich habe noch eine [ganze] ~ zu tun. 私はまだ仕事が山ほど残っている. in ~n kommen 大挙して(どっと)やって来る. et⁴ in ~n produzieren 物⁴を大量に生産する. (b)《複数なし》(...の)大多数, 大部分. Die ~ der Befragten war dagegen. 尋ねられた人たちの大半がそれに反対した. Das ist nicht die ~!《話》これは大したものじゃない. **3** (a) 群衆. Der Täter ist in der ~ verschwunden. 犯人は群衆の中に姿を消した. (b) 民衆, (一般)大衆;《複数で》(とくにマルクス主義で)人民. die anonyme ~ 名もなき民. die breite ~ [des Volkes]

Ma·ße ['maːsə]

mä·ße ['mɛːsə] messen の接続法 II.

Maß·ein·heit ['maːs..] 囡 -/-en 度量衡単位.

Mas·sel¹ ['masəl] 囡 -/ (*hebr.* mazzal, Stern, Schicksal') 思いがけない幸運.

Mas·sel² 囡 -/-n (*it.*)〖冶金〗銑鉄, なまこ.

ma·ßen ['maːsən] 腰 《従属／定動詞後置》《古》(weil) …であるがゆえに.

..ma·ßen [..maːsən]〖接尾〗(↑Maß¹) 形容詞・動詞の分詞などにつけて「…の仕方で, …の程度に」の意の副詞をつくる. bekannter*maßen* 周知のように. folgender*maßen* 次のように.

'**Mas·sen·ab·satz** ['masən..] 男 -es/¨e 大量販売.

'**Mas·sen·an·zie·hung** 囡 -/〖物理〗(Gravitation) 万有引力, 重力.

'**Mas·sen·ar·beits·lo·sig·keit** 囡 -/ 大量失業.

'**Mas·sen·ar·ti·kel** 男 -s/-〖経済〗大量生産品.

'**Mas·sen·auf·ge·bot** 男 -[e]s/-e 大量動員. ein ~ an Polizisten 警官の大量動員.

'**Mas·sen·ent·las·sung** 囡 -/-en〖法制〗大量解雇.

'**Mas·sen·fa·bri·ka·ti·on** 囡 -/-en《複数まれ》〖経済〗大量生産.

'**Mas·sen·ge·sell·schaft** 囡 -/-en〖社会学〗大衆社会.

'**Mas·sen·grab** 匣 -[e]s/¨er 合同墓, 合葬墓.

'**Mas·sen·gü·ter** 覆 〖経済〗**1** (Massenartikel) 大量生産品. **2** 大量貨物, 山荷.

'**mas·sen·haft** ['masənhaft] 形 **1** 大量の. **2**《副詞的用法で》《話》たっぷり, 十二分に.

'**Mas·sen·her·stel·lung** 囡 -/-en《複数まれ》〖経済〗=Massenfabrikation

'**Mas·sen·hys·te·rie** 囡 -/-n 集団ヒステリー.

'**Mas·sen·ka·ram·bo·la·ge** 囡 -/-n 玉突衝突(事故).

'**Mas·sen·kom·mu·ni·ka·ti·on** 囡 -/-en〖社会学〗マスコミュニケーション, マスコミ.

'**Mas·sen·kund·ge·bung** 囡 -/-en 大規模な政治集会.

'**Mas·sen·me·di·um** 匣 -s/..medien [..meːdiən]《多く複数で》マスメディア.

'**Mas·sen·mord** 男 -[e]s/-e 大量殺人.

'**Mas·sen·pro·duk·ti·on** 囡 -/-(en)〖経済〗大量生産.

'**Mas·sen·psy·cho·lo·gie** 囡 -/〖心理〗集団(群衆)心理学.

'**Mas·sen·psy·cho·se** 囡 -/-n〖心理〗集団異常心理.

'**Mas·sen·quar·tier** 匣 -s/-e《侮》集団簡易宿泊所, 大人数収容の安宿.

'**Mas·sen·spei·cher** 男 -s/-〖コン〗大容量記憶装置.

'**Mas·sen·sport** 男 -[e]s/ 大衆的なスポーツ.

'**Mas·sen·ster·ben** 匣 -s/ (動物の)大量死滅.

'**Mas·sen·streik** 男 -[e]s/-s 大規模なストライキ.

'**Mas·sen·sug·ges·ti·on** 囡 -/-en〖心理〗集団暗示.

'**Mas·sen·sze·ne** 囡 -/-n (映画・オペラなどの)群衆シーン.

'**Mas·sen·ver·nich·tung** 囡 -/-en 大量殺戮(さつりく).

'**Mas·sen·ver·samm·lung** 囡 -/-en 大集会, 大衆集会.

'**Mas·sen·wei·se** ['masənvaɪzə] 副 大量(多数)に, 群をなして.

'**Mas·sen·wir·kung** 囡 -/-en 大衆に及ぼす作用(影響).

Mas'seur [ma'søːr] 男 -s/-e (*fr.*) マッサージ師, あま. ♦ 女性形 Masseurin -/-nen

Mas'seu·se [ma'søːzə] 囡 -/-n (*fr.*) **1** (まれ)女性マッサージ師. **2** (マッサージ師を自称する)売春婦.

'**Maß·ga·be** ['maːsgaːbə マースガーベ] 囡《次の用法で》mit der ~, dass…〈, …zu tun〉…である〈…する〉という条件で. nach ~ dieser Bestimmung 〈seines Vermögens〉《雅》この決定に従って〈彼の能力に応じて〉.

'**maß·ge·bend** ['maːsgeːbənt] 形 規準になる; 権威のある, 決定的な. Sein Urteil ist ganz und gar nicht ~. 彼の判断は取るに足らない. et⁴ von ~*er* Seite erfahren 事⁴を権威筋から聞いて知る.

'**maß·geb·lich** ['maːsgeːplɪç] 形 (maßgebend) 規準(標準)になる, 決定的な. ~*en* Einfluss auf et⁴ haben 事⁴に決定的な影響力を持つ. an et³ ~ beteiligt sein 事³に重要な役割を果している.

'**maß·ge·recht** 形 寸法(サイズ)通りの.

'**Maß hal·ten*, °'maß|hal·ten*** 自 (↑Maß¹ 4) 節度を守る, ほどほどにする(in et³ 事³において).

mas'sie·ren [ma'siːrən] 他 (*arab.* mass, berühren, betasten') 〈人⁴に〉マッサージをする. sich⁴ ~ lassen マッサージしてもらう.

mas·sie·ren² (*lat.* massa) ❶ 他〖軍事〗(部隊を)集結させる. ein *massierter* Angriff 総攻撃. ❷ 再 〈sich⁴〉 集結する; 蓄積する, 積みかさなる.

mas'siert 過分 形 (1 massieren²) 増強された, 強力な, 集中的な. ~*e* Einwände 強い抗議. ein ~*es* Polizeiaufgebot 増強された警察隊. ~*e* Hilfeleistung für Polen ポーランドへの集中的援助.

'**mas·sig** ['masɪç] 形 (↓Masse) **1** どっしりした, どでかい. eine ~*e* Erscheinung 図体(ずうたい)のでかい人. **2**《副詞的用法で》《話》大量に, どっさり.

*'**mä·ßig** ['mɛːsɪç メースィヒ] 形 **1** 節度を守った, 適度な; 穏当な. ~*e* Ansprüche〈Preise〉過大でない要求〈妥当な値段〉. Mäßiger Genuss von Alkohol ist nicht schädlich. アルコールはほどほどだと害にはならない. **2** まあまあの, 並みの. ~*er* Schüler 凡庸な生徒.

..mä·ßig [..mɛːsɪç]〖接尾〗名詞につけて「…のような, …に従った, …による」, 《話》「…に関する」などの意の形容詞をつくる. berufs*mäßig* 職業上の. erb*mäßig* 遺伝による. plan*mäßig* 計画通りの.

'**mä·ßi·gen** ['mɛːsɪgən] ❶ 他 (スピードなどを)適度におとす; (要求などを)ほどほどにする; (怒り・興奮などを)抑える. ❷ 再 〈sich⁴〉 ほどほどにする, 慎む (in〈bei〉 et³ 事³における); (熱・興奮・嵐などが)和らぐ, おさまる.

'**Mä·ßig·keit** 囡 -/ **1** 節制, 節度. j³ zur ~ im Trinken raten 人³に飲むのをほどほどにするよう忠告する. **2** 《まれ》凡庸, 月並み.

'**Mä·ßi·gung** 囡 -/ 適度(ほどほど)にすること; 自制, 抑制.

mas'siv [ma'siːf] 形 (*fr.* massif, massig, fest') **1** 中身のつまった; どっしりした, ずっしりした;〖建築〗コンク

リート製の, 石造りの. **2** 混じり気のない, むくの. aus ～em Gold 純金製の. Der Tisch ist Eiche ～〈～Eiche〉. その机は総オーク造りだ. **3** (援助などが)強力な;(攻撃・非難などが)激しい;《話》がさつな, 乱暴な;《軍事》総力を投入した.

Mas·siv 匝 -s/-e (*fr.*) **1**《地質》基盤, バソリス. **2** 連山, 山なみ.

Mas·siv·bau 匝 -[e]s/-ten《建築》コンクリート建築物;《複数なし》コンクリート構造.

'Maß·krug ['ma:s..] 匝 -[e]s/⸚e **1** マース (1 リットル) のジョッキ.

'Maß·lieb ['ma:sli:p, -'-] 回 -[e]s/-e = Maßliebchen

'Maß·lieb·chen ['ma:sli:pçən, -'--] 回 -s/-《植物》**1**《Gänseblümchen》ひなぎく(雛菊).**2**《地方》《Margerite》フランスぎく.

'maß·los ['ma:slo:s] 形 度を過ごした, 行過ぎた, むちゃな;《副詞的用法で》ひどく.

'Maß·lo·sig·keit [..lo:zıçkaıt] 囡 -/ 過度, 法外, 並はずれていること.

* **'Maß·nah·me** ['ma:sna:mə マースナーメ] 囡 -/-n 措置, 処置〈gegen et³ 事に対する / zu et³ 事³のための〉. ～n ergreifen〈treffen〉措置(対策)を講じる.

Mas·so·ra [ma'so:ra, maso:ra:] 囡 -/ (*hebr.*「Überlieferung」) マソラ(6–10 世紀にユダヤ教の「伝承」に基づいて校訂されたヘブライ語旧約聖書の伝統的本文).

'Maß·re·gel 囡 -/-n 処置, 措置;方策, 方針;規則, きまり;《法制》処分. ～ergreifen〈treffen〉処置をとる, 処分を行う. ～n der Besserung und Sicherung《法制》矯正(保安)処分.

'maß·re·geln ['ma:sre:gəln] 他 処罰する.

'Maß·re·ge·lung, 'Maß·reg·lung 囡 -/-en 処分, 処罰.

'Maß·schnei·der 匝 -s/- (← Flickschneider) オーダー専門の仕立屋.

* **'Maß·stab** ['ma:sfta:p マースシュターブ] 匝 -[e]s/⸚e **1**(判断などの)尺度, 基準, 規範. die *Maßstäbe* meines Handelns 私の行動の規範. einen strengen ～ an et⁴ anlegen 事に厳しい基準をあてはめる. in großem ～ 大いに, 大々的に. sich³ j〈et〉⁴ zum ～ nehmen 人〈事〉⁴をお手本にする. **2**(地図などの)比例尺, 縮尺. ein Stadtplan im ～ von [von] 1 : 7000(= eins zu siebentausend) 縮尺 7 千分の 1 の市街地図. **3**《まれ》物差し.

'maß·stab[s]·ge·recht, 'maß·stab[s]·ge·treu 形 正確な縮尺(寸法)の, 縮尺通りの.

'maß·stä·big ['ma:sfte:bıç] 形 = maßstäblich

'maß·stäb·lich [..fte:plıç] 形 一定の縮尺による.

'maß·voll [ma:sfol] 形 節度のある, ほどよい;穏健(控え目)な.

'Maß·werk 回 -[e]s《建築》トレーサリー(ゴシック建築の窓などの幾何学模様の飾り格子).

Mast¹ [mast] 匝 -[e]s/-e[n]**1**《造船》(船の)マスト(檣), 帆柱. **2**(マスト状の柱, ポール(電柱・アンテナ柱など).

Mast² 囡 -/-en《ふつう単数で》**1**《農業》(家畜の)肥育. **2** (a)《林業》(肥育用飼料になる)どんぐり(かしわ・ぶな・ならなどの). (b)《猟師》(猪などが地中から掘出して食べる)餌になるもの(木の根や幼虫など).

'Mast·baum 匝 -[e]s/⸚e マスト, 帆柱.

'Mast·darm 匝 -[e]s/⸚e《解剖》直腸.

'mä·sten ['mɛstən] ❶ 他 (家畜を)肥育する;《話》(人⁴を)太らせる. ❷ 再《sich⁴》(たくさん食べて)太る.

'Mas·ter ['ma:stər] 匝 -s/- (*engl.*) **1**(英国で Herr と呼ぶには若すぎる男子に対して)…ぼっちゃん, …さま. **2**(英米系の学位)修士, マスター. ～ of Art《略 M. A.》マスター・オブ・アーツ, 文学修士. **3** (《工学》主制御装置, 親装置. (b)(コピー製品の)原版, 原板, 金型, マスター;(レコード・CD などの)原盤, マスターテープ. **4**《ミス》(追い猟の)指揮者.

'Mast·fut·ter 回 -s/ 肥育飼料.

'mas·tig ['mastıç] 形 **1** 太った, 肥満した;堂々とした. **2**(食物が)脂っこい, しつこい. **3**(土地・草などが)湿潤な, 繁茂した.

'Mas·tix ['mastıks] 匝 -[es] **1** マスチック, 乳香(接着剤・薬剤などとして用いる樹脂). **2**《土木》(舗装用の)アスファルトマスチック.

'Mas·tix·strauch 匝 -[e]s/⸚er《植物》マスチックの木.

'Mast·korb 匝 -[e]s/⸚e マスト上の見張り台, クロースト.

'Mast·kur 囡 -/-en (太るための)肥満療法.

'Mast·schwein 回 -[e]s/-e 肥育した(肥育用の)豚.

'Mäs·tung ['mɛstʊŋ] 囡 -/-en 肥育.

Ma·stur·ba·ti·on [masturbatsi'o:n] 囡 -/-en (*lat.*) マスターベーション, 手淫.

mas·tur·bie·ren [mastur'bi:rən] ❶ 自《sich⁴》マスターベーションをする. ❷ 他(人⁴に)手淫を行う.

'Mast·vieh 回 -[e]s/ 肥育した(肥育用の)家畜.

Ma·su·re [ma'zu:rə] 匝 -n/-n マズーレン人, マズリア人.

Ma·su·ren [ma'zu:rən]《地名》マズーレン, マズリア(かつての東プロイセンの一部で現在はポーランド北東部の地域. ポーランド語形マズーリ Mazury).

Ma'sur·ka [ma'zʊrka] 囡 -/-s(..ken[..kən]) = Mazurka

Ma·ta·dor [mata'do:r] 匝 -s(-en)/-e[n] (*sp.*) **1** マタドール(牛にとどめを刺す主役格の闘牛士). **2**《比喩》主役, 中心人物;第一人者. **3**《トランプ》マタドール(最高の切札).

Match [mɛtʃ] 回(匝) -[e]s/-s(-e) (*engl.*) 試合, マッチ. ein ～ machen 試合をする.

'Match·ball [mɛtʃbal] 匝 -[e]s/⸚e(テニスなどで)マッチポイント.

'Match·win·ner ['mɛtʃvınər] 匝 -s/-《スポ》チームの勝利を決定したプレーヤー.

'Ma·te ['ma:tə] 囡 -/ (*sp.*) マテ茶(パラグアイ, ブラジルで常用される茶).

'Ma·ter ['ma:tər] 囡 -/-n (*lat.*, Mutter) **1**《印刷》(Matrize)(活字の)母型. **2**《解剖》器官を包む膜(脳膜など).

'Ma·ter do·lo·ro·sa ['ma:tər dolo'ro:za] 囡 --/- (*lat.*) (Schmerzensmutter) 悲しみの聖母(像), マーテル・ドロロサ.

ma·te·ri·al [materi'a:l] 形 **1** 原料の, 素材の;物質の. **2**《哲学》(↔ formal) 質料の.

* **Ma·te·ri·al** [materi'a:l マテリアール] 回 -s/-ien [..ıən] **1** (a) 材料, 原料, 素材, 資材;《比喩》素質, 資質. Der Sänger hat ein gutes ～. その歌手はいい喉(ど)をしている. (b)《比喩》人材, 人的資源. **2** 用具, 器材, 器機. das rollende ～《鉄道》車輌. **3** 資料, 題材, データ;証拠資料.

Ma·te·ri·a·li·sa·ti·on [materializatsi'o:n] 囡 -/-en **1** 物質化, 具体化. **2**《超心理》(心霊の)物質化現象. **3**《原子核》エネルギーの物質化.

ma·te·ri·a·li·sie·ren [materiali'zi:rən] ❶ 他 **1** 物質化する, 具体化する. **2**《超心理》(心霊を)物質化する. **3**《物理》(エネルギーを)物質化する. ❷ 再 (**sich**) **1**《超心理》(心霊が)物質化する. **2**《物理》(運動エネルギーの)物質化する.

Ma·te·ri·a·lis·mus [materia'lɪsmʊs] 男 -/ 物質主義, 実利主義;《哲学》唯物論. der dialektische 〜 弁証法的唯物論.

Ma·te·ri·a·list [materia'lɪst] 男 -en/-en (↔ Idealist) 物質主義者, 実利主義者;《哲学》唯物論者. **2**《古》日用(食料)雑貨商.

ma·te·ri·a·lis·tisch [materia'lɪstɪʃ] 形 物質主義の, 実利主義の; 唯物論的な.

Ma·te·ri·a·li·tät [materialiɛ't] 女 -/《哲学》(↔ Spiritualität) 物質性.

Ma·te·ri·al·kos·ten [ma'teria:l..] 複 材料(原料)費.

Ma·te·ri·al·prü·fung 女 -/-en 材料試験.

Ma·te·ri·al·schlacht 女 -/-en《軍事》物量戦.

Ma'te·rie [ma'te:riə マテーリエ] 女 -/-n (lat. materia) **1**《複数なし》物質;《哲学》(↔ Form) 質料. Geist und 〜 精神と物質. **2**(研究などの)題材, テーマ.

ma·te·ri·ell [materi'ɛl マテリエル] 形 **1** 物質(上)の, 物質的な. **2** 金銭上の, 経済的な. **3** 物質主義の, 実利主義の. **4** 物質的な, 素材(材料)としての.

Ma·te·strauch ['ma:tə..] 男 -[e]s/ 〃er (↑Mate)《植物》パラグアイ茶(茶), マテ.

Math.《略》= matə

Ma·the ['matə] 女 -/《無冠詞で》(↓ Mathematik)《生徒》(授業科目としての)数学.

Ma·the·ma·tik [matema'ti:k, ..'tɪk, ..'matɪk マテマティーク] 女 -/《略 Math.》数学; 応用数学. Das ist ja höhere 〜!《戯》それは高等数学だな(難しい問題だ).

Ma·the·ma·ti·ker [mate'ma:tikər] 男 -s/- **1** 数学者. **2** 数学専攻の学生.

ma·the·ma·tisch [mate'ma:tɪʃ] 形 数学(上)の, 数学的な. mit 〜er Genauigkeit きわめて精確に.

Mat'hil·de [ma'tɪldə マティルデ]《女名》(↑ Mechthild) die heilige 〜 聖マティルデ(890頃–968, ドイツ王 Heinrich 1 世の妃, Otto 大帝の母.『付録「聖人暦」3月14日).

Ma·ti'nee [mati'ne:] 女 -/-n[..'ne:ən] (fr. matinée, Vormittag') マチネー, 昼間興行(通常の夜間興行に対する語で, ふつう午後に行われる興行をいう).

Mat·jes·he·ring ['matjəshe:rɪŋ] 男 -s/-e (ndl., Mädchenhering') 若い鰊(にしん)の塩漬け.

*****Ma'trat·ze** [ma'tratsə マトラッツェ] 女 -/-n (arab.) **1**(寝台の)マットレス, 敷布団. an der 〜 horchen《戯》ベッドに寝ている. **2**(一般に)マットレス, マット; エアマット. **3**《戯》(顔一面の)濃い髭; 濃い胸毛.

Mä·tres·se [mɛ'trɛsə] 女 -/-n (fr.)《侮》(妻帯者の)愛人, 妾(めかけ). **2**《古》(君侯の)側室.

Mät·res·sen·wirt·schaft 女 -/(君侯の側室が政治に容喙(ようかい)する)側室政治.

ma·tri·ar'cha·lisch [matriar'ça:lɪʃ] 形 母権(制)の.

Ma·tri·ar'chat [matriar'ça:t] 中 -[e]s/-e (lat.+gr.) (↔ Patriarchat) 母権制.

Ma'tri·ces [ma'tri:tse:s] Matrix の複数.

Ma'tri·kel [ma'tri:kəl] 女 -/-n (lat.) **1**(役所の)登録簿. **2**(教区の)帳簿, 過去帳. **3**(大学の)学籍簿. **4**《古》徴兵身分台帳. **5**《ｽｲｽ》戸籍簿.

'Ma·trix ['ma:trɪks] 女 -/..trizen (..trizes, ..trices) (lat.) **1**《数学》行列, マトリックス. **2**《社会学・心理》マトリックス. **3**《言語》(音声構造の行列表示). **4**《ｺﾝﾋﾟｭ》配列, マトリックス. **5**《生物》(骨などの)基質, 母質, マトリックス. **6**《解剖》爪母基(ｿｳﾎﾞｷ).

'Ma·trix·dru·cker 男 -s/-《ｺﾝﾋﾟｭ》ドットプリンター.

'Ma·trix·satz 男 -es/ 〃e《言語》母型文.

Ma'tri·ze [ma'tri:tsə] 女 -/-n (fr.) **1**《印刷》(a)(活字の)母型. (b)(鉛版・ステロ版などの)紙型(しがた). (c)(謄写印刷・捺染印刷の)原紙型, ステンシル. **2**《工学》鋳型(いがた); (レコード盤などの)母型.

Ma'tri·zen [ma'tri:tsən] Matrix, Matrize の複数.

Ma'tri·zes [ma'tri:tse:s] Matrix の複数.

Ma·tro·ne [ma'tro:nə] 女 -/-n (lat.) **1**《古》(気品と貫禄のある)中年婦人. **2**《侮》肥った小母さん.

ma·tro·nen·haft [ma'tro:nənhaft] 形 年輩婦人らしい; 肥った, 貫禄のある.

*****Ma·tro·se** [ma'tro:zə マトローゼ] 男 -n/-n (ndl.) **1** 船員, 水夫, マドロス. **2**《軍事》(2 等)水兵.

Ma·tro·sen·an·zug 男 -[e]s/ 〃e **1** 水兵服. **2** (男児用の)セーラー服.

Ma·tro·sen·kleid 中 -[e]s/-er (女児用の)セーラー服.

matsch [matʃ] 形《話》**1**《述語的用法のみ》(a)(果物などが熟(う)れすぎて)ぐちゃぐちゃになった, 腐った. (b)(人が)くたくたになった, 疲れ果てた. **2**《ｽﾎﾟｰﾂ・ﾄﾗﾝﾌﾟ》〜 werden こてんぱんにやられる. jm 〜 machen 人をこてんぱんにやっつける.

Matsch [matʃ] 男 -[e]s/-e **1**《ﾄﾗﾝﾌﾟ》完敗. **2**《複数なし》(a)(雪解けの)ぬかるみ, どろんこ. (b) どろどろ(したもの).

'mat·schen ['matʃən] 自《話》(ぬかるみなどで)ばしゃばしゃ跳ねとばす, どろんこ遊びをする.

'mat·schig ['matʃɪç] 形《話》**1** ぬかるんだ, どろんこの. **2**(果実などが熟(う)れすぎて)ぶよぶよした, ぐちゃぐちゃの.

*****matt** [mat マト] 形 (arab., ist gestorben') **1** 疲れ切った, ぐったりした, くたくたになった. 〜e Glieder くったりした手足. müde und 〜 sein 疲れ果ててくたくたである. **2**(声・脈拍などが)力のない, 元気のない, 弱々しい. mit 〜er Stimme 弱々しい声で. jm 〜 anlächeln 人に力なく微笑みかける. **3**(表現・プレーなどが)迫力(説得力)のない, さえない, ぱっとしない. eine 〜e Entschuldigung さえない言訳. Die Börse schloss 〜. 相場はぱっとしないまま引けた. **4** 輝き(光沢)のない, つや消しの; (色合いなどが)くすんだ, 鈍い. 〜e Augen どんよりした目. 〜es Glas 磨りガラス. 〜es Licht 薄暗い灯り. 〜es Papier つや消し紙. **5**《ﾁｪｽ》手詰めの, 詰んだ. [Schach und] 〜! 王手, チェックメート. jm 〜 setzen 人を王手詰めにする;《比喩》(手も足も出ないように)人を封じ込める.

Matt 中 -s/-s《複数まれ》《ﾁｪｽ》手詰め, チェックメート.

'Mat·te[1] ['matə] 女 -/-n (戸口などの)敷物, マット; (体操・格闘技などの)マット. eine 〜 aus Binsen 藺草(いぐさ)のマット, ござ. Bleib auf der 〜!《話》(あんまり浮かれずに)頭を冷やしなさい, そんなに舞上がるな. jm auf die 〜 legen (レスリングで)人をマットに押さえつける;《話》人をやっつける, 叱りつける, へこませる. auf der 〜 stehen《話》(仕事に取掛かろうと)待機中である, スタンバイしている. **2**《話》(だらしなく)額に垂れた髪.

'Mat·te[2] 女 -/-n《中部ﾄﾞｲﾂ》(Quark) 凝乳, コッテジ

Matte

チーズ.

'**Mat·te**³ 囡 -/-n 《ﾁﾛﾙ》《雅》(Wiese) (アルプスの)牧草地, 草原.

'**Mat·ter·horn** ['matərhɔrn] 《地名》das — マッターホルン (スイス・イタリア国境の高峰, 標高 4478 m).

'**Matt·glas** 中 -es/ 磨(ﾐｶﾞ)りガラス.

'**Matt·gold** 中 -[e]s/ いぶし金.

Mat·thäi [ma'tɛːi] (Matthäus の 2 格)マタイの. das Evangelium ～ マタイ福音書. Bei ihm ist [es] ～ am letzten. 《話》(財政的に)彼はもう破滅だ; 彼はもうお陀仏だ(まもなくあの世に行くだろう). ◆ 上の例文中の Matthäi は das Evangelium ～ を略したもので, この福音書が „der Welt Ende" という言葉で終っていることをふまえている.

Mat·thä·us [ma'tɛːʊs] ❶《男名》マテーウス (Matthäus の別形). ❷《人名》《新約》マタイ (12 使徒の 1 人, 福音史家. ↑付録「聖人暦」9 月 21 日). das Evangelium nach ～ / *Matthäus*evangelium マタイによる福音書.

'**Matt·heit** ['mathaɪt] 囡 -/ くったりしていること, 弱々しいこと;(市況などの)不振, 沈滞, つや消し, いぶし.

'**matt·her·zig** 形《古》《雅》無気力な.

Mat·thi·as [ma'tiːas] (*hebr.*, ,Geschenk Gottes') ❶《男名》マティーアス (Matthäus は Matthias の別形). ❷《人名》《新約》マティア (Judas Ischariot の裏切りによって欠員が生じたので弟子たちの中からくじによって選ばれた使徒. 使 1 : 22-26. ↑付録「聖人暦」5 月 14 日).

mat'tie·ren [ma'tiːrən] 他 (金属・板材などを)つや消しにする, くすませる.《過去分詞で》*mattiertes* Glas 磨(ﾐｶﾞ)りガラス.

'**Mat·tig·keit** ['matɪçkaɪt] 囡 -/ くったりしていること, 疲労困憊(ﾊﾟｲ); 無気力, 倦怠, だるさ.

'**Matt·schei·be** 囡 -/-n **1** 磨(ﾐｶﾞ)りガラス. ～ haben 《話》頭がぼうっとしている. **2**《写真》(カメラの)焦点ガラス. **3**《話》テレビ画面. vor der ～ sitzen テレビにかじりついている.

Ma'tur¹ [ma'tuːr] 中 -s/ (*lat.* maturus, reif') 《古》(Reifeprüfung, Abitur) 囡 ギムナジウム卒業試験.

Ma'tur² 囡 -/ 《ｽｲｽ》 =Matura

Ma'tu·ra [ma'tuːra] 囡 -/ 《ｵｰｽﾄ・ｽｲｽ》ギムナジウム卒業試験, 高等学校卒業試験 (ドイツの Abitur に相当しこれに合格すると大学入学資格が得られる).

Ma·tu'rand [matu'rant] 男 -en/-en 《ｽｲｽ》(Abiturient) ギムナジウム卒業試験受験者. ◆女性形 Maturandin 囡 -/-nen

Ma·tu'rant [matu'rant] 男 -en/-en 《ｵｰｽﾄ》ギムナジウム卒業試験受験者. ◆女性形 Maturantin 囡 -/-nen

ma·tu·rie·ren [matu'riːrən] 自 《ｵｰｽﾄ》ギムナジウム卒業試験を受ける.

Ma·tu·ri'tät [maturi'tɛːt] 囡 -/ **1**《古》(Reife) 成熟. **2**《ｽｲｽ》=Matura **3**《ｽｲｽ》大学入学資格.

Ma'tu·tin [matu'tiːn] 囡 -/-e[n] (*lat.* matutinus , morgendlich') 《ｶﾄﾘｯｸ》《聖務日課》の朝課, 朝の祈り.

Matz [mats] 男 -es/-e (Mätze) 《戯》(かわいい)坊や, おちびちゃん. ◆ 本来は Matthias, Matthäus の愛称.

'**Mätz·chen** ['mɛtsçən] 中 -s/-《ふつう複数で》《話》いたずら, 冗談, 悪ふざけ;(馬鹿げた)策略, トリック, はったり, 言い逃れ. ◆ 本来は Matz の縮小形.

Mat·ze ['matsə] 囡 -/-n =Matzen

'**Mat·zen** ['matsən] 男 -s/- (*hebr.*)《旧約》種(ﾀﾈ)なしパン (ユダヤ教徒が Passah のときに食べる酵母や塩を入

れずにクラッカー状に焼いたパン,《旧約》出 12, 13).

mau [maʊ] 形 《話》 **1** 気分がすぐれない. **2** (状況などが)思わしくない.

*'**Mau·er** ['maʊər マオアー] 囡 -/-n **1** (石・煉瓦などの)壁, 外壁; 煉瓦(ﾌﾞﾛｯｸ)塀, 石垣;(都市などの)囲繞城壁. die [Berliner] ～ ベルリーンの壁. die Chinsische ～ 万里の長城. wie eine ～ stehen 壁のように立ちはだかる. in den ～n Roms〈von Rom〉《ｶﾀｲ》ローマ市内に. sich¹ mit einer ～ aus〈von〉 Haß umgeben《比喩》(周囲に対して)憎悪の壁を張りめぐらせる, 憎悪に凝り固まっている. **2** (a)《馬術》土塁障害. (b)《ｻｯｶｰ》(敵のフリーキックに対する)壁.

'**Mau·er·blüm·chen** 中 -s/-《話》(ダンスの相手のいない娘をさして)壁の花;(一般に)地味な娘.

'**Mau·er·bre·cher** 男 -s/- (昔城壁を破砕するのに用いた)破城槌(ﾂﾁ), バッテリング・ラム.

'**Mau·er·fall** 男 -[e]s/《話》(ベルリーンの)壁の崩壊.

'**Mau·er·kro·ne** 囡 -/-n《土木》(城壁上端部の)壁頂石, 壁冠.

'**mau·ern** ['maʊərn] ❶ 他 **1** (石・煉瓦などで)(塀)を築く. **2**《ｽﾎﾟｰﾂ》(よい手札を持ちながら)勝負に出ない, 安全プレーをする. **3**《ｻｯｶｰ》(自陣ゴールにプレーヤーを引き揚げて)ゴールを固める, ディフェンスに徹する. ❷ 自 (壁・塀・テラスなどを)築く.

'**Mau·er·schwal·be** 囡 -/-n =Mauersegler

'**Mau·er·seg·ler** 男 -s/-《鳥》ヨーロッパあまつばめ(ﾂﾊﾞ燕).

'**Mau·er·specht** 男 -[e]s/-e《戯》ベルリーンの壁の崩壊のさい, その一部を記念に持去った人.

'**Mau·er·stein** 男 -[e]s/-e《土木》 **1** (造壁用)石材. **2** (不焼成(ｶﾞﾏ)の)特殊煉瓦 (鉱滓(ﾝ)煉瓦やコンクリートブロックなど). ◆ ↑Mauerziegel

'**Mau·er·werk** 中 -[e]s/ **1** (石材やモルタルからなる)組積みの壁. **2** (建物の)壁(全体).

'**Mau·er·zie·gel** 男 -s/-《土木》(焼成(ｶﾞﾏ)による)普通煉瓦, 赤煉瓦. ◆ =Mauerstein

Maul [maʊl] 中 -[e]s/Mäuler **1** (動物の)口. Der Löwe riss das ～ auf. ライオンが大きな口を開けた. **2** 《話》(Mund) (人間の)口. Alle *Mäuler* sind voll davon. みんなその話でもちきりだ. die bösen *Mäuler* 〈世間の〉口さがない人々; 陰口. das ～ aufmachen 〈auftun〉口を開ける; 口をきく, 話す. das ～ [weit] aufreißen / das ～ voll nehmen 大口を叩く. über j¹ das ～ [weit] aufreißen 人¹のことを悪(ｱ)し様(ｻﾏ)に言う,(の)悪口を言う. ein freches ～ haben 生意気な口をきく. ein großes ～ haben〈führen〉大口を叩く, 偉そうなことを言う. Er hat sechs hungrige *Mäuler* zu stopfen. 彼は 6 人の腹を空(ｽ)かせた子供を養わねばならない. das ～ halten 口をつぐむ, 黙っている. das ～ hängen lassen / ein schiefes ～ ziehen 〈machen〉口をへの字に曲げる, 膨(ﾌｸ)れっ面をする. das ～ nach et³ spitzen 物³を見てさも欲しそうな顔をする. j³ das ～ stopfen 人³の口を封じる,(を)黙らせる. j³ das ～ verbieten 人³の発言を禁ずる. sich³ das ～ verbrennen うっかり口を滑らせる, 舌禍(ｶﾞ)を招く. sich³ über j⁴ das ～ zerreißen 人⁴の悪口を言う,(を)こきおろす.《前置詞と》Er ist nicht aufs ～ gefallen 彼は口達者だ. j¹ et¹ ins ～ schmieren 人¹に事を口移しに教え込む. j³ nach dem ～ reden 人³の話に調子を合せる,(の)気に入りそうな話ばかりする. j³ übers ～ fahren (乱暴に)人³の言葉を遮(ｻｴｷ)る. j³ ums ～ gehen 人³に眉ひる(へつらう). j¹ et¹ ums ～ schmieren 人¹に事を上手に言う. **3**《工学》(スパナ・やっと

こなどの)口状部，くわえ口．
'**Maul·af·fe** 男 -n/-n 《次の用法で》~n feilhalten《話》(手を拱(ﾇｶ)いて・何かに見とれて)口をぽかんと開けて突っ立っている．
'**Maul·beer·baum** 男 -[e]s/⸚e《植物》くわ(桑)(の木)．
'**Maul·bee·re** 女 -/-n くわの実．
'**Mäul·chen** ['mɔylçən] 中 -s/-《話 Mäulerchen》《Maul の縮小形》**1**（子供などの)小さな口．ein ~ machen〈ziehen〉《話》口をとんがらせる，膨れっ面をする．das ~ schon nach et³ spitzen《話》物(ｽ)をもう食べたそうに(欲しそうに)する．**2**《地方》(Kuss) キス，口づけ．

'**nau·len** ['maʊlən] 自《話》口をとがらす，膨れっ面をする; ぶつぶつ文句を言う．
'**Mäu·ler** ['mɔylɐr] Maul の複数．
'**Mäu·ler·chen** ['mɔylɐrçən]《話》Mäulchen の複数．
'**Maul·esel** ['maʊlˌeːzəl] 男 -s/-《動物》(↑Maultier) けってい(雄馬と雌驢馬(ﾛﾊﾞ)の一代雑種)．
'**naul·faul** 形《話》口の重い，むっつりとした．
'**Maul·held** 男 -en/-en《侮》口では大きなことを言う人，ほら吹き．
'**Maul·korb** 男 -[e]s/⸚e (犬や馬などの)口輪，口籠(ｸﾂｺﾞ)．
'**Maul·schel·le** 女 -/-n《話》(Ohrfeige) 平手打ち，びんた．
'**Maul·sper·re** 女 -/-n **1**《獣医》(馬などの)開口障害．**2** die ~ kriegen〈bekommen〉《話》(驚きのあまり)開いた口が塞(ﾌｻ)がらない．
'**Maul·ta·sche** 女 -/-n《料理》マウルタッシェ(シュヴァーベン名物の肉・野菜・チーズなどを詰めた餃子のようなパスタ料理)．
'**Maul·tier** ['maʊltiːr] 中 -[e]s/-e《動物》(↑Maulesel) らば(騾馬)(雄驢馬(ﾛﾊﾞ)と雌馬の一代雑種)．
'**Maul·trom·mel** 女 -/-n《楽器》口琴(ｺｯｷﾝ)，びやぼん，ジューズハープ．
'**Maul- und 'Klau·en·seu·che** 女 -/《略 MKS》《獣医》口蹄疫．
'**Maul·werk** 中 -[e]s/-《卑》=Mundwerk
'**Maul·wurf** ['maʊlvɔrf] 男 -[e]s/⸚e《動物》もぐら．
'**Maul·wurfs·gril·le** 女 -/-n《虫》けら．
'**Maul·wurfs·hau·fen** 男 -s/- =Maulwurfshügel
'**Maul·wurfs·hü·gel** 男 -s/- もぐらの盛り土，もぐら塚．
'**Mau·re** ['maʊrə] 男 -n/-n (gr. mauros ,der Mohr') ムーア人．◆ヨーロッパ人による北西アフリカのイスラーム教徒の呼称．元来はベルベル人を，また現在ではモーリタニアのアラブとベルベルの混血住民を指して用いる．8世紀にスペインを侵略したアラブ人もこの名で呼ばれた．↑Maurin, maurisch
'**Mau·rer** ['maʊrɐr] 男 -s/- **1** 煉瓦積職人，左官．pünktlich wie die Maurer《戯》いやに時間通りの．**2** (Freimaurer) フリーメーソン．**3** (トランプゲームで良い手札を持ちながら)勝負に出ない人．
'**Mau·rer·ar·beit** 女 -/-en 煉瓦積(左官)仕事．
'**Mau·re·rei** [maʊrəˈraɪ] 女 -/ **1** 左官職，左官業．**2** (Freimaurerei) フリーメーソン．
'**Mau·rer·ge·sel·le** 男 -n/-n 煉瓦積職人，左官．
'**Mau·rer·kel·le** 女 -/-n 左官こて．
'**Mau·rer·meis·ter** 男 -s/- 煉瓦積職人(左官)の親方．
'**Mau·re·ta·ni·en** [maʊrəˈtaːniən]《地名》(lat.) (↑

Maure) モーリタニア(アフリカ北西部に位置するイスラーム共和国，国土の大半はサハラ砂漠に覆われている．首都ヌアクショット Nouakchott)．
'**Mau·rin** ['maʊrɪn] 女 -/-nen (↓Maure) 女性のムーア人．
'**Mau·ri·ner** [maʊˈriːnɐr] 男 -s/-《ｸﾘｽﾄ》サン・モール修族会士．◆フランスのベネディクト会 Benediktiner に属する16修族の1つサン・モール修族に属する修道会士．
'**mau·risch** ['maʊrɪʃ] 形 (↑Maure) ムーア人の．
'**Mau·ri·ti·us** [maʊˈriːtsiʊs]《地名》(lat.) (↑Moritz) モーリシャス(インド洋上マダガスカル島の東にある共和国，首都ポート・ルイス Port Louis)．
＊**Maus** [maʊs マオス] 女 -/Mäuse **1** (はつか)ねずみ，マウス．Die Mäuse piepen〈piepsen/pfeifen〉．ねずみがちゅうちゅう鳴いている．eine graue ~《話》目立たない人(女)．weiße Mäuse《話》(白い制服の)交通取締まり警官．Da[von] beißt die ~ keinen Faden ab.《話》それはもうどうしようもない．Wenn die Katze aus dem Haus ist, tanzen die Mäuse [auf dem Tisch].《諺》鬼のいぬ間の洗濯．Das trägt eine ~ auf dem Schwanz weg.《話》それじゃまるで雀の涙だ(あまりにも僅かだ)．arm〈flink/still〉 wie eine ~《話》すごく貧乏なすばしこい/静かな〉．Mäuse merken〈riechen〉《話》何か変だ(どこかおかしい)と気づく．weiße Mäuse sehen《話》幻覚を見る．**2**《話》(女性や子供に対する愛称で)かわいい君，おまえ．Meine liebe kleine ~! (恋人や子供に向かって)ねえ君，かわいいおまえ．**3**《ｺﾝﾋﾟｭ》マウス．**4** (a)《球技》(Handballen) 母指球．(b)《解剖》(Gelenkmaus) 関節鼠(ﾈｽﾞﾐ)．**5**《複数で》《話》金(ｶﾈ)，銭(ｾﾞﾆ)．keine Mäuse haben 一文もない．10000 Mäuse 10000の銭(1万マルクないしはユーロをさして)．**6**《卑》(女性の)陰部．
'**Mau·schel** ['maʊʃəl] 男 -s/- (jidd., Moses')《侮》(以前ユダヤ人に対して用いられた蔑称)あわれなユダヤ人，モーゼ野郎．
'**mau·scheln** ['maʊʃəln] 自 (hebr.) **1**《話》怪しげな商売をする．**2**《ﾄﾗﾝﾌﾟ》(a)《話》インチキをする．(b) マウシェルンをする(↑Mauscheln)．**3**《侮》ユダヤ(イディッシュ)なまりで話す; 訳の分からないことを話す．
'**Mau·scheln** 中 -s/《ﾄﾗﾝﾌﾟ》マウシェルン(3-6人で遊ぶカード賭博)．
'**Mäus·chen** ['mɔysçən] 中 -s/-《Maus の縮小形》**1** 小ねずみ．Da[bei] möchte ich ~ sein〈spielen〉．《話》(その場に潜り込んで)こっそり見て(聞いて)みたいものだ．**2**《話》(子供や女性に対する愛称で)かわいい君，おまえ．**3**《話》(肘の)尺骨の端(ぶつけると非常に痛い)．
'**mäus·chen·still** 形《話》静まり返った．
'**Mäu·se** ['mɔyzə] Maus の複数．
'**Mäu·se·bus·sard** [..bʊsart] 男 -s/-e《鳥》のすり．
'**Mau·se·fal·le** ['maʊzə..] 女 -/-n ねずみ取り器．
'**Mäu·se·fal·le** ['mɔyzə..] 女 -/-n (まれ) =Mausefalle
'**Mau·se·loch** 中 -[e]s/⸚er ねずみの巣穴．Ich würde mich am liebsten in ein ~ verkriechen.《話》(怖さのあまり)穴倉にでも逃込みたいほどだ; (恥ずかしさのあまり)穴があったら入りたいほどだ．
'**Mäu·se·loch** 中 -[e]s/⸚er (まれ) =Mauseloch
'**mau·sen** ['maʊzən] ❶ 他《話》(物を)くすねる，ちょろまかす．❷ 自《古》《地方》(猫が)ねずみを捕らえる．
'**Mau·ser** ['maʊzɐr] 女 -/ (鳥の)換羽，羽毛の抜け替わり．

'Mau·ser² 囡 -/- 《商標》モーゼル(拳銃).

'mau·sern ['maʊzɐrn] ❶ 圓 (鳥が)換羽する. ❷ 囲 (**sich**¹) **1** (鳥が)換羽する. **2** 《話》(一皮むけて)見違えるようになる, 脱皮する.

'mau·se'tot ['maʊzəˈtoːt] 形 《話》完全に死んだ.

'maus·grau 形 ねずみ色の.

'mau·sig ['maʊzɪç] 形《次の成句で》sich⁴ ~ machen 《話》出しゃばる, しゃしゃり出る. ◆↑Mauser¹

'Maus·klick 男 -s/-s 《コンピュ》マウスクリック.

'Mäus·lein ['mɔʏslaɪn] 田 -s/- (Maus の縮小形) 小ねずみ. Ich glaub', dass dich das ~ beißt! / Dass dich das ~ beiß'! 《戯》ばかなことをする(言う)じゃない.

'Maus·pad [..ped] 田 -s/-s 《コンピュ》マウスパッド.

Mau·so·le·um [maʊzoˈleːʊm] 田 -s/..leen [..leːən] (lat.) (ローマ皇帝の)霊廟; (一般に)王侯の大墳墓, 霊廟, マウソレウム. ◇ 小アジアのカリアの総督マウソロス Mausolos (?-前353) のためにハリカルナッソス Halikarnassos に建てられた大墳墓にちなむ. ちなみにこの大墳墓は古代の「世界の七不思議」の1つ.

Maut [maʊt] 囡 -/-en **1** 《オーストリア》(橋・道路などの)通行料(税). **2** 《古》(Zoll) 関税; 税関.

'Maut·ner ['maʊtnɐr] 男 -s/- **1** 《オーストリア》(有料道路などの)料金所職員. **2** 《古》(Zöllner) 税官吏.

'Maut·stra·ße 囡 -/-n 《オーストリア》有料道路.

m. a. W. (略)=mit ander[e]n Worten 言い換えれば, 換言すれば.

Max [maks] ❶ 《男名》マックス(Maximilian の短縮). ❷ 男 -/ strammer ~ 《料理》シュトラマー・マックス ((a) ハム・オーランダーに卵焼きを乗せたもの. (b) (まれ)香辛料をきかせ卵を混ぜた挽肉をパンに乗せたもの).

'ma·xi ['maksi] 形 《比較変化なし / 付加語的にのみ用いない》 (am. maximum の短縮) 《服飾》マキシの. ◆↑Maxi, midi, mini

'Ma·xi ['maksi] ❶ 田 -s/-s **1** 《複数なし / ふつう無冠詞で》《服飾》マキシ. ◇ <maxi> tragen マキシのスカートをはく. **2** 《話》=Maxikleid ❷ 男 -s/-s 《話》 **1** =Maximantel **2** =Maxirock ❸ 《男名》マキシ(Maximilian, Maximiliane の愛称).

'Ma·xi·kleid 田 -[e]s/-er マキシドレス.

'Ma·xi·ma¹ ['maksima] Maximum の複数.

'Ma·xi·ma² 囡 -/..mae [..mɛ](..men) (lat.) 《音楽》マクシマ(14-16世紀の定量記譜法における音価の名).

ma·xi'mal [maksiˈmaːl] 形 (↔ minimal) 最大(限)の; 最高の.

'Ma·xi·man·tel 男 -s/.. マキシコート.

Ma'xi·me [maˈksiːmə] 囡 -/-n (生活や行動の)原則, 基準, 主義, 信条;《哲学》格率. die oberste ~ seines Lebens 彼の処世訓の第1条.

'Ma·xi·men¹ ['maksiˈmaː] Maxima² の複数.

Ma·xi·men² [maˈksiːmən] Maxime の複数.

ma·xi·mie·ren [maksiˈmiːrən] 他 (↔ minimieren) **1** (利益・成果などを)極限まで高める, 最大限に追求する. **2** eine Funktion ~《数学》関数の最大値を求める.

Ma·xi·mi·li·an [maksiˈmiːliːan]《男名》(lat. Maximus, der Größte) マクシミーリアーン. Kaiser ~ I. 皇帝マクシミーリアーン1世(位1493-1519, der letzte Ritter とよばれた神聖ローマ皇帝).

Ma·xi·mi·li'a·ne [maksimiliˈaːnə]《女名》マクシミリアーネ.

'Ma·xi·mum ['maksimʊm] 田 -s/..ma (lat.) (↔ Minimum) **1** 最大(限), 最高, マキシマム; 最大値(数, 量). **2** 《数学》極大(値). **3** 《気象》最高気温(気圧).

'Ma·xi·rock 男 -[e]s/..e マキシスカート.

Max-'Planck-Ge·sell·schaft [maksˈplaŋk] 囡 -/(略 MPG) マックス・プランク学術協会(ドイツにおける科学研究と学術振興の中心機関).

Max-'Planck-In·sti·tut 田 -[e]s/-e マックスプランク研究所(Max-Planck-Gesellschaft に所属).

'Ma·ya [ˈmaːja] ❶ 男 -[s]/-[s] マヤ族(4-15世紀中央アメリカに高度の文化を発展させた民族). ❷ -[s]/ マヤ諸族(中央アメリカ最大の語族).

Ma·yon'nai·se [majɔˈnɛːzə] 囡 -/-n (fr.) マヨネーズ. ◇ ドイツ語形 Majonäse

Ma·ze'do·ni·en [matseˈdoːniən] 《地名》=Makdonien

Mä'zen [mɛˈtseːn] 男 -s/-e (lat.) (芸術・文化・スポーツなどの)保護者, 後援者, メセナ. ◇ 古代ローマの政治家で Horaz や Vergil の後援者であったマエケナ Maecenas にちなむ.

Mä·ze·na·ten·tum [mɛtseˈnaːtəntuːm] 田 -/ (芸術・文化・スポーツなどの)保護, 後援, 奨励; メセナ活動.

Ma'zur·ka [maˈzʊrka] 囡 -/-s (..ken [..kən]) マズルカ(ポーランドの民族舞踏曲).

mb (略)=Millibar

MB (略)=Megabyte

Mbyte, MByte (略)=Megabyte

m. c. (略)=mensis currentis

'Mc-Job [ˈmɛkdʒɔp, ˈmæk..] 男 -s/-s (engl.)《話》低賃金で不安定な職場(ファーストフード店の名前から).

Md [ɛmˈdeː, mɛndeˈleːviʊm] 《記号》=Mendelevium

Md. [mɪliˈardə(n)] (略)=Milliarde(n)

MD (略)=Musikdirektor

MdB, M. d. B. (略)=Mitglied des Bundestages ドイツ連邦議会議員.

MdL, M. d. L. (略)=Mitglied des Landtages ドイツ州議会議員.

m. E. (略)=meines Erachtens 私見によれば.

Me'cha·nik [meˈçaːnɪk] 囡 -/-en (gr.) **1**《複数なし》(a) 力学. (b) 機械工学. **2** (Mechanismus) 機械装置, メカニズム;《複数なし》機構, からくり, 仕掛け.

*__Me'cha·ni·ker__ [meˈçaːnikɐr メヒャーニカー] 男 -s/- 機械工, メカニック. ◆女性形 Mechanikerin 囡 -/-nen

*__me'cha·nisch__ [meˈçaːnɪʃ メヒャーニシュ] 形 **1**《物理》力学的な, 機械的な; 物理的な. ~e Energie 力学的エネルギー. ~e Reize 機械的(物理的)刺激 **2** 機械の, 機械による, 機械仕掛の. ein ~es Klavier 自動ピアノ. eine Ware ~ herstellen 商品をオートメーションで製造する. **3** 《比喩》機械的な, 自動的な; 無意識的な. eine ~e Reaktion 無意識の反応. ~ antworten 機械的に答える.

me·cha·ni·sie·ren [meçaniˈziːrən] 他 (工場などを)機械化する.

Me·cha·ni·sie·rung 囡 -/-en 機械化.

Me·cha'nis·mus [meçaˈnɪsmʊs] 男 -/..men [..mən] **1** 機械装置. **2** 《複数なし》メカニズム, 機構, 仕組. **3** 《哲学》機械論.

me·cha'nis·tisch 形 **1**《哲学》機械論的な. **2** (まれ)機械的な.

'Mecht·hild [ˈmɛçtɪlt]《女名》メヒティルト.

Mecht'hil·de [mɛçˈtɪldə]《女名》メヒティルデ.

Me·cke·rei [mɛkəˈraɪ] 囡 -/-en《話》文句(不平)ばかり言うこと.

Me·cke·rer [ˈmɛkərər] 男 -s/-《話》文句(不平)ばかり言う人.

me·ckern [ˈmɛkərn] 自 **1**（やぎが）めえめえ鳴く. **2**（人が）甲高い声で話す(笑う). **3**《話》ぶつぶつ文句(不平)を言う, けちをつける(über et⁴ 事⁴について).

Meck·len·burg [ˈmeːklənbʊrk, ˈmɛk..] 地名 メークレンブルク(ドイツ北部バルト海沿岸地方, 昔のドイツの州名).

Meck·len·burg-ˈVor·pom·mern [..ˈfoːrpɔmərn] 地方 メークレンブルク=フォーアポンメルン(ドイツ北東部の州, 州都 Schwerin).

Meˈdail·le [meˈdaljə] 囡 -/-n (fr.) メダル. eine goldene ~ 金メダル. j³ für et⁴ eine ~ verleihen 人³に事⁴に対するメダルを授与する.

Meˈdail·len·ge·win·ner 男 -s/- メダリスト.

Meˈdail·lon [medalˈjõː] 匣 -s/-s (-[..ˈjoːnə]) (fr.) **1**《建築》（肖像などをレリーフした）(楕)円形牌, メダイヨン. **2**《服飾》(首飾りの)ロケット. **3**《料理》メダイヨン(円形に切った肉の切り身).

Meˈdea [meˈdeːa]《人名》(gr. Medeia)《ギリ神話》メデイア, メデイア(黒海の東端の国コルキスの王女, 良人 Jason に裏切られ子供たちを殺すことによって復讐した).

ˈMe·dia¹ [ˈmeːdia] 囡 -/Mediä [..diɛ] (Medien [..diən]) (lat.) **1**《音声》中音(有声無気閉鎖音の古典的述語. 例 [b] [d] [g]). **2**《医学》(動脈血管・リンパ管の)中膜.

ˈMe·dia² Medium の複数.

me·di·al [mediˈaːl] 形 **1**《超心理》霊媒の, 霊媒能力のある. **2**《文法》中間態の. **3**《解剖》正中線の. **4**（マス）メディアの.

Me·di·an [mediˈaːn] 形《解剖》正中線(上)の.

Me·di·an -s/-e (engl.) =Medianwert

Me·di·anˈwert 男 -[e]s/-e《統計》中央値, 中位数, メディアン.

Me·di·aˈti·on [mediatsiˈoːn] 囡 -/-en《政治》(第三国による国際紛争の)居中調停, 仲介.

me·di·aˈti·sie·ren [mediatiˈziːrən] 他《歷史》陪臣(陪臣領)化する.

me·di·äˈval [mediɛˈvaːl] 形 (lat.) (mittelalterlich) 中世の.

Me·di·äˈvist [mediɛˈvɪst] 男 -en/-en 中世研究家.

Me·di·äˈvis·tik [mediɛˈvɪstɪk] 囡 -/- 中世研究.

Me·di·ˈce·er [mediˈtseːər, ..ˈtʃeːər] 男 -s/- (it.) **1**《複数で》メディチ家(14-17世紀に経済的政治的に実力を伸ばし, ルネサンス文化の花を咲かせたフィレンツェの豪商). **2** メディチ家の人. ◆↑Medici

me·di·ˈce·isch [mediˈtseːɪʃ, ..ˈtʃeːɪʃ] 形 メディチ家の.

ˈMe·di·ci [ˈmeːditʃi, ˈmɛːditʃi] 男 -/- =Mediceer

ˈMe·di·en [ˈmeːdiən] Media¹, Medium の複数.

ˈMe·di·en·be·richt 男 -[e]s/-e メディア報道.

ˈMe·di·en·for·schung 囡 -/-en マスメディア研究.

ˈMe·di·en·ge·recht 形 メディア向きの; (とくに)テレビ向きの.

ˈMe·di·en·rie·se 男 -n/-n《話》巨大メディア(企業).

ˈMe·di·en·ver·bund 男 -[e]s/-e **1**《教育》（複数の機器を組合せた）マルチメディア利用(の授業). **2** マスメディア企業連合.

✻Me·di·kaˈment [medikaˈmɛnt メディカメント] 匣 -[e]s/-e (Arzneimittel) 薬, 薬剤. ein ~ einnehmen 薬を服用する. j³ ein ~ verordnen⟨verschreiben⟩ 人³に薬の処方箋を書く.

me·di·ka·menˈtös [medikamɛnˈtøːs] 形 薬(薬剤)による. eine ~e Therapie 薬物療法.

Me·diˈkas·ter [mediˈkastər] 男 -s/- 《古》(Quacksalber) もぐりの医者, いかさま医者.

ˈMe·di·kus [ˈmeːdikʊs] 男 -/Medizi(-se) 《戲》(Arzt) 医者.

Me·di·na [meˈdiːna] 地名 (arab.) メディナ(サウジアラビア南部の都市, メッカと並ぶイスラームの聖地).

Me·di·taˈti·on [meditatsiˈoːn] 囡 -/-en (lat.) 沈思, 黙考, 瞑想;《宗教》瞑想. sich⁴ in ~en verlieren 瞑想に耽る.

me·di·taˈtiv [mediˈtaːtiːf] 形 瞑想的な.

me·di·terˈran [mediteˈraːn] 形 (lat.) (mittelmeerisch) 地中海(地方)の.

me·diˈtie·ren [mediˈtiːrən] 自 (über et⁴ 事⁴について)沈思(黙考)する, 黙想する; 瞑想する.

ˈMe·di·um [ˈmeːdiʊm] 匣 -s/Medien(Media) (lat.) **1** 媒体, 媒介物, 手段, メディア. Gedanken durch das ~ der Musik ausdrücken 思想を音楽という手段を通じて表現する. **2**《ふつう複数で》(a)《情報伝達などの》媒体, (マス)メディア. (b) 教育メディア, 教材(教科書や教育器機などの). (c)《複数はふつう Media》広告媒体. **3**《複数 Medien》(a)《心理》(催眠術の)被験者. (b)《超心理》霊媒. **4**《複数 Medien》《物理・化学》媒質, 媒体. **5**《複数 Media》《文法》(ギリシャ語などの)中間態.

ˈMe·di·zi [ˈmeːditsi] Medikus の複数.

✻Me·diˈzin [mediˈtsiːn メディツィーン] 囡 -/-en **1**《複数なし》医学. ein Arzt für innere ~ 内科医. ~ studieren 医学を専攻する. **2**《話》(飲み)薬. eine ~ einnehmen 薬を服用する. Das ist eine heilsame ~ für ihn.《比喩》それは彼にはいい薬だ.

Me·diˈzin·ball 男 -[e]s/⸚e (engl.) メディシンボール(革製のあるボールでトレーニング用具).

Me·diˈzi·ner [mediˈtsiːnər] 男 -s/- 医師; 医学生. ◆女性形 Medizinerin 囡 -/-nen

me·diˈzi·nisch [mediˈtsiːnɪʃ] 形 **1** 医学の, 医学的な. die ~e Fakultät 医学部. **2** 薬用の, 医療用の.

Me·diˈzin·mann 男 -[e]s/⸚er (未開民族の)まじない師.

Meˈdoc [meˈdɔk] 男 -s/-s (fr.) メドック(フランス南西部の Médoc 地方に産する赤ワイン).

Meˈdu·sa [meˈduːza] 《人名》(gr.)《ギリ神話》メドゥーサ(Gorgonen のひとり. 見る者を石に化する目をもつ蛇髪の女怪だが, 英雄 Perseus に首を刎⟨は⟩ねられた).

Meˈdu·se [meˈduːzə] 囡 -/-n **1**《複数なし》=Medusa **2**《動物》(Qualle) くらげ(水母).

Meˈdu·sen·blick 男 -[e]s/-e《複数まれ》**1**《ギリ神話》（見られた者は恐怖のあまり石に化するという）メドゥーサの視線. **2** 恐ろしい目つき.

Meer [meːr メーア] 匣 -[e]s/-e **1**（大陸に囲まれた）海, 海洋. das Rote ⟨Schwarze⟩ ~ 紅海⟨黒海⟩. am ~ 海辺の. ans ~ fahren 海辺へ行く. Schiffe auf dem ~ 海上の船. auf das offene ~ 沖(外洋)へ. 1000 m über dem ~ 海抜 1000 メートル. **2**《雅》大量, 無数. ein ~ blühender Rosen 一面に咲くばらの花. ein ~ von Blut 血の海.

ˈMeer·bu·sen 男 -s/- (比較的大きな)入江, 湾.

ˈMeer·en·ge 囡 -/-n 海峡.

'Mee·res·arm 男 –[e]s/–e〔細長い〕入江, 湾.
'Mee·res·bio·lo·gie 囡 –/ 海洋生物学.
'Mee·res·bo·den 男 –s/= 海底.
'Mee·res·for·schung 囡 –/–en 海洋研究.
'Mee·res·früch·te 複〘料理〙シーフード.
'Mee·res·grund 男 –[e]s/ 海底, 領海底.
'Mee·res·hö·he 囡 –/ =Meeresspiegel
'Mee·res·kun·de 囡 –/ 海洋学.
'Mee·res·leuch·ten 中 –s/〔夜光虫などが発する〕海面の燐光.
'Mee·res·spie·gel 男 –s/〘地理〙(平均)海面. über⟨unter⟩ dem ～ 海抜(略 ü. M.)⟨海面下(略 u. M.)⟩.
'Mee·res·stra·ße 囡 –/–n 1 (Meerenge) 海峡. 2〔海上の〕航路, 水路.
'Mee·res·strö·mung 囡 –/–en 海流, 潮流.
'Meer·frau 囡 –/–en =Meerjungfrau
'Meer·gott 男 –[e]s/⸚er 海神.
'meer·grün 海のように青い, 海緑色の.
'Meer·jung·frau 囡 –/–en 人魚.
'Meer·kat·ze 囡 –/–n〘動物〙おながざる.
'Meer·ret·tich 男 –[e]s/–e〘植物〙わさび大根, 西洋わさび.
'Meer·salz 中 –es/ 海の塩, 海塩.
'Meer·schaum 男 –[e]s/〘鉱物〙海泡石〔喫煙用パイプの素材として珍重される〕.
'Meer·schwein·chen 中 –s/–〘動物〙天竺ねずみ, モルモット.
'meer·wärts 副 海の方へ, 沖に向かって.
'Meer·was·ser 中 –s/ 海水.
'Meer·weib 中 –[e]s/–er =Meerjungfrau
'Mee·ting ['miːtɪŋ] 中 –s/–s (engl.) ミーティング, 集会; 政治集会, 研究会;〔小規模な〕スポーツ大会.
meg·, Meg·. [meːk.., mɛk..]〘接頭〙↑mega·, Mega..
me·ga·, Me·ga·. [mega.., meːga.., mɛga..]〘接頭〙(gr. megas, groß) 1) 形容詞・名詞に冠して「大きな, 巨大な」の意を表す. 母音の前では meg.., Meg.. となる. 2〔記号 M〕単位名称につけて「100 万」を意味する. Megawatt〔記号 MW〕〘電気〙メガワット.
'Me·ga·bit ['meːgabɪt, 'mɛg.., mega'bɪt, mɛg..] 中 –[s]/–[s]〔記号 Mbit〕〘コンピュ〙メガビット.
'Me·ga·byte ['meːgabaɪt, 'mɛg.., mega'baɪt, mɛg..] 中 –[s]/–[s]〔記号 Mbyte, MByte, MB〕〘コンピュ〙メガバイト.
Me·ga·fon [mega'foːn] 中 –s/–e メガフォン.
'Me·ga·hertz ['meːgahɛrts, 'mɛg.., mega'hɛrts, mɛg..] 中 –/〔記号 MHz〕〘物理〙メガヘルツ.
'Me·ga·hit ['meːgahɪt] 男 –[s]/–s〘話〙〔音楽などの〕大ヒット.
Me·ga'lith [mega'liːt] 男 –s/–(s)/–e[n] (gr.)〘考古〙〔有史以前の〕巨石記念物.
Me·ga'lith·kul·tur 囡 –/〘考古〙〔有史以前の〕巨石文化.
me·ga·lo·, Me·ga·lo·. [megalo..]〘接頭〙形容詞・名詞に冠して「大きな, 巨大な」の意を表す. 母音の前では megal.., Megal.. となる.
me·ga·lo'man [megalo'maːn] 形 (gr.)〘心理〙誇大妄想の.
Me·ga·lo·ma'nie [megaloma'niː] 囡 –/〘心理〙(Größenwahn) 誇大妄想.
me·ga·lo'ma·nisch [..'maːnɪʃ] 形 =megaloman

Me·ga·lo·po·lis [mega'loːpolɪs] 囡 –/..polen[..lo'poːlan] メガロポリス, 巨大都市.
'Me·ga·ohm ['meːga.oːm, 'mɛg.., mega'oːm, mɛg..] 中 –[s]/– =Megohm
Me·ga'phon [mega'foːn] ↑Megafon
Me·ga·re [me'gaːrə] 囡 –/–n (gr., die Neidische) 1《複數なし》〘ギ神話〙メガイラ(復讐の女神 Erinny たちの 1 人). 2 意地悪女.
'Me·ga·star ['meːgaʃtaːr, ..staːr] 男 –s/–s〘話〙メガスター.
'Me·ga·ton·ne ['meːgatonə, 'mɛg.., mega'tonə, mɛg..] 囡 –/–n 1〔記号 Mt〕メガトン(100 万トン). 2〘軍事〙メガトン(核兵器の威力を表す単位で TNT 火薬 1 メガトンの爆発に相当する).
'Me·ga·watt ['meːgavat, 'mɛg.., mega'vat, mɛg..] 中 –/〔記号 MW〕メガワット, 100 万ワット.
'Meg·ohm ['meːk|oːm, 'mɛk.., meːk'|oːm, mɛk..] 中 –[s]/– (↑Mega..)〔記号 MΩ〕メガオーム.
*Mehl [meːl] メール 中 –[e]s/–e (↑mahlen) 1 穀粒(とくに)小麦粉, メリケン粉. 2〔一般に〕粉(状のもの).
'Mehl·brei 男 –[e]s/ 穀粉粥, オートミール.
'meh·lig ['meːlɪç] 形 1 粉だらけの, 粉まみれの. 2〔砂などが〕粉のように細かい. 3 粉のように白い. 4〔果実が〕かすかすした; 〔じゃがいもが〕粉をふいた, 粉ふきの.
'Mehl·kä·fer 男 –s/–〘虫〙ちゃいろこめのごみむしだまし(貯蔵穀粉につく害虫).
'Mehl·sack 男 –[e]s/⸚e 粉袋. dick⟨schwer⟩ ein ～《話》粉袋のように肥った⟨重い⟩. wie ein ～ schlafen《話》正体なく眠る.
'Mehl·schwit·ze 囡 –/–n〘料理〙ルー.
'Mehl·spei·se 囡 –/–n 1 穀粉で作った料理(団子・ヌードルなど). 2〘オ〙〔デザートの〕甘いもの; ケーキ.
'Mehl·sup·pe 囡 –/–n 1 =Mehlbrei 2 小麦粉でとろみをつけたスープ.
'Mehl·tau 男 –[e]s/〘農業〙うどん粉病.
'Mehl·wurm 男 –[e]s/⸚er〘虫〙ちゃいろこめのごみむしだましの幼虫, ミールワーム(小鳥の餌になる). ♦ ↑Mehlkäfer

mehr [meːr] メーア《viel および sehr の比較級 / 不変化》❶ 形 1《付加語的用法で》より多くの, よりたくさんの, より以上の. Möchtest du ～ Milch im Kaffee? コーヒーにもっとミルクを入れるかい. Du hast ～ Schwächen als ich. 君には私以上に弱みがある. zehn oder ～ Teilnehmer 10 人かそれ以上の参加者. Immer ～ Touristen strömten auf die Insel. ますます大勢の観光客がその島に押しかけてきた. 《mehr を後置して》ein Grund ～ もうひとつの理由. Gib mir doch ein paar Euro ～! あと 2, 3 ユーロ多くおくれ. einmal ～ 改めて, もう 1 回.
2《名詞的用法で》より多くの(人), より以上のこと. Was willst du [noch] ～? 他にまだ何が欲しいの. Es kamen ～, als wir erwartet hatten. 私たちが期待していた以上の人がきた. Mehr als die Hälfte war ⟨waren⟩ verletzt. 半数以上の人が負傷した. ～ als hundert Personen / hundert Personen und ～ 100 名以上の人々. Das ist ～ als genug. それはもう十分すぎるくらいだ. Der Kerl ist auch nicht ～ als wir. やつだって私たちと似たようなものだ. nicht ～ und nicht weniger als... まさしく...に他ならない, ...以以外の何ものでもない. Demnächst ～! いずれ詳しく(お話しましょう). Je ～ er hat, je ～ er will.〘諺〙持つほどに欲しくなる. Der Apfelwein schmeckt nach ～.《話》

そのリンゴ酒はおいしくてやめられない.
❷ 副 **1** より多く, より以上に, もっと. Meine Frau trinkt ~ als ich. 妻は私以上に酒を飲む. Du solltest dich ~ schonen! 君はもっと体をいたわらなくてはね.《比較変化しない副詞・形容詞に添えられて》Die Straßen sind ~ befahren als sonst. 通りはいつもより交通量が多い. ~ links〈nach der Mitte zu〉もっと左寄りに〈真ん中に〉. Nichts ist mir ~ zuwider als Untreue. 私にとって背信ほどいやなものはない.《次の成句で》, als einmal 一度ならず, 何回も. ~ denn je これまでにもまして. um so ~, als… …であるだけになおさらいっそう. ~ oder weniger〈minder〉多かれ少なかれ. ~ und ~ / immer ~ ますます, いよいよ, だんだんと.
2《mehr…als… の形で》…というよりもむしろ…. Er ist ~ Journalist als Gelehrter. 彼は学者と言うよりもむしろジャーナリストだ. Mehr erschöpft als erholt kam er aus dem Urlaub zurück. 休養したというよりもむしろ疲れ果てて彼は休暇から戻ってきた. ~ tot als lebendig 半死半生のていで.《als …を明示せずに》Das ist ~ eine juristische Frage. それはむしろ法律上の問題だ.
3《否定詞と》nicht ~ もはや…ない. Er ist nicht ~ jung. 彼はもう若くない. Er hat keine Eltern ~. 彼はもう両親がいない. kaum ~ もはやほとんど…ない. So was darfst du nie〈keinesfalls〉~ tun. そんなことはもう二度とするんじゃないよ. Ich kann nicht ~.《話》もうこれ以上はだめだ(食べられない, 動けない). Er ist nicht ~.《雅》彼はもうこの世にはいない. Ich werde nicht ~. 彼はもう何ものも言えない.
4《とくに南´ヾ´.ヾ´》(**nur mehr** の形で)(nur noch) いまやもう…しかない. Ich habe nur ~ zehn Euro. 私にはもう10ユーロしかない. Er konnte nur ~ lallen. 彼はもはや呂律(`´)が回らなかった.

Mehr 匣 -[s]/ **1** より多くの数量(金額); 超過分, 剰余. **2**《古》(票決の際の》多数, 多数党; 票決.
'**Mehr·ar·beit** 囡 -/ **1** 超過勤務, 時間外労働.《話》余分な仕事(手間). **3**《経済・法制》剰余労働.
'**Mehr·auf·wand** 男 -[e]s/ 超過消費(経費).
'**Mehr·aus·ga·be** 囡 -/-n《ふつう複数で》超過支出.
'**Mehr·be·darf** 男 -[e]s/ 超過需要.
'**Mehr·be·las·tung** 囡 -/-en 過重負担, 過負荷.
'**Mehr·be·trag** 男 -[e]s/..träge 超過額.
'**mehr·deu·tig** ['meːrdɔytɪç] 形 (↔ eindeutig) 多義的な, 曖昧(╹´)な.
'**mehr·di·men·si·o·nal** 形 多次元の.
'**Mehr·ein·nah·me** 囡 -/-n《ふつう複数で》超過収入.
'**meh·ren** ['meːrən]《雅》❶ 他 増す, 増大(増加)させる. ❷ 再《sich》増える.

'**meh·re·re** ['meːrərə メーレレ] 代《不定》つねに複数で用いられ, 語尾変化は形容詞(複数の語尾の強変化)に準じる. 後続の形容詞もまた mehrere と平行して強変化をするが, 複数2格されに弱変化することもある. **1** いくつかの, 数個の, 若干の, 何人かの, 数人の; いろいろな, 種々の.《付加語的用法で》Das Wort hat ~ Bedeutungen. その言葉にはいろいろな意味がある. ~ Bücher 数冊の本. nach dem Gutachten ~r Gelehrter〈Gelehrten〉幾人人かの学者の鑑定によれば. ~ Male 数回, 何回か. ~ hundert Schiffe 何百隻もの船.《名詞的用法で》*Mehrere* kamen zu spät. 何人か遅れてきた. ~ von ihnen 彼らのうちの何人か

2《とくに定冠詞をともなって》《古》大多数の, より多くのdie ~n Fälle 大多数の場合. ◆¹ 本来 mehr に比較級の語尾 -er がつき, さらにそのあとに複数の格変化語尾 -e がついた形と考えられる. ◆²↑ **mehreres**
'**meh·re·res** ['meːrərəs] 代《不定》いろいろなこと. Ich habe noch ~ zu tun. 私にはまだしなくてはならないことがいろいろある.
'**meh·rer·lei** ['meːrərˈlaɪ̯] 形《不変化》いろいろな(種類の). ~ Möglichkeiten 種々の可能性.《名詞的用法で》Es ist noch ~ zu tun. まだしなければならないことがいろいろある.
'**mehr·fach** ['meːrfax] ❶ 形 何回(何度)かの, 何倍もの; 幾重もの, 重複した; 再三にわたる, たびたびの; いくつかの. ein ~er Preisträger 何度も受賞している人. in ~er Hinsicht いくつかの点で. ❷ 副 何回も, 何度も; 幾重にも.
'**Mehr·fa·mi·li·en·haus** 匣 -es/¨er 多世帯用住宅, 共同住宅.
'**Mehr·far·ben·druck** 男 -[e]s/-e 多色印刷(物).
'**Mehr·far·big** 形 多色の, カラフルな; 多色刷りの.
'**Mehr·ge·bot** 匣 -[e]s/-e《競売で》上値.
'**Mehr·ge·wicht** 匣 -[e]s/ 超過重量.
***Mehr·heit** ['meːrhaɪt メーアハイト] 囡 -/-en **1**《複数なし》多数, 大多数, 大半; マジョリティー. die ~ des Volkes 国民の大多数. die schweigende ~ 声なき多数, サイレント・マジョリティー(政治的発言をしない大多数の民衆). in der ~ たいていの場合. **2**《票決での》多数, 過半数; 多数派. absolute ~ 絶対多数. mit knapper〈überwiegender〉~ 過半数ぎりぎりで〈圧倒的多数で〉.
'**mehr·heit·lich** ❶ 形 多数の, 過半数の. ❷ 副《話》たいていは.
'**Mehr·heits·be·schluss** 男 -es/¨e 多数決.
'**Mehr·heits·prin·zip** 匣 -s/《政治》多数決原理.
'**Mehr·heits·wahl** 囡 -/-en《政治》(↔ Verhältniswahl) (比例代表制に対する)得票数制選挙, 多数決選挙.
'**mehr·jäh·rig** ['meːrjɛːrɪç] 形 **1** 数年間の, 数年にわたる. **2**《植物》(↔ einjährig) 多年生の.
'**Mehr·kampf** 男 -[e]s/¨e《ス》多種目競技(五種競技など).
'**Mehr·kos·ten** 複 超過経費, 余分な費用.
'**Mehr·la·der** 男 -s/- 連発銃.
'**Mehr·ling** ['meːrlɪŋ] 男 -s/-e《生物・医学》多生児(双子や三つ子などの).
'**mehr·ma·lig** ['meːrmaːlɪç] 形 数度の, 度重なる.
'**mehr·mals** ['meːrmaːls] 副 何度か, 数回.
'**Mehr·pha·sen·strom** 男 -[e]s/《電子工》多相交流.
'**Mehr·preis** 男 -es/-e 割増価格, 追加(上乗せ)料金.
'**mehr·sei·tig** 形 **1** 多面的な, 多角的な. **2** 多者間の, 多国間の.
'**mehr·sil·big** 形《言語》多音節の.
'**Mehr·spän·ner** [..ʃpɛnər] 男 -s/- (↔ Einspänner) 1) 多頭立ての馬車.
'**mehr·spra·chig** 形 多国語の, 数ヵ国語を用いた.
'**mehr·stel·lig** 形 複数桁の, 2桁以上の.
'**mehr·stim·mig** 形《音楽》多声の, ポリフォニーの.
'**mehr·stö·ckig** 形 多階建(多層階)の.
'**Mehr·stu·fe** 囡 -/《文法》(Komparativ) 比較級.
'**mehr·stu·fig** 形 多段(式)の, 多段階にわたる.
'**mehr·stün·dig** 形 数時間の, 何時間にもわたる.

'mehr·tä·gig 形 数日間の, 何日にもわたる.
'mehr·tei·lig 形 いくつかの部分からなる, 数部からなる.
'Meh·rung ['meːrʊŋ] 女 -/《雅》増加, 増大.
'Mehr·ver·brauch 男 -[e]s/ 過剰消費.
'Mehr·völ·ker·staat 男 -[e]s/-en 多民族国家.
'Mehr·weg·fla·sche 女 -/-n リサイクル瓶.
'Mehr·wert 男 -[e]s/《経済》**1** 付加価値. **2**《マルクス経済学で》剰余価値.
'Mehr·wert·steu·er 女 -/《略 MwSt., Mw.-St.》《経済》付加価値税.
'Mehr·zahl 女 -/ **1** (Mehrheit)《大》多数, 大半; 過半数. **2**《文法》(Plural) 複数.
'Mehr·zweck·hal·le 女 -/-n 多目的ホール.

'mei·den ['maɪdən マイデン] mied, gemieden 他《人〈物〉4 を》避ける, (に)近づかない; 《事4 を》差し控える. den Alkohol ~ 酒を控える. j² Blick〈j² Gesellschaft〉~ 人² の視線〈人² との付合い〉を避ける. die rechte Hand ~ 《地方》(痛めた) 右手を使わないようにする. Der Schlaf *meidet* mich. 《比喩》私は不眠症だ. 《相互代名詞と》*sich*〈*einander*〉~ 互いに避け合う.

'Mei·er[1] ['maɪər] 男 -s/ 《lat.》**1**《歴史》(中世の)荘園管理人, マイエル. **2**《地方》小作人; 農場管理人. **3**《南ドイツ》酪農場主. **4**《次の用法で》Mensch ~ !《話》(驚いて)わあっ, ひぇー. Ich will ~ heißen, wenn...《話》もし…のようなことがあれば私は~と呼ばれても構わない〈絶対に…ということはない〉.

'Mei·er[2]《人名》マイアー.

Mei·e'rei [maɪəˈraɪ] 女 -/-en **1** (中世の)荘園. **2**《古》小作地. **3**《地方》酪農場.

'Mei·le ['maɪlə] 女 -/-n **1**《距離の単位》マイル. die englische ~ イギリスマイル (1609 m). die geographische ~ 地理マイル (7420 m). die preußische ~ プロイセンマイル (7532 m). Man riecht ihr Parfüm drei ~*n* gegen den Wind.《戯》彼女の香水はおそろしく強烈だ. **2**《話》(Seemeile) 海里.

'Mei·len·stein 男 -[e]s/-e **1** (昔の)里程標(石). **2**《比喩》画期的な出来事.

'mei·len·weit 形 **1** マイルほどの(何マイルも)離れた; 《比喩》遠く離れた. ~ von et³ entfernt sein《比喩》事³ からはほど遠い.

'Mei·ler ['maɪlər] 男 -s/- **1** 炭焼き窯(がま). **2** 原子炉.

'Mei·ler[2] 男 -s/- **1**《陸上競技》1 マイル競走の選手, マイラー. **2**《馬術》(1 マイル程度の競争を得意とする)中距離馬.

mein [maɪn マイン] 代 Ⅰ《所有》**1** 人称単数の所有代名詞. 格変化は付録「品詞変化表」III 参照. **1**《付加語的用法 / 不定冠詞類の変化をする》私の. ~*e* Eltern 私の両親. ~ Haus 私の家. einer ~*er* Freunde / einer von ~*en* Freunden 私の友人のひとり. mit all[er] ~*er* Kraft 私の力の限り.《「いつもの, 例の」といったニュアンスで》~ Bus《いつも乗っている》私のバス. Ich trinke täglich ~*e* zwei Glas Wein. 私は毎日きまってグラス 2 杯のワインを飲む. Ich habe wieder ~*e* Kopfschmerzen. 私はまたいつもの頭痛がする.《親愛の情をこめた呼掛けで》*Meine* Damen und Herren! 紳士淑女のみなさん.《驚きなどを示す慣用句》*Mein* Gott! おやおや, まいったな. *Mein* lieber Mann! おいおい, まいったな. **2**《名詞的用法》(a)《単独で用いて / 定冠詞類の変化に準じる. ただし中性 1・4 格は meins《雅 meines》となる》私のもの. Das ist nicht dein Auto, sondern ~*s*《雅 ~*es*》. それは君の車ではなくて僕ので. Sein Vater is nicht so streng wie ~*er*. 彼の父親は私の父ほど厳格ではない.《しばしば不変化で》Du bist ~.《古》君は僕のものだ. Oh〈Ach/Ei〉, du ~ !《話》(驚いて)おい. ein Streit über *Mein* und *Dein*〈~ dein〉(夫婦や家族間などの)所有権をめぐる争い. *Mein* und *Dein*〈~ und dein〉 verwechseln〈nicht unterscheiden können〉《話》(盗みなどを婉曲に表現して)自分のものと他人のものの区別がつかない. (b)《定冠詞 / 形容詞の弱変化に準じる》《雅》私のもの. Ich glaube, dieses Schwert ist das ~*e*. この剣は私のものだと思います. der〈die〉*Meine*〈~*e*〉 我が夫〈妻〉. die *Meinen*〈~*en*〉 我が家族(身内). das *Meine*〈~*e*〉 我が義務(役割); 我が財産.

Ⅱ《人称》《古》= meiner (ich の 2 格). Vergiss ~ nicht! 私のことを忘れないで.

'Mein·eid ['maɪnˌaɪt] 男 -[e]s/-e **1** 虚偽の宣誓, 偽誓(ぎせい). einen ~ leisten〈schwören〉偽りの誓いをする. **2**《法制》偽証.

'mein·ei·dig ['maɪnˌaɪdɪç] 形 偽誓(偽証)の. ~ werden 偽証する.

'mei·nen ['maɪnən マイネン] 他 **1**《…と》思う, 考える, 《…という》意見である. Was *meinen* Sie dazu? それについてあなたはどう思いますか. Das *meine* ich auch. 私もそう思う. *Meinst* du das im Ernst? 君は本気でそう思っているのかい. Das will ich ~ !《話》(相づちを打って)その通りだね. Ich *meine*, du hast keine Chancen auf einen Sieg. / Ich *meine*, dass du keine Chancen auf einen Sieg hast. 私は君には勝ち目がないと思っている. *Meinst* du, das hätte keiner gemerkt? 君はそのことに気づいたものはないと思っているのか.《*zu* 不定詞句と》Er *meinte* im Recht zu sein. 彼は自分は正しいと思っていた.《目的語なしで》*Meinst* du [wirklich]? (思いがけない意見を聞いて)えっ何だって, ほんとうにそう思っているのかい. Ich *meine* nur so. / Ich *meine* ja nur [so].《話》ただちょっとそう思うだけ. Wenn Sie *meinen*!《話》どうぞお好きなように.《まれに次のような用法で》Ich *meinte* dich schon wieder gesund. 私は君がもう元気になっていると思っていた. **2** (a)《人〈物〉4 のことを》言っている, 意味している. Wen *meinen* Sie? だれのことを言っているのか. Das habe ich nicht *gemeint*. そのことを私は言ったのではない. Er *meinte* nicht Anna, sondern Paula, als er grüßte. 彼が挨拶したのはアナではなくてパウラだった. (b)《事4 を》…の意味で言う. Das habe ich ganz anders *gemeint*. それはまったく違う意味で言ったんだ. et⁴ gut〈böse〉 ~ 事⁴ を善意〈悪意〉で言う. Das war doch ironisch *gemeint*. あれは皮肉だったんだよ.《不定で *es*¹ と》es ehrlich ~ 本気である. Er *meint* es gut mit dir. 彼は君に好意的である. **3** (sagen) 言う. Was〈wie〉 *meinten* Sie eben? いま何とおっしゃいましたか. „Das könnte man tun", *meinte* er. 「それならできるだろうね」と彼は言った. **4**《古》(lieben)《歌詞などで》愛している.

'mei·ner ['maɪnər] 代《人称》人称代名詞 ich の 2 格. Er konnte sich⁴ ~ nicht mehr erinnern. 彼はもはや私のことを思い出せなかった. Statt ~ kommt meine Frau. 私のかわりに妻がまいります.

'mei·ner·seits ['maɪnərˌzaɪts] 副 私の側(方)では; 私としては, 私の方からは. [Es] freut mich, Sie kennen zu lernen! — Ganz ~ !お近づきになれてうれしいです — 私の方こそ. ein Vorschlag ~ 私の側からの提案.

'mei·nes·'glei·chen ['maɪnəsˈglaɪçən] 代《不定》《不変化》私のような人(たち).

mei·nes·'teils ['maɪnəsˈtaɪls] 副《まれ》=meinerseits

'mei·net·'hal·ben ['maɪnətˈhalbən] 副《古》=meinetwegen

mei·net·'we·gen ['maɪnətˈveːgən マイネトヴェーゲン] 副 **1** 私のために, 私のせいで. *Meinetwegen* brauchst du nicht zu warten. 私のためにわざわざ待たなくてもいいよ. **2**《話》私に構わずに. *Meinetwegen* kannst du weitergehen! 私に構わず君は先へ進みなさい. Darf ich mitkommen? — *Meinetwegen*! いっしょに行ってもいいかい — 別に構わないよ. **3**《話》《何でもいいけれど》まあたとえば. Sagen wir mal, ~ um 20 Uhr. そうですね, たとえば午後8時では.

mei·net·'wil·len ['maɪnətˈvɪlən] 副《次の成句で》um ~ 私のために.

'mei·ni·ge ['maɪnɪgə] 代《所有》《雅》(つねに定冠詞を伴って名詞的に用いられる. 格変化は形容詞の弱変化に準じる》私のもの. Der Füller〈Die Tasche / Das Buch〉ist der〈die / das〉 ~. その万年筆〈カバン / 本〉は私のものです. das *Meinige*〈~〉私の義務(役割); 私の財産. die *Meinigen*〈~n〉私の家族(身内).

'Mei·nung ['maɪnʊŋ マイヌング] 安 -/-en (↑ meinen) 意見, 所見, 見解, 考え. eine eigene ~ 自分自身の意見. die öffentliche ~ 世論. *seine* ~ äußern〈ändern〉意見を述べる〈変える〉. sich³ über et〈j〉⁴ eine ~ bilden 事〈人〉について自分の見解を持つ. Ich habe dazu keine ~. 私はそれについて何も言うことがありません. eine hohe ~ von j〈et〉³ haben 人〈物〉³を高く評価している. j³ [gehörig] die〈*seine*〉 ~ sagen〈話 geigen〉人にはっきり文句を言う. Was ist Ihre ~? あなたのご意見はいかがですか. Ganz meine ~! おっしゃる通り, まったく同感です. Es ist in bester ~ gesagt worden. それは心からの善意で言われたことだ. nach meiner ~ / meiner ~ nach 私の意見では. 《2格》mit j³ einer ~ sein 人³と同意見である. über et⁴ anderer ~ sein 事⁴について意見が異なる. Ich bin der ~, dass... 私の意見は....

'Mei·nungs·äu·ße·rung 安 -/-en 意見の表明; 表明された意見.

'Mei·nungs·aus·tausch 男 -[e]s/ 意見交換.

'Mei·nungs·bild·ner 男 -s/- =Meinungsführer

'Mei·nungs·bil·dung 安 -/-en 意見(世論)の形成.

'Mei·nungs·for·schung 安 -/-en 世論調査.

'Mei·nungs·frei·heit 安 -/《法制》意見表明(言論)の自由.

'Mei·nungs·füh·rer 男 -s/- オピニオンリーダー. ◆ 英語 opinion leader の翻訳借用語.

'Mei·nungs·ma·che 安 -/ 世論操作.

'Mei·nungs·um·fra·ge 安 -/-n 世論調査(のためのアンケート).

'Mei·nungs·ver·schie·den·heit 安 -/-en 《ふつう複数で》意見(見解)の相違; 《婉曲》口論, いさかい.

'Mei·se ['maɪzə] 安 -/-n《鳥》しじゅうから(四十雀). eine ~ [unterm Pony] haben《話》頭がすこしおかしい.

'Mei·ßel ['maɪsəl] 男 -s/-《工具》のみ, たがね.

'mei·ßeln ['maɪsəln] 動 ❶ 他《物³をのみで彫る》彫刻する; のみ(たがね)で加工する. ❷ 自 (an et³ 物³にのみ(たがね)で彫る(加工する).

'Mei·ßen ['maɪsən]《地名》マイセン(ザクセン州の工業都市, 磁器産地として有名).

'Mei·ße·ner ['maɪsənər], **'Meiß·ner** ['maɪsnər] ❶ 男 -s/- マイセンの人. ❷《不変化》マイセンの. ~ Porzellan マイセン磁器.

***meist** [maɪst マイスト] ❶ 形《viel および sehr の最上級》**1** (a)《付加語的用法で / 定冠詞を伴う》最も多くの, 最大(最高)の. Davor hat er die ~e(=größte) Angst. それを彼はいちばん恐れている. Von uns allen hat er die ~en Kinder. 私たちみんなのなかで彼がいちばん子供がたくさんだ. (b)《名詞的用法で》Er hat das ~ (=am ~en) gegessen. 彼がいちばんたくさん食べた. (c)《副詞的用法で》Darüber habe ich mich am ~en gefreut. それが私にはうれしかった. die am ~en zerstörte Stadt 最もひどく破壊された町. 《絶対最上級で》zwei oder aufs ~e drei 2つかせいぜい3つ. **2** (a)《付加語的用法で》大部分の, たいていの. Die ~en Artikel in diesem Geschäft sind sehr teuer. この店のたいていの商品はとても値が高い. die ~e Zeit des Jahres 1年の大部分. (b)《名詞的用法で》Die ~en glauben, dass er Recht hat. たいていの人が彼の言うとおりだと思っている. das ~e davon そのほとんど. ❷ 副 (meistens) たいてい, たいがいは. Es war ~ schönes Wetter. たいてい良いお天気だった.

'meist·be·güns·tigt 形 最恵国待遇の.

'Meist·be·güns·ti·gung 安 -/《経済》最恵国待遇.

'meist·bie·tend 形 (競売などで)最高の値を付けた. et⁴ ~ verkaufen 物を競売する.

***'meis·tens** ['maɪstəns マイステンス] 副 たいてい, たいがいの場合, ふつうは.

'meist·'ten'teils 副 大部分は, たいていは.

***'Meis·ter** [ˈmaɪstər マイスター] 男 -s/- (*lat.* magister) **1** (a)《手工業の》親方, マイスター (Geselle として一定の経験を積んだ後, Meisterprüfung に合格した者. 独立して店を構え, Lehrling を養成することが許される). den〈*seinen*〉 ~ machen《話》親方資格試験を済ませる, 親方の資格を取る. bei einem ~ in die Lehre gehen ある親方のもとに弟子入りする. (b) (工場などの)職長. **2** 名人, 達人, 巨匠, 大家. Er ist ein ~ [in seinem Fach]. 彼はその道の大家だ. ein ~ der Feder〈des Klavierspiels〉文豪〈名ピアニスト〉. ein ~ der Lithographie 石版画の巨匠. ein ~ im Lügen 嘘つきの名人. Es ist noch kein ~ vom Himmel gefallen.《諺》生まれながらの名人はいない. *seinen* ~ finden 自分を負〈ま〉ゕす(者)に出会う. Ich habe in dir meinen ~ gefunden. さすがの私も君には参った. et²〈über et⁴〉 ~ werden 事²,⁴に打ち克つ. **3**《スポーツ》チャンピオン, 選手権保持者. deutscher ~ im Fußballspiel サッカーのドイツ・チャンピオン. **4**《雅》(a) 師匠, 先生; (たとえばイエス・キリストを弟子たちが呼んだ)師. (b)(組織・団体の)長, 上役; 支配者, 命令権者;《歴史》(騎士団の)団長. ~ vom Stuhl (フリーメーソンの)支部長, ロッジ長. **5** (a)《見知らぬ男性に対して / 今日ではまれ》《卑》親方, 旦那. Hallo, ~, wie komm' ich zum Bahnhof? もし旦那, 駅へはどういったらいいんで. (b)《童話・寓話などで》 ~ Lampe うさぎさん. ~ Petz くまさん. (c) ~ Urian 悪魔の親方.

◆ ↑ Meisterin

'Meis·ter·brief 男 -[e]s/-e 親方(マイスター)の免状.

'Meis·ter·de·tek·tiv 男 -s/-e 名探偵.

'Meis·ter·ge·sang 男 -[e]s/《文学》(14-16世紀

の)職匠歌人の歌, 職匠歌. ◆ ↑Meistersinger

'meis·ter·haft [ˈmaɪstərhaft] 形 (技量などが)傑出した, みごとな, すばらしい. ein ~es Werk 傑作.

'Meis·ter·hand 女 -/ 《次の成句で》von ~ 大家の手になる, 名人芸の. ein Werk von ~ 傑作.

'Meis·te·rin [ˈmaɪstərɪn] 女 -/-nen (Meister の女性形) **1** (女性の)親方, マイスター; 女流名人, (女性の)巨匠(大家); 女性チャンピオン. **2** 《古》親方の奥方.

'Meis·ter·leis·tung 女 -/-en 名人芸, 神技; 傑作.

'Meis·ter·lich [ˈmaɪstərlɪç] 形 《古》= meisterhaft

'meis·tern [ˈmaɪstərn] 他 **1** (困難・障害などを)克服する, (に)打ち勝つ, (課題などを)成し遂げる. Er hat sein Leben gemeistert. 彼は人生に打勝った. **2** (感情などを)抑える. seine Begierde〈seinen Zorn〉 ~ 欲望を抑える〈怒りをこらえる〉. seine Zunge ~ 《雅》口を慎む. **3** (技芸などを)マスターする, (に)習熟している. die deutsche Sprache ~ ドイツ語をマスターしている. ein Werkzeug ~ ある道具を自在に使いこなす. **2** 再 (sich)《雅》自分を抑える, 自制する.

'Meis·ter·prü·fung 女 -/-en 親方(マイスター)資格試験.

'Meis·ter·sän·ger 男 -s/- = Meistersinger

'Meis·ter·schaft [ˈmaɪstərʃaft] 女 -/-en **1**《複数なし》名人芸, 優れた腕前(技量). es in et³ zur ~ bringen 事³において名人の域に達する. **2**《スポ》選手権, タイトル; 選手権試合. die ~ erringen〈verlieren〉選手権を獲得する〈失う〉.

'Meis·ter·schafts·spiel 中 -[e]s/-e 《スポ》選手権試合.

'Meis·ter·sin·ger 男 -s/- (14-16 世紀の)職匠(工匠)歌人, マイスタージンガー. „Die Meistersinger von Nürnberg" 『ニュルンベルクの職匠歌人』(Richard Wagner の楽劇).

'Meis·ter·stück 中 -[e]s/-e **1** 親方資格試験のための課題制作作品. **2** 傑作, 名作; 名人芸.

'Meis·ter·ti·tel 男 -s/- **1** 親方の称号. **2**《スポ》チャンピオン・タイトル.

'Meis·ter·werk 中 -[e]s/-e 傑作, 名作; 優れた仕事(業績).

'Meis·ter·wür·de 女 -/-n = Meistertitel

'Meist·ge·bot 中 -[e]s/-e (競売における)最高の付け値.

'meist·ge·bräuch·lich 形 最もよく使われる.

'meist·ge·fragt 形 最も需要の多い.

'Mek·ka [ˈmɛka] (arab.) ❶《地名》メッカ(サウジアラビア西部の古都, Mohammed の生地でイスラーム最大の聖地). ❷ 中 -s/-s メッカ(その道の人たちが一度は訪れてみたいと憧れる土地・場所). ein ~ für Sonnenanbeter 日光浴好きな人たちのメッカ.

'Me·kong [ˈmeːkɔŋ, meˈkɔŋ] 男 -[s] 《地名》der ~ メコン川(東南アジア最大の国際河川).

Me·la·min [melaˈmiːn] 中 -s/ (gr. melas , schwarz') 《化学》メラミン.

me·lan.., Me·la.. [melan..] 《接頭》↑ melano.., Melano..

Me·lan·cho'lie [melaŋkoˈliː] 女 -/-n (gr. melas , schwarz' + chole , Galle') **1**《複数なし》憂鬱, 陰鬱, 哀愁, メランコリー. in ~ verfallen〈versinken〉憂鬱になる, 沈み込む. **2**《心理・医学》鬱病.

Me·lan'cho·li·ker [melaŋˈkoːlikɐ] 男 -s/- 憂鬱質の人, ふさぎ屋; 《医学》鬱病患者.

me·lan'cho·lisch [melaŋˈkoːlɪʃ] 形 憂鬱な, 陰鬱な; 哀愁にみちた, メランコリックな; 鬱(ｸﾞ)ぎ込んだ, 憂鬱質の.

Me·lan·chthon [meˈlançtɔn]《人名》Philipp ~ フィリップ・メランヒトン(1497-1560, ドイツの人文主義者・宗教改革者. Melanchthon は本名 Schwarzerd のギリシア語訳).

Me·la·ne·si·en [melaˈneːziən]《地名》メラネシア(オーストラリア大陸北東に点在する小群島の総称).

Me'lan·ge [meˈlãːʒə] 女 -/-n (fr.) **1** 混合物, ミックス(ブレンドコーヒーなどの). **2**《ﾄ》ミルクコーヒー. **3**《紡織》(種々の色に染めた繊維を混紡した)メランジ系(の織物). **4** 混色.

Me·la'nin [melaˈniːn] 中 -s/-e 《生化学》メラニン黒色素.

me·la·no.., Me·la·no.. [melano..] (gr. melas , schwarz') 名詞や形容詞に冠して「黒い, 暗い」などの意を表す. 母音の前では melan.., Melan..

Me'las·se [meˈlasə] 女 -/-n (fr.) 糖蜜.

'Mel·chi·or [ˈmɛlçioːɐ̯] (hebr.) ❶《男名》メルヒオール. ❷《人名》《新約》メルキオール(東方の三博士のひとり).

'Mel·de·amt [ˈmɛldə..] 中 -[e]s/-̈er = Einwohnermeldeamt

'Mel·de·fah·rer 男 -s/- 《軍事》(オートバイなどに乗った)伝令(兵).

'Mel·de·frist 女 -/-en 届け出(申込)期間.

'Mel·de·gän·ger 男 -s/- 《軍事》伝令(兵).

'Mel·de·hund 男 -[e]s/-e 《軍事》伝令犬.

'mel·den [ˈmɛldən] メルデン ❶ 他 **1** (新聞・テレビなどで)報道する, 報じる. Der Rundfunk meldet einen Flugzeugabsturz. ラジオが飛行機の墜落を報じている. wie [uns] soeben gemeldet wird (テレビなどで)ただ今入ったニュースによりますと. **2** (事〈人〉³のことを)報告(通報)する, 届け出る. die Geburt des Kindes beim Standesamt ~ 子供の出生届を戸籍役場に出す. ein Verbrechen〈einen Verbrecher〉[bei] der Polizei ~ 犯罪〈犯人〉を警察に通報する. Der Zugführer meldete dem Hauptmann: ... 小隊長は大尉に...と報告した. j⁴ polizeilich ~ 人⁴の居住届けを警察に出す. Er ist als vermisst gemeldet. 彼は行方不明者として届け出されている. **3** (人⁴の)来訪を告げる(取次ぐ). Wen darf ich ~? (受付などで)どちらさまでしょうか. sich⁴ bei j³ ~ lassen 人³に取次いでもらう. **4** (人⁴の)参加申込みをする. Zur〈Für die〉Prüfung wurden nur wenige Schüler gemeldet. 試験にはごく僅かな生徒の申込しかなかった. j⁴ für einen Wettbewerb ~ 人⁴を競技会にエントリーする. **5**《次の成句で》nichts〈nicht viel〉zu ~ haben《話》発言力がない. ❷ 再 (sich) **1** (上役・役所などに)届け出(申告)をする. Ich habe mich hier noch nicht gemeldet. 私はここへきてからまだ住民登録をすませていない. sich krank ~ 病気の届け出を出す. Gefreiter Hecker meldet sich zur Stelle! (上官に申告して)ヘッカー1等兵まいりました. **2** (a) (bei j³ 人³のもとに)名乗り出る, 出頭する. Wann darf ich mich bei Ihnen ~? いつお伺いすればよろしいでしょうか. sich bei der Polizei ~ 警察へ出頭する. (b) 消息を伝える, 便りをよこす; 電話をかける. Seitdem hat er sich noch nicht gemeldet. それ以来

彼からはまだ何の音沙汰もない． *Melde dich* mal wieder! またいつか連絡してください． *sich* telefonisch ~ 電話をかける． (c) 電話口に出る． Sie hat mehrmals angerufen, aber es hat *sich* niemand gemeldet. 彼女は何度か電話したのだが誰も出なかった．

3 (要求などがあって)申出る；(赤ん坊が何かを訴えて)泣く． Du musst *dich* ~, wenn du etwas brauchst. 何かあるのがあれば言わなくてはだめだ．

4 (会議・授業などで)手を挙げる． *sich* zu〈zum〉 Wort ~ (手を挙げて)発言の許可を求める．

5 (für et⁴ / zu et³ 事⁴,³に)参加を申込む，志願する． *sich* zum〈für den〉 Anfängerkurs ~ 初級者コースに申込む． *sich* freiwillig zum Wehrdienst ~ 兵役を志願する．

6 《事柄が主語》兆(き)しが現れる． Bei ihm *meldet sich* schon das Alter. 彼ははやくも老いが目立ってきた． Der Hunger〈Mein Magen〉 *meldet sich*. 《話》腹の虫がひどう鳴いている． Der Winter *medet sich*. 冬の兆しが現れる．

❸ 圓 1 (a) (犬が)吠える． (b) 《猟師》(鹿・大雷鳥が)発情して鳴く． **2** für einen Wettbewerb ~ 競技会にエントリーする．

'Mel·de·pflicht 囡 -/-en《法制》(官庁などへの)届け出義務(誕生・死亡や住所変更などの)．

'mel·de·pflich·tig 厖 届け出義務のある． ~e Krankheit 法定伝染病．

'Mel·der 男 -s/- 《軍事》=Meldegänger

'Mel·de·schluss 男 -es/ 届け出の最終期限．

'Mel·de·stel·le 囡 -/-n =Einwohnermeldeamt

'Mel·dung ['mɛldʊŋ メルドゥング] 囡 -/-en **1** 《マスメディアを通じて流される》報道，ニュース；情報． Diese ~ kam gestern im Fernsehen. このニュースは昨日テレビで報じられた． eine ~ bestätigen〈dementieren〉 ある報道を確認〈否認〉する． nach den neuesten ~en 最新情報によれば． **2** (公式の・業務上の)報告，通知． [bei] j³ über et⁴〈von et³〉 ~ machen〈erstatten〉 人³に事⁴,³について報告する． **3** (当局などへの)届け出，申告；(参加などの)申込，出願，応募． seine ~ abgeben〈zurückziehen〉 申込をする〈取消す〉．

me'lie·ren [me'li:rən] 他 (fr.) (まれ)混ぜる，混合する．

me'liert 過分 厖 **1** (生地(を)などが)色の入り混じった，まだらの． **2** 白髪まじりの．

Me·li·o·ra·ti'on [melioratsi'o:n] 囡 -/-en (lat.) **1** 《古》改良，改善． **2** 《農業》土地改良．

'me·lisch ['me:lɪʃ] 厖 《音楽・文学》歌曲(歌謡)風の．

Me'lis·ma [me'lɪsma] 匣 -s/..men [..mɛn] (gr., Gesang, Lied') 《音楽》メリスマ(声楽における装飾法のひとつ)．

Me'lis·se [me'lɪsə] 囡 -/-n (gr.) 《植物》メリッサ(しようやまはっか)．

Me'lis·sen·geist 男 -[e]s/ 《商標》メリッセエキス(鎮痛用の塗り薬などに用いられる)．

melk [mɛlk] 厖 (牛などが)乳の出る．

'Melk·ei·mer 男 -s/- 搾乳(ににう)おけ．

'mel·ken⁽⁾* ['mɛlkən] melkte(古 molk), gemolken (まれ gemelkt) / du melkst(古 milkst), er melkt(古 milkt) **❶** 他 **1** (牛などの)乳を搾(し)る；(乳を)搾る． 《過去分詞で》frisch *gemolkene* Milch 搾りたての乳． 《目的語なしで》mit der Hand ~ / von Hand ~ 手で搾乳(にう)する． **2** (俗) (人³から)金を搾り取る(巻上げる)． **❷** 圓 《古》(牛などが)乳を出す．

'Mel·ker ['mɛlkər] 男 -s/- 搾乳(にう)夫，乳搾り夫．

◆女性形 Melkerin 囡 -/-nen

Mel·ke'rei [mɛlkə'raɪ] 囡 -/-en **1** (つらい)乳搾り． **2** 《南》(Molkerei) 酪農(場)．

'Melk·ma·schi·ne 囡 -/-n《農業》搾乳機．

Me·lo'dei [melo'daɪ] 囡 -/-en《古》《雅》=Melodie

Me·lo'die [melo'di: メロディー] 囡 -/-n [..'di:ən] (gr.) **1** 《音楽》旋律，調べ，節(さ)，メロディー；《ふつう複数で》(ある楽曲中の個々の)曲． **2** 《言語》抑揚，イントネーション．

Me'lo·dik [me'lo:dɪk] 囡 -/《音楽》 **1** 旋律学． **2** (ある作曲家・楽曲などの)旋律法，メロディック．

me·lo·di'ös [melodi'ø:s] 厖 メロディーの豊かな(美しい)．

me'lo·disch [me'lo:dɪʃ] 厖 **1** 旋律の，メロディーの． **2** メロディーの豊かな，美しい調べの；口調の良い．

Me·lo'dra·ma [melo'dra:ma] 匣 -s/..men (gr. melos+drama) **1** 《文学・音楽》メロドラマ(音楽入りの劇や朗読)． **2** 感傷的な通俗劇，メロドラマ．

me·lo·dra'ma·tisch 厖 **1** メロドラマの． **2** メロドラマ風(調)の；感傷的な，芝居がかった．

Me'lo·ne [me'lo:nə] 囡 -/-n **1** メロン． **2** 《戯》山高帽．

'Me·los ['me:lɔs] 匣 -/ (gr. melos, Gesang, Lied') **1** 《音楽》(↔ Rhythmus) (Melodie) メロディー，旋律． **2** 《言語》(Sprachmelodie) イントネーション．

Mel'po·me·ne [mɛl'po:menə] 《人名》(gr. melpein, singen') 《ギリシア神話》メルポメネー(悲劇をつかさどるMuse).

'Mel·tau ['me:ltaʊ] 男 -[e]s/ **1** (あぶら虫の)蜜． **2** (Mehltau) うどん粉病．

Me·lu'si·ne [melu'zi:nə] 《人名》(fr.) メルジーネ，メリュジーヌ《中世フランスの妖精伝説に出てくる美女，土曜日ごとに下半身が蛇に変る》．

Mem'bran [mɛm'bra:n] 囡 -/-en, **Mem'bra·ne** [..nə] 囡 -/-n (lat.) **1** 《工学》(電話機などの)振動板． **2** 《生物》膜，薄膜，皮膜(鼓膜・植物の細胞膜などの)． **3** 《物理・化学》濾過膜，浸透膜．

Me'men·to [me'mɛnto] 匣 -s/-s (lat., gedenke!') **1** 《カトリック》メメント(ミサにおける死者と生者のための代禱の祈り，記憶・記念とも訳される)． **2** 《雅》警告，いましめ．

me'men·to 'mo·ri [..'mo:ri] (lat., gedenke des Todes!') ~! 死を忘れるなかれ．

me'men·to 'mo·ri 匣 - - -/- - - (lat.)「死を忘れるなかれ」という生者に対するいましめ；死を思い出させるもの(絵画・記念碑・出来事など)．

'Mem·me ['mɛmə] 囡 -/-n 《地方》《侮》臆病者，意気地なし． **2** 《ふつう複数で》《卑》おっぱい．

'mem·men·haft ['mɛmənhaft] 厖 《地方》臆病な，意気地なし．

'Me·mo ['me:mo] 匣 -s/-s 《話》 **1** =Memorandum **2** メモ，覚書．

Me·moire [memo'a:r] 匣 -s/-s (fr.) =Memorandum

Me·moi·ren [memo'a:rən] 圈 回想録，回顧録．

Me·mo·ra·bi·li·en [memora'bi:liən] 圈 (lat.) 記憶すべき事柄(出来事など)．

Me·mo'ran·dum [memo'randum] 匣 -s/..den [..dən] (..da | ..da]) (lat.) **1** (外交上の)覚え書き． **2** メモ帳，備忘録．

Me·mo·ri'al¹ [memori'a:l] 匣 -s/-e(..lien) (lat.) 《古》メモ帳，備忘録，日記．

Me·mo·ri·al² [me'mo:riəl] 匣 -s/-s (engl.) (故人，

me·mo'rie·ren [memo'riːrən] 他 **1** 暗記する，暗唱する． **2**《まれ》想起させる．

'**Mem·phis** ['mɛmfɪs]《地名》(ägypt.) **1** メンピス，メンフィス(カイロの南約 25 km，ナイル川下流左岸にあるエジプト最古の古代都市遺跡)． **2** メンフィス(アメリカ南部，テネシー Tennessee 州南西部の河港都市)．

Me·na·ge [me'naːʒə] 女 –/–n (fr.) **1** (食卓の)薬味台． **2**《ﾄﾞｲﾂ》(軍隊の)糧食．

Me·na·ge·rie [menaʒə'riː] 女 –/–n [..'riːən] (fr.)《古》動物の見世物，小さな動物園；動物舎．

'**Men·del** ['mɛndəl]《人名》Gregor Johann ~ グレゴール・ヨハン・メンデル(1822–84, オーストリアの植物学者，遺伝学者)．

Men·de·le·vi·um [mɛndeˈleːviʊm] 中 –s/《化学》メンデレヴィウム．

Men·de'lis·mus [mɛndeˈlɪsmʊs] 男 –/ メンデル主義．

'**men·deln** ['mɛndəln] 自《遺伝》メンデルの法則に従って遺伝する．

'**Men·dels·sohn Bar'thol·dy** ['mɛndəlsːzoːn barˈtɔldi]《人名》Felix ~ フェーリクス・メンデルスゾーン・バルトルディ(1809–47, ドイツの作曲家)．

Men·di·kant [mɛndiˈkant] 男 –en/–en (lat.) (Bettelmönch)《ｶﾄﾘｯｸ》托鉢(たくはつ)修道士．

Men·di'kan·ten·or·den 男 –s/– (Betteloreden) 托鉢修道会 (Franziskaner, Dominikaner, Karmeliter など)．

Me·ne'te·kel [meneˈteːkəl] 中 –s/– (aram.) (迫り来る危機の)予兆，不吉の前兆《旧約》ダニ 5:25).

*'**Men·ge** ['mɛŋə] 女 –/–n **1** (一定の)量, 数量. die doppelte ~ 2倍の量. Eine geringe ~ dieses Medikaments(von diesem Medikament) genügt. この薬は微量で十分だ. eine winzige ~ Pulver 微量の粉末. in kleinen ~n 少量, 少し. **2** 大量, 多数. eine ~ Freunde おおぜいの友人. eine ~ Gold〈雅 Goldes〉大量の金. eine ~ schädliche Stoffe〈schädlicher Stoffe / von schädlichen Stoffen〉大量の有害物質. Er hat eine [ganze] ~ Geld. /《話》Er hat Geld die ~.《話》彼はお金をたっぷり持っている. Vor dem Rathaus steht〈stehen〉eine ~ Leute. 市庁舎の前は黒山の人だかりだ. Er bildet sich³ eine [ganze] ~ darauf ein. 彼はそのことをたいそう鼻にかけている. jede ~ いくらでも, 好きなだけ；非常にたくさんの. in [großer] ~ / in großen ~n《話》大量に, どっさり. Eine ~ hat〈haben〉sich⁴ beworben. おおぜいの人が応募した. sich⁴ durch die ~ drängen 人混みをかきわけて進む. der Beifall der ~《比喩》大多数の賛同. **3**《複数なし》群衆；おおぜいの人. **3**《数学》集合.

'**men·gen** ['mɛŋən] **①** 他 混ぜる, 混合する. Futter ~ 飼料を混合する. Kies und〈mit〉Sand ~ 砂利〈しゃ〉と砂を混ぜる. Rosinen in〈unter〉den Teig ~ 干しぶどうをこね粉に混ぜ込む. eins ins andere ~《物事を》ごっちゃにする；ごちゃ混ぜに言う. **②**（sich）**1** 混ざる, 混じり合う. **2** (in et⁴ 事に)干渉する, 口出しする. ♦ ↑mischen

'**Men·gen·leh·re** 女《数学》集合論.

'**men·gen·mä·ßig** 形 (quantitativ) 量的な, 数量に関する.

'**Men·gen·ra·batt** [..rabat] 男 –[e]s/–e《経済》大口割引.

'**Meng·sel** ['mɛŋzəl] 中 –s/–《地方》混合物, ごたまぜ.

'**Meng-tse** ['mɛntsə]《人名》孟子(前 372–前 289)．

'**Men·hir** ['mɛnhiːr, ..hɪr] 男 –s/–e (kelt., langer Stein) メンヒル (新石器時代から金属器時代初期にかけての巨石記念物の一種).

Me·nin·gi·tis [menɪŋˈgiːtɪs] 女 –/..gitiden[..ˈgiːtiˑdən] (gr.)《病理》(Hirnhautentzündung) 髄膜炎, 脳膜炎.

Me·nis·kus [meˈnɪskʊs] 男 –/..ken [..kən] (gr.) **1**《解剖》(膝関節の)半月板． **2**《物理》(毛細管現象の際にできる液体表面の)曲面, メニスカス． **3**《光学》メニスカスレンズ(眼鏡などの凹凸レンズ).

Me'nis·kus·riss 男 –es/–e《医学》半月板裂傷．

Men'ken·ke [mɛnˈkɛŋka]《中部ﾄﾞｲﾂ》ごたごた, 回りくどいこと. Mach keine ~ ! 面倒くさいことはやってくれ.

'**Men·ni·ge** ['mɛnɪgə] 女 –/ 鉛丹, 光明丹(酸化鉛の一種で, 防錆〈ぼうせい〉塗料として用いられる).

Men·no'nit [mɛnoˈniːt] 男 –en/–en《ｷﾘｽﾄ教》メノー派教徒(再洗礼派 Anabaptist の一派, 創始者 メノー・シモンズ Menno Simons, 1492–1559 の名前にちなむ). ♦ 女性形 Mennonitin 女 –/–nen

Me·no'pau·se [menoˈpaʊza] 女 –/ (gr. men, Monat‘ + pausis, Ende‘)《医学》月経閉止, 閉経(期).

'**Men·sa** ['mɛnza] 女 –/–s (Mensen) (lat., Tisch‘) **1** 学生食堂, メンザ． **2**《ｶﾄﾘｯｸ》祭台(祭壇上部の平板石).

Mensch

[mɛnʃ メンシュ] **❶** 男 –en/–en **1** 人間, 人. ~ und Natur 人と自然. aus〈von〉Fleisch und Blut 生身の人間. Alle ~en müssen sterben.《諺》人はみな死なねばならない. jeder ~ 人は誰も, 誰しも人は. kein ~ (= Niemand) hat daran gedacht. 誰もそのことを思わなかった. Welcher ~ (= Wer) könnte so was sagen! 誰にそのようなことが言えようか. Ist das noch ein ~ ? それが人間のすることか. Er ist auch nur ein ~.《話》彼だってただの人間さ. wieder [ein] ~ sein《話》やっと人心地がつく. kein ~ mehr sein《話》くたくた(へとへと)である. Er ist ein anderer ~ geworden. 彼はまるで別人のようになった. nur [noch] ein halber ~ sein《話》(病後や空腹のせいで)体がまだ本調子ではない. wie der erste ~《話》(アダムとイヴのように)頼りなげに, ぎこちなく. Er hat endlich einen ~en gefunden. 彼はやっと良き友(理解者)にめぐり会えた. den alten ~en ablegen / einen neuen ~en anziehen 新しい人間に生まれ変る, 心を入れ替える (↓《新約》エフェ 4:22–24). etwas für den äußeren〈inneren〉~en tun《話》身なりにかまう〈口腹の欲を満たす〉. unter ~en kommen 人中に出る.《しばしば無屈尾》eine Seele von ~ 〈von einem ~〉人の暖かさをもった人. von ~ zu ~《話》腹を割って, ざっくばらんに. **2**《間投詞として》《話》~ ! おい, こら, こいつ；うわー, ひぇー. ~ Meier! ひぇー, 驚いた.

❷ 中 –[e]s/–er《地方》(女性を侮蔑して)あま, あばずれ.

'**Men·schen·af·fe** 男 –n/–n 類人猿.

'**Men·schen·al·ter** 中 –s/– **1** (人の平均的な活動期間をさして)一生, 生涯. **2** 1世代(約 30 年).

'**men·schen·arm** 形 人のあまりいない, 過疎の.

'**Men·schen·bild** 中 –[e]s/–er《複数まれ》人間像.

'**Men·schen·feind** 男 –[e]s/–e 人間嫌い, 厭世家.

'**men·schen·feind·lich** 形 **1** 人間嫌いの. **2** (環境などが)非人間的な, 人間に有害な.

Men·schen·fleisch 中 -[e]s/ 人肉.
Men·schen·fres·ser 男 -s/- **1**(童話などの)人喰い鬼. **2**(話)人喰い人種;鬼のような人間.
Men·schen·freund 男 -[e]s/-e(Philanthrop)人類の友,博愛主義者.
men·schen·freund·lich 形 **1** 博愛主義的な;心やさしい. **2**(環境などが)人間にやさしい.
Men·schen·ge·den·ken 中《次の成句でのみ》seit ~(思い出せる限りの)遠い昔から,有史以来.
Men·schen·ge·schlecht 中 -[e]s/ 人類.
Men·schen·ge·stalt 女 -/-en 人間の姿形. ein Engel〈ein Teufel〉in ~ 人の姿をした天使〈悪魔〉.
Men·schen·ge·wühl 中 人混み,雑踏.
Men·schen·hand 女 -/̈-e 人の手. Das liegt nicht in ~. それは人間の手にあまることだ. von〈durch〉人の手で.
Men·schen·han·del 男 -s/ 人身売買.
Men·schen·händ·ler 男 -s/- 人身売買者,奴隷商人.
Men·schen·hass 男 -es/ 人間嫌い.
Men·schen·herz 中 -ens/-en《雅》人の心,人情. ◆格変化については Herz 参照.
Men·schen·ken·ner 男 -s/- 人情(世故)に通じた人,人間通.
Men·schen·kennt·nis 女 -/ 人情(世故)に通じていること.
Men·schen·kind 中 -[e]s/-er **1**(人間の)子供. **2**(複数まれ)(神の子としての)人間,人の子.
Men·schen·kun·de 女 -/(Anthropologie)人類学;人間学.
Men·schen·le·ben 中 -s/ **1**(人の)一生,人生. **2** 人命.
men·schen·leer 形 人影のない,荒涼とした.
Men·schen·lie·be 女 / 人間愛,隣人愛,博愛.
Men·schen·ma·te·ri·al 中 -s/ 人的資源.
Men·schen·mau·er 女 -/-n 人垣.
Men·schen·men·ge 女 -/-n 群衆.
men·schen·mög·lich 形 人間にできる,人力(人知)の及ぶ限りの.
Men·schen·op·fer 中 -s/- **1** 人身御供(ぎょう). **2**(戦争・大事故などの)犠牲者.
Men·schen·raub 男 -[e]s/-e 人間の掠奪(りゃく),人さらい.
Men·schen·recht 中 -[e]s/-e《ふつう複数で》die Allgemeine Erklärung der ~e 世界人権宣言(1948年12月10日第3回国際連合総会で採択).
men·schen·scheu 形 人見知りの,人怖(ひと)じする,人づきあいの嫌いな.
Men·schen·schin·der 男 -s/- 人を酷使(虐待)する人.
Men·schen·schlag 男 -[e]s/-(特徴・気質などを共にする)人々. Die Rheinländer sind ein heiterer ~. ライン地方の住民は陽気な人種だ.
Men·schen·see·le 女 -/-n 人間の魂;《複数なし》人間. keine ~ 誰も…ない. Weit und breit war keine ~ zu sehen. 見渡す限り人影はなかった.
Men·schens·kind 間 ~!《話》(非難・叱責・驚きなどを表して)おいおい,こいつ. ◆複数の相手に対しては Menschenskinder! の形で.
Men·schen·sohn 男 -[e]s/《キリスト教》人の子(イエス・キリストが自分のことを言う名詞のひとつ).
Men·schen·tum ['mɛnʃəntuːm] 中 -s/ 人間であること,人間としてのあり方.

'men·schen·un·wür·dig 人間としてふさわしくない,非人間的な.
'Men·schen·ver·stand 男 -[e]s/ 人間の理解力,人知. der gesunde ~ 常識,良識.
'Men·schen·ver·such 男 -[e]s/-e 人体実験.
'Men·schen·werk 中 -[e]s/-e《雅》(はかない)人間の業(わざ).
'Men·schen·wür·de 女 -/ 人間の尊厳.
'men·schen·wür·dig 形 人間にふさわしい,人間らしい.
Men·sche·wik [mɛnʃe'vɪk] 男 -en/-en(-i[..ki])(russ. mensche, weniger')《歴史》(↔ Bolschewik)メンシェヴィキ(1903 ロシア社会民主労働党大会で Lenin のひきいる Bolschewik[i] と対立し分裂した少数穏健派).
Men·sche·wist [..'vɪst] 男 -en/-en =Menschewik

***'Mensch·heit** ['mɛnʃhaɪt メンシュハイト] 女 -/ **1**《集合的に》(a)人類,人間. die ganze ~ 全人類. zum Wohl der ~ 人類の福祉のために. j⁴ auf die ~ loslassen《戯》人⁴を世に送り出す(ひとり立ちさせる). (b)《話》人々,群衆. so eine ~ auf dem Bahnhof 駅の群衆. **2**《古》《雅》人間であること,人間性.

***'mensch·lich** ['mɛnʃlɪç メンシュリヒ] 形 **1** 人間の. die ~e Gesellschaft 人間社会. der ~e Körper 人体. nach ~em Ermessen(人知のおよぶ限りで判断して)まず大体は,十中八九は. **2** 人間らしい,人間的な. ein ~es Rühren fühlen〈verspüren〉《戯》生理的欲求(空腹・便意など)を覚える. Irren ist ~.《諺》過ちは人の常.《名詞的用法で》Dem Kind ist etwas *Menschliches* passiert〈zugestoßen〉.《話》その子はおもらし(おなら)をしてしまった. Wenn mir etwas *Menschliches* zustößt, …《話》もし私の身に万一のことがあれば…. **3** 人間味のある,寛大な;人道的な. ein ~er Beamter 人間味のある役人. Er ist keiner ~en Regung fähig. 彼は血も涙もない人間だ. **4** 一個人としての,個人的な. Sie stehen sich³ ~ nahe. 彼らは個人的に親しい関係にある. rein ~ gesehen 純粋に一個人としてみて. **5**《話》まずまず人並みの,我慢できる. sich¹[wieder]~ machen(着替えや入浴をすましてこざっぱりする,人心地がつく.

'Mensch·lich·keit 女 -/-en **1**《複数なし》(a)人間であること. Christus in seiner ~ 人間キリスト. (b)人間らしさ,人間性,ヒューマニティ;人間的心情,人情. ein Verbrechen gegen die ~ 人道に対する犯罪. **2**《古》人間的な弱さ.

'Mensch·wer·dung 女 -/-en **1** 人類の発生. **2**《キリスト教》(Inkarnation 1)託身,受肉.

Men·sen ['mɛnzən] Mensa の複数.

'men·sis cur'ren·tis ['mɛnzɪs kʊ'rɛntɪs](lat.)《古》《略 m.c.》([des]laufenden Monats)今月の(に).

'men·sis prae'te·ri·ti ['mɛnzɪs prɛ'teritɪ](lat.)《古》([des]vergangenen Monats)《略 m.p.》先月の(に).

'mens 'sa·na in 'cor·po·re 'sa·no ['mɛns 'zaːna ɪn 'kɔrpore 'zaːno]《標語》(lat., ein gesunder Geist in einem gesunden Körper') 健全な精神は健全な身体に(宿れかし).

mens·tru'al [mɛnstru'aːl] 形《医学》月経の.
Mens·tru·a·ti'on [mɛnstruatsi'oːn] 女 -/-en(lat.)《医学》月経,生理.
mens·tru'ie·ren [mɛnstru'iːrən] 自 月経がある,

月経中である.

Men'sur [mɛn'zu:r] 囡 -/-en (lat. mensura, das Messen, das Maß) **1**《スポーツ》(競技者間の)間合い, ディスタンス. **2**《古》(学生組合のしきたりにのっとった刀剣を用いての)決闘. **3** (a)《音楽》(定量記譜法における)音価, メンスーラ. (b)《楽器》楽器における寸法の比率(管の長さと口径の比など). **4** (Messzylinder) メスシリンダー.

men·su·ra·bel [mɛnzu'ra:bəl] 形 (messbar) 計測可能な.

Men'su·ral·mu·sik [mɛnzu'ra:l..] 囡 -/《音楽》定量音楽(13-16世紀の定量記譜法で記された音楽).

men'tal [mɛn'ta:l] 形 (lat.) 精神の, 心の, メンタルな.

Men·ta·li·tät [mɛntali'tɛ:t] 囡 -/-en 気質, メンタリティー.

Men'tal·re·ser·va·ti·on [..] 囡 -/-en《法制》心裡留保.

Men'thol [mɛn'to:l] 匣 -s/《化学》メントール, ハッカ脳.

'Men·tor [ˈmɛnto:r] ❶《人名》《ギリシア神話》メントール (Odysseus の親友でテレマコス Telemach の教育者・助言者). ❷ — -s/-en [mɛn'to:rən] **1** (経験をつんだ)助言者, 忠告者;《古》家庭教師. **2** (高等学校)見習い教員の指導教官.

Me'nu [me'nyː] (フランス語) =Menü

***Me'nü** [me'nyː] 匣 -s/-s (fr.) **1** (料理店の)定食, コース料理. **2**《コンピュータ》メニュー. **3**《古》献立表, メニュー.

Me·nu'ett [menu'ɛt] 匣 -[e]s/-e(-s) (fr.) **1** メヌエット(17世紀フランスの宮廷で盛んに行われた4分の3拍子の舞踏). **2**《音楽》メヌエット.

Me'phis·to [me'fisto]《人名》メフィスト(Mephistopheles の短縮).

Me·phis·to·phe·les [mɛfɪs'to:feles]《人名》メフィストーフェレス(Faust 伝説や Goethe, Faust に登場する悪魔の名前).

me·phis·to·phe·lisch [mɛfɪsto'fe:lɪʃ] 形 メフィストのような, 悪魔的な; 邪悪な, 狡知にたけた.

Mer'ce·des-'Benz [mɛr'tse:dɛs'bɛnts]《商標》メルツェーデス-ベンツ(Daimler-Benz 社製の自動車).

mer'ci [mɛr'siː] 間 (fr.) Merci! ありがとう(=Danke!).

'Mer·gel [ˈmɛrgəl] 男 -s/- (lat.)《地質》泥灰岩, マール.

'Mer·gel·bo·den 男 -s/ニ 泥灰質の土壌.

'mer·geln [ˈmɛrgəln] 他 (畑に)泥灰岩肥料を施す.

Me·ri·di'an [meridi'a:n] 男 -s/-e (lat.)《天文・地理》子午線, 経線.

me·ri·di·o'nal [meridio'na:l] 形 **1** 子午線の. **2**《古》(südlich) 南の.

Me'rin·ge [me'rɪŋə] 囡 -/-n, **Me'rin·gel** [me'rɪŋəl] 匣 -s/- (fr.)《料理》(Baiser) メレンゲ.

Me·ri'no [me'ri:no] 男 -s/-s (sp.) **1**《動物》メリノ羊. **2**《紡織》メリノ・ウール.

'Me·ri·tum [ˈme:ritum] 匣 -s/Meriten[me'ri:tən] (lat., Verdienst')《ふつう複数形で》功績;メリット.

mer·kan'til [mɛrkan'ti:l] 形 (it.) 商人の, 商業の.

Mer·kan·ti'lis·mus [mɛrkanti'lɪsmʊs] 男 -/ (fr.) 重商主義(16-18世紀西欧諸国の).

'merk·bar [ˈmɛrkba:r] 形 **1** はっきりそれと分かる, 目に見える. eine ~e Besserung (容体などが)目に見えてよくなること. **2** 覚えやすい. Die Zahl ist gut ~. その数字は覚えやすい.

'Merk·blatt [ˈmɛrk..] 匣 -[e]s/ニer 注意書き, 説明書.

'Merk·buch 匣 -[e]s/ニer (Notizbuch) メモ帳.

'mer·ken [ˈmɛrkən メルケン] ❶ 他 **1** (事に)気づく, 感づく, 感じ取る;(が)分かる(an et³ 事で). In Absicht ~ 人²の意図に気づく. An seinem Benehmen *merkte* ich sofort, dass... 彼の態度で私にはすぐ…ということが分かった. *Merkst* du was?《話》何か気づいたか. Du *merkst* aber alles.《話》君は何でもお見通しなんだな.(皮肉に)今頃気づいたのか.《lassen と》j⁴ et¹ ~ lassen 人⁴に事を感づかせる, 悟らせる. Lass es niemanden ~! 誰にもそのことを気取られるな. Er ließ sich⁴ nichts ~. 彼は何くわぬ顔をしていた. **2** ([sich³] et⟨j⟩⁴ 事⟨人⟩⁴を)覚えておく, 記憶する. sich eine Zahl ~ ある数字を覚えておく. Ich werd' mir's ~.《話》このことは忘れないぞ, いいね見てろ. *Merk* dir das!《話》そいつを忘れるな;覚えていろよ. Sein Name ist schwer zu ~. / Sein Name lässt sich⁴ schwer ~. 彼の名前は覚えにくい.《目的語なしで》Der Junge *merkt* gut. その少年は物覚えがいい. **3**《南ドイツ》(notieren) 書留める, メモしておく.

❷ 自 (auf et⁴ に)気をつける, 注意する. *Merke* auf meine Worte! 私の言葉をよく聞け.

'Mer·ker [ˈmɛrkər] 男 -s/-《文学》**1** (Minnesang に登場する)恋の邪魔をする見張り. **2** (Meistersinger に登場する歌の審判者).

'merk·lich [ˈmɛrklɪç] 形 はっきりそれと分かる, 目に見える, 顕著な.

***'Merk·mal** [ˈmɛrkma:l メルクマール] 匣 -[e]s/-e **1** 特徴, 目印, 指標;《哲学》徴表(ちょうひょう). **2**《言語》素性.

'Merk·spruch 匣 -[e]s/ニe (暗記を助けるための)押韻(おういん)句;格言.

Mer'kur [mɛr'ku:r] (lat.) ❶《人名》《ローマ神話》メルクリウス(商業の神でギリシア神話の Hermes にあたる). ❷ — -s/ der ~《天文》水星. ❸ — 匣 -s/ (Quecksilber) (錬金術で)水銀.

Mer'kur·stab 男 -[e]s/ニ《ローマ神話》メルクリウスの杖(蛇が巻きつき翼が生えた杖で商業のシンボルになっている).

'Merk·wort 匣 -[e]s/ニer《演劇》(次の台詞(せりふ)のきっかけとなる)言葉, 渡し台詞.

***'merk·wür·dig** [ˈmɛrkvyrdɪç メルクヴュルディヒ] 形 **1** 奇妙な, 風変りな, 変な;怪しげな, うろんな. **2**《古》注目〈記憶〉すべき.

'merk·wür·di·ger·wei·se [ˈmɛrkvyrdɪgər'vaɪzə] 副 奇妙にも, おかしなことに.

'Merk·wür·dig·keit 囡 -/-en **1**《複数なし》奇妙さ, 珍しいもの. **2** 奇妙なこと, 珍しいもの.

'Merk·zei·chen 匣 -s/- (記憶のための)目印.

Mer'lin¹ [mɛr'li:n, '— —]《人名》メルリーン(Artus 王伝説に出てくる魔法使い・予言者).

Mer'lin² [mɛr'li:n] 男 -s/-e《鳥》こちょうげんぼう(小長元坊)(はやぶさの一種).

'Me·ro·win·ger [ˈme:rovɪŋər] 男 -s/-《歴史》**1**《複数形で》メーロヴィング朝(5世紀から8世紀にかけてフランク王国を建設・支配した王朝. ↑Karolinger). **2** メーロヴィング家の人.

Mer·ze·ri·sa·ti'on [mɛrtsərizatsi'o:n] 囡 -/《紡織》マーセリゼーション, マーセル法加工(化性ソーダで処理してつや出しをすること. イギリスの化学者 John Mercer, 1791-1866 の名にちなむ).

mer·ze·ri'sie·ren [mɛrtsəri'ziːrən] 他 〖紡織〗(物に)マーセリゼーション(マーセル加工)をほどこす.

Me·sal'li·ance [mezali'ãːs] 囡 -/-n (fr.) **1** 身分ちがいの(不釣合いな)結婚. **2** しっくりいかぬ間柄.

me'schug·ge [me'ʃʊgə] meschuggener, meschuggenst 形 (jidd.)〖話〗狂った, 頭のいかれた.

Mes'dames [me'dam]《略 Mmes.》Madame の複数.

Mes·de·moi'selles [medəmoa'zɛl]《略 Mlles.》Mademoiselle の複数.

Mes·me'ris·mus [mɛsmə'rɪsmʊs] 男 -/ ‒ 動物磁気療法(ドイツ人医師 F. A. Mesmer, 1734-1815 が提唱した一種の暗示療法で心身医学の走りであった).

'Mes·ner ['mɛsnər] 男 -s/- 〖地方〗(Küster) 教会の雑用係, 寺男.

me·so.., **Me·so..** [mezo..]〔接頭〕(gr. mesos , mitten ')形容詞・名詞に冠して「中間の, まん中の」の意を表す. 母音の前では mes.., Mes.. となる. **Me·so**sphäre〖気象〗中間圏.

'Me·son ['meːzɔn] 中 -s/ ‒en [me'zoːnən] (gr. , Mitte ')〖原子物理〗中間子.

Me·so·po·ta'mi·en [mezopo'taːmiən]《地名》(gr. , zwischen den Flüssen liegend ') メソポタミア(人類最古の文明の発祥地の 1 つ. チグリスとユーフラテス両河川の流域地方).

me·so·po'ta·misch [..mɪʃ] 形 メソポタミアの.

Me·so'sphä·re [mezo'sfɛːrə] 囡 -/〖気象〗中間圏.

'Me·so·tron ['meːzotroːn] 中 -s/ ‒en [mezo'troːnən]〖古〗=Meson

Me·so'zo·i·kum [mezo'tsoːikʊm] 中 -s/〖地質〗中生代.

me·so'zo·isch [..'tsoːɪʃ] 形 〖地質〗中生代の.

Mess·band, °**Meß·band** ['mɛs..] 中 -[e]s/ ≃er 巻き尺, メジャー.

'mess·bar ['mɛsbaːr] 形 測りうる, 測定可能な.

'Mess·be·cher 男 -s/- 計量カップ.

'Mess·buch 中 -[e]s/ ≃er ミサ典書.

'Mess·die·ner 男 -s/- 〈カトリック〉=Ministrant

＊**'Mes·se**[1] ['mɛsə メセ] 囡 -/-n (lat.) **1** (a)〈カトリック〉ミサ. Heilige 〜 ミサ聖祭. eine stille 〜 (音楽なしの読誦(どくじゅ))ミサ. die 〜 besuchen / zur 〜 gehen ミサに行く. die 〜 halten〈lesen / zelebrieren〉ミサを執り行う. die 〜 hören ミサにあずかる. (b)〖音楽〗ミサ曲. **2** (a) 見本市, フェア. (b)〖地方〗歳の市. auf die 〜 gehen 歳の市に行く.

'Mes·se[2] 囡 -/-n (engl.)〖海事〗(艦上の)食堂, 会食室(のメンバー).

'Mes·se·amt 中 -[e]s/ ≃er 見本市事務局.

'Mes·se·ge·län·de 中 -s/- 見本市会場.

'Mes·se·hal·le 囡 -/-n 見本市の展示館, パビリオン.

＊**'mes·sen**＊ ['mɛsən メセン] maß, gemessen / du misst(°mißt), er misst(°mißt) ❶ 他 **1** (a) はか(測, 量, 計)る. die Größe〈die Höhe / die Länge〉 〜 大きさ〈高さ / 長さ〉をはかる. die Entfernung mit den Augen 〜 距離を目測する. j[4] mit gleichem Maß 〜 《比喩》人[4]を公平に扱う. et[4] nach Litern 〈Metern〉 〜 物[4]リットル〈メートル〉ではかる. Ich habe [der Länge nach] die Straße gemessen.《戯》私は往来にぶっ倒れた(はでに転んでしまった).《しばしば目的語なしで》mit zweierlei Maß 〜《比喩》不公平な評価を下す, えこひいきする. (b)(j〈et〉[4] an j〈et〉[3] 〜) 人〈物〉[4]を人〈物〉[3]を尺度にして)比較する, 評価する. Wir messen dein Können an deinen Leistungen. 私たちは君の能力を業績で判断する.《過去分詞で》 An dir gemessen, verdient er gut. 君とくらべると彼は稼ぎがいい. (c)〖雅〗(はかるように)じろじろ見る. j[4] von oben bis unten 〜 人[4]を上から下までじろじろ見る. (d) mit j[4] seine Kräfte 〜 人[3]と力を競う(↑ ❷). **2** ...の長さ(大きさ, 高さ, 容量)である. Wieviel Liter misst der Eimer? そのバケツは何リットル入りますか. Der Schrank misst in der Breite 1,50 m, in der Höhe 2,50 m. その戸棚は幅が 1 メートル 50 センチ, 高さが 2 メートル 50 センチある.
❷ 再 (**sich**) 優劣を競う(mit j[3] an〈in〉 et[3] 人[3]と事[3]の点において). Du kannst dich mit ihm an Talent nicht 〜. 君は才能の点では彼にかなわない.
◆↑gemessen

'Mes·ser[1] ['mɛsər] 男 -s/- **1** 計器, 測定機器, メーター. **2** 測定(計量)者, 測量師.

'Mes·ser[2] ['mɛsər メサー] 中 -s/- **1** ナイフ, 小刀, 短刀.〈stumpfes〉 〜 切れ味の良い〈悪い〉ナイフ. das 〜 aufklappen〈öffnen〉(折畳式)ナイフを伸ばす. j[3] ein 〜 in den Leib jagen〈rennen / stoßen〉人[3]の腹に短刀を突き刺す.《比喩的用法で》Das 〜 sitzt ihm an der Kehle.《話》(とくに金銭的に)彼は絶体絶命だ. Ihm ging das 〜 in der Tasche〈im Sack〉 auf.《話》彼はかんかんになった. j[4]《話》[erst / selbst] das 〜 in die Hand geben 人[4]にみすみす武器(攻撃材料)を与えてしまう. j[3] das 〜 an die Kehle setzen《話》(何事かを迫って)人[3]の喉元に匕首(あいくち)を突きつける. j[4] ans 〜 liefern 人[4]を警察に売る;(を)破滅させる. bis aufs 〜《話》手段を選ばずに, とことんまで. ein Kampf bis aufs 〜 血みどろの戦い. Auf diesen 〜 kann man [bis nach Rom] reiten.《話》このナイフはぜんぜん切れない. Es steht auf des 〜 s Schneide.《話》いま事剣が峰にさしかかっている, どっちに転ぶかきわどいところだ. j[3] ins offene 〜 laufen《話》人[3]の術中に自ら陥る,《俗》思う壺にはまる. **2** (外科用の)メス. unter dem 〜 bleiben《話》手術中に死亡する. unters 〜 kommen〈müssen〉《話》手術を受ける. j[4] unters 〜 nehmen《話》人[4]を手術する. **3** 〖工学〗(機械の)刃, ブレード, カッター.

'Mes·ser·bänk·chen 中 -s/- ナイフ台(ナイフやフォーク用の箸置きに似た小さな台).

'Mes·ser·griff 中 -[e]s/-e ナイフのグリップ(柄).

'Mes·ser·held 男 -en/-en 《侮》(すぐに刃物を振回す)ごろつき, ちんぴら.

'Mes·ser·klin·ge 囡 -/-n ナイフの刃.

'Mes·ser·rü·cken 中 -s/- ナイフの背(峰).

'mes·ser·scharf 形 **1** 剃刀(かみそり)のように鋭い. **2**《話》(頭が)切れる;(批評などが)鋭い.

'Mes·ser·schmied 男 -[e]s/-e 刃物製造職人, 刃物鍛冶.

'Mes·ser·schnei·de 囡 -/-n ナイフの刃.

'Mes·ser·spit·ze 囡 -/-n **1** ナイフの先. **2**《話》ほんの少量(塩などの).

'Mes·ser·ste·cher 男 -s/- =Messerheld

'Mes·ser·ste·che'rei [..ʃteçə'raɪ] 囡 -/-en 刃傷(にんじょう)沙汰.

'Mes·ser·stich 中 -[e]s/-e ナイフで刺すこと, ナイフの一突き.

'Mes·se·stand 男 -[e]s/ ≃e 見本市のブース.

'Mess·ge·fäß 中 -es/-e 計量容器.

'Mess·ge·rät¹ 中 -[e]s/-e 測定(測量)器, 計測器.
'Mess·ge·rät² 中 -[e]s/-e 《ふつう複数で》《カトリック》ミサの祭具.
'Mess·ge·wand 中 -[e]s/¨er 《カトリック》ミサ服.
'Mess·glas 中 -es/¨er 計量グラス, メートルグラス, メスシリンダー.
'Mess·hemd 中 -[e]s/-en =Alba
Mes·si·a·de [mɛsi'a:də] 女 -/-n 《文学》メシアーデ (救世主を主人公にした詩歌).
mes·si·a·nisch [mɛsi'a:nɪʃ] 形 1 メシア(救世主)の. 2 メシアニズムの. 3 《雅》メシア的な, 使命感にあふれた.
Mes·si·a·nis·mus [mɛsia'nɪsmʊs] 男 -/ 《宗教》メシア(救世主)信仰, メシアニズム.
Mes·si·as [mɛ'si:as] 男 -/ (hebr. , der Gesalbte') 1 《キリスト教》メシア, 救世主; イエス・キリスト. 2 《雅》救済者.
Mes·sieurs [mesi'ø:, me'sjø] Monsieur の複数.
Mes·si·na [mɛ'si:na] 《地名》(it.) メッシーナ (シチリア島東部の都市). die Straße von ~ メッシーナ海峡.
'Mes·sing ['mɛsɪŋ] 中 -s/-e 真鍮(しんちゅう), 黄銅(おうどう).
'mes·sin·gen ['mɛsɪŋən] 形 真鍮(黄銅)の.
'Mess·in·stru·ment 中 -[e]s/-e =Messgerät¹
'Mess·kelch 男 -[e]s/-e 《カトリック》カリス, 聖杯 (ミサのさい聖別されたぶどう酒を入れる祭具).
'Mess·lat·te 女 -/-n 《測量》標尺.
'Mess·op·fer 中 -s/- ミサ聖祭.
'Mess·schnur 女 -/¨e 《測量》測量縄(なわ), 検縄(けんじょう).
'Mess·tisch 男 -[e]s/-e 《測量》(測量用の)平板.
'Mess·tisch·blatt 中 -[e]s/¨er 《測量》測量用地図.
'Mess·uhr 女 -/-en 《工学》ダイヤルゲージ.
'Mes·sung ['mɛsʊŋ] 女 -/-en 1 測量, 測定, 計測. 2 測量(測定)値.
'Mess·wein 男 -[e]s/-e ミサ用ワイン.
'Mess·wert 男 -[e]s/-e 測定値.
'Mess·zy·lin·der 男 -s/- メスシリンダー.
Mes·ti·ze [mɛs'ti:tsə] 男 -n/-n (sp.) メスティソ (白人とインディオの混血児). ♦ 女性形 Mestizin [..tsɪn] 女 -/-nen
Met [me:t] 男 -[e]s/ (古ゲルマンの)蜂蜜酒.
me·ta.., Me·ta.. [meta.., meta:.., meta..] (gr. , mit; inmitten, zwischen; nach, hinter; gemäß') 形容詞・名詞に冠して「ともに, 間に, 後に, 越えて, 変化して」などの意を表す, 母音の前では met.., Met.., となる. Metamorphose 変形, 変容, 転身. Metaphysik 形而上(けいじじょう)学.
Me·ta·bo·lie [metabo'li:] 女 -/-n [..'li:ən] (gr. , Veränderung') 《生物》1 変形現象, 変態. 2 =Metabolismus
Me·ta·bo·lis·mus [metabo'lɪsmʊs] 男 -/ (↓ Metabolie) 《生物・医学》物質代謝(たいしゃ) (物質代謝とエネルギー代謝を包括した)代謝.
*Me'tall [me'tal メタル] 中 -[e]s/-e (gr.) 金属. edle ~ 貴金属. Seine Stimme hat viel ~. 《比喩》彼はよく通る(張りのある)声をしている.
Me'tall·ar·bei·ter 男 -s/- 金属労働者, 金属工.
*me'tal·len [me'talən メタレン] 形 1 金属(製)の. 2 (声・音などが)金属的な; メタリックな; よく響く.
Me'tall·geld 中 -[e]s/ 硬貨.
me'tall·hal·tig 形 金属を含有する.
Me'tall·in·dus·trie 女 -/-n [..ri:ən] 金属工業.
me'tal·lisch [me'talɪʃ] 形 1 金属の, 金属製の; 金属質の. 2 金属のような, 金属的な; (声・音の)甲(かん)高い, よく響く; (光沢が)メタリックな.
me'tal·li·sie·ren [metali'zi:rən] 他 (物に)金属被膜(鍍金(めっき))を施す.
Me'tall·ke·ra·mik 女 -/ 粉末冶金(やきん).
Me'tall·kun·de 女 -/ 金相学, 金属学.
Me'tall·le·gie·rung 女 -/-en 合金.
Me·tal·lo·gra'phie [metalogra'fi:] 女 -/ 《古》=Metallkunde 2 金属組織学.
Me·tal·lo'id [metalo'i:t] 中 -[e]s/-e [..'i:də] 《古》《化学》非金属(元素).
Me'tall·schnitt 男 -[e]s/-e 1 (a)《複数なし》金属版画法. (b) 金属版画. 2《製本》小口金(こぐち).
Me'tall·über·zug 男 -[e]s/¨e 《工学》金属被覆, 鍍金(めっき).
Me·tal'lurg [meta'lʊrk] 男 -en/-en 冶金学者.
Me·tal'lur·ge [meta'lʊrgə] 男 -n/-n =Metallurg
Me·tal·lur'gie [metalʊr'gi:] 女 -/ 冶金(やきん)学.
me·tal'lur·gisch [meta'lʊrgɪʃ] 形 冶金学の.
Me'tall·ver·ar·bei·tend, °me'tall·ver·ar·bei·tend 形 金属加工の.
Me'tall·ver·ar·bei·tung 女 -/-en 金属加工.
Me'tall·wäh·rung 女 -/-en 《経済》金属本位制 (とくに金(きん)による).
Me'tall·wa·re 女 -/-n 《ふつう複数で》金属製品, 金物.
me·ta'morph [meta'mɔrf] 形 1 変態(変形)の. 2 《地質》変成の. ~ es Gestein 変成岩.
me·ta·mor'phisch [meta'mɔrfɪʃ] 形 (まれ) =metamorph
Me·ta·mor'pho·se [metamɔr'fo:zə] 女 -/-n (gr. Meta.. + morphe , Gestalt') 1《地質》(岩石の)変成(作用). 2《動物・植物》変態. 3《ギリシア神話》(動物・草木・岩・泉などへの)変身, 転身, 転生. 4 (性格・意識などの)変化, 変革, 変貌. 5《複数で》《音楽》メタモルフォーゼ, 変容(主題などの自由な展開).
Me·ta·pher [me'tafər] 女 -/-n (gr.) 《修辞・文体》隠喩, 暗喩, メタファー.
Me·ta·pho·rik [meta'fo:rɪk] 女 -/ 《修辞・文体》1 隠喩法. 2 (ひとつの作品のなかで用いられている)隠喩, メタファー.
me·ta·pho·risch [meta'fo:rɪʃ] 形 《修辞・文体》1 隠喩(暗喩)的な. 2 隠喩(暗喩)を多く用いた.
Me·ta·phy'sik [metafy'zi:k] 女 -/-en (gr. , hinter der Physik') 1《複数まれ》形而上(けいじじょう)学. ▶ もと Aristoteles の著作集を編集したさい哲学論を Physik (自然学)の後に置いたことから. 2 形而上学の著作.
Me·ta'phy·si·ker [meta'fy:zikər] 男 -s/- 形而上学者.
me·ta'phy·sisch [..'fy:zɪʃ] 形 形而上学の; 形而上の.
'Me·ta·spra·che ['mɛta..] 女 -/-n《言語・論理》メタ言語, 高次言語.
Me·tas'ta·se [meta'sta:zə] 女 -/-n (gr.) 1《病理》(癌などの)転移. 2《修辞》転嫁法.
me·tas·ta'sie·ren [metasta'zi:rən] 自 《病理》(癌などが)転移する.
Me·ta'zo·on [meta'tso:ɔn] 中 -s/..zoen [..'tso:ən]《生物》後生動物.
Me·tem·psy'cho·se [metɛmpsy'ço:zə] 女 -/-n (gr. Meta.. + empsychos , belebt') 《宗教》(Seelen-

wanderung)輪廻(&&), 転生(&&).
Me·te'or [mete˚o:r, 'me:teo:r] 男 (まれ 中) -s/-e (*gr.* meteoron , Himmelserscheinung ') 『天文』流星. ein ~ am Theaterhimmel 《比喩》演劇界の彗星.

Me·te·o'rit [meteo'ri:t] 男 -s(-en)/-e[n] 『天文』流星体, 隕石.

Me·te·o·ro'lo·ge [meteoro'lo:gə] 男 -n/-n 気象学者.

Me·te·o·ro·lo'gie [meteorolo'gi:] 女 -/ 気象学.

Me·te·o·ro'lo·gisch [meteoro'lo:gɪʃ] 形 気象学(上)の; 気象.

Me·te'or·stein [mete˚o:r-] -[e]s/-e 『鉱物』隕石.

'Me·ter ['me:tər メーター] 男 (中) -s/- (《記号 m》) メートル. zehn ~ lang/breit/hoch 長さ/幅/高さ 10 メートル. ein ~ englisches Tuch〈雅 englischen Tuchs〉英国製の布地 1 メートル. Drei ~ Stoff sind〈ist〉genug. 3 メートルの生地(&)で十分である. Der Schnee liegt ein[en] ~ hoch. 雪が 1 メートルの高さに積もっている. der Preis eines ~s Stoff〈Stoffes〉生地 1 メートルの価格. eine Mauer von 5 ~ Höhe 高さ 5 メートルの壁. Der See hat eine Tiefe von rund 100 ~[n]. / Der See ist rund 100 ~ tief. その湖はおよそ 100 メートルの深さです. am laufenden ~《話》たてつづけに, ひっきりなしに, 延々と.

..me·ter [..me(:)tər] 『接尾』(*gr.*) 1「…メートル」の意の長さの単位を表す男性(中性)名詞 (-s/-) をつくる. Kilo*meter* キロメートル. 2「計測器」の意の中性名詞 (-s/-) をつくる. Baro*meter* 気圧計, バロメーター. 3「測定する人」の意の男性名詞 (-s/-) をつくる. Geo*meter* 測量技師. 4「…脚詩句」の意の男性名詞 (-s/-) をつくる. Hexa*meter* 6 歩格, ヘクサメーター.

'me·ter·dick 形 1 (数)メートル(も)の厚さの.
'me·ter·hoch 形 1 (数)メートル(も)の高さの.
'me·ter·lang 形 1 (数)メートル(も)の長さの.
'me·ter·maß 中 -es/-e メートル尺(物差, 巻尺).
'Me·ter·se·kun·de 女 -/-n (《記号 m/s, m/sec》) 『物理』メートル毎秒, 秒速…メートル.
'me·ter·tief 形 1 (数)メートル(も)の深さの.
'Me·ter·wa·re 女 -/-n メートル売の商品.
'me·ter·wei·se 副 1 メートル(単位)で. 2《話》とてもたくさん, 大量に.

Me'than [me'ta:n] 中 -s/ (*gr.*) 『化学』メタン.
Me'than·gas 中 -es/ 『化学』メタンガス.
Me·tha'nol [meta'no:l] 中 -s/ 『化学』メタノール, メチルアルコール.

*****Me·tho'de** [me'to:də メトーデ] 女 -/-n (*gr.*) (組織だった)方法, 方式; (その人独自の)やり方. eine neue ~ anwenden〈einführen〉新方式を適用〈導入〉する. ~ haben (仕事の進め方・やり方に)計画性がある. (ある事柄が)それなりの筋が通っている. Er hat ~ [in seiner Arbeit]. 彼は組織だった(手順を踏んだ)仕事をする. Er hat so seine eigene ~.《話》彼には彼一流のやり方がある. Was sind das für ~n?《話》いったい何というやり方だ.

Me'tho·den·leh·re 女 -/-n =Methodologie
Me·tho'dik [me'to:dɪk] 女 -/ 1 (Methodologie) 方法論. 2《複数なし》『教育』教科教育法, 教授法. 3 (一定の)やり方, 方法性.
Me·tho'di·ker [me'to:dikər] 男 -s/- 1 組織だった(手順を踏んだ)やり方をする人. 2 ある方法論の確立者, 人.

me·tho·disch [me'to:dɪʃ] 形 1 方法上の, 方法に関する; 方法論的な. 2 一定の方法(方式)に従った, 計画的(組織的)な.

Me·tho'dis·mus [meto'dɪsmɔs] 男 -/ (↓ Methode) 『宗教』メソジスト派, メソジスト教会(18 世紀英国国教会から別れた一派, 方法的な規則と厳格さをめざしたことから Methodist とあだ名され, これが通称となった).

Me·tho'dist [meto'dɪst] 男 -en/-en (*engl.*) 1 メソジスト派信者. 2《複数で》メソジスト派(教会).

Me·tho'dis·tisch [meto'dɪstɪʃ] 形 メソジスト派の.

Me·tho·do·lo'gie [metodolo'gi:] 女 -/-n[..'gi:ən] 方法論.

Me'thyl [me'ty:l] -s/- (*gr.*) 『化学』メチル.
Me'thyl·al·ko·hol [me'ty:l-] 男 -s/ 『化学』メチルアルコール.
Me'thy·len [mety'le:n] 中 -s/ 『化学』メチレン.

Me'thu·sa·lem [me'tu:zalɛm] (*hebr.*) 1 〖人名〗〖旧約〗メトシェラ, メトセラ(Noah の祖父, 969 歳まで生きたとされる. 創 5:21-27). alt wie ~ sein (男性について)おそろしく高齢である. 2 男 -[s]/-s《話》おそろしく高齢の人.

Me·ti'er [meti'e:] 中 -s/-s (*fr.*) 1 (Beruf, Handwerk) (主として手先を使う)職業, (専門的な)仕事. 2 (美術・文学などのすぐれた)腕前, 技法, スティエ.

Me·to·no·ma'sie [metonoma'zi:] 女 -/-n [..'zi:ən] メトノマジー(姓名を外国語に翻訳して改めること. たとえば Schwarzerd をギリシア語風の Melanchthon にしたという風に).

Me·to·ny'mie [metony'mi:] 女 -/-n [..'mi:ən] (*gr.*) 〖言語・文体〗換喩, 転喩.

me·to'ny·misch [meto'ny:mɪʃ] 形 〖言語・文体〗換喩(転喩)による.

'Me·tra ['me:tra], **'Me·tren** ['me:trən] Metrum の複数.

'Me·trik ['me:trɪk] 女 -/-en (*gr.*) 1 『文学』韻律論. 2 『音楽』拍節法.

'me·trisch ['me:trɪʃ] 形 1 (a) 『文学』韻律の; 韻律論の. (b) 『音楽』拍節法の. 2 メートル(法)による.

'Me·tro ['me:tro, 'mɛtro] 女 -/-s (*fr.*) メトロ, 地下鉄(とくにパリ・モスクワの).

Me·tro·lo'gie [metrolo'gi:] 女 -/ 度量衡学.
Me·tro'nom [metro'no:m] 中 -s/-e 『音楽』メトロノーム.

Me·tro'po·le [metro'po:lə] 女 -/-n 1 首都, 首府; (世界的)大都市. 2 中心地.

Me·tro·po·lis [me'tro:polɪs] 女 -/..polen[metro'po:lən] 〖古〗=Metropole

Me·tro·po'lit [metropo'li:t] 男 -en/-en 1 〖カト〗首都大司教. 2 『東方教会』府主教.

'Me·trum ['me:trʊm] 中 -s/..tren [..trən] (..tra [..tra]) (*gr.*) 1 『文学』韻律. 2 『音楽』拍節.

Mett [mɛt] 中 -[e]s/ (生食用の豚の挽肉(ハヤン肉).

'Met·te ['mɛta] 女 -/-n (*lat.*) 〖カト〗(聖務日課の)朝課; 宵課.

'Met·ter·nich ['mɛtərnɪç] 〖人名〗Klemens Lothar von ~ クレーメンス・ロータル・フォン・メッテルニヒ (1773–1859, オーストリアの政治家, ウィーン会議の議長をつとめた).

'Mett·wurst 女 -/¨e 『料理』メットヴルスト(脂身の少ない挽肉から作ったペースト状ソーセージ).

'Met·ze¹ ['mɛtsə] 女 -/-n (昔の数量単位)メッツェ.
'Met·ze² 女 -/-n 〖古〗(Dirne) 娼婦.
Met·ze'lei [mɛtsə'laɪ] 女 -/-en 大虐殺, 殺戮(&&).
'met·zeln ['mɛtsəln] 他 1 (大量に)虐殺する, 殺戮す

る. **2**《地方》(schlachten) 屠(ﾎﾌﾞ)殺する.

'Met·zel·sup·pe ['mɛtsəl..] 囡 -/-n 《南ﾄﾞ》(Wurstsuppe) ソーセージのゆで汁(でつくったスープ).

'metz·gen ['mɛtsgən] 他 《南ﾄﾞ・ｽｲｽ》屠殺する.

*'**Metz·ger** ['mɛtsgər] メッガー 男 -s/- 《南ﾄﾞ・西中部ﾄﾞ・ｽｲｽ》(Fleischer) 食肉業者, 肉屋.

Metz·ge·rei [mɛtsgə'raɪ] 囡 -/-en 《南ﾄﾞ・西中部ﾄﾞ・ｽｲｽ》(Fleischerei) 食肉業, 肉屋.

'Metz·ger[s]·gang 男 -[e]s/《次の成句で》einen ~ machen〈tun〉《次の成句で》むだ足を踏む, むだ骨を折る. ◆昔 Metzger は食肉用の家畜を仕入れるために方々に出かけ, しばしばむだ足を踏んだことから.

'Meu·chel·mord ['mɔʏçəl..] 男 -[e]s/-e 暗殺, 謀殺, 闇討ち.

'Meu·chel·mör·der 男 -s/- 暗殺(謀殺)者, 刺客.

'meu·cheln ['mɔʏçəln] 他 《古》《雅》暗殺(謀殺)する, 闇討ちする.

'Meuch·ler ['mɔʏçlər] 男 -s/- =Meuchelmörder

'meuch·le·risch ['mɔʏçləriʃ] 形 闇討ちの, だまし討ちの, 陰険な, 卑劣な.

'meuch·lings ['mɔʏçliŋs] 副 闇討ちで(だまし討ちで).

'Meu·te ['mɔʏtə] 囡 -/-n **1** 猟犬の群. **2**《侮》(不穏な人の)群, 集団;《戯》一味, 仲間(の連中).

Meu·te'rei [mɔʏtə'raɪ] 囡 -/-en (水夫・兵士・囚人などの)反乱, 暴動.

'Meu·te·rer [mɔʏtərər] 男 -s/- 反乱者, 暴徒.

'meu·tern ['mɔʏtərn] 自 **1** (水夫・兵士・囚人などが)反乱(暴動)を起こす. **2**《雅》不平(文句)をいう.

Me·xi·ka·ner [mɛksi'ka:nər] 男 -s/- メキシコ人.

me·xi·ka·nisch [mɛksi'ka:nɪʃ] 形 メキシコ(人)の. ↑deutsch

'Me·xi·ko ['mɛksiko] 《地名》メキシコ.

'Mey·er ['maɪər] 《人名》マイヤー.

MEZ《略》=mitteleuropäische Zeit 中部ヨーロッパ標準時.

mez·zo.., **Mez·zo..** [mɛtso..] 《接頭》(it., mittler, halb) 形容詞・名詞に冠して「中くらいの, 半分の」の意を表す.

mez·zo'for·te [mɛtso'fɔrtə] 副《略 mf》《音楽》メゾフォルテ, やや強く.

mez·zo·pi'a·no [mɛtsopi'a:no] 副《略 mp》《音楽》メゾピアノ, やや弱く.

'Mez·zo·so·pran ['mɛtsozopra:n] 男 -s/-e (it.)《音楽》**1**《複数なし》メゾソプラノ. **2** メゾソプラノ歌手.

mg ['mɪligram, - -'-]《記号》=Milligramm

Mg [ɛm'ge:, ma'gne:ziʊm]《記号》《化学》=Magnesium

MG [ɛm'ge:] 甲 -[s]/-[s]《略》=Maschinengewehr

Mgr.《略》=Monsignore, Monseigneur

mhd.《略》=mittelhochdeutsch

MHz《記号》=Megahertz

Mi.《略》=Mittwoch

Mi·as·ma [mi'asma] 甲 -s/..men[..mən] (gr.) 瘴気(ｼﾖｳｷ).

mi·au [mi'aʊ] 間 Miau! にゃお(猫の鳴声).

mi'au·en [mi'aʊən] 自 (猫が)にゃーと鳴く.

mich [mɪç] 代《人称》ich の 4 格. Hast du ~ verstanden? 私の言うことが分かりましたか. für ~ 私のために.《再帰代名詞として》Darin habe ich ~ geirrt. その点で私は間違っていた.

'Mi·cha ['mɪça] 《人名》《旧約》ミカ(小預言者の1人).

'Mi·cha·el ['mɪçaeːl, ..ɛl] 《hebr.》, wer ist wie Gott?》 ❶《男名》ミヒャエール. ❷《人名》ミカエル (Erzengel の1人, 天の軍勢をひきいて悪魔を撃つ. ↑付録「聖人暦」9月29日).

Mi·cha·e·li [mɪça'e:li], **Mi·cha·e·lis** [mɪça'e:lɪs]《ふつう無冠詞で》=Michaelistag

Mi·cha·e·lis·tag [mɪça'e:lɪs..] 男 -[e]s/-e 《複数まれ》大天使ミカエルの祝日(9月29日).

'Mi·chel ['mɪçəl] ❶《男名》(Michael の縮小形)ミヒェル. ❷ 男 -s/- 《侮》(ものの見方が田舎臭くて単純な)おめでたい人, お人好し. der deutsche ~ ドイツっぽ(世間知らずで政治音痴な田舎者といったニュアンスの蔑称). **2** ドイツ人. ◆ちなみに, 聖ミカエル der heilige Michael はドイツ人の守護聖人 (↑Michael ②).

Mi·chel·an·ge·lo Buo·nar'ro·ti [mikelan'dʒelo buonar'rɔ:ti]《人名》ミケランジェロ・ブオナローティ (1475-1564, イタリアルネサンスの彫刻家・画家・建築家).

'mi·cke·rig ['mɪkəriç] 形 =mickrig

'mick·rig ['mɪkriç] 形 **1** ひ弱な, 弱々しい, 虚弱な. **2** みすぼらしい, 貧相な.

'Mi·das ['mi:das] 《人名》《ｷﾞﾘｼｱ神話》ミダース, ミダス(フリュギア Phrygien の伝説的王, Apollon 神の不興を買い, 耳をろばの耳に変えられた話が有名).

'Mi·das·oh·ren 複 (↑Midas) ろばの耳.

'Mid·gard ['mɪtgart] 甲 -/ 《北欧神話》ミドガルド(人間の住む世界).

'mi·di ['mɪdi] 形《比較変化なし/付加語的には用いない》(am. middle, Mitte')《服飾》ミディの. ~ tragen ミディを着ている. ◆↑maxi, mini

mied [mi:t] meiden の過去.

'mie·de ['mi:də] meiden の接続法II.

'Mie·der ['mi:dər] 甲 -s/- **1** (婦人用民族衣装の)胴衣. **2** コルセット; ボディス.

Mief [mi:f] 男 -[e]s/-《話》(室内などの)よどんだ(むっとした)空気;《比喩》息の詰まりそうな雰囲気.

'mie·fen ['mi:fən] 自《話》**1** におう, いやな臭いがする. **2**《非人称的に》Es mieft. いやな臭いがする.

*'**Mie·ne** ['mi:nə] ミーネ 囡 -/-n 顔つき. eine besorgte ~ aufsetzen 心配そうな顔をする. eine saure ~ machen〈ziehen〉《話》渋い顔をする. gute ~ zum bösen Spiel machen いやなことにもににこにする. ohne eine ~ zu verziehen 顔色ひとつ変えずに.《zu 不定句句と》Er machte ~ auszugehen. 彼は今にも出ていく素振り(気配)を見せた.

'Mie·nen·spiel 甲 -[e]s/ 表情の動き.

mies [mi:s] 形 (jidd.) **1** いやな, 不快な, ひどい, くだらない; 下劣な. eine ~e Angelegenheit くだらない事柄. ein ~er Charakter 卑しい性格. ~er Laune haben / in ~er Stimmung sein の不機嫌である. ~es Wetter ひどい天気. Das sieht ~ aus. それはうまく行きそうもない. **2**《付加語的には用いない》体の調子(気分)がすぐれない. Mir ist ~ [zumute]. / Ich fühle mich ~. 私は気分がすぐれない. ◆↑mies machen

Mies[1] [miːs] 甲 -es/-e《南ﾄﾞ》(Sumpf) 沼地, 沼沢; (Moor) 湿原. ◆Moos 苔(ｺｹ)と同根の語.

Mies[2] 囡 -/-en《地方》=Mieze 1

'Mie·se ['mi:zə] 囡 -/-n《話》**1** (Geldmünze) 硬貨. **2**《複数で》(口座の)不足額, 欠損, 赤字. in die ~n kommen 赤字になる. in den ~n sein 赤字である.

'Mie·se·kat·ze ['mi:zəkatsə] 囡 -/-n 《地方》=

Mie·se·pe·ter ['mi:zəpe:tər] 男 -s/- 《話》不平家, 文句ばかり言うやつ.

mies ma·chen, °**'mies|ma·chen** 他 《話》**1** (人〈事〉⁴に)けちをつける, (を)けなす. **2** (人³の事⁴に)けちをつけて台無しにする.

Mies·mach·er 男 -s/- 《話》けちばかりつけるやつ.

Mies·ma·che·rei [mi:smaxə'raɪ] 女 -/- 《話》けちつけること.

Mies·mu·schel 女 -/-n 《貝》いがい(貽貝).

Miet·au·to ['mi:t..] 中 -s/-s **1** レンタカー. **2** タクシー; ハイヤー.

Mie·te¹ ['mi:tə ミーテ] 女 -/-n **1** 賃貸料, レンタル(チャーター)料金; 家賃, 部屋代, 借地代. Die ~ für dieses Zimmer beträgt monatlich 350 Euro. この部屋の毎月の部屋代は 350 ユーロです. kalte⟨warme⟩ ~ 《話》暖房費抜き⟨込み⟩の家賃. Das ist schon die halbe ~. 《話》それだけで半分ぐらいも同然だ. **2** 《複数なし》賃借り. et⁴ in ~ haben 物⁴を賃借りしている. bei j³ in⟨zur⟩ ~ wohnen 人³のところに間借りする.

'Mie·te² 女 -/-n 《農業》**1** (じゃがいもなどを冬期に貯蔵するための)室(むろ), 穴蔵. **2** 干し草(藁(わら), 薪(まき))の山.

'mie·ten ['mi:tən ミーテン] 他 《話》**1** (賃貸料を払って)借りる, 賃借りする, レンタル(チャーター)する. ein Haus ~ 家を借りる. ein Zimmer bei j³ ~ 人³のもとに間借りする. **2** 《古》(臨時雇いの使用人などを)雇う.

'mie·ten² 《農業》(農作物を)室(むろ)に入れる.

'Mie·ter ['mi:tər ミーター] 男 -s/- 賃借者, 借り主; 借家人, 間借り人, 借地人; テナント. ◆女性形 **Mieterin** 女 -/-nen

'Mie·ter·schutz 男 -es/ 《法制》賃借人(借家人)保護.

'Miet·er·trag ['mi:t..] 男 -[e]s/⁼e (家賃などの)賃貸収益.

'miet·frei 形 借り賃(家賃)のいらない.

'Miet·haus 中 -es/⁼er =Mietshaus

'Miet·ling ['mi:tlɪŋ] 男 -s/-e 《侮》金をもらえば何でもするやつ. **2** 《古》雇い人; 傭兵.

'Miet·preis 男 -es/-e 賃貸料, レンタル料金.

'Miets·haus 中 -es/⁼er アパート, 賃貸マンション.

'Miets·ka·ser·ne 女 -/-n 《話》(殺風景な)団地, アパート.

'Miet·ver·trag 男 -[e]s/⁼e 賃貸契約.

'Miet·wa·gen 男 -s/- **1** レンタカー. **2** タクシー.

'miet·wei·se 副 賃貸で, レンタルで.

'Miet·woh·nung 女 -/-en 賃貸住宅, 借家.

'Miet·zins 男 -es/-e 《法制》賃貸料.

'Mie·ze ['mi:tsə] 女 -/-n **1** (Katze) にゃんこ(猫の愛称). **2** 《話》娘, おんな.

'Mie·ze·kat·ze 女 -/-n にゃんこ(猫の愛称).

Mi'gnon [mɪn'jõ:, mɪnjõ] (fr. ,Liebling') ❶ 《人名》ミニョン(Goethe, 『ヴィルヘルム・マイスターの修行時代』 *Wilhelm Meisters Lehrjahre* に出てくる少女). ❷ 男 -s/-s お気に入り, 愛人.

Mi'grä·ne [mi'grɛ:nə] 女 -/ (fr.) 偏頭痛. [eine] ~ haben 偏頭痛がする.

Mi'ka·do [mi'ka:do] 男 -s/-s (*jap.*) ミカド(帝, 天皇).

'Mi·ko ['mi:ko] 男 -/-s 《略》《話》=**Minderwertigkeitskomplex**

mikr.., **Mikr..** [mikr.., mi:kr..] 《接頭》↑**mikro..**, **Mikro..**

Mi'kro ['mi:kro] 中 -s/-s (Mikrofon の短縮)マイク.

mi·kro.., **Mi·kro..**¹ [mikro.., mi:kro..] 《接頭》 (*gr.* , klein') 形容詞・名詞に冠して「微小, 微細」の意を表す. 母音の前では mikr.., Mikr.. となる. *Mikroskop* 顕微鏡.

Mi·kro..² [mikro.., mi:kro..] 《接頭》《記号 μ》 (*gr.*) 「百万分の1の...」の意を表す. *Mikrometer* マイクロメートル(100万分の1メートル).

'Mi·kro·be ['mi:krobə] 女 -/-n 《多く複数で》《生物》微生物.

Mi·kro·bio·lo'gie [mikro..] 女 -/ 微生物学.

'Mi·kro·chip ['mi:krotʃɪp] 男 -s/-s マイクロチップ. ↑Chip 3

'Mi·kro·com·pu·ter ['mi:kro..] 男 -s/- 《コンピュータ》マイクロコンピュータ, マイコン.

'Mi·kro·fiche ['mi:krofi:ʃ, mikro'fi:ʃ] 中 男 -s/-s マイクロフィッシュ.

'Mi·kro·film ['mi:kro..] 男 -[e]s/-e マイクロフィルム.

Mi·kro'fon [mikro'fo:n, 'mi:krofo:n] 中 -s/-e (略 Mic, Mikro) マイクロフォン.

Mi·kro·fo·to·gra'fie [mikro.., 'mi:krofo..] 女 -/-n **1** 《複数なし》顕微鏡写真技術. **2** 顕微鏡写真.

Mi·kro·ko'pie [mikro..] 女 -/-n [..'pi:ən] マイクロコピー, 縮小複写.

Mi·kro'kos·mos [mikro'kɔsmɔs, 'mi:krokɔsmɔs] 男 -/ **1** 《生物》微生物の世界. **2** 《哲学》(↔ Makrokosmos) ミクロコスモス, 小宇宙(大宇宙と対比した人間およびその世界).

Mi·kro'me·ter [mikro'me:tər] 男 (中) -s/- **1** 《記号 μm》マイクロメートル, ミクロン (1000分の1ミリ). **2** 中 《工学》マイクロメーター, 測微計.

'Mi·kron ['mi:krɔn] 中 -s/- 《古》(略 My /記号 μ》ミクロン.

Mi·kro·ne·si·en [mikro'ne:ziən] 《地名》ミクロネシア(太平洋西部にある小島群の総称).

'Mi·kro·or·ga·nis·mus ['mi:kro..] 男 -/..men [..mən] 《多く複数で》《生物》微生物.

Mi·kro'phon [mikro'fo:n, 'mi:krofo:n] 中 -s/-e =Mikrofon

Mi·kro·pho·to·gra'phie [mikro.., 'mi:kro..] 女 -/-n [..'fi:ən] =Mikrofotografie

'Mi·kro·pro·zes·sor ['mi:kroprotsɛso:r] 男 -s/-en [..tsɛso:rən] 《電子工》マイクロプロセッサー.

Mi·kro'skop [mikro'sko:p] 中 -s/-e 顕微鏡. et⁴ unter⟨mit⟩ dem ~ untersuchen / et⁴ durch das ~ betrachten 物⁴を顕微鏡で調べる(観察する).

mi·kro·sko'pie·ren [mikrosko'pi:rən] 他 (物⁴を)顕微鏡で見る(調べる).

mi·kro·sko'pisch 形 **1** 顕微鏡の(による). **2** 極微の, 顕微鏡でしか見えない. **3** 顕微鏡検査用の.

Mi·kro'tom [mikro'to:m] 中 (男) -s/-e ミクロトーム (顕微鏡検査のための薄片切断機).

'Mi·kro·wel·le ['mi:kro..] 女 -/-n 《多く複数で》《記号 μW》《物理・電子工》マイクロ波, マイクロウェーブ.

'Mi·kro·wel·len·ge·rät 中 -[e]s/-e 電子レンジ.

'Mi·kro·wel·len·herd 男 -[e]s/-e =Mikrowellengerät

'Mi·lan ['mi:lan] 男 -s/-e (*fr.*) 《鳥》とび(鳶)属.

Mi'la·no [mi'la:no] 《地名》ミラノ(イタリアの都市, ド

'Mil·be ['mɪlbə] 囡 -/-n 〖動物〗だに.

'mil·big ['mɪlbɪç] 厖〖副詞的には用いない〗**1** だにだらけの. **2** だにのような.

Milch

[mɪlç ミルヒ] 囡 -/(-e[n]) **1** 牛乳, ミルク; (哺乳動物の)乳. dicke(geronnene) ~ 凝乳. kondensierte ~ コンデンスミルク. Mutter*milch* 母乳. Die Kuh gibt viel ~. この牛は乳の出がよい. wie ~ und Blut aussehen (血色がよく)とても健康そうである. ein Land, darin⟨in dem⟩ ~ und Honig fließt〖旧約〗乳と蜜の流れる土地(出 3:8); 自然の恵みの豊かな土地. **2** (魚の)精液; (Milchsaft)(植物の)乳液. **3**〖化粧用〗乳液.

'Milch·bar 囡 -/-s ミルクホール.

'Milch·bart 男 -[e]s/¨e 〖戯〗(ひげがうっすら生えたばかりの)青二才, 若造.

'Milch·bru·der 男 -s/¨〖古〗乳(ち)兄弟.

'mil·chen[¹] ['mɪlçən] 厖 乳製の.

'mil·chen² ['mɪlçən] 魎〖地方〗(牛が)乳を出す.

'Mil·cher ['mɪlçər] 男 -s/- **1**〖地方〗搾乳(ぢう)夫, 乳しぼり; 牛乳屋. **2**〖動物〗=Milchner

'Milch·fla·sche 囡 -/-n **1** 牛乳瓶. **2** 哺乳瓶.

'Milch·frau 囡 -/-en〖話〗牛乳配達(のおばさん); 牛乳売り(のおばさん).

'Milch·ge·biss 匣 -es/-e 乳歯(全体).

'Milch·ge·sicht 匣 -[e]s/-er 〖戯〗**1** 青二才, 若造. **2** 青白い(乳くさい)顔; 青白い顔をしたやつ.

'Milch·glas 匣 -es/¨er **1** 乳白ガラス. **2** ミルクカップ.

'mil·chig ['mɪlçɪç] 厖 ミルクのような, 乳白色の.

'Milch·kaf·fee 男 -s/-s ミルクコーヒー.

'Milch·kan·ne 囡 -/-n 集乳缶; 牛乳缶.

'Milch·kuh 囡 -/¨e 乳牛.

'Milch·ling ['mɪlçlɪŋ] 男 -s/-e **1**〖地方〗雄の成魚. **2**〖植物〗(Reizker)ちちたけ(乳茸)属.

'Milch·mäd·chen 匣 -s/-〖話〗牛乳配達の少女; 牛乳売りの少女.

'Milch·mäd·chen·rech·nung 囡 -/-en〖話〗(取らぬ狸の)皮算用(フランスの詩人ラ・フォンテーヌ La Fontaine の牛乳売りの少女の寓話にちなむ).

'Milch·mann 男 -[e]s/¨er〖複数まれ〗〖話〗牛乳配達(のおじさん); (Milchhändler)牛乳屋.

'Milch·ner ['mɪlçnər] 男 -s/-〖動物〗雄の成魚.

'Milch·pro·dukt 匣 -[e]s/-e 乳製品.

'Milch·pul·ver 匣 -s/- 粉ミルク.

'Milch·reis 男 -es/-e〖複数まれ〗ミルクライス(牛乳でたいた米).

'Milch·saft 男 -[e]s/¨e (植物の)乳液.

'Milch·säu·re 囡 -/〖化学〗乳酸.

'Milch·stra·ße 囡 -/〖天文〗天の川, 銀河.

'Milch·stra·ßen·sys·tem 匣 -s/〖天文〗銀河系.

'Milch·tü·te 囡 -/-n 牛乳パック.

'Milch·wirt·schaft 囡 -/-en **1**〖複数なし〗酪農(業). **2** 酪農場.

'Milch·zahn 男 -[e]s/¨e 乳歯.

'Milch·zu·cker 男 -s/〖生化学〗乳糖, ラクトーゼ.

*****mild** [mɪlt ミルト] 厖 **1** 寛大な, 温和(穏健)な, 穏やかな, やさしい. eine ~e Behandlung 寛大な処置. やさしい取扱い. ~ere Saiten aufziehen〖話〗穏便に取りはからう. ~e Worte sprechen やさしい言葉をかける. **2** (気候などが)温暖な, 穏やかな. ein ~er Abend 穏やかな晩. Das Wetter soll wieder ~er werden. 天候はまた穏やかになるという話だ. **3** (味などが)マイルドな, 刺激のない(洗剤などが)刺激性のない. ~e Weine (酸味の少ない)甘口のワイン. **4** (色・光などが)けばけばしくない, 柔らかな. ~e Farben 控えめな色. **5**〖古〗慈悲深い, 慈善の.

'mil·de ['mɪldə] 厖 =mild

'Mil·de ['mɪldə] 囡 -/ **1** お慈悲, 温情(gegen j¹ 人¹に対する). ~ walten lassen 寛大な処置を取る. **2** 穏やかさ(気候などの). **3** マイルドさ, まろやかさ(たばこ・ワインの味などの). **4** やさしさ(顔だちなどの). 柔らかさ(光・色などの). **5**〖古〗慈悲深さ, 慈善.

'mil·dern ['mɪldərn] ❶ 魎 **1** (効果・印象などを)和らげる, 緩和する, 弱める. den Aufprall⟨Stoß⟩ ~ 衝撃を和らげる. **2** (怒り・興奮などを)静める. **3** (lindern)(苦痛などを)和らげる, 軽減する. Das Medikament milderte den Schmerz. その薬のおかげで痛みが和らいだ. **4** (判決・罰などを)軽くする, 軽減する. *mildernde* Umstände〖法制〗酌量すべき情状. ❷ 再 (sich¹) (苦痛などが)和らぐ; (怒りなどが)静まる; (寒さなどが)弱まる.

'Mil·de·rung 囡 -/ 緩和, 軽減, 鎮静.

'Mil·de·rungs·grund 男 -[e]s/¨e (量刑などの)軽減(情状酌量)の理由.

'mild·her·zig 厖 **1** 慈善の, 慈悲深い. **2** 心のやさしい.

'mild·tä·tig 厖 慈善の, 善意に満ちた, 慈悲深い.

'Mild·tä·tig·keit 囡 -/ 善意に満ちていること; 善意に満ちた態度, 慈善(行為).

Mi·li·eu [mili'ø:, mi'ljø] 匣 -s/-s 〖fr., Umgebung〗**1** 環境. das ~, in dem sie aufgewachsen ist 彼女が育った環境. **2**〖生物〗(生物を取巻く生態学的)環境. **3**〖ぢう〗売春婦の世界. **4**〖ちゅう〗〖古〗小さなテーブルクロス.

mi·li·tant [mili'tant] 厖〖lat.〗戦闘的な, 闘争的な.

*****Mi·li·tär** [mili'tɛ:r ミリテーア] 〖fr.〗❶ 匣 -s/ 軍, 軍隊. beim ~ sein 軍人である. zum ~ gehen 軍隊に入る. ❷ 男 -s/-s〖多く複数で〗将校.

Mi·li·tär·aka·de·mie 囡 -/-n 陸軍大学校.

Mi·li·tär·arzt 男 -es/¨e 軍医; (とくに)部隊付き軍医.

Mi·li·tär·at·ta·ché 男 -s/-s〖政治〗大使館付き武官.

Mi·li·tär·bünd·nis 匣 -ses/-se〖政治〗軍事同盟.

Mi·li·tär·dienst 男 -[e]s/ 兵役, 軍務.

Mi·li·tär·ge·fäng·nis 匣 -ses/-se 軍刑務所.

Mi·li·tär·geist·li·che 男《形容詞変化》従軍(軍隊付きの)牧師(司祭).

Mi·li·tär·ge·richt 匣 -[e]s/-e 軍法会議; 軍刑事裁判所.

mi·li·tä·risch [mili'tɛ:rɪʃ] 厖 **1** 軍事の, 軍事的な, 軍用の. ~e Übungen 軍事演習. **2** 軍隊式の, 軍人風の. j³ ~e Ehren erweisen 人³に軍隊式の敬礼(栄誉礼)をする.

mi·li·ta·ri·sie·ren [militari'zi:rən] 魎 **1** (ある地域を)武装化する. **2** 軍国(主義)化する.

Mi·li·ta·ri·sie·rung 囡 -/ 武装化; 軍国(主義)化.

Mi·li·ta·ris·mus [milita'rɪsmʊs] 男 -/ 軍国主義.

Mi·li·ta·rist [milita'rɪst] 男 -en/-en 軍国主義者.

mi·li·ta·ris·tisch 厖〖比較変化なし〗軍国主義の, 軍国主義的な.

Mi·li·tär·jun·ta [mili'tɛ:rxʊnta, ..jʊnta] 囡 -/..ten [..tən] (クーデタによって成立した)軍事政権.

Mi·li'tär·mu·sik 囡 -/ 軍楽.
Mi·li'tär·pflicht 囡 -/ 兵役義務.
mi·li'tär·pflich·tig 形 兵役義務のある.
Mi·li'tär·po·li·zei 囡 -/ 《略 MP》憲兵隊.
Mi·li'tär·putsch 男 -[e]s/-e 軍事クーデタ.
Mi·li'tär·re·gie·rung 囡 -/-en **1** 軍事政権. **2** (占領地域の)軍政府.
Mi·li'tär·seel·sor·ge 囡 -/ 軍隊司牧.
Mi·li'tär·we·sen 囲 -s/ 軍制.
Mi·li·ta·ry ['mɪlɪtəri] 囡 -/-s 《engl.》《馬術》総合馬術競技.
Mi'liz [mi'lɪts] 囡 -/-en 《lat.》**1** (17-18 世紀の)軍隊. **2** 民兵部隊. **3** (とくに社会主義国で)民警.
milk [mɪlk] melken の du に対する命令形.
milkst [mɪlkst] melken の現在 2 人称単数.
milkt [mɪlkt] melken の現在 3 人称単数.
Mill. 《略》=Million, Millionen
Mil·le ['mɪlə] 囲 -/- 《lat., tausend '》《話》《記号 M》1000; (とくに)《旧》1000 マルク.
Mil'len·ni·um [mɪ'lɛniʊm] 囲 -s/ ..nien [..niən] 《lat., tausend Jahre'》**1** ミレニアム, 1000 年(間). **2** 《キ教》千年王国, 千福年説《世界の終末の前にキリストが再臨してこの世を統治する至福の 1000 年間があるという説. 《新約》黙 20: 1-7》.
mil·li..., Mil·li.. [mɪli..] 《接頭》《lat. mille, tausend '》《記号 m》単位呼称に冠して「1000 分の 1 の」の意を表わす. *Milli*gramm 《記号 mg》ミリグラム.
Mil·li·am·pere [mɪli|ampe:r, - - - '-] 囲 -[s]/- 《記号 mA》ミリアンペア.
Mil·li·ar'där [mɪliar'dɛ:r] 男 -s/-e 《fr.》億万長者, 大金持ち.
Mil·li'ar·de [mɪli'ardə] 囡 -/-n 《略 Md., Mrd.》(tausend Millionen) 10 億.
Mil·li'bar ['mɪliba:r, - - '-] 囲 -s/- 《記号 mb》ミリバール.
Mil·li·gramm ['mɪligram, - - '-] 囲 -s/-e 《記号 mg》ミリグラム.
Mil·li'li·ter ['mɪlili:tər, - - '- -] 囲 男 -s/- 《記号 ml》ミリリットル.
Mil·li'me·ter ['mɪlime:tər, - - '- -] 囲 男 -s/- 《記号 mm》ミリメートル.
Mil·li'me·ter·pa·pier 囲 -s/-e 1 ミリ目の方眼紙, グラフ用紙.
Mil·li'on [mɪli'o:n ミリオーン] 囡 -/-en 《it.》《略 Mill., Mio.》100 万. eine dreiviertel ~ 75 万. eine und drei viertel ~*en* / eindreiviertel ~ 175 万. 1,8 ~*en* Euro 180 万ユーロ. Die Verluste gehen in die ~ *en*. 損害は何百万ユーロにのぼる.
Mi·lio·när [mɪlio'nɛ:r] 男 -s/-e 《fr.》百万長者, 大金持ち.
mil·li'o·nen·fach [mɪli'o:nənfax] 形 100 万倍の.
mil·li'onst [mɪli'o:nst] 形 《序数》第 100 万番目の.
Mil·li'ons·tel [mɪli'o:nstəl] 囲 100 万分の 1 の.
mil·li'ons·tel [mɪli'o:nstəl] 形 100 万分の 1 の.
mil·li'on·tel [mɪli'o:ntəl] 形 = millionstel
Mil·li'on·tel 囲 男 -s/- = Millionstel
Milz [mɪlts] 囡 -/-en **1** 《解剖》脾(°)臓. **2** (飼料・食物としての)脾(°)臓(牛などの).
Milz·brand 男 -[e]s/ 《医学》炭疽(ᵗᵃⁿ), 脾脱疽(ᵖⁱᵈᵃⁿ).
Mi·me ['mi:mə] 男 -n/-n 《gr. mimos, Schauspieler'》《古》《戯》役者, 俳優.
'mi·men ['mi:mən] 他 **1** (ある役を)演じる, (ある人物

に)扮する. **2** 《侮》(事〈人〉⁴の)ふりをする, (を)装う.
'Mi·me·sis ['mi:mezɪs] 囡 -/..sen[mi'me:zən] 《gr., Nachahmung '》**1** 《芸術による》自然の模倣, ミメーシス. **2** 《修辞》 (古代の修辞学における他人の言葉の)模倣, ものまね.
mi'me·tisch [mi'me:tɪʃ] 形 模倣(ミメーシス)の, 模倣的な.
'Mi·mik ['mi:mɪk] 囡 -/ 《lat.》(俳優の演技としての)身ぶり表情, ミミック.
'Mi·mi·ker ['mi:mikər] 男 -s/- 役者, ものまね師.
'Mi·mi·kry ['mɪmikri] 囡 -/ 《engl.》**1** 《行動学》擬態. **2** 《比喩》順応, 保身.
'Mi·mir ['mi:mɪr] 《人名》《北欧神話》ミーミル(巨人族の賢者で知恵の泉を守る, Odin の相談役).
'mi·misch ['mi:mɪʃ] 演技の, 身ぶり表情の.
'Mi·mo·se [mi'mo:zə] 囡 -/-n 《gr. mimos, Schauspieler '》**1** 《植物》まめ科みもざ属; (とくに)おじぎそう, ねむりぐさ. **2** 《比喩》過敏な人; 泣き虫.
mi'mo·sen·haft 形 繊細な, 過敏な, 非常に感じやすい.
min 《記号》=Minute 1
Min. 《略》=Minute 1
Mi·na'rett [mina'rɛt] 囲 -[e]s/-e 《fr.》ミナレット(イスラーム教寺院の高尖塔).
'min·der ['mɪndər ミンダー] 《wenig の比較級》❶ 形 **1** (価値・能力などが)より少ない; 劣った. Probleme [von] ~*er* Bedeutung あまり重要でない問題. eine Ware [von] ~*er* Güte あまり品質の良くない商品. **2** *Minderer Bruder* 《キ教》フランシスコ会修道士. ❷ 副 《雅》(weniger) より少なく. Das ist ~ gut 〈wichtig〉. それはあまり良くない〈重要でない〉. Er ist ~ streng als früher. 彼は以前ほど厳しくなくなっている. mehr oder ~ 多かれ少なかれ, 大体において.
'min·der·be·deu·tend 形 あまり重要でない, たいしたことはない.
'min·der·be·gabt 形 《比較変化なし / 副詞的には用いない》才能の乏しい, できの良くない.
'min·der·be·mit·telt 形 《副詞的には用いない》**1** あまり資産のない. **2** [geistig] ~ 《戯》頭の足りない, 愚かな.
'Min·der·be·trag 男 -[e]s/-e 不足額, 欠損, 赤字.
'Min·der·bru·der 男 -s/=《複数で》《キ教》小さき兄弟たち(Franziskaner の正式名称).
'Min·der·ein·nah·me 囡 -/-n 収入不足, 欠損.
'Min·der·heit ['mɪndərhaɪt ミンダーハイト] 囡 -/-en 少数; 少数派. nationale ~*en* 少数民族. in der ~ sein〈bleiben〉少数(派)である. Die Gegner dieses Vorschlags sind in der ~. この提案に反対する者は少数である.
'Min·der·hei·ten·schutz 男 -es/ 《法制》(民族・宗派などの)少数者の保護.
'min·der·jäh·rig ['mɪndərjɛ:rɪç] 形 未成年の(ドイツでは 18 歳未満).
'Min·der·jäh·ri·ge [mɪndərjɛ:rɪgə] 男囡《形容詞変化》《法制》未成年者.
'Min·der·jäh·rig·keit 囡 -/ 未成年(であること).
'min·dern ['mɪndərn] ❶ 他 減らす, 減少させる, 低下させる, 弱める. die Geschwindigkeit ~ 速度を落とす. ❷ 再 (*sich*⁴) 減る, 減少する, 低下する, 弱まる. Sein Zorn *minderte sich* mit der Zeit. 彼の怒りは次第におさまっていった.
'Min·de·rung ['mɪndərʊŋ] 囡 -/-en **1** 減少, 低下; 緩和. **2** 《経済・法制》代価減額.

Minderwert

'Min·der·wert 男 -[e]s/《法制》低価値; 低価格.

'min·der·wer·tig 形 1 (品質が)低価値の, 粗悪な. ~e Waren 粗悪品. 2 (性格・能力などが)劣等の, 人より劣った. sich⁴ ~ fühlen 劣等感を抱く.

'Min·der·wer·tig·keit 囡 -/ 粗悪, 低価値; 劣等.

'Min·der·wer·tig·keits·ge·fühl 中 -[e]s/-e《心理》劣等感.

'Min·der·wer·tig·keits·kom·plex 男 -es/-e (多く複数で)《心理》劣等コンプレックス.

'Min·der·wuchs 男 -es/《医学》小人症, 矮小発育症.

'Min·der·zahl 囡 -/ 少数. in der ~ sein⟨bleiben⟩ 少数(派)である.

'min·dest ['mɪndəst] 形《wenig の最上級》最も少ない, 最小の, 最低限の. Das ist das Mindeste⟨~e⟩, was ich erwarten kann. それくらいは最低限期待できる. nicht das Mindeste⟨~e⟩ von es³ verstehen 事³の心得がまったくない. ohne die ~e Angst 少しの心配もなしに.《成句で》nicht im Mindesten⟨~en⟩ まったく…ない. zum Mindesten⟨~en⟩ 少なくとも, せめて.

'Min·dest·al·ter 中 -s/ 最低限の年齢.

*'min·des·tens ['mɪndəstəns ミンデステンス] 副 (← höchstens) 少なくとも; せめて. Es wird ~ 50 Euro kosten. それは少なくとも 50 ユーロはするでしょう.

'Min·dest·ge·bot 中 -[e]s/-e《法制》最低販売価格.

'Min·dest·ge·schwin·dig·keit 囡 -/-en《交通》最低速度(高速道路などの).

'Min·dest·halt·bar·keits·da·tum 中 -s/..ten (食料品の)賞味期限, 品質保持期限.

'Min·dest·lohn 男 -[e]s/¨e《経済》最低賃金.

'Min·dest·maß 中 -es/ 最低限, 最小限.

'Min·dest·zahl 囡 -/-en 最低限の数.

*'Mi·ne¹ ['miːnə ミーネ] 囡 -/-n (fr.) 1 地雷, 機雷. ~n legen 地雷を敷設する. eine ~ gegen j⁴ legen 人⁴に陰謀をたくらむ. alle ~n springen lassen あらゆる手段を尽くす. 2《鉱業》(Bergwerk) 鉱山, 鉱坑. Kupfer*mine* 銅鉱. 3 (鉛筆・ボールペンなどの)芯(しん). 4 (多く複数で)《生物》(昆虫の幼虫などが食べてできた)穿孔. 5《金融》(株式などの)好気配, 堅調.

'Mi·ne² 囡 -/-n (gr.) ムナ, ミーナ ((a) 古代ギリシアの貨幣単位. (b) 古代ギリシアの重量単位).

'Mi·nen·feld 中 -[e]s/-er《軍事》地雷(機雷)原.

'Mi·nen·le·ger 男 -s/《軍事》機雷敷設艦, 地雷敷設車.

'Mi·nen·räum·boot 中 -[e]s/-e《軍事》小型掃海艇.

'Mi·nen·sper·re 囡 -/-n = Minenfeld

'Mi·nen·such·boot 中 -[e]s/-e《軍事》掃海艇.

'Mi·nen·su·cher 男 -s/ = Minensuchboot

'Mi·nen·wer·fer 男 -s/《古》《軍事》(Granatwerfer)筒.

Mi·ne'ral [mineˈraːl] 中 -s/-e(-ien) (lat.) 鉱物.

Mi·ne'ral·bad 中 -[e]s/¨er 鉱泉(浴).

Mi·ne'ra·li·en [mineˈraːliən] Mineral の複数.

mi·ne'ra·lisch [mineˈraːlɪʃ] 形 鉱物(質)の, 鉱物を含んだ.

Mi·ne·ra'lo·ge [mineraˈloːɡə] 男 -n/-n 鉱物学者.

Mi·ne·ra·lo'gie [mineraloˈɡiː] 囡 -/ 鉱物学.

Mi·ne'ral·öl 中 -[e]s/-e 鉱油, 石油.

Mi·ne'ral·quel·le 囡 -/-n 鉱泉.

Mi·ne'ral·was·ser 中 -s/¨ 1 鉱泉の水, 鉱水. 2 ミネラルウォーター, 炭酸水.

Mi'ner·va [miˈnɛrva]《人名》《ローマ神話》ミネルヴァ (イタリアの技術・職人の女神. ギリシアの Athene と同一視される).

Mi·nes'tro·ne [minɛsˈtroːnə] 囡 -/-n (..stron[..ni]) (it.)《料理》ミネストローネ(パスタまたは米・豆類じゃがいもなどを入れた濃い野菜スープ).

'mi·ni ['miːni] 形《比較変化なし/付加語的には用いない》(英語 minimum の短縮)《服飾》ミニの. ◆ maxi, midi, Mini

'Mi·ni ❶ 中 -s/-s (ふつう無冠詞単数で)《話》ミニドレス. ~ ⟨mini⟩ tragen ミニを着ている. ❷ 男 -s/-s Minirock

Mi·nia'tur [miniaˈtuːr] 囡 -/-en (it.) 1《書籍》(a) (古写本の朱色の)装飾文字(表題や頭文字に使われた). (b) (中世の写本の)手書き挿絵. 2《磁器・羊皮紙・象牙などに描かれた)細密画, ミニアチュア, ミニチュール.

Mi·nia'tur·aus·ga·be 囡 -/-n 小形版, 豆本.

mi·nia·tu·ri'sie·ren [miniaturiˈziːrən] 他 (電子工学部品などを)超小型化する.

Mi·nia'tur·ma·le·rei 囡 -/ ミニアチュール絵画.

mi'nie·ren [miˈniːrən] (fr.) ❶ 自 1 坑道を掘る. 2《生物》(幼虫などが)穴をあける(in et⁴ 物に). ❷ 他 1 (ある場所に)坑道を掘る. 2《生物》(幼虫などが植物に)穴をあける. Insektenlarven *minieren* [Gänge in] eine Pflanze. 幼虫が植物に穴をあける.

'Mi·ni·ma¹ ['miːnima] 囡 -/..mae [..mɛ] (..men [..mən]) (lat.)《音楽》ミニマ(定量記譜法で用いられた今日の 2 分音符に相当する音価記号).

'Mi·ni·ma² Minimum の複数.

mi·ni'mal [miniˈmaːl] (lat.) (↔ maximal) 1 ごくわずかの, 取るに足らない. 2 最小限の.

Mi·ni'mal·be·trag 男 -[e]s/¨e 最低(最小)額; 取るに足らぬ金額.

mi·ni·mie·ren [miniˈmiːrən] 他 (↔ maximieren) 1 (経費などを)最小限に抑える. 2《数学》極小値を求める.

'Mi·ni·mum ['miːnimʊm] 中 -s/..ma (lat. , das Kleinste*) (↔ Maximum) 1《複数なし》最低(値), 最小(最低)限. ein ~ an Material 最小限の資材. die Ausgaben auf ein ~ reduzieren⟨beschränken⟩ 支出を最小限に抑える. 2《数学》極小, 極小値. 3 [barometrisches] ~《気象》最低気圧, 低気圧の中心.

'Mi·ni·rock ['miːni..] 男 -[e]s/¨e ミニスカート.

Mi'nis·ter [miˈnɪstər ミニスター] 男 -s/- (fr. ,Diener) 1《政治》大臣. j⁴ zum ~ ernennen 人⁴を大臣に任命する. Außen*minister* 外相. Innen*minister* 内相. ~ ohne Portefeuille⟨Geschäftsbereich⟩ 無任所相. 2《カトリック》(a) 聖役(せいえき)者, 司祭; 秘蹟の授与者. (b) (Franziskaner, 贖庠会, 聖三位一体会の)管区長, (Jesuiten の)副院長. (c) = Ministrant

mi·nis·te·ri'al [minɪsteˈriaːl] 形 省の, 本省の; 内閣の.

Mi·nis·te·ri'al·be·am·te 男《形容詞変化》本省の公務員(高級官吏).

Mi·nis·te·ri'al·di·rek·tor 男 -s/-en 本省の局長.

Mi·nis·te·ri'a·le [minɪsteriˈaːlə] 男《形容詞変化》(lat.)《歴史》1 家人(けにん), 家士(かし)(中世に宮廷

行政・戦争での勤めを持っていた非自由民). **2** (14-15世紀の)下級貴族.

Mi·nis·te·ri·al·rat 男 –[e]s/⸚e 本省の部長(課長).

Mi·nis·te·ri·ell [ministeri'ɛl] 形 =ministerial

Mi·nis·te·ri·um [minɪs'teːriʊm] 中 –s/..rien [..riən] (*lat.*, Dienst') **1** 省. Innen*ministerium* 内務省. **2** 省庁舎.

Mi·nis·ter·prä·si·dent 男 –en/–en **1** (Premierminister) 総理大臣, 首相. **2** (ドイツの)州首相. ◆連邦首相は Bundeskanzler.

Mi·nis·ter·rat 男 –[e]s/⸚e《複数まれ》**1** 内閣;(特別)閣僚委員会. **2** (ヨーロッパ共同体の)理事会. **3** (多くの社会主義国で)閣僚評議会.

Mi·nis·trant [mɪnɪs'trant] 男 –en/–en (*lat.*) (↑ministrieren) 《カトリック》(Messdiener) (ミサの)侍者, ミサ答え(平信徒の少年がつとめることが多い).

mi·nis'trie·ren [mɪnɪs'triːrən] 自 (*lat.*, [be]dienen') 《カトリック》ミサの侍者(ミサ答え)をつとめる.

Mink [mɪŋk] 男 –s/–e (*engl.*) **1**《動物》ミンク(いたち科). **2** ミンクの毛皮.

Min·na¹ ['mɪna] 女《女名》(Wilhelmina, Hermine の短縮)ミンナ, ミナ.

Min·na² 女 –/–s《話》《古》女中, 小間使い. j⁴ zur ~ machen《話》人⁴を荒っぽく(不当に)叱る, どやしつける. grüne ~《戯》(警察の)護送車.

Min·ne ['mɪnə] 女 –/ ミンネ(中世騎士の高貴な女性に対する奉仕的な愛);《雅》愛, 恋愛.

min·nen ['mɪnən] 他《雅》《古》(女性に)求愛する, 恋慕する.

Min·ne·sang 男 –[e]s/ ミンネザング(中世騎士階級の宮廷恋愛抒情詩).

Min·ne·sän·ger 男 –s/– ミンネザングの歌人.

min·nig·lich ['mɪnɪklɪç] 形《古》《雅》**1** 愛らしい, 魅惑的な. **2** 愛情みちた, 優しい.

mi'no·isch [mi'noːɪʃ] 形 (↑Minos)《歴史》ミーノースの, クレタ島の. ~*e* Kultur ミーノース(ミノア)文明(前 30–前 20 世紀にクレタ島で栄えた前期エーゲ文明). ~*e* Schrift ミノア文字(前 20–前 12 世紀にエーゲ文明で使用されていた文字の総称. クレタ文字とも).

Mi·no'rat [mino'raːt] 中 –[e]s/–e (*lat.* minor ‚kleiner, geringer')《法制》(↔ Majorat) **1** 末子相続権. **2** 末子相続財産.

mi·no'renn [mino'rɛn] 形 (*lat.*, minderjährig') 未成年の.

Mi·no·ri'tät [minori'tɛːt] 女 –/–en **1**《複数まれ》(↔ Majorität) 少数派(党). **2**《政治》少数民族;(社会的な)弱者, ハンディを負う人々.

Mi·nos ['miːnɔs]《人名》《ギリシア神話》ミーノース(クレタ島の伝説的な古代の王. Ariadne の父).

Mi·no·taur [mino'taʊɐ] 男 –s/ =Minotaurus

Mi·no'tau·rus [mino'taʊrʊs] 男 –/ (*gr.* Minotauros ‚Stier des Minos')《ギリシア神話》ミーノータウロス(Minos 王の Labyrinth に幽閉していた怪物, Theseus に退治された).

Minsk [mɪnsk]《地名》(*russ.*) ミンスク(ロシアのベラルーシ共和国 Belorussische Republik の首都).

'Mins·trel ['mɪnstrəl] 男 –s/–s (*engl.*) **1** (中世イギリスで諸国を遍歴しながらまた封建領主に仕えた)吟遊詩人. **2** (18 世紀北アメリカの)遍歴芸人.

Mi'nu·end [minu'ɛnt] 男 –en/–en (*lat.*)《数学》被減数.

'mi·nus ['miːnʊs] (*lat.*, weniger')《記号 –》(↔ plus) ❶ 接 マイナス, 引く. Zehn ~ sieben ist ⟨macht/gibt⟩ drei. 10 引く 7 は 3, 10−7=3. ❷ 副 **1** (目盛・座標系で)マイナス, ゼロ以下(負)で. Vier acht Grad / acht Grad ~ (摂氏)零下 8 度. Vier weniger sieben ist ~ drei. 4 引く 7 はマイナス 3.《磁気・電気》(negativ) マイナス, 陰(負)で. Der Strom fließt von plus nach ~. 電流はプラスからマイナスへ流れる. ❸ 前《2 格支配》《商業》(abzüglich) …を差引いて, …を控除して.

'Mi·nus 中 –/– **1** 不足量(不足数);《商業》赤字, 欠損. **2** 欠点, 欠陥.

'Mi·nus·be·trag 男 –[e]s/⸚e 不足額, 赤字, 欠損.

Mi'nus·kel [mi'nʊskəl] 女 –/–n (*lat.*) (↔ Majuskel) 小文字.

'Mi·nus·pol [ˈmiːnʊs..] 男 –[e]s/–e《電気》陰極, マイナス極.

'Mi·nus·punkt 男 –[e]s/–e (↔ Pluspunkt) **1** 減点, マイナス点. **2** (Fehler) 欠点.

'Mi·nus·zei·chen 中 –s/–《記号 –》**1**《数学》減法の記号; 負数の記号. **2** (事物の負荷・減少・未着・不足などを表すための)マイナス記号.

Mi'nu·te [miˈnuːtə ミヌーテ] 女 –/–n (*lat.* minutus ‚klein') **1** (a)《記号 min, m / 略 Min.》(時間の単位の)分. Es ist fünf ~ n vor zwölf. 時刻は 12 時 5 分前です. Das Flugzeug wird in 15 ~*n* starten. その飛行機はあと 15 分したら出発するでしょう. keine ~ verlieren –刻もむだにしない. alle fünf ~*n* 5 分毎に. auf die ~《話》時間通りに, 時間きっかりに. (b) (Augenblick) 瞬間. bis zur letzten ~ 最後の瞬間まで, 時間ぎりぎりまで. in letzter ~ 時間ぎりぎりに. Eine ~ bitte! ちょっと待ってください. **2**《記号 '》《幾何》(角度の単位の)分(1 度の 60 分の 1). zwischen 1 Grad 30 ~*n* südlicher Breite und 1 Grad nördlicher Breite liegen 南緯 1 度 30 分と北緯 1 度の間に位置する.

mi'nu·ten·lang 形 数分間の, 何分間もの.

Mi'nu·ten·zei·ger 男 –s/– (時計の)分針, 長針.

..mi·nu·tig [..minuːtɪç]《接尾》=..minütig

..mi·nü·tig [..miny:tɪç]《接尾》(↓ Minute) 数詞などにつけて「…分間の」の意の形容詞をつくる. fünf*minütig*/5-*minütig* 5 分間の.

mi·nu·ti'ös [minutsiˈøːs] 形 (*lat.*) **1** 詳細な, 綿密(厳密)な. et⁴ ~ beschreiben⟨schildern⟩ 事⁴を詳述する. **2**《古》こせこせした, みみっちい.

mi'nut·lich [mi'nuːtlɪç] 形 =minütlich

mi'nüt·lich [mi'nyːtlɪç] 形 毎分の, 1 分毎の, 分刻みの.

..mi·nut·lich [..minuːtlɪç], **..mi·nüt·lich** [..minyːtlɪç]《接尾》(↓ Minute) 数詞などにつけて「…分毎の」の意の形容詞をつくる. fünf*minutlich* ⟨fünf*minütlich* / 5-*minütlich*⟩ 5 分毎の.

mi·nu·zi'ös [minutsiˈøːs] 形 =minutiös

'Min·ze ['mɪntsə] 女 –/–n (*lat.* mintha)《植物》はっか属.

Mio.《略》=Million, Millionen

mir [miːɐ] 代《人称》1 人称単数の ich の 3 格. Gib ~ das Messer! そのナイフをこちらによこしなさい. Er öffnete ~ die Tür. 彼は私のためにドアをあけてくれた.《成句で》~ nichts, dir nichts いきなり, 突然. von ~ aus 私の立場としては; 私ならお構いなく; 望むところだ. Von ~ aus kannst du zu der Party gehen, frag aber bitte noch Mutter. パーティーに行きたければ行ってもよいが, 母さんにも聞いておくんだよ. ◆ich の 3 格

再帰代名詞としても用いる. Ich kämme ~ die Haare. 私は髪を櫛(′)でとく.
Mi·ra'bel·le [mira'bɛlə] 囡 -/-n (fr.)《植物》ミラベル, イエロープラム(西洋すももの一種で小さく丸く黄色の甘い実をつける); イエロープラムの果実.
Mi'rage [mi'ra:ʒə] 囡 -/-n (fr.) **1**《気象》蜃(し)気楼. **2**《比喩》《古》忘想, 錯覚. **3**《軍事》ミラージュ(フランスの超音速戦闘爆撃機).
Mi'ra·kel [mi'ra:kəl] 回 -s/- (fr.) **1** 驚異, 不思議, 神秘. **2** 奇蹟的な行為, 驚異的な作品. **3**《文学》(中世ヨーロッパの)奇蹟劇(聖人や聖母マリアの生涯や奇蹟を扱った宗教劇).
mi·ra·ku'lös [miraku'lø:s] 形《古》《反語》摩訶不思議な, 奇蹟的な.
Mi·san'throp [mizan'tro:p] 男 -en/-en (gr. Miso..+anthropos 'Mensch') (Menschenfeind) 人間嫌い, ひねくれ者.
Mi·san·thro'pie [mizantro'pi:] 囡 -/ 人間嫌い(なこと), 社交嫌い.
mi·san'thro·pisch [..'tro:pɪʃ] 形 人間嫌いな.
'misch·bar ['mɪʃba:r] 形 お互いに混合できる.
'Misch·bat·te·rie ['mɪʃ..] 囡 -/-n [..ri:ən] (水道の)温冷混合式水栓.
'Misch·ehe 囡 -/-n **1** (異宗教ないし異宗派間, とくに旧教新教両宗派間の)異宗婚. **2** 異民族間の結婚. **3** (ナチズムや人種主義をとる国家で禁じられた)混血婚.
***'mi·schen** ['mɪʃən ミシェン] ❶ 他 **1** 混ぜる, 混合する. Farben ～ 色を混ぜ合せる. die Karten ～ トランプを切る. Wein und Wasser ～ / Wein mit Wasser ～ ワインを水で割る. Wasser in〈unter〉den Wein ～ 水をワインに混ぜる. ▶↑gemischt **2**（物を混ぜて作る, 調合(配合)する. Arzneien ～ 薬剤を調合する. einen Likör aus Eigelben und Brandwein ～ 卵黄とブランデーを混ぜてリキュールを作る. Wein〈Milch〉～ ワイン〈ミルク〉を薄める. **3**《放送·映画》(音声·映像を)ミキシングする ❷ 再 (sich⁴) **1** 混ざる, 混合する. Öl mischt sich nicht mit Wasser. / Öl und Wasser mischen sich nicht. 油と水は混ざらない. sich unter die Menge ～ 群衆の中に紛れ込む. **2** (in et⁴ 事に)口をはさむ, 介入(干渉)する. Misch dich nicht in fremde Angelegenheiten! 関係のないことに口を出すな. sich in ein Gespräch ～ 話に割って入る.
'Misch·far·be 囡 中間色, 混(合)色.
'Misch·fut·ter 回 -s/《農業》混合飼料.
'Misch·kris·tall 男 -s/-e《結晶》混晶, 晶体品.
'Misch·kul·tur 囡 -/-en **1**《農業》混作. **2** 混合文化.
'Misch·ling ['mɪʃlɪŋ] 男 -s/-e **1** 混血児. **2**《生物》(Bastard) 雑種.
'Misch·masch ['mɪʃmaʃ] 男 -[e]s/-e《話》《侮》ごたまぜ, まぜこぜ.
'Misch·ma·schi·ne 囡 -/-n《土木》コンクリートミキサー.
'Misch·pult 回 -[e]s/-e《放送·映画》ミキサー(音声·映像を調整する装置).
***'Mi·schung** ['mɪʃʊŋ ミシュング] 囡 -/-en **1**《複数なし》混ぜ合せること, 混合; 調合, 配合;《放送·映画》(音声·映像の)ミキシング. **2** 混合(調合)物, ブレンド.
'Mi·schungs·ver·hält·nis 回 -ses/-se 混合比.
'Misch·wald 男 -[e]s/ʺer 混合林, 混淆林.
mi·se'ra·bel [miza'ra:bəl] 形 (fr.) **1** ひどく悪い. ein miserables Essen〈Wetter〉お粗末な食事(ひどい天候). **2** 惨(み)めな, 悲惨な, 惨めな生活を送る. Es geht ihm gesundheitlich ～. 彼の健康状態は悲惨なものだ. **3** (道徳的に)卑しむべき, 浅ましい; 破廉恥な. ein miserabler Kerl 破廉恥な男. sich⁴ ～ benehmen 浅ましい振舞をする.
Mi'se·re [mi'ze:rə] 囡 -/-n (fr., Elend) 惨(み)めな状態, 悲惨, 困窮, 苦境.
Mi·se·re·re [mize're:rə] 回 -[s]/ (lat., erbarm' dich!) **1** ミゼレル(『旧約』《宗教》「(主よ)わたしを憐れんでください」の意;《旧約》詩篇 50 (Vulgata 訳)ない 51 (Luther 訳)の冒頭の句. (b)《カト》Karwoche のときなどに歌われる David の痛悔詩篇. **2**《病理》(Kotbrechen)糞吐, 腸閉塞症.
Mi·se·ri'cor·di·as 'Do·mi·ni [mizeri'kɔrdias 'do:mini]《無冠詞 / 不変化》(lat., die Barmherzigkeit des Herrn)《宗教》復活祭後第 2 日曜日(当日の Introitus の冒頭句,《旧約》詩 89:2).
mi·so.., Mi·so.. [mizo..]《接頭》名詞などに冠して「嫌悪, 嫌蔑」などの意を表す. 母音の前では mis.., Mis.. となる. Misandrie 男嫌い.
Mi·so·ga'mie [mizoga'mi:] 囡 -/ (gr. Miso..+..gamie)結婚嫌い.
Mi·so·gy'nie [mizogy'ni:] 囡 -/ (gr. Miso..+..gyne 'Frau') 女嫌い.
'Mis·pel ['mɪspəl] 囡 -/-n (lat.)《植物》**1** 西洋かん; その果実. **2** (1 の近似種の名称, たとえば)びわ属.
miss·, °miß [mɪs] messen の du に対する命令形.
Miss, °Miß [mɪs] 囡 -/Misses ['mɪsɪs] (engl.) (Fräulein)《未婚女性に対する呼称 / 単独または名前の前で》ミス, …嬢(さん). **2**《複数なし / 地名または国名》美人コンテストの女王. ～ Germany ミス·ドイツ. **3**《古》(イギリス出身の)女家庭教師.
miss.., °miß.. [mɪs..]《非分離動詞および形容詞の前つづり》否定的な意味を表す. 形容詞の場合は一般にアクセントを有する. miss'billigen 同意しない; 拒否する. miss'lingen 失敗する. 'missgelaunt 不機嫌な. 'missgestaltet 奇形の. ◆ 複合動詞につくときは例外的に前つづり miss.. にアクセントが置かれる. 'missverstehen 誤解する.
Miss.., °Miß.. [mɪs..]《接頭》名詞に冠して否定的な意味を表す. 一般にアクセントを有する. 'Misserfolg 失敗. 'Missverständnis 誤解.
'Mis·sa ['mɪsa] 囡 -/..sae[..sɛ] ミサ. ◆ Messe の教会ラテン語表記.
miss'ach·ten [mɪs'|axtən, '---] missachtete, missachtet (gemissachtet) 他 **1** (人〈事〉を)軽蔑(軽視)する, 侮る. sich⁴ missachtet fühlen (人から)侮辱されたと思う. **2** (事を)無視する, 黙殺する.
'Miss·ach·tung 囡 -/ 軽蔑, 侮蔑(されること); 無視.
Mis'sal [mɪ'sa:l] 回 -[e]s/-e =Missale
Mis·sa·le [mɪ'sa:lə] 回 -s/-n(..lien[..liən] (lat.)《カト》(Messbuch) ミサ典書.
'miss·be·ha·gen 自 (人³の)気に入らない, (に)不快である. ◆ 過去分詞 missbehagt, zu 不定詞 misszubehagen
'Miss·be·ha·gen 回 -s/ 不快感, 不満.
'Miss·bil·dung 囡 -/-en 奇形, 不具.
miss'bil·li·gen [mɪs'bɪlɪgən] 他 承認(同意)しない, 拒否(拒絶)する. missbilligend den Kopf schütteln 拒んで首を横に振る.
'Miss·bil·li·gung 囡 -/-en 承認しないこと, 不同意.
***'Miss·brauch** [' mɪsbraʊx ミスブラオホ] 男 -[e]s/-e

1 濫(ﾗﾝ)用, 悪用. mit *seiner* Macht ~ treiben 権力を濫用する. **2**(性的)虐待.

miss'brau·chen [mɪsˈbraʊxən ミスブラオヘン] 他 **1**(事ᵃを濫(ﾗﾝ)用する, 悪用する. *seine* Macht ~ 力を濫用する. jᵃ Vertrauen ~ 人ᵃの信頼を悪用する. **2**(薬などを)濫用する. **3**(性的)虐待を加える.

miss'bräuch·lich [ˈmɪsbrɔʏçlɪç] 形 悪意のある, 不正(不法)な, 悪用する. etᵃ ~ benutzen 物ᵃを不正利用する. ~e Machtausübung 〖法制〗権力の濫用.

miss'deu·ten (事ᵃを)誤って解釈する, 取り違える; 曲解する.

Miss·deu·tung 女 -/-en 誤解; 曲解.

mis·sen [ˈmɪsən] 他〖雅〗**1**(話法の助動詞と)(entbehren)無しですます, 欠かす. j⟨et⟩ᵃ nicht ~ können 人〈物〉ᵃを欠かせない. Diese Erinnerung möchte ich nicht ~. 私はこの思い出はいつまでも忘れたくない. Er musste alle Bequemlichkeiten ~. 彼は快適な生活を一切断念しなければならなかった. **2**(まれ)=vermissen

Miss·er·folg [ˈmɪsˌɛrfɔlk ミスエアフォルク] 男 -[e]s/-e 失敗, 不成功. einen ~ haben 失敗する.

Miss·ern·te [ˈmɪsˌɛrntə] 女 -/-n 不作, 凶作.

mis·sest [ˈmɪsəst] messen の現在 2 人称単数 misst の別形.

Mis·se·tat [ˈmɪsətaːt] 女 -/-en 〖雅〗〖古〗**1** 悪事, 悪行, 犯罪. **2**〖宗教〗(Sünde) 罪, 罪業(ｻﾞｲｺﾞｳ).

Mis·se·tä·ter [ˈmɪsətɛːɐ] 男 -s/- 〖雅〗〖古〗悪人, 悪者. **2**〖戯〗いたずら者.

miss'fal·len* [mɪsˈfalən] 自 (人³の)気に入らない. Diese Leute haben mir von Anfang an *missfallen*. この連中は始めから気にくわなかった.

Miss·fal·len 中 -s/ 気に入らぬこと, 不満, 不服.

miss'fäl·lig [ˈmɪsfɛlɪç] 形 **1** 不満を表す, 不満顔の; 軽蔑的な. ~e Äußerungen 不満の意を. sichᵃ über etᶜjᵃ ~ äußern 事〈人〉ᵃに難色を示す. **2** jᵃ ~ sein〖古〗(人ᵃを)満足させない.

'miss·far·ben, 'miss·far·big 形 汚ない(醜い)色の; ぼやけた色の.

'miss·för·mig 形〖まれ〗奇形の; 不格好な.

'miss·ge·bil·det 形 奇形の, 不具の.

'Miss·ge·burt 女 -/-en **1**〖古〗奇形児. **2**〖話〗できそこない, 失敗作. **3**〖話〗感じの悪い嫌なやつ.

'miss·ge·launt 形 不機嫌な, 機嫌の悪い.

Miss·ge·schick [ˈmɪsɡəʃɪk] 中 -[e]s/-e 不運, 不幸. **2**(不手際・不注意などによる)災難.

'miss·ge·stalt 形〖まれ〗=missgestaltet

'Miss·ge·stalt 女 -/-en 奇形, 不具(者).

'miss·ge·stal·tet 形 奇形の, 不具の.

'miss·ge·stimmt 形(副詞的には用いない) 不機嫌な.

'miss·ge·wach·sen 形(植物などが)生育不良の.

*****miss'glü·cken** [mɪsˈɡlʏkən ミスグリュケン] 自 (s) (misslingen) 失敗する, 不成功に終る. Die Suppe ist mir leider *missglückt*. 私が作ったスープは残念ながら失敗しました.

miss'gön·nen jᵃ etᵃ ~ 人ᵃに物ᵃを与えたがらない, 人ᵃの物ᵃをねたむ.

'Miss·griff 男 -[e]s/-e (↑greifen) 失敗, 失策, 過失. einen ~ tun⟨machen⟩ しくじる, 失敗する.

'Miss·gunst 女 -/ (↓missgönnen) うらやみ, 嫉妬.

'miss·güns·tig 形 嫉妬ぶかい, ねたましげな.

*****miss'han·deln** [mɪsˈhandəln ミスハンデルン] 他 **1** (人ᵃを)虐待する. **2**〖戯〗(物ᵃを)乱暴に扱う; 間違った使い方をする.

Miss'hand·lung 女 -/-en 虐待.

'Miss·hei·rat 女 -/-en〖まれ〗(Mesalliance) 不釣り合いな結婚.

'miss·hel·lig [ˈmɪshɛlɪç] 形〖古〗(意見が)不一致の.

'Miss·hel·lig·keit 女 -/-en〖ふつう複数で〗不一致, 不仲, 不和.

'Mis·singsch [ˈmɪsɪŋʃ] 中 -[s]/〖北ドイツ〗ミシング語(低地ドイツ語と高地ドイツ語が混合したもの).

Mis·si·on [mɪsiˈoːn] 女 -/-en (*lat.* missio, Sendung) **1** 使命, 任務. eine historische ~ 歴史的な使命. jᵃ in geheimer ~ schicken 人ᵃを密命を与えて派遣する. **2**(特定の任務を帯びた)使節団, 派遣団. die deutsche ~ bei den Olympischen Spielen ドイツのオリンピック派遣団. **3**(在外の外交代表部, 在外公館. **4**〖複数なし〗(キリスト教の)伝道, 布教, 宣教. ~ betreiben 伝導する. die innere⟨äußere⟩ ~ 国内〈国外〉布教.

Mis·si·o·nar [mɪsioˈnaːr] 男 -s/-e 宣教師, 伝道師.

Mis·si·o·när [mɪsioˈnɛːr] 男 -s/-e (ｽｲｽ·ｵｰｽﾄﾘｱ)=Missionar

mis·si·o·nie·ren [mɪsioˈniːrən] **1** 自(キリスト教を)布教(伝導)する. **2** 他(ある国・民族に)布教する.

'Miss·klang 男 -[e]s/⸚e **1** (Dissonanz) 不協和音. **2**(比喩)不調和, 不和, 不一致.

'Miss·kre·dit 男 -[e]s/〖次の成句でのみ〗in ~ geraten⟨kommen⟩ 評判が悪くなる, 信望を失う. j⟨et⟩ᵃ in ~ bringen 人⟨物⟩ᵃの評判を悪くする(落す).

miss'lang [mɪsˈlaŋ] misslingen の過去.

miss'län·ge [mɪsˈlɛŋə] misslingen の接続法 II.

miss'lau·nig [ˈmɪsˌlaʊnɪç] =missgelaunt

'miss·lich [ˈmɪslɪç] 形 不快な, 好ましくない; 厄介な, 面倒な. in einer ~en Lage sein 困った状態にある.

'Miss·lich·keit 女 -/-en〖複数なし〗不愉快さ, 厄介さ. **2** 不快な(困った)こと, 面倒なこと(情況).

'miss·lie·big [ˈmɪsliːbɪç] 形 好かれていない, 嫌われた. ~e Person 嫌われ者.

*****miss'lin·gen*** [mɪsˈlɪŋən ミスリンゲン] misslang, misslungen 自 (s) (↔ gelingen) 失敗する, 不成功に終る(試み・計画などが). Die Arbeit ist mir *misslungen*. 私の携わった仕事は失敗した.

miss'lun·gen [mɪsˈlʊŋən] misslingen の過去分詞.

'Miss·mut 男 -[e]s/ 不機嫌.

'miss·mu·tig [ˈmɪsmuːtɪç] 形 不機嫌な.

miss'ra·ten* **1** 自 (s) (試みなどがうまく行かない, 失敗する. 〖過去分詞で〗ein *missratenes* Kind (性格的欠陥のある)行儀のなっていない子, 手に負えない子供. **2**〖古〗(人³に事ᵃを)思いとどまらせる.

'Miss·stand [ˈmɪsʃtant] 男 -[e]s/⸚e 悪い(困った, 不都合な)状態, 欠陥, 弊害. *Missstände* abschaffen ⟨beseitigen⟩ 弊害を取除く.

'Miss·stim·mung 女 -/-en 気まずい空気(雰囲気); 不機嫌.

misst [mɪst] messen の現在 2・3 人称単数.

'Miss·ton 男 -[e]s/⸚e **1** 不協和音, 調子はずれの音; 耳障(ﾐﾐｻﾞﾜ)りな音. **2**(比喩)不調和, 不和.

'miss·tö·nend 形 耳障りな, 調子はずれの.

miss'trau·en (人⟨事⟩³を)信用しない.

*****'Miss·trau·en*** [ˈmɪstraʊən ミストラオエン] 中 -s/ 不

'**Miss·trau·ens·an·trag** 男 -[e]s/=e《政治》不信任案.

'**Miss·trau·ens·vo·tum** 中 -s/ 1《政治》不信任投票. 2 不信の表明.

*'**miss·trau·isch** [ˈmɪstraʊɪʃ ミストラォイシュ] 形 不信に満ちた，疑(ﾂ ^ﾞ)り深い．j⟨et⟩⁴ ~ betrachten 人⟨物⟩⁴を不信の目でじろじろ見る.

'**Miss·ver·gnü·gen** 中 不快感, 不満, 腹立ち.

'**miss·ver·gnügt** 形 不機嫌な, 不満の.

'**Miss·ver·hält·nis** 中 -ses/-se 不釣合い, 不調和. im ~ zu et³ stehen 物³と釣合い(調和)がとれていない.

'**miss·ver·ständ·lich** 形 誤解を招く，あいまいな, 不明瞭な.

*'**Miss·ver·ständ·nis** [ˈmɪsfɛrʃtɛntnɪs ミスフェァシュテントニス] 中 -ses/-se 誤解．《複数で》意見の食違い.

*'**miss·ver·ste·hen*** [ˈmɪsfɛrʃteːən ミスフェァシュテーエン] 他 誤解する, 勘違いする. Sie haben mich ⟨meine Bemerkung⟩ *missverstanden*. あなたは私の言ったことを誤解しているのです. Bitte *missverstehen* Sie mich nicht! どうか私の言っていることを誤解しないで下さい. in nicht *misszuverstehender* Weise (誤解の余地のない)明確な仕方で, きっぱりと. ◆ 非分離動詞であるが zu 不定詞の形は *misszuverstehen*. なお口語では分離動詞として使用されることもある. *Versteh* mich bitte nicht *miss*! 《話》ぼくの言っていることを誤解しないでくれ.

'**Miss·wachs** 男 -es/ (植物の)生育不良.

miss'wach·sen 形《まれ》=missgewachsen

'**Miss·wirt·schaft** 女 -/ 乱脈な経営(管理).

'**Miss·wuchs** 男 -es/ (植物の)奇形.

*'**Mist**¹ [mɪst ミスト] 男 -[e]s/ 1 (家畜の)糞尿; (わらに糞尿を混ぜた)肥やし, 堆肥(ﾀ ^ﾞ), 厩(ｷﾕｳ)肥. ~ aufs Feld fahren 畑に肥料を施す. Das ist nicht auf seinem ~ gewachsen. 《比喩》《話》それは彼が自分で考えだしたのではない. 2《話》がらくた, つまらぬもの; 馬鹿げた(くだらない)事. So ein ~! / Verdammter 〈Verfluchter〉 ~! ちくしょう, くそいまいましい. ~ machen 馬鹿なことをする; へまをする;《ｸﾞ》喧嘩をする. ~ reden 馬鹿なことを言う.

Mist² 男 -es/-e《engl.》《船員》霧(ﾋ), 薄霧.

Mist.. [mɪst..]《接頭》《話》(↓Mist¹) 名詞に冠して「嫌な, くだらぬ」の意を表す. *Mist*kerl 下司(ｹﾞｽ)野郎, 卑劣漢.

'**Mist·beet** 中 -[e]s/-e《農業》踏込温床.

'**Mis·tel** [ˈmɪstəl] 女 -/-n《植物》やどり木.

'**mis·ten**¹ [ˈmɪstən] (↓ Mist¹) ● 他 1 (畜舎を)掃除する. 2 (畑に)堆肥をやる. ❷ 自 (馬・牛などが)糞をする.

'**mis·ten**² (↓ Mist²) 非人称《船員》*Es mistet*. 薄霧が立つ(霧がかかっている).

'**Mis·ter** [ˈmɪstər] 男 -s/-《engl.》 1《男性呼称/略 Mr》⟨Herr⟩ ...殿, ...氏, ...様. 2《複数なし/国名または市名で》(美男コンテストの優勝者)ミスター....

'**Mist·fink** 男 -en/-en《話》 1 汚い(不潔な)やつ. 2《侮》=Mistkerl

'**Mist·ga·bel** 女 -/-n (堆肥用)フォーク, ガーベル.

'**Mist·hau·fen** 男 -s/- 堆肥(ﾀ ^ﾞ)の山.

'**mis·tig**¹ [ˈmɪstɪç] 形 (↓Mist¹) 1 堆肥だらけの; 汚い. 2《話》ひどい, 悪い, 不快きわまる. ~*es* Wetter 悪天候.

'**mis·tig**² 形 (↓Mist²)《船員》霧(霧)のかかった.

'**Mist·kä·fer** 男 -s/-《虫》糞糞(ﾌﾝｺﾞﾛ)こがね亜科.

'**Mist·kerl** 男 -[e]s/-e《侮》下司(ｹﾞｽ), 卑劣漢.

Mis'tral [mɪsˈtraːl] 男 -s/-e《fr.》《気象》ミストラ(南フランス, とくにローヌ河口の寒い北風).

'**Mis·tress** [ˈmɪstrɪs] 女 -/-es[..sɪz]《engl.》 1 (イリスで)主婦, (一家の)女主人; 女教師. 2《複数なし/略 Mrs》(既婚婦人に対する呼掛けで)奥様; ミセス. ...夫人.

'**Mist·stück** 中 -[e]s/-e《侮》下司(ｹﾞｽ)野郎, 卑怯者

'**Mist·vieh** 中 -s/..viecher[..fi:çər]《侮》 1 手に負えない動物, 畜生. 2《まれ》=Mistkerl

Mis·zel·la·ne·en [mɪstsɛlaˈneːən, ..ˈlaːneən] 複 =Miszellen

Mis'zel·len [mɪsˈtsɛlən] 複《書籍》(とくに学術雑誌の)雑録, 小論文.

mit

[mɪt ミト] ❶ 前《3格支配》代名詞と融合して damit, womit, miteinander となる. 1 (a)《行動状態などを共にする相手》...と一緒に, ...を連れて; ...と協力して(共同で). Er wohnt ~ seiner Freundin zusammen 彼はガールフレンドと同棲している. ~ den Kindern in die Stadt gehen 子供たちと一緒に(子供たちを連れて)街に行く. Kämpft ~ uns für den Frieden! われわれと共に平和のために戦え(↑1(b)) ~ der Strömung fahren (ボートなどが)流れに沿って進んで行く. ~ dem Wind fliegen 風に乗って飛んで行く. ~ Wölfen heulen《話》付和雷同する(狼と一緒に遠吠えする). (b)《交際・交渉・争いなどの相手》...と, ...を相手に. ~ j³ verlobt ⟨verheiratet/verwandt⟩ sein 人³と婚約している⟨結婚している/親戚である⟩. sich⁴ ~ j³ unterhalten 人³と談笑する. ~ j³ reden 人³と話合う. sich⁴ ~ j³ messen ⟨vergleichen⟩ 人³と張合う. ~ j³ um den Sieg kämpfen 人³と(を相手に)勝利を争う. (c)《行為・事件などの関与者》...に関わった, ...を巻込んだ. Verkehrsunfälle ~ Kindern 子供たちを巻込んだ交通事故.

2 (a)《所有・付属・装備》...を備えた, ...付きの; ...を身につけた; ...の添えられた. eine Bluse ~ langem Arm 長袖のブラウス. ein Mann ~ Brille 眼鏡をかけた男. ein Krug ~ Deckel 蓋付きのジョッキ. Herr Meyer ~ Frau 女房持ちのマイヤーさん. Übernachtung ~ Frühstück 朝食付きの宿泊. ein Mädchen ~ dunklen Haaren 黒髪の少女. Familien ~ und ohne Kinder 子供のいる家庭も子供のいない家庭も. Kaffee ~ Milch und Zucker ミルクと砂糖の入った(を添えた)コーヒー. (b)《容器などに詰められた内容物》...の入った, ...の詰められた, ...を積んだ. ein Korb ~ Äpfeln 林檎(ﾘﾝｺﾞ)の入った籠. ein Glas ~ Milch ミルクの入ったコップ. ein Koffer ~ Kleidern 服の詰められたカバン. Autos ~ Soldaten 兵隊を積んだ車. (c)《包含》...と一緒に, ...もろとも. die Pflanze ~ der Wurzel herausreißen 植物を根こそぎ引抜く. geöffnet Montag ~ Freitag《地方》月曜日から金曜日までオープン. (d)《合算》...を含めて. Der Preis beträgt 50 Euro ~ Bedienung. 料金はサービス料込みで 50 ユーロです. *Mit* mir sind es fünf Personen. 私を含めて人員は5人.

3《行為・行動の様態 / 付帯的状況》...を持って; ...しながら; ...を伴って, ...の状態で. et⁴ ~ Absicht ⟨Bedacht⟩ tun 事⁴を故意に⟨慎重に⟩行う. et⁴ ~ Begeisterung ⟨Vergnügen⟩ hören 事⁴を感激しながら⟨楽しみながら⟩聞く. et⁴ ~ Fassung tragen 事⁴を取

乱すことなく耐える． ～ Fieber im Bett liegen 熱を出して床についている． ～ einem Schrei hinstürzen 叫び声をあげながら突進する． ～ lauter Stimme sprechen 大きな声で話す．
4 (a)《道具・手段・方法》…で，…を用いて． ～ dem Auto〈dem Schiff〉fahren 車〈船〉で行く． ～ dem Hammer einen Nagel in die Wand schlagen 釘をハンマーで壁に打ちつける． et⁴ ～ der Post befördern 物⁴を郵便で送る． einen Brief ～ Tinte〈Kugelschreiber〉schreiben 手紙をインク〈ボールペン〉で書く． et⁴ ～ wenigen Worten sagen 事⁴をほんの少しの言葉で言う． (b)《原因》…で，…のために． ～ einer Grippe 流感のために． Er musste sich⁴ ～ seinem kranken Bein setzen. 彼は足が悪いので座らなければならなかった.
5 (a)《一般的関係》…に関して，…について． Was ist los ～ dir? どうしました〈君の身に何が起きたのですか〉． Das ～ dem Brief müssen wir uns noch überlegen. 《話》その手紙の件についてはわれわれはさらによく考えてみなければならない． Raus ～ euch!《親が子供に》さあ出なさい． ～ et³ einverstanden〈zufrieden〉sein 事³に同意〈満足〉している． (b)《不定の **es⁴** と》…に関して，…について． Du hast es doch ～ der Leber!《話》君はやっぱり肝臓が悪いみたいだね． Der hat's aber auch ～ seinem Auto.《話》それにしてもあいつは車をかまいすぎる． (c)《非人称動詞と用いて意味上の主語》…に関して，…について． Wie geht es ～ deiner Arbeit? 君の仕事の進捗(しんちょく)具合はどうですか． Es geht bergauf ～ ihm. 彼は上り調子だ． Wie steht's ～ ihm? 彼の〈仕事や健康の〉状態はどうですか． (d)《動詞と結びついて動作・行為などの対象》…について，…に関して． ～ et³ beginnen 事³を始める． sich⁴ ～ et³ beschäftigen〈befassen〉事³に従事する． ～ et³ fertig werden 事³を済ます． ～ et³ handeln 物³を商う． ～ et³ zögern 事³をためらう．
6《同時》…と同時に，…とともに． ～ [dem] Einbruch der Nacht 夜の訪れとともに． ～ 30 [Jahren] 30 歳で． ～ den Jahren〈der Zeit〉年〈時〉の経過とともに． ～ einem Mal 突然に． ～ dem Sommer 夏とともに． ～ dem heutigen Tag 今日から．

❷ 圓 **1** ～もまた，同様に，同時に，ついでに． Er ist ～ von der Partie. 彼もまた仲間だ． Das gehört ～ zu meinen Aufgaben. それも同じように私の仕事だ． Kommen Sie bitte ～ hierher! あなたも一緒にこちらへいらっしゃい． Da ist Betrug ～ im Spiel. さてはインチキも一役買っているぞ． Er hat deinen Namen ～ erwähnt. 彼は君の名前も一緒に〈ついでに〉口にした． Komm doch mal ～ vorbei! ついでの時にでも一緒に立寄ってみろよ．
2《話》《最上級と用いて》Sie ist ～ die Beste in der Klasse. 彼女もクラスの最優秀者の1人だ． Das ist ～ das wichtigste Thema. これもまた最も重要なテーマの1つだ．
3《話》《話法の助動詞と用いて mitkommen, mitfahren, mithalten, mitgehen, mitgenommen werden の短縮形》Darf du nicht ～! 君は一緒に来ちゃならない． Ich will ～ nach Berlin. ぼくもベルリンに一緒に行きたい． Der Koffer muss noch ～. かばんも一緒に持って行かねばならない．
4《話》**(haben, sein** と》War er ～? 彼も一緒だったの． Was hatte er ～ ? 彼も持ってきたの．
5《damit, womit の分離》Da habe ich nichts ～ zu tun. 私はそれに何の関わりもない．

mit.. [mɪt..]《分離前つづり／つねにアクセントをもつ》**1**《関与・参加・随伴の意を表す》mitarbeiten 共同で仕事をする, mitgehen 一緒に行く, 同行する． **2**《算入・組入れ》mitrechnen 勘定〈考慮〉に入れる． **3**《同時性》mithören 一緒に聞く． mitführen mitführen 携行する, 携帯する． mitgeben 〈物⁴を〉持たせる．
'Mit·an·ge·klag·te 圀別《形容詞変化》《法制》共同被告人.
'Mit·ar·beit 囡/- 共同作業〈研究〉; 協力; 参加.
'mit|ar·bei·ten ['mɪtʔarbaɪtən] 圓 共同で仕事〈研究〉をする, 協力する． an〈bei〉einem Projekt ～ あるプロジェクトに参加する． an einer Zeitschrift ～ ある雑誌に寄稿する． im elterlichen Geschäft ～ 両親の商売を手伝う． Du musst besser ～.《学校で》君は授業にもっと身を入れなくては駄目だ.
*'**Mit·ar·bei·ter** ['mɪtʔarbaɪtər ミトアルバイター] 圐 -s/- 協力者, 共同作業〈研究〉者;《工場などの》従業員, 職員;《研究所などの》所員;《雑誌などの》寄稿者. wissenschaftlicher ～ 共同研究者． Darf ich Ihnen meinen ～ vorstellen?《会社などで》私の仕事仲間〈部下〉を御紹介致します.
'mit|be·kom·men* 囮 **1** (a)《携行する物⁴を》持たせてもらう． ein Lunchpaket ～《昼食用の》弁当の包みをもらう． einen Brief ～ 手紙をことづかる． (b) 嫁入り支度としてもらう． **2**《話》聞取る, 理解する． **3**《話》《事⁴に居合せる, 関与〈参加〉する． einen Kursus ～ 講習に参加する． **4**《話》《偶然に》耳にする, 聞知る． Ich habe zufällig mitbekommen, was er vorhat. 私はたまたま彼の計画を耳にした.
'Mit·be·sit·zer 圐 -s/- 共同所有者.
'mit|be·stim·men 圓 囮 (bei j〈et〉³ 人〈事³〉の〉決定に参加する;《まれ》を共同決定する． mitbestimmte Betriebe 共同決定経営体.
'Mit·be·stim·mung 囡/- 共同決定;《経済》《労働者の》経営参加.
'Mit·be·stim·mungs·recht 圉 -[e]s/-e 共同決定権;《経済》《共同決定法による労働者の》共同決定権.
'Mit·be·wer·ber 圐 -s/- 競争相手, ライバル; 恋敵.
'Mit·be·woh·ner 圐 -s/- 同居人.
*'**mit|brin·gen*** ['mɪtbrɪŋən ミトブリンゲン] 囮 **1**〈物⁴を〉持って来る, 持参する． Er hat ihr〈für sie〉etwas mitgebracht. 彼は彼女にお土産を持って来た． Kaffee ～ コーヒーを持って〈買って〉来る． Das Kind hat aus der Schule gute Laune〈großen Hunger〉mitgebracht.《話》その子供は上機嫌〈腹ぺこ〉で学校から帰って来た． et⁴ von der Reise ～ 物⁴を旅の土産に持って帰る． **2**〈人⁴を〉連れて来る． Sie hat ihre Freundin auf die Party〈zum Essen〉mitgebracht. 彼女は女友達をパーティー〈食事〉に連れて来た． ein Kind aus erster Ehe ～《話》子供を連れ子にして来る． **3**《比喩》〈能力・資格などを〉具えている． Für eine leitende Stellung *bringt* es gar nichts *mit*. 指導のポストにつくには彼はまったく不適格だ.
'Mit·bring·sel ['mɪtbrɪŋzəl] 田 -s/-《話》お土産(みや), 手土産． ein ～ von der Reise 旅の土産.
'Mit·bru·der 圐 -s/⸚ **1**《雅》同輩, 朋友; 隣人． **2**《宗教》(Konfrater)《信仰団体の》仲間, 同志.
'Mit·bür·ger 圐 -s/- 同胞国民〈市民〉.
'Mit·ei·gen·tü·mer 圐 -s/-《法制》共有者.
*'**mit·ei·nan·der** [mɪtʔaɪ'nandər ミトアイナンダー] 圓 (mit＋einander) ともに, 一緒に; 互いに． Wir stim-

mit|empfinden

men ~ überein. 私たちは互いに意見が一致している. alle ~ 皆いっしょに，一人残らず. ~ gehen《話》恋人同士である.

'**mit|emp·fin·den*** 他 (他人の喜び・悲しみなどを)共にする，(に)共感する. ◆過去分詞 mitempfunden

'**Mit·er·be** 男 -n/-n 《法則》共同相続人.

'**mit|er·le·ben** 他 共に体験する，居合せる. ◆過去分詞 miterlebt

'**Mit·es·ser** ['mɪtɛsɐr] 男 -s/- 1 面皰(ﾆｷﾋ). 2《話》食事に呼ばれた人. ▶ラテン語 comedo, ich esse mit° から(↑ Komedo).

'**mit|fah·ren*** 自(s) 1 (乗物で)一緒に行く，同乗する. 2 《猟師》獲物を構えながら跡を追う.

'**Mit·fah·rer** 男 -s/- 同行者(同乗者).

'**mit|füh·len** 他 (喜び・悲しみなどを)共に感じる，感じ取る.《目的語になしでも》Er konnte mit ihr ~. 彼には彼女の気持ちがよく分かった.

'**mit·füh·lend** 現分 形 人の気持が分かる，思いやりのある. ~e Worte やさしい言葉.

'**mit|füh·ren** 他 1 携行する，携帯する. den Pass ~ パスポートを携帯する. 2 (河川が砂礫(ｻﾚｷ)などを)運ぶ(押し流す).

'**mit|ge·ben*** 他 1 (人³に物⁴を)持たせる. seinem Kind eine gute Erziehung ~ 子供によいしつけ(教育)をほどこす. 2 (人³に人⁴を)同伴者としてつけてやる.

'**Mit·ge·brin·ge** ['mɪtɡəbrɪŋə] 中 -s/- 《ﾋﾟｯﾄﾝ》=Mitbringsel

'**Mit·ge·fühl** 中 -[e]s/ 同情，思いやり，いたわり.

mit|ge·hen ['mɪtɡeːən ミトゲーエン] 自(s) 1 一緒に行く，同行する(mit j³ 人³と). Gehst du ins Kino mit? 一緒に映画に行くかい. 《比喩的用法で》im Unterricht ~ 授業に身が入る. mit der Zeit ~ 時代に歩調をあわせる. Bei dem Erdrutsch gingen viele Häuser mit. その土砂崩れのおりには多くの家々が流された.

'**mit·ge·nom·men** 過分 形 (↑ mitnehmen)《話》疲れた，やつれた; 使い古された. Sie sieht recht ~ aus. 彼女はひどく疲れているように見える.

'**Mit·gift** ['mɪtɡɪft] 女 -/-en (新婦の)持参金.

'**Mit·gift·jä·ger** 男 -s/- 《侮》《古》持参金目あての求婚者.

***Mit·glied** ['mɪtɡliːt ミトグリート] 中 -[e]s/-er 構成員，成員，メンバー(会員・党員・委員・議員など). ein ~ des Königshauses 王家の一員. ein altes 〈neues〉 ~ 古参〈新入〉会員. ein ordentliches ~ 正会員. ~er werben 会員を募(ﾂﾉ)る. ~ der Bundestages (略 MdB) 連邦議会議員. ~ des Landtages (略 MdL) 州議会議員.

'**Mit·glie·der·zahl** 女 -/-en 会員数.

'**Mit·glieds·bei·trag** 男 -[e]s/-e 会費.

'**Mit·glieds·kar·te** 女 -/-n 会員証(カード).

'**Mit·glied·schaft** 女 -/-en 会員資格; 《総称的に》会員.

'**Mit·glied[s]·staat** 男 -[e]s/-en (条約機構の)加盟国.

'**mit|ha·ben*** 他 1 (人⁴を)連れて来ている，連れている. 2 (物⁴を)持って来ている，携帯(所持)している.

'**mit|hal·ten*** ❶ 自 参加する(bei et³ 事³に)，一緒に行う，つき合う; (競争相手などと)競(ｷｿ)い合う. Da kann ich noch ~. 《ﾋﾟｯﾄﾝ》ここではくもヒット(せり札宣言)できるよ. ❷ 他 (事⁴に)調子を合せる. das Tempo ~ 同じテンポを保つ.

'**mit|hel·fen*** 自 助力(手助け)する，手伝う.

'**Mit·he·raus·ge·ber** 男 -s/- 共同編集(発行)者

'**mit·hil·fe** 前 (2格支配) 副 =mit Hilfe (↑ Hilfe I)

'**Mit·hil·fe** 女 -/ 助力，加勢，手助け.

'**mit·hin** [mɪtˈhɪn] 副 従って，それ故に.

'**mit|hö·ren** ❶ 他 (偶然に)耳にする; 一緒に聞く. ❷ 他 盗聴する.

'**Mit·in·ha·ber** 男 -s/- 共同所有(出資)者.

mit|kom·men ['mɪtkɔmən ミトコメン] 自(s) 1 一緒に来る(行く)(mit j³ 人³と); ついて来る(行く)(mit j³ 人³に). Kommst du ins Kino mit? 一緒に映画に行くかい. mit dem Zug ~ 《比喩》列車に間に合う. 2 (荷物などが)一緒に届く(mit et³ 物³と). Mein Koffer ist mit dem Flugzeug nicht mitgekommen. 私のスーツケースは飛行機と一緒に着かなかった. 3《話》(物事の進行に)ついて行ける. Da komme ich nicht mehr mit! そうなると私はもうとてもついて行けない. in der Schule nicht ~ 〈学校の〉授業について行けない.

'**mit|kön·nen*** 自《話》一緒に行ける. Ich kann heute leider nicht mit. 今日は残念ながら一緒に行けません. 2 ついて行ける(他人のテンポなどに). Da kann ich nicht mehr mit. そうなるともう私についていけない(理解できない). 3 張合うことができる(mit et³ 事³と).

'**mit|krie·gen** 他《話》=mitbekommen

'**mit|lau·fen*** 自 1 一緒に走る; 《ｽﾎﾟｰﾂ》(競争に)参加する. bei einem 100-m-Lauf ~ 100メートル競走に出る. 2《侮》(政治活動などで)人の後について行動する，ただ同調しているだけである. 3 (仕事などが)他の仕事と平行して行われる. 4 (機械などが)一緒に作動する，連動する. 5《話》《次の用法で》et⁴ ~ lassen 物を盗む，横領(着服)する.

'**Mit·läu·fer** 男 -s/- (消極的に関与するだけの)同調者.

'**Mit·laut** 男 -[e]s/-e 《音声》(Konsonant) 子音.

***Mit·leid** ['mɪtlaɪt ミトライト] 中 -[e]s/ 同情，哀れみ，思いやり. ~ mit j³ haben〈fühlen〉人³に同情する. kein ~ kennen 思いやりがない. aus ~ 同情(思いやり)の気持から.

'**mit|lei·den*** 自 同情する，共に悩む(苦しむ). j³ Kummer ~ 人²と苦しみを共にする.

'**Mit·lei·den·schaft** 女《次の用法でのみ》j〈et〉⁴ in ~ ziehen 人〈物〉⁴を巻添えにする.

'**mit·lei·dig** ['mɪtlaɪdɪç] 形 同情心にとんだ，思いやりのある; 《仮設》哀れむような.

'**mit·leid[s]·los** 形 思いやりのない，無慈悲(無情)な.

'**mit·leid[s]·voll** 形 慈悲深い，思いやりのある.

mit|ma·chen ['mɪtmaxən ミトマヘン] ❶ 他 1 (事⁴に)参加する，出席する，加わる. einen Ausflug〈einen Sprachkurs〉 ~ 遠足に参加する〈語学講座を受講する〉. die Mode ~ 流行を追う. Er wird['s] nicht mehr lange ~.《話》彼はもう長くないだろう. 2《話》(つらいことを)経験する. Er hat im Krieg viel mitgemacht. 彼は戦争中つらい目に遭った. mit j³ was ~ 人³に何かと手を焼く. 3《話》(他人の仕事を)引受ける，代ってやってやる. Während meiner Abwesenheit hat er meine Arbeit mitgemacht. 私の不在中彼が仕事を引受けてくれた.

❷ 自 1 参加する，加わる(bei et³ 事³に). Lass mich ~! 僕も入れて(加えて)くれ. bei einem Wettbewerb ~ 競技(コンテスト)に参加する. 2《話》(機械・器官などがうまく)機能する，働く; (お天気などが)上々である. Mein Gedächtnis macht noch gut mit. 私の記憶力

はまだまだしっかりしている.

Mit·mensch ['mɪtmɛnʃ] 男 -en/-en 《ふつう複数で》共に生きる人間, 友人, 隣人. die lieben ～en《反語》いとしい仲間たち.

mit|mi·schen 自 《話》積極的に参加する, 関わり合う.

mit|müs·sen* 自 《話》一緒に行かねばならない(しなければならない).

mit|neh·men* ['mɪtneːmən ミトネーメン] 他 1 持って行く, 携行する; 連れて行く. Ich nehme den Regenschirm mit. 私は雨がさを持っていく. Sie nahmen die Kinder auf die Reise nicht mit. 彼らは子供たちを旅行に連れていかなかった. jⁿ im Auto ～ 人⁴を(ついでに)車に乗せていってやる. 2 (a)(さらに加えて・ついでに)買う. Ich nehme mir diese Puppe als Andenken mit. 私は記念にこの人形も買って帰る. (b)《話》(盗むの意で)持っていく, くすねる. (c)《話》(機会を)利用する; (機会を利用して・ついでに)見物する, 訪れる. alle Gelegenheiten ～ あらゆる機会をちゃっかり利用する. Er muss alles ～. 彼は転んでもただでは起きぬ男だ. Wir haben auf der Rückreise das Museum noch mitgenommen. 私たちは旅の帰りにその美術館も訪れた. (d)(精神的に)得になる, 勉強(参考)になる. Die Abende bei ihm sind sehr interessant, man nimmt immer etwas mit. 彼のところでの夜の集まりはたいへん面白い, いつもなにかしら勉強になる. 3《物が主語》疲れさせる, 弱らせる, そこなう. Das Erlebnis nahm ihn furchtbar mit. その体験は彼をひどく憔悴させた. ▶ mitgenommen

Mit·neh·mer 男 -s/-〖工学〗つまみ(きり); タング; プッシャーコンベヤー.

mit·nich·ten [mɪt'nɪçtən] 副 《古》決して…ない, 全く…ない; いかなる場合も…ない.

Mi·to·se [miˈtoːzə] 女 -/-n (gr.)〖遺伝〗(↔ Amitose)(細胞核の)有糸分裂, 間接核分裂.

mi·to·tisch [miˈtoːtɪʃ] 形〖生物〗(↔ amitotisch) 有糸分裂の.

Mi·tra ['miːtra] 女 -/Mitren (gr., Kopfbinde') 1 ミトラ(Homer では甲冑(かっちゅう)の下に下半身を守るために巻いた金属製の帯). 2 ミトラ((a) 古代ギリシア・ローマの婦人が髪に飾ったリボンのようなもの. (b) 古代オリエントの王などが頭に巻いたバンド). 3〖キリ〗司教冠, ミトラ(大修道院長・司教・枢機卿の典礼用冠, 後部に2条の帯が垂れている).

mit|rech·nen ❶ 自 一緒に計算する. ❷ 他 (人〈物〉⁴を)勘定(考慮)に入れる.

mit|re·den ❶ 自 1 話に加わる, 口をはさむ. 2 (bei et³ 事³の)決定に加わる; (討論などで)意見を述べる. Du kannst hier gar nicht ～. ここではおまえの出る幕ではない. ❷ 他 発言する. ein Wort〈ein Wörtchen〉～ 一言口をはさむ. Da habe ich auch ein Wörtchen mitzureden.《話》それについては私にも発言権がある.

mit|rei·sen 自(s) 一緒に旅行する.

mit|rei·ßen* ['mɪtraɪsən] 1 (人〈物〉⁴を)引っさらってゆく, 道連れにする. Die starke Strömung hat ihn mitgerissen. 激流が彼を流し去った. andere in sein Unglück ～ 他の人々を不幸の巻添えにする. 2 (人⁴を)感激(熱狂)させる, 魅了する.《現在分詞で》eine mitreißende Musik うっとりするような音楽.

Mi·tren ['miːtrən] Mitra の複数.

mit·sam·men [mɪtˈzamən] 副《地方》一緒に, 共に.

mit·samt [mɪt'zamt] 副《3格支配》…と共に, …もろとも; …をも含めて.

mit|schnei·den* 他(テレビ番組を)録画する; (ラジオ番組を)録音する.

Mit·schnitt 男 -[e]s/-e 録音, 録画.

mit|schrei·ben* 他 1 (講義・講演などを)筆記する, ノートをとる. 2 (筆記試験を)受ける.

Mit·schuld 女 -/ 1 共同責任, 同罪, 共犯. 2《古》〖法制〗(離婚原因による)双方の有責.

mit·schul·dig 形《比較変化なし》共同責任のある, 同罪の, 共犯の.

Mit·schul·di·ge 男女《形容詞変化》共同責任者, 同罪人, 共犯者.

Mit·schü·ler 男 -s/- 同級生, クラスメート; 学友, 同窓生. ◆ 女性形 Mitschülerin 女 -/-nen

mit|schwin·gen* 自 1 一緒に(同時に)揺れる(bei et³ 事³の際に). 2《物理》共振(共鳴)する. 3《比喩》(感情・態度などの)響き(調子)が混じっている(in et³ 事³の中に). In seinen Worten schwang Freude 〈Enttäuschung〉mit. 彼の言葉には喜び〈幻滅〉の響きが感じられた.

mit|spie·len 自 1 (a) 一緒に遊ぶ, 遊び(ゲーム)に加わる; 競技(演奏, 演技)に参加する. Darf ich ～? 一緒に遊んでもいいかい. in der Nationalmannschaft 〈im Orchester / im „Faust"〉～ ナショナルチームに参加する〈オーケストラで演奏する/『ファウスト』に出演する〉. (4 格目的語と) ein Spiel ～ 遊び(ゲーム)に加わる. (b)《比喩》関与する, 協力する. nicht mehr ～ もう関われない, 手を引く. Hoffentlich spielt das Wetter mit. 天気に恵まれるといいね. 2《比喩》共に働いて(作用して)いる, 一役買っている(bei et³ 事³において). Viele Gründe haben bei der Entscheidung mitgespielt. その決断には多くの理由が与(あずか)っていた. 3 (様態を示す語と) jⁿ übel〈hart / arg / böse / grausam〉～ 人³を痛めつける, (に)ひどい仕打ちをする. Das Schicksal hat ihm hart mitgespielt. 彼は苛酷な運命に痛めつけられてきた.

Mit·spie·ler 男 -s/- 遊び仲間, ゲーム友達; 共演者, チームメイト.

Mit·spra·che·recht 中 -[e]s/ 協議(決定)に加わる権利.

mit|spre·chen* ❶ 他 一緒に唱える. ein Gedicht ～ 皆で詩を朗読する.《目的語なしで》bei einem Gebet ～ 声を合せて祈りを唱える. ❷ 自 1 (mitreden)(bei et³ 事³の)決定に加わる; (討論などで)意見を述べる. 2 (bei et³ 事³において)共に働いて(作用)している, 一役買っている. Dabei sprechen verschiedene Faktoren mit. それにはさまざまな要因が関わっている.

mitt…, Mitt… [mɪt...]《接頭》(↑ Mitte) 名詞などに冠して「…の半ば, 中ごろ」の意を表す. Mittdreißiger 30 歳半ばの男. Mittsommer 夏の中ごろ, 夏至(げし).

°**mit·tag** ↑ Mittag¹ 1

Mit·tag ['mɪtaːk ミターク] 男 -s/-e 1 正午, (真)昼; 《話》(Mittagspause) 昼休み. Die Uhr schlägt ～. 時計が正午を打つ. Es geht auf ～. そろそろお昼だ. ～ machen〈halten〉昼休みをとる.《副詞的 2 格で》eines ～s ある日の昼時に.《副詞的 4 格で》jeden ～ 毎日昼には.《特定の日を示す語句の後ろに置かれて》heute ～〈° mittag〉今日のお昼に. [am] Montagmittag〈° Montag mittag〉月曜日のお昼に.《前置詞と》am ～ 正午に, お昼に. gegen ～ 昼頃.

Mittag

im ~ des Lebens《比喩》人生の盛りに. **über**〈unter〉~ お昼に; 昼休みに. **zu** ~ essen 昼食をとる. **2**《地方》(Nachmittag) 午後. **3**《複数なし》《古》(Süden) 南.

'Mit·tag² 中 -s/《話》(Mittagessen) 昼食.

'Mit·tag·es·sen ['mɪta:kˌɛsən] 中 -s/- 昼食.

'mit·tä·gig [mɪtɛ:gɪç] 形《述語的には用いない》正午の, (真)昼の.

'mit·täg·lich [mɪtɛ:klɪç] 形《述語的には用いない》(毎)正午の, お昼の, お昼毎の;《古》南(方)の.

*'**mit·tags** ['mɪta:ks ミタークス] 副 (毎)正午に, お昼に, お昼毎に. *Mittags* sind alle Läden geschlossen. お昼にはすべての店かしまっている. montags〈° Montag〉~ 月曜日のお昼(毎)お昼毎に. [um] 12 Uhr ~ [um] 12 Uhr ~ 昼の 12 時に.

'Mit·tags·blu·me 女 -/-n《植物》まつばぎく.

'Mit·tags·brot 中 -[e]s/-e (昼食時の)オープンサンドイッチ.

'Mit·tags·gast 男 -[e]s/-e 昼食の招待客.

'Mit·tags·glut 女 -/ =Mittagshitze

'Mit·tags·hit·ze 女 -/ 昼の熱気, 日盛り.

'Mit·tags·hö·he 女 -/《天文》(天体の)子午線高度.

'Mit·tags·kreis 男 -es/-e《天文》子午線.

'Mit·tags·li·nie 女 -/-n《地理》子午線, 経線.

'Mit·tags·mahl 中 -[e]s/-e《雅》=Mittagsmahlzeit

'Mit·tags·mahl·zeit 女 -/-en 昼食, 昼の食事.

'Mit·tags·pau·se 女 -/-n 昼休み. ~ haben〈machen〉昼休みを取る.

'Mit·tags·ru·he 女 -/ **1** 昼の静寂, 昼過ぎ(1-3 時頃); 昼寝. **2** 昼休み, 昼食後の休憩.

'Mit·tags·schlaf 男 -[e]s/- 昼寝, 午睡.

'Mit·tags·stun·de 女 -/-n 正午の時間(とくに午後零時~1 時の間).

'Mit·tags·tisch 男 -[e]s/-e 昼の食卓;(レストランでの)昼の定食.

'Mit·tags·zeit 女 -/-en 正午, 昼食時; 昼休み.

'Mit·tä·ter ['mɪtɛːtər] 男 -s/-《法制》共同正犯, 共犯者; 正犯.

'Mit·tä·ter·schaft 女 -/《法制》共同正犯.

'Mitt·drei·ßi·ger ['mɪtdraɪsɪɡər] 男 -s/- 30 歳半ばの男. ◆女性形 Mittdreißigerin 女 -/-nen

'Mit·te
[ˈmɪtə ミテ] 女 -/-n《複数まれ》**1** (a)《空間的に》中央, 真ん中; 中心. in der ~ des Zimmers 部屋の中央に. Prag liegt in der ~ zwischen Berlin und Wien. プラハはベルリンとウィーンの中間に位置する. Ab durch die ~ !《話》とっとと失せろ. (b)《時間的に》半(な)ば. Er ist ~ [der] dreißig. / Er ist ~ der Dreißiger. 彼は 30 代半ばである. ~ April 4 月中旬. ~ nächster Woche 来週半ば. in der ~ des Monats 月の半ばに. (c)《比喩》中道, 中庸;《政治》中間派; 中道(政党). die goldene ~ 黄金の中庸. in der ~ stehen 中庸(中道)の立場に立つ. **2** グループ, 仲間. einer aus〈in〉unserer ~ 私たちの仲間の 1 人. **3**《古》(Taille) 腰, ウエスト.

*'**mit·tei·len** ['mɪttaɪlən] 動 ❶ 他 **1** (人³に事³を)伝える, 知らせる, 通知する;(秘密などを)打明ける. Sie hat mir ihre neue Adresse *mitgeteilt*. 彼女は私に新しい住所を教えてくれた. j³ et⁴ schriftlich〈mündlich〉~ 人³に事⁴を文書〈口頭〉で伝える. Ich muss Ihnen leider ~, dass... (手紙文などで)私は残念ながら...のことをあなたにお知らせしなけれはなりません.

2《古》《雅》分かち与える.

❷ 再 (**sich**) **1** (人³に)心中を打明ける. **2**《雅》〈人³に〉伝わる. Seine Heiterkeit *teilte sich* bal uns allen *mit*. 彼の快活さがまもなく私たちみんなに伝わった.

'mit·teil·sam ['mɪttaɪlza:m] 形《副詞的には用いない》話好きな, おしゃべりな.

*'**Mit·tei·lung** ['mɪttaɪlʊŋ ミトタイルング] 女 -/-en らせ, 通知, 報告. eine amtliche〈offizielle〉~ 示, 告示. eine ~ machen 人³に報告する(vo et³ / über et¹ 事³,⁴について).

'mit·tel ['mɪtəl] 形 **1**《話》《付加語的には用いない》 の, 中くらいの. **2**《古》中央(中間)の, 真ん中の.

*'**Mit·tel**¹ ['mɪtəl ミテル] 中 -s/- **1** 手段, 方法, 手で. Sie ist für ihn nur ~ zum Zweck. 彼女は彼にとって単に目的のための手段に過ぎない(彼は彼女を利用しているに過ぎない). das letzte ~ 最後の手段. ei sicheres ~ 安全策. *Mittel* und Wege suche〈finden〉方策を探す〈見つける〉(zu et³ 事³のための). mit allen ~ n あらゆる手立てを尽くして. **2** (a) (Heilmittel) 薬, 薬剤; (化学)製剤. stärkendes ~ 強壮剤. ein ~ für〈gegen〉den Husten 咳(*)止め薬. ein ~ zum Einschlafen 睡眠薬. (b)《複数で》(Geldmittel) 資金, 資産, 資力. Er lebt über seine *Mittel*. 彼は分不相応な暮しをしている. flüssige *Mittel* 手持の資金(現金). ohne *Mittel* sei 金(資力)がない. (c)《複数で》(Stimmmittel) (歌手どの素養としての)声; 声量. große *Mittel* 豊かな声量. **3** 平均(値). das arithmetische〈geometrische〉~《数学》算術〈幾何〉平均. das ~ errei chen 平均値を出す. im ~ 平均して, 平均すると. **4**《古》《雅》(Mitte) 中間. sich⁴ ins ~ legen 間に割って入る, 仲介(仲裁)の労を取る(für j⁴ 人⁴のために). **5**《古》《物理》(Medium) 媒質(体).

'Mit·tel² 中 -/《印刷》14 ポイントの活字(14 ポ). ◆ Cicero (12 ポ)と Tertia (16 ポ)の中間の大きさ.

mit·tel..., **Mit·tel...** [mɪtəl..]《接頭》形容詞・名詞に冠して「中間の, 中くらいの」の意を表す. *Mittel*finger 中指. *mittel*groß 中くらいの大きさの.

*'**Mit·tel·al·ter** ['mɪtəl|altər ミテルアルター] 中 -s/ 《略 MA》. **2**《戯》中年(の人).

'mit·tel·al·ter·lich 形 **1**《略 ma.》中世の, 中世的な;《比喩》時代遅れの. **2**《戯》中年の.

'Mit·tel·ame·ri·ka [mɪtəl|aˈmeːrika] 《地名》中央アメリカ, 中米.

'mit·tel·bar ['mɪtəlbaːr] 形 (indirekt) 間接の. ~er Besitz《法制》間接占有. ~er Täter《法制》間接正犯.

'Mit·tel·bau 男 -[e]s/-ten **1** (翼部をもつ建物の)中央部. **2**《複数なし》(大学教員の)中間層(助手・助教授など).

'Mit·tel·chen ['mɪtəlçən] 中 -s/- (Mittel¹ の縮小形) 少量の薬;《話》家庭薬, しろうと薬. mit allerlei ~ ありとあらゆる小細工を弄(*)する.

'Mit·tel·deutsch 中部ドイツ(語)の.

'Mit·tel·deutsch·land《地名》中部ドイツ.

'Mit·tel·ding 中 -[e]s/-er《複数まれ》《話》中間物, 合いの子, どっちつかずのもの(zwischen A³ und B³ A³ と B³ との).

'Mit·tel·eu·ro·pa《地名》中央ヨーロッパ, 中欧.

'mit·tel·eu·ro·pä·isch 形 中央ヨーロッパの. ~e Zeit《略 MEZ》中欧標準時.

'mit·tel·fein 形 (粗さ・大きさ・太さなどが)中程度の;

(品質が)中級の. ~ gemahlen (コーヒー豆などの)中挽きの.

Mit·tel·feld 中 -[e]s/-er **1**(ある平面, たとえばチェス盤・用紙などの)中央部分;【スポ】(とくにサッカーの競技場の)ミッドフィールド. **2**【スポ】(先頭集団に続続する)中間集団. **3**【言語】(文の)中域.

Mit·tel·fin·ger 男 -s/- 中指.

mit·tel·fris·tig 形 中期(間)の.

Mit·tel·gang 男 -[e]s/=e (鉄道車両・教会などの)中央通路.

Mit·tel·ge·bir·ge 中 -s/-【地学】中山地(ちゅうざんち)の山地(1000 m 内外のなだらかな山岳地帯).

Mit·tel·ge·wicht 中 -[e]s/-e【スポ】ミドル級(選手).

Mit·tel·ge·wicht·ler 男 -s/- ミドル級選手.

Mit·tel·glied 中 -[e]s/-er **1**【解剖】中指(中指)節. **2**(鎖の)環; 中(媒)概念. **3**(全体の中の)構成要素, 中間部分. **4** 中間の列.

mit·tel·groß 形 中くらいの大きさの.

mit·tel·gut 形【話】(品質などが)中程度の, 並の.

mit·tel·hoch·deutsch 形 (略 mhd.) 中高ドイツ語の(およそ 11 世紀中頃から 15 世紀末までのドイツ語).

Mit·tel·hoch·deutsch 中 -[s]/ (略 Mhd.) 中高ドイツ語.

Mit·tel·klas·se 女 -/-n **1**(複数なし)中級; 中型. ein Wagen der ~ 中型車. **2** 中流階級, ミドルクラス. **3**(ギュムナージウムの)中級学年(↑Mittelstufe).

mit·tel·län·disch ['mɪtəllɛndɪʃ] 形 地中海(沿岸)の. *Mittelländisches Meer* 地中海.

Mit·tel·land·ka·nal 男 -s/【地名】ミッテルラント運河(北ドイツ南部を東西に通じ, ライン, エムス, ヴェーザー, エルベの諸河川を結ぶ運河).

Mit·tel·la·tein 中 -s/ 中世ラテン語.

mit·tel·la·tei·nisch 形 中世ラテン語の.

Mit·tel·läu·fer 男 -s/-【球技】センターハーフ.

Mit·tel·li·nie 女 -/-n **1**【球技】センターライン; (サッカー・ラグビーの)ハーフウェイライン. **2**【交通】(道路の)センターライン. **3**【数学】中線.

mit·tel·los ['mɪtəlloːs] 形 資産(資力)のない, 貧乏な.

Mit·tel·mäch·te 複【歴史】(Zentralmächte) 中欧諸国(第 1 次世界大戦におけるドイツ帝国・オーストリア=ハンガリー帝国および同盟国トルコ・ブルガリア).

Mit·tel·maß 中 -es/ (しばしば否定的なニュアンスで)中程度, 並み, 平均; 平凡, 凡庸.

mit·tel·mä·ßig ['mɪtəlmɛːsɪç] 形 並の, 平均的な, まあまあの; 平凡, 凡庸)な. Seine Leistungen sind ~. 彼の成績は人並みだ.

Mit·tel·meer ['mɪtəlmeːr] ❶ 中 -[e]s/-e【地理】(Binnenmeer) 内海. ❷【地名】das [Europäische] ~ 地中海. *Mittelmeer*fieber【医学】(Maltafieber) 地中海(マルタ)熱.

mit·teln ['mɪtəln] 動 (ふつう過去分詞で) 平均する. *gemittelter* Wert 平均値.

mit·tel·nie·der·deutsch 形 (略 mnd.) 中低ドイツ語の.

Mit·tel·ohr 中 -[e]s/【解剖】中耳(ちゅうじ).

Mit·tel·ohr·ent·zün·dung 女 -/-en【医学】中耳炎.

mit·tel·präch·tig 形【戯】(mittelmäßig) まあまあの.

Mit·tel·punkt ['mɪtəlpʊŋkt] ミテルプンクト 男 -[e]s/-e **1**【数学】(円・球などの)中心; (線分の)中点.

2(一般に)中心; 中心地, センター; 核心, 眼目, 焦点; 中心人物. der ~ der Stadt<der Erde> 町の中心<地球の核>. im ~ des Interesses stehen 関心の的になっている.

'**mit·tels** ['mɪtəls] 前(2 格支配)【書】(↓Mittel) …を用いて, …によって. ~ [eines] Drahtes <話> ~ Draht 針金で. ◆ 形の上で 2 格が明示されない複数名詞などでは 3 格支配も. ~ Drähten 針金で.

'**Mit·tel·schicht** 女 -/-en 中間層, 中流階級.

'**Mit·tel·schiff** 中 -[e]s/-e【建築】(聖堂の)身廊(しんろう) (Hauptschiff とも. ↑Langhaus).

'**Mit·tel·schu·le** 女 -/-n **1** 中等学校; (とくに)実科学校(Realschule の古い呼称). **2**【スポ・乗馬】【古】ギュムナージウム.

'**Mit·tels·mann** 男 -[e]s/=er (..leute) 仲介者; 仲買人.

'**Mit·tels·per·son** 女 -/-en =Mittelsmann

'**mit·telst**¹ ['mɪtəlst] 前 (2 格支配)【古】【商用】=mittels

'**mit·telst**² (mittel の最上級) (5 つ以上のものの)真ん中の. ↑mittler

'**Mit·tel·stand** 男 -[e]s/ 中産(中流)階級.

'**Mit·tel·stän·disch** 形 中産(中流)階級の.

'**Mit·tel·stim·me** 女 -/-n【音楽】内声(アルトとテノールの声部).

'**Mit·tel·stre·cke** 女 -/-n【スポ】中距離.

'**Mit·tel·stre·cken·lauf** 男 -[e]s/=e【スポ】中距離競走.

'**Mit·tel·stre·cken·ra·ke·te**, '**Mit·tel·stre·cken·waf·fe** 女 -/-n【軍事】中距離(核)ミサイル.

'**Mit·tel·strei·fen** 男 -s/- (道路の)中央分離帯.

'**Mit·tel·stu·fe** 女 -/-n (高等学校の)中級学年(とくに 9 年制ギュムナージウムの中級 3 学年, 従って第 8・9・10 学年のこと. ↑Oberstufe).

'**Mit·tel·stür·mer** 男 -s/-【球技】センターフォワード.

'**Mit·tel·weg** 男 -[e]s/-e 中央の道;《比喩》中道, 中庸.

'**Mit·tel·wel·le** 女 -/-n (略 MW)【物理・電子工】中波.

'**Mit·tel·wert** 男 -[e]s/-e 平均(中間)値. den ~ erreichen 平均値を出す.

'**Mit·tel·wort** 中 -[e]s/=er【文法】(Partizip) 分詞.

***'mit·ten** ['mɪtən] ミテン 副 真ん中に(へ), 真ただ中に(へ); 真っ最中に. Die Brille brach ~ entzwei. 眼鏡がまっ二つに割れた. 《前置詞句と》~ auf der Straße 通りのどまん中で. ~ im Leben stehen《比喩》人生の真っ盛りにある(働き盛りである). ~ in der Nacht 真夜中で. Die Kugel traf ihn ~ ins Herz. 弾丸は彼の心臓のどまん中に命中した. ~ unter die Menge 群衆の真ただ中へ. ◆ 空間的にも時間的にも用いられる.

mit·ten'drein [mɪtən'draɪn] 副【話】(mitten darein) その真ん中へ.

mit·ten'drin [mɪtən'drɪn] 副【話】(mitten darin) その真ん中に(で); その最中に. Er ist ~, …zu tun. 彼は…しているまっ最中だ.

mit·ten'drun·ter [mɪtən'drʊntər] 副【話】(mitten darunter) その真ん中で(へ); その間で(へ).

mit·ten'durch [mɪtən'dʊrç] 副【話】(mitten hindurch) 真ん中を貫いて; まっ二つに.

mit·ten'mang [mɪtən'maŋ] 副【北ド】(mitten darunter) その真ん中に(混じって). ↑mang

Mit·ten·wald ['mɪtənvalt] 男 -[e]s/《地名》der ~ ミッテンヴァルト(バイエルン州南端, オーストリアとの国境に近い小都市).

*'**Mit·ter·nacht*** ['mɪtɐrnaxt ミターナハト] 女 -/⁼e **1** 真夜中. Es schlägt ~ (時計が)夜中の12時を打つ. um⟨nach⟩ ~ 真夜中に⟨真夜中すぎに⟩. **2**《雅》闇の底, 悲惨のどん底. **3**《古》(Norden) 北(方). gen ~ 北方へ.

'**mit·ter·näch·tig** [..neçtɪç] 形《まれ》真夜中の.
'**mit·ter·nächt·lich** 形 真夜中(毎)の.
'**mit·ter·nachts** [..naxts] 副 真夜中に.
'**Mit·ter·nachts·son·ne** 女 -/ 《極地の》真夜中の太陽. die Länder der ~ 白夜(びゃくや)の国々.
'**Mitt·fas·ten** ['mɪtfastən] 複《カト》四旬節の中日.
'**mit·tig** ['mɪtɪç] 形 中心にある(を通る), 中心の.
'**mitt·ler** ['mɪtlɐr] 形 (mittel の比較級)《付加語的用法のみ》**1** 中央(中間)の, 真ん中の. die Mittlere von den drei Schwestern 三人姉妹の真ん中. der Mittlere Osten 中近東. **2** 中くらいの, 中級(中等)の. ein Mann im ~[e]n Alter / ein Mann ~[e]n Alters 中年の男. ein ~er Beamter 中級官吏. ~e Reife《教育》中等教育課程修了資格(Mittelschule, Realschule の卒業者あるいはギムナジウムの Mittelstufe 修了者に与えられる). **3** 平均の, 平均的な. die ~e Temperatur 平均温度. ◆↑mittelst²
'**Mitt·ler** ['mɪtlɐr] 男 -s/-《雅》(Vermittler) 仲介者, 調停者; 《キリスト教》仲保者(神と人との仲介者としてのキリスト).
'**mitt·ler·wei·le** ['mɪtlɐr vaɪlə] 副 その間に; そうこうするうちに. Mittlerweile hat es aufgehört zu regnen. その間に雨はあがっていた.
'**mitt·schiffs** ['mɪt-ʃɪfs] 副《船員》船体中央部に.
'**Mitt·som·mer** ['mɪtzɔmɐr] 男 -s/- 夏至(の頃).
'**Mitt·som·mer·nacht** 女 -/⁼e 真夏の夜; 夏至の夜.
'**mitt·som·mers** [..zɔmɐrs] 副 夏至の頃に.
'**mit|tun*** 自 一緒にやる; 参加する, 寄与する(bei⟨in⟩ et³ 事³に).
'**Mitt·win·ter** ['mɪtvɪntɐr] 男 -s/- 冬至(の頃).
'**mitt·win·ters** [..vɪntɐrs] 副 冬至の頃に.

'**Mitt·woch** ['mɪtvɔx ミトヴォホ] 男 -[e]s/-e《略 Mi.》水曜日.

Mitt·woch'abend ['--'--とも] 男 -s/-e 水曜日の晩.
mitt·woch'abends ['--'--とも] 副 水曜日の晩に.
Mitt·woch'mit·tag ['--'--とも] 男 -s/-e 水曜日の正午.
mitt·woch'mit·tags ['--'--とも] 副 水曜日の正午に.
Mitt·woch'mor·gen ['--'--とも] 男 -s/- 水曜日の朝.
mitt·woch'mor·gens ['--'--とも] 副 水曜日の朝に.
Mitt·woch'nach·mit·tag ['--'---とも] 男 -s/-e 水曜日の午後.
mitt·woch'nach·mit·tags ['--'---とも] 副 水曜日の午後に.
Mitt·woch'nacht ['--'-とも] 女 -/⁼e 水曜日の夜.
mitt·woch'nachts ['--'-とも] 副 水曜日の夜に.

'**mitt·wochs** ['mɪtvɔxs] 副《毎》水曜日に.
Mitt·woch'vor·mit·tag ['--'---とも] 男 -e 水曜日の午前.
mitt·woch'vor·mit·tags ['--'---とも] 副 水曜日の午前に.
'**mit·un·ter** [mɪt'|ɔntɐr] 副 時々, 時おり.
'**mit|un·ter·schrei·ben*** 他《文書に》連署する. 過去分詞 mitunterschrieben
'**mit|un·ter·zeich·nen*** 他《文書に》連署する. 過去分詞 mitunterzeichnet
'**mit·ver·ant·wort·lich** 形《比較変化なし》連帯(共同)責任のある.
'**Mit·ver·ant·wor·tung** 女 -/ 連帯(共同)責任.
'**Mit·ver·schwo·re·ne** 男女 -/《形容詞変化》(Mitverschwörer) 共謀者, 一味.
'**Mit·welt** ['mɪtvɛlt] 女 -/ 同時代の人々.
'**mit|wir·ken** ['mɪtvɪrkən] 自 **1** (an⟨bei/in⟩ et³ 事³に)協力する, 参加する. bei einer Veranstaltung ~ 催しの開催に一役買う. **2** (mitspielen) (in et³ 事³に)共演する. **3** 共に作用する.
'**Mit·wir·ken·de** 男女《形容詞変化》協力者; 共演者.
'**Mit·wir·kung** 女 -/ 協力, 助力; 共演.
'**Mit·wis·ser** ['mɪtvɪsɐr] 男 -s/- (とくに犯罪に関わる)秘密を知っている人.
'**Mit·wis·ser·schaft** 女 -/ (犯罪に関わる)秘密を知っていること.
'**mit|wol·len*** 自《話》同行したいと思う, 一緒に行きたがる.
'**mit|zäh·len** ❶ 自 **1** 一緒に数える. **2** 計算に入っている, 考慮される; 重要である. ❷ 他 (人⟨事⟩⁴をも)計算に入れる, 考慮に入れる.
'**mit|zie·hen*** ❶ 自 (h, s) **1** (s) 一緒に移動(行進)する, (動く集団に)合流する. **2** (h) (銃・カメラなどを)構えて追う(動く標的を). **3** (h)《話》一緒に行う, 積極的に支持する(bei et³ 事³を). **4** (h) (ライバル・競争相手と)張合う. ❷ 他 **1** (人⟨物⟩⁴を)引っ張って行く, 引っ立てる. **2** (人⟨物⟩⁴を他の人と)一緒に引っ張る. **3** (人⁴を)感激させる, (の)心を奪う.
'**Mix·be·cher** ['mɪks..] 男 -s/- シェーカー.
'**mi·xen** ['mɪksən] 他 (engl.) **1** (飲物などを)混ぜて作る. einen Cocktail ~ カクテルを作る. ein unterhaltsames Programm ~ 《比喩》娯楽番組を作成する. **2** (果物などを)ミキサーにかけて混ぜ合せる(mit et³ 物³と). **3**《放送》(mischen) ミキシングする.
'**Mi·xer** ['mɪksɐr] 男 -s/- (engl.) **1** (Barmixer) バーテン, バーテンダー. **2** (ジュースなどを作る)ミキサー. **3**《放送》(a) (Tonmischer) ミキサー, 音量調節者. (b) (Mischpult) 音声調節卓.
'**Mix·ge·tränk** 中 -[e]s/-e カクテル; ミックスジュース.
Mix'tur [mɪks'tuːr] 女 -/-en (lat., Mischung') **1** 混合液(物);《薬学》(液体の)混合薬, 水薬. **2**《音楽》(オルガンの)混合音.

ml《記号》= Milliliter
mlat.《略》= mittellateinisch
Mlle.《略》= Mademoiselle
mm¹《記号》= Millimeter
mm²《記号》= Quadratmillimeter
mm³《記号》= Kubikmillimeter
m. m.《略》= mutatis mutandis
MM.《略》= Messieurs(Monsieur の複数形)
Mme.《略》= Madame
Mn [ɛm'|ɛn]《記号》《化学》= Mangan

nnd. 《略》=mittelniederdeutsch

Mne·me ['mne:mə] 囡 -/ (gr.)『心理』(能力としての)記憶、ムネーメ.

Mne·mo·nik [mne'mo:nɪk] 囡 -/『心理』=Mnemotechnik

mne·mo·nisch [mne'mo:nɪʃ] 形『心理』記憶術の(による).

Mne·mo·sy·ne [mnemo'zy:nə]〖人名〗〖ギリシャ神話〗ムネモシュネ(記憶の女神で Muse たちの母).

Mne·mo·tech·nik -/-en (Gedächtniskunst)『心理』記憶術.

Mo [em'|o:] (記号)『化学』=Molybdän

Mo. 《略》=Montag

Mob [mɔp] 男 -s/ (engl.)下層民, 賤民; 暴徒, 暴民.

Mö·bel ['mø:bəl] メーベル 中 -s/- 1 (ふつう複数で)家具, 調度. altes ~ 《戯》家つきの老僕(老婢). j³ die *Möbel* gerade rücken⟨gerade stellen⟩《話》人³をきびしく咎(とが)めたてる; こっぴどく打ちすえる. ◆個々の家具を指す場合は Möbelstück を用いる. 2 (複数なし)《戯》(かさばったりして)取扱いにくい物(代物).

Mö·bel·stück 中 -[e]s/-e (個々の)家具.

Mö·bel·tisch·ler 中 -s/- 家具製造業者.

mo'bil [mo'bi:l] 形 (fr.) 1 (beweglich) 移動できる, 可動性の; 流動性のある. eine ~*e* Bücherei 移動図書館. ~*es* Kapital 流動資本. 2 (話) 生き生きと, 元気な. Nach Feierabend wird er ~. 仕事が終えると彼は元気になる. 3 (a)《軍事》戦闘(出撃)体制の整った. ~ machen 動員する(軍隊などを); 戦時体制にする(行政・政治などを). Die Regierung machte ~. 政府は動員令を下した. (b)《比喩》j⟨et⟩⁴ für⟨gegen⟩ et⁴ ~ machen 事⁴のため事⁴に反対するために人⟨物⟩⁴を総動員(結集)する.

Mo·bi·le ['mo:bilə] 中 -s/-s (fr.) (↔ Stabile) モビール(モビル), 動く彫刻.

Mo·bi·li·ar [mobili'a:r] 中 -s/-e (lat.)(複数まれ)(総称的に)家財, 家具.

Mo·bi·lie [mo'bi:liə] 囡 -/-n (lat.) 1 (ふつう複数で)『法制』(↔ Immobilie)動産. 2《複数》《古》= Mobiliar

mo·bi·li·sie·ren [mobili'zi:rən] 他 (↓ mobil) 1『経済』(資本などを)運用可能にする; (資産を)現金化する. 2 (a)動員する(軍隊などを); 戦時体制にする(行政・政治などを). (b)《比喩》j⟨et⟩⁴ für⟨gegen⟩ et⁴ ~ 事⁴のため事⁴に反対するために人⟨物⟩⁴を総動員(結集)する. 3『医学』(器官・関節などを手術・物理療法によって)再び動くようにする. 4《話》(人⁴を)元気にする.

Mo·bi·li·sie·rung 囡 -/-en 1『経済』(資本などの)流動化, (資産の)換金. 2『軍事・政治』(軍隊などの)動員. 3『医学』(硬直した関節などの手術による)可動化.

Mo·bi·li·tät [mobili'tɛ:t] 囡 -/ 1 (精神的)柔軟性. 2 (職業・住居などの)可動性, 流動性.

Mo·bil·ma·chung [mo'bi:l..] 囡 -/-en《軍事・政治》=Mobilisierung 2

Mo·bil·te·le·fon 中 -s/-e 移動(無線)電話, 携帯電話.

möbl. 《略》=möbliert

mö·blie·ren [mø'bli:rən] 他 (fr.) (物⁴に)家具(調度)を備えつける.

mö'bliert [mø'bli:rt] メブリーアト 過分 形 家具付きの. Suche ~*es* Zimmer.《広告で》家具付きの部屋求む. ein ~*er* Herr《古》《戯》(家具付貸間の)下宿人. ~ wohnen 家具付きの貸間に住む.

Moc·ca ['mɔka] 男 -s/-s (とくに商標)=Mokka ②

'moch·te ['mɔxtə] mögen の過去.

'möch·te ['mœçtə] mögen の接続法 II. ◆↑ mögen ①3, ②3

'Möch·te·gern ['mœçtəgɛrn] 男 -[s]/-s(-e) (Gernegroß)《話》《反語》見栄坊, 気取り屋, 偉がり屋, ほら吹き;《複合名詞として》*Möchtegern*künstler 自称芸術家. *Möchtegern*dichter 詩人気取りの人.

mod. 《略》《音楽》=moderato

mo'dal [mo'da:l] (lat.) 1 様態(様相, 様式)の. 2『文法』話法の, 様態の. ~*e* Konjunktionen 様態の接続詞. 3『音楽』旋法の, 旋法的の.

Mo·da·li'tät [modali'tɛ:t] 囡 -/-en 1『哲学』様相(事物)の存在様式(可能性・存在性および必然性). 2『論理』判断の確実度(蓋然判断・実然判断および必然判断). 3『文法』様相, 様態. 4 (ふつう複数で) 様式, 方式, (個々の)実施方法.

Mo'dal·par·ti·kel [mo'da:l..] 囡 -/『文法』心態詞.

Mo'dal·satz 男 -es/⸚e『文法』様態の状況語文.

Mo'dal·verb 中 -s/-en『文法』話法の助動詞.

Mo'dal·wort 中 -[e]s/『文法』話法(心態)詞.

'Mod·der ['mɔdər] 男 -s/(北ドイツ)(↓ Moder) 泥, ぬかるみ; 沼地.

*'Mo·de¹ ['mo:də] モーデ 囡 -/-n (fr.) 1 (a) 流行, はやり. Welche Bücher⟨Wörter⟩ sind jetzt ~⟨in ~⟩? どんな本⟨言葉⟩が今はやっているのですか. Wir wollen keine neuen ~*n* einführen.《話》これまでのやり方を変えるつもりはありません. Das ist⟨wäre⟩ ja eine neue ~.《反語》それはだめだ, できない相談だね.《前置詞と》**aus** der ~ kommen 流行遅れになる. **in** ~ kommen 流行しだす. et⁴ in ~ bringen 物⁴をはやらせる. **mit**⟨**nach**⟩ der ~ gehen 流行に遅れない. (b) ファッション, モード. die Biedermeiers ビーダーマイヤー様式(時代)のファッション. sich⁴ nach der neuesten ~ kleiden 最新流行の服を着る. 2 (複数で)トップモード(の服). *Damenmoden* ニューモードの婦人服.

'Mo·de² 中 -[s]/-n(囡 -/-n)『電子工』モード.

'Mo·de·ar·ti·kel 男 -s/- 流行品.

'Mo·de·da·me 囡 -/-n (つねに流行を追いつづける)おしゃれな女性.

'Mo·de·far·be 囡 -/-n 流行色.

'Mo·de·ge·schäft 中 -[e]s/-e 婦人服専門店.

'Mo·de·haus 中 -es/⸚er 婦人服装専門店;(服飾専門の)アトリエ, 会社.

'Mo·de·krank·heit 囡 -/-en 1 流行病(根拠のない). 2《比喩》=Modetorheit

'Mo·dell¹ ['mo:dəl] 男 -s/- (lat.) 1 (クッキー・バターなどの)木型; 押し(流し)型; 鋳(い)型. 2 (刺繍などの)型見本;『紡績』捺染型板. 3『建築』(Modul¹ 1) モドゥルス(古代建築の円柱脚部の半径).

'Mo·dell² ['mo:dəl] 中 -s/-s (engl.) (宣伝写真などの)モデル, モデル.

*Mo'dell [mo'dɛl モデル] 中 -s/-e (it.) 1 模範, 手本, モデル. 2 (縮尺)模型, ひな型(学問・思考上の)モデル. 3『美術』(彫塑像などの)原型, 型;『工芸』型(い)型, 流し型. 4 (自動車・電気機器などの)型, モデル;『服飾』(オートクチュールなどが各シーズンごとに発表する)新作(服). ein ~ aus dem Hause Chanel シャネルの新作. 5『美術・文学』題材(素材)となる人(物), モデル.

einem Maler ~ stehen〈sitzen〉ある画家のモデルになる． **6**《服飾》ファッションモデル．
Moˈdell·ei·sen·bahn 囡 -/-en 鉄道模型．
Moˈdell·fall 男 -[e]s/¨e 模範例，モデルケース．
Moˈdell·flug·zeug 匣 -[e]s/-e 模型飛行機．
mo·delˈlie·ren [modεˈliːrən] 他 **1**（彫塑像などを）制作する，こしらえる；塑造（ぞう）する；（物の）型（原型）をこしらえる．[den] Ton ~ 粘土で塑像を作る． eine Statue in Gips ~ 立像の（原型）を石膏でこしらえる．《過去分詞で》ein fein *modelliertes* Gesicht《比喩》整った顔立ち． **2**（衣服などが体の線を）はっきりと出す，きわだたせる． **3**（学問・思想上のモデルを作成する，モデル化する． ❷ 自 塑造（ぞう）する． an einer Büste ~ 胸像を制作中である．
Moˈdel·lie·rung 囡 -/-en 塑造（ぞう）(すること); 彫塑．
Moˈdel·list [modεˈlɪst] 男 -en/-en (Modelleur) 模型(モデル，型紙)製作者．
Moˈdell·kleid 匣 -[e]s/-er (1点ものの)新作(婦人服)．
Moˈdell·tisch·ler 男 -s/- 鋳（い）型製作工．
ˈmo·deln [ˈmoːdəln] (↓Modell) ❶ 他 **1**《紡織》(物に)模様をつける(織込む)． **2**（物・人）を形づくる，(の)形を変える，作り変える． et⁴ nach einem Vorbild ~ 物⁴をある手本をもとに形づくる(作り変える)． ❷ 再 (**sich**⁴)（形が）変る；(人間が)変る． ❸ 自 (an et³ 物³) にあれこれ手を加える; (文章などを)練る．
ˈMo·dem [ˈmoːdεm] 男(匣) -s/-s (*engl.*)《コンピュ》モデム，変復調装置．
ˈMo·de·narr [ˈmoːdə..] 男 -en/-en 流行かぶれ(の人)．
ˈMo·den·haus [ˈmoːdən..] 匣 -es/¨er =Modehaus
ˈMo·den·schau 囡 -/-en ファッションショー．
ˈMo·de·püpp·chen 匣 -s/- =Modepuppe
ˈMo·de·pup·pe 囡 -/-n (話)(侮) 流行を着飾った(ファッションずくめの)女性(娘)．
ˈMo·der [ˈmoːdər] 男 -s/ **1** 腐敗(物); かび． **2**《北ド》(Modder) 泥，ぬかるみ; 沼地． **3**《地質》モダー(森林土壌の腐植層の生成区分の1つ)．
Mo·de·raˈti·on [moderatsiˈoːn] 囡 -/-en (*lat.*, rechtes Maß') **1**《複数なし》(古)中庸,節度,平静． **2**《ラジオ・テレビ》(番組の)司会．
mo·deˈra·to [moderaˈto] 副 (*it.*)《略 mod.》《音楽》モデラート，中庸の速度で．
Mo·deˈra·tor [modeˈraːtor] 男 -s/-en [..ˈraːtoːrən] (*lat.*) **1**《ラジオ・テレビ》モデレーター，司会者． **2**《カトリック》(教会会議の議長,《カトリック》(公会議などの)議長,(宗教団体の)長． **3**(テレビ・ラジオの討論番組などの)司会者．
mo·deˈrie·ren [modeˈriːrən] 他 (*lat.*) **1**(古)緩和する,和らげる; 制限する． **2**《ラジオ・テレビ》(番組の)司会をする．
ˈmo·de·rig [ˈmoːdərɪç] 形 (↓Moder) 腐敗した; かび臭い，むっとする．
ˈmo·dern¹ [ˈmoːdərn] 自 (s, h) 腐敗する，朽ちる．
***moˈdern**² [moˈdεrn] 形 (*fr.*) 近代(現代)の，近代(現代)的な，モダンな；最新流行の． Seine Romane sind nicht mehr ~. 彼の小説はもう時代遅れだ． ~*er* Fünfkampf《スポーツ》近代五種競技． ~*e* Musik 近代(現代)音楽． ~ denken 現代風の考え方をする．
Moˈder·ne [moˈdεrnə] 囡 -/ (芸術などの)近代性，近代的傾向; 現代精神; 現代．

mo·derˈniˈsie·ren [modεrniˈziːrən] 他(*fr.*) 近(現代)化する; 現代風にする．
Moˈder·nisˈmus [modεrˈnɪsmʊs] 男 -/..[..mən] **1**《複数なし》近代(現代)主義，モダニズム．《複数なし》《カトリック》(20世紀初頭の神学上の)近代主義 **3**(文体・様式上の)現代的要素(手法)．
Mo·derˈniˈtät [modεrniˈtεːt] 囡 -/-en 近代(現代)性．
ˈMo·de·saˈlon [ˈmoːdə..] 男 -s/-s **1**(デザイナー・裁断師の)アトリエ, 仕事場． **2** 高級婦人服店．
ˈMo·de·schau 囡 -/-en =Modenschau
ˈMo·de·schöpˈfer 男 -s/- ファッションデザイナー． ♦女性形 Modeschöpferin 囡 -/-nen
ˈMo·de·schriftˈstel·ler 男 -s/- 流行作家．
moˈdest [moˈdεst] 形 (*lat.*)(古)節度ある，控え目でしとやかな．
ˈMo·deˈtor·heit [ˈmoːdə..] 囡 -/-en 流行かぶれ．
ˈMo·de·waˈre 囡 -/-n (ふつう複数で)流行服(品)．
ˈMo·de·wort 匣 -[e]s/¨er 流行語．
ˈMo·de·zeichˈner 男 -s/- ファッションデザイナー． ♦女性形 Modezeichnerin 囡 -/-nen
ˈMo·de·zeitˈschrift 囡 -/-en ファッション雑誌．
ˈMo·di [ˈmoːdi] Modus の複数．
Mo·di·fiˈka·ti·on [modifikatsiˈoːn] 囡 -/-en (↓modifizieren) **1** 変更，修正; 変更(修正)した部分． **2**《生物》(↔Mutation)一時的変異． **3**《結晶》変態(結晶構造の変化)． **4**《言語》修飾造語．
mo·di·fiˈzie·ren [modifiˈtsiːrən] 他 (*lat.* modus, Art und Weise') 変更する，修正する． ein Programm〈einen Vorschlag〉~ プログラムを変更する〈提案を修正する〉．《現在分詞で》einen *modifizierenden* Einfluss haben 変化を与えるような影響を及ぼす． *modifizierende* Verben《言語》修飾動詞．
ˈmo·disch [ˈmoːdɪʃ] 形 (現代)流行の，はやりの; モダンな． sich⁴ ~ kleiden 流行の服を着る．
Moˈdist [moˈdɪst] 男 -en/-en (古)洋品店主．
Moˈdisˈtin [moˈdɪstɪn] 囡 -/-nen (Putzmacherin) 婦人帽を作る女性(デザイナー)．
ˈmod·rig [ˈmoːdrɪç] 形 =moderig
Moˈdul¹ [moˈduːl] 男 -s/-n (*lat.* modulus, Maß・Maßstab') **1**《建築》モジュール(モデュール)，基準寸法,基本単位; (Model 3) モドゥルス(古代建築の円柱脚部の半径)． **2** プリント(捺染)型． **3**《工学》モジュール(歯車のピッチ円の直径を歯数で割った値)．《工学・物理》係数，率． **5**《数学》加群．
Moˈdul² [moˈduːl] 匣 -s/-e (*engl.* module)《コンピュ・電子工》モジュール(a) プログラムの構成要素，(b) 電気回路素子などをブロックとしてまとめたもの．(c) コンポーネント・部分)．
Mo·duˈlaˈti·on [modulatsiˈoːn] 囡 -/-en (*lat.*, Takt, Rhythmus') 変化,変更;(リズム・イントネーションなどの)調節,調整;《音楽》転調;《電子工・通信》(通信電波の)変調．
Moˈduˈlaˈtor [moduˈlaːtor] 男 -s/-en [..laˈtoːrən] 《電子工》変調器．
mo·duˈlie·ren [moduˈliːrən] 他 (*lat.*) ❶ (意見などを)変える，変更する;(声の調子などを)調節する，調整する;《電子工・通信》変調する． ❷ 自《音楽》転調する，(声の調子などが)変る．
ˈMo·dus [ˈmoːdʊs, ˈmoːdus] 男 -/Modi (*lat.* modus, Art und Weise') **1** 方法，手法． **2**《文法》法，語法，《哲学》様態，形態． **3**《音楽》モドゥス((a) 教会旋法の8つの種類のこと．(b) 定量記譜法の用語)．

Mo·dus Pro·ce'den·di ['moːdʊs protseˈdɛndi, 'mɔdʊs..] ――/Modi‐(*lat.*, Art des Vorgehens') やり方, 仕方.

Mo·dus Vi'ven·di [ˈmoːdʊs viˈvɛndi, ˈmɔdʊs..] 男――/Modi‐(*lat.*, Art des Lebens') 協調の仕方/(協調による)生存方式.

Mo·fa [ˈmoːfa] 中 ‐s/‐s バイク(Motorfahrrad の短縮).

Mo·ge'lei [moːgəˈlaɪ] 女 ‐/‐en《話》**1** ごまかし, いかさま, いんちき. **2**《複数なし》騙(だま)し癖.

mo·geln [ˈmoːgəln]《話》❶ 自 ごまかす; カンニングをする. beim Kartenspiel ~ トランプでいかさま(悪さ)をする. ❷ 他 (A⁴ in〈unter/zwischen〉B⁴・A⁴ B⁴ の中へ)こっそり混ぜる, 紛れこませる. ❸ 再《sich⁴》(in〈zwischen〉et⁴ 物の中へ)紛れこむ, もぐりこむ.

mö·gen* [ˈmøːgən メーゲン] mochte, mögen (gemocht) / ich mag, du magst, er mag ▶本動詞を伴うときの過去分詞には不定詞の mögen を, 本動詞を伴わない独立的用法のときは gemocht を用いる. 助《話法》**I**《本動詞をともなって》《過去分詞 mögen》**1**《推量》…だろう, かもしれない. Sie *mag* etwa achtzehn Jahre alt sein. 彼女は18歳ぐらいだろう. Es *mochten* dreißig Leute sein. 30人ほどの人がいるようだった. Er *mag* ein Vorurteil gegen mich gefasst haben. 彼は私に偏見を持ったのかもしれない. Er *mag* sein, dass er es nicht richtig verstanden hat. 彼はそれをちゃんと理解しなかったのかもしれない. Kommt er？―[Das] *mag* sein. 彼は来るの―もしかしたらね. Was *mag* das bedeuten？ それはどういう意味だろう(なにを意味するのだろう). Wer *mag* das sein？ それは誰なのだろう. Wer *mag* ihm das wohl gesagt haben？ いったい誰が彼にそれを言ったのだろう. Wie *mag* das geschehen sein？ どうしてそんなことになったのだろう. Das *mag* der Himmel〈Kuckuck／Teufel〉wissen！《話》そんなこと知るもんか.

2(a)《無関心な許容》…したければするがよい. *Mag* er doch gehen, wohin er will！ 彼は行きたいところへ行くがいい. Er *mag* nur kommen！(彼が)来るなら来やがれ. Er *mag* ruhig warten！ 彼は(待っていたいのなら)待っていればいいさ. Wenn ihm das Bild so gut gefällt, *mag* er es sich³ nehmen. そんなに彼がその絵を気に入っているのなら, 持って行くがいい.(b)《警告》Sie *mag* sich⁴ in Acht nehmen！ 彼女は用心するがいい. Für dieses Mal *mag* es hingehen. 今回だけはそれでよしとしておこう.(c)《容認／しばしば **auch** を伴って》たとえ…しようとも. [Es] *mag* kommen, was da will, ich bleibe bei meinem Entschluss. どんなことが起ころうとも私は決心を変えないぞ. Was er auch sagen *mag*〈Er *mag* sagen, was er will〉, er ist trotzdem schuld daran. 彼がなんと言おうとも その責任はやはり彼にある. Er *mag* wollen oder nicht, er muss es doch tun. 彼は望むと望まざるとにかかわらずそれをしなければならない. ◆認容の副文あとに来る主文は, ふつう定動詞正置となる.

3《主語の願望・要求》(a)《ふつう接続法 II **möchte** で》…したい. Ich *möchte* gern mitgehen. 私もご一緒していきたいのですが. Ich *möchte* Herrn X sprechen. X氏とお話したいのですが. Sie *möchte* gern ein neues Kleid haben. 彼女は新しいドレスを欲しがっている. Ich *möchte* nach Hause gehen〈fahren〉. 私は家に帰りたいのですが. *Möchten* Sie noch etwas Kaffee [haben]？ コーヒーをもう少しお飲みになりますか. Das *möchte* ich nicht hören. そんなことは聞きたくもない. Das *möchte* ich nicht gehört haben. 私はその話を聞かなかったことにしたい. Das hätte ich gern sehen *mögen*. 私はそれが見たかったのに. ▶ wollen よりも婉曲な表現.(b)《ふつう否定文で》…したい. Ich *mag* heute nicht ins Kino gehen. 今日は映画には行きたくない. Ich *mag* ihn nicht stören. 私は彼の邪魔をしたくない. Er *mochte* nicht nach Hause gehen. 彼は家に帰りたくなかった. Er *mochte* nie zu Hause bleiben *mögen*. 彼は全然家にいたがらなかった.(c)《j〈et〉leiden mögen の形で》人〈物〉⁴を好きである. Sie *mag* ihn〈das Bild〉[gern／gut] leiden. 彼女は彼〈その絵〉が好きだ.

4《主語に対する話者の願望・依頼／ふつう接続法 I **möge** を用い, しばしば倒置構文になる》…して(であって)ほしい. *Möge* sie glücklich werden！ 彼女が幸福になりますように. *Möge* dein Wunsch bald in Erfüllung gehen！ 君の願いがはやくかなうますように. Das *möge* der Himmel verhüten！ そんなことがありませんように. *Möchte* er es doch endlich tun！ 彼が今度こそそれをしてくれたらなあ. Sie *möchten* bitte morgen wiederkommen. 明日もう一度おいでください.《間接話法で》Sie sagte mir, ich *möge* im Nebenzimmer warten. 彼女は私に隣室でお待ち下さいといった. ▶接続法で, 命令的ニュアンスの強いときは möge の代りに solle を用いる.

5《古》(können) …できる. Wie *mag* solches zugehen？ どうしてそんなことが起り得るのか(《新約》ヨハ3：9). Fürchtet euch vor dem, der Leib und Seele verderben *mag*. 肉体も魂も滅ぼすことのできる者を恐れなさい(《新約》マタ3：28).

II《独立的用法》《過去分詞 gemocht》**1** 人〈物〉⁴を好む, 好きである. Ich *mag* dich. ぼくは君が好きだ. *Mögen* Sie Jazz？ ジャズはお好きですか. Er *mag* gern Süßigkeiten. 彼は甘い物が好きだ. Er *mag* keinen Rotwein. 彼は赤ワインを飲まない(好きでない). Das Alleinsein hat er *gemocht*. 彼は1人でいるのが好きだった. Die beiden *mögen* sich⁴. 2人は好き合っている(sich は相互代名詞).

2《願望》…したい, …ほしい. Ich *mag* noch ein Glas Wein. ワインをもう1杯ほしい. Sie *möchte* ein Fahrrad zu Weihnachten. 彼女はクリスマスに自転車を欲しがっている. Sie *möchte* nicht, dass er es erfährt. 彼女は彼にそれを知られたくない.《本動詞を es⁴, das⁴ で代理する場合》Er kann uns besuchen, wenn er es〈das〉*möchte*. 彼がそうしたいなら私たちを訪ねてきてもかまわない.《本動詞がなくても意味が明瞭な場合》Kommst du mit？―Ich *mag* nicht. 一緒に来るかい―嫌だよ. Ich *mag* nicht mehr.《話》もういやよ(おなかいっぱい). Tu, was du *magst*. 好きなことをするがいい.《方向を示す語句と》Ich *mag* nicht nach Haus. 私は家に帰りたくない. *Möchtest* du zu ihm？ 君のところへ行きたいのかい. Er hat nicht in die Schule *gemocht*. 彼は学校に行きたくなかった.

◆完了形については wollen の項の末尾を参照.

'mög·lich [ˈmøːklɪç メークリヒ] 形 (↓mögen) 可能な, あり(起り)得る; 実現(実行)可能な(j³〈für j⁴〉人³,⁴にとって). Wir müssen alle ~*en* Fälle erwägen. 私たちはありとあらゆるケースを考慮しなければならない. Das ist gut〈kaum〉~. それは十分考えられることだ(ほとんどありえないことだ). Morgen wäre es leichter〈besser〉~. 明日ならもっと容易だろう(↑◆). [Es

ist] ~, dass er morgen wieder kommt. 彼は明日また来るかもしれない． Nicht ~!《話》そんなばかな，嘘だろう． Rufen Sie mich später an, wenn es [Ihnen] ~ ist. できればあとで私にお電話ください． wenn〈wo〉~ できることならば〈↑ womöglich〉． so... wie〈als〉~ できるかぎり...に． Ich komme so bald wie〈als〉~. できるだけ早く参ります． soviel wie〈als〉~ できるだけ多く． et³ ~ machen 事⁴を可能にする． das Unmögliche ~ machen 不可能を可能にする． Komm sofort, wenn du es ~ machen kannst. できることならすぐ来てくれ． Das lässt sich⁴ ~ machen. それは実行(実現)可能である．《名詞的用法で》alles Mögliche bedenken あらゆる可能性を考慮する． Er hat mir alles *Mögliche*〈°~*e*〉erzählt. 彼は私にさまざまなことを話してくれた． im Bereich〈Rahmen〉 des *Möglichen* 可能な範囲内で． das Mögliche tun / sein *Möglichstes*〈°~*es*〉tun できるかぎりのことをする． Er verlangte nur das *Mögliche*. 彼はできることしか要求しなかった．
 ♦ 比較級は通常用いられない(ただし↑möglichst).

'**mög·li·chen·falls** ['møːklɪçənˌfals] 副 できれば，可能な場合には．

'**mög·li·cher·wei·se** ['møːklɪçɐrˌvaɪzə] 副 もしかすると，恐らく；できれば．

'**Mög·lich·keit** ['møːklɪçkaɪt] メークリヒカイト 女 -/-en **1** 可能性，あり(起り)得ること；見込み，機会，チャンス〈zu et³ 事³の〉． Wir müssen alle ~*en* bedenken. 私たちはあらゆる可能性を考慮しなければならない． die andere〈die letzte〉 ~ 別の可能性〈最後のチャンス〉． Es besteht die ~, dass... ...は可能である，あり(起り)得ることである． Ist es〈Ist denn das〉die ~!《話》(驚き・意外の声)まさか，そんな馬鹿な． Ich sehe keine ~, das Problem zu lösen. 私にはその問題を解決する手立て(見込)はない． j³ die ~ bieten, ... zu tun. 人³に...する機会(チャンス)を与える． nach ~ できれば，なるべく． **2**《複数なし》能力，資力． seine finanziellen ~*en* 彼の経済力．

'**Mög·lich·keits·form** 女 -/-en 《文法》(Konjunktiv) 可能法，接続法．

*'**mög·lichst** ['møːklɪçst] メークリヒスト (möglich の最上級) ❶ 副 できる限り；できれば，なるべく． ~ bald〈viel〉 できるだけ早く〈たくさん〉． Der Brief soll ~ noch heute zur Post. その手紙はなるべく今日に投函してもらいたい． ❷ 形 できる限りの．《名詞的用法で》*sein Möglichstes*〈°~*es*〉*tun* できるだけのことをする，最善を尽くす．

'**Mo·gul** ['moːgʊl, mo'guːl] 男 -s/-n〈*pers.* mughul，Mongole'〉《歴史》ムガール帝国の皇帝． das Reich der ~*n* ムガール帝国(1526-1857，インドを支配したイスラーム国，モンゴル帝国の末裔という)．

Mo'hair [moː'hɛːr] 男 -s/-e〈*engl.*〉モヘア((a) アンゴラ山羊の毛．(b) アンゴラ山羊の毛の織物)．

'**Mo·ham·med** ['moːhamɛt]《人名》ムハンマド，マホメット(570頃-632，イスラームの開祖・預言者，アラビア語形 Muhammad)．

Mo·ham·me'da·ner [mohame'daːnɐr] 男 -s/- イスラーム教徒，回教徒．

mo·ham·me'da·nisch [..'daːnɪʃ] 形 (moslemisch) イスラーム教(徒)の，回教(徒)の．

Mo·ham·me·da'nis·mus [..'daːnɪsmʊs] 男 -/ モハメット(マホメット)教，イスラーム教，回教．

Mo'här [moː'hɛːr] 男 -s/-e =Mohair

Mo·hi'ka·ner [mohi'kaːnɐr] 男 -s/-〈*indian.*〉モヒカン族． Der Letzte der *Mohikaner*《戯》最後のもの(菓子・金・ワインの最後の1本など)，最後の者(アメリカの作家クーパー J. F. Cooper の小説 *The last of the Mohicans*, 1826 をもじった表現) Hier ist noch ein Fünfeuroschein, aber das ist der letzte ~. そら5ユーロ札がまだ1枚ある，けれどもうこっきりだよ．

Mohn [moːn] 男 -[e]s/-e **1**《植物》けし属；ひなげし． **2**《複数なし》けしの種子，けし粒．

Mohr [moːr] 男 -en/-en〈*lat.*〉《古》黒人；ムーア人 einen ~ en weiß waschen wollen 不可能な事を試る，無駄骨を折る． ~ im Hemd 生クリームののれたチョコレートケーキ．

'**Möh·re** ['møːrə] 女 -/-n《植物》にんじん．

'**Moh·ren·kopf** ['moːrən..] 男 -[e]s/-e **1**《鉱物》電気石の一種． **2** モーレンコップフ，オトロ(半球形焼き上げた 2 つのスポンジをチョコレーティングしる菓子)． **3** =Negerkuss

'**Mohr·rü·be** ['moːr..] 女 -/-n《北ドイツ》にんじん．

'**Moi·ra** ['mɔʏra] 女 -/-Moiren〈*gr.*, Anteil, Los **1**《ふつう複数で》モイラたち，モイライ(運命の 3 女神 **2**《複数なし》モイラ，運命．

Moi·ré [moa'reː] 男(中) -s/-s〈*fr.*〉**1**《紡織》モア (光沢の強弱により波形の木目模様をあらわした織物 **2**《布地・毛皮製品などについた》木目(波紋)模様． 《印刷》モアレ模様． **4**《ゼジ》モアレ縞(ジ)．

'**Moi·ren** ['mɔʏrən] Moira の複数．

moi'rie·ren [moa'riːrən] 他《紡織・製紙》(ミー地・紙などに)木目(波紋，雲紋)模様をつける．

mo'kant [mo'kant] 形〈*fr.*〉(spöttisch) 嘲笑(冷笑)的な，人を馬鹿にした．

Mo·kas'sin [moka'siːn, 'mɔkasiːn] 男 -s/-e〈*engl.*〉**1** モカシン(北米インディアンの皮製刺繍入り 底靴)． **2** (1 を模した)軽快で柔かい皮製の靴．

mo'kie·ren [mo'kiːrən] (sich⁴)〈*fr.*〉〈über j³〈et人〈物〉⁴〉からかう，嘲る，ばかにする．

'**Mok·ka** ['mɔka] ❶《地名》モカ(紅海に臨むイエメンの港町，かつてのコーヒー積出し港)． ❷ 男 -s/-s モ (コーヒーの種類)；強いコーヒー．

Mol [moːl] 中 -s/-e《記号 mol》《化学》モル，グラム分子．

mo'lar [mo'laːr] 形《化学》モルの，1 モルの．

Molch [mɔlç] 男 -[e]s/-e **1**《動物》いもり科． 《俗》野郎，やつ．

'**Mol·dau** ['mɔldaʊ] ❶ 女 -/《地名》die ~ モルダ川(エルベ川の支流でボヘミア地方の主流，435 km．コ語形 Vltava)． ❷《地名》モルダウ(ルーマニア北東部の地方 Moldova のドイツ語形)．

'**Mo'le**[¹ ['moːlə] 女 -/-n《古》突堤，防波堤．

'**Mo'le**² 女 -/-n〈*lat.*〉《医学》奇(鬼)胎；黒あざ．

Mo'le·kel [mo'leːkəl] 女 -/-n《オーストリア》 男 -s/-《化学》=Molekül

Mo·le'kül [mole'kyːl] 中 -s/-e〈*fr.*〉《化学》分子

mo·le·ku'lar [moleku'laːr] 形〈*fr.*〉分子の；分子にかんする．

Mo·le·ku'lar·bio·lo·gie 女 -/ 分子生物学．

Mo·le·ku'lar·ge·wicht 中 -[e]s/-e《化学》分子量．

Mo·lière [moli'ɛːr, mɔ'ljɛːr]《人名》モリエール (1622-73, フランスの代表的喜劇作家)．

molk [mɔlk] melken の過去．

'**Mol·ke** ['mɔlkə] 女 -/ 乳清，乳しよう．

nöl·ke ['mɛlkə] melken の接続法 II.
Mol·ke'rei [mɔlkə'raɪ] 囡 -/-en (↓Molke) 酪農場(業), 乳製品製造所(業).
Moll [mɔl] 囲 -/- (lat.)《音楽》(↔Dur) 短調.
Mol·le ['mɔlə] 囡 -/-n **1**《北ドイツ》(楕円形の)桶. Es gießt mit ~n. どしゃ降りの雨だ. **2**《ベルリン》コップ1 杯のビール. eine ~ trinken コップ1 杯のビールを飲む. eine ~ zischen《卑》ビールを一杯ひっかける. **3**《ベルリン》ベッド, 寝台.
mol·lig ['mɔlɪç] 形《話》**1** (部屋などが)暖かな, 居心地のいい; 柔らかな, ふかふかした. **2** (女性が)ふくよかな, 丸みを帯びた;《婉曲》太った. ein ~es Mädchen ふくよかな体をした娘.
Mol'lus·ke [mɔ'lʊskə] 囡 -/-n (it.)《多く複数で》《生物》軟体動物.
Mo·loch [mo:lɔx] 男 -s/-e (hebr.) **1**《複数なし》モロク神(子供が犠牲に捧げられた古代セム族の神). **2**《雅》(絶えず新たな犠牲を要求する)魔物. der ~ Verkehr (多くの事故犠牲者を生みだす)交通という魔物. **3**《動物》(オーストラリア産の)モロクとかげ.
Mo·lo·tow·cock·tail ['mo:lotɔfkɔktɛ:l, 'mɔl..] 男 -s/-s モロトフ・カクテル, 火炎瓶(旧ソ連の外相 Molotow の名にちなむ).
Molt·ke ['mɔltkə]《人名》Helmuth Graf von ~ ヘルムート・グラーフ・フォン・モルトケ(1800-91, プロイセンの将軍).
mol·to ['mɔlto] (it.)《音楽》モルト, 非常に.
Mo'luk·ken [mo'lʊkən] 複《地名》die ~ マルク(モルッカ)諸島(インドネシア東部の島々, 香料の産地).
Mo·lyb'dän [molyp'dɛ:n] 囲 -s/ (gr.)《記号 Mo》《化学》モリブデン.
Mo'ment [mo'mɛnt モメント] (lat.) ❶ 男 -[e]s/-e 瞬間, ちょっとのあいだ; (特定の)時点, 時機. Der große〈entscheidende〉 ~ ist gekommen. 重大な〈決定的な〉瞬間がやって来た. Einen ~ bitte! ちょっとお待ちください. ~ [mal]!《話》(相手の話をさえぎって)待った. Momente ~ kann es regnen. 今にも雨が降りそうだ. den richtigen ~ erwischen〈verpassen〉 好機をとらえる〈のがす〉. auf einen ~ ちょっとのあいだ. im ~ は今のところ; すぐに. Ich bin im ~ zurück.《話》すぐ戻ってまいります.
❷ 囲 -[e]s/-e **1** (決定的な)要因, 要素; 動因, 動機, 根拠, 理由; 観点, 局面;《哲学》契機. das auslösende ~ 引き金, 誘因(für et⁴ zu et³). das wichtigste ~ für die Verurteilung 有罪判決の最大の理由. Die Untersuchung brachte keine neuen ~e. 調査はなんら新しい局面をもたらさなかった. **2**《物理》モーメント, 能率;《統計》積率.
mo·men'tan [momɛn'tɑːn] 形 (lat.) **1** 現在の, 目下の. die ~e Lage 現在の情勢. Ich habe ~ kein Geld. 私は今のところ金がない. **2** 一時的な, つかの間の; 瞬間(瞬時)の. eine ~e Äußerung とっさの発言. Seine Befriedigung war nur ~. 彼が満足していたのもほんのつかの間のことだった.
Mo'ment·auf·nah·me 囡 -/-n スナップショット.
Mo'ments mu·si'caux [mo'mãː·myzi'ko:] 複 (fr.) モマンミュジコ, 楽興の時(決った形式をもたない抒情的なピアノ小品集, とくに Schubert のそれ).
Momm·sen ['mɔmzən]《人名》Theodor ~ テーオドール・モムゼン(1817-1903, ドイツの歴史学者).
mon..., **Mon..** [mɔn..] (接頭)↑mono.., Mono..
Mo·na·co [mo:nako, mo'nako]《地名》(it.) モナコ(フランス南東部, 地中海に臨む公国, またその首都).

Mo·na·de [mo·na:də] 囡 -/-n (gr.)《哲学》単子, モナド.
Mo·na·do·lo'gie [monadolo'gi:] 囡 -/ (↓Monade)《哲学》単子論(Leibniz による).
Mo'narch [mo'narç] 男 -en/-en (gr.) 君主.
Mo·nar'chie [monar'çi:] 囡 -/-n[..'çiːən] (gr.) 君主政治, 君主制; 君主国(家).
mo'nar·chisch [mo'narçɪʃ] 形 **1** 君主の; 君主制の; 君主による. **2** 君主制主義的な.
Mo·nar'chist [monar'çɪst] 男 -en/-en 君主主義者, 君主政体の信奉者.
mo·nar'chis·tisch [monar'çɪstɪʃ] 形 君主主義的の; 君主制主義的の, 君主主義を支持(信奉)する.
Mo·nas'te·ri·um [monas'te:riʊm] 囲 -s/..rien [..riən] (gr. , allein leben') (Kloster) 修道院.

Mo·nat ['mo:nat モーナート] 男 -[e]s/-e (↓Mond) (暦の)月; 1 ヶ月. Im ~ Mai haben sie Hochzeit gefeiert. 5 月に彼らは結婚式をあげた. Ihr Schreiben vom 15. dieses ~s〈略 d. M.〉《書》今月15 日付けの貴簡. Ihr Schreiben vom 15. vorigen ~s〈略 v. M.〉《書》先月15 日付けの貴簡. am Anfang〈gegen Ende〉 des ~s 月初め〈月末〉に. Er bekam acht ~e.《話》彼は8 ヶ月の刑をくらった.《副詞的に4 格で》jeden ~ 毎月. nächsten〈vorigen〉 ~ 来月〈先月〉. alle〈aller〉 ~e 月ごとに. zwei ~e 2 ヶ月ごとに. viele ~e [lang] 何ヶ月も.《前置詞と》 auf einen ~ むこう1 ヶ月. ~ für ~ 毎月毎月. in drei ~en 3 ヶ月したら. heute in〈vor〉 einem ~ 1 ヶ月後〈前〉の今日. Sie ist im vierten ~.《話》彼女は妊娠4 ヶ月だ. nach〈vor〉 drei ~en 3 ヶ月後〈前〉に. über ~e hin 何ヶ月にもわたって.
'mo·na·te·lang ['mo:natəlaŋ] 形 数ヵ月間の, 何ヵ月もの.
..mo·na·tig [..mo:natɪç]《接尾》数詞などにつけて「...ヵ月(間)の」の意を表す形容詞をつくる. dreimonatig 3 ヶ月(間)の.
*'mo·nat·lich ['mo:natlɪç モーナトリヒ] 形 月々の, 毎月の. ~ zweimal 月に2 度.
..mo·nat·lich [..mo:natlɪç]《接尾》数詞などにつけて「...ヵ月ごとの」の意を表す形容詞をつくる. dreimonatlich 3 ヶ月ごとの.
'Mo·nats·be·richt ['mo:nats..] 男 -[e]s/-e 月報.
'Mo·nats·bin·de 囡 -/-n 生理用ナプキン.
'Mo·nats·blu·tung 囡 -/-en 月経.
'Mo·nats·ein·kom·men 囲 -s/- 月収.
'Mo·nats·en·de 囲 -s/-n 月末.
'Mo·nats·fluss 男 -es/《古》月経, 月のもの.
'Mo·nats·ge·halt 囲 -[e]s/¨er 月給. ein dreizehntes ~ 特別給与.
'Mo·nats·kar·te 囡 -/-n 月極め(月間)定期券.
'Mo·nats·ra·te 囡 -/-n 月賦(金).
'Mo·nats·schrift 囡 -/-en 月刊誌.
'Mo·nats·wech·sel 男 -s/- 月々の学資(仕送り).
'mo·nat[s]·wei·se ['mo:nat(s)vaɪzə] 副 月々に, 毎月.
*Mönch [mɛnç メンヒ] 男 -[e]s/-e (gr.) **1** 修道士, 隠修士; 僧(侶). **2**《建築》牡瓦(おぼら), 凸瓦(石造螺旋階段の親柱. **3**《猟師》角のない鹿. **4**《鳥》つのめどり. **5** (養魚池などの)排水栓, 水位調節装置.
'mön·chisch ['mɛnçɪʃ] 形 修道士の, 僧の; 修道僧のような; 世を捨てた, 隠遁的な.

'**Mönchs·klos·ter** 中 -s/= (男子)修道院, 隠修道院; 僧院.
'**Mönchs·kut·te** 女 -/-n 修道服, 僧服.
'**Mönchs·la·tein** 中 -s/ (中世末に大学・僧院などで用いられた)破格のラテン語. ↑Küchenlatein
'**Mönchs·or·den** 男 -s/- 修道会, 僧団.
'**Mönchs·tum** ['mœnçstuːm] 中 -s/ 修道士であること; 修道士の身分; 修道生活; 修道制度; 修道精神.
'**Mönch·tum** ['mœnçtuːm] 中 -s/ =Mönchstum

Mond

[moːnt モーント] 男 -[e]s/-e **1** (天体の)月; 衛星. halber〈voller〉~ 半月〈満月〉. ein künstlicher ~ 人工衛星. Der ~ nimmt ab〈zu〉. 月が欠ける〈満ちる〉. Der ~ steht am Himmel. 月が空にかかっている. Der ~ wechselt. 月が満ち欠けする. Der ~ hat einen Hof. 月が暈(かさ)をかぶっている. den ~ anbellen 〈犬などが〉月にむかって吠える;《話》(手出しのしようがないものに)いどみかかる. den ~ am hellen Tag suchen《話》むだ骨を折る.《前置詞と》**auf** dem ~ landen 月面に着陸する. auf〈hinter〉dem ~ leben《話》浮世離れしている. Ich könnte ihn auf den Mond schießen.《卑》できるものなら私は彼をどこか遠くへ追っ払いたい〈彼の顔など金輪際見たくない〉. der Mann **im** ~《民俗》月の中の男, 桂男(かつらおとこ). in den ~ gucken《話》(分け前などにあずかれず)指をくわえて見ている. im ~ sein《話》ぼんやりしている, うわの空である. et¹ in den ~ schreiben《話》物をなくしたものと諦める. nach dem ~ greifen《話》できない事を望む. Meine Uhr geht nach dem Mond.《話》私の時計はめちゃくちゃに狂っている. **2**《雅》(Monat)(暦の)月. **3** (a)《戯》(Glatze) 禿(は)げ頭. Der ~ geht auf. 禿げになる; 禿げがやって来る. (b)《一般に月の形をしたものを指して》三日月形のクッキー; 小爪(づめ), 爪半月. ein halber ~《軍事》半月堡(ほう).

mon·dän [mɔnˈdɛːn] 形 《fr.》 洗練された, 優雅な. ~ gekleidet sein 上品な身なりをしている.
'**Mond·bahn** 女 -/-en 月(衛星)の軌道.
'**mond·be·glänzt** 形《雅》=mondbeschienen
'**mond·be·schie·nen** 形 月の光に照らされた, 月光を浴びた.
'**Mönd·chen** ['møːntçən] 中 -s/- (Mond の縮小形) **1** 小さな月. **2** 三日月形のクッキー; 小爪(づめ), 爪半月.
'**Mond·fäh·re** 女 -/-n 月着陸船.
'**Mond·fins·ter·nis** 女 -/-se 《天文》月食.
'**Mond·flug** 男 -[e]s/=e 月旅行.
'**Mond·ge·sicht** 中 -[e]s/-er《話》まんまる顔(の人).
'**mond·hell** 形 月明りの, 月の明るい, 月に照らされた.
'**Mond·jahr** 中 -[e]s/-e (暦法でいう)太陰年.
'**Mond·kalb** 中 -[e]s/=er《卑》馬鹿者, あほう.
'**Mond·kra·ter** 男 -s/- 月のクレーター.
'**Mond·land·schaft** 女 -/-en **1** 月面の風景; (月面のような)荒れた風景. **2**《雅》月に照らされた風景.
'**Mond·lan·dung** 女 -/-en 月面着陸.
'**Mond·licht** 中 -[e]s/ 月光.
'**mond·los** 形 月明りのない, 月の出ていない.
'**Mond·nacht** 女 -/=e 月夜.
'**Mond·pha·se** 女 -/-n 月相, 月の満ち欠け.
'**Mond·preis** 男 -es/-e《話》法外な値段.
'**Mond·ra·ke·te** 女 -/-n 月ロケット.
'**Mond·schei·be** 女 -/-n まん丸い月, 満月.
'**Mond·schein** 男 -[e]s/ 月光, 月明り. ein Spaziergang bei〈im〉~ 月夜の散歩. Du kannst mir im ~ begegnen.《話》おまえのことなど知るものか.
'**Mond·si·chel** 女 -/-n 三日月, 弦月.
'**Mond·stein** 男 -[e]s/-e《鉱物》月長石.
'**Mond·sucht** 女 -/ 月夜彷徨症, 夢遊病.
'**mond·süch·tig** 形 月夜彷徨症の, 夢遊病の.
'**Mond·wech·sel** 男 -s/- 月が満ち〈欠け〉はじめる日.
Mo·ne·gas·se [moneˈgasə] 男 -n/-n モナコの住(出身者). ◆女性形 Monegassin 女 -/-nen
mo·ne·gas·sisch [moneˈgasɪʃ] 形 モナコの.
mo·ne·tär [moneˈtɛːr] 形《fr.》《経済》通貨の; 財政の.
Mo·ne·ten [moˈneːtən] 複《lat.》《話》お金, 銭.
Mon·go·le [mɔŋˈgoːlə] 男 -n/-n モンゴル(蒙古)人. ◆女性形 Mongolin 女 -/-nen
Mon·go·lei [mɔŋgoˈlaɪ] 女 -/《地名》die ~ モンゴル, 蒙古.
Mon·go·len·fal·te 女 -/-n《人類学》(モンゴロイド人種のまぶたの内側にある)蒙古ひだ.
Mon·go·len·fleck 男 -[e]s/-e《人類学》蒙古斑
mon·go·lid [mɔŋgoˈliːt] 形 モンゴロイドの.
Mon·go·li·de [mɔŋgoˈliːdə] 男/女《形容詞変化》モンゴロイド.
mon·go·lisch [mɔŋˈgoːlɪʃ] 形 モンゴル(人, 語)の. ↑deutsch
Mon·go·lis·mus [mɔŋgoˈlɪsmʊs] 男 -/《古》《医学》ダウン症候群.
mon·go·lo·id [mɔŋgoloˈiːt] 形 **1** モンゴル人に似た. **2**《医学》ダウン症の, ダウン症にかかった.
mo·nie·ren [moˈniːrən] 他《lat.》(事¹に)文句をいう, クレームをつける; (を)催促する.
'**Mo·ni·ka** ['moːnika]《女名》モーニカ. die heilige ~ 聖モーニカ(332 頃-87, Augustinus の母, 古代三聖母の 1 人. ↑付録「聖人録」8 月 27 日).
Mo·nis·mus [moˈnɪsmʊs] 男 -/《gr.》《哲学》一元論.
Mo·ni·ta [moˈnita] Monitum の複数.
'**Mo·ni·tor** ['moːnitoːr] 男 -s/-en [moniˈtoːrən] (-e)《lat.》**1**《古》監視人, 監督者; 勧告者. **2**《工学》(原子力発電所などの)監視(制御)装置, モニター;《医学》(脈拍などをチェックする)モニター. **3**《軍事》モニトール艦.
'**Mo·ni·tum** ['moːnitom] 中 -s/..ta《lat.》異議, 苦情, 不服; 叱責.
'**mo·no** ['moːno, 'mɔno] 形《付加語的には用いない》(monophon の短縮)モノラール(方式)の.
'**Mo·no** ['moːno] 中 -/《ふつう無冠詞で》(Monophonie の短縮)モノラール(方式の録音, 再生, 放送). eine Aufnahme in ~ モノラール録音.
mo·no.., Mo·no.. [moːno.., moˈno.., mɔno..]《接頭》(gr. monos , allein, einzig')形容詞・名詞などに冠して「単独の, 単一の」の意を表す. 母音の前では mon.., Mon.. となる. monochrom モノクロームの.
mo·no'chrom [monoˈkroːm] 形《gr.》《絵画》モノクローム(単色)の.
Mo·no·die [monoˈdiː] 女 -/-n [..ˈdiːən]《gr.》《音楽》**1**《古》(伴奏なしの)独唱歌; (16 世紀以降すは通奏低音による伴奏つきの)独唱歌. **2** 単声部音楽.
Mo·no·dra·ma 中 -s/..men [..mən]《演劇》モノドラマ, 一人芝居.
mo·no'gam [monoˈgaːm] 形 一夫一婦(制)の.
Mo·no·ga·mie [monogaˈmiː] 女 -/ (↔ Polygamie) 一夫一婦婚(制), 単婚.

mo·no'ga·misch [monoˈgaːmɪʃ] 形 =monogam

Mo·no·go'nie [monogoˈniː] 女 -/-n [..ˈniːən] (gr.)〖生物〗(↔ Amphigonie) 単性生殖.

Mo·no·gra'fie [monograˈfiː] 女 -/-n [..ˈfiːən] = Monographie

Mo·no'gramm [monoˈgram] 中 -s/-e (lat.) 組合せ文字, 花押(かおう), モノグラム. Ich könnte mir 〈vor Wut〉ein ~ in den Bauch〈Hintern〉beißen.《卑》僕は腹わたが煮えくり返るほどの思いなんだ. Beiß dir ein ~ in den Bauch!《Ich könnte...beißen.への返答》勝手にするがいいさ.

Mo·no·gra'phie [monograˈfiː] 女 -/-n [..ˈfiːən] モノグラフィー, 個別研究論文(単一の対象を扱った研究論文).

mo·no·gra'phisch [monoˈgraːfɪʃ] 形 モノグラフィー(的研究)の.

Mo'no·kel [moˈnɔkəl] 中 -s/- 片めがね, モノクル.

mo·no·klin [monoˈkliːn] 形(gr.)〖結晶〗単斜晶系の;〖植物〗雌雄(しゆう)同体の.

Mo·no·kra'tie [monokraˈtiː] 女 -/-n [..ˈtiːən] (gr.)〖政治〗独裁.

Mo·no·kul'tur [ˈmoːnokultuːr, ˈmonoː..] 女 -/-en〖農業〗**1** 連作. **2** 連作用の耕地. **3** 連作される作物.

Mo·no·la'trie [monolaˈtriː] 女 -/ (gr.)〖宗教〗(多くの神がいるなかでの)一神崇拝.

Mo·no'lith [monoˈliːt] 男 -s(-en)/-e[n] **1** (巨大な) 1 本石. **2** 1 本石から作られた石柱(石碑など).

Mo·no'log [monoˈloːk] 男 -[e]s/-e (↔ Dialog) 独白, モノローグ. Halt' keine ~e!《話》もういいかげんに長話はやめてくれ.

mo·no'man [monoˈmaːn] 形(gr.)〖心理・医学〗偏執狂(偏執狂)の.

Mo·no·ma'nie [monomaˈniː] 女 -/-n [..ˈniːən] 〖心理・医学〗偏執狂, 偏狂, モノマニア.

mo·no·ma'nisch [monoˈmaːnɪʃ] 形 =monoman

mo·no'mer [monoˈmeːr] 形(gr.)〖化学〗(↔ polymer) 単量体(モノマー)の.

Mo·no'mer [monoˈmeːr] 中 -s/-e〖化学〗単量体, モノマー.

mo·no'phon [monoˈfoːn] 形(gr.) (↔ stereophon) モノラール(方式)の.

Mo·no·pho'nie [monofoˈniː] 女 -/ (↓ monophon) (録音・放送などの)モノラール(方式).

Mo·noph'thong [monoˈftɔŋ] 男 -s/-e (gr.)〖音声〗(↔ Diphthong) 単母音.

Mo·no'pol [monoˈpoːl] 中 -s/-e (lat.) 専売(権), 独占, 独占企業. das ~ auf〈für〉et⁴ haben 物⁴を専売する, (の)生産(販売)を独占する. Die Naturwissenschaft ist nicht mehr ein ~ der Universität.《比喩》自然科学はもはや大学の専売特許ではない.

mo·no·po·li'sie·ren [monopoliˈziːrən] 他 (生産や商取引などを)独占(化)する.

Mo·no·po'list [monopoˈlɪst] 男 -en/-en 独占企業(資本家).

Mo·no'pol·ka·pi·ta·lis·mus [monopoːl..] 男 -/ 独占資本主義.

Mo'nop·te·ros [moˈnɔpterɔs] 男 -/..ren [..nɔpˈteːrən] (gr.)〖建築〗モノプテロス(柱をめぐらしただけの古代の神殿).

Mo·no·the'is·mus [monoteˈɪsmʊs] 男 -/ (gr.)〖宗教〗一神教; 一神論.

mo·no·the'is·tisch [monoteˈɪstɪʃ] 形 一神教の; 一神論の.

mo·no'ton [monoˈtoːn] 形 **1** 単調な, 一本調子の; 退屈な. **2**〖数学〗(数列や関数が)単調な.

Mo·no·to'nie [monotoˈniː] 女 -/-n [..ˈniːən]《複数まれ》(うんざりするような)単調さ, 一本調子.

'Mo·no·type [ˈmoːnotaɪp, ˈmonoː..] 女 -/-s〖商標〗〖印刷〗モノタイプ(1 字ずつ活字を自動的に鋳造植字する機械).

Mo·no'zyt [monoˈtsyːt] 男 -en/-en (gr.)《ふつう複数で》〖解剖〗単球, 単核細胞.

Mon·sei'gneur [mõsɛnˈjøːr] 男 -s/-s(-e) (fr., ,mein Herr') モンセニョール, 猊下(げい)か, 閣下(フランスの司教など高位聖職者・上級貴族などに対する尊称).

Mon·sieur [məsiˈø:, məˈsjø] 男 -[s]/Messieurs [mɛsˈiøː, meˈsjø] (fr.)《略 M., 複数 MM.》ムシュ…, …さん, …君, …様(男性の名前の前につける敬称, 単独で呼掛けとしても用いる).

Mon·si'gno·re [mɔnzɪnˈjoːrə] 男 -[s]/-..ri [..ri] (it.)《カトリック》モンシニョーレ, 猊下(げい)か(高位聖職者に対する尊称).

'Mons·ter [ˈmɔnstər] 中 -s/- (engl.) 怪物, 化け物, 怪獣.

Mons·ter.. [mɔnstər..] 《接頭》名詞に冠して「巨大な」の意を表す. *Monster*bau ばかでかい建物.

'Mons·tra [ˈmɔnstra] Monstrum の複数.

Mons'tranz [mɔnˈstrants] 女 -/-en (lat. monstrare ,zeigen')《カトリック》聖体顕示車.

'Mons·tren [ˈmɔnstrən] Monstrum の複数.

mons'trös [mɔnˈstrøːs] 形(lat.) **1** 化け物(怪物)のような, 奇怪な, 異形の. **2** 巨大な, ばけ物のような. **3** 法外な, とんでもない, けしからぬ. **4**〖医学〗奇形の.

'Mons·trum [ˈmɔnstrʊm] 中 -s/Monstren (Monstra) (lat.) **1** 怪物, 怪獣, 化け物. **2** 巨大なもの. **3**〖医学〗奇形児.

Mon'sun [mɔnˈzuːn] 男 -s/-e (arab.)〖気象〗季節風, モンスーン.

'Mon·tag [ˈmoːntak モーンターク] 男 -[e]s/-e《略 Mo》月曜日. blauer ~《話》(ずる)休みの月曜日. blauen ~ machen《話》(月曜日に)ずる休みをする.

Mon·tag'abend ['--'-- とも] 男 -s/-e 月曜日の晩.

Mon·tag'abends ['--'-- とも] 副 月曜日の晩に.

Mon'ta·ge [mɔnˈtaːʒə, mõˈt..] 女 -/-n (fr.) **1** (機械などの)組立; 取付. auf ~ sein (機械の)組立作業のために外出(出張)中である. **2**〖映画・芸術・文学〗モンタージュ.

Mon·ta·ge·hal·le [-- -/-n 組立工場.

'mon·tä·gig [ˈmoːntɛːgɪç] 形 月曜日の.

'mon·täg·lich [ˈmoːntɛːklɪç] 形 毎月曜日の, 月曜日ごとの.

Mon·tag'mit·tag ['--'-- とも] 男 -s/-e 月曜日の正午.

mon·tag'mit·tags ['--'-- とも] 副 月曜日の正午に.

Mon·tag'mor·gen ['--'-- とも] 男 -s/- 月曜日の朝.

mon·tag'mor·gens ['--'-- とも] 副 月曜日の朝に.

Mon·tag'nach·mit·tag ['--'--- とも] 男 -s/-e 月曜日の午後.

mon·tag'nach·mit·tags ['--'--- とも] 副 月

曜日の午後に.

Mon·tag·nacht ['--'- とも] 囡 -/-e 月曜日の夜.

mon·tag·nachts ['--'- とも] 副 月曜日の夜に.

Mon·ta'gnard [mõtaˈɲaːr, mõtanˈjaːr] 男 -s/-s (fr.) **1** 山地の住民. **2**《歷史》(フランス革命のときの)山岳党員.

Mon'tagne [mõˈtaɲ, mõˈtanjə] 囡 -/ (fr.)《歷史》(フランス革命のときの)山岳党.

'mon·tags ['mɔntaːks] 副 (毎)月曜日に, 月曜日ごとに.

Mon'taigne [mõˈtɛɲ, ..ˈtɛnjə]《人名》Michel de ~ ミシェル・ド・モンテーニュ(1533-92, フランスの思想家, 『エセー』Essais の著者).

mon'tan [mɔnˈtaːn] 形 (lat.) **1** 鉱業の. **2** 山の, 山地の.

Mon·tan·in·dus·trie 囡 -/-n [..riːən] 鉱業.

Mon·ta·nis·mus [mɔntaˈnɪsmʊs] 男 -/《宗教》モンタヌス派(150 頃小アジアに起った終末論的異端).

Mon·ta'nist¹ [mɔntaˈnɪst] 男 -en/-en (↓ montan) 鉱山(冶金)の専門家.

Mon·ta'nist² 男 -en/-en モンタヌス派の信奉者. ↑ Montanismus

Mon·tan·uni·on [mɔnˈtaːn..] 囡 -/ ヨーロッパ石炭鉄鋼共同体.

Mont'blanc [mõˈblɑ̃(ː)] 男 -[s]/ (fr.)《地名》der ~ モンブラン(アルプス最高峰).

'Mon·te 'Car·lo [monteˈkarlo]《地名》(it.) モンテ・カルロ(モナコ公国北東部の観光地).

'Mon·te Cas'si·no [..kaˈsiːno]《地名》(it.) モンテ・カッシーノ(イタリア中西部にある山, 聖 Benedikt が創建した西ヨーロッパ最初の修道院がある).

'Mon·te·cris·to [monteˈkristo]《地名》(it.) モンテクリスト島(イタリア西部, ティレニア海にある無人島).

'Mon·te'ne·gro [monteˈneːgro]《地名》(it., schwarzer Berg') モンテネグロ(共和国).

'Mon·te 'Ro·sa [ˈmɔnta ˈroːza]《地名》(it.) モンテ・ローザ(スイスとイタリアの境にある高峰).

Mon'teur [mɔnˈtøːr, mõˈt..] 男 -s/-e (fr.) (機械の)組立工, 仕上工.

Mon·te·vi'deo [mɔnteviˈdeːo]《地名》モンテヴィデオ(ウルグアイ共和国の首都).

mon'tie·ren [mɔnˈtiːrən, mõˈt..] 他 (fr.) **1** 機械などを組立てる; 据え(取り)付ける. ein Gerüst ~ 足場を組立てる. einen Griff an ein Gerät ~ 取っ手をある器具に取付ける. **2**《美術》(とくに映画などで)モンタージュする; 編集する. **3**《料理》(ソースなどを)バターでとろっとさせる; (卵白を)ホイップする.

Mont'mar·tre [mõˈmartr(ə)]《地名》(fr.) モンマルトル(パリの北部).

Mont·re'al [mɔntreˈaːl, mɔntriˈɔːl]《地名》(fr.) モントリオール(カナダの都市).

Mont·ser'rat [mɔntsɛˈrrat]《地名》(sp.) モンセラート(スペインのバルセロナ近くにある山, 11 世紀に建てられた Benediktiner の修道院は巡礼地として有名なった).

Mon'tur [mɔnˈtuːr] 囡 -/-en (fr.) **1**《古》制服. **2**《話》作業衣. **3**《話》衣服. in voller ~ 服を身につけたまま.

Mo·nu'ment [monuˈmɛnt] 囲 -[e]s/-e (lat.) 記念碑; (歴史的な)記念物.

mo·nu·men'tal [monumɛnˈtaːl] 形 記念碑的な, 巨大な, 壮大な.

Moor [moːr] 囲 -[e]s/-e 沼地, 沼沢, 湿原.

'Moor·bad 囲 -[e]s/⸗er **1** 泥土浴. **2** 泥土浴のための保養地(湯治場).

'Moor·bo·den 男 -s/= 沼地.

'moo·rig [ˈmoːrɪç] 形 湿原の, 沼地(湿地)の.

'Moor·kul·tur 囡 -/-en 湿原(沼地)の開墾.

Moos¹ [moːs] 囲 -es/-e (Möser) **1**《複数 -》《植物》こけ(苔). **2**《複数なし》苔でおおわれた場所. ~ an setzen 苔でおおわれる; 《話》古く(時代おくれに)なる. 《複数》Möser》《南ドイツ》沼地, 沼沢, 湿原.

Moos² 囲 -es/ (jidd.)《話》(Geld) 金, 銭. Sie hat ganz schön viel ~. 彼女はかなりため込んでいる.

'moos·grün [ˈmoːsgryːn] 形 モスグリーンの.

'moo·sig [ˈmoːsɪç] 形 **1** 苔(舌)におおわれた, 苔むした. **2**《南ドイツ・オーストリア》湿原(沼地)のような; ぬかるんだ.

'Moos·ro·se 囡 -/-n《植物》こけばら, モスローズ.

°**Mop** [mɔp] 男 ↑ Mopp

'Mo·ped [ˈmoːpɛt, ..pɛːt] 囲 -s/-s モペット(小型オートバイ).

Mopp [mɔp] 男 -s/-s (engl.) モップ.

'mop·pen [ˈmɔpən] 他 (↓ Mopp) モップで掃除する, モップをかける.

Mops [mɔps] 男 -es/ Möpse **1** パッグ(チンの一種で短足の小型犬). **2**《話》太っちょのチビ.

'mop·sen¹ [ˈmɔpsən] 他《話》くすねる, ちょろまかす.

'mop·sen² 再 (sich⁴) 《話》退屈する.

'mop·sig [ˈmɔpsɪç] 形《話》**1** ずんぐりむっくりした, ぶっちょの. **2**《まれ》退屈な. **3** sich⁴ ~ machen /~ werden《地方》厚かましくなる.

*****Mo'ral** [moˈraːl モラール] 囡 -/-en (lat. mos, Sitte 《複数まれ》) **1** 道徳, 倫理, モラル; 道義性(性). die öffentliche ~ 公衆道徳. gegen die ~ verstoße 道徳に反する. **2**《複数なし》規律, 士気. **3**《物などに含まれた》教訓, 教え. **4**《哲学》道徳(倫理)学.

Mo·ra'lin [moraˈliːn] 囲 -s/《戲》(小市民的)偽善.

mo·ra'lin·sau·er 形《戲》道学者ぶった, 偽善的な.

*****mo·ra'lisch** [moˈraːlɪʃ モラーリッシュ] 形 (lat.) **1** 道徳の, 倫理上の; 道徳(倫理)的な, 道義的な; 精神的な. ~e Anschauungen 道徳観. einen ~en Kate 〈einen Moralischen〉 haben《話》(酩酊から醒めて)気分が落込む. eine ~e Ohrfeige《話》耳の痛い指摘. eine ~e Unterstützung 精神的な援 Gegen sein Verhalten ist ~ etwas einzuwenden. 彼の態度には道義上問題がある. j³ ~ kommen《話》j³に説教する. **2** 道徳心のある; 身持のよい, 品行方正な. ein ~er Mensch 道徳堅固な人. ein ~es Leben führen 品行方正な生活をおくる. **3** 教訓的な. eine ~e Fabel 教訓めいた寓話.

mo·ra·li'sie·ren [moraliˈziːrən] 自 (fr.) 道徳を説く, 説教する; 道学者ぶる.

Mo·ra'lis·mus [moraˈlɪsmʊs] 男 -/ 道徳主義, モラリズム; 道徳至上主義.

Mo·ra'list [moraˈlɪst] 男 -en/-en **1** 道徳主義者, モラリスト; 道徳家. **2**《俺》道学者.

Mo·ra·li'tät [moraliˈtɛːt] 囡 -/-en **1**《複数なし》徳性, 道義心; 《哲学》道徳(倫理)性. **2**《演劇》(中世の)寓意劇, 勧善懲悪劇.

Mo'ral·pre·digt [moˈraːl..] 囡 -/-en (お)説教.

Mo'rä·ne [moˈrɛːnə] 囡 -/-n (fr.)《地形》氷堆石モレーン.

Mo'rast [moˈrast] 男 -[e]s/-e (Moräste) (fr.) 泥沼沼沢地; 《複数なし》泥, ぬかるみ. Er sah sich⁴ umgeben von einem ~ an Neid und Missgunst.《比喩彼は自分が周囲の人々にそねまれ, すっかり不興をかって

いるのを知った.

mo·ras·tig [mo'rastıç] 形 ぬかるんだ, 泥沼の.

Mo·ra·to·ri·um [mora'to:riom] 中 -s/..rien [..riən] (lat.) **1**《経済》支払い延期(猶予), モラトリアム. **2**《義務履行の》猶予, 延期;《計画実行の》延期.

mor·bid [mɔr'bi:t] 形 (lat.)病気の, 病的な, 病弱な; ぜい弱な, 不健全な. die ~e Blässe ihres Gesichts 彼女の顔面の病的な青白さ. ~e Farbtöne《比喩》淡い〈繊細な〉色調. eine ~e Gesellschaft 崩壊しかかった社会, 退廃した社会.

Mor·bi·di·tät [mɔrbidi'tɛ:t] 女 -/ **1** 病的な状態, 病弱. **2**《医学》罹患(かん)率〈罹病〉率.

Mor·chel ['mɔrçəl] 女 -/-n《植物》あみがさたけ.

Mord [mɔrt モルト] 男 -[e]s/-e 殺人, 殺害;《法制》謀殺. der perfekte ~ 完全殺人. versuchter ~ 殺人未遂. [Hilfe], ~! 人殺し, 助けて. Das ist ja [der reine〈reinste〉] ~!《話》いつはまったくひどい話だ. ~ und Totschlag《話》大喧嘩, 大騒ぎ. einen ~ begehen 殺人を犯す. einen ~ an j³ planen 人³の殺害を企てる. j⁴ zum ~ anstiften 人⁴に殺人を教唆する.

Mord·an·schlag 男 -[e]s/¨e 殺害(暗殺)の企て.

Mord·bren·ner 男 -s/-《古》放火殺人犯.

Mord·bu·be 男 -n/-n《古》殺人犯.

mor·den ['mɔrdən] (↓ Mord) ❶ 自 人殺しをする, 殺人を犯す. ❷ 他《まれ》殺す, 殺害する.

Mör·der ['mœrdər] 男 -s/- **1** 人殺し, 殺人〈殺害〉者; 殺人犯. **2**《猟師》刀のように鋭い角を持った鹿. ◆女性形 Mörderin 女 -/-nen

Mör·der·gru·be 女 -/ 殺人者の巣窟(くつ).《次の成句で》aus seinem Herzen keine ~ machen《話》思うところを率直に述べる.

mör·de·risch ['mœrdərɪʃ] 形 **1** 人殺し〈殺人〉の; 残忍な, 血腥(なまぐさ)い. **2**《話》ものすごい, ひどい. eine ~e Krankheit ひどい病気. Es ist ~ heiß. ひどい暑さだ.

mör·der·lich ['mœrdərlıç] 形《話》ものすごい, ひどい.

Mord·fall 男 -[e]s/¨e 殺人事件.

Mord·gier 女 -/ 殺意, 殺人欲.

mord·gie·rig [..riç] 形 殺意に満ちた.

mor·dio ['mɔrdio] 間《古》Mordio! 人殺し, 助けて.

Mord·kom·mis·si·on 女 -/-en 殺人捜査班.

Mord·lust 女 -/ =Mordgier

mord·lus·tig 形 =mordgierig

mords.., **Mords..** [mɔrts..]《接頭》《話》形容詞・名詞などに冠して「ものすごい, ひどい, どえらい」などの意を表す. mordsgroß《話》

Mords·ar·beit 女 -/-en《話》大仕事.

Mords·durst 男 -[e]s/《話》ひどい喉(の)の渇き.

Mords·glück 中 -[e]s/《話》どでかい(非常な)幸運.

mords·groß 形《話》どでかい.

Mords·kerl 男 -[e]s/-e《話》どでかいやつ; すごいやつ.

Mords·lärm 男 -[e]s/《話》大変な騒音〈騒音〉.

mords·mä·ßig ['mɔrtsmɛ:sıç] 形《話》ものすごい.

Mords·spek·ta·kel 男 -s/-《話》大騒ぎ, 大喧嘩.《次の用法で》Es gibt einen ~ 大騒ぎ〈大喧嘩〉が起こる. einen ~ machen 大騒動(大喧嘩)を起こす.

mords'we·nig 形《話》ほんのわずかの.

Mord·tat 女 -/-en 殺人行為, 凶行.

Mord·ver·such 男 -[e]s/-e 殺人の企て; 殺人未遂.

Mo·rel·le [mo'rɛlə] 女 -/-n (it.) モレロ(酸味の強いさくらんぼの一種).

'Mo·res ['mo:re:s] 複 (lat.) 礼儀作法. j⁴ ~ lehren《話》人⁴を激しく叱る, (に)思いっきり意見をする.

mor·ga'na·tisch [mɔrɡa'na:tıʃ] 形 (lat.) ~e Ehe《貴族と身分の低い女との》身分違いの婚姻(=Ehe zur linken Hand).

°**'mor·gen¹** ['mɔrɡən] ↑ Morgen¹ 1

'mor·gen² ['mɔrɡən モルゲン] 副 あす, 明日; (近い)将来, 未来. Morgen ist Sonntag. あすは日曜日だ. ~ Abend〈Mittag〉明晩〈きょうの昼〉. ~ früh〈Früh〉明朝. ~ in acht Tagen / ~ über acht Tage 来週のあす. Bis ~!（挨拶）またあした. Morgen ist auch ein Tag. あすという日もあるさ(何も急ぐことはない). die Welt von ~ あすの世界. (heute とともに) heute oder ~ きょうあすのうちに. lieber heute als ~ あすとは言わずきょうのうちに. von heute auf ~ 一朝一夕に.

'Mor·gen¹ ['mɔrɡən モルゲン] 男 -s/- **1** (↔ Abend) 朝; 午前. ein frischer ~ さわやかな朝. ein heiterer〈herrlicher〉~ 晴れ晴れとした〈素晴らしい〉朝. Es wird schon ~. すぐ朝になる. Der ~ dämmert〈bricht an〉. 夜が明ける. schön〈frisch〉wie die junge ~ 若々しく〈みずみずしく〉美しい, はつらつとしている. Guten ~! おはよう. j³ [einen] guten ~ wünschen 人³に朝の挨拶をする.《副詞的2格で》des ~s《雅》朝に. des ~s früh《雅》朝早くに. eines [schönen] ~s ある朝のこと.《副詞的4格で》diesen ~ けさ. jeden ~ / alle Morgen 毎朝. den ganzen ~ 午前中ずっと.《特定の日を示す語句の後で》heute〈gestern〉～/〈°morgen〉今朝〈昨日の朝〉. [am] Sonntagmorgen〈°Sonntag morgen〉日曜日の朝.《前置詞と》am ~ 朝に. früh am ~ / am frühen ~ 朝早くに.〈°für〉~ 毎朝. gegen ~ 明け方に. vom ~ bis zum Abend 朝から晩まで. **2**《雅》初め, 始まり; 曙. der ~ der Freiheit 自由の黎明(めい). der ~ des Lebens 幼年時代. **3**《複数なし》《古》(Osten) 東, 東方; 東洋. gen ~ 東方へ. von ~ nach Abend 東から西へ. **4**《古》(地積単位)モルゲン(ひとりの農夫が午前中に耕せる広さ, =約25-34アール).

'Mor·gen² 中 -s/ (近い)将来, 未来; あすの日.

'Mor·gen·an·dacht 女 -/-en 朝の礼拝.

'Mor·gen·aus·ga·be 女 -/-n (新聞の)朝刊.

'mor·gend [mɔrɡənt] 形《古》=morgig

'Mor·gen·däm·me·rung 女 -/-en 朝の薄明; 夜明け, 黎明(れい).

'mor·gend·lich ['mɔrɡəntlıç] 形 朝の; 朝らしい.

'Mor·gend·ga·be 女 -/-n《古》朝の贈物(初夜の翌朝夫が妻に与える贈物, ドイツの古い習慣).

'Mor·gen·ge·bet 中 -[e]s/-e 朝の祈り.

'Mor·gen·grau·en 中 -s/ 夜明け, 黎明.

'Mor·gen·kleid 中 -[e]s/-er 朝の化粧着, モーニングガウン.

'Mor·gen·land [mɔrɡənlant] 中 -[e]s/《古》(↔ Abendland) (Orient) 東方の国; 東洋, 近東.

'Mor·gen·län·der [..lɛndər] 男 -s/-《古》東洋人.

'mor·gen·län·disch [..lɛndıʃ] 形《古》東方(の国の); 東洋の, 近東の.

'Mor·gen·luft 女 -/ 朝の空気. ~ wittern《比喩》好機の到来を察知する.

'Mor·gen·rock 男 -[e]s/¨e =Morgenkleid

'Mor·gen·rot 中 -s/, **'Mor·gen·rö·te** 女 -/ 朝焼

け, 曙光;《比喩》始まり.

*'**mor·gens** ['mɔrgəns モルゲンス]副 朝に, 毎朝; 午前に. ～ früh 早朝に. montags(°Montag)～〈毎)月曜日の朝に. [um] 4 Uhr ～ / ～ um 4 Uhr 午前4時に. von ～ bis abends 朝から晩まで.

'**Mor·gen·son·ne** 女 -/- 朝日.

'**Mor·gen·stern** 男 -[e]s/-e **1**《複数なし》(Venus) 明けの明星. **2** モルゲンシュテルン（棍棒の先端に星形の鉄球を取付けた中世の武器）.

'**Mor·gen·stun·de** 女 -/-n 朝(の時間). ～ hat Gold im Mund.《諺》早起きは三文の得.

'**mor·gen·wärts** ['mɔrgənverts] 副《古》(↔ abendwärts) 東方に(へ).

'**Mor·gen·zei·tung** 女 -/-en 朝刊紙.

'**mor·gig** ['mɔrgɪç] 形《付加語的用法のみ》あすの, 明日(翌日)の. das ～e Programm あすの番組. am ～en Tag あす, 明日 (morgen).

Morgue [mɔrk] 女 -/-n (fr.) モルグ(身元不明の死体公示所).

'**Mö·ri·ke** ['møːrɪkə]《人名》Eduard ～ エードゥアルト・メーリケ(1804-75, ドイツの詩人).

'**Mo·ri·tat** ['moːrɪtaːt] 女 -/-en **1** モリタート(大道芸人によって語り歌われた歌). **2** モリタート調の詩(歌謡).

'**Mo·ritz** ['moːrɪts]《男名》モーリッツ.

Mor'mo·ne [mɔr'moːnə] 男 -n/-n モルモン教徒. ◆女性形 Mormonin 女 -/-nen

Mor·mo·nen·tum [mɔr'moːnəntuːm] 中 -s/《宗教》モルモン教. ◆1830 アメリカ人スミス J. Smith が旧・新約聖書のほかに Smith 自身の筆になる『モルモン経』を聖典として創立した新興宗教.

..**morph** [..mɔrf]《接尾》(gr.)「...の形(形態)の」の意の形容詞をつくる. amorph 形のない, 非結晶の.

Mor·phem [mɔr'feːm] 中 -s/-e《言語》形態素.

'**mor·phen** ['mɔrfən] 他《映画・‥》モーフィングする.

Mor·pheus ['mɔrfɔys]《人名》《ギ神話》モルペウス(夢の神, Hypnos の子). aus ～ Armen gerissen werden 夢を破られる. in ～ Armen ruhen〈liegen〉眠っている.

Mor·phin [mɔr'fiːn] 中 -s/ =Morphium

'**Mor·phing** ['mɔrfɪŋ] 中 -s/《映画・‥》モーフィング(ある画像を別の画像に連続的に変化させる映像処理技術).

Mor·phi'nis·mus [mɔrfɪ'nɪsmʊs] 男 -/《病理》モルヒネ中毒.

Mor·phi'nist [mɔrfɪ'nɪst] 男 -en/-en モルヒネ中毒患者. ◆女性形 Morphinistin 女 -/-nen

'**Mor·phi·um** ['mɔrfɪʊm] 中 -s/ モルヒネ.

'**Mor·phi·um·sprit·ze** 女 -/-n モルヒネ注射.

'**Mor·phi·um·sucht** 女 -/《病理》=Morphinismus

'**mor·phi·um·süch·tig** 形《病理》モルヒネ中毒の.

mor·pho.., **Mor·pho..** [mɔrfo..]《接頭》(gr. morphe, Gestalt') 形容詞・名詞に冠して「形, 形態」を意味する. 母音の前では morph.., Morph.. となる. Morphogenese《生物》形態発生.

Mor·pho·lo'gie [mɔrfolo'giː] 女 -/ **1**《生物・哲学》形態学. **2**《言語》形態論, 語形論. **3** (Geomorphologie の短縮)地形学.

mor·pho·lo·gisch [mɔrfo'loːgɪʃ] 形《生物学》形態学(上)の;《言語》形態論(語形論)(上)の;《地形》地形学の.

*'**morsch** [mɔrʃ モルシュ] 形 朽ちた, 腐った, ぼろぼろの; 脆(もろ)い. ein ～er Baum 朽ち木. alt und ～ den 老朽化する; 老衰する.

'**Mor·se·al·pha·bet** ['mɔrzə..] 中 -[e]s/ モールス号のアルファベット(アメリカ人モールス S. Morse, 1791-1872 の発明).

'**Mor·se·ap·pa·rat** 男 -[e]s/-e モールス電信機.

'**mor·sen** ['mɔrzən] 他 自 モールス電信機で打電する.

'**Mör·ser** ['mœrzər] 男 -s/- **1** すり鉢, 乳鉢. **2**《古》《軍事》臼砲(きゅうほう); てき弾筒, 曲射砲.

'**Mor·se·zei·chen** 中 -s/- モールス符号.

'**Mör·tel** ['mœrtəl] 男 -s/- (lat.) モルタル, しっくい.

'**Mör·tel·kel·le** 女 -/-n モルタル用のこて.

'**mör·teln** ['mœrtəln] 他《物》にモルタルを塗る; モルタルで接合する.

Mo·sa'ik [moza'iːk] 中 -s/-en〈-e〉(fr.) モザイク.

mo·sa·isch [mo'zaːɪʃ] 形 (↓Moses) モーセの, ユダヤ(人, 教)の, イスラエルの. die ～en《°Mosaischer》Bücher モーセ五書(旧約聖書冒頭の5篇). die ～en Gesetze《旧約》モーセの十戒(出 20:2-17).

Mo·sa'is·mus [moza'ɪsmʊs] 男 -/《古》(Judertum) ユダヤ教.

Mo·sa'ist [moza'ɪst] 男 -en/-en《古》=Mosaizist

Mo·sa·i'zist [mozaɪ'tsɪst] 男 -en/-en (↓Mosaik) モザイク細工師.

Mo·sam'bik [mozam'biːk]《地名》モザンビーク(アフリカ南西部の共和国).

Mosch [mɔʃ] 男 -[e]s/《中部°》屑, かす, がらくた.

Mo'schee [mɔ'ʃeː] 女 -/-n [..'ʃeːən] (fr.) モスク(イスラーム寺院).

'**Mo·schus** ['mɔʃʊs] 男 -/ (lat.) 麝香.

'**Mo·schus·och·se** 男 -n/-n《動物》じゃこううし.

'**Mo·schus·tier** 中 -[e]s/-e《動物》じゃこうじか.

'**Mo·se** [mo'za] Moses ① の2格.

'**Mo·sel** ['moːzəl] **1** -/《地名》die ～ モーゼル川. **2** 男 -s/- (Moselwein の短縮)モーゼルワイン.

'**Mo·sel·wein** 男 -[e]s/-e モーゼルワイン.

'**Mö·ser** ['møːzər] Moos¹ の複数.

'**mo·sern** ['moːzərn] 自《話》(たえず)文句を言う.

'**Mo·ses** ['moːzas, ..zəs]《人名》《旧約》(前 1350 頃-前 1250 頃, エジプト脱出と荒野放浪のさいにイスラエルの偉大な指導者, 預言者的律法制定者. 旧約聖書冒頭の5書は彼の手に成るとされている. ヘブライ語形 Moseh, ギリシア語形 Moyses). ▶ '**mo·saisch** ❷《船員》**1** 船の乗組員の最年少者, 見習い水夫. **2** 船舶に備え付けられた小艇.

'**Mos·kau** ['mɔskau]《地名》モスクワ(ロシア共和国の首都, ロシア語形 Moskwa).

'**Mos·kau·er** ['mɔskauər] ❶ -s/- モスクワ市民. ❷《不変化》モスクワの.

Mos'ki·to [mɔs'kiːto] 男 -s/-s (sp.)《虫》蚊.

'**Mos·lem** ['mɔslɛm] 男 -s/-s (arab. muslim, der sich Gott unterwirft') モスレム, ムスリム, イスラーム教徒. ◆女性形 Moslime [mɔsˈliːmə] 女 -/-n

mos'le·misch [mɔsˈleːmɪʃ] 形 モスレム(イスラーム教徒)の.

'**mos·so** [mɔso] (it.)《音楽》モッソ, 早く, 活発に.

Most [mɔst] 男 -[e]s/-e (lat.)《農業》(発酵前あるいは発酵中の)ぶどうの果汁; 白濁した発酵中の若ワイン

(発酵させないどろっとした)果汁, モスト；《南ド・オーストリア》果実酒；《比喩》(青春期の)不安, 不安定な青春(期). Junger ～ sprengt alle Schläuche. 《諺》新しい酒を古き革袋に盛らず；新しい酒は古い革袋を破る.

nos・ten ['mɔstən] ❶ 《他》(物⁴から)モスト(未発酵の果汁)をつくる. ❷ 《自》モストをつくる.

Mos・tert ['mɔstərt], **'Most・rich** ['mɔstrɪç] 男 -s/ 《地方》(Senf) からし, マスタード.

Mo・tel ['mo:təl, mo'tɛl] 中 -s/-s モーテル.

Mo・tet・te [mo'tɛtə] 女 -/-n 《音楽》モテット(聖書詩篇などを歌詞として歌われる多声合唱曲).

Mo・ti・on [motsi'o:n] 女 -/-en (fr.) **1** 運動, 動作. **2** 《スィス》(会議における)動議. **3** 《文法》(性に応じた, とくに形容詞の)語尾変化, (男性名詞から女性名詞への接尾辞による)転換(例 Lehrer → Lehrerin).

Mo'tiv [mo'ti:f] 中 -s/-e (fr.) 動機, 動因；(芸術作品の)主題, 題材, 中心思想, モティーフ；《音楽》動機, モティーフ；《法制》縁由.

Mo・ti・va・ti・on [motivatsi'o:n] 女 -/-en 動機(理由)付け, モティベーション.

mo・ti・vie・ren [moti'vi:rən] 《他》(fr.) **1** (事⁴を)動機づける, (の)動機(理由)を説明する. eine Handlung ～ ある行為を動機づける. *seinen* Vorschlag mit et³ ～ 提案理由を事³で説明する. **2** (j⁴ zu et³ 人⁴に事³を行う)動機を持たせる, 興味(関心)を呼びさます. die Studenten zum Fachstudium ～ 学生に専門過程への進学に興味を持たせる. ◆ ♦ *motiviert*

mo・ti・viert 《過分》動機(理由)のある, 動機づけられた；《言語》動機づけのある.

Mo・ti・vie・rung 女 -/-en 動機(理由)づけ.

Mo・to'cross [moto'krɔs, 'mo:tokrɔs] 中 -/ (engl.) (オートバイの)モトクロス.

Mo・tor¹ ['mo:to:r, mo:to:r モートーア] 男 -s/..toren [mo:to:rən], ..tore[..'to:rə] (lat.) **1** 原(発)動機, モーター；エンジン. Der ～ springt nicht an. エンジンがかからない. einen ～ anlassen〈anstellen〉エンジンをかける. einen ～ abstellen エンジンを切る. **2** 原動力, 推進力.

Mo・tor・boot 中 -[e]s/-e モーターボート.

Mo・tor・fah・rer 男 -s/- 自動車運転者.

Mo・tor・fahr・rad 中 -[e]s/⸚er =Mofa

Mo・tor・fahr・zeug 中 -[e]s/-e 《スィス》自動車両.

Mo・tor・hau・be 女 -/-n (自動車の)ボンネット.

..mo・to・rig [..mo:to:rɪç] 《接頭》数詞に冠して「…の数のモーターを持った」の意を表す形容詞をつくる. zwei*motorig* 双発の.

Mo・to・rik [mo'to:rɪk] 女 -/ 運動学；《生理》運動.

mo・to・risch [mo'to:rɪʃ] 形 **1** 原(発)動機の, モーター(エンジン)で動く. **2** 運動学の, 《生理》運動(性)の. ～*e* Nerven 運動神経.

mo・to・ri・sie・ren [motori'zi:rən] ❶ 《他》(物に)原(発)動機を付ける, 機械(機動)化する. ein Boot ～ ボートにエンジンをつける. die Landwirtschaft ～ 農業を機械化する. (《過去分詞で》*motorisiert* sein 車(オートバイ)を持っている. ❷ 《再》(*sich*)《話》車を買う.

Mo・to・ri・sie・rung 女 -/ モータリゼーション.

Mo・tor・leis・tung 女 -/-en (複数まれ)《自動車》モーター(エンジン)の出力(性能).

Mo・tor・rad ['mo:to:rra:t, mo:to:r..] モートーアラート 中 -[e]s/⸚er オートバイ. ～ fahren オートバイに乗る.

Mo・tor・rad・fah・rer 男 -s/- オートバイの運転者.

Mo・tor・rol・ler 男 -s/- スクーター.

'Mo・tor・scha・den 男 -s/⸚ 発動機の故障, エンジントラブル.

'Mo・tor・schiff 中 -[e]s/-e 発動機船, 内燃機関.

'Mo・tor・schlit・ten 男 -s/- スノーモービル.

'Mo・tor・sport 男 -[e]s モータースポーツ.

'Mo・tor・sprit・ze 女 -/-n 動力消防ポンプ.

'Mot・te ['mɔtə] 女 -/-n **1** 蛾；《虫》衣蛾(ぎぬが). die ～n haben 《卑》病を患っている. ～n [im Kopf] haben 《話》妙な(くだらない)ことを考えつく. [Ach], du kriegst die ～n! 《話》こいつは驚いた. 《気楽な》娘；陽気な人, 極楽とんぼ.

'mot・ten・echt ['mɔtən..] 形 =mottenfest

'mot・ten・fest 形 防虫加工の施された.

'Mot・ten・fraß 男 -es/- (衣類などの)虫食い.

'Mot・ten・ku・gel 女 -/-n ボール型防虫剤.

'Mot・ten・pul・ver 中 -s/- 粉末防虫剤.

'Mot・to ['mɔto] 中 -s/-s (it.) 座右の銘, モットー；評語；金(格)言；(書物の巻頭などにかかげられる)題辞.

'mot・zen ['mɔtsən] 《自》《話》**1** 文句を言う；反抗的である. **2** 《地方》すねる.

'Moun・tain・bike ['maʊntənbaɪk] 中 -s/-s (engl.) マウンテンバイク.

mous・sie・ren [mʊˈsi:rən] 《自》(fr.) (シャンパンなどが)泡立つ.

*'**Mö・we** ['mø:və] メーヴェ 女 -/-n 《鳥》かもめ(鷗).

Mo・zam'bique [mozam'bi:k, ..'bi:k] 《地名》(port.) =Mosambik

Moz'ara・ber [mo'tsa:rabər, mo'tsar..] 男 -s/- (sp. mozárabe) 《ふつう複数で》《歴史》モサラベ(イスラーム支配下のスペインでキリスト教の信仰は守りながら文化・言語的にアラブ化したスペイン人たち).

'Mo・zart ['mo:tsart] 《人名》Wolfgang Amadeus ～ ヴォルフガング・アマデーウス・モーツァルト(1756-91, オーストリアの作曲家).

'mo・zar・tisch ['mo:tsartɪʃ] 形 モーツァルト風の.

mp (略)《音楽》=mezzopiano

MP [ɛmˈpi:] 女 -/-s (略)**1** (複数なし) =Military Police (イギリスないしはアメリカの)憲兵隊. **2** =Maschinenpistole

m. p. (略)**1** =manu propria **2** =mensis praeteriti

Mr ['mɪstɐ] (略) =Mister 1

Mrd. (略) =Milliarde, Milliarden

Mrs ['mɪsɪz] (略) =Mistress

Ms. (略) =Manuskript ♦複数 Mss.

m/s, m/sec (略) =Metersekunde

Mskr. (略) =Manuskript ♦複数 Ms., Mskr.

Mss. (略) =Manuskripte ♦↑Ms., Mskr. ♦

'Mu・cke ['mʊkə] 女 -/-n **1** (複数で)《話》気まぐれ, むら気, 不機嫌. Ich werde dir deine ～n schon noch austreiben. 今にきっとお前のその気まぐれな根性を叩き直してやるぞ. [seine] ～n haben (人が)気まぐれである, 気むずかしい；(機械などの)故障がちである；(用務などが)やっかいである. **2** 《南ド》《卑》=Mücke

'Mü・cke ['mʏkə] 女 -/-n **1** 《虫》糸角類(蚊・ぶよなど). eine ～ machen 《話》すばやく逃げ去る. aus einer ～ einen Elefanten machen 《話》針小棒大に言う, 誇張する. **2** 《地方》(Fliege) はえ(蠅). **3** 《複数で》《卑》銭(ぜに). keine ～n mehr haben からっけつである. **4** 《猟師》(銃の)照星. **5** fliegende ～n《医学》飛蚊(ひぶん)症.

'Mu・cke・fuck ['mʊkəfʊk] 男 -s/ 《話》代用コーヒー；薄い(味の悪い)コーヒー.

'mu・cken ['mʊkən] 《自》《話》すぐに腹を立てる, ふくれる；

不平をぶつぶつ言う; 反抗の身ぶりをする.

'**Mücken·stich** 男 -[e]s/-e 蚊が刺すこと; 蚊の刺し傷.

'**Mucker** ['mʊkɐr] 男 -s/- 《俚》偽善者, ねこかぶり, 信心ぶった人; 不平家; いくじなし, 卑劣漢.

'**mucke·risch** ['mʊkərɪʃ] 形 《話》偽善的, 小心で卑屈な; 不平の多い, 不機嫌な; 偽善的な, 信心家ぶった.

Mucks [mʊks] 男 -es/-e 《話》(↓mucksen) つぶやき(声); かすかな身動き; (軽い)不平, 文句. keinen ~ machen⟨von sich³ geben⟩ 身動き一つしない, ウンともスンとも言わない; (モーターなどが)全く動かない. keinen ~ mehr machen⟨von sich³ geben⟩ 死んでいる; 壊れている. keinen ~ sagen 一言もしゃべらない.

'**muck·sen** ['mʊksən] 自 再 (**sich**⁴) 《話》**1** 物音をたてる, 声を出す, 身じろぎする. Sie hat beim Zahnarzt nicht gemuckst. 彼女は歯医者で声ひとつたてなかった. **2** ぶつぶつ不平を言う.

'**mucks·mäus·chen·still** 形 《話》黙りこくった, しんと静まり返った.

'**mü·de** ['myːdə ミューデ] 形 **1** 疲れた, くたびれた; 眠い; 力のない, 弱々しい. ~ Augen 眠そうな眼. ein ~s Gesicht くたびれた顔. Keine ~ Mark geben 《話》びた一文やらない. mit ~r Stimme 弱々しい声で. ~ von der Arbeit⟨vom Spielen⟩ sein 仕事で疲れている⟨遊び疲れている⟩. Er ist ~ wie ein Hund. 《話》彼はくたくただ(↑hundemüde). zum Umfallen ~ sein 《話》疲れて⟨眠くて⟩ぶっ倒れそうだ. Bier macht ~. ビールは眠くなる. sich⁴ ~ arbeiten ⟨weinen⟩ 働きく泣き⟩疲れる. ~ werden 疲れる; 眠くなる. ein ~ gewordener Wagen (使い古して)くたびれた車. **2** (a) 《2格(まれに4格)と》《雅》飽きた, いやになった. des Lebens ~ sein 人生に飽きている. Ich bin seiner ~. 私は彼には飽き飽きしている. (b) [es] ~ sein⟨werden⟩, …zu tun …することに飽きている《飽きる》(es は本来2格の古形). Ich bin es ~, immer dasselbe zu wiederholen. 私は毎度同じことを繰返すのに飽き飽きしている. Er wird nicht ~, …zu tun. 彼は飽くことなく…しつづける

*'**Mü·dig·keit** ['myːdɪçkaɪt ミューディヒカイト] 女 -/- 疲れ, 疲労; 眠気. [Nur] keine ~ vorschützen! 《話》さあさあ, ぐずぐず言わないで.

Muff¹ [mʊf] 男 -[e]s/-e (fr.) 《服飾》マフ.

Muff² 男 -[e]s/ 《北宊》かび; かびくさい臭い.

'**Muf·fe** ['mʊfə] 女 -/-n **1** 《工学》スリーブ(パイプなどの接続用部品); (管の)受け口; 《電子工》ケーブル・スリーブ. **2** 《俗》Ihm geht die ~ [eins zu tausendhundert]. 彼は怖くて⟨不安で⟩ぶるぶる震えている. ~ haben⟨kriegen⟩ 恐れ⟨不安⟩をいだく. **3** 《卑》陰門.

'**Muf·fel¹** ['mʊfəl] 女 -/-n (↓ Muff¹) 《工学》マッフル (陶器などを焼く際の耐火性カプセル).

'**Muf·fel²** 中 -s/- (fr.) ムフロン(野生の羊).

'**Muf·fel³** 男 -s/- (↓ muffeln¹) **1** 《話》無愛想(不機嫌)な人. **2** 《話》無関心な人. Sexmuffel セックスに関心のない人. **3** 《猟師》(反芻動物の)鼻づら. **4** 《動物》(多くは哺乳類の)鼻口部.

'**Muf·fel⁴** ['mʊfəl] 男 -s/ (↓ Muffel¹) 一口(の食べ物).

'**muf·fe·lig** ['mʊfəlɪç] 形 (↓ muffeln¹) 《話》不気嫌な, 無愛想な, むっつりした, つっけんどんな.

'**muf·fe·lig²** 形 (↓ Muff²) かびくさい.

'**muf·feln¹** ['mʊfəln] 《話》● 自 不気嫌である, むっつりしている. ❷ 他 (事)を口のなかでもぐもぐ言う.

'**muf·feln²** 自 (↓ Muff²) 《地方》かびくさい. 《非人称的に》In dem Zimmer muffelt es. 部屋がかびくさい.

'**muf·feln³** 自 (↓ Muffel⁴) 《話》食べ物を口いっぱいほおばる; 年がら年中食べ物をほおばっている.

'**muf·fig¹** ['mʊfɪç] 形 《話》=muffelig¹

'**muf·fig²** 形 (↓ Muff²) **1** かびくさい. **2** 《比喩》小市民的, こせこせした.

'**muff·lig¹** ['mʊflɪç] 形 =muffelig¹

'**muff·lig²** 形 =muffelig²

muh [muː] 間 《擬音語》Muh! (牛の鳴き声) モー. ⟨Muh⟩ machen⟨schreien⟩ (牛が)モーと鳴く.

Müh [myː] 女 (↓ Mühe) 《次の用法で》mit ~ und Not やっとのことで, かろうじて.

'**Mü·he** ['myːə ミューエ] 女 -/-n **1** 苦労, 苦しい骨折り, 努力. große⟨schwere⟩ ~ 大変な⟨ひどい⟩苦労. Das ist eine kleine⟨leichte⟩ ~. それはおやすい御用です. verlorene ~ むだ骨, 骨折り損. Es ist nicht der ~² ⟨die ~⁴⟩ wert. それは骨折りがいのないことだ. seine ~ mit j⟨et⟩³ haben 人⟨事⟩³のことで苦労する. Sie hatte ~, ein Gähnen zu unterdrücken. 彼女は欠伸(ぁぴ)をかみ殺すのに苦労した. sich⁴ ~ geben 努力する. 骨を折る⟨mit j⟨et⟩³⟩ 人⟨事⟩³のことで). Er gab sich³ große ~, seine ärgerliche Frau zu besänftigen. 彼は不機嫌な妻をなだめようと大いに骨を折った. Es lohnt die ~ nicht. それは骨折り損だ. j³ ~ machen 人³に苦労(面倒, 厄介)をかける. wenn es Ihnen keine ~ macht もし御面倒でなければ. Ich mache⟨nehme⟩ mir die ~, seinen Aufsatz zu korrigieren. 私が彼の作文を添削する労をとりましょう. Machen Sie sich³ keine ~! どうかおかまいなく. keine ~ scheuen 労をいとわない. mit ~ 苦労して, mit Müh[e] und Not やっとのことで, 辛うじて. ohne ~ 造作なく. **2** 《古》心配, 心労, 苦悩.

*'**mü·he·los** ['myːələːs ミューエローズ] 形 骨の折れない, 楽な, たやすい. die Arbeit ~ erledigen 仕事を苦もなく片づける.

'**mu·hen** ['muːən] 自 (牛が)モーと鳴く.

'**mü·hen** ['myːən] 再 (**sich**⁴) 努力する, 骨を折る(um j⟨et⟩⁴) 人⟨事⟩⁴のことで). Er mühte sich, alles der Gast recht zu machen. 彼は万事お客が満足のいくように骨を折った.

'**mü·he·voll** ['myːəfɔl] 形 骨の折れる, 苦労の多い, 面倒(厄介)な. eine ~e Arbeit 手数のかかる仕事.

'**Mü·he·wal·tung** 女 -/-en 《書》(商業文で)お骨折り, 努力.

'**Muh·kuh** 女 -/-s 《幼児》モウモウ(牛のこと).

'**Mühl·bach** ['myːl..] 男 -[e]s/-¨e 水車を回す小川.

*'**Müh·le** ['myːlə ミューレ] 女 -/-n (lat.) **1** (a) 製粉機, 粉砕機, ひき臼(゚ヺ); 水車, 風車; コーヒーミル, 胡椒(゚ヺ゚)ひき. Die ~ geht⟨steht still⟩. 製粉機は動いている⟨止まっている⟩. Getreide mit der ~ mahlen 穀物をひく. Gottes ~n mahlen langsam⟨, aber trefflich klein⟩. 《諺》天網恢々(かいかい)疎にして漏らさず. (話) Das ist Wasser auf meine ~. それは私にもってこいだ, 好都合だ. j⁴ durch die ~n drehen 人⁴を責めたてる. in die ~ der Justiz geraten 面倒な司法手続に巻込まれる. (b) 製粉所, 水車(風車)小屋; 搾油所; 製材所; 製紙工場. **2** 《話》(話す道具としての)口. Ihre ~ steht nie⟨selten⟩ still. 彼女のべつまくなしにしゃべっている. **3** 《話》おんぼろ車(飛行機). **4** (数人が一緒になっての)くるくる回り; 《ジム》ファイアーマンズ・キャリー, 肩車; 《体操》(鉄棒で)もも掛け前転(後転). **5** 《複数なし》《遊戯》西洋連珠(ヒヌぴ).

Müh·len·flü·gel 男 -s/- 風車の翼板.
Müh·len·rad 中 -[e]s/=er =Mühlrad
Mühl·gang 男 -[e]s/=e 製粉機, 粉砕機.
Mühl·rad 中 -[e]s/=er 水車の輪.
Mühl·stein 男 -[e]s/-e 石臼(いしうす).
Mühl·werk 中 -[e]s/-e 水車(風車)の歯車装置.
Muh·me ['mu:mə] 女 -/-n《古》《戯》**1** (Tante) 叔母(伯母); (一般に親しい年配の女性に対して)おばさん. **2** (年配の)親戚の女性; 代母.
Müh·sal ['my:za:l] 女 -/-e《雅》(大変な)苦労, 難儀, 労苦; 艱難(かんなん), 辛苦.
müh·sam ['my:za:m ミューザーム] 形 骨の折れる, つらい, 苦しい; 面倒(めんどう)な. eine ~e Arbeit つらい仕事. Er konnte sich⁴ nur ~ beherrschen. 彼はかろうじて自分を抑えることができた.
müh·se·lig ['my:ze:lɪç] 形 骨の折れる, つらい, 苦しい; 面倒(めんどう)な. Mein Leben ist sehr ~. 私の人生は困難を極めている. ~ atmen かろうじて呼吸する.
Müh·se·lig·keit 女 -/-en《複数まれ》ひどく骨の折れること, 厄介, 難儀.
Mu'lat·te [mu'latə] 男 -n/-n (*sp.* mulato, Maultier*) ムラート(黒人と白人の混血児). ♦ 女性形 **Mulattin** 女 -/-nen
Mul·de ['moldə] 女 -/-n (*lat.*) **1** (浅い)くぼみ, 窪地;【地形】盆地;【地質】向斜. **2**《古》《地方》(1本の木をくりぬいて作った)舟形容器, こね桶.
Mull¹ [mol] 男 -[e]s/-e (綿)モスリン, ガーゼ.
Mull² 男 -[e]s/-e《北ドイツ》(Humus) 腐植土.
Mull³ 男 -s/-e【動物】もぐら.
Müll [myl ミュル] 男 -[e]s/ ごみ, 屑(くず), 塵芥(ちりあくた・じんかい); 廃棄物. radioaktiver ~ 放射性廃棄物. et⁴ in 〈auf〉den ~ werfen 物⁴をごみに捨てる.
Müll·ab·fuhr 女 -/-en 塵芥運搬, ごみ回収; (自治体の)清掃局.
Müll·au·to 中 -s/-s =Müllwagen
Müll·beu·tel 男 -s/- (ビニールの)ごみ袋.
Müll·ei·mer ['myl|aɪmɐr] 男 -s/- ごみバケツ.
Mül·ler ['mylɐr] ❶ 男 -s/- **1** 粉屋, 水車(風車)小屋の主人; 製粉業者. **2**【虫】ごみむしだまし. ❷《人名》ミュラー. Lieschen Müller ↑ Lieschen
Mül·le'rei [mylə'raɪ] 女 -/-en 製粉(業).
Mül·le·rin ['mylərɪn] 女 -/-nen 粉屋(水車小屋の)女主人(妻, 娘).
Mül·ler-'Thur·gau ['mylɐr'tʊrgaʊ, ..'tu:r..] 男 -/ ミュラー・トゥルガウ種のぶどう(からつくった白ワイン).
Müll·gru·be 女 -/-n ゴミ捨て用の穴.
Müll·hau·fen 男 -s/= ごみの山.
Müll·kas·ten 男 -s/= ごみ箱, ごみ容器.
Müll·kip·pe 女 -/-n ごみ捨て場.
Müll·kut·scher 男 -s/- =Müllwerker
Müll·mann 男 -[e]s/=er《話》=Müllwerker
Müll·schau·fel 女 -/-n ちりとり.
Müll·schlu·cker 男 -s/- ダストシュート.
Müll·ton·ne 女 -/-n (円筒形の)ごみ箱; (ごみ回収用の)(大型)ごみ容器.
Müll·tren·nung 女 -/ ごみの分別.
Müll·ver·bren·nung 女 -/ ごみ焼却.
Müll·ver·bren·nungs·an·la·ge 女 -/-n ごみ焼却施設.
Müll·wa·gen 男 -s/- ごみ運搬(回収)車.
Müll·wer·ker ['mylvɛrkɐr] 男 -s/- ごみ運搬人, 清掃員.

Mulm [mʊlm] 男 -[e]s/ **1** (粉末状の)腐葉土. **2** ぼろぼろに腐った木材. **3** 風化した岩石.
'mul·men ['mʊlmən] ❶ 自 (s, h) (木材などが)腐朽する; (岩石が)風化する. ❷ 他 (木材などを)腐朽させる; (岩石を)風化させる.
'mul·mig ['mʊlmɪç] 形 **1** (腐植土が)柔らかな; (木材などが)朽ちた, 風化した. **2**《話》危険な, やっかいな, 気がかりな; 不快な, 落ち着かない.
'Mul·ti ['mʊlti] 男 -s/-s《話》多国籍コンツェルン.
mul·ti.., Mul·ti.. [mʊlti..]《接頭》(*lat.*) 形容詞・名詞に冠して「多くの」の意を表す. *multi*dimensional 多次元の.
mul·ti·di·men·si·o'nal 形 多次元の.
'mul·ti·funk·ti·o'nal 形 多機能の.
'mul·ti·kul·ti ['mʊltikʊlti] 形《話》多文化の, 多文化からなる.
mul·ti·kul·tu'rell 形 多文化の, 多文化からなる.
mul·ti·la·te·ral [mʊltilate'ra:l, '----] 形 多辺の; 多角(多面)的な; 多国間の.
Mul·ti'me·dia [mʊlti'me:dia] 複 マルチメディア, 複合媒体.
mul·ti·me·di'al [mʊltimedi'a:l, '-----] 形 マルチメディアの.
Mul·ti·mil·li·o'när [mʊltimɪlio'nɛ:r, '------] 男 -s/-e 億万長者.
mul·ti·na·tio'nal ['------ とも] 形 多国籍の; 多国間の.
mul'ti·pel [mʊl'ti:pəl] 形 (*lat.*)《付加語的用法のみ》**1** 多様な, 複合の. **2**【医学】多発性の.
'Mul·ti·plex ['mʊltipleks] 中 -[es]/-e (*engl.*) マルチプレックスシネマ(複数の上映ホールをもつ大映画館).
Mul·ti·pli'kand [mʊltipli'kant] 男 -en/-en【数学】被乗数.
Mul·ti·pli·ka·ti'on [mʊltiplikatsi'o:n] 女 -/-en【数学】乗法, 掛け算.
Mul·ti·pli'ka·tor [mʊltipli'ka:tɔr] 男 -s/-en [..ka'to:rən] **1**【数学】乗数. **2** 知識や情報を広める人(施設, 機関)《複 マスメディアなど》.
mul·ti·pli'zie·ren [mʊltipli'tsi:rən] (*lat.*) ❶ 他 **1**【数学】(malnehmen) 掛ける, 乗ずる. 20 mit 30 *multipliziert* ergibt 600. 20×30 は 600 である. **2** 増大させる. die Abwehrkräfte des Körpers ~ 体の抵抗力を増強する. ❷ 自 掛け算をする. ❸ 再 (*sich*⁴) 増大する.
'Mul·ti·ta·lent 中 -[e]s/-e 多芸多才な人, マルチタレント.
Mul·ti·vi'bra·tor [mʊltivi'bra:tɔr] 男 -s/-en [..bra'to:rən]【電子工】マルチバイブレーター.
'Mu·mie ['mu:miə] 女 -/-n (*pers.*) ミイラ.
'mu·mi·en·haft ['mu:miənhaft] 形 ミイラのような.
mu·mi·fi'zie·ren [mumifi'tsi:rən] ❶ 他 ミイラにする. ❷ 自 (s) ミイラになる, ミイラ化する.
Mumm [mʊm] 男 -s/《話》**1** 気力, 勇気, 決断力. **2** 体力.
'Mum·me¹ ['mʊmə] 女 -/-n《古》**1** 仮面, 仮装. **2** 仮装した人.
'Mum·me² 女 -/【醸造】(風味のある)麦芽ビール. ♦ 醸造家 Christian Mumme の名にちなむ.
'Mum·mel ['mʊməl] 女 -/-n **1**《話》【植物】すいれん属. **2**《北ドイツ》仮装した人, 仮面を被ったひと.
'Mum·mel·greis 男 -es/-e《侮》老いぼれ爺い.
'Müm·mel·mann ['mymlmann] 男 -[e]s/=er《話》《北ドイツ》兎.

'mum·meln[1] ['mʊməln] 他(↓mummen)《話》(人⁴を)暖かく〈心地よく〉包みこむ(in et⁴ 物⁴のなかに).

'mum·meln[2] 自(↓mümmeln)《地方》**1** ぶつぶつつぶやく. **2** (兎などが)もぐもぐ噛む; (老人が)もぐもぐ口を動かして食べる.

'müm·meln ['mʏməln] 他自《話》(兎などが)もぐもぐ噛む〈食べる〉; (老人が)もぐもぐ口を動かして食べる.

'mum·men ['mʊmən] 他《古》=mummeln¹

'Mum·men·schanz ['mʊmənʃants] 男 -es/ **1** 仮装舞踏会, 仮装行列. **2** 仮装. **3**《比喩》度を越した浪費.

Mum·me'rei [mʊmə'raɪ] 女 -/-en《古》仮装.

'Mum·pitz ['mʊmpɪts] 男 -es/《話》《侮》くだらないこと, たわごと.

Mumps [mʊmps] 男〈女〉-/ (engl.) 流行性耳下腺炎, おたふく風邪.

Mün·chen ['mʏnçən]《地名》ミュンヒェン(バイエルン州の州都).

'Mün·che·ner ['mʏnçənər] ❶ 男 -s/- ミュンヒェン市民. ❷ 形《不変化》ミュンヒェンの.

'Münch·hau·sen ['mʏnçhaʊzən]《人名》Karl Friedrich Hieronymus von ~ カール・フリードリヒ・ヒエローニュムス・フォン・ミュンヒハウゼン(1720-97, ドイツの軍人, ほら吹き男爵とも呼ばれる).

'Münch·ner ['mʏnçnər]=Münchener

Mund¹ [mʊnt ムント] 男 -[e]s/Münder (-e, Münde) **1** (人間の)口, 口腔. ein großer〈kleiner〉 ~ 大きな〈小さな〉口. ein lächelnder ~ ほほえむ口もと. ein spöttisch verzogener ~ 皮肉にゆがめられた口もと. den ~ voll haben (食物を)口いっぱいにほおばる. den ~ öffnen〈schließen〉 口を開ける〈閉じる〉. den ~ spitzen 口をとがらす. sich³ den ~ verbrennen (話)(↑2). den ~ zum Lachen verziehen 口をゆがめて笑う. das Glas an den ~ setzen コップを口に当てる. den Finger auf den ~ legen 指を口に当てる. j⁴ auf den ~ küssen 人⁴の口にキスをする. aus dem ~ riechen 口が臭い. eine Zigarette im ~ haben タバコを口にくわえている. mit vollem ~ (食べ物を)口いっぱいにほおばって. et⁴ zum ~ führen 物⁴を口に運ぶ. ♦ ↑ Maul

2《比喩的表現で》 ein beredter ~ 口の達者な人. Wes das Herz voll ist, des geht der ~ über. 心にあふれることは言葉となって口から出る(《新約》マタ 12:34). Alle Münder gingen. みんながいっせいにしゃべった. Ein stummer ~ ist kein Zeuge. 死者は証人になれない. Der ~ steht ihr nie still.《話》彼女はべつ幕なしにしゃべり続ける. den ~ aufmachen〈auftun〉《話》 口を開く, 発言する. den ~ aufreißen〈voll nehmen〉《話》 大口をたたく, ほらを吹く. den ~ über j⁴ aufreißen《話》人⁴の悪口をいう. ~ und Nase〈Augen〉 aufreißen〈aufsperren〉《話》(口をぽかんと開いて)あっけにとられる, 唖然とする. einen großen ~ haben《話》 大口をたたく, 偉そうな口を利く. den ~ auf dem rechten Fleck haben《話》当意即妙に答える. den ~ halten 口をつぐむ, 黙っている. reinen ~ halten 秘密を守る. Du hast wohl deinen ~ zu Hause gelassen?《戯》(無口な人に向かって)君は口を家に置き忘れてきたのかい. j³ den ~ öffnen 人³に口を開かせる. sich³ den ~ fusselig〈fransig / in Fransen〉reden《話》 口を酸っぱくして言う. j³ den ~ stopfen《話》人³の口を封じる,(を)黙らせる(mit et³ 事³で). Sie hat sieben hungrige Münder zu stop-fen. 彼女は 7 人の腹を空かせた子供たちを食べさせてはならない. j³ den ~ verbieten 人³に発言を禁じる. sich³ den ~ verbrennen《話》舌禍(ᴥ)を招く(↑1). j³ den ~ wässrig machen《話》人³がよだれの出そうな気にさせる. sich³ den ~ wischen[können](自分に何ももらえずに)指をくわえて見ている. sich³ den ~ über j⟨et⟩⁴ zerreißen《話》人³〈事³〉の悪口を言う《前置詞と》Wir hingen an seinem ~. (一言も言らずまいと)私たちは彼の話に耳を傾けた. nicht an den ~ gefallen sein《話》口が達者である. wie aus den ~ geschlagen sein《話》(驚きあきれたり憤りのあまり)言葉を失う. et⁴ aus j² ~ hören 事を人²の口から聞く. aus berufenem ~e 信頼すべき筋から. w aus einem ~e 口をそろえて, 異口同音に. j³ et⁴ Wort aus dem ~ nehmen 人³の言おうとすることを に言う. et⁴ viel〈dauernd〉 im ~ führen 事を口にする, et⁴ in den ~ nehmen. von der Hand in den leben その日暮しをする. j³ et⁴ in den ~ legen 人³ 事を言わせる, 言う〈答える〉ように仕向ける. ein Wo in den ~ nehmen ある言葉を口にする. in alle [Leute] ~e sein みんなの評判になっている, 噂の的だ; 広く知れ渡っている. j³ das Wort im ~e [her umdrehen〈verdrehen〉 人³の言葉を曲解する, 逆にる. Mir lief das Wasser im ~ zusammen. (おいしそうで)口のなかにつばがたまった. [immer] mit dem vorweg〈vornweg〉sein《話》生意気な口ばかりきくだけは一人前. mit offenem ~ 口をぽかんと開けて, あっけにとられて. j³ nach dem ~[e] reden 人³ 話に調子を合せる, (の)気に入るような話をする. j³ über den ~ fahren《話》(乱暴に)人³の言葉を遮る, schmieren 人³にごまをする j³ Honig um den sich³ et⁴ vom ~[e] absparen 食うものも食わずに物 手に入れる. von ~ zu ~ gehen 口から口へと伝わ [sich³] kein Blatt vor den ~ nehmen 歯に衣(§)着せない. j³ zum ~ reden《話》人³におべんちゃらを言 **3** (一般的に)開口部, 口; 河口; (坑夫)坑口. de ~ der Kanone 砲口. der feurige ~ des Ofens トーブの真っ赤な焚(⁽ʰ⁾)き口.
♦ ↑ Mund voll

Mund² [mʊnt] 女 -/ =Munt

'Mund·art [-|aːrt] 女 -/-en (Dialekt) 方言.

'Mund·art·for·schung 女 -/-en 方言研究.

'mund·art·lich 形《略 mdal.》方言の.

'Münd·chen ['mʏntçən] 中 -s/《Mund の縮小形小さな〈かわいらしい〉口.

'Mün·de ['mʏndə] Mund¹ の複数.

'Mün·del ['mʏndəl] 中〈男〉-s/- (↓ Munt)《法制被後見人. ♦ 被後見人が女性の場合には, まれに 女 --n

'Mün·del·geld 中 -[e]s/-er《法制》(後見人によって管理される)被後見人の所有する金.

'mün·del·si·cher 形 被後見人にとって安全な, (投資などが)安全確実な.

'mun·den ['mʊndən] 自 (↑ Mund¹)《雅》(↑ Mund¹)《食べ物などが)おいしい, 口に合う;《比喩》(仕事などが)性に合う, 気に入る(j³ 人³の). Der Wein mundet mir. そのワインは僕の口に合う. sich³ et⁴ ~ lassen 物⁴を味わう, (に舌鼓をうつ.《非人称的に》Es mundet. うまい.

'mün·den ['mʏndən] 自 (h, s)(↓ Mund¹)(川などが流れ込む, 注いでいる (in et⁴ 物⁴のなかに); (道路などが通じている, つながっている (in⟨auf⟩ et⁴ 物⁴³に); (し合いなどが)結果になっている (in et⁴,³ 事⁴,³ という). Die Donau mündet ins Schwarze Meer. ドナウ川は

黒海に注いでいる．In seine Hände *münden* alle Nachrichten.《比喩》どんな情報も彼のもとに入って来る．Die Straße *mündet* auf einen Park．その通りは公園につながっている．Das Gespräch *mündete* in eine Auseinandersetzung．話し合いは結局のところ口論になった．

Mün·der ['mʏndər] Mund¹の複数．

Mund·faul 形《話》口の重い．

Mund·fäu·le 囡 -/〖医学〗腐敗性口内炎．

mund·ge·recht 形 口に合う，食べやすい．j³ et⁴ ～ machen《比喩》人³にとって事⁴を承知しやすい(気に入る)ようにする．

Mund·har·mo·ni·ka 囡 -/-s(..ken[..kən])〖楽器〗ハーモニカ．

Mund·höh·le 囡 -/-n 口腔（コウ）．

mün·dig ['mʏndɪç] 形 成年の; おとなの，一人前の． ♦ ↑ mündig sprechen

Mün·dig·keit 囡 -/ 成年．

mün·dig spre·chen*, °**mün·dig|spre·chen*** 他 成年に達したことを宣言する．

münd·lich ['mʏntlɪç ミュントリヒ] 形（↔ schriftlich）口頭の，口述の．eine ～e Prüfung 口述試験．j³ et⁴ ～ mitteilen 人³に事⁴を口頭で伝える．

Mund·or·gel 囡〖楽器〗笙（ショウ）．

Mund·raub 男 -[e]s/〖法制〗わずかばかりの食料品(あるいは日用品など)の窃盗．

Mund·schenk 男 -en/-en (中世の宮廷で)献酌侍従，酌頭．

M-und-'S-Rei·fen ['ɛm|ʊnt'|ɛs..] 男 -s/- マッドタイヤ．♦ Matsch-und-Schnee-Reifen の略．

Mund·stück 中 -[e]s/-e (パイプなどの)吸い口，(楽器などの)マウスピース，(徹（ハミ）)のはみ．

mund·tot 形《次の成句で》j⁴ ～ machen 人⁴の口を封ずる．

Mund·tuch 中 -[e]s/-er《雅》(Serviette) ナプキン．

Mün·dung ['mʏndʊŋ] 囡 -/-en (↓ Mund¹) **1** 河口; (河川の)合流点; (広場などへの)通りの)出口． **2** 銃口，砲口．

Mün·dungs·feu·er 中 -s/ (発砲の際に)銃口(砲口)からとばしる閃光(炎)．

Mund voll, °**Mund·voll** 男 - -/- - 一口(の飲物，あるいは食べ物)．einige ～ Wein trinken ワインを数口飲む．

Mund·vor·rat 男 -[e]s/-e (旅行用の)携行食糧．

Mund·was·ser 中 -s/- うがい水，口内洗浄液．

Mund·werk 中 -[e]s/《話》しゃべり好きな性質; 弁才．Sein ～ steht nicht still. / Sein ～ geht wie geschmiert. 彼はぺらぺらよくしゃべる．ein gutes ～ haben 弁が立つ．ein großes ～ haben ほら吹きである，大口をたたく．ein loses(böses) ～ haben 口が重い(悪い)．Halte dein ～! 黙れ．j³ über das ～ fahren 人³の話をさえぎる．

Mund·win·kel 男 -s/- 口(唇)の端，口元．

Mund-zu-'Mund-Be·at·mung 囡 -/〖医学〗口移しによる人工呼吸法．

Mun·go ['mʊŋɡo] 男 -[s]/-s《engl.》〖動物〗マングース．

Mu·ni·ti·on [munitsi'o:n] 囡 -/《fr.》弾薬，火薬．seinen Gegnern genügend ～ liefern《比喩》《論》敵に塩をおくる．Die ～ ist ihm ausgegangen.《比喩》(論争などで)彼は弾が尽きた．

Mu·ni·ti·ons·la·ger 中 -s/- 弾薬庫．

mu·ni·zi'pal [munitsi'pa:l] 形《lat.》《古》市(町，村)の．

Mun·ke·lei [mʊŋkə'laɪ] 囡 -/-en ひそひそ話．

'mun·keln ['mʊŋkəln] 他|自|《話》ひそひそ話をする; 噂をたてる．Man *munkelt*, dass......という噂だ．Es wird über ihn *gemunkelt*. 彼のことがあれこれ噂されている．Im Dunkeln ist gut ～.《諺》夜は泥棒と悪人の友; 闇は密事のなかだち．

'Müns·ter ['mʏnstər] 中 -s/-《ラテン》 **1** (Dom) 司教座聖堂; 大聖堂(町の主聖堂)．der Ulmer ～ ウルム大聖堂． **2** (Stiftskirche) 参事会聖堂．

'Müns·ter² 〖地名〗ミュンスター(ドイツ中西部，ノルトライン=ヴェストファーレン州北部の大学都市)．

Müns·te'ra·ner [mʏnstɛ'raːnɐ] 男 -s/- **1** ミュンスターの人． **2**《不変化》ミュンスターの．

Munt [mʊnt] 囡 -/ (ゲルマン法における)家父長権．

*◊ **'mun·ter** ['mʊntɐ ムンター] 形 **1** (wach) 目覚めた．j⁴ ～ machen 人⁴を目覚めさせる．～ sein〈werden〉目を覚ましている〈目を覚ます〉． **2** 元気な，活発な; 快活な，陽気な．Er hat ～e Augen. 彼はいきいきした目をしている．～e Farben 明るい色．ein ～es Kind 元気のよい子供．in ～er Laune sein 上機嫌である．gesund und ～ sein ぴんぴんしている．Nur, ～! さあ，元気にいこう(始めよう)． **3** 平気な，無頓着な．Er macht ～ Schulden. 彼はこともなげに借金をする．

'Mun·ter·keit 囡 -/ 陽気，快活，元気．

'Münz·au·to·mat ['mʏnts..] 男 -en/-en (硬貨使用)の自動販売機．

*◊ **'Mün·ze** ['mʏntsə ミュンツェ] 囡 -/-n《lat.》 **1** 硬貨; 貨幣; コイン．eine kleine ～ 小銭．eine ～ aus Gold 金貨．klingende ～《雅》現金．～n fälschen 硬貨を偽造する．～n prägen〈schlagen〉硬貨を鋳造する．et⁴ für bare ～ nehmen《比喩》事⁴を真に受ける．in〈mit〉klingender ～ bezahlen 現金で支払う．j³ in〈mit〉gleicher ～〈heim〉zahlen《比喩》人³にしっぺ返しをする．Er versteht es, sein Können in klingende ～ umzuwandeln〈umzusetzen〉．彼はその能力を元手に金儲けするすべを心得ている． **2** 記念碑（ヒ），メダル． **3** 貨幣鋳造所，造幣局．

'Münz·ein·heit 囡 -/-en 貨幣単位．

'mün·zen ['mʏntsən] 他 〈金属を貨幣に鋳造（チュウ）する; (貨幣を)鋳造する．Die Bemerkung war auf dich *gemünzt*.《話》その発言は君への当てつけ(君に向けられたもの)だった．

'Mün·zen·samm·lung 囡 -/-en ＝Münzsammlung

'Mün·zer ['mʏntsər] 男 -s/- 貨幣鋳造者．

'Münz·fäl·scher 男 -s/- 貨幣偽造者，贋金造り．

'Münz·fäl·schung 囡 -/-en 貨幣の偽造．

'Münz·fern·spre·cher 男 -s/- (硬貨使用の)公衆電話．

'Münz·fuß 男 -es/-e (法定の)貨幣品位．

'Münz·ho·heit 囡 -/ 貨幣鋳造権．

'Münz·kun·de 囡 -/〖雅〗貨幣学; 古銭学．

'Münz·recht 中 -[e]s/ **1** 貨幣鋳造権． **2** 貨幣法．

'Münz·samm·lung 囡 -/-en 貨幣(古銭)収集．

'Münz·wechs·ler 男 -s/- 自動貨幣両替機．

'Münz·we·sen 中 -s/ 貨幣制度．

'Münz·zei·chen 中 -s/- (硬貨に刻印された)製造地(者)の記号．

Mu'rä·ne [mu'rɛːnə] 囡 -/-n《lat.》〖魚〗うつぼ．

mürb [mʏrp] 形〖地方〗＝mürbe

'mür·be ['mʏrbə] 形 **1** (岩や木材などが)もろくなった，ぼろぼろの; (皮膚などが)すり切れた，ひび割れした; (果物

Mürbeteig

や肉などが）柔らかな. **2** 疲れ切った, 戦意を喪失した, 精根尽きた. j⁴ ~ machen j⁴の戦意をくじく.

'Mür·be·teig 男 -[e]s/-e 〈パイ皮などを作る〉柔らかな生地.

'Mu·re ['muːrə] 女/-n 〖地形〗土石流.

'Mü·ritz ['myːrɪts] 〖地名〗ミューリッツ〈メクレンブルク=フォーアポンメルン州にある湖〉.

Murks [mʊrks] 男 -es/（↓ murksen）〈卑〉ぞんざいな〈下手な〉仕事.

'murk·sen ['mʊrksən] 自〈卑〉ぞんざいな〈下手な〉仕事をする.

'Mur·mel ['mʊrməl] 女 -/-n（↓ Marmor）ビー玉. [mit] ~n spielen ビー玉で遊ぶ.

*'**mur·meln**¹ ['mʊrməln ムルメルン] 他自 **1** つぶやく, ぶつぶつ言う. et⁴ in *seinen* Bart ~〈話〉事⁴を口の中でぶつぶつ言う. **2**〈小川などが〉さらさら音をたてる.

'**mur·meln**² 自（↓ Murmel）ビー玉で遊ぶ.

'**Mur·mel·spiel** 中 -[e]s/-e ビー玉遊び.

'**Mur·mel·tier** 中 -[e]s/-e 〖動物〗マーモット（属）.

'**mur·ren** ['mʊrən] 自 **1** ぶつぶつ不平〈不満〉を言う, ぼやく（über et⁴ 事⁴のことで）. **2**〈雅〉〈雷鳴や大砲が〉低くとどろく. **3**〖猟師〗〈穴くまなどが〉うなる.

'**mür·risch** ['mʏrɪʃ] 形（↓ murren）不機嫌な, 無愛想な, むっつりした, そっけない.

'**Murr·kopf** ['mʊr..] 男 -[e]s/ˊ=e 〈古〉不平家, 気難し屋.

Mus [muːs] 中 -es/-e 〈果実などを〉粥状にしたもの, ムース; ピューレ; マッシュ. j⁴ *zu* ~ *machen*〈schlagen〉〈比喩〉人⁴をこてんぱんにたたきのめす.

Mu·sa'get [muza'geːt] 男 -en/-en（gr.）〈古〉文芸愛好家（後援者）. ◆「ミューズの指導者」の意で Apollo の添名.

*'**Mu·schel** ['mʊʃəl ムシェル] 女 -/-n（lat.）**1** 貝, 貝殻. **2** 受話器; 受話（送話）口. **3**〖解剖〗耳介, 外耳. **4**〈卑〉膣, ヴァギナ. **5**〖トイレ〗〈話〉便器.

'**Mu·schel·bank** 女 -/ˊ=e 〈海底の〉貝の大集落.

'**Mu·schel·gold** 中 -[e]s/（貝殻にいれた）金泥（きんでい）.

'**mu·sche·lig** ['mʊʃəlɪç] 形 **1** 貝（殻）状の. **2**〈断層面などが〉不規則な波状の.

'**Mu·schel·scha·le** 女 -/-n 貝殻.

'**Mu·schel·werk** 中 -[e]s/-e **1** 貝細工. **2**〈複数なし〉（Rocaille）〈ロココ様式の〉貝殻装飾.

'**Mu·schi** ['mʊʃi, 'muːʃi] 女 -/-s **1**〖幼児〗ニャンコ（猫）. **2**〈卑〉膣; 外陰.

'**musch·lig** ['mʊʃlɪç] 形 = muschelig

'**Mu·se** ['muːzə] 女 -/-n（gr.）〖ギリシャ神話〗ムーサ, ミューズたち（Zeus と Mnemosyne とのあいだに生まれた 9 人の娘で, 芸術と学問をつかさどる女神）.

mu·se'al [muzeˈaːl] 形 博物館（美術館）の;〈比喩〉古色蒼然とした, 時代遅れの.

Mu'se·en [muˈzeːən] Museum の複数.

'**Mu·sel·man** ['muːzəlmaːn] 男 -en/-en [..nən, --ˊ-]（pers.）〈古〉（Moslem）イスラーム教徒. ◆女性形 Muselmanin 女 -/-nen

Mu·sel·mann ['muːzəlman] 男 -[e]s/ˊ=er〈古〉イスラーム教徒. ◆Muselman のドイツ語形. 女性形 Muselmännin 女 -/-nen

'**Mu·sen·al·ma·nach** ['muːzən..] 男 -s/-e（18-19 世紀の）文芸年鑑, 年刊詩集.

'**Mu·sen·sohn** 男 -[e]s/ˊ=e〈古〉〈戯〉**1** 詩人. **2** 大学生. ◆ミューズの寵児（ちょうじ）のこと.

'**Mu·sen·tem·pel** 男 -s/-〈古〉〈戯〉劇場（ミューズの殿堂）.

Mu'sette [myˈzɛt] 女 -/-s（fr.）**1**〖楽器〗ミュゼット（17-18 世紀に人気のあったバッグパイプの 1 種）. **2**〖音楽〗ミュゼット（静かな牧歌風のフランス舞曲）.

*'**Mu·se·um** [muˈzeːʊm ムゼーウム] 中 -s/..seen（gr.）博物館; 美術館.

mu'se·ums·reif 形〈戯〉〈古くて〉博物館行きの.

Mu'se·ums·stück 中 -[e]s/-e **1** 博物館の陳列品. **2**〖反語〗博物館ゆきの（古くさい）人.

'**Mu·si·cal** ['mjuːzɪkəl] 中 -s/-s（engl.）ミュージカル

'**Mu·sik** [muˈziːk ムズィーク] 女 -/-en（gr., Musenkunst）**1** 音楽. klassische ~ クラシック音楽 leichte〈schwere〉~ 軽い〈難しい〉音楽. moderne ~ 現代音楽. schräge ~（軽蔑的に）現代音楽; ジャズ. ~ hören〈machen〉音楽を聴く〈演奏する〉Der Ton macht die ~.〖諺〗ものは言いようである ~ im Blut haben〖比喩〗生れついての音楽家である keine ~ im Leibe haben〖比喩〗音楽の素養がない Die Nachricht ist ~ in meinen Ohren〈für meine Ohren〉. それは私にはとても喜ばしい知らせだ. Da ist〈liegt〉~ drin.〈話〉これはいいぞ, 耳寄りな話だ. ein Gedicht in ~ setzen ある詩に曲をつける. **2**〖軍〗軍楽隊, 軍団. **3**（アクセントが第 1 音節に移行して）〖地方〗ダンス.

Mu·si'ka·li·en [muziˈkaːliən] 複 楽譜.

Mu·si'ka·li·en·hand·lung 女 -/-en 楽譜店.

*'**mu·si'ka·lisch** [muziˈkaːlɪʃ ムズィカーリシュ] 形 **1** 音楽の, 音楽による. eine ~e Begabung 音楽の才能. ~e Zeichen 音楽記号. **2** 音楽の才能（素養）がある, 音楽が分かる. ein ~er Mensch 音楽の才能〈才能がある〉人. Sein Sohn ist ~. 彼の息子には音楽の才能（素養）がある. **3**（言語などの）音楽的な, 響きのよい. **4** ~er Akzent〖音声〗高さアクセント.

Mu·si·ka·li'tät [muzikaliˈtɛːt] 女 -/ 音楽性; 音楽的才能（素養）.

Mu·si'kant [muziˈkant] 男 -en/-en（楽団や楽隊の）楽士;（軽蔑的な）楽隊員;〈話〉根っからの音楽家（音楽好き）;〈古〉（Spielmann）旅（辻）音楽師.

Mu·si'kan·ten·kno·chen 男 -s/-〈話〉尺骨神経（痛みにとくに敏感な時間節の個所）.

mu·si'kan·tisch [muziˈkantɪʃ] 形（演奏家などについて）音楽（演奏）に酔った, 熱のこもった.

Mu·sik·au·to·mat 男 -en/-en **1** 自動楽器（自動ピアノ・オルゴールなど）. **2** ジュークボックス.

Mu·sik·box 女 -/-en ジュークボックス.

Mu·sik·di·rek·tor 男 -s/..toren（略 MD）音楽監督（プロテスタント系教会都市の楽団や歌劇場などの長に与えられる称号）. ↑Kapellmeister

Mu·sik·dra·ma 中 -s/..men [..mən] オペラ;（とくに Wagner の）楽劇.

*'**Mu·si·ker** ['muːzikɐr ムーズィカー] 男 -s/-（職業）音楽家;（オーケストラの）楽団員.

Mu·sik·freund 男 -[e]s/-e 音楽愛好家.

Mu·sik·hoch·schu·le 女 -/-n 音楽大学.

Mu·sik·in·stru·ment 中 -[e]s/-e 楽器. ◆付録「図解小辞典」参照.

Mu·sik·ka·pel·le 女 -/-n（小編成の）楽団, 楽隊.

Mu·sik·kas·set·te 女 -/-n ミュージックカセット.

Mu·sik·kon·ser·ve 女 -/-n〈話〉音楽の缶詰（CD・カセットなど）.

Mu·sik·korps [..koːr] 中 軍楽隊.

Mu·sik·leh·rer 男 -s/- 音楽教師.

Mu·sik·lieb·ha·ber 男 -s/- 音楽愛好家.

Mu·sik·meis·ter 男 -s/-《古》音楽教師; 軍楽隊の楽長.
Mu·sik·stück 中 -[e]s/-e 楽曲, 音楽作品.
Mu·sik·stun·de 女 -/-n 音楽の時間(授業).
Mu·sik·tru·he 女 -/-n キャビネット(コンソール)型オーディオセット.
Mu·sik·un·ter·richt 男 -[e]s/-e 音楽の授業.
Mu·si·kus ['muːzikʊs] 男 -/..sizi [..zitsi] (話 -se) (*lat.*) 《戯》=Musiker
Mu·sik·werk 中 -[e]s/-e **1** 楽曲, 音楽作品. **2** (機械仕掛の)自動楽器.
Mu·sik·wis·sen·schaft 女 -/ 音楽学.
Mu·sil ['muːzɪl, 'muzɪl] 男(人名) Robert ~ ローベル ト・ムージル(1880-1942, オーストリアの作家).
mu·sisch ['muːzɪʃ] 形 (↓ Muse) 芸術の, 芸術的な, 芸術に関する; 芸術的才能にめぐまれた. ~*e* Fächer 芸術科目(美術や音楽など).
mu·siv [muˈziːf] 形 =musivisch
mu·si·visch [muˈziːvɪʃ] 形 (*lat.*) モザイクの.
Mu·si·zi ['muːzitsi] Musikus の複数.
mu·si·zie·ren [muziˈtsiːrən] (↓ Musik) ❶ 自 (複数の人間で)演奏する. ❷ 他 (ある曲を)演奏する.
Mus·kat [mʊsˈkaːt] 男 -[e]s/-e (*lat.*) ナツメグ.
Mus·ka·tel·ler [mʊskaˈtɛlɐr] 男 -s/- (*it.*)《農業》**1**《複数なし》マスカット. **2** マスカットワイン, マスカテル.
Mus·kat·nuss 女 -/..e ニクズクの種子(香辛料として用いる).
Mus·kel ['mʊskəl ムスケル] 男 -s/-n (*lat.*) 筋; 筋肉. Er hat ~*n*. 彼はたくましい肉体をしている. sich³ einen ~ zerren 筋をちがえる, 肉ばなれをする.
mus·kel·be·packt [ˈmʊskəlbəpakt] 形《話》筋肉のもりもりした.
mus·ke·lig [ˈmʊskəlɪç] 形 (肉)の, 筋肉からなる.
Mus·kel·ka·ter 男 -s/- 筋肉の痛み(凝り).
Mus·kel·kraft 女 -/-e 筋力, 体力.
Mus·kel·protz 男 -en(-es)/-e[n]《話》力自慢の人, マッチョ.
Mus·kel·schwund 男 -[e]s/《医学》筋萎縮症.
Mus·kel·zer·rung 女 -/-en《医学》筋過度伸長, 肉離れ.
Mus·ke·te [mʊsˈkeːtə] 女 -/-n (*fr.*) マスケット銃 (16-17 世紀に用いられた火縄銃の一種).
Mus·ke·tier [mʊskeˈtiːr] 男 -s/-e (*fr.*) **1**《古》マスケット銃で武装した歩兵. **2** (1919 までのドイツの)歩兵.
mus·ku·lär [mʊskuˈlɛːr] 形《医学》筋の, 筋肉の.
Mus·ku·la·tur [mʊskulaˈtuːr] 女 -/-en《総称的に》筋肉; 筋肉組織.
mus·ku·lös [mʊskuˈløːs] 形 (*fr.*) 筋肉の隆々とした, 筋骨たくましい.
'Müs·li ['myːsli] 中 -[s]/-[s]《料理》ミューズリ(オートミール・果物・砂糖などをミルクにひたしたもの).
'Mus·lim [ˈmʊslɪm] 男 -s/-e(-s) (*arab.*) =Moslem ◆女性形 Muslime [mʊsˈliːmə] 女 -/-n
muss, °**muß** [mʊs] 動 müssen の現在1·3人称単数.
Muss, °**Muß** 中 -/ (↓ müssen) 強制, 必要, 義務, 絶対的な要請, 必然. ~ ist eine harte Nuss.《諺》義理はつらいものだ.
'Mu·ße ['muːsə] 女 -/《雅》余暇, 暇. ~ haben, ~ zu tun ...する暇がある. mit ~ / in [aller] ~ のんびり (ゆっくり)と, ゆったりした気分で.
'Muss·ehe 女 -/-n《話》(子供ができたために)する結婚, できちゃった婚.
Mus·se·lin [mʊsəˈliːn] 男 -s/-e (*fr.*)《紡織》モスリン, メリンス.

'müs·sen* [ˈmʏsən ミュセン] musste, müssen (gemusst) / ich muss, du musst, er muss ▶本動詞を伴うときの過去分詞には不定形の müssen を, 本動詞を伴わない独立用法のときは gemusst を用いる. 動《語法》① 《本動詞を伴って》《過去分詞 müssen》**1** (a)《必然·必要·強制》...しなければならない, せざるをえない, する必要がある. 《内的要因による場合》Ich *musste* husten〈weinen〉. 私は咳〈涙〉を抑えられなかった. Man *muss* lachen, wenn man ihn sieht. 彼を見たら笑わずにはおれない. Wir *müssen* alle einmal sterben. 我々はみないつかは死ななければならない. 《外的要因による場合》Ich *muss* ihre Einladung annehmen. 私は彼女の招待に応じなければならない. Er *muss* jeden Morgen um 6 Uhr aufstehen. 彼は毎朝6時に起きなければならない. Ich *muss* ihn unbedingt wieder einmal besuchen. 私は彼をどうしてももう一度訪ねねばならない. Wie viel *muss* ich bezahlen? 勘定はいくらですか. Wer nicht hören will, *muss* fühlen.《諺》言うことを聞かない者は痛い目にあわねばならない. Alle Kinder *müssen* zur Schule gehen. すべての子供は就学を義務づけられている. Man *muss* Geduld mit ihm haben. 彼とやっていくには辛抱が必要だ. Er hat zu Hause bleiben *müssen*. 彼は家にいなければならなかった. Ich habe es tun〈sagen〉*müssen*. 私はそうせざると〈言わざると〉えなかった. Sie *musste* heiraten.(子供ができたので)彼女は結婚せざるをえなかった. Das *musste* ja so kommen! それはなるべくしてそうなったのだ. *Muss* das sein? どうしてもそれが必要なのか. wenn es so sein *muss* やむをえなければ. Ordnung *muss* sein. 秩序はなければならない(必要だ). Wenn das so ist, werde ich meine Konsequenzen ziehen ~. そういうことであるなら私も結論を出さざるをえないだろう. Der Brief *muss* heute noch abgeschickt werden. その手紙は今日中に出さなければいけない. Das *muss* heute noch fertig werden. それは今日中にやってしまわなければならない. Die Ausstellung *muss* man gesehen haben. その展覧会は絶対見るべきだ. 《話者の驚き·不快な気持ちを表して》Was *muss* ich von dir hören! なんてことを言ってくれるんだ. Was habe ich da über dich hören *müssen*. いったいなんてことをしでかしてくれたんだ. *Muss* es denn ausgerechnet heute sein? どうしても今日でないといけないのか. Warum hat gerade mir so etwas passieren *müssen*? どうしてそんなことがよりにもよってこの私に起こってしまったんだろう. 《主語に対する話者の要望を表して》Du *musst* die Einladung annehmen. 君はその招待に応じなければいけないよ. Du *musst* mir helfen! お願いだから私の手伝いをしてくれ. Das *musst* du doch verstehen. 君にはそのことを是非分かってもらいたい. (b)《否定文で》...してはいけない; ...する必要はない. Kein Mensch *muss* ~. 何人も人から強制されることがあってはならない. Das *musst* du nicht sagen. 君はそんなこと言わなくてもいい. Das *muss* ja nun nicht gleich heute sein. べつに今日すぐでなくてもかまわない. Du *musst* es nicht tun, kein Mensch zwingt dich dazu. 君はそれをしなくてもいいよ, だれも強制はしていないんだから. (c)《性向を表して》Sie *muss* immer streiten. 彼女はいつも最後には喧嘩になってしまう. *muss* immer alles wissen. 彼はいつもなんでも知っていないと〈知ったかぶりをしないと〉気がすまない.
2《推論·論理的帰結》...にちがいない, ...のはずである.

Er *muss* bald kommen. 彼はもうすぐやって来るはずだ. Er *muss* krank sein. 彼は病気にちがいない. Er *muss* es noch nicht wissen. 彼はそれをまだ知らないにちがいない. Es *muss* geregnet haben. 雨が降ったにちがいない. Er *muss* nach Hause gegangen sein. 彼は家に帰ってしまったにちがいない. Dort *musste* etwas geschehen sein. あそこでなにかが起きたにちがいなかった. Wie *muss* er gelitten haben! 彼はさぞかし苦しんだんだろう. Wer *muss* es ihm gesagt haben? 《話》いったいだれが彼にそれを言ったのだろう. 《接続法 II **müsste**で》Er *müsste* eigentlich schon hier sein. 彼はもうここに来ていてもいいはずなのだが.

3《接続法 II **müsste**で》(a)《願望を表して》Ich *müsste* viel Geld haben. お金がたくさんあればいいのだが. So *müsste* es immer sein. いつもこんなふうだったらいいのに. Solches Wetter *müsste* den ganzen Sommer sein. 夏中こんな天気だったらいいのだが. (b)《**denn** とともに／除外を表す》Es besteht keine Hoffnung, es *müsste* denn ein Wunder geschehen. 奇跡でも起らないかぎりなんの望みもない. Er kann noch nicht hier sein, er *müsste* denn geflogen sein. 彼はまだここに来れるはずがない, 飛んで来たのなら話は別だ. Ⅱ《独立的用法》《過去分詞 gemusst》1《本動詞を省略する場合／しばしば方向を示す語句を》Morgen *muss* ich in die Stadt〈zum Arzt〉. 明日私は町〈医者〉にゆかなくてはならない. Er *muss* morgens sehr früh aus dem Haus. 彼は毎朝とても早く家を出なければいけない. Er hat *gemusst*, ob er wollte oder nicht. 彼は望むと望まざるとにかかわらず, せざるをえなかった. Du *musst* mal! 《幼児》おしっこ(うんち)! 2《本動詞を es⁴, das⁴で代理する場合》Unterschreiben Sie bitte hier! ― *Muss* ich das wirklich? ここに署名を ― 本当にしなくてはいけないのですか. Er wollte es nicht, aber schließlich hat er es doch *gemusst*. 彼はそれをしたくなかったけれど, 結局そうせざるをえない羽目になってしまった.

♦完了形については wollen の項の末尾を参照.

'**Mu-ße-stun-de** ['muːsə..] 囡 -/-n 暇な時間, 余暇の時間.

'**mü-ßig** ['myːsɪç] 厖《雅》(↓ Muße) 1 暇のある, 無為の, 怠惰な. ein ~es Leben führen のらくら暮す. 2 余分な, 無用の, 無益な. Es ist ~, darüber zu streiten. そんなことで争っていてもしようがない.

'**mü-ßi-gen** ['myːsɪɡən] 他《古》(人⁴に)強(し)いる. j⁴ ..zu tun (人⁴に)...するよう強いる. 2《現在では過去分詞で成句的用法のみ》sich⁴ *gemüßigt* sehen 〈fühlen〉, ..zu tun ...せざるをえないと思う. ♦↑ge*müßigt*

'**Mü-ßig-gang** ['myːsɪɡaŋ] 男 -[e]s/ 無為, 怠惰, 安逸. ~ ist aller Laster Anfang. 《諺》ひまなことば毒にない, 怠惰は諸悪の始まりだ. *sein* Leben im ~ verbringen 無為に人生を過ごす.

'**Mü-ßig-gän-ger** ['myːsɪɡɛŋər] 男 -s/- 無為に日々を過ごしている人, 怠け(のらくら)者.

Mus-so-li-ni [musso'liːni]《人名》Benito ~ ベニト・ムッソリーニ(1883-1945, イタリアの政治家, 1919 ファシスト党を結成, のち首相となり, 敗戦時パルチザンに殺された).

musst, °**mußt** [mʊst] müssen の現在 2 人称単数.

'**muss-te**, °'**muß-te** ['mʊstə] müssen の過去.

'**müss-te**, °'**müß-te** ['mʏstə] müssen の接続法 II.

'**Mus-tang** ['mʊstaŋ] 男 -s/-s (*sp.*) マスタング(北アメリカの平原地帯の野生化した馬).

*'**Mus-ter** ['mʊstɐr ムスター] 囲 -s/- (*it.*) 1 原型, 原形; 手本, モデル; 型紙. nach [einem] ~ 手本にならって, ひな型どおりに. 2 模範, 典型,《言語》範例. Sie ist das ~ einer guten Mutter. 彼女は良き母親の鑑(かがみ)である. sich³ j⁴ zum ~ nehmen / sich³ an j³ ein ~ nehmen 人⁴,³を自分の手本とする. 3 (布地などの)柄, 模様; 図案; 意匠. ein ~ sticken 模様を刺繡する. 4 (商品などの)見本, サンプル. ~ ohne Wert【郵便】商品見本(在中).

'**Mus-ter-bei-spiel** 囲 -[e]s/-e (模)範例, 好例.

'**Mus-ter-be-trieb** 男 -[e]s/-e 模範企業.

'**Mus-ter-bild** 囲 -[e]s/-er 模範, 典型.

'**Mus-ter-exem-plar** 囲 -s/-e 1 商品見本, サンプル. 2 (しばしば皮肉に)模範, お手本.

'**Mus-ter-gat-te** 男 -n/-n (戯)模範亭主.

'**mus-ter-gül-tig** 厖 模範的な, 模範(手本)となる.

'**Mus-ter-gut** 囲 -[e]s/ⁿer モデル農場.

'**mus-ter-haft** 厖 =mustergültig

'**Mus-ter-kar-te** 囡 -/-n 見本カード.

'**Mus-ter-kna-be** 男 -n/-n (しばしば軽蔑的に)優等生, 模範的人物.

'**Mus-ter-kof-fer** 男 -s/- 商品見本ケース.

'**Mus-ter-mes-se** 囡 -/-n 見本市.

'**mus-tern** ['mʊstɐrn] 他 (↓ Muster) 1 (a) じろじろ見る; 吟味(点検)する. j⁴ von oben bis unten ~ 人⁴を上から下までじろじろ見る. 《軍事》査閲(閲兵)する; 徴兵検査する. 2 図柄(模様)をつける. eine Wand ~ 柄模様の壁紙をはる.《過去分詞で》ge*musterter* Stoff 柄物の生地. 3 (地方)(人⁴に)悪趣味な服を着せる. ♦ *gemustert*

'**Mus-ter-rol-le** 囡 -/-n【海事】海員名簿.

'**Mus-ter-schü-ler** 男 -s/- 模範生.

'**Mus-ter-schutz** 男 -es/【法制】意匠保護.

'**Mus-ter-stück** 囲 -[e]s/-e =Musterexemplar

'**Mus-te-rung** ['mʊstərʊŋ] 囡 -/-en 1 (a) じろじろ見ること; 吟味, 点検. et⁴ einer genauen ~ unterziehen 物⁴を子細(しさい)に吟味する. (b)《軍隊》査閲, 閲兵, 徴兵検査. 2 柄(模様)付け; 図柄, 模様.

'**Mus-ter-wirt-schaft** 囡 -/-en モデル農場(農場).

'**Mus-ter-zeich-ner** 男 -s/- 意匠デザイナー.

'**Mus-ter-zeich-nung** 囡 -/-en 意匠デザイン.

Mut [muːt ムート] 男 -[e]s/ 1 勇気, 意気, 気力; 大胆さ, 闘志, 元気. großer〈starker〉 ~ 大いなる勇気〈激しい闘志〉. der ~ zum Leben 生きる勇気. Nur ~! 勇気(元気)を出せ, くじけるな. Dazu gehört viel ~. それには大いに勇気がいる. sich³ ~ antrinken 一杯飲んで元気を出す. ~ bekommen 勇気(元気)が出る. ~ fassen〈haben〉元気を出す〈気がある〉. Er hatte den ~, die Wahrheit zu sagen. 彼には真実をいう勇気があった. j³ ~ machen〈zusprechen〉人³を勇気(元気)づける. j³ den ~ nehmen 人³の気力をそぐ. den ~ verlieren 意気阻喪する. mit dem ~[e] der Verzweiflung すばての勇気をふるって. 2《雅》気分, 気持. mit gutem〈frohen〉 ~ 上機嫌で.《2 格で》guten〈frohen〉 ~es sein 上機嫌である.《非人称的に》Mir ist gut zu ~e. 私は気分がよい(↑zumute).

Mu-ta-ti-on [mutatsi'oːn] 囡 -/-en (*lat.*) 1【遺伝】突然変異. 2【医学】(男子の)声変り. 3《古》変化.

mu-ta-tis mu-tan-dis [mu'taːtɪs muˈtandiːs]

(lat.)《略 m. m.》必要な変更を加えて.

Müt·chen ['myːtçən] 中 -s/《Mut の縮小形》《次の成句で》 sein ~ an j³ kühlen 人³に対して鬱憤を晴らす.

mu·tie·ren [muˈtiːrən] 自 (lat.) **1**《生物》突然変異する. **2**《医学》声変りする, 変声期にある.

mu·tig ['muːtɪç ムーティヒ] 形 勇気のある, 勇敢な, 大胆な.

..mü·tig [..myːtɪç]《接尾》形容詞などにつけて「…の気持(気分)の」の意を表す形容詞をつくる. groß*mü*tig 寛大な. wehmütig 物悲しい.

mut·los ['muːtloːs] 形 勇気(気力)のない, 元気を失った, 落胆した, 意気阻喪した.

Mut·lo·sig·keit ['muːtloːzɪçkaɪt] 女 -/ 落胆, 意気阻喪.

mut·ma·ßen ['muːtmaːsən] 他 推測する, 推定する; 想像する. ◆過去分詞 gemutmaßt

mut·maß·lich ['muːtmaːslɪç] ❶ 形 推測(臆測)による, 推定上の. der ~e Täter 推定犯人, 容疑者. ❷ 副 推測(臆測)によれば, おそらく.

Mut·ma·ßung 女 -/-en 推測, 推定; 想像.

Mut·pro·be 女 -/-n 肝試し.

Mutt·chen ['mʊtçən] 中 -s/《Mutter の愛称》おかあちゃん.

Mut·ter¹ ['mʊtər ムター] 女 -/Mütter **1** 母, 母親; お母さん. Schwieger*mutter* 姑(㋑). Stief*mutter* 継母(㋑). Sie ist ~ von drei Kindern. 彼女は3児の母親である. Grüßen Sie Ihre [Frau] ~! 御母様によろしくお伝えください. die eigene(leibliche) ~ 実の母. eine ledige ~ 未婚の母. eine werdende ~ やがて母となるひと(妊婦). ~ Erde 〈Natur〉《雅》母なる大地〈自然〉. die ~ Gottes《ｶﾄﾘｯｸ》聖母マリア. ~ der Kompanie〈兵隊〉《戯》(中隊の)おっかさん(曹長を指して). Sie ist ganz die ~ 〈die ganze ~〉. 彼女は母親に瓜二つだ. Vorsicht ist die ~ der Weisheit〈aus der Porzellankiste〉.《諺》用心にこしたことない(用心は賢明の母). ~ werden は母親になる(妊娠している). der Geburtstag der ~ / ~s Geburtstag お母さんの誕生日(↑◆). j³ die ~ ersetzen 人³の母親代りになる. sich ~ fühlen《雅》《俗》母親になったこと(妊娠したこと)に気づく. an ~s Rock [schößen] hängen《比喩》母親離れ(独り立ち)できないでいる(↑◆). bei ~ Grün schlafen《話》野宿する. wie bei ~n《話》すっかりくつろいで(↑◆). **2** (a) (Tiermutter) 母獣. (b) (Muttergesellschaft) 親会社. (c)《工学》(レコード盤などの)母型. (d)《ｶﾄﾘｯｸ》(女子修道院長などに対する呼称)マザー, メール. Ehrwürdige ~ 尼僧院長様. (e)《古》(Gebärmutter) 子宮. ◆口語的表現では(とりわけ北ドイツで), Vater, Mutter, Tante など家族の一員を指す語はしばしば固有名詞のように扱われる. その際これらの語は無冠詞で用いられ, 単数2格が ~s, 単数3格が ~n の形になることがある.

Mut·ter² 女 -/-n (Schraubenmutter) 雌ねじ, ナット. eine ~ anziehen ナットを締める.

Mut·ter·band 中 -[e]s/-⸚er《ふつう複数で》《解剖》子宮靱帯.

Mut·ter·be·ra·tungs·stel·le 女 -/-n 妊産婦相談所.

Mut·ter·bo·den 男 -s/ 肥沃(ﾋﾖｸ)土.

Müt·ter·chen ['mʏtərçən] 中 -s/《Mutter の縮小形》**1** おかあちゃん, ママ. **2** お婆ちゃん, おばあちゃん.

Mut·ter·er·de 女 -/ **1** =Mutterboden **2**《雅》故郷の土.

Mut·ter·freu·den 複 母親である喜び. ~ entgegensehen《雅》みごもっている.

Mut·ter·ge·sell·schaft 女 -/-en《経済》(↔ Tochtergesellschaft) 親会社.

Mut·ter·got·tes [mʊtərˈɡɔtəs] 女 -/《ｶﾄﾘｯｸ》聖母マリア.

Mut·ter·got·tes·bild 中 -[e]s/-er《ｶﾄﾘｯｸ》(Marienbild) 聖母像.

Mut·ter·haus 中 -es/-⸚er **1**《ﾌﾟﾛﾃｽ·赤十字》看護婦(社会奉仕員)養成所. **2**《ｶﾄﾘｯｸ》修道会本部, (修道院の)母院. **3** (コンツェルンなどの)総本社.

Mut·ter·kir·che 女 -/-n《ｶﾄﾘｯｸ》本教会.

Mut·ter·kom·plex 男 -es/《心理》マザーコンプレックス.

Mut·ter·korn 中 -[e]s/-⸚er《植物》麦角(ﾊﾞｯ)(子宮収縮剤として用いられる).

Mut·ter·ku·chen 男 -s/《解剖》(Plazenta) 胎盤.

Mut·ter·land 中 -[e]s/-⸚er **1** (植民地に対する)本国. **2** (製品などの)生産国, 原産国; (制度·思想·芸術などの)発祥の国, 本場.

Mut·ter·lau·ge 女 -/-n《化学》母液.

Mut·ter·leib 男 -[e]s/-⸚er 母体; 子宮. vom ~ an 生れたときから, 生れつき.

*__mut·ter·lich__ ['mʊtərlɪç ミュターリヒ] 形 **1**《付加語的用法のみ》母(親)の; 母方の. die ~e Linie 母方の家系(血筋). **2** 母親のような, 母性愛にみちた. ein ~er Typ 母親タイプの女性. j⁴ ~ umsorgen 母親のように人⁴の面倒をみる.

müt·ter·li·cher·seits ['mʏtərlɪçərˈzaɪts] 副 母方の家系(血筋)で. mein Großvater ~ 私の母方の祖父.

Müt·ter·lich·keit 女 -/ 母親のようなやさしさ, 母性(愛).

Mut·ter·lie·be 女 -/ 母の愛, 母性愛.

mut·ter·los 形 母親のない.

Mut·ter·mal 中 -[e]s/-e(-⸚er) 母斑(先天性のあざ·ほくろ).

Mut·ter·milch 女 -/ 母乳. et⁴ mit der ~ einsaugen《比喩》事⁴に幼いころから慣れ親しむ.

Mut·ter·mund 男 -[e]s/-⸚er《解剖》子宮口.

Mut·ter·pass 男 -es/-⸚e 妊婦(母子)手帳.

Mut·ter·recht 中 -[e]s/《民族学》母権制.

Mut·ter·ring 男 -[e]s/-e《医学》ペッサリー.

Mut·ter·rol·le 女 -/-n **1** (市町村の)土地台帳. **2** 母親としての役割;《演劇》母親役.

Mut·ter·schaft 女 -/-en《複数まれ》母親であること; 母性. Das Glück der ~ war ihr nicht vergönnt. 彼女は母となる幸せには恵まれなかった.

Mut·ter·schafts·geld 中 -[e]s/-er《法制》出産手当.

Mut·ter·schafts·hil·fe 女 -/《法制》(社会保障制度としての)出産扶助.

Mut·ter·schafts·ur·laub 男 -[e]s/-e《法制》出産休暇.

Mut·ter·schiff 中 -[e]s/-e 母船;《軍事》母艦.

Mut·ter·schutz 男 -es/《法制》母性保護(妊娠中や出産後の働く女性を保護するための法的措置).

mut·ter·see·len·al·lein ['mʊtərˈzeːlənaˈlaɪn] 形《付加語的には用いない》ひとりぼっちの.

Mut·ter·söhn·chen 中 -s/《侮》(男の子または若

い男について)お母さん子, 甘えん坊, 甘ったれ.

'**Mut·ter·spie·gel** 男 -s/- 〖医学〗膣鏡, 子宮鏡.

***Mut·ter·spra·che** ['mʊtərʃpra:xə ムターシュプラーヘ] 囡 -/-n (↔ Fremdsprache) 母(国)語, 自国語.

'**Mut·ter·sprach·ler** [..ʃpra:xlər] 男 -s/- 〖言語〗母(国)語使用者, ネイティヴスピーカー.

'**Mut·ter·stel·le** 囡 -/〈次の成句で〉bei〈an〉j³ ~ vertreten 人³の母親代りになる.

'**Mut·ter·tag** 男 -[e]s/-e 母の日(5月の第2日曜日).

'**Mut·ter·tier** 男 -[e]s/-e 子持の雌; 雌の家畜.

'**Mut·ter·trom·pe·te** 囡 -/-n 〖解剖〗卵管, らっぱ管.

'**Mut·ter·witz** 男 -es/ 生れつきの才知(機知).

'**Mut·ti** ['mʊti] 囡 -/-s **1** (Mutter の愛称形)ママ, お母ちゃん. **2** 〖話〗(中年の女性をさして)お母さん, 奥さん.

mu·tu·al [mutu'a:l] 形 (lat.) 互いの, 相互の; 交互の.

mu·tu·ell [mutu'ɛl] 形 = mutual

'**Mu·tung** ['mu:tʊŋ] 囡 -/-en 〖鉱業〗採掘権申請.

'**mut·voll** ['mu:tfɔl] 形 〖まれ〗勇敢な, 大胆な.

'**Mut·wil·le** ['mu:tvɪlə] 男 -ns/ 悪ふざけ, いたずら. seinen ~n an j³ auslassen / seinen ~n mit j³ treiben 人³にいたずら(いたずら)をする. aus 〈bloßem〉~n 悪ふざけ(いたずら)で, 調子に乗って. ◆格変化は Wille 参照.

'**mut·wil·lig** ['mu:tvɪlɪç] 形 **1** 悪ふざけの, いたずらの, 調子に乗った. et⁴ ~ beschädigen 物⁴をわざと壊す. **2** 〖古〗軽率な, 軽はずみな.

'**Mütz·chen** ['mʏtsçən] 中 -s/- 《Mütze の縮小形》小さな帽子.

***Müt·ze** ['mʏtsə ミュツェ] 囡 -/-n **1** (ふちなしの)帽子, キャップ; ずきん. Baskenmütze ベレー帽. Nachtmütze ナイトキャップ. Reisemütze 鳥打帽. Studentenmütze 学生帽. eine ~ mit Schirm ひさし付きの帽子. die ~ aufsetzen〈abnehmen〉帽子をかぶる〈取る〉. eine ~ tragen 帽子をかぶっている. die ~ ins Gesicht ziehen 帽子を目深にかぶる. der Berg hat eine ~ aus Schnee. 〖比喩〗その山は雪の帽子をいただいている. eine ~ voll Wind 〖話〗そよ風. eine ~ voll Schlaf nehmen 〖話〗ちょっと一眠りする. eins〈etwas〉auf die ~ kriegen〈bekommen〉〖話〗ガツンとやられる, お目玉をくらう. Das war ihm nicht nach der ~. 〖話〗それは彼の気にくわなかった. **2** (ポットなどの)保温カバー.

'**Müt·zen·schirm** 男 -[e]s/-e 帽子のひさし.

'**Mu·zak** ['mju:zæk, ..zæk] 囡 -/ (engl.) 〖隠〗(オフィスやショッピングセンターなどの当りさわりのない)バックグラウンドミュージック.

MW [mega'vat, 'me:gavat] (記号) =Megawatt

m. W. (略) =meines Wissens 私の知る限りでは.

MwSt., Mw.-St. (略) =Mehrwertsteuer

My [my:] 中 -[s]/-s **1** ミュー(ギリシア語アルファベットの第12文字 M, μ). **2** (略) =Mikron

'**My·an·mar** ['mja:n·ma:r] 中 〖地名〗ミャンマー(インドシナ半島西部の共和国, 首都ヤンゴン Yangon, 旧称ビルマ).

My·ke·nä [my'ke:nɛ], **My·ke·ne** [..nə] 〖地名〗ミュケーナイ(ギリシア, ペロポネソス半島東部の古代都市, ミュケーナイ文明の中心として栄えた).

My·ko·lo'gie [mykolo'gi:] 囡 -/ (gr.) (Pilzkunde) 菌(類)学.

My·o'kard [myo'kart] 中 -[e]s/-e (gr. mys , Muskel'+kardia , Herz') 〖解剖〗心筋.

My·o·kard·in·farkt 男 -[e]s/-e 〖病理〗心筋梗塞(こうそく).

My·o·lo'gie [myolo'gi:] 囡 -/ 〖医学〗筋肉学.

My'om [my'o:m] 中 -s/-e 〖医学〗筋腫.

My·o'pie [myo'pi:] 囡 -/-n [..'pi:ən] (gr.) 〖医学〗(Kurzsichtigkeit) 近視.

My·ria.. [myria..] (接頭) (gr. myrias , zehntausend') **1** 度量衡単位につけて「1万」を意味する. Myriagramm ミリアグラム, 1万グラム. **2** 「非常に多くの…」の意を表す. Myriapode〈Myriopode〉〖動物〗多足類. ▶ Myrio- となることもある.

My·ri'a·de [myri'a:də] 囡 -/-n 〖雅〗**1** (zehntausend) 1万. **2** (複数で) 無数. ~n Sterne / ~n von Sternen 無数の星.

My·ri'a·po·de [myria'po:də] 男 -n/-n (gr. pous , Fuß') 〖動物〗多足類.

'**Myr·re** ['mʏrə] 囡 -/-n = Myrrhe

'**Myr·rhe** ['mʏrə] 囡 -/-n (semit.) ミルラ, 没薬(もつやく) (アフリカやインドに産するかんらん科の樹木から採集した樹脂. 香料や薬剤としても用いる).

'**Myr·te** ['mʏrtə] 囡 -/-n (gr.) 〖植物〗ミルテ, ぎんばいか(地中海地方と南アメリカに産する白い花をつける常緑の灌木. 古くから愛と平和の象徴とされた).

'**Myr·ten·kranz** 男 -es/¨e ミルテの冠(白い花をつけたミルテの枝で編んだ花嫁の冠, 純潔の象徴).

Mys·te·ri·en [mʏs'te:riən] Mysterium の複数.

Mys·te·ri·en·spiel 中 -[e]s/-e 神秘劇, 聖史劇(キリストの生涯を題材とした中世の宗教劇).

mys·te·ri'ös [mʏsteri'ø:s] 形 神秘的な, 不思議な, 謎めいた, 不可解な.

Mys·te·ri·um [mʏs'te:rium] 中 -s/..rien [..riən] (gr.) **1** 神秘, 不思議; 秘義, 奥義. das ~ des Lebens 生命の神秘. **2** (複数で)(古代宗教の)秘儀, 密儀. die dionysischen Mysterien ディオニュソスの秘儀. **3** (複数で) =Mysterienspiel

'**Mys·tery** ['mɪstəri] 囡 -/-s (中 -s/-s) (engl.) ミステリー(映画・テレビドラマ・小説).

Mys·ti·fi·ka·ti'on [mʏstifikatsi'o:n] 囡 -/-en **1** 神秘化. **2** 〖古〗まやかし, ごまかし.

mys·ti·fi'zie·ren [mʏstifi'tsi:rən] 他 **1** 神秘化する. **2** 〖古〗(人⁴を)だます, 惑わす, 煙にまく.

'**Mys·tik** ['mʏstɪk] 囡 -/ 神秘主義(内省や苦行によって絶対者との合一を求める宗教・哲学上の立場). die deutsche ~ ドイツ神秘主義.

'**Mys·ti·ker** ['mʏstikər] 男 -s/- 神秘主義者, 神秘思想家.

'**mys·tisch** ['mʏstɪʃ] 形 **1** 神秘主義の. **2** 神秘的な; 〖話〗はっきりしない, 不可解な.

Mys·ti'zis·mus [mʏsti'tsɪsmʊs] 男 -/..men [..mən] (複数なし) (広い意味での)神秘主義, 非合理主義. **2** 神秘主義(非合理主義)の考え.

'**My·the** ['my:tə] 囡 -/-n = Mythos

'**My·then** ['my:tən] Mythe, Mythos, Mythus の複数.

'**my·thisch** ['my:tɪʃ] 形 **1** 神話(上)の, 神話に属する(由来する). **2** 神話(伝説)的な, 神話(伝説)化した. ~er Ruhm 神話的な名声.

My·tho·lo'ge [myto'lo:gə] 男 -n/-n 神話学者.

My·tho·lo'gie [mytolo'gi:] 囡 -/-n [..'gi:ən] (集合的に)神話. die griechische ~ ギリシア神話. **2** 神話学, 神話研究.

my·tho·lo'gisch [myto'lo:gɪʃ] 形 **1** 神話(上)の. **2** 神話学(上)の.

Mythus

my·tho·lo·gi'sie·ren [mytologi'ziːrən] 他 神話(伝説)化する.

My·thos ['myːtɔs] 男 -/Mythen (*gr.* mythos , Fabel, Sage') **1** (個々の)神話. der ~ von der Erschaffung der Welt 世界創造神話. **2** (ある人物や事柄を礼讚するために形成された)神話(伝説); 神話(伝説)化された人物(事柄). der ~ Napoleons ナポレオン神話. einen ~ aus j⟨et⟩³ machen 人⟨事⟩³を神話化する.

'**My·thus** ['myːtʊs] 男 -/Mythen =Mythos

ns # n, N

n¹, N¹ [ɛn] 田 -/- ドイツ語アルファベットの第14文字(子音字). ◆口語では単数2格および複数形を [ens] と発音することがある.
n²《記号》**1**=Nano.. **2**《物理》=Neutron **3**《化学》=normal **4**《数学》不定の自然数.
N²《記号》**1**《化学》=Nitrogenium **2**《物理》=Newton ② **3**《数学》(一定の条件を満たす)自然数の個数.
N³《略》**1**=Nord, Norden **2**=Nahschnellverkehrszug
n.《略》《文法》=Neutrum 1
N.《略》《文法》=Nominativ
'n [ən]《略》《話》=ein, einen Es ist ~ schöner Tag heute. きょうはよい天気だ.
na [na]《間》《話》**1**《苛立ち・催促・威嚇などの気持をこめて》Na, schnell! さ, 早くしろ. Na, komm [schon]! さっさと来いよ. Na, wirds bald? おい, まだかい. Na, was soll denn das? おい, そりゃいったいどういうことだ. Na, warte, ich werde mich rächen! よし今に見てろ, きっと仕返ししてやるからな. **2**《驚き・不信・拒否》Na, nu? なにし, なんだって. Na, so was! おい, なんてことだ. Na, dann eben nicht. ふうん, じゃあやめとくよ. Na, ich danke! いや, それはごめんこうむるよ. **3**《あきらめ・消極的な同意》Na, ja, dann mach, was du willst! じゃあまあ君の好きにしたらい. Na, wenn du meinst. まあ君がそう言うのならいいんじゃないの. Na [ja] gut! / Na schön! まあいいでしょう. **4**《なだめ・慰め》Na, na! まあまあ(ちょっと落着けよ). Na, so schlimm wird es wohl nicht sein. まあそうひどいことではないだろう. **5**《安堵の気持》Na, Gott sei Dank! やれやれほっとした. Na, endlich hast du kapiert! やれやれやっと分かってくれたか. **6** (a)《他者の驚きを予測して》Na, der wird staunen, wenn er das hört! やあ, これを聞いたらあいつ驚くことだろうよ. (b)《予測が実現して》Na also! ほら, やっぱりだろう. Na, siehst du! それ見ろ. Na, ich habs ja gesagt! ほうら, 私の言ったとおりだろう. 《肯定を強調して》Na, klar!, あったりまえじゃないか. Na, und ob! もちろんだよ. **8**《会話の導入・親しみをこめた呼掛け》Na, Kleiner, was möchtest du denn? ねえ坊や, 何が欲しいの. Na, trinken wir erst mal ein Gläschen! さてと, まず一杯いこうじゃないか. Na, wie gehts? おい, 元気かい. **9**《反問・反発》Na, und? で, それがどうした. Na, und wenn schon! だからどうだというんだ.
Na《記号》《化学》=Natrium
'Na·be ['naːbə] 囡 -/-n《機械》(車輪の)轂(こしき), ハブ.
***Na·bel** ['naːbəl ナーベル] 男 -s/- **1**臍(へそ); (比喩)中心. der ~ der Welt 世界の中心. **2**《植物》(Hilum)臍.
'Na·bel·bin·de 囡 -/-n (新生児の)臍包帯.
'Na·bel·bruch 男 -[e]s/¨e《医学》臍ヘルニア.
'Na·bel·schau 囡 -/-en **1**《話》(過度の)自己観察(分析); 自責; 自己陶酔. **2**《戯》(大胆に, また過度に)肌を露出すること. **3**《戯》美人コンテスト; ストリップショー.
'Na·bel·schnur 囡 -/¨e《医学・生物》臍帯(さいたい), 臍(へそ)の緒.
'Na·bel·strang 男 -[e]s/¨e《医学》=Nabelschnur
'Na·bob ['naːbɔp] 男 -s/-s (arab. nuwwab, Statthalter¹) **1**《歴史》(ムガール帝国の)太守. **2** (a)《古》インド帰りの大富豪. (b)《侮》大金持, 金満家, お大尽.

nach [naːx ナーハ]

❶《3格支配》代名詞と融合して danach, wonach, nacheinander となる. **1**《方向・目標》(a) …の方へ, …に向かって. eine Reise ~ Afrika アフリカへの旅. ~ Berlin〈Deutschland〉fahren ベルリーン〈ドイツ〉へ行く. Der Zug fährt von München ~ Hamburg. その列車はミュンヒェン発ハンブルク行だ. ~ Haus[e] gehen〈kommen〉帰宅する. ~ et³ greifen 物³に手を伸ばす. ~ j³ schlagen j³に殴りかかる. ~ allen Richtungen 四方八方へ. ~ Westen 西へ. ~ draußen 外へ. ~ rechts 右へ. von oben ~ unten 上から下へ.《zu や in の代りに/とくに北³で》~ der (=zur) Post〈~ dem (=zum) Schlachter〉gehen 郵便局〈肉屋〉に行く. ~ dem (=in den) Süden reisen 南へ旅する. (b)《欲求の対象》…を求めて. ein Verlangen ~ Macht 権力欲. ~ et〈j³〉fragen 事³〈人³のこと〉を尋ねる. ~ Brot〈Milch〉gehen《話》パン〈ミルク〉を買いに行く. ~ Hilfe〈dem Kellner〉rufen 助け〈ボーイ〉を呼ぶ. ~ dem Arzt schicken 医者を呼びにやる. Nach was〈=Wonach〉suchst du denn?《話》君はいったい何を探しているんだ. (c)《部屋などの向き》…に面して. Das Fenster geht〈liegt〉~ Norden. その窓は北向きである. ~ der Straße [zu] liegen 通りに面している.

2《順序・順位》…の後から, …に次いで. Er betrat ~ ihr den Saal. 彼は彼女の後から広間に入った. Der Major kommt ~ dem Hauptmann. 少佐は大尉の1つ上の階級だ. Du bist erst ~ mir an der Reihe. 君の番は私の次だ. einer ~ dem anderen 1人, また1人, 次々に. Bitte ~ Ihnen! どうぞお先に.《最上級・比較級と》Nach München ist Nürnberg die größte Stadt in Bayern. ミュンヒェンに次いでニュルンベルクがバイエルン第2の大都市だ. Nach dir ist mir keiner lieber als er. 君はべつとして私は彼よりも好きだ.

3《時間的継続・経過》…の後で; …経った後に. Es ist zehn Minuten ~ zwölf [Uhr]. 12時10分です. ~ der Arbeit 仕事の後で. im Jahre 800 ~ Christus〈Christi Geburt〉西暦800年に. ~ dem

Essen / ～ Tisch 食事の後で. ～ der Kirche〈話〉礼拝の後で. ～ langem Leiden 長く苦しんだ後に. ～ Ostern 復活祭の後に. ～ zwei Stunden 2時間後に. **4**《基準・準拠 / しばしば名詞の後に置かれる》(a) …に従って，…に応じて. ～ Bedarf 必要に応じて. ～ Belieben 随意に. ～ Diktat schreiben 口述筆記する. ～ dem Gefühl urteilen 感じで判断する. ～ Kräften 力の限り. eine Geschichte ～ dem Leben 実話. j³ nur dem Namen ～ kennen 人⁴の名前だけ知っている. ～ der Natur malen 写生する. ～ Noten spielen 楽譜を見ながら弾く. et⁴ der Quere〈der Länge〉～ durchschneiden 物を横〈縦〉に切断する. ～ dem geltenden Recht 現行法によって.《je nach et³ の形で》je ～ Lust und Laune 気の向くままに, 気分次第で. je ～ den Umständen 事情に応じて. (b)《判断の根拠》…によれば. *seinem* Alter ～ 年齢からすれば. allem Anschein ～ / ～ allem Anschein 見たところ, どう見ても. Er ist Franzose ～ Herkunft.《雅》彼は素性からいえばフランス人だ. meiner Meinung ～ / ～ meiner Meinung 私の考えでは. aller Voraussicht ～ 十中八九, おそらくは. (c)《分類・計量などの基準》…に基づいて. Bücher ～ Autoren〈dem Alphabet〉ordnen 本を著者別〈アルファベット順〉に整理する. ～ der Größe / der Größe ～ 大きさによって. ～ [der] Leistung 出来高払いで. (d)《模範・手本》…にならって, …を模して; …にちなんで. Man nannte ihn Ludolf ～ seinem Großvater. 彼は祖父の名にちなんでルードルフと命名された. [frei] ～ Schiller シラーの翻案で. eine Lithographie ～ einem Gemälde von Picasso ピカソの絵を模したリトグラフ. (e)《とくに味覚・嗅覚について》Spaghetti ～ Bologneser Art ボローニャ風のスパゲッティ. Der Wein schmeckt ～ Fass〈nichts〉. そのワインは樽の味がする〈気が抜けている〉. Das riecht ～ Verrat.《比喩》これは裏切の臭いがする. **5** Witwe ～ dem Beamten Mayer《法律》官吏マイヤー氏の未亡人. ❷ 圓 **1** 後から, 後に続いて. Mir ～！私についておいで. Ich muss ihr ～. 私は彼女の後を追わねばならない. **2**《次の成句で》～ und ～ 次第に. ～ wie vor 相変らず, 依然として. **3**《話》《danach, wonach などが分離して》Wo soll ich denn ～ suchen. 私はいったい何を探せばいいんだ.

nach‥¹ [na:x‥]《分離前つづり / つねにアクセントをもつ》**1**《後続の意を表す》*nach*folgen 後につづく. *nach*hallen 余韻を引く. **2**《追求・追究》*nach*forschen 調査する. *nach*suchen〈懸命に〉探す. **3**《追加・反復》*nach*bestellen 追加注文する. *nach*prüfen 再検査する. **4**《模倣》*nach*ahmen まねる. *nach*bilden 複製〈模造〉する. **5**《劣後》*nach*geben 譲歩する. *nach*stehen 後れをとる.

nach‥², **Nach**‥ [na:x‥]《接頭》名詞・形容詞に冠する.《後続の意を表す》*Nach*hall 残響. *Nach*mittag 午後. *nach*christlich 西暦紀元後の. *nach*klassisch 古典主義後期の.《追加・反復》*Nach*messung 再測量. *Nach*satz 追記.《劣後》*Nach*teil 不利益.

'nach|äf‧fen ['na:x|ɛfən] 他 圓《人〈物〉⁴を》《悪意で》人〈物〉³をまねる〈からかい半分に〉, 〈の〉猿まねをする.

Nach‧äf‧fe‧rei [‥|ɛfə'raɪ] 囡 -/-en《侮》〈からかい半分の〉物まね, 猿まね.

*'**nach|ah‧men** ['na:x|a:mən ナーハアーメン] 他 **1** まねる, 模倣する. einen Schauspieler ～ ある俳優のまねをする. die Unterschrift *seines* Vaters ～ 父親のサインをまねる. ein Motiv ～《音楽》ある動機を模倣する. **2** 見習う, 模範〈手本〉にする. **3**《まれ》模造する. *nachgeahmter* Marmor 模造大理石.

'**nach‧ah‧mens‧wert** 形 模倣に価する；模範〈手本〉とするに足る.

'**Nach‧ah‧mer** 男 -s/- まねる人；見習う人；模造者.

*'**Nach‧ah‧mung** ['na:x|a:mʊŋ ナーハアームング] 囡 -/-en **1**《複数なし》模倣, まね；模造. **2** 模造品.

'**Nach‧ah‧mungs‧trieb** 男 -[e]s/《行動学》模倣本能.

'**nach|ar‧bei‧ten** ❶ 他 **1** 模造する, 模写する. **2** 手直しする, 〈に〉さらに手を加える. **3** zwei Stunden ～ 2時間の仕事の遅れをとりもどす. ❷ 自《人〈物〉³を手本〈模範〉に仕事をする.

'**nach|ar‧ten** 自 (s)《人³に》似てくる.

'**Nach‧bar** ['naxba:r ナハバール] 男 -n(-s)/-n となり〈隣家, 隣室, 隣席〉の人；隣人, となり近所の人；隣国. der Garten des ～n〈～s〉隣家の庭. Wir sind ～n geworden. 私たちは隣人どうしになった. Herr ～!〈戯〉《呼掛け》もし, お隣さん；〈古〉もうし, そこのお方. scharf〈spitz〉wie ～s Lumpi sein《話》まるでさかりのついた犬である (Lumpi はよくある犬の名).

'**Nach‧bar‧dis‧zip‧lin** 囡 -/-en《学問の》隣接領域.

'**Nach‧bar‧dorf** -[e]s/ⁿer 隣村.

'**Nach‧bar‧grund‧stück** 田 -[e]s/-e 隣接する地所.

'**Nach‧bar‧haus** 田 -es/ⁿer 隣接する家屋〈建物〉；隣家.

'**Nach‧ba‧rin** ['naxba:rɪn] 囡 -/-nen《Nachbar の女性形》Frau ～!《呼掛け》お隣の奥さん；〈未知の婦人に〉ねえ, あなた.

'**Nach‧bar‧land** 田 -[e]s/ⁿer 隣国.

'**nach‧bar‧lich** ['naxba‧rlɪç] 形 隣人の, 近〈近所〉の；近隣の, 隣接している；近所どうしの, 近所づきあいの. eine ～e Familie 隣〈近所〉の家族. Wir pflegen gute ～e Beziehungen. 私たちは近所づきあいを大切にしている.

*'**Nach‧bar‧schaft** ['naxba:rʃaft ナハバールシャフト] 囡 -/ **1** 隣人であること, 近隣関係；近隣のよしみ, 近所づきあい；隣接していること. [eine] gute ～ halten 仲よく近所づきあいをする. **2** 隣近所, 近隣, 付近, 界隈《総称》. Er spielt mit den Kindern aus der ～. 彼は近所の子供たちと遊んでいる. in der ～ wohnen 近所に住んでいる. **3**《集合的に》近所の人, 隣人たち. die ganze ～ 近所じゅうの人.

'**Nach‧bar‧schafts‧haus** -es/ⁿer = Nachbarschaftsheim

'**Nach‧bar‧schafts‧heim** 田 -[e]s/-e 地区集会所, 公民館.

'**Nach‧bars‧kind** 田 -[e]s/-er 隣家〈近所〉の子供.

'**Nach‧bars‧leu‧te** 閥 -/ 近所の人々.

'**Nach‧bar‧staat** 男 -[e]s/-en 隣国.

'**Nach‧bar‧wis‧sen‧schaft** 囡 -/-en《多く複数で》隣接科学.

'**Nach‧be‧ben** ['na:x‥] 田 -s/-《地球物理》余震.

'**nach|be‧han‧deln** 他《物⁴に》後〈ご〉処理を施す；《病人, 患部に》後〈ご〉処置〈後治療〉をする. ◆過去分詞 nachbehandelt

'**Nach‧be‧hand‧lung** 囡 -/-en《工業》後〈ご〉処理；《医学》後〈ご〉処置, 後療法.

'nach|be·kom·men* 他《話》1 (物⁴の)追加をもらう, (食事などの)おかわりをする. 2 あとから手に入れる (買い取る). ◆過去分詞 nachbekommen

'nach|be·rei·ten 他 1 (食事の)追加を用意する. 2 (授業の)復習(おさらい)をする. ◆過去分詞 nachbereitet

'Nach|be·rei·tung 囡 -/-en 1 (食事の)追加を用意すること. 2 (授業の)復習, おさらい.

'nach|bes·sern 他 1 あとから手を加える, 修正(修整)する. 2 補修(修理)する.

'nach|be·stel·len 他 追加注文する.

'Nach·be·stel·lung 囡 -/-en 追加注文.

'nach|be·ten 他 1 ein Gebet ～ 人³のあとについて祈りを唱える. eine fremde Meinung ～ 他人の意見を受け売りする.

'nach·be·zeich·net 形《付加語的用法のみ》《商業》以下の, 次に記載した.

'Nach·bild ['na:xbɪlt] 甲 -[e]s/-er 1《心理》残像. 2《古》(美術品の)贋作(がん).

'nach|bil·den 他 et³ et⁴ ～ et³に倣って物を模造する.

'Nach·bil·dung 囡 -/-en 1《複数なし》模造. 2 模造(複製)品.

'nach|blei·ben* 自 (s)《地方》1 (競争などで)遅れる. hinter den anderen〈im Unterricht〉～ 人より遅れる〈授業についていけない〉. ～ [müssen] 放課後残される. 2 (傷痕などが)残る. 3 (時計が)遅れている

'nach|bli·cken 自 (人〈物³〉を)目で追う, 見送る.

'nach|brin·gen*他 (忘れ物などを)あとから持っていく, 届けてやる(人³に).

'Nach·bür·ge ['na:xbʏrɡə] 男 -n/-n《法制》副保証人.

'nach·christ·lich 形《付加語的用法のみ》(↔ vorchristlich) 西暦紀元後の.

'nach|da·tie·ren 他 1 (書類などに)さかのぼった日付を入れる. 2《まれ》(物⁴に)あとから日付を入れる. ◆過去分詞 nachdatiert

nach'dem

[na:x'de:m ナーハデーム] ❶ 接《従属／定動詞後置》1 …した後で, …してから(副文の時称には通常完了形が用いられる). Nachdem er gegessen hatte, schmauchte er eine Zigarre. 食事を済ませたあと彼は葉巻を 1 本悠(ゆう)々(ゆう)とふかした. Sie geht in die Ferien, ～ sie ihre Prüfung abgelegt hat. 彼女が休暇旅行に出かけるのは試験を済ませてからだ. Gleich〈Kurz〉～ er angekommen war, rief er mich an. 彼は到着してすぐに私に電話をよこした. 2 je ～ … …次第で, …に応じて. Je ～ [, wie] die Wahl ausfällt, wird die Regierung sofort zurücktreten. 選挙の結果次第では内閣はただちに退陣するだろう. Je ～!事情によっては, その時次第さ. je ～ [, wie] das Wetter ist 天候によっては. je ～, ob… …かどうかによって. je ～, wann〈wer〉… いつ〈誰が〉…するかによって. 3《南ドイ·オーストリア》…なので, …だから; …である以上. Nachdem du einmal zugestimmt hast, musst du dich an die Abmachungen halten. 君が一たんに賛成したのだから取決めを守らなくてはならない. ～ die Lage so ist 事態がそうなっている以上は.
❷ 副《古》(danach) その後, それから.

nach'den·ken ['na:xdɛŋkən ナーハデンケン] ❶ 自 über et⁴ ～ /《雅》et³ ～ 事⁴,³について熟考する, よく考えてみる. Denk mal nach!よく考えてごらん. ❷ 他自《まれ》et⁴⟨³⟩ ～ 事⁴,³(先人の思考など)の跡をたどる.

'nach·denk·lich ['na:xdɛŋklɪç] 形 1 (深く)考えこんだ, 思いに沈んだ; 考え込みがちな, 内省的な. ein ～es Kind 考え込みがちな子供. eine ～e Miene machen 物思わしげな顔をする. j⁴ ～ machen〈stimmen〉人⁴を考え込ませる. ～ werden 考え込む. 2《雅》考えさせられる, 重大な.

'Nach·denk·lich·keit 囡 -/ 考えこむこと, 熟慮; (話・言葉などの)重大さ.

'Nach·dich·tung 囡 -/-en 翻案.

'nach|drän·gen 自 (h, s) 後ろから押寄せる, 後ろから無理やり割って入ろうとする(人〈物〉³のうしろから).

'nach|drin·gen* 自 (s) (人〈物〉³の)後ろから激しく追う.

'Nach·druck ['na:xdrʊk ナーハドルク] 男 -[e]s/-e 1《複数なし》強調, 強意; 力点, 重点. auf et⁴ besonderen ～ legen 事⁴をとくに強調する. (に)格別力をいれる. mit ～ 強調して, 力をこめて, 重点的に. 3 (↓ nachdrucken)《書籍》(a)《複数なし》再版(すること). ～ verboten!不許複製. (b) 復刻版, リプリント. (c) 海賊版.

'nach|dru·cken 他 1 再版する; 復刻(翻刻)する. 2 (物⁴の)海賊版を出す.

'Nach·druck·er·laub·nis 囡 -/-se《複数なし》翻刻(複製)許可.

'nach·drück·lich ['na:xdrʏklɪç] 形 1 強い調子の, 力をこめた. eine ～e Ermahnung きびしい警告. ～ auf et³ bestehen 物³を断固主張する. 2《まれ》(nachhaltig) あとまで残る, 消えにくい.

'Nach·drück·lich·keit 囡 -/《主張・要求・警告などの》強さ, 激しさ, きびしさ.

'nach|dun·keln 自 (s, h) 黒ずむ.

'nach|ei·fern 自 (人³を)見習ってがんばる.

'nach|ei·len 自 (人³の)後を急いで追う.

nach·ei·nan·der [na:x|aɪˈnandɐ ナーハアイナンダー] 副 (nach + einander) 1 次々と, 順々に, 相前後して. Bitte ～ eintreten!順にお入りください. dreimal ～ 3度続けて. kurz ～ 間をおかずに次々と. 2 相互に. ～ schauen 互いに相手のことに気を配り合う

'nach|emp·fin·den* 他 1 j² Trauer ～ / j³ die Trauer ～ 人²,³の哀しみがわかる. 2 j⟨et⟩³ et⁴ ～ 人〈物³〉に倣(なら)って物⁴(とくに芸術作品など)をつくる. ◆過去分詞 nachempfunden

'Na·chen ['naxən] 男 -s/-《雅》小舟.

'Nach·er·be 男 -n/-n《法制》後位相続人.

'nach|er·le·ben 他 1 追体験する. 2 あらためて思い起す. ◆過去分詞 nacherlebt

'Nach·ern·te 囡 -/-n《農業》2 番収穫, 2 番刈り.

'nach|er·zäh·len 他 (読んだり聞いたりした話を)自分の言葉で語る. ◆過去分詞 nacherzählt

'Nach·er·zäh·lung 囡 -/-en (ある話を)自分の言葉で語り直すこと; (自分の言葉で)語り直された物語.

Nachf.《略》=Nachfolger[in]

'Nach·fahr ['na:xfa:r] 男 -s(-en)/-en = Nachfahre

'Nach·fah·re [..rə] 男 -n/-n《まれ》(Nachkomme) 子孫, 後裔(えい).

'nach|fah·ren* ❶ 自 (s) 1 (乗物で)あとを追う, あとから駆けつける(人³の); (乗物が)あとに続いて(あとを追って)走る. 2《猟師》(猟犬が)獣の足跡を追う. ❷ 他 (h, s) (線・文字を)なぞる.

'nach|fas·sen ❶ 1 (とくにスポーツで鉄棒・ポールなどを)握り(つかみ)直す. 2《話》(マスコミなどがしつこく追求する, 執拗に追いかける. ❷ 他《兵隊》(食事な

どを)再度受領する.

Nach·fei·er 囡 -/-n **1** 期日を遅らせて行う祝い. **2**《正式な祝いに伴い》あと祭り, 二次会.

nach|fei·ern 他 **1** 後日(遅ればせながら)祝う. **2**《正式な祝い》の二次会をする.

Nach·feld 甲 -[e]s/-er《文法》(文の)後域.

Nach·fol·ge ['naːxfɔlgə] 囡 -/-n《複数まれ》継承, 引き継ぎ; 後継, 後任; (師・手本などに)倣(なら)うこと. j² ~ antreten 人²の後継者(後任)になる. keine ~ finden 見倣う(引き継ぐ)者がいない. ~ Christi キリストの模倣(アウグスティヌス修道会士トマス・ア・ケンピスの著 „Imitatio Christi" のドイツ語訳;『キリストのまねび』『キリストにならいて』などの邦訳がある); (キリストに倣うべき)信徒のつとめ(↓『新約』マタ 16:24).

'**nach·fol·gen** ['naːxfɔlgən] 自 (s) **1** (人〈物〉³の)あとに従う, あとを追う, あとに続く. **2** (a)《雅》(人〈物〉³に)倣(なら)う, 師事する. (b)《雅》(人³の)あとを追って死ぬ. (c) (人³の)後継者(後任)になる. **3** あとから(遅れて)やって来る. Die Unterlagen lasse ich ~. 必要書類は追ってお送りします.

'**nach·fol·gend** ['naːxfɔlgənt] 現分形 あとに続く, 後続の; 次の; 以下の, 後述の. Nachfolgendes〈~es〉/ das Nachfolgende 下記のこと. im Nachfolgenden〈~en〉以下に, 次に.

'**Nach·fol·ger** ['naːxfɔlgər] 男 -s/- (略 Nachf.) 後継者, 後任. ◆女性形 Nachfolgerin 囡 -/-nen

'**Nach·fol·ge·staat** 男 -[e]s/-en《多く複数で》《政治》後継(継承)国家(大国が解体した後に生まれる小国家. とくに第1次世界大戦後のオーストリア゠ハンガリー帝国の解体で生じた国々).

'**nach|for·dern** 他 あとから要求(請求)する, 追加請求する.

'**Nach·for·de·rung** 囡 -/-en あとから行う要求(請求), 追加請求.

'**nach|for·schen** 自 (物〈人〉³のことを)調べる, 調査する, さぐる.

'**Nach·for·schung** 囡 -/-en《多く複数で》調査, 捜査. ~en anstellen〈halten〉調査する.

*****Nach·fra·ge** ['naːxfraːgə] ナーハフラーゲ 囡 -/-n **1**《経済》需要〈nach〈in〉et³ 物³の〉. Angebot und ~ 供給と需要. Es herrscht heute große〈starke〉 ~ nach Kleinautos. 今日小型自動車の需要は大きい. Die ~ steigt〈sinkt〉. 需要が増大〈減少〉する. **2** 問い合せ, 照会. nach〈bei〉 j³ nach et〈j³〉 j³〈人³〉に事〈人〉³について照会する. Danke der [gütigen] ~ ! / Danke für die [gütige] ~ !《話》(安否などを問われて)ご心配をおかけしてどうも. **3**《まれ》追加[補足]質問. **4**《統計》(投票結果などの推定のための)質問調査.

'**nach|fra·gen** ['naːxfraːgən] **❶** 自 **1** 問い合せる, 照会する〈bei j³ nach〈j³〉人³に事〈人〉³のことを〉. **2** um et⁴ ~ を願い出る. um Genehmigung ~ 許可を願い出る. **3** 繰返して(重ねて)尋ねる. **❷** 他《ふつう受動態で》《経済》(商品などを)求める. Diese Waren werden kaum noch nachgefragt. この商品は需要がもうほとんどない.

'**Nach·frist** 囡 -/-en《法制》(契約履行の)猶予期間.

'**nach|füh·len** 他 (nachempfinden 1) j² Schmerz ~ 人²の痛みが分かる. Das kann ich dir [gut] ~. 君のその気持はよく分かる.

'**nach|fül·len** 他 注ぎ足して一杯にする, 補充(補給)する. Benzin〈den Tank〉 ~ ガソリンをもう一度満タンにくタンクをもう一度いっぱいに〉する.

'**Nach·gang** 男《次の用法で》im ~《書》追加(補遺)として. im ~ zu unserem Schreiben 前便の追加として.

*****nach|ge·ben*** ['naːxgeːbən] ナーハゲーベン **❶** 自 **1** 《物が主語》(a) (外圧を受けて)曲がる, たわむ, へこむ, たるむ, ゆるむ; くらつく, 崩れる. Der Fußboden gibt bei jedem Schritt nach. 床が1歩ごとにへこむ. Das Seil〈Die Leiter〉gibt nach. ロープがゆるむ〈梯子(はしご)がくらつく〉. nachgebender Sand 崩れやすい砂. et³ ~ 物³(の力)に負ける, (を)もちこたえられない. Der Staudamm hat dem Wasser[druck] nachgegeben. ダムは水圧に耐えられなかった. (b)《経済》(相場などが)ゆるむ, 値崩れする. **2**《人が主語》屈服する, 譲歩する〈人〈物〉³に〉. Ich werde nie ~. 私は決して屈服〈譲歩〉しないぞ. j² Bitten ~ 人²の懇願を聞入れる. seinen Kindern zu viel ~ 子供たちに甘すぎる. einer Verlockung ~ 誘惑に負ける. Der Klügere gibt nach.《諺》負けるが勝ち.

❷ 他 **1**〈etwas, nichts を目的語にして〉j³ an et³ etwas〈nichts〉 ~ 事³で人³に引けをとる〈とらない〉. Er gibt keinem anderen im Laufen etwas nach. 彼は駆けっこならほかの誰にも負けない. **2**《人³に物⁴を》追加して与える. sich³ Kartoffeln ~ lassen じゃがいものお代りをする.

'**nach·ge·bo·ren** 形 **1** (他の兄弟姉妹より)ずっとあとから生れた. **2**《まれ》父の死後(親の離婚後)に生れた.

Nach·ge·bo·re·ne 男囡《形容詞変化》**1** (他の兄弟姉妹より)ずっとあとから生れた子供. **2** 父の死後(親の離婚後)に生れた子供. **3**《複数で》後世の人々.

'**Nach·ge·bühr** 囡 -/-en《郵便》(郵便物の受取人が払う)不足料金.

'**Nach·ge·burt** 囡 -/-en **1** 後産(のちざん). **2**《卑》できそこない, ろくでなし.

*****nach|ge·hen*** ['naːxgeːən] ナーハゲーエン 自 (s) **1**《人が主語》(a) (人〈物〉³のあとについて行く, あとを追う. Er geht einem Mädchen auf Schritt und Tritt nach. 彼はあらゆる娘のあとをつけ回している. einer Spur im Schnee ~ 雪のなかの足跡を追う. (b)《事³を追求める, 追究(探究)する. einem Gerücht ~ 噂を追いかける. (c) (仕事などに)従事する, 専念する. **2**《事が主語》(人²の)胸に残る, 心から離れない. Seine Worte sind mir noch lange nachgegangen. 彼の言葉はその後長い間私の心から離れなかった. **3** (↔ vorgehen) (時計が)遅れる. Die Uhr geht [um] zehn Minuten nach. その時計は 10 分遅れている.

'**nach·ge·las·sen** 過分形 (↑nachlassen) 死後に遺された. ~e Werke 遺作.

'**nach·ge·macht** 過分形 模造の, 偽造の. ~e Blumen 造花. ~es Geld 贋金(にせがね).

'**nach·ge·ord·net** 形《比較変化なし》《書》下位の.

'**nach·ge·ra·de** ['naːxgəˈraːdə] 副 **1** しだいに, だんだん; ついに, とうとう. Jetzt wird es mir ~ zu viel. そろそろ私も限界にきている, もう我慢ならない. **2** まさに. Das kann man ja ~ einen Betrug nennen. それこそ詐欺ってものじゃないか.

'**Nach·ge·ra·ten*** 自 (s) (人³に)似てくる. ◆過去分詞 nachgeraten

Nach·ge·schmack 男 -[e]s/- 後(あと)味, 後口. Der Vorfall hat einen bitteren ~ bei ihm hinterlassen. その出来事は彼に苦い後味を残した.

*****nach·gie·big** ['naːxgiːbɪç] ナーハギービヒ 形 **1** (↓nachgeben 1) 曲りがい〈へこみ, たるみ, 崩れ〉やすい, 軟らかい. **2** (↓nachgeben 2) すぐ人に譲歩(妥協)する,

nach|gie·ßen* ❶ 他 j³ Kognak ⟨j² Glas⟩ ~ 人³にコニャックを⟨人²のグラスに⟩注ぎ足す. ❷ (像などを)鋳造する.

nach|grü·beln 自 (et³⟨über et³⟩ 事³,⁴について)あれこれ考える, 思い悩む.

nach|gu·cken (話) =nachsehen ①, ② 1, 2

Nach|ha·ken 自 1 ⟨⁴⟩ 後ろからトリッピングをかける. 2 (話) (a) (相手の話を遮って)質問を浴びせる. (b) in et³ ~ 事³を追求する.

Nach·hall ['na:xhal] 男 -[e]s/-e (複数まれ) 残響, 余韻.

'nach·hal·len 自 (h, s) 余韻を残す;《雅》(印象などが)消えずに残る.

'nach·hal·ten* 自 (影響・効果などが)あとまで残る, 持続する;(話)(食物が)腹持ちがよい.

'nach·hal·tig ['na:xhaltɪç] 厖 1 (影響・効果などが)あとまで残る, 長く続く, 持続的な. 2 ~e Nutzung 《林業》(林地の)保続的利用 (伐採制度によってつねに安定した木材の収穫をめざす営林).

nach|hän·gen* 自 1 (事³に)没頭する, ふける. seinen Erinnerungen⟨Gedanken⟩ ~ 思い出にひたる⟨考えにふける⟩. 2 (話) かどらない, もたもたしている. in Mathematik⟨mit einem Aufsatz⟩ ~ 数学がついていけない⟨論文がなかなかできない⟩. 3 (人³について回る⟨評判などが⟩. 4 (猟師)(獣の跡を)猟犬を連れて追う.

Nach·hau·se·weg 男 -[e]s/-e 家路, 帰路.

'nach|hel·fen* 自 (人³事³の)手助けをする, 押しをする, (に)力を貸す. dem Fortgang der Arbeiten ~ 仕事の進捗⟨しんちょく⟩を助ける. dem Glück [ein wenig] ~ 幸運の女神にちょっと手を貸す(目的のためにすこし強引な手を使う,の意). einem Schüler in Englisch ~ 生徒の英語をみてやる.

***nach'her** [na:x'he:ɐ̯, '--] 副 1 あとで, あとから. Tu das lieber gleich, ~ ist es zu spät. すぐにしたほうがいい, あとでまた遅すぎる. Ich komme ~ noch zurück. あとでまた戻ってきます. Bis ~! では後ほど, じゃまたね. Erst waren wir im Kino, ~ in einem Klub. 私たちはまず映画をみて, それからクラブにいった. bald ~ それからすぐに. einige Tage ~ それから数日後に. 2 《地方》(womöglich) もしかすると, ひょっとして.

nach·he·rig [na:x'he:rɪç] 厖 (付加語的用法のみ)後の, あとからの. その後の.

Nach·hil·fe ['na:xhɪlfə] 女 -/-n (複数まれ) 1 手助け, 手押し, 援助. 2 =Nachhilfeunterricht

Nach·hil·fe·stun·de 女 -/-n =Nachhilfeunterricht

Nach·hil·fe·un·ter·richt 男 -[e]s/-e (複数まれ) 補習授業, 個人教授.

Nach·hin·ein, °**'nach·hin·ein** ['na:xhɪnaɪn] 副 《次の用法で》im ~ あとで, あとになって.

'nach|hin·ken 自 (s) (話) (人/物³のあとから)びっこを引き引きついていく;(比喩) 遅れをとる. den Terminen⟨im Unterricht⟩ ~ 期限に遅れる⟨授業についていけない⟩.

Nach·hol·be·darf ['na:xho:l..] 男 -[e]s/-e (複数まれ) 遅れ(不足)を取り戻す必要.

'nach|ho·len ['na:xho:lən] 他 1 (残したものを)あとから連れて(持って)くる. seine Familie an den neuen Wohnort ~ 家族を新しい住所へ呼んでくる. 2 (遅れなどを)取り戻す, 挽回する. Schlaf⟨eine Prüfung⟩ ~ 睡眠不足を取り戻す⟨追試験を受ける⟩.

'Nach·hut ['na:xhu:t] 女 -/-en 《軍事》後衛⟨ごえい⟩.

'nach|ja·gen ❶ 自 (s) (人/物³を)すごい勢いで追いかける, 急追する. einem Flüchtling⟨dem Geld⟩ ~ 逃亡者を追う⟨金の亡者になる⟩. ❷ 他 j³ et⁴ ~ 人³のあとから物⁴を急いで送る. j³ ein Telegramm⟨eine Kugel⟩ ~ 人³を追うようにして電報を打つ⟨人³の背中から撃つ⟩.

'nach|kar·ten ['na:xkartən] 他 (話) (終ったことを)たむし返す.

'nach|kau·fen 他 (あとから)買い足す.

'Nach·klang 男 -[e]s/⁼e 残響;(比喩) 余韻.

'nach|klin·gen* 自 (h, s) 余韻を残す(ひく). Die Begegnung klang lange in mir nach. その出会いのことはいつまでも私の胸に残った.

'Nach·kom·me ['na:xkɔmə] 男 -n/-n (↔ Vorfahr) (直系の)子孫, 後裔⟨こうえい⟩. Er hat keine ~n. 彼には子供がない.

'nach|kom·men ['na:xkɔmən ナーハコメン] 自 (s) 1 あとから来る(行く), 遅参する. Geht nur voraus, ich komme gleich nach. 君たち先にいってくれ, 私はすぐあとからいく. Hoffentlich kommt da nichts nach. あとで何事も起らないといいんだけど. Es sind noch einige Kinder nachgekommen. (比喩) 子供がさらに何人か生れた. 2 (人⟨物⟩³のあとについて行く;課題などについて行く. Er komnt ihr überallhin nach. 彼はどこへでも彼女のあとについてくる. beim Diktat nicht ~ 書取りの速度についていけない. Er kam mit seiner Arbeit nicht nach. 彼は与えられた仕事についていけなかった. 3 《雅》(約束・責任などを)果たす;(命令などに)従う, 応じる. einer Anordnung⟨seinen Verpflichtungen⟩ ~ 指示に従う⟨自分の義務を果たす⟩. 4 (人³に)返盃をする. 5 《地方》(nachschlagen) (人³に)似てくる.

Nach·kom·men·schaft 女 -/《総称的に》子孫, 子; 裔⟨えい⟩.

Nach·kömm·ling ['na:xkœmlɪŋ] 男 -s/-e 1 (兄姉よりもずっとあとから生れた子, 2 《古》(Nachkomme) 子孫, 後裔. 3 《戯》遅刻者.

Nach·kriegs·ge·ne·ra·ti·on 女 -/-en 戦後世代.

'Nach·kriegs·zeit 女 -/-en 戦後(の時期).

'Nach·kur 女 -/-en 後⟨あと⟩療法.

'Nach·lass, °**'Nach·laß** ['na:xlas] 男 -es/-e(⁼e) 1 《法制》遺産, 遺品. Der [literarische] ~ eines Dichters ある詩人の遺稿. den ~ ordnen 遺品を整理する. den ~ verwalten 遺産を管理する. 2 (a) 値引, 割引. einen ~ bekommen⟨gewähren⟩ 値引きをしてもらう⟨値引きをする⟩. (b) 《まれ》(負債・罰などの)軽減, 免除.

'nach|las·sen ['na:xlasən ナーハラセン] ❶ 自 1 (勢い・力などが)弱まる, 衰える; 和らぐ, 減退(低下)する;(雨・嵐などが)やむ, おさまる;(熱が)下がる;(成績が)落ちる. Sein Gedächtnis hat sehr nachgelassen. 彼の記憶力はひどく衰えた. Die Kälte lässt allmählich nach. 寒さがしだいに和らいでくる. 《人が主語》Er hat in seiner Kraft⟨seinen Leistungen⟩ merklich nachgelassen. 彼は体力⟨成績⟩が目にみえて落ちた. Nicht ~! がんばれ, しっかりしろ. 2 《多く否定形で》(mit et³ 事³を)やめる, 断念する; 引きさがる. Wir wollen mit der Verfolgung des Täters nicht ~. 私たち

は犯人追及の手をゆるめるつもりはない. nicht eher ~ bis... …するまではやめない(引きさがらない). **3**《猟師》(猟犬が)獲物を駆立てるのをやめる.
❷ⓗ 圙 **1**《綱・ねじなどを》ゆるめる. die Zügel 一手綱(ౣ)をゆるめる. **2**(ある金額を)値引く, 割引く;《負債・罰金などを》軽減する, 免除する(人³に対して). j³ 10% vom〈im〉Preis ~ 人³に対し10%の値引きをする. j³ den Rest der Schulden ~ 人³の負債の残りを棒引きにする. **3**《猟師》(猟犬を)放つ. **4**《古》(hinterlassen)(人³に物⁴を)遺産として残す. ▶↑ nachgelassen

'**Nach·las·sen·schaft** 囡 -/-en《古》(Hinterlassenschaft)遺産.

'**nach·läs·sig** ['na:xlɛsɪç] 囮 投げやりな, だらしのない, いい加減な, そんざいな, くだけた, 肩の凝らない. eine ~e Arbeit 投げやりな仕事. ~ antworten 気のない返事をする. ~ gekleidet sein だらしない〈くだけた〉服装をしている.

'**nach·läs·si·ger'wei·se** ['na:xlɛsɪɡərˈvaɪzə] 圙 だらしなく, いい加減に, そんざいに.

'**Nach·läs·sig·keit** 囡 -/-en **1**《複数なし》だらしなさ, いい加減さ. **2** だらしない〈いい加減な〉態度(言動).

'**Nach·lass·pfle·ger** 男 -s/-《法制》遺産保護人.

'**Nach·lass·ver·wal·ter** 男 -s/-《法制》遺産管理人.

'**Nach·lauf** ['na:xlaʊf] 男 -[e]s/~e **1**《工学》(自動車の前輪の)後退角, キャスター. **2**《化学》(蒸溜の際の)後溜. **3**《物理》伴流. **4** ~ spielen《地方》鬼ごっこ(追っかけっこ)をする.

'**nach|lau·fen*** ['na:xlaʊfən] 圓 (s) **1**(人〈物〉³の)あとを追って走る, 追いかける.《話》追っかけをする. einer Frau〈den Aufträgen〉~ 女の尻を追回る〈注文を取りに駆けずり回る〉. Diese Kleider *laufen* sich³ in der Stadt *nach*.《戯》この服は町でよく見かけるほど流行している. **2**(人³を)信奉して盲従する. **3** ~zulaufen 1 **4**(時計が)遅れる, (秤の)針が十分振れない.

'**nach|le·ben** 圓 (人〈物〉³を)範として生きる, …のように生きる.

'**Nach·le·ben** 匣 -s/(故人が)記憶の中に生き続けること.

'**Nach·le·gen** 圓(石炭・薪(ㄅ)などを)つぎ足す.

'**Nach·le·se** ['na:xle:zə] 囡 -/-n **1** 2 番収穫; 落穂拾い. **2** 拾遺(ㄌ), 補遺.

'**nach|le·sen*** 他 ❶ **1**(作物の刈り残しを)拾い集める. **2**(農産物を)再選別する. ❷ 他 圓 読返す, 読直す; (et⁴〈über et⁴〉事⁴について)調べる.

'**nach|lie·fern** 他 **1** 期限後に引渡す(届ける). **2**(不足数量・欠品品の代りを)追加納入する.

'**Nach·lie·fe·rung** 囡 -/-en **1** 追加納入. **2** 追加納入された商品.

'**nach|lö·sen** 他《鉄道》(乗車券などを)列車内で買う, 車内精算する.

nachm.《略》=nachmittags

***nach|ma·chen** ['na:xmaxən] 他《話》**1**(a)まねる, 模倣する. den Lehrer〈j² Stimme〉~ 教師のまねをする〈人²の声色(ぅ)をつかう〉. Er *macht* mir alles *nach*. 彼はなんでも私のまねをする. (b)模造(偽造)する(↑nachgemacht). **2** あとから(遅ればせに)作り直す.

'**Nach·mahd** ['na:xma:t] 囡 -/《地方》(Grummet)2 番刈りの干草.

'**nach|ma·len** 他 **1** 模写する. **2**(a)塗り直す. (b)《話》化粧し直す.

'**nach·ma·lig** ['na:xma:lɪç] 圏《付加語的用法のみ》のちの, その後の.

'**nach·mals** ['na:xma:ls] 圙《古》のちに, あとになって.

'**nach|mes·sen*** 他 測り直す.

°'**nach·mit·tag** ↑Nachmittag 1

'**Nach·mit·tag** ['na:xmɪta:k ナーハミターク] 男 -s/-e **1** 午後. jeden ~ 毎日午後に. den ganzen ~ [über] 午後じゅう(ずっと). des ~s《雅》午後に; 午後ある日. am frühen〈späten〉~ / früh〈spät〉am ~ 午後早く〈遅くに〉. 《特定の日を表す語句の後で》heute ~《°*nachmittag*》きょうの午後に. [am] Montag*nachmittag*《°Montag *nachmittag*》月曜日の午後に. **2** 午後の催し(集い). ein lustiger ~ 楽しい午後の催し.

'**nach·mit·tä·gig** ['na:xmɪtɛ:gɪç] 圏《付加語的用法のみ》(ある日の)午後の; 午後じゅう続く(続いた). die ~e Hitze その日の午後の(午後じゅう続いた)暑さ. ein ~es Seminar 午後のゼミナール.

'**nach·mit·täg·lich** ['na:xmɪtɛ:klɪç] 圏《述語的には用いない》(毎日の)午後の.

'**nach·mit·tags** ['na:xmɪta:ks ナーハミタークス] 圙《略 nachm., nm.》午後に. freitags ~〈°Freitag ~〉金曜日の午後に. [um] 4 Uhr ~ / ~ [um] 4 Uhr 午後 4 時に.

'**Nach·mit·tags·kaf·fee** 男 -s/ 午後のコーヒー, 3 時のお茶.

'**Nach·mit·tags·kleid** 匣 -[e]s/-er アフタヌーンドレス.

'**Nach·mit·tags·un·ter·richt** 男 -[e]s/-e《複数まれ》午後の授業.

'**Nach·mit·tags·vor·stel·lung** 囡 -/-en《演劇》昼興行, マチネー.

'**Nach·nah·me** ['na:xna:mə] 囡 -/《郵便》代金引替え, 先(受取人)払い; 代金引替(料金受取人払い)郵便物. per〈als/gegen/mit/unter〉~ 代金引替え(着払い)で.

'**Nach·nah·me·sen·dung** 囡 -/-en《郵便》代金引替え郵便物.

'**Nach·na·me** ['na:xna:mə] 男 -ns/-n =Familienname

'**nach|neh·men*** 他 **1**(郵便料金などを)着払いで徴収する. **2** [sich³] et⁴ ~ 物⁴(食事など)のおかわりをする.

'**nach|plap·pern** 他(わけも分からずに他人の言葉を)口まねして言う; 受け売りする.

'**Nach·por·to** 匣 -s/-s(..porti) =Nachgebühr

'**nach|prü·fen** ['na:xpry:fən] 他 **1**(証言などを)確かめる, (もう一度)調べる. **2**(人¹に)追試験をする.

'**Nach·prü·fung** 囡 -/-en **1**(証言・アリバイなどの)確認, 再吟味. **2** 追試験.

'**Nach·raum** 男 -[e]s/《林業》(貯木場などの)屑材.

'**nach|räu·men** 他 ~ 人³の事⁴の後片づけをする.

'**nach|rech·nen** 他 **1** 検算する. **2**(過去の数字などを)思い出しながら数える.

'**Nach·re·de** ['na:xre:də] 囡 -/-n **1** あとがき, 結び(の言葉). **2** 陰口, 中傷. üble ~ über j⁴ führen 人⁴の陰口を言う. j⁴ in üble ~ bringen 人⁴を中傷する. üble ~《法制》名誉毀損.

'**nach|re·den** 他 **1** j³ et⁴ ~ 人³の話した事⁴を受け売りする. **2** j³ Übles〈übel〉~ 人³の陰口をきく.

'**nach|rei·fen** 圓 (s)(果実が)収穫後に完熟する.

'nach|ren·nen* 圓 (s) 1 (人〈物〉³のあとを追いかける. 2 (人³の)尻を追回す; (物³を得ようと)かけずり回る.

'Nach·richt ['na:xrɪçt ナーハリヒト] 囡 -/-en 1 知らせ, 通知, 報告 (von et³ / über et⁴ 事³⁴についての); 消息, 便り (von j³ 人³からの). eine gute 〈schlechte〉 ～ よい〈悪い〉知らせ. die neuesten ～en 最新情報. [eine] ～ bekommen〈erhalten〉 知らせをもらう; 報告を受ける. j³ ～ geben, dass..., 人³に…ということを知らせる. Ich habe schon lange keine ～ von ihm. 私はもう長い間彼の消息を聞いていない. 2《複数で》(テレビ・ラジオの)ニュース, 報道(番組). [die] ～en hören〈sehen〉 ニュース番組を聞く〈見る〉.

'Nach·rich·ten·agen·tur 囡 -/-en《新聞》通信社.
'Nach·rich·ten·bü·ro 囲 -s/-s =Nachrichtenagentur
'Nach·rich·ten·dienst 男 -[e]s/-e 1 通信社. 2 通信業務, 情報サービス. 3《政治》(政府・軍などの)秘密情報機関. 4《古》ニュース放送.
'Nach·rich·ten·ka·nal 男 -s/⁻e ニュースチャンネル.
'Nach·rich·ten·sa·tel·lit 男 -en/-en 通信衛星.
'Nach·rich·ten·sen·dung 囡 -/-en ニュース放送.
'Nach·rich·ten·sper·re 囡 -/-n 報道管制.
'Nach·rich·ten·spre·cher 男 -s/- (ラジオ・テレビの)ニュースアナウンサー.
'Nach·rich·ten·tech·nik 囡 -/ 通信工学.
'Nach·rich·ten·we·sen 囲 -s/ 通信組織; 報道機構.
'Nach·rich·ter ['na:xrɪçtər] 男 -s/- 1《軍事》通信隊員. 2《話》情報屋. 3《古》死刑執行人.
'nach·richt·lich 1 通信(報道)の, 情報(ニュース)の. 2《副詞的用法で》《書》お知らせとして.
'nach|rü·cken 圓 (s) 1 (前・隣りの人などとの)間をつめる. 2 (j³〈für j⁴〉 人³⁴の)あとを継ぐ. für einen versetzten Beamten ～ 転任した役人のあと釜に座る. in eine höhere Stelle ～ (順当に)昇進する. 3《軍事》(人³の)あとを追って進む(部隊などが).
'Nach·ruf 男 -[e]s/-e 追悼の辞. j³ einen ～ widmen 人³に追悼の辞を捧げる. Heute steht der ～ für〈auf〉 Doktor Otto in der Zeitung. 今日の新聞にオットー博士に対する追悼文が出ている.
'nach|ru·fen* 囮 (人³に)うしろから浴びせる(罵声など を).
'Nach·ruhm 男 -[e]s/ 死後の名声.
'nach|rüh·men 3 j³ et⁴ ～ 人³の事³を(当人のいないところで, また死後に)ほめる, 賞讃する.
'nach|rüs·ten ❶ 囮《工学》(物⁴に)性能アップのため部品を後付けする. ❷ 圓《軍事》軍備を増強する.
'nach|sa·gen ❶ 囮 1 (言われたことを)口まねして言う, くり返す. 2 (人³の事⁴を)陰口で言う. Ihm wird nur Schlechtes nachgesagt. 彼はもっぱら悪いことばかり言われている. Das lasse ich mir nicht ～! それは中傷もいいとこだ.
'Nach·sai·son [..zɛzɔ:] 囡 -/-s(-en [..zo:nən]) (保養地などの)シーズンの終り頃, シーズンオフ.
'Nach·satz 男 -es/⁻e 1 追記, 補遺; 付録; 追伸. 2 (↔ Vordersatz)《文法》後置文;《音楽》後楽節.
'nach|schaf·fen* 囮 1《規則変化》《まれ》買い足す. 2《不規則変化》模型(ひな型)に似せて作る. den Kopf aus Marmor ～ 頭部を大理石で象(かた)る. 3《規則変化》《地方》(仕事の遅れなどを)取り戻す.

'nach|schau·en 圓 囮《地方》=nachsehen ①, ② 1, 2
'nach|schi·cken 囮 1 (人³に物⁴を)あとから送る; (郵便物を)回送(転送)する. j³ böse Blicke ～ 人³の背後から悪意のこもった眼差しを送る. 2 (意見などをあとから付加えて言う.
'nach|schie·ßen* ❶ 囮 1 j³ eine Kugel ～ 人³を背後から撃つ. 2 (資金などを)さらにつぎこむ. ❷ 圓 (s, h) 1 (s)《話》(人³のあとを)すばやく追いかける. 2 はずしたボールを再度シュートする.
'Nach·schlag 男 -[e]s/⁻e 1《音楽》後打音(主要音間・トリルの終りの装飾音). 2《話》(軍隊の食事の)おかわり, 追加口糧. 3《賃金などの)追加要求.
'nach|schla·gen ['na:xʃla:gn̩ ナーハシュラーゲン] ❶ 囮 1 (単語・事項などを)調べる, 捜す (in einem Buch ある本で). ein Wort im Wörterbuch ～ ある語を辞書で引く. ein Zitat ～ 引用文の出典を調べる. 2 (辞書・事典などに)当ってみる, 参照する. mehrere Bücher ～ 何冊もの本に当ってみる. ❷ 圓 (h, s) 1 (h) in einem Buch ～ ある本を調べる, 参照する; (に)当ってみる. 2 (s)《雅》(人³に)似ている. Die Tochter ist ganz ihrer Mutter nachgeschlagen. 娘は母親にそっくりになった. 3 (h)《話》(サッカーで)トリッピングで仕返しをする.
'Nach·schla·ge·werk 囲 -[e]s/-e 参考書, 便覧; 辞書, 事典.
'nach|schlei·chen* 圓 (s) (人³の)あとからこっそりついていく, (を)尾行する.
'nach|schlep·pen 囮 引きずる. das verletzte Bein ～ 怪我した足をひきずる. j³ et⁴ ～ 人³のあとから物⁴を引きずりながらついて行く.
'Nach·schlüs·sel 男 -s/- (不正に作った)合い鍵.
'nach|schme·cken ❶ あと味が残る. ❷ 囮《戯》(喜び などを)あとからかみしめる.
'nach|schrei·ben* 囮 1 (物⁴に)做(なら)って書く, (を)まねて書く. 2 (講義などの)ノートをとる. 3 (作文・答案などをみんなよりあとから(遅れて)書かせてもらう.
'Nach·schrift 囡 -/-en 1《略 NS》追伸. 2《講義などの)筆記; (筆記した)ノート.
'Nach·schub 男 -[e]s/⁻e《複数まれ》《軍事》(弾薬・糧食などの)補給; 補給物資.
'Nach·schuss 男 -es/⁻e 1《経済》追加出資. 2《球技》(はずしたあとの)再度のシュート.
'nach|se·hen ['na:xze:ən ナーハゼーエン] ❶ 圓 1 (人〈物〉³を)見送る, 目で追う. dem abfahrenden Bus ～ バスが出て行くのを見送る. 2 確かめる, 調べる, 様子を見る. Sieh mal nach, wer an der Tür geklopft hat! だれがドアをノックしたのかちょっと見てくれ. ～, ob die Kinder schlafen 子供たちが寝ているかどうかみる. 3 in einem Buch ～ ある本(事典など)を調べる.
❷ 囮 1 調べる, 点検(検査)する. Er ließ an der Tankstelle seinen Wagen ～ 彼はガソリンスタンドで車を点検させた. seinem Kind die Schularbeiten ～ 子供の宿題に目を通してやる. 2 ein Lexikon〈et⁴ im Lexikon〉 ～ 事典を〈事⁴を事典で〉調べる. 3 (人³の事⁴を)大目に見る, 大目にみてやる. Du siehst den Kindern zu viel nach. 君は子供たちを甘やかしすぎる.
'Nach·se·hen 囲 -s/《次の用法で》das ～ haben なにも得るものがない; 損をし出にあう. Er war zu spät gekommen und hatte das ～. / Er war zu spät gekommen und ihm blieb nur das ～. 彼は遅れてき

nach|sen·den* 他 (郵便物を)転送(回送)する.

nach|set·zen ❶ 他 **1** うしろに置く. **2** あと回しにする, 軽視する. **3** (植物を)植え足す. ❷ 他 国 [die Hand〈den Fuß〉] ～ 足を突く〈足を踏んばる〉(とくにスポーツで). ❸ 国 **1** (人³の)あとを大急ぎで追う. **2** (a) (サッカーで)トリッピングをする. (b) はずしたボールを再度シュートする. **3** (質問などで)さらに追求する.

Nach·sicht ['na:xzɪçt ナーハズィヒト] 囡 -/ **1** 大目に見ること, 容赦; 寛容, 寛大. mit j³ ～ haben〈üben〉人³のことを大目に見る. Er kannte keine ～. 彼は情け容赦がなかった. ohne ～ 容赦なく. **2**《古》あとから気がつくこと. Vorsicht ist besser als ～. 《諺》転ばぬ先の杖.

nach·sich·tig ['na:xzɪçtɪç] 形 寛容(寛大)な; 思いやりのある, 温情ある. gegen j¹〈mit j³〉 ～ sein j⁴,³にたいして寛容である.

nach·sichts·voll 形 (きわめて)寛容な, 寛大な; 温情あふれた.

Nach·sicht·wech·sel 男 -s/- 《経済》一覧後定期払い手形.

Nach·sil·be 囡 -/-n 《文法》(Suffix) 後つづり, 接尾辞.

nach|sin·gen* 他 まねて歌う.

nach|sin·nen* 国《雅》(et³〈über et⁴〉事³,⁴について) あれこれ考える, 思索する.

nach|sit·zen* 国《多く müssen と》放課後残される.

Nach·som·mer 男 -s/- **1** 小春日和. **2**《比喩》老いらくの恋.

Nach·sor·ge 囡 -/《医学》(手術後・病後の患者に対する)アフターケア.

Nach·spann [..ʃpan] 男 -[e]s-e(=e) 《映画, テレビ》(↔ Vorspann) クレジットタイトル(本篇終了後に出る字幕).

Nach·spei·se 囡 -/-n (↔ Vorspeise) デザート.

Nach·spiel ['na:xʃpi:l] 中 -[e]s/-e **1** (↔ Vorspiel)《音楽》後奏曲.《古》《演劇》幕切れ後の小劇, (軽い)切り狂言. **2** 不愉快な結果. Die Sache hatte ein gerichtliches ～. その件は結局裁判沙汰になった. **3** (↔ Vorspiel) (性行為の)後戯.

nach|spie·len ❶ 他 **1** 倣(ﾅﾗ)って演じる(演奏する) (人³に倣って物³を). **2** (映画・芝居などが)なぞるように再現する. Der Film spielt das bürgerliche Leben in den sechziger Jahren nach. この映画は60年代の市民生活をそっくりそのまま描いている. **3** (他の舞台で初演された芝居を)引続いて上演する. **4**《球技》(次のカードを)切出す(トリックを取った人が). ❷ 他 国《球技》(ロスタイム分だけ)試合を延長する.

nach|spi·o·nie·ren 他 (人³のあとをこっそり尾(ツ)けて)スパイする. ▶ 過去分詞 nachspioniert

nach|spre·chen* 他 (宣誓・祈りなどを)復唱する (人³に倣(ﾅﾗ)って).

nach|spü·len ❶ 他 **1** (食器などを)すすぐ. **2**《話》(ビールなどを)あとすばやく喉に流し込む(物を飲み食いした直後に). ❷ 国 **1** すすぎ洗いをする. **2**《話》(ビールなどで)舌(ﾉﾄﾞ)を洗う.

nach|spü·ren (人や物³のあとを密に尾(ツ)ける, (を)探索する; (謎・事件などを)さぐる.

nächst

[nɛːçst ネーヒスト] ❶ 形 (nah[e] の最上級) **1**《距離》最も近い, すぐ隣(次)の, 最寄りの. das ～e Dorf 隣村. aus ～er Nähe すぐ近くから, 至近距離から. auf der ～en Station 次の(最寄りの)停留所で. der ～e(=kürzeste) Weg《話》一番の近道. Sie sitzt mir am ～en. 彼女が私の一番近くにすわっている. **2**《関係》最も近い, ごく近しい(親しい). die ～en Freunde〈Verwandten〉ごく親しい友人〈ごく内輪の親戚〉. Dieser Grund liegt am ～en. この理由が最も自然である.(↑nahe liegen). Er ist dir im Alter am ～en. 彼が君に最も年齢が近い. j³ [innerlich] am ～en stehen 人³に精神的に最も近い. **3**《時間》すぐ後の. im ～en Augenblick 次の瞬間に. ～en Donnerstag / am ～en Donnerstag 次の木曜日に(週の始めに言う場合、diesen Donnerstag / an diesem Donnerstag の方がまぎわがない). bei ～er Gelegenheit / bei der ～en Gelegenheit 次の機会に. ～es Jahr / im ～en Jahr 翌年. am ～en Morgen 明朝; その翌朝. in den ～en Tagen 近日中に. 《名詞的用法で》fürs Nächste〈°～e〉当分の間, さしあたり. mit Nächstem〈°～em〉《古》近々, まもなく. **4**《順序》すぐ次の. das ～e Kapitel 次章. ～es Mal / das ～e Mal 次回に.《名詞的用法で》Der Nächste〈°～e〉bitte! (病院などで)次の方どうぞ. Wer kommt als Nächster〈°～er〉[an die Reihe]? 次は誰の番ですか. Als Nächstes〈°～es〉ist ein Theaterbesuch vorgesehen. 次は観劇が予定されている. **5** der〈die/das〉～e beste... 手当りしだいの..., 行当りばったりの..., 手近の.... das ～e beste Restaurant 手近なレストラン. bei der ～en besten Gelegenheit 機会があり次第. ▶ nächstbest, erst

❷ 前《3格支配》《雅》**1** ...のすぐ近くに, ...のすぐそばに. in der Kirche 教会のすぐそばに. ～ dem König 王のすぐかたわらに. **2** ...の次に, ...に次いで; ...を別にすれば. Nächst meinen Eltern verdanke ich das meiste meinen Lehrern. 両親の次には私は先生方に最も大きなおかげを被(ｶﾌﾞ)っている.

❸ 副《古》すぐ近くに. ～ bei dem König 王のすぐかたわらに.

nächst·bes·ser ['nɛːçst'bɛsər] 形《付加語的用法のみ》その次によい, 次善の.

nächst·best ['nɛːçst'bɛst] 形 (↔ erstbest) 手当りしだいの, 行当りばったりの; 手近の. bei der ～en Gelegenheit 機会がありしだい.

Nächst·bes·te 男囡 中《形容詞変化》近くにいる(ある)というだけの理由で選ばれた人(もの). den ～ n〈die ～〉heiraten 手近な男〈女〉と結婚する. das ～e nehmen 何でもいいから手近なものに手を出す.

nächst·dem [nɛːçst'deːm] 副《古》すぐその後で.

Nächs·te《形容詞変化》❶ 男囡 **1** 最も近い人, 最も近しい(親しい)人. Jeder ist sich³ selbst der ～. 《諺》誰でも我が身がいちばんかわいい. **2**《雅》(Mitmensch) 同胞, 隣人. Du sollst deinen ～ n lieben. 《新約》汝の隣人を愛せよ (マタ5:43). ❷ 中 最も近いもの, すぐ次のもの; 最も大切な事. als ～s 次号では, 次のナンバーで.

nach|ste·hen* ['naːxʃteːən] 国 **1**《古》(人³の)後ろに立ち, 陰にかくれている; (物³の)後ろに位置する. Das Adjektiv steht nach. その形容詞は(名詞の)後ろに置かれている. **2** j³ an〈in〉et⁴ ～ 人³に事³の点で劣り, 引けをとる. Er steht ihr an Fleiß〈Können〉nach. 彼は勤勉さ〈能力〉の点で彼女に及ばない. j³ in nichts ～ どんなことでも人³に負けない.

nach·ste·hend 現分 形 次の, 以下の. im Nachstehenden〈°～en〉次に, 以下に. Nachstehendes ist zu beachten. 以下のことに注意されたし.

'nach|stei·gen* 圓 (s) 1 (人³の)あとについて登る. 2 (話) (人³を)しつこく追いまわす(とくに女の尻を).

'nach|stel·len ❶ 他 1 (器具などを)調整(調節)し直す. 2 『文法』(語・文を)後置する. 3 (↔ vorstellen) die Uhr〈eine Stunde〉~ 時計の針を1時間)遅らせる. 4 手本に倣(な)って組立てる. ❷ 圓 (人〈物³〉のあとを追いまわす). einem Mädchen〈einem Wild〉~ 女の子をつけ回す〈獣を追う〉.

'nächs·te Mal, °**'nächs·te·mal** 圓《次の用法で》 das nächste Mal〈das nächstemal〉= nächstes Mal 次回は, この次は. beim〈zum〉 nächsten Mal °beim〈zum〉 nächstenmal 次回に, この次に. ◆↑ Mal²

'Nächs·ten·lie·be 囡 /- 隣人愛.

'nächs·tens ['nɛːçstəns] 圓 1 まもなく, 近々. 2 (話) (このままいくと)しまいには, ついには.

'nächst·fol·gend 形《付加語的用法のみ》次の, すぐ後に続く. am ~en Tag そのすぐ翌日に.

'nächst'hö·her ['nɛːçsthøːər] 形 その次に高い, 次の等級(地位)の.

'nächst·jäh·rig ['nɛːçstjɛːriç] 形《付加語的用法のみ》来年の, 翌年の.

'nächst·lie·gend ['nɛːçstliːɡənt] 形《付加語的用法のみ》ごく自然な, 当然至極の; ごく身近(手近)な. die ~e Antwort ごく自然な答え. 《名詞的用法で》das Nächstliegende 当然至極な事.

'nach|sto·ßen* 圓 (s, h) 1 (h) 追撃する. 2 (h) (話)(議論・質問などで)さらに突っこむ.

'nach|stre·ben 圓 (雅)(人³を)目標にして励む, (に)追いこうとと努める.

'nach|stür·zen 圓 (s) 1 続いて落ちる(崩れる). 2 (話)(人³の)あとを大急ぎで追う.

'nach|su·chen ❶ 圓 1 捜す. 2 (雅)(um et⁴物⁴を)願い出る, 申請(請願)する. ❷ 他 (古)捜す.

°**nacht** ↑ Nacht 1

Nacht
[naxt ナハト] 囡 -/Nächte 1 (↔ Tag) 夜. Die ~ kommt./(雅) Die ~ bricht an. 夜になる, 夜が訪れる. Die ~ sinkt herab〈雅 hernieder〉. 夜の帳(とばり)が下りる. Es ist ~. 夜である. Es wird ~. 夜になる. eine dunkle ~ 暗い夜. die Heilige ~ 聖夜, クリスマス. eine italienische ~ 《提灯(ちょうちん)を点(とも)しての》屋外園遊会, ガーデンパーティー. eine klare〈mondhelle〉~ 晴れた〈月明かりの〉夜. Tausendundeine ~ 千夜一夜物語, アラビアンナイト. die Zwölf Nächte 十二夜(12月25日から1月6日にかけて). dumm wie die ~ (話)ひどく愚かな. hässlich wie die ~ ひどく醜い. schwarz wie die ~ 真っ黒な, 漆黒の.(話)厳格なカトリックの,(政治的に)きわめて保守的な. ein Unterschied wie Tag und ~ 雲泥の差. eine unruhige ~ haben 不安な夜〈寝苦しい夜〉を過ごす. die ~ zum Tage machen (昼間休んで)夜遅くの生活をする. j³ gute ~ sagen / j³ [eine] gute ~ wünschen 人³にお休みなさいを言う. wo sich³ die Füchse〈wo sich³ Fuchs und Hase〉 gute ~ sagen ~ (狐でも出そうな)人里離れた寂しい所に. sich³ die ~ um die Ohren schlagen (話) 徹夜する.《副詞的2格/習慣的に》des Abends, des Morgens などに準じた語形で》des ~s 夜に. eines ~s ある夜のこと. 《副詞的4格で》diese ~ 今夜, この夜; 昨夜. eine ~ 或る夜. die ganze ~ [hindurch/über] 夜通し, 一晩中. ganze Nächte lang 幾晩もぶっ通しで. Gute ~! お休みなさい; さようなら. Na,

dann gute ~! (話)〈失望・あきらめの声〉やれやれ, それは参ったな. letzte ~ 昨夜, 前夜. Tag und ~ 昼も夜も.《特定の日を示す語句の後で》heute ~〈°vergangene〉今夜(遅くに); 昨夜〈夜半過ぎから未明にかけて〉. morgen〈gestern〉~〈°nacht〉 明日〈昨日〉の夜. Dienstagnacht〈°Dienstag nacht〉 火曜日の夜の.《前置詞と》 **bei** ~ 夜に. Bei ~ sind alle Katzen grau. (諺)闇夜に烏(からす). bei ~ und Nebel 夜陰に乗じて, こっそりと. bei Tag und ~ 昼も夜も, 夜に日を継いで. **in** ~ 夜ごと, 夜な夜な. **in** der ~ von Freitag auf Samstag〈vom Freitag zum Samstag〉金曜から土曜にかけての夜に. spät〈mitten〉 in der ~ 夜遅く〈夜半〉に. bis tief in die ~ [hinein] 夜遅くまで. **über** ~ / die ~ über 夜通し, 一晩中. über ~ 一夜にして, 突然. **zur** ~ (雅)夜に. 2 (雅)闇(やみ), 暗黒; 漆黒. die ~ des Wahnsinns 狂気の闇. Es wurde ihm ~ vor den Augen. 彼は目の前が暗くなった(気を失った).

3 (地方)(Abend)晩. auf die ~ (古)〈南ド〉今晩, 晩に. vor der ~〈南ド〉日暮れ前に. zu[r] ~ essen 夕食をとる.

'Nacht·ar·beit 囡 /- 夜間労働(とくに夜8時もしくは10時から朝6時までの).

'Nacht·asyl 伸 -s/-e (ホームレスのための)無料(簡易)宿泊所.

'Nacht·aus·ga·be 囡 /-n (新聞の)夕刊最終版.

'nacht·blau 形 濃紺の, ミッドナイトブルーの.

'nacht·blind 形 鳥目の, 夜盲症の.

'Nacht·dienst 伸 -[e]s/-e (看護婦などの)夜勤.

'Näch·te ['nɛçtə] Nacht の複数.

*✱**'Nach·teil** ['naːxtail ナーハタイル] 男 -[e]s/-e (↔ Vorteil) 欠点, 短所; 不利(益), 損(害), 損失; 不都合, 不便. Der Plan hat den ~, dass... その計画は...という欠点がある. Ich hatte bisher keinen ~ davon, dass... 私はこれまで...ということで不都合(不便)を感じたことはない. finanzielle ~e 財政的損失. j³ ~e bringen 人³に不利益をもたらす(損害を与える). j³ gegenüber im ~ sein 人³と比べて不利である(損をしている). zu meinem ~ 私には損なことだが.

'nach·tei·lig ['naːxtailiç]形 不利な, 損な, マイナスになる; 不都合な (für j¹ 人¹にとって). ~e Folgen haben 不都合な結果をもたらす. Das Medikament hat eine nachteilige Wirkung. その薬には副作用がある. ~ wirken よくない作用(影響)を及ぼす.

'näch·te·lang ['nɛçtəlaŋ] 形《述語的には用いない》幾夜にも及ぶ.

'nach·ten ['naxtən] 非人称 (雅) Es nachtet. 夜になる.

'näch·tens ['nɛçtəns] 圓 (雅) (nachts) 夜に.

'Nacht·es·sen 伸 -s/-〈南ド・スイス〉夕食.

'Nacht·eu·le 囡 /-n (戯)宵っぱりの人.

'Nacht·fal·ter 男 -s/- 1 蛾(が). 2 (戯)夜遊びをする人.

'nacht·far·ben, **'nacht·far·big**《比較変化なし》(nachtblau) ミッドナイトブルーの.

'Nacht·frost -[e]s/⸚e 夜間の冷えこみ(氷点下の), 霜.

'Nacht·ge·bet 伸 -[e]s/-e 就寝前の祈り.

'Nacht·ge·schirr 伸 -[e]s/-e (雅) (Nachttopf) 御虎子(おまる).

'Nacht·ge·wand 伸 -[e]s/⸚er (雅)寝間着, ネグリジェ.

'Nacht·glei·che 囡 /-n (Tagundnachtgleiche)

昼夜平分; 春分, 秋分.
'Nacht·hemd 甲 –[e]s/–en 寝間着, ナイトウェアー.
'Nach·ti·gall ['naxtɪgal ナハティガル] 囡 –/–en **1** 小夜啼(ᇂ)鳥, ナイチンゲール. Die ~ schlägt(singt). ナイチンゲールが鳴く. ~, ich höre dir trapsen. 《地方》《話》ははん, 君の魂胆が分かったぞ. **2** 《話》(Nachtgeschirr) 御虎子(ᇂ).
'Nach·ti·gal·len·schlag 男 –[e]s/ 小夜啼(ᇂ)鳥の鳴声.
'näch·ti·gen ['nɛçtɪgən] 自 《雅》泊る; 夜を過ごす. bei j³〈unter freiem Himmel〉 ~ j³の所に泊る〈野宿する〉.
'Nach·tisch ['na:xtɪʃ ナーハティシュ] 男 –[e]s/–e デザート.
'Nacht·klub 男 –s/–s ナイトクラブ; 深夜バー.
'Nacht·la·ger 中 –s/ **1** 寝床, ベッド. **2** 《兵隊》露営, 夜営; 《登山》ビバーク.
'Nacht·le·ben 中 –s/ (大都会の)夜の歓楽, ナイトライフ; 《戯》夜のお楽しみ, 夜遊び.
'nächt·lich [ˈnɛçtlɪç] 形 《述語的には用いない》夜の, 夜中の.
'nächt·li·cher·wei·le [ˈnɛçtlɪçɐrvaɪlə] 副 《まれ》夜に, 夜中に.
'Nacht·lo·kal 中 –[e]s/–e 終夜営業のバー(ナイトクラブ).
'Nacht·mahl 甲 –[e]s/–e(⸚er) 《ᇂ·南ᇂ》夕食.
'Nacht·mah·len ['naxtma:lən] 自 《ᇂ》夕食をとる.
'Nacht·mahr 男 –[e]s/–e **1** 幽霊. **2** 悪夢.
'Nacht·mu·sik 囡 –/–en セレナーデ, 小夜曲.
'Nacht·müt·ze 囡 –/–n **1** 《古》(男性用の)ナイトキャップ. **2** 《戯》うすのろ, まぬけ.
'Nacht·por·ti·er [..portje:] 男 –s/–s 夜勤の守衛; 夜勤のフロント係.
'Nacht·quar·tier 中 –s/–e 宿泊所, 宿舎.
'Nach·trag ['na:xtra:k] 男 –[e]s/⸚e 付記, 追記, 補足, 補遺; 追伸.
'nach|tra·gen* ['na:xtra:gən] 他 **1** (人³の)あとから持っていく. j³ einen Schirm ~ 人³に(後から)傘を持っていってやる. **2** 追加する, 補足する; 《文書·発言などに》付加える; 《商業》追加記帳する. einige Namen in der〈die〉 Liste ~ 名前をいくつか書き加える. **3** (人³の事を)長く根に持つ, 恨みに思う. Er hat mir meine Vorwürfe lange *nachgetragen*. 彼は私の非難を長く根に持った.
'nach·tra·gend 現分 《長く》恨みを忘れない, 執念深い.
'nach·trä·ge·risch [ˈna:xtrɛ:gərɪʃ] 形 《雅》= nachtragend
***'nach·träg·lich** [ˈna:xtrɛ:klɪç ナーハトレークリヒ] 形 **1** あとからの, 遅れての; 追加の. j³ ~ zum Geburtstag gratulieren 人³に遅ばせながら誕生日のお祝いを言う. **2** 《地方》=nachtragend
'Nach·trags·etat 男 –s/–e 《経済》=Nachtragshaushalt
'Nach·trags·haus·halt 男 –[e]s/–e 《経済·政治》補正予算.
'nach·trau·ern 自 (人³〈物³〉を)懐かしむ; 《まれ》(人³の)死を悼(ᇂ)む.
'Nacht·ru·he 囡 –/ 夜の安息; 睡眠, 安眠.
***'nachts** [naxts ナハツ] 副 夜に(夜間に). ~ um 3 [Uhr] / um 3 Uhr ~ 夜中の3時に. ~ spät / spät ~ 深夜に. montags ~〈°Montag ~〉《毎)月曜日の夜に.

'Nacht·schicht 囡 –/–en **1** 夜勤. **2** 《総称的に》夜勤作業員, 夜勤方(ᇂ).
'nacht·schla·fend 形 《次の用法で》bei〈zu〉 ~ *er* Zeit 人が寝静まった時分に.
'Nacht·schwär·mer 男 –s/– **1** 蛾(⸚). **2** 《戯》夜遅くまで遊び歩く人.
'Nacht·schwes·ter 囡 –/–n 夜勤(当直)の看護婦.
'Nacht·sei·te 囡 –/–n 《雅》(人生などの)暗黒面, 裏側.
'Nacht·strom 男 –[e]s/ 深夜電力.
'Nacht·stück 中 –[e]s/–e **1** 《美術》夜景画. **2** 《音楽》夜想曲, ノクターン. **3** 《文学》怪奇幻想譚.
'Nacht·stuhl 男 –[e]s/⸚e (病人用の)腰掛け式御虎子(ᇂ).
'nachts·über ['naxts|yːbɐr] 副 夜間; 終夜, 一晩じゅう.
'Nacht·ta·rif 男 –s/–e 深夜料金.
'Nacht·tisch 男 –[e]s/–e ナイトテーブル.
'Nacht·topf 男 –[e]s/⸚e (夜間用の)携帯便器, 御虎子(ᇂ).
'Nacht·tre·sor 男 –s/–e (銀行の)夜間金庫.
'nach|tun* 他 《話》 (体³に) es j³ ~ 人³のまねをする. Keiner kann es ihm ~. 誰も彼のまねはできない.
'Nacht-und-'Ne·bel-Ak·ti·on 囡 –/–en (警察などによる)夜間の抜打ち手入れ.
'Nacht·vor·stel·lung 囡 –/–en 夜間興行.
'Nacht·wa·che 囡 –/–n **1** 夜警, 夜番; 夜の当直(勤務). **2** 夜勤(夜警)をする人.
'Nacht·wäch·ter 男 –s/– **1** 夜警; 《古》(町に雇われた) 夜廻り. **2** 《話》うすのろ, 昼行灯(ᇂ). **3** 《話》(道端などに落ちている)糞.
'nach·wan·deln 自 (h, s) 夢游(夢中歩行)する.
'Nacht·wand·ler 男 –s/– (Schlafwandler) 夢遊病者. ♦ 女性形 Nachtwandlerin 囡 –/–nen
'nacht·wand·le·risch 形 (schlafwandlerisch) 夢遊病の, 夢遊病者のような.
'Nacht·zeit 囡 –/ 夜の時刻. zur ~ 夜間に. zu später ~ 夜遅くに.
'Nacht·zeug 甲 –s/ 《話》宿泊のための必需品(洗面具·寝間着など).
'Nacht·zug 男 –[e]s/⸚e 夜行列車, 夜汽車.
'Nach·un·ter·su·chung 囡 –/–en (手術後などの)再検査.
'Nach·ver·si·che·rung 囡 –/–en 《保険》**1** 事後保険(公務員などの退職後の全額払込による定期金保険への加入). **2** 追加保険(保険の掛金の増額).
'nach|voll·zie·hen* 他 (他人の考え·感情·行動などを)自分のもののように理解する. Diese Entscheidung kann ich nicht ~. この決定は私にはどう逆立ちしてもできない. ♦過去分詞 nachvollzogen
'nach|wach·sen* 自 (s) (草木などが)また生(⸚)えてくる; (歯などが)生え替る; (器官の一部が)再生する; (世代などが)あとから育ってくる.
'Nach·wahl 囡 –/–en 《法制》**1** 事後選挙(正規の投票日に執行できなかった選挙の後日投票). **2** 補欠選挙.
'Nach·we·hen 複 **1** 《医学》後陣痛. **2** 《雅》事後の苦しみ.
'Nach·wein 男 –[e]s/ 2番搾りのワイン.
'nach|wei·nen 自(自)j〈et〉³ ~ 人³を悼んで〈物³を偲んで〉泣く. Ich *weine* ihm keine Träne *nach*. 私は彼なんかに未練はないわ.

'Nach·weis ['na:xvaɪs ナーハヴァイス] 男 -es/-e 証明, 実証 (für et⁴ 事⁴の). den ～ erbringen〈führen/geben〉, dass... を証明(立証)する. 2《複合語で》紹介所, 案内所. Arbeits*nachweis* 職業紹介(斡旋)所.

'nach·weis·bar ['na:xvaɪsba:r] 形 証明(立証)する;《薬物などが》検出可能な.

'nach|wei·sen* ['na:xvaɪzən] 他 証明(立証)する;《薬物などを》検出する;《仕事・住居などを》紹介(斡旋)する. Ich *wies* ihm seinen Fehler *nach*. 私は彼の誤りを指摘した.

'nach·weis·lich ['na:xvaɪslɪç] 形《述語的には用いない》明白な, 明らかな; 立証済みの.

'Nach·welt ['na:xvɛlt] 女 -/ 後世, 後代.

'nach|wer·fen* 他 1 j³ et⁴ ～ 人³のうしろから物⁴を投げつける;《話》物を人³にただ同然で与える. et⁴ *nachgeworfen* bekommen 物をただ同然で手に入れる; 易々と手に入れる. 2 ein paar Münzen ～《公衆電話で》コインを2, 3 個入れ足す. einen Trip ～《俗》麻薬( )をもう一服追打ちする.

'nach|wie·gen* 他《物の》重さを計り直す.

'Nach·win·ter ['na:xvɪntər] 男 -s/- 《春になって》寒のぶり返した気候, 寒の戻り.

'nach|wir·ken 自 後々まで影響を及ぼす《薬などが》長く効く.

'Nach·wir·kung 女 -/-en 影響, 余波;『医学』後作用;『物理』余効.

'Nach·wort ['na:xvɔrt] 中 -[e]s/-e あとがき, 後記.

'Nach·wuchs ['na:xvu:ks ナーハヴークス] 男 -es/ 1《集合的に》《次代を担う》若い世代, 後進, 後継者. In diesem Beruf fehlt es an ～. この職業には後継者がいない. 2《話》《集合的に》《一家の》子供, 跡継ぎ. 3《まれ》あとからきた生( )えてくること; 生え替り, 再生.

'Nach·wuchs·kraft 女 -/..e 若手, 若い力, 後進.

'Nach·wuchs·sor·gen 複 後継者不足の悩み, 後継者難.

'nach|zah·len あとから(遅れて)支払う; 追加払いする.

'nach|zäh·len 数え直す.

'Nach·zah·lung 女 -/-en あと(追加)払い.

'nach|zeich·nen 1《絵などを》模写する. 2 叙述する. 3 eine Anleihe ～ 公債に追加応募する.

'nach|zie·hen* ❶ 1 物⁴を引きずる. ein Bein ～ 片足を引きずって歩く. ein Pferd am Zügel ～ 馬の手綱( )をひっぱっていく. 2《ねじなどを》締めなおす. 3《輪郭・線などを》なぞる. sich³ die Lippen ～ ルージュをひく. 4《植物を》植え足す. ❷ 1 j³《s, h》1《人³のあとを追っていく》. Sie ist ihm nach München *nachgezogen*. 彼女は彼のあとを追ってミュンヒェンに移り住んだ. 2 (h)《ダジレ》相手の指し手に乗って指す. 3 (h)《話》追随(同調)する.

'nach|zot·teln 自《s》《話》《人³の》あとからのろのろ歩いて行く.

'Nach·zucht 女 -/ 1《家畜などの》育成. 2《育種した》家畜などの子.

'Nach·zug 男 -[e]s/..e 1『鉄道』《定期便のあとに増発される》後続臨時列車. 2《家族の一員のあとからの》(遅れての)転居.

'Nach·züg·ler ['na:xtsy:klər] 男 -s/- 《仲間より》遅れた人, 遅到者; 落伍者,《雅》(Nachkömmling)《兄・姉よりも》うんとあとから生れた子.

'Na·cke·dei ['nakədaɪ] 男 -s/-s《戯》裸んぼう(とくに幼児);《戯》ヌード(素っ裸)の人.

'Na·cken ['nakən ナケン] 男 -s/- 1 くび; 首筋, うなじ; 襟首. ein gedrungener ～ ずんぐりした首, いかり肩(↑2). den Hut in den ～ schieben 帽子をあみだにかぶる. den Kopf in den ～ werfen《昂然と》頭をそらす. 2《比喩的に》den ～ beugen《雅》屈服する(vor j³ j³に). den ～ beugen《雅》人³を屈服させる. einen steifen ～ haben 強情(頑固)である(↑1). den ～ steifen《雅》人³をくじけるなと激励する. j³ den Fuß auf den ～ setzen 人³を屈服させる. j³ im《 auf dem》～ sitzen 人³のすぐ背後まで迫っている;《執拗に責めたてる, しつこく悩ます. Ihm sitzt der Geiz〈die Furcht〉im *Nacken*. 彼は欲の皮がつっぱっている〈すっかり怖気づいてしまっている〉.

'nackend ['nakənt] 形《地方》(nackt) 裸の.

'Na·cken·schlag 男 -[e]s/..e 頭部への一撃;《比喩》《手痛い》打撃.

'na·ckig ['nakɪç] 形《話》(nackt) 裸の.

nackt [nakt ナクト] 形 1 裸の, 衣類をつけていない. ～e Arme 裸の腕. mit ～en Augen《裸眼で》. mit ～em Oberkörper 上半身裸で. sich ～ ausziehen《着衣を脱いで》裸になる. ～ und bloß 丸裸で. Sie tritt ～ und bloß in die Ehe. 彼女は身一つで結婚する. 2 (a) むき出しの. das ～e Schwert 抜き身(の剣). auf der ～en Erde schlafen 地べたに寝る. (b) 髪(ひげ, 体毛)のない, はげた; 羽毛(鱗, 殻)のない. (c) 草木の生えていない; 葉のない. (d)《家具・装飾などがなくて》殺風景な. ～e Wände むき出しの壁. (a) 赤裸々な, あからさまな. ～e Angst 覆いがたい不安. ～e Habsucht あからさまな所有欲. Das sind die ～en Tatsachen. それがありのままの事実だ. die ～e Wahrheit 赤裸々な真実. (b) (bloß) ただそれだけの, ぎりぎりの. Sie konnten nur das ～ Leben retten. 彼らはやっと命だけは助かった.

'Nackt·fo·to 中 -s/-s ヌード写真.

'Nackt·frosch 男 -[e]s/..e《戯》裸んぼ.

'Nackt·heit 女 -/ 1 裸(でいること), むき出し(であること);《比喩》赤裸々. 2 殺風景(であること). die ～ der winterlichen Landschaft 冬景色の荒涼たるさま.

'Nackt·kul·tur 女 -/ ヌーディズム, 裸体主義.

'Nackt·sa·mer 男 -s/-《ふつう複数で》『植物』(↔ Bedecktsamer) 裸子植物.

'Nackt·schne·cke 女 -/-n『動物』なめくじ.

'Na·del ['na:dəl ナーデル] 女 -/-n 1 (a) 針; 縫い針, 裁縫針. eine ～ einfädeln 針に糸を通す. mit ～ und Faden umgehen können 針仕事ができる. et⁴ mit heißer〈der heißen〉～ nähen《話》物を大概にして縫う; ぞんざいに仕上げる. (b) 刺繡針; 編み針. (c) ピン, 留め針; 飾りピン, ネクタイピン, ブローチ; ヘアピン. et⁴ mit ～ abstecken 物⁴をピンで留める. eine ～ im Heuhaufen suchen 見つかる当てのないものを捜す; まるっきり見込みのないことをする. j〈et〉³ wie eine ～ suchen 人を〈そこらじゅうをくまなく〉捜しまわる. wie auf ～n sitzen《不安・焦燥で》居ても立っても居られない.《慣用句で》so voll sein, dass keine ～ zu Boden〈zur Erde〉fallen kann 立錐の余地もないほどいっぱいである. so still sein, dass man eine ～ fallen hören kann 針の落ちる音が聞こえるほど静まり返っている. (d) 注射針; 鍼( ). an der ～ sein〈hängen〉《話》麻薬中毒にかかっている. (e) エッチング針. (f)《計器の》針, 指針. (g) レコード針. 2 針状のもの; とがり岩, 尖峰;『植物』針葉;『鉱物』針状結晶(体).

Na·del·ar·beit 囡 -/-en 針仕事, 裁縫; 刺繍.
Na·del·baum 男 -[e]s/⸚e 針葉樹.
Na·del·brief 男 -[e]s/-e 針入れの紙袋.
Na·del·büch·se 囡 -/-n 針入れ, 針箱.
na·del·för·mig 形 針状の.
Na·del·geld 中 -[e]s/ **1**〖歴史〗(妻・既婚の娘がもらった)化粧料, 小遣い. **2**(未婚の皇女に与えられる)年金.
Na·del·holz 中 -es/⸚er **1** 針葉樹材. **2**《多く複数で》〖植物〗針葉樹.
Na·del·kis·sen 中 -s/- 針刺し, 針山.
Na·del·kopf 男 -[e]s/⸚e ピン(留め針)の頭.
na·deln ['na:dəln] 自 **1**(針葉樹が)落葉する. **2**《話》編物をする. **3**〖猟師〗(大雷鳥の)針葉を食い尽くす.
Na·del·öhr 中 -[e]s/-e 針穴, 針のめど(耳). **2**《交通の》渋滞地点.
Na·del·stich 男 -[e]s/-e **1** 針で刺すこと; 針の刺し傷. **2**《話》嫌味, 当てこすり. j³ ~e versetzen 人³ にちくちくと嫌味を言う.
Na·del·wald 男 -[e]s/⸚er 針葉樹林.
Na·dir [na'di:r, 'na:dɪr] 男 -s/ (arab.)〖天文〗天底.
Nad·ler ['na:dlər] 男 -s/- **1** 針金細工師, 金網職人. **2**《古》針匠(いし), 針師.
Na·gel ['na:gəl ナーゲル] 男 -s/Nägel **1** 釘(ぎ), 鋲(びょう); 〖鉄道〗犬釘. Der ~ hält(sitzt fest). 釘が効いている. einen ~ einschlagen〈herausziehen〉釘を打込む〈引き抜く〉. einen ~ im Kopf haben《話》ひどいうぬぼれ屋である. Nägel mit Köpfen machen《話》半端な仕事はしない, とことんやる. den ~ auf den Kopf treffen《話》物事の核心をつく, ぴたりと勘所(急所)を押える. Er ist ein ~ zu meinem Sarg.《話》彼のせいで私は寿命の縮む思いがする. den Mantel an einen ~ hängen コートを釘に掛ける. et⁴ an den ~ hängen《話》事⁴(仕事・勉学など)を中途でやめる, 投げ出す. **2**(手足の)爪(つめ). Der ~ löst sich⁴. 爪がはがす. die Nägel [be]schneiden〈pflegen〉爪を切る〈爪の手入れをする〉. die Nägel von et³ lassen《話》事³には手を出さない, 近づかないようにする. an〈auf〉den Nägeln kauen (いらいら・困惑して)爪を嚙む. Die Sache brennt mir auf〈unter〉den Nägeln.《話》その件は私にとって焦眉の問題である. sich³ et⁴ unter den ~ reißen〈ritzen〉《話》物⁴をくすねる, ちょろまかす. Er hat nicht das Schwarze unter dem〈unterm〉~.《話》彼は無一物(すかんぴん)だ. **3**〖植物〗(なでしこなどの)萼柄. **4**〖猟師〗(がちょう・あひるなどの)嘴(し)の角(がく)状先端部.
Na·gel·boh·rer 男 -s/- (釘穴をあけるための)ねじ錐(ぎり).
Na·gel·bürs·te 囡 -/-n 爪ブラシ.
Nä·gel·chen ['nɛ:gəlçən] 中 -s/-《Nagel の縮小形》**1** 小さな釘, 小さな鋲; 小さい爪. **2**《古》〖地方〗=Näglein
Na·gel·fei·le 囡 -/-n 爪やすり.
na·gel·fest ↑ niet- und nagelfest
Na·gel·haut 囡 -/⸚e (爪の甘皮(あまかわ)).
Na·gel·lack 男 -[e]s/-e マニキュア(ペディキュア)用エナメル.
na·geln ['na:gəln] 他 **1** 釘付けにする, 鋲で留める(auf〈an〉et⁴ 物⁴に); (釘を打って)組立てる; (折れた骨を)釘(ボルト)で固定する. **2**《多く過去分詞で》(靴に)鋲を打つける. **2 自 1**釘(鋲)打ちをする. **2**

(エンジンが)ノッキングを起こす. **3**〖猟師〗(獣が)爪跡を残す.
'na·gel·neu ['na:gəl'nɔʏ] 形《話》真新しい, できたてかりの, ぴかぴかの; (紙幣などが)ぱりぱりの.
'Na·gel·pfle·ge 囡 -/ 爪の手入れ, マニキュア, ペディキュア.
'Na·gel·pro·be 囡 -/《次の用法で》die ~ machen 《古》(グラスを左親指の爪の上に傾けて)飲み干した証拠を見せる; 《比喩》厳密に調査(点検)する. zur ~ für et⁴ werden《比喩》物⁴の試金石となる.
'Na·gel·sche·re 囡 -/-n 爪切り鋏(はさみ).
'Na·gel·schuh 男 -[e]s/-e スパイク靴.
'Na·gel·wur·zel 囡 -/-n 爪の根元, 爪根(そうこん).
'Na·gel·zan·ge 囡 -/-n **1** 爪切り. **2** 釘抜き, やっとこ.
'na·gen ['na:gən] ❶ 自 **1** (an et³ 物³を)齧(かじ)る, 嚙(か)む. Die Maus nagt am Brot. 鼠がパンを齧る. am Hungertuch ~《話》ひもじい思いをする. an der Unterlippe ~ (考え込んで)下唇を嚙む. **2** (an et³ 物³を)侵食する, 蝕(むしば)む. **3**《比喩》(an j³ 人³を)蝕む, さいなむ. 《現在分詞で》ein nagendes Hungergefühl 激しい空腹感. ❷ 他 **1** (a)(et⁴ von et³ 物³を物⁴を)齧り取る. nichts zu ~ und zu beißen haben《話》食べる物が何もない. (b)(穴などを)齧って開ける. **2** (人⁴を)蝕む, さいなむ. ❸ 再《sich⁴》sich durch die Holzwand ~《鼠が板壁に穴を開ける.
'Na·ger ['na:gər] 男 -s/- = Nagetier
'Na·ge·tier ['na:gə..] 中 -[e]s/-e〖動物〗齧歯(げっし)類.
'Näg·lein ['nɛ:glaɪn] 中 -s/-《古》〖植物〗(Nelke) なでしこ; (Gewürznelke) ちょうじ(丁字).
nah [na:] 形 = nahe
'Näh·ar·beit ['nɛ:..] 囡 -/-en 縫い物, 針仕事.
'Nah·auf·nah·me ['na:..] 囡 -/-n 接写, クローズアップ.

'na·he ['na:ə ナーエ] näher, nächst ❶ 形 (↔ fern) **1**《空間的》近い, 近くの, 近接した. ein ~r Ausflugsort 近くの行楽地. der Nahe Osten 近東. Der See ist ganz ~. 湖はすぐ近くだ. et⁴ ~ bringen 物⁴を近くへ持って行く(来る). (↑ nahe bringen). ~ kommen 近くへ来る (↑ nahe kommen). ein ~ liegendes〈gelegenes〉Dorf 近くにある村 (↑ nahe liegen). (j〈et〉³ nahe の形で) Er ist seinem Ziel ganz ~. 彼は目的地(目標)のすぐ近くまで達している. Sie bleibt dem Kranken ~. 彼女は病人のそばを離れない. Komm mir bloß nicht zu ~!《話》あまりそばに近づくな; 私になれなれしくするな. Ich will Ihnen nicht zu ~ treten, aber ich muss Sie etwas Wichtiges fragen. あまり立入ったことはしたくないのですが, あなたに大切な質問があります. j³ zu ~ treten《比喩》人³の感情を害する. 《nah und fern の形で》von〈aus〉nah und fern / von〈aus〉nah und《雅》遠近(おちこち)から, あちらこちらから. 《前置詞句と》~ am〈beim〉Museum 博物館の近くに. Der Wald reicht bis ~ an die Stadt heran. 森は町のすぐ近くまで迫っている. zum Greifen ~ 手を伸ばせば届くほど近くに. **2**《時間的》(a) 近い, 間近い, さし迫った. die ~ Abreise 間近に迫った旅立ち. in ~r Zukunft 近い将来に. Das Ende der Ferien ist ~. 休暇の終りは近い. 《前置詞句と》Er ist ~ an achtzig〈an die Achtzig〉.《話》彼はまもなく80歳だ. Es ist schon ~ an Mittag.《話》もう正午に近い. (b)《et³ nahe sein の形で》

Nahe   1002

いまにも事³の状態になりそうである. Sie war einer Ohnmacht ~. 彼女はいまにも気絶しそうだった. den Tränen〈dem Weinen〉~ sein いまにも泣き出しそうである. (c) (**nahe daran sein, …zu tun** の形で)いまにも…しそうである. Er war ~ daran zu ersticken. 彼は危うく窒息するところだった. Ich war ~ daran, ihm das Geheimnis anzuvertrauen. 私はすんでのところで彼に秘密を打ち明けそうになった. **3**《関係》近い, 近縁の; 近しい, 親しい, 親密な; 近似した. ein ~r Verwandter 近親者. in ~r Beziehung zu〈mit〉j³ stehen 人³と親しい関係にある. Er ist mir innerlich ~. 彼は内面的に私に近い. ~ mit j³ befreundet sein j³と親しい〈近しい〉間柄である.
❷ 副 (3 格支配)《雅》…の近くに(で). ~ dem Museum 博物館の近くに. ~ dem Wahnsinn / dem Wahnsinn ~ 狂気に近い状態で.
♦↑nahe bringen, nahe gehen, nahe kommen, nahe legen, nahe liegen, nahe liegend, nahe stehen, nahe treten

'**Na·he** ['naːə] 女 -/《地名》die ～ ナーエ川(ライン川左岸の支流, ビンゲンでライン川に合流, 沿岸斜面ではぶどう栽培がさかん).

***Nä·he** ['nɛːə] 女 -/-n (↔ Ferne) **1**《空間的》近さ; 近く, 近い所, 付近; die ~ des Waldes 森が近いこと; 森の近く. aus der ~ 近くから. aus nächster ~ 間近から, 至近距離から. eine Brille für die ~ 近用眼鏡(俗に言う老眼鏡のこと). Das Hotel liegt in der ~ des Bahnhofs. そのホテルは駅の近くにある. hier in der ~ この近くに(で). in greifbarer ~ (手を伸ばせば届くほど)間近に(↑2). **2**《時間的》間近いこと. die ~ des Todes fühlen 死期が近いことを感じる. in greifbarer ~ 間近に迫った, 目前の(↑1). Das Examen ist in unmittelbare ~ gerückt. 試験は目前に迫っている. **3**《関係》(間柄の)近さ, 親密さ. j²s ~ suchen《雅》人²との近づきを願う〈近しくなろうとする〉.

'**na·he·bei** ['naːəˌbaɪ] 副 すぐ近くに, すぐそばに.

'**na·he brin·gen***, °**na·he|brin·gen*** 他 **1** (人³に物⁴を)理解させる, 教える, (物に対する)興味を持たせる. den Schülern die Klassiker ~ 生徒たちを古典作家に親しませる. Ich habe dem japanischen Publikum ihre Novellen zum ersten Mal *nahe gebracht*. 私は日本の読者に彼女のいくつかの短篇小説を初めて紹介した(日本語に翻訳した). **2** (人³に物⁴を)近づける, 親密にさせる. Dieser Vorfall *brachte* sie einander *nahe*. この事件があって彼らは親しくなった. ♦↑nahe 1

'**na·he ge·hen***, °**na·he|ge·hen*** 自(s) (事が主語)(人³の)胸にひどくこたえる.

'**na·he kom·men***, °**na·he|kom·men*** 自 (s) **1** (事³に)近くなる, 近づく; (と)ほとんど同じである. der Wahrheit ~ 真相に近づく. **2** (人³と)親しくなる.《相互代名詞と》Wir sind *uns* sehr *nahe gekommen*. 私たちはたがいにとても親しくなった.

'**na·he le·gen***, °**na·he|le·gen** 他 **1** (人³に事⁴を)勧める, 促す, 迫る. j³ den Rücktritt ~ 人³に引退を勧める. **2**《事が主語》(推測・疑念などを)抱かせる, 思いつかせる. Diese Vorgänge *legen* die Vermutung *nahe*, dass… これらの出来事を見ているとたぶん…であろうと推し量りたくなる.

'**na·he lie·gen***, °**na·he|lie·gen*** 自 (ある考え・推測などが)容易に思い浮かぶ; もっともである, 当然(自然)である. Ein solcher Verdacht liegt nahe. そのような疑いを抱くのは当然である. Es *liegt nahe*, dass… 当然…と思われる.

'**na·he lie·gend**, °**na·he·lie·gend** 形 もっとも, しごく当然(自然)な. ♦比較変化は nähe liegend, am nächsten liegend (nächstliegend) nächstliegend

'**na·hen** ['naːən] ❶ 自(s)《雅》(時間的に)近づく, 迫る. Der Abschied naht. 別れが近い. Es naht Gefahr. 危険が迫る. ❷ 再 (**sich**³)《まれ 自(s)》j〈et〉[sich] ~《雅》(人⁴〈物³〉に)近づく, 近寄る, 迫る.

***nä·hen** ['nɛːən ネーエン] ❶ 他 **1** 縫う, 縫って作る, 縫いつける. ein Kleid ~ ドレスを縫う. einen Saum ~ 縁をかがる. einen Knopf an das Hemd ~ ボタンをシャツに縫いつける. Doppelt *genäht* hält besser. 《諺》念には念をいれよ(2 度縫いは持ちがよい). **2**《医学》(傷口などを)縫合(ニョウ)する; (人³の)傷を縫合する. ❷ 自 縫物(針仕事)をする. mit der Hand〈der Maschine〉~ 手縫いする〈ミシンで縫う〉.

'**nä·her** ['nɛːər] 形 (nahe の比較級) **1** より詳しい, さらに詳細〈正確〉な. eine ~e Erklärung より詳しい説明. Darauf kann ich nicht ~ eingehen. その点について私はこれ以上詳細に立ち入ることはできない. **2** より親密な, さらに親しい(近しい); 相当に親密な. **3**《話》より近い, 近道の. Durch den Wald ist es ~. 森を抜けると近道だ. ♦↑näher bringen, näher kommen, näher liegen, näher stehen, näher treten

'**nä·her brin·gen***, °**nä·her|brin·gen*** 他 (人⁴に物⁴を)より深く理解させる, いっそうくわしくさせる.

'**Nä·he·re** ['nɛːərə] 中《形容詞変化》(さらに詳しい)事情, 詳細, 仔細. ~s ist zu erfragen bei… 詳細は…に照会されたし. Ich weiß nichts ~s über ihn. 私は彼について何も詳しいことは知らない. des ~n より詳しく, 仔細に.

'**Nä·he·rei** [nɛːəˈraɪ] 女 -/-en **1**《複数なし》縫うこと. **2** 縫い物, 針仕事.

'**Nah·er·ho·lung** 女 -/ 近郊(場場)のリクリエーション.

'**Nä·he·rin** ['nɛːərɪn] 女 -/-nen 縫い子, お針子.

'**nä·her kom·men***, °**nä·her|kom·men*** 自 (s) (人³と)より親しくなる.《相互代名詞と》*sich*³ 〈*einander*〉~ たがいに親交を深める.

'**nä·her lie·gen***, °**nä·her|lie·gen*** 自 (ある考え・推測などが)いっそう容易に思い浮かぶ; より当然(自然)である.《現在分詞で》ein *näher liegender* Gedanke より自然な考え.

***nä·hern** ['nɛːərn ネーアーン] ❶ 再 (**sich**⁴) **1** (人〈物〉³に)近づく, 接近する. Der Frühling *nähert sich*. 春が近づく. Er *näherte sich* dem Ziel seiner Reise. 彼は旅の目的地に近づいた. *sich* einem Mädchen ~ ある娘に近づく(言い寄る). Seine Phantasie *näherte sich* dem Wahnsinn. 彼の夢想は狂気に近いものとなった. **2**《相互代名詞と》*sich* 〈*einander*〉~《雅》(考え方などが)たがいに近づく, 歩み寄る.
❷ 他 (物⁴を物³に)近付ける, 接近させる. Sie *näherte* ihren Mund dem meinigen. 彼女は自分の口を私の口に近づけた.

'**nä·her ste·hen***, °**nä·her|ste·hen*** 自 (人³と)より親密である, もっと親しい間柄である.

'**nä·her tre·ten***, °**nä·her|tre·ten*** 自 (s) **1** (人³と)より親密(懇意)になる. **2** (事³に)いっそうの関心を寄せる, (を)さらに詳細にわたって検討する.

'**Nä·he·rung** ['nɛːərʊŋ] 女 -/-en《数学》近似.

'**Nä·he·rungs·wert** 男 -[e]s/-e《数学》近似値.

na·he ste·hen*, °**'na·he|ste·hen*** 自 (人³と)親密〈懇意〉である，親しい間柄である；(人・事)³と考え方・立場などが近い，よく似ている． Wir *stehen* uns politisch sehr *nahe*. 私たちは政治的にとてもよく似た立場にある．《現在分詞》eine den Konservativen *nahe stehende* Zeitung 保守系の新聞．

na·he tre·ten*, °**'na·he|tre·ten*** 自(s) (人³と)親しくなる，懇意になる．

na·he'zu ['naːəˈtsuː] 副 ほとんど，ほぼ．

Näh·fa·den ['nɛː‥] 男 -s/⁼ 《複数まれ》縫い糸．

Näh·garn 中 -[e]s/-e =Nähfaden

Nah·kampf 男 -[e]s/⁼e 白兵(はくへい)戦，接近戦．

Näh·käst·chen 中 -s/- (小さな)裁縫箱，針箱. aus dem ~ plaudern《話》秘密(秘め事)をぺらぺらしゃべる．

Näh·kas·ten 男 -s/⁼(-) 裁縫箱，針箱．

Näh·korb 男 -[e]s/⁼e 裁縫道具かご，縫い物入れ．

nahm [naːm] nehmen の過去．

Näh·ma·schi·ne 女 -/-n ミシン．

näh·me ['nɛːmə] nehmen の接続法 II．

‥nah·me [‥naːmə]《接尾》名詞につけて nehmen の複合動詞や機能動詞としての用法などに由来する女性名詞 (-/-n) をつくる．Auf*nahme* 受入れ；撮影(↓ aufnehmen)．Kenntnis*nahme*（文書などの)閲覧；知ること，承知(↓ Kenntnis nehmen)．Rücksicht*nahme* 考慮すること(↓ Rücksicht nehmen)．

'Näh·na·del 女 -/-n 縫い針．

Nah·ost [naː|ˈɔst] 男《無冠詞／不変化》近東．

Nähr·bo·den ['nɛːr‥] 男 -s/⁼ 1 培養基，培地．2 《比喩》(犯罪などの)温床．

Nähr·brü·he 女 -/-n 培養液．

Nähr·creme [‥kreːm, ‥krɛːm] 女 -/-s 栄養クリーム，ナリシングクリーム．

'näh·ren ['nɛːran ネーレン] ❶ 他 1 養う，育てる；(に)栄養〈養分〉を与える；《雅》養育する，扶養する．Die Mutter *nährt* ihr Kind selbst. その母親は母乳で子供を育てている．*seine* Familie ~ 家族を養う．Das Handwerk *nährt* seinen Mann.《諺》手に職があれば食いはぐれることはない．eine Schlange am Busen ~《比喩》獅子身中の虫を養う．《過去分詞で》gut〈schlecht〉ge*nährt* sein 栄養状態が良好〈不良〉である．2《雅》(a)(希望・疑い・計画などを)育(はぐく)む，培(つちか)う，募らせる．*seine* Liebe〈*seinen* Hass〉gegen j¹ ~ 人¹に対する愛情〈憎悪〉を募らせる．(b) das Feuer ~（燃料を補給して）火勢を強める〈保つ)．

❷ 再《**sich⁴**》《雅》1 (von〈mit〉et³ 物³)を食べて生きていく，常食としている．2 (von〈mit〉et¹ / durch et¹,³,⁴)によって)暮していく，生計を立てる．

❸ 自 栄養がある，滋養になる．Milch *nährt*. 牛乳は滋養になる．

'nahr·haft ['naːrhaft] 形 1 栄養のある，滋養になる．(土地が)肥沃の．2《話》儲かる，実入りのいい．

'Nähr·he·fe ['nɛːr‥] 女 -/-n 栄養酵母．

'Nähr·lö·sung 女 -/-en 1 培養液．2 (水栽培用の)栄養液．3《医学》輸液．

'Nähr·mit·tel 中 -s/- 1《複数形で》穀物加工品(ただし小麦粉・パン類は除く)．2 =Nährpräparat

'Nähr·mut·ter 女 -/⁼《古》乳母；養母．

'Nähr·prä·pa·rat 中 -[e]s/-e (乳幼児・病人などのための)栄養強化食品，人口栄養食．

'Nähr·sal·ze 複 栄養塩類．

'Nähr·stand 男 -[e]s/《古》(農林業に従事する)生産者階級. ♦ ↑Lehrstand, Wehrstand

'Nähr·stoff 男 -[e]s/-e《ふつう複数で》栄養素；栄養物．

*'Nah·rung ['naːrʊŋ ナールング] 女 -/ 1 食物，食料；栄養，養分；《比喩》糧(かて). ~ und Kleidung 衣食. feste〈flüssige〉~ 固形食〈流動食〉. geistige ~《比喩》精神の糧. dem Feuer ~ geben《比喩》(燃料を補給して)火勢を強める(保つ). Das gab seinem Zorn neue ~. / Dadurch erhielt〈fand〉sein Zorn neue ~.《比喩》そのことが彼の怒りをさらに募らせた. ~ zu sich³ nehmen 栄養を摂取する；食事を摂(と)る. 2《古》糊口(ここう)の資；職業. j³ Brot und ~ geben 人³に糊口の資を与える．

'Nah·rungs·auf·nah·me 女 -/ 食物(栄養)摂取，食事．

'Nah·rungs·ket·te 女 -/-n 《生態》食物連鎖．

*'Nah·rungs·mit·tel ['naːrʊŋsmɪtəl ナールングスミテル] 中 -s/- 《ふつう複数で》食物，食料品．

'Nah·rungs·mit·tel·ver·gif·tung 女 -/-en《医学》(Lebensmittelvergiftung) 食中毒．

'Nah·rungs·sor·ge 女 -/《ふつう複数で》食べるもの(暮らし)の心配，生活苦．

'Nähr·va·ter ['nɛːr‥] 男 -s/⁼《古》養父．

'Nähr·wert 男 -[e]s/-e 栄養価．

'Nah·schnell·ver·kehrs·zug 男 -[e]s/⁼e 《略 N》(以前運行についた)近距離急行列車．

'Näh·sei·de 女 -/-n 絹の縫い糸．

Naht [naːt] 女 -/Nähte (↑nähen) 1 縫い目. Die ~ ist aufgegangen〈geplatzt〉. 縫い目はほころびた. eine ~ auftrennen〈nähen〉縫い目をほどく〈縫い合せる〉. eine 〈tüchtige〉~ beziehen〈bekommen〉《卑》さんざん殴られる. eine gute ~ saufen《卑》しこたま飲む. j³ auf den *Nähten* knien / j³ auf die *Nähte* gehen〈rücken〉《卑》人³にしつこく迫る. aus den〈allen〉*Nähten* platzen《話》はち切れんばかりに肥る；(組織などが)大きくなりすぎる. 2《医学》縫合(ほう)(部)；《解剖》(頭蓋などの)縫合線. 3《工学》(溶接などの)継ぎ目，接合部．

'Näh·te ['nɛːtə] Naht の複数．

'Näh·te·rin ['nɛːtərɪn] 女 -/-en《古》(Näherin) お針子．

'Näh·tisch 中 -[e]s/-e 裁縫台．

'naht·los ['naːtloːs] 形 1 縫い目〈継ぎ目〉のない，シームレスの．2《比喩》切れ目のない，スムーズな．

'Naht·stel·le 女 -/-n 1《工学》継ぎ目，接合部；溶接部．2 (隣接する領域の)接点，交点．3 (ドイツ語) (Schnittstelle) インターフェース．

'Na·hum ['naːhʊm]《人名》(hebr. 'Tröster')《旧約》ナホム (前 7 世紀頃, 12 小預言者の 1 人).

'Nah·ver·kehr 男 -s/ 近距離交通(輸送).

'Näh·zeug 中 -[e]s/ 1 裁縫道具．2 =Näharbeit

'Nah·ziel 中 -[e]s/-e (↔ Fernziel) 近い将来の目標．

Nai'ro·bi [naɪˈroːbi]《地名》ナイロビ (ケニア共和国の首都).

*na'iv [naˈiːf ナイーフ] 形 素朴な，ナイーブな；無邪気な，純真な，天真爛漫な，うぶな；《侮》愚直な，おめでたい. eine ~*e* Frage 素朴な質問. ~*e* Dichtung《文学》素朴文学 (Schiller の用語). Du bist aber ~! 君もおめでたいな.《名詞的用法で》die *Naive*《演劇》生娘役(の女優). die *Naive*〈den *Naiven*〉spielen《比喩》(女性〈男性〉が)何も知らないふりをする．

Na·i·vi'tät [naivi'tɛːt] 女 -/ 素朴さ，ナイーブさ；無邪気さ，純真さ，うぶ；愚直．

Na'iv·ling [naˈiːflɪŋ] 男 -s/-e《話》単純な(おめでた

Na·ja·de [na'ja:də] 囡 -/-n (*gr.* naiais) ナーイアス (泉や川に棲む Nymphe).

'Na·me ['na:mə ナーメ] 男 2格 -ns, 3格 -n, 4格 -n, 複数 -n **1** (一般的な事物の)名称, 呼称. ein anderer ～ für Anemone アネモネの別名. der wissenschaftliche ～ 学名. Wie lautet der ～ dieser Muschel? この貝の名前は何というのですか. Daher der ～ Bratkartoffel!《話》なるほどそういうわけか. das Unrecht beim ～n nennen 不正を不正と言う. **2** (個々の人・事物の)名, 名前. der falsche 〈richtige〉～ 偽名〈本名〉. ein häufiger〈seltener〉～ よくある〈めったにない〉名前. die ～n der Toten 死亡者氏名. die großen ～n der Geschichte《比喩》歴史上の偉人たち. Wie ist Ihr ～? — Mein ～ ist Hans Müller. お名前は何とおっしゃいますか — 私の名前はハンス・ミュラーです. Wie war doch gleich Ihr ～? ええっと, お名前は何とおっしゃいましたか. Mein ～ ist Hase[, ich weiß von nichts].《戯》私なにも知っちゃいません. *seinen* ～n ändern 改名する. *seinen* ～n angeben〈nennen〉名を名乗る. einen falschen ～n führen 偽名を使う. j³ einen ～n geben 人に名前をつける. Das Kind muss einen ～n haben.《話》何事にも大義名分が必要だ. *seinen* ～n unter et¹ setzen 物¹を署名する. den ～n der Mutter tragen 母方の名を名乗っている. Der Hund hört auf den ～n Fiffi. その犬はフィッフィと呼ぶと答える. j⁴ beim〈mit〉～n rufen 人⁴の名前を呼ぶ. die Dinge〈das Kind〉beim rechten ～n nennen《比喩》歯に衣(ぎぬ)着せずにものを言う. ein Mann mit ～n Schiller シラーという名の男. Die Stadt ist mir nur dem ～n nach bekannt. その町のことは名前だけしか知らない. unter falschem ～n 偽名で. **3** 名義, 名目. Er hat für die Firma nur den ～n hergegeben. 彼はその会社に名義を貸しているだけだ. Das Sparbuch lautet auf seinen ～n. その預金通帳は彼の名義になっている. im ～n meiner Frau〈meiner Familie〉妻に代って〈家族を代表して〉. im ～n der Menschlichkeit 人間性の名のもとに. In Gottes ～n!《話》(不承不承同意して)お好きように, ご勝手に. In [drei] Teufels ～n! / In des Henkers ～n!《卑》ちくしょうめ. nur den ～n nach 名目だけの(↑2). **4** 名声, 評判. Er hat bereits einen ～n. 彼はすでに有名である. Er hat noch keinen ～n. 彼はまだ無名である. sich³ einen ～n machen 名をなす, 有名になる. ein Mann von ～n 名のある男.

'Na·men ['na:mən] 男 -s/- (まれ) = Name
'Na·men·for·schung 囡 -/ = Namenkunde
'Na·men·ge·bung 囡 -/-en 命名.
Na·men-'Je·su-Fest [na:mə'je:zufɛst] 中 -[e]s/-e《ｷﾘｽﾄ》イエスの聖名の祝日(1月1日直後の日曜日, 日曜日が1, 6日または7日にあたる年は1月2日).
'Na·men·kun·de 囡 -/ 固有名詞研究.
'Na·men·lis·te 囡 -/-n = Namensverzeichnis
'na·men·los ['na:mənlo:s] 形 **1** 名もない, 無名の; 名前の分からない, 匿名の. **2**《雅》言葉では言い表せない, 名状しがたい.
'na·mens ['na:məns] ❶ 副 …という名の. ein Mann ～ Richter リヒターという名の男. ❷ 前《2格支配》《書》…の名において, …の命令(委託)により.
'Na·mens·ak·tie [..aktsiə] 囡 -/-n《経済》(↔ Inhaberaktie) 記名株式.
'Na·mens·än·de·rung 囡 -/-en 改姓, 改名.
'Na·mens·bru·der 男 -s/⁼《雅》= Namensvetter
'Na·mens·fest 中 -[e]s/-e = Namenstag
'Na·mens·pa·pier 中 -s/-e《経済》(↔ Inhaberpapier) 記名証券.
'Na·mens·schild 中 -[e]s/-er **1** 表札. **2** 名札 ネームプレート.
'Na·mens·schwes·ter 囡 -/-n《雅》同名(同姓)の女性.
'Na·mens·tag 男 -[e]s/-e《ｶﾄﾘｯｸ》聖名祝日(洗礼名にゆかりの聖人の祝日. 本来の誕生日と同じように祝う習慣もあった).
'Na·mens·vet·ter 男 -s/-n 同名(同姓)の男性.
'Na·mens·zei·chen 中 -s/- 署名代りの記号.
'Na·mens·zug 男 -[e]s/⁼e **1** 自筆署名, サイン. **2**《雅》(Monogramm) モノグラム, 花押(かおう).
'na·ment·lich ['na:məntlɪç] ❶ 形 名前を挙げての, 指名の; 記名による. eine ～e Abstimmung 記名投票. j⁴ ～ aufrufen 人⁴の名前を呼び上げる. ❷ 副 とくに, とりわけ.
'Na·men·ver·zeich·nis 中 -ses/-se **1** 名簿. **2** 人名索引
'nam·haft ['na:mhaft] 形 **1** 名のある, 著名(高名)な. **2** かなりの, 相当な. **3** j〈et〉⁴ ～ machen《書》人〈物〉⁴の名前を挙げる.
Na·mi·bia [na'mi:bia]《地名》ナミビア (アフリカ大陸南西端に位置する共和国, 首都ウィントフーク Windhoek).
na·mig [..na:mɪç]《接尾》(↓ Name) 形容詞について「…の名前の」の意の形容詞をつくる. falsch*namig* 偽名の.

'näm·lich ['nɛ:mlɪç ネームリヒ] ❶ 副 **1** すなわち, つまり. zweimal in der Woche, ～ am Dienstag und am Donnerstag 週に2度, つまり火曜と木曜に. **2**《つねに文中におかれて》(理由を説明して)というのは, つまり. Ich konnte ihn nicht sprechen, er war verreist. 私は彼と話せなかった, というのも彼は旅行に出かけていたのだ. Es ist ～ so, dass… つまり…というわけだ.
❷ 形《つねに定冠詞を伴って》《古》《雅》同じ, 同一の. das ～ e Kleid wie gestern きのうと同じドレス. am ～en Tag 同じ日に (名詞的用法で) Er ist noch immer der *Nämliche*〈°～e〉. 彼はあいかわらず昔のままだ. immer das *Nämliche*〈°～e〉sagen いつも同じことを言う.
'Näm·lich·keit 囡 -/《税関》(Identität) (通関品の)同一性.
'Näm·lich·keits·be·schei·ni·gung 囡 -/《税関》(Identitätsnachweis) 同品証明.
'Nan·du ['nandu] 男 -s/-s (*port.*)《鳥》レア, アメリカだちょう(鴕鳥).
'Nä·nie [nɛ:niə] 囡 -/-n (*lat.*) (古代ローマの)挽歌(ばんか), 弔歌.
'Nan·king ['naŋkɪŋ] ❶《地名》ナンキン, 南京 (中国江蘇省の省都). ❷ 男 -s/(-e) (Nankingstoff) 南京木綿 (今日ではジーンズなどに使う丈夫な綿織物です).
'nann·te ['nantə] nennen の過去.
Na·no.. [nano-, na:no:]《接頭》(*lat.* nanus ‚Zwerg‘)《記号: n》**1** 単位呼称に冠して「10億分の1(10⁻⁹)」を意味する. *Nanometer* ナノメートル. **2**

名詞に冠して「微小の,矮小な」の意を表す. *Nano-somie* 小人症.

Na·no·me·ter [nano'me:tər] 男 -s/-《記号 nm》ナノメートル(10億分の1m).

Na·no·so'mie [nanozo'mi:] 女 -/-n [..'mi:ən]《古》〖医学〗小人症.

na·no·tech·no·lo·gie ['na:no..] 女 -/ ナノテクノロジー, 超微小技術.

Nan·sen ['nanzən, 'nansən]《人名》Fridtjof ~ フリトヨフ・ナンセン(1861–1930, ノルウェーの極地探検家・動物学者・外交官, ノーベル平和賞受賞者).

Nan·sen·pass -es/⸚e ナンセン旅券(ナンセンの提唱した亡命者や難民を救うために支給される仮放券).

na'nu [na'nu:] 間 *Nanu!* (意外・怪訝の気持ちを表しておやまあ, 何だって, これは驚いた.

Na·palm ['na:palm] 中 -s/(*am.*) -s 《商標》ナパーム. ◆**Naphthensäure** と **Palmitinsäure** の短縮複合語.

Na·palm·bom·be 女 -/-n ナパーム爆弾.

Napf [napf] 男 -[e]s/Näpfe (おもに犬猫の餌などを入れる)浅鉢.

Näpf·chen [nɛpfçən] 中 -s/-《*Napf* の縮小形》(浅い)小鉢.

Näpfe [nɛpfə] *Napf* の複数.

Napf·ku·chen 男 -s/- ナップクーヘン(鉢型のパウンドケーキ).

Naph·tha ['nafta] 女 -/(中 -/)(*pers.*) **1**《古》石油. **2**〖化学〗ナフサ, ナフタ.

Naph·tha·lin [nafta'li:n] 中 -s/-e〖化学〗ナフタリン.

Naph·tho·le [naf'to:lə] 複〖化学〗ナフトール.

Na·po·le·on [na'po:leɔn] ❶《人名》~ Bonaparte ナポレオン・ボナパルト(1769–1821, フランスの皇帝). ❷ 男 -s/-s = Napoleondor

Na·po·le·on·dor [napoleɔ̃'dɔ:r] 男 -s/-e (*fr.* napoléon+d'or 'von Gold')《貨幣》ナポレオン金貨(Napoleon I., II. 治世下の 20 フラン金貨).

na·po·le·o'nisch [napole'o:nɪʃ] 形 ナポレオン(流)の.

Na·po·li ['na:poli]《地名》= Neapel

Nap·pa ['napa] 中 -/(*am.*) -s《製革》ナッパ革(手袋などに用いる柔らかな羊・山羊の皮革).

Nap·pa·le·der 中 -s/- = Nappa

Nar·be [narbə] 女 -/-n **1** 傷痕, あばた;〖医学〗瘢痕. **2**《植物》(Stigma) 柱頭. **3**《製革》(皮革の)銀面, 粒起面. **4**《農業》(芝などの根の張っている)表土, 芝土.

nar·ben ['narbən] 他《製革》(原皮の)毛を除く;(革に)銀面を付ける(脱毛処理をした獣皮面の粒々模様をつける).

Nar·ben ['narbən] 男 -s/-〖製革〗銀面(脱毛処理をした原皮の粒々の表面).

nar·big ['narbɪç] 形 **1** 傷跡(瘢痕)のある. **2**〖製革〗銀付きの.

Nar·de ['nardə] 女 -/-n (*gr.*) **1**《植物》ナルド. ◆インド原産, おみなえし科に属する甘松香(かんしょう)のこと. **2** (Nardenöl) ナルドの香油《旧約》雅 1:12, 4:13–14;《新約》マコ 14:3, ヨハ 12:3.

Nar'ko·se [nar'ko:zə] 女 -/-n (*gr.*)〖医学〗麻酔. j³ eine ~ geben 人³に麻酔をかける.

Nar·ko·ti·kum [nar'ko:tikʊm] 中 -s/..ka [..ka] 麻酔薬(剤).

nar·ko'tisch [nar'ko:tɪʃ] 形〖医学〗麻酔(性)の.

nar·ko·ti'sie·ren [narkoti'zi:rən] 他〖医学〗(人⁴ に)麻酔をかける. das Gewissen ~《比喩》良心を麻痺させる.

Nar·ko'tis·mus [narko'tɪsmʊs] 男 -/〖心理・医学〗**1** 麻酔状態. **2** 麻酔中毒.

*** Narr** [nar ナル] 男 -en/-en **1** 馬鹿, あほう, 愚者, たわけ者. ein gutmütiger〈drolliger〉~ お人好し〈おどけ者〉. Ich bin ein ~, dass ich ihm schon wieder vertraue! またしても彼を信用するとは私も馬鹿だ. Kinder und ~en reden die Wahrheit.《諺》子供と馬鹿は真実を話す. sich⁴ zum ~en machen 笑いものになる. **2** 道化(師), 道化役者;(中世の)宮廷道化師;(一般に)おどけ者. den ~en spielen 道化を演じる. sich⁴ als ~ verkleiden (カーニバルなどで)道化に扮する. j⁴ zum ~en halten〈haben〉/《まれ》sich³ aus j³ einen ~en machen《比喩》人⁴,³を馬鹿にする, からかう, かつぐ. einen ~ en an j⟨et⟩³ gefressen haben《話》〈人・事〉³に夢中になっている, (を)溺愛している. Jedem ~en gefällt seine Kappe.《諺》誰にでも自惚(うぬぼ)れはあるものだ(↑Narrenkappe). **3** (仮装した)カーニバルの参加者.

Nar·ra·ti'on [naratsi'o:n] 女 -/-en (*lat.*)《古》(Erzählung) 物語, 語り.

nar·ra'tiv [nara'ti:f] 形 物語の, 語りの.

Nar·ra·tor [na'ra:to:r] 男 -s/..toren [nara'to:rən]〖文学〗語り手.

Närr·chen ['nɛrçən] 中 -s/-《Narr の縮小形》お馬鹿さん.

nar·ren ['narən] 他 馬鹿にする, こけにする, からかう;だます, たぶらかす, かつぐ.

Nar·ren·fest 中 -[e]s/-e **1** (Kostümfest) 仮装舞踏会, 仮装パーティー;カーニバルの舞踏会. **2**《歴史》おどけ祭(中世の司教座聖堂付属学校 Domschule, Stiftschule などで催された祭で教会の儀式をまねて茶化した).

Nar·ren·frei·heit 女 -/ **1** (謝肉祭での)無礼御免. **2** (宮廷道化師などに認められる)無礼御免, 悪口御免(の特権).

Nar·ren·hän·de 複《次の成句で》~ beschmieren Tisch und Wände.《諺》馬鹿は所嫌わず落書きをする.

Nar·ren·haus 中 -es/..häuser 精神病院.

Nar·ren·kap·pe 女 -/-n 道化帽(鈴のついた三角帽子).

Nar·ren·pos·se 女 -/-n《ふつう複数で》《古》《雅》馬鹿げたたわね, 愚行;悪ふざけ.

Nar·ren·seil 中《次の成句で》j⁴ am ~ führen《古》人⁴からかう, 愚弄(ぐろう)する.

nar·ren·si·cher 形《話》(器具・機械などが)誰にでも使いこなせる.

Nar·rens·pos·se 女 -/-n = Narrenposse

Nar·ren·streich 男 -[e]s/-e 悪ふざけ, いたずら.

Nar·re'tei [narə'taɪ] 女 -/-en《雅》悪ふざけ, いたずら;馬鹿げたまね(こと).

*** Narr·heit** ['narhaɪt] 女 -/-en **1**《複数なし》愚かさ. **2** 悪ふざけ, 馬鹿騒ぎ;馬鹿げたまね, 愚行.

Där·rin ['nɛrɪn] 女 -/-nen (Narr の女性形》馬鹿な女, 愚かな女.

*** när·risch** ['nɛrɪʃ ネリシュ] 形 **1** 馬鹿な, 愚かな, たわけた;風変りな, おかしな;《話》気違いじみた, 度はずれな. ein ~er Einfall 馬鹿げた思いつき. Bist du ~, so was zu machen? そんなことをするなんて君は気は確かなのかい. auf j⟨et⟩⁴ ~ sein / nach j⟨et⟩³ ~ sein 人〈物⟩⁴,³が大好きである, 欲しくてたまらない. Sie ist ganz ~ auf Schokoladen. 彼女はチョコレートに目が

Nar·wal ['narva:l] 男 -[e]s/-e (*dän.*)〖動物〗(Einhornwal) いっかく(一角, 鯨の一種).

Nar'ziss, °**Nar'ziß** [nar'tsɪs] (*gr.* Narkissos) ❶ 《人名》〖ギ神話〗ナルキッソス, ナルシス(泉の水鏡に写った自分の姿に恋し, 死後水仙の花と化した). ❷ 男 -es/-e =Narzisst

Nar'zis·se [nar'tsɪsə] 女 -/-n (↓ Narzissus)〖植物〗すいせん(水仙).

Nar'ziss·mus [nar'tsɪsmʊs] 男 -/ (↓ Narzissus)〖心理〗自己陶酔, うぬぼれ, ナルシシズム, ナルシズム.

Nar'zisst [nar'tsɪst] 男 -en/-en 自己陶酔タイプの人, ナルシシスト, ナルシスト.

nar'zis·tisch 形 ナルシ(シ)ズムの, 自己陶酔的の.

NASA ['na:za, 'næsə] 女 -/ 《略》(*engl.*) =National Aeronautics and Space Administration (米国)航空宇宙局, ナサ.

na·sal [na'za:l] 形 **1**〖解剖〗鼻の. **2**〖音声〗鼻音の. **3** 鼻声の, 鼻にかかった.

Na·sal 男 -s/-e〖音声〗鼻音(例 [m] [n] [ŋ] など).

na·sa·lie·ren [naza'li:rən] 他〖音声〗鼻音で発音する, 鼻音化する.

Na'sal·laut 男 -[e]s/-e〖音声〗=Nasal

Na'sal·vo·kal 男 -s/-e〖音声〗鼻母音(例 [ã] [õ] など).

'na·schen ['naʃən] ❶ 他 (とくに甘い物などを)つまむ. ❷ 自 (von〈an〉et³ 物³を)つまむ, つまみ食いをする. von allem nur ~《比喩》何にでも首を突っ込んではちょっとだけかじる.

'Näs·chen ['nɛ:sçən] 中 -s/- 《Nase の縮小形》小さな鼻.

'Na·scher ['naʃər] 男 -s/- 甘い物好き, 甘党; つまみ食いする人. ◆女性形 Nascherin 女 -/-nen

'Nä·scher ['nɛːʃər] 男 -s/- 《まれ》=Nascher

Na·sche'rei [naʃə'raɪ] 女 -/-en **1**《複数なし》始終つまみ食いをすること. **2**《ふつう複数で》甘い物, お菓子.

Nä·sche'rei [nɛʃə'raɪ] 女 -/-en 《ふつう複数で》《古》《雅》甘い物, お菓子.

'nasch·haft ['naʃhaft] 形 甘い物好きな, 甘党の; 始終つまみ食いをする.

'Nasch·kat·ze 女 -/-n《話》(とくに女性・子供の)甘い物好き, つまみ食いの好きな人, いやしん坊.

'Nasch·maul 中 -[e]s/-er《話》=Naschkatze

'Nasch·werk 中 -[e]s/ 《古》甘い物, お菓子.

'Na·se

['na:zə ナーゼ] 女 -/-n **1** 鼻. eine breite ~ 太い鼻. eine gebogene ~ 鷲鼻. eine spitze 〈stumpfe〉 ~ とがった鼻(団子鼻). Mir läuft die ~.《話》鼻水が出る. Seine ~ passt〈gefällt〉 mir nicht.《話》彼はどうも虫が好かない. Die ~ wird blau. / Die ~ läuft blau an.（寒さや飲酒のせいで）鼻が紫色になる. Mund und ~ aufsperren《話》（口をぽかんと開けて）呆気にとられる, 唖然とする. sich³ die ~ begießen《話》一杯やる. eine ~ bekommen《話》お目玉をくらう. j³ eine ~ drehen《話》人³を馬鹿にする, 愚弄〈嘲笑〉する. eine ~ haben《話》鼻を垂らしている. Der Hund hat eine feine〈gute〉 ~.《話》犬は鼻が利(き)く. eine feine〈gute〉 ~ haben / die richtige ~ haben《話》(für et⁴ 事⁴に関して)鋭い勘をしている, センスがいい. die ~ [gestrichen] voll haben《話》(von et〈j〉³ 事〈人〉³に)うんざりしている. (が)鼻につく. die ~ vorn haben《話》競走に勝つ. j³ eine lange ~ machen《話》(親指を鼻にあてて指を拡げる仕草をして)人³を馬鹿にする, 愚弄〈嘲笑〉する. sich³ die ~ putzen 鼻をかむ. die ~ rümpfen (不快や軽蔑の気持を抱いて)鼻にしわを寄せる;《比喩》(über j〈et〉⁴ 人〈事〉⁴を)鼻先であしらう, (を)鼻で笑う. nicht weiter als *seine* ~ sehen《話》鼻先のことしか見えない. Du sollst deine ~ nicht in alles〈in jeden Dreck / in jeden Quark〉 stecken.《話》君はやたらに何にでも首を突っ込むべきではない. *seine*〈die〉 ~ in ein Buch stecken《話》(熱心に)本を読む, 勉強する. die ~ hoch tragen《話》思い上がっている, 天狗になっている. sich³ durch et⁴ eine goldene ~ verdienen《話》事⁴で大儲けする. die ~ zuhalten（臭くて）鼻をつまむ. alle ~[n] lang《話》しょっちゅう(↑ nasenlang).《前置詞と》Ich sehe es dir **an** der ~ an, dass...《話》...ということは君の顔を見れば分かる. Fass dich an deine eigene ~!《話》他人(⁴)のことを放っておけ, 大きなお世話だ. j⁴ an der ~ herumführen《話》人⁴をいいようにからかう, 翻弄(ほんろう)する. j³ et **auf** die ~ binden《話》（わざわざ）言う必要もないのに人³に事⁴を話して聞かせる. auf die ~ fallen《話》うつぶせに倒れる; (mit et³ 事³に)失敗する. j³ auf der ~ herumtanzen《話》(大人しくしているのをいいことに)人³に好き放題なことをする. auf der ~ liegen《話》(病気で)臥(ふ)せっている. sich³ et⁴ **aus** der ~ gehen lassen《話》事⁴を逸する(逃す). j³ et⁴ aus der ~ ziehen《話》人³から事⁴をたくみに聞出す. Muss man dir alles aus der ~ ziehen?《話》たまには自分から話したらどうだ. **durch** die ~ sprechen 鼻声で話す. **in** der ~ bohren 鼻をほじる. Ein scharfer Geruch geht〈fährt/sticht〉 in die ~. 刺激臭が鼻をつく. j³ in die ~ fahren〈steigen〉《話》人³を怒らせる, (の)気に入らない. j³ in die ~ stechen《話》人³の気をそそる, (の)気になる. **mit** langer ~ abziehen《話》すごすごと引下がる. immer mit der ~ vorn sein《話》出しゃばり(生意気)である. j⁴ mit der ~ auf et⁴ stoßen《話》事⁴を人⁴の鼻先に突きつける, (誤りなどを)はっきりと指摘する. immer der ~ **nach**《話》どこまでもまっすぐに. Es ging alles nach seiner ~.《話》何もかも彼の思い通りに運んだ. Das ist nicht nach meiner ~.《話》それは私の趣味に合わない. **pro** ~《話》1人につき. Er sieht nicht **über** seine ~ hinaus.《話》彼は目先のことしか分からない. den Wind **um** die ~ wehen lassen《話》世間の風に当る. j³ et⁴ **unter** die ~ halten 人³の鼻先に物⁴を突きつける. j³ et⁴ unter die ~ reiben《話》人³に事⁴をあからさまに言い立てる(きびしく咎(とが)め立てる). Wir haben eine chemische Fabrik direkt **vor** der ~. 化学工場が私たちのつい目と鼻の先にある. j³ j⁴ vor die ~ setzen《話》人⁴を人³の上司に据える. j³ die Tür vor der ~ zuschlagen《話》人³の鼻先でドアをぴしゃりと閉める;《比喩》(に)門前払いをくわせる, (を)すげなく拒否する.

2 (a) (車などの)先端部; 船首, 機首. (b) (建物などの)突出部; 岬, 半島; 岩鼻. (c) (鉋(かんな)などの)取っ手; (屋根瓦の)爪. (d)〖建築〗(ゴシック建築のMaßwerk に見られる)三角きざし, いばら. (e)《話》《家具・建具などの》装飾的な塗り垂れ.

'na·se·lang ['na:zəlaŋ] 形 =nasenlang

'nä·seln ['nɛ:zəln] 自 鼻声で話す.

'Na·sen·bein 中 -[e]s/-e〖解剖〗鼻骨.

Na·sen·blu·ten 匣 -s/ 鼻血. ～ haben〈bekommen〉鼻血が出る.
Na·sen·flü·gel 男 -s/- 鼻翼, 小鼻.
Na·sen·höh·le 囡 -/-n 〖解剖〗鼻腔.
na·sen·lang ['naːzənlaŋ] 形《次の成句で》alle ～ 〖しょっちゅう, ひっきりなしに.
Na·sen·län·ge 囡 -/-n〖競馬〗(馬の)頭の差；《比喩》鼻の差, 僅差. mit zwei ～n gewinnen 頭2つ差で勝つ. j³ um eine ～ schlagen《比喩》人⁴を僅差で打ち負かす.
Na·sen·laut 男 -[e]s/-e〖音声〗=Nasal
Na·sen·loch 匣 -[e]s/ⁿer 鼻の穴, 鼻孔.
Na·sen·rü·cken 男 -s/-〖解剖〗鼻梁(びりょう),〖解剖〗鼻背(びはい).
Na·sen·schei·de·wand 囡 -/ⁿe〖解剖〗鼻中隔.
Na·sen·schleim 男 -[e]s/-e 鼻の粘膜, 鼻汁.
Na·sen·schleim·haut 囡 -/-e 鼻粘膜.
Na·sen·spit·ze 囡 -/-n 鼻の先, 鼻の頭；〖解剖〗鼻尖. j³ et⁴ an der ～ ansehen《比喩》人³の顔色から事を読みとる. Sie sieht nicht weiter, als ihre ～ reicht.《比喩》彼女は目先のことしか考えない.
Na·sen·stü·ber 男 -s/- 指で鼻先を弾(はじ)くこと. j³ einen ～ versetzen〈geben〉人³の鼻の頭を指で弾く；《話》小言を言う, 叱る.
'na·se·weis ['naːzəvaɪs] 形《とくに子供が》生意気な, こまっしゃくれた.
Na·se·weis 男 -es/-e 生意気な(こまっしゃくれた)子供.
'nas·füh·ren ['naːsfyːrən] 他 愚弄する, だます, かつぐ.
'Nas·horn 匣 -[e]s/ⁿer〖動物〗さい(犀).
..na·sig [..naːzɪç]〖接尾〗「…の鼻の」の意の形容詞をつくる. breit*nasig* 幅が広い鼻をした.
Na·si·go'reng [naziɡoˈrɛŋ] 匣 -[s]/-s《indon.》《料理》(インドネシアの)焼き飯.
'nas·lang ['naːslaŋ] 形 =nasenlang

nass, °naß [nas ナス] nasser(nässer), nassest(nässest) 形 ❶ 濡れた, 湿った. ～e Augen 涙に濡れた目, 潤んだ目. ～er Boden 濡れた地面. *Nasse Farbe!* ペンキ塗りたて. ein ～er Bruder《話》酒飲み. ein ～es Grab finden 溺死(できし)する. ein ～er Tod 水死, 溺死. völlig〈durch und durch〉～ sein / bis auf die Haut ～ sein びしょ濡れである. ～ wie ein Pudel sein《話》濡れねずみである. Er ist noch ～ hinter den Ohren.《話》彼はまだ青二才だ. ～ essen《話》酒を飲む. et⁴ ～ machen 物⁴を濡らす；《話》事⁴(転居・昇進などを)飲んで祝う. das Bett〈die Hose〉～ machen《話》寝小便をする;ズボンにおしっこを漏らす. *sein* Geld ～ machen《話》有り金を飲んでしまう. j³ ～ machen《話》(とくにスポーツで)人⁴を翻弄する；打ち負かす. Ich werd[e] mich ～ machen!《地方》(あることをしないように)注意されて)用心するよ, ～ werden 濡れる. ❷ 雨の多い, じめじめした. ein ～er Sommer 雨の多い夏. ～es Wetter 湿潤な天候. ❸《地方》ただの, 無料の.《主に次の成句で》auf ～ einsteigen ただ酒にありつく. für ～ ただで, 無料で.

Nass 匣 -es/《雅》❶ 水. ❷ 飲物；(とくに)酒. ❸ 雨.
Nas·sau ['nasaʊ]〖地名〗ナッサウ(ラインラント=プファルツ州の都市).
'Nas·sau·er ['nasaʊɐr] ❶ 男 -s/- ❶ ナッサウの人.
❷《話》他人にたかる人. ❸〖戯〗にわか雨, どしゃ降り. ❷ 形《不変化》ナッサウの.
'nas·sau·ern ['nasaʊɐrn] 自《話》他人の金で暮す, 人にたかる.
*＊**'Näs·se** ['nɛsə ネセ] 囡 -/ (強い)湿気；水分, 水気. Die ～ dringt durch die Fenster. 湿気が窓から入り込んでくる. Vor ～ bewahren〈schützen〉! 湿気(水気)に注意.
'näs·seln ['nɛsəln] 自〖古〗〖地方〗❶ (わずかな)湿り気を帯びる(帯びている); (傷口などが)じくじくしている. ❷《非人称的に》*Es nässelt.* 雨がしとしと降る.
'näs·sen ['nɛsən] ❶ 他〖雅〗濡らす, 湿らせる. Der Tau *nässt* das Gras. 露が草を濡らす. das Bett ～ (寝小便で)ベッドを濡らす. ❷ 自 ❶ (傷口などが)じくじくする.《現在分詞で》eine *nässende* Flechte〖医学〗湿潤性湿疹. ❷《猟師》(犬・獣が)小便をする.
'nass·fest 形 湿気(水気)に強い; 耐湿性の.
'nass·forsch 形 やけに威勢のいい, から元気のいい(もともと酔った上での威勢のよさのこと).
'nass·kalt 形 (天候などが)じめじめして寒い, 湿冷な.
'Nass·ra·sie·rer 男 -s/- (電気剃刀を使わない)かみそり党の人.
'Nass·ra·sur 囡 -/-en (電気剃刀ではなく)泡立て石鹸と剃刀による髭剃り.
'Nass·wä·sche 囡 -/-n 生乾きの洗濯物.
'Nass·zel·le 囡 -/-n (住宅のうち台所・浴室などの)水回り.
'Nas·tuch ['naːs..] 匣 -[e]s/ⁿer《南ド・スイス》(Taschentuch) ハンカチ.
Na'ta·lie [naˈtaːliə]〖女名〗《lat.》, die am Geburtstag Christi Geborene') ナターリエ.
Na'ta·scha [naˈtaʃɛ]〖女名〗《russ.》ナターシャ (Natalie の愛称).
'Nat·han ['naːtan] (hebr., Gottes Geschenk') ❶〖男名〗ナータン (Nathanael の短縮). ～ der Weise 賢者ナータン (Lessing の同名の戯曲の主人公). ❷〖人名〗〖旧約〗ナタン (David 王と同時代の預言者, サム下7:2以下).
Na'tha·na·el [naˈtaːnae:l, ..naɛl] ❶〖男名〗ナターナエル. ❷〖人名〗〖新約〗ナタナエル (イエスの弟子の1人, ヨハ 21:2).
*＊**Na·ti'on** [natsiˈoːn ナツィオーン] 囡 -/-en 国民; 国家. die deutsche ～ ドイツ国民. die europäischen ～en ヨーロッパ諸国(民). die Vereinten ～en《略 VN》国際連合.
*＊**na·ti·o'nal** [natsioˈnaːl ナツィオナール] 形 ❶ 国民の, 国民的な; 国家の, 国家的な; 民族の. ～e Interessen 国益. die ～e Kultur 国民文化. eine ～e Minderheit (ある国の中の)少数民族. ❷ (↔ international) 国内の, 国内的な. auf ～er Ebene 国内レベルで. eine ～e Meisterschaft 国内選手権. ❸ 愛国的な; 国家主義的な. eine ～e Partei 国家主義的な政党.
Na·ti·o'nal·be·wusst·sein 匣 -s/ 国民(民族)意識.
Na·ti·o'nal·cha·rak·ter 男 -s/-e 国民性.
Na·ti·o'na·le [natsioˈnaːlə] 匣 -s/ (ｵｰｽﾄﾘｱ) ❶ 身上申告. ❷ 身上申告用紙.
Na·ti·o'nal·elf 囡 -/-en (サッカーの)ナショナルチーム.
Na·ti·o'nal·far·ben 複 ナショナルカラー.
Na·ti·o'nal·fei·er·tag 男 -[e]s/-e 国民の祝日.
Na·ti·o'nal·flag·ge 囡 -/-n 国旗.
Na·ti·o'nal·hym·ne 囡 -/-n 国歌.

na·ti·o·na·li·sie·ren [natsionali'ziːrən] 他 **1** (人⁴に)国籍(市民権)を与える. **2** (物⁴を)国有(国営)化する.

Na·ti·o·na·lis·mus [natsiona'lɪsmʊs] 男 -/ **1** 国家主義, 民族主義, ナショナリズム. **2**《まれ》民族独立主義(運動).

Na·ti·o·na·list [..'lɪst] 男 -en/-en 国家主義者, 民族主義者, ナショナリスト.

na·ti·o·na·lis·tisch 形 国家主義的な, 民族主義的な, ナショナリズムの.

Na·ti·o·na·li·tät [natsionali'tɛːt] 女 -/-en **1** 国籍. Welcher ~² sind Sie? ― Ich bin japanischer ~². あなたの国籍はどちらですか ― 私は日本国籍です. die ~ wechseln 国籍を変更する. **2** (ある国に在住する)少数民族.

Na·ti·o·na·li·tä·ten·staat 男 -[e]s/-en 《政治》(↔ Nationalstaat) 多民族国家.

Na·ti·o·nal·kir·che 女 -/-n 《キリスト教》教会法上国外の教会組織からは独立した国民教会.

na·ti·o·nal·li·be·ral 形 国民自由党の, 国民主義的自由主義の. *Nationalliberale* Partei 《歴史》国民自由党(ドイツの政党, 1867-1918).

Na·ti·o·nal·li·te·ra·tur 女 -/-en 国民文学.

Na·ti·o·nal·mann·schaft 女 -/-en ナショナルチーム.

Na·ti·o·nal·öko·no·mie 女 -/ 国民経済学.

Na·ti·o·nal·park 男 -s/-s(-e) 国立公園.

Na·ti·o·nal·rat 男 -[e]s/⸚e 《オーストリア・スイス》**1**《複数なし》国民議会. **2**《複数》国民議会議員.

Na·ti·o·nal·so·zi·a·lis·mus 男 -/《略 NS》《政治》国家社会主義, ナチズム.

Na·ti·o·nal·so·zi·a·list 男 -en/-en 国家社会主義者, ナチス党員. ↑Nazi

na·ti·o·nal·so·zi·a·lis·tisch 形 国家社会主義の, ナチスの. die *Nationalsozialistische* Deutsche Arbeiterpartei《略 NSDAP》《歴史》国家社会主義ドイツ労働者党(いわゆるナチス党).

Na·ti·o·nal·spie·ler 男 -s/- 《スポーツ》ナショナルチームの選手.

Na·ti·o·nal·staat 男 -[e]s/-en 《政治》(↔ Nationalitätenstaat) 民族国家.

Na·ti·o·nal·stra·ße 女 -/-n 《スイス》自動車専用道路(ドイツの Autobahn に当る).

Na·ti·o·nal·tracht 女 -/-en 民族衣装.

Na·ti·o·nal·ver·samm·lung 女 -/-en 《政治》国民議会; 国会.

na'tiv [na'tiːf] 形 (*lat.*) **1**《化学》自然のままの, 天然の. **2**《言語》生得の. **3**《医学》先天的な.

'Na·tive ['neːtɪf, 'neɪtɪv] (*engl.*) ❶ 男 -s/-s (Eingeborener) 土着の人, 土地の人. ❷ 女 -/-s (ふつう複数で) 天然の牡蠣(ホタ).

'Na·tive'spea·ker 男 -s/-, **'Na·tive 'Speaker** --s/-- ['neːtɪf'spiːkər] (*engl.*)《言語》母国語使用者, ネイティブスピーカー.

Na·ti·vis·mus [nati'vɪsmʊs] 男 -/ **1**《心理》生得説, 先天説. **2**《民族学》原住民保護(優先)主義.

Na·ti·vi·tät [nativi'tɛːt] 女 -/《古》(Geburt) 誕生, 出生. **2**《占星》誕生時の星位. j³ die ~ stellen j³の誕生時の天宮図を作る; (誕生時の星位で)人³の運勢を占う.

'NATO, 'Na·to ['naːto] 女 -/《略》=North Atlantic Treaty Organization《政治》ナトー, 北大西洋条約機構.

'Na·tri·um ['naːtriʊm] 中 -s/《記号 Na》《化学》ナトリウム.

'Na·tri·um·hy·dro·xid 中 -[e]s/《化学》水酸化ナトリウム, 苛性ソーダ.

'Na·tri·um·kar·bo·nat 中 -[e]s/-e 《化学》炭酸ナトリウム, 炭酸ソーダ.

'Na·tron ['naːtrɔn] 中 -s/《化学》ナトロン, ソーダ石(天然炭酸ソーダ); 重曹(重炭酸ソーダ).

'Nat·ter ['natər] 女 -/-n《動物》なみへび(科の総称) (一般に)蛇. eine ~ am Busen großziehen⟨nähren⟩《比喩》獅子身中の虫を養う.

'Nat·tern·brut 女 -/《侮》蝮(ﾏﾑｼ)の子(ら), 悪党どもならず者の一味. ♦↓《新約》マタ 3:7

Na'tur

[na'tuːr ナトゥーア] 女 -/-en (*lat.*) **1**《複数なし》自然, 造化; 大自然, 天地自然; (文明に対する)自然(状態). (人工に対する)自然, 天然. die ~ der Antarktis 南極の自然. die belebte⟨unbelebte⟩~ 生物⟨無生物⟩界. Mutter ~《雅》母なる自然. Ihr Haar ist ~. 彼女の髪は地毛(ﾁﾞｹﾞ)だ. Die ~ hat ihn stiefmütterlich bedacht⟨behandelt⟩.《比喩》彼は醜く⟨不具に⟩生れついている. im Buch der ~ lesen⟨blättern⟩《雅》自然に学ぶ. die Gesetze der ~ 自然の法則. der ~ *seinen* Tribut entrichten《比喩》病気になる; 死ぬ. die ~ beobachten 自然を観察する. die ~ genießen 自然を満喫する. bei Mutter ~ übernachten《雅》野宿する. in freier ⟨der freien⟩~ 大自然のなかで, 野外で. in Gottes freie ~ hinausgehen《雅》野外に出かける. Möbel in Birke ~ 天然しらかば材. nach der ~ malen 写生する. Das ist wider die ~. それは自然に反している. Zurück zur ~! 自然に帰れ(J. J. Rousseau の言葉). **2** (a) (人間の)天性, 本性; (生れつきの)素質, 性質, 気質, 体質; ~の性質の人. die menschliche ⟨tierische⟩~ 人間性⟨獣性⟩. Man kann *seine* ~ nicht ändern. 人の本性は変えようがない. Er hat eine kindliche ~. 彼は子供のような性格をしている. eine schwache⟨starke⟩~ haben 虚弱⟨頑健⟩な体質である. Er ist eine schöpferische ~. 彼は独創的な人間である. Das ist⟨geht⟩gegen meine ~. / Das liegt nicht in meiner ~. それは私の性に合わない. *seiner* ~ nach 生れつき, その本性からして. von ~ [aus] 生れつき, もともと. j³ zur zweiten ~ werden 人³の第 2 の天性になる. (b)《複数なし》(事物の)本質, 性質. Das liegt in der ~ der Dinge⟨der Sache⟩. それは事の成行きである(事物の本質に根ざしている). Fragen gründlicher ~ 原則的性質の問題. Seine Verletzungen waren nur leichter ~. 彼の負傷はごく軽微だった. **3**《地方》(a) *seine* ~ erleichtern 小便をする. (b) 性器, 陰部. (c) 精液.

Na·tu'ral·be·zü·ge [natu'raːl..] 複 =Naturallohn

Na·tu·ra·li·en [natu'raːliən] 複 **1** 自然の産物, 天産物; 現物. in ~ bezahlen 現物で支払う. **2**《まれ》博物標本.

Na·tu·ra·li·en·ka·bi·nett 中 -s/-e 博物標本室.

Na·tu·ra·li·en·samm·lung 女 -/-en 博物標本コレクション.

Na·tu·ra·li·sa·ti'on [naturalizatsi'oːn] 女 -/-en **1** 国籍(市民権)付与; 帰化. **2**《生物》(外来種の)帰化.

na·tu·ra·li'sie·ren [naturali'ziːrən] 他 **1** (人⁴に)国籍(市民権)を与える, 帰化させる. sich⁴ ~ lassen

帰化する. **2**〚生物〛(外来種を)帰化させる. **3**(まれ)(動物を)制御にする

Na·tu·ra·lis·mus [natura'lɪsmʊs] 男 -/ (fr.) **1** (思想・芸術における)自然主義; 自然主義的傾向. **2** 〚文学〛自然主義(19世紀末の文学思潮).

Na·tu·ra·list [..'lɪst] 男 -en/-en 自然主義者; 自然主義作家.

na·tu·ra·lis·tisch 形 自然主義の, 自然主義的な.

Na·tu·ral·lohn [natu'ra:l..] 男 -[e]s/¨e〚経済〛現物給.

Na·tu·ral·wirt·schaft 女 -/〚経済〛自然(現物)経済, 物々交換経済.

Na·tur·an·la·ge [na'tu:r..] 女 -/-n 天性, 素質; 気質, 気性; 体質.

Na·tur·arzt 男 -es/¨e 自然療法医.

na·tur·be·las·sen 形 自然のままの, 天然の; 無添加の.

Na·tur·be·schrei·bung 女 -/-en 自然描写(記述); 博物誌.

Na·tur·bur·sche 男 -n/-n 自然児, 野生児.

Na·tur·denk·mal 中 -[e]s/¨er(-e) 天然記念物.

na·ture [na'ty:r] 形 (fr.) (不変化 / ふつう後置)〚料理〛何も加えて(味つけして)いない; パン粉をつけない.

na·tu·rell [natu'rel] 形 (fr.) (不変化 / ふつう後置) **1** 自然のままの, 天然の; 無着色の. **2**〚料理〛=nature

Na·tu·rell 中 -s/-e 天性, 素質; 気質, 気性; 体質.

Na·tur·er·eig·nis [na'tu:r..] 中 -ses/-se 自然現象.

Na·tur·er·schei·nung 女 -/-en =Naturereignis

Na·tur·er·zeug·nis 中 -ses/-se =Naturprodukt

Na·tur·far·be 女 -/-n 無着色の, 自然色の.

Na·tur·fa·ser 女 -/-n 天然繊維.

Na·tur·for·scher 男 -s/- **1** 自然研究者. **2**〚古〛自然科学者.

Na·tur·freund 男 -[e]s/-e 自然を愛する人.

Na·tur·ga·be 女 -/-n =Naturanlage

na·tur·ge·ge·ben 形 人の力ではどうにもならない, 人為の及ばない, 避けがたい.

na·tur·ge·mäß 1 自然に即した, 自然な. **2** 当然な, 自明の.

Na·tur·ge·schich·te 女 -/-n **1**〚古〛(Naturkunde) 自然誌, 博物学; 自然史. **2** 発生学, 進化史.

Na·tur·ge·setz 中 -es/-e 自然法則.

Na·tur·ge·treu 形 自然に忠実な, 実物通りの, 生き写しの. et⁴ ~ zeichnen 物⁴を写生する.

Na·tur·heil·kun·de 女 -/ 自然療法.

Na·tur·horn 中 -[e]s/¨er 〚楽器〛(鍵・弁のない)自然ホルン.

Na·tur·ka·ta·stro·phe 女 -/-n 自然災害.

Na·tur·kind 中 -[e]s/-er 自然児.

Na·tur·kraft 女 -/¨e 自然力. die ~ des Wassers 水力.

Na·tur·kun·de 女 -/ **1** 博物学. **2** (授業科目としての)理科.

Na·tur·land·schaft 女 -/-en (↔ Kulturlandschaft) (人間の手の入っていない)自然のままの土地(景観).

Na·tur·leh·re 女 -/〚古〛理化学.

na·tür·lich [na'ty:rlɪç ナテューアリヒ] ❶ 形 (↔ künstlich) **1** (a) 自然の, 自然からの, 人工を加えない; 天然の. Gebirge bilden ~e Grenzen. 山脈が自然の国境を形づくっている. ~e Blumen 生花. ~es Licht 自然光. ~ Zuchtwahl〈Auslese〉〚生物〛自然淘汰. (b) 自然そのままの, 実物通りの. Das Foto ist sehr ~ geworden. その写真は実物通りにできあがりだった. in ~er Größe 実物大の. **2** (a) 天性の, 生来(生得)の; 生れつきの. Ihr Haar willt sich⁴ ~. 彼女の髪は生れつきウェーブがかかっている. ~e Anlagen 素質, 天分. ~e Hautfarbe 生来の肌の色. (b) (生理的・本能的に)自然な, 当り前の; 生理的(本能的)な. die ~en Funktionen des Körpers 人体の自然機能. ein ~es Bedürfnis befriedigen 生理的欲求を満たす. einen ~en Widerwillen gegen et⁴ haben 事⁴に対して生理的(本能的)な嫌悪感を抱いている. eines ~en Todes sterben 天寿をまっとうする. (c) (人柄・態度などが)自然な, 飾り気のない, 気取らない, 素朴な. Er ist ein ganz ~er Mensch. 彼はまったく飾らない人だ. ~ reden 気取りなく話す. **3** 当然な, 当り前の, 自明の. ~e Folgen 当然の結果. die ~ste Sache der Welt 当然至極のこと. Es ist nur zu ~, dass... ...ということはあまりにも当然のことである. **4** (専門用語で) (a) ~es Geschlecht〚言語〛(文法上の性に対する)自然の性. (b) ~e Kinder 〚法制〛(養子に対する)実子; (昔) 私生児. (c) eine ~e Person 〚法制〛(法人に対する)自然人. (d) ~e Zahlen 〚数学〛自然数.

❷ 副 当然, もちろん, いうまでもなく. Hast du Hunger? — Natürlich! 君はお腹が空いているかい — もちろんさ. Natürlich hatte er Recht. もちろん彼の言う通りだった. 《後続の aber, doch などと呼応して》Ich freue mich ~, dass du kommst, aber... もちろん君がきてくれるのはうれしいけれど, しかし....

na·tür·li·cher·wei·se [na'ty:rlɪçɐr'vaɪzə] 副 当然, いうまでもなく.

Na·tür·lich·keit 女 -/ **1** 自然なこと, 自然らしさ, 自然のままであること. **2** (人柄・態度などの)自然さ, 素朴さ. **3** 当然なこと, 自明さ. mit ~ 当然のことのように.

Na·tur·mensch 男 -en/-en **1** 自然児, 野人. **2** 自然愛好家. **3** 未開人.

Na·tur·not·wen·dig·keit 女 -/-en 自然必然性.

Na·tur·park 男 -s/-s(-e) 自然公園.

Na·tur·phi·lo·so·phie 女 -/-n [f..iən] 自然哲学.

Na·tur·pro·dukt 中 -[e]s/-e 天然の産物, 天産物; (とくに)農作物.

Na·tur·recht 中 -[e]s/〚哲学〛自然法.

Na·tur·reich·tum 男 -s/¨er (ふつう複数で)自然の富(たとえば地下資源など).

na·tur·rein 形 天然の, 生(き)の, 無添加の.

Na·tur·re·li·gi·on 女 -/-en 自然宗教, 自然崇拝.

Na·tur·schät·ze 複 天然資源.

Na·tur·schau·spiel 中 -[e]s/-e 大自然の景観(スペクタクル).

Na·tur·schön·heit 女 -/-en 《ふつう複数で》美しい自然, 造化の妙; 自然美.

Na·tur·schutz 男 -es/ 自然保護. unter ~ stehen 自然保護の対象に指定されている.

Na·tur·schutz·ge·biet 中 -[e]s/-e 自然保護区域.

Na·tur·spiel 中 -[e]s/-e 造化の戯れ.

Na·tur·the·a·ter 中 -s/- (17–18世紀の宮廷の)野外劇場.

Na·tur·treue 女 -/ 生き写してあること, 真に迫ってい

ること.

Na·tur·trieb 男 -[e]s/-e 《生物》自然衝動, 本能.

Na·tur·volk 中 -[e]s/⁼er 《多く複数で》《古》《民族学》原始(未開)民族.

na·tur·wid·rig 形 自然の理に反した, 不自然な.

*****Na·tur·wis·sen·schaft** [na'tu:rvɪsənʃaft ナトゥーアヴィセンシャフト] 女 -/-en 《ふつう複数で》自然科学.

Na·tur·wis·sen·schaft·ler 男 -s/- 自然科学者.

na·tur·wis·sen·schaft·lich 形 自然科学の.

na·tur·wüch·sig [..vy:ksɪç] 形 **1** 野生の, 自生の, 自然のままの. **2** 野育ちの, のびのびした, 素朴な.

Na·tur·wun·der 中 -s/- 大自然の驚異.

Na·tur·zu·stand 男 -[e]s/ **1** 自然のままの状態, 自然(原始)状態. **2** 《まれ》裸.

'Naue ['naʊə] 女 -/-n (南ド) =Nauen 1

'Nau·en ['naʊən] 男 -s/- **1** (南ド) (Nachen) 小舟. **2** (ミ) (大型の)帆(ﾊﾞﾝ).

'nauf [naʊf] 副 《方言》=hinauf

'Naum·burg ['naʊmbʊrk] (地名) ナウムブルク(ドイツ中部のザクセン－アンハルト州の都市でザーレ川に面する).

'Naum·bur·ger ['naʊmbʊrgər] 形 《不変化》ナウムブルクの. ～ Meister 《美術》ナウムブルクの作家(ナウムブルク大聖堂 Naumburger Dom 内の初期ゴチック彫刻の傑作として知られる仕切り壁浮き彫りや寄進者像を手がけた彫刻家の流派を呼ぶ通り名).

'naus [naʊs] 副 《方言》=hinaus

Nau·si·kaa [naʊˈzi:kaa] 《人名》《ギリシア神話》 ナウシカア – (Homer の『オデュッセイア』Odyssee 第 6 巻に登場する乙女でスケリアの島に漂流した Odysseus を助ける).

'Nau·tik ['naʊtɪk] 女 -/ (gr.) 航海術.

'Nau·ti·ker ['naʊtɪkər] 男 -s/- 《海》航海士.

'Nau·ti·lus ['naʊtilʊs] 男 -/-(-se) 《貝》おうむ貝.

'nau·tisch ['naʊtɪʃ] 形 航海術の.

Na·vi·ga·ti·on [navigatsi'o:n] 女 -/ (lat.) 航法, 航海(航空)術.

Na·vi·ga·tor [navi'ga:tor] 男 -s/..toren [..ga'to:rən] 航海士, 航空士.

na·vi·gie·ren [navi'gi:rən] 自 他 (船·航空機を)操縦する.

'Na·xos ['naksɔs] (地名) (gr.) ナクソス(エーゲ海南部, キュクラデス Kyklades 諸島最大の島, 大理石および特産ワインの産地として有名, 古代における Dionysos 信仰の中心地).

Na·za·rä·er [natsa'rɛ:ər] 男 -s/- (↓Nazareth) **1** der ～ ナザレびと (Jesus Christus の呼称). **2** 《複数で》ナザレびと(初期キリスト教徒に対する呼称).

Na·za·re·ner [natsa're:nər] 男 -s/- (↓Nazareth) **1** ナザレの住民(出身者). **2** = Nazaräer **3** 《美術》ナザレ派(19 世紀初頭ウィーンで興った芸術運動, 宗教的基盤の上に芸術の革新をめざした).

'Na·za·ret[h] ['na:tsaret] (地名) ナザレ(パレスティナ北部, ガリラヤ地方の町, イエスが幼時をすごした土地).

'Na·zi ['na:tsi] 男 -s/-s (Nationalsozialist の短縮) ナチス党員, ナチ党員.

Na'zis·mus [na'tsɪsmʊs] 男 -/ (Nationalsozialismus の短縮) ナチズム, 国家社会主義.

na'zis·tisch [na'tsɪstɪʃ] 形 (nationalsozialistisch の短縮) ナチの, ナチの, 国家社会主義の.

Nb [ɛn'beː] (記号) 《化学》 =Niob

NB (略) =notabene

n. Br. (略) =nördlicher Breite² 北緯….

Nchf. (略) =Nachfolger[in]

n. Chr. (略) =nach Christus (Christo) 西暦紀元後

n. Chr. G. (略) =nach Christi Geburt 西暦紀元後 (=n. Chr.).

Nd [ɛn'de:] (記号) 《化学》 =Neodym

NDR (略) =Norddeutscher Rundfunk 北ドイツ放送

ne¹ [ne:] (間) =nee

ne² [nə] 副 《話》《文末に置いて》(nicht wahr) ね, そうしょう.

Ne [ɛn'|e:] (記号) 《化学》 =Neon

'ne [nə] (話) =eine

Ne·an·der·ta·ler [ne'andərta:lər] 男 -s/- 《人類学》ネアンデルタール人. ♦ デュッセルドルフ近郊のネアンデルタールで最初に発見された化石人類.

Ne·a·pel [ne'a:pəl] (地名) ナポリ(南イタリアの都市イタリア語形 Napoli).

Ne·a·pe·ler [ne'a:pələr] 男 -s/- =Neapolitaner ① I

Ne'ap·ler [ne'a:plər] 男 -s/- =Neapolitaner ①

Ne·a·po·li'ta·ner [neapoli'ta:nər] ❶ 男 -s/- **1** ナポリの人. **2** 《ふつう複数で》(菓子) 詰め物入りのワッフル. ❷ 形 《不変化》ナポリの.

ne·a·po·li'ta·nisch [..'ta:nɪʃ] 形 ナポリ(風)の.

'Ne·bel ['ne:bəl ネーベル] 男 -s/- **1** 霧, 靄(ﾓﾔ), 霞(ｶｽﾐ). ein dichter(leichter) ～ 濃霧(薄霧). künstlicher ～ 煙幕. Der ～ fällt. 霧が降りる. Der ～ hängt über dem Tal. 霧が谷間にかかっている. Der ～ steigt [auf]. 霧が立ちのぼる. 《比喩的用法》 rote Nebel vor den Augen haben 意識を失う. bei Nacht und ～ ひそかに, 夜陰に乗じて. im ～ des Alkohols 酒に酔って. wegen ～[s] ausfallen 《話》(はっきりしない理由で)突然中止になる. 沙汰止みになる. **2** 《天文》星雲. der ～ des Orion オリオン星雲.

'Ne·bel·bank 女 -/⁼e 霧峰, 水平線(地平線)に棚びく霧.

'Ne·bel·bild 中 -[e]s/-er 《気象》御来迎(ﾕﾗｲｶﾞｳ), ブロッケン現象, グローリー. ♦ ↑Brockengespenst

'Ne·bel·bo·gen 男 -s/- 《気象》霧虹(ﾆｼﾞ), 白虹(ｼﾛﾆｼﾞ)(霧の中に現れるほとんど色のない虹).

'Ne·bel·bom·be 女 -/-n 《軍事》煙幕弾.

'Ne·bel·fleck 男 -[e]s/-e 《天文》星雲.

'Ne·bel·glo·cke 女 -/-n **1** 《海事》霧鐘, フォグベル. **2** (釣り鐘状に町などを覆う)局地濃霧.

'Ne·bel·grau 中 霧でもやった(かすんだ); 灰白色の.

'ne·bel·haft ['ne:bəlhaft] 形 **1** 霧のような, 曖昧な ぼんやりとした. eine ～e Vorstellung ぼんやりとしたメージ. Das liegt noch in ～er Ferne. それはまだはか先のことだ. **2** 《まれ》霧のかかった.

'Ne·bel·horn 中 -[e]s/⁼er 《海事》霧笛, フォグホーン

'ne·be·lig ['ne:bəlɪç] 形 =neblig

'Ne·bel·kam·mer 女 -/-n 《物理》 (ウィルソンの)霧箱.

'Ne·bel·kap·pe 女 -/-n **1** 《神話》 (Tarnkappe) 隠れ蓑(ﾐﾉ), 隠れ頭巾. **2** 山頂にかかった霧.

'Ne·bel·krä·he 女 -/-n 《鳥》(エルベ川の東に棲む灰色の胴体をした)はいいろがらす, ずきんがらす.

'Ne·bel·mo·nat 男 -[e]s/-e 《古》 (November) 11月.

'Ne·bel·mond 男 -[e]s/-e =Nebelmonat

'ne·beln ['ne:bəln] ❶ 自 **1** (非人称的に) Es nebelt. 霧が立つ(出る, かかる); 霧がかかっている. **2** Der See〈Der Wald〉 nebelt. 《雅》湖〈森〉から霧が立ちのぼる.

る; 湖〈森〉に霧が立ちこめている. ❷ 自他 《消毒剤など》噴霧する.
Ne·bel·pfei·fe 囡 -/-n 〖海事〗霧笛.
Ne·bel·re·gen 男 -s/- 霧雨.
Ne·bel·schein·wer·fer 男 -s/- 〖自動車〗霧灯, フォグランプ.
Ne·bel·schluss·leuch·te 囡 -/-n 〖自動車〗後部フォグランプ.
Ne·bel·schwa·den 男 -s/-《ふつう複数で》塊状に流れる霧の層, 霧の塊.
Ne·bel·wand 囡 -/¨e《視界を遮る》濃霧の壁.
Ne·bel·wer·fer 男 -s/-〖軍事〗(第2次世界大戦当時のドイツ軍の)ロケット砲(発明者 R. Nebel にちなむ).

ne·ben¹ ['ne:bən ネーベン] 前《3·4格支配》位置などを示すときは3格を, 方向を示すときは4格を支配する. 代名詞と融合して daneben, woneben, nebeneinander となる. Ⅰ《3格支配》**1**《隣接》…と並んで, …の隣(横)に. *Neben* der Universität befindet sich⁴ die Bibliothek. 大学の隣に図書館がある. direkt ~ dem Museum 博物館のすぐ隣に. ~ j³ sitzen 人³の横に座っている. **(neben…her** の形で**)** Sie ging ~ ihm her. 彼女は彼と並んで歩いていた. *Neben* dem Fluss läuft die Eisenbahn her. 川に沿って鉄道が走っている. **2**《並存・追加》…と並んで, …の他に, …に加えて. *Neben* seinem Beruf treibt er noch einen kleinen Handel. 彼は本職のかたわらちょっとした商売もやっている. Du sollst keine anderen Götter ~ mir haben.《旧約》あなたにはわたしをおいてほかに神があってはならない(出 20:3). **3**《同列·比較》…と並べて, …と比べて. Er konnte ~ ihr nicht bestehen. 彼は彼女に太刀打ちできなかった. *Neben* dieser Schönheit verblassen alle anderen. この美人と比べられたらほかの女たちはみな色あせてしまう. *Neben* ihm bin ich ein Laie. 彼と比べたら私など素人だ. Ⅱ《4格支配》**1**《隣接》…の隣(横)へ. Er stellte ihr Foto ~ die Vase. 彼は彼女の写真を花瓶のわきに置いた. Er hat genau ~ das Ziel getroffen.《戯》彼はみごと的を射損じた. **2**《同列·比較》…と並べて, …と同列におく. Tokio ~ Paris stellen《比喩》東京をパリと同列におく.

ne·ben² 前〖古〗=daneben

ne·ben.., Ne·ben.. [ne:bən..]《接頭》**1**《隣接》*Neben*zimmer 隣室. *neben*an 隣接して. **2**《平行》*Neben*gleis〖鉄道〗側線, 待避線. *neben*einander 相並んで. **3**《付加·付随·追加》*Neben*fluss 支流. *Neben*produkt 副産物. *neben*bei そのかたわら, ついでに. **4**《↔ haupt.., Haupt..》《従属・副..》 *Neben*rolle 脇役, ワキ. **5**《補助·補足·追加》*Neben*buch 補助簿.

Ne·ben·ab·sicht 囡 -/-en 副次的な意図, 底意, 下心.
Ne·ben·amt 中 -[e]s/¨er 兼職. Der Lehrer ist im ~ an einer Volkshochschule. その教師はある市民大学の講師を兼ねている.
ne·ben'an [ne:bən'an ネーベンアン] 副 隣に, 隣接して; 隣の部屋(家, 地所)で. das Haus ~ 隣の家. Er schläft ~. 彼は隣室で寝ている. nach ~ gehen 隣室(隣家)へ行く. die Kinder von ~ 隣家の子供たち.
Ne·ben·an·schluss 男 -es/¨e〖通信〗内線電話.
Ne·ben·ar·beit 囡 -/-en **1** 副業, アルバイト. **2**《ふつう複数で》副次的な仕事.
'Ne·ben·aus·ga·be 囡 -/-n《ふつう複数で》付帯支出, 雑費. **2**《新聞の》地方版.
'Ne·ben·bahn 囡 -/-en〖鉄道の〗支線.
'Ne·ben·be·deu·tung 囡 -/-en 副次的意味, 裏の意味.
*****ne·ben'bei** [ne:bən'baɪ ネーベンバィ] 副 **1** そのかたわら, 片手間に; その他に. **2** ついでに, 付随的に. ~ bemerkt ついでにいうと, ちなみに.
'Ne·ben·be·ruf 男 -[e]s/-e (↔ Hauptberuf) 副業.
'ne·ben·be·ruf·lich 形 副業の.
'Ne·ben·be·schäf·ti·gung 囡 -/-en **1** 副業. **2** ついでの仕事, 余技.
'Ne·ben·buh·ler 男 -s/- **1** 恋敵. **2**《話》競争相手, ライバル. ♦ 女性形 Nebenbuhlerin 囡 -/-nen
'Ne·ben·din·ge 複 副次的な(重要でない)事柄.
'Ne·ben·ef·fekt 男 -[e]s/-e 副次的効果, 副作用.
*****ne·ben·ei'nan·der** [ne:bənaɪ'nandər ネーベンアィナンダー] 副 (neben + einander) たがいに並んで, 隣りあって, 並行して. ~ schweigend ~. 子供たちは何も言わずに並んで座っていた. ~ gehen 並んで歩く. In der Ausstellung sieht man Altes und Neues ~. その展覧会は新しいものと古いものが同時に見られる. nicht alle ~ haben《話》頭がどうしている, 正気でない. ♦↑ nebeneinander legen, nebeneinander schalten, nebeneinander stellen
Ne·ben·ei'nan·der ['----- とも] 中 -s/ 並立, 併存; 共存.
ne·ben·ei'nan·der le·gen, °**ne·ben·ein·an·der|le·gen** 他 並べて横たえる(置く), 併置する.
ne·ben·ei'nan·der schal·ten, °**ne·ben·ein·an·der|schal·ten** 他〖電子工〗並列に接続する.
Ne·ben·ei'nan·der·schal·tung 囡 -/-en〖電子工〗並列接続.
ne·ben·ei'nan·der stel·len, °**ne·ben·ein·an·der|stel·len** 他 並べて立てる(置く), 併置する;《比喩》比較する.
'Ne·ben·ein·gang 男 -[e]s/¨e (↔ Haupteingang) 通用口, 脇の入り口.
'Ne·ben·ein·künf·te 複 副収入, 別途収入.
'Ne·ben·ein·nah·me 囡 -/-n《ふつう複数で》=Nebeneinkünfte
'Ne·ben·er·schei·nung 囡 -/-en 付随(随伴)現象.
'Ne·ben·er·zeug·nis 中 -ses/-se〖経済〗=Nebenprodukt
'Ne·ben·fach 中 -[e]s/¨er **1** (↔ Hauptfach) 副専攻. **2** (戸棚などの)小さな仕切り, 小引出し.
'Ne·ben·fi·gur 囡 -/-en (Nebenperson) (↔ Hauptfigur) 脇役; 副次的人物.
'Ne·ben·fluss 男 -es/¨e〖地理〗支流.
'Ne·ben·frau 囡 -/-en〖民族学〗**1**(一夫多妻制での)第1夫人以外の妻. **2** 妾(めかけ).
'Ne·ben·gas·se 囡 -/-n (Seitengasse) 横丁, 裏通り.
'Ne·ben·ge·bäu·de 中 -s/- **1** 付属建築物, 別館, 離れ. **2** 隣接家屋.
'Ne·ben·ge·dan·ke 男 -ns/-n **1** 付随的思惟. **2** =Nebenabsicht ♦ 格変化は Gedanke 参照.
'Ne·ben·ge·räusch 中 -[e]s/-e **1** 雑音, ノイズ. **2**〖医学〗副雑音.
'Ne·ben·gleis 中 -es/-e〖鉄道〗側線, 待避線.

'Ne·ben·hand·lung 囡 -/-en (演劇・小説などの)脇筋, サブプロット.
'Ne·ben·haus 田 -es/⸚er 隣家, 隣接家屋.
ne·ben·her [ne:bən'he:r] 副 1 (nebenbei) そのかたわら, その他に. 2《まれ》ついでに.
ne·ben·hin [ne:bən'hɪn] 副 ついでに, ちなみに.
'Ne·ben·kla·ge 囡 -/-n 【法制】付随私訴.
'Ne·ben·kos·ten 複 1 付帯経費, 追加費用, 雑費. 2《略 NK》共益費.
'Ne·ben·li·nie 囡 -/-n 1 【鉄道】支線. 2 【系図】(家系・血統の)傍系.
'Ne·ben·mann 男 -[e]s/⸚er (..leute) 1 (列などで)隣の人. mein ~ zur Rechten 私の右隣の人. 2 【スポ】= Nebenspieler
'Ne·ben·mensch 男 -en/-en 同胞, 隣人.
'Ne·ben·mond 男 -[e]s/-e 【気象】幻月(げんげつ).
'Ne·ben·nie·re 囡 -/-n 【解剖】副腎.
'Ne·ben·nie·ren·rin·de 囡 -/-n 【解剖】副腎皮質.
'Ne·ben·nie·ren·rin·den·hor·mon 田 -s/-e 【生理】副腎皮質ホルモン.
'Ne·ben·per·son 囡 -/-en (↔ Hauptperson) = Nebenfigur
'Ne·ben·pro·dukt 田 -[e]s/-e 【経済】副産物.
'Ne·ben·raum 男 -[e]s/⸚e 1 隣の部屋, 隣室. 2 (ふつう複数で)(住宅の)非居住空間(物置・浴室などの).
'Ne·ben·rol·le 囡 -/-n 脇役. Das spielt für mich nur eine ~.《比喩》それは私にはあまり重要なことではない.
'Ne·ben·sa·che ['ne:bənzaxə] 囡 -/-n (↔ Hauptsache) 1 副次的な事柄, 枝葉末節. 2 【法制】(主たる物に対して)従たる物.
'ne·ben·säch·lich [..zɛçlɪç] 形 副次的な, 重要でない.
'Ne·ben·säch·lich·keit 囡 -/-en 副次的なこと, 重要でないこと, 枝葉末節, (とるに足らぬ).
'Ne·ben·satz ['ne:bənzats] 男 -es/⸚e 【文法】(↔ Hauptsatz) 副文.
'Ne·ben·spie·ler 男 -s/- 【スポ】(ポジションが)隣のプレーヤー.
'ne·ben·ste·hend 形 (本文の)脇に書かれた, 欄外の.
'Ne·ben·stel·le 囡 -/-n 1 (Filiale) 支店, 支社. 2 【通信】= Nebenanschluss
'Ne·ben·stra·ße 囡 -/-n 脇道, 裏通り.
'Ne·ben·stre·cke 囡 -/-n 1 【鉄道】支線区間. 2 バイパス.
'Ne·ben·tisch 男 -[e]s/-e 1 隣のテーブル. 2 脇机, サイドテーブル.
'Ne·ben·tür 囡 -/-en 脇の戸; 隣の戸.
'Ne·ben·um·stand 男 -[e]s/⸚e 付随的な事情.
'Ne·ben·ver·dienst 男 -[e]s/-e 副収入.
'Ne·ben·weg 男 -[e]s/-e 脇道, 枝道, 間道.
'Ne·ben·win·kel 男 -s/- 【数学】補角.
'Ne·ben·wir·kung 囡 -/-en (ふつう複数で)副作用.
'Ne·ben·zim·mer 田 -s/- 隣室.
'Ne·ben·zweck 男 -[e]s/-e = Nebenabsicht
'Ne·ben·zweig 男 -[e]s/-e 1 【植物】側枝. 2《比喩》副次的な部門, 傍系.
'neb·lig ['ne:blɪç] 形 1 霧のかかった, 霧の立ちこめた, 霧の深い. 2《比喩》漠とした, ぼんやりとした.
nebst [ne:pst] 前 (3格支配)《古》…とともに, …を含めて.

Ne·bu·kad'ne·zar [nebukat'ne:tsar] 男《人名》(hebr.)《旧約》ネブカドネツァル, ネブカドネザル. ◆ バビロニア帝国の王, 2世, 位前604-前562. 前586 エルサレムを占領, ユダ王国を滅ぼし, 数千人のIsrael人を捕囚としてバビロンに連帰った. 王下 24: 1-16 か. ↑babylonisch
ne·bu'los [nebu'lo:s] 形 =nebulös
ne·bu'lös [..'lø:s] 形 (fr. nébuleux, neblig') ぼんやりした, 曖昧(あいまい)な.
Ne·ces'saire [nesɛ'sɛ:r] 田 -s/-s (fr., notwendig') (化粧・裁縫道具などの携帯用)小物入れ.
Neck [nɛk] 男 -en/-en (schwed. näck) = Nix
'Ne·ckar ['nɛkar] 男 -s/《地名》der ~ ネッカル川(シュヴァルツヴァルトの東麓に発し, マンハイムでライン川に合流する).
*'ne·cken ['nɛkən] ネケン ❶ 他 からかう, ひやかす. ein Kind〈einen Hund〉~ 子供〈犬〉をからかう. mit j〈et〉³ ~ 人⁴を人〈事〉³のことでからかう. ❷ 再 《sich⁴》 sich mit j³ ~ 人³とふざけあう. Die beiden necken sich sehr gern. 二人は互いにからかいあう(ふざけあう)のが大好きだ. Was sich⁴ liebt, das neckt sich. (諺) 好いた同士のふざけあい.
Ne·cke'rei [nɛkə'raɪ] 囡 -/-en からかい, ひやかし (悪)ふざけ.
'Ne·cking ['nɛkɪŋ] 田 -[s]/-s (engl.) ネッキング.
'ne·ckisch ['nɛkɪʃ] 形 1 からかい(ひやかし)好きな; 悪戯っぽい, おどけた, よく茶化す; 変てこな. ein ~es Kind〈Lächeln〉お茶目な子供〈悪戯っぽい微笑〉. j⁴ ~ ansehen 人⁴をからかうように(悪戯っぽく)見つめる. 2 (とくに仕草・服装などが)ふざけて大胆な, 挑発的な. sich⁴ ~ in den Hüften wiegen (女性が)挑発するように腰を振る.
'Neck·na·me ['nɛk..] 男 -ns/-n《まれ》(Spitzname あだ名, ニックネーム. ◆ 格変化は Name 参照.
nee [ne:] 副《話》(北ドイツ・中部ドイツ)= nein

'Nef·fe ['nɛfə ネッフェ] 男 -n/-n 甥(おい). ↑Nicht
Ne·ga·ti'on [negatsi'o:n] 囡 -/-en (lat.) (Verneinung) 否定, 否認; 拒否; 【論理】(↔ Affirmation) 否定; 【文法】否定(詞).
Ne·ga·ti'ons·ar·ti·kel 男 -s/- 【文法】否定冠詞.
Ne·ga·ti'ons·wort 田 -[e]s/⸚er 【文法】否定語.
*'ne·ga·tiv ['ne:gati:f, nega'ti:f ネーガティーフ] 形 (lat.) (↔ positiv) 1 否定的な, 否定の; 不都合な, 思わしくない; 消極的な. eine ~e Antwort 否定的な答え. eine ~e Haltung 否定の態度. ~es Interesse 【法制】消極的利益. ~e Publizität 【法制】消極の公示力. ~er Transfer 【心理】消極的転移, 負の転移. ein ~es Urteil 【論理】否定判断. j〈et〉³ ~ gegenüberstehen 人〈事〉³に対して否定的な態度を取る. 2 (a)【数学】負の, マイナスの. eine ~e Zahl 負数. (b)【物理】負の, 陰極の. (c)【写真】陰画の, ネガの. (d)【医学】陰性の.
'Ne·ga·tiv 田 -s/-e 【写真】陰画, ネガ.
'Ne·ga·tiv·bild 田 -[e]s/-er = Negativ
Ne·ga'ti·ve [nega'ti:va, 'ne:gati:va] 囡 -/-n《まれ》否定, 否認; 拒否.
'Ne·ger ['ne:gər] 男 -s/- (lat. niger, schwarz') 黒人 (とくにアメリカの); (侮) ニグロ. angeben wie zehn nackte Neger 《卑》大ぼらを吹く, 大言壮語 (だいげんそうご)する. Das haut ein[em] von den stärksten ~ um!《卑》いつはたまげた (すごい話)だ. ◆ 女性形 Negerin -/-nen 2 【映画】(撮影時の遮光用の)黒い傘, 黒板.

Ne·ger·kuss 男 -es/⁼e (Mohrenkopf) ネーガークス（ワッフルの生地(き)にメレンゲをしぼり出し、チョコレートでくるんだ菓子）．

ne'gie·ren [ne'giːrən] 他 (lat.) 否定する，否認する；拒否する．

ne·gli·gé, ne·gli'gee [negli'ʒeː] 中 -s/-s (fr.) 化粧着，ネグリジェ．

ne'grid [ne'griːt] 形 (↑Negride)『人類学』ネグリーデの．

Ne'gri·de [ne'griːdə] 男 女『形容詞変化』(↑Neger) ネグリーデ，類黒色人種（アフリカのサハラの南に住む人種）．

Ne'gri·to [ne'griːto] 男 -[s]/-[s] (sp.) (↑Neger) ネグリート人（東南アジアに住む類黒色人種，背が低く短頭型）．

Ne·gro'i·de [negro'iːdə] 男 女『形容詞変化』『人類学』ネグロイド (Negride の特徴をもった人種群）．

Ne·he'mia [nehe'miːa]『人名』(hebr., Tröstung Jahwes')『旧約』ネヘミヤ（前 5 世紀のユダヤの指導者，宗教的政治的改革者）．das Buch ～『旧約』ネヘミヤ記．

---

neh·men* ['neːmən ネーメン] nahm, genommen / du nimmst, er nimmt 他 (↔ geben) **1**（手に）取る，つかむ．Da *nehmen* Sie! / *Nehmen* Sie nur! さあ，おとりなさい．Er *nahm* das Buch und legte es auf den Tisch. 彼は本をとって机の上に置いた．die Gelegenheit ～ チャンスをつかむ．j⁴ an〈bei〉der Hand ～ 人⁴の手をとる，手を引いてやる．das Kind auf den Arm〈Schoß〉～ 子供を腕〈ひざ〉に抱く（↑10）．die Butter aus dem Kühlschrank ～ バターを冷蔵庫から取出す．Geld aus dem Portemonnaie ～ 金を財布から取出す．ein Glas vom Tisch ～ コップを食卓からとる．den Hut vom Kopf ～ 帽子を頭からとる．Die Eltern haben das Kind aus der Schule *genommen*. 両親は子供に学校をやめさせた．
2 受けとる，もらう．Sie *nahm* ein Stück Schokolade. 彼女はチョコレートを1つ取った（もらった）．Er hat die Handschuhe nicht *genommen*. 彼はその手袋を買わなかった．*Nehmen* Sie meinen Dank für die schönen Blumen! 美しい花をいただいてありがとうございました．Ich *nehme* drei Tage Urlaub. 私は3日間の休暇をとる．〖sich³〗eine Frau〈einen Mann〉～《古》ある女性〈男性〉と結婚する（↑3）．j⁴ zur Frau〈zum Mann〉～《古》人⁴を妻〈夫〉にする．Woher ～ und nicht stehlen? 逆立ちしたって（そんな大金は）出ませんよ（盗まないとすれば、どこからもらってきたらよいのか．↑hernehmen 1)．Geben ist seliger denn Nehmen〈nehmen〉．『新約』受けるより与える方がさいわいである（使 20：35）．
3（人³から物⁴を）取去る(のぞく)；奪いとる；（困難などを）克服する．j³ das Geld ～ 人³から金を奪う．j³ die Freude〈alle Sorge〉～ 人³の喜びを台無しにする〈人³のすべての心配を取除いてやる〉．Ich werde mir die Zeit dazu ～. そのための時間を割(ㅅ)くことにしましょう．sich⁴ et⁴ nicht ～ lassen [wollen] 事⁴にあくまで固執する，〈に〉譲歩しない（飲酒等などを）やめない．Sie dürfen sich³ Ihre Rechte nicht ～ lassen. あなたは自分の権利をあきらめてはいけない．ein Hindernis ～ 障害をのり越える．eine Festung ～ 要塞を攻略する．eine Frau ～ 女をものにする（↑2）．
4（飲食物などを）とる，（薬を）服用する．Der Kranke darf noch nichts zu sich ～. 病人はまだ食事をとることを許されていない．Tabletten〈Gift〉～ 錠剤〈毒〉をのむ．das Abendmahl ～ 〖カトリック〗聖体を拝領する；〖プロテスタント〗聖餐式にあずかる．
5（人⁴を）採る，雇う．eine Putzfrau〈einen Anwalt〉～ 掃除婦〈弁護士〉を雇う．
6（事⁴が 物⁴の代金を）取る，請求する．Er *nimmt* für die Fahrt 15 Euro. 彼は運賃に 15 ユーロ請求する．
7 使う，利用する．Meine Frau *nimmt* nur Butter zum Kochen. 私の妻は料理にバターだけを使う．Man *nehme*: fünf Eier, ein halbes Pfund Mehl... （料理書などで）材料は卵5個，小麦粉半ポンド...です．die Straßenbahn〈den Omnibus / das Flugzeug〉～ 市電〈バス／飛行機〉を利用する．に乗って行く．Er hat den Zug um 12.30 *genommen*. 彼は12時30分発の列車に乗った．
8（...と）とる，解釈する，見なす；（人を）扱う．et⁴ für ein gutes Zeichen ～ 事⁴をよい徴候だと見なす．den Scherz für Ernst ～ 冗談を本気にとる．et⁴ ernst〈leicht / wörtlich〉～ 事⁴をまじめに〈軽く／言葉通りに〉とる（↑leicht, schwer）．*Nimm* es nicht so tragisch! そう大げさに考えるんじゃないよ．sich⁴ wichtig ～ もったいぶる．wie man's *nimmt* 考え方しだいで，一概には言えないが．genau〈streng〉 *genommen* 厳密に言うと．im Ganzen *genommen* 全体として見ると．im Grunde *genommen* 根本においては，とどのつまりは．Man weiß nie, wie man sie ～ soll. 彼女をどう扱ってよいか分らない．Er ist schwer zu ～. 彼は扱いにくい男だ．
9（機能動詞的に）**Abschied** ～ 別れを告げる(von j³ 人³に)．**Abstand** ～ 思いとどまる(von et³ 事³から)．den **Anfang** ～ 始める(mit et³ 事³を)．seinen Anfang ～ 始まる．zu et³〈für et¹〉*genommen* 事⁴のスタートを切る（比喩的にも）．an et〈j〉³ **Anteil** ～ 事³に関与する〈人³に同情する〉．ein **Bad** ～ 風呂に入る．die **Beine** unter den Arm〈die Arme〉～ 一目散に逃去る．an j³ ein **Beispiel** ～ 人³を手本にする．kein **Blatt** vor den Mund ～ 歯に衣(ぬ)きせずに言う．kein **Ende** ～ いつまでも終らない．*Nehmen* wir den **Fall**, dass... ...と仮定しよう．Darf ich mir die **Freiheit** ～, Sie darauf hinzuweisen? 僭越ですが，あなたにそのことをご注意申しあげたい．Darauf kann man **Gift** ～. それは絶対信用していい，疑いの余地がない（↑4）．**Klavierstunden** ～ ピアノのレッスンを受ける．die **Kutte**〈den Schleier〉～ 修道士〈修道女〉になる．Eine Sache *nimmt* ihren **Lauf**. あの事柄が軌道にのる．für j¹ **Partei** ～ 人¹に味方する．**Platz** ～ 席につく．an j³ **Rache** ～ 人³に復讐する．auf et〈j〉⁴ **Rücksicht** ～ 事⁴〈人⁴のこと〉を考慮（斟酌）する．**Schaden** ～ 損害を受ける．zu et³ **Stellung** ～ 事³にたいする態度(見解)を決める，表明する．bei j³ **Unterricht** ～ 人³に習う(in et³ 事³を)．eine andere **Wendung** ～ 方向を転換する．das **Wort** ～ 口をきる，発言する．j³ das Wort aus dem Mund ～ 人³が言おうとしたことを先に言う．sich³ für et⁴ **Zeit** ～ 事⁴をするためにゆっくり時間をとる．
10（前置詞句と）et⁴ **an** sich⁴ ～ 物⁴をとって（しまって）おく．j⁴ **auf** den Arm ～ 人⁴を腕に抱く；《話》人⁴をかつぐ，からかう．et⁴ auf *seinen* Eid ～ 事⁴を誓う．et⁴ auf *seine* Kappe ～ 事⁴の責任をとる．et⁴ aufs Korn ～ 人⁴に眼(ㅅ)をつける．et⁴ auf die leichte Schulter〈Achsel〉～ 事⁴を軽く考える，軽率に扱う．et⁴ auf sich⁴ ～ 事⁴を引受ける．Ich *nehme* die Verantwortung〈die Schuld〉auf mich. 私がその責任を負う〈罪

Nehrung

を引きかぶる〉. Mein Freund hat es auf sich genommen, den Brief zu schreiben. 私の友人はその手紙を書くことを引き受けた. **j⁴ beim** Wort ～（誓）をとる,（に）約束を守らせる. **sich vor et³ in Acht ～** 事⁴に用心する. **et⁴ in Anspruch ～** 物⁴を使う, 利用する. **j⁴ in Anspruch ～** 人⁴をわずらわす. **et⁴ in Arbeit ～** 物⁴を加工する, 仕立てる. **et⁴ in Besitz ～** 物⁴を入手（占有）する. **j⁴ in Dienst〈Arbeit〉 ～** 人⁴を雇用する. **et〈j〉⁴ in Empfang ～** 物⁴を受領する〈人⁴を応待（接待）する〉. **j⁴ ins Gebet ～** 人⁴を叱りつける, 言い聞かせる. **et⁴ in die Hand ～** 物⁴を手にとる; 事⁴を引き受ける（に）着手する. **j⁴ in Schutz ～** 人⁴を保護（弁護）する. **j⁴ ins Verhör ～** 人⁴を尋問する. **es mit j〈et〉³ genau ～** 人〈物〉³のことを厳密に考える. **et⁴ mit sich³ ～** 物⁴をたずさえていく, もらっていく. **et⁴ zu sich³ ～** 物⁴を摂取する. **g.** Sie haben die alte Mutter〈ein Waisenkind〉 zu sich *genommen*. 彼らは老母を呼寄せた〈ある孤児を引取った〉. **♦ ～nahme**

'Neh·rung ['neːrʊŋ] 囡 -/-en 〖地理〗沿海州(*), 砂州(*).

*****Neid** [nait ナイト] 男 -[e]s/ 嫉妬, ねたみ, そねみ; 羨望. **der blasse ～** 激しい嫉妬. **Der ～ frisst〈nagt/zehrt〉 an ihm.** 嫉妬が彼をさいなむ. **Das muss der ～ ihm lassen.**〖話〗しゃくだが彼についてそのことは認めざるをえない. **j² ～ erregen〈erwecken〉** 人²の嫉妬心をかきたてる. **voll[er] ～** ただもうねたましく. **aus ～** 嫉妬心から. **blass〈gelb/grün〉 vor ～ werden**《比喩》嫉妬で顔色が変る.

'nei·den ['naidn̩] 働〖雅〗（人³の事⁴を）ねたむ, うらやむ.

'Nei·der ['naidɐ] 男 -s/- ねたむ(うらやむ)人.

'neid·er·füllt [nait..] 形 嫉妬心でいっぱいの, ねたみ深い.

'Neid·ham·mel 男 -s/-(¨)〖侮〗ねたみっぽい人, やっかみ屋.

'Neid·hard ['naithart] 〖男名〗ナイト ハルト. **♦** Neidhart, Neidhardt とも書く.

*****'nei·disch** ['naidɪʃ ナイディシュ] 形 ねたんでいる, うらやましがっている; ねたみ深い. **～e Blicke** うらやましそうな目つき, ねたましげな眼差し. **auf j〈et〉⁴ ～ sein** 人〈事〉⁴をねたんでいる(うらやんでいる).

'Neid·kopf 男 -[e]s/~e 〖民俗〗（戸口などに取付けられた獣や怪物の）魔除けの面.

'neid·los ['naitloːs] 形 ねたみ心のない; 虚心の.

'Neid·na·gel 男 -s/¨〖まれ〗=Niednagel

'Nei·ge ['naigə] 囡 -/-n〖雅〗(↓neigen) **1**（杯・たるなどの底の）残り, 飲残し. **die ～ austrinken** グラスの残りを飲み干す. **bis zur ～** 底の底まで, 一滴あまさず;《比喩》とことん, すっかり, 最後の最後まで. **den [bitteren] Kelch bis zur ～ leeren**《比喩》世の辛酸をなめ尽くす. **2 zur〈auf die〉 ～ gehen** 底をつく, 残り少なくなる; 終りに近づく. **Die Vorräte gehen zur〈auf die〉 ～.** 蓄えが底をつきかけている. **Der Tag geht zur〈auf die〉 ～.** 日が傾く（沈む）.

*****'nei·gen** ['naign̩ ナイゲン] ❶ 働 傾ける, 斜めにする; （頭などを）下げる, 垂らす. **ein Glas ～** グラスを傾ける. **den Kopf ～** 頭をさげる, うなだれる; お辞儀をする. **Die Bäume** *neigten* **ihre Zweige zur Erde.** 木々は枝を地に垂れていた. **j² sein Ohr ～**〖古〗人³の言葉に耳を傾ける.

❷ 働 (**sich**) **1** 傾く, 斜めになる; 傾斜する, 勾配がある. ***sich* nach vorn ～** 前傾する. **Das Gelände** *neigt sich* **hier zum Tal.** 地形はここで谷へと傾斜している. **Die Waagschale** *neigt sich* **zu seinen Gunten.**《比喩》情勢は彼に有利な方向に傾いている. 身をかがめる, 頭をさげる, うなだれる; お辞儀をする. ***Sie neigte sich* über das Bett des Kindes.** 彼女は子供ベッドのうえに身をかがめた. ***sich vor j〈et〉³ ～***〖敬意をもって〗人〈物〉³の前に身をかがめる, お辞儀をする. **3** 終りに近づく. **Der Tag** *neigt sich.* 日が傾く. **Das Fest** *neigte sich* **[zum Ende].** 祭は終りに近づいた. ❸ 圓 (zu et³ 事³に)気持ち・考えが）傾く; …の傾向がある とかく…しがちである. **Ich** *neige* **zu der Ansicht, dass...** 私は…という考えに傾いている; とかく…と考えがちである. **zu Erkältungen〈zur Verschwendung〉 ～** 風邪をひきやすい〈浪費癖がある〉.

*****'Nei·gung** ['naigʊŋ ナイグング] 囡 -/-en **1**《複数まれ》**(a)** 傾けること. **mit einer ～ des Kopfes** 頭を下げて **(b)** 傾き, 傾斜, 勾配. **Die ～ der Straße beträgt ... Grad.** その道路の勾配は 5 度である. **eine ～ nac links haben** 左に傾いている. **(c)**〖天文〗(Inklination), 軌道傾斜 〖電〗《傾向》(Neigungswinkel) 傾斜角 〖物理〗(磁針の)伏角. **2** 傾向, 性向; 愛好, 好み 嗜好(*), たち, 素質; (…したい)気. **eine krankhaft ～** 病的傾向. **musikalische ～en** 音楽的素質 **Er hat [eine] ～ zu Kopfschmerzen〈zur Spekulati­on〉.** 彼は頭痛持ちだ〈思弁癖がある〉. **Die Papiere haben ～ zu steigen.**〖経済〗その株は強含みだ. 《zu 不定詞付》**keine ～ haben,** **...zu tun** …する気がない. **Ich habe heute keinerlei ～ zum Trinken.** 私はきょうぜんぜん飲む気がしない. **seinen ～en leben** 己のままに生きる. **3**《複数まれ》好意, 愛着（恋慕）の情; 愛情 (zu j³ 人³に対する). **Er spürte plötzlich eine heftige ～ zu ihr.** 彼はふいに彼女に対する激しい恋情を覚えた. **j² ～ erwidern** 人²の愛にこたえる [eine] ～ **zu j³ fassen** 人³が好きになる. **eine Heira aus ～** 恋愛結婚.

'Nei·gungs·ehe 囡 -/-n 恋愛結婚.

'Nei·gungs·hei·rat 囡 -/-en《複数まれ》恋愛結婚.

'Nei·gungs·win·kel 男 -s/-〖幾何〗傾斜角.

nein

[nain ナイン] 副 **1**（問いに対する否定の答え）(↔ja) いいえ, いやただ否定を含む問いに答える場合には; はい, ええ). **Kommst du mit? — *Nein*, ich habe keine Zeit.** いっしょに来るかい — いや, 暇がないんだ. **Möchten Sie noch eine Tasse Tee? — *Nein*, danke.** もう一杯お茶をいかがですか — いいえ結構です. **Bist du nicht müde? — *Nein*, überhaupt nicht.** 君は疲れていないのかい — ええ, 全然. **～〈Nein〉 sagen** いやだと言う. **Er kann nicht ～〈Nein〉 sagen.** 彼はいやと言えない性分だ. **zu allem ～〈Nein〉 sagen** 何にでもいやと言う. 《否定・拒否の強調表現 / しばしば反復したり他の副詞などを伴って》***Nein*, ～!** 違う違う, だめだだめだ. ***Nein* and abermals ～!** 絶対に違う, 金輪際だめだ. **Aber ～!** いやまさか, とんでもない. **Ach ～!** まさか, そんな, とんでもない. **O ～!** あああさか, おいやだ. ***Nein* doch!** いやとんでもない, 違うってば. **2**（相手の同意や賛成を期待して / 文末に置かれる）(nicht wahr?) ね, そうだろう. **Du gehst doch jetzt noch nicht, ～?** 君はまだ行かないよね. **Das ist doch sehr schön, ～?** それはとてもすばらしいことだ, ね, そうでしょう. **3**（自分や相手の考えを強く否定して）いやいや, だめだ. ***Nein*, das geht entschieden zu weit.** いやいや, それはなんとしても行過ぎだ. **Dich im Stich lassen, ～, das kann ich nicht.** 君を見殺しにするだなんて, いや駄目だ, そんなこと私にはとてもできない. **4**（前

言を訂正しさらにその内容を強調して）いや，それどころ
か．Hunderte, ～ Tausende sind durch das Beil
gefallen. 何百人，何千人もの人が断首刑に処せら
れた．Das ist schon nicht mehr Nachlässigkeit,
～, das ist böser Wille. それはもはや怠慢などではない，
いやそれどころか悪意そのものだ．**5**《驚き・意外の気持ちを表して》いや，まさか，おやまあ．*Nein*, ist das schön!
いや，それはすばらしいよ．*Nein*, so ein Zufall! おやまあ，なんて偶然なんだ．*Nein*, so [et]was! まさか，そんな．*Nein*《単独で用いて》えっ，まさか．Er verdient doch
10 000 Euro im Monat. — *Nein*! 彼は月に 1 万ユーロも稼ぐんだ――まさか．

Nein 囲 -[e]s/-[e]s いいえの返事; 否定，拒否; 反対(票).
das Ja und das ～ イエスとノー．〈*nein*〉sagen いやだと言う．mit [einem] ～ antworten いいえと答える．
mit ～ stimmen 反対票を投ずる．

nein [naɪn] 副 《地方》=hinein

Nein-sa-ger 男 -s/- 《侮》反対ばかりする人．

Nein-stim-me 囡 -/-n 反対票．

Nei-ße ['naɪsə] /《地名》die ～ ナイセ川(ドイツ東部，ポーランドとの国境を流れるオーデル川の支流)．

ne-kro.., Ne-kro.. [nekro..]《接頭》(*gr.* nekros
, tot, Toter*'*) 名詞などに冠して「死んだ，死者，死体」の意を表す．母音の前では nekr.., Nekr.. となる．
Nekrose《医学》壊死(た)．

Ne-kro-log[1] [nekro'loːk] 男 -[e]s/-e (↑ Nekro.. +
..log[1]) 故人についての追悼の辞 (Nachruf).

Ne-kro-log[2] 男 -[e]s/-e =Nekrologium

Ne-kro-lo-gi-um [..'loːgiʊm] 囲 -s/..gien [..giən]
(*lat.*)《カ教》(教会に保存される)死者名簿，過去帳．

Ne-kro-mant [nekro'mant] 男 -en/-en (古代の)降霊術師，霊媒．

Ne-kro-man'tie [nekroman'tiː] 囡 -/ (古代の)降霊術．

Ne-kro-po-le [nekro'poːlə] 囡 -/-n《考古》ネクロポリス(古代都市の共同墓地または死者の都)．

Ne-kro-po-lis [nekro'poːlɪs] 囡 -/..len [..kro-
'poːlən] =Nekropole

Ne-kro-se [ne'kroːzə] 囡 -/-n《医学》壊死(た)．

ne-kro-tisch [ne'kroːtɪʃ] 形《医学》壊死の．

Nek-tar ['nɛktar] 男 -s/-e (*gr.*, Göttertrank*'*)
1《複数なし》《ギ神話》ネクタル(神酒，不死にする力があるとされた．↑ Ambrosia). **2**《植物》花蜜(なっ)．

Nek-ta'ri-ne [nɛkta'riːnə] 囡 -/-n《植物》ネクタリン．

Nek-ta-ri-um [nɛk'taːriʊm] 囲 -s/..rien [..riən](ふつう複数で)《植物》蜜腺．

'Nel-ke ['nɛlkə ネルケ] 囡 -/-n **1**《植物》なでしこ属
(なでしこ・せきちく・カーネーションなど). **2** (Gewürz-
nelke) ちょうじ(丁子), クローブ．

'Nel-ken-öl 囲 -[e]s/-e ちょうじ(丁子)油．

Ne-ma'to-de [nema'toːdə] 男 -n/-n (*gr.* nematos
, Faden*'*) (ふつう複数で)《虫》線虫類．

'Ne-me-sis ['neːmezɪs, 'nɛm..] 囡 -/ (*gr.*)《ギ神話》ネメシス(人間の思い上がりとそれに対する神罰を擬人化した女神, Nyx の娘)．

NE-Me-tall [ɛn'|eː..] 囲 -s/-e《略》=Nichteisenme-
tall

'nen [nən] 冠《不定冠詞》《話》=einen

'nenn-bar ['nɛnbaːr] 形 **1** 名を呼ぶ(挙げる)ことのできる，有名の．**2** 言うに値する; 相当な, 多大の．

Nenn-be-trag [nɛn..] 男 -[e]s/⸚e《経済》=Nenn-
wert 1

Nennwort

'nen·nen* ['nɛnən ネンン] nannte, genannt
❶ 他 **1** (a) 名付ける，命名する．Wie wollen Sie
das Kind ～? あなたはその子にどんな名を付けるつもりですか．Wir *nannten* unseren Sohn Peter. 私たちは息子をペーターと名付けた．j⟨et⟩[1] nach j⟨et⟩[3] ～ 人
〈物〉[4]に人〈物〉[3]に因(5)んだ名を付ける．(b) (人〈事〉[4]
を)…と呼ぶ, 称する．Er heißt Friedrich, aber man
nennt ihn Fritz. 彼の名はフリードリヒだが，ふつうはフリッツと呼ばれている．j[4] einen Feigling〈feige〉 ～ 人[4]を臆病者と呼ぶ(臆病者呼ばわりをする). Das *nennt*
man Glück! これこそ幸運と言うものだ．et[4] *sein
eigen* ～《雅》を所有している．Ich kann nichts
sein eigen ～. 彼は自分のものと呼べるものが何もない
(無一物である). ▶[1] nennen, heißen, schelten などの不定詞は「A を B と呼ぶ」「A を B と罵る」などの意味で用いられる場合，ふつう A, B ともに 4 格．Er *nennt*
mich einen Lügner. 彼は私をうそつき呼ばわりする．
▶[2] 受動態においては A が主語となり，B もそれと同格の
1 格として取扱われる．Ich werde ein Lügner *ge-
nannt*. 私はうそつきと呼ばれている．

2 j[4] bei〈mit〉einem Namen ～ 人[4]をある名前で呼ぶ，呼び(話し)かける．j[4] beim Vornamen ～ / j[4] bei
〈mit〉*seinem* Vornamen ～ 人[4]をファーストネームで呼ぶ．das Kind beim [rechten] Namen ～《比喩》あけすけに(ずけずけと)ものを言う．

3 (人〈物〉[4]の)名を挙げる(言う); 数え上げる．*Nen-
nen* Sie mir bitte Ihren Namen! どうぞお名前をおっしゃってください．Er *nannte* die wichtigsten Dichter der Romantik. 彼はロマン派のもっとも重要な詩人たちの名を挙げた．einen Kandidaten ～ ある候補者を指名する．eine Mannschaft ～《スポ》あるチームの出場登録(エントリー)をする．

❷ 再 (**sich**[4]) …と(自)称する，名のる; …と呼ばれる．
Diese Straße *nennt* sich „ Unter den Linden". この通りは「ウンター・デン・リンデン」と呼ばれている．sich
freier Schriftsteller ～ フリーの文筆家と称する．▶
「…と自称する，名のる」の…は 4 格よりも 1 格が一般的．Er *nennt* sich Christ〈einen Christen〉. 彼はキリスト教徒だと称している．

♦ ↑ genannt

'nen-nens-wert 形 言うに値する，重要な．《多く否定詞と》Es entstand kein ～ *er* Schaden. 大した損害は生じなかった．

'Nen-ner ['nɛnər] 男 -s/-《数学》(↔ Zähler) 分母．
et[4] auf einen [gemeinsamen] ～ bringen 物[4](いくつかの分数など)を通分する; 《比喩》事(さまざまな意見や利害など)をまとめる，(の)共通点を見出す．einen [ge-
meinsamen] ～ finden《比喩》共通の基盤(原則)を見出す．

'Nenn-form 囡 -/-en《文法》(Infinitiv) 不定詞．

'Nenn-grö-ße 囡 -/-n《工学》定格出力, 定格容量．

'Nenn-leis-tung 囡 -/-en《工学》定格出力．

'Nenn-on-kel 男 - おじさんと呼んでいる親しい人．

'Nenn-tan-te 囡 -/-n おばさんと呼んでいる親しい人．

'nenn-te ['nɛntə] nennen の接続法 II.

'Nen-nung [..] 囡 -/-en **1** 名を挙げる(命名する)こと; (とくに)名を呼ぶ(挙げる)こと．**2**《スポ》出場登録, エントリー．

'Nenn-wert 男 -[e]s/-e **1**《経済》(貨幣・有価証券などの)額面価格; 名目価値．**2**《工学》=Nenngrö-
ße

'Nenn-wort 囲 -[e]s/⸚er《文法》(Substantiv) 名詞．

neo.., **Neo..** [neo..., ne:o..]《接頭》(gr., neu*) 名詞・形容詞に冠して「新しい、新たな、若い」の意を表す。母音の前では ne..., Ne... となる。Neonazismus ネオナチズム.

Neo'dym [neo'dy:m] 回 -s/ (gr.)《記号 Nd》【化学】ネオジム.

'**Neo·fa·schis·mus** ['ne:ofaʃɪsmus, neofa'ʃɪsmʊs] 男 -/《政治》(第 2 次世界大戦以後の、とくにイタリアにおける)ネオファシズム、ネオナチズム.

Ne·o·li·thi·kum [neo'li:tikʊm] 回 -s/ (gr. Neo.. + lithos, Stein) 新石器時代.

Ne·o·lo'gie [neolo'gi:] 女 -/..'gi:ən] 1 革新、更新. 2 新語の形成. 3《ｷﾘｽﾄ教》ネオロギー(18 世紀ドイツにおける神学の啓蒙主義的傾向).

Ne·o·lo'gis·mus [neolo'gɪsmʊs] 男 -/..men [..mən]《言語》新語.

'**Ne·on** [ne:ɔn] 回 -s/ (gr.)《記号 Ne》【化学】ネオン.

'**Neo·na·zis·mus** ['ne:onatsɪsmʊs, neona'tsɪsmʊs] 男 -/《政治》(第 2 次世界大戦以後の、とくにドイツにおける)ネオナチズム.

'**Neo·na·zist** ['ne:onatsɪst, neona'tsɪst] 男 -en/-en (Neonazi) ネオナチズムの信奉者、ネオナチ.

'**Ne·on·licht** ['ne:ɔn..] 回 -[e]s/ ネオンの光、ネオンサイン.

'**Ne·on·röh·re** 女 -/-n ネオン管.

Ne·o'phyt [neo'fy:t] 男 -en/-en (gr. Neo.. + phyton, Pflanze) 1《ｶﾄﾘｯｸ教》(原始キリスト教時代の)新受洗者、新信者. 2《ｶﾄﾘｯｸ》修道志願者、修練士. 3《植物》帰化植物.

Neo·plas·ma [neo'plasma] 回 -s/..men [..mən]【医学】腫瘍.

Neo·zo·i·kum [neo'tso:ɔkʊm] 回 -s/ (gr.)《地質》新生代.

'**Ne·pal** ['ne:pal, ne'pa:l]《地名》ネパール(ヒマラヤ南麓のヒンドゥー王国、首都カトマンズ Kathmandu).

Ne·pa'le·se [nepa'le:zə] 男 -n/-n ネパール人.

ne·pa'le·sisch [nepa'le:zɪʃ] 形 ネパール(人、語)の. ↑deutsch

Ne'per [ne'pɛr] 回 -s/《記号 Np, 古 N》【物理学】ネーパー(減衰比率の単位、対数を発見したスコットランドの数学者 John Napier, 1550-1617 にちなむ).

Ne·phe'lin [nefe'li:n] 回 -s/-e (gr., Nebel)《鉱物》霞石.

Ne·phri·tis [ne'fri:tɪs] 女 -/..tiden [..fri'ti:dən] (gr.)《病理》腎炎.

Ne·phro·se [ne'fro:zə] 女 -/-n (gr. nephros, Niere)《医学》ネフローゼ症候群.

Ne·po·tis·mus [nepo'tɪsmʊs] 男 -/ (lat.) 同族(身内)びいき; 親族推挙.

Nepp [nɛp] 男 -s/《話》1 暴利をむさぼる(ぼる)こと、ぼったくり. 2 いかさま、ぺてん.

'**nep·pen** ['nɛpən] 他《話》1 (人‹から›ぼる、ぼったくる. 2 (人‹を›だます、ぺてんにかける.

'**Nepp·lo·kal** 回 -[e]s/-e《話》ぼったくりの飲み屋.

Nep'tun [nɛp'tu:n] (lat. Neptunus) ❶《人名》《ﾛｰﾏ神話》ネプトゥーヌス(海神、ギリシャの Poseidon と同一視される). [dem] ~ opfern 《戯》(船酔いして船の手すりからへどを吐く. ❷ 男 -s/ der ~《天文》海王星.

nep'tu·nisch [nɛp'tu:nɪʃ] 形 1 ネプトゥーヌスの(に関する). 2《地質》水成論の.

Nep'tu·nis·mus [nɛptu'nɪsmʊs] 男 -/《地質》水成論.

Nep'tu·ni·um [nɛp'tu:niʊm] 回 -s/《記号 Np》

《化学》ネプチニウム.

Ne·re'i·de [nere'i:də] 女 -/-n (gr. Nereis, 複 Nereides) 1《ｷﾞﾘｼｬ神話》ネーレーイス(海の Nymphe、海神 Nereus の 50 人の娘たち、複数ネーレーイデス. 2《動物》ごかい(沙蚕).

'**Ne·reus** [ne:rɔys]《人名》《ｷﾞﾘｼｬ神話》ネーレウス(海老神、Nereiden の父).

'**Ne·ro** [ne:ro]《人名》ネロ(ローマ皇帝、位 54-68).

ne·ro·nisch [ne'ro:nɪʃ] 形《述語的用法のみ》(Nero) 暴君ネロのような.

*__Nerv__ [nɛrf ネルフ] 男 -s(-en)/-en [..fən] (la., Sehne) 1【解剖】神経(系). motorische〈sensible〉 ~en 運動〈知覚〉神経. den ~ im Zahn töte〈ziehen〉歯の神経を殺す〈抜く〉. 2 (一般的に)神経. Seine ~en sind zum Zerreißen gespannt. 彼の神経は緊張の極にある. die ~en behalten〈verlieren〉平静を保つ〈失う〉. Du hast [vielleicht] ~en 《話》平気でそんなことが言える(できる)とは、君もたいした神経だな. den ~ haben, …zu tun《話》平気で…するだけの勇気(図々しさ)を持っている. Er hat in der Tat den ~, eine so leicht durchschaubare Lüge zu sagen. 彼は実際そういうしらじらしい嘘を平気で言うつなんだ. gute ~en haben 神経が丈夫である. starke〈schwache〉 ~en haben 神経が太い〈細い〉 ~en wie Drahtseile〈Stricke〉 haben《話》図太い神経をしている. keine ~en kennen《話》無神経(鈍感)である. j³ den letzten ~ rauben〈töten〉《話》j³の神経を参らせる. j³ an den ~en sägen / an j² ~ zerren 人³・²の神経を痛めつける. j³ auf die ~en gehen〈fallen〉《話》人³の神経に障(ｻﾜ)る、(を)いらいらさせる. mit den ~en herunter〈fertig / am Ende〉sein《話》神経が参っている. 3《比喩》急所、核心、真髄. der ~ der Dinge 肝心かなめのもの(↓Nervus Rerum). Der Roman trifft den ~ der Zeit. その小説は時代の核心をついている. 4《植物》葉脈;《動物》(昆虫の)翅脈(ﾊﾐｬｸ);《古》【解剖】(Sehne) 腱(ｹﾝ).

ner'val [nɛr'va:l] 形《医学》神経の、神経(活動)の.

'**ner·ven** ['nɛrfən] 他《卑》神経をいらだてる、神経を疲れさせる.

'**Ner·ven·arzt** ['nɛrfən..] 男 -es/≈e 1 神経科医. 2《話》精神科医.

'**ner·ven·auf·rei·bend** 形 神経の疲れる、精神的に大きな負担のかかる.

'**Ner·ven·bün·del** 回 -s/- 1【解剖】神経束. 2《比喩》《話》Er ist [nur noch] ein ~. 彼はすっかり神経過敏になっている.

'**Ner·ven·ent·zün·dung** 女 -/-en《医学》(Neuritis) 神経炎.

'**Ner·ven·fie·ber** 回 -s/《古》【医学】神経熱(チフスのこと).

'**Ner·ven·gas** 回 -es/ 神経ガス(毒ガスの一種).

'**Ner·ven·kit·zel** 男 -s/《話》スリル、ぞくぞくする興奮.

'**Ner·ven·kli·nik** 女 -/-en 1 神経科病院. 2《話》精神病院.

'**Ner·ven·kos·tüm** 回 -s/《戯》Er hat ein starkes 〈schwaches〉 ~. 彼は神経が太い〈細い〉.

'**ner·ven·krank** 形《比較変化なし》1 神経病の; 神経症の. 2《話》精神病の.

'**Ner·ven·krank·heit** 女 -/-en 1 神経病. 2《話》精神病.

'**Ner·ven·krieg** 男 -[e]s/ 神経戦.

'**Ner·ven·lei·den** 回 -s/- 神経病.

'**ner·ven·lei·dend** 形 神経病にかかっている.

Ner·ven·mit·tel 中 -s/- 鎮静剤.
Ner·ven·pro·be 女 -/-n 神経に対する試練.
Ner·ven·sä·ge 女 -/-n 《話》神経にさわる(いらいらさせる)やつ(こと).
Ner·ven·schmerz 男 -es/-en 神経痛.
Ner·ven·schock 男 -[e]s/-s(-e) 神経(的な)ショック.
ner·ven·schwach 形 神経の細い, 神経質な.
Ner·ven·schwä·che 女 -/ **1** 神経質. **2** 《医学》(Neurasthenie) 神経衰弱.
Ner·ven·strang 男 -[e]s/ʺe 《解剖》神経束.
Ner·ven·sys·tem 中 -s/-e 《解剖》神経系.
Ner·ven·zen·trum 中 -s/..tren 《解剖》神経中枢.
Ner·ven·zu·sam·men·bruch 男 -[e]s/ʺe 神経が参ること.
Ner·vi [ˈnɛrvi] Nervus の複数.
ner·vig [ˈnɛrfɪç, ..vɪç] 形 **1** 力強い, 筋骨たくましい. **2** 《話》(nervös) 神経質な.
nerv·lich [ˈnɛrflɪç] 形 神経(系)の.
ner·vös [nɛrˈvøːs] 形 《ネルヴェース》(fr.) **1** 神経(系)の; 神経性の. **2** 神経質な, 神経過敏な, (病的に)いらだった, いらいらした. ein ~er Mensch 神経質な人. j⁴ ~ machen 人⁴をいらだたせる, いらいらさせる.
Ner·vo·si·tät [nɛrvoziˈtɛːt] 女 -/ (fr.) **1** 神経質, 神経過敏(であること). **2** 《古》神経衰弱.
nerv·tö·tend 形 神経にこたえる, 神経を参らせる.
Ner·vus [ˈnɛrvʊs] 男 -/..vi (lat., Nervˈ) 《解剖》神経.
Ner·vus Pro·ban·di [ˈnɛrvʊs proˈbandi] 男 - -/ (lat.) 《まれ》決定的な論拠.
Ner·vus Re·rum [ˈnɛrvʊs ˈreːrʊm] 男 - -/ (lat., Nerv der Dingeˈ) 肝心かなめのもの; 《戯》(Geld) お金.
Nerz [nɛrts] 男 -es/-e (slaw.) **1** 《動物》ミンク. **2** ミンクの毛皮.
Nes·ca·fé [ˈnɛskafe, ..feː] 男 -s/-s 《商標》ネスカフェ(スイス Nestlé 社製インスタントコーヒー).
Nes·sel [ˈnɛsəl] ❶ 女 -/-n 《植物》(Brennnessel) いらくさ科の植物. wie auf ~n sitzen 《話》(いらそわそわしている. sich¹ [mit et¹] in die ~n setzen 《話》(事)ごと, 面倒なことになる, 苦しい羽目に陥る. ❷ 男 -s/- いらくさの繊維で織った布; モスリン.
Nes·sel·aus·schlag 男 -[e]s/ʺe 《医学》じんましん.
Nes·sel·fie·ber 中 -s/ 《医学》発熱性じんましん.
Nes·sel·sucht 女 -/ 《医学》じんましん.
Nes·sel·tier 中 -[e]s/-e 《動物》有刺胞類.
Nes·ses·sär [nɛsɛˈsɛːr] → Necessaire
Nes·sus [ˈnɛsʊs] 《人名》(gr. Nessos) 《ギ神話》ネッソス(Zentaur の 1 人, Herakles に殺されたが, 自分の毒血を塗った下着を Herakles に着せて復讐した. ↑ Nessushemd).
Nes·sus·ge·wand 中 -[e]s/ʺer =Nessushemd
Nes·sus·hemd 中 -[e]s/-en (↑ Nessus) **1** ネッソスの下着. **2** 破滅をもたらす危険な贈物.
*****Nest** [nɛst ネスト] 中 -[e]s/-er **1** (鳥などの)巣. Die Vögel bauen im Frühling ihre ~er. 鳥は春に巣をつくる. auf dem ~ sitzen 巣ごもりしている. **2** 《比喩》(a) (人の)住まい, 我が家; (生れ育った)両親の家, 親許; 故郷. sein ~ bauen 一家を構える, マイホームを築く. das eigene〈sein eigenes〉~ beschmutzen 自分の家族(仲間, 政党, 職業など)の悪口を言う. sich¹ ins warme〈gemachte〉~ setzen 《話》金持の相手と結婚

する, 玉の輿(こし)に乗る. (b) (盗賊などの)隠れ家, 巣窟(そうくつ); 《軍事》(カモフラージュされた)陣地, 掩蔽壕(えんぺいごう). (c) 《話》ベッド, 寝床. ins ~ gehen 寝床に入る. (d) 《話》《俗》小さな町(村). **3** 《巣状のものを指して》(a) (束ね上げた)まげ, 束髪. (b) (小さな虫・茸・草などの)びっしりと群がったもの, ひとかたまり. (c) 《鉱業》鉱巣, 小鉱床.
Nest·bau 男 -[e]s/ 巣作り, 営巣.
Nest·chen [ˈnɛstçən] 中 -s/- (Nesterchen) 《Nest の縮小形》小さな巣.
Nes·tel [ˈnɛstəl] 女 -/-n 《古》《地方》(Schnur) (靴や衣服の)結び紐, 締め紐.
nes·teln [ˈnɛstəln] ❶ 自 (an et³ Nest³ を)ごちゃごちゃいじくりまわす; ほどこう(結ぼう)とする, 開けよう(締めよう)とする, はずそう(留めよう)とする. an den Knöpfen ~ ボタンをほどく(結ぼう)とする. ❷ 他 (もどかしそうに)ほどく, 開ける, はずす; 結ぶ, 締める, 留める. ein Medaillon von der Kette ~ ロケットを首飾りからはずす. [sich³] eine Nadel ins Haar ~ ヘアピンを髪にさす.
Nes·ter·chen [ˈnɛstərçən] Nestchen の複数.
Nest·flüch·ter 男 -s/- 《動物》(↔ Nesthocker) (巣立ちして短時間の給餌(きゅうじ)しか必要としない)離巣性(早成型)の鳥類.
Nest·häk·chen 中 -s/- 末っ子; 甘えん坊.
Nest·ho·cker 男 -s/- 《動物》(巣立ちまで一定期間の給餌を必要とする)留巣性(晩成型)の鳥類.
Nest·ling [ˈnɛstlɪŋ] 男 -s/-e **1** 巣立ちのできない雛. **2** 《比喩》小さな子供; 末っ子; 甘えん坊.
Nes·tor [ˈnɛstoːr] 《人名》(gr. Nestor) 長老, 老大家. ◆Troja 戦争での老智将ネストル Nestor にちなむ.
Nes·to·ri·a·ner [nɛstoriˈaːnər] 男 -s/- (↑ Nestorius) 《キ教》 **1** ネストリウス派の信者. **2** 《複数で》ネストリウス派.
Nes·to·ri·a·nis·mus [nɛstoriaˈnɪsmʊs] 男 -/ (↑ Nestorius) ネストリウス主義, ネストリウス派キリスト教(中国では景教とよばれる).
Nes·to·ri·us [nɛˈstoːriʊs] 《人名》ネストリウス, ネストリオス. ✧?-450, コンスタンティノープルの総大主教, キリストにおける神性と人性の一致を否定, 431 異端として追放された.
Nes·troy [ˈnɛstrɔy] 《人名》Johann Nepomuk ~ ヨハン・ネーポムク・ネストロイ(1801-62, オーストリアの劇作家).
nest·warm 形 (卵などが)巣の温もりの残った, 巣から取り立ての.
Nest·wär·me 女 -/ **1** 巣の温もり. **2** 《比喩》(両親や保護者に庇護された)家庭の温かさ.
Net [nɛt] 中 -s/ (engl.) 《コンピュータ》ネット(Internet の短縮).
Ne·ti·quet·te [netiˈkɛta] 女 -/ (engl.) 《コンピュータ》ネチケット(コンピュータネット上でのエチケット).

nett [nɛt ネト] 形 **1** 感じのいい, 気持のいい; 親切な, 思いやりのある; かわいい, きれいな, 小ざっぱりした; 楽しい, 愉快な. Er ist ein ~er Junge. 彼は感じのいい若者だ. ein ~er Abend 楽しい夕べ. eine ~e Bluse かわいいブラウス. ein ~es Restaurant 感じのいいレストラン. Das ist sehr ~ von Ihnen. ご親切にどうもありがとう. Alle waren sehr ~ zu mir. みんなが私にとても親切にしてくれた. Seien Sie bitte so ~, und reichen Sie mir den Zucker! すみませんが砂糖を

取っていただけますか. Wie ~, dass Sie kommen. あなたにおいでいただきましてうれしく思います. **2**《話》《反語》ひどい, いやな. Eine ~e Geschichte!》だ. Das kann ja ~ werden! これはまったくひどいことになりそうだ. **3**《話》かなりの, 相当の. eine ~e Summe かなりの額. Du schwitzt ja ganz ~! 君はまったくひどい汗をかいているな.

'Net·tig·keit ['nɛtɪçkaɪt] 囡 -/-en **1**(↓nett)《複数なし》感じのいい(かわいらしい)こと; 楽しいこと; (とくに)親切な(思いやりのある)こと, 親切. **2** お世辞, お愛想.

'net·to ['nɛto] 副 (*it.*, rein') (↔ brutto) **1**《略 n, nto》《商業》正味で. Das Gewicht beträgt ~ 100 Kilo. その重量は正味 100 キロです. 手取りで. Er verdient 2000 Euro ~. 彼の稼ぎは手取りで2000ユーロである.

'Net·to·ein·kom·men 匣 -s/- 純所得.
'Net·to·ge·wicht 匣 -[e]s/-e 純量.
'Net·to·preis 男 -es/-e 正価.
'Net·work ['nɛtvøːrk, ..væːrk, ..waːk] 匣 -[s]/-s (*engl.*) **1** 放送網, ネットワーク. **2**《経済》ネットワーク.

***Netz** [nɛts ネッ] 匣 -es/-e **1** (a) (一般に) 網, ネット. ein feines〈grobes〉~ 目の細かい〈粗い〉網. die Maschen des ~es 網の目. ein ~ knüpfen〈flicken〉網を編む〈繕〈つくろ〉う〉. ein ~ über〈unter〉et⁴ hängen 物の上〈下〉に網をかける. (b) (獲物を捕える)網; 漁網, 鳥網, 捕虫網;《比喩》策略, わな. ein ~ auswerfen〈spannen〉網を打つ〈張る〉. Fische im〈mit dem〉~ fangen 魚を網で捕える. ins ~ gehen〈獲物が〉網にかかる. j³ ins ~ gehen / in j² ~ fallen〈geraten〉《比喩》人³,²の罠〈わな〉にかかる, 術策にはまる. j⁴ ins ~ locken 人⁴を罠にかける, 籠絡〈ろうらく〉する. sich⁴ im eigenen ~ verstricken《比喩》自縄自縛〈じじょうじばく〉に陥る. (c) (Einkaufsnetz) (買い物用の)網袋. (d) (Haarnetz) ヘアネット. (e) (電車の)網棚. den Koffer ins ~ legen トランクを網棚にのせる. (f) (落下防止用の)安全ネット. (g)《スポ》卓球などのネット; (サッカー・ハンドボールなどの)ゴールネット; (バスケットボールの)バスケット(ゴール). (h) (Spinnennetz) くもの巣. **2** (網状の組織を指して) ネットワーク; 交通網, 鉄道網; 電力網, 電話網, 導管網; 回路網, 配電網; 放送網, 情報網. ein ~ von Filialen 支店網. ein Haus an das ~ anschließen ある家に電気(水道・電話)を引く. **3** (網状のものを指して) (a) 網目の線, 方眼, 碁盤目. (b)《地図》経緯線;《測量》三角点網. (c)《数学》(立体の)展開図. (d)《解剖》(血管・神経などの)網状組織. (e) das ~《天文》(Reticulum) 小網座, レチクル座.

'Netz·an·schluss 男 -es/⁼e 回路網への接続.
'Netz·an·schluss·ge·rät 匣 -[e]s/-e《電子工》エリミネーター.
'netz·ar·tig 形 網状の.
'Netz·au·ge 匣 -s/-n《虫》(Facettenauge) 複眼.
'Netz·ball 男 -[e]s/⁼e (テニス・バレーボールで)ネットボール.
'net·zen ['nɛtsən] 他 ぬらす, 湿らせる(et⁴ mit et³ を物³で); (処理液などに)浸す.
'Netz·flüg·ler ['nɛtsflyːɡlər] 男 -s/-《虫》(Neuropteren) 脈翅〈みゃくし〉類.
'netz·för·mig 形 網状の.
'Netz·haut 囡 -/-e《解剖》(目の)網膜.
'Netz·hemd 匣 -[e]s/-en 網目(メッシュ)のシャツ.
'Netz·kar·te 囡 -/-n (鉄道の)周遊券.

'Netz·plan 男 -[e]s/⁼e《経済》線型(リニア)グラフ.
'Netz·plan·tech·nik 囡 -/《経済》線型計画法, リニア・プログラミング(オペレーション・リサーチの一方法).
'Netz·span·nung 囡 -/-en《電子工》配電電圧.
'Netz·werk 匣 -[e]s/-e **1** 網細工, 籠目細工; 網状の組織, ネットワーク. **2**《経済》(Netzplan) 線型(リニア)グラフ. **3**《電子工》回路網.

neu

[nɔʏ ノィ] neuer, neu[e]st 形 (↔alt) **1** 新しい, 新鮮な, あらたな. ein neues Haus 新しい家. ein ~e Jahr 新年. Ein gutes ~es Jahr! 良いお年を. das *Neue* Testament 新約聖書. ~er Wein 新酒. Er ist ein ~er Einstein. 彼は第2のアインシュタインだ. aufs *Neue*〈~e〉/ von ~em あらためて, 最初から. Auf ein *Neues*〈~es〉! 一からやり直そう; (酒を)飲み直そう. ein Buch ~ bearbeiten 本を改訂する. das ~ eröffnete Hotel 新装開店のホテル.《名詞的用法で》das Alte und das *Neue* 古いものと新しいもの, 新旧. das *Neueste* vom *Neuen* とびきり新しいもの, 最新のニュース. **2** 初めての, 未知の, 不案内な. die *Neue* Welt 新世界(アメリカ大陸). Das ist mir ~. それは私には目新しい(初めての)ことだ. In diesem Bereich ist er noch ~. この分野では彼はまだ新参だ.《名詞的用法で》Was gibt es *Neues*? 何か新しい(変った)ことがあるか. **3** 最近の. *Neuere* Geschichte 近代史. *Neueste* Geschichte 現代史. die *Neueren* Sprachen (古典語に対する)近代語. die ~[e]sten Nachrichten 最新のニュース. in ~*erer* Zeit 近代には; 近頃は. in ~[e]ster Zeit 最近は. seit ~[e]stem つい この頃から, 最近になって. ♦ **↓** neu gebacken

'Neu·an·kömm·ling 男 -s/-e 新顔, 新参者.
'Neu·an·schaf·fung 囡 -/-en 新調; 新調品.
'neu·ar·tig ['nɔʏ|aːɐ̯tɪç] 形 新式の, 新手〈あらて〉の.
'Neu·auf·la·ge 囡 -/-n《書籍》新版, 再版. **2** 焼き直し, 二番煎〈せん〉じ.
'neu·ba·cken ['nɔʏbakən] 形 (frischbacken) 焼きたての.
'Neu·bau ['nɔʏbau] 男 -[e]s/-ten(-e) **1**《複数なし》新築; 改築. **2**《複数 -ten》新築中の建物. **3**《複数 -ten》(↔ Altbau) 新しい建物, 新館. **4**《複数 -ten(-e)》《工学》(自動車の)ニューモデル.
'Neu·bau·woh·nung 囡 -/-en (旧西ドイツで1949年12月1日以降に建てられた)新設住宅.
'Neu·be·ar·bei·tung 囡 -/-en (本などの)改訂; 改訂(新訂)版.
'Neu·bil·dung 囡 -/-en **1** (言葉などの)新造; (生物組織の)新生. **2** (内閣などの)改造, 改組. **3** 新造物, 新造語.
'Neu·bruch 男 -[e]s/ 開墾; 開墾地.
Neu·châ·tel [nøʃa'tɛl]《地名》(*fr.*) ヌシャテル (スイス西部の州, またその州都, ドイツ語形 Neuenburg).
Neu-'Del·hi [nɔʏ'deːli]《地名》ニューデリー (インド北部, 同国の首都).
'Neu·druck 男 -[e]s/-e《書籍》再版, 増版.
'Neu·en·burg ['nɔʏənbʊrk]《地名》ノイエンブルク (Neuchâtel のドイツ語形).
***'neu·er·dings** ['nɔʏɐ'dɪŋs ノィアーディングス] 副 **1** 近頃, 最近, このところ. ▶↑ neulich **2**《南ド・オーストリア》新たに, 改めて, 再び.
'Neu·e·rer ['nɔʏərər] 男 -s/- 革新者, 改革者.
***'neu·er·lich** ['nɔʏɐlɪç] **❶** 形 《述語的には用いない》改めての, 再度の. **❷** 副 (neulich) 最近, 先日.
'neu·ern ['nɔʏɐn] 他 新たにする, 革新(更新)する, 改

革する.

Neu·er·schei·nung 囡 -/-en 新刊書, 新譜(レコード).

Neu·e·rung ['nɔʏərʊŋ] 囡 -/-en 改革, 革新; 新機軸, 新制度. technische ~en 技術革新. ~en einführen 新機軸を導入する.

Neu·e·rungs·sucht 囡 -/ (病的な)改革熱.

neu·es·tens ['nɔʏəstəns] 副《まれ》最近, 近ごろ.

Neu'fund·land [nɔʏ'fʊntlant]《地名》ニューファウンドランド(カナダ東端の州).

Neu'fund·län·der [nɔʏ'fʊntlɛndɐr] 男 -s/- **1** ニューファウンドランドの住民(出身者). **2** ニューファウンドランド犬.

neu·ge·backen, ᵒ**neu·ge·backen** 形《付加語的用法のみ》**1** 焼きたての. ein neu gebackenes Brot 焼きたてのパン. **2**《比喩》《話》なりたての, 新米の. ein neu gebackener Lehrer なりたての教師.

neu·ge·bo·ren 形 生れたばかりの. sich⁴ wie ~ fühlen《比喩》生きかえったような気持がする. ein Neugeborenes 新生児.

Neu·ge·stal·tung 囡 -/-en 再構成, 改造, 改変. eine ~ des Programms vornehmen (テレビなどの)番組の再編成を行なう.

Neu·gier ['nɔʏgiːr ノイギーア] 囡 -/ 好奇心. eine brennende ~ 燃えるような好奇心. j² befriedigen⟨erregen⟩ 人²の好奇心を満足させる⟨かき立てる⟩. aus reiner ~ まったくの好奇心から.

Neu·gier·de ['nɔʏgiːrdə] 囡 -/ =Neugier

neu·gie·rig ['nɔʏgiːrɪç ノイギーリヒ] 形 好奇心の強い, 知りたがりやの, ⟨何かが知りたくてうずうずしている. ein ~es Mädchen 好奇心の強い娘. Ich bin ~, wie das ausgehen wird. 私はその結果がどうなるのか知りたくてたまらない. auf et⁴ ~ sein 事⁴が知りたくてうずうずしている. j⁴ ~ machen 人⁴の好奇心をそそる.《名詞的用法で》 der⟨die⟩ Neugierige 好奇心の強い人, 野次馬.

Neu·go·tik 囡 -/《建築》新ゴシック様式(18–19世紀の建築様式).

neu·grie·chisch 形 現代ギリシア(語)の. ↑deutsch

Neu·gui'nea [nɔʏgiˈneːa]《地名》ニューギニア(オーストラリアの北にある世界第2の大島).

Neu·heit ['nɔʏhaɪt] 囡 -/-en **1**《複数なし》新しさ, 新鮮さ. **2** 新しい物(とくに新作・新刊書・新製品など). Dieses Auto ist eine ~. この車は新製品です.

neu·hoch·deutsch ['nɔʏhoːxdɔʏtʃ] 形《略 nhd.》新高ドイツ語の. ↑deutsch

Neu·hoch·deutsch 匣 -[s]/ 新高ドイツ語(およそ 1650 以後の標準ドイツ語). ↑Deutsch

Neu·ig·keit ['nɔʏɪçkaɪt] 囡 -/-en **1** ニュース, 新しい出来事. j³ eine ~ berichten⟨mitteilen⟩ 人³にニュースを伝える. **2**《Neuheit 2》新しい物(新製品など). die ~en auf der Herbstmesse 秋の見本市に出品された新製品.

Neu·in·sze·nie·rung 囡 -/-en《演劇》新演出.

✱**Neu·jahr** ['nɔʏjaːr, -'- ノイヤール] 匣 -[e]s/-e《無冠詞》元日, 元旦. an⟨zu⟩ ~ 新年に. Prosit ~! 新年おめでとう.

Neu·jähr·chen ['nɔʏjɛːrçən] 匣 -s/《話》(郵便配達人などへの)新年のチップ.

Neu·jahrs·abend 男 -s/-e 大晦日(ˢˢ)の晩.

Neu·jahrs·an·spra·che 囡 -/-n (国家元首・教皇などの)年頭の教書(メッセージ).

Neu·jahrs·fest 匣 -[e]s/-e 新年の祝い.

Neu·jahrs·glück·wunsch 男 -[e]s/⁼e =Neujahrswunsch

Neu·jahrs·kar·te 囡 -/-n 年賀状.

Neu·jahrs·tag 男 -[e]s/-e =Neujahr

Neu·jahrs·wunsch 男 -[e]s/⁼e 年賀.

Neu·kan·ti·a'nis·mus [nɔʏkantiaˈnɪsmʊs, '-----] 男 -/《哲学》新カント主義, 新カント派.

Neu·land 匣 -[e]s/ **1** 新たな開墾(開拓)地. **2** 未踏(未開)の地;《比喩》(学問などにおける)未知の分野, 新しい領域. ~ betreten 人跡未踏の地に入る;《比喩》未知の分野に踏みこむ.

neu·la·tei·nisch 形 近世ラテン語の. ↑deutsch

✱**neu·lich** ['nɔʏlɪç ノイリヒ] 副 先日, せんだって, この間. ◆「最近一般」に関して用いる neuerdings や kürzlich に対して, neulich は「最近のある時点」の出来事を念頭において用いられる.

Neu·ling ['nɔʏlɪŋ] 男 -s/-e 新人, 新顔, 駆出し, 新米.

Neu·me ['nɔʏmə] 囡 -/-n (gr. neuma, Wink')《音楽》ネウマ(中世の記譜法で用いられた音符記号).

neu·mo·disch 形《俗》今風の, はやりの.

Neu·mond 男 -[e]s/ 新月.

---

neun [nɔʏn ノイン] 数 9, 九つ(の). Wir sind zu ~en⟨zu neunt⟩. 我々は9人である. Alle ~[e]! (九柱戯でピンが9本全部倒れたときに)ナイス・ストライク. alle ~[e] schieben⟨werfen⟩ (九柱戯で)ピンを9本全部倒す. [Ach,] du grüne ~e!《話》これは驚いた, なんてことだ. ◆↑vier

Neun 囡 -/-en 9 の数(字);《トランプ》9 の札;《話》(バス・市電などの)9番線. ◆↑Eins

Neun·au·ge 匣 -s/-n《魚》やつめうなぎ.

Neun·eck 匣 -[e]s/-e 9 角形.

Neu·ner ['nɔʏnɐr] 男 -s/-《話》9 の数(字);《北ドイツ》(バスや市電などの)9番線.

neu·ner'lei ['nɔʏnɐr'laɪ] 形《不変化》9 種類の.

neun·fach 9 倍の.

neun·hun·dert 数 900, 九百(の).

neun·jäh·rig 形《付加語的用法のみ》9 歳の; 9 年間の.

neun·mal 副 9 度, 9 回; 9 倍.

neun·mal·klug 形《話》知ったかぶりの, 利口ぶっている. Herr Neunmalklug 利口ぶったやつ.

✱**neunt** [nɔʏnt ノイント] 形《序数》第9の, 9番目の. ◆↑viert

neun·tä·gig 形 9 日間の.

neun·tel ['nɔʏntəl] 形《不変化》9 分の 1 (の).

Neun·tel 匣 (ˢ 男) -s/- 9 分の 1.

neun·tens ['nɔʏntəns] 副 第 9 に, 9 番目に.

Neun·tö·ter ['nɔʏntøːtɐr] 男 -s/《鳥》もず(百舌)属の鳥.

✱**neun·zehn** ['nɔʏntseːn ノインツェーン] 数 19, 十九(の).

neun·zehnt 形《序数》第 19 の, 19 番目の.

✱**neun·zig** ['nɔʏntsɪç ノインツィヒ] 数 90, 九十(の).

neun·zi·ger ['nɔʏntsɪgɐr] 形《不変化》90 の; 90 年代の, 90 歳代の. in den ~ Jahren des 19. Jahrhunderts 19 世紀の 90 年代に. ◆数字では 90er と書く. ↑achtziger

Neun·zi·ger 男 -s/- **1** 90 歳の人, 90 代の人. ▶ 女性形 Neunzigerin 囡 -/-nen **2** 90 年産のワイン. **3**《複数で》90 年代; 90 年代.

neun·zigst ['nɔʏntsɪçst] 形《序数》第 90 の, 90 番

neun・zigs・tel [..stəl] 形《不変化》90 分の 1 の.

'Neu・ord・nung 囡 -/-en《複数まれ》再編, 改革, 新秩序.

'Neu・ori・en・tie・rung 囡 -/ 新たな方向づけ.

'Neu・phi・lo・lo・ge 男 -/-n 近代語学者.

'Neu・phi・lo・lo・gie 囡 -/-n[..giːən] 近代語学(文献学). ↑Altphilologie

'Neu・pla・to・ni・ker 男 -s/- 【哲学】新プラトン主義者.

'Neu・pla・to・nis・mus 男 -/ 【哲学】新プラトン主義.

'Neu・prä・gung 囡 -/-en **1** 新しい語(表現)をつくること. **2** 新造語.

neur.., **Neur..** [nɔyr..]《接頭》↑neuro.., Neuro..

Neu・ral・gie [nɔyralˈgiː] 囡 -/-n[..ˈgiːən] (↑Neur..)【医学】神経痛.

neu・ral・gisch [nɔyˈralgɪʃ] 形《比較変化なし》**1**【医学】神経痛の, 神経痛による. **2**《比喩》(障害・批判などに対して)弋しい, 脆(もろ)い.

Neu・ras・the・nie [nɔyrasteˈniː] 囡 -/-n[..ˈniːən] (gr. Neur..+Asthenie)【医学】神経衰弱症.

Neu・ras・the・ni・ker [nɔyrasˈteːnikər] 男 -s/- 【医学】神経衰弱症患者.

neu・ras・the・nisch [nɔyrasˈteːnɪʃ] 形《比較変化なし》【医学】神経衰弱の.

'Neu・re・ge・lung 囡 -/-en 新規定, 新規則.

'neu・reich 形《比較変化なし》《侮》(にわか)成金の. Herr *Neureich*《反語》成金.

Neu・ri・tis [nɔyˈriːtɪs] 囡 -/..tiden[..ˈriːtidən] (gr.)【病理学】神経炎.

neu・ro.., **Neu・ro..** [nɔyro..]《接頭》(gr. neuron, Nerv)形容詞・名詞に冠して「神経, 神経性の」の意を表す. 母音の前では neur.., Neur.. となる. *Neuropathie*【医学】神経障害.

Neu・ro・lo・ge [nɔyroˈloːgə] 男 -n/-n 【医学】(Nervenarzt) 神経科医.

Neu・ro・lo・gie [nɔyroloˈgiː] 囡 -/ 神経病理学.

'Neu・ro・man・tik 囡 -/ 【文学】新ロマン主義(1890-1920 年代に自然主義に対抗して起こったドイツ・オーストリアを中心とする文学的傾向).

Neu・ro・pa・thie [nɔyropaˈtiː] 囡 -/-n (gr.)【医学】神経病, 神経障害.

Neu・ro・se [nɔyˈroːzə] 囡 -/-n (gr. neuron, Nervʼ)【心理・医学】神経症, ノイローゼ.

Neu・ro・ti・ker [nɔyˈroːtikər] 男 -s/- **1**【心理・医学】神経病(ノイローゼ)患者. **2**《侮》(痛にさわる)変人, 奇人.

neu・ro・tisch [nɔyˈroːtɪʃ] 形《比較変化なし》**1**【心理・医学】神経病(ノイローゼ)の. **2**《侮》神経病者のような.

'Neu・schnee 男 -s/ 新雪.

'Neu・scho・las・tik [ˈnɔyʃolastɪk] 囡 -/ 【哲学】新スコラ学.

Neu・schwan・stein [nɔyˈʃvaːnʃtain]《城名》ノイシュヴァーンシュタイン(バイエルン国王ルートヴィヒ 2 世が 19 世紀末, Füssen 近郊に築いた城).

'Neu・see・land [nɔyˈzeːlant]《地名》ニュージーランド(オーストラリア南東方の島国, 首都ウェリントン Wellington, 英語形 New Zealand).

'Neu・sied・ler 'See [nɔyziːdlər..] 男 -s/《地名》der ~ ノイジードラー湖(オーストリア東部, ハンガリーとの国境付近にある湖).

'Neu・sil・ber 中 -s/ 洋銀(銅・ニッケル・亜鉛の合金).

'Neu・sprach・ler [ˈnɔyʃpraːxlər] 男 -s/- 近代語学者.

'neu・sprach・lich 形《付加語的用法のみ》【教育】近代語の.

'Neus・tri・en [ˈnɔystriən]《地名》【歴史】ネウストリア (Merowinger 朝フランク王国の西分国).

'Neu・tes・ta・ment・ler 男 -s/- 新約聖書学者.

'neu・tes・ta・ment・lich 形 新約聖書の.

'Neu・tra [ˈnɔytra] Neutrum の複数.

*****neu・tral** [nɔyˈtraːl] 形《比較なし》ニュートラル》 (lat.) **1** 中立の 不偏不党の. ein ~*es* Land 中立国. die ~*e* Zone【軍事】中立地帯. 【スポーツ】(アイスホッケーなどの)ニュートラルゾーン. ~ bleiben 中立を守る. sich[4] ~ verhalten 中立的態度を取る. **2** (特色・性格などが)はっきりしない, どっちつかずの; (色彩・趣味などが)なんにでも合う, 無難な; (話題などが)当り障(さわ)りのない. ein ~*er* Briefbogen (社名などの頭書のない白紙の便箋. eine ~*e* Farbe なんにでも合う色, 中間色. über ein ~*es* Thema sprechen 当り障りのない話題について話す. sich[4] ~ kleiden 無難な趣味の服を着る. **3** (a)【化学・物理】中性の. (b)【言語】(文法上の性が)中性の. ein ~*es* Substantiv 中性名詞.

Neu・tra・le 男 囡《形容詞変化》**1**【スポーツ】審判員, レフェリー, アンパイア. **2**【政治】中立国.

Neu・tra・li・sa・ti・on [nɔytralizatsiˈoːn] 囡 -/-en (↑neutralisieren) **1** (ある国家などの)中立化; 中立宣言. **2** (ある作用などの)中和, 相殺, 打消し, 無力化. **3**【化学】中和. **4**【 】(競技の)一時中断.

neu・tra・li・sie・ren [nɔytraliˈziːrən] 他 (fr.) **1**【政治】(ある国家・地域などを)中立化する; (の)中立を宣言する. **2** (ある作用・影響などを)中和する, 相殺する, 打消す, 無力化する. ein Gift ~ ある毒を中和する(無毒化する). **3**【化学】(酸・塩基を)中和する, 中性化する. **4**【電子工】(電気的・磁気的に)中和する, 中性化する. **5**【言語】(首韻対立などを)中和する. **6**【 】(耐久レースなどを)一時中断する.

Neu・tra・lis・mus [nɔytraˈlɪsmʊs] 男 -/ 【政治】中立主義; 中立政策.

Neu・tra・li・tät [nɔytraliˈtɛːt] 囡 -/ (↓neutral) 中立; 中立性. bewaffnete ~ 武装中立. dauernde⟨ständige⟩ ~ 永世中立. die ~ eines Staates respektieren⟨verletzen⟩ ある国の中立を尊重する⟨侵犯する⟩.

Neu・tra・li・täts・ver・let・zung 囡 -/-en【政治】中立侵犯.

'Neu・tren [ˈnɔytrən] Neutrum の複数.

Neu・tri・no [nɔyˈtriːno] 中 -s/-s (it., kleines Neutronʼ)【原子物理】ニュートリノ, 中性微子.

'Neu・tron [ˈnɔytrɔn] 中 -s/-en [nɔyˈtroːnən] (↓neutral)《記号 n》【原子物理】中性子, ニュートロン.

Neu・tro・nen・bom・be 囡 -/-n 【軍事】中性子爆弾.

'Neu・trum [ˈnɔytrʊm] 中 -s/..tra(..tren) (lat.) **1** (略 n.)【文法】中性; 中性名詞. **2** 中性的な人, セックスアピールのない人.

'neu・ver・mählt 形 新婚の.

'Neu・wahl 囡 -/-en **1** 改選. **2**《複数で》【政治】(任期中の国会議員の)再選挙, 国会の解散.

'neu・wa・schen 形《地方》洗いたての.

'Neu・wert 男 -[e]s/-e《複数まれ》新品価格.

*****'Neu・zeit** [ˈnɔytsait] 囡 -/ ノイツァイト》【歴史】近代(古代・中世に対する概念. ふつう 1500 頃から現代までを意味する).

neu·zeit·lich 形《比較変化なし》**1** 近代の. **2** 近代的な, モダンな.

Neu·zu·las·sung 囡 -/-en **1** 新車の認可. **2** 認可された新車.

News·group ['nju:sgru:p] 囡 -/-s (*engl.*)《コンピュ》ニュースグループ.

New·ton ['nju:tən] ❶《人名》Isaac ～ アイザック・ニュートン (1643-1727, 万有引力・微積分法を発見したイギリスの物理・数学者). ❷ 中 -s/-《記号 N》《物理》ニュートン(力の単位).

New 'York ['nju:'jɔ:k]《地名》ニューヨーク(アメリカ北東部の州および都市).

Ne·xus ['nɛksʊs] 男 -/-[ˈnɛksu:s] (*lat.*) 関連, 連結.

NGO [endʒi:'oʊ] 囡 -/ (*engl.*)《略》=**n**on-**g**overnmental-**o**rganization 非政府組織.

N. H.《略》=Normalhöhenpunkt

nhd.《略》=neuhochdeutsch

Ni《記号》《化学》=Nickel

Nia·ga·ra·fäl·le [niaˈgaːra..] 複《地名》die ～ ナイアガラの滝.

ni·beln ['niːbəln] 非人称《南ドイツ・スイス》(↓Nebel) *Es nibelt*. 霧雨《小ぬか雨》が降る.

Ni·be·lun·gen ['niːbəlʊŋən] 複 ニーベルンゲン, ニーベルング族. ♦ドイツ英雄伝説中の黄金の財宝を持つ小人族. その名と財宝は Burgund 王と彼の一族に引き継がれた.

Ni·be·lun·gen·hort 男 -[e]s/ ニーベルンゲンの宝.

Ni·be·lun·gen·lied 中 -[e]s/《文学》ニーベルンゲンの歌(ドイツ中世の英雄叙事詩, 作者不明).

Ni·be·lun·gen·sa·ge 囡 -/《文学》ニーベルンゲン伝説.

Ni·cäa [ni'tsɛ:a]《地名》=Nizäa

Ni·ca·ra·gua [nika'ra:gua]《地名》(*sp.*) ニカラグア(中米の共和国, 首都マナグア Managua).

nicht

[nɪçt ニヒト] 副 **1**《否定》…しない, …(で)ない. Bist du krank? — Nein, ich bin ～ krank, sondern nur müde. 君は病気なの — いや, 病気ではなくて, 疲れているだけなんだ. Ich glaube dir ～. 私は君の言うことを信じない. Das kann ich ～! そんなことはできないよ. Du sollst ～ lügen. 君は嘘をついてはならない. Was ich ～ weiß, macht mich ～ heiß.《諺》知らぬが仏. Nicht werfen! (掲示などで)物を投げないでください. Die Mutter wünschte sich³ lieber einen Jungen, und ～ ein Mädchen. 母親はむしろ男の子がほしかった, 女の子ではなくて. Wer hat das gemacht? — Ich ～! 誰がやったんだ — 私ではないよ.[Bitte] ～! / *Nicht* doch! まさか, やめてくれ. *Nicht*, dass ich dagegen wäre, aber… 私は別にそれに反対だというわけではないが, しかし…. *Nicht*[,] dass ich wüsste! さあね, 知らないよ. *Nicht* alle Einwohner sind einverstanden. 全ての住民が同意しているわけではない(部分否定). Alle Einwohner sind ～ einverstanden. 全ての住民が同意していない(全文否定). *Nicht* einer (=Keiner) ist in der Lage, dir zu helfen. 誰ひとりとして君を助けることはできない. absolut ～ 絶対に…ない. auch ～ …もない. Das ist doch ～ möglich! まさかそんなはずがあるものか. durchaus ～ 断じて(全く)…ない. ～ einmal …すらない. Er kann ～ einmal seinen Namen schreiben. 彼は自分の名前すら書けない. [ganz und] gar ～ 全く…ない. ～ mehr もはや…ない. Er ist ～ mehr jung. 彼はもはや若くない. noch ～ まだ…ない. Es ist noch ～ zwölf Uhr. まだ 12 時にはなっていない. ～ noch… …もない (=weder…noch…). Er hat ～ Feinde noch Freunde. 彼は敵もいなければ味方もいない. ～ nur ⟨allein / まれ bloß⟩…, sondern [auch]… …のみならず…も. Sie ist ～ nur eine gute Hausfrau, sondern auch eine gute Mutter. 彼女は良き主婦であるばかりか良き母親でもある. überhaupt ～ およそ…ない. Bei⟨Mit⟩ mir ～! いやなこった, 真っ平ごめんだね. im Geringsten⟨Mindesten⟩ ～ 少しも…ない. im Leben ～(どんなことがあっても)決して…ない.

2《肯定を期待する疑問文で》Sind Sie ～ Herr Neumann? ノイマンさんじゃありませんか. Das ist doch deine Mutter, ～ [wahr]? あれは君のお母さんですよね. [Ist es] ～ wahr? そうでしょう, ねえ. Warum ～? / Wieso ～? もちろんですとも, 決っているじゃない.

3《二重否定》(a)《否定の否定 / 若干のニュアンスが加わって》Das ist ～ übel.《話》それも悪くないね. Er ist ～ unfreundlich. 彼は無愛想ではない(なかなか親切だ). (b)《古》《否定の強め》Der Gesunde bedarf keines Arztes ～. 健康な人には医者はいらない.

4《無用の nicht》(a)《感嘆文で》Was du [～] sagst! 君は何を言うんだね. Was es [～] alles gibt!(世の中には)何でもあるんだな. (b)《否定・警告・疑問などの内容を述べる副文や不定詞句句で / 標準語では誤用》Er bestritt, dass er [～] stiehlt. 彼は盗みなど働いていないと異を唱えた. Ich warnte ihn, [～] bis zu spät in die Nacht aufzubleiben. 私は彼に夜更かししないように注意した. (c)《**bis, bevor, ehe** などに導かれる副文 / 標準語では誤用》Ich kann nicht abreisen, bevor [～] der Termin feststeht. 私はその期日が確定するまで出発できない.

5《名詞的用法: **nicht** には元来, 現在の **nichts** に相当する意味・用法があった》(a)《2格と》Hier ist meines Bleibens ～ länger.《古》ここには私はもうこれ以上居られない. (b)《前置詞と》**mit** *en* ↑**mitnichten** **zu** ～ *e* ↑**zunichte**

♦nicht の位置. (a)「全文否定」の場合, nicht は原則的には文の末尾(副文中では, 定動詞の直前)に置かれる(Er liebt das Mädchen ～. 彼は彼の娘を愛していない. Ich weiß, dass er das Mädchen ～ liebt. 私は彼がその娘を愛していないのを知っている). ただし, 動詞が (i) 述語名詞や述語形容詞などの述語内容語 Prädikativ を伴う場合, (ii) 分離の前綴, 不定詞, 過去分詞など, 複合式の述語部分 Prädikativteil を伴う場合, (iii) 意味上, 動詞と緊密に結び付いた文成分を伴う場合, 並びにそれら諸要素の直前に置かれる((i) Er ist ～ der Täter. 彼は犯人ではない. Das ist ～ gesund. それは体に良くない. (ii) Ich gehe heute ～ aus. 私は今日外出しない. Das Kind kann ～ schwimmen. その子供は泳げない. Ich habe ihn schon lange ～ gesehen. 私はもう彼に長いこと会っていない. (iii) Wollen Sie ～ Platz nehmen? お掛けになりませんか. Er glaubt ～ an Gott. 彼は神を信じていない. Ich gehe heute ～ in die Schule. 私は今日学校へ行かない). (b)「部分否定」の場合, 一般に nicht は否定されるべき文成分の直前に置かれる (Er liebt ～ dieses Mädchen. 彼が愛しているのはこの娘ではない. Er kommt ～ heute, sondern morgen. 彼が来るのは今日ではなくて明日だ). また否定されるべき文成分を文頭に出して, nicht を「全文否定」の場合と同様の位置に置く語法もしばしば行われる (Kannst du Deutsch sprechen? — Nein, Deutsch kann ich ～

nicht.. sprechen, aber Englisch. きみはドイツ語を話せますか――いいえ、ドイツ語は駄目ですが英語だったら話せます.

nicht.., Nicht.. [nɪçt..]《接頭》動詞・形容詞・名詞に冠して「非..., 不..., 無...」の意を表す. nichtamtlich 非公式の. Nichtraucher タバコを吸わない人.

'Nicht·ach·tung 囡 -/ 無視; 軽視.

'nicht·amt·lich 形《付加語的用法のみ》非公式の. ◆ nicht amtlich とも書く.

'Nicht·an·er·ken·nung 囡 -/ 不承認.

Nicht'an·griffs·pakt 男 -[e]s/-e《政治》相互不可侵条約.

'Nicht·ari·er 男 -s/- 非アーリア人（ナチスの用語）.

'nicht·arisch 形《述語的には用いない》非アーリア人の（ナチスの用語）.

'Nicht·be·ach·tung 囡 -/《書》（法規などの）無視.

'Nicht·be·fol·gung 囡 -/《書》（法律・命令などの）不遵守(じゅんしゅ), 違反.

'nicht·be·rufs·tä·tig 形《付加語的用法のみ》無職の. ◆ nicht berufstätig とも書く.

'Nicht·christ 男 -en/-en 非キリスト教徒.

'nicht·christ·lich 形《付加語的用法のみ》非キリスト教（徒）の. ◆ nicht christlich とも書く.

*** 'Nich·te** ['nɪçtə ニヒテ] 囡 -/-n 《→ Neffe》姪(めい).

'nicht·ehe·lich 形《法制》正式な婚姻によらない, 非嫡出の. ◆ nicht ehelich とも書く.

'Nicht·ein·mi·schung 囡 -/《政治》不干渉, 不介入.

'Nicht·ei·sen·me·tall 中 -s/-e《略 NE-Metall》《工学》非鉄金属.

'Nicht·er·fül·lung 囡 -/《法制》（契約などの）不履行.

'Nicht·er·schei·nen 中 -s/《書》姿を見せない（出頭しない）こと, 不出席, 欠場.

'nicht·eu·kli·disch 形《付加語的用法のみ》非ユークリッドの. ~e Geometrie 非ユークリッド幾何学.

'Nicht·fach·mann 男 -s/..leute 非専門家, 素人, 門外漢.

'Nicht-Ich ['nɪçt|ɪç] 中 -[s]/-[s]《哲学》非我.

'nich·tig [nɪçtɪç] 形 (1 nichts) 1 ささいな, 取るに足らない, 価値のない. 2《法制》無効の.

'Nich·tig·keit 囡 -/-en 1《複数なし》《法制》無効. 2 無価値; 取るに足らない（下らない）こと, 些事(さじ).

'Nich·tig·keits·kla·ge 囡 -/-n 1 再審訴訟. 2（婚姻の）無効の訴え.

'Nich·tig·keits·ur·teil 中 -s/-e《法制》（婚姻の）無効宣告.

'Nicht·kom·bat·tant 男 -en/-en《軍事・法制》非戦闘員; 民間人.

'nicht lei·tend, °**'nicht·lei·tend** 形《電気》不導体の.

'Nicht·lei·ter 男 -s/- 絶縁体, 不導体.

'Nicht·me·tall 中 -s/-e 非金属.

'Nicht·mit·glied 中 -[e]s/-er 非会員.

'nicht·öf·fent·lich 形《述語的には用いない》非公開の; 非公式の, 私的の. ◆ nicht öffentlich とも書く.

'Nicht·rau·cher ['nɪçtraʊxər] 男 -s/- 1 煙草を吸わない人. 2 《多く無冠詞で》禁煙車室(しつ)（車輌）(Nichtraucherabteil の短縮).

'Nicht·rau·cher·ab·teil 中 -[e]s/-e《鉄道》禁煙室, 禁煙席.

'nicht ros·tend, °**'nicht·ro·stend** 形《付加語的用法のみ》錆(さ)びない. ~er Stahl《略 Nirosta》ステンレス鋼.

nichts [nɪçts ニヒツ] 代《不定/不変化》1 何も...ない. Alles oder ~! 一切か無か. [ganz und gar ~ / [rein] gar ~ まったく何も...ない. sonst ~ 他には何も...ない.《1 格で》Nichts ist einfacher als das. これほど簡単なことはない. Das Mädchen ist ~ für dich.《話》その娘は君向きではない. [Es ist] ~ von Bedeutung! それは重要なことではない（つまらないことだ）. Nichts da!《話》とんでもない, 問題外だ! Wenn es weiter ~ ist!《話》それだけのことならば（楽々やってのけるさ）.《4 格で》Ich fürchte ~, weil ich ~ habe. 私は何ものも持たない故に何ものも恐れない(Martin Luther). Davon habe ich ~. それは私の得になるらない. [Das] macht ~! そんなこと何でもありません, どういたしまして. Mach dir ~ daraus! そんなこと気にするな. Das tut ~ zur Sache. そんなことはどうでもいいことだ. Ich weiß ~ davon. 私はそれについて何も知らない. Nichts für ungut! 悪く思わないで, どうぞ悪しからず.《前置詞と》Aus ~ wird ~.《諺》蒔(ま)かぬ種は生えぬ. **für**⟨um⟩ ~ 徒(いたずら)に, 無駄に. für ~ und wieder ~ ただ徒に, まったく無駄に. Er ist mit ~ zufrieden. 彼は何事にも満足しない. Das Geschenk sieht **nach** ~ aus. そのプレゼントは見栄えがしない. viel Lärm **um** ~ 空騒ぎ. um ~ in der Welt 絶対に...ない. Ich weiß **von** ~.《話》私は何も知らない. Das führt **zu** ~.《話》そんなことしても何にもならない. es zu ~ bringen / zu ~ kommen（人生に）失敗する.《nichts...als⟨wie⟩...の形で》[mehr und weniger] als... 全くの..., ただ...だけ. Es ist ~ als Liebe. それは愛以外の何ものでもない. Mit ihr hat man doch ~ als Ärger. 彼女にはほとほと手を焼く. Es bleibt mir ~ [anderes⟨weiter⟩] übrig als... 私は...するより外はすぎない. ~ weniger als...まったく...ではない; まさに...そのものである. Das Kind ist ~ weniger als schlau. その子供が利口だなんてとんでもない. Das ist ~ weniger als ein Luxushotel. それはまさしく豪華ホテルだ. Nichts wie los ⟨nach Hause⟩!《話》すぐに始めなくては⟨さっさと家に帰るんだ⟩. so gut wie ~ ほとんど何も...ない. Ich habe so gut wie ~ verstanden. 私はほとんど何も分からなかった. wie ~《話》たちまち, たちどころに.

2 (a)《中性名詞化した形容詞と》Das ist doch ~ Besonderes. それは別に大したことではない. Es gab ~ Neues. 目新しいことは何もなかった. (b)《was に導かれる関係文と》Tue andern ~, was sie dir nicht antun sollen!《諺》おのれの欲せざるところを人に施すなかれ. (c)《zu 不定詞句と》Nichts zu danken! どういたしまして. Ich habe ~ [mehr] zu tun. 私は(もう)何もすることがない. [Es ist] ~ zu machen!《話》どうにも仕方がないことだ.

3《副詞的用法で》Das geht dich ~ an. それは君に何の関係もないことだ. Mir ~, dir ~!《話》人のことをどう構いなしに, いきなり, 出し抜けに. Er hat uns mir ~, dir ~ einfach stehen lassen und ist verschwunden. 彼はいきなり私たちをほったらかしにしてどこかへ行ってしまった.

◆ ↑ nichts sagend

***Nichts** [nɪçts ニヒツ] 中 -/-e 1《複数なし》無, 虚無. et⁴ aus dem ~ aufbauen 物をゼロから築き上げる. ins ~ greifen 空(くう)をつかむ. vor dem ~ stehen《比喩》（突然の破産などで）すべてを失う, 無一物になる. 2 (a)《複数なし》取るに足らない物, 無価値な物; 無いも同然の物. Sein Werk war ein ~. 彼の作品はまるでつ

Nicht·schwim·mer 男 ❶ -s/- 泳げない人. ❷ -s/- 《話》泳げない人専用プール.

nichts·des·to'min·der [nɪçtsdɛsto'mɪndər] 副《まれ》=nichtsdestoweniger

nichts·des·to'trotz [..'trɔts] 副《戯》(trotzdem) それにもかかわらず.

nichts·des·to'we·ni·ger [..'ve:nɪgər] 副 それにもかかわらず.

Nichts·kön·ner 男 -s/- 《侮》(ある分野で)無能な人, 能なし.

Nichts·nutz ['nɪçtsnʊts] 男 -es/-e 《侮》役立たず, ろくでなし.

nichts·nut·zig ['nɪçtsnʊtsɪç] 形《古》役立たずの, ろくでなしの.

Nichts·nut·zig·keit 女 -/-en 役に立たないこと(行為).

nichts sa·gend, °**nichts·sa·gend** 形 内容のない, 無意味な, ぱっとしない; 表情のない. Das Buch ist ~. この本はぱっとしない(内容の乏しい)本だ.

Nichts·tu·er ['nɪçtstuːər] 男 -s/- 《侮》怠け者, 不精者.

Nichts·tun 中 -s/ 何もしないこと, 無為. den Tag mit ~ verbringen その日を無為に過ごす.

nichts·wür·dig 形 (心根の)卑しい, 卑劣(下劣)な.

Nichts·wür·dig·keit 女 -/-en (心根の)卑しい(下劣な)こと; 卑劣(下劣)な行為.

Nicht·zu·tref·fen·de 中《形容詞変化》当てはまらない(該当しない)もの. Nichtzutreffendes bitte streichen! (アンケート・申込用紙などで)該当しない項目を消して下さい. ◆ nicht Zutreffende とも書く.

Ni·ckel[1] ['nɪkəl] 男 -s/- ‹Nikolaus の縮小形› **1**【神話】(Neck, Nöck) 水の精. **2** 《戯》きかん坊; 強情っ張り. **3** 《古》《地方》あばずれ女. **4** 《地方》Nikolaus の愛称.

Ni·ckel[2] ❶ 中 -s/- (↓Nickel[1]) (記号 Ni)【化学】ニッケル. ❷ 男 -s/- 《古》(旧 10 ペニヒの)ニッケル硬貨.

Ni·ckel·stahl 男 -[e]s/ ニッケル鋼.

ni·cken ['nɪkən] ニケン ❶ 自 **1** (a)(肯定・会釈・合図のために)うなずく. stumm [mit dem Kopf] ~ 黙ってうなずく. zustimmend ~ うなずいて賛意を表す. 《中性名詞として》mit leichtem Nicken grüßen 軽くうなずいて会釈する. (b) (馬・鳩などが)首を上下に振る. (c) 《比喩》(草花・羽飾りなどが)上下に揺れる. **2**【工学】車体(機体)が上下に振れる. **3** 《話》(居眠りして)こっくりこっくりする.
❷ 他 **1** 《雅》(感謝・同意の気持ちを)うなずいて示す. j^3 Beifall ~ 人[3]に賛同してうなずく. **2** 《ヒァッ》(ボールを)ヘッディングする(うなずくように頭を軽く上下させて).

'Ni·cker ['nɪkər] 男 -s/- **1** (Kopfnicken) うなずくこと. **2** 《まれ》=Nickerchen

'Ni·cker·chen ['nɪkərçən] 中 -s/- ‹Nicker の縮小形›《話》居眠り, うたた寝. ein ~ machen 居眠りする, 舟を漕ぐ.

'Ni·cki ['nɪki] 男 -s/-s ‹Nikolaus の縮小形›《話》(ビロードの感触をもった)コットン・セーター.

nie [niː] ニー 副 決して(一度も)…(し)ない. Er lügt ~. 彼はけっして嘘をつかない. Er war noch ~ in Deutschland. 彼はまだ一度もドイツにいったことがない. ~ wieder⟨mehr⟩ もう二度と…しない. Einmal und ~ wieder!《話》二度とごめんだとね. Jetzt oder ~! 今こそそのときだ. ~ und nimmer 断じて(絶対)…(し)ない.

***'nie·der** ['niːdər] ニーダー ❶ 形 (niedrig) **1** (高さが)低い. ein ~er Raum 天井の低い部屋. eine ~e Wolke 低い雲. **2** (数値が)低い. ein ~er Blutdruck 低血圧. ~e Preise 低価格. **3** (身分・地位が)下級の. ein ~er Beamter 下級官吏. Sie war von ~er Herkunft. 彼女は低い身分の生れだった. **4** (道徳的・文化的に)低級な; 下劣な, 卑しい. ~e Triebe 劣情. auf einer ~en Kulturstufe stehen 低い文化段階にある. **5** 《専門用語で》~e Eiweiße【化学】下級蛋白質. die ~e Jagd【狩猟】小物狩り. ~e Pflanzen⟨Tiere⟩【生物】下等植物⟨動物⟩.
❷ 副 下に, 下へ. Die Waffen ~! 武器を捨てよ. Nieder mit dem Faschismus⟨dem Diktator⟩! ファシズム⟨独裁者⟩を打倒せよ. auf und ~ 上下に; あちこちに, 行きつ戻りつ. das Auf und Nieder (人生の)浮き沈み, 有為転変(たんべん).

nie·der.. [niːdər..] 《分離前つづり / つねにアクセントをもつ》「下方, 打倒, 抑圧」などの意を表す. niederfallen 落下する. niederkämpfen 打負かす. niederhalten 抑圧する. ◆ 形容詞・副詞と合成して「低い」の意を表すこともある. niederdeutsch 低地ドイツ(語)の.

'nie·der|beu·gen ❶ 他 (頭などを)下へ曲げる, (体を)かがめる; (人[4]を)押さえつける, 抑圧する. ❷ 再 (**sich**[4]) かがむ.

'nie·der|bre·chen* ❶ 他 《雅》(建物などを)取壊す. ❷ 自 (s) 《雅》崩れ落ちる, くずおれる.

'nie·der|bren·nen* ❶ 他 焼払う, 焼尽くす. ❷ 自 (s) 焼落ちる, 焼失する, 燃尽きる.

'nie·der·deutsch 形 (略 nd., nddt.) 低地ドイツ(語)の. ↑deutsch

'nie·der|don·nern ❶ 自 (s) 轟音をたてて落ちる; 《話》(非難・叱責などが)どっと降りかかってくる(auf j^4 人[4]の上に). ❷ 他 《話》(人[4]に)雷を落す, (を)どなりつける.

'Nie·der·druck 男 -[e]s/⸚e【工学】低圧.

'nie·der|drü·cken ['niːdərdrʏkən] 他 **1** 下へ押す, 押し下げる; (枝を)撓(たわ)める. **2** 《雅》(人[4]の)気を減入らせる, (を)意気消沈させる. niederdrückende Nachrichten 気を減入らせるような知らせ. ◆ ↑niedergedrückt

'nie·der|fal·len* 自 (s) 《雅》落下する; 倒れる. vor j^3 ~ 人[3]の前にひざまずく.

'Nie·der·fre·quenz 女 -/-en (略 NF) **1**【物理】低周波. **2**【音響】可聴周波.

'Nie·der·gang ['niːdərɡaŋ] 男 -[e]s/⸚e **1** (複数なし) 没落, 衰亡. der ~ des römischen Reiches ローマ帝国の没落. **2** (船員)(甲板の)昇降階段.

'nie·der·ge·drückt 過分 形 意気消沈した, ふさぎ込んだ. Er ist ~. 彼は意気消沈している.

'nie·der|ge·hen* 自 (s) 《雅》落下する; (飛行機などが)降下する, 着陸する; (幕が)下りる; (雨が)はげしく降る. **2** 《雅》(untergehen) (太陽・月が)沈む, 没する;《比喩》没落する. **3** 《ボクシングで》ダウンする.

'nie·der·ge·schla·gen 過分 形 (↑niederschlagen) (精神的に)打ちのめされた, 意気消沈した.

'Nie·der·ge·schla·gen·heit 女 -/ 意気消沈, 落胆.

'nie·der|glei·ten* 自 (s) 《雅》すべり(すべるように)落ちる; 滑走して下りる.

'nie·der|hal·ten* 他 **1**（人〈物〉⁴を）(地面に)押さえつける. **2**（民衆を抑圧(弾圧)する. **3**（反乱などを)鎮圧する;(発展を)阻害する, 妨げる;(不安などを)抑える.

'nie·der|hau·en(*) 他 **1**（規則変化)切倒す, 打ち倒す. **2**（不規則変化)（人⁴を)切殺す.

'nie·der|ho·len 他（旗・帆などを)引きおろす.

'Nie·der·holz 中 -es/〖森や林の)下生(した)え.

'Nie·der·jagd 女 -/〖狩猟〗小物狩り.

'nie·der|kämp·fen 他 **1**（とくにスポーツで)(敵を)打負かす. **2**〖雅〗(感情などを)抑える.

'nie·der|kni·en 自 (h, s) 〈**sich**〉 ひざまずく.

'nie·der|kom·men* 自 (s) **1**〖雅〗お産の床につく, 産む. mit einem Mädchen〈einem Jungen〉 ～ 女の子〈男の子〉を産む. **2**〖まれ〗(herunterkommen) 下りて来る.

'Nie·der·kunft 女 -/⁻e〖雅〗お産.

***Nie·der·la·ge** ['niːdərlaːɡə ニーダーラーゲ] 女 -/-n **1** 敗北; 敗戦. eine ～ erleiden 敗北を喫する. j³ eine ～ beibringen〈bereiten〉人³を打負かす. **2** 商品置場, 物資集積所;(とくにビールなどの)中継倉庫. **3**〖古〗支店, 支社.

***Nie·der·lan·de** ['niːdərlandə ニーダーランデ]覆〖地名〗die ～ オランダ, ネーデルランド.

'Nie·der·län·der ['niːdərlɛndər] 男 -s/- オランダ人(出身者). ◆女性形 Niederländerin 女 -/-nen

'nie·der·län·disch ['niːdərlɛndɪʃ] 形 オランダ(人, 語)の. ↑ deutsch

'nie·der|las·sen ['niːdərlasən ニーダーラセン] ❶ 他〖古〗(旗・荷物などを)降ろす. den Vorhang ～ 幕を降ろす.

❷ 再〈**sich**⁴〉**1**〖雅〗腰をおろす, すわる;(鳥が)おりる, とまる. sich am Tisch ～ テーブルにつく. sich auf einer〈eine〉Bank ～ ベンチに腰かける. Eine Taube ließ sich auf den〈das〉Dach nieder. 1羽の鳩が屋根にとまった. sich auf die Knie ～ ひざまずく. **2** (in einem Ort als場所に)居を定める, 定住する; 店を構える;(医者などが)開業する. In seiner Heimatstadt hat er sich als Anwalt niedergelassen. 生まれ故郷の町で彼は弁護士を開業した. sich in Bonn ～ ボンに居を定める. sich bei j³ häuslich ～〖話〗人³のもとに腰を落着ける.

'Nie·der·las·sung 女 -/-en **1** 居住, 定住;(医者などの)開業. **2** 営業所; 支店, 支社; 商館. **3** 居住地, 居留地.

'Nie·der·las·sungs·frei·heit 女 -/〖法制〗居住の自由.

***'nie·der|le·gen** ['niːdərleːɡən ニーダーレーゲン] ❶ 他 **1**（手から)下に置く, 降ろす. eine Last ～ 荷を降ろす. die Waffen ～〖比喩〗戦いをやめる; 降服(降参)する. einen Kranz am Grabmal ～ 石碑を墓標に供える. **2**（官職・地位などを)辞する, 放棄する;(仕事などを)やめる. sein Amt ～ 辞任する. die Arbeit ～ ストライキに入る. die Krone ～ 退位する. **3**（子供などを)寝かす, 寝かしつける. **4**（建造物などを)取壊す;(樹木を)切倒す. **5**〖雅〗書きとめる, 記録する; 文書(書面)にする. **6**〖古〗(貴重品を)保管する; 預ける(bei j³ 人³に / an einem Ort ある場所に).

❷ 再〈**sich**⁴〉**1** 横になる, 寝そべる. **2** Da legst [du] dich nieder!〖話〗〖南ゾで〗(驚きの表現)それはすごい.

'Nie·der·le·gung 女 -/-en **1** 下に置く(降ろす)こと. Kranzniederlegung（墓に)花輪を供えること. **2** 辞任すること;(仕事などを)やめること. **3**（建造物などを)取壊すこと. **4**（貴重品などを)保管する(預ける)こと.

'nie·der|ma·chen 他〖話〗**1**（大量に)虐殺する.〖話〗(人⁴を)叱りとばす, 痛罵する.

'nie·der|mä·hen 他（機関銃の掃射で)なぎ倒す, ばたばた撃ち殺す.

'nie·der|met·zeln 他（剣などで)大量に虐殺する.

'Nie·der·ös·ter·reich 中〖地名〗ニーダーエースターライヒ(オーストリア北東部の州, 州都ザンクト・ペルテン Sankt Pölten).

'nie·der|pras·seln 自 (s) ぱらぱら音をたてて落ちる;〖比喩〗(非難・質問などが)雨霰(慯)と降りかかる (auf j⁴ 人⁴に).

'nie·der|rei·ßen* 他（建物などを)取壊す;〖比喩〗(障壁を)取払う;〖まれ〗引き倒す.

'Nie·der·rhein 男 -[e]s/〖地名〗der ～ ライン下流のン以北の流域.

'nie·der|rin·gen* 他〖雅〗格闘して倒す, 組伏せる;〖比喩〗(情熱や疑念などを)押えつける, 抑制する.

'Nie·der·sach·se ['niːdərzaksə] 男 -n/-n ニーダーザクセン人.

'Nie·der·sach·sen ['niːdərzaksən]〖地名〗ニーダーザクセン(ドイツ北西部の州, 州都 Hannover).

'nie·der|schie·ßen* ❶ 他 **1** 射殺する, 撃ち倒す
❷ 自 (s)〖比喩〗(飛行機などが)急降下する.

***Nie·der·schlag** ['niːdərʃlaːk ニーダーシュラーク] 男 -[e]s/⁻e **1** (a)〖気象〗降水(量)(降雨・降雪・ひょうなどなど)を総称. Es sind zeitweise Niederschläge zu erwarten.（天気予報で)一時雨(雪)でしょう. die Niederschläge messen 降水量を計る (b)〖化学〗沈殿(物); 沈殿物. (c)（ガラス面などの)曇り, 結露. (d) radioaktiver ～ 放射性降下物. **2**〖ボクシ〗ノックダウン. **3**〖音楽〗下拍. **4**（経験・思慮などの)表現, 反映. seinen ～ in et³ finden (…のことに)表れている. Die Liebe des Dichters zu Gott fand ihren ～ in zahlreichen Gedichten. 詩人の神への愛が数多くの詩となって表れた.

'nie·der|schla·gen ['niːdərʃlaːɡən ニーダーシュラーゲン] ❶ 他 **1** (a)（人⁴を)打ち倒す, 打ちのめす. j⁴ mit der Faust ～ 人⁴をこぶしで打ち倒す. (b)（あられなどが作物を)なぎ倒す. **2**（暴動・反乱などを)鎮圧する, 制圧する. **3** die Augen〈den Blick〉 ～ 目を伏せる. **4**（疑惑・不信などを)解く, 晴らす. **5**〖まれ〗(襟・カラーを)折返して, 立てる. **6**〖法制〗(審理などを)打切る;（罰金などを)免除する. **7**〖医学〗(熱を)下げる;〖古〗(興奮を)鎮静する, 和らげる. **8**〖化学〗沈殿(沈降)させる.

❷ 再〈**sich**⁴〉**1** (a)（霧・水蒸気などが)結露する. (b) 沈殿(沈降)する. **2**（経験・能力などが)表れる, 反映される (in et³ 事³に). Die innere Angst schlug sich in seinen Äußerungen nieder. 内心の不安が彼の発言に表れていた.

◆ ↑ **sich**⁴) niedergeschlagen

'nie·der·schlags·arm 形 降水量の少ない.

'Nie·der·schlags·men·ge 女 -/-n〖気象〗降水量.

'nie·der·schlags·reich 形 降水量の多い.

'Nie·der·schla·gung 女 -/-en 打ち倒すこと; 打倒; 弾圧, 制圧, 鎮圧;〖法制〗免訴, 免除.

'Nie·der·schle·si·en〖地名〗ニーダーシュレージエン(シュレージエン地方の北西部).

'nie·der|schmet·tern 他 **1**（はげしく)地面に叩きつける. **2**〖比喩〗(人⁴に)深刻な打撃を与える, 打ちのめす. Diese Meldung schmetterte ihn nieder. その

報告は彼を打ちのめした. eine *niederschmetternde* Nachricht 気のめいるような知らせ. Das Ergebnis war *niederschmetternd*. 結果は惨憺(さんたん)たるものだった. Sie waren vollkommen *niedergeschmettert*. 彼等は完全に意気沮喪していた.

'nie·der|schrei·ben* 個 書きとめる, 文章にする.

'nie·der|schrei·en* 個 (人[4]を)大声で圧倒する, やじり倒す.

'Nie·der·schrift 囡 -/-en **1** 書き記すこと; 【法制】調書を取ること. **2** 書き記したもの, 記録, 文書.

'nie·der|set·zen〈雅〉❶ 下に置く, おろす. ❷ 圃 (sich⁴) すわる, 腰をおろす.

'nie·der|sin·ken* 圎 (s)〈雅〉**1** 倒れる, くずおれる, ひれ伏す (vor j³ 人³の前に). **2** 沈む, 沈没する.

'Nie·der·span·nung 囡 -/-en【電子工】低圧.

'nie·der|ste·chen* 個 (ナイフなどで)刺し殺す, 刺して大怪我をさせる.

'nie·der|stei·gen* 圎 (s)〈雅〉降りる, 下る.

'nie·der|stim·men 個 (et⁴ j⁴ 事⁴人⁴の提案など)を投票で否決する.

'nie·der|sto·ßen* ❶ 個 突き倒す, 押し倒す; 刺し殺す. ❷ 圎 (s) auf et⁴ ~ (鳥などが)上から物⁴を急襲する, (物⁴めがけて)急降下する.

'nie·der|stre·cken〈雅〉❶ 個 打ち倒す, 射殺する. ❷ 圃 (sich⁴) (手足をのばして)横たわる.

'nie·der|stür·zen 圎 (s)〈雅〉**1** (激しく)転倒する, くずおれる, ひれ伏す (vor j³ 人³の前に). **2** (岩などが)落下してくる.

'nie·der·tou·rig [..tu:rɪç] 回転数の少ない.

'Nie·der·tracht ['ni:dərtraxt] 囡 -/ 卑劣さ, 下劣さ; 卑劣な行為.

'nie·der·träch·tig ['ni:dərtrɛçtɪç] 胞 **1** 卑劣な; さもしい, あさましい; 陰険な. **2**〈話〉ひどい, 物凄い.

'Nie·der·träch·tig·keit 囡 -/-en 【複数なし】卑劣(下劣)な考え(心根). **2** 卑劣なおこない.

'nie·der|tre·ten* 個 **1** 踏み倒す, 踏みにじる. **2** 踏み固める. **3**〈雅〉(権力などを)踏みにじる.

'Nie·de·rung ['ni:dərʊŋ] 囡 -/-en (↓ nieder) (とくに川筋・岸辺などの)低地, くぼ地. die ~*en* der Gesellschaft《比喩》社会の底辺.

'Nie·der·wald 囡 -(e)s/*̈*er 低林, 矮林(ていりん).

'nie·der·wärts ['ni:dərvɛrts] 圖〈雅〉下方へ.

'nie·der|wer·fen* ❶ 個 (sich⁴) ひれ伏す (vor j³ 人³の前に); 身を投げ出す. sich in einen Sessel ~ 安楽椅子に倒れこむ. ❷ 個 **1**〈雅〉(敵を)打ち負かす, (暴動などを)鎮圧する; (病気が人⁴をベッドにつかせる), (人⁴に)手痛い打撃を与える, 打ちのめす. Die Nachricht hat sie *niedergeworfen*. その知らせは彼女を打ちのめした. **2** 走り書きする.

'Nie·der·wer·fung 囡 -/ 打ちのめすこと; 鎮圧.

'Nie·der·wild 囡 -(e)s/*̈*er (↔ Hochwild) (うさぎ・きつねなどの)小物の狩猟鳥獣.

*'**nied·lich** ['ni:tlɪç ニートリヒ] 胞 **1** かわいらしい, 愛らしい. ein ~*es* Kind かわいらしい子供. Das ist ja ~! (皮肉) そいつは結構な話だ. **2** (地方) ちっぽけな.

'Nied·na·gel ['ni:t..] 男 -s/*̈* ささくれ, 逆むけ; 逆爪(つめ). ◆ 迷信では嫉妬の眼差しを浴びることが原因とされる.

*'**nied·rig** ['ni:drɪç ニードリヒ] 胞 (↓ nieder) **1** (↔ hoch) (高さが)低い. Schuhe mit ~*en* Absätzen かかとの低い靴. ein ~*es* Dach 低い天井. eine ~*e* Stirn 狭い額. ein ~*es* Zimmer 天井の低い部屋. ein ~ fliegendes Flugzeug 低空飛行をしている飛行機. et⁴ ~ *er* hängen 物⁴(絵など)をもっと下に掛ける;《比喩》事⁴をあまり意に介さない;(を)世間に知らせる. **2** (↔ hoch) (数量が)少ない, (値段などが)安い. ~*e* Preise〈Löhne〉低価格〈賃金〉. mit ~*er* Geschwindigkeit fahren スピードを落して運転する. **3** (↔ hoch) (地位・身分などが)低い, 卑しい. von ~*er* Geburt〈Herkunft〉sein 生まれが卑しい. das ~*e* Volk 賤民. Hoch und *Niedrig*〈*hoch* und ~〉貴賤の別なく, 誰もかれも. **4** 下劣な, 卑劣な, 低俗な. die ~*en* Instinkte 劣情. ~ gesinnt sein 根性がくさっている(卑しい). ◆ ↑ niedrig stehend

'Nied·rig·keit 囡 -/ (道徳的に)低級, 卑劣, 下劣.

'nied·rig ste·hend, °'**nied·rig·ste·hend** 胞 社会的(文化的)水準の低い, 未開の. ◆ 比較級 niedriger stehend, 最上級 am niedrigsten stehend (niedrigststehend)

'Nied·rig·was·ser 回 -s/ **1** 低水位. **2** 干潮.

Ni·el·lo [ni'ɛlo] 回 -[s]/-s(..llen [..lən], ..lli [..li]) (it.) 【芸術・美術】**1** ニエロ, 黒金. **2** ニエロ細工.

'nie·mals ['ni:maːls ニーマールス] 圖 決して(一度も)…(し)ない. Wir haben uns ~ wiedergesehen. 私たちは二度と再び会うことがなかった. *Niemals*! とんでもない, まっぴらだ. ◆ nie の強意形. 過去, 現在, 未来いずれについても用いられる.

'nie·mand ['niːmant ニーマント] 伐《不定》(男性単数扱い / 2 格 niemand[e]s, 3 格 niemand[em], 4 格 niemand[en]) (↔ jeder) 誰も…ない. *Niemand* weiß es. 誰も知らない. *Niemand* als er war dabei. 彼以外誰もそこにいなかった. *Niemand* von uns hatte es bemerkt. 我々の誰もそれには気づかなかった. Er ist ~[*e*]*s* Feind〈Freund〉. 彼は誰の敵〈友人〉はいない. Ich habe es ~[*em*] erzählt. 私はそれを誰にも話していない. Er hat den ganzen Tag mit ~[*em*] gesprochen. 彼は一日中誰とも話さなかった. Wir haben ~[*en*] gesehen. 私たちは誰にも会わなかった.《名詞的に》ein *Niemand* sein まったく取るに足らない者である.(**anders** や名詞化した形容詞と / ふつう無冠詞で / 1 jemand ◆)Das kann ~ anders als er. それは彼以外誰にもできない. Ich habe ~ anders〈Besseres〉gefunden. 私はそれ以外の人〈もっと良い人〉が見つからなかった. Ich habe ~[*en*] Bekanntes getroffen. 私は誰も知合いに会わなかった. Ich habe ~ anders erwartet als dich. 僕が待っていたのはほかならぬ君だよ.

'Nie·mand 男 -[e]s /〈話〉無名の人.

'Nie·mands·land ['ni:mantslant] 回 -[e]s/ (両軍の最前線にはさまれた)中間地帯; (国境沿いの)無人地帯; 人跡未踏(未開)の地.

*'**Nie·re** ['niːrə ニーレ] 囡 -/-n **1** 【解剖】腎臓. Er hat es an den ~*n*.〈話〉彼は腎臓をわずらっている. j³ an die ~ n gehen〈話〉人³の痛にさわる, (に)ひどくこたえる. j⁴ auf Herz und ~*n* prüfen《比喩》人⁴の腹の中を探る, (を)徹底的に調べる. **2** 《多く複数で》【料理】(とくに仔牛の)腎臓のついた腰肉.

'Nie·ren·be·cken 回 -s/- 【解剖】腎盂(じんう).

'Nie·ren·be·cken·ent·zün·dung 囡 -/-en 【病理】腎盂炎(じんうえん).

'Nie·ren·bra·ten 男 -s/- (仔牛の)腎臓つき腰肉のロースト.

'Nie·ren·ent·zün·dung 囡 -/-en 【病理】腎炎.

'Nie·ren·krank·heit 囡 -/-en 腎臓病.

'Nie·ren·stein [-]s/-e 《病理》腎石, 腎結石.
'Nie·ren·trans·plan·ta·ti·on 囡 -/-en 《医学》腎(臓)移植.
'nie·rig ['niːrɪç] 厖 (とくに腎にかんして)腎臓形の.
'nie·seln ['niːzəln] 動 非人称 *Es nieselt.* 霧雨が降る.
'Nie·sel·re·gen ['niːzəl..] 男 -s/- 霧雨.
* **'nie·sen** ['niːzən ニーゼン] ❶ 圓 1 くしゃみをする. *j³ ins Gesicht ~* 人³の顔にくしゃみをひっかける. 2 《比喩》(auf et⁴ 物⁴を)まるで問題にしない, 軽くあしらう. ❷ 他 *Ich werde dir eins⟨was⟩ ~ !* 《卑》まっぴら御免だね, そうは問屋がおろすものか. ◆戯言的表現では過去分詞で *genossen* が用いられることもある.
'Nies·pul·ver ['niːs..] 中 -s/- くしゃみを起こさせる粉.
'Nieß·brauch ['niːs..] 男 -[e]s 《法制》用益権.
'Nieß·brau·cher 男 -s/- 用益権所有者.
'Nieß·nutz -es/ = Nießbrauch
'Nies·wurz ['niːsvʊrts] 囡 -/-en 《植物》クリスマスローズ(その根で Niespulver をつくる).
Niet¹ [niːt] 男 -[e]s/-e 《方》= Lehm, Mergel
Niet² 男 (中) -[e]s/-e 《工学》鋲(リベット).
'Nie·te¹ ['niːtə] 囡 -/-n (*ndl.*) 1 空くじ, はずれ. *eine ~ ziehen* 空くじをひく. 2 《話》(劇・映画などの)失敗作(であてがはずれて頼りにならない人, 役立たず.
'Nie·te² -/-n = Niet²
'nie·ten ['niːtən] 他 (↓ Niet²) 鋲(リベット)で留める.
'Nie·ten·ho·se 囡 -/-n (金具のついた)ブルージーンズ.
'Niet·ho·se 囡 -/-n = Nietenhose
'Niet·na·gel 男 -s/.. リベット, 鋲.
niet- und 'na·gel·fest 《話》《次の用法で》[alles,] *was nicht ~ ist* 持去ることのできるものの(すべて).
'Niet·ver·bin·dung 囡 -/-en リベット接合.
'Nietz·sche ['niːtʃə, 'niːtsʃə] 《人名》 Friedrich Wilhelm ~ フリードリヒ・ヴィルヘルム・ニーチェ(1844-1900, ドイツの哲学者).
'Nifl·heim ['nɪfəlhaɪm, 'nɪfəlhaɪm] 中 -[e]s (*anord.*) 《北欧神話》ニフルハイム(北方の死者の国).
'Ni·ger ['niːɡər] 男 -s/ 《地名》 1 《ふつう無冠詞で》ニジェール(西アフリカ内陸部の共和国, 旧フランス領, 首都ニアメ Niamey).
Ni·ge·ria [niˈɡeːria] 《地名》ナイジェリア(アフリカ西部, ギニア湾に面する共和国, 首都アブジャ Abuja).
'Nig·ger ['nɪɡər] 男 -s/- (*am.*) 《侮》ニグロ, 黒人.
Ni·hi·lis·mus [nihiˈlɪsmʊs] 男 -/ (*lat.*) ニヒリズム, 虚無主義.
Ni·hi·list [nihiˈlɪst] 男 -en/-en ニヒリスト, 虚無主義者.
ni·hi·lis·tisch 厖 1 《比較変化なし》ニヒリズム(虚無主義)の. 2 虚無(主義)的な, ニヒリスティックな.
Ni·käa [niˈkɛːa] 《地名》= Nizäa
Ni·ka·ra·gua [nikaˈraːɡua] 《地名》= Nicaragua
'Ni·ke ['niːkə] 《人名》《ギリシア神話》ニーケー("勝利"の擬人化女神, ローマ神話ではヴィクトリア Victoria とよばれる).
Ni·ki·ta [niˈkitɐ] 《男名》 (*russ.*) ニキタ(Nikolai の愛称).
'Nik·las ['nɪklas, 'niːklas] 《男名》 (Nikolaus の短縮)ニクラス.
Ni·ko·de·mus [nikoˈdeːmʊs] 《人名》 (*gr.*) 《新約》ニコデモ(パリサイ派で声望のあった律法学者. ヨハ 3: 1-21, 19: 38-42).
'Ni·ko·laus ['nɪkolaus, 'niːk..] (*gr.*) ❶ 《男名》ニコラウス. ❷ 《人名》 *der heilige ~* 聖ニコラウス(リュキアの町ミラ Myra の司教, その事跡が北欧の冬至の祭りの行事と結びついて「サンタ・クロース」となった. ↑付録「聖人暦」12月6日. ギリシア語形 Nikolaos). ❸ 男 -es/-e《話=..läuse》1 サンタ・クロース(に扮した人), サンタのおじさん. 2 = Nikolaustag
'Ni·ko·laus·tag 男 -[e]s/-e 聖ニコラウスの日(12月6日). ↑ Nikolaus ❷
Ni·ko·tin [nikoˈtiːn] 中 -s/ (*fr.*) 《化学》ニコチン.
ni·ko·tin·arm 厖 ニコチンの少ない.
ni·ko·tin·frei 厖 ニコチンを含まない.
Ni·ko·tin·ge·halt 男 -[e]s/-e ニコチン含有量.
ni·ko·tin·hal·tig 厖 ニコチンを含んだ.
Ni·ko·tin·ver·gif·tung 囡 -/-en ニコチン中毒.
Nil [niːl] 男 -[s]/ 《地名》 *der ~* ナイル川.
'Nil·del·ta 中 -s/ ナイル川のデルタ地帯.
'Nil·pferd 中 -[e]s/-e 《動物》(Flusspferd) かば.
Nim·bo'stra·tus ['nɪmbo'straːtʊs] 男 -/..ti[..ti] 《気象》(低くたれこめた)雨雲, 乱層雲.
'Nim·bus ['nɪmbʊs] 男 -/-se (*lat.*) 1 《聖像などの頭の周りの》光輪. 2 《複数なし》栄光, 名声. 3 《古》《気象》= Nimbostratus
nimm [nɪm] nehmen の du に対する命令形. *Er ist vom Stamme Nimm.* 彼は根っからの欲張りだ.
***'nim·mer** ['nɪmər ニンマー] 副 1 《雅》決して(一度も)..(し)ない. nie ⟨nun⟩ und ~ 断じて(絶対に)..(し)ない. 2 《南ドイツ・オーストリア》もはや..(し)ない; もう二度と(これ以上)..(し)ない.
'Nim·mer·leins·tag ['nɪmərlaɪns..] 男 -[e]s 《戯》永久に来ない日. 《次のような成句で》*am [Sankt] ~* 決して(絶対)..(し)ない. *et⁴ auf den⟨bis zum⟩ [Sankt] ~ verschieben* 事⁴を無期延期する.
'nim·mer·mehr ['nɪmərmeːr] 副 1 《古》決して(一度も)..(し)ない. nie⟨nun⟩ und ~ 断じて(絶対に)..(し)ない. 2 《南ドイツ・オーストリア》もはや..(し)ない; もう二度と(これ以上)..(し)ない.
'nim·mer·mü·de 厖 《雅》倦むことを知らない, 不撓(ふとう)不屈の.
'nim·mer·satt 厖 《話》飽くことを知らない, 貪欲な.
'Nim·mer·satt 男 -(-[e]s)/-e 《話》飽くことを知らない人, 大食い, 大食漢; 《鳥》とさぎこう.
Nim·mer·wie·der·se·hen 中 -s/ 《次の用法でのみ》《話》*auf ~ (für immer)* 永久に.
nimmst [nɪmst] nehmen の現在 2 人称単数.
nimmt [nɪmt] nehmen の現在 3 人称単数.
'Nim·rod ['nɪmrɔt] (*hebr.*) ❶ 《人名》《旧約》ニムロド(バビロニアの建設者とされる王. 創 10:8-10; 代上 1:10). ❷ 男 -s/-e[..o:də] 《比喩》情熱的な狩猟家.
'Ni·na [niːna] 《女名》ニーナ.
'Ni·ni·ve ['niːnivə] 《地名》 (*hebr.*) 《歴史・旧約》ニネベ(古代アッシリア王国最後の首都. 創 10:11-12).
Ni·ni·vit [niniˈviːt] 男 -en/-en ニネベの市民.
Ni'ob [niˈoːp] 中 -s/ (↓ Niobe) (略 Nb) 《化学》ニオビウム.
'Ni·o·be ['niːobe] 《人名》《ギリシア神話》ニオベー. ◆テーバイの王妃. 子だくさんを自慢したため, 7月7女を殺され, みずからは石に変えられた.
Ni'o·bi·um [niˈoːbiʊm] 中 -s/ 《化学》= Niob
'Nip·pel ['nɪpəl] 男 -s/- (*engl.*) 1 《工学》ニップル(バルブなどを接合するための小さな継ぎ管). 2 《話》小さな突起物. 3 《卑》乳首. 4 グリースニップル.
'nip·pen ['nɪpən] 圓 ほんのひと口飲む, なめてみる (*an* ⟨*von*⟩ et³ 物³を).
'Nip·pes ['nɪpəs, nɪps, nɪp] 覆 (*fr.*) 《ガラス・陶製の》小さな置物(人形・花瓶など).

Nipp·flut ['nɪp..] 囡 -/-en 小潮.
Nipp·sa·chen 穪 =Nippes
nir·gend ['nɪrgənt] 副 =nirgends
nir·gend'her 副 =nirgendsher
nir·gend'hin 副 =nirgendshin
nir·gends ['nɪrgənts ニルゲンツ] 副 どこにも(どこでも)...ない. Er hält es ~ lange aus. 彼はどこへ行っても長続きしない. überall und ~ zu Hause sein 住所不定(一所不住)の身である.
'nir·gends'her ['nɪrgənts'he:r] 副 どこからも...しない.
'nir·gends'hin ['nɪrgənts'hɪn] 副 どこへも...しない.
nir·gends'wo ['nɪrgənts'vo:] 副 どこにも...ない.
nir·gend'wo ['nɪrgənt'vo:] 副 =nirgendswo
Ni·ros·ta [ni'rɔsta] 田 -[s]/ (nichtrostender Stahl の短縮)さびない鋼鉄, ステンレススチール.
Nir'wa·na [nɪr'va:na] 田 -[s]/ (sanskr. ,erloschen') 《仏教》 **1** 涅槃(ねはん), 煩悩(ぼんのう)からの離脱. **2** 寂滅, 入滅, 死去. ins ~ eingehen 死ぬ.
..nis [..nɪs]《接尾》動詞・形容詞につけて「行為, 行為の結果」,「状態, 性質」,「事件, 事件の場所」などを表す中性名詞 (-ses/-se) または女性名詞 (-/-se) をつくる. Bedürfnis 必要. Bekenntnis 告白. Ereignis 事件. Finsternis 暗闇. Wildnis 荒れ野.
'Ni·sche ['ni:ʃə] 囡 -/-n (fr.)《建築》 **1** 壁龕(へきがん), ニッチ(壁・柱などの垂直面に作られた凹み). **2** アルコーヴ.
'Nis·se ['nɪsə] 囡 -/-n しらみの卵.
Nis·sen·hüt·te 囡 -/-n かまぼこ型バラック(兵舎).
'nis·sig ['nɪsɪç] 形 しらみの卵だらけの.
'nis·ten ['nɪstən] (↓ Nest) 自 **1** 巣をつくる, 巣ごもる; (比喩) 巣くう, 宿る. **2** (sich) 巣くう, たまる.
'Nist·kas·ten ['nɪst..] 男 -s/= 巣箱.
Ni'trat [ni'tra:t] 田 -[e]s/-e (lat.)《化学》硝酸塩.
Ni'trid [ni'tri:t] 田 -s/-e 《化学》窒化物.
ni'trie·ren [ni'tri:rən] 他 **1** 《化学》ニトロ化(硝化)する. **2**《冶金》(鉄鋼を)窒化する.
Ni'trit [ni'tri:t] 田 -s/-e 《化学》亜硝酸塩.
Ni·tro·gen [nitro'ge:n] 田 -s/ =Nitrogenium
Ni·tro·ge·ni·um [nitro'ge:niʊm] 田 -s/《記号 N》《化学》(Stickstoff) 窒素.
Ni·tro·gly·ze'rin [nitroglytse'ri:n, 'ni:t..] 田 -s/《化学》ニトログリセリン.
Ni·tro·zel·lu'lo·se [nitrotsɛlu'lo:zə] 囡 -/ 《化学》ニトロセルロース, 硝酸繊維素.
ni·tsche'wo [nitʃe'vo:] 間 (russ.)《戯》Nitschewo! 何でもないよ.
***Ni'veau** [ni'vo:] 田 -s/-s (fr.) **1** 水平(面), 水準面; 水準, レベル. Der Wasserspiegel des Sees liegt auf einem ~ von 300 m. 湖面は 300 メートルの高さだ. Der Künstler hat ~. その芸術家はレベルが高い. kein ~ haben (知的な)程度が低い, おそまつだ. eine Zeitschrift mit ~. レベルの高い雑誌. **2**《原子物理》(分子・原子の)エネルギー準位.
Ni'veau·flä·che 囡 -/-n 水準(基準)面.
ni'veau·los 形 低級な, 程度の低い.
ni'veau·voll 形 高級な, 程度の高い.
ni·vel'lie·ren [nivɛ'li:rən] 他 (fr.) **1** 平らにする, 均(なら)す, 平均する. ein Gelände ~ 土地をならす. soziale Unterschiede ~ 社会的差異をならす. **2** 自 水準測量する.
Ni·vel'lier·in·stru·ment [nivɛ'li:r..] 田 -[e]s/-e 《測量》水準儀, レベル.
Ni·vel'lie·rung 囡 -/-en 平らにすること, 水平化, 標準化.

nix [nɪks] 代 《不定》《話》=nichts
Nix [nɪks] 男 -es/-e 《ゲルマン神話》ニクス(水の精・水魔).
'Ni·xe ['nɪksə] 囡 -/-n 《Nix の女性形》ニクセ(水の精・人魚); 水浴している女性.
'ni·xen·haft ['nɪksənhaft] 形 《雅》ニクセ(水の精)のような. ↑Nixe
Ni'zäa [ni'tsɛ:a]《地名》ニカイア, ニケア. ◆ トルコ北西部にあった古代都市, 325 第 1 回 Konzil が開催された. 現イズニク Isnik. ↑Nicäa, Nikäa
ni'zä·isch [ni'tsɛ:ɪʃ] 形 (↓ Nizäa) ニカイアの. das Nizäische Glaubensbekenntnis ニカイア信条(325 の第 1 回 Konzil でアリウス派に対して三位一体説をとるアタナシウス派を正統とするために採択された信仰告白).
Ni'za ['nɪtsa]《地名》ニース(フランス南東部の都市).
n. J. (略) =nächstes Jahres 来年の.
nkr (略) =norwegische Krone ノルウェークローネ.
nm. (略) =nachmittags
n. M. (略) =nächsten Monats 来月の.
NN (略) =Normalnull
N. N. (略) **1** =NN **2** =nomen nescio
NNO (略) =Nordnordost[en]
NNW (略) =Nordnordwest[en]
No (記号)《化学》=Nobelium
NO (略) =Nordost[en]
No., Nº (略) =Numero
'Noä ['no:ɛ] Noah の 2 格.
'No·ah ['no:a] (hebr., Mann der Ruhe')《旧約》ノア(義人, 神の命によって方舟(はこぶね)を作り, 家族とともに大洪水を逃れ, その後の新しい人類の祖となる. 創 5-9). die Arche ~s 《ノア》ノアの方舟.
'no·bel ['no:bəl] 形 (fr.) **1**《雅》高貴な, 上品な. **2**《話》優雅な, ぜいたくな, 高価な. Nobel geht die Welt zugrunde. 世界は優雅に滅亡するものだ(ぜいたくな行状などを皮肉って言う). **3** 気まえのよい. Er gibt ein nobles Trinkgeld. 彼はチップをはずむ.
No·bel [nɔ'bɛl]《人名》Alfred ~ アルフレード・ノーベル(1833-96, スウェーデンの化学者, ダイナマイトを発明).
No·bel.. [no'bəl..]《接頭》名詞に冠して「豪華な, 高級な」の意を表す. Nobelhotel 豪華ホテル.
No·be·li·um [no'be:liʊm] 田 -s/《記号 No》《化学》ノーベリウム.
No'bel·preis [no'bɛl..] 男 -es/-e ノーベル賞.
No'bel·preis·trä·ger 男 -s/- ノーベル賞受賞者.
No·bi·li'tät [nobili'tɛ:t] 囡 -/ (lat.) (とくに古代ローマ帝国の)貴族(階級).
no·bi·li·tie·ren [nobili'ti:rən] 他 (lat.) (人⁴を)貴族に列する.
No'bles·se [no'blɛsə] 囡 -/ (fr.) (↓ nobel)《古》貴族, 貴族社会. ~ oblige [nɔblɛsɔ'bli:ʒ] 貴族は貴族らしく振舞わねばならぬ.

noch

[nɔx ノホ] **1** 副 **1**《時間的》(a)《ある経過・状況の範囲内にあることを示して》まだ, なお; 相変らず. Schläfst du ~? 君はまだ寝ているのかい. Noch ~ in der Sitzung. 彼はまだ会議中だ. Noch ist es nicht zu spät. まだ遅すぎはしない(間に合う). Es ist ~〈Noch ist es〉Zeit, dass... ...するのにまだ遅すぎはしない. Bist du ~ da, wenn ich zurückkomme? 僕がもどってきたとき, 君はまだいるかい. Er war damals ~ zu jung dafür. 彼は当時まだそれには若すぎた. heute ~ / ~ heute 今日なお(↑1(d)). immer ~ /

~ immer 相変らず，依然として．Er ist immer ~ der Alte. 彼は相変らず昔のままだ．~ nicht まだ…ない．Kommt er ~ nicht? 彼はまだ来ないかい．*Noch* regnet es nicht. (今のところ)まだ雨は降っていない．Es regnet kaum ~. もうほとんど雨はふっていない．~ nie いまだかつて(まだ一度も)…ない．《とくに残りの時間・数量などについて》Hast du ~ genug Geld〈Zeit〉? 君にはまだお金〈時間〉は充分あるかい．Es sind ~ 20 Km bis nach München. ミュンヒェンまではまだ20キロもある．~ nur （残りは）僅かに…だけ．Du hast nur ~ zehn Minuten Zeit. 君にはあと10分しか時間がない．Beutteltiere gibt es nur ~ in Australien. 有袋類はもうオーストラリアにしか残っていない．(b)《過去の事柄について / まだそれほど時間が経過していないことを示す》つい，ほんの．Ich habe ihn ~ gestern〈vor zwei Tagen〉gesehen. 私は昨日〈2日前〉会ったばかりだ．~ vor kurzem つい最近(まで)．Es ist ~ keine Woche her, dass... …からまだ1週間にもならない．(c)《近い将来の事柄について / 今後なお起りうる事・なされるべき事を示す》今に，そのうち；とりあえず，まず．Er wird schon ~ kommen. 彼はそのうちきっとやって来るよ．Du erkältest dich ~. 君はその内に風邪をひくよ．Er wird mich ~ einmal verstehen. 彼にもそのうちいつか私のことが分かるだろう．Ich muss erst ~ zur Post. 私は最初にまず郵便局に行かねばならない．(d)《ある時間・期限の範囲内にあることを示す》どうにか，まだ；…のうちに．Ich bin froh, dass er das ~ erleben konnte. 彼がなんとかそれを体験できて私はうれしい．Er hat den letzten Krieg ~ miterlebt. 彼はどうにかまだ前の戦争の体験を共にしている．gerade〈eben〉~ / ~ eben かろうじて，ぎりぎり，やっと．Er erreichte den Zug gerade ~. 彼はその列車にぎりぎり間に合った．Er konnte gerade ~ bremsen. 彼はかろうじてブレーキをかけることができた．heute ~ / ~ heute 今日中に(↑1(a)). Er starb ~ am selben Tag. 彼はその日のうちに死んだ．~ vor Monatsende 月末になる前に．(e)《ある尺度・基準の範囲内にあることを示す》どうにか，まだしも；まずまず．Das kann ich [gerade] ~ akzeptieren. それなら私はまだなんとか受入れられる．Er hat ~ Glück gehabt. 彼にはどうにかまだ運があった．Das wäre ~ das beste. それがまだしも一番だろうな．Das ist ~ Qualität! それはまずまず上等だ．Da kannst du ~ lachen? 笑っている場合かね．(f)《否定的内容の文成分と》(sogar)...さえ，...も．Das kostet ~ keine zehn Euro. それは10ユーロもしない．~ in Jahren ohne Schnee 雪のない年でさえ．

2《追加・付加を示す》(a)《その上》さらに，なお；もっと．Herr Ober, ~ ein Bier! すみません，ビールをもう1杯．Er hat auch ~ einen Sportwagen. 彼はその上スポーツカーも1台持っている．Wer war ~ da? ほかにまだ誰がいましたか．*Noch* ein Wort! もう一言でもしゃべってみろ(ぶん殴るぞ). ~ dazu その上なお．Er war schon alt und ~ dazu krank. 彼は年寄りであった上に病気だった．~ [ein]mal もう一度．Bitte, ~ einmal! すみません，もう一度お願いします．~ eins もう1つ；もうひと言．[Darf es] sonst ~ etwas [sein]? (店員が客にほかにまだないでしょうか．Auch das ~! (話)(厭なことなどを告げられて)ああこんなことまで(聞かされるのか). ~ und nochmals / ~ und ~ einmal 再三再四，繰返し．(比較級を強めて)Du bist ~ schöner als sie. 君は彼女よりずっと美しい．Das wäre ja ~ schöner! (話)とんでもない，冗談じゃないよ．

(c)《倍数を伴って》~ einmal so groß〈viel〉wie... …の倍の大きさ〈多さ〉の．~ dreimal größer〈mehr〉als... …と比べて3倍の大きさ〈多さ〉の．(d)《次の形で》~ so どんなに…でも．jede ~ so kleine Freude どんなにささやかな楽しみでも．und wenn es ~ so stürmt たとえどんな大嵐になろうとも．~ und ~ 《戯》~ und nöcher《話》いくらでも．Er redet ~ und ~. 彼の話はきりがない．

3《疑問詞を持つ疑問文と / 文アクセントなしに》(忘れたことを思い出そうとして)ええと，…だっけ．Wie hieß ~ das Hotel? そのホテルの名前は何だったっけ．Wie war das ~ [gleich]? ええと，どうだったっけな．

❷ 題《次の形で》weder...~... / nicht〈kein〉...~... /《古》...~...でもなく…でもなく．Das Kind kann weder lesen ~ schreiben. その子供は字を読むことも書くこともできない．Er hat nicht Verwandte〈keine Verwandten〉~ Freunde. 彼には親戚もなければ友達もない．Er trinkt weder Kaffee ~ Tee, ~ Alkohol. 彼はコーヒーもお茶も，それにお酒も飲まない．ohne zu lachen ~ zu weinen 泣きも笑いもせずに．

'**noch·mal** ['nɔxma:l] 副 (話)(noch einmal) もう一度，再度；2倍(も). ◆**noch mal** とも書く．

'**noch·ma·lig** ['nɔxma:lɪç] 形 もう一度の，再度の．

*'**noch·mals** ['nɔxma:ls /ノホマールス] 副 もう一度，再度．

'**No·cke** ['nɔkə] 女 -/-n 《地方》**1**《話》うぬぼれ女．**2** =**Nockerl** 1

'**No·cken**[1] ['nɔkən] 男 -s/- 《工学》カム．

'**No·cken**[2] 男 -/- =**Nocke**

'**No·cken·wel·le** 女 -/-n 《工学》カム軸．

'**No·ckerl** ['nɔkɐrl] 中 -s/-[n]《地方》**1**《料理》(スープに入れる)小さなだんご．**2** うぬぼれた娘．

Noc·turne [nɔk'tyrn] 中 -/-s (女 -/-s) (*fr.*)《音楽》**1** ノクターン，夜想曲．**2**《まれ》ノットゥルノ．

'**No·e·ma** ['no:ema] 中 -/-ta [no'e:mata] (*gr.*, Gedanke') 《哲学》ノエマ (Husserl の現象学における純粋意識の客観的対象面).

'**No·e·sis** ['no:ezɪs] 女 -/ (*gr.*, das Denken') 《哲学》ノエシス (Platon では認識または知覚, Husserl では純粋意識の機能的作用面).

No·e·tik [no'e:tɪk] 女 -/ (*gr.*) 《哲学》認識論．

Nok'turne [nɔk'tʊrnə] 中 -/-s =**Nocturne**

'**Nol·de** ['nɔldə] 《人名》Emil ~ エーミール・ノルデ (1867-1956, ドイツの画家).

'**nö·len** ['nø:lən] 自 (北');《俗》**1** ぐずぐずする，もたもたする．**2** 不平を言う，ぐちをこぼす．

'**no·lens vo·lens** ['no:lɛns 'vo:lɛns] (*lat.*) いやがおうでも，どうしても．

'**No·li me'tan·ge·re** [no:'li:me'tangere] 中 -/- (*lat.* noli me tangere , rühr mich nicht an‘) **1**《美術》ノリ・メ・タンゲレ(復活した Jesus が Maria Magdalena の前に姿を現し，「私に触れてはいけない」と言ったときの図で，キリスト教美術の主要主題の１つ．《新約》ヨハ 20:17). **2**《植物》ほうせんか(鳳仙花)，ねむりぐさ属．

'**Nöl·pe·ter** ['nø:l..] 男 -s/- 《俚》**1** のろまな男，ぐず．**2** 不平の多い男．

'**Nöl·su·se** 女 -(-s, -ns)/-n 《俚》**1** のろまな娘．**2** 不平の多い娘．

Nom.（略）=**Nominativ**

'**No·ma·de** [no'ma:də] 男 -n/-n (*gr.*) 遊牧民．

no·ma·den·haft [no'ma:dənhaft] 遊牧民のよ

No·ma·den·le·ben 田 -s/ **1** 遊牧生活. **2**《比喩》放浪生活.

no·ma·disch [no'ma:dɪʃ] 形 **1** 遊牧(民)の. **2** 遊牧民のような, 流浪の.

no·ma·di·sie·ren [nomadi'zi:rən] 自 **1** 遊牧する. **2**《比喩》放浪生活を送る, 転々と居所を変える.

****No·men** ['no:mən] 中 -s/Nomina (*lat.*)『文法』名詞; 名詞類(実体詞・形容詞の総称).

No·men·kla'tur [nomɛnkla'tu:r] 女 -/-en (*lat.*) **1**(学術用語などの)命名法. **2** 専門用語(集).

'**no·men 'ne·scio** ['no:mɛn 'nɛstsio] (*lat.*, den Namen weiß ich nicht') (略 N.N.) 某氏, 氏名不詳.

No·mi·na ['no:mina] Nomen の複数.

no·mi·nal [nomi'na:l] 形 (*lat.*) **1**『文法』名詞の; 名詞的な. **2**『経済』名目上の.

No·mi·nal·ein·kom·men 田 -s/- 『経済』(↔ Realeinkommen) 名目所得.

No·mi·na·lis·mus [nomina'lɪsmus] 男 -/ (*lat.*) **1**『哲学』(↔ Realismus) 唯名論, 名目論. **2**『経済』名目主義.

No·mi·nal·lohn 男 -[e]s/⸚e『経済』(↔ Reallohn) 名目賃金.

No·mi·nal·wert 男 -[e]s/-e『経済』額面価額; 名目価値.

No·mi·na·ti·on [nominatsi'o:n] 女 -/-en (*lat.*) **1**『カト』(領主)の司教候補者指名. **2** 指名; 任命.

'**No·mi·na·tiv** ['no:minati:f] 男 -s/-e (*lat.*)(略 N., Nom.)『文法』主格, 第 1 格.

no·mi'nell [nomi'nɛl] 形 (*lat.*) **1** 名前だけの, 名義上の. **2**『経済』=nominal 2

no·mi'nie·ren [nomi'ni:rən] 他 (*lat.*) 候補者として指名する(ノミネートする).

'**No·mos** ['no:mɔs, 'nɔmɔs] 男 -/Nomoi [..ɔy] (*gr.*, Gesetz') **1**『哲学』ノモス, 法律, 規則, 法秩序. **2**『音楽』ノモス(古代ギリシア音楽の旋律様式).

Non·cha'lance [nõʃa'lã:s] 女 -/ (*fr.*)(愛すべきところのある)無頓着, なげやり.

non·cha'lant [nõʃa'lã:, 付加語的用法 ..'lant] 形 (*fr.*) 無頓着な, (チャーミングで)なげやりの.

'**No·ne** ['no:nə] 女 -/-n (*lat.*) **1**『カト』九時課(午後 3 時の祈祷). **2**『音楽』9度(音程).

Non-'Food-Ar·ti·kel [nɔn'fu:t..] 男 -s/-『商業』食料品以外の品物 (Non-foods [nɔn'fu:dz] ともいう). ♦ Nonfoodartikel とも書く.

Non·kon·for'mis·mus [nɔnkɔnfɔr'mɪsmus, no:n..] 男 -/ (*engl.*) **1**(政治・宗教・思想上の)非協調主義, 非追従主義. **2**(英国の)非国教主義.

Non·kon·for'mist [nɔnkɔnfɔr'mɪst, no:n..] 男 -en/-en **1** 非協調主義者, 独立独歩の人. **2**(英国の)非国教徒, ノンコンフォーミスト.

'**Nönn·chen** ['nœnçən] 中 -s/- Nonne の縮小形.

****Non·ne** ['nɔnə] 女 -/-n (*lat.*) **1**『カト』修道女, 尼(僧). **2**『建築』牝瓦, 凹瓦. **3**『虫』まいまいがの一種.

Non·nen·klos·ter 中 -s/⸚ 女子修道院, 尼僧院.

'**non 'o·let** ['nɔn n 'o:lɛt] (*lat.*, es (das Geld) stinkt nicht')それ(お金)は臭くない(ローマ皇帝ウェスパシアヌス Vespasian が便所に税金をかけたときにそれに対する非難の声に答えたせりふ).

Non·plus'ul·tra [nɔnplʊs'|ʊltra, no:n..] 中 -/ (*lat.*, nicht darüber hinaus') 最高, 最善, 至上.

Non·pro·li·fe·ra·tion [nɔnprolifeˈreːʃən] 女 -/ (*engl.*)『政治』核不拡散.

'**non 'scho·lae, 'sed 'vi·tae 'dis·ci·mus** ['no:n 'sçoːlaɛ, 'zɛt 'viːtaɛ 'dɪstsimus, -'skoːlɛ ---] (*lat.*) 学校のためではなく, 人生のために私たちは学ぶのだ.

'**Non·sens** ['nɔnzɛns] 男 -[es]/ 無意味, ナンセンス.

'**Non·stop·flug** [nɔn'ʃtɔp.., nɔn'st..] 男 -[e]s/⸚e 無着陸飛行, 直行便.

'**Nop·pe** ['nɔpə] 女 -/-n (多く複数で) **1**『紡織』ネップ, けば, 節玉. **2** 小さな隆起, いぼ状の突起.

'**nop·pen** ['nɔpən] 他 (Noppe) **1**『紡織』(織物から)ネップ(けば)を取除く; ネップ(けば)を入れる. **2** いぼ状の突起をつける.

'**No·ra** ['no:ra]《女名》(Eleonora の短縮)ノーラ.

****Nord** [nɔrt ノルト] 男 -[e]s/-e **1**《複数なし》《無冠詞/不変化》(↔ Süd) (a)『気象』《船員》(Norden) 北, 北方. Der Wind kommt aus〈von〉~. 風は北から吹いている. nach ~ drehen (風が)北向きに変る. (b) ~ und Süd 北と南(の人々). von ~ und Süd いたるところから, 四方から. (c)《都市名の後につけて》(略 N)北部. Stuttgart-*Nord* シュトゥットガルト北部. **2**《雅》《船員》(Nordwind) 北風.

'**Nord·ame·ri·ka** ['nɔrt|a|me:rika]《地名》北アメリカ.

'**Nord·at·lan·tik·pakt** ['nɔrt|at'|antikpakt] 男 -[e]s/『政治』(NATO) 北大西洋条約機構.

'**nord·deutsch** 形 北ドイツの; 北ドイツ的な. ↑ deutsch

'**Nord·deutsch·land**《地名》北ドイツ.

'**nor·den** ['nɔrdən] 他 北に向ける.

'**Nor·den** ['nɔrdən ノルデン] 男 -s/ (↔ Süden) **1**《ふつう無冠詞で》(略 N)北, 北方. Wo ist ~ ? 北はどっちだ. nach〈古・雅 gen〉~ 北(の方)へ. Das Fenster geht nach ~. その窓は北向きだ. von ~ [her] 北(の方)から. **2** (a)(都市・地域・国などの)北部; 北[地], 北方; (とくに)北欧. der ~ Deutschlands〈von Deutschland〉ドイツ北部. im hohen ~ 極北の地で. (b) 北部の人; 北国人; (とくに)北欧の人.

'**Nor·der·son·ne** ['nɔrdər..] 女 -/《船員》真夜中の太陽.

'**Nord·fries·land**《地名》北フリースラント.

'**nor·disch** ['nɔrdɪʃ] 形 北方(系)の; 北欧の, スカンジナヴィアの; ノルド語の. die ~e Kombination 『スポ』ノルディック競技. die ~en Länder 北欧諸国. ♦↑ deutsch

Nor'dis·tik [nɔr'dɪstɪk] 女 -/ 北欧文学(語)研究.

'**Nord·kap** ['nɔrtkap]《地名》ノールカップ(ノルウェーのマーゲル Magerøy 島にあるヨーロッパ最北端の岬).

'**Nord·land** ['nɔrtlant] 中 -[e]s/⸚er《ふつう複数で》北国; 北欧, スカンジナヴィア.

'**Nord·län·der**[1] ['nɔrtlɛndər] Nordland の複数.

'**Nord·län·der**[2] 男 -s/- 北国人; 北欧の人.

'**nord·län·disch** ['nɔrtlɛndɪʃ] 形 北欧的の.

nördl. Br.(略)=nördlicher Breite[2]『地理』北緯...

****nörd·lich** ['nœrtlɪç ネルトリヒ] ❶ 形 **1** (a)北の, 北方の; 北向きの; 北からの. ~*er* Breite[2] (略 N. Br., nördl. Br.) 北緯... Die Insel liegt auf dem 70. Grad ~*er* Breite. その島は北緯 70 度にある. das *Nördliche* Eismeer 北氷洋. (b) 北の半球, 北半球. das ~*e* Italien イタリア北部. Das Schiff hat ~*en* Kurs. その船は進路を北にとっている. die ~*en* Länder 北方(北欧)諸国. ein ~*er* Wind 北

風. Der Wald liegt weiter ~. その森はずっと北の方にある. ~ steuern 進路を北にとる. Der Wind weht ~. 風は北から(北に)吹いている. (b) ~...…の北(方)に. Das Dorf liegt 10 Km ~ von München. その村はミュンヒェンの北10キロにある. ❷ 囲《2格支配》…の北(方)に. ~ der Alpen アルプス山脈の北(方)に.

'**Nord·licht** 匣 -[e]s/-er **1** オーロラ, 北極光. **2**《戯》(南ドイツから見た)北ドイツ出身の有力者.

'**Nörd·lin·gen** ['nœrtlɪŋən]《地名》ネルトリンゲン(シュヴァーベンの都市).

Nord·nord·ost [nɔrtnɔrt'|ɔst] 男 -[e]s/-e **1**《複数なし》《無冠詞／不変化》《略 NNO》《気象》北北東. **2**《複数まれ》(船員)北北東の.

Nord·nord·os·ten [..'|ɔstən] 男 -s/《ふつう無冠詞で》《略 NNO》北北東.

Nord·nord·west 男 -[e]s/-e **1**《複数なし》《無冠詞／不変化》《略 NNW》《気象・海事》北北西. **2**《複数まれ》(船員)北北西の風.

Nord·nord·wes·ten 男 -s/《ふつう無冠詞で》《略 NNW》北北西.

Nord·ost 男 -[e]s/-e **1**《複数なし》《無冠詞／不変化》《略 NO》《気象・海事》北東. **2**《複数まれ》(船員)北東の風.

Nord·os·ten [nɔrt'|ɔstən] 男 -s/《ふつう無冠詞で》《略 NO》**1** 北東. **2** 北東部.

nord·öst·lich ❶ 形 北東の. ❷ 囲《2格支配》…の北東にある.

Nord-'Ost·see·Ka·nal ['-'----]男-s/《地名》der ~ 北海・バルト海運河.

Nord·ost·wind 男 -[e]s/-e 北東の風.

'**Nord·pol** ['nɔrtpoːl] 男 -s/ 北極.

Nord·po·lar·ge·biet ['nɔrtpola:r..] 匣 -[e]s/ (Arktis) 北極地方.

Nord·po·lar·kreis 男 -es/ 北極圏.

Nord·po·lar·meer 匣 -[e]s/ 北極海.

Nord·pol·fah·rer 男 -s/- 北極探検家.

Nord·punkt 男 -[e]s/《天文》(子午線の)北点.

Nord·rhein-West'fa·len ['nɔrtraɪnvɛst'faːlən]《地名》ノルトライン＝ヴェストファーレン(ドイツ西部の州, 州都 Düsseldorf).

'**Nord·see** ['nɔrtzeː] 囡 -/《地名》die ~ 北海.

Nord·sei·te 囡 -/-n 北側.

Nord·stern 男 -[e]s/《天文》=Polarstern

Nord-'Süd-Dia·log 男 -[e]s/《政治》南北対話.

Nord-'Süd-Ge·fäl·le 匣 -s/《政治》南北格差.

Nord-'Süd-Kon·flikt 男 -[e]s/《政治》南北紛争.

'**nord·wärts** ['nɔrtvɛrts] 副 北へ, 北方へ.

'**Nord·west** 男 -[e]s/-e **1**《複数なし》《無冠詞／不変化》《略 NW》《気象・海事》北北西. **2**《複数まれ》(船員)北西の風.

'**Nord·wes·ten** [nɔrt'vɛstən] 男 -s/ **1**《ふつう無冠詞で》《略 NW》北西. **2** 北西部.

nord·west·lich ❶ 形 北西の. ❷ 囲《2格支配》…の北西にある.

'**Nord·wind** 男 -[e]s/-e 北風.

Nör·ge·lei [nœrgə'laɪ] 囡 -/-en《侮》**1**《複数なし》ひっきりなしに不平を言うこと. **2** 不平, 文句.

'**nör·ge·lig** ['nœrgəlɪç] 形《侮》文句の多い, 不平ばかり言う.

'**nör·geln** ['nœrgəln] 圓《侮》たえず不平(小言)をいう, がみがみいう. an j⟨et⟩³ ~ 人⟨物⟩³にけちをつける.

'**Nörg·ler** ['nœrglər] 男 -s/- 不平屋, 口うるさい人.

*'**Norm** [nɔrm ノルム] 囡 -/-en (lat.) **1**《ふつう複数で》規範, 規準. moralische ~en 道徳的規範. als ~ gelten 規範として通用する. **2** 標準, 水準. **3** 生産責任量, ノルマ. die ~ erreichen⟨erfüllen⟩ノルマを達成する. **4**《大きさ・性能などの》規格. technische ~en 工業規格. ~en aufstellen⟨festsetzen⟩規格を定める. **5**《スポ》(競技参加資格としての)標準記録. **6**《印刷》折り丁(ちょう)書名.

***nor·mal** [nɔr'maːl ノルマール] 形 (lat.) 正常な, 普通の, ノーマルな; 正規の, 規定(規格)どおりの, 標準的な; (精神状態が)正常な. ein ~er Mensch 正常人, 普通の人. ~e Temperatur 平熱; 常温. Der Puls ist ganz ~. 脈拍はまったく正常である. Bist du noch ~!《話》君は頭が変じゃないのか, どうかしているよ. im ⟨unter⟩ ~en Verhältnissen 普通の状態で.

Nor'mal 匣 -s/-e **1**《物理・化学》(溶液の濃度の)規定, 標準. **2**《複数なし》《無冠詞》《話》(Normalbenzin の短縮)レギュラーガソリン.

Nor'mal·ben·zin 匣 -s/-e レギュラーガソリン.

Nor'ma·le [nɔr'maːlə] 囡 -[n]/-n《数学》法線, 垂線.

nor'ma·ler'wei·se [nɔr'maːlər'vaɪzə] 副 通常, 普通に.

Nor'mal·film 男 -[e]s/-e (35ミリの)標準フィルム.

Nor'mal·ge·wicht 匣 -[e]s/-e 標準体重.

Nor'mal·hö·hen·punkt 男 -[e]s/-e (略 N. H.)《測量》水準点.

nor·ma·li·sie·ren [nɔrmali'ziːrən] (fr.) ❶ 正常化する, 正常な状態にもどす. ❷ 再 (sich) 正常化する, 正常な状態にもどる.

Nor'mal·maß 匣 -es/-e **1** 標準尺度. **2** 原器.

Nor'mal·null 囡 -/《ふつう無冠詞で》《略 NN, N. N.》《測量》標準零点; 平均海水位.

nor'mal·sich·tig 形《医学》正常視の.

Nor'mal·spur 囡 -/《鉄道》標準軌間.

Nor'mal·ton 男 -[e]s/《音楽》標準音(調子).

Nor'mal·uhr 囡 -/-en 標準時計.

Nor'mal·ver·brau·cher 男 -s/- **1** 平均的消費者. **2** 世間並みの人, 凡人.

Nor'mal·zeit 囡 -/-en (↔ Ortszeit) 標準時.

Nor'mal·zu·stand 男 -[e]s/¨e《複数まれ》**1** 正常な状態. **2**《物理》標準状態.

Nor·man'die [nɔrma'diː, nɔrmaː'diː]《地名》die ~ ノルマンディー(フランス北西部).

Nor·man·ne [nɔr'manə] 男 -n/-n ノルマン人.

nor·man·nisch [nɔr'manɪʃ] 形 ノルマン(人, 語)の. ↑deutsch

nor·ma'tiv [nɔrma'tiːf] 形 (↔ deskriptiv) 標準となる, 規範的な.

'**Norm·blatt** ['nɔrm..] 匣 -[e]s/¨er (ドイツ規格協会発行の)規格表.

'**nor·men** ['nɔrmən] 囲 **1** (用語などを)定める, 統一する. **2** 規格化する.

'**Nor·men·aus·schuss** 男 -es/¨e 規格協会.

'**Nor·men·kon·trol·le** 囡 -/《法制》規範統制(裁判所による法令審査).

nor·mie·ren [nɔr'miːrən] 囲 =normen

Nor'mie·rung 囡 -/-en 規格化.

'**Nor·mung** ['nɔrmʊŋ] 囡 -/-en **1** (用語などの)制定. **2** 標準化, 規格化.

'**norm·wid·rig** 形 規準に反する, 規格外の.

'**Nor·ne** ['nɔrnə] 囡 -/-n (anord.)《多く複数で》《北

欧神話》ノルネ (運命の女神).
Nor·we·gen ['nɔrvegən ノルヴェーゲン]《地名》ノルウェー.
Nor·we·ger ['nɔrvegər] 男 -s/- ノルウェー人. ◆女性形 Norwegerin 女 -/-nen
nor·we·gisch ['nɔrvegɪʃ] 形 ノルウェー(人, 語)の. ↑deutsch
No-Spiel ['no:...] 中 -[e]s/-e (*jap.*) 能楽.
Nos·sack ['nɔsak]《人名》Hans Erich ～ ハンス・エーリヒ・ノサック(1901–77, ドイツの作家).
Nos·tal·gie [nɔstal'giː] 女 -/-n[..'giːən] (*gr.*) 1 郷愁, ノスタルジア. 2《医学・心理》懐郷病.
nos'tal·gisch [nɔs'talgɪʃ] 形 郷愁をそそる.
Nos·tra·da·mus [nɔstra'daːmʊs]《人名》(*lat.*) ノストラダムス(1503–66, フランスの天文学者・占星術師. フランス語形 Michel de Notredame).
not [noːt] ↑ Not 5

Not [noːt ノート] 女 -/Nöte 1《複数まれ》苦境, 窮地. ～ bricht Eisen.《諺》窮すれば通ず. ～ lehrt beten.《諺》苦しいときの神頼み. j⁴ aus der ～ retten 人⁴を苦境から救い出す. j³ in der ～ helfen 人³の苦境を救う. in ～ kommen⟨geraten⟩ 窮地に陥る(↑2). in ～ sein 苦境にある(↑2, 3). Da⟨Jetzt⟩ ist Holland in ～⟨Nöten⟩.《話》さあ大変だ, これは一大事だ. in ～ und Tod《雅》いかなる苦境にあっても. 2《複数なし》困窮, 困苦; 貧困, 窮乏. Kummer und ～ 貧苦. große⟨bittere⟩ ～ 大変な⟨ひどい⟩困窮. In dem Land herrscht äußerste ～. その国ははなはだしい窮乏状態にある. ～ kennt kein Gebot.《諺》背に腹はかえられぬ. ～ macht erfinderisch.《諺》必要は発明の母. Er kennt keine ～. 彼はなに不自由なく暮している. ～ leiden 困窮する, 困苦をなめる. aus ～ 苦しまぎれに; 貧困が原因で. in ～ kommen⟨geraten⟩ 困窮する(↑1). in ～ sein 困窮している(↑1, 3). 3 (a)《複数なし》苦悩, 苦しみ, 悩み. innere⟨seelische⟩ ～ 内的⟨精神的⟩苦悩. in tiefster ～ sein ひどく苦しんでいる(↑1, 2). (b)《ふつう複数で》困難(な問題), 心配事. die Nöte des Alltags 日々の悩み. in tausend Nöten sein たくさんの困難(心配事)を抱えている. 4 苦労, 労苦. [*seine*] ～ haben, ...zu tun ...するのに苦労する. *seine* [liebe] ～ mit j⟨et⟩³ haben 人⟨人事⟩³に手を焼いている. Damit hat es keine ～. それはわけもないことだ(↑5). mit Müh[e] und ～ (さんざん骨を折ったあげく)やっとのことで. mit knapper⟨知れ genauer⟩ ～ かろうじて, やっとのことで. ohne ～ 苦もなく, 楽々と(↑5). 5《複数なし》《古》(切迫した)必要(性). Die ～ drängt mich, ihn zu besuchen. 私は必要に迫られて彼を訪問する. der ～ gehorchend od. folgend, やむを得ず.《今日ではおもに次のような成句で》Damit hat es keine ～. それは急を要さない(↑4). ～⟨°not⟩ tun / ～⟨°not⟩ sein《雅》必要である. ～⟨°not⟩ tun od. ～⟨°not⟩ tun《古》人³にとって必要である. wenn⟨wo⟩ ～ am Mann ist《話》いよいよとなれば, 火急の場合には. aus der ～ eine Tugend machen 窮を転じて福となす. in ～《雅》必要もなしに(↑4). zur ～《話》やむを得なければ. ◆ ↑ Not leidend

'No·ta ['noːta] 女 -/-s (*lat.*) 1《古》覚え書き, メモ. 2《商業》(a) 勘定書; 送り状. (b) (Auftrag) 注文. et⁴ in ～ geben 物⁴を注文する.

no·ta'be·ne [nota'beːnə] 副 (*lat.*)《略 NB.》1 注

意せよ. 2 ちなみに.
No·ta'be·ne [noː...] 中 -[s]/-[s]《まれ》心覚え; メモの紙片.
No·ta·bi·li'tät [notabili'tɛːt] 女 -/-en (*fr.*) 1《複数なし》《古》(Vornehmheit) 身分の高いこと. 2《多く複数で》《雅》著名人, 名士連.
'Not·an·ker ['noːt...] 男 -s/- 1 予備の錨(いかり). 2《比喩》最後の手段; 頼みの綱.
No'tar [no'taːr] 男 -s/-e (*lat.*)《法制》公証人.
No·ta·ri'at [notari'aːt] 中 -[e]s/-e (*lat.*) 1 公証人役場. 2 公証人の職.
no·ta·ri'ell [notari'ɛl] 形 (*lat.*)《法制》公証人の, 公証人による. ～*e* Urkunden 公正証書.
'Not·arzt ['noːt..] 男 -es/ⁿe 救急医.
'Not·aus·gang ['noːt..] 男 -[e]s/ⁿe 非常口.
'Not·be·helf 男 -[e]s/-e 間に合せ, 急場しのぎ, 応急処置.
'Not·be·leuch·tung 女 -/-en 非常用照明.
'Not·brem·se 女 -/-n 非常ブレーキ.
'Not·brü·cke 女 -/-n 仮橋.
'Not·dienst 男 -[e]s/-e 1 (医師などの)当直勤務. 2 救急センター.
'Not·durft ['noːtdʊrft] 女 -/ 1《雅》用便, 用足し. *seine* große⟨kleine⟩ ～ verrichten 大便⟨小便⟩をする. 2《古》必需品, なくてはならないもの.
'not·dürf·tig ['noːtdʏrftɪç] 形 不十分な, 乏しい; 間に合せの, 一時しのぎの. eine ～*e* Unterkunft 仮の宿. et⁴ ～ reparieren 物⁴を間に合せに修理する. nur ～ zu leben haben なんとか⟨かろうじて⟩食いついてゆく. Von seinem Lohn kann er ～ leben. 彼の給料では食べていくだけでせいいっぱいだ.
'Not·dürf·tig·keit 女 -/《まれ》不十分であること.

*'**No·te** ['noːtə ノーテ] 女 -/-n (*lat.*) 1《音楽》音符 (で示された音);《複数で》楽譜. eine ganze⟨halbe⟩ ～ 全⟨2分⟩音符. ～*n* lesen 音符(楽譜)を読む. Gedichte in ～*n* setzen《古》詩に曲をつける. nach ～*n* 楽譜を見て, 楽譜どおりに;《話》上々の調子で, すいすい(すらすら)と; したたかに, こっぴどく. Es geht [wie] nach ～*n*. 事がすいすいと運ぶ. j⁴ nach ～*n* verprügeln 人⁴をさんざん殴りつける. ohne ～*n* 楽譜を見ないで. 2 (a) (学校の)成績, 評点, 点数. Er hat in Mathematik[für den Aufsatz] die ～ "sehr gut" erhalten. 彼は数学⟨作文⟩で「優」をもらった. die Prüfung mit der ～ Eins bestehen 1 (優)の成績で試験に合格する(↑Eins). gute⟨schlechte⟩ ～*n* haben 成績が良い⟨悪い⟩. Dieser Lehrer gibt schlechte ～*n*. この先生は点が辛い. (b)《ミュンヘン》(審判員の出す) 採点, 点数. 3《政治》外交文書, 通牒, 覚書. ～*n* austauschen⟨wechseln⟩ 覚書を交換する. eine ～ überreichen 外交文書を手交する. 4《ふつう複数で》銀行券, 紙幣. 5《複数なし》特色, 特徴;(独特の)ニュアンス. Der Vortrag erhielt eine persönliche ～. その講演は個人的色合いを帯びるものとなった. ein Anzug mit sportlicher ～ スポーティな背広. 6《雅》(書物の)注, 注釈.
'Nö·te ['nøːtə] Not の複数.
'Note·book ['noːtbʊk] 中 -s/-s (*engl.*)《コンピュ》ノート型パソコン.
'No·ten·bank 女 -/-en《経済》発券銀行.
'No·ten·blatt 中 -[e]s/ⁿer (1 枚の)楽譜.
'No·ten·buch 中 -[e]s/ⁿer 1 (本になった)楽譜. 2 成績帳.

'No·ten·heft 中 -[e]s/-e 1 五線紙のノート, 楽譜帳. 2《冊子になった》楽譜.
'No·ten·li·nie 囡 -/-n《音楽》譜線.
'No·ten·pa·pier 中 -s/ 五線紙.
'No·ten·pult 中 -[e]s/-e 譜面台.
'No·ten·schlüs·sel 男 -s/-《音楽》音部記号.
'No·ten·schrift 囡 -/-en《音楽》記譜法.
'No·ten·stän·der 男 -s/- 譜面台.
'No·ten·sys·tem 中 -s/-e 1《教育》成績評価システム. 2《音楽》譜表.
'No·ten·um·lauf 男 -[e]s/《経済》紙幣の流通.
'No·ten·wech·sel 男 -s/-《政治》(外交上の)覚書の交換.
'Not·fall ['no:tfal] 男 -[e]s/²e 緊急事態, 非常事態, まさかの場合. im ～ やむをえない場合には.
'not·falls ['no:tfals] 副 まさかの(やむをえない)場合には, 緊急のときには.
'Not·feu·er 中 -s/- 1 緊急時ののろし. 2《民俗》疫病払いの火焚(ʰ)き.
'Not·flag·ge 囡 -/-n 遭難信号旗.
'not·ge·drun·gen ['no:tgədrʊŋən] 形 やむをえない, 余儀ない.
'Not·geld 中 -[e]s/《経済》緊急通貨.
'Not·ge·mein·schaft 囡 -/-en 苦境を打開するための相互援助組織, 罹災者の互助組織.
'Not·ge·spräch 中 -[e]s/-e 非常(緊急)通話.
'Not·gro·schen 男 -s/- 非常用のお金.
'Not·ha·fen 男 -s/²- 避難港.
'Not·hel·fer 男 -s/-《宗教》救難聖人(危険の場合にその名を呼んで代願を求める).
'Not·hil·fe ['no:thɪlfə] 囡 -/ 緊急時の救助; 応急処置;《法制》緊急救助.
*no'tie·ren [no'ti:rən] ノティーレン (lat.) ❶ 他 1 書きとめる, 記録する, メモする. j² Namen〈Adresse〉～ 人²の名前〈住所〉を書きとめる. [sich³] das Datum auf einen〈einen〉Zettel ～ 日付を紙切れに書きとめる. Die Polizei hat den Fahrer notiert. 警察は運転者の住所氏名を書きとめた. j⁴ für die Teilnahme ～ 人⁴を参加者リストに記入する. 2《雅》(事に)気づく. 3《音楽》記譜する. 4《商業》相場(値段)をつける. ❷ 自《商業》相場がつく.
No'tie·rung 囡 -/-en 1《複数なし》書きとめること, メモ. 2 (a)《分類》記録法. (b)《音楽》記譜法. (c)《ʳᵘ》棋譜. 3《商業》相場(付).
No·ti·fi·ka·ti'on [notifikatsi'o:n] 囡 -/-en (lat.) 1《古》告示, 通知. 2《政治》通告.
'nö·tig ['nø:tɪç ネーティヒ] 形 (↓ Not)《ぜひ》必要な, 入用な. die ～en Schritte unternehmen 必要な処置を講ずる. Du bist hier ～. 君はここでは必要な人間だ. Deine Aufregung war gar nicht ～. 君が興奮するのは全然必要なかったんだ. Es ist ～, …zu tun …することが必要である. Das wäre doch nicht ～ gewesen!《贈物をもらったときなどの謝辞》こんなことをして頂かなくてもよかったのに. wenn [es] [ist] 必要であらば. j〈et〉⁴ ～ brauchen 人〈物〉⁴をぜひ必要とする. j〈et〉⁴ ～ haben 人〈物〉⁴を必要としている. es nicht ～ haben, …zu tun …する必要がない. Er hat Erholung〈Schlaf〉bitter ～. 彼には休養〈睡眠〉がぜひ必要だ. Du hast es [gerade] ～!《話》まさか君がそんなことを言う(する)とはね. Das Kind hat es sehr ～.《話》その子供はうんち(おしっこ)をしたがっている. Ich muss mal ganz ～!《話》私はトイレにゆきたくてたまらない. et⁴ für ～ halten 事⁴を必要とみなす.《名詞的用法で》das Nötige 必要なこと(もの). Es fehlt am Nötigsten. いちばん必要なものが欠けている.
'nö·ti·gen ['nø:tɪgən] 他 1 (j⁴ zu et³ 人⁴に事³を)無理に(強く)勧める, 強いる;《事が主語》やむえず…せざる. j⁴ auf einen Stuhl ～ 人⁴を無理やりいすにすわらせる. j⁴ zum Bleiben ～ 人⁴を無理やり引きとめる. j⁴ einer Tasse Kaffee ～ 人⁴にぜひコーヒーを勧める. Man nötigte mich, an der Versammlung teilzunehmen. 私は無理やりその集会に参加させられた. Seine Krankheit nötigte ihn dazu. 彼は病気のためむをえずそうした. Lassen Sie sich⁴ nicht ～!《食事などのさいに》どうぞご遠慮なくやってください. sich⁴ genötigt sehen, …zu tun …することを余儀なくする. Endlich sah ich mich genötigt, meinen Beruf als Lehrer aufzugeben. ついに私は教師の職を捨てざるをえなくなった. 2《法制》(j⁴ zu et³ 人⁴に事³を)強要する; (人⁴を)無理やり従わせる. j⁴ zur Unterschrift ～ 人⁴に署名を強要する. eine Frau [mit Gewalt] ～ 女性を強姦する.
'nö·ti·gen·falls ['nø:tɪgən'fals] 副 必要な場合には, いざというときには.
'Nö·ti·gung 囡 -/-en 1《複数まれ》無理強い, 強要;《法制》脅迫. 2《複数なし》《雅》やむにやまれぬ気持ち, 必要性.
*No'tiz [no'ti:ts, ..'tɪts ノティーツ] 囡 -/-en (lat.) 1《ふつう複数で》覚え書き, メモ. [sich³] ～en machen メモをとる. 2《複数まれ》(新聞の)小記事, 短信. 3《商業》相場(付け). 4 ～ von et〈j〉³ nehmen 事〈人〉³に注意を払う, ³を顧慮する. Er nahm keine ～ von ihr. 彼は彼女に目もくれなかった.
No'tiz·block 男 -[e]s/-s(²e) (はぎ取り式の)メモ用紙, 卓上メモ.
No'tiz·buch 中 -[e]s/²er 手帳, メモ帳.
'Not·la·ge ['no:tla:gə] 囡 -/-n 苦境, 窮地, 困窮.
'not·lan·den ['no:tlandən] notlandete, notgelandet, notzulanden ❶ 自 (s) 不時着陸する. ❷ 他《飛行機を》不時着陸させる.
'Not·lan·dung 囡 -/-en 緊急着陸, 不時着.
'not·lei·dend《経済》(手形が)不渡りの.
'Not lei·dend, °'not·lei·dend² 形 貧苦の, 窮乏している.
'Not·lei·ter 囡 -/-n 非常用梯子(ʰ).
'Not·lö·sung 囡 -/-en 一時しのぎの解決策, 弥縫(びほう)策.
'Not·lü·ge 囡 -/-n やむをえず言う嘘.
'Not·maß·nah·me 囡 -/-n 緊急措置.
'Not·na·gel 男 -s/²-《話》穴うめ, 間に合せ.
no'to·risch [no'to:rɪʃ] 形 (lat.) 1 周知の, 明白な, 誰でも知っている. eine ～e Tatsache《法制》顕著な事実. 2 常習の, 札つきの.
'Not·pfen·nig 男 -s/-e =Notgroschen
'Not·quar·tier 中 -[e]s/-e 緊急避難(宿泊)所.
No·tre-'Dame [nɔtrə'dam] 囡 - (fr.《unsere Dame》)《カト教》1 ノートル・ダム, 聖母マリア(に対するフランス語での呼名). 2 聖母教会, ノートル・ダム大聖堂(聖母に捧げられたフランス各地の司教座聖堂の名称, とくに Notre-Dame de Paris が有名).
'not·reif 形《農業》実が入らぬままに熟した.
'Not·ruf ['no:tru:f] 男 -[e]s/-e 1《警察署・消防署への》緊急呼出し, 通報. 2 緊急呼出し電話の番号.
'Not·ruf·säu·le 囡 -/-n (高速道路などの)非常電話のポール.

Not·schlach·ten ['noːtˌʃlaxtən] notschlachtete, notgeschlachtet, notzuschlachten 他 (家畜を)緊急屠殺する.
Not·schlach·tung 女 -/-en 緊急屠殺.
Not·schrei 男 -[e]s/-e《雅》救いを求める叫び声.
Not·si·gnal 中 -s/-e 遭難(非常)信号.
Not·sitz 男 -es/-e 補助席.
Not·stand 男 -[e]s/ᵉe **1** 苦境, 困難な状況. **2**《法制》緊急避難; 緊急(非常)事態.
Not·stands·ge·biet 中 -[e]s/-e 窮迫地域, 非常事態発生地域.
Not·stands·ge·setz 中 -es/-e《法制》緊急事態法.
Not·tau·fe 女 -/-n《キリ教》緊急洗礼, 私洗礼.
Not·tür 女 -/-en 非常口.
Not·tur·no [nɔˈturno] 中 -s/-s(..ni[..ni]) (it.)《音楽》**1** ノクトゥルノ, 夜曲. **2** ノクターン.
Not·ver·band 男 -[e]s/ᵉe 緊急包帯, 仮包帯.
Not·ver·ord·nung 女 -/-en《政治》緊急命令.
not·was·sern ['noːtˌvasɐrn] notwasserte, notgewassert, notzuwassern ❶ 自 (s) 緊急(不時)着水する. ❷ 他 (飛行機を)緊急(不時)着水させる.
Not·wehr ['noːtˌveːr] 女 -/《法制》正当防衛.
not·wen·dig ['noːtvɛndɪç, -'--] ノートヴェンディヒ[, -- ヴェンディヒ] 形 **1** ぜひ必要な, 不可欠な, 必須の. ~*e* Bedingung《論理》必要条件. ~*e* Dinge 必要で不可欠なもの. Es ist ~, ...する必要がある. Es ist ~, ...zu tun ...することがぜひ必要だ. Ist es ~, dass ich so früh aufstehe? 私はどうしてもそんなに早く起きなくてはならないのか. et⁴ ~ tun müssen 事⁴をどうしてもしなければならない. et⁴ ~ haben 事⁴をぜひ必要とする. Ich muss mal ~.《話》ちょっとトイレへ.《名詞的用法で》das Notwendige 必要不可欠なもの. das Notwendige veranlassen 必要な手配をする(措置を講ずる). **2** 避け難い, 不可避の, 必然的な. Das ist die ~*e* Folge deiner Tat. それは君の行為の当然の結果である. ein ~*es* Übel 必然悪. Das musste ~ misslingen. それは必然的に失敗せざるをえなかった. Daraus folgt ~, dass... そのことから当然...という結果が生じる.
'not·wen·di·ger'wei·se ['noːtvɛndɪɡɐrˌvaɪzə] 副 当然, 必然的に, どうしても.
'Not·wen·dig·keit ['noːtvɛndɪçkaɪt, -'---] 女 -/-en **1**《複数なし》必然(性), 不可避; 必要, 不可欠. **2** 必要物, 必需品; ぜひとも必要な事, 急務.
'Not·zei·chen 中 -s/- =Notsignal
'Not·zucht 女 -/《法制》強姦.
'not·züch·ti·gen ['noːtˌtsʏçtɪɡən] notzüchtigte, genotzüchtigt 他《法制》強姦する.
'Nou·gat ['nuːɡat, nuˈɡaː] 中(男) -s/-s (fr.) ヌガー.
Nov.《略》=November
'No·va¹ ['noːva] 女 -/Novä [..vɛ] (lat.)《天文》新星.
'No·va² Novum の複数.
No·va·lis [noˈvaːlɪs]《人名》ノヴァーリス(1772-1801, ドイツの詩人ハルデンベルク Friedrich von Hardenberg の筆名).
No·va·ti·on [novatsǐoːn] 女 -/-en (lat.)《法制》更改.
***No·vel·le** [noˈvɛlə] 女 -/-n (lat.) **1**《文学》短編小説. **2**《法制》改正法.
No·vel·let·te [novɛˈlɛta] 女 -/-n (it.) **1**《文学》(ごく短い)短編小説. **2**《音楽》ノヴェレッテ.
no·vel·lie·ren [novɛˈliːrən] 他 (↓Novelle)《法制》(ある法律に)追加条項を加える, (を)一部改正する.
No·vel·list [novɛˈlɪst] 男 -en/-en 短編小説作家.
no·vel·lis·tisch 形 短編小説(風)の.

No'vem·ber [noˈvɛmbɐ] ノヴェンバー 男 -[s]/- (lat.)《略 Nov.》11月.
No·vem·ber·re·vo·lu·ti·on 女 -/《歴史》11月革命(ドイツ1918, 帝制が倒れ, 翌年 Weimarer Republik が成立).
No·vi·tät [noviˈtɛːt] 女 -/-en (lat.) **1** 新しいもの, 新作; 新製品. **2**《古》ニュース.
No'vi·ze [noˈviːtsə] 男 -n/-n (lat. ,Neuling')《キリスト教》修練士.
No·vi·zi·at [novitsiˈaːt] 中 -[e]s/-en《キリスト教》**1** 修練期. **2** 修練院(修練士の住居と修練場).
No'vi·zin [noˈviːtsɪn] 女 -/-nen《キリスト教》修練女.
'No·vum ['noːvʊm] 中 -s/Nova (lat.) **1** 新しいもの(こと). **2** 新しい観点.
Np(記号)n《化学》=Neptunium **2** =Neper
NPD《略》=Nationaldemokratische Partei Deutschlands ドイツ国民民主党.
Nr.《略》=Nummer ◆複数形 Nrn.
NS《略》**1** =Nachschrift 1 **2** =Nationalsozialismus **3**《商業》=nach Sicht 一覧後.
NSDAP《略》=Nationalsozialistische Deutsche Arbeiterpartei 国家社会主義ドイツ労働者党, ナチス党.
NS-Re'gime [ɛn|ɛsreˈʒiːm] 中 -s/ ナチス政権.
n. St.《略》=neuen Stils 新暦(グレゴリオ暦)の.
NS-Ver·bre·chen ['ɛn|ɛs..] 中 -s/- ナチスによる犯罪.
N. T.《略》=Neues Testament 新約聖書.
nto《略》=netto 1
nu [nuː] 副 =nun
Nu [nuː] 男《次の成句で》im ⟨in einem⟩ ~ あっという間に, たちまち, すばやく.
Nu'an·ce [nyˈãːsə] 女 -/-n (fr.) **1** 色あい, あや, ニュアンス, 微妙なちがい. **2** 幾分か, ほんのわずか. [um] eine ~ ⟨einige ~ n⟩ größer こころもち大きい.
nu·an·cie·ren [nyãˈsiːrən] 他 ニュアンス(陰影)をつけて表現する; 微妙な変化を加える.
'nü·ber ['nyːbɐr]《地方》= hinüber
***'nüch·tern** ['nʏçtɐrn ニュヒターン] 形 (lat.) **1** (朝起きた後)食事をしていない, 胃がからっぽの. mit ~*em* Magen 朝食をとらずに. auf ~*en* Magen trinken すきっ腹に飲む. Das war ein Schreck auf ~*en* Magen.《話》それは寝耳に水だった. Ich bin noch ~. 私はまだ朝食前である. Die Arznei ist morgens ~ zu nehmen. その薬は毎朝食前に服用しなければならない. **2** 酔っていない, しらふの. Er ist nicht mehr ganz ~. 彼はいささか酔っている. wieder ~ werden 酔いが覚める(比喩的にも). **3** 冷静な, さめた; 感情をまじえない, 事実に即した, 事務的な; 感激(面白味)のない, 味気ない, 無味乾燥な; 飾りのない, 簡素な. ein ~*er* Beobachter 冷静な観察者. ein allzu ~*er* Bericht あまりにも事務的な報告. ~*e* Tatsachen 客観的事実. ~*e* Wände むきだしの壁. ~*e* Zahlen 味気ない数字. die Lage ~ beurteilen 情勢を冷静に判断する. ~ wirken 味気ない(冷ややかな)印象を与える. **4** 食べ物について)味のない, 気の抜けた. Die Suppe schmeckt sehr ~. そのスープはひどく味が薄い.
'Nüch·tern·heit 女 -/ **1** 胃がからっぽであること; しらふ; 冷静さ, 簡素さ.

'Nu·cke ['nʊkə], **'Nü·cke** ['nʏkə] 囡 -/-n《地方》気まぐれ, むら気.

'nu·ckeln ['nʊkəln]《話》❶ 圁（乳児などが）しゃぶる, 吸う (an et³ 物³). ❷ 囲 ちびちび飲む.

***'Nu·del** ['nuːdəl ヌーデル] 囡 -/-n **1**《ふつう複数で》麺(%)(類), ヌードル. **2**（家畜類の肥育用の）麺球. **3**《地方》揚げパン（の一種）. **4**《話》《ふつう形容詞を伴って》やつ;（とくに）女. eine dicke ~ でぶっちょ. eine ulkige ~ おかしなやつ. **5** j¹ auf die ~ schieben《地方》人⁴をからかう.

'Nu·del·brett 田 -[e]s/-er **1** 製麺板. **2**《話》小さな舞台.

'nu·del·dick 形《話》まるまると太った, でぶの.

'Nu·del·holz 田 -es/⸚er 麺棒.

'nu·deln ['nuːdəln] 囮 (↑ Nudel) **1**（家畜を麺球で）肥育する. **2**《話》(人⁴に) 腹一杯食べさせる. Ich bin [wie] *genudelt*. 私はもう腹一杯だ. **3**《古》麺棒でのばす. **4**《地方》抱きしめる.

'Nu·del·sup·pe 囡 -/-n ヌードルスープ.

Nu'dis·mus [nuˈdɪsmus] 男 -/ (*lat.*) ヌーディズム, 裸体主義.

Nu'dist [nuˈdɪst] 男 -en/-en ヌーディスト, 裸体主義者.

Nu·di'tät [nudiˈtɛːt] 囡 -/-en (*lat.*) **1**《複数なし》裸, 裸体. **2**《多く複数で》猥褻(⁇⁇)な言行.

Nu·gat ['nuːgat] 田 -s/-e Nougat.

nu·kle'ar [nukleˈaːr] 形 (*lat.*) 核の, 原子核の; 核エネルギーの; 核装備した. ~*e* Waffe 核兵器. ~ Staaten 核保有国. ~*e* Strategie 核戦略. ein ~ angetriebenes U-Boot 原子力潜水艦.

Nu·kle'ar·macht 囡 -/⸚e《政治》核保有国.

Nu·kle'ar·stra·te·gie 囡 -/-n 核戦略.

Nu·kle'ar·waf·fe 囡 -/-n《軍事》核兵器.

'Nu·klei ['nuːklei] Nukleus の複数.

Nu·kle'in [nukleˈiːn] 田 -s/-e《生化学》ヌクレイン.

Nu·kle'in·säu·re 囡 -/-n《生化学》核酸.

Nu·kle'on ['nuːkleɔn] 田 -s/-en [nukleˈoːnən]《原子物理》核子（陽子と中性子の総称）.

'Nu·kleus ['nuːkleus] 男 -/Nuklei[..klei] (*lat.*)《生物》(Zellkern) 細胞核. **2**《解剖・生理》神経核. **3**《先史》石核.

***null** [nʊl ヌル] 形 (*lat.*) 0, 零(の), ゼロ(の). ~-komma fünf Meter 0.5 メートル（ドイツ式表記では 0,5 m）. Der Schüler hat im Aufsatz ~ Fehler. その生徒の作文は間違いがゼロである. ~ Grad 零度. Es ist ~ Uhr. 午前零時である. Nummer ~《*Null*》《話》トイレ(↑ Null-Null). die Stunde ~《*Null*》（ゼロからの出発の意で）ゼロ時, 原点（とくに第 2 次世界大戦直後の旧西ドイツの）.《前置詞と》Das Thermometer steht auf ~《*Null*》. 寒暖計は零度をさしている. fünf Grad unter ~《*Null*》 氷点下 5 度. Seine Stimmung sinkt unter ~《*Null*》.《比喩》彼の気分はどん底まで落ち込んでいる. drei **zu** ~ gewinnen 3 対 0 で勝つ.《成句》~ und nichtig（完全に）無効の. et⁴ für ~ und nichtig erklären 事⁴の無効を宣言する. gleich ~《*Null*》sein《話》無きに等しい. Der Erfolg war gleich ~《*Null*》. 成果は無に等しかった. ~《*Null*》 Komma nichts《話》全然..でない. Du hast heute ~《*Null*》 Komma nichts gearbeitet. 君は今日全然仕事（勉強）をしなかったではないか. in ~《*Null*》 Komma nichts《話》たちまち, あっという間に.

***Null** [nʊl ヌル] 囡 -/-en (*lat.*) **1** 0, 零, ゼロ(の数, 数字). die Zahl ~ ゼロの数(字). einer Zahl ein ~ anhängen ある数字のゼロを 1 桁ふやす. eine ~ schreiben ゼロを書く. **2**《侮》無価値な人, 役立たず. Er ist eine glatte〈reine〉 ~. 彼はまったくの役立たずだ. ♦ Null-Null

null·acht'fünf·zehn 形《不変化》ありふれた, 平凡らしい, 陳腐な. ♦ 1908 に設計を変更され 1915 年に改造されたドイツ陸軍の機関銃 08/15 から.

'Nul·la·ge 囡 -/ ↑ Nulllage

'Null-'Bock-Ge·ne·ra·ti·on ['nɔlˈbɔk..] 囡 -/《無関心〈無気力, しらけ〉世代.

'Null·di·ät 囡 -/《医学》断食療法.

°**'Null·lei·ter** ↑ Nullleiter

'nul·len ['nʊlən] 圁 (↓ Null) **1**《話》(年齢が)次の 10 代になる. Er *nullt* in diesem Jahr. 彼は今年その年齢になる. Sie *nullt* erst dreimal. 彼女もやっと三十だ. **2**《電子工》中性点に接続する.

nul·li·fi'zie·ren [nʊlifiˈtsiːrən] 囮 (*lat.*)《法制・政治》無効を宣言する; 廃棄する.

'Nul·li·nie ↑ Nulllinie

Nul·li'tät [nʊliˈtɛːt] 囡 -/-en (*fr.*) **1**《古》《法制》無効. **2** くだらないこと(人).

'Null·la·ge 囡 -/-n Nullstellung

'Null·lei·ter 囡 -s/-《電子工》中性線. ♦ Null-Leiter とも書く.

'Null·li·nie 囡 -/-n 零線, 基準線. ♦ Null-Linie も書く.

'Null·lö·sung 囡 -/《政治》ゼロ解決（軍拡競争の停止案).

'Null·me·ri·di·an 男 -s/《地理》零位子午線.

'Null-'Null 囡 -/-[s]《話》便所, トイレ.

'Null·punkt 男 -[e]s/-e 零点; 零度, 氷点. auf dem ~ gesunken sein / auf den ~ angekommen sein den ~ erreicht haben《話》（気持ち・人間関係などが）最悪になる, 冷えきる.

'Null·run·de 囡 -/-n《経済》ゼロ回答の賃金交渉.

'Null·stel·lung 囡 -/-en（計測器の指針の）ゼロ位.

'Null·ta·rif 男 -s/-e（交通・劇場などの）無料乗車（入場). zum ~ 無料で.

'Null·wachs·tum 田 -s/《経済》ゼロ成長.

'Nul·pe ['nʊlpə] 囡 -/-n《話》あほう, うすのろ, まぬけ.

'Nu·men ['nuːmən] 田 -s/ (*lat.*) **1** 神霊の支配（はたらき). **2** (Gottheit) 神, 神性.

Nu·me'ra·le [numeˈraːlə] 田 -s/..lia [..lia] (..lier [..liən]) (*lat.*)《文法》(Zahlwort) 数詞.

Nu·me·ri [ˈnuːmeri, ˈnʊm..] 田 -s/-s (*it.*)《古》《宗教》**1** Numerus の複数. **2**《旧約》民数記（モーセ五書の第 4 書).

°**nu·me'rie·ren** ↑ nummerieren

°**Nu·me'rie·rung** ↑ Nummerierung

nu·me·risch [nuˈmeːrɪʃ] 形 **1** 数の, 数の上の. eine ~ kleine Gruppe 少人数のグループ. **2** 数値の, 数字による. ~*e* Steuerung 数値制御.

'Nu·me·ro ['nuːmero, ˈnʊm..] 田 -s/-s (*it.*)《古》《数字を伴う場合にのみ用いる》《略 No.》(Nummer) ..番, ..号. ~ drei 3 番.

'Nu·me·rus ['nuːmerus, ˈnʊm..] 男 -/..ri [..ri] (*lat.*) **1**《数学》真数. **2**《文法》数.

'Nu·me·rus 'clau·sus [..ˈklauzʊs] 男 -/ (*lat.*), geschlossene [Anzahl]'《略 NC》定員制（大学の特定学科の聴講などにおける).

Nu·mi·di·en [nuˈmiːdiən]《地名》(*gr.*) ヌミディア（今日のアルジェリアにあった古代王国).

nu·mi'nos [numiˈnoːs] 形《比較変化なし》(↓

Numen)《宗教》ヌミノースな, 人間を畏怖させると同時に魅惑する力をもった.

Nu·mis'ma·tik [numɪsˈmaːtɪk] 囡 -/ (*lat*.)(Münzkunde) 古銭学, 貨幣研究.

Nu·mis'ma·ti·ker [numɪsˈmaːtikɐr] 男 -s/- 古銭学者; 古銭収集家.

Num·mer [ˈnɔmər] ヌマー] 囡 -/-n (*lat*.)《略 Nr., 複数 Nrn.》**1** (a) 番号, ナンバー. eine hohe ⟨niedrige⟩ ~ 数の大きな⟨小さな⟩番号. eine laufende ~《略 lfd. Nr.》通し番号. nach ~n 番号順に. Die Ware steht im Katalog unter ~ 255. その商品はカタログの 255 番に載っている.《慣用的表現で》Hier ist er doch nur eine ~. ここでは彼だってその他おおぜいの口だ. bei j³ eine gute⟨dicke/große⟩ ~ haben《話》人³に高く買われている. die ~ eins《話》ナンバーワン. Thema ~ eins 最大の話題. ~ null《話》便所. auf ~ Sicher⟨sicher⟩ gehen《話》安全第一でいく. auf ~ Sicher⟨sicher⟩ sitzen ⟨sein⟩《話》刑務所に入っている. **2** (Telefonnummer) 電話番号. Welche ~ haben Sie? あなたの電話番号は何番ですか(↑3). Er ist unter der ~ 2900 86 zu erreichen. 彼は 290086 番で電話がつながる. die ~ 190821 wählen 190821 番へダイヤルする. (c) (Hausnummer) 家屋番号, 番地; (Zimmernummer) 部屋番号.《自動車》プレートナンバー. (e)《スポーツ》背番号, ゼッケン. **2**《新聞・雑誌などの》号. eine alte ~ バックナンバー. die laufende ~ der Zeitschrift その雑誌の最新号. **3**《靴・衣服などの》号数, サイズナンバー. Welche ~ haben Sie? あなたのサイズはいくつですか(↑1(b)). Diese Schuhe sind mir eine ~ zu groß. この靴は私にはワンサイズ大きすぎる. Das ist genau meine ~. それは私にもってこいだ. Das ist für dich eine ~ zu groß.《話》それは君の手に余る. **4** (a)《サーカス・寄席などの》出し物. die beste ~ 一番の呼び物. Fräulein ~《出し物を告げる》アナウンス嬢. (b)《話》《ジャズ・ポップスなどの》曲目, ナンバー. **5**《話》人物, やつ. Er ist eine ~ für sich. 彼は変わり者だ. eine komische ~ おかしなやつ. Du bist ja eine schöne⟨feine⟩ ~!《反語的に》君はまったくひどいやつだ. **6**《卑》(Koitus) 性交. eine ~ machen ⟨schieben⟩《セックスを》一発する. **7**《地方》(Zensur) 評点. eine gute ~ bekommen 良い点をもらう.

num·me'rie·ren [nɔməˈriːrən] 他 (*lat*.)《人⟨物⟩⁴ に》番号を付ける.

Num·me'rie·rung 囡 -/-en 番号付け.

'num·mern [ˈnɔmərn] 他 =nummerieren

'Num·mern·schei·be 囡 -/-n《電話などの》円形数字盤, ダイヤル.

'Num·mern·schild 匣 -[e]s/-er《電車などの》番号標示板,《自動車のナンバープレート.

'Num·mern·schlüs·sel 男 -s/-《コンピュータ》数字コード.

'Num·mern·stem·pel 男 -s/- 番号スタンプ.

nun [nuːn] ヌーン] **❶** 副 **1**《時間的に》(a)《現在もしくは過去のある時点を指して》今, 今や, もう; さあ, 今度は. *Nun* beginnt eine neue Epoche. これから新しい時代が始まる. Er hat sich⁴ ~ wieder gefangen. 彼は今やもう立直った. *Nun* muss ich gehen. / Ich muss ~ gehen. さあもう行かなくては. *Nun* muss ich dir noch eins sagen. ここでもう 1 つ君に言っておかねばならないことがある. *Nun* bist du an der Reihe. 今度は君の番だ. *Nun* geschah etwas Schauderhaftes. その時身の毛もよだつようなことが起った.《他の副詞と結びついて》~ und immerdar《雅》今後いつまでも. ~ und nimmer [mehr]《雅》決して…ない. ~ …, ~ … ある時は…, またある時は…(=bald …, bald …).《前置詞》von ~ an⟨ab⟩今から, 今後は; それからは. (b)《過去の出来事の結果として》(こうなった)今は, これで, 今となっては. Bist du ~ zufrieden? これで君は満足だろう. *Nun*, da es soweit ist, bin ich ruhig. かくなる上はもう安心だ. Du hast A gesagt, ~ musst du auch B sagen. 君は A を言ったのだから, 今度は B も言わなくてはならない(「乗りかかった船」の意). Was ~? さてどうしたものか. Was sagst du ~?《話》(驚いている相手に向かって)で, ご感想は; さあどうだい.《他の副詞と結びついて》*Nun* endlich bin ich den Mann los! これでやっとあの男から解放された. ~ erst 今はじめて, これでやっと. ~ erst recht これでいよいよ, ますますもって. *Nun gerade*!《話》こうなればなおさらだ, やらずにおくものか. (c)《過去と対比して》今では, 今日では. Vor Jahren ein einfacher Student, ~ ein weltberühmter Politiker. 数年前はただの学生だったが, 今や世界に名だたる政治家だ.

2《本来の時間的な意味が薄れて》(a)《期待と現実の落差を表して》ところが, しかし. Inzwischen hat sich⁴ ~ herausgestellt, dass … ところがそのうちに…ということが判明した. (b)《話の先を続けて》さて, ところで. als er ~ nach Hause kam さて彼が家へ帰ってみると.《三段論法で》Der Mensch ist sterblich; ~ bist du ein Mensch; also musst du sterben. 人間は死ぬものだ. ところで君は人間である. ゆえに君は死なねばならない. (c)《疑問文の中で》(denn) いったい, では; (vielleicht) もしかして, まさか. Was ist ~ eigentlich mit dir los? いったい君はどうしたんだ. Hat er das ~ nicht gewusst? 彼はそれを知らなかったとでもいうのか. (d)《認容文の中で》たとえ. Ob er ~ kommt oder nicht, wir müssen jetzt aufbrechen. 彼が来ようと来まいと, 私たちはもう出発しなくてはならない. er mag ~ wollen oder nicht 彼が望もうと望むまいと. (e)《しばしば **[ein]mal** とともに / もはや変更できない事実を表して》とにかく, 何と言っても. So geht die Welt ~. それが世の中というものだ. Diese Arbeit passt mir ~ einmal nicht. この仕事はどうしても私の性に合わない. Das ist ~ mal so. とにかくそういうことなんだ. (f)《先行する **da** と / 戸惑いや諦めの気持ちを表して》Da stehe ich ~ und weiß nicht weiter. こんなざまになって私はもうお手上げだ. Da hat man sich⁴ ~ geplagt, und alles war umsonst. こんなに苦労させられたのにすべて無駄になった. (g)《強調》(doch) やはり, 何と言っても. Die Frage war ~ wirklich berechtigt. その質問はやはり何と言っても当然だった.

3《間投詞的に》(a)《話を切り出して》(also) つまり, さて. *Nun*, da lässt sich⁴ nichts machen. つまりね, これではどうしようもないわけだ. *Nun*, darüber war man sich³ einig. さて, それについては意見の一致を見たわけだ. (b)《相手の発話や行為を促して》それで, さあ. *Nun*, so sprich doch! さあ, 話しなさい. *Nun*, wie steht's? で, どうなっているの. *Nun* denn⟨dann⟩! さあやろう. *Nun*, wird's bald? あ, 早くしてくれ. *Nun* denn⟨dann⟩! さあやろう. *Nun* denn viel Spaß! さあさあ, 大いに楽しんでください. (c)《譲歩や消極的な同意を表して》まあ. *Nun*, es mag sein. まあ, そうかもしれない. *Nun*, meinetwegen! まあ, 私はかまいませんよ. *Nun* gut⟨schön⟩! まあいいさ. ~ ja / je ~ うん, まあね; それはそうなんだけど. *Nun* ja, ich kann es nicht ändern. そりゃそうだけど, 私にはどう

にもならないことなんだ. (d)《**nun**, **nun** の形で相手をなだめたり慰めたりして》Nun, ~, so böse wird es nicht gemeint sein. まあまあ, たいして悪気はないだろうから. ❷ 接《従属/定動詞後置》《雅》**1** …した今は, …であるからには. Nun du A gesagt hast, musst du auch B sagen. 君は A を言った以上, B も言わなくてはならない(↑ 1(b)). **2** (als) …した時. Nun sie es erfuhr, war es zu spät. 彼女がそれを知った時には, もう手遅れだった.

'**nun'mehr** ['nu:n'me:r] 副《雅》今や; 今から. Der Krieg dauert ~ drei Jahre. 戦争はこれもう 3 年も続いている. Wir wollen ~ in Frieden leben. われわれはこれからは仲よく暮そう.

'**nun'meh·rig** ['nu:n'me:rɪç]《付加語的用法のみ》《雅》今の, 現在の.

"**nun·ter** ['nɔntər]副《地方》=hinunter

Nun·ti·a'tur [nɔntsia'tu:r] 女 -/-en (↑ Nuntius)《カトリック》教皇大使の職; 教皇大使館.

'**Nun·ti·us** ['nɔntsiʊs] 男 -/..tien [..tsiən] (lat., Bote) 教皇大使.

nur [nu:r ヌーア] 副 **1** ただ…だけ; 単に(わずかに)…にすぎない; …にほかならない. Nur Hans hat den Kuchen gekauft. ハンスだけがそのケーキを買った. Hans hat ~ den Kuchen gekauft. ハンスはそのケーキだけを買った. Hans hat den Kuchen ~ gekauft. ハンスはそのケーキを買っただけだ. Das kostet ~ 10 Euro. それはたったの 10 ユーロだ. Ich bin auch ~ ein Mensch. ぼくだってただの人間にすぎない. ohne auch ~ auf Wiedersehen zu sagen さようならさえ言わずに. Du brauchst es mir ~ zu sagen. 君はそれをぼくに言ってくれさえすればいいんだ. Man darf ~ mitspielen, wenn man gesund ist. 健康な人だけが競技に参加できる. Da konnte ich ja ~ staunen. 私はただただ驚くばかりだった. nicht ~…, sondern auch……だけではなく…もまた. Er spricht nicht ~ Englisch, sondern auch Deutsch. 彼は英語だけではなくドイツ語も話す. nicht ~ die Kinder, sondern auch die Erwachsenen 子供だけでなく大人も. ~ noch / ~ noch 残りわずかな…だけ, 今ではもう…しかない. Ich habe ~ noch 〈mehr〉 50 Euro. 私はあと 50 ユーロしか持っていない. In der Dunkelheit konnte man die Häuser ~ noch ahnen. 暗闇のなかで家並はぼんやりとしか分からなかった. ~ so《話》ただ何となく; ただもう, ものすごく. Ich meine ja ~ so. 私はただ何となくそう思うだけだ. Warum habt ihr euch gezankt? — Nur so. 君たちはどうして口げんかなんかしたんだい — ただ何となく. Es hagelte ~ so Vorwürfe. ただもう非難の雨あられだった. Er stürzte, dass es ~ so krachte. 彼はどしんとばかりに転落した.

2《先行する発言を制限して》ただ, ただし. Sie ist begabt, ~ müsste sie 〈sie müsste〉 fleißiger sein. 彼女は才能はあるんだが, ただもっと勤勉でなくてはね. Sei vorsichtig, ~ nicht zu sehr! 用心しろ, ただし度をこすな.《**nur dass**…の形で》Das Zimmer war schön, ~ dass die Decke zu hoch war. その部屋はすてきだったが, ただ天井が高すぎたけどね.

3《一般化を表して》およそ…の限り. Nimm dir davon, soviel du ~ magst! 好きなだけ取って下さい. alles, was ~ möglich ist およそ可能なことはすべて. alle ~ essbaren Pilze およそ食用のあらゆるキノコ.

4《文意の強調》(a)《補足疑問文で》いったい, まったく.

Mein Gott, was kann er ~ meinen? おやおや, 彼はまったく何を言おうとしているんだろう. Was ist ~ mit dir los? いったい君はどうしたんだ. (b)《願望文で》もう, せめて. Wenn das Geld ~ bald ankommt! あの金がすぐ届いてくれさえすればなあ. Könnte ich ~ helfen! せめて君を助けられたらなあ. (c)《命令文で》さあ, いいから. So höre doch ~! まあ聞きなさい. Lass mich ~ machen! いいから私にまかせておきなさい. Nur keine Angst! いいから心配するな. Nur zu! 《話》さあ, やれ! いけいけ! Nur zu damit!《話》さあそれをよこせ. Nur zu!《話》さあ, どんどんやりなさい. (d)《認容・譲歩の文で》いいから, 勝手に; しかたがないから. Er mag 〈Mag er〉 ~ reden. いいから彼には言わせておけばいい. Na gut, ich will dir ~ deinen Wunsch erfüllen. まあいい, 君の願いをかなえてやるさ.

5 (a)《**nur** [**noch**]+比較級の形で》ますます, いっそう; かえって, 逆に. Er wurde dadurch ~ noch wütender. 彼はそのことでますます憤激するばかりだった.《比較級に準じる動詞と》Seine Äußerung hat die Lage ~ [noch] verschlimmert. 彼の発言でかえって情勢は悪化するばかりだった. (b)《**nur zu**+原級の形で》もう, あまりにも. Ich weiß es ~ zu gut. 私にはそれが分かりすぎるほど分かっている.

6 Aber ~!《話》もちろんとも. Hast du denn Lust dazu? — Aber ~! 君はいったその気があるの — もちろんだとも.

'**Nur·haus·frau** 女 -/-en 専業主婦.

'**Nürn·berg** ['nʏrnbɛrk]《地名》ニュルンベルク(ドイツ, バイエルン州の都市).

'**Nürn·ber·ger** ['nʏrnbɛrgər] ❶ 男 -s/- **1** ニュルンベルク市民; ニュルンベルク出身者. **2** ニュルンベルクソーセージ. ❷ 形《不変化》ニュルンベルクの. ~ Prozesse《歴史》ニュルンベルク裁判(1945-46 年に行われたドイツの戦争指導者たちに対する国際軍事裁判).

'**nu·scheln** ['nʊʃəln] 自他《話》もぐもぐ(ぼそぼそ)話す, 不明瞭に話す.

***Nuss**, °**Nuß** [nʊs ヌス] 女 -/Nüsse (lat.) **1**《植物》《堅い殻におおわれた》木の実, 堅果(とくに, くるみ Walnuss, はしばみの実 Haselnuss をさすことが多い); (殻をとった)くるみの中身. eine harte ~ 堅いくるみ.《話》難題. eine harte 〈manche ~〉 zu knacken bekommen《話》難題を背負いこむ. eine taube ~ 実のないくるみ.《話》役立たず, 能なし; 無価値なもの, くずみたいな人. **2**《特定の形容詞と結びついて》《侮》やつ. eine doofe 〈dumme〉 ~ ばか, あほう. eine komische ~ おかしなやつ. **3**《話》頭; (Kopfnuss) 頭を軽くなぐること. eine ~ kriegen 頭をぽかりとたたかれる. j³ eins 〈eine〉 auf die ~ geben 人³の頭をぽかりとたたく. **4**《料理》(牛などの)内腿の柔らかい肉. **5**《工学》(錠前や銃などの)心心(しん). **6**《猟師》(雌獣の)外陰部. **7**《卑》(Hoden) 睾丸.

'**Nuss·baum** 男 -[e]s/⸚e くるみ(属)の木.

'**nuss·braun** 形 くるみ色の.

'**Nüs·se** ['nʏsə] Nuss の複数.

'**Nuss·kna·cker** 男 -s/- **1** くるみ割り(器); くるみ割り人形. **2**《話》(こわい顔をした)おやじ, じいさん.

'**Nuss·koh·le** 女 -/-n 小粒の石炭.

'**Nuss·scha·le** 女 -/-n **1** くるみの殻. **2**《比喩》木っぱけな船.

'**Nüs·ter** ['nʏstər, 'ny:stər] 女 -/-n《ふつう複数で》(とくに馬の)鼻の穴;《雅》(人間の)鼻の穴.

Nut [nu:t] 女 -/-en (材木などの接合のための)みぞ, みぞ穴.

Nu·ta·ti·on [nutatsi'o:n] 囡 -/-en (*lat.*) **1**〖植物〗転頭運動. **2**〖天文〗章動(地軸の振動).

Nu·te ['nu:tə] 囡 -/-n =Nut

nu·ten ['nu:tən] 他 (物4に)みぞ(穴)をつける.

Nut·ho·bel 男 -s/- みぞ切りかんな.

Nu·tria ['nu:tria] (*sp.*) ❶ 囡 -/-s〖動物〗(Biberratte) ヌートリア. ❷ 男 -s/-s **1** ヌートリアの毛皮. **2** ヌートリアの毛皮のコート.

Nut·sche ['nu:tʃə] 囡 -/-n〖化学〗ヌッチェ, 吸引漏斗(ろぅと).

nut·schen ['nu:tʃən] ❶ 自〖中部ﾄﾞ〗(lutschen) (an et³ 物³を)しゃぶる, なめる. am Daumen ~ 親指をしゃぶる. ❷ 他 **1**〖中部ﾄﾞ〗(飴などを)なめる. **2**〖化学〗吸引濾過(る)する.

Nut·te ['nʊtə] 囡 -/-n〖侮〗売春婦, 娼婦.

nutz [nʊts] 形〖南ﾄﾞ〗=nütze

Nutz [nʊts] 男 -es/〖次の成句で〗sich³ et⁴ zu ~ e 〈zunutze〉 machen 物⁴を自分の利益のために利用する. zu j² ~〈j³ zu ~〉und Frommen〖古〗人²,³の利益のために.

Nutz·an·wen·dung 囡 -/-en (理論などの)応用, 適用; 教訓. eine ~ aus et³ ziehen 事³から教訓を引出す.

nutz·bar ['nʊtsba:r] 形 役に立つ, 利用できる; 有用な, 有益な. ein *~er* Vorschlag 有益な提案. et⁴ ~ machen 物⁴を役立てる, 利用(活用)する. für et⁴ ~ sein 事⁴の役に立つ.

Nutz·bar·keit 囡 -/ 役に立つこと, 有用性.

Nutz·bar·ma·chung 囡 -/ 利用, 活用.

nutz·brin·gend 形 有益な, 有利な, 利益のある, もうかる. *sein* Kapital ~ anlegen 有利な投資をする.

nüt·ze ['nʏtsə] 形〖次の成句で〗[zu] et³ ~ sein 事³の役に立つ. Das ist [zu] nichts ~. それは何の役にも立たない.

Nutz·ef·fekt 男 -[e]s/-e 効率, 能率. einen hohen ~ haben 効率がよい.

'nut·zen ['nʊtsən] 自他 他 = nützen

'Nut·zen [nʊtsən] 男 -s/ 有用, 効用; 利益, もうけ. ~ abwerfen〈bringen〉 利益をもたらす, 利益を生む. von et³ ~ haben 物³で得をする, 儲(もぅ)ける. aus et³ ~ ziehen 物³から利益を得る,〈を〉利用する. Ich habe das Buch mit viel ~ gelesen. 私はこの本を読んで大いに得るところがあった. Es wäre von ~, wenn du dabei wärest. 君がいてくれると助かるんだが.

*'**nüt·zen** ['nʏtsən ニュツェン] ❶ 自 役に立つ, 有用である, 利益となる (j〈et³〉 人³〈事³〉にとって). Das *nützt* mir viel〈nichts〉. それは私にはたいへん役に立つ〈何の役にも立たない〉. Es *nützt* nun alles nichts, wir müssen jetzt gehen. もうしかたがない, われわれは立去るしかない. Was〈Wozu〉 *nützt* das? それが何の役に立つのか. Dieses Medikament *nützt* gegen〈bei〉 Kopfschmerzen. この薬は頭痛に効く.
❷ 他 利用する, 活用する, 役立てる. die Gelegenheit ~ 好機を生かす. die moderne Technik für den Fortschritt der Gesellschaft ~ 新しい技術を社会の進歩に役立てる. die Sonnenenergie zur Stromerzeugung ~ 太陽エネルギーを発電に利用する.
◆ 今日では nutzen か nützen の方が一般的であるが, 複合動詞では nutzen の方がよく使われる (例 abnutzen / abnützen). ただし, 南ドイツ・オーストリアでは複合動詞でも nützen が使われる.

'Nut·zer [nʊtsər] 男 -s/- 利用者, ユーザー.

'Nutz·fahr·zeug 中 -[e]s/-e 輸送(営業)用車両(バス・トラックなど).

'Nutz·flä·che 囡 -/-n (土地・建物などの)有効面積.

'Nutz·gar·ten 男 -s/⸗ (↔ Ziergarten) 実用園(菜園・果樹園など).

'Nutz·holz 中 -es/⸗er〖複数まれ〗(↔ Brennholz) (建築・加工用の)木材, 実用材.

'Nutz·last 囡 -/-en **1** (トラック・船・飛行機などの)積載量, 実荷重. **2**〖土木〗作用荷重.

'Nutz·leis·tung 囡 -/-en〖工学〗有効出力(動力).

*'**nütz·lich** ['nʏtslɪç ニュツリヒ] 形 (↔ schädlich) 役に立つ, 有用な, 有益な. ~*e* Pflanzen 有用植物. Ich freue mich, wenn ich Ihnen ~ sein kann. あなたのお役に立てればうれしいのですが. sich⁴ bei et³ ~ machen 事³の手助け(手伝い)をする. das Angenehme mit dem *Nützlichen* verbinden 趣味と実益を兼ねる.

'Nütz·lich·keit 囡 -/ 有用(性), 効用.

'Nütz·lich·keits·prin·zip 中 -s/〖哲学〗(Utilitarismus) 功利主義.

'Nütz·ling ['nʏtslɪŋ] 男 -s/-e〖農業・林業〗(↔ Schädling) 有用生物(益虫・益鳥・益獣など).

*'**nutz·los** ['nʊtslo:s ヌッツロース] 形 役に立たない, 無益な, むだな, むなしい. ~*e* Anstrengungen むだな努力.

'Nutz·lo·sig·keit 囡 -/ 無益, 無用, むだ.

'nutz·nie·ßen ['nʊtsni:sən] 自〖ふつう不定詞・現在分詞で〗〖雅〗(von et³ 事³から)利益を得る, うまい汁を吸う.

'Nutz·nie·ßer 男 -s/- 利益を受ける(うまい汁を吸う)者, 受益者.

'Nutz·nie·ßung 囡 -/-en **1**〖雅〗受益, 利用. **2**〖複数なし〗〖法制〗(Nießbrauch) 用益権.

'Nutz·pflan·ze 囡 -/-n (↔ Zierpflanze) 有用植物.

'Nutz·tier 中 -[e]s/-e 有用動物(家畜・毛皮獣など).

'Nut·zung ['nʊtsʊŋ] 囡 -/-en **1**〖複数まれ〗利用, 使用. die friedliche ~ der Atomenergie 原子力の平和利用. **2**〖ふつう複数で〗〖法制〗利益, 便益.

'Nut·zungs·recht 中 -[e]s/-e〖法制〗利用権, 用益権.

'Nutz·vieh 中 -[e]s/ 用畜.

'Nutz·wert 男 -[e]s/-e 利用価値.

NW〖略〗=Nordwest[en]

Ny [ny:] 中 -[s]/-s ニュー(ギリシア語アルファベットの第13文字 N, ν).

'Ny·lon ['naɪlɔn] 中 -s/-s〖商標〗**1**〖複数なし〗ナイロン. **2**〖複数で〗〖話〗ナイロンストッキング.

'Ny·lon·strumpf 男 -[e]s/⸗e〖ふつう複数で〗ナイロンストッキング.

Nym·phe ['nʏmfə] 囡 -/-n (*gr.*, Mädchen, Braut) **1**〖ギリ・ロー神話〗ニンフ(美少女の姿をした泉・山・森などの精). **2**〖動物〗若虫(ゎゕむし)(不完全変態昆虫の幼生).

'nym·phen·haft ['nʏmfənhaft] 形 ニンフのような.

Nym·pho·ma·nie [nʏmfomaˈni:] 囡 -/〖医学・心理〗女子色情(症), ニンフォマニア.

Nym·pho'ma·nin [..'ma:nɪn] 囡 -/-nen〖医学・心理〗女子色情(症)患者.

Nyx [nʏks]《人名》〖ギリ神話〗ニュクス(「夜」の擬人化女神).

o, O

o¹, O¹ [oː] 田 -/- ドイツ語アルファベットの第 15 文字(母音字). ◆口語では単数 2 格および複数形を [oːs] と発音することがある.

o² [oː] 圃《喜び・驚き・怖れ・呼掛け・賛成・否定などを表す語を次に伴って》おお, ああ, まあ. *O ja!* もちろんだとも. *O nein!* とんでもない. *O wie schön!* まあなんて美しいんでしょう. ◆単独で用いるときは oh と書き, 次に Komma (,) を置く. *Oh, das ist schade!* まあ, それは残念なことだ. *Oh, oh!* おお, おお.

O²《記号》《化学》=Oxygenium
O³《略》=Ost, Osten
ö, Ö [øː] 田 -/- o, O の変音(ウムラウト).
o. a.《略》=oben angeführt 上記の.
o. Ä., °o. ä.《略》=oder Ähnliche[s] など, 等々.

Oa·se [oˈaːza] 因 -/-n (*ägypt. owahe*, Kessel, Niederung*) オアシス.

ob¹ [ɔp オブ] 接《従属 / 定動詞後置》**1**《間接疑問文を導いて》…かどうか. *Ich weiß nicht, ~ er shon zu Hause ist* [oder nicht]. 彼がもう帰宅しているかどうか私は知らない. *Frag ihn, ~ er mitkommt!* 一緒に来るかどうか彼に聞いてくれ. *Es ist noch nicht sicher, ~…* …かどうかはまだ確かではない. *je nachdem, ~…* …かどうかによって.《間接話法で》*Er fragte mich, ~ ich nicht müde sei.* 彼は私に疲れていないかと尋ねた(直接話法では, *Er fragte mich: „Bist du nicht müde?"*).《主文が省略された形で》*Ob ich doch lieber das Kleid anziehe?* 私はやっぱりそのドレスを着たほうがいいのかしら. *Ob das wohl gut geht?* それはうまく行くのだろうか. (**und ob**[…]**!**) の形で / 相手の問いに対する強い肯定》*Und ~ ich das weiß!* 私がそれを知っているかだって(もちろん知っているとも). *Ist es sicher? — Und ~*〈*Na, und ~*〉*!* それは確かですか — もちろんさ. **2**《**als ob**… の形で / 定動詞は接続法 II または I がふつうだが直説法も用いられる》あたかも…のように. *Er tut* [*so*], *als ~ er nichts gewusst hätte* 〈*habe*〉. 彼はまるで何も知らなかったようなふりをする. *Er sieht aus, als ~ er nicht bis drei zählen könnte.* 彼はまるで馬鹿のように見える.《主文が省略された形で》*Als ~ ich das nicht wüsste!* 私がまるでそのことを知らないみたいじゃないか(ちゃんと知っているぞ). ◆ob はしばしば省略される. その場合定動詞は als のすぐ後ろに置かれる. *Er tut* [*so*], *als hätte*〈*habe*〉 *er nichts gewusst.* **3**《古》《雅》《**ob…auch** / **ob…gleich**(=obgleich…) / **ob…schon**(=obschon…) / **ob…wohl**(=obwohl…) / **ob…zwar**(=obzwar…) **und ob…** などの形で》たとえ…であろうとも; …ではあるが. *Er will das Rauchen nicht aufgeben, ~ es seiner Gesundheit auch schadet.* たとえ健康によくなくても彼はタバコをやめるつもりはない. *Er sagte ihr die Wahrheit, ~ es ihm gleich schwer fiel.* 彼は気の重いことではあったが彼女に真実を告げた. *und ~ er gleich erschöpft war* 彼は疲れきってはいたが. **4**《**ob…oder…** / **ob… ob…** の形で》…であろうと…であろうと. *Ob er nun kommt oder nicht, wir müssen jetzt abfahren.* 彼が来ようと来まいと私たちはもう出発しなくてはならない. *~ es regnet oder* [*~*] *die Sonne scheint* 雨が降っていようと日が照っていようと. *~ Jung, ~ Alt* 老若(ろうにゃく).

ob² 前《2・3 格支配》**I**《2 格支配 / まれに 3 格支配》《雅》《古》(wegen) …のゆえに, …のために. *Sie machte ihm Vorwürfe ~ seines Versehens.* 彼女は彼のうっかりミスを非難した. *~ dieses Vorfalls* その出来事のために. **II**《3 格支配》《古》(ひぇ) (oberhalb von / über) …の上に, …の上方に. *Rothenburg ~ der Tauber*《地名》ローテンブルク・オプ・デア・タウバー(タウバー川を見下ろすローテンブルク, の意).

OB [oːˈbeː]《略》**1**=Oberbürgermeister[in] **2**=Offiziersbewerber

o. B.《略》=ohne Befund 所見(異常)なし.

'Obacht [ˈoːbaxt] 因 -/《南ひ》注意, 用心. *~!* 気をつけろ. *auf j*〈*et*〉*⁴ ~ geben* 〈*haben*〉 人〈物〉に気をつける, 〈に〉用心する.

Obad·ja [oˈbatja]《人名》(*hebr.*)《旧約》オバデヤ(前 5 世紀の人, 12 小預言者の 1 人). *Obadjabuch* オバデヤ書.

ÖBB《略》=Österreichische Bundesbahnen オーストリア連邦鉄道.

'Ob·dach [ˈɔpdax] 甲 -[e]s/ 泊る(寝る)所, 宿, 避難所, (仮の)住まい. *j³* [*ein*] *~ geben* 〈*gewähren*〉 人³を泊めてやる. *kein ~ haben* 宿してある.

'ob·dach·los 形 泊る(寝る, 住む)所のない.

'Ob·dach·lo·se [ˈɔpdaxloːza] 両因《形容詞変化》泊る(寝る)所のない人, 浮浪者, ホームレス.

Ob·duk·ti·on [ɔpdʊktsiˈoːn] 因 -/-en (*lat.* obductio , Verhüllung*)《医学・法制》死体解剖, 剖検.

ob·du·zie·ren [ɔpduˈtsiːrən] 個 (*lat.*) 死体解剖し, 剖検(検死)する.

Ob·e·di·enz [obediˈɛnts] 因 -/ (*lat.* oboedientia , Gehorsam*)《カトリ》**1**(上位の聖職者に対する)服従. **2**《歴史》(教会分裂時代の)教皇(または対立教皇)の支持者.

'O-Bei·ne [ˈoːbaɪnə] 複 O 脚, がに股.

'o-bei·nig, 'O-bei·nig [ˈoːbaɪnɪç] 形《話》O 脚の, がに股の.

Obe'lisk [obeˈlɪsk] 男 -en/-en (*gr.* obeliskos)《建築》オベリスク, 方尖塔.

'oben [ˈoːbən オーベン] 圃 (↔ unten) **1**(a) 上に(で), 上方に(で); 高い所に. *da ~* その上に. *weiter ~* もっと上の方に. *~ auf dem Berg* 山の上に.

~ ohne〈戯〉上半身裸で, トップレス. Fett schwimmt ~. 脂肪は上(表面)に浮くものだ. Oben hui, unten pfui.《話》上っ面を見て感心中身を知って幻滅. Behalt den Kopf ~! 気をしっかり持て. うなだれるな. Er ist ~ nicht ganz richtig.《話》彼は少々頭が悪い(変だ).《前置詞と》Mir steht die Sache bis [hier] ~. 私はもうこの件にはうんざりだ. nach ~ [hin] 上へ. von ~ [her] 上から. von ~ herab 見下したような態度で. j' von ~ bis unten ansehen 〈mustern〉人を頭のてっぺんから足の爪先までじろじろ見る. von ~ nach unten 上から下へ. alles von ~ nach unten kehren 何もかもめちゃくちゃに引っかきまわす.（b）頭上に, 上空に; 上階(階上)に; 天上(天国)に. Hoch ~ fliegt ein Flugzeug. 上空を飛行機が飛んでいる. Oben wohnt ein junges Ehepaar. 上階には若い夫婦が住んでいる. Das Kind muss heute ~ bleiben. その子供は今日家にいなければならない. 2 上述(前述)の箇所に. sieh[e] ~《略 s.o.》上記参照. wie ~ erwähnt 前述のように. 3 上座(上席)に;《話》高い地位に, 上層部に. die [Herren] da ~《話》おえらがた. ~ [am Tische] sitzen 上座(上席)に座っている. Er ist ~ sehr beliebt. 彼は上の方に大変覚えめでたい. 4《話》北(北方)に. Bist du auch von ~ ? 君も北国の出ですか. ◆↑oben erwähnt, oben genannt, oben stehend

'oben·an ['o:bən|an] 副 上に, 上位に, 上席に, 第1位に. Er sitzt [am(bei)] Tisch] ~. 彼は最上席に座っている. ~ auf der Liste stehen 名簿の筆頭に載っている.

'oben·auf ['o:bən|auf] 副 1 一番上に. 2 ~ sein《話》元気な(快調)である, 上機嫌である; 自信満々である.

'oben·aus ['o:bən|aus]《古》1 上から外へ. 2 ~ sein 傲慢(横柄)である. immer gleich ~ sein《地方》かっとなりやすい.

'oben·drauf ['o:bən|drauf] 副《話》一番上に.

'oben·drein ['o:bən|draɪn] 副 その上, さらに.

'oben·er·wähnt, °'oben·er·wähnt 形 上述の, 前記の.

'oben·ge·nannt, °'oben·ge·nannt 形 前述の.

'oben·he·rum ['o:bənhe'rʊm] 副《話》上の部分(あたり)で. Sie ist ~ füllig. 彼女は胸がふくよかだ.

'oben·hin ['o:bən|hɪn] 副 1 表面的に, うわべだけ. 2 ついでに, ちらっと.

'oben·hi·naus ['o:bənhɪ'naʊs] 副《次の用法で》~ wollen 野心的である.

'Oben-'oh·ne-Ba·de·an·zug ['o:bən|'o:nə..] 男 -[e]s/=e トップレスの水着.

'Oben-'oh·ne-Be·die·nung 女 -/-en トップレスのウエートレス.

'Oben-'oh·ne-Lo·kal 中 -[e]s/-e トップレスバー.

'oben ste·hend, °'oben·ste·hend 形 上述の, 前記の.

*'ober ['o:bər オーバー] ❶《比較級なし／最上級 oberst》《付加語的用法のみ》上の, 上部の; 上位の, 上級の; 上層階級. das ~-en Klassen 上級のクラス, 高学年; 上層階級. das ~-e Stockwerk 上階. am ~-en Rhein ライン川上流に(で). ❷ 副《3格支配》(宿所)の上に. Er wohnt ~ uns. 彼は私達の上の階に住んでいる.

*'Ober ['o:bər オーバー] 男 -s/- 1《話》(Oberkellner の短縮)ボーイさん. Herr ~, bitte Zahlen! ボーイさん お勘定. 2《トランプの》クイーン.

ober.., Ober.. [o:bər..]《接頭》1「一番上にある」の意を表す）Oberteil 上部, 上の部分. 2《地名に冠して「オーバー..., 上部地域の」》Oberbayern オーバーバイエルン(バイエルン州の南部地域). 3《「上位の...」》Oberbürgermeister 上級市長. 4《「最高位の...」》Oberbefehlshaber 最高司令官.

'Ober·am·mer·gau [o:bər|'amərgaʊ]《地名》オーバーアマーガウ(バイエルン州南西部, アマー川上流の町, 1634 以来 10 年ごとに行われる受難劇で有名).

'Ober·arm ['o:bər|arm] 男 -[e]s/-e 上腕, 二の腕.

'Ober·arzt ['o:bər|a:rtst] 男 -es/=e (病院の)医長;《軍事》軍医中尉.

'Ober·auf·se·her 男 -s/- 監督官, 検査長.

'Ober·auf·sicht 女 -/- 指揮監督, 総指揮. die ~ haben 総指揮をとる.

'Ober·bau 男 -[e]s/-ten (建築物の)上部構造;《鉄道》路盤;《土木》路面(構造).

'Ober·bauch 男 -[e]s/=e《複まれ》上腹部.

'Ober·bay·ern《地名》オーバーバイエルン(バイエルン州南東部の地方).

'Ober·be·fehl 男 -[e]s/-e《軍事》最高指揮(権), 総司令(権).

'Ober·be·fehls·ha·ber 男 -s/-《軍事》最高指揮官, 総司令官.

'Ober·be·griff 男 -[e]s/-e 大概念, 上位概念.

'Ober·be·klei·dung 女 -/-en (下着以外の)衣服(スカート・ブラウス・ドレス・オーバー・背広など).

'Ober·bett 中 -[e]s/-en (Deckbett) 掛け布団.

'Ober·bun·des·an·walt [- -'- - - - とも] 男 -[e]s/=e (ドイツの)連邦首席検察官.

'Ober·bür·ger·meis·ter [- -'- - - - とも] 男 -s/-《略 OB》上級市長(大都市の市長). ◆女性形 Oberbürgermeisterin 女 -/-nen

'Ober·deck 中 -[e]s/-s(-e) 1 上甲板. 2 (2階建てバスの) 2階.

'ober·deutsch 形 上部(南部)ドイツ(語)の. ◆alemannisch, bairisch, österreichisch, schwäbisch などの総称.

'Obe·re ['o:bərə]《形容詞変化》❶ 男 女 1《ふつう複数で》上に立つ人, 上役, 上司, 上官. 2《カト》修道院長, 僧院長. ❷ 中 上方(上位)にあるもの.

'ober·faul 形《比較変化なし／副詞的には用いない》《話》ひどくうさん臭い(いかがわしい).

'Ober·feld·we·bel 男 -s/-《軍事》曹長.

*'Ober·flä·che ['o:bərflɛçə オーバーフレヒェ] 女 -/-n 1 表面, おもて; 水面, 表層;《立体の》面;《幾何》表面積. eine glatte〈rauhe〉 ~ つるつるの〈ざらざらした〉表面. die ~ der Erde 地表. an die ~ des Wassers kommen 水面に現れる(浮上する). 2《比喩》外面, 皮相, うわべ. an der ~ bleiben 皮相にとどまる, 表面的である. an der ~ dahinplätschern 通り一遍の話題に終始する.

'Ober·flä·chen·ak·tiv 形《物理・化学》表面活性の; 界面活性の.

'Ober·flä·chen·span·nung 女 -/-en《物理》表面張力.

*'ober·fläch·lich ['o:bərflɛçlɪç オーバーフレヒリヒ] 形 1 表面の, 表層の;《医学》表在性の. eine ~ e Wunde 浅い傷. 2《比喩》表面的な, うわべだけの; 浅薄な, 薄っぺらな. ein ~ er Mensch 薄っぺらな人間. et' nur ~ ansehen ちょっと見るだけだ.

'Ober·förs·ter 男 -s/- 主任(上級)営林官.

'Ober·fran·ken《地名》オーバーフランケン(バイエル

'ober·gä·rig [..gɛːrɪç] 形《醸造》上面発酵の.
'Ober·ge·frei·te 男《形容詞変化》《軍事》上等(水)兵.
'Ober·ge·richt 中 -[e]s/-e (ズィ) (Kantonsgericht)州裁判所.
'Ober·ge·schoss 中 -es/-e 上階(2 階以上).
'Ober·ge·walt 女 -/ 最高権力.
'Ober·gren·ze 女 -/-n 上限.
*'**ober·halb** ['oːbərhalp オーバーハルプ] ❶ 前《2 格支配》…の上方に，…の上手に；…の上流に. ~ des Dorfes 村の上手に. ❷ 副 ~ von einem Ort ある場所の上方に，上手に；上流に. Die Burg liegt ~ von der Stadt. その城は町の上手にある(町を見下ろす位置にある). weiter ~ ずっと上手に.
'Ober·hand ['oːbərhant] 女 -/ 優勢, 優位.《多く次の用法で》die ~ behalten 優勢(優位)を保つ. über j⁴ die ~ gewinnen(bekommen/erhalten) 人⁴に対して優位に立つ. die ~ haben 優勢である.
'Ober·haupt ['oːbərhaupt] 中 -[e]s/-¨er 首長, 指導者；首領, 頭(蘆).
'Ober·haus 中 -es/-¨er 1《政治》(a)(↔ Unterhaus)(議会の)上院. (b)《複数なし》(イギリスの)貴族院. 2《話》(スポーツの)1 部(A 級)リーグ.
'Ober·haut 女《生物・医学》表皮.
'Ober·hemd 中 -[e]s/-en ワイシャツ.
'Ober·herr 男 -n/-en 支配者, 統治者；《歴史》(Lehnsherr) 封建君主.
'Ober·herr·schaft 女 -/ 支配権, 統治権, 最高権力；主導権, ヘゲモニー.
'Ober·hir·te 男 -n/-n 1 司教. 2 教皇.
'Ober·ho·heit 女 -/ 国家の最高権力, 主権；(他国に対する)統治権, 宗主権.
'Obe·rin ['oːbərɪn] 女 -/-nen 1 女子修道院長. 2 看護婦長；(修道女が経営する施設の)所長.
'Ober·in·ge·ni·eur ['oːbər..] 男 -s/-e《略 OB-Ing.》工場・研究所などの技師長, 主任技師.
'ober·ir·disch 形 (↔ unterirdisch) 地表(地上)に出ている；空中に架設された.
Ober·ita·li·en 《地名》上部イタリア(イタリア北部).
'Ober·kell·ner 男 -s/- ボーイ長, 給仕頭.
'Ober·kie·fer 男 -s/- 上あご；《解剖》上顎(ミラ).
'Ober·kir·chen·rat [--'----- とも] 男 -[e]s/-¨e《プロテス》1《複数なし》領邦教会 (Landeskirche) の最高宗務会議. 2 最高宗務会議委員.
'Ober·klei·dung 女 -/-en = Oberbekleidung
'Ober·kom·man·do 中 -s/-s《軍事》1《複数なし》最高指揮権. 2 最高司令部, 総司令部.
'Ober·kör·per 男 -s/- 上体, 上半身.
'Ober·land 中 -[e]s/ 高地, 山地.
'Ober·län·der 男 -s/- 高地の住民.
'Ober·lan·des·ge·richt [--'---- とも] 中 -[e]s/-e《略 OLG》《法制》上級地方裁判所.
'ober·las·tig 《海事》荷を高く積み過ぎて不安定な(転覆の恐れがある).
'Ober·lauf 男 -[e]s/-¨e (流源に近い)上流.
'Ober·le·der 中 -s/- (靴の)甲革.
'Ober·leh·rer 男 -s/-《古》(Studienrat) 高校教諭. 2《古》上級教諭((a) 永年勤続の小学校教諭に与えられた称号. (b) 旧東ドイツでとくに功績顕著な教師に与えられた称号). 3《俗》教師ぶった物言いをする人.
'Ober·lei·tung 女 -/-en 1 (企業などの)最高指揮権. 2《電子工》(市電・トロリーバスなどの)空中架線.
'Ober·lei·tungs·om·ni·bus 男 -ses/-se《略 Obus》トロリーバス.
'Ober·leut·nant 男 -s/-s(-e)《軍事》陸(空)軍中尉.
'Ober·licht 中 -[e]s/-e[r] 1《複数なし》上(天窓など)からの光. 2 天窓, 明り取り. 3《複数 -er》天井灯；《演劇》ボーダーライト.
'Ober·lip·pe 女 -/-n (↔ Unterlippe) 上唇.
'Ober·maat 男 -s/-e[n]《軍事》海軍二等兵曹.
'Ober·ma·te·ri·al 中 -s/..lien[..liən] (靴のアッパー(甲革部分)の素材.
'Obe·ron ['oːbəron]《人名》《fr.》オーベロン(フランスの伝説にでてくる妖精の王.
'Ober·ös·ter·reich 《地名》オーバーエースターライヒ(オーストリア北部の州, 州都 Linz).
'Ober·post·di·rek·ti·on [--'----- とも] 女 -/-en 郵政管理局.
'Ober·pries·ter 男 -s/-《古代》の大神官, 大祭司；(とくに古代ユダヤの)大祭司, 祭司長.
'Ober·pri·ma ['oːbərpriːma, --'--] 女 -/..men[..mən]《古》《教育》(ギムナージウムの)最終学年, 第 9 学年(現行制度の第 13 学年に相当).
'Ober·re·al·schu·le 女 -/-n《以前》近代語や自然科学を重視した)実科高等学校(のちに数学自然科学ギムナージウムと近代語ギムナージウムに岐(鹭)れる).
'Ober·rhein 男 -[e]s/《地名》der ~ 上部ライン(バーゼルからビンゲン辺りまでのライン川上流地域).
'ober·rhei·nisch 形 上部ライン(地方)の.
'Obers ['oːbərs] 中 -/《南》(Sahne) 生クリーム.
'Ober·satz 男 -es/-¨e《論理》(↔ Untersatz) (三段論法の)大前提.
'Ober·schen·kel 男 -s/-《解剖》大腿部, 太股(発).
'Ober·schen·kel·bruch 男 -[e]s/-¨e《病理》大腿骨骨折.
'Ober·schen·kel·kno·chen 男 -s/-《解剖》大腿骨.
'Ober·schicht 女 -/-en 1 (社会の)上層階級. 2 上層, 表層.
'ober·schläch·tig ['oːbərʃlɛçtɪç] 形 ~es Mühlrad (水車の上部より水を落す)上掛(髪)け水車.
'Ober·schle·si·en 《地名》オーバーシュレージエン(シュレージエンの南部地方).
'Ober·schu·le ['oːbərʃuːlə] 女 -/-n 1 上級学校 (Realschule・Hauptschule など). 2 (旧東ドイツの)高等中学校(義務教育の 1 つの課程).
'Ober·schü·ler 男 -s/- 上級学校の生徒. (旧東ドイツの)高等中学校の生徒. ♦ 女性形 Oberschülerin 女 -/-nen
'Ober·schwes·ter 女 -/-n 看護婦長.
'Ober·sei·te 女 -/-n 表の面, 表側, 上面.
'ober·seits ['oːbərzaɪts] 副 表側に, 上面に.
'Ober·se·kun·da [..kʊnda, --'---] 女 -/..den[..dən]《古》《教育》(ギムナージウムの)第 7 学年(現行制度の第 11 学年に相当).
'oberst ['oːbərst] 形《ober の最上級／副詞的には用いない》一番上の, 最も上の, 最高の. das ~e Fach 一番上の棚. der Oberste Gerichtshof (オーストリアなどの)最高裁判所. das Oberste zuunterst kehren すべてをめちゃくちゃにする(↑zuunterst).
'Oberst ['oːbərst] 男 -s(-en)/-e[n]《軍事》陸軍)大佐.

Ober·staats·an·walt [--'---- とも] 男 -[e]s/⁼e (地方裁判所の)検事長.

Ober·stabs·arzt [--'--- とも] 男 -es/⁼e 〖軍事〗軍医少佐.

Ober·stei·ger 男 -s/- 〖鉱業〗(鉱山の)監督技師,首席係長.

Ober·stim·me 囡 -/-n 〖音楽〗(合唱・器楽楽章の)上声,最高声部.

Oberst·leut·nant [--'--- とも] 男 -s/-s(-e) 〖軍事〗陸軍(空軍)中佐.

Ober·stock 男 -[e]s/ (Obergeschoss) (建物の)上の階,上階.

Ober·stüb·chen 囲 〖次の用法で〗Er ist im ~ nicht ganz richtig. 〖話〗彼は少々頭がおかしい.

Ober·stu·di·en·di·rek·tor [--'------ とも] 男 -s/-en 高等学校校長(の称号).

Ober·stu·di·en·rat [--'------ とも] 男 -[e]s/⁼e 高等学校上級教諭(高校教諭の最高の名誉称号).

'Ober·stu·fe [o'bərʃtu:fə] 囡 -/-n 〖教育〗上級(ギュムナージウムでは上級3学年を, Berufsschule では第3・4学年をいう).

Ober·tas·se 囡 -/-n (受け皿 Untertasse に対して) カップ, 茶碗.

Ober·teil 囲 -[e]s/-e 上部, 上の部分.

Ober·ter·tia [o'bərtertsia, --'--] 囡 -/..tien [..tsiən] 〖古〗〖教育〗(ギュムナージウムの)第5学年(現行制度の第9学年に相当).

Ober·ton 男 -[e]s/⁼e 〖音楽〗上音(はきおん).

ober·wärts [o'bərverts] 副 〖古〗上へ,上方へ(向って).

'Ober·was·ser 囲 -s/ (ダム・堰(せき)でせきとめられた水, (水車の)落水. ~ haben〈bekommen〉〖比喩〗優位に立っている(に立つ).

Ober·wei·te 囡 -/-n 1 〖略 OW〗胸囲, バスト. 2 〖話〗(女性の)胸, おっぱい.

'Ober·welt 囡 -/ (↔ Unterwelt) 地上界, 現世.

***ob'gleich** [ɔp'glaɪç オプグライヒ] 接 〖譲歩/定動詞後置〗(obwohl)…にもかかわらず, …であろうとも, …ではあるが. ♦ ob...gleich の形でも用いられる(↑ ob¹ 3).

'Ob·hut ['ɔphu:t] 囡 -/ 保護, 庇護, 世話. j⁴ in *seine* ~ nehmen 人⁴を保護する, (の)世話を引受ける. in j² ~ stehen 人²に保護されている.

'obig ['o:bɪç] 形 〖副詞的には用いない〗〖書〗上述の, 前記の. der〈die〉*Obige*〖略 d.O〗前記の者(手紙の追伸のあとにサイン代りに記す).

***Ob'jekt** [ɔp'jɛkt オブイェクト] 囲 -[e]s/-e ⟨*lat.* obiectum⟩ 1 (思考・行為などの)対象, 目的(物); (単なる)物体, 事物; 〖哲学〗客体, 客観. Subjekt und ~ 主観と客観, 主体と客体. das ~ *einer* Forschung 研究の対象. ein begehrtes ~ *für* Sammler 収集家垂涎(すいぜん)の的. Frauen waren nur ~*e für* ihn. 女たちは彼にとっては単なるセックスの対象だった. 2 (a) 〖文法〗目的語. (b) 〖美術〗オブジェ. (c) 〖写真〗被写体. (d) 〖商業〗(土地・家屋などの)物件. (e) 〖経済〗〖書〗家屋, 建築物. (f) 〖軍事〗(個々の)軍事施設. (g) (旧東ドイツの)公共施設(レストラン・販売店など).

***ob·jek·tiv** [ɔpjɛk'ti:f, '--- オブイェクティーフ] 形 (↔ subjektiv) 客観的な; 現実に即した; 公正な. die ~*en* Bedingungen⟨Tatsachen⟩ 客観的事実⟩. et⁴ ~ *darstellen* 物⁴を客観的に描写する.

Ob·jek'tiv [ɔpjɛk'ti:f] 囲 -s/-e 〖光学〗(顕微鏡などの)対物レンズ, (カメラの)レンズ.

ob·jek·ti·vie·ren [ɔpjɛkti'vi:rən] 他 (規準・価値観念などを)普遍化(一般化)する, (観察結果などを)法則化する. 2 客観化(対象化)する.

Ob·jek·ti'vis·mus [ɔpjɛkti'vɪsmʊs] 男 -/〖哲学〗(↔ Subjektivismus) 客観主義.

Ob·jek·ti·vi'tät [ɔpjɛktivi'tɛ:t] 囡 -/ (↔ Subjektivität) 客観性; 公平さ.

Ob'jekt·satz 男 -es/⁼e 〖文法〗目的語文.

Ob'jekt·trä·ger 男 -s/- (顕微鏡の)スライドグラス.

Ob'la·te [o'bla:tə] ⟨*lat.* oblata [hostia], Abendmahlsbrot'⟩ ❶ 囡 -/-n 1 〖カトリック〗未聖別ホスティア (↑ Hostie) 2 〖料理〗(円形の)ウェファース, ゴーフル. 3 〖医学〗オブラート. ❷ 男 -n/-n 〖カトリック〗1 (修道院に託されて育てられた)献身male児童. 2 〖複数で〗献身修道会修士, オブレート会士.

Ob·la·ti'on [oblatsi'o:n] 囡 -/-en ⟨*lat.*⟩ 〖宗教〗1 (ミサにおける)パンとぶどう酒の)奉献. 2 寄進, 喜捨(主として宗教的).

'ob·lie·gen* ['ɔpli:gən], **ob·lie·gen*** [-'--] 自 1 〖雅〗(人³の)義務(責務)である. Ihm *lag es ob*⟨Ihm *oblag es*⟩ einen Plan zu bearbeiten. 申請書の処理は彼の義務だった. 2 〖古〗(事³に)専念(専心, 没頭)する.

'Ob·lie·gen·heit 囡 -/-en 義務, 責務.

obli'gat [obli'ga:t] 形 ⟨*lat.* obligatus⟩《副詞的には用いない》1 〖古〗義務の, 欠いてはならない. 2 〖反語〗おきまりの, いつもの. 3 〖音楽〗(↔ ad libitum) オブリガートの.

Ob·li·ga·ti'on [obligatsi'o:n] 囡 -/-en ⟨*lat.* obligatio, das Binden'⟩ 1 〖法制〗債務; 債務関係. 2 〖経済〗債券.

obli·ga'to·risch [obliga'to:rɪʃ] 形 ⟨*lat.*⟩ 1 (a) (↔ fakultativ) 必須の, 必修の. ~*e* Fächer 必修科目. (b) 〖法制〗義務の. ein ~*er* Vertrag 債権契約. (c) 〖生態〗偏性の. ein ~*er* Parasit 偏性(真性)寄生体. 2 〖反語〗おきまりの, 習慣となった.

'Ob·li·go [o'bli:go, 'ob..] 囲 -s/-s 〖経済〗債務; (手形の)保証, 担保. ohne ~ 保証 o.O.〗無担保で.

oblique [o'bli:k, 付加語的用法 ..kvə] 〈*fr.*〉1 〖古〗斜めの, 傾いた. 2 〖文法〗~*r* Kasus 従属格, 斜格.

Ob·lo·mo'wis·mus [oblomo'vɪsmʊs] 男 -/ オブローモフ主義(無為懶惰な徒食者的生活態度. ロシアの作家ゴンチャローフИван А. Гончаров, 1812-91 の代表作『オブローモフ』Обломов の主人公にちなむ).

ob'long [ɔp'lɔŋ] 形 ⟨*lat.* oblongus⟩ 〖古〗細長い; 長方形の.

'Ob·mann ['ɔpman] 男 -[e]s/⁼er(..leute) 1 議長, 会長, 総裁, 代表者, 役員. 2 〖法〗(a) 審判長. (b) 連盟(協会)役員; 〖とくにスポーツ〗連盟(協会)理事長. ♦ 女性形 Obmännin 囡 -/-nen

Oboe [o'bo:ə] 囡 -/-n ⟨*lat.*⟩ 〖楽器〗1 オーボエ 2 (オルガンの)音栓.

Obo'ist [obo'ɪst] 男 -en/-en オーボエ奏者.

'Obo·lus [o'bo:lus] 男 -/(-[se] ⟨*gr.*⟩ 1 オボロス(古代ギリシアの小額貨幣). 2 僅かな寄付金. 3 〖複数 -〗〖古生物〗オボルス(カンブリア期の腕足類化石動物).

'Ob·rig·keit [o'briçkait] 囡 -/-en 当局, 政府, その筋, お上(かみ).

'Ob·rig·keit·lich 形 当局(政府)の, お上(かみ)の.

'Ob·rig·keits·den·ken 囲 -s/ (侮) お上(かみ)の言うことをそのまま受入れる考え方.

'Ob·rig·keits·staat 男 -[e]s/-en (侮) 専制(官僚)主義国家.

Obrist [o'brɪst] 男 -en/-en **1**《古》(Oberst) 陸軍(空軍)大佐. **2**《複数で》軍事政権(とくに 1967-74におけるギリシャの).

ob'schon [ɔp'ʃo:n] 接《従属/定動詞後置》《雅》(obwohl, obgleich) …にもかかわらず, …ではあるが. ◆ob…schon の形でも用いられる(↑ob¹ 3).

Ob·ser·va·ti·on [ɔpzɛrvatsi'o:n] 女 -/-en **1**(学問的)な観察. **2**(人・家宅などの)監視.

Ob·ser·va·to·ri·um [ɔpzɛrva'to:riʊm] 中 -s/..rien[..riən] 気象台, 測候所; 天文台.

ob·ser'vie·ren [ɔpzɛr'vi:rən] 他 (lat. observare, beobachten') **1**《古》(学問的に)観察する. **2**(人・家宅などを)監視する.

Ob·ses·si·on [ɔpzɛsi'o:n] 女 -/-en (lat. obsessio, Einschließung') 《心理》強迫観念, 強迫行為.

Ob·si·di·an [ɔpzidi'a:n] 男 -s/-e (lat.)《地質》黒曜石(発見者とされている古代ローマ人の名オブシウスObsius にちなむ).

'ob·sie·gen ['ɔpzi:gən], **ob·'sie·gen** [-'--] 自 勝訴する;《古》(über et⟨j⟩⁴ von⟨人⟩⁴に)勝つ, 打ち勝つ.

obs'kur [ɔps'ku:r] 形 (lat. obscurus, dunkel, undeutlich') **1** はっきりしない, あいまいな. **2** 疑わしい, いかがわしい, あやしげな.

Obs·ku'rant [ɔpsku'rant] 男 -en/-en (lat.) (Dunkelmann) 反啓蒙主義者.

Obs·ku·ran'tis·mus [ɔpskuran'tɪsmʊs] 男 -/ 反啓蒙主義.

ob·so'let [ɔpzo'le:t] 形 (lat. obsoletus) すたれた, 時代おくれの.

'Ob·sor·ge ['ɔpzɔrgə] 女 -/《古》{{オーストリア}}《書》世話; 保護.

Obst [o:pst オープスト] 中 -[e]s/《集合的に》果実, 果物. Danke für ~[und Südfrüchte⟨Blumen⟩]!《話》まっぴら御免だね, たくさんだ(拒絶の表現).

'Obst·bau 男 -[e]s/ 果樹栽培.

'Obst·baum 男 -[e]s/..bäume 果樹.

'Obst·gar·ten 男 -s/¨ 果樹園.

'Obst·han·del 男 -s/ 果物商.

'Obst·händ·ler 男 -s/- 果物商人, 果物屋. ◆女性形 Obsthändlerin 女 -/-nen

obs·ti'nat [ɔpsti'na:t] 形 (lat.) 頑固な, 強情な.

Obs·ti·pa·ti·on [ɔpstipatsi'o:n] 女 -/-en (lat.)《医学》(Verstopfung) 便秘.

'Obst·ku·chen 男 -s/- フルーツケーキ.

'Obst·ler ['o:pstlər] 男 -s/-《南独》**1** = Obsthändler **2** 果実ブランデー.

'Obst·ler ['ø:pstlər] 男 -s/-《南独》果物商, 果物屋.

ob·stru·ie·ren [ɔpstru'i:rən] 他 (lat. obstruere , aufbauen gegen') **1** 妨げる, 邪魔をする, 妨害する.《Beschlüsse》…議事の進行を妨害する. **2**《医学》(血管などに)閉塞を起す.

Ob·struk·ti·on [ɔpstrʊktsi'o:n] 女 -/-en (lat. obstructio , Verbauung') **1** 妨害;《政治》議事妨害. **2**《医学》閉塞; 便秘.

Ob·struk·ti'ons·po·li·tik 女 -/《政治》議事妨害戦術.

ob·struk'tiv [ɔpstrʊk'ti:f] 形 **1** 妨害になる; 議事進行を妨げる. **2**《医学》閉塞性の.

'Obst·saft 男 -[e]s/¨e 果汁, フルーツジュース.

'Obst·sa·lat 男 -[e]s/-e フルーツサラダ.

'Obst·scha·le 女 -/-n **1** 果物の皮. **2** 果物鉢.

'Obst·wein 男 -[e]s/-e 果実酒.

obs'zön [ɔps'tsø:n] 形 (lat. ob scaenum , außerhalb der Szene') **1** 淫らな, 猥褻(わいせつ)(卑猥)な, 破廉恥な. **2** 言語道断の, とんでもない.

Obs·zö·ni'tät [ɔpstsøni'tɛ:t] 女 -/-en **1**《卑猥し》猥褻. **2** 猥褻な言動(表現).

'Obus [o:bʊs] 男 -[ses]/-se (Oberleitungsomnibus の短縮) トロリーバス.

'ob·wal·ten ['ɔpvaltən], **ob·'wal·ten** [-'--] 自《古》現に存在する. unter den *obwaltenden* Umständen《書》現状では.

ob'wohl

[ɔp'vo:l オプヴォール] 接《従属/定動詞後置》…にもかかわらず, …ではあるが, …とはいえ. Er nahm ein Taxi, ~ es eine Busverbindung gab. バスの便があったのに彼はタクシーを拾った.《副文の代りに語句を導いて》Der Schauspieler trat, ~ schwer erkältet, auf. その俳優はひどい風邪をひいていたにもかかわらず舞台に上がった. Es war ein schöner, ~ etwas kalter Tag. それはすこし寒いとはいえよく晴れた日だった.

ob'zwar [ɔp'tsva:r] 接《従属/定動詞後置》《まれ》《雅》=obwohl ◆ob…zwar の形でも用いられる(↑ob¹ 3).

Och·lo·kra'tie [ɔxlokra'ti:] 女 -/-n[..'ti:ən] (gr. ochlokratia , Herrschat des Pöbels') 衆愚政治.

Ochs [ɔks] 男 -en/-en《地方》《話》=Ochse

＊**'Och·se** ['ɔksə オクセ] 男 -n/-n **1** (去勢された)雄牛. dastehen wie der ~ vorm neuen Tor⟨vorm Scheunentor/vorm Berg⟩《話》途方に暮れる. zu et³ taugen wie der ~ zum Seiltanzen《話》てんで事の役に立たない, まるっきり事⁴に向いていない. den ~n hinter den Pflug spannen/den Pflug vor die ~n spannen《話》あべこべなことをする. Du sollst dem ~n, der da drischt, nicht das Maul verbinden.《旧約》脱穀する牛に口籠(くつこ)を掛けてはならない(申命 25 : 4);《諺》一生懸命働いてくれるものには少々の目こぼしはありまえ. Das ist, wie wenn man einem ~ ins Horn petzt.《話》それは馬の耳に風(犬に論語)だ. **2**《話》まぬけ, うすのろ, 能なし. Du ~!このまぬけ野郎.

'och·sen ['ɔksən] 自 他《話》がり勉する. Vokabeln ~ 単語を詰込む.

'Och·sen·au·ge 中 -s/-n **1** 雄牛の目. **2**《地方》(a)《杏(あんず)》などをのせた丸形クッキー. (b) 目玉焼き. **3**《建築》《屋根の》円窓(とくにバロック建築の);《船員》舷窓. **4**《医学》牛眼(眼球水腫の一種). **5**《植物》ブフタルムム(きく科の一属). **6**《虫》じゃのめちょう(蛇目蝶)の一種.

'Och·sen·fleisch 中 -[e]s/ 牛肉.

'Och·sen·frosch 男 -[e]s/¨e 牛蛙(うしがえる), 食用蛙.

'Och·sen·ge·spann 中 -[e]s/-e **1**(車を引かせる)1 組の雄牛. **2**

'Och·sen·maul·sa·lat 男 -[e]s/-e《料理》オックスマウルサラダ.

'Och·sen·schwanz·sup·pe 女 -/-n《料理》オックステールスープ.

'Och·sen·tour 女 -/-en《複数まれ》《戯》**1** 骨の折れる(しんどい)仕事. **2**(牛の歩みのように)のろのろした昇進(とくに役人の).

'Och·sen·zie·mer 男 -s/- 牛むち(乾燥させた牛の尿管に鋼鉄線の芯を入れたもの).

'Och·sen·zun·ge 女 -/-n **1** 牛の舌;《料理》牛タン. **2**《植物》アンチューサ, うしのしたくさ(牛舌草). **3** オクセンツンゲ(舌の形のパイ生地ビスケット).

och·sig ['ɔksɪç] 形《話》(牛のように)鈍重な, 不器用な; 粗野な, がさつな; とてつもなくでかい, べらぼうな.

Öchs·le ['œksle] 田《農業》エクスレ, 原料果汁糖度(果汁の比重単位, ドイツの物理学者 F. Öchsle, 1774–1852 にちなむ).

ocker [ɔkɐ] 形 黄土色の.

Ocker 男 (田) -s/- (*lat.*) **1** 黄土, 赭土(ピ)(絵の具の原料). **2** 黄褐色の絵の具. **3**《中性名詞》黄土色, イエローオーカー.

öd [ø:t] 形 =öde.

od.《略》=oder

Odal ['o:da:l] 田 -s/-e (*anord.*) (スカンディナヴィアの古法における)世襲地.

Oda·lis·ke [oda'lɪskə] 女 -/-n (*türk.* odalyk 'Zimmermagd') **1** オダリスク(トルコの後宮の白人女奴隷). **2** (トルコの)踊り子.

Ode ['o:də] 女 -/-n (*gr.* oide, Gesang, Lied')《文学》頌歌, オード.

öde ['ø:də エーデ] 形 **1** 荒涼とした, 荒れ果てた; 人気(ピ)のない, 淋しい; 不毛の. eine ~ Gegend 荒涼とした地域. **2** 味気ない, つまらない; 退屈な.

Öde 女 -/-n **1** 荒野, 不毛の地. **2**《複数なし》荒涼, 寂寞, 孤独; 味気なさ, 退屈.

Ode·en [o'de:ən] Odeum の複数.

Odem ['o:dəm] 男 -s/《雅》(Atem) 息, 息吹; 呼吸.

Ödem [ø'de:m] 男 -s/-e (*gr.*)《医学》浮腫(ピ), 水腫.

öde·ma·tös [ødema'tø:s] 形 水腫性の.

'Oden·wald ['o:dənvalt] 男 -[e]s/《地名》der ~ オーデンヴァルト(ドイツ中西部, ライン川上流の東に広がる山地).

Ode·on [o'de:ɔn] 田 -s/-s (*gr.* odeion, Theater, Konzerthaus') オデオン(劇場・音楽堂などの名称に用いられる). ↑Odeum

'oder ['o:dɐ オーダー] 接《並列》《略 od.》**1** (a) あるいは, または, それとも; …か…か(いずれか). Möchten Sie lieber Kaffee ~ Tee? コーヒーかお茶かどちらがよろしいですか. Kommst du mit ~ nicht? 君はいっしょに来るのかい, それとも来ないのかい. ~ nichts 一切か無か. Jetzt ~ nie! 今をおいて他はない, 今こそ絶好の機会だ. ~ nein(halt), …(考えなどを翻して)いや待てよ, …. 《*entweder* と呼応して》entweder … ~ … …か…かどちらか一方. entweder dienstags ~ mittwochs 毎火曜日か, さもなければ毎水曜日に. Entweder komme ich〈Entweder ich komme〉 ~ rufe noch an.〈Entweder ich komme〉, ~ ich rufe noch an. 私は自分で来るかいずれ電話をかけるかします. Jetzt heißt es entweder ~! 今こそ決断の時だ. 《強調の *aber* をともなって》morgen ~ aber übermorgen 明日かあるいは明後日に. (b) …ないしは(もしくは)…; …か…か(いずれかで大差なしに). Dieser ~ jener〈Der eine ~ der andere〉 hat uns geholfen. だれかしらが私たちを助けてくれた. heute ~ morgen 今日か明日には. um neun ~ zehn Uhr 9 時か 10 時に. 《*auch* をともなって》 ~ … auch …, …, …でなければ…でも…. Du kannst fernsehen ~ auch Musik hören. 君はテレビを見てもいい音楽を聞いてもかまわない. 《*so* をともなって》 Er heißt Mühlmann ~ so ähnlich. 彼はミュールマンにかそんな名前だ. ein Betrag von 100 Euro ~ so およそ 100 ユーロのお金額. so ~ so ああかこうか, ああでもこうでも(好きなように)(↑c). Du kannst dich so ~ so entscheiden. 君はどうでも決めることができる. (c) …にせよ…にせよ(いずれにしろ). ob es regnet ~ [ob] die Sonne scheint 雨が降っているかが照っているかで. früher ~ später 遅かれ早かれ. mehr ~ weniger 多かれ少なかれ. so ~ so《話》いずれにせよ, どちらにせよ. Er arbeitet fleißiger als Fritz ~ Hans. 彼はフリッツやハンスよりも仕事(勉強)熱心だ.

2 (sonst) さもないと. Du musst dich beeilen, ~ du verpasst den Zug! 君は急がなくてはならない, さもないと列車に乗り遅れるよ. Nimm dich in Acht, ~!《話》用心しろよ, さもないとひどい目にあうぞ.

3 換言すれば, すなわち, つまり. Karl der Große ~ Charlemagne カール大帝すなわちシャルルマーニュ. Das ist falsch ~ [vielmehr] erlogen. それは間違いというよりもむしろ嘘である.

4《文末に置いて》《話》(nicht wahr) …だろう, 違うかい. Er hat doch Recht, ~? 彼の言うとおりじゃないか, 違うかい.

◆oder が 2 つ以上の主語を結ぶ場合, 定動詞は最も近くにある主語に応じた人称変化をする. Ich ~ er hilft dir. 私か彼が君の手助けをする. Er ~ ich helfe dir. 彼か私が君の手助けをする.

'Oder ['o:dɐ] 女 -/《地名》die ~ オーデル川(ドイツとポーランドとの国境を流れバルト海に注ぐ, 全長 913 km. ポーランド語形 Odra).

'Oder·men·nig ['o:dɐrmɛnɪç] 男 -[e]s/-e《植物》きんみずひき.

'Oder-'Nei·ße-Gren·ze ['o:dɐr'naɪsəɡrɛntsə] 女 -/ =Oder-Neiße-Linie

'Oder-'Nei·ße-Li·nie [..li:niə] 女 -/《政治》オーデルナイセ線(1945 ポツダム協定で定められたドイツとポーランドの国境線. ↑Neiße, Oder).

Ode·um [o'de:ʊm] 田 -s/Odeen[..'de:ən] (*lat.*)《歴史》オーデイオン(ペリクレスがアテネに建てた音楽堂にちなみ, ローマ時代には屋根付き小劇場一般を指して用いられた. ギリシア語形 odeion). ↑Odeon

'Odin ['o:dɪn]《人名》(*nord.*)《北欧神話》オーディン (北欧神話の最高神, ドイツ語形は Wodan).

odi·os [odi'o:s] 形 (*lat.*) いやな, 嫌悪すべき, たまらない.

'Ödi·pus ['ø:dipʊs]《人名》《ギ神話》オイディプス, エディプス(知らずに父を殺し母を妃としたテーバイの王).

'Ödi·pus-kom·plex 男 -es/《心理》エディプスコンプレックス.

'Odi·um ['o:diʊm] 田 -s/ (*lat.*) **1** 悪評, 汚名. **2** 憎悪, 敵意.

'Öd·land ['ø:tlant] 田 -[e]s/¨er 荒野, 荒蕪(ピ)地.

Odo'a·ker [odo'a:kɐ]《人名》オドアケル(433 頃–93, 476 西ローマ帝国を滅ぼしたゲルマンの傭兵隊長).

Odon·to·lo'gie [odɔntolo'gi:] 女 -/ 歯科学.

Odys'see [ody'se:] 女 -/-n[..'se:ən] (*gr.* Odysseia) **1**《複数なし》オデュッセイア (Homer 作と伝えられる長編叙事詩, 英雄 Odysseus がトロイア落城のあと苦難と冒険を重ねて故郷イタケへ帰着するまでを描く). **2**《比喩》長い苦難の旅.

Odys·seus [o'dʏsɔʏs]《人名》(*gr.*) オデュッセウス.
◆イオニア海の小島イタケー Ithaka の王, トロイア戦争の英雄, *Odysee* の主人公. ラテン語形 Ulisses, Ulixes.

OECD [o:|e:tse:'de:] 女 -/ 《略》 (*engl.*) =Organization for Economic Cooperation and Development 経済協力開発機構(ドイツ語形 Organisation für

Œuvre

wirtschaftliche Zusammenarbeit und Entwicklung).

'Œu·vre ['ø:vrə] 田 -s/-s['ø:vrə] 《fr.》《ある作家の》全作品.

OEZ《略》=osteuropäische Zeit 東欧標準時.

'Öf·chen ['ø:fçən] 田 -s/- 《Ofenの縮小形》小さなストーブ.

*'**Ofen** ['o:fən オーフェン] 男 -s/Öfen **1** (a) 暖炉, ストーブ. in warmer〈kalter〉 ~ 火の入って〈入っていない〉暖炉. Der ~ heizt [sich] gut. そのストーブはよく暖まる. den ~ heizen ストーブを焚(た)く. hinterm ~ hocken《話》家にばかり閉じこもっている, 出不精である. Damit kann man keinen Hund hinter dem ~ hervorlocken.《話》それはとても人の気は引けないぞ. Jetzt ist der ~ aus!《話》もうお終いだ, 万事休す; たくさんだ. (b)《各種の》炉, 窯.《地方》《料理用の》かまど, レンジ, オーブン, 天火. **2**《卑》自動車; オートバイ. ein heißer ~《高性能エンジンを搭載した》自動車, オートバイ.

'Ofen·bank 囡 -/⸚e 《暖炉を取り囲むように造りつけた》ストーブベンチ.

'ofen·frisch 形《パンなどが》焼きたての.

'Ofen·klap·pe 囡 -/-n 《暖炉》通気孔の蓋; 焚き口の扉.

'Ofen·rohr 匣 -[e]s/-e 《暖炉の》煙道, 室内煙突.

'Ofen·röh·re 囡 -/-n オーブン, 天火.

'Ofen·schirm 匣 -[e]s/-e 《暖炉の前に置く》熱気よけの衝立(ついたて).

'Ofen·set·zer 男 -s/- 暖炉工事職人.

Off [ɔf] 匣 -/ -《engl.》《映画・演劇・テレビ》(↔ On) 画面《舞台, スクリーン》に姿を見せないで話すこと. aus dem ~ sprechen 陰の声で話す.

'of·fen

['ɔfən オッフェン] 形 **1** (a) 開いた, 開いている. ein ~es Buch ページの開いた本. ein ~es Fenster〈Zimmer〉 開いている窓〈鍵の掛かっていない部屋〉. eine ~e Hand haben《比喩》気前がいい. mit offenen Türen einrennen《比喩》《すでに解決済みの懸案などのために》独り相撲をとる. auf ~er Bühne《演劇》幕の上がった舞台で; 演技中に. bei〈mit〉 ~em Fenster 窓を開けたまま. j¹ mit ~en Armen aufnehmen《比喩》《両手を拡げて》人⁴を歓迎する, 迎え入れる. mit ~en Augen ins Verderben rennen《比喩》みすみす破滅の一途をたどる. Du schläfst wohl mit ~en Augen!《話》《人の話も聞かないで》君はおおかた目を開けたまま眠っているだろう. mit ~em Mund etwas⁴ anhören, öffnen《述語的用法で》 Der Brief ist noch ~. その手紙はまだ封をしていない. An der Bluse ist ein Knopf ~. ブラウスのボタンがひとつはずれている. halb〈weit〉 ~ sein《ドアなどが》半ば〈大きく〉開いている.《副詞的用法で》 Er hat die Augen ~.《比喩》彼は目をしっかりと見開いている. das Haar ~ tragen 髪を束ねずに〈編まずに〉垂らしている. (b) 開店《開場》している. Der Laden ist 〈hat〉 auch am Sonntag ~. その店は日曜日も開いている. ~ sein, 解放された. eine ~e Anstalt《刑務所などの》解放施設. Offene Handelsgesellschaft《略 OHG》《商業》合名会社. Er führt 〈hat〉 ein ~es Haus.《比喩》彼は客好きだ. ~e Klasse 《スキー》無差別級. die ~e Turnier《スポーツ》トーナメント. Politik der ~en Tür《政治》門戸開放政策. Tag der ~en Tür《会社・工場などの》一般公開日; 《学校の》参観日. (d)《比喩》《他者や外界

に対して》心の開かれた, 目に曇りのない, 明晰《聡明》な. Er ist ein ~er Kopf. / Er hat einen ~en Kopf. 彼は明晰《聡明》な頭をしている. für et⁴ ~ sein / gegenüber et〈j〉³ ~ sein 事⁴《事・人》に対して理解がある物分かりがいい; 偏見がない.

2 (a) 覆われていない, 剥(む)き出しの. ein ~es Grab 覆われていない墓. eine ~e Stadt《軍事》無防備都市. ein ~er Wagen オープンカー; 無蓋車. Fleisch am ~en Feuer braten 肉を直火(じかび)で焼く. (b)《比喩》公然たる, あからさまな; 公開の. ein ~er Brief 公開状. ein ~es Geheimnis 公然の秘密. ~er Widerstand あからさまな抵抗. auf ~er Straße 天下の公道で. mit ~en Karten spielen《比喩》手札をさらしてプレーする《比喩》手の内をさらして行動する. (c)《比喩》《態度・発言などが》率直な, あけすけな. ein ~er Ausdruck 率直な表現. ein ~er Mensch 率直な人. Sei ~ zu mir! 私に隠し立てはしないでくれ. ~ gestanden 実を言うと. ~ reden〈sprechen〉腹をわって話す.

3 (a) 開けた, 遮(さえぎ)るもののない, 広々とした. ein ~er Ausblick 開けた眺望. auf ~er See〈~ Meer〉外海で, 沖で. auf ~er Strecke 町からはずれた所で《鉄道》駅でない所で. Das Grundstück ist nach allen Seiten hin ~. その地所は四方に開けている. (b)《道などが》通行可能な. ein ~es Wasser 《凍結していない》開水面. Die Passstraße ist nur während des Sommers ~. その峠道は夏の間しか通行できない. (c)《人家などの》まばらな, 密集していない.

4 (a) 空席の, 空いている. eine ~e Stelle 空きポスト. eine Zeile ~ lassen 1 行空ける. (b)《比喩》未解決の, 未決着の. eine ~e Frage 未解決の問題. eine ~e Rechnung《商業》未払い《未解決》の勘定; オープンアカウント, 清算勘定. Der Ausgang der Wahlen ist noch ~. 選挙の結果はまだ出ていない. (c)《商業》無記名の, 白地(しらじ)の.

5《商業》瓶詰め《袋詰め》されていない, 計り売りの. ~er Wein《樽からの》計り売りワイン. Zucker ~ verkaufen 砂糖を計り売りする.

6《言語》(a) 開音の, 開口音の. ein ~es e 開音の e [ɛ]. (b) 母音で終る. ~e Silbe 開音節.

7《狩猟》解禁の.

♦ ↑ offen bleiben, offen halten, offen lassen, offen legen, offen stehen

*'**of·fen·bar** [ˈɔfənbaːr ⸚--́ オッフェンバール] ❶ 形 明らかな, 明白な; 公然たる, 周知の. ein ~er Irrtum 明白な誤り. ein ~er Verrat 公然たる裏切り. Es wird ~, dass... ...ということが明らかになる. ❷ 副 明らかに《どうやら》...らしい. Er hat es ~ missverstanden. 彼はそれを明らかに誤解したらしい.

of·fen'ba·ren [ɔfənˈbaːrən, ⸚--́⸚] ❶ 他 **1**《人³に事⁴を》打明ける, 告白する. **2**《人³に事⁴を》明らかにする, 公表する;《宗教》啓示する.《過去分詞で》 geoffenbarte Religion 啓示宗教. ❷ 再《sich》 **1** 明らかになる, 明るみに出る.《宗教》《神が》示現《啓示》する. sich als treuer〈treuen〉 Freund ~ 真の友であることを示す.

♦ 過去分詞 offenbart, まれに, とくに《宗教》で geoffenbart

Of·fen'ba·rung [ɔfənˈbaːrʊŋ] 囡 -/-en **1** 《心中を》打明けること, 告白. **2** 天啓, ひらめき;《宗教》《神の》啓示. Die ~ des Johannes《新約》ヨハネ黙示録.

Of·fen'ba·rungs·eid 男 -[e]s/-e 《法制》開示宣

of·fen blei·ben*, °**'of·fen|blei·ben*** 自(s) **1** 開いた(開けた)ままである． **2** (問題などが)未解決のままである．

of·fen hal·ten*, °**'of·fen|hal·ten*** ❶ 他 **1** (ドアなどを)開けておく． die Augen ~《比喩》よく気をつけている． **2** (座席・ポストなどを)空けておく，取っておく． ❷ 再《sich¹》 sich et⁴ ~ 事⁴を保留する，含合せる．

Of·fen·heit 女 -/ **1** 心を開いていること，偏見(先人主)がないこと． **2** 率直さ，正直さ．

of·fen·her·zig 形 **1** 率直な，正直な，腹蔵のない，あけすけな． **2**《戯》胸ぐりのある．

Of·fen·her·zig·keit 女 -/ 率直さ，あけすけなこと．

of·fen·kun·dig ['ɔfənkundıç, --'--] 形 明白な，はっきりとした；周知の． ~ werden 公になる．

of·fen las·sen*, °**'of·fen|las·sen*** 他 **1** (ドアなどを)開けたままにしておく． **2** (席・ポストなどを)空けておく． **3** (問題などを)未解決(未決定)のままにしておく．

of·fen le·gen, °**'of·fen|le·gen** 他《書》[j⁴] et⁴ ~ (人³に)事⁴を公にする，公表(開示)する．

Of·fen·markt·po·li·tik 女 -/《経済》公開市場政策．

'of·fen·sicht·lich ['ɔfənzıçtlıç, --'--] ❶ 形 明白な，はっきりとした；周知の． ❷ 副 見たところ(どうやら)…らしい． Das hat er ~ missverstanden. そのことをどうやら彼は誤解したらしい．

of·fen·siv [ɔfɛn'zi:f] 形《lat.》**1** (↔ defensiv) 攻撃的な，好戦的な；攻勢の． **2**《まれ》無礼な，侮辱的な．

Of·fen·si·ve [ɔfɛn'zi:və] 女 -/-n 攻撃，攻勢．

Of·fen'siv·krieg 男 -[e]s/-e (Angriffskrieg) 侵略戦争．

'of·fen ste·hen*, °**'of·fen|ste·hen*** 自 **1** (ドアなどが)開いたままである． **2** (人³に)開かれている， 解放されている． Diese Sportanlage *steht* allen Bewohnern *offen*. このスポーツ施設は居住者全員が利用できる． Ihm *stehen* alle Möglichkeiten noch *offen*. 《比喩》彼にはあらゆる可能性が開けている． **3** (人³の)裁量(選択)に委(ゆだ)ねられている． Es *steht* dir *offen,* daran teilzunehmen oder nicht. それに参加するかしないかは君の自由だ． **4** (ポストなどが)空席(欠員)のままである． **5** (勘定などが)未払いである．

°'öf·fent·lich ['œfəntlıç' エフェントリヒ] 形 **1** 公の，公的な；公立，公立(国立)の，公営の；公的機関の． ~es Amt 公職． ~e Gelder 公金． die ~e Hand (企業体・雇用主としての)国，地方自治体． ~e Klage《法制》公訴． eine Person des ~en Lebens 公人． ~es Recht《法制》公法． eine ~e Schule 公立(国立)学校． ~e Urkunde《法制》公文書． **2** (a) 公共の，社会一般の，世間の，公の． die ~e Meinung 世論． die ~e Ordnung 公共の秩序． das ~e Wohl 公共の福祉． (b) 公衆(公共)のための． ~e Anstalt 公共施設． ein ~er Fernsprecher 公衆電話． ein ~es Haus (婉曲に)娼家． **3** 公然の，周知の，公開の． ein ~es Geheimnis 公然の秘密． eine ~e Hinrichtung 公開処刑． Ist die Verlobung bereits ~ ? 婚約はすでに公開されているのですか． j⁴ ~ beleidigen 人を公然と侮辱する． ~ reden 公開の場で話す．

°'Öf·fent·lich·keit ['œfəntlıçkaıt エフェントリヒカイト] 女 -/ **1** 公衆，世間． die ~ alarmieren 世間に警鐘を鳴らす． die Meinung der breiten ~ 幅広い世論． im Licht〈im Blickpunkt〉der ~ stehen 世間の注目を浴びている． unter Ausschluss der ~ 非公開で． et⁴ an〈in/vor〉die ~ bringen 事⁴を世間に公表する． an〈in〉die ~ dringen 世間に知れる(漏れる)． die Flucht in die ~ antreten / in die ~ flüchten (ある事実などを公表して)世論に訴える，世間の支持を得ようとする． in aller ~ 人前で，公然と． **2** (審理・会議などの)公開；公然たること． das Prinzip der ~ in der Rechtsprechung 裁判における公開の原則．

'Öf·fent·lich·keits·ar·beit 女 -/-en 広報活動．

'öf·fent·lich·'recht·lich 形 公法(上)の． eine ~e Körperschaft 公共団体．

of·fe'rie·ren [ɔfe'ri:rən] 他《lat. offerre , anbieten'》**1**《商業》(商品を)提供する，オファーする． **2** (人³に物⁴を)提供する，差出す．

Of'fer·te [ɔ'fɛrtə] 女 -/-n《fr.》《商業》(Angebot) (商品の)提供，オファー；提供物件．

Of·fer·to·ri·um [ɔfɛr'to:riʊm] 中 -s/..rien [..riən] 《lat.》〖カトリック〗 **1** (ミサのときの)パンとぶどう酒の奉献． **2** 奉献文．

Of·fi·ci·um [ɔ'fi:tsiʊm] 中 -s/..cia[..tsia] 《lat. , Pflicht'》**1** = Offizium **2** ~ divinum[di'vi:nʊm] 〖カトリック〗聖務日課 (Brevier, Stundengebet). **3** Sanctum ['zaŋktɔm] ~ 〖カトリック〗(ヴァチカン聖庁内の)検邪聖庁(1965年まで).

Of·fi·zi'al·ver·tei·di·ger [ɔfitsi'a:l..] 男 -s/- 国選(官選)弁護人．

Of·fi·zi'ant [ɔfitsi'ant] 男 -en/-en **1**《古》下級官吏． **2**〖カトリック〗司祭者．

****of·fi·zi'ell** [ɔfitsi'ɛl オフィツィエル] 形《fr.》(↔ inoffiziell) **1** 公式の，公務上の；公認の． eine ~e Delegation 公式代表団． von ~er Seite 公式筋から． **2** 正式の；改まった． eine ~e Einladung 正式の招待． Nach einigen Späßen wurde er plötzlich ~. 二言三言冗談を言ってから彼はふいに改まった口調になった．

Of·fi'zier [ɔfi'tsi:r] 男 -s/-e **1**《軍事》将校，士官． ~ von Dienst (略 OvD) 当直士官． **2**《海事》高級船員． Erster ~ 一等航海士． **3**〖チェス〗(Bauer 以外の)大駒．

Of·fi'zier·an·wär·ter 男 -s/- = Offiziersanwärter

Of·fi'zier·be·wer·ber 男 -s/- = Offiziersbewerber

Of·fi'zier·bur·sche 男 -n/-n = Offiziersbursche

Of·fi'zier·korps [..ko:ɐ̯] 中 -[..ko:r(s)]/-[..ko:rs] 《fr.》= Offizierskorps

Of·fi'ziers·an·wär·ter 男 -s/-《略 OA》《軍事》士官候補生．

Of·fi'ziers·be·wer·ber 男 -s/-《略 OB》《軍事》士官候補生志願者．

Of·fi'ziers·bur·sche 男 -n/-n《軍事》(昔の)将校当番．

Of·fi'ziers·ka·si·no 中 -s/-s《軍事》将校集会所，将校(士官)クラブ．

Of·fi'ziers·korps [..ko:ɐ̯] 中 -[..ko:r(s)]/-[..ko:rs] 《fr.》(部隊)の将校団．

Of·fi'zin [ɔfi'tsi:n] 女 -/-en《lat.》**1** (薬局の)調剤室；《古》薬局． **2**《古》印刷所．

of·fi·zi'nal [ɔfitsi'na:l] 形 = offizinell

of·fi·zi'nell [ɔfitsi'nɛl] 形 薬用の，薬効のある；(薬)局方の．

of·fi·zi'ös [ɔfitsi'ø:s] 形《lat.》(halbamtlich) 半ば

公式の, 半官半民の.
Of·fi·zi·um [ɔˈfiːtsiʊm] 中 -s/..zien[..tsiən] (*lat.*) (↑Officium) **1** (Kirchenamt) 教会職位, 聖職禄. **2** (Stundengebet) 聖務日課.
'off 'li·mits [ˈɔf ˈlɪmɪts] (*engl.*) (Zutritt verboten) 立入禁止. Dieses Lokal ist für GIs ~. この酒場はアメリカ兵お断りです.
'off·line [ˈɔflaɪn] 形 (*engl.*) 〖電算〗 (↔ online) オフラインの.

öff·nen [ˈœfnən オェフネン] ❶ 他 (物⁴を)開ける, 開く. die Augen ~ 目を開ける. das Fenster ~ 窓を開ける. die Flasche ~ 瓶の栓を抜く. die Jacke ~ 上着のボタンをはずす. die Leiche ~ 死体を解剖する. Das Geschäft ist⟨hat⟩ von 9 bis 18 Uhr *geöffnet*. その店は9時から18時まで開いている. 《j³ et⁴ öffnen の形で》j³ die Augen ~ 《比喩》人³の目を開いてやる(に本当のことを教えてやる). j³ den Mund ~ 《比喩》人³に口を開けさせる. et¹ Tür und Tor ~ 《比喩》事¹をはびこらせる. (4格目的語なしで) Seine Frau *öffnete* und ließ mich ein. 彼の妻がドアを開けて私を中へ入れてくれた. Wir *öffnen* erst am Nachmittag. 当店は午後店を開けます. Hier ~! (包装などの表示で) ここを開けてください.
❷ 再 ⟨sich⟩ **1** 開く, 開ける. Das Fenster *öffnet sich* durch den Luftzug. 窓がすきま風で開いた. Der Himmel *öffnet sich*. 《雅》雨が降り始める. Das Tal *öffnet sich* nach Norden hin. 谷は北方に開けている. **2** (a) sich j³ ~ 人³に心中を打明ける. (b) *sich* et¹ ~ 事¹に心を開く.
❸ 自 (店・ドアなどが)開く. Die Tür *öffnet* und schließt automatisch. そのドアは自動的に開閉する.
'Öff·ner [ˈœfnɐr] 男 -s/- **1** 開ける(栓抜き・缶切りなど). **2** (玄関ドアの)自動開閉装置.
'Öff·nung [ˈœfnʊŋ] 女 -/-en **1** 《複数なし》開ける(開く)こと, 解放, 解討, 切開. **2** 開口部, 隙間.
'Öff·nungs·zeit 女 -/-en 開館(営業)時間.
'Off·set·druck [ˈɔfzɛt..] 男 -[e]s/-e 《複数なし》 オフセット(印刷). **2** オフセット印刷物.
'Off·spre·cher 男 -s/- 〖ラジオ・映画・演劇〗 陰の声. ◆ Off-Sprecher とも書く.
O. F. M. [oːˈɛfˈɛm] (*略*) (*lat.* Ordinis Fratrum Minorum, vom Orden der Minderbrüder') 《カトリック》 フランシスコ修道会の (↑ Franziskanerorden).
'o-för·mig, 'O-för·mig [ˈoːfœrmɪç] 形 O字型の.

oft [ɔft オフト] öfter, am öftesten 副 しばしば, たびたび, よく; 何度も, 頻繁に. Er denkt ~ an seine Kindheit. 彼はよく幼い頃のことを思い出す. Ein Streit entsteht ~ aus einem Missverständnis. 争いはしばしば誤解から生じる. Wie ~ hast du schon den Film gesehen? 君はすでにその映画を何度くらい見たの. Wie ~ geht 3 in 12? 12は3の何倍ですか. ~ genug いやというほど何度も. so ~ ich dort gewesen bin 私がそこへ行くたびに (↑ sooft). soundso ~ 《話》何度も何度も, 繰返し. ◆最上級としては, ふつう am öftesten よりも am häufigsten が好んで用いられる.
'öf·ter [ˈœftɐr] ❶ 副 (oft の比較級) **1** (相対的用法で) よりしばしば, よりたびたび. **2** 《絶対的用法で》時々, 何度も, いくたびか. Wir essen ~ in diesem Restaurant. 私たちはよくこのレストランで食事をする.
❷ **1** 《話》たびたびの. seine ~en Besuche 彼の度重なる訪問. **2** ⟨des Öfteren⟩⟨öfteren の形で⟩ 何度も, 繰返し. Er ist schon des *Öfteren* ⟨~*en*⟩ mit ihr gesehen worden. 彼はすでに何度も彼女といるところを見られている.
'öf·ters [ˈœftɐrs] 副 〖地方〗 =öfter ① 2
'oft·ma·lig [ˈɔftmaːlɪç] 形 《付加語的用法で》たびたびの, 度重なる.
'oft·mals [ˈɔftmaːls] 副 しばしば, たびたび, 何度も.
ogi·val [ogiˈvaːl, oʒi..] 形 (*fr.*) 〖建築〗 尖頭アーチのオジーヴの.
oh [oː] 間 =o²
oha [oˈha] 間 《話》 *Oha!* (驚きや軽い非難を表して)おう, へえ.
'Oheim [ˈoːhaɪm] 男 -s/-e 《古》 (Onkel) 叔父, 伯父
OHG (*略*) 〖商業〗 =Offene Handelsgesellschaft 合名会社.
Ohm¹ [oːm] 男 -[e]s/-e 《古》 =Oheim
Ohm² 中 -[e]s/-e (*gr.*) オーム (昔の液量単位, ≈約150リットル).
Ohm³ 中 -[s]/- (記号 Ω) 〖物理〗 (電気抵抗の単位) オーム. ◆ ドイツの物理学者 Georg Simon Ohm 1789–1854 にちなむ).
ohmsch [oːmʃ] 形 〖物理〗 オームの. das *ohmsche* Gesetz オームの法則.

'oh·ne [ˈoːnə オーネ] ❶ 前 《4格支配 / 後続の名詞はしばしば無冠詞》 (↔ mit) **1** (a) …なしに, …を欠いて; …を持たずに. Er ist seit langem ~ Arbeit. 彼はもう長いこと職がない. Keine Regel ~ Ausnahme. 《諺》例外のない規則はない. Ich bin heute ~ Auto. 私は今日車なしだ. ~ Geld sein (持合せの)金がない. Ehepaare ~ Kinder 子供のない夫婦. ~ die Kinder verreisen 子供抜きで旅行に出る. ~ Not 苦もなく, 易々と; 必要もないのに. ~ Ort und Jahr (*略* o.O.u.J.) 〖印刷〗 発行地および発行年月の記載なし. Er ist nicht ~ Schuld. 彼には罪がなくもない. Sei nur ~ Sorge! 心配しなくていいよ. ~ mein Wissen 私の知らないうちに. ~ Zögern 躊躇なく. ~ Zweifel 疑いもなく, 確かに. Ohne dich kann ⟨könnte⟩ ich nicht leben! 君なしでは生きられないよ. *Ohne* mich! 《話》 私はごめんだ. ~ weiteres 難なく, いとも簡単に; 無造作に, いきなり. (b) 《次に来る名詞を省略して》 Vierer ~ 《ボート》 舵手なしのフォア. Zigaretten ~ 《話》フィルターなしのタバコ. oben ~ 《話》上半身裸で. ~ schlafen 《話》 (寝間着なしで)裸で寝る. (c) ⟨nicht [so] ohne sein の形で⟩ 《話》 (思っているほどに)何でもない, かなりの(相当の)ものである. Eine verschleppte Erkältung ist gar nicht so ~. こじれた風邪は案外怖い. Er ist nicht so ~. 彼もけっこう隅に置けない(なかなかの男だ). Der Wein ist nicht ~. そのワインはけっこう強いぞ(なかなか美味しいぞ). **2** …を除いて, …は別にして. Preise ~ Bedienung サービス料別の価格. Das Zimmer kostet ~ Heizung 600 Euro. 部屋代は暖房抜きで600ユーロです. *Ohne* mich sind es 10 Mitglieder. 私を除いて10人のメンバーだ.
❷ 接 ⟨dass に導かれた副文や zu 不定詞句と⟩ …しないで, …することなく, …もせずに. Er wartete lange, ~ dass sie gekommen wäre. 彼は長いこと待ったが彼女は来なかった. Er ging vorbei, ~ zu grüßen⟨~ dass er grüßte⟩. 彼は挨拶もせずに通り過ぎた. Er antwortete, ~ zu zögern. 彼は躊躇なく答えた.
'oh·ne·dem [ˈoːnəˈdeːm] 副 《古》 =ohnedies
'oh·ne·dies [ˈoːnəˈdiːs] 副 (ohnehin) そうでなくとも,

どのみち，いずれにせよ．

oh·ne·ei·nan·der ['oːnəǀaiˈnandər] 副 (ohne＋einander) お互いに相手なしで，お互いにひとりで，別々に．Ihr müsst jetzt ～ auskommen. 君たちは今やお互いにひとりでやって行かなくてはならない．

oh·ne·glei·chen ['oːnəˈglaiçən] 副 比類なく，抜群に．ein Unsinn ～ 無類のナンセンス．Seine Freude war ～. 彼の喜びようは類がなかった．

oh·ne·hin ['oːnəˈhɪn] 副 そうでなくとも，どっちみち．

Ohn·macht ['oːnmaxt] 囡 -/-en **1** 気絶，失神．in ～ fallen⟨sinken⟩ 気絶⟨失神⟩する，気を失う．**2** 《比喩》無力，非力；無能力．

ohn·mäch·tig ['oːnmɛçtɪç オーンメヒティヒ] 形 **1** 気絶⟨失神⟩した，気を失った．～ werden 気絶⟨失神⟩する，気を失う．**2** 《比喩》無力な．ein ～er Herrscher 無力な支配者．～er Hass やるかたない憎悪．～ zusehen なすすべもなく傍観する．

'Ohn·machts·an·fall 男 -[e]s/⸚e 気絶(失神)の発作．

oho [oˈhoː] 間 Oho! (驚き・不快の叫び)ほう，へえー，おやおや，ふん．Klein, aber ～! 《話》小さくとも大したやつだ．

Ohr

[oːr オーア] 匣 -[e]s/-en **1** 耳．abstehende ～en (耳殻が横に突き出た)立った耳．äußeres⟨inneres⟩ ～ 外耳⟨内耳⟩．Die ～en brausen⟨sausen⟩ mir. 私は耳鳴りがする．Mir klingen die ～en. 《話》どこかで私の噂をしている．Mein ～ hat sich⁴ getäuscht. 《話》私の空耳だった．Ich bin ganz ～. 《話》私は全身を耳にして聞いている．die ～en anlegen (犬などが)耳を伏せる．《話》(人が)かしこまる，大人しくする；《話》(危険や困難を前にして)身を固くする⟨引き締める⟩．die ～en aufmachen⟨auftun⟩ 《話》(耳の穴をかっぽじって)よく聞く．rote ～en bekommen 《話》(恥ずかしくて)耳まで赤くなる．bei j³ ein geneigtes⟨offenes⟩ ～ finden 《雅》《古》人³に快く話を聞いてもらう．Es gibt gleich rote ～en! 《話》いかんげんにしないとひっぱたくよ．Die Wände haben ～en. 《比喩》壁に耳あり．Hast du keine ～en? 《話》君には耳がないのか．Er hat⟨besitzt⟩ ihr ～. 《話》彼の言うことなら彼女は何でもよろこんで聞く．die ～en bei et³ haben 《話》(肝心の話は聞かずに)事⁴に耳を奪われている．Er hat kein ～ für moderne Musik. 《比喩》彼は現代音楽をまったく解さない．gute⟨schlechte⟩ ～en haben 耳がいい⟨悪い⟩．ein offenes ～ für j⁴ haben 《比喩》人⁴の話を快く聞いてやる．taube ～en haben 《比喩》聞く耳を持たない．die ～en steif halten 《話》挫⟨くじ⟩けない，くたれない．die ～en hängen lassen (犬などが)耳を垂らす；《比喩》(人が)打ち萎⟨しお⟩れる，しょんぼりする．j³ die ～en voll jammern 《話》人³にさんざん泣き言を聞かせる．j³ die ～en kitzeln⟨pinseln⟩ 《話》人³におべっかを使う．j³ seine ～en leihen 《雅》人³の言葉に耳を貸す．lange⟨spitze⟩ ～en machen / die ～en spitzen 《話》聞き耳を立てる．sich³ die ～en melken lassen 《話》人の甘口に乗る⟨甘言に釣られる⟩．Er predigte tauben ～en. 《比喩》彼の説教も馬の耳に念仏であった．《話》人の耳に入らない⟨耳が悪い⟩．ein Durchzug⟨Empfang⟩ stellen 《戯》人の言葉に耳を貸さない⟨耳を傾ける⟩．seinen ～en nicht trauen 自分の耳を疑う．Wasch dir deine ～en! 《話》(耳の穴をかっぽじって)よく聞け．die ～en im lang ziehen 《話》(耳をひっぱりながら)人³をきびしく叱る．sich³ die ～en zuhalten⟨verstopfen⟩ 耳をふさぐ．《前置詞と》 nur **auf** einem ～ hören / auf einem ～ taub sein 片耳が聞こえない．Auf diesem⟨dem⟩ ～ höre ich nicht. 《話》そんな話は聞く耳を持たない．sich¹ aufs ～ legen⟨hauen⟩ 《話》寝る，横になる．Du sitzt wohl auf deinen ～en. 《話》君は耳が聞こえないのか．j⁴ **bei** den ～en nehmen 人⁴の耳をつかむ；《話》人⁴にくどく言い聞かせる．**bis** an⟨über⟩ die ～en 《比喩》すっかり，どっぷり．bis an⟨über⟩ die ～en rot werden 耳の付け根まで赤くなる．**für** deutsche ～en 《比喩》ドイツ人の耳には．Das ist nichts für fremde⟨zarte⟩ ～en. 《話》これは他人⟨女性⟩に聞かせられることはない．j³ eins **hinter** die ～en geben 《話》人³の横っ面を張る．sich³ et⁴ hinter die ～en schreiben 《話》事⁴をしっかり覚えておく．noch nicht trocken hinter den ～en sein 《話》(一人前の口をきくには)まだ若すぎる，青二才である．Die Melodie geht⟨fällt⟩ **ins** ～. 《話》そのメロディーは覚えやすい．et⁴ **im** ～ haben 事⁴が耳に残っている．Du hast wohl einen kleinen Mann im ～. 《話》君はすこし頭がおかしいんじゃないか．j³ **mit** et³ in den ～en liegen 《話》人³に物³をしつこくせがむ．j³ et⁴ ins ～ sagen 人³に事⁴を耳打ちする．**mit** den ～en schlackern 《話》呆然とする．mit halbem ～ zuhören 上⟨うわ⟩の空で聞く．j⁴ **übers** ～ hauen 《話》人⁴を口車に乗せる，だます．viel **um** die ～en haben 《話》仕事⟨心配事⟩が山とある．sich³ die Nacht um die ～en schlagen 《話》徹夜する．sich³ die Zeit um die ～en schlagen 時間を無駄につぶす．**von** einem ～ zum anderen strahlen 《話》(うれしくて)顔をいっぱいにほころばせる，喜色満面である．Es geht **zum** ～ hinein und zum andern wieder hinaus. 《話》何を聞いても右の耳から左の耳だ(すぐ忘れる)．j³ zu ～en kommen 《比喩》人³の耳にはいる，耳朶⟨じ⟩に触れる．**2** (Eselohr) (ページの隅の)折れ．(b) (安楽椅子の背の上端両側に張り出した)頭受け，ウィング．(c) (容器などの)取っ手，耳．

Öhr [øːr] 匣 -[e]s/-e **1** 針の穴(耳)，めど．**2** (ハンマーや斧の柄を差込む)穴．**3** 《地方》(鍋・壺などの)耳，取っ手．

'Öhr·chen ['øːrçən] 匣 -s/- ⟨Ohr の縮小形⟩小さな耳．

'Oh·ren·arzt 男 -es/⸚e 《話》耳鼻科医．
'Oh·ren·beich·te 囡 -/-n ⟨キリスト⟩ 秘密告解⟨こっかい⟩．
'oh·ren·be·täu·bend 形 耳が割れるような，耳を聾⟨ろう⟩する．
'Oh·ren·blä·ser 男 -s/- 《話》告げ口する人．
'Oh·ren·fluss 男 -es/⸚e 《医学》耳漏，耳だれ．
'Oh·ren·klap·pe 囡 -/-n (防寒帽の)耳当て．
'Oh·ren·krank·heit 囡 -/-en 耳の病気，耳疾⟨じ⟩．
'Oh·ren·lei·den 匣 -s/- ＝Ohrenkrankheit
'Oh·ren·mensch 男 -en/-en《話》耳の人，聴覚型の人間．↑Augenmensch
'Oh·ren·sau·sen 匣 -s/ 耳鳴り．
'Oh·ren·schmalz 匣 -es/ 耳あか，耳垢⟨じこう⟩．
'Oh·ren·schmaus 男 -es/ 耳に快いもの，耳のごちそう．
'Oh·ren·schmerz 男 -es/-en (ふつう複数で) 耳痛．
'Oh·ren·schüt·zer 男 -s/- (防寒用の)耳当て，耳覆い．
'Oh·ren·ses·sel 男 -s/- (背もたれの左右に頭受けのついた)ウィングチェア．↑Ohr 2 (b)
'Oh·ren·zeu·ge 男 -n/-n 自分の耳で聞いたことを証言する証人．

'Ohr·fei·ge ['oːrfaigə] 囡 -/-n 平手打，びんた．eine ～ bekommen 平手打をくらう．j³ eine ～

geben 人³に平手打をくらわす.
'ohr·fei·gen [ˈoːrfaɪɡən] 他 （人⁴の）横つ面を張る, (に)びんたをくらわす.
'Ohr·fei·gen·ge·sicht 田 -[e]s/-er 《卑》(張り倒したくなるような)憎らしい顔.
'Ohr·ge·hän·ge 田 -s/- ペンダントイヤリング, ドロップイヤリング.
..oh·rig [..oːrɪç]《接尾》「…の耳の」の意を表す形容詞を作る. spitz*ohrig* 耳のとがった.
'Ohr·läpp·chen 田 -s/- 耳たぶ.
'Ohr·loch 田 -[e]s/²er (ピアスのための)耳たぶの穴.
'Ohr·mu·schel 囡 -/-n **1**《解剖》耳介(じかい). **2**《美術》(17 世紀バロック様式の)耳状装飾.
'Ohr·ring 男 -[e]s/-e イヤリング.
'Ohr·spei·chel·drü·se 囡 -/-n《解剖》耳下腺.
'Ohr·trom·pe·te 囡 -/-n《解剖》耳管.
'Ohr·wurm 男 -[e]s/²er **1**《虫》はさみむし. **2**《話》覚えやすい(心地よい)メロディー. **3**《古》おべっか使い.
o. J.《略》ohne Jahr《出版》発行年の記載なし.
oje [oˈjeː] 間 *Oje!*（驚きの声)おお, ええっ, まあ, なんてこった. ◆o Jesus の転訛形.
oje·mi·ne [oˈjeːmine] 間 =oje ◆o Jesus Domine の転訛形(↑jemine).
oje·rum [oˈjeːrʊm] 間《古》=oje ◆↑jerum
o. K., O. K. [oˈkeː]《略》=okay
Oka·ri·na [okaˈriːna] 囡 -s/(..nen(..nən)) (it.)《楽器》オカリナ.
okay [oˈkeː] 形 (*am.*)(略 o.K., O.K.)《話》分かった, オーケー. Bist du [wieder]～? 気分は良くなったかい. Ihr Flug ist[geht]～.《航空》あなたの搭乗手続きは完了しております. *Okay*, treffen wir uns also um 19 Uhr! オーケー, では午後 7 時に会いましょう.
Okay 田 -[s]/-s《話》了承, 承諾, オーケー. *sein* ～ *geben* オーケーを出す.
Oke·a·ni·de [okeaˈniːdə] 囡 -/-n (↓Okeanos)《ふつう複数で》《ギリシャ神話》オーケアニスたち, オーケアニデス (Okeanos の娘たちの名, 海の Nymphe たち).
Oke·a·nos [oˈkeːanɔs]《人名》(gr.)《ギリシャ神話》オーケアノス (Titanen の 1 人, Uranus と Gäa との息子, 大洋の支配者).
Ok·ka·si·on [ɔkaziˈoːn] 囡 -/-en (*lat.*, Gelegenheit') **1**《古》機会, きっかけ. **2**《商業》(Gelegenheitskauf) 掘出し物.
Ok·ka·si·o·na·lis·mus [ɔkaziɔnaˈlɪsmʊs] 男 -/《哲学》偶因論, 機会原因論.
ok·ka·si·o'nell [..ˈnɛl] 形 偶然の, ときだけの.
Ok·klu·si·on [ɔkluziˈoːn] 囡 -/-en (*lat.*) **1**《古》閉塞, 閉鎖. **2**《気象》(温暖前線と寒冷前線が衝突して生じる)閉塞. **3**《病理》(管腔器官の)閉塞 (症). **4**《歯学》(上下の歯列の)咬合. **5**《物理》(気体などの)吸蔵.
ok·klu'siv [ɔkluˈziːf] 形 閉塞(閉鎖)性の.
Ok·klu'siv 男 -s/-e《言語》(Explosiv) 閉鎖音, 破裂音([p][t][k] など).
ok'kult [ɔˈkʊlt] 形 (*lat.*, verborgen, versteckt') オカルトの, 隠れた, 超常の, 不可知の.
Ok·kul'tis·mus [ɔkʊlˈtɪsmʊs] 男 -/(↓okkult) オカルティズム(超自然的・超感覚的な現象や諸力についての説, 心霊術・テレパシーなど).
Ok·kul'tist [..ˈtɪst] 男 -en/-en オカルティスト, オカルティズムの信奉者.
ok·kul'tis·tisch 形 オカルティズムの.
Ok·ku'pant [ɔkuˈpant] 男 -en/-en《ふつう複数で》占領者;《法制》先占者.
Ok·ku·pa·ti'on [ɔkupatsiˈoːn] 囡 -/-en (*lat.*) 占領. **2**《法制》先占.
ok·ku'pie·ren [ɔkuˈpiːrən] 他 **1** (土地などを)占領する, 占拠する. **2**《古》《法制》(無主物を)先占する. **3**《戯》ひとりじめする.
'Öko [ˈøːko] 男 -s/-s《話》環境保護運動家.
öko.., Öko.. [øːko.., øːko..]《接頭》名詞と結びついて「環境, 環境保護」などと関連した語をつくる.
'Öko·bau·er [ˈøːko..] 男 -n(-s)/-n 有機栽培農家.
'Öko·be·we·gung 囡 -/-en 自然環境保護運動.
'Öko·la·den 男 -s/² 自然食品店.
'Öko·lo·ge [øːkoˈloːɡə] 男 -n/-n 生態学者.
Öko·lo'gie [øːkoloˈɡiː] 囡 -/ (*gr.*) **1** 生態学, エコロジー. **2** 生態系.
öko·lo'gisch [øːkoˈloːɡɪʃ] 形 **1** 生態学(上)の. **2** 生態系の. **3** 環境保護の. ～*e* Bewegung 環境保護運動.
Öko'nom [øːkoˈnoːm] 男 -en/-en **1** 経済学者, 営農家. **2** 農業経営者, 営農家.
*******Öko·no'mie** [økonoˈmiː エコノミー] 囡 -/-n[..ˈmiːən] **1** (Wirtschaft) 経済. internationale ～*n* 国際経済. **2**《複数なし》経済性; 節約. **3**《古》経済学. politische ～ 政治経済学. **4**《古》《古風》農業経営.
Öko'no·mik [økoˈnoːmɪk] 囡 -/-en《複数なし》(Wirtschaftswissenschaft) 経済学. **2** (ある国や産業部門の)経済事情.
*******öko·no'misch** [økoˈnoːmɪʃ エコノーミシュ] 形 **1** 経済の, 経済上の; 経済学の. **2** 経済的な, 効率の良い; (ある人が)やりくり上手な.
Öko·no'mis·mus [økoˈnoːmɪsmʊs] 男 -/ 経済(偏重)主義.
'Öko·steu·er [ˈøːko..] 囡 -/-n 環境税.
'Öko·sys·tem 田 -s/-e 生態系.
Okt.《略》**1** =Oktober **2** =Oktav¹
ok·ta.., Ok·ta.. [ɔkta..]《接頭》↑okto.., Okto..
Ok·ta'e·der [ɔktaˈeːdɐ] 田 -s/- (↑Okto..)《幾何》正 8 面体.
Ok'tan [ɔkˈtaːn] 田 -s/-e (↑Okto..)《ふつう複数で》《化学》オクタン.
Ok'tant [ɔkˈtant] 男 -en/-en **1**《幾何》八分円. **2** 八分儀. **3** der ～《天文》八分儀座.
Ok'tan·zahl 囡 -/-en (略 OZ) オクタン価.
Ok'tav¹ [ɔkˈtaːf] 田 -[e]s/-e (略 Okt., 記号 8°)《書籍》8 つ折り判.
Ok'tav² 囡 -/-en (*lat.* octavus, der Achte') 《カトリック》(大祝日から数えて) 8 日間の祝祭; (とくに) 8 日目の祝祭 (Oktav をもつ大祝日は今日では Weihnachten と Ostern の 2 つだけであるが, 1969 までは Pfingsten も Oktav をもつ大祝日であった. **2**《グレゴリオ聖歌》オクターヴ(楽節のひとつ). **3**《地方》=Oktave 1
Ok'tav·band 男 -[e]s/²e《印刷》8 つ折り版の本.
Ok'ta·ve [ɔkˈtaːvə] 囡 -/-n **1**《音楽》オクターヴ, 8 度. **2**《カトリック》=Oktav² **3**《韻律》(Stanze) 8 行詩体. **4**《楽器》オクターヴェ(オルガンの 1 オクターブ高音用のストップ).
Ok'ta·ven Oktav², Oktave の複数.
Ok'tav·for·mat 田 -[e]s/《書籍》=Oktav¹
Ok·ta·vi'an [ɔktaviˈaːn]《人名》オクタウィアーヌス (初代ローマ皇帝, ラテン語形 Oktavianus). ↑Augustus
Ok'tett [ɔkˈtɛt] 田 -[e]s/-e《音楽》**1** 八重奏(唱)

ok·to‥, Ok·to‥ [ɔkto‥] (接頭) (*lat.*, acht') 形容詞・名詞に冠して「8」を意味する. *Oktopode* たこ(蛸).

Ok'to·ber [ɔk'to:bər オクトーバー] 男 –[s]/– (*lat.*, der achte Monat') 10月(3月から始まる古代ローマ暦で「第8番目の月」の意). ↑Okto‥.

Ok'to·ber·fest 中 –[e]s/–e 10月祭, オクトーバーフェスト(9月末から10月初めにかけてミュンヒェンで催される).

Ok'to·ber·re·vo·lu·ti·on 女 –/ 〚歴史〛10月革命(1917 ロシアの).

Ok'to·de [ɔk'to:də] 女 –/–n 〚電子工〛8極管.

Ok·to'gon [ɔkto'go:n] 中 –s/–e **1** 〚幾何〛(Achteck) 8角形. **2** 8角形の建物. **3** 〚郵趣〛8角形の切手.

Ok·to'po·de [ɔkto'po:də] 男 –n/–n 〚動物〛(Achtfüßler) たこ(蛸).

ok·troy'ie·ren [ɔktroa'ji:rən] 他 (*fr.*) (人³に事²を)強要する, 押しつける.

Oku'lar [oku'la:r] 中 –s/–e 〚光学〛(*lat.* oculus, Auge') (↔ Objektiv) 接眼レンズ.

Oku·la·ti'on [okulatsi'o:n] 女 –/–en (*lat*) 〚園芸〛芽接(つ)ぎ.

'Oku·li [ˈo:kuli] 〚無冠詞／不変化〛(*lat.*, Augen') 〘ｶﾄﾘｯｸ〙(四旬節の第3主日).

oku'lie·ren [oku'li:rən] 他 (果樹などに)芽接ぎする.

Öku'me·ne [økuˈmeːnə] 女 –/ (*gr.*) **1** 〚地理〛人類の居住地(としての地球). **2** 〚神学〛キリスト教会; (ökumenische Bewegung) 教会一致運動.

öku'me·nisch [økuˈmeːnɪʃ] 形 **1** 〚地理〛人類居住地の. **2** 〚神学〛教会一致論(世界教会論)の. *– e Bewegung* 教会一致運動.

Öku·me'nis·mus [økumeˈnɪsmʊs] 男 –/ 〘ｶﾄﾘｯｸ〙キリスト教会合同論; 世界教会運動, エキュメニズム.

'Ok·zi·dent [ˈɔktsidɛnt, – – ˈ –] 男 –[e]s/ (*lat.* occidens, untergehende Sonne, Westen') (↔ Orient) **1** (Abendland) 西洋, 西欧. **2** 〚古〛西, 西方.

ok·zi·den'tal [ɔktsidɛn'ta:l] 形 **1** 〚古〛西の, 西方の. **2** 西洋の.

ok·zi·den'ta·lisch [ɔktsidɛn'ta:lɪʃ] 形 (まれ) = okzidental.

*****Öl** [ø:l エール] 中 –[e]s/–e (*gr.* elaion, Olivenöl') 油, オイル; 石油, 灯油, 潤滑油, エンジンオイル; 食用油, サラダオイル; サンオイル. *Fette und ~* 油脂. *ätherisches ~* 精油. *pflanzliches⟨tierisches⟩ ~* 植物⟨動物性⟩の油. *~ auf die Lampe gießen*〘話〙(強い酒を一杯ひっかける. *~ auf die Wogen gießen*《比喩》興奮〈激情〉を静める; 争いを仲裁する. *~ ins Feuer gießen*《比喩》火に油を注ぐ. *~ pressen ⟨schlagen⟩* 油を搾(しぼ)る. *~ wechseln* オイルを交換する. *et⁴ in ~ malen ⟨backen⟨braten⟩⟩* 物⁴を油絵に描く. *mit ~ heizen* 灯油で暖房する. *wie ~*《比喩》円滑な, 順調な; (ワインなどが)喉越しのよい. *j³ runtergehen wie ~*〘話〙人³の耳に心地よく響く.

ö. L. (略) =östlicher Länge 〚地理〛東経‥. ↑n. Br.

'Öl·bad 中 –[e]s/ ⸚er 〚医学〛油浴.

'Öl·baum 男 –[e]s/ ⸚e 〚植物〛オリーブ(の木).

'Öl·be·häl·ter 男 –s/– オイルタンク.

'Öl·berg〚地名〛オリーブ山(の), 橄欖(かんらん)山. ◆エルサレムの東にある高さ 800 m ほどの小山, Jesus 昇天の地とされる, 使 1:6 以下.

'Öl·bild 中 –[e]s/–er =Ölgemälde

'Öl·den·burg [ˈɔldənbʊrk]〚地名〛**1** オルデンブルク(ニーダーザクセン州の同名の郡 Landkreis および都市). *~* (Oldenburg) オルデンブルク市. **2** オルデンブルク(シュレスヴィヒ＝ホルシュタイン州の都市). *~* (Holstein) オルデンブルク市. ◆ドイツでは同名の都市が複数ある場合, 上の例のように( )をつけて区別する.

'Öl·druck 男 –[e]s/–e **1** 〘複数なし〙〚工学〛油圧. **2** 〚印刷〛オイル印画.

'Öl·druck·brem·se 女 –/–n 〚工学〛油圧ブレーキ.

'Old·ti·mer [ˈoːltaɪmər, ˈoʊldtaɪmə] 男 –s/– (*engl.*) **1** 時代物の乗物・家具など; (とくに)クラシックカー. **2** 〚話〛ベテラン, 古参.

Ole'an·der [oleˈandər] 男 –s/– (*it.*) 〚植物〛きょうちくとう(夾竹桃).

'ölen [ˈøːlən] 他 **1** (物に)油を差す; 油を塗る, *das Fahrrad ~* 自転車に油を塗る. *sich³ die Haut ~* 肌に油を塗る. 〚過去分詞〛*Es geht wie geölt.*〘話〙事がすいすい運ぶ. *wie ein geölter Blitz*〘話〙電光石火のごとく. **2** 〚宗教〛(人⁴に)塗油する.

'Öl·far·be [ˈøːlfarbə] 女 –/–n **1** 油絵の具. **2** 油性塗料(ペイント).

'Öl·feld 中 –[e]s/–er 油田.

'Öl·för·de·rung 女 –/(–en) 石油採掘.

OLG (略) =Oberlandesgericht

'Ol·ga [ˈɔlga]〚女名〛(*russ.*) オルガ.

'Öl·ge·mäl·de 中 –s/– 油絵.

'Öl·göt·ze 男 –n/–n〚話〛でくのぼう. 《ふつう次の成句で》*wie ein ~ dastehen ⟨dasitzen⟩* でくのぼうのように突っ立っている⟨ぼんやりして座り込んでいる⟩. ◆本来 Ölberggötze の短縮形で, Ölberg で眠り込んでしまったイエスの弟子たちのことを下敷きにしている(↑〚新約〛マタ 26:40).

'öl·hal·tig [ˈøːlhaltɪç] 形 油分を含んだ.

'Öl·haut 女 –/ **1** 油膜. **2** (油引きをした)防水布, オイルクロス; 防水コート.

'Öl·hei·zung 女 –/–en 石油暖房.

'Öl·höf·fig 形 油田として有望な.

'ölig [ˈøːlɪç] 形 **1** 油性の, 油を含んだ. **2** 油状の, 油のようにどろっとした. **3** 油でべとべとした, 油だらけの. **4** (俗)もったいぶった.

Oli·gar'chie [oligarˈçiː] 女 –/–n [..ˈçiːən] (*gr.* Oligo.. +..archie) **1** 〘複数なし〙〚政治〛寡頭政治. **2** 寡頭政治の国家.

oli·go‥, Oli·go‥ [oligo‥] (接頭) (*gr.*, wenig, klein') 形容詞・名詞に冠して「少ない, とぼしい, 微量の」の意を表す. 母音の前では olig‥, Olig‥ となる. *Oligopol* 寡占.

Oli·go'pol [oligoˈpoːl] 中 –s/–e 〚経済〛寡占.

'Olim [ˈoːlɪm] (*lat.*, ehemals')《次の成句でのみ》*seit ~ / seit ~s Zeiten* 大昔から. *zu ~s Zeiten* 大昔に.

oliv [oˈliːf] 形 〚不変化〛オリーブ色の.

Oli·ve [oˈliːvə, ｵｰｽﾄﾘｱ –ˈfə] 女 –/–n (*lat.*) **1** 〚植物〛オリーブ(の木, 実). **2** (a) (ドア・窓などのオリーブ様の長円形をした)取っ手, 握り. (b) 〚解剖〛(延髄側索の)オリーブ. (c) 〚医学〛(カテーテルなどの)楕円形の末端部.

Oli·ven·baum 男 –[e]s/ ⸚e (Ölbaum) オリーブ(の木).

Oli·ven·öl 中 –[e]s/ オリーブ油.

oliv·grün 形 オリーブ色の.

Oli·vin [oliˈviːn] 男 –s/– (↓Olive) 〚鉱物〛橄欖

Ölkanne

- **'Öl·kan·ne** [ʼoːl..] 囡 -/-n 石油缶.
- **'Öl·kri·se** 囡 -/-n 石油危機.
- **'Öl·ku·chen** 男 -s/- 油かす(家畜の飼料に用いられる).
- **'Öl·lack** 男 -[e]s/-e 油ニス(エナメル).
- **'Öl·lei·tung** 囡 -/-en〖工学〗**1** (自動車の)オイルパイプ, 送油管. **2** (石油の)パイプライン.
- **'Öl·ma·le·rei** 囡 -/-en 油絵.
- **'Öl·mo·tor** 男 -s/-en《古》ディーゼルエンジン.
- **'Öl·müh·le** 囡 -/-n 搾油(さくゆ)所.
- **'Öl·ofen** 男 -s/̈- 石油ストーブ.
- **'Öl·pa·pier** 中 -s/-e 油紙.
- **'Öl·pest** 囡 -/ 石油による汚染(海水などの).
- **'Öl·pflan·ze** 囡 -/-n 油の採れる植物.
- **'Öl·quel·le** 囡 -/-n 油井(ゆせい).
- **'Öl·raf·fi·ne·rie** 囡 -/-n[..riːən] 精油所.
- **'Öl·sar·di·ne** 囡 -/-n オイルサーディン(オリーブ油につけたいわし).
- **'Öl·stand** 男 -[e]s/̈-e〖工学〗エンジンオイルの量.
- **'Öl·tan·ker** 男 -s/- 油送船, タンカー.
- **'Ölung** [ʼøːlʊŋ] 囡 -/-en **1** 油を差すこと, 注油. **2《カト》塗油. die Letzte ～ 終油の秘蹟.
- **'Öl·vor·kom·men** 中 -s/- 石油鉱床, 油田.
- **'Öl·wan·ne** 囡 -/-n (自動車のエンジンの)油だめ, 油受け.
- **'Öl·wech·sel** 男 -s/- オイル交換.
- **Olymp** [oˈlʏmp] (gr. Olympos) ❶ -s/《地名》der ～ オリュンポス山(ギリシア北部, 同国の最高峰, 2,917 m). **2** der ～《ギ神話》《神々の居住地としての》オリュンポス山. ❷ -s/《戯》《劇場の》天井桟敷.
- **Olym·pia** [oˈlʏmpia] ❶ -s/《地名》オリュンピア. ▶ ギリシア南部, ペロポネソス半島西部にある古代都市遺跡, Zeus の聖地, 古代オリンピック競技発祥の地. ❷ -s/《ふつう無冠詞で》=Olympiade 1
- **Olym·pia²** 《女名》(↓Olymp) オリュンピア.
- **Olym·pi'a·de** [olʏmpiˈaːdə] 囡 -/-n (↓Olympia¹) **1** オリンピック競技大会. **2** オリンピアード(古代ギリシア・オリンピックが開催された 4 年ごとの周期).
- **Olym·pia·mann·schaft** [oˈlʏmpia..] 囡 -/-en オリンピックチーム.
- **Olym·pia·me·dail·le** 囡 -/-n オリンピックメダル.
- **Olym·pia·sie·ger** 男 -s/- オリンピック優勝者. ◆ 女性形 Olympiasiegerin 囡 -/-nen
- **Olym·pia·sta·di·on** 中 -s/..dien オリンピックスタジアム.
- **Olym·pia·teil·neh·mer** 男 -s/- オリンピック選手. ◆ 女性形 Olympiateilnehmerin 囡 -/-nen
- **Olym·pi·er** [oˈlʏmpiɐ] 男 -s/- (↓Olymp) **1** オリュンポス山の住人. der ～ Zeus オリュンポスの神ゼウス. **2**《比喩》秀でた人物.
- **Olym·pi·o'ni·ke** [olympioˈniːkə] 男 -n/-n (gr.) (↑Nike) **1** (Olympiasieger) オリンピック優勝者. **2** (Olympiateilnehmer) オリンピック選手. ◆ 女性形 Olympionikin 囡 -/-nen
- **olym·pisch¹** [oˈlʏmpɪʃ] 形 (↓Olymp) **1** オリュンポス山の. die ～en Götter《ギ神話》オリュンポスの神々(12 神). **2**《比喩》秀でた, 威厳にみちた.
- **olym·pisch²** 形 (↓Olympia¹) オリンピック競技の. ～es Dorf オリンピック選手村. ～es Feuer オリンピック聖火. Internationales Olympisches Komitee《略 IOK, 英語形 IOC》国際オリンピック委員会. ～e Ringe オリンピックの 5 輪マーク. die Olympischen Spiele オリンピック競技大会(古代オリンピックは 393 まで, 近代オリンピックは 1896 から).
- **'Öl·zeug** [ʼoːl..] 中 -[e]s/-e (船員用の)油布製防水服.
- **'Öl·zweig** 男 -[e]s/-e オリーブの枝(平和の象徴).
- **Oma** [ˈoːma] 囡 -/-s (↓Großmama)《幼児》(呼びかけとして)おばあちゃん.
- **Oman** [oˈmaːn]《地名》オマーン(アラビア半島南東部のサルタン王国, 首都マスカット Mascat).
- **'Om·buds·mann** [ˈɔmbʊtsman] 男 -[e]s/..(..leute) (schwed., Schiedsmann)《政治》行政監査委員, オンブズマン. ◆ 女性形 Ombudsfrau 囡 -/-en
- **'Ome·ga** [ˈoːmega] 中 -[s]/-s オメガ(ギリシア語アルファベットの第 24 文字, Ω, ω).
- **Ome'lett** [ɔm(ə)ˈlɛt] 中 -[e]s/-e(-s) =Omelette
- **Ome'lette** [ɔm(ə)ˈlɛt] 囡 -/-n (fr.) オムレツ.
- **'Omen** [ˈoːman] 中 -s/-(Omina[ˈoːmina])(lat.) 前兆, 前ぶれ, 徴候. ein gutes〈glückliches〉～ 吉兆. ein böses〈schlechtes〉～ 凶兆.
- **'Omi·kron** [ˈoːmikrɔn, ˈoːmikrɔn] 中 -[s]/-s (gr., kurzes O') オミクロン(ギリシア語アルファベットの第 15 文字, O, o).
- **'Omi·na** [oˈmiːna] Omen の複数.
- **omi'nös** [omiˈnøːs] 形 (lat. Omen) **1** 不吉な. **2** うさん臭い, あやしげな, 得体の知れぬ.
- **'Om·ni·bus** [ˈɔmnibʊs] 男 -ses/-se (lat.) バス, 乗合自動車.
- **om·ni·po'tent** [ɔmnipoˈtɛnt, '- - - -] 形 全能の.
- **Om·ni·po'tenz** [..ˈtɛnts] 囡 -/ 全能(の力).
- **om·ni·prä'sent** [ɔmniprɛˈzɛnt, '- - - -] 形 (lat., allgegenwärtig')(神に関して)常に至るところに存在する, 偏在する.
- **om·ni'vor** [ɔmniˈvoːr] 形 (lat.)《生態》雑食性の.
- **Om·ni'vo·re** [..ˈvoːrə] 男 -n/-n (lat., Allesfresser')《ふつう複数で》《生態》雑食性動物.
- **On** [ɔn] 中 -/《engl.》《映画·演劇, ラジ》(↔Off) 画面(舞台, スクリーン)に姿を見せること.
- **'Onan** [ˈoːnan]《人名》(hebr.)《旧約》オナン. ▶ Juda ① の第 2 子, 創 38: 1-11. 彼の名前から誤って Onanie という語が生れたが, 彼が行なったのは膣外射精であって手淫ではない.
- **Ona'nie** [onaˈniː] 囡 -/ (↓Onan) オナニー, 手淫.
- **ona'nie·ren** [onaˈniːrən] 自 オナニー(自慰)をする.
- **ÖNB** [øːˈɛnˈbeː] (略) **1** Österreichische Nationalbank オーストリア国立銀行. **2** Österreichische Nationalbibliothek オーストリア国立図書館.
- **On'dit** [ɔ̃ˈdiː] 中 -[s]/-s (fr. on dit, man sagt') 噂, 風説. ～ zufolge 噂によると.
- **on·du'lie·ren** [ɔnduˈliːrən] 他 (fr. onde, Welle) **1** [Haar] ～ ヘアアイロンで髪にウェーブをつける. **2** (人⁴の)髪にヘアアイロンでウェーブをつける.
- **'One·stepp** [ˈvanstɛp, 'wan..] 男 -s/-s《engl.》《ダンス》ワンステップ(1900 頃アメリカで生れた ²/₄ 拍子の社交ダンス).
- **'On·kel** [ˈɔŋkəl] オンケル 男 -s/-《話》-s) おじ(伯父, 叔父).《幼児》(よその)おじさん, おじちゃん.《俺》おっさん. ～ Fritz フリッツおじさん.
- **'On·kel²** 男 -s/- (fr. ongle, Fingernagel)《話》《次の用法で》dicker ～ 足の親指. über den [großen] ～ gehen〈laufen〉内またに歩く.
- **'On·kel·ehe** 囡 -/-n《話》(寡婦年金を失わないために

故意に入籍を避けた)内縁関係.

'on·kel·haft [形] **1** おじさんらしい, 親身な. **2** 《侮》おじさんぶった, 恩着せがましい.

'on·keln ['ɔŋkəln] [自] (↓Onkel^2) 《話》内股(うちまた)に歩く.

'on·line ['ɔnlaɪn] [副] (*engl.*) 〖コンピュータ〗 (↔ offline) オンラインの. ～ sein オンラインの状態である.

'On·line·ban·king ['ɔnlaɪnbɛŋkɪŋ] [中] –s/ 〖コンピュータ〗オンラインバンキング.

'On·line·be·trieb [男] –[e]s/–e 〖コンピュータ〗オンラインサービス.

ONO 《略》=Ostnordost[en]

Öno·lo'gie [ønolo'gi:] [女] –/ (*gr.* oinos ,Wein') **1** ぶどう栽培法. **2** ワイン醸造学.

ono·ma·to·po'e·tisch [onomatopo'e:tɪʃ] [形] 〖言語〗擬声(擬音)の.

Ono·ma·to·pö'ie [onomatopø'i:] [女] –/–n[..'i:ən] (*gr.* onomatos ,Name') 〖言語〗擬声, 擬音.

'Önorm ['ø:nɔrm] [女] –/ オーストリア工業規格 (Österreichische Norm の短縮).

on 'parle fran'çais [õ: 'parl frã'sɛ:] (*fr.*) 当店ではフランス語を話します(店の看板などに).

'on·tisch ['ɔntɪʃ] [形] (*gr.* on ,seiend') 存在的な.

On·to·lo'gie [ɔntolo'gi:] [女] –/ (*gr.*) 〖哲学〗存在論.

on·to'lo·gisch [ɔnto'lo:gɪʃ] [形] 〖哲学〗存在論の.

'Onyx ['o:nʏks] [男] –[e]s/–e (*gr.*) 〖鉱物〗縞瑪瑙(しまめのう).

o. O. 《略》=ohne Ort 発行地の記載のない.

o. O. u. J. 《略》=ohne Ort und Jahr 発行地および発行年次の記載のない.

OP[1] [o:'pe:] [女] –/–s 《略》=Operation 1

OP[2] [男] –[s]/–[s] 《略》=Operationssaal

op. 《略》=Opus 1

o. P. 《略》=ordentlicher Professor 正教授.

'Opa ['o:pa] [男] –s/–s (↓Großpapa) 《幼児》(呼びかけとして)おじいちゃん. ～*s* Kino 昔の映画.

opak [o'pa:k] [形] (*lat.*) 乳白色の.

Opal [o'pa:l] [男] –s/–e (*sanskr.* upala ,Stein') **1** 〖鉱物〗蛋白石, オパール. **2** 〖紡織〗オパール織(細糸で織った綿布).

opa·len [o'pa:lən] [形] **1** オパールの. **2** オパールのような輝きの.

Opa·les'zenz [opalɛs'tsɛnts] [女] –/ 乳光(オパールのような輝き).

Opal·glas [中] –es/ オパールガラス, 乳白ガラス.

opa·li'sie·ren [opali'zi:rən] [自] オパール色に光る.

Opan·ke [o'paŋkə] [女] –/ (*serb.* ,Sandale') オパンケ(南スラヴ地方の婦人靴, 先がそり上がり, かかとがない).

'Op-Art ['ɔp|a:rt] [女] –/ (*engl.*) オプアート(視覚的トリックを用いた前衛芸術).

OPEC ['o:pɛk] [女] –/ オペック, 石油輸出国機構 (Organization of Petroleum Exporting Countries の略. ドイツ語形 Organisation erdölexportierender Länder).

OPEC-Land [中] –[e]s/–̈er オペック加盟国 (OPEC-Staat とも).

***'Oper** ['o:pər オーパー] [女] –/–n (*it.*) **1** 〖音楽〗オペラ, 歌劇. ernste ～ 正歌劇 (Opera seria). komische ～ 喜歌劇 (Opera buffa). Heute ist keine ～. 今日はオペラはない. Red⟨Erzähl/Quatsch⟩ keine ～n! 《話》何をくどくどと言っているんだ, つまらない長話はやめてくれ. **2** (Opernhaus) オペラハウス, 歌劇場; 歌劇団. in die ～ gehen オペラを見に行く. zur ～ gehen オペラ歌手になる.

'Ope·ra ['o:pəra] Opus の複数.

ope'ra·bel [opə'ra:bəl] [形] 《副詞的には用いない》 **1** 〖医学〗手術可能な. **2** 操作可能な.

'Ope·ra 'buf·fa ['o:pəra 'bʊfa] [女] – –/Opere buffe [..re ..fe] (*it.* opera ,Oper' + buffa ,Schabernack') 〖音楽〗 (↔ Opera seria) オペラ・ブッファ, 喜歌劇.

'Ope·ra 'se·ria [..'ze:ria] [女] – –/ Opere serie [..rie] (*it.* ,ernste Oper') 〖音楽〗オペラ・セリア, 正歌劇.

Ope·ra'teur [opəra'tø:r] [男] –s/–e (*fr.*) **1** 〖医学〗執刀医. **2** 〖映画〗映写技師. **3** 《古》カメラマン. **4** 《まれ》=Operator 1

***Ope·ra·ti'on** [opəratsi'o:n オペラツィオーン] [女] –/–en (*lat.*) **1** 《略 OP》〖医学〗手術. sich^4 einer ～ unterziehen 手術を受ける. **2** (ある考え・やり方に基づいた)行動, 活動; (ある組織・政党などの)運動, キャンペーン. **3** (学問的な)操作, 処理. **4** 〖軍事〗作戦(行動). **5** 〖数学〗演算.

Ope·ra·ti'ons·ba·sis [女] –/..basen[..zən] 〖軍事〗作戦基地.

Ope·ra·ti'ons·saal [男] –[e]s/..säle 《略 OP, OP-Saal》手術室.

Ope·ra·ti'ons·tisch [男] –[e]s/–e 手術台.

ope·ra'tiv [opəra'ti:f] [形] **1** 〖医学〗手術による, 手術(上)の. eine Geschwulst ～ entfernen 手術で腫瘍(しゅよう)を取除く. **2** 〖軍事〗作戦(上)の. **3** 操作上の, 実際的な.

Ope'ra·tor [opə'ra:tor] [男] –s/–en[..ra'to:rən] **1** (コンピュータなどの)オペレーター. ▶ 女性形 Operatorin [女] –/–nen **2** 〖数学〗演算子; 〖言語〗操作子.

Ope'ret·te [opə'rɛtə] [女] –/–n 《イタリア語 Opera の縮小形》〖音楽〗 **1** 《複数なし》(ジャンルとしての)オペレッタ. **2** (個々の)オペレッタ(の作品).

***ope'rie·ren** [opə'ri:rən オペリーレン] (*lat.*) **❶** [他] 手術する. j^4 am Magen ～ 人^{4}の胃を手術する. Der Krebs muss sofort *operiert* werden. その癌の手術は急を要する. sich^4 ～ lassen 手術を受ける.
❷ [自] **1** 手術を行なう. **2** (ある考え・やり方に基づいて)行動する; (mit et^3 物^{3}を) 操作する, 用いる. Er *operierte* listig, um sein Ziel zu erreichen. 彼は目的を達するために狡猾(こうかつ)に行動した.

'Opern·ball ['o:pərn..] [男] –[e]s/–̈e オペラハウスでの舞踏会.

'Opern·füh·rer [男] –s/– オペラ案内書.

'Opern·glas [中] –es/–̈er オペラグラス.

'Opern·gu·cker [男] –s/– 《話》オペラグラス.

'opern·haft [形] オペラ風の.

'Opern·haus [中] –es/–̈er オペラハウス, 歌劇場.

'Opern·sän·ger [男] –s/– オペラ歌手. ♦ 女性形 Opernsängerin [女] –/–nen

***'Op·fer** ['ɔpfər オプファー] [中] –s/– **1** (神への)捧げ物, 供物(くもつ). ein ～ darbringen 供物を捧げる. **2** (a) 犠牲, 犠牲的行為. ein großes ～ 大きな犠牲. j⟨et⟩^{3} ein ～ bringen / ein ～ für j⟨et⟩^{4} bringen 人⟨事⟩^{3,4}のために犠牲を払う. für et^4 ～ an Geld und Zeit bringen 事^{4}のために金と時間を犠牲にする. unter persönlichen ～*n* 個人的犠牲を払って. j^3 et^4 zum ～ bringen 人^{3}のために物^{4}を犠牲にする. (b) 犠牲者. die *Opfer* der Kriege 戦争の犠牲者. Du bist also das arme ～. 《戯》それじゃ君が貧乏くじを引いたわけだ

O

opferbereit

ね。ein ~ der Flammen werden《比喩》焼け死ぬ。Der Unfall forderte zahlreiche Opfer. その事故はおびただしい犠牲者を出した。j⟨et⟩³ zum ~ fallen 人⟨事⟩³の犠牲になる。

'op·fer·be·reit 形 犠牲をいとわない、犠牲的精神の。
'op·fer·freu·dig 形 すすんで自己を犠牲にする。
'Op·fer·ga·be 女 -/-n 供物(もつ)。
'Op·fer·gang 男 -[e]s/=e **1**《カト》浄財奉納(ミサ中に集められた献金を祭壇に奉納すること)。**2**《雅》献身。
'Op·fer·lamm 中 -[e]s/=er **1** 生けにえに捧げられた子羊。**2**《複数なし》《キリスト教》神の子羊(Jesus Christus のこと。↑Agnus Dei)。**3**《比喩》無実の罪を負わされた者。
'Op·fer·mut 男 -[e]s/ 犠牲的精神。
***'op·fern** ['ɔpfərn オプファーン] ❶ 他 **1**(神に)生けにえとして捧げる。ein Lamm ~ 子羊を生けにえにする。《4格目的語なしで》dem Gott ~ 神に捧げ物をする。[Neptun] ~《戯》(船酔いで)反吐(へど)をはく。**2**《人⟨物⟩⁴》を犠牲にする。seine Gesundheit ~ 健康を犠牲にする。j³ seine Nachtruhe ~ 人³のために夜の安息を犠牲にする。sein Leben für et⁴ ~ 事⁴のために命を捧げる。
❷ 再 (sich³) sich für j⟨et⟩³ ~ 人⟨事⟩⁴のために身を捧げる、犠牲になる。Opfere dich und nimm das Kind zu dir!《戯》気の毒だけどその子を引取ってもらう。
'Op·fer·stock 男 -[e]s/=e (教会の)献金箱。
'Op·fer·tier 中 -[e]s/-e 生けにえの動物。
'Op·fer·tod 男 -[e]s/《雅》犠牲の死。der ~ Christi am Kreuz 十字架上のキリストの贖罪の死。
'Op·fe·rung ['ɔpfəruŋ] 女 -en (複数まれ) **1** 犠牲(生けにえ)を捧げること。**2**《カト》奉献(ミサの際にパンとぶどう酒を供えること)。
'op·fer·wil·lig 形 すすんで犠牲となる、犠牲をいとわない。
Oph·thal·mo·lo·gie [ɔftalmolo'giː] 女 -/ (gr.)《医学》眼科学。
Opi·at [opi'aːt] 中 -[e]s/-e (↓Opium) 阿片(あへん)剤。
'Opi·um ['oːpi̯um] 中 -s/ (lat., Mohnsaft') 阿片(あへん)。~ rauchen⟨nehmen⟩ 阿片を吸う。Religion…ist das ~ des Volks. 宗教は民衆を毒する阿片である(Karl Marx)。
'opi·um·hal·tig 形 阿片を含有する。
'Opi·um·krieg 男 -[e]s/《歴史》阿片戦争(1840-42)。
'Opi·um·rau·cher 男 -s/- 阿片吸飲(常習)者。
'Opi·um·sucht 女 -/ 阿片中毒。
Opos·sum [o'pɔsum] ❶ 中 -s/-s《動物》キタオポッサム。❷ 男 -s/-s キタオポッサムの毛皮。◆アルゴンキ(ア)ン語 Algonkin で ‚weißes Tier' を意味する語に由来する。
'Op·po·nent [ɔpo'nɛnt] 男 -en/-en (lat.) 反対(論)者、(議論の)相手。
op·po·nie·ren [ɔpo'niːrən オポニーレン] 自 (lat.) (gegen j⟨et⟩⁴ 人⟨物⟩⁴に) 反対(反論)する。gegen den Vorschlag ~ その提案に反対(反論)する。j³ ~《雅》人³に反対(反論)する。
op·po·nent 《植物》対生の。
op·por·tun [ɔpɔr'tuːn] 形 (lat., günstig') 好都合の、適切な。
Op·por·tu'nis·mus [ɔpɔrtu'nɪsmʊs] 男 -/ 日和見(ひよりみ)主義、御都合(便宜)主義(的行動)。

Op·por·tu'nist [ɔpɔrtu'nɪst] 男 -en/-en 日和見(御都合)主義者。
op·por·tu·ni·stisch 日和見(御都合)主義的な。
***Op·po·si'ti·on** [ɔpozitsi̯'oːn オポズィツィオーン] 女 -/-en (lat.) **1** 反対、対立；反論。~ machen《話》反対(反論)する。in ~ zu j⟨et⟩³ ~ stehen 人⟨事⟩³に対立している。**2** 反対派；野党。in die ~ gehen 党になる、下野(げや)する。**3**《天文》衝(しょう)。**4**《論理》対立。**5**《言語》対立。
op·po·si·ti·o·nell [ɔpozitsi̯o'nɛl] 形 (fr.) 反対する、対立した；反対派(野党)の。
Op·po·si·ti'ons·füh·rer 男 -s/- 野党党首。
Op·po·si·ti'ons·par·tei 女 -/-en 野党。
o. Prof.《略》=ordentlicher Professor 正教授。
Op'tant [ɔp'tant] 男 -en/-en (↑optieren) (ある物に対する)選択権を行使する人。
'Op·ta·tiv ['ɔptatiːf] 男 -s/-e (lat.)《文法》希求法、願望法(古代ギリシア語などの)。
op'tie·ren [ɔp'tiːrən] 自 (lat. optare ‚wählen')❶ 自 (für j⟨et⟩³ 人⟨物⟩³を)選択する。für einen Staat ~《法制》国籍を選択する(他国に割譲された領土の住民などが)。❷ 自 [auf] et⁴ ~《法制》物⁴に対する選択権を行使する。
'Op·tik ['ɔptɪk] 女 -/-en (gr.) **1**《複数なし》光学；光学機械工業、光学部門、光学機器(全体)。physikalische ~ 物理光学。**2**《写真》(対物)レンズ。**3**《複数なし》外観、見た感じ(印象)。Möbel in reizvoller ~ 目を強く引きつける家具。
'Op·ti·ker ['ɔptɪkər] 男 -s/- **1** 光学機械製造(販売)業者、(とくに)眼鏡商。**2** (3年半の見習い期間を経た)眼鏡士。
Op·ti·ma ['ɔptima] Optimum の複数。
op·ti'mal [ɔpti'maːl] 形 (lat. optimus) 最良(最高、最大限)の。
Op·ti'mat [ɔpti'maːt] 男 -en/-en (lat.) (古代ローマの)貴族(支配者層および元老院派の人々)。
op·ti·mie·ren [ɔpti'miːrən] 他 (↓Optimum) (事⁴を)最大限に高める、最高の状態にする。
Op·ti'mis·mus [ɔpti'mɪsmʊs] 男 -/ (lat. optimus ,der Beste') 《哲学》(↔ Pessimismus) オプティミズム、楽天主義、楽観論；楽観。Er hat keinen ~ 彼は楽観していない。
Op·ti'mist [ɔpti'mɪst] 男 -en/-en (↔ Pessimist) 楽天家、楽天主義者。
op·ti·mi·stisch [ɔpti'mɪstɪʃ] 形 (↔ pessimistisch) 楽天的な、楽天主義の。
'Op·ti·mum ['ɔptimʊm] 中 -s/..ma[..ma] (lat. optimus) **1** 最高、最大限。**2**《生態》(生物の)最適環境条件。
Op·ti'on [ɔptsi̯'oːn] 女 -/-en (lat.) **1** 選択。**2**《法制》(a) (割譲された領土の住民の国籍の選択(権)。(b) (有価証券などの)取引選択権、オプション。
'op·tisch ['ɔptɪʃ] 形 (gr.)《比較変化なし》**1** 光学の。~e Geräte⟨Instrumente⟩ 光学器械。**2** 視覚的な、目の。ein ~er Eindruck 見た目の印象。~e Täuschung《心理》目の錯覚。**3** 外見の。Durch die dunkle Decke wirkt der Raum ~ kleiner. 天井が暗いためにその部屋は実際よりも小さく見える。
Op·to·elek'tro·nik [ɔpto|elɛk'troːnɪk, '----- -] 女 -/ 光電子工学、オプトエレクトロニクス。
Op·to·me'trie [ɔptome'triː] 女 -/《医学》視力検査。
Op'tro·nik [ɔp'troːnɪk] 女 -/ =Optoelektronik

opu'lent [opuˈlɛnt] 形 (lat., üppig') (食事などが) 贅沢(ざい)な; 豪華な.

Opu'lenz [opuˈlɛnts] 女 -/ 贅沢; 豪華さ.

Opus [ˈoːpʊs, ˈɔpʊs] 中 -/Opera[..pəra] (lat., Werk') **1**（略 op.）作品． Konzert für Violine und Orchester D-dur ～ 61 ヴァイオリン協奏曲ニ長調, 作品 61. **2**（芸術家・研究者の）全作品（著作）．

ora et la'bo·ra [ˈoːra ɛt laˈboːra] (lat., bete und arbeite!') 祈り, そして働け (Benediktiner の修道会則にあるモットー).

Ora·kel [oˈraːkəl] 中 -s/- (lat. oraculum, Weissagungsstätte') **1** 神託, 託宣． **2** 謎めいた言葉． **3** 神託の告げられる場所, 神託所． das ～ von Delphi デルフィの神託所 (↑Delphi).

ora·kel·haft 形 神託のような; 謎めいた, あいまいな.

ora·keln [oˈraːkəln] 自 謎めいた(神託のような)ことを言う, 予言する, ほのめかす.

Ora·kel·spruch 男 -[e]s/=e 神託, お告げ.

oral [oˈraːl] 形 (lat.) **1**【医学】口の, 口腔(くう)の; 経口の． **2** ～er Laut【音声】口腔音．

oran·ge [oˈrãːʒə, oˈrãʒə] 形《不変化／比較変化なし》(fr.) オレンジ色の, だいだい(橙)色の．
　◆1 付加語的用法のとき名詞の性・数・格を明示できないで代りに orangen, orange[n]farben, orange[n] farbig を用いる． ein orangenes〈orange[n]farbenes / orange[n]farbiges〉 Kleid オレンジ色のドレス.
　◆2 日常語では orange に語尾をつけて用いることもある． ein ～〈～s〉Kleid

Oran·ge (fr., Apfelsine') **❶** 女 -/-n オレンジ． **❷** 中 -/(話 -s) オレンジ(だいだい)色．

Oran'gea·de [orãˈʒaːdə, orãˈʒaːdə] 女 -/-n (fr.) オレンジエード．

Oran'geat [orãˈʒaːt, orãˈʒaːt] 中 -s/-e (fr.) オレンジピール(オレンジの皮の砂糖漬け)．

oran·ge·far·ben, oran·ge·far·big [oˈrãːʒə.., oˈrãʒə..] 形《比較変化なし／副詞的には用いない》= orange

oran·gen [oˈrãːʒən, oˈrãʒən] 形《比較変化なし／副詞的には用いない》=orange

oran·gen·far·ben, oran·gen·far·big 形《比較変化なし／副詞的には用いない》=orange

Oran·gen·saft 男 -[e]s/=e オレンジジュース．

Oran·ge'rie [orãʒəˈriː, orãʒəˈriː] 女 -/-n[..ˈriːən] (fr.) オランジュリー(オレンジや南方産の植物のための温室． 17 世紀に宮殿内のバロック庭園などにとり入れられた)．

Orang-'Utan [ˈoːraŋˈuːtan] 男 -s/-s (mal., Waldmensch')【動物】オランウータン, しょうじょう(猩々)．

Ora·ni·en [oˈraːniən]《人名》(ndl. Oranje) オランイェ家, オレンジ家(南フランスのオランジュ Orange の出身, のちオランダの総督や王を輩出させた歴史的名家).

Ora·to·ri'a·ner [oratoriˈaːnər] 男 -s/- (↑Oratorium 2) **1** オラトリオ会の会員． **2**《複数で》オラトリオ会．

Ora·to'ri·en [oraˈtoːriən] Oratorium の複数.

ora·to'risch [oraˈtoːrɪʃ] 形 (lat. oratio, Rede') 《比較変化なし》 **1** 演説家風の, 紋切り型の; 雄弁な． **2**【音楽】オラトリオ(風)の．

Ora·to'ri·um [oraˈtoːriʊm] 中 -s/..rien[..riən] (lat. orare, beten') **1**（修道院・城館・私邸などに設けられた）礼拝堂(ただし, 聖堂の資格はない)． **2**【カトリック】オラトリオ会(1575 聖フィリッポ・ネリ Filippo Neri によって創立された教区づき司祭のための信心会); オラトリオ会の会堂． **3**【音楽】オラトリオ, 聖譚(たん)曲(独唱・合唱・管弦楽からなる曲, 世俗的題材を扱うこともあるが, 多くは宗教曲． Händel『メサイア』 Messiah や Haydn『天地創造』 Die Schöpfung など).

'Or·bit [ˈɔrbɪt] 男 -s/-s (engl.)【宇宙】（衛星の）軌道．

Or·bi'tal·sta·ti·on [ɔrbiˈtaːl..] 女 -/-en (Raumstation) 宇宙ステーション．

'Or·ches [ˈɔrçɛs] Orchis ① の複数．

***Or'ches·ter** [ɔrˈkɛstər, ɔrˈçɛ.. オルケスター] 中 -s/- (gr.) (↑Orchestra) **1** オーケストラ, 管弦楽団． Sinfonieorchester 交響管弦楽団． ein Konzert für Klavier und ～ ピアノと管弦楽のための協奏曲, ピアノ協奏曲． **2**（舞台前の）オーケストラボックス． **3** =Orchestra

Or'ches·ter·gra·ben 男 -s/= 【演劇】オーケストラ席(ボックス).

Or'ches·tra [ɔrˈçɛstra] 女 -/..tren[..trən] (gr., Tanzplatz [für den Chor]')【劇場】オルケストラ．
　◆ 古代ギリシアやローマの劇場において舞台の前にある円形または半円形のスペース, 合唱隊が合唱・舞踏をするための場所． ↑Orchester

or·ches'tral [ɔrkɛsˈtraːl, ɔrçɛ..] 形 オーケストラ(管弦楽)の．

Or·ches·tra·ti·on [ɔrkɛstratsiˈoːn, ɔrçɛ..] 女 -/-en【音楽】 **1**（ピアノ曲・オルガン曲などの）管弦楽への編曲． **2** 管弦楽法, オーケストレーション．

Or'ches·tren [ɔrˈçɛstrən] Orchestra の複数．

or·ches'trie·ren [ɔrkɛsˈtriːrən, ɔrçɛ..] 他【音楽】（楽曲を）管弦楽に編曲する, オーケストラ用に編曲する．

Or·chi'dee [ɔrçiˈdeːə] 女 -/-n (fr.)【植物】らん(蘭)．
　◆ 塊根の形状が Orchis ① に似ていたので．

'Or·chis [ˈɔrçɪs] 女, Hoden') **❶** 男 -/..ches[..çeːs]【医学】睾丸(がん)． **❷** 女【植物】オルキス, はくさんちどり(Knabenkraut).

Or'dal [ɔrˈdaːl] 中 -s/..lien[..liən] (ags.) 神明裁判, 神判(古代ゲルマン社会で行われた裁判法).

'Or·den [ˈɔrdən] 男 -s/- (lat. ordo, Reihe, Ordnung') **1**【カトリック】修道会． Benediktiner～ ベネディクト修道会． Zweiter ～ 第二会(男子修道会と同じ会規を持った女子修道会)． einem ～ beitreten ／ in einen ～ eintreten 修道会に入る． **2**（古）（会則をもった）団体, 結社． Ritterorden【歴史】騎士団． **3** 勲章． einen ～ bekommen〈verleihen〉勲章を授かる〈授ける〉.

'Or·dens·band 中 -[e]s/=er **1** 勲章の綬(じゅ)． **2**【虫】べにしたば(やが科の蛾).

'Or·dens·bru·der 男 -s/= **1**【カトリック】修道士; 平修士, 助修士． **2**（古）（結社などの）メンバー．

'Or·dens·geist·li·che 形（形容詞変化）【カトリック】修道司祭．

'Or·dens·kleid 中 -[e]s/-er（雅）=Ordenstracht

'Or·dens·pries·ter 男 -s/- (↔Weltpriester)【カトリック】修道会司祭．

'Or·dens·re·gel 女 -/-n 修道会会則．

'Or·dens·rit·ter 男 -s/- 騎士修道会の騎士．

'Or·dens·schwes·ter 女 -/-n 修道女．

'Or·dens·stern 男 -[e]s/-e **1** 星形勲章． **2**【植物】スタペリア(ががいも科の多肉植物)．

'Or·dens·tracht 女 -/-en 修道服．

***or·dent·lich** [ˈɔrdəntlɪç オルデントリヒ] **❶** 形 **1** (a) きちんとした, よく整理(整頓)された． In seinem Zimmer ist es sehr ～. 彼の部屋は整理整頓が行き届

いている．eine ~*e* Handschrift 几帳面な筆跡，きれいな字．einen ~*en* Haushalt führen 家事をきちんと司(ﾂｶｻﾄ)る．~ planen きちんとした計画を立てる．(b) (人が)几帳面な，整理整頓好きな．eine ~*e* Hausfrau きちんとした(几帳面な)主婦． **2** 《付加語的用法のみ》正規の，正式の；定例の．ein ~ *er* Arbeitsvertrag 正式の労働契約．ein ~*es* Gericht 《法制》通常裁判所．~ *er* Professor《略 o.P., o. Prof.》正教授．eine ~ *e* Sitzung 定例会議．Die Sache geht ihren ~ *en* Gang．その件はしかるべき手続きを踏んで進められている． **3** 《話》（生活態度・服装などか）しっかりした，ちゃんとした；まともな，まっとうな．sich[4] ~ anziehen きちんとした身なりをする．ein ~ *es* Mädchen まっとうな娘．ein ~*es* Leben führen まっとうな暮しをする．sich[4] ~ aufführen 折り目正しくふるまう． **4** 《話》本格的な，本式の．ein ~*e* Ausstellung 本格的な展示．in einem ~*en* Bett schlafen ちゃんとしたベッドで寝る．Hier gibt es nichts *Ordentliches* zu essen．ここにはろくな食べ物がない．Setz dich ~ hin! ちゃんと座りなさい(子供に対して)． **5** 《話》満足のゆく，なかなかの，悪くない．ein ~*es* Einkommen かなりの収入．Die Aufführung war recht ~．その公演はなかなかのできだった．ganz ~ schmecken けっこういい味である． **6** 《話》たっぷりの，充分の．ein ~*es* Frühstück たっぷりの朝食．es j[3] ~ geben 人[3]にこってり意見する，(を)さんざんに叱る．einen ~*en* Schluck nehmen ぐいっと一口飲む．
❷ 圃《話》(sehr) 非常に；まったく，本当に．Sie ist ~ durcheinander．彼女はすっかり取乱している．Es ist ~ kalt．ひどく寒い．

'Or·der [ˈɔrdər] 囡 -/-n(-s) 《*fr.*》 **1** 《古》命令，指図． **2** 《複数 -s》《商業》注文；指図．~*s* aufgeben (erteilen) 注文を受ける．

'Or·der·buch 囲 -[e]s/¨er 《商業》注文控え簿．

'or·dern [ˈɔrdərn] 動《目的語なしでも》注文(発注)する．

'Or·der·pa·pier 囲 -s/-e 《経済》指図証券．

Or·di·na·le [ɔrdiˈnaːlə] 囲 -[s]/..lia[..lia] 《*lat.*》《多く複数で》《数学》(Ordinalzahl) 序数．

Or·di·nal·zahl [ɔrdiˈnaːl..] 囡 -/-en 《数学》序数．

or·di·när [ɔrdiˈnɛːr] 厖 《*fr.*》 **1** 《付加語的用法のみ》ありふれた，普通の． **2** 下品な，安っぽい．

Or·di·na·ri·at [ɔrdinariˈaːt] 画 -[e]s/-e **1** (大学の)正教授の職． **2** 《ｶﾄﾘｯｸ》司教区庁．

Or·di·na·ri·um [ɔrdiˈnaːriʊm] 画 -s/..rien[..riən] **1** 《財政》(国などの)通常予算． **2** 《ｶﾄﾘｯｸ》ミサ通常文(ミサ典礼文のうち 1 年を通じて変らない部分で，Kyrie, Gloria, Credo, Sanctus, Agnus Dei の 5 つの祈り)．

Or·di·na·ri·us [ɔrdiˈnaːriʊs] 圐 -/..rien[..riən] 《*lat.*, ordentlich, in der Ordnung*》 **1** (大学の)正教授． **2** (高等学校の)クラス担任教師． **3** 《ｶﾄﾘｯｸ》教会裁治権者(教皇・司教・大修道院長など)．

Or·di·när·preis 圐 -es/-e (本の)定価．

Or·di·na·te [ɔrdiˈnaːtə] 囡 -/-n 《*lat.*》(↔ Abszisse) 《数学》縦 (y) 座標．

Or·di·na·ten·ach·se 囡 -/-n 《数学》縦 (y) 軸．

Or·di·na·ti·on [ɔrdinatsiˈoːn] 囡 -/-en 《*lat.*》 **1** 《ｶﾄﾘｯｸ》叙品式(司祭の資格を授ける儀式)． **2** 《ﾌﾟﾛﾃｽ》牧師就任式． **3** 《医学》(医師の)処方；《古》診察時間． **4** 《ｵｰｽﾄﾘｱ》診察処(処置)室．

'Or·di·nes [ˈɔrdineːs] Ordo の複数．

or·di·nie·ren [ɔrdiˈniːrən] 《*lat.*》❶ 勔 **1** 《ｶﾄﾘｯｸ》司祭に叙品する． **2** 《ﾌﾟﾛﾃｽ》牧師に任命する． **3** 《医学》(薬を)処方する． ❷ 圁《医学》診察をする．

'ord·nen [ˈɔrdnən オルドネン] 《*lat.*》 ❶ (a) (順序正しく)並べる，配列する；整理(整頓)する；分類する．Akten ~ 書類を整理する．Blumen in d Vase〈zu einem Strauß〉~ 花を花瓶に活ける〈花束に整える〉．et[4] nach dem Alphabet〈chronologisch〉~ 物[4]をアルファベット順〈年代順〉に並べる．(b) (頭髪・髪・衣服などを)整える，きちんとする．(c) (思考などを)整える，まとめる．《過去分詞で》in geordneten Verhältnissen leben きちんとした生活をする．(事件・問題などを)解決する，処理する．seine Angelegenheiten selbst ~ 自分のことは自分で片付ける． ❷ 再 (sich[4]) **1** 並んでいる，整理(分類)されている．(人が)並ぶ，整列する；(行列が)整う．sich zum Festzug ~ 祝祭の行列を組む．

♦ ↑ geordnet

'Ord·ner [ˈɔrdnər] 圐 -s/- **1** (集会・催し物などの)整理係，整理員． **2** 書類とじ，ファイル；バインダー．

'Ord·nung [ˈɔrdnʊŋ オルドヌング] 囡 -/-en (複数稀れ) **1** 順序正しく並べること；整理，整頓，分類；処理．die ~ des Materials〈des Nachlasses〉資料〈遺産〉の整理．

2 (a) 秩序；規律．die öffentliche ~ 公(ｵｵﾔｹ)の秩序 Ruhe und ~ 安寧(ｱﾝﾈｲ)秩序．Hier herrscht ~．ここは秩序が保たれている，整然としている．Hier herrscht ja eine schöne ~!《反語》これはまたよく片づいている ゃないか，なんてごちゃごちゃなんだ．~ ist das halb Leben．《諺》生活には秩序が肝心．~ muss sein．秩序(規律)は必要だ．in et[4] ~ bringen 物[4]に秩序(規律)をもたらす，(を)きちんとする．~ halten 秩序(規律)を保つ．die ~ lieben 秩序(整頓)好きである．~ machen〈schaffen〉整理(整頓)する．《前置詞と》au ~ achten 秩序(規律)を重んじる．gegen die ~ verstoßen (公共の)秩序に反する．nur der ~ halbe〈wegen〉(間違いのように)単に形式的に．et [wieder] in ~ bringen《話》物[4]をきちんと整える，整備(修理)する；事[4]を解決(処理)する．j[4] [wieder] in ~ bringen《話》人[4]を再び健康(元気)にする．et[4] in [der] ~ finden 事[4]が適切だと思う．in ~ gehen《話》(ある事が)きちんと処理される．[Das] geht in ~!《話》文書[4]を引受けて)かしこまりました；分かった，やってあげよう．[wieder] in ~ kommen《話》正常な(きちんとした)状態になる(もどる)．in ~ sein《話》(ある物や事が)きち んとしている，正常である；(ある人が)健康である．Ih Pass ist in ~．あなたの旅券には問題はない．Da is etwas nicht in ~．どうもなにか様子が変だ．Heute bin ich nicht ganz in ~．今日の私はどうも本調子でにない．Es ist alles in bester〈schönster〉~．《話》万事申し分のない状態だ．In ~!《話》オーケー，分かりました，よろしい．ein Kind zur ~ erziehen 子供を躾(ｼﾂｹ)る．j[4] zur ~ rufen (議事を妨害しないように)人[4]に注意する．(b)《とくに j[2] *Ordnung* の形で》規律(規則)正しい生活，生活のリズム．Ein kleines Kind brauch seine ~．幼い子供には規則正しい生活が必要だ．E wurde ganz aus seiner ~ gebracht〈herausgerissen〉．彼はすっかり生活のリズムを狂わされた．

3 (a) (制度・体制としての)秩序．eine politische ~ 政治体制．eine neue ~ aufbauen 新体制を構築する． (b) (有機体などの)構造，組織．die innere ~ eines Systems あるシステムの内部構造．

4 規則，規定；(主に手続きを規定した)法律，命令，

die ~ im Strafprozess 刑事訴訟法.　der ~ gemäß 規則(規律)に従って.

5 順序, 配列; 整理(分類)のシステム.　eine alphabetische ~ アルファベット順.　Nach welcher ~ ist das angelegt? それはどのようなシステムで整理(分類)されているの.

6 《序数》(a) 等級.　eine Landstraße erster ~ 1 級国道.　ein Unsinn erster ~ 《話》ひどいナンセンス. (b) 《数学》次数.　Kurven n-ter ~ n 次曲線.

7 《数学》《集合論で》順序.

8 《生物》目(ﾓｸ).

9 《軍事》隊形.

ord·nungs·ge·mäß 形 秩序のある, 整然とした; 規則どおりの.

ord·nungs·hal·ber 副 規則上.

Ord·nungs·hü·ter 男 -s/- 《多く反語的》秩序の番人(警官のこと).

Ord·nungs·lie·be 女 -/ 整理好き; 規律好き.

Ord·nungs·mä·ßig 形 **1** (分類などで)序列に従った.　**2** 《話》=ordnungsgemäß

Ord·nungs·ruf 男 -[e]s/-e (議長などの)議事規則違反を注意する声.

Ord·nungs·sinn 男 -[e]s/ 秩序を守ろうとする気持, きちょうめんさ.

Ord·nungs·stra·fe 女 -/-n 《法制》秩序罰.

ord·nungs·wid·rig 形 秩序に反する, 規律違反の.

Ord·nungs·zahl 女 -/-en **1** 《数学》序数.　**2** 《化学》原子番号.

Or·do ['ɔrdo] 男 -/Ordines['ɔrdine:s] (lat.) **1** 《生物》目(ﾓｸ).　**2** 《複数なし》組織すること, 組織化すること(品級の秘蹟), 聖品(聖職を奉じるための権能とこれを遂行するための聖寵とを授ける秘蹟).　**3** ~ Missae ['mɪsɛ] 《ｶﾄ》ミサ通常文.

Or·don·nanz [ɔrdɔ'nants] 女 -/-en (fr.) 《軍事》**1** 伝令.　**2** 《古》命令.

Or·don·nanz·of·fi·zier 男 -s/-e 司令部付き将校.

Öre ['øːrə] 中 -s/-(女 -/-) (schwed.) エーレ(デンマーク・スウェーデン・ノルウェーの少額貨幣単位, $^{1}/_{100}$ Krone).

Orest [oˈrɛst], **Ores·tes** [..tɛs] 《人名》《ｷﾞﾘｼｬ神話》オレステース (Agamemnon と Klytämnestra との息子, 姉 Elektra とともに, 父を殺した母とその情人に復讐をとげる).

ORF [oːˈɛrˈɛf] 《略》=**Ö**sterreichischer **R**undfunk オーストリア放送.

Or·gan [ɔr'gaːn] 中 -s/-e (gr.,Werkzeug') **1** 《生物》(動植物の)器官, 臓器.　die inneren ~ e 内臓.　ein künstliches ~ 人工臓器.　**2** 《話》感覚, センス.　ein〈kein〉~ für Musik haben 音楽のセンス(才能)がある〈ない〉.　**3** 《話》声, 歌声.　in sonores ~ haben 朗々たる声をしている.　**4** (団体・政党などの)機関紙(誌).　**5** 機関, 機構.　ein beratendes ~ 審議(諮問)機関.

Or·ga·na ['ɔrgana] Organum の複数.

Or·gan·bank 女 -/-en 《医学》臓器バンク.

Or·ga·ni·sa·ti·on [ɔrganizatsi'oːn] オルガニザツィオーン 女 -/-en (fr.) **1** 《複数なし》組織すること, 組織化; 組織, 機構.　die ~ der Arbeiter 労働者の組織(化).　die ~ eines Festivals ある祭典を組織すること.　die innere ~ der Kirche 教会の内部機構.　**2** 団体, 協会, 組合.　eine politische〈künstlerische〉~ gründen ある政治団体〈芸術家協会〉を設立する.　**3** 《生物》(生体の)構成, 体制.

Or·ga·ni·sa·tor [ɔrgani'zaːtoːr] 男 -s/-en [..zaˈtoːrən] **1** オルガナイザー, 組織者; 主催者, 世話人.　**2** 組織能力のある人.　**3** 《生物》形成体, 編制原.

or·ga·ni·sa·to·risch [ɔrganizaˈtoːrɪʃ] 形 組織上の; 組織的な.

or·ga·nisch [ɔrˈgaːnɪʃ] 形 (lat.) **1** 《生物》器官(臓器)の; 《医学》器質性の.　ein ~es Leiden 器質性疾患.　**2** 《化学》(↔ anorganisch) 有機の.　die ~e Chemie 有機化学.　**3** 有機的な, 有機的統一のとれた.　die ~e Struktur 有機的構造.

*or·ga·ni·sie·ren [ɔrganiˈziːrən] オルガニズィーレン (fr.) ❶ **1** (物")を組織する.　編成する; 創立する; (企画・催しなどを)準備実行する.　ein Festival ~ 祭典を組織する.　**2** (人"を)組織する, 組織化する; オルグする.　**3** 《話》(うまく)手にいれる, せしめる.

❷ (sich⁴) 組織される, (自分たちの)組織を作る.　Der Widerstand hat *sich organisiert*. 抵抗運動が組織された.　Die Arbeiter *organisierten sich* gewerkschaftlich〈in Gewerkschaften〉. 労働者は組合を組織した.　*sich* zum Widerstand ~ 抵抗組織を作る.

♦ ↑ organisiert

or·ga·ni·siert 過分 組織された; 組織に加わった.　die ~en Arbeiter 組織労働者.　eine ~e Reise 団体旅行.　ein ~es Verbrechen 組織犯罪.

Or·ga·ni·sie·rung 女 -/-en **1** 組織化.　**2** (催しなどの)準備, 企画.

Or·ga·nis·mus [ɔrgaˈnɪsmʊs] 男 -/..men [..mən] (fr.) **1** 有機体, 生物体.　der menschliche〈tierische〉~ 人体〈動物有機体〉.　**2** 《ふつう複数で》生物, 生きもの.　**3** (社会の)組織体, 機構.

Or·ga·nist [ɔrgaˈnɪst] 男 -en/-en (lat.) オルガン奏者.　♦ 女性形 Organistin 女 -/-nen

Or·gan·spen·de [ɔrˈgaːnʃpɛndə] 女 -/-n 《医学》(移植のための)臓器提供.

Or·gan·spen·der 男 -s/- 《医学》臓器提供者, ドナー.

Or·gan·trans·plan·ta·ti·on 女 -/-en 《医学》臓器移植.

'Or·ga·num [ˈɔrganʊm] 中 -s/Organa [..na] (lat.) **1** 《音楽》オルガヌム(グレゴリオ聖歌に対声部をつけた中世初期の声楽曲).　**2** 楽器, (とくに)オルガン.　**3** 《生物》=Organ 1

Or·gan·ver·pflan·zung 女 -/-en =Organtransplantation

Or·gas·mus [ɔr'gasmʊs] 男 -/..men [..mən] (gr.) オルガスムス(性的快感の絶頂).　zum ~ kommen オルガスムスに達する.

or·gas·tisch [ɔrˈgastɪʃ] 形 オルガスムスの.

*Or·gel ['ɔrgəl] オルゲル 女 -/-n (lat.) 《楽器》パイプオルガン.　[die] ~ spielen / auf der ~ spielen パイプオルガンを演奏する.

'Or·gel·bau·er 男 -s/- オルガン製作者.

Or·gel·kon·zert 中 -[e]s/-e **1** オルガン協奏曲.　**2** オルガン演奏会.

'or·geln ['ɔrgəln] 自 **1** (a) 手回しオルガンを鳴らす. (b) 《地方》退屈な音楽を演奏する.　(c) 《古》パイプオルガンを演奏する.　**2** 《話》(低い音・声が)パイプオルガンのようにとどろく; 轟音(爆音)をとどろかせる; (風などが)ごうごうと音を立てる.　**3** 《猟，動》(鹿が)発情して鳴く.　**4** 《卑》性交する.

'Or·gel·pfei·fe 女 -/-n 《楽器》(パイプオルガンの)音管, パイプ.　Die Kinder standen da wie die ~n.

(戯)子供たちが背の順にずらっと並んでいた.

'Or·gel·punkt 男 -[e]s/-e《音楽》オルゲルプンクト, 保続音.

'Or·gel·re·gis·ter 中 -s/-《楽器》オルガンの音栓.

or·gi'as·tisch [ɔrgi'astɪʃ] 形 オルギアのような, どんちゃん騒ぎの, 奔放な. ◆Orgie

'Or·gie ['ɔrgiə] 女 -/-n 《lat. orgia, nächtliche Bacchusfeier"》 **1** オルギア (古代ギリシア・ローマの放縦な狂乱を伴う酒神 Dionysos の祭礼). **2** 飲めや歌えの大酒宴, どんちゃん騒ぎ. Sein Hass feiert wahre ~n. 彼の憎しみは底知らずだ.

'Ori·ent ['o:riɛnt, ori'ɛnt] 男 -s/ 《lat. oriens, aufgehende Sonne"》(↔ Okzident) オリエント, 東洋, 中近東. der Vordere ~ 近東.

Ori·en·ta·le [oriɛn'ta:lə] 男 -n/-n オリエントの住民, 中近東人. ◆女性形 Orientalin 女 -/-nen

ori·en·ta·lisch [oriɛn'ta:lɪʃ] 形 オリエント(中近東)の.

Ori·en·ta·list [oriɛnta'lɪst] 男 -en/-en 東洋学者.

Ori·en·ta·lis·tik [oriɛnta'lɪstɪk] 女 -/ 東洋学.

'Ori·ent·ex·press 男 -/ オリエント急行 (1883–1977, パリとコンスタンティノーブルを結んだ豪華国際列車). ◆Orient-Express 男

*****ori·en'tie·ren** [oriɛn'ti:rən オリエンティーレン] (fr.) ❶ 他 **1** (a) 〈物4 の〉方向を定める. eine Kirche nach Osten ~ 教会を東向きに建てる. (過去分詞で) nach〈zu〉 et³ orientiert sein 物4 の方向(方角)に向いている. (b) 〈人4 事4 を〉方向づける (an〈nach〉 et³ 事³ に従って). die Politik an〈nach〉 den Realitäten ~ 政策を現実にそって決める. (過去分詞で) in links orientierter Mensch 左翼的傾向のある人. allzu sehr an Leistung orientiert sein あまりにも能力主義的である. **2** 〈人4 に〉知識(情報)を与える; 知らせる, 教える (über et⁴ 事⁴ について). j⁴ falsch ~ 人4 に間違った知識(情報)を与える. j⁴ über die näheren Umstände ~ 人4 により詳細な事情を知らせる. (目的語なしで) Er orientiert über neue Tendenzen in der Politik. 彼は政治の新しい傾向について報告する. (過去分詞で) Er ist darüber genau orientiert. 彼はそのことについて正確な情報を得ている. **3** 〈使⁴ を〉 (et〈j⁴〉 auf et⁴ 事4 〈人4 の精神・注意力〉を事4 に〉向ける, 集中させる. alle Kräfte auf eine Politik ~ ある政策に全力を傾ける. (目的語なしで) auf et⁴ ~ 事⁴ に目標(力点)を置く.

❷ 再《sich》 **1** (a) 正しい方位を見定める; 自分の方向(位置)を知る. Er kann sich schlecht ~. 彼は方向おんちだ. sich am〈nach dem〉 Stand der Sonne ~ 太陽の位置で方角を知る. (b) (an〈nach〉 et〈j〉³ 事〈人〉³ によって)自分の進むべき方向(方針)を定める, (に)従う. sich an bestimmten Leitlinien ~ 一定の路線にしたがう. sich an〈nach〉 seinem Vater ~ 父親を手本とする. **2** (über et⁴ 事⁴ について) 知識(情報)を得ること, 調べる. sich über die momentane Lage ~ 目下の状況について調べる. **3** (地方) (auf et⁴ 事⁴ に) 総力を結集する; (に)目標(力点)を置く.

Ori·en·tie·rung [oriɛn'ti:rʊŋ] 女 -/-en **1** 方位を見定めること, 方向(位置)確認, 方向(位置)感覚. die ~ verlieren 方向を見失う. **2** (政治的・思想的)態度, 姿勢; 方針. die ~ an den Grundsätzen der freien Marktwirtschaft 自由市場経済の原則にのっとった方針. die ~ Japans auf die Außenpolitik 日本の外交姿勢. **3** (a) 知識(情報)を与えること; 指導, オリエンテーション. zu Ihrer ~ ご参考までに. (b) 知識(情報)があること; 知識 (über et⁴ についての). (地方) (auf et⁴ 事⁴ に) 目標(力点)を置くこと; (への)方針.

Ori·en'tie·rungs·hil·fe 女 -/-n 手引き, 指針.

Ori·en'tie·rungs·lauf 男 -[e]s/⸚e 《スポ》 オリエンテーリング.

Ori·en'tie·rungs·punkt 男 -[e]s/-e 目印.

Ori·en'tie·rungs·sinn 男 -[e]s/ 方向感覚.

'Ori·flam·me 女 -/ (fr.) 《歴史》(かつてフランスの)赤色王旗 (サン・ドニ St. Denis 修道院内の三角旗で、フランス王は修道院長からこれを受けて出陣した).

*****ori·gi'nal** [origi'na:l オリギナール] 形 《lat.》 **1** 本来の, オリジナルの; 原本の, 原文の, 原作の. Der Text ist ~. そのテクストは原本そのもの(そのまま)だ. ~en Verse オリジナルの詩行. (不変化で) Diese Spiegel ist ~ Jugendstil. この鏡は本物のユーゲントシュティールだ. (しばしば副詞的に) ~ Schweizer Uhren 本物のスイス時計. **2** 独創的な, 独特の ein ~er Künstler〈Stil〉独創的な芸術家〈独特のスタイル〉. **3** (映画・テレビなどで)現地(現場)の. et⁴ ~ senden〈übertragen〉事⁴ を実況中継する.

Ori·gi'nal [origi'na:l] 中 -s/-e (lat.) **1** (写し・抄本などに対して)原本, 正本; 原作, 原文, 原画; 原型, 原図, 原版. das ~ eines Zeugnisses 証明書の原本. ein ~ von Raffael ラファエロの原画. einen Text in ~ lesen あるテクストを原語で読む. ~ mit Untertitel 《映画》字幕スーパー付きのオリジナル版. **2** (絵画・小説などの)モデル. **3** 《話》 変人, 奇人.

Ori·gi'nal·aus·ga·be 女 -/-n (書籍の)原版.

ori·gi'nal·ge·treu 形 原作に忠実な.

Ori·gi·na·li'tät [originali'tɛ:t] 女 -/-en (fr.)(複数詞) **1** 本物(オリジナル)であること. **2** 独創性, オリジナリティー, 創意. **3** 変人, 奇人.

ori·gi'när [origi'nɛ:r] 形 (fr.) 元の, 本来の.

*****ori·gi'nell** [origi'nɛl オリギネル] 形 (fr.) 独創的な, 独特の; 風変りな, 奇抜な. ein ~er Kauz 変人.

Ori·on [o'ri:ɔn] ❶ 《人名》《ギ神話》オーリーオーン (巨人で美男子の猟人, 海神 Poseidon の息子). ❷ -[s]/ der ~ 《天文》オリオン座.

Or'kan [ɔr'ka:n] 男 -[e]s/-e 《ndl., Wirbelsturm》《気象》ハリケーン.

'Or·kus ['ɔrkʊs] (lat.) ❶ 《人名》《ロ神話》 オルクス (エトルリア起源の死の神). ❷ 男 -/ 冥界, 黄泉(よみ)の国.

'Or·le·ans [ɔrleɑ̃] 《地名》 オルレアン (フランス中北部の都市, オルレアン家の所領であった). die Jungfrau von ~ オルレアンの少女 (Jeanne d'Arc のこと. フランス語形 Orléans [ɔrle'ɑ̃]).

'Or·log ['ɔrlo:k] 男 -s/-e(-s) 《古》 (Krieg) 戦争.

Or·na'ment [ɔrna'mɛnt] 中 -[e]s/-e (lat.) 《美術》 (建築物などの)装飾, 文様(もよう).

or·na·men'tal [ɔrnamɛn'ta:l] 形 装飾の, 装飾的な.

or·na·men'tie·ren [ɔrnamɛn'ti:rən] 他 (物⁴ に)装飾を施す.

Or·na'men·tik [ɔrna'mɛntɪk] 女 -/ **1** 《美術》装飾, 文様(もよう). keltische ~ ケルト文様. **2** 《音楽》装飾法.

Or'nat [ɔr'na:t] 男 -[e]s/-e (lat.) (高位高官の)礼服, 正装, (聖職者の)祭服.

Or·ni·tho'lo·ge [ɔrnito'lo:gə] 男 -n/-n 鳥類学者.

Or·ni·tho·lo·gie [ɔrnitoloˈgiː] 囡 -/ (gr. Ornis , Vogel') 鳥類学.

Or·ni·tho·lo·gisch [ɔrnitoˈloːgɪʃ] 形 鳥類学(上)の.

oro.., Oro.. [oro..] 《接頭》(gr. oros , Berg') 形容詞・名詞に冠して「山, 山岳」の意を表す. Orogenese 〖地球物理〗造山運動.

Oro·gra·phie [orograˈfiː] 囡 -/-n[..ˈfiːən] 地学, 地形誌.

oro·gra·phisch [oroˈgraːfɪʃ] 形 地形学の.

Or·pheus [ˈɔrfɔys] 《人名》〖ギリ神話〗オルペウス. ◆ Homer 以前に活躍したという, 竪琴の名手. 秘教 Orphik の創始者とされる.

Or·phik [ˈɔrfɪk] 囡 -/ (gr.) (↓Orpheus)〖宗教〗オルペウス教. ◆Orpheus を開祖とする古代ギリシアの秘教, 霊魂不滅・輪廻・因果応報などを説いた.

Or·phi·ker [ˈɔrfikər] 男 -s/- オルペウス教の信者.

or·phisch [ˈɔrfɪʃ] 形 1 オルペウス教の. ▶↑Orphik 2 神秘的な.

Ort [ort オルト] ❶ 男 -[e]s/-e(Örter) 1《複数-e》(特定の)場所, 所. ein angenehmer ~ 快適な場所. der gewisse〈stille / verschwiegene〉~ 〖話〗便所, トイレ. öffentliche ~e 公共の場所(道路や広場など). ein ~ des Friedens 安らぎの場所. der ~ des Verbrechens〈der Tat〉犯行現場. ~ und Zeit〈Stunde〉bestimmen 場所と時間を決める. Es ist hier nicht der ~, darüber zu diskutieren. ここはそれについて議論する場ではない.《2格》aller〈vieler〉~en (~en は複数 2 格の古形) / an allen ~en [und Enden] 至る所で. anderen ~[e]s どこか他の所で. et⁴ gehörigen ~[e]s melden 事⁴をその筋に報告する. höheren ~[e]s 上級官庁で, 上層部で.《前置詞と》an und Stelle 所定の場所で; その場で, 直ちに. am ~ selbst 当のその場所で, そこで. am ~ gehen (その場で)足踏みする. am angeführten〈angegebenen〉~ 《略 a. a. O》上述の個所(文献)で. an einem dritten ~ (自宅や仕事場以外の)第 3 の場所で, 某所で. Er ist der rechte Mann am rechten ~. 彼は適材適所の人材だ. Bin ich hier am rechten ~〈recht am ~〉? 私はここにいてもいいのですか. eine Bemerkung an unrechten ~ 場違いなコメント. fehl am ~ sein 適切でない, ふさわしくない; 場違いである. Ich stellte das Lexikon wieder an seinen ~. 私は辞典を元の場所に戻した. von ~ zu ~ あちこちと, 次から次に. 2《複数 -e》村, (小さな)町. der ganze ~ 村 (町)中の人. hier am ~ この村(町)で, 当地で. in einem kleinen ~ am Meer 海辺の小さな町で. 《複数 Örter》(a) der geometrische ~〖数学〗軌跡. (b) der [astronomische] ~〖天文〗星位. (c)《紋章》盾の上端中央の四角.

❷ 中 -[e]s/Örter〖鉱業〗掘進切羽(キリハ). vor ~ 〈坑内〉切羽で.《比喩》(事件などの)現場で.

❸ 中 -[e]s/-e 1《古》〖歴史〗(Kanton)州 (1798 までの). 2《古》(貨幣・度量衡の)4 分の 1. 3《古》(a) (Spitze) 先端, 切っ先(今日も岬の地名などに残っている). (b) (皮細工用の)突き錐(キリ), 大針.

'Ört·chen [ˈœrtçən] 中 -s/- (Ort の縮小形) 1 小さな場所, 小さな村(町). 2《話》便所, トイレ. aufs ~ gehen / das stille ~ aufsuchen 便所へ行く.

'or·ten [ˈɔrtən] 他 (↓Ort) (船・飛行機などの)位置を測定する.

'Or·ter [ˈɔrtər] 男 -s/- 位置測定係, 航法士.

'Ör·ter [ˈœrtər] Ort ①, ② の複数.

or·tho.., Or·tho.. [ɔrto..]《接頭》(gr. , gerade , richtig') 形容詞・名詞に冠して「まっすぐな, 垂直の; 正しい」の意を表す. 母音の前では orth.., Orth.. となる. Orthographie 正書法.

or·tho·chro·ma·tisch [ɔrtokroˈmaːtɪʃ] 形 1 〖写真〗整色性の. 2 〖医学〗正染性の.

or·tho·dox [ɔrtoˈdɔks] 形 (gr. ortho..+doxa , Meinung, Glaube') 1 〖宗教〗(↔ heterodox) 正統の, 正統信仰の. 2 ~e Kirche (ギリシア)正教会. 3 オーソドックスな, 正統(派)的な. 4 《侮》因習的な, 月並みの, 固陋(コロウ)な, 頑迷な.

Or·tho·do·xie [ɔrtodoˈksiː] 囡 -/ 1 〖宗教〗(↔ Heterodoxie) 正統信仰. 2《侮》因習(的な信仰, 思想), 頑迷固陋(コロウ).

or·tho·go·nal [ɔrtogoˈnaːl] 〖数学〗1 長方形の. 2 垂直な, 直交の.

Or·tho·gra·fie [ɔrtograˈfiː] 囡 -/-n[..ˈfiːən] =Orthographie

or·tho·gra·fisch [..ˈgraːfɪʃ] 形 =orthographisch

Or·tho·gra·phie [ɔrtograˈfiː] 囡 -/-n[..ˈfiːən] 〖言語〗(Rechtschreibung) 正書法.

or·tho·gra·phisch [..ˈgraːfɪʃ] 形 正書法上の.

Or·tho·pä·de [ɔrtoˈpɛːdə] 男 -n/-n 整形外科医.

Or·tho·pä·die [ɔrtopɛˈdiː] 囡 -/ (gr. Ortho..+paideia , Erziehung') 〖医学〗整形外科(学).

or·tho·pä·disch [..ˈpɛːdɪʃ] 形 整形外科の; (器具などが)整形用の.

Or·thop·te·re [ɔrtɔpˈteːrə] 囡 -/-n 〖動物〗(Geradflügler) 直翅類(ばった・こおろぎなど).

*ˈört·lich [ˈœrtlɪç エルトリヒ] 形 (↓Ort) 1 その土地(村, 町)の; 地方の; 局地的な. ~e Besonderheiten 地域的特殊性, 地方色. ~ begrenzte Kampfhandlungen 局地的戦闘. Das ist ~ verschieden. それはその土地その土地でさまざまだ. 2 〖医学〗局所の, 局部の. eine ~e Betäubung 局所麻酔.

ˈÖrt·lich·keit 囡 -/-en 1 (特定の)場所, 土地, 地方. die ~ studieren その土地のことを研究する. 2 eine gewisse〈stille〉~ / die ~en 〖話〗便所, トイレ.

ˈOrt·lieb [ˈɔrtliːp]《男名》オルトリープ.

ˈOr·trud [ˈɔrtruːt]《女名》オルトルート.

ˈOrts·an·ga·be [ˈɔrts..] 囡 -n 場所の表示.

ˈorts·an·säs·sig 形 その土地に住んでいる, 土着の.

ˈOrts·be·stim·mung 囡 -/-en 1 (船・飛行機などの)位置の測定. 2 〖文法〗場所の規定.

ˈOrt·schaft [ˈɔrt..ʃaft] 囡 -/-en 村, (小さな)町.

ˈOrt·scheit 中 -[e]s/-e 馬車の横木.

ˈorts·fest (機械などが)固定式の, 据え付けの.

ˈorts·fremd 形 1 土地の生れでない, よそ者の. 2 土地に不案内の.

ˈOrts·ge·spräch 中 -[e]s/-e (↔ Ferngespräch) 市内通話.

ˈOrts·grup·pe 囡 -/-n (団体の)地方支部.

ˈOrts·kennt·nis 囡 -/-se ある土地に関する知識.

ˈOrts·kran·ken·kas·se 囡 -/-n 地域健康保険組合.

ˈorts·kun·dig 形 その土地に詳しい.

ˈOrts·na·me 男 -ns/-n 地名. ◆格変化は Name 参照.

ˈOrts·netz 中 -es/-e (一定の区域内の)配線(配管)網, 電話網.

ˈOrts·netz·kenn·zahl 囡 -/-en (電話の)局番.

ˈOrts·po·li·zei 囡 -/-en《複数まれ》地方警察.

ˈOrts·sinn 男 -[e]s/ 方向感覚, 土地勘.

'orts·üb·lich その土地の慣例である.
'Orts·ver·kehr 男 -s/ 1 市内郵便; 市内通話. 2 市内交通.
'Orts·wech·sel 男 -s/- 転地, 転居.
'Orts·zeit 女 /-en (↔ Normalzeit) 地方時; 現地時間.
'Orts·zu·schlag 男 -[e]s/¨e 地域手当.
'Or·tung ['ɔrtʊŋ] 女 -/-en (船·飛行機などの)位置測定.
..os [..o:s], ..ös [..ø:s] 《接尾》 (lat. ..osus) 名詞につけて形容詞をつくる. 1 《名詞によって表現されたものが含まれていることを示す》religiös 宗教的な. 2 《名詞によって表現された性質を表す》monströs 怪物じみた.
Os [o:'|es] 《記号》 《化学》 =Osmium
OSA, O.S.A. [o:|ɛs'|a:] 《略》 =Ordo Sancti Augustini (lat.) 聖アウグスティーヌス修道会.
OSB, O.S.B. [o:|ɛs'be:] 《略》 =Ordo Sancti Benedicti (lat.) 聖ベネディクト修道会.
'Os·car ['ɔskar, 'ɔska] 男 -/- オスカー(米国のアカデミー賞の受賞者に与えられる小さなブロンズ像, 転じてアカデミー賞のことをもいう).
..ose [..o:zə] 《接尾》 (gr.) 1 《医学》 病気の過程·状態を表す女性名詞をつくる. Neurose ノイローゼ. 2 《化学》「炭水化物, (とくに)糖」の意を表す女性名詞(-/-n)をつくる. Glucose ぶどう糖.
Öse ['ø:zə] 女 -/-n (紐などを通す)穴, アイ, 鳩目.
Osi·ris [o'zi:rɪs] 《人名》 (ägypt.) オシーリス(エジプトの主神にして冥府の神, Isis 女神の良人).
'Os·kar 《男名》 (anord.) オスカル.
'Os·lo ['ɔslo] 《地名》 (skand.) オスロ (ノルウェーの首都, 旧称 Christiania).
'Os·man ['ɔsman, ɔs'ma:n] 《人名》 ~ Bey オスマン·ベイ (1259-1326, オスマン帝国の始祖オスマン 1 世のこと).
Os'ma·ne [ɔs'ma:nə] 男 -n/-n オスマン帝国時代のトルコ人.
os'ma·nisch [ɔs'ma:nɪʃ] 形 オスマン·トルコ(人, 帝国)の. das Osmanische Reich オスマン帝国 (1299-1922). ~e Sprache オスマン語(オスマン帝国時代の公用語としてのトルコ語).
'Os·mi·um ['ɔsmiʊm] 中 -s/ (gr.) 《記号 Os》 《化学》 オスミウム.
Os·mo·lo'gie [ɔsmolo'gi:] 女 -/ 《医学》嗅覚論.
'Os·mo·se ['ɔs'mo:zə] 女 -/ (gr.) 《化学》 浸透.
Os·na'brück [ɔsna'brʏk] 《地名》 オスナブリュック(ニーダーザクセン州の古都にして工業都市).
OSO 《略》 =Ostsüdost[en]
Öso·pha·gus ['ø:zo:fagʊs] 男 -/..gi[..gi] (gr.) 《解剖》 (Speiseröhre) 食道.
Os'sa·ri·um [ɔ'sa:riʊm] 中 -s/..rien[..riən] (lat.) 1 (古代の)骨壺(つぼ). 2 (Beinhaus) 納骨堂.
Os'si·an ['ɔsian, ɔsi'a:n] 《人名》 (gäl.) オシアン(古代ケルトの伝説上の英雄にして吟遊詩人).
Ost [ɔst, o:st] (↓ Osten) ❶ 男 《複数なし》《無冠詞/不定冠》 1 《海事·気象》《略 O》 (Osten) 東, 東方; 《政治》東側(陣営), 東欧諸国. Der Wind kommt aus⟨von⟩ ~. 風は東から吹いている. nach ~ 東へ; (風が)東向きに. 2 《次の形で》 ~ und West 東西(の人々); 東側および西側諸国; (比喩)いたるところ, 諸方で. von ~ und West いたるところから, 諸方から; 東西両陣営から. 3 《都市名の後につけて/略 O》東部. Frankfurt (~)/Frankfurt-Ost フランクフルト東部.

❷ 男 -[e]s/-e 《複数まれ》《略 Ostwind》 東風.
Os·tal'gie [ɔstal'gi:] 女 -/-n [..gi:ən] 旧東ドイツへのノスタルジー.
'ost·asi·a·tisch ['ɔst|azi'a:tɪʃ] 形 東アジアの.
'Ost·asi·en ['ɔst|a:ziən] 《地名》東アジア.
'Ost·ber·lin 《地名》 ベルリーン東部. 2 東ベルリーン(旧東ドイツの首都)
'Ost·block 男 -[e]s/ 《政治》 (旧)東欧圏.
'ost·deutsch 形 1 ドイツ東部の. 2 旧東ドイツの. ↑deutsch
'Ost·deutsch·land 《地名》 1 ドイツ東部. 2 東ドイツ (1990 以前のドイツ民主共和国の非公式の呼称).
os·te.., Os·te.. [ɔste..] 《接頭》 (gr.) ↑osteo-
Osteo..
'Ost'el·bi·er ['ɔst|ɛlbiər] 男 -s/- (Ost+Elbe)《古》東エルベ野郎(エルベ川東岸の大地主に対する蔑称).
'os·ten [ɔstən] 他 (教会などを)東方に向ける.

'Os·ten ['ɔstən, 'o:stən オステン] 男 -s/ 1 《ふつう無冠詞》《略 O》東, 東方. Wo ist ~? 東はどっちだ. Die Sonne geht im ~ auf. 太陽は東に昇る. nach ⟨雅 gen⟩ ~ 東(の方)へ. von ~ 東(の方)から. 2 (a) 東の都市·地域·国などの部分; 東方(の国々) 東洋; 東側(陣営), 東欧諸国, (とくに)旧東欧諸国; der Ferne⟨Mittlere/Nahe⟩ ~ 極⟨中/近⟩東. im ~ der Stadt London 東 London の. von London ロンドン東部の. (b) 東国人; 東洋人; 東欧の人々.
Ost'en·de [ɔst'|ɛndə, ɔs'tã:d] 《地名》 (Ost+Ende) オストエンデ, オステンデ(ベルギー北西部の港湾都市).
os·ten'si·bel [ɔstɛn'zi:bəl] 形 (fr.) 1 《古》 人に見せるための. 2 明白な; 人目につく.
os·ten·ta'tiv [ɔstɛnta'ti:f] 形 (lat.) これ見よがしの, あからさまの, 見せびらかしの, 派手な.
os·teo.., Os·teo.. [ɔste..] 《接頭》 (gr., Knochen) 「骨(の)」の意の形容詞·名詞をつくる. 母音の前では oste.., Oste.. となる. Osteomalazie 骨軟化症.
Os·te·o·lo'gie [ɔsteolo'gi:] 女 -/ 《医学》骨学.
'Os·ter·blu·me ['o:stər..] 女 -/-n 復活祭のころに咲く種々の花.
'Os·ter·ei -[e]s/-er 復活祭の卵(復活祭に子供らに贈られる彩色した卵, 又は卵形の菓子).
'Os·ter·fe·ri·en 複 (学校などの)復活祭休暇.
'Os·ter·fest -[e]s/-e =Ostern
'Os·ter·glo·cke 女 -/-n 1 復活祭の鐘の音. 2 《植物》らっぱずいせん.
'Os·ter·ha·se 男 -n/-n 復活祭のうさぎ(復活祭の卵をもってくるといわれるうさぎ, 又はうさぎ形の菓子).
'Os·ter·in·sel 女 -/ 《地名》 die ~ イースター島(南太平洋上にあるチリ領の孤島, 巨石文化の遺跡がある).
'Os·ter·lamm 中 -[e]s/¨er 1 (ユダヤ教で)過越(すぎこし)の祭に食べる子羊. 2 復活祭の子羊(羊の形の菓子).
'ös·ter·lich ['ø:stərlɪç] 形 復活祭(イースター)の.
'Os·ter·marsch 男 -[e]s/¨e (反戦·反核のための)復活祭デモ行進.
'Os·ter·mo·nat, 'Os·ter·mond 男 -[e]s/-e 《古》 (April) 卯月, 4 月.
'Os·ter'mon·tag 男 -[e]s/-e 復活祭の月曜日(復活祭の第 2 日).

'Os·tern ['o:stərn オースターン] 中 -/- 1 《ふつう無冠詞単数で/↑▶》《キリスト教》イースター, 復活祭(春分 (3 月 21 日)後の最初の満月以後の第 1 日曜日にあた

る移動祝日. ～ fällt in diesem Jahr auf den 7. April. 復活祭は今年は 4 月 7 日に当る. Frohe 〈Fröhliche〉 *Ostern*! 復活祭おめでとう. Wir hatten schöne *Ostern*〈ein schönes ～〉. すばらしい復活祭だった. weiße *Ostern* ホワイト・イースター(雪の降った復活祭). Das trifft ein, wenn ～ und Pfingsten zusammentreffen〈auf einen Tag fallen〉. 《話》それは絶対起りっこない. nach [南ダ,ﾐｯﾄｧｰｸ,ｽﾞ den] ～ 復活祭の後に. zu〈南ダ,ﾐｯﾄｧｰｸ,ｽﾞ an〉 ～ 復活祭の日に. ▶成句ではしばしば複数形が用いられ, また南ドイツ・スイス・オーストリアでは多く複数扱いで定冠詞を伴うこともある. **2**《話》復活祭のプレゼント.

Ös·ter·reich ['ø:stəraɪç エースタリヒ]《地名》オーストリア.

Ös·ter·rei·cher ['ø:stəraɪçər] 男 -s/- オーストリア人. ◆女性形 Österreicherin 女 -/-nen

ös·ter·rei·chisch ['ø:stəraɪçɪʃ]形 オーストリア(人)の. ↑deutsch

ös·ter·rei·chisch-'un·ga·risch 形 オーストリア=ハンガリー帝国の.

Ös·ter·reich-'Un·garn ['ø:stəraɪç|ʊŋgarn]《地名》オーストリア=ハンガリー帝国(1867-1918).

Os·ter'sonn·tag ['o:stər..] 男 -[e]s/-e 復活祭の日曜日(復活祭の第 1 日).

Os·ter·spiel 中 -[e]s/-e 復活祭劇(キリストの受難と復活を扱う).

'Os·ter·wo·che 女 -/-n 復活祭前の 1 週間.

'Ost·eu·ro·pa ['ɔst|ɔy'ro:pa]《地名》東ヨーロッパ, 東欧.

'ost·eu·ro·pä·isch ['ɔst|ɔyro'pɛ:ɪʃ]形 東ヨーロッパ(東欧)の. ～*e Zeit*《略 OEZ》東ヨーロッパ標準時.

'Ost'fa·le ['ɔst'fa:lə] 男 -n/-n オストファーレン人.

'ost'fä·lisch ['ɔst'fɛ:lɪʃ]形 オストファーレン人(方言)の. ↑deutsch

'ost'frie·sisch ['ɔst'fri:zɪʃ]形 東フリースラントの.

'Ost'fries·land ['ɔst'fri:slant]《地名》東フリースラント.

os·ti'nat [ɔsti'na:t], **os·ti'na·to** [..to] (*it.*)《音楽》オスティナートの(同一の音型を曲全体を通じて執拗に反復する). Basso ～《音楽》固執低音.

'Ost'in·di·en ['ɔst'|ɪndiən]《地名》**1** 東インド(東南アジア地域にたいする昔の呼称). **2** インド東部.

'ost'in·disch ['ɔst'|ɪndɪʃ]形 東インドの. die ～*e Kompanie*《歴史》東インド会社.

'Ost'kir·che 女 -/-n《ｷﾘｽﾄ教》**1**《複数なし》東方教会, 東方正教会(1054 キリスト教会の東西分裂のあとギリシア・ロシアなどに成立した国教会の総称). **2**《複数で》東方諸教会(東ヨーロッパのみならずオリエントの諸教会をも含む).

'öst·lich ['œstlɪç エストリヒ] **❶ 1** 東の, 東方の; 東向きの; 東からの. das ～*e Holstein* ホルシュタイン東部. ～*er Länge*《略 ö. L.》東経…. 15 *Grad* ～*er Länge* 東経 15 度. ein ～*er Wind* 東風. in ～*er Richtung fahren* 東の方向に行く. Die Grenze verläuft weiter ～. 境界線はずっと東に延びている. Der Wind weht ～. 風は東から〈東へ〉吹いている. ～ von… …の東(方)に. Das Dorf liegt ～ von Frankfurt. その村はフランクフルトの東にある. **2** (a) 東方の; 東欧の, 東洋の. (b)《古》《西欧自由主義陣営に対して》東側陣営の.
❷《2 格支配》…の東(方)に. ～ *des Harzes* ハルツ山地の東に.

'Ost·mark 女 -/-en《歴史》**1** 東部辺境地域. **2** オストマルク(ナチス時代のオーストリア). **3** *Bayerische* ～ バイエルン・オストマルク(10 世紀, 後にオーストリア大公領の中核となった地域).

Ost·nord·ost ❶《複数なし》《無冠詞 / 不変化》《略 ONO》東北東. **❷** 男 -[e]s/-e 東北東の風.

Ost·nord·'os·ten 男 -s/-《略 ONO》東北東.

'Ost·po·li·tik 女 -/ 東方政策.

'Ost·preu·ßen《地名》東プロイセン.

Os·tra'zis·mus [ɔstra'tsɪsmʊs] 男 -/ (*gr.*) オストラキスモス, 陶片裁判, 貝殻追放(古代アテネで Tyrann 追放のために行われた秘密投票の制度).

Ös·tro'gen [œstro'ge:n] 中 -s/-e (*gr.*)《生理》エストロゲン, 女性発情ホルモン.

'ost·rö·misch ['ɔstrø:mɪʃ]形 東ローマの. das *Oströmische Reich*《歴史》東ローマ帝国(395-1453, ビザンチン帝国ともいう).

'Ost·see ['ɔstze:] 女 -/《地名》die ～ バルト海.

Ost·süd·ost ❶《複数なし》《無冠詞 / 不変化》《略 OSO》東南東. **❷** 男 -[e]s/-e 東南東の風.

Ost·süd·'os·ten 男 -s/《略 OSO》東南東.

'ost·wärts ['ɔstvɛrts] 副 東へ, 東方へ.

'Ost-'West-Ge·spräch 中 -[e]s/-e《ふつう複数で》《政治》東西間の対話.

'Ost-'West-Kon·flikt 男 -[e]s/-e《複数まれ》《政治》東西対立.

'Ost·zo·ne 女 -/ 東部地区(第 2 次大戦後, 旧ソ連に占領されたドイツの地域).

'Ost·wind 男 -[e]s/-e 東風.

'Os·wald ['ɔsvalt]《男名》オスヴァルト.

Os·zil·la·ti·on [ɔstsɪlatsi'o:n] 女 -/-en (*lat.* oscillare, schaukeln, schwingen') **1**《物理》(Schwingung) 振動. **2**《地質》(地殻の)昇降運動.

Os·zil·la·tor [ɔstsɪ'la:tor] 男 -s/-en[..la'to:rən] **1**《物理》振動器. **2**《通信》発振器.

os·zil·'lie·ren [ɔstsɪ'li:rən] 自《物理》振動する. **2** (振り子のように)揺れ動く; 往ったり来たりする. **3**《地質》(地殻の)昇降運動をする.

Os·zil·lo·graph [ɔstsɪlo'gra:f] 男 -en/-en《物理》オシログラフ(振動の波形を観察して記録する装置).

ot.., **Ot..** [ot..]《接頭》↑oto.., Oto..

oto.., **Oto..** [oto..]《接頭》(*gr.*, Ohr') 形容詞・名詞に冠して「耳」を意味する. 母音および h の前では ot.., Ot.. となる. *Otolith*《解剖》耳石. *Otalgie*《医学》耳痛.

Oto·lo·gie [otolo'gi:] 女 -/《医学》(Ohrenheilkunde) 耳科学.

'Ot·ta·wa ['ɔtava, 'ɔtawa] **❶**《地名》オタワ(カナダの首都). **❷** 男 -[s]/《地名》der ～ オタワ川(カナダ南東部を流れる川).

'Ot·ter[1] ['ɔtər] 男 -s/- (古 女 -/-n)《動物》かわうそ(川獺).

'Ot·ter[2] 女 -/-n《動物》(Viper)まむし(蝮).

'Ot·tern·brut 女 -/《侮》=Natternbrut

'Ot·tern·ge·zücht 中 -[e]s/《侮》=Natternbrut

Ot'ti·lie [ɔ'ti:liə]《女名》オティーリエ.

'Ot·to[1] ['ɔto]《男名》オットー. ～ *der Große* オットー大帝(912-73, ザクセン朝ドイツ王オットー 1 世, 初代神聖ローマ皇帝).

'Ot·to[2] 男 -s/-s **1**《話》(人を驚かすほど)でかい(並みはずれた)もの. j[3] *einen* ～ *an den Latz knallen* 人[3]の顔ぐらいに一発お見舞いする. **2** *den flotten* ～ *haben*《話》腹を下している. **3** ～ *Normalverbraucher*《話》ごくふつうの人, 平均的な市民.

Ot·to·ma·ne [ɔto'ma:nə] (fr.) ❶ 男 -n/-n =Osmane ❷ 女 -/-n オットマン(背もたれのない昔のトルコ風ソファー).

'**Ot·to·mo·tor** 男 -s/-en[..moto:rən]〖工学〗オットー・エンジン(発明者 N. Otto, 1832-91).

Ot'to·ne [ɔ'to:nə] 男 -n/-n (↑Otto¹)〖歴史〗オットー朝(ザクセン王家)の王.

ot'to·nisch [ɔ'to:nɪʃ] 形 (↓Otto¹) オットー朝の.

out [aʊt] 副 (engl.) **1**〖球技〗(球が場外に, アウトになって. **2** ~ sein《話》流行遅れである, 人気が落ちた.

'**ou·ten** ['aʊtən] 他 (engl.)《話》(人⁴のことを)同性愛者だと暴露する.《再帰的に》sich' ~ 自分が同性愛者であることを告白する, カミングアウトする.

'**Out·fit** ['aʊtfɪt] 中 -[s]/-s (engl.) 服装, 装備.

'**Ou·ting** ['aʊtɪŋ] 中 -s/- 同性愛者であることの暴露; カミングアウト.

'**Out·put** ['aʊtpʊt] 男 (中) -s/-s (engl.) **1**〖経済〗生産高, 産出. **2**〖コンピュータ〗アウトプット, 出力. **3**〖電子工〗出力.

ou·tri·e·ren [u'tri:rən] 他 (fr.) 誇張する.

'**Out·si·der** ['aʊtsaɪdər, ..saɪdər] 男 -s/- (engl.) (Außenseiter) アウトサイダー.

'**out|sour·cen** ['aʊt-so:rsən] 他 (engl.) 社外委託する, 外注する.

'**Out·sour·cing** ['aʊt-so:rsɪŋ] 中 -[s]/-s (engl.) 社外委託, アウトソーシング.

Ou·ver·tü·re [uver'ty:rə] 女 -/-n (fr., Öffnung ')〖音楽〗(オペラなどの)序曲.

<u>**oval**</u> [o'va:l] 形 (lat. ovalis, eiförmig') 楕円形の, 卵形の.

Oval 中 -s/-e 楕円形, 卵形.

Ova·ri·um [o'va:riʊm] 中 -s/..rien[..riən] (lat. ovum, Ei ') **1**〖解剖〗(Eierstock) 卵巣. **2**〖植物〗(Fruchtknoten) 子房.

Ova·ti·on [ovatsi'o:n] 女 -/-en (lat. ovare ,jubeln, frohlocken ')(熱烈な)拍手喝采. j³ eine ~ darbringen 人³に盛大な拍手を送る.

'**Over·all** ['o:vərɑl, ..rɑl, ..ro:l] 男 -s/-s (engl.) オーバーオール, つなぎ(胸当てつきの作業用ズボン).

Ovid [o'vi:t]《人名》オウィディウス(前43–後17頃, ラテン文学の黄金期を代表する詩人の1人, 『変身物語』 *Metamorphoses* など, ラテン語形 Ovidius).

ÖVP [ø:fau'pe:]《略》=Österreichische Volkspartei オーストリア国民党(1945創立, キリスト教民主主義を標榜する保守政党).

Ovu·la·ti·on [ovulatsi'o:n] 女 -/-en (lat. ovum , Ei ')〖生理〗排卵.

Ovu·la·ti·ons·hem·mer 男 -s/-〖薬学〗排卵抑制剤.

Oxal·säu·re [ɔk'sa:l..] 女 -/ (lat. oxalis , Sauerklee ')〖化学〗蓚酸(しゅう).

'**Oxer** ['ɔksər] 男 -s/- (engl. ox , Ochse ') **1**〖馬術〗並行障害. **2**〖牧場〗の囲い柵.

oxi.., Oxi.. [ɔksi..]《接頭》↑ oxy.., Oxy..

Oxid [ɔ'ksi:t] 中 -[e]s/-e (Oxyd) 酸化物.

Oxi·da·ti·on [ɔksidatsi'o:n] 女 -/-en (↑Oxid) 酸化.

oxi'die·ren [ɔksi'di:rən] ❶ 自 (h, s) 酸化する ❷ 他 酸化させる.

oxy.., Oxy.. [ɔksy..]《接頭》(gr. oxys , scharf, herb, sauer ') 名詞などにつけて「すっぱい, 酸味のある, 酸性の」の意を表す. oxi.., Oxi.. とも書く. *Oxydation* 酸化.

Oxyd [ɔ'ksy:t] 中 -[e]s/-e =Oxid

Oxy·da·ti·on [ɔksydatsi'o:n] 女 -/-en =Oxidation

oxy'die·ren [ɔksy'di:rən] 自 他 =oxidieren

Oxy'gen [ɔksy'ge:n] 中 -s/- =Oxygenium

Oxy·ge·ni·um [ɔksy'ge:niʊm] 中 -s/ (fr. oxygène , Sauerstoff ')《記号 O》〖化学〗酸素.

*'**Oze·an** ['o:tsea:n, otse'a:n] 男 -s/-e (gr.) 大洋, 海洋. der Atlantische ~ 大西洋. der Pazifische⟨Stille⟩ ~ 太平洋. ein ~ von Tränen《比喩》涙の海. Das Bonbon schmeckt nach ~《戯》このボンボンは食べ出したらやめられない.

'**Oze·an·damp·fer** 男 -s/- (遠洋航路用の)大型船.

Oze·a'ni·de [otsea'ni:də] 女 -/-n =Okeanide

Oze·a'ni·en [otsea'ni:ən]〖地名〗オセアニア, 大洋州.

oze'a·nisch [otse'a:nɪʃ] 形 **1** 大洋の, 海洋性の;《雅》膨大な. ~es Klima 海洋性気候. **2** オセアニアの.

Oze·a·no·gra'phie [otseanogra'fi:] 女 -/ (Meereskunde) 海洋学.

'**Oze·an·rie·se** ['o:tsea·n..] 男 -n/-n《話》巨船.

'**Oze·lot** ['o:tselɔt, 'ɔts..] 男 -s/-e(-s) **1**〖動物〗オセロット. **2** オセロットの毛皮.

Ozon [o'tso:n] 中 (男) -s/- (gr. ozein , duften ') **1**〖化学〗オゾン. **2**《話》新鮮な空気.

ozon·hal·tig [o'tso:nhaltɪç] 形 オゾンを含んだ.

ozo·ni'sie·ren [otsoni'zi:rən] 他 (殺菌のために)オゾン処理する.

Ozon·kil·ler [o'tso:nkɪlər] 男 -s/- オゾン破壊要因.

Ozon·loch 中 -[e]s/¨er オゾンホール.

ozon·reich 形 オゾンの豊富な.

Ozon·schicht 女 -/〖気象〗オゾン層.

p, P

p¹, P [pe:] 圏 -/- ドイツ語アルファベットの第 16 文字 (子音字). ◆口語では単数 2 格および複数形を [pe:s] と発音することがある.

p² ❶ (略) 1 〖音楽〗=piano 2 〖印刷〗=Punkt 2 〖貨幣〗=Penny ❷ (記号) 1 〖物理〗=Pond 2 〖核物理〗=Proton 1

P² (記号) 1 〖化学〗=Phosphor 2 〖物理〗=Poise 3 〖交通〗=Parkplatz

p. (略) 1 =Pagina 2 =pinxit

P. (略) 1 =Pastor 2 =Pater 3 =Papa²

Pa¹ (記号) 1 〖化学〗=Protaktinium 2 〖物理〗=Pascal ②

Pa² [pa:] 圐 -s/-s (呼掛けて) お父さん (Papa の短縮).

p. a. (略) =pro anno

p. A. (略) =per Adresse ...気付.

paar [pa:r パール] ❶ 厖 《不定数詞 / 不変化》 1 《不変化の ein と》 ein ~ 2, 3 の, 若干の. ein ~ Freunde 2, 3 人の友人. ein ~ Mal 2, 3 度, 数回 (ein paarmal). ein ~ kriegen 《話》 2, 3 発殴られる. mit ein ~ Worten ほんの一言三言で. 《数詞と》 ein ~ Hundert 2, 3 百. ein ~ zwanzig 22, 3 の, 20 あまりの. ▶地域によっては口語で ein の省略された形もある. ~ Freunde 2, 3 人の友人. ~ zwanzig 22, 3 の. 2 《定冠詞・所有代名詞・指示代名詞などと》 わずかばかりの, ちょっぴりの. Bitte, die ~ Minuten! どうかほんの 2, 3 分ですから. alle ~ Wochen 2, 3 週毎に. Mit den 〈diesen / deinen〉 ~ Pfennigen kannst du nicht viel anfangen. そんなはした金ではあまりたいしたことはできないよ. nach den ~ Tagen その 2, 3 日後に. ❷ 厖 《まれ》 〖生物〗 (↔ unpaar) 対になった; 《古》 偶数の.

Paar¹

[pa:r パール] 圉 -[e]s/-e (単位 -) (lat. par , gleich ') 1 対 (つい), 1 組. ein ~ Schuhe 1 足の靴. drei ~ 〈neue〉 Strümpfe 靴下 3 足. ein 〈neuer〉 Strümpfe / ein neues ~ Strümpfe 1 足の新しい靴下. Wie hoch ist der Preis eines ~s Hosen? ズボン 1 本の値段はいかほどですか. ein Mädchen mit einem ~ goldener Ohrringe 1 対の金のイヤリングをつけた少女. Ein ~ Socken kostet 〈kosten〉 doch 30 Euro! ソックス 1 足が 30 ユーロもするんですか. Mensch, hat die ~ Augen! 《話》 おやまああの娘 (こ) はなんてすてきな目をしているんだ. 2 1 組の男女, カップル; (ダンス・スケート競技などの) ペア. ein junges ~ 若いカップル. Die beiden werden bald ein ~. あの 2 人はまもなく結婚するだろう. ~ und ~ / zu ~en 2 人ずつ, 2 人 1 組になって. 3 (牛・馬などの) 2 頭 1 組; つがい. ein ~ Pferde vorspannen 2 頭 1 組の馬を車の前につなぐ.

Paar² 圐 -[e]s/-e (lat. pera , Beutel ') 《古》 《次の用法で》 j⁴ zu ~en treiben 人⁴ (敵など) を敗走させる, 蹴散らす.

す; 窮地に追込む.

'paa·ren ['pa:rən] ❶ 晒 1 (家畜などを) 交配する, 掛合せる. 2 (2 つのものを) 対 (つい) にする, 組にする; (et⁴ mit et³ 物⁴ を物³ と) 結びつける, 組合せる; 〖スポ〗対戦させる. Bei ihm ist Kühnheit mit Vorsichtigkeit gepaart. 彼には大胆さと用心深さが兼ね備わっている. ❷ 再 (sich⁴) 1 (動物が) つがう, 交尾する. 2 (2 つのものが) 対 (組) になる; 1 つになる.

'Paar·er·zeu·gung 囡 -/-en (↔ Paarvernichtung) 〖物理〗(電子・粒子の) 対生成.

'Paar·hu·fer [..hu:fər] 圐 -s/- 〖動物〗偶蹄 (ぐうてい) 類.

'paa·rig ['pa:rɪç] 厖 〖生物・解剖〗対になった. ein ~es Organ 対をなす器官 (腎臓など).

*****'paar·mal** ['pa:rma:l パールマール] 圖 ein ~ 2, 3 度, 数回. alle ~ 2, 3 回ごとに. ◆parr Mal とも書く. ↑Mal²

'Paa·rung ['pa:rʊŋ] 囡 -/-en 1 交尾; 交配. 2 (2 つのものを) 対にすること, 1 組にすること; 結合, 組合せ, ペアリング; 〖スポ〗(対戦相手との) 組合せ.

'Paa·rungs·trieb 圐 -[e]s/ 交尾本能.

'Paa·rungs·zeit 囡 -/ 〖動物〗交尾期.

'Paar·ver·nich·tung 囡 -/-en 〖物理〗(↔ Paarerzeugung) (粒子・電子の) 対消滅.

'paar·wei·se 圖 対になって, ペアで, 2 人 (2 つ) ずつ.

Pace [pe:s, peɪs] 囡 -/ (engl.) 〖スポ〗走る速度, 歩度 (とくに馬の).

'Pace·ma·cher ['pe:smaxər] 圐 -s/- 〖競馬〗ペースメーカー (レースで先頭に立つペースをつくる馬).

'Pace·ma·ker [..me:kər] 圐 -s/- (engl.) 1 〖競馬〗=Pacemacher 2 〖医学〗(心臓の) ペースメーカー.

Pacht [paxt] 囡 -/-en (lat. pactum , Vertrag') 1 《複数まれ》用益賃貸借 (土地・店舗・特許権などの賃貸借); 賃貸借契約. et⁴ in ~ geben 〈nehmen〉 物⁴ を賃貸しくする 〉 する. et⁴ in ~ haben 物⁴ を賃借りしている. 2 賃借料, 使用料; 小作料.

'pach·ten ['paxtən] 晒 (土地・店舗などを) 賃借りする. et⁴ 〈j⁴〉 für sich⁴ gepachtet haben 物⁴〈人⁴〉を独り占めにしている.

'Päch·ter ['pɛçtər] 圐 -s/- (用益) 賃借人; 小作人.

'Pacht·geld 圐 -[e]s/-er (用益) 賃貸料; 小作料.

'Pacht·gut 圐 -[e]s/-e 借地; 小作地.

'Pach·tung ['paxtʊŋ] 囡 -/-en 《複数まれ》(用益権の) 賃借り, 賃貸借契約.

'Pacht·ver·trag 圐 -[e]s/⸚e (用益権の) 賃貸借契約.

'Pacht·zins 圐 -es/-en 〖法制〗用益賃借料; 小作料.

Pack¹ [pak] 圐 -[e]s/-e (Päcke) (比較的小さな) 包み, 束 (↑Packen). ein ~ Briefe 1 束の手紙. mit Sack und ~ 《話》家財道具をまとめて, 全財産を持って.

Pack² 圐 -[e]s/ 《侮》 《集合的に》ならず者, やくざ, 下衆

(リ)ども. ein nutzloses ～屑ども. So ein ～! なんて連中だ. ～ schlägt sich⁴, ～ verträgt sich⁴. 《諺》下衆は喧嘩も早いが仲直りも早い.

'Päck·chen ['pɛkçən ペクヒェン] 田 -s/- **1**(Pack[en]の縮小形)小さな包み(束). Jeder hat sein ～ zu tragen. 《話》誰もそれぞれに苦労(悩みの種)はある. (少量の商品の)包み, 箱, パック. ein ～ Tee〈Tabak〉1 包みのお茶〈タバコ〉. **3**《郵便》(2 kg 以下の)郵便小包.(↑Paket). ein ～ als ～ schicken 物?を小包にして送る. **4**(船員) 1 包みにした仕事着一式.

'Pä·cke ['pɛkə] Pack¹ の複数.

'Pack·eis 田 -es/ パックアイス, 叢氷(むら), 浮氷群.

'pa·cken ['pakən パケン] ❶ 他 **1** (a)(物等などを)荷造りする, 包装する. seine Sachen ～ 荷物をまとめる. (b) A⁴ in B⁴ ～ A⁴ を B⁴ の中に詰める, 積み(押し)込む. das Gepäck auf〈in〉 den Wagen ～ 荷物を車に積込む. et⁴ in Papier ～ 物を紙に包む. j⁴ ins Bett〈aufs Sofa〉～《話》人を(毛布や布団でくるんで)ベッド〈ソファー〉に寝かしつける. j⁴ in Watte ～《話》人を腫れ物にさわるように扱う. gepackt [voll] sein《話》ぎゅうぎゅう詰めてある. (c)(物に)荷物を詰める;(小荷物などを)つくる. den Koffer ～ トランクを詰める. ein Paket ～ 小包をつくる. (目的語なしで) Ich muss noch ～.《話》私はまだ荷造りが残っている. **2**(a)(むんずと・ぐいと)つかみ, ひっつかむ;(犬などが)噛みつく;(波などが)襲う. j² Arm ～/j⁴ am〈beim〉 Arm ～ 人²,⁴ の腕をつかむ;(の)腕に噛みつく. j⁴ bei der Ehre ～ 人⁴ の自尊心に訴える. Sie weiß, wo sie ihn ～ kann. 彼女は彼の泣きどころ(弱点)を知っている. (b)(病気・激情などが)襲う. [Der] Ärger packte ihn. 怒りが彼をとらえた. 《非人称的に》 Ihn hat's gepackt. 《話》彼は(病気・情熱・恋情などに)しっかりとらえて重病だ, すっかり参っている. (c)(人⁴ の)心をつかむ, (を)感動させる. Der Vortrag packte die Zuhörer. その講演は聴衆に感銘をあたえた. ein packender Roman 興味津々(しんしん)の小説. **3**《話》(仕事・課題などを)やってのける, 片づける;(試験などに)合格する. Er hat die letzte Frage gerade noch gepackt. 彼は最後の問題をどうにかこうにか片づけた. einen Gegner ～ können 《スポーツ》相手をやっつける. **4**《不定の es を目的語にして》(a)(バスなどになんとか間に合う. (b)《話》理解する. Er packt's nicht. 彼は分かっていない. (c)(南ドイツ)(さらに)続ける. Packen wir's [wieder] ～! さあどんどんやろう.

❷ 再 (sich)《話》急いで立去る, さっさと逃出す. Pack dich [zum Teufel]! とっとと失せやがれ.

'Pack·en 男 -s/- (比較的大きな包み, 束; 山ほどの.... (↑Pack¹). ein ～ Zeitungen 束にした新聞. ein (großer) ～ Arbeit 山ほどの仕事.

'packend 現分 形 人の心を打つ; 興味津々々(しんしん).

'Pa·cker ['pakər] 男 -s/- **1** 包装作業員, 梱包係; (Möbelpacker)(運送屋の家具荷造り作業員. ▶ 女性形 Packerin 女 -/-nen. **2**《狩猟》猟犬.

Pa·cke'rei [pakə'raɪ] 女 -/-en **1**《複数なし》(面倒な)包装, 荷造り. **2**(会社の)荷造り(包装)室, 梱包室.

'Pack·esel 男 -s/- 荷物運搬用の驢(ろ)馬.

'Pack·lei·nen 田 -s/- = Packleinwand

'Pack·lein·wand 女 -/- 包装(梱包)用亜麻布, パッククロス.

'Pack·pa·pier 田 -s/-e 包装紙.

'Pack·pferd 田 -[e]s/-e 荷馬, 駄馬.

'Pack·raum 男 -[e]s/⁼e 包装室, 荷造り(梱包)室.

*'**Pa·ckung** ['pakʊŋ パクング] 女 -/-en **1**(商品の)包み, 包装. eine ～ Gebäck ビスケット 1 包み. eine ～ aufreißen〈öffnen〉 包装紙を破る〈開ける〉. **2**(a)《工業》パッキング. (b)《土木》(道路の)砕石路床. (c)《医学》巻包法, 湿布, パック. **3**《話》惨打. eine packende ～ kriegen さんざん殴られる. 《話》(スポーツでの)大敗. eine [böse] ～ bekommen 大敗を喫する. **5**(兵) (a) (Gepäck)(手)荷物. (b) 《兵隊》軍装.

'Pack·wa·gen 男 -s/- **1**《鉄道》貨車. **2**《古》荷馬車.

Pä·da·go·ge [pɛda'goːɡə] 男 -n/-n (gr. paidagōgos, Kinder-, Knabenführer') 教育者;教育学者.

Pä·da·go·gik [pɛda'ɡoːɡɪk] 女 -/ 教育学;(ある時代・社会に固有の)教育(法).

pä·da·go·gisch [pɛda'ɡoːɡɪʃ] 形 **1**《述語的には用いない》教育学の. **2** 教育の, 教育上の; 教育的な.

Pä·da·go·gi·um [pɛda'ɡoːɡioːm] 田 -s/..gien [..ɡiən] (gr. paidagōgeion)《古》教員養成大学予備学校, 教育大学予備コース.

'Pad·del ['padəl] 田 -s/- (engl. paddle)(カヌーの)パドル.

'Pad·del·boot 田 -[e]s/-e パドルつきボート(カヌー・カヤックなど).

'pad·deln ['padəln] 自 (s, h) **1** (s, h) パドルで舟(カヌー)などを漕ぐ, カヌーに乗る; 犬かきをする. **2** (s) パドルで漕いで行く; 犬かきで泳いでいく.

'Pad·dock ['pɛdɔk] 男 -s/-s (lat. parricus, Koppel')(厩舎(きゅうしゃ)近くの)小牧場;(競馬の)パドック.

Pä·de'rast [pɛde'rast] 男 -en/-en (gr.)(Knabenschänder) 少年愛好者, 男色家.

Pä·de·ras'tie [pɛderas'tiː] 女 -/ (gr.)(Knabenliebe) 少年愛, (少年相手の)男色.

Pä·di·a'trie [pɛdia'triː] 女 -/ (gr.)《医学》小児科学.

paff [paf] ❶ 間 Piff ～! パンパン(銃の発射音). ❷ 形《述語的用法のみ》《地方》ぼう然とした, ぱかんとした.

'paf·fen ['pafən] ❶ 他 **1**(タバコを)ぱっぱと吸う. **2** Rauchwolken ～ タバコの煙をぱっぱとふかす. ❷ 自 ぶかぶかふかす, やたらぱっぱと吸う. an der Zigarette〈der Pfeife〉～ タバコ〈パイプ〉をぷかぷかふかす.

Pa·ga'ni·ni [paɡa'niːni]《人名》 Niccolò ～ ニコロ・パガニーニ(1782-1840, イタリアの作曲家・バイオリニスト).

Pa·ga'nis·mus [paɡa'nɪsmʊs] 男 -/..men [..mən] (lat. paganus, heidnisch') **1**《複数なし》異教. **2**(キリスト教の中にある)異教的習慣.

'Pa·ge ['paːʒə] 男 -n/-n (fr. Edelknabe') **1**《歴史》(宮廷の)小姓. **2**(ホテル・レストランの)ボーイ.

'Pa·gen·kopf ['paːʒən..] 男 -[e]s/⁼e おかっぱ頭.

'Pa·ger ['peːdʒər, 'paːdʒə] 男 -s/- (engl.)ポケベル.

Pa·gi·na [paˈɡiːna] 女 -s/-s (lat., Blatt, Seite')《古》《略 p., pag., 複数 pp.》ページ; ページ数.

pa·gi'nie·ren [paɡi'niːrən] 他 (↓ Pagina)《書籍》(原稿などに)ページ数(ノンブル)をふる.

Pa·go·de [pa'ɡoːdə] (sanskr. bhagavati, selig, glücklich') ❶ 女 -/-n **1**(東アジアの)寺院, 仏塔. **2**(まれ) 仏舎利塔. ❷ 女 -/-n 男 -n/-n《古》**1**(東アジアの陶製の)神仏像. **2**(神仏像を刻印した)インド金貨.

pah [paː] 間 Pah!(不快・軽蔑の気持ちを表して)ちえっ,

ふん(それがどうした).

Pair [pɛːr] 男 –s/–s (*lat.* par , gleich ') (昔のフランスの)上流貴族.

Pak [pak] 因 –[s] 〖軍事〗 **1** 〈略〉=**P**anzerabwehrkanone **2** 対戦車砲兵隊.

Pa'ket [paˈkeːt パケート] 甲 –[e]s/–e (*fr.* paque , Bündel, Ballen ') **1** (a) (包装した, また紐などをかけた)包み, 束; (紙箱などに詰めた)(小)荷物. ein ~ Bücher 1 束の本. ein ~ aufschnüren 包みの紐をとく. (b) (商品の) 1 包み, 1 箱, パッケージ. ein ~ Waschpulver〈Zündhölzer〉1 箱の洗剤〈マッチ〉. (c) 〖郵便〗 (2–20 kg の)小包 (↑Päckchen). ein ~ aufgeben〈packen〉小包を出す〈つくる〉. **2** 〖政治・経済〗一括したもの. ein ~ Aktien (個人所有のまとまった)大量株. ein ~ von Forderungen 一括要求. **3** 〖鉱山〗モール. **4** ~ setzen 《印刷工》棒組みをつくる.

Pa'ket·ad·res·se 因 –/–n 郵便小包用宛名票.
Pa'ket·an·nah·me 因 –/–n **1**《複数なし》郵便小包の受付. **2** 小包受付窓口.
Pa'ket·aus·ga·be 因 –/–n **1**《複数なし》郵便小包の引渡し. **2** 小包引渡し窓口.
Pa'ket·boot 甲 –[e]s/–e 郵便船.
pa·ke'tie·ren [pakeˈtiːrən] 他 郵便小包にする.
Pa'ket·kar·te 因 –/–n 小包送り票.
Pa'ket·post 因 –/–en **1** 小包郵便. **2** 小包の配送. **3** 小包郵便業務. **4** 小包郵便配送係(配送車と業務員をひっくるめて).

Pa·ki'stan [ˈpaːkɪsta(ː)n] 〖地名〗パキスタン(インド北西部に接するイスラーム共和国, 首都イスラーマバード Islamabad).

pa·ki'sta·nisch [pakısˈtaːnıʃ] 形 パキスタン(人)の.
↑deutsch

Pakt [pakt] 甲 –[e]s/–e (*lat.* pactum , Vertrag ') 条約; 協定, 契約. einen ~ schließen 条約を締結する. Fausts ~ mit dem Teufel ファウストの悪魔との契約.

pak'tie·ren [pakˈtiːrən] 自 (mit j³ \3²) 手を握る, 結託する.

Pa·la'din [palaˈdiːn, ˈpaːl.., ˈpal..] 男 –s/–e (*lat.* [comes] palatinus , kaiserlicher Begleiter ') **1** 〖歴史〗カール大帝の側近の(12 人の)騎士. **2** 忠臣;《侮》とりまき.

Pa'lais [paˈlɛː] 甲 –[..ˈlɛː(s)]/–[..ˈlɛːs] (*fr.*) 宮殿, 城.

pa·läo..., Pa·läo.. [palɛo..] 〖接頭〗 (*gr.* palaios , alt ') '古(旧)…, 原(原始)の' の意を表す. 母音の前では paläo..., Paläo.. または pal..., Pal.. になる.
Pa·läo·bio·lo'gie [palɛobioloˈgiː] 因 –/ 古生物学.
Pa·läo·gra'phie [palɛograˈfiː] 因 –/ 古文書学.
Pa·läo'li·thi·kum [palɛoˈliːtikʊm, ..ˈlɪt..] 甲 –s/ 旧石器時代.
pa·läo'li·thisch [palɛoˈliːtɪʃ, ..ˈlɪtɪʃ] 形 旧石器時代の.
Pa·lä·on·to·lo'gie [palɛɔntoloˈgiː] 因 –/ 古生物学.
pa·lä·on·to'lo·gisch [palɛɔntoˈloːgɪʃ] 形 古生物学の.
Pa·läo'zo·i·kum [palɛoˈtsoːikʊm] 甲 –s/ 〖地質〗(Erdaltertum) 古生代.
pa·läo'zo·isch [palɛoˈtsoːıʃ] 形 古生代の.

'Pa·las [ˈpalas] 男 –/–se (*lat.* palatium , Schloss ') (中世の城の)本丸, 館.

*****Pa'last** [paˈlast パラスト] 男 –[e]s/Paläste (*lat.* palatium) (王侯・貴族の)館, 宮殿;《話》お屋敷(のような家).

Pa'läs·te [paˈlɛstə] Palast の複数.
Pa·läs'ti·na [palɛsˈtiːna] 〖地名〗 (*hebr.* , Land der Philister ') パレスチナ(ヨルダン川の西, 東地中海に面した地方. 旧約聖書のカナン Kanan の地).
Pa·läs·ti'nen·ser [palɛstiˈnɛnzər] 男 –s/ パレスチナ人. ◆女性形 Palästinenserin 因 –/–nen
Pa'last·re·vo·lu·ti·on 因 –/–en **1** 〖政治〗宮廷革命. **2** (企業などでの)部下の反乱.
pa·la'tal [palaˈtaːl] 形 (*lat.* palatum , Gaumen ') **1** 〖医学〗硬口蓋の. **2** 〖音声〗硬口蓋音の.
Pa·la'tal 男 –s/–e 〖音声〗硬口蓋音.
Pa·la'tin [palaˈtiːn] 男 –s/–e (*lat.* [comes] palatinus , kaiserlicher Begleiter ') **1** 〖歴史〗宮中伯. **2** (かつてのハンガリーの)副王(1848 まで).
Pa·lat'schin·ke [palaˈtʃɪŋka] 因 –/–n (*rumän.*)《多く複数で》〖料理〗パラチンケ(ジャムなどをくるむクレープ風の菓子).
Pa·la'ver [paˈlaːvər] 甲 –s/– (*port.* palavra , Wort, Sprache ') **1** 《古》 (ポルトガル商人たちの用語で)アフリカ原住民相手の商売(取引). **2** 《侮》いつ果てるともしれない話合い(交渉), 小田原評定.
pa·la'vern [paˈlaːvərn] 自《話》だらだらと話合い(交渉)をする, わいわいおしゃべりする.
'Pa·le·tot [ˈpalətoː, pal(ə)ˈtoː] 男 –s/–s (*engl.* paltok , Jacke ') 〖服飾〗パルト(古くはダブル仕立ての紳士用コートを, 19 世紀以降は紳士・婦人用トッパーコートをさす).
Pa'let·te [paˈlɛtə] 因 –/–n (*lat.* pala , Schaufel, Spaten ') **1** (絵画用の)パレット; 《比喩》多種多様(多彩)なもの. eine bunte〈breite〉 ~ neuer Frühjahrsmodelle 色とりどりの春のニューモード. **2** 〖工学〗(フォークリフトの)荷台, パレット. **3** (焼き魚・オムレツなどを裏返す)フライ返し.
pa·let'tie·ren [palɛˈtiːrən] 他 〖工学〗 (フォークリフトの)パレットに積む.
'Pa·li [ˈpaːli] 甲 –[s]/ (*sanskr.*) パーリ語(スリランカ・タイなどの仏教聖典用言語).
Pa·lin'drom [palɪnˈdroːm] 甲 –s/–e (*gr.* palindromos , rückläufig ') パリンドローム(前後どちらから読んでも意味の通る語や句. たとえば Neger, Regal).
Pa·li'sa·de [paliˈzaːdə] 因 –/–n (*lat.* palus , Pfahl ') **1** 先の尖った棒杭. **2** 防御柵, 矢来(ヤライ). **3** 〖馬術〗柵障害.
Pa·li'sa·den·zaun 甲 –[e]s/ˉe 棒杭の柵(矢来).
Pa·li'san·der [paliˈzandər] 男 –s/– (*indian.*) 紫檀(したん)材.
Pa·li'san·der·holz 甲 –es/ˉer =Palisander
Pal'la·di·um [paˈlaːdiʊm] 甲 –s/..dien [..diən] (*gr.*) **1** パラディオン(トロイアの町の守護神であったパラス・アテーネー Pallas Athene の像). **2** 守護神. **3** 《複数なし》〖記号 Pd〗〖化学〗パラジウム.
'Pal·las [ˈpalas] 《人名》〖神話〗パラス(Athene の呼称).
'Pal·lasch [ˈpalaʃ] 男 –[e]s/–e (*türk.* pala , Schwert ') パラッシュ(重騎兵用の広刃の剣).
pal·li·a'tiv [paliaˈtiːf] 形 〖医学〗症状を一時的に緩和する, 待期的(姑息的)な.
Pal·li·a'tiv 甲 –s/–e (*lat.* pallium , Mantel ') 〖薬学〗パリアチーバ, 姑息的薬剤.

'Pal·li·um ['palium] 田 -s/..lien [..liən] (*lat.*, Mantel*›*) **1** パリウム **(a)** 古代ローマのマント風の長上衣. **(b)** 中世の皇帝戴冠式用マント. **2**《カトリ》パリウム (大司教用肩衣). **3**《解剖》(大脳の) 外套.

'Pal·me ['palmə] 囡 -/-n (*lat.*) **1** 棕櫚(ﾛˆ); 椰子(ﾔˆ). j⁴ auf die ~ bringen 人⁴をおこらせる. auf die ~ gehen かんかんになる. auf der ~ sein かんかんに怒っている. von der ~ [wieder] herunterkommen 気を鎮める, 怒りがおさまる. **2**《雅》(勝利の栄誉の象徴としての) 棕櫚の葉. die ~ erringen 勝利をおさめる. Dir gebührt die ~. 勝利の栄冠は君のものだ.

Pal'met·te [pal'metə] 囡 -/-n (*lat.*) **1**《美術》パルメット, 忍冬(ｽｲｶｽﾞﾗ)唐草紋, 椰子(ﾔｼ)の葉紋. **2**《園芸》矢来などに這(ﾊ)わせた生け垣の果樹.

'Palm·kätz·chen ['palm..] 中 -s/-《話》ねこやなぎの尾状花.

'Palm·öl 中 -[e]s/-e《食品》パーム油.

'Palm·sonn·tag 男 -[e]s/-e 枝の主日 (復活祭直前の日曜日, キリストのエルサレム入城を貧しい民衆が棕櫚の枝を振って迎えたことから). ◆ ラテン語 dominica Palmarum の翻訳借用語.

'Palm·we·del 男 -s/- 棕櫚 (椰子) の枝.

Pal·pa·ti'on [palpatsi'o:n] 囡 -/-[e]s/-e《医学》触診.

Pa·mir ['pa:mir, pa'mi:r] 田 (囲) -[s] /《地名》der 〈das〉 ~ パミール (中央アジアの高原).

'Pam·pa ['pampa] 囡 -/-s (*sp.*) (多く複数で)《地理》パンパス (南米, とくにアルゼンチンの大草原).

Pam·pel·mu·se ['pampəlmu:ze, --'--] 囡 -/-n (*tamil.*)《植物》グレープフルーツ.

Pam'phlet [pam'fle:t] 中 -[e]s/-e (*engl.*)《侮》中傷ビラ, 誹謗文書 (とくに政敵に対する).

Pam·phle'tist [pamfle'tɪst] 男 -en/-en《侮》中傷ビラ (誹謗文書) の筆者.

'pam·pig ['pampɪç] 形 **1**《地方》粥(ｶﾕ)のような, どろどろした. **2**《話》あつかましい, 恥知らずの. **3**《話》つっけんどんな.

Pan¹ [pa:n]《人名》《ｷﾞﾘｼｬ神話》パン, 牧羊神 (牧人と家畜の神).

Pan² [pan] 男 -s/-s(-ni) (*pol.*) **1** (昔のポーランドの) 地主, 農場主. **2** (ポーランドで男の氏名の前につけて) …さん, …の旦那.

pan.., **Pan..** [pan..] (接頭)ｷﾞ.「全…, パン…」などの意を表わす.

Pan·afri·ka'nismus [pan|afrika'nɪsmus] 男 -/《政治》汎アフリカ主義.

Pa'na·ma ['panama] ❶《地名》パナマ (中央アメリカの共和国, またその首都). ❷ 男 -s/-s《紡織》パナマ. **2** =Panamahut

'Pa·na·ma·hut 男 -[e]s/⸗e《服飾》パナマ帽.

'Pa·na·ma·ka·nal 男 -s/ パナマ運河.

pan·ame·ri·ka·nisch [pan|ameri'ka:nɪʃ] 形 全米の; 汎アメリカ主義の.

Pan·ame·ri·ka'nis·mus [pan|amerika'nɪsmus] 男 -/《政治》汎アメリカ主義, 全米主義.

pa·na'schie·ren [pana'ʃi:rən] 他 (*fr.* panacher, bunt machen*›*) **1** 色とりどりの縞(ｼﾏ)模様をつける. **2**《政治》(比例代表制などで) 異党派連記 (自由名簿式) で投票する.

pan·chro'ma·tisch [pankro'ma:tɪʃ] 形《写真》パンクロの, 全整色の.

'Pan·da ['panda] 囡 -s/-s《動物》**1** レッサーパンダ. **2** ジャイアントパンダ.

Pan·dä·mo'ni·um [pandɛ'mo:niʊm] 中 -s/..nien [..niən] (*gr.*)《ｷﾞﾘｼｬ神話》(Pandaimonion) **1** パンモニオン (悪魔殿). **2**《集合的に》悪魔, 悪霊.

Pan'dek·ten [pan'dɛktən] 複《gr. pandektes, alles enthaltend*›*》《法制》パンデクテン, (古代ローマ法典の) 学説集成.

Pan·de'mie [pande'mi:] 囡 -/-n [..'mi:ən]《医学》汎 (汎発) 流行病.

Pan'do·ra [pan'do:ra]《人名》《ｷﾞﾘｼｬ神話》パンドラ (Prometheus が火を盗んで人間に与えたのを怒った Zeus が, 人間に禍を送るため Hephaistos に泥から造らせた地上最初の女).《次の用例で》die Büchse der ~ パンドラの箱 (あらゆる禍を封じ込めた箱でパンドラが天から handled て持ってきた).

Pan'dur [pan'du:r] 男 -en/-en (*ung.*)《歴史》**1** (ハンガリーの武装従者. **2** パンドゥール兵 (17-18世紀南ハンガリーに配置されたオーストリア陸軍の歩兵).

Pa'neel [pa'ne:l] 中 -s/-e (*lat.* pannus, Stück Stoff*›*)《建築》**1** 鏡板, 羽目板. **2** 鏡板 (羽目板) 張り.

pa·nee'lie·ren [pane'li:rən] 他 鏡板 (羽目板) をはる.

Pan·en·the'is·mus [pan|ɛnte'ɪsmʊs] 男 -/ (*gr.*)《哲学》万有在神論.

Pan·eu'ro·pa [pan|ɔy'ro:pa] 中 -[s]/ 汎ヨーロッパ ◆ 無冠詞で用いるとき2格は -s.

'Pan·flö·te ['pa:n..] 囡 -/-n (*gr.*)《楽器》パン (牧神 Pan) の笛, パンフルート.

Pa'nier¹ [pa'ni:r] 中 -s/-e **1**《古》軍旗. [sich et⁴ auf sein ~ schreiben]《比喩》物を旗印に掲げる (を) 標榜(ﾋｮｳ)する. **2**《雅》標語, スローガン (とくに選挙の).

Pa'nier² 中 -/《料理》《料理》(魚などのフライの) 衣.

pa'nie·ren [pa'ni:rən] 他 (*fr.* pain, Brot*›*)《料理》(肉・魚などに) フライの衣をつける.

Pa'nier·mehl 中 -[e]s/ (フライ用の) パン粉.

'Pa·nik ['pa:nɪk] 囡 -/-en (*fr.*)《複数まれ》パニック. Nur keine ~! 落着いて下さい, お静かに.

'pa·nik·ar·tig [..|a:rtɪç] 形 パニック状態の.

'Pa·nik·ma·che 囡 -/《侮》(わざと) パニックを引起こすこと.

pa'nisch ['pa:nɪʃ] 形 (*gr.* panikos, von Pan herrührend*›*) パニックのような, あわてふためいた.

'Pan·kre·as ['pankreas] 中 -/..kreaten [..kre'a:tən] (*gr.*)《解剖》(Bauchspeicheldrüse) 膵臓(ｽｲｿﾞｳ).

Pan·kre·a'ti·tis [pankrea'ti:tɪs] 囡 -/..tiden [..ti:dən]《医学》膵臓(ｽｲｿﾞｳ)炎.

***'Pan·ne** ['panə] 囡 -/-n (*fr.*, Störung*›*) **1** (乗物・機械などの) 故障, トラブル (とくにエンスト・パンクなど). Der Wagen hatte〈Wir hatten〉 unterwegs eine ~. 車が途中でエンコした. **2** 失敗; つまずき. beim Examen eine ~ haben 試験に失敗する.

'Pan·nen·dienst 中 -[e]s/-e (自動車の) 故障サービス係.

Pa'nop·ti·kum [pa'nɔptikʊm] 中 -s/..ken [..kən] (*gr.*) **1** 蠟(ﾛｳ)人形館. **2** 収集品展示室 (とくに骨董などの).

Pa·no'ra·ma [pano'ra:ma] 中 -s/..men [..mən] (*gr.*) **1** **(a)** (一望のもとに見渡された) 広々とした眺望, 全景. **(b)**《比喩》全体像, 概観. **2** パノラマ (写真).

'pan·schen ['panʃən] ❶ 他 自 (ワインなどを) 水で薄める, (に) 水を割る. ❷ 自《話》ばちゃばちゃ水遊びをする.

'Pan·scher ['panʃər] 男 -s/- 水で薄めた物 (酒など)

売る商売人.

pan·sen ['panzən] 男 -s/- (*lat.* pantex , Wanst') **1**《解剖》反芻(はんすう)動物の第1胃, 瘤胃(りゅうい). **2**《北》胃.

Pan·sla·wis·mus [pansla'vɪsmʊs] 男 -/ 汎スラブ主義.

pan·ta·lo·ne [panta'lo:nə] 男 -s/-s (..ni [..ni])《演劇・文学》パンタローネ (イタリアの即興仮面劇 Commedia dell'arte に登場するベニスの商人役).

pan·ta'lons [pāta'lõ:s, pant.., 'pā:talõ:s, 'pantalõ:s] 複 (*it.* Pantalone) **1**《服飾》パンタロン (フランス革命期からはやりだした男子の細身の長ズボン). **2**(スピードスケート用のトリコットパンツ).

Pan·ter ['pantər] 男 -s/- = Panther

Pan·the·is·mus [pante'ɪsmʊs] 男 -/ (*gr.*)《哲学》汎神論, 万有神論.

Pan·the'ist [pante'ɪst] 男 -en/-en 汎神論者.

pan·the'is·tisch [..] 形 汎神論の.

Pan·the·on ['panteɔn] 中 -s/-s (*gr.*) **1** パンテオン ((a)古代ローマの万神殿. (b)国家的偉人を祀った霊廟). **2**《宗教》(多神教における神々の)神会, 神殿.

Pan·ther ['pantər] 男 -s/- (*gr.*)《動物》(Leopard) ひょう(豹).

Pan·ti·ne [pan'ti:nə] 女 -/-n (*fr.* patin , Schuh mit Holzsohle')《多く複数で》(北ドイツ)木靴, 木のサンダル. aus den ~n kippen 気を失う; 茫然となる.

Pan'tof·fel [pan'tɔfəl] 男 パントフェル -s/-n (*fr.* pantoufle)《ふつう複数で》スリッパ, 上履き. die ~n anziehen⟨ausziehen⟩ スリッパをはく⟨脱ぐ⟩. in ~n gehen スリッパをはいている. den ~ schwingen《話》亭主を尻に敷く. *seinen* Mann unter dem ~ haben《話》亭主を尻に敷いている. unter dem ~ stehen《話》女房の尻に敷かれている.

Pan'tof·fel·held [..] 男 -en/-en《話》恐妻家.

Pan'tof·fel·ki·no [..] 中 -s/-s《戯》テレビ.

Pan'tof·fel·tier·chen [..] 中 -s/-《生物》ぞうりむし属.

Pan·to·graph [panto'gra:f] 男 -en/-en (Storchschnabel) パントグラフ, 縮図器.

Pan·to·mi·me [panto'mi:mə] (*gr.* pantomimos , alles nachahmend') ❶ 女 -/-n パントマイム. ❷ 男 -n/-n パントマイム役者. ▶女性形 Pantomimin 女 -/-nen

Pan·to·mi·mik [panto'mi:mɪk] 女 -/ **1** パントマイムの技術, 黙劇術. **2**《心理》全身の表現運動.

pan·to·mi·misch [panto'mi:mɪʃ] 形 **1** パントマイムの, 身振りによる. **2**《心理》全身の表現運動の.

pant·schen [pantʃən] 他 = panschen

Pan·zer ['pantsər] 男 -s/- (*lat.* panticis , Wanst') **1** (a)《古》鎧(よろい), 甲冑(かっちゅう). einen ~ um sich legen ⟨ sich⁴ mit einem ~ umgeben 自分の殻に閉じこもる, 内面⟨感情⟩をみせない. (b)《猟師》(猟犬用の)胴衣. **2**《動物》甲羅(こうら), 殻. **3**(船などの)装甲(板). **4**《軍事》戦車, 機甲部隊.

Pan·zer·ab·wehr·ka·no·ne [..] 女 -/-n (略 Pak.)《軍事》対戦車砲.

Pan·zer·faust [..] 女 -/-¨e《軍事》(軽便な)対戦車砲 (バズーカ砲など).

Pan·zer·glas [..] 中 -es/ 防弾ガラス.

'Pan·zer·hemd [..] 中 -[e]s/-en (Kettenhemd) 鎖帷子(かたびら).

'Pan·zer·kreu·zer [..] 男 -s/-《海事》装甲巡洋艦.

'pan·zern ['pantsərn] ❶ 他 (物⁴に)甲鉄板を張る, (を)装甲する; (人⁴に)鎧を着せる. ❷ 再 (*sich⁴*) 鎧に身を固める. *sich* gegen et⁴ ~ 物⁴から身を守る, 物⁴ (人の悪意など)に動じないように備える.

'Pan·zer·plat·te [..] 女 -/-n 装甲板, 甲鈑.

'Pan·zer·schiff [..] 中 -[e]s/-e《古》装甲艦.

'Pan·zer·schrank [..] 男 -[e]s/¨-e 鋼鉄製金庫.

'Pan·zer·späh·wa·gen [..] 男 -s/-《軍事》偵察用装甲車.

'Pan·zer·sper·re [..] 女 -/-n 対戦車障害物 (地雷・コンクリートブロックなど).

'Pan·zer·turm [..] 男 -[e]s/¨-e《軍事》砲塔.

'Pan·ze·rung ['pantsəruŋ] 女 -/-en **1**《複数なし》装甲. **2** 装甲板.

'Pan·zer·wa·gen [..] 男 -s/-《軍事》(偵察用)装甲車; 戦車.

'Pan·zer·zug [..] 男 -[e]s/¨-e《軍事》装甲列車.

Pä·o·nie [pɛ'o:niə] 女 -/-n (*gr.*)《植物》しゃくやく(芍薬)属; ぼたん(牡丹)属. ◆ギリシア神話のパイエオン Paion にちなむ.

'Pa·pa ['papa, pa'pa:] 男 -s/-s (*fr.*) お父さん, パパ (短縮形 Pa).

'Pa·pa² ['pa:pa] 男 -s/ (*lat.*) 教皇; ギリシア正教の司祭.

Pa·pa·gei [papa'gaɪ, '---] 男 -s(-en)/-e[n] (*arab.* babagha)《鳥》鸚鵡(おうむ). schwatzen wie ein ~ ぺらぺらよく喋る.

Pa·pa·gei·en·krank·heit [papa'gaɪən..] 女 -/-en《病理》鸚鵡(おうむ)病.

pa'pal [pa'pa:l] 形 (*lat.*, päpstlich') 教皇の.

Pa·pa·lis·mus [papa'lɪsmʊs] 男 -/ (ラテン) **1** 教皇首位説 (至高の教会権は Konzil にではなく Papst にありとする考え方). **2** (Papalsystem) 教皇首位制 (1を制度化したもの).

Pa'pal·sys·tem [..] 中 -s/ (キリスト) (↔ Episkopalsystem) = Papalismus 2

Pa·pa'raz·zo [papa'ratso] 男 -s/..zzi [..tsi] (*it.*)《話》しつこい追っかけカメラマン (レポーター), パパラッチ. ◆F. フェリーニの映画『甘い生活』 *La dolce vita* に登場するゴシップ記者の名にちなむ.

Pa·pas [pa'pas] 男 -/- (*gr.*) ギリシア正教の総主教.

Pa'pat [pa'pa:t] 中 (男) -[e]s/ (*lat.*)《キリスト》教皇職, 教皇の地位.

'Pa·per·back ['pe:pərbɛk] 中 -s/-s (*engl.*)《製本》ペーパーバック.

'Pa·pi ['papi] 男 -s/-s《幼児》Papa¹ の愛称形.

Pa·pier [pa'pi:r パピーア] 中 -s/-e (*gr.* Papyrus) **1** 紙. buntes ~ 色紙. feines⟨grobes⟩ ~ きめの細かい⟨粗い⟩紙. glattes ~ 光沢紙. ein Blatt⟨ein Stück⟩ ~ 1枚の紙. Der Vertrag ist nur ein Fetzen ~. その契約はただの紙切れも同然だ. ~ ist geduldig.《諺》紙は何を書いても怒らない (文書や印刷物をむやみに信用する人への揶揄). Das steht nur auf dem ~. それはただの空文にすぎない. et⁴ aufs ~ werfen 事⁴ (着想・ひらめきなど)を紙に書きとめる. et⁴ zu ~ bringen 事⁴を書き記す, 書き物にする. **2** (a) 《多く複数で》文書, 書類; 記録; 書き物. ein amtliches⟨geheimes⟩ ~ 公文書⟨機密文書⟩. *seine ~e* ordnen 書類を整理する. *~e* vernichten 書類を処分する. 《複数で》身分証明書, 許可証; (とくに)旅券. Haben Sie Ihre *~e* bei sich³? 証明書類 (旅券など)をお持ちですか. *seine ~e* bekommen《話》解雇される; 除隊になる. (c) 有価証券.

Pa·pier·bo·gen 男 -s/ 全紙.
Pa·pier·deutsch 中 -[s]/《俗》(役人言葉などの)無味乾燥な(味気ない)ドイツ語.
pa·pie·ren [pa'pi:ran] 形 **1**《紙(製)の. **2** 紙のような, かさかさした; (文体などが)無味乾燥な. **3** ~e Hochzeit 紙婚式.
Pa'pier·fa·brik 女 -/-en 製紙工場.
Pa'pier·geld 中 -[e]s/ (↔ Hartgeld) 紙幣.
Pa'pier·hand·lung 女 -/-en 紙店; 文房具店.
Pa'pier·hand·tuch 中 -[e]s/=er 紙タオル.
Pa'pier·korb 男 -[e]s/=e 紙屑かご. et⁴ in den ~ werfen 物⁴を屑かごにほうり込む; 没にする. im ~ landen / in den ~ wandern《話》屑かご行きである; 没になる.
Pa'pier·krieg 男 -[e]s/-e《話》(役所相手の煩雑な)書類のやりとり.
Pa'pier·la·ter·ne 女 -/-n 提灯(ちょう).
Pa'pier·ma·ché, Pa·pier·ma·schee [papiema'ʃe:, pa'pi:rmaʃe:] 中 -s/-s (fr.) (Pappmaché) パピエマーシェ, 混凝紙(故紙とパルプなどを混ぜた形成材料).
Pa'pier·müh·le 女 -/-n《製紙》**1**《古》製紙工場. **2** パルプ撹拌(かくはん)機.
Pa'pier·sche·re 女 -/-n 紙切り鋏(はさみ).
Pa'pier·schlan·ge 女 -/-n (着色した)紙テープ.
Pa'pier·schnit·zel 中 (男) -s/- 紙の切り屑.
Pa'pier·ta·schen·tuch 中 -[e]s/=er ティッシュペーパー.
Pa'pier·ti·ger 男 -s/- 張り子の虎.
Pa'pier·tü·te 女 -/-n 紙袋.
Pa'pier·wäh·rung 女 -/-en《経済》紙幣本位制.
Pa'pier·wa·re 女 -/-n (多く複数で)紙製品; 文房具.
Pa'pier·win·del 女 -/-n 紙おむつ.
pa·pil'lar [papı'la:r] 形 (lat. papilla, Brustwarze')《医学》乳頭(状)の.
Pa·'pil·le [pa'pılə] 女 -/-n (lat.)《医学》乳頭.
Pa·pis'mus [pa'pısmus] 男 -/《俗》**1** 教皇至上主義. **2** 教皇礼賛.
Pa'pist [pa'pıst] 男 -en/-en《俗》教皇至上主義者.
pa·pis'tisch [pa'pıstıʃ] 形 教皇至上主義の.
papp [pap] 副《次の用法で》Ich kann nicht mehr ~ sagen.《話》もうお腹が一杯だ.
Papp [pap] 男 -[e]s/-e《複数まれ》**1**《話》粥(かゆ). **2**《地方》糊(のり).
'Papp·band 男 -[e]s/=e《略 Pp., Ppb., Ppbd.》《書籍》ハードカバーの本.
'Papp·be·cher 男 -s/- 紙コップ.
'Papp·de·ckel 男 -s/- 厚紙(板紙)表紙; 板紙, ボール紙.
'Pap·pe ['papə] 女 -/-n **1** 厚紙, 板紙, ボール紙. **2**《話》運転免許証. **3**《話》濃い粥(かゆ); 糊. nicht von ⟨aus⟩ ~ sein《話》なかなかしっかりしている, ヤワではない. j³ ~ ums Maul schmieren《地方》人³にお追従(ついしょう)を言う.
'pap·pen ['papən] (↓ Papp) ❶ 他 貼り付ける (a⟨an⟩ et⁴ 物⁴に). j³ eine ~《話》人³にびんたをくわせる ❷ 自 (固まって)くっつく. ~ bleiben《話》落第(年)する.
'Pap·pen·de·ckel 男 -s/- =Pappdeckel
'Pap·pen·hei·mer ['papənhaɪmɐ] 男 -s/《次の用法で》Ich kenne meine Pappenheimer!《話》私はこの連中のことはよく分かっている. ◆Schiller の戯曲『ワレンシュタインの死』Wallenstein's Tod より.
'Pap·pen·stiel 男 -[e]s/-e《次の用法で》Das ist doch kein ~. それはけっして端金(はしたがね)なんかじゃないぞ; それつまらないことじゃないよ. keinen ~ wert sein 一文の値打も無い. für einen ~ 二束三文で, ただ同然. ◆本来は「たんぽぽの茎」の意.
pap·per·la'papp [papɐla'pap] 間 Papperlapapp! 馬鹿馬鹿しい, くだらない.
'pap·pig ['papıç] 形 (↓ Papp)《話》**1** (手・指などが)べたべたした; (雪などが)べとつく. **2** (クッキーなどが)しっとりした. **3** (パンなどが)生焼けの. **4** どろどろ(ぐしゃぐしゃ)になった. **5**《話》ぶっきらぼうな.
'Papp·ka·me·rad 男 -en/-en《話》(紙製の)人形的; 《比喩》抜け作.
'Papp·kar·ton 男 -s/-s(-e) ボール箱.
'Papp·ka·sten 男 -s/= ボール箱.
'Papp·ma·ché ['papmaʃe:] 中 -s/-s =Papiermaché
'Papp·schach·tel 女 -/-n ボール箱, 厚紙箱.
'Papp·schnee 男 -s/ べた雪.
'Papp·tel·ler 男 -s/- 紙皿.
'Pap·pus ['papus] 男 -/-[se] (gr.)《植物》冠毛.
'Pa·pri·ka ['paprika, 'pa:..] 男 -s/-[s] (gr. peperi) **1**《植物》唐辛子(とうがらし). **2**《複数なし》《料理》(香辛料としての)パプリカ. ❷ 男 -s/-[s] (女 -/-[s]) Paprikaschote
'Pa·pri·ka·scho·te 女 -/-n 唐辛子(とうがらし)の実.
Paps [paps] 男 -/-e《複数まれ》パパ, お父ちゃん(Papa の愛称).
Papst [pa:pst] 男 -[e]s/Päpste (lat.) **1** (ローマ)教皇, 法王. in Rom gewesen sein und nicht den ~ gesehen haben 肝腎なことをし忘れる, 画竜(がりょう)点睛を欠く. **2**《話》(とくに複合語で)最高権力者. Modepapst モード界の法王.
'Päps·te ['pɛpstə] Papst の複数.
'päpst·lich ['pɛpstlıç] 形 **1** 教皇の, 教皇の. das ~e Amt ローマ教皇庁. ~er als der Papst sein 必要以上に厳格である. **2** 教皇(教皇権, 教皇政治)擁護派の.
'Papst·tum ['pa:pstuːm] 中 -s/ 教皇職, 教皇位; 教皇権.
'Pa·pua ['pa:pua, pa'pu:a] 男 -[s]/-[s] パプア人.
Pa·'py·rus [pa'py:rus] 男 -/..ri[..ri] (gr. papyros) **1**《植物》=Papyrusstaude **2** パピルス紙. **3** (パピルス紙に書かれた)古文書.
Pa'py·rus·rol·le 女 -/-n パピルス文書.
Pa'py·rus·stau·de 女 -/-n《植物》パピルス, かみがやつり(紙蚊帳吊).
*'**Pap·pel** ['papəl パペル] 女 -/-n (lat. populos) **1**《植物》どろのき(白楊)属, はこやなぎ(箱柳)属. **2**《複数なし》《話》ポプラ材, どろ材.
'pap·peln ['papəln] 形《付加語的用法のみ》ポプラ材(どろ材)の.
'päp·peln ['pɛpəln] 他 **1**《話》(子供・病人などに)栄養のあるものを食べさせる. **2** (虚栄心などを)あおる, おだてる.
Par [pa:r, pa:] 中 -[s]/-s (lat., gleich')《ゴルフ》パー.
pa·ra.., Pa·ra.. [para.., pa:ra..] (接頭) (gr.) 形容詞・名詞に冠して「並列の; 副次的な; 反対的, 異常な」などの意を表す. 母音の前では par.., Pa.. になる.
Pa·ra'bel [pa'ra:bəl] 女 -/-n (gr. parabole, Gleichnis') **1**《文学》(多く道徳的・教訓的な)たとえ話. **2**《幾何》放物線.

a·ra·bol·an·ten·ne [para'boːl..] 囡 -/-n《電子工》パラボラアンテナ.

a·ra·bo·lisch [para'boːlɪʃ] 形 1《文学》たとえ話の, 比喩的な. 2《幾何》放物線(状)の.

a·ra·bo·lo'id [parabolo'iːt] 中 -[e]s/-e《幾何》放物面, 放物面体.

a·ra'bol·spie·gel 男 -s/-《光学》放物面鏡.

a·ra'cel·sus [para'tsɛlzʊs]《人名》パラケルスス (1493-1541, スイスの医学者・哲学者. 本名は Theophrastus Bombastus von Hohenheim).

a·ra·de [pa'raːdə] 囡 -/-n (fr.) 1《軍事》(軍隊の)パレード, 分列行進; 観兵(閲兵)式. die ~ abnehmen 閲兵式を行う. mit et³ ~ machen 物³を見せびらかす. 2 攻撃をかわすこと(払いのけること), 《ﾃﾆｽ》(ゴールキーパーの)セービング, 《ﾎﾞｸｼﾝｸﾞ》パリイング, 《ﾌｪﾝｼﾝｸﾞ》パラード, 《ﾁｪｽ》受け(とくに王手に対する). j³ in die ~ fahren j³に強く反論する; 《馬術》ganze ~(馬の)停止. halbe ~ (歩度の)減却.

a·ra·de·bei·spiel 中 -[e]s/-e 典型的な(ぴったりの)例.

a·ra·de·bett 中 -[e]s/-en 豪華な寝台.

a·ra·dei·ser [para'daɪzər] 男 -s/-《ｵｰｽﾄﾘｱ》トマト.

a·ra·de·marsch 男 -[e]s/ᵘe《軍事》観閲(分列)行進.

a·ra·den'to·se [paradɛn'toːzə] 囡 -/-n《古》= Parodontose

a·ra'de·pferd 中 -[e]s/-e 1 儀礼用の馬, 儀仗馬. 2《話》自慢の種, 秘蔵っ子, 一枚看板.

a·ra·de·schritt 男 -[e]s 観閲式の歩調(足をまっすぐ伸ばし高くあげる).

a·ra·de·stück 中 -[e]s/-e 1 自慢の種, 秘蔵品. 2 立派な仕事, 傑作.

pa·ra'die·ren [para'diːrən] 自 1《軍事》分列行進をする. 2《雅》(これ見よがしに)置いてある, 並べられている. 3《雅》(mit et³物³を)見せびらかす, ひけらかす.

Pa·ra·dies [para'diːs パラディース] 中 -es/-e (gr. paradeisos, Garten Eden‘) 1《複数なし》(旧約)楽園, エデンの園. die Vertreibung aus dem ~ 楽園追放. (b) 天国. das ~ auf Erden haben 幸せ一杯である. ins ~ kommen 天国に行く, 死ぬ. 2《比喩》楽園, 理想郷. Der Park ist ein ~ für Kinder. その公園は子供たちのパラダイスだ. 3《建築》列柱広間, アトリウム(古い教会堂の列柱にかこまれた玄関ホール). 4《話》(劇場の)天上桟敷.

Pa·ra'dies·ap·fel 男 -s/ᵘ 1《植物》パラダイス(品種改良用の台木になるりんごの種類). 2《話》トマト. 3《話》ざくろの実.

pa·ra'die·sisch [para'diːzɪʃ] 形 1 楽園(エデンの園)の. 2 天国のような, すばらしい.

Pa·ra'dies·vo·gel 男 -s/ᵘ《鳥》極楽鳥科(ニューギニアの色彩豊かな鳥の種類).

Pa·ra·dig·ma [pa'raːdɪɡma] 中 -s/..men [..mən] (-ta [..ta]) (gr. paradeigma , Beispiel‘) 1 手本, 範例. 2《文学》文例. 3《言語》(a) 語形変化一覧. (b) (一定の文脈内での)交換可能語例(たとえば Die Frau lacht / weint / singt.).

pa·ra·dox [para'dɔks] 形 (gr. paradoxos) 逆説的な, 矛盾した; 理屈に合わない, 馬鹿げた.

Pa·ra'dox [para'dɔks] 中 -es/-e = Paradoxon.

Pa·ra·do·xa [pa'raːdɔksa] Paradoxon の複数.

Pa·ra·do'xie [paradɔ'ksiː] 囡 -/-n [..'ksiːən] 1《複数なし》逆説性, 背理. 2 逆説.

Pa·ra·do·xon [pa'raːdɔksɔn] 中 -s/..xa [..ksa] (gr.) 1 逆説. 2《哲学》背理. 3《物理》理論的矛盾.

Pa·raf'fin [para'fiːn] 中 -s/-e (lat.) 1《化学》パラフィン. 2《複数で》《化学》メタン列炭化水素, パラフィン類.

pa·raf·fi'nie·ren [parafi'niːrən] 他 (物⁴を)パラフィンで処理する, (に)パラフィンを塗る.

Pa·raf'fin·öl 中 -[e]s/-e パラフィン油.

Pa·ra'graf [para'ɡraːf] 男 -en/-en = Paragraph.

Pa·ra'graph [para'ɡraːf] 男 -en/-en (gr. paragraphos , Zeichen am Rande der antiken Buchrolle‘) 1《記号§, 複数§§》(文章の)段落, 節; (法律などの)条項, 箇条. gegen -[en] 1 der Straßenverkehrsordnung verstoßen 道路交通法第1項に違反する. 2《ﾀｲﾌﾟ》パラグラフ・ルーフ.

Pa·ra'gra·phen·rei·ter 男 -s/-《侮》規則一点張りの人.

pa·ra·gra'phie·ren [paraɡra'fiːrən] 他 段落(パラグラフ)に分ける.

'Pa·ra·gu·ay ['paːraɡvaɪ, 'par.., paraɡu'aɪ] ❶《地名》パラグアイ(南米の共和国, 首都アスンシオン Asunción). ❷ 男 -[s]/《地名》der ~ パラグアイ川(南米中部を南流する).

pa·ral'lak·tisch [para'laktɪʃ] 形 (↓ Parallaxe)《物理・天文・写真》視差の.

Pa·ral'la·xe [para'laksə] 囡 -/-n (gr. parallaxis , Abwechslung‘) 1《物理》視差(角). 2《天文》(星座の地球からの)距離. 3《写真》パララックス(写真の像とファインダーの像との差異).

pa·ral'lel [para'leːl] 形 (gr.) 1 平行の. -e Linien 平行線. Die Bahn läuft mit⟨zu⟩ der Straße ~. 線路は道路と平行に走っている. 2 並行する; 並列の. ~ verlaufende Entwicklungen 同時進行の展開. ~ geschaltete Stromkreise (電気の)並列回路. 3《音楽》(複数の声部の)平行した.

Pa·ral'le·le [para'leːlə] 囡 -/-n (gr.) 1《数学》平行線. eine ~ zu einer Geraden ziehen ある直線に対して平行線を引く. 2 相似(物), 類似, 対比, 比較. eine biologische ~ 生物学上の類例. ~n zu et³ aufweisen 物³とよく似ている. j⟨et⟩⁴ in ~ zu j⟨et⟩³ bringen⟨setzen / stellen⟩人⟨物⟩⁴を人⟨物⟩³と較べる. 3《音楽》平行調.

Pa·ral'lel·end·maß 中 -es/-e = Endmaß

pa·ral·le·li'sie·ren [paraleli'ziːrən] 他 対比(比較)する.

Pa·ral·le·lis·mus [parale'lɪsmʊs] 男 -/..men [..mən] 1 (傾向などの)一致, 照応. 2《修辞》平行法, 対句法.

Pa·ral·le·li'tät [paraleli'tɛːt] 囡 -/-en 1 平行. 2《複数なし》《数学》平行性.

Pa·ral'lel·klas·se 囡 -/-n 同学年の他クラス(学級).

Pa·ral'lel·kreis 男 -es/-e《地理》(Breitenkreis) 緯線, 緯度圏.

Pa·ral·le·lo'gramm [paralelo'ɡram] 中 -s/-e《幾何》平行4辺形.

Pa·ral'lel·pro·jek·ti·on 囡 -/-en《幾何》平行投影.

Pa·ral'lel·schal·tung 囡 -/-en《電子工》(Nebenschaltung) 並列接続.

Pa·ra'ly·se [para'lyːzə] 囡 -/-n (gr.)《医学》(完全)麻痺.

pa·ra·ly'sie·ren [paraly'ziːrən] 他 1《医学》麻

痺させる． **2**《比喩》無力化(弱体化)する．
Pa·ra'ly·ti·ker [para'ly:tikər] 男 -s/- 《医学》麻痺患者．
pa·ra'ly·tisch [para'ly:tɪʃ] 形《比較変化なし》《医学》麻痺した；麻痺性の．
Pa·ra'ment [para'mɛnt] 中 -[e]s/-e (*lat.* parare, bereiten)《多く複数で》祭儀用装飾と祭服の一式．
Pa·ra'me·ter [pa'ra:metər] 男 -s/- (*gr.*) **1**《数学》パラメーター，媒介変数，助変数． **2**《統計》母数，母集団特性値． **3**《経済》可変量(数値)(経済活動における時間・原料費などの要素)． **4**《音楽》可変要素，パラメーター(現代音楽，とくに電子音楽で音高・強度・音価・音色など音を構成する独立した尺度と見なされるもの)．
Pa·ra'noia [para'nɔya] 女 -/ (*gr.* ‚Schwachsinn')《医学》パラノイア，妄想症，偏執症．
pa·ra·no'id [parano'i:t] 形《医学》偏執症性の，パラノイア的な．
Pa·ra·no'i·ker [para'no:ikər] 男 -s/- 《医学》偏執症患者．
'Pa·ra·nuss ['pa:ranʊs] 女 -/-̈e《食品》ブラジルナッツ(ブラジルの輸出港パラ Para (現ベレン Belém)にちなむ)．
Pa'ra·phe [pa'ra:fə] 女 -/-n (*lat.* paragraphus) (略式の)署名，(頭文字だけの)サイン．
pa·ra·phie·ren [parafi'ri:rən] 他 (略式の)署名をする． einen Vertrag ~《法則》契約書に仮調印する．
Pa·ra'phra·se [para'fra:zə] 女 -/-n (*gr.* paraphrasis ‚Umschreibung') **1**《言語》言換え，釈義，パラフレーズ． **2**《音楽》パラフレーズ．
pa·ra·phra'sie·ren [parafra'zi:rən] 他 (Paraphrase) **1** 言換える；意訳する． **2**《音楽》パラフレーズする．
'Pa·ra·psy·cho·lo·gie ['pa:rapsyçologi:] 女 -/ 超心理学．
Pa·ra'sit [para'zi:t] 男 -en/-en (*gr.* parasitos ‚wer mit isst') **1**《生物》寄生者，寄生生物． **2**《比喩》寄生虫(のようなやつ)．(ギリシア喜劇に登場する)食客，幇間(ほうかん)． **3**《地質》寄生火山．
pa·ra·si'tär [parazi'tɛ:r] 形 **1**《生物》寄生生物の，寄生虫による． ~*e* Krankheiten 寄生虫病． **2** 寄生的な．
pa·ra'si·tisch [para'zi:tɪʃ] 形 寄生的な，寄生虫の．
Pa·ra·si'tis·mus [parazi'tɪsmʊs] 男 -/《生物》(Schmarotzertum) 寄生．
Pa·ra'sol [para'zo:l] **①** 男 (中) -s/-s (*it.*)《古》日傘． **❷** -s/-e(-s)=Parasolpilz
Pa·ra'sol·pilz 男 -es/-e《植物》からかさたけ(唐傘茸)．
pa'rat [pa'ra:t] 形 (*lat.*) **1** いつでも使えるようになっている，用意(準備)ができている． et⁴ ~ haben 物⁴を用意している． **2**《古》出発準備が整った．
pa·ra·tak·tisch [para'taktɪʃ] 形《文法》(↔ hypotaktisch) 並列の．
Pa·ra'ta·xe [para'taksə] 女 -/-n (*gr.*)《文法》(↔ Hypotaxe) (文・文成分)並列．
Pa·ra'ta·xis [para'taksɪs] 女 -/..xen [..ksən] = Parataxe
'Pa·ra·ty·phus ['pa:raty:fʊs] 男 -/ (*gr.*)《医学》パラチフス．
Pa·ra'vent [para'vã:] 男 (中) -s/-s (*it.*)《古》(Wandschirm) 屏風(びょうぶ)．
par avi'on [par avi'õ:] (*fr.*) 航空便で(航空郵便物

の標記)．
'Pär·chen ['pɛrçən] 中 -s/- 《Paar の縮小形》**1**(恋人同志の)カップル． **2**(動物の)つがい．
Pard [part] 男 -en/-en (*lat.* pardus)《古》豹(ひょう)．
par'dauz [par'daʊts] 間《古》《戯》*Pardauz*! どたばたん．
'Par·del ['pardəl], **'Par·der** ['pardər] 男 -s/- 《古》= Pard
par'don [par'dõ:] 間 (*fr.*) *Pardon*! (おっと)失礼．
Par'don [par'dõ:] 男 -s/- (*fr.*) **1** 赦(ゆる)し，容赦． **2** j³ geben〈gewähren〉人³を赦す． Du kennst kein[en] ~! 君は血も涙もない人だ． j⁴ um ~ bitten 人⁴に許しを請う．
Pa·ren'the·se [parɛn'te:zə] 女 -/-n (*gr.* parenthesis ‚Zusatz') **1**《言語》挿入文(語句)． **2**(挿入語句を示す)ダッシュ，括弧，コンマ． in ~ ちなみについでに言えば．
pa·ren'the·tisch [parɛn'te:tɪʃ] 形 **1**《言語》挿入文(語句)の． **2** ついでに言われた．
par ex·cel'lence [par ɛksɛ'lã:s] (*fr.*) 見事な，完璧な，抜群の，(schlechthin) …そのもの． ein Journalist ~ ジャーナリストの鑑(かがみ)．
par ex'près [par ɛks'prɛ] (*fr.*) 速達で(速達郵便物の標記)．
par'force [par'fɔrs] (*fr.*) **1** 力ずくで． **2** 無条件で，なんとしても．
Par'force·jagd -/-en《狩猟》追い猟． ◆ 馬に乗って獣を猟犬の群れに追わせる猟．
Par'fum [par'fœ̃:] 中 -s/-s = Parfüm
Par'füm [par'fy:m] 中 -s/-s(-e) (*fr.*) 香水，芳香kein ~ nehmen〈tragen〉香水をつけない．
Par·fü·me'rie [parfymə'ri:] 女 -/-n [..'ri:ən] 香水(化粧品)店． **2** 香水製造会社．
par·fü'mie·ren [parfy'mi:rən] 他 (*fr.* parfumer) (人⁴に物³に)香水をつける(ふくませる)．(石鹸・タバコなどに)香料を加える．《料理》(香料で)香りをつける．
'pa·ri ['pa:ri] 副 (*lat.* par ‚gleich') **1**《金融》額面価格で，平価で． unter〈zu〉 ~ 額面を割って〈額面価格で〉． **2** 同等に． Zwischen den beiden Mannschaften steht es ~. 両チームの力は拮抗している．
'Pa·ria ['pa:ria] 男 -s/-s (*tamil.* paraiyan ‚Trommler') **1** パリア(インド社会の最下層民)．《社会学》賤民．
pa'rie·ren [pa'ri:rən] 他 (*lat.* parare ‚bereiten [sich] rüsten') **1**(攻撃などを)かわす，防ぐ． einer Stoß ~《スポーツ》突きを払う． eine Frage ~ 質問にうまく受け答えをする． **2**《軽く》かわす． **2**《馬術》(馬を)停止させる，(馬の)歩度を落す． **3**《料理》(肉・魚などを)さばく．
pa'rie·ren² 自 (*lat.* parere ‚gehorchen') (人³に)服従する，(の)言うことを聞く．
'Pa·ri·kurs -es/-e《経済》額面価格，平価．
'Pa·ris¹ ['pa:rɪs]《人名》《ギリシア神話》パリス(トロイアの王 Priamos の息子，女神 Aphrodite の助けを得て Sparta の王女 Helena を誘拐，トロイア戦争の因をつくる)． ↑Athene, Hera).
Pa'ris² [pa'ri:s, pa'ri] 《地名》パリ．
Pa'ri·ser [pa'ri:zər] **❶** 男 -s/- **1** パリ市民，パリっ子． **2**《話》コンドーム(初めパリから輸入されたことになむ)． **②**《不変化》パリの． ~ Blau《化学》紺青(濃紺色の顔料)． ~ Bluthochzeit《歴史》バーソロミューの虐殺．
Pa·ri'tät [pari'tɛ:t] 女 -/-en (*lat.* paritas ‚Gleich-

heit') **1** 《複数なし》 対等，同等. **2** 対等の権利; (委員会などの)同等代表権, (宗派の)同権. **3** 《経済》(為替)平価, パリティ. **4** 《物理》(素粒子などの)奇和性, 反転性; 《数学‧コンピュ》奇偶(性), パリティ.

pa‧ri‧tä‧tisch [pariˈtɛːtɪʃ] 厖 対等の, 同等の, 等価の. ein ~er Ausschuss 各派から同数の委員が出ている委員会.

Park

[park パルク] 男 -s/-s(-e, たま Pärke) (lat. parricus ›Gehege‹) **1** (大)庭園; 公園. **2** (a) 《兵隊》物資集積所. (b) モータープール. **3** (部隊‧企業などの)保有総車両 (↑ Fuhrpark, ↑ Wagenpark).

Par‧ka ['parka] 男 -[s]/-s(女 -/-s) (russ. ›Pelz I(b)‹) パーカー(アノラック風防寒着).

Park-and-'ride-Sys‧tem ['paːrk|ɛntˈraɪt-, ˈpaːkəndˈraɪd..] 中 -s/ (engl.) パークアンドライド方式 (最寄りの駅まで自家用車で行きあとは公共の交通機関を, という通勤方法).

Park‧an‧la‧ge 女 -/-n 公園, 庭園.

Pär‧ke ['pɛrkə] 《たま》 Park の複数.

---

par‧ken

['parkən パルケン] (engl. park) ❶ 自 **1** 駐車する. Parken Verboten! 駐車禁止. **2** 《自動車が》駐車している. **3** 《話》進級できない. ❷ 他 《自動車を》駐車させる.

Par‧kett [parˈkɛt] 中 -[e]s/-e (fr. parquet ›kleiner, abgetrennter Raum‹) **1** 寄せ木張りの床. eine kesse Sohle / ein flottes Tänzchen) aufs ~ legen 軽快に踊る. sich[4] auf dem internationalen ~ sicher bewegen 国際的な舞台(社交の場)で上手に振舞う. politisches ~ 政界. **2** (劇場の1階前面にある)平土間の観客席; (総称的に) 平土間の観客. **3** 《金融》(公的な)証券取引; 《古》(パリ証券取引所の)立会場.

par‧ket‧tie‧ren [parkɛˈtiːrən] 他 ein Zimmer ~ 部屋の床を寄せ木張りにする.

'Park‧ge‧bühr 女 -/-en 《多く複数で》駐車料金.

'Park‧haus 中 -es/⁓er 立体駐車場.

'Park‧leuch‧te 女 -/-n パーキングライト, 駐車灯.

'Park‧lü‧cke 女 -/-n 駐車余地.

Par‧ko‧me‧ter [parkoˈmeːtər] 中(男) -s/- パーキングメーター.

'Park‧platz ['parkplats パルクプラツ] 男 -es/⁓e 駐車場(標識 P); 駐車できる場所.

'Park‧schei‧be 女 -/-n (車のフロントガラスの内側に掲げておく)駐車開始時刻表示板.

'Park‧schein 男 -[e]s/-e 駐車券.

'Park‧stu‧di‧um 中 -s/ 《話》待機在籍 (Numerus clausus により登録の順番待ちの他学科に仮在籍すること).

'Park‧uhr 女 -/-en パーキングメーター.

'Park‧ver‧bot 中 -[e]s/-e 《交通》駐車禁止; 駐車禁止帯.

＊Par‧la‧ment [parlaˈmɛnt パルラメント] 中 -[e]s/-e (fr. parlement ›Besprechung, Versammlung‹) 議会, 国会; 国会議事堂.

Par‧la‧men‧tär [parlamɛnˈtɛːr] 男 -s/-e (fr. parlementaire) 軍使.

Par‧la‧men‧ta‧ri‧er [parlamɛnˈtaːriər] 男 -s/- 国会議員.

par‧la‧men‧ta‧risch [parlamɛnˈtaːrɪʃ] 形 《政治》議会の, 国会の, 議会制の.

Par‧la‧men‧ta‧ris‧mus [parlamɛntaˈrɪsmʊs] 男 -/ 《政治》議会主義, 議会制.

par‧la‧men‧tie‧ren [parlamɛnˈtiːrən] 自 **1** 《古》談判(交渉)する, かけ合う. **2** 《地方》あれこれ話合う, いろいろと議論する.

Par‧la‧ments‧sitz 男 -es/-e 国会の議席.

Par‧la‧ments‧wahl 女 -/-en 国会議員選挙.

par'lan‧do [parˈlando] (it.) 《音楽》パルランド, 話すように(歌え).

par‧lie‧ren [parˈliːrən] 自 (fr. parler) **1** (ぺちゃくちゃ)おしゃべりする. **2** französisch ~ 《古》フランス語をあやつる.

Par‧me‧san [parmeˈzaːn] 男 -[s]/ (it. parmigiano ›, aus der Stadt Parma‹) 《食品》(Parmesankäse) パルメザンチーズ.

Par'nass, °Par'naß [parˈnas] 男 -[es]/ (gr. Parnassos) 《地名》der ~ パルナッソス(ギリシア中部の山, Apollo や Muse が住むといわれることから文芸の世界の象徴となる). auf die Höhe des ~ gelangen 《古》《雅》文芸の技神境地に達する.

Pa‧ro'die [paroˈdiː] 女 -/-n [..ˈdiːən] (gr. parodia ›Nebengesang‹) **1** 《文学》パロディー, もじり. eine ~ auf einen Roman schreiben ある小説のパロディーを書く. **2** 《音楽》パロディー(他の楽曲から旋律など一部を借用する作曲技法).

pa‧ro‧die‧ren [paroˈdiːrən] 他 (芸術作品などの)パロディーをつくる; (人⁴の)真似をしてからかう.

pa‧ro‧dis‧tisch [paroˈdɪstɪʃ] 形 パロディーの, パロディー風の.

Pa‧ro‧don‧to‧se [parodɔnˈtoːzə] 女 -/-n (gr.) 《病理》歯周症.

Pa'ro‧le[1] [paˈroːlə] 女 -/-n (fr. ›Wort, Rede, Sprechweise, Sprache‹) **1** 合言葉. **2** スローガン, 標語. **3** 流言飛語, デマ.

Pa'role[2] [paˈrɔl] 女(-/) (fr.) 《言語》言, パロール(ソシュール Saussure の用語; 慣習の体系としての言葉 Langue に対して, それを具体的に実現する個人の発話行為をいう).

Pa‧ro‧li [paˈroːli] 中 -s/-s (it.) 《とばく》パロリ (Pharao で賭けの額を倍にすること). j⟨dm⟩³ ~ bieten 《話》人⟨er⟩³ に負けずに抵抗する(立向う).

Pa‧ro'ti‧tis [paroˈtiːtɪs] 女 -/..titiden [..tiˈtiːdən] (gr.) 《病理》耳下腺炎.

Pa‧ro'xys‧mus [parɔˈksʏsmʊs] 男 -/..men [..mən] (gr.) **1** 《医学》発作, (症状の)激発. **2** 《地質》(火山の)激動(期).

'Par‧se [ˈparzə] 男 -n/-n (per. parsi, Perser) パールシー教徒(7-8 世紀にイスラームの迫害によりペルシアからインドへ逃れたゾロアスター教徒).

Par'sec [parˈzɛk] 中 -/- (engl.) 《略》=parallax second (略 pc.) 《天文》パーセク(天体の距離単位).

Par'sis‧mus [parˈzɪsmʊs] 男 -/ パールシー教(インドのゾロアスター教の一派).

Part [part] 男 -s/-s(-e) (lat. pars ›Teil‹) **1** 分け前, 持ち分. **2** 《音楽》パート, 声部. **3** 《演劇‧映画》役. **4** 《法制》(船の所有権の)持ち分; (船舶による利益の)取り分.

part. 《略》=parterre

Part. 《略》=Parterre 1

＊Par'tei [parˈtai パルタイ] 女 -/-en (fr. partie ›Teil, Anteil; Gruppe, Beteiligung‹) **1** 政党. eine konservative ~ 保守党. eine ~ gründen 政党を結成する. aus einer ~ austreten ある党を離党(脱党)する. in eine ~ eintreten ある党に入党する. **2**

Parteiabzeichen

(一般に)党派, グループ. Die feindlichen ~en einigten sich⁴. 敵対する諸党派が合同した. 《成句》 für 〈gegen〉 j¹ ~ ergreifen〈nehmen〉人¹に味方〈敵対, 反対〉する. bei der falschen ~ sein 負け組である. es mit keiner ~ halten どの派にも与(ぇ)しない. es mit beiden ~en halten いずれの側にも与する, 両面営とうまくやっていく. über den ~en stehen 超党派の立場に立つ. von j² ~ sein 人²の味方である. **3**《法制》(契約・訴訟などの)当事者. Die beiden ~en haben den Vertrag unterzeichnet. 双方の関係者が契約に署名した. die streitenden ~en 訴訟当事者, 係争者. die ~ des Klägers〈des Beklagten〉原告〈被告〉側. Du bist in dieser Sache ~. 《比喩》君はこの件では公正な立場にない. **4**(スポーツ・競技などの)組, チーム. Unsere ~ hat gewonnen. 私たちの組が勝った. **5**(集合住宅に入っている)世帯. In diesem Stock wohnen vier ~en. この階には4世帯が住んでいる. **6**《古》(Patrouille) 巡察隊.

Par'tei·ab·zei·chen 甲 -s/- 党員バッジ, 政党章.
Par'tei·buch 甲 -[e]s/-er 党員手帳.
Par'tei·freund 男 -[e]s/-e 党内仲間.
Par'tei·füh·rer 男 -s/- 党首. ◆女性形 Parteiführerin 女 -/-nen
Par'tei·gän·ger 男 -s/- (政党・政治家の)支持者.
Par'tei·ge·nos·se 男 -n/-n **1**《略 Pg.》ナチス党員. **2**(まれ)(労働党の)党員; (とくに呼掛けて)党同志.
par'tei·isch [par'taɪʃ] 形 党派的な, 偏った; 不公平な.
par'tei·lich [par'taɪlɪç] 形 **1** 党の, 党派の. **2** (旧東ドイツで)党の綱領に則った, 革命的(進歩的)な; 階級的な. **3**《古》=parteiisch
Par'tei·lich·keit 女 -/ **1** 党派性(とくにマルクス・レーニン主義における). **2** 不公平, えこひいき.
par'tei·los [..loːs] 形 無党派の, 無所属の, 不偏不党の, 中立の.
Par'tei·mit·glied 甲 -[e]s/-er 党員.
Par'tei·nah·me 女 -/ 味方すること. sich⁴ einer ~ enthalten 一方に与(くみ)することを控える.
Par'tei·pro·gramm 甲 党の綱領.
Par'tei·tag 男 -[e]s/-e《政治》**1** 党大会. **2** 党中央委員会.
Par'tei·ung [par'taɪʊŋ] 女 -/-en 党の分裂, 分派化.
par'terre [par'tɛr] 副 《fr., "zu ebener Erde"》(略 part.) 1階に. Wir wohnen ~. 我が家は1階にある.
Par'ter·re [par'tɛrə] 甲 -s/-s《fr.》(略 Part.) (建物の)1階. **2**《古》(劇場の)平土間席; (Parkett) 1階後部座席. **3** 花壇(とくにバロック庭園の).
Par·the·no·ge·ne·se [partənoɡe'neːzə] 女 -/ 《gr. parthenos "Jungfrau" + Genese》**1**《神話》(神・英雄などの)処女からの誕生. **2**《生物》単為生殖, 無配生殖.
par·ti'al [partsi'aːl] 形《古》=partiell
*****Par'tie** [par'tiː パルティー] 女 -/-n [..'tiːən]《fr.》**1** 部分, 箇所. die obere ~ des Gesichts 顔の上の部分. eine ~ rechts des Flusses fotografieren 川の右岸部を写真にとる. Das Buch zerfällt in drei ~n. その本は3つの部分に分かれている. **2**《音楽》(a) 声部, パート; 分譜. (b)〈歌劇歌手などの役(割). 〈Die〉des Rigoletto singen リゴレットの役を歌う. (c) (Suite)(17–18世紀の)組曲. **3**(チェス・ビリヤードなどの)1勝負, 1ゲーム. **4**《商業》(取引の数量単位

として)1口, 1山, ロット. **5**《多く慣用的表現で》結婚(相手). eine gute ~ machen 金持の男〈娘〉と結婚する. Sie〈Er〉ist eine gute ~. 彼女〈彼〉は結婚する結婚相手(が財産や持参金を問題にして). **6**《古》遠足, ハイキング, 小旅行. mit von der ~ sein 《比喩》一緒にやる, 仲間に加わる. **7**《ドイツ》(仕事・作業などの)の)班.

par·ti'ell [partsi'ɛl] 形 部分的な. eine ~e Mondfinsternis 部分月食.
Par'ti·kel [par'tiːkəl] (lat. particula, "Teilchen")
❶ 女 -/-n **1**《文法》不変化詞(前置詞・接続詞など). **2**《カトリック》(a) 聖餅(ホスチア)(の小片). (b) 聖遺物の一部. ❷ 甲 -s/- (甲 -/-n) 粒子. radioaktive ~[n]《物理》放射性粒子.
par·ti·ku'lar [partiku'laːr], **par·ti·ku'lär** [..'lɛːr] 《lat.》個別的な; 部分的な; 一地方(だけ)の.
Par·ti·ku·la'ris·mus [partikula'rɪsmʊs] 男 -/《侮》《政治》地方のエゴイズム(分権主義), 小邦分立主義.
Par·ti·ku·la'rist [partikula'rɪst] 男 -en/-en 地方(諸邦)分権主義者.
par·ti·ku·la'ris·tisch 形 地方エゴ(分権主義)の.
Par·ti'san [parti'zaːn] 男 -s(-en)/-en《fr.》パルチザン, ゲリラ戦兵士.
Par·ti'sa·ne [..'zaːnə] 女 -/-n パルチザーン(15–18世紀に使われた広刃の鎌槍風突き用の武器).
par·ti'tiv [parti'tiːf] 形《lat. pars, "Teil"》《文法》部分の. ~er Artikel (フランス語の)部分冠詞. ~er Genitiv 部分の2格.
Par·ti'tur [parti'tuːr] 女 -/-en (lat. partiri, teilen, "einteilen")《音楽》総譜, スコア.

Partisane

Par·ti'zip [parti'tsiːp] 甲 -s/-pien [..piən] (lat. participes, teilhabend)《文法》(Mittelwort) 分詞. ~ des Präsens〈des Perfekts〉現在〈過去〉分詞.
Par·ti·zi·pa·ti'on [partitsipatsi'oːn] 女 -/-en (lat. participatio) 関与, 関係, かかわり.
par·ti·zi·pi'al [partitsipi'aːl] 形《文法》分詞の.
Par·ti·zi·pi'al·kon·struk·ti·on 女 -/-en《文法》分詞構文.
par·ti·zi'pie·ren [partitsi'piːrən] 自 (an et³ der³)に関与する, かかわっている. an j² Erfolg〈Gewinn〉 ~ 人²の成功に与(あずか)って力がある〈人²の利益の分け前に与る〉.
Par·ti·zi'pi·um [parti'tsiːpiʊm] 甲 -s/..pia [..pia]《文法》= Partizip
'Part·ner ['partnər] 男 -s/-《engl.》(1つの事を共にする)相手, 相棒, パートナー; (契約などの)相手方; (試合の)対戦相手; 共演者, 相手役; (人生の)伴侶; 共同経営(出資)者. ◆女性形 Partnerin 女 -/-nen
'Part·ner·look [..lʊk] 男 -s/《engl.》2人お揃いの服装. im ~ gehen ペアルックで行く.
'Part·ner·schaft 女 -/-en パートナーシップ; 協力, 共同(関係).
'Part·ner·stadt 女 -/¨-e 姉妹都市.
par'tout [par'tuː] 副《fr., "überall, allenthalben"》《話》どうしても, 絶対に.
'Par·ty ['paːrti, 'paːtɪ] 女 -/-s (..ties [..tiːs])《engl.》パーティー. eine ~ geben〈veranstalten〉パーティーを開く. auf eine〈zu einer〉~ gehen パーティーに出る.
'Par·ty·girl [..ɡøːrl, ..ɡœrl] 甲 -s/-s《engl.》《侮》パー

ティー好きの女の子.

Par·ty·lö·we 男 -n/-n《俗》パーティーの人気者(とくに女性の輪の中心に入って).

Par·ve'nü [parve'ny:, ..və'ny:] 男 -s/-s (fr.) 成り上がり者.

Par·ze ['partsə] 女 -/- (lat. Parca 'Geburtsgöttin') (多く複数で)《神話》パルカ(3 人の運命の女神のうちの 1 人, ギリシア神話の Moira にあたる).

Par'zel·le [par'tsɛlə] 女 -/-n (fr. parcelle, Teilchen, Stückchen')《土地台帳上の単位としての) 1 区画(の土地), 一筆地.

Par'zel·len·wirt·schaft 女 -/ 耕地の区画分割方式による農業経営.

par·zel'lie·ren [partsɛ'li:rən] 他 (fr.) (土地を)区画分割する, 分筆する.

Par·zi·val ['partsifal]《人名》パルツィファル(Wolfram von Eschenbach の同名の叙事詩の主人公).

Pas'cal [pas'kal] ❶《人名》Blaise — ブレーズ・パスカル(1623-62, フランスの物理学者・数学者). ❷ 中 -[s]/-《記号 Pa》《物理》パスカル(圧力単位).

Pasch [paʃ] 中 -[e]s/-e(Päsche) (fr. passe-dix, 'überschreite zehn') **1** パッシュ(複数の賽(さい)を振って同じ目を出すこと), ぞろ目. **2** ダブレット(両面同じ目をもったドミノの牌).

Pa·scha[¹] ['paʃa] 男 -s/-s (türk. pasa, 'Exzellenz')《古》パシャ(トルコやエジプトの高官の称号). Bei seiner Frau spielt er den ~.《俗》彼は亭主関白だ.

Pas·cha[²] ['pasça] 中 -/- (gr.)《キリスト教》=Passah

Pä·sche ['pɛʃə] Pasch の複数.

'pa·schen[¹] ['paʃən] 自 (↓ Pasch) さいころを振る, さいころ遊びをする.

'pa·schen[²] 他 自《話》密輸する.

'pa·schen[³] 自《キリスト教》手をたたく, 拍手する.

'Pa·scher ['paʃər] 男 -s/- 密輸業者.

Pas de Ca'lais [padka'lɛ] 男 ---/ (fr.)《地名》der ~ カレー海峡 (Ärmelkanal のフランス語形).

Pas de 'deux [pa də 'dø:] 男 ---/---(fr.)《バレエ》パ・ド・ドゥ(男女 2 人の踊り).

'Pa·so 'do·ble ['pa:zo 'do:blə] 男 --/-- (sp., Doppelschritt') パソ・ドブレ(闘牛などでよく使われる 2/4 または 3/4 拍子の軽快な舞曲).

'Pas·pel ['paspəl] 女 -/-n (まれ 男 -s/-) (fr. passepoil) (衣服の紐縁どり, 玉縁(たまぶち), パイピング.

pas·pe'lie·ren [paspə'li:rən] 他 パイピング(紐縁どり)をする.

Pas'quill [pas'kvɪl] 中 -s/-e (it. pasquillo) (匿名の)誹謗文書(俗に Pasquino と呼ばれた古代ローマの彫像に, とくに 16-17 世紀頃, よく諷刺詩が張り付けられたことにちなむ).

Pass, °Paß

[pas パス] 男 -es/Pässe (lat. passus, 'Schrift') **1** 旅券, パスポート. Der ~ ist schon längst abgelaufen. その旅券はもうとっくに有効期限がすぎている. einen ~ beantragen 旅券を申請する. einen ~ erneuern lassen 旅券を更新してもらう. den ~ vorzeigen〈kontrollieren〉旅券を提示する〈検査する〉. einem Botschafter die *Pässe* zustellen 《比喩》大使のアグレマンを取消す(国交を断絶する). **2** 隘路(あいろ), 通過路; (とくに)峠(道). einen ~ überschreiten 峠を歩いて越える. **3**《球技》パス. **4**《建築》《ゴシック様式のトレサリーに用いる》弁飾り, 葉形飾り. **5**《猟師》(兎・狐などの)通い道, けもの道. **6**《複数なし》《駱駝・象などの)側対歩. **7**《古》《目盛ラスの)目盛.

pas'sa·bel [pa'sa:bəl] 形 (fr.) まずまずの, なんとか我慢できる. Er hat ganz *passable* Noten. 彼はまあまあ及第点をとっている.

Pas'sa·ge [pa'sa:ʒə] 女 -/-n (fr.) **1**《複数なし》(海峡・運河などの)通行, 通り抜け. **2** (狭い)通路; アーケード; (とくに)水路. **3** 渡航; 船旅, 空の旅. **4**《講演・文章などの) 1 節, 箇所. **5**《音楽》パッセージ, 経過句. **6**《天文》(天体の)子午線通過. **7**《馬術》パッサージュ. **8**《医学・生物》動物体通過.

*****Pas·sa'gier** [pasa'ʒi:r パサジーア] (it. passeggiere, [Schiffs]reisender') 男 -s/-e (とくに船・飛行機の)旅客, 乗客.

Pas·sa'gier·damp·fer 男 -s/- 客船.
Pas·sa'gier·flug·zeug 中 -[e]s/-e 旅客機.
Pas·sa'gier·gut 中 -[e]s/- 旅客手荷物.

'Pas·sah ['pasa] 中 (hebr. pesah, 'schonendes Vorübergehen')《ユダヤ教》過越(すぎこし)の祭(イスラエルの民のエジプトからの脱出を記念する祭).

'Pass·amt 中 -[e]s/-̈er 旅券交付所, 旅券課.

Pas'sant [pa'sant] 男 -en/-en (it. passare, 'vorübergehen') **1** 通行人, 歩行者. **2** 通過旅行者.

Pas'sat [pa'sa:t] 男 -[e]s/-e《地理》貿易風.

Pas'sat·wind 男 -[e]s/-e =Passat

'Pas·sau ['pasaʊ]《地名》パッサウ(バイエルン州東部の都市).

'Pass·bild 中 -[e]s/-er パスポート写真.

pas'sé, pas'see [pa'se:] 形 (fr. passer, [vorüber]gehen')《比較変化なし/述語的用法のみ》過ぎ去った; 時代遅れの. Diese Mode ist ~. このモードはもう古い.

'Pas·se ['pasə] 女 -/-n **1** ヨーク(上着の肩やスカートの腰部に入れる当て布). **2**《ルーレット》ラウンド. **3**《猟師》(獣を捕えるための)待伏せ場. **4**《カード》シリーズ.

'Päs·se ['pɛsə] Pass の複数.

'pas·sen

['pasən パセン] (fr. passer, '[vorbei]gehen') ❶ 自 **1** (a) ぴったり合う(寸法・型が). Das Kleid *passt* mir gut. この服は私にぴったりだ. Der Deckel *passt* nicht auf den Kasten. このふたはケースに合わない. Die Beschreibung *passte* auf den Täter. 犯人は人相書にそっくりの男だった. Das Auto *passt* gerade noch in unsere Garage. その車はうちのガレージにどうにかこうにか収まる. (b)《地方》合っている, 正しい. Meinst du diese Richtung? — Das könnte ~. この方向でしょうか — だと思うんですけど. **2** (zu j〈et〉³) 人〈物〉³に似つかわしい, 合致する, 適して(向いて)いる. Die Farbe der Schuhe *passt* nicht zum Anzug. この靴の色はスーツに合わない. Die beiden *passen* gut zueinander. 2 人はじつに似合のカップルだ. Das *passt* zu ihm.《話》いかにもあいつのやりそうなことだよ. Er *passt* nicht zum Lehrer〈für seine Stellung〉. 彼は教師〈いまのポスト〉に向いていない. Sie *passt* nicht zu uns〈in unseren Kreis〉. 彼女は私たちのグループには合わない. Das *passt* nicht hierher. それはここにはふさわしくない(そぐわない). **3**《人³にとって》都合がよい, 好まい. Dein ganzes Benehmen *passt* mir schon lange nicht. 君の振舞は何もかももう前から気にくわないんだ. *Passt* es Ihnen heute Nachmittag um vier Uhr? 今日の午後 4 時ご都合はよろしいでしょうか. Das könnte dir so ~!《話》ほらきた! 君には願っっも叶(かな)ったりだろうがね. **4**《地方》auf j〈et〉⁴ ~ 人〈物〉に注意をはらう, 気をつけて見張る;《と

くに{ｼﾝｹｲｼﾂ}(を)首を長くして(じりじりして)待つ. **5** (a)【ﾄﾗﾝﾌﾟ】パスする. (b) (試験など)解答を放棄する, 投げる. **6**【球技】パスをする(出す). **7**【話】(ボールが)ゴールにはいる, (シュートが)きまる.

❷ 他 (A⁴ in B⁴, A⁴をB⁴に)ぴったりはめこむ.

❸ 再 《sich⁴》《話》適切である, ふさわしい. Solch ein Verhalten *passt sich* nicht. こういう態度はよくない(場違いだ).

*'**pas·send** ['pasənt パセント]【現分】形 **1** 合っている(寸法・型が), ぴったりの. die Hosen ~ machen ズボンを補修する. **2** 似つかわしい, 適した, ふさわしい. bei ~er Gelegenheit 適当な(然るべき)機会に. eine für die Gelegenheit ~ e Kleidung 場所がらをわきまえた服装. die ~en Schuhe zum Anzug kaufen スーツに合う靴を買う. ein ~es Wort finden 適切な言葉を見つける. Haben Sie es ~? 《話》(店員がレジなどで)客にこまかいのはありませんか.

Passe·par·tout [paspar'tu:]（中《ｱｸｾﾝﾄ注》）-s/-s (*fr.*, passt überall') **1** (額縁のガラスの下に敷く)厚紙枠, 台紙. **2** 《古》通過許可証, 定期券. **3** 《まれ》マスターキー.

'**Pass·gang** 男-[e]s/ (*fr.* pas, Schritt, Gang') 側対歩(四足獣が同じ側の足を同時に動かす歩き方).

'**Pass·gän·ger** 男-s/ 側対歩で歩く四足獣.

'**pass·ge·recht** 形 (衣服・靴などが)ぴったりの.

'**pas·sier·bar** 形 通行(通過)できる.

***pas·sie·ren** [pa'si:rən パシーレン] (*fr.* passer, [vorbei]gehen') ❶ 他 **1** 通過する. eine Brücke ~ 橋を渡る, (船が)橋の下を通り抜ける. eine Grenze ~ 国境を通過する. die Zensur ~ 検閲をパス(通過)する. 《目的語なしで》Diese Ware *passiert* zollfrei. この品物には関税がかからない. **2**【料理】(野菜などを)裏ごしにかける, (スープなどを)こす. **3**【ｽﾎﾟｰﾂ】(人⁴の)横をパス(パッシングショット)で抜く.

❷ 自 (s) (事件などが)起る, 発生する(人³の身に). Hier ist gestern ein Unglück *passiert*. 昨日ここで事故があった. Falls mir etwas *passiert*, ... 私にもしものことがあれば… Wenn du nicht bald aufhörst, *passiert* [dir] was! 《話》すぐにやめないとひどい目に会うぞ. In dieser Angelegenheit muss endlich etwas ~. この件はいついかげんに何か手を打たないといけない. 《慣用的表現で》Das kann auch nur ihm ~. 《話》あいつはどじだからな. Das kann jedem [mal] ~. それは誰にだってあることだ.

Pas·sier·ge·wicht（中）-[e]s/-e《貨幣》(法律で定められた貨幣の)通用最軽量目, 最低重量.

Pas·sier·schein 男-[e]s/-e 通行(通過)許可証.

Pas·si·on [pasi'o:n] 女 -/-en (*lat.* passio, Leiden, Erdulden') **1** 情熱, 熱情 (für et⁴ 物⁴に対する); 道楽, 趣味. eine ~ für et⁴ haben 根っからの事⁴が好きである. Briefmarkensammler aus ~ 熱烈な切手収集家. **2**【ｷﾘｽﾄ教】(a) 《複数なし》キリストの受難. (b) キリスト受難図(像); 受難曲.

pas·si·o·na·to [pasio'na:to] (*it.*)《音楽》=appassionato

pas·si·o·nie·ren [pasio'ni:rən] 再《sich⁴》(für et⁴ 事⁴に)熱中する.

pas·si·o·niert【過分】熱狂的な, 情熱的な. ein ~er Angler 大の釣り好き.

Pas·si·ons·sonn·tag 男-[e]s/-e《ｷﾘｽﾄ教》受難の主日.

Pas·si·ons·spiel（中）-[e]s/-e キリスト受難劇.

Pas·si·ons·wo·che 女 -/-n 《複数まれ》《ｷﾘｽﾄ教》(Karwoche) 受難週, 聖週.

Pas·si·ons·zeit 女 -/《ｷﾘｽﾄ教》**1** 受難節 (Passionssonntag から Karfreitag まで). **2** 四旬節 (Fastenzeit 2).

*'**pas·siv** ['pasi:f, -'- パシーフ] 形 (*lat.* passivu, duldend') (↔ aktiv) **1** 受身の, 受動的な; 消極的な. ~e Bestechung【法制】収賄. ~e Handelsbilanz【商業】輸入超過, 支払勘定. ein ~es Mitglied 名目だけの会員. eine ~e Natur 消極的な性格(の人間). ~e Resistenz 消極的抵抗. ~es Wahlrecht【法制】被選挙権. ~er Wortschatz【言語】(知っているが積極的に使用できない消極的語彙, 認識語彙. **2**【化学】不動態の. **3** 《まれ》【文法】=passivisch

'**Pas·siv**（中）-s/-e 《複数まれ》【文法】(↔ Aktiv) 受動(態).

Pas·si·va [pa'si:va] Passivum の複数.

Pas·si·ven [pa'si:vən] Passivum の複数.

pas·si·vie·ren [pasi'vi:rən] 他 **1**【経済】(↔ aktivieren) 貸方に記載する. **2**【化学】(金属を)不動態にする.

pas·si·visch [pa'si:vɪʃ, '---]【文法】受動(態)の.

Pas·si·vi·tät [pasivi'tɛ:t] 女 -/ (*fr.* passivite') **1** 消極性, 消極的態度;【ｽﾎﾟｰﾂ】消極的試合態度. **2**【化学】不動態.

'**Pas·siv·rau·chen**（中）-s/ 間接喫煙(他人のタバコの煙を吸わされること).

'**Pas·siv·sei·te** 女 -/-n 【経済】(↔ Aktivseite) (貸借対照表の)貸方欄.

Pas·si·vum [pa'si:vʊm]（中）-s/..va(..ven) **1**《複数..va, ただし複数まれ》《古》【文法】=Passiv **2**《複数で》【経済】(↔ Aktivseite) (貸借対照表の)貸方, 負債.

'**Pass·kon·trol·le** 女 -/-n 旅券検査(所).

'**pass·lich** ['paslɪç] 形 《古》適切な, ふさわしい.

'**Pass·stel·le** 女-/-n 《話》(役所の)旅券課.

'**Pas·sung** ['pasʊŋ] 女 -/-en【工学】はめ合せ(機械・器具の部分の).

'**Pas·sus** ['pasʊs] 男-/-[..su:s] (*lat.* , Schritt') **1** (文章中の)章句, 箇所. **2** 古代ローマの長さの単位 (= 147,9 cm). **3** 《まれ》出来事.

'**Pass·wort**（中）-[e]s/-̈er (Kennwort) 合い言葉,【ｺﾝﾋﾟｭｰﾀｰ】パスワード.

'**Pas·ta** ['pasta] 女 -/ Pasten (*it.*, Teig, Brei') **1** Paste **2** 練り歯磨き (Zahnpasta の短縮). **3** 《複数なし》【料理】パスタ.

'**Pas·te** ['pastə] 女 -/-n (*it.* pasta, Teig, Brei') **1** (肉・魚などの)ペースト. **2**【薬学】軟膏, クリーム.

Pas·tell [pas'tɛl]（中）-[e]s/-e (*it.* pastello, kleine Paste') **1** パステル画. **2** 《複数なし》パステル画法. Er malt gern in ~. 彼はパステルで描くのを好む. **3** パステルカラー.

Pas·tell·far·be 女 -/-n **1** パステル(絵の具). **2** パステルカラー.

Pas·tell·ma·le·rei 女 -/-en **1** 《複数なし》パステル画法. **2** パステル画.

Pas·tell·stift 男-[e]s/-e パステル.

'**Pas·ten** ['pastən] Pasta, Paste の複数.

Pas·te·te [pas'te:tə] 女 -/-n (*lat.* pasta, Teig') **1**【料理】(a) (肉・野菜などを入れた)パイ. (b) パイ皮. **2**《複数なし》【料理】(レバー・タンなどの)パテ, テリーヌ. **3**《話》出来事, 不愉快な出来事. Da〈Nun〉haben wir die ~. これは困ったな.

Pas·teur [pastœːr]《人名》Louis ~ ルイ・パストゥール (1822-95, フランスの化学者・細菌学者).

Pas·teu·ri·sa·ti·on [pastørizatsi'oːn] 囡 -/- 低温殺菌(法). ◆考案者の L. Pasteur の名にちなむ.

pas·teu·ri·sie·ren [pastøri'ziːrən] 他 (牛乳など を)低温殺菌する.

Pas·til·le ['pastɪlə] 囡 -/-n (lat. pastillus) 口中錠, トローチ.

Pas·ti·nak ['pastinak] 男 -s/-e《植物》=Pastinake 1

Pas·ti·na·ke [pasti'naːkə] 囡 -/-n (lat.) 1《植物》パースニップ, アメリカぼうふう(防風). 2《料理》パースニップの根.

Pas·tor ['pastoːr, -'-] 男 -s/-en[pasˈtoːrən](-e [pasˈtoːrə], ..töre[pasˈtøːrə]) (lat., Hirt') (略 P.) 聖職者; (プロテスタントの)牧師;《地方》(カトリックの)司祭.

pas·to·ral [pastoˈraːl] 形 (lat.) 1 牧歌的な, 鄙びた. 2 牧師の, 牧師職にかかわる. 3 厳粛な, おごそかな;《侮》もったいぶった.

Pas·to·ra·le¹ [pastoˈraːlə] 中 -s/-s (囡 -/-n) (it.) 1《音楽》パストラル(とくに 16-17 世紀の牧歌的・田園風の楽曲). 2《絵画》牧人画. 3《文学》牧人劇.

Pas·to·ra·le² [pastoˈraːlə] 中 -s/-s (it.)《宗教》司祭杖(?);《牧礼.

Pas·to·ral·the·o·lo·gie [..] 囡 -/《宗教》司祭神学.

Pas·to·rat [pastoˈraːt] 中 -[e]s/-e《地方》1 牧師職. 2 牧師館.

Pas·to·rin [pasˈtoːrɪn] 囡 -/-nen 1 女性の牧師. 2 牧師夫人.

pas'tos [pasˈtoːs] 形 (lat. pasta, Teig') 1 (比較変化なし)《絵画》(絵の具を)盛りあがるほど厚く塗った. 2 どろりとした.

pas'tös [pasˈtøːs] 形 1 (比較変化なし)《医学》むくんだ, 青ぶくれの. 2 ペースト状の, どろりとした.

Pat·chen ['patçən] 中 -s/- =Patenkind

'Pa·te ['paːtə] (lat. pater, Vater') **❶** 男 -n/-n 1《宗教》代父(幼児の洗礼・堅信礼の立会人), 名親. bei einem Kind ~ stehen ある子供の代父をつとめる. Bei dieser Novelle hat offenbar Kleist ~ gestanden. この短編には明らかにクライストが影響を及ぼしている. Dabei hat seine Idee ~ gestanden. それには彼のアイデアが大いに力になった. j³ die ~n sagen《地方》人³の行いを非難する. 2《地方》=Patenkind 3 (旧東ドイツで)社会主義的代父(命名式の立会人). **❷** 囡 -/-n =Patin

Pa·tel'lar·re·flex [patɛˈlaːr..] 男 -es/-e (lat.)《医学》膝蓋(ﾂがい)腱反射.

Pa'te·ne [paˈteːnə] 囡 -/-n (lat. patina, flache Schüssel')《宗教》パテナ(聖体の受け皿).

'Pa·ten·ge·schenk ['paːtən..] 中 -[e]s/-e《宗教》代父母から(代子への)贈り物.

'Pa·ten·kind 中 -[e]s/-er《宗教》(代父・代母に対して)代子(幼児洗礼を受ける子供).

'Pa·ten·on·kel 男 -s/- =Pate 1, 3

'Pa·ten·schaft 囡 -/-en 1《宗教》代父(代母)であること. 2 (旧東ドイツで労働者と企業との間の契約に うたわれた)社会主義的協力関係.

pa'tent [paˈtɛnt] 形 (↓Patent) 1 有能な, 有用な, すばらしい. eine ~e Hausfrau よくできた奥さん. eine ~e Idee 素晴らしいアイデア. 2 器用な, 上手な. 3《地方》(服装が)エレガントな, すてきな.

Pa'tent [paˈtɛnt] 中 -[e]s/-e (lat. patens, offen[liegend]') 1 特許権 (auf et⁴ 物⁴に対する); 特許証 (状); 特許品. et⁴ zum ~ anmelden 物⁴(発明など)の特許を申請する. 2 (軍人・船員などの)辞令. 3 (ﾃが)営業許可(証).

Pa'tent·amt 中 -[e]s/=er 特許庁.

'Pa·ten·tan·te ['paːtən..] 囡 -/-n =Patin

Pa'tent·an·walt 男 -[e]s/=e《法制》弁理士.

Pa'tent·fä·hig 形《副詞的には用いない》《法制》特許資格のある.

pa·ten'tie·ren [patɛn'tiːrən] 他 1 j³ et⁴ ~ 人³の(発明などの)特許(権)を与える. Dieses Verfahren ist patentiert. この製法は特許を取っている. 2《冶金》(鋼線などに)パテンティング処理をする.

Pa'tent·in·ha·ber 男 -s/- 特許権所有者.

Pa'tent·lö·sung 囡 -/-en 問題をすぱっと一気に片づける解決策.

Pa'tent·recht 中 -[e]s/《法制》1 特許法. 2 特許権.

pa'tent·recht·lich 形《法制》特許法上の, 特許権の.

Pa'tent·schutz 男 -es/《法制》特許権保護.

'Pa·ter ['paːtər] 男 -s/Patres['paːtreːs](-) (lat., Vater') (略 P., 複数 PP.)《カトリック》修道司祭, 神父. ~ Patriae ['paːtriɛ]《歴史》祖国の父(古代ローマの皇帝・政治家に与えられた称号).

Pa·ter'nos·ter [patər'nɔstər] (lat., Vaterunser') ❶ 中 -s/- 主の祈り, 主禱文. 2 ロザリオ. ❷ 男《土木》(バケツ揚水機・バケツ浚渫(ﾅぅ)機などの)輪鎖式リフト, バケットエレベーター.

Pa·ter'nos·ter·auf·zug 男 -[e]s/=e =Paternoster ②

path.., Path.. [pat..]《接頭》↑patho.., Patho..

Pa'the·tik [paˈteːtɪk] 囡 -/ 仰々しさ, わざとらしい荘重ぶり.

pa'the·tisch [paˈteːtɪʃ] 形 (gr. pathetikos, leidend, leidenschaftlich')(言葉・調子などが)熱のこもった, 激越な, 悲愴感の漂う;《侮》大仰な, もったいぶった.

pa·tho.., Pa·tho.. [pato..]《接頭》(gr. pathos, Leiden, Krankheit')名詞・形容詞に冠して「病気の, 病的な」の意を表す. 母音の前では path.., Path.. となる.

pa·tho'gen [patoˈgeːn] 形 (gr.)《医学》病原の. ~ e Bakterien 病原菌.

Pa·tho·lo·ge [patoˈloːgə] 男 -n/-n 病理学者.

Pa·tho·lo·gie [patoloˈgiː] 囡 -/['..giːən] (gr.) 1《複数なし》病理学. 2 (病院などの)病理学研究室(教室).

pa·tho'lo·gisch [patoˈloːgɪʃ] 形 1《医学》病理学(上)の; 病気による. 2 病的な, 常軌を逸した.

'Pa·thos ['paːtɔs] 中 -/ (gr., Leiden, Leidenschaft') 激越な(悲愴感の漂う)調子, 熱情;《哲学》情念, パトス.

Pa·ti'ence [pasiˈãːs] 囡 -/-n [..sən] (fr., Geduld') 1《遊》ペイシェンス(運だめしの 1 人トランプ). 2《料理》忍耐力.

*Pa·ti'ent [patsiˈɛnt] パツィエント 男 -en/-en (lat. pati, [er]dulden') 患者, 病人. ◆女性形 Patientin 囡 -/-nen

'Pa·tin ['paːtɪn] 囡 -/-nen 1《宗教》(幼児洗礼における)代母. 2 (旧東ドイツ)社会主義的代母.

'Pa·ti·na ['paːtina] 囡 -/ (it., Firnis, Glanzmittel für Felle') 1 (Edelrost) 時蝕, 緑青(ﾛくしょう). 2 古めかしさ, 古色. ~ ansetzen 古色蒼然となる.

pa·ti'nie·ren [patiˈniːrən] 他 (美術品などに)人工

的に青さびを生じさせる.
'Pa|tio [pa'tio] 男 -s/-s (*sp.*, ungepflügtes Land') 《建築》パティオ(スペイン家屋の中庭).
Pa|tis|se|rie [patisə'ri:] 囡 -/-n [..'ri:ən] (*fr.*) **1** (ホテル・レストランなどの)製菓店. **2** 《集合》ケーキ, 菓子. **3** 《古》ケーキ屋, 菓子屋.
Pa|tis|sier [patisi'e:] 男 -s/-s (*fr.*) (ホテルなどの)ケーキ(菓子)職人.
'Pa|tres ['pa:trɛs] Pater の複数.
Pa|tri|arch [patri'arç] 男 *gr.* patriarches, Sippenoberhaupt') **1** 《旧約》(イスラエル人の部族の)族長, 始祖 (Abraham, Isaak, Jakob など). **2** 《ユダヤ教》パトリアルク (Sanhedrin の総裁). **3** 《カトリック教》(カトリックで)総大司教(ギリシア正教で)総主教. **4** (一般に)家長, 長老.
pa|tri|ar|cha|lisch [patriar'ça:lɪʃ] 形 **1** 族長の; 総大司教の; 総主教の. **2** 父家長制の, 父権制の. **3** 家長(長老)の, 家長(家父)然とした.
Pa|tri|ar|chat [patriar'ça:t] ① 中 (男) -[e]s/-e 《ユダヤ教》総大司教(総主教)職, 総主教(総主教)区. ② -[e]s/-e 父家長制, 父権制.
pa|tri|mo|ni|al [patrimoni'a:l] 形 (*lat.*) **1** 世襲財産(制)の. **2** 世襲の.
Pa|tri|mo|ni|um [patri'mo:niʊm] 中 -s/..nien [..nian] (*lat.*) (ローマ法で)世襲財産(とくに支配者の), 世襲地. ~ Petri 《歴史》ペテロ世襲領.
Pa|tri|ot [patri'o:t] 男 -en/-en (*lat.* patria, Vaterland') 愛国者.
pa|tri|o|tisch [patri'o:tɪʃ] 形 愛国の, 愛国心の強い.
Pa|tri|o|tis|mus [patrio'tɪsmʊs] 男 -/ 愛国心.
Pa|tris|tik [pa'trɪstɪk] 囡 -/ (*lat.*) (Patrologie) 教父神学.
Pa|tri|ze [pa'tri:tsə] 囡 -/-n (*lat.*) **1** 《印刷》(活字の)母型鋳型 Matrize を作るための)父型. **2** 《工学》(工具の)父型.
Pa|tri|zi|at [patritsi'a:t] 中 -[e]s/-e (*lat.*) 《複数まれ》《集合的》**1** 《歴史》(古代ローマの)世襲貴族(階級), パトリキ. **2** 都市貴族.
Pa|tri|zi|er [pa'tri:tsiər] 男 -s/- (古代ローマの)世襲貴族, パトリキウス. **2** (とくに中世の)上層市民, 都市貴族.
pa|tri|zisch [pa'tri:tsɪʃ] 形 **1** (古代ローマの)貴族の. **2** 都市貴族の, 名門市民の.
Pa|tro|lo|gie [patrolo'gi:] 囡 -/ =Patristik
Pa|tron [pa'tro:n] 男 -s/-e (*lat.* patronus, Schutzherr') **1** 《歴史》(都市・教会・職業などの)守護聖人. **2** 《歴史》パトロヌス, 保護貴族(隷属平民の主人や解放奴隷の旧主人をいう). **3** 《古》(芸術家などの)後援者, パトロン. **4** (教会堂の)寄進者(創立者)およびその相続人. **5** (商店・ホテルなどの)オーナー; 社主; 船主. **6** 《侮》やつ, 野郎.
Pa|tro|nat [patro'na:t] 中 -[e]s/-e (*lat.* patronatus) **1** 《歴史》(古代ローマで隷属平民や解放奴隷人に対して主人が有した)保護権. **2** 保護権(聖堂などの寄進者およびその相続人に認められる特権). **3** (一般に)庇護, 後援.
Pa|tro|ne [pa'tro:nə] 囡 -/-n (*lat.* patronus, Schutzherr') **1** 薬莢, 弾薬筒, 弾; (爆薬などの)薬包. **2** (フィルムの)パトローネ, (インクの)カートリッジ. **3** 《紡織》(方眼紙に図柄を描いた)型紙, パターン.
Pa|tro|nen|gurt 男 -[e]s/-e **1** (機関銃の)弾薬帯. **2** (猟師などの)弾薬用革ベルト.

Pa|tro|nen|hül|se 囡 -/-n 薬莢.
Pa|tro|nin [pa'tro:nɪn] 囡 -/-nen Patron の女性形.
Pa|trouil|le [pa'trʊljə] 囡 -/-n (*fr.*) **1** 偵察隊, パトロール隊. **2** 偵察, パトロール. [auf] ~ gehen 偵察に出かける.
Pa|trouil|len|boot 中 -[e]s/-e 巡視艇, 哨戒艇.
pa|trouil|lie|ren [patrʊl'ji:rən] 自 (h, s) (*fr.* trouiller) パトロールする, 巡察する.
patsch [patʃ] 間 *Patsch*! ぱちゃ, ぴしっ(水の音・平手打の音など).
Patsch [patʃ] 男 -[e]s/-e **1** ぱちゃ(ぴしっ)という音. **2** 《複数なし》《話》泥, ぬかるみ.
'Pat|sche ['patʃə] 囡 -/-n 《話》**1** 手(とくに子供の). **2** (a) 蠅たたき. (b) 火たたき(火を叩いて消す道具). **3** 《複数なし》ぬかるみ;《比喩》窮地, 苦境. j³ aus der ~ helfen / j³ aus der ~ ziehen 人³を窮地から救い出す. in der ~ sitzen(sein) 苦境に陥っている.
'pat|schen ['patʃən] 自 (h, s) 《話》**1** (h) (水などが)ばちゃばちゃ音を立てる. **2** (h) ぱしんと打つ, ぴしゃりと打つ. j³ ins Gesicht ~ 人³の顔を張る. in die Hände ~ ぱちぱち手を叩く. **3** (s) (a) 音を立ててぶつかる (auf/gegen) et³ 物に). (b) ぱしゃぱしゃ音を立てて歩く (durch/in) Wasser 水の中を).
'pat|sche|nass ['patʃə'nas] 形 《話》=patschnass
'Patsch|hand 囡 -/¨e《幼児》お手々. Gib mir die ~! お手々をしなさい.
'Patsch|händ|chen 中 -s/- 《幼児》Patschhand の縮小形.
'patsch|nass ['patʃ'nas] 形 《比較変化なし》《話》びしょぬれの, ずぶぬれの.
'Pat|schu|li ['patʃuli] 中 -s/-s (*tamil.* pacculi) **1** 《植物》パチョリ(インド産しそ科の植物). **2** 《複数なし》パチョリ香料. **3** 《複数なし》パチョリ香油.
patt [pat] 形 (*fr.* pat) 《付加語的には用いない》《チェス》ステールメイトの, 手詰まりの.
Patt [pat] 中 -s/-s 《チェス》**1** ステールメイト(次の手をどう指しても自玉に王手がかかる手詰まりの状態, 結果は引分). **2** 手詰まり状態(とくに政治的・軍事的な).
'Pat|te [patə] 囡 -/-n (*fr.*, Pfote) 《服飾》**1** (ポケットの)フラップ, ふた. **2** (ポケットの)トリミング. **3** (ブラウスなどの)前立て.
'pat|zen ['patsən] 自 《話》**1** ちょっとしたへまをする (bei et³ 事で). **2** (書きながらインクなどのしみをつける.
'Pat|zer ['patsər] 男 -s/- **1** 《話》小さなミス. **2** よくへまをする人, どじ. **3** 《地方》(書く時に)よくインクのしみをつける人.
'pat|zig ['patsɪç] 形 《侮》**1** つっけんどんな, ぶっきらぼうな; 横柄な. **2** 《古》ねばねばした, どろどろの.
Pau|kant [pau'kant] 男 -en/-en (↑pauken) 《学生》決闘者.
'Pau|ke ['paukə] 囡 -/-n **1** 《楽器》ティンパニー. auf die ~ hauen 《話》どんちゃん騒ぎをする; 大きな口をたたく; 怒鳴る. mit ~n und Trompeten durchfallen (試験などに)ものの見事に落ちる. j³ mit ~n und Trompeten empfangen 人³を鳴物入りで(大騒ぎして)迎える. **2** 《まれ》説教. j³ eine ~ halten 人³にお説教をする.
'pau|ken ['paukən] ❶ 他 《話》**1** にわか勉強する, 泥縄式で猛勉強する. **2** (人³の)窮地を救う. ❷ 自 **1** ティンパニーを叩く. auf dem Klavier ~ ピアノをがんがん鳴らす. **2** (mit j³ 人³に)泥縄式の特訓をする(とくに試験前などに). **3** 《古》《学生》(剣で)決闘する.

▶↑Mensur

Pau·ken·höh·le 囡 -/-n 〚解剖〛(中耳の)鼓室.

Pau·ken·schlag 男 -[e]s/⁻e ティンパニーの響き. mit einem ~ 鳴物入りで, 大騒ぎして.

Pau·ker ['paʊkər] 男 -s/- **1**〚音楽〛ティンパニー奏者. **2**《生徒》(a) 教師. (b)《まれ》がり勉屋.

Pau·ke·rei [paʊkəˈraɪ] 囡 -/《侮》**1** がり勉, 猛勉強. **2**《古》《学生》決闘.

Paul [paʊl, pɔːl, pol]《男名》パウル.

Pau·li ['paʊli] Paulus の2格の古形.

Pau·li·nis·mus [paʊliˈnɪsmʊs] 男 -/〚キ教〛聖パウロの教義.

Pau·lus ['paʊlʊs] (lat. ‚der Kleine') ❶《男名》= Paul ❷《人名》聖パウロ(初期キリスト教の伝導者. ↑付録「聖人暦」6月29日).

Paus·back ['paʊsbak] 男 -[e]s/-e《話》頬がふっくらと赤い人, リンゴのような頬をした子.

Paus·ba·cke ['paʊsbakə] 囡 -/-n《話》(多く複数で)ふっくらた赤い頬.

'**paus·ba·ckig** ['paʊsbakɪç], '**paus·bä·ckig** [..bɛkɪç] 形《話》ほっぺたの赤くふっくらした.

pau'schal [paʊˈʃaːl] 形 (↑Pauschale) **1** 全てをひっくるめた, 一括した. eine ~e Summe 総額, 概算額. **2** 概括的な. Dein Urteil ist zu ~. 君の判断は粗っぽすぎる.

Pau'scha·le [paʊˈʃaːlə] 囡 -/-n -s/..lien [..liən]〚経済〛(一括計算した)総額, 概算額.

pau·scha·li'sie·ren [paʊʃaˈliːzən] 他《話》総計する.

pau·scha·li'sie·ren [paʊʃaliˈziːrən] 他 十把一からげに扱う.

Pau'schal·preis 男 -es/-e〚経済〛一括(概算)価格.

Pau'schal·rei·se 囡 -/-n セット(パッケージ)旅行.

Pau'schal·sum·me 囡 -/-n 総額, 概算額.

Pau'schal·ur·teil 中 -s/-e《侮》十把ひとからげの判断.

'**Pau·sche** ['paʊʃə] 囡 -/-n **1** (鞍の)障泥. **2**〚体操〛(鞍馬の)把っ手, パメル. ♦ Bausch の別形.

'**Pau'se**¹ ['paʊzə パオゼ] 囡 -/-n (gr. pausis, Aufhören') **1** (一時的な)中断, 中休み, 間, 休憩(時間). die große〈kleine〉 ~ (学校での)長い〈短い〉休憩時間. eine ~ einlegen 中休みを入れる. [eine] ~ machen 中休み〈休憩〉する; 間をおく. ohne ~ 中休みなしに. **2** (しばいの)幕間. **3**〚音楽〛休止(符). **4**〚韻律〛(間), パウゼ.

Pau·se² 囡 -/-n 透写図, トレース図; (青写真法による)複写図.

pau·sen ['paʊzən] 他 (fr. ébaucher ‚entwerfen') 透写(トレース)する; (青写真法で)複写する.

pau·sen·los 形 休みなしの, 絶間のない.

'**Pau·sen·zei·chen** 中 -s/- **1**〚音楽〛休止符. **2**〚放送〛(ラジオ・テレビの)放送休止時間の信号. **3** 休憩の(始まりまたは終りの)合図(ベル・ブザーなど).

pau'sie·ren [paʊˈziːrən] 自 (↑Pause¹) 一休み(休憩)する, 間をとる; (ある期間)休む.

'**Paus·pa·pier** ['paʊs..] 中 -s/ **1** トレーシングペーパー. **2** カーボン紙.

'**Pa·vi·an** ['paːviaːn] 男 -s/-e〚動物〛ひひ(狒狒)属.

Pa·vil·lon ['pavɪljõ, 'pavɪljɔn, pavɪlˈjõː] 男 -s/-s (fr.) **1** (庭園などの)四阿屋(あずまや), 亭. **2** (博覧会などの)パヴィリオン, 展示館. **3** (四角い)大型テント.

4〚建築〛(バロック様式の城などの)パヴィリオン, 張り出し; (病院・学校などの)別館, 別棟.

Pax [paks] 囡 -/ (lat. ‚Friede') **1** 平和. **2**〚カト教〛(ミサの際の)親睦の抱擁(接吻), パクス.

'**Pax 'Dei** ['paks 'deːi] (lat.)〚歴史〛パクス・デーイ, 神の平和(中世にローマカトリック教会の唱導により封建貴族が行った Fehde 禁止の誓約).

'**Pax Ro'ma·na** ['paks roˈmaːna] (lat.) **1**〚歴史〛パクス・ロマーナ(ローマの統治による平和). **2** 国際カトリック学生連盟.

'**Pay-TV** ['peːtiːviː] 中 -[s]/ (engl.) 有料テレビ.

*'**Pa'zi·fik** [paˈtsiːfɪk, 'paːtsifɪk パツィーフィク] 男 -s/ (lat. pacis ‚Friede, Ruhe')〚地名〛der ~ 太平洋.

*'**pa·zi·fisch** [paˈtsiːfɪʃ パツィーフィシュ] 形 太平洋の. der Pazifische Ozean 太平洋.

Pa·zi'fis·mus [patsiˈfɪsmʊs] 男 -/ (fr. pacifisme) 平和主義(運動).

Pa·zi'fist [patsiˈfɪst] 男 -en/-en (lat. pacis, Frieden' + facere ‚machen') 平和主義者, 反戦運動家.

pa·zi'fis·tisch 形 平和主義の, 平和主義的な.

Pb〚記号〛〚化学〛= Plumbum

PC¹ [peːˈtseː] 男 -s/-s (engl.)〚略〛= Personalcomputer パソコン.

PC² / (engl.)〚略〛= political correctness 政治的公正(社会的偏見・差別の排除, の意).

p. c.〚略〛= pro centum / Prozent〚記号 %〛パーセント.

p. Chr. [n.]〚略〛= post Christum [natum] ['pɔst 'krɪstʊm (naːtʊm)] 西暦紀元後.

Pd〚記号〛〚化学〛= Palladium 3

PDS [peːdeːˈʔɛs] 囡 (= Partei des Demokratischen Sozialismus) (ドイツの)民主社会党.

*'**Pech** [pɛç ペヒ] 中 -s(-es)/-e (lat. picis) **1** ピッチ, 瀝青(れきせい)(タール・石油を蒸留する際の残滓(ざんし)), 黒い粘性物質. schwarz wie ~ ピッチのように真っ黒な. Die beiden halten zusammen wie ~ und Schwefel.《話》2人は固く結ばれている. Wer ~ angreift, besudelt sich⁴.《話》朱に交われば赤くなる. ~ an den Fingern haben《話》金離れが悪い; 盗癖がある; 不器用である. ~ an den Hosen〈am Hintern〉haben《話》尻が長い. **2**《複数なし》不運, 災難. So ein ~!なんてついてないんだ. ~ für dich!《話》ついてなかったんだよ, 君. ~ haben 運がない, ついていない(bei にm/mit) et³ 事³に). ~ gehabt!《話》《話》(しばしば皮肉で)ついてないね. **3**《南ドイツ・オーストリア》(Harz) 脂, 脂(やに).

'**Pech·blen·de** 囡 -/〚鉱物〛瀝青ウラン鉱, 閃ウラン鉱.

'**Pech·draht** 男 -[e]s/ 樹脂蠟(ろう)をひいた靴の縫い糸.

'**Pech·fa·ckel** 囡 -/-n ピッチをしませた松明(たいまつ).

'**pe·chig** ['pɛçɪç] 形 ピッチのように真っ黒な.

'**Pech·koh·le** 囡 -/〚鉱物〛瀝青炭.

'**Pech·nel·ke** 囡 -/-n〚植物〛ビスカリア(むしとりビランジ属).

'**pech'ra·ben·schwarz** 形《話》= pechschwarz

'**pech'schwarz** 形《話》真っ黒な.

'**Pech·sträh·ne** 囡 -/-n《話》不運続き.

'**Pech·vo·gel** 男 -s/¨-《話》運の悪い人.

Pe'dal [peˈdaːl] 中 -s/-e (lat. pedalis ‚zum Fuß gehörig') **1** (自転車・自動車の, また種々の機械の)ペダル. sich¹ in die ~e legen《話》(自転車を力いっぱい)こぐ. **2**〚楽器〛(オルガンの)足鍵盤, (ピアノ・ハープなどの)ペダル. **3**《多く複数で》〚戯〛足.

Pe'dant [peˈdant] 男 -en/-en《侮》細かいことにうるさ

い人.

Pe·dan·te·rie [pedantə'ri:] 囡 -/-n [..'ri:ən] (fr.)《複数まれ》(俺)枝葉末節にこだわること, 杓子定規.

pe'dan·tisch [pe'dantɪʃ] 形 (fr. pédantesque) いやに細かいことにうるさい, 杓子定規な.

'Ped·dig·rohr [ˈpɛdɪçro:ɐ̯] 中 -[e]s/ 籐これ.

Pe'dell [pe'dɛl] 男 -s/-e (古形-en/-en) (lat. pedellus, Gerichtsdiener')(学校・大学の)用務員.

Pe·di'kü·re [pediˈky:rə] 囡 -/-n (lat.)《複数なし》ペディキュア. **2** (女の)ペディキュア美容師.

'Pe·ga·sos [ˈpe:gazɔs] 男 -/ =Pegasus

'Pe·ga·sus [ˈpe:gazʊs] 男 -/ (gr. Pegasos) **1**《ギ神話》ペガソス, ペガソス(Medusa が殺されたときその血から生れた翼のある天馬, 詩的想像力の象徴). den ~ besteigen⟨reiten⟩ ペーガソスの背にまたがる(詩作をはじめる. の意). **2** 俺 ~ 《天文》ペガサス座.

'Pe·gel [ˈpe:gəl] 男 -s/- **1**(lat. pagella, Maßstab')水位計, 水位測定器. **2** 水位. **3**《工学・物理》レベル.

'Pe·gel·hö·he 囡 -/-n =Pegelstand

'Pe·gel·stand 男 -[e]s/⁼e 水位.

Peg·ma'tit [pɛgmaˈti:t] 男 -s/-e (gr. pegma, das Festgewordene')《地質》ペグタイト, 巨晶花崗岩.

'Peil·an·ten·ne [ˈpaɪl..] 囡 -/-n《工学》方位測定用アンテナ.

'pei·len [ˈpaɪlən] 他 ❶ 俺《海事》(船舶・港などの)位置(方向)を測定する;(水深などを)測定する, 測深する. die Lage ~ 《話》情勢を探る. et⁴ über den Daumen ~ 物⁴を大雑把に見積る. ❷ 自 **1**《海事》方位を確かめる. **2** 目を向ける, 見ねらう.

'Pei·ler [ˈpaɪlɐ] 男 -s/- **1** 方位測定をする人; 測深士. **2** 方向探知器; 測深機.

'Peil·ge·rät 中 -[e]s/-e (無線)方向探知機; 測深機.

'Peil·rah·men 男 -s/-《工学》(枠形の)方向探知アンテナ, ループアンテナ.

'Pei·lung [ˈpaɪlʊŋ] 囡 -/-n《海事》(無線・コンパスなどによる)方向探知, 方位測定; 測深.

Pein [paɪn] 囡 -/ (lat. poena, Qual, Strafe')《雅》苦しみ, 苦痛. körperliche⟨seelische⟩ ~ 肉体的⟨精神的⟩苦痛. die ewige ~《宗》地獄の責め苦.

'pei·ni·gen [ˈpaɪnɪgən] 他《雅》❶ 苦しめる, 悩ます; 責め立てる. Sie peinigte ihn mit stundenlangen Vorwürfen. 彼女は彼を何時間も詰(なじ)り続けた. **2**《古》(人・動物)を虐待する.

'Pei·ni·ger [ˈpaɪnɪgɐ] 男 -s/- 苦しめる人, 虐待者.

'Pei·ni·gung 囡 -/-en 苦しめる[苦しめられる]こと, 虐待.

*'**pein·lich** [ˈpaɪnlɪç] ペインリヒ 形 **1**(事情・立場などが)困った, 具合の悪い; 気まずい, ばつ(きまり)の悪い; (相手に対して)心苦しい, 申訳のない. eine ~e Frage 聞きにくい質問. ein ~es Schweigen 気まずい沈黙. von et³ ~ berührt sein 事にはつきまといの悪い思いをする. Es ist mir sehr⟨furchtbar⟩ ~, Ihnen mitteilen zu müssen, dass... まことに申し上げにくいことですがあなたに…ということをお伝えしなくてはなりません. 《名詞用法》Etwas Peinliches ist geschehen. 困ったことが起った. **2**(述語的には用いない)ひどく几帳面な; 杓子定規な. In der Wohnung herrscht ~e Ordnung. 家の中は息苦しいほどきちんと片付いている. mit ~er Sorgfalt 入念きわまる入念に. et⁴ ~ [genau] befolgen 事(規則など)を杓子定規に守る. **3**《古》《述語的には用いない》《法制》

刑罰に及ぶ, 刑事上の; 拷問を伴う. das ~e Gericht 刑事裁判. die ~e Gerichtsordnung《歴史》(カール5世の)刑事裁判法. ein ~es Verhör 拷問による尋問. j⁴ ~ befragen 人⁴を拷問にかけて糾明する.

'Pein·lich·keit 囡 -/-en **1**《複数なし》(事情などの)厄介さ; 気まずさ, ばつの悪さ;(相手に対する)心苦しさ; 極度な几帳面さ. **2** いやなこと, 不快なこと(状況・言動など).

'Peit·sche [ˈpaɪtʃə] 囡 -/-n (slaw. biti 'schlagen') **1** 鞭(むち). mit der ~ knallen 鞭を鳴らす. mit Zuckerbrot und ~《比喩》飴と鞭で. **2**《楽器》(オーケストラ用の)カスタネット.

'peit·schen [ˈpaɪtʃən] ❶ 他 **1** 鞭(むち)打つ; 激しく(強く)たたく, 打ちつける. Der Regen peitscht die Bäume. 雨が木立を激しくたたいている. **2** 駆立てる, von Angst gepeitscht 不安に駆られて. **3**《俺》~ durchpeitschen **2** ❷ 自 (s, h) **1** (s) ⟨gegen, an⟩ et⁴ ~ 物に激しくぶつかる, (を)激しく打つ. j⁴ ins Gesicht ~ 人の顔を打つ. **2** (h) (帆・旗などが)音をたててはためく. **3** (s) (銃声などが)鋭く響き渡る.

'Peit·schen·hieb 男 -[e]s/-e 鞭(むち)打ち.

'Peit·schen·schnur 囡 -/⁼e 鞭(むち)ひも, 鞭なわ.

'Peit·schen·stiel 男 -[e]s/-e 鞭(むち)の柄(え).

'Peit·schen·wurm 男 -[e]s/⁼er《動物》鞭虫(むちむし).

Pe·jo·ra·ti·on [pejoratsiˈo:n] 囡 -/-en (lat.)《言語》語義の悪化(言葉が原義からそれて悪い意味を帯びること).

pe·jo·ra·tiv [pejoraˈti:f]形《言語》語義の悪化した. =Pejoration

Pe·ki·ne·se [pekiˈne:zə] 男 -n/-n《動物》ペキニーズ(愛玩犬の一種, かつてもっぱら北京の紫禁城内で飼育された).

'Pe·king [ˈpe:kɪŋ]《地名》ペキン(北京).

'Pe·kin·ger [ˈpe:kɪŋɐ] ❶ 男 -s/- (男の)北京市民, 北京出身者. ▶女性形 Pekingerin 囡 -/-nen ❷《不変化》北京の.

'Pe·king·oper 囡 -/-n《演劇》京劇.

Pek'tin [pɛkˈti:n] 中 -s/-e (gr. pektos, fest')《多く複数で》《生化学》ペクチン.

pek·to'ral [pɛktoˈra:l] 形 -s/-e (gr. pectoris, Brust')《医学》胸の, 胸部の.

Pek·to'ra·le [pɛktoˈra:lə] 中 -[s]/-s (..lien [..liən]) (lat. pectoralia, Brustharnisch, Panzer') **1**《キリスト教》(高僧が胸につける)佩用(はいよう)十字架. **2**《歴史》(古代・中世の)胸飾り;(中世の甲冑馬具などの)胸当て.

pe·ku·ni'är [pekuniˈɛːɐ̯] 形 (lat. pecunia, Geld, Vermögen')《述語的には用いない》金銭上の.

pek'zie·ren [pɛkˈtsi:rən] 他 (lat. peccare, sündigen')《地方》(まずいこと)をやらかす, してかす.

Pe·la·gi'al [pelagiˈa:l] 中 -s/ (gr. pelagos, hohe See, offenes Meer') **1**《生態》(漂泳動物の多く棲息する)漂泳区. **2**《地質》遠海, 遠洋, 深海.

pe'la·gisch [peˈla:gɪʃ] 形 (gr.) **1**《生物》漂泳性の. **2**《地質》遠海(遠洋)の, 深海の; 遠洋性(深海性)の.

Pel·ar'go·nie [pelarˈgo:niə] 囡 -/-n (gr.)《植物》ペラルゴニウム(てんじくあおい)属.

Pe·le'ri·ne [peləˈri:nə] 囡 -/-n (fr.)《服飾》**1** ペレリーネ(外套の上から羽織るケープの一種). **2**《古》(袖無しの)雨合羽(かっぱ).

'Pe·li·kan [ˈpe:likaːn, peliˈkaːn] 男 -s/-e (gr. pelekys, Beil, Axt')《動物》ぺりかん属.

Pel·le ['pɛlə] 囡 -/-n (*lat.* pellis , Haut ')《地方》**1** (じゃがいも・果物・ソーセージなどの)薄い皮. Kartoffeln mit〈in〉der ~ kochen じゃがいもを皮のまま茹でる. **2**《話》(人間の)皮膚. j³ auf die ~ liegen〈sitzen〉/ j³ nicht von der ~ gehen 人³にうるさくつきまとう. j³ auf die ~ rücken 人³のそばにぴったりくっつく; (頼みごとや苦情で)人³を追いつめる, (に)しつこく迫る; (に)つかみ(襲い)かかる. **3**《話》衣服.

pel·len ['pɛlən] ❶ 他 (物⁴の)皮(殻)をむく(包み紙などで)取る, 剥(¹)ぐ; (殻などから)取出す. j³〈sich〉³ aus den Kleidern ~ 人⁴の服を脱がせる〈服を脱ぐ〉. ❷ 再 (**sich**) 皮がむける.

Pell·kar·tof·fel ['pɛlk..] 囡 -/-n (ふつう複数で)皮のままゆで〈ゆでた〉じゃがいも.

Pe·lo·pon·nes [pelopɔn'ne:s] 男 -[es]/(囡 -/)《地名》der〈die〉 ~ ペロポネソス半島(ギリシア南部).

*****Pelz** [pɛlts ペルツ] 男 -es/-e (*lat.* pellis , Haut, Fell ') **1** (a) 毛皮. eine Mütze aus ~ 毛皮の帽子. dem Fuchs den ~ abziehen 狐の毛皮を剥(¹)ぐ. einen Mantel mit ~ füttern コートに毛皮の裏をつける. (b) 毛皮製品(コート・ジャケットなど). **2**《話》(人間の)皮膚; (ふさふさの)頭髪; 《卑》恥毛. sich³ die Sonne auf den ~ brennen〈scheinen〉lassen 肌を日に焼く. **3**《慣用的表現で》j³ auf den ~ brennen《話》人³にずどんと(鉛の弾を)一発お見舞いする. j³ eins auf den ~ geben《話》人³にごつんと一発くらわす. j³ auf den ~ rücken〈kommen〉/ j³ auf den ~ brennen《話》(頼み事などで)人³にしつこく迫る. j³ den ~ waschen《話》人³をさんざんに叱りつける(殴る). **4**《紡織》フリース.

Pelz·be·satz 男 -es/⁼e (外套などの)毛皮の縁飾り.
pelz·be·setzt 形 毛皮の縁飾りのついた.

pel·zen¹ ['pɛltsən] 動 (↑Pelz) **1** (動物の)毛皮を剥(¹)ぐ. **2** 殴る. **3**《地方》(faulenzen) のんびり過ごす.
pel·zen² 他《地方》接(⁹)ぎ木する; (植物を)品種改良する.
pel·zen³ 形《まれ》毛皮製の.
Pelz·fut·ter 中 -s/- (衣類の)毛皮裏.
pel·zig ['pɛltsɪç] 形 **1** (a) 毛皮のような. (b)(葉・果実などが)綿毛(⁴)で覆われた. 《比喩》毛深い. **2**《地方》(果物が)かすかぼけた; (肉・野菜などが)筋の多い. **3** (a)(唇・口中などがかさかさした, ざらついた. eine ~e Zunge 苔舌(ぜ)のついた舌. (b)(手足などの)皮膚の感覚が麻痺した.
'Pelz·kra·gen 男 -s/- 毛皮の襟.
'Pelz·man·tel 男 -s/⁼ 毛皮のコート.
'Pelz·müt·ze 囡 -/-n 毛皮の帽子.
'Pelz·tier 中 -[e]s/-e 毛皮獣(毛皮のとれる動物).
'Pelz·wa·re 囡 -/-n (ふつう複数で)毛皮製品.
'Pelz·werk 中 -[e]s/- (加工用になめした)毛皮.

Pe·na·ten [pe'na:tən] 複 (*lat.* penates) **1**《ロ神話》ペナーテース(もとローマの食料戸棚の神々, のち家・国家の守り神). **2**《比喩》住居, わが家.

Pen·dant [pã'dã:] 中 -s/-s (*fr. pendere*, hängen ') **1** 対(ʦ)の片割れ. ein ~ zu et³ bilden〈sein〉物³と対をなす. **2**《古》(ふつう複数で)耳飾り.

'Pen·del ['pɛndəl] 中 -s/- (*lat.* pendere , hängen ') 《物理》振り子. das mathematische ~ 質点振り子. das physikalische ~ 実体振り子.

'pen·deln ['pɛndəln] 動 (h, s) (↓Pendel) **1** (h)(振り子のように)ぶらぶら(ゆらゆら)揺れ動く. **2** (s)(自宅と職場・学校などの間を)毎日往復する; (交通機関の)折返し運転する. **3** (h)《スポ》ウィーヴ(ウィービング)する;《ボクシ》スネークする;《体操》足を前後に振る. **4** (h)(霊能者などが)振り子占いをする.

'Pen·del·schwin·gung 囡 -/-en 振り子運動.
'Pen·del·tür 囡 -/-en スウィングドア, 自在扉.
'Pen·del·uhr 囡 -/-en 振り子時計.
'Pen·del·ver·kehr 男 -s/- **1** 折返し運転. **2** (自宅と職場・学校などの間の)毎日の往復.
'Pen·del·zug 男 -[e]s/⁼e 折返し運転の列車.
'Pend·ler ['pɛndlər] 男 -s/- 自宅と職場・学校の間を往復する通勤(通学)者.

Pen·dü·le [pɛn'dy:lə] 囡 -/-n (*fr.* pendule)《古》(Penduluhr) 振り子時計.

'Pe·nes ['pe:nɛs] Penis の複数.

pe·ne·trant [pene'trant] 形 (*fr.*) **1** (臭いが)鼻をつくような, さすような; (味が)舌を刺すような, 不快な. **2** (態度などが)しつこい, 押しつけがましい.

Pe·ne·tranz [pene'trants] 囡 -/-en (鼻・舌を刺すような)刺激性; (態度などの)しつこさ, 押しつけがましさ. **2**《遺伝》(遺伝子の)浸透度.

Pe·ne·tra·ti·on [penetratsi'o:n] 囡 -/-en **1**《工学》浸透, 貫通. **2**《病理》(Perforation) 穿孔. **3** (a) 浸透, 浸入. (b)(男性器の)挿入.

pe·ne·trie·ren [pene'tri:rən] 他 (*lat.*) **1** (物⁴に)浸透する, 浸入する; 貫通する. **2** eine Frau ~ 女性(の膣(²)に)男性器を挿入する.

peng [pɛŋ] 間 *Peng!* (ドアが閉まる音など)ばたん, どん; (発砲音など)ばんばん, ぱーん, ずどん.

pe·ni·bel [pe'ni:bəl] 形 (*fr.*) **1** (過度に)きちょうめんな, 馬鹿ていねいな, 細かすぎる. **2**《地方》具合の悪い, 困った.

Pe·ni·cil·lin [penitsɪ'li:n] 中 -s/-e =Penizillin
'Pe·nis ['pe:nɪs] 男 -/-se(Penes) (*lat.* , Schwanz ') 《解剖》陰茎, ペニス.

Pe·ni·zil·lin [penitsɪ'li:n] 中 -s/-e (*lat.*)《薬学》ペニシリン.

Pen·nal [pɛ'na:l] 中 -s/-e (*lat.*) **1**《古》高等学校. **2**《ゥ》筆箱.
Pen·nä·ler [pɛ'nɛ:lər] 男 -s/- 《古》高校生.
'Penn·bru·der ['pɛn..] 男 -s/⁼ 《話》**1** 浮浪者, 宿なし. **2** 寝ぼすけ.

'Pen·ne¹ ['pɛnə] 囡 -/-n《生徒》(高等)学校.
'Pen·ne² 囡 -/-n (*jidd.*)《話》安宿, ドヤ. **2**《卑》売春宿.
'Pen·ne³ 複 (*it.*)《料理》ペンネ(太短い管状のパスタ. 端がペン先のような形状をしている).

'pen·nen ['pɛnən] 自 (*jidd.*)《話》**1** (schlafen) 眠る. **2** ぼんやりしている. **3** (mit j³ 人³と) 寝る, 性交する.

'Pen·ner ['pɛnər] 男 -s/- 《卑》=Pennbruder

'Pen·ny ['pɛni] 男 -s/ Pennys (°Pennies [ˈpɛniːs], Pence [pɛns]) (*engl.*)(略 p, 古 d) ペニー (英国の通貨, ¹/₁₀₀ Pfund). ♦複数は, 枚数を示すときは Pennys (°Pennies), 金額を示すときは Pence を用いる.

'Pen·sa ['pɛnza] Pensum の複数.
'Pen·sen ['pɛnzən] Pensum の複数.

*****Pen·si·on** [pãzi'o:n, ..si'o:n, panzi'o:n, 南ドˈ, オーˈ² pɛnzi'o:n パンズィオーン] 囡 -/-en (*fr.*) **1** (a) (公務員などの)年金, 恩給. [eine] ~ beziehen 年金を受ける. von *seiner* ~ leben 年金生活をする. (b)《複数なし》年金生活. in ~ gehen 年金生活にはいる. **2** (a) (賄(⁴)つきの)宿, ペンション; 下宿; (Pensional) 寄宿学校. volle〈halbe〉~ 3食〈2食〉つきの宿泊(料). Er ist bei seiner Tante in ~. 彼はおば

の家に下宿している. (b) 《ペンションなどの》宿泊料金, 賄い料.

Pen·si·o·när [pāzioˈnɛːr, pāsio.., paηzio.., pεnzio..] 男 -s/-e **1** (a) 《恩給生活に入った》退職官吏. (b) 《地方》(Rentner) 年金生活者. **2** 《古》《雅》《ペンションなどの》宿泊客, 下宿人. ◆女性形 Pensionärin 女/-nen

Pen·si·o·nat [..ˈnaːt] 中 -[e]s/-e 《古》《とくに女子の》寄宿学校.

pen·si·o·nie·ren [pāzioˈniːrən, pāsio.., paηzio.., pεnzio..] 他 《人に》恩給(年金)を与えて退職させる. sich⁴ ~ lassen 恩給をもらって退職する.

Pen·si·o·nie·rung 女 -/-en 恩給(年金)付き退職.

Pen·si·o·nist [..ˈnɪst] 男 -en/-en 《南ド・オーストリア・スイス》恩給(年金)生活者.

Pen·si·ons·al·ter 中 -s/- 年金受給年齢.

pen·si·ons·be·rech·tigt 形 年金(恩給)受給資格のある.

ˈPen·sum [ˈpεnzʊm] 中 -s/Pensen [..zən] (Pensa [..za]) (lat.) **1** 課題, ノルマ; 宿題. **2** 《古》《一定期間内に消化すべき》教材.

pent.., Pent.. [pεnt..] (接頭) ↑ penta.., Penta..

pen·ta.., Pen·ta.. [pεnta..] (接頭) (gr.) 「5」の意を表す. 母音の前では pent.., Pent.. となる.

Pen·ta·gon¹ [pεntaˈgoːn] 中 -s/-e (gr.) 《幾何》5角形.

ˈPen·ta·gon² [ˈpεntagon] 中 -s/ (engl.) 米国国防省, ペンタゴン.

Pen·ta·gramm [pεntaˈgram] 中 -s/-e (gr.) 五芒(ごぼう)星, 星形五線形(民間信仰で魔除けのまじないとされる ☆).

Pen·tal·pha [pεnˈtalfa, pεntˈʔalfa] 中 -/-s (gr.) ペントアルファ(Pentgramm の別称, 星形の中に 5 つのα, すなわち A の形が認められることにちなむ).

Pen·ta·me·ron [pεnˈtaːmerɔn] 中 -s/- (gr.) 《文学》ペンタメロン(バジーレ Giambattista Basile, 1575-1632 が蒐集したナポリ民話集で, 「五日物語」の意).

Pen·ta·me·ter [pεnˈtaːmetər] 中 -s/- 《韻律》ペンターメター, 五歩格.

Pen·ta·teuch [pεntaˈtɔʏç] 中 -s/- (gr.) 《旧約》モーセ五書(創世記・出エジプト記・レビ記・民数記・申命記).

Pen·te·kos·te [pεntekɔsˈteː] 女 -/ (gr.) 《宗教》聖霊降臨祭. ↑ Pfingsten

ˈPent·haus [ˈpεnthaʊs] 中 -es/ˀer = Penthouse

Pen·the·si·lea [pεnteziˈleːa] (人名) 《ギリシャ神話》ペンテシレイア(Amazone の女王. トロイア戦争で Achilles と戦い, 討ち取られる).

Pen·the·si·leia [..ˈlaɪa] (人名) 《ギリシャ神話》=Penthesilea

ˈPent·house [ˈpεnthaʊs] 中 -/-s [..ziz] (am.) 《建築》ペントハウス(高層建築の屋上に建てられた高級住宅).

Pep [pεp] 男 -[s]/ 《話》感情の高揚, 昂ぶり; 活気, 熱気. ◆英語の pepper の短縮.

Pe·pe·ro·ne [pepeˈroːnə] 男 -/..ni =Peperoni

Pe·pe·ro·ni [pepeˈroːni] 男 -/- (it.) 《ふつう複数で》《料理》ペペローニ(辛みの強い酢漬け唐辛子).

Pep·sin [pεˈpsiːn] 中 -s/-e (gr.) 《生化》ペプシン.

*__per__ [pεr ベル] 前 《4 格支配》(lat.) おもに官庁用語・商業用語として用いる(標準ドイツ語としてはあまり好ましくない). **1** 《手段》(durch, mit) …によって, …で. ~ Auto 自動車で. ~ Bahn 鉄道で, 鉄便で. ~ Post 郵便で. ~ Anhalter fahren 〈reisen〉 《話》 ヒッチハイクをする. mit j³ ~ du 〈Du〉 sein 《話》 人と du で呼び合う間柄である(↑ duzen). **2** 《per Adresse の形で／略 p. A.》 (bei) …の方の. Herrn Karl Richter ~ Adresse Herrn Wilhelm Müller (手紙の宛名で)ヴィルヘルム・ミュラー様方カール・リヒター様. **3** 《商業》 (für, pro) …につき, …ごとに. ~ Jahr 1 年につき. eine Ware ~ Kilo〈Stück〉 verkaufen ある商品をキロ〈1 個〉売りする. **4** 《商業》 (für, bis zum) …に. …までに. ~ ersten April 4 月 1 日に(までに). ~ sofort ただちに.

per ˈas·pe·ra ad ˈas·tra [pεr ˈaspera at ˈastra] (lat. , auf rauhen Wegen zu den Sternen) 苦難の道を経て栄光へ.

per ˈcas·sa [pεr ˈkasa] (it.) 《商業》(gegen Barzahlung) 現金(即金)払いで.

Percht [pεrçt] 女 -/-en 《複数なし》=Bercht 1 **2** 《複数で》ペルヒテン(ベルヒテンとも. 南ドイツの民間信仰で, ベルヒト ↑Bercht 1 に率いられた幽鬼の群れ).

per ˈcon·to [pεr ˈkɔnto] (it.) 《商業》(auf Rechnung) 後払いで, つけで.

Per·cus·sion [pøːrˈkaʃən, pεrˈk.., pəˈk..] 女 -/-s (engl.) 《ふつう複数で》《楽器》パーカッション. ↑ Perkussion

pe·ren·nie·rend [pεrεˈniːrənt] 形 (lat.) **1** 《植物》多年生の. **2** 《地理》(河川などが)一年中水の涸れない.

Pe·res·troi·ka [pεrεsˈtrɔʏka] 女 -/ (russ. , Umbau) (旧ソ連邦の)ペレストロイカ(1988).

*__perˈfekt__ [pεrˈfεkt ペルフェクト] 形 (lat.) **1** 完璧の, 完全無欠の. ein ~er Lehrer 非の打ちどころのない教師. Sie ist ~ in Stenografie. 彼女の速記術は完璧だ. ~ Englisch 〈ein ~es Englisch〉 sprechen 完璧な英語を話す. **2** 《話》(最終的に)決定した, 決定的な; (契約などが)締結された. Die Abmachung ist ~. 協定は有効である. et⁴ ~ machen 事⁴を締結する, 最終的に取決める(mit et³ j³ と).

ˈPer·fekt [ˈpεrfεkt, -ˈ-] 中 -[e]s/-e 《文法》 **1** 完了時称: (とくに)現在完了. **2** (動詞の)(現在)完了形.

Per·fek·ti·on [pεrfεktiˈoːn] 女 -/ 完全, 完璧; 完成.

per·fek·ti·o·nie·ren [pεrfεktsioˈniːrən] 他 完全(完璧)なものにする; 完成させる. sich⁴ in et³ ~ 事³ に習熟する.

Per·fek·ti·o·nist [pεrfεktsioˈnɪst] 男 -en/-en 完全(完璧)主義者.

ˈper·fek·tiv [ˈpεrfεktiːf, --ˈ-] 形 《文法》完了相の.

Per·fek·tum [ˈpεrfεktʊm] 中 -s/Perfekta [..ta] 《古》《文法》=Perfekt

per·ˈfid [pεrˈfiːt], **per·ˈfi·de** [..də] (fr.) やり方の汚い, 卑劣な, 陰険な; 不誠実な.

Per·fi·die [pεrfiˈdiː] 女 -/-n [..ˈdiːən] **1** 《複数なし》卑劣さ, 陰険; 不誠実. **2** 卑劣(陰険)な言動; 背信行為.

Per·fo·ra·ti·on [pεrforatsiˈoːn] 女 -/-en (lat.) **1** (等間隔で)穴をあけること. **2** ミシン目; (切手の)目打ち; (フィルムの)送り穴, パーフォレーション. **3** 《医学》穿孔.

per·fo·ˈrie·ren [pεrfoˈriːrən] ❶ 他 (物に)等間隔で穴をあける; ミシン目を入れる; (フィルムに)送り穴をつける; (物⁴)(物を)穿孔する. ❷ 自 (s) 《医学》(潰瘍や器官などが)穿孔する.

Per·ˈfor·mance [pøːrˈfɔrməns, pεrˈf.., pəˈfɔː-

Per·for·mance [..] 囡 -/-s[..siz] (*engl.*)〖演劇〗パフォーマンス.
Per·for'manz [pɛrfɔr'mants] 囡 -/ (*lat.*)〖言語〗言語運用.
per·for·ma'tiv [pɛrfɔrma'ti:f] 形〖言語〗遂行的な.
per·for·ma'to·risch [..'to:rɪʃ] 形 =performativ
Per·ga'ment [pɛrga'mɛnt] 回 -[e]s/-e (*lat.*) **1** 羊皮紙. **2** 羊皮紙写本.
Per·ga'ment·band 男 -[e]s/⸚e 羊皮紙装幀の本.
per·ga'ment·en [pɛrga'mɛntən] 形 **1** 羊皮紙 (製)の. **2** (皮膚などが)羊皮紙のような; かさかさの, 色褪せた.
Per·ga'ment·pa·pier 回 -s/-e 硫酸紙, 模造羊皮紙, パーチメント紙.
'Per·go·la ['pɛrgola] 囡 -/Pergolen [..lən] (*it.*)〖建築〗パーゴラ(ばらやつたを絡ませた格子棚を屋根にした四阿(ちまや)や縁廊).
pe·ri.., **Pe·ri..** [peri..]〚接頭〛(*gr.*)「周り」の意を表す.
Pe·ri'dot [peri'do:t] 男 -s/-e (*fr.*)〖鉱物〗(Olivin) 橄欖(かんらん)石.
Pe·ri·do'tit [perido'ti:t] 男 -s/-e〖地質〗橄欖(かんらん)岩.
Pe·ri'gä·um [peri'gɛ:ʊm] 回 -s/..gäen [..'gɛ:ən] (*gr.*)〖天文〗(衛星などの)近地点.
Pe·ri'hel [peri'he:l] 回 -s/-e (*gr.*)〖天文〗近日点.
'Pe·ri·kles [peri'kles]〚人名〛ペリクレス. ◆前490頃-前429, 古代ギリシアの著名な軍人・政治家で, 民主政治を徹底させアテナイにペリクレス時代と呼ばれる黄金時代を現出した.
*__Pe·ri'o·de__ [peri'o:də ペリオーデ] 囡 -/-n (*gr.*) **1** 時期, 時代, ...期. eine ～ des seelischen Aufschwungs 精神的高揚期. die ～ des Mittelalters 中世という時代. drei ～n lang 3期連続して. **2** (a)〖物理〗周期,〖化学〗(周期律表の)周期,〖天文〗(公転などの)周期. (b)〖地学〗紀. (c)〖数学〗(循環小数の)循環節. (d)〖修辞〗総合文. eine gedehnte ペリオーデ(2つまたは4つの Kolon からなる韻律単位). (f)〖音楽〗楽段, ピリオド. **3**〖医学〗(Menstruation)月経. Sie hat ihre ～. 彼女はいま生理中.
Pe·ri'o·den·sys·tem 回 -s/〖化学〗(元素の)周期系.
Pe·ri'o·di·kum [peri'o:dikʊm] 回 -s/..ka [..ka]《ふつう複数で》定期刊行物.
pe·ri'o·disch [peri'o:dɪʃ] 形 **1** 定期的(周期的)な. ～e Veröffentlichungen 定期刊行物. **2**《まれ》時々(周期的)に起こる.
Pe·ri·o·di·zi'tät [perioditsi'tɛ:t] 囡 -/ 周期性.
Pe·ri·odon·ti·tis [perio|dɔn'ti:tsɪs] 囡 -/..titiden [..ti'ti:dən] (*gr.*)〖病理〗歯周炎, 歯根膜炎.
Pe·ri'ö·ke [peri'|ø:kə] 男 -n/-n (*gr.*)〖歴史〗ペリオイコイ(古代スパルタの半自由民).
Pe·ri'ost [peri'|ɔst] 回 -[e]s/-e (*gr.*)〖解剖〗骨膜.
Pe·ri·os'ti·tis [peri|ɔs'ti:tɪs] 囡 -/..titiden [..ti'ti:dən]〖医学〗骨膜炎.
Pe·ri·pa'te·ti·ker [peripa'te:tikər] 男 -s/- (*gr.*)《ふつう複数で》〖哲学〗ペリパトス学派(逍遥学派)の人.
Pe·ri·pe'tie [peripe'ti:] 囡 -/-n [..'ti:ən] (*gr.*) **1**〖文学〗(劇・物語の大詰へと至る)急転, 波乱, どんでん返し. **2**《一般に》運命の急変.
pe·ri'pher [peri'fe:r] 形 周辺の, 周縁で; 重要でない, 副次的な. das ～e Nervensystem〖医学〗末梢神経系. ein ～es Gerät〖コンピュータ〗周辺装置.

Pe·ri·phe'rie [perife'ri:] 囡 -/-n [..'ri:ən] (*gr.*) **1** 周辺部, 外縁. an der ～ bleiben〖比喩〗(ある問題の)核心に触れない, 本質に踏み込まない. an der ～ [der Stadt] wohnen 町はずれに住んでいる. **2**〖数学〗(図形の)周;(とくに)円周. **3**〖コンピュータ〗周辺装置.
Pe·ri·phe'rie·ge·rät 回 -[e]s/-e〖コンピュータ〗周辺機器.
Pe·ri'phra·se [peri'fra:zə] 囡 -/-n (*gr.*)〖修辞〗迂言(うげん)法, 婉曲な言回し.
pe·ri'phras·tisch [peri'frastɪʃ] 形〖修辞〗迂言(うげん)的な, 婉曲な.
Pe·ri'skop [peri'sko:p] 回 -s/-e〖軍事〗潜望鏡.
Pe·ri'styl [peri'sty:l] 回 -s/-e〖建築〗ペリステュリウム(古代ギリシア・ローマの列柱で囲まれた中庭).
Pe·ri'sty·li·um [..'sty:liʊm] 回 -s/..lien [..liən] = Peristyl
Pe·ri·to'ne·um [perito'ne:ʊm] 回 -s/..neen [..'ne:ən] (*gr.*)〖解剖〗(Bauchfell)腹膜.
Per·kus·si'on [pɛrkʊsi'o:n] 囡 -/-en (*lat.*) **1**〖医学〗打診(法). **2**〖楽器〗(a) (Harmonium の)リード打撃装置. (b) (Percussion) パーカッション, 打楽器(群). **3**〖軍事〗(銃の)撃発(装置).
per·ku'tan [pɛrku'ta:n] 形〖医学〗経皮的な.
per·ku'tie·ren [pɛrku'ti:rən] 他〖医学〗打診する.

Perl [pɛrl] 囡 -/〖印刷〗=Perlschrift
*__'Per·le__ ['pɛrlə ペルレ] 囡 -/-n **1** 真珠. eine echte 〈künstliche〉 ～ 本真珠〈模造真珠〉. ～n fischen 真珠を採る. Es wird dir keine ～ aus der Krone fallen, wenn..〖話〗...したところで別段君の名折れにはならないだろう. ～n vor die Säue werfen〖話〗豚に真珠を投げ与える(↓〖新約〗マタ 7:6). **2** (a)〖比喩〗珠玉, 宝. ～n der deutschen Dichtkunst ドイツ文芸の珠玉. (b)〖話〗(有能な使用人やお手伝いさんなどを指して)我が家の宝. (c)〖話〗(誠実な女友達. **3** (a) (種々の素材の)珠. ～n des Rosenkranzes ロザリオの珠. ～n aus Glas ガラスの珠. (b) 水玉, 水滴, 露の玉, 玉の汗, 涙の粒;(シャンパンなどの)気泡. (c) 大薬. (d)《猟師》(鹿などの角にできる粒状の)瘤(こぶ).
'per·len ['pɛrlən] 自 (s, h) **1** (a) (s) (玉のように)滴る. Tau *perlt* von den Blumen. 露の玉が花からこぼれる. Tränen sind über ihre Wangen *geperlt.* 涙が彼女の頬を滴り落ちた. (b) (h, s) (露・汗などが)玉のように浮かぶ. Der Schweiß hat〈ist〉 ihm auf der Stirn *geperlt.* 玉の汗が彼の額に浮かされた. (c) (h) (von et³ 物³の) 滴を浮かべている. Sein Gesicht hat vom Schweiß *geperlt*. 彼の顔には玉の汗が浮かんでいた. Die Wiese *perlt* vom Tau. 草原は露に覆われている. (d) (h)(シャンパンなどが)泡立つ. **2** (h) 玉を転がすように響く.《現在分詞で》 ein *perlendes* Lachen 玉を転がすような笑い声. **3**《過去分詞で》 eine *geperlte* Krone 玉を散りばめた冠.
'per·len² 形《まれ》真珠の.
'Per·len·fi·scher 男 -s/- 真珠採りの(漁師).
'Per·len·ket·te 囡 -/-n 真珠の首飾り.
'perl·grau 形 パールグレーの.
'Perl·huhn 回 -[e]s/⸚er〖鳥〗ほろほろちょう.
'per·lig ['pɛrlɪç] 形 真珠のような.
Per'lit [pɛr'li:t] 回 -s/-e (*lat.*) **1**〖地質〗真珠岩. **2**〖冶金〗パーライト.
'Perl·mu·schel 囡 -/-n〖貝〗真珠貝.

'Perl·mutt ['pɛrlmʊt, -'-] 中 -/ ▶Perlmutter
'Perl·mut·ter ['pɛrlmʊtər, -'--] 女 -/ (中 -s/)(貝殻の内側の)真珠層, 真珠母.
'perl·mut·tern ['pɛrlmʊtərn, -'--] 形 1 真珠母(製)の. 2 真珠母のような.
'Per·lon ['pɛrlɔn] 中 -s/《商標》パーロン, ペルロン(合成繊維の種類).
'Perl·schrift 女 -/《印刷》パール(5 ポイント活字の旧称, 今日の Elite にあたる).
Perm [pɛrm] 中 -s/《地質》(古生代のうちの)ペルム(二畳)紀.
per·ma·nent [pɛrma'nɛnt] 形 (lat.) 永続的な, 半永久的な; 常設の.
Per·ma·nenz [pɛrma'nɛnts] 女 -/ 永続, 恒久, 不易. in ~ 永久的に, 恒常的に, 継続して, 休みなしで.
Per·man·ga·nat [pɛrmanga'naːt] 中 -[e]s/-e 《化学》過マンガン酸塩.
per·mu·ta·bel [pɛrmu'taːbəl] 形 交換(置換)可能な.
Per·mu·ta·ti·on [pɛrmutatsi'oːn] 女 -/-en (lat.) 1 交換, 置換. 2《数学》(順列の)置換; 順列. 3《言語》置換.
per·mu·tie·ren [pɛrmu'tiːrən] 他 交換(置換)する.
per·ni·zi·ös [pɛrnitsi'øːs] 形 (fr.) 1 悪質な, たちの悪い, 危険な. 2《医学》悪性の.
per·oral [pɛro'raːl] 形《医学》経口の.
'Per·oxid ['pɛrɔksiːt] 中 -[e]s/-e《化学》過酸化物.
per 'pe·des [apos·to'lo·rum] [pɛr 'peːdɛs (aposˈtoːlorʊm)] (lat.) zu Fuß [wie die Apostel*]《戯》(使徒たちのように)てくてく歩いて, 徒歩で.
Per·pen·di·kel [pɛrpɛn'diːkəl] 男 中 -s/- (lat., Bleilot*) 1《造船》(船舶の)全長(船首・船尾から下ろした両垂線間の距離). 2 (時計の)振り子.
per·pen·di·ku·lar [pɛrpɛndiku'laːr] 形 垂直の, 鉛直の.
per·pen·di·ku·lär [.'lɛːr] 形 ▶perpendikular
Per·pe·tu·um 'mo·bi·le [pɛr'peːtuʊm 'moːbilə] - -[s]/- -[s] (..tua mobilia[..tua mo'biːlia]) (lat.)《複数형》1 (空想上の)永久機関. 2《音楽》無窮動, 常動曲.
per·plex [pɛr'plɛks] 形 (lat.)《話》びっくり仰天した, うろたえた.
per pro·cu·ra [pɛr pro'kuːra] (lat.)《略 p.p., ppa.)》《商業》代理として(業務代理人の署名に添えて).
Per'ron [pɛ'rõː, pɛ'rɔŋ, 南北独 pɛ'roːn] 男 -s/-s (fr.) 1《古》(路面電車の)乗降デッキ. 2《ス》(Bahnsteig) プラットフォーム.
per 'sal·do [pɛr 'zaldo] (it.)《商業》(zum Ausgleich) 差引いて, 残高として.
per 'se [pɛr 'zeː] (lat.) 1 (von selbst) おのずから. 2《まれ》(an sich) それ自体.
Per'sen·ning [pɛr'zɛnɪŋ] 女 -/-e[n](-s) (ndl.) 1《複数なし》《紡織》(テントなどに使用される)防水帆布(ぼうすい). 2 (船員) 防水シート.
Per·se·pho·ne [pɛr'zeːfone]《人名》《ギリ神話》ペルセポネー, ペルセフォネ. ▶Zeus と穀物豊穣の女神 Demeter の娘で, 冥府の王 Hades の妃となった.
'Per·ser ['pɛrzər] 男 -s/- 1 ペルシア人. ▶女性形 Perserin の複数形-/-nen 2 ペルシア絨緞. ▶Perserteppich
'Per·ser·tep·pich 男 -s/-e ペルシア絨緞(じゅうたん).
'Per·seus ['pɛrzɔʏs]《人名》❶《ギリ神話》ペルセウス. ▶Zeus とアルゴス王の娘 Danae の子で, Medusa を退治し, またその帰路エチオピアの王女 Andromeda を海の怪物から救って妻とする英雄. ❷ 男 -/ der ~《天文》ペルセウス座.
Per·si'a·ner [pɛrzi'aːnər] 男 -s/- カラクール子羊の毛皮(製のコート).
'Per·si·en [pɛrziən]《地名》ペルシア(イランの旧称).
Per·si'fla·ge [pɛrzi'flaːʒə] 女 -/-n (fr.) 風刺, 戯画化, パロディ.
per·si·flie·ren [pɛrzi'fliːrən] 他 諷刺する, 戯画化する, 茶化す.
'per·sisch ['pɛrzɪʃ] 形 ペルシア(人, 語)の. ▶ deutsch
per·sis'tent [pɛrzɪs'tɛnt] 形 持続的な, 永続的な.
Per·sis'tenz [pɛrzɪs'tɛnts] 女 -/-en (lat.) 1 持続(性), 永続(性). 2《古》粘り強さ.

Per'son
[pɛr'zoːn ペルゾーン] 女 -/-en (lat. persona, Maske*) 1 人, 人間; 人員. Da war keine ~ zu finden. そこには人っ子ひとり見あたらなかった. ~en sind bei dem Brand nicht umgekommen. その火事で焼死者はでなかった.《「人数」を示して》Der Raum fasst 50 ~en. その部屋の収容人数は 50 名である. Wir sind vier ~en. 私たちは 4 人です. zehn Euro pro ~ 1 人につき 10 ユーロ. (ある人格・容姿を具えた)人, 人物; (ある人物の)人柄, 体つき. eine bedeutende ~ 著名人. eine männliche ⟨weibliche⟩ ~ 男⟨女⟩の人. eine stattliche ~ 堂々たる人物. Die ~ des Politikers war umstritten. その政治家の人となりについてはあれこれ議論が分かれた. Die Freiheit der ~ ist unverletzlich.《法制》人身の自由は不可侵である(ドイツ基本法より). ohne Ansehen der ~ 誰彼の区別なしに. Er ist Dichter und Kritiker in einer ~. 彼は詩人と批評家を一身に兼ねている. Er ist klein von ~. 彼は小柄である. j⁴ von ~ kennen 人⁴と面識がある. j⁴ zur ~ vernehmen《法制》人⁴に対して人定質問(尋問)を行う.《「その人自身」ということを強調して》Meine ~ ist hier unerwünscht. 私という人物はここでは招かれざる客だ. Er nimmt seine ~ viel zu wichtig. 彼はあまりにも自分というものを買い被りすぎている. ich für meine ~ 私個人としては. in (eigener) ~ 本人自身で. Der Minister in ~ war anwesend. 大臣みずからが出席していた. Sie ist die Güte in ~. 彼女は親切そのものである. 3 (しばしば軽蔑的に)女, 娘っ子. eine blonde ~ ブロンド女. So eine [freche] ~! あきれた女だ. 4《法制》(自然人と法人を総称して)人. eine juristische⟨natürliche⟩ ~ 法人⟨自然人⟩. 5《演劇》(登場)人物; 役. die handelnden ~en 登場人物. die lustige ~《古》道化役. die stumme ~ (台詞のない)端役. 6《キリ教》位格, ペルソナ. die drei göttlichen ~en (父子と聖霊の)神の三位格. 7《文法》人称. die erste⟨zweite / dritte⟩ ~ 1⟨2/3⟩人称.
Per'so·na 'gra·ta [pɛr'zoːna 'graːta] 女 -/- (lat.)《政治》ペルソナ・グラータ, 好ましい人物.
Per'so·na in'gra·ta [. ɪn'graːta] 女 -/- (lat.)《政治》ペルソナ・イングラータ, 好ましからざる人物.
per·so'nal [pɛrzoˈnaːl] 形 (lat.) 1 個人の, 個人的な. 2 人としてある, 人格を具えた. ein ~er Gott 人格神. 3《言語》人称(上)の. 4《まれ》= personell

*Per·so'nal [pɛrzoˈnaːl ペルゾナール] 中 -s/《集合的に》1 人員; 従業員, 職員(とくに公共サービス業などの). das ~ eines Kaufhauses デパートの従業員.

das fliegende ~ (旅客機の)乗務員. **2** (ある家の)使用人.

Per·so·nal·ab·bau 男 -[e]s/ 人員削減.

Per·so·nal·ab·tei·lung 女 -/-en 人事課(部).

Per·so·nal·ak·te 女 -/-n《ふつう複数で》人事記録, 身上書.

Per·so·nal·aus·weis 男 -es/-e (公共機関が発行する)身分証明書.

Per·so·nal·chef 男 -s/-s =Personalleiter

Per·so·nal·com·pu·ter 男 -s/-《略 PC》パーソナルコンピュータ, パソコン.

Per·so·nal·form 女 -/-en《文法》(動詞の)人称変化形.

Per·so·na·li·en [pɛrzoˈnaːliən] 複 (住所・氏名・職業などを記載した)身上書, 個人記録.

Per·so·na·li·tät [pɛrzonaliˈtɛːt] 女 -/-en 人格, パーソナリティー.

Per·so·nal·kos·ten 複《経済》人件費.

Per·so·nal·kre·dit 男 -[e]s/-e《経済》(↔ Realkredit) 人的信用(対人的信用によって金を貸すこと).

Per·so·nal·lei·ter 男 -s/- 人事課(部, 局)長.

Per·so·nal·pro·no·men 中 -s/-(..nomina)《文法》人称代名詞.

Per·so·nal·uni·on 女 -/-en **1** 兼務, 兼任.《政治》同君連合, 君合国.

Per·sön·chen [pɛrˈzøːnçən] 中 -s/-《Person の縮小形》小さな(かわいい)女, 娘っ子.

per·so·nell [pɛrzoˈnɛl] 形 **1** 人事の, 人事に関する. **2** 個人の, 個人的な.

Per·so·nen·auf·zug 男 -[e]s/¨e (↔ Lastenaufzug) 乗用エレベーター.

Per·so·nen·be·för·de·rung 女 -/-en《交通》旅客輸送.

Per·so·nen·ge·sell·schaft 女 -/-en《経済》(↔ Kapitalgesellschaft) (合弁会社・合資会社などの)人的会社.

Per·so·nen·kraft·wa·gen 男 -s/- (↔ Lastkraftwagen)《書》《略 Pkw, PKW》乗用車.

Per·so·nen·kult 男 -[e]s/ 個人崇拝.

Per·so·nen·na·me 男 -ns/-n 人名. ♦格変化については Name 参照.

Per·so·nen·re·gis·ter 中 -s/- (↔ Sachregister) 人名索引.

Per·so·nen·scha·den 男 -s/¨ (↔ Sachschaden) 人的損害, 人損.

Per·so·nen·stand 男 -[e]s/ =Familienstand

Per·so·nen·stands·re·gis·ter 中 -s/- 戸籍簿.

Per·so·nen·ver·kehr 男 -s/ **1**《交通》旅客輸送. **2** 人の往来.

Per·so·nen·waa·ge 女 -/-n 体重計.

Per·so·nen·wa·gen 男 -s/- **1** 乗用車. **2**《鉄道》客車.

Per·so·nen·zug 男 -[e]s/¨e《鉄道》**1** 旅客用列車. **2** (近距離)普通列車.

Per·so·ni·fi·ka·ti·on [pɛrzonifikatsiˈoːn] 女 -/-en 体現, 具現; 化身, 権化; 人格化, 擬人化.

per·so·ni·fi·zie·ren [pɛrzonifiˈtsiːrən] 他 体現する, 具現する; 人格化する, 擬人化する.

Per·so·ni·fi·zie·rung 女 -/-en **1** 人格化, 擬人化. **2**《まれ》化身(いん), 権化(だ).

per·sön·lich [pɛrˈzøːnlɪç ペルゼーンリヒ] 形

1 (ある)個人の, 個人的な. ein ~es Anliegen 個人的な関心事. eine ~e Bemerkung 個人的発言. ~es Eigentum 私有財産. aus ~en Gründen 一身上の都合で. **2** (a)《交友関係・会合などが》私的な, プライベートな. Ich habe seine ~e Bekanntschaft gemacht. 私は彼と個人的な知合いになった. ~e Unterredung プライベートな話合い. (b)《雰囲気などが》打ち解けた, 心のこもった. ~e Worte (個人的に発言された)心のこもった言葉. Das Gespräch war sehr ~. 会談はたいへん打ち解けたものだった. (憎悪・侮辱などが)個人に向けられた, 人身におよんだ. eine ~e Abneigung 個人的嫌悪. et⁴ ~ nehmen 事⁴を人身攻撃ととる. ~ werden (感情的になって)人身攻撃におよぶ. **3** (ある人に)特徴的な, 個性的な. Er hat einen sehr ~en Geschmack. 彼はたいへん個性的な趣味をしている.《名詞的用法で》das Persönliche eines Politikers ある政治家の政治的本人の, その人自身の. Er hat seine ~e Anwesenheit zugesichert. 彼は本人自身の列席を確約した. Das ist Herr Binder ~. あれがビンダー氏本人です. Persönlich! (郵便で)親展. Der Minister kam ~. 大臣みずからが来た. sich⁴ ~ vorstellen 自己紹介する. **5**《法制》個人的な, 対人的な. ~ haftender Gesellschafter 無限責任社員. **6**《宗教》人格を具えた. ein ~er Gott 人格神. **7**《文法》人称の. ~es Fürwort 人称代名詞.

*****Per·sön·lich·keit** [pɛrˈzøːnlɪçkaɪt] 女 -/-en **1**《複数なし》人格, 人柄, パーソナリティー. **2** (一個の人格としての)人, 人間; (ひとかどの)人物. eine historische ~ 歴史的人物. Er ist eine ~. 彼は人物だ.

Per·sön·lich·keits·recht 中 -[e]s/-e《法制》人格権.

Per·sön·lich·keits·wahl 女 -/-en《政治》(↔ Listenwahl) 人物選挙(比例代表制に対して候補者個人に投票する選挙方式).

Per·spek·tiv [pɛrspɛkˈtiːf] 中 -s/-e (小型の)望遠鏡.

Per·spek·ti·ve [pɛrspɛkˈtiːvə] 女 -/-n **1** 遠近法, 透視画法. **2** 視点, 観点, 見地. aus(in) einer anderen ~ 別の視点から(で). **3** (将来の)展望, 見通し.

per·spek·ti·visch [..ˈtiːvɪʃ] 形 **1** 遠近法の. **2** 将来を見通した.

Pe·ru [pɛˈruː, ˈpeːru]《地名》ペルー(南米の共和国, 首都リマ Lima).

Pe·ru·a·ner [peruˈaːnɐr] 男 -s/- ペルー人. ♦女性形 Peruanerin

pe·ru·a·nisch [peruˈaːnɪʃ] 形 ペルー(人)の. ↑ deutsch

Pe·rü·cke [pɛˈrʏkə] 女 -/-n (fr.) かつら(鬘). eine ~ tragen かつらを着けている.

per·vers [pɛrˈvɛrs] 形 (lat.) **1** (性的に)倒錯した, 変態の. **2**《話》とんでもない, ひどい, 常軌を逸した.

Per·ver·si·on [pɛrvɛrziˈoːn] 女 -/-en (lat.) (性的な)倒錯, 変態.

Per·ver·si·tät [pɛrvɛrziˈtɛːt] 女 -/-en **1**《複数なし》(性的な)倒錯, 変態. **2** 倒錯行為.

per·ver·tie·ren [pɛrvɛrˈtiːrən] ❶ 他 (人・事⁴を)異常にさせる, 変質(堕落)させる; 倒錯させる. ❷ 自 (s) 異常になる, 変質(堕落)する; 倒錯する.

per·zep·ti·bel [pɛrtsɛpˈtiːbəl] 形 知覚可能な.

Per·zep·ti·on [pɛrtsɛptsiˈoːn] 女 -/-en (lat.) **1**《生物・医学》刺激の感受. **2**《哲学・心理》知覚.

per·zi·pie·ren [pɛrtsi'pi:rən] 他 1 〖生物・医学〗(事を)刺激物として感受する. 2 〖哲学・心理〗知覚する. 3 〈古〉(金を)受取る.

pe'san·te [pe'zantə] 副 (it.)〖音楽〗ペザンテ, 重々しく.

'pe·sen ['pe:zən] 自 (s)〈話〉走る, 駆ける; 急ぐ.

Pes'sar [pɛ'sa:r] 中 -s/-e (gr.)〖医学〗ペッサリー.

Pes·si'mis·mus [pɛsi'mɪsmʊs] 男 -/ (lat.) (↔ Optimismus) ペシミズム, 厭世主義, 悲観論.

Pes·si'mist [pɛsi'mɪst] 男 -en/-en ペシミスト, 厭世家, 悲観論者.

pes·si'mis·tisch [pɛsi'mɪstɪʃ] 形 厭世主義の, 悲観論的な.

Pest [pɛst] 女 -/ (lat. pestis, Seuche¹) ペスト, 黒死病; 悪疫. j³ die ~ an den Hals wünschen〈話〉人³を心底から呪う. wie die ~〈話〉ものすごく, すさまじく. j(et)⁴ wie die ~ hassen〈話〉人⁴(物)⁴を蛇蝎(だかつ)のごとく嫌う. wie die ~ stinken〈話〉すさまじい悪臭を放つ.

Pes·ta'loz·zi [pɛsta'lɔtsi]〖人名〗 Johann Heinrich ~ ヨーハン・ハインリヒ・ペスタロッチ(1746-1827, スイスの教育家).

'pest·ar·tig 形 (とくに臭いが)ひどく嫌な, 鼻が曲がりそうな.

'Pest·beu·le 女 -/-n ペスト腺腫.

'Pest·hauch 男 -[e]s/〈雅〉毒気; 有害な影響.

Pes·ti'lenz [pɛsti'lɛnts] 女 -/-en〈古〉=Pest

pes·ti·len·zi'a·lisch [pɛstilɛntsia:lɪʃ] 形〈話〉= pestartig

Pes·ti'zid [pɛsti'tsi:t] 中 -s/-e 殺虫(殺菌)剤.

'pest·krank 形 ペストにかかった.

'Pest·säu·le 女 -/-n ペスト記念碑.

Pe'tent [pe'tɛnt] 男 -en/-en (lat.)〖官庁〗(Bittsteller)請願者.

'Pe·ter ['pe:tər] (gr.) ❶〖男名〗ペーター. ❷ 男 -s/-〈話〉(Mensch) 人, やつ. ein dummer ~ 馬鹿なやつ. Schwarzer ~〈トラン〉黒いペーター(婆(ばば)抜きゲームの一種). den Schwarzen ~ ziehen〈話〉抜けをひく. j³ den Schwarzen ~ zuschieben〈zuspielen〉〈比喩〉人³に責任(罪)を押しつける.

Pe·ter'si·lie [petər'zi:liə] 女 -/-n (gr.)〖植物〗オランダぜり, パセリ. Ihm ist die ~ verhagelt.〈話〉(物事がうまく行かなくて)彼はしょげ返っている, 青菜に塩である.

'Pe·ters·kir·che 女 -/ サン・ピエトロ大聖堂(ヴァチカンにあるローマ・カトリックの総本山).

'Pe·ters·pfen·nig 男 -s/-e〈カト〉教皇への献金.

'Pe·ter·wa·gen 男 -s/-〈話〉(無線つきの)パトカー.

Pe'tit [pə'ti:] 女 -/ (fr.)〖印刷〗プチ(8 ポイント活字).

Pe·ti·ti'on [petitsi'o:n] 女 -/-en (lat.)〖書〗請願(書).

pe·ti·ti·o'nie·ren [petitsio'ni:rən] 自 (um et⁴ 事⁴を)請願する, 請願書を出す.

'Pe·tri ['pe:tri] Petrus の 2 格.

pe'tri·nisch [pe'tri:nɪʃ] 形 ペトロの, ペテロの. ~e 〈Petrinische〉 Briefe〖新約〗ペトロの手紙. ◆↑Petrus ②, Petrusbrief

Pe·tro·che'mie [petroçe'mi:] 女 -/ 1〈古〉岩石化学. 2 石油化学.

Pe'tro·dol·lar [pe'trodɔlar, 'pɛtr..] 男 -[s]/-s〖経済〗(産油国が得る)オイルダラー.

Pe'trol·che·mie [pe'trol..] 女 -/ =Petrochemie 2

Pe'tro·le·um [pe'tro:leʊm] 中 -s/ (lat.) 1〈古〉(Erdöl) 石油. 2 灯油.

Pe'tro·le·um·ko·cher 男 -s/- 石油こんろ.

Pe'tro·le·um·lam·pe 女 -/-n 石油ランプ.

Pe·tro·lo'gie [petrolo'gi:] 女 -/ 岩石学.

'Pe·trus ['pe:trʊs] (lat.) ❶〖男名〗ペートゥルス. ❷《人名》〖新約〗ペトロ, ペテロ, ペテロ(12 使徒の 1 人で, もとガリラヤの漁夫. キリスト昇天ののち伝道に尽しローマで皇帝ネロの迫害を受けて殉教したと伝えられるなおカトリック教会はペトロを初代教皇とみなしている. 民間伝承では「天国の門番」とされ, しばしば「天国の鍵」を持った図象が見られる. ユダヤ名は Simon だが, イエスがギリシア語でケファ(岩の意)と呼び, それがギリシア語名 Petros, さらにはラテン語の Petrus になった. ↑付録「聖人暦」6 月 29 日). ~ meint es gut.〈話〉いいお天気です; いいお天気になります(「天国の門番」ということからお天気の番人とされた). wenn ~ mitspielt〈話〉お天気がよければ. bei ~ anklopfen〈話〉天国の門をたたく, 死ぬ. der erste〈zweite〉 Brief des Petrus〖新約〗ペトロの第 1〈第 2〉の手紙(↑Petrusbrief). ◆1 2 格としては des Petrus の他にラテン語形 Petri が用いられる. Petri Heil!(釣り人や漁師の挨拶で)よく釣れますように, いい漁が立ちますように(ペトロが漁夫出身であったことから). ◆²↑Peter

'Pe·trus·brief 男 -[e]s/-e〖新約〗ペトロの手紙. petrinisch

'Pet·schaft ['pɛtʃaft] 中 -s/-e (tschech.) 封印(用の印章).

pet'schie·ren [pɛ'tʃi:rən] 他 (物)に封印する. (過去分詞で) petschiert sein〈オースト〉どうにもならなくなっている.

'Pet·ting ['pɛtɪŋ] 中 -[s]/-s (am.) ペッティング.

'pet·to ['pɛto] ↑in petto

Pe·tu'nie [pe'tu:niə] 女 -/-n〖植物〗ペチュニア.

Petz [pɛts] 男 -es/-e〈戯〉(寓話や童話に登場する)熊. Meister ~ 熊さん, 熊公. ◆元来 Bernhard の愛称. H. Sachs に熊を称して用いた用例がある.

'Pet·ze¹ ['pɛtsə] 女 -/-n〈地方〉雌犬.

'Pet·ze² 女 -/-n〖生徒〗(親や先生に)告げ口をする子, つげ口屋.

'pet·zen¹ ['pɛtsən]〖生徒〗(親や先生に)告げ口をする, 言いつける.

'pet·zen² 他〈地方〉つねる, つまむ.

'Pet·zer ['pɛtsər] 男 -s/-〖生徒〗告げ口屋.

peu à 'peu ['pø: a 'pø:] (fr.) すこしずつ, だんだん.

Pf 〈略〉=Pfennig

***Pfad** [pfa:t] 男 -[e]s/-e 小道, 小径. ein dorniger ~〈雅〉茨(いばら)の道. die ausgetretenen ~e verlassen〈雅〉独自の道を行く. auf dem ~ der Tugend wandeln〈雅〉徳にかなった生き方をする. auf krummen ~en wandeln / krumme ~e wandeln〈雅〉悪事を働く, よからぬ事をしている. vom ~ der Tugend abweichen〈雅〉人倫を踏みはずす.

'Pfad·fin·der 男 -s/- ボーイスカウト. ◆女性形 Pfadfinderin 女 -/-nen

'pfad·los 形 道のない.

'Pfaf·fe ['pfafə] 男 -n/-n〈古〉1〖古〗御坊, お坊さま. 2〈侮〉(くそ)坊主.

'Pfaf·fen·hüt·chen 中 -s/-〖植物〗せいようまゆみ.

'Pfaf·fen·tum ['pfafəntu:m] 中 -s/〈侮〉1 (集合的に)坊主. 2 坊主気質.

'pfäf·fisch ['pfɛfɪʃ] 形〈侮〉坊主臭い, 坊主らしい.

***Pfahl** [pfa:l] プファール 男 -[e]s/Pfähle 1 (下端を尖

らせた)杭, 棒, (支)柱, パイル. einen ~ einschlagen 〈einrammen〉杭を打込む. ein ~ im Fleisch《比喩》肉体の刺(たえざる苦痛や苦労の種の意. ↓《新約》II コリ 12:7). in *seinen* vier *Pfählen*《比喩》我が家で. **2**《紋章》(盾中央の)縦帯, ペイル. **3**《卑》(Penis) 男根.

'**Pfahl·bau** 男 -[e]s/-ten 杭上(生)家屋(湿地や水辺の高床式家屋).

'**Pfahl·bür·ger** 男 -s/- **1**《歴史》(中世ヨーロッパで市民権を持ちながら市域境界を示す杭の外側で暮した)都市外市民. **2**《古》(Spießbürger) 小市民, 俗物.

'**Pfäh·le** ['pfe:lə] Pfahl の複数.

'**pfäh·len** ['pfɛːlən] 他 **1**《物に)杭を打つ; (を)杭で支える, (に)支柱をする. **2**《古》(人を)串刺しの刑に処する.

'**Pfahl·rost** 男 -[e]s/-e《土木》(軟弱地盤に用いる)杭打ち基礎, 杭格子.

'**Pfahl·werk** 中 -[e]s/-e《土木》(護岸用などの)柵杭, 杭囲い.

'**Pfahl·wur·zel** 女 -/-n《植物》直根.

'**Pfalz** [pfalts] ❶ 女 -/-en (*lat.*)《歴史》(フランク王国および神聖ローマ帝国で, 国王や皇帝が国内巡行の途上, 廷臣とともに滞在し裁判を行った)居城, 王宮. ❷ 女 《地名》die ~ プファルツ(中世のPfalzgraf 領に由来する地名. 現在のラインラント=プファルツ州の一部).

'**Pfäl·zer** ['pfɛltsər] ❶ 男 -s/- **1** プファルツ地方の住民. **2** プファルツワイン. ❷ 形《不変化》プファルツ地方の.

'**Pfalz·graf** 男 -en/-en《歴史》宮中伯.

'**pfäl·zisch** ['pfɛltsɪʃ] 形 プファルツの.

*'**Pfand** [pfant プファント] 中 -[e]s/Pfänder **1** 担保, 抵当, 質物, 質草, 借金のかた;《法制》質権. ein ~ einlösen 質を請け出す. ein ~ verfallen lassen 質を流す. et⁴ als〈zum〉 ~ geben 物を質(抵当)に入れる. j³ *sein* Wort zum ~ geben《比喩》人³に言質(ゲッチ)を与える. **2**(レンタル商品や空容器などの)保証金, 預り金, デポジット. **3**《遊戯》(罰金遊びの)賭物(↑Pfänderspiel). *Pfänder* spielen 罰金遊びをする. **4**《雅》(Untertpfand) 証(テッシ), しるし. ein ~ der Liebe (子供などを指して)愛の証.

'**pfänd·bar** ['pfɛntbaːr] 形 担保(抵当)にできる, 差押えの対象となりうる.

'**Pfand·brief** 中 -[e]s/-e《商業》担保(抵当)証券.

'**pfän·den** ['pfɛndən] 他 **1**(人³の物を)差押える. **2**(人⁴の財産を)差押える.

'**Pfän·der** ['pfɛndər] Pfand の複数.

'**Pfän·der·spiel** 中 -[e]s/-e《遊戯》罰金遊び(負けると賭物を差出し, お終いに余興などをすればそれを返してもらえる遊び).

'**Pfand·fla·sche** 女 -/-n デポジットボトル.

'**Pfand·gläu·bi·ger** 男 -s/-《法制》質権者, 担保権者.

'**Pfand·haus** 中 -es/⸚er《古》(Leihhaus) 質屋.

'**Pfand·lei·he** 女 -/-n **1**《複数なし》《法制》抵当貸し, 質屋業. **2** 質屋.

'**Pfand·lei·her** 男 -s/- 質屋.

'**Pfand·recht** 中 -[e]s/-《法制》質権; 担保権.

'**Pfand·schein** 男 -[e]s/-e 質札.

'**Pfand·schuld·ner** 男 -s/- 質入れ人, 質権設定者.

'**Pfän·dung** ['pfɛndʊŋ] 女 -/-en《法制》差押え.

*'**Pfan·ne** ['pfanə プファネ] 女 -/-n **1** 平鍋, フライパン. Eier in die ~ schlagen《話 hauen》卵を割ってフライパンに落す. j⁴ in die ~ hauen《話》人⁴をさんざんにやっつける, 叩きのめす; 散々にこき下す. **2**(旧式銃の)火皿. et⁴ auf der ~ haben《話》(人にあっと言わせたり, なるほどと思わせたりするような事⁴の用意ができている, いつでもさっと取出せる. Er hat immer einen Witz auf der ~《話》彼はいつでも気のきいた冗談が飛ばせる. **3**《解剖》(Gelenkpfanne) 関節窩(ワ), 関節臼(キュウ). **4**《建築》(Dachpfanne) 桟瓦(カワラ), パンタイル瓦. **5**《冶金》(溶融した鉱石や鉱滓を受ける)大鍋; (Gießpfanne) 取瓶(ビン). **6**《地質》窪地(とくに南西アフリカの砂漠地帯などの); 盤層. **7**(Bettpfanne) (病人用の)差込み便器. **8**《卑》(Vulva) 女陰.

*'**Pfann·ku·chen** ['pfaŋkuːxən プファンクーヘン] 男 -s/-《料理》**1** パンケーキ. ein Gesicht wie ein ~《話》(まんまん)パンケーキのような顔. aufgehen wie ein ~《話》ぶくぶく太る. (得意になって)ますます態度をでかくする. platt sein wie ein ~《話》(びっくりして)ぼかんとしている, あっけにとられている. **2** Berliner ~《菓子》ベルリーナー(ジャムなどを詰めたまんまるいドーナッツ).

'**Pfarr·amt** ['pfar..] 中 -[e]s/⸚er **1** 牧師(司祭)職. **2** 牧師(司祭)館.

'**Pfarr·be·zirk** 男 -[e]s/-e《プロテスタ》教会区, 教区;《カトリ》聖堂区, 教区.

'**Pfar·re** ['pfarə] 女 -/-n《地方》=Pfarrei

'**Pfar·rei** [pfa'raɪ] 女 -/-en **1** (Pfarrbezirk)《プロテスタ》教会区, 教区;《カトリ》聖堂区, 教区. **2** (Pfarrhaus) 牧師(司祭)館.

*'**Pfar·rer** ['pfarər プファラー] 男 -s/-《プロテスタ》牧師;《カトリ》(教区を持つ)主任司祭.

'**Pfar·re·rin** ['pfarərɪn] 女 -/-nen 女性牧師.

'**Pfar·rers·frau** 女 -/-en =Pfarrfrau

'**Pfarr·frau** 女 -/-en《プロテスタ》牧師夫人.

'**Pfarr·haus** 中 -es/⸚er 牧師(司祭)館.

'**Pfarr·kir·che** 女 -/-n 教区(聖堂区)教会.

'**Pfau** [pfaʊ] 男 -[e]s/-en (⸚ -[e]s(-en)/-e[n]) (*lat.*) **1**《鳥》くじゃく(孔雀);《比喩》見栄っ張り, うぬぼれ屋. Der ~ schlägt ein Rad. 孔雀が飾羽をひろげる. **2** der ~《天文》孔雀座.

'**Pfau·en·au·ge** 中 -s/-n **1**《虫》くじゃくちょう. **2**《紡織》(孔雀の飾羽の斑紋に似た)鳥目模様, パーズアイ.

Pfd.《略》=Pfund 1

*'**Pfef·fer** ['pfɛfər プフェファー] 男 -s/- (*sanskr.*) 胡椒(ショウ)(の実). ganzer ~ 粒胡椒. schwarzer〈weißer〉 ~ 黒〈白〉胡椒. spanischer ~ パプリカ. Bleib〈Geh hin〉, wo der ~ wächst!《話》消え失せろ. j³ ~ in den Hintern〈卑 Arsch〉blasen《卑》~ geben《話》人³にはっぱをかける. Es gibt ~《兵隊》猛烈な砲火を浴びる. ~ im Hintern〈卑 Arsch〉haben《話》じっとできない, せかせか(そわそわ)している. Die Sendung hatte keinen ~.《話》その放送は精彩がなかった(ぴりっとしなかった). ein Anzug in ~ und Salz《紡織》霜降り模様のスーツ. Da liegt der Hase im ~.《話》そこが問題だ, そこに原因がある.

'**Pfef·fer·gur·ke** 女 -/-n《料理》きゅうりの胡椒風味ピクルス.

'**pfef·fe·rig** ['pfɛfərɪç] 形 胡椒(ショウ)のきいた.

'**Pfef·fer·korn** 中 -[e]s/⸚er 胡椒の実.

'**Pfef·fer·ku·chen** 男 -s/- (Lebkuchen) プフェファークーヘン(シロップや蜂蜜に胡椒などの香辛料をまぜて

焼いた菓子.
'Pfef·fer·minz ['pfɛfɐmɪnts, --'-] ❶《無冠詞/不変化》はっか, ペパーミント(の風味). nach ~ schmecken〈riechen〉はっかの味〈香り〉がする. ❷ 男 —es/— ペパーミントリキュール. ❸ 中 —es/-e はっかドロップ.

'Pfef·fer·min·ze ['pfɛfɐmɪntsə, --'-–] 女 —/ 【植物】西洋はっか, ペパーミント.

'pfef·fern ['pfɛfɐn] 他 ❶ 1 (物)に胡椒（にしょう）を振りかける, 胡椒で味付けする. *seine* Rede mit allerlei Zitaten ~ 《比喩》さまざまな引用で話に薬味をきかせる. 2《話》(物)を力まかせに放り投げる, 投げつける. 3 j¹ eine 《卑》 A³ にびんたを食らわせる. 《過去分詞で》 eine *gepfefferte* kriegen びんたを食らう.

'Pfef·fer·nuss 女 —/-̈e (小型で丸い)プフェッファーヌーヘン, 胡椒入りクッキー.

* **'Pfei·fe** ['pfaɪfə プファイフェ] 女 —/-n (*lat.*) 1 (a) 笛. [die] ~ blasen / auf der ~ blasen 笛を吹く. nach j² ~ tanzen《比喩》人²の言いなりになる. (b) (パイプオルガンの)パイプ, 音管. (c) 号笛, 呼子; ホイッスル; 汽笛. 2 (Tabakspfeife) パイプ. [eine] ~ rauchen パイプをふかす. sich³ eine ~ anzünden〈stopfen〉パイプに火をつける〈タバコを詰める〉. 3 (a) (ガラス吹き工の)吹きざお, 吹管. (b) (鋳型の)ガス抜き口. (c) (アスパラガスの)新芽. (d)《卑》陰茎, 男根. 4《卑》役立たず, 能なし.

'pfei·fen* ['pfaɪfən プファイフェン] pfiff, gepfiffen ❶ 自 1 口笛を吹く. Er *pfeift* [nach] seinem Hund. 彼は口笛を吹いて犬を呼ぶ. auf zwei Fingern ~ 2 本の指で口笛を吹く. auf j〈et〉⁴ ~《話》人〈事〉⁴を問題にしない. durch die Zähne ~ 歯の間で口笛を吹く.《しばしば非難・不満の態度を表して》Am Schluss des Konzerts wurde *gepfiffen*. コンサートが終ると不満の口笛が鳴り響いた. 2 笛を吹く. Der Schiedsrichter hat *gepfiffen*.《スポ》審判がホイッスルを鳴らした. auf einer Trillerpfeife ~ ホイッスルを吹く. auf〈aus〉dem letzten Loch ~《話》(健康や経済状態などが)来るところまで来ている, もうおしまいである(管楽器そもそれ以上高い音を出せない状態の例えから). Gott sei's getrommelt und *gepfiffen!*《戯》やれやれ, ありがたや(=Gott sei Dank!). 3 (ピー・ピュー・ヒューと)笛のような音を立てる. Der Kessel *pfeift*. やかんがピーと鳴っている. Mäuse *pfeifen*. 二十日鼠がちゅうちゅう鳴く. Der Wind *pfeift*. 風がひゅうひゅう吹いている. Jetzt *pfeift* der Wind aus einer anderen Loch.《話》これは風向きが変ってきたぞ(もっと難しいことになりそうだ). *Pfeift* der Wind daher?《話》ははん, そういうことだったのか. 4《話》(仲間のひとりが)泥を吐く, しを割る.
❷ 他 1 (口)笛で吹く. ein Lied ~ 歌を(口)笛で吹く. ein Foul ~《スポ》ファウルの笛を吹く. ein Spiel ~《スポ》試合の審判をつとめる. sich³ eins ~《話》(誰に聞かれせてもなく)口笛を吹く; 知らぬ顔をする. Ich werd' dir eins〈was〉~!《話》(相手の要求や期待を拒絶して)聞こえないよ, まっぴらごめんだね. 2《話》(秘密などを)漏らす, 口外する. 3 einen ~《話》一杯ひっかける.

'Pfei·fen·be·steck 中 —[e]s/-e パイプ用具セット.
'Pfei·fen·kopf 男 —[e]s/-̈e 1 (パイプの)ボウル, 火皿. 2《卑》(Pfeife 4) 役立たず, 能なし.
'Pfei·fen·ta·bak 男 —s/-e パイプ煙草.
'Pfei·fer ['pfaɪfɐ] 男 —s/— 1 (口)笛を吹く人. 2 管楽器奏者.

'Pfeif·kon·zert ['pfaɪf..] 中 —[e]s/-e《話》(劇場で観客が不満を表して吹く)一斉の口笛.

* **'Pfeil** [pfaɪl プファイル] 男 —[e]s/-e (*lat.*) 1 矢. ~ und Bogen 弓矢. wie ein ~ 矢のように〈速く〉. einen ~ abschießen 矢を放つ. ~*e* des Spotts verschießen《雅》嘲りの矢を放つ. alle [*seine*] ~ verschossen haben《比喩》刀折れ矢尽きる, 万策尽きる. 2 (方向などを示す)矢印. 3 (矢の形をした)髪飾り, ヘアピン.

'Pfei·ler ['pfaɪlɐ] 男 —s/— (*lat.*) 1 柱, 支柱. 2 《比喩》支えとなる人, 柱石. 3 【鉱業】鉱柱.

'pfeil·ge·ra·de 形 矢のようにまっすぐな.
'pfeil·ge·schwind 形 =pfeilschnell
'Pfeil·gift 中 —[e]s/-e 矢毒.
'pfeil·schnell 形 矢のように速い.
'Pfeil·spit·ze 女 —/-n やじり(鏃).

'Pfen·nig ['pfɛnɪç] 男 —s/-e(単位 —)《略 Pf》ペニヒ(ドイツの旧通貨単位, 1 Mark=100 Pfennig).《次のような成句で》Er dreht jeden ~ [dreimal] um[, ehe er ihn ausgibt].《話》彼はお金にひどく細かい, 締まり屋である. für j〈et〉⁴ keinen ~ [mehr] geben《話》人〈物〉を見限る, (に)見切りをつける. keinen ~ haben 文無しである. keinen ~ wert sein《話》一文の値打ちもない. auf den ~ sehen / mit dem ~ rechnen müssen お金に細かい, 暮し向きが窮屈である. auf Heller und ~ 最後の一文まで, きっかり. nicht für fünf —[e]《話》全然...ない.

'Pfen·nig·ab·satz 男 —es/-̈e《話》(ハイヒールの高く尖った)かかと.
'Pfen·nig·fuch·ser 男 —s/—《話》けちん坊, 守銭奴.
'pfen·nig·wei·se 1 ペニヒずつ. Bei ihm fällt der Groschen ~.《戯》彼は物分かりが悪い.

Pferch [pfɛrç] 男 —[e]s/-e 1 (夜間に羊などを入れておく)囲い地, 板囲い. 2《古》(囲い地内の)家畜(群).
'pfer·chen ['pfɛrçən] 他 (人間や獣を狭い場所に)押し込める, 詰め込む.

Pferd

[pfeːrt プフェールト] 中 —[e]s/-e 1 馬;【動物】うま類. ein braunes〈falbes〉~ 栗毛〈河原毛〉の馬. ein feuriges ~ 血の強い馬. Das ~ galoppiert〈trabt〉. 馬が駆足〈なら〉〈速足〈なら〉〉で走る. Das ~ geht im Schritt. 馬が常足〈なら〉で進む. Das ~ wiehert. 馬がいななく. ein ~ anspannen〈ausspannen〉(馬車などに)馬を繋ぐ〈はずす〉. ~*e* halten 馬を飼っている. ein ~ reiten 馬に乗る. aufs ~ steigen 馬にまたがる. vom ~ steigen〈fallen〉馬から降りる〈落馬する〉. zu ~[e] 馬で.《口語的な慣用句で》Er ist unser bestes ~ im Stall. 彼は私たちのところのピカーだ(最も優秀な働き手である). wie ein ~ arbeiten 馬車馬のように働く. Das hält ja kein ~ aus. それはまったく我慢のならないことだ. Keine zehn ~*e* bringen mich dahin〈dazu〉. 金輪際私はそんなところへ行かない〈そんなことはしない〉. Ihm gingen die ~*e* durch. 彼は自制心を失った. Ich denke, mich tritt ein ~. こんなことってあるの, それはないよ. das ~ am〈beim〉Schwanz aufzäumen 本末を転倒する, あべこべなことをする. die ~*e* scheu machen ひとをいらいらさせる(不安がらせる). Mit ihm kann man ~*e* stehlen. 彼となら何だってできるさ. aufs falsche ~ setzen 間違った方を選ぶ, 負け馬に賭ける. auf dem hohen ~ sitzen 人を見下している, 思い上がっている. Immer sachte〈langsam〉mit den jungen ~*en!* そんなにあせるな, 落着け. vom ~ auf den Esel kom-

Pflästerchen

men 落ちぶれる. **2** (a) (Holzpferd) 木馬. das Trojanische ~ 《ｷﾞﾘｼｬ神話》トロイアの木馬. (b) 《体操》鞍馬. **3** 《ﾄﾗﾝﾌﾟ》ナイト. **4** 《古》騎兵.

Pferd·chen ['pfeːrtçən] 中 -s/- (Pferd の縮小形) 小さな馬, 子馬.

Pfer·de·ap·fel 男 -s/= 《話》馬糞.

Pfer·de·decke 女 -/- 目の粗い毛布, 馬衣.

Pfer·de·fuß 男 -es/=e **1** 馬の足. **2** (悪魔や牧羊神の)蹄のある足; 《比喩》(隠れた)欠点, 問題点. einen ~ haben まずい(いかがわしい)点がある. Da schaut der ~ heraus. / Da kommt der ~ zum Vorschein. 《話》とうとう馬脚を現したな(化けの皮ははげた). **3** 《医学》馬足(ﾓﾄﾞ), 尖足(ｾﾝｿﾞｸ).

Pfer·de·händ·ler 男 -s/- 馬商人, 馬喰(ﾊﾞﾉﾛｳ).

Pfer·de·knecht 男 -[e]s/-e 《古》馬丁.

Pfer·de·kur 女 -/-en 《話》(Rosskur) 荒療治.

Pfer·de·län·ge 女 -/-n 《競馬》馬身. um zwei ~n 2馬身差で.

Pfer·de·ren·nen 中 -s/- 競馬.

Pfer·de·schwanz 男 -es/=e **1** 馬の尾. **2** ポニーテール(の髪型).

Pfer·de·stall 男 -[e]s/=e 馬小屋.

Pfer·de·stär·ke 女 -/-n (略 PS) 馬力.

pfiff [pfɪf] pfeifen の過去.

Pfiff [pfɪf] 男 -[e]s/-e **1** (ピーという)口笛; 笛(呼子, ホイッスル, 汽笛)の鋭い音. **2** 《話》(そのもの本来の)魅力, 良さ. Die Schleife gibt dem Kleid erst den richtigen ~. リボンを着けてこそそのドレスは引立つ. Das ist ein Ding mit 'nem ~. こいつはただものじゃない(たいしたすぐれものだ). **3** 《話》こつ, 要領, 勘所. den ~ kennen〈loshaben〉こつを心得ている.

pfif·fe ['pfɪfə] pfeifen の接続法 II.

Pfif·fer·ling ['pfɪfɐrlɪŋ] 男 -s/-e 《植物》あんずたけ(食用きのこの一種). keinen〈nicht einen〉 ~ 《話》全然…ない. keinen ~ wert sein 《話》一文の値打ちもない.

pfif·fig ['pfɪfɪç] 形 抜け目のない, 要領のいい, ちゃっかりした.

Pfif·fig·keit 女 -/ 抜け目のなさ, ちゃっかりしていること.

Pfif·fi·kus ['pfɪfɪkʊs] 男 -[ses]/-se 《戯》抜け目のない (ちゃっかりした)やつ.

Pfings·ten ['pfɪŋstən] ブフィングステン 中 -/- (gr. pentecoste, der fünfzigste [Tag nach Ostern]') 《ｷﾘｽﾄ教》聖霊降臨祭(Ostern 後の第7日目で, 5月初旬から6月初旬にかけての移動祝日. ↑Pentekoste). ~ fällt dieses Jahr früh〈spät〉. 今年は聖霊降臨祭が早く〈遅く〉来る. Frohe〈Fröhliche〉~! 聖霊降臨祭おめでとう. zu〈an〉 ~ 聖霊降臨祭の日に(zu は とくに北ドイツで, an ~ はとくに南ドイツに用いられる). ◆ふつう無冠詞単数で用いる. 挨拶などの決り文句や, 南ドイツ・オーストリア・スイスの諸地域では, 複数扱いも見られる. また後者では通常定冠詞などを伴う.

Pfingst·fei·er·tag ['pfɪŋst..] 男 -[e]s/-e 《ｷﾘｽﾄ教》聖霊降臨祭の祝日 (Pfingstsonntag と Pfingstmontag の両日).

Pfingst·fe·ri·en 聖霊降臨祭の休暇.

Pfingst·fest 中 -[e]s/-e =Pfingsten

pfingst·lich ['pfɪŋstlɪç] 形 聖霊降臨祭の. ~es Wetter 聖霊降臨祭らしい好天気.

Pfingst·mon·tag 男 -[e]s/-e 《ｷﾘｽﾄ教》聖霊降臨祭の月曜日(Pfingstfeiertag の第2日目).

Pfingst·och·se 男 -n/-n 聖霊降臨祭の牛(とくに南ドイツに多く見られた古い習慣で, Pfingsten の頃に緑の枝や花で飾られた雄牛が夏の放牧地に放たれる).

Pfingst·ro·se 女 -/-n 《植物》しゃくやく, ぼたん.

Pfingst·sonn·tag 男 -[e]s/-e 《ｷﾘｽﾄ教》聖霊降臨祭の日曜日(Pfingstfeiertag の第1日目).

*'**Pfir·sich** ['pfɪrzɪç] ブフィルジィヒ 男 -s/-e (lat.) **1** 桃の実, ピーチ. **2** 《植物》=Pfirsichbaum

Pfir·sich·baum 男 -[e]s/=e 《植物》もも(桃)の木.

Pflänz·chen ['pflɛntsçən] 中 -s/- (Pflanze の縮小形) 小さな(若い)植物, 若木, 苗.

'**Pflan·ze** ['pflantsə ブフランツェ] 女 -/-n (lat.) **1** 植物, 草木. **2** 《話》(a) (とくに変てこな・できそこないの)人, やつ. Das ist ja eine [seltsame] ~. あれはまったく変てこなやつだ. eine nette ~ ひどいやつ; いいかげんな女. (b) 《地方》(生え抜きの)土地っ子. ein [echte] Berliner ~ 生粋のベルリーン子. ◆↑Pflanzen fressend

*'**pflan·zen** ['pflantsən ブフランツェン] 他 **1** 植える, 植え付ける. Bäume ~ 木を植える. Blumen aufs 〈auf dem〉Beet ~ 花壇に花を植える. j³ Hass ins Herz ~ 《比喩》j³の心に憎しみを植付ける. **2**《比喩》(しっかり)立てる, 据える. die Fahne aufs Burgtor ~ 旗を城門のうえに立てる. j³ eine ~《話》人³に一発食らわせる. 《再帰的に》sich¹ aufs Sofa ~ ソファーにどっかと腰をおろす. **3**《話》(人⁴を)からかう, 馬鹿にする. **4**《南ﾄﾞ》接ぎ木をする.

Pflan·zen·but·ter 女 -/ 植物性マーガリン.

Pflan·zen·fa·ser 女 -/-n 植物性繊維.

Pflan·zen·fett 中 -[e]s/-e 植物性脂肪.

Pflan·zen fres·send, °pflan·zen·fres·send 形 (↔Fleisch fressend) 草食の. ~e Tiere 草食動物.

Pflan·zen·fres·ser 男 -s/- 《生物》草食動物.

Pflan·zen·kost 女 -/ 植物性食品.

Pflan·zen·kun·de 女 -/ (Botanik) 植物学.

'**Pflan·zen·öl** 中 -[e]s/-e 植物油.

Pflan·zen·reich 中 -[e]s/ 植物界.

Pflan·zen·schutz 男 -es/ (害虫などからの)植物保護.

Pflan·zen·welt 女 -/ (Flora) 植物界.

Pflan·zer ['pflantsɐr] 男 -s/- **1** 栽培者. **2** (海外の)農園所有者, 移住農場主.

Pflanz·gar·ten ['pflants..] 男 -s/= 《林業》種苗場, 苗畑; 苗木栽培地.

pflanz·lich ['pflantslɪç] 形 植物の; 植物性の.

Pflan·zung ['pflantsʊŋ] 女 -/-en **1** 植えること, 植付け; 栽培, 植林. **2** 植付け地域, 栽培地; (とくに亜熱帯地方の)大農園 (Plantage よりは小規模). **3**《林業》造林地.

*'**Pflas·ter** ['pflastɐr ブフラスター] 中 -s/- (lat.) **1** (a) (道路などの)舗石, 敷き石; 舗装. ~ legen 舗石をしく; 舗装する. (b) 《比喩》町, 街. Diese Stadt ist kein ~ für ein junges Mädchen. この町は若い娘の来る(住む)ところではない. ~ treten [長時間]町をぶらつく; のらくら暮す; 都会暮しをする. j⁴ aufs ~ setzen〈werfen〉人⁴を首にする. **2** 絆創膏, 膏薬. ein ~ aufkleben〈auflegen〉絆創膏をはる. Als ~ [auf seine Wunde] gab ich meinem traurigen Sohn ein eine teure Uhr. せめてもの慰めに私は傷心の息子に高価な時計を買い与えた.

'**Pfläs·ter·chen** ['pflɛstɐrçən] 中 -s/- 《Pflaster の

Pflasterer

縮小形》小さな絆創膏.
'**Pflas・te・rer** ['pflastərər] 男 -s/- 舗装工.
'**Pfläs・te・rer** ['pflɛstərər] 男 -s/- 《南ドイ・オース》= Pflasterer
'**Pflas・ter・ma・ler** 男 -s/- 大道絵描き.
'**pflas・ter・mü・de** 形 街を歩き疲れた;《比喩》都会生活に疲れた.
'**pflas・tern** ['pflastərn] 他 1 舗石を敷く, 舗装する. Der Weg zur Hölle ist mit guten Vorsätzen gepflastert.《諺》地獄への道は善意で敷きつめられている(「善意もそれが実行されなければ何にもならない」の意). 2 《話》《まれ》(傷口に)絆創膏をはる. 3 j¹ eine ~ 《卑》人³に平手打ちを食らわせる.
'**pfläs・tern** ['pflɛstərn] 他《南ドイ・オース》=pflastern
'**Pflas・ter・stein** 男 -[e]s/-e 1 舗石, 敷石. 2 (糖衣を被った小さくて丸い)胡椒入りクッキー(Pfefferkuchen の一種).
'**Pflas・ter・tre・ter** 男 -s/-《古》のらくら者.
'**Pflas・te・rung** ['pflastəruŋ] 女 -/-en 舗装.
'**Pfläs・te・rung** ['pflɛstəruŋ] 女 -/-en《南ドイ・オース》= Pflasterung
***'Pflau・me**¹ ['pflaʊmə] プフラオメ 女 -/-n (lat.) 1 すもも, プラム(の実, 木). 2 《話》能なし, 役立たず; 意気地なし. 3 《卑》女陰.
'**Pflau・me**² 女 -/-n 《話》当てつけ, 嫌味.
'**pflau・men** ['pflaʊmən] 自《話》当てつけ(嫌味)を言う.
'**Pflau・men・baum** 男 -[e]s/=e 《植物》すもも(の木).
'**Pflau・men・mus** 中 -es/《料理》すもものムース.
'**pflau・men・weich** 形 《熟れた》すもものように柔らかい;《侮》軟弱な, だらしのない.
***'Pfle・ge** ['pfle:gə] プフレーゲ 女 -/《子供などの》世話, 保護, 養育; 看護, 介護. die ~ eines Krankenpflegen 病人の看護. ein Kind in ~ geben〈nehmen〉ある子供を里子に出す〈の里親になる〉. 2 《身体・動植物などの》世話, 手入れ. die ~ der Gesundheit 養生. die ~ des Haares〈des Gartens〉髪〈庭〉の手入れ. 3 《文化財などの》保護;《学問・芸術などの》育成, 振興.
'**pfle・ge・be・dürf・tig** 形 看護(介護)の必要な; 手入れの必要な.
'**Pfle・ge・be・foh・le・ne** 女男《形容詞変化》被保護者, 被扶養者; 受持ち児童(患者).
'**Pfle・ge・el・tern** 複 里親, 養父母.
'**Pfle・ge・fall** 男 -[e]s/=e (寝たきりの)要介護者.
'**Pfle・ge・heim** 中 -[e]s/-e (重度障害者・老人のための)特別養護施設.
'**Pfle・ge・kind** 中 -[e]s/-er 里子, 養い子.
'**pfle・ge・leicht** 形 手入れの簡単な.
'**Pfle・ge・mut・ter** 女 -/=里親, 育ての母.
***'pfle・gen**(*) ['pfle:gən] プフレーゲン pflegte(古・雅 pflog, まれ pflag), gepflegt(古 gepflogen) ❶ 他 1 《規則変化》《人》の世話をする, 面倒を見る; 看護(介護)する. ein Kind ~ 子供の面倒を見る. einen Kranken aufopfernd ~ 病人を献身的に看護する. 2 《規則変化》《物》の世話をする, 手入れをする. sein Äußeres ~ 身なりに気をつける, 身ぎれいにする. die Haut〈den Rasen〉~ 肌〈芝生〉の手入れをする. seinen Stil ~ 《比喩》文体を磨く. 3 《古語・雅語として は不規則変化も》《事》を大切にする, 育〈ハグク〉む;《学問・芸術・文化財など》を保護する, 育成〈奨励, 振興〉する;《に》いそしむ, ふける. die Künste und Wissenschaften ~ 学芸を振興する. Gesellschaft ~ 人づき合い

を大切にする. Musik ~ 音楽にいそしむ. Umgang mit j³ ~ 人³と交際する. 4 《規則変化》《zu 不定詞句と》…するのが常である, よく…する. Er pflegte morgens um 6 Uhr aufzustehen. 彼は毎朝 6 時に起きる習慣だった. wie man so zu sagen *pflegt* よく言われるように.
❷ 自《不規則変化》《古》《雅》《事²に》従事する, いそしむ. eines Amtes ~ ある職務を行う. mit j³ Rats ~ 人³と相談(協議)する. der Ruhe ~ 休息する.
❸ 《sich⁴》身体を大切にする, 養生する; 身なりに気をつける.
♦ | gepflegt
'**Pfle・ge・per・so・nal** 中 -s/ (病院などの)看護(介護)スタッフ.
'**Pfle・ger** ['pfle:gər] 男 -s/- 1 (a) (Krankenpfleger) 看護人. (b) (Tierpfleger) 飼育係. 2 《法制》(未成年・障害者などの)保護人. 3 《古》(a) (祝祭などの)世話役. (b) 《スポーツ》セコンド.
'**Pfle・ge・rin** ['pfle:gərɪn] 女 -/-nen (Pfleger の女性形) 1 (a) (Krankenschwester) 看護婦. 2 (女性の)飼育係. 3 (Kinderpflegerin) 保母.
'**Pfle・ge・sohn** 男 -[e]s/=e (男児の)里子, 養い子.
'**Pfle・ge・toch・ter** 女 -/= (女児の)里子, 養い子.
'**Pfle・ge・va・ter** 男 -s/= (男の)里親, 育ての親.
'**Pfle・ge・ver・si・che・rung** 女 -/ 介護保険.
'**pfleg・lich** ['pfle:klɪç] 形 慎重な, 入念な, 注意深い.
'**Pfleg・ling** ['pfle:klɪŋ] 男 -s/-e 1 里子, 養い子, 被保護者;《法制》被後見人. 2 飼っている動物, ペット; 育てている草花.
'**Pfleg・schaft** ['pfle:kʃaft] 女 -/-en 《法制》保護.

Pflicht

[pflɪçt] プフリヒト 女 -/-en 1 義務, 責務, 務め; 職務, 職責;《法制》義務. amtliche ~er 職務上の義務. die ~ der Eltern 親としての義務. Es ist Ihre ~, die Kinder zu pflegen. 子どもたちの面倒を見るのはあなたの義務です. Das ist deine [verdammte/verfluchte] ~ und Schuldigkeit. 《話》それは当然君がなすべき事じゃないか. Die ~ ruft. 《話》あ仕事に行かなくちゃ. seine ~ erfüllen〈tun〉自分の義務を果たす.《zu 不定詞句と》die ~ haben, …zu tun …する義務がある. Ich habe die traurige ~, Ihnen zu sagen, dass... 私は残念ながらあなたに…ということを申し上げねばなりません. et¹ nur aus ~ tun 事¹をただ義務の念だけでする. j¹ in [die] ~ nehmen 《雅》人¹に義務を負わせる(忠勤を誓わせる). j¹ et¹ zur ~ machen 事¹を人³の義務とする. 2 《スポーツ》(↔ Kür) 規定(演技).
'**pflicht・be・wusst** 形 義務(責任)感のある, 義理がたい.
'**Pflicht・be・wusst・sein** 中 -s/ 義務(責任)感.
'**Pflicht・ei・fer** 男 -s/ 強い義務(責任)感, 職務熱心.
'**pflicht・eif・rig** 形 義務(責任)感の強い, 職務熱心な.
'**Pflicht・er・fül・lung** 女 -/ 義務の遂行.
'**Pflicht・fach** 中 -[e]s/=er 必修科目.
'**Pflicht・ge・fühl** 中 -[e]s/ 義務(責任)感.
'**pflicht・ge・mäß** 形 義務上の, 義務による.
..**pflich・tig** [..pflɪçtɪç] 《接尾》「…の義務のある」の意を表す形容詞をつくる.
'**pflicht・schul・dig** 形 《述語的には用いない / しばしば最上級の形で副詞的に用いられる》礼儀上の, 儀礼的な. ~[st] nicken 儀礼的におじぎする.
'**Pflicht・schu・le** 女 -/-n 《教育》義務教育学校.
'**Pflicht・teil** 男(中) -[e]s/《法制》(相続財産の)遺留

分.

pflicht·treu 形 義務に忠実な, 律儀な.

Pflicht·treue 女 -/ 義務に対する忠実さ, 律儀さ.

Pflicht·übung 女 -/-en 《体操などの》規定演技.

pflicht·ver·ges·sen 形 義務を忘れた(忘れている), 職務怠慢な.

Pflicht·ver·ges·sen·heit 女 -/ 義務を忘れる(忘れている)こと, 職務怠慢.

Pflicht·ver·let·zung 女 -/-en 義務違反.

Pflicht·ver·si·che·ung 女 -/-en 《法制》義務保険, 強制保険.

Pflicht·ver·tei·di·ger 男 -s/- 《法制》国選弁護人. ◆女性形 Pflichtverteidigerin 女 -/-nen

pflicht·wid·rig 形 義務に反する.

Pflock [pflɔk] 男 -[e]s/Pflöcke (太くて短い)杭(ぐい), 棒杭; 留め杭; 留め釘. einen ~ in die Erde schlagen〈treiben〉杭を地面に打ち込む. einen ~〈ein paar *Plöcke*〉 zurückstecken《話》要求を控えめにする.

pflo·cken [pflɔkən], **'pflö·cken** [pflœkən] 他 杭で留める; 杭に繋ぐ.

pflog [pflo:k] pflegen の過去.

pflö·ge [pflø:gə] pflegen の接続法 II.

*****pflü·cken** [pflʏkən プフリュケン] 他 (*lat*.) **1** 摘む, 摘み取る; もく. Äpfel〈Blumen〉 ~ リンゴをもぐ花を摘む. Lorbeeren ~《比喩》名声を得る.《結果を示す4格と》einen Strauß ~ 花を摘んで花束をつくる. **2**《古》(鳥の)羽毛をむしる.

'Pflü·cker [ˈpflʏkər] 男 -s/- **1** (果実などを)摘み取る人. **2** 摘み取り機.

*****Pflug** [pflu:k プフルーク] 男 -[e]s/Pflüge **1** 犂(すき), プラウ. den ~ führen 犂を使う. unter dem ~ sein / unter den ~ kommen《雅》(田畑とするために)耕される, 犂が入る. **2**《スキー》プルーク. **3**《古》プフルーク(地積単位, 1本の犂で1年間に耕せる広さ). **4**《卑》ペニス.

'pflü·gen [ˈpfly:gən プフリューゲン] 他自 (田畑を)犂(すき)で耕す, すく. [den Acker] mit dem Traktor ~ 畑をトラクターで耕す. die Luft〈den Sand / das Wasser〉 ~《比喩》無駄骨を折る. die Wellen ~《雅》(船が)波を切って進む.《結果を示す4格と》Furchen ~ 畝(うね)を立てる.

'Pflü·ger [ˈpfly:gər] 男 -s/- 犂で耕す人, 耕人.

'Pflug·schar 女 -/-en (地方 中)-[e]s/-e) 犂(すき)刃, 犂先.

'Pfort·ader [ˈpfɔrt..] 女 -/-n《解剖》門脈.

'Pfört·chen [ˈpfœrtçən] 中 -s/- 《Pforte の縮小形》小門, くぐり戸.

'Pfor·te [ˈpfɔrtə] 女 -/-n (*lat.* porta, Tür, Tor') **1** (中庭などに通じる)小さな門. die hintere ~ 裏の小門. die ~ des Himmels《雅》天国の門. *seine* ~ schließen《比喩》(劇場・博物館などが)閉館する, 閉鎖される; (展覧会などが)閉幕する. **2** (門衛などのいる)入口, 受付. die ~ *eines* Krankenhauses 病院の受付. sich⁴ an der ~ melden 受付で来意を告げる. **3** (山間の)狭間, 山峡. die Burgundische ~ ブルゴーニュの谷. **4**《古》砲門, 砲門.

***'Pfört·ner** [ˈpfœrtnər プフェルトナー] 男 -s/- **1** 門番, 門衛, 守衛; 受付係. **2**《解剖》幽門. ◆女性形 Pförtnerin 女 -/-nen

'Pfos·ten [ˈpfɔstən] 男 -s/- (*lat*.) **1** (木の)柱, 支柱. (ドアの)側柱; (ベッドの)脚. **2**《スポーツ》ゴールポスト. zwischen den *Pfosten* stehen ゴールキーパーをつとめる.

'Pföt·chen [ˈpføːtçən] 中 -s/- 《Pfote の縮小形》**1** (動物の)小さな前足. **2**《話》(子供の)小さな手.

'Pfo·te [ˈpfoːtə] 女 -/-n **1** (動物の)前足. Die Katze leckt sich³ die ~*n*. 猫が前足をなめる. **2**《話》(a) (人間の)手. *seine* ~ *n* überall drinhaben あらゆるところに手をのばしている(一枚噛んでいる). sich³ die ~*n* nach et³ lecken 物³がほしくて舌なめずりしている. sich³ die ~*n* verbrennen ひどい目に遭う, 大損をする(an〈bei〉et³ 事³に手を出して). j³ auf die ~*n* klopfen / j³ eins auf die ~*n* geben 人³をきびしく叱る. (b)《複数なし》悪筆.

Pfriem [pfriːm] 男 -[e]s/-e (Ahle) (靴屋などの)突き錐(きり); 千枚通し.

Pfropf [pfrɔpf] 男 -[e]s/-e 栓(せん), 詰め物; 血栓.

'pfrop·fen¹ [ˈpfrɔpfən] 他 **1** (物⁴に)栓をする. **2**《et⁴ in et³ 物⁴を物³に》詰め込む.《過去分詞で》*gepfropft* voll sein《比喩》ぎゅうぎゅう詰めである.

'pfrop·fen² [ˈpfrɔpfən] 他 (物³に)接(つ)ぎ木をする; (物⁴を)接ぎ木する.

'Pfrop·fen [ˈpfrɔpfən] 男 -s/- (コルクなどの)栓. den ~ aus der Flasche ziehen ビンの栓を抜く.

'Pfropf·reis 中 -es/-er《園芸》接ぎ穂, 接ぎ枝.

'Pfröpf·ling [ˈpfrœpfliŋ] 男 -s/-e Pfropfreis

'Pfrün·de [ˈpfrʏndə] 女 -/-n **1**《キリスト教》聖職禄, 教会禄; (聖職禄をともなう)僧職. **2**《話》不労所得のある地位・役職. eine fette ~ たっぷりと甘い汁の吸える地位.

'Pfründ·ner [ˈpfrʏntnər] 男 -s/- **1**《キリスト教》聖職禄受領者. **2**《古》《地方》養老院の入居者.

Pfuhl [pfuːl] 男 -[e]s/-e **1** (汚い)水溜まり, 池;《比喩》(悪徳と罪業の)泥沼. **2**《地方》下肥, 水肥.

Pfühl [pfyːl] 男 -[e]s/-e《古》《雅》(大きくて柔らかな)枕, クッション, 褥(しとね).

pfui [pfʊi] 間《不快・嫌悪・軽蔑などを示して》*Pfui!* ぺっ, ちぇ, けっ; ちくしょう. *Pfui* Teufel!《不快・嫌悪の声で》げえっ, おえー; ちぇっ, けっ, おおいやだ. Oben hui, unten ~.《話》上っ面を見て感心, 中身を知って幻滅. *Pfui* über ihn! ちぇ, あのやろう.

Pfui 中 -s/-s, **'Pfui·ruf** 男 -[e]s/-e ぺっ(ちぇ)という声.

*****Pfund** [pfʊnt プフント] 中 -[e]s/-e(単位 -/-) (*lat*.) **1**《略 Pfd. / 記号 ℔》ポンド(重量単位, ドイツでは500 g). zwei ~ Butter バター 2 ポンド. der Preis eines ~ *e*s Fleisch〈eines ~ Fleisches〉肉 1 ポンドの値段. Ein ~ Erdbeeren kostet〈kosten〉 5 Euro. いちご 1 ポンドは 5 ユーロです. Fünf ~ Mehl kosten 3 Euro. 小麦粉 5 ポンドは 3 ユーロです.《しばしば体重を意味して》die überflüssigen ~ *e* abspecken 余計な体重を減らす. den ~ *en* zu Leibe rücken 減量に取組む. **2**《記号 £》ポンド(イギリスをはじめ多くの貨幣単位). ein ~ [Sterling] (イギリスの) 1 ポンド. ein ägyptisches〈israelisches〉 ~ エジプト〈イスラエル〉ポンド.《~ 《mit englischem ~ *en*》zahlen ポンド〈イギリスポンド〉で支払う.《聖書に由来する成句で》*sein* ~ vergraben《雅》自分の才能を埋もれさせる(↓《新約》マタ 25:18). mit *seinem* ~ e wuchern《雅》自分の才能を生かす(↓《新約》ルカ 19:11–27). **3**《話》(a) (サッカーで)強力なシュート(力). (b) (トランプで)高得点の札.

'pfun·dig [ˈpfʊndɪç] 形《話》すばらしい, すごい, りっぱな.

..pfün·dig [..pfʏndɪç]《接尾》数詞などにつけて「…ポンドの重さの」の意の形容詞をつくる. acht*pfündig* 重

Pfunds..

さ 8 ポンドの.

Pfunds.. [pfʊnts..]《接頭》《話》名詞に冠して「すばらしい, すごい」の意を表す.

'Pfunds・kerl 男 -[e]s/-e《話》すばらしいやつ, すごいやつ.

'pfund・wei・se 副 ポンドで, ポンド単位で;《話》大量に.

Pfusch [pfʊʃ] 男 -[e]s/ 1《話》そんざいな(いいかげんな)仕事, やっつけ仕事. 2《話》もぐりの仕事.

Pfusch・ar・beit 女 -/《話》=Pfusch 1

'pfu・schen ['pfʊʃən] 自 1 (a)《話》そんざいな仕事をする, やっつけ仕事をする. (b) いいかげんな演奏をする. 2《地方》いかさまをする; カンニングをする. 3《地方》もぐりで働く. ❷ 他《地方》《古》盗む, くすねる.

'Pfu・scher ['pfʊʃər] 男 -s/-《話》そんざいな(いいかげんな)仕事をする人, やっつけ仕事をする人.

Pfu・sche・rei [pfʊʃə'raɪ] 女 -/-en《話》そんざいな仕事, やっつけ仕事. 2《地方》いかさま; カンニング.

'Pfüt・ze ['pfʏtsə] 女 -/-n 1 水溜まり. 2《話》(グラスの中の)飲み残し.

ph [fo:t]《記号》=Phot

pH [pe:'ha:]《記号》=pH-Wert

PH [pe:'ha:]《略》=Pädagogische Hochschule 教員養成大学.

'Pha・e・thon ['fa:etɔn] ❶《人名》《ギリ神話》パエトーン. 太陽神 Helios の息子. ある時父から借りた太陽の馬車を御しそこない地上を焼きそうになったため Zeus の雷に撃たれて死んだ. ❷ 男 -s/-s 無蓋四輪馬車.

Pha・lan・gen [fa'laŋən] Phalanx の複数.

'Pha・lanx ['fa:laŋks] 女 -/..langen (gr.) 1 (a)《歴史》(古代ギリシアの重装歩兵による)密集方陣, ファランクス. (b)《比喩》(緊密な)共同戦線. eine ～ bilden 強力な共同戦線をはる. 2《解剖》指節骨; 趾節骨.

'Phal・len ['falən] Phallus の複数.

'Phal・li ['fali] Phallus の複数.

'phal・lisch ['faliʃ] 形 (gr.) 男根の, 男根のような. die ～e Stufe〈Phase〉《心理》男根期.

'Phal・los ['falɔs] 男 -/Phalloi['falɔy]〈Phallen['falən]〉=Phallus

'Phal・lus ['falʊs] 男 -/Phalli〈Phallen, -se〉(gr.) 男性の力・生殖の象徴としての勃起した)男根.

Pha・ne・ro'ga・me [fanero'ga:mə] 女 -/-n (gr.)《植物》(↔Kryptogame) 顕花植物.

Phä・no・lo'gie [fɛnolo'gi:] 女 -/ [..'gi:ən] (gr.) 生物季節学, フェノロジー.

*****Phä・no'men** [fɛno'me:n] 中 -s/-e (gr.) 1 (Erscheinung) 現象. 2 (a) (特異な・稀有な)出来事, 事件. (b) 非凡な人物; 鬼才, 異才.

phä・no・me'nal [fɛnome'na:l] 形 1 現象(上)の, 現象の, 現象に関する. 2 特異な, 稀有な, 並はずれた.

Phä・no・me・no・lo'gie [fɛnomenolo'gi:] 女 -/《哲学》現象学.

phä・no・me・no'lo・gisch [..'lo:gɪʃ] 形《哲学》現象学(上)の, 現象学的な.

Phä'no・ty・pus [fɛno'ty:pʊs] 男 -/..typen《遺伝》表現型.

Phan・ta'sie [fanta'zi:] 女 -/-n [..'zi:ən] =Fantasie

phan・ta'sie・los 形 =fantasielos

phan・ta'sie・ren [fanta'zi:rən] 自 =fantasieren

phan・ta'sie・voll 形 =fantasievoll

Phan'tas・ma [fan'tasma] 中 -s/..men [..mən] (gr.)《心理》幻, 幻影, 幻像; 幻覚, 妄想.

Phan・tas・ma・go'rie [fantasmago'ri:] 女 -/-n [..'ri:ən] 1 幻, 幻影, 幻像. 2《演劇》ファンタスゴリー(幻灯などによって幻影や幽霊などを舞台に映し出すこと).

Phan'tast [fan'tast] 男 -en/-en =Fantast ◆ 女性形 Phantastin 女 -/-nen

Phan・tas・te'rei [fantastə'raɪ] 女 -/-en =Fantasterei

phan'tas・tisch [fan'tastɪʃ] 形 =fantastisch

Phan'tom [fan'to:m] 中 -s/-e (fr.) 1 幻, 幻影, 幻像; 幽霊, お化け. 2《医学》(実習用)人体模型.

Phan'tom・bild 中 -[e]s/-er (犯人の)モンタージュ写真.

'Pha・rao ['fa:rao] (ägypt.) ❶ 男 -/-nen [fara:o'nən] ファラオ(古代エジプトの王の称号). ❷ 男 -s/《トランプ》(Pharo) ファロ(フランスの賭けゲーム).

Pha・ri'sä・er [fari'zɛ:ər] 男 -s/- (hebr.) 1 (a)《新約》(ファリサイ)派, パリサイ(派)(律法の厳格な遵守を旨とするユダヤ教の一派で福音書ではイエスの論敵として描かれる). (b)《比喩》(高慢な)偽善者, 独善家. 2 ファリゼーア(ラム酒と泡立てクリームの入ったホットコーヒー).

pha・ri'sä・er・haft 形 (パリサイ人のように)偽善的な, 独善的な.

pha・ri'sä・isch [fari'zɛ:ɪʃ] 形《雅》1 パリサイ(ファリサイ)派の, パリサイ人(ゼ)の. 2 =pharisäerhaft

'Phar・ma・ka ['farmaka] Pharmakon の複数.

Phar・ma・ko'lo・ge [farmako'lo:gə] 男 -n/-n 薬理学者.

Phar・ma・ko・lo'gie [farmakolo'gi:] 女 -/ (gr.) 薬理学.

phar・ma・ko'lo・gisch [..'lo:gɪʃ] 形 薬理学(上)の, 薬理学的な.

'Phar・ma・kon ['farmakɔn] 中 -s/..ka [..ka] (gr.) 薬, 薬剤.

Phar・ma・ko・pöe [farmako'pø:, まれ ..'pø:ə] 女 -/-n [..'pø:ən] (Arzneibuch) 薬局方.

Phar・ma'zeut [farma'tsɔʏt] 男 -en/-en 薬学者, 薬学生; 薬剤師.

Phar・ma'zeu・tik [farma'tsɔʏtɪk] 女 -/ (Pharmazie) 薬学, 薬剤(製薬)学.

phar・ma'zeu・tisch 形 薬学の, 薬剤(製薬)の; 製薬の.

Phar・ma'zie [farma'tsi:] 女 -/ (gr.) 薬学, 製剤(製薬)学.

'Pha・ro ['fa:ro] 男 -s/ =Pharao ②

*****'Pha・se** ['fa:zə ファーゼ] 女 -/-n (gr. phasis「Erscheinung」) 1 (変化・発展の)段階, 局面. eine entscheidende ～ 決定的な局面. in die letzte ～ treten 最終段階に入る. 2 (a)《物理》位相. (b)《化学》相, 状相. eine feste〈flüssige/gasförmige〉～ 固〈液/気〉相. (c)《天文》(位)相, 象(½).

Phe'nol [fe'no:l] 中 -s/-e《化学》1《複数なし》フェノール, 石炭酸. 2《多く複数で》フェノール類.

Phe'nol・harz 中 -es/-e《化学》フェノール樹脂.

Phe・nolph・tha・le'in [feno:lftale'i:n] 中 -s/《化学》フェノールフタレイン.

Phe'nyl [fe'ny:l] 中 -s/-e《化学》フェニル(基).

Phe・ro'mon [fero'mo:n] 中 -s/-e (gr.)《生化学》フェロモン.

Phi [fi:] 中 -[s]/-s ファイ(ギリシア語アルファベットの第

21 文字, Φ, φ).

phil.., Phil.. [fil..] 《接頭》↑philo..

.phil [..fi:l] 《接頭》(gr.)「…を好む, …を愛する」の意の形容詞をつくる. biblio*phil* 愛書家.

Phi·lan'throp [filan'tro:p] 男 -en/-en (Menschenfreund) 博愛主義者, 慈善家. ↑ Misanthrop

Phi·lan·thro'pie [filantro'pi:] 女 -/ 博愛.

phi·lan·thro'pisch [filantro'pɪʃ] 形 博愛(主義)の, 慈善的な.

Phi·la·te'lie [filate'li:] 女 -/ (fr.) 切手収集(研究).

Phi·la·te'list [filate'lɪst] 男 -en/-en 切手収集家(研究家).

Phil·har·mo'nie [filharmo'ni:, fi:l..] 女 -/-ɪ..'ni:ən] (gr.) フィルハーモニー(音楽愛好協会・オーケストラ・コンサートホールなどの名称).

Phil·har·mo'ni·ker [filhar'mo:nikər, fi:l..] 男 -s/- フィルハーモニー管弦楽団員; 《複数で》フィルハーモニー管弦楽団. die Wiener *Philharmoniker* ウィーンフィルハーモニー管弦楽団.

phil·har·mo'nisch [filhar'mo:nɪʃ, fi:l..] 形 フィルハーモニーの.

Phil·hel'le·ne [filhɛ'le:nə, fi:l..] 男 -n/-n 1 《古代ギリシアの芸術・文化を賛美する》ギリシア愛好家. 2 《歴史》(19世紀初頭の)ギリシア独立運動支持者.

Phi'lipp ['fi:lɪp] 《男名》(gr. , Pferdefreund') フィーリップ.

Phi·lip'pi·nen [filɪ'pi:nən] 《地名》die ~ フィリピン.

Phi·lip'pi·ner [filɪ'pi:nər] 男 -s/- フィリピン人. ◆女性形 Philippinerin 女 -/-nen

phi·lip'pi·nisch [filɪ'pi:nɪʃ] 形 フィリピン(人)の. ↑deutsch

Phi·lis'ter [fi'lɪstər] 男 -s/- (hebr.) 1 《旧約》ペリシテ人. 2 《比喩》(Spießbürger) 《狭量な》小市民, 俗物. 3 《古》《学生》大学教育を受けていない人; 一般社会人.

phi·lis·ter·haft 形 小市民的な, 俗物的な; 狭量な.

phi·lis'trös [filɪs'trø:s] 形 =philisterhaft

phi·lo.., Phi·lo.. [filo..] 《接頭》(gr. philos , freundlich, Freund') 名詞・形容詞などに冠して「…を愛する(人), …の友」の意を表す. 母音や h, l の前では phil.., Phil.. となる.

Phi·lo'lo·ge [filo'lo:gə] 男 -n/-n 文献学者, 文学語学研究者. ◆女性形 Philologin 女 -/-nen

Phi·lo·lo'gie [filolo'gi:] 女 -/-n [..'gi:ən] (gr.) 文献学, 文学語学研究. die deutsche ~ ドイツ語学文学研究.

phi·lo·'lo·gisch [filo'lo:gɪʃ] 形 1 文献学(上)の, 文学語学研究の. 2 《比喩》(文献学的に)厳密な, 精密な; あまりにも細かすぎる.

Phi'lo·soph [filo'zo:f] 男 -en/-en 哲学者; 哲人. ◆女性形 Philosophin 女 -/-nen

Phi·lo·so'phas·ter [filozo'fastər] 男 -s/- 似非(えせ)哲学者.

Phi·lo·so'phem [filozo'fe:m] 男 -s/-e 哲学の学説(教義).

*****Phi·lo·so'phie** [filozo'fi: フィロゾフィー] 女 -/-n [..'fi:ən] (gr. philo.. + sophia , Weisheit') 1 哲学. 2 (ある人の)哲学, 人生哲学, 世界観.

phi·lo·so·phie·ren [filozo'fi:rən] 自 哲学する; (哲学的に)思索する, 論じる(über et¹ 事について).

*****phi·lo·so'phisch** [filo'zo:fɪʃ フィロゾーフィシュ] 形 1 哲学の, 哲学的な. die ~e Fakultät (総合大学の)哲学部, 文学部. 2 (哲学者のように)思索的な, 思慮深い, 浮き世離れした.

Phi'o·le [fi'o:lə] 女 -/-n (gr.) フラスコ.

'Phleg·ma ['flɛgma] 中 -s/ (gr.) 粘液質(な気質); 無気力, 鈍重, 不活発.

Phleg'ma·ti·ker [flɛ'gma:tikər] 男 -s/- 粘液質の人, 無気力(鈍重)な人. ◆Hippokrates による性格分類法に基づく4類型の1つ(他の3つは Choleriker, Melancholiker, Sanguiniker).

phleg·'ma·tisch [flɛ'gma:tɪʃ] 形 粘液質の; 無気力な, 無感動な, 不活発な.

..phob [..fo:p] 《接尾》(gr. phobos , Furcht')「…を嫌いの, …な人, …性の」などの意の形容詞をつくる. anglo*phob* 英国嫌いの, 反英的な. hydro*phob* 疎水性の.

'Pho·be ['fø:bə] 《人名》(gr. , die Leuchtende') 《ギリシア神話》ポイベー(月の女神 Artemis の異称).

Pho'bie [fo'bi:] 女 -/-n [..'bi:ən] (gr. phobos , Furcht') 《医学・心理》恐怖(症).

'Pho·bos [fø'bos] 《人名》(gr. , der Leuchtende') 《ギリシア神話》ポイボス(日の神 Apollo の異称の1つ).

Phon [fo:n] 中 -s/-s (単位 -) (gr.) 《記号 phon》フォーン, ホン(音の強度を表す単位).

phon.., Phon.. [fon..] 《接頭》↑phono.., Phono..

Pho'nem [fo'ne:m] 中 -s/-e 1 《音韻》音素. 2 《複数で》《医学・心理》音声幻聴(とくに精神病における).

Pho·ne'ma·tik [fone'ma:tɪk] 女 -/ 《言語》音素論(Phonologie の1部門).

Pho·ne'mik [fo'ne:mɪk] 女 -/ 音素論《アメリカ系の用語で, ヨーロッパ系の Phonologie もしくは Phonematik にあたる》.

Pho·ne'tik [fo'ne:tɪk] 女 -/ 音声学.

Pho·ne'ti·ker [fo'ne:tikər] 男 -s/- 音声学者.

pho·ne·tisch [fo'ne:tɪʃ] 形 音声の, 音声学(上)の, 音声学的な. ~e Schrift 音標文字.

'Phö·nix ['fø:nɪks] 男 -[es]/-e (gr.) 1 不死鳥, フェニックス. wie ein ~ aus der Asche [auf]stehen 〈erstehen / steigen〉 不死鳥のように甦る. 2 der ~ 《天文》鳳凰座.

Phö·'ni·zi·en [fø'ni:tsiən] 《地名》フェニキア(シリア沿岸の古代都市国家).

Phö·'ni·zi·er [fø'ni:tsiər] 男 -s/- フェニキア人.

phö·'ni·zisch [fø'ni:tsɪʃ] 形 フェニキア(人, 語)の. ↑deutsch

pho·no.., Pho·no.. [fono..] 《接頭》(gr. phone , Stimme, Ton') 名詞・形容詞に冠して「音響・音声」の意を表す. 母音の前では phon.., Phon.. となる.

Pho·no'graph [fono'gra:f] 男 -en/-en フォノグラフ(Thomas Edison が発明した円筒形蓄音機).

Pho·no·gra'phie [fonogra'fi:] 女 -/-n [..'fi:ən] 1 《古》表音文字法. 2 録音. 3 音響の視覚化.

Pho·no·lo'gie [fonolo'gi:] 女 -/ 音韻論.

Pho·no'thek [fono'te:k] 女 -/-en (テープやレコードなどの)音声(録音)資料館.

Pho·no·ty'pis·tin [fonoty'pɪstɪn] 女 -/-nen (録音テープを文字におこす)録音用タイピスト(の女性).

Phos'gen [fɔs'ge:n] 中 -s/ 《化学》ホスゲン, 塩化カルボニル.

Phos'phat [fɔs'fa:t] 中 -[e]s/ 《化学》燐酸塩.

'Phos·phor ['fɔsfo:r] 男 -s/-e (gr.) 1 《複数なし》《記号 P》《化学》燐. 2 《多く複数》燐光物質, 燐光体.

Phos·pho·res'zenz [fɔsforɛs'tsɛnts] 囡 -/ 燐光.
phos·pho·res'zie·ren [fɔsforɛs'tsi:rən] 圓 燐光を発する.
'phos·pho·rig ['fɔsforɪç] 厖 燐を含んだ.
'Phos·phor·säu·re ['fɔsfɔr..] 囡 -/-n 〖化学〗燐酸.
Phot [fo:t] 田 -s/- (gr.) 《記号 ph》フォト(照度の単位).
'Pho·to ['fo:to] 田 -s/-s (ま:囡 -/-s) =Foto¹
pho·to..., Pho·to.. ['fo:to.., 'fo:to..] 《接頭》(gr. phos, Licht)名詞·形容詞などに冠して「光,写真」の意を表す. ↑ foto.., Foto..
'Pho·to·al·bum ['fo:to..] 田 -s/..ben =Fotoalbum
Pho·to·che'mie [fotoçe'mi:, 'fo:toçemi:] 囡 -/ 〖化学〗光化学.
'Pho·to·ef·fekt ['fo:to..] 男 -[e]s/-e 〖電子工〗光電効果.
Pho·to·elek·tri·zi'tät [foto|elɛktritsi'tɛ:t, 'fo:to|elɛktritsitɛ:t] 囡 -/ 光電気.
'Pho·to·elek·tron ['fo:to..] 田 -s/-en 〖電子工〗光電子.
'Pho·to·ele·ment 田 -[e]s/-e 〖電子工〗光電池.
pho·to'gen [foto'ge:n] 厖 =fotogen
Pho·to'graph [foto'gra:f] 男 -en/-en =Fotograf
Pho·to·gra'phie [fotogra'fi:] 囡 -/-n [..'fi:ən] =Fotografie
pho·to·gra'phie·ren [fotogra'fi:rən] 圓 他 =fotografieren
pho·to·gra'phisch [foto'gra:fɪʃ] 厖 =fotografisch
Pho·to·gra'vü·re [fotogra'vy:rə] 囡 -/-n 〖印刷〗(Heliogravüre) グラビア印刷,写真凹版術; グラビア印刷物.
Pho·to·ko'pie [fotoko'pi:] 囡 -/-n [..'pi:ən] =Fotokopie
Pho·to'me·ter [foto'me:tər] 田 -s/- 測光器,光度計.
Pho·to·me'trie [fotome'tri:] 囡 -/ 光度測定,測光(術).
'Pho·ton ['fo:tɔn, fo'to:n] 田 -s/..tonen [..'to:nən] 〖物理〗光子, フォトン.
'Pho·to·satz ['fo:to..] 男 -es/ =Fotosatz
Pho·to·sphä·re [foto'sfɛ:rə, 'fo:tosfɛ:rə] 囡 -/ 〖天文〗光球(太陽を放つ太陽表面のガス状の相).
Pho·to·syn'the·se [fotozʏn'te:zə, 'fo:tozʏnte:zə] 囡 -/ 〖生化学〗光合成.
pho·to'trop [foto'tro:p] 厖 1 〖植物〗=phototropisch 2 〖化学〗光可逆変色の,フォトトロピーの.
Pho·to·tro'pie [..tro'pi:] 囡 -/ 〖化学〗光可逆変色, フォトトロピー.
pho·to'tro·pisch [..'tro:pɪʃ] 厖 〖植物〗光(కు)屈性の,屈光性の; 向日(కు)性の.
Pho·to·tro'pis·mus [..'tro:pɪsmʊs] 男 -/ 〖生物〗(おもに植物の)光(కు)屈性, 屈光性; 向日性.
'Pho·to·zel·le ['fo:to..] 囡 -/-n 〖電子工〗1 光電管. 2 光電池.
'Phra·se ['fra:zə] 囡 -/-n (gr., Ausdruck') 1 (a) (侮)(中身のない)決り文句, 常套句, 美辞麗句. ~n dreschen (話)美辞麗句を弄する. (b)《古》成句, 慣用句. 2 〖言語〗(文の構成成分としての)句, フレーズ. 3 〖音楽〗楽句, フレーズ.
'Phra·sen·dre·scher 男 -s/- (話)決り文句(美辞麗句)ばかり口にする人.
'phra·sen·haft 厖 美辞麗句を並べ立てただけの, 中身のない, 紋切り型の.
Phra·seo·lo'gie [frazeolo'gi:] 囡 -/-n [..'gi:ər] 〖言語〗1《複数なし》(ある言語の)慣用語法, 慣用句表現(の全体). 2 慣用句研究; 慣用語辞典.
phra'sie·ren [fra'zi:rən] 他 圓 〖音楽〗楽句に分ける, フレージングする.
'Phthal·säu·re ['fta:l..] 囡 -/-n 〖化学〗フタル酸.
'Phthi·se ['fti:zə] 囡 -/-n =Phthisis
'Phthi·sis ['fti:zɪs] 囡 -/Phthisen [..zən] (gr.) 〖医学〗消耗性疾患; (とくに)肺結核.
pH-Wert [pe:'ha:ve:rt] 男 -[e]s/-e (lat. potenti Hydrogenii)《記号 pH》〖化学〗ペーハー値(水素イン濃度を示す指数).
Phyl'lit [fy'li:t] 男 -s/-e (gr.) 〖鉱物〗千枚岩, フライト.
***Phy'sik** [fy'zi:k フィズィーク] 囡 -/ (lat. physica, Naturlehre')物理学.
'Phy·si·ka ['fy:zika] Physikum の複数.
***phy·si'ka·lisch** [fyzi'ka:lɪʃ フィズィカーリッシュ] 厖 物理学の; 物理的な. die ~e Chemie 物理化学. eine ~e Therapie 〖医学〗物理療法. 2《古》physisch 2
'Phy·si·ker ['fy:zikər] 男 -s/- 物理学者. ♦女性形 Physikerin 囡 -/-nen
Phy·si·ko·che'mie [fyziko..] 囡 -/ 物理化学.
phy·si·ko'che·misch 厖 物理化学(上)の.
'Phy·si·kum ['fy:zikʊm] 田 -s/..ka 医学部予備課程試験(基礎科目課程修了時に受ける中間試験).
'Phy·si·kus ['fy:zikʊs] 男 -/-se《古》地区医師,郡嘱託医.
Phy·si·o'gnom [fyzio'gno:m] 男 -en/-en 人相(骨相)学者; 観相家.
Phy·si·o·gno'mie [fyziogno'mi:] 囡 -/-n [..'mi:ən] (gr.) 1 (人間および動物の)顔つき, 面相, 骨相; 外面的特徴. 2 〖植物〗(植物群落の)観相.
Phy·si·o'gno·mik [fyzio'gno:mɪk] 囡 -/ 観相(人相, 骨相)学.
Phy·si·o'gno·mi·ker [..'gno:mikər] 男 -s/- Physiognom
phy·si·o'gno·misch [..'gno:mɪʃ] 厖 観相(人相, 骨相)学の.
Phy·si·o·kra'tis·mus [fyziokra'tɪsmʊs] 男 -/ (fr.) 重農主義.
Phy·si·o'lo·ge [fyzio'lo:gə] 男 -n/-n 生理学者.
Phy·si·o·lo'gie [fyziolo'gi:] 囡 -/ (gr.) 生理学.
phy·si·o'lo·gisch [fyzio'lo:gɪʃ] 厖 生理学(上)の, 生理学的な.
Phy·si·o·the·ra'peut [fyziotera'pɔyt] 男 -en/-en 理学(物理)療法士.
Phy·si·o·the·ra'pie [fyziotera'pi:] 囡 -/ 理学(物理)療法.
'Phy·sis ['fy:zɪs] 囡 -/ (gr., Natur') 1 (人間の)体, 体質. 2 〖哲学〗自然.
'phy·sisch ['fy:zɪʃ] 厖 1 肉体の,身体の, 肉体(身体)的な. ~e Liebe 性愛. 2 〖地理〗自然に関する. ~e Geographie 自然地理学. ~e Landkarte 地形図.
phy·to'gen [fyto'ge:n] 厖 (gr. phyton, Pflanze') 植物からできた, 植物性の.
Phy·to'plank·ton [fyto'plaŋktɔn] 田 -s/ 〖生物〗植物性プランクトン.
Pi [pi:] 田 -[s]/-s 1 パイ(ギリシア語アルファベットの第

16文字, Π, π). **2**《複数なし》《記号π》〖数学〗円周率.
Pi·a·ni [pi'a:ni] Piano¹の複数.
Pi·a'ni·no [pia'ni:no] 甲 -s (*it.*) 小型ピアノ.
Pi·a·nis·si·mi [pia'nısimi] Pianissimoの複数.
pi·a·nis·si·mo [pia'nısimo] 副 (*it.*)《略 pp》〖音楽〗(sehr leise), きわめて弱く.
Pi·a·nis·si·mo 甲 -s (..mi[..ni])〖音楽〗**1**《複数なし》ピアニッシモ(による演奏). **2** ピアニッシモの楽節(楽句).
Pi·a'nist [pia'nıst] 男 -en/-en ピアニスト, ピアノ奏者. ◆女性形 Pianistin 女 -/-nen
pi'a·no [pi'a:no] 副 (*it.*)《記号 p》〖音楽〗(leise) ピアノ, 弱く.
Pi·a'no¹ 甲 -s(..ni[..ni])〖音楽〗**1**《複数なし》ピアノ, 弱奏(による演奏). **2** ピアノの楽節(楽句).
Pi·a·no² 甲 -s (↑)〖戯〗(Klavier) ピアノ.
Pi·a·no'for·te [piano'fɔrtə] 甲 -s (*it.*)〖古〗〖楽器〗(Hammerklavier) ピアノ・フォルテ(ピアノの前身); (Klavier) ピアノ.
Pi·a·no·la [pia'no:la] 甲 -s (*it.*) 自動演奏ピアノ.
Pi'as·ter [pi'astər] 男 -s/- (*gr.*) ピアストル(トルコ・エジプト・シリアなどの補助通貨単位).
Pi'az·za [pi'atsa] 甲 -/..zze[..tsə] (*it.*, Platz') (イタリアの町の市の(たつ)広場.
Pic·co·lo [pikolo] =Pikkolo ①②③
pi·cheln ['pıçəln] 自 〖話〗(酒などを)飲む. einen ~ gehen 一杯ひっかけに行く.
'pi·chen ['pıçən] (↑ Pech)〖地方〗❶ 他 (物¹に)ピッチを塗る. ❷ 自 (べとべとくっつく, べとつく.
Pick¹ [pık] 男 -s (↑ pichen)〖方言〗(Klebstoff) 接着剤.
Pick² 男 -s/- (↑ pichen)〖方言〗(Klebstoff) 接着剤.
Pi·cke ['pıkə] 女 -/-n (Spitzhacke) つるはし.
'Pi·ckel¹ ['pıkəl] 男 -s/- **1** (Spitzhacke) つるはし. **2** (Eispickel) ピッケル.
'Pi·ckel² 男 -s/- (↑ Pocke)(顔の)吹き出物, にきび. einen ~ ausdrücken にきびをつぶす.
'Pi·ckel·hau·be 女 -/-n ピッケル・ヘルメット(金属の尖頭をいただいた兜ないしは革製軍帽でとくにプロイセン歩兵が着用した).
'Pi·ckel·he·ring 男 -s/-e **1** 〖古〗塩漬けにしん. **2** (17世紀英国喜劇から移入された)道化.
'pi·cke·lig ['pıkəlıç] 形 にきび(吹出物)だらけの.
'pi·cken¹ ['pıkən] ❶ 他 **1** つい(く)ばむ, くちばしでつつく. **2** 〖話〗(指先などで)つまみ上げる(取る). **3** 〖古〗(つるはしなどで)割る, 砕く; 掘る. ❷ 自 **1** (くちばしで)ついばむ, つつく. ans Fenster ~ 窓をくちばしでつつく. in den Beeten ~ 苗床をつばむ. **2** 〖古〗(ticken)(時計が)ちくたく時を刻む.
'pi·cken² 他 〖方言〗(↑)=kleben
'Pi·ckerl ['pıkərl] 甲 -s/-n 〖方言〗ステッカー, レッテル.
pick·lig ['pıklıç] 形 =pickelig
'Pick·nick ['pıknık] 甲 -s/-e(-s) (*fr.*) 遠足に出かけた時などの野外の食事(弁当).
'pick·ni·cken ['pıknıkən] 自 〖話〗(遠足などに出かけて)野外で食事する.
pi·co'bel·lo [piko'bɛlo] 形《不変化》〖話〗(tadellos) 申し分のない, 申分のない.
'Pid·gin·eng·lisch ['pıdʒın|ɛŋlıʃ] 甲 -[e]s ピジンイングリッシュ. ◆中国・東南アジアなどで用いられる原地語と英語の混合した通商英語, ピジンは business の中国語訛りという.
Pie·ce [pi'e:s(ə), pi'ɛ:s(ə)] 女 -/-n (*fr.*, Stück') (音楽の)小品, 小曲; (戯曲・音楽の)作品.
Pie·des·tal [piedɛs'ta:l] 甲 -s/-e (*fr.*, Sockel') **1** 〖建築〗(円柱などの)台石, (彫像などの)台座. **2** (サーカスの動物の曲芸に用いる)台.
'Pief·ke ['pi:fkə] 男 -s/-s **1** 〖地方〗〖侮〗いばりくさった俗物. **2** 〖地方〗小僧, 坊主. **3**《野》〖侮〗ドイツ野郎.
Piek [pi:k] 女 -/-en (*engl.* peak) 〖船員〗(船首と船尾の)船体狭尖部; 斜桁外端.
'piek'fein 形 〖話〗とびきり洗練された, 極上の.
'piek'sau·ber 形 〖話〗とびきり清潔な, ぴかぴかの.
piep [pi:p] 間〖話〗Piep! (小鳥などの鳴声)ぴーぴー. nicht ~ sagen 〖話〗うんともすんとも言わない. solange ich noch ~ sagen kann 〖話〗私がまだなんとか生きているうちは.
Piep 男 -s/-e《複数まれ》〖話〗(小鳥などの)ぴーぴー鳴く声. einen ~ haben 頭が変である. keinen ~ sagen うんともすんとも言わない. keinen ~ mehr sagen(machen/tun) 死んでいる.
'pie·pe ['pi:pə] 形 =piepegal
'piep·egal ['pi:p|e'ga:l] 形《述語的用法のみ》〖話〗まったくどうでもよい.
'pie·pen ['pi:pən] 自 (小鳥やねずみなどが)ぴーぴー(ぴよぴよ, ちゅうちゅう)鳴く.《非人称的に》Bei dir piept's wohl?〖話〗君は頭がおかしいんじゃないか.《中性名詞として》Das ist zum Piepen!〖話〗それはお笑いぐさだ.
'Pie·pen 〖話〗銭, 金.
'Piep·matz 男 -es/¬e〖幼児〗小鳥さん, ぴい子ちゃん. wie ein ~ essen ほんのちょっぴり食べない. einen ~ haben 〖戯〗頭がいかれている.
pieps [pi:ps] 間 =piep
Pieps 男 -es/-e =Piep
'piep·sen ['pi:psən] ❶ 自 **1** =piepen **2** 甲高い声を出す(で話す, 歌う). ❷ 他 甲高い声で言う(歌う).
'piep·sig ['pi:psıç] 形 〖話〗**1** (声などが)高くて細い. **2** (体つきなどが)きゃしゃな, ひ弱な; (食事などが)ごく僅かな.
Pier¹ [pi:r] 男 -s/-e(-s) (船員 女 -/-s) (*engl.*) 桟橋(さんぱし), 埠頭(ふとう), 突堤.
Pier² 男 -[e]s/-e (*nd.*)〖北ドイツ〗〖虫〗(Köderwurm) たましきごかい(釣りの餌).
'pier·cen ['pi:rsən] 他 (*engl.*)(身体に)ピアスの穴をあける. sich⁴ ~ lassen ピアスの穴をあけてもらう.
'Pier·cing ['pi:rsıŋ] 甲 -s/ (身体に)ピアスの穴をあけること.
Pi·er'ret·te [piɛ'rɛtə] 女 -/-n (Pierrot の女性形) 女ピエロ.
Pi·er'rot [piɛ'ro:] 男 -s/-s (*fr.*) ピエロ.
'pie·sa·cken ['pi:zakən] 他 〖話〗(quälen)(人や動物を)いじめる, 苦しめる.
Pi·e·ta, Pi·e'tà [pie'ta] 女 -/-s (*it.*, Frömmigkeit')〖美術〗ピエタ, 嘆きの聖母像(キリストの亡骸を膝に抱いて嘆き悲しむ聖母マリア像).
Pi·e'tät [pie'tɛ:t] 女 -/ (*lat.*) **1**〖雅〗(a) (宗教的な)敬虔, 信心の念. (b) (死者などに対する)畏敬, 崇敬(の念). (c) (親などに対する)敬愛の念, 孝愛. **2**〖地方〗葬儀屋.
pi·e'tät·los 形〖雅〗敬虔(畏敬)の念のない, 不信心な.
Pi·e'tät·lo·sig·keit 女 -/〖雅〗敬虔(畏敬)の念のないこと.
pi·e'tät·voll 形 敬虔な, 篤信の; 敬虔の念に満ちた.
Pi·e'tis·mus [pie'tısmʊs] 男 -/〖宗〗敬虔主義

Pi·e·tist [piéˈtɪst] 男 -en/-en 敬虔主義. **2** (やたらに)信心深い人, 信心ぶる人.

pi·e'tis·tisch 形 敬虔主義の, 敬虔主義的な.

Pi·e·zo·elek·tri·zi·tät [pietso|elɛktritsiˈtɛːt] 女 -/ 〖電気〗圧電気, ピエゾ電気.

'piff, 'paff [ˈpɪf ˈpaf] 間《幼児》Piff, paff! パンパン, バーンバーン(銃声の擬音語).

Pig'ment [pɪˈgmɛnt] 中 -[e]s/-e 〈lat.〉**1**〖生物〗(皮膚などの)色素. **2**〖化学・工学〗顔料.

Pig·men·ta·ti'on [pɪgmɛntatsiˈoːn] 女 -/-en 色素沈着.

Pig'ment·druck 中 -[e]s/-e〔複数なし〕〖紡織〗顔料捺染(法). **2**〖写真〗(a)〔複数なし〕カーボン印画法. (b) カーボン印画.

Pik¹ [piːk] 男 -s/-e(-s) 〈engl. peak〉(Bergspitze) 山頂, ピーク.

Pik² 男 -s/-e 〈fr. pique, Groll'〉《話》ひそかな恨み.《次の成句で》einen ~ auf j' haben 人'に対してひそかに恨みを抱いている(がられている).

Pik³ 中 -[s]/-[s] (トランプ) 女 -/〈fr. pique, Spieß'〉**1** (図案化した)槍の穂先, スペード形. **2** 〖トランプ〗(a)〔複数なし〕〔無冠詞〕スペード. (b)〔複数 -〕スペードの札; スペードが切り札のゲーム.

pi'kant [piˈkant] 形 〈fr.〉**1** (味がぴりっとした, 薬味のよくきいた. **2** (小話などが)きわどい, いかがわしい. **3** 〈古〉魅力的な, 心をそそるような.

Pi·kan·te'rie [pikantəˈriː] 女 -/-n [..ˈriːən] **1**〔複数なし〕(a) 一風変った魅力, 妙味. (b)《まれ》ぴりっとした味. **2** きわどい話.

'Pi·ke [ˈpiːkə] 女 -/-n 〈fr., Spieß'〉(歩兵の持つ)長槍. von der ~ auf dienen〈lernen〉《話》一兵卒から身を起す, 下積みから出世する.

Pi'kee [piˈkeː] 男〈中〉 -s/-s 〈fr.〉〖紡織〗ピケ(畝(うね)織りの布地).

'pi·ken [ˈpiːkən] 他動《話》(stechen) 刺す.

pi'kie·ren [piˈkiːrən] 他動 〈fr.〉**1**〖園芸〗(苗を)移植する. **2**〖服飾〗(襟や袖に)裏地をつける, 芯を入れる.

pi'kiert 〈fr. piquer, stechen'〉気分を害した, 気を悪くした, 腹を立てた.

'Pik·ko·lo [ˈpɪkolo] 〈it.〉**❶** 男 -s/-s 見習い給仕, ボーイ見習い. **2**《話》(1 人用の)シャンペンの小ビン. **❷** 中 -s/-s 〖楽器〗**1** ピッコロ. **2** (小型の)コルネット. **❸** 女 -/-[s]《話》(Pikkoloflasche の短縮) =**❶**の2

Pik·ko·lo·fla·sche 女 -/-n =Pikkolo ❶2

Pik·ko·lo·flö·te 女 -/-n =Pikkolo ❷1

Pi'krin·säu·re [piˈkriːnzɔʏrə] 女 -/-n 〖化学〗ピクリン酸.

'pik·sen [ˈpiːksən] 他動・自動 =piken

Pik·to'gramm [pɪktoˈgram] 中 -s/-e 〈lat.+gr.〉ピクトグラム, 絵文字(交通標識や空港の案内表示など).

Pi'la·tus [piˈlaːtʊs]〖人名〗ピラト(キリストに死刑を宣告したパレスチナのローマ人総督 Pontius Pilatus のこと). von Pontius zu ~ laufen《話》あっちこっち走り回る, たらい回しにされる.

'Pil·ger [ˈpɪlgər] 男 -s/- 〈lat.〉(聖地)巡礼者. ◆女性形 Pilgerin 女 -/-nen

'Pil·ger·fahrt 女 -/-en (Wallfahrt) 巡礼の旅, 聖地詣で.

'pil·gern [ˈpɪlgərn] 自動 (s) **1** (聖地に)巡礼する, 詣でる. **2**《話》(山歩きなどで)のんびり歩く. ins Grüne ~ 野外へ散策に出かける.

'Pil·ger·schaft 女 -/〔複数なし〕**1** 巡礼, 聖地詣で. **2** 巡礼であること.

'Pil·grim [ˈpɪlgrɪm] 男 -s/-e 〈古〉=Pilger

***Pil·le** [ˈpɪlə ピレ] 女 -/-n 〈lat.〉**1** 丸薬, 錠剤, カプセル剤. ~n drehen 丸薬をつくる. ~n nehmen 丸薬を飲む. Da helfen keine ~n.《話》これは何をやっても(何をしても)無駄だ. Er musste die bittere ~ schlucken, dass...《話》彼は...ということを甘んじて忍ばねばならなかった(受入れざるをえなかった). j' eine bittere ~ [zu schlucken] geben《話》人'に嫌な話を伝える; 嫌なことを強いる. eine bittere ~ für j' sein《話》人'にとってひどく嫌なことである. **2**〔複数形に定冠詞と〕《話》経口避妊薬, ピル. **3**《話》(Ball) ボール.

'Pil·len·dre·her 男 -s/- **1**〖虫〗(Skarabäus) たまおしこがね, ふんころがし, スカラベ. Heiliger ~ (古代エジプトの)スカラベ, 神聖甲虫. **2**〖戯〗薬剤師.

Pi'lot [piˈloːt] 男 -en/-en **1** (飛行機の)パイロット, 操縦士. **2**《話》(レーシングマシーンの)ドライバー, レーサー. **3**〈古〉(Lotse) 水先案内人. **4**〖紡織〗モールスキン, パイロットクロス(じょうぶな木綿地で作業衣などに用いられる). **5**〖魚〗ぶりもどき. ◆女性形 Pilotin 女 -/-nen

Pi'lot·stu·die 女 -/-n 予備(試験的)研究, パイロットスタディ.

Pils [pɪls] 中 -/- (Pilsener Bier) ピルゼン・ビール.

'Pil·sen [ˈpɪlzən]〖地名〗ピルゼン(ビールの産地として有名なチェコの都市プルゼニ Plzeň のドイツ語名).

'Pil·se·ner [ˈpɪlzənər] **❶**〔不変化〕ピルゼンの. ~ Bier ピルゼン・ビール. **❷** 中 -s/- ピルゼン・ビール, ピルスナー(ホップのきいた淡色ビール).

'Pils·ner [ˈpɪlznər]〔不変化〕=Pilsener ❷

***Pilz** [pɪlts ピルツ] 男 -es/-e **1** 茸(きのこ). ein essbarer〈giftiger〉~ 食用〈毒〉きのこ. ~e suchen きのこ狩りをする. in die ~e gehen《話》きのこ狩りに行く; (どこかに)なくなる, 失われる; 《まれ》隠遁する. Die neuen Häuser schießen wie ~e aus der Erde.《話》新しい家が雨後の竹の子のようにつぎつぎ建つ. **2** (a)〔真〕菌類. (b)〔複数なし〕《話》(Hautpilz) 皮膚糸状菌(水虫など).

'Pilz·ver·gif·tung 女 -/-en きのこ中毒.

Pi'ment [piˈmɛnt] 男・中 -[e]s/-e 〈lat.〉〖料理〗ピメント, オールスパイス.

'Pim·mel [ˈpɪməl] 男 -s/- 《話》(Penis) ちんぼこ, おちんちん.

'pim·pe·lig [ˈpɪmpəlɪç] 形《侮》めそめそした, 泣き虫(弱虫)の.

'pim·peln [ˈpɪmpəln] 自動《侮》めそめそする(している).

Pimpf [pɪmpf] 男 -[e]s/-e **1** (a) (20 世紀初頭の青少年運動 Jugendbewegung の)最年少団員. (b) (ナチスの)少年団員. **2**〖戯〗(小さな)男の子; ひよっ子, 小僧っ子.

'pimp·lig [ˈpɪmplɪç] 形 =pimpelig

PIN〈略〉= Persönliche Identifikationsnummer (現金自動支払機の)暗証番号.

Pi·na·ko'thek [pinakoˈteːk] 女 -/-en 〈gr. pinax, Tafel'+theke, Behälter'〉絵画館. Alte〈Neue〉~ (ミュンヒェンの)新〈旧〉絵画館.

Pi'nas·se [piˈnasə] 女 -/-n 〈ndl.〉**1** (中型の)艦載ボート. **2** (船員)(17 世紀の)3 本マストの帆船.

'pin·ge·lig [ˈpɪŋəlɪç] 形《話》あまりにもきちんきちんと

Ping-pong ['pɪŋpɔŋ] 甲 -s/ (engl.) (Tischtennis) 卓球, ピンポン.

Pin·gu·in ['pɪŋguin, まれ - -'-] 男 -s/-e (fr.)《鳥》ペンギン.

Pi·nie ['pi:niə] 女 -/-n (lat.)《植物》かさまつ.

pink [pɪŋk] 形 (engl.)《不変化》ピンク(色)の.

Pink 甲 -/-s ピンク(色).

Pin·ke ['pɪŋkə] 女 -/《話》(とくに中部ドイツ・北ドイツ)銭, 金.

Pin·kel ['pɪŋkəl] 男 -s/-[s]《話》つまらない男. ein feiner ~ めかし屋.

pin·keln ['pɪŋkəln] 自《話》1 おしっこをする. 2《非人称的に》Es pinkelt. 小雨がぱらつく.

Pin·ke·pin·ke ['pɪŋkə'pɪŋkə] 女 -/ =Pinke

Pin·ne ['pɪnə] 女 -/-n 1《地方》(画鋲, ピン. 2 (船員)舵柄. 3 (羅針盤)の心軸, 芯棒. 4 (金槌の頭の)尖った先.

pin·nen ['pɪnən] 他 1《話》(A⁴ an〈auf〉B⁴ A⁴ を B⁴ に)ピンで留める. 2《医学》(nageln)(折れた骨を)釘(ボルト)で固定する.

Pinn·wand ['pɪn..] 女 -/-̈e (メモなどをピンでとめる)掲示板.

Pin·scher ['pɪnʃər] 男 -s/- ピンシャー(大種の名);《侮》取るに足りない人間, つまらないやつ.

Pin·sel¹ ['pɪnzəl] ピンゼル 男 -s/- (lat.) 1 (絵)筆, 画筆, 刷毛. (b)《比喩》筆遣い, 筆致. mit leichtem ~ 軽いタッチで. 2 (動物の耳や尾の)毛房. 3《話》(自動車の)アクセル. 4《卑》(Penis) 男根.

Pin·sel² 男 -s/-《話》馬鹿, 間抜け, うすのろ.

Pin·se·lei [pɪnzə'laɪ] 女 -/-en 1 (a)《複数なし》(長々と絵を描きつづけること, 下手な絵ばかり描くこと. (b) 下手くそな絵. 2《古》愚かなふるまい, 馬鹿なまね.

pin·seln ['pɪnzəln] 他 1 (絵筆で描く, ein Bild ~ 絵を描く.《目的語なしでも》an einem Aquarell ~ 水彩画を描く. 2 (a)《話》(壁などに)刷毛で色を塗る. (b) (患部に)薬を塗る. eine Wunde mit Jod ~ 傷にヨードを塗る. (c) die Lippen〈die Wimpern〉~《戯》口紅(マスカラ)を塗る. 3 (文字を)筆(刷毛)で書く. 4《話》(文字や文章を絵を描くように)たんねんに書く.

'Pin·sel·strich 男 -[e]s/-e 一筆, 一刷毛(色);《複数なし》筆遣い, 筆致.

'Pin·te ['pɪntə] 女 -/-n (fr.) 1《話》(Kneipe) 飲屋. 2 ピンテ(昔の液量単位, 一約 0.9 l).

'pin·xit ['pɪŋksɪt] (lat. , hat es gemalt')《略 p., pinx.》(画家の署名にそえて)…これを描と.

Pin'zet·te [pɪn'tsɛtə] 女 -/-n (fr.) ピンセット.

Pi·o'nier [pio'ni:r] 男 -s/-e (fr.) 1《軍事》工兵. 2 開拓者, 先駆者, パイオニア. 3 (旧東ドイツの)ピオニール団(員).

pi·pa·po [pipa'po:] 副《卑》(und so weiter) などなど.

Pi·pa·po 甲 -s/《卑》(付属する)あれやこれや, 一切合財.

'Pipe·line ['paɪplaɪn] 女 -/-s (engl.) パイプライン.

Pi·pet·te [pi'pɛtə] 女 -/-n (fr.)《化学》ピペット.

Pi·pi [pi'pi:] 甲 -s/《幼児》おしっこ. ~ machen おしっこをする.

Pips [pɪps] 男 -es/ 1 ピプス(鳥類の鼻腔の炎症あるいは病的な舌苔). 2 den ~ haben《話》風邪をひいている.

Pi'ran·ha [pi'ranja] 男 -[s]/-s (port.)《魚》ピラニア.

Pi'rat [pi'ra:t] 男 -en/-en (gr.) 海賊.

Pi'ra·ten·sen·der 男 -s/- 海賊放送局.

Pi·ra·te'rie [piratə'ri:] 女 -/-'ri:ən] 1《複数なし》海賊行為. 2 (船舶や航空機の乗っ取り, シー(ハイ)ジャック. 3《法制》中立国の船舶への攻撃.

Pi'ra·ya [pi'ra:ja] 男 -[s]/-s =Piranha

Pi'rol [pi'ro:l] 男 -s/-e (gr.)《鳥》こうらいうぐいす.

Pi·rou·et·te [piru'ɛtə] 女 -/-n (fr.)《仏語》1 (バレーやフィギュアスケートの)スピン, ピルエット. 2 (馬術の)ピルエット(後脚を軸とした円運動). 3 (体操の)きりもみ回転.

Pirsch [pɪrʃ] 女 -/《猟師》(獲物に忍び寄ってしとめる)忍び猟.

'pir·schen ['pɪrʃən] ❶ 自 (h, s)《猟師》(auf et⁴ 物を求めて)忍び猟に出る, (に)忍び寄る. 2 忍び込む. ❷ 再〈sich〉忍び込む.

Piss, °Piß [pɪs] 甲 -/《卑》(まれ) =Pisse

'Pis·se ['pɪsə] 女 -/《卑》小便.

'pis·sen ['pɪsən] 自 1《卑》小便をする, 小便をもらす. 2《非人称的に》《卑》Es pisst. びしゃびしゃ雨が降る.

Pis·soir [pɪsoˈaːr] 甲 -s/-e(-s) (fr.) 男性用公衆便所.

Pis·ta·zie [pɪs'ta:tsiə] 女 -/-n (pers.)《植物》ピスタチオ(の木, 実).

'Pis·te ['pɪstə] 女 -/-n (fr.) 1 (スキーの)滑走路, コース. 2 (オートレース・輪輪などの)競走路, サーキット. 3 (フェンシングの)試合場. 4 (飛行場の)滑走路. 5 (荒地などの)未舗装道路. 6 (サーカスの円形演技場や取巻く)周縁部, 縁囲い.

Pis'till [pɪs'tɪl] 甲 -s/-e (lat.) 1《薬学》乳棒. 2《植物》雌(ベ)しべ.

*'Pis'to·le¹ [pɪs'to:lə] ピストーレ 女 -/-n (tschech.) 1 ピストル, 拳銃. die ~ laden ピストルに弾をこめる. j⁴ auf ~n fordern 人⁴にピストルによる決闘を挑む. j³ die ~ auf die Brust setzen 人³の胸にピストルを突きつける;《話》人³に決闘を迫る. wie aus der ~ geschossen《話》即座に, たちどころに. 2《卑》陰茎.

Pis'to·le² 女 -/-n (fr.)《貨幣》ピストル(16-17 世紀のスペイン・フランスなどの金貨).

Pis'to·len·ta·sche 女 -/-n (携帯用の)拳銃ケース, ホルスター.

Pis'ton [pɪs'tõ, 'pɪstən] 甲 -s/-s (fr.) 1《工学》ピストン. 2《楽器》(a) (金管楽器の)バルブ, ピストン. (b) (Kornett) コルネット. 3《軍事》(前装銃などの)ピストン.

'pit·sche'nass ['pɪtʃə'nas] 形 =pitschnass

'pitsch'nass ['pɪtʃ'nas] 形《話》ずぶ濡れの, びしょびしょの.

'pitsch, 'patsch ['pɪtʃ 'patʃ] 間 Pitsch, patsch! ぴちゃぴちゃ, ぱちゃぱちゃ.

pit·to'resk [pɪto'rɛsk] 形 (fr.) 絵のような, 絵のように美しい.

'Piz·za ['pɪtsa] 女 -/-s(Pizzen[..tsən]) (it.)《料理》ピザ, ピッツァ.

Piz·ze'ria [pɪtse'riːa] 女 -/-s(..rien [..'riːən]) (it.) ピザハウス.

piz·zi'ca·to [pɪtsi'ka:to] 副 (it.)《略 pizz.》《音楽》ピチカート.

Piz·zi'ka·to [pɪtsi'ka:to] 甲 -s/-s(..ti[..ti])《音楽》ピチカートで演奏される楽句(楽節).

Pjöng'jang [pjœŋ'jaŋ]《地名》ピョンヤン, 平壌(朝鮮民主主義人民共和国の首都).

Pkt. 《略》=Punkt 1, 2, 4(b)

Pkw, PKW ['pe:ka:ve:, - -'-] 甲 -[s]/-[s]《略》=

pl. Personenkraftwagen

pl., Pl. ['plu:ra:l, plu'ra:l] 《略》=Plural

Pla'ce·bo [pla'tse:bo] 田 -s/-s 《*lat.* placebo , ich werde gefallen》《薬学》偽薬, 擬薬, プラシーボ.

°**pla'cie·ren** [pla'tsi:rən, ..'si:..] ↓ platzieren

'**pla·cken** ['plakən] 圓 (sich⁴) 《話》さんざん苦労する, 四苦八苦する.

'**Pla·cken** 男 -s/- 《地方》 1 《衣服の》しみ, 汚れ. 2 (Flicken) 接(ﾂｷﾞ)(当て). 3 (はがれたしっくいなどの)薄片.

Pla·cke'rei [plakə'raɪ] 囡 -/-en 《話》さんざんな苦労(骨折り).

'**plad·dern** ['pladərn] 圓《北ﾄﾞ》 1 (雨が)激しく音を立てて降る. Der Regen *pladdert* an〈gegen〉 die Fensterscheiben〈aufs Dach〉. 雨が激しく窓ガラス〈屋根〉を打つ. 2 《非人称的に》*Es pladdert*. 雨がざあざあ降る.

plä·die'ren [plɛ'di:rən] 圓 (*fr.*)《法制》 1 最終弁論(論告)を行う; für〈auf〉et⁴ 事⁴を論告(最終弁論)で求める. für〈auf〉 Freispruch〈schuldig〉 ~ 無罪(有罪)判決を求める. 2 (für et⁴ 事⁴を)弁護する, 支持する.

Plä·do'yer [plɛdoa'je:] 田 -s/-s (*fr.*) 1 《法制》(弁護士の)最終弁論; (検事の)論告. 2 意見(決意)表明演説.

Pla'fond [pla'fõ:] 男 -s/-s (*fr.*)《古》《ﾕｰﾏﾝ》 1 天井. 《演劇》(舞台で天井に見せ掛けるために固定される)画布の張られた枠組. 2 《経済》(累進課税や信用貸しなどの)上限, 最高(限度)額.

'**Pla·ge** ['pla:gə] 囡 -/-n 苦労, 骨折り, 難儀; 悩みの種. *seine* ~ *mit* et〈j〉³ *haben* 等〈人〉³のことで苦労する.

'**Pla·ge·geist** 男 -[e]s/-er《話》 (Quälgeist) しつこく物をねだって煩わしい思いをさせる人(とくに子供).

*'**pla·gen** ['pla:gən ﾌﾟﾗｰｹﾞﾝ] **❶** 囮 1 (頭痛・暑さ・空腹感などが人⁴を)苦しめる, 苦痛をひきおこす. 2 (人⁴に)煩わしい思いをさせる, (を)困らせる. Die Kinder *plagten* die Mutter, ihnen eine Geschichte zu erzählen. 子供たちはお話をしてくれとせがんでは母親を困らせた. 3 (良心や疑惑などが人⁴を)苛(ｻｲﾅ)む. **❷** 圓 (sich⁴) 苦労する, 悩まされる(mit et³ 物³に); あくせく働く.

Pla·gi'at [plagi'a:t] 田 -[e]s/-e (*fr.*) 剽窃(ﾋｮｳｾﾂ), 盗作; 剽窃(盗作)による作品.

Pla·gi'a·tor [plagi'a:tor] 男 -s/-en[..a'to:rən] 剽窃(ﾋｮｳｾﾂ)者, 盗作者.

pla·gi'ie·ren [plagi'i:rən] 圓⁴囮 (*lat.*) 剽窃(ﾋｮｳｾﾂ)する, 盗作する.

Plaid [pre:t, pleːd] 男(田) -s/-s (*engl.*) (ターﾀﾝﾁｪｯｸの)旅行用ひざ掛け; (大きなウールの)肩掛け.

*'**Pla·kat** [pla'ka:t ﾌﾟﾗｶｰﾄ] 田 -[e]s/-e (*ndl.*) (大判厚地の)張り紙, ポスター. ◆いわゆる「プラカード」の意味にない.

pla·ka'tie·ren [plaka'ti:rən] **❶** 囮 1 ポスターで知らせる. 2 《比喩》(新聞などが)派手に書立てる, 大きく取上げる. **❷** 圓 ポスターを貼る.

pla·ka'tiv [plaka'ti:f] 形 ポスターのような; 目立つ, 印象的な, どぎつい.

Pla·ka't·säu·le 囡 -/-n (Anschlagsäule) 広告塔(宣伝広告用のポスターなどを貼る柱).

Pla·ket·te [pla'kɛtə] 囡 -/-n (*fr.*) 1 バッジ. 2 記念メダル; (文字や模様のついた)金属板(家具や器具に飾りとして取付けられている).

plan [pla:n] 形《比較変化なし》(*lat.*) 1 平らな, 平坦な. 2 明快な, 平明な. 3《侮》平板な, 浅薄な, 一面的な.

Plan¹

[pla:n ﾌﾟﾗｰﾝ] 男 -[e]s/Pläne (*fr.*) 1 計画, プラン, 企画, 構想, 予定. einen ~ entwerfen 計画を立案する. Wir haben den ~, ein neues Auto zu kaufen. 私たちは新車を買う計画(予定)である. *Pläne machen*〈*schmieden*〉あれこれ計画を立てる(練る). (b) 計画表, スケジュール. 2 (建物・設備・装置などの)設計図, 図面. ein ~ zum neuen Rathaus 新しい市庁舎の設計図. et⁴〈zu et³〉 entwerfen 物⁴,³の設計図を書く, (を)設計する. 3 (都市・地域などの)地図. ein ~ *von Berlin* ベルリンの地図. ein Bus*plan* バス路線図.

Plan² 男 -[e]s/Pläne (*lat. planus*, eben, platt)《古》平らな土地; 平原, 草原; 芝生; 闘技場. 2 《次の用法で》 *auf dem* ~ *erscheinen* / *auf den* ~ *treten*《比喩》登場する, 姿を現す. j⁴ *auf den* ~ *rufen*《比喩》人⁴を呼出す, 登場させる. et⁴ *auf den* ~ *rufen*《比喩》事⁴(議論・反駁などを)呼び起こす. *auf dem* ~ *sein*《比喩》その場に居合せる.

Planck [plaŋk]《人名》 Max ~ マックス・プランク (1858–1947, ドイツの物理学者).

'**Pla·ne** ['pla:nə] 囡 -/-n (トラックの積荷などを被う(ｵｵ)), シート.

'**Plä·ne** ['plɛ:nə] Plan¹,² の複数.

*'**pla·nen** ['pla:nən ﾌﾟﾗｰﾈﾝ] 囮 計画する, 立案する, 企てる, もくろむ. neue Unternehmungen ~ 新しい事業を計画する. eine Reise nach Italien ~ イタリアへの旅行を考えている. Es lief alles wie *geplant*. すべて予定通り進行した.

*'**Pla·net** [pla'ne:t ﾌﾟﾗﾈｰﾄ] 男 -en/-en (*gr.*)《天文》惑星, 遊星.

pla·ne'tar [plane'ta:r] 形 = planetarisch

pla·ne'ta·risch [plane'ta:rɪʃ] 形《副詞的には用いない》《天文》惑星の, 惑星に関する. 2《まれ》地球的規模の.

Pla·ne·ta·ri·um [plane'ta:riom] [..'riən] 田 -s/..rien [..'riən] (↓ Planet) プラネタリウム.

Pla·ne·ten·bahn 囡 -/-en《天文》惑星の軌道.

Pla·ne·ten·ge·trie·be 田 -s/-《工学》遊星歯車装置.

Pla·ne·to'id [planeto'i:t] 男 -en/-en (*gr.* Planet + ..oid)《天文》 (Asteroid) 小惑星.

pla·nie·ren [pla'ni:rən] 囮 (*fr.*) (地面などを)平らにする, ならす; 地ならしする.

Pla·nier·rau·pe [pla'ni:r..] 囡 -/-n ブルドーザー.

Pla·ni·glob [plani'glo:p] 田 -s/-en (*lat.* planus , eben + globus , Kugel) 地球の半球平面図.

Pla·ni·glo·bi·um [plani'glo:biom] 田 -s/..bien [..'biən] = Planiglob

Pla·ni·me·ter [plani'me:tər] 田 -s/- (*lat.*)《幾何》プラニメーター, 面積計.

Pla·ni·me·trie [planime'tri:] 囡 -/《幾何》面積の測定; 平面幾何学.

'**Plan·ke** ['plaŋkə] 囡 -/-n (*lat.* , Brett) 1 厚板; 船板(船のデッキなどの床板など). 2 板囲い, 板塀; 《複数》(乗馬の障害競技で)障害板.

Plän·ke'lei [plɛŋkə'laɪ] 囡 -/-en = Geplänkel

'**plän·keln** ['plɛŋkəln] 圓 1《古》小競り合いをする. 2《比喩》(からかい半分に)言い争う.

Plank·ton ['plaŋktɔn] 甲 -s/ (*gr.*, Umherirrender') (集合的に)【生物】プランクトン.
plan·los ['pla:nlo:s] 形 無計画な, あてのない.
Plan·lo·sig·keit 女 -/ 無計画性, 計画性のなさ.
plan·mä·ßig ['pla:nmɛːsɪç プラーンメースィヒ] 形 計画通りの, 計画に基づいた; 時刻表(運行表)通りの; 計画的な, 組織的な. ～ vorgehen 計画通りに行動する. Die Maschine nach Rom ist ～ abgeflogen. ローマ行きの便は定刻に飛立った.
Plansch·be·cken ['planʃ..] 甲 -s/- (↓planschen) (浅い)子供用プール.
plan·schen ['planʃən] 自 (plantschen) 水をばしゃばしゃ跳ね飛ばして遊ぶ(子供などが).
Plan·spiel ['pla:n..] 甲 -[e]s/-e (↓Plan[1]) 図上演習(とくに軍事上の).
Plan·stel·le 女 -/-n (予算で認められた)正規のポスト(定員).
Plan·ta·ge [plan'ta:ʒə] 女 -/-n (*fr.*) (熱帯地方における)大規模農場, プランテーション.
plan·tschen ['plantʃən] 自 =planschen
Pla·num ['pla:nʊm] 甲 -s/ (*lat.*)【土木】(道路や鉄道軌道などの)施工基面.
Pla·nung ['pla:nʊŋ] 女 -/-en **1** 計画を立てること, 計画の策定, 立案, 企画. **2** (作成された)計画.
plan·voll 形 計画的な.
Plan·wa·gen 男 -s/- (↓Plane.) 幌馬車.
Plan·wirt·schaft 女 -/ (↓Plan[1])【経済】(↔Marktwirtschaft) 計画経済.
Plan·zeich·nen 甲 -s/ (↓Plan[1]) 平面図(地図)の作成.
Plap·pe·rei [plapə'raɪ] 女 -/-en 《複数まれ》《話》おしゃべり.
Plap·per·maul ['plapər..] 甲 -[e]s/-er 《話》おしゃべりな人.
plap·pern ['plapərn] 自 他 《話》(どうでもいいことを)ぺらぺらしゃべりまくる; (小さな子が)片言をしゃべる.
Plap·per·ta·sche ['plapər..] 女 -/-n 《話》 = Plappermaul
plär·ren ['plɛrən] 自 他 《話》 **1** わめく, がなりたてる. Das Radio *plärrt*. ラジオがやかましく鳴りひびいている. ein Lied ～ (下手な)歌をがなるように歌う. **2** ぎゃあぎゃあ泣きわめく(《とくに子供が).
Plä·san·te·rie [plezantə'riː] 女 -/-n [..'ri:ən] (*fr.*) 《古》冗談, 洒落.
Plä·sier [plɛ'ziːr] 甲 -s/-e(↑+ -s) (*fr.*) 《古》楽しみ.
Plä·sier·chen [plɛ'zi:rçən] 甲 -s/- (Pläsier の縮小形) ちょっとした楽しみ. Jedem Tierchen sein ～. 《諺》蓼(たで)食う虫も好きずき.
plä·sier·lich [plɛ'zi:rlɪç] 形 《古》楽しい, 愉快な, 面白い.
Plas·ma ['plasma] 甲 -s/..men [..mən] (*gr.*) **1**【生物】(Zytoplasma) 原形質. **2**【医学】(Blutplasma) 血漿. **3**【物理】プラズマ. **4**【鉱物】濃緑玉髄.
Plast [plast] 男 -[e]s/-e (*gr.*) 《地方》 =Plastik[2]
Plas·te ['plastə] 女 -/-n 《地方》 =Plast
Plas·tik[1] ['plastɪk プラスティク] 女 -/-en (*gr.* plastike (techne)、Kunst des Gestaltens') **1** 《複数なし》彫刻, 彫塑. **2** 彫像, 塑像. **3** 《複数なし》具象性, 具体性. **4**【医学】形成手術.
Plas·tik[2] 甲 -s/-s (*lat.*) 《ふつう無冠詞で》プラスチック.
Plas·tik·bom·be 女 -/-n プラスチック爆弾.
Plas·tik·tü·te 女 -/-n (買物を入れる)ビニール袋.
Plas·ti·lin [plasti'li:n] 甲 -s/ =Plastilina
Plas·ti·li·na [plasti'li:na] 女 -/ (*it.*) (工作用の着色)粘土.
*'**plas·tisch** ['plastɪʃ プラスティシュ] 形 (*gr.* plastikos, zum Gestalten gehörig') **1** 《述語的には用いない》彫刻の, 造形の. **2**【Kunst 造形美術. **2** 可塑性の. ～e Eigenschaft 可塑性. **3** 立体的な. ein ～er Film 立体映画. **4** 具体(象)的な. et[4] ～ darstellen 事[4]を具体的に述べる. **5**【医学】形成外科の. ～e Operation 形成手術. ～e Chirurgie 形成外科.
Plas·ti·zi·tät [plastitsi'tɛ:t] 女 -/ (描写などの)具象性; (絵画·写真などの)立体性; (素材の)可塑性.
Pla·ta·ne [pla'ta:nə] 女 -/-n (*gr.*)【植物】プラタナス.
Pla'teau [pla'to:] 甲 -s/-s (*fr.*, Hochebene') **1** 高原; 台地. **2** 山頂の平坦地. **3**【心理】(学習曲線の上昇が平坦になる)一時的停滞, プラトー.
'**Pla·tin** ['pla:ti:n, pla'ti:n] 甲 -s/ (*sp.*, Silberkörnchen')(《記号 Pt)【化学】プラチナ, 白金.
pla·ti·nie·ren [plati'ni:rən] 他 (物[4]に)プラチナ(白金)めっきする.
Pla·ti·tu·de [plati'ty:də] 女 -/-n =Plattitüde
°**Pla·ti·tü·de** ↑Plattitüde
'**Pla·to** ['pla:to] 《人名》=Platon
'**Pla·ton** ['pla:tɔn, pla'tɔn] 《人名》プラトン(前427-前347, 古代ギリシアの哲学者).
Pla·to·ni·ker [pla'to:nikər] 男 -s/- プラトン学派の哲学者, プラトン主義者.
pla·to·nisch [pla'to:nɪʃ] 形 《比較変化なし》 **1** プラトン哲学(主義)の, プラトン的な. **2** 精神的な, 霊的な. ～e Liebe プラトニックラブ. **3** 《反語》(観念的で)無内容な, (具体的な内容をもたず)空疎な. **4** ～e Körper【幾何】プラトンの多面体, 正多面体.
platsch [platʃ] 間 *Platsch!* びちゃ(ん), ばちゃ(ん), ばちゃ(ん), (水面を打ったり, 濡れたものが床に落ちる時の音).
'**plat·schen** ['platʃən] ❶ (h) びちゃ(ん)(ばちゃん)と音を立てる. *Platschend* fiel er ins Wasser. ばちゃんと彼は水に落ちた. (b) (s) 《an(auf/gegen)in》et[4] 物[4]にぶつかって音を立てる. Wellen *platschten* ans Ufer. 波がぴちゃぴちゃと岸に当った. **2** (h, s) 水の中でぴちゃぴちゃ(ちゃぷちゃぷ)と音を立てる. Die Kinder *platschten* in den Pfützen. 子供たちが水溜まりでぴちゃぴちゃと水遊びをした. **3** (s) (重いものが)どすん(どぶん)と落ちる. ❷ 《非人称》《地方》 *Es platscht*. 雨がざあざあと激しく降る.
*'**plät·schern** ['plɛtʃərn] 自 (h, s) (↓ platschen) **1** (h) (水が)ぴちゃぴちゃと音を立てる. Die defekte Wasserleitung hat die ganze Nacht *geplätschert*. 傷んだ箇所のある水道管が一晩中ぴちゃぴちゃ音を立てていた. (a) (水が)ぴちゃぴちゃと流れる(落ちる). Der Regen *plätschert* auf das Dach. 雨が屋根にぴちゃぴちゃ降っている. (b) 《比喩》《話》(おしゃべりが表面的なものになり)とりとめなく続く.
platt [plat] 形 **1** (flach) 平らな, 平べったい. auf dem ～en Lande 平地(低地)で. sich[4] ～ auf die Erde legen 地面にぺたっと寝そべる. Sie ist ～ wie ein |Bügel|brett. 《話》彼女の胸はぺしゃんこだ(アイロン台のように). Da bin ich ～. 《比喩》《話》こりゃたまげた(びっくりした). 《名詞的用法で》Wir hatten an der Autobahn einen *Platten* (einen ～en Reifen の意). ぼくらの車はアウトバーンでパンクしてしまった. **2** 平凡な, 月並な. ～e Redensarten 平凡な決り文句. ein

Platt

~es Buch つまらない〈低俗な〉本. **3**《付加語的用法のみ》全くの, 純然たる. Das ist ~er Wahnsinn〈eine ~e Lüge〉. それは全くの気違い沙汰〈真っ赤な嘘(さ)〉だ.

Platt [plat] 田－[s]／低地ドイツ語;《中部ヅ・北ヅ》方言.

'**Plätt-brett** ['plɛt..] 田－[e]s/-er アイロン台.

'**Plätt-chen** ['plɛtçən] 田－s/－《Platte の縮小形》↑Platte¹

'**platt-deutsch** ['platdɔytʃ] 形 (niederdeutsch) 低地ドイツ語の.

***Plat-te**¹ ['platə プラテ] 囡 -/-n (↓ platt) **1** (木・石・金属・ガラスなどの)板, プレート, パネル, タイル. Der Fußboden ist mit bunten ~n belegt. 床には彩色タイルがはられている. **2** (a) (料理を盛るための)浅い皿. (b) 浅い皿にのせた料理. gemischte〈kalte〉～ ハム・ソーセージ・冷肉などの盛合せ料理. **3** (Schallplatte) レコード, ディスク. immer dieselbe〈die gleiche/die alte〉~ ablaufen lassen《話》いつも同じ話ばかりしている. eine neue〈andere〉~ auflegen《話》話題を変える. et⁴ auf der ~ haben《話》事ができる, (を)よく知っている. Die ~ kenne ich schon.《話》その話ならもう知っている. **4** (Magnetplatte) (データ記憶用)磁気ディスク. **5** (Herd-, Kochplatte) ホットプレート. **6** (Tischplatte) (机・テーブルの)上面板, 甲板. **7** (Grabplatte, Gedenkplatte) (墓の)平石, (記念碑の)銘板. eine ~ anlegen 記念のプレートを取付ける. **8**《印刷》(Druckplatte) 版.《写真》乾板. j⁴ auf die ~ bannen 人⁴を写真にとる. Das kommt nicht auf die ~.《比喩》そんなことは問題にならない, そんなことはごめんだ. **10**《登山》なめらかな1枚岩, スラブ, 岩棚; 台地, 高原. **11**《地質》プレート(プレート・テクトニクスで想定されている剛体としての岩板). **12**《貨幣》刻印前の貨幣用地金. **13** (Gaumenplatte) 義歯床. **14**《俗》悪党. **15** (Glatze) はげ頭. eine ~ haben 頭がはげている.

'**Plat-te**² 囡 -/-n (hebr., Flucht')《次の成句でのみ》《話》~ putzen (こっそり)逃げ出す.

'**Plat-te** ['plɛtə] 囡 -/-n **1**《中部ヅ・北ヅ》アイロン. **2**《南ヅ》平底船.

'**Plätt-ei-sen** 匣 -s/- (Bügeleisen) アイロン.

plät-ten ['plɛtən] 他 (↓ platt) **1**《北ヅ・中部ヅ》(物')にアイロンをかける.《過去分詞》geplättet sein《話》驚きあきれる. Da war ich geplättet.《話》あの時はほんとうにたまげてしまった(驚いて). **2** (庭園内の道などに)敷石を敷きつめる.

Plat-ten-spie-ler 男 -s/- レコードプレーヤー.

plat-ter'dings ['platɐʳdɪŋs] 副《話》全く, 絶対に. Das ist ~ unmöglich. そんなことは絶対に不可能だ.

Plät-te'rei [plɛtə'raɪ] 囡 -/-en **1**《複数なし》(いつまでも続く厄介な)アイロン掛け. **2** (洗濯物の)プレス専門店.

Platt-fisch 男 -[e]s/-e かれい類の魚(かれい・ひらめなど).

'**Platt-form** ['platfɔrm] 囡 -/-en (fr. plate-forme) **1** (塔の上などの)展望台; 演壇. **2** (旧式バス・電車の)デッキ, 立ち席. **3**《比喩》(行動や思考などの)基盤, 出発点. **4**《ﾏヅ》(堅い)飛込台.

Platt-fuß 男 -es/⁼e 扁平足;《複数なし》《話》パンクしたくぺしゃんこの)タイヤ.

'**Platt-heit** 囡 -/-en **1**《複数なし》浅薄, 平凡, 陳腐. **2** 月並な表現(言葉), 陳腐な言回し.

plat'tie-ren [pla'tiːrən] 他 (↓ Platte¹ 1)《工学》(金属に)めっきする. **2**《紡織》(糸に)別の糸(色ことなる糸)をより合せる.

Plat-ti'tü-de [plati'tyːdə] 囡 -/-n (fr.) 月並な表現, 陳腐な言回し.

'**Platt-stich** 男 -[e]s/-e《手芸》平ぬい, フラットステッチ.

Platz

[plats プラッツ] 男 -es/Plätze **1** 広場; 土地, 用地. Bau*platz* 建築用地. länglicher ~ 細長い土地. Die Kinder spielen auf dem Platz vor dem Haus. 子供たちは家の前の広場で遊んでいる. **2** 競技場, 運動場, コート. Sport*platz* 競技(運動)場. Tennis*platz* テニスコート. j⁴《wegen eines Fouls》vom ~ verweisen 人⁴を(反則のために)退場させる. **3** 場, 場所; 居場所, 所在地. fester ~ 要塞. die wichtigsten *Plätze* des Buchhandels〈für den Buchhandel〉書籍(出版)業の中心地. in et¹ ke'nen ~ haben〈finden〉事¹になじめない. et⁴ ab ~ ⟨vom ~ weg⟩verkaufen 物⁴を直売する. das beste Geschäft am ~ [rechten] ~ sein その場にふさわしい. an seinem ~ しかるべき場所に. fehl〈nicht〉am ~ [-e] sein その場にふさわしくない, 間違ってある. Auf die *Plätze*, fertig, los!《スヅ》位置について, 用意, どん. Mein ~ ist bei meiner Familie. (家族を守るために)家庭にいるのが私のつとめだ. Jeder möchte einen ~ an der Sonne haben. 誰でも日の当る場所にいたいものだ. **4** 席, 座席. einen ~ belegen 席を確保する. ~ neh'men 席につく, 座る. Bitte, behalten Sie doch ~ どうぞ, 席のままで下さい. Ist dieser ~ noch frei? この席はまだ空(あ)いていますか. Ich habe im Theater meinen festen ~. 私は劇場に定席(じ)を持っている. **5**《複数なし》空間, 余地. ~ [für et⁴] [frei] lassen (物⁴のための)場所をあける. ~ greifen《比喩》場所を (はびこる, はびこる. [j⁴] ~ machen (人³のために)場所をあける, 席を譲る. Der Saal hat〈bietet〉~ für 500 Personen. このホールは500人収容できる. Der Schrank nimmt viel ~ ein. この戸棚は場所をとる. Hier ist kein ~ mehr für Bücher. ここにはもう本はいらない. ~ da! どいたどいた. **6** 地位, ポスト. sei'nen ~ behaupten 自分の地位を守る. den ersten ~ einnehmen トップの座につく. Die neue Frau hat ihn von seinem ~ verdrängt. 新しく来た女性に彼はそのポストを追われた. **7** 順位, 席次, 着順. den ersten ~ belegen 第1位を占める. auf ~ wetten 連勝式馬券を買う. j⁴ auf die *Plätze* verweisen 人⁴を押しのけて勝つ.

'**Platz-angst** 囡 -/《心理学・医学》広場恐怖(症);《話》閉所や人が密集している室内で感じる不安(恐怖感).

'**Platz-an-wei-ser** 男 -s/- (劇場や映画館などの)座席案内係. ♦ 女性形 Platzanweiserin 囡 -/-nen

'**Plätz-chen** ['plɛtsçən] 匣 -s/-《Platz の縮小形》**1** 小さい場所(広場). **2**《地方》(a) 小さな平たいビスケット(クッキー). (b) 小さな平たい円形のキャンディー.

'**Plat-ze** ['platsə] 囡《地方》《成句で》 die ~ krie'gen/sich³ die ~ [an den Hals] ärgern 激怒する. ~ schieben《狼狽》怒りで顔を真っ赤にする.

'**Plät-ze** ['plɛtsə] Platz の複数.

***plat-zen** ['platsən プラッツェン] 自 (s) **1** 破裂する, 割れる, ほころびる. Die Bombe ist *geplatzt*. 爆弾が破裂した. Ein Reifen *platzte*. タイヤがパンクした. Wenn ich noch einen Bissen esse, *platze* ich. これ以上ひとくちでも食べると僕はパンクするよ. Mir platzt die Blase!《話》おしっこがもれそうだ。　Er *platzt* aus allen Nähten.《比喩》《話》彼ははち切れそうに太っている。**2** 突然駄目(中止)になる、ポシャる。　Die Reise ist *geplatzt*. 旅行は取りやめになった。　einen Wechsel ～ lassen 手形を不渡りにする。　Wenn das passiert, bin ich *geplatzt*. そんなことが起ったら私はおしまいだ。**3** ばれる、露見する。**4** vor Wut〈Gesundheit〉～《話》怒りを爆発させる、激怒する〈健康ではち切れそうである〉。**5**《話》不意に訪れる、突然入りこむ。　Ein unangenehmer Besuch *platzte* uns ins Haus. 歓迎されない客が突然我が家にやって来た。　Er *platzte* in die Besprechung. 彼は話合いに割込んで来た。

plat·zen² (*sich*⁴)(↓ Platz)《話》座る。

plät·zen ['plɛtsən] 自 **1**《地方》ぱちんとたたく、ぱんと撃つ。**2**《猟師》(鹿などが)前足で地面を引っ搔く。

plat·zie·ren [pla'tsiːrən] (*fr*.) ❶ 他《地方》(人〈物〉を)置く、据える、配置(配備)する；(人に)席(場所)を指示する。　die Kommode in die Ecke ～ たんすをコーナーに置く。　Er *platzierte* seinen Besucher in einen Sessel. 彼は客を肘掛け椅子に座らせた。**2**《球技》(ボールをねらった所に)打つ、投げる、シュートする。《ボクシング》(パンチをねらった所に)命中させる。　ein *platzierter* Schuss〈Schlag〉ねらい定めたシュート〈ヒットしたパンチ〉。**3**《敬》(人⁴を)宿泊させる。**4**《商業》(anlegen) 投資する。**5**《経済》(商品・有価証券などを)売却する、処分する。
❷ 再 (*sich*⁴) **1**《戯》座る、席に着く。**2**(競技などで)入賞する。　*sich* gut ～ 上位に入賞する。

Plat·zie·rung 女 -/-en **1** 配置；着席。**2**《競技》入賞。

'Platz·kar·te 女 -/-n (列車の)座席指定券；(食堂車の)座席予約券。

'Platz·man·gel 男 -s/ 座席(場所)の不足。

'Platz·pa·tro·ne 女 -/-n (↓ platzen)空包《女》(発射音だけの弾丸)。

'Platz·re·gen 男 -s/-(激しい)にわか雨、通り雨。

'platz·spa·rend 形 (家具などが場所をとらない、省スペースの。　◆ Platz sparend とも書く。

'Platz·ver·weis 男 -es/-e《スポーツ》退場処分。

'Platz·wech·sel 男 -s/-《球技》コートチェンジ、サイドチェンジ。

'Platz·wun·de 女 -/-n 裂傷。

Plau·de·rei [plaʊdəˈraɪ] 女 -/-en **1** おしゃべり、雑談。**2** (新聞などの)漫筆、雑文。

'Plau·de·rer ['plaʊdərər] 男 -s/- 話し上手な人；おしゃべり、口の軽い人。

'Plau·de·rin ['plaʊdərɪn] 女 -/-nen Plauderer の女性形。

'plau·dern ['plaʊdərn] ブラオダーン 自 **1** おしゃべり(雑談)をする、気楽に(楽しく)話をする(mit j³ j³と)。**2** しゃべって秘密をもらす。　aus der Schule ～ 内情をもらす。

'Plau·der·stünd·chen ['plaʊdər..] 中 -s/- おしゃべりの時間。

'Plau·der·ta·sche 女 -/-n《戯》おしゃべりな人(とくに女性)、口の軽い人。

'Plau·der·ton 男 -[e]s/ 雑談調、くだけた話しぶり。　im ～ 雑談調で。

'Plaud·rer ['plaʊdrər] 男 -s/- =Plauderer

'Plaud·re·rin ['plaʊdrərɪn] 女 -/-nen =Plauderin

Plausch [plaʊʃ] 男 -[e]s/-e《複数まれ》《南ドイツ・オーストリア》(くつろいだ)雑談、おしゃべり。

'plau·schen ['plaʊʃən] 自 **1**《南ドイツ・オーストリア》(親しい仲間内で)くつろいだおしゃべりをする、気楽に歓談する。**2**《オーストリア》(a) おしゃべりをして秘密を漏らす。(b) 嘘をつく、大袈裟に言う、誇張する。

plau·si·bel [plaʊˈziːbəl] 形 (*lat*.) 納得のできる、もっともな。　j³ et⁴ ～ machen 人⁴に事⁴を納得させる(理解させる)。

plauz [plaʊts] 間 *Plauz*! どしん、ばたん(物が倒れたりぶつかったりした時の音)。

Plauz [plaʊts] 男 -es/-e《話》(物が倒れたりぶつかったりした時の)どしん、ばたんという音。　mit ～ どしん(ばたん)という音をたてて。　einen ～ machen《幼児》転ぶ、倒れる。

'Play-back ['plebɛk] 中 -/-s (*engl*.)《映画・テレビ》プレイバック(録音・録画の再生)。　◆ Playback とも書く。

'Play·boy ['pleːbɔʏ] 男 -s/-s (*engl*.) プレーボーイ。

Pla·zen·ta [plaˈtsɛnta] 女 -/-s(..ten/..tɜn)(*lat*.) **1**《医学・生物》(Mutterkuchen) 胎盤。**2**《植物》胎座。

'Pla·zet ['plaːtsɛt] 中 -s/-s (*lat*.) 同意、承認、許可。

'pla·zie·ren [plaˈtsiːrən] ↑ platzieren

Ple·be·jer [pleˈbeːjər] 男 -s/- (*lat*. plebs) **1** (古代ローマの)平民、プレブス。**2**《侮》粗野な人、無教養な人間。

ple·be·jisch [pleˈbeːjɪʃ] 形 **1** (古代ローマで)平民の。**2** 粗野な、無教養な。

Ple·bis·zit [plebɪsˈtsiːt] 中 -[e]s/-e (*lat*. plebs)《政治》国民(住民)投票。

Plebs [plɛps, pleːps] (*lat*. plebs, Bürgerstand) ❶ 男 -es/ (古代ローマの)平民、プレブス。❷ 女 -/ (軽蔑) 愚民、無教養な民衆。

Plei·nair [plɛˈnɛːr] 中 -s/-s (*fr*.) **1**《複数なし》(Freilichtmalerei) 外光派絵画。**2** 外光派の絵。

Pleis·to·zän [plaɪstoˈtsɛːn] 中 -s/ (*gr*.)《地質》(Eiszeitalter)(新生代第 4 紀のうちの)更新世、洪積世。

'plei·te ['plaɪtə] 形 (↑ Pleite)《話》《述語的の用法のみ》～ sein 破産している；文無しである。　～ werden 破産する。

'Plei·te ['plaɪtə] 女 -/-n (*hebr*.)《話》**1** 破産。　～〈*pleite*〉gehen / ～ machen 破産する。**2**《比喩》失敗、挫折。

'Plei·te·gei·er 男 -s/《話》破産が迫っているのを告げる禿鷹。

'Ple·ja·den [pleˈjaːdən] 複 **1**《ギリシャ神話》プレイアデス(Atlas の 7 人の娘たち)。**2** die ～《天文》プレヤデス星団、すばる。

'Plem·pe ['plɛmpə] 女 -/-n (↓ plempern) **1**《複数なし》《話》水っぽい(まずい)飲物。**2**《兵隊》銃剣、なまくらのサーベル。

'plem·pern ['plɛmpərn]《話》❶ 他《地方》(液体を)(少しずつ・いたずらに)流す。❷ 自 いたずらに(つまらないことをして)時を過ごす、ぶらぶら時を過ごす。

'plem|plem [plɛm|plɛm]《話》《付加語的には用いない》(verrückt) 頭がいかれている、気の狂った。

Ple·nar·sit·zung [pleˈnaːr..] 女 -/-en (*lat*.)(↑ Plenum) 総会、全体会議。

Ple·nar·ver·samm·lung 女 -/-en 全員集会。

'Ple·num ['pleːnʊm] 中 -s/..nen[..nən] (*lat*. plenus, voll) ～ 総会、全体集会。

Ple·o·chro'is·mus [pleokroˈɪsmʊs] 男 -/ (*gr*.)(結晶の)多色性。

Ple·o·nas·mus [pleoˈnasmʊs] 男 -/..men[..mən]

ple·o·nas·tisch [pleo'nastɪʃ] 形《比較変化なし》《修辞》冗語(法)的な.

'Pleu·el ['plɔyəl] 男 -s/- =Pleuelstange

'Pleu·el·stan·ge 女 -/-n 《工学》(ピストンとクランクシャフトとをつなぐ)連接棒.

'Pleu·ra ['plɔyra] 女 -/..ren [..rən] (gr.)《解剖》(Brustfell) 胸膜.

Pleu'reu·se [plø'rø:zə] 女 -/-n (fr.) **1**《古》(a)(18世紀において)婦人の着る喪服のショール. (b)(衣服に付ける)喪章. **2** (1900頃の)婦人帽に付けた長い駝鳥(だちょう)の羽根飾り.

Pleu'ri·tis [plɔy'ri:tɪs] 女 -/..tiden [..ri'ti:dən] (gr.)《医学》(Brustfellentzündung) 胸膜炎.

'Ple·xi·glas ['plɛksɪgla:s] 中 -es/- (lat. plexus, Geflecht'+Glas)《商標》プレキシガラス(アクリル樹脂のガラス).

Pli [pli:] 中 -s/- (fr.)《地方》如才なさ;(立ち居振舞の)洗練.

Plicht [plɪçt] 女 -/-en《海事》(ヨット・モーターボートなどの無蓋の)操舵席, コックピット.

'Plin·se ['plɪnzə] 女 -/-n (slaw.)《地方》**1** パンケーキ. **2** ポテトパンケーキ.

Plis'see [plɪ'se:] 中 -s/-s (fr.)《服飾》プリーツ, 襞(ひだ). Rock mit ~ プリーツスカート.

Plis'see·rock 男 -[e]s/~e プリーツスカート.

plis'sie·ren [plɪ'si:rən] 他 (物に)襞(ひだ)をつける. einen Rock ~ スカートに襞(プリーツ)をつける.

PLO [pe:|ɛl'|o:] 女 -/《略》=Palestine Liberation Organization パレスチナ解放機構.

'Plom·be ['plɔmbə] 女 -/-n (fr. plomb, Blei)**1** (コンテナなどに施される)鉛の封印. **2**《歯学》充填(じゅうてん)物(材).

plom·bie·ren [plɔm'bi:rən] 他 (fr.) (物に)鉛で封印する. einen Zahn ~《話》歯に充填(じゅうてん)する(詰め物をする.

Plot [plɔt] 男(中) -s/-s (engl.) **1**《文学》(小説・戯曲などの)筋, プロット. **2**《コンピュ》プロット(プロッタを用いた作図).

'Plot·ter ['plɔtər] 男 -s/-《コンピュ》プロッタ(コンピュータによる作図装置).

'Plöt·ze ['plœtsə] 女 -/-n (slaw.)《魚》あかはら, 銅色うぐい(こい科の淡水魚).

plötz·lich ['plœtslɪç] プレツリッヒ ❶ 形 突然の, 不意の, 急な. ein ~es Geschehen 突然の出来事. ❷ 副 突然, 不意に, 急に. Plötzlich zog er einen Revolver. 突然彼は拳銃を抜いた. Das kommt mir alles zu ~. すべて私には余りにも思いがけないことだった. Ein bisschen〈Etwas〉 ~!

'Plötz·lich·keit 女 -/《雅》突然な(急な)こと, 突発性.

'Plu·der·ho·se ['plu:dər..] 女 -/-n トランクホーズ(近世に用いられた膝下または足首で縛るだぶだぶのズボン).

'plu·dern ['plu:dərn] 他 (衣服などが)だぶだぶである.

'Plum·bum ['plʊmbʊm] 中 -s/ (lat.)《記号 Pb》《化学》鉛.

Plu'meau [ply'mo:] 中 -s/-s (fr.) (Federbett) 羽布団.

plump [plʊmp] 形 **1** (手足・体つきなどが)(太くて)不格好な. **2** (歩き方・動きなどが)鈍重な, もたもたした, 不器用な, ぎこちない.《比喩》指が mit ~en Fingern 不器用な指で. eine ~e Lüge〈Falle〉見え透いた嘘(うそ)〈罠(わな)〉. **3** 厚かましい, 粗野な, がさつな.

▶ plumpvertraulich

'plum·pen ['plʊmpən] 自《東中部で・北ドイツ》=pumpen¹

'Plump·heit 女 -/-en **1** 《複数なし》不格好, 粗野(そや); 鈍重さ, 不器用さ, ぎこちなさ. **2** 粗野な(見透いた)言動(態度).

plumps [plʊmps] 間 Plumps! どすん, ずしん(重い物が落下・転倒する音); どぼん(水中に落ちる音).

Plumps [plʊmps] 男 -es/-e《話》**1** どすんと落下(転倒)すること. **2** がしん, どぼんという音.

'plump·sen ['plʊmpsən] 自 (s, h) (↓ plumps)《話》**1** (s) どすんと落ちる(倒れる); どぼんと落ちる(水中へ). **2** (h)《非人称的に》どすんという(落ちる, 倒れる)音がする. als er fiel, hat es richtig geplumpst. 彼が落ちた時, 本当にどすんという音がした.

'plump·ver·trau·lich 形 厚かましくも馴れ馴れしい

'Plun·der ['plʊndər] 男 -s/《複数なし》**1** がらくた, ぼろ, くだらない物(事). **2** (Plunderteig) ペースト入りのパン菓子の生地; (イースト入りの生地を焼いた)パン菓子.

'Plün·de·rer ['plʏndərər] 男 -s/- 略奪者.

'plün·dern ['plʏndərn] 他 (↓ Plunder) (物から)奪い取る, 略奪する; 荒らす. ein Geschäft ~ 店を荒らす. ein Buch〈einen Schriftsteller〉 ~ ある(ある作家のもの)を剽窃(ひょうせつ)する. den Weihnachtsbaum ~《戯》クリスマスツリーにつり下げた菓子を残らず取って(食べて)しまう. den Kühlschrank ~《話》冷蔵庫の中味を食いつくす. sein Sparkonto ~《戯》預金を一度に使い果たす.

'Plün·de·rung 女 -/-en 略奪, 強奪.

Plur.《略》=Plural

'Plu·ral ['plu:ra:l, plu'ra:l] 男 -s/-e (lat.)《略 pl. Pl., Plur.》《文法》複数.

Plu·ra·le'tan·tum [plura:lə'tantʊm] 中 -s/-s (..liatantum [..lia..]) (lat. pluralis ,Mehrzahl'+tantum ,nur')《文法》(↔ Singularetantum) 絶対複数(複数形でのみ用いられる名詞, 例 Leute, Kosten).

plu·ra·lisch [plu'ra:lɪʃ] 形《文法》複数(形)の.

Plu·ra'lis·mus [plura'lɪsmʊs] 男 -/ **1**《哲学》多元論. **2**《政治・社会学》多元性(1つの社会の中に国家内に混在している見解・関心・生活様式などの多様性のこと); 多元主義(論).

plu·ra'lis·tisch [plura'lɪstɪʃ] 形《比較変化なし》《社会学・政治》多元的な; 多元主義(論)の.

Plu·ra·li'tät [plurali'tɛ:t] 女 -/ (lat.) 複数(多数)であること; 多元性, 多様性.

plus [plʊs] (lat. ,mehr') (↔ minus) ❶ 接《記号 +》《数学》プラス, 足す. 6 − 2 ist〈macht/gibt〉 8. 6足す2は8, 6+2=8. ❷ 副《記号 +》プラス, 正. Es sind heute ~ 10 Grad〈10 Grad ~〉. 今日の気温は10度である. Der Strom fließt von ~ nach minus. 電流はプラスからマイナスに流れる. ❸ 前《3格支配》 ~を加えて.

Plus [plʊs] 中 -/ (↔ Minus) **1** 超過, 過剰;《商業》利益, 儲け, 黒字. **2** 利点, 長所, プラス面.

Plüsch [plʏʃ, ply:ʃ] 男 -[e]s/-e (fr.)《紡織》プラッシュ, フラシ天(毛足の長い一種のビロード).

'Plus·pol 男 -s/-e《電気》陽極, プラス極.

'Plus·punkt 男 -[e]s/-e (↔ Minuspunkt) プラスの得点;《比喩》利点, 長所.

'Plus·quam·per·fekt ['plʊskvampɛrfɛkt] 中 -s/-e (lat. ,mehr als vollendet')《文法》過去完了

(形).

plus·tern ['pluːstərn] ❶ 他 (鳥が羽毛を逆立る. ❷ (sich⁴) 1 羽毛を逆立てる. 2《比喩》(まれ) 威張る, もったいぶる.

Plus-zei·chen 中 -s/- 〘記号 +〙プラス記号.

Plu·to ['pluːto] 男 -/ der 〘天文〙冥王星. ❷〘人名〙〘神話〙プルートー (黄泉(ﾖﾐ)の国の神 Hades の別名).

Plu·to·kra·tie [plutokra'tiː] 女 -/-n[..'tiːən] (gr. plutos, Reichtum') 1《複数なし》金権政治. 2 金権政治国家.

plu·to·nisch [plu'toːnɪʃ] 形 1〘神話〙冥界の. 2〘地質〙深成の. ～es Gestein 深成岩.

Plu·to·nis·mus [pluto'nɪsmʊs] 男 -/ (↓Pluto) 〘地質〙1 深成活動. 2 (18-19 世紀の) 岩石火成論.

Plu·to·ni·um [plu'toːniom] 中 -s/ (↓Pluto) 〘記号 Pu〙〘化学〙プルトニウム.

Plu·vi·o·me·ter [pluvio'meːtər] 中 -s/- (lat. pluvia, Regen') 〘気象〙雨量計.

PLZ〘略〙=Postleitzahl

Pm〘記号〙〘化学〙=Promethium

p. m.〘略〙1 =pro mille 2 =pro memoria 3 = post meridiem 4 =post mortem

Pneu [pnɔʏ] 男 -s/-s 1 (Pneumatik ①) 空気タイヤ. 2〘隠〙〘医学〙(Pneumothorax) 気胸.

Pneu·ma ['pnɔʏma] 中 -s/ (gr. pneuma, Atem, Hauch') 1〘神学〙霊, 聖霊, 神の霊. 2〘哲学〙(ストア主義で生命の原理を意味する)プネウマ, 霊性, 霊気.

Pneu·ma·tik [pnɔʏ'maːtɪk] 男 -s/-s (ｵｰｽﾄﾘｱ) -/-en (古)〘ﾄﾞｲﾂ･ｵｰｽﾄﾘｱ〙 ❶ 空気タイヤ, ニューマチック・タイヤ (通常のタイヤのこと). ❷ 女 -/ 1〘物理〙気体(力)学. 2〘工学〙気体圧搾装置, (オルガンの)送風装置.

pneu·ma·tisch [pnɔʏ'maːtɪʃ] 形《比較変化なし》1〘哲学〙プネウマの. 2〘神学〙聖霊に満たされた. 3〘工学〙空気(気体)による, 圧縮空気(による)の, 空気を含む. ～e Bremsen エアブレーキ. die ～ Kammer〘医学〙気療室. 4〘生物〙含気性の. ～e Knochen 含気骨.

Pneu·mo·nie [pnɔʏmo'niː] 女 -/-n[..'niːən] (gr. pneumon, Lunge')〘医学〙(Lungenentzündung) 肺炎.

Pneu·mo·tho·rax [pnɔʏmo'toːraks] 男 -[es]/- (gr.)〘医学〙(Gasbrust) 気胸.

Po¹〘記号〙〘化学〙=Polonium

Po² [poː] 男 -s/-s〘話〙(Popo) お尻 (とくに子供の).

Pö·bel ['pøːbəl] 男 -s/ (fr.)〘侮〙賤民, 下層民; 暴民.

pö·bel·haft 形《比較変化なし》下層民のような, 粗野な, 野卑な. ～es Benehmen 野卑なふるまい.

Pö·bel·herr·schaft 女 -/〘侮〙衆愚政治.

pö·beln ['pøːbəln] 自〘話〙無礼な口をきく.

Poch [pɔx] 中 -[s]/〘話〙(↓pochen) ポッホ (賭けをして遊ぶポーカーによく似たカードゲーム).

'po·chen ['pɔxən] ❶ 自〘雅〙1 (klopfen) とんとんたたく, ノックする. an die Tür ～ ドアをノックする.《非人称的に》Es pocht. ノックする音が聞こえる. 2 (klopfen) (心臓が)鼓動する, (脈が)打つ. Die Schläfen pochten. こめかみがずきずきした. pochenden Herzens 胸をどきどきさせながら. 3《比喩》(auf et⁴ 事⁴を) 強く主張する, 固執する; 自慢する. auf sein Recht ～ 自分の権利を強く主張する.

❷ 他 1〘雅〙(klopfen) たたく, 打つ. j⁴ aus dem Bett ～ ノックして人⁴を起す. einen Nagel in die Wand ～ 壁に釘を打ちこむ. 2 (zerklopfen) 打ち砕く, たたき割る; ぶん殴る. Erz ～ 鉱石を粉砕する. 3〘遊戯〙ポッホをする (↑Poch).

po'chie·ren [pɔ'ʃiːrən] 他 (fr.)〘料理〙(魚などを) 弱火でゆっくり煮る; (卵を)軽くゆでる, ポーチする. po-chierte Eier ポーチドエッグ, 落し卵.

'Poch·spiel 中 -[e]s/-e =Poch

'Poch·werk 中 -[e]s/-e〘冶金〙スタンプミル, 砕鉱機, 搗(ﾂｷ)鉱機.

'Po·cke ['pɔkə] 女 -/-n〘医学〙1《複数で》天然痘, 疱瘡. 2 (天然痘などによる)水疱, 膿疱(ﾉｳﾎｳ), あばた.

'Po·cken·imp·fung 女 -/-en〘医学〙天然痘予防接種, 種痘.

'Po·cken·nar·be 女 -/-n《多く複数で》〘医学〙痘痕, あばた.

'po·cken·nar·big 形 痘痕(あばた)のある. ～es Gesicht あばた面.

'po·co ['pɔko, 'poːko] 副 (it.)〘音楽〙ポーコ, 少し. ～ a ～ ポーコ・ア・ポーコ (少しずつ, 次第に).

'Po·da·gra ['poːdagra] 中 -s/ (gr.)〘病理〙足部痛風 (とくに痛風).

Po'dest [po'dɛst] 中 (男) -[e]s/-e (lat.) (↑Podium) 1 (Treppenabsatz) (階段の)踊り場. 2 (小さな壇, 台 (表彰台など). auf ein ～ steigen 台に上がる. j⁴ auf ein ～ stellen 〈heben〉《比喩》人⁴を (必要以上に)崇(ｱｶﾞ)め奉る, 持上げる.

'Po·dex ['poːdɛks] 男 -[es]/-e (lat., Gesäß')〘戯〙(子供にに向かって)お尻.

'Po·di·um ['poːdiʊm] 中 -s/..dien[..diən] (gr. podion, Füßchen') 1 (劇場外に設置される)小舞台. 2 壇(演壇・教壇など); 指揮台. 3〘建築〙(神殿などの基礎部分となる)台座.

'Po·di·ums·ge·spräch 中 -[e]s/-e パネルディスカッション.

Po'em [po'eːm] 中 -s/-e (gr.)〘古〙《反語》詩, 詩歌.

Po·e·sie [poe'ziː] 女 -/-n[..'ziːən] (fr.) 1《複数なし》文芸. 2 (↔Prosa) 詩, 韻文. 3《比喩》《複数なし》詩趣, 詩情.

Po·e·sie·al·bum 中 -s/..ben[..bən] (友情の記念として詩や格言が書かれた)寄せ書き帳.

Po'et [po'eːt] 男 -en/-en (gr.)〘古〙《反語》〘戯〙詩人; 叙情詩人.

Po·e·tik [po'eːtɪk] 女 -/-en 1《複数まれ》詩学, 詩論; 詩作法. 2 詩学書; 詩作法の教科書.

po·e'tisch [po'eːtɪʃ] 形 1 詩歌の, 韻文の. eine ～e Ader haben《多く反語》〘戯〙詩才がある. 2 詩趣のある, 詩的の.

Po'grom [po'groːm] 男 (中) -s/-e (russ.) 特定の少数民族に対する組織的・計画的迫害 (虐殺), ポグロム (とくにユダヤ人大虐殺).

Po'grom·nacht 女 -/ =Kristallnacht

Poin·te ['poːɛ̃tə] 女 -/-n (fr., Spitze') 要所, 眼目; (話の)山(場); (小話・冗談などの)落ち.

poin'tie·ren [poɛ̃'tiːrən] 他 (fr.) 強調する, 際立たせる.

poin'tiert〘過分〙形 強調された; 要点をおさえた. et⁴ ～ erzählen 事⁴を要点をおさえて話す.

Poise [po'aːzə] 中 -/ (古)〘記号 P〙〘物理〙ポアズ (粘性率の CGS 単位, フランスの生理学者 j.-L.-M. Poiseuille, 1799-1869 にちなむ).

Po'kal [po'kaːl] 男 -s/-e (it. boccale, Krug, Be-

Po·kal·spiel

cher`)` **1**(金・銀あるいはクリスタル製の)高脚の杯, ゴブレット(台付き杯). **2**〘スポーツ〙優勝杯, トロフィー;《複数で》優勝杯争奪戦.
  Po·kal·spiel 中 -[e]s/-e〘スポーツ〙優勝杯争奪戦.
  Po·kal·wett·be·werb 男 -[e]s/-e〘スポーツ〙カップ戦(優勝杯を争うトーナメント方式の競技大会).
'Pö·kel ['pøːkəl] 男 -s/-(漬物用)塩水.
'Pö·kel·fleisch 中 -[e]s/ 塩漬け肉.
'Pö·kel·he·ring 男 -s/-e (Salzhering) 塩漬けニシン.
'pö·keln ['pøːkəln] 他〘料理〙(魚や肉を)塩漬けにする.
'Po·ker ['poːkər] 中(男) -s/ (engl.)〘トランプ〙ポーカー.
'Po·ker·ge·sicht 中 -[e]s/-er ポーカーフェイス.
'po·kern ['poːkərn] 自 **1** ポーカーをする. **2**《比喩》(商売・取引などで)思い切ったことをする.
po·ku·lie·ren [pokuˈliːrən] 自 (lat.)《古》痛飲する.
***Pol** [poːl ポール] 男 -s/-e (gr.)〘地理・天文〙極;〘数学〙極;〘電子工〙電極;〘物理〙磁極. Nordpol 北極. Südpol 南極. Pluspol (positiver ~) 陽極. Minuspol (negativer ~) 陰極. magnetischer ~ 磁極. **2**《比喩》極, 極端. der ruhende ~ (苦難の時でも)物に動ぜず頼りになる人 (F. Schiller『散歩』 Spaziergang の詩句に基づく).
po·lar [poˈlaːr] 形 (gr.)〘地理・天文〙極地の, 北(南)極の. ~e Kaltluft 極地の寒気団. **2** 対極的な, 正反対の. **3** ~e Bindung〘化学〙極性結合.
Po·lar·ex·pe·di·ti·on 女 -/-en 極地探検.
Po·lar·for·scher 男 -s/- 極地研究者.
Po·lar·front 女 -/-en〘気象〙ポーラーフロント, 極前線(極地の気団と熱帯の気団との間にできる).
Po·lar·fuchs 男 -es/..füchse〘動物〙ほっきょくぎつね(北極狐).
Po·lar·hund 男 -[e]s/-e 北極犬, エスキモー犬.
Po·la·ri·sa·ti·on [polarizatsi'oːn] 女 -/-en **1**〘化学〙分極. **2**〘物理〙偏光, 偏極. **3**(思想的な立場の)対極化.
po·la·ri·sie·ren [polariˈziːrən] (↓ polar) ❶ 他 **1**〘化学〙(物質・原子・分子などに)分極を起こさせる. **2** Licht を...〘物理〙偏光させる. ❷ 再 (**sich**)(思想的な立場の)対極化する.
Po·la·ri·tät [polariˈtɛːt] 女 -/-en (↓ polar) **1** (Gegensätzlichkeit) 対立, 相反関係, 対極性. **2**〘物理・天文・地理〙極性.
Po·lar·kreis 男 -es/-e 極圏. nördlicher〈südlicher〉~ 北〈南〉極圏.
Po·lar·licht 中 -[e]s/-er 極光, オーロラ.
Po·lar·meer 中 -[e]s/-e〘地理〙極海.
Po·lar·nacht 女 -/-ⁿᵉ **1** 極地の夜. **2**《複数なし》極夜(太陽が一日中地平線下にある時期).
Po·lar·stern 男 -[e]s/-e〘天文〙北極星.
Po·lar·zo·ne 女 -/-n〘地理〙極地帯.
'Pol·der ['pɔldər] 男 -s/- (ndl.) 干拓地, ポルダー.
'Po·le ['poːlə] 男 -n/-n ポーランド人(出身者).
Po·le·mik [poˈleːmɪk] 女 -/-en (fr.) **1**《複数なし》(言葉や文章表現などのもつ)攻撃性, 論争的性格. **2** 論争的(攻撃的)な文章(発言). **3** 論争, 論戦. eine ~ führen 論争をする.
Po·le·mi·ker [poˈleːmikər] 男 -s/- 論客, 論争家.
po·le·misch [poˈleːmɪʃ] 形 論争的な, 攻撃的な.
po·le·mi·sie·ren [polemiˈziːrən] 自 (↓ Polemik) 論争する; (gegen j ᵉᵗ)(人へ〈人〉に対して)論駁(ᵇᵃᵏ)する.
'po·len ['poːlən] 他 電極につなぐ.
***'Po·len** ['poːlən ポーレン] 中〘地名〙ポーランド.《慣用的表現で》《話》Noch ist ~ nicht verloren. まだ望みある. Da〈Dann〉ist ~ offen! 大騒ぎが起きるぞ.
Po'len·te [poˈlɛntə] 女 -/ (jidd.)《卑》(Polizei) 警察, さつ.
'Pol·hö·he 女 -/-n〘地理〙極高(天の北極・南極の高度).
Po·li·ce [poˈliːsə] 女 -/-n (fr.) 保険証券.
Po·lier [poˈliːr] 男 -s/-e (fr.) (建築現場で仕事の指示や監督をする)職人頭, 現場監督.
po·lie·ren [poˈliːrən] 他 (lat. , glätten `)` **1** (家具・床・靴などの表面を)磨(ᵃᵃ)く; (金属などを)研磨する; (比喩)(文章などに)磨きをかける. **2**(過去分詞で) poliert〘食品〙(穀物・果物などが)皮(殻)をむかれた. polierter Reis 脱穀した米.
Po·lier·mit·tel 中 -s/- 研磨材, つや出し, 光沢剤.
'Po·li·kli·nik ['poːli..] 女 -/-en (gr. polis , Stadt + Klinik) (総合病院の)外来診療部.
'Po·lin ['poːlɪn] 女 -/-nen Pole の女性形.
'Po·lio ['poːlio] 女 -/(略) =**Poliomyelitis**
Po·lio·my·e·li·tis [poliomyeˈliːtɪs] 女 -/..tiden [..liːtiːdən] (gr.)〘医学〙ポリオ, 脊髄性小児麻痺, 急性灰白髄炎.
Po·lit·bü·ro [poˈlɪt..] 中 -s/-s (共産党中央委員会の)政治局 (Politisches Büro の短縮).
Po·li·tes·se¹ [poliˈtɛsə] 女 -/ (fr.)《古》礼儀正しさ, 丁重, 慇懃(ᵢⁿ);洗練.
Po·li·tes·se² 女 -/-n (Polizist + Hostess) 婦人警官(駐車違反の取り締まりが主な仕事の地方公務員).

Po·li'tik [poliˈtiːk ポリティーク] 女 -/-en (《複数まれ》) (gr. polis , Stadt, Staat `)` **1** 政治, 政策. die innere〈äußere〉~ 国内〈対外〉政策. die ~ des Kremls クレムリンの政治. in die ~ gehen〈eintreten〉政界に入る. **2** 策略, 術数. ~ machen 政治的に動く, かけひきをする. eine hinterlistige ~ treiben ずるい手を使う.
***Po'li·ti·ker** [poˈliːtikər ポリティーカー] 男 -s/- 政治家.
Po·li·ti·kum [poˈliːtikum] 中 -s/..ka[..ka] (gr.)(重要・高度な)政治問題(事件).
Po·li·ti·kus [poˈliːtikus] 男 -/-se (lat.)〘戯〙(政治家のように)かけひきをするずるい人;政治好きな人.
Po·li·tik·ver·dros·sen·heit [poliˈtiːk..] 女 -/ (一般市民の)政治不信, 政治離れ.
Po·li·tik·wis·sen·schaft 女 -/ 政治学.
***po·li·tisch** [poˈliːtɪʃ ポリーティシュ] 形 (比較変化なし) **1** 政治的な, 政治上の, 政治に関する. ~e Häftlinge 政治犯. ~e Parteien 政党. im ~ en Leben stehen 政界で活動している. ~ tätig sein 政治活動をしている.《名詞的用法で》ein Politischer《話》政治犯. **2** (政治的に)賢明な, 抜け目のない; machiavellisch的な. ~ handeln 政治的に(抜け目なく)振舞う. Diese Entscheidung ist nicht sehr ~. この決定は政治的には余り賢明とは言えない.
po·li·ti·sie·ren [politiˈziːrən] ❶ 自 政治談義をする; 政治活動をする. ❷ 他 (人ᵃ)に政治的関心を起させる;(事ᵃ)を政治問題化する.
Po·li·to·lo·ge [politoˈloːgə] 男 -n/-n 政治学者; 政治学専攻学生.
Po·li·to·lo'gie [politoloˈgiː] 女 -/ 政治学.
Po·li'tur [poliˈtuːr] 女 -/-en (lat.) (↑ polieren) **1**《複数なし》(家具などの)つや, 光沢;《古》洗練, 上品さ. **2** =**Poliermittel**

Po·li'zei [poli'tsaɪ ポリツァイ] 囡 -/-en《複数なれ》(gr. polis, Stadt, Staat') 警察, 警察署; 警察. die ~ holen 警察を連れて来る. die ~ verständigen 警察に通報する. sich⁴ der ~ stellen 警察に自首する. zur⁴《話 auf die》~ gehen 警察に行く. sich⁴ bei der ~ melden 警察に居所を届け出る, 出頭する. bei der ~ sein 警官である. Er ist dümmer, als die ~ erlaubt. 彼は大馬鹿者だ.

Po·li'zei·auf·sicht 囡 -/《古》《法制》(警察による)監視, 保護観察.

Po·li'zei·au·to 中 -s/-s パトカー.

Po·li'zei·be·am·te 男《形容詞変化》警察官. ◆女性形 Polizeibeamtin 囡 -/-nen

Po·li'zei·hund 男 -[e]s/-e 警察犬.

Po·li'zei·kom·mis·sar 男 -s/-e 警部.

Po·li'zei·kom·mis·sär 男 -s/-e《南ﾄﾞｲﾂ·ｵｰｽﾄﾘｱ》= Polizeikommissar

po·li'zei·lich [poli'tsaɪlɪç ポリツァイリヒ] 形《述語的には用いない》警察の, 警察による; 警察への. unter ~er Aufsicht stehen 警察の監視下にある, 保護観察中である. sich⁴ ~ anmelden 警察に転入届を出す.

Po·li'zei·prä·si·dent 男 -en/-en (大都市の)警察本部長.

Po·li'zei·prä·si·di·um 中 -s/..dien [..diən] (大都市の)警察本部.

Po·li'zei·re·vier 中 -s/-e **1** (その区域の管轄の)警察署. **2** (その警察署の)管轄区域.

Po·li'zei·staat 男 -[e]s/-en 警察国家.

Po·li'zei·strei·fe 囡 -/-n **1** (数人の)警官によるパトロール. **2** パトロールの警官.

Po·li'zei·stun·de 囡 -/-n《複数まれ》《法制》(飲食店などの)法定閉店時刻.

Po·li'zei·wa·che 囡 -/-n 交番; (その区域の管轄の)警察署.

Po·li'zei·wa·gen 男 -s/- = Polizeiauto

Po·li'zei·wid·rig 形 警察の命令に反する.

Po·li'zist [poli'tsɪst ポリツィスト] 男 -en/-en (制服の)警官.

Po·li'zis·tin [..tɪn] 囡 -/-nen (制服の)婦人警官.

Pol·ka ['pɔlka] 囡 -/-s (tschech.) ポルカ(ボヘミアで始まった軽快な2拍子の円舞および舞曲).

Pol·len ['pɔlən] 男 -s/- (lat.)《植物》花粉.

Pol·lu·ti'on [pɔlutsi'o:n] 囡 -/-en (lat., Befleckung') **1**《医学》遺精, 夢精. **2** 環境汚染.

pol·nisch ['pɔlnɪʃ] 形 (↑ Polen) ポーランド(人, 語)の. ~e Sprache ポーランド語. ↑ deutsch

Pol·nisch 中 -[s] ポーランド語. ↑ Deutsch

Pol·ni·sche ['pɔlnɪʃə] 中《形容詞変化 / 定冠詞と》das ~ ポーランド語; ポーランド的なもの(特色). ◆↑ Deutsche ①

Po·lo ['po:lo] 中 -s/ (engl.)《ｽﾎﾟｰﾂ》ポロ(騎乗球技の一種).

Po·lo·hemd 中 -[e]s/-en ポロシャツ.

Po·lo·nai·se [polo'nɛːzə] 囡 -/-n (fr., polnisch') ポロネーズ(3拍子のポーランド民族舞踊および舞曲).

Po·lo·na·ise [polo'nɛːzə] 囡 -/-n = Polonaise

Po·lo·ni·um [po'lo:nium] 中 -s/ (lat.)《記号 Po》《化学》ポロニウム.

'Pols·ter ['pɔlstər] 中 -s/- **1** (ソファーなどのクッション, (椅子·枕などの)詰め物. sich⁴ in die ~ zurücklehnen クッションに背をもたせかける. ein finanzielles ~ besitzen《比喩》万一に備えての貯えがある. **2**《服飾》パッド(洋服の肩などに入れる詰め物). **3**《話》(Fettpolster) 皮下脂肪, 贅肉(ｾｲﾆｸ). **4**《植物》(団塊植物の)団塊. ❷ 男 -s/- (Pölster)《ｵｰｽﾄﾘｱ》(Kissen) 枕.

'Pols·te·rer ['pɔlstərər] 男 -s/- 椅子張り職人.

'Pols·ter·gar·ni·tur 囡 -/-en (カウチと安楽椅子から成る)応接セット.

'Pols·ter·mö·bel 中 -s/-《多く複数で》クッション付き家具(ソファー·椅子など).

'pols·tern ['pɔlstərn] 他 **1** (ソファーなどに)クッションを取付ける; (椅子などに)詰め物をする. die Couch mit Schaumgummi ~ カウチ(寝いす)にフォームラバーを詰める.《過去分詞で》gepolstert 詰め物いいクッションのついた椅子. gut gepolstert sein《比喩》《戯》十分な(金の)貯えがある; 肉づきがいい, 太っている. **2**《服飾》パッドを入れる.

'Pols·ter·ses·sel 男 -s/- (クッション付きの)安楽椅子.

'Pols·ter·stuhl 男 -[e]s/..üe クッション付きの椅子.

'Pols·te·rung 囡 -/-en **1** (ソファーなどに)クッションを取付けること; (椅子などに)詰め物をすること. **2** = Polster ① 1

'Pol·ter·abend ['pɔltar..] 男 -s/-e 婚礼の前夜(花嫁の家の前で古い食器や壷を割って騒ぎだし, 悪魔を祓い幸福を招こうとする古来の風習がある).

'Pol·te·rer ['pɔltərər] 男 -s/-《話》口やかましい人, がみがみ言う人.

'Pol·ter·geist 男 -[e]s/-er (Klopfgeist) 騒霊, ポルターガイスト(家の中で大きな音を立てたり, 家具を壊したりする霊).

'pol·te·rig ['pɔltərɪç] 形 **1** どたばたと騒がしい, がたごと音を立てる. **2** がみがみと口うるさい.

'pol·tern ['pɔltərn] 直 (h, s) **1** (h) どしんどしん(がたごと)音をたてる, どたばた騒ぐ, どんどんたたく. Die Familie über uns poltert den ganzen Tag. うちの階上の家族は一日中どたばた騒いでいる. 《an⟨gegen⟩die Tür ~ 戸をどんどんたたく.《現在分詞で》Die Tür fiel polternd zu. 戸はばたんと閉まった.《非人称的に》Draußen polterte es. 外で大きな物音がした. **2** (s) どたどた走る, ごろごろ転がる, どすんと落ちる. **3** (h) 大声で怒る, がみがみ言う. Der Alte poltert gern. あの年寄りはすぐにがみがみ言う. **4** (h)《話》婚礼前夜の祝いをする (↑ Polterabend).

'polt·rig ['pɔltrɪç] 形 = polterig

'Pol·ver·schie·bung ['poːl..] 囡 -/《地質》= Polwanderung

'Pol·wan·de·rung 囡 -/《地質》極移動, 地軸移動.

po·ly.., **Po·ly..** [poly..]《接頭》(gr., viel') 形容詞·名詞に付して「多くの」の意を表す.

Po·ly·amid [polya'miːt] 中 -s/-e (gr.) ポリアミド(合成繊維, 主としてナイロンの原料).

Po·ly·an'drie [polyan'driː] 囡 -/ (gr. andros, Mann') **1**《民族学》(Vielmännerei) 一妻多夫(制). **2**《動物》一雌多雄.

Po·ly·äthy'len [polyɛty'leːn] 中 -s/-e《化学》ポリエチレン.

po·ly'chrom [poly'kroːm] 形 (gr.)《絵画·写真》(↔ monochrom) 着色の, 多色の, カラーの.

Po·ly'eder [poly'eːdər] 中 -s/- (gr.)《幾何》多面体.

Po·ly'es·ter [poly'ɛstər] 男 -s/- (gr.)《化学》ポリエステル.

Po·ly·ethy'len [polyetyle:n] 田 -s/-e =Polyäthylen

po·ly'fon [poly'fo:n] 形 =polyphon

Po·ly·ga'mie [polyga'mi:] 囡 -/ (gr.) (↔ Monogamie) **1** (Vielehe) 複婚, 一夫多妻, 一妻多夫. **2** 《植物》異性花同株.

po·ly'glott [poly'glɔt] 形 (gr. glotta ,Sprache') 《比較変化なし》数ヶ国語に通じた(で書かれた).

Po·ly'glot·te [poly'glɔtə] (gr.) ❶ 囡 -/-n **1** 《古》数ヶ国語対照辞典. **2** 《書籍》多国語対訳書; 多国語対訳聖書. ❷ 男 囡 《形容詞変化》数ヶ国語に通じた人, ポリグロット.

Po·ly'gon [poly'go:n] 田 -s/-e (gr.) 《幾何》多角形.

po·ly·go'nal [polygo'na:l] 形 《幾何》多角形の.

Po·ly'his·tor [poly'histo:r] 男 -s/-en [..'to:rən] (gr. histor ,kundig') 博学の人, 博識家.

Po·ly·kon·den·sa·ti'on [polykɔndɛnzatsi'o:n] 囡 -/ 《化学》重縮合.

po·ly'mer [poly'me:r] 形 (gr.) 《化学》(↔ monomer) 重合体の, ポリマーの.

Po·ly'mer [poly'me:r] 田 -s/-e 《化学》重合体, ポリマー.

Po·ly·me·ri·sa·ti'on [polymerizatsi'o:n] 囡 -/-en 《化学》重合.

po·ly·me·ri·sie·ren [polymeri'zi:rən] 他 (↓ polymer) 《化学》重合させる.

po·ly'morph [poly'mɔrf] 形 (gr. morphe ,Gestalt') 《結晶・生物》多形の.

Po·ly·mor'phie [polymɔr'fi:] 囡 -/ (gr.) 《結晶・生物》多形(性).

Po·ly'nom [poly'no:m] 田 -s/-e (gr.) 《数学》多項式.

po·ly'no·misch [poly'no:miʃ] 形 《数学》多項式の.

Po'lyp [po'ly:p] 男 -en/-en (gr. Poly..+pous ,Fuß') **1** 《動物》ポリプ(腔腸動物の形態の1つ; いそぎんちゃく・さんごなど固着生活をするもの). **2** 《動物》(Kopffüßler) 頭足類(いか,たこなど). **3** 《医学》ポリープ. **4** 《話》(Polizist) おまわり, ポリ公.

po·ly'phon [poly'fo:n] 形 (gr.) 《副詞的には用いない》《音楽》(↔ homophon) 多声の.

Po·ly·pho'nie [polyfo'ni:] 囡 -/ (gr.) 《音楽》ポリフォニー, 多声音楽.

Po·ly·sty'rol [polysty'ro:l] 田 -s/-e 《化学》ポリスチロール, スチロール樹脂(スチロールの重合体).

Po·ly'tech·ni·ker [poly'tɛçnikər] 男 -s/- 《古》工業専門学校の生徒.

Poly'tech·ni·kum [poly'tɛçnikum] 田 -s/..ka [..ka]/..ken [..kən] 《古》工業専門学校.

Po·ly·the'is·mus [polyte'ismus] 男 -/ (gr. theos ,Gott') 《宗教》多神教(論).

Po·ly·ure'than [polyure'ta:n] 田 -s/-e (gr.) 《多く複数で》《化学》ポリウレタン.

Po·ly·vi'nyl·chlo·rid [polyvi'ny:l..] 田 -s/-e (gr.) 《略 PVC》《化学》ポリ塩化ビニル.

Po·ma'de [po'ma:də] 囡 -/-n (gr.) **1** ポマード(整髪料). **2** リップポマード.

po·ma'dig [po'ma:dɪç] 形 (髪に)ポマードをつけた.

po·ma'dig² 形 (slaw.) 《話》のろのろした, のろい, のんびりした.

Po·me'ran·ze [poməˈrantsə] 囡 -/-n (it. , bittere Apfelsine') **1** 《植物》だいだい(橙)(の木, 実). **2** 《話》(Landpomeranze) 田舎娘.

'Pom·mern ['pɔmərn] 《地名》ポンメルン(ドイツ北部からポーランド北部にまたがるバルト海沿岸の一地方; 第2次大戦後東ドイツとポーランド領に分かれた. ポメラニア Pomerania とも).

Pommes 'frites [pɔm 'frɪt] 圏 (fr.) 《料理》ポンリ, フライドポテト.

Pomp [pɔmp] 男 -[e]s/ (fr. , Prunk, Pracht') 華やさ, 華美. mit [großem] ~ 盛大(派手)に, 華やかに.

Pom·pa·dour ['pɔmpadu:r, pɔpa'du:r] 男 -s/ (-s) (fr.) ポンパドゥール(小型の婦人用手提げ袋; フランスのルイ15世の愛人 Pompadour 侯爵夫人にちなむ).

Pom·pe'i [pɔm'pe:i] 《地名》=Pompeji

Pom·pe'ji [pɔm'pe:ji] 《地名》ポンペイ(ベスビオ火山の噴火により埋没した18世紀以降発掘されたイタリア南部にある古代ローマの都市).

'pomp·haft 形 (↓ Pomp) 盛大(派手)な, 華やかな.

Pom'pon [pɔ̃'pɔ̃:, pɔm'pɔ̃:] 男 -s/-s (fr.)(帽子・履きなどの)玉房飾り, ポンポン.

pom'pös [pɔm'pø:s] 形 (fr. , prunkhaft') **1** 豪華な, 華やかな. **2** 《比喩》大げさな.

'Pon·cho ['pɔntʃo] 男 -s/-s (sp.) ポンチョ(南米の民族衣装で4角の布の中央に頭を通す穴をあけた外衣, 又は婦人・子供用袖なし吊鐘形マント).

Pond [pɔnt] 田 -s/- (lat.) 《記号 p》ポンド(1977 まで用いられた重力単位, その後 Newton に).

Pö·ni'tent [pøni'tɛnt] 男 -en/-en (lat.) 《<小>》罪(<少>)者, 懺悔者.

Pö·ni'tenz [pøni'tɛnts] 囡 -/-en (lat. , Reue') 《<クラ>》贖罪, 悔悟の苦行.

pon·ti·fi'kal [pɔntifi'ka:l] 形 (lat.) 《<クラ>》司教の.

Pon·ti·fi'kat [pɔntifi'ka:t] 田 -[e]s/-e (lat.) 《<クラ>》 **1** 教皇(司教)の職. **2** 教皇(司教)の任期.

'Pon·ti·us ['pɔntsius] 《人名》《歴史》ポンティオス(ポンティオ). ↑ Pilatus

Pon'ton [pɔn'tõ:, pɔn'tɔ:, 'pɔntõ] 男 -s/-s (fr.) ポントゥーン(船橋(<舟>)用の舟・平底船・浮き桟橋などの台船または架橋用の鉄舟).

Pon'ton·brü·cke 囡 -/-n 船橋(<舟>); 浮き桟橋; 舟舟橋.

'Po·ny ['pɔni, 'po:ni] (engl.) ❶ 田 -s/-s ポニー(小型の馬). ❷ 男 -s/-s 切り下げ前髪, おかっぱ(の頭髪).

Pool [pu:l] 男 -s/-s (engl.) 《経済》プール(利潤分配カルテル, 共同出資).

Pop [pɔp] 男 -s/ 《美術》ポップアート; 《音楽》ポップミュージック.

'Po·panz ['po:pants] 男 -es/-e (tschech.) **1** (脅しのためにつくる)わら人形; 案山子(<かかし>). **2** お化け; こけおどし. **3** 《俺》他人のいいなりになる人, 操り人形.

'Pop-Art ['pɔpa:rt] 囡 -/ (am.) 《美術》ポップアート.

'Pop·corn ['pɔpkɔrn] 田 -s/- (engl.) ポップコーン.

'Po·pe ['po:pə] 男 -n/-n (russ.) **1** 《<ギリ>》正教の)教区付き司祭. **2** 《俺》坊主.

'Po·pel ['po:pəl] 男 -s/- 《話》 **1** 鼻くそ. **2** 鼻たれ小僧. **3** 《俺》つまらぬ奴.

'po·pe·lig ['po:pəlɪç] 形 《話》《俺》みすぼらしい; 平凡な; けちな.

Po·pe'lin [popə'li:n] 男 -s/-e 《紡織》=Popeline

Po·pe·li·ne [popə'li:n(ə)] 囡 -/[..'li:nə] (男) -s/ [..'li:nə] (fr.) 《紡織》ポプリン.

'po·peln ['po:pəln] 自 《話》鼻くそをほじる.

'Pop·mu·sik ['pɔp..] 囡 -/ 《音楽》ポップミュージック.

Po'po [po'po:] 男 -s/-s (↓ Podex) 《話》(Gesäß) お尻(とくに子供の).

po·pu·lär [popuˈlɛːr ポプレーア] 形 (fr.) **1** 庶民的な，大衆的な；大衆に人気のある(好まれる)，広く知られた．ein ~er Sänger〈Schlager〉ポピュラーな歌手〈流行歌〉．j¹ ~ machen 人¹を有名にする．**2** 大衆向きの，分かりやすい，平易な．eine ~e Schreibweise 分かりやすい書き方．～ reden 大衆向きに話す．

po·pu·la·ri·sie·ren [populariˈziːrən] 他 **1** 世間に広める，普及させる．**2** 大衆向きにする，通俗化する．

Po·pu·la·ri·tät [populariˈtɛːt] 女 -/ **1** 大衆(庶民)的なこと，大衆性；人気．große〈wenig〉 ~ genießen 広く世間に知られている〈ほとんど知られていない〉．Seine ~ ist gestiegen. 彼の人気は上昇した．**2**《まれ》通俗性．

Po·pu·la·ti·on [populatsiˈoːn] 女 -/-en **1**《古》人口；住民．**2**《生物・生態》個体群．**3**《天文》星団．

Po·pu·lis·mus [popuˈlɪsmʊs] 男 -/ **1**《政治》大衆迎合(扇動)政治．**2**《文学》ポピュリズム(民衆生活を写実的に描く20世紀の文学運動)．

Po·pu·list [popuˈlɪst] 男 -en/-en **1**《政治》大衆迎合(扇動)政治家．**2**《文学》ポピュリズムの作家．

Po·re [ˈpoːrə] 女 -/-n (gr.)《ふつう複数で》(一般に物の表面の)微細な穴；(皮膚の)毛穴, 汗孔（かんこう）；(植物の)気孔．

Por·no·gra·fie [pɔrnograˈfiː] 女 -/-n [..ˈfiːən] = Pornographie

por·no·gra·fisch [..ˈgraːfɪʃ] = pornographisch

Por·no·gra·phie [pɔrnograˈfiː] 女 -/-n [..ˈfiːən] (gr.) ポルノ(グラフィー)；春画, 好色文学．

por·no·gra·phisch [..ˈgraːfɪʃ] 形 ポルノ(グラフィー)の．

po·rös [poˈrøːs] 形 (↓ Pore) **1** 多孔性の；(水・ガスなどに対して)透過性のある．~es Gestein 多孔性の岩石．**2** 微細な穴のあいた．ein ~es Hemd メッシュのシャツ(通気性が良い)．

Po·ro·si·tät [poroziˈtɛːt] 女 -/ 多孔性, 通気性, 透過性．

Por·phyr [ˈpɔrfyːr, -ˈ-] 男 -s/-e (gr.)《地質》斑岩．

Por·ree [ˈpɔre] 男 -s/-s (fr.)《植物》リーキ, にらねぎ．

Por·sche [ˈpɔrʃə] 男 -s/-s《商標》ポルシェ(ポルシェ社製の車)．

Port [pɔrt, pɔːt, poːr] 男 -[e]s/-e (lat.)《古》《雅》**1** 安全な場所, 隠れ場．**2** 港．

Por·tal [pɔrˈtaːl] 中 -s/-e (lat. porta , Tor¹) **1**《建築》(教会・宮殿などの大きな建物の)正面玄関．**2**《演劇》舞台前面縁取（ふちど）り, プロセニアム・アーチ(劇場の舞台を縁取る門形の枠組)．**3**《工学》ガントリー・クレーン(門型クレーン)の門型をした搬送部分．

Porte·feuille [pɔrt(ə)ˈfœj, ..ˈfəːj] 中 -s/-s (fr. , Brieftasche) **1**《古》札入れ．**2**《古》書類鞄, 紙ばさみ．**3**《政治》(大臣の)管轄, 所轄．Minister ohne ~ 無任所大臣．sein ~ niederlegen (大臣が)辞任する．**4**《経済》保有有価証券．

Porte·mon·naie [pɔrtmɔˈneː, ˈpɔrtmɔne ポルトモネー] 中 -s/-s (fr.) (Geldbeutel) 財布, がま口, 小銭入れ．ein dickes ~ haben《話》たくさん金を持っている, 懐があたたかい．

Por·te·pee [pɔrtəˈpeː] 中 -s/-s (fr.)《軍事》(士官・下士官が剣につけた)飾り房つき革帯（かわおび）(飾り紐)．

'Por·ter [ˈpɔrtər] 男 (中) -s/- (engl.) ポーター(強い英国黒ビール)．

'Por·ti [ˈpɔrti] Porto の複数．

*Por·ti·er [pɔrtiˈeː, ˈpɔrtiːr ポルティエー] 男 -s-s [ˈ...-s/-e] (fr.) **1** 門衛, 門番；(ホテルの)ドアマン．**2**《アパートなどの》管理人．

Por·ti·e·re [pɔrtiˈɛːrə] 女 -/-n (fr.) (戸口に下げる)カーテン．

'Por·ti·kus [ˈpɔrtikʊs] 男 -/-[..kuːs](..ken [..kən]) (lat.)《建築》柱廊玄関, ポルチコ．

*Por·ti·on [pɔrtsiˈoːn ポルツィオーン] 女 -/-en 一定量, 割当分；(とくに料理に関して) **1** 人前の料理, 1回分の食事．eine ~ Eis アイスクリーム1人前．eine ~ Kaffee ポットに入れて出された1回分(2杯)のコーヒー．eine ~ Kartoffeln じゃがいも1皿．eine große ~ Geduld《話》相当の忍耐．Er ist nur eine halbe ~.《戯》彼は半人前だ(ちびでやせっぽち, あるいは弱虫だ)．

por·ti·o·nie·ren [pɔrtsioˈniːrən] 他 (飲食物を) 1人前ずつに分ける．

por·ti·ons·wei·se 形《述語的には用いない》1人前ずつの．

Port·mo·nee [pɔrtmɔˈneː, ˈpɔrtmɔne] 中 -s/-s = Portemonnaie

'Por·to [ˈpɔrto] 中 -s/-s(..ti[..ti]) (it.) 郵便料金, 郵送料．

'por·to·frei 郵便料金無料(別納)．

'por·to·pflich·tig 形 郵便料金有料の．

Por·trait [pɔrˈtrɛː] 中 -s/-s = Porträt

Por·trät [pɔrˈtrɛː, pɔrˈtrɛt 発音する([ˈs[pɔrˈtrɛːt]と発音するとき-[e]s/-e) (fr.) (Bildnis) 肖像(画), ポートレート．j¹ ~ sitzen 人¹に自分の肖像画を描かせる．

por·trä·tie·ren [pɔrtrɛˈtiːrən] 他 (人¹の)肖像画を描く, 肖像写真を撮る；人物描写する．

Por·trät·ma·ler 男 -s/- 肖像画家．

*Por·tu·gal [ˈpɔrtugal ポルトゥガル]《地名》ポルトガル(イベリア半島の共和国, 首都 Lissabon)．

Por·tu·gie·se [pɔrtuˈgiːzə] 男 -n/-n ポルトガル人(出身者)．◆女性形 Portugiesin 女 -/-nen

por·tu·gie·sisch [pɔrtuˈgiːzɪʃ] 形 ポルトガル(人, 語)の．~e Sprache ポルトガル語．↑deutsch

Por·tu·gie·sisch 中 -[s]/ ポルトガル語．↑Deutsch

Por·tu·gie·si·sche 中《形容詞変化 / 定冠詞と》das ~ ポルトガル語；ポルトガル的なものの(特色)．◆↑Deutsche ②

'Port·wein [ˈpɔrtvaɪn] 男 -[e]s/-e ポートワイン(ポルトガル産のデザート用ワイン. 本来ポルトガルの港 Porto から積み出されたワインをさした)．

*Por·zel·lan [pɔrtsɛˈlaːn ポルツェラーン] 中 -s/-e (it.) **1** 磁器, 陶器；《主に複数で》磁器製品, 陶磁器類．eine Vase aus ~ 磁器(陶器)製の花瓶．Meißner ~ マイセン産の磁器．Sie ist wie aus〈von〉 ~. 彼女はこわれそうなくらい華奢（きゃしゃ）だ．**2**《複数なし》陶磁器製の食器類．~ zerschlagen《比喩》(不用意な言動で)ぶちこわしになるようなことをする．

por·zel·la·nen [pɔrtsɛˈlaːnən] 形《付加語的用法のみ》**1** 陶器製の．**2** 陶器質の．

Por·zel·lan·er·de 女 -/-n 陶土．

Por·zel·lan·fa·brik 女 -/-en 陶磁器製造工場．

Por·zel·lan·ma·le·rei 女 -/-en (陶磁器の)彩画．

Pos.《略》= Position 5

Po·sa·ment [pozaˈmɛnt] 中 -[e]s/-en (fr.)《多く複数で》《紡織・服飾》(衣服・カーテンなどの縁飾り, 裾飾り), 縁べり．

Po·sa·men·tier [pozamɛnˈtiːr] 男 -s/-e 縁飾り職人(商人)．

Po·sau·ne [poˈzaʊnə] 女 -/-n (lat.)《楽器》**1** トロ

ンボーン. die ~ des Jüngsten Gerichts〖新約〗最後の審判を告げるラッパ(Iコリ15:52). **2** (オルガンの)トロンボーン栓.

po'sau·nen [po'zaʊnən] 過去分詞 posaunt ❶ 圓《話》トロンボーンを吹く. ❷ 他《侮》(事⁴を)言いふらす, 吹聴(ホュュョッ)する.

Po'sau·nen·en·gel 男 -s/- **1**〖美術〗ラッパを吹く天使. **2**《戯》ふっくらした頬の子供.

Po'sau·nist [pozaʊ'nɪst] 男 -en/-en トロンボーン奏者.

'**Po·se**¹ ['poːzə] 女 -/-n 〈fr.〉(不自然で技巧的な)姿態, 態度, 気取った姿;〖美術〗(モデルなどの取る)姿勢, ポーズ. eine ~ einnehmen〈annehmen〉ある姿勢〈ポーズ〉を取る. Figur in der ~ eines Schlafenden〖美術〗眠っている姿で描かれた人物(作られた像). Er gefällt sich¹ in der ~ des Salonlöwen. 彼はサロンの人気者を気取って得意になっている.

'**Po·se**² 女 -/-n **1**《北ドイツ》羽茎; 鵞(ガ)ペン;《複数で》ベッド. Ab in die ~n! 寝床に就(ッ)きなさい. **2** (釣り糸につける)浮き.

Po'sei·don [po'zaɪdɔn]《人名》〖ギリシア神話〗ポセイドン(海の神).

Po'seur [po'zøːr] 男 -s/-e 〈fr.〉《侮》気取り屋, もったいぶる人.

po·sie·ren [po'ziːrən] 圓〈fr.〉**1** (モデルとして)ポーズを取る. **2** 気取る, 気取ってみせる.

****Po·si·ti'on** [pozitsi'oːn] ポズィツィオーン 女 -/-en 〈lat.〉**1** 立場, 態度, 見解; 状態, 情勢. eine neue ~ beziehen〈einnehmen〉新しい立場を取る. sich⁴ j³ gegenüber in einer starken〈schwachen〉~ befinden 人³ に対して強い〈弱い〉立場にある. **2** 地位, 身分, ポスト; 順位. eine gesicherte ~ haben 身分が保障されている. in führender〈zweiter〉~ stehen 指導的地位にある〈第2位にいる〉. **3** 位置, 所在地;〖軍事〗陣地;〖天文〗星位. in〈auf〉~ gehen 定位置につく;〖軍事〗陣地を構える. **4** 位置, ポジション. **5**《略 Pos.》〖経済〗(予算・計画などの)項目. die ~en eines Haushaltsplans durchgehen 予算案の個々の項目を検討する. **6**〖哲学〗措定(ｿ).

Po·si·ti'ons·lam·pe 女 -/-n (自動車の)サイドランプ; (船の)航海灯, 舷(ｹﾞﾝ)灯; (飛行機の)位置灯.

Po·si·ti'ons·win·kel 男 -s/- 〖天文〗位置角.

****po·si·tiv** ['poːzitiːf, pozi'tiːf] ポーズィティーフ 形〈lat.〉(↔ negativ) **1** 肯定的な. eine ~e Antwort 肯定的な回答. sich⁴ zu et³ ~ äußern 事¹ に賛意を表わす. **2** 都合のよい, 有利な, 望ましい. ~es Ereignis 好ましい成果. ein ~er Vorschlag 建設的な提案. sich⁴ ~ auswirken 好影響を及ぼす. **3** 事実に基づいた, 実証的な, 実際的な, 具体的な. ~es Recht〖法制〗実定法. ~e Theologie 実証神学. **4**《話》確かな, 本当の. ~e Kenntnisse 確かな知識. Ich weiß das ~. 私はそれを確かに知っている. **5** 正の, プラスの;〖写真〗ポジの, 陽画の. ~er Pol 陽極. ein ~es Testergebnis 陽性の検査結果. eine ~e Zahl〖数学〗正数. Die Untersuchung verlief ~. 検査は陽性と出た.

'**Po·si·tiv** ❶ ['poːziti:f, pozi'ti:f] 中 -s/-e **1**〖楽器〗ポジティブ・オルガン(ペダルのない小型オルガン). **2**〖写真〗陽画, ポジ. ❷ ['poː'ziti:f] 中 -s/-e〖文法〗(形容詞の)原級.

Po·si·ti'vis·mus [poziti'vɪsmʊs] 男 -/ 実証主義, 実証論.

Po·si·ti'vist [poziti'vɪst] 男 -en/-en 実証主義者

po·si·ti'vis·tisch 形 実証主義の, 実証論的な.

'**Po·si'tron** ['poːzitroːn, -'-] 中 -s/-en [pro'tron](lat.)〖原子物理〗陽電子, ポジトロン.

Po·si'tur [pozi'tuːr] 女 -/-en 〈lat.〉**1** 身構え, (構えた)姿勢, ポーズ. sich⁴ in ~ setzen〈stellen/werfen〉身構える, ポーズをとる. **2** (ボクシング・フェンシングなどの)構え.

'**Pos·se** ['pɔsə] 女 -/-n 〈fr.〉〖文学・演劇〗笑劇, 道化芝居.

'**Pos·sen** ['pɔsən] 男 -s/-《多く複数で》いたずら, 悪ふざけ. ~ reißen〈treiben〉悪ふざけをする. j³ einer ~ spielen 人³ にいたずらをする. (ｓ)からくる.

'**pos·sen·haft** 形 ふざけた, 滑稽な, おどけた.

'**Pos·sen·rei·ßer** 男 -s/- 道化役者, おどけ者.

'**pos·ses·siv** ['pɔsɛsiːf, --'-] 形〈lat.〉〖文法〗所有を表す.

'**Pos·ses·siv** ['pɔsɛsiːf, --'-] 中 -s/-e[..və] =Possessivum

'**Pos·ses·siv·pro·no·men** [--'----- とも] 中 -s/-(..mina[..mina])〖文法〗所有代名詞.

Pos·ses·si·vum [pɔsɛ'siːvʊm] 中 -s/..va[..va] =Possessivpronomen

pos'sier·lich [pɔ'siːrlɪç] 形 (↓ Posse) おどけた, ひょうきんな. ein ~es Kätzchen かわいい子猫.

Post
[pɔst ポスト] 女 -/-en 〈it.,Standort'〉《複数まれ》**1** 郵便. bei der ~ arbeiten〈angestellt sein〉郵便局に勤めている. die Zeitschrift durch die ~ beziehen 雑誌を郵送で購読する. et⁴ mit der〈durch die/per〉~ schicken 物⁴ を郵便で送る. ein Mann von der ~ 郵便局の(男性)職員. elektronische ~ (E-Mail) 電子メール. **2**《複数なし》郵便の配達, 郵便物. auf die ~ warten 郵便の配達を待つ. mit gleicher ~ (同時発の)別便で. Ist ~ für mich da? 私あての郵便が来ていますか. **3**《複数なし》郵便物. auf die〈zur〉~ gehen 郵便局へ行く. einen Brief auf die〈zur〉~ bringen 手紙を郵便局へ持って行く. **4**《Postkutsche》《古》郵便馬車, 駅馬車; (Postbus) 郵便バス. mit der ~ fahren 駅馬車に乗って行く. Ab [geht] die ~.《話》さっさと行ってしまおう, さあ行こう. **5**《古》知らせ, 便り.

pos'ta·lisch [pɔs'taːlɪʃ] 形〈fr.〉郵便(業務)の; 郵便による. et⁴ ~〈auf ~em Weg〉verschicken 物⁴ を郵送する.

Po·sta'ment [pɔsta'mɛnt] 中 -[e]s/-e 〈it.〉〖美術・建築〗(彫刻・柱などの)台座.

****'Post·amt** ['pɔstamt] 中 -[e]s/-er 郵便局. zum〈aufs〉~ gehen 郵便局へ行く.

'**Post·an·wei·sung** ['pɔstanvaɪzʊŋ] 女 -/-en 郵便為替. eine Rechnung durch ~ begleichen 郵便為替で勘定を支払う.

'**Post·au·to** 中 -s/-s 郵便(自動)車.

'**Post·bank** 女 -/ ポストバンク(ドイツ連邦郵便の金融部門が1995に民営化されてきた銀行).

'**Post·be·am·te** 男《形容詞変化》郵便局員. ◆ 女性形 Postbeamtin

'**Post·bo·te** 男 -n/-n《話》郵便配達人.

'**Post·dienst** 男 -[e]s/-e 郵便事務.

****'Pos·ten** ['pɔstən] 男 -s/- **1**〖軍事〗(兵士が配置された)部署, 持ち場, 哨所. ~ ziehen〈古 fassen/nehmen〉部署につく, 歩哨に立つ. auf *seinem* ~ bleiben 持ち場を離れない. auf ~

stehen 歩哨に立っている. auf dem ～ sein 部署についている;《話》体の調子がいい;警戒している. sich nicht [ganz] auf dem ～ fühlen《話》体の調子がよくない. auf verlorenem ～ stehen〈kämpfen〉《比喩》勝ち目のない戦いをする,絶望的状況にある. (b) 歩哨. ～ aufstellen〈ausstellen〉歩哨を立てる. ～ stehen〈schieben〉歩哨に立っている. **2** (a) 地位,ポスト,勤め口;職務,役目. ein verantwortungsreicher ～ 責任の重い地位. ein ruhiger ～〈誰でも務まる〉のんきな職場. einen ～ bekommen〈abgeben〉ある職を得る〈譲る〉. den ～ eines Direktors〈den ～ als Direktor〉haben 所長の地位についている. auf einem [sicheren] ～ sitzen《俗》ポストに安住している. (b)《ﾋｭﾞｼﾞ》ポジション. **3** 一定個数の同一の品物,ロット. et¹ im ganzen ～ verkaufen 物をまとめ売りする. **4**（計算書などに記入された）金額の項目,費目. die einzelnen Posten zusammenrechnen 個々の費目を合算する. **5** 交香,派出所. **6**《狩猟》大型散弾.

'**Pos·ten·jä·ger** 男 -s/-《侮》出世主義者.
'**Pos·ten·ket·te** 囡 -/-n《軍事》歩哨線.
'**Pos·ter** ['pɔ:stər, 'pɔstər, 'poʊstə] 男《田》 -s/- (['poʊstə] と発音するとき -s/-) (engl.) ポスター.
Pos·te·ri·o·ri·tät [pɔsteriori'tɛ:t] 囡 -/- (lat.)《古》（官職の）下位.
'**Post·fach** 田 -[e]s/=er 私書箱.
'**Post·flug·zeug** 田 -[e]s/-e 郵便専用（航空）機.
'**Post·ge·bühr** 囡 -/-en 郵便料金.
'**Post·ge·heim·nis** 田 -ses/-se《法制》（郵便業務関係者の守るべき）郵便の秘密.
'**Post·gi·ro·amt** ['pɔstʤi:ro..] 田 -[e]s/=er（略 PGiroA）郵便振替為替局.
'**Post·gi·ro·kon·to** 田 -s/..ten[..tən] 郵便振替口座.
'**Post·gut** 田 -[e]s/=er（大口発送者の割引料金による）郵便小包.
Post·hal·te·rei [pɔsthaltə'raɪ] 囡 -/-en《古》(駅馬車の)駅舎.
'**Post·horn** 田 -[e]s/=er《古》《楽器》ポストホルン((a) 郵便馬車のラッパ. (b) ドイツ連邦郵便のマーク).
post'hum [pɔst'hu:m, pɔs'tu:m] 形 =postum
pos'tie·ren [pɔs'ti:rən] (fr.) ❶ 他（人·物¹を）配置する,配備する. an jedem〈jeden〉Eingang [einen] Ordner ～ すべての入口に整理係を配置する. den Leuchter auf dem〈den〉runden Tisch ～ 燭台を丸いテーブルの上に置く. ❷ 再 (sich⁴) 配置(配備)される.
Pos'til·le [pɔs'tɪlə] 囡 -/-n (lat.) **1**《ｷﾘｽﾄ教》ポスティラ（聖書朗読に続く解釈·説教). **2** 説教集.
Pos·til·li·on [pɔstɪl'jo:n, '---] 男《田》 -s/-e (fr.) **1**《古》郵便馬車の御者. **2**《虫》もんきちょう（紋黄蝶）.
*'**Post·kar·te** ['pɔstkartə ポストカルテ] 囡 -/-n 郵便葉書;絵葉書.
'**Post·kas·ten** 男 -s/= (とくに北ﾄﾞｲﾂ) (Briefkasten) **1** 郵便ポスト. **2** 郵便受け.
'**Post·kut·sche** 囡 -/-n《古》郵便馬車,駅馬車.
'**post·la·gernd** ['pɔstla:gərnt] 局留めの. einen Brief ～ schicken 局留めで手紙を出す.
'**Post·leit·zahl** 囡 -/-en 郵便番号.
'**Post·ler** ['pɔstlər] 男 -s/- (とくに南ﾄﾞｲﾂ)《話》郵便局員.
'**Post·meis·ter** 男 -s/-《古》郵便局長.
post me'ri·di·em [pɔst me'ri:diɛm] (lat., nach-

mittags')《略 p. m.》午後に.
'**Post·mo·dern** ['pɔstmɔdɛrn] 形 ポストモダンの,脱近代の;ポストモダニズムの.
'**Post·mo·der·ne** ['pɔstmɔdɛrnə] 囡 -/- (engl.) ポストモダン,脱近代;ポストモダニズム;脱近代主義（現代建築にはじまり芸術一般やファッション,思想などの領域にひろがった近代主義を超えようとする傾向).
post 'mor·tem [pɔst 'mɔrtɛm] (lat., nach dem tode')《略 p. m.》死後に.
post·nu·me'ran·do [pɔstnume'rando] 副 (lat.)《商業》(↔ pränumerando) 後払いで.
'**Post·pa·ket** 田 -[e]s/-e 郵便小包.
'**Post·sack** 男 -[e]s/=e, 郵便行嚢.
'**Post·schal·ter** 男 -s/- 郵便局の窓口.
'**Post·scheck** 男 -s/-s 郵便小切手.
'**Post·scheck·amt** 田 -[e]s/=er《略 PSchA》郵便振替為替局 (Postgiroamt の旧称).
'**Post·scheck·kon·to** 田 -s/..ten[..tən] 郵便振替口座 (Postgirokonto の旧称).
'**Post·schließ·fach** 田 -[e]s/=er =Postfach
Post'skript [pɔst'skrɪpt] 田 -[e]s/-e (lat.)《略 PS》追伸.
Post'skrip·tum [pɔst'skrɪptʊm] 田 -s/..ta[..ta] = Postskript
'**Post·spar·buch** 田 -[e]s/=er 郵便貯金通帳.
'**Post·spar·kas·se** 囡 -/- 郵便貯金局.
'**Post·stem·pel** 男 -s/- 郵便印,消印.
'**Post·über·wei·sung** 囡 -/-en **1** 郵便振替. **2** 郵便振替用紙.
Pos·tu'lat [pɔstu'la:t] 田 -[e]s/-e (lat., Forderung') **1**（道徳的·倫理的）要求. **2**《哲学》公準,要請. **3**《数学》公理. **4**《ｶﾄﾘｯｸ》修練期（修道会へ入る前の見習い期間).
pos·tu'lie·ren [pɔstu'li:rən] 他 (lat.) **1** (事¹を不可欠のこととして）要求する;（事¹を間違いないこととして）前提にする. **2**《哲学》(事¹を）公準とする.
pos'tum [pɔs'tu:m; pɔs'tʊm] 形 (lat.)《述語的には用いない》**1** 父親の死後生れた. **2** 死後の. **3**（著者·作曲家の）死後に発表された. ～e Werke 遺作.
'**Post·ver·bin·dung** 囡 -/-en 郵便の連絡.
'**Post·wa·gen** 男 -s/- **1** 鉄道郵便車. **2** 郵便自動車. **3**《古》郵便馬車.
'**post·wen·dend** 副《述語的には用いない》次便での,折返し(すぐ)の. ～ schreiben〈antworten〉折返しすぐに返事を書く.
'**Post·wert·zei·chen** 田 -s/- 郵便切手.
'**Post·we·sen** 田 -s/ 郵便制度.
'**Post·wurf·sen·dung** 囡 -/-en (Wurfsendung) ダイレクトメール.
'**Post·zug** 男 -[e]s/=e 郵便列車.
po'tent [po'tɛnt] 形 (lat., mächtig') (↔ impotent) **1** 性交能力のある. **2** 勢力（財力）のある.
Po·ten'tat [pɔtɛn'ta:t] 男 -en/-en (lat.)《侮》権力者,君主.
Po·ten·ti'al [pɔtɛntsi'a:l] 形 =potenzial
Po·ten·ti'al 田 -s/-e =Potenzial
Po·ten·ti'al·dif·fe·renz 囡 -/-en =Potenzialdifferenz
Po·ten·ti'a·lis [pɔtɛntsi'a:lɪs] 男 -/..les[..le:s] = Potenzialis
po·ten·ti'ell [pɔtɛntsi'ɛl] 形 =potenziell
Po·ten·tio'me·ter [pɔtɛntsio'me:tər] 田 -s/- (lat.)《電気》=Potenziometer

Po·ten·tio·me·trie [potɛntsiome'tri:] 囡 -/-n [..'tri:ən] (*lat.*)《化学》=Potenziometrie
po·ten·tio·me·trisch [..'me:trɪʃ] 厖 =potenziometrisch

Po'tenz [po'tɛnts] 囡 -/-en (*lat.* potentia , Macht) **1**《複数なし》(↔ Impotenz) (男性の)生殖能力；性交能力. **2** 能力, 力, 大きな能力を所有している人. die ökonomische ~ 経済力. Er ist eine künstlerische ~. 彼は芸術的能力にすぐれた人物だ. **3**《生物》(細胞などの)分裂(増殖)能力. **4**《医学》(Homöopathie における)薬剤の希釈度. **5**《数学》累乗. eine Zahl in die zweite ~ erheben ある数を2乗する. Die dritte ~ von drei ist siebenundzwanzig. 3 の 3 乗は 27 だ. in höchster ~《話》極度の, 度はずれの.

Po'tenz·ex·po·nent 男 -en/-en《数学》累乗の指数.

po·ten·zi·al [potɛntsi'aːl] 厖 (*lat.*)《比較変化なし》**1** 可能性のある, 潜在的な. **2**《言語》可能を表す.

Po·ten·zi·al 中 -s/-e **1** 潜在能力, 可能性. **2**《物理》ポテンシャル, 電位.

Po·ten·zi·al·dif·fe·renz 囡 -/-en《物理》電位差.

Po·ten·zi·a·lis [potɛntsi'aːlɪs] 男 -/..les [..le:s] (*lat.*)《文法》可能法(ドイツ語の接続法の用法の 1 つ).

po·ten·zi·ell [potɛntsi'ɛl] 厖 (*fr.*, möglich)《比較変化なし／述語的には用いない》(denkbar) 可能な, 考えられる, 潜在的な. ~e Gefahren 考えられる(さまざまな)危険性. et⁴ ~ berücksichtigen 事⁴の潜在的可能性を考慮に入れる. ~e Energie《力学》位置(ポテンシャル)エネルギー.

po·ten'zie·ren [potɛn'tsi:rən] (*lat.*) ❶ 他 **1** (能力, 力などを)高める, 強める. (過去分詞で) potenzierte Wirkung《薬学》(数種の薬剤の混合によって生ずる)相乗効果. **2**《数学》(数を)累乗する. eine Zahl mit 5 ~ ある数を 5 乗する. **3**《医学》(Homöopathie の際に薬剤に)希釈する. ❷ 再 《sich》高まる, 強まる.

Po·ten·zi·o·me·ter [potɛntsio'me:tər] (*lat.*)《電子工》ポテンショメーター, 電位差計, 分圧計.

Po·ten·zi·o·me'trie [potɛntsio'metri:] 囡 -/ [..'tri:ən] (*lat.*)《化学》電位差滴定法.

po·ten·zi·o·me'trisch [..'me:trɪʃ] 厖 電位差滴定法による.

'Pot·pour·ri ['pɔtpuri, ポップリ pɔtpu'ri:] 中 -s/-s (*fr.*) **1** メドレー, ポッブーリ(様々な曲をつなぎ合せて作った曲). **2** 寄せ集め, ごたまぜ.

'Pots·dam ['pɔtsdam]《地名》ポツダム(ブランデンブルク州の州都).

'Pots·da·mer ['pɔtsdamər] ❶ 男 -s/- ポツダムの住民(出身者). ❷ 厖《不変化》ポツダムの. das ~ Abkommen ポツダム協定(1945, 7月).

Pott [pɔt] 男 -(e)s/Pötte **1**《北ド》(a) 深鍋. (b) (Nachttopf) 室内用便器. mit et³ zu ~[e] kommen《比喩》《話》事³がうまく運ぶ, 完成する. **2**《話》(古い)船.

'Pott·asche ['pɔtaʃə] 囡 -/《化学》炭酸カリウム.

'Pöt·te ['pœta] Pott の複数.

'Pott·wal 男 -(e)s/-e《動物》まっこうくじら(抹香鯨).

'potz'tau·send ['pɔts'tauzənt] 間 (古) *Potztausend!*《驚いて》これはこれは；《不快さを表現して》くそいまいましい, ちぇっ.

Pou·lar·de [pu'lardə] 囡 -/-n (*fr.*, Huhn) 肥育された若鶏.

Pous'sa·ge [pu'sa:ʒə, pu's..] 囡 -/-n (*fr.*) (↓ poussieren)《話》**1** 色争, 情事. **2** 恋人.

pous'sie·ren [pu'si:rən, pu's..] (*fr.*)《話》❶ (mit j³ ~³ を)口説く. ❷ 他 (人に)取入る, へつらう.

pp《略》=pianissimo

pp.《略》=per procura [pɛr pro'ku:ra] 代理として.

PP.《略》=Patres

ppa.《略》=per procura [pɛr pro'ku:ra] 代理として.

Ppbd.《略》=Pappband

Pr《記号》《化学》=Praseodym

Prä [prɛ] 中 -s/-s (*lat.*, vor')《成句として》das 〈ein〉 ~ gegenüber j〈et〉³ haben 人〈物〉より優位に立っている.

Prä'am·bel [prɛ'ambəl] 囡 -/-n (*lat.*) **1** (条約・法律などの)前文, 序文. **2**《音楽》前奏曲.

'pra·chern ['praxərn] 自 (*slaw.*)《とくに北ド》でしつこくねだる.

Pracht [praxt] 囡 -/ **1** 華麗さ, 壮麗さ；豪華絢爛(ぶり). die weiße ~ einer Winterlandschaft 冬一色の壮麗な冬景色. große ~ entfalten 絢爛たる光景を繰り広げる. in voller ~ 華やかに, 目もあやに. **2**《比喩》(話)見事な物(事), すばらしい物(事). Das Essen war eine (wahre) ~ 食事はすばらしかった. Er wächst, dass es eine ~ ist. 彼の成長ぶりは見事なものである.

'Pracht·aus·ga·be 囡 -/-n (本の)豪華版, 美装版.

'Pracht·exem·plar 中 -s/-e《話》(Prachtstück) 逸品, 優良品. ein [wahres] ~ von einem Mann《戯》模範的の男性.

*★**'präch·tig** ['prɛçtɪç プレヒティヒ] 厖 (↓ Pracht) **1** 華麗な, 豪華な, 壮麗な；きらびやかな. ~e Kleider 豪華な衣裳. **2** すばらしい, 見事な, 立派な. ein ~er Anblick すばらしい眺め. ein ~er Mensch すてきな人. Das ist ja ~!《話》それはすてきだね.

'Pracht·kerl 男 -(e)s/-e《話》すばらしい男, 好漢.

'Pracht·stra·ße 囡 -/-n 目抜き通り.

'Pracht·stück 中 -(e)s/-e =Prachtexemplar

'pracht·voll 厖 =prächtig

Prä·des·ti·na·ti'on [prɛdɛstinatsi'o:n] 囡 -/ (*lat.*) **1**《神学》(主に Calvin 派が唱えた神による救いの)予定. **2** 宿命, 天命. Er hat die ~ zum Politiker. 彼は政治家に生れついている.

prä·des·ti'niert [prɛdɛsti'ni:rt] 厖 (神によって)予定された, 宿命的な. zu et³ [für et³] ~ sein 事³/³に運命づけられている.

Prä·di'kat [prɛdi'ka:t] 中 -[e]s/-e (*lat.*) **1** 称号, 尊称. **2** 成績, 評価, 評点. mit dem ~ „sehr gut" bewertet werden『優』の評価を受ける. Qualitätswein mit ~. 品質保証付きワイン. **3**《論理》賓辞(ピッ)；《文法》述語.

prä·di·ka'tiv [prɛdika'ti:f] 厖《文法》述語的な.

Prä·di'kats·no·men 中 -s/..mina [..mina]《文法》述語名詞(類).

prä·dis·po'nie·ren [prɛdɪspo'ni:rən] 他 (*lat.*) **1** (事⁴を)前もって予定する. **2**《過去分詞で》für eine Krankheit *prädisponiert* sein《医学》ある病気にかかりやすい素質を持っている.

Prä·dis·po·si·ti'on [prɛdɪspozitsi'o:n] 囡 -/-en (*lat.*)《医学》疾病素質, 素因.

prä·do·mi'nie·ren [prɛdomi'ni:rən] 自 (*lat.*) 優位を占める, 優勢である.

Prä·exis'tenz [prɛ|ɛksɪs'tɛnts] 囡 -/ (*lat.*)《哲学》

神学》**1**（肉体との結合以前の霊魂の）先在. **2**（天地創造以前の世界の）先在.

Präˈfekt [prɛˈfɛkt] 男 -en/-en (*lat.*) **1**（古代ローマの）長官, 総督. **2**（フランス・イタリアの県の）知事. **3**〖ｶﾄﾘｯｸ〗（ローマ教皇庁の）聖省の長官. **4** 学校での合唱隊を指揮する上級生. **5** 寄宿舎で下級生を監督する上級生.

Präˈfekˈtur [prɛfɛkˈtuːr] 女 -/-en **1** Präfekt 1 の職. **2** Präfekt 1 の管区; 県, 府. **3** Präfekt 1 の官舎.

Präˈfeˈrenz [prɛfeˈrɛnts] 女 -/-en (*lat.*) **1** 優位, 優先; 好み. **2**〖経済〗（関税などの）特恵, （消費者の商品に対する）嗜好. **3**〖古〗〖ﾄﾗﾝﾌﾟ〗切札.

Präˈfix [prɛˈfiks, ˈprɛːfiks] 中 -es/-e〖文法〗(Vorsilbe) 接頭辞.

Prag [praːk]〖地名〗プラハ（チェコの首都）.

ˈPräˈgeˈdruck [ˈprɛːgə..] 男 -[e]s/ **1**〖印刷〗浮き出し印刷. **2**〖紡織〗押し型つけ, エンボス加工.

ˈpräˈgen [ˈprɛːgən] 他 **1** 刻みつける, 刻印する;（貨幣を）鋳造（する）. Silber 〜 銀に刻印する; 銀貨を鋳造する. Münzen 〜 貨幣を鋳造する.《過去分詞で》*geprägte* Form 鋳(ｲ)型. *geprägtes* Leder 浮き彫り模様のついた革（細工）. **2**（心に）刻みこむ, 印象づける.《帰например的で》Das Erlebnis hat *sich*ʳ mir tief ins Gedächtnis *geprägt*. その体験は私の記憶に深く刻みこまれた. **3** 形づくる, 特色づける;（新語などを）造り出す. Die Türme *prägen* das Antlitz der Stadt. それらの塔がこの町の顔だ. ein neu *geprägtes* Wort 新造語.

ˈPraˈger [ˈprɑːɡər] 男 -s/- プラハの住民（出身者）. **❷** 形《不変化》プラハの.

ˈPräˈgeˈstemˈpel 男 -s/- 押し型.

ˈPräˈgeˈstock 男 -[e]s/ʺe 型押し機.

Pragˈmaˈtik [praˈɡmaːtik] 女 -/-en (*gr.*) **1**《複数なし》実際的（実用的）な感覚, 現実（実用）主義. **2**《複数なし》〖言語〗語用論. **3**〖ﾄﾞｲﾂ〗〖書〗（国家公務員の）服務規定.

Pragˈmaˈtiˈker [praˈɡmatikər] 男 -s/- 現実（実用）主義者.

pragˈmaˈtisch [praˈɡmaːtɪʃ] 形 **1** 実用的な, 現実（実用）主義的な. 〜*e* Geschichtsschreibung 教訓的歴史記述（歴史的出来事の因果関係を究明し, そこから教訓を導き出そうとする歴史記述）. die *Pragmatische* Sanktion〖歴史〗プラグマティッシェ・ザンクツィオン（1713 にカール 6 世が定めたハープスブルク家の基本家法）. **2**〖言語〗語用論の（による）.

Pragˈmaˈtisˈmus [praɡmaˈtɪsmʊs] 男 -/ (*gr.*)〖哲学〗プラグマティズム, 実用主義;（一般に）現実（実用）主義.

prägˈnant [prɛˈɡnant] 形 (*lat.*)（表現などの）的確な, 簡潔にして意味深長な.

Prägˈnanz [prɛˈɡnants] 女 -/（表現などの）的確（簡潔）さ.

ˈPräˈgung [ˈprɛːɡʊŋ] 女 -/-en **1** (a) 刻印,（貨幣の）鋳造. (b)（メダルなどの表面に）刻印された像（模様）. **2** 特色, 特徴; 印象. ein Mensch von [ganz] eigener 〜 独自性のある人. ein Buch von besonderer 〜 特別印象に残る本. **3** (a) 新しい語（表現）を作ること, 造語. (b) 新しく作られた語（表現）, 新造語.

Präˈhisˈtoˈrie [prɛhɪsˈtoːriə, ˈprɛːhɪstoːriə] 女 -/ (*lat.*) 先史時代. **2** 前史, 経緯.

präˈhisˈtoˈrisch [prɛhɪsˈtoːrɪʃ, ˈprɛː..] 形《比較変化なし》先史時代の, 有史以前の.

*ˈ**prahˈlen** [ˈpraːlən プラーレン] 自《侮》(mit et³ 事³を) 自慢する. mit *seinen* Kenntnissen 〜 自分の知識をひけらかす.

ˈPrahˈler [ˈpraːlər] 男 -s/- 自慢する人, 大言壮語する人.

Prahˈleˈrei [praːləˈraɪ] 女 -/-en 自慢, 大言壮語.

ˈprahˈleˈrisch [ˈpraːlərɪʃ] 形 自慢ばかりする, 誇張の好きな.

ˈPrahlˈhans [ˈpraːlhans] 男 -[es]/ʺe〖話〗=Prahler

Prahm [praːm] 男 -[e]s/-e(ʺe) (*tschech.*) 平底船, はしけ.

Präˈjuˈdiz [prɛjuˈdiːts] 中 -es/-e (*lat.*) **1**〖法制〗（裁判上の）先例, 判例. **2**〖政治〗仮決定. **3** 先入見, 偏見.

präˈjuˈdiˈzieˈren [prɛjudiˈtsiːrən] 他 (*lat.*)〖法制〗先決する, 仮決定する.

ˈPrakˈtik [ˈpraktik] 女 -/-en (*gr.*) **1** 実施（操作）方法, 取扱い方. **2**《ふつう複数で》策略, 術策. dunkle 〈üble〉 〜*en* 陰謀〈悪だくみ〉. **3** (15–17 世紀の)農事（農民）暦.

ˈPrakˈtiˈka [ˈpraktika] Praktikum の複数.

prakˈtiˈkaˈbel [praktiˈkaːbəl] 形 **1** 実用的な, 有用な. **2**〖演劇〗（舞台装置が）実際に使える, 実物の.

*ˈ**Prakˈtiˈkant** [praktiˈkant] 男 -en/-en (↑ Praktikum) 実習生. ◆ 女性形 Praktikantin 女 -/-nen

ˈPrakˈtiˈken [ˈpraktikən] Praktikum の複数.

ˈPrakˈtiˈker [ˈpraktikər] 男 -s/- **1** (↔ Theoretiker) 実務家. **2**〖話〗(praktischer Arzt) 開業医.

ˈPrakˈtiˈkum [ˈpraktikʊm] 中 -s/..ka(..ken) (↑ Praktik) (教育課程の一環として学外または実験室などで行われる) 実習. ein physikalisches 〈chemi­sches〉 〜 物理〈化学〉演習.

ˈPrakˈtiˈkus [ˈpraktikʊs] 男 -/-se (*lat.* practicus, tätig‘)〖話〗= Praktiker

ˈprakˈtisch [ˈpraktɪʃ プラクティシュ]**❶** 形《比較変化なし／述語的には用いない》 (↔ theoretisch) **1** 実用的な, 実際的な; 実践的な, 実地の. ein 〜*er* Arzt (専門医に対する) 一般医, 開業医. 〜*e* Erfahrungen 実地の経験. ein 〜*es* Jahr 1年間の実習期間. **2** 役に立つ, 便利な. 〜*e* Werkzeuge 便利な道具. **3** 器用な, 手際のよい. **❷** 副〖話〗実際は, 本当は, もともと. Das ist 〜 unmöglich. そんなことはもともとできっこないことだ.

prakˈtiˈzieˈren [praktiˈtsiːrən] (↓ Praktik) **❶** 他 **1** 実行する, 実践する. *praktizierender* Christ 実践的キリスト教徒. **2**〖話〗(ある場所に) うまく移す (入れる). et¹ in *seine* Tasche 〜 物¹をポケットに入れる. den Vogel in einen Käfig 〜 鳥をうまくかごに入れる. **❷** 自 **1**（医者・弁護士などが）開業している; 診療を行なっている. **2**〖まれ〗実習を終える.

Präˈlat [prɛˈlaːt] 男 -en/-en (*lat.*)〖ｶﾄﾘｯｸ〗(司教・大修道院長などの)高位聖職者.

Präˈliˈmiˈnaˈrien [prɛlimiˈnaːriən] 複 (*lat.*)（外交上の）予備折衝.

Praˈliˈne [praˈliːnə] 女 -/-n (*fr.*) プラリーネ（木の実・果物・クリームなどをチョコレートでくるんだチョコレートボンボン）.

Praˈliˈné, Praˈliˈnee [praliˈneː, ˈpraliːneː] 中 -s/-s (*fr.*)〖ｽｲｽ・ｵｰｽﾄﾘｱ〗= Praline

prall [pral] 形 **1** 一杯（ぱんぱん）に膨(ﾌｸ)らんだ, はち切れそうな;（帆などが）張った;（服などが体に）ぴっちり

した, ぴちぴちの. ein ~er Fußball (空気が一杯入っ て)ぱんぱんに張ったサッカーボール. eine ~ gefüllte Brieftasche〈Tasche〉(中味が一杯つまって)はち切れそうな紙入れ〈かばん〉. ~e Brüste (はち切れそうに)盛りあがった乳房. **2** (太陽が)ぎらぎら照りつける, 焼きつくような.

Prall [pral] 男 -[e]s/-e 《複数まれ》衝突; はね返り.

'**pral·len** ['pralən] 自 (s, h) **1** (s) 〈gegen〈an/auf〉 et⁴ 物に/gegen〈auf〉j⁴ 人に〉ぶつかる, 衝突する;(当然) mit seinem Kopf gegen die Wand geprallt. 彼は頭を壁にぶつけた. **2** (h) (太陽が)かっと照りつける.

prä·lu·di·e·ren [prɛluˈdiːrən] 自 (lat.)《音楽》(即興的に)前奏する.

Prä·lu·di·um [prɛˈluːdiom] 中 -s/..dien [..diən] 《音楽》前奏曲, プレリュード.

Prä·ma·tu·ri·tät [prɛmaturiˈtɛːt] 女 -/ (lat.)《医学》(Frühreife) 早熟.

'**Prä·mie** ['prɛːmiə] 女 -/-n (lat., Belohnung, Preis') **1** 賞金, 賞品. **2**《経済》(ノルマ以上の業績をあげた者や永続勤務者などに対する)特別賞与(金); 割増し賞金, 特別手当; (貯蓄などを奨励するための国による)奨励金; (公債などの)割増し配当金; (宝くじの)割増金, プレミアム. **3** (Versicherungsprämie) 保険料.

'**Prä·mi·en·ge·schäft** 中 -[e]s/-e《経済》差金 (ಀಀ)取引(解約金を支払えば解約可能な期間取引).

prä·mie·ren [prɛˈmiːrən] 他 =prämiieren

prä·mi·ie·ren [prɛmiˈiːrən] 他 (lat., belohnen') (人や物に)賞(金)を与える,(を)表彰する.

Prä·mis·se [prɛˈmɪsə] 女 -/-n (lat.) **1**《論理》前提. **2** (計画などの)前提.

'**pran·gen** ['praŋən] 自 **1**《雅》きらめく, 光彩を放つ, きらびやか(はなやか)である(服装についても). Im Garten prangen bunte Blumen. 庭には色とりどりの花が咲き誇っている. **2** ひときわ人目を引く. **3**《地方》(mit et⁴ 物を)見せびらかす, 誇示する. **4**《海事》総帆を張る, エンジンをフル回転させる.

'**Pran·ger** ['praŋɐ] 男 -s/- (Schandpfahl) (中世に用いられた罪人のさらし台. j〈et〉⁴ an den ~ stellen《比喩》人〈物⁴〉をさらしものにする. an den ~ kommen《比喩》世間の批判にさらされる, さらしものになる. am ~ stehen《比喩》世間の批判にさらされている, さらしものになっている.

'**Pran·ke** ['praŋkə] 女 -/-n (lat., Pfote) **1** (猛獣の)前足. **2**《話》(人の)大きないかつい手. **3**《猟師》(犬や狐獣の)足首.

prä·nu·me·ran·do [prɛnumeˈrando] 副 (lat. prä..+numerare, zahlen') 《商業》(↔ postnumerando) 前払いで.

prä·nu·me·rie·ren [prɛnumeˈriːrən] 他 (lat.) (物の支払いを前払いする.

Prä·pa·rand [prɛpaˈrant] 男 -en/-en (lat.) **1**《古》師範学校予科生. **2**《地方》堅信準備授業受講1年目の者.

Prä·pa·rat [prɛpaˈraːt] 中 -[e]s/-e (lat.) **1** 調合剤(薬). **2**《生物·医学》(動植物の)標本, 顕微鏡標本, プレパラート. ein ~ anfertigen 標本を作る.

prä·pa·rie·ren [prɛpaˈriːrən] (lat., vorbereiten')
❶ 他 **1**《生物·医学》(物⁴を)標本にする;(筋肉などを)解剖する. **2** (物を)あらかじめ作る, 用意する. die Piste für das Skilaufen ~ スキー用の滑走コースを整備する. einen Teig ~ (パンやケーキ用の)生地(ೈ)を前もってつくっておく. **3** (物⁴の)予習をする, 下調べをする;(演説·旅行などの)準備をする. einen Text ~ (語学の)テキストの予習〈下調べ〉をする. **4** (人³に)準備をさせる(für et⁴ 事⁴の). ❷ 再 (sich⁴) 予習〈下調べ〉をする; 準備をする(für et⁴ 事⁴の).

Prä·pon·de·ranz [prɛpondeˈrants] 女 -/ (lat.)《古》優位, 優勢.

Prä·po·si·ti·on [prɛpozitsiˈoːn] 女 -/-en (lat.)《文法》前置詞.

prä·po·si·ti·o·nal [prɛpozitsioˈnaːl] 形 前置詞づきの.

Prä·rie [prɛˈriː] 女 -/-n [..ˈriːən] (fr., Wiese') (北米の)大草原, プレーリー.

Prä·rie·hund 男 -[e]s/-e《動物》プレーリードッグ.

Prä·ro·ga·tiv [prɛrogaˈtiːf] 中 -s/-e =Prärogative

Prä·ro·ga·ti·ve [..ˈtiːvə] 女 -/-n (lat., Vorrecht') **1**《古》特権, 優先権. **2**《政治》(君主の)大権.

'**Prä·sens** ['prɛːzɛns] 中 -/Präsentia (Präsenzien) (lat.)《文法》現在時制, (動詞の)現在形.

prä'sent [prɛˈzɛnt] 形 (lat., gegenwärtig') (ふつう次の用法で) ~ sein 居合せている, 出席している. Ich war einen Augenblick nicht ~. 私は一瞬心ここにあらずの状態だった. et⁴ ~ haben 物⁴を手元に持っている; 事⁴を覚えている. Ich habe den Ausdruck augenblicklich nicht ~. その言い方がどんなだったか, 今とっさには思い出せない.

Prä'sent 中 -[e]s/-e (fr., Geschenk') 贈物, プレゼント. j³ ein ~ machen 人³にプレゼント(贈物)をする.

Prä·sen'tant [prɛzɛnˈtant] 男 -en/-en《経済》(手形の)呈示人.

Prä·sen·ta·ti·on [prɛzɛntatsiˈoːn] 女 -/-en (lat.) **1** 提示; 提出. **2**《経済》(手形の)呈示. **3** (官職への)推挙.

Prä·sen·tia [prɛˈzɛntsia] Präsens の複数.

prä·sen'tie·ren [prɛzɛnˈtiːrən] (lat.) ❶ 他 **1** (人³に)物⁴を差出す, 差出す;(手形·請求書などを)呈示する;(ショーなどを)上演する. j³ Kaffee und Gebäck ~ 人³にコーヒーとお菓子を出す. j³ die Rechnung [für et⁴] ~《比喩》人³に(事⁴の)責任を取らせる. **2** das Gewehr ~《軍事》ささげ銃(ᵘ)をする. ❷ 再 (sich⁴)(人³の前に)現れる, 姿を現す.

Prä·sen'tier·tel·ler [prɛzɛnˈtiːr..] 男 -s/- 《古》名刺(手紙などの)を載せる盆. [wie] auf dem ~ sitzen《話》人目に晒(ೈ)されている.

Prä'senz [prɛˈzɛnts] 女 -/ (lat., Gegenwart') **1** (人や物が)そこにいる(ある)こと, 存在, 現存; 出席. **2** 出席者(参加者)数.

Prä·sen·zi·en [prɛˈzɛntsiən] Präsens の複数.

Prä·senz·lis·te 女 -/-n 出席者名簿.

Prä·senz·stär·ke 女 -/《軍事》現有勢力.

Pra·se·o'dym [prazeoˈdyːm] 中 -s/ (gr.)《記号 Pr》《化学》プラセオジム.

Prä·ser·va'tiv [prɛzɛrvaˈtiːf] 中 -s/-e コンドーム.

prä·ser'vie·ren [prɛzɛrˈviːrən] 他 (lat.)《古》**1** 守る. **2** 保存(維持)する; 保存できるようにする.

'**Prä·ses** ['prɛːzɛs] 男 -/Präsides (Präsiden) (lat.) **1** (教会の団体·委員会などの)議長, 司会(指導)司祭. **2**《ᵏᵃᵗʰ》(州の教会会議の)議長.

Prä·si·den [prɛˈziːdən] Präses の複数.

*****Prä·si'dent*** [prɛziˈdɛnt] 男 -en/-en (lat.) **1** 議長, 長官, 総裁, 会長, 学長. **2** 大統領. der ~ der USA アメリカ合衆国大統領.

Prä·si·dent·schaft [prɛzi'dɛnt-ʃaft] 囡 -/-en 《複数まれ》大統領(議長, 総裁, 会長, 学長)の職務(任期).

'Prä·si·des ['prɛ:zide:s] Präses の複数.

Prä·si·di·en [prɛ'zi:diən] Präsidium の複数.

prä·si·die·ren [prɛzi'di:rən] 圁 (*lat.*, vorsitzen, leiten') 《3格に》 einer Versammlung〈einem Gremium〉~ 会議〈委員会〉の議長を務める. ♦スイスでは 4 格と用いられる.

Prä·si·di·um [prɛ'zi:diʊm] 囲 -s/..dien (*lat.*) **1** 議長(座長)の地位(職). das ~ übernehmen 議長を引受ける. **2**(団体などの)幹部会; (会議の)議長団. **3** 警察本部(またはその建物).

'pras·seln ['prasəln] 圁 (s, h) **1**(s)(雨・あられなどが)ばらばらと音を立てて降る(auf〈gegen〉 et⁴ 物に); (銃弾などが)雨あられと降り注ぐ; (質問・非難などが)浴びせられる(auf j³ 人⁴に). mit prasselndem Beifall begrüßt werden 拍手喝采(🔅)を浴びる. **2**(h)(薪(🔅)・火などが燃えて)ぱちぱち音を立てる; (脂肪・肉などがフライパンの中で焼けて)ぱちぱち(じゅうじゅう)音を立てる.

'pras·sen ['prasən] 圁 ぜいたくをする, ぜいたく三昧(🔅)の暮しをする(とくに美食にふける).

'Pras·ser ['prasər] 男 -s/- ぜいたく三昧の暮しをする人.

Pras·se'rei [prasə'raı] 囡 -/-en ぜいたく三昧(の暮し).

prä·su'mie·ren [prɛzu'mi:rən] 他 (*lat.*) 仮定する; 推定(想定)する.

Prä·sum·ti'on [prɛzʊmtsi'o:n] 囡 -/-en (*lat.*) 仮定, 推定, 前提.

prä·sum'tiv [prɛzʊm'ti:f] 形 仮定の; 推定(想定)に基づく.

Prä·ten'dent [prɛtɛn'dɛnt] 男 -en/-en (*fr.* , Bewerber')(地位・職・権利などを)要求する者; (とくに)王位を要求する者.

prä·ten'die·ren [prɛtɛn'di:rən] 圁 他 (*fr.*) ([auf] et⁴ 物を)要求する.

prä·ten·ti'ös [prɛtɛntsi'ø:s] 形 (*fr.*) **1** うぬぼれの, 思い上がりの. **2** 大げさな, もったいぶった.

'Pra·ter ['pra:tər] 男 -s (地名)der ~ プラーター(ヴィーン市の北東部に位置する広大な公園. かってはハープスブルク家の狩猟場として利用されていた森).

Prä·te'ri·tum [prɛ'te:ritʊm] 囲 -s/..ta[..ta] (*lat.*) 《文法》過去時制; (動詞の)過去形.

'Prä·tor ['prɛ:to:r] 男 -s/-en[prɛ'to:rən] (*lat.*)(古代ローマの)法務官, プラエトル.

Prä·to·ri'a·ner [prɛtori'a:nər] 男 -s/- (*lat.*)(古代ローマの皇帝や将軍の)近衛兵.

'Prat·ze ['pratsə] 囡 -/-n (*it.*)(とくに南🔅・🔅)= Pranke

Prä·ven·ti'on [prɛvɛntsi'o:n] 囡 -/-en (*fr.*)(病気などの)予防; 防止.

prä·ven'tiv [prɛvɛn'ti:f] 形 《比較変化なし》 (*fr.*) 予防(上)の. ~e Maßnahmen 予防措置.

Prä·ven'tiv·krieg 男 -[e]s/-e 予防戦争.

Prä·ven'tiv·maß·nah·me 囡 -/-n 《ふつう複数で》予防措置.

Prä·ven'tiv·me·di·zin 囡 -/ 予防医学.

Prä·ven'tiv·mit·tel 囲 -s/- 《医学》**1** 予防薬, 予防手段. **2** 避妊薬(具).

Pra·xen [praksn] Praxis の複数.

*'**Pra·xis** ['praksɪs] プラクスィス》 囡 -/Praxen (*gr.* , Tat, Handlung') **1** 《複数まれ》実行, 実践, 実地, 応用. in der ~ 実地に. et⁴ in die ~ umsezen 事⁴を実行に移す. ein Mann der ~ 実行型の男. **2** 《複数なし》実地経験, 実務. ~〈keine ~〉 haben 実地経験がある〈ない〉. **3** 《複数まれ》取扱い法, 実施方法. eine neue ~ 新しいやり方. **4** 《複数まれ》(医者・弁護士などの)業務, 活動範囲; 診察(執務)時間. eine große ~ haben 活動範囲が広い, 顧客層が厚い. zum Arzt in die ~ kommen 医者としての仕事を始める. **5** 診察室; (法律)事務所.

Prä'ze·dens [prɛ'tse:dɛns] 囲 -/..denzien (*lat.*) 先例, 前例.

Prä·ze'denz·fall [prɛtse'dɛnts..] 囲 -[e]s/⸗e Präzedens

Prä·ze'den·zien [prɛtse'dɛntsiən] Präzedens の複数.

Prä'zep·tor [prɛ'tsɛpto:r] 男 -s/-en[..'to:rən] (*lat.*) 《古》教師; 家宅教師.

Prä·zes·si'on [prɛtsɛsi'o:n] 囡 -/-en (*lat.*)《物理》歳差運動;《天文》(地球の)歳差.

prä'zis [prɛ'tsi:s] 形 =präzise

prä'zi·se [prɛ'tsi:zə] 形 (*fr.*) 正確な, 精密な; 簡潔な; 几帳面な.

prä·zi'sie·ren [prɛtsi'zi:rən] 他 いっそう明確にする, さらに詳しく述べる.

Prä·zi·si'on [prɛtsizi'o:n] 囡 -/ 正確さ, 精密さ; 明確さ; 簡潔さ.

Prä·zi·si'ons·in·stru·ment 囲 -[e]s/-e 精密機器(とくに計測用の).

Prä·zi·si'ons·waa·ge 囡 -/-n 精密測定用秤(🔅).

*'**pre·di·gen** ['pre:digən] プレーディゲン》(*lat.*) ❶ 圁 (聖職者が)説教をする(über et⁴ 事について / gegen et⁴ 事を戒めて). tauben Ohren ~《話》馬の耳に念仏を唱える. ❷ 他 (真理・道徳などを)説く, 説教する; (繰返し)言聞かせる. das Evangelium ~ 福音(🔅)を説く(広める). j³ Toleranz ~ 人³に寛容を説く.

'Pre·di·ger ['pre:digər] 男 -s/- **1** 説教師, 伝道者. **2**《話》口うるさく言う人.

*'**Pre·digt** ['pre:diçt] プレーディヒト》 囡 -/-en **1** 説教. die ~ halten〈hören〉説教をする〈聞く〉. in die 〈zur〉~ gehen 説教を聞きに行く. **2**《話》お説教. j³ eine ~ halten 人³にお説教をする.

Preis
[praıs プライス》 男 -es/-e (*fr.*) **1** 値段, 価格; 《複数で》物価, 費用, コスト; 犠牲. ein hoher〈niedriger〉 ~ 高い〈安い〉値段. saftige〈gesalzene〉 ~ e 法外な値段. Die ~e steigen〈fallen〉. 物価が上がる〈下がる〉. die ~e erhöhen〈senken〉 値段を上げる〈さげる〉. ~e auszeichnen 《話》値札をつける. j³ einen guten ~ machen 人³に値段を負けてやる. Wie hoch ist der ~? 値段はいくらですか. Der ~ für dieses Modell beträgt 100 Euro. この型の値段は 100 ユーロです. Das ist aber ein stolzer ~. それはすごい値段だ. Freiheit hat ihren ~.《比喩》平和はただではない. 《前置詞》nicht auf den ~ sehen 値段(費用)を問題にしない. im ~ hoch〈gut〉 stehen 値段が高い. im ~ steigen〈sinken〉 値段が上がる〈下がる〉. um jeden ~ どんな費用がかかっても, どんな犠牲を払っても;《比喩》是が非でも. um keinen ~ どんなことがあっても. auch um den ~ *seines* eigenen Lebens 自分の命を犠牲にしても. et⁴ unter[m] ~ verkaufen 物を値引して売る. Rabatt〈eine Ermäßigung〉 vom ~ abziehen 値引をする.

Preisabbau

2 賞, 賞金, 賞品. erster〈zweiter〉 ~ 1〈2〉等賞. einen ~ gewinnen 賞を獲得する. j³ den ~ zuerkennen 人³に賞を与える. einen ~ [auf et⁴] [aus]setzen (事¹に)賞金をかける. Ohne Fleiß kein ~. 《諺》労なくして報いなし. **3** 《雅》賞賛, 栄光. zu Gottes ~ 神の栄光のために. j³ Lob und ~ singen 人³をほめたえる.

'**Preis·ab·bau** 男 -[e]s/ 値下げ.
'**Preis·an·ga·be** 女 -/-n 価格表示.
'**Preis·an·stieg** 男 -[e]s/-e 値上がり.
'**Preis·auf·ga·be** 女 -/-n 懸賞問題.
'**Preis·aus·schrei·ben** 中 -s/- (新聞・雑誌などで広告し, 応募者を募る)懸賞.
'**Preis·be·we·gung** 女 -/-en 物価(価格)の変動.
'**Preis·bin·dung** 女 -/-en 《経済》(協定による)価格拘束.
'**Preis·bre·cher** 男 -s/- 協定価格破りをする人.
'**Prei·sel·bee·re** ['praizəlbe:ra] 女 -/-n (*tschech.*) **1** 《植物》こけもも(苔桃). **2** こけももの実(赤い実で鹿などの肉の付合せとして食用に供する).
'**Preis·emp·feh·lung** 女 -/-en (メーカーの推奨する)販売価格.
'**prei·sen*** ['praizən] pries, gepriesen 他《雅》(loben) 称賛(賞美)する; 推称する. Gott ~ 神をほめ称える. Er preist sich⁴ als guter〈古 guten〉 Lehrer. 彼は良い教師だと自認している. sich⁴ glücklich ~ わが身の幸せを喜ぶ. 《過去分詞で》Sie ist eine gepriesene Schönheit. 彼女は評判の美人だ.
'**Preis·er·hö·hung** 女 -/-en 値上げ; 物価上昇.
'**Preis·er·mä·ßi·gung** 女 -/-en 値下げ, 値引.
'**Preis·fra·ge** 女 -/-n **1** 懸賞問題; 《比喩》(話)難問. **2** 値段の問題.
'**Preis·ga·be** ['praisga:bə] 女 -/(↓ preisgeben) **1** 放棄, 断念. **2** (秘密などを)漏らすこと.
'**preis|ge·ben*** ['praisge:bən] ❶ 他 **1** 委ねる, まかせる, 示す. j⁴ dem Spott der Leute ~ 人⁴を人々の嘲笑のものにする. Das Boot war dem Wind und den Wellen preisgegeben. ボートは風と波のままに漂っていた. **2** 放棄する; 見捨てる, 犠牲にする. einen militärischen Stützpunkt ~ 軍事の拠点を放棄する. sein Vaterland ~ 祖国を見捨てる.《過去分詞で》sich⁴ preisgegeben fühlen 見捨てられたように感ずる. **3** (秘密・計画などを)漏らす.
❷ 再 (sich) (事¹に)身をさらす, (人³に)身をまかす, 身を委(ゆだ)ねる; 自分を犠牲にする. ◆ フランス語 donner en prise, als Beute geben ' の翻訳借用語.
'**preis·ge·krönt** 《副詞的には用いない》受賞した. ein ~es Werk 受賞作.
'**Preis·ge·richt** 中 -[e]s/-e (賞の)選考(審査)委員会.
'**preis·güns·tig** 割安の, 買得の.
'**Preis·in·dex** 男 -[es]/..indizes (..indices) 物価指数.
'**Preis·la·ge** 女 -/-n 価格の程度. Haben Sie noch andere Stoffe in dieser ~? このぐらいの価格の布地は他にまだありますか.
'**preis·lich** ['praislıç] 《述語的には用いない》価格(上)の.
'**Preis·lis·te** 女 -/-n 価格表.
'**Preis·nach·lass** 男 -es/-e 《経済》(Rabatt) 値引, 割引.
'**Preis·ni·veau** 中 -s/-s 《経済》物価水準.
'**Preis·po·li·tik** 女 -/ 価格(物価)政策.

'**Preis·rät·sel** 中 -s/- 懸賞クイズ.
'**Preis·rich·ter** 男 -s/- (賞の)選考委員, 審査員.
'**Preis·schild** 中 -[e]s/-er 値札.
'**Preis·schrift** 女 -/-en 受賞論文.
'**Preis·schwan·kung** 女 -/-en 《多く複数で》物価の変動.
'**Preis·sen·kung** 女 -/-en 値下げ.
'**Preis·stei·ge·rung** 女 -/-en 値上げ; 価格(物価)の上昇.
'**Preis·stopp** 男 -s/-s 《経済》(国家による)価格凍結.
'**Preis·sturz** 男 -es/-e 価格の暴落.
'**Preis·trä·ger** 男 -s/- 受賞者, 入賞者.
Preis·trei·be·rei [praistraibə'rai] 女 -/《侮》価格のつり上げ.
'**Preis·ver·zeich·nis** 中 -ses/-se 価格表.
*'**preis·wert** ['praisve:rt プライスヴェーアト] 形 割安の, 買得の.
pre·kär [pre'kɛ:r] (*fr.*) (問題などが)厄介な, 面倒な; (状況などが)困難な.
'**Prell·bock** ['prɛl..] 男 -[e]s/-e **1** 《鉄道》(線路の末端に据えつけられた)車止め. **2** 《比喩》《話》すべての責任をかぶせられる人.
'**prel·len** ['prɛlən] ❶ 他 **1** (頭や腕などを)強く打ちつける. Ich habe mich am Arm *geprellt*. / Ich habe mir den Arm *geprellt*. 私は腕を打ちつけた(挫いた). **2** (a) だます, ちょろまかす. Käufer ~ 買手をだます. (b) j⁴ um et⁴ ~ 人⁴の物をだまし取る, 詐取(さしゅ)する. die Zeche ~ 飲食代を踏み倒す. das Volk um sein Recht ~ 民衆の権利を奪う. **3** einen Fuchs ~ 《猟師》捕えた狐をぴんと張った布や網の上で何度も放りあげて死なせる(昔の狩人たちの遊び). **4** 《球技》(ボールを)バウンドさせる.
❷ 自 (s) **1** (prallen) ぶつかる, はね返る. **2** 《地方》(獣・猟犬が)つっ走る.
'**Prell·schuss** 男 -es/-e 跳弾(ちょうだん).
'**Prell·stein** 男 -[e]s/-e 《建築》(家・門などの角に置いた)衝突よけの縁(へり)石.
'**Prel·lung** ['prɛlʊŋ] 女 -/-en 打撲傷, 打ち身.
Pre·mi·er [prəmi'e:, pre..] 男 -s/-s (*fr.*) = Premierminister.
Pre·mi·e·re [prəmi'e:rə, pre..] 女 -/-n (*fr.*) (芝居やオペラなどの)初演; (映画の)封切り.
Pre·mi·er·mi·nis·ter 男 -s/- (Ministerpräsident 1) 総理大臣, 首相.
'**Pres·by·ter** ['prɛsbytər] 男 -s/- (*gr.* 'der Ältere') **1** (古代キリスト教会の)長老. **2** 《カトリック》司祭. **3** 《プロテスタント》(長老派教会の)長老.
Pres·by·te·ri·a·ner [prɛsbyteri'a:nər] 男 -s/- 長老派教会員, 長老派教会の信徒.
Pres·by·te·ri·um [prɛsby'te:riom] 中 -s/..rien [..rian] (↓ Presbyter) **1** 《プロテスタント》長老会議; 長老会会議室. **2** 《カトリック》司教区所属の全司祭. **3** (教会の)内陣; 司祭席.
'**pre·schen** ['prɛʃən] 自 (s) (↓ pirschen) 疾走(疾駆)する.
pres'sant [prɛ'sant] 形 (*fr.*) 緊急の, 急ぎの.
*'**Pres·se** ['prɛsə プレセ] 女 -/-n (*lat.*) **1** (a) プレス, 圧搾(圧縮)機. eine hydraulische ~ 水圧プレス. Schrott(Obst) in die ~ geben スクラップをプレスに〈果物を搾り機に〉かける. (b) 印刷機. Die Zeitung hat gerade die ~ verlassen. / Die Zeitung kommt frisch aus der ~. 新聞はちょうど刷り上がったところだ.

Das Buch ist noch in〈unter〉der ~. その本はまだ印刷中だ. **2**《複数なし》(a) 新聞雑誌, ジャーナリズム, 報道機関; 報道陣. die ausländischen ~ 外国の新聞雑誌. die ~ berichtet 新聞雑誌によると. die Freiheit der ~ 出版(報道)の自由. der ~ ein Interview geben 報道陣のインタビューに応ずる, 記者会見する. Ihr Name ist in die ~ gekommen. 彼女の名前が新聞にのった. Er ist von der ~. 彼はジャーナリストである. (b) 新聞雑誌の論評. eine gute〈schlechte〉~ haben〈bekommen〉新聞に良く〈悪く〉書かれる. **3**《話》学習塾.

'**Pres·se·agen·tur** 囡 -/-en 通信社.
'**Pres·se·amt** 匣 -[e]s/⁼er 〈内閣などの〉広報室.
'**Pres·se·frei·heit** 囡 -/《法制》出版(報道, 言論)の自由.
'**Pres·se·ge·setz** 男 -es/-e 出版法.
'**Pres·se·kon·fe·renz** 囡 -/-en 記者会見.
'**Pres·se·mel·dung** 囡 -/-en 新聞報道.
*'**pres·sen** ['prɛsən プレセン] 围 (*lat.*) **1** (a) 押す, 圧する; プレス(加工)する. eine Blume ~ 押し花をつくる. eine Schallplatte ~ レコードをプレスする. *pressende* Angst 胸を締めつけるような不安.《過去分詞で》*gepresste* Blumen 押し花. mit *gepresstem* Herzen 重苦しい気分で. mit *gepresster* Stimme 押し殺した声で. (b) 搾(しぼ)る, 搾り取る, 圧搾する. den Saft aus einer Zitrone ~ レモン汁を搾る. Wein ~ ワインを作る. et⁴ aus j³ ~ 人³から物を搾り取る, 搾取する. **2**《方向を示す語句で》押しつける, 押し込む; 抱きしめる. das Ohr an die Tür ~ ドアに耳を押しあてる. j⁴ an sich⁴ ~ 人⁴を抱きしめる. einen Verband auf die Wunde ~ 傷口に包帯を巻く. Gemüse durch ein Sieb ~ 野菜を裏ごしする. die Kleider in einen Koffer ~ 衣類をトランクに詰め込む. *seine* Gedanken in ein Schema ~《比喩》自分の考えをある図式に無理にはめ込む.《過去分詞で》Der Saal war *gepresst* voll. 広間はすし詰めだった. Die Menschen standen *gepresst* am Straßenrand. 道ばたに人々がひしめき合っていた.《再帰的に》*sich*⁴ eng an die Wand ~ 壁にぴったりと身を寄せる. **3** (a)《古》抑圧する. (b) 強いる, 強制する. j⁴ zu et³ ~ 人⁴に無理やり事³を強いる. j³ in eine Entscheidung ~ 人³にある決断を強いる. **4** Segel ~《船員》総帆を張る. ◆ ↑gepresst

'**Pres·se·or·gan** 匣 -s/-e 〈官庁・政党などの〉機関紙.
'**Pres·se·spre·cher** 男 -s/-《官庁・企業などの〉広報係, スポークスマン.
'**Pres·se·stel·le** 囡 -/-n 広報室.
'**Pres·se·stim·me** 囡 -/-n 〈新聞などの〉論評, 論説.
'**Pres·se·zen·trum** 匣 -s/..tren プレスセンター.
'**Press·glas** 匣 -es/⁼er《工業》押し型ガラス(器).
'**Press·he·fe** 囡 -/-n《食品》圧縮(生)イースト(酵母).
'**pres·sie·ren** [prɛ'si:rən] 围 (*fr.*)《南ド・オ・スイ》急を要する. Die Angelegenheit *pressiert*. この件は急ぐのです.《非人称的に》*Es pressiert* mir. 私は急いでいる.《過去分詞で》Er ist *pressiert*. 彼は急いでいる.

'**Pres·si·on** [prɛsi'o:n] 囡 -/-en 圧力, プレッシャー, 強要.
'**Press·koh·le** 囡 -/-n 煉炭(れんたん).
'**Press·luft** 囡 -/ 圧縮空気.
'**Press·luft·boh·rer** 男 -s/- 空気ドリル.

'**Press·luft·ham·mer** 男 -s/⁼ 空気ハンマー.
'**Press·stoff** 男 -[e]s/-e 《多く複数で》《工業》プラスチック; 成形材料. ◆ **Press-Stoff** とも書く.
'**Pres·sung** 囡 -/-en **1**《複数まれ》プレスする(される)こと. **2** プレス加工品.
Pres'ti·ge [prɛs'ti:ʒə] 匣 -s/ (*fr.*) 声望, 威信, 面目.
pres'tis·si·mo [prɛs'tɪsɪmo] 副 (*it.*)《音楽》プレスティッシモ, きわめて急速に.
'**pres·to** ['prɛsto] 副 (*it.*)《音楽》プレスト, 急速に.
pre·ti'ös [pretsi'ø:s] =preziös
'**Preu·ße** ['prɔʏsə] 男 -n/-n **1** プロイセン人;《南ド》《俗》北ドイツ人. ◆ **Press-Stoff** とも書く.《複数で》《古》軍隊; 兵役. So schnell schießen die ~n nicht.《話》あせりは禁物だ, そう急くは事が運ばない.《無冠詞で語尾-sをつけて》bei ~ns 軍隊では. ◆ 女性形 Preußin 囡 -/-nen
'**Preu·ßen** ['prɔʏsən]《地名》プロイセン.
'**preu·ßisch** ['prɔʏsɪʃ] 形 プロイセン(人)の; プロイセン的な. ◆ **preußisch deutsch**
pre·zi'ös [pretsi'ø:s] 形 (*fr.*) **1** きどった, わざとらしい. **2** 高価な, 貴重な.
'**Pri·a·mos** ['pri:amɔs]《人名》《ギ神話》プリアモス(トロイアの王).
'**pri·ckeln** ['prɪkəln] ❶ 围 **1** ひりひり(ちくちく)する,《冷水などが》ひりひりと刺激する;《心を》刺激する, ぞくぞくする. Die Kälte *prickelte* in ihren Fingern〈*prickelte* ihr in den Fingern〉. 寒さで彼女の指はひりひりした. In ihr *prickelte* ein Argwohn. 彼女の胸の中で不信の念が渦巻いた.《現在分詞で》eine *prickelnde* Atmosphäre ぴりぴりした雰囲気. ein *prickelnder* Reiz ぞくぞくする刺激.《非人称的に》*Es prickelt* mir in den Fingerspitzen. 私は指先がむずむずする.《比喩》《手を出したくて》もう我慢できない. *prickelnde* Witze わさびの利いた洒落. **2**《シャンパンなどが》泡立つ;《雨などが》ピシャピシャ降りかかる.
❷ 刺激物.
Priel [pri:l] 男 -[e]s/-e 干潟に残った水路(水流).
Priem [pri:m] 男 -[e]s/-e **1** 噛みタバコ. **2**《北ド》錐(きり).
'**prie·men** ['pri:mən] 围 噛みタバコを噛む.
pries [pri:s] preisen の過去.
'**prie·se** ['pri:zə] preisen の接続法II.
*'**Pries·ter** ['pri:stər プリースター] 男 -s/- (*gr.*) 僧侶, 神官, 司祭;《キ教》司祭.
'**Pries·ter·amt** 匣 -[e]s/ 僧職, 司祭職.
'**Pries·te·rin** ['pri:stərɪn] 囡 -/-nen 巫女(みこ), 女祭司,《女の》神官.
'**pries·ter·lich** ['pri:stərlɪç] 形 **1** 僧侶(司祭)の; 僧侶(司祭)のような. **2** おごそかな, いかめしい.
'**Pries·ter·schaft** 囡 -/《集合的に》僧侶, 神官, 司祭.
'**Pries·ter·tum** [..tu:m] 匣 -s/ **1** 僧侶(神官, 司祭)の身分. **2** 僧(神)職, 司祭職. **3** = Priesterschaft
'**Pries·ter·wei·he** 囡 -/-n《キ教》《司祭の》叙階, 叙品式.
Prim [pri:m] 囡 -/-en (*lat.*) **1**《キ教》(聖務日課の)第1時課, 朝の祈祷. **2**《音楽》1度(の音程); 主音. **3**《フェンシング》プリム.
*'**pri·ma** ['pri:ma プリーマ] 形《不変化》**1**《話》すばらしい, すてきな. **2**《古》《略 pa. Ia》《商業》特級(極上)の.
'**Pri·ma** ['pri:ma] 囡 -/Primen[..mən] (*lat.*) **1**《古》

Primaballerina

プリーマ(ギュムナジウムの第8学年および第9学年). **2** 《ﾄﾗﾝﾌﾟ》ギュムナジウムの第1学年.

Pri·ma·bal·le'ri·na [primabale'ri:na] 囡 -/..nen [..nən] (it.) プリマバレリーナ.

Pri·ma'don·na [prima'dɔna] 囡 -/..nen [..nən] (it.) **1**(オペラの)プリマドンナ. **2**《俗》(甘やかされた)わがまま者.

Pri·ma'ner [pri'ma:nər] 男-s/-《古》プリーマ(ギュムナジウムの第8, 9学年)の生徒.

Pri'mar [pri'ma:r] 男-s/..e 《ｵｽﾄﾘｱ》=Primararzt

pri·mär [pri'mɛ:r] 形 (fr.)《比較変化なし》(↔ sekundär) **1** 本来の, もともとの; 第1の; 第1次の, 第1期の. das ~e Stadium einer Krankheit 病気の第1期. **2** 根本的な, 基礎的な; とくに重要な. ~e Fragen 根本的な問題. von ~er Bedeutung sein とくに重要である. Es kommt ~ darauf an, dass... まず第1に…が問題(ポイント)だ.

Pri·mar'arzt 男-es/..e 《ｵｽﾄﾘｱ》(略 Prim.) (病院の)部長; 医長.

Pri·mär·ener·gie 囡-/-n 《工学》1次エネルギー(石炭・石油・天然ガスなど).

Pri·mär·li·te·ra·tur 囡-/-en 1 次文献.

Pri·mär·schu·le 囡-/-n《古》《ｽｲｽ》小学校.

Pri·mär·strom 男-[e]s/《電子工》1次電流.

'Pri·mas ['pri:mas] 男-/-se (Primaten) (lat.) **1**《ｶﾄﾘｯｸ》首座司教. **2**(複数 Primasse) (ジプシーの楽団で)ヴァイオリンを受けもつリーダー.

Pri'mat¹ [pri'ma:t] 男(中)-[e]s/-e (lat.) **1** 優位, 優先(権). **2** 嫡子権, 長子相続権. **3** 《複数なし》《ｶﾄﾘｯｸ》教皇首位座権.

Pri'mat² 中-en/-en《多く複数で》霊長類.

Pri·ma·ten [pri'ma:tən] Primas, Primat² の複数.

'Pri·ma·wech·sel 男-s/-《商業》1号手形.

'Pri·me ['pri:mə] 囡-/-n (lat.) **1**《印刷》折り丁番号. **2**《音楽》1度(の音程); 主音.

'Pri·mel ['pri:məl] 囡-/-n (lat.)《植物》さくらそう. eingehen wie eine ~《話》心身ともに不調に陥る; 大損をする, 大敗する.

'Pri·men ['pri:mən] Prima の複数.

'Prim·gei·ger ['prɪm..] 男-s/-(室内楽の)第1バイオリン奏者.

'Pri·mi ['pri:mi] Primus の複数.

*__Pri·mi'tiv__ [primi'ti:f プリミティーフ] 形 (fr.) **1** (a) 原始の, 未開の. ~e Lebenswesen 原始生物. ~e Völker 未開民族. 《名詞的用法で》die Primitiven 原始人. (b) 原初の, 根源的な. ~e Bedürfnisse 根源的な欲求. **2** 原始的な; 単純(素朴)な, 簡単な; 粗末な. ~e Geräte 簡単な道具. ~ essen 粗末な食事をする. **3**《侮》幼稚な, 低級な. ein ~er Mensch 幼稚な人間. **4** ~e Kunst《美術》プリミティヴ・アート.

Pri·mi·ti·vi'tät [primitivi'tɛ:t] 囡-/-en **1**《複数なし》原始的であること; 幼稚(未発達)であること. **2** 幼稚な言動.

Pri·mo·ge·ni'tur [primogeni'tu:r] 囡-/-en (lat.)《法制》長子相続制.

'Pri·mus [pri:mus] 男-/Primi [..mi] (-se) (lat.) 首席の生徒. ~ inter pares ['ɪntər 'pa:rɛs] 同輩の中で最も優れた者.

'Prim·zahl 囡-/-en《数学》素数.

Prin·te ['prɪntə] 囡-/-n《多く複数で》(種々の香辛料を加えたクリスマス用のクッキー).

__Prinz__ [prɪnts プリンツ] 男-en/-en (lat. princeps, im Rang der Erste, Gebieter) 王子, 皇子, プリンス.

Prin'zes·sin [prɪn'tsɛsɪn] 囡-/-nen 王女, 皇女, プリンセス.

'Prinz·ge·mahl 男-[e]s/-e《複数まれ》女王の夫君.

*__Prin'zip__ [prɪn'tsi:p プリンツィープ] 中-s/-e [..piən] (-e) (lat.) 原理, 原則; 主義, 信条. das ~ der Mechanik 力学の原理. auf einem ~ herumreiten《話》原則を振りかざす. et¹ aus ~ tun 主義として事~ien 主義を持った人. nach einem ~ handeln 原則(主義)にしたがって行動する. sich³ et¹ zum ~ machen 事¹を自分の主義にする.

Prin·zi'pal [prɪntsi'pa:l] (lat.) ❶ 男-s/-e《古》店主; (職人の)親方. (劇団の座長). ❷ 中-s/-e **1**《音楽》(パイプオルガンの)主要音栓. **2**《古》トランペットの低音(域).

*__prin·zi·pi'ell__ [prɪntsipi'ɛl プリンツィピエル] 形《述語的には用いない》原則的な, 原理上の, 根本的な. ~e Probleme 根本的な問題. Das tue ich ~ nicht. 私は原則としてそういうことはしない.《名詞的用法で》im Prinzipiellen 原則的な点では.

Prin·zi·pi·en [prɪn'tsi:piən] Prinzip の複数.

Prin·zi·pi·en·los 形 主義主張のない, 無原則な, 無節操な.

Prin·zi·pi·en·rei·ter 男-s/-《話》原則にこだわる人, ヤツを決めない人.

'prinz·lich ['prɪntslɪç] 形 王子(公子)の; 王子(公子)にふさわしい.

'Prinz·re·gent 男-en/-en 摂政の宮.

'Pri·or [pri:ɔr] 男-s/-en [pri'o:rən] (lat.)《ｶﾄﾘｯｸ》(ドミニコ会などの)修道院長; 修道院分院長.

Pri·o·ri·tät [prio:rɪ'tɛ:t] 囡-/-en (fr.) **1**《複数なし》(時間的)先行. **2**《複数なし》上位, 優位, 優先(権). **3**《複数》先着順位. ~en setzen 優先順位を決める. **4**《複数なし》《法制》優先主義. **5**《複数》《経済》優先株.

Pri·o·ri'täts·ak·tie 囡-/-n《多く複数で》優先株.

'Pri·se ['pri:zə] 囡-/-n (fr.) **1**《法制》捕獲物(拿捕(ﾀﾎ)された商船など). **2** ほんのひとつまみの量. eine ~ Salz ひとつまみの塩.

'Pris·ma ['prɪsma] 中-s/..men [..mən] (gr.) **1**《数学》角柱. **2**《光学》プリズム.

pris'ma·tisch [prɪs'ma:tɪʃ] 形 **1** 角柱の形をした. **2** プリズムによる, プリズムの.

'Pris·men ['prɪsmən] Prisma の複数.

'Pris·men·glas 中-es/ˁer プリズム望遠鏡.

'Prit·sche ['prɪtʃə] 囡-/-n **1**(道化の)打ちべら(拍子木の一種). **2**(荷車の)荷台. **3**(板張りの)簡易ベッド. **4**《卑》売春婦.

'prit·schen ['prɪtʃən] 動 **1** 打ちべらで叩く. **2**《ｽﾎﾟｰﾂ》(ボール)をパスする.

---

pri'vat [pri'va:t プリヴァート] 形 (lat.) **1** 個人的な, 私人の, プライベートな. ~e Angelegenheiten 私事. Die Gründe sind rein ~. 理由はまったく個人的なものです. **2** 非公式な, 内輪の; 親しい, 家族的な. die ~e Atmosphäre 家族的な雰囲気. ein ~er Eingang 通用口. ein ~es Gespräch 内輪の話. eine Feier in ~em Kreis 内輪での祝い事. eine ~e Mitteilung 非公式な報告. Privat 私室(ド

アの標札. j⁴ ~ unterbringen 人⁴を個人の家に泊める. ~ verkehren 家族的な交際をする. **3** 民間の, 私有の. ~ e Schule 私立学校. ~ es Unternehmen 私企業. et⁴ ~ verkaufen 物⁴を個人に売る. et⁴ von ~ erwerben / et⁴ aus〈von〉~er Hand erwerben 物⁴を個人から入手する.

Pri'vat·an·ge·le·gen·heit 囡 -/-en プライベート〈私的〉な事柄, 私事, 私用.
Pri'vat·bank 囡 -/-en 普通(民間)銀行.
Pri'vat·be·sitz 男 -es 私有(私蔵)物.
Pri'vat·de·tek·tiv 男 -s/-e 私立探偵.
Pri'vat·do·zent 男 -en/-en (ポストをもたない無給の)大学講師.
Pri'vat·ei·gen·tum 中 -s/ 私有物, 私有財産.
Pri'vat·fern·se·hen 中 -s/ 民間テレビ(局).
Pri'vat·ge·brauch 男 -[e]s/ 私用, 自家用.
Pri'vat·ge·spräch 中 -[e]s/-e 私的な会話;(電話の)私用通話.
Pri·va·ti·er [privati'e:] 男 -s/-s《古》金利(年金)生活者, 高等遊民. ◆女性形 **Privatiere** 囡 -/-n
pri·va'tim [pri'va:tɪm] 副《古》私的に, 個人的に; 内密に, 内々で.
Pri'vat·ini·ti·a·ti·ve 囡 -/ 自発的行動, 個人の指導性(指導力).
Pri'vat·in·ter·es·se 中 -s/-n 個人的利害.
pri·va·ti'sie·ren [privati'zi:rən] 動 **①** 圁 金利(資産)で生活する. **②** 他《経済》民営化する.
Pri·va·ti'sie·rung [..'zi:rʊŋ] 囡 -/-en《経済》民営化.
Pri·va'tis·si·ma [priva'tɪsima] Privatissimum の複数.
pri·va'tis·si·me [priva'tɪsime] 副《lat.》内輪で, 内々で.
Pri·va'tis·si·mum [priva'tɪsimʊm] 中 -s/..ma《lat.》《古》**1** 少数者のための講義. **2**《戯》お説教.
Pri'vat·kla·ge 囡 -/-n《法制》私訴.
Pri'vat·kli·nik 囡 -/-en 私営(民営)の病院.
Pri'vat·le·ben 中 -s/ 私生活.
Pri'vat·leh·rer 男 -s/- 個人教授の教師.
Pri'vat·mann 男 -[e]s/..leute(=er) **1** 私人, 一個人. **2** 金利(年金)生活者, 高等遊民.
Pri'vat·pa·ti·ent 男 -en/-en 自費(診療)患者.
Pri'vat·per·son 囡 -/-en 私人, 一個人.
Pri'vat·recht 中 -[e]s/《法制》私法.
pri'vat·recht·lich 形《法制》私法(上)の, 私法に関する(基づく).
Pri'vat·sa·che 囡 -/-n プライベートな事柄, 私事.
Pri'vat·schu·le 囡 -/-n 私立学校.
Pri'vat·se·kre·tär 男 -s/-e 私設秘書.
Pri'vat·sphä·re 囡 -/ プライバシーの領域.
Pri'vat·stun·de 囡 -/-n 個人教授(レッスン).
Pri'vat·un·ter·richt 男 -[e]s/-e 個人授業.
Pri'vat·weg 男 -[e]s/-e 私道.
Pri'vat·wirt·schaft 囡 -/ **1** 私経済. **2**《総称的に》民間企業.
Pri'vat·woh·nung 囡 -/-en 私宅.
Pri·vi'leg [privi'le:k] 中 -[e]s/..gien [..'le:giən]《lat.》特権, 特典.
pri·vi·le'gie·ren [privile'gi:rən] 他《人〈物〉³に》特権を与える. ◆↑**privilegiert**
pri·vi·le'giert 形分 特権的な, 特権をもった, 特別待遇の.
***pro** [pro:] ブロー]《lat.》**①** 前《4格支配》**1** …ごとに, …につき, …当り. ~ Kopf[und Nase]/~ Person 1人当り. 10 Euro ~ Stück 1個10ユーロ. 100 km ~ Stunde 時速100キロメートル. **②** 副 (↔kontra) 賛成の. [eingestellt] sein 賛成である.
Pro 中 -s/ 賛成; 利点. das ~ und [das] Kontra einer Sache ある事にたいする賛否; ある事の利害得失.
pro.. [pro..]《接頭》名詞・形容詞・動詞などに冠して「前に, 先へ; 賛成の, 支持の」の意を表す. *progressiv* 進歩的な. *pro*arabisch 親アラビア的な.
pro an·no [pro: 'ano]《lat.》《古》《略 p. a.》年ごとに, 毎年.
pro·ba·bel [pro'ba:bəl] 形《lat.》ありそうな, 信じるに足る.
Pro·ba·bi·li'tät [probabilite:t] 囡 -/-en《lat.》本当らしいこと;《哲学》蓋然(がいぜん)性;《数学》確率.
pro'bat [pro'ba:t] 形《lat.》試験済みの, 確実に利く(効果の上がる), 適切な, 有効な.
***'Pro·be** ['pro:bə プローベ] 囡 -/-n《lat.》**1** 検査, 試験, 試し. die ~ bestehen 検査に合格する. eine ~ vornehmen 検査をする. auf eine Rechnung die ~ machen 検算をする. die ~ aufs Exempel machen (主張や結果などが正しいかどうかを)実例で検証する. et⁴〈j⁴〉einer ~ unterziehen 物⁴〈人⁴〉を試験する. auf ~ 試みに, 試験的に. j⁴ auf die ~ stellen〈setzen〉人⁴を試す. et⁴ auf die〈auf eine harte〉~ stellen 物⁴の限界を試す. in〈bei〉einer ~ gut bestehen 検査(試験)において良い点で合格する. **2**《演劇》稽古, 予行, リハーサル. eine ~ abhalten〈unterbrechen〉稽古をする〈中止する〉. **3** 見本, 試料, サンプル. eine ~ entnehmen サンプルを採取する. eine ~《von》seiner Tapferkeit ablegen〈geben〉《比喩》自分の勇敢さを実地に示す.
'Pro·be·ab·zug 男 -[e]s/=e《印刷》校正(ゲラ)刷り, 見本(試し)刷り;《写真》試し焼き.
'Pro·be·ar·beit 囡 -/-en **1** 腕前を見てもらうための作品. **2** 試作(品).
'Pro·be·druck 男 -[e]s/-e《印刷》試し刷り.
'Pro·be·exem·plar 中 -s/-e 見本, サンプル.
'Pro·be·fahrt 囡 -/-en (車などの)試運転, 試乗.
'Pro·be·flug 男 -[e]s/=e 試験飛行.
'Pro·be·jahr 中 -[e]s/-e 1年間の見習期間.
'Pro·be·lauf 男 -[e]s/=e **1** (機械などの)試運転. **2**《スポ》試走; 走力テスト.
'pro·ben ['pro:bən] 他圁《lat.》リハーサルをする, 試演する. den Ernstfall ~ 非常訓練をする. an Schillers „Räuber" ~ シラーの『群盗』の稽古をする.
'Pro·be·n·ar·beit 囡 -/-en《複数まれ》《演劇》リハーサル, 舞台稽古.
'Pro·be·num·mer 囡 -/-n (新聞・雑誌の)見本(号).
'Pro·be·sei·te 囡 -/-n《印刷》組み見本.
'Pro·be·sen·dung 囡 -/-en 試供品(見本)の発送.
'Pro·be·stück 中 -[e]s/-e 見本, 試供品.
'pro·be·wei·se 副 試しに, 試験的に.
'Pro·be·zeit 囡 -/-en **1** 仮採用(見習い)期間. **2**《法》保護観察期間.
***pro·bie·ren** [pro'bi:rən プロビーレン] 他《lat.》**1** 試みる, 試してみる; 試験(検査)する. Ich werde ~, ob es geht. うまくゆくかどうかためしにやってみよう. Lass mich [es] mal ~! 私にちょっとやらせてよ.《中性名詞として》*Probieren* geht über Studieren.《諺》習うより慣れろ. **2** 試食(試飲)する; (薬などを)試用する; 試着する. **3**《冶金》試金する. **4**《演劇》(proben) リハーサル(試演)をする.

Pro·bier·glas [pro'bi:r..] 田 -es/¨er **1**〖化学〗試験管. **2** 試飲用グラス.
Pro·bier·stein 男 –[e]s/–e 試金石.

Pro'blem
[pro'ble:m プロブレーム] 田 –s/–e (gr.) **1** 問題, 課題. ein schwieriges ~ むずかしい問題. ein ~ lösen 問題を解決する. ~e wälzen 問題をあらゆる面から検討する. Das ist kein ~. それは問題ではない(簡単なことだ). Das ist nicht mein ~. それは私には関係のないことだ. **2**〖複数で〗面倒(厄介)なこと. Er hat ~e mit seiner Freundin. 彼はガールフレンドのことで悩んでいる.

Pro·ble·ma·tik [proble'ma:tɪk] 女 –/ 問題性, 問題点.

*****Pro·ble·ma·tisch** [proble'ma:tɪʃ] プロブレマーティシュ] 形 (gr.) **1** 問題のある, 解決困難な. ein ~es Kind 問題児. Diese Frage ist sehr ~. この問題は大変厄介だ. **2** 問題を残した, 疑わしい, 不確かな. eine ~e Vereinbarung あいまいな取決め.

pro'blem·los [pro'ble:mlo:s] 形 問題のない.

pro 'cen·tum [pro: 'tsɛntom] (lat., für hundert)(略 p. c. / 記号 %) パーセント.

*****Pro'dukt** [pro'dʊkt プロダークト] 田 –[e]s/–e (lat.) **1** 生産物, 製品; 成果, 所産; 作品. chemische〈industrielle〉~e 化学〈工業〉製品. ein ~ der Fantasie 空想の産物. **2**〖数学〗積. Das ~ aus〈von〉drei mal vier ist zwölf. 3 かける 4 は 12 である.

Pro'duk·ten·han·del 男 –s/ 農産物の取引.

*****Pro·duk·ti'on** [prodʊktsi'o:n プロドゥクツィオーン] 女 –/–en **1**〖複数なし〗生産(量), 製出, 製作. landwirtschaftliche ~ 農業生産. die tägliche ~ von Autos 自動車の 1 日の生産量. die steigern〈drosseln〉生産を上げる〈抑える〉. in ~ sein 生産されている. in ~ gehen 生産に入る. **2** 産物, 作品, 製品. die gesamte ~ 全製品. **3**〖話〗生産部門. in der ~ arbeiten 生産部門で働いている. **4**〖古〗(演芸などの)出し物, 芸.

Pro·duk·ti'ons·ge·nos·sen·schaft 女 –/–en 生産協同組合.

Pro·duk·ti'ons·kos·ten 複 生産費.

Pro·duk·ti'ons·men·ge 女 –/–n 生産高, 産出量.

Pro·duk·ti'ons·mit·tel 田 –s/– **1**〖多く複数で〗生産要素. **2**〖複数で〗〖経済〗生産手段.

Pro·duk·ti'ons·pro·zess 男 –es/–e 生産過程.

Pro·duk·ti'ons·ver·hält·nis·se 複〖経済〗生産関係.

pro·duk'tiv [prodʊk'ti:f] 形 (fr.) 生産的な; 多作な; 創造的な.

Pro·duk·ti·vi'tät [prodoktivi'tɛːt] 女 –/ 生産性(力); 創造力.

Pro·duk'tiv·kraft 女 –/¨e 〖多く複数で〗生産力.

Pro·du'zent [produ'tsɛnt] 男 –en/–en (lat.) (↔ Konsument) **1** 生産者; 製造(業)者, 生産者; 製作者, プロデューサー. **2**〖生物〗(食物連鎖における)生産者.

*****Pro·du'zie·ren** [produ'tsiːrən プロドゥツィーレン] (lat.) ❶ 他 **1** 生産する, 製作する, 製造する. Lebensmittel〈Stahl〉~ 食糧〈鋼鉄〉を生産する. **2**〖話〗する, しでかす. eine Verbeugung〈eine Entschuldigung〉~ おじぎ〈弁解〉をする. Unsinn ~ ばかなことをやらかす. **3**〖法〗提示する, 見せる. ❷ 再 (sich⁴) 派手な行動をする, 目立ちたがる.

Prof. (略) = Professor

pro'fan [pro'faːn] 形 (lat.)《述語的には用いない》世俗の. **2** 日常の, ありきたりの, 平凡な.

Pro·fa'nie·ren 他 (lat.) 冒瀆する〈物の神聖さを穢す〉; 世俗化(通俗化)する.

Pro·fa'nie·rung 女 –/–en 冒瀆, 瀆神; 世俗化.

Pro'fess, °**Pro'feß** [pro'fɛs] (lat.)〖ヵトリ〗❶ 女 –/–e 修道誓願. ❷ 男 –en/–en 誓願修道士.

Pro·fes·si'on [profɛsi'o:n] 女 –/–en (fr.)《古》職業, なりわい.

Pro·fes·si·o'nal [profesio'na:l, pro'fɛʃənəl] 男 –s/–s([pro'fɛʃənəl]と発音する時 –s)(engl.) プロ(とくにスポーツ選手).

pro·fes·si·o'nell [profesio'nɛl] 形 (fr.) 職業上のプロの, 本職の; 専門家の.

Pro·fes·si·o'nist [profesio'nɪst] 男 –en/–er《オーストリア》熟練工; 専門家.

*****Pro'fes·sor** [pro'fɛsoːr プロフェーソア] 男 –s/–er [..fɛ'soːrən] (lat.)《略 Prof.》**1** (大学の)教授, 教授の称号者. ordentlicher ~《略 o. Prof.》正教授. außerordentlicher ~《略 a. o. Prof. ao. Prof.》助教授. ~ der〈für〉Japanologie an der Universität Bonn ボン大学日本学教授. ein zerstreuter ~《話》ぼんやりしている人, うっかり屋. **2**《オーストリア》ギュムナージウムの教師(の称号). ◆女性形 Professorin 女 –/–nen

pro·fes·so'ral [profɛso'raːl] 形 **1** 大学教授の, 大学教授らしい. **2**《侮》学者ぶった; 世事にうとい.

Pro·fes'sur [profɛ'suːr] 女 –/–en (↓ Professor)教授の地位(職); (大学の)講座.

'Pro'fi [pro'fi:] 男 –s/–s《話》(Professional の短縮)プロ(とくにスポーツ選手).

Pro'fil [pro'fi:l] 田 –s/–e (it.) **1** (人体や彫像などの)側面, プロフィール; 横顔. **2** きわだった性格(特徴, 特色). ein Mann mit ~ 個性のある男. ~ haben はっきりとした特色がある. **3** 見取図, 縦(横)断面図;〖地質〗(地層の)断面図. **4**〖工学〗(棒材の)資材(とくに鋼心など). **5** (タイヤ・靴底などの)ぎざぎざの溝. **6**〖建築〗建物の張り出した部分(コルニス・軒蛇腹など). **7**〖交通〗(通路や橋などの)高さと幅.

pro·fi'lie·ren [profi'li:rən] (↓ Profil) ❶ 他 **1** (物⁴を)成型する; (に)溝(刻み目)をつける. **2**《物⁴人³に》特色(明確な輪郭)をもたせる(与える). ❷ 再 (sich⁴)**1**(独自性を発揮して)名を成す. **2**《まれ》際立った輪郭をきわだす. ◆形 profiliert

pro·fi'liert 過分 形 **1** 成型した, 溝(刻み目)をつけた. **2** 特色のある, はっきりした, 際立った.

Pro·fi'lie·rung 女 –/–en 刻み目をつけること; 特色をもたせること.

Pro'fil·stahl 男 –[e]s/¨e(–e) 〖工業〗形鋼(けいこう).

Pro'fit [pro'fiːt] 男 –[e]s/–e (fr.) **1** (a) 得, もうけ, 利益. ~ aus it³ schlagen〈ziehen〉事³から利益を引出す, (で)得をする. (b)《侮》(ぬれ手にあわの)大もうけ, ぼろもうけ. **2**〖経済〗資本収益, 利潤.

pro·fi'ta·bel [profi'ta:bəl] 形 (fr.) 儲かる, 儲けの多い; 有利な.

pro·fi'tie·ren [profi'ti:rən] 自 (fr.) (von et³ 物³に)得をする, 儲ける. viel von j³ ~ 人³から多くのことを学ぶ.

pro 'for·ma [pro: 'fɔrma] 副 (lat.)《略 p. f.》形式上; 形式的に, 形だけ.

pro'fund [pro'fʊnt] 形 (lat.) **1** (知識などが)深い, 深遠な. **2**〖医学〗深在性の.

pro'fus [pro'fu:s] 形 (lat.) **1**〖医学〗(出血などが

多量の,過度の. **2** 贅沢な,浪費的な.
Proˈgnoˑse [proˈgnoːzə] 囡 -/-n (gr.) (科学的データに基づく)予想,予想;『医学』予後.
proˈgnosˑtisch [proˈgnɔstɪʃ] 形 予想(予知)的な;『医学』予後の.

Proˈgramm
[proˈgram プログラム] 囲 -s/-e (gr.) **1** (放送・演劇などの)番組(表),プログラム. das erste ~ eines Senders (テレビなどの)第1放送. auf dem ~ stehen 番組にのっている. et⁴ auf ~ nehmen 物⁴を番組にのせる. et⁴ vom ~ absetzen 物⁴を番組からはずす. **2** 計画(表),予定,スケジュール. Hast du morgen schon ~ ? 君は明日の予定はきまっているか. Das steht nicht auf unserem ~. それは我々の計画に入っていない. nach ~ 予定通りに. **3** (政党などの)綱領,基本政策. **4** 〖コンピュ〗プログラム. dem⟨in den⟩ Computer ein ~ eingeben コンピュータにあるプログラムをインストールする. **5** 〖商業〗品目,品揃え.

proˈgrammäˑßig [proˈgramɛːsɪç] ↑ programmmäßig
proˑgramˈmaˑtisch [programaˈtɪʃ] 形 **1** 原則(基本綱領)に沿った. **2** 方向を定めた,指針となる.
proˈgrammˑgeˑmäß プログラム(予定)通りの.
proˑgramˈmieˑren [programiːrən] 他 **1** (事⁴を)綱領(構想,計画)に基づいて実施する. **2** あらかじめ定める. Er ist ganz auf Karriere *programmiert*. 彼はすっかり立身出世コースにのっている. **3** プログラミングする. eine elektronische Datenverarbeitungsanlage ~ コンピュータ用プログラムを作る. *programmierter* Unterricht プログラム学習.
Proˑgramˈmieˑrer [programiːrər] 囲 -s/- 〖コンピュ〗プログラマー.
Proˑgramˈmierˑspraˑche [programiːr...] 囡 -/-n 〖コンピュ〗プログラム言語.
Proˑgramˈmieˑrung 囡 -/-en プログラミング.
proˈgrammäˑßig [proˈgramɛːsɪç] 形 **1** プログラム(上)の. **2** プログラム(予定)通りの.
Proˈgrammˑmuˑsik [proˈgramuziːk] 囡 -/ 〖音楽〗標題音楽.
°**Proˈgrammuˑsik** [proˈgramuziːk] ↑ Programmmusik
Proˈgrammˑvorˑschau 囡 -/-en (ラジオやテレビなどの)番組予告(紹介).
Proˈgress, °**Proˈgreß** [proˈgrɛs] 囲 -es/-e (lat.) 進歩,前進.
Proˑgresˈsiˑon [progrɛsiˈoːn] 囡 -/-en (lat.) **1** 進歩,発展,(段階的)上昇. **2** 〖金融〗(課税の)累進. **3** 〖古〗〖数学〗数列.
Proˑgresˈsist [progrɛˈsɪst] 囲 -en/-en 進歩主義者;進歩的政党の党員(支持者).
proˑgresˈsiv [progrɛˈsiːf] 形 (fr.) **1** 進歩(主義)的な. ~*e* Musik 現代音楽. **2** 漸進的な;(課税が)累進の;(病気が)進行性の.
proˑhiˈbieˑren [prohiˈbiːrən] 他 (lat.) 〖古〗禁止する,阻止する.
Proˑhiˑbiˈtiˑon [prohibitsiˈoːn] 囡 -/-en (lat.) **1** 〖古〗禁止,阻止. **2** (複数なし)酒類製造販売禁止.
proˑhiˈbiˑtiv [prohibiˈtiːf] 形 (fr.) **1** 妨げになる,妨害的な. **2** 予防的な.
Proˑhiˈbiˑtivˑzoll 囲 -[e]s/⁼e 〖経済〗禁止関税.
Proˈjekt [proˈjɛkt] 匣 -[e]s/-e (lat.) 計画,企画,構想,プロジェクト.

Proˑjekˈtant [projɛkˈtant] 囲 -en/-en (とくに建築の)計画(企画)者,プランナー.
Proˈjektˑteˑ[n]ˑmaˑcheˑrei 囡 -/-en 〘複数まれ〙〘俺〙計画倒れ.
Proˈjektˑgrupˑpe 囡 -/-n プロジェクトチーム.
proˈjekˈtieˑren [projɛkˈtiːrən] 他 (lat.)(物⁴を)計画する,(の)プランを立てる;設計する.
Proˈjekˈtil [projɛkˈtiːl] 匣 -s/-e (fr.) **1** 銃弾. **2** 〖話〗ロケット,宇宙船.
Proˑjekˈtiˑon [projɛktsiˈoːn] 囡 -/-en (lat.) **1** 投射,投影;映写,投影図. **2** 〖数学〗射影(図). **3** 〖地図〗地図投影法. **4** 〖心理〗転移,投影.
Proˑjekˈtiˑonsˑapˑpaˑrat 匣 -[e]s/-e = Projektor
Proˈjekˈtor [proˈjɛktoːr] 囲 -s/-en [..jɛkˈtoːrən] プロジェクター,映写機.
proˑjiˈzieˑren [projiˈtsiːrən] 他 (lat.) **1** 投射(投影)する;映写する. **2** (不安や願望を)投影する,転位する (auf⟨in⟩ j⟨et⟩⁴ 人⟨物⟩⁴に).
Proˑklaˑmaˈtiˑon [proklamatsiˈoːn] 囡 -/-en (lat.)宣言;公布,布告,発布.
proˑklaˈmieˑren [proklaˈmiːrən] 他 (lat.) 布告(公布)する,発布する,宣言する.
Proˈ-ˈKopfˑEinˑkomˑmen [proˈkɔpf..] 匣 -s/- 〖経済〗1人当りの収入,平均所得額.
Proˈ-ˈKopfˑVerˑbrauch 囲 -[e]s/ 〖経済〗1人当りの消費.
Proˈkrusˑtesˑbett [proˈkrʊstəsbɛt] 匣 -[e]s/〖ギ神話〗プロクルステースの寝台(プロクルステースは強盗で,捕えた旅人を寝台に寝かせ,長すぎる足は切落し,短すぎる足は引き延ばした). et⁴ in ein ~ zwängen 物⁴をむりやりひとつの型にはめる.
Proˈkuˑra [proˈkuːra] 囡 -/..ren (it.) 〖商業〗(業務)代理権.
Proˈkuˑraˑtor [prokuˈraːtoːr] 囲 -s/-en [..ˈraːtoːrən] (lat.) **1** (古代ローマの)総督(ヴェネツィア共和国の)執政官. **2** 〖カトリック〗(修道会の)総代理人;(修道院の)管財人. **3** 支配人,業務代理人.
Proˈkuˑren [proˈkuːran] Prokura の複数.
Proˈkuˑˈrist [prokuˈrɪst] 囲 -en/-en 支配人,業務代理人.
Proˈlet [proˈleːt] 囲 -en/-en 〖話〗**1** プロレタリア. **2** 礼儀しらず,無作法者.
Proˑleˑtaˈriˑat [proletariˈaːt] 匣 -[e]s/-e 〘複数まれ〙**1** プロレタリアート,労働者(無産)階級. **2** (古代ローマの)最下層階級.
Proˈleˈtaˑriˑer [proleˈtaːriər] 囲 -s/- (lat.) **1** (古代ローマの)最下層民. **2** プロレタリア.
proˑleˈtaˑrisch [proleˈtaːrɪʃ] 形 プロレタリア(階級)の.
proˑleˑtaˑriˈsieˑren [proletariˈziːrən] 他 プロレタリア化する.
Proˈlog [proˈloːk] 囲 -[e]s/-e (gr.) (↔ Epilog) **1** プロローグ,序文,(劇の)序幕,(小説の)序章. **2** 〖自転車競技で〗(本レースに先立つ)前哨レース.
Proˑlonˑgaˈtiˑon [prolɔŋgatsiˈoːn] 囡 -/-en (lat.) **1** 〖経済〗(支払期限などの)延期,(手形などの)書換え. **2** (興行期間などの)延長,(映画の)続映.
Proˑlonˑgaˈtiˑonsˑgeˑschäft 匣 -[e]s/-e 〖経済〗決算繰り延べ.
proˑlonˈgieˑren [prolɔŋˈgiːrən] 他 (lat.) **1** 〖経済〗(支払い期限などを)延期する,繰り延べる,(手形を)書換える. **2** (物⁴の期間(時間)を延長する.

pro me·mo·ria [proːmeˈmoːria] (*lat.*, zum Gedächtnis') (略 p. m.) 記念して.

Pro·me·na·de [promɑˈnaːdə] 囡 -/-n (*fr.*) 散歩, 散策; 散歩道, 遊歩道.《舞踊》プロムナード.

Pro·me·na·den·deck 中 -[e]s/-(~e) (客船の)遊歩甲板.

Pro·me·na·den·mi·schung 囡 -/-en《話》雑種の犬.

pro·me'nie·ren [proməˈniːrən] 自 (*fr.*) (h, s) 逍遥(散歩)する, そぞろ歩く.

Pro'mes·se [proˈmɛsə] 囡 -/-n (*fr.*)《古》《商業》(借金などの)証文.

Pro'me·theus [proˈmeːtɔys]《人名》《ギ神話》プロメテウス.

Pro'me·thi·um [proˈmeːtiʊm] 中 -s/《記号 Pm》《化学》プロメチウム.

pro 'mil·le [proː ˈmɪlə] (*lat.*, für tausend') (略 p. m.) 千につき, 千ごとに.

Pro'mil·le [proˈmɪlə] 中 -[s]/- (*lat.*) パーミル, 千分の1. **2**《複数で》《話》血中アルコール量.

Pro'mil·le·gren·ze 囡 -/-n (運転者の)血中アルコール濃度の限界値.

pro·mi'nent [promiˈnɛnt] 形 (*lat.*) **1** (社会的に)高い地位にある, 著名な, 有名な. ~e Persönlichkeiten aus Politik und Wirtschaft 政財界の名士連. **2** 重要; 際立った. eine ~e Rolle spielen 重要な役割を演ずる. eine Frage von ~er Bedeutung 極めて重要な問題.

Pro·mi'nenz [promiˈnɛnts] 囡 -/-en (*lat.*) **1**《複数なし》《総称的に》名士連, お偉方. **2**《複数で》著名人, 名士, 大家. **3**《複数なし》名士(著名人)であること. **4**《古》重要性.

Pro·mis·ku·i'tät [promɪskuiˈtɛːt] 囡 -/ (*lat.* promiscuus, gemischt') 乱交;《民族》乱婚.

Pro'mo·ter [proˈmoːtər] 男 -s/- (*engl.*) (スポーツ・ショービジネスの)主催者, 興行師.

Pro·mo'ti·on [promotsiˈoːn] 囡 -/-en (*lat.*) **1** 博士号の取得(授与);《マイ》博士号授与式. **2**《スィ》《タイツ》上のクラスへの昇進.

Pro'mo·tor [proˈmoːtɔr] 男 -s/-en [proˈmoːtoːrən] (*lat.*) **1** 後援者, 奨励者; プロモーター. **2**《スィ》《タイツ》博士号授与者. **3**《化学》活性剤.

Pro·mo'vend [promoˈvɛnt] 男 -en/-en 博士号取得志願者. ◆女性形 Promovendin 囡 -/-nen

pro·mo'vie·ren [promoˈviːrən] (*lat.*) ❶ 自 **1** 博士号を取る; 博士論文を書く. zum Doktor der Medizin ~ 医学博士の学位を取る. **2**《マイ》上のクラスに進む. ❷ 他 **1** (人⁴に)博士号を授与する.《過去分詞で》ein *promovierter* Biologe 博士号をもつ生物学者. **2** 奨励する, 後援する.

prompt [prɔmpt] (*lat.*) ❶ 形 素早い, 迅速な, 即座の; 当意即妙の. eine ~e Antwort 即答. ❷ 副《話》案の定; まんまと; やっぱり. auf dem Trick ~ hereinfallen まんまと罠(わな)にはまる.

Pro'no·men [proˈnoːmən] 中 -s/-(..mina [..mina]) (*lat.*)《文法》代名詞.

pro·no·mi'nal [pronomiˈnaːl] 形《文法》代名詞の, 代名詞的な.

pro·non'cie·ren [pronõˈsiːrən] 他 (*lat.*)《古》**1** はっきりと言う; 言明(宣言)する. **2** 強調する. ◆↑ prononciert

pro·non'ciert 過分 形 明確な, はっきりとした; 明瞭(明白)な, 鮮明な.

Pro·pä'deu·tik [propɛˈdɔytɪk] 囡 -/-en《複数なし》(学問研究への)手ほどき, 予備教育. **2** 入門書

Pro·pa·gan·da [propaˈganda] 囡 -/ (*lat.*) **1**《政治的・文化的な》宣伝(活動), プロパガンダ; 布教(活動) Das ist alles nur ~!《話》そんなのは全部ただのつくり話だ. **2**《商業上の》広告, 宣伝.

Pro·pa·gan'dist [propaganˈdɪst] 男 -en/-en **1**《政治的主張や思想などの》宣伝者. **2**《経済》宣伝販売員, 広告係.

pro·pa'gie·ren [propaˈgiːrən] 他 (*lat.*) (事⁴を宣伝する, (の)宣伝活動をする.

Pro'pan [proˈpaːn] 中 -s/ プロパン(ガス).

Pro'pel·ler [proˈpɛlər] 男 -s/- (*engl.*) (航空機の)プロペラ; (船の)スクリュー.

Pro'pel·ler·tur·bi·ne 囡 -/-n ターボプロップ.

'pro·per [ˈprɔpər] 形 (*fr.*) **1** (外見が)こざっぱりしたこぎれいな. **2** (仕事などが)きちんとした, 入念な.

Pro'phet [proˈfeːt] 男 -en/-en (*gr.*) **1** 予言者;《宗教》預言者;《イスラム》マホメット. Ich bin [doch auch] kein ~!《話》そんなことぼくに分かるか, なんでもかも知ってるわけじゃないぞ. Der ~ gilt nichts in seinem Vaterlande.《諺》預言者は故郷に容れられない《新約》マタ13:57). **2**《ふつう複数で》(旧約聖書の)預言者の書.

Pro·phe'tie [profeˈtiː] 囡 -/-n [..ˈtiːən] (*gr.*)《雅》預言.

Pro'phe·tin [proˈfeːtɪn] 囡 -/-nen 女性予言者.

pro'phe·tisch [proˈfeːtɪʃ] 形 (*gr.*) **1** 予言の, 予言的な. **2** 予言者の.

pro·phe'zei·en [profeˈtsaɪən] 他 (人³に事⁴を)予言する; 警告する.

Pro·phe'zei·ung 囡 -/-en **1** 予言(された事柄). **2**《複数なし》予言(すること).

pro·phy'lak·tisch [profyˈlaktɪʃ] 形 **1** 予防のための, 予防的な. **2**《副詞的用法で》《戯》念のため.

Pro·phy'la·xe [profyˈlaksə] 囡 -/-n《医学》(病気に対する)予防; 予防措置.

pro·po'nie·ren [propoˈniːrən] 他 (*lat.*)《古》提案する; 申請する.

Pro·por'ti·on [propɔrtsiˈoːn] 囡 -/-en (*lat.*) **1** 割合, 比率; 釣合い, 均斉; プロポーション. Die ~en stimmen. 釣合いがとれている. gute ~en haben《話》いいプロポーションをしている. **2**《数学》比例(式).

pro·por·ti·o'nal [propɔrtsioˈnaːl] 形 (*lat.*) **1** 均整(釣合い)のとれた; 比例した. [zu] et³ ~《umgekehrt ~》sein 物³に正比例《反比例》している.

Pro·por·ti·o·na·le [propɔrtsioˈnaːlə] 囡 -/-n《数学》比例項.

Pro·por·ti·o'nal·wahl 囡 -/-en《スィス・オースト》比例代表制選挙.

pro·por·ti·o·niert [propɔrtsioˈniːrt] 形 均整(釣合い)のとれた.

Pro'porz [proˈpɔrts] 男 -es/-e (*lat.*) **1** (得票数に応じた)役職の比例配分. **2**《スィス・オースト》比例代表制選挙.

Pro·po·si'ti·on [propozitsiˈoːn] 囡 -/-en (*lat.*) **1**《競馬》(レースについての)公示. **2**《言語》命題. **3**《古》提案, 申請.

'prop·pen·voll [ˈprɔpənˌfɔl] 形《話》すし詰めの.

Propst [proːpst] 男 -[e]s/Pröpste (*lat.*)《カト》司教座聖堂首席司祭;《プロテスタント》監督教区長.

Props'tei [proːpsˈtaɪ] 囡 -/-en Propst の教区.

Pro·py'lä·en [propyˈlɛːən] 複 (*gr.* pro‚ vor'+

pyle , Tor')〘建築〙**1** プロピュライオン(古代ギリシアの神殿などの門). **2** (プロピュライオン風の)入口, 玄関.
Pro·py'len [propy'leːn] 申 -s/ (gr.)〘化学〙プロピレン.
Pro·rek·tor ['proːrɛkto:r, '-'-'-] 男 -s/-en ['proː-rɛkto:rən, '-'-'--] 学長代理, 副学長.
Pro·ro·ga·ti'on [prorogatsi'oːn] 女 -/-en (lat.) **1**〘法制〙管轄合意. **2**〈古〉(期間の)延長; 延期.
'Pro·sa ['proːza プローザ] 女 -/ (lat.) **1** 散文. ge-reimte ~ 〈話〉下手な(ぎこちない)詩句. **2**〈雅〉味気なさ.
Pro·sa·i·ker [pro'zaːikər] 男 -s/- **1** 散文作家. **2**〈比喩〉味気ない(情緒を解さない)人間.
*pro'sa·isch [proza:ɪʃ プロザーイシュ] 形 (↔ poe-tisch) **1** 散文で書かれた. **2** 味気ない, 無味乾燥な.
Pro·sa'ist [proza'ɪst] 男 -en/-en (↔ Poet) 散文作家.
'Pro·sek·tor ['proːzɛkto:r, '-'-'-] 男 -s/-en ['proːzɛkto:rən, '-'-'--] (lat.) **1** 病理解剖室長. **2**〘古〙解剖助手.
Pro·se'lyt [proze'lyːt] 男 -en/-en (gr.) **1** (古代の)ユダヤ教に改宗した異邦人. **2** 改宗者; 転向者. ~en machen〈俺〉改宗(転向)を執拗に迫る.
Pro·se'ly·ten·ma·cher 男 -s/-〈俺〉改宗(転向)をしつこく勧める人.
'Pro·se·mi·nar ['proːzemina:r] 申 -s/-e (大学の)初級ゼミナール.
'pro·sit ['proːzɪt] 間 (lat., es möge nützen') Pro-sit! 乾杯; おめでとう;〈戯〉(くしゃみをした人に向って)気をつけて. Prosit Neujahr! 新年おめでとう.
'Pro·sit 申 -s/-s 乾杯の挨拶(言葉). ein ~ auf j[4] ausbringen 人[4]の健康を祝して「乾杯」という.
pro·skri'bie·ren [proskri:biːrən] 他 (lat.) 追放する.
Pro·skrip·ti'on [proskrɪptsi'oːn] 女 -/-en (lat.) 追放.
Pro·so'die [prozo'diː] 女 -/-n [..'diːən] (gr.) **1** (古典韻律学における)韻律論, 音調論. **2**〘音楽〙音調論. **3**〘言語〙韻律素; 韻律素論.
*Pros'pekt [pro'spɛkt プロスペクト] 男 -[e]s/-e (lat.) **1** (宣伝用の)パンフレット, 案内書, リーフレット. **2** 価格表. **3**〘演劇〙書割り, 背景幕. **4**〘美術〙細密俯瞰図. **5** パイプオルガンの前面. **6**〘金融〙目論見(みこみ)書. **7** (ロシアの都市の)大通り.
pros·pe'rie·ren [prospe'riːrən] 自 (lat.) 繁盛する, 栄える, (事業が)成功する.
Pros·pe·ri'tät [prosperi'tɛːt] 女 -/ (lat.) 繁盛, 繁栄;〘経済〙好況.
prost [proːst] 間〘話〙=prosit ~ Mahlzeit! これはひどい話だ; これはままずいことになりそうだ. Na, (denn) ~! さてさてこれはろくなことがないぞ.
'Pros·ta·ta ['prɔstata] 女 -/Prostatae[..tɛ] (gr.)〘解剖〙前立腺.
pros·ti·tu'ie·ren [prostitui'iːrən] ❶ 他 (名誉などを)辱める, 汚(けが)す. ❷ 再 (sich[4]) 売春する; 自分の顔に泥を塗る.
Pros·ti·tu'ier·te [prostitu'iːrtə] 女 (形容詞変化) 売春婦.
Pros·ti·tu·ti'on [prostitutsi'oːn] 女 -/ (fr.) 売春, (自分の品位がけがすこと, 節操を売ること).
Pro'sze·ni·um [pro'stseːnium] 申 -s/..nien [..nien] (lat.)〘演劇〙**1** プロセニアム(客席と舞台の境にある開口). **2** =Proszeniumsloge

Pro'sze·ni·ums·lo·ge [..loː ʒə] 女 -/-n〘演劇〙プロセニアムの側の特別席.
prot.〘略〙=protestantisch
Pro·ta·go'nist [protago'nɪst] 男 -en/-en (gr.) **1** (古代ギリシア劇の)主役. **2** 中心人物, 主唱者.
Pro·tak'ti·ni·um [protak'tiːniom] 申 -s/〘化学〙プロトアクチニウム.
Pro·te'gé [prote'ʒeː] 男 -s/-s (fr.) お気に入り, ひいき.
pro·te'gie·ren [prote'ʒiːrən] 他 (fr.) (人[4]を)引立てる, ひいきにする; 保護する.
Pro·te'in [prote'iːn] 申 -s/-e (gr.)〘生化学〙蛋白(たんぱく)質.
Pro·tek·ti'on [protɛktsi'oːn] 女 -/-en (lat.) 後援, 愛顧; 保護, 庇護. unter j[3] ~ stehen / j[3] ~ haben〈genießen〉人[2]のひいき(庇護)を受けている.
Pro·tek·ti·o'nis·mus [protɛktsio'nɪsmʊs] 男〘経済〙保護貿易主義.
Pro·tek'tor [pro'tɛkto:r] 男 -s/-en [..tɛk'toːrən] (lat.) **1** パトロン, 後援者;〈古〉名誉会長. **2** 保護国, 宗主国. **3** (タイヤの)接地面.
Pro·tek·to'rat [protɛkto'raːt] 申 -[e]s/-e **1** 保護, 後援. **2** 保護領, (被)保護国;〘法制〙(国際間の)保護関係. **3**〘古〙名誉会長職.
*Pro'test [pro'tɛst プロテスト] 男 -[e]s/-e (it.) **1** 異議の申立て, 抗議. schriftlicher〈mündlicher〉 ~ 文書による〈口頭での〉抗議. seinen ~ äußern 抗議する. ~ gegen j〈et〉[4] erheben〈einlegen〉人〈事〉[4]にたいして異議を申立てる. unter ~ den Saal ver-lassen 抗議しながら退場する. **2**〘経済〙拒絶証書. ~ mangels Zahlung 支払拒絶証書. einen Wech-sel zu ~ gehen lassen 手形の拒絶証書を作成する.
Pro'test·ak·ti·on 女 -/-en 抗議行動.
Pro·tes'tant [protɛs'tant] 男 -en/-en (lat.) **1** (まれ)抗議する人. **2**〘新教〙新教徒, プロテスタント. **3**〘法制〙(手形などの支払)引受けを拒絶する人.
pro·tes'tan·tisch [protɛs'tantɪʃ] 形〘略 prot.〙プロテスタントの, プロテスタンティズムの.
Pro·tes·tan'tis·mus [protɛstan'tɪsmʊs] 男 -/ プロテスタンティズム;〈総称的に〉プロテスタント教会.
*pro·tes'tie·ren [protɛs'tiːrən プロテスティーレン] (lat.) ❶ 自 **1** (gegen j〈et〉[4]) 人〈事〉[4]に)抗議する, 異議を申立てる. **2** (提案・主張などを)しりぞける. ❷ 他 einen Wechsel ~〘経済〙手形の拒絶証書を作成する.
'Pro·teus ['proːtɔys] ❶〘人名〙〘ギ神話〙プローテウス. ❷ 男 -/-〈比喩的に〉移り気な人.
Pro'the·se [pro'teːzə] 女 -/-n (gr.) **1** 人工補装具, プロテーゼ(義手・義足・義歯など). **2**〘音声〙語頭音添加(たとえばラテン語 spiritus にたいするフランス語 esprit の場合など). **3**〘修辞〙主題の呈示.
Pro'tist [pro'tɪst] 男 -en/-en (gr.)〘生物〙原生生物.
Pro·to'koll [proto'kɔl] 申 -s/-e (gr.) **1** (会議などの)記録, 議事録; (警察・裁判所の)調書; 協定(議定)書. das ~ einer Vernehmung〈Gerichtsverhand-lung〉尋問〈公判〉調書. das ~ führen 記録(調書)を取る. et[4] zu ~ geben〈nehmen〉事[4]を供述して記録(調書)に取らせる〈事[4]を記録(調書)に取る〉. **2** (実験などの)観察記録, 儀式. **3**〘古〉公文書などの)書出しの定式文. **5**〘話〙(交通違反の)罰金命令書, 交通違反カード.
Pro·to·kol'lant [protokɔ'lant] 男 -en/-en 記録

係, 書記.
pro·to·kol'la·risch [protokɔ'larɪʃ] 形 議事録(調書)の形の; 議事録(調書)に基づく. 2 儀礼上の.
Pro·to·koll·füh·rer -s/- 記録係, 書記.
pro·to·koll'lie·ren [protokɔ'liːrən] (lat.) ❶ 自 議事録(記録)に取る. ❷ 他 議事録(記録)にする.
'Pro·ton ['proːtɔn] 中 -s/-en [proˈtoːnən] (gr.)《記号 p》《核物理》陽子, プロトン.
Pro·to·nen·syn·chro·tron [proˈtoːnən..] -s/-e(-s)《核物理》陽子シンクロトロン.
Pro·to·plas·ma [protoˈplasma] 中 -s/《生物》原形質.
'Pro·to·typ ['proːtotyːp, protoˈtyːp] 男 -s/-en 1 典型, 代表例; 模範, 見本. 2《工学》試作モデル, 原型; プロトタイプカー. 3《物理》原器.
Pro·to'zo·on [protoˈtsoːɔn] 中 -s/Protozoen [..'tsoːən]《多く複数で》《生物》原生動物.
Pro·tu·be'ranz [protubeˈrants] 女 -/-en (lat.) 1《天文》紅炎, プロミネンス. 2《解剖》隆起.
Protz [prɔts] 男 -es(-en)/-e[n]《話》1 見せびらかす人, 自慢屋; 成金. 2《2格 -es, 複数なし》(これみよがしの)豪華さ, 成金趣味.
'Prot·ze ['prɔtsə] 女 -/-n (it.)《古》《軍事》(砲車の)前車.
'prot·zen ['prɔtsən]《話》(↓ Protz) ❶ 自 1 自慢する, ひけらかす, 鼻にかける(mit et³ 事³を). 2 豪奢で人目を引く. ❷ 他 自慢して(威張りくさって)言う.
'Prot·zen·tum ['prɔtsəntuːm] 中 -s/ 見せびらかし, ひけらかし, 自慢, 誇示.
Prot·ze'rei [prɔtsəˈraɪ] 女 -/-en《話》見せびらかし, ひけらかし, 自慢; これみよがしな言動.
'prot·zig ['prɔtsɪç]《話》1 自慢たらしい. 2 贅(ᵗᵃᵏ)を尽くした; 成金趣味の.
Prov.《略》= Provinz 1
Pro·ve·ni'enz [proveniˈɛnts] 女 -/-en (lat.) 起源, 由来; 出所; 生産地.
Pro·ven·za·le [provɛnˈtsaːlə, provɛnˈsaːlə, provaˈsaːl] 男 -n/-n プロヴァンスの住民(出身者).
Pro·vi'ant [proviˈant] 男 -s/-e (lat.)《複数まれ》糧食, 携帯食料, 弁当.
pro·vi·den·ti'ell [providɛntsiˈɛl] 形 (fr.)《古》摂理によって定められた.
Pro·vi'denz [proviˈdɛnts] 女 -/ (lat.) (Vorsehung)《古》摂理.
Pro'vi·der [proˈvaɪdər] 男 -s/- (engl.)《コンピュータ》プロバイダー.
***Pro'vinz** [proˈvɪnts] プロヴィンツ 女 -/-en (lat.) 1《略 Prov.》(行政区画としての)州, 省, 県;《ヵﾄﾘ》管区;《比較》領域, 分野;《古代ローマの》属州. 2《複数なし》地方;《毎》田舎(ⁱⁿⁿ). aus der ~ kommen ⟨stammen⟩ 田舎出である.
Pro·vin·zi'al [provɪntsiˈaːl] 男 -s/-e (lat.)《ヵﾄﾘ》管区長.
Pro·vin·zi·a'lis·mus [provɪntsiaˈlɪsmʊs] 男 -/..men [..mən] 1《言語》方言. 2《複数なし》田舎根性, 視野の狭さ.
pro·vin·zi'ell [provɪntsiˈɛl] 形 1 地方(田舎(ⁱⁿⁿ))の; 田舎くさい; 偏狭な. 2《言語》方言の.
Pro'vinz·ler [proˈvɪntslər] 男 -s/-《話》田舎者; 視野の狭い男.
pro'vinz·le·risch [proˈvɪntsləriʃ]《話》1 田舎者の, 田舎根性の. 2 田舎くさい, 鄙(ʰⁱⁿᵃ)びた.

Pro'vinz·stadt 女 -/ᵉ 地方都市.
Pro·vi·si'on [proviziˈoːn] 女 -/-en (it.) 1《経済》(取引・仲介の)手数料. 2《ヵﾄﾘ》教会禄叙任.
Pro'vi·sor [proˈviːzɔr] 男 -s/-en [..viˈzoːrən] (lat.)《古》1《ヵﾄﾘ》(臨時の)代理司教. 2 薬剤師; 薬局主任.
pro·vi'so·ri·en [proviˈzoːriən] Provisorium の複数.
pro·vi'so·risch [proviˈzoːrɪʃ] 形 (fr.) 仮の, 一時的な, 臨時の. ~e Regierung 臨時政府. 暫定政権. et⁴ ~ reparieren 物⁴を応急修理する.
Pro·vi'so·ri·um [proviˈzoːrium] 中 -s/..rien 一時的に設けられたもの; 応急施設; 暫定措置.
pro·vo'kant [provoˈkant] 形 挑発的な.
Pro·vo·ka'teur [provokaˈtøːr] 男 -s/-e (fr.) 扇動者, 挑発者.
Pro·vo·ka·ti'on [provokatsiˈoːn] 女 -/-en (lat.) 1 挑発. 2《医学》(病症の人為的な)誘発. 3《歴史》(古代ローマ人の)異議申立て権.
pro·vo·ka'to·risch [provokaˈtoːrɪʃ] 形 (lat.) 挑発的な.
pro·vo'zie·ren [provoˈtsiːrən] 他 (lat.) 1 挑発する. j⁴ zu et³ ~ 人⁴を挑発して事³をするように仕向ける. sich⁴ nicht ~ lassen 挑発に乗らない.《目的語なしで》Das Buch will bewusst ~. その本は(読者を)挑発することを意図している.《現在分詞で》in provozierendem Ton 挑発的な口調で. 2 (a) 惹き起こす, 誘発する. Streit ~ 喧嘩を仕掛ける. (b)《医学》(症状などを)誘発する.
pro·ze'die·ren [protseˈdiːrən] 他 (lat.)《古》手順を踏む.
Pro·ze'dur [protseˈduːr] 女 -/-en (lat.) 1《面倒な》手続き, (一連の)処置;《古》《法制》訴訟手続き. 2《ｺﾝﾋﾟｭｰﾀ》サブルーチン.
***Pro'zent** [proˈtsɛnt] プロツェント 中 -[e]s/-e《単位 -/-》(it.)《略 p. c., v. H.》《記号 %》1 パーセント, 百分率. et⁴ in ~en ausdrücken 物⁴をパーセントで表す. 2《複数で》《話》(パーセントで表された)利益, 歩合. ~e bekommen ⟨geben⟩ 割り引いてもらう⟨割り引く⟩. ~e für eine Arbeit bekommen 仕事の歩合をもらう.
..pro·zen·tig [..prɔtsɛntɪç]《接尾》数詞などについて「…パーセントの」の意の形容詞をつくる. dreiprozentig 3 パーセントの.
Pro'zent·rech·nung 女 -/-en 百分率計算.
Pro'zent·satz 男 -es/ᵉe パーセンテージ.
pro·zen·tu'al [protsɛntuˈaːl] 形 パーセントで表した, パーセントの.
***Pro'zess**, °**Pro'zeß** [proˈtsɛs] プロツェス 男 -es/-e (lat.) 1《法制》訴訟. einen ~ gegen j⁴ anstrengen ⟨führen⟩ 人⁴を相手に訴訟を起こす. einen ~ gewinnen ⟨verlieren⟩ 勝訴⟨敗訴⟩する. einen ~ an den Hals kriegen《話》裁判沙汰に巻き込まれる. j⁴ den ~ machen 人⁴を告訴する. mit et³ kurzen ~ machen 事³をさっさと片づける. mit j⁴ kurzen ~ machen《話》人⁴の事をさっさと片づける; 人⁴をあっさり殺す. mit j³ im ~ liegen 人³と係争中である. 2 経過, 過程, プロセス.
Pro'zess·ak·te 女 -/-n《法制》訴訟記録.
pro·zes'sie·ren [protseˈsiːrən] (↓ Prozess) ❶ 自 訴訟を起こす (gegen j⁴ 人⁴を相手どって). ❷ 他《古》
Pro·zes·si'on [protsɛsiˈoːn] 女 -/-en (lat.) 1《ｶﾄﾘ》行列(聖体行列など). 2 (祭などの)行列.

Pro·zess·kos·ten 複《法制》訴訟費用.
Pro·zess·sor [pro'tsɛso:r] 男 -s/-en [..tsɛ'so:rən]
《ラテン》プロフェッサー.
Pro·zess·ord·nung 女 -/-en《法制》訴訟規則.
prü·de ['pry:də] 形 (fr.)(性的なことについて)過度に潔癖な、お上品ぶった.
Prü·de·rie [pry:də'ri:] 女 -/-n [..'ri:ən] (fr.) 上品ぶること(とくに性的なことに関して).

prü·fen ['pry:fən] ブリューフェン] (lat.) 他 ❶ 検査(試験)する、試す、調べる、吟味する. ein Angebot ~ 提案を吟味する. die Bücher ~《商業》帳簿を調べる. j² Eignung〈j² Reisepass〉~ 人³の適正〈パスポート〉を調べる. den Geschmack einer Speise ~ 料理の味をみる. eine Maschine ~ 機械をテストする.《auf と》Ich prüfte ihn auf seine Zuverlässigkeit. 私は彼が信頼できるかどうか確かめた. einen Text auf seine Echtheit ~ テクストが本物かどうかを調べる.《現在分詞で》j⁴ prüfend〈mit prüfenden Blicken〉ansehen 人⁴をじろじろ見る. **2** (a) (人⁴にテストを)する(in et³ 事³の). einen Schüler in Englisch ~ 生徒に英語の試験をする. j⁴ mündlich〈schriftlich〉~ 人⁴に口述〈筆記〉試験をする.《目的語なしで》Professor X prüft hart. X教授の試験はきびしい. (b) (事⁴の)試験をする. Latein ~ ラテン語の試験をする. **3**《雅》(人⁴に)試練を課す. Das Schicksal hat ihn hart geprüft. 運命は彼にきびしい試練を課した. Er ist vom Leben schwer geprüft. 彼は人生の辛酸をなめねばならなかった.
❷ 再《sich⁴》《雅》おのれを省みる、自省する. Ich muss mich erst selbst ~, ob ich das kann. 私にそれができるかどうか、まず自分でじっくり考えてみなければならない.
◆ ↑geprüft

'Prü·fer ['pry:fər] 男 -s/- 試験官; 検査官.
'Prüf·feld ['pry:f..] 中 -[e]s/-er (工業製品などの)検査場.
'Prüf·ling ['pry:flɪŋ] 男 -s/-e 受験者.
'Prüf·stand 男 -[e]s/ᵘe《工学》試験台. auf dem ~ stehen きびしい試練に立たされている.
'Prüf·stein 男 -[e]s/-e 試金石. Diese Aufgabe ist ein ~ für seine Leistungsfähigkeit. この課題は彼の能力の試金石である.

'Prü·fung ['pry:fʊŋ] ブリューフング] 女 -/-en **1** 試験、テスト; 検査. die mündliche〈schriftliche〉~ 口述〈筆記〉試験. die ~ der Qualität 品質検査. die ~ in Latein ラテン語の試験. eine ~ abhalten〈bestehen〉試験を受ける〈試験に合格する〉. et⁴ einer ~ unterziehen〈unterwerfen〉物⁴を検査する. sich⁴ einer ~ unterziehen 試験を受ける. durch eine ~ fallen / in〈bei〉einer ~ durchfallen 試験に落ちる. in die ~ steigen《話》試験を受ける. **2**《雅》試練. ~en durchmachen〈durchstehen〉試練に耐え抜く. **3**《スポ》競技会、コンテスト.
'Prü·fungs·ar·beit 女 -/-en 試験の答案.
'Prü·fungs·auf·ga·be 女 -/-n 試験問題.
'Prü·fungs·aus·schuss 男 -es/ᵘe = Prüfungskommission
'Prü·fungs·kom·mis·si·on 女 -/-en 試験委員会.
'Prü·fungs·ord·nung 女 -/-en 試験実施規定.
*** **'Prü·gel** ['pry:gəl] 男 -s/- **1** (殴るための)棒、根棒;《卑》ペニス. mit einem ~ auf j⁴ einschlagen 人⁴を棒で殴りつける. **2**《複数で》《話》殴ること. Prügel bekommen〈beziehen/kriegen〉殴られる. j³ eine Tracht Prügel verabreichen 人³をぶちのめす. **3**《まれ》鉄砲.
Prü·ge·lei [pry:gə'laɪ] 女 -/-en 殴り合い;《複数まれ》殴りつけること.
'Prü·gel·kna·be 男 -n/-n スケープゴート.
*** **'prü·geln** ['pry:gəln ブリューゲルン] 他 (↓Prügel) 殴る. j⁴ windelweich ~ 人⁴をさんざん打ちのめす. j⁴ zu Tode ~ 人⁴を殴り殺す. j⁴ aus dem Haus ~ 人⁴を家からたたき出す.《再帰的に》sich⁴ mit j³ ~ 人³と殴り合う.
'Prü·gel·stra·fe 女 -/-n《複数まれ》笞〈む〉刑、体罰.
Prü·nel·le [pry'nɛlə] 女 -/-n (fr.) 乾燥プラム、プルーン.

Prunk [prʊŋk] 男 -[e]s/ 豪華、華麗、きらびやかさ.
'prun·ken ['prʊŋkən] 自 **1** 燦〈さん〉然と輝く. **2** (mit et³ 物³を)見せびらかす、自慢する.
'Prunk·ge·mach 中 -[e]s/ᵘer (城の)豪華な部屋.
'prunk·haft 形 豪華な、きらびやかな.
'Prunk·saal 男 -[e]s/..säle (城の)豪華な広間.
'Prunk·sucht 女 -/《侮》派手好き.
'prunk·süch·tig 形《侮》派手好きな.
'prunk·voll 形 豪華(派手)な、贅沢な.
'prus·ten ['pru:stən] ❶ 自 激しく息を吐く、(息切れして)はあはあと言う、喘ぐ;《vor Lachen ~ ぶっと吹き出す. ❷ 他 (口の中の物を)ぶっと吐き出す. j³ Wasser ins Gesicht ~ 人³の顔に水を吹きかける.
PS¹ 中 -/-《記号》= Pferdestärke
PS² 中 -/《略》= Postskript[um]
Psalm [psalm] 男 -s/-en (gr.) (旧約聖書の)詩篇に収められた歌.
Psal·mist [psal'mɪst] 男 -en/-en (旧約聖書の)詩篇作者.
'Psal·ter ['psaltər] 男 -s/- (gr.) **1** (旧約聖書の)詩篇. **2**《楽器》プサルテリウム(ツィター型弦楽器). **3**《動物》葉胃〈..〉、重弁胃(反芻動物の第3胃).
pseud..、Pseud.. [psɔʏd..]《接頭》↑pseudo..、Pseudo..
pseu·do..、Pseu·do.. [psɔʏdo..]《接頭》(gr. pseudein、belügen、täuschen')形容詞・名詞などに冠して「偽りの、にせの、見せかけの」の意を表す. 母音の前では pseud..、Pseud.. になる.
pseu·do'nym [psɔʏdo'ny:m] 形 ペンネームで書いた.
Pseu·do'nym [psɔʏdo'ny:m] 中 -s/-e 偽名、変名、仮名;(著作者の)筆名、ペンネーム.
pst [pst] 間 Pst!. しっ、静かに; おい、ちょっと.
'Psy·che ['psy:çə] (gr.)《神話》プシュケ. ❷ 女 -/-n **1** (a) 魂、霊魂; 心、心情、気持. die weibliche〈kindliche〉~ 女性〈児童〉の心理. (b) (古典美術で鳥・蝶などに擬人化された)魂の化身. **2**《古》化粧台、ドレッサー.
psy·che'de·lisch [psyçe'de:lɪʃ] 形 **1** 幻覚を生みだす; 幻覚状態の. **2** サイケデリックな、サイケ調の.
Psy·chi'a·ter [psyçi'a:tər] 男 -s/- 精神科医.
Psy·chi·a'trie [psyçia'tri:] 女 -/-en [..'tri:ən] **1**《複数なし》精神医学. **2**《話》精神病院; 精神科.
psy·chi'a·trisch [psyçi'a:trɪʃ] 形 精神(医学)の.
'psy·chisch ['psy:çɪʃ] 形 (gr.) (↔ physisch) 心の(霊魂の)、精神的な. eine ~e Belastung 心理的(精神的)な負担. ~ krank sein 精神病である.

psy·cho.., **Psy·cho..** [psyço.., psy:ço..] 《接頭》(gr.) (↓ Psyche) 形容詞・名詞などに冠して「心の, 精神」の意を表す. 母音の前では psych.., Psych.. になる.

Psy·cho·ana·ly·se [psyço|ana'ly:zə] 女 -/-n 精神分析(学).

Psy·cho·ana·ly·ti·ker [..|ana'ly:tikər] 男 -s/- 精神分析医(学者).

psy·cho·ana·ly·tisch [..|ana'ly:tiʃ] 形 精神分析(学)の, 精神分析による.

Psy·cho'dra·ma 中 -s/..men 1 《文学》心理劇. 2 《心理》(心理療法の 1 つとしての)サイコドラマ.

psy·cho'gen [psyço'ge:n] 形《医学・心理》心因性の.

Psy·cho·gra'fie 女 -/-n 《心理》= Psychographie

Psy·cho'gramm 中 -s/-e《心理》心誌, サイコグラフ.

Psy·cho·gra'phie [..gra'fi:] 女 -/-n[..'fi:ən]《心理》心誌法, サイコグラフィー.

'Psy·cho·krieg ['psy:ço..] 男 -[e]s/-e 心理作戦, 神経戦.

Psy·cho'lo·ge [psyço'lo:gə] 男 -n/-n 心理学者; 心理学専攻学生. (比喩的に) ein guter (schlechter) ~ 人の心理を読むのがうまい(下手な)人.

***Psy·cho·lo'gie** [psyçolo'gi:プシュヒョロギー] 女 -/ 1 心理学. 2 《話》心理.

***psy·cho·lo'gisch** [psyço'lo:gıʃ プシュヒョローギシュ] 形 1 心理学(上)の, 心理学的な; 《話》心理をうまくついた. 2 心理的な, 精神的な.

Psy·cho·neu'ro·se [psyçonoy'ro:zə] 女 -/-n 《心理・医学》精神神経症.

Psy·cho'path [psyço'pa:t] 男 -en/-en 《心理・医学》精神病質者, 性格異常者.

Psy·cho·pa'thie [psyço·pa'ti:] 女 -/-n[..'ti:ən]《心理》精神病質, 性格異常.

psy·cho·pa'thisch [psyço'pa:tıʃ] 形 精神病質の, 性格異常の.

Psy·cho·pa·tho·lo'gie [psyçopatolo'gi:] 女 -/ 精神病理学.

Psy·cho·phar'ma·kon [psyço'farmakɔn] 中 -s/..ka[..ka] (多く複数形で)向精神薬.

Psy·cho·phy'sik [psyçofy'zi:k] 女 -/ 精神物理学.

'Psy·cho·se [psy'ço:zə] 女 -/-n 1 《心理・医学》精神病. 2 異常な精神(心理)状態.

Psy·cho·so'ma·tik [psyçozo'ma:tık] 女 -/ 《医学・心理》精神身体医学.

psy·cho·so'ma·tisch [..zo'ma:tıʃ] 形 精神身体医学の, 心身相関性の.

'Psy·cho·ter·ror ['psy:ço..] 男 -s/- 心理作戦, 心理テロ.

Psy·cho·the·ra'peut [psyçotera'pɔyt] 男 -en/-en 精神(心理)療法医.

psy·cho·the·ra'peu·tisch 形 《医学・心理》精神(心理)療法的な.

Psy·cho·the·ra'pie [psyçotera'pi:] 女 -/-n[..'pi:ən] 精神(心理)療法.

Psy·chro'me·ter [psyçro'me:tər] 中 -s/- 《気象》乾湿計.

Pt《記号》《化学》= Platin

Pto·ma'in [ptoma'i:n] 中 -s/-e (gr.) (多く複数で)《化学》プトマイン.

Pu《記号》《化学》= Plutonium

Pu·ber'tät [pubɛr'tɛ:t] 女 -/ (lat.) 思春期.

Pu'bli·ci·ty [pa'blısıti] 女 -/ (engl.) 1 著名(有名であること, 知られていること. 2 宣伝(活動).

pu'blik [pu'bli:k] 形 (fr.) 広く知られたか, 公にされた. et¹ ~ machen 事¹を公にする. ~ werden (世間に)知れわたる, 公になる.

'Pu·bli·ka ['pu:blika] Publikum の複数.

Pu·bli·ka·ti'on [publikatsi'o:n] 女 -/-en (lat.) 1 出版, 刊行; 公表, 発表. 2 出版(刊行)物, 著作.

'Pu·bli·ken ['pu:blikən] Publikum の複数.

***'Pu·bli·kum** ['pu:blikɔm プーブリクム] 中 -s/..ka (..ken) (lat.) 《複数なし》1 (a) 大衆, 公衆. (b) (催し物の)観客, 聴衆; (テレビ・ラジオなどの)視聴者; (酒場・ホテルなどの)客, 常連. Seine Bücher haben ein breites ~. 彼の本は幅広い読者層を持っている. Sie braucht immer ein ~.《話》彼女は目立ちたがり屋だ. 2《古》(大学の)公開講座.

'pu·bli·kums·wirk·sam 形 大衆受けする, 俗受けをねらった.

pu·bli'zie·ren [publi'tsi:rən] 他 (lat.) 公表(発表)する; 出版(刊行)する. 《目的語なしで》in verschiedenen Zeitschriften ~ さまざまな雑誌に発表する.

Pu·bli'zist [publi'tsıst] 男 -en/-en マスコミ論研究者(専攻学生). 2 ジャーナリスト, 政治評論家.

Pu·bli'zis·tik [publi'tsıstık] 女 -/ (fr.) 1 ジャーナリズム. 2 マスコミ論, マスメディア研究.

pu·bli'zis·tisch [publi'tsıstıʃ] 形 1 ジャーナリズムの. 2 マスコミ論の, マスメディア研究の.

Pu·bli·zi'tät [publitsi'tɛ:t] 女 -/ (fr.) 1 広く知られていること, 著名(有名)であること. 2《経済》(企業の)パブリシティー. 3《法制》公開, 開示.

Puck [puk, pʌk] 男 -s/-s (engl.) 1 パック(いたずら好きの小妖精). 2《スポーツ》パック.

'Pud·del·ei·sen ['pʊdəl..] 中 -s/- 《冶金》攪錬(かくれん)器, パドル棒.

'pud·deln ['pʊdəln] 自 (engl.)《冶金》(錬鉄を得るために)攪錬する.

'Pud·del·ofen 男 -s/" 《冶金》パドル炉.

'Pud·ding ['pʊdıŋ] 男 -s/-e(-s) (engl.)《料理》プディング, プリン. ~ in den Armen〈Beinen〉haben《話》腕〈脚〉が弱い.

'Pud·ding·pul·ver 中 -s/- プリンパウダー.

'Pu·del¹ ['pu:dəl] 男 -s/- 1 プードル, むく犬. wie ein begossener ~ dastehen〈abziehen〉《話》(水をかけられたむく犬のように)しょんぼりする(恥じ入っている)でこそこそ引き下がる). nass wie ein ~ werden《話》ぐしょぬれになる. Das also war des ~s Kern. さてはこれがむく犬の正体だったのか (Goethe,『ファウスト』 Faust I);《比喩》ではこれが事の真相だったのか. 2《話》(ボウリングの)投げ損じ, ガター(ボール). einen ~ machen〈werfen / schießen〉投げ損じをする, ガターを出す. 3《話》= Pudelmütze

'Pu·del² 男 -s/- 《地方》(汚い)水溜り.

'Pu·del³ ['pu:dəl] 男 1《南》1 (店の)カウンター. 2 九柱戯(ボウリング)場; 九柱戯(ボウリング)のレーン.

'Pu·del·müt·ze 女 -/-n 毛糸帽, 正ちゃん帽.

'pu·deln ['pu:dəln] 自 1《話》(ボウリングで)ピンをはずす;《猟師》射損じる. 2《地方》水の中でばちゃばちゃやる; 犬かきで泳ぐ.

'pu·del·nackt 形《話》すっ裸の.

'pu·del·nass 形 ずぶ濡れの.

'pu·del·wohl 副《話》とても気分よく

***'Pu·der** ['pu:dər プーダー] 男 (中) -s/- (fr.) (化粧・医

u·der·do·se 女 -/-n コンパクト.

u·dern ['puːdərn] 他 1 (人⁴〈物〉⁴に)パウダーをつける;《再帰的に》*sich*⁴ ~ 顔におしろいをつける. **2**《地方》《卑》(人⁴と)寝る.

u·der·quas·te 女 -/-n (化粧用の)パフ.

u·der·zu·cker 男 -s/ 粉砂糖.

u·e·ril [pueˈriːl] 形 (lat.) **1**《医学・心理》小児性の, 子供特有の. **2** 子供っぽい, 幼稚な.

u·e·ri·li·tät [pueriliˈtɛːt] 女 -/ (lat.) 子供っぽさ, 幼稚さ; 子供らしさ.

u·er·pe·ral·fie·ber [puɛrpeˈraːl..] 中 -s/《医学》産褥熱.

uff [pʊf] 間 *Puff!* ばん, ぱん(短く鈍い音).

uff¹ [pʊf] 男 -[e]s/*Püffe* (-e) **1** (こぶし·肘などで)ぽん(ぱん)と突く(打つ)こと. j³ einen ~ in die Seite geben 人³の脇腹を小突く. einen ~ vertragen können《話》少々のことではこたえない. **2** ぱん(ばん)という鈍い音.

Puff² 中 -[e]s/-e(-s) **1** クッション·スツール. **2** クッション付きの入れ物, (クッション·スツール兼用の)洗濯物入れ. **3**《古》(衣服などの)膨らみ.

Puff³ 中(男) -s/-s《卑》**1** 売春宿, 娼家. **2**《侮》いかがわしい事, 胡散臭い場所.

Puff⁴ 中 -[e]s/ うづ(西洋すごろくの一種).

Puff·är·mel 男 -s/- 《服飾》パフスリーブ.

Puff·boh·ne 女 -/-n《植物》そらまめ.

Püf·fe [ˈpʏfə] *Puff* の複数.

puf·fen [ˈpʊfən] (↓ *Puff*¹) ❶ 他 **1**《話》(こぶし·肘などで)ぽんと突く(叩く). j³ in den Rücken ~ 人³の背中を小突く. j³ zur Seite ~ 人³を押しのける. Zu allem muss man ihn ~.《比喩》やつは尻を叩かれないと何にもやらない.《再帰的に》*sich*⁴ mit j³ ~ 人³と(けんこつで)殴り合う. **2**《話》(方向を示す語句と)(煙·蒸気などを)ぱっと吐く(噴き)出す. Die Lokomotive *puffte* schwarzen Qualm in die Luft. 機関車が黒煙をぽーっと空中に噴き出した. **3**《古》(現在では過去分詞で)(衣服·髪などに)膨らみをつける. *gepuffte* Ärmel パフスリーブ. **4** (米·とうもろこしなどをふかして)弾(は)けさせる. *gepuffter* Mais〈Reis〉ポップコーン〈ライス〉. ❷ 自 **1**《話》**1** (h) ぽっと音を立てる. **2** (h) ぱん(ばん)と爆発する, ぱん(ばん)と銃を撃つ. **3** (s) ぽっぽっ(ぱん, ばん)と音を立てて進む(噴き出る).

Puf·fer [ˈpʊfər] 男 -s/- (↓ *Puff*¹) **1** (鉄道車両などの)緩衝器, 緩衝装置, バンパー. **2** ポテト·パンケーキ. **3**《古》ピストル. **4**《電算》緩衝記憶装置.

Puf·fer·staat 男 -[e]s/-en《比喩》緩衝国(2つの大国間にある小国).

Puf·fer·zo·ne 女 -/-n 緩衝地帯.

puf·fig [ˈpʊfɪç] 形 (袖などが)膨らんだ.

Puff·spiel 中 -[e]s/ =*Puff*⁴

puh [puː] 間 *Puh!* (不快感を表して)ふん, ちぇっ; (安堵を表して)やれやれ, ふう.

'pu·len [ˈpuːlən] 《北ドイツ》 ❶ 他 (an et³ 物³)をいじくる, (薄いものを)剥(む)がす, むく; (in et³ 物³)をほじくる. ❷ 自 (指で)ほじくり出す.

Pulk [pʊlk] 男 -[e]s/-s(-e) (*slaw.*) **1** 部隊; 飛行編隊. **2** 群れ, 集団; 《スポーツ》(選手の)密集.

'Pul·le [ˈpʊlə] 女 -/-n (*lat.*)《卑》(酒類の)瓶. volle ~ ガスをあげて, 全速力で.

'pul·len [ˈpʊlən] 自 (*engl.*) **1** (船員)(船)を漕ぐ. **2**《馬術》(馬が方向を示す語句と)引っ張る, 突進する.

[ジャブ]ブルを打つ.

'Pul·li [ˈpʊli] 男 -s/-s =*Pullover*

***Pul·lo·ver** [pʊˈloːvər, pʊlˈoːvər プローヴァー] 男 -s/- (*engl.*) セーター, プルオーバー.

pul·mo·nal [pʊlmoˈnaːl] 形 (*lat.*)《医学》肺の, 肺にかかわる.

'Pul·pe [ˈpʊlpə] 女 -/-n (*lat.*) **1** (ジャム用に加工した)果肉, (飼料用の)じゃがいもの絞り滓(か). **2**《医学》歯髄.

'pul·pös [pʊlˈpøːs] 形 (*lat.*) 髄質性の, 多肉質の.

***Puls** [pʊls プルス] 男 -es/-e (*lat.*) **1** 脈, 脈拍, (1分間の)脈拍数. beschleunigter 〈unregelmäßiger〉~ 頻〈不整〉脈. der ~ der Großstadt《比喩》大都会の鼓動. Der ~ hämmert〈pocht〉. 脈が打つ. Der ~ geht schnell〈langsam〉. 脈が速い〈遅い〉. j³ den ~ fühlen 人³の脈をみる;《比喩》人³の気持をさぐる, (が)正気かどうか確かめる. mit fliegenden ~*en*《比喩》胸をどきどきさせて. **2** (脈所としての)手首の内側. **3**《物理》パルス.

'Puls·ader 女 -/-n 動脈.

Pul·sa·ti·on [pʊlzatsi'oːn] 女 -/-en (*lat.*) **1**《医学》拍動. **2**《天文》(変光星の)脈動.

'pul·sen [ˈpʊlzən] (↓*Puls*) ❶ 自 **1**《詩》脈打つ;《比喩》躍動する. ❷ 他 **1** (人⁴の)脈を計る. **2**《電子工》(物⁴)をパルスにして送る.

pul·sie·ren [pʊlˈziːrən] 自 (*lat.*) 脈を打つ, 鼓動(拍動)する; 《比喩》脈動する, 躍動する.

'Puls·schlag 男 -[e]s/ⁿe 脈拍;《比喩》脈動, 躍動.

'Puls·wär·mer 男 -s/- (防寒用の)マコ.

Pult [pʊlt] 中 -[e]s/-e (*lat.*) **1** 斜面机(台); (教会の)聖書台; 譜面台. **2**《軍事》傾斜被覆壕. **3** 制御盤.

'Pult·dach 中 -[e]s/ⁿer《建築》片流れ(屋根).

***Pul·ver** [ˈpʊlfər, ..vər プルファー] 中 -s/- (*lat.*) **1** (a) 粉, 粉末. et⁴ zu ~ mahlen 物⁴を挽(ひ)いて粉にする. (b) 粉薬, 散薬. ein ~ einnehmen 粉薬をのむ. **2** 《Schießpulver》火薬. schwarzes ~ 黒色火薬. ~ und Blei 弾薬.《比喩的に》Er hat das ~ nicht erfunden.《話》彼はそれほど頭がいいというわけではない. *sein*〈das〉~ trocken halten 用意ができている. kein ~ ~ riechen können《古》勇気がない. Er hat schon ~ gerochen.《古》彼には戦争の経験がある. keinen Schuss ~ wert sein《話》なんの役にも立たない. Er hat sein ~ schon verschossen.《話》彼は手の内をすべて見せてしまった; 彼はもう限界だ. **3** 《複数なし》《卑》お金.

'Pül·ver·chen [ˈpʏlfərçən, ˈpʏlvərçən] 中 -s/- (*Pulver* の縮小形) 粉薬, 毒薬.

'Pul·ver·dampf 男 -[e]s/ 硝煙.

'Pul·ver·fass 中 -es/ⁿer 火薬樽. einem ~ gleichen 一触即発の状況である. auf einem〈dem〉 ~ sitzen 危機に瀕している(緊迫した状態にある). ein Funke im ~ 大騒ぎを引起こすきっかけ. den Funken ins ~ schleudern 争い(騒ぎ)を掻き立てる(誘発する).

'pul·ve·rig [ˈpʊlfərɪç, ˈpʊlvərɪç] 形 =*pulvrig*

pul·ve·ri·sie·ren [pʊlveriˈziːrən] 他 (*fr.*) 粉末にする, 粉々に砕く; 《比喩》粉砕する, 粉砕する.

'Pul·ver·kaf·fee 男 -s/-s インスタントコーヒー.

'Pul·ver·kam·mer 女 -/-n **1** (軍艦·要塞などの)弾薬庫. **2** (火器の)薬室.

'Pul·ver·ma·ga·zin 中 -s/-e =*Pulverkammer*

'pul·vern [ˈpʊlfərn, ˈpʊlvərn] ❶ 他 粉末にする, 粉々に砕く; 《比喩》Geld in et⁴ ~ 事⁴に金をつぎ込む.

Pulverschnee

❷ 団《話》(auf et⁴ 物⁴を)狙い撃つ; 発砲する.
'Pul·ver·schnee 男 -s/ 粉雪, パウダースノー.
'pulv·rig [ˈpʊlfrɪç, ˈpʊlvrɪç] 形 粉末状の, 粉々になった.
'Pu·ma [ˈpuːma] 男 -s/-s (sp.)《動物》ピューマ.
'Pum·mel [ˈpʊməl] 男 -s/-《話》ずんぐりした子供; 丸ぼちゃの娘.
'pum·me·lig [ˈpʊməlɪç] 形 ぽっちゃりした.
Pump [pʊmp] 男 -[e]s/ (↓ pumpen²)《話》借金. einen ～ bei j³ aufnehmen 人³に借金をする. et⁴ auf ～ bekommen〈kaufen〉物⁴を借金をして買う. auf ～ leben 借金生活をする.

*'**Pum·pe** [ˈpʊmpə プンペ] 女 -/-n (ndl.) **1** ポンプ. **2**《卑》心臓. **3**《麻酔用の》注射器.
*'**pum·pen**¹ [ˈpʊmpən プンペン] (↓ Pumpe) ❶ 自 **1** ポンプをあやつる(ポンプをくむ). **2** 腕立て伏せをする. ❷ 他《方向を示す語句と》ポンプで送り出す. Wasser aus dem Keller ～ ポンプで地下室から水をくみ出す. Das Herz *pumpt* das Blut durch den Körper. 心臓は血液を体中に送る. Millionen in ein Unternehmen ～《比喩》何百万という金をある事業に注ぎ込む.

'pum·pen² 他《話》**1** sich³ von〈bei〉j³ et⁴ ～ 人³から物⁴を借りる. Ich habe mir von ihm 100 Euro *gepumpt*. 私は彼から100ユーロ借りた. **2** (人³に)物⁴を貸す. Ich habe ihm meinen Schirm *gepumpt*. 私は彼に傘を貸した.
'Pum·pen·schwen·gel 男 -s/- ポンプの柄.
'Pum·per·ni·ckel [ˈpʊmpɐnɪkəl] 男 -s/- プンパーニッケル(黒パンの一種).
'Pump·ho·se [ˈpʊmp..] 女 -/-n《服飾》ニッカーボッカー.
Pumps [pœmps] 男 -/- (*engl.*)《多く複数で》パンプス.
Punch [pantʃ] 男 -s/-s (*engl.*)《ボクシング》パンチ.
'Pu·ni·er [ˈpuːnɪɐ] 男 -s/- (*lat.*) カルタゴ人.
pu·nisch [ˈpuːnɪʃ] 形 カルタゴ(人)の. die *Punischen* Kriege ポエニ戦争. ～*e* Treue 裏切り.
Punk [paŋk] 男 -[s]/-s (*engl.*) **1**《複数なし》パンク(1970年代後半にイギリスに起った若者たちの反体制的風俗). **2** パンクの若者.
'Pun·ker [ˈpaŋkɐ] 男 -s/- パンクロックの信奉者(ミュージシャン).
'Punk·rock [ˈpaŋkrɔk] 男 -[s]/《音楽》パンクロック.

Punkt [pʊŋkt プンクト] 男 -[e]s/-e (*lat.*) **1**《略 Pkt.》点, 斑点. Die Erde ist nur ein winziger ～ im Weltall. 宇宙の中では地球はちっぽけな点にすぎない. der ～ auf dem i i の上の点; 最後の仕上げ, 画竜点睛. Das Kleid hat schwarze ～*e*. そのドレスには黒い斑点がある. ein Wort durch drei ～*e* ersetzen 1語のかわりに点を3つ打つ. weißer Stoff mit blauen ～*en* 白地に水玉模様の布. der springende ～ 肝心かなめの点. ein dunkler ～ in j² Vergangenheit 人²の過去にあるうさんくさい(いかがわしい)点. **2**《略 Pkt.》(a) 終止符, ピリオド. einen ～ setzen〈machen〉終止符(ピリオド)を打つ. Nun mach mal einen ～! 《話》もういい加減にやめろ. ～, Schluss, Streusand darauf. 《話》もう忘れてしまおう(すんだことにしよう). auf ～ und Komma《話》微に入り細をうがち, 最後の最後まで, とことん. ohne ～ und Komma reden《話》たてつづけにしゃべる. (b)《音楽》付点, スタッカート記号. (c)《数学》掛け算記号. 2・4＝8, 2×4＝8. (d)(モールス符号の)短符.

3 (a) 地点, 場所;《幾何》点;《ﾂﾎﾞ》(急所としての)ご先. ein strategisch wichtiger ～ 戦略上重要地点. Dieses ist der schönste ～ der Stadt. この街の一番美しい地点だ. ein schwacher ～《比喩》点. ein toter ～《工学》(クランクの)死点; 行詰まり疲労のきわみ. Jetzt ist der ～ erreicht, wo mir Geduld zu Ende ist. もう私の我慢も限界だ. 〈auf〉einem ～ sein, wo man nicht mehr weiter kann《比喩》袋小路に入り込んでいる, にっちもさっちも行かない. Die beiden Geraden schneiden sich in einem ～. 2直線が1点で交わる. (b) (Zeitpunkt) 時点. Nun ist der ～ erreicht, wo wir handeln müssen. いまや我々が立上がるべきときだ. auf den ～ kommen 時間どおりにやってくる. ～《ｸﾘｯｸ･ｽﾛ》*punkt* 12 Uhr 12時きっかりに.
4 (a) 論点, 問題点. ein strittiger〈wichtiger〉～ 重要な点. Das ist hier nicht der ～.《話》それはここでは問題(重要)じゃない. et⁴ auf den ～ bringen 事⁴を正確(的確)に表現する. auf den ～〈zu ～〉kommen 問題の核心に触れる, 本題に入る. (b)《略 Pkt.》項目. die einzelnen ～*e* eines Vertrag 契約(条約)の各条項. ～ für ～ 各項目ごとに; 逐一ひとつひとつ.
5 評点, 点数;《ｽﾎﾟｰﾂ》得点, ポイント;《柔道》一本 Er bekam 20 ～*e* von 30 möglichen. 彼は30点満点で20点とった. ～*e* sammeln 点数を稼ぐ. mit 10 zu 6 ～*en* gewinnen 10対6で勝つ. Sieg nach ～*en* (ボクシングなどの)判定勝ち. nach ～*en* führen〈vorn liegen〉得点でリードする. Die Mehrwertsteuer wird um einen ～ erhöht. 付加価値税は1ポイント引上げられる.
6《複数 -》《略 p》《印刷》(活字の)ポイント.
Punkt·al·glas [ˈpʊŋktaːl..] 中 -es/̈er プンクターレンズ(眼鏡用レンズの商標名).
'Punkt·ball 男 -[e]s/̈e (ボクシングの)パンチングボール(ビリヤードの手球, 黒点のついた白球.
'Punkt·chen [ˈpʊŋktçən] 中 -s/-《Punkt の縮小形》小さな点. Da fehlt nicht das ～ auf dem i!《話》あ, これで仕上った.
'punk·ten [ˈpʊŋktən] ❶《ｽﾎﾟｰﾂ》(ポイントで)採点する;(とくにボクシングで)ポイントを稼ぐ. ❷ 他《物⁴に》点を打つ, 水玉模様をつける. ◆ ↑gepunktet
'punkt·för·mig 形 **1** 点のように小さい. **2** 点状の.
'punkt·gleich 形《ｽﾎﾟｰﾂ》同点の.
punk·tie·ren [pʊŋkˈtiːrən] 他 (*lat.*) **1**《医学》(器官などに)穿刺(ｻﾞｼ)をする. **2** 点で表す(描く);《物⁴に》点を打つ;《線⁴に》点線を書く. die *punktierende* Maltechnik 点描画法. **3** eine Note ～《音楽》音符に付点をつける. ein *punktiertes* Achtel f 点8分音符.
Punkt·tier·na·del [pʊŋkˈtiːr..] 女 -/-n《医学》穿刺針.
Punk·ti·on [pʊŋkˈtsi̯oːn] 女 -/-en (*lat.*)《医学》穿刺.

'pünkt·lich [ˈpʏŋktlɪç ピュンクトリヒ] 形 **1** 時間どおりの, 時間にきびしい. ein ～*er* Mensch 時間に正確な人. ～ ankommen 時間どおりに到着する. ～ um 10 Uhr 10時きっかりに. ～ auf die Minute 1分も違わずに. **2**《古》几帳面な, 正確な.
'Pünkt·lich·keit 女 -/ 時間厳守, 期限(時間)に遅れないこと.
'Punkt·rich·ter 男 -s/-《ｽﾎﾟｰﾂ》ジャッジ, 審判員.

unkt·rol·ler 男 -s/- **1**《古》マッサージ用ローラー. **2**《話》警棒.

unkt·schwei·ßen 他《不定詞・過去分詞でのみ》《工業》点溶接する.

unkt·sieg 男 -[e]s/-e 《ｽﾎﾟｰﾂ》判定勝ち.

unkt·spiel 中 -[e]s/-e 《ｽﾎﾟｰﾂ》勝ち点(ポイント)制のゲーム. ↑Freundschaftsspiel

unkt·sys·tem 中 -s/-e **1**《印刷》《活字を指定する時の》ポイント方式. **2**《ｽﾎﾟｰﾂ》ポイント制.

unk·tu·ell [pʊŋktu'ɛl] 形 個々の点についての, 逐一の.

unk·tum ['pʊŋktʊm] 中《lat.》《古》《多く次の用法で》Und damit ～! はい, おしまい.

unk·tur [pʊŋk'tu:r] 女 -/-en 《医学》穿刺.

unkt·wer·tung 女 -/-en 《ｽﾎﾟｰﾂ》点数評価.

unkt·zahl 女 -/-en 《ｽﾎﾟｰﾂ》得点.

unsch [pʊnʃ] 男 -[e]s/-e《engl.》ポンス, パンチ(アルコールにレモン汁・砂糖などを加えた飲料).

un·ze ['pʊntsə] 女 -/-n 《it.》**1**《金属・皮・銅版画などの》打印器, 刻印器;《貴金属の純度などを示す》刻印;《貴金属の品質保証印. **3**《測定器具の検定証印. **4**《印刷》《活字の》谷.

un·zen ['pʊntsən] 他 **1**《革などに》押型で文様をつける. **2**《ﾋﾞﾙﾀｰ・ｸﾞﾗﾑ》《貴金属に品質保証印を押す.

un·zie·ren [pʊn'tsi:rən] 他 =punzen

Pup [pu:p] 男 -[e]s/-e 《話》(大きな音の)おなら.

pu·pen ['pu:pən] 自 (↓ Pup)《話》おならをする.

pu·pil·lar [pupɪ'la:r] 形 **1**《医学》瞳孔の. **2**《古》《法制》被後見人の.

Pu'pil·le [pu'pɪlə] 女 -/-n 《lat.》《解剖》瞳孔. eine ～ hinschmeißen《話》瞳を凝らす, つぶさに観察する. ～n machen 目を瞠(みは)る, 驚く. sich³ die ～[n] verstauchen《話》読みにくい字を読む.

Püpp·chen ['pʏpçən] 中 -s/-《Puppe の縮小形》小さな人形; お人形さん(女の子に対する愛称).

Pup·pe ['pʊpə ﾌﾟﾍﾟ] 女 -/-n 《lat.》**1**(a) 人形. mit ～n spielen 人形遊びをする. (b) 操り人形, マリオネット;《比喩》傀儡(ｶｲﾗｲ). die ～n führen〈bewegen〉人形を操る. die〈alle〉～n tanzen lassen《話》(部下などを)意のままに操る; どんちゃん騒ぎをする. (c) マネキン. **2**《話》(a) 女の子, ガールフレンド. eine tolle ～ とてもかわいい女の子. (b) めかしこんだ女性. **3**《虫》蛹(ｻﾅｷﾞ). **4** 積上げられた穀物の束. **5**《次の成句で》bis in die ～n《話》非常に長いあいだ, いつまでも.

Pup·pen·ge·sicht 中 -[e]s/-er (美しいが表情に乏しい)人形のような顔.

Pup·pen·haus 中 -es/=er 人形遊びの家;《戯》小さな家.

Pup·pen·spiel 中 -[e]s/-e 人形芝居, 人形劇.

Pup·pen·stu·be 女 -/-n 人形の部屋.

Pup·pen·the·a·ter 中 -s/- **1** 人形芝居(劇)の劇場, 人形劇の舞台. **2** 人形芝居, 人形劇.

Pup·pen·wa·gen 男 -s/- おもちゃの乳母車.

pup·pern ['pʊpərn] 自 (心臓が)どきどきする, (胸が)高鳴る, とんとんと叩く.

Pups [pu:ps] 男 -es/-e =Pup

'pup·sen ['pu:psən] 自 =pupen

pur [pu:r] 形《lat.》純粋な, 混じり気のない; まったくの, ただの. ～es Gold 純金. aus ～er Neugierde ただの好奇心から. Das ist ～er Wahnsinn.《話》それはまさしく正気の沙汰ではない. ～e Wahrheit《比喩》まったくの真実. ein ～er Zufall まったくの偶然. Whisky ～ trinken ウィスキーをストレートで飲む.

Pü'ree [py're:] 中 -s/-s 《fr.》《料理》ピューレ.

Pur·ga'tiv [pʊrga'ti:f] 中 -s/-e 《薬学》下剤.

Pur·ga'to·ri·um [pʊrga'to:riʊm] 中 -s/..ien 《lat.》煉獄.

pur'gie·ren [pʊr'gi:rən] (lat.) **1** 自 《医学》排便する. **2** 他 きれいにする; (文章を)推敲する.

Pur'gier·mit·tel [pʊr'gi:r..] 中 -s/- 《薬学》下剤.

Pu'ris·mus [pu'rɪsmʊs] 男 -/ (lat.) **1**《言語》国語浄化主義(運動). **2**《美術》ピュリスム. **3**《哲学》純粋主義.

Pu'rist [pu'rɪst] 男 -en/-en Purismus の信奉者; 国語浄化主義者; ピュリスト.

Pu·ri'ta·ner [puri'ta:nər] 男 -s/- (engl.) ピューリタン, 清教徒;《比喩的に》石部金吉(ｲｼﾍﾞｷﾝｷﾁ).

pu·ri'ta·nisch [puri'ta:nɪʃ] 形 **1** ピューリタン(清教徒)の. **2** (道徳的に)こちこちの. **3** 質素な, つましい.

Pu·ri'ta·nis·mus [purita'nɪsmʊs] 男 -/ ピューリタニズム, 清教主義.

'Pur·pur ['pʊrpʊr] 男 -s/ (gr.) **1** 紫がかった深紅色. **2** (王・枢機卿(ｽｳｷｷｮｳ)の)着る)紫がかった深紅色の衣, 紫衣, 緋衣. den ～ tragen 枢機卿である. nach dem ～ streben 王位を得ようとする.

'pur·pur·far·ben (紫がかった)深紅色の.

'Pur·pur·man·tel 男 -s/= (王や枢機卿(ｽｳｷｷｮｳ)などがまとう)紫がかった深紅色のマント.

'pur·purn ['pʊrpʊrn] (紫がかった)深紅色の.

'pur·pur·rot (紫がかった)深紅色の.

'pur·ren ['pʊrən] **1** 自《北ﾄﾞ》(in et³ 物³の中を)引っかきまわす, ほじくる. **2** 他 苛々(ｲﾗｲﾗ)させる, からかう;《船員》(当直要員を)起こす.

pu·ru'lent [puru'lɛnt] 形《lat.》《医学》化膿性の.

'Pur·zel ['pʊrtsəl] 男 -s/- 《話》おちびちゃん.

'Pur·zel·baum ['pʊrtsəlbaʊm] 男 -[e]s/=e でんぐり返り, とんぼ返り. einen ～ machen〈schlagen/schießen〉でんぐり返り(とんぼ返り)をする.

'pur·zeln ['pʊrtsəln] 自 (s)《話》(子供などが)ひっくり返る, 転げ落ちる.

'pu·shen ['pʊʃən] 他 (engl.)《話》**1**(商品などを)宣伝によって売込む. **2**(麻薬を)密売する.

'pus·se·lig ['pʊsəlɪç] 形 **1**(仕事などが)根気のいる. **2** こせこせした, 些細なことにこだわる.

'pus·seln ['pʊsəln] 自《話》(つまらぬことに)精を出す. im Garten ～ 庭いじりをする.

°**'Puß·ta** ['pʊsta] ↑Puszta

'Pus·te ['pʊstə] 女 -/ (↓ pusten)《話》**1** 息;《比喩的に》(持久)力; 資金力. Ihm ging die ～ aus. 彼は息が切れた(力尽きた). **2**《卑》ピストル, 弾(ﾀﾏ).

'Pus·te·ku·chen 中 -!《話》とんでもない, まっぴらだ.

'Pus·tel ['pʊstəl] 女 -/-n 《医学》膿疱.

'pus·ten ['pu:stən]《話》**1** 自 **1**(方向を示す語句と)(口をすぼめて)息を吹く. in einen Luftballon ～ 口で風船を膨らます. zur Kühlung in die Suppe ～ スープを冷ますためにふうふう吹く. ～ müssen《話》(飲酒運転で)アルコール検査のためチューブに息を吐かされる. **2**(風が)強く吹く.《非人称的に》Es pustet draußen. 外はひゅうひゅうと風が吹いている. **3**(息を切らしてふうふういう, 喘(ｱｴ)ぐ.

2 他《方向を示す語句と》吹きかける; 吹払う. j³ den Rauch ins Gesicht ～ 人³の顔に煙を吹きかける. den Staub vom Tisch ～ テーブルからほこりを吹き払う. j³ was〈eins〉～《比喩》人³の頼みをはねつける.

'Pusz·ta ['pʊsta] 女 -/..ten [..tən] (ung.) プスタ(ハンガ

pu·ta'tiv [puta'ti:f] 形 (*lat.*)『法制』誤想にもとづく.
Pu·ta'tiv·ehe 囡 -/-n 『法制』誤想婚姻.
'Pu·te ['pu:tə] 囡 -/-n **1** 雌の七面鳥. **2**(話)(侮)(愚かな)女. Du dumme ~! このばか女が!
'Pu·ter ['pu:tər] 男 -s/- (雄の)七面鳥.
'pu·ter·rot 形 (怒りなどで)顔を真赤にした.
'put, 'put [pʊt 'pʊt] 間 *Put, put!* とーとっとっと, こーこっこっこ(鶏を呼ぶ掛け声).
Pu·tre·fak·ti'on [putrefaktsi'o:n] 囡 -/-en (*lat.*)『医学』腐敗.
Putsch [pʊtʃ] 男 -[e]s/-e **1** (政治的·軍事的)反乱, 暴動, クーデター. **2**(スッ)衝突; 突き, 押し, 一撃.
'put·schen ['pʊtʃən] ❶ 自 クーデター(反乱)を起す. ❷ 自(スッ)突く; 突進する, ぶつかる.
Put'schist [pʊˈtʃɪst] 男 -en/-en クーデター首謀者(加担者), 反乱軍反政府軍)将兵.
Putt [pʊt, pat] 男 -[s]/-s (*engl.*)『ゴ』パット.
'Put·te ['pʊtə] 囡 -/-n =Putto
'put·ten ['pʊtən, 'patən] 他 『ゴ』パットする.
'Put·ter ['pʊtər] 男 -s/- 『ゴ』パター.
'Put·ti ['pʊti] Putto の複数.
'Put·to ['pʊto] 男 -s/Putti[..ti] (Putten[..tən]) (*it.*)『美術』プット(ルネサンス期芸術の裸の童子像).
Putz [pʊts] 男 -es/(↓ putzen) **1**(古)晴れ着, 盛装; (衣服·帽子などの)飾り, アクセサリー. **2** (Mörtel) モルタル, しっくい. die Mauern mit ~ verkleiden〈bewerfen〉壁に化粧塗りをする. auf den ~ hauen (話)大口をたたく, ほらを吹く; 浮はしゃぎである; 大盤振舞をする. **3**(話)派手な喧嘩. ~ machen 派手な喧嘩を始める; 大騒ぎをする. **4** 清掃, 除去.

'put·zen ['pʊtsən プツェン] 他 **1** きれいにする, 磨く, 掃除する. Schuhe ~ 靴を磨く. sich³ die Zähne〈die Nase〉~ 歯を磨く〈鼻をかむ〉. Klinken ~ 取っ手を磨く; (話)訪問販売(押し売り)をしてまわる. die Kerze ~ ろうそくの芯を切る. ein Pferd ~ 馬の手入れをする. Salat ~ (下ごしらえに)サラダ菜の掃除をする. Er hat den Teller blank *geputzt*.(比喩)彼は皿のものをきれいにたいらげた. den Anzug ~ lassen (洋ッ)背広をクリーニングに出す. ein Zimmer ~ (南ッ)部屋を掃除する. (再帰的に)Die Katze *putzt sich*¹. 猫が毛づくろいをする. **2**(古)飾る, 飾りたてる. die Tochter ~ 娘を着飾らせる. den Weihnachtsbaum ~ クリスマスツリーに飾りをつける. Die Schleife *putzt* das Kleid sehr. そのリボンがドレスのいい飾りになっている. (再帰的に) *sich*⁴ ~ めかしこむ. Du wirst *dich* noch ~! (話)きっと痛い目にあうよ. **3**(壁などに)モルタルを塗る. **4**(スッ)(敵を)負かす.

'Put·zer ['pʊtsər] 男 -s/- (話)**1** 磨く人; 塗壁職人, 左官. **2**(兵隊)(古)当番兵.
'Putz·frau ['pʊtsfraʊ] 囡 -/-en 掃除婦.
'put·zig ['pʊtsɪç] 形 (話)愛くるしい, ひょうきんな; 奇妙な, おかしな, 滑稽な.
'Putz·lap·pen 男 -s/- 雑巾, 布巾.
'Putz·ma·che·rin 囡 -/-nen 女性帽子職人.
'Putz·mit·tel 匣 -s/- 洗浄剤, クレンザー.
'Putz·sucht 囡 -/ (話)(病的なまでの)おしゃれ好き.
'putz·süch·tig 形 (病的なまでに)おしゃれ好きな.
'Putz·tuch 匣 -[e]s/-er =Putzlappen
'Putz·zeug 匣 -[e]s/ 掃除(磨き)用具.
'Putz·wol·le 囡 -/ (機械掃除用の)糸屑.

'Puz·zle ['pazəl, 'pasəl, 'pʊzəl, 'pʊsəl, 'pɔtsəl] 匣 -s/-s (*engl.*)ジグソーパズル.
'Puz·zle·spiel 匣 -[e]s/-e =Puzzle
PVC(略)=Polyvinylchlorid
Py·ä'mie [pyɛ'mi:] 囡 -/-[..'mi:ən] (*gr.*)『医学』膿血症.
Pyg'mäe [pyˈɡmɛːə] 男 -n/-n (*gr.*) ピグミー(アフリカ·東南アジアなどに住む身長が低い人種).
Py'ja·ma [py'dʒa:ma, py'ʒa:ma, pi'dʒa:ma, 'ʒa:ma] 男 (ス´·ʴラ ではまた 匣) -s/-s (*engl.*)寝間着, パジャマ.
'Pyk·ni·ker ['pyknɪkər] 男 -s/- 『医学·心理』肥満型の人.
'pyk·nisch ['pyknɪʃ] 形 (*gr.*)『医学·心理』肥満の.
Pyk·no'me·ter [pykno'me:tər] 匣 -s/- 比重計
Py'lon [py'lo:n] 男 -en/-en 匣 -s/-s =Pylone
Py'lo·ne [py'lo:nə] 囡 -/-n (*gr.*) **1** (古代エジプトの)神殿の塔門, ピュロン. **2**『土木』(吊橋の)脚柱; (航空)(燃料タンクなどを取付けるための)パイロン. **3**(交通規制用の)コーン.
pyr.., Pyr.. [pyr..] (接頭) ↑pyro.., Pyro..
py·ra·mi'dal [pyrami'da:l] 形 **1** ピラミッド形の. **2**(話)巨大な, ものすごい.
Py·ra·mi·de [pyra'mi:də] 囡 -/-n (*gr.*) **1** 『数学』角錐. **2** (古代エジプトの)ピラミッド. **3** 角錐(ピラミッド)形をしたもの. ~ aus〈von〉Konservenbüchsen ピラミッド形に積上げた缶詰. **4** 『解剖』錐体.
py·ra·mi·den·för·mig 形 ピラミッド形の.
Py·re·nä·en [pyre'nɛ:ən] 複(地名) die ~ ピレネー山脈.
Py'rit [py'ri:t] 男 -s/-e (*gr.*)『鉱物』黄鉄鉱.
py·ro.., Py·ro.. [pyro..] (接頭) (*gr.*)形容詞·名詞などに冠して「火の, 熱の」の意を表す. 母音の前では pyr.., Pyr.. となる.
Py·ro'ly·se [pyro'ly:zə] 囡 -/-n 『化学』熱分解.
Py·ro'ma·ne [pyro'ma:nə] 男 -n/-n 放火狂.
Py·ro·ma'nie [pyroma'ni:] 囡 -/『医学·心理』火癖(狂).
Py·ro'me·ter [pyro'me:tər] 匣 -s/- 『工学』高温計.
Py·ro'tech·nik [pyro'tɛçnɪk] 囡 -/ 花火製造術; 花火を打ち上げる技術.
'Pyr·rhus·sieg ['pyrʊs..] 男 -[e]s/-e 大きすぎる犠牲を払って得た勝利. ◆Pyrrhus 王はローマ軍に勝ったが犠牲が大きかったことになちなむ.
Py'tha·go·ras [py'ta:goras] (人名)ピュタゴラス(前570頃-?, ギリシアの哲学者·数学者). der Satz des ~『数学』ピタゴラスの定理.
Py·tha·go're·er [pytago're:ər] 男 -s/- ピュタゴラス派の哲学者.
py·tha·go're·isch [pytago're:ɪʃ] 形 ピュタゴラスの. ~*er* Lehrsatz『数学』ピタゴラスの定理.
'Py·thia ['py:tia] ❶ (人名)『ギリ神話』ピューティアー(デルポイのアポローンの女司祭). ❷ 囡 -/Pythien ['py:tiən] (比喩)お告げめいた予言をする女.
'py·thisch ['py:tɪʃ] 形 **1** 神託(お告げ)めいた, 謎めいた. **2**『ギリ神話』ピューティアーの. ~*e* Spiele ピューティア祭.
'Py·thon ['py:tɔn] 男 -s/-s (-en[py'to:nən]) (*gr.*)『動物』にしきへび.

q, Q

q, Q¹ [kuː] 甲 -/- ドイツ語アルファベットの第17文字(子音字). ◆ 口語では単数2格および複数形を [kuːs] と発音することがある.

q² 《記号》 **1** 《古》 平方. $qm=m^2$, $qkm=km^2$　**2** 《ﾂｪﾝﾄﾅｰ》 =Zentner 2　**3** =Quintal

Q² 《記号》 1級, 最上級(旧東ドイツにおける最高級品質表示).

Q. b. A. [kuːbeːʔaː] 《略》=Qualitätswein bestimmter Anbaugebiete 産地指定上級ワイン. ↑ Qualitätswein

qcm 《記号》 《古》 =Quadratzentimeter

q. e. d. 《略》 =quod erat demonstrandum

Q-Fie·ber ['kuː..] 甲 -s/ 《病理》 Q(キュー)熱. ◆Qは英語 query の頭文字.

qkm 《記号》《古》 =Quadratkilometer

qm 《記号》《古》 =Quadratmeter

qmm 《記号》《古》 =Quadratmillimeter

qua [kvaː] 《lat.》 ❶ 前《従属》[in der Eigenschaft) als) …の資格において, …として. ❷ 副 《不変化の名詞と》 **1** (gemäß) …に従って. ~ Wille des Verstorbenen 故人の遺志により.　**2** (mittels) …を用いて. ~ Amt 職権によって.

Quab·be ['kvabə] 女 -/-n 《北ドイツ》 ぶよぶよした脂肪の塊.

quab·be·lig ['kvabəlɪç] 形 《話》ぶよぶよ(ふにゃふにゃ)した; ぷりぷり(ぶるんぶるん)した.

quab·beln ['kvabəln] 自 《話》 (プリンなどが)ぶるんぶるん揺れる(震える).

quab·big ['kvabɪç] 形 =quabbelig

quabb·lig ['kvablɪç] 形 =quabbelig

Qua·cke·lei [kvakə·laɪ] 女 -/-en 《話》くだらないおしゃべり(長話); ぶつくさと不平をいうこと.

Qua·cke·ler ['kvakələr] 男 -s/- =Quackler

qua·ckeln ['kvakəln] 自 《地方》《話》くだらないおしゃべりをする.

Quack·ler ['kvaklər] 男 -s/- 《地方》おしゃべりな人; すぐ句を言う人.

Quack·sal·ber ['kvakzalbər] 男 -s/- にせ医者, もぐりの医者; やぶ医者.

Quack·sal·be·rei [kvakzalbə'raɪ] 女 -/ 《侮》いんちきな治療, やぶ医術.

quack·sal·bern ['kvakzalbərn] 自 《侮》いんちき(あやしげ)な治療をする.

Quad·del ['kvadəl] 女 -/-n 《地方》 (虫さされなどに)かゆい腫れ, 丘疹.

Qua·der ['kvaːdər] 男 -s/- (女 -/-n, ｵｰｽﾄﾘｱ 男 -s/-n) 《lat. quattuor , vier'》 **1** 角石(かくいし), 切り石.　**2** 《数学》平行6面体, 直方体.

'Qua·der·stein ['kvaːdər..] 男 -[e]s/-e =Quader 1

Qua·dra·ge·se [kvadra'geːzə], **Qua·dra·ge·si·ma** [..'geːzima] 女 -/ 《キリスト教》四旬節.

Qua·dran·gel [kva'draŋəl] 甲 -s/- 《lat. Quadrangulum》《古》4角形.

Qua·drant [kva'drant] 男 -en/-en 《lat.》 **1** 《数学》 (a) 4分円; 4分円弧.　(b) (座標系の)象限(しょうげん).　**2** 《古》《天文・海事》四分儀, 象限儀(昔の天文観測機械).

Qua·drat [kva'draːt] 甲 -[e]s/-e 《lat. quadratum , Viereck'》 **1** (a) 正方形.　(b) (4面を街路に囲まれた)方形の街区(ブロック).　**2** 《数学》 2乗, 平方. Das ~ von drei ist neun. 3の2乗は9である.　eine Zahl ins ~ erheben ある数を2乗する.　sieben zum ⟨im⟩ ~ 7の2乗(=7²). im ~ 《話》まったくの, 途方もない.　Pech im ~ haben まったくついていない.　Er ist ein Esel im ~! 彼は極め付きの馬鹿だ.

Qua·drat² 甲 -[e]s/-en 《印刷》クワタ(字間の込め物の一種).

Qua·drat·fuß 男 -es/- 平方フィート.

qua·dra·tisch [kva'draːtɪʃ] 形 **1** 正方形の.　**2** 《数学》 2次の, 平方の.　eine ~e Gleichung 2次方程式.

Qua·drat·ki·lo·me·ter 男 (甲) -s/- 《記号 km², 古 qkm》平方キロメートル.

Qua·drat·lat·schen 複 《戯》どた靴; ばかでかい足.

Qua·drat·mei·le 女 -/-n 平方マイル.

Qua·drat·me·ter 男 (甲) -s/- 《記号 m², 古 qm》平方メートル.

Qua·drat·mil·li·me·ter 男 (甲) -s/- 《記号 mm², 古 qmm》平方ミリメートル.

Qua·drat·schä·del 男 -s/- 《戯》角ばったとでかい頭; 《侮》頑固なやつ, 石頭.

Qua·dra·tur [kvadra'tuːr] 女 -/-en 《lat. quadrare , viereckig machen'》 **1** 《数学》求積(法). die ~ des Kreises⟨des Zirkels⟩ 《数学》円積問題;《比喩》解決不可能な問題.　**2** 《複数なし》《天文》矩(く), 矩象(しょう).　**3** 《建築》(とくにロマネスク建築の梁の形などにおける)矩形構造(様式).

Qua·drat·wur·zel 女 -/-n 《数学》平方根.

Qua·drat·zahl 女 -/-en 《数学》平方数, 2乗数.

Qua·drat·zen·ti·me·ter 男 (甲) -s/- 《記号 cm², 古 qcm》平方センチメートル.

qua·drie·ren [kva'driːrən] 他 **1** 《数学》 2乗(自乗)する.　**2** (図形などを)桝目に区切る.　**3** 《建築》 (壁などを)組積(そせき)造りに見せかける.

Qua·dri·ga [kva'driːga] 女 -/..gen (..gən) 《lat.》カドリーガ(古代ギリシア・ローマの4頭立て2輪戦車).

Qua·dril·le [kva'drɪljə, ka.., ｵｰｽﾄﾘｱ ka'drɪl] 女 -/-n 《fr.》 **1** カドリーユ(18-19 世紀フランスで流行した 4人 1組で方形を作って踊るダンス).　**2** 《音楽》カドリーユ曲.

Qua·dri·vi·um [kva'driːviom] 甲 -s/ 《lat. , Kreuzweg, Viereck'》 4 学科(中世の大学の教養7

学科のうち上位の4学科、算術・幾何学・天文学・音楽).

qua・dro・fon [kvadroˈfoːn] 形 =quadrophon
Qua・dro・fo・nie [..foˈniː] 女 -/ =Quadrophonie
qua・dro・fo・nisch [..ˈfoːnɪʃ] 形 =quadrophonisch
qua・dro・phon [kvadroˈfoːn] 形 4チャンネルステレオ(方式)の.
Qua・dro・pho・nie [kvadrofoˈniː] 女 -/ ⟨lat. quadro , vier' +gr. phone , Stimme'⟩ 4チャンネルステレオ(方式).
qua・dro・pho・nisch [kvadroˈfoːnɪʃ] 形 4チャンネルステレオ(方式)の.
Qua・dru・pe・de [kvadruˈpeːdə] 男 -n/-n ⟨lat. quadrupedus , Vierfüßer'⟩⟨古⟩【動物】四足類.
Qua・dru・pel・al・li・anz [kvaˈdruːpəl..] 女 -/-en ⟨lat.+fr.⟩ 4国同盟.
Quai [keː, kɛː] 男(中) -s/-s ⟨fr.⟩ **1** (Kai) 岸壁、波止場、埠頭. **2**〘スィス〙海岸通り、川岸(川端)通り.
quak [kvaːk] 間 Quak! くわっ、があがあ(蛙・あひるなどの鳴声).
'**qua・ken** [ˈkvaːkən] 自 (蛙が)げろげろ鳴く、(あひるが)くわっくわっと鳴く;〈比喩〉ぎゃあぎゃあしゃべる、がなる.
'**quä・ken** [ˈkvɛːkən] 自⟨話⟩ぴいぴい泣く、ぎゃあぎゃあわめく、きいきい声を出す.
'**Quä・ker** [ˈkvɛːkɐ] 男 -s/- ⟨engl. quaker , Zitterer'⟩ クウェーカー教徒.
'**Quä・ker・tum** [ˈkvɛːkɐtuːm] 中 -s/ **1** クエーカー教. **2**(総称的に)クエーカー教徒.
*＊**Qual** [kvaːl] 女 -/-en (肉体的・精神的な)苦しみ、苦痛. die ～ des bösen Gewissens 良心の呵責(ゕ̇しゃ̇く̇). Es ist mir eine ～, so ein Bild ansehen zu müssen. こんな光景をじっと見ていなければならないのは私には苦痛だ. die ～ der Wahl haben《戯》選択に苦しみもだえる. unter ～en sterben 苦しんで死ぬ、悶死(も̇ん̇し̇)する. Der Tod hat ihn von seinen ～en erlöst. 死が彼を苦しみから解放した.
＊'**quä・len** [ˈkvɛːlən kヴェーレン] ❶ 他 **1** (肉体的・精神的に)苦しめる. Reue quält ihn. 悔いが彼の心を責めている. jn zu Tode ～ 人⁴を死ぬほど苦しめる. gequält lächeln 苦しげに(無理に)ほほえむ. **2** (頼み事・質問などで)うるさがらせる、悩ます. Das Kind quält die Mutter schon seit Tagen, sie solle mit ihm in den Zoo gehen. 子供は母親にもう何日も前から動物園へ連れていけとうるさくせがんでいる.
❷ 再 (sich) **1** (肉体の苦痛に)苦しむ. **2** 難儀する、苦労する(mit et³ 事³に). Bei seiner neuen Arbeit musste er sich anfangs sehr ～. 新しい仕事には彼も初めのうちずいぶん苦労させられた.《方向を示す語句と》Wir quälten uns durch den hohen Schnee. 我々は深い雪の中を悪戦苦闘して進んだ. Erschöpft quälte sie sich nach Hause. くたくたで彼女は這うようにして家へ帰った.
'**quä・lend** 現分 形 苦しみを与える、つらい、耐え難い. eine ～e Erinnerung 苦(く̇る̇)しい思い出.
'**Quä・ler** [ˈkvɛːlɐ] 男 -s/- 苦しめる(虐待する)人;(しつこく迫ってきて)うるさい人.
Quä・le・rei [kvɛːləˈraɪ] 女 -/-en **1** 苦しめる(いじめる)こと、虐待;(せがんだりして)困らせること. **2** つらい仕事、苦役;苦しみ.
'**quä・le・risch** [ˈkvɛːlərɪʃ] 形 苦しみを与える、つらい、責めさいなむような.
'**Quäl・geist** [ˈkvɛːl..] 男 -[e]s/-er⟨話⟩(頼み事などでしつこく人を追回す)うるさい人;(とくに)だだっ子.

Qua・li・fi・ka・ti・on [kvalifikatsi'oːn] 女 -/-en ⟨lat. qualis , wie beschaffen'+facere , machen'⟩ **1**(数まれ)資格の取得;資格の付与(認定). **2** (a) (数まれ)資格. Ihm fehlt hierfür die ～. 彼にはこのための資格がない. (b) 資格証明書. **2** 判定、評価. **4**【スポーツ】(a) (複数れ)出場(参加)資格. (b) 予選.
qua・li・fi'zie・ren [kvalifiˈtsiːrən] ❶ 他 **1** (a) zu et³(für et⁴) ～ 人⁴を鍛えて事³.⁴に必要な資格(能力)を身につけさせる. Der Schwimmlehrer qualifiziert die jungen Männer zu Rettungsschwimmern. 水泳教師は若者たちに水難救助員となるための訓練を施している. (b) j⁴ zu et³(für et⁴) ～ 人⁴に事³.⁴に必要な資(能力)を付与する. A⁴ als B³ ～ A⁴に B³としての格(能力)を付与する. Seine langjährige Auslanderfahrung qualifiziert ihn für diesen⟨zu diesen⟩ Posten. 彼は長年外国経験を積んだのでこのポストにうってつけだ. Sein Forschungsbericht qualifiziert ihn als Wissenschaftler. 彼の研究報告を見れば彼が学者として一人前であることは明らかだ. **2** 判定(評価)する. Die Polizei qualifizierte die Tat zu einfachen Diebstahl. 警察はその犯行を単純な窃盗と判定した. Diese Länder kann man als unteren wickelt ～. これらの諸国は後進国と見なし得る.
❷ 再 (sich) **1** 資格(能力)を身につける;適性を示す sich für eine leitende Position⟨zum Facharbeiter⟩ ～ 指導的地位につくための⟨熟練工としての⟩資格を得る. sich als Wissenschaftler ⟨wissenschaftlich⟩ ～ 学者としての能力(適性)を示す. **2**【スポーツ】出場(参加)資格を獲得する. Die Mannschaft hat sich für die Weltmeisterschaft qualifiziert. そのチームは世界選手権試合の出場資格を得た.
qua・li・fi'ziert 過分 形 **1** (a) 特定の資格(能力)のあった. ein ～er Arbeiter 熟練労働者. (b)〘ジュリ〙(テストなどが)資格(能力)を必要とする. (c) 高水準の、専門的な. Er hat sich⁴ dazu sehr ～ geäußert. 彼はそれについて非常にすぐれた意見を述べた. **2** (量的変化なし)特別の、制限(条件)つきの. ～er Diebstahl〘法制〙加重窃盗罪. ～e Gründung【経済】(株式会社の)変態設立. ～e Mehrheit 特定多数、加重多数(たとえば投票総数の 2/3 または 3/4 など).
Qua・li・fi'zie・rung 女 -/-en **1** 資格の取得;資格の付与(認定);〘まれ〙資格. **2** 判定、評価. **3**〘法制〙加重犯罪構成要件.
＊**Qua・li'tät** [kvaliˈtɛːt クヴァリテート] 女 -/-en ⟨lat. qualis , wie beschaffen'⟩ (↔ Quantität) **1** (a) 質性質;品質. ～, nicht Quantität. 量ではない、質だ. eine Ware erster⟨schlechter⟩ ～ 1級品⟨粗悪品⟩ Der Name des Herstellers bürgt für ～. このメーカーの名前は品質を保証する. von guter ～ sein 質がいい. (b) 上質の品物. Sie kauft nur ～. 彼女はいい物しか買わない. eine strapazierfähige ～【紡織】丈夫な生地(素材). **2**《複数で》すぐれた資質、特異、künstlerische ～en 芸術家としての資質. Auch er hat seine ～en. 彼にだってそれなりにいいところがある. **3**【音声】音質. **4**【チェス】(ビショップまたはナイトとルークとの間の)駒の価値の差.
qua・li・ta'tiv [kvalitaˈtiːf] 形 ⟨lat.⟩ 質的な;品質に関する. ～e Analyse【化学】定性分析.
Qua・li'täts・ar・beit 女 -/-en 優秀な(入念な)仕事;優良品、高級品.
Qua・li'täts・wa・re 女 -/-n 優良品、高級品.
Qua・li'täts・wein 女 -[e]s/-e (ワイン法 Weinge-

Qual [kval] 男 –[e]s/-e (↑quellen)《古》滾々(ｺﾝｺﾝ)と湧き出る泉; 噴出する水.

Qual·le [kvalə] 女 –/-n《動物》くらげ(水母).

qual·lig [kvalɪç] 形《くらげのように》ぶよぶよした.

Qualm [kvalm クヴァルム] 男 –[e]s/ **1** 濃煙, もうもうたる煙. **2**《地方》靄(ﾓﾔ), 霞(ｶｽﾐ), スモッグ; (むっとするような)湯気, 蒸気. **3**《話》不和, いざこざ, 騒ぎ. ~ in der Küche《Bude》家庭内の不和. Mach nicht so viel ~! そんなに大げさに騒ぐな.

qualm·en [kvalmən クヴァルメン] ❶ 自 **1** (もうもうと)煙を出す, 煙る, くすぶる. Der Ofen *qualmt*. ストーブがくすぶっている.《非人称的に》Aus dem Kamin *qualmt es*. 暖炉から煙がでている. Aber dann *qualmt's*.《話》そんなことをしたらただではおかないよ. **2**《話》(しきりに)煙草をふかす. ❷ 他 (煙草や葉巻などを)ふかす.

qual·mig [kvalmɪç] 形 煙がたちこめた, 煙でいっぱいの; 煙のような.

Quals·ter [kvalstər] 男 –s/-《北ﾄﾞ》《複数まれ》痰(ﾀﾝ).

qual·voll [kva:lfɔl] 形 苦痛(苦悩)に満ちた, 辛い, たえがたい.

Quant [kvant] 中 –s/-en (*lat.*)《物理》量子.

Quänt·chen [kvɛntçən] 中 –s/-《Quent の縮小形》《複数まれ》《古》ほんの僅か, 少量. ein ~ Hoffnung 一縷(ｲﾁﾙ)の望み.

quan·teln [kvantəln] 他《物理》量子化する.

Quan·ten[1] [kvantən] Quant, Quantum の複数.

Quan·ten[2] [kvantən]《話》どた靴; ばかでかい足.

Quan·ten·bio·lo·gie 女 –/ 量子生物学.

Quan·ten·me·cha·nik 女 –/《物理》量子力学.

Quan·ten·phy·sik 女 –/《物理》量子物理学.

Quan·ten·the·o·rie 女 –/《物理》量子論.

Quan·ti·fi·ka·ti·on [kvantifikatsi'o:n] 女 –/-en 数量化, 定量化; 《論理》限量化.

quan·ti·fi'zie·ren [kvantifi'tsi:rən] 他 (*lat.*)(ある物質・事象の特性などを)数量化する, 定量化する.

Quan·ti·fi'zie·rung 女 –/-en 数量化, 定量化.

Quan·ti·tät [kvanti'tɛ:t クヴァンティテート] 女 –/-en (*lat.* quantus , wie groß, wie viel")(↔ Qualität) **1**《複数なし》量, 数量. eine größere ~ von et[3] 相当の物[3]. **2**《言語》音(音節)の長さ, 音量.

quan·ti·ta'tiv [kvantita'ti:f] 形 (↔ qualitativ) 量の, 量的な; 定量的な. ~*e* Analyse《化学》定量分析.

Quan·tor [kvanto:r] 男 –s/-en[kvan'to:rən]《論理》(限)量記号, 量化記号; 《言語》限量語, 限量詞.

Quan·tum [kvantum] 中 –s/..ten[..tən] (一定の)量, 分量, 数量. ein großes ~ Bier 大量のビール.

Quap·pe [kvapə] 女 –/-n《動物》**1** おたまじゃくし. **2** かめんかめ(たら科の淡水魚).

Qua·ran'tä·ne [karan'tɛ:nə] 女 –/-n (*fr.* quarantaine , Anzahl von 40 [Tagen])《検疫・防疫のため》の隔離. die ~ aufheben 隔離を解く. über j⟨et⟩[3] eine dreitägige ~ verhängen 人〈物〉[3]に 3 日間の検疫隔離を命じる. Das Schiff liegt in ~. その船は検疫停船中である. j⟨et⟩[4] in ~ legen〈nehmen〉/ j⟨et⟩[4] unter ~ stellen / j⟨et⟩[4] der ~ unterwerfen 人〈物〉[4]を検疫(隔離)する.

Qua·ran'tä·ne·sta·ti·on 女 –/-en 検疫所.

Quark[1] [kvark] 男 –s/ **1** 凝乳, カード(乳汁に酪酸菌などを加えてできる凝固物). **2**《話》(a) くだらない(馬鹿げた)こと, どうでもいいこと. So ein ~! なんてくだらないんだ. sich[3] über jeden ~ aufregen ささいなことにも腹を立てる. seine Nase in jeden ~ stecken 何にでも首を突っ込む. (b)《einen Quark の形で》全然…ない. Das geht dich einen ~ an. 君にはぜんぜん関係のないことだ.

Quark[2] [kvo:rk, kvark] 中 –s/-s (*engl.*)《核物理》クォーク.

Quark·kä·se [kvark..] 男 –s/- カッテージチーズ.

'**Quar·re** [kvarə] 女 –/-n《北ﾄﾞ》ぎゃあぎゃあ泣く子供, 泣き虫; ぎゃあぎゃあ(がみがみ)とうるさい女.

'**quar·ren** [kvarən] 自《北ﾄﾞ》**1** ぎゃあぎゃあ(ぴいぴい)泣く, ぎゃあぎゃあ(がみがみ)言う. **2** (a) (quaken) (家鴨・蛙などが)があがあ鳴く. (b)《猟師》(鴨(ｶﾓ)などが)雌を呼ぶ.

Quart [kvart] (*lat. quartus , der vierte*) ❶ 中 –s/-e(単位) **1** クヴァルト(昔のドイツの液量単位, =0.24–1.1 l). **2**《複数なし》《記号 4°》《製本》4 つ折り判. ❷ 女 –/-en《音楽》第 4 の構え, カルト. **2**《音楽》4 度(の音程).

'**Quar·ta** ['kvarta] 女 –/Quarten[..tən] **1**《古》(ギムナジウムの)第 3 学年. **2**《現》(ギムナジウムの)第 4 学年.

Quar'tal [kvar'ta:l] 中 –s/-e (Vierteljahr) 4 半期, 3 ヶ月.

Quar'tal[s]·ab·schluss 男 –es/¨e《商業》4 半期決算.

Quar'tals·säu·fer 男 –s/-《話》(間歇性の)飲酒嗜癖(ｼﾍｷ)患者.

Quar'ta·ner [kvar'ta:nər] 男 –s/- (↑Quarta) **1**《古》(ギムナジウムの)3 年生. **2**《現》4 年生. ◆ 女性形 Quartanerin クヴァルタネーリン.

Quar'tär [kvar'tɛ:r] 中 –s/《地質》第 4 紀.

'**Quart·band** 男 –[e]s/¨e《書籍》4 つ折り本.

'**Quar·te** ['kvarta] 女 –/-n《音楽》**1** 4 度(の音程). **2** (全音階の)第 4 音.

'**Quar·ten** ['kvartən] Quart ②, Quarta, Quarte の複数.

Quar'tett [kvar'tɛt] 中 –[e]s/-e (*it.*) **1**《音楽》(a) 4 重奏(曲); 4 重唱(曲). (b) 4 重奏(唱)団. **2**《話》4 人組. **3**《韻律》カルテット(ソネットの 4 行詩前半. ↑Terzett). **4** (a)《複数なし》カルテット(4 枚合せのカード遊び). (b) カルテット用のカード 1 組. (c) (カルテット・ゲームで)4 つ組(のカード).

'**Quart·for·mat** 中 –[e]s/-e《書籍》4 つ折り判.

*****Quar'tier** [kvar'ti:r クヴァルティーア] 中 –s/-e (*fr.*) **1** (a) (一時的な)宿, 宿泊所. j[3] ~ geben 人[3]を泊める. bei j[3] ~ nehmen 人[3]のところに宿を取る. (b)《軍事》兵舎. ~ machen《古》宿営する. **2**《ｵｰｽﾄ・ｽｲｽ》(Stadtviertel) 市区.

quar'tie·ren [kvar'ti:rən] ❶ 他 宿泊させる, 泊める; 《軍事》宿営させる. ❷ 自 自再《sich[4]》(まれ) [*sich*]

～宿泊する.

Quar·tier·ma·cher 男 -s/- 《古》【軍事】設営係.

Quar·tier·meis·ter 男 -s/- 《古》【軍事】**1**（参謀本部付き）設営給養係将校. **2** =Quartiermacher

Quarz [kvaːrts] 男 -es/-e 【鉱物】石英, クオーツ.

'Quarz·glas 中 /石英ガラス.

'quar·zig ['kvaːrtsɪç] 形 **1** 石英の, 石英を含有する. **2** 石英のような.

'Quarz·lam·pe 女 -/-n 【工学】石英水銀灯.

'Quarz·uhr 女 -/-en 水晶時計, クオーツ時計.

Quas [kvaːs] 男 -es/-e (slaw.)《地方》ごちそう, 宴会 (とくに Pfingsten のパーティー).

'qua·si ['kvaːzi] 副 (lat.) (gewissermaßen) いわば, ほとんど. Die beiden sind ～ verlobt. あの2人は婚約したも同然だ.

qua·si..., Qua·si.. [kvaːzi..]《接頭》名詞・形容詞に冠して「いわば…, ほとんど…, 準…」などの意を表す.

Qua·si·mo·do'ge·ni·ti [kvazimodoˈgeːniti] 中 (lat., wie die neugeborenen (Kinder)〈無変詞・不変化化〉)『カトリック』白衣の主日(Ostern 後の第1日曜日. その日の入祭文の冒頭句にちなむ語. 『新約』I ペト 2:2).

Quas·se'lei [kvasəˈlaɪ] 女 -/-en《話》(くだらない)おしゃべり, 長話.

'quas·seln ['kvasəln] 自 他《話》(くだらないことを)べちゃくちゃしゃべる, 長々とおしゃべりする.

'Quas·sel·strip·pe ['kvasəl..] 女 -/-n **1**《古》(Telefon)電話(機). an der ～ hängen 長電話をする. **2**《戯》おしゃべりな人.

Quast [kvast] 男 -[e]s/-e 【北ドイツ】**1** 刷毛(はけ). **2** = Quaste 1

'Quas·te ['kvastə] 女 -/-n **1** 総(ふさ), 総飾り. **2**（化粧用の）刷毛(はけ), パフ.

'Quäs·tor ['kvɛs..]ːstoːr] 男 -s/-en [kvɛs'toːrən] (lat.) **1**（古代ローマの）財務官. **2**（大学の）会計課長（団体の会計係.

Quäs·tur [kvɛs'tuːr] 女 -/-en **1**（複数なし）（古代ローマの）財務官の職;（財務官の）管轄区域. **2**（大学の）会計課.

Qua'tem·ber [kvaˈtɛmbər] 男 -s/- (lat.) **1 4** 半期の最初の日. **2**『カトリック』四季の斉日(四季の初めに祈りと断食を行う日).

quatsch [kvatʃ] 間《話》Quatsch!ばしゃ, ぴしゃ, びしゃ(水溜まりやぬかるみの跳ねる音).

***Quatsch**¹ [kvatʃ] クヴァチュ 男 -[e]s/-《話》**1** 馬鹿な言動, ばかばかしい（くだらない）こと; たわごと, 馬鹿げたおしゃべり. [Ach] ～! ばかばかしい, くだらん. ～ mit Soße! (ものを突っ返す時などに)ばかばかしい, お断りだ. Mach keinen ～! 馬鹿はよせ. aus ～ ふざけて, おもしろ半分に.

Quatsch² 男 -[e]s/-《地方》(Matsch) どろどろしたもの, 泥濘(ぬかる), どろん.

'quat·schen¹ ['kvatʃən] ❶ 自《話》**1** (ぺちゃくちゃ)おしゃべりをする, 無駄話(ばか話)をする. **2** (mit j³ん³と)おしゃべりをする. **3** (秘密などを)しゃべる. Darüber wird nicht gequatscht. それは内緒だ. ❷ 他《話》(くだらないことを)しゃべる.

'quat·schen² 自《地方》びしゃびしゃ(ぱしゃぱしゃ)音を立てる. Der nasse Boden quatschte unter meinen Füßen. 濡れた地面が足もとでぴしゃぴしゃ音を立てた.《非人称的に》Es quatscht in den Schuhen. 靴の中がぐちょくちょいっている.

Quat·sche'rei [kvatʃəˈraɪ] 女 -/-en 《話》(くだらない)おしゃべり, 無駄口, ばか話.

'Quatsch·kopf 男 -[e]s/⁼e 《話》ぺちゃくちゃよくしゃべるやつ, おしゃべり屋.

'quatsch'nass 形《話》びしょ濡れの, くしょ濡れの.

Que·cke ['kvɛkə] 女 -/-n 【植物】かもじぐさ属. Gemeine ～ ひめかもじぐさ.

'Queck·sil·ber ['kvɛkzɪlbər] 中 -s/- (lat. argentum vivum, « lebendes Silber ») (記号 Hg) 【化学】水銀. Das ～ [im Thermometer] steigt〈fällt〉. (寒暖計の)水銀柱が上がる〈下がる〉. ～ im Leib (im Hintern) haben 《比喩》《話》全く落着きがない(少しもじっとしてない). Das Kind ist ein [richtiges] ～ 《比喩》《話》この子は少しもじっとしていない.

'Queck·sil·ber·dampf·lam·pe 女 -/-n 水銀灯.

'queck·sil·be·rig ['kvɛkzɪlbərɪç] 形 = quecksilbrig

'queck·sil·bern ['kvɛkzɪlbərn] 形 **1** 水銀のような, 銀色に輝く. **2** 落着きのない, ちっともじっとしていない.

'Queck·sil·ber·säu·le 女 -/-n (寒暖計などの)水銀柱.

'Queck·sil·ber·ver·gif·tung 女 -/-en 【病理】水銀中毒.

'queck·silb·rig ['kvɛkzɪlbrɪç] 形 **1** 水銀のような, 銀色に輝く. **2** 落着きのない, ちっともじっとしていない.

Quell [kvɛl] 男 -[e]s/-e《複数形》《雅》=Quelle 1,

*'**Quel·le** ['kvɛlə] クヴェレ 女 -/-n **1** 泉, 源泉; (Heilquelle) 療養泉. eine heiße〈kalte〉 ～ 温〈冷〉泉. die ～ der Donau ドーナウ川の源. Wasser an einer ～ schöpfen 泉の水を汲む. **2** 起源, 根源, 源. die ～ des Lebens 生命の源. Das ist die ～ aller 〈allen〉 Übels. これが諸悪の根源だ. **3** 情報源, 供給源, 産地, 出所. eine gute ～ wissen いいコネを持っている. neue ～n erschließen〈auftun〉新しい可能性を見つける. an der ～ kaufen 生産者から直接買う. an der ～ sitzen 供給源と近い関係にある, 有利に入手できる. et⁴ aus sicherer〈zuverlässiger〉 ～ wissen〈haben〉 事⁴を確かな(信頼すべき)筋から入手する. **4** 出典, 典拠, 文献, 資料. historische ～n 資料. die ～n angeben 出典を挙げる.

'quel·len⁽*⁾ ['kvɛlən] quoll (quellte), gequollen (gequellt) /du quillst, er quillt ❶ 自 (不規則変化含) (s) **1** 湧きでる, あふれ出る, 流れでる; 生じる, 由来する. Blut quillt aus der Wunde. 血が傷口からほとばしっている. Viele Menschen quollen aus dem Saal. 大勢の人がホールからどっと出てきた. Ihr quollen vor Zorn fast die Augen aus dem Kopf. 彼女は目をむいて怒った. Viele Gedanken quollen daraus. そこからたくさんの考えが生じてきた. **2**（水・湿気で)ふくらむ, ふやける. Der Reis muss noch etwas ～. その米はもう少しふやかさなくてはならない.

❷ 他《規則変化に》**1**（豆などを水につけて)ふやかす, 柔らかくする. **2**《地方》（じゃがいもなどを)柔らかくなるまで煮る.

'Quel·len·an·ga·be 女 -/-n《ふつう複数で》参考(引用)文献目録, 出典一覧.

'Quel·len·for·schung 女 -/-en（文学作品などの)資料(出典)研究.

'Quel·len·steu·er 女 -/-n 源泉課税.

'Quel·len·stu·di·um 中 -s/..dien [..diən] 資料(出典)研究.

'Quell·ge·biet 中 -[e]s/-e【地理】水源地.

'Quell·nym·phe 女 -/-n『ギリシア神話』泉の精.

'Quel·lung 女 -/-en ふやけること;【化学】膨潤(ぼうじゅん).

'Quell·was·ser 中 -s/⁼ 泉の水, 清水(しみず).

Quen·del ['kvɛndəl] 男 -s/- (gr.)〖植物〗いぶきじゃこうそう属.

Quen·ge'lei [kvɛŋə'laɪ] 女 -/-en〖話〗**1**〈複数なし〉しつこくねだる(だだをこねる)こと; 愚痴をこぼすこと, 不平を言うこと. **2** おねだり; 愚痴, 不平.

quen·geln ['kvɛŋəln] 自〖話〗**1** だだをこねる, しつこくねだる. **2**〖俗〗不平(文句)を言う, 愚痴をこぼす.

Quen·gler ['kvɛŋlər] 男 -s/-〖話〗だだをこねる子供; 愚痴っぽい人, 不平家.

Quent [kvɛnt] 中 -[e]s/-e (単位 -) (lat.) クヴェント(昔のドイツの重さの単位, ≈1.67 g).

Quent·chen ['kvɛntçən] ↑ Quäntchen

---

quer [kveːr クヴェーア] ❶ 副 横に, 横切って, 斜めに.〖前置詞 durch, über と〗~ durch den Park 〈über die Straße〉 gehen 公園〈通り〉を横切って行く. eine Suppe ~ durch den Garten〖戯〗野菜がごちゃごちゃ入ったスープ. Der Wagen stand ~ zur Fahrbahn. 車が車道をふさぐようにして止っていた. ~ übereinander legen 互い違いに重ねる. kreuz und ~ あちこち(ごちゃごちゃ)に, 無秩序に. kreuz und ~ durch die Stadt fahren 街中を車で走り回る.
❷ 形〖比較変化なし／述語的には用いない〗**1** 横向きの, 斜めの. Sie legte ihre Stirn in ~e Falten. 彼女は額に横じわを寄せた. j⁴ ~ ansehen〖比喩〗人⁴を横目に(疑わしそうな目で)見る. **2** 風変りの. ~e Vorstellungen 一風変った考え.
♦ ↑quer gehen, quer gestreift, quer schießen

Quer·ach·se 女 -/-n (→ Längsachse) 横軸.

Quer·bal·ken 男 -s/- **1** 横木;〖建築〗梁(はり), 桁(けた);〖スポーツ〗(ゴールの)クロスバー. **2**〖音楽〗音符をつなぐ線. **3**〖紋章〗梁, 横帯.

'Quer·den·ker 男 -s/- へそ曲り, 天邪鬼(あまのじゃく).

quer'durch [kveːr'dʊrç] 副 横切って.

'Que·re ['kveːrə] 女 -/ (↓ quer) **1** 横, 斜め, はすかい. den Stoff in der ~ nehmen 布地を横に取る. et⁴ der ~ nach durchsägen 物⁴をのこぎりで横に切る.(ふつう次の成句で)〖話〗in die Kreuz und [in die] ~ (当てもなく)あちこちへ(縦横に). j³ in die ~ kommen 人³にぱったり会う; (の)行く手を横切る(さえぎる); (を)妨害する, (の)仕事の邪魔をする.

'que·ren ['kveːrən] 他 (↓ quer)〖古〗横切る, 横断する; 交差する. eine Straße ~ 道路を横断する. Die beiden Straßen queren sich⁴. 2つの道路は交差している(sich⁴ は相互代名詞).

quer·feld'ein [kveːrfɛlt'aɪn] 副 田畑(野原)を突っ切って.

Quer·feld'ein·lauf 男 -[e]s/ue〖陸上競技〗クロスカントリーレース(オリンピックの近代5種競技の1種目).

Quer·feld'ein·ren·nen 中 -s/-〖自転車〗クロスカントリー(自転車競技の一種).

'Quer·flö·te 女 -/-n〖楽器〗(Traversflöte) フラウト・トラヴェルソ(横笛式のフルート, 単にトラヴェルソとも呼ばれた).

'Quer·for·mat 中 -[e]s/-e (本や写真などの)横長判.

'Quer·fra·ge 女 -/-n 話(質問)をさえぎる問いかけ.

'quer·ge·hen*, °**'quer ge·hen*** 自〖話〗うまくいかない, 失敗する.

'quer·ge·streift, °**'quer ge·streift** 形〖付加語的用法のみ〗(↔ längs gestreift) 横縞(じま)の.

'Quer·holz 中 -es/ue 横木, 横桁.

'Quer·kopf 男 -[e]s/ue〖話〗へそ曲り, 天邪鬼(あまのじゃく).

'quer·köp·fig 形〖副詞的には用いない〗〖話〗へそ曲りの, 天邪鬼の.

の, 天邪鬼の.

'Quer·la·ge 女 -/-n 横向きの形(位置);〖医学〗(胎児の)横位.

'Quer·li·nie 女 -/-n 横線, 横罫; 横軸.

'Quer·pass 男 -es/ue〖スポーツ〗横パス.

'Quer·pfei·fe 女 -/-n〖楽器〗ファイフ(6 孔から 8 孔をもつ小さな横笛, おもに軍楽隊で用いられた).

'Quer·rich·tung 女 -/-en (↔ Längsrichtung) 横(の)方向.

'quer schie·ßen*, °**'quer schie·ßen*** 自〖話〗横やりをいれる, 邪魔だてする.

'Quer·schiff 中 -[e]s/-e〖建築〗翼廊, 袖(そで)廊, トランセプト(教会堂の胴体部分に直交している部分).

'quer·schiffs ['kveːrʃɪfs] 副〖船員〗船の横方向に.

'Quer·schnitt ['kveːrʃnɪt] 男 -[e]s/-e **1**〖幾何〗(↔ Längsschnitt) 横断面; 横断面図. **2** (特定の分野・集合体の)断面, 代表的側面, 概観, 展望.

'Quer·sei·te 女 -/-n (↔ Längsseite) (テーブルなどの)短い方の側.

'Quer·stra·ße 女 -/-n 横道, 横町.

'Quer·strich 男 -[e]s/-e 横線.

'Quer·sum·me 女 -/-n (ある数の)各桁の数字の和(たとえば 253 なら 10).

'Quer·trei·ber 男 -s/-〖話〗邪魔(妨害)ばかりする人.

Quer·trei·be'rei [kveːrtraɪbə'raɪ] 女 -/-en〖話〗(ひっきりなしの)妨害, 邪魔だて.

quer'über [kveːr'yːbər] 副 斜め向かいに; 斜めにそって.

Que·ru'lant [kveru'lant] 男 -en/-en (lat.) 文句(不平)ばかりいう人, しょっちゅう苦情を訴える人.

que·ru'lie·ren [kveru'liːrən] 自 (lat.) 文句(不平)を言う, 苦情を訴える.

'Quet·sche¹ ['kvɛtʃə] 女 -/-n (↓ quetschen)〖話〗**1**〖地方〗プレス, 圧搾機. in einer〈der〉~ sein〖比喩〗窮地に陥っている, 困っている. **2**〖比喩〗ぱっとしない店(레스토랑), つまらない(ちっぽけな)町(村).

'Quet·sche² 女 -/-n = Zwetsche

'quet·schen ['kvɛtʃən] 他 **1**〖方向を示す語句と〗押しつける; 押し込む(入れる). j⁴ an〈gegen〉die Mauer ~ 人⁴を壁に押しつける. et⁴ in den Koffer ~ 物⁴をトランクに詰込む.《再帰的に》sich⁴ in das überfüllte Abteil ~ すし詰めのコンパートメントに体を押込む. sich⁴ aus dem vollen Saal ~ 人を押しのけて満員のホールから出る. **2** (a) 打撲傷を負わせる. sich³ die Hand in der Tür ~ ドアに指をはさんでけがをする. Ich habe ihm die Hand gequetscht. 私は彼の手に打ち傷を負わせた. (b)〖話〗手で強く押す. j³ die Hand ~ (挨拶で)人³の手を強く握る.《過去分詞で》mit gequetschter Stimme〖比喩〗声を押殺して. **3**〖地方〗つぶす, しぼる. Kartoffeln ~ じゃがいもをつぶす. das Obst ~ 果物をしぼる.

'Quetsch·fal·te 女 -/-n〖服飾〗ボックスプリーツ.

'Quetsch·kar·tof·feln 複〖地方〗マッシュポテト.

'Quetsch·kom·mo·de 女 -/-n〖話〗アコーデオン.

'Quet·schung 女 -/-en〖医学〗挫傷, 打撲傷.

'Quetsch·wun·de 女 -/-n〖医学〗挫傷, 打撲傷.

Queue [køː] (fr.) ❶ 中〈男〉-s/-s (ビリヤードの)キュー. ❷ 女 -/-s〖古〗**1** 長蛇の列. **2**〖軍事〗(隊列の)殿(しんがり), 最後尾.

quick [kvɪk] 形〖地方〗生き生きとした, 活発な.

'Quick·born 男 -[e]s/-e〖古〗若返りの泉.

'quick·le·ben·dig 形〖話〗元気旺盛な, はつらつとした.

'**Qui·dam** ['kvi:dam] 男 -/ (*lat.*)《古》何某, 誰かある人.

quiek [kvi:k] 間 *Quiek!* きい, きい(子豚の鳴く声など).

'**quie·ken** ['kvi:kən] 自 **1** (子豚などが)きいきい鳴く;(鼠が)ちゅうちゅう鳴く. **2**《話》きいきい声をあげる. vor Vergnügen〈Schreck〉 ～ 喜んできゃっきゃっと歓声をあげる〈恐がってきゃーと悲鳴をあげる〉.《中性名詞として》*Es ist zum Quieken!* そいつは傑作だ.

'**quiek·sen** ['kvi:ksən] 自 =quieken

Qui·e'tis·mus [kvie'tɪsmʊs] 男 -/ (*lat.*) 静寂主義, キエティズム(とくに 17 世紀スペインの).

Qui·e'tiv [kvie'ti:f] 中 -s/-e (*lat.*)《医学》鎮静剤.

'**quiet·schen** ['kvi:tʃən] 自(↓ quieken) **1** (a)(戸, ブレーキなどが)軋(きし)んできいきいと音を立てる. (b)《猟師》(山鳴(やまし))などが交尾期に)きいきい鳴く. **2**《話》= quieken 2

'**quietsch·ver'gnügt** ['kvi:tʃ..] 形《話》上機嫌の, ご満悦の, 喜色満面の.

quillst [kvɪlst] quellen の現在 2 人称単数.

quillt [kvɪlt] quellen の現在 3 人称単数.

quin·ke'lie·ren [kvɪŋkə'li:rən] 自 (*lat.*)《地方》(鳥が)さえずる; 歌声(音)を響かせる.

Quint [kvɪnt] 女 -/-en (*lat.*) **1**《フェンシング》キント(第 5 の構え). j³ die ～*en austreiben*《話》《古》人³を落着かせる. **2**《音楽》5 度(の音程).

Quin·ta ['kvɪnta] 女 -/Quinten (*lat.*)《教育》ギムナジウムの第 2 学年, クイング ギムナジウムの第 5 学年.

Quin'tal [kvɪn'ta:l] 男 -s/-e (単位 -/-)(記号 q) キンタール(スイス・フランス・スペイン・ポルトガルおよび中南米諸国の古い重量単位, =1 Zentner).

Quin·ta·ner [kvɪn'ta:nər] 男 -s/- Quinta の生徒.

Quin·te ['kvɪntə] 女 -/-n《音楽》5 度(の音程).

Quin·ten ['kvɪntən] Quinta, Quinte の複数.

Quin·ten·zir·kel ['kvɪntən..] 男《音楽》5 度圏.

Quint·es·senz ['kvɪntɛsɛnts] 女 -/-en (*lat.*) 核心, 精髄, 本質;(議論などの)結論.

Quin'tett [kvɪn'tɛt] 中 -[e]s/-e (*it.*)《音楽》5 重奏(唱); 5 重奏(唱)団.

quoll [kvɔl] quellen の過去.

quöl·le ['kvœlə] quellen の接続法 II.

Quirl [kvɪrl] 男 -[e]s/-e **1** (料理用の)攪拌(こうはん)棒. **2**《植物》輪生体. **3**《話》落着きのない人.

'**quir·len** ['kvɪrlən] (↓ Quirl) ❶ 他 (攪拌棒で)かき混ぜる. ❷ 自 (h, s) **1** (h) 渦巻く. *quirlende Großstädte* 喧噪のうずまく大都会.《非人称的に》*Es quirlte* von Menschen. 大勢の人々がひしめきあっていた. **2** (s) (川が)渦巻いて流れる.

'**quir·lig** ['kvɪrlɪç] 形 落着きのない, せかせかした.

'**Quis·ling** ['kvɪslɪŋ] 男 -s/-e《侮》裏切者, 内通者.

Quis'qui·li·en [kvɪs'kvi:liən] 複 (*lat.*) つまらないもの(こと); 屑.

quitt [kvɪt] 形 (*付加語的には用いない*) **1**《話》貸し借りなしの, 精算済みの. 済んでしまった, けりのついた. *Nun sind wir* ～. これで俺達のあいだは貸し借りなしだ. *mit j³* ～ *sein* 人³とは貸し借りがない;(と)手(縁)をきっている. **2** *et¹* ～ *machen* 事¹の埋め合せをする(《古》人³… … う. **3** (人・事²)から/(《古》人・事²から)免れた, 解放された;(人・事)⁴を/(《古》人・事²)²を失った. *seiner Sorgen* ～ *sein* 心配事から解放されている. *seiner Stellung* ～ *werden* 職を失う.

'**Quit·te** ['kvɪtə] 女 -/-n (*gr.*)《植物》マルメロ(の実) Japanische ～ くさぼけ(草木瓜).

'**quit·ten'gelb** ['kvɪtən'gɛlp] 形 (鮮やかな)黄色のレモンイエローの.

quit'tie·ren [kvɪ'ti:rən] 他 (↓ quitt) **1** (物の)収書(受領証)を書く;(に)収領(受取)のサインをする eine Sendung ～ / den Empfang einer Sendung ～ 配達物の収領のサインをする. eine Rechnung ～ 請求書 (勘定書)に収領のサインをする.《目的語なしで》Bitte *quittieren* Sie hier, auf der Rückseite der Rechnung! この請求書の裏に受取のサインをお願いします über hundert Euro ～ / einen Betrag von hundert Euro ～ 100 ユーロの収取を書く. **2** (*et¹ mit et³* 事¹ に対して事³をもって)答える, 応じる, 反応する. die Vorwürfe mit einem Lächeln〈einem Achselzu­cken〉 ～ 非難に対して微笑で応じる〈肩をすくめる〉. **3** 辞める, 放棄する. den Dienst ～ 勤めを辞める.

*'**Quit·tung** ['kvɪtʊŋ] クヴィトゥング 女 -/-en **1** 受領(領収)書.《法制》受収証書. j³ eine ～ über 100 Euro ausstellen 人³に 100 ユーロの領収書を出す. j³ *et¹ gegen* ～ *aushändigen*〈*geben*〉人³に物を領収書と引換えに渡す. **2** 報い(仕返し 事³の). Das ist die ～ für deinen Leichtsinn. それはおまえの軽率さの報いだ.

'**Quit·tungs·for·mu·lar** 中 -s/-e 領収書(領収証)の用紙.

Qui'vive [ki'vi:f] 中 (*fr.*)《次の用法でのみ》auf dem ～ sein《話》気をつけている, 用心(警戒)している.

Quiz [kvɪs] 中 -/- (*engl.*) クイズ(番組).

'**Quiz·mas·ter** 男 -s/- クイズ番組の司会者.

quod 'erat de·mons·tran·dum ['kvɔt 'e:rat demɔn'strandʊm] (*lat.*)(略 q. e. d.) 証明された.

'**Quod·li·bet** ['kvɔtlibɛt] 中 -s/-s (*lat.*) **1**《複数なし》《古》ごちゃ混ぜ, 寄せ集め. **2**《音楽》クオドリベット(有名なメロディーや歌詞を組み合せたユーモラスな曲). **3**《トランプ》クオドリベット(3-5 人でするゲーム).

Quo·rum ['kvo:rʊm] 中 -s/Quoren [..rən] (*lat.*) 定足数.

'**Quo·te** ['kvo:tə] 女 -/-n (*lat.*) 割合, 比率; 割当て分, (賭けなどの)配当額;《テレビ》(Einschaltquote) 視聴率.

'**Quo·ten·brin·ger** 男 -s/-《テレビ》高視聴率をかせぐタレント(番組).

'**Quo·ten·frau** ['kvo:tən..] 女 -/-en《話》男女機会均等規定によってポストを得た女性.

'**Quo·ten·re·ge·lung** 女 -/-en (職場などであるポストにつく者の)男女比に関する規定, 男女機会均等規定.

Quo·ti'ent [kvotsi'ɛnt] 男 -en/-en (*lat.*)《数学》**1** 商. **2** 分数(比例)を用いた表記.

quo'tie·ren [kvo'ti:rən] 他 (↓ Quote)《経済》(物)に値をつける.

quo·ti'sie·ren [kvoti'zi:rən] 他《経済》配当する.

'**quo 'va·dis** ['kvo: 'va:dɪs] (*lat.*, *wohin gehst du?*) **1** 〈主よ〉どこへ行かれるのですか(《新約》ヨハ 13: 36);《比喩》これからどうなるのだろう.

r, R

r¹, R¹ [ɛr] 甲 -/- ドイツ語アルファベットの第 18 文字(子音字). ◆口語では単数 2 格および複数形を [ɛrs] と発音することがある.

r²《記号》**1**《古》=Röntgen ②　**2** =Radius 1
R² ❶《記号》**1** =Reaumur　**2** =Röntgen ②　**3** =Radius 1　❷《略》**1** =Rand²　**2** =Retard　**3** =recommandé　**4** =rarus (lat.) 希少(古銭・切手などのカタログ上の表示).

r.《略》=rechts ①
R.《略》=Regiment
Ra [ɛr'|aː]《記号》《化学》=Radium
Raa·be ['raːbə]《人名》Wilhelm ~ ヴィルヘルム・ラーベ(1831-1910, ドイツの小説家,『雀横丁年代記』 *Die Chronik der Sperlingsgasse* など).

Ra'bat [ra'ba(ː)t]《地名》ラバト(モロッコの首都).
Ra'batt [ra'bat] 男 -[e]s/-e (*it.* rabatto) 値引, 割引. j³ ~ geben〈gewähren〉人³に割引をする. Während des Räumungsverkauf gibt es〈bekommt man〉 auf alle Waren 15 Prozent ~〈einen ~ von 15 Prozent〉. 在庫一掃セールの期間中は全商品 15 パーセント引きです.

Ra'bat·te [ra'batə] 囡 -/-n (*fr.* rabat, Umschlag an Kleid') (庭の縁どり・道路の境界などの)縁どり花壇, 境栽花壇.
ra·bat'tie·ren [raba'tiːrən] 他 (*it.* rabattere, niederschlagen')《商業》(人³に物を)割引(値引)して売る. j³ Großaufträge mit 5% ~ 人³の大口注文に対して 5% の値引をする.
Ra'batt·mar·ke 囡 -/-n (台紙などに貼って一定数集める)割引サービス券(シール).
Ra'batz [ra'bats] 男 -es/ (*poln.* rabac , hauen')《話》**1** 大騒ぎ, 馬鹿騒ぎ.　**2** 声高の抗議(苦情). ~ machen どなりこむ.
Ra'bau·ke [ra'baʊkə] 男 -n/-n (*fr.* rabaud , ausschweifender Mensch')《話》粗暴な若者, 乱暴者.
'Rab·bi ['rabi] 男 -[s]/-s(-nen [ra'biːnən]) (*hebr.* rabb , Herr, Lehrer')**1**《複数なし》《ユダヤ教》ラビ, 師(ユダヤ教の教師・律法学者に対する尊称). **2** (Rabbiner) ラビ(ラビの称号を持つ人), (ユダヤ教の)律法学者.
Rab·bi'nat [rabi'naːt] 囲 -[e]s/-e ラビの職(地位).
Rab·bi'nen [ra'biːnən] Rabbi の複数.
Rab·bi'ner [ra'biːnər] 男 -s/- (*hebr.*) (ユダヤ教の教師・律法学者をさして)ラビ.
rab'bi·nisch [ra'biːnɪʃ] 厖 ラビの; ラビのような.
'Ra·be ['raːbə] 男 -n/-n **1**《鳥》(大型の)からす(Kolkrabe) わたりがらす. ein weißer ~ 変り種, 例外中の例外. schwarz wie ein ~〈wie die ~ n〉 漆黒な; (子供がまっ黒に汚れた). wie ein ~〈wie die ~ n〉 stehlen〈klauen〉《話》手くせが悪い. **2** der ~《天文》烏(ﾝ)座.

Ra'belais [ra'blɛ]《人名》François ~ フランソワ・ラブレー(1494 頃-1553 頃, フランスの作家・医師, 16 世紀フランス・ルネサンス文学の代表者. 代表作『ガルガンチュワ・パンタグリュエル物語』*Gargantua et Pantagruel*).
'Ra·ben·aas ['raːbən..] 中 -es/..äser《侮》ずる賢いやつ, 陰険なやつ.
'Ra·ben·el·tern 複《侮》薄情な両親. ◆鳥は雛をともに育てないという民間の迷信による.
'Ra·ben·mut·ter 囡 -/⸚ (↑Rabeneltern)《侮》(自分の子供の面倒をみない)薄情な母親.
'ra·ben·schwarz 厖 真っ黒な, 真っ暗な.
'Ra·ben·va·ter 男 -s/⸚ (↑Rabeneltern)(自分の子供の面倒をみない)薄情な父親.
ra·bi'at [rabi'aːt] 厖 (*lat.* rabies , Wut, Tollheit')**1** 乱暴な, 粗暴な.　**2** 怒り狂った, 激怒した.　**3** 過激な, 徹底的な, 断固たる.
Ra·bu'list [rabu'lɪst] 男 -en/-en (*lat.* rabula , mit geläufiger Zunge tobender Sachwalter')《侮》(とくに法律などを自分の都合のいいように歪曲する)こじつけの巧みな人, 詭弁家.
Ra·bu'lis·tik [rabu'lɪstɪk] 囡 -/《侮》こじつけ, 三百代言(ﾀﾞｲｹﾞﾝ)的な言辞.
ra·bu'lis·tisch 厖《侮》こじつけの, 三百代言的な.

*__'Ra·che__ ['raxə ラヘ] 囡 -/ (↑rächen) 復讐, 報復, 仕返し(für et⁴ 事に対する). Das ist die ~ für deine Gemeinheit. これが君の卑劣さへの報(ｸ)いだ. ~ ist süß!《戯》~ ist Blutwurst. しっぺ返しは蜜の味だってね(仕返しの脅し文句). die ~ des kleinen Mannes《話》(手の届かぬ相手に対する)弱い者の(けちな)報復. seine ~ befriedigen〈stillen〉《雅》恨みをはらす. an j³ ~ nehmen《雅 üben》人³に復讐をする. et⁴ aus ~ tun 仕返しに事を する.
'Ra·che·akt 男 -[e]s/-e 復讐の行為, 報復行為.
'Ra·che·durst 男 -[e]s/《雅》(激しい)復讐心.
'ra·che·durs·tig 厖《雅》激しい復讐の念に燃えた.
'Ra·che·göt·tin 囡 -/-nen《神話》復讐の女神(ギリシア神話の Erinnye).
'Ra·chen ['raxən] 男 -s/- **1**《解剖》(Pharynx) 咽頭. (一般に)のど; (猛獣などの大きく開いた)口. den ~ nicht [weit] aufreißen《話》大きな口をたたく. den ~ nicht voll [genug] kriegen [können]《話》飽きることを知らない, 貪欲である. j³ den ~ stopfen《話》(口封じなどのために)人³に(とりあえず)たらふく食わせておく. j³ et⁴ aus dem ~ reißen《話》人³から奪ってきのところで奪還(救出)する. j³ et⁴ in den ~ werfen《話》人³にむざむざと物をくれてやる. **2**《比喩》《雅》(大きく口を開いた)深淵, 奈落. der ~ der Hölle 地獄の口.
__'rä·chen__*) ['rɛçən レヒェン] rächte, gerächt (古・戯 gerochen) ❶ 他 (人⁴の)復讐をする, (事⁴に対する)仕返し(報復)をする(an j³ 人³に). *seinen* ermordeten

Freund ~ 殺された友の敵(⁽ᵃᵉ⁾)討ちをする. eine Kränkung an j³ ~ 人³に受けた侮辱の仕返しをする. ❷ 再 (*sich*⁴) 1 復讐(報復, 仕返し)をする⟨an j³ 人³に / für et⁴⟨wegen et²,³⟩ 事¹,²,³の⟩. Für diese Beleidigung werde ich *mich* an dir ~. 君にはこの辱(はずか)しめの礼はきっとさせてもらう. 《事物を主語》報い(罰)を受ける. Sein Leichtsinn wird *sich* noch ~. 彼なんなに調子にのっているといまにばちが当る.

'**Ra·chen·blüt·ler** 男 -s/- 〖植物〗ごまのはぐさ科.
'**Ra·chen·bräu·ne** 女 -/ 〖古〗〖話〗咽喉炎(ジフテリアまたはクループ).
'**Ra·chen·höh·le** 女 -/-n 〖解剖〗咽頭腔.
'**Ra·chen·ka·tarrh** 男 -s/-e 〖病理〗咽頭カタル.
'**Ra·chen·leh·re** 女 -/-n 〖工学〗はさみゲージ, 測径器.
'**Ra·chen·man·del** 女 -/-n 〖解剖〗咽頭扁桃.
'**Ra·chen·put·zer** 男 -s/ 〖戯〗すっぱいワイン; (喉がひりひりするような)強い酒.
'**Rä·cher** [ˈrɛçər] 男 -s/- 〖雅〗復讐者.
'**Ra·che·schwur** 男 -[e]s/ᵁ-e 〖雅〗復讐の誓い.
'**Rach·gier** 女 -/ 〖雅〗復讐心.
'**rach·gie·rig** 形 〖雅〗復讐の念に燃えている.
Ra·chi·tis [raˈxiːtɪs, ..ˈçiː..] 女 -/..tiden [..ˈxiːtɪdən] (*gr.* rhachis, Rückgrad⁴) 〖病理〗佝僂(ੁੇう)病.
ra·chi·tisch [raˈxɪtɪʃ, ..ˈçɪtɪʃ] 形 〖医学〗佝僂(く)病の, 佝僂病にかかった; 佝僂病のような.
'**Rach·sucht** 女 -/ 〖雅〗燃えるような復讐心.
'**rach·süch·tig** 形 〖雅〗復讐の鬼と化した.
Ra'cine [raˈsiːn] 〖人名〗Jean Baptiste ~ ジャン・バプティスト・ラシーヌ(1639-99, 17世紀フランス古典主義を代表する劇作家・詩人).
'**Ra·cker** [ˈrakər] 男 -s/- 〖話〗いたずらっ子.
'**ra·ckern** [ˈrakərn] ❶ 自 〖話〗身を粉(こな)にして(あくせく)働く. ❷ 再 (*sich*⁴) 〖地方〗骨身を削って働く.
'**Ra·cket** [ˈrɛkət, raˈkɛt, ˈrækɪt] 中 -s/-s (*arab.* raha, Handfläche⁴) ラケット.
'**Rack·job·bing** [ˈrɛkˈdʒɔbɪŋ] 中 -[s]/ (*engl.* 〖経済〗ラック・ジョビング方式(卸売・製造業者が小売店に一定のスペースを借り, 自己の責任において商品を管理・販売する方式). ♦ Rack-Jobbing とも書く.
Ra'clette [ˈraklɛt, raˈklɛt] (*fr.*) ❶ 女 -/-[s] ラクレット(スイスの固いチーズ). ❷ 中 -s/-s ⟨女 -/-s⟩ 1 ラクレット(固いチーズを溶かしてじゃがいもなどと食べるスイスの料理). 2 ラクレット用テーブル・グリル.
rad 〖記号〗〖数学〗=Radiant 2
*'**Rad** [raːt] 中 -[e]s/ᵁ Räder 1 ⟨乗物の⟩車輪. ein ~ beim Auto [aus]wechseln 車のタイヤを交換する. vier *Räder* haben / auf vier *Rädern* laufen 4輪である. fünftes ⟨das fünfte⟩ ~ am Wagen sein 〖話〗余計者である. unter die *Räder* kommen ⟨geraten⟩ 車に轢(ひ)かれる; 〖話〗破滅(堕落)する. 2 ⟨機械・器具・装置などの⟩車, 輪; 歯車, 糸車, 水車, 舵輪, 片テ, ⟨タービンの⟩羽根車. mit der Hand in die *Räder* der Maschine geraten 機械の歯車に手を巻きこまれる. das ~ der Geschichte 歴史の歯車. ein ~ abhaben 〖話〗頭がちょっとおかしい. Bei ihm ist ein ~ locker⟨los⟩. / Bei ihm fehlt ein ~.《話》彼はどこか1本抜けている(おつむが少しあたたかい). 3 ⟨Fahrrad⟩ 自転車. Kannst du ~ fahren⟨*radfahren*⟩? 自転車に乗れるかい. ~ fahren⟨*radfahren*⟩ 〖俗〗下に威張って上にぺこぺこする. 4 〖歴史〗⟨車刑用の⟩刑車. j⁴ aufs ~ binden⟨flechten⟩ 人⁴を車刑に処する. 5 ⟨孔雀などの⟩大きく開いた尾

羽. ein ~ schlagen / ᵁ*rad*schlagen (孔雀などが)大きく尾羽をひろげる. 6 〖体操〗側転回. [ein] ~ schlagen / ᵁ*rad*schlagen 側転回をする.
'**Rad·ach·se** 女 -/-n 車軸.
Ra'dar [raˈdaːr, ˈraːdaːr] 男 ⟨中⟩ -s/-e (*engl.* radio detecting and ranging の短縮)〖工学〗1 ⟨複数なし⟩電波探知法. 2 電波探知機, レーダー.
Ra'dar·fal·le [raˈdaːr.., ˈraːdaːr..] 女 -/-n 〖話〗スピード違反取締りのレーダーを使った鼠取り.
Ra'dar·ge·rät [raˈdaːr.., ˈraːdaːr..] 中 -[e]s/-e 〖工学〗レーダー, 電波探知機.
Ra'dar·schirm [raˈdaːr.., ˈraːdaːr..] 男 -[e]s/-e レーダースクリーン.
Ra'dar·sta·ti·on [raˈdaːr.., ˈraːdaːr..] 女 -/-en レーダー基地.
Ra'dau [raˈdau] 男 -s/ 〖話〗騒音; 騒動. 大騒ぎ. ~ machen⟨schlagen⟩騒ぐ; ぎゃあぎゃあ文句を言う, どなりこむ.
Ra'dau·bru·der 男 -s/ᵁ 〖侮〗=Radaumacher
Ra'dau·ma·cher 男 -s/- 〖侮〗騒ぐ人; (不満や不平を言って)大騒ぎする人.
'**Rad·ball** 男 -[e]s/ᵁ-e ⟨ᴳᴱⁿ⟩ 1 ⟨複数なし⟩自転車ボロ. 2 自転車ボロ用のボール.
'**Rad·ball·spiel** 中 -[e]s/-e ⟨ᴳᴱⁿ⟩ 1 ⟨複数なし⟩自転車ボロ. 2 自転車ボロの試合.
'**Rad·ber** [raˈtbɛr] 男 -s/- =Radeber
'**Räd·chen** [ˈrɛːtçən] 中 -s/- ⟨Räderchenの縮小形⟩ 1 (a) 小さな車輪; ⟨家具の⟩キャスター. (b) 小さな歯車⟨糸車, 水車, 動輪⟩. Bei dir ist wohl ein ~ locker? / Bei dir fehlt wohl ein ~. 〖話〗君は少々おかしいんじゃないか. nur ⟨bloß⟩ ein ~ im Getriebe sein 機構の中の小さな歯車にすぎない. (c) 子供用の自転車; 三輪車. 2 ⟨複数 Rädchen⟩〖料理・服飾〗ルレット, 点線歯車.
'**Rad·damp·fer** 男 -s/- 外輪蒸気船.
'**Ra·de** [ˈraːda] 女 -/-n 〖植物〗むぎせんのう(麦仙翁). むぎなでしこ(麦撫子).
'**Ra·de·ber** [ˈraːdəbɛr] 女 -/-en ⟨東中部方言⟩ (1輪の)手押し車, ねこ車.
'**Ra·de·ber·ge** [..bɛrgə] 女 -/-n ⟨東中部方言⟩ =Radeber
'**ra·de·bre·chen** [ˈraːdəbrɛçən] radebrechte, geradebrecht 他 Französisch ⟨in Französisch⟩ ~ 片言のフランス語を話す.
'**ra·deln** [ˈraːdəln] 自 (s)⟨地方⟩〖戯〗自転車を走らす; 自転車で行く.
'**ra·deln** [ˈraːdəln] 他 〖話〗〖服飾〗(型紙などを)ルレットで写す;〖料理〗(生地などを)パイ車で型取りする.
'**Rä·dels·füh·rer** [ˈrɛːdəls..] 男 -s/- (謀叛人の)首謀者, 首魁(しゅかい). ♦ もと Rädlensführer で, 16世紀の歩兵の円陣隊形 (Rädlein) にちなむ.
'**Rä·der** [ˈrɛːdər] Rad の複数.
'**Rä·der·chen** [ˈrɛːdərçən] Rädchen の複数.
..**rä·de·rig** [..rɛːdərɪç] 〖接尾〗 =rädrig
'**rä·dern** [ˈrɛːdərn] 他 (↓ Rad 4)〖歴史〗車刑に処する. [wie] *gerädert* sein / sich⁴ [wie] *gerädert* fühlen ⟨話⟩ぐたぐた(へとへと)に疲れている. ♦ ↑ gerädert
'**Rä·der·tier** 中 -[e]s/-e ⟨多く複数で⟩〖動物〗くるまむし, わむし(輪虫)類.
'**Rä·der·werk** 中 -[e]s/-e 1 歯車装置. 2 〖比喩〗(司法・行政などの)複雑な機構, ややこしい仕組み.
Ra'detz·ky [raˈdɛtski] 〖人名〗Joseph Graf ~ von Radetz ヨーゼフ・ラデツキー・フォン・ラデツ伯(1766-

1858, オーストリア陸軍元帥).

Ra'detz·ky·marsch 男 -[e]s/ ラデッキー行進曲 ((a) Johann Strauß 作曲の行進曲のタイトル. (b) Joseph Roth の長編小説の題名).

Rad fah·ren*, ° **'rad|fah·ren*** ['ra:t fa:rən ラート ファーレン] 自(s) 1 自転車に乗る. 2《俺》下に威張って上にぺこぺこする. ◆↑Rad 3

Rad·fah·rer 男 -s/- 1 自転車に乗る人. 2《俺》下には威張って上にはぺこぺこする人.

Rad·fahr·weg 男 -[e]s/-e =Radweg

Rad·fel·ge 女 -/-n (車輪の)リム, 輪ぶち.

Ra·di ['ra:di] 男 -s/- 〈ﾊﾞｲｴﾙﾝ・ｵｰｽﾄﾘｱ〉《話》大根. einen ~ kriegen 叱られる.

ra·di'al [radi'a:l] 形 (lat. radius, Strahl') 1 半径の, 半径に関する. 2 放射状の, 輻射状の. 3 〖天文〗天体の観測者の方への(からの), 視線方向の. 4 〖解剖〗橈(⅘)骨の.

Ra·di'al·ge·schwin·dig·keit 女 -/-en〖物理〗動径ベクトル方向の速度;〖天文〗視線速度(天体が観測者の方へ近付く, あるいは観測者から遠ざかる速さ).

Ra·di'ant [radi'ant] 男 -en/-en (lat. radiare, Strahlen von sich geben') 1 〖天文〗(流星群の)放射点, 輻射点. 2〖記号 rad〗〖数学〗放射角, ラジアン.

ra·di'är [radi'ɛ:r] 形 (lat.) 放射(輻射)状の.

Ra·di·a·ti'on [radiatsi'o:n] 女 -/-en (lat.) 1 放射, 輻射. 2〖生物〗(適応)放散(同一種が環境への適応によって多くの系統に分岐する進化現象の1つ).

Ra·di·a·tor [radi'a:to:r] 男 -s/-en [..a'to:rən] ラジエーター, 放熱器.

Ra·di·en [ra:diən] Radius の複数.

ra'die·ren [ra'di:rən] 他 自 (lat. radere, schaben, kratzen') 1 (消しゴム・削字ナイフで)消す, 削除(抹消)する. 2 銅版画にする, エッチングをする.

Ra'die·rer [ra'di:rər] 男 -s/- 1 銅版画家, エッチング製作者. 2 (Radiergummi) 消しゴム.

Ra'dier·gum·mi [ra'di:r..] 男 -s/-s 消しゴム.

Ra'dier·kunst 女 -/ 〖美術〗エッチング, 腐食銅版画技法.

Ra'dier·mes·ser 中 -s/- 削字ナイフ.

Ra'dier·na·del 女 -/-n 〖美術〗エッチング用針鉄筆.

Ra'die·rung [ra'di:rʊŋ] 女 -/-en 〖美術〗腐食銅版画技法, エッチング; 銅版画.

Ra'dies·chen [ra'di:sçən] 中 -s/- (lat. radix, Wurzel') 〖植物〗二十日(ﾊﾂｶ)大根, ラディシュ. sich¹ die ~ von unten ansehen〈besehen〉《話》墓の下に眠っている.

***ra·di'kal** [radi'ka:l] ラディカール 形 (lat. radicalis, an die Wurzel gehend') 1 根本的な, 徹底した; 断固たる. eine ~e Änderung〈Lösung〉根本的な変更(抜本的な解決策). sich¹ ~ von j¹ lossagen j¹と断固手を切る. 2 急進的な, 過激な. ~e Elemente 過激分子. Er ist ~ gesinnt〈rechts〉彼は急進的な考えの持主〈極右〉だ.

Ra·di'kal 中 -s/-e 〖数学〗根基;〖化学〗基, 遊離基.

Ra·di'ka·le 男女(形容詞変化) 急進主義者, 過激派.

Ra·di·ka·len·er·lass 男 -es/ 〖政治〗過激派条例 (過激主義者が公職につくことを禁じた条例).

Ra·di·ka'lins·ki [radika'lɪnski] 男 -s/-s《俺》過激派(の人間).

ra·di·ka·li'sie·ren [radikali'zi:rən] ❶ 他 急進(過激)化させる. ❷ 再 (sich¹) 急進(過激)化する.

Ra·di·ka'lis·mus [radika'lɪsmʊs] 男 -/..men [..mən]《複数まれ》急進主義, ラディカリズム.

Ra·di'ka'list 男 -en/-en 急進主義者, 過激派.

Ra·di'kal·kur 女 -/-en 1 根治療法. 2《比喩》荒療治.

Ra'di·kand [radi'kant] 男 -en/-en (lat. radicandus [numerus], die zu radizierende [Zahl]')〖数学〗開平(開立)される数.

'Ra·dio ['ra:dio ラーディオ 中 -s/-s (lat. radius, Strahl') 1〈南ﾄﾞｲﾂ・ｵｰｽﾄﾘｱでは中 男〉ラジオ受信機. das ~ einschalten〈ausschalten〉ラジオをつける〈消す〉. 2《複数なし》ラジオ放送. ~ hören ラジオを聴く. Was kommt〈gibt's〉denn heute im ~? 今日はラジオに何があるの. 3 〖無冠詞 / 都市・国の名前と〗…ラジオ放送局. ~ Bremen ブレーメン放送局.

ra·dio.., **Ra·dio..** [radio.., ra:dio..] (接頭) (lat.) 名詞・形容詞に冠して「放射, 電波」の意を表す.

ra·dio·ak'tiv [radio|ak'ti:f] 形 〖物理〗放射能のある, 放射性の. ~e Stoffe 放射性物質. ~e Verseuchung 放射能汚染.

Ra·dio·ak·ti·vi'tät [..|aktivi'tɛ:t] 女 -/ 〖物理〗放射能.

'Ra·dio·ama·teur ['ra:dio..] 男 -s/-e アマチュア無線家, ハム.

***'Ra·dio·ap·pa·rat** ['ra:dio|apara:t] ラーディオアパラート 男 -[e]s/-e ラジオ受信機, ラジオ.

Ra·dio·as·tro·no'mie [radio|astrono'mi:] 女 -/ 電波天文学.

Ra·dio·che'mie [..çe'mi:] 女 -/ 放射化学.

'Ra·dio·ge·rät ['ra:dio..] 中 -[e]s/-e =Radioapparat

Ra·dio'gramm [radio'gram] 中 -s/-e 1 放射線透過写真, X線写真. 2《古》無線電報(電信).

Ra·dio·gra'phie [..gra'fi:] 女 -/-n [..'fi:ən] 放射線写真術, (とくに)X線写真術.

Ra·dio·iso'top [radio|izo'to:p] 中 -s/-e 〖物理・化学〗放射性同位元素, ラジオアイソトープ.

Ra·dio·kar·bon·me·tho·de 女 -/ 〖地質・考古〗放射性炭素年代測定法, 炭素14法.

Ra·dio'la·rie [..'la:riə] 女 -/-n (lat.)《多く複数で》〖動物〗放射(放散)虫.

Ra·dio·lo·ge [..'lo:gə] 男 -n/-n 放射線学者; 放射医学者.

Ra·dio·lo'gie [..lo'gi:] 女 -/ 放射線学; 放射線学.

ra·dio'lo·gisch [..'lo:gɪʃ] 形 放射線(医)学の, 放射線(医)学に基づく.

Ra·dio'me·ter [..'me:tər] 中 -s/- 〖物理〗ラジオメーター, 放射計.

Ra·dio·me'trie [..me'tri:] 女 -/ 〖物理〗放射分析, 放射測定.

'Ra·dio·re·kor·der ['ra:dio..] 男 -s/- ラジカセ.

'Ra·dio·sen·der ['ra:dio..] 男 -s/- ラジオ放送局.

'Ra·dio·son·de 女 -/-n 〖気象〗ラジオゾンデ(高層気象観測用装置).

'Ra·dio·stern 男 -[e]s/-e《古》〖天文〗ラジオ星, 電波星.

'Ra·dio·tech·nik 女 -/ 無線通信工学.

Ra·dio·te·le'skop [radio..] 中 -s/-e 〖天文〗電波望遠鏡.

Ra·dio·the·ra'pie [..'pi:] 女 -/-n [..'pi:ən] 〖医学〗放射線療法.

'Ra·dio·we·cker ['ra:dio..] 男 -s/ 《話》ラジオ付き

目覚時計.
'Ra·dio·wel·le 囡 -/-n《多く複数で》〖工学・物理〗電波.
'Ra·di·um ['ra:diʊm] 囲 -s/《lat. radius , Strahl'》《記号 Ra》〖化学〗ラジウム.
'ra·di·um·hal·tig ラジウムを含んだ.
'Ra·di·um·the·ra·pie 囡 -/〖医学〗ラジウム治療(法).
'Ra·di·us ['ra:diʊs] 囲 -/..dien [..diən]《lat. , Stab, Speiche, Strahl'》**1**《記号 r, R》〖幾何〗半径. **2** (a) 行動半径, 活動範囲, (飛行機・船舶などの)航続距離. (b)《精神的な》視野. **3**〖解剖〗橈(ﾄﾞｳ)骨.
'Ra·dix ['ra:dɪks] 囡 -/..dizes [ra'di:tseːs]《lat. , Wurzel'》〖植物・薬学〗(植物の)根;〖解剖〗(神経・器官などの)根(ﾈ).
ra·di'zie·ren [radi'tsi:rən] 他〖数学〗(ある数の)根(ﾈ)をもとめる, (を)開方する.
'Rad·kap·pe 囡 -/-n《自動車》ホイールキャップ.
'Rad·kranz 囲 -es/ﾞe〖工学〗(車輪の)リム, みぞふち.
'Rad·ler ['ra:dlər] 囲 -s/-**1**《地方》(Radfahrer) 自転車に乗る人. **2**《ﾊﾞｲｴﾙﾝ》=Radlermaß
'Rad·ler·maß 囡 -/-《ﾊﾞｲｴﾙﾝ》レモネードで薄めたビール.
'Rad·man·tel 囲 -s/ﾞ **1**《古》〖服飾〗マント, ケープ. **2** (自転車などの)ゴムタイヤ.
'Ra·dom [ra'dom] 囲 -s/-s《engl.》〖工学〗レドーム, レーダードーム.
'Ra·don ['ra:dɔn, ra'do:n] 囲 -s/《lat.》《記号 Rn》〖化学〗ラドン.
'Rad·rei·fen 囲 -s/-(車輪の)タイヤ.
'Rad·renn·bahn 囡 -/-en (楕円形の)自転車競技(競輪)用走路.
'Rad·ren·nen 囲 -s/-自転車競走, 競輪.
'Rad·renn·fah·rer 囲 -s/-自転車競走の選手; 競輪選手.
..räd·rig [..rɛːdlɪç]《接尾》数詞と「...個の車輪のついた」の意の形容詞をつくる.
'Rad·scha ['ra(ː)dʒa] 囲 -s/-s《sanskr. rāja, König, Fürst'》**1**《複数なし》ラージャ(インド・マレー諸島の王侯の称号). **2** ラージャ(ラージャの称号を持つ王侯).
'Rad schla·gen*, °**'rad|schla·gen*** 圓 **1**(孔雀などが)大きく尾羽をひろげる. **2**〖体操〗側転する.
◆ ↑Rad 5, 6
'Rad·schuh 囲 -[e]s/-e (くさび形の)車輪止め.
'Rad·spei·che 囡 -/-n《多く複数で》(車輪の)スポーク, 輻(ﾔ).
'Rad·sport 囲 -[e]s/ 自転車競技.
'Rad·sport·ler 囲 -s/-自転車競技の選手.
'Rad·stand 囲 -[e]s/ﾞe《自動車》ホイール・ベース, 軸距(前後輪の車軸距離).
'Rad·tour [..tuːr] 囡 -/-en サイクリング.
'Rad·wech·sel 囲 -s/-車輪(タイヤ)の交換.
'Rad·weg 囡 -[e]s/-e 自転車専用路.
'Rad·zahn 囲 -[e]s/ﾞe (歯車の)歯.
RAF 囡 囲《略》**1** [ɛrʔaːˈʔɛf] = Rote-Armee-Fraktion 赤軍派. **2** [aːreːˈʔɛf]《engl.》= Royal Air Force イギリス空軍.
'Raf·fa·el ['rafaeːl, ..faɛl]《人名》(Raffaello のドイツ語形) ~ Sanzio ラファエロ・サンツィオ(1483-1520, イタリアの画家・彫刻家).
'Raf·fel ['rafəl] 囡 -/-n《地方》**1** (a)(料理用)おろし金. (b)(麻をすく)麻櫛;(木の実・草の実などをすき取る)実かき具. **2** 鳴子; がらがら. **3**《侮》大きな汚ならしい口; おしゃべりな口; かみがみうるさい女.

'raf·feln ['rafəln]《地方》他 **1** おろし金ですりおろす. **2** 圓 **1** がらがら(がたがた)音をたてる. **2**《侮》ぺちゃくちゃおしゃべりをする; 悪口を言う.
'raf·fen ['rafən] 他 **1**(さっと)ひっつかむ, ひったくる. Sie *raffte* ein paar Kleider aus dem Schrank und warf sie in den Koffer. 彼女は洋服を 2, 3着タンスからひったくるように取り出してトランクに放りこんだ. **2**(とくに金銭を)とりこむ, かつがつためる. **3**(生地などに)襞(ﾋﾀﾞ)を取る;(カーテンをしぼる;(衣服を)からげる, たくしあげる;(帆を)巻く, たたむ. **4**(論文などを)要約する. **5**《若者》分かる, 理解する.
'Raff·gier ['raf..] 囡 -/《侮》強欲, 貪欲.
'raff·gie·rig 囲《侮》強欲(貪欲)な, 欲の深い.
'raf·fig ['rafıç] 圃 《侮》=raffgierig
Raf·fi'na·de [rafi'naːdə] 囡 -/-n《fr.》精製糖, 精白糖.
Raf·fi'nat [rafi'naːt] 囲 -[e]s/-e 精製品.
Raf·fi·na·ti'on [rafinatsi'oːn] 囡 -/-en 精製(特に石油・砂糖の).
Raf·fi·ne'ment [rafinəˈmãː] 囲 -s/-s《fr. , Verfeinerung'》《複数まれ》**1** 極めて洗練されていること, 巧緻を極めていること. **2** (Raffinesse) 抜け目なさ, ずる賢さ.
Raf·fi·ne'rie [rafinəˈriː] 囡 -/-n [..'riːən]《fr.》精製所, 製錬所;(とくに)精油所, 精糖所.
Raf·fi'nes·se [rafiˈnɛsə] 囡 -/-n《fr.》**1**《複数なし》狡猾, 抜け目のなさ, 計算ずく. **2**《多く複数で》(技術の粋をあつめた)精妙な設備(付属品). ein Automat mit allen ~n 技術の粋を集めてつくられている自動販売機.
raf·fi'nie·ren [rafi'niːrən] 他《fr. raffiner , verfeinern'》(石油・砂糖などを)精製する, (金属を)精錬する.
raf·fi'niert [rafi'niːrt] 圖分 圃 **1** ずる賢い, 狡猾な, 抜け目のない. **2**(計画・策略などが)練りに練った, 凝りに凝った. **3** 洗練された, あか抜けした.
Raf·fi'niert·heit 囡 -/-en **1**《複数なし》ずる賢い, 抜け目ない; 極めて洗練されていること, 巧緻を極めていること. **2**《複数まれ》ずる賢い態度(やり口); 洗練された態度(行動).
'Raff·ke ['rafkə] 囲 -s/-s《侮》強欲(貪欲)な人, ごうつくばり; 成り金.
'Raff·zahn ['raf..] 囲 -[e]s/ﾞe **1**《古》(猛獣の)牙. **2**《話》出っ歯. **3**《侮》強欲(貪欲)な人.
'Ra·ge ['raːʒə] 囡 -/《lat. rabies , Wut'》**1**《話》激怒, 激昂, 逆上. jn in ~ bringen 人をかんかんに怒らせる. in ~ kommen (geraten) かっとなる. in ~ sein かっかしている. **2** in der ~ あわてふためいて.
'ra·gen ['raːɡən] 圓 突き出している, そびえている;《比喩》抜きんでている. aus dem Wasser ~ 水面から突き出ている. in den Himmel ~ 天にそびえている.
Ra'gio·ne [ra'dʒoːnə] 囡 -/-《lat.》(ﾑﾙｼｭﾎｳ)(登記済み)商事会社.
'Ra·glan ['raɡla(ː)n, 'rɛɡlan] 囲 -s/-s《engl.》**1** ラグランのコート. **2**《複数なし》(Raglanschnitt の短縮)ラグラン仕立て. ◆ イギリスの将軍ラグラン卿, 1788-1855 の外套にちなむ.
'Rag·na·rök ['raɡnarœk] 囡 -/《nord. ragna rök , Götterschicksal'》〖北欧神話〗ラグナレク(神々が巨人族との最後の決戦に敗れたあとの世界の滅亡. ↑Götterdämmerung).
Ra'gout [ra'ɡuː] 囲 -s/-s《fr.》〖料理〗ラグー(ミンチ肉と野菜を香辛料を加えて煮込んだシチュー料理).

Rag·time ['rɛktaɪm, 'ræg..] 男 –/ (engl.)〖音楽〗ラグタイム(19世紀末アメリカの黒人がつくり出したビートのきいたピアノの演奏スタイル, ジャズの源流の1つという).

Ra·he ['ra:ə] 女 –/–n 〖船員〗ヤード, 帆桁.

Ra·hel ['ra:ɛl] (hebr., Mutterschaf) ❶《女名》ラエル. ❷《人名》ラケル (Jakob の妻, Joseph の母.〖旧約〗29:16 以下).

Rahm [ra:m] 男 –[e]s/《地方》(Sahne)生クリーム. den ~ abschöpfen《話》いちばんオイシイ所を取る.

Rähm [rɛ:m] 男 –[e]s/–e 〖建築〗(小屋組の)敷桁 (設).

rah·men[1] ['ra:mən] 他 **1**（物を）額縁(枠)にいれる,（に）額縁(枠)をつける. **2**（雅）縁取る. Dunkles Haar *rahmt* ihr Gesicht. 黒い髪が彼女の顔を縁取っている.

rah·men[2] ❶ 自（牛乳が分離して）表面にクリーム(乳脂)を浮かべる. ❷ 他 die Milch ~ 牛乳からクリーム(乳脂)を取る.

Rah·men ['ra:mən] ラーメン 男 –s/– **1** (a) 枠, 縁(ﾁ); 額縁; (戸･窓などの)框(ｶﾏﾁ). (b) 編物の台枠, フレーム;(自動車の)車台;(自転車の)フレーム. (c)(建造物の)骨組み, ラーメン. (d) 刺繍枠. (e)(靴の)ウェルト(ヘリかがりの細革). **2**〖文学〗(枠物語 Rah-menerzählung の)枠 **3**《複数なし》《比喩》枠組,枠;範囲, 限界; 背景, 道具立て. Der Schlosspark selbst gab einen schönen ~ für die Veranstaltung ab. 城の公園じたいがその催しのすばらしい道具立てになっていた. einen großen ~ für et⁴ bestimmen〈fest-legen〉事⁴の大枠を決める. et³ einen feierlichen ~ geben 事³(式典など)に厳かな雰囲気を与える. den ~ sprengen 枠(殻)を打ち破る. einen zeitlichen ~ setzen 期限をつける. aus dem ~ fallen / nicht in den ~ passen 常識の枠におさまらない, 破格(型破り)である. im ~ bleiben（従来の･通常の)枠を越えない, ふつう（世間並み）である. im ~ der geltenden Gesetze 現行法の範囲内で. in größerem〈kleinerem〉~ 大々的に〈ひっそりと〉. im ~ des Üblichen〈des Möglichen〉通常の〈可能な〉範囲内で.

'**Rah·men·an·ten·ne** 女 –/–n 枠型アンテナ.
'**Rah·men·be·din·gung** 女 –/–en 大枠の条件.
'**Rah·men·er·zäh·lung** 女 –/–en 〖文学〗枠物語, 枠小説.
'**Rah·men·ge·setz** –es/–e 〖法制〗概則的法規.
'**Rah·men·plan** 男 –[e]s/ｴe（大枠だけを決めた）基本計画.
'**Rah·men·richt·li·ni·en** 《教育》（各州独自の）指導要綱.
'**Rah·men·su·cher** 男 –s/–〖写真〗枠型ファインダー, イコノメーター.
'**Rah·men·ta·rif·ver·trag** 男 –[e]s/ｴe 〖法制〗概括的労働協約.
'**rah·mig** ['ra:mɪç] 形 《地方》(sahnig) **1** クリーム(乳脂)をたっぷり含んだ. **2** クリーム状の.
'**Rahm·kä·se** 男 –s/– (Sahnekäse) クリームチーズ.
'**Rah·se·gel** ['ra:..] 中 –s/–〖船員〗横帆.
Rain [raɪn] 男 –[e]s/–e **1**（畑の）畦(ｱｾﾞ), 畔(ﾊﾝ). **2**《南ﾄﾞ》(Abhang) 斜面.
'**rai·nen** ['raɪnən] ❶ 他《古》(畑などを)区切る, 境界をつける. ❷ 自《南ﾄﾞ》(an j⁴ ⁻)隣り合せに田畑を持っている.
'**Rain·farn** 男 –[e]s/–e 〖植物〗よもぎぎく.
Rai·son [rɛ:zõ:] 女 –/《まれ》=Räson
ra·jo·len [ra'jo:lən] 他 =rigolen

'**Ra·kel** ['ra:kəl] 女 –/–n 〖印刷〗ドクター–((a) 凹版印刷でローラーから余分なインキをこすりとる器具. (b) 孔版捺染でスクリーンに塗りつける用具).
'**rä·keln** ['rɛ:kəln] 他 (sich⁴)《話》=rekeln
'**Ra·kel·tief·druck** 男 –[e]s/〖印刷〗輪転グラビア印刷, 凹版印刷.

***Ra·ke·te** [ra'ke:tə] ラケーテ 女 –/–n (it. rocchetta, kleine Spindel) **1** ロケット; ロケット弾, ミサイル. wie eine ~《話》目にもとまらぬ速さで. **2** 打上花火.

Ra·ke·ten·ab·schuss·ba·sis 女 –/..basen [..zən]〖軍事〗ミサイル発射基地.
Ra·ke·ten·ab·wehr 女 –/〖軍事〗対ミサイル防衛.
Ra·ke·ten·ab·wehr·ra·ke·te 女 –/–n 〖軍事〗対ミサイル用ミサイル.
Ra·ke·ten·an·trieb 男 –[e]s/–e ロケット推進.
Ra·ke·ten·flug·zeug 中 –[e]s/–e ロケット(推進)飛行機.
Ra·ke·ten·start 男 –[e]s/–e(-s) ロケットの発射; ロケット推進による離昇(航空機の).
Ra·ke·ten·treib·stoff 男 –[e]s/–e ロケットの燃料.
Ra·ke·ten·trieb·werk 中 –[e]s/–e ロケットエンジン.
Ra·ke·ten·waf·fe 女 –/–n《多く多数で》〖軍事〗ロケット(ミサイル)兵器.
Ra·ke·ten·wer·fer 男 –s/–〖軍事〗ロケット砲, ミサイル発射機.
Ra·kett [ra'kɛt] 中 –[e]s/–e(-s) =Racket
'**Ra·ki** ['ra:ki] 男 –[s]/–s (arab. araq) ラキ(アニス･干しぶどうなどから造るトルコの火酒).
'**Ral·le** ['ralə] 女 –/–n (fr. râle)〖鳥〗くいな(水鶏).
'**Ral·lye** ['rali, 'rɛli] 女 (ｽｲ 中 –s/–s) (engl. rally, wieder versammeln)（自動車レースの）ラリー.
RAM [ram] 中 –[s]/–[s] (engl.) 〖略〗=random access memory《ﾃﾞｰﾀ》ランダム･アクセス記憶装置, ラム.
Ra·ma·dan [rama'da:n] 男 –[s]/ (arab., der heiße Monat) 《ｲｽﾗｰﾑ》ラマダーン(イスラーム暦の第9月, 断食の月).
Ra·mie [ra'mi:] 女 –/–n [..'mi:ən] (mal. rami) **1**〖植物〗ラミー, ちょま(苧麻). **2** ラミーの繊維, からむし(苧麻).

Ramm [ram] 男 –[e]s/–e **1**《ｼｬﾚ》雄羊. **2**《古》=Rammsporn **3**《獣医》(牛･馬の)膝骸(ｶﾞｲ)骨転位.
'**Ramm·bär** 男 –s/–e 《土木》（地固め･舗床用のたこ;(杭打ち用の)落し槌, 分銅槌; 杭打ち機.
'**Ramm·bock** 男 –[e]s/ｴe **1**《地方》雄羊; 雄牛. **2**《古》破城槌(城壁を突き崩すための丸太). **3** = Rammbär
'**Ramm·bug** 男 –[e]s/–e 《古》(軍船の)衝角 (Rammsporn)を装着した船首.
'**ramm·dö·sig** ['ramdø:zɪç] 形《話》**1** 意識がもうろうとした. **2**《地方》愚かな, まぬけの.
'**Ram·me** ['ramə] 女 –/–n 〖土木〗(土を固めるたこ;(杭打ち用の)落し槌; 杭打ち機, ランマー.
'**Ram·mel** ['raməl] 男 –s/– **1**《古》=Rammbär **2**《地方》雄羊. **3**《地方》《侮》くず, 間抜け. **4**《卑》ファック, 性交.
Ram·me·lei [ramə'laɪ] 女 –/–en **1**《話》押合いへし合い. **2**《卑》ファック, 性交.
'**ram·meln** ['raməln] ❶ 他《話》(杭などを)打込む (in et⁴ 物⁴の中へ); ぐいぐい押しこむ; ぎゅうぎゅう詰めこむ. ▶ †gerammelt ❷ 自《話》(an et³ 物³を)激しく揺する. **2** 取っ組合う. **3** 押分けて進む. durchs Gebüsch ~ やぶをかき分けて突き進む. **4** (a)《猟師》

rammelvoll

(兎が)交尾する. (b) 《卑》性交する. ❸ 再 《sich》《話》1 (子供なだが)取っ組み合いをする(sich は相互代名詞). 2 ぶつかる(an et³ 物³に).

'ram·mel·voll 形 《話》超満員の, すし詰めの.

'ram·men [‘ramən] 他 1 (杭などを)打ち込む. 2 (物³に)衝突する, の横っ腹にぶつける.

'Ramm·ler [‘ramlər] 男 -s/- (獣類)雄(とくに兎の).

'Ramm·sporn 男 -[e]s/-e (敵船の船腹を突き破るために船首に取りけた)衝角.

'Ram·pe [‘rampə] 囡 -/-n (fr., geneigte Fläche‘) 1 (高さの異なる2面を結ぶ)傾斜路; 車寄せ; (高速道路の)ランプ(ウェー). 2 (鉄道の)貨物用ブラットホーム; (港・埠頭の)エプロン. 3 (ロケットの)発射台. 4 《登山》傾斜した岩棚. 5 《演劇》張出し舞台, エプロンステージ. über die ~ kommen〈gehen〉《隠》人気を博する, ウケる, 大当りする.

'Ram·pen·licht 中 -[e]s/-er 《演劇》フットライト, 脚光. im ~ stehen (役者として)舞台に立っている;《比喩》脚光を浴びている, 世間の注目を集めている.

ram·po'nie·ren [rampo'ni:rən] 他 《it. rampone, groβer Haken》《話》ひどく破損する,(に)損傷を与える.

ram·po'niert 過分 形 《話》1 ひどく破損した, 傷だらけの. 2 《比喩》落ちぶれた;(名誉・威信などが)損なわれた, 傷ついた.

Ramsch¹ [ramʃ] 男 -[e]s/-e 《複数まれ》見切り品; がらくた, 安物;《集合的に》『書籍』ぞっき本. im ~ kaufen 二束三文で買う.

Ramsch² 男 -[e]s/-e (fr. ramas ‚das Auflesen, Sammeln‘) 1 『トランプ』(スカートで)ラムシュ(競技者の誰もがビッドせずに始まったゲーム, 取り札の数の最も少ない者が勝ちとなる). 2 《古》《学生》(決闘の原因となるような)学生集団のいざこざ.

'ram·schen¹ [‘ramʃən] 他 (↑Ramsch¹) 1 安値で買いあさる. 2 《俤》がつがつ取りこむ.

'ram·schen² (↑Ramsch²) 『トランプ』(スカートで)ラムシュゲームをする.

'Ram·scher [‘ramʃər] 男 -s/- 《話》投売(見切)品を買いあさる人.

'Ramsch·la·den 男 -s/⸚ (-) 見切り品(売残商品)を投売りする店.

'Ramsch·wa·re 囡 -/-n 《俤》(投売りされる)見切り品.

ran [ran] 副 -/- heran 2 《間投詞的に》さあ. Ran an die Arbeit! さあ, 仕事にかかろう.

Ranch [rɛntʃ, ra:ntʃ] 囡 -/-s(-es[..tʃiz]) (sp. rancho ,Hirtenlager‘) (北米西部の)大牧場; 農場.

Rand¹ [rant ラント] 男 -[e]s/Ränder 1 (a) 縁(ふち), 端. der ~ des Hutes 帽子のつば. der ~ einer Münze 硬貨のふち. der ~ des Tisches 机の角(かど). dunkle Ränder um die Augen haben 目のまわりに黒い隈(くま)ができている. am ~ der Stadt wohnen 町はずれに住んでいる. ein Glas bis zum ~ füllen グラスになみなみとつぐ. eine Brille mit dicken Rändern 太ぶちのめがね. ein Umschlag mit schwarzem ~ 黒枠の封筒. 《比喩的に / 多く慣用表現で》Dieses Problem liegt zur Zeit mehr am ~ e. この問題はさしあたり大して重要ではない. Das habe ich nur am ~ e miterlebt. 当時私はいたまさにに居合せただけなんだ. Das versteht sich⁴ am ~ e. それは自明のことだ. am ~ des Abgrundes〈des Grabes〉stehen 破滅の危機〈死〉に瀕している. am ~ e siener Kraft sein もはや力が尽きかけている. j⁴ an den ~ der Verzweiflung treiben〈bringen〉人を絶望の淵に追いつめる. außer

~ und Band geraten 《話》羽目をはずす;(怒り・驚愕などで)荒れ狂う, すっかり取乱す. et⁴ zu ~ e bringen《話》事をやり遂げる. 片づける. mit et〈j〉³ zu ~〈zurande〉kommen《話》事³を上手に処理する〈人³とうまく折合いをつける〉. (b) 欄外, 余白. einen ~ lassen am ~e bemerken 欄外に記す. et⁴ an den ~ schreiben 事⁴を余白(欄外)に記す. 2 (円い)跡形, しみ. Die heiße Kanne hat auf der Platte des neuen Tisches einen ~ zurückgelassen. ボットが熱かったので新しいテーブルの表面に形(あと)がついてしまった. 3 《卑》口. einer frechen ~ haben 横柄(おうへい)な口をきく. Halt den 〈deinen〉 ~! 黙れ.

Rand² [rant, rɛnt] 男 -/-[s] (単位) (engl.)(略 R ラント)(南アフリカ共和国の通貨単位).

Ran'dal [ran'da:l] 男 -s/- 《話》《古》大騒ぎ, 大暴れ. ◆もと Rant (=Tumult) と Skandal とを合成した学生語.

Ran'da·le [ran'da:lə] 囡 -/ 《次の用法で》~ machen 《学生》大騒ぎをする, 大暴れする.

ran·da'lie·ren [randa'li:rən] 自 馬鹿騒ぎする, 大暴れする.

'Rand·aus·gleich 男 -[e]s/ (タイプライターでの)行末の調節.

'Rand·be·mer·kung 囡 -/-en 1 欄外の注, 傍注. 2 《比喩》付け足し(ついで)のひと言(ときに悪意を含む).

'Rän·del [‘rɛndəl] 中 -s/- =Rändeleisen

'Rän·del·ei·sen 中 -s/- ルレット(金属製品の縁にぎざぎさを付ける工具).

'rän·deln [‘rɛndəln] 他 ルレットでぎざぎざを付ける.

'Rän·der [‘rɛndər] Rand¹ の複数.

'rän·dern [‘rɛndərn] 他 (物³を縁に)取る,(に)縁をつける. ein Blatt Papier ~ 紙に余白をつくる. Ihre Augen waren vom Weinen rot gerändert. 彼女は目を赤く泣き腫らしていた.

'Rand·er·schei·nung 囡 -/-en 副次的な現象.

'Rand·fi·gur 囡 -/-en 脇役.

'Rand·ge·biet 中 -[e]s/-e (都市などの)周辺地帯, 周辺地域;(学問の)周辺分野.

'Rand·grup·pe 囡 -/-n《社会学》周辺集団(外国人労働者・ホームレスなど社会的に疎外された人々).

'Rand·sied·lung 囡 -/-en 都市外の住宅地.

'Rand·staat 男 -[e]s/-en (ある地域の)周辺の国;(政治的大国の)周辺国, 衛星国.

'Rand·stein 男 -[e]s/-e (道路の)縁石(ふちいし).

'Rand·stel·ler 男 -s/- (タイプライターの)マージンストッパ.

'Rand·strei·fen 男 -s/- 1 縁(ふち)の帯状部分. 2 《土木》(車道の路肩にかけた)路側帯.

Ranft [ranft] 男 -[e]s/Ränfte《地方》1 パンの最初(最後)の切れ端. 2 パンの皮(耳).

rang [raŋ] ringen の過去.

*__Rang__ [raŋ ラング] 男 -[e]s/Ränge (fr., Reihe, Ordnung‘) 1 (a) 地位;《軍事》階級. Welchen ~ bekleidet er im Finanzministerium? 財務省で彼はどんな地位にいるのですか. Er hat den ~ eines Obersts. / Er ist〈steht〉im ~ eines Obersts. 彼の階級は陸軍大佐である. j³ den ~ streitig machen 人³と競争する, 張合う;(の)頭越しに出し抜く. ein Mann von niedrigem ~ 軽輩, 下っ端.《Rang und Namen などの形で》alles, was ~ und Namen hat 地位も名もあるお歴々. ein Mann ohne ~ und Namen 名も無

ranzionieren

いただの人. ein Mann von ~ und Namen〈~ und Würden〉(功なり名遂げた)名士. zu ~ und Würden〈Ehren〉kommen 功なり名遂げる, 名士になる. (b)《複数なし》等級, クラス. ein Restaurant dritten ~es 3流のレストラン. ein gesellschaftliches Ereignis ersten〈höchsten〉~es 第1級の社会的出来事. j³ den ~ ablaufen 人³をしのぐ(in et³ 事³で). den ersten ~ behaupten トップを維持する. von ~ sein 1級品である. ein Wissenschaftler vom ~ Einsteins アインシュタイン級の科学者. **2** (a)〖法制〗(登記簿内の)順位. (b)《ᴇ﹀》ランキング. (c)〖宝石〗(…)等. Gewinn im zweiten ~ 2等の当りくじ. **3**〖演劇〗階上席. die Logen im ersten ~ 2階(正面)桟敷席.

'Rang·ab·zei·chen 甲 -s/-《古》階級章.
'Rang·äl·tes·te 男女〖形容詞変化〗(同等の地位の中の)最古参.
'Ran·ge ['raŋə] 女 -/-n《ᴇ﹀》-n/-n)腕白坊主, いたずら小僧; お転婆.
'rän·ge ['rɛŋə] ringen の接続法 II.
'Rän·ge ['rɛŋə] Rang の複数.
'ran·ge·hen* ['ran..] 自 (s)《話》**1** =herangehen **2** 積極的に行動する.
'ran·geln ['raŋəln]《話》❶ 自 取っ組合って遊ぶ, 掴み合いをする; (um et⁴ 物⁴の)奪い合いをする. ❷ 再 《sich⁴》**1** 取っ組合いをする. **2** 手足をのばす, 大の字になる.
'Rang·er·hö·hung 女 -/-en 昇進, 昇格, 昇給.
'Rang·fol·ge 女 -/-n =Rangordnung
Ran'gier·bahn·hof [rã'ʒiːr..., raŋ'ʒiːr..] 男 -[e]s/-e〖鉄道〗操車場.
ran'gie·ren [rã'ʒiːrən, raŋ'ʒi..] (fr. ranger ,[an]ordnen) ❶ 他 **1** (車輌の)入換えをする. die Waggons auf ein Abstellgleis ~ 貨車を待避線へ入換える. **2**《古》整理(仕分け)する. ❷ 自 (…の)地位(順位)にある, 位置する. an erster〈letzter〉Stelle ~ トップにいる〈最下位である〉. hinter〈vor〉j³ ~ 人³の後塵(ᴊじん)を拝している〈人³より上位にいる〉. Bleistifte rangieren unter Schreibwaren.《話》鉛筆は文房具の1つである.
Ran'gie·rer [rã'ʒiː·rər, raŋ'ʒiː·rər] 男 -s/- (鉄道の)操車係.
Ran'gier·gleis 甲 -es/-e (鉄道の)仕分け線.
Ran'gier·lok 女 -/-s, **Ran'gier·lo·ko·mo·ti·ve** 女 -/-n 入換え機関車.
'Rang·lis·te 女 -/-n **1**〖軍事〗将校(高級官僚)名簿. **2**《ᴇ﹀》ランキング一覧表, 順位表.
'Rang·ord·nung 女 -/-en 順位, 序列, 等級.
'Rang·stu·fe 女 -/-n (序列内の個々の)等級, 位階;《古》〖軍事〗階級.
'ran·hal·ten* 再《sich⁴》《話》大急ぎで仕事をする; せっせと働く.
rank [raŋk] 形《副詞的には用いない》**1**《雅》(多く **rank und schlank** の形で)ほっそりした, すらりとした, しなやかな. **2**〖造船〗(船が)転覆しやすい.
Rank [raŋk] 男 -[e]s/Ränke **1**《複数で》《雅》策略, 陰謀, 奸計. *Ränke schmieden*〈spinnen〉策略をめぐらす. **2**《南ᴅ, ꜱᴄʜᴡ》曲り道, カーブ. **3**《ꜱᴄʜᴡ》(仕事などの)こつ, 秘訣, 策. den [rechten] ~ finden いい手が見つかる.
'Ran·ke¹ ['raŋkə] 女 -/-n〖植物〗巻きひげ; 蔓(ᴛᴢる).
Ran·ke²《人名》Leopold von ~ レーオポルト・フォン・ランケ(1795-1886, ドイツの歴史学者).

'Rän·ke ['rɛŋkə] Rank の複数.
'ran·ken ['raŋkən] ❶ 再 《sich⁴》(蔦(ᴛᴛᴀ)などが)這(ᴜ)う, からみつく(an et⁴ 物⁴に). Um ihn ranken sich viele Geschichten.《比喩》彼にまつわる話はたくさんある. ❷ 自 (s, h) **1** (巻きひげを出して)這っていく. **2** (h) 巻きひげを出し, 蔓を伸ばす.
'Ran·ken·ge·wächs 甲 -es/-e〖植物〗(巻きひげを出して絡みつく)攀縁(ʜᴀɴᴇɴ)植物, 蔓植物.
'Ran·ken·werk 甲 -[e]s/-e **1** (たくさんの)絡みあった蔓(巻きひげ). **2**〖芸術・建築〗唐草模様.
'Rän·ke·schmied 男 -[e]s/-e 陰謀家, 策士.
'Rän·ke·spiel 甲 -[e]s/-e 陰謀.
'Rän·ke·sucht 女 -/- 陰謀癖.
'rän·ke·voll 形 権謀術数(ʜɪᴇɴɢᴜꜱᴜ)に長(ᴛʏ)けた, 策士(策謀家)の.
'ran·kig ['raŋkɪç] 形 巻きひげ(蔓)状の; 巻きひげ(蔓)を出している.
'Ran·king ['rɛŋkɪŋ] 甲 -s/-s (engl.) ランキングリスト, ランキング, ランクづけ.
'ran·klot·zen 自《話》大車輪で(しゃかりきになって)働く.
'ran·kom·men* 自 (s)《話》**1** =herankommen **2** drankommen
Ran'kü·ne [raŋ'kyːnə] 女 -/-n (fr. rancune)《古》恨み, 遺恨.
'ran·krie·gen* 他《話》**1** (人⁴を)しごく, もんでやる. **2** (人⁴の)責任を問う.
'ran·las·sen* 他《話》**1** =heranlassen **2** (人⁴に)チャンスを与える, (を)試す. **3** (人⁴と)寝てもいいと思っている.
'ran·ma·chen 再《sich⁴》《話》=heranmachen
'ran·müs·sen* 自《話》=heranmüssen
rann [ran] rinnen の過去.
'rän·ne ['rɛnə] rinnen の接続法 II.
'ran·neh·men* 他《話》=herannehmen
'rann·te ['rantə] rennen の過去.
'ran·schmei·ßen* 再《sich⁴》《話》(an j⁴ 人⁴に)強引にすり寄る.
Ra'nun·kel [ra'nʊŋkəl] 女 -/-n〖植物〗(Hahnenfuß) きんぽうげ(金鳳花)科.
'Ränz·chen ['rɛntsçən] 甲 -s/-《Ranzen の縮小形》小さいランドセル(リュックサック); 小さな腹.
'Rän·zel ['rɛntsəl] 甲 -s/-《地方》ランドセル; リュックサック, 背嚢,《古》(遍歴職人等の)旅の荷物の包み. sein ~ schnüren 旅支度をする, (荷物をまとめて)職場を出ていく.
'ran·zen¹ ['rantsən] 自〖猟師〗(肉食獣が)つがう, 交尾する.
'ran·zen² 自 他《話》怒鳴る, 声を荒げて言う.
'Ran·zen ['rantsən] 男 -s/- **1** ランドセル, リュックサック, 背嚢. **2**《話》(a) 腹, (とくに)太鼓腹. sich³ den ~ voll schlagen《卑》たらふく食う. (b) 背中. j³ den ~ voll hauen 人³をさんざん殴る, ぶちのめす. den ~ voll kriegen さんざん殴られる, ぶちのめされる.
'ran·zig ['rantsɪç] 形 (lat. rancidus , nach Fäulnis riechend') (油類が)古くなって悪臭(嫌な味)のする, 酸敗した.
Ran·zi'on [rantsi'oːn] 女 -/-en (lat. redemptio , Loskauf') 《古》(捕虜の)身代金; (拿捕(ᴅᴀʜᴏ)船の)賠償金.
ran·zio'nie·ren [rantsio'niːrən] 他《古》(捕虜を)身代金を払って自由の身にする; (拿捕(ᴅᴀʜᴏ)船の)賠償金を払って請け戻す.

'Ranz·zeit [rants..] 囡 -/ (↓ ranzen¹)《猟師》(肉食獣の)交尾(発情)期.
Rap [rɛp, ræp] 男 -[s]/-s (*engl.*, Plauderei)《音楽》ラップ(ラップミュージック・ラップソング).
'Ra·pha·el [ˈraːfaeːl, ..faɛl] (*hebr.*, Gott heilt')❶《男名》(Raff[f]ael) ラファエル. ❷《人名》《宗教》ラファエル(大天使の1人.↑付録「聖人暦」9月29日).
ra'pid [raˈpiːt] 形 (*lat.*)《ラテン》《南ジ》=rapide
ra'pi·de [raˈpiːdə] (*lat.* rapidus, schnell, ungestüm'')（とくに発達・変化などが)急速な, 迅速な, 急速な.
Ra·pi·di'tät [rapidiˈtɛːt] 囡 -/《発達・変化などの)急激な速さ, 急速度.
Ra'pier [raˈpiːr] 囲 -s/-e (*fr.* rapière)（とくに16–18世紀に決闘に用いられた)細身の長剣;《古》《フェンシング》ラピエール(短剣長剣の二刀流の試合に用いられた長剣の方).
Rapp [rap] 男 -s/-e (*fr.* râpe)《地方》(実を摘みとったあと)のぶどうの果柄.
'Rap·pe¹ [ˈrapə] 男 -n/-n (*fr.* râpe) **1**《西中部》《南ドイ》=Rapp **2**《西中部》《北ドイ》Reibeisen, Raspel
'Rap·pe² 男 -n/-n 黒馬, あお. auf Schusters ~n《戯》膝栗毛(徒歩)で.
'Rap·pe³ [..pə] 男 -n/-《医》馬の飛節の皮疹.
'Rap·pel [ˈrapəl] 男 -s/-《話》狂気の発作, 気違いじみた(突拍子もない)思いつき. den〈seinen〉~ bekommen 突然気が触れたようになる; 気違いじみたことを思いつく.
'rap·pe·lig [ˈrapəlɪç] 形 (↓ Rappel)《話》**1** 気が触れたような. **2** ひどくいらついた, 落着かない. **3**（戸などが)がたぴしいう.
'Rap·pel·kopf [..kɔpf] 男 -[e]s/ᴂ-e《話》**1** 気の触れた人. **2** 癇癪(かんしゃく)持ち, 激しやすい人. **3** 頑固者, 石頭.
'rap·pel·köp·fig [..kœpfɪç], **'rap·pel·köp·fisch** [..kœpfɪʃ] 形 **1** 気の触れた. **2** 癇癪(かんしゃく)持ちの, 激しやすい. **3** 頑固な, 石頭の.
'rap·peln [ˈrapəln] ❶ 自 (h, s) **1** (a) (h) かたかた(がたごと, からから)音をたてる. Der Wecker *rappelt.* 目覚しがじりじり鳴っている. 《非人称的に》Bei ihm *rappelt es.* 彼はちょっと頭がおかしい. (b) (s)《汽車などが)がたごと走る. **2** (h) (an et¹《物》に)がたがた揺れる音をたてる. Ich *rappelte an der Klinke.* 私はノブをがちゃがちゃやってみた. 《非人称的に》*Es rappelt am Rollladen.* シャッターがかたがたいっている. **3** (h)《方言》《幼児》おしっこをする. **4** (h)《方言》《幼児》《話》**1** 体を動かす, 身動きする. **2** やっとのことで起きあがる. ◆ ↑ gerappelt
'Rap·pen [ˈrapən] 男 -s/-《略 Rp.》ラッペン(スイスの通貨単位, 100 Rappen=1 Franken).
Rap'port [raˈpɔrt] 男 -[e]s/-e (*fr.*, das Wiederbringen') **1**《職務上の)報告. sich⁴ zum ~ melden 報告に出頭する. **2** 相互関係;《心理》(精神分析・催眠療法における患者と医師の間の)ラポール, 交感, 疎通性. **3**《紡織》リピート, 反復模様.
rap·por'tie·ren [rapɔrˈtiːrən] (*fr.* rapporter , wiederbringen') ❶ 他《古》(人³に事を³報告する. ❷ 自 **1**《古》(勤務上の)報告をする. **2**（模様・装飾のモチーフが, また図柄そのものが)反復される.
raps [raps] 間 *Raps!*《動物などが素早く噛み取ったり引き裂いたり食いついたりする動作を表して)さっ; ぴり; ぱく っ.
Raps [raps] 男 -es/-e (*lat.* rapa , Rübe' + sad , Saat') **1**《植物》あぶらな(油菜). **2** 菜種, 油菜の種子.

'rap·schen [ˈrapʃən] 他 自 et⁴ ~ / nach et³ ~ 物をひったくる, ひっさらう, ひっつかむ.
'rap·sen [ˈrapsən] 他 自《北ドイ》=rapschen
'Raps·ku·chen 男 -s/-《農業》菜種油のしぼりかす.
'Raps·öl 匣 -[e]s/-e 菜種油.
'Rap·tus [ˈrap..] 男 -/-[..tuːs] (-se) (*lat.* , Rissen , Raub') **1**《複数 Raptus》《医学・心理》発作暴行 ラプタス(ヒステリー・メランコリーの際の急激な発作的衝動行為). **2**《複数 Raptusse》《話》狂気の発作.
Ra'pünz·chen [raˈpʏntsçən] 匣 -s/-《多く複数で》《植物》=Rapunzel
Ra'pun·ze [raˈpʊntsə] 囡 -/-n《多く複数で》《植物》=Rapunzel
Ra'pun·zel [raˈpʊntsəl] 囡 -/-n (*lat.* radice puntia , eine Art Baldrian')《多く複数で》《植物》(Feldsalat)のちしゃ(野萵苣).
Ra'pu·sche [raˈpuːʃə], **Ra'pu·se** [raˈpuːzə] 囡 -/ (*tschech.* rabuše , Kerbholz')《中部ドイ》**1** 略奪強奪; 略奪品, 獲物. et⁴ in die ~ geben 物⁴を放棄する. **2** 大混乱. in die ~ kommen〈gehen〉ごたくさに紛れて)なくなる. **3**《複数なし》トランプゲームの一種.
rar [raːr] 形《副詞的には用いない》(*lat.* rarus , undicht, vereinzelt, vortrefflich') 稀な, 稀少な, 珍しい 得難い, 貴重な. sich⁴ ~ machen《話》めったに顔を出さない.
Ra·ri'tät [rariˈtɛːt] 囡 -/-en (*lat.* raritas , Seltenheit') **1**《複数なし》(まれ) 稀であること. **2**《複数形》珍しい物(事), めったに見られない物(事). **3**《収集品・骨董品などの)珍品.
Ra·ri'tä·ten·ka·bi·nett 匣 -s/-e 珍品展示(陳列)室.
ra'sant [raˈzant] 形 (*fr.* , den Erdboden streifend, niedrig') **1** (a)《話》猛烈なスピード(勢い)の. der ~e technische Fortschritt 急激な技術の進歩. (b)《話》素敵な, いかす. ein ~er Sportwagen カッコいいスポーツカー. ein ~es Weib ぐっとくる女. **2** (弾道が)低伸した; (弾丸・つぶてなどが)びゅうっと飛ぶ.
Ra'sanz [raˈzants] 囡 -/ **1**《話》猛烈なスピード, 目を見張るような速さ. **2**《話》すばらしさ, カッコよさ. **3** (弾道の)低伸(弾道の直線的な伸び具合).
*__**rasch**__ [raʃ] ラッシュ] 形 速い, 迅速な, 敏捷な; 性急な. ein ~*er* Entschluss すばやい決断. ~*es* Handeln 機敏な行動. ein ~*er* Kopf sein 頭の回転がはやい. ein ~*es* Mundwerk haben《話》ぺらぺらとよくしゃべる. mit ~*en* Schritten 足ばやに. sich⁴ ~ ausbreiten（噂などが)ぱっと広まる. ~ machen 急ぐ. Er ist nicht sehr ~. 彼は仕事が手早いたちではない.
'ra·scheln [ˈraʃəln] 自（木の葉・紙などが)かさこそかさこそ, さらさら)音をたてる.《非人称的に》*Es* hat im Stroh *gerascheltet.* わらの中でなにかがさごそ音がした.
'Rasch·heit 囡 -/ 迅速さ, 素早さ, 敏捷性; 性急さ.
*__**'ra·sen**__ [ˈraːzən ラーゼン] 自 (s, h) **1** (s)《話》疾走(疾駆)する, 突進する;〈gegen〈an〉et⁴ 物⁴に)ぶちあたる. Ich bin *gerast,* um nicht zu spät zu kommen. 遅刻しないようにと私はすっとばした. Die Zeit *rast.* 時はあっというまに過ぎ去る. mit 80 [km/h] durch die Stadt ~（時速)80キロで市中をぶっとばす. mit dem Auto gegen〈an〉einen Baum ~ 車を木にぶつける. *gerast* kommen 突進(驀)進)してくる. **2** (h) 怒り狂う, 荒れ狂う, 暴れまわる. vor Begeisterung〈Eifersucht〉~ 熱狂する〈嫉妬に狂う〉. Der Sturm

rast. 嵐が吹き荒れる.《中性名詞として》j⁴ zum *Rasen* bringen《話》人⁴を怒らせる.

'Ra·sen ['raːzən ラーゼン] 男 -s/- **1** (a) 芝生. einen ~ anlegen 芝生を植える. Er ruht schon lange unterm grünen ~. / Ihn deckt schon lange der grüne〈kühle〉~. 《雅》彼が草葉の陰に眠ってもう久しい. (b) 《芝》〈芝のグラウンド，ピッチ. den ~ verlassen 退場する. **2**《坑夫》地表.

'Ra·sen·bank 女 -/-e 芝生の腰掛け(ベンチのようにこんもり盛上がった，芝草に覆われた場所).

'Ra·sen·blei·che 女 -/-n《古》**1**《複数なし》日光漂白(布を芝生に広げて天日でさらす). **2** 日光漂白用芝生.

'ra·send ['raːzənt ラーゼント] 現分形 **1** 猛スピードの，恐ろしく速い. in〈mit〉~er Geschwindigkeit 猛スピードで. **2** 怒り狂った，荒れ狂った；猛烈(激烈)な. ~er Beifall 嵐のような拍手. ~en Hunger haben 腹がへって死にそうだ. in ~er Wut 怒り狂って. Ich könnte ~ werden. 私は(いらいらして・むしゃくしゃして)気が狂いそうだ. **3**《副詞的用法で》《話》ひどく，恐ろしく. Das ist ~ teuer. それはべらぼうに高い. Er ist ~ verliebt. 彼は焦がれ死にしそうだ. Ich habe im Augenblick ~ [viel] zu tun. 私は目下目がまわるほど忙しい.

'Ra·sen·mä·her 男 -s/- 芝刈り機.

'Ra·sen·platz 男 -es/=e 芝生; (とくに)芝のグラウンド，芝コート.

'Ra·sen·spiel 中 -[e]s/-e 芝生の上でする競技(サッカー・ゴルフなど).

'Ra·sen·spren·ger 男 -s/- 芝生用散水器(スプリンクラー).

'Ra·ser ['raːzər] 男 -s/-《侮》スピード狂，暴走族.

Ra·se'rei [raːzə'raɪ] 女 -/-en **1**《複数なし》逆上すること，半狂乱になること；狂乱状態，精神錯乱. in ~ geraten〈verfallen〉半狂乱になる(逆上する). j⁴ zur ~ bringen〈treiben〉人⁴を逆上させる；(の)気を狂わせる. j⁴ bis zur ~ lieben 人⁴を気が狂わんばかりに愛する. **2** 気違いじみたスピードで自動車(オートバイ)を走らせること.

Ra'sier·ap·pa·rat [ra'ziːr..] 男 -[e]s/-e **1** 安全かみそり. **2** 電気かみそり.

Ra'sier·creme 女 -/-s(-n) シェービングクリーム.

ra'sie·ren
[raˈziːrən ラズィーレン] 他 (fr. raser) **1** 剃(²)る；ひげ(毛)を剃る. j⁴〈j³ den Bart〉~ 人⁴,³のひげを剃る. j³ die Beine〈den Kopf〉~ 人³の脛毛〈頭〉を剃る. j³ eine Glatze ~ 人³の頭をつるつるに剃りあげる. j⁴ kalt ~《話》人⁴をきびしく叱りつける，こってり油をしぼる. sich⁴ ~ lassen ひげを剃ってもらう. gut〈schlecht〉rasiert sein ひげがきれいに剃れている〈剃り残しがある〉.《再帰的に》sich⁴〈sich³ den Bart〉~ ひげを剃る. sich¹ nass〈trocken〉~ ひげを石鹸水で湿して〈電気かみそりで〉剃る. Einen Augenblick, Sie werden gleich *rasiert*!《話》(客をむだてて)ただ今すぐまいります. **2**《話》なぎ倒す，突き(鯨(³)°)倒す，破壊(粉砕)する. Bei dem Bombenangriff wurden ganze Straßenzüge *rasiert*. 爆撃で町並はすっかり崩れた. **3**《話》(甘言などで)一杯食わす. j⁴ beim Pokern ~ 人⁴をポーカーでカモる. sich⁴ ganz schön ~ lassen 見事に一杯食わされる(してやられる).

Ra'sie·rer [raˈziːrər] 男 -s/-《話》電気かみそり.

Ra'sier·klin·ge 女 -/-n 安全かみそりの刃.

Ra'sier·mes·ser 中 -s/-《折畳み式の》かみそり.

Ra'sier·pin·sel 男 -s/- (石鹸の泡を顔に塗る)ひげ剃り用ブラシ.

Ra'sier·sei·fe 女 -/-n ひげ剃り用石鹸.

Ra'sier·was·ser 中 -s/-(=) **1** ひげ剃り用の湯. **2** アフター・シェービング・ローション.

Ra'sier·zeug 中 -[e]s/-e ひげ剃り用具.

'ra·sig ['raːzɪç] 形《まれ》芝生で覆われた.

Rä'son [rɛˈzoː] 女 -/ (*fr*. raison，Vernunft, Verstand°)《古》理性.《次の用法で》~ annehmen 思慮分別を身につける. j⁴ zur ~ bringen 人⁴に道理をわきまえる. zur ~ kommen 道理をわきまえる.

rä·so'nie·ren [rɛzoˈniːrən] 自 (*fr*. raisonner [vernünftig] denken, urteilen°) **1**《古》不平不満を並べる，文句ばかり口にする. **2**《侮》くどくどと講釈を述べる. **3**《古》理路整然と話す，筋の通ったことを言う. **4**《現在分詞で》*räsonierende* Bibliographie〖書籍〗文献解題.

Rä·son·ne'ment [rɛzɔnəˈmaː] 中 -s/-s (*fr*.) 理性的な判断，熟慮.

'Ras·pel ['raspəl] 女 -/-n (木·角(²)·革などを磨く)目の粗いやすり，鬼目(石目)やすり，〖料理〗おろし金，おろし器.

'Ras·pel² 複〖料理〗(おろし器でおろしたチョコレートやココナッツなどの)細片.

'ras·peln ['raspəln] ❶ 他 **1** (物⁴に)やすりをかける. Süßholz ~《話》おべんちゃらを言う(とくに女性に)，甘い言葉をささやく. **2** おろし金でおろす. ❷ 自 **1** やすりをかける(an et³ 物³に). **2**《古》かさかさと音をたてる.

raß [raːs], **räß** [rɛːs] 形《南ダ·スイス·オストリア》**1** (食べ物・飲物が)ぴりっと辛い. **2** (風が)肌を刺すような，身を切るような. **3** (犬などが)噛み癖がある；(とくに馬が)荒々しい，たちの悪い. **4** (とくに女性が)つっけんどんな，きすぎした. **5** (酒落(ﾋﾞﾔ)などが)野卑な，卑猥な.

***'Ras·se** ['rasə ラセ] 女 -/-n (*arab*. ra's, Kopf°) **1**〖生物〗(とくに動物の)品種. ein Pferd von edler ~ 純血種の馬. ~ haben〈sein〉《話》極め付き(血統書付き)の1級品である. Die Frau hat〈ist〉~. / Sie ist eine Frau von〈mit〉~.《話》これはほんとの才色兼備というやつだ. Das Pferd hat〈ist〉~.《話》この馬は血統書付きだ: この馬は脚(²)が強い. Der Wein hat〈ist〉~.《話》このワインはなかなかの代物(ﾚﾓﾉ)です. (b) (Unterart) 亜種. **2**〖人類学〗人種. die gelbe〈weiße〉~ 黄色(白色)人種. Die Musiker sind schon eine seltsame ~〈eine ~ für sich⁴〉.《戯》音楽家というのはとにかく特別の人種だ.

'Ras·se·hund 男 -[e]s/-e 純血種の犬.

'Ras·sel ['rasəl] 女 -/-n **1** (おもちゃの)がらがら. **2** がらがら鳴る楽器(マラカスなど).

'Ras·sel·ban·de 女 -/-n《複数まれ》《話》腕白坊主たちの一団，悪童連.

'ras·seln ['rasəln] 自 (h, s) **1** (h) がちゃがちゃ(がらがら)鳴る，ぜいぜい音がする; (mit et³ 物³を)がちゃがちゃいわせる. Der Wecker *rasselt*. 目覚しがちりちり鳴っている. mit dem Schlüsselbund ~ 鍵束をがちゃがちゃいわせる. mit dem Säbel ~《比喩》(脅して)わざと刀をがちゃがちゃ鳴らす，鎧をちらつかせる. *rasselnd* atmen ぜいぜい喘(③)ぐ.《中性名詞として》das *Rasseln*〖医学〗水泡音. **2** (s) がたがた(がらがら)音をたてて走る. **3** (s) durchs Examen ~《話》試験におちこむ.

'Ras·sen·dis·kri·mi·nie·rung 女 -/- 人種差別.

'Ras·sen·fra·ge 女 -/ 人種問題.

Ras·sen·hass 男 -es/ 人種的反感(憎悪).
Ras·sen·kon·flikt 男 -[e]s/-e 人種間紛争.
Ras·sen·kreu·zung 女 -/-en 《生物》(品種間の)交雑.
Ras·sen·kun·de 女 -/ 《人類学》人種学.
Ras·sen·merk·mal 中 -[e]s/-e《人類学》人種的特徴, 人種形質.
Ras·sen·mi·schung 女 -/-en 人種混合, 混血.
Ras·sen·tren·nung 女 -/ 人種隔離.
Ras·sen·un·ru·hen 複 (差別に起因する)人種上の暴動.
Ras·se·pferd 中 -[e]s/-e 純血種の馬.
ras·se·rein 形 純血種の.
'ras·sig ['rasɪç] 形《副詞的には用いない》純血種の, 優良種の; (馬が)気性の荒い, 痛烈の強い; (顔立ちなどが)きりっと個性的な; (女性が)つらっとした, ぴちぴちした; (車などが)しゃれた, スマートな; (ワインが)独特の香りのある.
'ras·sisch ['rasɪʃ]《付加語的用法のみ》人種的な, 人種に関する(基づく), 人種上の.
Ras·sis·mus [ra'sɪsmʊs] 男 -/ 人種主義, 民族主義.
***Rast** [rast ラスト] 女 -/-en 1 休息, 休憩 (とくに旅行・遠足の途中の). ~ machen 休憩(ひと休み)する. ohne ~ und Ruh 《雅》休むことなく. 2《工業》ノッチ, 切り欠き(V 字型の刻み目). 3《冶金》(溶鉱炉の)朝顔, ボッシュ.
'Ras·tel [rastl] 中 -s/- (*lat. rastallum*, Netzgeflecht')（オリ）(物を置く下敷用の)針金格子, 金網.
Ras·tel·bin·der 男 -s/-（オリ）《古》鋳掛け(かん)屋; 篩(ふるい)作り職人.
***ras·ten** ['rastən ラステン] 自 (h, s) 1 (h) 休息(休憩)する, ひと休みする. Wer rastet, der rostet.《諺》遊ぶ体に錆(さび)がつく. 2 (s)《まれ》(einrasten)〔歯車・クラッチなどが〕かみ合う.
'Ras·ter ['rastər] 男 -s/- (*lat.* ,Hacke, Karst') 1《印刷》(網目スクリーンの)網目. 2《設計用の》方眼. 3《光源に被せる》格子ブラインド, ラスター. 4 (様々な概念・データなどからなる)体系, (検索のための)分類体系.
Ras·ter 中 -s/- 《電》走査パターン, ラスター.
Ras·ter·ät·zung 女 -/-en《印刷》単色網目写真版刷り, オートタイプ.
Ras·ter·fahn·dung 女 -/-en《複数まれ》(コンピュータに入力された個人データをもとにして容疑者を絞りこむ)網目スクリーン犯罪捜査.
ras·tern ['rastərn] 他《電》(図版などを)網撮りする;《印》走査する.
'Rast·haus -es/-er =Raststätte
'rast·los ['rastlo:s] 形 1 休みない, たゆまぬ, 不断の. in ~er Arbeit 働きづめで, 一時も手を休めずに. 2 落着きのない, せわしない. ein ~es Leben 忙しい人生.
Rast·lo·sig·keit 女 -/ 休み(休息)のないこと; 休みない活動(動き); せわしなさ.
Rast·platz 男 -es/*-e 1 休憩所. 2 (高速道路の)パーキングエリア.
Ras'tral [ras'traːl] 中 -s/-e (*lat.* raster) (楽譜の)五線引き用ペン.
Rast·stät·te 女 -/-n (高速道路の)レストハウス, ドライブイン.
Rast·tag 男 -[e]s/-e 休息日 (とくに旅行中の).
Ra'sur [ra'zuːr] 女 -/-en (*lat. radere* ,schaben,

kratzen') 1 髭剃り. 2 (消しゴム・ナイフなどを使っての)消去, 削除; 消去(削除)箇所.

rät [rɛːt] raten の現在 3 人称単数.
***Rat** [raːt ラート] 男 -[e]s/Räte 1《複数なし》助言, 忠告. einen ~ befolgen 忠告に従う. j⁴ um ~ bitten〈fragen〉人⁴に助言を求める (in et³ 事³のことで). j³ einen ~ geben 人³に助言する(忠告する). bei j³ ~ holen 人³に助言を求める, 相談する. bei j³ ~ suchen 人³に助言を仰ぐ. auf den ~ des Arztes [hin] 医師の忠告(勧め)に従って. in Gottes ~ 神の御心(みこころ)によって. j³ mit ~ und Tat beistehen 人³を物心両面において援助する. ▶個々の具体的な助言の場合, 複数 Ratschläge を用いる. 2《複数なし》解決策, 方策, よい知恵(思案). Kommt Zeit, kommt ~.《諺》待てば海路の日和(ひより)あり. Da ist guter ~ teuer.《話》(人から相談を受けて)これは困ったことですね, いやはや弱りましたね. ~ schaffen 策(手だて)を講じる. für alles ~ wissen どんなことでもうまく乗り切る, なんでも上手にこなす. Er wusste [sich³] keinen ~ mehr. 彼にはもうどうにもいい知恵が浮かばなかった. 3《複数なし》協議, 相談. mit j³ ~ [ab]halten /《古》mit j³ ~s pflegen 人³と協議(相談)する. mit sich¹ ~ halten / mit sich³ zu ~e〈zurate〉gehen とっくりと考えてみる. zu ~e sitzen 《古》鳩首(きゅうしゅ)会議をする. einen Fachmann〈ein Lexikon〉zu ~e〈zurate〉ziehen 専門家に相談する, (の)意見を聞く《事典にあたってみる》. 4 (a)《複数まれ》委員会, 協議(評議)会, 理事会;《複数まれ》(市町村の)議会;《多く複数》革命評議会. Aufsichts*rat* 監査役会. Stadt*rat* 市議会. Wissenschafts*rat* 学術会議. im ~ sitzen 委員会(評議会)の一員である. in den ~ gewählt werden 委員(評議員, 議員)に選出される. (b) ((a)の構成員を意味して) 委員, 評議員, 理事; 議員. 5 (a)《上級官吏の職名として》Ministerial*rat* 本省の局長(部長). Regierungs*rat* 参事官. Studien*rat* ギムナージウム正教諭. (b)《名誉称号として》Justiz*rat* 法律顧問官. Geheim*rat*〈Geheimer ~〉枢密顧問官. Geistlicher ~ 司教座聖堂参事会員.
***Ra·te** ['raːtə ラーテ] 女 -/-n (*lat. ratus*, berechnet, bestimmt') 1 分割払い込み金(分割払いの 1 回分), 割賦. et⁴ auf ~n kaufen 物⁴を割賦(分割払い)で買う. et¹ in ~n bezahlen 物⁴の代金を分割払いする. 2 率, 割合. die ~ der Geburten 出生率. 3 (輸出品にかかる一定の)運賃(とくに船荷の).
'Rä·te [rɛːtə] Rat の複数.

'ra·ten*
['raːtən ラーテン] riet, geraten / du rätst, er rät 自 他 1 推測(推量, 推察)する, 見当をつける, 言い当てる. Wo bist du gewesen? — *Rate mal!* どこにいたの — 当ててごらん. Das *rätst* du nie.《話》それは君にはとても分かっこないだろう. Dreimal darfst du ~!《話》ま, ゆっくり考えてごらん. auf et⁴《地方》事⁴に思い当る. hin und her ~ あれこれ推測をめぐらす. richtig〈falsch〉~ ぴたりと当てる〈推測を誤る〉. ein Rätsel〈an einem Rätsel〉~ 謎解きをする. 2 助言(忠告)する, 勧める(j³ zu et³ / j³ et⁴ 人³に事³ ⁴を). Er *riet* mir Geduld. 彼は私に我慢の肝腎だと言った. Sei still, das *rate* ich dir! 静かにしろ, いいな. Lass das bleiben, ich *rate* dir gut! そのままにしておきなさい, 悪いことは言わないから. sich³ nicht〈von niemandem〉~ lassen 人の言うこと(忠告)に耳を貸さない. j³ zur Mäßigung ~ 人³にほどほどにするよう忠告する. nicht zu ~ und zu helfen sein どうにも

救いようがない. sich³ nicht zu ~ [noch zu helfen] wissen 途方に暮れる. 《zu 不定詞句と》Ich riet ihm zum Arzt zu gehen. 私は彼に医者へ行くよう忠告した. 《過去分詞で》Es ist nicht geraten, ihn zu reizen. 彼を刺戟するのは得策ではない. Ich halte es für geraten, sofort umzukehren. すぐ引返すのが賢明だと私は思う. Lass dir das geraten sein! これはよく聞いて(肝に銘じて)おいてもらいたい. 《成句的表現で》Was〈Wozu〉rätst du mir? なにか策(名案)はないかい. Niemand ist klug genug, sich³ selbst zu ~. 《諺》わが身のことは人に問え. Wem nicht zu ~ ist, dem ist auch nicht zu helfen. 《諺》縁なき衆生は度し難い. Lass dir ~! ここのところをしっかりつかんでくれよ, 言う通りにしてくれ. Das möchte ich dir [auch] geraten haben! これはくれぐれも忠告しておくよ, これははっきり言ったからな.

'Ra·ten·be·trag 男 -[e]s/-e 割賦払いの金額.

'Ra·ten·kauf 男 -[e]s/-e 割賦(分割払い)購入.

'ra·ten·wei·se 割賦(分割)払いで.

'Ra·ten·zah·lung 女 -/-en 賦払い, 分割払い; 賦払い金(分割払いの1回分).

'Ra·ter ['ra:tər] 男 -s/- 謎解きをする人.

'Rä·te·re·gie·rung ['rɛ:tə..] 女 -/-en《政治》評議会政府(とくに革命政府の).

'Rä·te·re·pu·blik 女 -/-en《歴史》評議会制共和国(Rätesystem に立脚した共和政体).

'Ra·te·spiel 男 -[e]s/-e 謎当て, 謎々(遊び).

'Rä·te·sys·tem 男 -s/《政治》評議会制(工場労働者などの代表者から成る評議会が全権力を掌握する政体制).

'Rat·ge·ber ['ra:tge:bər] 男 -s/- 1 助言者. 2 案内書, 入門書, 手引き.

*'Rat·haus ['ra:thaʊs ラートハオス] 中 -es/-¨er 市役所, 市庁舎. zum〈aufs〉~ gehen 市役所へ行く. im ~ sein 市議会議員である. j⁴ ins ~ wählen 人⁴を市議会議員に選ぶ.

Ra·ti·fi·ka·ti·on [ratifikatsi'o:n] 女 -/-en (lat. ratus, berechnet, gültig'+facere, machen')《法制》批准.

Ra·ti·fi·ka·ti·ons·ur·kun·de 女 -/-n《法制》批准書.

ra·ti·fi'zie·ren [ratifi'tsi:rən] 他 (lat.)《法制》(条約)を批准する.

Ra·ti·fi'zie·rung 女 -/-en (lat.)《法制》批准すること; 批准されること.

'Rä·tin ['rɛ:tɪn] 女 -/-nen《Rat 4b), 5 の女性形》1 参事会員(評議会·理事会·委員会·議会など)の女性構成員. 2《役職名として》女性上級公務員. Studienrätin ギュムナージウム(高等学校)の女性専任教師. 3《名誉称号として》顧問官夫人.

'Ra·tio ['ra:tsio] 女 -/ (lat., Vernunft') 理性.

Ra·ti·on [ratsi'o:n] 女 -/-en (fr. ‚Zuteilung')(食料などの)割当量, 配給量;《軍事》(1日分の)糧食. die eiserne ~ 非常用の携帯口糧. j⁴ auf halbe ~ setzen 人⁴の割当量(とくに食事の)を減らす.

ra·ti·o'nal [ratsio'na:l] (lat. rationalis, vernünftig') 1 理性的な. (↔ irrational) 1 理性的な, 道理にかなった. 2 eine ~e Zahl《数学》有理数.

ra·ti·o·na·li'sie·ren [ratsionali'zi:rən] 他 (lat.) 合理化する;《心理》(行為·動機などを)正当化(合理化)する; (einen Betrieb) (1)《経済》経営(企業)の合理化をはかる.

Ra·ti·o·na·li'sie·rung 女 -/-en 合理化.

Ra·ti·o·na·'lis·mus [ratsiona'lɪsmʊs] 男 -/《哲学》合理主義, 合理論, 理性論.

Ra·ti·o·na'list [ratsiona'lɪst] 男 -en/-en《哲学》合理主義者, 合理論者(理性論者)者.

ra·ti·o·na'lis·tisch 1《哲学》合理主義(合理論, 理性論)的な. 2 合理的な, 理性的な.

Ra·ti·o·na·li'tät [ratsionali'tɛ:t] 女 -/ 合理性;《心理》合理的行動;《数学》(数の)有理性.

ra·ti·o'nell [ratsio'nɛl] (fr. rationnel, rational, vernunftgemäß') 道理(目的)にかなった, 合理化された, 効率の高い; 経済的な, 安あがりな.

ra·ti·o'nie·ren [ratsio'ni:rən] 他 (fr.) (食べ物などを)配給する, 配給制にする.

Ra·ti·o'nie·rung 女 -/-en 配給, 割当.

'rät·lich [rɛ:tlɪç]《古》得策な.

*'rat·los ['ra:tlo:s ラートロース] 途方に暮れた, 困惑した.

'Rat·lo·sig·keit 女 -/ 途方に暮れた(困り切った)状態.

Rä·to·ro'ma·ne [rɛtoro'ma:nə] 男 -n/-n レト·ロマン人(レト·ロマン語を話すスイス南部アルプス地方の少数民族).

rä·to·ro'ma·nisch [rɛtoro'ma:nɪʃ] レト·ロマン人(語)の. ~e Sprache レト·ロマン語 (Rätoromane の話すロマンス語系の1つで3種類の方言をもつ). ♦ deutsch

'rat·sam ['ra:tza:m]《付加語的には用いない》推奨に値する, 勧められる; 当を得た, 得策な. Es ist ~ zu schweigen. 黙っている方がよろしい.

ratsch [ratʃ] Ratsch! びりっ, ばりっ(布·紙などが裂ける音).

'Rat·sche ['ra:tʃə] 女 -/-n《南ドイツ·オーストリア》1 (おもちゃの)がらがら. 2《俗》おしゃべり女. 3《工学》爪車, ラチェット.

'Rät·sche ['rɛ:tʃə] 女 -/-n《南ドイツ·オーストリア》=Ratsche

'rat·schen¹ ['ratʃən] ❶ 自 (話) びりっばりっ, じょきじょきと音をたてる. ❷ 再 (sich⁴) 《地方》皮膚にひっかき傷をつくる.

'rat·schen² ['ratʃən] 自《南ドイツ·オーストリア》1 がらがらを鳴らす. 2《話》ぺちゃくちゃおしゃべりをする.

'rät·schen ['rɛ:tʃən] 自《南ドイツ·オーストリア》=ratschen²

*'Rat·schlag ['ra:t-ʃla:k ラートシュラーク] 男 -[e]s/-¨e 忠告, 助言.

'rat·schla·gen ['ra:t-ʃla:gən] ratschlagte, geratschlagt 自《古》協議する, 相談する.

'Rat·schluss 男 -es/-¨e 1《古》判断, 決定, 決議. 2《複数なし》Gottes ~ 神意. nach Gottes unerforschlichem ~ (死亡通知で)計り知れぬ神の思召(おぼしめし)により.

'Rats·die·ner ['ra:ts..] 男 -s/-《古》市参事会(市町村議会)の小使い.

*'Rät·sel ['rɛ:tsəl レーツェル] 中 -s/- 謎, なぞなぞ; 謎めいたもの, 神秘. Ich gebe dir jetzt ein ~ auf! これから君にひとつなぞなぞを出すよ. Dieser Mensch gibt einem immer wieder Rätsel《ein ~》auf. この人物はいつまでたっても正体がはっきりしない. Die Angelegenheit ist《steckt》voller ~. この問題は分からないことだらけだ. das ~ des Weltraumes 宇宙の神秘(謎). ein ~ raten〈lösen〉謎を解く. in ~n sprechen 謎めいた話し方をする. vor einem ~ stehen 難題に直面している.

*'rät·sel·haft ['rɛ:tsəlhaft レーツェルハフト] 謎のような, 不可解な, 不可思議な.

'rät·seln ['rɛːtsəln] 自 あれこれ考える、頭をひねる《über et¹ 事に》. Was gibt es da zu ~? なにをそんなに悩んでいるの.

'Rät·sel·ra·ten 中 -s/ 謎解き; 思案, 憶測.

'Rats·herr 男 -n/-en《古》市参事会員.

'Rats·kel·ler 男 -s/- 市庁舎の地下食堂.

'Rats·sit·zung 女 -/-en 市参事会(市町村議会)の会議.

rätst [rɛːtst] raten の現在2人称単数.

'Rats·ver·samm·lung 女 -/-en =Ratssitzung

'Rat·te ['ratə] 女 -/-n 1《動物》ねずみ、ラット; (Hausratte) くまねずみ、いえねずみ. Die ~n verlassen das sinkende Schiff.《諺》ねずみは船が沈む前に逃出す《変節者・脱党者・裏切者などの譬え》. auf die ~n spannen《地方》よく気をつけて見張る. wie eine ~ schlafen《話》ぐっすり眠る. 2《侮》いやなやつ. 3《話》(ボウリングで)失投.

'Rat·ten·fal·le 女 -/-n 鼠捕り(用の仕掛け).

'Rat·ten·fän·ger 男 -s/- 1 鼠捕りに適した小型犬(ピンシャー犬など). 2 鼠を捕る人. der ~ von Hameln ハーメルンの笛吹き男(笛を吹いて鼠をハーメルンの町の外に連れだして町を救ったのに、約束の報酬を拒まれたので、笛を吹いて町中の子供たちをどこかに連れ去ってしまったという中世の伝説上の人物). 3 民衆煽動家、デマゴーグ(ハーメルンの笛吹き男にちなむ).

'Rat·ten·gift 中 -[e]s/-e 殺鼠(¹)剤、猫いらず.

'Rat·ten·kö·nig 男 -s/-e 1 (狭い巣の中での成育のため)尾が絡(³)まり合って癒着した数匹の鼠の子. 2《複数なし》紛糾、もつれ. ein ~ von Prozessen 複雑にもつれた訴訟.

'Rat·ten·pla·ge 女 -/-n 鼠の大量発生.

'Rat·ten·schwanz 男 -es/-e 1 鼠の尾. 2 (短かい)お下げ髪. 3《話》際限なく続く事柄. ein ~ von Änderungen いつまでもきりなく行なわれる修正.

'Rät·ter ['rɛtər] 男 -s/-(女 -/-n)《工学》選鉱用ふるい、レッタ.

'rat·tern ['ratərn] 自 (h, s) 1 (h) かたかた(がらがら)音をたてる. 2 (s) かたかた(がらがら)音をたてて進む.

'rät·tern ['rɛtərn] 他《工学》レッタで選別する.

'Ratt·ler ['ratlər] 男 -s/- =Rattenfänger 1

Ratz [rats] 男 -es/-e《南》《》 1 =Ratte 1 2 ハムスター. 3《話》(Siebenschläfer) やまね(冬眠鼠). wie ein ~ schlafen 眠りこける. 4《猟師》毛長いたち.

'Rat·ze¹ ['ratsə] 女 -/-n《話》(Ratte) 鼠.

'Rat·ze²《地方》男 -s/-[s]《南》《-r》《生徒》(Ratzefummel の短縮)消しゴム.

rat·ze'kahl ['ratsə'kaːl] 副 すっからかんに、きれいさっぱり. et¹ ~ aufessen 物¹をきれいに平らげる.

'rat·zen¹ ['ratsən]《地方》自 眠りこける.

'rat·zen²《地方》❶ 自 =ratschen¹ ① ❷ 再 (sich⁴) =ritzen ②

*rau [rao ラオ] 形 1 ざらざらした、荒い手触りの; でこぼこの. ~e Hände 荒れた手. ~e Haut 鮫(¹)肌. die ~e See《船員》波の高い海、時化(³)の海. 2 (声などが)かすれた. ~en Hals(eine ~ e Kehle) haben 声が嗄(¹)れている. 3 (気候が)寒冷の、きびしい; (風景などが)荒涼とした; (天気が)荒れ模様の. hinaus ins ~e Leben 人生の荒海の中へ. 4 荒っぽい、粗野な; 無愛想な、ぶっきらぼうな. Es herrscht dort ein ~er Umgangston. そのあたりは気風が荒い. 5《ミ㌙》(プレーなどが)ラフな. 6《次の用法で》in ~en Mengen《話》えらく大量に、どっさり.

*Raub [raop ラオプ] 男 -[e]s/ 1 強奪、略奪; 拉致(³), 誘拐;《法制》強盗; (獣が餌を求めてする)狩り. einen ~ begehen〈verüben〉強盗をする《an j³ 人³に》. auf ~ ausgehen〈ausziehen〉強盗に出かける; (獣が)獲物を捕りに出かける;《話》(飲食店にたかる相手を捜しに行く、wegen ~es angeklagt werden 強盗罪で起訴される. 2 強奪(略奪)品、獲物、盗品. ein ~ der Flammen werden《雅》焼失(焼亡)する、灰燼(¹)に帰する.

'Raub·bau 男 -[e]s/《農業》略奪農業(連作などで土地を酷使するような農法);《鉱業》濫掘;《林業》濫伐. ~ mit et³ treiben《比喩》物³を濫費(酷使)する.

'Raub·druck 男 -[e]s/-e 海賊版;《複数なし》海賊版をつくること, 不法出版.

'Rau·bein 中 -[e]s/-e 1《話》無骨者、蛮カラ. 2《話》ラフプレーをする選手.

'rau·bei·nig 形 1《話》無骨者の、蛮カラの. 2《話》ラフプレーの.

*'rau·ben ['raobən ラオベン] 他 強奪(略奪)する、奪い取る(人³から物⁴を); 拉致(³)する、誘拐する;《獣が》捕る. j³ Geld ~ 人³の金を奪う. ein Kind ~《古》子供をさらう. einem Mädchen einen Kuss ~《戯》娘の唇を奪う.《目的語なしで》~ und morden〈plündern〉強盗殺人を働く〈略奪を恣(¹ま³に)にする.

*'Räu·ber ['rɔybər ロイバー] 男 -s/- 強盗、盗賊、追剥; 誘拐犯人; 食肉(捕食)獣. ~ und Gendarm (Polizei) 探偵ごっこ. Na, du kleiner ~《子供に》どうした、ぼうず. unter die Räuber fallen〈geraten〉身ぐるみ剥がれる; 食いものにされる; 落ちぶれはてる(↓《新約》ルカ 10: 30).

'Räu·ber·ban·de 女 -/-n《古》盗賊(強盗)の一団.

'Räu·be'rei [rɔybə'rai] 女 -/-en 強奪、略奪、強盗.

'Räu·ber·ge·schich·te 女 -/-n 1 盗賊物語. 2《話》荒唐無稽なつくり話.

'Räu·ber·haupt·mann 男 -[e]s/..leute《古》盗賊の首領.

'Räu·ber·höh·le 女 -/-n 盗賊の巣窟.

'räu·be·risch ['rɔybəriʃ] 形 1 強盗の、強盗さながらの、強奪(略奪)の. ~er Diebstahl《法制》強奪. ~e Erpressung《法制》強盗的恐喝. 2 (獣が)捕食(食肉)性の.

'räu·bern ['rɔybərn] 他 自《話》強奪(略奪)する. einen Laden〈in der Speisekammer〉~ 店の品物を根こそぎ持っていく/食料蔵から食べ物をごっそりいただく.

'Räu·ber·pis·to·le 女 -/-n =Räubergeschichte

'Räu·ber·zi·vil 中 -s/《話》くつろぎない服装.

'Raub·fisch 男 -[e]s/-e (↔ Friedfisch) 肉食魚.

'Raub·gier 女 -/ 略奪欲.

'raub·gie·rig 形 略奪欲の強い.

'Raub·kat·ze 女 -/-n ねこ科の猛獣.

'Raub·krieg 男 -[e]s/-e《侮》侵略戦争.

'Raub·mord 男 -[e]s/-e 強盗殺人.

'Raub·mör·der 男 -s/- 強盗殺人犯.

'Raub·rit·ter 男 -s/- 盗賊騎士(中世後期の、零落して追剥を働くまでになった騎士).

'Raub·tier 中 -[e]s/-e《動物》肉食獣、猛獣.

'Raub·über·fall 男 -[e]s/¨e 略奪のための襲撃.

'Raub·vo·gel 男 -s/¨《話》猛禽類、肉食鳥.

'Raub·zeug 中 -[e]s/《猟師》獲物をくすねるやから(野犬・山猫・からすなど).

'Raub·zug 男 -[e]s/¨e 略奪行.

rauch [raox] 形 (毛皮が)長い毛の密生した.

'Rauch [raʊx ラオホ] 男 –[e]s/ 煙. Der ～ beißt in den Augen. 煙が目にしみる. Kein ～ ohne Flamme.《諺》火のない所に煙は立たぬ. ～ einatmen〈ausblasen〉〈煙草の〉煙を吸う〈吐き出す〉. starken ～ entwickeln もうもうたる煙を出す. in ～ aufgehen / sich[1] in ～ auflösen 煙と消える, 水(むだ)になる. in ～〔und Flammen〕aufgehen 焼失する, 灰燼(かいじん)に帰する.

'Rauch·ab·zug 男 –[e]s/ˮe 煙出し口, 排煙口.
'Rauch·bier 中 –[e]s/–e《醸造》ラオホビール(いぶした麦芽を使った上面発酵のビール, ニュルンベルクの特産).
'Rauch·bom·be 女 –/–n《軍事》発煙弾.

'rau·chen [ˈraʊxən ラオヘン] ❶ 他 自 喫煙する. Seit wann *rauchen* Sie nicht mehr? いつからタバコをおやめになったのですか. eine Pfeife〈eine Zigarette〉 ～ パイプをふかす〈たばこを吸う〉. kalt ～《話》火をつけずにパイプをくわえる. viel〈stark〉 ～ ヘビースモーカーである. wie ein Schlot ～《話》尻から煙が出るほどタバコをのむ.《中性名詞として》sich[3] das *Rauchen* angewöhnen〈abgewöhnen〉 タバコを覚える〈やめる〉. *Rauchen* verboten!(貼紙などで)禁煙.
❷ 自 1 煙を出す, くゆる; 蒸気を吐く, 湯気を立てる;《化学》(硫酸・硝酸が)煙を出して蒸発(気化)する. Die Brandstätte〈Der Schornstein〉 *raucht*. 焼跡がくすぶっている〈煙突から煙が出ている〉. Der Nebel *raucht* im Tal. 霧が谷にもうもうと立ちこめている. Wovon soll mein eigener Schornstein ～? なにで食っていけというんだい. Er *raucht* vor Arbeit〈vor Zorn〉.《話》彼は仕事でてんてこ舞いだ〈烈火のごとく怒っている〉.《非人称的に》*Es raucht* aus dem Rohr. 管から煙が出ている. Heute *raucht's*.《話》今日はひと荒れ(ひともめ)しそうだ. Mach das, sonst *raucht's*!《話》これをしろ、さもないと面倒なことになるぞ(痛い目を見るぞ). *Es raucht* hinter dir.《話》君嘘をついてもだめだよ. *Es raucht* in der Küche〈im Haus〉.《話》家庭がもめている. 2《麻薬》ヤク(マリファナ、ハシッシュ)を吸う.

❸ 他 (räuchern) 燻製にする.

'Rau·cher [ˈraʊxər] ❶ 男 –s/– 喫煙者, 愛煙家. ein starker ～ ヘビースモーカー. ❷ 中 –s/ (Raucherabteil の短縮)《多く無冠詞で》喫煙車輌(車室).
'Räu·cher·aal [ˈrɔʏçər..] 男 –[e]s/–e 鰻(うなぎ)の燻製.
'Räu·cher·ab·teil 中 –[e]s/–e 喫煙車輌(車室).
'Räu·cher·fass 中 –es/ˮer = Räuchergefäß
'Räu·cher·ge·fäß 中 –es/–e (宗教儀式に用いる)提げ香炉.
'Räu·cher·he·ring 男 –s/–e 燻製にしん.
'räu·che·rig [ˈrɔʏçərɪç] 形《比較変化なし》けむっぽい; けむたい; 煙くさい;《まれ》煤(すす)けた.
'Räu·cher·kam·mer 中 –/–n 燻製室.
'Räu·cher·ker·ze 女 –/–n 薫香(くんこう)ろうそく.
'Räu·cher·lachs 男 –es/–e スモークサーモン.
'Räu·cher·mit·tel 中 –s/– 香, 薫物(たきもの); 燻蒸剤.
***'räu·chern** [ˈrɔʏçərn ロイヒャーン] ❶ 他 1 燻製にする. *geräucherter* Aal 燻製鰻(うなぎ). 2 アンモニアガスでいぶしをかける. 褐色にいぶす(とくにオーク材を). ❷ 他 (部屋を)燻蒸(消毒)する, いぶす; 香を焚(た)く(焚きしめる). ein Zimmer mit Schwefel ～ 硫黄をいぶして部屋を消毒する. mit Weihrauch ～ 香を焚く.
'Räu·cher·pul·ver 中 –s/– 薫香粉.
'Räu·cher·speck 男 –[e]s/ 燻製ベーコン.
'Räu·che·rung 女 –/–en 燻製(をつくること); 燻蒸,

香を焚くこと.
'Räu·cher·wa·re 女 –/–n(多く複数で) 燻製品.
'Räu·cher·werk 中 –[e]s/–e 薫物(たきもの).
'Rauch·fah·ne 女 –/–n 長くたなびいた煙, 煙のたなびき.
'Rauch·fang 男 –[e]s/ˮe(暖炉と煙突の間をつなぐじょうご型の)煙道;《オース》煙突. Schinken in den ～ hängen ハムを煙道につるす(燻製にするため).
'Rauch·fass 中 –es/ˮer (=Räucherfass) 提げ香炉.
'Rauch·fleisch 中 –[e]s/– 燻製肉.
'Rauch·gas 中 –es/–e(多く複数で)燃焼ガス, 排気(煙道)ガス.
'Rauch·glas 中 –es/ˮer 曇りガラス, 煙(煤色)ガラス.
'rau·chig [ˈraʊxɪç] 形 1 煙がかかったような, 煙くさい. Whisky mit einem ～en Geschmack 煙くさい味のウィスキー. 2 煙で一杯の. 3 (声が)しわがれた, さびのある.
'Rauch·kam·mer 女 –/–n(汽罐の)煙室.
'rauch·los 形《比較変化なし》無煙(性)の.
'Rauch·mas·ke 女 –/–n (消防士の)防煙マスク.
'Rauch·näch·te 複 =Raunächte
'Rauch·op·fer 中 –s/– (古代ユダヤ教における)燔祭(はんさい).
'Rauch·säu·le 女 –/–n 煙柱.
'rauch·schwach 煙があまり出ない.
'Rauch·schwa·den 男 –s/– もうもうとたちこめた煙.
'Rauch·ta·bak 男 –s/–e (嗅ぎ煙草・噛み煙草などに対して)普通の煙草.
'Rauch·to·pas 男 –es/–e《鉱物》煙水晶.
'Rauch·ver·bot 中 –[e]s/–e 禁煙.
'Rauch·ver·gif·tung 女 –/–en 煙(排気ガス)による中毒.
'Rauch·ver·zeh·rer 男 –s/– (空気浄化用の)煙吸引器, 消煙装置, 室内空気清浄器.
'Rauch·wa·re 女 –/–n(多く複数で)(加工処理した)毛皮製品.
'Rauch·wa·ren 複 煙草類.
'Rauch·werk 中 –[e]s/–《猟師》毛皮製品.
'Rauch·wol·ke 女 –/–n 煙の雲.
'Rauch·zim·mer 中 –s/– 喫煙室.
'Räu·de [ˈrɔʏdə] 女 –/–n 1《獣医》(家畜の)疥癬(かいせん), 皮癬. 2《南ドイ・オース・スイス》(Schorf) かさぶた.
'räu·dig [ˈrɔʏdɪç] 形(副詞的には用いない) 1 疥癬(皮癬)にかかった;《侮》きたならしい, いやな. ein ～es Schaf《比喩》はた迷惑なやつ, 鼻つまみ. 2 (毛皮などが)ところどころはげている.
'rau·en [ˈraʊən] 他《物[4]の》表面をざらざらにする;(布・革などを)起毛させる.
rauf [raʊf] 副《話》=herauf, hinauf
'Rauf·bold [ˈraʊfbɔlt] 男 –[e]s/–e 乱暴者, けんか好き.
'Rau·fe [ˈraʊfə] 女 –/–n (厩舎の)飼葉(かいば)棚.
'rau·fen [ˈraʊfən] ❶ 他 (草などを)引抜く, むしり取る;(麻を)こく, くしる. sich ～ die Haare〈den Bart〉 ～(絶望して)髪の毛〈ひげ〉をかきむしる. ❷ 自 つかみ合いのけんかをする(mit j[3] um et[4] 人[3]と物[4]を奪いあって). ❸（sich[4]）自 つかみ合い(取っ組み合い)のけんかをする, 殴り合いをする(mit j[3] 人[3]と).
'Rau·fe·rei [raʊfəˈraɪ] 女 –/–en つかみ合い, 殴り合い.
'Rauf·han·del 男 –s/–(Rauferei)つかみ合い, 殴り合い. in einen ～ geraten 殴り合いになる.
'Rauf·lust 女 –/ けんか好き(なこと).
'rauf·lus·tig 形 けんか好きな.

'Rau·frost ['rau..] 男 -[e]s/-e 《地方》=Raureif
'Rau·fut·ter 中 -s/-《農業》粗製飼料(干し草・切り藁など), 飼葉じば.
'rauh [rau] ↑rau
'Rau·haar·dackel 男 s/- 《動物》ワイヤーヘアード・ダックスフント.
'rau·haa·rig 形《比較変化なし》毛の強ごわい, 剛毛(粗毛)の.
°'Rauh·bein ↑Raubein
°'rauh·bei·nig ↑raubeinig
'Rau·heit ['rauhait] 女 -/ 1 手触りの荒さ, ざらつき; でこぼこ. 2 《声の》かすれ. 3 《風土・気候などの》きびしさ; 荒天. 4 《気風などの》荒々しさ;《態度などの》つっけんどん, 無愛想;《雅》《ブレーの》荒っぽさ.
°'rau·hen ['rauən] ↑rauen
°'Rauh·frost ↑Raufrost
°'Rauh·fut·ter ↑Raufutter
°'Rauh·haar·da·ckel ↑Rauhaardackel
°'rauh·haa·rig ↑rauhaarig
°'Rau·hig·keit ↑Rauigkeit
°'Rauh·näch·te ↑Raunächte
°'Rauh·reif ↑Raureif
'Rau·ig·keit ['rauɪçkaɪt] 女 -/-en《複数まれ》《雅》=Rauheit

Raum [raum ラオム] 男 -[e]s/Räume 1 部屋. Seine Wohnung hat nur zwei *Räume*. 彼の住居は2部屋しかない. im ~ stehen《問題などが》懸案(ペンディング)になっている. 2 空間. ~ und Zeit《哲学》空間と時間. der dreidimensionale ~《数学》3次元の空間. ein luftleerer ~《物理》真空. der umbaute ~《建築》建物の容積. 3《複数なし》(a) スペース, 場所. Hier ist noch etwas freier ~. ここはまだ少しスペースが空いている. freier ~《スポ》(サッカーなどの)オープンスペース. [den] ~ decken《スポ》(ディフェンスを固めて)スペースをうめる. viel〈wenig〉~ einnehmen 場所を取る〈場所を取らない〉. ~ sparen スペースを節約する. auf engem ~ wohnen 狭い所に住む. (b)《活動の》余地. Mir blieb kein ~ für langes Überlegen. 私にはいつまでも考えている余裕はなかった. Dieses Thema nimmt einen zu breiten ~ ein. このテーマは論じだすときりがない. der Vernunft〈seinen Zweifeln〉~ geben 理性を働かせるように〈疑念のきざすままにあれこれと疑ってみる〉. 4 (a) 地域, 地方. der mitteldeutsche ~ 中部ドイツ地方. im Münchener ~ [im ~ um] München ミュンヒェン地域(一帯)で. (b) 領域. der geistige〈politische〉~ 精神の〈政治の〉領域. 5《複数なし》(Weltraum の短縮)宇宙.
♦raumsparend
'Raum·akus·tik 女 -/ 1 室内の音響効果. 2 室内音響学.
'Raum·an·zug 男 -[e]s/-e 宇宙服.
'Raum·bild 中 -[e]s/-er《光学》立体像, 立体写真.
'Räum·chen ['rɔymçən] 中 -s/-《Raum の縮小形》小さな部屋.
'Räu·me ['rɔymə] Raum の複数.
*'räu·men ['rɔymən ロイメン] ❶ 他 1 (a) 空からにする, 空からける; 片づける, 掃除する(von et³ 物³ を取除く). einen Brunnen ~ 噴水を空にする, 井戸をさらえる. ein Feld ~ 畑(の作物)を刈る(収穫する). das〈sein〉Lager ~ 在庫品を売りつくす, 棚ざらえをする. den Saal ~ ホール内の人を追い出す. eine ganze Stadt ~ 町全体を強制移転(疎開)させる. die Straße von Demonstranten ~ 通りのデモ隊を排除する (b) 立ちのく, 引きはらう, 明渡す;《軍事》撤退する. das Feld ~ 譲歩する, 道を譲る(j³ ³に); 退却(撤退)する; 引き退する. *seinen* Platz ~《後進などに》道を譲る, 椅子を明渡す. die Wohnung〈das Zimmer〉~ 住居を立ちのく〈部屋をあける〉. 2 移動させる, 取りのける, どかす. et⁴ aus dem Weg ~ 物⁴(障碍などを)取除く(j³ 人³のために). j⁴ aus dem Weg ~《話》人⁴を片づける(始末する). das Geschirr in die Küche ~ 食器を片づける. das Geschirr vom Tisch ~ 食器をさげる. Schnee ~ 雪払きをする.《非人称的に》*Es räumt*.《話》仕事が多いと捗ぶる. 3《工学》(金属に)穴をくり抜く, 鑚孔(穿孔)する.
❷ 自《地方》《話》片づけをする.
'Räu·mer ['rɔymɐr] 男 -s/-《複数まれ》1 清掃夫, 掃除人;とくに路上の障害物を除去する人;(引越しの)荷造り作業員. 2 (路上の障害物を除去する)清掃車;(とくに)除雪車.
'Raum·er·spar·nis 女 -/ 場所(スペース)の節約.
'Raum·fäh·re 女 -/-n スペースシャトル.
'Raum·fah·rer 男 -s/- 宇宙飛行士.
'Raum·fahrt 女 -/-en 宇宙飛行;《複数なし》宇宙飛行学.
'Raum·fahr·zeug 中 -[e]s/-e 宇宙船.
'Raum·film 男 -[e]s/-e《光学》立体映画.
'Raum·flug 男 -[e]s/-e 宇宙飛行.
'Raum·for·schung 女 -/ 宇宙研究; 宇宙飛行研究.
'Raum·ge·schwin·dig·keit 女 -/-en (星の)空間速度.
'Raum·git·ter 中 -s/-《結晶》(結晶の)空間格子.
'räu·mig ['rɔymɪç]《北ド》=geräumig
'Raum·in·halt 男 -[e]s/-e《数学》=Rauminhalt, 容積.
'Raum·kap·sel 女 -n 1 (無人)宇宙船. 2 宇宙船のカプセル部分. 3 (動物実験用の)宇宙カプセル. 4 宇宙船のキャビン.
'Raum·kunst 女 -/ インテリアデザインの技術.
'Raum·la·dung 女 -/-en《物理》空間電荷.
'Raum·leh·re 女 -/《幾何学》幾何学.
*'räum·lich ['rɔymlɪç ロイムリヒ] 形《比較変化なし》1 空間の, 空間に関する, 空間的な. die ~e Ausdehnung〈Entfernung〉空間の広がり〈空間的な距離〉. ~ beengt〈beschränkt〉sein 狭い所に住んでいる. 2 (感じ・印象などが)立体的な. die ~e Wirkung eines Bildes 絵の立体的な効果.
'Räum·lich·keit 女 -/-en《多く複数で》部屋, 室. die ~en eines Museums 博物館の各部屋(全室). 2《複数なし》立体的効果, 立体性.
'raum·los 形 超空間的な; 茫漠たる.
'Raum·man·gel 男 -s/ スペース(場所)不足.
'Raum·maß 中 -es/-e (Hohlmaß) 体積の単位.
'Raum·me·ter 男(中) -s/-《記号 rm》《林業》(Ster) (↔ Festmeter) ラウムメーター(木材の層積単位, =1 m³).
'Raum·ord·nung 女 -/《政治》国土計画.
'Raum·pfle·ger 男 -s/- 掃除夫.
'Raum·pfle·ge·rin 女 -/-nen (Putzfrau) 掃除婦.
'Raum·schiff 中 -[e]s/-e 宇宙船.
'Raum·schiff·fahrt 女 -/ 宇宙旅行. ♦Raumschiff-Fahrt とも書く.
'Raum·son·de 女 -/-n 宇宙探査機.
'raum·spa·rend 形 スペース(場所)をとらない. ♦

Raum sparend とも書く.
Raum·sta·ti·on 囡 -/-en 宇宙ステーション.
Räum·te ['rɔʏmtə] 囡 -/-n《船員》**1** 公海. **2**（空いている）船倉.
Raum·ton 男 -[e]s/ 立体音響.
Räu·mung ['rɔʏmʊŋ] 囡 -/（↓räumen）片づけ, 清掃; 撤去, 除去; 立ちのき, 明渡し.
Räu·mungs·aus·ver·kauf 男 -[e]s/¨e =Räumungsverkauf
Räu·mungs·frist 囡 -/-en《法制》（家屋・土地などの）明渡し猶予期間.
Räu·mungs·kla·ge 囡 -/-n《法制》（家屋・土地などの）明渡しの訴え.
Räu·mungs·ver·kauf 男 -[e]s/¨e《経済》在庫一掃セール, 棚ざらえ.
Raum·wel·le 囡 -/-n **1**《電気》空間波. **2**《物理》（地震の）実体波.
Raum·win·kel 男 -s/-《数学》立体角.
'**Rau·näch·te** ['rao..] 覆 悪霊祓いの十二夜. ◆民間信仰で12月25日の降誕節der Heilige Abend から1月6日の公顕節der Dreikönigstag までの12夜は悪魔が跳梁するといって種々の御祓いをする.
'**rau·nen** ['raʊnən]《雅》❶ 他 ひそひそとささやく. j³ et⁴ ins Ohr ～ 人³に事⁴をそっと耳打ちする. ❷ 自 ひそひそ話をする, 陰でこそこそ噂をする (über et⁴ / von et³ 事³について). **2**（風・森などが）ざわつく.
'**raun·zen** ['raʊntsən]《話》❶ 自《話》（・;･）泣き言をいう, こぼす. ❷ 他《話》がみがみ言う.
'**Rau·pe** ['raʊpə] 囡 -/-n **1**（蝶・蛾の）幼虫, 毛虫, 芋虫. ～n in den Kopf haben《話》ちょっとどうかしている. j³ ～n in den Kopf setzen《話》人³におかしな考えをふきこむ. **2** (Planierraupe の短縮) ブルドーザー; (Raupenkette) 無限軌道, キャタピラー. **3**《服飾》（軍服などの）金モールの肩章; (19世紀前半のバイエルンの鉄兜の頭飾り)馬毛房飾り.
'**rau·pen** ['raʊpən]（樹木の）毛虫を駆除する.
'**Rau·pen·fahr·zeug** 中 -[e]s/-e (Gleiskettenfahrzeug) 無限軌道車, キャタピラー車.
'**Rau·pen·fraß** 男 -es/ 毛虫による被害.
'**Rau·pen·helm** 男 -[e]s/-e 馬毛房飾り付き鉄兜.
'**Rau·pen·ket·te** 囡 -/-n (Gleiskette) 無限軌道, キャタピラー.
'**Rau·pen·schlep·per** 男 -s/- キャタピラー付き（無限軌道式）トラクター.
'**Rau·reif** 男 -[e]s/ 霧氷, 白霜.
raus [raʊs] 副《話》=heraus, hinaus
raus.. [raʊs..]《分離前つづり / つねにアクセントをもつ》=heraus, hinaus
Rausch [raʊʃ] 男 -[e]s/Räusche **1** 酔い, 酩酊. sich³ einen ～ antrinken《話》（呑んで）いい機嫌になる. einen leichten〈ordentlichen〉～ haben ほろ酔いでいる〈したたか酔っぱらっている〉. Jetzt hat's geraucht.《話》もう我慢もこれまでだ, もう容赦はしないぞ. **2** (s) ざわざわ（ざあざあ, さらさら）音をたてて進む（走る, 流れる, 飛ぶ）. Der Ball ist ins Tor gerauscht.《話》シュートがゴールにつきささった. **3** (s)《話》（とくに女性が）つんとして座を立つ, ぷいと立ち去る.
'**rau·schen²** 自《猟師》（猪・豚）にさかりがつく.
'**rau·schend** 現分 形（↑ rauschen¹）**1** ざわめいた, どよめく. ～er Beifall 嵐のような拍手喝采. **2** 盛大な. ein ～es Fest feiern 賑やかな宴をはる.
'**Rau·scher** ['raʊʃər] 男 -s/-《地方》ヴァン・ブーリレ（発酵中のまだ新しいぶどうの果汁）. ↑ Most
'**Rausch·gelb** 中 -[e]s/ (it. rosso, rot')《鉱物》雄黄.
'**Rausch·gift** 中 -[e]s/-e 麻薬.
'**Rausch·gift·han·del** 男 -s/ 麻薬の取引.
'**Rausch·gift·sucht** 囡 -/ 麻薬中毒.
'**rausch·gift·süch·tig** 形 麻薬中毒の.
'**Rausch·gold** 中 -[e]s/ オランダ金, 洋箔, 偽金箔.
'**rausch·haft**《比較変化なし》陶酔した, 酔ったような.
'**Rausch·mit·tel** 中 -s/- =Rauschgift
'**Rausch·nar·ko·se** 囡 -/-n《医学》微麻酔.
'**Rausch·zeit** 囡 -/-en（猪・豚の）交尾期.
'**raus·flie·gen*** 自 (s)《話》=herausfliegen ①, hinausfliegen ①
'**Räus·pe·rer** ['rɔʏspərər] 男 -s/-《話》（軽い）咳払い.
*'**räus·pern** ['rɔʏspərn ロイスペルン] 他 (**sich⁴**) 咳払いをする.
'**raus·schmei·ßen*** 他《話》=rauswerfen
'**Raus·schmei·ßer** 男 -s/-《話》**1**（酒場などの）用心棒. **2**（舞踏会の）ラストダンス.
'**raus·wer·fen*** 他《話》=herauswerfen, hinauswerfen
'**Rau·te** ['raʊtə] 囡 -/-n (lat. ruta)《植物》芸香(うん), ヘンルーダ（みかん科ヘンルーダ属）.
'**Rau·te²** 囡 -/-n **1**《幾何》(Rhombus) 菱形. **2**《紋章》菱紋;《服飾》（連続した）菱形模様;《地方》（トランプの）ダイヤ; （ダイヤモンドの）ローズカット.
'**Rau·ten·bau·er** 男 -n/-n《地方》（トランプの）ダイヤのジャック.
'**Rau·ten·flä·che** 囡 -/-n **1**《幾何》菱形面. **2**（宝石などの）切子面.
'**rau·ten·för·mig** 菱形の.
Ra·vi·o·li [ravi'o:li] 覆 (it.)《料理》ラヴィオリ（挽き肉をパスタの皮で包んで茹(ゆ)でたもの, スープの具やソース煮にして食べる）.
Ra'yon¹ [rɛ'jõː, ｽｲｽ ra'jon] 男 -s/-s(-e) (fr., Honigwabe') **1**《古》《ｽｲｽ・ｵｰｽﾄﾘｱ》担当区域, 管轄区. **2**《ｵｰｽﾄﾘｱ・大商店内》の売場. **3**《古》（軍用)保護区域.
Ra'yon² [rɛ'jõː] 男 中 -/ =Reyon ◆Reyonの英語式つづり.
Ra'yon·chef 男 -s/-s（デパートの）売場主任.
ra·yo'nie·ren [rejo'niːrən, ｽｲｽ rajo'niːrən] 他（↓ Rayon¹）《古》《ｽｲｽ・ｵｰｽﾄﾘｱ》担当区域に分配(配給)する.
Ra·ze'mat [ratse'maːt] 中 -[e]s/-e (lat. racemus, Traube')《化学》ラセミ化合物, ブドウ酸塩.
'**Raz·zia** ['ratsia] 囡 -/..zien [..tsian] (-s) (arab. ghazija, Kriegszug')（警察の）一斉手入れ. eine ～ machen〈veranstalten〉一斉手入れをする.
Rb [ɛr'beː] 中 《記号》《化学》=Rubidium
RB [..] 《略》=Regionalbahn
Rbl [..] 《略》=Rubel 1
rd. 《略》=rund ② 1
Re¹ [ɛr'eː] 中 《記号》《化学》=Rhenium
Re² [reː] 中 -s/-s (lat.)《音楽》（スカートで)リダブル.

RE 《略》=Regionalexpress

re.., Re.. [re..]《接頭》(lat.)動詞などに冠して「再, 復; 反」の意を表す.

Re·a·gens [reˈaːgɛns, reˈ|a..] 甲 -/..genzien [reaˈgɛntsiən] =Reagenz

Re·a·genz [reaˈgɛnts] 甲 -/-ien [..ˈtsiən] (↑reagieren)《化学》試薬.

Re·a·genz·glas 甲 -es/-̈er《化学》(Probierglas) 試験管.

Re·a·gen·zi·en [reaˈgɛntsiən] Reagens, Reagenz の複数.

*__re·a·gie·ren__ [reaˈgiːrən レアギーレン] 自 (lat. re..+ agere, treiben, tun') 反応する, 応(㋜)える(auf et⁴ 事に); 《化学》化学反応を起す(mit et³ 物⁴とで). Ich bin gespannt, wie er auf meinen Vorschlag ~ wird. 私の提案に彼がどう出てくるか大いに楽しみだ.

Re·ak·tanz [reakˈtants] 女 -/-en《電子工》リアクタンス.

*__Re·ak·ti·on__ [reaktsiˈoːn レアクツィオーン] 女 -/-en 1 反応(auf et⁴ 事に対する);《化学》(化学)反応. keine ~ zeigen なんの反応も示さない. 2《複数なし》(政治的)反動; 反動勢力.

re·ak·ti·o·när [reaktsioˈnɛːr] 形 反動的な, 保守反動の.

Re·ak·ti·o·när 男 -s/-e 反動主義者, 反動的な人.

re·ak·ti·ons·fä·hig 形 1 反応する力がある. 2《化学》反応性の.

Re·ak·ti·ons·fä·hig·keit 女 -/ 反応力;《化学》反応性.

Re·ak·ti·ons·ge·schwin·dig·keit 女 -/-en《化学》反応速度.

Re·ak·ti·ons·mo·tor 男 -s/-en《電子工》反作用電動機.

Re·ak·ti·ons·wär·me 女 -/-n《化学》反応熱.

Re·ak·ti·ons·zeit 女 -/-en《生理》反応時間(刺激に対して反応が生じるまでに要する時間).

re·ak·tiv [reakˈtiːf] 形 1《生理・心理》反応(作用)として生じる, 反応性の. 2《化学》反応性の, 活性の.

re·ak·ti·vie·ren [reaktiˈviːrən] 他 1 (a) (人⁴を)現場(現役)に復帰させる. (b) (物⁴を)復活させる. eine Forschung〈das Westportal des Gebäudes〉~ 研究を再開する〈建物の西の入口をまた開ける〉. 2《化学》(触媒などに)再活性化する. 3《医学》(器官の)機能を回復させる.

Re·ak·ti·vi·tät [reaktiviˈtɛːt] 女 -/ 反応性, 反応度.

Re·ak·tor [reˈaktor] 男 -s/-en [..ˈtoːrən] 1《核物理》(Kernreaktor) 原子炉. 2《物理・化学》反応器, 反応炉.

Re·ak·tor·un·fall 男 -[e]s/-̈e 原子炉事故.

re·al [reˈaːl] 形 1 (↔ ideal) 現実の, 実在の; 実体のある, 具体的な, 物的な. ~es Gas《物理》実在気体. die ~e Welt 現実世界. sein Geld in ~en Werten anlegen お金を物にかえる. 2 (↔ irreal) (考えなどが)現実に即した, 実際の, 実際的な. 3《経済》(↔ nominal) 実質の. das ~e Einkommen 実質所得.

Re·al¹ [reˈaːl] 男 -s/ ㋜ -es, ㋦ Reis (lat. rex , König`) レアル(昔のスペイン・ポルトガルの通貨).

Re·al² [reˈaːl] 甲 -[e]s/-e 《地方》書棚, 商品棚.

Re·al·ein·kom·men 甲 -s/-《経済》(↔ Nominaleinkommen) 実質所得.

Re·al·en·zy·klo·pä·die 女 -/-n [..diːən]《書籍》(Reallexikon) 百科事典.

Re·al·gym·na·si·um 甲 -s/..sien [..ziən]《古》 実科ギュムナジウム(古典語にではなく近代言語・数学・自然科学に重点を置いたギュムナジウム).

Re·a·li·en [reˈaːliən] 複 1 現実, 事実. 2 専門知識. 3《古》自然科学科目.

Re·al·in·dex 男 -[es]/-e(..dizes [..ˈditseːs])《書籍》事項索引(とくに専門書の).

Re·al·in·ju·rie 女 -/-n《古》《法制》(↔ Verbalinjurie) 暴行行為による侮辱.

Re·a·li·sa·ti·on [realizatsiˈoːn] 女 -/-en 1 実現, 現実化. 2《経済》現金化, 換金. 3《映画・演劇》(映画・テレビ番組・芝居の)製作. 4《言語》(ラングからパロールへの)実現.

re·a·li·sier·bar [realiˈziːrbaːr] 形 (fr. réaliser , verwirklichen`) 《比較変化なし》1 (計画などが)実現可能な. 2 (品物などが)換金できる.

re·a·li·sie·ren [realiˈziːrən] 他 (fr.) 1 (計画などを)実現する, 実行する. 2 はっきりと理解(認識)する. 3《経済》換金する.

Re·a·li·sie·rung -/-en 1 実現, 現実化. 2 換金, 現金化.

Re·a·lis·mus [reaˈlɪsmʊs] 男 -/..men [..mən] (a)《複数なし》(ものの考え方の)現実主義, リアリズム. (b)《複数まれ》(ありのままの)現実. 2《文学・美術》写実主義, リアリズム. 3《哲学》(認識論における実在論;〈スコラ哲学の〉実念論.

Re·a·list [reaˈlɪst] 男 -en/-en 1 (↔ Idealist) 現実主義者, リアリスト. 2 写実主義(リアリズム)の芸術家. 3《哲学》実在論者; 実念論者.

Re·a·lis·tik [reaˈlɪstɪk] 女 -/ (表現・描写における)写実性.

re·a·lis·tisch [reaˈlɪstɪʃ] 形 1 (表現・描写が)写実的な. 2 (↔ idealistisch) (ものの考え方などが)現実的な, 現実主義の. 3《比較変化なし》《文学・美術》写実主義の, リアリズムの.

Re·a·li·tät [realiˈtɛːt] 女 -/-en (fr. réalité , Wirklichkeit, Tatsächlichkeit`) 1《複数なし》現実, 現実世界; 現実(事実)性. die gesellschaftliche ~ 社会の現実. den Boden der ~ verlassen 現実から遊離する. 2《複数なし》《哲学》(↔ Idealität) 実在(性). 3 事実. an den ~en vorbeigehen 事実を看過する. 4《複数のみ》(㋳㋪)不動産.

re·a·li·ter [reˈaːlitər] 副 (lat. realis , sachlich, wesentlich`) 実際は, 現実には.

Re·al·ka·pi·tal [reˈaːl..] 甲 -s/-e(..lien [..liən])《経済》実物資本.

Re·al·ka·ta·log 男 -[e]s/-e《図書館》件名(事項別)目録.

Re·al·kon·kur·renz 女 -/-en《法制》実質的競合.

Re·al·kre·dit 男 -[e]s/-e《経済》(↔ Personalkredit) 物的信用(不動産を担保にして金を貸すこと).

Re·al·last 女 -/-en《法制》物的負担.

Re·al·le·xi·kon 甲 -s/..ka [..ka]..ken [..kən] (Sachlexikon) (百科)事典.

Re·al·lohn 男 -[e]s/-̈e《経済》(↔ Nominallohn) 実質賃金.

Re·a·lo [reˈaːlo] 男 -s/-s《話》(緑の党の die Partei der Grünen の中の)現実路線派の人.

Re·al·po·li·tik 女 -/ 現実政策.

Re·al·schu·le 女 -/-n (Mittelschule) 実科学校(社

会の中級職養成のためのコース).
Re·al·steu·er 囡 -/-n 《法制》対物税.
Real-'Time-Sys·tem ['riːəl taɪm..,'rɪəl taɪm..] 中 -s/ (*engl.*) 《電算》リアルタイムシステム, 実時間動作方式(列車の予約システムのようなデータの即時的処理).
Re'al·wert 男 -[e]s/-e 実価, 実質価値(硬貨の金属としての価値など).
Re'al·wör·ter·buch 中 -[e]s/=er 《書籍》(百科)事典.
Re·au·mur ['reːomyːr] (*fr.*) 《記号 R》《物理》(温度計の単位)列氏. ◆フランスの科学者レオミュール R. A. F. de Réaumur, 1683-1757 が考案. 氷点を零度, 沸点を 80 度とする.
Reb·bach ['rɛbax] 男 -s/ =Reibach
Re·be ['reːbə] 囡 -/-n **1** 葡萄(ぶどう). **2**《雅》ぶどうの木.
Re·bek·ka ['reːbɛka] 《女名》(*hebr.*) レベッカ.
Re'bell [re'bɛl] 男 -en/-en (*fr.*) 反逆者, 暴徒, 叛徒.
re·bel'lie·ren [rebɛ'liːrən] 自 反逆する, 反乱(暴動)を起す; 反抗する(gegen j⟨et⟩³ 人⟨物⟩⁴に対して). Mein Magen *rebelliert*. 《比喩》私は胃の具合が悪い.
Re·bel'li·on [rebɛli'oːn] 囡 -/-en 反逆, 反乱, 暴動; 反抗.
re·bel·lisch [re'bɛlɪʃ] 形 反乱(暴動)を起した; 反抗的な. die ~e Jugend 反抗的な若者たち.
'Re·ben·saft ['reːbən..] 男 -[e]s/《雅》(Wein) ぶどう酒.
'Reb·huhn ['reːphuːn, 'rɛp..] 中 -[e]s/=er 《鳥》ヨーロッパやまうずら(山鶉).
'Reb·laus ['reːp..] 囡 -/=e 《虫》ぶどうねあぶらむし.
'Reb·ling ['reːplɪŋ] 男 -s/-e 葡萄(ぶどう)の若枝.
'Reb·stock 男 -[e]s/=e 葡萄(ぶどう)の木.
'Re·bus ['reːbʊs] 男 中 -/-se (*lat.*) 判じ絵.
Re'chaud [re'ʃoː] 男 中 -s/-s (*fr.*) **1** (ろうそく・アルコール・電気などを用いた保温用の)卓上ホットプレート. **2**《南ドイツ・オーストリア》(ガス)コンロ.
're·chen ['rɛçən] 他《地方》(harken) (道や芝生などを)熊手(レーキ)で掃く; (木の葉などを)かき集める.
'Re·chen 男 -s/- **1**《地方》(Harke) 熊手, レーキ. **2**《地方》(横木に掛け鉤のついた)洋服掛け. **3**《土木》(水路などの)ごみ取格子.
'Re·chen·art 囡 -/-en 計算法.
'Re·chen·auf·ga·be 囡 -/-n 計算問題.
'Re·chen·buch 中 -[e]s/=er 算数の教科書.
'Re·chen·feh·ler 男 -s/- 計算間違い.
'Re·chen·ge·rät 中 -[e]s/-e 計算機.
'Re·chen·künst·ler 男 -s/- 計算(暗算)の名人.
'Re·chen·ma·schi·ne 囡 -/-n **1** 計算器(機). **2** 計算盤, そろばん.
◆**'Re·chen·schaft** ['rɛçənʃaft レヒェンシャフト] 囡 -/ (自分の言動や責任などについての)報告, 説明; 釈明, 弁明, 申開き. j³ über et⁴ ~ geben⟨ablegen⟩ 人³に事³の顛末を報告する. von j³ ~ über et⁴ fordern ⟨verlangen⟩ 人³に事⁴についての説明(釈明)を求める. Dafür bin ich Ihnen keine ~ schuldig. そのことで私はあなたになにも弁明する必要はない. j⁴ für et⁴ zur ~ ziehen 人⁴に事⁴の責任を問う.
'Re·chen·schafts·be·richt 男 -[e]s/-e (決算書をともなう)事業(活動)報告.
'Re·chen·schie·ber 男 -s/- 計算尺.
'Re·chen·stab 男 -[e]s/=e =Rechenschieber
'Re·chen·stun·de 囡 -/-n 算数の授業(時間).

'Re·chen·ta·fel 囡 -/-n **1** 計算表(対数表など). **2** 計算盤.
'Re·chen·zen·trum 中 -s/..tren [..trən] 計算機センター.
Re'cher·che [re'ʃɛrʃə] 囡 -/-n (*fr.*) 《ふつう複数で》調査, 捜査. ~n anstellen 調査(捜査)する.
re·cher'chie·ren [reʃɛr'ʃiːrən] **❶** 他 (物⟨人⟩⁴を)調査する, 捜査する. **❷** 自 調査をする, 捜査をする.

◆**'rech·nen** ['rɛçnən レヒネン] **❶** 自 **1** (a) 計算する. Er kann gut ~. 彼は計算がじょうずだ. schriftlich⟨im Kopf⟩ ~ 筆算⟨暗算⟩する. nach Kilogramm ~ キログラムで計算する. ~ lernen 算数を習う. 《現在分詞で》Er ist ein klug *rechnender* Kopf. 《比喩》彼は抜かりのない人間だ. (b) (家計の)やりくりをする, 倹約する. Sie versteht zu ~. 彼女はやりくりじょうずだ. mit jedem Pfennig ~ 一銭もおろそかにしない. **2** (a) (mit j⟨et⟩³ 人⟨事⟩³を)計算(考慮)に入れる; 予期する, 覚悟する. Ich *rechne* heute nicht mehr mit ihm. きょうは彼は来ないものと思っている. mit dem Schlimmsten ~ 最悪の事態を覚悟する. (b) (auf j⟨et⟩⁴ / mit j⟨et⟩³ 人⟨事⟩⁴,³を)当てにする, 頼りにする. Auf diese Leute⟨Mit diesen Leuten⟩ kann man nicht ~. こんな連中は当てにならない. **3** (zu j⟨et⟩³ 人⟨物⟩³に)数えられる, 属する. Die Wale *rechnen* zu den Säugetieren. 鯨は哺乳類に属する. Das *rechnet* nicht. それは勘定に入らない. **❷** 他 **1** 計算する. eine Aufgabe ~ 計算問題を解く. Zinsen ~ 利息を計算する. **2** 見積もる, 見込む; 評価する. für einen Tag⟨pro Person⟩ 100 Euro ~ 1日につき⟨1人あたり⟩100ユーロを見込む. j⟨et⟩³ für j⟨et⟩⁴ ~ 人⟨物⟩³を人⟨物⟩⁴とみなす. Ich wurde damals noch für ein Kind *gerechnet*. 私は当時まだ子供扱いだった. 《過去分詞で》alles in allem *gerechnet* すべてをひっくるめて, 全部で. knapp *gerechnet* 少なく見積もって, 少なくとも. **3** (a) 計算(考慮)に入れる, 数に入れる. wenn ich dann noch das Fahrgeld *rechne* それからさらに交通費を入れるならば. 《過去分詞で》die Kinder nicht *gerechnet* 子供は別にして. (b) (zu j⟨et⟩³ zu j⟨et⟩³ j⟨et⟩⁴ unter j⟨et⟩⁴ 人⟨物⟩⁴を人⟨物⟩³,⁴に)数える, (と)見なす. Man *rechnet* ihn zu den Meistern⟨unter die Meister⟩ der Feder. 彼は大作家のひとりと見なされている. sich⁴ et⁴ zur Ehre ~ 《雅》事⁴を名誉と思う.
'Rech·nen 中 -s/ 計算; 算数.
'Rech·ner ['rɛçnər] 男 -s/- **1** 計算する人. **2** (電子)計算機.
'rech·ne·risch ['rɛçnərɪʃ] 形 **1** 計算(上)の, 計算による. **2**《まれ》打算的な.

◆**'Rech·nung** ['rɛçnʊŋ レヒヌング] 囡 -/-en **1** (a) 計算(問題). eine einfache ~ 簡単な計算(問題). Die ~ stimmt⟨geht auf⟩. 計算があう(↑1 (b)). (b)《比喩》計算, 考慮; 目算, 目論み, 思惑. Die ~ geht auf. ことが思惑通りに運ぶ(↑1 (a)). et³ ~ tragen 事³を考慮(斟酌)する. j³ die ~ verderben / j³ einen Strich durch die ~ machen 人³の計画(もくろみ)を台無しにする. et⁴ in ~ ziehen⟨stellen / setzen⟩ 事⁴を考慮に入れる. nach meiner ~ 私の計算(考え)では. (c)《商業》貸借勘定. laufende ~ 当座勘定. ~ führen 会計帳簿をつける. **2** 勘定(書); 請求書, 計算書; 《商業》送り状, インボイス; 請求額. Die ~ beträgt⟨macht⟩ 80 Euro. 勘定は 80 ユーロに

なる. Herr Ober, die ~ bitte! (ウェイターに)お勘定お願いします. j³ die ~ [auf]machen 《話》人³に借りを返してもらう. eine ~ bezahlen《雅 begleichen》勘定を支払う. mit j³ eine alte ~ begleichen《比喩》人³と決着をつける,(に)復讐(仕返し)をする. die ~ ohne den Wirt machen《比喩》当事者の意向を無視する, 見通しを誤る. j³ die ~ für et⁴ präsentieren 人³に物⁴の請求書を突きつける;《比喩》人³に事⁴の責任を問う, 埋め合せを迫る. eine ~ schreiben 請求書を書く. auf ~ 掛けで, つけで; 出来高払いで. auf[für] eigene ~ 自分の勘定で, 自前で; 自分の危険負担において. auf〈für〉fremde ~ 他人の勘定で(危険負担)で. Das kommt〈geht〉auf meine ~. それは私の負担になる, 私が払う.《比喩》それは私の責任になる. auf seine 〈あ auf die〉~ kommen《比喩》もとを取る, 満足する(bei et³ 事¹において). j³ et⁴ in ~ stellen 物⁴を人³の勘定につける;《比喩》事⁴を人³のせいにする. **3**《公》決算 会計報告. über et⁴ ~ [ab]legen 物⁴について会計報告をする《比喩》事⁴について釈明する.

'**Rech·nungs·füh·rer** 男 -s/- **1** 簿記係, 会計係. **2**《軍事》主計兵.
'**Rech·nungs·füh·rung** 囡 -/ 簿記, 会計.
'**Rech·nungs·hof** 男 -[e]s/-e 会計検査院.
'**Rech·nungs·jahr** 中 -[e]s/-e 《経済》会計年度.
'**Rech·nungs·le·gung** 囡 -/-en 《経済》決算(会計)報告.
'**Rech·nungs·prü·fer** 男 -s/- 《経済》会計監査役.
'**Rech·nungs·we·sen** 中 -s/ (企業·官庁の)会計(出納)事務.

recht

[rεçt レヒト] 形 **1**《付加語的用法のみ》(↔ link) 右の, 右側の. das ~e Auge 右目. die ~e Hand 右手. Er ist meine ~e Hand.《比喩》彼は私の右腕だ. Das Haus liegt ~er Hand². / Das Haus liegt zur ~en Hand. その家は右手にある. (b) (政治的に)右の, 右派の; 右翼の. der ~e Flügel einer Partei 党の右翼. (c) (布地などの)表の, 表側の. ~e Maschen (編物の)表目. (d) ein ~er Winkel 《数学》直角(ラテン語 angulus rectus の翻訳借用語).

2 (事実から見て)正しい, 間違っていない. der ~e Gebrauch der Waffen 武器の正しい使用. Bin ich hier ~? ここで(この道で)いいのでしょうか. Das ist ~. それでいい. wenn mir ~ ist 私の思い違いでなければ. So ist's ~! / *Recht* so! それでいい, その調子だ. Ganz ~! その通り. Ich höre wohl nicht ~.《話》嘘だろう, 耳を疑うよ. Er hat ~ daran getan. 彼はそのことで行動(選択)を誤っていなかった. Versteh mich bitte ~! どうか誤解しないでくれ.《名詞的用法で》das *Rechte* treffen 的を射る, 間違っていない. nach dem *Rechten* sehen 万事うまくいっているかどうか調べる(確かめる).

3 (適否から見て)しかるべき, ふさわしい, 適切な. der ~e Mann am ~en Ort 適材適所. Ich bin nicht in der ~en Stimmung. 私はそんな気分ではない. zur ~en Zeit ちょうどよい時に. Ihm ist jedes Mittel ~. 彼は手段を選ばない. Du kommst gerade ~. 君はちょうどよい時に来た. Du kommst mir gerade ~.《反語》君はいいときに, よりによってこんな時に来るとはきみ.《名詞的用法で》Er hat noch nicht die *Rechte* gefunden.《話》彼はまだふさわしい女性が見つかっていない. Du bist mir der *Rechte*.《反語》君は

ったくこまったものだ. an den *Rechten* kommen〈geraten〉《反語》お門違いをやらかす.

4 (道理から見て)正しい, 正当な, 当然の. Es ist nicht ~ von dir, so zu handeln. そういう振舞をするのはよくない. Das ist nur ~ und billig. それはまったく当然のことだ. Was dem einen ~ ist, ist dem anderen billig.《諺》道理に二つはない, 不公平なことをしてはならない. alles, was ~ ist[, aber...]《話》それはそうだがそれだけは認めざるをえないが. Es geschieht ihm ganz ~, dass....は全く彼の自業自得だ. ~ tun 正しい行いをする.

5 (人³から見て)好都合な, 望ましい. Ist es Ihnen ~, wenn ich morgen um 16 Uhr komme? 明日午後4時におじゃましてもかまいませんか. wenn es Ihnen ~ ist もしご都合がよろしければ. Es soll〈kann〉mir ~ sein.《話》私はかまいません, それで結構です. Mir ist heute gar nicht ~. 《地方》私は今日体調がよくない. j³ et⁴ ~ machen 事⁴を人³の気に入るようにする. Man kann es nicht allen ~ machen. みんなの気に入るようになんてできっこない.

6 (あるべき姿から見て)真の, 本当の, 本物の. ein ~er Mann まことの男. sein ~er Vater《まれ》彼の実父 ~ eigentlich《雅》実をいえば, いかにも. ~ sehr いよいよもって, ますます.《否定詞と》Ich habe keine ~e Lust dazu. 私はもうそのことをしたくない. Ich weiß nicht ~, ob ich die Arbeit übernehmen soll. その仕事を引受けていいかどうか私にはどうもよくわからない.《名詞的用法で》etwas *Rechtes* まっとうなこと, 大したこと. Das ist ja was *Rechtes*.《反語》それはすごいたいしたものだ.

7 (a) (本来の意味が薄れて)相当の, かなりの; まったくの. Es war eine ~e Belastung für mich. それは私には相当の負担だった. ein ~er Narr まったくの馬鹿. (b)《副詞的用法で》相当に, かなり, まったく, とても. ~ gut なかなか良い. Er war ~ zufrieden. 彼はまずまず満足していた. Ich danke Ihnen ~ (=sehr) herzlich. 私はあなたに心から感謝します.

◆°recht behalten, °recht bekommen, °recht geben, °recht haben については, ↑**Recht 3**.

*****Recht** [rεçt レヒト] 中 -[e]s/-e **1** (a)《複数なし》法, 法律. bürgerliches ~ 民法. geschriebenes ~ 成文法. kanonisches ~ 《》教会法. öffentliches ~ 公法. römisches ~ ローマ法. das ~ anwenden 法を適用する. das ~ beugen〈brechen〉法を曲げる(破る). ~ sprechen 判決を下す. gegen 〈wider〉das ~ 法に反して. nach dem geltenden ~ 現行法にしたがって. von ~s wegen 法律上;《比喩》本来は. (b) (ふつう複数で)《古》法学, 法律学. die ~e studieren 法律を学ぶ. Doktor beider ~e 《歴史》世俗法と教会法との両法の博士. **2** 権利. ~e und Pflichten 権利と義務. das ~ der Eltern 親の権利. das ~ des Stärkeren (弱肉強食という)強者の権利. das ~ auf Arbeit 働く権利. Das ist sein [gutes] ~. それは彼の当然の権利だ. ein ~ ausüben 権利を行使する. sein ~ fordern〈verlangen〉自分の権利を要求する. Der Magen fordert〈verlangt〉sein ~. 腹の虫が鳴っている. ältere〈frühere〉~e haben 優先権がある. Du hast nicht das ~, hier zu wohnen. 君はここに住む権利はない. Alle ~e vorbehalten. (著作権の表示で)版権所有. auf seinem ~ bestehen /《強調して》auf sein ~ pochen 自分の権利を主張する. Mit welchem ~ hast du das getan? 何の権利があって君はそんなことをしたんだ.

zu *seinem* ~ kommen 相応の権利が認められる. **3** 《複数なし》正しいこと, 正当性; 正義, 道理. Das ~ ist auf seiner Seite. / Er hat das ~ auf seiner Seite. 道理は彼の側にある. Was ~ ist, muss ~ bleiben. 《諺》正しいことはあくまで正しい. et⁴ für ~ erkennen 《書》事⁴を正当と認める. Er ist im ~. 彼のする事(言う事)は正しい. mit〈zu〉~ 当然なことに, 正当にも. mit gutem〈vollem〉~ 当然至極にも. ohne ~ 不当にも. 《次のような動詞と結びついて / 旧正書法では小文字で表記》Er hat ~〈*recht*〉behalten. 結局彼の言う通りだった. ~〈*recht*〉bekommen (言っていることが)正しいと認められる. j³ ~〈*recht*〉geben 人³の言うことが正しいと認める. Du hast ~〈*recht*〉. 君の言うとおりだ.

'**Rech·te** 囡《形容詞変化》**1** (a) 右手; 右側. et⁴ in der ~n halten 物⁴を右手に持っている. zur ~n に. (b) 《ボクシ》右パンチ. **2** 《複数なし》右派, 右翼.

'**Recht·eck** ['rɛçtʔɛk] 中 -s/-e 長方形, 矩形(くけい).

'**recht·eckig** 形 長方形の, 矩形の.

'**rech·ten** ['rɛçtən] ❶ 自 《雅》争う, 論争する(mit j³ über et⁴ 人³と事⁴のことで); 自己の権利を主張する(mit j³ um et⁴ 人³を相手に物⁴をめぐって). ❷ 他 《古》(人⁴を)非難する, 裁く.

'**rech·tens** ['rɛçtəns] ❶ 副 **1** 法的に, 法に基づいて. **2** 正当に, 当然. ❷ 《次の用法で / Recht の古い 2 格に由来する》Es ist ~〈*Rechtens*〉, dass...... は正当(合法的)である.

'**Rech·tens** ↑rechtens ②

'**rech·ter'seits** ['rɛçtɐ'zaɪts] 副 (↔ linkerseits) 右手に, 右側に.

*'**recht·fer·ti·gen** ['rɛçtfɛrtɪɡən] レヒトフェルティゲン] ❶ 他 (人·事⁴の)正しさを証明する; (を)正当化する, 弁明(弁護)する. *sein* Benehmen ~ 自分の振舞を弁明する. Du hast mein Vertrauen *gerechtfertigt*. 君は私の信頼を裏切らなかった. 《事が主語》Der Anlass *rechtfertigt* diese Maßnahmen. 動機を考えればこれらの措置もやむをえない. ❷ 再 (sich¹) **1** 弁明 (釈明)する, 申開きをする. **2** 《事が主語》正しいことが明らかになる, 正当化される.

'**Recht·fer·ti·gung** ['rɛçtfɛrtɪɡʊŋ] 囡 -/-en **1** 正しいことの証明; 弁明, 釈明, 申開き. **2** 《複数なし》《キリスト》義化; 《キリスト》義認.

'**recht·gläu·big** 形 正統信仰の, 正教の.

'**Recht·gläu·big·keit** 囡 -/ (Orthodoxie) 正統信仰.

'**Recht·ha·ber** ['rɛçtha:bɐ] 男 -s/- 《侮》独善家, 独りよがり.

Recht·ha·be'rei [rɛçtha:bəˈraɪ] 囡 -/ 《侮》独善, 独りよがり.

'**recht·ha·be·risch** ['rɛçtha:bərɪʃ] 形 独善的な, 独りよがりの; 片意地な.

'**recht·lich** ['rɛçtlɪç] 形 **1** 法律上の, 法的な; 合法的な. **2** 《古》誠実な, 実直な, ちゃんとした.

'**Recht·lich·keit** 囡 -/ **1** 合法性, 適法性. **2** 誠実さ, 実直さ.

'**recht·los** 形 法的な権利のない, 法律の保護下にない.

'**Recht·lo·sig·keit** 囡 -/ 法的な権利のないこと.

'**recht·mä·ßig** ['rɛçtmɛ:sɪç] 形 合法の, 適法の; 正統な.

'**Recht·mä·ßig·keit** 囡 -/ 合法性, 適法性.

*'**rechts** [rɛçts] レヒツ] ❶ 副 《略 r.》**1** (→ links) **1** 右に, 右側に. Augen ~ ! 《軍事》(号令から)右向け. die dritte Tür ~ 右側 3 番目のドア. ~ oben〈unten〉右上〈右下〉に. ~ von j³ 人³の右側に. ~ abbiegen 右に曲がる, 右折する. ~ fahren 右側通行する. Lassen Sie das Rathaus ~ liegen! 市庁舎を右手に見て進んでください, 市庁舎のところで左に進んでください. ~ außen spielen 《スポ》ライトウイングをつとめる(↑Rechtsaußen). weder ~ noch links schauen 《比喩》わき目もふらずまっすぐ道を行く, 右顧左眄(さべん)しない. nicht mehr wissen, was ~ und [was] links ist 《話》右も左も(何が何だか)分からなくなっている. nach ~ [hin] 右の方へ. von ~ [her] 右側から. von ~ nach links 右から左へ. **2** (政治的に)右の, 右派の, 右翼の. Er steht《話 ist》~. 彼は右翼だ. **3** 《話》右手で; 右利きの. ~ schreiben 右手で書く. Er ist ~ (=Rechtshänder). 彼は右利きである. **4** (a) (生地などの)表側に. den Stoff [von] ~ bügeln 生地の表面からアイロンをかける. (b) 《手芸》表編みに, 表目に.

❷ 前 《2 格支配》...の右側に. ~ des Rheins ライン川の右岸に.

'**Rechts·ab·bie·ger** 男 -s/- 《交通》右折車.

'**Rechts·an·spruch** 男 -[e]s/⸚e 権利の要求; 法律上の請求(権).

*'**Rechts·an·walt** ['rɛçtsʔanvalt レヒツアンヴァルト] 男 -[e]s/⸚e 弁護士. ◆ 女性形 Rechtsanwältin 囡 -/-nen

'**Rechts·an·walts·kam·mer** 囡 -/-n 《法制》弁護士会.

'**Rechts·au·ßen** 男 -/- 《スポ》ライトウイング.

'**Rechts·be·helf** 男 -[e]s/-e 《法制》法律上の救済(手段).

'**Rechts·bei·stand** 男 -[e]s/⸚e 《法制》(弁護士資格のない)法律補助人; 法律顧問.

'**Rechts·be·leh·rung** 囡 -/-en 《法制》法律上の指示(説示).

'**Rechts·be·ra·tung** 囡 -/-en 法律相談.

'**Rechts·beu·gung** 囡 -/-en 《法制》法の歪曲.

'**Rechts·bruch** 男 -[e]s/⸚e 法律違反.

'**rechts·bün·dig** 形 《文字などが》右揃えの.

'**recht·schaf·fen** ['rɛçtʃafən] ❶ 形 **1** 正直な, 誠実な, 実直な, まっとうな. **2** 《話》はなはだしい, ひどい. ❷ 副 ひじょうに, ひどく.

'**Recht·schaf·fen·heit** 囡 -/ 誠実, 正直, まっとうなこと.

'**Recht·schreib·buch, 'Recht·schrei·be·buch** 中 -[e]s/⸚er 正書法教本(辞典).

'**recht'schrei·ben*** 自 《不定詞四のみ》正書法にしたがって書く. Er kann nicht ~. 彼は正書法通りに書くことができない. ◆ ただし, Er kann nicht *recht schreiben*. 彼は字がきちんと書けない(下手だ).

'**Recht·schreib·feh·ler** 男 -s/- 正書法上のミス.

'**recht·schreib·lich** 形 正書法の.

'**Recht·schreib·re·form** 囡 -/-en 正書法改革.

'**Recht·schrei·bung** ['rɛçtʃraɪbʊŋ] 囡 -/ 《言語》(Orthographie) 正書法.

'**Rechts·drall** 男 -[e]s/-e 《複数まれ》**1** (銃の)右腔綫(せん). **2** 《話》(車などが)右にそれる傾向; (政治上の)右寄りの立場.

'**rechts·dre·hend** 形 《物理・化学》右旋性の.

'**Rechts·dre·hung** 囡 -/-en 右回り, 右旋性.

'**Rechts·emp·fin·den** 中 -s/ 法感覚, 正義感.

'**Recht·ser** ['rɛçtsɐ] 男 -s/- 《地方》(Rechtshänder) 右利きの(人).

'**rechts·ex·trem** ['rɛçts|ɛkstre:m] 形 =rechtsextremistisch

'Rechts·ex·tre·mis·mus ['rɛçtsǀɛkstremɪsmʊs] 男-/〚政治〛極右主義.

'Rechts·ex·tre·mist 男-en/-en〚政治〛極右主義者.

'rechts·ex·tre·mis·tisch 形 極右(主義)の.

'rechts·fä·hig 形〚政治〛権利能力のある. ein ~er Verein 社団法人.

'Rechts·fä·hig·keit 女-/〚法制〛権利能力.

'Rechts·fall 男-[e]s/⁻e〚法制〛法律事件.

'Rechts·gang 男-[e]s/⁻e **1** 右回り, 時計回り. **2**〚法制〛訴訟(手続き).

'Rechts·ge·lehr·te 男女《形容詞変化》〚古〛(Jurist[in]) 法律学者.

'Rechts·ge·schäft 中-[e]s/-e〚法制〛法律行為.

'Rechts·ge·schich·te 女-/-n **1**《複数なし》法制史. **2** 法制史の本.

'Rechts·ge·win·de 中-s/-〚工学〛右ねじ.

'Rechts·grund 男-[e]s/⁻e〚法制〛法的根拠, 権限.

'Rechts·grund·satz 男-es/⁻e〚法制〛法の原則.

'rechts·gül·tig 形〚法制〛法律上有効な.

'Rechts·han·del 男-s/⁻〚雅〛〚法制〛(Rechtsstreit) 法律上の争い, 係争.

'Rechts·hän·der ['rɛçtshɛndər] 男-s/-(↔ Linkshänder) 右利き(の人).

'rechts·hän·dig [..hɛndɪç] 形 右利きの.

'rechts·hän·gig 形〚法制〛訴訟係属中の, 係争中の.

'rechts·hän·gig·keit 女-/〚法制〛訴訟の係属.

'rechts·her ['rɛçtsheːr] 副〚古〛(von rechts her) 右から.

'rechts·he·rum ['rɛçtsherʊm] 副(↔ linksherum) 右回りに(て).

'Rechts·hil·fe 女-/〚法制〛(裁判所が他の裁判所のためにする)法律上の援助.

'rechts·hin ['rɛçtshɪn] 副〚古〛(nach rechts hin) 右へ.

'Rechts·kraft 女-/⁻e **1**《複数なし》〚法制〛確定力, 既判力. **2**《複数で》反派(勢力).

'rechts·kräf·tig 形〚法制〛確定力(既判力)のある. eine ~e Entscheidung 確定判決.

'rechts·kun·dig 形 法律に通じた, 法律に明るい.

'Rechts·kur·ve 女-/-n 右カーブ.

'Rechts·la·ge 女-/〚法制〛法的状況.

'Rechts·mit·tel 中-s/-〚法制〛法律上の手段(控訴・上告・抗告の3種類がある).

'Rechts·nach·fol·ge 女-/-n〚法制〛権利の継承.

'Rechts·nach·fol·ger 男-s/-〚法制〛権利の継承人.

'Rechts·norm 女-/-en〚法制〛法規範.

'Rechts·ord·nung 女-/-en 法秩序.

'Rechts·par·tei 女-/-en 右翼政党.

'Rechts·pfle·ge 女-/ 司法.

'Rechts·phi·lo·so·phie 女-/ 法哲学.

'Recht·spre·chung 女-/〚法制〛判決(を下すこと), 裁判; 司法.

'rechts·ra·di·kal 形 極右の.

'Rechts·ruck 男-[e]s/〚話〛(政治の)右傾化.

'Rechts·sa·che 女-/-n 法律問題.

'Rechts·satz 男-es/⁻e〚法制〛法規.

'Rechts·schutz 男-es/〚法制〛権利保護.

'rechts·sei·tig ['rɛçtszaɪtɪç] 形 右側の. ~ gelähmt 右半身の麻痺した.

'Rechts·spra·che 女-/-n 法律用語.

'Rechts·spruch 男-[e]s/⁻e 判決.

'Rechts·staat 男-[e]s/-en 法治国家.

'rechts·staat·lich 形 法治国家の.

'Rechts·streit 男-[e]s/-e《複数まれ》〚法制〛法律上の争い.

rechts·um [rɛçtsǀʊm, '--] 副(↔ linksum) 右に, 右へまわって. *Rechtsum* [kehrt]!(号令で)右向け右.

'rechts·un·gül·tig 形 法律上無効の.

'Rechts·ver·bind·lich 形 法的拘束力のある.

'Rechts·ver·dre·her 男-s/- **1**〚俗〛法を曲げる人, 枉法(おうほう)家. **2**〚俗〛法律家, 弁護士.

'Rechts·ver·fah·ren 中-s/-〚法制〛訴訟手続.

'Rechts·ver·hält·nis 中-ses/-se〚法制〛法律関係.

'Rechts·ver·kehr 男-s/ **1** 右側通行. **2**〚法制〛(国際的な)法律関係の交流.

'Rechts·ver·ord·nung 女-/-en〚法制〛(↔ Verwaltungsverordnung) 法規命令(行政官庁の発する法律の施行および補完にかかわる命令).

'Rechts·weg 男-[e]s/-e〚法制〛裁判上の方法, 法的手段. ~ beschreiten〈einschlagen/gehen〉法律に訴える, 訴訟を起す.

'Rechts·we·sen 中-s/ 法律制度, 法制, 法体系.

'rechts·wid·rig 形 違法の.

'Rechts·wid·rig·keit 女-/-en **1**《複数なし》違法性. **2** 違法な行為, 法律違反.

'rechts·wirk·sam ＝rechtsgültig

'Rechts·wis·sen·schaft 女-/ (Jurisprudenz) 法学, 法律学.

'recht·win·ke·lig ['rɛçtvɪŋkəlɪç], **'recht·wink·lig** [..vɪŋklɪç] 形《幾何》直角の.

＊**'recht·zei·tig** ['rɛçttsaɪtɪç レヒトツァイティヒ] 形 時宜をえた, ちょうどよい時の; 遅すぎない. Die Krankheit muss ~ behandelt werden. その病気は手遅れにならないうちに手当されなくてはならない. [gerade noch] ~ kommen ぎりぎり間に合う.

Reck [rɛk] 中-[e]s/-e(-s)〚体操〛鉄棒.

'Re·cke ['rɛkə] 男-n/-n〚雅〛(英雄伝説中の)英雄, 勇士; 戦士.

're·cken ['rɛkən] ❶ 他 **1** (a) (手足・首などを)伸ばす. die Faust ~〚雅〛こぶしを振り上げる. (b) (金属・皮革などを)延ばす, 圧延する. (c)《地方》(洗濯物の)しわを伸ばす. **2**《北方》(船などを)曳く. ❷ (sich)**1** 手足を伸ばす, 伸びをする; 背伸びをする. **2**《比喩》(上に向かって)伸びる, そびえる.

'Reck·stan·ge 女-/-n〚体操〛鉄棒のバー.

'Re·clam [re:klam]〚人名〛Anton Philipp ~ アントーン・フィーリップ・レークラム(1807-1896, ドイツの出版業者).

re·com·man·dé [rəkɔmãˈdeː] (fr.)《略 R》〚郵便〛書留.

Re·cor·der [reˈkɔrdər] 男-s/- ＝Rekorder

'rec·te ['rɛktə] 副 (lat.) 正しく, 正当に.

'Rec·tor ma·gni·fi·cus ['rɛktoːr maˈgniːfikʊs] 男--/Rectores magnifici [rɛk'toːreːs ..fitsi] (lat.)〚古〛大学学長(の称号).

re·cy·cel·bar [riˈsaɪkəlbaːr] 形 再利用可能な, リサイクルできる.

re·cy·celn [riˈsaɪkəln] 他 (古紙・空き缶などを)再利用する, リサイクルする.

Re·cy·cling [riˈsaɪklɪŋ] 中-s/ (engl.) リサイクリング, 資源再利用.

Re·cy·cling·pa·pier 田 -s/ 再生紙.

Re·dak·teur [redak'tø:r] 男 -s/-e (fr.) 《雑誌や新聞の編集者。◆女性形 Redakteurin》-/-nen 編集者.

Re·dak·ti·on [redaktsio'n] 女 -/-en **1** (複数なし) 編集. **2** (a) 編集部(局, 室). (b)《集合的に》編集部(局)員. **3**《文献学》校訂.

re·dak·ti·o·nell [redaktsio'nɛl] 形 編集(上)の; 編集者の.

Re·dak·tor [re'dakto:r] 男 -s/-en [redak'to:rən] **1**《文学作品集や学術出版物の》編者. **2**《スィ》=Redakteur

Re·de ['re:də レーデ] 女 -/-n **1** (a) 演説, スピーチ; 講演. eine improvisierte ~ 即席のスピーチ. eine ~ halten 演説(スピーチ)をする. eine ~ schwingen《話》一席ぶつ(↑2(a)). (b) 弁論, 弁舌. die Gabe der ~ besitzen 弁舌の才がある. die Kunst der ~ 弁論術. **2** (a) 発言, 話. die ~ kam auf den Unfall von gestern. 話は昨日の事故のことになった. Wovon 〈Von wem〉 ist die ~? 何〈誰〉の話をしているんですか. Davon kann keine〈nicht die〉 ~ sein. 《話》そんなことは話にならない(問題外だ). Das ist seine stehende ~. / Das ist bei ihm stehende ~. それは彼の持論である. 《話》meine ~.《話》それがまさしく私の言いたいことだ, そうそれなんだ. die ~ auf j〈et〉⁴ bringen 人〈事〉⁴のことを話題にする. freche ~n führen 生意気な口をきく. große ~n führen 〈schwingen〉《話》大口をたたく, ↑1(a)). der langen ~ kurzer Sinn 要するに, 結局, つまるところ(=kurz gesagt). nicht der ~ wert sein 話ほどのことない, 取るに足りない. j³ in die ~ fallen 人³の言葉を遮る. in ~ stehen これに出ている. die in ~ stehenden Paragraphen 問題となっている諸条項. (b)《多く複数で》噂(\\ホェト\\). die ~n der Leute 〈der Nachbarn〉 世間〈近所〉の噂. Es geht die ~, dass.......という噂である. (c)《古》弁明, 弁明.《次の成句で》j³ ~ [und Antwort] stehen 人³に釈明する. j¹ zur ~ stellen 人¹に釈明を求める. **3** (a) 話し方, 文体. gebundene 〈ungebundene〉 ~ 韻文〈散文〉. in gehobener ~ 高尚な話し方(文体で). (b)《文法》話法, 説話. direkte〈indirekte〉 ~ 直接〈間接〉話法. erlebte ~ 体験話法. (c)《言語》(Parole) 言, パロール.

'**Re·de·du·ell** 田 -s/-e 論争.

'**Re·de·fi·gur** 女 -/-en《修辞》修辞的表現法, 文彩 (Metapher, Personifikation などの).

'**Re·de·fluss** 男 -es/ 滔々たる弁舌, 能弁, 長広舌 (\\チョウコウゼツ\\).

'**Re·de·frei·heit** 女 -/-en 言論の自由.

'**Re·de·ge·wandt** 形 雄弁な, 能弁な, 弁舌さわやかな, 口達者な.

'**Re·de·kunst** 女 -/ **1** 弁論術, 雄弁術. **2** (Rhetorik) 修辞学.

'**re·den** ['re:dən レーデン] ❶ 自 話す, 語る, しゃべる; 講演する, 演説する 〈über j〈et〉⁴ / von j〈et〉⁴·³ 人〈事〉⁴·³について〉. frei ~ 自由に話す, 原稿なしで話す. lange〈kurz〉 ~ 長々と〈手短に〉話す. Die Leute reden viel. 人々間ではうるさいわれる. Er redet 〈ein Wasserfall〉.《話》立て板に水のように話す. Er redet, wie ihm der Schnabel gewachsen ist.《話》彼は率直な(あけすけな)物言いをする. Du redest, wie du es verstehst. 口はたたかないような口をきくじゃないか.《前置詞句で》Du redest mir aus der Seele. 君は言いたいことを言ってくれる. gegen eine Wand〈eine Mauer〉 ~.《比喩》馬の耳に念仏を唱える. mit den Händen ~ / mit Händen und Füßen ~《話》身振り手振りをまじえて話す. mit j³ ~ 人³と話をする, 話合う. Mit dir rede ich nicht mehr. 君とはもう口きかない. mit sich³ selbst ~ 独り言を言う. j³ nach dem Mund ~ 人³の気に入るようなことばかり言う. Man redet über dich. 君はいろいろと言われている. gut〈schlecht〉 über j⁴ ~ 人⁴のことを良く〈悪く〉言う. Reden wir nicht mehr darüber〈davon〉! その話はもうやめよう. frisch〈frei〉 von der Leber weg ~《話》物怖(\\\\)じせずに(はきはきと)物を言う, 率直に話す.《他の動詞と》Du hast gut〈leicht〉 ~!《話》君は気楽にそう言うけれど(私の身にもなってくれ). Lass ihn doch ~! 彼には好きなように言わせておけ. Er lässt mit sich³ ~. / Mit ihm lässt sich⁴ ~.《話》彼は話しの分かる男だ. So lasse ich nicht mit mir ~!《話》私にそんな口はきかせないぞ. Darüber lässt sich⁴ ~.《話》《提案などを受けて》それはいい, 悪くない話だ. [viel] von sich³ ~ machen 世間の評判になる.《結果を示す語句と》j³ et⁴ aus dem Kopf〈dem Sinn〉 ~ 人³を説得して事⁴の考えを棄てさせる, (を)思いとどまらせる. sich³ den Mund fusselig ~《話》口を酸っぱくして話す. sich³ seinen Zorn von der Seele ~《話》怒りをぶちまけてすっする.

❷ 他 話す, 語る, しゃべる. die Sprache des Volkes ~ 民衆の言葉を話す. große Worte〈Töne〉 ~ 大口をたたく. Unsinn〈話 dummes Zeug〉 ~ くだらないことを話す. kein〈nicht ein〉 Wort ~ 一言もしゃべらない. ein offenes Wort miteinander ~ たがいに率直な言葉を交わす. j〈et〉³ das Wort ~ 人〈事〉³のために口をきく, (を)弁護する. Gutes〈Schlechtes〉 über j⁴ ~ 人⁴のことを良く〈悪く〉言う.

❸ sich 《結果を示す語句と》sich heiser ~ 話しすぎて声をからす. sich zornig〈in Zorn〉 ~ 話しているうちに激してくる. sich um den Hals ~《話》口が災いして身の破滅を招く.

'**Re·den** 田 -s/ 話すこと. ~ ist Silber, Schweigen ist Gold.《諺》雄弁は銀, 沈黙は金. von et³ viel ~s machen 事³について仰々(\\ギョウギョウ\\)しく言い立てる, 大騒ぎする. j³ zum ~ bringen 人³に発言させる.

'**re·dend** 現分 形 ものを言う, 雄弁な. ~e Beweise 雄弁な(明白な)証拠. ~e Künste 言葉の芸術(文学・修辞学·雄弁術のこと).

'**Re·dens·art** ['re:dənsˌaːrt] 女 -/-en **1** (決った)言回し; 慣用句, 成句. eine sprachwörtliche ~ ことわざ風の慣用句. **2**《ふつう複数で》《内容空疎な》決り文句; (口先だけの)世辞, 空言. Das sind nur ~en. それはただのお世辞(口先だけの言葉)だ.

Re·de·rei [re:də'raɪ] 女 -/-en **1**《複数なし》《だらだらした》おしゃべり, 無駄話. **2** 噂話, ゴシップ.

'**Re·de·schwall** 男 -[e]s/《俺》べらべらまくし立てること, 多弁, 饒舌.

'**Re·de·strom** 男 -[e]s/ =Redefluss

'**Re·de·wei·se** 女 -/-n 話し方, 話しぶり, 口調.

*'**Re·de·wen·dung** ['re:dəvɛnduŋ レーデヴェンドゥング] 女 -/-en 言回し, 語法, 表現法; 決り文句, 慣用表現.

re·di·gie·ren [redi'gi:rən] 他 (fr.)《新聞や雑誌などを》編集する;《原稿を》整理する.

re·di·vi·vus [redi'vi:vʊs] 形 (lat.)《不変化/付加語として後置される》甦った, 復活した.

*'**red·lich** ['reːtlɪç レートリヒ] ❶ 形 **1** 正直な, 誠実な, 実直な, 信頼のおける. ~ es mit j³ ~ meinen 人³に

Redlichkeit

対して誠意をもっている. **2** 大きな, 多くの, たいへんな. sich³ ~e Mühe geben 大いに骨を折る. ❷ 〖話〗 すごく, ひどく. ~ müde sein ひどく疲れている.

'Red·lich·keit 囡 -/ 正直, 誠実, 実直.

*__'Red·ner__ ['re:dnər] レードナー] 男 -s/- **1** 演説者, 弁士, 話し手; 講演者. **2** 雄弁家. ◆女性形 Rednerin 囡 -/-nen

'Red·ner·büh·ne 囡 -/-n 演壇.

'Red·ner·isch ['re:dnərɪʃ] 形 演説(家)の; 雄弁な.

'Red·ner·pult 中 -[e]s/-e 演台.

Re·'dou·te [re'du:tə, ru..] 囡 -/-n (fr.) **1** 〖ﾀﾞﾝｽ〗仮装舞踏会. **2** 〖古〗舞踏会場, 広間. **3** 〖古〗〖軍〗方形堡塁.

'red·se·lig ['re:tze:lɪç] 形 **1** おしゃべりな, 話好きの. **2** 回りくどい, 冗長(冗漫)な.

'Red·se·lig·keit 囡 -/-en おしゃべり, 話好き, 饒舌.

Re·duk·ti·on [redʊktsi'o:n] 囡 -/-en (lat.) **1** (規模の)縮小, 簡素化; (経費・軍備などの)削減; (値段などの)引下げ. **2** 〖哲学〗還元(法). **3** 〖言語〗(a) 還元(たとえば der nette Polizist →er のように複雑な文や語などを単純化すること). (b) (語尾音消失などにより)ある語が短い語へと変形する)縮減; (母音の弱化. **4** 〖化学〗還元. **5** 〖生物〗(a) 還元, 退化, 退縮. (b) (染色体数の)減数. **6** 〖数学〗換算, 約分. **7** 〖気象〗(観測値の)換算.

re·dun·dant [redʊn'dant] 形 **1** 〖古〗過剰な, 余分な. **2** 〖文体〗冗長な. **3** 〖言語〗余剰的な. **4** 〖ｺﾝﾋﾟｭｰﾀ〗冗長な. ~er Code 冗長符号. ~e Ziffern 冗長数字.

Re·dun·danz [redʊn'dants] 囡 -/-en (lat.) **1** 〖古〗過剰(余分)なこと. **2** 〖文体〗冗長さ; 冗語. **3** 〖言語〗冗長(性), 余剰(性). **4** 〖ｺﾝﾋﾟｭｰﾀ〗冗長性(度), リダンダンシー.

Re·du·pli·ka·ti·on [reduplikatsi'o:n] 囡 -/-en (lat., Verdoppelung') 〖言語〗(音節などの)重複, 反復; 畳語.

*__Re·du·'zie·ren__ [redu'tsi:rən] レドゥツィーレン] 他 (lat.) **1** (規模などを)縮小する, 軽減する, 制約する; (経費などを)削減する; (値段などを)引下げる. et⁴ auf ein Minimum〈um ein Viertel〉~ 物を最小限にくまた 1 つだけ〉減らす. die Zahl der Teilnehmer ~ 参加者数を制限する. **2** (A⁴ auf B⁴ A⁴ を B⁴ に)還元する, 帰する. Diese Lehre lässt sich⁴ auf eine Grundidee ~. この教えはひとつの根本理念に帰せられる. **3** 〖言語〗(a) (複雑な文・語をより簡潔な要素に)還元する. (b) (母音を)弱化する. **4** 〖化学〗(酸化物を)還元する. **5** 〖数学〗換算する, 約分する. **6** 〖気象〗(観測値を)換算する. **7** 〖料理〗煮詰める.

Re·du·'zie·rung 囡 -/-en 縮小(削減)すること; 還元.

'Ree·de ['re:də] 囡 -/-n (港中の)投錨地, 外洋.

'Ree·der ['re:dər] 男 -s/- 船主.

Ree·de·rei [re:də'raɪ] 囡 -/-en 海運会社.

re·ell [re'ɛl] 形 (fr.) **1** (a) 信用できる, 正直な, まっとうな, 手堅い. (b) 〖話〗(料理などが)十分な, たっぷりの. **2** 現実の, 実際の. eine ~e Chance 本物のチャンス. ~es Bild 〖光学〗実像. ~e Zahlen 〖数学〗実数.

Reep [re:p] 中 -[e]s/-e 〖北ｸﾞ〗 (Seil, Tau) 索, ロープ.

'Ree·per·bahn ['re:pərba:n] 〖北ｸﾞ〗 ❶ 囡 -/-en 〖古〗 (Seilerbahn) ロープ製作所. ❷ 囡 -/ 〖地名〗 die ~ レーパーバーン(ハンブルクの歓楽街).

ref. 〖略〗=reformiert

Re·fek·to·ri·um [refɛk'to:riʊm] 中 -s/..ria

[..riən] (lat.) (修道院の)食堂.

Re·fe·'rat [refe'ra:t] 中 -[e]s/-e (lat.) **1** (a) 研究(調査)報告; (ゼミなどでの)研究レポート, 発表. ein ~ halten 研究発表(報告)をする. (b) (新刊書などの)評, 批評. **2** (官庁などの)担当部局, 課.

Re·fe·'ren·da [refe'rɛnda] Referendum の複数.

Re·fe·ren·dar [referɛn'da:r] 男 -s/-e 試補, 研修生(第 1 次国家試験合格後, 上級公務員任用の準備期間にある者). ◆女性形 Referendarin 囡 -/-nen

Re·fe·'ren·den [..'rɛndən] Referendum の複数.

Re·fe·'ren·dum [refe'rɛndʊm] 中 -s/Referenden (Referenda) (lat.) 〖政治〗(とくにスイスの)国民投票.

Re·fe·'rent [refe'rɛnt] 男 -en/-en **1** (研究・調査発表の)報告者, レポーター. **2** (官庁などの担当者, 係官. **3** 〖言語〗(言語外の)指示物, 指示対象.

Re·fe·'renz [refe'rɛnts] 囡 -/-en **1** (ふつう複数で)推薦(状), 紹介(状). **2** 身元保証人; 身元照会先. **3** 〖言語〗指示(作用).

re·fe·'rie·ren [refe'ri:rən] 自他 **1** (研究・調査などの)報告をする〈über et⁴ 事について〉. **2** 〖言語〗(言語外の何ものかを)指示する.

Reff¹ [rɛf] 中 -[e]s/-e 〖話〗 **1** (やせっぽちの)ばあさん, ばばあ. ein langes ~ のっぽ.

Reff² 中 -[e]s/-e **1** 背負い籠, 背負(ｵｲ)子. **2** (書物の)搬送用木箱. **3** 〖農業〗(穀物用の)大鎌. **4** 〖方〗(厩舎の)飼葉棚.

Reff³ 中 -[e]s/-s (船尾)縮帆部, リーフ.

'reffen ['rɛfən] 他 〖船員〗(帆を)縮める.

Re·flek·'tant [reflɛk'tant] 男 -en/-en (lat.) 〖古〗 (Bewerber) 応募者, 買い手.

re·flek·'tie·ren [reflɛk'ti:rən] ❶ 他 **1** (光・電波を)反射する; 〖比喩〗反映する. **2** (事⁴を)熟考する, 省察する. ❷ 自 **1** (über et⁴ 事について)熟考する, 省察する. **2** 〖話〗(auf et⁴ 物⁴を)欲しいと思う, (に)目をつける. auf eine Stelle ~ あるポストをねらう.

Re·flek·tor [re'flɛkto:r] 男 -s/-en [..flɛk'to:rən] (lat.) **1** 〖工学・光学〗(投光器の)反射鏡. **2** (アンテナの)反射器. **3** 反射望遠鏡. **4** (原子炉の)反射体. **5** (自動車・自転車の)後部反射板, リフレクター.

re·flek·'to·risch [reflɛk'to:rɪʃ] 形 反射による, 反射性の.

Re·flex [re'flɛks] 男 -es/-e (fr.) **1** 反射; 〖比喩〗反映, 反影. **2** 〖生理〗反射(運動). bedingte ~e 条件反射. gute〈gesunde〉~e haben すばやく反応できる, 反射神経がよい.

Re·'flex·be·we·gung 囡 -/-en 〖生理〗反射運動.

Re·fle·xi·on [reflɛksi'o:n] 囡 -/-en (lat.) **1** 〖物理〗(光・電波の)反射. **2** 〖哲学〗反省, 省察, 熟慮.

Re·fle·xi·'ons·win·kel 男 -s/- 〖物理〗反射角.

re·fle·'xiv [reflɛ'ksi:f] 形 **1** 〖文法〗 (rückbezüglich) 再帰的な. ~es Verbum 再帰動詞. **2** 内省的な, 熟慮の上での.

Re·fle·'xiv 中 -s/-e =Reflexivpronomen

Re·fle·'xiv·pro·no·men 中 -s/- (..mina [..mina]) 〖文法〗再帰代名詞.

Re·fle·'xi·vum [reflɛ'ksi:vʊm] 中 -s/..va [..va] 〖古〗 =Reflexiv

Re·'form [re'fɔrm] 囡 -/-en (lat.) 改革, 改良, 改造, 刷新.

Re·for·ma·ti·on [refɔrmatsi'o:n] 囡 -/-en **1** (複数なし) 〖歴史〗宗教改革. **2** 〖古〗改革, 刷新.

Re·for·ma·ti·'ons·fest 中 -[e]s/ 〖ﾌﾟﾛﾃｽﾀﾝﾄ〗(福音主

義教会の)宗教改革記念日(10月31日).
Re·for'ma·tor [refɔr'ma:tor] 男 -s/..toren[..ma-'to:rən] **1**《歴史》宗教改革者(Luther, Calvinらをさす). **2** (一般に)改革者.
re·for·ma'to·risch [refɔrma'to:rɪʃ] 形 **1** 宗教改革の. **2** (一般に)改革(者)の.
re'form·be·dürf·tig [re'fɔrm..] 形 改革(改良)を必要とする.
Re'for·mer [re'fɔrmər] 男 -s/- 《政治》改革者, 改良主義者.
re'form·freu·dig 形 改革好きの, 改革意欲のある.
Re'form·haus 中 -es/..er 自然健康食品店.
re·for'mie·ren [refɔr'mi:rən] 他 改革(改造, 刷新)する.
re·for'miert 過分 形 (略 ref.) 《キリスト教》改革派の, カルヴァン派の. die **~e** Kirche 改革派教会.
Re·for'mier·te 男 女《形容詞変化》《キリスト教》改革派教会信者.
Re·for'mis·mus [refɔr'mɪsmʊs] 男 -/ 《政治》改良主義.
Re·for'mist [refɔr'mɪst] 男 -en/-en《政治》改良主義者.
Re'form·klei·dung 女 -/《服飾》改良服(1900頃流行した腰を締めつけない婦人服).
Re'form·kost 女 -/ 自然健康食品.
Re'form·stau 男 -[e]s/-s(-e) 改革の遅れ(停滞).
Re'frain [rə'frɛ̃:] 男 -s/-s (fr.)《文学・音楽》リフレイン, 折返し, 畳句(じょう).
re·frak'tär [refrak'tɛ:r] 形 (lat.)《生理》(刺激に対して)不応の, 不反応性の.
Re·frak·ti'on [refraktsi'o:n] 女 -/-en (lat.)《光学》屈折.
Re·frak·to'me·ter [refrakto'me:tər] 中 -s/- **1**《光学》屈折計. **2**《医学》(目の)屈折率測定計.
Re'frak·tor [re'frakto:r] 男 -s/..toren[..'to:rən]《光学》屈折望遠鏡.
Re·fri·ge'ra·tor [refrige'ra:tor] 男 -s/-en[..ra-'to:rən] (lat.) 冷凍機, 冷庫(冷却)装置.
Re·fu·gié [refyʒi'e:] 男 -s/-s (Flüchtling) 亡命者. ◆ とくに16-17世紀からフランスから逃れてきたHugenotte[n]を指して.
Re'fu·gi·um [re'fu:gi̯ʊm] 中 -s/..gien[..gi̯ən] (lat.) **1** (Zufluchtsort) 避難所. **2**《生物・生態》(生物の)保護地, 避難地.
re·fü'sie·ren [rəfy'zi:rən, re..] 他 (fr.)《古》拒む, 拒絶する.
***Re'gal**[1] [re'ga:l レガール] 中 -s/-e **1** 棚; 書棚, 書架; 商品棚. ein Buch ins ~ stellen 本を書棚に入れる. et[4] aus dem〈vom〉 ~ nehmen 物[4]を棚から取出す. **2**《印刷》植字台.
Re'gal[2] 中 -s/-e (fr.)《楽器》リーガル (a) 携帯オルガンの一種, (b) オルガンの音栓の一種.
Re'gal[3] 中 -s/..lien[..li̯ən] (lat.) (ふつう複数で)《歴史》レガーリエン(国王・領主などが持つ収益特権).
Re·ga·le [re'ga:lə] 中 -s/Regalien[..li̯ən] = Regal[3].
Re·ga·li·en [re'ga:li̯ən] Regal[3], Regaleの複数.
re·ga'lie·ren [rega'li:rən] (fr.)《古》 ❶ 他 (人[4]を)十分にもてなす, 供応する; (に)贈物をする. ❷ 再 (**sich**[4]) (an et[3] 物[3]を)堪能をする.
Re'gat·ta [re'gata] 女 -/..ten[..tən] (it.)《スポーツ》レガッタ.
Reg.-Bez. (略) = **Regierungsbezirk**
***re'ge** [re:gə レーゲ] 形 活発な, 生き生きとした, 盛んな, 旺盛な. ein ~r Briefwechsel〈Verkehr〉盛んな文

regen

通〈交通〉. Sie hat eine ~ Fantasie. 彼女は想像力が旺盛だ. Er ist geistig noch sehr ~. 彼は精神的にまだとても若々しい. ~ werden (感情・願望などが)目覚める, きざす, 蠢(うごめ)き始める.

'**Re·gel** ['re:gəl レーゲル] 女 -/-n (lat.) **1** (a) 規則, 決り, ルール. die **~n** eines Ordens 教団(修道院)の規則. die **~n** des Spiels〈des Zusammenlebens〉ゲーム〈共同生活〉のルール. Keine ~ ohne Ausnahme.《諺》例外のない規則はない. die goldene ~ 黄金律《新約》マタ 7:12, ルカ 6:31に出てくるイエスの言葉「人にしてもらいたいと思うことを、人にもしなさい」と呼ぶ名称. キリスト教倫理の根本原理とされる). grammatische **~n** 文法規則. ungeschriebene **~n** 不文律. eine ~ aufstellen〈anwenden〉規則を定める〈適用する〉. eine ~ halten 規則を守る. gegen die ~ 規則に反して. nach allen **~n** der Kunst《比喩》完璧に, 申分なく;《話》徹底的に, したたかに. (b)《複数なし》習慣, 決り, 習わし. Das ist hier nicht die ~. それはここのやり方ではない. in der〈aller〉 ~ 通例, ふつうは, たいてい. sich[3] et[4] zur ~ machen 事[4]を決り(習わし)とする. zur ~ werden 決り(習わし)となる. **2** (Menstruation) 月経. Die [monatliche] ~ kommt〈bleibt aus〉. 生理が来る〈来ない〉. Sie hat ihre ~. 彼女は生理がある.

'**Re·gel·bar** ['re:gəlba:r] 形 調整(調節)可能な.
'**Re·gel·buch** 中 -[e]s/..er ルールブック.
'**Re·gel·fall** -[e]s/..e 通例. im ~ 通例は.
'**Re·gel·los** 形 規則のない, 不規則な; 無秩序な.
*'**Re·gel·mä·ßig** ['re:gəlmɛ:sɪç レーゲルメースィヒ] 形 **1** 規則正しい, 規則通りの, 規則的な; 定例の, いつもの. ein ~es Essen 規則正しい食事. ein ~er Gast 常連客. ~e Verben《文法》規則変化動詞. Sie kommt ~ zu spät.《話》彼女の遅刻は毎度のことだ. Er geht ~ um 8 Uhr ins Büro. 彼はいつもきまって8時に出勤する. **2** 均整のとれた, 整った. ein ~es Gesicht 整った顔.
'**Re·gel·mä·ßig·keit** 女 -/-en 規則正しいこと, 定期的なこと. in schöner ~《戯》毎度のことながら.
*'**re·geln** ['re:gəln レーゲルン] ❶ 他 **1** きちんと取決め, 整える; 規制する, 整理する; 処理する, 片づける. eine Angelegenheit ~ ある事柄をきちんとする. seine Schulden ~ 負債を処理する. den Verkehr ~ 交通整理する. **2** 調整する, 調節する; 制御する. die Temperatur ~ 温度を調節する. ❷ 再 (**sich**[4]) きちんと片づいてる, きちんとなる, 片がつく. Die Sache wird sich von sich[3] selbst ~. その件はおのずと片がつくだろう. ◆ ↑ geregelt

'**re·gel·recht** ['re:gəlrɛçt] 形 **1** 規則通りの, 正規の. **2**《話》本格的な, まったくの, れっきとした, 文字通りの. Das ist schon ein ~er Diebstahl. それはもうれっきとした盗みだ.
'**Re·gel·stu·di·en·zeit** 女 -/-en (大学の専門分野ごとに定められた)規定在学期間.
'**Re·gel·tech·nik** 女 -/《工学》制御工学.
'**Re·ge·lung** 女 -/-en **1** (交通などの)取締まり, 整理; (案件などの)処理; 規定, 規則. **2**《工学》調整, 調節; (自動)制御.
'**Re·gel·ver·stoß** 男 -es/..e 《スポーツ》反則.
'**re·gel·wid·rig** 形 規則違反の, 反則の.
*'**re·gen** ['re:gən レーゲン] ❶ 他 (手足などをわずかに)動かす. keinen Finger ~ 指一本動かさない, すこしも

働かない. kein Glied ~ können 身動きできない ❷ 再 (**sich**) **1**(わずかに)動く;体を動かす,身動きする;働く,活動する. Er wird *regt sich* niemals. 彼はびくりとも動かない. Kein Lüftchen *regt sich* そよとの風も吹かない. *Reg dich* ein wenig! すこしは体を動かしたらどうだ(無精ばかりするんじゃない). **2**(感情などが)生じる,きざす;呼び覚まされる. Das Gewissen *regte sich* in ihm. 良心が彼の心に目覚めた. Hoffnungen ⟨Zweifel⟩ *regen sich*. 希望⟨疑い⟩が生じる.

'Re·gen ['reːɡən レーゲン]男-s/《複数まれ》雨. ein feiner ~ 霧雨,小糠(ぬか)雨. ein leichter⟨starker⟩ ~ 小雨⟨大雨⟩. saurer ~ 酸性雨. ein warmer ~〖話〗困ったときの)思いがけない入金,旱天(かんてん)の慈雨. ein ~ von Vorwürfen〖比喩〗雨霰(あられ)の非難. Der ~ fällt⟨hört auf⟩. 雨が降る⟨やむ⟩. Es wird ~ geben. 雨になるだろう. in den ~ kommen 雨に降られる. j'im ~ [stehen] lassen / j'in den ~ stellen 〖話〗(困っている)人'を見殺しにする. Es sieht nach ~ aus. 雨もよいの空模様だ. vom⟨aus dem⟩ ~ in die Traufe kommen〖話〗小難を逃れて大難にあう. ◆↑regnen

're·gen·arm 形 雨の少ない.
'Re·gen·bo·gen ['reːɡənboːɡən]男-s/- 虹.
're·gen·bo·gen·far·ben 虹色の,七色の.
'Re·gen·bo·gen·far·ben 複 虹色の,虹の七色;玉虫色.
're·gen·bo·gen·far·big 形 =regenbogenfarben
'Re·gen·bo·gen·haut 女 -/-̈e〖解剖〗(Iris) 虹彩(こうさい).
'Re·gen·bo·gen·pres·se 女 -/(集合的に)(多色刷りの)娯楽週刊誌,週刊大衆新聞.
'Re·gen·dach 中 -[e]s/-̈er (キャンバス地の)雨よけ屋根,可動庇(ひさし).
're·gen·dicht 形 雨を通さない,防水の.
Re·ge·ne·ra·ti·on [regeneratsi'oːn] 女 -/-en 〖*lat.*〗**1** (もとの状態の)回復,復元,再生. **2** (a)〖工学〗(原料物質などの)再生,回収. (b)〖生物〗(器官・皮膚などの)再生. (c)〖地質〗(地盤の)再生.
re·ge·ne·rie·ren [regene'riːrən] 他 ❶ **1** (もとの状態を)回復(復元)する,再生する. **2** (a)〖工学〗(原料物質などを)再生する,回収する. (b)〖生物〗(器官・皮膚などを)再生する. ❷ 再 (**sich**) 回復する,復活する.
'Re·gen·fall 男 -[e]s/-̈e (ふつう複数で)降雨.
'Re·gen·guss 男 -es/-̈e 土砂降り(の雨).
'Re·gen·haut 女 -/-̈e 薄手のレインコート,ビニール合羽.
'Re·gen·man·tel 男 -s/-̈ レインコート.
'Re·gen·mes·ser 中 -s/- 雨量計.
'Re·gen·pfei·fer 男 -s/-〖鳥〗ちどり(千鳥).
're·gen·reich 形 雨の多い,多雨の.
'Re·gens ['reːɡɛns]男 -/Regentes [re'ɡɛnteːs] (Regenten [re'ɡɛntən]) 〖*lat.*〗〖カト〗神学校校長.
'Re·gens·burg ['reːɡənsbʊrk]〖地名〗レーゲンスブルク(バイエルン州の都市).
'Re·gen·schat·ten 男 -s/〖地理〗雨の陰(山脈の両斜面のうち雨の少ない側の山陰).
'Re·gen·schau·er 男 -s/- にわか雨,驟雨(しゅうう);夕立.
****'Re·gen·schirm** ['reːɡənʃɪrm レーゲンシルム] 男 -[e]s/-e 雨傘. den ~ aufspannen⟨öffnen⟩ 雨傘を開く. den ~ zumachen 雨傘を閉じる. gespannt

sein wie ein ~〖話〗興味津々である.
'Re·gens 'Cho·ri ['reːɡɛns 'koːri]男-/Regentes [re'ɡɛnteːs] – (*lat.*)〖カト〗(教会の)聖歌隊指揮者.
Re'gent [re'ɡɛnt]男 -en/-en (*lat.*) **1** (統治者としての)君主,元首. ein absolutistischer ~ 絶対専制君主. **2** 摂政. ◆女性形 Regentin 女 -/-nen
'Re·gen·tag 男 -[e]s/-e 雨の日,降水日.
Re'gen·ten [re'ɡɛntən] Regens の複数.
Re'gen·tes [re'ɡɛnteːs] Regens の複数.
'Re·gen·ton·ne 女 -/-n 天水桶.
'Re·gen·trop·fen 男 -s/- 雨滴,雨粒,雨だれ.
Re'gent·schaft [re'ɡɛnt-ʃaft]女 -/-en **1** 君主の統治(職務),在位期間,治世. **2** 摂政政治,摂政の職;摂政期間.
'Re·gen·wald 男 -[e]s/-̈er〖地理〗熱帯雨林.
'Re·gen·was·ser 中 -s/-̈ 雨水,天水.
'Re·gen·wet·ter 中 -s/- 雨天. ein Gesicht wie drei⟨sieben⟩ Tage ~ machen〖話〗仏頂面をする,むっとする.
'Re·gen·wol·ke 女 -/-n 雨雲.
'Re·gen·wurm 男 -[e]s/-̈er〖虫〗みみず(蚯蚓).
'Re·gen·zeit 女 -/- (← Trockenzeit) 雨期.
Re'gie [re'ʒiː]女 -/ (*fr.*) **1** (映画・演劇などの)演出監督. ~ führen 演出(監督)をする. **2** (国・自治体などによる)管理,経営;直営. in eigener ~〖話〗自力で,独力で. **3** (国家による)専売.
Re'gie·an·wei·sung [re'ʒiː...]女 -/-en〖演劇〗演出指示;(台本の)ト書き.
Re'gie·as·sis·tent 男 -en/-en〖演劇〗演出助手,助監督.
Re'gie·be·trieb 男 -[e]s/-e〖経済〗国営(公営)企業.
Re'gie·feh·ler 男 -s/- **1**(演劇・映画などの)演出ミス. **2**〖比喩〗(催し物などの準備運営上の)手違い,運営ミス.
Re'gie·kos·ten 複 管理費,運営費.
***re'gie·ren** [re'ɡiːrən レギーレン] ❶ 自 支配する,統治する. Das Volk *regiert*. 主権在民である. Not *regiert* in diesem Land.〖比喩〗困窮がこの国を支配している. über ein Land ~ ある国を治める. ❷ 他 **1** 支配する,統治する. ein Land ~ ある国を治める. **2**〖文法〗(特定の格を)支配する. **3**〖古〗(乗物・道具')意のままに操る,操縦(制御)する.

Re'gie·rung

[re'ɡiːrʊŋ レギールング]女 -/-en **1** 政府,内閣. eine ~ bilden 組閣する. **2**(複数なし)統治,支配;政治,行政;政権. die ~ antreten⟨übernehmen⟩ 政権の座に就く⟨政権を引受ける⟩. unter⟨während⟩ der ~ Friedrichs des Großen フリードリヒ大王治世下に. **3**(若者)親,両親.
Re'gie·rungs·an·tritt 男 -[e]s/-e 政権の座に着くこと,就任.
Re'gie·rungs·be·am·te 男《形容詞変化》行政官. ◆女性形 Regierungsbeamtin 女 -/-nen
Re'gie·rungs·be·zirk 男 -[e]s/-e(略 Reg.-Bez.) 県(ドイツの幾つかの州 Land で郡 Kreis の上位に設けている行政区域).
Re'gie·rungs·bil·dung 女 -/-en 組閣.
Re'gie·rungs·chef 男 -s/-s 内閣首班,首相.
Re'gie·rungs·er·klä·rung 女 -/-en 政府声明.
Re'gie·rungs·form 女 -/-en 政体.
Re'gie·rungs·ko·a·li·ti·on 女 -/-en 連立政権

(政府).

Re·gie·rungs·par·tei 囡 -/-en 政府与党.

Re·gie·rungs·prä·si·dent 男 -en/-en 県知事, 県長 (Regierungsbezirk の長).

Re·gie·rungs·rat 男 -[e]s/⸚e **1**《略 Reg.-Rat》行政事務官, 参事官. **2**《ぞう》州評議会(いわゆる州政にあたる); 州評議会会員.

Re·gie·rungs·sitz 男 -es/-e **1** (行政府の)庁舎. **2** 政府所在地, 首都.

Re·gie·rungs·spre·cher 男 -s/- 政府スポークスマン.

Re·gie·rungs·wech·sel 男 -s/- 政権交代.

Re·gime [reˈʒiːm レジーム] 匣 -s/-s [..ʒi:ms] (fr.) **1**《俗》政権, 政体. ein totalitäres ~ 全体主義政権. **2**《古》体系, システム; やり方. **3**《古》養生法.

Re·gi·ment [regiˈmɛnt] 匣 -[e]s/-er(-e) (lat.) **1**《複数 -er》支配 R., Reg[t]., Rgt.)《軍事》連隊. **2**《ふつう単数で/複数 -e》支配, 統治. das ~ führen《比喩》(家庭・職場などで)実権を握っている, 君臨する. Der Winter führt dieses Jahr ein strenges ~. 今年は冬が厳しい.

Re·gi'ments·kom·man·deur 男 -s/-e 連隊長.

Re·gi·na [reˈgiːna]《女名》(lat., „Königin") レギーナ.

Re·gi·on [regiˈoːn] 囡 -/-en (lat.) **1** 地域, 地方. ländliche ~en 田園地帯. die hintere ~ des Hauses《比喩》家の奥. **2** 領域, 分野. die ~ der Wissenschaft 学問の領域. in höheren ~en schweben《戯》現実離れしている. **3**《医学》(身体の)部位, 局所.

re·gi·o·nal [regioˈnaːl] 形 **1** 地域的な, 地方の. **2**《医学》(regionär) 局所(局部)的な.

Re·gi·o·nal·bahn 囡 -/-en《略 RB》近距離快速列車.

Re·gi·o·nal·ex·press 男 -es/-e《略 RE》近距離急行列車.

Re·gi·o·nal·fern·se·hen 匣 -s/ ローカルテレビ.

Re·gi·o·na·lis·mus [regionaˈlɪsmʊs] 男 -/ **1** (政治・経済・文化などにおける)地方主義. literarischer ~《文学》地方主義文学, 郷土文学. **2** (とくに言語上の)地方色. **3** (とくに国家間の経済問題解決のための)地域協調.

Re·gi·o·nal·pro·gramm 匣 -s/-e ローカル番組.

re·gi·o·när [regioˈnɛːr] 形《医学》局所の.

Re·gis·seur [reʒɪˈsøːr] 男 -s/-e 演出家, 監督; (テレビなどの)ディレクター. ◆女性形 **Regisseurin** 囡 -/-nen

Re·gis·ter [reˈgɪstər] 匣 -s/- (lat.) **1** (a) 索引, インデックス; (電話帳・辞書などの)爪かけ. (b) 登録簿, 記録簿. (c) ein altes ⟨langes⟩ ~《戯》老人⟨のっぽ⟩. **2**《音楽》(パイプオルガンの)音栓, ストップ; 音域, 声域. alle *Register* ziehen⟨spielen lassen⟩《比喩》あらゆる手段を尽くす. andere *Register* ziehen《比喩》より強い手段を用いる. **3**《印刷》(印刷面の表裏や色の重なりの)合致, 整合. **4**《コンピュ》レジスタ, 置数器.

Re·gis·ter·län·ge 囡 -/-n レジスタ長.

Re·gis·ter·ton·ne 囡 -/-n《略 Reg.-T., RT》《海事》登録トン数 (1RT=2.83 m³).

Re·gis·tra·tor [regɪsˈtraːtoːr] 男 -s/..toren [..straˈtoːrən]《古》**1** 登録係, 文書係. **2** 書類綴じ, ファイル.

Re·gis·tra·tur [regɪstraˈtuːr] 囡 -/-en **1** 登録, 登記, 記録. **2**《古》登録所. **3** 記録(書類)保管室; 書類棚. **4**《楽器》(オルガンなどの)音栓(の全体), ストップ装置.

Re·gis'trier·ap·pa·rat [regɪsˈtriːr...] 男 -[e]s/-e《工学》=Registriergerät

Re·gis'trier·bal·lon 男 -s/-s(-e)《気象》探測気球.

re·gis'trie·ren [regɪsˈtriːrən] ❶ 他 **1** 記録する, 登録(登記)する; 自動的に記録する;《コンピュ》ログする. **2** 心に留める, 承知する; (事実として)確認する. ❷ 自 (オルガンなどの)音栓(ストップ)を引く.

Re·gis'trier·ge·rät 匣 -[e]s/-e《工学》カウンター, 記録装置.

Re·gis'trier·kas·se 囡 -/-n レジスター, 自動金銭登録機.

Re·gis'trie·rung 囡 -/-en 登記, 登録(すること).

Re·gle·ment [regləˈmãː, スイス ..ˈmɛnt] 匣 -s/-s(-e) (fr.) 服務規則, 業務規定;《コンピュ》ルール.

re·gle·men'ta·risch [regləmɛnˈtaːrɪʃ] 形 規則にしたがった, ルール通りの.

re·gle·men'tie·ren [regləmɛnˈtiːrən] 他 規則で取締まる, 規制する.

Re·gle·men'tie·rung 囡 -/-en 規制, 取締まり.

'Reg·ler [ˈreːglər] 男 -s/-《工学》調節(調整)器, 制御器. ◆↑ regeln

reg·los [ˈreːkloːs] 形 動かない, じっとした.

'reg·nen [ˈreːgnən レーグネン] ❶ 非人称 *Es regnet.* 雨が降る. *Es regnet heftig.* 雨が激しく降る. *Es fängt an*⟨*hört auf*⟩ *zu ~.* 雨が降り始める⟨降りやむ⟩.《結果・様態を示す 4 格を伴って》*Es regnet Bindfäden.*《話》どしゃ降りの雨だ. *Es regnet große Tropfen.* 大粒の雨が降る. *Es hat Anfragen geregnet.*《比喩》問合せが殺到した. *Es regnete Vorwürfe.*《比喩》ごうごうたる非難がおこった. ❷ 自 (s) (雨のように)降りそそぐ. Von den Rängen sind Blumen geregnet. (劇場の)階上席から花吹雪が舞った.

'Reg·ner [ˈreːgnər] 男 -s/- スプリンクラー.

'reg·ne·risch [ˈreːgnərɪʃ] 形 雨模様の, 雨催(もよ)いの; 雨の多い, 雨がちの.

Reg.-Rat《略》=Regierungsrat

Re·gress, °Re·greß [reˈgrɛs] 男 -es/-e (lat.) **1**《哲学》後退, 逆進, 背進. **2**《法制》(Rückgriff) 償還, 求償; 遡求.

Re·gres·si·on [regrɛsiˈoːn] 囡 -/-en **1** 後退, 退行. **2**《地質》海退. **3**《心理》退行.

re·gres·siv [regrɛˈsiːf] 形 **1** 後退的な, 退行的な. **2**《哲学》後退的な, 逆進的な, 背進的な. **3**《心理》退行的な. **4**《法制》遡求的な.

re·gress·pflich·tig 形《法制》償還義務のある.

'reg·sam [ˈreːkzaːm] 形 活動的な, 活発な.

'Reg·sam·keit 囡 -/ 活動性, 活発さ.

Re·gu·lar [reguˈlaːr] 男 -s/-e (lat.)《カト》(盛式誓願修道会の)正規の修道士, 律修士.

re·gu·lär [reguˈlɛːr] 形 (lat.) **1** 規則通りの, 正規の, 正式の, 通例の, 通常の. ~*er* Preis 正価. ~*e Truppen* 正規軍. **2**《話》本格的な, まったくの, 文字通りの.

Re·gu·la·ri·tät [regulariˈtɛːt] 囡 -/-en **1** 規則にかなっていること, 規則通りであること. **2**《多く複数で》《言語》(反復の)規則性.

Re·gu·la·ti·on [regulatsiˈoːn] 囡 -/-en **1** 調整,

regulativ

調節. **2**〖生物・医学〗調節.
Re·gu·la'tiv [regula'ti:f] 匣 -s/-e **1** 調整(調節)的な,調整(調節)を行う. **2**〖生物・医学〗調節に関する.
Re·gu·la'tiv 匣 -s/-e **1** 調整(調節)力,調整(調節)を行うもの. **2** 規定,規則;条例.
Re·gu·la'tor [regu'la:tor] 男 -s/-en [..la'to:rən] **1** =Regulativ **1 2**〖古〗〖工学〗調整器. **3**〖古〗振り子時計.

re·gu'lie·ren [regu'li:rən] ❶ 他 **1** 調整する,調節する. eine Uhr ~ 時計を調整する. **2**(河川を)改修する. **3**〖商業〗(負債を)清算する,整理する. eine Forderung ~ 債権を整理する. Schäden ~ 損害を填補する. **4**《過去分詞で》regulierter Kleriker《ﾟ》律修聖職者. ❷ 再 (sich⁴)(自然に)調整される,きちんとなる.
Re·gu'lie·rung 女 -/-en 調整,調節,規制;(河川の)改修;(負債などの)整理.
'Re·gung ['re:gʊŋ] 女 -/-en **1**〖雅〗(かすかな)動き;身動き. eine leichte ~ der Luft かすかな風のそよぎ. ohne jede ~ ぴくりともせずに. **2**(突然の)心の動き,感情. einer inneren ~ folgen 心の動くままに従う. **3**《ふつう複数で》活動,運動.
're·gungs·los 彫 身動きしない,じっとした.
*****Reh** [re: レー] 匣 -[e]s/-e〖動物〗のろじか.
'Re·ha ['re:ha] 女 -/-s **1** (Rehabilitation の短縮)リハビリテーション. **2** (Rehabilitationsklinik の短縮)リハビリ病院.
Re·ha·bi·li'tand [rehabili'tant] 男 -en/-en リハビリ患者. ♦女性形 **Rehabilitandin** 女 -/-nen
Re·ha·bi·li·ta·ti'on [rehabilitatsi'o:n] 女 -/-en (am.) **1**〖医学〗リハビリテーション,社会復帰(訓練). **2** 復権,名誉回復.
Re·ha·bi·li·ta·ti'ons·kli·nik 女 -/-en リハビリ病院.
re·ha·bi·li'tie·ren [rehabili'ti:rən] ❶ 他 **1**(人)を復権させる,(の)名誉を回復させる. **2**〖医学〗(病人などを)社会復帰させる. ❷ 再 (sich⁴)復権する,名誉を回復する.
Re·ha·bi·li'tie·rung 女 -/-en **1** 復権,名誉回復. **2**〖医学〗リハビリテーション,社会復帰(訓練).
'Reh·bock ['re:..] 男 -[e]s/-e〖動物〗のろじかの雄.
'Reh·bra·ten 男 -s/-〖料理〗のろじかのロースト.
'reh·braun 彫 のろじか色(赤みを帯びた淡褐色)の.
'reh·far·ben 彫 =rehbraun
'Reh·geiß 女 -/-en のろじかの雌.
'Reh·kalb 匣 -[e]s/-er =Rehkitz
'Reh·keu·le 女 -/-n〖料理〗のろじかの腿(ﾟ)の肉.
'Reh·kitz 匣 -es/-e のろじかの仔.
'Reh·pos·ten 男 -s/-〖猟師〗鹿弾(ﾟ)(鹿撃ち用の大粒の散弾).
'Reh·rü·cken 男 -s/-〖料理〗のろじかの背肉.
'Reh·wild 匣 -[e]s/〖猟師〗のろじか,のろ.
'Rei·bach ['raɪbax] 男 -s/ (jidd.)〖卑〗(いろいろと手を打ってせしめた)ぼろもうけ. einen kräftigen ~ machen ぼろもうけをする.
'Reib·ah·le ['raɪpa:lə] 女 -/-n〖工学〗リーマー.
'Rei·be ['raɪbə] 女 -/-n〖話〗おろし金.
'Reib·ei·sen 匣 -s/- **1**〖地方〗おろし金. wie ein ~〖話〗ざらざらの. **2**〖卑〗強情な女.
'Rei·be·laut ['raɪbə..] 男 -[e]s/-e (Frikativ) 摩擦音.
*****'rei·ben** ['raɪbən ライベン] rieb, gerieben ❶ 他 **1**
(a) (体を)こする,摩擦する. seinen Knöchel ~ 踝(ﾟ)をさする. einen Kranken mit heißen Tüchern

~ 病人を蒸しタオルで摩擦する. sich³ die Augen ~ 目をこする. sich³ die Hände ~ (暖をとるために)手をこする;(ほくそ笑みながら)揉(ᵘ)み手をする. sich³ die Stirn ~ (思案顔で)額をなでる. 《結果を示す語句で》sich³ die Haut wund ~ 皮膚を擦りむく. (b)〖所有主語〗Der Kragen reibt mich. カラーがこすれる⁄Der Schuh reibt mich an der Ferse. 靴が踵(ﾟ)にあたる. **2** こする,擦(ﾟ)る;こすって磨く,こすり取る(au⟨von⟩ et⁴ 物³から). et⁴ kräftig⟨leicht⟩ ~ 物を強く⟨軽く⟩こする. sich³ den Schlaf aus den Augen ~《比喩》目をこすって眠気を払う. j³ et⁴ unter di Nase ~〖話〗人³に事⁴をずけずけいう. 《結果を示す語句で》et⁴ blank ~ 物⁴をぴかぴかに磨く. **3** おろす,すりおろす. Äpfel⟨Kartoffeln⟩ ~ リンゴをすりおろす⟨じゃがいもをすりつぶす⟩. et⁴ zu Pulver ~ 物⁴をつぶして粉末にする. 《過去分詞で》geriebener Käs おろしチーズ,おろしたチーズ. **4**〖洗濯物を〗もみ洗いする《目的語なしで》Nicht ~!(衣料品の表示で)もみ洗いしないでください. **5**〖工学〗リーマーで仕上げる.
❷ 再 (sich⁴)(自分の)体をこする,摩擦する. sic an der Mauer ~ (馬などが)石壁に体をこすりつける. **2**《比喩》sich an⟨mit⟩ j³ ~ 人³と摩擦をおこす,衝突する. sich an einem Problem ~ ある問題にぶつかる.
❸ 互 **1** こする,摩擦する(an⟨in/über⟩ et⁴ 物³を) mit den Fingern im Auge ~ 指で目をこする. De Kragen reibt. カラーがこすれる(↑① **1**(b)). De Schuh reibt an der Ferse. 靴が踵(ﾟ)にあたる(↑① (b)). **2**〖卑〗手淫する.

'Rei·ber ['raɪbər] 男 -s/- **1**〖美術〗ばれん;〖印刷〗クレパー. **2**〖地方〗おろし金.
Rei·be'rei [raɪbə'raɪ] 女 -/-en《ふつう複数で》不和,軋轢(ﾟ),摩擦,いざこざ.
'Reib·flä·che 女 -/-n (マッチの)摩擦面,横斤け.
'Rei·bung ['raɪbʊŋ] 女 -/-en **1** こすること,すりつぶすこと;摩擦,研磨. **2**〖物理〗摩擦抵抗. **3**《比喩》不和,軋轢(ﾟ),摩擦,いざこざ.
'Rei·bungs·elek·tri·zi·tät 女 -/〖物理〗摩擦電気.
'Rei·bungs·flä·che 女 -/-n **1** 摩擦面. **2**《比喩》不和のもと.
'rei·bungs·los 彫 摩擦のない;《比喩》順調な.
'Rei·bungs·wär·me 女 -/〖物理〗摩擦熱.
'Rei·bungs·wi·der·stand 男 -[e]s/-e〖物理〗摩擦抵抗.

reich

[raɪç ライヒ] 彫 (↔ arm) **1** 金持の,裕福な. ein ~er Mann 金持の男. Sie ist eine Tochter aus ~em Haus. 彼女は裕福な家の出だ. eine ~ begüterte⟨ʳʳʳreichbegütere⟩ Familie 裕福な一家. Er hat ~ geheiratet. 彼は金持の娘と結婚した. die Armen und die Reichen 貧しい人々と富める人々. Arm und Reich / °arm und ~《古》貧しい人も富める人も,だれもかれも (=jedermann). **2** 豊かな,豊富な. eine ~e Ernte 豊作. Sie hat ~es Haar. 彼女は豊かな髪をしている. ~e Möglichkeiten 多様な可能性. ~ an et³ sein 物³に富んでいる. Das Land ist ~ an Mineralien. その土地は鉱物が豊富だ. **3** 豪華な,みごとな. eine ~e Ornamentik 豪華な装飾. sich⁴ ~ kleiden 豪奢に装う.
*****Reich** [raɪç ライヒ] 匣 -[e]s/-e (kelt.) **1**(統一的な支配権下にある)国;王国,帝国. das [Deutsche] ~〖歴史〗ドイツ(帝)国,ライヒ(第 1 には 962-1806 の神聖ローマ帝国を,第 2 には 1871-1945 のドイツ国民国

家を意味し第 2 次世界大戦による旧ドイツの崩壊までその支配領域全体を指す言葉として用いられた). das Dritte ~ 【歴史】(1933-1945 の)第三帝国. das Heilige Römische ~ Deutscher Nation 【歴史】(ドイツ国民の)神聖ローマ帝国. das himmlische ~ 天国. das Tausendjährige ~ 【ｷﾘｽﾄ教】千年王国. das ~ Gottes 《宗教》神の国. **2**《比喩》世界, 領域, …界. das ~ der Finsternis《雅》闇(悪)の世界, 地獄. das ~ der Schatten《雅》冥界, 死者の国. ins ~ der Fabel gehören 荒唐無稽な話である, 嘘っぱちである. et¹ heim ins ~ holen《話》物をこっそり頂戴する. **3**【生物】界. ▶↑Pflanzenreich 植物界, Tierreich 動物界.

..reich [..raɪç]《接尾》名詞に冠して「…に富んだ, …の多い」の意の形容詞をつくる. aufschlussreich 啓発的な, 示唆に富んだ. regenreich 雨の多い.

Rei・che [ˈraɪçə ライヒェ] 男 女《形容詞変化》金持, 富者.

rei・chen [ˈraɪçən ライヒェン] ❶ 他(人³に物⁴を)差出す, 手渡す, (食事などを)出す. Würden Sie mir bitte das Brot ~? パンを取っていただけますか. den Gästen Getränke ~ お客に飲物を出す. j³ die Hand ~ (挨拶のために)人³に手を差出す. j³ die Hand fürs Leben ~《比喩》(女性が)人³の求婚を承諾する. j³ nicht das Wasser ~ können《比喩》(能力・業績などの点で)人³の足もとにもおよばない.

❷ 自 **1**(…まで)届く, 達する, およぶ. Das Wasser reicht ihm bis an die Knie〈bis zu den Knien〉. 水が彼の膝まで達する. mit dem Kopf bis an die Decke〈bis zur Decke〉~ 頭が天井につく. Sein Einfluss reicht bis ins 20. Jahrhundert. 彼の影響は 20 世紀にまでおよぶ. so weit das Auge reicht 目の届くかぎり. **2**(a) 足りる, 十分である. Der Vorrat reicht. 蓄えは十分である. Das Brot muss bis morgen ~. そのパンで明日まで持たせねばならない. Der Stoff reicht nicht für einen Rock〈zu einem Rock〉. その生地はスカート 1 着分が足りない. Mir reicht's!《話》もうたくさんだ. Es reicht hinten und vorne nicht.《話》(とくにお金が)ぜんぜん足りない. (b)《人が主語》(mit et¹ 物⁴で)間に合う, やっていける. Mit dem Geld reiche ich bis zum Monatsende. このお金ではわたしは月末までやっていけない.

'reich・hal・tig [ˈraɪçhaltɪç] 形 豊富な, 内容豊かな.
'Reich・hal・tig・keit 女 –/ 内容豊富なこと.
*'reich・lich [ˈraɪçlɪç ライヒリヒ] 形 **1** 十分な, たっぷりの, ありあまるほどの. ~er Niederschlag 十分な降水. Es ist noch ~ Platz. 席はまだ十分にある. Das Essen war gut und ~ 食事はおいしくてたっぷりだった. ~ gewogen 多い目に量って. **2**(数量・時間などが)…にあまる, …以上の. ~ 10 Kilometer 10 キロメートル以上. nach ~ einer Stunde ゆうに 1 時間は過ぎてから. **3**《副詞的用法で》《話》相当に, かなり. Er kam ~ spät. 彼は相当遅れてきた.

'Reichs・acht 女 –/【歴史】(神聖ローマ帝国時代における)帝国追放.
'Reichs・ad・ler 男 –s/【政治】帝国の鷲(旧ドイツ帝国の紋章).
'Reichs・ap・fel 男 –s/【歴史】帝国宝珠(神聖ローマ帝国皇帝の象徴である十字架付きの宝珠).
'Reichs・au・to・bahn 女 –/–en 帝国高速自動車道路(1934-45).
'Reichs・bahn 女 –/ **1**(旧ドイツ(帝)国の)国有鉄道 (1920-45). **2**(旧東ドイツの)国有鉄道.
'Reichs・bank 女 –/(旧ドイツ(帝)国の)国立銀行 (1876-1945).
'reichs・deutsch 形 **1** ドイツ帝国の. **2** 帝国内ドイツ人の.
'Reichs・deut・sche 男 女《形容詞変化》(ヴァイマル共和国および第三帝国時代の)ドイツ国民, 帝国内ドイツ人.
'reichs・frei 形 =reichsunmittelbar
'Reichs・ge・biet 中 –[e]s/–e【歴史】(1945 までの)ドイツ(帝)国領土.
'Reichs・ge・richt 中 –[e]s/ 帝国最高裁判所(1879-1945).
'Reichs・in・si・gni・en 複【歴史】(旧ドイツ帝国の)帝国権標(王冠・王笏・宝珠・宝剣など).
'Reichs・kam・mer・ge・richt 中 –[e]s/【歴史】(神聖ローマ帝国の)帝国最高法院(1495-1806).
'Reichs・kanz・ler 男 –s/【歴史】ドイツ(帝)国宰相 (1871-1945).
'Reichs・klein・odi・en 複 =Reichsinsignien
'Reichs・kris・tall・nacht 女 –/ =Kristallnacht
'Reichs・mark 女 –/(略 RM)ライヒスマルク(1924-48 のドイツ通貨単位).
'Reichs・prä・si・dent 男 –en/–en【歴史】ドイツ国大統領(1919-34 のヴァイマル共和国元首).
'Reichs・rat 男 –[e]s/–e **1**(デンマーク・ノルウェーなどの)国会. **2**(旧ドイツ共和国時代の)参議院. **3**(バイエルンの)上院(1818-1918).
'Reichs・stadt 女 –/–¨e【歴史】帝国直属都市(1806 まで).
'Reichs・stand 男 –[e]s/–¨e《ふつう複数で》【歴史】帝国等族(神聖ローマ帝国議会を構成する諸侯・帝国都市・高位聖職者などの総称のこと).
'Reichs・tag 男 –[e]s/–e【歴史】(旧ドイツ(帝)国の)帝国議会; 国会議事堂.
'reichs'un・mit・tel・bar 形【歴史】(神聖ローマ帝国(皇帝)直属の.
'Reichs・wehr 女 –/【歴史】ドイツ国防軍(1919-35).
*'Reich・tum [ˈraɪçtuːm ライヒトゥーム] 男 –s/..tümer **1**《複数なし》豊かさ, 富裕さ. der ~ an Farben 色彩の豊かさ. **2**(a)《複数なし》富, 富裕. ~ erwerben 富を手に入れる. zu ~ kommen 金持になる. (b)《複数で》財産, 資産; 資源. die Reichtümer der Erde 地下資源.
'Reich・wei・te 女 –/–n **1**(一般に)届く距離〈範囲〉;《軍事》着弾距離, 射程;【航空】航続距離;【物理】(荷電粒子の)飛程;【放送】サービスエリア;《ｺﾝﾋﾟｭｰﾀ》リーチ. **2**《比喩》影響の及ぶ範囲, 勢力範囲.

reif
[raɪf ライフ] 形 **1** (a)(果実が)熟した, 熟れた; (穀物が)実った. Das Obst ist noch nicht ~. その果実はまだ熟れていない. Das Getreide wird ~. 穀物が実る. Du brauchst nur die ~e Frucht zu pflücken.《比喩》君はただ熟した果実をもぎさえすればいいんだ(労せずして成果を手にすることができるんだ). (c)(腫物が)化膿しきった. **2** (für et¹ / zu et³ 事⁴³の)機が熟した, 潮時の; (の)準備が整った. Die Brücke ist ~ für den Abbruch. 橋はそろそろ取壊す時期にきた. Er ist ~ für die Pensionierung. 彼は引退して年金生活に入っていい歳だ. Der Plan ist noch nicht ~ zur Ausführung. その計画はまだ実施の機運が熟して

いない.《前置詞句なしで》Der Anzug ist ~. そのスーツはいかさまクリーニングに出してもいい頃合いだ. **3**《比喩》《心身の》成熟した, 男(女)盛りの;《作品・判断などが》円熟した. eine ~e Arbeit 円熟した仕事. eine ~e Frau おとなの女. ein ~er Mensch 分別盛りの人. Er hat ein ~es Urteil. 彼には大人の判断力がある. Er ist für diese Aufgabe〈zu diesem Amt〉noch nicht ~ [genug]. 彼はこの使命を果たすには〈この職務に就くには〉まだ未熟である.《比較級で》die ~ere Jugend《戯》とうが立った青年; 壮年, 中年. im ~eren Alter / in den ~eren Jahren 脂ののった年頃の(に).

Reif¹ [raɪf] 男 -[e]s/ 霜. Es ist ~ gefallen. 霜が降りた. Ein ~ fiel auf seine Freude.《比喩》彼の喜びに影がさした.

Reif² 男 -[e]s/-e《雅》《装身具の》環; 指輪.(とくにエンゲージリング); 腕輪, ブレスレット;《環状の》頭飾り; ティアラ, ダイアデム.

*'**Rei·fe** ['raɪfə] 囡 -/ **1**《果物・穀物などの》成熟, 実り.《ワインなどの》熟成. zur ~ kommen〈gelangen〉成熟する, 熟成する. **2**《心身の》成熟; 円熟. die innere ~ 心の成熟. mittlere ~《教育》(Realschuleの)卒業資格. (9年制 Gymnasium の第6年次修了了)《義務教育開始から数えて第10年次修了にあたる》. das Zeugnis der ~《古》ギュムナージウム卒業証書(=Reifezeugnis).

*'**rei·fen** ['raɪfən ライフェン] ❶ 自 (s) **1**《果実などが》熟(ǔ)れる, 熟する;《穀物が》実る. **2** (a)《人間が》成熟する, おとなになる. zum Mann[e]〈zur Frau〉~ 一人前の男〈女〉になる.《過去分詞で》ein gereifter Mann おとなの男. (b)《計画・考えなどが》熟する. Seine Ahnung ist zur Gewissheit gereift. 彼の予感は確信となった. eine Idee ~ lassen あるアイデアを温める. ❷ 他《雅》熟させる; 熟成させる. ◆ ↑gereift

'**rei·fen**² 自《非人称的に》Es reift. 霜が降りる.
'**rei·fen**³ 他《樽・桶などに》たがをはめる.

*'**Rei·fen** ['raɪfən ライフェン] 男 -s/- **1** タイヤ. Der ~ ist geplatzt. タイヤがパンクした. einen ~ abmontieren〈aufmontieren〉タイヤを取りはずす〈取り付ける〉. einen ~ wechseln タイヤを取替える. **2**《樽などの》たが. **3**《体操・曲芸用の》輪, フープ. **4**《装身具の》輪, リング.

'**Rei·fen·druck** 男 -[e]s/=e タイヤの空気圧.
'**Rei·fen·pan·ne** 囡 -/-n (タイヤの)パンク.
'**Rei·fen·pro·fil** 中 -s/-e タイヤのトレッドパターン.
'**Rei·fen·scha·den** 男 -s/= タイヤの損傷, パンク.
'**Rei·fen·wech·sel** 男 -s/- タイヤ交換.
'**Rei·fe·prü·fung** 囡 -/-en (Abitur) ギュムナージウム卒業試験.
'**Rei·fe·zeit** 囡 -/-en **1** 成熟期. **2** 思春期.
'**Rei·fe·zeug·nis** 中 -ses/-se《古》(Abiturzeugnis) ギュムナージウム卒業証書.
'**reif·lich** ['raɪflɪç] 形《述語的には用いない》十分な, 徹底的な, 微に入り細をうがった.
'**Reif·rock** 男 -[e]s/=e《服飾》フープスカート《張り骨で裾を広げたスカート》.
'**Rei·fung** 囡 -/ 成熟; 熟成.
'**Rei·gen** ['raɪgən] 男 -s/- 輪舞, 円舞. den ~ eröffnen〈[be]schließen〉《比喩》先陣を切る《殿(しんがり)をつとめる》.
'**Rei·gen·tanz** 男 -es/=e 輪舞.

'**Rei·he**
─────
['raɪə ライエ] 囡 -/-n **1** 列, 並び, 行列. eine ~ Häuser 家並み. eine ~ von acht Mann 8名の隊列. ~ 5, [Platz] Nr. 11《座席番号で》5列11番. eine ~ bilden 1列になる. am Anfang〈Schluss〉der ~ stehen 列の先頭〈最後〉に立って る. aus der ~ tanzen《話》(人と歩調を合せずに)勝手な振舞をする, 独自な行動に出る. in ~ n zu drei 3列に並んで. in Reih und Glied 整列して, 隊伍を組んで. j⟨et⟩¹ [wieder] in die ~ bringen《話》人々を元の健康な体に戻す《物を元通りに修復する》. nicht alle in der ~ haben《話》気が変である. nicht in der ~ sein《話》体の調子が良くない, 健康がすぐれない in einer ~ mit j³ stehen《比喩》人²と肩を並べる.(に)伍する. j¹ in eine ~ mit j³ stellen《比喩》人¹を人³と同列に並べる.

2《複数なし》順番, 順序. Die ~ ist an dir. 君の番だ. Die ~ ist an mir, dich nach Hause zu begleiten. こんどは僕が君を家まで送る番だ. die ~ öffnen〈schließen〉先頭を切る〈殿(しんがり)をつとめる〉. bunte ~ machen《比喩》男女交互に並ぶ. Jetzt kommst du an die ~!《話》こんどは君の番だ.《比喩》こんどは君にお鉢がまわってきたぞ. Wer〈Was〉ist an der ~?《話》今度は誰〈何〉の番だ. Du bist als letzter an der ~.《話》君がいちばん最後だ. j⟨et⟩ aus der ~ bringen《話》人〈事〉を混乱させる. außer der ~ 順番外に, 飛び入りで. der ~ nach / nach der ~ 順番に.

3 (a)《同種のものの》多数, 相当数; ひと続き, シリーズ. eine ~ deutlicher Hinweise〈von deutlichen Hinweisen〉一連の明白な指示. eine [ganze] ~ vor Jahren かなりの年月. Der Roman ist in dieser ~ erschienen. その小説はこの叢書の1冊として刊行された. (b) 多数(相当数)の人々, 並みいる人々. Eine [ganze] ~ Mitglieder sind dagegen. かなりのメンバーがそれには反対である. in der ~ der Spitzensportler 並みいるトッププレーヤーの中に.

4《ふつう複数で》戦列, 陣営. Die ~n lichteten sich² schon gegen Ende der Tagung.《比喩》大部分の人がもう会議の終り近くに姿を消した《兵隊の隊列の損耗のあげくまばらになることのたとえから》. in den eigenen ~n 自陣営に, 仲間うちに.

5 (a)《音楽》(12音音楽で)音列, セリー. (b)《数学》級数. arithmetische〈geometrische〉~ 算術(等差)〈幾何(等比)〉級数. (c)《生物》目(ƒ).

'**rei·hen**¹ ['raɪən] ❶ 他 **1** (1列に)並べる, 連ねる. Buch an Buch ~ 本を並べる. Perlen auf eine Schnur ~ 真珠を糸に通す.《過去分詞で》gereiht stehen ずらりと並ぶ. ❷ 再 (sich⁴) (1列に)並ぶ, 連なる. Ein Unglück reiht sich⁴ ans andere. 不幸が次々と起る.

'**rei·hen**²⁽ʀ⁾ reihte(まれ rieh), gereiht(まれ geriehen) 他《生地》などを仮縫する; ひだ〈ギャザー〉を取る. das Futter ~ 裏地を仮縫する.《過去分詞で》Der Rock ist in der Taille gereiht (geriehen). そのスカートはウエストにギャザーが取ってある.

'**rei·hen**³ 自《猟師》《交尾期に数羽の雄鴨が1羽の》雌の後を追う.

'**Rei·hen**¹ 男 -s/-《古》= Reigen
'**Rei·hen**² 男 -s/-《南⁵ʳ》(Fußrücken) 足の甲.
'**Rei·hen·dorf** 中 -[e]s/=er 列状村落, 列村《街道や河の両側に列状に発生した村落》.
'**Rei·hen·fol·ge** ['raɪənfɔlgə] 囡 -/-n 順序, 順番. in alphabetischer ~ アルファベット順に.
'**Rei·hen·haus** 中 -es/=er テラスハウス, 長屋.

Rei·hen·schal·tung 囡 -/-en《電子工》直列接続.

Rei·hen·un·ter·su·chung 囡 -/-en《医学》集団検診.

rei·hen·wei·se 形 1 列になって、並んで. **2**《話》たくさん、多数.

Rei·her [ˈraɪər] 男 -s/-《鳥》さぎ(鷺).

..rei·hig [..raɪç]《接尾》数詞に冠して「...列の」の意の形容詞をつくる. dreireihig 3列の.

reih·um [raɪˈʔʊm] 副 次々と、順々に、交代に.

Reim [raɪm ライム] 男 -[e]s/-e **1**《韻律》韻, 脚韻. ein männlicher〈stumpfer〉~ 男性韻(語末尾の強音節ないしは1音節だけの脚韻. 例 veracht...Verdacht, Haus...Maus). ein weiblicher〈klingender〉~ 女性韻(強音節＋弱音節の2節からなる脚韻. 例 fliegen...fliehen). ~e bilden〈machen〉韻を踏む, 押韻する. Darauf kann ich keinen ~ finden.《話》それが私には分からないんだ. sich³ einen ~ auf⁴ machen [können]《話》事⁴が分かる. ~e schmieden《戯》《下手な》詩をこしらえる. einen ~ auf „Ufer" suchen „Ufer" と韻を踏んだ語をさがす. **2**《短い》押韻詩; 格言詩.

rei·men [ˈraɪmən] ❶ 他 韻を合せる(踏ませる), 押韻する (A⁴ auf B⁴〈mit B³〉A⁴ を B³に). ❷ 再 (**sich**) 韻を踏んでいる. „Raum" reimt sich auf „Baum". „Raum" は „Baum" と韻があっている. Das reimt sich nicht.《比喩》それはつじつまが合わない(しっくりしない). ❸ 自 **1** 韻を踏んでいる. **2** 韻を踏む, 押韻する; 詩を作る.

Rei·mer [ˈraɪmər] 男 -s/- **1**《古》詩人. **2**《侮》へぼ詩人.

Rei·me·rei [raɪməˈraɪ] 囡 -/-en《侮》**1**《複数なし》下手な押韻. **2**へぼな詩.

ˈreim·los 形 韻を踏んでいない, 無韻の.

Reim·schmied 男 -[e]s/-e《侮》へぼ詩人.

rein¹ [raɪn] 副《話》(herein, hinein の短縮形)こちら(あちら)の中へ.

---

rein² [raɪn ライン] 形 **1** (a) 純粋な, 混じり気のない. ~es Gold 純金. ein Saft 100%のジュース. aus ~er Wolle 純毛の, ウール100%の. ein Optimist ~ster Prägung〈vom ~sten Wasser〉《比喩》生粋のオプティミスト, 根っからの楽天家. ein Pferd von ~er Rasse 純血種の馬. ein ~ goldener〈reingoldener〉Ring 純金の指輪. ~ seidene〈reinseidene〉Stoffe 純絹(正絹)布. (b)（色や音色が）澄んだ, 正確な. ~e Farben 澄んだ色. einen ~en Klang〈Ton〉haben 澄んだ音色をしている. Die Geige klingt ~. そのバイオリンは正しく調律されている. (c)（発音などが）正確な, 訛り(癖)のない. Er spricht ein ~es Deutsch. 彼はきれいなドイツ語を話す. einen Vokal ~ aussprechen ある母音を正確に発音する. (d) 正味の. eine ~e Flugzeit 正味の飛行時間. der ~e Gewinn 純益. (e) (theoretisch)（純粋）理論の.
2 (a) 清潔な, きれいな, 汚れていない; きちんと片づいた. すっきりした. ein ~es Blatt Papier 白紙. ein ~es Hemd 清潔なシャツ. die Küche ~ halten〈machen〉台所を清潔に保つ〈掃除する〉.《名詞的用法で》et⁴ ins Reine〈~e〉bringen 事⁴を片づける, 解決〈清算〉する. ins Reine〈~e〉kommen (mit et⁴ 事⁴について)片がつく, 事がおさっまりする; (mit j³ 人³と)話がつく; (mit sich⁴ [selbst] 自分の内に)決心がつく, 得心する. et⁴ ins Reine〈°~e〉schreiben 事⁴を清書する.
(b) 清純な, 純潔(無垢)な, 汚れのない. Sie hat ein ~es Gesicht. 彼女は清らかな顔をしている. ~en〈古 ~es〉Herzens sein 清らかな心をしている. ~e Liebe 純愛. Den Reinen ist alles ~.《新約》清い人にはすべてが清いのである(テト1:15). (c)《ユダヤ教》(koscher)（食事などが）清浄な, 戒律にかなった.
3 (a) 純然たる, 紛れもない, まったくの, 単なる. Das war ~ es Glück. それは全くの幸運だった. Aus ~em Übermut (別に悪気があってではなしに)単に調子に乗りすぎて, ただ悪ふざけがすぎて. (b)《話》まさしく...そのもの, まるで...同然の. Das war der ~ste Saustall. それは豚小屋も同然だった. Das ist zu ein ~es〈das ~ste〉Wunder. それはまさしく奇跡だった. (c)《副詞的用法で》aus ~ persönlichen Gründen 純粋に個人的な理由で. durch Zufall まったく偶然に.《強調表現で》《話》Er weiß ~ gar nicht. 彼はまるっきり何も知らない. Das ist ~ unmöglich. 彼は彼女にすっかり夢中だ. Er ist ~ weg von ihr. 彼は彼女にすっかり夢中だ.

rein.. [raɪn..]《分離前つづり／つねにアクセントをもつ》《話》=herein.., hinein..

ˈrein|bei·ßen* 自《話》(hineinbeißen) かぶりつく.《中性名詞として》zum Reinbeißen sein〈aussehen〉《話》(かぶりつきたくなるほど)美味しそうである; 魅力的である, かわいらしい.

ˈRei·ne [ˈraɪnə] 囡 -/《雅》清純であること, 清さ.

Rei·ne claude [rɛːnəˈkloːdə] 囡 -/-n (fr.)《植物》=Reneklode

ˈRei·ne·ke Fuchs [ˈraɪnəkəˈfʊks] 男 -/ ライネケ狐(ヨーロッパ中世の動物寓話の主人公. Goethe の叙事詩で有名).

ˈRei·ne·ma·che·frau [ˈraɪnəmaxə..] 囡 -/-en (Putzfrau) 掃除婦.

ˈRei·ne·ma·chen 中 -s/《地方》(大)掃除;《比喩》粛清.

ˈRei·ner [ˈraɪnər]《男名》ライナー.

ˈRein·er·lös [ˈraɪnɛrløːs] 男 -es/-e =Reinertrag

ˈRein·er·trag 男 -[e]s/-̈e (Nettoertrag) 純益, 実収益.

Rei·net·te [rɛˈnɛtə] 囡 -/-n (fr.) =Renette

ˈrei·ne·weg [ˈraɪnəvɛk] 副《話》まったく, まるっきり; まさしく.

ˈRein·fall 男 -[e]s/-̈e《話》失望, 幻滅, 期待はずれ.

ˈrein|fal·len 自 (s)《話》=hereinfallen, hineinfallen

ˈRein·ge·wicht 中 -[e]s/-e (Nettogewicht) 正味重量.

ˈRein·ge·winn 男 -[e]s/-e (Reinertrag) 純益.

ˈrein·gol·den 形 純金の. ◆ rein golden とも書く.

ˈrein|hän·gen 再 (**sich**)《話》首をつっこむ (in et⁴ 事⁴に).

ˈRein·hard [ˈraɪnhart]《男名》ラインハルト.

ˈRein·heit [ˈraɪnhaɪt] 囡 -/ 純粋さ, 純正, 混じり気のないこと; 清潔, 清浄; 純潔, 潔白, 汚れのないこと.

ˈRein·heits·ge·bot 中 -[e]s/《醸造》ビール純度法.

ˈRein·heits·grad 男 -[e]s/-e《化学》純度.

ˈRein·hold [ˈraɪnhɔlt]《男名》ラインホルト.

***ˈrei·ni·gen** [ˈraɪnɪɡən ライニゲン] ❶ 他 きれいにする, 清潔にする; 清掃する, 掃除する; 洗濯する, クリーニングする; 浄化する, 純化する; 消毒する. ein Kleid chemisch ~ lassen ドレスをドライクリーニングに出す. die Straße ~ 通りを清掃する. eine Wunde ~ 傷口を

消毒する.《現在分詞で》ein *reinigendes* Gewitter《比喩》もやもや〈ごたごた〉を一気に吹き晴らす処置〈対決, 激論〉. ❷ 再 (**sich**) 体を洗い清める. ~ sich von einem Verdacht ~《比喩》ある嫌疑を晴らす.

'**Rei·ni·ger** ['raınıgər] 男-s/- 【化学】洗浄剤, クリーナー, クレンザー.

*'**Rei·ni·gung** ['raınıgʊŋ ライニグング] 女 -/-en **1**《複数まれ》きれいにすること; 清掃, 掃除, 洗濯, クリーニング; 浄化, 純化; 消毒. **2**《ドライクリーニング店.

'**Rei·ni·gungs·an·stalt** 女 -/-en = Reinigung 2
'**Rei·ni·gungs·mit·tel** 中 -s/- 洗剤, クリーナー; クレンザー.

Re·in·kar·na·ti·on [re|ınkarnatsi'o:n] 女 -/-en (*lat.*) 再生, 転生; 輪廻(%⁀).

'**rein·kom·men*** 自 (s)《話》= hineinkommen, hereinkommen

'**Rein·kul·tur** 女 -/-en **1**【細菌】純粋培養. in ~《比喩》まったくの, 正真正銘の. **2** (a) 【林業】単一種林. (b) 【農業】単式農法, モノカルチャー.
'**rein|le·gen** 他《話》= hineinlegen, hereinlegen
'**rein·lich** ['raınlıç] 形 **1** きれい好きの. **2** 清潔な, こざっぱりした. **3** 明確な, はっきりした.
'**Rein·lich·keit** 女 -/ きれい好き, 清潔, こざっぱりしていること.
'**Rein·ma·che·frau** 女 -/-en = Reinemachefrau
'**Rein·ma·chen** 中 -s/ = Reinemachen
'**rein·ras·sig** 形 (rasserein) 純血種の, 純粋種の.
'**Rein·schrift** 女 -/-en 清書, 浄書.
'**rein·sei·den** 形 正絹の, 純絹の. ♦ rein seiden とも書く.
'**rein·ste·cken** 他 = hineinstecken, hereinstecken
'**Rein·ver·mö·gen** 中 -s/- 純資産.
'**rein|wa·schen*** ❶ 他 (人⁴の)疑いを晴らす, 身の証を立てる. ❷ 再 (**sich**⁴) 身の証を立てる.
'**rein·weg** ['raınvɛk] 副 = reineweg
'**rein·wol·len** 自 純毛の. ♦ rein wollen とも書く.

*'**Reis**¹ [raıs ライス] 男 -es/(種類 -e) (*gr.*) **1**【植物】いね(稲). **2** 米. polierter ~ 精白米.

'**Reis**² 中 -es/-er **1**《雅》小枝, 細枝, 若枝. **2** (Pfropfreis) 接(°)ぎ穂.

'**Reis**³ [raıs] Real¹ の複数.
'**Reis·bau** 男 -[e]s/ 稲作.
'**Reis·be·sen** 男 -s/- = Reisigbesen
'**Reis·brei** 男 -[e]s/-e【料理】(牛乳と砂糖を加えた)米粥, ライスプディング.
'**Reis·bün·del** 中 -s/- = Reisigbündel

'**Rei·se** ['raızə ライゼ] 女 -/-n **1** 旅行, 旅. eine ~ ins Ausland 外国旅行. eine ~ im〈mit dem〉Auto 自動車旅行. eine ~ zu Schiff〈zur See〉船旅. Wohin geht die ~? どちらへご旅行ですか. Wir wissen nicht, wohin die ~ geht.《話》私たちは事の成行きが分からない. Wie war die ~? 旅行いかがでしたか. Bis zu ihm ist es ja eine ganze ~!《戯》彼の所へ出かけるのはまったくひと苦労だ. die letzte ~ antreten《雅》死出の旅路につく. eine ~ machen 旅行する. j³ glückliche〈gute〉~ wünschen 人³の旅の無事を願う. auf der ~ 旅行中に, 旅の途中. auf ~ *n* gehen (比較的長い)旅行に出る. auf die ~ gehen〈sich⁴ auf die ~ machen〉旅に出る, 旅立つ. auf ~ *n* sein 旅行中である. **2** j⁴ auf die ~ schicken《話》(競走競技などで)人⁴をスタートさせる;(シュートのできる好位置などへ)大きく走らせる. **3**《卑》(麻薬などによる)トリップ. **4**《古》軍旅, 出陣;(傭兵の)軍役.

'**Rei·se·an·den·ken** 中 -s/- 旅行の記念品, 旅のみやげ.
'**Rei·se·apo·the·ke** 女 -/-n《複数まれ》旅行用救急箱.
'**Rei·se·be·glei·ter** 男 -s/- **1** 旅行の同伴者, 道連れ. **2** 旅行添乗員. ♦ 女性形 Reisebegleiterin 女 -/-nen
'**Rei·se·be·schrei·bung** 女 -/-en 旅行記, 紀行
'**Rei·se·buch** 中 -[e]s/ʺer **1** 旅行記. **2** 旅行案内書.

*'**Rei·se·bü·ro** ['raızəbyro: ライゼビューロー] 中 -s/-s 旅行社.

'**Rei·se·de·cke** 女 -/-n 旅行用膝掛け.
'**rei·se·fer·tig** 形 旅行の準備のできた. sich⁴ ~ machen 旅支度をする.
'**Rei·se·fie·ber** 中 -s/《話》旅行に出る前の興奮.
'**rei·se·freu·dig** 形 = reiselustig

'**Rei·se·füh·rer** 男 -s/- **1** 旅行案内人, ガイド. ♦ 女性形 Reiseführerin 女 -/-nen **2** 旅行案内書, ガイドブック.

'**Rei·se·ge·fähr·te** 男 -n/-n = Reisebegleiter ♦ 女性形 Reisegefährtin 女 -/-nen
'**Rei·se·geld** 中 -[e]s/-er《複数なし》**1** 旅費. **2**《複数で》出張費.
'**Rei·se·ge·päck** 中 -[e]s/ 旅行手荷物.
'**Rei·se·ge·sell·schaft** 女 -/-en **1** 団体旅行(の一行). **2**《複数なし》旅の道連れ.
'**Rei·se·kof·fer** 男 -s/- 旅行用トランク.
'**Rei·se·kos·ten** 複 旅費.
'**Rei·se·lei·ter** 男 -s/- 団体旅行のガイド, 添乗員. ♦ 女性形 Reiseleiterin 女 -/-nen
'**Rei·se·lust** 女 -/ 旅に出たい気持, 旅心.
'**rei·se·lus·tig** 形 旅行好きの.

'**rei·sen** ['raızən ライゼン] 自 (s) **1** 旅行する, 旅をする; 旅立つ. dienstlich〈geschäftlich〉~ 公用〈商用〉で旅行する. Wir *reisen* morgen. 私たちは明日に旅に出る. an die See〈ins Gebirge〉~ 海辺〈山〉へ旅行する. auf Schusters Rappen ~《戯》徒歩旅行をする. in die Ferien〈in den Urlaub〉~ 休暇旅行へ出かける. in Gesellschaft ~ 団体で旅行する. mit dem Auto〈dem Schiff〉~ 自動車〈船〉で旅行する. nach Spanien ~ スペインへ旅行する. zur Erholung ~ 慰安旅行をする.《現在分詞で》ein *reisender* Handwerksbursche《昔の》遍歴職人. ein *reisender* Schausteller《古》旅回りの見世物師. **2** 外交(出張)販売をする, 行商する. Er *reist* für die Firma Schulze & Co. in Westfalen. 彼はシュルツ商会のヴェストファーレン担当の外交員です. in Stoffen ~ 生地(*)のセールスをする.《現在分詞で》ein *reisender* Vertreter 外交販売員, セールスマン.

*'**Rei·sen·de** ['raızəndə ライゼンデ] 女 (形容詞変化) **1** 旅行者, 旅人; 旅客, 乗客. **2** 外交(出張)販売員, セールスマン; 行商人. ein ~r in Teppichen じゅうたんのセールスマン. **3**《古》遍歴職人.

'**Rei·se·ne·ces·saire** [..nesɛsɛːr] 中 -s/-s 旅行用化粧ケース.

'**Rei·se·pass** 男 -es/ʺe 旅券, パスポート.
'**Rei·se·plan** 男 -[e]s/ʺe 旅行計画.
'**Rei·se·pros·pekt** 中 -[e]s/-e 旅行パンフレット.
'**Rei·se·rei** [raızə'raı] 女 -/-en《話》たびかさなる旅

行, 旅のあくれ.
Rei·se·rou·te [..ruːtə] 囡 -/-n 旅行コース.
Rei·se·scheck 男 -s/-s 旅行者用小切手, トラベラーズチェック.
Rei·se·spe·sen 複 出張旅費.
Rei·se·ta·sche 囡 -/-n 旅行カバン, スーツケース.
Rei·se·ver·kehr 男 -s/ 旅行者の往来.
Rei·se·zeit 囡 -/-en 旅行シーズン.
Rei·se·ziel 回 -[e]s/-e 旅行の目的地.
Reis·feld 回 -[e]s/-er 稲, 田んぼ.
Reis·holz 回 -es/《古》=Reisig
rei·sig ['raɪzɪç] 形 **1**《中世において》出征準備をした, 戦《ぐ》支度の整った. **2**《古》好戦的な, 喧嘩好きの. **3** 熟練の, 腕のいい.
Rei·sig ['raɪzɪç] 回 -s/ (↑Reis²) 柴(しば), 粗朶(そだ).
Rei·sig·be·sen 男 -s/ 柴ぼうき.
Rei·sig·bün·del 回 -s/ 柴(しば)の束, 粗朶(そだ)の束.
Rei·si·ge 男《形容詞変化》**1**《中世の》騎馬武者. **2** 傭兵.
Reis·korn 回 -[e]s/⸚er 米粒.
Reis·lauf 回 -[e]s/, **'Reis·lau·fen** 回 -s/ (↑Reise 4)《古》(とくにスイス人が)外国の傭兵になること.
Reis·läu·fer 男 -s/ 《古》外国で傭兵になる人.
Reiß'aus [raɪs'|aʊs] 男 (↑ausreißen)《次の用法でのみ》~ nehmen《話》逃げる, ずらかる.
'Reiß·blei ['raɪs..] 回 -[e]s/-e《古》(Graphit) 黒鉛, 石墨.
'Reiß·brett 回 -[e]s/-er 製図板.

'rei·ßen* ['raɪsən ライセン] riss(°riß), gerissen
❶ 他 **1** 引裂く, 破る. Er *riss* das Blatt mittendurch. 彼はその紙片をまん中から引裂いた. et⁴ in Stücke〈Fetzen〉~ 物をずたずたに引裂く〈びりびりに破る〉. j⁴ in Stücke ~ 人⁴を八つ裂きにする;《散々に言って》ぼろぼろにする.《結果を示す語句を》Ich habe mir ein Dreieck in die Hose *gerissen*. 私はズボンに鉤裂きをつくってしまった. ein Loch in et⁴ ~ 物⁴を引裂いて穴をあける. Die Reise *riss* ein Loch in die Kasse.《話》その旅行は高くついた. sich³ den Arm blutig ~ 腕に裂傷(引掻き傷)を負った血を流す. sich³ an einem Nagel eine Wunde ~ 釘で引掻いて傷をつくる.
2 引きちぎる, むしり取り, もぎ取る. Sie *riss* ihrem Mann das Kind aus den Armen. 彼女は夫の腕から子供をひったくった. Pflanzen aus dem Boden ~ 植物を地面から引っこ抜く. j⁴ aus dem Schlaf ~《比喩》人⁴の眠りを破る. j³ die Maske vom Gesicht ~ 人³の仮面をはぐ.
3 (a)《強引に》引っぱる, 引寄せる; (無理矢理)引張っていく. j⁴ an den Haaren ~ 人⁴の髪の毛をつかんで引張る. Ich wurde〈war〉[innerlich] hin und her *gerissen*.《比喩》私はあれこれ思い悩んだ(いずれとも心を決しかねた). j⁴ in das Auto ~ 人⁴を車に引きずり込む. In die Höhe ~ 人⁴を引張り起す. j⁴ ins Verderben ~ 人⁴を破滅の淵へ引きずり込む. j⁴ zu Boden ~ 人⁴をひき倒す. das Lenkrad zur Seite ~ (とっさに)ハンドルを切る. (b) et⁴ an sich⁴ ~ 物⁴を強引に奪う, 無理やり自分のものにする. Er will immer die Diskussion an sich ~. 彼はいつもディスカッションの主導権を取ろうとする. die Macht an sich ~ 権力を奪取する.
4 (肉食獣が獲物を)襲って喰い殺す.
5《しばしば目的語なしで》《スポ》(a) (高跳びのバーや障害物競走のハードルを)引っかけて落す. Er hat [die Latte] bei 2,10 m *gerissen*. 彼は 2 メートル 10 でバーを落した. (b) (重量挙げで)スナッチで挙げる.
6《美術》(a)《古》(zeichnen) 描く. (b) (エッチングで)線描する.
7 (特定の目的語と)《話》(事⁴)をする. Possen ~ ふざける. Witze ~ だじゃれをとばす. Zoten ~ 猥談をする.
❷ 再 《sich⁴》 **1** 裂傷(引掻き傷)を負う. *sich* am Finger ~ 指に引掻き傷をつくる. *sich* an einem Dorn ~ とげで引掻く.
2 *sich* aus〈von〉j〈et〉³ ~ 人〈物〉³から身をふりほどく(もぎはなす). Das Kind *riss sich* aus ihren Armen. その子供は彼女の腕から身をふりほどいた.
3 *sich* am Riemen ~《比喩》気を引き締める, 頑張る.
4《相互的用法で》*sich* um j〈et〉⁴ ~《話》人〈物〉⁴を求めて殺到する(争って奪い合う).
❸ 自 (s, h) **1** 裂ける, 破れる, ちぎれる, 切れる. Mir ist ein Schuhband *gerissen*. 靴ひもが切れた. Der Stoff *reißt* leicht. その生地(きじ)は裂けやすい. Jetzt *reißt* mir aber die Geduld〈das der Geduldsfaden〉.《比喩》もう私は我慢の限界だ, いまに堪忍袋の緒が切れるぞ.
2 (h) (an et³ 物³を)ぐいと引張る. Der Hund *reißt* an der Kette. 犬が鎖をぐいぐい引張る. Der Lärm *reißt* an den Nerven.《比喩》騒音が神経に障る.
3 (h)《非人称的に》*Es reißt* mir in allen Gliedern.《話》(リューマチのせいで)私は体の節々がいたむ.
◆ ↑ gerissen

'Rei·ßen 回 -s/《話》(Rheumatismus) (リューマチによる)痛み. Sie hat das ~ im Bein. 彼女はリューマチで脚が痛む.

'rei·ßend ['raɪsənt] 現分 形 **1** (川の流れなどが)荒々しい, 速い. ein ~er Fluss 激流. Die Ware geht ~ ab./Die Ware findet ~en Absatz. その商品は飛ぶような売行きだ. **2** (禽獣が)肉食の. ~e Tiere 猛獣. **3** ein ~er Schmerz (リューマチによる)激しい痛み.

'Rei·ßer ['raɪsər] 男 -s/- **1**《話》(俗うけのする)ヒット作, 大当りの(本, 映画, 芝居); ヒット商品. **2**《紡織》(再利用のための)繊維寸断機. **3**《スポ》(a) (重量挙げの)スナッチの妙技者. (b) (サッカーの)ドリブラー.

'rei·ße·risch ['raɪsərɪʃ] 形 俗うけのする, どぎつい, けばけばしい.

'Reiß·fe·der 囡 -/-n 製図用ペン, からす口.
'reiß·fest 形 引裂きに強い, 裂けにくい.
'Reiß·fes·tig·keit 囡 -/ 引裂き強度, 耐裂性.
'Reiß·lei·ne 囡 -/-n (パラシュートの)開き綱; (気球の)引裂き弁用の索.
'Reiß·li·nie 囡 -/-n (切取用の)ミシン目.
'Reiß·na·gel 男 -s/⸚ 製図用ピン, 画鋲. Hast du [wohl] mit *Reißnägeln* gegurgelt?《話》君はひどいしゃがれ声をしているな(まるで画鋲でうがいをしたみたいだぞ).
'Reiß·schie·ne 囡 -/-n (製図用の) T 定規.
***'Reiß·ver·schluss** ['raɪsfɛrʃlɔs ライスフェアシュルス] 男 -es/⸚e ファスナー, ジッパー, チャック.
'Reiß·wolf 男 -[e]s/⸚e (文書や布地などの)裁断機, シュレッダー.
'Reiß·wol·le 囡 -/《紡織》再生羊毛.
'Reiß·zahn 男 -[e]s/⸚e (動物の)犬歯, 裂断歯.
'Reiß·zeug 回 -[e]s/-e 製図用具.
'Reiß·zir·kel 男 -s/- 製図用コンパス.

'**Reiß·zwe·cke** 囡 -/-n 製図用ピン, 画鋲.
'**Reis·wein** 禺 -[e]s/-e (Sake)酒, 日本酒.
'**Reit·bahn** ['raɪt..] 囡 -/-en 馬場.

'**rei·ten*** ['raɪtən ライテン] ritt, geritten (s, h)《馬などに》乗る, 乗っていく. 騎乗(騎行)する. Er ist⟨hat⟩ früher gerne *geritten*. 彼は以前乗馬が好きだった. ～ lernen 乗馬を習う. Die Hexe *reitet* auf einem Besen. 魔女がほうきにまたがって空を飛ぶ. auf einem Esel⟨einem Kamel⟩ ～ ろば⟨らくだ⟩に乗る. Ein Schiff *reitet* auf den Wellen⟨vor Anker⟩. 《船員》1 隻の船が波間に揺れている⟨停泊している⟩. im Galopp⟨Schritt/Trab⟩ ～ 駆足(ﾊﾞ)⟨常歩(ﾅﾐ)/速足(ﾊﾔ)⟩で馬を進める. 《様態を示す4格と》Galopp⟨Schritt/Trab⟩ ～ 駆足(ﾊﾞ)⟨常歩(ﾅﾐ)/速足(ﾊﾔ)⟩で馬を進める. [die] hohe Schule ～ 高等馬術を行う. ein Rennen ～ 競馬に出る. 《距離・時間を示す 4 格と》eine schöne Strecke ～ かなりの道のりを馬でいく. Er ist⟨hat⟩ gestern drei Stunden *geritten*. 彼はきのう3時間馬を走らせた. 《結果を示す語句と》sich³ Schwielen⟨einen Wolf⟩ ～ 乗馬で肝胝(たこ)⟨股ずれ⟩ができる. sich³ die Knie steif ～ 乗馬で膝が曲がらなくなる. sich⁴ müde ～ 馬に乗って疲れる. 《過去分詞で》ein *reitender* Bote 騎馬の使者. 《過去分詞で》*geritten* kommen 馬に乗って来る.

❷ 他 《馬などに》乗る, 乗って行く. einen Apfelschimmel ～ 連銭葦毛(ﾚﾝｾﾞﾝｱｼｹﾞ)の馬に乗る. einen Esel⟨ein Kamel⟩ ～ ろば⟨らくだ⟩に乗る. den Pegasus ～ 《戯》詩を作る. *seine* Prinzipien ～ 《話》原則論を振りかざす. Ihn *reitet* der Teufel. 《話》彼は悪魔にとりつかれている(まともでない). Was hat dich denn *geritten*? 《話》君はいったいどうしたんだ. **2** 《方向を示す語句と》《馬などを..へ》乗って連れて行く. ein Pferd auf die Weide⟨zur Tränke⟩ ～ 馬を牧草地⟨水飼場⟩へ連れて行く. j⁴ in die Patsche ～ 《比喩》人⁴を窮地に陥れる. **3** 《結果を示す語句と》《馬などを》乗って...の状態にする. ein Pferd müde ～ 馬が疲れるまで乗る. ein Pferd zuschanden⟨zu Schanden⟩ ～ 馬を乗りつぶす. **4** j⟨et⟩⁴ über den Haufen ～ 《話》《馬などが》人⟨物⟩を蹴倒す. **5** 《雄馬などが雌馬と》交尾する.

❸ 再 (**sich**⁴)《非人称的に》Bei Regen *reitet* es sich schlecht. 雨の日は乗馬に向かない.

'**Rei·ter**¹ ['raɪtər] 禺 -s/- **1**《馬などの》乗り手, 騎手; 騎兵. die Apokalyptischen *Reiter* 黙示録の四騎士. **2** (a) 台架, 脚立, うま. (b) 《移動式の》広告架. (c) spanischer ～《軍事》《有刺鉄線をまきつけた》移動式防御柵, 馬防(ﾊﾞｻｸ). (d)《乾草》(Heureiter) 干し草架. **3** 《索引カードの》見出用付票. **4**《天秤の》馬乗り文鎮, ライダー.

'**Rei·ter**² 囡 -/-n 《南ド・とくに墺》《穀物用の》粗目の篩(ﾌﾙｲ).
Rei·te'rei [raɪtə'raɪ] 囡 -/-en **1**《古》《集合的に》騎兵. die leichte⟨schwere⟩ ～ 軽⟨重⟩騎兵. **2**《複数なし》《話》乗馬.
'**Rei·te·rin** [raɪtərɪn] 囡 -/-nen 《女性の》乗り手, 騎手.
'**rei·ter·lich** ['raɪtərlɪç] 形 騎乗者の, 騎手の; 馬術の.
'**Rei·ters·mann** 禺 -[e]s/..⁺er(..leute)《古》騎手; 騎兵.
'**Rei·ter·stand·bild** 囲 -[e]s/-er 騎馬像.
'**Reit·ger·te** 囡 -/-n 乗馬用鞭.

'**Reit·ho·se** 囡 -/-n 乗馬ズボン.
'**Reit·knecht** 禺 -[e]s/-《古》馬丁.
'**Reit·leh·rer** 禺 -s/- 馬術教師.
'**Reit·peit·sche** 囡 -/-n 乗馬用鞭.
'**Reit·pferd** 囲 -[e]s/-e 乗用馬, 乗馬.
'**Reit·schu·le** 囡 -/-n **1** 乗馬学校. **2**《南ド・オーストリア》(Karussell) メリーゴーラウンド.
'**Reit·sport** 禺 -[e]s/-《スポーツとしての》乗馬.
'**Reit·stie·fel** 禺 -s/- 乗馬用長靴.
'**Reit·stock** 禺 -[e]s/⁺e《工学》《旋盤の》心押し台, 主軸台.
'**Reit·tier** 囲 -[e]s/-e 騎乗用動物(馬など).
'**Reit·tur·nier** 囲 -s/-e 馬術競技.
'**Reit·weg** 禺 -[e]s/-e《公園や森の中の》乗馬専用道, 馬道.
'**Reit·zeug** 囲 -[e]s/《集合的に》乗馬用具.

*'**Reiz** [raɪts ライツ] 禺 -es/-e **1** 刺激. ein mechanischer ～ 機械的刺激. auf einen ～ reagieren 刺激に反応する. einen ～ auf j⟨et⟩⁴ ausüben 物⟨人⟩⁴に刺激を与える. (↑2). **2** 魅力. der des Neuen 新しいものの魅力. ein unwiderstehlicher ～ あらがいがたい魅力. einen ～ auf j⁴ ausüben 人⁴を魅了する.
'**reiz·bar** ['raɪtsba..r] 形 刺激に敏感な, 神経過敏な, 神経質な, 怒りっぽい.
'**Reiz·bar·keit** 囡 -/ **1** 神経過敏, 怒りっぽいこと **2**《生物》被刺激性.
*'**rei·zen** ['raɪtsən ライツェン] ❶ 他 **1** 刺激する Der Rauch *reizt* die Augen. 煙が目にしみる. Der Rauch *reizt* mich [zum Husten]. 私は煙で喉がいがらっぽい. j² Begierde⟨Interesse⟩ ～ 人²の欲望⟨関心⟩をそそる. j² Magen ～ 人²の食欲をそそる. die Nerven ～《騒音などが》神経に障る. j² Zorn ～ 人²を怒らせる. **2** いらだたせる, 怒らせる. Dein Schweigen *reizt* mich maßlos. 君の沈黙はひどく私をいらだたせる. j⁴ bis zu Tränen⟨bis zum Zorn⟩ ～ 人⁴の感情を刺激して泣かせる⟨怒らせる⟩. einen Stier ～ 雄牛を興奮させる. **3**《人⁴の》心をそそる,《話》《に》魅惑する. Das Abenteuer *reizt* ihn. 冒険が彼の心をそそる. Seine unbesonnene Äußerung *reizte* mich zum Widerspruch. 彼の無思慮な発言に私という反論したくなった. Es *reizt* die Kinder, den Hund zu necken. 子供たちはその犬をからかうのが大好きだ(その犬を見るとついちょっかいをかけたくなる). **4** Wild ～《猟師》《鳴声をまねて》猟獣をおびき寄せる.
❷ 自 《ﾌﾞﾘｯｼﾞやｽｶｰﾄで親になるために》競り値を宣言する, ビッドする.
♦ ↑ gereizt

*'**rei·zend** ['raɪtsənt ライツェント] 現分 形 魅力的な, すばらしい. ein ～er Abend すばらしい夕べ. ein ～es Mädchen 可愛い女の子. Das ist wirklich ～ von Ihnen, dass Sie uns besucht haben. 私どもをお訪ねくださって本当にうれしかった. Das ist ja ～!《話》《皮肉に》いやはや結構なことですな.

'**Reiz·hus·ten** 禺 -s/- 空咳(ｶﾗｾﾞｷ), 乾性咳.
'**Reiz·ker** ['raɪtskər] 禺 -s/-《植物》ちちたけ(µ茸).
'**Reiz·kli·ma** 囲 -s/-s (..klimate [..klima:tə])《寒暖の差や気圧の変動などがはなはだしい》刺激性気候.
'**reiz·los** 形 **1** 魅力のない, 面白みのない. **2**《料理などが》味気ない.
'**Reiz·mit·tel** 囲 -s/ 刺激剤, 興奮剤.
'**Reiz·schwel·le** 囡 -/-n《心理・生理》刺激閾.
'**Reiz·stoff** 禺 -[e]s/-e 刺激物質.
'**Reiz·the·ra·pie** 囡 -/《医学》刺激療法.

Reiz·über·flu·tung 女 -/ (巷(ちまた))にあふれる刺激の氾濫.

Rei·zung 女 -/-en **1** 刺激. **2**〖医学〗軽い炎症.

reiz·voll ['raɪtsfɔl リッツフォル] 形 魅力あふれた, 魅力たっぷりの.

Re·jek·ti·on [rejɛktsi'oːn] 女 -/-en **1**〖医学〗(移植臓器の)拒絶反応. **2**〖法制〗棄却, 却下.

re·ka·pi·tu·lie·ren [rekapitu'liːrən] 他 (lat.)〈事4の要点を再述する, を要約して繰返す.

Re·kel ['reːkəl] 男 -s/- (北ドイツ) (Flegel) 不作法者.

re·keln ['reːkəln] 再 (sich4)〔話〕ゆったりと手足を伸ばす, 思い切りのびをする.

Re·kla·ma·ti·on [reklamatsi'oːn] 女 -/-en (lat.) 異議申立て, 苦情, クレーム. eine ~ erheben 異議を申立てる.

Re·kla·me [re'klaːmə レクラーメ] 女 -/-n (fr.) **1** 広告, 宣伝. für et4 ~ machen 事1の広告(宣伝)をする. **2**〔話〕広告ポスター, 宣伝パンフレット, 折込みチラシ, ダイレクトメール, コマーシャルフィルム.

Re·kla·me·feld·zug 男 -[e]s/-⸚e 宣伝キャンペーン.

Re·kla·me·schild 中 -[e]s/-er 宣伝看板.

re·kla·mie·ren [rekla'miːrən] ❶ 自 (事1のことで)異議申立てをする, 苦情, クレームをつける. Verdorbene Lebensmittel ~ いたんだ食料品のことでクレームをつける. **2** (権利などを)取り戻そうとする, (の)返還要求をする. **3** einen Regelverstoß ~ 〖審判に〗反則をとるようにアピールする. ❷ 他 (gegen et4 事1に対して / wegen et2 事2のことで)異議を申立てる, クレームをつける.

re·ko·gnos'zie·ren [rekɔgnɔs'tsiːrən] 他 (lat.) 〔古〕**1**〖軍事〗偵察する. **2**〖法制〗(文書などを)認証する.

re·kom·man·die·ren [rekɔman'diːrən] 他 (fr.) **1**〔古〕推薦する. **2**〔スイス〕〖郵便〗書留にする.

re·kon·stru'ie·ren [rekɔnstru'iːrən] 他 (lat.) 再建する, 復元する. **2** 再現する. **3** 再構成する.

Re·kon·struk·ti·on [rekɔnstrʊktsi'oːn] 女 -/-en **1** (遺跡などの)再建, 復元. **2** (事故などの)再現. **3** (証言などの)再構成.

Re·kon·va·les'zent [rekɔnvalɛs'tsɛnt] 男 -en/-en (lat.)〖医学〗回復期の患者.

Re·kon·va·les'zenz [rekɔnvalɛs'tsɛnts] 女 -/〖医学〗(病気の)回復(期).

Re'kord [re'kɔrt] 男 -[e]s/-e (engl.) (最高)記録, レコード. einen ~ aufstellen 新記録を出す. einen ~ einstellen タイ記録を出す.

Re'kord·be·such 男 -[e]s 記録的な入場者(観客).

Re'kor·der [re'kɔrdər] 男 -s/- (engl.) 録音(録画)機, レコーダー.

Re'kord·hal·ter 男 -s/-〖スポ〗記録保持者.

Re'kord·ler [re'kɔrtlər] 男 -s/-〔話〕新記録樹立者.

Re'kord·zeit 女 -/-en〖スポ〗レコードタイム.

Re'krut [re'kruːt] 男 -en/-en (fr.) **1**〖軍事〗新兵, 初年兵. **2**〔比喩〕新参者.

re·kru'tie·ren [rekru'tiːrən] ❶ 他 (lat.) **1**〔古〕〖軍事〗(新兵を)募る, 徴募する. **2** (ある集団の要員を)募る, 集める; (ある集団を)編成する. ❷ 再 (sich4) 編成される(aus j3 人3で).

Re·kru'tie·rung 女 -/-en (新兵の)徴募; (要員などの)募集, 新採用.

rek'tal [rɛk'taːl] 形 (↑Rektum)〖医学〗直腸の.

'**Rek·ta·pa·pier** ['rɛkta..] 中 -s/-e〖銀行〗(Namenspapier) 記名証券.

Rek·ta·szen·si·on [rɛktastsɛnsi'oːn] 女 -/-en (lat.)〖天文〗赤経.

'**Rek·ta·wech·sel** 男 -s/-〖銀行〗裏書禁止手形.

Rek·ti·fi·ka·ti·on [rɛktifikatsi'oːn] 女 -/-en **1**〔古〕修正. **2**〖工学・化学〗精溜. **3**〖数学〗曲線の求長.

rek·ti·fi'zie·ren [rɛktifi'tsiːrən] 他 (lat.) **1**〔古〕修正する. **2**〖工学・化学〗精溜する. **3**〖数学〗(曲線の)長さを求める.

Rek·ti·on [rɛktsi'oːn] 女 -/-en〖文法〗格支配.

'**Rek·tor** ['rɛktoːr] 男 -s/-en [rɛk'toːrən] (lat.) **1** (学校の)校長. **2** (大学の)学長, 総長. **3**〖カトリック〗教会諸施設の長(たとえば神学校長). ◆女性形 Rektorin 女 -/-nen

Rek·to'rat [rɛkto'raːt] 中 -[e]s/-e **1** 校長(学長)職, 校長(学長)の任期. **2** 校長(学長)執務室.

'**Rek·tum** ['rɛktʊm] 中 -s/..ta [..ta] (lat.)〖解剖〗(Mastdarm) 直腸.

re·kur'rie·ren [rekʊ'riːrən] 自 (lat.) **1** (auf j/et) 〈人〈事〉4を)引合いに出す, (に)立戻る. **2**〔古〕〖法制〗(gegen et4 事1に対して)異議を申立てる, 控訴する.

Re'kurs [re'kʊrs] 男 -es/-e (fr.) **1** (過去の事例や文言などを)引合いに出すこと, (に)立戻ること. **2**〔古〕〖法制〗異議申立て, 抗告.

Re'lais [rə'lɛː, -'lɛː(s)]/[-'lɛːs] (fr.) **1**〔古〕(a) (駅馬の)乗継駅. (b)〖軍事〗逓伝(駅). **2**〖電子工〗継電器, リレー.

Re·la·ti·on [relatsi'oːn] 女 -/-en **1** (Beziehung) 関係, 関連. **2**〖数学〗関係. **3** (交通機関の)定期路線. **4**〔古〕縁故. **5**〔古〕(公の)報告.

re·la'tiv [rela'tiːf, 're:latiːf レラティーフ] 形 (lat.) **1** (↔absolut) (a) 相対的な, 比較的な. ~e Feuchtigkeit〔気象〕相対湿度. ~e Mehrheit 比較多数. Alles im Leben ist ~. 世の中のことはすべて相対的だ. (b)《副詞的用法で》比較的に, わりあい; 条件付きで. Er geht ~ oft ins Kino. 彼はわりとよく映画を見に行くほうだ. Das trifft nur ~ zu. それはただ条件付きで正しいといえるだけだ. **2** ein ~es Fürwort〖文法〗関係代名詞.

Re·la'tiv 中 -s/-e〖文法〗関係詞(関係代名詞と関係副詞のこと).

Re·la'tiv·ad·verb 中 -s/..bien [..biən]〖文法〗関係副詞.

re·la·ti·vie·ren [relati'viːrən] 他 相対化する, 相対的なものにする. 《再帰的に》sich4 ~ 相対的なものになる.

Re·la·ti·vis·mus [relati'vɪsmʊs] 男 -/〖哲学〗相対主義, 相対論.

re·la·ti·vis·tisch [relati'vɪstɪʃ] 形 **1**〖哲学〗相対主義の, 相対論の. **2**〖物理〗相対性理論の. **3** 相対的関係にある, 相対的な; 相対性の.

Re·la·ti·vi'tät [relativi'tɛːt] 女 -/-en **1** 相対的であること, 相対性. **2** 相関性.

Re·la·ti·vi'täts·the·o·rie 女 -/〖物理〗相対性理論.

Re·la'tiv·pro·no·men 中 -s/- (..mina [..mina]) 〖文法〗関係代名詞.

Re·la'tiv·satz 男 -es/-⸚e〖文法〗関係文.

Re·la'ti·vum [rela'tiːvʊm] 中 -s/..va [..va] =Relativ

re'laxed [rɪˈlɛkst] 形 (engl.)《話》(entspannt) リラックスした.

re·la·xen [rɪˈlɛksən] 自 (engl.)《話》(sich entspannen) リラックスする、くつろぐ. ♦過去分詞 relaxt

Re·le·ga·ti·on [relegatsiˈoːn] 女 -/-en (lat.) (大学などからの)追放、除籍、退学処分.

re·le·gie·ren [releˈgiːrən] 他 (大学などから)追放する、除籍する、退学処分にする.

re·le·vant [releˈvant] 形 (lat.) 重要な、有意味な.

Re·le·vanz [releˈvants] 女 - 重要性、意義.

Re·li·ef [reliˈɛf] 中 -s/-s(-e) (fr.)《美術》レリーフ、浮き彫り. j(et)³ ~ geben (人〈物〉³を際立たせる、引立たせる. **2**《地理》(地表面の起伏);(地表面の起伏をかたどった)レリーフ模型.

Re·li·ef·druck 男 -[e]s/《印刷》レリーフ印刷、浮き出し印刷.

Re·li·ef·kar·te 女 -/-n《地図》起伏地図、立体地図.

*Re·li·gi·on [religiˈoːn レリギオーン] 女 -/-en (lat.) **1**《複数なし》宗教、信仰. **2** (特定の)宗教、宗派. christliche (buddhistische) ~ キリスト教〈仏教〉. **3**《複数なし／無冠詞》宗教の授業.

Re·li·gi·ons·be·kennt·nis 中 -ses/-se 信仰告白.

Re·li·gi·ons·frei·heit 女 - 信教の自由.

Re·li·gi·ons·ge·mein·schaft 女 -/-en 宗教団体、教団.

Re·li·gi·ons·ge·schich·te 女 -/ 宗教史.

Re·li·gi·ons·krieg 男 -[e]s/-e 宗教戦争.

Re·li·gi·ons·leh·re 女 -/-n **1** 教義. **2**《複数なし》宗教の授業.

re·li·gi·ons·los 形 無宗教の.

Re·li·gi·ons·stif·ter 男 -s/- 教祖.

Re·li·gi·ons·un·ter·richt 男 -[e]s/-e《複数まれ》宗教の授業.

Re·li·gi·ons·wis·sen·schaft 女 -/-en 宗教学.

*re·li·gi·ös [religiˈøːs レリギエース] 形 **1** 宗教(上)の、宗教的な. **2** 信心深い、敬虔な.

Re·li·gi·o·si·tät [religioziˈtɛːt] 女 -/ 宗教性、信仰心;信心深いこと、敬虔さ.

Re·likt [reˈlɪkt] 中 -[e]s/-e (lat.) **1** 残り物、遺物. **2**《生物》残存種. **3**《言語》残存形;残存語.

Re·lik·ten [reˈlɪktən] 複 (↓ Relikt)《古》**1** 遺族. **2** 遺産.

Re·lik·ten·fau·na 女 -/..nen《生物》残存動物.

Re·lik·ten·flo·ra 女 -/..ren《生物》残存植物.

'Re·ling [ˈreːlɪŋ] 女 -/-s(-e) (船の甲板の)手すり、欄干(??).

Re·li·quie [reˈliːkvi̯ə] 女 -/-n (lat.)《宗》聖遺物(キリストや聖人の遺骸・衣服など).

Re·li·qui·en·schrein 中 -[e]s/-e 長持形の聖遺物匣(?).

Re·ma'nenz [remaˈnɛnts] 女 -/《物理》残留磁気.

Rem'bours [rãˈbuːr] 男 -[..ˈbuːr(s)]/-[..ˈbuːrs] (fr.)《銀行》(銀行の仲介による海外貿易の代金の返済、清算、支払い.

'Rem·brandt [ˈrɛmbrant]《人名》~ van Rijn レンブラント・ファン・レイン(1606-69, オランダの画家).

Re'me·di·um [reˈmeːdi̯ʊm] 中 -s/..dien [..di̯ən] (..dia[..di̯a]) (lat.)《医学》治療薬. **2**《貨幣》公差.

re·mi·li·ta·ri'sie·ren [remilitariˈziːrən] 他 (fr.) 再軍備する.

Re·mi·li·ta·ri'sie·rung 女 -/ 再軍備.

Re·mi·nis'zenz [reminɪsˈtsɛnts] 女 -/-en (lat.) **1** 思い出、追憶;思い出の品. **2** なごり(aus et³ 物³の) 偲(?)ばせるもの(an j〈et〉¹ 人〈物〉¹を).

re'mis [rəˈmiː] 中《fr.)《付加語的には用いない》《チェス》引分けの.

Re'mis [rəˈmiː] 中 -[..ˈmiː(s)]/-[..ˈmiːs] (-er [..zɐ])《チェス・(?)》引分け.

Re'mi·se [reˈmiːzə] 女 -/-n (fr.) **1**《古》馬車置き場;物置. **2**《猟師》野生動物保護のための茂み.

Re·mis'si·on [remɪsiˈoːn] 女 -/-en (lat.)《古》**1**《書籍》(誤植・欠損のある書籍の)返品. **2**《医学》病状の一時的鎮静. **3**《物理》拡散反射.

Re·mit·ten·de [remɪˈtɛndə] 女 -/-n (lat.)《書籍》返本.

Re·mit'tent [remɪˈtɛnt] 男 -en/-en (lat.)《経済》(手形の)受取人.

re·mit'tie·ren [remɪˈtiːrən] 他 (lat.) **❶** 返本する. **❷** 自《医学》(病状が)一時的に落着く;(熱が)下がる.

Re'mon·te [reˈmɔntə, reˈmõːtə] 女 -/-n (fr.)《軍事》**1** 新馬の補充. **2** 新馬、補充馬.

re·mon'tie·ren [remõˈtiːrən, remõˈtiːrən] (fr.) **❶** 他《古》装備しなおす. **❷** 自 **1**《植物》2度咲きする. **2**《古》《軍事》新馬を補充する.

Re·mon'toir·uhr [remõˈto̯aːr|uːr] 女 -/-en (fr.) 竜頭(???)巻きの懐中時計.

Re·mou'la·de [remuˈlaːdə] 女 -/-n (fr.)《料理》レムラード(冷肉などにかける辛子入りのマヨネーズソース).

Rem·pe'lei [rɛmpəˈlaɪ] 女 -/-en **1**《話》(身体で)突くこと、押しのけること. **2**《スポーツ》(サッカーなどの)ショルダーチャージ.

'rem·peln [ˈrɛmpəln] 他 **1**《話》突きとばす. **2**《スポーツ》(とくにサッカーで)ショルダーチャージをする.

'Remp·ter [ˈrɛmptɐr] 男 -s/- = Remter

'Rem·ter [ˈrɛmtɐr] 男 -s/- (lat.) (城や修道院などの)食堂、ホール.

Re·mu·ne·ra·ti'on [remuneratsiˈoːn] 女 -/-en (lat.)《古》補償、弁償;報酬. **2**《オーストリア》特別手当.

re·mu·ne'rie·ren [remuneˈriːrən] 他 (lat.) 《古》補償(弁償)する;報いる、報酬を与える. **2**《オーストリア》特別手当を支給する.

Ren [rɛn, reːn] 中 -s/-s [rɛns] (-e [ˈreːnə]) (nord.)《動物》となかい.

Re·nais'sance [rənɛˈsãːs] 女 -/-n [..sən] (fr., Wiedergeburt*) **1**《複数なし》(a) ルネサンス、文芸復興(14-16世紀イタリアに始まりヨーロッパ全土に広まったギリシア・ローマの古典文化の復興を目指した革新運動). (b) ルネサンス(文芸復興)期. **2** (ある時期における文化面での)復興、復活. die karolingische ~ カロリング・ルネサンス(8-9世紀のカール大帝の治世下に始まる文化興隆の運動). **3** (モードなどの)復活、リバイバル.

Ren'dant [rɛnˈdant] 男 -en/-en (fr.)《古》出納(会計)係.

Ren·de'ment [rãdəˈmãː] 中 -s/-s (fr.) (ある製品の)原料からの収量、歩留り、利潤.

Ren·dez'vous [rãdeˈvuː, ˈrãːdevuː] 中 -[rãdeˈvuː(s), ˈrãːdevuː(s)]/-[rãdeˈvuː, ˈrãːdevuːs] (fr.) **1**《古》《戯》デート、ランデブー;約束. ein ~ mit j³ haben 人³とデートの約束がある. **2** (宇宙船の)ランデブー.

Ren·di·te [rɛn'diːtə] 囡 -/-n (it.)【経済】(投下資本の)利回り.

Re·ne'gat [reneˈgaːt] 男 -en/-en (lat.) 背教者;(政治上の)転向者, 変節者.

Re·ne'klo·de [reːnəˈkloːdə, rɛːn..] 囡 -/-n (fr., Königin Claudia') レーヌクロード(せいようすももの一品種). ◆フランス国王フランソワ 1 世 François I. の王妃 Claude にちなむ.

Re'net·te [reˈnɛtə] 囡 -/-n (fr. reine ‚ Königin') レネット(りんごの一品種).

re·ni'tent [reniˈtɛnt] 形 (lat.) 反抗的な.

Re·ni'tenz [reniˈtɛnts] 囡 -/ 反抗的な態度.

ren·ken [ˈrɛŋkən] 他《古》回しながら動かす, ねじる, ひねる.

Ren'kon·tre [rãkõːtrə] 中-s/-s (fr.)《古》(敵同士の)遭遇, 衝突.

Renn·bahn [ˈrɛn..] 囡 -/-en (自動車・自転車・馬などの)競争路(コース), サーキット;(陸上競技のトラック.

Renn·boot 中-[e]s/-e 競争用ボート(モーターボート・カヌー・ヨットを含む.

ren·nen* [ˈrɛnən レネン] rannte(まれ rennte), gerannt ❶ 自(s) 1 はやく走る, 駆ける. um die Wette ~ 競争する, 駆けっこをする. Ich bin *gerannt*, um noch rechtzeitig zu kommen. 私は時間に間に合うように走った. j³ in die Arme ~《比喩》《話》人³とばったり出くわす. 2《話》《方向を示す語句と》急いで駆けつける. Sie *rennt* wegen jeder Kleinigkeit zum Arzt. 彼女はなにかというと医者へ行く. dauernd ins Kino ~ しょっちゅう映画を見にゆく. 3（走っていって)衝突する, ぶつかる(an/gegen) et⁴ 物⁴に. mit dem Kopf an die Tür(an eine Ecke) ~ 戸(角(ｶﾄﾞ))に頭をぶつける. 4《猟師》《雌のきつねが)さかりがついている.

❷ 他 1《刃物などを》突き刺す. j³ ein Messer in den Leib ~ 人³の体にナイフを突き刺す. 2《結果を示す語句と》走って…の状態にする. j⁴ über den Haufen ~《話》走っていて(あわてて)人⁴を突き倒す(突き倒しそうになる). 《再帰的に》 *sich*³ die Füße wund ~ 《話》走りすぎて足を痛める. *sich*³ die Zunge aus dem Hals ~《話》走って息あがる. Ich habe mir eine Beule an der Stirn〈ein Loch in den Kopf〉*gerannt*. 私は頭にこぶをつくって〈頭に怪我をして〉しまった.

❸ 再《*sich*³/*sich*⁴》《地方》1《*sich*⁴》 *sich* an et³ ~ 物⁴に体をぶつけて痛い思いをする. Sie hat *sich* am Tisch *gerannt*. 彼女は机に体をぶつけてしまった. 《*sich*³》 *sich* einen Körperteil ~ ある体の部位をぶつけて痛い思いをする. Ich habe *mir* das Schienbein *gerannt*. 私は脛(ｽﾈ)をぶつけてしまった.

'Ren·nen 中-s/- 競争, レース. Auto*rennen* 自動車レース. Pferde*rennen* 競馬. ein gutes ~ laufen 〈hervor/reiten〉良い走り(レース)をする. gut〈hervor­ragend〉 im ~ liegen レースでの上位入賞が期待されている. das ~ machen《話》レースに勝つ;《比喩》競争に勝つ. Das ~ ist gelaufen. 事はすべて済んでしまった, 事は終った. ein totes ~（競馬などで)同着, 引分;《比喩》(試合いなどに)決着がつかないこと, 未決着.

'Ren·ner [ˈrɛnɐ] 男-s/- 1（優秀な競走馬の)競走馬. 2《商業》(Verkaufsschlager) ヒット商品.

'Renn·fah·rer 男-s/- 自動車(オートバイ・自転車)レースの選手, レーサー.

'Renn·jacht 囡 -/-en レース用ヨット.

'Renn·pferd 中-[e]s/-e 競走馬.

'Renn·platz 男-es/ᵉe 競馬(輪)場.

'Renn·rad 中-[e]s/ᵉer レース用自転車.

'Renn·rei·ter 男-s/- (競馬の)騎手, ジョッキー.

'Renn·sport 男-[e]s/- 競馬, レース.

'Renn·stall 中-[e]s/ᵉe 1 厩舎(ｷｭｳｼｬ);（厩舎所属の)競走馬(全体). 2（自動車または自転車競走の)レーシングチーム.

'Renn·stre·cke 囡 -/-n 競争距離.

'renn·te [ˈrɛntə] rennen の接続法 II.

'Renn·wa·gen 男-s/- レーシングカー.

Re·nom·ma·ge [renɔˈmaːʒə] 囡 -/-n (fr.)《古》自慢, 大言壮語.

Re·nom·mee [renɔˈmeː] 中-s/-s 評判, 名声.

re·nom·mie·ren [renɔˈmiːrən] 自 (fr.) (mit et³ 事³を)自慢する; ほらを吹く.

re·nom·miert 形《副詞的には用いない》評判のよい, 定評のある, 名声のある, 有名な.

Re·nom·mist [renɔˈmɪst] 男-en/-en《侮》自慢屋, ほら吹き.

Re'non·ce [raˈnõːs(ə), re..] 囡 -/-n (fr.)《ﾄﾗﾝﾌﾟ》 (Fehlfarbe) 切れてない札; 手持ちにない札.

Re·no·va·ti·on [renovatsiˈoːn] 囡 -/-en (lat.)《古》《ｽｲｽ》(Renovierung) 改築, 改装.

re·no'vie·ren [renoˈviːrən] 他 (lat.) 改築する, 改装する.

Re·no'vie·rung 囡 -/-en 改築, 改装.

ren·ta·bel [rɛnˈtaːbəl] 形 (fr.) 利益のある, もうかる; 利子を生む.

Ren·ta·bi·li'tät [rɛntabiliˈtɛːt] 囡 -/ 利益, もうけ;《経済》利潤(収益)率.

'Rent·amt [ˈrɛnt..] 中-[e]s/ᵉer《古》(大学などの)会計課, 経理課.

***'Ren·te** [ˈrɛntə レンテ] 囡 -/-n (fr. ‚ Einkommen, Zins') 1 年金, 恩給. Alters*rente* 老齢年金. eine ~ bekommen〈beziehen〉年金を受取る. auf〈in〉~ gehen《話》年金生活に入る. auf〈in〉~ sein 《話》年金生活者である. 2《経済》(資産・投資などより生じる)収入; 地代, 利子, 家賃. von ~*n* leben 金利生活者である.

'Ren·ten·bank 囡 -/-en 1 地代銀行(19 世紀に創られ, 1928 年まで存続した農民のための金融機関). 2 レンテン銀行(第1次大戦後のインフレ克服のために 1923 年に設立され Rentenmark を発行し翌年閉鎖された).

'Ren·ten·emp·fän·ger 男-s/- 年金受給者.

'Ren·ten·mark 囡 -/ レンテンマルク(1923–24 年に通用したヴァイマル共和国の不換紙幣). ↑ Rentenbank 2

'Ren·ten·ver·si·che·rung 囡 -/-en【法制】年金保険.

'Ren·tier¹ [ˈrɛntiːɐ, ˈrɛn..] 中-[e]s/-e【動物】Ren

Ren·ti'er² [rɛntiˈeː] 男-s/-s (fr.)《古》1 金利生活者. 2 年金生活者.

ren'tie·ren [rɛnˈtiːrən] 自《*sich*⁴》 もうかる, 利益を生む;《比喩》役立つ, 報われる.

'Rent·ner [ˈrɛntnɐ] 男-s/- 年金生活者. ◆女性形 Rentnerin 囡 -/-nen

Re·or·ga·ni·sa·ti·on [reˌɔrganizatsiˈoːn] 囡 -/-en 再編成, 改組, 改造.

re·or·ga·ni·sie·ren [reˌɔrganiˈziːrən] 他 再編成(改組, 改造)する.

re·pa'ra·bel [repaˈraːbəl] 形 (lat.)《副詞的には用いない》修理(修繕)できる, 修理可能な.

Re·pa·ra·ti·on [reparatsiˈoːn] 囡 -/-en (lat. reparatio ‚ Wiederherstellung') 1《ふつう複数で》(戦争の)

賠償(金). 2 〖生物・医学〗修復. 3 《まれ》修理, 修繕.

Re·pa·ra·ti'ons·zah·lung -/-en (戦争の)賠償金の支払い.

***Re·pa·ra'tur** [repara'tu:r レパラトゥーア] 囡 -/-en (↓ reparieren) 修理, 修繕. et⁴ zur ~ bringen 物⁴ を修理に出す.

re·pa·ra'tur·an·fäl·lig 形 故障しやすい.

re·pa·ra'tur·be·dürf·tig 形 《副詞的には用いない》修理の必要な.

Re·pa·ra'tur·werk·statt 囡 -/-en 修理工場.

***re·pa'rie·ren** [repa'ri:rən レパリーレン] 他 (lat.) 修理(修繕)する, 直す.

re·par'tie·ren [repar'ti:rən] 他 (fr.) 〖金融〗(有価証券などを)分配(配当)する.

Re·par·ti·ti'on [repartitsi'o:n] 囡 -/-en (fr.) 〖金融〗分配, 配当.

re·pa·tri'ie·ren [repatri'i:rən] 他 (lat. re·+patria, Vaterland') 〖政治・法制〗1 (捕虜・難民などを)本国へ送還する. 2 (人⁴に)元の国籍を再び与える.

Re·per'toire [repɛrto'aːr] 匣 -s/-s (fr.) レパートリー. ein Stück im ~ haben ある演目(曲目)をレパートリーに持っている.

Re·per'toire·stück 匣 -[e]s/-e 〖演劇・音楽〗レパートリーとなっている演目, 得意の出し物.

Re·per'to·ri·um [repɛr'to:riom] 匣 -s/..rien [..riən] (lat.) 〖古〗目録, 索引; 参考書.

Re·pe'tent [repe'tɛnt] 男 -en/-en (lat.) 1 落第(留年)生. 2 《古》=Repetitor

re·pe'tie·ren [repe'ti:rən] 他 (lat. repetere , wiederholen') ❶ 他 繰返す, 反復する; 繰返して練習する. ❷ 自 1 (留年して)同じ学年を繰返す. 2 (時打ち懐中時計が)前に打った時刻を繰返して打つ. 3 (ピアノである音が)正しく響く.

Re·pe'tier·ge·wehr [repe'ti:r..] 匣 -[e]s/-e 〖古〗連発銃.

Re·pe'tier·uhr 囡 -/-en 時打ち懐中時計(竜頭(りゅうず)を押すと前に打った時刻を繰返して打つ).

Re·pe·ti·ti'on [repetitsi'o:n] 囡 -/-en (lat. , Wiederholung') 繰返し, 反復; 復習.

Re·pe·ti'tor [repe'ti:to:r] 男 -s/-en [..ti:'to:rən] (lat.) (大学生, とくに法学部の学生のための)補習家庭教師.

Re·pe·ti'to·ri·um [repeti'to:riom] 匣 -s/..rien [..riən] (lat.) 1 補習授業. 2 復習用教科書.

Re'plik [re'pli:k] 囡 -/-en (fr. , Antwort') 1 (口頭あるいは文書による)返答, 答弁; 〖法制〗(原告の)再抗弁. 2 〖美術〗模写(原作者自身による).

re·pli'zie·ren [repli'tsi:rən] (lat.) ❶ 自 1 (auf et⁴ 事⁴に対して)返答する, 答弁する. 2 〖法制〗再抗弁する. ❷ 他 1 (事⁴に)返答(答弁)する. 2 〖美術〗(物⁴の)模写を作る.

Re'port [re'pɔrt] 男 -[e]s/-e (fr.) 1 報告, リポート. 2 〖経済〗(定期取引の繰延べによる)弁済金.

Re·por'ta·ge [repɔr'ta:ʒə] 囡 -/-n (fr.) ルポルタージュ, 現地報告(記事); ルポルタージュ文学.

Re·por'ter [re'pɔrtɐr] 男 -s/- (engl.) レポーター, ルポライター, 現地取材記者. ◆女性形 **Reporterin** 囡 -/-nen

re·prä·sen'ta·bel [reprɛzɛn'ta:bəl] 形 (fr.) 立派な, 堂々とした.

Re·prä·sen'tant [reprɛzɛn'tant] 男 -en/-en (fr.) 1 代表者, 代表的人物; 代理人, 代弁者. 2 〖政治〗議員, 代議士.

Re·prä·sen·ta'ti·on [reprɛzɛntatsi'o:n] 囡 -/-en (fr.) 1 代表, 代理; 〖政治・法制〗代表機関. 2 身分(地位)にふさわしい(立派な)態度; 体面. sehr auf ~ bedacht sein 体面をひじょうに気にする. 3 〖言語〗表示.

***re·prä·sen·ta'tiv** [reprɛzɛnta'ti:f レプレゼンターティーフ] 形 (fr.) 1 代表的(による); 代表的な. Der Bundespräsident hat im Wesentlichen ~e Funktionen. 連邦大統領は基本的に国家を代表する役割をもっている. ~e Demokratie 〖法制〗代議制民主主義. 2 身分(地位)にふさわしい; 立派な, 堂々とした. Der Wagen soll ~ sein. 車は身分相応のものでなければならない. ein ~es Haus 立派な家.

re·prä·sen'tie·ren [reprɛzɛn'ti:rən] (lat.) ❶ 他 1 代表する, 代理する; (方向・思潮などを代表として)表す, 具現する. eine Partei ~ 党を代表する. Novalis repräsentiert die Romantik. ノヴァーリスはロマン主義を具現している. 2 einen Wert ~ ある価値を示す. Das Haus repräsentiert einen Wert von 500000 Euro. この家は50万ユーロの価値がある. ❷ 自 体面を保つ, (身分・地位相応の)態度をとる. Sie kann als Frau eines Politikers ~. 彼女は政治家の妻にふさわしい行動をとることができる.

Re·pres'sa·lie [reprɛ'sa:liə] 囡 -/-n (lat.) (多く複数で)報復手段(措置); 対抗措置; 〖法制〗復仇(国際法に従って他国の不法行為に対してとり得る対抗措置).

Re·pres·si'on [reprɛsi'o:n] 囡 -/-en (fr.) 1 (政治的な)抑圧, 弾圧. 2 〖心理〗抑圧.

re·pres'siv [reprɛ'si:f] 形 抑圧的な.

Re'pri·se [re'pri:zə] 囡 -/-n (fr.) 1 (演劇の)再演(映画の)再上映; (レコードの)再版. 2 〖音楽〗(ソナタ形式の楽曲で)再現部, レプリーゼ. 3 〖軍事〗〖古〗(捕獲された物の)奪還; 〖金融〗(急落した相場の)回復; 〖ﾌｪﾝｼﾝｸﾞ〗再攻撃; 〖医学〗レプリーゼ(百日咳の吸気時の笛声).

Re·pro·duk·ti'on [reprodʊktsi'o:n] 囡 -/-en (lat.) 1 再生, 再現. 2 複写, 複製, 翻刻; 模写, 模造. 3 〖生物〗再生, 生殖, 増殖; 〖経済〗再生産.

re·pro·du'zie·ren [reprodu'tsi:rən] (lat.) ❶ 他 1 再生(再現)する. 2 複写(複製)する; 復刻する. 3 〖経済〗再生産する. ❷ 自 (sich⁴) 〖生物〗繁殖する.

Rep'til [rɛp'ti:l] 匣 -s/Reptilien [..liən](-e) (lat.) (Kriechtier) 爬虫(はちゅう)類.

Re·pu'blik [repu'bli:k, ..blɪk] 囡 -/-en (fr.) 共和制, 共和国.

Re·pu·bli'ka·ner [republi'ka:nɐr] 男 -s/- 1 共和主義者. 2 共和党員(とくに米国の).

re·pu·bli'ka·nisch [republi'ka:nɪʃ] 形 1 共和制の; 共和制支持の. 2 (とくに米国の)共和党の.

Re·pul·si'on [repʊlzi'o:n] 囡 -/-en (lat.) 〖工学〗反発.

Re·pu·ta·ti'on [reputatsi'o:n] 囡 -/ (fr.) 声望, 評判, 名声.

re·pu'tier·lich [repu'ti:rlɪç] 形 (fr.) 《古》尊敬されている, 立派な; 評判のよい.

'Re·qui·em ['re:kviɛm] 匣 -s/-s (ﾗﾃﾝ Requiem [..kviɛm]) (lat.) 1 〖ｶﾄﾘｯｸ〗レクイエム, 死者ミサ. 2 〖音楽〗レクイエム(曲), 鎮魂曲.

re·qui'es·cat in 'pa·ce [rekvi'ɛskat ɪn 'pa:tsɛ] (lat.) (略 R.I.P.) 魂の安らかならんことを(墓碑銘などに用いる言葉).

re·qui'rie·ren [rekvi'riːrən] 他 (lat.) 1 (糧食・資材などを)徴発(調達)する. 2 『法制』(他の裁判所や役所に)助力を要請する.

Re·qui'sit [rekvi'ziːt] 中 -[e]s/-en (lat.) 1 付属品, 装具, 必需品. 2 《多く複数で》(演劇や映画の)小道具.

Re·qui·si'teur [rekvizi'tøːr] 男 -s/-e 〖演劇〗小道具係.

Re·qui·si'ti·on [rekvizitsi'oːn] 女 -/-en (lat.) (↑ requirieren) 1 徴発. j⟨et⟩³ in ~ setzen 人⟨物⟩⁴を徴発(徴集)する. 2《古》要請, 要求;〖法制〗(他の裁判所や役所への)助力要請.

resch [rɛʃ]〖南ドイツ・オーストリア〗(knusprig) ぱりっと焼き上がった; 〈娘では〉はつらつとした.

Re·se·da [re'zeːda] 女 -/..den [..dən] (-s) (lat.)〖植物〗もくせいそう(木犀草).

Re·sek·ti'on [rezɛktsi'oːn] 女 -/-en (lat.)〖医学〗切除.

Re·ser'vat [rezɛr'vaːt] 中 -[e]s/-e (lat.) 1 〖法制〗権利の留保. 2 (北米インディアンなどの)保留地. 3 (動植物の)保護区域.

Re·ser·va'ti·on [rezɛrvatsi'oːn] 女 -/-en =Reservat 1, 2

Re'ser·ve [re'zɛrvə] 女 -/-n (fr.) 1《多く複数で》予備, たくわえ, 貯蓄; 余力; (銀行などの)予備(準備)金, 積立金.　~n an Lebensmitteln 予備の食料品. Er hat keine ~ n mehr. 彼はもう(精神的・肉体的)余力がない.　et⁴ in ~ haben⟨halten⟩ 物を緊急の時のために蓄えておく. stille ~n (帳簿にのせない)秘密の準備金; 秘密の貯金, へそくり. 2 〖軍事〗(略d.R.)〖軍事〗予備役. Leutnant der ~ 予備役将校. 3《複数なし》ひかえ目な態度, 遠慮, 冷淡さ. sich³ ~ auferlegen ひかえ目にふるまう. j⁴ aus der ~ [heraus] locken 〚話〛人⁴をうちとけさせる.

Re'ser·ve·bank 女 -/¨e 〖スポーツ〗補欠選手用のベンチ.

Re'ser·ve·of·fi·zier 男 -s/-e 〖軍事〗予備役将校.

Re'ser·ve·rad 中 -[e]s/¨er 予備タイヤ.

Re'ser·ve·spie·ler 男 -s/- 〖スポーツ〗補欠選手, 交替要員.

Re'ser·ve·trup·pe 女 -/-n《ふつう複数で》〖軍事〗予備隊.

***re·ser'vie·ren** [rezɛr'viːrən レゼルヴィーレン] 他 (lat.) 1 予約する. einen Platz⟨Tisch⟩ ~ 席⟨テーブル⟩を予約する. Ich habe ein Zimmer im Hotel ~ lassen. 私はホテルに部屋を取ってもらった. 2 取っておく, 残しておく. Können Sie mir den Mantel bis morgen ~? このコートを明日まで(売らないで)取っておいてもらえますか. Ich habe Ihnen⟨für Sie⟩ zwei Karten für die Erstaufführung *reserviert*. その初演のチケットを2枚あなたのために(売らないで)残しておきましたよ.

re·ser'viert [rezɛr'viːrt] 過分形 1 予約済の. ~e Plätze 予約席. 2 打ち解けない, 遠慮がちな, 打ち解けない. ein ~er Mensch 控え目な人.

Re·ser'vie·rung 女 -/-en 予約; (売出中の商品・チケットなどを)取っておく(残しておく)こと.

Re·ser'vist [rezɛr'vɪst] 男 -en/-en (↓ Reserve) 1 〖軍事〗予備兵. 2 〖スポーツ〗補欠(2軍)選手.

Re·ser'voir [rezɛrvo'aːr] 中 -s/-e (fr.) 1 貯水槽, 貯水池; 貯蔵庫. 2 貯蔵, 貯え.

Re·si'dent [rezi'dɛnt] 男 -en/-en (lat.) (植民地の)総督.

Re·si'denz [rezi'dɛnts] 女 -/-en (lat. „Wohnsitz") 1 (王侯・高位聖職者の)居城, 宮殿. 2 (王侯・高位聖職者の)居住地, 首都.

Re·si'denz·stadt 女 -/¨e =Residenz 2

Re·si'die·ren [rezi'diːrən] 自 (lat.) (王侯・高位聖職者が)居を構える, 居住する.

Re·si·di·um [re'ziːduʊm] 中 -s/..duen [..duən] (lat.) 残留物, 残滓(ざんし). 2 〖医学〗残留症. 3 〖化学〗残渣(ざんさ).

Re·si·gna·ti'on [rezɪgnatsi'oːn] 女 -/ (lat. „Entsagung") 1 あきらめ, 断念; 放棄, 忍従. 2《古》辞任, 辞職.

re·si'gnie·ren [rezɪ'gniːrən] 自 (lat.) あきらめる, 断念する.　vor dem Schicksal ~ あきらめて運命に従う.

re·si'gniert 過分形 あきらめた, あきらめきった.　eine ~e Stimme 意気消沈した声.

re·sis'tent [rezɪs'tɛnt] 形 (lat.)〖医学・生物〗耐性(抵抗性)のある.

Re·sis'tenz [rezɪs'tɛnts] 女 -/-en (lat. „Widerstand") 1 抵抗, 防禦. 2 〖医学・生物〗耐性, 抵抗性.

re·sis'tie·ren [rezɪs'tiːrən] 自 (lat.)〖医学・生物〗耐性(抵抗性)を示す.

Re'skript [re'skrɪpt] 中 -[e]s/-e (lat.) 1《古》指令, 通達. 2 〖カトリック〗(教皇庁への質問または請願に対する)答書.

re·so'lut [rezo'luːt] 形 (lat.) 断固(決然)とした, きっぱりとした, ためらいのない.

Re·so·lu·ti'on [rezolutsi'oːn] 女 -/-en (fr.) 1 決定, 決議; 決議書(文). 2 〖医学〗(症状の)後退, 沈静.

Re·so'nanz [rezo'nants] 女 -/-en (lat.)〖音楽・物理〗共鳴, 共振;〖比喩〗反響, 共感. Der Vorschlag fand eine starke ~. その提案は大きな共感を呼び起した.

Re·so'nanz·bo·den 男 -s/¨ 〖楽器〗共鳴板.

re·sor'bie·ren [rezɔr'biːrən] 他 (lat.)〖生理〗吸収する.

Re·sorp·ti'on [rezɔrptsi'oːn] 女 -/-en (lat.) 吸収.

re·so·zi·a·li'sie·ren [rezotsiali'ziːrən] 他 (服役者などを)社会復帰させる.

Re·so·zi·a·li'sie·rung 女 -/-en (服役者などの)社会復帰.

resp.《略》=respektive

***Res'pekt** [re'spɛkt, rɛs'pɛkt レスペクト] 男 -[e]s/ (fr.) 1 敬意, 尊敬, 畏敬.　vor j⟨et⟩³ ~ haben 人⟨物⟩³を尊敬する;《話》人⟨物⟩³をこわがる.　mit ~ zu sagen《古》こう言っては失礼ですが.　sich³ [bei j¹] ~ verschaffen (人³に)自分を尊敬させる, 畏怖させる. 2 (本・手紙などのふちの)余白.

res·pek'ta·bel [respɛk'taːbəl, rɛs..] 形 (fr.) 1 尊敬に値する, 立派な; 尊重すべき. 2 (大きさ・広さなどが)相当な, かなりの.

Res'pekt·blatt 中 -[e]s/¨er 〖書籍〗遊び紙(本の始めの印刷されていないページ).

re·spek'tie·ren [respɛk'tiːrən, rɛs..] 他 (fr.) 1 尊敬する, 敬う; (権利などを)尊重する. 2 einen Wechsel ~ 〖経済〗手形を引受けて支払う.

res·pek'tier·lich [respɛk'tiːrlɪç, rɛs..] 形《古》尊敬すべき, 立派な.

res·pek'tiv [respɛk'tiːf, rɛs..] 形《古》その時々の.

res·pek'ti·ve [respɛk'tiːvə, rɛs..] 接 (lat.)《略

respekt·los 敬意を払わない、失礼な.

Res'**pekt**·lo·sig·keit 囡 -/-en 《複数なし》失礼、無礼. **2** 失礼(無礼)な言動(振舞い).

Res'**pekts**·per·son 囡 -/-en 身分の高い人、名士.

Res'**pekt**·tag 男 -《ふつう複数で》《経済》(手形満期後の)支払猶予期間、恩恵日.

res'**pekt**·voll うやうやしい、丁重な. j⁴ ~ grüßen 人⁴に丁重にあいさつする.

res'**pekt**·wid·rig =respektlos

Re·spi·ra·ti·on [respirati̯o:n, rɛs..] 囡 -/ (lat.)《医学》(Atmung) 呼吸.

res·pon·die·ren [respɔnˈdiːrən, rɛs..] (lat.) **1**《古》応答する. **2**《カト》(グレゴリオ聖歌で)応誦する；(聖務日課の聖書朗読の後で)答辞を唱える.

Res·pon·so·ri·um [respɔnˈzoːri̯ʊm, rɛs..] 中 -s/..rien [..ri̯ən] (lat.)《カト》レスポンソリウム ((a) グレゴリオ聖歌の応誦. (b) 聖務日課の聖書朗読の後の答辞).

Res·sen·ti·ment [rɛsɑ̃tiˈmɑ̃ː, rə..] 中 -s/-s (fr.) ルサンチマン、(無意識の)恨み、怨恨(えんこん).

Res·sort [rɛˈsoːr] 中 -s/-s (fr., Bereich, Gebiet') **1** 所管分野、管轄領域、責任事項、業務範囲. **2** 所管部局(課).

res·sor·tie·ren [rɛsɔrˈtiːrən] (fr.)《古》(bei j³ 人³の)管轄に属する.

Res'**sour**·ce [rɛˈsʊrsə] 囡 -/-n 《ふつう複数で》(fr.) **1** 資源、natürliche ~ 天然資源. **2** 資金、財源.

***Rest** [rɛst レスト] 男 -[e]s/-e (商業 -er, ネ -en) (lat.) **1** 残り、余り；残余. ein ~ Brot パンの残り. die ~e von der Mahlzeit(vom Mittagessen) 食事〈昼食〉の残り. Bei uns werden keine ~e gemacht. (話) (わが家では)食べ残しはいけません. Den ~ der Nacht verbrachten wir in einer Bar. 夜の残りを我々はバーで飲んで過した. Für den(Von dem) ~ kaufte sie sich³ eine Tafel Schokolade. 残ったお金で彼女はチョコレートを1枚買った.《慣用的表現で》(話) Das ist der [letzte] ~ vom Schützenfest.《戯》残っているのはもうこれだけだ. Der ~ ist Schweigen. これ以上のことは分からない、それについては黙っていたほうがいい. et³ den ~ geben 事³をすっかり駄目にする. j³ den ~ geben 人³をすっかり参らせる、破滅させる. sich³ den ~ holen すっかり体を悪くしてしまう. **2**《複数 -er》《商業》(a) 残品. (b) 半端物(たとえばメーター売り商品の). preisgünstig einen ~ Seide kaufen 半端物の絹を格安の値段で買う. **3**《ふつう複数で》遺物、遺跡；名残. ~e des ehemaligen Schlosses かつての城の跡. die leiblichen〈irdischen〉~e eines Toten《雅》遺体. **4**《数学》余り、剰余. Zwanzig durch sechs ist drei, ~ zwei. 20割る6は3余り2. **5**《化学》基、根.

Res·tant [rɛsˈtant] 男 -en/-en (lat.) **1**《経済》支払未納者、滞納者. **2**《経済》売残り品. **3**《銀行》(支払期限の来ている)未償還債券.

***Res**·tau·rant [rɛstoˈrãː レストラーン] 中 -s/-s (fr.) レストラン、料理店.

Res·tau·ra·teur [rɛstora'tøːr] 男 -s/-e《古》《あ》レストランの支配人、料理店の主人.

Res·tau·ra·ti·on¹ [restaʊratsi̯oːn, rɛs..] 囡 -/-en (lat., Erneuerung') **1** 再建、復古、復興；《政治》王政復古. die Zeit der ~ nach dem Wiener Kongress ヴィーン会議後の王政復古時代. **2** (美術品などの)復元、修復.

Res·tau·ra·ti·on² [rɛstoratsi̯oːn] 囡 -/-en (la., Erfrischung')《古》《ジ》=Restaurant

res·tau·ra'tiv [restaura'tiːf, rɛs..] 復古的な.

Res·tau·ra·tor [restaʊˈraːtoːr, rɛs..] 男 -s/-en [..ra'toːrən] (美術品などの)修復技術者.

res·tau'rie·ren [restaʊˈriːrən, rɛs..] (lat.) ❶ 他 **1** 復興する、再興する、復古する. **2** (美術品などを)修復する、復元する. ❷ 再《sich》元気を回復する.

'**Rest**·be·stand 男 -[e]s/-e (在庫の)残部(残高).

'**Rest**·be·trag 男 -[e]s/-e 残金.

res'**tie**·ren [rɛsˈtiːrən] (it.)《古》❶ 圓 **1** 残っている. **2** 未払いである. ❷ 他 (人³に物³の)借りがある.

Res·ti·tu·ti·on [restitutsi̯oːn, rɛs..] 囡 -/-en (lat.) **1** 回復. **2**《法制》(ローマ法の)原状回復、補償、返済. **3**《生理》再生、補充.

Res·ti·tu·ti·ons·kla·ge 囡 -/-n《法制》原状回復の訴え.

'**rest**·lich ['rɛstlɪç]《付加語的用法のみ》残りの、余りの.

*'**rest**·los ['rɛstloːs レストロース]《述語的には用いない》**1** 残りのない、余す所のない. **2**《副詞的用法で》ことごとく、すっかり. et⁴ ~ aufessen 物⁴を残らず平らげる. ~ zufrieden〈glücklich〉sein すっかり満足してうく心底から幸せである.

'**Rest**·pos·ten 男 -s/-《商業》残品.

Res·trik·ti·on [restriktsi̯oːn, rɛs..] 囡 -/-en (lat., 権利の)制限、限定；《経済》(貿易などの)規制.

res·trik'tiv [restrɪkˈtiːf, rɛs..] 制限的な、限定的な.

res·trin·gie·ren [restrɪŋˈgiːrən, rɛs..] 他 (lat.) (まれ) 制限する. restringierter Kode《言語》制限コード (低所得労働者の用いる比較的単純な言葉の使い方).

Re·sul'tan·te [rezʊl'tantə] 囡 -/-n (lat.)《数学・物理》(ベクトルなどにおける)合力(ごうりょく).

Re·sul'tat [rezʊl'taːt] 中 -[e]s/-e (fr., Ergebnis') 結果、成果；(計算などの)結果、答え、解.

re·sul'tat·los 《述語的には用いない》成果のない、むだな.

re·sul'tie·ren [rezʊlˈtiːrən] 圓 (fr.) **1** (aus et³ 事³から)結果として生じる、結論がでる. **2** (in et³ 事³という)結果になる.

Re·sü'mee [rezyˈmeː] 中 -s/-s (fr.) 概要、要約、大意、レジュメ. das ~ ziehen 総括をする、結論を導き出す.

re·sü'mie·ren [rezyˈmiːrən] 他 (fr.) 要約する、総括(結論)としてまとめる、要旨(概要)を述べる.

Re'**tard** [rəˈtar] 男 -s/ (fr., Verspätung') (略 R) 遅れ(時計の調速盤上の表示).

re·tar'die·ren [retarˈdiːrən] (lat.) ❶ 他 遅らせる、遅滞させる. retardierendes Moment《文学》筋の進行を遅らせ緊張を高める要素. ❷ 自《古》(時計などが)遅れる.

re·tar'diert 過分 《医学・心理》身体的(精神的)発達の遅れた.

Re·ten·ti·on [retɛntsi̯oːn] 囡 -/-en (lat.)《医学》(尿・便などの)停留、停滞. **2**《心理》(学習内容などの)保持.

re·ti·ku'lar [retikuˈlaːr] =retikulär

re·ti·ku'lär [retikuˈlɛːr] (lat.)《医学》網状の、網状模様のついた.

'**Re**·ti·na ['reːtina] 囡 -/..nae [..nɛ] (lat.)《解剖》(Netzhaut) 網膜.

Re·tor·si·on [retɔrzi'oːn] 囡 -/-en (*lat.*)『法制』(国家間の)報復; 仕返し, 補償.

Re'tor·te [re'tɔrtə] 囡 -/-n (*fr.*) **1** レトルト. aus der ~ 人工的につくられた. ein Kind aus der ~ 試験管ベビー. **2**(工場で用いられる)蒸溜器.

Re·'tor·ten·ba·by 中 -/-s 『話』試験管ベビー.

re'tour [re'tuːr] 副 (*fr.*)『地方』『古』(zurück) 戻って, 後ろへ.

Re·'tour·[fahr.]kar·te 囡 -/-n 『鉄道』往復乗車券.

Re·'tour·kut·sche 囡 -/-n 『話』(同じような方法による)仕返し, しっぺ返し.

re·'tour·nie·ren [retʊr'niːrən] 他 (*fr.*) **1**『商業』返品する. **2**『球技』返却する, 返す. **3**[einen Ball] ~ 〈テニスなどで〉ボールを打返す.

re·tro'grad [retro'graːt] 形 (*lat.*) 後退の, 逆行の. 『天文』逆行運動の. ~*e* Ableitung〈Bildung〉『言語』逆成語.

rett·bar ['rɛtbaːr] 形 (まれ) (まだ)救える.

'ret·ten ['rɛtən レテン] ❶ 他 **1**(a) 救う, 救助する, 助ける. j³ das Leben / j⁴ vor dem Tode ~ 人³·⁴の命を救う. j⁴ vor dem Ertrinken ~ 人⁴が溺れかけているところを助ける. Sie konnten nur das Nötigste ~. 彼らはどうしても必要なものしか救い出せなかった. 『比喩的用法で』 *seine* Haut〈*seinen* Kopf〉~『話』窮地を脱する. die Situation ~ 情況が気まずくなるのを避ける. Bist du noch zu ~ ?『話』おまえ, ちょっとおかしいんじゃないか. du bist nicht mehr zu ~ sein『話』完全に〈頭が〉おかしい. 『現在分詞で』 das *rettende* Ufer 安全な〈救いの〉岸辺. die *rettende* Idee [窮地の情況を切抜ける]妙案. (b)『目的語なしでも』『スポーツ』シュートを防ぐ. Der Torwart *rettete* auf der Linie. ゴールキーパーがゴールライン上でボールを防いだ. **2** 保存する, 維持する; 守る. Gemälde〈alte Bücher〉~ 絵〈古書〉を保存する. *seine* Ehre ~ 名誉を守る. ❷ 再 (sich⁴) 逃れる(an einen Ort ある場所へ). Er *rettete* sich ans Ufer. 彼は避難して岸辺にたどり着いた. *sich* vor dem Regen unter ein Dach ~ 雨宿りをする. *sich* vor et〈j〉³ nicht mehr zu ~ wissen〈nicht mehr ~ können〉『比喩』事〈人〉³に手を焼いている, 困り果てている以外にない. Sie kann *sich* vor seiner Zudringlichkeit kaum [noch] ~. 彼女は彼のしつこさにうんざりしている. *Rette sich*, wer kann!『戯』(個人が)勝手に逃げろ.

'Ret·ter ['rɛtər] 男 -s/- 救い手, 救い主, 救助者.

'Ret·tich ['rɛtɪç] 男 -s/-e (*lat.* radix, Wurzel⁴) 大根.

Ret·tung ['rɛtʊŋ レトゥング] 囡 -/-en **1** 救うこと, 救助, 助け. j³ ~ bringen 人³に救いの手を差しのべる. Das ist meine letzte ~. それが私の最後の頼みの綱だ. **2**『石器』救助隊. ❸ 救急車.

'Ret·tungs·ak·ti·on 囡 -/-en 救助活動(作業).

'Ret·tungs·an·ker 男 -s/- 最後の支え, 頼みの綱.

'Ret·tungs·boot 中 -[e]s/-e **1** 救命ボート. **2** 救助艇.

'Ret·tungs·dienst 男 -[e]s/-e **1**(複数なし)救助活動. **2** 救助隊.

'Ret·tungs·gür·tel 男 -s/- 救命帯.

'ret·tungs·los 形 『述語的にしか用いない』 **1**(もはや)救いようのない. **2**『多く副詞的用法で』見込みのない, 希望のない. **3**『副詞的用法で』徹底的に, どうしようもなく. *sich*⁴ ~ betrinken ぐでんぐでんに酔っ払う.

'Ret·tungs·mann·schaft 囡 -/-en 救助隊.

'Ret·tungs·ring 男 -[e]s/-e **1** 救命浮き輪. **2**『戯』胴回りについた(肥満)脂肪.

'Ret·tungs·schwim·men 中 -s/ 救命泳法.

'Ret·tungs·sta·ti·on 囡 -/-en 救護所.

'Ret·tungs·wa·gen 男 -s/- 救急車.

'Ret·tungs·wes·te 囡 -/-n 救命胴衣.

Re·'tu·sche [re'tʊʃə] 囡 -/-n **1**(写真や印刷の)修整. ohne ~*n*〈比喩〉ありのままに. eine ~ der Weltgeschichte 世界史の改竄(淡). **2** 修整箇所.

re·tu'schie·ren [retu'ʃiːrən, retʊ'ʃ..] 他 修整する.

* **'Reue** ['rɔʏə ロイエ] 囡 -/ 後悔, 悔悟, 悔恨. bittere〈tiefe〉~ über et⁴ empfinden〈fühlen〉事⁴を心底から後悔する. tätige ~『法制』行為による後悔(犯行に着手したのちも後悔して, 犯行の結果の実現を防ぐための行為をすること).

* **'reu·en** ['rɔʏən ロイエン] 他 (人⁴を)後悔させる. Es *reut* ihn, dass er es getan hat. / 『雅』Die Tat *reut* ihn. 彼はそのようなことをしたことを後悔している. Das Geld〈Die Zeit〉 *reut* mich. 使った)お金〈(費やした)時間〉を私は今でも惜しいと思っている. *Reut* es dich, mitgefahren zu sein? 一緒に乗って行ったことを君は後悔しているのか.

'reue·voll 形 『雅』後悔の念に満ちた.

'Reu·geld ['rɔʏ..] 中 -[e]s/-er 『法制』解約(違約)金.

'reu·ig ['rɔʏɪç] 形 『雅』後悔している; (罪人などが)悔い改めた.

'reu·mü·tig ['rɔʏmyːtɪç] 形 『しばしば戯』後悔している, 改悛の情を示した.

Re·uni·on [re|uni'oːn] 囡 -/-en (↓ Re..+Union) **1**『古』再結合(合併). **2**『複数式』『歴史』(ルイ 14 世のアルザス=ロレーヌ)併合(政策).

'Reu·se ['rɔʏzə] 囡 -/-n **1** (Fischreuse) 魚を捕るためのじょうご形の網, やな. **2** (Vogelreuse) 鳥わな.

'Reu·ße ['rɔʏsə] 男 -n/-n 『古』(Russe) ロシア人.

re·üs·'sie·ren [re|y'siːrən] 他 (*fr.* réussir, Erfolg haben) 成功する.

'reu·ten ['rɔʏtən] 他『南ドイツ・スイス』『古』『林業』= roden

Re·'van·che [re'vɑ̃ʃə, re'vaŋʃ(ə)] 囡 -/-n (*fr.*, Vergeltung) **1** 復讐, 報復, 仕返し; 『古』領土奪回. **2**『戯』お返し, お礼. **3**『スポーツ』雪辱(淡)のチャンス; 雪辱戦, リターンマッチ.

re·'van·che·lus·tig 形 『政治』報復主義の.

Re·'van·che·spiel 中 -[e]s/-e 『スポーツ』雪辱戦, リターンマッチ.

re·van'chie·ren [revã'ʃiːrən, revaŋ'ʃ..] 再 (sich⁴) (*fr.*) (für et⁴ 事⁴の)報復(仕返し)をする; お返しをする. 雪辱をはたす. *sich* für eine Beleidigung ~ 侮辱に対して報復する. *sich* für ein Geschenk ~ プレゼントに返礼する. *sich* für die Niederlage ~ 敗北の雪辱をはたす.

Re·van'chis·mus [revã'ʃɪsmʊs, revaŋ'ʃɪsmʊs] 男 -/『政治』報復主義.

Re·van'chist [revã'ʃɪst, revaŋ'ʃɪst] 男 -en/-en 報復主義者の.

Re·ve'renz [reve'rɛnts] 囡 -/-en (*lat.*) 尊敬, 敬意; 敬礼, お辞儀. j³ *seine* ~ erweisen 人³に敬意を表す る.

Re·'vers¹ ['re.ve:r, ..'ve:r, rə..] 中 (男) -/- (*fr.*) 『服飾』折えり(コートやジャケットの襟の折返し部分).

Re·'vers² [re'vers, rə've:rs] 男 -es/-e (フランス語式発音のとき - [rə've:r(s)] / - [rə've:rs]) (*fr.*) 『貨幣』

(↔ Avers) 硬貨(メダル)の裏面.

Re·vers³ [re'vɛrs] 男 -es/-e [..'vɛrzə] (lat.) 保証書, 証書.

re·ver'si·bel [revɛr'ziːbəl] 形 (fr.) (↔ irreversibel) 1 可逆の, 戻すことのできる. 2 〖医学〗治すことのできる.

re·vi'die·ren [revi'diːrən] (lat. revidere , wieder hinsehen') ❶ 他 1 検査する, 監査する. 2 修正する, 変更する; (テキストを)校訂する; 〖印刷〗校正する. ❷ (sich) 意見を修正する, 態度を変更する.

*__Re'vier__ [re'viːr レヴィーア] 中 -s/-e (ndl.) 1 受持区域; 管轄区域; (Polizeirevier) (所轄の)警察署, 警察署の管轄区域; 〖生態〗(動物の)なわばり; 《比喩》領分, なわばり. Sie betrachtete die Küche ausschließlich als ihr ~. 彼女は台所をもっぱら自分の領分とみなしていた. 2 地区, 〖鉱業〗鉱区; 〖林業〗(Forstrevier) 営林区; (Jagdrevier) 猟区. 3 〖軍事〗(兵営内の)中隊兵舎; (兵営内の)看護室.

Re'vier·förs·ter 男 -s/- 管区林務(森林)官.

re'vier·krank 形 〖軍事〗兵営内の医務室で治療を受けている.

Re·view [ri'vjuː] 中 -/-s (engl., Rundschau') (しばしば英語の雑誌名に用いられて)展望.

Re·vi're·ment [revirə'mãː, -vir'mãː] 中 -s/-s 1 役人の人事異動. 2 〖古〗差引勘定.

Re·vi·si'on [revizi'oːn] 女 -/-en (lat. revidere , wieder hinsehen') 1 (帳簿などの)検査, 監査; 〖経済〗会計監査; (税関での)課税品検査; 〖印刷〗最終校正, 念校. eine ~ der Kasse〈Bilanz〉vornehmen〈durchführen〉会計の監査を行う. eine ~ des Gepäcks (税関での)手荷物検査. 2 (意見・政策などの)変更, 是正, (法律・条約などの)改正, 修正. 3 〖法制〗上告. gegen ein Urteil ~ einlegen〈beantragen〉判決を不服として上告する.

Re·vi·si·o'nis·mus [revizio'nɪsmʊs] 男 -/ 〖政治〗1 (憲法・条約の)改正論. 2 修正(社会)主義.

Re·vi·si·o'nist [revizio'nɪst] 男 -en/-en (憲法・条約の)改正論者. 2 修正(社会)主義者.

re·vi·si·o'nis·tisch 形 1 改正論の. 2 修正(社会)主義の.

Re·vi'sor [re'viːzoːr] 男 -s/-en [..viˈzoːrən] 1 (Bücherrevisor) 帳簿監査人, 会計士. 2 検査官. 3 〖印刷〗最終校正者.

Re·vo·ka·ti'on [revokatsi'oːn] 女 -/-en (lat.) (Widerruf) 撤回.

Re·vol'te [re'vɔltə] 女 -/-n (fr., Aufruhr') 反乱, 暴動, 蜂起.

re·vol'tie·ren [revɔl'tiːrən] 自 (fr.) 反乱(暴動)を起す; 反抗する (gegen et⟨j⟩³物⟨人⟩³に対して).

*__Re·vo·lu·ti'on__ [revolutsi'oːn レヴォルツィオーン] 女 -/-en (lat.) 1 革命. die Russische ~ ロシア革命. die industrielle ~ 産業革命. 2 〖古〗〖天文〗公転.

*__re·vo·lu·ti·o·när__ [revolutsio'nɛːr レヴォルツィオネール] 形 革命の; 革命的な. eine ~e Erfindung 画期的な発明.

Re·vo·lu·ti·o'när 男 -s/-e (fr.) 1 革命家. 2 革新者. ~ in der Medizin 医学における革新者.

Re·vo·lu·ti·o'nie·ren [revolutsio'niːrən] (fr.) ❶ 他 1 (事を)革新する. 2 (人³を)革命に駆立てる, (に)革命思想を吹込む. ❷ 自 (まれ) 革命を起す.

Re'vo'luz·zer [revo'lʊtsər] 男 -s/- (it.) 《侮》えせ革命家.

Re'vol·ver [re'vɔlvər] 男 -s/- (engl.) 1 (弾倉から回転する)連発拳銃, リボルバー. 2 〖工学〗=Revolverkopf.

Re'vol·ver·blatt 中 -[e]s/-̈er 低俗な新聞(雑誌). 赤新聞.

Re'vol·ver·dreh·bank 女 -/..bänke タレット(砲塔)旋盤(砲塔型の刃物台を回転させて刃物を選択できる旋盤).

Re'vol·ver·held 男 -en/-en 《侮》やたらに拳銃を撃ちたがる喧嘩好き.

Re'vol·ver·kopf 男 -[e]s/-̈e 〖工学〗(タレット旋盤)の刃物台.

Re'vol·ver·schnau·ze 女 -/-n 《俗》(まくしたてるように話す)厚かましい口のきき方; 厚かましい口をきく人.

re·vo·zie·ren [revo'tsiːrən] (lat.) 他 自 (主張など)を撤回する.

Re'vue [re'vyː, rə..] 女 -/-n [..'vyːən] (fr., Überblick') 1 〖演劇〗レビュー. レビューの一座. 2 (しばしば雑誌名に用いられて) 評論雑誌, レビュー. eine literarische ~ 文芸評論(誌). 3 〖古〗閲兵(式). j⟨et⟩⁴ ~ passieren lassen 《比喩》人⟨事⟩⁴を次々に思い浮かべる.

Re'vue·film 男 -[e]s/-e レビュー映画.

Re'yon [rɛ'jõː] 中 (中) -/ (fr.) レーヨン, 人絹.

Re·zen'sent [retsɛn'zɛnt] 男 -en/-en (lat.) (書籍・映画などの)批評家, 評論家.

re·zen'sie·ren [retsɛn'ziːrən] (lat.) 他 (新聞・雑誌などで書籍・映画・音楽などを)批評する, 論評する.

Re·zen·si'on [retsɛnzi'oːn] 女 -/-en 1 (書籍・映画などの)批評, 論評, 書評. 2 (古書のテキストの)校訂.

Re·zen·si'ons·exem·plar 中 -s/-e 〖書籍〗書評用献呈本.

re'zent [re'tsɛnt] 形 (lat.) 1 現存する, 現在でも生きている. 2 《地方》ぴりっとした, すっぱい.

*__Re'zept__ [re'tsɛpt レツェプト] 中 -[e]s/-e (lat.) 1 〖料理〗調理法, レシピ. 2 処方箋(%). j³ ein ~ schreiben 人³に処方箋を書く. 3 《話》(対処の)仕方, 方法.

re'zept·frei 形 (薬が)処方箋(%)なしで入手できる.

re·zep'tie·ren [retsɛp'tiːrən] 他 自 処方する. ein Medikament ~ 薬を処方する.

Re·zep·ti'on [retsɛptsi'oːn] 女 -/-en (lat., Aufnahme') 1 (芸術作品・外国・文化などの)受容, 受入れ. 2 (ホテルなどの)受付, フロント. 3 〖法制〗(法体系の継受(ローマ法をドイツ法として採用したことなどをいう); 〖生物〗(刺激の)受容.

re·zep'tiv [retsɛp'tiːf] 形 1 受容的な, 受身の. 2 (empfänglich) 感受性の強い.

re'zept·pflich·tig 形 (薬が)処方箋(%)の必要な.

Re'zess, °Re'zeß [re'tsɛs] 男 -es/-e (lat.) 《古》〖法制〗(文書になった)和解, 和議; (とくに)協定.

Re·zes·si'on [retsɛsi'oːn] 女 -/-en (lat. recessio , das Zurückgehen') 〖経済〗(一時的な)景気後退.

re·zes'siv [retsɛ'siːf] 形 1 〖遺伝〗(↔ dominant) 劣性の. 2 〖経済〗景気後退的の.

Re·zi'div [retsi'diːf] 中 -s/-e (lat., Rückfall') 〖医学〗再発.

re·zi·pie·ren [retsi'piːrən] 他 (lat.) 1 (外国の思想・法などを)受け(取り)入れる, 継受する. 2 (芸術作品などを)受容する, 享受する.

re·zi'prok [retsi'proːk] 形 (lat.) 相互の, 交互の. ~er Wert 〖数学〗逆数. ~es Pronomen 〖文法〗相互代名詞.

Re·zi·ta·ti'on [retsitatsi'oːn] 女 -/-en (lat., das

Vorlesen‘) (詩の)朗読, 朗誦.

Re·zi·ta·tiv [retsita'tiːf] 中 -s/-e (it.)《音楽》レチタティーヴォ, 叙唱.

Re·zi·ta·tor [retsi'taːtoːr] 男 -s/-en [..ta'toːrən] (lat.) 朗読(劇)者.

re·zi·tie·ren [retsi'tiːrən] 自他 (lat.) (詩などを)朗読する, 朗誦する, 朗々と話す.

'R-Ge·spräch ['ɛr..] 中 -[e]s/-e コレクトコール, 料金受信人払い通話(Rückfrage-Gespräch の短縮).

Rh [《記号》《化学》=Rhodium

Rha·bar·ber[1] [ra'barbər] 男 -s/ (gr.) 1《植物》ルバーブ, 食用大黄. 2 ルバーブの(食用にする)大きい葉柄.

Rha·bar·ber[2] -s/《話》(群衆の)ざわめき, ぶつぶつという声.

Rhap·so·de [ra'psoːdə, rap'zoːdə] 男 -n/-n (gr.) (古代ギリシアの)吟遊詩人.

Rhap·so·die [rapsoˈdiː, rapzo..] 女 -/-n [..'diːən] 1《文学》Rhapsode の朗唱する叙事詩; 狂想詩(疾風怒濤期の自由詩). 2《音楽》狂詩曲.

Rhein [rain] 男 -[e]s/《地名》der ~ ライン川.

'Rhein·fall -[e]s/《地名》der ~ ライン滝(スイスのシャフハウゼン Schaffhausen 付近にある中部ヨーロッパ最大の滝).

'rhei·nisch ['rainɪʃ] 形 ライン(川, 地方)の.

'Rhein·land ['rainlant] 中 -[e]s/《略 Rhld.》ラインラント(ライン川中, 下流地域).

'Rhein·län·der ['rainlɛndər] 男 -s/- 1 ラインラントの住民. 2 ラインポルカ(4 分の 2 拍子のダンス曲).

'rhein·län·disch ['rainlɛndɪʃ] 形 ラインラントの.

'Rhein·land-'Pfalz ['rainlant'pfalts]《地名》ラインラント=プファルツ(ドイツ西部の州, 州都は Mainz).

'Rhein·wein 男 -[e]s/-e ラインワイン(ライン川沿岸地域産のワイン).

'Rhe·ma ['reːma] 中 -s/Rhemata [..ta] (gr., Aussage‘)《言語》レーマ, 評言. ↑Thema

'Rhe·ni·um ['reːnium] 中 -s/ (lat.)《記号 Re》《化学》レニウム.

Rhe·o·lo·gie [reolo'giː] 女 -/ (gr. rheos , Fluss‘+..logie) レオロジー, 流動学.

Rhe·os·tat [reo'staːt] 中 -[e]s(-en)/-e[n] (gr.)《電工》レオスタット, 可変抵抗器.

'Rhe·sus·af·fe ['reːzʊs..] 男 -n/-n《動物》赤毛猿. ◆ギリシア神話のトラキア Thrakien の王レソス Rhesos にちなむ.

'Rhe·sus·fak·tor -s/《略 Rh-Faktor》《医学》Rh(アールエッチ)因子.◆ negativ《記号 rh》Rh マイナス因子. ◆ positiv《記号 Rh》Rh プラス因子.◆赤毛猿 Rhesusaffe から発見されたことから.

'Rhe·tor ['reːtoːr] 男 -s/-en [re'toːrən] (gr.) (古代ギリシアの)修辞家, 雄弁術教師.

Rhe·to·rik [re'toːrɪk] 女 -/-en (gr.) 1《複数なし》修辞学, レトリック; 雄弁術. 2 修辞学教本.

Rhe·to·ri·ker [re'toːrikər] 男 -s/- 修辞家; 雄弁家.

rhe·to·risch [re'toːrɪʃ] 形 1 修辞学の(に基づく). ~e Frage 修辞疑問. 2 話術の. 3 美辞麗句で飾った.

'Rheu·ma ['rɔymaː] 中 -s/ (gr.)《話》リューマチ.

Rheu·ma·ti·ker [rɔy'maːtikər] 男 -s/-《医学》リューマチ患者.

rheu·ma·tisch [rɔy'maːtɪʃ]《医学》1 リューマチ(性)の. 2《副詞的に用いない》リューマチを患っている.

Rheu·ma·tis·mus [rɔyma'tɪsmʊs] 男 -/..men [..mən]《医学》リューマチ.

Rh-Fak·tor [ɛr'ha..] 男 -s/-en《略》=**Rhesusfaktor**

Rhi·no·lo·gie [rinolo'giː] 女 -/ (gr.) (Nasenheilkunde) 鼻科学.

Rhi·no·ze·ros [ri'noːtserɔs] 中 -[ses]/-se (gr.) 1《動物》(Nashorn) さい. 2《卑》まぬけ, ばか.

Rhi'zom [ri'tsoːm] 中 -s/-e (gr.)《植物》根茎.

'Rho·dan [ro'daːn] 中 -s/《化学》ロダン, チオ(硫)シアン.

Rho·da'nid [roda'niːt] 中 -s/-e [..'niːdə]《化学》ロダン化物, チオシアン酸塩.

'Rho·di·um ['roːdium] 中 -s/ (gr.)《記号 Rh》《化学》ロジウム.

Rho·do·den·dron [rodo'dɛndrɔn] 中 (中) -s/..dren [..drən] (gr. rhodon , Rose‘)《植物》しゃくなげ属.

'rhom·bisch ['rɔmbɪʃ] 形 (↓Rhombus)《幾何》ひし形の.

Rhom·bo'id [rɔmbo'iːt] 中 -[e]s/-e [..'iːdə]《幾何》偏菱形.

'Rhom·bus ['rɔmbʊs] 男 -/..ben [..bən] (gr.)《幾何》ひし形.

'Rhön·rad ['røː..] 中 -[e]s/=er フープ. ◆1925 に O. Feick の考案したこの運動器具が初めて試された地方 Rhön (レーン)にちなむ.

'Rhyth·men ['rytmən] Rhythmus の複数.

'Rhyth·mik ['rytmɪk] 女 -/ (gr.) 1 リズム, 律動性. 2 律動に関する技術, 律動学. 3《音楽》リトミック, リズム教育;《教育》(リトミック教育の一環としての)リズム体操.

'rhyth·misch ['rytmɪʃ] 形 リズミカルな, 律動的な; リズムに関する; 律動学に基づく.

*'**Rhyth·mus** ['rytmʊs リュトムス] 男 -/..men [..mən] (gr. , Zeitmaß, Gleichmaß‘) リズム, 律動;《比喩》周期. der ~ eines Tangos〈der Gezeiten〉タンゴのリズム〈潮の干満の周期〉.

RIAS ['riːas] 男 -/《略》(↓Rundfunksender im amerikanischen Sektor [von Berlin]) リアス放送(ベルリーンの旧アメリカ占領地区の放送局).

Ri·bo·nu·kle'in·säu·re [ribonukle'iːn..] 女 -/《略 RNS》《生化学》リボ核酸.

'Ri·chard ['rɪçart]《男名》リヒャルト.

'Richt·an·ten·ne ['rɪçt..] 女 -/-n《放送》指向性アンテナ.

'Richt·beil 中 -[e]s/-e《古》死刑執行用の斧.

'Richt·blei 中 -[e]s/-e《土木》(Lot) 下げ振り, 錘重(すいじゅう).

'Richt·block 男 -[e]s/=e 断頭台.

'Rich·te ['rɪçtə] 女 -/《地方》まっすぐな方向. aus der ~ kommen 混乱する. et[4] in die ~ bringen 物[4] を整える.

*'**rich·ten** ['rɪçtən リヒテン] (↓recht) ❶ 他 1《方向を示す語句と》(a)..へ向ける. das Fernrohr auf ein Ziel ~ 望遠鏡をある目標物に向ける. seine Aufmerksamkeit〈sein Interesse〉auf et[4] ~ 注意〈関心〉を物に向ける. die Waffe gegen j[4] ~ 武器を人[4] に向ける. die Segel nach dem Wind ~ 帆を風の来る方向に向ける. j〈et〉[4] zugrunde ~ 人[4] を破滅させる〈物[4] をだめにする〉. (b) (お願い・要求などを)..に宛てて出す. eine Frage〈eine Bitte〉an j[4] ~ 人[4] に質問〈お

願い)をする. *sein* Gesuch an die zuständige Behörde ~ 所轄官庁に申請する. das Wort an j¹ ~ 人¹に話しかける.

2 〈物の〉方向を合せる, 調節をする. ein Geschütz ~ 大砲の照準を合せる. *seine* Uhr nach der Bahnhofsuhr ~ 自分の時計を駅の時計に合せる.

3 (a) (ちゃんと)整える(für et¹ 事¹のために). die Kinder für die Schule ~ 子供たちの学校の用意をする. den Tisch fürs Essen ~ 食事のためにテーブルの準備をする. (b) 直す, 修復(修理)する. eine Uhr ~ lassen 時計を修理してもらう. Er hat mir mein Fahrrad wieder *gerichtet*. 彼は私の自転車をまた走れるようにしてくれた.

4 まっすぐにする; まっすぐに立てる. Bleche〈einen Draht〉 ~ ブリキ板〈針金〉をまっすぐに延ばす. eine Fahnenstange ~ 旗を掲げるポールを立てる. ein Gebäude〈ein Haus〉 ~ 〖建築〗建物〈家〉の棟上げする. *seine* Zähne ~ 歯並びを矯正する.

5 〖雅〗 (a) 〈人¹を〉裁く. (b) 〈人¹を〉処刑する. sich⁴ selbst ~ 自決する.

❷ 再(sich) **1** 〈方向を示す語句と〉(ある方向に)向く, 向けられる. Ihre Augen *richteten sich* auf mich. 彼女の目は私に向けられていた. Gegen wen *richtet sich* dein Verdacht? 君の疑いは誰に向けられているのか. sich in die Höhe ~ 立上がる. Die Pflanze *richtet sich* zur〈nach der〉 Sonne. 植物は太陽の方を向く性質がある.

2 〘比喩〙 (a) (nach et¹ 事¹)に左右される, 〈事¹〉次第である. Die Bezahlung *richtet sich* nach der Leistung. 報酬は業績に合せて支払われる. Was wir morgen tun, *richtet sich* nach dem Wetter. あす我々が何をするかはお天気次第だ. (b) (nach j⟨et⟩¹ 人〈事〉³)に従って行動する. *sich* nach j² Anweisungen ~ 人²の指図に従って行動する. Er *richtet sich* immer nach seinem Vater. 彼はいつも父親の言いなりだ.

3 整列する. *Richt't*〈Richt!〉 *euch*! 〖軍隊での号令で〗整列.

❸ 自 〖雅〗 裁く(über j⟨et⟩¹ 人〈事¹〉を).

*'**Rich·ter** ['rɪçtər リヒター] 男 -s/- **1** 裁判官, 判事; 判定者. j¹ vor den ~ bringen 人¹を法廷に引っ張る, 裁判に訴える. der höchste〈letzte〉 ~ 〘比喩〙 神. **2** 〖複数で〗士師(し)(昔のイスラエル民族指導者). das Buch der ~ 〘旧約〙 士師記.

'**Rich·ter·amt** 中 -[e]s/ 裁判官の職.

'**Rich·te·rin** ['rɪçtərɪn] 女 -/-nen Richter の女性形.

'**rich·ter·lich** ['rɪçtərlɪç] 形〘述語的には用いない〙 裁判官の(による). ~e Gewalt 司法権.

'**Rich·ter·spruch** 男 -[e]s/⸚e 判決.

'**Rich·ter·stuhl** 男 -[e]s/⸚e 〖雅〗裁判官の椅子. auf dem ~ sitzen 〘比喩〙 裁判を司(る). vor Gottes ~ treten 〘婉曲〙 死ぬ(「神の裁きの席の前に進み出る」の意から).

'**Richt·fest** 中 -[e]s/-e 上棟(む)式. ◆オーストリアでは Dachgleiche, Gleichenfeier などという.

'**Richt·funk** 男 -s/ 〘放送〙 (電話ケーブルの代りに)指向性電波を用いた通信.

'**Richt·ge·schwin·dig·keit** 女 -/-en 〘交通〙(アウトバーンでの)標準速度.

'**rich·tig** ['rɪçtɪç リヒティヒ] (↓recht) ❶ 形 **1** (↔ falsch) 正しい. eine ~e Aussprache 正しい発音. Ist dies der ~e Weg nach X? Xへ行く道はこ

れでいいんですか. Es ist sicher ~, dass… …ということはきっと正しい. Die Uhr geht ~. その時計は合っている(時刻が正確だ). [Sehr] ~! その通り(相手の意見への同意). et⁴ ~ berichten〈verstehen〉事⁴を正確に報告〈正しく理解〉する. ~ messen〈rechnen〉 正確に測る〈計算する〉. 〘名詞的用法で〙 Er hatte im Lotto nur drei *Richtige*. 〘話〙宝くじで彼は数字が3つだけ合っていた.

2 (geeignet) ふさわしい, 適している, ぴったりの. der ~e Mann am ~en Platz〈Posten〉 うってつけ(適材適所)の男. gerade im ~en Augenblick kommen / 〘話〙gerade ~ kommen ちょうどいい時にやって来る. et⁴ am ~en Ende anfassen 〘比喩〙事⁴に対して適切な処置を講ずる. 〘名詞的用法で〙mit et¹ das *Richtige* treffen 事に関して適切に振舞う, ぴったり当る. Er tut immer das *Richtige*. 彼はいつも適切に振舞う. Sie ist an den *Richtigen* geraten〈gekommen〉. 〘話〙彼女は自分にふさわしい男性を見出した. Ihr seid mir gerade die *Richtigen*. 〘話〙〘反語〙君たちは本当に役立たずだ.

3 本格的な, まともな, しっかりとした. ein ~er Sommer 本格的な夏. Unser Nachbar ist ~. 我々の隣人はとんな人だ. Ich muss mal ~ ausschlafen. 私は一度ぐっすり寝ないといけない. aus j¹ einen ~en Mann machen 人¹を一人前の男にする. 〘名詞的用法で〙Er hat nichts *Richtiges* gelernt〈gegessen〉. 彼はまともなことを何も身につけていない〈ちゃんとしたものを何も食べていない〉. 〘慣用的表現で〙〘話〙Er ist nicht ganz ~ im Kopf〈im Oberstübchen〉. / Es ist nicht ganz ~ mit ihm. 彼はちょっと頭がおかしい. Hier ist es nicht [ganz] ~. この辺は気味が悪い(幽霊でも出そうだ).

4 〖付加語的用法のみ〗本当の, 本物の. sein ~er Name 彼の本当の名前. Sie ist nicht die ~e Mutter der Kinder. 彼女はその子供たちの本当の母親ではない. Er ist schon ein ~er Kavalier. 彼はもう本物の紳士だ. Er ist immer noch ein ~es Kind. 彼はいまだに子供だ. Sie ist eine ~e Berlinerin. 彼女は生粋のベルリーンっ子である.

❷ 副 **1** 全く, 非常に, 本当に. Mir ist ~ schlecht. 私はとても気分が悪い. ~ wütend〈froh〉 sein ひどく怒って〈とても喜んで〉いる.

2 実際に, その通りに. Ja ~, jetzt erinnere ich mich. ああそうだ, いま思い出した. Er hat doch ~ die falsche Nummer gewählt. 彼は案の定まちがった番号にかけてしまった.

♦ richtig gehend, richtig liegen, richtig machen, richtig stellen

'**rich·tig ge·hend**, °'**rich·tig·ge·hend**¹ 形〘付加語的用法のみ〙 (時計が)正確な.

'**rich·tig·ge·hend**² 形〘述語的には用いない〙〘話〙まちがいない, 本当の. Sie wurde ~ böse. 彼女は本当に怒ってしまった.

'**Rich·tig·keit** ['rɪçtɪçkaɪt] 女 -/ 正しさ, 正確さ, 正当性. die ~ einer Theorie〈Rechnung〉 理論〈計算〉の正しさ. Mit dieser Anordnung hat es seine ~. この指示は正しい.

'**rich·tig lie·gen***, °'**rich·tig|lie·gen*** 自 〘話〙適切な意見を持っている, 人々の期待にそっている. Er hat immer *richtig* gelegen. 彼はいつも(人々の期待にそう)適切な意見を述べた.

'**rich·tig ma·chen**, °'**rich·tig|ma·chen** 他 〘話〙(勘定を)清算する.

Riemen

'rich·tig stel·len, °**'rich·tig|stel·len** 他 直す, 訂正する. einen Irrtum ~ 誤りを訂正する.
'Rich·tig·stel·lung 女 –/–en 訂正.
'Richt·ka·no·nier 男 –s/–e 〖軍事〗(大砲の)照準手.
'Richt·li·nie 女 –/–n (ふつう複数で) 方針, 路線; 指導要領, 大綱(たいこう).
'Richt·maß 中 –es/–e = Eichmaß
'Richt·platz 男 –es/–e 処刑場.
'Richt·preis 男 –es/–e 〖経済〗**1** (官公庁などの指導による)標準価格, 適正価格. **2** (メーカーの)希望価格; 見積価格.
'Richt·scheit 中 –[e]s/–e[r] 〖建築〗(水準器付き)直定規.
'Richt·schnur 女 –/–en **1** (土木建築用の)下げ振り糸, 錘(すい)糸; 墨糸. **2** (複数まれ)〘比喩〙(行動の)規範, 基準. sich³ et⁴ zur ~ seines Lebens machen 事⁴を生活原理とする.
'Richt·schwert 中 –[e]s/–er〈古〉処刑用首切り刀.
'Richt·stät·te 女 –/–n = Richtplatz
'Richt·strah·ler 男 –s/–〖放送〗(送信用)ビームアンテナ.

Rich·tung ['rɪçtʊŋ リヒトゥング] 女 –/–en (↓ richten) **1** 方向, 方角. Wind*richtung* 風向き. Das ist die verkehrte ~. これは方向が逆だ. die ~ ändern〈verlieren〉方向を変える〈見失う〉. die ~ anzeigen (車の運転中, 方向指示器で)方向を示す. aus allen ~*en* kommen あらゆる方向からやって来る. Aus welcher ~ ist das Auto gekommen? その車はどちらの方向から来たのか. in ~ Hannover fahren ハノーファー方面へ行く. Zwölf Kilometer in dieser ~ liegt die Stadt. この方角へ12キロ行った所にその町はある. 〘比喩的用法で〙Die ~ stimmt. 万事うまく運んでいる. einem Gespräch eine bestimmte ~ geben 会話をある決まったテーマへと導く. eine andere ~ nehmen (考えなどが)別の方向へそれる. Das liegt nicht in meiner ~. / Das ist nicht meine ~. それは私の趣味に合わない, 私の好みではない. in dieser ~ こ の点で, この方面で. **2** (政治・芸術などの分野での)潮流; 流派; 流行. eine politische〈literarische〉~ 政治の潮流〈文学における流行〉. einer bestimmten ~ angehören ある特定の流派に所属する.

'rich·tung·ge·bend 形 (für et⁴ 事⁴の)指針となる, 方向(方針)を与える.
'Rich·tungs·an·zei·ger 男 –s/–(車の)方向指示器.
'rich·tungs·los 形 **1** 方向の定まらない. **2** (人が)方針を持たない, 成行きまかせの.
'Rich·tungs·pfeil 男 –[e]s/–e (路面に書かれた矢印形の)進行方向表示.
'rich·tung[s]·wei·send 形 方針(方向)を示す.
'Richt·waa·ge 女 –/–n (Wasserwaage) 水準器.
'Richt·wert 男 –[e]s/–e, **'Richt·zahl** 女 –/–en 標準(基準)値.
'Ri·cke ['rɪkə] 女 –/–n (↑Reh) のろじかの雌.
ri·di·kül [ridi'kyːl] 形 〈fr.〉〈古〉(lächerlich) おかしい, ばかげた.
rieb [riːp] reiben の過去.

'rie·chen* ['riːçən リーヒェン] roch, gerochen
❶ 自 **1** (物が)におう, においがする. gut〈schlecht〉~ 良い〈変な〉においがする. Es *riecht* [wie] angebrannt. 何かが焦げたにおいがする. Die Milch *riecht* schon. この牛乳はもうおかしなにおいがする(悪くなっている). 〘nach et³〙Hier *riecht* es nach Gas. ここはガスのにおいがする. Es〈Die Luft〉*riecht* nach Schnee. 〘比喩〙もうすぐ雪になりそうだ. nach Verrat ~ 〘比喩〙〈話〉裏切りかもしれない(裏切りのにおいがする). **2** (an et³ 物³の)においを嗅ぐ. an einer Blume〈Parfümflasche〉~ 花〈香水の瓶〉のにおいを嗅ぐ. Du darfst mal dran ~.〈話〉ちょっと拝ませてあげるだけだよ(においを嗅がせてあげる).
❷ 他 **1** (物⁴の)においを嗅ぐ. Ich *rieche* Gas〈nichts〉. (私には)ガスのにおいがする〈何のにおいもしない〉. Ich kann Knoblauch nicht ~. 〈話〉私はにんにくのにおいがだめだ. Das kann ich doch nicht ~. 〈話〉それは予測することはできない. Hast du gerochen, dass wir schon da sind? 〈話〉我々がもう来ていることを君は気づいていたのか. **2**〘比喩〙j⁴ nicht ~ können 人⁴にはがまんならない. Ich kann diese Art von Männern nicht ~. 私はこの種の男たちにはがまんがならない.

'Rie·cher ['riːçər] 男 –s/–〈卑〉(Nase) 鼻, 臭覚; 〘比喩〙直観力. einen ~ für et⁴ haben 事⁴に対して鼻が利く, (の)予感がする.
'Riech·fläsch·chen ['riːç..] 中 –s/–〈古〉気付け薬の小瓶.
'Riech·salz 中 –es/–e 芳香塩(気付け薬).
'Riech·stoff 中 –[e]s/–e におい物質.
Ried¹ [riːt] 中 –[e]s/–e **1**〖植物〗葦(あし), よし; 〈話〉(葦のように硬い茎をもった)背の高い草; 葦の茂み(藪). **2** (葦などの生い茂った)沼地, 湿地.
Ried² [riːt] 中 –[e]s/–en(–e) 〈古〉(ぶどう園の)耕作地.
'Ried·gras 中 –es/–er (ふつう複数で)〖植物〗かやつりぐさ科.
rief [riːf] rufen の過去.
'rie·fe ['riːfə] rufen の接続法 II.
'Rie·fe ['riːfə] 女 –/–n (石・金属・木材などの表面に刻んだ)溝.
'rie·feln ['riːfəln] 他 (物⁴に)溝をつける.
'rie·fig ['riːfɪç] 溝のついた, 筋目のある.
'Rie·ge ['riːɡə] 女 –/–n 〖スポ〗(体操の)チーム.
'Rie·gel ['riːɡəl] 男 –s/– **1** 閂(かんぬき), 掛け金; (ドアの錠から出てくる)ボルト, 舌. den ~ vorschieben〈vorlegen〉閂を掛ける. et³ einen ~ vorschieben〈vorlegen〉事³に待ったをかける. hinter Schloss und ~ 〘比喩〙牢獄の中で(へ). **2**〖建築〗横木, 横梁(よこばり); 〖スポ〗(フォワードまで加わった)堅いディフェンス; 〖軍事〗(Riegelstellung) 防禦線; 〖地形〗谷壁(たにかべ)(氷食谷にできる帯状の岩); 〖猟師〗(けもの道となる)尾根. **3** (切れ目の入ったチョコレート・石けんなどの)棒, バー. ein ~ Schokolade 1本のチョコレートバー. **4** 〖服飾〗(ボタン穴・スリットの背部に縫い付けられた)背ベルト, (ズボンなどの)ベルト通し.
'rie·geln ['riːɡəln] 他 〈古〉〈地方〉(物⁴の)閂(かんぬき)を掛ける.
'Rie·gel·stel·lung 女 –/–en 〖軍事〗防禦線.
***'Rie·men¹** ['riːmən リーメン] 男 –s/– **1** (革)紐(ひも), ベルト, バンド; 革靴の紐. et⁴ mit einem ~ festschnallen 物⁴を紐でしっかり締める. den ~ enger schnallen 〘比喩〙財布の紐をきつく締める. sich⁴ am ~ reißen 〘比喩〙〈話〉気を引締める(取直す). **2**〖工学〗(Treibriemen) 伝動ベルト; 〖建築〗(床用の幅の狭い寄せ木板; 〈卑〉(Penis) 陰茎.
'Rie·men² –s/– (lat., Ruder') 櫂(かい), オール.

sich[4] in die *Riemen* legen 力漕(%)する; (比喩)(話)全力を尽くす.

'Rie·men·an·trieb 男 -[e]s/-e (複数まれ)《工学》ベルト駆動.

'Rie·men·schei·be 女 -/-n《工学》ベルト車, プーリー.

'Rie·men·schnei·der ['ri:mənʃnaidər]《人名》Tilman ~ ティルマン・リーメンシュナイダー(1460 頃-1531, ドイツの彫刻家).

Ries 男 -es/-e《単位 -》(*arab*.)《製紙》連(%)(紙の数量単位, 1 連=250-1000 枚). fünf ~ Papier 5連の紙.

* **'Rie·se**[1] ['ri:zə リーゼ] 男-n/-n 1 (神話・伝説の中の)巨人. 2 大男, 巨漢; 偉大な人物. ein abgebrochener ~ (戯)小男, ちび. ein ~ an Geist〈Klugheit〉とても賢い男. 3 巨大な物(動植物・山・建物・施設など). die felsigen ~n Südtirols 南チロル地方にある巨峰. ein ~ aus Beton und Glas 巨大なビル. 4 (話)(鉄棒の)大車輪. 5《天文》巨星.

'Rie·se[2] 女 -/-n《南'・%》山につけられた木材搬送路(谷に向けて木材を滑り降ろす).

'Rie·sel·feld ['ri:zəl..] 中 -[e]s/-er 都市の下水を利用した灌漑(%)耕地.

'rie·seln ['ri:zəln] 自 (h, s) (小川・湧水などが)さらさらと流れる; (雪などが)さらさらと降る; (石炭などが粉になって)ばらばらと落ちる; (不安・恐怖などが背すじにぞくぞくっと走る. Das Wasser *rieselt* über den Kies. 水がじゃりの上をさらさらと流れる. Ein Schauder *rieselt* j[3] über den Rücken. 人[3]の背すじに恐怖が走る.

rie·sen.., **Rie·sen..** [ri:zən..]《接頭》《話》形容詞・名詞に冠して「巨大な, 尋常でない, 非常な」の意を表す. *riesen*groß ものすごく大きな. *Riesen*kraft 怪力.

'Rie·sen·ar·beit 女 -/ (話) 大変な仕事.

'Rie·sen·er·folg 男 -[e]s/-e (話) 大成功.

'Rie·sen·fel·ge 女 -/-n《体操》(鉄棒の)大車輪.

'rie·sen·ge·schlecht 中 -[e]s/-er 巨人族.

'rie·sen·groß 形 (比較変化없음)(話) 1 ものすごく大きな, 巨大な. 2 大変な. einen ~en Fehler machen 大変な過ちをしでかす.

'rie·sen·haft 形 1 (塔などが)巨大な. 2 (努力などが)非常な.

'Rie·sen·kraft 女 -/-e (話) 怪力.

'Rie·sen·rad 中 -[e]s/-er 大観覧車.

'Rie·sen·schlan·ge 女 -/-n《動物》大蛇, 王蛇, にしきへび.

'Rie·sen·schritt 男 -[e]s/-e (ふつう複数形で)《話》大きな歩幅. mit ~*en* 大股で; 急ぎ足で, 大変早く.

'Rie·sen·sla·lom 男 -s/-s (スキーの)大回転競技.

* **'rie·sig** ['ri:zɪç リーズィヒ] ❶ 形 1 (男・建物などが)巨大な. 2 (暑さ・感激などが)ものすごい, すごい. einen ~*en* Hunger haben 猛烈にお腹がへっている. 3 (話)すばらしい. ❷ 副 (話)たいへん, すごく.

'Rie·sin ['ri:zɪn] 女 -/-nen (*Riese* の女性形) 1 (神話の)女の巨人. 2 大女.

'Ries·ling ['ri:slɪŋ] 男 -s/-e 1 (複数形없음)ぶどうのリースリング種. 2 リースリング種の白ワイン.

'Ries·ter ['ri:stər] 男 -s/- 《古》(靴の甲の)つぎ革.

riet [ri:t] raten の過去.

'Riet·blatt 中 -[e]s/-er《紡織》筬(ぉ).

'rie·te [ri:tə] raten の接続法 II.

Riff[1] [rɪf] 中 -[e]s/-e (岩礁やさんご礁などの)礁(%)脈, 暗礁; 砂州. auf ein ~ auflaufen (船が)座礁する.

Riff[2] 中 -[e]s/-s (*engl*.)《音楽》リフ(ジャズ演奏で何度も繰返される短いフレーズ).

'Rif·fel ['rɪfəl] 女 -/-n 1《紡織》(a) 亜麻用千歯. (b) 亜麻抜(%)き. 2《工学》(表面の)波形, 溝.

'Ri·ga ['ri:ga]《地名》リガ(ラトヴィア共和国の首都. Lettland).

Ri·'go·le [ri'go:lə] 女 -/-n (*fr*.)《農業》排水溝.

ri·'go·len [ri'go:lən] 他 (*fr*.)《農業》(土地を)深く耕す.

Ri·go·'ris·mus [rigo'rɪsmʊs] 男 -/ (*lat*.) 1 厳格さ. 2《哲学》(カントの)リゴリズム, 厳粛主義.

Ri·go·'rist [rigo'rɪst] 男 -en/-en 1 厳格な人. 2《哲学》リゴリスト, 厳格主義者.

ri·go·'ris·tisch 形 1 厳格な. 2 リゴリズム(厳格主義)の.

ri·go·'ros [rigo'ro:s] 形 (*lat*.)厳格な, 厳しい, 容赦のない. ~*e* Maßnahmen 厳しい措置.

Ri·go·'ro·sum [rigo'ro:zʊm] 中 -s/..sa [..za] (*lat*.)博士号取得のための口述試験.

'Rik·scha ['rɪkʃa] 女 -/-s (*jap*.) 人力車.

'Ril·ke ['rɪlkə]《人名》Rainer Maria ~ ライナー・マリーア・リルケ(1875-1926, オーストリアの詩人).

'Ril·le ['rɪlə] 女 -/-n 筋(目); (細長い)溝; (額などにできる)しわ. die ~*n* einer Schallplatten レコード盤の溝.

'ril·len ['rɪlən] 他 1 (物)に溝をつける. (過去分詞で) *gerillte* Glasscheiben 溝模様のついたガラス板. 2 (紙などに折るための)刻み目をつける.

Ri'mes·se [ri'mɛsə] 女 -/-n (*it*.) 1《経済》為替(%)手形; 手形の送付. 2《½》(フェンシングの)ルミーズ(再攻撃の一種).

* **Rind** [rɪnt] 中 -[e]s/-er 1《動物》牛. 2《複数없음》(話)牛肉.

'Rin·de ['rɪndə] 女 -/-n《植物》樹皮, 木の皮;《解剖》(脳・じん臓などの)皮質; (パン・チーズなどの)皮.

'Rin·der·bra·ten ['rɪndər..] 男 -s/-《料理》ローストビーフ.

'Rin·der·pest 女 -/ 牛疫(%).

'Rin·der·talg 男 -[e]s/-e《料理》牛脂(%).

'Rin·der·wahn·sinn 男 -[e]s/(話)(BSE) 狂牛病.

'Rin·der·zun·ge 女 -/-n 1《料理》牛舌肉, タン. 2《植物》たにわたり(しだ類).

* **'Rind·fleisch** ['rɪntflaɪʃ リントフライシュ] 中 -[e]s/ 牛肉, ビーフ.

'rin·dig ['rɪndɪç] 形 (↓ Rinde) 1 樹皮のついた. 2 樹皮のような.

'Rinds·le·der ['rɪnts..] 中 -s/- 牛革.

'rinds·le·dern 形 牛革の.

'Rinds·talg 男 -[e]s/-e《南'・%》《料理》=Rindertalg.

'Rind·stück 中 -[e]s/-e《料理》ビーフステーキ.

'Rinds·zun·ge 女 -/-n《南'・%》《料理》=Rinderzunge.

'Rind·vieh 中 -[e]s/..viecher [..fi:çər] 1《複数없음》(家畜としての)牛, 飼い牛. 2《比喩》とんま, まぬけ.

Rin·for'zan·do [rɪnfɔr'tsando] 中 -s/-s(..di [..di])(*it*.)《音楽》リンフォルツァンド(急激に強めること).

Ring

[rɪŋ リング] 男 -[e]s/-e 1 (a) (Fingerring)指輪. ein Verlobungs*ring* エンゲージリング. einen ~ [am Finger] tragen 指輪をはめている. einen ~ anstecken 指輪をはめる. die ~*e* wechseln〈tauschen〉《雅》結婚する(指輪を交換する). (b) リング, 輪; リング状の物(ドアのノッカー・家畜の鼻輪・輪投げの

Rippe

輪など). Ohr*ringe* イヤリング. Schlüssel*ring* キーホルダーのリング. **2** (a) 輪; 輪に見える物 (湿ったグラスの丸い跡・木の年輪など). einen ~ bilden 輪になる, 輪をつくる. ~*e* unter den Augen haben 目の下に隈(½)ができている. Die Kinder schlossen einen ~ um den Lehrer. 子供たちが先生を輪になって取り囲んだ. Der ~ schließt sich⁴. 〘比喩〙この件は終了する, 終止符が打たれる. (b) (Ringstraße) 環状道路, リング. Der alte Stadtkern liegt innerhalb eines ~*es*. 古くからの市の中心部はその環状道路の内側にある. **3** 同好会, サークル; 組織, 一味; 企業連合. ein internationaler ~ von Rauschgifthändlern 国際的な麻薬密売人組織. einen ~ für Theater- und Konzertbesuche gründen⟨organisieren / bilden⟩ 劇や音楽鑑賞のために友の会をつくる(結成する). **4** 〘㋞〙 (a) (Boxring) (ボクシングの)リング. in den ~ steigen ⟨klettern⟩ リングにあがる. ~ frei zur zweiten Runde! 第2ラウンド開始(の掛け声). (b) (複数形で) (体操の) 吊り輪. an den ~*en* turnen 吊り輪の演技をする. **5** 〘数学〙環(½); 〘天文〙(土星などの)輪, (太陽・月などの)暈(½); 〘化学〙原子環.

'ring-ar-tig 㲝 リング状の, 輪の形をした.
'Ring-bahn 囡 -/-en 〘鉄道〙環状線.
'Ring-buch 囲 -[e]s/..e⁻ ルーズリーフ.
'Rin-gel ['rɪŋəl] 囲 -s/- 〈Ring の縮小形〉(螺旋・渦巻き状の)小さい輪.
'Rin-gel-blu-me 囡 -/-n 〘植物〙きんせんか属.
'rin-ge-lig ['rɪŋəlɪç] 㲝 螺旋(½)状の, 渦巻き状の.
'Rin-gel-lo-cke 囡 -/-n 〈ふつう複数で〉螺旋状の巻毛.
'rin-geln ['rɪŋəln] ❶ 囲 巻く, 巻きつかせる; (髪を)カールする. Die Pflanze *ringelt* ihre Ranken um die Stütze. その植物は添え木につるを巻きつけている. ❷ 囲 〈sich⁴〉巻いている, (蛇が)とぐろを巻いている; (髪が)カールしている. Die Schlange *ringelt* sich durch das Gebüsch. 蛇が体をくねらせながら藪の中を通る.
'Rin-gel-nat-ter 囡 -/-n 〘動物〙やまかがし属 (無毒のへび).
'Rin-gel-rei-hen 囲 -s/- (子供たちが手をつないで踊る)輪舞.
'Rin-gel-spiel 囲 -[e]s/-e 〘㋞〙 (Karussell) 回転木馬, メリーゴーラウンド.
'Rin-gel-tau-be 囡 -/-n **1** 〘鳥〙もりばと. **2** 〘古〙〘地方〙お買得(品).
'Rin-gel-wurm 囲 -[e]s/..er⁻ 〘動物〙(みみずなどの)環形動物.
*'**rin-gen*** ['rɪŋən] rang, gerungen ❶ 圖 **1** 格闘する ⟨mit j³ 人³と⟩. Die beiden Männer *rangen* erbittert [miteinander]. その2人の男は激しくもみ合った. **2** 〘比喩的用法で〙闘う, 奮闘する ⟨mit et³ 事³を克服しようと / nach et³ 事³を求めて / um et⁴ 事⁴を達成しようと⟩. Er *ringt* noch mit der fremden Sprache. 彼はまだその外国語と格闘中である. mit dem Tode ~ 死と闘う, 死の床にある. mit sich³ ~ ⟨結論を出すために⟩あれこれ思い悩む. Ich habe lange mit mir *gerungen*, ob ich das verantworten kann. そのことに責任をもてるかどうかについて私は長いこと思い悩んだ. nach Atem⟨Luft⟩ ~ 苦しそうに息をつく. nach Worten ~ ぴったりした言葉を探して苦しむ. um Freiheit⟨Erfolg⟩ ~ 自由を求めて闘う⟨成功を目指して奮闘する⟩. **3** 〘㋞〙 レスリングをする. ❷ 囲 **1** ねじる, 絞る. weinend ⟨flehend⟩ die Hände ~ 泣きながら⟨拝むように⟩手を揉み合わせる (絶望・不安・

悲嘆のしぐさ). **2** (人³から物⁴を)もぎ取る, 奪う. Er *rang* dem Mann das Messer aus der Hand. 彼はその男の手からナイフをもぎ取った.
❸ 囲 ⟨sich⁴⟩ (言葉・声などが)絞り出される. Ein Stöhnen *rang* sich aus seiner Brust. うめき声が彼の胸から洩れ出てきた.
'Rin-gen 㑏 -s/ 格闘; 〘㋞〙 レスリング.
'Rin-ger ['rɪŋər] 囲 -s/- レスリングの選手, レスラー.
'Ring-fin-ger 囲 -s/- (↓Ring) 薬指.
'ring-för-mig 㲝 環状の, 輪の形をした. ~*e* Verbindung 〘化学〙環式化合物.
'Ring-kampf 囲 -[e]s/..e⁻ 〘㋞〙 レスリングの試合; 〈複数なし〉(競技種目としての)レスリング. **2** 格闘, 取っ組合い (のけんか).
'Ring-kämp-fer 囲 -s/- =Ringer
'Ring-mau-er 囡 -/-n (町や城周りの)囲壁, 城壁.
'Ring-rich-ter 囲 -s/- 〘㋞〙 のレフェリー.
*'**rings*** [rɪŋs リングス] 圖 (↓Ring) ぐるりと; (…の)周り至る所に. *Rings* an den Wänden hingen Bilder. 周りの壁じゅうに絵がかかっていた. sich⁴ ~ im Kreis umsehen ぐるりと周りを見回す. ~ um mich her 私の周りをぐるりと, 私の周りじゅうに.
'rings-he-'rum ['rɪŋshɛ'rʊm リングスヘルム] 圖 ぐるりと, 周に(½). ein Garten mit einer Mauer ~ 周囲を塀に(½)囲まれた庭. Ich bin einmal ~ gelaufen. 私は一度ぐるりと歩いてまわった.
'Ring-stra-ße 囡 -/-n 環状道路.
'rings-'um ['rɪŋs'ʊm] 圖 (ringsherum) ぐるりと, 周りに. Ich konnte ~ nichts entdecken. 私は周囲に何も発見できなかった.
'rings-um-'her ['rɪŋsʊm'heːr] 圖 (ringsherum) ぐるりと, 周りに. *Ringsumher* war nichts zu sehen. 周りには何も見えなかった.
'Ring-tausch 囲 -[e]s/-e 〈複数まれ〉 3人以上による(第3者が間に入る) 交換.
'Ring-wall 囲 -[e]s/..e⁻ 〘考古〙環状の防壁.
'Rin-ne 囡 -/-n **1** (細い) 溝(長く細い) 溝; 用水路; 排水溝, 樋(½), 雨樋; (Fahrrinne) (船の入港用の)水路; 〘猟師〙(Rönne) 大鹿捕獲用の網; 〘海洋〙海溝. Norwegische ~ ノルウェー海溝.
*'**rin-nen*** ['rɪnən リネン] rann, geronnen 圓 (s, h) (s) (そんなに多くない量の液体が細いすじになって)流れる. Wasser *rinnt* aus der defekten Leitung. 水道管の傷んだ箇所から水がちょろちょろ流れ出ている. Blut *rinnt* aus der Wunde. 傷口から血が流れ出ている. Tränen *rannen* ihr über die Wangen. 涙が彼女の頬をつたって流れた. Ein Schauer *rann* ihm durch den Leib. 戦慄が彼の体の中を流れた. Das Geld *rinnt* ihm durch die Finger. 〘比喩〙彼は金を湯水のごとく使う. **2** (h) 〘地方〙(容器が)漏る. Der Eimer *rinnt*. このバケツは漏る. **3** (h) 〘猟師〙(獣が)泳ぐ.
'Rinn-sal ['rɪnzaːl] 㑏 -[e]s/-e 細い水の流れ, 小川, 小さな湧き水. ein ~ von Tränen (頬などをつたう) 一筋の涙.
'Rinn-stein ['rɪn..] 囲 -[e]s/-e (歩道の)排水溝, どぶ; (Bordstein) (歩道の)縁石. 〘比喩的用法〙 im ~ enden⟨landen⟩ 落ちぶれ果てる. j³ aus dem ~ auflesen 人⁴をどん底生活から拾い上げる.
R. I. P. (略) 〈lat.〉 =requiescat in pace
'Ripp-chen ['rɪpçən] 㑏 -s/- 〘料理〙(とくに豚の)骨付きあぶり肉. **2** (Rippe の縮小形)小肋骨.
*'**Rip-pe*** ['rɪpə リペ] 囡 -/-n **1** あばら骨, 肋骨(¾). Er hat sich³ eine ~ gebrochen. 彼は肋骨を(1本)折

った. j³⁴⁾ [mit dem Ellbogen] in die ~n stoßen 人³⁴の脇腹を(肘で)小突く.《比喩的用法で》《話》Man kann bei ihr alle〈die〉~n zählen. Sie hat nichts〈zu wenig〉auf den ~n. 彼女はやせて骨と皮ばかりだ. Ich kann mir's doch nicht aus den ~n schneiden. 私はそれをどうしても調達〈工面〉できない. Mann kann ihn durch die ~n blasen. 彼はひょろひょろにやせている(吹けば飛んでしまいそうだ). **2** 肋骨のような形をした物,溝と溝の間の盛り上がった部分,スチーム暖房装置の中の管など,(Riegel 3)〈切れ目の入ったチョコレートや石けんなどの棒、バー. ein Heizkörper mit vier ~n 4本の管のついたラジエーター. eine ~ Schokolade 1本のチョコレートバー. **3**《料理》あばら肉、リブ(とくに豚の);《植物》太く盛り上がった葉脈;《工学》(Spant) (船舶・飛行機の)肋材,フレーム;《建築》(丸屋根を支える)肋材,リブ.

'**rip·peln**¹ [ˈrɪpəln] 自 (sich⁴)《地方》動く; 急ぐ; sich nicht ~ und rühren じっとして動かない.

'**rip·peln**² 他 (↓ Rippe)《地方》(物⁴に)肋骨状(波状)の起伏を付ける;(麻を)べりべり,がりがり,ばくばく.

'**rip·pen** [ˈrɪpən] 他 (まれ)(織物などに)畝(ぅ)を付ける.
◆ ↑ gerippt

'**Rip·pen·bruch** 男 -[e]s/¨-e 肋骨骨折.
'**Rip·pen·fell** 中 -[e]s/-e《解剖》肋(?)膜.
'**Rip·pen·fell·ent·zün·dung** 女 -/-en《医学》肋膜炎.
'**Rip·pen·stoß** 男 -es/¨-e 横腹を突くこと. j³ einen ~ geben〈versetzen〉人³の脇腹をつつく.
'**Rip·pen·stück** 中 -[e]s/-e《料理》(骨付きの)あばら肉,リブ.
rips [rɪps] 間《動物が喰いついたり引き裂いたりする際の擬声語》Rips! ぱりり,べりっ,がりっ,ばくり. Rips raps! ばりばり,べりべり,がりがり,ばくばく.
Rips [rɪps] 男 -es/-e《紡織》畝(ぅ)織りの布地.
'**Ri·si·ken** [ˈriːzɪkən] Risiko の複数.

*'**Ri·si·ko** [ˈriːziko リーズィコ] 中 -s/-s(..ken, ₍ᵢᵀₐₗ₎ Risken [ˈrɪskən]) (it.) リスク,危険; ジンク(危険の伴った事柄). Das ~ einer Fehlgeburt bleibt nach wie vor bestehen. 流産の危険はいぜん去っていない. ein ~ eingehen〈übernehmen/auf sich⁴ nehmen〉危険を冒す. das ~ so klein wie möglich halten リスク(危険)を最小限に留める. Das ist ein großes ~. は大きなリスクを伴っている(事柄だ). auf eigenes ~ 自分の責任で.

'**Ri·si·ko·fak·tor** 男 -s/-en 危険要因(因子).
'**Ri·si·ko·frei** 形 リスク(危険)のない.
'**Ri·si·ko·ge·sell·schaft** 女 -/-en (環境破壊・社会不安などの)危険をはらむ社会.
'**Ri·si·ko·grup·pe** 女 -/-n (健康などの)危険にさらされたグループ.
'**Ri·si·ko·ma·nage·ment** 中 -s/ =Risikopolitik
'**Ri·si·ko·po·li·tik** 女 -/ リスク(危険)管理.
'**ri·si·ko·reich** 形 リスク(危険)の多い.
ris'kant [rɪsˈkant] 形 (fr.) 危険な,リスクを伴う; 大胆な,思いきった.
'**Ris·ken** [ˈrɪskən] 《ぉₐₗ》 Risiko の複数.

*'**ris'kie·ren** [rɪsˈkiːrən リスキーレン] 他 (fr.) **1** (危険を冒して)敢えてする. Soll ich es ~? (危険を冒してでも)それをやってみましょうか. Meinst du, ich könnte ~ allein hinunterzufahren? 私1人で降りて行けると思う(スキーの際の急斜面などでの問答)? eine Lippe ~《話》思い切って自分の意見を言う. **2** (事になる)危険を冒す. einen Unfall ~ 事故の危険を冒す.

Du riskierst eine Blamage, wenn du das tust. そんなことをしても君が恥ずかしい思いをするだけだよ. **3** (事をを賭する). seine Stellung〈sein Leben〉 ~ 地位〈命〉を賭する.

Ri'sot·to [riˈzɔto] 男 -[s]/-s(₍ᵢᵀₐₗ₎ 中 -s/-[s]) (it. riso Reis')《料理》リゾット(米を玉ねぎなどと共に油で炒め,肉汁で炊き上げたイタリア風の米料理).
'**Ris·pe** [ˈrɪspə] 女 -/-n《植物》円錐花序.
riss,°**riß** [rɪs] reißen の過去.

***Riss,**°**Riß** 男 -es/-e (↓ reißen) **1** 割れ目,裂け目,ひび割れ. ein ~ im Felsen〈in der Haut〉岩の割れ目〈肌のひび割れ〉. In der Decke sind〈zeigen sich〉 ~ e. 天井にひび割れができている. einen ~ flicken (衣服の)破れを繕(ξ²)う. einen ~ bekommen 割れ目ができる,ひびが入る.《比喩的用法》Die Freundschaft bekam einen ~. 友情にひびが入った. Du hast wohl einen ~ im Hirn〈Kopf〉.《話》君はちょっと頭がおかしいんじゃないのか. **2**《土木・工学》設計図,見取図. Aufriss 立面図. Seitenriss 側面図. einen ~ von einem Haus zeichnen 家の見取図をかく. **3** (まれ) 引き裂くこと. der ~ des Films フィルムの切断. **4**《猟師》肉食獣の餌食(½)になった動物.

'**ris·sig** [ˈrɪsɪç] 形 割れ目(ひび)の入った. ~e Haut ひび割れた(荒れた)肌.
Rist [rɪst] 男 -es/-e **1**《ぁₓₐ》足(手)の甲. **2** (Widerrist) (馬・牛などの)背骨(½), 背柄(ⁿ).
ri·stor·nie·ren [rɪstɔrˈniːrən] 他 (it.)《保険》保険料を返還する,払い戻す.
Ri'stor·no [rɪsˈtɔrno] 男 中 -s/-s (it.)《保険》保険料の返還.
Ri·tar'dan·di [ritarˈdandi] Ritardando の複数.
ri·tar'dan·do [ritarˈdando] 副 (it.) (略 rit.)《音楽》リタルダンドで,だんだんゆるやかに.
Ri·tar'dan·do 中 -s/-s(..di[..di])《音楽》リタルダンド(楽曲のだんだんゆるやかに演奏する部分).
'**ri·te** [ˈriːtə] 副 (lat.) (ドイツのドクター試験で)可で(合格点の最下位). †cum laude
'**Ri·ten** [ˈriːtən] Ritus の複数.
ritsch [rɪtʃ] 間 **1**《物を裂いたり切断したりする音》Ritsch! びりっ,ぺりっ. ~, ratsch! びりびりっ,ぱりぱりっ. **2**《素早い動きや迅速な時の経過の表現》Ritsch! さっ,ぱっ,びゅーん. ~, ratsch あっという間に;びゅーん.

ritt [rɪt] reiten の過去.
Ritt [rɪt] 男 -[e]s/-e (↓ reiten) 馬に乗って行くこと,騎行; (馬による)遠乗り. in einem 〈in einen〉 ~《話》いっきに. ein ~ über den Bodensee (本人自身がその危険に気づかない)無謀な企て(シュヴァーブ G. Schwab のバラードにちなむ).

'**rit·te** [ˈrɪtə] reiten の接続法II.

*'**Rit·ter** [ˈrɪtər リッター] 男 -s/- **1** (中世の)騎士; 騎士修道会所属の騎士. j⁴ zum ~ schlagen (首または肩を剣で軽く打つ刀礼の儀式をすることにより)人⁴に騎士の位を授ける.《今日では次の用法で》《戯》 einen ~ ohne Furcht und Tadel 恐れを知らぬ勇敢な男. ein ~ des Pedals 自転車競技の選手. ein ~ von der traurigen Gestalt 喜劇的な果てたぶざまな騎士(Don Quichote の渾名(ᵃᵈ), 同じような印象を与える男に対して使う). ▶ 付録「図解小辞典」参照. **2** 高位の勲章の保持者. **3** (古代ローマの)騎馬戦士. **4** (古) (Kavalier) (婦人に対して礼儀正しい)紳士. **5** arme Ritter《料理》フレンチトースト; 牛乳に漬けてやわらかく

したブレーチヘン.

Rit·ter·burg 囡 -/-en 騎士の居城.

Rit·ter·gut 中 -[e]s/=er《古》騎士領, 騎士の領地.

rit·ter·lich ['rɪtɐlɪç] 厖 **1** 騎士の; 騎士にふさわしい. **2** 騎士のように高潔な, 騎士的な;《とくに女性に対して》親切な, 礼儀正しい. Er bot ihr ~ den Arm. 彼女は彼に慇懃に腕を差出した.

Rit·ter·lich·keit 囡 -/ 騎士道精神; 騎士的な振舞, 騎士的であること.

Rit·ter·or·den 男 -s/- 騎士団, 騎士修道会.

Rit·ter·ro·man 男 -s/-e 騎士物語, 騎士小説.

Rit·ter·schaft 囡 -/-en **1**《複数なし》《位地としての》騎士, 騎士領の領主であること; 騎士階級. **2**《1君主または1国に属する》騎士団.

Rit·ter·schlag 男 -[e]s/=e《複数まれ》刀礼(騎士の位を授けるために叙任される者の首または肩を剣で軽くたつ儀式). ~ empfangen 刀礼を受ける.

Rit·ter·sporn 男 -[e]s/-e《植物》ひえんそう(飛燕草)属.

Rit·ter·stand 男 -[e]s/《中世における》騎士の身分, 騎士階級. jᵈ in den ~ erheben 人ˣを騎士に登用する.

Rit·ter·tum [..tuːm] 中 -s/ 騎士制度; 騎士精神; 騎士団, 騎士階級.

'ritt·lings ['rɪtlɪŋs] 副 馬乗りになって. sich⁴ ~ auf einen Stuhl setzen 椅子にまたがってすわる.

'Ritt·meis·ter 男 -s/- **1**《古》騎兵隊の隊長. **2**《軍事》(1945 までのドイツ軍の)騎兵中隊長.

Ri·tu·al [rituˈaːl] 中 -s/-e⟨-ien [..liən]⟩ (lat.)**1**《宗教》儀式, 祭式, 典礼. **2** 儀式ばった習慣的な行為, 慣例, しきたり.

Ri·tu·al·buch 中 -[e]s/=er (宗教上の)儀式書, 式典書.《カトリック》典礼儀式書, 定式書.

ri·tu·ell [rituˈɛl] 厖 (lat.)《比較変化なし》儀式の, 儀式にのっとった, 恒例の.

'Ri·tus ['riːtʊs] 男 -/Riten [..tən] (lat.)**1**《宗教》(Ritual) 儀式, 祭式, 典礼. **2** 慣例, しきたり.

Ritz [rɪts] 男 -es/-e (↓ ritzen) **1** かき傷, ひっかき傷, ひび. **2** = Ritze

'Rit·ze ['rɪtsə] 囡 -/-n (↓ ritzen) 裂け目, 割れ目, すき間.

'Rit·zel ['rɪtsəl] 中 -s/-《工学》ピニオン, 小歯車.

'rit·zen ['rɪtsən] (↓ reißen) ❶ 他 **1** (a) (物ʳに)細長い筋を入れる, かき傷をつける. Glas mit einem Diamanten ~ ガラスにダイアモンドで筋を入れる. sich³ beim Rasieren die Wange ~ ひげを剃っていて頬を傷つける.《過去分詞で》Die Sache ist geritzt.《比喩》《話》その件は片がついた.《b)(名前や絵などを刻み(彫り)つける(in etˣ 物ʳに). seinen Namen⟨ein Herz⟩ in die Rinde ~ 木(の皮)に名前⟨ハートのマーク⟩を彫りつける. seinen Gegner mit dem Degen ~ 敵に剣の先で傷を負わせる. **3**《スポ》(規則に)違反する.
❷ 囲《sich⁴》かき傷をつくる. sich mit einer Nadel an einem Nagel) ~ 針⟨釘の先⟩でかき傷をつくる.

Ri·va·le [riˈvaːlə] 男 -n/-n (fr.) ライバル, 競争相手.

ri·va·li·sie·ren [rivaliˈziːrən] 自 (fr.) (mit jᵈ um etˣ 人ˣと物ˣを得ようと)争う, 張合う, 競合する.

Ri·va·li·tät [..tɛːt] 囡 -/-en 競争, 張合い, 対抗(関係).

Ri·vi·e·ra [riviˈeːra] 囡 -/..ren [..rən]《複数まれ》《地名》die ~ リビエラ(地方)(フランスからイタリアに至る地中海沿岸の気候明媚な観光・保養地).

'Ri·zi·nus ['riːtsinʊs] 男 -/-[se] (lat.)**1**《植物》とうごま, ひま. **2**《複数なし》《薬学》= Rizinusöl

Ri·zi·nus·öl ['riːtsinʊs-] 中 -s/《薬学》(下剤用の)ひまし油.

r.-k.(略)= römisch-katholisch

rm(記号)= Raummeter

RM(略)= Reichsmark

Rn(記号)《化学》= Radon

'Roast·beef ['roːstbiːf] 中 -s/-s (engl.)《料理》ローストビーフ.

'Rob·be ['rɔbə] 囡 -/-n《動物》鰭脚(きゃく)類(あざらし・おっとせいなど).

'rob·ben ['rɔbən] 自 (s) (あざらしのように)腹這いで進む, 匍匐(ほふく)前進する.

'Rob·ben·fang 男 -[e]s/ あざらし狩り, おっとせい猟.

'Rob·ben·fän·ger 男 -s/- あざらし(おっとせい)猟の猟師.

Ro·be ['roːbə] 囡 -/-n (fr., Gewand') (裁判官などが着る)官服, (聖職者の)法衣;《雅》夜会服, ローブ;《戯》《新調の)服.

'Ro·bert ['roːbɛrt]《男名》ローベルト.

Ro·bin·so·na·de [rɔbɪnzoˈnaːdə] 囡 -/-n (英国の小説家デフォー Defoe 作の)ロビンソン・クルーソー風の冒険小説;(難破者などの)波瀾万丈の冒険譚.

Ro·bin·so·na·de[..] 囡 -/-n《古》《サッカー》ロビンソン式セービング, フルレングス・セービング(英国のサッカー選手 J. Robinson, 1878-1949 にちなむ).

'Ro·bot ['rɔbɔt] 囡 -/-en ⟨男 -[e]s/-e⟩ (tschech.)《古》夫役(ぶやく).

'ro·bo·ten ['rɔbɔtən, roˈbɔtən] 過去分詞 gerobotet [gəˈrɔbɔtət] ⟨robotet [roˈbɔtət]⟩ 自《話》重労働をする, あくせく働く;《古》夫役に服する.

'Ro·bo·ter ['rɔbɔtɐ, roˈbɔtɐ] 男 -s/- (↓ Robot) **1** ロボット, 人造人間. **2**《古》夫役に服する人.

ro·bust [roˈbʊst] 厖 (lat.) **1** 丈夫(頑丈)な, 壊れにくい, 抵抗力のある. Die Möbel sind ~ gebaut. それらの家具はがっしりとした作りである. **2** たくましい, 強健(頑健)な. ein ~er Kerl タフなやつ.

roch [rɔx] riechen の過去.

Ro·cha·de [rɔˈxaːdə, roˈʃaːdə] 囡 -/-n (↓ rochieren) **1**《チェス》キャスリング(キングとルークを同時に動かし, キングを安全な位置に移動させること). **2**《サッカー》(戦況に応じての)ポジションチェンジ.

'rö·che ['ræçə] riechen の接続法 II.

'rö·cheln ['ræçəln] 自 (病人などが)喉(のど)をぜいぜい鳴らす.

'Ro·chen ['rɔxən] 男 -s/-《魚》えい.

ro·chie·ren [rɔˈxiːrən, roˈʃiːrən] 自 (h, s) **1** (h)《チェス》キャスリングする. **2** (h, s)《サッカー》ポジションチェンジする.

Rock¹

[rɔk ロク] 男 -[e]s/Röcke **1** (a) (女性の)スカート. Sie trägt meist ~ und Bluse. 彼女はたいていスカートにブラウスという服装である. Er ist⟨läuft⟩ hinter jedem ~ her.《戯》彼は女と見れば後を追回す. (b)《服飾》(ワンピースの)スカートの部分. **2**《地方》(a)《制服としての》上着. der grüne ~ des Försters 森林監督官の緑色の上着. den bunten ~ anziehen《古》軍隊に入る(迷彩服を着る). (b)《古》コート. Gehrock フロックコート. **3**《スポ》(Damenkleid) ワンピース, ドレス.

Rock² 男 -[s]/-[s] **1**《複数なし》(Rockmusik) ロックミュージック. ~ hören⟨spielen⟩ロックを聞く⟨演奏する⟩. **2** (Rock and Roll) ロックンロール. ~ tanzen

ロックンロールを踊る.
Röck·chen ['rœkçən] 匣 -s/- 《Rock¹の縮小形》小さいスカート.
Rö·cke ['rœkə] Rock¹の複数.
Ro·cken ['rɔkən] 男 -s/- 糸巻き棒.
Rock·fal·te 女 -/-n 上着の襞(ᵓᵈᵉ).
Rock·mu·sik 女 -/ ロックミュージック.
Rock·schoß 男 -es/ᵉe（燕尾服などの）上着のすそ；（スカートのウエストのところの）ひだ飾り. mit wehenden《fliegenden》*Rockschößen*《戯》飛ぶように, 大急ぎで. an j² *Rockschößen* hängen / sich³ j³ an die *Rockschöße* hängen《比喩》《話》(とくに子供が)人²,³ の脇から離れない；(独立心が欠けていて)人²,³ に頼りっぱなしである.
Rock·zip·fel 男 -s/- スカートのひだ飾り；《古》(男性の)上着のすそ. an j² ~《j³ am ~》hängen《比喩》《話》人²,³ から自立できない(離れられない). j⁴ [gerade noch] am《beim》~ halten《erwischen》《話》人⁴ が立去ろうとしているのをかろうじて引留める.
Ro·de·hacke 女 -/-n 根株を掘るくわ, 開墾用のくわ；(じゃがいも類の)掘取り用のくわ.
Ro·del¹ ['ro:dəl] 男 -s/- 《lat., Rädchen'》《南西ド・墺》文書の巻物, 公用の目録, リスト.
Ro·del² 男 -s/- 《南ド》= Rodelschlitten
Ro·del³ 女 -/-n 《ᵓᵈᵉ》1 小型のそり. 2 (玩具の)がらがら.
Ro·del·bahn 女 -/-en そり(リュージュ)用の滑走路.
'ro·deln ['ro:dəln] 自 (s, h) そりで滑る(滑走する)；そりで滑って行く.
Ro·del·schlit·ten 男 -s/- そり, リュージュ.
ro·den ['ro:dən] 他 開墾する；(藪などを)伐さいする, 取除く；《農業》(新たに苗を植えるために)深く掘返す；(根株などを)掘出し, 収穫する.
Ro·dung ['ro:dʊŋ] 女 -/-en 1 (根株などを)掘取ること, 開墾すること. 2 開墾地.
Ro·gen ['ro:gən] 男 -s/- 《Fischrogen》(魚の)腹子.
Ro·ge·ner ['ro:gənər] 男 -s/- (雌)魚.
Rog·gen ['rɔgən] 男 -s/- 《植物》らい麦. ein Sack ~ らい麦1袋.
Rog·gen·brot 匣 -[e]s/-e らい麦パン, ライブレッド.
Rog·gen·mehl 匣 -[e]s/ らい麦粉.
Rog·ner ['rɔgnər] 男 -s/- = Rogener

roh
[ro: ロー] 匣 1 (食物が)生(ᵓᵈᵉ)の, 調理されていない. ~es Fleisch 生肉. ~er Schinken 生ハム. Gemüse ~ essen 野菜を生で食べる. j⁴ wie ein ~es Ei behandeln《話》人⁴ を腫(ᵓᵈᵉ)れ物にさするように扱う. 2 (a) (材料などが)加工されていない. ~es Holz〈Erz〉原木〈原鉱石〉. ~er Zucker 粗糖. ~e Pferde 調教されていない馬. (b) 粗雑な, 大ざっぱな. ein ~ behauener Stein 粗削りした石材. ein ~er Entwurf 大ざっぱな計画. nach ~er Schätzung 大まかな見積りでは. 《名詞的用法で》Die Arbeit ist im *Rohen*(ᵓᵈᵉ) ~ fertig. その仕事はおおかた(大体)できあがっている. 3 粗野な, 粗暴な. j⁴ ~ behandeln 人⁴ を手荒に扱う. mit ~er Gewalt 力(腕)ずくで. 4 皮がはがれた(皮膚をすりむいたりなどした).
'Roh·bau 男 -[e]s/-ten （内装・外装の仕上っていない)粗(ᵓᵈᵉ)造りの建物. im ~ (建物が)粗造りの状態で.
Roh·bi·lanz 女 -/-en《経済》試算表.
Roh·ei·sen 匣 -s/-《冶金》銑鉄.
°**Ro·heit** ['ro:haɪt] ↑ Rohheit
Roh·er·trag 男 -[e]s/ᵉe《経済》売上総利益, 粗利益.
Roh·erz 匣 -es/-e《鉱業》粗鉱.
'Roh·heit ['ro:haɪt] 女 -/-[e]n 1 (複数なし) 粗暴, 野蛮, 残忍さ. 2 粗暴(粗野)な言動.
Roh·kost 女 -/ (野菜や果物などの)生のもの.
Roh·köst·ler 男 -s/- 野菜や果物の常食者；菜食(生食)主義者.
'Roh·ling ['ro:lɪŋ] 男 -s/-e 1 野蛮(粗暴)な人. Dieser ~! この野蛮人め. 2《工学》未加工品.
Roh·ma·te·ri·al 匣 -s/-ien [..li̯ən] 原料, 原材料.
Roh·öl 匣 -[e]s/-e 原油.
Roh·pro·dukt 匣 -[e]s/-e (半加工の)中間製品, 半製品.
*****Rohr** [ro:r ロー⁊] 匣 -[e]s/-e 1 (a) (複数まれ) 葦, よし；芽(ᵓᵈᵉ). spanisches ~ (太い)籐；《古》籐の枝. ein schwankendes ~ im Wind sein / wie ein ~ im Wind schwanken (風にゆれる葦のように)優柔不断である, 心がゆれている. (b) (複数なし) 葦の茂み. 2 管, パイプ；銃身, 砲身. voll[es] ~《話》全力で；全速力で. etwas im ~ haben《話》人¹⁴ にねらいをつける, なにか(よからぬ事)をたくらむ. Etwas ist im ~《話》なにか(よからぬ事)が起りそうだ. mit geladenem ~《古》銃に弾を込めて. 3 (卑) ペニス. ein ~ haben 勃起している. sich³ das ~ verbiegen (男が)病気(性病)をもらう. ein ~ verlegen 性交する. 4《南ド》天火, オーブン.
Rohr·bruch 男 -[e]s/ᵉe パイプ(導管)の破裂.
'Röhr·chen ['rø:rçən] 匣 -s/-《Rohr, Röhre の縮小形》小さい管(パイプ).
Rohr·dach 匣 -[e]s/ᵉer 葦(ᵓᵈᵉ)ぶきの屋根.
Rohr·dom·mel 女 -/-n《鳥》さんかのごい(さぎ科).
*****Röh·re** ['rø:rə レーレ] 女 -/-n (↓ Rohr) 1 管, チューブ, パイプ；筒状の物. eine gläserne ~ ガラス管, kommunizierende ~n《物理》連通管. 2 天火, オーブン. et⁴ in der ~ backen 物⁴ をオーブンで焼く. in die ~ sehen〈gucken〉(指をくわえて見ている(↑ 4). 3《電子工》真空管, 電子管；ネオン管. 4《話》テレビ(受像機). in die ~ gucken〈starren〉テレビを見る(↑ 2). 5《猟師》(巣の)地下通路.
'röh·ren ['rø:rən] ❶ 自 (h, s) 1 (h) (鹿が発情期の声で)鳴く. 2 (h) 怒鳴り声をあげる, 轟音を立てる. 3 (s)《話》(車などが)轟音を立てて走る. ❷ 他 怒鳴る, がなる.
'röh·ren·för·mig 匣 管(筒)状の.
Röh·ren·kno·chen 男 -s/- 管状骨.
Rohr·flö·te 女 -/-n《楽器》1 (パイプオルガンの)唇管. 2 葦笛, 牧笛.
Rohr·ge·flecht 匣 -[e]s/-e 籐(ᵓᵈᵉ)細工(品).
Röh·richt ['rø:rɪçt] 匣 -[e]s/-e 葦(ᵓᵈᵉ)の茂み.
Rohr·kol·ben 男 -s/-《植物》がま.
Rohr·kre·pie·rer [..krepi:rər] 男 -s/- 銃身(砲身)内過早炸裂弾, 腔発弾.
Rohr·le·ger [..le:gər] 男 -s/- 1 配管工. 2 (海中の石油や天然ガス採取用の)パイプ敷設工.
Rohr·lei·tung 女 -/-en 配管(系統), パイプライン.
Rohr·post 女 -/ 気送郵便(書状や小包を圧縮空気管で伝送すること).
Rohr·sän·ger 男 -s/-《鳥》よしきり.
Rohr·spatz 男 -en(-es)/-en《鳥》おおじゅりん. schimpfen wie ein ~《話》きゃあきゃあめがく.
Rohr·stock 男 -[e]s/ᵉe (折檻用の竹(籐)の鞭(棒).
Rohr·stuhl 男 -[e]s/ᵉe 籐(ᵓᵈᵉ)椅子.

Rohr·zu·cker 男 -s/ (甘)蔗糖(とう).
Roh·sei·de ['roː..] 囡 -/-n 〖紡績〗(セリシンを除く前の)生糸(きいと), ローシルク(= ローシルクの織物.
Roh·stahl 男 -[e]s/=e 粗鋼.
'**Roh·stoff** ['roːʃtɔf ローシュトフ] 男 -[e]s/-e 原料, 原材料; 未加工品. ~e ausführen〈einführen〉原料を輸出〈輸入〉する.
Ro·ko·ko ['rɔkoko, ro'kɔko, roko'koː] 中 -[s]/ (fr.) ロココ(様式)(18世紀の華麗な建築・美術・芸術様式); ロココ時代.
Rolla·den ['rɔla:dɐn] ↑Rollladen
Roll·back ['roːlbɛk, 'roʊlbæk] 中 -s/-s (engl.) 1 〖政治〗ロールバック政策(1950年代のアメリカの対ソ政策). 2 反動, 保守化; 逆行, 逆戻り.
Roll·bahn ['rɔl..] 囡 -/-en 1 (工場や建築現場の)運搬用の軌道. 2 〖航空〗滑走路; 誘導路.
Röll·chen ['rœlçən] 中 -s/- (= Rolle の縮小形) 1 小さな滑車(キャスター). 2 《ふつう複数で》《古》(袖口に差し込む)巻カフス.

'**Rol·le** ['rɔlə ロレ] 囡 -/-n (fr.) 1 (a) 円筒状に巻いた物. eine ~ Toilettenpapier トイレットペーパーのロール. ein Blatt zu einer ~ zusammendrehen 紙を筒状に丸める. (b) 《古》(巻物になった)《記録》文書, 目録. 2 ころ, キャスター, 滑車. ein Tisch auf ~n キャスターつきのテーブル. 3 〖地方〗(洗濯物を仕上げるための)ローラー. j⁴ durch die ~ drehen 《話》人をしぼりあげる. 4 〖体操〗回転の, (曲芸飛行の)横転し. 5 〖鉱業〗抗木, 落し穴. 6 (a) (演劇や映画などの)役. eine kleine〈wichtige〉~ ちょい役〈重要な役〉. Diese ~ ist dem Schauspieler auf den Leib geschrieben. この役はその役者の体に吹き込まれている(十八番である). die ~ des Hamlet spielen ハムレットの役を演じる. eine ~〈den Text einer〉~ lernen 台本を読む(勉強する). die ~n verteilen 役を割振る, 配役する. sich⁴ mit der ~ des Zuschauers begnügen (比喩)傍観者の役割に甘んずる. 《話》役割. die ~ der Freundschaft im Leben 人生における友情の役割. bei e³ eine ~ spielen 事³である(一定の)役を果たす. [gern] eine ~ spielen mögen〈wollen〉目立ちたがる. seine ~ ausgespielt haben 地位(名声)を失う. keine ~ spielen 重要(たいした こと)ではない. Geld spielt bei ihm keine ~. 彼には金は問題ではない. aus der ~ fallen ぶざまな(その場にふさわしくない)振舞をする. sich³ in *seiner* ~ gefallen《雅》自分の役割を鼻にかける(ひけらかす). sich⁴ in *seine* ~ finden《雅》自分の役割に甘んじる(順応する). sich⁴ in j² ~ versetzen j²の身になって考える.

*'**rol·len** ['rɔlən ロレン] (↓Rolle) ❶ 自 (s, h) 1 (s) 転がる, 転回する; 回転しながら進む. Die Kugel *rollt*. 玉が転がる. Der Ball *rollt* ins Aus. ボールがラインの外に出る. Tränen *rollten* ihr über die Wangen. 涙が彼女の頬をぽろぽろ落ちた. Im Schlaf ist er auf die andere Seite *gerollt*. 寝ているあいだに彼は反対側まで転がった(寝返りをうった). Die Wogen *rollen*. 波が逆巻く. Das Geld muss ~. 《話》金は天下を回っていなければならない. Die Aktion *rollt* schon.《話》行動はすでに起されている(進行中である). In seinen Adern *rollt* feuriges〈blaues〉Blut.《雅》彼の血管には熱い血が流れている〈彼は高貴な生れだ〉. Bei dieser Angelegenheit werden Köpfe ~. 《雅》この一件では(上の人たちの)首が飛ぶだろう.《中性名詞として》ins *Rollen* kommen《話》(ある事が)始まる, 着手される. et⁴ ins *Rollen* bringen《話》事⁴を惹き起す. (の)きっかけになる. 2 (s) (列車・車などが)(ゆっくり)進む, 走る. Der Zug *rollt* aus dem Bahnhof. 列車が駅から出てゆく. 《現在分詞で》*rollendes* Material 〖鉄道〗車両. 3 (h) (船員)(船が)ローリング(横揺れ)する. 4 (h) (a) (雷鳴・雷などが)とどろく. (b) (カナリアなどが)さえずる. 5 (h) mit den Augen (怒って)目をぎょろつかせる(↑2 3).

❷ 他 1 転がす. das Fass bis an die Tür ~ 樽をドアのところまで転がす. einen Stein zur Seite ~ 石をわきへ転がす. 2 巻く. einen Teppich ~ 絨毯(じゅうたん)を巻く. eine Zigarette ~ (紙巻き)たばこを巻く. 3 (頭などを)めぐらす. die Augen ~ (怒って)目をぎょろつかせる(↑1 5). 4 〖地方〗(洗濯物を)(仕上げ用の)ローラーにかける. 5 〖料理〗(生地(き)を)棒などでのばす. 6 das R ~ (のどを震わせて)Rの発音をする. 7 《話》さんざん殴る, 打ちのめす.

❸ 再 《sich⁴》1 転げる, 転げ回る. Die Kinder *rollten* sich im Gras. 子供たちは草のなかで転げ回った. 2 巻く, 巻いた状態になる. Die Schlange *rollt* sich. 蛇がとぐろを巻く. Der Teppich hat *sich* an den Rändern *gerollt*. 絨毯(じゅうたん)の端がめくれあがった.

'**Rol·len·be·set·zung** 囡 -/-en (演劇・映画の役の)割付け, 配役, キャスティング.
'**Rol·len·fach** 中 -[e]s/=er 〖演劇〗役柄.
'**Rol·len·spiel** 中 -[e]s/-e 〖心理〗役割遊び.
'**Rol·len·ver·tei·lung** 囡 -/-en 1 = Rollenbesetzung 2 〖社会学・心理〗役割分担.
'**Rol·ler** ['rɔlɐr] 男 -s/- 1 子供用スクーター; モータースクーター. 2 〖鳥〗ローラーカナリア(の鳴き声の). 3 〖海洋〗大波. 4 〖スキー〗ミスシュート. 《走り高跳び》ベリーロール. 5 《古》荷車の御者.
'**rol·lern** ['rɔlɐrn] 自 (h, s) (子供の遊戯用の)スクーターに乗って遊ぶ; (モーター)スクーターに乗って行く.
'**Roll·feld** 中 -[e]s/-er (Flugfeld) 滑走路.
'**Roll·film** 男 -[e]s/-e 〖写真〗ロールフィルム.
'**Roll·fuhr·mann** 男 -[e]s /..männer(..leute) 《古》= Rollkutscher
'**Roll·geld** 中 -[e]s/-er 貨物運送(集配)料.
'**Roll·kom·man·do** 中 -s/-s 〖軍事〗奇襲部隊; 〖政治〗突撃(行動)隊.
'**Roll·kra·gen** 男 -s/- 〖服飾〗タートルネック.
'**Roll·kut·scher** 男 -s/- 荷馬車の御者.
'**Roll·la·den** 男 -s/=(-) 巻上げ式のブラインド(シャッター).
'**Roll·mops** 男 -es/=e (きゅうりや玉ねぎに巻きつけた)マリネ漬けにしん.
'**Rol·lo** ['rɔlo, rɔ'loː] 中 -s/-s 巻上げ式のブラインド. ◆フランス語 Rouleau のドイツ語化されたもの.
'**Roll·schin·ken** 男 -s/- ボンレスハム.
'**Roll·schrank** 男 -[e]s/=e よろい戸付の戸棚.
'**Roll·schuh** 男 -[e]s/-e ローラースケート靴. ~ laufen ローラースケートをする.
'**Roll·schuh·bahn** 囡 -/-en ローラースケート用のリンク.
'**Roll·sitz** 男 -es/-e (ボートの)スライディングシート.
'**Roll·stuhl** 男 -[e]s/=e 車椅子. im ~ sitzen 車椅子に乗っている.
'**Roll·stuhl·fah·rer** 男 -s/- 車椅子使用者. ◆女性形 Rollstuhlfahrerin 囡 -/-nen
Roll·trep·pe 囡 -/-n エスカレーター.
Rom¹ [roːm] 〖地名〗ローマ(a) イタリアの首都. (b) 古代ローマ帝国の首都. ~ ist nicht an〈in〉einem

Tage erbaut worden.《諺》ローマは一日にして成らず. Viele⟨Alle⟩ Wege führen nach ~.《諺》すべての道はローマに通ず. [Das sind] Zustände wie im alten ~.（古代ローマ帝国の末期のような）目もあてられない惨状だ. Er ist in ~ gewesen und hat den Papst nicht gesehen.《諺》彼はローマに行きて教皇を見ず(機会がありながら最も大事なものを見逃してしまったの意). Auf diesem Messer kann man bis ~ reiten.《話》このナイフははなくらだ.

Rom² [roːm] -/-[a] (*sanskr.*)（男の）ジプシー(ジプシーの自称). ↑Sinto, Zigeuner

ROM [rɔm] 田 -[s]/-[s] (*engl.*)《略》read only memory〈コンピュ〉, 読出し専用メモリ.

'**Ro·ma·dur** ['roːmaduːr, 〈ﾌﾗﾝｽ〉 roma'duːr] 男 -[s]/ (*fr.*) ロマドゥールチーズ(棒状の軟質チーズ).

*'**Ro·man** [roˈmaːn] 男 -s/-e (*fr.*)（長編）小説, ロマン. ein historischer⟨politischer⟩ ~ 歴史⟨政治⟩小説. Sein Leben war ein ~.《比喩》彼の生涯は(小説のように)波瀾万丈だった. Erzähl doch keine ~ en!《比喩》《話》手short-話せ; 嘘八百はよせ.

Ro·man·ci·er [romãsi'eː] 男 -s/-s (*fr.*) =Romanschriftsteller

Ro·ma·ne [roˈmaːnə] 男 -n/-n (*lat.*) ロマン(ス)語族(ラテン語系)民族の人, ロマン人(フランス人・イタリア人・スペイン人・ポルトガル人・ルーマニア人など).

ro'man·haft [roˈmaːnhaft] 形 小説的な, 小説風の; 架空の, 荒唐無稽な.

Ro'man·held 男 -en/-en 小説の主人公.

Ro·ma·ni [ˈrɔmani, roˈmaːni] 田 -[s]/ ロマニ語(ジプシーの言葉). ↑Rom²

Ro'ma·nik [roˈmaːnɪk] 女 -/ ロマネスク様式(11-13世紀のヨーロッパで流行した建築などの様式).

ro'ma·nisch [roˈmaːnɪʃ] 形 (*lat.*) ロマン(ス)語系(ラテン語系)民族の, ロマン人的な; ロマン(ス)語の. die ~en Sprachen ロマン(ス)諸語(フランス語・イタリア語・スペイン語・ポルトガル語・ルーマニア語など). ▶↑deutsch 2 ロマネスク様式の.

ro·ma·ni·sie·ren [romaniˈziːrən] 他 1《歴史》(国や民族を)ローマ化する, ローマ帝国領に編入する. 2 ロマン(ス)語系民族化する, ロマン人風にする.

Ro·ma·nist [romaˈnɪst] 男 -en/-en 1 ロマン(ス)語学ロマン(ス)文学研究者. 2 ローマ法学者.

Ro·ma·ni·stik [romaˈnɪstɪk] 女 -/ 1 ロマン(ス)語ロマン(ス)文学(研究). 2 ローマ法学.

ro·ma·ni·stisch [..tɪʃ] 形 ロマン(ス)語(文学)研究の; ローマ法学の.

Ro'man·li·te·ra·tur 女 -/（長編）小説文学.

Ro'man·schrift·stel·ler 男 -s/- 小説家, 長編小説の作家.

Ro'man·tik [roˈmantɪk] 女 -/ (↓romantisch) 1 ロマン主義, ロマン派. die deutsche ~ ドイツロマン派. 2 ロマンティックな雰囲気(気分). keinen Sinn für ~ haben まったく実際的な人間だ, ロマンティックな気分を解さない.

Ro'man·ti·ker [roˈmantɪkər] 男 -s/- 1 ロマン主義者, ロマン派の芸術家. 2 ロマンチックな人, 空想(夢想)家, ロマンチスト.

*'**ro'man·tisch** [roˈmantɪʃ] 形 (*fr.*) ロマン主義(ロマン派)の. die ~e Schule ロマン派の. 2 ロマンチックな, 空想(夢想)的な, 夢幻的な; 絵のように美しい. ein ~er junger Mann 空想的な若者. ~e Abenteuer 不思議な冒険. eine ~e Landschaft 絵のように美しい風景.

Ro'man·ze [roˈmantsə] 女 -/-n (*sp.*) 1《文学》(14世紀にスペインで起こり, とくに騎士の恋や冒険をうたった)物語詩, ロマンツェ. 2《音楽》ロマンス, 華想曲 3（秘められた）恋愛関係, 情事, ロマンス.

Ro·man·ze·ro [romanˈtseːro] 男 -s/-s (*sp.*)《文学》スペインの物語詩集.

'**Rö·mer**¹ 男 -s/-（大型の）ワイングラス.

'**Rö·mer**² 男 -s/- 1 ローマ市民;（古代ローマ帝国時代の）ローマ人. 2《複数なし》フランクフルト市の旧市庁舎.

'**Rö·mer·brief** 男 -[e]s/《新約》ローマ人への手紙.

'**rö·misch** [ˈrøːmɪʃ] 形 （古代）ローマ(人)の. ~es Recht《法制》ローマ法. ~e Ziffern ローマ数字. das Römische Reich《歴史》ローマ帝国.

'**rö·misch-ka·tho·lisch** 形《略 röm.-kath., r.-k.》ローマ・カトリック(教会)の.

röm.-kath.《略》=römisch-katholisch

'**Rom·mé, Rom·mee** [ˈrɔme, rɔˈmeː] 男 -s/-s (*engl.*)〈ﾄﾗﾝﾌﾟ〉ラミー.

'**Ron·de** [ˈrɔndə, ˈrɔːdə] 女 -/-n (*fr.*) 1《古》《軍事》(歩哨などに対する)巡察, 巡検; 巡検将校. 2（製品の部品としての）ブリキの円板.

Ron'deau¹ [rɔnˈdoː, rɔ̃ˈdoː] 田 -s/-s (*fr.*)《文学》ロンドー(多く3連13行から成り2個の脚韻を持つフランス起源の短詩型). 2《複数 Rondeaus または Rondeaux [..doː]》《音楽》ロンドー(13-15世紀のフランス歌曲の形式); (Rondo) ロンド(主テーマが挿入部を挟んで数度回帰する器楽曲の形式).

Ron'deau² -s/-s〈ｶﾞｰﾃﾞﾝ〉(Rondell) 円形花壇.

Ron'dell [rɔnˈdɛl] 田 -s/-e 1 円形の花壇. 2 円形の広場. 3〈ｶﾞｰﾃﾞﾝ〉(公園内の)円形の散歩道. 4（城壁などから突き出した）円形の塔.

'**Ron·do** [ˈrɔndo] 田 -s/-s (*it.*)《音楽》ロンド(主テーマが挿入部を挟んで数度回帰する器楽曲の形式).

'**rön·ne** [ˈrœnə] rinnen の接続法II.

'**rönt·gen** [ˈrœntɡən] 他 (↓Röntgen)（人〈物〉4）にX線を照射する,（の）レントゲン写真をとる; レントゲン撮影による検査をする.

'**Rönt·gen** [ˈrœntɡən] ❶《人名》レントゲン. Wilhelm Conrad ~ ヴィルヘルム・コンラート・レントゲン(1845-1923, ドイツの物理学者で X 線の発見者). ❷ 田 -[s]/-（記号 R, 古 r）レントゲン（X 線や γ 線の許容照射線量の単位）.

'**Rönt·gen·ap·pa·rat** 男 -[e]s/-e X 線装置.

'**Rönt·gen·auf·nah·me** 女 -/-n X 線撮影(法); X 線写真.

'**Rönt·gen·be·strah·lung** 女 -/-en《医学》X 線照射(法).

'**Rönt·gen·bild** 田 -[e]s/-er X 線像; X 線写真.

Rönt·ge·no·gramm [rœntgenoˈɡram] 田 -s/-e X 線写真.

Rönt·ge·no·gra·phie [..ˈɡraˈfiː] 女 -/-n [..ˈfiːən] =Röntgenuntersuchung

Rönt·ge·no·lo·ge [..ˈloːɡə] 男 -n/-n X 線(放射線)治療法の専門医; X 線(放射線)学者.

Rönt·ge·no·lo·gie [..loˈɡiː] 女 -/ レントゲン(X 線)学; X 線(放射線)医学.

rönt·ge·no·lo·gisch [..ˈloːɡɪʃ] 形 レントゲン(X 線)学の; X 線(放射線)医学による.

'**Rönt·gen·röh·re** [ˈrœntɡən..] 女 -/-n X 線管.

'**Rönt·gen·schirm** 男 -[e]s/-e 蛍光スクリーン.

'**Rönt·gen·strah·len** 複 X 線.

'**Rönt·gen·un·ter·su·chung** 女 -/-en X 線検査.

Roque·fort ['rɔkfo:r, -'-] 男 -s/-s (fr.)『食品』ロ
クフォール(チーズ)(青かびチーズ, 南フランスの産地名にち
なむ).
ro·sa ['ro:za ローザ] 形 (lat.)《不変化》1 薔薇(ピンク)
色の, 淡紅色の. eine ～ Bluse ピンクのブラウス. ～
Zeiten 薔薇色の時代. 2《話》ゲイの.
Ro·sa¹ ['ro:za]《女名》ローザ.
Ro·sa² 中 -s/-[s] 薔薇(ピンク)色の, 淡紅色, 桃色. ein
Kleid in ～ ピンクのドレス.
Ro·sa·ri·um [ro'za:riʊm] 中 -s/..rien [..riən] (lat.)
1 ばら園. 2〔ｶﾄﾘｯｸ〕=Rosenkranz 1
rösch [rœʃ] 1『鉱業』(鉱石の)きめが粗い, 粒の粗
い. 2 (肉やパンなどが)かりっと焼かれた, ぱりっとした.
3《比喩》元気旺々らつな, ピチピチした.
Rös·chen ['rœ:sçən] 中 -s/-《Rose の縮小形》小さ
なばら.
Ro·se ['ro:zə ローゼ] 女 -/-n (lat.) 1『植物』ばら(薔
薇). eine wilde ～ 野ばら. ein Strauß ～n ばらの
花束. Goldene 〔ｶﾄﾘｯｸ〕黄金のばら(教皇が四旬節
の第 4 日曜日に祝別して功労者に贈る). Sie ist
schön wie eine ～.《雅》彼女はばらのように美しい.
keine ～ ohne Dornen《雅》棘(とげ)のないばらはない.
auf ～n gebettet sein《比喩》裕福(安楽)な暮らしをしている.
2 (a)『建築』ばら窓. (b) (羅針盤の)羅牌(らはい).
(c)『病理』丹毒. (d)〔猟師〕(鹿の角の根元にある
ぎざぎざ; (きじなどの)肉冠. (e)『楽器』(ギターなどの)響
音孔. (f) (宝石の)ばら形カット.
ro·sé [ro'ze:] 形 (fr.)《不変化》うす紅色の.
Ro·sé [ro'ze:] 男 -s/-s ロゼワイン.
'ro·sen·far·ben, 'ro·sen·far·big 形《雅》薔薇
(ピンク)色の, 淡紅色(桃色)の.
'Ro·sen·gar·ten 男 -s/- 薔薇園.
'Ro·sen·holz 中 -es/=er 紫檀(したん), ローズウッド.
'Ro·sen·kohl 男 -[e]s/『植物』め(芽)きゃべつ, こもち
かんらん.
'Ro·sen·kranz 男 -es/=e 1〔ｶﾄﾘｯｸ〕ロザリオ;(複数な
し) ロザリオの祈り. 2『医
学』念珠.
Ro·sen'mon·tag ['----
-とも] 男 -[e]s/-e ばらの月
曜日(謝肉祭前日の月曜
日). ◆ 本来は rasender
Montag
'Ro·sen·öl 中 -[e]s/-e 薔
薇油.

Rosenkranz

'ro·sen·rot 形 濃いピンク色(ローズレッド)の.
'Ro·sen·stock 男 -[e]s/=e 薔薇の木.
'Ro·sen·was·ser 中 -s/ 薔薇水(香料の一種).
'Ro·sen·zeit 女 -/-en ばら(薔薇)の開花期;《雅》青
春(時代).
Ro'set·te [ro'zɛtə] 女 -/-n 1『建築』ばら花飾り,
円花飾り;円花窓, ばら窓. 2 (ばらの花に似せた)小さ
な円いリボン, ロゼット. 3 (宝石の)ローズ形カット. 4
『楽器』(弦楽器の)円い音響口. 5『植物』座葉.
6 《卑》肛門, 菊座.
'ro·sig ['ro:zɪç] 形 1 (薔薇)色の. 2《比喩》ばら
色の, 見通しの明るい, 楽観できる;(気分などが)晴れやか
な. et⁴ durch eine ～e Brille sehen 事⁴をあまりにも
楽天的に見る. j³ et⁴ in ～en Farben〈in den ～sten
Farben〉schildern 人³に事⁴を希望あふれる姿で描いて
みせる. ～er Laune² sein《話》上機嫌である. et⁴
in ～em Licht sehen〈erscheinen lassen〉事⁴を楽観的に
見る〈思い描く〉. Ihr geht es im Moment finan-
ziell nicht gerade ～.《話》今のところ彼女の財政状態
はかならずしもよろしくない.
Ro·si'nan·te [rozi'nantə] 女 -/-n (sp.)〔戯〕老いぼ
れ馬(Don Quichotte の乗る馬の名にちなむ).
Ro·si'ne [ro'zi:nə] 女 -/-n (fr.)(ケーキやクッキーなど
に使われる)干しぶどう;《比喩》最良の事柄, [sich³]
die ～n aus dem Kuchen picken いいところばかりつま
み取る. ～n im Kopf haben 大それた望みをいだく.
Ro'si·nen·ku·chen 男 -s/- レーズン入りのケーキ.
'Rös·lein ['rø:slaɪn] 中 -s/-《雅》Röschen
'Ros·ma·rin [ro:smari:n, --'-] 男 -s/ (lat.)『植
物』まんねんろう;ローズマリー.
Ross, °Roß¹ [rɔs] 中 -es/-e(Rösser) 1《雅》(乗馬
の)馬. j³ wie einem lahmen〈kranken〉～ zure-
den 人³を口を酸っぱくして説き伏せる. ～ und Reiter
nennen (思っていることを)はっきり(あからさまに)言う.
auf dem hohen ～ sitzen 傲慢である, いばっている.
sich⁴ aufs hohe ～ setzen 傲慢な態度をとる, いばる.
von *seinem* hohen ～ heruntersteigen〈herunter-
kommen〉謙虚になる. hoch zu ～ 馬上ゆたかに.
2《南ドイツ》(Pferd) (一般の)馬. 3《話》ばか者, あほう.
Roß² [rɔs] 中 -es/-e《中部ドイツ》蜂の巣.
'Ross·ap·fel 男 -s/- 《戯》馬糞.
'Ross·arzt 男 -es/=e《古》軍隊付きの獣医;《戯》荒っ
ぽい治療をする医者.
'Ro·ße ['ro:sə] 女 -/-n ＝Roß²
'Rös·sel ['rœsəl] 中 -s/- 《南ドイツ》 1 小馬. 2〔ﾁｪｽ〕
(Springer) ナイト. 3 桂馬とびパズルの解答の鍵.
'Rös·sel·sprung 男 -[e]s/=e〔ﾁｪｽ〕桂馬とび(チェス
の桂馬の進め方によって文字盤の上の文字を並べかえて,
諺などの文を完成させる)桂馬とびパズル.
'Rös·ser ['rœsər] Ross の複数.
'Ross·haar 中 -[e]s/ 馬の(たてがみや尾の)毛.
'Ross·haar·ma·trat·ze 女 -/-n 馬の毛を詰めた敷
きぶとん(マットレス).
Ros'si·ni [rɔ'si:ni]《人名》Gioacchino ～ ジョアキ
ノ・ロッシーニ(1792-1868, イタリアの作曲家).
'Ross·kamm 男 -[e]s/=e 1 馬櫛(うまぐし). 2《古》
(Pferdehändler) 馬喰(ばくろう), 馬の仲買人.
'Ross·kas·ta·nie 女 -/-n『植物』せいようとちのき(の
実).
'Ross·kur 女 -/-en《戯》荒療治.
'Ross·täu·scher 男 -s/- 1《古》(Pferdehändler)
馬喰(ばくろう), 馬の仲買人. 2《侮》いんちき商人.
Rost¹ [rɔst] 男 -[e]s/-e 1 (炉の)火格子;(肉などを焼
く)グリル, 焼き網. 2 格子状のもの(鉄格子・すのこ・な
ど)『建築』杭格子.
***Rost**² [rɔst ロスト] 男 -[e]s/-e 1《複数なし》錆(さび).
Das Auto setzt schon ～ an. その車はもう錆びついてい
る. et⁴ vom ～ befreien 物⁴の錆をとる. et⁴
vor ～ schützen 物⁴に錆がつかないようにする. 2『植
物』錆病.
'Rost·bra·ten 男 -s/- (焼網で焼いた)焼き肉.
'rost·braun 形 錆色(赤褐色)の.
'Röst·brot ['rø:st.., 'rœst..] 中 -[e]s/-e 焼いたパン,
トースト.
'Rös·te ['rø:stə, 'rœstə] 女 -/-n (亜麻の)浸水, 浸漬
(しんし);(亜麻の)浸水場, 侵漬槽.
'ros·ten ['rɔstən] 自 (s, h) (↓Rost²) 錆(さ)びる.
sein Talent ～ lassen《比喩》才能を錆びつかせる.
Alte Liebe *rostet* nicht.《諺》むかしの恋は忘れがたい.
***'rös·ten** ['rø:stən, 'rœstən レステン] (↓Rost¹) ❶
他 1 (油などを使わずに)焼く, あぶる, 炒(い)る. Brot

Rösterei

〈Kaffee〉~ パンを焼く〈コーヒーを炒る〉. einen Fisch auf dem Grill ~ 魚をグリルで焼く. sich¹ in der Sonne 《戯》(日にあたって)肌を焼く. **2**《地方》(油で)いためる, 揚げる. **3**《鉱業》(鉱石を)焙焼(ばいしょう)する. **4**《紡績》(麻などを)浸水する. ❷ 圓 (肉などが)焼かれる. in der Sonne ~《比喩》(日にあたって)肌を焼く.

Rös·te·rei [rø:stəˈraɪ, rœs..] 囡 -/-en (コーヒーなどの)焙煎装置; 焙煎工場.

'rost·far·ben ['rɔst..] 形 =rostfarbig

'rost·far·big 形 錆色(赤褐色)の.

'Rost·fleck 男 -[e]s/-e 小さな錆; 錆のしみ.

*'**rost·frei** ['rɔstfraɪ ロストフライ] 形 錆びない, ステンレス製の;《まれ》錆のない. ~er Stahl ステンレス鋼, ステンレス(スチール).

'ros·tig ['rɔstɪç] 形 **1** 錆びた. eine ~e Kette 錆びついた鎖. eine ~e Stimme《比喩》しわがれ声. **2** 錆を含んだ. ~es Wasser 錆を含んだ水.

'Röst·kar·tof·feln ['rø:st.., 'rœst..] 複 フライドポテト.

'Röst·ofen ['rø:st.., 'rœst..] 男 -s/= 《工学》焙焼炉.

'Rost·pilz ['rɔst..] 男 -es/-e《植物》さび菌(類).

'rost·rot 形 赤錆(さび)色の.

'Rost·schutz 男 -es/ 錆止め, 防食, 防錆(ぼうせい);《話》錆止め剤, 防食(防錆)剤.

'Rost·schutz·mit·tel 中 -s/- 錆止め剤, 防食(防錆)剤.

rot

[ro:t ロート] röter(roter), rötest(rotest) 形 赤い, 赤色の. eine ~e Ampel 赤信号. Sie hatte ~e Augen. 彼女は(泣いて)赤い目をしていた. ~e Blutkörperchen 赤血球. ~er Faden 赤い糸;(作品を貫く)主題, ライトモティーフ. ~es Haar 赤毛. j³ den ~en Hahn aufs Dach setzen《話》《古》人³の家に火をつける. keinen ~en Heller haben《話》無一文である. die ~e Karte《スポーツ》レッドカード. ein ~es Kleid 赤いドレス. einen ~en Kopf bekommen (恥ずかしさなどで)顔が赤くなる. eine ~e Nase haben (寒さなどで)鼻が赤い. der ~e Paul 赤毛のパウル(ニックネーム). die ~e Rasse インディアン(とくに物語で). ~e Rosen 赤いばら. Sein Name wirkt wie ein ~es Tuch auf mich./Sein Name ist für mich ein ~es Tuch.《話》あいつの名前をきいただけで私はむかっ腹が立つ. ~er Wein 赤ワイン. ~e Zahlen 赤字. Der Kugelschreiber schreibt ~. そのボールペンは赤だ. sich³ die Augen ~ weinen 目を真っ赤に泣きはらす. Sie wurde ~ bis über die Ohren. 彼女は耳のうしろまで真っ赤になった. Er lügt, ohne ~ zu werden. 彼は平気な顔でうそをつく. Heute ~, morgen tot.《諺》きょうは紅顔, あしたは白骨.《大文字で》Rotes Kreuz《略 R. K.》赤十字. Ich habe keinen Roten.《話》私は一文無した. ein Glas von dem Roten《話》1杯の赤ワイン. 《名詞的用法で》die Rote 赤毛の女. **2**《政治》赤の, 左翼(左)の. die Rote Armee (旧ソ連の)赤軍(1918–1946). ~e Literatur 左翼文学. die ~e Revolution 赤色革命. Er ist ~ 〈ein Roter〉. 彼は赤だ. Er ist ~ angehaucht. 彼は左翼がかっている.

♦ ~ rot glühend

Rot [ro:t] 中 -s/-[s] **1** 赤, 赤色; ルージュ. ein helles 〈tiefes〉~ 明るい赤〈深紅〉. Die Ampel zeigt ~. 信号は赤だ. ~ auflegen ルージュをひく. Du musst doch bei ~ anhalten. 赤信号のときは止まらなくちゃいけないよ. in ~ gekleidet sein 赤い服を着ている. **2**《トランプ》(ドイツ式トランプの)ロート(ハートに相当).

Ro·ta·ti·on [rotatsiˈoːn] 囡 -/-en (lat.) **1** 回転. die ~ der Erde um die Sonne 太陽を中心にした地球の回転. et⁴ in ~ versetzen 物⁴を回転させる. **2**《数学》ローテーション, 回転. **3**《バレーボール》ローテーション **4**《農業》輪作.

Ro·ta·ti·ons·ach·se 囡 -/-n 回転軸.

Ro·ta·ti·ons·druck 男 -[e]s/《印刷》輪転(回転)式印刷.

Ro·ta·ti·ons·ma·schi·ne 囡 -/-n《印刷》輪転(印刷)機.

'Rot·au·ge 中 -s/-n《魚》どうしょく(銅色)うぐい.

'rot·ba·ckig ['ro:tbakɪç], **'rot·bä·ckig** [..bɛkɪç] 形 血色のよい頬をした, 紅顔の.

'Rot·bart 男 -[e]s/=e《話》赤ひげの人. Kaiser ~ 赤ひげ帝=Barbarossa, ドイツ皇帝フリードリヒ 1 世のあだ名).

'rot·bär·tig 形 ひげの赤い, 赤ひげの.

'rot·blond 形 (髪が)赤みがかったブロンドの.

'rot·braun 形 赤褐色の, 栗色の.

'Rot·bu·che 囡 -/-n《植物》ヨーロッパぶな.

'Rot·dorn 男 -[e]s/-e《植物》あかさんざし.

'Rö·te ['rø:tə] 囡 -/-n (↓ rot) **1**《複数なし》赤色, 赤み, くれない. die ~ des Abendhimmels 赤い夕空. Die ~ stieg ihr ins Gesicht. 彼女の顔が赤くなった. fliegende ~ [im Gesicht] (顔が)さっと赤らむこと. **2**《植物》あかね(科の植物).

Ro·te-Ar'mee-Frak·ti·on 囡 -/《略 RAF》(旧西ドイツの)赤軍.

Ro·te-'Kreuz-Schwes·ter 囡 単数2格 der Rote[n]-Kreuz-Schwester, 複数1格 die Rote[n]-Kreuz-Schwestern =Rotkreuzschwester

'Rö·tel ['rø:təl] 男 -s/(↓ rot) **1**《複数なし》代赭(たいしゃ), 赤土色. **2** 赤茶色のチョーク(鉛筆). **3**《鉱物》代赭石.

Rö·teln ['rø:təln] 複《医学》風疹.

'rö·ten ['rø:tən] (↓ rot)《雅》❶ 他 赤くする, 赤く染める, 赤らめさせる. Scham rötete ihr Gesicht. 恥ずかしさのあまり彼女の顔は赤くなった. ❷ 再 (sich⁴) 赤くなる, 赤く染まる, 赤らむ;(木の実が)熟して赤くなる. Die Kirschen begannen, sich zu ~. さくらんぼうが赤く色づき始めた.

'rö·ter ['rø:tər] rot の比較級.

'rö·test ['rø:təst] rot の最上級.

'Rot·fuchs 男 -es/=e **1**《動物》赤ぎつね; 赤きつねの毛皮. **2** 栗毛の馬. **3**《話》赤毛の人.

'rot·gelb 形 だいだい色の.

'rot glü·hend, °**'rot·glü·hend** 形 赤熱の.

'Rot·glut 囡 -s/ 赤熱(状態).

'Rot·guss 男 -es/ 赤色黄銅.

Roth [ro:t]《人名》Joseph ~ ヨーゼフ・ロート(1894–1939, オーストリアの作家).

'rot·haa·rig ['ro:thɑ:rɪç] 形 赤毛の, 髪の赤い.

'Rot·haut 囡 -/=e《話》アメリカインディアン.

'Ro·then·burg ['ro:tənbʊrk]《地名》ローテンブルク(バイエルン州の古い都市. 正式名は Rothenburg ob der Tauber).

'Rot·hirsch 男 -[e]s/-e《動物》あかしか(赤鹿).

'Roth·schild ['ro:t-ʃɪlt]《人名》Mayer Amschel ~ マイアー・アムシェル・ロートシルト(1743–1812, ユダヤ系の国際金融資本家ロスチャイルド家の初代).

ro·'tie·ren [roˈtiːrən] 自 (h, s) (lat.) **1** (h) (物体な

Rot·käpp·chen ['roːtkɛpçən] ⊕ -s/ 赤頭巾ちゃん (Grimmの童話に登場する少女).

Rot·kehl·chen [..keːlçən] ⊕ -s/- 〖動物〗ヨーロッパこまどり.

Rot·kohl 男 -[e]s/ 〖植物〗赤きゃべつ; 赤きゃべつの料理.

Rot·kopf 男 -[e]s/..¨e 〖話〗赤毛の人.

Rot·kraut ⊕ -[e]s/ =Rotkohl

Rot·kreuz·schwes·ter 女 -/-n 赤十字看護婦.

Rot·lauf ['roːtlauf] 男 -[e]s/ 〖獣医〗豚丹毒;〖医学〗丹毒.

röt·lich ['røːtlɪç] 形 赤みがかった, 赤っぽい.

Rot·licht ⊕ -[e]s/-er 1 〖複数なし〗(フィルムの現像や治療に使う)赤色光線. 2 〖話〗赤色ランプ.

rot·na·sig ['roːtnaːzɪç] 形 赤鼻の, 鼻の赤い.

Ro·tor ['roːtoːr] 男 -s/-en [roˈtoːrən] (engl.) 1 〖工学〗回転子. 2 (ヘリコプターなどの)回転翼. 3 (自動巻腕時計の)回転錘.

Ro·tor·schiff ⊕ -[e]s/-e ローター船.

'Rot·schwanz 男 -es/..¨e, **'Rot·schwänz·chen** [..çən] ⊕ -s/- 〖鳥〗じょうびたき属(つぐみの一種).

'rot|se·hen* 自 〖話〗かっとなる.

'Rot·spon ['roːt·ʃpoːn] 男 -[e]s/-e 〖北ドイツ〗(直接樽から注いだ)赤ワイン.

'Rot·stift ⊕ -[e]s/-e 赤鉛筆(ボールペン). dem ~ zum Opfer fallen (プロジェクトなどの)経費を削減される. den ~ ansetzen 予算を削減する.

'Rot·tan·ne ⊕ -[e]s/-e 〖植物〗ドイツとうひ(唐檜).

'Rot·te [ˈrɔtə] 女 -/-n (fr.) 1〖古〗〖軍事〗(兵士の)隊列; 2 機関隊, 2 隻編成の艦隊. 2〖俚〗(犯罪者などの)一党, 一味, 集団. eine ~ Halbwüchsiger (ふぞろいな)ティーンエイジャーの一団. ~ Korah 〖旧約〗レビの孫コーラにひきいられ, モーゼに逆った一党(民数16:5); 〖一般に〗騒ぎをひきおこす一党. 3〖猟師〗(狼などの)群れ. 4〖古〗〖鉄道〗(線路工事の)作業班.

'rot·ten¹ ['rɔtən]〖古〗❶ 他 (人¹を)集める. ❷ 再 (sich⁴) 集まる, 群がる, 徒党を組む.

'rot·ten² 自 1 (麻・亜麻などを)浸漬(しんし)する, 水に漬けて腐らせる. 2 (s, h) 腐る, 朽ちる.

'Rot·ten·füh·rer 男 -s/- 1〖軍事〗隊列の指揮官, 伍長; 2 機関隊(2 隻編成)の指揮官. 2〖鉄道〗線路工事の班長.

'rot·ten·wei·se 副 群れをなして; 隊列を組んで; 各隊ごとに.

Rot·ter·dam [rɔtərˈdam, '---]〖地名〗ロッテルダム(オランダ西部の港町).

Ro·tun·de [roˈtʊndə] 女 -/-n (lat.)〖建築〗1 (丸屋根からなる)円形建築. 2 (建物内の)円形広間.

Rö·tung ['røːtʊŋ] 女 -/-en (皮膚が)赤くなること.

'rot·wan·gig ['roːtvaŋɪç] 形〖雅〗=rotbackig

'Rot·wein 男 -[e]s/-e 赤ワイン.

'rot·welsch [roːtvɛlʃ]形〖言語〗Rotwelschの.

'Rot·welsch ⊕ -[s]/〖言語〗悪党(浮浪者)仲間などの隠語.

'Rot·wel·sche ⊕〖形容詞変化〗=Rotwelsch

'Rot·wild ⊕ -[e]s/〖猟師〗あかしか(赤鹿).

'Rot·wurst 女 -/..¨e 〖地方〗=Blutwurst

Rotz [rɔts] 男 -es/-e 1〖俚〗鼻水, 〖地方〗目やに. ~ und Wasser heulen わんわん泣き叫ぶ. frech wie ~ [am Ärmel] sein あつかましい. der ganze ~ 一切合財; 全財産. 2〖獣医・医学〗鼻疽(びそ).

'rot·zen ['rɔtsən] 自 〖俚〗1 (音を立てて)鼻をかむ. 2 (鼻を鳴らして)鼻汁をすする(すすって吐き出す); (喉を鳴らして)奥からたんを吐き出す. 3 つばを吐く. 4〖古〗うるさく(泣きり)わめく.

'Rotz·fah·ne 女 -/-n 〖俚〗(Taschentuch) ハンカチ.

'rot·zig ['rɔtsɪç] 形 1〖獣医〗鼻疽(びそ)にかかった. 2〖俚〗鼻水をたらした, 鼻水でよごれた. 3〖俚〗厚かましい, 恥知らずの, 生意気な.

'Rotz·jun·ge 男 -n/-n〖俚〗鼻たれ小僧, 青二才.

'Rotz·na·se 女 -/-n 1〖俚〗鼻汁のたれた鼻; 〖俚〗(Nase) 鼻. 2〖戯〗鼻たれ小僧; 青二才, 若造.

Rouge [ruːʃ, ruːʒ] ⊕ -/-[s] (fr.) ルージュ, 紅(に)(頬紅・口紅). ~ auflegen〈auftragen〉紅をさす.

Rou·la·de [ruˈlaːdə] 女 -/-n (fr.) 1〖料理〗ミートロール. 2〖音楽〗ルラード.

Rou·leau [ruˈloː] ⊕ -s/-s (fr.) 巻上げブラインド.

Rou·lett [ruˈlɛt] ⊕ -[e]s/-e(-s) (fr.) ルーレット.

Rou·lette [ruˈlɛtə] 女 -/-n(⊕ -s/-s) 1 ルーレット. 2〖美術〗(銅板に点線をつける)ルレット.

Rous·seau [ruˈsoː]〖人名〗Jean-Jacques ~ ジャン=ジャック・ルソー(1712-78, フランスの思想家).

'Rou·te ['ruːtə] 女 -/-n (fr.) コース, ルート; 航路.

Rou·ti·ne [ruˈtiːnə] 女 -/-n (fr.) 1〖複数なし〗熟練, 熟達. Ihm fehlt noch die ~. 彼はまだまだ経験不足だ. ~〈keine〉 in et¹ haben ある¹に熟達している(いない). et⁴ mit ~ erledigen 事⁴をてきぱきと(手際よく)片づける. 2〖複数なし〗(心のこもっていない)習慣化した行為(所作); 型どおりの仕事, 機械的な作業. Ihr Lächeln war nur ~. 彼女の微笑はたんに型どおりのものにすぎなかった. 3〖コンピュータ〗ルーティン. 4〖船員〗日課.

rou·ti·ne·mä·ßig 形 型どおりの, 決まり切った; 定例の.

Rou·ti·ne·un·ter·su·chung 女 -/-en 定期検診.

Rou·ti·ni·er [rutiniˈeː] 男 -s/-s (fr.) (特定の職業・技術などでの)経験を積んだ人, 熟練者, ベテラン.

rou·ti·niert [rutiˈniːrt] 形 (fr.) 熟練した, 経験豊かな, 手際のよい.

'Row·dy ['raʊdi] 男 -s/-s(..dies [..diːs]) (engl.)〖俚〗乱暴者, 暴れん坊, 無頼漢, ならず者. meine ~s〖話〗〖戯〗うちの悪童(悪ガキ)ども.

ro·yal [roaˈjaːl] 形 (fr., königlich¹) 1 国王の, 国王に関する. 2 国王に忠誠な.

Ro·ya·lis·mus [roajaˈlɪsmʊs] 男 -/ (fr.) 王政主義.

Ro·ya·list [roajaˈlɪst] 男 -en/-en 王政主義者.

RP (fr.)〖略〗〖電報〗=Réponse payée 返信料払込済.

Rp.¹〖略〗=recipe 処方せよ, 服用すべし.

Rp.²〖略〗=Rappen

RSFSR [ɛr|ɛs|ɛf|ɛs'|ɛr]〖略〗=Russische Sozialistische Föderative Sowjetrepublik〖歴史〗ロシア社会主義連邦ソビエト共和国.

RT〖略〗=Registertonne

Ru [ɛrˈ|uː]〖記号〗〖化学〗=Ruthenium

Ru·an·da [ruˈanda]〖地名〗ルワンダ(中央アフリカの共和国, 首都キガリ Kigari).

'rub·beln ['rʊbəln] 他〖北ドイツ〗強く(ごしごし)こする.

'Rü·be ['ryːbə] 女 -/-n 1〖植物〗かぶ類; (大根・かぶなどの)根. gelbe ~〖南ドイツ〗にんじん. rote ~ ビート. 2〖俚〗小生意気な(わんぱくな)子供. 3〖俚〗(Kopf) 頭. j³ die ~ abhacken 人³の首をはねる. ~ ab! 死刑に処せ, 首をはねろ. Du könntest dir

ruhig mal wieder die ~ waschen. 君は一度頭を冷やしてきたほうがいい，顔を洗って出直してきなさい. eins auf die ~ kriegen〈ぽかりと〉頭に一撃食う.
Ru·bel [′ru:bəl] 男 -s/-〈russ.〉**1**〈略 Rbl.〉ルーブル（ソ連の貨幣単位）. **2** Der ~ rollt.〈話〉大金が激しく出入りする〈右から左に動く〉.
Rü·ben·zu·cker 男 -s/ 甜菜〈ﾃﾝｻｲ〉糖.
′rü·ber [′ry:bər] 副〈話〉=herüber, hinüber
rü·ber.. [ry:bər..]《分離前つづり／つねにアクセントをもつ》〈話〉=herüber.., hinüber..
′rü·ber|kom·men 自 (s)〈話〉**1** こちらへ来る. **2** 向こうへゆく. **3** mit et³ ~ 物³を〈しぶしぶ〉出す. **4** 《メッセージが》相手に伝わる.
′Rü·be·zahl [′ry:bətsa:l] 男 -s/-e《複数なし》【神話】リューベツァール（シュレージエン地方のリーゼンゲビルゲ Riesengebirge に住む山の精）. **2**〈話〉髭面の荒くれ男; 屈強な男.
Ru·bi·di·um [ru′bi:diɔm] 中 -s/〈lat.〉《記号 Rb》【化学】ルビジウム.
′Ru·bi·kon [′ru:bikɔn] 男 -[s]/〈lat.〉〈地名〉der ルビコン川（アドリア海に注ぐイタリア中部の小河川; 前 49 Cäser がイタリアとガリアの国境線だったこの川を渡って会戦をおけた）. den ~ überschreiten〈比喩〉〈雅〉ルビコン(川)を渡る（決定的な挙に出る）.
Ru·bin [ru′bi:n] 男 -s/-e〈lat.〉【鉱物】ルビー.
ru′bin|rot 形 ルビー色の, 深紅の.
′Rüb·öl [′ry:p..] 中 -[e]s/- 菜種油.
Ru·brik [ru′bri:k] 女 -/-en〈lat.〉**1**【印刷】（中世の写本などの）赤刷りの表題. **2**（新聞などの）段, 欄; 項目,（分類用の）見出し, 部門. **3**【宗教】典礼執行規定.
ru·bri·zie·ren [rubri′tsi:rən] 他〈lat.〉**1**〈古〉【書籍】〈物に〉朱色の標題（イニシャル）を付ける. **2** unter et⁴ ~ 事⁴（とくに特定の項目・範疇など）へ分類する, 組入れる.
′Rüb·sa·me [′ry:pza:mə] 男 -ns/ = Rübsamen
′Rüb·sa·men [′ry:pza:mən] 男 = Rübsen
′Rüb·sen [′ry:psən] 男 -/【植物】あぶらな（油菜）.
Ruch [ru:x, rox] 男 -[e]s/⸚e〈雅〉**1** (Geruch) におい, 香り. **2**《まれ》(芳しくない)評判.
′ruch·bar [′ru:xba:r, ′rox..] 形〈雅〉〈次の用法で〉 werden（悪事などが）知れわたる, 評判になる. et⁴ ~ machen〈古〉事⁴を世間の知るところとする.
′ruch·los [′ru:xlo:s, ′rox..] 形〈雅〉卑劣な, 極悪非道の.
′Ruch·lo·sig·keit 女 -/-en **1**《複数なし》卑劣さ, 極悪非道. **2** 卑劣な行為.
ruck [rok] 間 Hau〈Ho〉~! よいしょ. ~, zuck《副詞句として》あっという間に.
Ruck [rok] 男 -[e]s/-e 衝撃（瞬間的な動き; 綱などを）急に引っ張ること. et³ einen ~ geben 事³を促進する. j³ einen inneren ~ geben 人³に衝撃を与える. sich³ [innerlich] einen ~ geben〈話〉やる気になる(zu et³ 事³を). Die Wahl ergab einen ~ nach links. 選挙は左翼陣営が急に票をのばした. in einem ~〈話〉一気に. mit einem ~〈話〉突然, 急に. mit ~ und Zuck スムーズに, 速く.
rück.., Rück.. [rvk..]《接頭／つねにアクセントをもつ》**1** 名詞・形容詞・動詞などに冠して「元の方向へ」の意を表す. *Rück*kreise（旅の）帰途. ◆*rück..* と結合した動詞は不定詞・過去分詞としてのみ用いられる. **2** 名詞などに冠して「背後, 裏面」の意を表す. *Rück*grat 背骨. *rück*wärts 後方へ.

′Rück·an·sicht 女 -/-en 背後からの眺め, 背面.
′Rück·ant·wort 女 -/-en **1**（書面による）返答. **2**【郵便】料金払込済の返信; 返信用葉書; 返信料前払電報. Postkarte mit ~ 往復葉書.
′ruck·ar·tig [′rok..] 形 **1** ぐいっと（ぴくっと）した動きの. **2** 突然の, 不意の, だしぬけの.
′Rück·äu·ße·rung 女 -/-en（正式の）返答, 回答.
′rück·be·züg·lich 形【文法】(reflexiv) 再帰の.
′Rück·bil·dung 女 -/-en **1**【生物】退化;【医学】（器官などの）退縮, 萎縮;【言語】逆成, 逆成語.
′Rück·blen·de 女 -/-n【映画】フラッシュバック.
′Rück·blick 男 -[e]s/-e 回顧, 回想(録)(auf⟨in⟩ et³ 事⁴への). in⟨im⟩ ~ auf et⁴ 事⁴を振返ってみて.
′rück·bli·ckend 形 回顧的な.
′rück·da·tie·ren 他《不定詞・過去分詞で》**1**（文書・手紙など物に実際の日よりも）前の日付を記入する. **2**（歴史上の作品・事件などをもっと以前の年代のものと推定する. ◆過去分詞 rückdatiert
′ru·cken [′rokən] 自 (↓ Ruck) がたん（びくん）と動く. an et¹ ~ 物⁴をがたん（ぐい）と動かす, ぐいと引っ張る.
′ru·cken² [地方]（鳩などが）鳴く.
*'**rü·cken** [′rvkən リュケン] ❶ 他 動かす, ずらす. den Tisch an die Wand ~ 机を壁ぎわへ動かす. Holz ~【林業】（伐採した）木材を置き場へ運ぶ. den Hut ~〈挨拶で〉帽子をちょっと持上げる. die Mütze in die Stirn ~ 帽子を下へ引下げる. eine Schachfigur〈den Uhrzeiger〉~ チェスのコマ（時計の針）を動かす. et⁴ in den Vordergrund ~〈比喩〉事⁴を前面に押し出す. et⁴ ins rechte Licht ~ 事⁴を正しく(正確に)表す. et⁴ in ein schlechtes Licht ~ 人⁴の悪口を言う, 評判を悪くする.
❷ 自 (h, s) **1** (h)（an⟨mit⟩ et³ 物³を）(ちょっと)動かす, ずらす, いじる. Er *rückte* nervös an seiner Krawatte. 彼は神経質そうにネクタイをいじった(直した). mit den Stühlen ~ 椅子をがたがたさせる. Daran ist nicht zu ~ それは変えられない. **2** (s) 動く, 移動する. Können Sie ein wenig zur Seite ~? 少しわきへ寄っていただけませんか. Er *rückte* ihr immer näher. 彼はますます彼女に近づいていった. Die Zeit *rückt*, wo....する時が近づいてくる. an j² Stelle ~ 人²にとって代る. j³ auf die Bude ~〈話〉人³のところへ（談判に）押しかける. j³ auf den Leib⟨zu Leibe/auf den Pelz⟩ ~〈話〉人³を責め立てる. Das war damals noch nicht in mein Blickfeld *gerückt*. それは当時まだ私の視界に入っていなかった. Sein Vorhaben *rückt* in weite Ferne. 彼の計画が実現するのは遠い先のことだ. in den Mittelpunkt ~ 注目の的となる. in greifbare Nähe ~ 目前に迫る. nicht von der Stelle ~ その場を動かない. Der Zeiger ist um eine Minute *gerückt*. 時計の針が 1 分動いた. **3** (s) (a) an die Front ~（軍隊が）前線に出る（向かう）. (b)【地方】出かける, ハイキングする.
*'**Rü·cken** [′rvkən リュケン] 男 -s/- **1**（人の）背, 背中. ein breiter⟨schmaler⟩ ~ がっしりした〈華奢な〉背中. der verlängerte ~〈戯〉おしり. Dir⟨Dich⟩ juckt [wohl] der ~ ?〈話〉ぶん殴られたいのか. den ~ beugen⟨brechen⟩ 人⁴を屈服させる. vor j³ den ~ beugen 人³に屈服（服従）する. j³ den ~ decken⟨freihalten⟩《話》人³を援護する. sich³ den ~ freihalten 背後を固める. den ~ frei haben 自由に行動できる. einen breiten ~ haben がっしりした背中を持っている;〈比喩〉我慢強い. j⟨et⟩³ den ~ kehren⟨wenden⟩人〈事〉³に背を向ける,（と）縁を切る. einen

krummen ~ machen 背中を丸める;《比喩》ぺこぺこする. j³ den ~ stärken〈steifen〉人³を励ます. den ~ wenden〈kehren〉立去る. Kaum hat man den ~ gewandt, schon gibt es Streit. 目を離したと思ったらもう喧嘩だ. j³ den ~ zudrehen〈zuwenden〉人³に背を向ける. 《前置詞と》~ an〈gegen〉~ stehen 背中合せに立っている. Er hat schon 50 Jahre auf dem ~. 彼はもう50歳だ. auf dem ~ liegen 仰向けに横たわっている;《比喩》(なにもせずに)ぶらぶらしている. auf dem ~ schlafen〈schwimmen〉仰向けに寝る〈泳ぐ〉. j³ die Hände auf den ~ binden 人³を後ろ手に縛る. auf den ~ fallen 仰向けに倒れる. fast〈beinahe〉auf den ~ fallen《話》びっくり仰天する. auf seinen ~ geht viel.《話》彼は殺しても死なないようなやつじゃない,ものに動じない. j³ auf den ~ klopfen 人³の背中をぽんぽんとたたく. j³ auf den ~ legen 人³を仰向けに横たえる;《比喩》人³を参らせる,上まわる. hinter j² ~ 人²に隠れて,(の)知らないところで. die Sonne im ~ haben 背中に日を受けている. j〈et〉³ im ~ haben 人〈事〉³を後ろ盾に持つ. j³ in den ~ fallen 人³の背後をおそう;(を)裏切って不意打ちをかける. mit dem ~ an der Wand kämpfen 背水の陣で戦う. mit dem ~ an die Wand kommen 有利な〈安全な〉立場をしめる. Es lief mir [heiß und] kalt über den ~. 私は背筋が凍る思いがした.
2(動物の)背,背中. auf dem ~ eines Pferdes sitzen 馬の背に跨る.
3(物の)背面,(山・椅子・本の)背,(ナイフの)峰,(手・足の)甲. der ~ der Nase 鼻梁. Das Haus steht mit dem ~ zur Straße. その家は通りに背を向けて立っている.
4《複数なし》(家畜の)背肉.
5《複数なし》《水泳》背泳.
'Rü·cken·de·ckung 囡 -/《軍事》背面援護;《比喩的に》後援,バックアップ.
'Rü·cken·flos·se 囡 -/-n《魚》背鰭(びれ).
'Rü·cken·flug 男 -[e]s/=e 背面飛行.
'Rü·cken·la·ge 囡 -/-n **1** 仰向けの姿勢,背臥位. **2**《スキー》後傾姿勢.
'Rü·cken·leh·ne 囡 -/-n (椅子の)背,背もたれ.
'Rü·cken·mark 中 -[e]s/《解剖》脊髄.
'Rü·cken·mark[s]·schwind·sucht 囡 -/《医学》脊髄癆(ろう)(梅毒の末期症状).
'Rü·cken·mus·kel 男 -s/-n《多く複数で》背筋.
'rü·cken|schwim·men* 自 (s, h)《ふつう不定詞で》背泳ぎで泳ぐ.
'Rü·cken·schwim·men 中 -s/ 背泳,背泳ぎ.
'Rü·cken·stär·kung 囡 -/ 支援,支持.
'Rü·cken·wind 男 -[e]s/ 追い風,順風.
'Rü·cken·wir·bel 男 -s/-《解剖》胸椎(きょうつい).
'Rück·er·bit·tung ['rʏk..] 囡 -/《書》返却請求. unter ~ [《略 u. R》《商業》返却請求付きで.
'Rück·er·in·ne·rung 囡 -/-en (Erinnerung) 思い出,回想,追想.
'Rück·er·stat·tung 囡 -/-en **1** 払戻し,返済. **2**《法制》(Restitution)(原状)回復;賠償,補償.
'Rück·fahr·kar·te 囡 -/-n 往復切符.
'Rück·fahrt ['rʏkfa:rt] 囡 -/-en (↔ Hinfahrt)(乗物の)帰途,帰り,帰り道.
'Rück·fall ['rʏkfal] 男 -[e]s/=e **1**(病気の)再発,ぶり返し. **2** 逆戻り,(in et⁴ 事⁴への). **3**《法制》累犯. Betrug im ~ 詐欺の累犯.
'rück·fäl·lig ['rʏkfɛlɪç] 形 **1** 再発した,ぶり返した.
2 逆戻りした. ~ werden 元の木阿弥になる. **3**《法制》累犯の.
'Rück·flug 男 -[e]s/=e 帰りの飛行,帰航.
'Rück·fra·ge 囡 -/-n 再度の問合せ,再照会.
'rück|fra·gen 自《多く不定詞・過去分詞で》再度問合せる,再照会する (bei j³ 人³に).
'Rück·füh·rung 囡 -/ **1** 連れ戻すこと;(貨物などの)返送;(軍隊などの)撤収. **2**(捕虜などの)本国送還.
'Rück·ga·be 囡 -/-n **1** 返却,返還. **2**(球技, とくにサッカーで)バックパス.
'Rück·gang ['rʏkgaŋ] 男 -[e]s/=e 減少,低下;後退;衰退.
'rück·gän·gig ['rʏkgɛnɪç] 形 退行的な,逆行する;(景気が)後退中の. et⁴ ~ machen 事⁴を取消す.
'rück·ge·bil·det **1**《生物》退化した;《医学》退縮(萎縮)した. **2**《言語》逆成の,逆成された.
'Rück·ge·win·nung 囡 -/ **1** 奪回, 取り戻し. **2**(リサイクルされた原料などの)再生.
*'Rück·grat ['rʏkgra:t リュクグラート] 中 -[e]s/-e **1**《解剖》脊柱,脊椎, 背骨. **2** 支え,基盤;気骨,気概. das ~ des Staates 国家の基盤. j³ das ~ brechen《話》人³を屈服させる;(を)破滅させる. ~ haben〈zeigen〉気骨がある〈気概を示す〉. j³ das ~ stärken〈steifen〉人³を支える(支援する). ein Mensch ohne ~ 気骨のない人.
'Rück·grat·ver·krüm·mung 囡 -/-en《病理》脊柱彎曲.
'Rück·griff 男 -[e]s/-e **1**(過去の理念・様式などを)再び取上げること. **2**《法制》遡求, 償還請求.
'Rück·halt 男 -[e]s/-e **1** 頼り,支持,後ろ盾. **2** ohne ~ 率直に,遠慮なく;無条件で.
'rück·halt·los 形 無条件の,文句なしの,腹蔵(遠慮)のない,あからさまな.
'Rück·hand 囡 -/ **1**《ポーツ》(テニス・卓球などの)バックハンド. **2**《トランプ》カードの配り手の後方にいる人.
'Rück·kauf 男 -[e]s/=e《商業》買戻し;《保険》解約.
*'Rück·kehr ['rʏkke:r リュクケーア] 囡 -/ 帰還. ~ in die Heimat〈nach München〉故郷〈ミュンヒェン〉への帰還. auf j² ~ warten 人²の帰りを待つ. die ~ zu alten Gewohnheiten〈in die Politik〉《比喩》ふるい習慣〈政界〉への復帰.
'Rück·keh·rer 男 -s/- 帰還者.
'rück|kop·peln《不定詞・過去分詞で》《人間工・電子工》フィードバックする.
'Rück·kop·pe·lung 囡 -/-en = Rückkopplung
'Rück·kopp·lung 囡 -/-en《人間工・電子工》フィードバック
'Rück·kunft 囡 -/《雅》= Rückkehr
'Rück·la·ge 囡 -/-n **1** 貯金,蓄え. **2**《経済》積立金,準備金. **3**《スキー》= Rückenlage
'Rück·lauf 男 -[e]s/-e 元に(出発点に)戻ること,逆戻り,逆流;(精留における)環流;(容器などの)回収.
'rück·läu·fig [..lɔyfɪç] 形 **1** 後退的な;減少(下降)気味の. **2** 逆戻りする,回帰性の. ein ~es Wörterbuch 逆引き辞典. **3**《天文》逆行する(東から西へ動く). eine ~e Bewegung 逆行運動.
'Rück·leuch·te 囡 -/-n, 'Rück·licht 中 -[e]s/-er(電車・自動車などの)テールライト,テールランプ.
'rück·lings ['rʏklɪŋs] 副 **1** 後ろむきに,あおむけに;後方に. **2** 背後から.
'Rück·marsch 男 -[e]s/=e(行進しての)帰還;退却.
'Rück·nah·me 囡 -/-n 撤回.
'Rück·por·to 中 -s/-s 返信料.

'**Rück·prall** 男 -s/ (ボール・弾丸などの)跳ね返り.
'**Rück·rei·se** 囡 -/-n (↔ Hinreise) 帰途の旅.
'**Rück·ruf** 男 -[e]s/-e **1** 返事の電話. **2** 召還, 呼戻し; 返却請求. **3** 〖法制〗(著作物利用権の)撤回.
*'**Ruck·sack** ['rʊkzak ルクザク] 男 -[e]s/=e リュックサック, 背嚢〈話〉. ein ~ voll[er] Sorgen〈話〉山ほどの心配事.
'**Rück·schau** 囡 -/ 回顧, 回想.
'**Rück·schlag** ['rʏkʃlaːk] 男 -[e]s/=e **1** 急変, (急な)悪化. **2** (病気の)再発, ぶり返し. **3** 〖テニスなどで〗リターン. **4** 〖工学〗反跳, 反衝.
'**Rück·schlag·ven·til** 中 -s/-e 〖工学〗逆止め弁.
'**Rück·schluss** 男 -es/=e (多く複数で) 遡及的推論(ある事柄から原因・過去などを溯って求める推論).
'**Rück·schritt** ['rʏkʃrɪt] 男 -[e]s/-e (↔ Fortschritt) 逆行, 後退; 反動.
'**rück·schritt·lich** 形 逆行的な; 反動的な.
'**Rück·sei·te** ['rʏkzaɪtə] 囡 -/-n 後ろ側, 裏側, 裏面, 背面.
'**rück·sei·tig** [..zaɪtɪç] 形 後ろ側の, 裏面の.
'**ruck·sen** ['rʊksən] 自 (鳩が)くうくう鳴く.
'**Rück·sen·dung** 囡 -/-en (郵便物の)返送.
*'**Rück·sicht** ['rʏkzɪçt リュクズィヒト] 囡 -/-en **1** (複数el) 考慮, 配慮, 顧慮. keine ~ kennen 思いやりがない. auf j⟨et⟩⁴ ~ nehmen 人⟨事⟩⁴に配慮する, (を)考慮する. aus⟨mit⟩ ~ auf j⟨et⟩⁴ 人⟨事⟩⁴のことを⟨事⟩⁴を考えて,(に)配慮して. ohne ~ auf j⟨et⟩⁴・ n⟨sich⟩ ⟨事⟩⁴を考慮せず,顧みず. ohne ~ auf Verluste〈話〉あとさきを考えずに,やみくもに. **2** (複数で) 事情, 理由. aus finanziellen ~en 財政上の理由で. **3** (複数なし) (自動車などの)後方視界.
'**rück·sicht·lich** 前 (2 格支配) (まれ) …を考慮して.
'**Rück·sicht·nah·me** 囡 -/ 顧慮, 配慮.
*'**rück·sichts·los** ['rʏkzɪçtsloːs リュクズィヒツロース] 形 **1** 顧慮(配慮)のない,自分勝手な. ein ~es Benehmen 自分勝手な(傍若無人な)ふるまい. **2** きびしい,情け容赦のない. eine ~e Kritik 情け容赦のない批評.
'**rück·sichts·voll** ['rʏkzɪçtsfɔl] 形 思いやりのある,気配りのゆきとどいた.
'**Rück·sitz** 男 -es/-e (↔ Vordersitz) (自動車の)後部座席.
'**Rück·spie·gel** 男 -s/- バックミラー.
'**Rück·spiel** 中 -[e]s/-e 〖スポ〗(2 回総当り戦の)第 2 試合.
'**Rück·spra·che** 囡 -/-n (未解決の問題についての) 話合い, 協議. mit j ~ nehmen⟨halten⟩ 人と協議する. nach ~ mit j³ 人³との協議にもとづき.
'**Rück·stand** ['rʏkʃtant] 男 -[e]s/=e **1** 残滓(ざん), かす,残留物. **2** (満期のすぎた)未払残金,未払残金. ein ~ in der Miete 未納家賃. **3** (一定の基準からの)落ちこみ, 滞り, 遅れ. den ~ in et³ aufholen 事³における遅れを取り戻す. mit et³ im ~ sein 事³が滞っている. mit et³ in ~ kommen⟨geraten⟩ 事³が滞る. **4** 〖スポ〗(相手との)差,遅れ. Deutschland liegt 0:1 im ~. ドイツは 1 対 0 で負けている.
'**rück·stän·dig** ['rʏkʃtɛndɪç] 形 **1** 後進的な,反動的な; 時代遅れの. **2** 未払いの.
'**Rück·stän·dig·keit** 囡 -/ 遅れていること; 時代遅れ.
'**Rück·stau** 男 -[e]s/-s(-e) **1** (交通の)渋滞. **2** (水流の)塞(ふさ)き止め.
'**Rück·stoß** 男 -es/=e 〖物理〗反起, 反撥作用, 斥力

(せき); (ロケットなどの)反動(推進); (銃砲発射時の)動, 後座, 反衝.
'**Rück·stoß·an·trieb** 男 -[e]s/-e 〖工学〗(ロケット式の)噴射反動推進.
'**Rück·strah·ler** 男 -s/- 反射鏡; (自動車などの)部反射器, キャッツアイ.
'**Rück·tas·te** 囡 -/-n (タイプライターの)バックスペースー.
'**Rück·teil** 男 -[e]s/-e (↔ Vorderteil) 後ろの部分.
*'**Rück·tritt** ['rʏkrɪt リュクトリット] 男 -[e]s/-e **1** (閣僚などの)辞任, 辞職. der ~ eines Ministers⟨Kabinetts⟩ 大臣の辞任(内閣の総辞職). seinen ~ erklären 辞意を表明する. seinen ~ nehmen⟨古⟩ 辞任する. **2** 〖法制〗(契約の)解除. ~ vom Versuch 犯行を未遂のまま中止(断念)すること. **3** = Rücktrittbremse
'**Rück·tritt·brem·se** 囡 -/-n (自転車・バイクなどの)逆踏みブレーキ, コースターブレーキ.
'**Rück·tritts·ge·such** 中 -[e]s/-e 辞職願い.
'**Rück·über·set·zung** 囡 -/-en **1** (複数なし) (他の言語への)再翻訳, 反訳, 復文. **2** 再翻訳(反訳)されたテクスト.
'**rück·ver·gü·ten** 他 (不定詞・過去分詞で) 〖経済〗払い戻す.
'**Rück·ver·gü·tung** 囡 -/-en **1** 〖経済〗払い戻し. **2** 〖保険〗保険料の一部払い戻し.
'**rück·ver·si·chern** 他 (不定詞・過去分詞で) ❶ 〖保険〗再保険に加入する. ❷ 再 ⟨sich⟩ **1** 〖保険〗再保険に加入する. **2** 〖比喩〗方々に自己防衛策を講じる, 万一のための逃げ道を作る. ◆過去分詞 rückversichert
'**Rück·ver·si·che·rung** 囡 -/-en **1** 〖保険〗再保険. **2** 〖比喩〗方々に自己防衛策を講じること.
'**Rück·wand** 囡 -/=e 後ろの壁.
'**rück·wär·tig** ['rʏkvɛrtɪç] 形 背後の, 後ろの; 〖軍事〗後方の. ~e Dienste 後方勤務(部隊).
*'**rück·wärts** ['rʏkvɛrts リュクヴェルツ] 副 (↔ vorwärts) **1** 後ろへ,後方へ; 後ろ向きに. drei Schritte ~ machen 3 歩後ろへさがる. das Auto ~ in die Garage fahren バックで車をガレージに入れる. **2** 逆方向へ,逆向きに. ein Wort ~ lesen ことばを逆に読む. Das bedeutet einen Schritt ~. それは一歩後退だ. die Zeit ~ laufen lassen 時計を逆戻りさせる. **3** 〈話〉帰りに. **4** 〈南ド・オーストリア〉後ろに. von ~ 後ろから. ◆↑rückwärts gehen
'**Rück·wärts·gang** 男 -[e]s/=e **1** (↔ Vorwärtsgang) (自動車などの)バックギア. **2** (複数なし) (まれ) 後ろ向きに歩くこと.
'**rück·wärts ge·hen***, °**rück·wärts**|**ge·hen*** 自 (s) 〈話〉悪化する, 退歩する. 〈非人称的に〉Mit seinem Geschäft ging es rückwärts. 彼の商売は左前になった.
'**Rück·wech·sel** 男 -s/- 〖銀行〗逆(戻り)手形.
*'**Rück·weg** ['rʏk.veːk リュクヴェーク] 男 -[e]s/-e (↔ Hinweg) 帰り道, 帰路, 帰途. den ~ antreten 帰途につく. auf dem ~ 帰り道で.
'**ruck·wei·se** ['rʊkvaɪzə] 副 ぐいと, ぐっと; 断続的に. Bei dir kommt's wohl ~ ?〈地方〉お前, 頭がおかしいんじゃないか.
'**rück·wir·kend** ['rʏkvɪrkənt] 形 **1** 反作用の, 跳ね返ってくる. **2** (時間的)遡及する, 遡及的な.
'**Rück·wir·kung** 囡 -/-en **1** 反作用, 反応, 跳返り, フィードバック. **2** 〖法制〗遡及(そきゅう)効.

rück·zahl·bar 返済(払い戻し)可能な.
Rück·zah·lung 囡 -/-en 払い戻し, 返済.
Rück·zie·her ['rʏktsiːɐr] 男 -s/- **1**《話》撤回, 取消, 譲歩, (計画などの)縮小. einen ~ machen 撤回〈譲歩, 縮小〉する. **2**《スポーツ》オーバーヘッドキック.
Rück·zug ['rʏktsuːk] 男 -[e]s/ニe **1**《軍事》撤退, 退却. den ~ antreten 撤退する.《比喩的に》譲歩する, 退き下がる. **2**《猟師》(夏鳥の産卵地への)渡来.
Rück·zugs·ge·fecht 中 -[e]s/ニe 退却戦.
ru·de ['ryːdə] 形 (fr.)《古》粗野な, 粗暴な.
Rü·de 男 -n/-n **1** (犬・狐・狼などの)雄. **2**《猟師》(猪狩りに使う)猟犬.
Ru·del ['ruːdəl] 中 -s/- **1** (鹿や狼などの)群れ. **2**《話》(人の)大群, 一団.
ru·del·wei·se 群れをなして, かたまって;《話》大挙して, 大勢で.
Ru·der ['ruːdɐr ルーダー] 中 -s/- **1**《造船》(Steuer) 舵. das ~ führen / am ~ stehen〈sitzen〉《船員》舵をとる. das ~ des Staates führen〈halten〉国家の舵とりをする, 政権をになう. am ~ sein《話》権力の座にある. ans ~ kommen〈gelangen〉《話》権力の座につく, 実権を握る. aus dem ~ laufen 舵がきかなくなる, コントロールできなくなる. **2** オール, 櫂(かい). die Ruder auslegen〈einziehen〉オールを出す〈引く〉. sich⁴ [kräftig] in die Ruder legen 全力で〈オールを〉漕ぐ;《話》精力的に(ばりばり)仕事をする.
'Ru·der·bein 中 -[e]s/ニe (ボートの)漕ぎ手席.
'Ru·der·boot 中 -[e]s/-e オールで漕ぐボート.
'Ru·de·rer ['ruːdərɐr] 男 -s/- **1** 漕ぐ人, 漕ぎ手, 漕手(そうしゅ). **2** ボート競技の選手.
'Ru·der·gän·ger 男 -s/-《海事》=Rudergast
'Ru·der·gast 男 -es/-en《海事》舵手, 操舵手(員).
'Ru·der·klub 男 -s/-s 漕艇クラブ, ボートクラブ.
'ru·dern ['ruːdərn ルーダーン] (↓ Ruder) ❶ 自 (h, s) **1** (h, s) ボート(小舟)を漕ぐ, 漕いでいく; ボート競技をする. gegen die Strömung〈mit aller Kraft〉 ~ 流れに逆らって〈全力で〉漕ぐ. Sie ist über den Fluss gerudert. 彼女はボートを漕いで川を渡った. Wir haben zu viert gerudert. 私たちは4人でボートを漕いだ. Er hat〈ist〉 in seiner Freizeit viel gerudert. 彼は暇なときにはよくボートを漕いでいる. **2** 自 (h)《話》(動くようなしぐさを). beim Gehen mit den Armen ~ 腕を大きくふって歩く. **3** (s)《猟師》(水鳥が)泳ぐ.
❷ 他 **1** (ボート・小舟などを)漕ぐ. Ich habe das Boot an andere Ufer gerudert. 私は向こう岸までボートを漕いだ. **2** 漕いで運ぶ. et〈j〉⁴ an Land ~ ボートを漕いで物〈人〉を岸まで運ぶ. **3** (ボート競技で)記録を出す. einen Rekord ~ レコードタイムを出す. **4**《完了の助動詞は sein》(一定の距離を)漕ぐ.
'Ru·der·re·gat·ta 囡 -/..tten [..tən] ボートレース, レガッタ.
'Ru·der·schlag 男 -[e]s/ニe オール(櫂)のひと漕ぎ, ストローク.
'Ru·der·sport 男 -[e]s 漕艇, ボート競技.
Ru·di·ment [rudiˈmɛnt] 中 -[e]s/-e (lat.) **1** 残骸, 遺物, 名残り. **2**《生物》退化(痕跡)器官. **3**《複数で》《古》(学問などの)初歩, 基礎, 土台.
ru·di·men·tär [rudimɛnˈtɛːr] 形 (↓ Rudiment) **1** (遺物などの)残存する, 痕跡の. **2**《生物》退化した, 痕跡の. ~es Organ 退化(痕跡)器官. **3** 初歩の, 基礎的な, 萌芽的な.
'Ru·dolf ['ruːdɔlf]《男名》ルードルフ.
'Rud·rer ['ruːdrɐr] 男 -s/- =Ruderer

*Ruf [ruːf ルーフ] 男 -[e]s/-e **1** 叫び声, 呼声. der ~ der Händler 商人たちの呼び声. einen ~ ausstoßen / in einen ~ ausbrechen 叫び声をあげる. Auf seinen ~ hin erschien sie am Fenster. 彼の呼ぶ声にこたえて彼女が窓辺に姿をあらわした. **2** (a) (鳥などの)鳴声. der ~ der Eule ふくろうの鳴声. der ~ 《らっぱ・鐘などの》合図. der ~ der Glocke 鐘の合図. **3**《複数なし》…を求める声, 呼掛け, アピール. der ~ nach Frieden〈Freiheit〉平和〈自由〉を求める声. der ~ zu den Waffen 武器をとれという叫び声. dem ~ des Gewissens folgen《比喩》良心の声にしたがう. dem ~ der Natur gehorchen《戯》トイレにいく. **4**《複数なし》評判. Er ist besser als sein ~. 彼は評判以上の男だ. einen guten〈schlechten〉 ~ haben / in gutem〈üblem〉 ~ stehen 評判がよい〈悪い〉. j⁴ in schlechten ~ bringen 人の評判を悪くする. in einen üblen ~ kommen 評判が悪くなる, (名)落す. Er kam in den ~, ein Verräter zu sein. 彼は裏切り者だという評判が立った. eine Firma〈ein Künstler〉 von ~ 評判の会社〈芸術家〉. **5**《複数なし》《古》噂. Es geht der ~, dass…… という噂だ. **6**《複数まれ》招聘. einen ~ an die Universität Bonn bekommen〈erhalten〉ボン大学への招聘を受ける. Der Dirigent nahm einen ~ nach Wien an. その指揮者はヴィーンの招聘を受諾した. **7**《複数なし》(Telefonnummer) 電話番号.
'Ru·fe¹ 男 -[e]s/-n《南ド》かさぶた, 痂皮(かひ).
'Ru·fe², **'Rü·fe** ['ryːfə] 囡 -/-n (ladin.)《スイス》地滑り, 山崩れ.

'ru·fen* ['ruːfən ルーフェン] rief, gerufen ❶ 自 **1** (a) 叫ぶ, 大声を出す. laut〈aus voller Kehle〉 ~ 大声で声をかぎりに叫ぶ. Eine Stimme ruft von Ferne. 遠くで叫ぶ声がする.《結果を示す語と再帰的に》 sich⁴ heiser ~ 大声を出して喉がかれる. (b) (鳥などが)鳴く. Im Wald ruft der Kuckuck. 森でかっこうが鳴く.
2 呼ぶ, 呼びかける, 呼びよせる. nach j³ ~ /《南ドォーストリア》 j³ ~ 《南西部》 über j⁴ ~ 人³,⁴を呼ぶ. nach dem Ober ~ ボーイを呼ぶ. nach einem Glas Wasser ~ 水を1杯くれと叫ぶ. nach〈um〉 Hilfe ~ 助けを呼ぶ. Der Vorschlag rief einer heftigen Opposition³.《古》その提案ははげしい反対を招いた. zu Gott ~ 神に呼びかける. Die Trompete ruft zum Sammeln. 集合を告げるらっぱが鳴る. zum Widerstand ~ 抵抗を呼びかける.《比喩的に》 Die Arbeit ruft. 仕事が呼んでいる. Der Berg ruft. 山が呼んでいる. Der Tod ruft.《雅》もう(この世と)お別れだ.
❷ 他 **1** 叫ぶ, 大声でいう. j² Namen ~ 人²の名を大声で呼ぶ.
2 呼ぶ, 呼びよせる; (人⁴に)呼びかける. den Arzt〈die Polizei / ein Taxi〉 ~ 医者〈警察 / タクシー〉を呼ぶ. Hilfe ~ 助けを呼ぶ. j⁴ ins Zimmer ~ 人⁴を部屋に呼ぶ. j⟨sich⟩³ et⁴ ins Gedächtnis ~ 人³に事⁴を思い出させる〈事⁴を思い出す〉. et⁴ ins Leben ~ 事⁴(運動など)を起す, (財団などを)設立する. Eine wichtige Besprechung rief ihn nach Berlin. 重要な協議のために彼はベルリーンに行かねばならなかった. j⁴ vor Gericht ~ 人⁴を法廷に召喚する. j⁴ zur Ordnung〈zu den Waffen〉 ~ 人⁴に規則を守る〈武器をとる〉よう呼掛ける. j⁴ zu sich³ ~ 人⁴を呼びつける. Gott hat ihn zu sich³ gerufen.《雅》神は彼をみもとに召された.

Du kommst [mir] wie *gerufen*! 君はちょうどいいところへ来てくれたよ. **3** (nennen) 人⁴を…と呼ぶ,(人⁴の)名を呼ぶ. Er hieß Johannes, aber sie *riefen* ihn Hans. 彼はヨハネスという名前だったが,彼等は彼のことをハンスと呼んだ. j⁴ bei *seinem* Spitznamen ~ 《雅》人⁴をあだ名で呼ぶ. **4** (人³に)電話をかける;(を)無線で呼出す.

'Ru·fer ['ruːfər] 男 -s/- **1** 呼ぶ人,叫ぶ人. der ~ im Streite《比喩》戦闘の指揮者(↓Homer *Ilias*). der ~ in der Wüste 荒野に呼びわる者(洗礼者ヨハネ,↓《新約》ヨハ 1:23). ein ~ in der Wüste《比喩》いたずらに警告を発する人. **2**《船員》伝声管.

'Rüf·fel ['rʏfəl] 男 -s/-（↓rüffeln)《話》小言,お目玉. j³ einen ~ geben(erteilen)人³を叱りつける.

'rüf·feln ['rʏfəln] 他《話》叱る(wegen et²/für et⁴ 事²,⁴のことで).

'Ruf·mord 男 -[e]s/-e ひどい中傷.

'Ruf·na·me 男 -ns/-n 呼び名(いくつかの Vorname のうち普段呼び慣らわされている名). ♦ 格変化は Name 参照.

'Ruf·num·mer 女 -/-n 電話番号.

'Ruf·säu·le 女 -/-n (タクシーや警察を呼ぶための)電話スタンド.

'Ruf·wei·te 女 -/ 声の届く距離(範囲). in(außer) ~ 呼べば聞こえる(呼んでも聞こえない)ところに.

'Ruf·zei·chen 中 -s/- **1**《放送》コールサイン. **2**《通信》(電話の)呼出し音. **3**（ドット）=Ausrufezeichen.

'Rug·by ['rakbi, 'rʌgbi] 中 -[s]/《*engl*.》ラグビー.

'Rü·ge ['ryːgə] 女 -/-n **1** 叱責,譴責,咎め;非難 (wegen et²/für et⁴ 事²,⁴に対する). eine ~ erhalten 叱責をうける,非難される. **2**《法制》(民事訴訟における)責問;瑕疵(かし)通告.

'rü·gen ['ryːgən] 他（↓Rüge）叱責する,咎める,非難する.(事について)苦情(小言)をいう.

'Rü·gen ['ryːgən]《地名》リューゲン島(バルト海にあるドイツ最大の島).

'Ru·he ['ruːə ルーエ] 女 -/ **1** (a) 静けさ,静寂. die nächtliche ~ 夜の静けさ. die ~ vor dem Sturm 嵐のまえの静けさ. Im Saal herrschte vollkommene〈völlige〉 ~. ホールのなかは静かりかえっていた. Plötzlich trat ~ ein. 突然物音ひとつしなくなった(静寂がおとずれた). ~ bitte! 静かに. ~ auf den billigen Plätzen! / ~ im Saal!《話》ちょっと静かにしてくれ. ~ geben〈halten〉 静かに(おとなしく)する. j⁴ zur ~ ermahnen 人⁴に静かにするよう注意する. (b) 静止(停止)状態. sich⁴ in ~ befinden 止まっている. zur ~ kommen 止まる. **2** 休息,休養,いこい. unbedingte ~ 絶対安静. der ~² pflegen《雅》休息する. Angenehme ~!《寝にゆく人に向かって》お休みなさい. ~ brauchen / 《話》 ~² bedürfen 休息を必要とする. die ewige ~ finden / in die ewige〈zur ewigen〉 ~ eingehen《雅》永眠する. sich³ keine〈ein wenig〉 ~ gönnen 少しも休まない〈少し休む〉. ~ in《略 i.R.》引退(退職)に. Die Truppen liegen in ~.《軍事》部隊は後方待機中である. ohne Rast und ohne *Ruh*[e] 休む暇もなく,ひっきりなしに. j⁴ zu letzten ~ begleiten〈bestatten/tragen〉《雅》人⁴を埋葬する. zur ~ gehen 就寝する;永眠する. zur ~ kommen 休息する,休む. sich⁴ zur ~ legen〈begeben〉《雅》就寝する. sich⁴ zur ~ setzen

引退する,年金生活に入る. **3** 平安,平穏. ~ und Ordnung 安寧秩序. Gib doch endlich ~! / Lass mich in ~! 邪魔をしないでくれ,そっとしておいてくれ. keine ~ vor j⁴〈et³〉 haben 人〈事〉にたえず煩わされる,(で)心が安まらない. ich will immer nur seine ~ haben. 彼はいつも自分さえよければいいと思っている. keine ~ lassen 人⁴に(に)ず)煩わせる,(に)しつこくつきまとう. in ~ und Frieden leben 平穏無事に暮す. et⁴ in [aller] ~ tun 何事にも邪魔されずに(じっくり)事⁴をする. **4** (心の)安らぎ,平静,落着き. Er ist die ~ selbst. 彼は冷静そのものだ. Nur die ~ kann es bringen.《話》あわてなばにもうまくゆかない. Deine ~ 〈und die des Rothschilds Gold〉!《話》落着け. die ~ behalten〈bewahren〉平静を保つ. die ~ verlieren / aus der ~ kommen 平静を失う,うろたえる. keine ~ haben〈finden〉/ nicht zur ~ kommen 落着かない. Nun hat die liebe〈arme〉Seele endlich *Ruh*!《話》これでやっと大願成就だ. die ~ weghaben《話》落着きはらっている. 平然としている. sich⁴ nicht aus der ~ bringen lassen 平静を失わない,うろたえない. in [aller] ~ 落着いて,冷静に. Immer mit der ~!《話》そんなにあわてるな. ~ ist die erste Bürgerpflicht. 平静は市民の第一の義務である(1806,イエナの戦いで Napoleon に敗れたプロイセンの大臣がベルリーン市民に向けて発したことば).

'Ru·he·bank 女 -/⸗e (公園などの)休息用ベンチ.

'ru·he·be·dürf·tig 形 休息(休養)の必要な.

'Ru·he·bett 中 -[e]s/-en《古》寝いす,カウチ.

'Ru·he·ener·gie 女 -/-n《物理》静止エネルギー.

'Ru·he·ge·halt 中 -[e]s/⸗er (公務員の年金,恩給.

'Ru·he·geld 中 -[e]s/-er (勤労者の)老齢年金.

'Ru·he·kis·sen 中 -s/- 枕;ソファー用のクッション. Ein gutes Gewissen ist ein sanftes ~.《諺》心にやましさがなければ眠りもまた安らか.

'Ru·he·la·ge 女 -/ **1**《工学》(機械などの)静止位置,定位置. **2**《医学》安静位,安静状態.

'ru·he·los ['ruːəloːs] 形 落着きがない,不安な;落着きのない,そわそわした,せわしない.

'Ru·he·lo·sig·keit 女 -/ 落着かないこと;不安.

*****'ru·hen** ['ruːən ルーエン]（↓Ruhe) ❶ 自 **1** 休む,休息する;眠る. auf einer Bank〈im Lehnstuhl〉 ~ ベンチ〈肘掛け椅子〉で休む. nach der Arbeit ein wenig ~ 仕事あと少し休む. Nach getaner Arbeit ist gut *ruh*[*e*]*n*.《話》仕事のあとの休息は気持いい. die müden Glieder ~ lassen 疲れた手足を休める. Im Urlaub will ich den Geist ~ lassen.《戯》休暇中はなにも考えないでのんびりすごす. Die Toten soll man ~ lassen. 死人の悪口はいうものじゃない. Die Hände der Mutter *ruhten* nie. 母はけっして手を休めることがなかった. Er ruhte nicht eher, bis die Sache geklärt war. その問題が解決するまで彼は体を休めなかった. Er *ruhte* und rastete nicht〈Er wollte weder ~ noch rasten〉, bis er seine Idee verwirklicht hatte. 彼は自分の考えを実現するまで休まなかった. Die See *ruht* still. 海は凪いでいる. Ich wünsche gut〈wohl〉zu ~!《寝にゆく人に》おやすみなさい. im Grab 〈in fremder Erde〉 ~ 墓のなか〈異郷の地〉に眠る. Hier *ruht* [in Gott] X. ここに X 眠る(墓碑銘). *Ruhe* sanft〈in Frieden〉! 安らかに眠れ(墓碑銘).《現在分詞で》*ruhende* Venus 憩れるヴィーナス(絵画). **2** 止まっている,停止(休止)している. Der Acker *ruht*. その畑は休耕中である. Am Wochenende *ruht* die Arbeit. 週末は仕事が休みである. Der Betrieb ⟨Die Produktion⟩ *ruht*. 操業⟨生産⟩が停止している. Die Verhandlungen *ruhen*. 交渉が中断している. Der Verkehr *ruht*. 交通が止まっている. Der Vertrag *ruht*. 契約は失効中である. Die Waffen *ruhen*. 《雅》停戦(休戦)中である.《現在分詞で》Die Mutter ist der *ruhende* Pol der Familie. お母さんは一家の安らぎの中心だ.

3《場所を示す語句と》…にある, 置かれている, のっている;《責任などが》…にかかっている. Seine Hand *ruht* auf ihrem Arm. 彼の手は彼女の腕に置かれている. Sein Blick *ruhte* auf dem Bild. 彼の視線はその絵にそそがれていた. Die Akten *ruhen* im Tresor. 書類は金庫のなかにある. Die Brücke *ruht* auf vier Pfeilern. その橋は4本の橋脚に支えられている. Die ganze Verantwortung *ruht* auf seinen Schultern. 全責任が彼の肩にかかっている. Der Verdacht *ruht* auf ihm. 嫌疑が彼にかかっている. Auf diesem Haus *ruht* ein Fluch. この家には呪いがかけられている. Sein Schicksal *ruht* in ihren Händen. 彼の運命は彼女の手に握られている. Sie *ruht* ganz in sich³ selbst. 彼女はまったくおのれに安心している.《現在分詞で》ein in sich³ *ruhender* Mensch 心の均衡がとれた人.

❷ 再 (**sich⁴**)《非人称的に》*es ruht sich* gut in diesem Bett. このベッドは寝心地がいい. Nach der Arbeit *ruht es sich* gut. 仕事のあとは気持よく休める.

♦↑ruhen lassen

ru·hen las·sen*, °**ru·hen|las·sen*** 他 (問題 などを)そのまま(未解決のまま)にしておく, 先送りする.

Ru·he·pau·se 囡 -/-n 休憩(時間), 中休み.
Ru·he·platz 男 -es/≃e 休息所, 憩いの場.
Ru·he·punkt 男 -[e]s/-e **1** 息抜きの場所(時間). **2** =Ruhelage

Ru·he·stand 男 -[e]s/ 退職(した身分); 年金生活. in den ~ gehen 退職(官)する. Beamter⟨Richter⟩ im ~《略 i.R.》退職官吏⟨退官判事⟩.

Ru·he·ständ·ler [..ʃtɛntlɐ] 男 -s/- 退職者.
Ru·he·statt 囡 -/《雅》=Ruhestätte
Ru·he·stät·te 囡 -/-n《雅》(Ruheplatz)休息所, 憩いの場. die letzte⟨ewige⟩ ~ 永眠の場所, 墓.
Ru·he·stel·lung 囡 -/-en **1** =Ruhelage **2**《軍事》休戦状態; 休めの姿勢.
Ru·he·stif·ter 男 -s/- 調停(仲裁)者.
Ru·he·stö·rer 男 -s/- 静け(安寧)を乱す人.
Ru·he·stö·rung 囡 -/-en 静けさ(平穏)を乱すこと.
°Ru·he·tag 男 -[e]s/-e **1**(週日の)休業日, 定休日. **2** 休日(日曜・祝日).
Ru·he·zeit 囡 -/-en 休憩時間.

ru·hig ['ruːɪç ルーイヒ] 形 (↓Ruhe) **1** 動きのない, じっとした, 穏やかな. ~*es* Wetter 穏やかな天気. Die See ist ~. 海は凪(⁽ぎ⁾)いている. Er saß ~ da. 彼はじっと座っていた. Das Geschäft ist zur Zeit ~.《比喩》商売はこのところ停滞している.

2(↔ laut) 静かな. eine ~*e* Gegend 閑静な地域. ~*e* Nachbarn 静かな隣人. Ich möchte ein ~*es* Zimmer haben. (ホテルなどで)静かな部屋をお願いします. Plötzlich wurde es ~ im Saal. 突然ホールのなかは静まりかえった. Sei doch endlich einmal ~ ! いい加減静かにしろ. Unser Haus ist ~ gelegen. 我々の家は静かなところにある. Um diese Angelegenheit ist es ~ geworden.《比喩》その件については誰も口にしない.

3 平穏な, 邪魔の入らない, 安らかな. einen ~*en* Schlaf haben / ~ schlafen 安らかに眠る, 安眠する. Alles geht seinen ~*en* Gang. すべてが順調である. eine ~*e* Kugel schieben《話》のんびり暮らす(働く). ein ~*es* Leben führen 安らかな生活をおくる. einen ~*en* Posten haben《話》楽なポスト(閑職)についている. Bei diesen Kindern hat man ja keine ~*e* Stunde mehr. この子供たちがいた日には片時も気が休まる暇がない. Die Sitzung nahm einen ~*en* Verlauf. / Die Sitzung verlief ~. 会議はスムーズに(滞りなく)進んだ. ~*e* Zeiten 平穏な時代.

4 落着いた, 心安らかな, 平静な. ein ~*er* Mensch 落着いた人. ~ [*es*] Blut bewahren 平静さを保つ. Nur ~ [Blut]! 興奮するな, 落着け. ~*e* Farben《比喩》落着いた色合. ein ~*es* Gewissen haben 良心にやましいところがない. Dann kann ich ja ~*en* Gewissens schlafen gehen. これで私も安心して寝にゆける. mit ~*er* Stimme 落着いた声で. einer Gefahr ~ ins Auge blicken⟨sehen⟩心を落着けて(冷静に)危険を直視する. Sie sahen ~ zu, wie das Kind geschlagen wurde. 彼らはその子が殴られるのを平気で見ていた. et⁴ ~ überlegen 事⁴を落着いて(じっくり)考える.

5《副詞的用法で》《話》安心して, 安じて. Du kannst ~ mitkommen. 一緒にきても全然かまわないよ. Lass ~ die Asche auf den Boden fallen! どうぞご遠慮なく灰を床に落としてください. Man kann ~ sagen, dass… …といってもかまわない. Da kannst du ~ lachen! 笑いたければ笑うがいいさ.《接続法Ⅱと》Dein Zimmer könntest du auch ~ mal aufräumen. 一度部屋を片づけたっていいじゃないかい.

♦↑ruhig stellen

ru·hig stel·len, °**ru·hig|stel·len** 他《医学》**1**(身体を)動かぬように固定する. ein gebrochenes Bein durch Gipsverband ~ 骨折した脚をギプス包帯で固定する. **2**(人⁴を)鎮静剤で静める.

***Ruhm** [ruːm ルーム] 男 -[e]s/ 名声, 栄誉; 賞賛. unsterblicher⟨vergangener⟩ ~ 不滅の⟨過去の⟩名声. ~ erwerben⟨ernten⟩名声をはくする. j³ ~ einbringen 人³に名声をもたらす. Die Zeitungen sind seines ~*es* voll.《雅》新聞は彼のことをほめている. sich⁴ in *seinem* ~ [*e*] sonnen 名声にひたりきって(甘えて)いる. sich⁴ nicht [gerade] mit ~ bekleckert haben《話》立派というにはほど遠い出来だった. zu ~ und Ehre gelangen 栄達する.

°ruhm·be·deckt 形 名誉に飾られた, 令名が高い.
Ruhm·be·gier 囡 -/《雅》=Ruhmbegierde
Ruhm·be·gier·de 囡 -/ 名誉欲, 功名心.
°ruhm·be·gie·rig 形 名誉欲(功名心)の強い.

°rüh·men ['ryːmən] 他 (↓Ruhm) ❶ ほめる, たたえる, 賞賛する. j² Fleiß ~ 人²の勤勉さをほめる. die Ware ~ 商品をほめる. j⁴ vor aller Welt ~ 人⁴をほめちぎる. Man *rühmte* seine Tapferkeit. / Man *rühmte* ihn wegen seiner Tapferkeit. 人びとは彼の勇敢さを賞賛した. an j³ et⁴ ~ 人³の事⁴をほめる.《現在分詞で》*rühmende* Worte sprechen 賞賛のことばを述べる. j² *rühmend* erwähnen⟨hervorheben⟩人〈事〉⁴をほめたたえる.《中性名詞として》viel *Rühmens* von j⟨et⟩³ machen 人〈事〉³をほめすぎる.

❷ 再 (**sich⁴**) 自慢(自賛)する. ohne *mich* ~ zu wollen 自慢するわけではありませんが. Er *rühmt sich* als großer Politiker. 彼は自分のことを偉大な政治家だといって自画自賛する. *sich seines* Erfolges

⟨seines Talents⟩ ~ 自分の成功⟨才能⟩を自慢する.
'**rüh·mens·wert** ['ry:mənsveːrt] 形 賞賛に値する, 賞賛すべき, 感心な.
'**Ruh·mes·blatt** 中 -[e]s/ ⟨歴史の⟩栄光のページ; 名誉となるもの(こと), 誉れ. ein ~ der deutschen Geschichte ドイツ史を飾る輝かしい事績.
'**rühm·lich** ['ryːmlɪç] 形 賞賛すべき, 立派な, 見上げた, 名誉(栄光)ある. et⁴ zu einem ~en Ende führen 事をみごとになしおえる.
'**ruhm·los** ['ruːmloːs] 形 無名の; 不名誉な.
'**ruhm·re·dig** ['ruːmreːdɪç] 形 ⟨雅⟩自慢気な, 自慢しがる, これ見よがしの, 口ほうの.
'**ruhm·reich** 形 栄誉に満ちた, 誉れ高い, 栄えある.
'**Ruhm·sucht** 女 -/ 名誉欲, 功名心.
'**ruhm·süch·tig** 形 名誉欲(功名心)の強い.
'**ruhm·voll** 形 =ruhmreich
Ruhr¹ [ruːr] 女 -/-en 〘病理〙痢病, 赤痢.
Ruhr² [ruːr] 女 -/⟨地名⟩die ~ ルール川(ドイツ北西部, ライン川の支流).
'**Rühr·ei** ['ryːr|aɪ] 中 -[e]s/-er 〘料理〙スクランブルエッグ, 煎り卵.
*'**rüh·ren** ['ryːrən リューレン] ❶ 他 1 かき回す, こね回す, 混ぜ合せる. die Suppe ~ スープをかき回す. Mehl in die Soße ~ かき混ぜながらソースに小麦粉を加える. Farben mit Wasser ~ 絵の具を水にとく.
2 (手足を)動かす. die Arme⟨die Beine⟩ ~ 腕⟨足⟩を動かす. keinen Finger ~ 指一本動かさない, まったく手伝おうとしない. Er hat das Geld bekommen, ohne einen Finger zu ~. 自分ではなにもせずに彼はその金を手に入れた. Sie rührt fleißig die Hände. 彼女は小まめに働く.
3 (心を)動かす, 感動させる; 動揺させる. j² Herz ~ 人²の心を打つ. j⁴ zu Tränen ~ 人⁴を涙が出るほど感動させる. Das rührt mich gar nicht. そんなこと私はまったく平気だ, なんとも思わない. ⟨過去分詞で⟩ eine gerührte Stimmung 感動的な気分. tief gerührt sein 深く心を動かされている. ⟨中性名詞として⟩ ein menschliches Rühren verspüren ⟨婉曲⟩空腹を感じる; 便意をもよおす.
4 ⟨話⟩(衝撃・発作などが)襲う, 見舞う. Ihn hat der Schlag gerührt. 彼は卒中を起した. wie vom Donner gerührt びっくり仰天して.
5 〘楽〙(弦を)かき鳴らす, (太鼓を)打つ. die Harfe ~ 竪琴を弾く. für et⟨j⟩⁴ die Werbetrommel ~ ⟨比喩⟩⟨話⟩物⁴をさかんに宣伝する⟨人⁴のちょうちん持ちをする⟩.
❷ 自 1 かき回す. mit dem Löffel im Kaffee ~ スプーンでコーヒーをかき回す.
2 ⟨雅⟩(an et⁴ 物⁴に)手で触れる, さわる; ⟨比喩⟩(an et⁴ 事⁴に)触れる, 言及する. Seine Hand rührte an seine Stirn. 彼の手が彼女の額に触れた. an die Wunde ~ 傷に触れる. an den Kern der Angelegenheit ~ 問題の核心に触れる. an einen wunden Punkt ~ 痛いところをつく. Wir wollen nicht daran ~. 我々はそのことには触れたくない.
3 ⟨雅⟩...に由来(起因)する. Diese Krankheit rührt von einer Erkältung. この病気は風邪からきている. Das rührt daher, dass... それは...の事情によるものだ.
❸ 再 (**sich**) 動く, 体を動かす. Rührt euch! 休め(号令). Rühren Sie sich nicht vom Fleck⟨von der Stelle⟩. そこから動かないでください. sich nicht ~ können (痛くて・窮屈で)身動きができない; ⟨話⟩(経済的に)動きがとれない, 首が回らない. Vor lauter Arbeit kann ich mich kaum ~. ⟨話⟩仕事に追われて私はほとんど身動きできない. Kein Blättchen⟨Kein Lüftchen⟩ rührt sich. そよとの風も起らない. Du musst dich mehr ~. ⟨雅⟩君はもっと頑張らなくてはいけない. Es rührt sich nichts. 物音ひとつしない. Sein Gewissen rührte sich. ⟨雅⟩彼の良心が目ざめた. Mein Magen beginnt sich zu ~. ⟨話⟩私は腹がへった.
♦ ↑ gerührt

*'**rüh·rend** ['ryːrənt リューレント] 現分 形 感動的な, 心打たれる, 心にあたえる; いじらしい; ⟨反語⟩あきれるほどの. eine ~e Geschichte 感動的な物語. Das ist ~ vo dir! ご親切ありがとう; あきれたものだ.
'**Ruhr·ge·biet** ['ruːr..] ⟨地名⟩ルール地方(ドイツ北部の工業地帯).
'**rüh·rig** ['ryːrɪç] 形 活発な, きびきびした.
'**Rüh·rig·keit** 女 -/ 活発さ.
'**rühr·sam** ['ryːrzaːm] 形 ⟨古⟩ =rührig 2 センメンタルな, 感傷的な.
'**rühr·se·lig** ['ryːrzeːlɪç] 形 涙もろい, 感動しやすいセンチメンタルな, お涙頂戴の.
'**Rühr·stück** 中 -[e]s/-e 〘文学〙(啓蒙時代の)感傷劇, お涙頂戴物, メロドラマ.
'**Rühr·teig** 中 -[e]s/-e (パンなどの)生地(¹).
'**Rüh·rung** ['ryːrʊŋ] 女 -/ 感動, 同情.
Ru·in [ruˈiːn] 男 -s/ (fr.) 没落, 崩壊, 破滅, 破産; 堕落. Der Alkohol war sein ~. 酒で彼は身を持ちくずした. Du bist noch mein ~! ⟨話⟩君のおかげでそのうち僕もおしまいだ.
***Ru·i·ne** [ruˈiːnə ルイーネ] 女 -/-n (fr.) 1 廃墟(¹遺); ⟨同義⟩廃人. 2 ⟨複数formで⟩瓦礫(¹), 山.
ru·i·nen·haft [ruˈiːnənhaft] 形 廃墟のような, 荒れ果てた.
***ru·i·nie·ren** [ruiˈniːrən ルイニーレン] 他 (fr.) 1 破滅させる. Der Alkohol hat ihn⟨seine Gesundheit⟩ ruiniert. 酒で彼は身を滅ぼした⟨酒が彼の体をぼろぼろにした⟩. eine Firma ~ 会社を破産させる ⟨再帰的に⟩ sich⁴ wirtschaftlich ~ 破産する. ⟨過去分詞で⟩ ein ruinierter Geschäftsmann 破産した実業家. Ich bin ruiniert. 私はもうおしまいだ. 2 だめに(台無しに)する. Der Regen hat ihr Schuhwerk ruiniert. 雨のために彼女の靴はすっかりだめになってしまった.
ru·i·nös [ruiˈnøːs] 形 (fr.) 1 破産(破滅)をもたらす. 2 崩れそうな.
Rülps [rʏlps] 男 -es/-e (↓ rülpsen) ⟨地方⟩ 1 礼儀知らず, 田夫野人. 2 げっぷ.
'**rülp·sen** ['rʏlpsən] 自 他 ⟨話⟩げっぷをする.
'**Rülp·ser** ['rʏlpsɐr] 男 -s/- ⟨話⟩ 1 げっぷ. 2 しょっちゅうげっぷをする人.
rum [rʊm] 副 ⟨話⟩ =herum
Rum [rʊm, ruːm] 男 -s/-s (engl.) ラム酒.
rum.. [rʊm..] ⟨分離前つづり/つねにアクセントをもつ⟩ =herum..
Ru·mä·ne [ruˈmɛːnə] 男 -n/-n ルーマニア人. ♦ 女性形 Rumänin ♦ -/-nen
Ru·mä·ni·en [ruˈmɛːniən] ⟨地名⟩ルーマニア.
ru·mä·nisch [ruˈmɛːnɪʃ] 形 ルーマニア(人, 語)の.
Ru·mä·nisch 中 -[s]/ ルーマニア語. ↑ Deutsch
Ru·mä·ni·sche ⟨⟨形容詞変化 / 定冠詞と⟩ das ~⟩ ルーマニア語; ルーマニア的なもの(特色). ♦ ↑ Deutsche ②
'**Rum·ba** ['rʊmba] 女 -/-s (話 男 -s/-s (ドイツでは 男のみ) (sp.) ルンバ(キューバ起源の舞踏音楽).

Rum·mel[1] ['rʊməl] 男 -s/ (↓ rummeln) **1**《話》雑踏, 喧噪, 騒ぎ, 取沙汰 (um j⟨et⟩⁴〈人〈事〉⁴に関する). den ~ kennen《卑》事情をよく知っている. **2**《地方》歳(⁵)の市. **3** がらくた. den ganzen ~ kaufen 何もかも一まとめにして買う.

Rum·mel[2] 囡 -/-n〖植物〗甜(ξ)菜, ビート.

um·meln ['rʊməln] 圓 鈍い音を立てる.《非人称的に》Es rummelt. 遠雷がきこえる.

Rum·mel·platz 男 -es/¨e《地方》歳の市の広場.

Ru'mor [ruˈmoːr] 男 -s/ (lat.)《古》騒音, 騒ぎ, 喧噪, 騒動.

u·mo·ren [ruˈmoːrən] rumorte, rumort 圓《話》 **1**（がたがた）物音を立てる. **2** (腹などが)ごろごろ鳴る.《非人称的に》Es rumorte in seinem Bauch. 彼はおなかがごろごろ鳴った. **3** 騒音をたてる. Diese Geschichte rumorte noch lange in seinem Kopf. この件はその後いつまでも彼の頭を悩ませた.《非人称的に》In dem Land rumort es. その国は物情騒然としている.

rum·pe·lig ['rʊmpəlɪç] 形 **1**（がたごと）音を立てる. **2** (道などが)でこぼこの.

Rum·pel·kam·mer ['rʊmpəl..] 囡 -/-n《話》物置部屋. et⁴ in die ~ werfen《比喩》物⁴をお払い箱にする.

um·peln ['rʊmpəln] 圓 (s, h)《話》 **1** (s) (車が)がたごと走る. **2** (h) がたがた（ごろごろ）音をたてる.《非人称的に》Es rumpelt auf dem Dachboden. 屋根裏でがたがた音がする. Es rumpelt. 遠くで雷がなる.

rum·peln[2] 圓 しわになる. ② 他 ごしごし洗う.

Rumpf [rʊmpf] 男 ルンプフ 男 -(e)s/Rümpfe **1** (人間・動物の)胴, 胴体. ~ beugt⟨dreht/streckt⟩!（体操の号令）上体を曲げて〈回して／伸ばして〉! **2** 船体；機体. **3**《成句として》mit ~ und Stumpf 根こそぎに.

rümp·fen ['rʏmpfən] 他 (顔の一部を)しかめる, 歪める. die Nase über et⟨j⟩⁴ ~ 物⟨人⟩⁴を鼻であしらう.

rump·lig ['rʊmplɪç] 形 =rumpelig

Rump·steak ['rʊmpsteːk] 匣 -s/-s (engl.)〖料理〗ランプステーキ.

Run [ran, rʌn] 男 -s/-s (engl.) (人々の)殺到. ~ auf die Banken 銀行への取付け.

rund [rʊnt] 〈fr.〉 ① 形 **1** 丸い, 円形の, 丸みをおびた. ein ~er Rücken 丸めた背中. eine ~e Säule⟨Scheibe⟩ 円柱⟨円板⟩. eine Konferenz am ~en Tisch 円卓会議. ~e Augen machen (驚いて)目を丸くする. Die Erde ist ~. 地球は丸い. Der Ball ist ~.《話》（サッカーで）勝敗が読めない. **2** 丸々とした, ふっくら（ぽっちゃり）した. ~e Backen ふくよかな頬. Er hat einen ~en Bauch. 彼は腹が出ている. dick und ~ werden 丸々ふとる. **3** 完全（完璧）な, まとまりのある, 調和のとれた. ein ~er Erfolg《話》非の打ちどころのない成果. ein Wein mit einem ~en Geschmack 熟成した味のワイン. ein ~er Klang 調和のとれた響き. Es war eine ~e Sache.《話》それはまったくもって素晴らしかった〈上々の出来だった〉. Bei uns läuft alles ~.《話》我々のところでは万事うまくいっている. Der Motor läuft ~. エンジンはなめらかに回転している. Davon wird die Welt wieder ~. それで世の中はふたたび平静になる. **4**（付加語的用法のみ）《数量にかんして》(a) まる…, たっぷり…. ein ~es Jahr まる1年. Das kostet eine ~e Million. それはまるまる100万かかる. Ich warte schon eine ~e Stunde. 私はもうたっぷり1時間待っている. (b) かなりの, 相当な. die ~e Summe von 1 500 Euro 1500 ユーロのまとまった金. (c) きれいにそろった, 端数のない. eine ~e Zahl きりのいい数. **5**《地方》酔っぱらった, へべれけの. **6**《古》いさぎよい（きっぱりした）. ② 副 **1**（略 rd.）およそ, ほぼ. ~ 200 Euro⟨eine Stunde⟩ ほぼ200 ユーロ⟨1 時間⟩. Das kostet, ~ gerechnet, 80 Euro. それは計算して 80 ユーロほどかかる. **2** ひとまわりして, ぐるりと; …をめぐって. eine Reise ~ um die Welt 世界一周旅行. ~ um die Uhr 夜も昼もなく, ずっと. ein Gespräch ~ um das Kind 子供をめぐる対話.

Rund 匣 -(e)s/ (↓ rund) 丸さ, 丸い物, 周囲, 周辺. das ~ des Himmels 天空. ~ um ~ まわり（周辺）に.

'Rund·bau 男 -(e)s/-ten 円形の建物.

'Rund·blick 男 -(e)s/-e **1** 四囲の眺望, 全景, パノラマ. **2** 周りを（あちこち）見回すこと.

'Rund·bo·gen 男 -s/¨〖建築〗半円アーチ.

'Rund·brief 男 -(e)s/-e **1** 回状, 回報. **2** (家族などの)全員宛ての手紙.

*'**Run·de** ['rʊndə ルンデ] 囡 -/-n (↓ rund) **1** (a) (人の)輪, 仲間, グループ, 団体. eine fröhliche ~ 楽しい仲間. Wir sangen in der ~. われわれは輪になって歌った. (b)（酒などの）一座の人びとにふるまわれる量. eine ~ Bier ausgeben⟨卑 schmeißen⟩ みんなにビールを一杯おごる. **2** 周囲, 周辺. in der ~ 周囲(あたり)に. in die ~ blicken 周囲を見回す. **3** (a) ひと回り, 巡回, パトロール. drei ~n auf dem Karussell fahren メリーゴーラウンドに乗って3 周する. Der Wächter geht⟨macht⟩ seine ~n. 警備員がパトロール（巡回）する. eine ~ durch die Stadt machen 街をひと回りする. eine ~ durch mehrere Lokale machen 店をはしごする. die ~ machen《話》（酒瓶などが）順に回される;（噂などが）広がる; 順に挨拶して回る. Das Flugzeug zieht eine ~ über der Stadt. 飛行機が街のうえを1 周する. (b)《古》番人, 見張り. **4**〖スポ〗(a) (トラックなどの)1 周. eine ~ laufen トラックを1 周する. in die letzte ~ gehen 最後の1 周に入る. (b)〖ゴルフなどの〗ラウンド, 回. ~ Golf spielen ゴルフを1 ラウンドする. Ich werde noch eine ~ schlafen.《話》私はもう1 眠りするよ. (c)（トーナメントの）回戦. Endrunde 決勝戦. Die Mannschaft hat die zweite ~ erreicht. そのチームは2 回戦に進出した. (d)（ボクシングの）ラウンド. in der vierten ~ gewinnen 第4 ラウンドで勝つ. et⁴ eine ~ bringen《話》事⁴（問題など）を切抜ける, 解決する. j⁴ über die ~n bringen / j³ über die ~n helfen《話》人³,⁴に手を貸して困難を切抜けさせる. über die ~n kommen《話》難局を切抜ける. **5**〖手芸〗（丸編みの）段.

Run'dell [rʊn'dɛl] 匣 -s/-e =Rondell

'run·den ['rʊndən] ① 他 **1** 丸くする, 丸みをつける. den Rücken ~ 背を丸める. **2** 仕上げる, 完結させる. ② 再 (sich⁴) **1** 丸くなる, 丸みがつく. Der Mond rundet sich zur vollen Scheibe. 月がまん丸になる. Sie hat sich in letzter Zeit sehr gerundet. 彼女は最近めっきりずいぶん太った. Ein Jahr rundet sich.《雅》年が暮れる. **2** 仕上がる, 完結する.

'rün·den ['rʏndən] 他《雅》=runden

'Rund·er·lass 男 -es/¨e（役所の）回覧通達.

'Rund·fahr·kar·te 囡 -/-n 周(回)遊券.

*'**Rund·fahrt** ['rʊntfaːrt ルントファールト] 囡 -/-en （乗物による）1 周, 周遊. **2**（自転車・自動車などの）長距離周回レース.

'Rund·flug 男 -(e)s/¨e 巡回飛行, 遊覧（周遊）飛行.

'Rund·fra·ge 囡 -/-n アンケート.

'Rund·funk ['rʊntfʊŋk ルントフンク] 男 -s/ **1** 無線放送. **2** ラジオ放送. ~ hören ラジオを聴く. Nachrichten im ~ ラジオニュース. **3** ラジオ (受信機). den ~ einschalten ⟨abstellen⟩ ラジオのスイッチを入れる⟨切る⟩. **4** ラジオ放送局. beim ~ arbeiten ラジオ局で働く.
'Rund·funk·ap·pa·rat 男 -[e]s/-e =Rundfunkgerät
'Rund·funk·emp·fän·ger 男 -s/- =Rundfunkgerät
'Rund·funk·ge·büh·ren 複 (ラジオの)受信料.
'Rund·funk·ge·rät 中 -[e]s/-e ラジオ(受信機).
'Rund·funk·hö·rer 男 -s/- ラジオ聴取者.
'Rund·funk·pro·gramm 中 -s/-e ラジオ放送番組(表).
'Rund·funk·sa·tel·lit 男 -en/-en 放送衛星.
'Rund·funk·sen·der 男 -s/- (ラジオの)放送局.
'Rund·funk·sen·dung 女 -/-en ラジオ放送.
'Rund·funk·spre·cher 男 -s/- ラジオのアナウンサー.
'Rund·funk·sta·ti·on 女 -/-en ラジオ放送局.
'Rund·funk·tech·nik 女 -/- 放送技術, 無線工学.
'Rund·funk·über·tra·gung 女 -/-en ラジオ中継.
'Rund·funk·wer·bung 女 -/-en ラジオによる広告.
'Rund·gang 男 -[e]s/ᵉe **1** 巡回, パトロール; 1周, 1巡. **2** 《建築》回廊.
'rund|ge·hen* 自(s) **1** (ぐるっと)回る, 巡回する. **2** (テーブルで酒瓶などが)回される; (噂などが)広がる. Die Geschichte ist schon überall rundgegangen. その話はもうあちらこちらに広がっている. 《非人称的に》 Es geht rund. 《話》大忙し(大騒ぎ)である.
'Rund·ge·sang 男 -[e]s/ᵉe **1** (宴会などでの)合唱. **2** (Kanon) カノン, 追復曲; 輪唱歌.
'rund·he'raus [rʊnthɛ'raʊs] 副 率直に, あからさまに, はっきりと.
'rund·he'rum [rʊnthɛ'rʊm] 副 **1** 周りに; ぐるりと, ぐるぐると. **2** 《話》まったく, すっかり.
'Rund·holz 中 -es/ᵉer **1** 丸太, 丸材. **2** 麺棒.
'Rund·lauf 男 -[e]s/ᵉe **1** 回転ぶらんこ. **2** 循環.
'rund·lich 形 **1** 丸味を帯びた, 丸っこい. **2** (とくに女性について)恰幅のよい, 少し太り気味の.
'Rund·ling [rʊntlɪŋ] 男 -s/-e 円村, 環村(広場などを中心に家屋が環状に並ぶ集落).
'Rund·rei·se 女 -/-n 周遊旅行.
'Rund·schau 女 -/ **1** 《雅》展望, パノラマ. **2** 《新聞・雑誌などの題名として》展望, 評論.
'Rund·schrei·ben 中 -s/- =Rundbrief
'Rund·schrift 女 -/-en 円形書体.
'Rund·stre·cke 女 -/-n 《スポ》(競走用の)環状コース(トラック・サーキットなど).
'Rund·stück 中 -[e]s/-e 《北ドイツ》丸い小型のパン.
'rund'um [rʊnt'|ʊm] 副 **1** 周りに, 周囲で. **2** 《話》完全に, すっかり.
'rund·um'her [rʊntʊm'he:r] 副 周囲に, まわりに, ぐるりと. ~ schauen まわりを見まわす.
'Run·dung [rʊndʊŋ] 女 -/-en **1** 丸み, ふくらみ, 円(球)形, アーチ形, カーブ. **2** 《複数で》《卑》(女性の)グラマーな体つき. **3** 円熟, 完成. **4** 《音声》唇音化.
'Rund·ver·kehr 男 -[e]s/-e =Kreisverkehr
'rund'weg [rʊnt'vɛk] 副 きっぱりと, はっきりと.
'Ru·ne ['ru:nə] 女 -/-n ルーネ(ルーン)文字(古代ゲルマン文字); 《比喩》謎めいた(解読不能の)符号. ◆ 原意 Geheimnis
'Ru·nen·schrift 女 -/-en ルーネ(ルーン)文字.

'Ru·nen·stein 男 -[e]s/-e ルーネ(ルーン)文字の刻まれた石碑.
'Run·ge ['rʊŋə] 女 -/-n (荷車・無蓋貨車などの荷の両側の)止め棒, 柵柱(さくちゅう).
'Run·ge[2] 《人名》Philipp Otto ~ フィーリップ・オットー・ルンゲ(1777–1810, ドイツのロマン派の画家).
'Run·gen·wa·gen 男 -s/- 柵柱付き無蓋貨車.
'Run·kel [rʊŋkəl] 女 -/-n 《キテニ シッウ》 =Runkelrübe
'Run·kel·rü·be 女 -/-n 《植物》飼料用ビート.
'Run·ken [rʊŋkən] 男 -s/- 《中部ドイツ》パンの大きな塊.
Runks [rʊŋks] 男 -es/-e 《話》**1** 粗野な男, 無作法者. **2** 《中部ドイツ》=Runken
'runk·sen [rʊŋksən] 自 (↓ Runks) 《話》**1** 粗野(無作法)な振舞をする. **2** (サッカーで)ラフプレーする.
'run·ter ['rʊntər] 副 《話》=herunter, hinunter
'run·ter.. [rʊntar..] 《分離前つづり / つねにアクセントもつ》 《話》=herunter.., hinunter..
'run·ter|ge·hen* 自(s) 《話》下って来る(ゆく). Das geht mir glatt runter. 《卑》それは結構な話だ.
'run·ter|rut·schen 自(s) 《話》滑り落ちる. Rutsch mir den Buckel runter! 私のことはほうっておいてくれ.
'Run·zel ['rʊntsəl] 女 -/-n 《多く複数で》皺(しわ).
'run·ze·lig [rʊntsəlɪç] 形 皺だらけの, 萎(しお)びた.
'run·zeln ['rʊntsəln] **①** 他 (物)に皺をよせる(つくる). **❷** 再 (sich) 皺がよる, 萎びる.
'Rü·pel ['ry:pəl] 男 -s/- 《俗》がさつ者, 無法者.
Rü·pe'lei [ry:pə'laɪ] 女 -/-en 《俗》無作法, 傍若無人, 無法ぶり.
'rü·pel·haft ['ry:pəlhaft] 形 《俗》無作法な, 傍若無人な, 恥知らずな.
'rup·fen[1] ['rʊpfən] **❶** 他 **1** (a) (草などを)むしる(b) (鶏などの)羽をむしる. ein Huhn ~ 鶏の羽をむしる. mit j³ [noch] ein Hühnchen zu ~ haben 《話》人³に対して言いたいことがある, (と)話(決着)をつけねばならない. **2** 《話》(人から)金をまきあげる, ぼる, たかる. Man hat ihn beim Spiel tüchtig gerupft. 彼はばくちでしこたままきあげられた. **3** 《地方》(j¹ an et³ 人¹の物³を)引っぱる. **❷** 自 がりがり(がたがた)音をたてる.
'rup·fen[2] [rʊpfən] 形 ジュート(黄麻)製の.
'Rup·fen [rʊpfən] 男 -s/- ジュート(黄麻)製の粗布.
'Rup·fen·lein·wand 女 -/ᵉe =Rupfen
'Ru·pie ['ru:piə] 女 -/-n ルピー(インド・パキスタン・スリランカなどの貨幣単位).
'rup·pig ['rʊpɪç] 形 (↓rupfen¹) **1** 《俗》無作法な, がさつな. **2** うす汚い, 手入れの悪い; みすぼらしい.
'Rup·pig·keit 女 -/-en 《複数なし》無作法, がさつさ. **2** 無作法な(乱暴な)言動.
'Rupp·sack ['rʊpzak] 男 -[e]s/-e 《俗》無作法者, がさつ者.
'Ru·precht ['ru:prɛçt] 《男名》ループレヒト. Knecht ~ 従者ループレヒト(民間伝承で幼児キリスト又は聖ニコラウスの従者, クリスマス前に良い子には贈物を, 悪い子には鞭を与えるという).
'Rü·sche ['ry:ʃə] 女 -/-n (fr.) 《服飾》(レースなどの)リューシュ, ひだ飾り.
'Ru·schel ['rʊʃəl] 女 -/-n(男 -s/-) (↓ruscheln) 《地方》だらしのないやつ; ぞんざいな仕事をするやつ.
'ru·sche·lig ['rʊʃəlɪç] 形 《地方》《俗》だらしのない; (仕事などの)ぞんざいな.
'Rush·hour ['raʃaʊər] 女 -/-s (engl.) ラッシュアワー.
Ruß [ru:s] 男 -es/-e **1** 煤, カーボンブラック. **2** 《複数なし》《地方》《話》長話. ~ machen 面倒なことをする. **3** 《獣医》(仔豚のかかる)皮膚病.

Rus·se ['rʊsə] 男 -n/-n ロシア人. ◆女性形 Rus-sin 女 -/-nen
Rüs·sel ['rʏsəl] 男 -s/- 1 (象・豚などの)鼻; (昆虫の)吻(ふん). 2 (卑)(人間の)鼻, 口. 3 (卑)ペニス.
Rüs·sel·kä·fer 男 -s/- 【動物】ぞうむし科(の昆虫).
ru·ßen ['ruːsən] ❶ 自 煤を出す. ❷ 他 1 煤で黒くする. 2 (ごう)(物)の煤を取除く.
ru·ßig ['ruːsɪç] 形 煤で汚れた, 煤だらけの.
rus·sisch ['rʊsɪʃ] 形 ロシア(人, 語)の; ロシア風(式)の. Russische Sozialistische Föderative Sowjetrepublik (略 RSFSR) ロシア社会主義連邦ソビエト共和国(旧ソ連). ～e Eier ロシア風卵サラダ.
Rus·sisch 中 -[s]/ ロシア語. ↑Deutsch
Rus·si·sche 中 〖形容詞変化/定冠詞と〗 das ～ ロシア語; ロシア的なもの(の特色). ◆↑Deutsche ② 1
Russ·land, °'**Ruß·land** ['rʊslant ルスラント]〖地名〗ロシア.
Rüst·bal·ken ['rʏst..] 男 -s/- 〖土木〗足場用の丸太, 足代(あしだい)柱.
Rüst·baum 男 -[e]s/=e 〖建築〗=Rüstbalken
Rüs·te[1] ['rʏstə] 女 -/ (雅)《次の形でのみ》 zur ～ gehen 終る, 傾く. Das Jahr geht zur ～. 年が暮れる. Die Sonne geht zur ～. 太陽が沈む.
Rüs·te[2] 女 -/-n (↓rüsten)〖海事〗橫静索(おうせいさく)留め板.
rüs·ten ['rʏstən リュステン] ❶ 自 軍備を整える(強化する). zum Krieg ～ 戦争の準備をする. um die Wette ～ 軍備を競う.
❷ 他 1 (古)(人に)武装させる. seine Mannen ～ 部下に武装させる. (過去分詞で) bis an die Zähne gerüstet sein 完全武装している. 2 (ざっ)(a) (人を飾りたてる. (b) (野菜などの)下ごしらえをする. 3 〖地方〗準備(用意)する. ein Haus ～ 家を建てる足場を組む. ein Mahl ～ 宴会の準備をする.
❸ 再 (sich[4])(雅) 1 軍備を整える. 2 準備(用意)する(für et〈zu et[3]〉 事[4,3]の). sich zur Reise〈für einen Besuch〉～ 旅行の準備をする. sich zum Kirchgang ～ (ごう)(教会へゆくための)晴れ着を着る.《過去分詞で》Ich bin für die Prüfung gut gerüstet. 私は試験の準備がちゃんとできている. für alles gerüstet sein 万事整っている.
Rüs·ter ['rʏstər, 'rʏːstər] 女 -/-n 〖植物〗(Ulme) にれ属. 2 にれ材.
'**rüs·tern** ['rʏstərn, 'rʏːstərn] 形 にれ材の, にれ製の.
'**rüs·tig** ['rʏstɪç] 形 (↓rüsten) 1 矍鑠(かくしゃく)とした, 壮健な, まだまだ働ける. 2 力強い, 元気のいい.
'**Rüs·tig·keit** 女 -/ 壮健さ, 元気さ.
rus·ti·kal [rʊsti'kaːl] 形 1 田舎風の, ひなびた. 2 質素な. 3 素朴(純朴)な; (古)粗野な, 無骨な.
'**Rüst·kam·mer** 女 -/-n (城などの)武器(兵器)庫.
°'**Rüs·tung** ['rʏstʊŋ リュストゥング] 女 -/-en 1 軍備, 武装. die atomare〈nukleare〉～ 核武装. riesige Summen in die ～ stecken 莫大な金額を軍備につぎ込む. 2 (とくに中世の)甲冑(かっちゅう), 鎧兜(よろいかぶと). in voller ～ 甲冑に身を固めた騎士の.
'**Rüs·tungs·be·schrän·kung** 女 -/-en 軍備制限, 軍縮.
'**Rüs·tungs·in·dus·trie** 女 -/-n 軍需産業.
'**Rüs·tungs·kon·trol·le** 女 -/-n (国際的な)軍備管理.
'**Rüs·tungs·wett·lauf** 男 -[e]s/ 軍拡競争.
'**Rüst·zeug** 中 -[e]s/-e (仕事に必要な)知識; 技能; 道具.

'**Ru·te** ['ruːtə] 女 -/-n 1 (細くよくしなる)枝; 苔(むち). die ～ [zu spüren/zu kosten] bekommen (苔で)懲らしめをうける. sich[3] eine ～ aufbinden (古)厄介な(煩わしい)事を背負いこむ. mit der eisernen ～ 苛酷に, 情容赦なく. sich[4] unter j[2] ～ beugen (古)人[2]の支配に屈する. 2 (Angelrute) 釣竿. 3 (水脈や鉱脈を探す)占い棒. 4 ルーテ(長さの単位, 時代によって異なる 2.8 m–5.3 m). 5 〖猟師〗(犬や栗鼠などの)尾; (動物の)陰茎. 6 (卑)(人間の)ペニス.
'**Ru·ten·bün·del** 中 -s/- 1 若枝の束. 2 ファスケス, 束桿(そっかん)(古代ローマの権標).
'**Ru·ten·gän·ger** 男 -s/- 占い杖を用いて鉱脈(水脈)を探す人.
Ruth [ruːt] ❶《女名》(hebr.「Freundschaft」)ルート. ❷《人名》〖聖〗ルツ. das Buch ～ ルツ記.
Ru'the·ni·um [ru'teːni̯ʊm] 中 -s/-〖記号 Ru〗〖化学〗ルテニウム.
Ru'til [ru'tiːl] 中 -s/-e (lat.)〖鉱物〗金紅石.
rutsch [rʊtʃ] 間 (幼児) Rutsch! するりっ, つるりっ(滑るように進むときの歓声).
'**Rutsch** [rʊtʃ] 男 -[e]s/-e 1 滑ること; 地滑り, 山(が)れ. einen ～ machen 滑って転ぶ. in einem 〈auf einen〉～《話》一気に, ひといきに. 2《話》小旅行, ドライブ. Guten ～! お気をつけて(行ってらっしゃい). Guten ～ ins neue Jahr!《比喻》どうぞよいお年を.
'**Rutsch·bahn** 女 -/-en 1 滑り台. 2《話》(スケート遊びの)滑走路; (雪の)滑降斜面.
'**Rut·sche** ['rʊtʃə] 女 -/-n 1 (荷物用の)落し, シュート. 2《南ド》足台.
*'**rut·schen** ['rʊtʃən ルッチェン] 自 (s) 1 (a) 滑る, 滑って転ぶ, スリップする; 滑り落ちる, ずれる. mit dem Fuß ～ 足を滑らせる. mit dem Auto ～ 自動車をスリップさせる. Die Brille rutscht. めがねがずり落ちる. Das Essen will nicht ～. この料理はなかなか食えない. Ihr rutscht das Geld durch die Finger.《話》彼女は金遣いが荒い. vor j[3] auf den Knien ～《話》人に屈服している, 平身低頭する; (を)偶像視する.《中性名詞として》ins Rutschen kommen《話》滑り始める; (車が)スリップする. (b)《地方》スケートをする. 2《話》わきによる, 席を詰める. am Tisch ～. 3《話》(乘物で)小旅行に出かける, ドライブする. am Wochenende in die Alpen ～ 週末にアルプス地方へドライブする.
'**rutsch·fest** 形 滑り止めをした; 滑らない.
'**rut·schig** ['rʊtʃɪç] 形 (道などが)滑りやすい.
'**Rutsch·par·tie** [..ti̯ən]《話》1 滑って転びながら行くこと, (意図せずに坂などを)滑り(転がり)落ちること. 2 滑り台で滑ること.
*'**rüt·teln** ['rʏtəln リュッテルン] ❶ 他 ゆさぶる, 揺する, 揺り動かす. j[4] an den Schultern ～ 人[4]の肩をつかんで揺する. j[4] aus dem Schlaf ～ 人を揺り起す. Getreide ～ 穀物をふるいにかける.
❷ 自 (h, s) 1 (h) (an et[3] 物[3]を)ゆさぶる, 揺する, ぐらつかせる. an der Tür ～ ドアをゆさぶる. Das rüttelt an den Grundfesten seiner Theorie. それは彼の理論の根底を揺るがす. Daran ist nicht zu ～. それについてはびくつかせない. 2 (a) (h) はげしく(がたがた)揺れる. (b) (s) (車などが)揺れながら走る. 3 (h)〖猟師〗(鷹などが獲物をねらって)空中の一点で羽ばたきつづける. ◆↑gerüttelt
Rwan·da [ru'anda]〖地名〗=Ruanda

s, S

s¹, S¹ [ɛs] 匣 -/- ドイツ語アルファベットの第 19 文字(子音字).

s² 《記号》 **1** =Sekunde 1 **2** =Shilling

S² ❶ 《記号》 **1** =Schilling 1 **2** 《化学》=Schwefel (Sulfur) **3** =small S サイズ(衣料品のサイズ). ❷ 《略》=Süd[en]

s. 《略》=sieh[e]! 見よ,参照せよ.

S. 《略》 **1** =Seite 10 **2** =San, Sant', Santa, Santo, São 聖… **3** =Seine 《次の用法で》 ~ Exzellenz 〈Majestät〉閣下〈陛下〉.

's [s] 《話》《雅》 =es, das '*S*(=Das) hat keinen Zweck mehr. それはもう意味がない. ◆文頭以外では先行の語と 1 語で綴る. そのときアポストローフを省略することもある. Hier gibt's kein Hotel. この辺にはホテルが 1 軒もない.

sa [sa] 圃 (*fr.* ça, hier[her]!, wohlan!, lustig!') Sa! (猟犬を駆立てて)それっ,そら来い; (元気づけの掛声)さあ, ほらほら.

SA [ɛs|a:] 囡 -/ 《略》=Sturmabteilung

Sa. 《略》 **1** =Summa 1 **2** =Sachsen **3** =Samstag, Sonnabeud

s. a. 《略》 **1** =sine anno **2** =siehe auch…! 参照せよ.

*★**Saal** [za:l ザール] 男 -[e]s/Säle ['zɛ:lə] **1** 広間, ホール. **2** 《集合的に》広間(ホール)の人々. **3** (Gerichtssal の短縮)法廷.

'Saa·le ['za:lə] 囡 -/ 《地名》die ~ ザーレ川(エルベ川の支流).

'Saal·schlacht 囡 -/-en 場内乱闘(政治的集会などでの).

'Saal·schutz -es/ 場内警備(整備);《集合的に》場内警備(整理)員.

'Saal·toch·ter 囡 -/⁼ 《ス》(Kellnerin) (大食堂などの)ウェートレス.

Saar [za:r] 囡 -/《地名》die ~ ザール川(モーゼル川の支流).

Saar'brü·cken [za:r'brykən] 《地名》ザールブリュッケン(ザールラント州の州都).

'Saar·ge·biet 《地名》ザール地方(ザール川流域の工業地帯).

'Saar·land ['za:rlant] 《地名》ザールラント(ドイツ南西部の州,州都 Saarbrücken).

*★**Saat** [za:t ザート] 囡 -/-en **1** 《複数なし》種蒔(ⁿ)き, 播種(ⁿ). **2** 《複数まれ》《植えて育てる》種, 種子; 球根, 種苗. die ~ in die Erde bringen 種を蒔く(球根を植えける). Wie die ~, so die Ernte. 《諺》因果応報. Die ~ des Bösen ist aufgegangen. 悪の種が芽を吹いた. **3** 芽を出した作物, 苗(とくに穀物の). Die ~ steht gut. 苗は順調に育っている.

'Saat·be·stel·lung 囡 -/ 種蒔(ⁿ)き, 播種(ⁿ).

'Saa·ten·stand 男 -[e]s/ 作柄, 苗の発育状況.

'Saat·feld 匣 -[e]s/-er《農業》**1** 作付け用耕地, 苗床. **2** 種を蒔(ⁿ)いた畑, 苗畑.

'Saat·gut 匣 -[e]s/《農業》種子用穀類, 種, 種子.

'Saat·kar·tof·fel 囡 -/-n 種じゃがいも, 種芋.

'Saat·korn 匣 -[e]s/⁼er《農業》**1**《複数なし》種蒔(ⁿ)き用穀物の粒. **2** 穀物の種(種子).

'Saat·krä·he 囡 -/-n《鳥》みやまがらす.

'Saat·zeit 囡 -/-en《農業》種蒔(ⁿ)きの時季, 播種(ⁿ)期.

'Sab·bat ['zabat] 男 -s/-e (*hebr.* schabbath, Feiertag, , Ruhe') 安息日. ◆あらゆる労働を休む日. ユダヤ教では金曜日の日没から土曜日の日没までを, キリスト教では日曜日をさす.

Sab·ba'ti·cal [sa'bætıkəl] 匣 -s/-s (*engl.*) サバティカル, 安息休暇(大学教授などに与えられる 1 年間の休暇).

'Sab·bat·jahr 匣 -[e]s/-e **1** 安息の年. ▶古代ユダヤにおいて 7 年に 1 度耕作を禁じて土地を休ませ奴隷を解放し負債の免除が行われた年. 《旧約》レビ 25:1-17, 申 15:1-12. **2** =Sabbatical

'Sab·bat·ru·he, **'Sab·bat·stil·le** 囡 -/《宗教》(Sabbat に守られるべき)安息.

'Sab·bel ['zabəl] 男 -s/-n (囡 -/-n) **1**《方言》《侮》(Mund, Mundwerk) 口. Kannst du nicht einmal deine[n] ~ halten? ちょっと黙っていられないのか. **2**《複数なし》《方言》(Sabber) よだれ.

'sab·beln ['zabəln] 国国《方言》=sabbern

'Sab·ber [zabər] 男 -s/《話》よだれ.

'Sab·ber·lätz·chen 匣 -s/ 《戯》よだれ掛け.

'sab·bern ['zabərn] ❶ 国《話》よだれを垂らす. ❷ 他 国《侮》(つまらないことを)べちゃくちゃしゃべる.

'Sä·bel ['zɛ:bəl] 男 -s/ (*ung.* szablya) **1** サーベル(反(ⁿ)りを打った片刃の剣). j⁴ auf ~ fordern 人ⁿにサーベルによる決闘を挑む. mit dem ~ rasseln 刀ががちゃがちゃいわせる, 武力をちらつかせて脅す. **2**《スポーツ》サーブル.

'Sä·bel·bei·ne 複《戯》**1** O 脚, がに股. **2** サーベル脚(脛が後方にそった脚, 膝を伸ばして直立し続けることによって生じる).

'sä·bel·bei·nig《比較変化なし》《戯》**1** O 脚の, がに股の. **2** サーベル脚の.

'Sä·bel·fech·ten -s/《スポーツ》(Hiebfechten) サーブル競技.

'Sä·bel·hieb 男 -[e]s/-e サーベルによる一撃(刀傷).

'sä·beln ['zɛ:bəln] 国他 下手な(不細工な)切り方をする. die Salami in dicke Scheiben ~ サラミを厚く切る.

'Sä·bel·ras·seln 匣 -s/《侮》刀をがちゃつかせること, 武力をちらつかせての脅し.

'Sä·bel·rass·ler 男 -s/《侮》すぐ威嚇的な態度を取

る人, 武断主義者.

Sa・bi・ne [za'bi:nə]《女名》ザビーネ.

Sa'bot [za'bo:] 男 -s/-s (fr., Holzschuh*) **1** サボ(甲に革を使ったサンダル風木底靴). **2**《古》木靴.

Sa・bo・ta・ge [zabo'ta:ʒə] 中 -/-n (fr. saboter)(工場設備・軍事施設などに対する)破壊妨害行為(活動), サボタージュ.

Sa・bo'teur [zabo'tø:r] 男 -s/-e (fr.) サボタージュをする人.

sa・bo'tie・ren [zabo'ti:rən] 他 自 (fr. saboter ,mit Holzschuhen klappern, ohne Sorgfalt arbeiten*) サボタージュする, 妨害する.

Sac・cha・ri'me・ter [zaxari'me:tər] 中 -s/- (gr.)《化学》検糖計, 糖量計.

Sac・cha'rin [zaxa'ri:n] 中 -s/ (gr.) =Sacharin

Sac・cha'ro・se [zaxa'ro:zə] 女 -/《化学》(Rohrzucker) 蔗糖(とう).

Sa・cha'lin [zaxa'li:n]《地名》サハリン(日本の北に位置する現ロシア領の島, その南半分が第2次世界大戦まで日本領で樺太(ふと)とよばれた).

Sa・cha'rin [zaxa'ri:n] 中 -s/《化学・食品》サッカリン

Sach・be・ar・bei・ter ['zax..] 男 -s/- 専門の担当官, 担当者, 係官, 係員.

Sach・be・schä・di・gung 女 -/-en《法制》(刑事上の)器物損壊;(民事上の)物の毀損.

Sach・be・zü・ge 複 …üer 物質給与.

Sach・buch 中 -[e]s/¨er 実用書, 解説(案内)書.

sach・dien・lich ['zaxdi:nlɪç] 形《書》(とくに犯罪捜査などに)役立つ, 有効な.

Sa・che ['zaxə ザヘ〕 女 -/-n **1**《複数で》物, (とくに)細ごました物(身の回りの品・衣類・日用雑貨・手荷物・飲食物など). Wem gehören die ~, die hier herumliegen? ここに散らかっている物は誰のものですか. Wo bekommt man solche ~n her? どこでそんな物を見つけてくるの. Passen Sie auf Ihre ~n gut auf! 持ち物には十分気をつけてください. Der Komponist hat viele schöne ~n geschrieben. その作曲家は数々の美しい作品を書いた. alte ~n verkaufen 古物(ふる)〈古着・古道具など〉を売却る. eigene ~n vortragen 自作を朗読する. gute〈warme〉~n anhaben いい物〈暖かい物〉を着ている. preiswerte ~n führen 割安な品を扱っている. scharfe ~n 〈essen〉ぴりっとする食べ物; きつい酒. seine ~n in Ordnung halten 自分の物をきちんと片付けておく. seine [sieben] ~n packen 荷物をまとめて出て行く. süße ~n 〈n gern essen 甘い物が好きである. j³ aus den ~n〈in die ~n〉helfen j³ が服を脱ぐ〈着る〉のを手伝う. in seinen ~n schlafen 服を着たまま眠る.

2 事, 事柄; 一件, 問題. die ~ その事, その件, それ. die ~ mit et〈j〉³ 事〈人〉³ に関する件. eine alltägliche ~ 日常茶飯事(さはんじ). beschlossene ~ sein いう決った事(既定の事実)である. eine halbe ~ 中途半端な事. die natürlichste ~ [von] der Welt sein 当然至極の事である. Man muss dabei verschiedene ~n berücksichtigen. その際にはいろんな事を顧慮しなければならない. Das ist eine ~ der Erziehung〈des Vertrauens〉. それは教育〈信頼〉の問題だ. Das liegt in der Natur der ~. それは事の性質上やむを得ない. Ich möchte wissen, was an der ~ wahr ist. 私は事の真実(真相)が知りたい. In welcher ~ kommen Sie? どういうご用件でお越しになるのですか. 《慣用的表現で》~! よし分かった, 承知した. Die ~ liegt〈steht〉so: …(話というのはつまり)…ということです. Das ist eine ~ für sich⁴. / Das ist eine [völlig/ganz] andere ~. それはそれまたべつの問題である. Das ist so eine ~ [für sich⁴]. これはなかなか厄介な(むつかしい)話だ. Das sind doch keine ~n. 《地方》そんな話あるものか, そいつはむちゃくちゃじゃないか. j³ sagen, was ~ ist 人³に(自分の意見を)ずけっと言う, はっきり言ってやる. 〈sich¹〉seiner ~ sicher〈gewiss〉sein 自分の(言動)に自信がある. in eigener ~ 自分に関する事(自分の用件)で. In eigener ~ kann niemand Richter sein. 《諺》我が身の事は人に問う(自分の事となるとなかなか公正にはなれない). Zur ~, Schätzchen! おい, さっさと仕事にかかってくれ(1968のドイツ映画のタイトルにちなむ).《出来事・事件の意で》der Hergang der ~ 事の次第(いきさつ). Wir haben gestern die tollsten ~n erlebt. 私たちは昨日ものすごい事を体験した. Sie ist in eine unangenehme ~ verwickelt. 彼女は不愉快な事件に巻込まれた.《事情・事態の意で》Die ~ steht schlecht. 事態はよくない. Die ~ ist die, dass… / Die ~ ist die: … 要するに(話はつまり)…ということである. Das macht die ~ nur noch schlimmer. それは事(事態)をますます悪くするだけだ. nach Lage der ~ 事態が事態なので, この状況下では.《計画・もくろみの意で》Die ~ ist schief gegangen. 事は失敗に終った. mit j³ gemeinsame ~ machen j³と結託(共謀)する. unverrichteter ~² 目的を遂げずに, なすところなく.《責務・本分の意で》Das ist meine ~! これは私の問題なのだ. Das ist der Eltern〈des Staates〉. これは親の責任〈国家の義務〉だ. ~ der Jugend ist es, zu lernen. 若者の本分(仕事)は勉強することである. seine ~ machen 自分の責務(つとめ)をする. seine ~ verstehen 仕事がよくできる.《好み・流儀の意で》Diese Lebensform ist nicht jedermanns ~. この生き方は誰にでも真似のできるものではない.

3《複数で》たいした事, すごい事. Das ist ~! / Das ist ~ mit [Rühr]ei! それはすごい(すばらしい). Es ist [doch] keine große ~. そんなものはたいしたことじゃない.

4《複数で》たわけた事, 愚かしい事. Was sind denn das für ~n! なんて事なんだ, なんというざまだ. Das sind ja nette ~n! それはけっこうな話(代物)で, いやはや呆れたもんだ. ~n gibts! / ~n, die gibts gar nicht! そんな事ってあるものか, まさかそんな馬鹿な. Mach ~n! なんだって, 嘘でしょう. Mach keine ~n! 馬鹿な, そんな馬鹿な話があるものか.

5《複数で》大義, 理想; 目的. sich⁴ der ~ der Arbeiter〈der Freiheit〉widmen 労働者〈自由〉のために身を捧げる. im Dienst der [großen] ~ stehen 大義に仕えている. für die gerechte ~ kämpfen 正義のために闘う. et⁴ um der [guten] ~ willen tun 自分のことは顧みずに(私利私欲を捨てて)事⁴をする. Ich arbeite aus Liebe zur ~. 私は好きで仕事をしているのだ.

6 (a)《議論・協議の》本題, 核心. Er kann nie bei der ~ bleiben. 彼はすぐに話が横にそれる. Du solltest nicht so lange um die ~ herumreden. いつまで関係のない事ばかり喋っているのですか. Das gehört nicht〈Das tut nichts〉zur ~. それは本題とは関係ないことだ, それは本題とはどうでもよいこと. Zur ~! 本題に入れ(もどせ). zur ~ kommen 本題(用件)に入る. (b) [hart] zur ~ gehen《スポ》反則をする.

Sacheinlage

7《法制》(a)(訴訟の)事件, 事案. eine anhängige〈schwebende〉 ~ 係争中の事件. eine bürgerliche ~ 民事事件. eine ~ führen 訴訟を起す. eine ~ gewinnen〈verlieren〉訴訟に勝つ〈負ける〉. in ~*n* Wiegand gegen Möller ヴィーガントのメラーに対する件(訴訟)において(~*n* は単数 3 格の古形). in ~*n* Mode〈Umweltschutz〉《戯》流行〈環境保護〉に関して. (b) 物(とくに民事上の意味で). bewegliche〈unbewegliche〉 ~*n* 動産〈不動産〉. Beschädigung von ~*n* 物の毀(⁸)損.

8《複数で》《話》時速…キロメートル. mit 100 ~*n* 時速百キロで.

'**Sach·ein·la·ge** 囡 -/-n《経済》現物出資.

'**Sä·chel·chen** ['zɛçəlçən] 田 -s/-《Sache の縮小形》《ふつう複数で》**1** 細ごました物(身の回り品・化粧道具など);(とくに贈物などに適した)ちょっとしゃれた小物, 気の利(³)いた小さな品物. **2** いかがわしい事柄, うさんくさい事件.

'**Sa·chen·recht** 田 -[e]s/《法制》物権; 物権法.

'**Sa·cher-'Ma·soch** ['zaxɐr'ma:zɔx]《人名》Leopold von ~ レーオポルト・フォン・ザッハー・マゾッホ (1836–95, オーストリアの作家. ↑Masochismus).

'**Sa·cher·tor·te** 囡 -/-n《料理》ザッハートルテ. ◆ チョコレートケーキの一種, ヴィーンのホテル「ザッハー」の経営者でありこのケーキの考案者であった F. Sacher, 1816–1907 の名にちなむ.

'**Sach·ge·biet** 田 -[e]s/-e 専門分野.

'**sach·ge·mäß** 形 (操作・助言などが)適切な, 妥当な.

'**Sach·ka·ta·log** 男 -[e]s/-e《図書館》(Realkatalog)件名目録.

'**Sach·ken·ner** 男 -s/- 専門家, エキスパート.

'**Sach·kennt·nis** 囡 -/-se 専門的知識. von keinerlei ~ getrübt sein / von jeglicher ~ ungetrübt sein《話》さっぱり物を知らない.

'**Sach·kun·de** 囡 -/ **1** (Sachkenntnis) 専門知識. **2**《教育》=Sachkundeunterricht

'**Sach·kun·de·un·ter·richt** 男 -[e]s/-e《複数まれ》《教育》一般社会(Grundschule の教科の 1 つ, 生物学・地理・交通安全・性教育などを含む).

'**sach·kun·dig** 形 専門的な知識を積んだ.

'**Sach·kun·di·ge** 男|囡《形容詞変化》専門家.

'**Sach·la·ge** 囡 -/ 事情, 状況, 現状.

'**Sach·leis·tung** 囡 -/-en《多く複数で》現物給付.

'**Sach·le·xi·kon** 田 -s/..ka(..ken)(Reallexikon)事典.

*'**sach·lich** ['zaxlɪç ザハリヒ] 形 **1** 事実に基づく, 客観的な; 事務的な. ein ~es Argument 事実に基づいた論拠. ein ~er Bericht 客観的な報告. eine ~e Kritik 客観的な批評. et⁴ in einem ~en Ton sagen 事⁴を事務的な口調で言う. Bleib immer ~! つねに客観的であれ. **2**《述語的には用いない》(a) 事柄それ自体に関わる. Der Antrag wurde nicht aus ~en, sondern aus formalen Gründen abgelehnt. 申請はその内容に関わることではなく形式上のことを理由に却下された. Zwischen diesen beiden Behauptungen besteht ein ~er Unterschied. これら 2 つの意見には問題にしている事柄そのものに違いがある. Seine Bemerkung ist ~ richtig. 彼の言うこともそれ自体は正しい. (b)(文体・描写などが)即物的な. **3**(設備・デザインなどが実用本位の, 実質的な. ~e Begünstigung《古》(犯行後の犯人への)対物援助. ~e Zuständigkeit 事物管轄.

'**säch·lich** ['zɛçlɪç] 形 **1**《文法》中性の. das ~*e* Geschlecht 中性. **2**(まれ)物的な, 設備(施設)に関わる. ~e Ausgaben 設備費.

'**Sach·lich·keit** 囡 -/ **1**(思考・判断・意見などが)事実に基づいていること, 客観性;(口調・態度などが)事務的であること. ein Mensch von unbestechlicher ~ あくまでも客観的な(公正な)姿勢を貫こうとする人. **2**(芸術様式などの)即物性. die Neue ~《芸術》新即物主義, ノイエ・ザッハリヒカイト(表現主義 Expressionismus への反動として 1925 頃に始まる客観性を標榜した芸術運動). **3**(設備・デザインなどの)実用本位であること, 実用性.

'**Sach·re·gis·ter** 田 -s/-《書籍》件名(事項)索引.

Sachs¹ [zaks]《人名》Hans ~ ハンス・ザックス(1494–1576, ドイツの職匠歌人 Meistersinger).

Sachs² 男 -es/-e(ゲルマン人の用いた)短剣, 短刀.

'**Sach·scha·den** [zax..] 男 -s/-ᵉ̈ (↔ Personenschaden) 物損, 物的損害.

'**Sach·se** ['zaksə] 男 -n/-n **1** (Saxone) ザクセン人(ドイツ北部のゲルマンの 1 部族). **2** ザクセン(在住)の人. ◆女性形 Sächsin 囡 -/-nen

'**säch·seln** ['zɛksəln] 自 ザクセン方言を話す, ザクセン訛りで話す.

'**Sach·sen** ['zaksən]《地名》(略 Sa.)《地名》(ドイツ南東部の州, 州都 Dresden).

'**Sach·sen-'An·halt** ['zaksən|anhalt]《地名》ザクセン・アンハルト(ドイツ中部の州, 州都 Magdeburg).

'**Sach·sen·gän·ger** 男 -s/-《古》出稼ぎ農業労働者(かつて砂糖の収穫期に毎年ポーランドからザクセンにやってきた季節労働者にちなむ).

'**Sach·sen·spie·gel** 男 -s/《歴史・法制》ザクセンシュピーゲル. ◆1220–35 にザクセンの騎士 Eike von Repgau によって書かれたドイツ中世の有名な法典.

'**säch·sisch** ['zɛksɪʃ] 形 ザクセン(人, 方言)の. ↑deutsch

'**Sach·spen·de** [zax..] 囡 -/-n 現物寄付.

*'**sacht** [zaxt ザハト] 形 **1**(動きが)もの静かな, やさしい;(音などが)かすかな, とてもかな. ein ~es Geräusch かすかな物音. et⁴ mit ~er Hand berühren 物⁴にそっと手で触る. mit ~en Schritten 足音を忍ばせて, そっと. ein ~es Unbehagen かすかな不快感. et⁴ ~ loslassen 物⁴をそっと放す. ~ verschwinden こっそり姿を消す. **2**(速度・勾配などが)ゆるやかな. ein ~ steigender Weg ゆるやかな上り坂の道. Der Zug fuhr ~ an. 列車はゆっくりと動き始めた. bei ~*em* ゆっくりと, 次第に.

'**sach·te** ['zaxtə] ❶ 形 =sacht ❷ 副《話》**1** Sachte, ~! / Immer ~! / Nur [mal] ~! まあまあ落着いて落着いて, まあそんなにあわてなさって. **2** そろそろ, ぼつぼつ. Es wird so ~ Zeit zum Aufbruch. そろそろ出発の時間だ.

'**Sach·ver·halt** 男 -[e]s/-e 事情, 事態, 実情. den wahren ~ aufklären 真相を解明する. j³ den ~ darlegen 人³に事情を説明する.

'**Sach·ver·si·che·rung** 囡 -/-en 財産保険, 物(³)保険.

'**Sach·ver·stand** 男 -[e]s/ 専門知識.

'**sach·ver·stän·dig** 形 専門的知識を持った.

'**Sach·ver·stän·di·ge** 男|囡《形容詞変化》専門家;《法制》鑑定人.

'**Sach·ver·stän·di·gen·gut·ach·ten** 田 -s/-《政治・法制》鑑定人(専門家)の鑑定, 鑑定書.

'**Sach·wal·ter** 男 -s/- **1**《雅》代弁者, 代理人. **2**《法制》(a) 管財人. (b) 和議実行監督人.

Sach·wert 男 –[e]s/–e《経済》**1** 実質価値.**2**《複数で》有形資産(有価証券・土地・貴金属など).

Sach·wör·ter·buch 中 –[e]s/⸚er (Realwörterbuch) 事典.

Sach·zwang 男 –[e]s/⸚e《多く複数で》(止むを得ぬ)外部事情.

Sack [zak ザク] 男 –[e]s/ Säcke(単位 –) (*lat.* saccus) **1**(粗布・紙・ビニール製の)袋. Kohlen*sack* 石炭袋. Plastik*sack* ポリ袋. drei *Säcke* [voll] Kartoffeln じゃがいもを詰めた袋3つ. fünf ~ Mehl 小麦粉5袋(ぶ). et⁴ in einen ~ füllen[stopfen] 物⁴を袋に詰める.《比喩的・慣用的表現で》Das Kleid hängt an dir wie ein ~.《話》君のそのワンピースはまるで頭陀(ず)袋だね. liegen wie ein [nasser] ~《話》まるで死んだようにひっくり返っている. schlafen wie ein ~《話》正体なく眠っている. voll sein wie ein ~《話》べろんべろんに酔っている. ein ~ [voll] Arbeit〈Fragen〉山ほどの仕事〈たくさんの質問〉. Da ist es aber leichter, einen ~ Flöhe zu hüten.《戯》それはごめん蒙(こう)る(そんなことよりも蚤(のみ)の番をするほうがましだ). einen ganzen ~ voll Lügen erzählen 嘘八百を並べたてる. ~ Zement! こん畜生め(Sakrament! のもじり). Ihr habt wohl zu Hause achten an den Türen!《話》ドアを閉めてくれ(お宅はドアの代りに袋でもぶら下げているの). Den ~ schlägt man, [und] den Esel meint man.《諺》従者をぶって主人へ当てつけ. den ~ zubinden《話》(店仕舞いにする;《兵隊》(包囲)作戦を完了する. Der ~ ist noch nicht zugebunden. 事はまだ終っちゃ(済んでは)いない. Es ist dunkel wie in einem ~.《話》真っ暗だ, 一寸先も見えない. in ~ und Asche gehen《古》深く悔いる, 悔い改める(く《旧約》エス4:1). et⁴[j⁴] im ~ haben《話》物⁴[人⁴]を薬籠(ろう)中のものにしている. in den ~ hauen《話》ずらかる, 逃げだす;仕事をやめる(やめたいと申出る). j⁴ in den ~ stecken《話》人⁴を凌駕する;(を)だます, たぶらかす;《兵隊》人⁴を捕虜にする. mit ~ und Pack《話》全財産を抱えて.**2**(a)《南ド・ズイ・オストリア》ズボンのポケット.(b)《南ド・ズイ・オストリア》銭入れ, 巾着. (c) (ショルダー)バッグ.**3**(a)《多く複数で》なみだ袋, 涙嚢(のう).(b)《南ド》タマ袋, 陰嚢(のう). キンたま. j³ auf den ~ fallen〈gehen〉人³にとって煩わしい,(の)癪にさわる. eins auf den ~ kriegen 大目玉をくらう;こっぴどく痛めつけられる. j³ auf den ~ treten《兵隊》人³を叱りとばす;(を)しぐく.**4**《卑》野郎, やつ. ein alter ~ 老いぼれ.

'**Sack·bahn·hof** ['zak..] 男 –[e]s/⸚e (Kopfbahnhof) 終端駅(線路が行止りになっている駅).

Säck·chen ['zɛkçən] 中 –s/– (Sack の縮小形) 小さい袋.

Sä·cke ['zɛkə] Sack の複数.

Sä·ckel ['zɛkəl] 男 –s/– (*lat.* sacellus, Geldbeutel') **1**《南ド・ズイ・オストリア》財布, 巾着; 金箱, 金庫. in den 〈seinen〉eigenen ~ arbeiten 欲得づくで仕事をする. tief in den ~ greifen [müssen] ~ haben 懐があたたかい. genügend〈viel〉im ~ haben 懐があたたかい. **2**《南ド・ズイ・オストリア》ズボン(上着)のポケット. **3**《地方》(Sack 4) Hodensack, やつ.

Sä·ckel·meis·ter 男 –s/– 《南ド・ズイ・オストリア》(団体などの)会計主任, 出納係.

'**sä·ckeln** ['zɛkəln] 自《地方》袋に詰める.

'**sa·cken**¹ 自《地方》袋に詰める.

'**sa·cken**² ❶ 自 (s) **1** 沈む,(建物・地盤などが)沈下する. auf die Erde ~ 地面に倒れる(崩れ落ちる). in die Knie ~ がくっと膝をつく. nach unten〈zur Seite〉~ 下降(沈下)する(横倒しになる). Er ist in Mathematik von zwei auf vier gesackt.《話》彼は数学の成績が2から4に下がった. **2**(船員)(a) 沈没する.(b)(船が)速度を落す. ❷《再》(**sich**)《北ド》膨らむ. Wolken sackten sich. 雲がひくがついって1つになった.

'**sä·cken** ['zɛkən] 他《古》袋詰めにして溺死させる(親族殺しの刑罰として).

sa·cker'lot [zakər'loːt] 間 (*fr.* sacre lot, verfluchtes Schicksal') 《話》Sackerlot!(驚き・怒りの叫び)おやまあ, これはこれは;いまいましい, ちぇ, こん畜生.

sa·cker'ment [zakər'mɛnt] 間《話》=sackerlot

'**sack·för·mig** 形 袋の形をした, 袋のような.

'**Sack·gas·se** ['zakgasə] 女 –/–n 袋小路;《比喩》(物事の)行詰まり, 窮境. in eine ~ geraten 行き詰まる, 二進(にっち)も三進(さっち)もいかなくなる.

'**Sack·geld** 中 –[e]s/《南ド・ズイ・オストリア》小遣い銭.

'**sack·grob** ['zak'groːp] 形《話》ひどく不作法な(粗野)な.

'**Sack·hüp·fen** 中 –s/ 袋競争, サックレース(袋に両足を入れぴょんぴょん跳ねて競争する子供の遊び).

'**Sack·lei·nen** 中 –s/ ='Sackleinwand

'**Sack·lein·wand** 女 –/ サックスクロス, スック(袋を作る麻の粗布).

'**Säck·ler** ['zɛklər] 男 –s/–《南ド》**1** 革鞄製造職人;革物仕立て職人(とくに革ズボンの).**2** =Säckelmeister

'**Sack·pfei·fe** 女 –/–n《音楽》(Dudelsack) バグパイプ.

'**Sack·tuch** 中 –[e]s/–e(⸚er) **1**《複数 –e》=Sackleinen **2**《複数⸚er》《南ド・ズイ・オストリア》(Taschentuch) ハンカチ.

Sa'dis·mus [za'dɪsmʊs] 男 –/..men [..mən] (↔ Masochismus) **1**《複数なし》《心理》(a) サディズム, 加虐性愛.(b)(一般に)嗜虐(しぎゃく)趣味.**2** サディズム的行為. ◆フランスの作家サド侯爵 Marquis de Sade (1740–1814) にちなむ.

Sa'dist [za'dɪst] 男 –en/–en **1**《心理》サディスト.**2**(一般に)虐待(残酷)を好む人. ◆女性形 Sadistin 女 –/–nen

sa'dis·tisch [za'dɪstɪʃ] 形《比較変化なし》サディズム的な, サディスト的な.

'**Sa·do·ma·so** ['zaːdoːmaːzo] 男 –s/–s《話》**1**《複数なし | 無冠詞》=Sadomasochismus **2** =Sadomasochist

Sa·do·ma·so'chis·mus [zadomazo'xɪsmʊs] 男 –/ サドマゾヒズム,《話》SM 趣味. ↑Sadismus, Masochismus

Sa·do·ma·so'chist 男 –en/–en サドマゾヒスト;《話》SM 趣味の人. ◆女性形 Sadomasochistin 女 –/–nen

*'**sä·en** ['zɛːən ゼーエン] 他 蒔(ま)く, (の)種を蒔く. Gerste〈Karotten〉~ 大麦〈にんじん〉の種を蒔く. Hass〈Zwietracht〉~ 憎しみ〈不和〉の種を蒔く. Was der Mensch sät, das wird er ernten.《諺》因果応報《新約》ガラ6:7). wie gesät (ばらまいたように)びっしりと, そこらじゅういっぱい. dünn gesät sein ごくわずかしかない, めったにお目にかかれない.

'**Sä·er** ['zɛːər] 男 –s/– (Sämann) 種を蒔(ま)く人.

Sa·fa·ri [za'faːri] 女 –/–s (*arab.* safar, Reise') サファリ(アフリカでのガイド・人夫などを連れた探険旅行, また狩猟・動物観察の団体旅行).

Sa·fa·ri·park 男 –s/–s サファリ動物公園.

Safe [zeːf, seɪf] 男 (甲) -s/-s (engl. , sicher, geschützt) **1** 金庫. **2** (銀行の)貸金庫(のボックス).

'**Sa·fer** '**Sex** ['zeːfər ˈzɛks, ˈseɪfə 'sɛks] 男 - -es/ (engl.) (HIV 感染予防措置を講じた)安全セックス.

'**Saf·fi·an** ['zafian, ..iaːn] 男 -s/ (pers. sachtijan , Ziegenleder ') (Saffianleder) モロッコ革(山羊皮をなめした柔らかな革).

'**Sa·fran** ['zafraːn, ..ran] 男 -s/-e (arab. zaˈfaran) **1**《植物》サフラン. **2**(黄色染料の)サフラン. **3**《複数なし》《料理》(香辛料の)サフラン.

'**sa·fran·gelb** 形 サフラン染料で黄色に染められた; サフラン色の.

*'**Saft** [zaft ザフト] 男 -[e]s/Säfte **1** (a) (動物の体内の)液, 体液. [der rote] ~ 血液. schlechte Säfte haben《話》病(ポニ)持ちである. (b) (草・木の)水分, 液汁. den ~ von Birken abzapfen 白樺の樹液を採る. Die Wiesen stehen in vollem ~. 野原は一面々と緑にあふれている. **2** (果実・野菜の)汁液, ジュース. ~ aus Äpfeln〈Möhren〉りんご〈にんじん〉のジュース. den ~ der Früchte auspressen 果汁を搾(。)る. der ~ der Reben《雅》ワイン. **3**《料理》肉汁, グレービー; (洋食)ソース. Fleisch im eigenen ~ schmoren lassen 肉を(焼いて出た)それ自身の肉汁で煮こむ. im eigenen ~ schmoren《話》(要求などが)取りあげられない, 棚ざらしになっている. j³ im eigenen ~ schmoren lassen《話》人の自業自得で陥った窮状に知らん顔をする, (に)自分で蒔(*)いた種は自分で刈らせる. **4** 活力, エネルギー, 生気. Er hat keinen ~ in den Knochen. 彼はさっぱり元気(ヒェ)がない. Seine Rede〈Die Suppe〉war ohne ~ und Kraft. 彼の演説は生彩を欠いていた〈スープはこくがなかった〉. **5**《話》電気; (ガソリンなどの)燃料. Auf der Leitung ist ~. この電線には電気が流れている. Die Batterie hat keinen ~ mehr. この電池はもう切れている. ~ geben (車の)スピードを上げる; (ラジオなどの)ボリュームを上げる.

'**Säf·te** ['zɛftə] Saft の複数.

*'**saf·tig** ['zaftɪç ザフティヒ] 形 **1** 水気(水分)の多い, 多汁の; みずみずしい. eine ~e Birne 水気たっぷりの梨. eine ~e Grün der Wiesen 草原のみずみずしい緑. eine ~e Weide 緑豊かな牧草地. Das Steak ist zart und ~. このステーキは柔らかくてジューシーだ. **2**《話》猛烈な, とてつもない, えげつない. j³ einen ~en Brief schreiben 人³に手紙でずけっと(はっきり)言ってやる. eine ~e Ohrfeige bekommen 横っ面をしたたか張られる. eine ~e Rechnung 目玉のとび出るような勘定. ein ~er Witz 卑猥(ヘェ)な冗談.

'**Saft·la·den** ['zaft..] 男 -s/= 《複数まれ》《侮》乱脈経営の企業(会社, 店).

'**saft·los**《話》元気のない, 生彩を欠いた. ein ~er Vortrag 退屈な講演. saft- und kraftlos まことにつまらない, さっぱりの.

'**Saft·pres·se** 女 -/-n 果汁搾り器, ジューサー.

'**Sa·ga** ['zaː(ː)ga] 女 -/-s (nord. ,Geschichte ')《文学》サーガ(11-14 世紀にアイスランドで成立した散文の物語).

*'**Sa·ge** ['zaːgə ザーゲ] 女 -/-n **1** 伝説, 伝承, 口碑(ぅ), 民話. Göttersage 神々の物語. Heldensage 英雄伝説. wie die ~ berichtet〈erzählt〉伝説のころえるところによれば. **2** 噂, 風評. Es geht die ~ , dass... ...という噂が流れている. Das betrachte ich als eine [fromme] ~. そんなことは私は埒(°)もない噂話だと思う.

*'**Sä·ge** ['zɛːgə ゼーゲ] 女 -/-n **1** 鋸(灣). Baumsäge 剪定(チェ゙)のこ. Handsäge 手のこ. Kreissäge 丸のこ. die Singende ~ ミュージカル・ソー(鋸の背を弓を弾いて弦楽器として用いたもの). **2**《話》製材所.

'**Sä·ge·blatt** 中 -[e]s/=er 鋸(゚)刃.

'**Sä·ge·bock** 男 -[e]s/=e **1** 木挽(ポ)き台. **2**《話》のこぎりかみきり属.

'**Sä·ge·dach** 中 -[e]s/=er《建築》のこぎり屋根.

'**Sä·ge·fisch** 男 -[e]s/-e《魚》のこぎりえい科.

'**sä·ge·för·mig** 形 鋸歯(。)状の.

'**Sä·ge·mehl** 中 -[e]s/ おが屑, 鋸(。)屑.

'**Sä·ge·müh·le** 女 -/-n (↔ Mahlmühle) (多く水力を用いた昔の)製材所.

*'**sa·gen** ['zaːgən ザーゲン] ❶ 他 **1** (a) (言葉を)言う, 口にする(j³〈zu j³〉人³に向って). „Ich habe noch viel zu tun", sagte sie. 「まだ仕事がたくさん残っているわ」と彼女は言った. Was hast du eber gesagt? いま何を言ったの. Darauf sagte er kein Wort. それに対して彼は一言も答えなかった. Ja〈Nein〉 ~ はい〈いいえ〉と言う. eine Zauberformel ~ 呪文を唱える. et⁴ laut〈leise〉 ~ 事⁴を大声で〈小さな声で〉言う. et⁴ im Ernst〈im Scherz〉 ~ 事⁴を真面目に〈冗談で〉言う. et⁴ vor sich⁴ hin ~ 事⁴を一人つぶやく. **(j³〈zn j³〉et⁴ sagen の形で)** Hast du ihr〈zu ihr〉 etwas gesagt? 君は彼女に何か言ったのか. Sie sagte zu mir: „ Morgen fahre ich in Urlaub". 彼女は私に「明日バカンスに出かけるんだ」と言った. Sie hat mir heute Morgen gesagt, ihre Mutter sei letzte Nacht gestorben. 彼女は今朝私に, 母が昨夜亡くなったのだと言った. j³ Bosheiten〈Dank〉 ~ 人³に意地悪〈お礼〉を言う. j³ gute Nacht〈Auf Wiedersehen〉 ~ 人³におやすみ〈さようなら〉を言う. j³ tröstende Worte ~ 人³に慰めの言葉をかける. j³ et⁴ ins Gesicht ~ 人³に事⁴を面と向って言う. sich³ nichts ~ lassen 人の言うことに耳を貸さない. Das lass ich mir von dir nicht ~! そんなことを君に言われたくないよ. (慣用的表現で) Wer A sagt, muss auch B ~. 《諺》A を言う者は B も言わなければならない, 乗りかかった舟. So etwas sagt man nicht! そんなことは言わぬものだ. Da sag' ich nicht nein.《話》そういう話なら二つ返事で OK です. Das kannst du〈Das kann man〉 laut ~!《話》それは大きな声で言えることだ, それは君その通りだよ. Das ist leichter gesagt als getan. それを言うは易(掌)く行うは難(掌)し. [Wie] gesagt, [so] getan. 言うが早いか実行した. (挿入句で) Der Junge ist zurückhaltend, ich möchte fast ~, schüchtern. その少年は控え目, というかかむしろおずおずしていると言いたい位だ. Sein Laden läuft nicht mehr, um nicht zu ~, er steht kurz vor dem Bankrott. 彼の店は倒産寸前とまでは言わないにしてももう駄目だ. sage und schreibe《話》実際の話, 本当のところ. Er hat dazu sage und schreibe nur fünf Minuten gebraucht. 彼はそれをするのに実にたったの 5 分しか要らなかった. sagen wir [doch]...(提案などの際に)...ではどうでしょうか. Wenn es dir recht ist, sagen wir doch 16 Uhr! 君によければ 4 時ということでどうですか. sagen wir [mal/einmal] そうだなぁ(少考・ためらうなどの際に); かりに, たとえば. Ich bin, sagen wir, um 11 Uhr wieder zurück. 私は, そうですねえ 11 時に戻ってきます. Wenn Sie die Suppe, sagen wir mal, für 15 Personen kochen müssten, ... あなたがスープを, かりに 15 人分

つくらなければならないとしたら…. [ach,] was *sag'* ich 《話》いやそれどころか. (b) 言葉で言い表す, 言葉にする. Es ist nicht zu ~, wie sie darüber getrauert hat. 彼女がどんなに悲しんだか口では言い表せない. Er *sagt*, was er denkt. 彼は思ったことをずけっと言う. Das musst du deutlicher ~. それは君にもっとはっきり言わなくちゃあ. Das ist wirklich schwer zu ~. それは実際いわく言いがたい. mit wenigen Worten viel ~ 少ない言葉で多くを語る. Was wollen Sie damit ~? どういうつもりでそうおっしゃるのですか. Damit soll nicht *gesagt* sein, dass alles umsonst war. それはすべてが無駄だったという意味で言ったのではない. 《慣用的表現・挿入句で》wenn ich so ~ darf それを言ってよければ. wie soll ich ~ (適切な表現を捜して)どう言ったらいいのでしょうか. will ~ もっとはっきり言えば. um es kurz zu ~ 手短かに言うと, 早い話が. gelinde *gesagt* 控え目(穏やか)な言い方をすれば. offen *gesagt* はっきり言えば. Du *sagst* es! そうだのだとおりだ. So kann man's auch ~. そうとも言える. Es ist nicht zu ~! なんとも言いようがないよ(信じられない).

2 (a) 話す, 述べる(zu et³/von et³/über et³)事³·⁴について). Dazu möchte ich noch etwas ~. それについて私はもう少し言いたいことがある. Dazu habe ich nichts mehr zu ~. それについては私はもう何も話すことはありません. etwas Schlechtes über j⁴ ~ 人⁴のことを悪く言う. Das musste einmal *gesagt* werden. それはいつか一度は言っておかなければならなかった. Das hast du *gesagt*! 君がそれを言ったんだぜ. Das hat er nur so *gesagt*. それは彼がちょっとそう言ってみただけのことなんだ. Davon hat er nichts *gesagt*. それについて彼は何も触れなかった. Dann will ich nichts *gesagt* haben. 《話》それなら私は何も言わなかったことにします. 《慣用的表現で》Was ich noch ~ wollte, deine Mutter hat angerufen. あ, そうだ, 君のおふくろさんから電話があったよ. nebenbei *gesagt* ついでに言えば, ちなみに. unter uns *gesagt* ここだけの話だが. wie [schon] *gesagt* さっき言った(すでに述べた)ように. das oben *Gesagte* 上述(前述)のこと. (b) (論拠・意見などとして)持出す. Was hast du zu deiner Rechtfertigung zu ~? 君はどんな弁明を用意しているのかね. Ich meine, nur der erste Redner hatte wirklich etwas zu ~. 本当に何か言うべき意見を持っていたのは最初の講演者だけだと思う. A⁴ gegen B⁴ ~ B⁴に対する反論としてA⁴を言う. Dagegen ist nichts zu ~. それに対して異論はない. (c) 主張する, 言明する. Der Zeuge *sagte*, er habe sie gesehen. 証人は彼女を見かけたと言った. Das *sagst* du, aber ich bin anderer Meinung. 君はそう言うが私はまたべつの意見だ. Das möchte ich nicht ~. 私はそうは言いたくない. Man *sagt* [über ihn / von ihm], dass er von dunklen Geschäften lebe. 噂じゃ彼は闇商売で食っているということだ. Da kann er ~, was er will, ich glaube ihm kein Wort. 何を言おうと彼の勝手だが私は彼の言うことなんか一言も信じない. Dasselbe kann ich auch von mir selbst ~. 同じことはこの私自身についても言える. Das ist noch nicht *gesagt*! 《話》それはまだそうと決ったわけでもないよ. Das wäre zu viel *gesagt*! それは言い過ぎじゃないかな. Wie kannst du nur so etwas ~! 君はよくもまあそんなことが言えたものだねえ. Das kann man nicht ~. それはまだはっきりしていない. Ich kann nicht so [ohne weiteres] ~! それは簡単には言えませんよ. 《慣用的表現で》Das kann [ja] jeder ~! それ位の事誰だって言える

さ. [Ach,] *sag* das nicht! 《話》それを言うのはまだ早いぜ, そうとも言えないよ. Habe ich's nicht *gesagt*? 《話》ほら私の言った通りだろう. Wer *sagt* denn das? そんなことを言うのはどこの誰だ. Na, wer *sagt*'s denn! 《話》そら見ろ言わんこっちゃないんだ. Da soll noch einer ~〈Da *sage* noch einer〉, dass er ein guter Kerl ist! これでもまだ彼はいいやつだなんて言う人がいるなら勝手にそう言ってるがいいさ. Das *sagst* du so einfach! あっさり言ってくれるじゃないか, そんな簡単な話じゃないよ. Das kann man wohl ~! そう言ってても間違いないところだ.

3 認める, 白状する. *Sag* doch, dass du es getan hast! やったことを白状したまえ. Sie hat sich³ doch Mühe gegeben, das muss man schon〈ja〉 ~. 彼女はそれでも一所懸命やった, それは認めざるを得ない. die Wahrheit ~ 本当のことを言う.

4 (a) 伝える, 教える, 告げる(人³に). Ich werde es ihm sofort ~. 私はそれを彼にすぐ伝えます. *Sagen* Sie Ihrer Mutter einen schönen Gruß von mir. お母様に私からよろよろしくと申し上げてください. *Sag* mir deinen Namen〈deine Gründe〉! 名前を言いなさい〈わけを聞かせてもらおう〉. Ich *sag* dir gar nichts! 君には何も喋らないよ(教えてやらない). Das brauchst du mir nicht zu ~! 《話》そんなこと君に教えてもらうまでもないさ. j³ et⁴ ins Ohr ~ 人³に事⁴を耳打ちする. Kannst du mir ~, wie spät es ist? いま何時かを教えてくれないか. Genug *gesagt*! そこまで言えば十分だ. Das hätte ich dir sofort〈gleich / schon vorher〉 ~ können! 《話》きっとこうなるってことをもっと早く君に教えてやれたらよかったのに. 《事物を主語にして》Der Film *sagt* mir gar nichts. この映画は私に何も訴えるものがない. *Sagt* dir dein Gefühl nicht, dass das schlecht ist? それがいけないことだって勘ぐり分からないかい. Der Name *sagte* mir nichts. その名前に私はなんの覚えもなかった. Seine Schrift *sagt* viel über seinen Charakter. 筆跡に彼の性格がよく出ている. Das *sagt* alles. それで全部分かる. 《慣用的表現で》*Sagen* Sie [ein]mal, gibt es hier eine Post? あのう, このあたりに郵便局はありませんか. *Sag* mal, was hast du dir dabei gedacht? ねえ, 君はそこで何を考えたんだい. Wem *sagst* du das! 《話》君は誰に向かってそれを言ってるんだ(そんなことは先刻ご承知だよ). Das [eine] *sag*' ich dir. 《話》Ich *sag*' dir eins. 《話》いいか一つ言っておくぞ. Ich hab's dir ja gleich *gesagt*! 《話》君にすぐ言っただろ, こうなるって. *Sag* bloß! 《話》へえーそうですか, それはすごいや. *Sag* bloß, das hättest du nicht gewusst! まさかそれを知らなかったとでも言うのではないでしょうね. Das *sag*' ich! 《幼児》言いつけてやろ. Was Sie nicht *sagen*! 《話》いやそれは驚きましたねえ. Wenn ich es [dir] *sage*! 《話》なんのなんの, それ本当の話なんですよ. sich³ nichts mehr zu ~ haben お互いにもう話す言葉がない(sich³ は相互代名詞). Das kann ich es! 《話》それは間違いない(本当の)話だ. j³ et⁴ ~ lassen 人³への事⁴の言付け(ことづけ)を頼む. Ich habe mir ~ lassen, dass… 聞くところによると…なんだってね. Lass dir das *gesagt* sein! 《話》そのことは肝に銘じておけ. Ich will dir mal was ~. 《話》君に一つ言っといてやろう. (b) 命じる, 言いつける. Der Arzt hat doch *gesagt*, dass du im Bett bleiben sollst! ベッドでおとなしくしていなさいってお医者さんが言ったでしょ. Von Fernsehen hab' ich ja nichts *gesagt*. (子供に向かって)テレビを見てもいいなんて一言も言わなかったはずですよ.

Du musst dir auch einmal etwas ~ lassen! おまえもちっとは人の言うことを聞くもんだ. Von ihm lasse ich mir nichts ~. 私は彼から何一つ指図されるいわれはない, 私は彼の言うことなど何一つ聞かないよ. sich³ et⁴ nicht zweimal ~ lassen 事⁴を二度言わせない, 事⁴も二もなくとびつく. etwas⟨nichts⟩ zu ~ haben 実権を握っている⟨発言権がない⟩. das *Sagen* haben 《話》実権のある地位にいる, 親分⟨ボス⟩である.

5 (a) …という言い方⟨言回し⟩を用いる. *Sagst* du „ Rotkohl " oder „ Rotkraut "? 君は「紫キャベツ」って言うのかい, それとも「赤甘蓝(%)」って言うのか. Wie *sagt* man das auf Englisch⟨in der Schweiz⟩? それは英語で⟨スイスでは⟩どう言うのか. Wie *sagt* der Mediziner? 医学用語ではなんと言うのか. Im nächsten Augenblick ist mir, wie man so schön *sagt*, der Kragen geplatzt. 次の瞬間彼は, よく言うでしょう, ぷちっと切れました. (b) ⟨zu j⟨et⟩³⟩ 人⟨物⟩³のことを…と呼ぶ. Zu einem Fotoapparat kann man auch „ Kamera " ~. 写真機は「カメラ」とも言える. Wie *sagt* man im Süden dazu? 南の方ではそれはどう言いますか. Die beiden *sagen* du zueinander. /《地方》Die beiden *sagen* sich³ du. 2 人は互いに「君」と呼び合う仲だ.

6 ⟨zu et³ 事³について⟩…という意見⟨見解, 判断⟩である. Was *sagt* denn dein Vater, dass du so oft deine Stelle wechselst? 君のお父さんは君がこうちょくちょく仕事を変えるのをどう言っておられるか. Was werden die Leute dazu ~? 世間の人はそれについてどう思うだろうか. Was soll man dazu ~! はてさて⟨それには⟩なんと言えばよいのだろう. Was soll man noch ~? それについてまだ何か言うことがあろうか. Was würdest du denn [dazu] ~? 君ならどう思いますか. Was *sagst* du? Wird es Regen geben?《話》どうだい, 雨になるだろうか.

7《事が主語》…を意味する. Das *sagt* noch nicht viel. それはまだ大して意味がない. Das will etwas ⟨nichts⟩ ~. それにはいささか意味がある⟨なんの意味もない⟩. Damit ist nichts *gesagt*. それはなんの意味もありません. etwas⟨nichts⟩ zu ~ haben いささか重要である⟨まったくどうということはない⟩. Dieser Fehler hat nicht viel zu ~. この間違いは大したことはない.

8 (本・法律などが)…という内容である. Das Lexikon *sagt* darüber⟨Die Regel *sagt* eindeutig⟩, dass … 事典にはそれについて…とある⟨規則でははっきり…と定められている⟩.

❷ 囤 **1**《古》⟨von et³ 事³について⟩語る. von den Taten der Helden singen und ~ 英雄たちの行為を歌い物語る.

2《現在は次の用法でのみ》von Glück ~ können, dass … …であることを幸運と思わねばならない. Du kannst von Glück ~, dass du die Prüfung bestanden hast. 試験に合格したことを君は幸運と思うようにしい.

❸ 匣 《sich³/sich⁴》**1** ⟨sich³⟩ 心に思う, 胸の内でよく考える. Dann habe ich *mir gesagt*, gerade du bist dafür geeignet. そのとき私は心の中で, 君こそまさに私に打ってつけの人だと思った. Das hättest du *dir* damals schon selbst ~ können. それは君の頃もう自分で分かっていたはずだろう.

2 ⟨sich⁴⟩ Das *sagt sich* so leicht⟨einfach⟩.《話》それは口で言うのはとても簡単だ.

*'**sä-gen** ['zɛ:ɡən ゼーゲン] ❶ 囲 鋸(の)で挽(ひ)く⟨切る⟩. einen Balken in zwei Teile ~ 鋸で角材を2つに切る. Bäume ~ 立ち木を鋸で挽く. Bretter ~ 鋸で挽いて板を作る⟨板にする⟩. ❷ 囵 **1** 鋸で仕事する. auf der Geige ~《比喩》バイオリンをぎいこぎい弾く. **2**《戯》⟨大きな鼾(⟨いびき⟩)をかく. **3**《話》⟨カーレースなどで⟩カーブを通過する際に⟩ハンドルをすばやく切替える.

'**Sa-gen-buch** 甲 -[e]s/-er 伝説⟨説話⟩集, 民話集.
'**sa-gen-haft** 彫 **1** 伝説の, 伝説上の, 伝説的な.《話》夢みたいな; 考えられない⟨信じられない⟩ような.
'**Sa-gen-kreis** 甲 -es/-e 伝説圏;《集合的に》様々な伝説 (um j⟨et⟩ 人⟨物⟩にまつわる).
'**sa-gen-um-wo-ben** 彫《雅》伝説に包まれた.
'**Sä-ger** ['zɛ:ɡɐ] 男 -s/- **1** 鋸を挽く人; 木挽き職人. **2**《鳥》あいさ⟨秋沙⟩属.
Sä-ge'rei [zɛ:ɡə'raɪ] 囡 -/-en **1** (Sägewerk) 製材工場, 製材所. **2**《複数なし》《話》ぎいぎいと鋸を挽くこと; があがあ鼾(いびき)をかくこと.
'**Sä-ge-spä-ne** 複 (Sägemehl) おが屑, 鋸(の)屑.
'**Sä-ge-werk** 甲 -[e]s/-e 製材工場, 製材所.
'**Sä-ge-zahn** 男 -[e]s/-e 鋸の歯, 鋸歯(きょし)状.
'**Sa-go** ['za:ɡo] 甲⟨男⟩ -s/ (*mal.* sagu)《食品》サゴ(椰子・蘇鉄の髄から採る食用澱粉).
'**Sa-go-pal-me** 囡 -/-n 《植物》さごやし(椰子), さごやし.

sah [za:] sehen の過去.
Sa'ha-ra ['za:ɦara, 'za:ɦara] 囡 -/ (*arab.*, die Wüste') 《地名》die ~ サハラ砂漠.
'**sä-he** ['zɛ:ə] sehen の接続法 II.

***Sah-ne** ['za:nə ザーネ] 囡 -/ (*lat.* sagina , Fett') 乳脂, クリーム; (Schlagsahne) 生クリーム. ~ schlagen 生クリームをホイップする. [aller]erste ~ sein《話》 一級品⟨極上⟩である.

'**Sah-ne-bon-bon** 甲⟨男⟩ -s/-s⟨ミルキーでは 甲 のみ⟩ ミルクキャラメル.
'**Sah-ne-känn-chen** 甲 -s/- (卓上)フレッシュミルク入れ.
'**Sah-ne-kä-se** 男 -s/- クリームチーズ.
'**sah-nen** ['za:nən] 囲《古》**1** (物⁴)にクリームを詰める. **2** ⟨ミルクから⟩乳皮をすくい取る.
'**sah-nig** [za:nɪç] 彫 **1** クリーム(乳脂)分をたっぷり含んだ. **2** クリーム状⟨クリーム質⟩の.
'**Saib-ling** ['zaɪplɪŋ] 男 -s/-e 《地方》《魚》川鱒.
'**Sai'gon** ['zaɪɡɔn, -'-]《地名》サイゴン(旧ベトナム共和国の首都, 1975 以後ホーチミン Ho Chi Minh 市と呼ばれる).
Saint (*fr.*) [sɛ̃t] イギリス・アメリカで聖人およびそれにちなむ地名の前に冠して「聖…」の意を表す. ~ Paul セント・ポール. **2** [sɛ̃] フランスの聖人の名に由来する地名などの前に冠して「聖…」の意を表す. *Saint-*Bernard セン・ベルナール.
Saint-Si-mo'nis-mus [sɛ̃sim̃o'nɪsmus] 男 -/ サン‐シモン主義. ♦ フランスの社会主義思想家サン‐シモン C. H. de Saint-Simon, 1760–1825 の唱えた空想的社会主義.
Sai'son [zɛ'zõ:, zɛ'zɔŋ] 囡 -/-s⟨-en [zɛ'zo:nən]⟩ (*fr.*) シーズン, 季節, 最盛期 (für et⁴ 事⁴の). Die ~ für den Ski ist jetzt in vollem Gang. スキーシーズンは今が酣(たけなわ)だ. die ~ für Spargel アスパラガスの旬(%). die neuen Modelle der kommenden ~ 来シーズンのニューモデル. außerhalb der ~ シーズンオフ⟨には⟩. innerhalb⟨während⟩ der ~ シーズン中⟨には⟩. ~ haben《話》引張り凧(だこ)である.
sai'son-ab-hän-gig 彫 シーズン(季節)に左右される.

sai·so·nal [zεzo'naːl] 形 シーズン(季節)の、シーズン(季節)による.

Sai·son·ar·beit 女 -/ 季節労働.

Sai·son·ar·bei·ter 男 -s/- 季節労働者.

Sai·son·aus·ver·kauf 男 -[e]s/ⁿe (Saisonschlussverkauf) 期末大売出し.

sai·son·be·dingt シーズン(季節)による、季節的な.

Sai·te ['zaɪtə ザィテ] 女 -/-n **1** (楽器の)弦. eine neue ～ aufziehen〈spannen〉新しい弦を張る. eine leere ～ spielen《音楽》開放弦を鳴らす. in die ～n greifen 弦を掻き鳴らす.《比喩的に》andere〈strengere〉～ aufziehen《話》より厳しい態度に出る(bei et〈j〉³ 事³において〈人³に対して〉). gelindere〈mildere〉～n aufziehen《話》態度を和らげる. eine empfindliche ～ bei j³ berühren 人³の痛いところを突く. eine ～ in j³ zum ～ klingen bringen 人³の心の琴線に触れる. **2** (テニスなどのラケットの)ガット.

Sai·ten·in·stru·ment 中 -[e]s/-e《楽器》弦楽器.

Sai·ten·spiel 中 -[e]s/-e《複数まれ》《雅》弦楽器の演奏(とくに撥(ばち)弦楽器の).

Sa·ke ['zaːkə] 男 -/ (jap.) 日本酒, 酒.

Sak·ko ['zako, za'koː] 男 (中) -s/-s (engl. sack, lose sitzender Rock) ザッコ、ジャケット、(替え)上着.

Sak·ko·an·zug 男 -[e]s/ⁿe (上下別生地製の)コンビスーツ.

sa·kra ['zakra] 間《南ド》(Sakrament の短縮) Sakra!《話》いまいましい、こん畜生.

sa·kral¹ ['zakraːl] 形 (lat. sacer, heilig') 神聖な、清められた; 宗教(儀礼)上の.

sa·kral² 形 (lat. [os] sacrum, Kreuzbein')《解剖》仙骨の, 仙椎(せんつい)の.

Sa·kra·ment [zakra'mɛnt] 中 -[e]s/-e (lat. sacramentum, Weihe')《宗教》(カトリックで)秘跡, (プロテスタントで)聖礼典, (ギリシア正教で)機密; 秘跡を象徴する品(聖餅 Hostie など). das ～ austeilen〈empfangen〉秘跡を授ける〈受ける〉. ～ [noch einmal]!《卑》くそいまいましい、ちぇっ. ◆カトリックでは洗礼・堅信・聖体・悔悟・終油・叙階・婚姻の7つがあるが、プロテスタントでは洗礼・聖餐の2つ.

sa·kra·men·tal [zakramɛn'taːl] 形 秘跡の; 聖礼典の; 機密の.

sa·krie·ren [za'kriːrən] 他 (lat. sacrare, der Gottheit weihen')《古》清める, 神聖にする.

Sa·kri·leg [zakri'leːk] 中 -s/-e (lat. sacrilegium, Enteihung, Verletzung des Heiligen') **1** 宗教上の不法行為, 涜聖(とくせい). **2** 冒瀆, 侮辱, 誹謗.

'sa·krisch ['zakrɪʃ] 形《南ド・オーストリア》**1** いまいましい. **2**《副詞的用法で》ものすごく、とてつもなく.

Sa·kris'tan [zakrɪs'taːn] 男 -s/-e (lat.) (カトリックで)香部屋(聖具室、納室)係.

Sa·kris·tei [zakrɪs'taɪ] 女 -/-en (lat. sacristia, Nebenraum der Kirche') 聖職者の衣服や祭具を収めておく聖堂内の小部屋, 聖具室, 納室.

sa·kro·sankt [zakro'zaŋkt] 形 (lat. sacro-sanctus, hochheilig, unverletzlich') 神聖にして侵すべからざる、至聖の.

'Sä·ku·la ['zɛːkula] Säkulum の複数.

sä·ku'lar ['zɛːkulaːr] 形 (lat. saecuralis, dem Zeitalter, dem irdischen Leben zugehörig') **1**《雅》百年ごとの、百年に1度の; 百年続く; 世紀の. **2**《雅》傑出〈卓越〉した、稀有の、けたはずれの. ein ～es Genie 百年に1度出るか出ないかの大天才. **3**《雅》世俗の. **4**《地質・天文》(天体の運行・地表の変化などが)長期間にわたる.

Sä·ku·lar·fei·er 女 -/-n《雅》(Hundertjahrfeier) 百年祭, 百周年記念祝典.

Sä·ku·la·ri·sa·ti'on [zεkularizatsi'oːn] 女 -/-en **1** セクラリザチオ, 教会財産の没収(国有化). **2**《カトリック》(修道者の)常時修院外居住許可特典, セクラリザチオ. **3**《まれ》=Säkularisierung 3.

sä·ku·la·ri'sie·ren [zεkulari'ziːrən] 他 **1** (教会財産などを)国有化する, 没収する. **2** 世俗化する.

Sä·ku·la·ri'sie·rung -/-en **1** =Säkularisation 1. **2**《カトリック》=Säkularisation 2. **3**《精神史》(思想の)世俗化.

'Sä·ku·lum ['zɛːkulum] 中 -s/..la [..la] (lat.) **1** (Jahrhundert) 百年, 世紀. **2** (Zeitalter) 時代.

..sal [..zaːl]《接尾》動詞の語幹などにつけて女性名詞(-/-e)・中性名詞(-[e]s/-e)をつくる. die Mühsal 苦労. die(das) Drangsal 困窮. das Schicksal 運命.

Sa·la·man·der [zala'mandər] 男 -s/- (gr. salamandra) **1**《動物》いもり類, (とくに)さんしょううお(山椒魚). **2** サラマンダー(ドイツの精となれる伝説上の生物). einen〈den〉～ reiben《古》《学生》サラマンダーの乾杯をする(一斉にグラスを卓上で3回まわし飲干したあと, とんと音をたててテーブルに置く学生組合の酒宴式の作法).

Sa·la·mi [za'laːmi] 女 -/-[s] (it. salame, Pökelfleisch, Schlackwurst') サラミ(ソーセージ).

Sa·la·mi·tak·tik 女 -/《話》サラミ戦術(政治・軍事上の目標に, サラミを薄切りにするように少しずつ処理しながら到達する方法).

Sa'lär [za'lɛːr] 中 -s/-e (lat. sal, Salz')《スイス》俸給, 給与.

sa·la·rie·ren [zala'riːrən] 他《スイス》(人⁴に)給料(俸給)を払う.

Sa'lat [za'laːt ザラート] 男 -[e]s/-e (it. insalata, Eingesalzenes, Gewürztes') **1**《料理》サラダ. Bockwurst mit ～ ポテトサラダ添えボックヴルスト. italienischer ～ イタリアンサラダ(肉入りのサラダ). wie ein Storch im ～《戯》しゃっちょこ張って, ぎこちなく. **2**《複数なし》サラダ用野菜, レタス, サラダ菜, 萵苣(ちしゃ). grüner ～ レタス, ちしゃ. **3**《複数なし》《話》大混乱, てんやわんや, ごたごた. Da〈Jetzt〉haben wir den ～! 案の定厄介な事になったな. der ganze ～《俗》何もかも, 一切合財. Mach nur keinen ～! ごてごて言うのはやめろ.

Sa'lat·be·steck 中 -[e]s/-e サラダ用サーバー(サラダを混ぜ合せたり取分けたりするためのスプーンとフォーク).

Sa'lat·kopf 男 -[e]s/ⁿe レタスの玉(結球).

Sa'lat·öl 中 -[e]s/-e サラダオイル.

Sa'lat·pflan·ze 女 -/-n サラダ用の野菜(レタス・サラダ菜など).

Sal·ba·der [zal'baːdər] 男 -s/-《俗》もったいをつけて長々とおしゃべりする人, 退屈な饒舌家.

Sal·ba·de·rei [zalbadə'raɪ] 女 -/-en《俗》もったいぶった長広舌, 退屈な長話.

sal·ba·dern [zal'baːdərn] 自《俗》もったいをつけて長々としゃべる.

'Sal·band ['zaːlbant] 中 -[e]s/-er **1**《鉱業》ひはだ(鏆肌), ねば鏆, 鏆肌(こうはだ). **2**《紡織》=Salkante.

*'**Sal·be** ['zalbə ザルベ] 女 -/-n 軟膏(なんこう); 膏油(こうゆ). die ～ auftragen〈verreiben〉軟膏を塗る〈擦りこむ〉.

'Sal·bei ['zalbaɪ, -'-] 囲 -s/(囡 -/) (lat. salvus, gesund')【植物】サルビア(しそ科).

'sal·ben ['zalbən] 佃 1 (まれに)〈人〈物〉に〉軟膏(クリーム,オイル)を塗る. j⁴ die kranke Schulter ~ 人³の傷(いた)んだ肩に軟膏を塗る. sich⁴ ― 体に膏油を擦りこむ. 2 (a) 〖宗〗聖香油(Chrisam)を注ぐ(塗る), 塗油を施す. ▶↑gesalbt (b)〈聖油を注いで〉聖別する. j⁴ zum König〈Priester〉 ~ 人⁴を(聖油を注いで)王位に就かせる〈司祭に任じる〉. ◆↑gesalbt

'Salb·öl ['zalp..] 囲 -[e]s/-e 《複数まれ》〖宗〗聖香油, クリスマ.

'Sal·bung 囡 -/-en 1 (軟膏・油などを)塗ること. 2 〖宗〗塗油, 塗油式.

'sal·bungs·voll 形 いやにもったいぶった, あまりに仰々しい.

'Säl·chen ['zɛːlçən] 囲 -s/-《Saal の縮小形》小ホール.

'Sal·den ['zaldən] Saldo の複数.

'Sal·di ['zaldi] Saldo の複数.

sal·die·ren [zal'diːrən] 佃 (it. saldare, [Rechnung] abschließen, ausgleichen) 1 ein Konto ~ 〖経済〗口座の残高を出す(確かめる). 2 〖商業〗清算(決算)する. eine Schuld ~ 借金を返済する. 3 eine Rechnung ~ 〖商業〗計算書通り支払われたことを証する.

'Sal·do ['zaldo] 囲 -s/..den [..dən] (-s, ..di[..di]) (it., Rechnungsabschluss) 1 〖経済〗(貸借対照表における)差引残高. einen ~ ausgleichen〈aufweisen〉 清算する. im ― bleiben まだ借りになっている. 2 〖商業〗(支払いの)残額.

'Sal·do·über·trag, 'Sal·do·vor·trag 囲 -[e]s/ ··e〖経済〗残高繰越, 繰越残高.

'Sä·le ['zɛːlə] Saal の複数.

Sa·le·si'a·ner [zalezi'aːnər] 囲 -s/- サレジオ会修道士. ◆ サレジオ会は 1859 聖フランシスコ・サレジオ, 1567-1622 を守護聖人として創立された修道会. 現ドン・ボスコ会.

'Sa·li·er¹ ['zaːliər] 囲 -s/- (lat. Salii) サリイー(軍神 Mars の祭式を司る古代ローマの神官団)の神官.

'Sa·li·er² 囲 -s/- (lat. sal, Salz') 1 サリ人(フランク族の 1 支族). 2 ザリエル家(1024-1125)に神聖ローマ皇帝を 4 代にわたって出した王朝の人.

Sa'li·ne [za'liːnə] 囡 -/-n (lat. salinae, Salzwerk, Salzgrube') 1 製塩所(工場); 塩田. 2 製塩用枝条架.

'sa·lisch¹ ['zaːlɪʃ] 形〖地質・鉱業〗珪礬(けいばん)質の, 珪素とアルミニウムを含んだ.

'sa·lisch² (↓Salier²) 1 サリ人の. ~e Franken サリ系フランク族. das Salische Gesetz サリカ法典(6 世紀頃ラテン語で書かれたサリ部族法). 2 ザリエル王家の.

Sa·li'zyl·säu·re [zali'tsyːl..] 囡 -/〖化学〗サリチル酸.

'Sal·kan·te ['zaː..], 'Sal·leis·te 囡 -/-n〖紡織〗(Salband 2) 織物の耳(へり).

Salm¹ [zalm] 囲 -[e]s/-e (lat. salmo)【地方】【魚】(Lachs) 鮭(さけ).

Salm² 囲 -s/-e (mnd., Psalm)《複数まれ》【地方】《俗》(つまらない)おしゃべり.

Sal·mi'ak [zalmi'ak, '---] 囲 (囡) -s/ (lat. sal ammoniacus, bei dem Tempel des Jupiter Ammon gefundenes Salz')〖鉱物〗ろしゃ(鹵砂), 塩化アンモニウム (NH₄Cl).

Sal·mi'ak·geist 囲 -[e]s/ アンモニア水.

Sal·mo'nel·le [zalmo'nɛlə] 囡 -/-n 《多く複数で》サルモネラ菌(アメリカの細菌学者 D. E. Salmon 1850-1914 の名にちなむ).

'Sa·lo·me ['zaːlome, zaloˈmeː] (hebr., die Friedliche')《女名》サロメ. ◆ ユダヤの王 Herodes の後妻の娘. 母に唆されて王の誕生日の祝宴に踊り裸礼者 Johannes の首を所望した. 【新約】マタ 14:1-11.

'Sa·lo·mo ['zaːlomo], 'Sa·lo·mon ['zaːlomon] (hebr., der Friedliche, Friedfertige')《男名》ソロモン(David の子で, その知恵によって有名なイスラエルの王). das Hohe Lied Salomo[n]s〈Salomonis〉(旧約聖書の)雅歌. ◆ 2 格 Salomo[n]s または Salomonis [zaloˈmoːnis].

sa·lo'mo·nisch [zaloˈmoːnɪʃ] 形 ソロモン王のような, 賢明な, 知恵のある. ~e Weisheit ソロモンの知恵. ein ~es Urteil 名判決, 大岡裁き.

Sa'lon [za'lõː, za'lɔŋ, zaˈloːn] 囲 -s/-s (it. salone, großer Saal') 1 客間, 応接間; (大邸宅の大広間(ホテル・客船などの)社交室, サロン. 2 サロン(とくに 17-19 世紀フランス上流社会の社交的集まり). 3 (Frisiersalon) 理容院, 理容室; Kosmetiksalon 美容院; (Modesalon)モードサロン. 4 (見本市などの)展示場. 5 美術展.

Sa'lon·da·me 囡 -/-n〖演劇〗(社交界の)貴婦人の役.

sa'lon·fä·hig 形 社交界(上流社会)にふさわしい.

Sa'lon·lö·we 囲 -n/-n (社交界の, とくに女たちにもてがる)人気者, 伊達男.

Sa'lon·wa·gen 囲 -s/- パーラーカー, 豪華特別客車.

sa'lopp [za'lɔp] 形 (fr. salope, schmierig, dreckig') 1 (態度・言葉遣い・仕方などが)だらしない, そんざいな, 雑な. 2 (衣服が)くだけた, ラフな.

Sal'pe·ter [zal'peːtər] 囲 -s/ (lat. salpetrae, Salz des Steines')〖鉱物〗硝石, 硝酸カリウム (KNO₃).

sal'pe·te·rig [zal'peːtərɪç] 形 =salpetrig

Sal'pe·ter·säu·re 囡 -/〖化学〗硝酸 (HNO₃).

sal'pet·rig [zal'peːtrɪç] 形 ~e Säure〖化学〗亜硝酸 (HNO₂) の.

'Sal·sa ['zalza, 'salsa] 囲 -/ (sp., Soße')【音楽】サルサ(ルンバ・ジャズ・ボサノバなどが混交したラテンアメリカのダンス音楽).

'Sal·se ['zalzə] 囡 -/-n (lat. salsus, salzig') 1 〖地質〗泥火山. 2《古》塩辛いソース.

Sal'ta ['zalta] 囲 -/ (lat. salta!, spring!') サルタ(15 個ずつの駒を争う西洋将棋の一種).

'Sal·ti ['zalti] Salto の複数.

'Sal·to ['zalto] 囲 -s/-s(..ti[..ti]) (it., Sprung')〖体操・航空〗宙返り.

'Sal·to mor'ta·le ['zalto mɔr'taːlə] 囲 -/-/-(..ti[..ti] ..li[..li]) (it., Todessprung') 3 回転宙返り; 《比喩》無鉄砲な企て, 危険な離れ業.

'sa·lü ['zaly, za'lyː] 間 (fr.)(スイス) Salü! やあ, こんにちは; じゃあね, さよなら.

Sa'lut [za'luːt] 囲 -[e]s/-e (lat. salutis, Heil, Wohl, Gedeihen') 礼砲. ~ schießen 礼砲を発射する.

sa·lu'tie·ren [zaluˈtiːrən] 佃 (lat. salutare, grüßen, begrüßen') (挙手の)敬礼をする (vor j³ 人³に); 礼砲を発射する.

Sa'lut·schuss 囲 -es/··e《多く複数で》礼砲(の発

Sal·va·tor [zal'va:tor] ❶ 男 -s/-en[..'va:torən] (*lat.*, Erretter, Erlöser') **1**《複数なし》《(キ)教》救い主. **2** 救助者, 解放者. ❷ 中《圈》-s/《商標》ザルヴァートル(バイエルン地方の強い黒ビール).

sal·va 've·nia ['zalva 've:nia] (*lat.*)《略 s.v.》失礼ながら.

sal·ve ['zalvə] 間 (*lat.* salvere, gesund, wohlbehalten sein') *Salve!* こんにちは、ようこそ.

sal've ['zalvə] (*lat.* salve!, sei gegrüßt') 一斉射撃, 斉射. eine ~ von Gelächter 爆発.

sal'vie·ren [zal'vi:rən] 《古》(*it.* salvare) ❶ 他 (人⁴を)救う;(の嫌疑を晴らしてやる. ❷ 再《*sich*》自分への嫌疑を晴らす.

Sal·wei·de ['za:l..] 女 -/-n (*lat.* salix)《植物》やまねこやなぎ、ばっこやなぎ、さるやなぎ.

Salz [zalts ザルツ] 中 -es/-e **1** (a)《複数なし》塩; 食塩. eine Prise ~ an〈in〉 die Suppe tun 塩ひとつまみをスープに加える. ~ und Brot macht Wangen rot.《諺》粗食は健康のもと. ~ sieden 塩(潮)焼きをする. Fleisch in ~ legen 肉を塩漬けにする. et⁴ mit Pfeffer und ~ würzen 物に塩胡椒をする. im Anzug in Pfeffer und ~ 霜降りのスーツ. Ihr seid das ~ der Erde.《新約》あなたがたは地の塩である(マタ5:13).《成句的表現で》 j³ nicht das ~ in der Suppe gönnen《話》人³に何ひとつつくれてやる気はない. nicht das ~ zum Brot〈zur Suppe〉 haben《話》食うにもこと欠いている, 赤貧洗うが如きありさまである. ~ auf〈in〉 die Wunde streuen 人の傷口に塩を塗るような真似をする. (b)《比喩》(洒落・ウィットなどの)ぴりっとした味. das ~ der Ironie わさびの利(*き)いた皮肉. attisches ~ 気の利いた酒落. Die Rede hatte weder ~ noch Schmalz.《話》演説はさっぱり中身のないものだった. **2**《多く複数で》《化学》塩(²ん), 塩類.

Salz·ader 女 -/-n《鉱業》塩脈.
salz·arm 形 塩分の少い.
salz·ar·tig 形 塩のような, 塩性の.
Salz·bad 中 -[e]s/..bäder 塩類泉浴, 塩水浴.
Salz·berg·werk 中 -[e]s/-e 岩塩鉱山(鉱業所).
Salz·brü·he 女 -/-n =Salzlake
Salz·burg ['zaltsburk]《地名》ザルツブルク(オーストリアの州および州都).
sal·zen⁽ⁿ⁾ ['zaltsən] salzte, gesalzen (gesalzt) 他 (食物に)塩を加える, 塩味をつける;(を)塩漬けにする.
Salz·fass 中 -es/-ˊer (食卓用の)塩入れ; 塩桶(⁽ぉ³⁾).
Salz·fäss·chen 中 -s/- **1** (食卓用の)塩入れ. **2**《戯》鎖骨のくぼみ.
Salz·fleisch 中 -[e]s/ 塩漬肉.
Salz·gar·ten 男 -s/ˊ《多く複数で》塩田.
Salz·ge·halt 男 -[e]s/ 塩分(の含有量).
Salz·ge·win·nung 女 -/ 製塩.
Salz·gru·be 女 -/-n 岩塩坑.
Salz·gur·ke 女 -/-n 塩漬けきゅうり.
salz·hal·tig 形 塩分を含んだ, 塩気のある.
Salz·he·ring 男 -s/-e《Pökelhering》塩漬にしん.
sal·zig ['zaltsɪç ザルツィヒ] 形 塩分を含んだ; 塩味の, 塩辛い.
Salz·kar·tof·feln 複 塩ゆでした皮むきじゃがいも.
Salz·la·ke 女 -/-n 塩漬用の漬け汁, 塩汁.
Salz·le·cke 女 -/-n《猟師》獣が塩をなめに集る場所(干上った塩沼など).

'salz·los 形 塩分のない, 無塩の.
'Salz·pfan·ne 女 -/-n《地理》干上った塩沼(湖)(北米西部のプラヤやサハラ砂漠のセブハなど). **2**《古》(製塩用の)塩釜.
'Salz·quel·le 女 -/-n 塩泉.
'Salz·säu·le 女 -/-n (死海南部山岳地帯の)岩塩の柱;《聖書》塩の柱. zur ~ erstarren 啞然(呆然)として立ちすくむ(↓《旧約》創 19:26).
'Salz·säu·re 女 -/《化学》塩酸.
'Salz·see 男 -s/-n[..ze:ən..ze:n]《地理》鹹(²ん)湖, 塩湖.
'Salz·sie·der 男 -s/- 製塩労働者, 塩造り職人;《古》製塩業.
'Salz·so·le 女 -/-n **1** (製塩用の)塩水, ブライン. **2**《まれ》塩泉.
'Salz·stan·ge 女 -/-n ザルツシュタンゲ(塩をまぶした棒状の乾パン, ワイン・ビールのつまみ).
'Salz·streu·er 男 -s/- (振掛け用)食塩入れ.
'Salz·was·ser 中 -s/- **1** 調理用の食塩水. **2** 海水; 鹹(²ん)水. **3** 塩漬用の漬け汁.
'Salz·werk 中 -[e]s/-e 製塩所.
..sam [..za:m]《接尾》「...の性質を持つ」の意の形容詞をつくる. langsam ゆっくりとした, strebsam よく努力する. unbeugsam 曲げられない.
'Sä·mann ['zɛ:man] 男 -[e]s/-ˊer《雅》(Säer) 種を蒔(*)く人.
Sa·ma·ria [za'ma:ria, zama'ri:a]《地名》サマリア (a) 古代パレスチナの北部の地方. (b) 古代イスラエル北王国の首都).
Sa·ma·ri·ta·ner [zamari'ta:nər] 男 -s/- サマリア人《新約》ルカ 10:30-37).
Sa·ma·ri·ter [zama'ri:tər, ..'ri..] 男 -s/- **1** (Samaritaner) サマリア人. der Barmherzige ~《新約》慈悲深き(善き)サマリア人(ルカ 10:33). **2** (a) 進んで人助け(病人の世話)をする人. (b)《(オ)》(Sanitäter) 救急員, 看護人; 衛生兵.
Sa·ma·ri·um [za'ma:riʊm] 中 -s/《略 Sm》《化学》サマリウム.
'Sä·ma·schi·ne ['zɛ:..] 女 -/-n《農業》種蒔(*)き機.
'Sam·ba¹ ['zamba] 女 -/-s(男 -s/-s)《afrik.》サンバ(ラテンアメリカの黒人たちの踊りの1つ).
'Sam·ba² [..] 男 -/-s (Zamba) サンバ(ブラジルなどの黒人とインディオから生れた女性混血児).
'Sa·me¹ ['za:mə] 男 **2**格 -ns, **3**格 -n, **4**格 -n, 複数 -n《古》=Samen 1
'Sa·me² ['za:mə] 男 -n/-n =Lappe ◆ラップ人自身の自分たちに対する呼称.
*∗**'Sa·men** ['za:mən] 男 -s/- **1** 種, 種子. Der ~ geht auf. 種子が発芽する. ~ aussäen〈streuen〉種を蒔(*)く. in ~ schießen (花から)種子になる. der ~ des Hasses〈der Zwietracht〉 憎しみ〈不和〉の種. den ~ für eine zukünftige Entwicklung legen 将来の発展の基礎を置く. **2**《複数なし》(Sperma) 精液. **3**《複数なし》《聖書》子孫(《旧約》創 12:7 ほか).
'Sa·men·an·la·ge 女 -/-n《植物》胚珠.
'Sa·men·bank 女 -/-en 精子銀行.
'Sa·men·bla·se 女 -/-n《解剖》精嚢(²ぅ).
'Sa·men·er·guss 男 -es/-e (Ejakulation) 射精.
'Sa·men·fa·den 男 -s/ˊ 精子, 精虫.
'Sa·men·flüs·sig·keit 女 -/-en《複数まれ》精液.
'Sa·men·kap·sel 女 -/-n《植物》蒴(¹ゃ), 蒴果(¹ゃっ).

'**Sa·men·korn** 中 -[e]s/⁼er 穀種, 穀粒, 種子.
'**Sa·men·lei·ter** 男 -s/-《解剖》(輸)精管.
'**Sa·men·pflan·ze** 女 -/-n《植物》(↔ Sporenpflanze) 種子植物, 顕花植物.
'**Sa·men·spen·der** 男 -s/- (精子銀行への)精子提供者.
'**Sa·men·strang** 男 -[e]s/⁼e《解剖》精索.
'**Sa·men·zel·le** 女 -/-n《医学》精子;精子芽細胞.
Sä·me'rei [zɛːməˈraɪ] 女 -/-en **1** (ふつう複数で)種子, 種(たね). **2** 種物店.
'**Sa·mi·el** [ˈzaːmiɛl, ..iɛl] 男 -s/ (aram. sam-el, Gift Gottes‘) ザーミエル, サマエル(ドイツ・ユダヤなどの伝説に登場する悪霊).
'**sä·mig** [ˈzɛːmɪç] 形 (スープ・ソースなどが)どろりとした, ねばついた, 濃い.
..**sa·mig** [..zaːmɪç]《接尾》「…の種子をもつ」の意の形容詞をつくる. bedecktsamig 被子(植物)の.
'**sä·misch** [ˈzɛːmɪʃ] 形 油でなめした, セームなめしの; 淡黄色の, セーム革の色の.
'**Sä·misch·ger·ber** 男 -s/- (セーム革の)革なめし職人, 油革なめし職人.
'**Sä·misch·le·der** 中 -s/- セーム革(山羊・羊・アルプスかもしか・鹿などの油なめし革, 窓拭き革・手袋に用いる).
'**Säm·ling** [ˈzɛːmlɪŋ] 男 -s/-e 実生(みしょう); 苗, 苗木.
'**Sam·mel·an·schluss** [ˈzamǝl..] 男 -es/⁼e《通信》構内交換(電話)機(略称 PBX).
'**Sam·mel·band** 男 -[e]s/⁼e 著作集, 論集, 選集.
'**Sam·mel·be·cken** 中 -s/- 貯水(集水)槽, 水槽, タンク; 貯水池, ため池; (下水などの)水だめ. Die Partei ist ein ~ aller reaktionären Kräfte. その政党はすべての反動勢力の巣窟になっている.
'**Sam·mel·be·stel·lung** 女 -/-en 一括注文, 共同発注.
'**Sam·mel·büch·se** 女 -/-n 募金(献金)箱.
'**Sam·mel·de·pot** [..depoː] 中 -s/-s《銀行》(= Streifbanddepot) (所有者の異なる証券などの)混合保管(所), 混合寄託(所).
'**Sam·mel·fahr·schein** 男 -[e]s/-e **1** 団体乗車(乗船)券. **2** (乗物の)回数券.
'**Sam·mel·gut** 中 -[e]s/⁼er (鉄道・船舶・コンテナの)混載貨物.
'**Sam·mel·la·ger** 中 -s/- (捕虜などの)収容所, キャンプ.
'**Sam·mel·lin·se** 女 -/-n《光学》(↔ Zerstreuungslinse) 集光レンズ, 収斂(しゅうれん)レンズ, 凸レンズ.
'**Sam·mel·map·pe** 女 -/-n 書類とじ, 書類はさみ, ファイル, バインダー(植物標本用などの).

'**sam·meln**
[ˈzamǝln ザメルン] **❶** 他 **1** (a) 集める. Brennholz〈Pilze〉~ 薪(まき)を集める〈きのこ狩りをする〉. Informationen ~ 情報を収集する. Lichtstrahlen mit einer Linse ~ 光線をレンズで収束させる. Regenwasser in Eimern ~ 雨水をバケツにためる. Stoff für eine Abhandlung ~ 論文のための資料を集める. die gesammelten Werke eines Schriftstellers ある作家の全集. (b) (趣味として)収集する. Briefmarken〈Pflanzen〉~ 切手を蒐集(しゅうしゅう)する〈植物を採集する〉.《目的語なしで》Mein Vater hat sein ganzes Leben lang gesammelt. 父は生涯にわたって収集家であり続けた. **2** (募金・署名などを)募(つの)る. Geld für die Opfer des Unglücks ~ 罹災者救援のための募金を行う.《目的語なしで》für

das Rote Kreuz ~ 赤十字のための募金活動をする. **3** (集めて)蓄える. Reichtümer ~ 富を蓄える. Erfahrungen ~ 経験を積む. neue Kräfte ~ 英気を養う. **4** (a) (人を)呼び集める. seine Leute um sich⁴ ~ 部下を集める. eine Mehrheit hinter sich⁴ ~ 多数派を握る. (中性名詞として) zum Sammeln blasen 集合の合図をする. (b) (精神を)集中する. seine Gedanken ~ 考えを集中する. all seine Kräfte ~ 全力を傾注する.
❷ 自 an et³ ~ 物³の収集に余念がない.
❸ 再 (sich⁴) **1** 集まる, 集合(終結)する. Bäche sammeln sich in〈zu〉einem Fluss. 小さな流れが集まって川になる. Lichtstrahlen sammeln sich im Brennpunkt der Linse. 光線がレンズの焦点に収束する. **2** (a) 精神(考え)を集中する. ▶↑gesammelt (b) 心を鎮める.
'**Sam·mel·na·me** 男 -ns/-n《文法》(Kollektiv[um]) 集合名詞. ◆格変化は Name 参照.
'**Sam·mel·num·mer** 女 -/-n《通信》(電話の)代表番号.
'**Sam·mel·platz** 男 -es/⁼e **1** 集合場所. **2** 収集所, 集荷所.
'**Sam·mel·punkt** 男 -[e]s/-e **1** 集合場所(地点). **2** 焦点.
'**Sam·mel·schie·ne** 女 -/-n《電子工》(電力供給用の)母線.
'**Sam·mel·stel·le** 女 -/-n 収集所, 集荷所. **2** 集合場所.
'**Sam·mel·su·ri·um** [zamǝlˈzuːriʊm] 中 -s/..rien [..riǝn]《俗》寄せ集め, ごった混ぜ.
'**Sam·mel·trans·port** 男 -[e]s/-e (子供・難民などの)集団輸送; (貨物・家畜などの)一括輸送.
'**Sam·mel·werk** 中 -[e]s/-e (多く1つのテーマに関する)著作集, 論集.
'**Sam·met** [ˈzamǝt] 男 -s/-e《古》= Samt
'**Samm·ler** [ˈzamlɐ] 男 -s/- **1** 収集家, コレクター. **2** (募金の)募金人, 募金者. **3** 《工学》液だめ;《電子工》蓄電池. **4**《土木》集水渠.
*'**Samm·lung** [ˈzamlʊŋ ザムルング] 女 -/-en **1** 集めること, 収集; 採集; 募金. **2** 集合(とくに人間の), 集団. **3** (a) (集合的に)蒐集品, コレクション. (b) アンソロジー, 選集. **4** (収集物)陳列室, 収蔵室; 博物館, 美術館. **5** 精神集中.
'**Sa·mo·war** [ˈzamovaːr, --ˈ-] 男 -s/-e (russ. samo‚selbst‘ + vari‚kochen‘) サモワール(ロシアの紅茶用湯沸かし器).
'**Sam·ple** [ˈzampǝl] 中 -[s]/-s (engl.) **1** 《統計》サンプル, 標本. **2** 《経済》試供品, (商品)見本.

'**Sams·tag**
[ˈzamstaːk ザムスターク] 男 -[e]s/-e (hebr. Schabbath‚Feiertag‘)《南ドイツ・スイス・オーストリア》(略 Sa.) 土曜日. ↑Dienstag
Sams·tag·abend [ˈ--ˈ--とも] 男 -s/-e 土曜日の晩. ↑Dienstag
sams·tag·abends [ˈ--ˈ--とも] 副 土曜日の晩に.
Sams·tag·mit·tag [ˈ--ˈ--とも] 男 -s/-e 土曜日の正午.
sams·tag·mit·tags [ˈ--ˈ--とも] 副 土曜日の正午に.
Sams·tag·mor·gen [ˈ--ˈ--とも] 男 -s/- 土曜日の朝.
sams·tag·mor·gens [ˈ--ˈ--とも] 副 土曜日の朝に.

Sams·tag'nach·mit·tag ['--'--- とも] 男 -s/-e 土曜日の午後.

sams·tag'nach·mit·tags ['--'--- とも] 副 土曜日の午後に.

Sams·tag'nacht ['--'-- とも] 女 -/-e 土曜日の夜.

sams·tag'nachts ['--'-- とも] 副 土曜日の夜に.

Sams·tag'vor·mit·tag ['--'--- とも] 男 -s/-e 土曜日の午前.

sams·tag'vor·mit·tags ['--'--- とも] 副 土曜日の午前に.

sams·tags ['zamsta:ks] 副 毎週土曜日に, 土曜ごとに.

samt [samt] ❶ 前《3格支配》…を含めて, …込めて. Er kam ~ seiner Familie. 彼は家族ぐるみでやって来た. ❷ 副 ~ und sonders ことごとく, 例外なく, ひとり残らず.

Samt [zamt ザムト] 男 -[e]s/-e (*gr.* hexamitos, sechsfädig ') ビロード. Hände wie ~ ビロードのような(柔らかいすべすべした)手. in ~ und Seide 豪奢な身なりで, 晴れ着を着た.

samt·ar·tig 形 ビロードのような.

Samt·band 中 -[e]s/⸚er ビロードのリボン.

sam·ten ['zamtən] 形 1 ビロード(製)の. 2 (samtig) ビロードのような.

Samt·hand·schuh 男 -[e]s/-e ビロードの手袋. j⁴ mit ~en anfassen《話》人⁴を腫(は)れものにでも触るように(特別丁寧に)扱う.

sam·tig ['zamtɪç] 形 1 ビロードのような. ~e Haut すべすべした肌. ~ grüne Weiden つややかな緑に光る牧草地. 2 (声などが)低音でソフトな.

sämt·lich ['zɛmtlɪç ゼムトリヒ] 形《不定数詞》すべての, あらゆる(後続の形容詞はおおむね弱変化. ただし複数 1・4格では時に, また複数 2格では多く, 強変化). *Sämtliches* Wasser ist verdunstet. 水はすっかり蒸発してしまった. Kafkas ~*e* Werke カフカ全集. ~*e* Angehörigen〈まれ Angehörige〉構成員(親族)一同. ~*es* Schöne あらゆる美しき物(事). mit ~*er* alten〈まれ alten〉Kunden 古くからの顧客全員のアドレス. mit ~*em* gesammelten Material 集めた材料をすべて使って.《代名詞的に》Die Mitglieder waren ~ erschienen. 会員はひとり残らず顔を見せていた.

'Samt·pföt·chen 中 -s/- (猫などの)ビロードのような足; (幼児などの)小さく柔らかな手.

'samt·weich 形 ビロードのように柔らかな.

Sa·mu·el ['za:muːɛl, ..muɛl] (*hebr.*, von Gott erhört, der Name ist Gott ') ❶《男名》ザームエル. ❷《人名》《旧約》サムエル(イスラエルの士師・預言者, サム 1:3 以下). *das Buch ~* サムエル記.

'Sa·mum ['za:mʊm, za'muːm] 男 -s/-s(-e) (*arab.*) サムーム(アラビア・北アフリカの砂漠の熱風).

Sa·mu'rai [zamu'rai] 男 -[s]/-[s] (*jap.*) 侍, 武士.

San [san, sam] (*lat.* sanctus, heilig ') (略 S.) 子音(ただし Sp., Sc. を除く)で始まるイタリア語の男名および子音(Do..., To... を除く)で始まるスペイン語の男名の前につけて「聖…」の意を表す. ~ Giovanni [sandʒo-'vanni] (イタリアの)聖ジョヴァンニ. ~ Bernardo [samber'nardo] (スペインの)聖ベルナルド. ♦↑Sant ', Santa, Sante, Santi, Santo, São

Sa·na'to·ri·um [zana'toːriʊm] 中 -s/..rien [..riən] (*lat.* sanare, heilen ') サナトリウム, 療養所.

Sand [zant ザント] 男 -[e]s/-e(Sände) 1《複数なし》砂; 砂地, 砂原, 砂浜. feiner〈grober〉~ 細かい砂〈粗い砂, 砂利〉. ~ streuen 砂をまく(道路の凍結防止などに). Der Sandmann hat euch³ ~ in die Augen gestreut. (眠そうに目をこすっている子供たちに)砂男がお前たちの目に砂をまいたようだね(↑Sandmann). Er lag im ~ und schaute aufs Meer. 彼は砂浜に寝そべって海を眺めていた. Die Kinder spielen im ~. 子供たちは砂場で遊んでいる.《成句的表現で》wie ~ am Meer《話》海辺の砂(浜の真砂)ほどにもたくさん(↓《旧約》創 22:17 他). ~ im Getriebe《話》(目に見えない)故障の原因. ~ ackern〈pflügen〉《話》無駄骨をおる. j³ ~ in die Augen streuen 人³の目をくらます, たぶらかす. j³ ~ ins Getriebe streuen〈werfen〉(陰で)人³の邪魔をする. ~ über et⁴ streuen《話》事⁴についてはもう話さないことにする. auf ~ gebaut haben 当てにならぬものを当てにしている(↓《新約》マタ 7:26). auf ~ gebaut sein 砂上の楼閣である. j⁴ auf [den] ~ setzen 人⁴を行きづまらせる. et⁴ in den ~ setzen《話》事⁴を台無し(ぶち壊し)にする. den Kopf in den ~ stecken《話》現実に対して目をつぶる. im ~[e] verlaufen 無駄に終る, 水泡に帰す; 忘れ去られる. 2《複数 -e》《地質》砂類, 砂堆. 3 砂州(す). auf [den] ~ geraten 砂州に乗上げる;《比喩》にっちもさっちもいかなくなる. 4《複数まれ》(Scheuersand)磨き砂.

San'da·le [zan'daːlə] 女 -/-n (*pers.* sändäl, Schuh ') サンダル.

San·da'let·te [zanda'lɛtə] 女 -/-n (婦人用の軽い)サンダル.

'Sand·bad 中 -[e]s/⸚er 1 (鳥の)砂浴び. 2《医学》砂浴.

'Sand·bahn 女 -/-en 《スポ》(オートバイレース用の)ダートコース.

'Sand·bank 女 -/⸚e 砂洲(す), 浅瀬.

'Sand·blatt 中 -[e]s/⸚er (たばこの)下葉(最も土に近い数葉, 葉巻の最高級品になる).

'Sand·bo·den 男 -s/⸚ 砂地.

'Sand·dorn 男 -[e]s/-e《植物》ぐみ.

'Sän·de ['zɛndə] Sand の複数.

'San·del·baum ['zandəl..] 男 -[e]s/⸚e《植物》びゃくだん(白檀)属.

'San·del·holz 中 -es/⸚er 白檀(びゃくだん)材.

'san·deln ['zandəln] ❶ 自 ❷ 他 1《古》(インクで書いた物に)砂をかける. 2 (木材に砂を吹きつけてみがく. ❷ 自 1《スポ》砂遊びをする. 2《話》(女が)客引きをする.

'sän·deln ['zɛndəln] 自《スポ》=sandeln ② 1

'san·den ['zandən] 他《古》(書類・凍結した道路などのうえに)砂をかける(まく).

'sand·far·ben, 'sand·far·big 形《比較変化なし/副詞的には用いない》砂色の, ベージュ色の.

'Sand·floh 男 -[e]s/⸚e《動物》すなのみ(砂蚤).

'Sand·gru·be 女 -/-n 砂採取場.

'Sand·ha·se 男 -n/-n 1《話》(ボウリングでの)投げそこない. 2《戯》歩兵.

'Sand·hau·fen 男 -s/- 砂山(とくに子供の遊びの).

'Sand·ho·se 女 -/-n 砂塵巻(さじんまき), 砂柱.

'san·dig ['zandɪç] 形《副詞的には用いない》1 砂を含む, 砂質の. 2 砂だらけの. 3 砂のような.

'Sand·kas·ten 男 -s/⸚(-) 1 (子供が遊ぶための)砂場. 2《軍事》(机上演習用の)砂盤.

'Sand·kis·te 女 -/-n =Sandkasten 1

'Sand·korn 中 -[e]s/⸚er 砂粒.

'Sand·ku·chen 男 -s/- パウンドケーキ.

'Sand·mann 男 -[e]s/, **'Sand·männ·chen** 中 -s/ 砂男(子供の目に砂をまいて眠らせるという、おとぎ話の中の小人).

'Sand·pa·pier 中 -s/-e サンドペーパー,紙やすり.

'Sand·sack 男 -[e]s/⸚e **1** 砂袋,砂囊(の). **2** 《ボクシング》サンドバッグ.

'Sand·stein 男 -[e]s/-e 《地質》**1** 《複数なし》砂岩. **2** (建築用の)砂石.

'Sand·strahl·ge·blä·se 中 -s/- 《工学》サンドブラスター.

'Sand·strand 男 -[e]s/-e 砂浜.

'Sand·sturm 男 -[e]s/⸚e 砂嵐.

'sand·te ['zantə] senden の過去.

'Sand·tor·te 女 -/-n パウンドケーキ.

'Sand·uhr 女 -/-en 砂時計.

'Sand·wich [zɛntvɪtʃ] 男 (中) -(-[e]s)-s(-es, -e) (engl.) サンドイッチ.

'Sand·wich·man [..mɛn] 男 -/-men [..mɛn] = Sandwichmann

'Sand·wich·mann 男 -[e]s/⸚er サンドイッチマン.

'Sand·wüs·te 女 -/-n 砂漠.

san·fo·ri'sie·ren [zanfori'ziːrən] 他 《紡織》(織物に)サンフォライズ加工をする. ◆アメリカ人の発明者 Sanford L. C., 1874-1968 にちなむ.

*__sanft__ [zanft ザンフト] 形 **1** 心の優しい,柔和な,温和な;(動物が)おとなしい. ~e Augen〈ein ~es Wesen〉haben 優しい眼〈優しい性格の持主である〉. ein ~es Mädchen 気立てのよい娘. ein ~er Mensch 温和な人間. ein ~es Pferd おとなしい馬. ~ lächeln 柔和な笑みをうかべる. **2** (色・光・音が)やわらかい,ほのかな. eine ~e Beleuchtung やわらかな照明. eine ~e Musik 静かな音楽. ein ~es Rot シックな赤. eine ~e Stimme ソフトな声. **3** (力・勢い・動きが)穏やかな,静かな,軽い. ~e Bewegung 静かな動き. ~e Energie〈Technologie〉 環境にやさしいエネルギー〈テクノロジー〉. mit ~er Hand streicheln 手でそっと撫でる. ~er Regen〈Wind〉 そぼ降る雨〈やわらかな風〉. et⁴ — berühren 物⁴にそっとさわる. **4** (態度・物言いなどが)ものやわらかな,やんわりした. einen ~en Druck〈Zwang〉 ausüben やんわりと圧力をかける. mit ~er Gewalt やんわりとしかし有無(ぅ)を言わせぬ力で. j³ einen ~en Tadel erteilen 人³をやんわりたしなめる. auf die ~e Tour《俗》とってつけたようなやわらかい物腰(穏やかなやり方で). ein ~es Ende 安らかな最期,大往生. ~ entschlafen〈schlafen〉 安らかに目をつぶる〈すやすや眠っている〉. **5** (眠り・死が)安らかな. Ruhe ~! (墓碑銘などで)安らかに眠れ. **6** 勾配のゆるやかな,なだらかな. ein ~er Hügel なだらかな丘. ~ absteigen ゆるやかな下り(坂)になっている.

'Sänf·te ['zɛnftə] 女 -/-n 輿(⸚),椅子駕籠(⸚).

'Sänf·ten·trä·ger 男 -s/- 椅子駕籠[輿]をかつぐ人,駕籠かき.

'Sanft·heit ['zanfthaɪt] 女 -/(・性格・態度などの)優しさ;(色・光・音の)柔らかさ;(勢い・動きなどの)穏やかさ.

'sänf·ti·gen ['zɛnftɪɡən] ❶ 他 和(ぅ)らげる,静める. j⁴〈j² Gemüt〉 ~ 人⁴の気持を静める. den Schmerz ~ 痛みを鎮める(抑える). ❷ 再〈sich〉 和らぐ,静まる,治まる. Bald sänftigte sich der Sturm. まもなく嵐はおさまった.

'Sanft·mut 女 -/ 優しさ,温和さ,柔和さ.

'sanft·mü·tig [..my:tɪç] 形 優しい,温厚な,柔和な.

sang [zaŋ] singen の過去.

Sang [zaŋ] 男 -[e]s/Sänge **1** 《複数なし》歌うこと,歌唱. mit ~ und Klang 《古》音楽付きで;《戯》鳴り入りで. mit ~ und Klang durchs Examen fallen 《話》ものの見事に試験に落ちる. ohne ~ und Klang 《話》こっそり,ひっそりと. **2** 歌.

'sang·bar [zaŋbaːr] 形 (詩・曲などが)歌うことができる,歌いやすい.

'sän·ge ['zɛŋə] singen の接続法II.

'Sän·ge ['zɛŋə] Sang の複数.

*__Sän·ger__ ['zɛŋər ゼンガー] 男 -s/- **1** 歌手,声楽家,シンガー. die Sänger der Staatsoper 国立歌劇場の歌手たち. unsere gefiederten Sänger 我が家の羽根のついた小さな歌い手たち(小鳥のこと). Ich bin kein [guter] ~. 私は歌はだめです. **2** 《雅》詩人;《古》詩人,歌人. ein ~ der Liebe 愛の詩人. Liebhaber der〈wandernder〉 ~ (中世の)放浪詩人,遍歴乞食. Darüber schweigt des ~s Höflichkeit.《話》そういうことは言わぬが礼儀.

'Sän·ge·rin ['zɛŋərɪn] 女 -/-nen《Sänger の女性形》女性歌手,女流声楽家;《雅》女流詩人.

'Sän·ger·krieg 男 -[e]s/-e (中世の Minnesänger たちによる)歌合戦. der ~ auf der Wartburg ヴァルトブルクの歌合戦(名だたる Minnesänger たちがヴァルトブルクの城に集って作詩を競ったという伝説).

'Sän·ger·schaft 女 -/ (集合的に)合唱団員.

'san·ges·lus·tig 形《古》歌うことが好きな,歌好きの.

'sang·los 形《次の用法で》sang- und klanglos こっそりと,ひそやかに.

San·gu'i·ni·ker [zaŋɡu'iːnikər] 男 -s/- (lat.) 多血質の人;快活な人,熱血漢,楽天家.

san·gu'i·nisch [zaŋɡu'iːnɪʃ] 形 (lat. sanguis, Blut) 多血質の,快活(陽気な,楽天的な.

San·he'drin [zanhe'driːn] 男 -s/ サンヘドリン,最高法院(古代ユダヤの議会).

sa'nie·ren [za'niːrən] (lat. sanare, heilen, gesund machen) ❶ 他 **1** (市街区などを)再開発する;(住宅を)改築する. **2** (企業・会社などを)財政的に立て直す. **3** (機構・制度などを)近代化する. die Landwirtschaft ~ 農業を近代化する. **4** (汚染された河川・土壌を)浄化再生させる,修復する. **5** 《医学》(患部を)処置する;(軍隊に)洗濯処置を施す(性病予防のため). **6** 財政的に立直る. Er hat sich durch die Heirat ganz schön saniert. 彼は結婚でえらく懐があたたかくなった.

Sa'nie·rung 女 -/-en **1** (市街区などの)再開発,(住宅の)改築. **2** (財政の)再建,立直し. **3** (機構・制度などの)改造,近代化. **4** (汚染された環境の)修復,衛生化. **5** 《医学》処置;衛生法,防疫法.

sa·ni'tär [zani'tɛːr] 形 (fr. sanitaire) 衛生に関する,衛生上の. ~e Anlage (工場・食堂などの)衛生設備

Sa·ni'tät [zani'tɛːt] 女 -/-en (lat. sanitas ‚Gesundheit') **1** 《複数なし》健康(状態). **2** 《複数なし》《古》看護,看病. **3** 《スイス》《複数なし》(軍の)保健(衛生)業務;衛生隊. **4** 《話》救急車.

Sa·ni'tä·ter [zani'tɛːtər] 男 -s/- 救急隊員;(軍隊の)衛生兵.

Sa·ni'täts·be·hör·de 女 -/-n 保健所,衛生局.

Sa·ni'täts·dienst 男 -[e]s/-e **1** 《複数なし》救急隊の勤務(業務),救急医療(看護)業務. **2** 《軍事》医務.

Sa·ni'täts·hund 男 -[e]s/-e 救助犬,救護犬.

Sa·ni'täts·kas·ten 男 -s/- 救急箱.

Sa·ni'täts·korps [..koː] 男 (中) -[..koː(r)s]/-[..koːs] 《軍事》衛生隊.

Sa·ni·täts·of·fi·zier -s/-e 《軍事》衛生部将校, 軍医.
Sa·ni·täts·rat 男 -[e]s/⁼e **1** (a) 《複数なし》《略 San.-Rat》(医師の名誉称号)衛生顧問. (b) 衛生顧問官. **2**《旧》保健衛生審議会.
Sa·ni·täts·raum 男 -[e]s/..räume 救護(医務)室.
Sa·ni·täts·sol·dat 男 -en/-en 《軍事》衛生兵.
Sa·ni·täts·wa·che 女 -/-n (駅・空港などの)救急施設, 救護所.
Sa·ni·täts·wa·gen 男 -s/- 救急車, 患者輸送車.
Sa·ni·täts·we·sen 中 -s/ 公衆衛生, 保険制度(施設); (軍隊の)衛生班.
Sa·ni·täts·zug 男 -[e]s/⁼e 《軍事》病院列車.
sank [zaŋk] sinken の過去.
sän·ke [ˈzɛŋkə] sinken の接続法 II.
Sankt [zaŋkt] (*lat.* sanctus, heilig ') 《略 St.》人名, 地名の前につけて「聖…」の意を表す. ~ Elisabeth 聖エリーザベト.
Sankt ˈGal·len [zaŋkt ˈgalən]《地名》ザンクト・ガレン(スイスの州およびその州都).
Sankt ˈGott·hard [.. ˈgɔthart] 男 --[s]/《地名》der ~ ザンクト・ゴットハルト, サンゴタール(スイスにあるアルプス越えの峠).
Sank·ti·on [zaŋktsiˈoːn] 女 -/-en (*lat.* sanctio, Heilung, Billigung, Strafgesetz ') **1** 《複数まれ》承認, 是認, 認可;《法制》同意. **2** nachträglich die ~ erteilen (事件などに)後で同意を追認する. **2** 《多く複数で》社会的制裁;《法制》(国際法上の)制裁措置;《社会学》サンクション. **3** 《法制》制裁規定, 賞罰条項.
sank·ti·o·nie·ren [zaŋktsioˈniːrən] 他 **1** 承認(認可)する;《法制》(事に)同意を与える, 裁可する. **2** (事に)制裁を加える;《社会学》サンクションを行う.
Sankˈtis·si·mum [zaŋkˈtsimum] 中 -s/ (*lat.*, das Heiligste ') 《カトリック》聖体, 聖餐.
Sank·tu·a·ri·um [zaŋktuˈaːriom] 中 -s/..rien [..riən] (*lat.*, Heiligtum ')《建築》**1** (教会の)至聖所, 内陣. **2** (a) 聖遺物保管所. (b) 聖遺物匣(₅)(聖遺物を入れた箱).
sann [zan] sinnen の過去.
sän·ne [ˈzɛnə] sinnen の接続法 II.
Sans·cu·lot·te [sãskyˈlɔt(ə)] 男 -n/-n (*fr.*, ohne Kniehosen ')《多く複数で》サンキュロット(フランス革命時の急進的大衆に対する貴族の側からの蔑称).
ˈSan·si·bar [ˈzanzibaːr, --ˈ-]《地名》ザンジバル(アフリカ東部海岸沿いの島およびその首都, 1963 英連邦下で独立, 64 にタンガニーカと合併してタンザニアとなる).
ˈSans·krit [ˈzanskrɪt] 中 -s/ (*sanskr.* sams-krta, zusammengeordnet ') サンスクリット, 梵語(ボ゚).
sansˈkri·tisch [zansˈkrɪtɪʃ] 形 サンスクリット(梵語)で書かれた, サンスクリット(梵語)の. ↑deutsch
Sansˈkri·tist [zanskrɪˈtɪst] 男 -en/-en サンスクリット(梵語)学者.
ˈSans·sou·ci [ˈzãˌsusi, zãsuˈsiː] (*fr.*, sorgenfrei ') サンスーシ, 無憂宮(フリードリヒ大王が建てたポツダムにある宮殿).
Sant' [sant] (*lat.*) 《略 SS.》母音で始まるイタリア語の男名・女名の前につけて「聖…」の意を表す. ~ Antonio [santanˈtoːnio] 聖アントニオ. ♦↑San
ˈSan·ta [ˈsanta, ˈsɛnte] (*lat.*) 《略 S., Sta.》子音で始まるイタリア語・スペイン語・ポルトガル語の女名の前につけて「聖…」の意を表す. ~ Lucia [ˈsanta luˈtʃiːa] 聖ルチーア. ~ Maria [ˈsanta maˈriːa, ˈsɛnte meˈriːa] 聖マリア. ~ Catarina [ˈsɛnte kəteˈriːnə] 聖カタリーナ. ♦↑San

ˈSan·te [ˈsante] (*lat.*) 《略 SS.》イタリア語の複数の女名の前につけて「聖…」の意を表す. ~ Maria e Maddalena [ˈsante maˈriːa emmaddaˈleːna] 聖マリアと聖マグダラ. ♦↑San
ˈSan·ti [ˈsanti] (*lat.*) 《略 SS.》イタリア語の複数の男名の前につけて「聖…」の意を表す. ~ Pietro e Paolo [ˈsanti piˈɛːtro epˈpaːolo] 聖ペトロと聖パウロ. ♦↑San
San·tiˈa·go [de ˈChi·le] [zantiˈaːgo (də ˈtʃiːle)] 《地名》サンティアゴ(・デ・チーレ)(チリの首都).
San·tiˈa·go de Com·posˈte·la [..kɔmpɔsˈteːla] 《地名》サンティアゴ・デ・コンポステラ(聖 Jakobus の墓があり巡礼地として有名なスペイン北西部の町).
ˈSan·to [ˈsanto, ˈsɛntu] (*lat.*) 《略 S.》Sp..·St..で始まるイタリア語の男名, Do..·To..で始まるスペイン語の男名, および母音で始まるポルトガル語の男名の前につけて「聖…」の意を表す. ~ Stefano [ˈsanto ˈsteːfano] 聖ステファノ. ~ Domingo [ˈsanto ðoˈmingo] 聖ドミンゴ. ~ Antão [ˈsɛntu ɐnˈtɐ̃ũ] 聖アンタン. ♦↑San
São [sɐ̃ũ] (*lat.*) 《略 S.》子音で始まるポルトガル語の男名の前につけて「聖…」の意を表す. ~ Pedro [sɐ̃ũm ˈpeðru] 聖ペドロ.
Sa·phir [ˈzaːfɪr, ..fiːr, zaˈfiːr] 男 -s/-e (*sanskr.*) **1** サファイア. **2** (レコード用の)サファイア針.
Sa·poˈnin [zapoˈniːn] 中 -s/ (*lat.* sapo, Seife ') 《生化学》サポニン.
ˈSap·pe [ˈzapə] 女 -/-n (*fr.* sape, Untergrabung ') 《古》《軍事》(敵陣に向って掘る)対壕.
sap·perˈlot [zapərˈlot] 間《話》=sackerlot
sap·perˈment [zapərˈmɛnt] 間《話》=sackerment
ˈsap·phisch [ˈzapfɪʃ, ˈzafɪʃ] 形 (♦↑Sappho) **1** サッフォー風の. ~e Strophe《韻律》サッフォー詩節(Sappho の愛用した 5 脚 4 行の詩形式). **2**《まれ》レズビアンの.
ˈSap·pho [ˈzapfo, ˈzafo] 《人名》サッフォー(紀元前 7 世紀のギリシアの女流詩人).
Saˈpro·bie [zaˈproːbiə] 女 -/-n (*gr.*)《多く複数で》《生態》汚水生物, 腐食生物.
ˈSa·ra [ˈzaːra] 《女名》(*hebr.*, Fürstin ') ザーラ.
Sa·raˈban·de [zaraˈbandə] 女 -/-n (*sp.* zarabanda) サラバンド(17-18 世紀フランスで流行した社交ダンスおよびその舞曲).
Sa·raˈfan [zaraˈfaːn] 男 -s/-e (*pers.*, Ehrengewand ') サラファン(ロシアの民族衣装, 女性用袖なし上着).
Saˈra·je·vo [zaraˈjeːvo] 《地名》サラエボ(ボスニア・ヘルツェゴビナの首都).
Sa·raˈze·ne [zaraˈtseːnə] 男 -n/-n サラセン人(中世ではアラビア人, のちに全イスラーム教徒の呼称).
sa·raˈze·nisch [zaraˈtseːnɪʃ] 形 サラセン人の.
Sarˈdel·le [zarˈdɛlə] 女 -/-n (*it.* sardella)《魚》かたくちいわし, アンチョビー.
Sarˈdel·len·but·ter [zarˈdɛl..] 女 -/ アンチョビーバター.
Sarˈdi·ne [zarˈdiːnə] 女 -/-n (*lat.* sarda, Hering ')《魚》いわし.
Sarˈdi·ni·en [zarˈdiːniən]《地名》サルディーニャ(地中海にあるイタリア領の島).
sarˈdi·nisch [zarˈdiːnɪʃ] 形 サルディーニャの.
ˈsar·do·nisch [ˈzardoːnɪʃ] 形《比較変化なし》(笑いなどが)陰険な, 悪意のある, ひきつった. ein ~*es* Lachen 顔をゆがめた笑い;《病理》痙笑(ヒュ゚).

'Sarg [zark ザルク] 男 -[e]s/Särge (*lat.* sarkophagus, Sarkophag*) 棺, 棺桶, 柩(^{ひつ}). ein Nagel zu j² ~ sein《話》 Sarg の釘.

'Sarg·de·ckel 男 -s/- **1** 棺の蓋(^{ふた}). **2** 《坑夫》棺蓋落石(石炭層の天盤からの落石の仕方).

'Sär·ge [zɛrɡə] 男 Sarg の複数.

'Sarg·na·gel 男 -s/⸚ **1** 棺の蓋の釘. **2** 《戯》うるさいやつ(神経に障る)やつ;《健康に有害な紙巻タバコ.

'Sarg·tuch 中 -[e]s/⸚er 棺衣(棺にかける布).

Sar'kas·mus [zar'kasmʊs] 男 -/..men[..mən] (*gr.* sarkazein, hohnsprechen*) **1**《複数なし》痛烈な嘲り, 痛罵, 嘲笑. **2** 痛烈な嘲り(皮肉)の言葉.

sar'kas·tisch [zar'kastɪʃ] 形 辛辣な, 嫌味たっぷりの.

Sar'kom [zar'ko:m] 中 -s/-e, **Sar'ko·ma** [..ma] 中 -s/..ta [..ta] (*gr.* sarkos, Fleisch*)《病理》肉腫.

Sar·ko'phag [zarko'fa:k] 男 -s/-e (*gr.* sarkophagos, Fleischfresser*) 豪華な棺(多く石棺).

saß [za:s] sitzen の過去.

'sä·ße [ˈzɛːsə] sitzen の接続法 II.

'Sa·tan [ˈza:tan] 男 -s/-e (*hebr.*, Widersacher*) **1** 《複数なし》悪魔, サタン. Dich soll der ~ holen! お前なんかくたばっちまえ. Beim〈Zum〉~! くそいまいましい. **2**《俗》悪魔のようなやつ.

'Sa·ta·nas [ˈza:tanas] 男 -/ =Satan 1

sa·ta·nisch [za'ta:nɪʃ] 形 《悪魔》のような.

'Sa·tans·bra·ten [zati'leniʁən] 男《戯》悪いやつ, 悪もの.

Sa·tel'lit [zatɛ'li:t] 男 -en/-en (*lat.* satelles, Leibwächter, Trabant*) **1**《天文》衛星. **2**《宇宙》人工衛星. et² über〈via〉~ übertragen 事を衛星中継する. **3**《多く複数で》《侮》追従者, 取巻. **4** (Satellitenstaat) 衛星国; (Satellitenstadt) 衛星都市.

Sa·tel'li·ten·fern·se·hen 中 -s/ 衛星テレビ放送.

Sa·tel'li·ten·schüs·sel 女 -/-n 衛星放送受信用パラボラアンテナ.

Sa·tel'li·ten·staat 男 -[e]s/-en《侮》衛星国家.

Sa·tel'li·ten·stadt 女 -/⸚e 衛星都市.

Sa·tel'li·ten·über·tra·gung 女 -/-en 衛星中継.

Sa'tin [za'tɛ̃:, za'tɛŋ] 男 -s/-s (*arab.*)《紡織》サテン, 繻子(^{しゅ}).

sa·ti'nie·ren [zati'ni:rən] 他 (織物・紙などを光沢器にかけて)繻子(^{しゅ})仕上げをする, つや出しをする.

Sa'ti·re [za'ti:rə] 女 -/-n (*lat.* satura, Fruchtschüssel als Gabe an die Götter*) (とくに文芸作品における)諷刺, 皮肉;《文学》諷刺的作品, (とくに)諷刺詩.

Sa'ti·ri·ker [za'ti:rɪkər] 男 -s/- **1** 諷刺作家(詩人). **2** 諷刺家, 皮肉屋.

sa'ti·risch [za'ti:rɪʃ] 形 (*lat.* satiricus*) **1**《比較変化なし》諷刺の, 諷刺的な. **2** 辛辣な.

Sa·tis·fak·ti'on [zatɪsfaktsi'o:n] 女 -/-en (*lat.* satisfactio, Genugtuung, Befriedigung*)《古》(とくに決闘・謝罪広告による)名誉回復. j³ ~ geben 人³との決闘に応じる; (に)名誉毀損の謝罪をする.

*satt [zat ザト] 形 **1** 満腹した, 腹が一杯になった. Bist du schon ~? もうおなかが一杯になりましたか. das ~e Gefühl 満腹感. sich⁴ ~ essen〈trinken〉たらふく食べる〈飲む〉(an et³ 物⁴を). j⁴ zu kriegen《話》人⁴に腹一杯食わせる(を)養う. Der ist einfach nicht ~ zu kriegen.《戯》あいつはいくら食わせてももういいということがない. Nudeln machen ~. 麺類は腹がかく お腹が一杯になる. ~ sein〈werden〉お腹が一杯である〈になる〉(von et³ 物³で). ~ sein《話》(すっかり酔っぱらっている)もう飲んない. Mit solch einem Gericht werde ich nicht ~. こんな料理ではおなかが一杯にならない. **2** 満ち足りた, 自己満足している. ein ~es Gesicht〈Lächeln〉幸わせ一杯といった顔《満足しきった笑み》. ~es Leben 満ち足りた生活. ~e Sicherheit ひとりよがりの自信. **3**《付加語的用法のみ》(a)(色彩が)深い, 濃い. ein ~es Rot〈Grün〉深紅〈深緑〉. (b) 豊富(金額・数値などが)あっと驚くような. ein ~er Preis 目を見張るような値段. mit ~en 190 Kilometer[n] je Stunde なんと時速 190 キロものスピードで. **4**《付加語的には用いない》(付加語的用法で)十分に, たっぷり. Damals hatten wir nicht ~ zu essen. そのころ私たちには食べる物が十分になかった. ~ Früchte〈Obst〉haben《地方》肉〈果物〉がたっぷりある. **6** (j⁴) 〈衣服などが〉きちきちの. **7**《化学》(gesättigt) 飽和した.

'satt·blau 形 濃青色の.

'Sat·te [ˈzatə] 女 -/-n《北ド》(乳酸をつくるための)牛乳鉢.

*'Sat·tel [ˈzatəl ザテル] 男 -s/Sättel **1** (a) (馬の)鞍(^{くら}). dem Pferd den ~ auflegen〈abnehmen〉馬に鞍を置く〈馬から鞍をはずす〉. j⁴ aus dem ~ heben〈werfen〉(中世の馬上槍試合で)人⁴を馬から突き落す;(を)打負かす;(を)その地位から追い落す. j³ aus dem ~ helfen 人³を助けて馬から下ろしてやる. in allen *Sätteln* gerecht sein 何でもこなせる, どんなことでもよく知っている. sich⁴ im ~ halten しっかり鞍にまたがっている; 自分の地位(自説)を持ちこたえる. j⁴ in den ~ heben / j³ in den ~ helfen 人⁴,³が馬に乗るのを助けてやる;(を)権力の座に担ぎ上げる;(が)(経済的に)持直すのに力を貸す. sich⁴ in den ~〈aus dem ~〉schwingen 馬にひらりと飛乗る〈馬からひらりと飛下りる〉. fest im ~ sitzen しっかり鞍上(^{あんじょう})にいる; その地位が安泰である. Ich könnte stundenlang im ~ sitzen. 私は乗馬なら三度の飯を抜いてもかまわない. Er ist mit dem ~ wie verwachsen. 彼は乗馬がじつにうまい. Das Pferd ist noch nicht unter dem ~ gegangen. この馬はまだ乗り馴らされていない. (b) (駄馬・牛などの)荷鞍. **2** (オートバイ・自転車の)サドル. **3** (a) (Bergsattel) (山の)鞍部(^{あんぶ}), 背;《地質》(Antiklinale) 背斜. (b) (Nasensattel) 鼻柱(^{びちゅう}). (c) (上向き)(鞍馬の鞍部. **4**《服飾》(Passe) ヨーク(洋服の肩・腰部などの当て布). **5** (弦楽器の)上駒(^{うわごま}), 糸枕, ナット.

'Sat·tel·dach 中 -[e]s/⸚er《建築》両切妻屋根.

'Sat·tel·de·cke 女 -/-n (鞍の下に敷く)鞍布.

'sat·tel·fest 形《副詞的には用いない》乗馬のうまい;(in et³ 事³に)秀でている, 精通している.

'Sat·tel·gurt 男 -[e]s/-e (馬の)腹帯.

'Sat·tel·kis·sen 中 -s/- 鞍褥(^{あんじょく}), 鞍敷き.

Sat·tel·knopf 男 -[e]s/=e 鞍頭(くら), 前橋(鞍の前方の突起).

sat·tel·n ['zatəln] 他 ein Pferd ～ 馬に鞍を置く. für es⁴ *gesattelt* sein 事⁴の用意が万端ととのっている.
♦ ↑ gesattelt

Sat·tel·pferd 男 -[e]s/-e (↔ Handpferd) 鞍馬(2頭立て馬車の, 御者席から見て左側の馬).

Sat·tel·schlep·per 男 -s/- セミトレーラー(式トラック).

Sat·tel·ta·sche 女 -/-n **1** (鞍につける)鞍袋. **2** サドルバッグ(自転車のサドルの下につける道具袋).

Sat·tel·zeug 中 -[e]s/ 鞍具(くら), (付属品を含めた)鞍一式.

satt·grün 深緑色の.

Satt·heit ['zathaɪt] 女 -/ **1** 満腹, 飽食, 飽満. **2** 自己満足, うぬぼれ. **3** (色の)濃厚さ, 強さ.

'sät·ti·gen ['zɛtɪgən] 他 **1** (人⁴を)満腹させる⟨mit ⟨an⟩ et³ 物で⟩. 《再帰的に》Ich habe *mich* mit ⟨an⟩ Wein und Schinken *gesättigt*. 私はワインとハムですっかりお腹が一杯になった. 《過去分詞なしで》Die Suppe *sättigt*. このスープはおなかが一杯になる. 《現在分詞で》Nudeln sind sehr *sättigend*. 麺類はとてもお腹がふくれる. **2** (欲望・好奇心などを)満足させる, 満たす. **3** (多く過去分詞で)飽和状態にする. Die Lösung ist *gesättigt*.《化学》この溶液は飽和状態にある. Der Markt ist mit Waren *gesättigt*. 市場は商品が飽和状態にある. ♦ ↑ gesättigt

'Sät·ti·gung 女 -/-en **1** 満腹, 腹一杯.《化学》飽和. **3** 最大収容量に達していること. **4** (色の)飽和度, 彩度.

Satt·ler ['zatlər] 男 -s/- (とくに鞍・トランクなどをつくる)大型皮革製品製造職人.

Satt·le·rei [zatlə'raɪ] 女 -/-en **1** 《複数なし》大型皮革製品の製造(加工). **2** 大型皮革製品製造所(業).

'Satt·ler·meis·ter 男 -s/- マイスターの資格を持つ大型皮革製品製造職人.

satt·rot 形《比較変化なし》濃赤色の, 深紅の.

satt·sam ['zatzaːm] 副 十二分に, いやになるほど.

Sa·tu·ra·ti·on [zaturatsiˈoːn] 女 -/-en (*lat.* saturatio, Sättigung) **1**《化学》飽和. **2** (製糖過程における)炭酸飽充.

sa·tu·rie·ren [zatuˈriːrən] 他 (*lat.* saturare, sättigen) **1**《古》《化学》飽和させる. **2** (人⁴の)要求(欲望)を満足させる.

sa·tu'riert 過分 形 **1**《古》満足した, 満ち足りた. **2**《俺》自己満足した, (現状に)満足しきった.

Sa'turn¹ [zaˈtʊrn] ❶《人名》《神話》=Saturnus ❷ 男 -s/ der ～《天文》土星.

Sa'turn² -s/《古》(錬金術で)鉛.

Sa·tur·nus [zaˈtʊrnus]《人名》《神話》サトゥルヌス(古代イタリアの農耕の神, ふつうギリシアの Kronos と同一視される).

Sa·tyr ['zaːtyr] 男 -s(-n)/-n (*gr.* Satyros) **1**《神話》サテュロス(Dionysos の従者で山羊の足を持つ好色な山の精). **2**《比喩》好色漢.

Sa·tyr·spiel 中 -[e]s/-e《文学》サテュロス劇(古代ギリシアで悲劇のあとに演じられた一種の喜劇, Satyr 姿の合唱団が登場する).

Satz [zats ザッ] 男 -es/Sätze **1** 文, 文章. ein abhängiger ～《文法》副文. ein einfacher⟨zusammengesetzter⟩ ～《文法》単一⟨複合⟩文. ein selbstständiger ～《文法》独立文. einen ～ bilden⟨prägen⟩《文法》文を作る. einen ～ sagen 一言⟨言う, 発言する. einen Brief ～ für ～ lesen 手紙を一文一文丁寧に読む. mitten im ～ abbrechen⟨stocken⟩ 話の途中で言葉に詰まる. Das lässt sich⁴ nicht in⟨mit⟩ einem ～ sagen. それは一言⟨二言⟩では言えない. Antworte im ganzen ～!きちんと分るように答えなさい. einen Sachverhalt in wenigen⟨kurzen⟩ Sätzen schildern 事情をかいつまんで話す.

2《複数まれ》命題; 定理, 公理, 法則, 律; 信条, 教義. der ～ des Euklid⟨des Pythagoras⟩《数学》ユークリッドの公理⟨ピュタゴラスの定理⟩. der ～ von der Erhaltung der Energie《物理》エネルギー保存の法則. ～ 1([aɪns])《法制》(法令の)第 1 段. einen ～ aufstellen 命題を立てる. 定理を立てる.

3《印刷》(a)《複数なし》(工程としての)組み版, 植字. ein Manuskript in⟨zum⟩ ～ geben 原稿を組みに回す. (b)(でき上った)組版, セット.

4《音楽》楽章. der dritte ～ der Sinfonie 交響曲の第 3 楽章. 楽曲作法, 声部進行. in einem fünfstimmigen ～ 5 声作法(5声部)で. ein polyphoner ～ 多声楽曲. (c) 楽節.

5 (定められた)金額, 定額; 定率, レート; 料金;《比喩》(飲酒などの)定量. Der niedrigste ～ für ein Einzelzimmer in diesem Hotel beträgt 40 Euro. このホテルのシングルルームの最低料金は 40 ユーロだ. den vollen ～ erhalten 満額(全額)受取る. den ～ der Steuer neu festlegen 税率を新たに定める. zu einem ～ von 3,25 Prozent 3.25 パーセントの率で. Das ist mein ～ im Trinken. これが私のアルコールの適量です.

6 (a)《単位を示すとき複数 -》1 組み, 1 揃い, 1 式. ein ～ Briefmarken⟨Geschirr⟩ 切手 1 セット⟨食器 1式⟩. ein ～ eiserner⟨eiserne⟩ Gewichte 鉄製分銅 1 組み. drei ～ ⟨*Sätze*⟩ Schüsseln 深皿セット 3 組み. (b)《トランプ》(同位札のスリーカード, フォーカード.

7 (1回分の数量を示して) ein ～ Brot 1 窯(かま)のパン. ein ～ Erz (鎔鉱炉にいれる)鉱石 1 窯分.

8 (a)《猟師》(兎の)一腹の仔. (b)《水産》(養魚池などに)一度に放たれる稚魚.

9《レコード》レコード, データ.

10《スポーツ》(テニス・バレーボールなどの試合の)セット. einen ～ gewinnen⟨verlieren⟩ 1 セット取る⟨落す⟩. Er gewann in drei *Sätzen*. 彼は 3 セット(連取)で試合をものにした.

11《複数なし》沈澱物, 滓(かす), 澱(おり). der ～ von Kaffee⟨Wein⟩ コーヒー(ワインの澱).

12 跳躍. einen ～ machen 一跳びする, 跳躍をする;《話》ずらかる, 姿を消す. einen großen ～ über den Zaun machen⟨tun⟩ 大きく身を躍らせて垣根を跳びこえる. mit einem ⟨einzigen⟩ ～ ぱっと一跳びで, いっきに.

'Satz·an·fang 男 -[e]s/=e 文頭, 文の書出し.

'Satz·aus·sa·ge 女 -/-n《文法》(Prädikat) 述語.

'Satz·band 中 -[e]s/=er《文法》(Kopula) 連辞, 繋辞(じ).

'Satz·bau 男 -[e]s/《文法》文の構造, 構文.

'Satz·bau·plan 男 -[e]s/=e《文法》(基本)文型.

'Sätz·chen ['zɛtsçən] 中 -s/-《Satz の縮小形》短文; 短い楽章; 短い跳躍.

'Sät·ze ['zɛtsə] Satz の複数.

'Satz·en·de 中 -s/-n 文末.

'Satz·er·gän·zung 女 -/-en《文法》(Objekt) 目的

語.
- **'Satz·feh·ler** 男 -s/- 【印刷】誤植.
- **'Satz·ge·fü·ge** 中 -s/- 【文法】複合文.
- **'Satz·ge·gen·stand** 男 -[e]s/-e 【文法】(Subjekt) 主語.
- **'Satz·glied** 中 -[e]s/-er 【文法】文成分, 文肢.
- **'Satz·klam·mer** 女 -/-n 【文法】(文の)枠構造.
- **'Satz·leh·re** 女 -/ 1 【文法】文章論, シンタクス. 2 【音楽】楽曲作法.
- **'Satz·rei·he** 女 -/-n 【文法】文並列(対等な格の文の結合).
- **'Satz·spie·gel** 男 -s/- 【印刷】組み版面.
- **'Satz·teil** 男 -[e]s/-e 【文法】1 文成分, 文肢. 2 文の一部.
- **'Sat·zung** ['zatsʊŋ] 女 -/-en 法令, 条令; 規約, 定款, 会則.
- **'sat·zungs·ge·mäß** 規約(定款)どおりの, 規約(定款)にのっとった.
- **'Satz·ver·bin·dung** 女 -/-en 【文法】重文.
- **'satz·wei·se** 副 1 文ずつ, 文章ごとに.
- **'Satz·zei·chen** 中 -s/- 【文法】句読点.
- **Sau** [zau] 女 -/Säue(-en) 1 雌豚. 《話》豚. wie eine gesengte ~《話》一目散に, 大急ぎで; なんとも見苦しく, ぶざいく(へたくそ)に. wie eine gestochene ~《卑》はげしく, どっと. keine ~《卑》誰ひとり…ない. die ~ [he]rauslassen《話》羽目をはずす, どんちゃん騒ぎをやらかす. unter aller ~ sein《話》あまりにもひどくて話にならない. et⟨j⟩⁴ zur ~ machen《卑》物をぶち壊す⟨人をこっぴどく叱りつける⟩. 2《複数 Säue》《卑》(a) 不潔なやつ. (b) やつ, あま. Du blöde ~!このうすのろめ. 3《複数 -en》【猟師語】猪. 4《古》(トランプ)のエース. ~ haben《話》ついている. 5【冶金】(高炉の底などに残った)燃えかす, 鉱滓.

'sau·ber ['zaubər ザオバー] 形 (lat. sobrius, nüchtern, mäßig, enthaltsam, besonnen, verständig') 1 (a) (↔ schmutzig) 清潔な, きれいな; 洗いたての. ein ~es Glas きれいに洗ったコップ. ~ Hände haben きれいな手をしている; 清廉潔白である. ein ~es Hemd 清潔なシャツ. eine ~e Toilette きれいなトイレ. ~es Wasser きれいな水. ~er Wein 混ぜ物をしていないワイン. Das Kind ist schon ~ その子はもうおむつがとれている. (b) きれい好きの. 2 清廉な, 潔白の, 清らかな. ein ~er Charakter 清廉潔白な性格. eine ~e Gesinnung⟨Haltung⟩ 清い心⟨フェアな態度⟩. Bleib ~!【戯】(別れの挨拶)いい子でいろよ, あばよ! Die Sache⟨Er⟩ ist nicht ganz ~.《話》この話はどうもあやしい⟨彼は信用しきれないところがある⟩. Du bist wohl nicht ganz ~!《話》君はちょっとおかしいじゃないの. 3 きちんとした, ちゃんとした, 申分のない. eine ~e Arbeit 丁寧な仕事. eine ~e französische Aussprache きちんとした(きれいな)フランス語の発音. eine ~e Lösung きっちりした解決策. ~ gekleidet sein ちゃんとした服装をしている. Er hat den Sprung ~ gestanden. 彼はその跳躍をきれいにきめた. 4《反語》ひどい, とんでもない. Das ist mir ein ~er Freund! あいつはまったくとんでもないやつだ. Wer hat denn den ~en Plan ausgedacht! こんなやくざな計画をひねり出したやつはどこのどいつだ. 5《南ヾ》《話》りっぱな, なかなかの, 大した. [Das ist] ~!/ Sauber, ~! こりゃあ大したもんだ. 6《南ヾ》可愛らしい. 7 麻薬と手が切れている.

♦ ↑ sauber halten, sauber machen

- **'sau·ber hal·ten***, °**'sau·ber|hal·ten*** 清潔(きれい)にしておく. Das Zimmer ist schwer sauber zu halten. この部屋をきれいにしておくのはむつかしい. et⁴ von et³ ~ 物に物が入ら⟨混ざら⟩ないように気をつける.
- **'Sau·ber·keit** ['zaubərkaɪt] 女 -/ 1 清潔(きれい)であること; きちんとしていること; 潔白, 清廉. 2《仕事などの》手ぎわ.
- **'säu·ber·lich** ['zɔybərlɪç] 形《多く副詞的用法で》きれいな, きちんとした. Sie legte ihre Kleider ~ aufeinander. 彼女は自分の洋服をきちんと重ねた. 2《古》清廉(潔白)な.
- **'sau·ber ma·chen**, °**'sau·ber|ma·chen** 中 きれいにする, 掃除する. das Baby ~ 赤ん坊のおむつを取替える. Sie macht in einer Schule sauber.《話》彼女は学校の掃除婦をしている.
- ***'säu·bern** ['zɔybərn ゾイバーン] 他 (↓ sauber) 1 きれい(清潔)にする. den Boden⟨das Zimmer⟩ ~ 床をきれいに⟨部屋を掃除⟩する. sich³ die Fingernägel ~ 指の爪の手入れをする. die Partei ~ 党を粛清する. die Schuhe mit der Bürste ~ 靴にブラシをかける. eine Wunde ~ 傷を洗う(消毒する). 《et⁴ von et⟨j⟩⁴ säubern の形で》ein Beet von Unkraut ~ 苗床(なえどこ)の雑草を駆除する. Bibliotheken von verbotenen Büchern ~ 図書館から禁書を追放する. sich⁴⟨seine Kleider⟩ vom Schmutz ~ 体⟨服⟩の汚れを落す. ein Stadtviertel von Kriminellen ~ 市街区から犯罪者を一掃する.
- **'Säu·be·rung** ['zɔybərʊŋ] 女 -/-en 1《複数れ》掃除, 清掃. 2 粛清, 粛正.
- **'Säu·be·rungs·ak·ti·on** 女 -/-en (有害分子の)追放, 粛清; 掃討.
- **'sau'blöd** ['zau'blø:t], **'sau'blö·de** [..də]《卑》大まぬけの, 愚かきわまる, くそいまいましい.
- **'Sau·boh·ne** 女 -/-n 【植物】そらまめ(空豆).
- **'Sau·ce** ['zo:sə] 女 -/-n (fr.) = Soße
- **Sau·ci·e·re** [zosi̯'e:rə] 女 -/-n (fr.) ソース入れ.
- **'Sau·di** ['zaudi] 男 -s/-s, **Sau·di-'Ara·ber** [..|'a:rabər] 男 -s/- サウジアラビア人.
- **Sau·di-Ara·bi·en** [zaudi'a:rabi̯ən] 中《地名》サウジアラビア(アラビア半島の王国, 首都リヤド Riad).
- **'sau·dumm** ['zau'dʊm] 形《卑》ひどくまぬけな, どあほの.
- **'sau·en** ['zauən] 自 1 (豚が)子を産む. 2《話》(a) しみ(汚れ)をつける. (b) 下品な冗談をとばす, 猥談をする.
- ***'sau·er** ['zauər ザオアー] 形 1 (a) すっぱい, 酸味のある. Der Apfel ist ja noch ~. このりんごはまだすっぱいね. in den sauren Apfel beißen いやなことをしかたなく引受ける. ein saurer Wein 酸味(渋味)のかったワイン. Mir stößt es ~ auf. 私はすっぱいげっぷがでる(胸やけして). Das wird ihm noch ~ aufstoßen.《話》これがもとでいずれ彼は痛い目に会うだろう. Die Trauben sind ihm zu ~.《話》彼には本当は手が届かないんだ, 彼にはしょせん高嶺の花というやつだ(取れないぶどうをすっぱいと負け惜しみを言うイソップ物語の狐の話にちなむ). Gib ihm Saures!《話》やつをぶちのめしてやれ. (b) 酢漬けの; 酢味(酸味)をつけた. saure Gurken 酢漬けのきゅうり. Heringe ~ einlegen 鰊(にしん)を酢漬けにする. (c) 酸敗した. ein saurer Geruch (物の腐った)すっぱいにおい. saure Milch⟨Sahne⟩ サワーミルク⟨サワークリーム⟩. Die Suppe von gestern ist schon ~ geworden. きのうのスープはもうすっぱくなっている. 2 つらい, 骨の折れる, 厄介な. eine saure Arbeit つらい仕

事．ein *saures* Brot しんどい生業(なりわい)．Die Arbeit ist mich ~ angekommen. / Die Arbeit ist mir ~ geworden. 今の仕事が私はつらくなった．/ j³ das Leben ~ machen 人³の人生をつらい(みじめな)ものにする．es sich³ ~ werden lassen 大いに骨を折る，たいへん苦労させられる．**3** 不機嫌な，腹をたてた，苦々しげな．mit *saurem* Lächeln 苦笑いをうかべて．mit *saurer* Miene 不機嫌な顔(仏頂面)で．auf et⁴ ~ reagieren 事⁴(頼まれ事など)にいい顔をしない．auf j⁴ ~ sein 人⁴に腹をたてている．**4** 《話》(車などが)エンジンがイカれた；(スポーツ選手が)へばった．**5** 〖化学〗酸性の．*saurer* Boden 酸性土．*saurer* Regen 酸性雨．~ reagieren 酸性反応を呈する．**6** 《南ドイ・スイス・オーストリア》(木材などが)生(き)の，乾燥していない．*saures* Holz 生材(き). **7** *saurer* Wind 雨もよいの日のいやな風．

Sau·er·amp·fer ['zaʊɐ..] 男 -s/- **1** 〖植物〗すいば，すかんぽ．**2**《戯》とてもすっぱいワイン．

'Sau·er·bra·ten 男 -s/- ザウアーブラーテン(酢漬け牛肉を焼いてシチューにしたもの)．

Sau·er·brun·nen 男 -s/- 炭酸泉(の水)．

Sau·e'rei [zaʊəˈraɪ] 女 -/-en 《卑》=Schweinerei．

'Sau·er·kir·sche 女 -/-n (↔ Süßkirsche) **1** 〖植物〗すみのみざくら．**2** すみのみざくらの実．

'Sau·er·klee 男 -s/ 〖植物〗かたばみ属．

'Sau·er·kohl 男 -[e]s/ 《地方》=Sauerkraut

'Sau·er·kraut 中 -[e]s/ ザウアークラウト，酢漬けキャベツ．

'säu·er·lich ['zɔʏɐlɪç] 形 **1** ちょっとすっぱい，酸味のある．**2** 不機嫌そうな，不満げな．ein ~*es* Gesicht machen 渋い顔をする．

'Säu·er·ling ['zɔʏɐlɪŋ] 男 -s/-e **1** 炭酸泉．**2** 〖植物〗まるばぎしぎし(たで科の多年草)；(Sauerampfer) すいば．

Sau·er·milch 女 -/ 〖食品〗酸乳，サワーミルク．

'säu·ern ['zɔʏɐn] ❶ 他 発酵させてすっぱくする．**2** (生地に)パン種を加える．**3** 〖料理〗(キャベツ)を酢漬けにする；(魚に)レモン汁(酢)をふりかける．❷ (h, s) (発酵・酸敗して)すっぱくなる，(パン生地などが)発酵する．

'Sau·er·stoff 男 -[e]s/ 〖記号 O〗〖化学〗酸素．

Sau·er·stoff·ap·pa·rat 男 -[e]s/-e 酸素吸入器．

Sau·er·stoff·fla·sche 女 -/-n 酸素ボンベ．

Sau·er·stoff·ge·rät 中 -[e]s/-e 酸素吸入器，酸素マスク．

'sau·er·stoff·hal·tig 酸素を含んだ．

Sau·er·stoff·mas·ke 女 -/-n 酸素マスク．

Sau·er·stoff·zelt 中 -[e]s/-e 〖医学〗酸素テント．

'sau·er·süß ['--ˈ- とも] 形 **1** 甘ずっぱい．**2** 《話》愛想よくしているが内心不機嫌な．

'Sau·er·teig 男 -[e]s/-e **1** 〖複数なし〗パン種，酵母．**2** (もう仕上っている)パン生地．

Sau·er·topf 男 -[e]s/¨e 《俗》気難し屋．

'sau·er·töp·fisch [..ˈtœpfɪʃ] 形 《俗》気難しい，不機嫌な．

'Säu·e·rung 女 -/-en 発酵，酸敗；酸性化．

'Sauf·aus 男 -/- 《古》大酒飲み，酒豪．

'Sauf·bold ['zaʊfbɔlt] 男 -[e]s/-e 《俗》大酒飲み，のんだくれ．

'Sauf·bru·der 男 -s/¨- 《俗》飲み助，飲み仲間．

'sau·fen ['zaʊfən ザォフェン] soff, gesoffen / du säufst, er säuft ❶ 他 **1** (動物が)飲む．Die Kühe *saufen* Wasser. 牛たちが水を飲んでいる．dem Vieh zu ~ geben 家畜に水を飲ませる．**2** (a) (人が)がぶがぶ飲む．Man soll nicht so viel Kaffee ~. コーヒーをそんなにがぶがぶ飲むもんじゃない．In einem Zug *soff* er das Glas leer. ひと息に彼はグラスを飲み干した．aus der Flasche ~ ラッパ飲みする．(b) 《話》(とくに大酒を)飲む，鯨飲(げいいん)(痛飲)する；酒浸りである．Gestern Abend habe ich *gesoffen*. 昨夜はよく飲んだ(飲み過ぎた)．Ihr Mann *säuft*. 彼女の夫は大酒飲みだ．sich³ einen ~ 飲んで酔を晴らす．~ gehen ちょっと一杯飲(°)りに行く．Er *säuft* alle unter den Tisch. 酒で彼にかなうものはいない．Er *säuft* wie ein Bürstenbinder〈ein Loch〉. 彼は底無しに飲む．

❷ (sich) (人⁴に)...になる．sich krank〈um den Verstand / zu Tode〉~ 飲み過ぎて病気になる〈頭がおかしくなる / 死ぬ〉．

'Säu·fer ['zɔʏfɐ] 男 -s/- 《卑》大酒飲み，のんだくれ．

Säu·fe'rei [zɔʏfəˈraɪ] 女 -/-en 《卑》大酒をくらうこと；酒宴，酒盛．

'Säu·fer·wahn·sinn 男 -[e]s/ 《話》飲酒家譫妄(せんもう)．

'Sauf·ge·la·ge 中 -s/- 《卑》大酒盛．

Sau·fraß 男 -es/ 《侮》豚の餌のような物，ひどい食い物．

säufst [zɔʏfst] saufen の現在 2 人称単数．

säuft [zɔʏft] saufen の現在 3 人称単数．

'sau·gen ['zaʊɡən ザォゲン] sog(saugte), gesogen (gesaugt) ❶ 他 **1** 吸う．Diese Insekten *saugen* Blut. これらの昆虫は血を吸う．Die Bienen *saugen* Honig aus den Blüten. 蜜蜂は花から蜜を吸う．Milch aus der Brust〈der Flasche〉~ 乳房(哺乳瓶)から乳を吸う(飲む)．neue Kraft aus einem Erlebnis ~ 《雅》体験から新たな力をくみ取る．den Rauch durch die Nase ~ 煙を鼻から吸う．et⁴ mit einem Strohhalm〈durch einen Strohhalm〉~ 物⁴をストローで飲む．《慣用的表現で》sich³ et⁴ aus den Fingern ~ 《話》物⁴をでっちあげる．j³ das Mark aus den Knochen ~ 人³を骨の髄までしゃぶりつくす．et⁴ mit der Muttermilch in sich⁴ ~ 事に子供の頃から慣れ親しんでいる．**2** 《規則変化》掃除機で吸取る；(物⁴に)掃除機をかける．Staub ~ 埃(ほこり)を吸取る(↑staubsaugen)．den Teppich〈das Wohnzimmer〉~ 絨毯〈居間〉に掃除機をかける．《目的語なしで》Der Staubsauger *saugt* gut〈schlecht〉. この掃除機はごみをよく吸う〈力が弱い〉．

❷ 自 **1** 吸う．Der Säugling *saugt*. 赤ちゃんが乳を飲む．Unser Kleiner *saugt* noch am Daumen. うちのちびちゃんはまだ親指をしゃぶっている．an der Pfeife〈der Zigarre〉~ パイプ〈葉巻き〉を吸う．**2** 《規則変化》掃除機をかける．im Zimmer ~ 部屋に掃除機をかける．

❸ (sich) **1** sich voll Wasser ~ (スポンジなどが)水をいっぱい吸込む．**2** (in et⁴ 物⁴に)しみこむ．

'säu·gen ['zɔʏɡən] 他 (人⁴に)乳を呑ませる，授乳する．

'Sau·ger ['zaʊɡɐ] 男 -s/- **1** (乳児用の)おしゃぶり；(哺乳びんの)ゴム製乳首．**2** 〖工学〗(サイフォン・ピペットなどの)吸引装置(器具)；《話》(Staubsauger) 電気掃除機．**3** 〖生物〗吸血性動物；〖魚〗サッカー(北米産の淡水魚)．

'Säu·ger ['zɔʏɡɐ] 男 -s/- 〖生物〗哺乳類．

'Säu·ge·tier ['zɔʏɡə..] 中 -[e]s/-e 〖生物〗哺乳動物．

'saug·fä·hig ['zaʊk..] 形 (紙・布などが)吸収力のある，吸収性の．

'Saug·fä·hig·keit 女 -/ 吸収力, 吸収性.
'Saug·fla·sche 女 -/-n 1 哺乳瓶. 2 【工学】吸引瓶.
'Saug·he·ber 男 -s/- サイフォン.
'Säug·ling ['zɔyklɪŋ] 男 -s/-e 乳飲み子(ﾉﾐｺﾞ), 乳児.
'Säug·lings·heim 中 -[e]s/-e 乳児院.
'Säug·lings·pfle·ge 女 -/ 乳児保育.
'Säug·lings·schwe·ster 女 -/-n 《古》乳児専門の看護婦.
'Säug·lings·sterb·lich·keit 女 -/ 乳児死亡率.
'Saug·napf 男 -[e]s/ﾞe 【動物】吸盤.
'Saug·pum·pe 女 -/-n 【工学】(↔ Druckpumpe) 吸上げポンプ.
'sau·grob ['zao'gro:p] 形 《卑》ひどく粗野(ｿﾔ)な.
'Saug·rohr 中 -[e]s/-e 1 ピペット, 吸上げ管. 2 【動物】[昆虫の]吻(ﾌﾝ), 吻管.
'Saug·rüs·sel 男 -s/- 【動物】=Saugrohr 2
'Sau·hatz ['zao..] 女 -/-en 【猟師】いのしし狩り.
'Sau·hau·fen 男 -s/- 《侮》烏合(ｳｺﾞｳ)の衆.
'säu·isch ['zɔyɪʃ] 形 1《侮》無作法な, 下卑た, 卑猥な. 2 ひどい, ものすごい. eine ~e Kälte ものすごい寒さ. Mein Knie tut ~ weh. 膝がおそろしく痛む.
'sau·kalt 形 《話》おそろしく寒い.
'Sau·kerl 男 -[e]s/-e《侮》下品なやつ, げす野郎.
Saul [zaol] (hebr., der Erbetene) 《男名》サウル(古代イスラエル最初の王).
'Säul·chen ['zɔylçən] 中 -s/- 《Säule の縮小形》小さな(細い)円柱, 小柱.
*'Säu·le ['zɔylə ｿｲﾚ] 女 -/-n 1 円柱; 柱, 支柱. eine dorische(ionische) ~ ドーリア式(イオニア式)円柱. die ~n des Herak[u]les ヘーラクレースの柱(ｼﾞﾌﾞﾗﾙﾀﾙ海峡の両岸の岩山, また海峡そのものを指す. ギリシア神話によればヘーラクレースがその岩を立てたという). eine ~ aufstellen(errichten) 柱を建てる. wie eine ~ dastehen 根が生えたように突っ立っている. 2 柱(支え)となる人物, 中心人物. Er ist eine ~ der Wissenschaft. 彼はその学界を背負って立っている. die tragende ~ der Mannschaft チームの大黒柱. drei tragende ~n seines Vorschlags 彼の提案の3つの柱(要となる3つの点). 3《柱状の物を指して》Rauch*säule* 立昇る煙. Wasser*säule* 水柱(ﾐｽﾞﾊﾞｼﾗ). 4 (a) (Quecksilbersäule の短縮) 水銀柱. (b) (Zapfsäule の短縮)(ガソリンスタンドの柱状の)計量給油器. 5 (行進の)縦列, 縦隊. in zwei ~n 2 列縦隊で. 6 【数学】角柱.
'Säu·len·bau 男 -[e]s/-ten 1《複数なし》(建築の)柱の構造. 2 柱建築物.
'säu·len·för·mig 形 円柱の形をした.
'Säu·len·fuß 男 -es/ﾞe 【建築】柱脚, ペデスタル.
'Säu·len·gang 男 -[e]s/ﾞe 柱廊, 周廊.
'Säu·len·hal·le 女 -/-n 柱廊(周廊)ホール.
'Säu·len·hei·li·ge 《形容詞的変化》[ｶﾄﾘｯｸ教]柱頭行者(とくに 4-6 世紀のシリア・パレスチナで柱頭に座して禁欲生活をおこなった修道師).
'Säu·len·knauf 男 -[e]s/ﾞe 【建築】柱頭.
'Säu·len·schaft 男 -[e]s/ﾞe 柱身.
'Sau·lus ['zaolos] 《人名》サウロ(使徒 Paulus の, 改宗前にキリスト教を排撃していた当時の名). aus einem ~ zu einem Paulus werden 批判派が一転擁護派に変る; やっかい人が変る.

Saum¹ [zaom] 男 -[e]s/Säume 1 (衣服・生地の)縫い縁, へり. 2《雅》周縁, 端. am ~ des Waldes 森のはずれに.

Saum² 男 -[e]s/Säume (gr. sagma, Decke, Packsattel') 《南ﾄﾞ･ｵｰｽﾄﾘｱ》荷駄.
'sau·mä·ßig ['zaomɛːsɪç] 形 《卑》1 ひどい, 非常に悪い. 2 とてつもない, とびきりの. ~es Glück すごい幸運. Es war ~ kalt. とびきり寒かった.
'Säu·me ['zɔymə] Saum¹, Saum² の複数.
'säu·men ['zɔymən] 動 1 (衣服の縁どりをする, に)縫い縁をつける. 2 縁どる. Pappeln *säumen* die Allee. ポプラの並木が大通りを縁どっている. 3 (板などの)角を削り落す, 耳を取る.
'säu·men² 動《雅》手間どる, ぐずぐずする.
'säu·men³ 動《南ﾄﾞ･ｵｰｽﾄﾘｱ》1 駄馬(ﾀﾞﾊﾞ)で運ぶ. 2 (馬・牛などに)荷駄を背負わせる.
'Säu·mer¹ ['zɔymər] 男 -s/- (ﾐｼﾝの)縁縫い器.
'Säu·mer² 男 -s/- 《雅》ぐずぐずする(ためらう)人, のろま, 遅刻者.
'Säu·mer³ 男 -s/- 《南ﾄﾞ･ｵｰｽﾄﾘｱ》1 =Saumtier 2 駄馬(ﾀﾞﾊﾞ)を牽(ﾋ)く人, 馬方.
'säu·mig 形 のろい, ぐずぐずした. mit *seiner* Arbeit ~ sein 仕事が遅い. mit der Rückzahlung ~ sein 返済が遅れがちである.
'Säu·mig·keit 女 -/《雅》のろい(ぐずぐずしている)こと; 怠惰.
'Säum·nis 女 -/-se (中 -ses/-se) 1《雅》遅滞, 逡巡; 怠慢. 2 【法制】懈怠(ｹﾀｲ).
'Saum·pfad 男 -[e]s/-e (荷を運ぶ駄馬が通う)狭い山道.
'saum·se·lig 形《雅》のろのろした, ぐずぐずした; 投げやりな.
'Saum·se·lig·keit 女 -/《雅》ぐずぐずした(投げやり)な態度; 怠慢, 怠惰, だらしなさ.
'Saum·tier 中 -[e]s/-e (山岳地方などで使う)荷物運搬用動物, (とくに)駄馬(ﾀﾞﾊﾞ).
'Sau·na ['zaona] 女 -s/..nen(..nan) (finn.) 1《複数なし》サウナ浴. 2 サウナ風呂.
'Säu·re ['zɔyrə] 女 -/-n 1 【化学】酸. Sie hat zu viel ~. 彼女は胃酸過多だ. 2 酸味, すっぱさ.
'säu·re·be·stän·dig, 'säu·re·fest 形《副詞的には用いない》耐酸性の.
'säu·re·frei 形 酸を含まない, 無酸の.
Sau·re·gur·ken·zeit [zaorəˈgorkəntsaɪt] 女 -/-en《戯》(政治・文化・商売などの)夏枯れ時, 閑散期(酢漬けきゅうりをつくる時期が夏の休暇期間と重なっていたことから). ◆ 単数 2 格に Saurengurkenzeit, 複数に Saurengurkenzeiten ということもある.
'säu·re·hal·tig 形 酸を含む, 酸性の.
'Säu·re·ver·gif·tung 女 -/-en 酸中毒.
'Sau·ri·er ['zaoriər] 男 -s/- (gr. sauros, Eidechse') 《多く複数で》(古生物の)とかげ類.
Saus [zaos] 男《次の用法でのみ》 in ~ und Braus leben 贅沢三昧の暮しをする.
'säu·seln ['zɔyzaln] ❶ 自 (h, s) 1 (h) (木の葉・風などが)さやさや(さらさら, ざわざわ)と音をたてる. 2 (s) (木の葉などが)さらさら音をたてながら落ちる. ❷ 他《侮》猫撫で声でそっと囁く.
'sau·sen ['zaozən] 自 (h, s) 1 (h) ごうごう(びゅうびゅう, ぶんぶん)うなりをあげる. Draußen *sauste* der Sturm noch immer. 外では依然として嵐がうなりをあげて吹荒れていた. Das Fieber *saust* ihm im Kopf. 熱で彼は頭ががんがんする. Die Ohren *sausen* mir. /《非人称的に》*Es saust* mir in den Ohren. 耳は激しい耳鳴りがする. 2 (s) (a) ごうごう(びゅうびゅう, ぶんぶん)うなりをあげて走る, 疾走(疾駆)する. Das Auto ist

Schach

um die Ecke *gesaust*. その車はうなりをあげて角を曲った．　mit dem Auto über die Autobahn ~ 車で高速道路をぶっとばす．　Ich ließ die Peitsche auf den Rücken des Pferdes ~. 私は馬の背にぴしっと一鞭くれた (↑sausen lassen).　(b) durchs Examen ~《戯》試験に落ちる．　**3** (h)《南ド・スイス・オストリ》(ワインが)ふつふつと発酵する．

ˈ**sau·sen lasˈsen***, °**sau·sen**|**lasˈsen*** 囮 **1**《話》(人4に)手〈縁〉を切る．**2**《話》(計画・希望などを)放棄〈断念〉する，諦める．**3** einen ~《卑》(屁を) 1 発ぶっ放す．　◆過去分詞 sausen lassen(まれ gelassen)

ˈ**Sau·ser** [ˈzaʊzɐr] 囲 -s/-《地方》**1** 発酵中のワイン．**2** 酔い，酩酊．

ˈ**Sau·se·wind** [ˈzaʊzə..] 囲 -[e]s/-e **1**《幼児》びゅうびゅう吹く風．**2**《戯》ちっともじっとしていない人(とくに子供)．

Sausˈsure [soˈsy:r]《人名》Ferdinand de ~ フェルディナン・ド・ソシュール (1857-1913, スイスの言語学者．『一般言語学講義』*Cours de linguistique générale*).

ˈ**Sau·stall** [ˈzaʊ..] 囲 -[e]s/¨e **1** 豚小屋．**2**《侮》(豚小屋のようにきたない(不潔な)ところ；(会社などの)乱脈，放漫(財政)．

ˈ**Sau·wet·ter** 囲 -s/《話》ひどい天気，悪天候．

ˈ**sau**ˈ**wohl** 副《話》とても気分(調子)がいい．

ˈ**Sau·wut** 囡 -/《話》激怒．

Saˈvan·ne [zaˈvanə] 囡 -/-n (*sp.* zavana)《地理》サバンナ．

Saˈvo·yar·de [zavoˈjardə] 囲 -n/-n サヴォアの住民．

Saˈvoy·en [zaˈvɔʏən]《地名》サヴォア(フランス南東部，イタリアの国境に接する地方)．

Saˈxo·fon [zaksoˈfo:n] 囲 -s/-e《楽器》=Saxophon

Saˈxoˈphon [zaksoˈfo:n] 囲 -s/-e《楽器》サキソフォーン，サックス(ベルギーの楽器製作者 Adolf Sax, 1814-94 の名にちなむ)．

Sb [ɛsˈbeː] 囲 -/《記号》《化学》=Antimon (Stibium)

S-Bahn [ˈɛsbaːn] 囡 -/-en《略》=**S**chnell**bahn**, **S**tadt**bahn** 都市高速鉄道．

SBB [ɛsbeːˈbeː] 囡《略》=**S**chweizerische **B**undes**b**ahnen スイス連邦鉄道．

SB-La·den [ɛsˈbeː..] 囲 -s/¨ (**S**elbst**b**edienungsladen の短縮)セルフサービスの店．

s. Br.《略》=**s**üdlicher **Br**eite² 《地理》南緯…

Sbrinz [sbrɪnts] 囲 -[es] スブリンツチーズ(パルメザンチーズ風の硬いチーズ，産地のスイス・ベルン州ブリーンツ Brienz にちなむ)．

Sc [ɛsˈtseː]《記号》《化学》=Scandium

sc.《略》=**sc**ilicet

ˈ**Scan·di·um** [ˈskandiʊm] 囲 -s/《記号 Sc》《化学》スカンジウム．

ˈ**scan·nen** [ˈskɛnən] 囮 (*engl.*) スキャナーで走査する，スキャンする．

ˈ**Scan·ner** [ˈskɛnɐr] 囲 -s/- (*engl.*) スキャナー，走査装置．

sch [ʃ] 囮 Sch! しっ(人を静かにさせるときや動物を追払うときの声)．

ˈ**Schab·bes** [ˈʃabəs] 囲 -/- (*jidd.*) =Sabbat

ˈ**Scha·be**¹ [ˈʃaːbə] 囡 -/-n 〖虫〗ごきぶり．**2**《南ドイツ・スイス》蛾(²).

ˈ**Scha·be**² [ˈʃaːbə] 囡 -/-n =Schabmesser, Schabeisen

ˈ**Scha·be·fleisch** 囲 -[e]s/- 牛の赤身のひき肉．

ˈ**Schab·ei·sen** [ˈʃaːp..] 囲 -s/- **1** メゾチント用の削り道具，スクレーパー．**2** =Schabmesser

ˈ**Scha·be·mes·ser** 囲 -s/- =Schabmesser

ˈ**scha·ben** [ˈʃaːbən] 囮 囲 **1** こすってきれいにする，磨く．Möhren ~ にんじんの皮をこそげてきれいにする．ein Werkstück ~ 製品にきさげ仕上げをかける．**2** (aus〈von〉et³ 物³から)掻き取る，削り〈版〉落す，こすり取る．das Fleisch von den Knochen ~ 骨から肉をそぎ取る．den Rest des Teigs aus der Schüssel ~ ボウルの内側にくっついた練り粉の残りを掻き落す．**3** j⁴〈j³ 間 Bart〉~《戯》人⁴³の髭を剃る．**4**（野菜などを）すり下ろす．**5** (an et³ 物³に)こすりつける，(で)こする．Das Schwein *schabt* sich³ seinen Rücken an dem Pfosten. 豚は背中を杭にこすりつけて掻いている．sich³ die Finger wund ~ 指をすりむく．

❷ 囲 すれてざあっ〈ぎいぎい〉と音をたてる．

❸ (**sich**)**1**《戯》髭を剃る．**2** *sich* am Kinn ~ 顎をこする（思案に困ったときなどのしぐさ）．**3**《若者》頭にくる，むかっとくる．

ˈ**Scha·ber** [ˈʃaːbər] 囲 -s/- 削り取る道具；〖工学〗きさげ，スクレーパー．

ˈ**Scha·ber·nack** [ˈʃaːbərnak] 囲 -[e]s/-e いたずら，ふざけ；しゃれ，冗談．j³ einen ~ spielen 人³にいたずらをする．aus ~ しゃれ(冗談)で．j³ et¹ zum ~ tun 人³にふざけて事⁴をする．**2**《戯》いたずら小僧．

*ˈ**schä·big** [ˈʃɛːbɪç シェービヒ] 囮 **1** 使い古した，おんぼろの．ein ~*er* Anzug⟨Koffer⟩~ angezogen sein 見すぼらしい服装(⁵⁷)をしている．**2** わずかばかりの，貧弱な．Da hatte er nur noch ~*e* zwei Euro in der Tasche. そのとき彼はたったの 2 ユーロしかポケットに残っていなかった．ein ~*er* Rest ごくわずかな残量．**3** 卑劣な，さもしい．ein ~*er* Kerl 卑劣なやつ．**4** けちな，こせこせした．ein ~*er* Mensch 金にきたない人間．ein ~*es* Trinkgeld けちなチップ．sich⁴ ~ zeigen しみったれた振るまいをする．

ˈ**Schä·big·keit** 囡 -/-en《複数なし》見すぼらしさ，貧弱さ；卑劣さ；けち．**2** 卑劣な言動．

ˈ**Schab·kunst** 囡 -/ メゾチント(銅凹版画彫版法の一種)．

Schaˈblo·ne [ʃaˈbloːnə] 囡 -/-n **1**（紙・木・金属などで作った）原型，ひな型；型紙，型板．**2**（一定の）型，紋切り型．in ~*n* denken 型にはまった考え方をする．nach ~ 型どおりに．

schaˈblo·nen·haft, schaˈblo·nen·mä·ßig 厖 型どおりの，型にはまった．

schaˈblo·nie·ren [ʃabloˈniːrən] 囮 **1** 型板(型紙)でつくる．**2**（人・物）⁴を型にはめこむ．

ˈ**Schab·mes·ser** 囲 -s/- (木工・革細工用)削りナイフ，掻き取り刀．

Schaˈbra·cke [ʃaˈbrakə] 囡 -/-n (*ung.* csárág, Satteldecke)**1**（華美な）鞍(⁵⁷)敷き．**2**（ソファーなどのカバー，(カーテンの)バランス．**3**《侮》(a) おいぼれ馬．(b) ばばあ．(c) 使い古し，ポンコツ，がらくた．

ˈ**Schab·sel** [ˈʃaːpsəl] 囲 -s/- 削りくず．

***Schach** [ʃax シャハ] 囲 -s/-s (*pers.* sâh, König') **1**《複数なし》チェス．eine Partie ~ spielen チェスを 1 局指す(mit j³ 人³と)．**2**《複数なし》チェック，王手．~ [dem König]!（相手に向かって）チェック，王手．~ und matt!（相手に向かって）チェックメイト，詰みだ．ewiges ~ 千日手(セミテ)．~ bieten〈geben〉王手をかける．das ~ decken 王手をカバーする(防ぐ)．im ~ stehen〈sein〉王手がかかっている．den König aus dem ~ ziehen キングを動かして王手を逃れる．

Schachaufgabe

《比喩的用法で》j‹et›³ ~ bieten《雅》人³の動きを封じる〈事¹を押しこめ, 阻止する〉. j⁴ in‹im› ~ halten《話》人⁴を押えておく, 牽制する. **3**《話》チェスのセット〈盤と駒〉.

'Schach·auf·ga·be 囡 -/-n チェスの詰め問題.
'Schach·brett 匣 -[e]s/-er チェス盤.
'Scha·cher ['ʃaxər] 男 -s/ 《hebr. sachar, Erwerb, Handel⁴》《侮》あくどい取引.
'Schä·cher ['ʃɛçər] 男 -s/-《聖書》人殺し, 盗賊〈とくにキリストとともに十字架にかけられた 2 人を指す〉. armer ~ みじめな〈哀れな〉やつ.
Scha·che'rei [ʃaxəˈraɪ] 囡 -/-en《侮》あくどい商売〈取引〉を続けること.
'Scha·che·rer ['ʃaxərər] 男 -s/-《侮》あくどい商売人.
'scha·chern ['ʃaxərn] 自《侮》あくどい取引をする. mit et³《um et⁴》~ 物⁴であくどい取引〈をねがめつく値切る〉.
'Schach·feld 匣 -[e]s/-er チェス盤の目.
'Schach·fi·gur 囡 -/-en チェスの駒.
'schach·matt ['-'- とも] 形《arab. šāh māta, der König ist tot⁴》 **1**《🔒》詰みの, 詰んだ. j⁴ ~ setzen〈チェスで〉人⁴を負かす;《比喩》人⁴の動きを封じる. **2**《話》へとへとに疲れた.
'Schach·meis·ter·schaft 囡 -/-en チェスの選手権.
'Schach·par·tie 囡 -/-n [..tiːən] チェスの対局.
'Schach·spiel ['ʃaxʃpiːl] 匣 -[e]s/-e **1**《複数なし》チェス. **2** チェスの対局. **3** チェス遊技のセット〈盤と駒〉.
'Schach·spie·ler ['ʃaxʃpiːlər] 男 -s/- チェスをする人, チェスの選手.
Schacht [ʃaxt] 男 -[e]s/Schächte **1** 縦に長い空間, 縦穴; (エレベーターの)シャフト, (井戸などの)穴. **2**《鉱業》縦坑;《冶金》炉腔, シャフト;《軍事》(爆雷機の)爆雷投下孔. **3**《北方》長靴(ブーツ)の胴; 棒, 竿(とくに釣り竿). **4** ~ kriegen《地方》《話》腹がたつ.

*'**Schach·tel** ['ʃaxtəl] シャハテル 囡 -/-n《it. scatola》 **1** 箱, ケース(厚紙・木・ブリキ製で蓋付きのもの). eine ~ Zigaretten タバコ 1 箱. alte ~《侮》ばばあ. **2**《話》《金融》(Schachtelbeteiligung の短縮)箱入り株式資本参加, 一定数 (4分の 1 超) 株式資本参加.
'Schäch·tel·chen ['ʃɛçtəlçən] 匣 -s/- 小箱, 小ケース.
'Schach·tel·halm 匣 -[e]s/-e《植物》とくさ属.
'schach·teln ['ʃaxtəln] 他 入れ子にする, 組入れる (in et⁴ 物⁴の中へ).
'Schach·tel·satz 男 -es/⸚e 箱入り文(副文の中にさらに副文が入れ子になった複雑構造をもつ文).
'schach·ten ['ʃaxtən] **1** 他 縦〈縦坑〉を掘る. **2** 自 穴を掘ってごえる.
'schäch·ten ['ʃɛçtən] 他《hebr. sachát, schlachten⁴》ユダヤ式に屠殺する(ユダヤ教の典礼によれば家畜は頸動脈・気管・食道を切り失血死させる).
'Schäch·ter ['ʃɛçtər] 男 -s/- (↑schächten) (ユダヤ式に)屠殺を行う人.
'Schacht·ofen 男 -s/⸚《冶金》高炉, 堅窯(たてがま), シャフト.
'Schach·tur·nier ['ʃax..] 匣 -s/-e チェスのトーナメント.
'Schach·zug 男 -[e]s/⸚e チェスの指し手; 《比喩》うまい手, 策略.

*'**scha·de** ['ʃaːdə] シャーデ 形《不変化/比較変化なし》《述語的用法のみ》残念(遺憾)な, 気の毒な; 惜しい, もったいない. Es ist sehr ~, dass er nicht kommen kann. 彼が来られないとは大変残念だ. Wie ~!《Nu ~ / Schade nur》, dass es ausgerechnet heute regnet! よりによって今日が雨とは残念だなあ.《schade um et‹j›⁴ の形で》Es ist ~ um ihr‹dein neues Kleid›. 彼のことは残念だった〈君の新調のドレスは気の毒なことをしたね〉. Um diesen Füller ist es nicht [weiter] ~. こんな万年筆はもう惜しくはない.《zu schade für et‹j›⁴ または zu schade zu et³ の形で》Die Taschenuhr ist zu ~ für ihn‹zu ~ zum Wegwerfen›. この懐中時計は彼にはもったいない〈手放すには惜しい〉. Dazu〈Dafür〉ist mir meine Zeit zu ~. そんなことにかかずらっている暇なんか私にはない. Bei ihm ist doch jedes Wort zu ~. あいつには何を言ったって無駄だよ.《sich³ zu schade für et‹j›⁴ sein または sich³ zu schade zu et³ sein の形で》Du bist dir wohl zu ~ für diese Arbeit? 君はこの仕事では役不足っていうんですね. Ich bin mir für keine Arbeit zu ~. 私はどんな仕事でも厭とは言わないよ. Dazu bin ich mir zu ~. そこまで私もやりたくはない.

'Scha·de 男 -ns/Schäden《Schaden の古形/今日では次の用法のみ》Es soll‹wird› dir ~ nicht sein. 君に損はさせないよ, 悪いようにはしないからね.

*'**Schä·del** ['ʃɛːdəl] シェーデル 男 -s/- **1** 頭蓋, 頭蓋骨. ein hohler ~ 髑髏(どくろ), されこうべ. **2**《話》(Kopf) 頭. ein harter ~ がんこ頭. Mir brummt 〈dröhnt〉 der ~. 私は頭ががんがんする. seinen ~ anstrengen 頭(無い知恵)をしぼる. sich³ den ~ eindicken‹harten› ~ haben 剛情(頑固)である. einen hohlen ~ haben / nichts in seinen ~ haben 頭が空っぽである. sich³ den ~ zerbrechen 頭を痛める (über et‹j›⁴ 事‹人›⁴のことで). eins auf‹über› den ~ bekommen‹kriegen› 頭をぽかりとやられる. j³ eins auf‹über› den ~ geben‹hauen› 人³の頭をぽかっとやる. j³ nicht aus dem ~ gehen‹wollen› 人³の頭を離れない. sich³ et⁴ in den ~ setzen 事⁴を固く心に決める. mit dem ~ durch die Wand wollen 無理を押し通そうとする.
'Schä·del·bruch 男 -[e]s/⸚e《病理》頭蓋骨骨折.
'Schä·del·dach 匣 -[e]s/⸚er《複数まれ》《解剖》頭蓋冠.
'Schä·del·de·cke 囡 -/-n《解剖》= Schädeldach.
'Schä·del·stät·te 囡 -/《新約》されこうべの地 (Golgatha のこと, マタ 27:33, マコ 15:22).

*'**scha·den** ['ʃaːdən] シャーデン **❶** 自《人‹事›³を》害する, 損(そこ)う, (に)損害を与える. Rauchen schadet der Gesundheit. 喫煙は健康に有害である. Eine solche Handlung kann deinem guten Ruf ~. そういう行いは君の名声に傷をつけかねない. Damit schadest du dir selbst am meisten. そんなことをして一番損をするのは君自身だぜ.
❷ 自 nichts ~ / nie etwas ~ 少しも(けっして)悪いことではない, どうということはない. Ein Bisschen Sport würde dir nichts ~. 少しくらいスポーツをする方が君にはいいんだ. Es würde dir durchaus nichts ~, wenn du ein wenig deiner Frau helfen würdest. 君が少しくらい奥さんを手伝ってもけっして罰(ばち)は当らないよ. Das schadet diesem Kerl gar nichts. こんな野郎にはそのくらい丁度いいのだ. Es schadet nie etwas, ihn zu benachrichtigen. 彼に知らせてやった方がいい. Was schadet das? それで何が悪い, それがどうした.

'**Scha·den** [ˈʃaːdən シャーデン] 男 -s/Schäden **1** 損害. *Schäden durch Brand〈Diebstahl〉* 火災による損害〈盗難の損害〉. *ein materieller〈ideeller〉 ~* 物質的〈精神的〉損害. *~ anrichten〈erleiden〉* 損害をもたらす〈被る〉. *einen ~ ersetzen* 損害を賠償する. *Wer den ~ hat, braucht für den Spott nicht zu sorgen.* 《諺》しくじれば嗤〈わら〉われる. *Sie hat an ihrer Gesundheit ~ genommen.*《雅》彼女は健康を害した. *Weg〈Ab/Fort〉mit ~!*《古》ともかくも捨ててしまえ; どうなろうとにかくやめろ. **2** (a) 破損箇所. *Der Wagen hat einen kleinen ~ am Kotflügel.* その車は泥よけにちょっとした傷がある. *einen ~ reparieren* 壊れたところを修理する. (b) 傷, けが;〈身体的〉障害. *Bei dem Unfall hat er einen schweren ~ davongetragen〈erlitten〉.* その事故で彼は大けがをした. *von Geburt an einen ~ am Auge haben* 生れつき目に障害がある. *~ nehmen/zu ~ kommen* 負傷する. *Personen kamen nicht zu ~.*《事故のニュースなどで》死傷者はありませんでした. *Sie hat an ihrer Seele ~ genommen.*《雅》彼女は心に傷を負った. *Du kannst dir dabei ~ tun.* そんなことをするとけがをするぞ. **3** 損, 不利益. *Es ist dein eigener ~, wenn du so was tust.* 君がそういうことをすれば君が損するだけだ. *Er hat weder ~ noch Nutzen an〈bei〉 dieser Sache.* 彼はこの件では損も得もしない. *Es soll〈wird〉dein ~ nicht sein.* 君に損はさせないよ. *et⁴ mit ~ verkaufen* 物⁴を損をして〈元を割って〉売る. *zu meinem ~* 私にとって不利なことには. *zu ~ kommen* 損をする(bei et³ で事³で). *Es ist nicht zu seinem ~.*《雅》*Es gereicht ihm nicht zum ~.* 彼の損にはならない.

'**Scha·den·er·satz** 男 -es/〖法制〗損害賠償.
'**Scha·den·er·satz·an·spruch** 男 -[e]s/¨e 〖法制〗損害賠償請求権.
'**Scha·den·feu·er** 中 -s/- 大火災, 大火.
'**Scha·den·freu·de** [ˈʃaːdənfrɔydə] 女 -/- 他人の不幸を喜ぶ〈ざまを見ろと思う〉気持.
'**scha·den·froh** 他人の不幸を喜ぶ, いい気味だと思っている.
'**Scha·den·ver·si·che·rung** 女 -/-en 損害保険.
'**schad·haft** [ˈʃaːthaft] 形《副詞的には用いない》破損した, 傷〈いた〉んだ, 傷〈欠陥〉のある.
'**Schad·haf·tig·keit** 女 -/ 破損していること; 欠陥性.
'**schä·di·gen** [ˈʃɛːdɪɡən] 他動《人⁴に》損害〈損傷〉を与える, 害する, 傷つける. *j⁴ geschäftlich ~* 人⁴に商売上の損害を与える. *j² Ansehen ~* 人²の名声を傷つける. *mit et³ seine Gesundheit ~* 事³で健康を損う. *schädigende Einflüsse* 悪影響.
'**Schä·di·gung** 女 -/-en **1** 損害を与える〈被る〉こと, 害すること, 毀損〈きそん〉. **2** 損害;〈身体的〉障害.
*'**schäd·lich** [ˈʃɛːtlɪç] 形 有害な. *~e Insekten〈Stoffe〉* 害虫〈有害物質〉. *auf j⁴ einen ~en Einfluss ausüben* 人⁴に悪影響を及ぼす. *Das Rauchen ist ~ für die Gesundheit.* 喫煙は健康に悪い.
'**Schäd·lich·keit** 女 -/ 有害性.
'**Schäd·ling** [ˈʃɛːtlɪŋ] 男 -s/-e (↔ Nützling) 害虫; 害獣; 害鳥;〈有害植物;《比喩》(社会の)害虫, 寄生虫.
'**Schäd·lings·be·kämp·fung** 女 -/ 有害な動植物の駆除, 害虫(害獣, 害鳥)駆除.
'**Schäd·lings·be·kämp·fungs·mit·tel** 中 -s/- 有害生物駆除剤(殺虫剤・除草剤など).

'**schad·los** [ˈʃaːtloːs] 形 損害のない. *sich⁴ an j³ ~ halten* 人³に埋合せをしてもらう(für et⁴ 事⁴の). *sich⁴ an et³ ~ halten* 物³で埋合せをする(間に合す).
'**Schad·los·hal·tung** 女 -/ 損害賠償, 補償.
'**Schad·stoff** 男 -[e]s/-e 有害物質.
***Schaf** [ʃaːf] 中 -[e]s/-e **1**《動物》ひつじ(羊). *Das ~ blökt*《話》*mäht*. 羊がめえめえと鳴く. *~e halten〈hüten〉* 羊を飼う〈の番をする〉. *~e scheren* 羊の毛を刈る. *sein ~ scheren*《比喩》自分の儲けを(自分の儲けだけは)しっかり手にする; 恒産をつくる. *geduldig〈sanft〉wie ein ~ sein* 羊のように我慢強い〈おとなしい〉. *das schwarze ~* (共同体の中の)変り者, 異端者(↓〖旧約〗創 32 以下). *ein verirrtes ~* 迷える羊(↓〖新約〗マタ 18:12 以下). *die ~e von den Böcken trennen〈scheiden〉* 良いものと悪いもの(善人と悪人)を区別する(↓〖新約〗マタ 25:32). 《とくに諺で》*Ein räudiges ~ steckt die ganze Herde an.* 一羽〈ぴき〉鳴けば万羽〈ぴき〉歌う(疥癬〈かいせん〉の羊が1頭いれば群れ全体に伝染する). *Der Wolf frisst auch die gezählten〈gezeichneten〉 ~e.* どんな用心も避けられぬ災難は避けられぬ(狼は数えてある〈印をつけた〉羊をも食ってしまう). *Wer sich⁴ zum ~ macht, den fressen die Wölfe.* お人好しでは世は渡れぬ(己れを羊にするものは狼に食われる). **2** *Mein kleines ~!*《話》(子供に向かって)おちびちゃん. **3**《侮》お人好し, うすのろ, まぬけ.
'**Schaf·bock** 男 -[e]s/¨e 雄羊.
'**Schäf·chen** [ˈʃɛːfçən シェーフヒェン] 中 -s/- 《Schaf の縮小形》 **1** 小羊. *sein〈seine Schäfchen〉ins Trockene bringen/sein ~〈seine Schäfchen〉 scheren* 自分の儲けを(自分の儲けだけは)確保する; 恒産をつくる. *~ zählen* 羊を数える(眠れぬ時のおまじない). **2**《話》お人好し, お馬鹿さん. *Mein ~!* おちびちゃん, かわい子ちゃん. **3**《ふつう複数で》うちの小羊たち(我が家の子供たち・ガイドが受持つ団体客・担任の生徒たち・牧師にとっての教区の信徒たちなど). **4**《多く複数で》(Schäfchenwolke の短縮)羊雲.
'**Schäf·chen·wol·ke** 女 -/-n《ふつう複数で》羊雲; (Zirrokumulus) 巻(絹)積雲, (Altokumulus) 高積雲. *grobe〈kleine〉 ~* 高積〈巻積〉雲.
'**Schä·fer** [ˈʃɛːfər] 男 -s/- **1**《古》羊飼い. **2** 牧羊労働者.
'**Schä·fe·rei** [ʃɛːfəˈraɪ] 女 -/-en 牧羊, 牧羊場.
'**Schä·fer·ge·dicht** 中 -[e]s/-e〖文学〗牧歌, 田園詩.
'**Schä·fer·hund** 男 -[e]s/-e 牧羊犬. *Deutscher ~* シェパード. *Schottischer ~* コリー.
'**Schä·fe·rin** [ˈʃɛːfərɪn] 女 -/-nen 羊飼いの女.
'**Schä·fer·spiel** 中 -[e]s/-e〖文学〗牧人劇, 田園劇.
'**Schä·fer·stünd·chen** 中 -s/- ひととき(つかの間)の逢瀬.
Schaff¹ [ʃaf] 中 -[e]s/-e (南ドイツ・オーストリア) **1** 桶, たらい. **2** 戸棚.
Schaff² 男《次の用法で》[schon] *seinen ~ mit j〈et〉³ haben*《話》人〈事〉³で往生(難儀)する.
'**Schaf·fell** [ˈʃaːf-] 中 -[e]s/-e 羊の毛皮.

'**schaf·fen*** [ˈʃafən シャフェン] schuf(schaffte), geschaffen (geschafft) 他動 **❶** 《不規則変化》創造する, 創作する. *Am Anfang schuf Gott Himmel und Erde.* 〖旧約〗初めに神は天地を創造された(創 1:1). *Er stand da, wie ihn Gott geschaffen*

Schaffen

hatte.《戯》彼は生れたままの姿で立っていた. eine neue Theorie ~ 新しい理論を創る. ein neues Werk ~ 新しい作品を創作する. Er ist für diesen Beruf〈zum Lehrer〉wie *geschaffen*. 彼はこの仕事をする〈教師になる〉ために生れてきたような男だ. der *schaffende* Geist 創造的精神.
2《不規則変化》創設する, 開設する. kulturelle Einrichtungen ~ 文化施設を設立する. ein neues Ministerium ~ 新しい省を創る. eine Stelle ~ ポストを新設する.
3 (a)《不規則変化 / まれに規則変化》つくり出す, 生み出す; もたらす, 惹き起す. Kaminfeuer *schafft* eine gemütliche Atmosphäre. 暖炉の火は和〈ほの〉やかな雰囲気をつくり出す. eine Basis〈die Voraussetzungen〉für et⁴ ~ 事⁴のための土台をつくる〈事⁴のために必要な条件を整える〉. sich³ Feinde〈Freunde〉 ~ 敵〈友達〉をつくる. Platz〈Raum〉für et⁴ ~ 物⁴のためのスペースをつくる. einen Präzedenzfall ~ 先例をつくる. sich¹ ein großes Vermögen ~ 莫大な財産を築く.《機能動詞的に **Abhilfe** ~ 弊害の除去を図る, 対策を講じる. einen **Ausgleich** für et⁴ ~ 事⁴の補償〈埋合せ〉をする. j³ **Beschwerden** ~ 人³を苦しめる. Ordnung ~ 秩序をたもち; 整理する. **Rat** ~ 手だてを講じる. **Unruhe** ~ 騒ぎを惹き起す. (b)《規則変化》手に入れる, 調達(工面)する(人³のために). Sie *schaffte* uns etwas zu essen. 彼女は私たちのために食べ物を調達した. sich³ Bewegung ~ 体を動かす, 運動する. sich³ Gehör〈Luft〉 ~ 話を聞いてもらう〈経済的に〉ひと息つく〉. j³ Geld ~ 人³のために金を工面する. j³ **Wein** ~ ワインを持ってこい.
4《規則変化》(a) 成し遂げる, 達成(克服)する, かたづける. Das *schafft* sie nie! そんなことは彼女には金輪際できないよ. Er *schafft* diese Arbeit allein nicht mehr. 彼がこの仕事を 1 人でこなすのはもう無理だ. Er wird es nicht ~, seinen Titel zu verteidigen. 彼はタイトルを防衛することができないだろう. Wie hat er es *geschafft*, dass sie mit ihn ins Konzert ging? 彼はどうして彼女を音楽会に連出すことに成功したんだろう. [Das wäre] *geschafft*! とうとうやったぞ. *sein* Pensum ~ 課題をかたづける. den dritten Platz ~ (競技会などで) 3 位に食いこむ. eine Prüfung ~《話》試験に受かる. einen neuen Rekord ~ 新記録を出す. das Soll ~ ノルマを達成する. Heute habe ich viel *geschafft*. 今日はずいぶん仕事が捗〈はかど〉った. (b)《話》(料理)を平らげる. Ich *schaffe* meinen Teller nicht mehr. 私はこのお皿の物を食べきれない. (c)《話》(列車・バスなどに)間に合う. Vielleicht *schaffst* du noch den letzten Bus. 君は今ならば最終のバスに間に合うかもしれないよ.
5《規則変化》疲れる (a) (人⁴を)くたくた〈ふらふら〉にさせる, まいらせる. Die Arbeit〈Die Hitze〉hat mich heute *geschafft*. 仕事〈暑さ〉で今日はすっかりまいった. Der *schafft* jeden mit seiner Fragerei. あの男の質問攻めには皆閉口だ. *geschafft* sein へとへと〈くたくた〉である. (b) (人⁴を)やりこめる, ぐうの音も出ないようにする. Er hat den Angeber spielend *geschafft*. 彼はそのほら吹き野郎をあっさりやりこめてしまった.
6《規則変化》持って行く(来る), 運ぶ, 移す. et⁴ auf den Boden〈den Speicher〉 ~ 物⁴を屋根裏〈床〉におろす〈屋根裏へ運び上げる〉. et⁴ aus dem Haus〈ins Haus〉 ~ 物⁴を家から運び出す〈家の中に運びこむ〉. et⁴〈j⁴〉aus der Welt ~ 事⁴をかたづける, なくす, 解決

する〈人⁴を消す〉. et〈j〉⁴ beiseite ~《話》物⁴をくすねる, 隠す〈人⁴をかたづける〉. einen Verletzter ins Krankenhaus ~ 怪我人を病院へ運ぶ. sich¹〈et〉⁴ vom Hals[e] ~《話》人〈物〉⁴を厄介払いする. ein Paket zur Post ~ 小包を郵便局へ持っていく.
7《規則変化》《南ド・オーストリ》命じる. j³ eine Arbeit ~ 人³に仕事を言いつける.

❷ 圁 **1**《規則変化》《地方》(a) 働く, 仕事をする. auf dem Feld〈im Garten〉 ~ 野良で働く〈庭仕事をする〉. den ganzen Tag ~ 日がな一日働く. am Bau〈bei der Bahn〉 ~ 建築の仕事をしている〈鉄道に勤めている〉. ~ gehen 勤め(仕事)に出る.《中性名詞として》Frohes *Schaffen*!《戯》(しばしば皮肉まじりに) ご苦労さん, ご精が出ますね. (b)《zu 不定詞句の形で / haben, machen と》mit j〈et〉³ etwas zu ~ haben 人〉³ とかかわりがある. Was habe ich mit dir zu ~? 私が君とどんな関係があるのか. Er hat mit dieser Sache nichts zu ~. 彼はこの件になんの係り合いもない. j³ zu ~ machen 人³を悩ませる, 苦しめる. Die Hitze machte mir viel zu ~. 暑さには私はひどく苦しんだ. Das Herz macht ihm in letzter Zeit wieder zu ~. 心臓の具合が最近また彼を悩ませている. sich³ zu ~ machen 仕事(らしきこと)をする, 何やらごそごそする. Was machst du dir an meinen Sachen〈in meinem Zimmer〉zu ~? 君は私の持物をひっくり返して何をしているのか〈私の部屋で何をごそごそやっているんだ〉. Verlegen machte sich mit am Schrank zu ~. 仕方がないので戸棚のなかをのぞいてみたりした.
2《規則変化》《海事》食事をとる.

❸ 圕 (*sich*)《規則変化》《地方》(a)《結果を示す語句と》*sich* müde〈sich¹ die Hände wund〉 ~ 働いて疲れる〈仕事をし過ぎて手がすりむける〉. (b)《非人称的に》Mit dem Gerät *schafft es sich* leichter. 道具を使うほうが仕事が楽だ.
2《話》大童(おおわらわ)の活躍をする, 大奮闘する. An dem Tanzabend haben wir *uns geschafft*. その夜のダンスパーティーでは私たちはふらふらになるまで踊りまくった.

♦ ↑ schaffend, geschaffen

'**Schaf·fen** ⊞ –s/– **1** 創造, 創作. der Prozess des künstlerischen ~s 芸術的創造のプロセス. Freude am ~ 創造の喜び. **2**《芸術》作品. das gesamte ~ eines Dichters ある詩人の全作品. **3**《地方》働くこと. am〈beim〉 ~ sein 勤めって〈勤めて〉いる. Frohes ~!《戯》ご苦労さん, ご精が出ますね.

'**schaf·fend** 過分 慣用 創造的な. der ~e Geist 創造的精神. ein intuitiv ~er Künstler 直観で創作する芸術家. der ~e Mensch 創造的人間.

'**Schaf·fens·drang** 團 –[e]s/ 創造(創作)意欲.
'**Schaf·fens·freu·de** 囡 –/ 創造(創作)の喜び.
'**Schaf·fens·kraft** 囡 –/ 創造(創作)力.
'**Schaf·fer** ['ʃafɐr] 團 –s/– **1**《地方》仕事に熱心な人, 働き者. **2**《船員》食糧管理人.
'**Schaff·er²** ['ʃafɐr] 團 –s/– 農場管理人.
'**Schaff·hau·sen** ['ʃafhaʊzən]《地名》シャフハウゼン (スイス北部の州およびその州都).
'**schaf·fig** ['ʃafɪç] 圏《南ド・オーストリ》よく働く, 勤勉な.
'**Schäff·ler** ['ʃɛflɐr] 團 –s/–《南ド・スイス・オーストリ》桶職人, 桶屋.
*'**Schaff·ner** ['ʃafnɐr] シャフナー 團 –s/– **1** 車掌. der eiserne ~《話》自動改札機. **2**《古》農場管理人. ♦ 女性形 Schaffnerin 囡 –/–nen
Schaff·ne·rei [ʃafnəˈraɪ] 囡 –/–en《古》農場管理

schaff·ner·los 形 車掌の乗っていない.
Schaf·fung 囡 -/ つくり出すこと.
Schaf·gar·be [ˈʃaːf..] 囡 -/-n〖植物〗せいようのこぎり(西洋鋸)草.
Schaf·her·de 囡 -/-n 羊の群れ.
Schaf·hirt 男 -en/-en 羊飼い.
Schaf·hür·de 囡 -/-n 牧羊地の柵.
Schaf·kä·se 男 -s/- 羊乳製チーズ.
Schaf·kopf 男 -[e]s/ ..köpfe (Schafskopf) **1**《複数なし》〖遊〗羊の頭(得点ごとに羊の顔を形づくるように線を引いていくところから). **2**《俗》ばか, あほう.
Schaf·le·der 囡 -s/- 羊皮.
Schäf·lein [ˈʃɛːflaɪn] 匣 -s/-《雅》=Schäfchen
Schaf·milch 囡 -/ 羊乳.
Scha·fott [ʃaˈfɔt] 匣 -[e]s/-e 〈fr. chafaud, Baugerüst, Schaugerüst〉処刑台, 断頭台.
Schaf·pelz 男 -es/-e 羊の毛皮.
Schaf·schur 囡 -/-en 羊毛の刈取り, 羊の剪毛(ｾﾝﾓｳ).
Schafs·kleid 匣《次の用法で》ein Wolf im ~ 羊の皮をかぶった狼. ↑ Schafspelz
Schafs·kopf 男 -[e]s/..köpfe =Schafkopf
Schafs·pelz 男 -es/-e =Schafpelz《次の用法で》ein Wolf im ~ 羊の皮をかぶった狼(↓《新約》マタ 7: 15).
Schaf·stall 男 -[e]s/..ställe 羊小屋.
Schaft[1] [ʃaft] 男 -[e]s/Schäfte **1**(槍の柄(ｴ); (旗)の竿, 舵棒, (機械・器具などの)軸, 心棒. **2**(靴の)甲, アッパー; (長靴の)すね, 胴. **3**〖建築〗柱身;〖解剖〗毛幹;〖林業〗樹幹. **4**〖軍事〗銃床. **5**(草花の)茎, 葉柄, 花茎, (鳥の)羽軸;〖紡織〗(織機の)綜絖棒.
Schaft[2] 男 -[e]s/Schäfte (ﾊﾞｲｴﾙﾝ)戸棚, タンス.
..schaft [..ʃaft] 接尾 名詞・形容詞などにつけて女性名詞 (-/-en)をつくる. **1**《集合・総体の意を表す》Arbeiter*schaft* 労働者階級. Bar*schaft* 有り金. Grafschaft 伯爵領. Körper*schaft* 法人. Ort*schaft* 村落. **2**《状態・性質》Eigen*schaft* 特性. Freund*schaft* 友好関係. Gefangen*schaft* 囚われの身. Leiden*schaft* 情熱. Schwangerschaft 妊娠(状態). Verwandt*schaft* 親戚関係. **3**《行為》Rech*enschaft* 釈明. Wirt*schaft* 経済. Wissen*schaft* 学問.
Schäf·te [ˈʃɛftə] Schaft[1], Schaft[2] の複数.
schäf·ten [ˈʃɛftən] 他 **1**(物に)柄(ｴ)を付ける. **2**《古》(物に)接ぎ木する. **3**《地方》ぶん殴る.
Schaft·stie·fel 男 -s/- 長靴, ブーツ.
Schaf·wei·de [ˈʃaːf..] 囡 -/-n 牧羊場.
Schaf·wol·le 囡 -/ 羊毛.
Schaf·zucht 囡 -/ 牧羊.
Schah [ʃaː] 男 -s/-s 〈pers. šah, König'〉シャー(イラン・ペルシアの国王の称号).
Scha·kal [ʃaˈkaːl, ˈʃaːkaːl] 男 -s/-e 〈sanskr. srgāla〉〖動物〗ジャッカル.
Schä·kel [ˈʃɛːkəl] 男 -s/-〖工学・海事〗シャックル, 連環(鎖鎖などをつなぐ U 字形掛金).
Schä·ker [ˈʃɛːkɐr] 男 -s/-《戯》女をからかう(女心をさぐる)のが好きな男.
Schä·ke·rei [ʃɛːkəˈraɪ] 囡 -/-en《戯》ふざけること, いちゃつくこと.
schä·kern [ˈʃɛːkərn] 自 (jidd. chek 'Busen, weiblicher Schoß')(mit j³ と)からかう, (と)ふざける, いちゃつく.

schal [ʃaːl] 形 **1**(ビール・ワインなどが)気の抜けた, 風味のない. ~*er* Wein〖農業〗不良ワイン. **2**機知に欠けた, 面白味のない, 間の抜けた.
***Schal** [ʃaːl] シャール 男 -s/-s 〈pers. šal〉 **1**ショール, マフラー, 襟巻. **2**(2 重カーテンの窓の左右に引かれた)内側のカーテン.
'Schal·brett 匣 -[e]s/-er **1** 背板(片側に樹皮の残っている板材). **2**(コンクリート用の)枠板.
'Schäl·chen[1] [ˈʃɛːlçən] 匣 -s/-《Schal の縮小形》小さなスカーフ(マフラー), 小さな肩掛け;(窓の両袖の)小さな飾りカーテン.
'Schäl·chen[2] 匣 -s/-《Schale の縮小形》**1**小さな殻. **2**小皿; 小さいカップ(茶碗).
***'Scha·le** [ˈʃaːlə] シャーレ 囡 -/-n **1**(堅果・種子の)殻, さや; (果物・野菜・樹木の)皮; (卵・貝・蝸牛などの)から, (亀・蟹などの)甲;〖地方〗(チーズの)皮. die ~ einer Banane⟨einer Walnuss⟩ バナナの皮くるみの殻). Kartoffeln mit⟨in⟩ der ~ kochen じゃがいもを皮のまま茹(ﾕ)でる. Er hat eine rauhe ~. 彼は見た目は無愛想だ. **2**《比喩》礼装. in ~ sein《話》盛装している, (服装を)びしっときめている. sich⁴ in ~ werfen⟨schmeißen⟩《話》盛装する, (服装を)びしっときめる. **3**〖建築〗シェル;〖工学〗抽鉢(飛行機の胴体などの外殻). **4**《ふつう複数で》〖猟師〗(偶蹄)類のひずめ. **5**〖獣医〗趾骨瘤(ｼｺﾂﾘｭｳ). **6**〖原子物理〗(電子の)殻. K-Schale (原子の)内殻. L-*Schale* (原子の)外殻. **7**深皿, 浅い鉢, トレー; 水盤;〖化学〗シャーレ. eine ~ für Blumen 生け花用水盤. eine hölzerne ~ mit Obst 果物を盛った木鉢. die ~ *seines*⟨des⟩ Zorns über j³,⁴ ausgießen《雅》j³,⁴に怒りをぶちまける. **8** (コーヒー・紅茶のカップ, 茶碗. eine ~ Kaffee trinken コーヒーを 1 杯飲む. **9**(鉢形の物を指して)プラジャーのカップ, コンタクトレンズ, 頭蓋. **10**凹型カボション(半円球型に削った宝石の彫り方). **11**〖食品〗中肉, しんたま(豚・牛の腿肉).
***'schä·len** [ˈʃɛːlən] **❶**他 **1**(物の)皮をむく; (皮・殻・さやなどを)むく, (皮を)はぐ. einen Apfel mit einem Messer ~ ナイフでりんごの皮をむく. einen Baum ~〖林業〗(伐採した)木の皮を剥く. ein gekochtes Ei [aus der Schale] ~ 茹(ﾕ)でて玉子の殻をむく. Kartoffeln ~ / die Schale von den Kartoffeln ~ じゃがいもの皮むきをする. eine Schokolade aus dem Stanniolpapier ~ チョコレートの銀紙をむく. j⁴ aus den Kleidern ~《話》人⁴の服を脱がせる. ge*schälte* Erbse〖食品〗むき豌豆(ｴﾝﾄﾞｳ). wie aus dem Ei *geschält* ぱりっとした服装で. **2**(腐った箇所などを)切取る, そぎ落す(aus et³ 物³から). eine faule Stelle aus einer Birne ~ 梨の傷(ｷｽ)んだところを切取る. den Knochen aus einem Schinken ~ 腿肉から骨を切離す. **3**(まれ) (et⁴ aus et³ 事³から事⁴を)明らかにする, (問題点などを)はっきりさせる. **4**〖農業〗(畑を)浅く鋤(ｽ)く. **5**〖猟師〗(若木などの)樹皮をかじる(獣が).

❷(*sich*) **1** (a) (野菜・果物などの)皮がむける; (皮がむける. Der Pfirsich *schält sich* gut⟨schlecht⟩. この桃は皮がよくむける(むきにくい). (b) (背中などの)皮がめくれる, 皮がめくれる. Sein Rücken *schälte sich*. / Die Haut auf seinem Rücken *schälte sich*. 彼は背中の皮がむけた. Ich *schälte mich* auf der Nase. 私は鼻の皮がむけた. *sich* aus seinen Kleidern ~《話》(やっこらさっして)着ている物を脱ぐ. **2**(まれ)姿を現わす, はっきり見えてくる.
'Scha·len·obst 匣 -[e]s/ 殻果, 堅果(くるみ・栗などの

Schalentier

堅い殻をもった木の実).
'**Scha·len·tier** 中 -[e]s/-e《多く複数で》**1** 貝類; 甲殻類(かに・えびなど). **2**《猟師》=Schalenwild
'**Scha·len·wild** 中 -[e]s/《猟師》有蹄類の狩猟動物(鹿・猪など).
'**Schäl·hengst** ['ʃɛːl..] 男 -es/-e (Beschäler) 種馬.
'**Schalk** [ʃalk] 男 -[e]s/-e(Schälke)**1**《古》狡猾(陰険)な人間. **2** ひょうきん者, いたずら者. Er hat den ~. / Ihm sitzt der ~ im Nacken. 彼はひょうきん者だ. Der ~ sieht〈schaut〉ihm aus den Augen. 彼はいたずらっぽい目をしている.
'**Schäl·ke** ['ʃɛlkə] Schalk の複数.
'**schalk·haft** 形 いたずらっぽい, 茶目っ気のある.
'**Schalk·haf·tig·keit** 女 -/-en **1**《複数なし》茶目っ気. **2**《まれ》いたずらっぽい言動.
'**Schalks·knecht** 男 -[e]s/-e《古》《侮》不届きな家来(《新約》マタ 18:32), 悪党; いたずら好き.
*'**Schall** [ʃal シャル] 男 -[e]s/-e (Schälle) 音, 音響, 響き. leerer ~ sein / ~ und Rauch sein はかない(空しい)ものである.
'**Schall·bo·den** 男 -s/⸚《楽器》(Resonanzboden) 共鳴板.
'**Schall·däm·mung** 女 -/《工学・建築》(建物・機械などの)消音, 防音.
'**Schall·dämp·fer** 男 -s/- (内燃機関などの)消音装置, マフラー;《軍事》(火砲の)防音装置, (銃の)消音器;《楽器》弱音器.
'**Schall·de·ckel** 男 -s/-《建築》説教壇の天蓋.
'**schall·dicht** 形 防音性の.
'**Schall·do·se** 女 -/-n サウンドボックス(蓄音機のピックアップ部分).
'**Schall·druck** 男 -[e]s/-e《音響》音圧.
'**Schäl·le** ['ʃɛla] Schall の複数.
°'**Schalleh·re** ↑Schalllehre
*'**schal·len*** ['ʃalən シャレン] schallte(scholl), geschallt(geschollen) 自 **1** 鳴り響く; 反響する. Aus dem Nebenraum *schallte*〈*scholl*〉 lautes Gelächter. 隣室からどっと笑う声が聞こえた. Ihr Geschrei *schallt* mir noch in den Ohren. 彼女の叫び声がいまも私の耳に残っている. Glockengeläute schallte über das ganze Dorf. 鐘の音が村じゅうに鳴り渡った. Das ganze Haus *schallte* von dem Gehämmer im Parterre. 1 階でのハンマーの音で家じゅうが鳴り響いた.《非人称的に》Es schallt in diesem Saal sehr. この広間は音がよく響く. Die Tür fiel ins Schloss, dass es *schallte*. ドアがばたーんと勢いよく閉まった. j³ eine herunterhauen, dass es nur so *schallt* j³の顔にびしゃっと平手打ちを食らわす. **2**《猟師》(獣が)鳴く(発情期に自分の居所を知らせるために). **3**《医学》超音波検査をする.
'**schal·lend** 形分 形 大きな音の. ~er Beifall 割れるような拍手喝采. ~es Gelächter 爆笑. j³ eine ~e Ohrfeige geben 人³にぴしゃりと平手打を食らわす.
'**Schall·ge·schwin·dig·keit** 女 -/-en《複数まれ》音速.
'**Schall·kör·per** 男 -s/-《楽器》(弦楽器の)共鳴胴.
'**Schall·leh·re** 女 -/音響学.
'**Schall·loch** 中 -[e]s/⸚er (弦楽器の)響孔, 鐘楼の窓.
'**Schall·mau·er** 女 -/-n (Schallgrenze) 音速の壁, 音速障壁;《比喩》(記録などの)超え難い壁. 1980 wurde die ~ von 1 Million Studenten durchbrochen. 1980 年には学生数は 100 万人の壁を突破した.
°'**Schalloch** ↑Schallloch

'**Schall·plat·te** ['ʃalplatə] 女 -/-n レコード. eine ~ abspielen〈auflegen〉レコードをかける.
'**schall·si·cher** 形 =Schalldicht
'**Schall·trich·ter** 男 -s/- **1**《楽器》(蓄音機・管楽器の)あさがお. **2** メガホン.
'**Schall·wel·le** 女 -/-n《多く複数で》《音響》音波.
'**Schall·wort** 中 -[e]s/⸚er《言語》擬声語.
Schal·mei [ʃalˈmaɪ] 女 -/-en (gr. kalamaia, Rohrpfeife')《楽器》**1** シャルマイ, カラムス(オーボエの前身). **2** リードを有する木管楽器の総称; 複数の管を持つ金管楽器. **3** バグパイプの管. **4** (オルガンの)シャルマイ音栓.
Scha·lot·te [ʃaˈlɔtə] 女 -/-n (fr. échalote)《植物》シャロット, エシャロット(分葱(ﾜｹｷﾞ)に似た野菜).
schalt [ʃalt] schelten の過去.
'**Schalt·an·la·ge** ['ʃalt..] 女 -/-n (電源の)開閉装置.
'**Schalt·bild** 中 -[e]s/-er 回路図, 配線図.
'**Schalt·brett** 中 -[e]s/-er (Schalttafel) 配電盤.
*'**schal·ten** ['ʃaltən シャルテン] ❶ 他 **1** (物の)スイッチ(レバー, ギア, つまみ)を操作する, スイッチをいれる(切替える); 回線を接続する, 回路をとじる. einen Haartrockner auf „aus"〈,, an"〉~ ヘアドライヤーのスイッチを切る〈入れる〉. die Heizung auf „heiß" ~ ヒーターを「強」に切替える. et⁴ aufs〈an das〉Netz ~ 物⁴(電動装置などの)スイッチを入れる. et⁴ parallel〈in Reihe〉~《電子工》物⁴を並列(直列)につなぐ. (自前の語でなしに)et⁴ *schaltet* sehr viel. 彼は頻繁にギアチェンジをする. An diesem Hebel *schaltet* man. このレバーがスイッチになっている. auf „aus" ~ スイッチをオフにする〈切る〉. auf sauer〈stur〉~《比喩》むっつりと黙りこむ〈片意地になる〉. in〈auf〉den 3. Gang ~ ギアを3 に入れる. zum〈in das〉Studio Z ~《ラジオ・テレビで》スタジオ Z につなぐ(スタジオ Z からの放送に切替える). **2** (約束・仕事などを)割込ませる, はさみこむ(挿入句などを)入れる.
❷ 自, 再(sich) **1** (自動制御装置などが)機能する, 作動する, 切替る. Die Ampel *schaltete* gleich auf Rot. 信号はすぐに赤に変わった. Die Heizung *schaltet [sich]* nachts automatisch auf 16°C. この暖房は夜には自動的に摂氏 16 度になる. Der Wagen *schaltet sich* leicht. この車はギアチェンジが簡単だ.
❸ 自 **1** 監理する, 支配権をにぎる; 采配をふる, とりしきる. Die Hausfrau *schaltet* in der Küche. 台所は主婦の城. [nach Belieben] ~ und walten 好き勝手にふるまう, 思い通りにとりしきる. 牛耳(ｷﾞｭｳｼﾞ)をとる. frei mit et³〈über et⁴〉~ und walten können 物³⁴を思いのままに〈どうにでも〉できる. j⁴ frei ~ und walten lassen 人⁴に好きなようにさせる. **2**《話》反応(対応, 対処)する, 理解する, のみこむ. *Schaltest* du immer so langsam? 君はいつもそんなにのみこみが悪いのかい. Die zuständige Behörde hat schnell *geschaltet*. 所轄官庁の対応ははやかった.

'**Schal·ter** [ˈʃaltər シャルター] 男 -s/- **1** スイッチ, 開閉器. einen ~ anmachen〈ausmachen〉《話》スイッチを入れる〈切る〉. den〈am〉 ~ drehen スイッチをひねる. **2** (郵便局・銀行・切符売場などの)窓口. Dieser ~ ist nicht besetzt. この窓口でのお取扱いは終了いたしました. den ~ öffnen〈schließen〉窓口を開ける〈しめる〉. am〈vor dem〉 ~ stehen 窓口に並ぶ.
'**Schal·ter·be·am·te** 男《形容詞変化》(郵便局・銀行などの)窓口係; (駅の)出札係. ♦ 女性形 Schalter-

beamtin 囡 -/-nen
'Schal·ter·dienst 男 -[e]s/ 窓口業務.
'Schal·ter·hal·le 囡 -/-n (郵便局・銀行などの)窓口ホール, (駅の)出札ホール.
'Schal·ter·stun·den 窓口取扱い時間.
'Schalt·he·bel 男 -s/- (機械・配電盤などの)スイッチレバー, (自動車の)変速レバー. an den ~ *n* der Macht sitzen《比喩》権力を握っている.
'Schal·tier [ˈʃal..] 中 -[e]s/-e《まれ》【動物】(Konchifere) 介殻類.
'Schalt·jahr 中 -[e]s/-e (↔ Gemeinjahr) 閏(3ゐ)年.
'Schalt·kas·ten 男 -s/⁼ (壁などに取付けた)配電盤ボックス.
'Schalt·knüp·pel 男 -s/- (自動車の)フロアシフトレバー.
'Schalt·plan 男 -[e]s/⁼e = Schaltbild
'Schalt·pult 中 -[e]s/-e 制御卓, コントロールデスク.
'Schalt·satz 男 -es/⁼e【言語】挿入文.
'Schalt·ta·fel 囡 -/-n (Schaltbrett) 配電盤, 制御盤.
'Schalt·tag 男 -[e]s/-e 閏(ﾄﾞ)日(2月29日のこと).
'Schalt·uhr 囡 -/-en (自動)タイマー, タイムスイッチ.
'Schal·tung [ˈʃaltʊŋ] 囡 -/-en 1 (スイッチ・チャンネル・ギアなどの)切換え; (電話の)接続, 接続. Wir nehmen jetzt eine ~ ins Olympiastadion vor. ただいまからオリンピックスタジアムにつなぎます(画像を切替えます). 2 変速(器), 配列. Dreigang*schaltung* 3段ギア. 3【電子工】配線; 配線(回路)図. integrierende ~ 集積回路.
'Scha·lung [ˈʃaːlʊŋ] 囡 -/-en (コンクリートの)型枠; 型枠をする.
'Schä·lung [ˈʃɛːlʊŋ] 囡 -/-en 皮(殻)むき.
Scha·lup·pe [ʃaˈlʊpə] 囡 -/-n (*fr.* chaloupe) 1 スループ(40トン以上で1本マストの小型帆船). 2 (大型船舶に搭載される)小艇, ランチ.
*Scham [ʃam シャーム] 囡 -/ 1 恥ずかしさ; 羞恥心. das Gefühl der ~ abwerfen 羞恥心をかなぐり捨てる. aus⟨vor⟩ ~ 恥ずかしさのあまり. aus Scham ～ 変に恥ずかしがって. ohne jede ~ なんの恥ずかしげもなく.《慣用的表現で》Hast du denn gar keine ~ [im Leibe]?《語》君はいったい羞恥心のかけらも持合せていないのか. Nur keine falsche ～!《話》恰好つけるのはよせ;《反語》いまさら遠慮(きまりが悪い)もないだろう. Ich möchte⟨könnte⟩ vor ~ vergehen⟨in die Erde sinken⟩. 私は恥ずかしくて穴があったら入りたい思いだ. 2《古》赤面. Die ~ stieg ihr ins Gesicht. 恥ずかしさで彼女は満面朱をそそいだようになった. 3《雅》隠しどころ, 陰部. ～ a ～まとめぬ姿で.

Scha'ma·ne [ʃaˈmaːnə] 男 -n/-n (*sanskr.* śramana, buddhistischer Mönch, Asket')【民族学】シャーマン, 巫術(ジ)師.
Scha·ma'nis·mus [ʃamaˈnɪsmʊs] 男 -/【民族学】シャーマニズム, 巫術.
'Scham·bein [ˈʃam..] 中 -[e]s/-e【解剖】恥骨.
'Scham·berg 男 -[e]s/-e【解剖】恥丘.
*'schä·men [ˈʃɛːmən] 再 (sich) 恥じる, 恥ずかしい, 恥ずかしくて...できない, ...するのをはばかる. Du solltest dich [was] ～!《話》すこしは恥ずかしく思ったらどうだ. [Pfui,] schäm dich!《話》恥を知れ恥を. *sich et*²⟨wegen et²⟩/ まれ für et⁴⟩ ～ 事² ⁴を恥じる. *sich* für j³ ～ j³のおかげで恥ずかしい思いをする. *sich vor* j³ ～ j³の恥ずかしくて j³の前に出られない(人³に合せる顔がない).《zu 不定詞句と》Schäm dich, so etwas

zu sagen!しゃあしゃあとそんなことを言うな. Ich *schäme mich*, zugeben zu müssen, dass... お恥ずかしい話ですが, じつは...
'Scham·ge·fühl 中 -[e]s/-e 恥ずかしさ, 羞恥心.
'Scham·ge·gend 囡 -/ 陰部, 恥部.
'Scham·haar 中 -[e]s/-e 恥毛, 陰毛.
'scham·haft [ˈʃaːmhaft] 形 恥ずかしがり屋の, はにかんだ; 内気な, うぶな; 慎み深い.
'Scham·haf·tig·keit 囡 -/ 内気さ, はにかんだ様子.
'Scham·hü·gel 男 -s/-【解剖】= Schamberg
'schä·mig [ˈʃɛːmɪç] 形【地方】はにかんだ, 恥ずかしそうな.
'Scham·lip·pe 囡 -/-n 《多く複数で》【解剖】陰唇.
'scham·los [ˈʃaːmloːs] 形 恥知らずの, 破廉恥な; みだらな, いやらしい; 厚かましい, 臆面もない.
'Scham·lo·sig·keit 囡 -/-en 1《複数なし》無恥, 恥知らず. 2 恥知らずな言動.
Scha'mott¹ [ʃaˈmɔt] 男 -s/《話》がらくた, くず.
Scha'mott² 男 -s/ = Schamotte
Scha'mot·te [ʃaˈmɔtə] 囡 -/ (*it.*)【土木】シャモット, 耐火粘土.
Scha'mot·te·stein 男 -[e]s/-e【土木】耐火レンガ.
Scham'pon [ˈʃampɔn] 中 -s/-s = Shampoo
scham·po'nie·ren [ʃampoˈniːrən] 他 = schampunieren
Scham'pun [ʃamˈpuːn] 中 -s/-s = Shampoo
scham·pu'nie·ren [ʃampuˈniːrən] 他 シャンプーで洗う.
'Scham·pus [ˈʃampʊs] 男 -/《戯》シャンペン.
'scham·rot [ˈʃaːmroːt] 形 赤面した.
'Scham·rö·te 囡 -/ 羞恥による紅潮; 赤面.
'Scham·tei·le 恥部, 陰部.
'schand·bar [ˈʃantbaːr] 形 1 恥ずべき, みっともない. 2《話》ひどい, とんでもない. ～ es Wetter ひどい天気.
*'Schan·de [ˈʃandə シャンデ] 囡 -/ 恥, 恥辱, 不名誉. Es ist eine unerträgliche ~ für ihn. それは彼にとって耐えがたい恥辱である. Er ist die ~ seiner Familie/ Er ist eine ~ für seine Familie. 彼は一家の面汚しだ. Pfui – ~! / ～ über dich! 恥を知れ, この恥知らずが. Es ist eine [wahre] ~, dass er dir so was angetan hat. 彼が君にそんなことをしたなんてじつに言語道断だ. Sein Klavierspiel war so schlecht, dass es eine ~ war. 彼のピアノ演奏はまったく恥さらしなものだった. Das ist doch keine ~, wenn man sich¹ mal betrinkt. たまに酔うほど飲んだからってべつにかまわないじゃないか. j³ ～ bringen 人³に恥をかかせる, (の)面目をつぶす. *seiner* Familie⟨*seinem* Namen⟩ ～ machen 家名に傷をつける⟨名を汚す⟩. Mach mir keine ～!《戯》恥をかかせないでくれよ. j⁴ in ～ bringen《古》人⁴(女性)を辱(ﾊｽﾞ)しめる, 凌辱する. in ～ geraten《古》人⁴(女性)が辱しめられる, 凌辱される. j⁴ mit Schimpf und ～ davonjagen 人⁴に赤っ恥をかかせて追いはらう. zu ～ werden 壊れて, 駄目になって(= zuschanden). All unsere Pläne gingen zu ～*n*. 私たちの計画はことごとく水泡に帰した (↑ zuschanden). Zu meiner ～ muss ich gestehen, dass...《戯》まことにお恥ずかしい話ですが白状せねばなりますとじつは...なんてす.
'schän·den [ˈʃɛndən] 他 1 (a) (人⁴を)はずかしめる, (名誉・名声などを)けがす. Mit dieser Tat hat er den Namen der Familie *geschändet*. この行為で彼は家名をけがした.《目的語なしで》Armut *schändet* nicht.《諺》貧しきは恥にはあらず. (b)《古》(女性を)

凌辱する, 辱(はずか)しめる. (c) 《聖なるものを》冒瀆する. ein Grab〈eine Kirche〉 ~ 墓をけがす〈教会を冒瀆する〉. eine Leiche ~ 死体を姦淫する. ❷《物》の形《美観》を損ねる. Das Hochhaus *schändet* das Bild dieser Stadt. その高層ビルのためにこの街の景観は台無しだ.

'**Schän·der** [ˈʃɛndər] 男 -s/- 名《名誉》を汚す者, 冒瀆者.

'**Schand·fleck** [ˈʃant..] 男 -[e]s/-e 汚点, しみ; きず, 不面目. Er ist der〈ein〉 ~ der Familie. 彼は一家の面汚しだ.

'**Schand·geld** 中 -[e]s/ **1** (Schandpreis) べらぼうな安値(高値). **2**《古》悪銭, あぶく銭.

*'**schänd·lich** [ˈʃɛntlɪç シェントリヒ] 形 **1** (a) 恥ずべき, 不名誉な. Er nahm ein ~*es* Ende. 彼は恥ずかしい死に方をした. (b) 恥知らずな, 破廉恥な; 卑劣な, 下劣な. ~*e* Absichten 卑しい魂胆. ein ~*er* Mensch 下種(げす)野郎. ~*e* Taten 破廉恥な所業. Es ist ~, wie man uns behandelt hat. 我々の受けた扱いはじつにけしからんものだ. **2**《話》ひどい, とんでもない. ein ~*es* Wetter ひどい天気. sich⁴ ~ ärgern かんかんに怒る. Der Anzug war ~ teuer. このスーツはむちゃくちゃに高かった.

'**Schänd·lich·keit** 女 -/-en **1**《複数なし》不名誉, 不面目; 破廉恥, 卑劣さ. **2** 破廉恥(卑劣)な行為.

'**Schand·mal** 中 -[e]s/-e(ⁿ) **1**《古》(罪人に押す)烙印. **2** (Schandfleck) 汚名, きず.

'**Schand·maul** 中 -[e]s/ⁿer 《俗》中傷(癖); 中傷屋. Sie hat ein ~. 彼女はよく人を中傷する.

'**Schand·pfahl** 男 -[e]s/ⁿe (Pranger) (罪人を晒(さら)しものにするための)晒し台(柱).

'**Schand·tat** 女 -/-en 《俗》破廉恥な行為;《戯》軽はずみな〈馬鹿げしい〉行為. zu jeder ~〈zu allen ~*en*〉 bereit sein《戯》どんな馬鹿なことでもやりかねない人間である.

'**Schän·dung** [ˈʃɛndʊŋ] 女 -/-en 汚すこと, 冒瀆, 凌辱.

'**Schang·hai** [ˈʃaŋhai, -ˈ-] 《地名》シャンハイ, 上海.

Schank¹ [ʃaŋk] 男 -[e]s/Schänke《古》**1**《複数なし》(酒場で客に)酒を出すこと. **2** 酒場.

Schank² 女 -/-en 《オーストリア》**1** 酒場. **2** 酒場のカウンター.

'**Schank·bier** 中 -[e]s/-e 《樽からじかに注ぐ》生ビール.
◆原麦汁エキス Stammwürze 7-8% を含む.

'**Schän·ke** [ˈʃɛŋkə] ❶ 女 -/-n =Schenke ❷ Schank¹の複数.

'**Schan·ker** [ˈʃaŋkər] 男 -s/- (*lat.* cancer, Krebs[geschwür])'《病理》下疳(げかん).

'**Schank·er·laub·nis** 女 -/-se《法制》酒場営業許可.

'**Schank·ge·rech·tig·keit** 女 -/《法制》=Schankkonzession

'**Schank·kon·zes·si·on** 女 -/-en《法制》酒場営業許可.

'**Schank·stu·be** 女 -/-n 酒場, バー.

'**Schänk·stu·be** [ˈʃɛŋk..] 女 -/-n =Schankstube

'**Schank·tisch** 男 -[e]s/-e 酒場(バー)のカウンター.

'**Schänk·tisch** 男 -[e]s/-e =Schanktisch

'**Schank·wirt**, '**Schänk·wirt** 男 -[e]s/-e 酒場の主人, マスター.

'**Schank·wirt·schaft**, '**Schänk·wirt·schaft** 女 -/-en 酒場.

'**Schan·tung** [ˈʃantʊŋ] ❶《地名》シャントン省, 山東省(中国東北部の省). ❷ 男 -s/-s 《紡織》Schantungseide

'**Schan·tung·sei·de** 女 -/-n《紡織》シャンタン, 山東絹.

'**Schanz·ar·beit** [ˈʃants..] 女 -/-en (多く複数で)《古》《軍事》堡塁(塹壕)工事.

'**Schanz·bau** 男 -[e]s/-e《古》《軍事》堡塁(塹壕)築造.

'**Schan·ze**¹ [ˈʃantsə] 女 -/-n **1**《古》《軍事》堡塁, 塹壕. **2** (Sprungschanze の短縮)(スキーの)ジャンプ台, シャンツェ. **3** 《船員》船尾甲板.

'**Schan·ze**² 女 (*fr.* Chance)《次の用法で》*sein* Leben für et〈j〉⁴ in die ~ schlagen 事〈人〉⁴のために命を賭ける.

'**schan·zen** [ˈʃantsən] ❶ 自 《古》《軍事》(堡塁・塹壕)を構築する. ❷ 他 **1**《古》《軍事》堡塁(塹壕)を築く. **2**《生徒》猛勉強する.

'**Schan·zen·tisch** 男 -[e]s/-e (ⁿ) (ジャンプ台の)踏切台.

'**Schanz·zeug** 中 -[e]s/《古》《軍事》工事用具(シャベル・つるはし・斧など一式).

Schar¹ [ʃaːr] 女 -/-en (中 -[e]s/-e) (Pflugschar の短縮)鋤(すき)の刃, 犂先(すきさき).

*'**Schar**² [ʃaːr シャール] 女 -/-en 群れ, 一団;《古》(軍隊などの)隊, 組. eine ~ Gänse 鵞鳥の群れ. eine ~ junger Leute〈まれ junge Leute〉若者たちの一団. Eine ~ Kinder sang〈まれ sangen〉auf dem Platz. 子供たちの一団が広場で歌を歌っていた. [ganze] ~*en* von Menschen 大勢の人々. in [hellen/großen] ~ 大挙して.

Scha·ra·de [ʃaˈraːdə] 女 -/-n (*fr.* charaïe, Zauberspruch⁴)(絵図・ジェスチャーなどによる)言葉当てゲーム.

'**Schar·be** [ˈʃarbə] 女 -/-n 《鳥》(Kormoran) 鵜(う).

'**Schar·bock** [ˈʃaːrbɔk] 男 -[e]s/ (*lat.* scorbutus)《古》(Skorbut) 壊血(かいけつ)病.

Scha·re [ˈʃɛːrə] 女 -/ (多く複数で)(北欧の海岸に見られる)岩礁島, シェーレ.

'**scha·ren** [ˈʃaːrən] ❶ 他 (人⁴を)集める(um sich⁴ 自分のまわりに). ❷ 再 《sich》集まる, 群がる(um et〈j〉⁴ 物〈人〉⁴のまわりに).

'**scha·ren·wei·se** 副 群れをなして.

scharf [ʃarf シャルフ] schärfer, schärfst 形 **1** (刃物が)鋭利な, 鋭い; (かど・先端が)とがった. ein ~*es* Beil〈Messer〉 切れ味鋭い斧《鋭利なナイフ》. ~*e* Bügelfalten (ズボンのきちっとつけたアイロンの)節目. ~*e* Dornen 鋭い刺(とげ). ~*e* Ecken (家具などの)とがったかど. eine ~*e* Klinge führen《比喩》(議論で)舌鋒鋭く迫る. ~*er* Krallen〈Zähne〉(獣などの)鋭い爪〈歯〉. ~*er* Löffel《医学》鋭匙. ein ~*er* Schnitt 鋭い(鮮やかな)切口. Die Schere schneidet ~. この鋏はよく切れる. Der ist ~ wie eine Rasierklinge.《話》あいつはまるでがつがつした犬だ. **2** (化学薬品が)腐食性の, 苛性の. eine ~*e* Lauge 苛性アルカリ液.

3 (a) (味が)舌を刺す, ひりひりする; (酒がアルコール度の)高い. ein ~*es* Gericht ひりひりするほど辛(から)い料理. ~*er* Meerrettich よく利(き)く山葵(わさび). Ich esse gern ~. 私は辛いものが好きだ. Er trinkt gern etwas *Scharfes*《中 *s* Sachen). 《話》彼は強い酒を好む. (b) (匂いが)刺戟性の強い, 鼻をつく. ein ~*er* Geruch 刺すような匂い. (c) (音・声が)鋭い, 甲(かん)高

i). ein ~*er* Pfiff 鋭い口笛の音. eine ~*e* Stimme haben 甲高い声をしている. (d)(光が)目を射る, ぎらつく. (e)(寒冷が)膚を刺す, 身を切るような. ein ~*er* Winter 厳寒の冬. (f)(痛みが)刺すような. (g)(焼き加減が)かりかりの, ぱりぱりの.

4 (感覚が)鋭敏な, 敏感な; (頭脳が)明敏な, 鋭い. ~*e* Augen〈Ohren〉haben 目〈耳〉が鋭い. ein ~*es* Auge〈einen ~*en* Blick〉für et¹ haben 物¹に目が利(³)く. ein ~*es* Gehör 鋭い聴覚. einen ~*en* Verstand haben 頭が切れる. j³ ~ von der Seite beobachten 人⁴を脇から鋭く観察する. ~ hinsehen じっと目を凝らして見つめる. Da muss ich erst einmal ~ nachdenken. ここはまずじっくりと腰を据えて考えてみなければならない.

5 (a)(輪郭・映像などが)くっきりした, はっきりした. Er hat ~*e* Gesichtszüge〈eine ~*e* Nase〉. 彼は目鼻立ちがはっきりしているくとがった鼻をしている). Das Foto ist ~ bis in die Details. この写真は細部まで鮮明だ. Der Kirchturm hob sich⁴ ~ gegen den Abendhimmel ab. 教会の塔が夕空にくっきりと浮かび上って見えた. Sein Gesicht ist ~ geschnitten. 彼の顔は彫りが深い. ~ artikulieren はっきりと発音する. die Kamera ~ einstellen カメラのピントをきっちり合せる. (b)(眼鏡・望遠鏡などが)はっきり見える. ein ~*es* Fernglas よく見える望遠鏡.

6 辛辣な, 情容赦のない; きびしい, 厳格な; 厳密な. eine ~*e* Bemerkung〈Kritik〉きびしい意見〈辛辣な批評〉. ~*e* Maßnahme ergreifen きびしい措置をとる. eine ~*e* Strafe 厳罰. ein ~*es* Verhör きびしい尋問. ein ~*e* Zunge haben 毒舌家である. Der Lehrer ist ~. 《話》この先生はきびしい. Er ist ein ganz *Scharfer*〈ein ~*er* Hund〉.《話》(警官・役人などを指して)彼は手加減ということを知らないやつだ.

7 (戦闘・抵抗などが)激烈な, 激しい;【球技】(シュートなどが)強烈な. ein ~*er* Angriff 猛攻. ein ~*er* Kampf 激闘. ein ~*en* Protest einlegen 激しく抗議する. ein ~*er* Schuss ins Eck コーナーへの強烈なシュート. j³ ~ widersprechen 人³に激しく反駁する.

8 (a) 猛スピードの. ein ~*er* Lauf 疾走. ~ fahren (車を)猛スピードでとばす. (b)(動き・変化が)急な, 急激な. eine ~*e* Kehrtwendung machen 急に回れ右(方向転換)をする. eine ~*e* Kurve 急カーブ. ~ bremsen 急ブレーキをかける.

9(犬が)咬み癖がある.

10(銃・爆弾などが)装填した, 実弾(実包)の. ~*e* Munition 実弾. Das Gewehr ist ~ geladen. この銃には実弾が装填されている. ~〈mit ~*en* Patronen〉schießen 実弾射撃をする. In der Diskussion wurde ~ geschossen.《話》討議では激しい応酬があった.

11(a)《話》すごい, かっこいい. ein ~*es* Auto かっこいい車. Der sieht aber ~ aus. あいつはシャレた格好をしてるじゃないか.《話》信じられないような. Das ist ja ~, was der mit dir gemacht hat. あの男が君にした仕打はじつに言語道断だよ.

12《話》(a) 性的魅力にあふれた. ein ~*es* Weib セクシーな女. (b) 欲情を催した. Der Pornofilm machte ihn ganz ~. そのポルノ映画に彼はすっかり欲情を催した.

13《話》(a) ~ auf et⁴ sein 物⁴が欲しくてたまらない. (b) ~ auf j⁴ sein 人⁴を(性的に)ほしがモノにしたい. (c) ~ darauf sein, …zu tun …し

たくてたまらない, しきりに…したがる.

14《副詞的用法で》すれすれ, ぎりぎりに. Der Pfeil flog ~ an seinem Kopf vorbei. 矢は彼の頭をすれすれにかすめて飛んだ.

◆↑scharf blickend, scharf machen

ˈScharfˈblick 男 -[e]s/ 烔眼(³), 鋭い洞察力.

ˈscharf bliˈckend, °ˈscharfˈblickend 形 烔眼の, 眼力鋭い.

*ˈSchärˈfe ['ʃɛrfə シェルフェ] 女 -/-n **1**《複数なし》(刃物の)鋭利さ, 切れ味; (かど・先端の)鋭さ. die ~ einer Schere prüfen 鋏(⁴⁵)の切れ味を試す. **2**《複数なし》(化学薬品の)腐食性, 苛性. die ~ der Säure 酸の腐食性. **3**《複数なし》(味・匂いの)刺戟性;(音・声・光・痛みなどの)鋭さ, 強烈さ;(寒冷のきびしさ, 膚を刺すような冷たさ. der Stallgeruch mit seiner ~ 鼻をつく畜舎の臭い. die ~ des Essigs〈des Senfs〉酢の強烈な酸っぱさ〈芥子の激しい辛味〉. die ~ des Lichtes mildern 光のぎらつきを和らげる. die ~ der Stimme 声の甲(⁵)高さ. die ~ des Windes 身を切るような風の冷たさ. **4**《複数なし》(感覚の)鋭敏さ, 敏感さ;(頭脳の)明敏さ, 聡明さ. die ~ der Augen〈des Gehörs〉目〈耳〉の確かさ. Die ~ seines Verstandes hat im Alter nicht nachgelassen. 彼の頭脳の明晰さは年を取っても衰えなかった. **5**(輪郭・映像などの)鮮明さ. die ~ seines Profils 彼の横顔のくっきりした線. **6**(a)《複数なし》(批判・意見などの)辛辣さ;(態度・措置などの)きびしさ. Seine Bemerkung war von ungewohnter ~. 彼の意見はいつになく辛辣なものだった.《複数で》辛辣な意見, 痛烈な意見. **7**(戦闘・抵抗などの)激しさ, 激烈(熾烈)さ;《複数なし》【球技】(シュートなどの)強烈さ.

ˈScharfˈeinˈstelˈlung 女 -/【写真】(カメラなどの)焦点合せ.

ˈschärˈfen ['ʃɛrfən] **❶** 他 **1**(刃物を)鋭利にする, 研(⁴)ぐ;(研いで・削って)とがらせる. einen Bleistift〈eine Sense〉~ 鉛筆を削る〈鎌を研ぐ〉. **2**(感覚を)鋭敏にする, 研ぎすます. Die Erfahrung hat seinen Sinn für das Wesentliche *geschärft*. その経験で彼は本質的なものに対する感覚が鋭くなった. **3**《軍事》信管(雷管)をとりつける. **❷** 再 *(sich⁴)*(感覚などが)鋭くなる, 研ぎすまされる.

ˈSchärˈfenˈtieˈfe 女 -/-n【光学・写真】焦点深度.

ˈschärˈfer ['ʃɛrfər] scharf の比較級.

ˈscharfˈkanˈtig 形 角(⁴)の鋭い.

ˈscharf maˈchen, °ˈscharf|maˈchen 他《話》(犬を)けしかける (auf j〈et〉⁴ 人〈物⁴〉に);(人⁴を)扇動する, けしかける (gegen j¹ 人¹に対して);(人⁴の)好奇心を煽(⁴)る (auf et⁴ 人⁴物⁴に対して).

ˈScharfˈmaˈcher 男 -s/-《話》扇動者.

ˈScharfmaˈcheˈrei [ʃarfmaxəˈraɪ] 女 -/-en《複数まれ》《話》しきりに扇動すること, 扇動すること.

ˈScharfˈrichˈter 男 -s/- (Henker) 死刑執行人.

ˈScharfˈschieˈßen 中 -s/ 実弾射撃.

ˈScharfˈschütˈze 男 -n/-n 狙撃兵(手);【蹴⁵⁵】エーストライカー.

ˈscharfˈsichˈtig 形 目(視力)のいい;《比喩》烔眼(⁴⁵)の.

ˈScharfˈsinn 男 -[e]s/ 鋭い洞察力, 明敏さ.

ˈscharfˈsinˈnig 形 鋭い洞察力の, 頭の切れる.

ˈschärfst [ʃɛrfst] scharf の最上級.

ˈscharfˈzünˈgig 形 辛辣な意見を吐く, 毒舌家の.

ˈScharˈlach ['ʃarlax] 男 -s/-e (*gr.* kyklas , den Körper rund umschließendes Frauenkleid⁴) **1** (a)《複数なし》(Scharlachfarbe) 緋色, 深紅色, スカーレット. (b)《古》緋色(深紅色)の布地. **2**《複数なし》(Scharlachfieber の短縮)《病理》猩紅熱.

'**Schar·lach·far·be** 囡 -/ 緋色, 深紅色, スカーレット.

'**Schar·lach·fie·ber** ⊕ -s/《病理》猩紅(しょうこう)熱.
♦ラテン語 febris scarlatina, fiebrige Krankheit, bei der sich die Haut rot färbt の翻訳借用語.

'**schar·lach·rot** 緋色(深紅色)の.

'**Schar·la·tan** [ʃarlatan] 男 -s/-e (it. ciarlatano, Marktschreier, Schaumschläger*) ぺてん師, いかさま師, 香具師(やし).

Schar·la·ta·ne·rie [ʃarlatanəˈriː] 囡 -/-n ぺてん, いかさま.

Scharm [ʃarm] 男 -s/ (Charme) 魅力.

schar·mant [ʃarˈmant] 形 (charmant) 魅力的な.

Schar·müt·zel [ʃarˈmʏtsəl] ⊕ -s/- (it. scaramuccia, kleines Gefecht) **1**《古》《軍事》小競り合い. **2**《古》ちょっとした口喧嘩, 軽口のたたき合い.

schar·müt·zeln [ʃarˈmʏtsəln] 圓 《古》《古》= scharmutzieren 2

schar·mut·zie·ren [ʃarmuˈtsiːrən] 圓 《古》= scharmützeln 1 **2**《地方》(とくに女性に)色目を使う.

Schar·nier [ʃarˈniːr] ⊕ -s/-e (lat. cardo, Türangel*) 蝶番(ちょうつがい); ヒンジ;《地質》ヒンジ.

'**Schär·pe** [ˈʃɛrpə] 囡 -/-n (fr. écharpe, Armbinde*) (軍人などの)肩帯, 懸章; (幅広の)飾り帯.

'**Schar·pie** [ʃarˈpiː] 囡 -/ (lat. carpere, pflücken, zupfen*) リント布(起毛したリンネル).

'**Schar·re** [ˈʃarə] 囡 -/-n 掻く(掻き落す)道具.

'**schar·ren** [ˈʃarən] ❶ 他 圓 **1** (がりがり)掻く, ほじくる, 掘る, 削る. Der Hund *scharrt* an der Tür. 犬がドアをがりがり掻いている. Im Garten *scharrten* einige Hühner auf⟨in⟩ dem Boden. 庭ではにわとりが数羽地面をほじくっていた. Die Studenten *scharrten* während seiner Vorlesung mehrmals [mit den Füßen]. 学生たちは彼の講義中なんども(足で)床をがりがりやった(不満の表現). [Geld]~ 金をかき集める. den Schutt auf einen Haufen ~ がらくたをかき寄せて山と積む. et⁴ aus der Erde ~ 物⁴を土の中からほじくり出す. et⁴ in die Erde ~ 物⁴を土中に埋める. ein Loch in die Erde ~ (犬などが)掻いて地べたに穴を掘る. das Harz von den Bäumen ~ 樹幹から樹脂をかき落す. **2**《地方》《話》しわがれ声を出す(で言う).
❷ 圓 (兵隊)うまく員数をそろえる; 《話》女の子をひっかける(ナンパする).

'**Schar·rer** [ˈʃarər] 男 -s/- = Scharre **2** (足で)掻く人.

'**Schar·schmied** [ˈʃar.r..] 男 -[e]s/-e 犂(すき)づくりの鍛冶屋.

'**Schar·te** [ˈʃartə] 囡 -/-n **1** (刀などの)刃こぼれ. die ~ auswetzen《比喩》失敗を取り戻す. **2**《話》兎唇, あかぎれ; (Hasenscharte の短縮)兎唇(みつくち). **3** (山の)鞍部. **4** (Schießscharte の短縮)(矢を射るための城壁などの)切込み, (銃眼)(壁などに設けられた)銃眼. **5**《植物》たむらそう属の一種.

Schar·te·ke [ʃarˈteːkə] 囡 -/-n 《侮》 **1** 古びた駄本, くず本. **2**(芝居の)駄作. **3** 中年増(ちゅうどしま), ばばあ.

'**schar·tig** [ˈʃartɪç] 形 刃こぼれのある, ぎざぎざの; (皮膚)ひび割れた.

'**Schar·wa·che** [ˈʃaːr..] 囡 -/-《古》(市民などでつ

くった少人数の)警邏(けいら)隊.

Schar'wen·zel [ʃarˈvɛntsəl] 男 -s/- (tschech. červenec, [roter] Bube [im Kartenspiel]*) **1**《トランプ》ジャック. **2**《侮》おべっか使い, 調子のいいやつ. **3**《猟師》撃ち損じ.

schar'wen·zeln [ʃarˈvɛntsəln] 圓 (h, s) um j⁴ ⟨vor j³⟩ ~ 《侮》人⁴に取入る, へつらう.

'**Schar·werk** [ˈʃaːr..] ⊕ -[e]s **1**《古》夫役(ぶやく). **2**《地方》重労働.

'**Schasch·lik** [ˈʃaʃlɪk, -ˈ-] 男 -s/-e (russ. šašlyk)《料理》シャシリク(肉・玉葱・ピーマンなどの串焼き).

'**schas·sen** [ˈʃasən] 他 (ldt. captare, zum Gefangenen machen*)《話》(学校・会社などから)放り出す, たたき出す.

'**Schat·ten** [ˈʃatən シャテン] 男 -s/- **1** (a) 影, 影法師. Man konnte seinen ~ an der Wand sehen. 彼の影法師が壁に映っているのが見えた. Gegen Abend werfen die Gegenstände lange *Schatten*. 夕方になると物の影が長くなる. Mach [mir] keinen ~! 陰になるからどいてくれ. Große Ereignisse werfen ihre *Schatten* voraus. 大事には必ず前兆がある. Ein ~ von Angst flog über sein Gesicht. 彼の顔をさっと不安の影がよぎった. Der ~ des Todes lag bereits auf ihm.《雅》死の影がすでに彼の上にあった. Sie ist nur noch der⟨ein⟩ ~ ihrer selbst. 彼女は見る影もなくやつれ果てている. über *seinen* [eigenen] ~ springen 柄にもないことをする. sich⁴ vor *seinem* eigenen ~ fürchten おのが影におびえる. j⁴ wie ein ~ folgen 人³に影のように寄り添う, 彼の影についてまわる(つきまとう). (b) (疑惑・不幸・憂鬱などの)暗い翳(かげ). Ein ~ huschte über sein Gesicht. 彼の顔が一瞬くもった. Auf ihrem Glück lag schon damals ein ~. 彼女の幸せにもすでにそのころ暗雲が漂っていた. einen ⟨seinen⟩ ~ auf et⁴ werfen《雅》事⁴の上に暗い翳を投げかける.

2《複数なし》陰, 日陰, 物陰. Er saß im ~ eines Baumes. 彼は木陰に腰を下ろしていた. Die Verteilung von Licht und ~ auf dem Gemälde ist ausgezeichnet. その絵の光と陰の扱いは抜群だ. aus der Sonne in den ~ gehen 日向(ひなた)から日陰にはいる. im ~ leben ひっそり暮す. lange Zeit in j² ~ stehen 長い間人²の陰に隠れて目立たない. j⟨et⟩⁴ in den ~ stellen 人⟨物⟩⁴をすっかり影のうすいものにしてしまう, はるかに凌駕する.

3 黒く見える(黒ずんだ)部分. Er hat dunkle *Schatten* unter den Augen. 彼は目の下に隈ができている. Auf [dem Röntgenbild] der Lunge war ein ~ zu sehen. 胸のレントゲン写真に影が見てとれた. Auch nicht der ~ eines Verdachtes fiel auf ihn. 一片の疑念すら彼にはかからなかった. Einige *Schatten* liegen auf seiner Vergangenheit. いくつかの疑惑(汚点)が彼の過去にはある. einen⟨'nen⟩ ~ haben《話》ちょっと頭がおかしい.

4 (a) シルエット; 幻影, 幻. Ein ~ tauchte aus dem Dunkel auf. 闇の中から人影が1つ浮かびあがった. Ich konnte nur einen ~ durchs Zimmer huschen sehen. 私には何かの影がさっと部屋を横切るのが見えただけだった. einem ~ nachjagen《雅》幻影を追い求める. (b) 幽霊, 亡霊. das Reich der *Schatten*《神話》黄泉(よみ)の国, 冥府. in das Reich der *Schatten* hinabsteigen《雅》冥界にくだる, あの世に行く.

5《影のようにつきまとう》尾行者.

Schat·ten·bild [ˈʃatənbɪlt] 甲 –[e]s/–er **1** 《美術》(Schattenriss) シルエット(とくにプロフィール). **2** 影像, 影.

Schat·ten·da·sein 甲 –s/ 影のような存在. 《次の用法で》[nur] ein ～ führen〈fristen〉なんとか存在している, ぱっとしない(惨めな)状態にある. aus *seinem* 〈dem〉～ heraustreten〈hinaustreten〉惨めな状態から抜け出す.

schat·ten·haft 形 ぼんやりとした, 影のような.

Schat·ten·ka·bi·nett 甲 –s/–e 《政治》シャドーキャビネット, 影の内閣.

'Schat·ten·kö·nig 男 –s/–e 《政治》(実権を持たない)名ばかりの王.

'schat·ten·los 形 影のない; 日陰の.

Schat·ten·mo·rel·le 女 –/–n **1** 《植物》すみのみざくら(酸果桜桃). **2** すみのみざくらの実.

'schat·ten·reich 形 影(陰)の多い; 日陰(木陰)になった.

'Schat·ten·reich 甲 –[e]s/ 《神話》(Totenreich) 冥府, 冥界, 黄泉(よみ)の国.

Schat·ten·riss 甲 –es/–e 《美術》(Schattenbild) シルエット; 影絵.

Schat·ten·sei·te 女 –/–n **1** (↔ Sonnenseite) 日陰になった側, 北側;《比喩》(人生の)陽の当らない場所. auf der ～ leben《比喩》運に見離された生活をおくる. **2** 《多く複数で》否定的側面, マイナス面.

'Schat·ten·spiel 甲 –[e]s/–e **1** 《影絵なし》(Schattentheater) 影絵芝居. **2** 影絵芝居の台本. **3** 《多く複数で》(手による)影絵(遊び). **4** 《絵画》明暗の妙.

'Schat·ten·wirt·schaft 女 –/ (表に出てこない)闇の(もぐりの)経済活動, 地下経済.

schat'tie·ren [ʃaˈtiːrən] 他 **1** (色彩に)明暗(濃淡)をつける, (絵に)陰影をつける. **2** 《園芸》(温床・温室などに)日除けをする.

Schat'tie·rung 女 –/–en **1** 《複数形で》色調に明暗(濃淡)をつけること;(絵などに)陰影をつけること. **2** 色彩の濃淡, 陰影. **3** 《比喩》ニュアンス, 微妙な差異;(政治的な)傾向. mit einer leisen ～ von Spott わずかに嘲りの色をうかべて. Vertreter aller politischen ～en waren zusammengekommen. あらゆる政治的傾向の代表者たちが一同に会した.

'schat·tig [ˈʃatɪç] 形 影(日陰, 木陰)になった; 日陰(木陰)の多くある,(枝・葉叢などが)陰をつくる.

Scha'tul·le [ʃaˈtʊlə] 女 –/–n (*lat.* scatula) **1** (貴重品入れの)小箱, 手箱. **2** 《古》(王侯の)御手許(てもと)金, 内帑(だいとう)金.

＊**Schatz** [ʃats 英 シャツ] 男 –es/Schätze **1** (a) 宝, 宝物; 財宝. der ～ der Nibelungen 《神話》ニーベルンゲンの宝. ein ～ von〈an〉Erfahrungen 豊かな経験. Für alle *Schätze* der Welt gebe ich das nicht her. 何をくれようとこれは渡さない. einen ～ heben〈vergraben〉宝物を発見〈埋蔵〉する. nach *Schätzen* graben 宝を探しにゆく. (b) 秘蔵品,(宝のように)大事にしている物. Das Kind breitete seine *Schätze* vor uns aus. 子供は自分の宝物を私たちの前に広げて見せた. Das Museum besitzt einen reichen ～ an impressionistischen Gemälden. その美術館は印象派の絵画の一大コレクションを所蔵している. Freundschaft ist mein größter ～. 友人こそ私の最大の宝物だ. **2** (a)《法則》埋蔵物. (b)《複数で》(地下資源などの)天然の富. die *Schätze* des Bodens〈des Meeres〉地下〈海洋〉資源. **3** (急場の備えとしての)国庫保有財産. **4** (a) 恋人, 最愛の人. Sie hat schon einen ～. 彼女にはもういい人がいる. Mein lieber ～! ねえあなた(お前). (b) 愛しい(かけがえのない)子. (c)《話》親切な人. Du bist ein ～! ほんとにご親切さま. Sei ein ～ und hol mir die Zeitung! すまないが新聞を取ってきてくれないか. **5** 《複数で》《銀行》=Schatzanweisung

'Schatz·amt 甲 –[e]s/¨er 財務局.

'Schatz·an·wei·sung 女 –/–en 《多く複数で》《銀行》(短・中期の)国庫証券, 大蔵省証券.

'schätz·bar [ˈʃɛtsbaːr] 形 評価(見積り)可能な.

'Schätz·chen [ˈʃɛtsçən] 甲 –s/– 《Schatz の縮小形》 **1** 可愛い人, 愛する人. **2** 《穏》《銀行》=Schatzanweisung

'Schät·ze [ˈʃɛtsə] Schatz の複数.

＊**'schät·zen** [ˈʃɛtsən シェッツェン] 他 **1** 見積もる, 見当をつける, 査定(評価)する.《聖書》人口調査をする(《新約》ルカ 2:1). Er *schätzt* den Schaden auf zehntausend Euro. 彼は損害を 1 万ユーロと踏んでいる. Wie alt *schätzen* Sie ihn? — Ich *schätze* ihn auf 40 Jahre. 彼は何歳だと思いますか — 40 歳位でしょう. j* [für] jünger ～, als er ist. 人*を実際より若く見る. ein Haus ～ 家の評価額を〈査定〉をする. grob〈hoch〉 *geschätzt* ざっと〈高く〉見積もって. **2** 《話》…と予想(予測)する, …ではないかと思う. Ich *schätze*, es wird noch lange dauern. それはまだしばらく続くのではないかと思う. Wann, *schätzt* du, kannst du kommen? いつなら来られそうかね. **3** (高く)評価する, 重視(尊重)する. Ich *schätze* ihn sehr. 私は彼に一目置いている. Er *schätzt* einen guten Wein. 彼はいいワインには目がない. Ich *schätze* es gar nicht, wenn man mich bei der Arbeit stört. 私は仕事中に邪魔されるのが不愉快でたまらない. ein *geschätzter* Arzt 評判の高い医者. Meine sehr *geschätzten* Damen und Herren! (呼びかり)皆様. Ihr *geschätztes* Schreiben《書》貴翰. (et⁴ an j³ schätzen の形で) Wir *schätzen* die Ehrlichkeit an ihm. 私たちは彼の誠実さを認めて(買って)いる. (et〈j〉⁴ zu schätzen wissen の形で) Du weißt seine Fähigkeiten nicht zu ～. 君には彼の能力が分かっていないを見る目がない. (再帰的に) Ich schätze *mich* glücklich, dass Sie gekommen sind.《雅》ご来駕たいへん光栄に存じます. Ich habe *mich* sehr *geschätzt*.《話》私は大いに満足した. ◆↑schätzen lernen

'schät·zen ler·nen, °**'schät·zen|ler·nen** 他 (物⁴を)高く評価するようになる,(の)価値が分かるようになる.

'schät·zens·wert 形 尊重すべき, 評価に値する.

'Schät·zer [ˈʃɛtsər] 男 –s/– 査定人.

'Schatz·grä·ber 男 –s/– 宝を掘る人.

'Schatz·kam·mer 女 –/–n **1** 《国家の)宝蔵, 宝庫. **2** (英国の)大蔵省.

'Schatz·kanz·ler 男 –s/– (英国の)大蔵大臣.

'Schatz·käst·chen 甲 –s/– 宝の小箱.

'Schatz·meis·ter 男 –s/– **1** (団体などの)会計主任. **2** 《古》(国庫を司る)財務官.

'Schatz·schein 甲 –[e]s/–e 《銀行》(期間 6 ヶ月未満の)割引国庫証券.

'Schat·zung [ˈʃatsʊŋ] 女 –/–en **1** 《古》課税. **2** 《スィス》(公的な)査定, 評価.

'Schät·zung [ˈʃɛtsʊŋ] 女 –/–en **1** 見積り, 値踏み; 評価, 査定. **2** 高い評価, 重視, 尊重.

'schät·zungs·wei·se 副 **1** 概算で, およそ. **2**

'Schatz·wech·sel 陽 -s/- 〖銀行〗国庫手形(ごく短期の債務証券).

'Schätz·wert 陽 -[e]s/-e 査定(評価)価格.

*Schau [ʃaʊ シャオ] 囡 -/-en《複数まれ》**1** 展示, 展覧, 陳列. et⁴ zur ~ stellen 物⁴を展示(陳列)する; (を)見せつける, 見せびらかす, 誇示する. seine Gefühle⟨sein Wissen⟩ zur ~ stellen 感情をむきだし露わにする⟨知識をひけらかす⟩. et⁴ zur ~ tragen 物⁴をこれ見よがしに誇示する. eine freundliche Miene zur ~ tragen つとめてにこやかな顔つきをして見せる. **2** (a) 展示会, 展覧会. et⁴ auf⟨bei⟩ einer ~ zeigen 物⁴を展示(展覧)会で陳列する. (b) ショー, 見せ物. Der Sänger tritt noch in einer großen ~ auf. その歌手はいずれ大きなショーに登場する. Das ist ⟨eine/die/eine⟩ ~!《若者》これはすごい. Das ist nur ~. / Das ist bloße⟨reine⟩ ~.《話》あれは見せかけ(恰好)だけだ. eine⟨die/die große⟩ / seine ~ abziehen《話》(大騒ぎをして)自分を誇示する. eine ⟨die⟩ ~ machen《若者》恰好をつける, もったいぶる. Mach keine ~! 気取るなよ. j³ die ~ stehlen《話》人³の影を薄くする, (を)目立たなくする. [einen] auf ~ machen《話》派手に振舞う, でかい面⟨ツラ⟩をする. **3**《雅》観点, 視点. et⁴ aus historischer ~ betrachten 事⁴を歴史的観点から考察する. et⁴ in anderer ~ darstellen 事⁴をべつの視点から叙述する. **4**《雅》直観. eine mystische ~ 神秘的直観.

Schaub [ʃaʊp] 陽 -[e]s/Schäube《南ド・ｵｰｽﾄﾘｱ・ｽｲｽ》藁(わら)束.

'schau·bar ['ʃaʊba:r] 形《雅》見ることができる.

'Schau·be ['ʃaʊbə] 囡 -/-n (it. giubba) シャウベ(15-16世紀にとくに男性が着用した広袖の外套).

'Schäu·be ['ʃɔʏbə] Schaub の複数.

'Schau·bild ['ʃaʊ...] 中 -[e]s/-er **1** グラフ, 図表. **2** (建物・機械などの)展示用見取図.

'Schau·brot 中 -[e]s/-e《多く複数で》〖旧約〗献げのパン(ユダヤ教では安息日ごとに種を入れない12個のパンを神に供える, レビ 2:4 以下).

'Schau·bu·de 囡 -/-n (年の市の)見世物小屋, 小屋掛け.

'Schau·büh·ne 囡 -/-n《古》(Theater) 劇場.

*'Schau·der ['ʃaʊdɐr シャオダー] 陽 -s/- **1** 寒気(さむけ). Beim Betreten des kalten Raumes lief mir ein ~ über den Rücken. その冷えびえとした部屋に入ると背筋がぞくぞくとした. **2** 戦慄, 身震い, おののき. Beim Anblick durchlief mich ein ~. その光景を目にしたとき私の体の中を戦慄が駆け抜けた. mit frommem ~ 畏怖(いふ)の念におののいて.

'schau·der·er·re·gend 形 ぞっとするような. ◆ Schauder erregend とも書く.

*'schau·der·haft ['ʃaʊdɐrhaft シャオダーハフト] 形 **1** ぞっとする, 身震いするような. ein ~es Verbrechen ぞっとするようなおぞましい犯罪. **2**《話》とんでもない, 不快きわまる. Er spricht ein ~es Deutsch. 彼はなんともひどいドイツ語を喋る. Ich habe einen ~en Hunger. おなかがぺこぺこで死にそうだ. ein ~er Kerl 虫酸(むしず)が走るほどいやなやつ. ein ~es Wetter ひどい悪天候. Es schmeckt ~! なんてひどい味だ.

*'schau·dern ['ʃaʊdɐrn シャオダーン] 自他《多く非人称的に》**1** 寒けがする, 身震いする. Es schaudert ihn⟨ihm⟩. / Ihn⟨Ihm⟩ schaudert [es]. 彼は体がぞくぞくする. Ich schauderte vor Kälte. 私は寒くて身震いした. **2** (恐怖などで)ぞっとする. Es schaudert mich⟨mir⟩ vor et³. / Mich⟨Mir⟩ schaudert [es] vor et³. 私は事³にぞっとする. Er schauderte vor Angst. 彼は不安におのいた. Sein Anblick ließ⟨machte⟩ mich ~. 彼を見て私はぞっとした.

'schau·der·voll 形《雅》ぞっとする, 身の毛もよだつ.

*'schau·en ['ʃaʊən シャオエン]《南ド・ｵｰｽﾄﾘｱ・ｽｲｽ》❶ 自 **1** 見る, 見やる, 眺める. Schau doch mal! ほらちょっとごらん. Das Fenster meines Zimmers schaut auf die Straße⟨zur Straße⟩. 私の部屋の窓は通りに面している. Aus der Tasche schaut ein Taschentuch ポケットからハンカチがのぞいている. Ihm schaute der Neid aus den Augen. 彼の目に妬(ねた)みの色がうかんでいた. auf die Uhr⟨durch das Fernglas⟩ ~ 時計を見る⟨双眼鏡をのぞく⟩. j³ in die Augen⟨ins Auge⟩ ~ 人³の目をじっと見つめる. dem Tod ins Auge ~ 死に直面する. besorgt in die Zukunft ~ 将来を心配⟨悲観⟩する. über den Zaun⟨unters Bett⟩ ~ 垣根越しに見る⟨ベッドの下をのぞく⟩. um sich⁴ ~ 辺りを見回す.

2 …の目つき(顔つき)をしている. fragend⟨traurig⟩ ~ もの問いたげな⟨悲しげな⟩目つきをしている. Der Himmel schaut düster. 空がどんよりしている. (b) 目を見張る, びっくりした顔をする. Der hat vielleicht geschaut, als er uns sah. あいつは我々を見たときほんとにびっくりした顔をしたよ.

3 nach j⟨et⟩³ 人⟨物⟩³の世話をする, 面倒を見る, (のことを)気にかける. ab und zu nach den Kindern ~ 時折子供たちのことを気にする. nach dem Kranken⟨den Blumen⟩ ~ 病人⟨花⟩の世話をする.

4 (auf et⁴ 事⁴に)気を配る. auf Ordnung ~ 整理整頓に留意する. Sie schaut sehr aufs Geld. 彼女はお金のことに几帳面だ(うるさい).

5《命令形で／間投詞的に》Schau, schau! おやおや, これはこれは. Schau [mal], es ist doch gar nicht so schlimm. ほらほら, ちっとも悪くはないじゃないか. Schau, sei brav! ねえ, おとなしくするんだよ. Schauen Sie, das ist doch folgendermaßen. ええっと, それはこういうことなんですよ.

❷ 他 **1** じっと見る, 眺める. Bilder⟨alte berühmte Filme⟩ ~ 絵画⟨古い名画⟩を鑑賞する. Schau den Turm dort drüben! あそこにあるあの塔をごらん. Er hat stundenlang Fernsehen geschaut. 彼は何時間もテレビを見ていた.

2 (…するように)気をつける. Schau, dass⟨wie⟩ du damit bald fertig wirst! それをすぐに終えるようにしなさい. Sie musste ~, den Bus nicht zu versäumen. 彼女はなんとかそのバスに乗り遅れないようにしなければならなかった.

3 調べてみる, 確かめる. Schau, wer an der Tür ist! 戸口にいるのは誰か見てきなさい.

4《雅》直観(認識)する. Gott ~ 神の存在を識る.

*'Schau·er¹ ['ʃaʊɐr シャオアー] 陽 -s/- **1**〖気象〗突然の激しい降雨(降雹, 降雪); (Regenschauer) にわか雨, (Schauder) 寒気(さむけ). **2**《雅》(Schauder) 寒気, 戦慄, おののき. Ein ~ lief mir den Rücken hinunter. 冷たいものが私の背筋を走った. Ihn ergriff⟨befiel⟩ ein ~. 彼は震えあがるような恐怖に襲われた. ein frommer⟨heiliger⟩ ~ 畏怖の念. **3**〖物理〗(宇宙線などの)シャワー.

'Schau·er² 陽 -s/-《まれ》観る人, 観察者.

'Schau·er³ 陽 中 -s/-《地方》差掛け小屋; 納屋, 物置.

'Schau·er⁴ 陽 -s/-《船員》=Schauermann

Schau·er·ge·schich·te 囡 -/-n **1**《多く複数で》《侮》くだらない怪談話. **2** おそろしい物語, こわい話.

schau·er·lich ['ʃaʊɐlɪç] 厖 **1** ぞっとするような, 身の毛のよだつ. **2**《話》おそろしくひどい, ものすごい. eine ~e Schrift ひどい金釘流. Das Wetter war ~. 天気は最悪だった. Sie hat ~ gesungen. 彼女の歌はまったく聞くにたえなかった. Es war ~ kalt. ひどく寒かった.

Schau·er·mann ['ʃaʊɐman] 男 -[e]s/..leute《船員》港湾労働者, 沖仲仕.

schau·ern ['ʃaʊɐn] ❶ 圓（h）ぞっとする, 身震いする. Sie schauerte vor Kälte<Entsetzen>. 彼女は寒さのためにぞくぞくした<恐怖におののいた>. Alle Glieder schauerten ihm. 彼は全身が総毛立った.《非人称的に》Es schauerte ihm<ihn>. / Ihm<Ihn> schauerte. 彼はぞっとした. ❷ 非人称 Es schauert. 俄か雨が降る.

Schau·er·ro·man 男 -s/-e スリラー（怪奇）小説.

'schau·er·voll 厖《雅》身の毛のよだつ, ぞっとするよう.

'Schau·fel ['ʃaʊfəl シャオフェル] 囡 -/-n **1** シャベル, スコップ. eine ~[voll] Erde スコップ1杯分の土. Sand auf die ~ nehmen 砂をシャベルですくう. **2** (Kehrichtschaufel の短縮)塵(ちり)取り. ~ und Besen 塵取りと箒(ほうき). **3**(a)《工学》（水車の）水受け, (タービンの)羽根, (コンベアーの)バケット. (b)（スキーのトップエンド）(コブの)先端部. (c) （オールの）ブレード, 水掻き. **4**《猟師》(ヘラ鹿・ダマ鹿などの)掌状の角. (b) (きばし大雷鳥の)尾羽. **5**《畜産》(牛・羊の)門歯.

'schau·feln ['ʃaʊfəln シャオフェルン] ❶ 圓（h, s）（h）シャベル（スコップ）で仕事をする;（とくに子供が）スコップで遊ぶ. **2**《話》食事をかきこむ. Schaufel nicht so! そうがつがつ食べるな. **3** (s)（外輪船が）外輪を回して進む. ❷ **1** シャベル（スコップ）ですくう. Kohlen aus dem Waggon<in den Keller> ~ 石炭を貨車からシャベルですくい落す<地下室へシャベルで投げ入れる>. Schnee ~ スコップで雪掻きをする. **2** シャベル（スコップ）で掘る. einen Graben ~ スコップで溝を掘る. einen Weg durch den Schnee ~ 雪を掻いて道をつける. sich³ sein eigenes Grab ~ 自ら墓穴を掘る.

'Schau·fel·rad 囲 -[e]s/=er《工学》(タービンの)羽根車;（外輪船の）外車.

'Schau·fens·ter ['ʃaʊfɛnstɐ] 囲 -s/- ショーウインドー.

'Schau·fens·ter·bum·mel 男 -s/- ウインドーショッピング.

'Schau·fens·ter·de·ko·ra·teur 男 -s/-e ショーウインドー飾り付け職人.

'Schau·fens·ter·de·ko·ra·ti·on 囡 -/-en ショーウインドーの飾り付け.

'Schau·fens·ter·pup·pe 囡 -/-n ショーウインドーのマネキン人形.

'Schau·fens·ter·wett·be·werb 男 -[e]s/-e ショーウインドー飾り付けコンテスト.

'Schauf·ler ['ʃaʊflɐ] 男 -s/- **1** シャベルをふるう人. **2**《猟師》掌状角をもつ大鹿.

'Schau·ge·rüst 囲 -[e]s/-e 観覧席, 桟敷(さじき).

'Schau·ge·schäft 囲 -[e]s/- ショービジネス.

'Schau·haus 囲 -es/=er (Leichenschauhaus の短縮)死体公示所.

'Schau·kampf 男 -[e]s/=e (ボクシングなどの)エキシビションマッチ.

'Schau·kas·ten 男 -s/= 陳列棚, ショーケース, (ガラス張りの)掲示板.

＊**'Schau·kel** ['ʃaʊkəl シャオケル] 囡 -/-n **1** ぶらんこ. **2**《地方》(Wippe) シーソー. **3**《卑》ポンコツ車.

Schau·ke'lei [ʃaʊkə'laɪ] 囡 -/（絶間なく）揺らす（揺れる）こと;（乗物などの）揺れ.

'schau·ke·lig ['ʃaʊkəlɪç] 厖 ぐらぐらする, がたがたの; ゆらゆら揺れる.

'schau·keln ['ʃaʊkəln シャオケルン] ❶ 圓（h, s）**1** (h) 揺れる, 揺れ動く; 体を揺り動かす; ぶらんこ遊びをする. Der Kahn schaukelt. 小舟が揺れる. Kinder schaukeln gern. 子供たちはぶらんこ遊びが好きだ. auf der Schaukel<der Wippe> ~ ぶらんこ<シーソー>に乗って遊ぶ. in<mit> dem Schaukelstuhl ~ ロッキングチェアで揺れる. mit schaukelnden Hüften gehen 腰をふって歩く. **2** (s) ゆらゆら<よろよろ, がたごと>動いて行く;（自動車などに）揺られて行く. Ein Betrunkener ist aus der Kneipe geschaukelt. 酔っぱらいが千鳥足で酒場から出て来た. Das Auto schaukelt über die holprige Straße. 車はでこぼこ道をがたごと走って行く.

❷ **1** (a) 揺り動かす, 揺する. Die Wellen schaukeln den Kahn. 波が小舟を揺らす. ein Kind auf den Knien<in der Wiege> ~ 子供を膝に乗せて<揺りかごに入れて>揺する. (b)《話》(困難なことを)うまく処理する. Wir werden die Sache<das Kind> schon ~.《比喻》私たちがきっとうまくやるよ<ちゃんと片をつけるさ>. **2** ゆらゆら<よろよろ, がたごと>運ぶ. Er hat uns alle mit seinem alten Wagen nach Hause geschaukelt.《戯》彼は私たちみんなをぽんこつ車でつんで家に帰った.

❸ (sich⁴) 揺れる, 揺れ動く; 体を揺り動かす.

'Schau·kel·pferd 囲 -[e]s/-e 揺り木馬.

'Schau·kel·po·li·tik 囡 -/《侮》日和見(ひよりみ)政策.

'Schau·kel·reck 囲 -[e]s/-e 空中ぶらんこ;(曲技体操の)大ぶらんこ, トラピーズ.

'Schau·kel·rin·ge 複《体操》吊り輪.

'Schau·kel·stuhl 男 -[e]s/=e 揺り椅子, ロッキングチェア.

'Schauk·ler ['ʃaʊklɐ] 男 -s/- (ぶらんこ・揺り椅子などで)揺れている人;《まれ》《侮》日和見(ひよりみ)主義者.

'schauk·lig ['ʃaʊklɪç] 厖 =schaukelig

'Schau·lauf 囲 -[e]s/=e (フィギュアスケートの)エキジビション演技.

'Schau·lust 囡 -/《侮》物見高さ, 野次馬根性.

'schau·lus·tig 厖《侮》物見高い, 好奇心の強い.

'Schau·lus·ti·ge 男囡《形容詞変化》《侮》物見高い人.

＊**Schaum** [ʃaʊm シャオム] 男 -[e]s/Schäume **1** 泡, あぶく. der ~ des Bieres<der Seifenlauge> ビール<石鹸>の泡. Eiweiß zu ~ schlagen 卵白を泡立てる. ~ schlagen《侮》法螺(ほら)を吹く. Ihm trat ~ vor den Mund.（発作を起して・激怒して）彼は泡を吹いた. **2**《雅》はかないもの, うたかた. Alles war nur ~. すべてはうたかたの夢だった. zu ~ werden はかなく消える, 水泡に帰する.

'Schaum·bad 囲 -[e]s/=er 泡風呂;（泡風呂用の）起泡剤; 気泡浴.

'Schaum·bla·se 囡 -/-n 泡つぶ, 気泡.

'Schäu·me ['ʃɔʏmə] Schaum の複数.

＊**'schäu·men** ['ʃɔʏmən ショイメン] ❶ 圓（h, s）**1** (h)（a）泡立つ. Das Bier<Die Seife> schäumt. ビー

ル〈石鹸〉が泡立つ. schäumende Wogen 泡立つ大波. (b)《雅》(興奮して)口から泡を吹く;激怒(激昂)する. vor Wut ～ 口から泡を吹いて怒る. **2** (s) 泡を立てて流れる(溢れる). ❷ 他《工学》気泡を生じさせる, 発泡する. geschäumtes Polystyrol 発泡スチロール.

'**schäu·mend** 現分 形 泡立つ, 発泡(起泡)性の;(興奮して)口から泡を吹いている.

'**Schaum·ge·bäck** 中 -[e]s/-e メレンゲ(卵白と砂糖で作ったクッキーに似た菓子).

'**Schaum·gold** 中 -[e]s/ 模造金箔, オランダ金(銅と亜鉛の合金).

'**Schaum·gum·mi** 男 -s/-s 泡ゴム, フォームラバー.

'**schau·mig** [ʃaʊmɪç] 形 泡の, 泡立つ, 泡だらけの.

'**Schaum·kel·le** 女 -/-n =Schaumlöffel

'**Schaum·kro·ne** 女 -/-n **1** 波頭. **2** (ビールなどの)盛り上がった泡.

'**Schaum·löf·fel** 男 -s/- (あくなどを掬う)網杓子.

'**Schaum·lö·scher** 男 -s/- =Schaumlöschgerät

'**Schaum·lösch·ge·rät** 中 -[e]s/-e 泡消火器.

'**Schaum·schlä·ger** 男 -s/- **1** (Schneebesen) 泡立て器. **2**《俗》大ぼら吹き, はったり屋.

Schaum·schlä·ge·rei [ʃaʊmʃlɛːɡəˈraɪ] 女 -/-en《俗》**1** (複数なし) 大口をたたくこと. **2** 大言壮語, はったり.

'**Schaum·stoff** 男 -[e]s/-e (防音・断熱効果にすぐれた)フォームプラスチック, スポンジゴム.

'**Schaum·mün·ze** [ˈʃaʊ..] 女 -/-n (Gedenkmünze) 記念メダル, 記念章.

'**Schaum·wein** 男 -[e]s/-e **1** 発泡性ワイン. **2**《話》シャンパン.

'**Schau·pa·ckung** 女 -/-en (展示用の)空パッケージ.

'**Schau·platz** 男 -es/..plätze (出来事・小説などの)舞台. vom ～ abtreten 表舞台から退く;《雅》人生の幕を引く.

'**Schau·pro·zess** 男 -es/-e 公開裁判.

'**schau·rig** [ʃaʊrɪç] 形 (schauerig) **1** おそろしい, ぞっとするような. **2**《話》ひどい, とんでもない, ものすごい.

'**Schau·sei·te** 女 -/-n **1** (建物・貨幣などの)表(裏);《比喩》良い面. j' seine ～ zukehren 人に自分のいいところばかりを見せる. **2**《印刷》表(裏)の(見開きで右側にくる奇数ページ).

*'**Schau·spiel** [ˈʃaʊspiːl シャオシュピール] 中 -[e]s/-e **1** (a)《複数なし》演劇, 芝居, ドラマ. (b)《文学》シャウシュピール(悲劇を予感させる状況が幸福な結末に終るという形式の, 18 世紀末から発達した戯曲). **2**《演劇》(a)《複数なし》(劇場の)演劇部門(ここが専属の役者を抱えている). (b) (Schauspielhaus の短縮)芝居小屋, 劇場. **3**《複数まれ》《雅》(劇的な)光景, 見もの. das erhabene ～ eines Sonnenuntergangs 落日の荘厳な光景.

'**Schau·spiel·dich·ter** 男 -s/- 劇作家.

*'**Schau·spie·ler** [ˈʃaʊspiːlər シャオシュピーラー] 男 -s/- 俳優, 役者. Er ist ein schlechter ～.《比喩》あいつは芝居が下手だ.

Schau·spie·le·rei [ʃaʊspiːləˈraɪ] 女 -/《話》役者稼業. die ～ an den Nagel hängen 役者稼業から足を洗う. **2**《俗》お芝居, 見せかけ. Das ist alles nur ～. それは何から何までみなお芝居だ.

'**Schau·spie·le·rin** [ˈʃaʊspiːlərɪn] 女 -/-nen 女優.

'**schau·spie·le·risch** [ˈʃaʊspiːlərɪʃ] 形 俳優(役者)としての.

'**schau·spie·lern** [ˈʃaʊspiːlərn] 自《話》役者のまねごとをする(とくに素人が). **2** お芝居をする. Glaub ihm nicht, er schauspielert nur. 彼の言うことなんか信じちゃだめだよ, みんなお芝居なんだから.

'**Schau·spiel·haus** 中 -es/-⸚er 芝居小屋, 劇場.

'**Schau·spiel·kunst** 女 -/ 演劇の技術, 芸.

'**Schau·spiel·schu·le** 女 -/-n 演劇学校, 俳優養成所.

'**schau**|**stel·len** 他《不定詞でのみ》《まれ》陳列する. 展示する.

'**Schau·stel·ler** 男 -s/- (歳の市などに現れる)見世物師, 興業師.

'**Schau·stel·lung** 女 -/-en **1** 見せること;陳列, 展示. **2** (歳の市などの)見世物, 興業.

'**Schau·stück** 中 -[e]s/-e **1** (コレクションなどの中の)名品, 逸品. **2** (博物館などの)展示物, 陳列品. **3**《まれ》演劇, 芝居.

'**Schau·tur·nen** 中 -s/ 体操のエキジビション.

*'**Scheck**¹ [ʃɛk シェク] 男 -s/-s(-e) (engl. cheque) **1** 小切手. ein ungedeckter ～ 不渡り小切手. einen ～ über 100 Euro ausstellen 額面 100 ユーロの小切手を振出す. **2** 引換券(証).

'**Scheck**² -en/-en まだらの雄馬(雄牛).

'**Scheck·buch** 中 -[e]s/-⸚er《古》《銀行》(Scheckheft) 小切手帳.

'**Sche·cke** 女 -/-n まだらの雄馬(雄牛). ❶ 男 -n/-n まだらの雄馬(雄牛). ❷ 女 -/-n まだらの雌馬(雌牛).

'**Scheck·fä·hig·keit** 女 -/《銀行》小切手能力(小切手で債務を負担する能力).

'**Scheck·heft** 中 -[e]s/-e 小切手帳.

'**sche·ckig** [ˈʃɛkɪç] 形《比較変化なし》(馬・牛などの)まだらの, ぶちの; (顔などが)しみ(あざ)だらけの;《話》(服などが)派手な, けばけばしい. bekannt wie ein ～ er Hund sein《話》大いに顔が売れている. sich⁴ ～ lachen《話》ばか笑いする.

'**Scheck·kar·te** 女 -/-n《銀行》**1** 小切手担保証. **2** キャッシュカード.

'**Scheck·ver·kehr** 男 -s/ 小切手取引.

scheel [ʃeːl] 形 **1**《地方》やぶにらみの, 斜視の. **2**《話》(目つきなどが)非難(嫉妬, 不信の念)のこもった, 軽蔑的な.

'**Scheel·sucht** 女 -/《古》ねたみ, 嫉妬.

'**scheel·süch·tig** 形《古》ねたましげな.

'**Schef·fel** [ˈʃɛfəl] 男 -s/-《古》**1** シェフェル(とくに穀物の量をはかる枡の古い単位, およそ 30-300 l); シェフェル枡. **2** シェフェル(1 シェフェル量の穀物の種が蒔ける耕地面積の単位). **3** 木桶. sein ～ 大量に, どっさり. Es regnet wie mit ～n. 雨がどしゃ降りだ. sein Licht unter den ～ stellen 能力をひけらかさない(↓《新約》マタ 5:15).

'**schef·feln** [ˈʃɛfəln] 他《俗》(金などを)しこたま稼ぐ(儲ける), うんと溜め込む.

'**schef·fel·wei·se** 副 大量に, どっさりと.

Sche·he·ra·za·de [ʃehɛraˈzaːdə]《女名》=Scheherezade

Sche·he·re·za·de [ʃehɛreˈzaːdə]《女名》シェヘラザード(『千一夜物語』の作中の語り手のペルシア王妃).

'**Scheib·chen** [ˈʃaɪpçən] 中 -s/- Scheibe 1, 4, 5 の縮小形.

'**scheib·chen·wei·se** 副 薄く輪切りにして;《話》少しずつ.

*'**Schei·be** [ˈʃaɪbə シャイベ] 女 -/-n **1** (円形・隋円形の)板;円板, 円盤;平たい表面. Sonnenscheibe

Scheinblüte

日輪. **2** (a) (Töpferscheibe) ろくろ, 旋盤. (b) 〖工学〗(Dichtungsscheibe) パッキングリング. (c) (Schießscheibe) 標的. (d) 〖工学〗(Riemenscheibe) ベルト車, プリー. **3** 〘話〙レコード, CD; 〖俗〙パック. **4** (戸棚・鏡などの)ガラス, ガラス板; (とくに)窓ガラス. — einsetzen 窓ガラスを入れる. **5** 薄い切片; (パン・ソーセージ・レモンなどの)1 切れ, スライス. eine ~ Brot⟨Wurst⟩ パン⟨ソーセージ⟩1 切れ. et⁴ in ~n schneiden 物⁴を薄くスライスする. sich³ von j⟨et⟩⁴ eine ~ abschneiden 〖俗〙人⟨物⟩³をよい手本にできる. **6** So eine ~! 〖隠〙こん畜生め. ▶ ↑Scheiße

schei·ben* [ˈʃaɪbən] schob, geschoben (schieben の別形) (ｼｬｲﾍﾞﾝ･ｼｮｰﾌﾟ) ❶ ⟨他⟩ (樽などを)転がす. ❷ ⟨自⟩ 九柱戯(ボウリング)をする.

Schei·ben·brem·se 囡 -/-n 〖自動車〗(車の)ディスクブレーキ.

Schei·ben·gar·di·ne 囡 -/-n (窓のガラス面だけを覆うカーテン.

Schei·ben·ho·nig 男 -s/ **1** (蜂房をスライスしたまま の)高級純粋蜂蜜. **2** 〘婉曲〙くだらない(つまらない)もの, いやなこと (↑Scheiße 2)

Schei·ben·kupp·lung 囡 -/-en 〖自動車〗(車の) ディスククラッチ.

Schei·ben·schie·ßen 中 -s/ (軍事訓練・射撃大会などの)標的射撃.

Schei·ben·wasch·an·la·ge 囡 -/-n 〖自動車〗(車の)ウインドーウォッシャー.

schei·ben·wei·se 副 薄切り(スライス)にして.

Schei·ben·wi·scher 男 -s/- 〖自動車〗(車の)ワイパー.

Scheich [ʃaɪç] 男 -[e]s/-e(-s) ⟨*arab.* shaykh , Greis*⟩ **1** シャイフ; (a) ベドウィンの族長・首長. (b) イスラームの高僧. **2** 〘話〙女々しいやつ, 不快なやつ. **3** 〘話〙恋人, 彼氏.

Scheich·tum [..tu:m] 中 -s/⸚er (アラブの)首長国.

Schei·de [ˈʃaɪdə] 囡 -/-n **1** 〖古〗境界(線), 境目. an der ~ zwischen Leben und Tod 〖雅〙生死の境で. **2** (刀などの)鞘. **3** 〖解剖〗(Vagina)膣. **4** 〖植物〗葉鞘(ﾖｳｼｮｳ).

Schei·de·brief 男 -[e]s/-e 〖古〗**1** 別れの手紙. **2** (妻に与える)離縁状, 去り状.

Schei·de·kunst 囡 -/ 〖古〗**1** 化学. **2** 鉱山測量術.

Schei·de·li·nie 囡 -/-n 分離線, 境界線.

Schei·de·mün·ze 囡 -/-n 〖古〗補助貨幣.

schei·den [ˈʃaɪdən] schied, geschieden ❶ ⟨他⟩ **1** (裁判所が)離婚させる. Die Eheleute wurden nicht sofort *geschieden*. その夫婦はすぐには離婚を認められなかった. eine Ehe ~ lassen 離婚する⟨von j³ 人³と⟩. sich⁴ ~ lassen 離婚する⟨von j³ 人³と⟩. **2** 分ける, 分かつ, 隔てる. et⟨j⟩⁴ in Gruppen ~ ⟨人⟩⁴をグループに分ける. Gegensätzliche Meinungen *scheiden* uns [voneinander]. 意見の対立が私たちの仲を隔てる. Der Ural *scheidet* Asien von Europa. ウラル山脈がアジアとヨーロッパを隔てている. die Schafe von den Böcken ~ 〘比喩〙良いものと悪いものを分ける(↓〘新約〙マタ 25:32). Wir sind *geschiedene* Leute. 私たちは絶交(おたがい赤の他人同志だ). **3** (a) (化学成分などを)分離する. (b) 〖冶金〗(金属を合金から)分離する. (c) (鉱石などを)選別する; 選鉱する.

❷ ⟨再⟩ (sich⁴) **1** (道・考え方などが)分かれる. Hier *scheiden* sich die Geister. ここが意見の分かれ目だ. **2** *sich* in Gruppen ~ グループに分かれる. **3** ⟨von j³ 人³と⟩別れる.

❸ (s) 〖雅〙別れる; (立ち)去る, 離れる. Wir sind als Freunde *geschieden*. 私たちは友人として別れた. aus dem Amt⟨dem Dienst⟩ ~ 退職する. aus dem Leben⟨der Welt⟩ ~ 〖雅〙世を去る, 逝く. im Guten ~ 仲よく別れる. von j³ ~ 人³と別れる; (の)もとを去る. die *scheidende* Sonne 沈みゆく太陽. das *scheidende* Jahr 行く年. 《中性名詞で》*Scheiden* bringt Leiden. 〘諺〙別れはつらいもの. ↑geschieden

Schei·den·spie·gel 男 -s/- 〖医学〗膣鏡.

Schei·de·punkt 男 -[e]s/-e 分岐点.

Schei·de·wand 囡 -/⸚e 仕切り(壁), 隔壁.

Schei·de·was·ser 中 -s/ 〖古〗〖化学〗(分金法に用いる)硝酸(金・白金以外の金属を溶かす).

Schei·de·weg 男 -[e]s/-e 分かれ道, 岐路. am ~e stehen 岐路に立たされている.

***Schei·dung** [ˈʃaɪduŋ シャイドゥング] 囡 -/-en **1** 離婚. in ~ leben⟨liegen⟩ (夫婦が)別居生活をする. **2** 分ける(区別する)こと.

Schei·dungs·grund 男 -[e]s/⸚e 離婚の理由(原因).

Schei·dungs·kla·ge 囡 -/-n 離婚の訴え.

Schei·dungs·pro·zess 男 -es/-e 離婚訴訟.

Schei·dungs·ur·teil 中 -[e]s/-e 離婚訴訟の判決.

Scheik [ʃaɪk] 男 -s/ -e(-s) =Scheich 1

***Schein** [ʃaɪn シャイン] 男 -[e]s/-e **1** 《複数なし》(a) 光, 明かり, 輝き. der ~ einer Kerze ろうそくの光. der ~ des Mondes 月の光. der glühende ~ der sinkenden Sonne 落日の燃えるような輝き. beim ~ der Lampe lesen ランプの明かりのもとで本を読む. (b) かすかな(ほのかな)影. Der ~ eines Lächelns huschte über sein Gesicht. かすかな微笑みの影が彼の顔をよぎった. Ihr Gesicht wurde [um] einen ~ freundlicher. 彼女の顔がほんの少し和らいだ. **2** 外見, 見かけ, 見かけ; うわべ, 見せかけ. der äußere ~ 外見. ~ und Sein 〖哲学〗仮象と実体. Der ~ trügt. 〘諺〙外見は当てにならぬ, 人は見かけによらぬもの. Der ~ spricht⟨ist⟩ gegen ihn. 情勢は彼に不利に見える. den [äußeren] ~ retten⟨wahren⟩ 体裁をつくろう. dem ~[e] nach 外見上, 見たところは. zum ~ うわべだけで. Er tat nur zum ~ so. 彼はただそんなふりをしただけだ. **3** (a) 証明書. Empfangs*schein* 受領証. Führer*schein* 運転免許証. Schuld*schein* 借用証. (b) 《学生》(Seminarschein) ゼミナール参加証. einen ~ machen (先生に)ゼミ参加証を出しても らう. **4** (Geldschein の短縮)紙幣, 札(ﾌﾀ) Fünfzigeuro*schein* 50 ユーロ紙幣. ein falscher ~ にせ札. ein großer ~ 高額紙幣.

Schein·an·griff 男 -[e]s/-e 陽動攻撃; (スポーツで)のフェイント.

***schein·bar** [ˈʃaɪnbaːr シャインバール] 形 **1** 外見上(見た目の), 見せかけ(うわべ)だけの. ~e Gründe 表向きの理由. mit ~er Ruhe⟨Gelassenheit⟩ うわべは平静を装いながら. Seine Gesundheit war nur ~. 彼の健康は見かけだけのものだった. Die Sonne dreht sich⁴ ~ um die Erde. 見た目は太陽が地球の周りを回っているように見える. **2** 《副詞的用法で》〘話〙(anscheinend) 見たところ, ~ に…らしい. *Scheinbar* weiß er das noch nicht. どうも彼はそのことをまだ知らないらしい.

Schein·blü·te 囡 -/-n **1** 〖植物〗偽花. **2** 見かけ

Schein·ehe 囡 -/-n 偽装結婚.

'schei·nen* [ˈʃaɪnən シャイネン] schien, geschienen 圁 (got. skeinan 'leuchten, glänzen') **1** 照る, 輝く. Die Sonne scheint. 太陽が照る. Der Mond schien auf die Straße〈ins Zimmer〉. 月の光が通りを照らしていた〈部屋に射し込んでいた〉. Das Kupferdach scheint in der Sonne. 銅葺屋根が日の光を浴びて輝いている. **2** 《多く zu 不定詞句と》…のように見える, 思われる; …らしい. Sie scheint traurig [zu sein]. 彼女は悲しそうだ. Er scheint nicht mehr kommen zu wollen. 彼はもう来るつもりはないようだ. Er ist reicher, als er〈es〉 scheint. 彼は見かけよりも金持だ. 《非人称的に》 Es scheint〈Mir scheint [es]〉, dass wir einen heißen Sommer haben werden. どうやら暑い夏になりそうだ. Wie es scheint, hat sie meinen Namen vergessen. / Sie hat scheint's meinen Namen vergessen. どうやら彼女は私の名前を忘れたらしい. ◆地方によっては規則変化する.

'Schein·exis·tenz 囡 -/-en **1** 《複数なし》見せかけだけの(偽りの)存在. **2** (a) 虚しい人生. (b) 虚しい人生を送っている人.

'Schein·fir·ma 囡 -/..men 幽霊会社.

'Schein·frucht 囡 -/ニe 【植物】偽果, 仮果.

'Schein·füß·chen 画 -/- 《多く複数で》【動物】(アメーバ類の) 偽足, 仮足.

'Schein·ge·schäft 画 -[e]s/-e 偽装(架空)取引, 空取引. **2** 【法制】虚偽行為.

'Schein·grund 男 -[e]s/ニe 表むきの理由, 口実.

'schein·hei·lig [ˈʃaɪnhaɪlɪç] 形 《侮》何も知らないかのような, いかにも無邪気そうな, 偽善的な.

'Schein·hei·lig·keit 囡 -/ 偽善性; 偽善的な言動, かまとと振り.

'Schein·kauf 男 -[e]s/ニe 偽装購入.

'Schein·ma·nö·ver 画 -s/- 陽動作戦.

'Schein·schwan·ger·schaft 囡 -/-en 【医学】 偽妊娠, 想像妊娠.

'Schein·tod 男 -[e]s/-e 【医学】仮死(状態).

'schein·tot 形 **1** 【医学】仮死(状態)の. **2** 《卑》半分死にかけている, 棺桶に片足をつっこんでいる.

'Schein·ver·trag 男 -[e]s/ニe 見せかけの契約, 虚偽契約.

'Schein·wer·fer [ˈʃaɪnvɛrfər] 男 -s/- 投光器, サーチライト; ヘッドライト; スポットライト.

'Schein·wi·der·stand 男 -[e]s/ニe **1** 【電子工】インピーダンス. **2** 形ばかりの抵抗.

Scheiß [ʃaɪs] 男 -/《卑》つまらないもの, いやな(不快)こと.

'Scheiß·dreck 男 -s/《卑》**1** 糞, 糞便. einen ~ ぜんぜん(かいもく)…てない. **2** つまらない(下らない)もの, いやな(不快)こと. [So ein] ~! くそっ, こん畜生. ▶ ↑ Dreck

'Schei·ße [ˈʃaɪsə] 囡 -/ **1**《卑》糞. Ihm steht jetzt die ~ bis zum Hals. 彼はいま二進(にっち)も三進(さっち)もいかない状態, 最悪の状態を脱している. aus ~ Geld machen / zu Geld machen 何でも金にする. j⁴ aus der ~ ziehen 人⁴を苦境から救う. j⟨et⟩⁴ durch die ~ ziehen 人⟨物⟩⁴をこきおろす. in der ~ sitzen⟨stecken⟩ 苦境にあえいでいる, 身動きがとれないでいる. j⁴ mit ~ bewerfen 人⁴(議論の相手など)をくそみそにやっつける. **2** 《侮》くだらない(つまらない)もの, 不快なこと. Dieser Plan ist [großeぐろーセ] ~. この計画はまったくお話にならない. ~ bauen へまをやらかす. 《間投詞的に》So eine ~, くそっ, こん畜生. [Das ist ja eine] Scheiße ~! なんてこった, くそいまいましい.

'scheiß·egal [ˈʃaɪsʔeˈgaːl] 形《卑》《述語的用法のみ》まったくどうでもよい.

'schei·ßen* [ˈʃaɪsən] schiss, geschissen 《卑》❶ 圁《卑》**1** 糞をする; 《まれ》屁をひる. vor Angst in die Hosen ~ 不安のあまり糞をもらす. Dir haman [wohl] ins Gehirn geschissen. お前は頭が少し変だ. **2** (auf j⟨et⟩⁴) 人⟨物⟩⁴のことを屁とも思わない 歯牙にもかけない. ❷ 他 《etwas, eins を目的語にして》 Dem werde ich [et]was⟨eins⟩ ~! やつの言うことなんか聞いてやるものか.

'Schei·ßer [ˈʃaɪsər] 男 -s/- **1** 《卑》いやなやつ. **2** 《侮》駄目なやつ, 能無し, 役立たず. **3** (赤ん坊・幼児に対して)おちびちゃん.

'scheiß·freund·lich 形 《侮》いやに親切な.

'Scheiß·kerl 男 -[e]s/-e 《侮》**1** くそったれ, あの野郎. **2** 《古》腰抜け, 意気地なし.

Scheit [ʃaɪt] 画 -[e]s/-e [r] **1** 〈南ドイツ・オーストリア・スイス〉 薪(たきぎ), 割木, (太い)木片. ▶ オーストリア・スイスでは複数 -er **2** 《複数 -e》《東部ドイツ》鋤[き].

'Schei·tel [ˈʃaɪtəl] 男 -s/- **1** 頭のてっぺん, 頭頂, vom ~ bis zur Sohle 頭のてっぺんから足のつま先まで. **2** (頭髪の)分け目. **3** 《雅》頭髪. **4** 頂上, 頂点. 《比喩》絶頂; 【天文】天頂; 【数学】(円錐・円錐曲線の)頂点, (1つの角をはさむ2辺の)交点, 角頂.

'Schei·tel·bein 画 -[e]s/-e 【解剖】頭頂骨.

'schei·teln [ˈʃaɪtəln] 他 (髪の毛を)分ける.

'Schei·tel·punkt 男 -[e]s/-e **1** (弾道・曲線・天体の軌道などの)頂点. **2** 【天文】(Zenit) 天頂.

'Schei·tel·win·kel 男 -s/- 【幾何】対頂角.

'schei·teln [ˈʃaɪtən] 他 (薪を)割る.

'Schei·ter·hau·fen [ˈʃaɪtər..] 男 -s/- **1** (火刑・火葬用の)薪の山. **2** 《南ドイツ》シャイターハウフェン(ミルクに浸した薄切りのパンに干しぶどうなどを挟んで焼いた菓子).

*'schei·tern** [ˈʃaɪtərn シャイターン] 圁 (s) **1** 失敗する, 挫折(破綻)する. Er ist im Leben〈mit seinem Plan〉 gescheitert. 彼は人生に敗れた〈彼の計画に失敗した〉. Ihre Ehe ist gescheitert. 彼らの結婚は破綻した. Das Unternehmen scheiterte am Widerstand Einzelner. その企ては幾人かの抵抗に会って挫折した. Die japanische Mannschaft scheiterte an Italien mit 1:3 (eins zu drei). 日本チームはイタリアに1対3で敗れた. eine gescheiterte Existenz 人生の敗残者. 《中性名詞として》Die Sache war von vornherein zum Scheitern verurteilt. 事は初めから失敗の運命にあったのだ. **2** 《古》(船が)難破する, 座礁する. an den Felsen〈auf einem Riff〉~ 岩礁にぶつかって難破する;浅瀬にのり上げる).

'Scheit·holz 画 -es/ **1** 薪, たきぎ. **2** 【楽器】シャイト・ホルツ(撥弦(はつげん)楽器の一種, ツィターの前身).

'scheit·recht 形 【土木】水平な直線の.

Schelf [ʃɛlf] 男 (画) -s/-e (engl. shelf) 【地理】大陸棚.

'Schel·fe [ˈʃɛlfə] 囡 -/-n 《地方》(豆の)さや, (果実の)皮.

'Schel·lack [ˈʃɛlak] 男 -[e]s/-e (ndl. schellak) シェラック(ラック貝殻虫の分泌する樹脂状物質).

'Schel·le [ˈʃɛlə] 囡 -/-n **1** 《地方》(玄関などの)呼び鈴, ベル. **2** (金属製の)鈴. **3** 《地方》(吊鐘形の手

に持つ)小さな鐘, 鈴(%). **4** 《中部%》びんた. **~n austeilen** びんたをくらわす. **5** 《複数で/無冠詞》《スキー》ダイヤ.

Schel·le² 囡 -/-n **1** (電線・水道管などの)止め金, 締め金, クランプ, ブラケット. **2**《複数で》《古》手錠.

schel·len ['ʃɛlən] 圓 **1**(電話・呼び鈴などが)鳴る. (非人称的に) *Es hat* [an der Tür] *geschellt.* 玄関のベルが鳴った. **2** 呼び鈴(ベル, 鈴)を鳴らす. **an der Haustür ~** 玄関のベルを鳴らす. **mit einer Glocke ~** 鈴を鳴らす. **3** ベル(鈴)を鳴らして呼ぶ([nach] j³ を).

Schel·len·baum 男 -[e]s/..e 《楽器》クレッセント(トルコ起源の軍楽隊用の楽器).

Schel·len·ge·läu·te 匣 -s/ (馬具などの)鈴の音.

Schel·len·kap·pe 囡 -/-n (鈴のついた)道化帽.

Schell·fisch ['ʃɛl..] 男 -[e]s/-e 《魚》(北大西洋産の)鱈(%).

Schel·ling ['ʃɛlɪŋ] 《人名》Friedrich Wilhelm Joseph von ~ フリードリヒ・ヴィルヘルム・ヨーゼフ・フォン・シェリング(1775-1854, ドイツの哲学者).

Schelm [ʃɛlm] 男 -[e]s/-e **1**《古》ならず者, 無頼漢, 悪党. [Nur] ein ~ gibt mehr, als er hat.《諺》背伸びをするは, 身分不相応なことはするな. **2**《文学》ピカロ(悪漢小説の主人公のこと). **3** ひょうきん者, いたずら者; (愛称で)いたずら坊主(小僧). Der ~ sieht ihm aus den Augen. 彼はいかにもいたずら者といった目つきをしている. Er hat den ~ im Nacken. 彼はいたずら者だ.

'Schel·men·ro·man 男 -s/-e 《文学》(16-17世紀にはやった)悪漢小説.

'Schel·men·streich 男 -[e]s/-e **1** いたずら, 悪さ. **2**《古》詐欺, ぺてん.

'Schel·men·stück 匣 -[e]s/-e =Schelmenstreich

Schel·me'rei [..'raɪ] 囡 -/-en **1** =Schelmenstreich **2**《複数なし》いたずら好き, いたずらっぽい(態度).

'schel·misch ['ʃɛlmɪʃ] 形 **1** いたずらっぽい, ひょうきんな, ちゃめっけたっぷりの. **2**《古》性悪の, 狡猾な.

'Schel·te ['ʃɛltə] 囡 -/-n 《複数まれ》叱責, 大目玉.

'schel·ten ['ʃɛltən シェルテン] schalt, gescholten / du schiltst, er schilt ❶ 他《雅》**1**《地方》叱りつける, 非難する. j² Betragen ~ 人²の行状を叱る. j³ wegen schlechten Benehmens ~ 人³の無作法を叱りつける. **2** (人³を)…と罵る. j⁴ faul ⟨einen Faulpelz⟩ ~ 人⁴を怠け者と罵る. ❷ 圓《雅》《地方》叱る, 非難する; 罵る, 毒づく. Sie *schilt* den ganzen Tag. 彼女は一日中がみがみ言っている. Er hat auf mich ⟨über meine Unvorsichtigkeit⟩ *gescholten.* 彼は私を罵った⟨私の不用意さを非難した⟩. mit j³ ~ 人³に毒づく(人³に悪口を言う).

'Schelt·wort ['ʃɛlt..] 匣 -[e]s/-e(-²er)《雅》罵りの言葉, 罵声.

'Sche·ma ['ʃeːma] 匣 -s/-(-ta, ..men) (*gr.*, Haltung, Stellung, Gestalt, Figur, Form *'*) **1** ひな型, 手本; 典型, パターン. nach ~ F《俗》型通りにありきたりに, 杓子定規に(F の略号を付された プロイセン陸軍の前線部隊報告書 Frontrapport が, つねにきまりきった書式で書かれていたことから). **2** 図式; 図面, 見取図; 骨子, 概略.

'Sche·ma·brief 男 -[e]s/-e 一定の書式に従った手紙.

'Sche·ma·ta ['ʃeːmata] Schema の複数.

sche·ma·tisch [ʃeˈmaːtɪʃ] 形 **1** 型にはまった, 型通りの, 機械的な. **2** 図式(図解)による.

sche·ma·ti·sie·ren [ʃemati'ziːrən] 他 **1** 図(図式)にする, 図解する. **2**(極端に)単純化する, 型にはめる.

Sche·ma·tis·mus [ʃemaˈtɪsmʊs] 男 -/..men [..mən] **1**《複数なし》《侮》形式主義, 画一主義. **2**《カトリック》(職階別の)公務員名簿. **3**《カトリック》教区統計要覧.

'Sche·mel ['ʃeːməl] 男 -s/- (*lat.* scamellus, Bänkchen) **1** (背もたれのない)腰掛け, スツール. **2** (Fußbank) 足台.

'Sche·men¹ ['ʃeːmən] 男 Schema の複数.

'Sche·men² 匣 -s/- 影, 幻, 幻影.

'sche·men·haft 形 影(幻)のような.

Schenk [ʃɛŋk] 男 -en/-en **1** (Mundschenk) (中世の宮廷における)献酌侍臣. **2**《古》飲屋の主人.

'Schen·ke ['ʃɛŋkə] 囡 -/-n 居酒屋, 飲屋.

***'Schen·kel** ['ʃɛŋkəl シェンケル] 男 -s/- **1** 腿(%), 太腿(%), 大腿部; 脛(%), 向こうずね. dem Pferd die *Schenkel* geben《馬術》膝を締めて馬に歩めの指示を出す. sich³ lachend auf die *Schenkel* schlagen 膝をたたいて笑う. mit ausgespreizten ~n 股を開いて. **2** (コンパスなどの)脚; (鋏・ペンチなどの)柄(%). **3**《幾何》(角をはさむ)辺.

'Schen·kel·bruch 男 -[e]s/-e《医学》**1** 大腿ヘルニア. **2** 大腿骨折.

'Schen·kel·hals 男 -es/-e《解剖》大腿骨頸(部).

'Schen·kel·kno·chen 男 -s/- 大腿骨; 脛骨(%).

'schen·ken ['ʃɛŋkən シェンケン] 他 **1** (a) 贈る, プレゼントする. j³ einen Strauß ~ 人³に花束を贈る. j³ et⁴ als Andenken ⟨zum Geburtstag⟩ ~ 人³に物⁴を記念品として⟨誕生日のお祝いに⟩贈る. Sie *schenkt* gern. 彼女は人に物をあげるのが好きだ. et⁴ *geschenkt* bekommen 物⁴を贈物にもらう. Das möchte ich nicht *geschenkt* [haben]!《話》 Das ist *geschenkt* zu teuer!《話》そんなものはただでも欲しくないね. Das ist [fast/halb] *geschenkt.*《話》それはただも同然だ. (b)《本来の意味が薄れて》j⟨et⟩³ Aufmerksamkeit ~ 人⟨事⟩³に注意を払う. j³ keinen Blick ~ 人³を無視する. j³ Gehör ~ 人³の言うことに耳を貸す. j³ *sein* Herz ~ 人³に惚れこむ. j³ das Leben ~ 人³(罪人など)の命を助ける, (を)助命する. einem Kind das Leben ~ 子供を生む. j³ Vertrauen ~ 人³を信頼する. 《再帰的に》sich⁴ j³ ~《雅》(女性が)人³に身を任せる. **2**(人³に事⁴を)免除する, 免じて(赦して)やる. Die Strafe hat man ihm *geschenkt.* 彼は罰せられずにすんだ. Ihm ist in seiner Jugend nichts *geschenkt* worden. 彼はつらい青春時代を過ごした. *Geschenkt!*《話》もう結構, よしなさい. 《再帰的に》sich³ et⁴ ~ 事⁴をしないで済ませる. Das kannst du dir ~. それはしなくてもいいよ. Das Kapitel werde ich *mir* ~. この章は読まずに済まそう. **3**《雅》《古》(a)(飲み物を)注(%)ぐ. Wein ins Glas ~ ワインをグラスに注ぐ. (b)(客に酒類を)供する, 出す. **4** ein Kind ~ 子供³の口に乳を含ませる.

'Schen·ker ['ʃɛŋkər] 男 -s/- **1** 贈り主;《法制》贈与者. **2**《古》酒場(飲屋)の主人. ◆女性形 Schenkerin 囡 -/-nen

'Schenk·stu·be 囡 -/-n 《まれ》(Schankstube) 酒場.

'Schenk·tisch 男 -[e]s/-e《まれ》(Schanktisch) 酒

'**Schen·kung** 囡 -/-en 〖法制〗贈与. ～ von Todes wegen 死因贈与.

'**Schen·kungs·steu·er** 囡 -/-n 〖法制〗贈与税.

'**Schen·kungs·ur·kun·de** 囡 -/-n 贈与証書.

'**Schenk·wirt** 男 -[e]s/-e (まれ)(Schankwirt) 酒場(飲屋)の主人.

'**Schenk·wirt·schaft** 囡 -/-en (まれ)(Schankwirtschaft) 酒場, 飲屋.

'**schep·pern** ['ʃɛpɐrn] 圓 (話) がらがら(がちゃがちゃ)音をたてる. 《非人称的に》Es hat auf der Kreuzung gescheppert. 交差点で衝突事故があった. Wenn du nicht hörst, dann scheppert es gleich. 言うことを聞かないといつくほくぞ.

*'**Scher·be** ['ʃɛrbə シェルベ] 囡 -/-n 《多く複数で》(ガラス・陶器などの)砕片, かけら. Sei vorsichtig, sonst gibts ～n. 気をつけろよ, でないと壊れるよ. ～n bringen Glück. (諺) 食器を割るのは幸福の訪れ. Bei der Auseinandersetzung hat's ～n gegeben. (話) 議論がめちゃくちゃな大喧嘩になった. sich⁴ an einer ～ schneiden かけらで怪我をする. in ～n gehen こなごなに砕ける. et⁴ in ～n schlagen 物⁴をたたき壊す. Sie stand vor den ～n ihres Glückes. 彼女の幸せはこなごなに打ち砕かれた.

'**Scher·bel** ['ʃɛrbəl] ❶ 囡 -/-n (男 -s/-) 〖地方〗(Scherbeの縮小形) 小さな破片(かけら). ❷ 囡 -/-n (卑) おんぼろ自動車.

'**scher·beln** ['ʃɛrbəln] ❶ 圓 1 〖地方〗踊る. 2 〖幾〗がちゃがちゃ音をたてる. ❷ 他 j³ eine ～《話》人³の横っ面を張る.

'**Scher·ben** ['ʃɛrbən] 男 -s/- 1 《南ドイツ・オーストリア》=Scherbe 2 《南ドイツ》(陶製の)鉢, 壺, (とくに)植木鉢. 3 (陶器の)素焼きの素地(き).

'**Scher·ben·ge·richt** 匣 -[e]s/-e 陶片裁判, オストラキスモス(↑Ostrazismus). ein ～ über j⁴ veranstalten 人⁴を厳罰に処する; (を)激しく詰(キッ)る.

'**Scher·bett** ['ʃɛrbɛt] 男 (匣) -[e]s/-e (türk.) (Sorbett) シャーベット.

'**Sche·re** ['ʃeːrə シェーレ] 囡 -/-n 1 鋏(ロ). eine scharfe〈stumpfe〉 ～ よく切れる〈切れない〉鋏. Sein Essay ist der ～ zum Opfer gefallen. 彼のエッセイは削除された. Beim Schreiben des Artikels hat der Autor offenbar die ～ im Kopf gehabt. この論説を書くとき筆者はどうやら初めから自己検閲をしていたようだ. 2《ふつう複数で》(かに・えび・さそりなどの)はさみ(螯), 鋏角, 尾鋏. 3 〖体操〗(鞍馬の)シザース, 両脚開閉; 〖レス〗ヘッドシザース, はさみ締め; 〖ボク〗(前後からの)はさみ撃ち(のマーク). 4 (馬衡(ガ)の両端の)手綱鉤. 5 〖隠〗ハサミ(掩接(ゑ))が仕事をするときの人差指と中指の形). 6 〖地方〗(Gabeldeichsel) 2 股の轅(キネ). 7 〖話〗懸隔, 開き; 〖経済〗鉄状価格差, シェーレ. Die ～ zwischen Kosten und Erträgen wird immer größer. 原価と利益の間のシェーレは大きくなるばかりだ.

*'**sche·ren**¹⁽*⁾ ['ʃeːrən シェーレン] schor(scherte), geschoren(geschert) / du schierst(scherst), er schiert (schert) 他 1 (a) (動物の)毛を刈る; (人⁴の)髪を刈る; (芝生・生垣などを)刈込む; 〖紡織〗(絨毯などの)剪毛をする, けばを刈る. j³ eine Glatze ～ 人³を丸坊主にする. (b) (毛を)刈る. den Bart ～ (古) 髭を剃る. sich³ die Haare ～ lassen (男性が)髪を刈ってもらう. 2 (話) だます. j⁴ um et⁴ ～ 人⁴をだまして物⁴をまきあげ

る. 3 Kettfäden ～ 〖紡織〗整経する. 4 〖製革〗(毛皮の)裏刻(ﾂｸ)きをする.

'**sche·ren**² 圓 (sich⁴) (さっと)走り去る, 消え失せる. Scher dich an deine Arbeit〈ins Bett〉! さっさと仕事にかかれ〈ベッドに入れ〉. Scher dich zum Kuckuck〈Teufel〉! とっとと失せろ. ❷ 圓 (s) (船員)(船が)針路からはずれる, 流される, 偏流する.

'**sche·ren**³ 《多く否定文で》 ❶ 他 (人⁴の)心を煩わす, 気にかかる. Es schert mich nicht, was du davor hältst. 君がそれをどう思おうと私の知ったことじゃない. Was schert mich seine Meinung? 彼の意見など私にはどうでもよい. ❷ 匣 (sich⁴) 気に病む(um j〈et〉⁴ 人⁴事⁴のことを).

'**sche·ren**⁴ 他 1 (a) die Beine ～ 〖体操〗(鞍馬で)シザーズ(両脚開閉)をする. (b) 〖レス〗(相手選手を2人で前後から)はさみこむ. 2 (船員)(ロープを)留めむ(滑車)に通す.

'**Sche·ren·fern·rohr** 匣 -[e]s/-e シザーステレスコープ, 角形双眼鏡, 砲隊鏡.

'**Sche·ren·schlei·fer** 男 -s/- 鋏(ロ)研ぎ師.

'**Sche·ren·schnitt** 男 -[e]s/-e 切り絵.

'**Sche·rer** ['ʃeːrər] 男 -s/- (羊の毛などを)刈る人, 鋏を入れる人; 床屋.

Sche·re·rei [ʃeːrə'raɪ] 囡 -/-en《多く複数で》(話) 面倒(事), 厄介事.

Scherf [ʃɛrf] 匣 -[e]s/-e (古) シェルフ(中世の小額貨幣, 半ぺニヒ).

'**Scherf·lein** ['ʃɛrflaɪn] 匣 -s/- (Scherfの縮小形)《複数まれ》 1 =Scherf 2 小額の寄付金, 貧者の一灯. ein〈sein〉 ～ zu et³ beitragen〈beisteuern/geben〉事³にささやかな寄付(貢献)をする.

'**Scher·ge** ['ʃɛrɡə] 男 -n/-n 1 (侮) 権力の手先(走狗). 2 (古) 廷吏; 執達吏, 捕吏.

Sche·rif [ʃeˈriːf] 男 -s/-s(-e[n]) (arab. sharif, adlig 《) シャリーフ(預言者ムハンマドの子孫の称号, またその称号をもつ人).

'**Scher·kopf** ['ʃeːr..] 男 -[e]s/-e (電気かみそりなどの)ヘッド.

'**Scher·mes·ser** 匣 -s/- 電気かみそり(バリカン)の刃; 剪毛機, 芝刈機の刃.

'**Sche·rung** 囡 -/-en 1 〖機械〗剪断(タン), ずれ. 2 〖幾何〗ずれ(平行移動で生じる図形上のひずみ).

*'**Scherz**¹ ['ʃɛrts シェルツ] 男 -es/-e (↓scherzen) 冗談, しゃれ, 戯(ルネ)れ. Ist das ～ oder Ernst? それはしゃれかそれとも本気かね. Das ist doch ein schlechter ～. それは悪い冗談だよ. [solche und ähnliche ～e (話) (いろんなたぐいを列挙しておいて)とか何とかいろいろ. ～ beiseite! 冗談はこれ位にしよう, 冗談はさておき. sich³ einen schlechten ～ mit j³ erlauben 人³に悪ふざけをする. [einen] ～ machen 冗談を言う. Mach keinen ～!〈keine ～e〉! 冗談も休み休みにして, ご冗談でしょう. seine ～e über j〈et〉⁴ machen 人⁴〈物⁴〉を茶化す, お笑い草にする. [seinen] ～〈seine ～e〉 mit j³ treiben 人³をからかう. keinen ～ verstehen 冗談を解さない, しゃれが分からない. aus ～ / im ～ / zum ～ 冗談(しゃれ)に, ふざけて. halb im ～ 冗談半分に. [Ganz] ohne ～! (話) 冗談抜きの話だ.

Scherz² 男 -es/-e (バイエルン・オーストリア) 厚切りのパン; パンの端切れ.

scher'zan·do [skɛrˈtsando] 副 (it.)〖音楽〗スケルツァンド, 陽気に, 諧謔的に.

'**Scherz·ar·ti·kel** ['ʃɛrts..] 男 -s/- (とくにカーニバル

などで使う)いたずら用の商品(つけ鼻・びっくり箱など).

'**scher·zen** [ˈʃɛrtsən シェルツェン] ❶ 圓 《雅》冗談を言う,ふざける; (über j³ 人⁴から)からかう,ひやかす. Ich *scherze* nicht. 私は冗談を言っているのではない. Über so etwas *scherzt* man nicht! そういうことは冗談に言うものではない. Sie *scherzen* wohl! / Sie beliebten zu ~! ご冗談でしょう. Damit ist nicht zu ~. それは冗談ごとではない. mit j³ ~ 人³と戯れる,ふざけ合う. ❷ 囮 (...と)冗談に言う.

'**Scherz·fra·ge** 囡 -/-n とんちクイズ.
'**Scherz·ge·dicht** 匣 -[e]s/-e 諧謔詩.
'**scherz·haft** [ˈʃɛrtshaft] 厖 滑稽な,おかしな; 冗談の,ふざけた; 茶目気のある. et⁴ ~ aufnehmen 事⁴を冗談にとる.
'**Scherz·na·me** 閺 -ns/-n あだ名. ◆格変化は Name 参照.
'**Scher·zo** [ˈskɛrtso] 匣 -s/-s(..zi[..tsi]) (*it*. Spaß, Scherz ˋ) 【音楽】スケルツォ(とくにソナタ・交響曲の第2・3楽章に用いられる3拍子の楽曲).
'**scherz·wei·se** [ˈʃɛrts..] 冗談で,たわむれに.
'**Scherz·wort** 匣 -[e]s/..e 冗談,からかい.

*'**scheu** [ʃɔʏ ショイ] 厖 **1** (a) 内気な,はにかみ屋の; 物怖じした,おずおずした; 引込み思案の. ein ~*er* Blick おどおどした眼差(まなざし). ein ~*es* Kind 恥ずかしがりやの子供. ein ~*es* Wesen haben 内気である. sich⁴ ~ umblicken おずおずとあたりを見回す. (b) (動物の)臆病な. **2** (とくに馬が)興奮した,気が立った. die Pferde ~ machen 《比喩》人を不安がらせるようなことを言う. **3** 畏怖(畏敬)の念に満ちた. in ~*er* Andacht うやうやしくも敬虔な気持で.

*'**Scheu** [ʃɔʏ ショイ] 囡 -/ **1** 内気,はにかみ; 物怖じ; 臆病. Sie hat ~, das zu tun. 彼女はそれをすることをはばかっている. aus ~ 物怖じして,遠慮して. ohne ~ 物怖じせずに,平気で; (動物が)人を怖がらずに. **2** 畏怖(畏敬)の念. mit heiliger ~ 恐れかしこんで.
'**Scheu·che** [ˈʃɔʏçə] 囡 -/-n 鳥おどし,案山子(かかし),鳴子(なるこ).
'**scheu·chen** [ˈʃɔʏçən] 囮 (脅して)追払う. Fliegen ~ 蠅(はえ)を追う. j⁴ an die Arbeit⟨aus dem Schlaf⟩ ~ 人⁴を仕事に追立てる⟨たたき起す⟩.

*'**scheu·en** [ˈʃɔʏən ショイエン] ❶ 囮 恐れる,ばかる; 厭(いと)う. Auseinandersetzungen ~ 対決を避ける. keine Kosten⟨keine Mühe⟩ ~ 費用⟨苦労⟩を厭わない. die Licht [des Tages] ~ 《比喩》白日(はくじつ)をはばかる,後ろめたいところがある. das Wasser ~ 水を恐れる. ❷ 丙 (*sich*) (vor et³)³ 事⟨人⟩³を恐れる,ばかる. Er *scheute* sich [davor], mir die Wahrheit zu sagen. 彼は私に真実を言うことをはばかった. ❸ 圓 **1** (馬が怖がって暴れる(vor et⟨j⟩³) 物⟨人⟩³を). **2** 《古》(事²を)恐れる,ばかる; 厭う.
'**Scheu·er** [ˈʃɔʏɐr] 囡 -/-n 《南ドイツ・オーストリア》(Scheune) 納屋,穀倉.
'**Scheu·er·bürs·te** 囡 -/-n (床などの)清掃用ブラシ,たわし.
'**Scheu·er·frau** 囡 -/-en 《古》(Putzfrau) 掃除婦.
'**Scheu·er·lap·pen** 閺 -s/- 雑巾(ぞうきん).
'**Scheu·er·leis·te** 囡 -/-n **1** 【建築】幅木(はばき). **2** 【造船】防舷帯.

*'**scheu·ern** [ˈʃɔʏɐrn ショイアーン] ❶ 囮 **1** ごしごしこする,こすって磨く(洗う); こすり落す. den Fußboden ~ 床を磨く. den Tisch blank ~ テーブルをぴかぴかに磨く. den Schmutz von der Wand ~ 壁の汚れをこすり取る. sich³ die Tinte von den Fingern ~ 指についたインクをこすり(洗い)落す. 《目的語なしで》 kräftig⟨tüchtig⟩ ~ ごしごし磨く. Sie geht ~. 《地方》彼女は掃除婦をしている. **2** (体の一部を)こすりつける(an et³ 物³に). Das Pferd *scheuert* seinen Hals an einem Pfosten. 馬が首を柱にこすりつける. 《再帰的に》 sich⁴ an et³ ~ 体を物³にこすりつける. sich⁴ am Knie⟨sich³ das Knie⟩ wund ~ 膝を擦りむく. 《話》 j³ eine ~ 人³の横つ面を一発張る. eine *gescheuert* kriegen⟨bekommen⟩ 一発張りとばされる. ❷ 圓 囮 (肌に)こすれる,すれる. Der Kragen *scheuert* [mich]. カラーがこすれる. Der Riemen *scheuert* [mich] an der Schulter. 革紐が肩とこする. Der neue Schuh hat mir die Ferse wund *gescheuert*. 新しい靴で踵(かかと)に靴擦れがすった. Das Tau *scheuert* an der Bordwand. 索が舷側をこする.

'**Scheu·er·sand** 閺 -[e]s/-e 《複集まれ》磨き砂.
'**Scheu·er·tuch** 匣 -[e]s/..er 雑巾(ぞうきん).
'**Scheu·klap·pe** [ˈʃɔʏ..] 囡 -/-n 《多く複数で》(馬の)目かくし,遮眼革. ~*n* haben⟨tragen⟩ / mit ~*n* herumlaufen / mit ~*n* durchs Leben gehen 《比喩》視野が狭い.
'**Scheu·le·der** -s/- 《多く複数で》=Scheuklappe
*'**Scheu·ne** [ˈʃɔʏnə ショイネ] 囡 -/-n 納屋(なや),穀物倉.
'**Scheu·nen·dre·scher** 閺 《次の用法で》wie ein ~ essen⟨fressen⟩ 《話》大飯(おおめし)食らいである.
'**Scheu·sal** [ˈʃɔʏzaːl] 匣 -s/-e(..säler) **1** 怪物,化け物,妖怪. **2** 極悪人,人でなし. **3** 《戯》いやなやつ.

*'**scheuß·lich** [ˈʃɔʏslıç ショイスリヒ] 厖 **1** ぞっとするような,いやらしい. ein ~*er* Anblick おそろしい光景. ein ~*er* Kerl いやなやつ. Das riecht ja ~! これはまたむかむかする悪臭だね. Das schmeckt ~. 残忍な. ein ~*es* Verbrechen おそろしい犯罪. **3** 《話》不快きわまる. eine ~*e* Erkältung ひどい風邪. ein ~*es* Wetter. いやな天気だ. **4** 《副詞的用法で》ひどく,おそろしく. Es ist ~ kalt. おそろしく寒い. Er ist ~ betrunken. 彼はもうべれけだ.
'**Scheuß·lich·keit** 囡 -/-en **1** 《複数なし》いやらしさ,おぞましさ. **2** 《多く複数で》卑劣な言動; 残忍(非道)な行為,醜悪(醜悟)なもの.
'**Schi** [ʃiː] 匣 -s/-er⟨-⟩ =Ski
'**Schia** [ˈʃiːa] 囡 -/ (*arab*. schiat Ali ˋPartei Alis ˊ) 【イスラム】シーア派(預言者ムハンマドの娘婿アリー Ali とその後裔のみをイスラームの指導者と仰ぐ宗派). ↑Sunna, Suniit

*'**Schicht** [ʃıçt シヒト] 囡 -en **1** 層; (表面を覆う)被膜. Auf den Möbeln lag eine dünne ~ Staub. 家具にはうっすらと埃が積っていた. die geologischen ~*en* 【地質】地層. lichtempfindliche ~ eines Films フィルムの感光膜. die oberen⟨unteren⟩ ~*en* der Luft 大気の上層⟨下層⟩部. **2** (社会的)階層. die ~ der Arbeiter⟨der Intellektuellen⟩ 労働者⟨インテリ⟩層. die herrschenden ~*en* der Gesellschaft 社会の支配階層. **3** (a) (交替制勤務の) 1 回の就業(勤務)時間,交替勤務. Der Betrieb arbeitet in drei ~*en*. この工場は3交替制で操業している. ⟨in ~*en*⟩ arbeiten 交替制で仕事をする. ~ haben / zur ~ müssen 《話》(交替勤務で)これから仕事(勤務時間)である. ~ machen 《話》仕事を仕舞う. eine ~ [ver]fahren 《坑夫》(自分の班の番がきて)入坑する. nach der ~ 《話》勤務明けに. (b) (交替勤務の)組,班,作業方. Die erste ~ wird bald abgelöst. 1 番方(第 1 班)はまもなく上がりだ.

'**Schicht·ar·beit** 囡 -/ 交替制の仕事(作業, 勤務).
'**schich·ten** ['ʃɪçtən] ❶ 他 《層状に》積重ねる. Bretter ～ 板を積重ねる. einen Hochofen ～《冶金》高炉に装入する(鉱石・コークスなどを). ❷ 再《sich⁴》《雲が》層状になる. ❸ 自 1《地質》層理を形成する. 2《北方》歯が生え代る.
'**Schich·ten·wei·se** 副 =schichtweise
'**Schicht·ge·stein** 男 -[e]s/-e《地質》堆積岩, 成層岩.
'**Schicht·holz** 匣 -es/ͤer 1《複数なし》《材積売りができるように寸法を揃えて》積上げた木材. 2 合材, 合板.
'**Schicht·lohn** 男 -[e]s/ͤe 交替勤務制労働の賃金.
'**Schich·tung** 囡 -/-en 1 層を成すこと, 成層. 2《社会的な》階層分化. 3《地質》層理.
'**Schicht·un·ter·richt** 男 -[e]s/《教育》交替制(2部制)授業.
'**Schicht·wech·sel** 男 -s/ 就業(勤務)交代.
'**schicht·wei·se** 副 1 層状に, 層をなして; 層ごとに. 2 グループ(班)別に交替で.
'**Schicht·wol·ke** 囡 -/-n《気象》層雲.
*** schick** [ʃɪk シク] 形 1《服装・外見が》しゃれた, 粋(いき)な, 趣味のよい, シックな. 2《話》《女の子などが》垢抜けした, カッコいい. 3《話》すてきな, すばらしい. ein ～es Auto すてきな車. Das ist ja ～, dass du da bist. 君が来てくれたとは嬉しいね.
Schick [ʃɪk] 男 -[e]s/- 1《複数なし》(a)《服装・外見の》粋(いき), 趣味(センス)のよさ, 洗練. Sie hat ～. 彼女は服装の趣味(センス)がよい. (b)《態度・振舞などの》優雅さ. 2《複数なし》《地方》(a) きちんとした(正常な)状態. Nun kriegt das alles wieder seinen ～. これで万事元通りに治まるよ. wieder ～ in et⁴ bringen / et⁴ wieder in ～ bringen 事⁴を元の状態に戻す. seinen ～ nicht [ganz] haben《話》ちょっと頭がおかしい. (b) 健康そうな様子, 血色の良さ. 3《》有利な取引(商売). einen guten ～ machen いい商売をする, 一儲けする.

'**schi·cken** ['ʃɪkən シケン] ❶ 他 1《物⁴を》送る, 届ける, 送付する. Er schickt dem Sohn monatlich Geld. 彼は息子に毎月送金する. j³ einen Brief ～ 人³に手紙を出す. an j⁴ ein Telegramm ～ 人⁴に電報を打つ. ein Paket an j² Adresse〈nach Berlin〉～ 小包みを人²宛てに〈ベルリーンに〉送る. sich³ die Waren ins Haus ～ lassen 品物を自宅に届けてもらう. 2《人⁴を》行かせる, 派遣する. einen Boten ～ 使いの者を出す. einen Mitspieler ～《スポ》(ボールをスペースに蹴出して)味方を走らせる. ein Kind auf die höhere Schule ～ 子供を上の学校に入れる(行かせる). die Kinder ins〈zu〉Bett ～ 子供たちを就寝させる. j⁴ ins Geschäft ～ を店に買物にやる. j⁴ in den Krieg ～ 人⁴を戦地に送り出す. ein Kind in die Schule ～ 子供を学校に通わせる(入れる). j⁴ nach Hause ～ 人⁴を帰宅させる. j⁴ zu j³ ～ 人⁴を人³の所へ使いにやる. den Gegner zu Boden ～《スポ》相手をマットに沈める(はわせる). 《不定詞と》j⁴ einkaufen〈Brot kaufen〉～ 人⁴を買物に〈パンを買いに〉やる. 《しばしば目的語なしで》in die Apotheke ～ 薬局へ走ってもらう. nach dem Arzt ～ 医者を呼びにやる.
❷ 再《sich⁴》 1 (in et⁴ 事⁴に)甘んじて従う, 順応する. sich in sein Los〈die neuen Verhältnisse〉～ 黙って運命に従う〈新しい境遇に順応する〉. sich zu ～ wissen《古》順応性がある. 2《事がうまく運ぶ, (...という)成行きになる. Es wird sich schon alles noch ～. 万事いまに片がつくよ. wie es sich gerade schickt 成行き(状況)に応じて. 3 (a)《多く否定文で》ふさわしい, 適切である. Bei Tisch〈Für dich〉schickt sich ein solches Benehmen nicht. 食事の時に〈君には〉そういう振舞はふさわしくない. Es schickt sich dort nicht, so etwas zu sagen. そういうことを口にするのはあそこでは適切でない. Er weiß nicht, was sich schickt. 彼は礼儀をわきまえていない. (b)《まれ》《für et⁴ 事⁴に》向いている. Du schickst dich nicht für dieses Amt. 君はこの仕事に向いていない. 4《南独》(sich beeilen) 急ぐ. 5《西部ドイツ・中部ドイツ》ちゃんとした振舞をする;《とくに子供が》おとなしく《行儀よくする》.
Schi·cke'ria [ʃɪkeˈriːa] 囡 -/ (it. sicccheria, Mode, Eleganz')《話》《社交界をリードする》上流階級.
Schi·cki·mi·cki [ˈʃɪkiˈmɪki] 男 -s/-s《話》1 流行を追うことに浮身をやつす人. 2 はやりの小物類.
'**schick·lich** [ˈʃɪklɪç] 形《雅》然るべき, もっともな; 礼儀作法にかなった.
'**Schick·lich·keit** 囡 -/《雅》適当, 妥当; 礼儀正しさ.
*** Schick·sal** [ˈʃɪkzaːl シクザール] 匣 -s/-e 運命. Damit war sein ～ besiegelt. これで彼の運命は決した. [Das ist] ～!《話》こういう運命なのだ. Es ist anscheinend mein ～, immer zu spät zu kommen.《戯》いつも遅れるのがどうやらわが運命らしい. ein gütiges〈trauriges〉～ 幸運〈悲運〉. eine Laune des blinden ～s 盲目的な運命の気紛れ. ein schweres ～ erleiden 運命に耐える(泣く). ～ spielen《話》運命の神を演じようとする, 運命を弄ぶ. Da überließ sie endlich ihren Sohn seinem ～. そのときついに彼女は息子を見捨てたのだった. sich⁴ in sein ～ ergeben 運命に身を任せる. in sein ～ rennen 破滅の一途をたどる.
'**Schick·sal·haft** 形 運命的な, 宿命の; 決定的な.
'**Schick·sals·fra·ge** 囡 -/-n 運命を左右する問題(重大事).
'**Schick·sals·fü·gung** 囡 -/-en 神の摂理, 天命.
'**Schick·sals·ge·mein·schaft** 囡 -/-en 運命共同体.
'**Schick·sals·glau·be** 男 -ns/ (Fatalismus) 運命(宿命)論.
'**Schick·sals·göt·tin** 囡 -/-nen《神話》運命の女神.
'**Schick·sals·schlag** 男 -[e]s/ͤe 運命の一撃, 悲運.
'**Schick·sals·tra·gö·die** 囡 -/-n《文学》運命悲劇.
'**Schick·se** [ˈʃɪksə] 囡 -/-n (jidd. schickse[n], Christenmädchen')《侮》1 (a) 馬鹿な小娘. (b) 尻軽女. 2《ユダヤ人から見た》非ユダヤ人女.
'**Schi·ckung** [ˈʃɪkʊŋ] 囡 -/-en《雅》天命, (神の)摂理.
'**Schie·be·dach** [ˈʃiːbə..] 匣 -[e]s/ͤer《自動車の》サンルーフ.
'**Schie·be·fens·ter** 匣 -s/- 上げ下ろし窓; 引違い窓.

'**schie·ben*** [ˈʃiːbən シーベン] schob, geschoben ❶ 他 1 押して動かす, 押しやる. einen Kinderwagen ～ 乳母車を押す. sein Fahrrad bergauf

～ 昇り坂を自転車を押して行く. den Schrank an die Wand ～ 戸棚を壁ぎわに寄せる. die Brille auf die Stirn ～ 眼鏡を額にずり上げる. j⁴ aus einem Zimmer ～ 人⁴を部屋から押出す. die Hände in den Hosentaschen ～ 両手をズボンのポケットに突っこむ. [sich³] ein Bonbon in den Mund ～ キャンデーを口に押込む. Brot in den Ofen ～ パン生地をオーブンに入れる. den Gedanken an j⟨et⟩⁴ von sich⟨zur Seite⟩ ～ 人⟨事⟩⁴のことを考えないようにする. den Riegel vor die Tür ～ ドアの鍵を掛ける. et⁴ zur Seite ～ 物⁴を押しのける. Er muss immer *geschoben* werden.《話》彼は自分からは一つしない.
2《罪・責任などを》押しつける, 転嫁する《auf j⟨et⟩⁴ 人⟨事⟩⁴に》. Er *schiebt* alles auf andere⟨sein Alter⟩. 彼は何でも他人⟨歳〉のせいにする. die Schuld auf j⁴ ～ 罪⟨責任⟩を人⁴になすりつける.
3 延期[引延ばし]する. Er *schiebt* alles Unangenehme immer auf den nächsten Tag. 彼はいやなことは何でもいつも翌日回しにする.
4(a) 闇で商う, 密売(密輸)する. Devisen ～ 外貨を不正に取引する. j⁴(人⁴)を不正に昇進させる. Der ist doch *geschoben* worden.《話》どうやつあいつは何か妙な手を使って引上げてもらったのさ.
5《特定の名詞と》Gehörn⟨Geweih⟩ ～《猟師》《鹿などが》角を生やす. Kegel ～《南ドイツ・オーストリア》ボウリング(九柱戯)をする. drei Monate [Knast] ～《話》《刑務所に》3ヶ月くらいこむ. Posten⟨Wache⟩ ～《兵隊》歩哨に立つ.
6 j³ eine ～《話》人³にびんたをくらわす.
❷ 囲 (s, h) **1** (s)(足をひきずるようにして)のろのろ〔だらだら〕《のとを〕歩く. übers Parkett ～《戯》ダンスをする.
2 (s)《まれ》ワンステップ(↑Schieber)を踊る.
3 (h) (mit et³ 物³の)闇商売(闇取引, 密輸)をする.
4 (h)《トランプ》(スカートで)後家(る)札を(見ずに)次の人へ回す.
❸ 再《**sich⁴**》**1** (ゆっくり・じりじり)押進む. *sich* durch die Menge ～ 人混みを押分けて進む. *sich* nach vorn⟨an die Spitze⟩ ～《話》(競争などで)じりじりと前へ出る⟨追いぬけて先頭に立つ⟩.
2 (すべるように)ゆるやかに移動する. Eine Kaltfront *schiebt sich* über Mitteleuropa. 寒冷前線が中部ヨーロッパを移動している.

'**Schie·ber** ['ʃi:bər] 男 -s/- **1** 門(熟熟);(ガス管・水道などの)すべり弁;引戸, すべり戸;すべり窓;(ファスナーなどの)引き手. **2** プッシャー(スプーンに食べ物をのせる幼児用の食事用具). **3** (Bettpfanne, Bettschüssel)(病人用の)差込み便器. **4**《話》闇商人, 闇屋. **5**《話》(Onestep) ワンステップ(社交ダンスの一種).

'**Schie·be·tür** ['ʃi:bə..] 女 -/-en 引戸.
'**Schie·be·wand** 女 -/-e 可動式仕切壁.
'**Schieb·kar·re** ['ʃi:pkarə] 女 -/-n = Schubkarre[n]
'**Schieb·kar·ren** 男 -s/-《地方》= Schubkarre[n]
'**Schieb·leh·re** 女 -/-n《工学》(Schublehre) ノギス, キャリパス.
'**Schie·bung** 女 -/-en《話》えこひいき;(ゲームにおける)不正, いかさま;闇取引.
schied [ʃi:t] scheiden の過去.
'**schie·de** ['ʃi:də] scheiden の接続法II.
'**schied·lich** ['ʃi:tliç] 形《まれ》穏やかな, 円満な.
'**Schieds·ge·richt** ['ʃi:ts..] 中 -[e]s/-e **1**《法制》仲裁裁判所. **2**《スポーツ》審判団, 審判員.
'**Schieds·ge·richts·klau·sel** 女 -/-n《法制》仲

裁裁判条項.
'**Schieds·mann** -[e]s/..leute⟨-̈er⟩《法制》仲介人.
'**Schieds·rich·ter** ['ʃi:tsriçtər] 男 -s/-《法制》仲裁裁判官, 仲裁人;《スポーツ》審判員.
'**schieds·rich·ter·lich** 形 仲裁人(の よる);審判員の.
'**schieds·rich·tern** ['ʃi:tsriçtərn] 自 仲裁人(審判員)をつとめる.
'**Schieds·spruch** 男 -[e]s/-̈e《法制》仲裁判断, 仲裁裁定.

***schief** [ʃi:f シーフ] 形 **1** 斜めになった, 傾いた, まがった. Das Bild hängt schon wieder ～. 壁の絵がまたすぐに(傾いている). Der Schrank steht ～. この戸棚は傾いている. Er trägt immer den Hut ～ auf dem Kopf. 彼はいつも帽子を斜めにかぶる. ～e Ebene《数学》斜面. (靴の)斜めに減った踵(かかと). ～e Ebene《数学》斜面. der *Schiefe* Turm zu Pisa ピサの斜塔. eine ～e Wand 傾いた壁.《慣用的表現で》auf die ～e Bahn ⟨Ebene⟩ geraten 道を踏みはずす. j³ einen ～en Blick zuwerfen 人³を白い眼で見る. ein ～es Gesicht⟨einen ～en Mund⟩ machen⟨ziehen⟩ 渋い顔をする, 口元をゆがめる. j⁴ ～ ansehen《話》人⁴をじろりと横目で見る. Die Sache wäre beinahe ～ gegangen ⟨*schiefgegangen*⟩. 事は危うく壊れるところだった(↑schief gehen). ～ geladen haben / ～ sein《地方》酔っぱらっている. ～ liegen《°schiefliegen》《話》意見が間違っている(↑schief liegen). ～ gewickelt⟨°schiefgewickelt⟩ sein《話》とんだ思い違いをしている. **2** 適切(適切, 適切)でない, 的はずれの. ein ～er Ausdruck 不適切な表現. ein ～es Bild von et³ haben 事³について誤った観念を抱く. ein ～er Vergleich ピントのずれた比喩. et⁴ ～ sehen ～ や を見誤る. **3** 怪しげな, いかがわしい. ～e Geschäfte いかがわしい仕事. in eine ～e Lage geraten 厄介な立場に立たされる. in ein ～es Licht geraten 誤解される.
◆↑ schief treten

'**Schief·blatt** 中 -[e]s/-er《複数まれ》《植物》ベゴニア.
'**Schie·fe** ['ʃi:fə] 女 -/ 斜めになって(傾いて)いること.
'**Schie·fer** ['ʃi:fər] 男 -s/- **1** 粘板岩, 頁(おろし)岩;(屋根を葺く)スレート. **2**《地方》(木などのごく小さな細い)破片, 棘(とげ).
'**schie·fer·blau** 形《スレートのような濃い青灰色の》.
'**Schie·fer·bruch** 男 -[e]s/-̈e 粘板岩(頁岩)採石場, スレート坑.
'**Schie·fer·dach** 中 -[e]s/-er スレート葺きの屋根.
'**Schie·fer·de·cker** 男 -s/-《南ドイツ・オーストリア・スイス》屋根葺(ふ)職人.
'**schie·fer·grau** 形《比較変化なし》石板色の, 灰青色の.
'**schie·fe·rig** ['ʃi:fəriç] 形 **1** 粘板岩(スレート)の. **2** 粘板岩色の;灰青色の;劈(へき)開性のある. **3** (屋根が)スレート葺(ふ)きの.
'**schie·fern**¹ ['ʃi:fərn] ❶ 他《農業》(ぶどう畑に)砕いた粘板岩(スレート)を撒(ま)く(肥料として). ❷ 再《**sich⁴**》劈(へき)開する;《地方》剝落(剝離)する;《地方》棘(とげ)をたてる. ❸ 自 **1** 石で水切りをする. **2** (水切りの石が)はずむ.
'**schie·fern**² 形《比較変化なし》**1** 粘板岩(スレート)の. **2** スレート色の, 灰青色の. **3** (屋根が)スレート葺(ふ)きの.

'**Schie·fer·öl** 中 -[e]s/-e 頁岩(ﾘﾞｮｳｶﾞﾝ)油.
'**Schie·fer·ta·fel** 女 -/-n（筆記用の）石盤, 石板.
'**Schie·fer·ton** 男 -[e]s/-e《地質》頁(ﾍﾟｰｼﾞ)岩, 泥板岩.
'**Schie·fe·rung** 女 -/-en（複数まれ）(畑への)スレート撒布; 劈開(ﾍﾞｷｶｲ), 剥離, 剥落.
'**schief ge·hen***, °'**schief|ge·hen*** 自 (s)《話》うまくいかない, 失敗に終る. Das wär' beinah *schief gegangen*. あやうく失敗するところだった.　Es wird schon ～!《戯》ま, なんとかなるよ.
'**schief ge·wi·ckelt**, °'**schief·ge·wi·ckelt** 形《次の用法で》～ sein《話》とんでもない思い違いをしている.
'**Schief·heit** 女 -/-en 1《複数なし》斜(ﾅﾅ)めであること, 斜(ﾊｽ); 傾斜; 歪み. 2（事実に対する）不正確さ, 間違った見解; 不正確な[の]確(ﾀｼ)かでない）表現.
'**schief|la·chen** 再 *(sich⁴)*《話》笑いころげる, 腹をかかえて笑う.
'**schief lie·gen***, °'**schief·lie·gen*** 自《話》間違った考えをもっている. Mit dieser Meinung *liegst du schief.* 君のその見解は間違いだ.
'**schief·mäu·lig** 形《比較変化なし》《話》1 ゆがんだ口の. 2（嫉妬などで）口元をゆがめた.
'**schie·frig** [ˈʃiːfrɪç] 形 =schieferig
'**schief tre·ten***, °'**schief·tre·ten*** 他（靴のかかとを）斜めに履き減らす.
'**schief win·ke·lig**, '**schief·wink·lig** 形《比較変化なし》直角になっていない, 斜角の.
'**Schie·le** [ˈʃiːlə]《人名》Egon ～ エーゴン・シーレ (1890-1918, オーストリアの画家).
*'**schie·len** [ˈʃiːlən] シーレン 自 1 斜視(ﾔﾌﾞﾆﾗﾐ)である. Er *schielt* stark auf〈mit〉dem linken Auge. 彼は左眼がひどい斜視だ. 2《話》こっそりのぞく, 盗み見る. in des Nachbars Buch ～ 隣りの人の本をそっとのぞく. über den Zaun ～ 垣根越しにうかがう. 3《話》(nach et³ 物²)物欲しげに見る. nach dem Posten des Vorsitzenden ～ 会長の椅子を狙っている
'**schie·lend** 現分 形 斜視(ﾔﾌﾞﾆﾗﾐ)の.
schien [ʃiːn] scheinen の過去.
'**Schien·bein** [ˈʃiːnbaɪn] 中 -[e]s/-e《解剖》脛骨.
'**schie·ne** [ˈʃiːnə] scheinen の接続法 II.
*'**Schie·ne** [ˈʃiːnə] シーネ 女 -/-n 1 (a)（鉄道の）レール, 軌条. ～ n legen レールを敷く. auf ～n fahren レールの上を走る. Gütertransport auf der ～ 鉄道による貨物輸送. aus den ～n springen 脱線する. per ～n 鉄道で. (b)（カーテン・引戸などの）レール. die ～n der Gardinen カーテンレール. (c)《比喩》路線, 軌道, 軌条. auf derselben politischen ～ bleiben 政治路線を変えない. die Debatte auf eine neue ～ bringen 討論を新たなレールにのせる. 2《医学》副子, 副木(ﾌｸﾎﾞｸ). einen Arm in ～ tragen 腕に添え木をしている. 3《建築》（金属製の）桟(ｻﾝ), へり, 縁(ﾌﾁ). an den Kanten der Stufen ～n aus Messing anbringen 階段の角(ｶﾄﾞ)に真鍮の縁をとりつける. 4（製図用の）T 定木. 5《古》(Beinschiene)（鎧の）すね当て; (Armschiene)（鎧の）籠手(ｺﾃ).
'**schie·nen** [ˈʃiːnən] 他 1 副木(ｿｴｷ)〈添え木〉を当てて固定する. 2（過去分詞で）*geschient* sein《古》鎧兜(ｶﾞｯﾁｭｳ)に身を固めている.
'**Schie·nen·bahn** 女 -/-en レールの上を走る乗物（汽車・市電など）.
'**Schie·nen·bus** 男 -ses/-se ディーゼル式レールバス.
'**Schie·nen·fahr·zeug** 中 -[e]s/-e レールを走る車輌（鉄道車輌など）.
'**Schie·nen·netz** 中 -es/-e 鉄道網.
'**Schie·nen·räu·mer** 男 -s/-（列車の先頭車輌の前に取りつけた）排障器.
'**Schie·nen·stoß** 男 -es/ﾞe レールの継ぎ目.
'**Schie·nen·strang** 男 -[e]s/ﾞe（かなり長い）ひと続きの線路.
'**Schie·nen·weg** 男 -[e]s/-e（地点と地点を結ぶ）鉄道の線路（軌条）.
'**schier**¹ 形《比較変化なし》《地方》純粋の, 純然たる, 混ぜもののない. ～es Fleisch（脂身や骨のついていない）赤身肉. ～es Gold 純金. eine ～*e* Lüge 真赤(ﾏｯｶ)なﾞ嘘. aus ～*em* Zufall まったくの偶然から.
'**schier**² (beinahe) ほとんど; あやうく. Das ist ～ unmöglich. それはほとんどあり得ないことだ.
'**Schi·er** [ˈʃiːɐ] Schi の複数.
'**Schier·ling** [ˈʃiːrlɪŋ] 男 -s/-e《植物》毒人参; 毒芹(ﾄﾞｸｾﾞﾘ).
'**Schier·lings·be·cher** 男 -s/-（古代アテネで死刑囚に与えられた毒人参入りの）毒杯. den ～ trinken〈leeren/nehmen〉毒を呷(ｱｵ)る.
schierst [ʃiːrst] scheren¹ の現在 2 人称単数.
schiert [ʃiːrt] scheren¹ の現在 3 人称単数.
'**Schieß·baum·wol·le** [ˈʃiːs..] 女 -/《工学》綿火薬, ﾆﾄﾛｾﾙﾛｰｽ.
'**Schieß·be·fehl** 男 -[e]s/-e《軍事》1 射撃命令. 2（歩哨に課せられた）逃亡者の射殺義務（命令）.
'**Schieß·bu·de** 女 -/-n 1（歳の市などの）射撃場. 2《戯》（楽団の）打楽器全体.
'**Schieß·bu·den·fi·gur** 女 -/-en（射的場の）的人形. wie eine ～ aussehen《戯》おかしな恰好をしている.
'**Schieß·ei·sen** 中 -s/-《話》銃器（小銃・ピストルなど小型のもの）.

'**schie·ßen*** [ˈʃiːsən] シーセン schoss, geschossen ❶ 他 s) 1 (h) 撃つ, 射撃（発砲）する. 〈弓・矢で〉撃つ. Hände hoch oder ich *schieße*! 手を上げろ, さもないと撃つぞ. Er〈Das Gewehr〉*schießt* gut. 彼は射撃がうまい〈この銃は精度が高い〉. Er antwortete wie aus der Pistole *geschossen*. 彼は即座に返答した. scharf ～ 実弾射撃をする. auf j〈et〉⁴ ／ nach j〈et〉³ ～ 人〈物〉³,⁴ をめがけて発砲する. j¹ in die Brust ～ 人¹ の胸に撃ちこむ. in die Luft ～（威嚇で）空に向けて撃つ. mit der Pistole〈dem Bogen〉～ ピストルを撃つ〈弓を射る〉. [wild] um ～ ～ 銃を乱射する.

2 (h)（gegen j¹ 人⁴）をこっぴどく非難（論難）する.
3 (s) (a) 矢のように走る（飛ぶ）. Der Habicht *schoss* auf eine Taube. 大鷹は鳩めがけて矢のように飛びかかった. Das Blut *schießt* aus der Wunde. 血が傷口から吹出る. Das Boot *schießt* durch das Wasser. ボートが波を切って飛ぶように走る. Ein Gedanke *schoss* ihm durch den Kopf. ある考えが彼の脳裡にひらめいた. Tränen *schossen* ihr in die Augen. 彼女の目に急に涙があふれた. Röte〈Das Blut〉*schoss* ihm ins Gesicht. 彼の顔が急に真っ赤になった. Bei diesen Worten *schoss* er in die Höhe. この言葉に彼はとび上がった. Schieß in'n 〈=in den〉Wind!《話》とっとと失せろ. (b) ぐんぐん成長する, みるみる大きくなる. Das Unkraut *schießt*. 雑草がぐんぐん伸びる. Der Salat *schießt*. サラダ菜が（徒長して）玉をつくらない. Der Junge ist mächtig [in die

Höhe] *geschossen*. 少年はぐんぐん背が伸びた. Die Preise sind in die Höhe *geschossen*. 物価が急騰した. ins Kraut ～ (植物が)葉はばかりはやみに茂る;《噂・悪習などが》急速にはびこる. (c)《**schießen lassen**》の形で》einen Plan ～ lassen 計画を投出か,断念(放棄)する(↑schießen lassen). j⁴ die Zügel ～ lassen 人⁴<物⁴>に好き勝手をさせる,(を)野放しにする.
4 (s)《南*ド·オストリ*》色が褪せる.
❷ 自 他 **1**《*スポーツ*》シュートする. [den Ball] ～ シュートを放つ. ein Tor ～ ゴールを決める. Er *schoss* seine Mannschaft an die Spitze der Tabelle. 彼のゴールでチームは首位に立った.
2《話》ヤク(麻薬)を打つ.
他 **1** (a) 狙って撃つ,射止める. einen Hasen ～ 兎を撃つ(仕留める). einen Preis ～ (射撃で)賞をとる. j⁴ durch den Kopf<ins Herz> ～ 人⁴の頭を撃ち抜く<心臓に命中させる>. j⁴ über den Haufen ～ 人⁴を射殺する. einen Vogel vom Baum ～ 木から鳥を撃ち落す. j⁴ zum Krüppel ～ 人⁴を撃って不具にする. (b)《穴などを》撃ち抜く. Löcher in die Tür ～ 撃って戸を穴だらけにする. Löcher in die Luft ～ 撃ち損じる.
2《弾丸·矢などを》放つ,発射する. j³ einen Stein an den Kopf ～ 人³の頭に石を投げつける. eine Rakete auf eine Umlaufbahn ～ ロケットを軌道に打上げる. einen wütenden Blick auf j⁴ ～ 人⁴に怒りの一瞥を投げつける. j³ eine Kugel in die Brust ～ 人³の胸に弾丸を撃ちこむ. einen Stein ins Fenster ～ 石を窓に投げこむ. das Brot in den Ofen ～ (生地の)パンをオーブンに入れる. die Harpune in den Rücken des Wals ～ 銛(ん)を鯨の背中にぶちこむ.
3 j³ eine ～《話》人³にびんたをくらわす.
4 ein Bild<ein Foto> ～ スナップ写真を撮る.
5 Gestein<Kohle> ～《坑夫》岩盤<石炭層>に発破(ぱ)をかける.
6《地方》《話》安く(上手に)買う(バーゲンセールなどで).
7《紡織》(織機の杼(º)を)反対側へすばやく送る.
❹ (**sich⁴**)《古》《拳銃で》決闘をする(mit j³ 人³と).
'**Schie·ßen** 中 -s/- **1** 射撃;射撃練習. die nationalen Rekorde im ～ 射撃の国際記録. Es ist zum ～ こいつは噴飯ものの(大笑い)だ. **2** 射撃大会.
'**schie·ßen las·sen***, º'**schie·ßen**|**las·sen*** 他《卑》(計画などを)投出す,放棄する. ◆過去分詞 schießen lassen(まれ gelassen)
Schie·ße'rei [ʃiːsəˈraɪ] 女 -/-en **1**(絶間ない)銃撃. **2** 撃ち合い.
'**Schieß·ge·wehr** 中 -[e]s/-e《幼児》鉄砲.
'**Schieß·hund** 男 -[e]s/-e《古》猟犬. wie ein ～ aufpassen《卑》油断なく見張る, 目を光らせている.
'**Schieß·platz** 男 -es/¨-e 射撃練習場,場.
'**Schieß·prü·gel** 男 -s/-《卑》鉄砲.
'**Schieß·pul·ver** 中 -s/- 火薬.
'**Schieß·schar·te** 女 -/-n 銃眼.
'**Schieß·schei·be** 女 -/-n 射撃練習などの)標的.
'**Schieß·sport** 男 -[e]s《スポーツ》射撃.
'**Schieß·stand** 男 -[e]s/¨-e **1** 射場,射撃練習場;射座,射台. **2** 射の場.
'**Schi·fah·rer** [ˈʃiː...] 男 -s/- Skifahrer

Schiff
[ʃɪf シフ] 中 -[e]s/-e **1**(大型の)船,船舶. Handels*schiff* 商船. Kriegs*schiff* 軍艦. Raum-*schiff* 宇宙船. Segel*schiff* 帆船. Das ～ legt an. 船が着く. Das ～ liegt vor Anker. 船が碇泊している. Das ～ sticht in See. 船が出航する. Die Ratten verlassen das sinkende ～.《諺》鼠は沈む船を見捨てる. ～ backbord<steuerbord> voraus! 左舷<右舷>前方に船影あり. ～ klar zum Auslaufen! 出港準備完了. das ～ der Wüste《雅》砂漠の船(駱駝の意). an<von> Bord eines ～[e]s gehen 乗船(下船)する. ein ～ bauen 船を建造する. ein ～ vom Stapel laufen lassen 船を進水させる. klar ～ machen《船員》甲板を清掃する;《話》事をきちんと解決する. mit einem ～ fahren 船で行く. mit dem ～ <zu ～> unterwegs sein 航海中である. **2**《建築》(教会堂の)身廊,本堂,ネイブ. **3**《印刷》(Setzschiff)ゲラ. **4**《紡織》(Schiffchen)杼(º), シャトル. **5**(舟型の)パン籠,(盆型の)香炉;《地方》《古》(かまどの内側に取付けた)舟型水溜め. **6** das ～《天文》アルゴー座.

º'**Schiff·fahrt** [ˈʃɪfaːrt] ↑Schiffahrt
º'**Schiff·fahrts·kun·de** ↑Schifffahrtskunde
º'**Schiff·fahrts·li·ni·e** ↑Schifffahrtslinie
º'**Schiff·fahrts·stra·ße** ↑Schifffahrtsstraße
º'**Schiff·fahrts·weg** ↑Schifffahrtsweg
'**schiff·bar** [ˈʃɪfbaːr] 形 航行可能な,船が通れる.
'**Schiff·bau** 男 -[e]s **1** 造船. **2** 造船所.
'**Schiff·bau·er** 男 -s/- 造船技師;船大工.
'**Schiff·bruch** [ˈʃɪfbrʊx] 男 -[e]s/¨-e《複数まれ》難破,難船. ～ erleiden 難破する;《比喩》失敗する (mit et³ 事³に).
'**schiff·brü·chig** [ˈʃɪfbrʏçɪç] 形(人が)難船した.
'**Schiff·brü·cke** 女 -/-n 浮橋,船橋.
'**Schiff·chen** [ˈʃɪfçən] 中 -s/- **1**《Schiff の縮小形》小舟. **2** 香炉. **3**《植物》竜骨弁. **4**《ミシンの)下糸受け, ボビンケース. **5**《紡織》(織機の)杼(º), シャトル;《手芸》タッチング用シャトル. **6**《話》《軍隊の》舟型帽,略帽.
'**schif·fen** [ˈʃɪfən] ❶ 自 (s, h) **1** (s)《古》海路を行く. **2** (h)《卑》小便をする. ❷ 非人称 Es *schifft*. 雨が降る.
'**Schif·fer** [ˈʃɪfər] 男 -s/- **1** 航海長;船長(とくに商船の). **2**(河川の)船頭,舟子.
'**Schif·fer·kla·vier** 中 -s/-e《楽器》アコーデオン.
'**Schif·fer·müt·ze** 女 -/-n 船員帽.
*'**Schiff·fahrt** [ˈʃɪfaːrt シフファールト] 女 -/-en 航海,航行.
'**Schiff·fahrts·kun·de** 女 -/- 航海術(学).
'**Schiff·fahrts·li·ni·e** 女 -/-n 定期航路.
'**Schiff·fahrts·stra·ße** 女 -/-n =Schifffahrtsweg
'**Schiff·fahrts·weg** 男 -[e]s/-e **1**(航行可能な)水路. **2** 航路.
'**Schiffs·arzt** 男 -es/¨-e 船医.
'**Schiffs·bau** 男 -[e]s/- =Schiffbau
'**Schiffs·be·sat·zung** 女 -/-en (船の)乗組員.
'**Schiffs·bohr·wurm** 男 -[e]s/¨-er《動物》ふなくい虫.
'**Schiff·schau·kel** 女 -/-n (遊園地の)船形ブランコ.
'**Schiffs·eig·ner** 男 -s/- 船主(とくに内陸水運の).
'**Schiffs·fahrt** 女 -/-en 船旅,航海.
'**Schiffs·flag·ge** 女 -/-n 船旗.
'**Schiffs·fracht** 女 -/-en 船荷.
'**Schiffs·hal·ter** 男 -s/-《魚》こばんざめ(小判鮫).
'**Schiffs·he·be·werk** 中 -[e]s/-e《土木》(段差のある2つの運河をつなぐ)船舶リフト.
'**Schiffs·jour·nal** 中 -s/-e 航海日誌.
'**Schiffs·jun·ge** 男 -n/-n 見習い水夫(船員).

'Schiffs·ka·pi·tän 男 -s/-e 船長.
'Schiffs·koch 男 -[e]s/⁼e 船のコック.
'Schiffs·la·dung 女 -/-en 船荷.
'Schiffs·mak·ler 男 -s/- 船舶(海運)仲立人.
'Schiffs·mann·schaft 女 -/-en《集合的に》乗組員, クルー.
'Schiffs·raum 男 -[e]s/⁼e (船の)積載容量(トン数で表示).
'Schiffs·rei·se 女 -/-n 船旅.
'Schiffs·rumpf 男 -[e]s/⁼e 船体(帆柱・舵などを除く).
'Schiffs·schrau·be 女 -/-n スクリュー.
'Schiffs·ta·ge·buch 中 -[e]s/⁼er 〖海事〗航海日誌.
'Schiffs·tau·fe 女 -/-n (船の)命名式.
'Schiffs·ver·kehr 男 -s/ 船舶の交通; 水運, 海運.
'Schiffs·volk 中 -[e]s/-《古》=Schiffsmannschaft
'Schiffs·werft 女 -/-en 造船所, ドック.
'Schiffs·zim·mer·mann 男 -[e]s/..leute 船大工.
'Schiffs·zwie·back 男 -[e]s/-e(⁼e) (船の非常食用の)乾パン.
'schif·ten¹ ['ʃɪftən] (*engl.* shift , verschieben, versetzen') 他 ❶《ein Segel ~》帆の向きを変える. ❷ 自 (積荷がずれる, 荷くずれする.
'schif·ten² 他 1〖建築〗(梁・垂木などの接合面の)角度(寸法)を調べる, 測る; (梁・垂木などの木口を)斜めに切る; (梁・垂木などに)釘で留める. 2〖猟師〗(狩猟用猛禽の)新しい風切羽をつけてやる.
Schi·is·mus [ʃiˈɪsmus] 男 -/ (*arab.*) (イスラーム の)シーア派の教義.
Schi·it [ʃiˈiːt] 男 -en/-en (イスラームの)シーア派信徒. ↑Sunnit
Schi·ka·ne [ʃiˈkaːnə] 女 -/-n (*fr.* chicaner , das Recht verdrehen') 1《権力をかさにきて》意地悪, 嫌がらせ;〖法制〗(単に他者に損害を与えるためだけの)権利の乱用. 2《ゴルフ》(コースに設けられた)難所;〖土木・工学〗(流体などのエネルギー減殺のための)じゃま板, 仕切栓. 3 eine Küche〈ein Auto〉mit allen ~ *n*《話》ありとあらゆる設備を備えた台所〈車〉.
Schi·ka·neur [ʃikaˈnøːr] 男 -s/-e (*fr.* chicaneur , Rechtsverdreher')《古》(権力をかさにきて)意地悪(嫌がらせ)をする人.
schi·ka·nie·ren [ʃika'niːrən] 他 (人に)意地悪(嫌がらせ)をする, (を)いじめる.
schi·ka·nös [ʃika'nøːs] 形《話》意地悪な, 嫌がらせの.
'Schi·lauf ['ʃiː..] 男 -[e]s/-e =Skilauf
'Schi·lau·fen 中 -s/《スキー》=Skilaufen
'Schi·läu·fer 男 -s/- =Skiläufer ◆女性形 Schiläuferin 女 -/-nen

*'Schild [ʃɪlt シルト] ❶ 男 -[e]s/-e 1 盾. j⁴ auf den ~ [er]heben 人⁴を指導者に押したてる(ゲルマン人が昔王などに選んだ者を盾に載せて高く掲げた儀式から). 2 紋章(↑Wappen)の盾, 盾型紋地. *seinen* ~ blank〈rein〉erhalten《古》自分の名誉(家名)を汚さぬよう守る. einen Adler im ~*e* führen 鷲を紋章の図柄にしている. et⁴ gegen j⁴ im ~*e* führen 人⁴に対して密かに事⁴(陰謀など)を画策する(かつて盾に描いた紋章の絵によって一方の味方であることをこっそり示したことから). 3 (軍574などの)つば, 目庇(ホホ). 4〖動物〗(亀・蟹などの)甲羅; (昆虫の)甲殻. 5〖食品〗(牛・豚の)肩肉. 6〖猟師〗(猪の肩胛骨からの肥厚部. 7〖地質〗盾状地. 8〖工学〗(原子炉の)放射線遮蔽;〖軍事〗(火砲の)防作. 9 der automare ~ der Amerikaner 米軍の核の傘.
❷ 中 -[e]s/-er 1 看板; 標札, ネーム(ナンバー)プレート; (道路・交通の)標識, 公示(公告)板; (瓶・箱などの)ラベル, レッテル. 2〖猟師〗(雷鳥類の)胸の斑紋.

'Schild·bür·ger ['ʃɪlt..] 男 -s/- シルダの人, シルダっ子; (一般に)あほう, 愚かなやつ. ◆16世紀の酒落本に登場するザクセンの小都市 Schilda の住民たちの愉快な愚行にちなむ.
'Schild·bür·ger·streich 男 -[e]s/-e 愚行, ナンセンスな行い. ↑Schildbürger
'Schild·drü·se 女 -/-n 〖生理〗甲状腺.
'Schil·de·rer ['ʃɪldərər] 男 -s/- 1 描写する人. 2《古》盾(紋章)の絵師.
'Schil·der·haus ['ʃɪldər..] 中 -es/⁼er 哨舎. " schildern に , Schildwache stehen" (歩哨に立つ)の古義にちなむ.
'Schil·der·ma·ler 男 -s/- 看板描き, 看板屋.

*'schil·dern ['ʃɪldərn シルダーン] ❶ 他 (鮮やかに)描写(叙述)する, (さまざまに)描き出す. ❷ 自〖猟師〗(鳥が)胸に斑紋が出る.
'Schil·de·rung 女 -/-en 描写; 叙述.
'Schil·der·wald 男 -[e]s/《話》林立する交通(道路)標識.
'Schild·knap·pe 男 -n/-n 中世の(騎士につき従う)盾持ちの小姓.
'Schild·krö·te ['ʃɪltkrøːtə] 女 -/-n 〖動物〗亀.
'Schild·krö·ten·sup·pe 女 -/-n 〖料理〗タートルスープ(海亀のスープ). falsche ~ モック・タートルスープ(仔牛の肉を使ったまがいもののタートルスープ).
'Schild·laus 女 -/⁼e 〖動物〗えんじちゅう(燕脂虫), かいがらむし(貝殻虫)
'Schild·patt 中 -[e]s/-《鼈甲(ミス).
'Schild·wa·che 女 -/-n 1 (a) (中世の)甲冑に身を固めた歩哨(見張り). (b)〖軍事〗歩哨, 哨兵. 2 歩哨勤務. ~ stehen 歩哨に立つ.
Schilf [ʃɪlf] 中 -[e]s/-e (*lat.* scirpus , Binse')《複数まれ》〖植物〗よし(葭), あし(葦); 葭(葦)の茂み; (葭に似た植物の名称として)萱(ミ;), 蒲(ミ;).
'schil·fen ['ʃɪlfən] 形 葭(葦)製の.
'schil·fern ['ʃɪlfərn] 自《sich⁴》《地方》(皮膚などが)ぼろぼろと剥がれる, むける.
'Schilf·gras 中 -es/⁼er 〖植物〗=Schilfrohr
'schil·fig ['ʃɪlfɪç] 形 1 葭(葦)の茂った, 葭(葦)におおわれた. 2 葭(葦)のような.
'Schilf·rohr 中 -[e]s/-e 〖植物〗よし(葭), あし(葦); 葭(葦)の茎.
'Schi·lift ['ʃiː..] 男 -[e]s/-e(-s) =Skilift
'Schil·ler¹ ['ʃɪlər] 男 -s/- 1《複数なし》(光線によって色が違って見える)虹色, 真珠光沢, 玉虫色. 2《地方》=Schillerwein
'Schil·ler²《人名》シラー. Friedrich von ~ フリードリヒ・フォン・シラー(1759–1805, ドイツの詩人・劇作家, 『ヴァレンシュタイン』 *Wallenstein* など).
'Schil·ler·kra·gen 男 -s/-〖服飾〗シラー・カラー, バイロン・カラー(スポーツシャツなどのオープン・カラー, Fr. v. Schiller の肖像画にしばしば見られるところから).
'Schil·ler·lo·cke 女 -/-n 1〖料理〗クリーム・ホーン(円錐形に丸めたパイ生地にクリームを詰めた菓子). 2 つのざめ(角鮫)の腹身の燻製.
'schil·lern ['ʃɪlərn] 自 虹色(玉虫色)に光る, さまざまな色に輝く. in allen Farben ~ さまざまに色を変えて光る.

'**schil·lernd** 現分 形 玉虫色(虹色)に光る; とらえどころのない, はっきりしない. ein ~*er* Charakter とらえどころのない性格. eine ~*e* Persönlichkeit 才能(個性)がきらきらするような人.

'**Schil·ler·wein** 男 -[e]s/- シラーワイン(赤・白の葡萄(ぶどう)を混ぜて造るヴュルテンベルク特産のロゼワイン).

'**Schil·ling** ['ʃɪlɪŋ] 男/-(単位 -) 1《記号 S, öS》シリング(ユーロ導入以前のオーストリアの通貨および貨幣単位, =100 Groschen) 2《古》(昔のヨーロッパの)シリング貨幣. 3 =Shilling

'**schil·pen** ['ʃɪlpən] 自 (雀が)ちゅんちゅん啼く.

schilt [ʃɪlt] schelten の現在 3 人称単数および du に対する命令形.

schiltst [ʃɪltst] schelten の現在 2 人称単数.

Schi·mä·re [ʃi'mɛːrə] 女 -/-n (*gr.* Chimaira, Ziege*)) 幻影, 幻想, 妄想. ◆ギリシアの伝説上の怪獣キマイラ Chimära に基づく.

schi·mä·risch [ʃi'mɛːrɪʃ] 形 幻想の, 妄想の.

'**Schim·mel** ['ʃɪməl] 男 -s/- 1《複数なし》かび(黴). 2 白馬, 葦毛(あしげ)の馬. j³ zureden wie einem lahmen〈kranken〉 ~ 人³に口を酸っぱくして言う. 3 (a)《月並な》型, 定式. (b)《話》替欲. (c)《話》模範的判決.

'**schim·me·lig** ['ʃɪməlɪç] 形 =schimmlig

'**schim·meln** ['ʃɪməln] 自 (h, s) 1 (h, s) 黴(かび)びる. Das Brot hat〈ist〉 *geschimmelt*. パンに黴が生えた. 2 (h) (黴が生えるほど)長い期間放っておかれる. Man hat die Akten jahrzehntelang im feuchten Keller ~ lassen. それらの書類は何 10 年もしめっぽい地下室に死蔵されていた.

'**Schim·mel·pilz** 男 -es/-e《多く複数で》【植物】かび(黴)菌, 糸状菌.

'**Schim·mel·rei·ter** 男 -s/- 白馬の騎士. ◆降臨節の頃天界の軍勢を率いて空中を疾駆するというゲルマン伝説の中の幽鬼.

'**Schim·mer** ['ʃɪmər] 男 -s/-《複数まれ》1 かすかな(ほのかな)光, 微光; ちらちらする光, きらめき.《地方》(夕べ・夜明けの)薄明. 2 かすかな痕跡(跡). Der ~ eines Lächelns flog über sein Gesicht. かすかな微笑の影が彼の顔をかすめた. Ich habe noch keinen ~ von Hoffnung. 私はまだ一縷(いちる)の望みは持っている. keinen [blassen]〈nicht den geringsten / nicht den leisesten〉 ~ von et³ haben《話》事³のことが何も分かっていない,〈について〉さっぱり見当もつかない.

'**schim·mern** ['ʃɪmərn] 自 1 ほのかに光る, ちらちらする, きらめく. *schimmernde* Seide 光沢のある絹. 2 かすかに透けて見える; ほのかに感じられる.

'**schimm·lig** ['ʃɪmlɪç] 形 黴(かび)の生えた, かびだらけの; かび臭い. sich⁴ über j⟨et⟩⁴ ~ lachen《地方》人⟨事⟩⁴のことで大笑いする.

Schim·pan·se [ʃɪm'pantsə] 男 -n/-n (*afrik.* chimpenzi)【動物】チンパンジー.

*Schimpf [ʃɪmpf シンプフ] 男 -[e]s/-e《複数まれ》《罵詈雑言による)侮辱, 辱しめ. j³ einen ~ antun/zufügen〉 人³に侮辱を加える. einen ~ erleiden 辱しめを受ける. j⁴ mit ~ und Schande davonjagen 人⁴に赤っ恥をかかせて追払う. ~ und Schande! この恥知らず!

*'**schimp·fen** ['ʃɪmpfən シンプフェン] ❶ 自 1 のののしる, 悪しざまに言う(auf j⟨et⟩⁴ / über j⟨et⟩⁴ 人⟨物⟩³). Er *schimpft* ständig gegen die Regierung. 彼はしょっちゅう政府の悪口を言う. *schimpfende* Sperlinge やかましく囀(さえず)る雀. 2 (mit j³ 人³)を叱りつける.

❷ 他 1 (人⁴のことを…と)のののしる. j⁴ einen Betrüger ~ 人⁴を詐欺師とのののしる. 2《地方》叱りつける(wegen et³ 事³のことで).

❸ 他〈sich〉《卑》(…と)自称(僭称)する. Und du *schimpfst dich* Ingenieur! それで君はいっぱしのエンジニアと言うのかい.

Schimp·fe'rei [ʃɪmpfə'raɪ] 女 -/-en しつこくののしること.

'**schimp'fie·ren** [ʃɪm'pfiːrən] 他《古》(名誉などを)けがす, 侮辱する.

'**schimpf·lich** ['ʃɪmpflɪç] 形 屈辱的な, 恥ずべき, 不名誉な.

'**Schimpf·na·me** -ns/-n 侮辱(屈辱)的な渾名. ◆格変化は Name 参照.

'**Schimpf·wort** ['ʃɪmpfvɔrt] 中 -[e]s/⸗er⟨-e⟩ののしりの言葉. j⁴ mit *Schimpfwörtern* überhäufen 人⁴に罵詈雑言(ばりぞうごん)を浴びせる.

'**Schind·an·ger** ['ʃɪnt..] 男 -s/-《古》皮剥ぎ場.

'**Schin·del** ['ʃɪndəl] 女 -/-n (*lat.* scindula) 1 (屋根葺(ふ)きなどに使う)柿(こけら)板. 2《紋章》柿(こけら)形(紋様).

'**Schin·del·dach** 中 -[e]s/⸗er 柿(こけら)葺きの屋根.

'**schin·deln** ['ʃɪndəln] 他 (家・屋根を)柿(こけら)葺きにする.

'**schin·den**(*) ['ʃɪndən] *schindete* (schund), *geschunden* ❶ 他 1 (人・家畜などを)酷使する, 虐待する. Arbeiter⟨Rekruten⟩ ~ 労働者を搾取する⟨新兵をこき使う⟩. den Motor ~ エンジンを酷使する. 2 (a)《俗・ふざけてせしめる. bei j³ Eindruck⟨Mitleid⟩ ~ なんとか人³に良く思ってもらおう⟨人³の同情を買おう⟩とする. eine Vorlesung ~ 講義をもぐりで聴講する. Zeilen ~ (原稿料を増やそうと)無理に行数をかせぐ. Zeit ~ 時間稼ぎをする. bei j³ ein paar Zigaretten ~ 人³に煙草で, 2, 3本たかる. (b) (料金などを払わずに済ます. [das] Fahrgeld⟨[das] Eintrittsgeld⟩ ~ ただ乗り⟨ただで入場⟩する. 3《古》(動物の)皮を剝(は)ぐ.

❷ 他〈sich〉《話》さんざん苦労する. Er hat *sich* sein Leben lang *geschunden*. 彼は生涯苦労の詰まったひとだ. *sich* mit dem Gepäck ~ 荷物に手こずる. ◆過去形はほとんど用いない.

'**Schin·der** ['ʃɪndər] 男 -s/- 1《古》皮剥ぎ人. 2《侮》いじめる人, 虐待者;《猟師》(猟区の獲物を保護しようとしない鬼猟師. 3《地方》老いぼれ馬.

Schin·de'rei [ʃɪndə'raɪ] 女 -/-en 1 酷使, 虐待. 2 つらい仕事, 苦役. 3 皮剥ぎ業; 皮剥ぎの作業場.

'**Schind·lu·der** ['ʃɪnt..] 中《次の用法で》 mit j⟨et⟩³ ~ treiben 人⟨物⟩³を粗末に(ぞんざいに)扱う, 酷使(虐待)する.

'**Schind·mäh·re** -/-n《侮》老いぼれ馬, 廃馬.

*'**Schin·ken** ['ʃɪŋkən シンケン] 男 -s/- 1 (a)《屠畜, とくに豚の)太腿, 腿肉. (b) ハム. geräucherter⟨roher⟩ ~ 燻製⟨生ハム⟩. mit dem ~ werfen《話》海老(えび)で鯛を釣ろうとする. 2《卑》(人間の)尻; 太腿. j⁴ auf den ~ hauen 人⁴の尻をどやす. 3《戯》《侮》分厚い本; ばかでかい絵;(映画・芝居の)つまらない大作.

'**Schin·ken·brot** 中 -[e]s/-e ハムを載せたパン, ハムサンド.

'**Schin·ken·bröt·chen** 中 -s/- 1《Schinkenbrot の縮小形》小さいハムサンド. 2 ハムブチパン(ハムを刻んで焼き入れた小さいパン).

'Schin·ken·wurst 囡 -/¨e ハムソーセージ.
Schinn [ʃɪn] 男 -[e]s/-en =Schinne
'Schin·ne [ˈʃɪnə] 囡 -/-n 《多く複数で》《北ド》雲脂(ふけ).
Schin·to'is·mus [ʃɪntoˈɪsmʊs] 男 -/ (jap.)《宗教》神道.
'Schipp·chen [ˈʃɪpçən] 囲 -s/- (Schippe の縮小形) **1** 小さいシャベル(スコップ). **2** ein ~ ziehen⟨machen⟩《戯》不服そうに下唇を突き出してみせる(とくに子供が).
'Schip·pe [ˈʃɪpə] 囡 -/-n **1**《北ド・中部ド》シャベル, スコップ. jʳ auf die ~ nehmen⟨laden⟩《話》人ˣのことを⟨陰で⟩馬鹿にする. **2** eine ~ ziehen⟨machen⟩《戯》不服そうに下唇を突き出してみせる. **3**《話》長く伸びた爪. **4**《複数で／無定冠詞》(トランプの)スペード.
'schip·pen [ˈʃɪpən]《北ド・中部ド》❶ 他 シャベル(スコップ)ですくう, シャベル(スコップ)で掘る. Wege durch den Schnee ~ 雪掻きをして道をあける. ❷ 自 シャベル(スコップ)で仕事をする.
'Schip·pen 囡 -/- (トランプの)スペード.
'Schip·per [ˈʃɪpər] 男 -s/-《北ド・中部ド》シャベル(スコップ)で仕事をしている人.
'Schip·per 男 -s/-《北ド》船乗り.
'Schi·ri [ˈʃiːri 'ʃɪri] 男 -s/-s《話》(Schiedsrichter の短縮)(スポーツの)審判.
***Schirm** [ʃɪrm シルム] 男 -[e]s/-e **1 (a)** 傘; (Regenschirm) 雨傘, (Sonnenschirm) 日傘. den ~ aufspannen⟨zusammenklappen⟩ 傘を開く⟨たたむ⟩. **(b)**《比喩》《雅》庇護. jʳ Schuts und ~ gewähren 人ˣを庇護する. **2 (a)** (ランプ・電灯の)笠, シェード. **(b)** (Fallschirm の短縮)パラシュート, 落下傘. **3**《植物》繖(さん)形花序. **4 (a)** (暖炉の前に置く)遮熱板; (放射線防禦の)遮蔽板. **(b)** (学帽などの)目庇(まびさし). **(c)**《狩》(粗柴(そだ)や葉(は)などで蔽った)狩師の隠れ場. **(d)** der automare ~ der USA アメリカの核の傘. **5 (a)** (テレビ・レーダーなどの)スクリーン. über den ~ gehen テレビに放映される. **(b)** (Röntgenschirm の短縮)蛍光スクリーン.
'Schirm·bild 囲 -[e]s/-er スクリーン上の映像; レントゲン写真.
'schir·men [ˈʃɪrmən] 他《雅》保護する, 守る(vor et³ 物ˢから). seine Augen mit der Hand ~ 目に手をかざす.
'Schir·mer [ˈʃɪrmər] 男 -s/-《雅》庇護者; 保護者, パトロン.
'Schirm·git·ter 囲 -s/-《電子工》遮蔽格子, スクリーングリッド.
'Schirm·herr 男 -n/-en 後援者, パトロン.
'Schirm·herr·schaft 囡 -/-en (催し物などの)後援, 賛助.
'Schirm·müt·ze 囡 -/-n ひさしの付いた帽子.
'Schirm·stän·der 男 -s/- 傘立て.
Schi'rok·ko [ʃiˈrɔko] 男 -s/-s《気象》シロッコ(アフリカ北部から地中海沿岸に吹きつける熱風).
'schir·ren [ˈʃɪrən] 他 **1**《まれ》(馬に)馬具をつける. **2** ein Pferd an⟨vor⟩ den Wagen ~ 馬を馬車につなぐ.
'Schirr·meis·ter [ˈʃɪr..] 男 -s/-《古》**1**《軍事》輜重(しちょう)隊将校. **2** 馬具係.
'Schis·ma [ˈʃɪsma, ˈsçɪsma] 囲 -s/..men [..mən] (-ta[..ta]) (gr., Spaltung, Uneinigkeit')《教会》スキスマ, 離教, 分離(教理上のいわゆる異端のみならず, 協会の一致を破ること).
Schis'ma·ti·ker [ʃɪsmaˈtiːkər, sçɪ..] 男 -s/-《教会》離教者.
'Schis·men [ˈʃɪsmən, ˈsçɪ..] Schisma の複数.
'Schi·sport [ˈʃiː..] 男 -[e]s/-e =Skisport
'Schi·sprin·gen 囲 -s/- =Skispringen
schiss, °Schiß [ʃɪs] schießen の過去.
Schiss, °Schiß [ʃɪs] 男 -es/-e **1**《複数まれ》《卑》糞(ふん), ふん; 脱糞, 排便. **2**《複数なし》(Angst) 不安, 心配. ~ vor seinem Vater⟨der Prüfung⟩ haben 父親がこわい⟨試験のことが⟩心配である.
schi·zo'gen [ʃitsoˈgeːn, sçɪ..] 形 (gr.)《生物》分裂生殖の.
Schi·zo·go'nie [ʃɪtsogoˈniː, sçɪ..] 囡 -/ (gr.)《生物》分裂生殖.
schi·zo'id [ʃɪtsoˈiːt, sçɪ..] 形 (gr.)《心理・医学》分裂病質の, 統合失調症的傾向の.
Schi·zo'my·zet [ʃɪtsomyˈtseːt, sçɪ..] 男 -en/-en (gr.)《多く複数で》《生物》分裂菌.
Schi·zo'phren [ʃɪtsoˈfreːn, sçɪ..] 形 **1**《心理・医学》統合失調症(スキゾフレニア)の, (精神)分裂症の. **2** 支離滅裂な, 首尾一貫しない; 馬鹿げた, 気ちがいじみた.
Schi·zo·phre'nie [ʃɪtsofreˈniː, sçɪ..] 囡 -/-n [..ˈniːən] **1**《心理・医学》統合失調症, スキゾフレニア, (旧称で)精神分裂症(病). **2**《複数なし》支離滅裂であること, 矛盾していること; 気ちがいじみていること.
Schlab·be'rei [ʃlabəˈraɪ] 囡 -/-en (↓schlabbern) **1**《話》(飲食物を)こぼすこと. **2**《地方》《侮》長ったらしいおしゃべり.
'schlab·be·rig [ˈʃlabərɪç] 形《話》**1** 味の薄い, 水っぽい. **2** ゼリー状の, ぶよぶよした. **3** (布地が)柔らかい, しなやかな; (衣服が)だらりと垂れた.
'schlab·bern [ˈʃlabərn] ❶ 他《話》ぴちゃぴちゃ音を立てて食べる, ずるずる啜(すす)る. ❷ 自 **1**《話》(食事で)こぼす. **2**《話》(衣服がゆるく垂れて)揺れ動く. **3**《地方》《侮》ぺちゃくちゃしゃべる.
'schlabb·rig [ˈʃlabrɪç] 形 =schabberig
***Schlacht** [ʃlaxt シュラハト] 囡 -/-en (比較的規模の大きい)戦闘, 会戦, 合戦; (大勢の)乱闘, 殴り合い; (遊技・競技などの)戦い, 試合. die ~ bei⟨von⟩ Waterloo ワーテルローの戦い. Saalschlacht 議場の乱闘. Schneeballschlacht 雪合戦. Wahlschlacht 選挙戦. eine ~ gewinnen⟨verlieren⟩ 戦いに勝つ⟨負ける⟩. dem Feinde eine ~ liefern 敵と一戦交える. eine ~ schlagen 戦闘をする. Hier siehts ja aus wie nach einer ~!《話》ここはまるで戦(いくさ)のあとだね(ごった返している).
'Schlacht·bank 囡 -/¨e 屠殺(とさつ)台. jʳ zur ~ führen《侮》人ˣを処刑する, ばらす.
'schlacht·bar [ˈʃlaxtbaːr] 形 (家畜が)法律上屠殺可能な.
***'schlach·ten** [ˈʃlaxtən シュラハテン] 他 **1** (家畜を)屠殺する. ein Huhn ~ 鶏をつぶす. **2** (人ˣを)虐殺する. **3**《戯》まるまる 1 個(1 枚, 1 箱)食べてしまう. eine Tafel Schokolade⟨eine Flasche Wein⟩ ~ 板チョコを 1 枚食べる⟨ワインを 1 本空(あ)ける⟩.
'Schlach·ten·bumm·ler 男 -s/-《話》アウェーのチームにまで応援に行く熱狂的なファン;《古》(好奇心で出かけて行く)戦場の野次馬.
***'Schlach·ter** [ˈʃlaxtər シュラハター] 男 -s/- **1**《北ド》(Fleischer) 肉屋. **2** 屠殺業者. **3**《狩師》家

'Schläch·ter ['ʃlɛçtər] 男 -s/- 1《北ドヅ》=Schlachter 1, 2. 2 屠殺者.

Schlach·te·rei [ʃlaxtəˈraɪ] 女 -/-en《北ドヅ》=Fleischerei.

Schlach·te·rei [ʃlɛçtəˈraɪ] 女 -/-en《北ドヅ》1 = Schlachterei. 2 殺戮, 虐殺.

'Schlacht·feld 中 -[e]s/-er 戦場. Er ist auf dem ~ geblieben.《古》《婉曲》彼は戦死した.

'Schlacht·fest 中 -[e]s/-e 屠殺祭り(農家での屠殺のあとの宴会).

'Schlacht·flie·ger 男 -s/- 1《軍事》爆撃機のパイロット. 2《話》戦闘機.

'Schlacht·flot·te 女 -/-n《古》《軍事》戦闘艦隊.

'Schlacht·ge·sang 男 -[e]s/⸚e《古》《合戦に出かける前の》戦いの歌.

'Schlacht·ge·schrei 中 -[e]s/《古》喊声(かんせい), 雄たけび.

'Schlacht·ge·wicht 中 -[e]s/-e (複数まれ) (↔ Lebendgewicht) 屠殺後の(皮・頭部・内臓などを除いた)正身量, 枝肉重量.

'Schlacht·haus 中 -es/⸚er 1 屠殺場. 2 = Schlachthof.

'Schlacht·hof 男 -[e]s/⸚e 屠殺・解体, 食肉の加工・保存などを行う屠殺センター.

'Schlacht·kreu·zer 男 -s/-《軍事》(第1次世界大戦で使われた)巡洋戦艦.

'Schlacht·li·nie 女 -/-n《古》=Schlachtreihe

'Schlacht·op·fer 中 -s/- 生贄(いけにえ);《比喩》(戦争などの)犠牲者.

'Schlacht·ord·nung 女 -/-en《古》《軍事》戦闘隊形.

'Schlacht·plan 男 -[e]s/⸚e《軍事》戦闘計画, 作戦.

'schlacht·reif 形《比較変化なし》(家畜が)屠殺に最も適した.

'Schlacht·rei·he 女 -/-n《軍事》戦闘隊形, 戦列.

'Schlacht·ruf 男 -[e]s/-e《古》(突撃前の)鬨(とき)の声, 喊声(かんせい);《比喩》スローガン.

'Schlacht·schiff 中 -[e]s/-e《軍事》(とくに第2次世界大戦に使われた)戦艦.

'Schlach·tung 女 -/-en 屠殺.

'Schlacht·vieh 中 -[e]s/- 屠畜, 食肉用の家畜.

schlack [ʃlak] 形《南ドヅ》だらけた, 不精な.

Schlack [ʃlak] 男 -[e]s《北ドヅ》1 粥(かゆ);粥状のもの. 2 みぞれ;雪解けのぬかるみ.

'Schlack·darm 男 -[e]s/⸚e《北ドヅ》(Mastdarm) 直腸.

'Schla·cke ['ʃlakə] 女 -/-n 1 (石炭などの)燃えがら, シンダー. 2《冶金》溶滓, ドロス; 鉱滓, スラグ. 3《地質》(火山の)噴石, 火山岩滓. 4《複数まれ》《生理》(食物の)不消化残滓. 5《雅》残りかす.

'schla·cken ['ʃlakən] 自 (石炭などが)燃え殻を出す;(金属が)鉱滓を出す.

'schla·cken² 非人称《北ドヅ》Es schlackt. みぞれが降る.

'Schla·cken·bahn 女 -/-en (まれ)《スキー》(Aschenbahn) シンダートラック.

'schla·cken·frei 形 1 燃えがら(鉱滓)の出ない. 2 (食物が)不消化物を含まない. 3 欠点のない, 申分のない.

'Schla·cken·wol·le 女 -/ 鉱滓綿, 鉱(こう)綿.

'schla·ckern¹ ['ʃlakərn]《北ドヅ》=schlacken²

'schla·ckern² 自《北ドヅ・西中部ドヅ》くらぐら(がくがく)する; ぶらぶら揺れる. Die Knie schlackerten ihr vor Angst. 彼女は恐怖のあまり膝がかくかくした. Das Rad schlackert. 車輪がたがつく. mit den Armen 〈den Beinen〉 ~ 腕〈足〉をぶらぶらさせる. mit den Ohren ~《比喩》びっくり仰天する.

'Schla·cker·wet·ter ['ʃlakər..] 中 -s/《北ドヅ》みぞれ模様の天気.

'schla·ckig¹ ['ʃlakɪç] 形 (石炭などの)燃えがらの多く出る;(金属が)滓(さい)を多く含んだ.

'schla·ckig² 形《北ドヅ》みぞれ模様の.

'Schlack·wurst 女 -/⸚e セルベレート, カーベラット(豚肉・牛肉・脂身を豚の直腸に詰めたソーセージ).

Schlaf

[ʃlaːf シュラーフ] 男 -[e]s/ 1 眠り, 睡眠. ein fester〈tiefer〉 ~ 熟睡〈深い眠り〉. keinen ~ finden 寝つかれ(眠れ)ない. ~ haben《南ドヅ・スイス》眠い, くたびれている. einen leichten〈gesegneten〉 ~ haben 眠りが浅い〈ぐっすり眠る〉. den ~ des Gerechten schlafen ぐっすり眠る. den ewigen ~ schlafen 永遠の眠りについている. j⁴ aus dem ~ rütteln 人⁴を揺り起こす. in ~ fallen〈sinken〉《雅》眠りに落ちる. in tief[st]em ~ liegen ぐっすり寝こんている. ein Kind in [den] ~ singen 子供を子守唄を歌って寝かしつける. im ~[e] 眠ったまま. Den Seinen gibt's der Herr im ~.《話》主は愛する者らに彼らが寝ている間にそれをお与えになる. 《旧約》詩篇127:2). Das kann〈beherrsche〉 ich im ~ e.《話》そんなことくらい眠っていてもできるよ. im ~ reden 寝言を言う. nicht im ~ dem ~ も…ない. Daran denke ich nicht [mal] im ~.《話》そんなことは夢にも考えない. Das fällt mir nicht im ~ ein! 《話》そういうことは私は夢にも思いつかないよ. 《戯》目脂(めやに). ~ in den Augen[winkeln] 目脂がついている.

Schlaf² [ʃlaːf] 男 -[e]s/Schläfe《雅》=Schläfe¹

'Schlaf·an·zug 男 -[e]s/⸚e パジャマ.

'Schlaf·bur·sche -n/-n《古》ベッドだけを借りている宿泊人.

'Schläf·chen ['ʃleːfçən] 中 -s/-《Schlafの縮小形》短い睡眠. ein [kurzes] ~ machen ちょっとひと眠りする.

'Schlaf·couch [..kautʃ] 女 -/-es(-en) ソファーベッド.

'Schlä·fe¹ ['ʃleːfə] 女 -/-n こめかみ;《複数で》鬢(びん). graue ~n haben 鬢に白いものがまじっている.

'Schlä·fe² Schlaf²の複数.

schla·fen*

['ʃlaːfən シュラーフェン] schlief, geschlafen / du schläfst, er schläft ❶ 自 1 眠っている, 寝ている. Schlafen Sie gut! / Wünsche wohl zu ~!おやすみなさい. Hast du gut geschlafen? よく眠れたかい. Er schläft noch halb. 彼はまだ寝ぼけている. Sie schläft im Unterricht. 彼女は授業中うとうとしている. Darüber will ich noch ~. そのことについては一晩ゆっくり寝て考えるよ. Lass doch die Sache ~!その件はそのままそっとしておけ. in den Tag hinein ~ 昼(日が高くなる)まで寝ている. ~ gehen / sich⁴ ~ legen 就寝する, 床に就く. ein Kind ~ legen 子供を寝かしつける. j⁴ ~ schicken 人⁴を寝かす;《婉》人⁴を永遠に沈める(KOする). KO する. Schlafendes Auge《植物》休眠芽. Schlafende Hunde soll man nicht wecken.《諺》眠っている犬を起こすな, 藪(やぶ)をつついて蛇を出す. sich⁴ schlafend stellen 寝た

ふりをする. **2** (a) 泊る, 寝る. auf der Couch〈im Zelt〉～ ソファー〈テント〉で寝る. bei j⁴〈im Hotel〉～ 人³のところ〈ホテル〉に泊る. (b) mit j¹ ～ 人³と寝る, 性交渉を持つ. Die zwei haben miteinander *geschlafen.* あの2人はできている.

❷ 回 《*sich*》**1** (a) 《非人称的に》寝心地が…である. Auf dem Sofa〈Mit einem Glas Bier〉 *schläft es sich* gut. このソファーは寝心地がよい〈ビールを1杯飲むとよく眠れる〉. (b) 《結果を示す語句と》 *sich* gesund ～ よく寝て健康を恢復する. **2** 《卑》 *sich* durch die ganze Firma ～ 〈出世などのために〉会社じゅうの男と寝る.

'**Schlä·fen·bein** 囲 -[e]s/-e 《解剖》側頭骨.
'**Schla·fen·ge·hen** 囲 -s/ 就寝.
'**Schla·fens·zeit** 囡 -/-en 《複数まれ》就寝時間.
'**Schlä·fer** ['ʃlɛːfər] 囲 -s/- **1** 眠っている人. ein unruhiger ～ よく眠れない人. **2** 《動物》やまね(山鼠).
'**schlä·fe·rig** ['ʃlɛːfərɪç] 囮 =schläfrig
'**schlä·fern** ['ʃlɛːfərn] 動 非人称 Es *schläfert* mich./ Mich *schläfert* [*es*]. 私は眠い. Nach Bier *schläfert's* einen. ビールを飲むと眠くなる.

schlaff [ʃlaf] 囮 **1** たるんだ, ゆるんだ, だらりと垂れた. ～*e* Haut たるんだ皮膚. **2** 力(元気)のない, ぐったりした. mit ～ herabhängenden Armen 両手をだらりと下げて. **3** 《船員》(風が)弱い. **4** (規律などが)たるんだ, だらけた. **5** 無気力な, やる気のない. **6** 《若者》(音楽・パーティーなどが)退屈な, おもしろくない.
'**Schlaff·heit** 囡 -/ たるみ, ゆるみ, 無気力, つまらなさ.
'**Schlaf·gän·ger** 囲 ['ʃlaːf..]/- =Schlafbursche
'**Schlaf·gast** 囲 -es/-e 泊り客.
'**Schlaf·ge·le·gen·heit** 囡 -/-en 寝る場所. Er hat für die Nacht keine ～. 彼は夜寝る所がない.
'**Schlaf·ge·mach** 囲 -[e]s/-er(-e) 《雅》寝室.
'**Schlaf·ge·nos·se** 囲 -n/-n 同室に泊っている人, 相部屋の人.
Schla'fitt·chen [ʃlaˈfɪtçən] 囲 -s/ 《ふつう次の用法で》j⁴ am〈beim〉～ kriegen〈nehmen/packen〉《話》人⁴をとっつかまえる《意見するために》.
'**Schlaf·kam·mer** 囡 -/-n (小さな)寝室.
'**Schlaf·krank·heit** 囡 -/-en 《病理》睡眠病.
'**Schlaf·lied** 囲 -[e]s/-er 子守歌.
'**schlaf·los** 《比較変化なし》眠れない, 寝つけない; 寝ていない, 不眠の.
'**Schlaf·lo·sig·keit** 囡 -/ (よく)眠れないこと, 不眠. an ～ leiden 不眠症にかかっている.
'**Schlaf·mit·tel** 囲 -s/- 《薬学》睡眠薬.
'**Schlaf·müt·ze** 囡 -/-n **1** 《古》ナイトキャップ. **2** 《話》寝坊助(惚). **3** 《話》のろま, ぐず.
'**schlaf·müt·zig** [..mʏtsɪç] 囮 のろまな, ぐずな.
'**Schlaf·pul·ver** 囲 -s/- (散剤の)睡眠剤; 《地方》(一般に)睡眠薬.
'**Schlaf·raum** 囲 -[e]s/-e 寝室; (福祉施設・寮などの)部屋, 室.
'**schläf·rig** ['ʃlɛːfrɪç] 囮 **1** 眠い; 眠そうな. **2** 眠気を誘う, のろのろ(だらだら)した.
..schläf·rig 囮 《接尾》数詞につけて「…人が寝られる」の意の形容詞をつくる. ein zwei*schläfriges* Bett 2人用のベッド, ダブルベッド.
'**Schläf·rig·keit** 囡 -/ 眠気, 睡魔; 眠そうな様子.
'**Schlaf·rock** 囲 -[e]s/-e (ナイト)ガウン, 化粧着. Apfel im 《料理》リンゴのパイ(ワッフル).
'**Schlaf·saal** 囲 -[e]s/..säle ユースホステル・寄宿舎などの)共同寝室.
'**Schlaf·sack** 囲 -[e]s/-e 寝袋, シュラーフ.
schläfst [ʃlɛːfst] schlafen の現在2人称単数.
'**Schlaf·stadt** 囡 -/-e 《話》ベッドタウン.
'**Schlaf·stät·te** 囡 -/-n 《雅》臥所(籠), 寝床.
'**Schlaf·stel·le** 囡 -/-n 寝場所, 寝床; 《古》(寝るためだけに帰る下宿・安宿の)賃借ベッド.
'**Schlaf·stu·be** 囡 -/-n 《地方》寝室.
'**Schlaf·sucht** 囡 -/ 《病理》嗜眠(፻), 傾眠.
'**Schlaf·süch·tig** 囮 《病理》嗜眠性の.
schläft [ʃlɛːft] schlafen の現在3人称単数.
'**Schlaf·ta·blet·te** 囡 -/-n (錠剤の)睡眠薬.
'**Schlaf·trank** 囲 -[e]s/-e 《複数まれ》《古》(水薬の)睡眠薬; 《戯》寝酒.
'**schlaf·trun·ken** 寝ぼけた, 半睡状態の.
'**Schlaf·trun·ken·heit** 囡 -/ 寝ぼけ状態.
'**Schlaf·wa·gen** 囲 -s/- (列車の)寝台車.
'**schlaf·wan·deln** 亘 (s, h) 夢中歩行する, 夢遊する.
'**Schlaf·wand·ler** ['ʃlaːfvandlər] 囲 -s/- 夢遊病者.
'**schlaf·wand·le·risch** 囮 夢遊病の; 夢遊病者のような.
*'**Schlaf·zim·mer** ['ʃlaːftsɪmər シュラーフツィマー] 囲 -s/- **1** 寝室. **2** 《話》寝室用家具調度.
'**Schlaf·zim·mer·blick** 囲 -[e]s/ 《話》(女性の)色憂げに誘うような眼指(ﾞ).

Schlag

Schlag [ʃlaːk シュラーク] 囲 -[e]s/Schläge (↑ schlagen) **1** (a) 打つ(たたく)こと, 打撃; 殴打. Bereits der zweite ～ streckte ihn zu Boden. 2発目のパンチで早くも彼はぶちのめされた(マットに沈んだ). Gleich wird's *Schläge* geben〈setzen〉！じきに殴り合いが始まるぞ; そんなことをしているとすぐにお仕置きだよ. *Schläge* an〈gegen〉 die Tür 戸をどんどん叩くこと. ein ～ auf den Kopf 頭への一撃. ein ～ ins Gesicht 顔面を1発なること. 《比喩》ひどい侮辱. ein ～ ins Kontor 《話》(とくに悪い知らせなどについて)寝耳に水. ein ～ ins Wasser (講じた策などについて)無駄なこと, 徒労. ein ～ mit dem Hammer ハンマーの一撃. ein ～ unter die Gürtellinie 《ボクシング》ロー・ブロー; 《話》フェアでないやり口, 汚い手; 《話》お話にならないおそような)出来ばえ. einen ～ abwehren 《ボクシング》パンチをブロックする. *Schläge* austeilen 《話》ぶん殴る. *Schläge* bekommen ぼかぼか殴られる; (お仕置きで)お尻をぶたれる. einen vernichtenden ～ gegen j⁴ führen, j⁴に壊滅的な打撃を与える. einen leichten ～ auf et¹ geben 物¹を軽くとんとたたく. einen ～ haben 《話》頭がすこしおかしい. keinen ～ tun 《話》なんにもしない, さっぱり働かない. j⁴ *Schläge* verabreichen 人³をぶん殴る, (お仕置きで)人³のお尻をぶつ. j⁴ einen ～ versetzen 人³に一発くらわす, (を)がっくりさせる. am ～ sitzen 《海》コックス(舵手)をつとめる. auf einen ～ 一挙に, いちどきに(いっぺんに). (b) 打つ(たたく)音, (鐘などの鳴る音; 鼓動, 振動. Im Keller tat es einen fürchterlichen ～. 地下室でものすごい音がした. der ～ eines Gongs 銅鑼(㌘)の音. der ～ des Herzens〈eines Pendels〉 心臓の鼓動〈振り子の振動〉. die *Schläge* des Ruders オールが水面をたたく音. der ～ der Wellen 波が打寄せる音. der ～ auf ～ 次から次に, たて続けに, 矢継ぎ早に. ～ 12 Uhr (ビッタリ)《ほ》 *schlag* 12 Uhr/mit dem ～*e* 12 Uhr 12時きっかりに. mit dem ～ 時間きっかりに, 定刻通りに. mit

einem ～[e]《話》不意に, だしぬけに.
2 (a) 電撃. einen [elektorischen] ～ bekommen 感電する. (b) (Blitzschlag) 落雷. ein kalter ～ 火事にならない落雷.
3《比喩》(運命・災厄などの)打撃. Der Tod seines Sohns war ein schwerer ～ für ihn. 息子の死は彼にとってひどい痛手だった. die *Schläge* des Schicksals 運命の打撃.
4《話》(Schlaganfall) 卒中の発作. Er hat einen ～ gehabt. / Ihn hat der ～ getroffen〈gerührt〉. 彼は卒中の発作に襲われた. Der ～ soll dich treffen!《卑》おまえなんぞくたばってしまえ. Ich dachte, mich rührt〈trifft〉der ～.《話》私はびっくり仰天した, 肝をつぶしたよ. wie vom ～ getroffen〈gerührt〉sein《話》茫然自失の態(で)である.
5《複数なし》(鳴禽類の)啼き声, さえずり.
6 鳥小屋;(とくに)鳩舎.
7《古》(馬車・自動車の)扉.
8 (a)〘林業〙(木材・森林の)伐採;伐採区画. (b)〘農業〙(輪作における)区(同一作物を作付する1区画).
9《話》(玉杓子などの)で掬(ᵟˁ)い分, ひと皿分. Er fasste noch einen ～ Suppe nach.〘兵隊〙彼はスープをもう1杯もらった. bei j² [einen] ～ haben 人³に良く思われている, (の)覚えがめでたい.
10 (船員)(索の)ひと巻き. einen ～ auf den Poller legen 係_?_は索をひと巻きひっかける. ein halber ～ (索の)半結び.
11〘ス_?_〙タック(間切り)↑kreuzen ② の際のターンからターンまでの航程).
12〘紡織〙(織物に織込まれた)緯糸(᷿᷊), ウェフト. ▶↑einschießen ① 3
13〘服飾〙(ズボンの裾の)ラッパ, ベルボトム. eine Hose mit ～ ラッパズボン.
14 (a) (人間の)種類, タイプ. ein ernster〈dunkler〉 ～ まじめな〈暗い〉タイプ. ein Mensch seines ～*es* 彼のようなタイプの人間. Leute vom ～ der Mayers マイヤー家の人たちのようなああいう連中. ein Handwerker alten ～*es*〈vom alten ～〉古いタイプの職人. (b) (家畜などの)種. ein mittelgroßer ～ von Pferden 中型種の馬. einen neuen ～ züchten 新種を育成する.
15〘_?_〙《複数なし》(Schlagsahne) 生クリーム, ホイップクリーム.

'Schlag·ab·tausch 男 –[e]s/-e **1**《スポ》激しいパンチの応酬. **2** 激しい議論の応酬.
'Schlag·ader 女 –/-n (Arterie) 動脈.
'Schlag·an·fall 男 –[e]s/ⁿe〘医学〙卒中発作.
'schlag·ar·tig 形 突然の, 不意の; あっという間の.
'Schlag·ball 男 –[e]s/ⁿe **1**《複数なし》ラウンダーズ(野球に似た英国の球技). **2** ラウンダーズのボール.
'schlag·bar ['ʃlaːkbaːɐ̯] 形 **1** (木などが)伐採可能な. **2** (敵が)打負かせる.
'Schlag·baum 男 –[e]s/ⁿe **1** (国境・踏切などの)遮断機. **2**〘狩猟〙(木組みの)罠(ᵟ˅).
'Schlag·bol·zen 男 –s/– (銃の)撃鉄.
'Schla·ge 女 –/-n 《Schlagの複数》.
'Schlä·gel ['ʃlɛːgəl] 男 –s/– **1**(坑夫用の)ハンマー;(職人用の)槌. **2**〘楽器〙(打楽器の)スティック, (太鼓の)ばち.

'schla·gen* ['ʃlaːgən シュラーゲン] schlug, geschlagen / du schlägst, er schlägt ❶ 他 **1** (a) 打つ, 叩く, 殴る. Er hat die Kinder〈den Hund〉noch nie *geschlagen*. 彼はまだ一度も子供たち〈犬〉をぶったことがない. Gott *schlug* ihn. 彼に神罰がくだった. Ehe ich mich ～ lasse.《戯》はい承知しました(応諾の返事). j⁴ auf den Kopf〈ins Gesicht〉～ 人⁴の頭〈顔〉を殴る. j⁴ mit einer Rute ～ 人⁴を鞭で打つ.《結果を示す語句で》j⁴ bewusstlos〈blutig〉～ 人⁴を殴って失神させる〈血まみれにする〉. j⁴ k.o. ～ 人⁴をノックアウトする. et⁴ kurz und klein ～ 物⁴を粉砕する. et⁴ in Scherben ～ 物⁴をばらばらに叩き壊す. j⁴ zum Ritter ～ 人⁴に刀礼を施して騎士に叙任する(↑Ritterschlag).《方向を示す語句で》eine Notiz an das schwarze Brett ～ メモを掲示板に貼り出す. j⁴ ans Kreuz ～ 人⁴を十字架にかける. j⁴ et⁴ aus der Hand ～ 人³の持っている物⁴をはたき落す. sich³ et⁴ aus dem Kopf〈dem Sinn〉～ 事⁴(計画・希望など)を諦める. einen Nagel durch das Brett ～ 釘を板に打つ. Kartoffeln durch ein Sieb ～ じゃがいもを裏ごしする. einen Pfahl in die Erde ～ 杭を地面に打込む. den Ball ins Netz ～ (テニス・バレーボールなどで)ボールをネットにひっかける. *seine* Fänge *in sein* Opfer ～ (猛禽などが)獲物にしっかと爪を食込ませる. Eier in die Pfanne〈die Suppe〉～ 卵を割ってフライパン〈スープの中〉に落す. j² Mahnung in den Wind ～《話》人²の警告を馬耳東風と聞流す. Putz von der Wand ～ 壁から漆喰を落す. j⁴〈den Blick〉zu Boden ～ 人⁴を殴り倒す〈目を伏せる〉. (b)《目的語が道具・手段を表して》j³ ein Buch um die Ohren ～ 人³の横っ面を本でひっぱたく. j³ einen Schirm auf den Kopf ～ 人³の頭を傘で殴る. die Hände vors Gesicht ～ (思わず)両手で顔を覆う. eine gute Klinge ～ すぐれた剣士である; 雄々しく戦う.《戯》たらふく食う. sich³ eine Nacht um die Ohren ～《話》一晩徹夜する;《戯》一晩飲み明かす.

2《目的語が結果を表して》(a) (打つ・叩くなどして)つくる, つくり出す. j³ eine Beule in den Kopf ～ 人³の頭を殴ってこぶをつくる. Blech〈Gold〉～ 板金〈金〉を打つ. Brennholz ～ 薪(ᵟ₅)を伐る. eine Brücke ～ 橋を架ける(über einen Fluss 川に). eine Brücke zu j³ ～ 人³に渡りをつける. Falten ～《衣服などが》皺がよる. Feuer ～ 火をおこす. Geld aus et³ ～《話》物で一儲け(一稼ぎ)する. ein Loch〈durch〉die Wand ～ 壁に穴をあける. Münzen ～《古》貨幣を鋳造する. Schaum ～ 泡を立てる;《話》駄法螺を吹く. sich³ einen Weg ～ 道を切開く. Wurzeln ～ (植物が)根をおろす; (人が)住みつく;《話》(足が根が生えるほど)長いこと待たされる. (b) (格好・しぐさをしてみせる, する; (図形などを)描き出す. einen Bogen〈einen Kreis〉～ 弧〈円〉を描く(mit einem Zirkel コンパスで). einen Haken ～ (追われた兎などが)急に向きをかえる. das〈ein〉Kreuz ～ 十字を切る. ein Rad ～ (孔雀が)尾をひろげる; (体操)側転をする.

3 (a) (楽器を)打ち鳴らす. die Harfe ～ 竪琴をかき鳴らす. die Pauke ～ ティンパニーをたたく. den Rhythmus〈den Takt〉～ リズム〈拍子〉をとる. [auf der Trommel] einen Wirbel ～ 太鼓の連打(すりげち)をする. (b) (音を)たてる. Krach〈話》声高に罵る, あたり散らす. Lärm ～ 騒ぎたてる. (c) (時を)打つ. Alarm ～ 警報(警鐘)をならす. Die Uhr *schlägt* zwölf Uhr. 時計が12時を打つ. Er weiß nicht, was die Glocke〈die Uhr / die Stunde〉*geschlagen* hat. 彼には事態の深刻さ(事の重大さ)が分かっていない.《非人称的に》*Es schlägt* zehn. 10時を

打っている. Jetzt⟨Nun⟩ *schlägt's* aber dreizehn! 《話》そんな話はいいかげんにしてくれ; びっくりさせるのもたいがいにしろよ.
4 (木を)切倒す, (森林を)伐採する.
5 (a) 打ち負かす, 撃破する. Unsere Mannschaft hat die Deutschen 2:1⟨zwei zu eins⟩ *geschlagen*. 我がチームはドイツチームを2対1で破った. sich³ *geschlagen* geben 敗北を認める, 手をあげる. die Feinde in die Flucht ~ 敵を敗走させる. Ich habe ihn mit seinen eigenen Argumenten *geschlagen*. 私は彼を彼自身の論拠を逆手(ぎゃくて)にとって論破した. j² Rekord ~ 人²の記録を破る. einen Stein⟨eine Figur⟩ des Gegners ~ 《チェス》相手の駒を取る. 《目的語なしで》Die Bauern *schlagen* schräg. 《チェス》ポーンは斜め前の敵駒を取れる. (b) 《雅》(運命が)打ちのめす; (病気が)襲う, とりつく. Ein grausames Schicksal hat ihn *geschlagen*. 苛酷な運命は彼を打ちのめした. ein [vom Schicksal] *geschlagener* Mann 運命に打ちひしがれた男. Sie ist mit einer schlimmen Krankheit ⟨mit diesem Mann⟩ *geschlagen*. 彼女は悪い病いにとりつかれてしまった⟨この男に泣かされている⟩. [wie] mit Blindheit *geschlagen* sein 《話》懸命が分かっていない; 目先がきかない. (c) (肉食獣が獲物を)襲う, しとめる. (d) (戦を)戦う. eine Schlacht ~ 一戦まじえる. eine Mensur ~《古》(学生が)決闘をする.
6 (生クリームなどを)泡立てる, 撹拌する; (泡立て・撹拌などして)つくる. Butter ~ (乳脂を撹拌して)バターをつくる. Eierschnee~/Eiweiß [zu Schnee] ~ 泡雪(メレンゲ)をつくる. die Sahne ~ クリームをホイップする.
7 (a) (紙・布などを)折る. ein Stück Papier nach außen ~ 1 枚の紙を外側へ折る(折返す). (b) かぶせる. ein Bein über das andere ~ 脚を組む. eine Decke über et⁴ ~ 物⁴にカバーをかける. die Schuhe über einen Leisten ~ 靴を靴型にはめる. (c) 包む, くるむ. et⁴ in Papier ~ /Papier um et⁴ ~ 物⁴を紙で包む. den Mantel um sich⁴ ~ 外套を身にまとう.
8 (a) 加算(算入)する, 繰入れる. alle Unkosten auf den⟨zum⟩ Verkaufspreis ~ 諸経費をすべて売価に算入する. (b) …に帰属するものとする. Das Gebiet hat man zu dem benachbarten Staat *geschlagen*. その地域は隣接する国の属領とされた. Man *schlägt* ihn oft zu den Dadaisten. 彼はよくダダイストに数えられる.
❷ 回 (h, s) **1** (h) 打つ, 叩く, 殴る. Heutzutage *schlagen* die Lehrer nicht mehr. 近頃は教師も殴らなくなった. Lachse *schlagen*. 鮭が水面を跳ねている. Das Pferd *schlägt*. 馬が地面を掻く. Er *schlägt* meist mit links. 彼はほとんどレフトパンチで出さない. an das Fenster⟨die Tür⟩ ~ 窓⟨ドア⟩を叩く. sich³ an die Stirn ~ (しまったという顔で)額をぴしゃっと叩く. j³ auf den Kopf ~ 人³の頭を殴る. j³ auf die Schulter ~ (慰めて・励まして)人³の肩を叩く. mit der Faust auf den Tisch ~ こぶしで机を叩く;《比喩》断固たる行動に出る. gegen j⁴⟨nach j³⟩ ~ 人⁴⟨³⟩めがけて打ちかかる. j³ ins Gesicht ~ 人³の顔を殴る;《比喩》人³を侮辱する. mit den Flügeln ~ (鳥が)羽をばたばたさせる. um sich⁴ ~ めったやたらに殴りかかる.
2 (s, h) 突きあたる, ぶつかる. Irgendwo *schlug* eine Tür. どこかで戸がばたんとしまった. Der Regen *schlägt* heftig ans⟨gegen das⟩ Fenster. 雨が激しく窓を叩く. Ein Geräusch ist⟨hat⟩ an mein Ohr *geschlagen*. 何かの物音が私の耳を打った. mit dem Kopf auf den Bordstein⟨gegen die Wand⟩ ~ 頭を縁石⟨壁⟩にぶつける. auf die Erde⟨zu Boden⟩ ~ 地面⟨床⟩にぶっ倒れる. Die Nachricht *schlug* mir auf den Magen.《話》知らせを聞いて私は胃がおかしくなった. Der Blitz *schlug* in den Baum. 雷はその木に落ちた. Mehrere Bomben sind⟨haben⟩ in das Gebäude *geschlagen*. 数発の爆弾がその建物に当った.
3 (s, h) (火・煙などが)噴き出す; (匂い・色などが)さっと流れる. Aus dem Dach ist dunkler Rauch *geschlagen*. 屋根から黒煙が噴き出した. Die Röte ⟨Das Blut⟩ *schlug* ihr ins Gesicht. 彼女の顔にさっと朱が差した⟨血がのぼった⟩. Ein schlechter Geruch *schlägt* ihm in die Nase. 異臭が彼の鼻をつく.
4 (h) (a) (ぶつかって・当って)がたがた音をたてる. Das Fenster *schlägt* im Wind. 窓が風にがたがた音をたてる. Der Motor *schlägt*.《工学》エンジンがノッキングを起している. Mir *schlägt* das Gewissen.《雅》私は良心が疼く. (脈が)打つ, (心臓が)鼓動する. (c) (時計・鐘が)時を打つ, 鳴る. Die Uhr *schlägt* richtig. その時計は正しく時を打つ. Die Stunde des Abschieds *schlägt*.《雅》別れの時がきた. Jedem *schlägt* seine Stunde.《雅》誰でもいつか最期の時がくる. (d) (鳥が)さえずる, 啼く.
5 (h, s) (ある専門領域・分野に)属する. Das *schlägt* in mein Fach. それは私の十八番(おはこ)だ.
6 (s) (性格・挙措などが)似る. Er *schlägt* ganz nach dem Vater. 彼は父親そっくりだ. Sie scheint in Großvaters Art zu ~. 彼女はどうも祖父方の系統のようだ. aus der Art ~ 一族のなかの変り種である.
❸ 回 (sich⁴) **1** (a) 戦う, 戦い抜く; もちこたえる, 頑張る. Du hast *dich* gut *geschlagen*. 君は善戦した. *sich* durchs Leben ~《話》懸命に人生を生き抜く, 辛苦して世の中を渡っていく. (b) 殴り合いをする⟨mit j³⟩;《話》相争う;《古》決闘する⟨mit j³⟩. Sie haben *sich* um die Eintrittskarten *geschlagen*. 彼らは入場券を手に入れようとしてもみ合った(sich は相互代名詞).
2 (…の方へ)向う, (…に)道をとる; …の側につく. Wir *schlugen* *uns* nach rechts. 私たちは右に道をとった. Bei ihm hat *sich* die Erkältung auf die Nieren *geschlagen*. 彼の場合風邪から腎臓にきてしまった. *sich* auf j² Seite⟨die andere Seite⟩ ~ 人²の側につく, (に)与(くみ)する⟨相手方に寝返る⟩. *sich* [seitwärts] in die Büsche ~《話》こっそり姿をくらます, どろんをきめこむ.

'**schla·gend** 現分 形《述語的には用いない》**1** 説得力のある, 的確な. ein ~es Beispiel ぴったりした(適切な)例. ~er Beweis 確かな(動かぬ)証拠. et⁴ ~ widerlegen 事⁴に決定的な反証を与える. **2** ~e Wetter《鉱業》坑内の爆発気, 坑気. **3** ~e Verbindung《学生》決闘のしきたりを守る学友会(↑Mensur).

*'**Schla·ger** ['ʃlaːɡər] シュラーガー 陽 -s/- **1** 歌謡曲, ポピュラーソング; ヒットソング. **2** ヒット作, ヒット商品. **3** 大流行しているもの, ブームとなっているもの.

'**Schlä·ger** ['ʃlɛːɡər] 陽 -s/- **1** 《球技》(ホッケーの)スティック, (テニス・バドミントン・卓球の)ラケット, (ゴルフの)クラブ, (野球の)バット. **2** 《球技》打者, バッター. **3** 決闘用の剣. **4** (卵白・生クリームなどの)泡立て器. **5** 《馬術》蹴り癖のある馬. **6** 《話》すぐ手を出すやつ, 乱暴者.

Schlä·ge'rei [ʃlɛːɡəˈraɪ] 女 -/-en 殴り合い, つかみ合い.

'schlä·gern [ˈʃlɛːgərn] 他 (木を)伐る, 伐採する.
'Schla·ger·star 男 -s/-s 流行歌手; 花形(スター)歌手.
'schlag·fer·tig [ˈʃlaːkfɛrtɪç] 形 (人が)当意即妙に受け答えのできる, 気(機転)の利(き)く; (返答が)当意即妙の.
'Schlag·fer·tig·keit 女 -/ 機転が利くこと, 頭の回転が速いこと; 当意即妙に答える才.
'Schlag·fluss 男 -es/¨e《古》卒中の発作.
'Schlag·holz 中 -es/¨er 1 (野球の)バット, (ラウンダーズなどの)スティック. 2《古》(洗濯用の)叩き棒.
'Schlag·in·stru·ment 中 -[e]s/-e《楽器》打楽器.
'Schlag·kraft 女 -/ 1 打撃力, パンチ力. 2 (軍隊の)戦闘力. 3 (言葉の), (論証などの)説得力.
'schlag·kräf·tig 形 1 戦闘能力に優れた, 攻撃力の強い. ein ～er Boxer パンチ力のあるボクサー. 2 (言葉・論証などが)迫力のある, 説得力のある.
'Schlag·licht 中 -[e]s/-er (対象を際立たせる強い)光, ハイライト. Dieser Plan wirft ein ～ auf ihn ⟨seine Denkweise⟩. この計画には彼という人間⟨彼の発想法⟩がはっきりと現れている. im ～ des öffentlichen Interesses stehen 世間の関心の的になっている.
'Schlag·loch 中 -[e]s/¨er (道路の)穴ぼこ.
'Schlag·mann 男 -[e]s/¨er 1《ボート》ストローク, 整調 (艇の最後尾即ち全漕手の一番前の漕手). 2《野球》バッター.
'Schlag·obers [ˈʃlaːkˈoːbərs] 中 -/《オーストリア》=Schlagsahne
'Schlag·rahm 男 -[e]s/《地方》=Schlagsahne
'Schlag·ring 男 -[e]s/-e メリケンサック (指にはめる鉄製の格闘用武器). 2 (ツィター演奏用の)爪, ピック.
'Schlag·sah·ne 女 -/ ホィッピングクリーム; 泡立てた生クリーム.
'Schlag·schat·ten 男 -s/-《絵画・写真》(際立った濃い)影.
'Schlag·sei·te 女 -/《船員》(船の)傾き. starke ⟨schwere⟩ ～ haben (船が)ひどく傾(かたむ)いている. Er hat [eine] ～.《戯》彼はへべれけに酔っている.
schlägst [ʃlɛːkst] schlagen の現在 2 人称単数.
'Schlag·stock 男 -[e]s/¨e 1 警棒. 2《楽器》(ドラムの)スティック, (太鼓の)撥(ばち).
schlägt [ʃlɛːkt] schlagen の現在 3 人称単数.
'Schlag·werk 中 -[e]s/-e (時計の)時打ち装置.
'Schlag·wet·ter 中 -s/-《鉱業》1 (爆発性の)坑内ガス, 坑気. 2 坑内ガスによる爆発.
'Schlag·wort 中 -[e]s/-e⟨-¨er⟩ 1 (a) 標語, スローガン. (b)《侮》(口先だけの)決り文句. 2《複数 -¨er》《図書館》件名検索語.
'Schlag·wort·ka·ta·log 男 -[e]s/-e《図書館》(検索用)件名目録.
'Schlag·zei·le 女 -/-n (新聞の)大見出し. ～n liefern / für ～n sorgen 何度も新聞にでかでかと書きたてられる. ～n machen 大見出しになる.
'Schlag·zeug 中 -[e]s/-e (オーケストラの)打楽器類, (ジャズバンドの)ドラムス.
'Schlag·zeu·ger 男 -s/- (オーケストラの)打楽器奏者, (ジャズバンドの)ドラマー.
Schlaks [ʃlaːks] 男 -es/-e《話》背高のっぽのくずな若者.
'schlak·sig [ˈʃlaːksɪç] 形《侮》背ばかり高くて動作の鈍い.
Schla'mas·sel [ʃlaˈmasəl] 男⟨中⟩ -s/- (jidd. schlimasel)《話》厄介な(面倒な, いやな)事態.

*****Schlamm** [ʃlam シュラム] 男 -[e]s/-e (Schlämme)《複数まれ》泥, ぬかるみ, (沼などの)沈泥;《比喩》泥沼. j⁴ mit ～ bewerfen 人⁴に悪口雑言を浴びせる; (を)誹謗(中傷)する.
'Schlamm·bad 中 -[e]s/¨er (リューマチなどの治療のための)泥浴, 泥土浴.
'Schläm·me [ˈʃlɛmə] Schlamm の複数.
'schlam·men [ˈʃlamən] 自 1 (泥水の泥が沈殿する). 2 (地面を)ぬかるみ状態(どろどろ)にする.
'schläm·men [ˈʃlɛmən] 他 1 (池・沼などを)浚渫(しゅんせつ)する. 2《工学》(鉱物を)洗鉱する, 洗い分ける. 3《園芸》(植物に)たっぷり水をやる. 4《土木》(壁などに)モルタルを塗る.
'schlam·mig [ˈʃlamɪç] 形 1 泥だらけの, 泥んこの. 2 泥の多い, 泥深い.
'Schlämm·krei·de [ˈʃlɛm..] 女 -/ 精製白亜.
'Schlamm·schlacht 女 -/-en《話》1 ぬかるみのグラウンドでのゲーム (とくにサッカーの). 2 (とくに政治的)泥仕合.
schlam'pam·pen [ʃlamˈpampən] 自《地方》旨いものをたらふく飲み食いする.
'Schlam·pe [ˈʃlampə] 女 -/-n《侮》1 (身なりなどが)だらしない女. 2 ふしだらな女, 身持ちの悪い女.
'schlam·pen [ˈʃlampən] 自 1 やっつけ仕事をする, 手抜きをする. mit et³ ～ 物³をぞんざいに扱う. 2 だらしない格好でうろつく. 3《地方》(衣服が)ずり落ちている, だぶついている. 4 大きな音を立てて食べる(飲む).
'Schlam·per [ˈʃlampər] 男 -s/-《侮》1 身なりのだらしない男. 2 いい加減な仕事しかしない男. 3《まれ》自堕落な男, 身持ちの悪い男.
Schlam·pe'rei [ʃlampəˈraɪ] 女 -/-en《話》1 いい加減な仕事(態度), だらしなさ, ちゃらんぽらん. 2《複数なし》無秩序, 混乱, ごちゃごちゃ.
'schlam·pig [ˈʃlampɪç] 形《侮》1 だらしない, いいかげんな格好(服装)をしている. 2 (仕事が)そんざいな, いいかげんな.
schlang [ʃlaŋ] schlingen¹, schlingen² の過去.
*****Schlan·ge** [ˈʃlaŋə シュランゲ] 女 -/-n 1 蛇. Da beißt sich³ die ～ in den Schwanz. それでは堂々めぐりだ. Es steckt eine ～ im Grase. / Unter den Blumen liegt eine ～.《古》この話にはきっとどこかにやっかいな問題がひそんでいる, 陥穽(かんせい)が目に見えぬものだ. eine ～ am Busen nähren《雅》獅子身中の虫を養う(イソップ Äsop 物語より). sich⁴ wie eine ～ winden のらりくらりとうまく言抜けようとする. 2《貶》蛇のように狡猾な(陰険な, 不実な)女. 3 (買物客・自動車などの長い列, 長蛇の列. ～ stehen 長蛇の列をつくって並ぶ. 4《工学》コイル, 蛇管. 5 (Papierschlange) 紙テープ. 6《経済》(外国為替相場間の)スネーク, (EG の)域内固定為替制. 7 (Feldschlange) 蛇砲. 8 die ～《天文》蛇座.
'schlän·ge [ˈʃlɛŋə] schlingen¹, schlingen² の接続法 II.
'schlän·ge·lig [ˈʃlɛŋəlɪç] 形 蛇のようにくねくね曲った.
'schlän·geln [ˈʃlɛŋəln] 再 (sich⁴) 1 (蛇などが)くねくねと這う; (川・道が)蛇行する, 曲りくねっている. 2 巧みにすり抜ける. sich aus der Affäre ～ 面倒な事件からうまく身をかわして進む. sich durch die Menge ～ 人混みの中を縫うようにして進む.
'schlan·gen·ar·tig 形 蛇のような.
'Schlan·gen·be·schwö·rer 男 -s/- 蛇使い(とく

Schlan・gen・biss 男 -es/-e 蛇(とくに毒蛇)に噛まれること; 蛇の噛み傷.

Schlan・gen・ei 中 -[e]s/-er 1 蛇の卵. 2 不幸(禍)の種.

Schlan・gen・gift 中 -[e]s/-e 蛇の毒.

schlan・gen・haft 形 蛇のような.

Schlan・gen・li・nie 女 -/-n 蛇行線, 波状線. in ~n fahren 蛇行(じぐざぐ)運転をする.

Schlan・gen・mensch 男 -en/-en (蛇のように身体を自由に曲げる)アクロバットの軽業(かるわざ)師.

Schlan・gen・stab 男 -[e]s/-⸚e =Äskulapstab

*__schlank__ [ʃlaŋk シュランク] ❶ 形 1 ほっそりした, すらりとした. ~e Beine すらりとした脚. eine ~e Figur 〈Gestalt〉ほっそりした姿形. die ~e Linie《戯》スリムなボディーライン. ein ~e Pappel すらっと伸びたポプラの木. ein Mädchen von ~em Wuchs すらりとした体つきの少女. rank und ~ sein とてもすらりとしている. Du bist mir gerade der *Schlankste*!《話》《反語》おまえってやつはじつに困ったものだ. Das Kleid macht dich ~. そのドレスを着ると君はスリムに見える. sich⁴ ~ machen (狭い所を通り抜けるのに)体を細める. einen Text ~ machen 原文を短く刈りこむ. 2 《造船》(船体など)普通の形をした, いい形の. 3 《地方》敏速な, すばやい. ~en Schrittes すばやい足どりで. 4 ~er Wein《農業》やせたワイン(無機物質の含有に乏しいため質のわるいワイン). ❷ 副 あっさりと, さっさと, 無造作に.

Schlank・heit 女 -/ ほっそり(すらり)としていること; ほっそり(すらり)とした身体つき.

Schlank・heits・kur 女 -/-en 痩身法, 減量療法.

Schlank・ma・cher 男 -s/- 1《話》やせ薬. 2《話》体の線をスリムに見せる衣服(カット, 柄).

schlank・weg [ˈʃlaŋkvɛk]《話》1 ためらわずに, あっさりと; 単刀直入に, きっぱり. 2 とにかく. Ich war ~ dazu nicht imstande. 私はとにかくそれができなかったんだ.

__schlapp__ [ʃlap] 形 1《綱・皮膚などが》たるんだ, ゆるんだ. 2 無気力な, だらっとした.

Schlap・pe [ˈʃlapə] 女 -/-n《話》痛手, 損害. eine schwere ~ erleiden 手ひどい打撃を蒙(こうむ)る.

schlap・pen [ˈʃlapən]《話》❶ 自 (h, s) 1 (h) だらりとたれ下がっている. 2 (h)《靴がかかとから落ちるほど》足をひきずって歩く. 3 (s) 足をひきずって歩く. ❷ 他《犬・猫などが》ぴちゃぴちゃ音をたててすする.

Schlap・pen [ˈʃlapən] 男 -s/- (多く複数で)《話》スリッパ, 部屋履き.

Schlapp・hut 男 -[e]s/⸚e スローチハット(広いつばの垂れたソフト帽).

schlapp・ig [ˈʃlapɪç] 形《地方》1 =schlaff 2 だらしない.

schlapp|ma・chen 自《話》へばる, まいってしまう.

Schlapp・ohr 中 -[e]s/-en 1 (犬などの)垂れ耳. 2《侮》駄目なやつ, 意気地なし.

Schlapp・schuh 男 -[e]s/-e 1 スリッパ, 部屋履き. 2 ぶかぶかの靴.

Schlapp・schwanz 男 -es/⸚e《侮》駄目なやつ, 意気地なし, 弱虫.

Schla・raf・fe [ʃlaˈrafə] 男 -n/-n《まれ》1 のらくら者, 怠け者. 2 Schlaraffenland シュララフィア会の会員. ▶↑Schlaraffia

Schla・raf・fen・land 中 -[e]s/⸚er《複数形》怠け者の国, 歓楽境(快楽のみが求められ勤勉が最大の悪徳とされる空想上の国).

Schla・raf・fia [ʃlaˈrafia] 女 -/ 1《無冠詞で》シュララフィア (Schlaraffenland のこと). 2 シュララフィア会(1859 プラハで結社された国際的な社交団体).

*__schlau__ [ʃlau シュラオ] 形 1 抜け目がない, ずる賢い, 狡猾な. ein ~er Fuchs〈Hund〉抜け目のないはしっこいやつ. ein ~er Kopf〈Plan〉知恵のまわるやつ; 巧妙な計画. sich³ ein ~es Leben machen《話》うのうとした暮しをする. aus ~ anfangen〈machen〉事を抜け目なくやる. aus j⟨et⟩³ nicht ~ werden können j⟨et⟩の心底を見抜く(事が理解でき)ない. 2《話》賢い, 利口な. Red nicht so ~ daher! そんなに分かったような口をきくな. Jetzt bin ich genau so ~ wie vorher. それでも私はさっぱり分からないよ. ein ~es Buch《戯》参考書, 虎の巻.

Schlau・be [ˈʃlaubə] 女 -/-n《地方》果皮, (豆などの)莢(さや).

schlau・ben [ˈʃlaubən] 他《地方》(豆などの)莢をむく.

Schlau・ber・ger [ˈʃlaubɛrgər] 男 -s/-《戯》抜け目のないやつ. ♦ Bamberger, Nürnberger などに擬して造ったしゃれ言葉.

*__Schlauch__ [ʃlaux シュラオホ] 男 -[e]s/Schläuche 1 (ゴム・ビニールなどの)管, ホース, (タイヤの)チューブ. den Rasen mit dem ~ sprengen ホースで芝生に水をまく. einen ~ in den Magen einführen 胃にゾンデを挿入する. wie ein ~ saufen〈trinken〉《話》大酒飲みである. Das Kleid ist ein richtiger ~.《話》このワンピースは体にきちきちだ. 2《植物》管. 3《話》細長い空間(部屋). Das Zimmer ist ein ~. この部屋はまさに鰻(うなぎ)の寝床だ. 4《話》時間のかかるつらい仕事. Diese Verhandlung war vielleicht ein ~. この交渉はずいぶん難航したにちがいない. 5《古》(水・酒などを入れる)革袋; (卑) 大酒飲み. 6《学生》《地方》(Klatsche 4)《訳読用の》虎の巻, 訳本.

Schlauch・boot 中 -[e]s/-e ゴムボート.

Schläu・che [ˈʃlɔyçə] Schlauch の複数.

schlau・chen [ˈʃlauxən] ❶ 他 1 (液体を)ゴム管で移し入れる (in et⁴ 物の中へ). 2《話》(a) くたくたにさせる. Das Training hat uns alle ganz schön *geschlaucht*. 練習で我々は全員すっかりばてしまった. (b) (新兵などを)しごく. 3 [einen] ~《話》大酒くらう. 4 bei j³ ~《地方》j³ の世話のうとう暮す.

schlauch・los 形 《タイヤなどが》チューブレスの.

Schlauch・pilz 男 -es/-e《植物》子嚢(しのう)菌類.

Schläue [ˈʃlɔyə] 女 -/ 抜け目なさ, 狡猾, ずる賢さ.

schlau・er・wei・se [ˈʃlauərˈvaizə] 副 抜け目なく, 狡猾にも, 賢く.

__Schlau・fe__ [ˈʃlaufə] 女 -/-n 1 (小荷物などに付ける)吊り手; (電車・バスなどの)吊り革; (スキーのストックの)手革. 2 (ズボンのベルトなどを通す)ループ.

Schlau・heit 女 -/ 抜け目なさ, 狡猾さ, ずる賢さ.

Schlau・kopf 男 -[e]s/⸚e《話》抜け目のないやつ, ずる賢いやつ.

Schlau・mei・er 男 -s/-《戯》=Schlauberger

Schla・wi・ner [ʃlaˈviːnər] 男 -s/-《話》ずる賢いやつ, 悪知恵の働くやつ; いたずら小僧(坊主). ♦ Slowene の行商人がなかなかの商売上手と言われたことにちなむ.

schlecht
[ʃlɛçt シュレヒト] ❶ 形 1 品質(能)が悪い, 粗悪な; へたな, 拙(つたな)い; 無能な, できの悪い. ~e Arbeit leisten ひどい(いいかげんな)仕事をする.

schlecht gelaunt

eine ~e Aussprache 間違った(へたな)発音. ~er Diplomat〈Geschäftsmann〉無能な外交官〈ビジネスマン〉. ~es Englisch sprechen ブロークンな(へたな)英語を話す. ~es Essen 粗食, まずい食事. ein ~es Gedächtnis haben 記憶力が悪い. ein ~es nicht einmal billiges Hotel ちっとも安くないホテル. eine ~e Luft 悪い空気. ~er Lügner〈Verlierer〉嘘をつくのがへたな(嘘のつけない)人〈負けっぷりの悪いやつ〉. ~e Noten〈Zensuren〉bekommen 悪い評点をもらう. ein ~er Scherz〈Trost〉へたな冗談〈慰め〉. eine ~e Schrift haben 字がへたである. ein ~er Student できの悪い学生. ~e Ware 不良品. eine ~e bewaffnete Truppe 装備の貧弱な部隊. ~ ernährt sein 栄養不良(失調)である. ~ Auto fahren 車の運転がへたである. ~ lernen 物覚えがわるい(にぶい). ein ~ gemachter Film できの悪い〈できそこなった〉映画. j⁴ ~ machen〈話〉人のことを悪く言う, けなす (↑schlecht machen). Der Anzug passt〈sitzt〉~. この背広は体に合わない. ~ schreiben 字がへたである. Er spielt mehr ~ als recht Geige. 彼のバイオリンの演奏はまあなんとか弾いているといったところだ(↑②2b).《否定詞と》Das ist keine ~e Idee. それはなかなかいい考えだ. Nicht ~! 悪くないね. Der Wein schmeckt nicht ~. このワインはけっこうイケる.

2《飲み物が》悪くなった, 腐った. Bei dieser Hitze wird Milch schnell ~. この暑さでは牛乳はすぐだめになる.

3 ありがたくない, 好ましくない; いやな, 不快で, 不利の, 損な. einen ~en Eindruck machen 悪い印象(感じ)を与える〈auf j⁴ 人⁴に〉. ~es Ende nehmen まずい結果(不首尾)に終る. ein ~er Geruch 悪臭. einen ~en Geschmack haben 趣味が悪い. ~es Klima für Herzkranke 心臓病患者によくない気候. ~e Laune haben 不機嫌である. eine ~e Nachricht 悪い知らせ. einen ~en Tag haben いち日さんざんな目に合う, 厄日である. einen ~en Tausch machen 損な交換をする. ~es Wetter 悪い天気. ein ~es Zeichen いやな(不吉な)兆候. ~e Zeiten 悪い時代. ~ aufgelegt〈gelaunt〉sein 機嫌が悪い. ~ beraten sein 考え(思慮)が足らない. Das Geschäft geht〈läuft〉~. この店は左前(ﾋﾀﾞﾘﾏｴ)だ. Heute geht es〈passt es mir〉~. 今日は都合が悪い. Ihm geht es / Mit ihm〈Um ihn〉steht es ~. 彼は具合〈調子〉がよくない(経済的・健康的に).《否定詞と》keinen ~en Geschmack haben けっこうセンス(趣味)がよい. ~ sein Zeichen 吉兆. Eine gute Ausbildung ist nie ~. しっかりした専門教育を受ける(役に立たない)はずがない. Es wäre nicht ~, ...zu tun. (しばしば皮肉をこめて)...した方がいいのではないか.

4 少ない, 乏しい. ~e Bezahlung 少ない報酬. eine ~e Ernte 凶作. ein ~es Gehalt よくない給料. Die Vorstellung war ~ besucht. 公演は不入りだった. ~er bezahlter Job ペイの悪いアルバイト. j⁴ ~ kennen 人⁴のことをよく知らない. ~ gerechnet 少なく見積って(も). Ich habe die letzte Nacht ~ geschlafen. 私は昨夜はよく眠れなかった. Man verdient dort nicht ~. あそこはけっこういい稼ぎになる. Ich habe nicht ~ gestaunt, als ich das hörte. それを聞いた時私は少なからず驚いた.

5 行儀の悪い, 無作法な; 品の良くない. eine ~e Angewohnheit 悪い癖. ~e Manieren haben 不作法である, 礼儀をわきまえない.

6 悪意を持った; 仲の悪い. ein ~er Nachbar 仲の悪い隣人. eine ~e Presse haben 新聞雑誌でたたかれている. ~ über j⁴ reden 人⁴のことを悪く言う. auf j⁴ ~ zu sprechen sein 人⁴のことをよく思っていない. mit j³ ~ stehen 人³と仲が悪い.

7 不道徳な, いかがわしい. ein ~er Charakter〈Kerl〉悪い性格〈悪人〉. einen ~en Einfluss auf j⁴ ausüben 人⁴によからぬ影響を及ぼす. in ~e Gesellschaft geraten たちのよくない連中と仲間になる. ein ~es Gewissen haben 良心にやましいところがある. einen ~en Ruf haben / in einem ~en Ruf stehen 評判が悪い. einen ~en Umgang haben よからぬ〈やしげな〉連中と付合っている. ~e Witze erzählen 下卑た冗談を言う. ~ an j³ handeln 人³にひどい仕打をする.《名詞的用法で》Er hat nichts *Schlechtes* getan. 彼は何一つ悪い事をしていない.

8《健康・気分など》具合が悪い. ein ~es Gebiss〈einen ~en Magen〉haben 歯〈胃〉の具合が悪い. Seine Augen werden immer ~er. 彼の目はますます悪くなる. j³ ~ bekommen 人³の体に障〈ﾀ〉る;《比喩》人³を痛い(ひどい)目に会わせる. Die Medizin ist ihm ~ bekommen. その薬が彼には悪かった. Das wird dir ~ bekommen! そのために君はきっとひどい目に会うぞ. ~ hören〈sehen〉耳が遠い〈目が悪い〉. Mir ist ~. 私は気分(気持)が悪い. Es steht ~ um ihn. 彼は容態が思わしくない. Wenn ich bloß daran denke, wird mir schon ~. 私はそのことを考えただけでもう反吐(ﾍﾄﾞ)が出そうになる.

9《猟師》〈獣〉が発育不全の. ein ~er Hirsch 角(ﾂﾉ)の発育の悪い鹿.

10《古》質素な, つましい; 純朴な.

❷ 圖 **1**《話》...するのがむつかしい, ...しにくい. In diesen Schuhen gehe ich ~. この靴は歩きにくい. Die Wunde heilt ~. その傷は治りにくい. Das ist ~ möglich. そんなことはなかなかありそうにない. Ich kann ihm die Bitte ~ abschlagen. 私は彼の頼みを断るわけにはいかない. Er kann ~ nein sagen. 彼はいやと言えないたちなんだ.

2 (a)(↓①10) ~ und recht / 〈まれ〉recht und ~ どうにかこうにか, まあなんとか. Er bestand die Prüfung ~ und recht. 彼は試験にまあなんとか合格した. Er hat die Arbeit ~ und recht erledigt. 彼はその仕事をなんとかやりおおせた. Wie geht es Ihnen, Herr Müller? — Na ja, so ~ und recht. お元気ですかミュラーさん — ええ, まあなんとか. (b) mehr ~ als recht 曲りなりにも, なんとかかんとか. Damals lebten wir mehr ~ als recht von unseren Vorräten. 当時私たちは貯えを食いつぶしながらなんとか暮していた. Die Tochter spielt mehr ~ als recht Klavier. 娘のピアノはなんとか音を出しているといった程度のものだ. Peter, wie geht's? — Mehr ~ als recht. ペーター, 元気かい — まあまあだ.

♦ ↑schlecht beraten, schlecht gehen, schlecht gelaunt, schlecht machen, schlecht sitzend

ˈschlecht be·ra·ten, °¹**ˈschlecht·be·ra·ten** 囲 思慮の足らない, 浅はかな.

ˈschlech·ter'dings [ˈʃlɛçtərdɪŋs] 圖 **1**《否定語と》まったく(...ない), ぜんぜん(...ない). **2** まさに, まさしく.

ˈschlecht ge·hen*, °¹**ˈschlecht|ge·hen*** 非人称 *Es geht ihm schlecht*. 彼は体の調子が悪い; 彼は経済状態が思わしくない.

ˈschlecht ge·launt, °¹**ˈschlecht·ge·launt** 囲 機嫌の悪い, ご機嫌斜めの.

'schlecht'hin ['ʃlɛçt'hɪn] 副 1《名詞の後に置かれて》…そのもの. Er war der romantische Dichter ~. 彼はロマン派の詩人そのものだった. 2 (a) まったく, ただもう(…だけ). (b)《とくに否定語と》絶対に(…ない). Das ist ~ unmöglich. それは絶対にあり得ない.

'schlecht'hin·nig ['ʃlɛçt'hɪnɪç] 形《付加語的用法のみ》(書) まったくの, 絶対的の.

'Schlech·tig·keit ['ʃlɛçtɪçkaɪt] 女 -/-en 1《複数なし》悪, 悪徳. 2 悪事, 悪行, 良くない言動.

'schlecht ma·chen, °'schlecht|ma·chen 他 (人⁴を)悪く言う, (の)悪口を言う.

'schlecht sit·zend, °'schlecht·sit·zend 形《衣服が》体に合わない, サイズが違う.

'schlecht'weg ['ʃlɛçt'vɛk] 副 とにかく, 要するに, ただもう(…だけ).

'Schlecht·wet·ter 中 -s/ 悪天候.

'Schlecht·wet·ter·geld 中 -[e]s/-er《経済》悪天候手当. ◆労働促進法に定めた悪天候の季節11月1日-3月31日に1仕事日全部の仕事がなくなったとき労働者に支払われる補償金.

'schle·cken ['ʃlɛkən] 他 (古)(et³⟨an et³⟩ 物⁴,³を舐(²)める, おいしそうに食べる. [gern] ~ 甘い物が好きである. von et³ ~ 物³をちょっとつまみ食いする, (を)味見する.

'Schle·cker ['ʃlɛkər] 男 -s/-《話》甘い物に目がない人, 甘党; 美食家, 食通.

Schle·cke·rei [ʃlɛkəraɪ] 女 -/-en 甘い物; おいしい物.

'Schle·cker·maul 中 -[e]s/-er《戯》= Schlecker

'schle·ckern ['ʃlɛkərn] 1 自 おいしい物(とくに甘い物)が好きである, 甘党である. 2 他 1 (とくに甘い物を)おいしそうに食べる. 2《非人称的に》Es schleckert mich ⟨Mich schleckert⟩ nach einem Stück Käsekuchen. 私はチーズケーキが食べたくてたまらない.

'Schle·gel¹ ['ʃleːɡəl]《人名》シュレーゲル. August Wilhelm von ~ アウグスト・ヴィルヘルム・フォン・シュレーゲル (1767-1845, ドイツロマン派の文芸評論家). Friedrich von ~ フリードリヒ・フォン・シュレーゲル (1772-1829, アウグスト・ヴィルヘルムの弟, ドイツロマン派の詩人・哲学者).

'Schle·gel² 男 -s/- 1《南*·*·*》(屠殺した獣などの)腿肉. 2《*》《話》ビール瓶.

°'Schle·gel³ ↑ Schlägel

'schle·geln ['ʃleːɡəln]《地方》1 他 ハンマー(槌)で叩く(打つ). 2 自 1 足を踏み鳴らす. 2《狩猟》(仕留められた獣が)足をばたつかせる.

'Schleh·dorn ['ʃleːdɔrn] 男 -[e]s/-e《植物》プルヌス・スピノサ(西洋すももの一種).

'Schle·he ['ʃleːə] 女 -/-n《植物》1 (= Schlehdorn) プルヌス・スピノサ. 2 プルヌス・スピノサの実.

Schlei [ʃlaɪ] 男 -[e]s/-e《魚》= Schleie

'schlei·chen ['ʃlaɪçən] シュライヒェン schlich, geschlichen ❶ 自 (s) 1 こっそり(そっと)歩く, 忍び歩く. Die Katze schleicht. 猫は足音も立てずに歩く. Die Zeit schleicht. 時はのろのろと過ぎていく. geschlichen kommen こっそり(忍び足で)やって来る. auf leisen Sohlen ⟨auf Zehenspitzen⟩ ~ 足音を忍ばせて⟨爪先立ちそっと⟩歩く. aus dem Haus⟨ins Haus⟩ ~ 家をそっと出る⟨家にそっと入る⟩. 2 足をひきずって(のろのろ)歩く.

❷ 再 (sich) 1 そっと忍び寄(離れ)る, こっそり入(出)る. sich ans Fenster⟨aus der Wohnung⟩ ~ 窓に忍び寄る⟨家をそっと出る⟩. sich in j² Vertrauen ~ 人²にうまく取入る. 2 《雅》立去る. Schlich dich! 失(失)せろ.

'schlei·chend 現分 形 のろのろした, 緩慢な; そっと忍び寄る, (気づかれずに)潜行性の. eine ~e Inflation 徐々に進むインフレ. eine ~e Krankheit 潜行性の病気.

'Schlei·cher ['ʃlaɪçər] 男 -s/-《侮》陰でこそこそする人.

'Schleich·han·del ['ʃlaɪç..] 男 -s/ 闇取引.

'Schleich·händ·ler 男 -s/- 闇商人, 闇屋.

'Schleich·wa·re 女 -/-n 密輸品, 闇物資.

'Schleich·weg 男 -[e]s/-e 抜け道. auf ~en 不法(不正な)手段で.

'Schleich·wer·bung 女 -/-en (新聞やテレビ番組の本来広告ではない部分にまぎれこませた)もぐり宣伝(広告).

'Schleie ['ʃlaɪə] 女 -/-n《魚》テンチ(ヨーロッパ産の鯉科の淡水魚).

'Schlei·er ['ʃlaɪər] シュライアー 男 -s/- 1 (a) ベール. Brautschleier 花嫁のベール. Trauerschleier 喪のベール. den ~ tragen ベールを被っている. den ~ vor das Gesicht schlagen ベールで顔を覆う. den ~ nehmen《雅》尼になる. (b)《比喩》(視界を覆うものとしての)もや, かすみ. Ein dichter ~ lag über dem ganzen Tal. 厚い霧のベールが谷全体を包んでいた. der ~ der Nacht 夜のとばり. einen ~ über et⁴ breiten⟨legen/werfen⟩ 事⁴を隠蔽する. den ~ des Vergessens⟨der Vergessenheit⟩ über et⁴ breiten《雅》事⁴(不愉快な事件など)を忘れようとする. einen ~ vor den Augen haben 目がよく見えない. den ~ [des Geheimnisses] lüften《雅》秘密のベールを剥(³)ぐ. den ~ von et³ reißen 事³の真相を暴く. sich⁴ in einen ~ gehüllt sein 謎のベールに包まれている. 2 (a)《写真》(ネガの)かぶり. (b)《植物》(茸(²°)の)菌膜, (しだ類の)胞膜. (c)《動物》(ふくろう類の)顔盤(眼を囲む小羽の環).

'Schlei·er·eu·le 女 -/-n《鳥》めんふくろう(面梟).

'schlei·er·haft 形《話》ベールに包まれた, 謎めいた.

'Schlei·fe ['ʃlaɪfə] シュライフェ 女 -/-n 1 (a) 蝶結び, 花結び. eine ~ binden⟨machen⟩ 蝶結びにする. (b) 蝶結び(花結び)のリボン; 蝶ネクタイ. Sie trägt eine ~ im Haar. 彼女は髪に蝶結びのリボンをつけている. 2 大きなカーブ(湾曲). Die Straßenbahn fährt ⟨Der Fluss macht⟩ hier eine ~. 市電⟨川⟩はここで大きくカーブする. Das Flugzeug flog⟨zieht⟩ eine ~ über der Stadt. 飛行機は町の上空で大きく旋回(宙返り)する. 3《映画》ループ(反復映写用に両端をつないだフィルム). 4《ܬܬ》プログラム・ループ. 5《猟師》(大雷鳥の雄の)気管の血管紐.

'Schlei·fe² 女 -/-n《地方》(スケート遊び用の)滑走路. 2《古》荷物運搬用橇(³).

'schlei·fen¹ ['ʃlaɪfən] シュライフェン schliff, geschliffen 他 1《刃物を研(²)ぐ; 《宝石などを》磨く, 研磨(研削)する. 2《話》きびしく鍛える, しごく. die Rekruten ~ 新兵をしごく. 2 自 (s)《地方》スケート用滑走路 (Schleife 2 1) を滑る.

'schlei·fen² ['ʃlaɪfən] シュライフェン ❶ 他 1 引きずる, 引きずって行く, (戯)(人⁴を)無理やり引っぱって行く. Er schleifte die Kiste aus dem Hof. 彼はその木箱を引きずって出て行った. j⁴ am Haar ~ 人⁴の髪の毛をつかんで引きずる. j⁴ durch die ganze Stadt⟨in den Lokal⟩ ~ 人⁴を町じゅう引っぱりまわす⟨無理やり飲屋に誘う⟩. 2《音楽》(ある音を)スラーで演奏する(歌う). 3 (建造物を)取壊す, 取払う.

❷ 自 (h, s) 1 (h, まれ s) (a) (衣服の裾などが)引きず

schleppend

る. Ihr Kleid *schleift* auf〈über〉dem Boden. 彼女のドレスの裾が床を引きずっている.　alles ～ lassen《比喩》何もかもおざなりにする, 自分の仕事をうっちゃらかす.　die Zügel ～ lassen 手綱(%)をゆるめる; 《比喩》鷹揚な態度をとる. (b) すれる, こすれる. Das Rad *schleift* am Schutzblech. 車輪が泥よけをこすっている.　die Kupplung ～ lassen 半クラッチにする.　**2** (s) 足を引きずって歩く.

Schlei·fer [ˈʃlaɪfər] 男 -s/- **1** 研磨工, 研ぎ師. シュライファー (a)《音楽》数音急速に前打される装飾音. (b) ゆるやかな3拍子のドイツの古い民族舞踊. **3**《兵隊》しごき屋, 鬼軍曹. **4**《が》《話》青二才, ちょこざいなやつ.

Schlei·fe·rei [ʃlaɪfəˈraɪ] 女 -/-en《複数なし》(a) 研磨, 研削. (b) 研磨業(職). **2** 研磨工場. **3**《兵隊》しごき.

Schleif·kon·takt [ˈʃlaɪf..] 男 -[e]s/-e《電子工》すべり接触.

Schleif·lack 男 -[e]s/-e 研磨用ワニス.

Schleif·ma·schi·ne 女 -/-n 研磨盤, 研磨機, グラインダー.

Schleif·pa·pier 中 -s/-e 紙やすり, サンドペーパー.

Schleif·schei·be 女 -/-n《研磨盤に取りつけた》砥石車.

Schleif·stein 男 -[e]s/-e 砥石(%).

Schlei·fung 女 -/-en《建物の》取り壊し.

Schleim [ʃlaɪm] シュライム 男 -[e]s/-e **1** 粘液, ねばねば(ぬるぬる)した分泌液. **2** 粥(%).

Schleim·beu·tel 男 -s/-《解剖》粘液囊(%).

Schleim·drü·se 女 -/-n《解剖》粘液腺.

schlei·men [ˈʃlaɪmən] ❶ 自 **1** 粘液を出す; 《卑》一発やる(セックスのこと). **2**《俗》おべんちゃらを言う. ❷ 他《古》《魚などの》ぬめりを取る. ❸ 再 **(sich)**《話》腹をさぐる.

Schlei·mer [ˈʃlaɪmər] 男 -s/-《俗》おべっか使い.

Schleim·fluss 男 -es/..《医学》粘液漏.

Schleim·haut 女 -/..《解剖》粘膜.

schlei·mig [ˈʃlaɪmɪç] 形 **1** 粘液性の, ねばねばした; 《スープなどが》ねっとりと濃い. **2**《俗》おべんちゃらの.

schleim·lö·send 形《薬などが》痰を取る, 去痰性の.

Schleim·schei·ßer 男 -s/-《俗》= Schleimer

Schleim·sup·pe 女 -/-n《離乳食・病人食などの》薄くのばした粥(%), 裏ごししたスープ.

Schlei·ße [ˈʃlaɪsə] 女 -/-n **1**《古》《もう使えなくなった》ペン軸. **2**《地方》経木(*).

schlei·ßen[*] [ˈʃlaɪsən] schleißte (schliss), ge-schleißt (geschlissen) ❶ 他《地方》《木材を》割る, 裂く; 《樹皮などを》剥く; 《古》《鳥の羽をむしる》. ❷ 自 (s)《不規則変化》《布地などが》すり切れる.

schlem·men [ˈʃlɛmən] ❶ 自 **1**《侮》うまいものをたらふく飲み食いする. ❷ 他 たっぷりと賞味する.

Schlem·mer [ˈʃlɛmər] 男 -s/- 美食家, グルメ.

Schlem·me·rei [ʃlɛməˈraɪ] 女 -/-en《複数なし》**1** 美食三昧. **2** 豪勢な食事(宴会).

schlem·mer·haft, **ˈschlem·me·risch** [ˈʃlɛmərɪʃ] 形 美食になれた, 食道楽の.

Schlem·pe [ˈʃlɛmpə] 女 -/-n《酒の》蒸留かす(アルコール分を含まず, 家畜の飼料にする).

schlen·dern [ˈʃlɛndərn] 自 (s) ぶらぶら歩く.

Schlen·dri·an [ˈʃlɛndriaːn] 男 -[e]s/-《古》だらけた生活, 惰性的なやり方.

Schlen·ker [ˈʃlɛŋkər] 男 -s/- **1** 急に《小さく》カーブを切ること.　einen ～ machen さっと急カーブを切る.

2《車での》ちょっとした寄り道. **3**《話》《Schnörkel》渦巻模様. **4**《話》話の途中での脱線.

ˈschlen·kern [ˈʃlɛŋkərn] ❶ 他 ぶらぶら振る(揺る). ❷ 自 **1** (mit et³ 物³を)ぶらぶら振る.　mit den Beinen ～ 足をぶらぶらさせる. **2** ふらふら揺れる; 《車などが》横揺れする. **3**《地方》ぶらぶら歩く, ぶらつく.

ˈschlen·zen [ˈʃlɛntsən] 自 他《スポ》ボールをすくい上げるように蹴る; 《ホッケ》すくい上げてパックを浮かせる.

Schlepp [ʃlɛp] 男《次の用法でのみ》et⁴ im ～ haben 物⁴を引いている, 《を》牽引(曳行)している.　jⁿ im ～ haben 人ⁿを従い連れている; 《に》後をつけられて(追われている).　et⁴ in ～ nehmen 物⁴を引く, 牽引(曳航)する.　ein ～ eines Traktors トラクターに牽引(曳航)されて.

ˈSchlepp·damp·fer 男 -s/- タグボート.

ˈSchlep·pe [ˈʃlɛpə] 女 -/-n **1**《ドレスの曳き裾, トレーン. **2**《猟新》《馬術》擬臭跡; 《猟新》《水鳥の》足跡. **3**《農業》《牛などに牽(%)かせる》大型鋤(%).

****ˈschlep·pen** [ˈʃlɛpən] シュレペン ❶ 他 **1** (a) 引きずる, 引きずって運ぶ; 《重い物を》難儀しつつ運ぶ.　Säcke voll Kartoffeln in den Keller ～ じゃがいもの袋をいくつも地下室に運ぶ.　einen schweren Koffer zum Bahnhof ～ 重いトランクをえっさえっさと駅まで運ぶ.　Der Fuchse *schleppte* die erbeuteten Hasen zu seinem Bau. 狐は獲物の兎を巣へ引きずっていった.　Jetzt *schleppe* ich das schwere Paket schon seit drei Tagen durch die Gegend.《話》今日でもう3日も私はこの重い小包をかかえてこのあたりをうろうろしている. (b) 《自動車・船などを》引いて(曳いて)いく, 牽引(曳航)する.　Der Schlepper *schleppt* einen Lastkahn. タグボートが艀(%)を曳いていく.　ein Bein ～ 片足を引きずって歩く.　Netze ～《漁船が》網を曳(%)く.　einen defekten Wagen in die Werkstatt ～ 故障車を工場へ引いていく.　jⁿ《人ⁿを》無理やり連れて《引っぱって》いく.　jⁿ durch die ganze Stadt ～ 人ⁿを町じゅう引っぱり回す.　jⁿ [mit] ins Kino ～ 人ⁿを無理やり映画館に引っぱっていく.　jⁿ vor den Richter 〈zum Polizeirevier〉～ 人ⁿを裁判官の前に引出す《警察署に引っ立てる》. **3**《話》《ある服を》長い間着ている.　Wie lange willst du das Kleid noch ～? そのワンピースをいつまで着る気なの.

❷ 再 **(sich⁴)** **1** 足(体)を引きずるようにして歩く.　Der Kranke konnte *sich* gerade noch zum Bett ～. 病人はどうにかこうにか這(%)うようにしてベッドにたどり着いた.　Mühsam *schleppt sich* der Lastwagen über die Steigung. 喘(%)ぎ喘ぎトラックは坂道を越えていく.　Er *schleppt sich* nur noch. 《話》彼はもう歩くことももままならない(なんとか生きているだけといった)状態だ. **2** だらだらと長引く.　Der Prozess *schleppt sich* nun schon ins vierte Jahr. 訴訟は長引いてこれでもう4年目にはいる. **3**《地方》(a) (mit et³ 物³を)難儀して運ぶ.　*sich* mit einem schweren Gepäck ～ 重い荷物をよいしょこらしょと運ぶ. (b) (mit et³ 事³を)長い間かかえしている, 《に》長い間悩まされている.　Meine Frau *schleppt sich* immer noch mit der Erkältung. 家内はまだ風邪が抜けないでいる.　Er *schleppt sich* mit diesem Leiden schon seit zwei Jahren. 彼はこの病気に悩まされだしてもう2年になる. **4**《結果を示す語句と》*sich* müde〈zu Tode〉～ 荷物運びをして疲れる〈ふらふらになる〉(an〈mit〉et³ 物³を運んで).

❸ 自《衣服の裾が》引きずる.　Ihr langer Mantel *schleppt* [auf dem Boden]. 彼女の長い外套が裾を引きずっている. **2**《卑》金をもらって逃亡幇助(%)をする.

ˈschlep·pend 現分 形 引きずるような, のろのろ(だらだ

Schlepper

ら)した; 間延びした. ein ~er Gang 引きずるような(だらだらした)足取り. ein ~er Gesang 間延びした歌. eine ~e Redeweise とつとつとした(のろのろした)話ぶり. mit ~en Schritten 足を引きずるようにして. eine ~e Unterhaltung 途切れがちの会話. Der Absatz war ~. 売行はしぶかった.

'Schlep·per ['ʃlɛpər] 男 -s/- **1** 曳き船, タグボート; 牽引車, トレーラー, (とくに)トラクター. **2**《話》客引き, ポン引き.

'Schlepp·kahn [-es/¨e 無動力の艀(はしけ).

'Schlepp·kleid 中 -[e]s/-er トレーン(曳き裾)のついたドレス.

'Schlepp·lift 男 -[e]s/-e(-s)《スキーヤーがスキーを履いたまま引上げてもらう》Tバー·リフト.

'Schlepp·netz 中 -es/-e 底引網, トロール網.

'Schlepp·schiff 中 -[e]s/-e タグボート, 曳き船.

'Schlepp·schiff·fahrt 女 -/ 曳航.

'Schlepp·seil 中 -[e]s/-e (船の曳航や車の牽引に使う)引き綱, 曳(え)き索.

'Schlepp·tau 中 -[e]s/-e 引き綱, 牽引(曳航)索;(気球などの)トレイル·ロープ. Ein Kahn fährt im ~. 小舟が1隻曳かれて行く. mit einer Gruppe Fans im ~ 一群のファンを引連れて. et⁴ im ~ haben 物⁴を牽引(曳航)している. j⁴ im ~ haben 人⁴を引連れて(従えて)いる. j⁴ ins ~ nehmen 人⁴を無理にも引っぱっていく.

'Schlepp·zug 男 -[e]s/-e (タグボートに引かれた)艀(はしけ)の列.

'Schle·si·en ['ʃle:ziən]《地名》シュレージエン, シレジア(ポーランド南部, オーデル川流域に広がる地方. 一部ドイツに属する).

'schle·sisch ['ʃle:zɪʃ] 形 シュレージエン(人)の.

'Schles·wig ['ʃlɛsvɪç]《地名》シュレースヴィヒ(ドイツ北部, ユトランド半島にある港湾都市).

'Schles·wig-'Hol·stein ['ʃle:svɪç'hɔlʃtain]《地名》シュレースヴィヒ=ホルシュタイン州(ドイツ北部, ユトランド半島の基部にある州, 州都 Kiel).

'Schleu·der ['ʃlɔydər] 女 -/-n **1** (Wäscheschleuder) 脱水機. **2** 遠心分離機. **3** 投石機(古代·中世の革製の武具); 《投石用》パチンコ. **4**《シュトィ》掬い投げ(の差し手). **5**《若者》車, バイク.

'Schleu·der·ball 男 -[e]s/¨e《スポーツ》**1** シュロイダーボール(投げ手のついた革製のボール). **2**《複数なし》シュロイダーボール·ゲーム.

'Schleu·de·rer ['ʃlɔydərər] 男 -s/- **1** (石·槍などを)投げる人; 投石機(パチンコ)で撃つ人. **2**《話》《商業》捨値で売る(投売りする)商人. **3**《植物》果実が裂開を起す植物(つりふね草など).

'Schleu·der·ho·nig 男 -[e]s/-e 遠心分離機にかけて採取した上製蜂蜜.

'Schleu·der·ma·schi·ne 女 -/-n 遠心分離機.

*'schleu·dern ['ʃlɔydərn シュロイダーン] ❶ 他 **1** 力をこめて(勢いをつけて)投げる, 放り投げる; 投げつける. Sie schleuderte den Diskus〈den Speer〉70 m weit. 彼女は円盤投げ〈槍投げ〉で70メートル投げた. Bei dem Aufprall wurde er aus dem Wagen geschleudert. 衝突したとき彼は車から外へ放り出された. et⁴ an die Wand〈auf den Boden〉 ~ 物⁴を壁に投げつける〈床に叩きつける〉. einen zornigen Blick auf j⁴ ~ 怒りの一瞥(いちべつ)を人⁴に投げつける. einen Bannfluch gegen j⁴ ~《雅》人⁴に破門を宣告する. j⁴ Vorwürfe ins Gesicht〈an den Kopf〉 ~ 人³に面と向かって非難の言葉を投げつける,(を)面罵する. **2** (a) 遠心機にかける. Honig〈Wäsche〉 ~ 蜂蜜を遠心機で漉(こ)す(洗

濯物を脱水機にかける). (b) 遠心機にかけて取出(採取)する. den Honig aus den Waben ~ 遠心機にかけて蜂の巣から蜂蜜を採取する. das Wasser aus der Wäsche ~ 脱水機で洗濯物の水をしぼる. ❷ 自 (h, s) **1** (h) (洗濯機が)脱水する. **2** (a) 車が(自動車などが)横すべりする, 左右に振られる. in der Kurve ist〈hat〉 das Motorrad geschleudert. カーブでオートバイは激しくスリップした.《中性名詞として》in Schleudern geraten〈kommen〉(車が)ハンドルを取られて横すべりする.《話》(論証などの途中で)混乱してしまう, 何が何だか分からなくなる, しどろもどろになる. j⁴ ins Schleudern bringen《話》人⁴をへどもどさせる. (b) (s) 横すべりして突っこむ,(ぶちあたる). Unser Auto ist auf〈gegen〉 einen geparkten Lkw geschleudert. 私たちの車はスリップして駐車中のトラックに激突した. **3**《体操》(h) (吊輪で倒立または懸垂から)後方転回する. (s) in den Streckhang ~ 後方転回して懸垂にはいる.

'Schleu·der·preis 男 -es/-e《話》捨て値.

'Schleu·der·sitz 男 -es/-e (飛行機の)射出座席.

'Schleu·der·start 男 -[e]s/-s(-e) (飛行機の)カタパルト発進.

'Schleu·der·wa·re 女 -/-n《複数まれ》見切品, 投売り商品.

'schleu·nig ['ʃlɔynɪç] 形《述語的には用いない》迅速な, 至急の; 即座の. Wir bitten um ~e Rückgabe des Buches. 本を至急返却願います.

'schleu·nigst ['ʃlɔynɪçst] 副 即刻, 大急ぎで, 至急.

'Schleu·se ['ʃlɔyzə] 女 -/-n **1**《土木》水門, 堰(せき)(運河の)閘門(こうもん); (下水の)暗渠, 排水渠. des Himmels öffnen sich⁴./ Der Himmel öffne seine ~n.《雅》どしゃ降りになる. die ~n seiner Beredsamkeit öffnen 堰を切ったように喋りだす. **2**《工学》エアロック, 気閘.

'schleu·sen ['ʃlɔyzən] 他 **1** ein Schiff durch einen Kanal ~ 水門を開いて船に運河を通航させる. **2** (閘門を)通過させる, 通す. eine Reisegesellschaft durch den Zoll ~ 旅行団体に税関を通過させる. ひそかに(違法に)流す, 送りこむ. einen Agenten in ein Ministerium ~ 省内にスパイを放つ. j⁴ über die Grenze ~ 人⁴をひそかに越境させる.

'Schleu·sen·kam·mer 女 -/-n《土木》(水門の)開室, ロック室.

'Schleu·sen·tor 中 -[e]s/-e《土木》水門, 閘門(こうもん).

'Schleu·sen·wär·ter 男 -s/- 水門管理人.

schleußt [ʃlɔyst]《古》schließen の現在3人称単数.

schlich [ʃlɪç] schleichen の過去.

Schlich [ʃlɪç] 男 -[e]s/-e **1**《古》泥土, 泥. **2**《冶金》精鉱, 泥鉱. **3**《ふつう複数で》奸計, 策略, 悪だくみ. j⁴ auf die ~e kommen / hinter j⁴ ~e kommen 人³の計略を見破る.

*schlicht [ʃlɪçt シュリヒト] ❶ 形 **1** (経済的に)質素な, つましい. ein ~es Leben つましい暮し. eine ~e Mahlzeit 質素な食事. ~ gekleidet sein 質素な(地味な)身なりをしている. **2** (装飾的に)あっさりした, 簡素な(簡潔)な. ein ~er Bericht 簡潔な報告. ein ~es Ornament 簡素な装飾. die ~e Schönheit dieser Architektur この建築のシンプルな美しさ.《mit ~en Worten》 sagen 言葉を飾らないで(ありのままを)話す. **3** (性格的に)素直な, 素朴(純朴)な. ein ~es Gemüt 素直な心. der ~e Glaube an seinen Erlöser 救世

主への素朴な信仰. ~es Haar まっすぐな(くせのない)髪. ~e Leute 純朴な人々. das Haar ~ zurückgekämmt tragen 髪を櫛(ﾞ)けつなでつけにしている. **4**《付加語的用法のみ》純然たる, まったくの. Das ist eine ~e Tatsache. それこそまぎれもなく事実そのものだ.

❷ 圖 **1** およそ, まったく, 間違いなく(…だ). Das ist ~ gelogen. それはうそまっちゃのうそっぱちだ. ~ und einfach〈戯 ergreifend〉《話》まったく. Er hat es ~ und ergreifend vergessen. 彼はそれをころっと忘れてしまった. **2** ~ und ~ 物々交換して.

Schlich·te ['ʃlɪçtə] 囡-/《紡績》サイズ(経糸の滑りをよくするための糊).

schlich·ten ['ʃlɪçtən シュリヒテン] 囮 **1**(争いなどを)調停する. **2**(a)(木材・金属の)表面を平らにする, 平滑仕上げをする. (b)(皮革を)仕上げ鞣(ﾞ)しする. (c)《紡績》(経糸に)サイジングをする, 攀水(ﾞ)を引く.

Schlich·ter ['ʃlɪçtər] 男-s/- 調停人, 仲裁者.
Schlicht·heit 囡-/ 質素, 簡素; 素朴, 質朴.
Schlicht·ho·bel 男-s/- 仕上げ鉋(ﾞ).
Schlich·tung 囡-/-en《複稀れ》**1** 調停, 仲裁. **2**《工学》(工作物の)仕上げ, 仕上げ削り.

Schlich·tungs·aus·schuss 男 -es/¨e《法制》調停委員会.

Schlich·tungs·stel·le 囡-/-n《法制》=Schlichtungsausschuss

Schlich·tungs·ver·fah·ren 田 -s/-《法制》調停手続.

Schlich·tungs·ver·such 男 -[e]s/-e 調停の試み.

schlicht'weg ['ʃlɪçt'vɛk] 圖 =schlechtweg

Schlick [ʃlɪk] 男 -[e]s/-e(水底に沈積した)泥, 軟泥, へどろ.

Schlick·ab·la·ge·rung 囡-/-en **1**《複数なし》泥の沈積(沈殿). **2** 沈積(沈殿)した泥, へどろ(の山).

schli·cke·rig ['ʃlɪkərɪç] 厖《北ﾞ》**1** 泥だらけの, 泥にまみれた. **2** ぬかるんだ, 泥で滑りやすい.

schli·ckig ['ʃlɪkɪç] 厖 =schlickerig
schlick·rig ['ʃlɪkrɪç] 厖 =schlickerig

Schlick·watt 田 -[e]s/-en 泥土の沈積した干潟.

schlief [ʃliːf] schlafen の過去.

Schlief [ʃliːf] 男 -[e]s/-e《複稀れ》《地方》(パンケーキなどの)生焼けの部分.

'schlie·fe ['ʃliːfə] schliefen の接続法 II.

'schlie·fen* ['ʃliːfən] schloff, geschloffen 圁(s) **1**《南ﾞ·蒃ﾞ》するりと入りこむ, さっと滑り込む; するりと抜け出る. in die Hose ~ ズボンをさっとはく. aus dem Zimmer ~ 部屋からさっと抜出す. **2**《猟師》(猟犬が穴熊や狐などの巣穴に)もぐり込む, 這い込む.

schle·fig ['ʃliːfɪç] 厖《地方》=schliffig

'Schlie·mann ['ʃliːman]《人名》Heinrich ~ ハインリヒ・シュリーマン(1822-1890, トロイアの遺蹟を発見したドイツの考古学者).

'Schlie·re ['ʃliːrə] 囡-/-n **1**《多く複数で》(ガラス・鏡などの表面に生じた)条痕, 線条. **2**《工学》シュリーレン(透明な物体の中に生じた屈折異常部), しま. **3**《地質》(火成岩中の)縞状条線. **4**《複数なし》《東中部ﾞ》ねばねばしたもの.

'schlie·rig ['ʃliːrɪç] 厖《地方》ねばねばした; ぬるぬるした, すべり易い.

'Schlie·ße ['ʃliːsə] 囡-/-n 留め金, 掛け金, 尾錠(金), (ブラウスなどのスナップ)(ベルトの)バックル.

'schlie·ßen* ['ʃliːsən シュリーセン] schloss,

geschlossen ❶ 囮 **1**(a)(ドア·蓋などを)閉じる. die Beine ~ 両脚を閉じる, 膝をそろえる. einen Deckel ~ 蓋を閉じる. das Fenster〈die Tür〉~ 窓〈ドア〉を閉める. einen Hahn ~ 栓を締める. einen Knopf ~ ボタンをかける. die Schranke ~ 遮断機をおろす. (b) 蓋(栓, 封)をする, 塞ぐ; (通路·穴を)ふさぐ. die Augen ~ 目を閉じる;《雅》目を塞(ﾞ)ぐ(死ぬ, の意). den Bahnübergang ~ 踏切を遮断する. einen Briefumschlag〈eine Flasche〉~ 封筒の封を〈瓶に栓を〉する. ein Buch ~ 本を閉じる. einen Durchgang〈eine Lücke〉~ 通路をふさぐ〈穴を埋める〉. eine Grenze ~ 国境を封鎖する. die Hand [zur Faust] ~ 拳(ﾞ)を握る. das Haus ~ 家の戸締りをする. das Kleid ~ 洋服のボタンをかける(チャックを閉める). einen Koffer ~ トランクに鍵をかける. die Reihen ~ 列を詰める. (c) 閉じて完成する, (回路などを)閉じる. einen Damm〈eine Mauer〉~ 堤防〈壁〉を完成する(最後の一部を仕上げて). einen Kreis ~ 輪(円陣)をつくる(um j⁴ herum j⁴の回りに). einen Stromkreis ~(電気の)回路を閉じる.
2(店などを)閉める. sein Geschäft〈seinen Laden〉~ 店を閉める, 閉店する; 店をたたむ, 廃業する. den Schalter ~ 窓口を閉める. die Schule ~ 学校を休校にする(閉鎖する).
3(a)(an et⁴ 物³に)つなぐ, 結びつける. den Hund an die Kette ~ 犬を鎖につなぐ. das Fahrrad an einen Zaun ~ 自転車を柵につなぐ. (b)(an et⁴ 事³のあとに)続ける, (に)つけ加える. An seine Rede schloss er noch ein Wort. 彼はスピーチのあとになおひと言つけ加えた.
4(in et⁴ 物³の中に)閉じこめる; 含める, 取りこむ, しまいこむ. j⁴ in die Arme〈ins Herz / an die Brust〉~ 人⁴を抱きしめる. einen Brief in ein Fach ~ 手紙を抽斗(ﾞ)にしまいこむ. j⁴ [mit] in sein Gebet ~ (ついでに)人⁴のことも祈ってあげる. et⁴ fest in seine Hand ~ 物⁴を固く握りしめる. j⁴ ins〈in sein〉Herz geschlossen haben 人⁴のことがかわいくて(好きで)ならない. einen Gefangenen in eine Zelle ~ 囚人を独房に入れる.《再帰的に》Warum schließt er sich⁴ in sein Zimmer? なぜ彼は部屋に閉じこもるのか.
5(et⁴ in sich⁴ 物⁴を)含む, 包含(包摂)する. Dieses Land schließt noch manche Gefahren in sich. この国はなおいくつかの危険を孕(ﾞ)んでいる. Seine Behauptung schließt einen Widerspruch in sich. 彼の主張は矛盾を含んでいる.
6 終らせる, 終結させる; (演説·手紙などを)しめくくる. eine Sitzung ~ 会議を閉じる. Er schloss seinen Vortrag mit den folgenden Worten. 彼は講演を次のような言葉で結んだ.《目的語なしで》Hiermit möchte ich für heute ~. 今日のところはここまでにします(会議·手紙の結び).
7(et⁴ aus et³ 事³から事⁴を)推論する. Aus dieser Tatsache kann man ~, dass... この事実から…てあると推論できる. Aus der Zahl der Ringe lässt sich das Alter des Baums ~. 年輪から樹齢が推定できる.
8(契約などを)結ぶ, 締結する. ein Bündnis ~ 同盟を結ぶ. die Ehe mit j³ ~ 人³と結婚する. Frieden ~ 講和を結ぶ. mit j³ ein[en] Kompromiss ~ 人³と妥協する.

❷ 圁 **1**(ドアなどが)閉る. Der Deckel〈Das Fenster〉schließt nicht richtig. この蓋〈窓〉はちゃんとしまらない. Die Tür schließt von selbst. このドアはひとりでに閉まる.

2 (a)〈鍵穴の中で〉鍵を回す. Sie müssen zweimal ~. 鍵は2回回してかけてください. (b)〈鍵が〉利〈き〉く,合う;〈錠が〉かかる. Das Schloss *schließt* etwas schwer〈nicht richtig〉. この錠は少しかかりにくい〈甘い〉. Der Schlüssel *schließt* zu mehreren Türen des Gebäudes. この鍵は建物のいくつかのドアに合う.
3 閉店する, 閉館する; 休業(廃業)する. Die Bibliothek *schließt* donnerstags um 15 Uhr. 図書館は木曜日は3時閉館だ. Die Fabrik musste ~, weil die Zulieferungen ausblieben. 工場は部品の供給がなくなったため閉鎖を余儀なくされた. Die Schulen *schließen* für eine Woche. 学校は向こう1週間休校になる.
4 終る, 終結する;〈手紙などが〉しめくくられる. Der Prozess *schloss* mit einem Freispruch. 訴訟は無罪判決で終った. Mit dieser Szene *schließt* das Stück. この場面で芝居は終る. Lass mich für heute ~. 今日はここまでにします〈手紙の結び〉. Und damit will ich ~. これで筆を擱〈お〉きます〈手紙の結び〉;以上で私の話を終ります〈講演の結び〉.
5〈von(aus)et³ auf et⁴ 事〉から事を推論(類推)する. vom Besonderen auf das Allgemeine ~ 特殊なものから普遍的なものを推論する. Du sollst nicht immer von dir auf andere ~! 君はいつでも自分をもって他を推し量ってばかりいてはいけない.

❸ 囮《sich⁴》**1** (a)〈ドアなどが〉閉まる. Die Tür *schloss sich* hinter mir. 私の背後でドアが閉った. Diese Blüten *schließen sich* am Abend. これらの花は夕方になるとつぼむ. Die Wunde hat *sich geschlossen*. 傷がふさがった. (b) 閉じて完結する. Der Ring der Untersuchung hat *sich* damit endlich *geschlossen*. 一連の調査もそれでやっと終った.
2〈an et⁴ 事〉に引続いて起る. An den Vortrag *schloss sich* eine lebhafte Diskussion. 講演に続いて活発な討論が行われた.

◆ ↑ geschlossen

'Schlie·ßer ['ʃliːsər] 围 -s/- **1** 門番, 守衛;〈劇場·映画館の〉ドアマン, 案内係. **2** 牢番, 看守. **3**〈ドアの〉自動開閉装置.

'Schließ·fach ['ʃliːs..] 田 -[e]s/-er コインロッカー. **2** (Postfach)〈郵便局の〉私書箱. **3**〈銀行の〉貸金庫.

'Schließ·korb 围 -[e]s/-e 錠付き大型バスケット.

'schließ·lich ['ʃliːslɪç シュリースリヒ] ❶ 圖
1 最後に, 終りに;ついに, 結局. Sie nahm ihren Hut, ihren Mantel, den Koffer und ~ den Schirm. 彼女は帽子, 外套, スーツケース, そして最後に傘を手に取った. Er willigte ~ 〈doch〉 ein. 彼も結局承諾した. ~ und endlich〈話〉最後には, 結局;結局のところ(↑2). **2** 結局のところ, なんだかんだ言っても. Er ist ~ mein Freund. 彼はなんのかんの言っても結局は友達なんだ.
❷ 围《まれ》《付加語的の用法のみ》最終的な. die ~e Niederlage いずれ最終的には来る敗北.

'Schließ·mus·kel 围 -s/-n **1**《動物》〈斧足類の〉閉殻筋, 閉殻筋. **2**《解剖》括約筋.

'Schlie·ßung 囡 -/-en **1** 閉じる(閉める)こと;閉鎖;終結, 終了. **2**〈契約などを〉結ぶこと, 締結.

schliff [ʃlɪf] schleifen¹ の過去.

Schliff [ʃlɪf] 围 -[e]s/-e (↑ schleifen¹) **1** (a)《複数なし》〈刃物の〉研〈と〉ぎ,〈宝石·ガラスの〉研磨. Der ~ eines Diamanten ist mühevoll. ダイヤモンドの研磨は骨の折れる仕事だ. (b) 研ぎ方, 研磨の仕方;研いだ(研磨した)面, カット(面). der schöne ~ eines Kristallglases クリスタルグラスの美しいカット. Der Schwert hat einen glatten〈welligen〉~. この刀剣の刃文〈はもん〉は直刃〈すぐは〉〈乱れ刃〉だ. **2**《地質》(Gletscherschliff)〈氷河の〉短縮面. **3**《地質》(Dünnschliff)〈鉱石などの〉プレパラート. **4**《複数なし》(a) 洗練された〈上品な〉振舞. Er hat keinen ~. / Ihm fehlt der〈jeder〉~. 彼は洗練されていない,彼はおよそ礼儀作法というものを心得ていない. (b) 洗練,〈最後の〉仕上げ;〈兵隊〉しごき. et³ den letzten ~ geben 物³に最後の磨きをかける(最後の仕上げをする). **5**《複数なし》〈地方〉(Schlief)〈パン·ケーキなどの〉生焼け. Der Kuchen ist ~ geworden. ケーキが生焼けになった. ~ backen 生焼けをつくる;《比喩》しくじる, へまをする.

'schlif·fig ['ʃlɪfɪç] 围〈地方〉〈パンなどが〉生焼けの.

schlimm

[ʃlɪm シュリム] 围 **1**〈事態·状態などが〉悪い, ひどい;いやな, ありがたくない. Es gibt ~e Dinge〈Schlimmeres〉. 世の中に悪いことはいくらでもある. ~e Erfahrungen machen いろいろつらい目にあう. im ~sten Fall 最悪〈万一〉の場合には(でも). ein ~er Irrtum とんでもない思い違い. eine ~e Nachricht 悪い知らせ. ein ~er Unfall ひどい〈悲惨な〉事故. ein ~er Weg 悪路. Das waren ~e Zeiten あれはひどい〈悪い〉時代だった. das Schlimmste befürchten 万一の場合の悪い場合)を心配する. Ist es ~, wenn ich nicht dabei bin? 私がいないとまずいですか〈[Das] ist nicht [so] ~!〈話〉なあに大したことじゃありません, どうぞお構いなく. Es steht ~ mit ihm〈um ihn〉. 彼の状態はよくない. Heute ist es ~ kalt.〈話〉今日はおそろしく寒い. **2** (a)〈道徳的に〉たちのよくない, 下劣〈卑劣〉な. ein ~er Geselle わる, 悪党. einen ~en Ruf haben / in einem ~en Ruf stehen 評判がよろしくない. ein ~es Verbrechen ひどい〈凶悪な〉犯罪. (b)〈話〉〈子供が〉行儀の悪い, 手に負えない;〈戯〉女に達者な. ein ~es Kind 腕白坊主;おてんば. Du bist ja ein ganz *Schlimmer*. あなたってほんとにいけない人ね. **3**〈話〉気分が悪い;怪我をした, 病んだ. ~e Augen〈einen ~en Finger〉haben 目をわずらって〈指を怪我して〉いる. ein ~er Zahn 虫歯. Mir ist ~. 私は気分が悪い.

'schlimms·ten·falls ['ʃlɪmstən'fals] 圖 最悪の場合には(でも).

'Schling·be·schwer·den ['ʃlɪŋ..] 圈《病理》嚥下〈えんげ〉困難.

*'Schlin·ge ['ʃlɪŋə] 囡 -/-n **1**〈紐·糸·リボン·索などで作った〉輪. eine ~ knüpfen〈machen〉〈紐·糸などを〉輪に結ぶ. j³ die ~ um den Hals legen 人³の首に縄をかける(絞首刑にするため);(を)自分の自由にする. die ~ lockern〈zuziehen〉輪をゆるめる〈しぼる〉. bei j³ die ~ zuziehen 人³の息の根をとめる,(に)とどめを刺す. sich⁴〈den Kopf / den Hals〉aus der ~ ziehen 危うく窮地を脱する. den Kopf〈den Hals〉in die ~ stecken うかうかと危険に身をさらす. den gebrochenen Arm in der ~ tragen 骨折した腕を包帯で吊っている. **2** (針金を輪にした)わな. ~ n legen〈stellen〉わなをしかける. j³ eine ~ legen 人³にわなをしかける. Hasen in einer ~ fangen 兎をわなにかける. sich⁴ in einer ~ fangen わなにかかる. Er hat sich in seiner eigenen ~ gefangen. 彼は自分で仕かけた罠にひっかかった. in die ~ gehen 罠にかかる(落ちる). **3**〈タオル地など輪奈〈わな〉織物の〉ループ, 輪奈. **4**

Schlin·gel ['ʃlɪŋəl] 男 -s/- 《戯》いたずら坊主, 腕白小僧.
Schlin·gel² 男 -s/- 《南ド》(衣服の)ホック.
schlin·gen¹* ['ʃlɪŋən] schlang, geschlungen ❶ 他 1 巻きつける. eine Kordel um das Paket ~ 小包みに紐をかける. sich¹ einen Schal um den Hals ~ 襟巻を首に巻く. Sie schlang die Arme um seinen Hals. 彼女は彼の首っ玉に抱きついた. 2 編みこむ. sich¹ ein Band durchs〈ins〉Haar ~ 髪にリボンを編みこむ. Fäden ineinander ~ 糸をより合せる. 3 結ぶ. die Enden eines Seils zu einem Knoten ~ ロープの両端を結び合せる. einen Knoten ~ 結び目をつくる. 4 (ボタンホールなどを)かがる ❷ 再 《sich》巻きつく, からみつく(um et⁴ 物に).
schlin·gen²* schlang, geschlungen 他自 1 (よく噛まずに)飲込む. 2 (飲込むように)がつがつ食べる.
schlin·gern ['ʃlɪŋərn] 自 (h, s) 1 (h) (船が)横揺れする. 《中性名詞として》ins *Schlingern* geraten〈kommen〉(船・車などが)激しく揺れだす. 2 (s) (船が)横揺れしながら進む;《話》ふらふらしながら(千鳥足で)歩く.
Schling·ge·wächs ['ʃlɪŋ..] 中 -es/-e =Schlingpflanze
Schling·pflan·ze 女 -/-n 蔓(つる)植物, 纏絡(てんらく)植物.
Schlips [ʃlɪps シュリプス] 男 -es/-e 《話》ネクタイ. einen ~ tragen〈umbinden〉ネクタイを締めている〈締める〉. j³ auf den ~ treten 人³の気持を傷つける. sich⁴ auf den ~ getreten fühlen 気持ちが傷つく.
Schlips·na·del 女 -/-n ネクタイピン.
schliss, °**schliß** [ʃlɪs] schleißen の過去.
Schlit·ten ['ʃlɪtən シュリテン] 男 -s/- 1 橇(そり). mit dem ~ den Hang hinunterfahren 橇で坂を滑り降りる. ~ fahren 橇で遊ぶ. mit j³ ~ fahren《話》人³をひどくいじめる;(を)どなりつける. unter den ~ kommen〈geraten〉《話》堕落する. 2 《話》自動車; オートバイ, 自転車. 3 《工学》(旋盤・タイプライターなどのキャリッジ. 4 《工学》(船の)進水台.
Schlit·ten·bahn 女 -/-en そり(リュージュ, ボブスレー)の滑走路.
Schlit·ten·fahrt 女 -/-en そり(馬ぞり)に乗っていくこと; そり(馬ぞり)による旅行(遠乗り).
Schlit·ter·bahn ['ʃlɪtər..] 女 -/-en 《地方》(スケート・そりの)滑走路.
schlit·tern ['ʃlɪtərn] 自 (h, s) 1 (a) (h, s) (氷上などを)滑って遊る, 滑走する. (b) (s)滑走して渡る〈über den zugefrorenen See 凍りついた湖を〉. 2 (s) つるっと滑る, スリップする. 3 (s) in et⁴ ~ 事⁴(不愉快なこと)にずるずるとはまりこむ, ひきずりこまれる.
Schlitt·schuh ['ʃlɪt-ʃu: シュリトシュー] 男 -[e]s/-e (アイススケートの)スケート靴. ~ laufen〈fahren〉アイススケートをする.
Schlitt·schuh·bahn 女 -/-en スケートリンク.
Schlitt·schuh·lau·fen 中 -s/ スケート(をすること), スケーティング.
Schlitt·schuh·läu·fer 男 -s/- スケートをする人, スケーター.
Schlitz [ʃlɪts] 男 -es/-e 1 (細長い)切り口, 裂け目, 割れ目; (自動販売機の)コイン投入口, (郵便箱の)投函口. 2 (スカートなどの)スリット, (Hosenschlitz)(ズボンの)前開き. 3 《卑》割れ目(女性の陰部のこと).
Schlitz·au·ge 中 -s/-n 1 (モンゴロイド系の人間に見られる裂け目のような)細い目. 2 《侮》細い目をしたやつ, 引き目野郎.
Schlitz·äu·gig 形 細い目の.
schlit·zen ['ʃlɪtsən] 他 1 (スカートなどに)スリットをいれる. 2 (魚などを)縦に切り裂く.
Schlitz·ohr 中 -[e]s/-en 1 切れ目をいれられた耳(かつて詐欺師に科された刑罰). 2 《侮》《戯》おそろしくずる賢いやつ.
'schlitz·oh·rig 形 1 耳に切れ目を入れられた(↑Schlitzohr 1). 2 《話》抜け目のない, ひどくずる賢い.
Schlitz·ver·schluss 男 -es/⸚e 《写真》フォーカル・プレーン・シャッター.
schloff [ʃlɔf] schliefen の過去.
schloh'weiß ['ʃlo:'vaɪs] 形 (とくに髪が)真っ白な.
schloss, °**schloß** [ʃlɔs] schließen の過去.

Schloss, °**Schloß** [ʃlɔs シュロス] 中 -es/Schlösser 1 (a) 錠, 錠前; (Vorhängeschloss の短縮)南京錠. ein ~ aufschließen〈zuschließen〉鍵をあける〈鍵をかける〉. ein ~ vor die Tür hängen ドアに南京錠をつける. Die Tür ist ins ~ gefallen. ドアがかちゃりとしまった. 《慣用的表現で》j³ ein ~ vor den Mund hängen〈legen〉人³に口止めする, を黙らせる. hinter ~ und Riegel sein〈sitzen〉監獄にはいっている. j⁴ hinter ~ und Riegel halten〈bringen〉人⁴を投獄する. et⁴ unter ~ und Riegel halten〈bringen〉人⁴を投獄する. et⁴ unter ~ und Riegel halten 物⁴を厳重に保管する. (b) (ハンドバッグなどの)口金, (ベルトの)留め金. 2 (銃の)遊底. 3 《猟師》(有蹄類の)腰の蝶番(ちょうつがい)(寛骨接合部のこと). 4 (a) (王侯・貴族の)宮殿, 居城, 館(やかた). das ~ von Versailles ヴェルサイユ宮殿. Schlösser〈ein ~〉in die Luft bauen 空中楼閣を築く. ein ~ auf dem〈im〉Mond 空中楼閣. (b) 《総称的に》城中(宮中)の人びと.
'Schlöss·chen ['ʃlœsçən] 中 -s/- (Schloss の縮小形) 1 小さな錠前(口金, 留め金). 2 小さな宮殿, 小ぢんまりした館(やかた).
'Schlo·ße ['ʃlo:sə] 女 -/-n 《地方》《ふつう複数で》(大粒の)雹(ひょう), 霰(あられ).
'schlös·se ['ʃlœsə] schließen の接続法 II.
'schlo·ßen ['ʃlo:sən] 非人称 《地方》*Es schloßt*. 雹(ひょう)(霰(あられ))が降る.
'Schlos·ser ['ʃlɔsər] 男 -s/- 機械工, (金属・プラスチックなどの)加工技師.
'Schlös·ser ['ʃlœsər] Schloss の複数.
Schlos·se·rei [ʃlɔsə'raɪ] 女 -/-en 1 《複数なし》機械の組立(修理, 整備)業; 機械工の仕事. 2 機械の組立(修理, 整備)工場.
'Schlos·ser·hand·werk 中 -[e]s/ 機械工の仕事.
'schlos·sern ['ʃlɔsərn] 自 《話》(とくに素人が)機械工の仕事をする.
Schlos·ser·werk·statt 女 -/⸚en 機械の組立(修理, 整備)工場.
'Schloss·gar·ten ['ʃlɔs..] 男 -s/⸚ 宮殿(王宮)の庭園.
'Schloss·ge·spenst 中 -[e]s/-er 古城(古い館)に住みついている亡霊(妖怪).
'Schloss·herr 男 -n/-en 城(やかた)の主, 城主.
'Schloss·hof 男 -[e]s/⸚e 王宮(宮殿)の中庭.
'Schloss·hund 男 -[e]s/-e 《古》鎖につながれた番犬. heulen wie ein ~《話》わんわん泣きわめく.
Schlot [ʃlo:t] 男 -[e]s/-e(Schlöte) 1 《地方》(汽船・工場などの)大きな煙突. wie ein ~ rauchen〈qualmen〉《話》ヘビースモーカーである. 2 《侮》軽薄なやつ,

おっちょこちょい． **3** 〘地質〙噴火口の縦坑，煙道；(カルスト地帯の)ドリーネ．

'**Schlot·ba·ron** 男 -s/-e 《俗》《古》成上りの大工場主，工業成金(とくにルール地方の)．

'**Schlö·te** [ˈʃløːtə] Schlot の複数．

'**Schlot·fe·ger** 男 -s/-《地方》(Schornsteinfeger) 煙突掃除人．

'**schlot·te·rig** [ˈʃlɔtəriç] 形 =schlottrig

'**schlot·tern** [ˈʃlɔtərn] 自 **1** (寒さ・不安などで)がたがた(わなわな)震える． **2** (衣服が)だぶだぶである．

'**schlott·rig** [ˈʃlɔtriç] 形 **1** (寒さ・不安などで)がたがた(わなわな)震える． **2** (衣服などが)だぶだぶした，だぶついてだらしない．

***Schlucht** [ʃluxt シュルフト] 女 -/-en (Schlüchte) 峡谷，谷間．

'**Schlüch·te** [ˈʃlʏçtə] Schlucht の複数．

*'**schluch·zen** [ˈʃluxtsən シュルフツェン] ❶ 自 すすり(むせび)泣く，しゃくりあげる． ❷ 他 しゃくりあげながら言う．

'**Schluch·zen** 中 -s/《中部語》(Schluckauf) しゃっくり．

'**Schluch·zer** 男 -s/- すすり(むせび)泣き，嗚咽(ぉぇっ)．

***Schluck** [ʃlʊk シュルク] 男 -[e]s-e (Schlücke) **1** (a) (飲物の)ひと口の量，ひと飲み． einen ~ Wasser trinken 水をひと口飲む． Wollen wir erst einmal einen ~ trinken? まずはちょいと一杯やろうかありませんか． Du hast ja 'nen ganz schönen ~ am Leib!《話》なかなか見事な飲みっぷりじゃないか． ein [kräftiger/tüchtiger] ~ aus der Pulle《話》すごい数量，かなりの金額． ~ für⟨um⟩ ~ ひと口飲んではまたひと口． (b) (飲み物を)ひと口飲むこと． in⟨mit⟩ einem ~ ひと飲みで，いっきに． in⟨mit⟩ kleinen ~en ちびちびと． **2** 《話》飲物，(とくに)酒． ein guter ~ うまい酒．

'**Schluck·auf** [ˈʃlʊk|aʊf] 男 -s/ しゃっくり． einen ~ bekommen しゃっくりがでる．

'**Schlü·cke** [ˈʃlʏkə] Schluck の複数．

*'**schlu·cken** [ˈʃlʊkən シュルケン] ❶ 他 **1** 飲込む，飲みくだす． eine Pille ~ 丸薬を飲込む． Staub ~《話》ほこりを吸込む． Wasser ~ (泳いでいて)溺れかけて(水を)飲んでしまう．《目的語なしで》 vor Schmerzen nicht ~ können 痛くてものが飲込めない． Als sie das hörte, *schluckte* sie. それを聞いたとき彼女は(動転して)言葉が出なかった． **2**《話》(酒を)飲む． drei Flaschen Bier ~ ビールを3本あける． [einen] ~ ちょっと一杯やる． **3**《話》(a) 吸込む，吸収する． Der Boden *schluckt* das Regenwasser. 大地が雨水を吸込む． Dunkle Farben *schlucken* Licht. 暗色は光を吸収する． Der Teppich *schluckt* den Schall. 絨毯(ど${}^{\prime}$)は音を吸収する． (b) (金・燃料などを)費消する． Der Wagen *schluckt* viel Benzin. この車はガソリンをよく食う． Das neue Haus hat unser ganzes Geld geschluckt. 新しい家には有金をすっかり吐き出された． **4**《話》(企業・領土などを)併合(併呑)する，のっ取る． die kleinen Betriebe ~ 小さな会社を吸収合併する． **5**《話》(a) (非難・叱責などを)黙って受入れる．侮辱を甘んじて受ける． (b) (人の言うことを)鵜呑みにする． eine Ausrede ~ 口実をそのまま信じる．
❷《話》(an et³ 事³を)我慢する，こらえる．

'**Schlu·cken** 男 -s/ (Schluckauf) しゃっくり．

'**Schlu·cker** [ˈʃlʊkər] 男 -s/-《話》**1** armer ~ 哀れな(みじめな)やつ． **2** 呑み助，呑んべえ．

'**Schluck·imp·fung** 女 -/-en 〘医学〙ワクチンの服．

'**Schluck·specht** 男 -[e]s-e 《話》**1** 呑み助．やたら燃料を食う車．

'**schluck·wei·se** 副 ひと口ひと口，ひと口ずつ．

'**Schlu·der·ar·beit** [ˈʃluːdər..] 女 -/-en《俗》ぞんざいな仕事，やっつけ仕事．

'**schlu·de·rig** [ˈʃluːdəriç] 形《俗》**1** なげやりな，いい加減な，ぞんざいな． **2** (とくに服装などが)だらしない．

'**schlu·dern** [ˈʃluːdərn] 自 **1** そんざいな仕事をうっつけ(仕事)をする． **2** (mit et³ 物³を)無駄遣いする．

'**schlud·rig** [ˈʃluːdriç] 形 =schluderig

Schluff [ʃlʊf] 男 -[e]s-e (Schlüffe) **1**《複数なし》〘地質〙シルト，微泥，砂泥． **2**《南部語》(Muff) マフ． **3**《地方》獣道(ぃょぅ)．

'**Schlüf·fe** [ˈʃlʏfə] Schluff の複数．

Schluft [ʃlʊft] 女 -/Schlüfte《古》=Schlucht

schlug [ʃluːk] schlagen の過去．

'**schlü·ge** [ˈʃlyːgə] schlagen の接続法Ⅱ．

'**Schlum·mer** [ˈʃlʊmər] 男 -s/《雅》まどろみ，うたた寝．

'**Schlum·mer·lied** 中 -[e]s-er《雅》子守歌．

'**schlum·mern** [ˈʃlʊmərn] 自 **1** まどろむ，うたた寝をする． im Grab ~ 泉下(${}^{\prime}$)に眠る． **2** (才能などが)眠っている，埋れたままになっている；(病気などが)潜伏(潜在)する．

'**Schlum·mer·rol·le** 女 -/-n (ソファー用の)筒形の枕．

'**Schlum·pe** [ˈʃlʊmpə] 女 -/-n **1**《地方》(Schlampe) 身なりのだらしない女；身持ちの悪い女． **2**《ジ..》はき古した靴．

'**schlum·pe·rig** [ˈʃlʊmpəriç], '**schlump·rig** [..priç] 形《地方》=schlampig

Schlund [ʃlʊnt] 男 -[e]s/Schlünde **1** (a) 喉(のど)，〘医学〙咽頭；〘解剖〙口峡． den ~ nicht voll genug kriegen 飽くことを知らない． *sein* Geld durch den ~ jagen 有金をすっかり酒に費やす． j³ et³ in den ~ werfen⟨schmeißen⟩ 人³にむざむざ物³(大金など)をくれてやる． (b) (動物の)大きく開けた口． **2** (無脊椎動物の)食道，(有蹄類の)食道，のど． **3**《雅》深い穴(口)，深い淵，奈落(の底)．

'**Schlün·de** [ˈʃlʏndə] Schlund の複数．

Schlupf [ʃlʊpf] 男 -[e]s-e (Schlüpfe) **1**《南部語》(a) (塀・壁などの)抜け穴，隠れ(場)，避難所． (b)《古》(紐などを結んでできた)輪穴，輪．《南部語》《複数なし》(雛の)孵化，(幼虫の)羽化． **3**《地方》(Muff¹) マフ，手袋くみ． **4**〘工学〙(動輪ベルト・クラッチなどの)すべり，スリップ；〘電子工〙(非同期電動機における)すべり；〘自動車〙(車輪の回転数などと車体速度との間の)ずれ；〘航空・航海〙スリップ．

'**Schlüp·fe** [ˈʃlʏpfə] Schlupf の複数．

'**schlup·fen** [ˈʃlʊpfən] 自《南ド・オーストリア》=schlüpfen

*'**schlüp·fen** [ˈʃlʏpfən シュリュプフェン] 自 (s) **1** するりと出る(入る)，するっと抜ける(落ちる)． aus dem Zimmer⟨durch eine Zaunlücke⟩ ~ 部屋をするっと抜け出す⟨垣根の破れをくぐり抜ける⟩． j³ et³ durch die Finger ~ 人³の指の間からすべり落ちる；《比喩》人³の手を逃れる． unter die Decke ~ 掛布団の下にすべりこむ． Ein Wort *schlüpfte* ihm von den Lippen ⟨über die Lippen⟩. 一言彼の口から言葉が洩れた． **2** さっと着る(脱ぐ)． aus den Kleidern⟨in die Schuhe⟩ ~ 服をすばやく脱ぐ⟨靴をさっとはく⟩． Ich würde gerne mal für einen Tag in seine Haut ~. いっぺん彼と一日代ってみたいものだ. **3 aus dem Ei ~**(鳥の)殻からかえる, 孵化する. **aus der Larve ~**(虫の)蛹(͏さ̚ ͏な̚ ͏ぎ̚)からかえる, 羽化する.

Schlüp·fer ['ʃlypfər] 男 -s/- **1** 下穿き, パンツ(とくに婦人・子供用の). **2**《服飾》ラグランコート.

Schlupf·loch 中 -[e]s/-̈er **1**(壁などの)抜穴;《比喩》抜道, 逃道. **2**(動物の)巣穴. **3** (Schlupfwinkel)隠れ家.

schlüpf·rig ['ʃlypfrɪç] 形 **1** つるつる滑る, ぬるぬるした. **~ sein wie ein Aal** のらりくらりとして捕まえ所がない. **2** いかがわしい, 卑猥な. **ein ~er Witz** きわどい冗談.

Schlüpf·rig·keit 女 -/-en **1**《複数なし》滑りやすさ. **2**《複数なし》(言葉などの)いかがわしさ, 卑猥さ. **3** いかがわしい(卑猥な)言葉;(小説・映画などの)いかがわしい(卑猥な)箇所.

Schlupf·wes·pe 女 -/-n《虫》ひめばち(姫蜂).

Schlupf·win·kel 男 -s/- **1**《まれ》(動物の)隠れ場, 逃穴. **2** 隠れ家, 潜伏場所.

schlur·fen ['ʃlʊrfən] ❶ 自(s) 足を引きずって歩く. ❷ 自他《地方》=schlürfen

schlür·fen ['ʃlyrfən] ❶ 自他 (スープなどを)音をたてて飲む, すする. ❷ 他 (酒などを)ちびちび飲む. ❸ 自(s)《地方》=schlurfen ①

schlur·ren ['ʃlʊrən] 自(s) (schlurfen ①) 足を引きずって歩く.

Schluss,°**Schluß** [ʃlʊs ͏シ̚ ͏ュ̚ ͏ル̚ ͏ス̚] 男 -es/Schlüsse (↓schließen) **1**(a)《複数なし》終ること, 終了, 終結. **der ~ der Arbeit(des Ladens)** 終業〈閉店〉. **der plötzliche ~ der Versammlung** 集会の突然の打切り. **~ für heute!** 今日はここまでだ. **~ jetzt!** これまでにしよう. **~, ich gehe jetzt!** この話はもう勘弁してくれ. **beim Erzählen keinen ~ finden [können]** 話しだしたらいつまでもやめない, 話にきりがない. **mit et³ ~ machen** 事³を終りにする, やめる. **Ich mache jetzt ~.** 今日はもう仕事をやめよう, もう店仕舞いだ. **mit j³ ~ machen** 人³と縁(手)を切る. **[mit sich³ / mit dem Leben] ~ machen** 自ら身の始末をつける, 自殺する. (**es ist Schluss mit et⟨j⟩³ / mit et⟨j⟩³ ist Schluss** の形で) **Jetzt ist aber ~ [damit]! / ~ damit!** もういいかげんにしてくれ, もうたくさんだ. **Mit dieser Firma ist ~.** この会社ももう終りだ. **Es ist mit ihm ~.** 彼はもう駄目だ. **Mit dem Streit⟨dem Trinken⟩ ist nun ~!** 喧嘩はもうおしまいだ〈酒はもうやめた〉.《前置詞と》 **am⟨zum⟩ ~** 終りに, 最後に. **am⟨zum⟩ ~ des Jahres** 年末に. **bis zum ~** 最後まで. **gegen⟨nach/kurz vor⟩ ~ des Konzerts** 演奏会の終り近くに〈終ったあとに / 終る直前に〉. **Damit komme ich zum ~ meiner Ausführungen.** 以上で私の説明を終ります. (b)最後(終り)の部分, 末尾, 結末. **der ~ des Briefes** 手紙の結び. **der ~ des Schauspiels** 芝居の最終幕(大詰め). **der ~ des Zugs** 行列(列車)の最後尾. **Fortsetzung und ~ folgt.** 次回(次号)完結. **den ~ bilden** しんがりをつとめる. **ein Buch bis zum ~ lesen** 本を終りまで読む. **2** 推論, 推理; 結論, 帰結. **direkte⟨indirekte⟩ Schlüsse**《論理》直接〈間接〉推理. **ein kühner ~** 大胆な推論. **der Weisheit letzter ~** 熟慮に熟慮を重ねたうえの結論, 最後の手だて. **der ~ vom Allgemeinen auf das Besondere** 一般から特殊への推論(演繹). **aus et³ einen ~ ziehen** 事³からある結論を引出す. **zu einem ~ kommen** ある結論に達する. **3**《古》《複数なし》(閂)閉まること, 閉鎖. **kurz vor ~ des Tores** 閉門直前に.

4《複数なし》(a) (戸・窓などの)締まり. **Das Fenster hat keinen guten ~.** この窓はきちんと締まらない. (b)《馬術》(騎手の)脚の締まり. **guten ~ haben**(騎乗の際の)脚の締まりがしっかりしている. **mit den Knien [guten] ~ nehmen** 膝でしっかり馬体を締める.

5《音楽》終止.

6《複数なし》《ラグビー》フルバック.

7《金融》(株式などの)取引単位.

8《複数なし》(条約の)締結.

9《話》(Kurzschluss の短縮)(電気の)ショート, 短絡.

'Schluss·akt 男 -[e]s/-e **1**《芝居》の最終幕, 大詰め. **2** 最後を飾る(締めくくる)行為;(式典の)最後の儀式.

'Schluss·be·mer·kung 女 -/-en 結びの言葉, 結語.

'Schluss·bi·lanz 女 -/-en《商業》決算(年度)貸借対照表.

'Schlüs·se ['ʃlʏsə] **Schluss** の複数.

'Schlüs·sel ['ʃlʏsəl ͏シ̚ ͏ュ̚ ͏リ̚ ͏ュ̚ ͏セ̚ ͏ル̚] 男 -s/- **1** 鍵, キー. **der ~ zur Haustür⟨für den Koffer⟩** 玄関のドア⟨トランク⟩の鍵. **den ~ abziehen⟨[ein]stecken⟩** キーを抜く〈差込む〉. **2** (解決の)鍵, 手がかり. **Ehrgeiz und Können sind gerade der ~ zum Erfolg.** 野心と能力こそまさに成功への鍵だ. **Hierin liegt der ~ zu diesem Geheimnis.** ここにこの秘密を解く鍵がある. **3** コード表, 暗号表. **4** (問題集などに付いている)解答算. **5** 配分比率. **6** (Schraubenschlüssel) スパナ, レンチ. **7** 《音楽》(a) (Notenschlüssel) 音部記号. (b) 記譜法.

'Schlüs·sel·bart 男 -[e]s/-̈e 鍵の爪(棒鍵の先の刻み目を入れた旗状突起部分).

'Schlüs·sel·bein 中 -[e]s/-e《解剖》鎖骨.

'Schlüs·sel·blu·me 女 -/-n《植物》せいようさくらそう(西洋桜草).

'Schlüs·sel·brett 中 -[e]s/-er 鍵を掛けておく板, キーボード.

'Schlüs·sel·bund 男(中) -[e]s/-e 鍵束.

'Schlüs·sel·er·leb·nis 中 -ses/-se (人間形成の上での)決定的な体験.

'schlüs·sel·fer·tig 形 即時入居可能な.

'Schlüs·sel·fi·gur 女 -/-en 重要な鍵を握る人物, キーパーソン.

'Schlüs·sel·ge·walt 女 -/ **1**《古》鍵の権化. **2**《法制》日常家事代理権.

'Schlüs·sel·in·dus·trie 女 -/-n 基幹産業.

'Schlüs·sel·kind 中 -[e]s/-er《話》鍵っ子.

'Schlüs·sel·loch 中 -[e]s/-̈er 鍵穴.

'schlüs·seln ['ʃlʏsəln] 他 **1** 一定の比率で分配する. **2**《ダン》(相手の腕を)抱えこむ.

'Schlüs·sel·po·si·ti·on 女 -/-en =Schlüsselstellung 1

'Schlüs·sel·ring 男 -[e]s/-e **1** 鍵のリング状の頭部. **2** 鍵束の環(リング).

'Schlüs·sel·ro·man 男 -s/-e《文学》モデル小説.

'Schlüs·sel·stel·lung 女 -/-en **1** 重要な地位. **2**《軍事》(戦略上の)要所, 要衝, 拠点.

'Schlüs·sel·wort 中 -[e]s/-er《複数 -̈er》(a) (組合せ錠を開ける)鍵となる語. (b) (暗号などを解く鍵となる)キーワード. **2** (重要な手がかりを与える)キーワード. **3** 暗号化された言葉. **4**《複数 -̈er》《コンピューター》

(a)《検索用》キーワード. (b) パスワード.

'**schluss·fei·er** ['ʃlʊs..] 囡 -/-n 終了式, 終業(卒業, 閉会)式.

'**schluss·fol·gern** ['ʃlʊsfɔlgərn] 他 結論として引出す, 推論する(aus es³ 事³から).

'**Schluss·fol·ge·rung** 囡 -/-en 推論,(推論によって得られた)結論.

'**Schluss·hälf·te** 囡 -/-n (試合の)後半.(↔ Anfangshälfte)

'**schlüs·sig** ['ʃlʏsɪç] 形 1 (a) (主張・論拠などが)論理的な, 筋の通った, 説得力のある. (b) 《法制》(証拠などが)証明能力を有する. ~es Handeln 明確な意志表示(と取れる行為). 2 sich³ über et⁴ ~ sein 〈werden〉事を決心している〈決心する〉. Ich bin mir immer noch nicht ~, ob ich es tun soll. それをしたものかどうか私は依然として決めかねている.

'**Schlüs·sig·keit** 囡 -/ 論理的であること, 筋道の通っていること, 説得力(根拠)のあること;《法制》(告訴の)法的妥当性.

'**Schluss·läu·fer** 男 -s/-《陸上競技》(リレーの)アンカー.

'**Schluss·licht** 田 -[e]s/-er 1 (自動車・列車などの)尾灯, テールライト, テールランプ. 2 (話)びり, びりっかす. das ~ machen〈bilden〉びりにつける, しんがりをつとめる.

'**Schluss·mann** 男 -[e]s/..er 1 《スポ》(リレーの)アンカー;(ラグビーの)フルバック;《話》(サッカーの)ゴールキーパー. 2 《話》(隊列の)しんがり.

'**Schluss·no·te** 囡 -/-n《法制》(仲立人が作成する)売買契約書.

'**Schluss·no·tie·rung** 囡 -/-en《金融》(証券取引所の)終り値, 大引け.

'**Schluss·pfiff** 男 -[e]s/-e《スポ》試合終了の笛(ホイッスル).

'**Schluss·pha·se** 囡 -/-n 最終局面(段階).

'**Schluss·prü·fung** 囡 -/-en 最終(卒業)試験.

'**Schluss·punkt** 男 -[e]s/-e 1 終止符, ピリオド. einen ~ unter〈hinter〉et⁴ setzen 事⁴にけりをつける, 終止符を打つ. 2 (催し物・式典などの)クライマックス, ハイライト.

'**Schluss·rech·nung** 囡 -/-en 1《数学》三数法, 比例算. 2《法制》(破産管財人によって作成される)終了計算書.

'**Schluss·run·de** 囡 -/-n《スポ》(ボクシングなどの)最終ラウンド;(トラック競走の)最後の1周, ラストラップ;(球技などの)決勝(戦).

'**Schluss·satz** 男 -es/-e 1 結びの文(言葉). 2《論理》結論, 帰結, 断案. 3《音楽》終楽章.

'**Schluss·stein** 男 -[e]s/-e 1《建築》(アーチの頂部の)要(かなめ)石, 楔(くさび)石. 2 (発展などの)頂点. Das Werk stellte den ~ seiner schriftstellerischen Laufbahn dar. それは彼の作家人生の頂点をなす作品だった.

'**Schluss·strich** 男 -[e]s/-e (文書・計算書などの末尾に引く)終止線. einen ~ unter et⁴ ziehen 事⁴にけりをつける.

'**Schluss·ver·kauf** 男 -[e]s/ue 期末大売出し, バーゲンセール.

'**Schluss·wort** 田 -[e]s/-e (演説などの)結びの言葉, 結語;(本の)あとがき, 跋文.

'**Schluss·zei·chen** 囡 -s/- 終了の合図; 終止符, ピリオド;(電話の)通話終了信号.

Schmach [ʃmaːx] 囡 -/《雅》屈辱, 恥辱, 辱(はずか)しめ. [eine] ~ erleiden 辱しめを受ける. j³ [eine] antun 人³を辱しめる. ~ und Schande über dich《戯》なんてひどいやつんだお前は.

'**schmach·ten** ['ʃmaxtən] 自 1 (飢餓・暑熱・苦などに)苦しみ喘(あえ)ぐ. in der Hitze ~ 暑さに喘ぐ. unter dem Diktator ~ 独裁者のもとで苦しんでいる. 2 nach j〈et〉³ ~ 人³に恋いこがれる〈物³を渇望する〉.

'**schmach·tend** 現分 形 (目つき・表情などが)せつなげな;(歌などが)センチメンタルな.

'**Schmacht·fet·zen** ['ʃmaxt..] 男 -s/-《俗》1 (小説・芝居などのお涙ちょうだい物. 2 (a) 恋にやつれた男. (b) 弱虫, 意気地なし.

'**schmäch·tig** ['ʃmɛçtɪç] 形 (体つきが)きゃしゃな, ひ弱な.

'**Schmäch·tig·keit** 囡 -/ (体格の)きゃしゃなこと, ひ弱さ.

'**Schmacht·lap·pen** 男 -s/-《俗》1 意気地なし, 弱虫. 2 恋にやつれた男. 3 =Schmachtfetzen 1

'**Schmacht·lo·cke** 囡 -/-n《俗》(若い男が)額に垂らした巻毛.

'**Schmacht·rie·men** 男 -s/-《話》ベルト, 腹帯. den ~ umschnallen〈enger schnallen〉暮しを切詰める. ◆もともと旅人などが空腹を抑えるために腹に巻いた帯.

'**schmach·voll** ['ʃmaːxfɔl] 形《雅》屈辱的な, 不名誉な.

'**Schma·ckes** ['ʃmakəs] 複《地方》殴打. ~ kriegen 殴られる. mit ~《話》弾みをつけて, 勢いよく, 思いっ切り.

'**schmack·haft** ['ʃmakhaft] 形 おいしい, うまそうな. j³ et⁴ ~ machen《話》人³に事⁴をいかにも魅力的なもの(うまい話)に思わせる.

'**Schmack·haf·tig·keit** 囡 -/ おいしさ, 味のよさ, 美味.

'**Schmad·der** ['ʃmadər] 男 -s/《中部ドツ・北ドツ》泥, ぬかるみ.

'**schmad·dern** ['ʃmadərn]《中部ドツ・北ドツ》❶ 他 (液体やどろどろした物などで)汚す, しみをつくる. ❷ 非人称 Es schmaddert. みぞれが降る.

Schmäh [ʃmɛː] 男 -s/-s《オースト》1 (安手のトリック, 策術;ごまかし, 嘘. j⁴ am ~ halten《話》人⁴をからかう, かつぐ, ひっかける. 2《複数なし》お愛想;しゃれ, 冗談. ~ führen《話》しゃれをとばす.

'**schmä·hen** ['ʃmɛːən] 他 ([auf/gegen/über] j〈et〉⁴)人〈物〉⁴のことを悪しざまに言う, ののしる, 誹謗(中傷)する.

'**schmäh·lich** ['ʃmɛːlɪç] 形 1《雅》恥ずべき, 不名誉な. ein ~es Ende nehmen 不名誉な最期をとげる. eine ~e Niederlage 屈辱的な敗北. j⁴ ~ betrügen 恥知らずに人を欺く. 2 《副詞的用法で》ひどく. sich⁴ ~ täuschen とんでもない勘違いをする.

'**Schmäh·re·de** ['ʃmɛː..] 囡 -/-n 1 誹謗(中傷)演説. 2 《多く複数で》誹謗の言葉, 悪口, 罵詈(ばり).

'**Schmäh·schrift** 囡 -/-en 誹謗(中傷)文書, 怪文書.

'**Schmäh·sucht** 囡 -/ 誹謗好き.

'**schmäh·süch·tig** 形 誹謗好きな.

'**Schmä·hung** 囡 -/-en 1《複数なし》誹謗, 中傷. 2 誹謗の言葉.

schmal [ʃmaːl シュマール] schmaler(schmäler), schmalst(schmälst) 形 1 幅の狭い;(体つきなどが)ほっそりした;(本が)薄い. ein ~er Durchgang 狭い通路.

ein ~*er* Gedichtband 薄い詩集. ein ~*es* Gesicht 細面(ほそおもて). ~*e* Hände〈Hüften〉きゃしゃな手〈柳腰〉. in den Schultern ~ sein 肩幅が狭い. Du bist ~*er* geworden. 君は痩せたね. **2** 《雅》わずかな, 乏しい, 貧弱な. ein ~*es* Einkommen 乏しい収入. ~*e* Kost 貧弱な食事.

schmal·brüs·tig 形 **1** 胸幅の狭い. **2**《家》間口の狭い; 了見の狭い, 偏狭な; (映画などが)内容の乏しい.

schmä·len [ˈʃmɛːlən] ❶ 他《古》けなす, 悪しざまに言う. ❷ 自《猟師》(のろ鹿が)驚いて鳴く.

schmä·ler [ˈʃmɛːlər] schmal の比較級.

schmä·lern [ˈʃmɛːlərn] 他 **1** 小さなものにする, 減らす, せばめる. j² Rechte ~ 人²の権利を制限する(侵す). **2**《功績・価値などに》けちをつける.

Schmä·le·rung 女 –/-en 減殺, 縮減; 難くせ.

Schmal·film 男 –[e]s/-e (8 ミリまたは 16 ミリの)小型映画用フィルム; 8 ミリ(16 ミリ)映画.

Schmal·film·ka·me·ra 女 –/-s 8 ミリ(または 16 ミリ)フィルム用小型映画撮影機.

Schmal·hans [ˈʃmaːlhans] 男 –[es]/⁼e ろくに飯も食えぬ貧乏人.《ふつう次の用法で》Bei ihm ist ~ Küchenmeister. 彼のところは食うや食わずの暮し.

Schmal·heit 女 –/ 幅の狭さ; 痩せていること, 細さ; 乏しさ, 貧弱さ.

schmal·lip·pig 形 唇の薄い.

schmal·ran·dig 形 縁の狭い(細い).

Schmal·sei·te 女 –/-n **1** (長方形の物の)短い辺の側. **2** (トランク・レンガなどの)側面, 横.

Schmal·spur 女 –/《鉄道》狭軌.

Schmal·spur·bahn 女 –/-en《鉄道》狭軌鉄道.

schmal·spu·rig 形 **1**《鉄道》狭軌の, (スキーで)シュプールの幅の狭い. **2**《俗》考え方の幅(視野)が狭い.

schmälst [ʃmɛːlst] schmal の最上級.

Schmal·vieh 中 –[e]s/《古》(Kleinvieh) 小型の家畜.

Schmalz¹ [ʃmalts] 男 –es/-e **1** (脂身から取った)脂肪, 油脂, (とくに)ラード, ヘット. ~ in den Knochen haben《比喩》活力に満ち溢れている, 元気いっぱいである. **2**《南》溶融バター. **3**《猟師》(穴熊・マーモットの)脂. **4** (Ohrenschmalz の短縮)耳垢(みみあか).

Schmalz² [ʃmalts] 男 –es/《俗》**1** いやにセンチメンタルな気分, あまりに思い入れたっぷりの調子. **2** ひどくセンチメンタルな代物(歌・詩など).

ˈschmal·zen⁽*⁾ [ˈʃmaltsən] schmalzte, geschmalzt (geschmalzen)《料理》ラード(ヘット)で調理する; ラード(ヘット)を加える(かける).《比喩》ein *geschmalzener* Preis べらぼうに高い値段.

ˈschmäl·zen [ˈʃmɛltsən] 他 **1** =schmalzen **2**《紡織》(羊毛を)脂に浸す.

ˈschmal·zig [ˈʃmaltsɪç] 形 (↓ Schmalz¹) 脂っこい.

ˈschmal·zig² 形 (↓ Schmalz²) 《俗》いやにセンチメンタルな, あまりに思い入れたっぷりの.

ˈSchman·kerl [ˈʃmaŋkərl] 中 –s/-n《バイエルン・オーストリア》**1** うまい物, ごちそう. **2** シュマンケルル(円錐型の薄焼きクッキー).

Schmant [ʃmant] 男 –[e]s/ **1**《北東部ドイツ・西中部ドイツ》クリーム, 乳脂; 乳皮. **2**《東中部ドイツ》泥, ぬかるみ. **3**《地方》沈殿物, 澱(おり).

schmaˈrot·zen [ʃmaˈrɔtsən] 自《生物》寄生する. **2**《俗》寄食(居候)する(bei j³ 人³のところに).

Schmaˈrot·zer [ʃmaˈrɔtsər] 男 –s/-《生物》(Parasit) 寄生者. **2**《俗》寄食者, 居候.

schmaˈrot·ze·risch [ʃmaˈrɔtsərɪʃ] 形 **1**《生物》寄生性の. **2** 寄食者(居候)のような.

Schmaˈrot·zer·pflan·ze 女 –/-n《植物》寄生植物.

Schmaˈrot·zer·tier 中 –[e]s/-e《動物》寄生動物.

Schmaˈrot·zer·tum 中 –s/ **1**《生物》寄生. **2** 寄食生活, 居候暮し.

ˈSchmar·re [ˈʃmarə] 女 –/-n《地方》切り傷, 掻き傷; 傷跡.

ˈSchmar·ren [ˈʃmarən] 男 –s/-《バイエルン・オーストリア》シュマレン(小さく千切って砂糖をまぶして食べるパンケーキの一種). **2**《俗》(a) (演劇・映画などの)くだらない作品. (b) 馬鹿げた(くだらない)話. So ein ~! そんな馬鹿な. **3** einen ~ まったく(まるっきり)…ない. Das geht dich einen ~ an! これは君にはまるで関係ない話だ. Von Technologie versteht er einen ~. 技術のことは彼はさっぱり分からない.

Schmatz [ʃmats] 男 –es/-e (Schmätze)《話》チュッと音をたてるキス.

ˈschmat·zen [ˈʃmatsən] ❶ 自 ぴちゃぴちゃ(ちゅうっと)音をたてる(とくに飲食・キスなどの際に). Ihr sollt beim Essen nicht ~! 君たち食事のときはぴちゃぴちゃ音をたててはいけないよ.《非人称的に》Sie küssten sich⁴, dass es *schmatzte*. 彼らは大きな音をたててキスを交した.

❷ 他 **1** Das Baby *schmatzt* genüsslich seine Milch. 赤ん坊はミルクをうまそうにちゅうちゅう音をたてて飲んでいる. Sie *schmatzte* ihm einen Kuss auf den Mund. 彼女は彼の口にちゅっと音をたててキスをした. **2** (人⁴に)ちゅっと音をたててキスをする.

Schmauch [ʃmaʊx] 男 –[e]s/《地方》もうもうたる煙.

ˈschmau·chen [ˈʃmaʊxən] 自他 (パイプ・葉巻を)くゆらす.

Schmaus [ʃmaʊs] 男 –es/Schmäuse《古》ごちそう, 豪勢な食事; 宴会.

ˈschmau·sen [ˈʃmaʊzən] ❶ 自 ごちそうをいただく. ❷ 他 おいしく食べる.

Schmauseˈrei [ʃmaʊzəˈraɪ] 女 –/-en《古》ごちそうを食べること.

ˈschme·cken [ˈʃmɛkən シュメケン] ❶ 自 **1** …の味がする. Das Essen *schmeckt* gut〈schlecht〉. この食事はおいしい〈まずい〉. Das *schmeckt* ist ruhmein. そうですね. Der Wein *schmeckt* nach [dem] Korken. このワインはコルク栓の味がする. Das *schmeckt* nach mehr.《戯》これはおかわりをしたいほどおいしい. Die Suppe〈Der Wein〉*schmeckt* nach nichts. このスープは水っぽくてだめだ〈このワインは気が抜けている〉. Die Sache *schmeckt* nach Verrat. この話は裏切りのにおいがする. **2** (人³の)口に合う, おいしい. Das Essen *schmeckte* ihm. その食事は彼の口に合った, その食事を彼はおいしく食べた. Wie *schmeckt* Ihnen der Wein? そのワインがお口に合いますか. Diese Kritik *schmeckte* ihm gar nicht.《話》この批判は彼のまったく気にくわぬものだった.《非人称的に》*Schmeckt* es? お口に合いますか. Lassen Sie sichs〈ˈsich's〉 [gut] ~! どうぞお召しあがりください.

❷ 他 **1** (物⁴の)味を感じる, 味が分かる; 味を見る. Ich *schmeckte* allerhand Gewürze im Gericht. 私はいろいろなスパイスが料理に入っているのが分かった. Man *schmeckt* Knoblauch zu sehr. 大蒜(にんにく)がきき過ぎてる. Da ich Schnupfen habe, *schmecke* ich gar nichts. 私は鼻風邪をひいているのでものの味がさっぱ

り分からない． *Schmeck mal, ob genug Salz daran ist!* 塩加減が十分かどうかちょっと味見してよ． die Peitsche zu ～ bekommen〈話〉鞭(ﾑﾁ)の痛さを思い知らされる． **2**《南ド・ズイ・ﾃｨﾛｰﾙ》(riechen)〈物4の〉においを嗅ぐ． *Ich habe den Braten geschmeckt.*《比喩》私にいやな予感がした，キナ臭いにおいを嗅ぎとった． j4 nicht ～ können〈話〉人4のことが鼻持ちならない．

***Schmei·che·lei** [ʃmaɪçəˈlaɪ] シュマィヒェライ 囡 -/-en お世辞，おべっか，お追従(ｼｮｳ)．

'**schmei·chel·haft** [ˈʃmaɪçəlhaft] 形 自尊心をくすぐるような，いい気分にさせる． *Diese Worte klangen sehr ～ für mich.* これらの言葉は私の耳にとても快く響いた． *Diese Fotografie von ihm ist ～.* 彼のこの写真は実物以上によく撮れている．

'**Schmei·chel·kätz·chen** 甲 -s/-〈話〉Schmeichelkatze の縮小形．

'**Schmei·chel·kat·ze** 囡 -/-n〈話〉おねだり上手な子(とくに女の子)．

*'**schmei·cheln** [ˈʃmaɪçəln] シュマィヒェルン **❶** 自 **1**（人3に）お追従(ｼｮｳ)を言う，おべっかをつかう，（人）をうれしがらせる． *Er hat seinem Chef geschmeichelt.* 彼は上役におべんちゃらを言った． *Damals schmeichelte man, sie sei eine geniale Malerin.* 当時彼女は天才画家だとちやほやされた． *Diese Worte schmeicheln meiner Eitelkeit.* これらの言葉は私の虚栄心をくすぐる． sich3 mit eitlen Hoffnungen ～ 徒(ｲﾀｽﾞﾗ)な望みで心を慰める． sich4 geschmeichelt fühlen 悪い気はしない． **2**（人）〈物〉3を実物以上に良く見せる． *Der Hut〈Das Foto〉schmeichelt ihr.* その帽子は彼女をよく引き立てる〈その写真では彼女は実物以上だ〉． *ein geschmeicheltes Porträt* 実物以上のポートレート． **3** 甘える，じゃれつく． *Das Kind schmeichelt gern.* その子はよく甘える． *ein schmeichelndes Lüftchen* 肌を心地よく撫でるそよ風． **❷** 再 **(sich3/sich4) 1 (sich4)** 自賛(自慢)する，得意がる． *Ich schmeichele mir, ein guter Lehrer zu sein.* 私は自分のことを我ながらいい教師だと思う． *Ohne mir zu ～, aber das ist mir doch schön gelungen.* うぬぼれるわけではないが私はそれを見事にやってのけましたよ． **2 (sich3)** *sich in* j2 *Gunst〈Herz〉～* 人3にうまくとり入る． *Die Musik schmeichelt sich ins Ohr.* その音楽は耳に快い．

'**Schmeich·ler** [ˈʃmaɪçlɐ] 男 -s/-《侮》おべっか使い；《戯》(おねだりをする)甘えん坊．

'**schmeich·le·risch** [ˈʃmaɪçlərɪʃ] 形 おもねるような，こびへつらう；心をくすぐるような．

*'**schmei·ßen** [ˈʃmaɪsən] シュマィセン schmiss, geschmissen〈話〉**❶** 他 **1** 投げる，放る，投げつける． et4 an die Wand〈aus dem Fenster〉～ 物4を壁に投げつける〈窓から放り出す〉． j4 aus dem Zimmer〈aus der Schule〉～ 人4を部屋から追い出す〈退学処分にする〉． die Tür [ins Schloss] ～ 戸をばたんとしめる． **2**（仕事などを）投げ出す，放棄する． *seinen Job〈das Studium〉～* 仕事〈学業〉を投げ出す． **3**（芝居などを）ぶち壊す，台無しにする． *die Vorstellung〈seine Rolle〉～*（へたな演技で）公演〈役〉をぶち壊しにする． **4**（任務などを）やり遂げる，してのける． *Sie hat den großen Haushalt ganz alleine geschmissen.* 彼女はその大所帯を見事細腕一本で切盛りしきった． *die Sache〈den Laden〉～* 一件をきれいに片づける． **5** *eine Lage〈Runde〉Bier ～* 一座の人々にビールをおごる． j4 /für j4 *eine Party ～* 人3,4のためにパーティーを開く． *einen Trip ～*〈話〉ヤク(とくにLSD)をやる．

❷ 自（mit et3 物3）を投げる． *mit Steinen nach* j3 人3に石を投げつける． *mit Geld〈Geschenken〉um sich4 ～* 金を湯水のように使う〈贈物をばらまく〉．

❸ 再 **(sich4) 1** 体を投出す． *sich aufs Bett ～* ベドに体を投出す． *sich vor die U-Bahn ～* 地下鉄に飛込む． **2** *sich in ein Kleid〈seine Hose〉～* ドレスを着る〈ズボンをはく〉．

'**schmei·ßen**2 自《猟》《猛禽類》が糞をする．

'**Schmeiß·flie·ge** [ˈʃmaɪs..] 囡 -/-n《虫》おおくろばえ(大黒蝿)．

Schmelz [ʃmɛlts] 男 -es/-e **1** 琺瑯(ﾎｳﾛｳ)，エナメル（陶器の）釉薬(ﾕｳﾔｸ)． **2**（歯の）琺瑯(エナメル)質． **3**《複数なし》(音・色・表情などの)やわらかな光沢，つや．

'**schmelz·bar** [ˈʃmɛltsbaːr] 形 可溶(可融)性の，溶解し易い．

'**Schmelz·bar·keit** 囡 -/ 可溶性，可融性．

'**Schmelz·but·ter** 囡 -/ (Butterschmalz) 溶かしバター．

'**Schmel·ze** [ˈʃmɛltsə] 囡 -/-n **1** 融解，溶解；雪解け． **2**《工学》(ガラス・金属などの)溶解物． **3**《地質》(凝固した)熔岩，岩漿． **4** =Schmelzhütte

*'**schmel·zen**(*) [ˈʃmɛltsən] シュメルツェン schmolz (schmelzte), geschmolzen (geschmelzt) / du schmilz[es]t, er schmelzt **❶** 自 (s) 溶ける，溶解(融解)する． *Unsere Zweifel schmolzen schnell.* 私たちの疑念はすぐに解けた． *Das ganze Vermögen ist im Nu geschmolzen.* 全財産があっという間に無くなってしまった． **❷** 他 溶かす，溶解(融解)する．

'**schmel·zend** 現分 形 心をとろかせるような，甘美な．

Schmel·ze·rei [ʃmɛltsəˈraɪ] 囡 -/-en **1** 溶解，融解． **2** =Schmelzhütte

'**Schmelz·far·be** 囡 -/-n エナメル塗料．

'**Schmelz·hüt·te** 囡 -/-n 溶鉱所，溶練所．

'**Schmelz·kä·se** 男 -s/-《食品》ソフトチーズ，クリームチーズ．

'**Schmelz·ofen** 男 -s/-öfen《工学》溶鉱炉．

'**Schmelz·punkt** 男 -[e]s/-e《物理》融点．

'**Schmelz·tie·gel** 男 -s/- 坩堝(ﾙﾂﾎﾞ)．

'**Schmel·zung** 囡 -/-en 溶解，融解．

'**Schmelz·wär·me** 囡 -/《物理》融解熱．

Schmer [ʃmeːr] 男 (甲) -s/ 獣の脂肪(とくに豚の)．

'**Schmer·bauch** 男 -[e]s/-bäuche《侮》**1**（突き出た）脂肪腹，太鼓腹． **2** 太鼓腹ので．

'**Schmer·le** [ˈʃmɛrlə] 囡 -/-n《魚》どじょう(泥鰌)．

***Schmerz** [ʃmɛrts シュメルツ] 男 -es/-en（肉体的・精神的な）痛み，苦痛． *einen dumpfen ～ im Rücken empfinden* 背中に鈍い痛みを覚える． *der ～ über den Tod des Kindes* 子供を亡くした深い哀しみ． *Wo haben Sie ～en?* どこが痛みますか． j3 *～ bereiten〈zufügen〉* 人3を苦しめる，悩ます． *～en lindern〈stillen〉* 痛みを抑える． j4 *mit ～en erwarten*（話）人4の現れるのをじりじりして待つ． *von ～en geplagt〈gepeinigt〉werden* 苦痛に苛(ｻｲﾅ)まれる．《慣用的表現で》*Hast du sonst noch ～en?*〈話〉ほかにまだ欲しいものがあるのか． *～, lass nach!*〈話〉そんな馬鹿な，いいかげんにしてくれよ． *Geteilter ～ ist halber ～.*《諺》痛みも分け合えば半減する．

'**schmerz·emp·find·lich** 形 痛みを感じやすい．

*'**schmer·zen** [ˈʃmɛrtsən シュメルツェン] 自 他 **1**（身体・傷が）痛む，（人3,4に）苦痛を与える． *Der Zahn〈Die Wunde〉schmerzt.* 歯〈傷〉が痛い． *Mir〈Mich〉schmerzt die Schulter.* 私は肩が痛い． **2**（心配事などが）苦しめる． *Ein solcher Verlust schmerzt na-*

Schmer·zens·geld 匣 –[e]s/ 《法制》慰謝料.

Schmer·zens·kind 匣 –[e]s/–er 《まれ》(Sorgenkind) 心配ばかりかけさせる子供, 頭痛の種.

Schmer·zens·la·ger 匣 –s/– 《古》重い病の床.

Schmer·zens·mann 男 –[e]s/ 1 《キリスト教》十字架上のキリスト. 2 《美術》受難図(像).

Schmer·zens·mut·ter 囡 –/ 《カト教》《美術》(Mater dolorosa) 悲しみの聖母(像).

schmer·zens·reich 厖 《雅》苦痛(悲しみ)に満ちた. die *Schmerzensreiche* 《カト教》悲しみの聖母.

Schmer·zens·schrei 男 –[e]s/–e 苦痛の叫び.

schmerz·er·füllt 厖 苦悩(苦痛)に満ちた.

schmerz·frei 厖 無痛の, 苦痛を伴わない; 痛みを感じない.

schmerz·haft 厖 (肉体的・精神的に)痛い, つらい.
Schmerz·haf·tig·keit 囡 –/ 痛み, 苦痛, つらさ.

schmerz·lich ['ʃmɛrtslɪç シュメルツリヒ] 厖 心の痛む, つらい. eine ~*e* Erinnerung つらい思い出. ein ~*es* Verlangen nach et³ 物³に対するこがれるような(切ない)思い. ein ~*er* Verlust 手痛い損失. Es ist mir ~, Ihnen dies mitteilen zu müssen. あなたにこんなことをお知らせしなければならないのが私にはつらい. von et³ ~ berührt sein 事³につらい(悲痛な)思いをしている.

schmerz·lin·dernd 厖 痛みを抑える(鎮める).

schmerz·los ['ʃmɛrtslo:s] 厖 1 無痛の. eine ~*e* Geburt 無痛分娩. 2 あっさりした, 淡々とした.

Schmerz·mit·tel 匣 –s/– 鎮痛薬(剤).

schmerz·stil·lend 厖 痛みを抑える(鎮める). *~es Mittel* 鎮痛剤.

Schmerz·ta·blet·te 囡 –/–n 鎮痛剤(錠剤).

schmerz·ver·zerrt 厖 (表情などが)苦痛にゆがんだ.

schmerz·voll 厖 (肉体の・精神的に)ひどく痛い, とてもつらい; ひどく痛々しげな, とてもつらそうな.

Schmet·ter·ball ['ʃmɛtər..] 男 –[e]s/*–e* 《スポ》(テニス・卓球の)スマッシュボール; (バレーボールの)スパイクボール.

Schmet·ter·ling ['ʃmɛtərlɪŋ シュメターリング] 男 –s/–e 1 《虫》蝶, 蛾. wie ein ~ hin und her flattern 次々と恋の相手を変えていく. wie ein ~ aus der Puppe kriechen 見違えるように美しくなる, 渋皮(しぶかわ)がむける. 2 《体操》(床運動の)伸身前方宙返り, ログ·ロール. 3 《複数なし／無定詞で》《水泳》バタフライ.

Schmet·ter·lings·blü·te 囡 –/–n 《植物》蝶形花.

Schmet·ter·lings·blüt·ler 男 –s/– 《植物》蝶形花植物(豆科の植物).

Schmet·ter·lings·netz 匣 –es/–e 捕虫網.

Schmet·ter·lings·stil 男 –[e]s/ 《水泳》(Butterflystil) バタフライ.

schmet·tern ['ʃmɛtərn] ❶ 他 1 どしん(ばたん, がちゃん)とたたきつける(投げつける). ein Glas an die Wand〈zu Boden〉~ コップを壁に(床に)がちゃんとたたきつける. die Tür ins Schloss ~ ドアをばたんとしめる. den Ball ins Tor ~ ボールをゴールにたたきこむ. 2 [den Ball] ~ 《テニス·卓球》スマッシュをする; 《バレー》ストライクをきめる. 3 《歌声·楽器の音などを》高らかに鳴り響かせる. eine Arie ~ アリアを朗々と歌いあげる. 4 einen [Schnaps] ~ 《話》(酒を)一杯ひっかける.
❷ 自 (s, h) 1 (s) どしん(ばたん, がちゃん)とぶつかる. Er ist mit dem Kopf gegen die Säule *geschmettert*. 彼はごつんと頭を柱にぶつけてしまった. Die Tür *schmetterte* ins Tor. ドアがばたんとしまった. 2 (h) (歌声·楽器の音などが)高らかに鳴り響く.

Schmidt [ʃmɪt] 《人名》シュミット. Helmut ~ ヘルムート·シュミット(1918– , ドイツの政治家, 1974–82 旧西ドイツ首相).

*****Schmied** [ʃmi:t シュミート] 男 –[e]s/–e 1 鍛冶屋, 鍛冶職人. 2 鍛造所の職工, 鍛造工. 3 《虫》こめつきむし(米搗虫).

'**schmied·bar** ['ʃmi:tba:r] 厖 鍛造可能な, 可鍛性の.

'**Schmie·de** ['ʃmi:də] 囡 –/–n 1 鍛冶(かじ)屋の仕事場, 鍛冶場. vor der rechte ~ gehen〈kommen〉しかるべき人の所(窓口, 部署)へ行く. Da bist du vor die rechte ~ gekommen.《反語》私の所へ来るなんてとんだお門(かど)違いだったね. 2 鍛冶工場; (工場の)鍛造部.

'**Schmie·de·ei·sen** 匣 –s/ 1 錬鉄, 鍛鉄. 2 可鍛性の鉄.

'**schmie·de·ei·sern** 厖 錬鉄(鍛鉄)製の.

'**Schmie·de·feu·er** 匣 –s/– 鍛冶(かじ)用の炉の火, 火床(ほど)の火.

'**Schmie·de·ham·mer** 男 –s/⸚ 鍛冶(かじ)屋の槌; 鍛造機のハンマー.

'**schmie·den** ['ʃmi:dən] 他 1 (金属を)鍛える, 鍛錬する. den Stahl zu einer Klinge ~ 鋼を鍛えて一振りの剣をつくる. 2 鍛えて造る, 鍛造する. Hufeisen〈Waffen〉 ~ 蹄鉄〈武器〉を鍛造する. (b) Pläne ~ 計画を練る. Ränke ~ 陰謀をたくらむ. Verse ~ へたな詩をつくる. an et⁴ 物⁴につなぎ留める, 固定する. eine Eisenleiter an den Felsen ~ 岩に鉄梯子をとりつける. einen Gefangenen an die Kerkermauer〈in Ketten〉 ~ 囚人を獄舎の壁に(鎖に)つなぐ.

'**Schmie·de·pres·se** 囡 –/–n 《工学》鍛造プレス.

'**Schmie·ge** ['ʃmi:gə] 囡 –/–n 1 《地方》折り尺. 2 斜角(角度)定規. 3 斜角, 斜角.

'**schmie·gen** ['ʃmi:gən] ❶ (ある物の輪郭に合せて)ぴったと添い付ける. das Kinn〈die Wange〉in die Hand ~ 顎を手で支える(頬杖をつく). Das Kind *schmiegte* seinen Kopf in den Schoß der Mutter. 子供は母の膝に顔をうずめた.
❷ 再 (*sich*⁴) (ある物の輪郭に沿って)ぴたっと添い付く. Das Kleid *schmiegt sich* eng an〈um〉ihren Körper. そのドレスは彼女の体にぴったり合っている. Das Dorf *schmiegte sich* an den Berg. 村は山にへばりつくようにして広がっていた. *sich* an j⁴ ~ 人⁴にもたれかかる. *sich* fest in j² Arme ~ 人²にしっかりと抱かれる. *sich* in einen Sessel ~ 安楽椅子に深々と身を沈める.

'**schmieg·sam** ['ʃmi:kza:m] 厖 1 柔らかい, 柔軟な. 2 (人間が)順応性のある. 3 (体つきが)しなやかな.

'**Schmieg·sam·keit** 囡 –/–en 《複数まれ》しなやかさ, 柔軟性; 順応性.

'**Schmie·re** ['ʃmi:rə] 囡 –/–n 1 塗脂, 塗油; グリース, 皮革用防水油. 《話》軟膏. 2 《話》(Gelenkschmiere の短縮)関節滑液. 3 泥. in der ~ sitzen〈gekommen sein〉《話》泥沼にはまりこんでいる, 二進(にっち)も三進(さっち)もいかない. 4 《話》(a) しけた小さな小屋(劇場). (b) 《古》どさ回りの劇団, 田舎芝居の一

Schmiere 1258

座. **5**《地方》パンに塗るもの(バター・ペースト・ジャムなど); バター(ペーストなど)を塗ったパン. **6**《地方》殴打. ~ bekommen 殴られる. **7**《地方》《学生》カンニングペーパー(とくに古典語の試験の).

'**Schmie·re**² 囡 -/ (*hebr.* šamár ,bewachen') 《隠》**1**(集合的に)見張り, 張り番. ~ stehen 見張りに立つ(bei et¹ 事³の). **2** サツ(警察).

*'**schmie·ren** ['ʃmiːrən] シュミーレン ❶ 他 **1**(a)(機械などに)油をさす, グリースをいれる(塗る). die Achsen des Wagens ~ 車軸に油をさす. sich³ die Kehle ~《戯》(酒で)喉を湿(う)す. Alles ging(lief) wie *geschmiert*. 何もかも順調に(すらすらと)運んだ. (b)(皮革製品に)保護オイル(クリーム)を塗る. die Stiefel ~ ブーツに靴クリームを塗る. (c) ein Brot ~ パンにもの(バター・ジャムなど)を塗る. Ich *schmiere* mir ein Käsebrot. 私は(チーズを塗って)チーズパンにしよう. **2** 塗る, 塗りつける. Butter aufs Brot ~ パンにバターを塗る. j³ et¹ aufs [Butter]brot ~ 人³に事³をしつこく言う, 蒸し返してはなじる. Salbe auf eine Wunde ~ 傷に軟膏をぬる. sich³ Creme ins Gesicht ~ 顔にクリームをつける. **3**《話》(文字・絵を)書きなぐる(壁などに); (雑文・駄作などを)書きちらす. **4** j³ eine ~《話》人³の横っ面を撲(な)る. ❷ 自 **1**《話》へたな字で書く, ぬたくる. Das ist so *geschmiert*, das kann ich nicht lesen. これはひどい字だ, 私にはとても読めない. **2**《話》(人²を)買収する, (に)にぎらせる. **3**《話》音(声)をきたなく引きずるように演奏する(歌う). **4**《話》賭(と)(あるカードを切って)パートナーに得点をつける(とくにスカートで).

❸ 自 **1** Das Fett *schmiert* recht gut. このグリースはなかなか滑りがよい(よく効く). **2**《話》(ペンがインク漏れなどで)うまく書けない; (インク・絵具などが)べとつく, きれいに書けない.

'**Schmie·rer** ['ʃmiːrər] 男 -s/- **1**《侮》(壁にスローガンなどを)書きなぐる人; 2流のもの書き, 三文文士. **2**《話》悪筆家. **3**《学》(語学用の)虎の巻, あんちょこ.

Schmie·re·rei [ʃmiːrəˈraɪ] 囡 -/-en **1**(複数なし)(壁に政治的スローガンなどを)書きなぐること; (汚い字・下手な絵などを)なぐり書きすること; (雑文・つまらない作品を)書きなぐること. **2**(多く複数で)なぐり書きされたもの(文章・絵など), つまらない作品(小説・批評など).

'**Schmier·fä·hig** ['ʃmiːr..] 形 潤滑作用のある.
'**Schmier·fett** 中 -[e]s/-e 潤滑油, グリース.
'**Schmier·film** 男 -[e]s/-e 油膜.
'**Schmier·fink** 男 -en(-s)/-en **1**《話》すぐに手足(などを)を汚す人(とくに子供). **2**《話》字の汚い(絵のへたな)人(とくに子供). **3**《侮》(壁に政治的スローガンなどを)書きなぐる人; 中傷的文書(ゴシップ記事)を書く人.
'**Schmier·geld** 中 -[e]s/-er (多く複数で)《侮》賄賂, そでの下.
'**Schmier·heft** 中 -[e]s/-e 雑記帳.
'**schmie·rig** ['ʃmiːrɪç] 形 **1** べとべとした, ぬるぬるした. **2** きたならしい, 不潔な. **3**《侮》(人間が)べたべたといやらしい. **4**《話》なにやらいかがわしい, あやしげな. **5**《侮》不正な, 汚い.
'**Schmier·kä·se** 男 -s/-《話》(Streichkäse) パンに塗って食べるチーズ.
'**Schmier·mit·tel** 中 -s/- 潤滑剤.
'**Schmier·öl** 中 -s/-e 潤滑油, 減摩油.
'**Schmier·pa·pier** 中 -s/- 書きそんじの紙, 落書用の紙.
'**Schmier·sei·fe** 囡 -/-n カリ石鹸, 軟石鹸.
'**Schmie·rung** 囡 -/-en 潤滑油(減摩油)の注油.
'**schmil·zest** ['ʃmɪltsəst] schmelzen の現在2人称

単数 schmilzt の別形.
schmilzt [ʃmɪltst] schmelzen の現在2·3人称単数.

'**Schmin·ke** ['ʃmɪŋkə] 囡 -/-n **1** 化粧品, メーキャップ用品(頬紅・口紅など). ~ abwaschen〈entfernen〉化粧を落す. **2**(まれ)メーキャップ. **3**《話》顔料, 植物染.

*'**schmin·ken** ['ʃmɪŋkən] シュミンケン ❶ 他 **1**(顔・人などに)化粧(メーキャップ)をする. j³ das Gesicht ~ 人³の顔に化粧(メーキャップ)をする. j³ die Lippe ~ 唇にルージュを引く. einen Schauspieler ~ 役者に(メーキャップをして)顔をつくってやる.《目的語が結果を示して》sich³ zu Fastnacht einen Clownsmund ~ カーニバルの扮装に道化の口をつくる. **2**(ふつう過去分詞で)粉飾(潤色)する. Der Bericht ist stark *geschminkt*. この報告は相当粉飾されている. ❷ 再 (sich) 化粧をする. sich leicht〈dick〉 ~ 薄〈厚〉化粧する.

'**Schmir·gel**¹ ['ʃmɪrɡəl] 男 -s/- 金剛砂, エメリー.
'**Schmir·gel**² 男 -s/-《東中部》(パイプについた)タバコの脂(やに).
'**schmir·geln** ['ʃmɪrɡəln] 他 (木材などを)サンドペーパーで磨く, 金剛砂で研磨する; (錆などを)サンドペーパーで落す(von et¹ 物¹から).
'**Schmir·gel·pa·pier** 中 -s/-e 紙やすり, サンドペーパー.
'**Schmir·gel·schei·be** 囡 -/-n 砥石車, エメリー盤.

schmiss, °**schmiß** [ʃmɪs] schmeißen の過去.
Schmiss, °**Schmiß** [ʃmɪs] 男 -es/-e **1**(学生の決闘クラブで受けた, 顔の)刀傷, 傷痕. **2**(複数なし)活気, 気迫, 勢い. ~ haben 気迫がこもっている, 迫力がある. **3**《南ド·オーストリア·中部ド》汚物, 糞. **4**《複数なし》殴打. **5**《話》(芝居をぶち壊しにする)まずい演技.

'**schmis·sig** ['ʃmɪsɪç] 形《話》活気あふれる, 気迫のこもった, 迫力のある, 元気(勢い)のよい.

Schmitz¹ [ʃmɪts] 男 -es/-e しみよごれ, よごれ.《印刷》ぶれ, ずれ.
Schmitz² 男 -es/-e《古》**1** 鞭; 鞭の端. **2** 鞭で打つこと, 鞭打ち.
'**Schmit·ze** ['ʃmɪtsə] 囡 -/-n =Schmitz².
'**schmit·zen**¹ ['ʃmɪtsən] ❶ 自《古》《南ド·オーストリア·中部ド》鞭で打つ. ❷ 他《古》(人²を)中傷する.
'**schmit·zen**² 他《古》汚す, (に)しみを付ける. ❷ 自《印刷》ぶれる, ずれる.

Schmock [ʃmɔk] 男 -[e]s/-e, -s (Schmöcke) (*slowen*. šmok, Narr, Spaßmacher) 節操のないジャーナリスト. ◆ドイツの作家フライターク G. Freytag, 1816-1895 の喜劇『新聞記者』*Journalisten* の登場人物の名にちなむ.

Schmok [ʃmoːk] 男 -[e]s/-《北ド》煙.
'**schmö·ken** ['ʃmøːkən] 他《北ド》(煙草を)うまそうに喫む.
'**Schmö·ker** ['ʃmøːkər] 男 -s/- **1**《北ド》喫煙者. **2**《話》(低級な内容の)厚い娯楽本.
'**schmö·kern** ['ʃmøːkərn] 自 他《話》ゆっくりくつろいで読む(einen Kriminalroman / in einem Kriminalroman 推理小説を).

'**schmol·len** ['ʃmɔlən] 自 **1** ふくれっ面(仏頂面)をする, むくれる. mit j³ ~ 人³に気を悪くしている, ふくれている. **2**《南ド》《古》ほほえむ.
schmol·lie·ren [ʃmɔˈliːrən] 自《学生》(mit j³ 人³

と)兄弟固めの盃を交わす.

schmol・lis [ʃmɔlis] 圖 *Schmollis!*《学生》我らの友情に乾盃.

Schmol・lis 回 -/-《次の成句で》mit j³ ～ trinken《学生》人³と兄弟固めの杯を交わす.

Schmoll・mund [ˈʃmɔl..] 男 -[e]s/-er (むくれて)突き出した唇. einen ～ machen〈ziehen〉口をとがらす, ふくれっ面をする.

Schmoll・win・kel 男 -s/-《話》《ふつう次の用法で》in dem ～ sitzen ふてくされている, ふくれている. sich⁴ in den ～ zurückziehen ふてくされる.

schmolz [ʃmɔlts] schmelzen の過去.

schmöl・ze [ˈʃmœltsə] schmelzen の接続法II.

Schmor・bra・ten [ˈʃmoːr..] 男 -s/- (Schmorfleisch)肉の蒸し煮.

schmo・ren [ˈʃmoːrən] ❶ 他 (肉・野菜を)とろ火で煮る, 蒸し煮にする(軽く炒めたあと蓋をした鍋でゆっくり煮こむ). ❷ 自 1 とろとろと煮える, 蒸し煮されている. j(et)⁴ ～ lassen《比喩》人⁴にいつまでも気をもませて《事⁴を放っておかしにしておく. 2《話》暑さでうだる. 3 (電線などが)焦げる, オーバーヒートする.

ˈSchmor・fleisch 中 -[e]s/ =Schmorbraten

ˈSchmor・pfan・ne 女 -/-n 蒸し煮用蓋付き平鍋, シチュー鍋.

Schmor・topf 男 -[e]s/-̈e 蒸し煮用蓋付き深鍋.

Schmu [ʃmuː] 男 -s/ (hebr. semuʻa, Gerede‘)《話》(ちょっとした)いかさま, いんちき. ～ machen いんちき(いたずら)をする.

schmuck [ʃmʊk] 形《古》感じがよい, 好もしい; (身なりなどが)小ぎれいな, 小ざっぱりした. sich⁴ ～ machen 身なりを整える, 身ぎれいにする.

***Schmuck** [ʃmʊk シュムク] 男 -[e]s/-e 1《複数なし》装飾, 飾り. Der Garten im ～ der Blumen〈des Frühlings〉花に彩られた〈春の装いをした〉庭園. zum ～ dienen 飾り(装飾)になる. 2 飾りつけ, デコレーション. Ein kleines Gemälde an der Wand war der einzige ～ des Raumes. 壁に掛った1枚の小さな絵が唯一その部屋を飾るものだった. 3 装身具, アクセサリー.

ˈschmü・cken [ˈʃmʏkən シュミュケン] 他 飾る, (の)飾りつけをする(mit et³ 物³で). Wir *schmückten* seinen Grab mit bunten Blumen. 私たちは彼の墓を色とりどりの花で飾った. Malereien *schmücken* die Wände. 絵が四方の壁を飾っている. die Braut mit Schleier und Kranz ～ 花嫁をヴェールと花冠で飾りたてる. eine Rede mit Zitaten ～ スピーチの随所に引用をちりばめる. den Weihnachtsbaum ～ クリスマスツリーの飾りつけをする.《再帰的に》*sich⁴* ～ 着飾る. Sie *schmückt sich⁴* gern. 彼女はおめかしするのが好きだ. *sich⁴* mit einer Brosche aus Gold ～ 金のブローチをつける. *sich⁴* mit fremden Federn ～《比喩》借り物で身を飾る, 他人の手柄を横取りして吹聴する.

ˈSchmuck・käst・chen 中 -s/-《Schmuckkasten の縮小形》小さな宝石箱;《戯》小さな可愛らしい家(住居).

ˈSchmuck・kas・ten 男 -s/-̈ 宝石箱.

ˈschmuck・los 形 飾り(気)のない, 簡素な, あっさりした.

ˈSchmuck・lo・sig・keit 女 -/ 飾り(気)のなさ, 簡素さ.

ˈSchmuck・na・del 女 -/-n 飾りピン(ブローチ・ネクタイピンなど).

ˈSchmuck・sa・chen 複 装身具(アクセサリー)類.

ˈSchmuck・stück 中 -[e]s/-e 1 装身具, アクセサリー. 2《比喩》際だってすばらしいもの, 珠玉のようなの. Wie geht es deinem ～?《戯》君の恋人はお元気ですか.

ˈSchmuck・wa・ren 複 (商品としての)装身具(アクセサリー)類.

ˈSchmud・del [ˈʃmʊdəl] 男 -s/《話》1 (べとべとした)よごれ. 2 汚らしい人, 不潔な人.

Schmud・de・lei [..ˈlaɪ] 女 -/-en《話》1《複数なし》そんざいなやり方でよごす(きたなくする)こと. 2 (べとべとした)よごれ, 不潔.

ˈschmud・de・lig [ˈʃmʊdəlɪç] 形 よごれた, 汚い, 不潔な.

ˈschmud・deln [ˈʃmʊdəln] 自 1 そんざいな仕事をする. 2 (襟などが)よごれる.

ˈSchmug・gel [ˈʃmʊgəl] 男 -s/ 密輸, 密貿易. ～ treiben 密輸する.

Schmug・ge・lei [ʃmʊgəˈlaɪ] 女 -/-en (常習的な)密輸.

ˈschmug・geln [ˈʃmʊgəln] 1 密輸する.《目的語なしでも》Viele Leute hier *schmuggeln*. このあたりでは大勢が密輸をやっている. 2 こっそり持出す(持込む), ひそかに連出す(連込む). sich⁴ ～ しのび込む, こっそり抜出す.

ˈSchmug・gel・wa・re 女 -/-n 密輸品.

ˈSchmugg・ler [ˈʃmʊglər] 男 -s/- 密輸業者.

ˈSchmugg・ler・ban・de 女 -/-n 密輸グループ, 密輸団.

ˈSchmugg・ler・schiff 中 -[e]s/-e 密輸船.

ˈschmun・zeln [ˈʃmʊntsəln] 自 にんまりと笑う, ほくそ笑む.

Schmus [ʃmuːs] 男 -es/ (hebr. semuʻa, Gerede‘)《話》(くどいお世辞, 佞ったらしい)おべんちゃら.

ˈschmu・sen [ˈʃmuːzən] 自《話》いちゃつく, べたべたする(mit j³ 人³と); ([mit] j³ 人³に)媚びへつらう, おべっかを使う.

ˈSchmu・ser [ˈʃmuːzər] 男 -s/-《話》1 べたべたする人, いちゃつくのが好きな人. 2 やたらにお世辞を言う人, おべっか使い.

***Schmutz** [ʃmʊts シュムツ] 男 -es/ 1 汚い(不潔な)もの, 汚物, よごれ; ごみ, 泥, 糞; 淫らな言葉(話). den ～ von den Schuhen abkratzen 靴の泥を掻き落す. den ～ aus dem Zimmer fegen 部屋のごみを掃き出す. ～ an den Schuhen haben 靴がよごれている. ～ und Schund《古》低俗な作品(とくに小説・映画などの). j⁴ durch den ～ ziehen / j⁴ in den ～ treten〈ziehen〉/ j⁴ mit ～ bewerfen 人⁴のことをくそみそに言う. j² Ehre in den ～ treten〈zerren / ziehen〉人²の名誉を汚す, 面目を丸潰れにする.《副詞的4格で》Das geht dich den ～ an. 君には《戯》ぜんぜん関係ないことだ. 2《南西部ボ・エル・ス》(Fett) 脂(あぶら). 3《南部ボ・ユ》にわか雨, 通り雨.

Schmutz² 男 -es/Schmütze《南バ・エル・ス》(Kuss) キス, 口づけ.

ˈschmut・zen [ˈʃmʊtsən] ❶ 自 よごれる, 汚くなる. ❷ 他《南西部ボ・エル・ス》(フライパンなどに)油をひく; 脂(油)で料理する. ～ schmützen とも書く.

ˈSchmutz・fän・ger 男 -s/- 1《工学》(自動車・自転車の)泥よけ, マッドガード. 2《工学》(導管などの)塵溜め. 3《比喩》汚れ仕事をする人.

ˈSchmutz・fink 男 -en(-s)/-en《話》1 汚らしい(不潔な)やつ. 2 (道徳的に)不潔なやつ, いかがわしい人間.

'**Schmutz·fleck** 男 -[e]s/-e よごれ, しみ.

'**schmut·zig** [´ʃmʊtsɪç シュムツィヒ] 形 **1** (↔ sauber) 汚い, 不潔な, よごれた. ~e Arbeit よごれ仕事. einen ~en Eindruck machen 不潔な印象を与える. die ~en Füße(Strümpfe) waschen よごれた足(靴下)を洗う. ~e Hände haben《比喩》脛(臑)に傷を持つ. ein ~er Teller よごれた(使った)皿. ~e Wäsche waschen《話》内輪の恥(もめごと)をさらけ出す. et⁴ ~ machen 物をよごす. sich³ nicht die Finger(die Hände) ~ machen《比喩》よごれ仕事をいやがる. sich⁴ ~ machen よごれる, 泥んこになる. **2** (a) 不正な, あやしげな, いかがわしい. ~es Geld あぶく銭, 悪銭. ein ~es Geschäft いかがわしい商売. 下品な, 淫らな. ~e Ausdrücke 下品な(卑俗な)言葉遣い. ein ~er Witz 卑猥な洒落. (色の)濁った, 売. der ~ graue Himmel どんよりした灰色の空. **3** 無礼な, ぶしつけな. ein ~es Lachen ぶしつけな笑い. **4**《南ドイツ・オーストリア》金にきたない, しみったれの. **5**《南西ドイツ・スイス》脂っぽい.

'**Schmut·zig·keit** 女 -/-en **1**《複数なし》汚さ, 不潔. **2** いかがわしい(下品な)言動.

'**Schmutz·li·te·ra·tur** 女 -/ 低俗な文学(読物).

'**Schmutz·schicht** 女 -/-en よごれの層(膜).

'**Schmutz·ti·tel** 男 -s/《印刷》(本の)前扉.

'**Schmutz·was·ser** 中 -s/= 汚水.

*'**Schna·bel** [´ʃnaːbəl シュナーベル] 男 -s/Schnäbel **1**《動物》嘴(くちばし);(昆虫の長い吻(ふん)). **2**《話》(人間の)口. Mach mal deinen ~ weit auf!幼児などに)あーんとお口を大きく開けて. Mach doch den ~ auf!なんとか言えよ. [Bei] ihm steht der ~ nicht eine Minute still. 彼はものの 1 分と黙っていない. Sie redet, wie ihr der ~ gewachsen ist. 彼女はずけずけものを言う, ざっくばらんなものの言いをする. den ~ halten 黙っている. j³ den ~ stopfen 人³を黙らせる. sich³ den ~ verbrennen いらぬことを言ってしくじる, 口が災いする. seinen ~ an anderen Leuten wetzen 他人の悪口を言う. j³ um den ~ gehen 人³にうまく取り入る. **3** 嘴(くちばし)状のもの;(ポット・水差しなどの)注ぎ口, 呑み口; 舳(へさき), 船首(とくに古代・中世の船の);(クラリネットなどの)マウスピース.

'**Schnä·bel·chen** [´ʃnɛːbəlçən] 中 -s/- (Schnabel の縮小形) 小さな嘴(くちばし).

'**Schna·bel·flö·te** 女 -/-n《楽器》(Blockflöte) ブロックフレーテ, リコーダー.

'**schna·bel·för·mig** 形 嘴(くちばし)状の.

'**schnä·beln** [´ʃnɛːbəln] 自 (sich⁴) **1**(鳥が)互いに嘴(くちばし)を擦り(触れ)合せる. **2**《戯》キスしあう.

'**Schna·bel·schuh** 男 -[e]s/-e (中世の)爪先が嘴のように尖った靴.

'**Schna·bel·tas·se** 女 -/-n (病人用の)吸い飲み.

'**Schna·bel·tier** 中 -[e]s/-e《動物》かものはし.

schna·bu·lie·ren [ʃnabuˈliːrən] 自《話》(舌鼓を打って)うまそうに食べる.

Schnack [ʃnak] 男 -[e]s/-s (Schnäcke)《北ドイツ》 **1** おしゃべり, 歓談. **2** ジョーク. **3** 馬鹿話, たわごと.

'**schna·ckeln** [´ʃnakəln]《南ドイツ》 **❶** 自 mit den Fingern〈der Zunge〉 ~ 指をぱちんと鳴らすチッと舌打ちする. **❷**《非人称》Es schnackelt. どしん(ぱりん, めりっ)と音する. Jetzt hats endlich geschnackelt. ついにやった, とうとううまくいった. Es hat bei ihm geschnackelt.《話》彼もやっと分かってくれた;彼は一目惚れしてしまった;彼もついに堪忍袋の緒を切った.

'**schna·cken** [´ʃnakən] 自《北ドイツ》 **1** 話す, しゃべる 歓談する, (楽しく)おしゃべりをする. **2** たわごと(馬鹿げたこと)を言う.

'**Schna·der·hüp·fel** [´ʃnaːdɐhʏpfəl] 中 -s/-《オーストリア・バイエルン》シュナーダヒュッペル(アルプス地方のヨーデルの付いた滑稽な内容の 4 行単詩型の民謡).

'**Schna·der·hüp·ferl** [´ʃnaːdɐhʏpfɐl] 中 -s/- 《オーストリア・バイエルン》=Schnaderhüpfel

'**Schna·ke**¹ [´ʃnaːkə] 女 -/-n《北ドイツ》《古》(Ringelnatter) やまかがし属の蛇.

'**Schna·ke**² 女 -/-n《北ドイツ》とっぴな思いつき, 冗談.

'**Schna·ke**³ 女 -/-n《虫》 **1** ががんぼ. **2**《地方》(Stechmücke) 蚊.

'**schnä·kig** [´ʃnɛːkɪç] 形《西中部ドイツ》 **1** 食べ物にうるさい. **2** つまみ食いの好きな.

'**schna·kisch** [´ʃnaːkɪʃ] 形《北ドイツ》滑稽な, おかしな.

'**Schnal·le** [´ʃnalə] 女 -/-n **1** (ベルトなどの)締め金, 留め金, 尾錠, バックル. **2**《オーストリア》(Türklinke) ドアの取手. **3**《猟師》(雌獣の)陰部. **4**《南ドイツ》《卑》淫売, 売笑婦. **5**《卑》(女性を罵っての)あま, 女(め).

*'**schnal·len** [´ʃnalən シュナレン] **❶** 他 **1** (a)(尾錠・締め金で)締める, とめる. einen Gürtel ein Loch enger〈weiter〉 ~ 帯を穴ひとつ締める〈ゆるめる〉. (sich³) den Gürtel〈den Riemen〉 enger ~ 《比喩》生活をきりつめる, 家計をひきしめる. (b)(ベルトで)締めつける, くくりつける;(締め金をゆるめて荷物などを)おろす, はずす. einen Koffer auf den〈vom〉 Gepäckträger ~ トランクをベルトで荷台にくくりつける〈ベルトをはずし荷台からおろす〉. **2**《話》(ふつう完了形で)理解する, のみこむ, 察する. Hast du's endlich geschnallt? やっと分かったか. **3**《話》(人⁴を)かつぐ, 車輪にのせる. **❷** 自《地方》(schnalzen) (mit et³ 物³を)ぱちん(ぴしゃり)と鳴らす.

'**Schnal·len·schuh** 男 -[e]s/-e ストラップシューズ(留め金つきの靴).

'**schnal·zen** [´ʃnaltsən] 自 (mit et³ 物³を)ぱちん(ぴしゃり)と鳴らす. mit den Fingern〈der Zunge〉 ~ 指を鳴らす舌打ちする.

'**Schnalz·laut** [´ʃnalts..] 男 -[e]s/-e《言語》舌打ち音, 吸着音(アフリカの諸言語で子音として使われている).

schnapp [ʃnap] 間 Schnapp! かぶれ(犬をけしかけるかけ声); ぱくっ(食いつく音), ぱたん(戸などが閉まる音), かちっ(錠前などの音). Schnapp, schnipp! ちょきちょき(はさみで切る音).

*'**schnap·pen** [´ʃnapən シュナペン] **❶** 他 **1** ぱくりとくわえる; 自 さっとつかむ, かっさらう. Er schnappte [sich³] seinen Mantel und ging schnell. 彼は外套をひっつかむとすばやく出て行った. Den schnapp ich mir! あいつをとっつかまえてとめ上げてやる. Ich habe das endlich geschnappt.《話》私はそれがやっとのみこめた(分かった). [frische] Luft ~ 外の空気を吸う, 風(外気)にあたる; 外をぶらつく. sich³ einen Verkäufer ~ (店内で)店員をつかまえる. **2**《話》逮捕する, ぱくる. Der Dieb wurde bald geschnappt. 泥棒はまもなくあげられた. Bei mir bist du geschnappt!《話》《非人称的に》私の所へ言ってきても駄目だよ. Ihn hat es gschnappt.《話》彼は病気になった(負傷した). **3**《話》(昂奮して)口をぱくぱくさせながら言う. **❷** 自 (h, s) **1** (h) (nach et³ 物³に)ぱくっと食いつく, とびつく(かかる). nach Luft ~ 喘(あえ)ぐ, はあはあ息をする. **2** (a) (s) ぱちんととぶ(開く, しまる), はじける. Plötzlich schnappte der Deckel in die Höhe.

突然蓋(ﾌﾀ)がぱんととんだ. Die Tür ist ins Schloss *geschnappt*. ドアに錠ががちゃりとおりた. (b) (h) がちゃっ(ちょきちょき)と音をたてる. 《非人称的に》 Jetzt hat's *geschnappt*. 《話》もう我慢ならない, もうたくさんだ. Es hat bei ihr *geschnappt*. 《話》彼女もどうとうできてしまった(=お腹に子供が); 彼女はたちまちのぼせあがった; 彼女の我慢も限度にきた.　**3** (h)《地方》びっこをひく.

'**Schnap·per** [ˈʃnapər] 男 -s/- 《話》**1** ぱくっと食いつくこと; さっとひっつかむこと.　**2** (口をぱくぱくさせての)激しい呼吸, 喘(ｱｴ)ぎ.　**3** ばちん(ばたん, がちゃっ)という音.　**4** (錠前の)ばね円(ｶﾝ).

'**Schnäp·per** [ˈʃnɛpər] 男 -s/- **1**《古》弩(いしゆみ).　**2**《古》《医学》瀉血針, 発禁ランセット.　**3** 掛けがね, ばね錠.　**4**《ﾄﾞｲﾂ》ひねり.　**5**《鳥》(Fliegenschnäpper の短縮)ひたき(鶲).

'**Schnapp·hahn** [ˈʃnap..] 男 -[e]s/-e《古》《中世の》馬に乗った追剥(おいはぎ).

'**Schnapp·mes·ser** 中 -s/- **1** 折畳みナイフ, ジャックナイフ.　**2** 飛出しナイフ.

'**Schnapp·sack** 男 -[e]s/-e《古》リュックサック, ナップザック.

'**Schnapp·schloss** 中 -es/-er ばね錠.

'**Schnapp·schuss** 男 -es/-e **1** スナップショット(写真).　**2**《狩猟》(逃げる獣への)追い撃ち.

✴'**Schnaps** [ʃnaps シュナップス] 男 -es/Schnäpse **1** シュナップス(ウィスキー・ウォッカ・ジンなどアルコール度の高い蒸留酒の俗称).　**2**《古》ひと口(の量), 少量.

'**Schnaps·bren·ner** 男 -s/-《話》シュナップス製造業者.

Schnaps·bren·ne·rei [ʃnapsbrɛnəˈraɪ, ˈ----] 中 -/-en《話》**1** シュナップス製造所.　**2**《複数なし》シュナップスの製造.

'**Schnaps·bru·der** 男 -s/=《俗》シュナップス好き, 大酒飲み.

'**Schnaps·bu·de** 女 -/-n《俗》飲屋, 居酒屋.

'**Schnaps·chen** [ˈʃnɛpsçən] 中 -s/-《Schnapsの縮小形》ごく少量のシュナップス.

'**Schnäp·se** [ˈʃnɛpsə] Schnaps の複数.

'**schnäp·seln** [ˈʃnɛpsəln], **schnap·sen** [ˈʃnapsən] 自《話》シュナップスを飲む.

'**Schnaps·glas** 中 -es/=er シュナップス用のグラス.

'**Schnaps·idee** 女 -/-n《話》馬鹿げた思いつき.

'**Schnaps·na·se** 女 -/-n《話》酒焼けした赤い鼻.

'**Schnaps·zahl** 女 -/-en ぞろ目の数字(番号). ◆ひどく酔うと１つの数字が２重・３重に見えることから.

✴'**schnar·chen** [ˈʃnarçən シュナルヒェン] 自 鼾(いびき)をかく.

'**Schnar·cher** [ˈʃnarçər] 男 -s/- **1** 鼾(いびき)をかく人.　**2** 鼾の音.

'**Schnar·re** [ˈʃnarə] 女 -/-n **1**《玩具》がらがら(とくにカーニバルの小道具に使う).　**2**《猟師》やどりぎ鶫(ﾂｸﾞﾐ).

'**schnar·ren** [ˈʃnarən] 自 **1** かたかた(ちりんちりん, がらがら)音をたてる. mit *schnarrender* Stimme がらがら声で.　**2**《猟師》(くいなどが)雌を呼んで鳴く.

'**Schnarr·werk** [ˈʃnar..] 中 -[e]s/-e《楽器》(オルガンの)リード管.

'**Schnat·ter·gans** [ˈʃnatər..] 女 -/=e **1** があがあ鳴く鵞鳥.　**2**《俗》おしゃべり女.

'**schnat·te·rig** [ˈʃnatərɪç] 形 おしゃべりな.

'**schnat·tern** [ˈʃnatərn] 自 **1** (家鴨・鵞鳥などが)があがあ鳴く; ぺちゃくちゃしゃべる.　**2** vor Kälte 《地方》寒さのあまりがたがた震える.

'**schnau·ben**⁽ˣ⁾ [ˈʃnaʊbən] schnaubte (schnob), geschnaubt (geschnoben) ❶ 自《多く規則変化で》**1** (馬が)鼻を鳴らす.　**2** 荒い息遣いをする, 息を切らす, 喘(ｱｴ)ぐ.　**3** 息巻く, いきり立つ. [vor] Wut ～ かんかんに怒っている.　**4** (風が)音をたてて吹く. ❷ 他《規則変化で》j³ die Nase ～ 人³の鼻をかんでやる.《再帰的に》*sich*⁴ 〈*sich*³ die Nase〉 ～ 鼻をちんとかむ.

'**schnau·fen** [ˈʃnaʊfən] ❶ 自 荒い息遣いをする, 息を切らす, 喘(ｱｴ)ぐ.《話》《話》息をする. ❷ 他 息せき切って喘ぎ喘ぎ言う.

'**Schnau·fer** [ˈʃnaʊfər] 男 -s/-《話》(荒い)息遣い. den letzten ～ tun 息を引取る. bis zum letzten ～ arbeiten 死ぬまで働く. einen ～ lang ほんの少しの間.　**2**《ﾄﾞｲﾂ》青二才, 若造.

'**Schnau·ferl** [ˈʃnaʊfərl] 中 -s/-[n]《地方》《話》**1** オートバイ; 小型自動車, クーペ.　**2** (よく手入れされた)古いモデルの車.

'**Schnauz** [ʃnaʊts] 男 -es/Schnäuze《地方》口髭.

'**Schnauz·bart** 男 -[e]s/=e **1** 大きな口髭. **2**《戯》大きな(立派な)口髭をたくわえた男.

'**Schnäuz·chen** [ˈʃnɔʏtsçən] 中 -s/-《地方》**1**《Schnauze の縮小形》ちょび髭.　**2**《Schnauze の縮小形》(動物の)小さな鼻づら, (人間の)小さな口; (ポットなどの)小さな注ぎ口.

✴'**Schnau·ze** [ˈʃnaʊtsə シュナオツェ] 女 -/-n **1** (a) (馬・犬などの)鼻づら. (b)《話》(人間の)顔面, つら. j³ die ～ polieren〈lackieren〉/ j³ in die ～ hauen〈schlagen〉/ j³ eins vor die ～ geben 人³の面(ｶｵ)をぶん殴る. auf die ～ fallen しくじる, どじを踏む.　**2**《話》(人間の)口. Mach endlich die〈deine〉 ～ auf! いいかげんに何か言ったらどうだ. eine freche ～ haben 生意気な口をきく. eine große ～ haben でかい口をたたく. die ～ voll haben うんざりしている. こりごりである(von et³ 事³に). die ～ halten 黙っている. j³ die ～ stopfen 人³を黙らせる. *sich*³ die ～ verbrennen 口が災いする, 舌禍を招く. Herz mit ～ haben 口は悪いが心根はやさしい. frei [nach] ～ / nach ～ 行きあたりばったりで, 気の向くままに.　**3**《話》(ポットなどの)注ぎ口.　**4**《話》船首; 機首; (自動車のボンネット.　**5** kalte ～《古》カルテ・シュナウツェ(ビスケットなどにチョコレートの層を重ねた菓子).

'**Schnäu·ze** [ˈʃnɔʏtsə] Schnauz の複数.

'**schnau·zen** [ˈʃnaʊtsən] 自 怒鳴る, 怒鳴りつける.

'**schnäu·zen** [ˈʃnɔʏtsən] 他 j³ die Nase ～ 人³の鼻をかんでやる(mit dem〈in das〉 Taschentuch ハンカチで). *sich*⁴〈*sich*³ die Nase〉 ～ 鼻をかむ.　**2** eine Kerze〈ein Licht〉 ～《古》ろうそくの芯を切る.

'**Schnau·zer** [ˈʃnaʊtsər] 男 -s/-《動物》シュナウザー犬.　**2**《話》大きな口髭.　**3**《話》激しい叱責.

'**schnau·zig** [ˈʃnaʊtsɪç] 形《俗》無愛想な, つっけんどんな.

✴'**Schne·cke** [ˈʃnɛkə シュネケ] 女 -/-n **1** (a)《動物》蝸牛(ｶﾀﾂﾑﾘ); 《料理》(Weinbergschnecke) エスカルゴ. Er bewegt sich⁴ wie eine ～. 彼は蝸牛のようにのろい. j⁴ zur ～ machen《話》人⁴をこてんぱんにやっつける. (b)《俗》のろま, ぐず.　**2** (渦巻ヘアー)《ふつう複数で》イヤホーン(耳の上で渦巻きに結った髪型). (b)《楽器》えび尾(バイオリンなどの頭部); 《解剖》蝸牛殻; 《工学》無限歯車(ウォーム), ウォームギア; 《古》《建築》螺旋階段, (イオニア式柱頭の)渦巻き状飾. (c)《動物》ムフロン Mufflon (羊)の雄の角. (d)《古》干草を満載した荷車.　**3**《俗》女, あま子; 売春婦.　**4**《卑》膣(ﾁﾂ).

'**Schne·cken·boh·rer** 男 -s/-《工学》螺旋(ﾗｾﾝ)錐.

'Schne·cken·för·de·rer 男 -s/- 【工学】スクリューコンベヤー.

'schne·cken·för·mig 形 螺旋(らせん)状の, 渦巻形の.

'Schne·cken·gang 男 -[e]s/ニe 1 【工学】(ねじ歯車のかみ合う)ウォーム. 2 【解剖】蝸牛(かぎゅう)管. 3 蝸牛のようにのろい歩み(進行).

'Schne·cken·ge·trie·be 中 -s/- 【工学】ウォーム歯車装置.

'Schne·cken·haus 中 -es/ニer 蝸牛(かたつむり)の殻. sich[4] in ein ~ zurückziehen 自分の殻に閉じもる.

'Schne·cken·li·nie 女 -/-n 《まれ》(Spirale) 螺旋(らせん), 渦巻線.

'Schne·cken·post 女 -/《話》《古》(蝸牛(かたつむり)のように)のろのろ走る乗物. auf〈mit〉der ~ 《話》とてもゆっくり, のろのろと.

'Schne·cken·tem·po 中 -s/ 《話》ひどく遅い速度. im ~ のろのろと.

'Schne·cken·win·dung 女 -/-en 螺旋(らせん), 渦巻(旋回).

Schnee

[ʃneː: シュネー] 男 -s/ 1 雪. ~ fällt./Es fällt ~. 雪が降る. alter〈neuer〉~ 残雪〈新雪〉. ewiger ~ 万年雪. schneller〈stumpfer〉~ (スキーの滑りのよい雪〈滑らない雪〉). ~ von [vor]gestern / ~ vom letzten〈vergangenen〉Jahr《話》とうの昔に済んだこと, 古い話. Und wenn der ganze ~ verbrennt[, die Asche bleibt uns doch]. 《戯》どんなことがあろうとへこたれるものか. ~ fegen〈kehren/schippen〉雪掻きをする. ein Auto aus dem Jahr[e] ~ (うんと) 大昔の車, クラシックカー. anno〈im Jahre〉~ (うんと) 大昔に. 2 (Eierschnee の短縮)泡立てた卵白, 泡雪. das Eiweiß zu ~ schlagen 卵白を泡立てる. 3 《隠》雪(白い粉末にした麻薬のこと, とくにコカイン・ヘロインなど). 4 《ドイツ》スノー(電波障害によって画面全体に現われる白い斑点). 5 《話》銭.

'Schnee·ball 男 -[e]s/ニe(-en) 1 《古》雪玉, 雪つぶて. 2 《植物》がまずみ(莢蒾), おおがまり(大手鞠).

'schnee·bal·len ['ʃneːbalən]《不定詞または過去分詞でのみ》❶ 他 (人[4]に)雪玉(雪つぶて)を投げる. ❷ 自 《sich[4]》雪合戦をする.

'Schnee·ball·schlacht 女 -/-en 雪合戦.

'Schnee·ball·sys·tem 中 -s/ 1 《経済》連鎖販売取引, マルチ(ネズミ講)商法. 2 (連絡網などによる)連鎖伝達方式.

'schnee·be·deckt 形 雪に覆われた.

'Schnee·be·sen 男 -s/- 1 (Schaumschläger 1) (料理用の)泡立て器. 2 《隠》(ドラムスティックの)ブラッシュ.

'schnee·blind 形 雪眼炎にかかった.

'Schnee·blind·heit 女 -/ 雪眼炎, 雪盲.

'Schnee·brett 中 -[e]s/ニer 雪庇(せっぴ).

'Schnee·bril·le 女 -/-n 雪めがね, スノーグラス.

'Schnee·de·cke 女 -/-n 積もった雪, 積雪.

'Schnee·fall 男 -[e]s/ニe 《多く複数で》降雪.

'Schnee·flo·cke 女 -/-n 《多く複数で》雪片.

'Schnee·frä·se 女 -/-n 除雪車.

'schnee·frei 形 1 雪のない; 雪の降らない. 2 雪で休校の.

'Schnee·gans 女 -/ニe 1 《鳥》白雁(はくがん). 2 《話》愚かな女.

'Scnee·ge·stö·ber 中 -s/- 吹雪(ふぶき).

'Schnee·glöck·chen 中 -s/- 《植物》ゆきのはな(属), おおまつゆきそう(属).

'Schnee·gren·ze 女 -/-n 《地形》雪線, 恒雪線(高山の万年雪の下方限界線).

'Schnee·ha·se 男 -n/-n 《動物》雪兎, 蝦夷(えぞ)兎.

'Schnee·huhn 中 -[e]s/ニer 雷鳥.

'Schnee·ig ['ʃneːɪç] 形 1 雪に覆われた. 2 (天使が)雪もよいの. 3 《雅》雪のように白い, 雪白の, 純白の.

'Schnee·ka·no·ne 女 -/-n 人工雪製造噴射機.

'Schnee·ket·te 女 -/-n (車の)スノーチェーン.

'Schnee·kö·nig 男 -s/-e (東中部で)《鳥》(Zaunkönig) みそさざい. sich[4] freuen wie ein ~ 《話》小躍りして喜ぶ.

'Schnee·la·wi·ne 女 -/-n 雪崩(なだれ).

Schnee·mann 男 -[e]s/ニer 雪だるま.

'Schnee·matsch 男 -[e]s/- 雪解けのぬかるみ.

'Schnee·mensch 男 -en/-en (Yeti)(ヒマラヤに住むという)雪男.

'Schnee·mo·bil 中 -s/-e 雪上車.

'Schnee·mo·nat 男 -[e]s/ 《古》(Januar) 1月.

'Schnee·mond 男 -[e]s/ 《古》=Schneemonat

'Schnee·pflug 男 -[e]s/ニe 1 除雪機, スノープラウ(除雪車前部の雪かき用の装置). 2 《スキー》プルーク, スノープラウイング, 全制動.

'Schnee·re·gen 男 -s/ 霙(みぞれ).

'Schnee·rei·fen 男 -s/- 1 輪かんじき. 2 《まれ》スノータイヤ.

'Schnee·schip·per 男 -s/- 《話》除雪人夫.

'Schnee·schlä·ger 男 -s/- (料理用の)泡立て器.

'Schnee·schmel·ze 女 -/-n 雪解け.

'Schnee·schuh 男 -[e]s/-e 1 《古》スキー. 2 輪かんじき.

'schnee·si·cher 形 (ウインタースポーツが可能な程度の)雪が必ず降る.

'Schnee·sturm 男 -[e]s/ニe 猛吹雪, ブリザード.

'Schnee·trei·ben 中 -s/- 吹雪.

'Schnee·ver·hält·nis·se 複 (スキー場などの)雪の状況.

'Schnee·ver·we·hung 女 -/-en 雪の吹き溜り.

'Schnee·was·ser 中 -s/ 雪解け水.

'Schnee·we·he 女 -/-n =Schneeverwehung

'schnee'weiß 形 雪のように白い, 純白の.

Schnee'witt·chen [ʃneːˈvɪtçən] 中 -s/ 白雪姫.

'Schne·gel ['ʃneːgəl] 男 -s/- 《動物》こうらなめくじ.

Schneid [ʃnaɪt] 男 -[e]s/(南ドイツ・オーストリア 女 -/) 《話》勇気, 気迫, 度胸. j[3] den〈die〉~ abkaufen 人[3]の意気を沮喪させる, (を)ひるませる. keinen ~ haben 度胸(根性)がない.

'Schneid·boh·rer 男 -s/- 【工学】(ねじ)タップ.

'Schneid·bren·ner 男 -s/- 【工学】切断トーチ, 溶断機.

'Schnei·de [ˈʃnaɪdə] 女 -/-n 1 (刃物の)刃; (刀の)刀身. Die Sache steht auf des Messers ~. 《比喩》この件(の詰め)はどっちに転ぶか際どいところだ. 2 《南ドイツ・オーストリア・スイス》(山の)背, 屋根. 3 《南東部で》(Schneid) 勇気, 度胸. 4 《植物》ししきりがや(猪切萱).

'Schneid·ei·sen 中 -s/- 【工学】ダイス(雌ねじの一部を刃として雄ねじを切る工具).

'Schnei·de·müh·le 女 -/-n 《まれ》製材所.

'schnei·den*

[ˈʃnaɪdən シュナイデン] schnitt, geschnitten ❶ 他 1 (a) 切る, 切取る. Brot〈Papier〉～ パン〈紙〉を切る.　Glas ～ ガラスを切断する.　Rosen ～ バラの花を切る.　j³ ein Stück [vom] Kuchen ～ 人³にケーキを1切れ切ってやる.　einen Artikel aus der Zeitung ～ 新聞から記事を切抜く.　Tomaten in Scheiben ～ トマトをスライスする.　Wurst in die Suppe ～ ソーセージを細かく切ってスープに入れる.　Stämme zu Brettern ～ 丸太を板に挽(ひ)く.《中性名詞として》Hier ist die Luft zum *Schneiden* [dick].《話》ここは空気がひどく濁っている.　(b)《穀物・草》を刈る, 刈取る.

2 切りそろえる, 刈込む; 剪定(せんてい)する.　j³ die Haare 〈die Nägel〉 ～　人³の頭を刈ってや〈爪をつんで〉やる.　sich³ die Haare ～ lassen 散髪してもらう.　eine Hecke ～ 生垣を剪定する.

3 (a) 裁断してつくる; 〈洋服〉を裁断する.　einen Anzug nach Maß ～ 背広を寸法通りに裁断する.　Bohlen aus den Stämmen ～ 丸太から厚板をとる.　Holz ～ 木材を伐り出す.　ein Loch in et⁴ ～ 物⁴に穴をあける.　ein Muster in die Pappe ～ 厚紙で型紙をとる.　einen Spazierstock ～ 木を削ってステッキをこしらえる.　ein weit *geschnittener* Mantel ゆったりと仕立てたコート.　eine gut *geschnittene* Wohnung 間取りがよい住い.　j³ [wie] auf den Leib *geschnitten* sein《話》人³にぴったりである.　(b)《映画・テレビ・テープ》を編集する.　eine Sendung ～ 1回の放送〈放映〉分を編集する.

4 (a) 〈模様などを〉彫る.　ein Herz in den Baumstamm ～ 木の幹にハート型を彫りつける.　ein Gewinde ～『工学』ネジ山を切る.　einen Stempel ～ 判を彫る.　ein markant *geschnittenes* Gesicht 彫りの深い顔.　Er ist seinem Vater wie aus dem Gesicht *geschnitten.*《話》彼は父親に瓜二つだ.　(b)《表情が》つくる.　eine Grimasse ～ しかめっ面をする.

5（誤って）切り傷をつける.　j¹ sein Rasieren ins Gesicht ～ 人¹の髭を剃っていて顔を切る.《再帰的に》*sich*⁴ an einer Glasscherbe ～ ガラスのかけらで怪我をする.　sich⁴(:³) in den Finger ～ うっかり指を切る.《比喩》思い違いをする.（↑③）.　sich⁴(:³) ins eigene Fleisch ～《比喩》自分で自分の首をしめる.

6 (a)『医学』（患部を）切開する, (に)メスを入れる; (人⁴を)手術する.　(b)『獣医』〈動物〉を去勢する.

7 横切る, 交差する.　Die Straße *schneidet* dort die Bahnlinie. この道路はあそこで線路と交差する.　Zwei Geraden ～ einander in einem Punkt. 2直線は1点で交わる (sich⁴ は相互代名詞).　j⁴〈j² Bahn〉～『スポーツ』人⁴,² の走路を妨害する.　eine Kurve ～『交通』カーブを（センターラインオーバーで）近回りする.　j⁴〈j² Wagen〉～『交通』人⁴,² の車の前に割込む〈追越しなどで〉.

8 einen Ball ～『卓球・テニス』球をカット（スライス）する.　eine Kugel ～『ビリヤード』球にスピン（ひねり）をかける.

9（人¹）を無視（黙殺）する, (に)そ知らぬ顔をする.

10 Wein ～ ワインに水を混ぜる.

❷ 圓 **1** (a) 切る (in〈durch〉 et⁴ 物⁴を).　sich³ in den Finger ～ うっかり指を切る.　Das Messer glitt aus und *schnitt* ihm〈ihr ihn〉in den Finger. ナイフがすべって彼の指を切った.　Die Landstraße *schneidet* durch den Wald. 国道はその森を突っ切っている.　(b)〈紐などが〉食いこむ.　Die Schnur *schneidet* mir in die Hand. 紐が私の手に食込む.

2 切る（刺す）ように痛い.　Der kalte Wind *schnitt* mir ins Gesicht. 冷たい風が私の顔に切るように痛んだ.　《非人称的に》*Es schneidet* mir im Leib. 私は腹がきりきりと痛む.《慣用的表現で》Das *schnitt* ihr ins Herz〈durch die Seele〉.《雅》そのことで彼女の心は痛んだ, それは彼女の胸にこたえた.

3〈理髪師が〉鋏を使う, カットする.　Er *schneidet* gut〈schlecht〉. 彼はカットがうまい〈へただ〉.

4〈刃物が〉切れる.　Die Schere *schneidet* gut〈schlecht〉. このハサミは切れ味がよい〈あまり切れない〉.

5『トランプ』（スカートで）フィネスの手に出る.

❸ 再《sich》《地方》思い違い（勘違い）をする.　Wenn du das erwartest, dann hast du dich gewaltig [in den Finger] *geschnitten.*《話》君がそんなことを期待しているのだったらとんでもない当てはずれに終るよ.

'**schnei·dend** 現分 形 切る（刺す）ような, 鋭い; 耳をつんざくような, 甲高い.　～*e* Kälte 肌を刺すような〈身を切るような〉冷たさ.　mit ～*er* Stimme 鋭い（甲高い）声で.　in ～*em* Ton はげしい口調で, 語気鋭く.

* '**Schnei·der** ['ʃnaɪdɐ シュナイダー] 男 -s/- **1** 仕立屋, 裁縫師, 洋服屋.　[sich³] einen Anzug beim〈vom〉～ anfertigen〈machen〉lassen 洋服屋で背広を誂(あつら)える.　Herein, wenns kein ～ ist!《戯》どうぞお入り（仕立屋が勘定を取りにきたのでないなら, の意から）.　wie ein ～ frieren《話》凍える思いでがたがた震える（「仕立屋のように」とは, かつて仕立屋は一般に痩せっぽちで病弱のイメージがあったところから）.　**2**『トランプ』シュナイダー（スカートの30点, すなわち総得点の半分の半分）.　～ ansagen シュナイダーをビッドする（相手を30点以下に抑えることを宣言する）.　[im] ～ sein シュナイダー（得点が30点以下）である.　aus dem ～ sein シュナイダーを免れている;《話》最悪のピンチを脱した;《話》30歳を越えている, もういい歳である.　《卓球》シュナイダー（1セット内での11点という得点）.　j⁴ ～ machen〈spielen〉人⁴（対戦相手）に11点以上取らせない, 完勝する.　**3**《話》切る道具.　Brot*schneider* パン切り器.　Eier*schneider* エッグカッター.　**4**《猟師》(a)（狩立て猟で）あぶれた（獲物のなかった）猟師.　(b) 発育不良の（獲物としての価値が低い）赤鹿（雷鳥）.　**5**『農業』去勢した雄豚.　**6**《話》がかんば, あめんぼ（などの足の長い水生昆虫の総称）, めくらぐも.　**7**《魚》ヨーロッパの急流に群れて棲む体調 10-15 cm の鯉科の魚.

Schnei·de·rei [ʃnaɪdə'raɪ] 囡 -/-en **1**《複数なし》洋服の仕立, 洋裁.　**2** 仕立屋（洋裁店）の仕事場.

'**Schnei·der·ge·sel·le** 男 -n/-n 仕立屋（洋服屋）の職人.

'**Schnei·de·rin** ['ʃnaɪdərɪn] 囡 -/-nen《Schneider の女性形》（女性の）洋裁師（多く婦人服専門）.

'**Schnei·der·kos·tüm** 中 -s/-e 注文仕立（オーダーメイド）の服.

'**Schnei·der·krei·de** 囡 -/-n チャコ（裁縫用のチョーク）.

'**Schnei·der·meis·ter** 男 -s/- 仕立屋の親方.

'**schnei·dern** ['ʃnaɪdɐn] ❶ 他 仕立物をする.　❷ 圓《衣服》を仕立てる.　sich³ einen Anzug ～ lassen 背広を仕立ててもらう.

'**Schnei·der·pup·pe** 囡 -/-n（仕立で仕事用の）人台, ボディー.

'**Schnei·der·sitz** 男 -es/ 胡坐(あぐら).　im ～ auf dem Boden sitzen 床に胡坐をかいている.

'**Schnei·de·werk·zeug** ['ʃnaɪdə..] 中 -[e]s/-e 刃物.

'**Schnei·de·zahn** 男 -[e]s/-e 切歯, 門歯.

'**schnei·dig** ['ʃnaɪdɪç] 形 (a) 怖いもの知らずの, 勇猛果敢な.　(b)（外観が）スマートな, 颯爽とした.　～*e* Musik 軽快な音楽.　(c)（話しぶりなどが）きびきびした,

Schneidigkeit

はきはきした. **2** 刃のある, 刃のついた. zwei*schneidig* 両刃の.

'Schnei·dig·keit 囡 -/ **1** 勇猛果敢, 無鉄砲. **2** (外観の)スマートさ, さっそうとしていること. **3** (口調などが)きびきびしていること.

*'**schnei·en** ['ʃnaɪən] シュナイエン] ❶ 非人称 **1** *Es schneit.* 雪が降る. *Es schneit* [auf dem Bildschirm]. 《話》(テレビの)画面にスノーが出る(↑Schnee 4). **2** *Es hat mir ins Haus geschneit.* 《比喩》私の家に不意に客がやってきた.

❷ 圓 (s) 吹雪のように舞落ちる. Die Blütenblätter *schneiten* auf den Rasen. 花びらが芝生の上にはらはらと舞落ちた. j³ ins Haus ~ ⟨geschneit kommen⟩ 人を不意に訪れる. Er ist mir ins Hans *geschneit.* 彼はひょっこり私のところに現れた.

❸ 不非人称的に) *Es schneit* dicke Flocken. ぼたん雪が降る. *Es schneite* Blütenblätter auf den Festzug. 祭の行列の上に花吹雪が舞った.

'Schnei·se ['ʃnaɪzə] 囡 -/-n **1** (森林の区分け·防火のための)林道, 柚(ﾕｽ)道, 防火線, 区画線. **2** (Flugschneise の短縮)(滑走路の延長上にもうけた)離着陸の安全のための空き地. **3** 《古》捕鳥用の罠.

'schnei·teln ['ʃnaɪtəln] 他 《農業·林業》(樹木の)枝打ちをする; (果樹を)剪定(ｾﾝﾃｲ)する.

schnell

[ʃnɛl シュネル] 形 **1** (a) 速い. ein ~*es* Auto 速い自動車. ein ~*e* Bedienung 速いサービス. ein ~*er* Blick すばやい一瞥. ~*er* Brüter 高速増殖炉. einen ~*en* Entschluss fassen すばやい決心をする. ein ~*es* Tempo 速いテンポ. ~*e* Truppen 《軍事》機動部隊. ein ~*er* Wechsel 急な変化. Sie ist sehr ~ [bei der Arbeit]. 彼女は仕事が早い. Er ist immer ~ mit allem. 《話》彼は何をやらせても早いことは早いのだが. ~ wie ein Pfeil⟨der Wind⟩ 矢⟨風⟩のように速い. [Mach] ~! 《話》さっさとやれ. So ~ macht ihm das keiner nach. ちょっとやそっとじゃ彼のまねはできない. ~ sprechen 早口で話す. Das Gerücht verbreitete sich ~. 噂はさっと広まった. Er wird das ~ vergessen. 彼はそのことをじきに忘れるだろう. so ~ wie⟨als⟩ möglich / möglichst ~ できるだけ速く. Er trifft, so ~ er konnte. 彼は精一杯速く走った. 《名詞的用法で》 auf die *Schnelle* ⟨die ~*e*⟩ 《話》さっさと, 大急ぎで, そそくさと. auf die *Schnelle* einen trinken さっと1杯ひっかける. (b) 《疑問文で》Wie heißt er noch ~? ええっと何だっけ彼の名前は(喉まで出かかっているんだけど). **2** 《話》スピードの出せる. eine ~*e* Straße 高速道路. auf dem ~*sten* Wege できるだけ急いで, いちばん近道をして. **3** 《付加語的用法のみ》《話》手間のかからない. ~*es* Geld 簡単に手に入る金. die ~*e* Mark machen ちょんの間仕事(とくに売春など)で一稼ぎする. ~*e* Gerichte für die berufstätige Hausfrau 仕事を持つ主婦のための手軽な料理.

'Schnell·ar·beits·stahl 男 -[e]s/=e 《工学》高速度鋼.

°**'Schnellläu·fer** ['ʃnɛllɔʏfər] ↑Schnellläufer

'Schnell·bahn 囡 -/-en (略 S-Bahn) (都市と郊外を結ぶ)高速鉄道.

'Schnell·boot 田 -[e]s/-e 高速艇; (とくに)高速魚雷艇.

'Schnell·dienst 男 -[e]s/-e (クリーニング店などの)スピードサービス.

'Schnell·dreh·stahl 男 -[e]s/=e =Schnell-arbeitsstahl

'Schnell·dru·cker 男 -s/- 《電算》高速プリンター.

'Schnell·le ['ʃnɛlə] 囡 -/-n **1** 《複数なし》《雅》(Schnelligkeit) 速さ, 速度. auf die ~ 《話》急いで, そそくさと. **2** 急流, 早瀬. **3** シュネレ(16 世紀につくられた錫の蓋のついた陶製ジョッキ).

'schnel·len ['ʃnɛlən] ❶ 他 **1** はじく, はじき⟨はね⟩とばす, ぱっと放り投げる. einen Pfeil in die Höhe ~ 矢を空高く放つ. die Angelschnur ins Wasser ~ 釣り糸をさっと水中に投げいれる. einen Stein über das Wasser ~ 水切り(遊び)をする. eine Fussel von der Jacke ~ 上着の毛球を(指で)はじき落. 《再帰的に》 sich⁴ auf die Mauer⟨vom Sprungbrett⟩ ~ 塀の上へ⟨とぶ台から⟩飛込み板から身を躍らせる). **2** (j³ um et⁴) 人⁴から物⁴をまきあげる.

❷ 圓 (s, h) **1** (s) はじきとぶ, はね(あがる). Ein Fisch *schnellte* aus dem Wasser. 魚が水面をはねた. Die Preise *schnellen* in die Höhe. 物価が急騰する. von *seinem* Sitz ~ 椅子から飛上る. **2** (h) mit dem Finger⟨den Fingern⟩ ~ 指を(ぱちんと)鳴らす.

'Schnel·ler ['ʃnɛlər] 男 -s/- **1** (指をはじくという)音. **2** 《弩(ｲｼ)》などの発射装置. **3** 《音楽》(Pralltriller) プラルトリラー, 逆(上方)回音. **4** 《ﾄﾞｲﾂ中部り》 (Murmel) ビー玉.

'Schnell·feu·er 田 -s/ 《軍事》速射.
'Schnell·feu·er·ge·schütz 田 -es/-e 速射砲.
'schnell·fü·ßig 形 足の速い, 足早の.
'Schnell·gast·stät·te 囡 -/-n 軽食堂, スナック.
'Schnell·ge·richt 田 -[e]s/-e **1** 即席料理; (レストランなどの)軽食. **2** 即決裁判所.
'Schnell·hef·ter 男 -s/- 書類ばさみ, ファイル.
'Schnel·lig·keit ['ʃnɛlɪçkaɪt] 囡 -/-en 速度, スピード, 速さ; すばやさ, 手早さ.
'Schnell·im·biss 男 -es/-e **1** 軽食. **2** 軽食堂.
'Schnell·ko·cher 男 -s/- =Schnellkochtopf
'Schnell·koch·topf 男 -[e]s/=e 圧力釜(鍋).
'Schnell·kraft 囡 -/ 弾力, 弾性.
'Schnell·kurs 男 -es/-e 速成(速修)コース, 短期講座.
'Schnell·läu·fer 男 -s/- **1** 《陸上競技·スキー》短距離走者, スプリンター. **2** 《天文》高速度星. **3** 《工学》高速度機械.
'schnell·le·big [..lə·bɪç] 形 短命の; (流行などが)すぐに移り変る.
'Schnell·pa·ket 田 -[e]s/-e 《郵便》速達小包.
'Schnell·pres·se 囡 -/-n 《印刷》高速輪転機.
'Schnell·schrei·ber 男 -s/- **1** 《古》速記者. **2** 《話》書くのが速い人; 《皮肉》(矢継早に本を出版する)多作な作家.
'Schnell·schuss 男 -es/=e **1** 《話》(会社などでの)急ぎの仕事. **2** 《話》すばやい反応(対応, 措置). **3** 《軍事》速射.
'schnells·tens ['ʃnɛlstəns] 副 できる限り早く, 大急ぎで, 早急に.
'schnellst'mög·lich 形《述語的には用いない》できる限り早い(迅速な), 早急な.
'Schnell·stra·ße 囡 -/-n (市内を走る)高速道路.
'Schnell·ver·fah·ren 田 -s/- 《法制》即決裁判手続き; 《工学》高速処理. et⁴ im ~ tun 《話》事⁴を手早く行う.
'Schnell·ver·kehr 男 -s/ (鉄道の)高速輸送; (車の)高速交通; (鉄道·車の)高速路線.
'Schnell·waa·ge 囡 -/-n 自動秤.

Schnell·zug 男 -[e]s/⸚e 《記号 D》〖鉄道〗(D-Zug) 急行列車.

Schnell·zug·zu·schlag 男 -[e]s/⸚e 急行料金.

Schnep·fe [ˈʃnɛpfə] 女 -/-n **1**〖鳥〗しぎ(鴫). **2**《古》《卑》売春婦, 街娼;《侮》女, あま. **3**《地方》(水差などの)注ぎ口.

Schnep·fen·strich 男 -[e]s/ **1**〖猟師〗(春秋の繁殖期の雄鴨の)求愛の飛翔. **2**《卑》街娼の出没する通り(地域). auf den ～ gehen 街娼を漁(あさ)りに行く.

Schnep·pe [ˈʃnɛpə] 女 -/-n **1**《地方》(鳥の)嘴(くちばし);(水差などの)注ぎ口. **2**《古》《服飾》(衣服などの)くちばし状に突き出た部分(コルセットのバストの部分など). **3**《地方》街娼.

Schnep·per [ˈʃnɛpar] 男 -s/ **1** =Schnäpper **2**〖体操〗(跳躍の際の)素早い伸身.

schnet·zeln [ˈʃnɛtsəln] 他《南ド・スイ・オスト》(肉を)薄切りにする.

Schneu·ze [ˈʃnɔʏtsə] 女 -/-n《古》ろうそくの芯切り鋏, 燭剪(しょくせん).

schneu·zen [ˈʃnɔʏtsən] ↑ schnäuzen

Schnick·schnack [ˈʃnɪkʃnak] 男 -[e]s/《話》**1** くだらないおしゃべり. **2** くだらないもの, がらくた; 余計な飾り(アクセサリー).

schnie·ben(*) [ˈʃniːbən] schniebte(schnob), geschniebt(geschnoben) 自《地方》=schnauben ①

schnie·geln [ˈʃniːɡəln] 他《多く過去分詞で》(話)(髪の毛・服などを)いやに飾り立てる(とくに男に). sich⁴ ～ änkleiden, めかし込む. geschniegelt und gebügelt ⟨gestriegelt⟩ sein《戯》ぴかぴかにめかし込んでいる.

Schnie·pel [ˈʃniːpəl] 男 -s/- **1**《地方》(Frack) 燕尾服. **2**《古》伊達男, おしゃれな男. **3**《卑》ペニス, 男根.

Schnip·pel [ˈʃnɪpəl] 男 -s/-《南ド》=Schnipsel

schnipp [ʃnɪp] 間 Schnipp, schnapp! ちょきちょき(鋏で切る音).

Schnipp·chen [ˈʃnɪpçən] 中 -s/- **1**《中部ド・北ド》指をはじくこと. **2**《次の成句で》j³ ein ～ schlagen《戯》人³をまんまとだしぬく, (の)裏をかく, (に)いたずらをする.

Schnip·pel [ˈʃnɪpəl] 男 -s/-《地方》《話》= Schnipsel

schnip·peln [ˈʃnɪpəln] ❶ 自《話》(an et³ 物³を)いくらか切取る(切落す(鋏・ナイフで)). Sie hat an ihren Haaren⟨sich³ an den Haaren⟩ geschnippelt. 彼女は髪を短くした. ❷ 他《話》**1** (肉・野菜などを)細かく切る, きざむ. **2** ein Loch in das Papier ～ (鋏などで)紙に穴をあける. **3** (aus et³ 物³から)切取る. faule Trauben aus Reben ～ 葡萄の木から腐った房を落す. **4** 切って作る. einen Papierstern ～ 紙の星型を切抜く.

schnip·pen [ˈʃnɪpən] ❶ 自 **1** 指ではじく. eine Zigarette aus der Packung ～ 煙草を1本箱から指ではじき出す. sich³ ein Stäubchen vom Kragen ～ 襟のすなぼこりを払落す. **2** 他 **1** mit den Fingern ～ 指をぱちんと鳴らす. mit der Schere ～ 鋏をちょきちょき鳴らす. **2**〖猟師〗(猟鳥が)尾羽をちょんちょんと上下する.

schnip·pisch [ˈʃnɪpɪʃ] 形 (とくに若い娘について)生意気な, 可愛げがない, ぶっきらぼうな. ein ～es Ding《侮》無愛想な小娘.

Schnip·sel [ˈʃnɪpsəl] 男(中) -s/- (紙・布切れなどの)切れ端. einen Brief in kleine *Schnipsel* zerreißen 手紙をびりびりに引裂く.

schnip·seln [ˈʃnɪpsəln]《話》=schnippeln

schnip·sen [ˈʃnɪpsən]《話》=schnippen

schnitt [ʃnɪt] schneiden の過去.

*****Schnitt** [ʃnɪt シュニット] 男 -[e]s/-e (↓ schneiden) **1** (a) 切ること; 切断, 切開, 切込み. einen ～ mit dem Messer machen ナイフで切る. et⁴ mit einem schnellen ～ durchtrennen 物⁴をすばやく切断する. (b) 切口, 切れ目; 切断面; 切傷. einen ～ im Finger haben 指を切っている. **2** (a)〖牧草・穀物の〗刈取り, 刈入れ. einen⟨seinen⟩ ～ machen《話》一稼ぎ(一儲け)する(bei et³ 事³で). (b)〖園芸〗(果樹などの)整枝, 剪定, (生垣の)刈込. **3** (洋服の)裁ち方, スタイル; (髪の)刈方, カット, ヘアスタイル; (宝石の)カット; (顔の)彫り; ～ des Gesichts 顔の造作. ein Kleid nach⟨von⟩ neuestem ～ 最新流行のスタイルのドレス. der ～ des Gesichts 目鼻立ち. eine Wohnung mit gutem ～ 間取りのいい住い. **4**〖映画・ʃ⸚〗(フィルムの)編集, 映像(画面)転換. **5**〖生物・医学〗(組織の)切片, プレパラート. **6**〖服飾〗型紙, パターン; 〖製図〗断面図. et⁴ im ～ darstellen 物⁴の断面図を描く. 〖製本〗小口. **7**〖幾何〗(a) 交点, 交線, 割線, 断面. (b) der Goldene ～ 黄金分割. **9** (まれ) 木版(画), リノリウム版(画). **10** 《話》(Durchschnitt) 平均(値). einen ～ von 200 km/h fahren 平均時速2百キロで走る. Ich rauche im ～ 30 Zigaretten am Tag. 私はタバコを日に平均30本のむ. **11**〖卓球・ʃ⸚〗カット(スライス)の回転. **12** ein ～ Bier⟨Wein⟩《地方》小さいグラス1杯のビール⟨ワイン⟩.

Schnitt·blu·me 女 -/-n《多く複数で》**1** (花瓶などに生ける)切り花(↑Topfblume). **2** 切り花用の植物.

Schnitt·boh·ne 女 -/-n **1** 莢(さや)いんげん. **2** 《複数で》(調理用の)きざみ莢いんげん.

Schnitt·chen [ˈʃnɪtçən] 中 -s/- **1** (Schnitte の縮小形)(パン・チーズなどの薄切れ)小片, カナッペ. **2** (Schnitt の縮小形)《南ド》小グラスのビール.

Schnit·te [ˈʃnɪtə] 女 -/-n《地方》(パン・チーズなどの) 1切れ, 薄片; オープンサンドイッチ, バターを塗ったパン. ベルギーワッフル.

Schnit·ter [ˈʃnɪtar] 男 -s/- **1**《古》草刈(刈入)人夫. **2** (Sensenmann 2) 死神.

schnitt·fest 形 きれいに(薄く)切れる固さの.

Schnitt·flä·che 女 -/-n 切口, 切断面; 〖幾何〗断面.

Schnitt·ge·schwin·dig·keit 女 -/-en〖工学〗切削速度.

Schnitt·holz 中 -es/ 挽(ひき)材.

schnit·tig [ˈʃnɪtɪç] 形 **1** (麦・牧草などが)刈入(刈取)を待つばかりの, 刈頃の. **2** (とくに自動車が)スマートなデザインの, 流線型の. **3** (まれ)よく切れる, 鋭利な.

Schnitt·lauch [ˈʃnɪtlaʊx] 男 -[e]s/〖植物〗あさつき(浅葱).

Schnitt·li·nie 女 -/-n〖幾何〗(2つの面の)交線, 切断線; (他の直線に交わる)割線.

Schnitt·mus·ter 中 -s/- **1** (洋服の)型紙, (ペーパー)パターン. **2**《話》=Schnittmusterbogen

Schnitt·mus·ter·bo·gen 男 -s/-(⸚)(モード雑誌などに添付された)型紙シート.

Schnitt·punkt 男 -[e]s/-e **1**〖幾何〗交点. **2** 交差点.

'schnitt·reif 形 (草・穀物・畑・牧草地などが)刈取りを待つばかりの.

'Schnitt·stel·le 女 -/-n 1 交point; 接点. 2 《コンピュ》インターフェース.

'Schnitt·wa·re 女 -/-n 切売りの生地(き)(反物(なの)). 2 =Schnittholz

'Schnitt·wun·de 女 -/-n 切り傷, 創傷.

Schnitz [ʃnɪts] 男 -es/-e 《南ド》 1 (オレンジ・じゃがいもなどの)切片, 薄切, スライス. 2 鉋(ホシ)屑.

'Schnitz·ar·beit 女 -/-en 1 彫刻品, 彫り物, (とくに)木彫り. 2 《複数なし》彫刻(すること).

'Schnitz·bank 女 -/-e (桶屋などの)切削作業台.

'Schnit·zel [ˈʃnɪtsəl] 中 -s/- 《料理》シュニッツェル(仔牛か豚の薄切り肉を使ったカツレツの一種). Wiener ~ ヴィーナーシュニッツェル.

'Schnit·zel [中] 男 -s/-《Schnitzの縮小形》(紙などの)切れ端; 切りくず, 削り屑.

'Schnit·zel·bank 女 -/-̈e 1 《古》=Schnitzbank. 2 《スイ・南ドイ》 祝賀の御練り(謝肉祭などで村の出来事を大きな板絵にして担ぎ、それに添えた辻演歌師風の歌を歌いながら村を練り歩く行事・習慣).

'Schnit·zel·jagd 女 -/-en 1 《狩猟》 (狐役の騎手が撒く紙片を辿って猟師役の騎手たちが追う)馬上狐狩り. 2 狐狩りごっこ(馬上狐狩りをまねた子供たちの遊び).

'schnit·zeln [ˈʃnɪtsəln] 他 1 (野菜などを)細かく切る,きざむ. 2 (材木を)削る. 3 《地方》=schnitzen

'schnit·zen [ˈʃnɪtsən] ❶ 他 (物を)彫る, 刻む, 彫刻する. eine Figur aus Holz ~ 木彫りの像を彫る. et⁴ in et⁴ ~ 物⁴を物⁴に彫り込む. 《過去分詞で》 aus anderem Holz geschnitzt als du. 《比喩》彼は君とは人間のできが違う. aus hartem Holz geschnitzt sein 《比喩》情が強(がわ)い. ❷ 自 彫る, 彫刻する(an et³ 物³を).

'Schnit·zer [ˈʃnɪtsər] 男 -s/- 1 彫刻家; (とくに)木彫り人. 2 《話》過失, へま, ミス, しくじり. einen ~ machen / sich³ einen ~ leisten へまをする.

'Schnit·ze·rei [ʃnɪtsəˈraɪ] 女 -/-en 1 彫刻(品), 彫り物; (とくに)木彫り. 2 《複数なし》彫刻, 木彫.

'Schnitz·ler [ˈʃnɪtslər] 《人名》Arthur ~ アルトゥル・シュニッツラー(1862-1931, オーストリアの作家).

'Schnitz·mes·ser 中 -s/- 彫刻刀.

'Schnitz·werk 中 -[e]s/-e 彫刻品.

schnob [ʃnoːp] schnauben, schnieben の過去.

'schnö·be [ˈʃnøːbə] schnauben, schnieben の接続法II.

'scho·bern [ˈʃnoːbərn] 自 《地方》(schnuppern) (動物が)鼻をくんくんならして臭いを嗅ぐ(an et³ 物³を).

schnöd [ʃnøːt] 形 《南ドイ》=schnöde

'Schnod·der [ˈʃnɔdər] 男 -s/《卑》(Nasenschleim) 鼻汁.

'schnod·de·rig [ˈʃnɔdərɪç] 形 《話》生意気な, 横柄な, 図々(ずず)しい.

'Schnod·de·rig·keit 女 -/-en 《話》 1《複数なし》生意気, 横柄なこと. 2 生意気な言動.

'schnodd·rig [ˈʃnɔdrɪç] 形 =schnodderig

'schnö·de [ˈʃnøːdə] 形 1 卑劣な, 下劣な, 浅ましい, 恥ずべき. 2 軽蔑的な, 人を馬鹿にした; すげない. j⁴ ~ behandeln 人⁴をすげなくあしらう. 3《南ドイ》乏しい, わずかな, 取るに足らない, 貧弱な.

'Schnö·dig·keit [ˈʃnøːdɪçkaɪt] 女 -/-en 1 《複数なし》卑劣さ, 下劣さ, 恥ずべきこと. 2 恥ずべき言動, 人を馬鹿にした振舞.

'Schnor·chel [ˈʃnɔrçəl] 男 -s/- 1 (潜水艦などの)換気管, シュノーケル. 2 (潜水用の)シュノーケル.

'Schnör·kel [ˈʃnœrkəl] 男 -s/- 1 (建築・家具などの)渦巻模様, 唐草模様. 2 飾り文字; (署名の)書き, 花押(ホネネ). 3 《比喩》美辞麗句. 4 《猟師》(猪の)尾.

'Schnör·ke·lei [ʃnœrkəˈlaɪ] 女 -/-en ごたごたした渦巻(唐草)模様, 大げさな装飾.

'schnör·kel·haft 形 《まれ》=schnörkelig

'schnör·ke·lig [ˈʃnœrkəlɪç] 形 1 渦巻(唐草)模様の, 渦巻(唐草)の装飾が施された; 飾り書きの. eine ~e Schrift 飾り文字. 2 渦巻曲線の, 唐草風の.

'schnör·keln [ˈʃnœrkəln] 他 《多く過去分詞で》 1 (花瓶などを)渦巻(唐草)模様で飾る. 2 (署名などを)飾り文字で書く. 3 《比喩》美辞麗句で飾る.

'schnor·ren [ˈʃnɔrən] 他 《話》せびる, たかる(von 〈bei〉 j³ 人³に).

'Schnor·rer [ˈʃnɔrər] 男 -s/- 《話》たかり屋.

'Schnö·sel [ˈʃnøːzəl] 男 -s/- 《話》ちんぴら, 生意気な若者.

'schnö·se·lig [ˈʃnøːzəlɪç] 形 《話》生意気な.

'Schnu·cke [ˈʃnʊkə] 女 -/-n 《北ドイ》《まれ》(Heidschnucke)荒地産の羊.

'Schnu·ckel·chen [ˈʃnʊkəlçən] 中 -s/- (Schäfchen) 子羊. 2《話》(女の子・幼児に対する愛称として)おちびちゃん.

'schnu·cke·lig [ˈʃnʊkəlɪç] 形 《話》(とくに女の子などが)可愛らしい; 感じのいい.

'schnuck·lig [ˈʃnʊklɪç] 形 =schnuckelig

'schnüf·feln [ˈʃnʏfəln] ❶ 自 1 鼻をくんくんさせる, くんくん嗅(か)ぐ. 2《俗》鼻ずまりする. Der Hund schnüffelt an der Handtasche. 犬がハンドバッグをくんくん嗅ぐ. in fremden Angelegenheiten ~ 《比喩》他人のことを嗅ぎまわる. 2 (風邪などの)鼻をくすくすわせる, 鼻水をすすり上げる. 3《卑》シンナーを吸う. ❷ 他 1 嗅ぎまわって捜し出す, 嗅ぎつける. 2《卑》(シンナーなどを)吸う.

'Schnüff·ler [ˈʃnʏflər] 男 -s/- 1 嗅(か)ぎまわる人; 《俺》密偵, スパイ, 犬; 《話》刑事, デカ. 2《卑》シンナー常習者.

'schnul·len [ˈʃnʊlən] 自 《地方》(saugen) しゃぶる, 吸う(an et³ 物³を).

'Schnul·ler [ˈʃnʊlər] 男 -s/- 1 (乳幼児用の)おしゃぶり. 2《地方》(哺乳瓶の)乳首.

'Schnul·ze [ˈʃnʊltsə] 女 -/-n 《話》お涙ちょうだいの娯楽小説(映画, ドラマ); 感傷的な流行歌.

*'schnup·fen [ˈʃnʊpfən] シュヌプフェン ❶ 自 1 嗅(か)ぎ煙草を嗅ぐ. 2 《南ドイ》鼻をすする; すすり泣く. ❷ 他 1 (嗅ぎ煙草・コカインなどを)嗅ぐ. 2《非人称的に》Es schnupft mich. 《話》私は腹が立つ, むしゃくしゃする.

'Schnup·fen [ˈʃnʊpfən] 男 -s/- 鼻かぜ. [einen] ~ bekommen / sich³ [einen] ~ holen 鼻かぜをひく. [einen/den] ~ haben 鼻かぜをひいている.

'Schnup·fer [ˈʃnʊpfər] 男 -s/- 嗅ぎ煙草の常用者.

'Schnupf·ta·bak 男 -s/-e 嗅ぎ煙草.

'Schnupf·ta·bak[s]·do·se 女 -/-n 嗅ぎ煙草入れ.

'Schnupf·tuch 中 -[e]s/-̈er 《南ドイ》(Taschentuch) ハンカチ.

'schnup·pe [ˈʃnʊpə] 《不変化/述語的用法のみ》《話》(gleichgültig) どうでもいい. Das ist mir ~. それは私にはどうでもいいことだ.

Schnup·pe ['ʃnʊpə] 囡 -/-n **1**《地方》燃えて黒くなったロウソク(ランプ)の芯の先, 丁字頭(ちょうじがしら). **2**《まれ》(Sternschnuppe) 流れ星.

schnup·pern ['ʃnʊpərn] ❶ 围 (犬などが)鼻をくんくん鳴らす, くんくん臭いを嗅(か)ぐ. an et³ ～ 物³の臭いを嗅ぐ. ❷ 他 (臭いなどを)嗅ぐ, 嗅ぎつける.

Schnur¹ [ʃnuːr シュヌーア] 囡 -/Schnüre〈-en〉 **1** (a) 紐(ひも), 細引き; より糸. eine ～ um et⁴ binden 物⁴に紐を結ぶ. Perlen auf eine ～ fädeln〈ziehen〉真珠を紐に通す. nach der ～《比喩》規則正しく, 順調に. über die ～ haben《話》はめをはずす, 度を過ごす. von der ～ leben〈zehren〉《古》貯えて食いつなぐ. (b)《服飾》飾り紐, モール; (服などの)縁飾り. et⁴ mit *Schnüren* besetzen〈einfassen〉物⁴に縁飾りをつける. **2**《話》(電気器具の)コード.

Schnur² 囡 -/=《古》息子の妻, 嫁.

Schnür·band ['ʃnyːrbant] 囲 -[e]s/-er《地方》靴紐.

Schnür·bo·den 男 -s/= **1**《演劇》すのこ(書割を上げ下げする滑車などを備えた舞台天井). **2**《造船》現図場.

Schnür·chen ['ʃnyːrçən] 囲 -s/- 〈Schnur¹の縮小形〉細い紐, 短い紐. wie am ～ 順調に, 滞りなく, すらすらと. Alles geht〈klappt/läuft〉wie am ～.《話》万事順調に進んでいる.

Schnü·re ['ʃnyːrə] Schnur¹の複数.

'schnü·ren ['ʃnyːrən] ❶ 他 **1** (物を紐(ひも)で縛る, くくる, くわえる; 束ねる; (きつく)締める. ein Bündel ～ 束(包み)をつくる. *sein* Bündel ～《話》(旅立つために)荷物をまとめる; 出立する. aus *Riemen* enger ～ ベルトをきつくする; 《話》食費をきりつめる. die Schuhe ～ 靴の紐を結ぶ. et⁴ auf den Gepäckträger ～ 物⁴を荷台にくくりつける. j¹ die Hände auf den Rücken ～ 人³を後ろ手に縛る. et⁴ ins Segeltuch ～ 布にくるんで紐を掛ける. et⁴ zu einem Bündel ～ を束にする. **2**（紐などを）巻きつける, 掛ける(um et⁴ 物⁴に). einen Bindfaden um den Koffer ～ トランクに紐を掛ける. **3**《物が主語》(紐などが)締めつける, 食い込む. Angst *schnürt* mir den Atem〈die Kehle〉. 不安で私は息が苦しくなった.《目的語なしで》Der Verband *schnürt*. 包帯がきつすぎる.
❷ 再《sich》**1**《古》コルセットを着ける. **2** (紐などが)食い込む(in et¹ 物¹に).
❸ 自 (s)《猟師》(狐などが足跡もあざやかに)まっすぐ駆ける; てんてんと足跡を残す. durch eine Allee ～《戯》並木道をぶらぶら歩いて行く.

'schnur·ge'ra·de ['ʃnuːrɡə'raːdə] 形 まっすぐな, 一直線の.

'Schnur·ke·ra·mik 囡 -/-en **1**《複数なし》縄目文士器文化(中部ヨーロッパの新石器時代文化). **2** 縄目文士器.

'Schnür·leib ['ʃnyːr..] 男 -[e]s/-er《古》《服飾》コルセット.

'schnur·los 形《家電などが》コードレスの.

'Schnürl·re·gen ['ʃnyːrl..] 男 -s/-《ぜーたーふ》《複まれ》(降り続く)どしゃ降りの雨, しのつく雨. *Salz-burger* ～ の近辺特有のザルツカマの雨.

'Schnurr·bart ['ʃnʊrbaːrt シュヌルバールト] 男 -[e]s/=e 口ひげ. sich³ einen ～ stehen〈wachsen〉lassen 口ひげを生(は)やす. einen ～ tragen 口ひげをたくわえている.

'schnurr·bär·tig ['ʃnʊrbɛːrtɪç] 形 口ひげを生やした.

'Schnur·re [ʃnʊrə] 囡 -/-n《古》滑稽譚, 笑話.

'schnur·ren ['ʃnʊrən] ❶ 自 **1** (h)《猫が》喉をごろごろ鳴らす. **2** (a) (h)（機械などが)ぶーんとうなる; (こま・糸車などが)ぶんぶん（ひゅんひゅん)音を立てる; (目覚まし時計が)じりじり鳴る. Der Kühlschrank *schnurrt*. 冷蔵庫がぶーんと音を立てている. (b) (s) うなりを発して動く(走る, 飛ぶ). **3** (h)《話》(仕事などが)すいすい運ぶ, 軌道に乗る. ❷ 他 自《地方》(schnorren の方言).

'Schnurr·haar 囲 -[e]s/-e《ふつう複数で》(猫などの)ひげ, 触毛.

'Schnür·rie·men ['ʃnyːr..] 男 -s/- 革紐; (革の)靴紐.

'schnur·rig [ʃnʊrɪç] 形《古》奇妙な, 滑稽な, おかしい.

'Schnurr·pfei·fe·rei [ʃnʊrpfaɪfə'raɪ] 囡 -/-en《多く複数で》《古》**1** 奇妙な(突飛な)思いつき. **2** ばかばかしいこと, ろくでもないもの.

'Schnür·schuh ['ʃnyːr..] 男 -[e]s/-e 紐を結ぶ短靴, 紐付きの短靴.

'Schnür·sen·kel 男 -s/-《地方》靴紐.

'Schnür·stie·fel 男 -s/- 編み上げ靴.

'schnur'stracks ['ʃnuːr'ʃtraks]副《話》**1** 一直線に, まっすぐに; 端的に, ずばりと. **2** ただちに, 即座に.

schnurz [ʃnʊrts] 形《不変化/述語的用法のみ》《卑》(schnuppe) どうでもいい. Das ist mir ～. それは私にどうでもいいことだ.

'Schnu·te ['ʃnuːtə] 囡 -/-n **1**《北ど》(Mund) 口. **2**《話》不機嫌にゆがめた口, ふくれっ面. eine ～ machen〈ziehen〉ふくれっ面をする.

schob [ʃoːp] schieben の過去.

'schö·be ['ʃøːbə] schieben の接続法 II.

'Scho·ber ['ʃoːbər] 男 -s/- **1**（干し草などをしまう)仮小屋, 納屋. **2**《南ど》(干し草などの)堆積, 山.

'scho·bern ['ʃoːbərn], **'schö·bern** ['ʃøːbərn] 他《南ど》(干し草などを)積上げる, 山に積みあげる.

Schock¹ [ʃɔk] 囲 -[e]s/-e **1** (昔の数量単位)ショック(=60 Stück 個). ein ～ holländische〈雅 holländischer〉Eier オランダ産卵 1 ショック(=60 個). **2**《比喩》多数. Sie hat ein ganzes ～ Kinder. 彼女は子沢山(だくさん)だ.

Schock² 男 -[e]s/-s〈-e〉(*engl.*) **1** 衝撃, ショック.

scho'ckant [ʃɔ'kant] 形 (*fr.*)《古》(anstößig) ショッキングな, けしからぬ.

'scho·cken ['ʃɔkən] 他 (*engl.*) **1**《話》(人⁴に)衝撃(ショック)を与える. **2**《医学》(人⁴に)ショック療法を施す. **3**《砲丸投・コツ》(ボールの)腕を伸ばして投げる.

'Scho·cker ['ʃɔkər] 男 -s/-《話》ショッキングな映画(本); ショッキングなもの(ひと).

scho'ckie·ren [ʃɔ'kiːrən] 他 (人⁴に)衝撃(ショック)を与える, をぎょっとさせる.

'scho·cking ['ʃɔkɪŋ] 形 (*engl.*) =shocking

'Schock·the·ra·pie 囡 -/-n[..pi:ən]《医学》ショック療法.

'Schock·wei·se ['ʃɔkvaɪzə] 副 (↑Schock¹) **1** ショック単位で, 60 個ずつ. **2**《話》大量に, どっさりと.

'scho·fel ['ʃoːfəl] 形 (*jidd.*)《話》卑しい, さもしい, 浅ましい.

'Scho·fel 男 -s/-《話》**1** 粗悪品. **2** 卑劣漢, 下司(げす).

'scho·fe·lig ['ʃoːfəlɪç] 形 =schoflig

'Schöf·fe [ˈʃœfə] 男 -n/-n 1 《法制》参審裁判官 (参審裁判所に陪審する市民から選ばれた名誉裁判官). 2 《歴史》(a) (旧プロイセンの市町村参事会の)参事会員. (b) (カール大帝以来の中世民会の)参審人. ◆女性形 Schöffin 女 -/-nen

Schöf·fen·ge·richt 中 -[e]s/-e 《法制》参審裁判所(区裁判所内に設けられる参審裁判官の陪席する刑事裁判所).

Schof·för [ʃɔˈføːr] 男 -s/-e (fr.) =Chauffeur

'schof·lig [ˈʃoːflɪç] 形 =schofel

'Scho·ko [ˈʃoːko] 女 -/-s (Schokolade の短縮) 《話》チョコ.

*Scho·ko·la·de [ʃokoˈlaːdə ショコラーデ] 女 -/-n (sp.) 1 チョコレート. eine Tafel ~ 板チョコ 1 枚. 2 (飲み物の)ココア. eine Tasse ~ ココア 1 杯. ◆中央アメリカ・インディアン語の一方言ナホワトル語 Nahuatl に由来する.

scho·ko·la·de·braun 形 =schokoladenbraun
Scho·ko·la·de·eis 中 -es/ =Schokoladeneis
Scho·ko·la·de·guss 男 -es/-e =Schokoladenguss
scho·ko·la·den [ʃokoˈlaːdən] 形 チョコレート(製)の.
Scho·ko·la·den·braun 中 チョコレート色の, 暗褐色の.
Scho·ko·la·den·eis 中 -es/ チョコレートアイスクリーム.
Scho·ko·la·den·guss 男 -es/-e チョコレートアイシング.
Scho·ko·la·den·sei·te 女 -/-n (複数まれ) 《話》(ある人物・事柄の)一番いいところ; よい方の面, 日の当る側.
Scho·ko·la·den·ta·fel 女 -/-n 板チョコ.
Schol·ar [ʃoˈlaːr] 男 -en/-en (gr.) (中世の)(遍歴)学生.
Scho·las·tik [ʃoˈlastɪk] 女 -/ 1 (中世の)スコラ哲学. 2 《俗》机上の学問, 空理空論.
Scho·las·ti·ker [ʃoˈlastɪkər] 男 -s/- 1 スコラ学者. 2 (とくにイエズス会の)修学修士. 3 《俗》(些事(さじ)にこだわる)屁理屈屋.
scho·las·tisch [ʃoˈlastɪʃ] 形 1 スコラ哲学の. 2 《俗》些事(さじ)にこだわる, 屁理屈をこねる.
scholl [ʃɔl] schallen の過去.
'Schol·le [ˈʃɔlə] 女 -/-n 1 土の塊(かたまり), 土くれ; 氷塊; 《地質》断層地塊. 2 《複数なし》土地, 耕地; 郷土. 3 《魚》ショレ(ヨーロッパ近海産のかれいの一種).
'schöl·le [ˈʃœlə] schallen の接続法 II.
'Schol·len·bre·cher 男 -s/- (耕作用)砕土機.
'schol·lig [ˈʃɔlɪç] 形 土くれの多い, 土くれなどの; 土くれ状の.
'Schöll·kraut [ˈʃœl..] 中 -[e]s/ 《植物》くさのおう(草の黄).
'schöl·te [ˈʃœltə] schelten の接続法 II.

schon [ʃoːn ショーン] 副 1 もう, すでに, はやくも; かねて, 先刻; 昔, かつて(は). Es ist ~ sechs Uhr. もう 6 時だ. Hast du ~ zu Mittgag gegessen? 君はもう昼食を食べたかい. Kann dein Bruder ~ Auto fahren? 君の弟はもう車の運転ができるのか. Ich komme ~. すぐ行きます. Er hat auch ~ bessere Tage gesehen. 彼も昔はもっといい目を見たことがあった. Du kannst ja ~ vorausgehen. 君は先に行ってくれていいんだ. Das weiß ich ~. そのことなら知っているよ. 《時間に関する他の副詞(句)と》 ~ damals 当時すでに; Bist du ~ einmal in München gewesen? 君はミュンヘンに行ったことがあるのかい. ~ früher 以前にも, かねて. ~ immer もうずっと, 前々から; (すでに)いつの世にも. ~ lange もう長い間, すでに久しく. ~ längst もうとっくに. ~ morgen いやもう明日には. ~ seit zehn Jahren すでに 10 年前から. ~ wieder またしても, またもや. 《他の文と呼応して「同時」または「直後」を表して》 Er erhob die Hand, und ~ sprang der Hund auf ihn los. 彼が手を上げるや, たちまちその犬が彼めがけて飛びかかった. Kaum sind die Beiden zusammen, hatten sie auch ~ Streit. あの 2 人が顔をあわせるととたんにもう喧嘩だ. 《願望文で / 早く望みがかなうようにとの気持ちを表して》 Wenn ich doch ~ ein Auto hätte! / Hätte ich doch ~ ein Auto! 自動車があればなあ.
2 (a) …だけでもう(すでに), ただ…だけでも. Das genügt ~. それだけでもう十分です. Schon seine Stimme geht mir auf die Nerven. 彼の声を聞いただけでもう私はいらいらしてくる. Ein wenig Gift kann ~ tödlich sein. わずかな毒でも死にいたることがある. (b) それでなくても, さなきだに. Das Leben ist [so] ~ schwierig genug. 生きるということはただでさえ難しいことなのだ. (c) 《schon gar nicht の形で / 否定の気持ちをさらに強めて》 Reisen mache ich nicht so gern, ins Ausland ~ gar nicht. 旅行はあまり好きではありません, ましてや外国へだなんてまっぴらです.
3 《ふつうアクセントなしで》(a) 《発言を強めて》確かに, ほんとうに, まったく. Es ist ~ herrlich hier. ほんとうにここはすてきだ. Das stimmt ~. まったくその通りだ. (b) 《確信・確約などを表して》きっと, かならず. Ich rufe dich ~ an, wenn er kommt. 彼が来たらかならず電話するよ. Es wird ~ gut gehen. きっとうまくいくさ. Wir werden es ~ schaffen. 僕たちはきっとうまくやってみせるよ. (c) 《命令文で / いらだちを表して》《話》(いいかげんに)もう, さっさと. Mach ~! さっさとやれ. Hör ~ auf! いいかげんにしろ, もうやめろったら. (d) 《疑問文で / たかをくくった気持ちを表して》 いったい. Wem nützt das ~? それがいったい誰のためになるんだ. Was ist ~ Geld? 金がなんだ. 《疑問文で / もどかしい気持ちを表して》《地方》 (noch) ええっと, なんてっけ. Wie heißt er ~? 彼はなんというんだっけ. (f) 《条件文で》どうせ(…ならば). Wenn ich es ~ mache, dann mache ich es richtig. どうせやるからにはきちんとやるさ.
▶↑wennschon
4 《ふつうアクセントをつけて》(a) 《消極的な同意・容認を表して》確かに, まあ. Hat es dir gefallen? — Ja, ~. 気に入ったかい — う, まあね. Es ist ~ möglich, dass es so ist. そういうこともまああるだろう. Schon gut. まあいいだろう. (b) 《後続の aber, doch などと呼応して》 たしかに…ではあるが(しかし…). Lust hätte ich ~, ich habe aber keine Zeit. その気はあるんだが暇がない. (c) 《ob⟨wenn⟩…schon …の形で》 (↑obschon, wennschon) 《雅》 たとえ…ではあれども, …にもかかわらず. Ob es ~ regnete, plauderten wir draußen. 雨が降っていたけれど私たちは外でおしゃべりした.

schön [ʃøːn シェーン] ❶ 形 1 美しい, きれいな. Sie hat ~e Augen. 彼女は美しい目をしている. j³ ~e Augen machen 《比喩》人³に色目を使う. eine ~e Frau 美しい女性. das ~e Geschlecht 女性. die ~en Künste (美術・音楽・文学・演劇などを総称して)

芸術. die ~e Literatur 文芸, 文学. Du bist heute wieder ~ wie der junge Morgen〈Tag〉. 君は今日はまたいちだんと若やいできれいだよ. Sie ist ~ von Gestalt. 彼女は姿かたちが美しい. *Schön* ist anders.《話》お世辞にも美しいとはいえない.《名詞的用法で》Sinn für das *Schöne* haben 美しいものを見る目がある. Sie ist die *Schönste* von allen. 彼女はみんなの中でいちばんの美人だ.
2 晴れた, 天気のいい. ~es Wetter 晴天. Heute ist es〈das Wetter〉~. 今日はいい天気だ.
3 楽しい, 心地よい, 快適な, 素敵な, すばらしい. ein ~er Ausflug 楽しいハイキング. einen ~en Tag verleben 素敵な一日を過ごす. ~e Worte machen お世辞を言う. Das ist zu ~, um wahr zu sein.《話》それは話がうますぎる. Das riecht〈schmeckt〉~.《北ドリ》それはいい匂い〈味〉がする.《本来の意味が薄れて》eines ~en Tages ある日, いつか.
4《内容・出来ばえなどが》すばらしい, りっぱな, 称賛に値する; ちゃんとした, きちんとした(↑② 2). eine ~e Arbeit りっぱな仕事. die ~e Hand / das ~e Händchen《話》(子供に手を使うようにしていう言い方)右の手. Gib mir die ~e Hand!《古》(握手などのために)ちゃんと右手を出しなさい. Das ist ein ~er Zug an〈von〉ihm. それが彼のいいところだ. Das hast du aber ~ gemacht!《話》よくやったね. Das ist ja alles ~ und gut, aber ich mache trotzdem nicht mit.《話》いや何もかも結構な話なんだけど私はやめとくよ.
5《ていねいな挨拶で》*Schön[st]en* Dank! どうもありがとうございます. Bestellen Sie bitte Ihrem Mann einen ~en Gruß〈~e Grüße〉von mir! ご夫君に私からどうぞよろしくとお伝えください. Danke ~! — Bitte ~! ありがとう — どういたしまして.《名詞的用法で》Ich wünsche Ihnen alles Gute und *Schöne*.(手紙の末尾で)御多幸をお祈り申し上げます.
6《話》《反語》なんとも結構な, ありがたい; とんでもない. Du bist mir ein ~er Freund! 君は友達がいのあるやつだな. ein ~er Reinfall まったくの期待はずれ. bei j³ ~ ankommen j³ にいい結構なもてなしを受ける.《比較級で》Das wird ja immer ~er! ひどくなる一方じゃないか. Das wäre ja noch ~er. そいつはまた一段と結構なことだわい.《名詞的用法で》Da hast du etwas *Schönes* angerichtet! 君はどえらいことをやってくれたな.
7《話》《数量などが》かなりの, 相当の. eine ~e Summe Geld 相当の金額. Er hat ein ~es Alter erreicht. 彼はもうかなりの歳になっている.
8《間投詞的に / 同意・了解を示して》《話》Na ~! まあいいよ. *Schön,* ich bin einverstanden. いいよ, 了解したよ.
▶↑ schön machen

❷ 《副》**1** かなり, とても. Das ist ~ teuer. それはかなり高価だ. Du bist ~ dumm. おまえは相当な馬鹿だ.
2《話》(とくに子供などに対して)ちゃんと, きちんと(↑① 4). Sei ~ brav! おとなしくしていなさい. *Schön* der Reihe nach! さあ, きちんと順番に.
3 wie man so ~ sagt / wie es so ~ heißt よく言われるように.

'**Schön·berg** ['ʃøːnbɛrk]《人名》シェーンベルク. Arnold ~ アルノルト・シェーンベルク(1874-1951, オーストリアの作曲家で十二音技法の創始者. 弟子のベルクなどとともに第 2 次ウィーン楽派と称され, 20 世紀音楽に多大の影響を与えた).

'**Schön·druck**《男》-[e]s/-e《印刷》(↔ Widerdruck) 表刷り.

'**Schö·ne**¹ ['ʃøːnə]《《形容詞変化》》❶ 《女》美しい人, 美女. ❷ 《中》美しいもの(こと); 美; すばらしいもの(こと), すてきなもの(こと);《反語》ひどい(とんでもない)こと.

'**Schö·ne**² 《男》-/《古》(Schönheit) 美.

*'**scho·nen** ['ʃoːnən] ショーネン》❶ 《他》大切にする, 大事にする, 用心深く扱う, いたわる; (身体や器物を)傷つけない; (自然などを)保護する. den Wald〈das Wild〉~ 森林〈猟獣〉を保護する(伐採〈狩猟〉を禁じる). Er *schont* sein Geld〈seinen Kopf〉.《話》彼は出し惜しみをする〈頭を使わない〉. Diese Seife *schont* die Haut. この石鹸は皮膚を痛めない. einen Kranken ~ 病人をいたわる. ❷ 《自》《古》《物〈人²〉を》大切(大事)にする. ❸ 《再》《sich¹》体を大事にする. ~ Sie *sich* noch ~. その患者はまだ無理してはならない. ♦↑ schonend

'**scho·nen** ['ʃoːnən]《他》**1** (a) (布地に)艶出し加工をする. (b)(ワインなどを)澄ます. (c)(食品などの)味(香り, 見栄え)をよくする. **2**《古》美化する, 潤色する.

'**scho·nend**《現分》《形》慎重な, 用心深い, いたわり(思いやり)のある, 優しい;(石鹸などが)穏やかな, ソフトな.

'**Scho·ner**¹ ['ʃoːnər]《男》-s/-《古》(家具などの)カバー, 覆い.

'**Scho·ner**² 《男》-s/-(*engl*.)スクーナー(斜桁帆を備えた 2 本マストの帆船).

'**schön|fär·ben**《他》(事⁴ を)言い繕(つくろ)う, いいように言う.

'**Schön·fär·ber**《男》-s/- 言い繕う人, 飾して言う人.

Schön·fär·be'rei [ʃøːnfɛrbəˈraɪ]《女》-/-en 言い繕い; 潤色, 粉飾.

'**Schon·frist**《女》-/-en 猶予期間.

'**Schön·geist**《男》-[e]s/-er (浮き世離れした)文学(芸術)愛好家.

Schön·geis·te'rei [ʃøːngaɪstəˈraɪ]《女》-/- 文学(芸術)かぶれ.

'**schön·geis·tig**《形》**1** 文学(芸術)に関する. **2** 文学(芸術)好きの; 文学(芸術)かぶれの.

*'**Schön·heit** ['ʃøːnhaɪt シェーンハイト]《女》-/-en **1**《複なし》美, 美しさ. **2**(風景などの)美しい場所. **3** 美人, 美女; 美男子.

'**Schön·heits·feh·ler**《男》-s/- ほんのちょっとした欠陥, 小さな瑕(きず).

'**Schön·heits·ide·al**《中》-s/-e 美の極致, 理想美.

'**Schön·heits·kö·ni·gin**《女》-/-nen (美人コンテストで)美の女王.

'**Schön·heits·mit·tel**《中》-s/- 化粧品.

'**Schön·heits·pfläs·ter·chen**《中》-s/- つけぼくろ.

'**Schön·heits·pfle·ge**《女》-/-n 美容(術), ビューティーケア.

'**Schön·heits·sinn**《男》-[e]s/ 美意識, 美的センス.

'**Schön·heits·wett·be·werb**《男》-[e]s/-e 美人コンテスト.

'**Schon·kost** ['ʃoːn..]《女》-/(Diät)(食餌療法のための)規定食, 食餌; 病人食.

'**Schön·ling** ['ʃøːnlɪŋ]《男》-s/-e (しばしば軽蔑的に)二枚目, 色男.

'**schön|ma·chen**《自》《話》(犬が)ちんちんをする.

'**schön ma·chen,** °**schön|ma·chen**《他》《話》飾る, きれいにする. 《再帰的に》*sich⁴* ~ 着飾りする, めかす.

'**schön|re·den**《自》《話》(人³ に)お世辞を言う, おべっかを使う.

'**Schön·red·ner**《男》-s/- おべっか使い, ごますり.

'**schön·red·ne·risch** 形 お世辞たらたらの、おもねるような。

'**schön|schrei·ben*** 習字をする。

'**Schön·schrift** 女 -/ 1《学校で習う》ちゃんとした字、ペン習字. 2《話》(Reinschrift) 清書.

'**schöns·tens** ['ʃøːnstəns] 副《挨拶などで》心から、心をこめて. Er lässt Sie ~ grüßen. 彼があなたに心からよろしくと言っています.

'**Schön·tu·er** ['ʃøːntuːər] 男 -s/-《話》おべっか使い、ごますり.

'**schön|tun*** 自《話》(人³に) お世辞を言う、おべっかを使う, ごまをする.

'**Scho·nung** ['ʃoːnʊŋ] 女 -/-en 1 大切(大事)にすること、いたわること；思いやり, 斟酌(しんしゃく); 容赦, 保護, 愛護; 養生. 2.【林業】保護区；保護苗圃(ほ).

'**scho·nungs·be·dürf·tig** 形 養生(いたわり)を必要としている.

'**scho·nungs·los** 形 容赦のない、仮借ない.

'**Schon·zeit** 女 -/-en《狩猟》(↔ Jagdzeit) 禁猟(禁漁)期.

'**Scho·pen·hau·er** ['ʃoːpənhaʊər]《人名》Arthur ~ アルトゥール・ショーペンハウアー (1788-1860, ドイツの哲学者).

'**Schopf** [ʃɔpf] 男 -[e]s/Schöpfe 1 (a)《ふさふさした》頭髪, 髪の毛の房. eine Gelegenheit beim ~ fassen⟨ergreifen⟩《比喩》好機を捕らえる、チャンスをつかむ. 2 (馬などの) 額の毛; (鳥の) 羽冠;(パイナップルの) 穂状の葉. 3《南ドイツ》納屋, 小屋; 茸葺(か)き屋根.

'**Schöpf·brun·nen** ['ʃœpf..] 男 -s/-《古》釣瓶(つるべ)井戸.

'**Schöp·fe¹** ['ʃœpfə] Schopf の複数.

'**Schöp·fe²** 女 -/-n《古》1 釣瓶(つるべ), 汲み桶. 2 水汲み場.

'**Schöpf·ei·mer** 男 -s/- 釣瓶(つるべ), 汲み桶.

*'**schöp·fen¹** ['ʃœpfən シェプフェン] ❶ 他 1 (a) 汲む、すくう. Wasser aus dem Brunnen ~ 水を井戸から汲む. Suppe in⟨auf⟩ die Teller ~ (鉢などからすくって) スープを皿に入れる.《目的語なして》aus jahrelanger Erfahrung ~ 長年の経験にものを言わせる. aus dem Vollen ~《比喩》(金など) が有り余るほどある、何不自由なく暮せる. (b)《雅》(知識・力などを) 得る、つかむ. [neue] Hoffnung ~ 新たな希望を抱く. wieder Kraft⟨Mut⟩ ~ 再び力⟨勇気⟩がわいてくる. aus s³ Trost ~ 事³から慰めを得る. Verdacht ~ 疑念を抱く. sein Wissen aus einem Buch ~ 知識を本から得る. 2《雅》(息を深く) 吸い込む. Atem ⟨Luft⟩ ~ (深く) 息を吸う. Endlich kann ich wieder Luft ~. やっとまた私はほっと息つける(これでひと安心)だ. 3 Papier ~ 紙を漉(す)く.

❷ 自《猟師》(獣・犬などが) 水を飲む.

'**schöp·fen²** 他 [物を] ⟨er⟩schaffen) 造り出す, 創造する. neue Begriffe ~ 新しい概念を生み出す.

'**Schöp·fer** ['ʃœpfər] 男 -s/- 1 柄杓(ひしゃく), お玉. 2 釣瓶(つるべ), 手桶.

'**Schöp·fer** 男 -s/- 創造者; (作品などの) 創作者, 創案者; 創始者, 創設者.

'**Schöp·fer·geist** 男 -[e]s/《雅》創造的精神.

'**schöp·fe·risch** ['ʃœpfərɪʃ] 形 創造的な, 創造力のある; 独創的な.

'**Schöp·fer·kraft** 女 -/¨e 創造力, 創作力.

'**Schöpf·kel·le** 女 -/-n, '**Schöpf·löf·fel** 男 -s/- 柄杓(ひしゃく), 杓子(しゃくし), お玉.

'**Schöp·fung** ['ʃœpfʊŋ] 女 -/-en 1《複数なし》(a) (神による) 天地創造. (b) 創造, 創作. 2 (a)《複数なし》被造物, 万物, 世界. (b) 創造物, 創作物, 作品; (時代などの) 産物.

'**Schöp·fungs·ge·schich·te** 女 -/《旧約》(創世記) の天地創造の物語.

'**Schöpf·werk** 中 -[e]s/-e 揚水(汲水) 装置.

'**Schop·pen** ['ʃɔpən] 男 -s/- 1 (昔の液量単位) ショッペン(約½リットル). 2 ショッペン(¼リットル入りのグラスワイン、まれにビール). 3《地方》(Schuppen) 納屋. 4 (乳児) 哺乳びん.

'**Schop·pen·wein** 男 -[e]s/-e (樽売りの) グラスワイン、ショッペンワイン.

'**schop·pen·wei·se** 形 ショッペン単位で.

'**Schöps** [ʃœps] 男 -es/-e《東中部ドイツ》(Hammel) 1 去勢された雄羊. 2《複数なし》(去勢された) 雄羊の肉. 3《比喩》馬鹿者, うすのろ.

'**Schöp·sen·fleisch** 中 -[e]s/《東中部ドイツ》(去勢された) 雄羊の肉.

schor [ʃoːr] scheren の過去.

schö·re ['ʃøːrə] scheren の接続法 II.

Schorf [ʃɔrf] 男 -[e]s/-e 1.【医学】瘡蓋(かさぶた), 痂皮(かひ). 2.【植物】(かびなどの) 瘡痂(そうか) 病.

'**schor·fig** ['ʃɔrfɪç] 形 1 かさぶたで覆われた, かさぶただらけの. 2 かさぶた状の; (樹皮などがかさぶたのように) 割れた.

'**Schor·le** ['ʃɔrlə] 女 -/-n (まれ 中 -s/-s) ショルレ, ショルレ・モルレ (炭酸水で割ったワインあるいはりんごジュース).

'**Schor·le·mor·le** ['ʃɔrləmɔrlə] 女 -/-n (まれ 中 -s/-s) Schorle.

*'**Schorn·stein** ['ʃɔrnʃtaɪn ショルンシュタイン] 男 -[e]s/-e 煙突, 煙筒. Der ~ raucht. 煙突が煙を吐く;《話》商売が活気づく、景気がよくなる. Von irgend etwas muss der ~ ja rauchen.《話》仕事がなくては食べていけない. et⁴ in den ~ schreiben《話》物⟨貸し金など⟩を返らないものと諦める. sein Geld zum ~ hinausjagen《話》金を浪費する.

'**Schorn·stein·fe·ger** 男 -s/- 煙突掃除人.

'**Scho·se** ['ʃoːzə] 女 -/-n《話》1《やっかいな》用件, 事柄. 2 がらくた. ◆ Chose のドイツ語風表記.

schoss, °**schoß** [ʃɔs] schießen の過去.

Schoss, °**Schoß** [ʃɔs] 男 -es/-e 新芽, 若枝. ~e treiben 新芽(若枝) を出す.

***Schoß¹** [ʃoːs ショース] 男 -es/Schöße 1 膝(ひざ)(座った際にできる下腹部と大腿部の間のくぼみのこと). ein Kind auf den ~ nehmen 子供を膝に抱上げる. j³ in den ~ fallen《比喩》(大金などが労せずして) 人³のもとに転がり込む. die Hände in den ~ legen 両手を膝に置く;《比喩》手をこまぬいている (何もしないで) ぼんやり過ごす. wie in Abrahams ~《比喩》あたたかく庇護されて、なんの心配もなく (↓《新約》ルカ 16:22). 2《雅》母胎, 胎内; (婉曲) (女性の) 陰部;《比喩》(大地などの) ふところ. Sie trägt ein Kind in ihrem ~. 彼女は子供を宿している. noch im ~ der Zukunft liegen⟨ruhen⟩ まだ先のことである、どうなるか分からない. in den ~ der Kirche zurückkehren 信仰に立ち返る. 3 (燕尾服などの) 裾(すそ).

Schoß² 女 -/-en (Schöße) 1 (婦人服) (Damenrock) 婦人用スカート. 2 (さん) (作業用の) 上っ張り, エプロン.

'**Schöß·chen** ['ʃøːsçən] 中 -s/- (Schoß² の縮小形) (ワンピース・ブラウスなどの裾の) 垂れ, フリル.

'**schös·se** ['ʃœsə] schießen の接続法 II.

Schö·ße ['ʃøːsə] Schoß¹,² の複数.

Schoß·hund 男 -[e]s/-e《膝に乗せてかわいがる》愛玩犬.

Schoß·kind 中 -[e]s/-er 甘やかされた子供;《比喩》お気に入り. ein ～ des Glücks《比喩》運命の寵児(ちょうじ), 幸運児.

Schöss·ling, °**Schöß·ling** ['ʃœslɪŋ] 男 -s/-e 新芽, 若枝; ひこばえ.

Schot [ʃoːt] 女 -/-en =Schote.

*<u>**Scho·te**</u>¹ ['ʃoːtə] 女 -/-n 1 (a)《植物》(あぶらな科植物の)長角果. (b)《話》(まめ科植物の)莢(さや), 莢果(きょうか). 2《地方》(Erbse) グリーンピース.

'Scho·te² 女 -/-n《船員》帆脚索(ほきゃくさく).

'Scho·te³ 女 -/-n《話》(おもしろおかしい作り話, 馬鹿話.

'Scho·te⁴ 男 -n/-n (jidd.)《卑》ばか, あほう, お人好し.

'Scho·ten·frucht 女 =Schote¹ 1(a)

Schott [ʃɔt] 中 -[e]s/-en(-e)《造船》(船内を仕切る)隔壁. die ～en dicht machen《北ド》(家中の)窓と戸を全部閉める.

'Schot·te¹ ['ʃɔtə] 女 -/-n《造船》=Schott

'Schot·te² 女 -/-n《南ド・スイス》(Molke) 乳清.

'Schot·te³ 男 -n/-n《北ド》若い鰊(にしん).

'Schot·te⁴ 男 -n/-n スコットランド人. ◆女性形 Schottin 女 -/-nen

'Schot·ten¹ ['ʃɔtən] 男 -s/《南ド・ティロル》(Quark) 凝乳, カード.

'Schot·ten² 男 -s/-(↑Schotte⁴)《紡織》タータンチェックの織物(布地).

'Schot·ter ['ʃɔtər] 男 -s/- 1(線路や道路に敷く)砕石, 割栗(わりぐり)石, バラスト, バラス. 2 川原石, 玉石.

schot·tern ['ʃɔtərn] 他 (物に)砕石を敷く.

'Schot·tin ['ʃɔtɪn] 女 -/-nen《Schotte⁴の女性形》スコットランド女性.

'schot·tisch ['ʃɔtɪʃ] 形 スコットランド(人, 語)の. ↑deutsch

'Schott·land ['ʃɔtlant]《地名》スコットランド.

'Schott·län·der ['ʃɔtlɛndər] 男 -s/- =Schotte⁴

schraf·fen ['ʃrafən], **schraf'fie·ren** [ʃraˈfiːrən] 他 (製図・地図などに)線影(けい)をつける.

Schraf'fie·rung 女 -/-en 1 線影(けい)をつけること. 2 =Schraffur

Schraf'fur [ʃraˈfuːr] 女 -/-en (製図・地図の)線影, けい.

*<u>**schräg**</u> [ʃrɛːk シュレーク] 形 1 斜めの, はすの, 傾いた, 傾斜した. eine ～e Linie 斜線. ～ gegenüber 筋向かいに, 斜め向かいに. ～ über die Straße gehen 斜めに道路を横断する.《比喩的用法で》ein ～er Blick 不信のまなざし, 非難がましい目. j⁴ ansehen 人⁴を探るような目で見る. 2《話》まともでない, 突飛な, 風変りな. ～e Musik《俗》(ジャズなど現代資本主義をさしている)まともでない音楽. ein ～er Vogel《俗》(得体の知れない)変なやつ. ◆↑schräg laufend

'Schrä·ge ['ʃrɛːɡə] 女 -/-n 1《複数なし》斜めになっていること, 傾斜, 勾配. 2 (傾)斜面.

'Schra·gen ['ʃraːɡən] 男 -s/-(X字形の脚を持つ)台(木挽き台・棺台・寝椅子など).

'schrä·gen ['ʃrɛːɡən] 他 1 (物¹を)斜めにする, 傾ける. 2 (物¹の)角を斜めに切り落とす, (に)勾配をつける.

'Schräg·heit 女 -/ 斜めになっていること.

'Schräg·la·ge 女 -/-n 1 斜めに傾いた状態(位置). 2《医学》(胎児の)斜位.

'schräg lau·fend, °**'schräg lau·fend** 形 (道路などが)斜めに走っている, 対角線の.

'Schräg·li·nie 女 -/-n 斜線;《数学》対角線.

'Schräg·schrift 女 -/-en 斜体文字; イタリック体.

'Schräg·strei·fen 男 -s/-《服飾》バイアス.

'Schräg·strich 男 -[e]s/-e 斜線, スラッシュ(/).

schräg'über [ʃrɛːkˈʔyːbər] 副 (まれ) (schräg gegenüber) 斜め向かいに, 筋向かいに.

schrak [ʃraːk] schrecken の過去.

'schrä·ke ['ʃrɛːkə] schrecken の接続法II.

*<u>**'Schram·me**</u> ['ʃramə] 女 -/-n かき傷, すり傷;(ガラス・エナメルなどの)ひび割れ.

'Schram·mel·mu·sik [ʃraməl..] 女 -/《音楽》シュランメル(ヴィーンの軽音楽).

'schram·men ['ʃramən] 他 (人や物⁴に)かき傷(すり傷)をつける. sich³ das Knie ～ 膝をすりむく.

'schram·mig ['ʃramɪç] 形 かき傷(すり傷)のある, かき傷(すり傷)だらけの.

Schrank [ʃraŋk シュランク] 男 -[e]s/Schränke 1(扉のある)戸棚. den ～ öffnen⟨schließen⟩戸棚を開ける⟨閉める⟩. [voll] gegen den ～ laufen《話》空しい努力をする, 無駄骨を折る. nicht alle Tassen im ～ haben《話》頭がどうかしている. 2《猟師》(鹿などの足跡の)左右の開き.

'Schrank·bett 中 -[e]s/-en 壁面収納式ベッド.

*<u>**'Schran·ke**</u> ['ʃraŋkə シュランケ] 女 -/-n 1(踏切などの)遮断機, 遮断器;(仕切りの)横木, 棚. die ～ auf-ziehen⟨öffnen⟩遮断棒を上げる. die ～ herunter-lassen⟨schließen⟩遮断棒を下ろす. 2《複数で》《比喩》(a) für j⟨et⟩⁴ in die ～n treten 人⟨事⟩⁴のためにと肌脱ぐ, (を)支持⟨擁護⟩する. j⁴ in die ～n fordern 人⁴に挑戦する. ▶ 中世の馬上槍試合場の柵囲いに由来する言回し. (b) j⁴ vor die ～n des Gerichts fordern⟨ziehen⟩《雅》人⁴を法廷に召喚する. ▶ 昔の法廷で裁判を行う空間と傍聴する人々との間を仕切った横木に由来する言回し. 3《ふつう複数で》《比喩》制限, 制約; 限度. keine ～ in [mehr] kennen とどまるところを知らない. et³ ～n setzen 事³に制限を加える, 枠をはめる. Der Fantasie sind keine ～n gesetzt. 空想をさえぎるものはなにもない. et⁴ in ～n halten 事⁴を抑制する. sich⁴ in ～n halten 節度を守る, 自制する. Mein Vorgesetzter weiste mich in die⟨meine⟩ ～n. 上役は私に分をわきまえるようにと言った.

'Schran·ke ['ʃraŋkə] Schrank の複数.

'schrän·ken ['ʃrɛŋkən] ❶ 他 1 (物⁴を)交差させる, 十字に組む. die Arme ～ 腕を組む. 2(のこぎりの)目立てをする. ❷ 自《猟師》(鹿などが)足先を外に向けて歩く, 外足で歩く.

'schran·ken·los ['ʃraŋkənloːs] 形 制限のない, 抑制(拘束)のない; 際限のない.

'Schran·ken·lo·sig·keit 女 -/ 制限のないこと; 無抑制, 無節度; 無際限.

'Schran·ken·wär·ter 男 -s/- 踏切保安係, 踏切番.

'Schrank·fach 中 -[e]s/ᴉer (戸棚・たんすなどの)仕切り(棚).

'Schrank·kof·fer 男 -s/-(ハンガーに衣服を吊して運搬する)衣装トランク.

'Schrank·wand 女 -/ᴉe (壁一面の)ユニット戸棚.

'Schran·ne ['ʃranə] 女 -/-n《南ド》1 (肉屋・パン屋などの)売り台, カウンター. 2 穀物市場. 3(法廷の)裁判官席.

'Schran·ze ['ʃrantsə] 女 -/-n(まれ 男 -n/-n)《ふつう複数で》1 おべっか使い. 2《古》佞臣(ねいしん).

Schrap·nell [ʃrapˈnɛl] 回 -s/-e(-s) 《engl.》 **1**《軍事》榴(^{りゅう})散弾. **2**《卑》(もう若くはない女性に対して)うるさい女, ばばあ.

'**schrap·pen** [ˈʃrapən]《北ドイツ》 ❶ 回 **1** (汚れなどを)削り取る, 掻き取る, こすり取る. Fische ~ 魚の鱗を落す. Kartoffeln ~ じゃがいもの皮をむく. sich³ den Bart ~ / sich⁴ ~ 《戯》ひげを剃る. **2** (鍋・釜などを)ごしごし洗う. **3**《卑》(金を)かき集める. ❷ 圓 (s, h) **1** (速い音を立てて進む. **2** (h) auf der Geige ~ バイオリンをきいきいいわする.

'**Schrap·per** [ˈʃrapər] 回 -s/- **1**《土木》スクレーパー. **2**《地方》掻き取り(削り取り)用の農具. **3**《地方》守銭奴, けち.

Schrat [ʃraːt] 回 -[e]s/-e 《民俗》(毛むくじゃらの)森の精(小人).

Schrä·tel [ˈʃrɛːtəl] 回 -s/- 《南ドイツ》=Schrat

Schräub·chen [ˈʃrɔʏpçən] 回 -s/- 《Schraube の縮小形》小さなねじ.

*'**Schrau·be** [ˈʃraʊbə シュラオベ] 囡 -/-n **1** ねじ, ボルト. eine ~ mit Mutter ナット付きのボルト. eine ~ ohne Ende 《比喩》悪循環, いたちごっこ; 天井知らず(の物価など). eine ~ anziehen〈lockern〉ねじを締める〈緩める〉. die ~ fester anziehen《比喩》締めつけを強める. die ~ überdrehen (要求や締めつけなどを)厳しくしすぎる. jⁿ in die ~n nehmen 《比喩》人⁴を締めつける. Bei dir ist wohl eine ~ locker〈los〉.《話》君はどうかしているよ. **2** (船の)スクリュー; (飛行機の)プロペラ. **3** (a)《航空》きりもみ, スピン. (b) 《スポーツ》(体操や飛込競技の)ひねり. **4** eine alte ~ 《侮》おかしなばあさん.

'**schrau·ben** [ˈʃraʊbən] ❶ 他 **1** (a) (ねじ・ボルトなどを)ねじる; (物⁴の)ねじを締める, 緩める. et⁴ fester〈loser〉 ~ 物⁴のねじを強める〈緩める〉. einen Stuhl höher〈niedriger〉 ~ (回転式の)椅子を高くする〈低くする〉. (b) (物⁴を)ねじで取付ける〈an〈auf/in〉 et⁴ 物³に〉; ねじって取りはずす〈aus et³ 物³から〉. eine Schraube in et⁴〈aus et³〉 ~ ねじを物³にねじ込む〈物³から抜取る〉. eine Birne in die Fassung ~ 電球をソケットにねじ込む. (c) (物⁴を)ねじで取付ける〈an〈auf/in〉 et⁴ 物³に〉; (物⁴の)ねじを緩めて取りはずす〈aus〈von〉 et³ 物³から〉. ein Schild an die Tür〈von der Tür〉 ~ (ねじで)プレートをドアに取付ける〈(ねじ付けした)プレートをドアから取りはずす〉. **2**《比喩》(価格・要求などを)押し上げる, つり上げる. die Erwartungen in die Höhe ~ 期待をますます強める. **3**《話》(人⁴を)(嫌やあてこすりで)苦しめる, 困らせる; からかう.

❷ 再 (**sich**) Er hat sich aus seinem Sessel ge·schraubt. 彼は安楽椅子から身をよじるようにして立上がった. sich in die Höhe ~ (飛行機などが)旋回しながら上昇する.

❸ 圓《スポーツ》(体操・飛込競技などで)ひねりを入れる.

◆ ↑ geschraubt

Schrau·ben·damp·fer 回 -s/- スクリュー船.
'**Schrau·ben·dre·her** 回 -s/- =Schraubenzieher
'**schrau·ben·för·mig** 形 螺旋(らせん)形の, ねじ形の.
'**Schrau·ben·ge·win·de** 回 -s/- ねじ山(の全体).
'**Schrau·ben·kopf** 回 -[e]s/-köpfe ねじ頭, ボルトヘッド.
'**Schrau·ben·li·nie** 囡 -/-n 螺旋(らせん), スパイラル, 渦巻き線.
'**Schrau·ben·mut·ter** 囡 -/-n 雌ねじ, ナット.
'**Schrau·ben·schlüs·sel** 回 -s/- スパナ, レンチ.
'**Schrau·ben·zie·her** 回 -s/- ねじ回し, ドライバー.
'**Schraub·stock** [ˈʃraʊp..] 回 -[e]s/-e 万力, バイス.
Schraub·ver·schluss 回 -es/-e ねじ栓, ねじ蓋.
Schre·ber·gar·ten [ˈʃreːbər..] 回 -s/- (都市郊外の小規模な)家庭菜園, クラインガーデン. ◆ ドイツ人医師 D.G.M. Schreber, 1806-61 にちなむ.

*'**Schreck** [ʃrɛk シュレク] 回 -[e]s/-e 《複数まれ》驚き, 恐怖, 驚愕. einen ~ bekommen〈話 kriegen〉驚く, ぎょっとする. Auf den ~ hin muss ich erst mal einen trinken.《話》気付薬代りにまずは一杯やらなくっちゃいられない. vor ~ 驚いて, 恐ろしさのあまり.《驚きの声などで》~, lass nach!《話》まさか, たいへんだ, うそだろう. Ach du ~! / [Ach] du mein ~! / [Ach] du heiliger ~!《話》しまった, たいへんだ.

'**Schreck·bild** 回 -[e]s/-er 恐ろしい光景(姿).

'**schre·cken**(*) [ˈʃrɛkən] schreckte(schrak), ge·schreckt(geschrocken) / du schrickst, er schrickt ❶ 他 《規則変化》 **1**《雅》 (erschrecken) 驚かせる, 怖がらせる, びっくりさせる. jⁿ aus dem Schlaf ~ 人⁴を驚かせて目を覚まさせる. Dadurch lasse ich mich nicht ~. そんなことで私は驚かない. **2** (abschrecken) (ゆで玉子などを)急に冷やす. ❷ 圓 (s, h) **1** (a)《規則変化 / 古くは不規則変化も》(erschrecken) 驚く, びっくりする. aus dem Schlaf ~ 驚いて目を覚ます. ▶おもに auf-, er-, zurückschrecken などの複合動詞として用いられる. **2** (h)《規則変化》《猟師》(鹿などが)驚いて鳴く.

*'**Schre·cken** [ˈʃrɛkən シュレケン] 回 -s/- **1**《複数まれ》驚き, 恐怖, 驚愕. jⁿ in ~ versetzen 人⁴をぎょっとさせる. mit dem [bloßen] ~ davon·kommen 恐ろしい目にはあったものの事無きを得る. **2**《ふつう複数》《雅》(戦争・死などの)恐怖, 恐ろしさ. **3**《ふつう定冠詞を伴って》恐怖の的. der ~ der Nach·barschaft 隣人たちの恐怖の的.

'**schre·cken·er·re·gend** 形 恐ろしい, 恐怖を起こさせる, ぞっとする. ◆ Schrecken erregend とも書く.
'**schre·ckens·bleich** 形 恐怖で青ざめた.
'**Schre·ckens·bot·schaft** 囡 -/-en 恐ろしい知らせ, 凶報.
'**Schre·ckens·herr·schaft** 囡 -/ 恐怖政治.
'**Schre·ckens·nach·richt** 囡 -/-en 恐ろしい知らせ, 凶報.
'**Schre·ckens·tat** 囡 -/-en 恐ろしい行為, 凶行.
'**Schre·ckens·zeit** 囡 -/-en 恐怖の時代.
'**Schreck·ge·spenst** 回 -[e]s/-er 化け物, 妖怪(のような人物); 恐るべき人物(事柄). das ~ des Krie·ges 戦争の黒い影(脅威).

'**schreck·haft** [ˈʃrɛkhaft] 形 **1** 臆病な, 小心な. **2**《古》(schrecklich) 恐ろしい, ひどい.
'**Schreck·haf·tig·keit** 囡 -/ 臆病, 小心, 肝の小さいこと.
*'**schreck·lich** [ˈʃrɛklɪç シュレクリヒ] 形 **1** 恐ろしい, 怖い, ぞっとする. ein ~es Ereignis 恐ろしい出来事. Wie ~! なんて恐ろしい(ひどい). **2**《話》たえがたい, いやな. ein ~er Mensch いやなやつ. **3**《話》ものすごい, ひどい. eine ~e Hitze ひどい暑さ. Ich habe ~ viel zu tun. 私はものすごく忙しい.
'**Schreck·lich·keit** 囡 -/ 恐ろしさ, ものすごさ, ひどさ; 恐ろしい(ひどい)こと, 惨事.
'**Schreck·nis** [ˈʃrɛknɪs] 回 -ses/-se 《雅》恐ろしいこと(もの); 恐ろしさ.
'**Schreck·schrau·be** 囡 -/-n 《侮》見るからにいやな女, ぞっとするような女.
'**Schreck·schuss** 回 -es/-e 威嚇射撃; 《比喩》こけおどし.

Schreiberei

'Schreck·schuss·pis·to·le 囡 -/-n 威嚇射撃用ピストル.

'Schreck·se·kun·de 囡 -/-n 恐怖にすくむ一瞬,驚愕の一瞬;『法制』(自動車運転手などの)緊急対応時間.

'Schred·der ['ʃrɛdər] 男 -s/- *(engl.)* シュレッダー.

*'**Schrei** [ʃraɪ シュライ] 男 -[e]s/-e 叫び(声),悲鳴;怒号,叫喚;(鳥獣の)鳴き声. ein ~ des Entsetzens 恐怖の叫び声. einen ~ ausstoßen ⟨von sich³ geben⟩ 叫び声(悲鳴)をあげる. der ~ nach Rache《比喩》《雅》復讐を叫ぶ声. der erste ~ 産声(うぶごえ). Sie ist stets nach dem letzten ~ gekleidet.《話》彼女はいつも最新流行の服を着ている.

'Schreib·art ['ʃraɪp..] 囡 -/-en (ある人の)文体;書体.

'Schreib·be·darf 男 -[e]s/ 筆記用具,文房具.

'Schreib·block 男 -s/-ᵉ(-s) (ブロックになった)メモ用紙.

'Schrei·be ['ʃraɪbə] 囡 -/-n《話》《複数なし》書かれたもの. Eine ~ ist keine Rede. 書くのと言うのとではおのずと異なる. **2**《複数なし》書き方,文体. **3** 筆記用具.

'schrei·ben* ['ʃraɪbən シュライベン] schrieb, geschrieben (*lat.* scribere) ❶ 他 **1**(文字を)書く,綴る. die Anschrift ~ 宛名を書く. russische Buchstaben ~ ロシア文字を綴る. eine gewandte Feder ~《雅》筆が立つ. eine gute Handschrift ~ 字が上手である;《話》(手の跡が残るほど)ひどくなくる. Kurzschrift⟨Stenografie⟩ ~ 速記する. Noten ~ 音符を書く;楽譜を写す. ein Wort groß ~ ある語の頭文字を大文字で書く. Bei ihm wird Verdienen groß *geschrieben*.《比喩》彼には金を稼ぐことがとても大事なことなのだ. et⁴ an die Tafel⟨in ein Heft⟩ ~ 物を黒板に書く⟨ノートに書き込む⟩. „Soest" *schreibt* man mit „oe". ゾーストという町の名は oe と綴る.(↑③1). **2** (a)(本などを)書く,執筆する. einen Artikel ~ (新聞などの)記事を書く. lauter Märchen ~《比喩》まったくでたらめを書く. ein Buch über die Mystik ~ 神秘主義についての本を著す. einen Roman ~ 小説を書く. (b)(手紙を)書く(↑② 2(c)). j³ einen Brief ~ 人³に手紙を書く. j⁴ ~ 人³,⁴に手紙を書く. (c)(楽曲を)作曲する. (d)(書類などを)書く. einen Antrag ~ 申請書を書く. ein Rezept ~ 処方箋を書く. **3** (a)(事⁴を)書く. die Wahrheit ~ 真相を書く. et⁴ auf *seine* Fahne ~《比喩》事⁴を旗印とする,標榜(ぼう)する. sich⁴ et⁴ hinter die Ohren ~《話》事⁴をしっかり肝に銘じる. et⁴ ins Konzept ~ 事⁴を下書きする. et⁴ ins Reine ~ 事⁴を清書する. (b)(…と)書いている,述べている;(新聞などが)報ずる. Er *schreibt* in seinen Memoiren, dass… 彼は回想録に…と書いている. Er hat mir noch nichts davon⟨darüber⟩ *geschrieben*. 彼は私にそのことについてはまだ何も書いてよこさない. Die Zeitung *schreibt*, dass… 新聞は…と報じている. (c)(ある金額を…に)記入(記帳)する. …einen Betrag auf j² Rechnung ~ ある金額を人²の勘定につける. Das muss man auf die Rechnung seines Leichtsinns ~.《比喩》彼は軽率さのせいにちがいない. et⁴ in den Wind⟨in den Mond / in den Schornstein⟩ ~《話》物をもう返らないものとあきらめる. (d)《古》《日付を表す語で》Wir *schreiben* heute den 1. April. 今日は4月1日である. Man *schrieb* das Jahr 1948. それは1948年のことである. (e) j⁴⟨が…であるという⟩診断書を書く. j⁴ krank ~ 人⁴が病気であるという診断書を書く. sich⁴ vom Arzt arbeitsfähig ~ lassen 医者に就業可能の診断書を書いてもらう.

4《過去分詞で》*geschriebenes* Recht 成文法. j³ [wie] auf den Leib *geschrieben* sein (役柄などが)人³にぴったりである,うってつけである. Es steht [in der Bibel] *geschrieben*, dass… (説教などで)…と聖書に書いてある. Das steht⟨ist⟩ in den Sternen *geschrieben*.《比喩》それはまったくどうなることか分からない(不確かな話だ).

❷ 自 **1** 文字を書く(綴る). Das Kind kann noch nicht ~. その子供はまだ字が書けない. schön ~ 字がきれいである. mit⟨auf⟩ der Schreibmaschine ~ タイプライターで書く. mit der Hand ~ 手で書く. mit Tinte ~ インクで書く. nach Diktat ~ 口述筆記する.《結果を示す語句をもって》sich³ die Finger wund ~ 指がすりむけるほど(指にたこができるほど)書く. **2** (a) 文章を書く. gut⟨schlecht⟩ ~ 文章がうまい⟨下手である⟩. lebendig ~ 生き生きとした文章を書く. (b) 著作(著述)をする. Er ist Maler und sie *schreibt*. 彼は画家で,彼女は作家だ. an einem Drama⟨an *seinen* Memoiren⟩ ~ 戯曲⟨回想録⟩を執筆している. für eine Zeitung ~ 新聞に寄稿する. über et⁴ ~ 事⁴について著述する. (c) (j³⟨an j⁴⟩ 人³,⁴に)手紙を書く.(↑① 2(b)). Er hat mir monatelang nicht mehr *geschrieben*. 彼は私に数ヶ月この方便りを寄こしていない. postlagernd ~ 局留めで手紙を書く.《相互代名詞と》sich³《雅》*einander*⟩ ~ おたがいに文通しあう. (d)(新聞などが)報じる. über et⁴ ~ 事⁴について報道する. (im ⟨sage und schreibe⟩ の形で)《話》(驚き・憤慨を表して)じっさい,ほんとうの話. Er ist, sage und *schreibe*, diese Woche dreimal zu spät gekommen. 彼はじっさい今週に入って3度も遅刻しているだ.

3 (筆記用具などが)…の書きぐあいである. Der Bleistift *schreibt* gut⟨schlecht⟩. その鉛筆は書きよく⟨書きにくい⟩. Die Tinte *schreibt* zu blass. そのインクは色が薄すぎる(↑① 2).

❸ 再 (**sich⁴**) **1** …と書く,綴る; …という名前である(↑①1). Wie *schreibt* er *sich*? 彼の名前はどう綴りますか;《古》彼は何という名前ですか. Er *schreibt sich* Mueller mit ue. 彼の名前は ue と綴るミュラーです. Goethe *schreibt sich* mit oe. ゲーテは oe と綴る. **2**《話》(mit j³ 人³と)文通している. **3**《結果を示す語句と》*sich* müde ~ 書き疲れる. **4**(非人称的に)Auf diesem Papier *schreibt es sich* nicht gut. この紙は書きにくい.

*'**Schrei·ben** ['ʃraɪbən シュライベン] 中 -s/-《複数なし》書くこと,執筆;筆記,筆写;習字. **2** 文書,書簡. ein geheimes ~ 秘密文書. ein ~ an die Behörde richten 当局に書状を出す. Auf Ihr ~ vom 1. dieses Monats antworten wir Ihnen folgendes: … 今月1日付の貴信に対し下記の通り回答します.

'Schrei·ber ['ʃraɪbər] 男 -s/- **1**(文章・手紙などを)書いた人,書き手. **2**《しばしば軽蔑的に》作家,著者. **3**(古)事務員,文書係,秘書;(にっ)書記. **4**(電信の)受信機,テレタイプ,テレプリンター.

Schrei·be·rei [ʃraɪbəˈraɪ] 囡 -/-en **1**《話》えんえんと(だらだらと)書き物をすること;(ごちゃごちゃと)書いたも

Schreiberling

の. meine ~en 私のつまらない書きもの. **2**《古》書記局, 事務局.

'**Schreib·ber·ling** ['ʃraɪbərlɪŋ] 男 -s/-e《侮》濫作(する)家, 三文文士; 雑文家.

'**Schrei·ber·see·le** 囡 -/-n《侮》事務員根性の人, こせこせした人.

'**schreib·faul** 形 筆不精な.

'**Schreib·fe·der** 囡 -/-n 鵞(ガ)ペン.

'**Schreib·feh·ler** 男 -s/- 書き間違い, 綴りの誤り.

'**Schreib·ge·rät** 中 -[e]s/-e 筆記用具.

'**Schreib·heft** 中 -[e]s/-e（罫線入りの）ペン習字帳; 筆記帳.

'**Schreib·kraft** 囡 -/¨e 書記事務員, タイピスト.

'**Schreib·krampf** 男 -[e]s/¨e【医学】書痙(ケイ).

'**Schreib·kunst** 囡 / カリグラフィー, 習字; 書道.

'**Schreib·map·pe** 囡 -/-n 紙ばさみ, ファイル.

'**Schreib·ma·schi·ne** ['ʃraɪpmaʃiːnə] 囡 -/-n タイプライター. ~ schreiben タイプを打つ. et⁴ auf ⟨mit⟩ der ~ schreiben 物⁴をタイプで打つ.

'**Schreib·pa·pier** 中 -[e]s/-e 筆記用紙, 便箋(ビンセン).

'**Schreib·pult** 中 -[e]s/-e 書き物用斜面机, 写字台.

'**Schreib·schrift** 囡 -/-en 筆記体;【印刷】スクリプト体（活字）.

'**Schreib·stu·be** 囡 -/-n **1**《古》事務室. **2**〔軍事〕兵営事務室.

'**Schreib·tisch** ['ʃraɪptɪʃ] 男 -[e]s/-e 書き物机, 事務机.

'**Schreib·tisch·tä·ter** 男 -s/- （事件などの）黒幕, 黒幕的陰謀家.

'**Schrei·bung** ['ʃraɪbʊŋ] 囡 -/-en（語の）書き方, 綴り方, スペリング.

'**Schreib·un·ter·la·ge** 囡 -/-n 下敷き.

'**Schreib·wa·ren** 複 文房具, 筆記用具.

'**Schreib·wei·se** 囡 -/-n **1**（語の）綴り方, 正書法;（文字の）書き方. **2** 書体; 文体.

'**Schreib·zeug** 中 -[e]s/-e 筆記用具.

*'**schrei·en*** ['ʃraɪən] シュライエン schrie, geschrie[e]n ❶ 自 叫ぶ, わめく, 大声を出す;（幼児が泣きわめく;（鳥獣が）鳴く;（物が）きしむ. *Schrei* nicht so! そんなに大声を出すな. Das Baby hat die ganze Nacht *geschrie[e]n*. その赤ん坊は一晩中泣きわめいた. wie am Spieß 《話》けたたましい声（悲鳴）を上げる. aus vollem Hals ～ 声を限りに出して叫ぶ. nach j⟨et⟩³ ～ 人⟨物⟩を求めて叫ぶ. nach Nahrung ～（子供が）お腹を空⟨カ⟩かせて泣く. um Hilfe ～ 助けを求めて叫ぶ. vor Furcht ～ 恐ろしさのあまり悲鳴をあげる. vor Lachen ～《話》大声をあげて笑う.《中性名詞として》Das ist zum *Schreien*.《話》それは大笑いだ.

❷ 他 **1**（…を）叫ぶ, 大声で言う. Ach und Weh ～ 悲鳴をあげる. Hilfe ～ 助けてと叫ぶ. j³ *seine* Wut ins Gesicht ～ 人³に怒りの言葉を浴びせる. **2**（結果を示す語句と）j⁴ aus dem Schlaf ～ 人⁴を大声で起す.

❸ 再（*sich*⁴）（結果を示す語句と）*sich* heiser ～ 叫びすぎて喉をからす.

'**schrei·end** 現分 形 **1**（色目・柄などの）けばけばしい, どぎつい. ein ~*es* Gelb どぎつい黄色. Die Stoffe sind mir zu ～. その生地は私にはけばけばしすぎる. **2**《述語的には用いない》《強調》はなはだしい; とんでもない, ひどい. ein ~*er* Gegensatz 際だった対照. ~*es* Unrecht ひどい不正.

'**Schrei·er** ['ʃraɪər] 男 -s/- **1**（大声で）叫ぶ人, 泣きわめく人. **2**（うるさく）騒ぎ立てる人, やかまし屋, 不平家. **3**《話》泣き虫.

Schrei·e·'rei [ʃraɪə'raɪ] 囡 -/-en **1**（ひっきりなしに）わめき立てること. **2**《話》わめき合い, どなり合い.

'**Schrei·hals** 男 -es/¨e《話》よくわめき立てる人, やかまし屋; 泣き虫.

'**Schrei·krampf** 男 -[e]s/¨e【医学】叫び痙攣(ケイレン)（ヒステリー症状のひとつ）.

Schrein [ʃraɪn] 男 -[e]s/-e (*lat.*)《雅》（貴重なもの, たとえば礼拝の対照になるようなものを納める）箱, 櫃(ヒツ), 厨子(ズシ);（Totenschrein) 柩(ヒツギ), 棺(カン);（Reliquienschrein) 聖遺物箱.

'**Schrei·ner** ['ʃraɪnər] 男 -s/-（南ドイ・西中部ドイ）(Tischler) 指物師, 家具職人.

Schrei·ne·'rei [ʃraɪnə'raɪ] 囡 -/-en（南ドイ・西中部ドイ）(Tischlerei) 指物業, 家具製造業; 指物師(家具職人)の仕事場.

'**schrei·nern** ['ʃraɪnərn] 自（南ドイ・西中部ドイ）(tischlern) 指物細工をする, 家具を製作する.

*'**schrei·ten*** ['ʃraɪtən シュライテン] schritt, geschritten 自 (s)《雅》**1**（悠然と・落着いた足取りで）歩く, 歩を進める. **2**（zu et³ 事³に）取りかかる, 着手する. zur Abstimmung ～ 評決に入る. zur Tat⟨zu Taten⟩ ～ 実行に移る.

schrickst [ʃrɪkst]《古》schrecken の現在2人称単数.

schrickt [ʃrɪkt]《古》schrecken の現在3人称単数.

schrie [ʃriː] schreien の過去.

schrieb [ʃriːp] schreiben の過去.

Schrieb [ʃriːp] 男 -[e]s/-e《侮》（くだらない・無礼な）手紙, 書状; 書き物, 文書.

'**schrie·be** ['ʃriːbə] schreiben の接続法 II.

'**schriee** [ʃriːə] schreien の接続法 II.

***Schrift** [ʃrɪft シュリフト] 囡 -/-en (↑schreiben) **1** 文字; 活字, 書体; 筆跡, 筆づかい. die deutsche ⟨lateinische⟩ ～ ドイツ⟨ラテン⟩文字. die gotische ～ ゴシック体. eine gute ～ haben 字がうまい. nach der ～ sprechen（地方）標準語を話す. **2** 書かれたもの; 著作, 著書, 論文, 文献; 出版物, 刊行物; 文書, 請願⟨申請⟩書; 硬貨の裏面（金額などの記された面）. die (Heilige) ～ 聖書. Herders gesammelte ~*en* ヘルダー全集. eine ～ abfassen⟨eingeben⟩ 文書⟨請願書・申請書など⟩を作成⟨提出⟩する. Kopf oder ～? （コイン投げの賭で）表か裏か. **3**《複数で》(複) 身分証明書.

'**Schrift·art** 囡 -/-en 活字の種類; 字体, 書体.

'**Schrift·bild** 中 -[e]s/-er **1**（活字や筆跡の）書体, 字体. **2**【印刷】（活字の）字面(ジヅラ), 活字面.

'**schrift·deutsch** 形 文章ドイツ語の, 標準ドイツ語の.

'**Schrift·deutsch** 中 -[s]/ 文章ドイツ語, 標準ドイツ語.

'**Schrif·ten·nach·weis** 男 -es/-e 参考書目, 文献一覧.

'**Schrif·ten·rei·he** 囡 -/-n 叢書, 著作シリーズ.

'**Schrift·form** 囡 -/-en【法制】文書の方式.

'**Schrift·füh·rer** 男 -s/-（会議などの）書記, 記録係.

'**Schrift·ge·lehr·te** 男〔形容詞変化〕（ユダヤの）律法学者.

'**Schrift·gie·ßer** 男 -s/-【印刷】活字鋳造(チュウゾウ)工(機).

'**Schrift·gie·ße·rei** 囡 -/-en 活字鋳造所.

'**Schrift·grad** 男 -[e]s/-e【印刷】活字の大きさ, ポイ

'**Schrift·lei·ter** 男 -s/- 《古》(Redakteur)(新聞の)編集者(長); 主筆.

'**Schrift·lei·tung** 女 -/-en 《古》(Redaktion)(新聞の)編集部(局); 《集合的に》編集部(局)員.

*'**schrift·lich** ['ʃrɪftlɪç シュリフトリヒ] 形 (↔ mündlich) 文字による, 文書(書面)による; 書かれた. eine ~*e* Prüfung 筆記試験. eine ~*e* Umfrage 書面によるアンケート. et⁴ ~ niederlegen 事⁴を文書にする (記録に残す). Würden Sie mir das ~ geben? それを文書にしていただけますか. Das kann ich dir ~ geben! / Das kannst du ~ haben!《話》それは間違いないよ, 私が請け合うよ. 《名詞的用法で》Haben Sie etwas *Schriftliches* darüber in der Hand? 何かそれを証明する書類をお持ちですか. Im *Schriftlichen* ist er durchgefallen.《学生》筆記試験で彼は落ちた.

'**Schrift·pro·be** 女 -/-n《印刷》(活字の)印刷見本, 組見本; (手書き文字の)書体(筆跡)見本.

'**Schrift·rol·le** 女 -/-n 書巻, 巻物.

'**Schrift·satz** 男 -es/¨e **1**《法制》(訴答)書面. **2**《印刷》植字, 組版.

'**Schrift·set·zer** 男 -s/- 植字工.

'**Schrift·spra·che** 女 -/-n 文章語, 文語; 標準語.

'**schrift·sprach·lich** 形 文章語(文語)の; 標準語の.

*'**Schrift·stel·ler** ['ʃrɪft-ʃtɛlər シュリフトシュテラー] 男 -s/- 文筆家, 作家, 著述家. ♦↑Schriftstellerin

Schrift·stel·le·rei [ʃrɪft-ʃtɛlə'raɪ] 女 -/ 文筆業, 著述業.

'**Schrift·stel·le·rin** 女 -/-nen (女性の)文筆家, 女流作家, 閨秀(けいしゅう)作家.

'**schrift·stel·le·risch** 形 文筆家(作家)としての; 著述(業)の.

'**schrift·stel·lern** ['ʃrɪft-ʃtɛlərn] 自 文筆家(作家)として活動する, 著述業に従事する; 著述(著作)をする.

'**Schrift·stück** ['ʃrɪft-ʃtʏk] 中 -[e]s/-e (公的な)書類, 文書, 記録.

'**Schrift·tum** ['ʃrɪfttuːm] 中 -s/《集合的に》文献.

'**Schrift·ver·kehr** 男 -[e]s/ 《業務上・公務上の》文書の往復, 文書(書面)交換; 往復文書, 交換書面.

'**Schrift·wech·sel** 男 -s/ =Schriftverkehr

'**Schrift·zei·chen** ['ʃrɪftsaɪçən] 中 -s/- 文字. chinesische *Schriftzeichen* 中国文字, 漢字.

'**Schrift·zug** 男 -[e]s/¨e **1** 筆致, 筆づかい; 字体, 書体. **2**《複数で》筆跡.

*'**schrill** [ʃrɪl シュリル] 形 かん高い, けたたましい, 耳をつんざくような.

'**schril·len** ['ʃrɪlən] 自 (電話・目覚まし時計などが)けたたましい音で鳴る.

'**Schrip·pe** ['ʃrɪpə] 女 -/-n《地方》シュリッペ(縦に割れ目の入った小型コッペパン).

schritt [ʃrɪt] schreiten の過去.

*'**Schritt** [ʃrɪt シュリット] 男 -[e]s/-e **1** ひと足(歩くこと); 歩み, 歩行, ステップ; 足音. der erste ~ zur Besserung 改善への第一歩. Die ~*e* näherten sich³. 足音が近づいてきた. ~ fassen《比喩》次第に慣れる, 勝手が分かってくる. einen ~ zu weit gehen《比喩》度を過ごす. *seine* ~*e* nach〈zu〉et³ lenken《雅》歩や³を何かに向ける. große〈kleine〉~*e* machen 大股〈小股〉で歩く. Das Kind hat heute seine ersten ~*e* gemacht. その子は今日はじめて歩いた. den ersten ~ tun〈machen〉《比喩》第一歩を踏み出す; 真っ先に(率先して)やる. keinen ~ tun〈machen〉können 《比喩》動きがとれない, どうすることもできない. den zweiten ~ vor dem ersten tun《比喩》あとさきを考えずに行動する, 手順を誤る. j³ [um] einen ~〈einige ~e〉voraus sein《比喩》人³に一歩〈数歩〉先んじている. noch einen ~ weitergehen《比喩》もう一歩つっこんで行動(発言)する.《前置詞と》**auf** ~ und Tritt どこへ行こうと, いたる所で; つねに. ~ **für**〈vor〉~ 一歩一歩, 徐々に. ~ **um** ~ だんだん, ますます. ~ **vor** ~ kommt auch ans Ziel〈zum Ziel〉.《諺》千里の道も一歩から.

2《複数 -[e]》**1** 歩(の距離), 歩幅(ふつう 70-90 cm). Der Graben ist 3 ~[e] breit. その堀は幅 3 歩である. in hundert ~[en] Entfernung 100 歩離れたところに. j³ drei ~[e] vom Leib[e] bleiben《比喩》人³に近寄らない, 関わらない. sich³ j⁴ drei ~[e] vom Leib[e] halten《比喩》人⁴を寄せつけない, (と)距離を保つ.

3《複数なし》(a) 歩き方, 足取り; 足並み, 歩調. ein leichter ~ 軽い足どり. einen [guten] ~ am Leib[e]〈an sich³〉haben《話》足がとても速い. schnellen ~*es*² kommen 足早にやってくる. mit j〈et〉³ ~ halten 人〈事〉³に遅れずについて行く, (と)歩調を合せる;《比喩》(に)後(おく)れをとらない. mit *seiner Zeit* ~ halten《比喩》時代にとり残されない. aus dem ~ kommen (他の人と)歩調が合なくなる, 歩調を乱す. im ~ bleiben (他の人と)歩調があっている. [im] ~ fahren (車が)徐行する. im ~ gehen 足並みをそろえて歩く(↑(a)). (b) (馬の)並足(なみあし). im ~ gehen (馬が)並歩で進む(↑(a)). im ~ reiten 馬を並足で歩かせる.

4《比喩》処置, 措置, 方策. ein gewagter ~ 思い切った処置. die nötigen ~*e* tun〈unternehmen〉必要な処置を講じる.

5《服飾》(ズボンの)股上(またがみ). Die Hose spannt im ~. このズボンは股上がきつい.

'**Schritt·ma·cher** 男 -s/- **1**《スポ》(a) (自転車競技でオートバイに乗って先導する)ペースメーカー. (b) (中・長距離走でペースメーカー, 歩調調整者. (c) (競馬で)先導馬. **2**《比喩》先駆者, 先導者. **3**《医学》(心臓の)ペースメーカー.

'**Schritt·mes·ser** 男 -s/- 歩数計, 万歩計.

'**schritt·wei·se** 副 一歩一歩, 徐々に.《付加語的用法でも》die ~ Annäherung 漸進的接近.

'**Schritt·zäh·ler** 男 -s/- =Schrittmesser

'**Schro·fen** ['ʃroːfən] 男 -s/- 《地方》(Fels[klippe])岩山, 岩壁, 断崖.

*'**schroff** [ʃrɔf シュロフ] 形 **1** (岩壁などが)険(けわ)しい, 切り立った. **2** 無愛想な, そっけない. eine ~ Antwort そっけない返事. j³ ~ begegnen 人³に無愛想な応対をする. **3** 突然の, 出し抜けの, 唐突な; 際だった, 著しい. ein ~*er* Übergang 急激な移り変り. ein ~*er* Gegensatz 著しい対照.

Schroff 男 -[e]s(-en)/-en =Schrofen

'**Schrof·fen** ['ʃrɔfən] 男 -s/- =Schrofen

'**Schroff·heit** 女 -/《複数なし》険しさ; 無愛想, そっけなさ; 唐突さ. **2** 無愛想な(そっけない)言動.

'**schröp·fen** ['ʃrœpfən] 他 **1**《医学》(人⁴に)吸角(吸血)法を施し, 瀉血(しゃけつ)(放血)を行う. **2**《話》(人⁴から)金を巻き上げる.

'**Schröpf·kopf** ['ʃrœpf..] 男 -[e]s/¨e《医学》吸角(子), 吸い玉(昔医者が瀉血に用いた器具).

Schrot [ʃroːt] 男・中 -[e]s/-e **1**《複数なし》粗挽(あらび)き, 挽き割り(の穀物). **2** 散弾. **3**《古》《貨幣》(金銀貨の)重量. ein Mann von echtem〈altem〉~

Schrotbrot

und Korn《比喩》(律儀で実直な)昔気質(^{かた})の男. **4**《古》割り木, 木っ端, 木片.

'Schrot·brot 田 –[e]s/–e 粗挽き麦の黒パン, グラハムパン.

'Schrot·ef·fekt 男 –[e]s/–e〖電子工〗散弾効果, ショット効果.

'schro·ten[^(*)] [ˈʃroːtən] schrotete, geschrotet (古 geschroten) 他 (穀物を)粗挽(^び)きにする, 挽き割りにする; (麦芽を)つぶす, 粉砕する; (木材を)チップにする.

'schro·ten[2] 他 (樽・重い荷物などを)転がして運ぶ.

'Schrot·flin·te 女 –/–n 散弾銃.

'Schrot·korn 田 –[e]s/–e 散弾(粒).

'Schrot·ku·gel 女 –/–n 散弾.

'Schrot·mehl 田 –[e]s/–e 粗挽(^び)き穀粉.

'Schrot·müh·le 女 –/–n (穀物の)挽き割り機.

'Schrot·sä·ge 女 –/–n 横挽き鋸(^{のこ}), 大鋸.

Schrott [ʃrɔt] 男 –[e]s/–e **1**《複数まれ》屑(^{くず})鉄, スクラップ. **2**《話》(a) がらくた, ポンコツ, スクラップ. (b) くだらないこと; くだらない話, 馬鹿話.

'Schrott·händ·ler 男 –s/– 屑鉄業者, スクラップ業者.

'Schrott·platz 男 –es/–e 屑鉄置き場, スクラップ処理場.

'schrott·reif 形 スクラップ同然の.

'Schrott·wert 男 –[e]s/–e スクラップ値.

'Schrot·waa·ge 女 –/–n〖古〗水準器, レベル.

schrub·ben [ˈʃrʊbən] 他 (s) **1**《話》(ブラシなどで)ごしごしこする(洗う), こすって取る. **2**(鉋(^{かんな})で)粗削りをする.

'Schrub·ber [ˈʃrʊbɐ] 男 –s/–《話》(長柄の)床ブラシ, デッキブラシ.

'Schrul·le [ˈʃrʊlə] 女 –/–n **1** 突飛な思いつき, 酔狂. **2** eine [alte] ~《話》変なばあさん.

'schrul·len·haft 形 =schrullig

'schrul·lig [ˈʃrʊlɪç] 形《話》**1** (老人などが)風変りな, 酔狂な, 奇矯な. **2** (話などが)突飛な, 突拍子もない.

'Schrum·pel [ˈʃrʊmpəl] 女 –/–n〖地方〗**1** (顔の)皺. **2**《俚》しわくちゃばあさん, 梅干しばばあ.

'schrum·pe·lig [ˈʃrʊmpəlɪç] 形《話》(顔・衣服などが)しわの寄った, しわくちゃの.

'schrum·peln [ˈʃrʊmpəln] 自 (s)〖地方〗=schrumpfen

'schrump·fen [ˈʃrʊmpfən] 自 (s) **1** 縮む, 皺(^{しわ})が寄る; (果物などが)萎(^{しな})びる. **2** (貯え・元手などが)減る.

'schrump·fig [ˈʃrʊmpfɪç] 形 =schrumpelig

'Schrumpf·le·ber [ˈʃrʊmpf..] 女 –/–n〖病理〗萎縮肝.

'Schrumpf·nie·re 女 –/–n〖病理〗萎縮腎.

'Schrump·fung 女 –/–en 収縮, 萎縮; 減少.

'schrump·lig [ˈʃrʊmplɪç] 形 =schrumpelig

Schrund [ʃrʊnt] 男 –[e]s/Schründe **1**《南ド・オーストリア》(氷河・岩の)割れ目, クレバス, シュルント. **2**《まれ》=Schrunde 1

'Schrun·de [ˈʃrʊndə] 女 –/–n **1**〖医学〗(皮膚の)亀裂; ひび, あかぎれ. **2** =Schrund 1

'Schrün·de [ˈʃrʏndə] Schrund の複数.

'schrun·dig [ˈʃrʊndɪç] 形〖地方〗**1** (皮膚がひびだらけの, あかぎれの. **2** (岩などの)割れ目の, 亀裂の入った.

'schrup·pen [ˈʃrʊpən] 他〖工学〗(林木・金属を)荒削りする, 粗ずりする.

Schub [ʃuːp] 男 –[e]s/Schübe (↑schieben) **1**《まれ》押す(突く)こと; ひと押し, ひと突き. **2** (a)一分(のパン). (b) (貨車などに押し込まれた人や物資の)一団. ~ auf〈um〉 ~ 一団ずつ, 次々と. j⁴ auf den bringen《話》人⁴を強制移送(送還)する. per ~《話》強制的に. j⁴ per ~ an die Grenze bringen 人⁴を国境まで強制移送する. **3**〖機械〗剪断;〖物理〗(ロケットなどの)推力, スラスト;〖医学〗(病勢の)断続的な進展, シューブ. **4**〖地方〗(Schublade)引出し.

'schub·ben [ˈʃʊbən] 他〖北ドイツ〗(人⁴の体を)ごしごし擦る, ぼりぼり掻(^か)く.

'Schü·be [ˈʃyːbə] Schub の複数.

'Schu·ber [ˈʃuːbɐ] 男 –s/– **1** (本の)外箱. **2**〖建〗門(^{かんぬき}).

'Schu·bert [ˈʃuːbɐt]〖男名〗Franz ~ フランツ・シューベルト(1797–1828, オーストリアの作曲家).

'Schub·fach [ˈʃuːp..] 中 –[e]s/–er (Schublade) 引出し.

'Schub·fens·ter 中 –s/– (Schiebfenster) スライド式の窓; 引違い(上げ下ろし)窓.

'Schub·kar·re 女 –/–n, **'Schub·kar·ren** 男 –/– (1輪の)手押し車, 猫車.

'Schub·kas·ten 男 –s/^ニ (–) =Schublade

'Schub·kraft 女 –/ **1**〖物理〗(ロケットなどの)推力. **2**〖機械〗剪断(^{せんだん})応力.

*'**Schub·la·de** [ˈʃuːplaːdə シューブラーデ] 女 –/–n 引出し. eine ~ aufziehen〈herausziehen〉引出しを開ける. ein Werk〈ein Projekt〉für die ~《比喩》出版されることのない作品(実施に移されることのない計画). in den ~n bleiben《比喩》(計画などが)棚上げになっている. **2**《比喩》(毎)(お定まりの図式によって分類された)型, タイプ. in ~n denken お定まりの(類型的な)考え方をする. Der Künstler passt in keine ~. その芸術家はどんなタイプにもあてはまらない.

'Schub·leh·re 女 –/–n〖工学〗(Schieblehre) ノギス, カリパス.

'Schub·mo·dul 男 –s/–〖物理〗剪断(^{せんだん})弾性係数, 剛性率.

Schubs [ʃʊps] 男 –es/–e《軽い》押し, 突き. j⁴ einen ~ geben 人³を押す, 突く;《比喩》人³を促す.

'schub·sen [ˈʃʊpsən] 他《話》(人⁴を軽く)押す, 突く; 小突く.

'Schub·stan·ge 女 –/–n〖工学〗(ピストンの)連接棒, 突き棒.

'schub·wei·se 副 一団(一組)ずつ, 断続的に.

*'**schüch·tern** [ˈʃʏçtɐn シュヒテルン] 形 内気で, はにかみ屋の, 遠慮がちな; 臆病な, おずおずした. ein ~er Applaus ためらいがちな拍手. ein ~es Kind 内気な子供. ~ bitten〈lächeln〉遠慮がちに頼む(恥ずかしそうにほほえむ).

'Schüch·tern·heit 女 –/ 内気, 臆病, 遠慮がち, 引っ込み思案(なこと).

schuf [ʃuːf] schaffen ① の過去.

'schü·fe [ˈʃyːfə] schaffen ① の接続法 II.

Schuft [ʃʊft] 男 –[e]s/–e 悪党, ならず者; 卑劣漢.

'schuf·ten [ˈʃʊftən] 自 **1**《話》あくせく働く; がり勉する. **2** 再 (**sich**)《話》sich krank〈zu Tode〉 ~ 働きすぎて病気になる(死ぬほど働く).

Schuf·te'rei[1] [ʃʊftəˈraɪ] 女 –/–en (↑schuften) 《話》あくせく働くこと;《話》がり勉.

Schuf·te'rei[2] 女 –/–en (↑Schuft)《毎》卑劣(破廉恥)な行為.

'schuf·tig [ˈʃʊftɪç] 形 卑劣な, 破廉恥な.

Schuh [ʃuː: シュー] 男 –[e]s/–e **1** 靴; (とくに)短

靴．ein Paar ~e 靴 1 足．Diese ~e drücken 〈passen〉．この靴は窮屈〈ぴったり〉だ．die ~e anziehen〈ausziehen〉靴を履く〈脱ぐ〉．《比喩的用法で》Ich weiß, wo ihn der ~ drückt. 《話》私は彼のひそかな悩みを知っている．Umgekehrt wird ein ~ d[a]raus! 《話》それでは話があべこべだ．sich³ die ~ nach et¹ ablaufen haben《話》物³を求めてかけずり回る〈無駄骨を折る〉．sich³ et⁴ an den ~en abgelaufen haben《話》事⁴をとっくの昔に知っている〈経験ずみである〉．einen langen ~ machen〈ziehen〉《話》不機嫌な顔をする．j³ et⁴ in die ~e schieben 人³に事⁴の罪〈責任〉をなすりつける．**2** 蹄鉄，（牛の）蹄（ひづめ）；（槍・杖などの）石突き，金たが；【工学】車輪止め，制動杼（くり）；【電子工】ケーブルシュー．**3**《複数で》《古》《長さの単位》シュー（約 30 cm）．

'**Schuh·ab·satz** 男 -es/⁻e 靴の踵（かかと），ヒール．

'**Schuh·an·zie·her** 男 -s/- 靴べら．

'**Schuh·band** 中 -[e]s/⁻er 靴の紐．

'**Schuh·bürs·te** 女 -/-n 靴ブラシ．

'**Schuh·creme** [..kre:m] 女 -/-s（キューブ・ミニ n）靴クリーム，靴墨．

'**Schuh·ge·schäft** 中 -[e]s/-e 靴屋，靴店．

'**Schuh·grö·ße** 女 -/-n 靴のサイズ．Das ist nicht meine ~.《戯》それは私の好みではない，私には合わない．

'**Schuh·la·den** 男 -s/⁻ =Schuhgeschäft

'**Schuh·löf·fel** ['ʃu:lœfəl] 男 -s/- 靴べら．

'**Schuh·ma·cher** ['ʃu:maxər] 男 -s/-（Schuhster）靴職人，靴屋．

Schuh·ma·che·rei 女 -/-en 製靴業；製靴工場．

'**Schuh·num·mer** 女 -/-n《話》=Schuhgröße

'**Schuh·platt·ler** 男 -s/-《民俗》靴踊り（バイエルンやアルプス地方の民族舞踊で，太股・膝・靴を叩きながら踊る）

'**Schuh·put·zer** 男 -s/-（靴磨きの人）．

'**Schuh·rie·men** 男 -s/-（地方）靴紐．

'**Schuh·soh·le** 女 -/-n 靴底．sich³ die ~n nach et³ ablaufen《話》物³を求めてかけずり回る，無駄骨を折る（↑Schuh 1）．

'**Schuh·span·ner** 男 -s/-（形を保つための）靴型，シューキーパー．

'**Schuh·wa·ren** 複 靴類，履物類．

'**Schuh·werk** 中 -[e]s/《集合的に》靴類，履物類．

'**Schuh·wich·se** 女 -/-n《話》=Schuhcreme

'**Schuh·zeug** 中 -[e]s/《集合的に》靴類，履物類．

'**Schu·ko·steck·do·se** ['ʃu:koʃtɛkdo:zə] 女 -/-n《商標》安全コンセント=**Schutzkontaktsteckdose**．

'**Schu·ko·ste·cker** 男 -s/-《商標》安全プラグ（=**Schutzkontaktstecker**）．

'**Schul·ab·gän·ger** 男 -s/- ['ʃu:l..] 卒業していく生徒，卒業生．

'**Schul·ab·schluss** 男 -es/⁻e 卒業資格，卒業証書（Gymnasium の Abitur など）．Welchen ~ haben Sie? どのような卒業資格をお持ちですか．

'**Schul·amt** 中 -[e]s/⁻er **1** 学校監督官庁，教育庁；学務局（課）．**2**《古》(Lehramt) 教職．

'**Schul·an·fän·ger** 男 -s/-（小学校の）新入生，新 1 年生．

'**Schul·ar·beit** ['ʃu:l|arbait] 女 -/-en **1**《複数で》宿題．**2**《授業中の》課題，テスト．**3**《複数なし》(カリキュラムによる) 学科内容．

'**Schul·arzt** 男 -es/⁻e 学校医．

'**Schul·at·las** 男 -[ses]/..lanten(-se) 教材地図．

'**Schul·auf·ga·be** 女 -/-n **1**《複数で》宿題．**2**《地方》授業中の課題，テスト．

'**Schul·bank** 女 -/⁻e（生徒用の机付き）腰掛け．die ~ drücken《話》学校に通っている．miteinander die [gleiche] ~ gedrückt haben / [miteinander] auf einer ~ gesessen haben《話》(同じ学校に通った) 同級生である．

'**Schul·bei·spiel** 中 -[e]s/-e（学校で習うような）初歩的な範例，お手本；《比喩》典型的な例．

'**Schul·be·such** 男 -[e]s/-e《複数まれ》**1** 通学，登校．**2**《公式》（視学官などの）学校視察．

'**Schul·bil·dung** 女 -/ 学校教育．

'**Schul·buch** 中 -[e]s/⁻er 学校用教科書．

*****schuld** ['ʃʊlt シュルト] 形《次の成句で》an et³ ~ sein 事³について責任（罪）がある．Wer ist ~ daran? それは誰のせいだ．Er ist an allen ~．すべては彼のせいだ．◆↑Schuld 1

Schuld ['ʃʊlt シュルト] 女 -/-en **1**《複数なし》責任，責め．Die ~ fällt auf mich. / Die ~ liegt an〈bei〉mir. その責任は私にある．Das ist meine ~．それは私のせいだ．Ihn trifft keine ~．彼には何の責任もない．j³ an et³ [die] ~ geben〈⁰schuld geben〉事³を人³のせいにする，(の) 責任を人³に負わせる．an et³ [die] ~ haben〈⁰schuld haben〉事³について責任がある．Er hat〈trägt〉die ~ an dem Unfall. 彼はこの事故の責任を負っている．die ~ auf sich⁴ nehmen 責任を引受ける．die ~ auf j⁴ ist schieben〈abwälzen〉/ j³ die ~ zuschreiben 人³に責任を転嫁する．**2**《複数なし》罪，罪過，過（あやま）ち．~ und Sühne 罪と償い．eine ~ büßen〈sühnen〉罪の償いをする．eine schwere ~ auf sich⁴ laden 重大な罪過を犯す．sich³ et⁴ zu ~en kommen lassen 事⁴の罪を犯す（↑zuschulden）．**3**（a）《ふつう複数で》借金，負債，債務．~en haben〈machen〉（人³に）借金がある〈借金をつくる〉．mehr ~en als Haare auf dem Kopf haben《話》山ほどの借金がある．bis über die〈beide〉Ohren in ~en stecken《話》借金で首が回らない．sich¹ in ~en stürzen 多額の借金を負う〈(に) 込む．（b）負い目，借り；恩義．Ich bin〈stehe〉tief in seiner ~．《雅》私は彼に深い恩義がある．

'**Schuld·be·kennt·nis** 中 -ses/-se **1** 罪の告白．**2**《公式》債務約束．

'**schuld·be·la·den** 形《雅》(重い) 罪を負った．

'**Schuld·be·weis** 男 -es/-e【法制】罪の証明（証拠）．

'**schuld·be·wusst** 形 罪を意識した，後ろめたい．

'**Schuld·be·wusst·sein** 中 -s/ 罪の意識，罪悪感，後ろめたさ．

'**Schuld·buch** 中 -[e]s/⁻er【法制】（国の）債務原簿．

'**schul·den** ['ʃʊldən] 他 **1**（人³に物⁴の）借りがある，借金〈負債〉がある．Ich *schulde* dir noch 100 Euro. 私は君にまだ 100 ユーロの借りがある．Was *schulde* ich Ihnen?（修理代などをたずねて）いくらお支払いすればいいでしょうか．Ich *schulde* dir mein Leben.《比喩》君は私の命の恩人だ．**2**（人³に事⁴をする）義務がある．j³ Dank ~ 人³に感謝しなくてはならない．Du *schuldest* mir eine Erklärung. 君は私に説明する義務がある．

'**Schul·den·berg** 男 -[e]s/-e《話》山ほどの借金，借金の山．

'**schul·den·frei** 形 借金（負債）のない；（不動産が）抵当に入っていない．

'**Schul·den·last** 女 -/-en 借金〈負債〉の重荷．

'**schuld·fä·hig** 形【法制】[刑事] 責任能力のある．

'**Schuld·fä·hig·keit** 女 -/-en【法制】[刑事] 責任

能力.

'**Schuld·fra·ge** 囡 -/-n 罪(責任)の有無の問題.
'**Schuld·frei** 形 罪(責任)のない.
'**Schuld·ge·fühl** 回 -[e]s/-e 罪の意識, 罪悪感.
'**schuld·haft** 形 (行為などが)有責の, 罪になる.
'**Schuld·haft** 囡/-《古》債務拘留.
'**Schul·die·ner** [ˈʃuːl..] 男 -s/-《古》(Pedell) 学校の小使い, 用務員.
'**Schul·dienst** 男 -[e]s/ 学校勤務, 教職. im ～ tätig sein 教職についている.
***schul·dig** [ˈʃʊldɪç シュルディヒ] 形 **1** (a) 罪のある, 有罪の; 責任のある, 有責の(et²〈an et³〉事²,³について). der ～e Teil《法制》有罪(有責)者側. Er ist des Betrugs〈an dem Unglück〉～. 彼は詐欺の罪を犯した〈その事故に責任がある〉. Er hat sich⁴ des Mordes ～ gemacht. 彼は殺人の罪を犯した. sich⁴ ～ bekennen 自分の罪を認める. sich⁴ ～ fühlen 自分に罪(責任)があると感じる. j⁴ ～ sprechen / j⁴ für ～ befinden〈erklären〉人⁴に有罪を宣告する, 責任ありとする. auf ～ erkennen《法制》有罪と認める. (b) des Todes ～ sein《雅》死罪に値する. (c)《名詞的用法で》das Schuldig aussprechen《法制》有罪の宣告をする. **2**《述語的用法のみ》j³ et⁴ ～ sein 人³に物⁴の借りがある, (を)返さねばならない; 人³に事⁴を果たす義務がある. j³ 100 Euro ～ sein 人³に100ユーロ借りている. j⁴ die Miete ～ sein 人³に賃貸料をまだ払っていない. Was bin ich Ihnen ～?《話》いくらお支払いすればよいでしょうか. Ich bin ihm vieles ～. 私は彼にずいぶん借りがある. j³ Dank ～ sein 人³に礼を言わなくてはならない, 感謝しなくてはならない. j³ eine Antwort ～ bleiben 人³にまだ返事をしていない. j³ nichts ～ bleiben (議論などで)人³に負けずにやり返す, (と)対等に渡り合う.《付加語的用法のみ》しかるべき, 相応の. j³ den ～en Respekt zollen 人³に十分な敬意を払う.
'**Schul·di·ge** 男/囡《形容詞変化》有罪者, 罪人(ᶜᵃⁿ); 責任ある者.
'**Schul·di·ger** [ˈʃʊldɪɡɐr] 男 -s/-《新約》負い目のある人, 罪人(ᶜᵃⁿ).
'**schul·di·ger·ma·ßen** 副 罪相応に, 当然の.
'**Schul·dig·keit** 囡 -/ 義務, 責任, 責務;《古》負債, 債務. Das ist seine [verdammte] Pflicht und ～. それは彼の当然の義務だ. Diese Maschine tat ihre ～. この機械は期待通りよく働いてくれた.
'**Schuld·kom·plex** 男 -es/-e《心理》罪悪感コンプレックス.
'**schuld·los** 形 罪(責任)のない, 無実の, 潔白な.
'**Schuld·lo·sig·keit** 囡 -/ 罪(責任)のないこと, 無実, 潔白.
'**Schuld·ner** [ˈʃʊldnɐr] 男 -s/- 債務者. Ich werde immer Ihr ～ sein.《古》私はあなたのご恩をいつまでも忘れません.
'**Schuld·recht** 回 -[e]s/《法制》債権法.
'**Schuld·schein** 男 -[e]s/-e《法制》債務証書, 借用書.
'**Schuld·spruch** 男 -[e]s/ᵘ-e 有罪の宣告, 有罪判決; 有責の宣告.
'**Schuld·ver·hält·nis** 回 -ses/-se《法制》債務関係.
'**Schuld·ver·schrei·bung** 囡 -/-en《法制》債務証書, 債権; 借用書.

Schu·le [ˈʃuːlə シューレ] 囡 -/-n (gr.) **1** 学校. eine öffentliche〈private〉～ 公立〈私立〉学校. Die ganze ～ hat heute Wandertag. 今日は全校の遠足日だ. die ～ besuchen 学校に通う. die ～ wechseln 転校する.《前置詞とan》**an** die ～ gehen《話》教師になる. Er ist Lehrer an meiner ～. 彼は私の学校の先生だ. **auf** die ～ gehen 学校へ行く; 進学(就学)する. j⁴ **aus** der ～ entlassen 人⁴を卒業させる. aus der ～ kommen 下校する.《話》卒業する. aus der ～ plaudern〈schwatzen〉《話》秘密を外部に漏らす. **hinter**〈neben〉die ～ gehen《話》学校をさぼる. **in** die ～ gehen 学校へ行く, 登校する; 学校に通う. in die〈zur〉～ kommen 学校へ上がる, 入学する. **von** der ～ abgehen 学校をやめる. von der ～ fliegen《話》放校になる. **zur** ～ gehen 学校に上がる, 就学する; 学校に通う;《話》教師になる. **2**《複数なし》授業, 課業. Die ～ ist aus.《話》学校(授業)が終った. Heute ist keine ～. / Heute haben wir keine ～. 今日は学校(授業)がない. ～ halten《古》授業をする. die ～ schwänzen《話》授業をさぼる. Er kommt in der ～ nicht mit. 彼は授業についていけない. nach der ～ 放課後に. **3**《複数なし》(専門的な)教育; 修業, 修練. die harte ～ des Lebens《比喩》人生のきびしい試練. [die] Hohe ～ 高等馬術;《比喩》高等技術. die Hohe ～ der Architektur〈der Kochkunst〉建築〈料理〉の高等テクニック. Ihre Stimme verrät eine gute ～. 彼女の声には十分な修練のあとが見える. durch eine harte ～ gehen / eine harte ～ durchmachen《比喩》(人生の)厳しい試練を経る, つらい経験を積む. bei j³ in die ～ gehen 人³のもとで修業する, (の)教えを受ける. j⁴ in eine harte ～ nehmen 人⁴を厳しく鍛える(教育する). **4** (芸術などの)流派, 学派, 一門. die ～ der Stoa ストア学派. die romantische ～ ロマン派. ein Kavalier der alten ～《話》(とくに女性にたいして)礼儀正しい昔風の紳士. ～ machen《話》模倣者を生む, 広まる. aus der alten ～ stammen《比喩》昔風の教育が身についている, 古風である. **5** (書名などに)教本, 教則本. ～ des Klavierspiels ピアノ教則本(=Klavierschule). **6** (Baumschule) 苗木の畑, 苗畑. **7**《水産》(魚や鯨などの)群.

'**schu·len**¹ [ˈʃuːlən] 他 **1** (人⁴を一定の業務・任務に向けて)教育する, 養成する.《過去分詞》[gut] geschultes Personal よく訓練された従業員. **2** (声・記憶力などを)鍛える, 鍛錬する. **3** (犬などを)調教する.
'**schu·len**² 自《北ドツ》(schielen) 横目で見る, こっそりうかがう.
'**schul·ent·las·sen** [ˈʃuːl..] 形 学校を卒業した, 義務教育を終えた.
'**schul·ent·wach·sen** 形 学齢を越えた.

Schü·ler [ˈʃyːlɐr シューラー] 男 -s/- **1** (a) (学校の)生徒, 学童. (b) ein fahrender ～《歴史》(中世の)遍歴学生. **2** 弟子, 門下生. ein ～ Professor Müllers ミュラー教授の門下生. ◆ 女性形 Schülerin 囡 -/-nen
'**Schü·ler·aus·tausch** 男 -[e]s/-e (学校生徒の)交換留学, 生徒交換.
'**schü·ler·haft** 形 **1** 生徒らしい, 生徒のような. **2** 未熟な, 幼稚な.
'**Schü·le·rin** [ˈʃyːlərɪn] 囡 -/-nen **1** (Schüler の女性形) 女生徒. **2** (女性の)弟子, 門下生.
'**Schü·ler·kar·te** 囡 -/-n 学割乗車券.
'**Schü·ler·lot·se** [..loːtsə] 男 -n/-n (登下校時に下

級生を先導する)通学指導生徒, 交通安全係の生徒.
Schü·ler·mit·ver·wal·tung 囡 –/–en **1**《学校の》生徒自治. **2**《略 SMV》生徒自治会, 生徒会.
Schü·ler·schaft 囡 –/–en《複数まれ》《学校の》全児童, 全生徒(数).
Schü·ler·spre·cher 男 –s/– 生徒会委員.
Schul·fach 中 –[e]s/ⁿer 授業科目.
Schul·fe·ri·en 複 学校の休暇.
Schul·fest 中 –[e]s/–e 学校祭, 学園祭.
schul·frei 形 学校が休みの, 授業のない. ein ~er Tag 休校日. Heute ist ~. / Heute haben wir ~. 今日は学校が休みだ.
Schul·freund 男 –[e]s/–e 学校友達, 学友, クラスメイト; 同級生, 同窓生.
Schul·funk 男 –s/ 学校放送, 教育放送, 校内放送.
Schul·ge·bäu·de 中 –s/– 校舎.
Schul·geld 中 –[e]s/ 学校の授業料, 学費. Lass dir dein ~ zurückgeben!《戯》君は学校で何を勉強してきたんだ(学費を返してもらうといい).
Schul·ge·lehr·sam·keit 囡 –/ 学校で学んだだけの知識, 机上の学問.
Schul·ge·mein·de 囡 –/–n《ある学校の》教師・父母・生徒のみんな, 学校関係者《の全体》.
Schul·ge·setz 中 –es/–e《法制》学校法.
Schul·gram·ma·tik 囡 –/–en 学校文法《の教科書》.
Schul·haus 中 –es/ⁿer 校舎.
Schul·heft 中 –[e]s/–e 学校用ノート.
Schul·hof 男 –[e]s/ⁿe 校庭.
schu·lisch ['ʃuːlɪʃ] 形 学校の, 学校関係の.
Schul·jahr 中 –[e]s/–e **1** 学年. **2**《複数で》学校時代.
Schul·ju·gend 囡 –/《集合的に》学童, 生徒.
Schul·jun·ge 男 –n/–n(–ns, ..jungs)《話》男子生徒. j⁴ wie einen [dummen] ~n abkratzen〈behandeln〉人⁴を小僧扱いする.
Schul·ka·me·rad 男 –en/–en 学友, クラスメイト; 同級生, 同窓生.
Schul·kennt·nis·se 複 学校で学んだ知識.
Schul·kind 中 –[e]s/–er 就学児童, 学童.
Schul·klas·se 囡 –/–n **1** 学級, クラス. **2** 学年.
Schul·land·heim 中 –[e]s/–e《学童用の》林間学校《施設》.
Schul·leh·rer 男 –s/– 学校の先生, 教員, 教師.
Schul·leh·re·rin 囡 –/–nen《Schullehrerの女性形》女性教員《教師》.
Schul·leis·tung 囡 –/–en 学業成績.
Schul·lei·ter 男 –s/– 学校長. ◆女性形 Schulleiterin.
Schul·mäd·chen 中 –s/–《話》女子生徒.
Schul·map·pe 囡 –/–n 通学鞄(かばん).
schul·mä·ßig 形 **1** 学校向きの, 授業に適した. **2** 学校に関する.
Schul·meis·ter 男 –s/– **1**《古》《戯》(Lehrer) 学校教師. **2**《侮》教育ぶる人, 教師風を吹かす人.
schul·meis·ter·lich 形《侮》教師みたいに口うるさい, 教師ぶった.
schul·meis·tern ['ʃuːlmaɪstɐn] ❶ 他《人⁴に》教えてやる, 説教する. ❷ 自 教師ぶる, 教師ぶった口をきく.
Schul·ord·nung 囡 –/–en 校則, 学則.
Schulp [ʃʊlp] 中 –[e]s/–e 烏賊(イカ)の甲.

'**Schul·pflicht** 囡 –/ 就学義務.
'**schul·pflich·tig** 形 就学義務のある, 学齢に達した.
'**Schul·ran·zen** 男 –s/– ランドセル.
'**Schul·rat** 男 –[e]s/ⁿe《市や郡の教育の監督にあたる》視学官, 《ぽ》学校視察督官庁;《(ス)》連邦(州立)工科大学指導監督委員会.
'**Schul·re·form** 囡 –/–en 学制改革.
'**schul·reif** 形 就学能力のある, 就学可能な.
'**Schul·schiff** 中 –[e]s/–e 練習船.
'**Schul·schluss** 男 –es/ⁿe **1**《毎日の》授業終了で,《学期末の》終業. **2**《地方》卒業.
'**Schul·schwän·zer** 男 –s/–《話》学校をサボる生徒. ◆女性形 Schulschwänzerin 囡 –/–nen
'**Schul·spei·sung** 囡 –/ 学校給食.
'**Schul·spre·cher** 男 –s/– = Schülersprecher
'**Schul·stun·de** 囡 –/–n 授業時間, 時限.
'**Schul·sys·tem** 中 –[e]s/–e 学校制度, 学制.
'**Schul·tag** 男 –[e]s/–e 学校のある日, 登校日.
'**Schul·ta·sche** 囡 –/–n = Schulmappe

'**Schul·ter** ['ʃʊltɐ シュルター] 囡 –/–n **1** 肩. die ~n hängen〈sinken〉lassen〈がっくりして〉肩を落す. j³ die kalte ~ zeigen《比喩》人³に冷淡な態度をとる. die ~n《mit den ~n》zucken 肩をすくめる.《前置詞と》~ an ~ 肩を接して, びっしり並んで;《比喩》力を合せて. j³ auf die ~ klopfen《ぽんと》人³の肩を叩く. den Gegner auf die [~n] legen〈zwingen〉《レスリング》相手をフォールする. Alles liegt〈ruht〉auf seinen ~n.《比喩》すべては彼の双肩にかかっている. et⁴ auf die leichte ~ nehmen《話》事⁴を軽く考える, 軽視する. auf j² ~n stehen《比喩》人²の仕事を下敷きにしている, 《に》おぶさっている. auf beiden ~n《Wasser》tragen《比喩》《利害などの相反する》双方にいい顔をする, 二股かける. j³ bis an die〈bis zur〉~ reichen《高さが》人³の肩まで届く. mit hängenden ~n 肩を落して, がっかりして. j³ über die ~ ansehen 人³を見くだす. den Arm um j² ~ legen 人²の肩に腕をまわす. **2**《衣服の》肩《の部分》. **3**《食品》《牛や豚の》肩の肉. **4**《地理》山の肩.
'**Schul·ter·blatt** 中 –[e]s/ⁿer《解剖》肩甲骨.
'**schul·ter·frei** 形《ドレスなどの》肩を露わにした; 肩紐のない, ストラップレスの.
'**Schul·ter·ge·lenk** 中 –[e]s/–e《解剖》肩関節.
'**Schul·ter·klap·pe** 囡 –/–n《ふつう複数で》《軍事》肩章.
'**schul·tern** ['ʃʊltɐn] 他 **1**《物⁴を》肩に担ぐ. **2**《レスリング》《人⁴を》ホールする.
'**Schul·ter·rie·men** 男 –s/–《バッグなどの》ショルダーベルト, 負い革;《軍事》肩帯.
'**Schul·ter·stück** 中 –[e]s/–e《ふつう複数で》《軍事》《将校の》肩章.
'**Schult·heiß** ['ʃʊltaɪs] 男 –en/–en **1**《古》村長, 町長. **2**《ス》《ルツェルン州の》州評議会議長.
'**Schu·lung** ['ʃuːlʊŋ] 囡 –/–en **1**《複数なし》《専門的な》教育, 研修, 訓練,《声などの》鍛練. **2** 講習会, 研修会, スクーリング.
'**Schul·un·ter·richt** 男 –[e]s/–e《複数まれ》学校の授業.
'**Schul·weg** 男 –[e]s/–e 通学路.
'**Schul·weis·heit** 囡 –/–en《侮》机上の知識, 実用性に乏しい理論.
'**Schul·we·sen** 中 –s/ 学校制度, 学制.
'**Schul·ze** ['ʃʊltsə] 男 –n/–n《古》=Schultheiß 1

'**Schul·zeit** 囡 -/-en《複数まれ》学校時代; 就学時期.

'**Schul·zeug·nis** -ses/-se 成績表, 通知簿, 卒業(終業)証明書.

'**Schul·zim·mer** 匣 -s/- 教室.

'**Schu·mann** ['ʃuːman]《人名》シューマン. Robert ～ ローベルト・シューマン(1810-56, ドイツの作曲家).

'**schum·meln** ['ʃʊməln] ❶ 圁《話》(賭け事などで)インチキをする, ごまかす. ❷ 囮《話》(A⁴ in⟨unter/zwischen⟩ B⁴ A⁴ を B⁴ の中〈下／間〉へ)こっそり紛れ込ませる, 取込む. 《再帰的に》sich¹ in den Festsaal ～ 式典会場にもぐり込む.

'**Schum·mer** ['ʃʊmər] 男 -s/《地方》(Dämmerung) (夜明けと夕暮れの)薄明, 薄明かり(暗がり).

'**schum·me·rig** ['ʃʊməriç] 形 **1**《話》薄明るい, 薄暗い. **2**《比喩》無気味な.

'**schum·mern** ['ʃʊmərn] ❶ 圁《地方》薄明るく(薄暗く)なる.《非人称的に》Es schummert. 夜が明ける; 黄昏(たそがれ)る. ❷ 囮《地図に》ぼかしをつける.

'**schumm·rig** ['ʃʊmriç] 形 =schummerig

schund [ʃʊnt] schinden の過去.

'**Schund** [ʃʊnt] 男 -[e]s/《↓ schinden》**1**《侮》《しばしば Schmutz und Schund の形で》俗悪な出版物(映像, 画像). **2**《話》くず, がらくた, 粗悪品.

'**schün·de** ['ʃʏndə] schinden の接続法II.

'**Schund·li·te·ra·tur** 囡 -/ 俗悪文学.

'**schun·keln** ['ʃʊŋkəln] 圁 (h, s) **1** (a) (h) (酒場や宴会場で腕を組み音楽に合せて)体を左右に揺する. (b) (s) (音楽に合せて体を左右に揺すりながら腕を組んで練り歩く. **2**《地方》(schaukeln) (a) (h)《船・乗り物などが》揺れる. (b) (s) 揺れながら進む.

'**schup·fen** ['ʃʊpfən] 囮《南ドイツ》**1** 押す, 突く, 小突く. **2** (ボールを)投げる, 放る.

'**Schu·po**¹ ['ʃuːpo] 囡 -/ (Schutzpolizei の短縮)保安警察.

'**Schu·po**² ['ʃuːpo] 男 -s/-s《古》(Schutzpolizist の短縮)保安警察官.

'**Schüpp·chen** ['ʃʏpçən] 匣 -s/- (Schuppe の縮小形) 小さな鱗(うろこ).

'**Schup·pe** ['ʃʊpə] 囡 -/-n 鱗(うろこ);《虫》(蝶・蛾の)鱗粉(りんぷん);《植物》鱗片, (松毬(まつかさ)などの)種鱗; (皮膚の)鱗屑(りんせつ), ふけ; (鎧の)小札(こざね). Es fiel ihm wie ～n von den Augen.《比喩》彼は目から鱗が落ちた(《新約》使 9:18).

'**schup·pen**¹ ['ʃʊpən] 囮《地方》(schubsen) (軽く)押す, 突く, 小突く.

'**schup·pen**² ❶ 囮 (魚の)鱗(うろこ)を取る. ❷ 再 (sich⁴) (皮膚に)鱗屑(りんせつ)ができる; ふけが出る.

*'**Schup·pen** ['ʃʊpən] 男 -s/- **1** (穀物や資材を収納するための仮作りの)納屋, 物置小屋; 車庫. **2**《話》(a) おんぼろ小屋, あばら屋. (b) (若者向けの)ディスコ, ダンスホール, 安酒場.

'**Schup·pen·flech·te** 囡 -/-n《病理》乾癬(かんせん).

'**Schup·pen·pan·zer** 男 -s/- **1** (昔の小札鎧(こざねよろい). **2**《動物》(アルマジロなどの)鱗状の甲.

'**Schup·pen·tier** 匣 -[e]s/-e《動物》せんざんこう(穿山甲).

'**schup·pig** ['ʃʊpiç] 形 **1** 鱗に覆われた. **2** 鱗状の. **3** (頭髪などが)ふけだらけの.

'**Schups** [ʃʊps] 男 -es/-e《南ドイツ》=Schubs

'**schup·sen** ['ʃʊpsən] 囮《南ドイツ》=schubsen

'**Schur**¹ [ʃuːr] 囡 -/-en《↓ scheren²》**1** (羊毛の)刈取り, 剪毛(せんもう); 刈取った羊毛. **2** (生け垣・芝生などの)刈込み.

'**Schur**² 男 -[e]s/《↓ scheren²》《古》面倒(厄介)なこと, いやがらせ. j³ einen ～ tun 人³にいやがらせをする, (をわざと怒らせる. j³ et¹ zum ～ tun 人³をわざと怒らせようと事³をする.

'**Schür·ei·sen** ['ʃyːr..] 匣 -s/- 火かき棒.

'**schü·ren** ['ʃyːrən] 囮 **1** (火を)かきおこす. **2**《比喩》(憎しみ・競争心などを)かき立てる, 煽(あお)り立てる.

'**Schü·rer** ['ʃyːrər] 男 -s/- **1** (Schüreisen) 火かき棒. **2** 火夫, ボイラーマン. **3**《比喩》扇動者.

Schurf [ʃʊrf] 男 -[e]s/Schürfe **1**《古》《鉱業》探鉱, 探鉱坑道. **2**《地方》=Schorf

'**schür·fen** ['ʃʏrfən] ❶ 囮 **1** (a)《鉱業》探鉱する, 試掘する(nach et³ 物を求めて). (b)《比喩》探求する. **2** (がりがりと)引っ掻くような音を立てる. ❷ 囮 **1** (鉱物を)探掘する. 《再帰的に》sich³ einen Körperteil ～ 肢体を擦りむく. ❸ 囮 (sich⁴) 体を擦りむく.

'**Schür·fer** ['ʃʏrfər] 男 -s/-《鉱業》探鉱する人.

'**Schürf·wun·de** ['ʃʏrf..] 囡 -/-n すり(引っ掻き)傷.

'**Schür·ha·ken** ['ʃyːr..] 男 -s/- 火かき棒.

'**schu·ri·geln** ['ʃuːriːgəln] 囮《話》(人⁴に)いやがらせをする, いじめる.

'**Schur·ke** ['ʃʊrkə] 男 -n/-n 悪党, 卑劣漢, ならず者.

'**Schur·ken·streich** -[e]s/-e《古》卑劣な行為, 悪行.

Schur·ke·rei [ʃʊrkəˈraɪ] 囡 -/-en《侮》卑劣な行為, 悪行.

'**schur·kisch** ['ʃʊrkɪʃ] 形 ならず者のような, 卑劣な.

'**Schur·re** ['ʃʊrə] 囡 -/-n《地方》(Rutsche) シュート(滑走式運搬装置).

'**schur·ren** ['ʃʊrən] 圁 (h, s)《地方》**1** (s) (ずるずると)滑る, 滑り落ちる. **2** (h) ずるずると音を立てる.

'**Schur·wol·le** ['ʃuːr..] 囡 -/-n 刈取った羊毛, バージンウール.

Schurz [ʃʊrts] 男 -es/-e **1** (a) (作業用の)前掛け, 前垂れ. (b)《地方》=Schürze **2** 腰布

*'**Schür·ze** ['ʃʏrtsə シュルツェ] 囡 -/-n 前掛け, エプロン. eine ～ anziehen⟨umbinden/vorbinden⟩ 前掛けを着ける. [der Mutter] an der ～ hängen《比喩》乳離れしていない, マザコンである. hinter jeder ～ herlaufen《古》女の尻ばかり追回す.

*'**schür·zen** ['ʃʏrtsən シュルツェン] 囮 **1** (a) (衣服の)裾をからげる(たくしあげる). (b) die Lippen⟨den Mund⟩ ～《比喩》(高慢・侮蔑・反感などを表して)口をとがらす. **2**《雅》(を) (結び目を作る. **3** (b) im Drama den Knoten ～《比喩》劇中に葛藤を作る.

'**Schür·zen·band** 匣 -[e]s/⸚er 前掛けの紐. j³ am ～ hängen《比喩》人³の言いなりである, 乳離れができていない.

'**Schür·zen·jä·ger** 男 -s/-《侮》女の尻を追回す男, 女たらし.

*°**Schuß** [ʃʊs シュス] 男 -es/Schüsse (単位 -) (↓ schießen) **1** (a) 発射, 発砲, 射撃, 砲撃; 銃声, 砲声; (弾薬などの) 1 発分, 1 装填(そうてん); 銃創. ein blinder⟨scharfer⟩ ～ 空砲⟨実包⟩射撃. ein ～ auf die Scheibe 標的射撃. ein ～ durch die Brust 胸部貫通銃創. ein ～ ins Blaue 空に向けた 1 発. ein ～ ins Knie⟨in den Ofen⟩《話》(大)失敗. ein ～ ins Schwarze (標的の真ん中への)命中弾, 《比喩》的中, 図星, 大当り. 100 ～ Munition 100 発分の弾薬. Es fielen zwei Schüsse. 銃弾(砲弾)が 2 発発射された, 銃声(砲声)が 2 発した. Das ist ein ～

nach hinten. / Der ~ geht nach hinten los.《比喩》それでは自分で自分の首を絞めるのも同然だ. ~ haben《話》頭がいかれている. keinen ~ Pulver wert sein《話》何の役にも立たない, まったくのくずである. j³ einen ~ vor den Bug setzen《話》人³に強く警告する(もともとは停船を命じる威嚇射撃を意味した). an den ersten ~ kommen 最初の1発で. weit〈fern〉 vom ~ sein はるか射程外にいる;《比喩》安全圏にいる, 遠く離れた場所にいる. das Wild vor〈in〉 den ~ bekommen 獲物を射程内にとらえる. Er ist mir richtig vor den ~ gekommen.《話》彼はちょうどいいときに来てくれた. zum ~ kommen 射撃のチャンスにめぐまれる;(カメラマンが)シャッターチャンスにめぐまれる;《願ったりかなったり》のチャンスがくる;《卑》(女と)一発やるチャンスがある. (b)《in〈im〉 Schuss の形で》《話》Er hat das Geschäft wieder in ~ bekommen. 彼は商売を再びやり出した. Hast du deine Kamera jetzt wieder in ~? 君のカメラはもう直ったかい. [wieder] in ~ kommen《修理や手入れが終って》またちゃんとなる;《病気や怪我が治って》元気になる. in〈im〉 ~ sein《修理や手入れが行届いて》良好な状態にある, 順調である; 元気である（↑1b）.
▶ もともとは銃砲の整備と弾薬装塡が完了していることを意味した.
2（矢のように）すばやい動き; 疾走, 疾駆. in〈mit〉 einem gewaltigen ~《話》猛スピードで. in ~ kommen《話》スピードを上げる, 弾みがつく, 勢いに乗る.
3《話》（植物や子供が）ぐんぐん育つこと. einen ~ machen〈tun〉ぐんぐん大きくなる. im ~e sein（植物などが）伸びざかりである（↑1b）).
4〖スキー〗(Schussfahrt)（スキーの）直滑降. im〈mit〉 ~ fahren / ~ fahren 直滑降で滑る. (b) シュート, スマッシュ（されたボール）;（サッカーで）シュート力.
5〖料理〗少量. einen ~ Sahne in die Suppe tun 少量の生クリームをスープに加える. einen ~ Leichtsinn im Blut haben《比喩》生れつきちょっと軽率なところがある. Berliner Weiße mit ~ ベルリーナー・ヴァイセ（ベルリーンの名物のラズベリーのシロップ入りビール）.
6〖鉱業〗発破(ぱつ); 発破孔.
7〖紡織〗緯（↔ Kette）緯(ぬき)糸.
8《卑》（麻薬, とくにヘロインの）注射;（注射の）1回分. der goldene ~ 致死量の注射.
'**Schuss·be·reich** 圏 -[e]s/-e =Schussfeld
'**schuss·be·reit** 厖 **1** 射撃準備のできた. **2**《話》撮影準備のできた.
'**Schüs·se** ['ʃʏsə] Schuss の複数.
'**Schus·sel** ['ʃʊsəl] ❶ 圏 -s/-《話》せっかちな人. ❷ 囡 -/-n《まれ》せっかちな人.
'**Schus·sel** 囡 -/-n《地方》(Schlittenbahn)（橇(そり)などの）滑走路, 橇道(そりみち).
*'**Schüs·sel** ['ʃʏsəl シュセル] 囡 -/-n《lat.》**1**（料理を盛る）鉢, 深皿, ボウル; 《古》(鉢に盛った）料理. aus einer ~ essen《話》同じ釜の飯を食う. vor leeren ~n sitzen《話》空きっ腹を抱えている. **2**《話》（おんぼろ）自動車. **3**《猟師》猪の耳; 野雁の足.
'**schus·se·lig** 厖;'**schuss·lig** ['ʃʊslɪç] 厖 せっかちな, そそっかしい
'**schus·seln** ['ʃʊsəln] 圄 (h, s) **1** (h)《話》せっかちに振舞う; そそっかしいへまをする, うっかりミスをする. **2** (s)《話》せっかちにかけずり回る, せかせかとかけていく;《地方》スケートで滑っていく.
'**Schus·ser** ['ʃʊsɐr] 圏 -s/-《地方》(Murmel) ビー玉.
'**schus·sern** ['ʃʊsɐrn] 圄《地方》ビー玉で遊ぶ.

'**Schuss·fa·den** 圏 -s/⸚《紡織》緯(ぬき)糸.
'**Schuss·fahrt** 囡 -/-en（スキーの）直滑降.
'**Schuss·feld** ⊞ -[e]s/-er《軍事》射界. freies ~ haben 射界を遮(さえぎ)るものがない. ins ~ geraten《比喩》世間の批判の的になる, 公然たる非難の矢面(やおもて)に立たされる.
'**schuss·fer·tig** 厖 **1** 射撃（発砲）の準備のできた. **2**《話》撮影準備のできた.
'**schuss·fest** 厖 **1** 防弾の. **2**《猟師》（犬・馬などの）銃声（砲声）になれた.
'**schuss·ge·recht** 厖《猟師》**1**（獲物が）射程内にいる. **2** 銃の扱いの巧みな.
'**schuss·lig** ['ʃʊslɪç] 厖 =schusselig
'**Schuss·li·nie** 囡 -/-n《軍事》射線. **2** in die ~ geraten《比喩》非難の嵐に身をさらす, 激しい批判を浴びる.
'**Schuss·waf·fe** 囡 -/-n 銃器, 火器.
'**Schuss·wei·te** 囡 -/-n 射程（距離）. in〈außer〉 ~ sein 射程内〈外〉にある.
'**Schuss·wun·de** 囡 -/-n 銃創, 弾傷.
*'**Schus·ter** ['ʃuːstɐr シューステル] 圏 -s/- **1** (Schuhmacher) 靴屋, 靴職人. ~, bleib bei deinen Leisten!《諺》餅は餅屋に任せておれ, おのれの分を守れ. auf ~s Rappen《戯》歩いて, 徒歩で. **2**《俗》不手際な仕事をする人, 下手な人, へぼ. **3**《地方》《虫》(Weberknecht) めくらぐも.
'**Schus·ter·ah·le** 囡 -/-n（靴屋の）突き錐(きり).
Schus·te·rei [ʃuːstəˈraɪ] 囡 -/-en **1** (a)（複数なし）靴屋の仕事. (b) 靴屋の仕事場. **2**《侮》そんざいな仕事, やっつけ仕事.
'**Schus·ter·jun·ge** 圏 -n/-n(-ns, .jungs) **1**《古》靴屋の小僧. Es regnet ~n.《戯》どしゃぶりの雨が降る. **2**《印刷》（組み版から避けられるべき）ページの終りにくる新しい段落の第1行目. **3**《地方》小型のライ麦パン.
'**schus·tern** ['ʃuːstɐrn] 圄 **1**《古》《話》靴屋（靴職人）として働く. **2**《侮》そんざいな（やっつけ）仕事をする.
'**Schus·ter·pech** 圏 -[e]s/-（靴の縫い糸に引く）ピッチ, 樹脂ろう.
'**Schu·te** ['ʃuːtə] 囡 -/-n **1**（無蓋平底の）小舟, 艀(はしけ). **2**《服飾》ジョッキー・キャップ（顔を縁取るように前つばがぞり返ったボンネット風婦人帽）.
Schutt [ʃʊt] 圏 -[e]s/ **1**（岩石やコンクリートなどの）瓦礫, 破片（の山）;（建築現場などの）ごみ, 建築廃棄物. ~ abladen 建築廃棄物をすてる. et⁴ in ~ und Asche legen 物⁴を廃墟と化する. 灰燼に帰せしめる. in ~ und Asche sinken 廃墟と化す. **2**《地方》=Schuttabladeplatz
'**Schutt·ab·la·de·platz** 圏 -es/⸚e ごみ捨て場, 瓦礫置き場.
'**Schütt·bo·den** ['ʃʏt..] 圏 -s/-（穀物や藁(わら)を入れる）屋根裏の物置.
'**Schüt·te** ['ʃʏtə] 囡 -/-n **1** (a)（台所戸棚の）小引出し（の粉入れ, 砂糖入れ）. (b)（上部の開口部から中身を振出す）炭びつ, 石炭箱. (c)《海事》（石炭などの搬入用）シュート. **2**《地方》=Schüttboden **4**《猟師》（雉(きじ)・猪などの）餌; 餌場. **5**〖林業〗（針葉樹の病的な落葉をひきおこす）葉ぶり病.
'**Schüt·tel·frost** ['ʃʏtəl..] 圏 -[e]s/⸚e《病理》悪寒(おかん)戦慄; 寒気.
'**Schüt·tel·läh·mung** 囡 -/《病理》振戦麻痺, パーキンソン病.

*'**schüt·teln** ['ʃʏtəln シュテルン] ❶ 他 1 揺り(振り)動かす, 揺さぶる; 揺する(振る)落す. einen Baum ~ 木を揺さぶる. die Fäuste gegen j⁴ ~ こぶしを振り上げて人⁴を脅かす. j³ die Hand ~ 人³と握手する. den Kopf ~ 頭を横に振る(↑③). Mehl durch ein Sieb ~ 小麦粉をふるいにかける. Obst [vom Baum] ~ 木を揺すって果実を落す. den Staub von den Kleidern ~ 衣服のほこりを振るい落す. Vor Gebrauch [zu] ~! (薬びんなどの指示に)使用前によく振ること. 2 (寒さ・恐怖などが)身震いさせる. Die Kälte 〈Das Grauen〉 schüttelte mich. 寒くて〔怖くて〕私は体が震えた. (非人称的に) Es schüttelt mich. (寒くて・怖くて)私は身震いがする.
❷ 再 (sich) 体を震わせる, 身震いする. sich im Fieber〈vor Lachen〉 ~ 高熱が出て体が震える〈体を揺すって笑う〉.
❸ 自 1 (車や列車が)がたがた揺れる. 2 mit dem Kopf ~ 頭を横に振る(↑① 1).
'**Schüt·tel·reim** 男 -[e]s/-e 〖詩学〗交換韻, 頭韻交換(例 Wenn der Wind in Wipfeln geht, Trost dir aus den Gipfeln weht. 風が梢を渡ると, 慰めが頂より降りてくる).
'**schüt·ten** ['ʃʏtən] ❶ 他 1 (液体を)注ぐ, 流し込む; (水・粉・穀粒などを)ざあっと空〔ける(入れる); (うっかり)こぼす. Kohlen auf einen Haufen ~ 石炭を空けて山積みにする. Salz in ein Gefäß ~ 塩を容器に入れる. Wasser in einen Kessel ~ 水をやかんに注ぐ. Sie hat sich⁴ den Wein aufs Kleid geschüttet. 彼女はワインを服の上にこぼした. 2 (物⁴の上から)一杯に注ぐ. (話) den Boden voll Korn ~ 床に穀粒をぶちまける. 《再帰的に》 sich⁴ voll Bier ~ 浴びるほどビールを飲む.
❷ 自 1 (穀物が)たわわに実る, (鉱泉などが)こんこんと湧き出る. Ihn diesem Jahr schüttet das Korn. 今年は穀物のできがよい. 2 《非人称的に》 Es schüttet. (話) ざあざあと雨が降る.
'**schüt·ter** ['ʃʏtər] 形 1 (髪の毛などが)薄い; (林などが)まばらな. 2 《比喩》 わずかばかりの, 貧弱な; (声などが)弱々しい.
'**schüt·tern** ['ʃʏtərn] 自 (地面・床・車などが)揺れる, 震える; (体が)ぶるぶる震える. 《非人称的に》 Es schüttert. (揺れなどで)揺れする, 地震である.
'**Schütt·gut** 中 -[e]s/-¨er ばら荷, ばら貨物.
'**Schutt·hal·de** 女 -/-n 1 瓦礫(がれき)の山. 2 〖地質〗崖錐(がいすい)(崖下の崩落岩屑の堆積).
'**Schutt·hau·fen** 男 -s/- ばら山(ごみ)の山.
'**Schüt·tung** ['ʃʏtʊŋ] 女 -/-en 1 ばら積みすること. 2 ばら積みした物, ばら荷. 3 (水源の湧出(ゆうしゅつ))量.
*'**Schutz** [ʃʊts ʃュツ] 男 -es/-e (↑schützen) 1 (複数なし) 保護, 庇護, 擁護; 援助, 後援; 護衛, 警護; 防衛, 防護; 予防. der ~ des Gesetzes 法の保護. der ~ der Grundrechte 基本的人権の擁護. ~ gegen〈vor〉 Erkältung 風邪の予防. bei j³ ~ suchen j³に保護〔庇護〕を求める. im〈unter dem〉 ~ der Dunkelheit 闇にまぎれて. sich⁴ in〈unter〉 j² ~ begeben j²の保護〔庇護〕を受ける. in〈unter〉 j² ~ stehen 人²の保護〔庇護〕を受けている. j⁴ in ~ nehmen 人⁴を保護(擁護)する(vor j³〈gegen〉 j³,⁴ に対して). vor dem Regen unter einem Baum ~ finden 木の下に雨宿りする. zu ~ und Trutz 防御のために. 2 (機械などの)防御装置, 安全カバー.
Schütz¹ [ʃʏts] 男 -en/-en 1 (古) (Schütze¹) 射手, 射撃手. 2 (Feldschütz) 耕牧地の番人.

Schütz² 中 -es/-e 1 〖土木〗(堰(せき)の)仕切り板, 水利栓. 2 〖電子工〗継電器, リレー.
'**Schutz·an·strich** 男 -[e]s/-e 1 保護塗装, 防菌塗装. 2 (まれ) 迷彩(塗装).
'**Schutz·an·zug** 男 -[e]s/-¨e (消防士などの)防護服.
'**schutz·be·dürf·tig** 形 保護を必要とする.
'**Schutz·be·foh·le·ne** 男女 《形容詞変化》被保護者, 被後見人.
'**Schutz·be·haup·tung** 女 -/-en 〖法制〗(罪を免れようとしてなされる)自己弁護の主張.
'**Schutz·blech** 中 -[e]s/-e (自転車などの)泥除け, フェンダー; (機械等に付いている)防護板.
'**Schutz·brief** 男 -[e]s/-e 1 〖法制〗(君主から特定の個人に与えられる)保護状. 2 (自動車協会が発行する)会員保険証.
'**Schutz·bril·le** 女 -/-n 保護眼鏡, (とくに)サングラス.
'**Schutz·bünd·nis** 中 -ses/-se (国家間の)防衛同盟.
'**Schutz·dach** 中 -[e]s/-¨er 日除け(雨除け)屋根; ほろ, 庇(ひさし).
'**Schüt·ze** ['ʃʏtsə] 男 -n/-n 1 射手, 射撃手; 射撃クラブ会員. 2 〖軍事〗(陸軍) 2 等兵; (古) 歩兵. 3 (a) 〖天文〗射手座(いてざ), 〖占星〗(黄道十二宮のなかの)人馬宮. (b) 射手座生れの人. 4 〖紡織〗杼(ひ). 5 〖魚〗てっぽううお.
'**Schüt·ze**² 女 -/-n =Schütz² 1

'**schüt·zen** ['ʃʏtsən シュツェン] ❶ 他 1 守る, 保護する, 防護する (vor et³〈gegen et⁴〉 事³,⁴から). Das Gesetz schützt das Eigentum der Bürger. 法律は市民の財産を守る. Die Erfindung ist durch Patent geschützt. その発明は特許権で保護されている. eine Landschaft vor〈gegen〉 Umweltverschmutzung ~ ある地域を環境汚染から守る. 《目的語なしで》Der Mantel schützt gegen die Kälte. このコートは寒さを防ぐ. Unkenntnis schützt nicht vor Strafe. (法律や規則を)知らなかったからといって罰を免れることはできない. 《現在分詞で》 ein schützendes Dach 雨露をしのげる場所, 家. seine schützende Hand über j¹ halten 人⁴に庇護の手をさしのべる. sich⁴ schützend vor j⁴ stellen 人⁴を身をもって庇(かば)う. 《過去分詞で》 eine geschützte Stelle 雨風をしのげる所. geschützte Vogelarten 保護鳥類. gesetzlich geschützt (略 ges. gesch.) (商標・特許などについて)法的に保護された. 2 〖工学〗水門で堰(せ)き止める.
❷ 再 (sich) 身を守る. sich vor〈gegen〉 Erkältung ~ 風邪をひかないようにする.
'**Schüt·zen·fest** 中 -[e]s/-e 1 (村祭りなどの)射撃大会, 射撃祭. 2 (サッカーなどで)ワンサイドゲーム.
'**Schutz·en·gel** 男 -s/- 〖宗教〗守護天使; 《比喩》守り神, 救いの神. 2 (話) (売春婦の)ひも.
'**Schüt·zen·gra·ben** 男 -s/-¨ 〖軍事〗塹壕(ざんごう).
'**Schüt·zen·haus** 中 -es/-¨er 射撃クラブのクラブハウス.
'**Schüt·zen·hil·fe** 女 -/-n 援護射撃; 《比喩》支援, サポート. j³ ~ geben〈gewähren/leisten〉 人³を支援する.
'**Schüt·zen·kö·nig** 男 -s/-e 1 射撃大会の優勝者. 2 (とくに) (サッカーなどの)得点王.
'**Schüt·zen·li·nie** 女 -/-n 〖軍事〗散兵線.
'**Schüt·zen·platz** 男 -es/-¨e 射撃大会の会場.
'**Schüt·zer** ['ʃʏtsər] 男 -s/- 1 サポーター, プロテクター, 防具. 2 《雅》《古》 (Beschützer) 保護者, 庇護

者.
'**Schutz·far·be** 囡 -/-n **1** 防腐用塗料. **2** 迷彩色.
'**Schutz·fär·bung** 囡 -/-en《動物》保護色.
'**Schutz·frist** 囡 -/-en《法制》（著作権などの）保護期間.
'**Schutz·ge·biet** 中 -[e]s/-e **1**（自然）保護区域. **2**（旧ドイツ帝国の）保護領，植民地.
'**Schutz·ge·bühr** 囡 -/-en **1** 保証料. **2**《婉曲》=Schutzgeld
'**Schutz·geist** 男 -[e]s/-er **1**《神話》保護霊. **2**《雅》守り神.
'**Schutz·ge·län·der** 中 -s/- 安全手すり；ガードレール.
'**Schutz·geld** 中 -[e]s/-er（暴力団などが取立てる）しょば代，みかじめ料.
'**Schutz·git·ter** 中 -s/- 安全格子，防護柵.
'**Schutz·ha·fen** 男 -s/-⸚ 避難港.
'**Schutz·haft** 囡 -/《古》《法制》保護検束.
'**Schutz·hau·be** 囡 -/-n **1** 安全（保護）ヘルメット. **2**（自動車の）ボンネット.
'**Schutz·hei·li·ge** 男囡《形容詞変化》《カトリック》守護聖人.
'**Schutz·helm** 男 -[e]s/-e 安全帽，保護ヘルメット.
'**Schutz·herr** 男 -n/-en **1**(a)（被保護民に対し特権を有する）守護，領主.(b)（保護領に対する宗主国の）君主，王. **2**《古》保護者，パトロン.
'**Schutz·herr·schaft** 囡 -/-en **1**（保護領などに対する）宗主権，保護統治. **2**《古》保護者（パトロン）であること；保護，援助.
'**Schutz·hül·le** 囡 -/-n 保護カバー，覆い.
'**Schutz·hüt·te** 囡 -/-n 避難小屋.
'**Schutz·imp·fung** 囡 -/-en《医学》予防接種.
'**Schutz·in·sel** 囡 -/-n =Verkehrsinsel
'**Schütz·ling** ['ʃʏtslɪŋ] 男 -s/-e 被保護者，被後見人.
'**schutz·los** 形 保護のない，無防備の.
'**Schutz·macht** 囡 -/⸚e 保護国，保護供与国.
'**Schutz·mann** 男 -[e]s/-er(..leute)《話》警官，お巡りさん.
'**Schutz·mar·ke** 囡 -/-n《Warenzeichen》商標. eingetragene ~ 登録商標.
'**Schutz·mas·ke** 囡 -/-n 防護（防毒）マスク.
'**Schutz·maß·nah·me** 囡 -/-n 保護措置，保全措置.
'**Schutz·mau·er** 囡 -/-n 防壁，防護壁.
'**Schutz·mit·tel** 中 -s/- 予防（防御）手段，防衛策；予防薬.
'**Schutz·netz** 中 -es/-e（転落防止用の）安全ネット；防虫ネット.
'**Schutz·pa·tron** 男 -s/-e《カトリック》(Schutzheilige) 守護聖人.
'**Schutz·po·li·zei** 囡 -/《略 Schupo¹》保安警察.
'**Schutz·po·li·zist** 男 -en/-en《略 Schupo²》保安警察官.
'**Schutz·staf·fel** 囡 -/《略 SS》（ナチスの）親衛隊.
'**Schutz·trup·pe** 囡 -/-n **1**（旧ドイツ帝国の）保護領守備隊. **2** ~ der UNO 国連保護軍.
'**Schutz·um·schlag** 男 -[e]s/⸚e（本の）カバー.
'**Schutz·vor·rich·tung** 囡 -/-en（落石・雪崩などに対する）防護施設；（機械などの）安全装置.
'**Schutz·zoll** 男 -[e]s/⸚e《経済》保護関税.
Schw.《略》=Schwester 2

'**Schwa·ba·cher** ['ʃvaːbaxɐ] 囡 -/《印刷》シュヴァーバッハ体活字（1480 以来のドイツ独自のゴシック字体）.
'**Schwab·be·lei** [ʃvabəˈlaɪ] 囡 -/ **1**《話》ぷるんぷるんと揺れること. **2**《地方》ぺらぺらとよくしゃべること，おしゃべり.
'**schwab·be·lig** ['ʃvabəlɪç] 形《話》**1**（プリンなどが）ぷるんぷるんした. **2**（腹・皮膚などが）ぶよぶよした.
'**schwab·beln** ['ʃvabəln] ❶ 自 **1**《話》ぷるんぷるんと揺れる. **2**《地方》（ぺらぺらと）おしゃべりする.（しばしば他動詞としても）Unsinn ~ くだらないことをぺらぺらしゃべる. ❷ 他 **1**《工学》（研磨盤などで）ぴかぴかに磨く. **2**《卑》(trinken) 飲む.
'**schwab·bern** ['ʃvabɐn] ❶ 他 **1**《話》=schwabbeln ① **1**《地方》=schwabbeln ① **2** ❷ 囮《船員》（甲板を）モップで磨く.
'**schwabb·lig** ['ʃvablɪç] 形 =schwabbelig
'**Schwa·be** ['ʃvaːbə] ❶ 男 -n/-n シュヴァーベン人. ▶女性形 Schwäbin -/-nen ❷ 囡 -/-n (Schabe) ごきぶり, 油虫.
'**schwä·beln** ['ʃvɛːbəln] 自 シュヴァーベン方言（訛り）で話す.
'**Schwa·ben** ['ʃvaːbən]《地名》（ドイツ南西部の）シュヴァーベン（地方）.
'**Schwa·ben·al·ter** 中 -s/《戯》40 歳（シュヴァーベン人は 40 歳ぐらいになってようやく分別がつくという諺から）. das ~ erreichen 分別がつく年齢になる, 不惑に達する.
'**Schwa·ben·streich** 男 -[e]s/-e《戯》（おっかなびっくりが過ぎての間抜けた行為, 愚かな振舞（グリム童話の『7 人のシュヴァーベン人』にちなむ).
'**Schwä·bin** ['ʃvɛːbɪn] 囡 -/-nen《Schwabe の女性形》シュヴァーベン人の女性.
'**schwä·bisch** ['ʃvɛːbɪʃ] 形 シュヴァーベン（人, 方言）の. ↑deutsch

schwach [ʃvax シュヴァハ] schwächer, schwächst **1** 弱い, 力のない；丈夫でない, 虚弱な, 病弱な；脆弱（ぜいじゃく）な, 脆（もろ）い, こわれやすい. ~e Augen haben 視力が弱い. ein ~es Brett（薄くて）頼りない板. ein ~er Faden 細い糸. auf ~en Füßen stehen《比喩》基盤が弱い, 根拠が薄弱である. das ~e Geschlecht《古》女性. ein ~es Herz 〈einen ~en Magen〉 haben 心臓（胃）が弱い. ~e Nerven haben 神経が細い. Mathematik ist seine ~e Seite.《話》彼は数学が苦手だ（↑3）. Süßigkeiten sind ihre ~e Seite.《話》彼女は甘いものに目がない. Der Plan hat einige ~e Stellen. その計画にはいくつか弱いところがある. j⁴ ~e Stelle 人の弱点, 泣きどころ. Seine Worte trafen mich an meiner ~en Stelle. 彼の言葉は私の痛い所をついた. ~e Stimme 弱々しい声, 小声. in einer ~en Stunde / in einem ~en Augenblick 気のゆるんだ一瞬に, ちょっとした心の隙に. ~ auf der Brust sein《話》肺（肺）が弱い.《戯》懐がさびしい. Sie ist ~ gebaut. 彼女はきゃしゃな体つきをしている.

2（精神的に）弱い, 気弱な；（意志などが）薄弱な. Er hat einen ~en Willen. 彼は意志が薄弱だ. j⁴ ~ machen《比喩》（甘い言葉などで）人を誘惑する, 懐柔する. Mach mich nicht ~!《話》私をいらいらさせてくれるな；まさか, そんな馬鹿な. Sie ist ihren Kindern gegenüber zu ~. 彼女は子供たちに甘すぎる. Mir wird ~.《話》私は頭がくらくらする, 気を失いそうだ.

..schwach

Nur nicht ~ werden!《話》気弱になるんじゃない、あきらめてはダメだ.
3（知的能力・素質が）劣った、非力な. Er hat ein ~es Gedächtnis. 彼は記憶力が弱い. ein ~er Schüler できの悪い生徒. Sie ist ~ in Mathematik. 彼女は数学が弱い(↑1). ～ im Kopf sein《話》頭が弱い.《過去分詞と結びついて》~ begabt《°*schwach*begabt》素質の劣った、才能の乏しい.
4（内容的に）お粗末な、不十分な、つまらない. ein ~es Ergebnis 不十分な結果. eine ~e Vorstellung お粗末な公演. Wie war das Konzert? — Äußerst ~! コンサートはどうだった？— まったくだったよ. Die gesamte Mannschaft hat ~ gespielt. チーム全体がなってなかった.
5（濃度・強度などが）低い、弱い、薄い. eine ~e Brille 度の低い眼鏡. ein ~es Gelb 薄い黄色. eine ~e Glühbirne ワット数の低い電球. ~er Kaffee 薄いコーヒー. eine ~e Säure 弱酸. Die Brühe ist zu ~. このブイヨンはこくがなさ過ぎる.
6少ない、わずかな、ささやかな；（人数などが）まばらな. ein ~es Anzeichen von Besserung 回復のかすかな兆し. ~er Beifall わずかな拍手. eine ~e Beteiligung 参加者(出席者)がまばらなこと. eine ~e Hoffnung 一縷(いちる)の望み. ein ~ Hundert 百たらず. Ich will tun, was in meinen ~en Kräften steht. 私は微力を尽くすつもりだ. ~es Licht 乏しい明かり. eine ~e Truppe 少数部隊. ein ~er Widerstand ささやかな抵抗. ein ~er Wind かすかな風. Die Börse ist zur Zeit ~.《経済》市場は目下閑散である. Die Gegend ist ~ bevölkert《°*schwach*bevölkert》. その地域は人口が希薄である. Sie errötete ~. 彼女はかすかに顔を赤らめた.
7（社会的に）弱者の.《名詞的用法で》die sozial *Schwachen* 社会的弱者.
8《文法》弱変化の. die ~e Deklination（名詞類の）弱変化. die ~e Konjugation（動詞の）弱(規則)変化. ein ~es Substantiv〈Verb〉弱変化名詞〈弱変化(規則変化)動詞〉.
◆ ↑schwach begabt, schwach bevölkert

..schwach [..vax]《接尾》名詞中動詞の語幹と結びついて「(…の)能力が弱い、劣る」などの意の形容詞作り. alters*schwach* 老衰した. willens*schwach* 意志薄弱な.

'**schwach·be·gabt**, °'**schwach·be·gabt** 形 素質の劣った、才能の乏しい.
'**schwach·be·völ·kert**, °'**schwach·be·völ·kert** 形 人口密度の低い、人口の稀薄な.

* '**Schwä·che** ['ʃvɛçə シュヴェヒェ] 女 -/-n (↓ schwach) **1** 弱さ、虚弱；衰え；(身体器官の)機能不全. die ~ der Augen 視力低下. eine ~ des Kreislaufs 循環器機能不全. Er leidet an allgemeiner ~. 彼は全身が衰弱している. Ein Gefühl der ~ befiel ihn. 彼は脱力感に襲われた. **2** 弱み、欠点、短所；苦手、不得手；(作品などの)できの悪さ. j² ~ [n] ausnutzen 人²の弱みにつけ込む. Jeder Mensch hat seine ~n. 人間だれにでも欠点はあるのだ. Rechnen ist meine ~. 私は計算が苦手だ. Die ~des Buches ist erschreckend. その本のできの悪さといったらあきれるばかりだ. **3**《複数なし》偏愛、大のお気に入り. eine ~ für j⟨et⟩⁴ haben 人〈物〉⁴に目がない、そっこんである. Er hat eine ~ für Süßigkeiten. 彼は甘いものに目がない.

'**Schwä·che·an·fall** 男 -[e]s/⸚e 脱力発作.

'**schwä·chen** ['ʃvɛçən] ❶ 他 弱らせる、衰弱させる、(力・立場などを)弱める、弱体化する、減少(低下)させる ❷ 再 (sich¹) 弱る、衰弱する；弱まる.
'**schwä·cher** ['ʃvɛçər シュヴェヒャー] schwach の比較級.
'**Schwä·che·zu·stand** 男 -[e]s/ 脱力状態、衰弱した状態.
'**Schwäch·heit** 女 -/-en **1**《複数なし》弱さ、弱い、衰弱. **2** 弱み、弱点、短所. sich³ keine ~en bilden《話》甘い幻想をもたない.
'**Schwach·kopf** 男 -[e]s/⸚e《侮》馬鹿、低能、まぬけ.
'**schwach·köp·fig** 形 頭の弱い、低能の.
'**schwäch·lich** ['ʃvɛçlɪç] 形 体の弱い、ひ弱な、虚弱な、病弱な.
'**Schwäch·lich·keit** 女 -/ 虚弱(体質).
'**Schwäch·ling** ['ʃvɛçlɪŋ] 男 -s/-e 虚弱な人；弱虫、意気地なし.
Schwach·ma·ti·kus [..'ma:tikus] 男 -/-se《古》《戯》=Schwächling
'**Schwach·punkt** 男 -[e]s/-e =Schwachstelle
'**schwach·sich·tig** 形《医学》弱視の.
'**Schwach·sich·tig·keit** 女 -/《医学》弱視.
'**Schwach·sinn** 男 -[e]s/ **1**《医学》精神薄弱. **2**《話》馬鹿げたこと.
'**schwach·sin·nig** 形 **1**《医学》精神薄弱の. **2**《話》馬鹿げた、ナンセンスな.
schwächst [ʃvɛçst] schwach の最上級.
'**Schwach·stel·le** 女 -/-n 弱点、ウィークポイント.
'**Schwach·strom** 男 -[e]s/⸚e《電子工》弱電流.
'**Schwä·chung** ['ʃvɛçʊŋ] 女 -/-en 弱めること、弱体化；衰弱、虚弱化；(影響力などの)低下.
'**Schwa·de** ['ʃva:də] 男 -/-n =Schwaden¹
'**Schwa·den**¹ ['ʃva:dən] 男 -s/《農業》(搬出前の)刈り取って並べた牧草(穀物)の列.
'**Schwa·den**² 男 -s/-《ふつう複数で》ガス、もや、霧(の塊). **2**《鉱業》坑内ガス、跡(あと)ガス.
'**schwa·dern** ['ʃva:dərn] 自《南ドイツ》**1**（流れる水が）ぴちゃぴちゃ音を立てる. **2**（ぺちゃくちゃ）しゃべる.
Schwa·dron ['ʃva'dro:n] 女 -/-en (it.)《古》《軍事》騎兵中隊.
Schwa·dro·neur [ʃvadro'nø:r] 男 -s/-e (fr.) しゃべり、ほら吹き.
schwa·dro·nie·ren [ʃvadro'ni:rən] 自《侮》べらべらしゃべる；ほらを吹く.
Schwa·fe·lei [ʃva:fə'laɪ] 女 -/-en くだらないおしゃべり、むだ口.
'**schwa·feln** ['ʃva:fəln] 自《侮》(von et¹《über et⁴》事³·⁴について)むだ口をきく、口からまかせを並べる.

* '**Schwa·ger** ['ʃvɛ:gɐr シュヴェーガー] 男 -s/Schwäger **1** 義理の兄(弟)(姉妹の夫・配偶者の兄弟). ▶ 女性形 Schwägerin 女 -/-nen **2**《古》(郵便馬車の)御者；(とくに呼掛けで)御者の兄さん.

* '**Schwä·ge·rin** ['ʃvɛ:gərɪn シュヴェーゲリン] 女 -/-nen《Schwager の女性形》義理の姉(妹)(兄弟の妻・配偶者の姉妹).

'**schwä·ger·lich** ['ʃvɛ:gərlɪç] 形 義兄弟(義姉妹)の.
'**Schwä·ger·schaft** 女 -/ **1** 義兄弟(義姉妹)の関係；姻戚関係. **2**《集合的に》義兄弟、義姉妹；姻族.
'**Schwä·her** ['ʃvɛ:ər] 男 -s/-《古》**1** (Schwiegervater) 舅(しゅうと). **2** (Schwager) 義兄弟.
'**Schwai·ge** ['ʃvaɪgə] 女 -/-n《バイエ・チロル》(アルプス山中の)酪農小屋.

schwai·gen ['ʃvaɪgən] 自《ｵｰｽﾄﾘｱ･ﾊﾞｲｴﾙﾝ》(アルプス山中で)酪農を経営する; チーズを製造する.

Schwai·ger ['ʃvaɪgɐ] 男 -s/- 《ｵｰｽﾄﾘｱ･ﾊﾞｲｴﾙﾝ》(アルプス山中の)酪農家.

Schwal·be ['ʃvalbə シュヴァルベ] 女 -/-n 燕(ﾂﾊﾞﾒ). Eine ~ macht noch keinen Sommer.《諺》早合点は禁物(燕が1羽飛んできただけではまだ夏とはいえない).

Schwal·ben·nest 中 -[e]s/-er **1** (a) 燕の巣. (b)《料理》燕巣(ｴﾝｿｳ). **2** 《古》《軍事》(軍楽隊員の半月形の)肩章. **3** 《船員》(軍艦の)張り砲座. (ヨット船室の)鳥の巣形の船架(ｾﾝｶ).

Schwal·ben·schwanz 男 -es/⸚e **1** 燕の尾. **2** (a) 《戯》燕尾服(の裾). (b) 《虫》きあげは. (c) 《建築》蟻(材木の端の継ぎ手や仕口などに見られる燕の尾のような逆3角形の形状を指す); 蟻柄継, 蟻継(ｱﾘﾂｷﾞ).

schwal·chen ['ʃvalçən] 自 《古》ひどく煙る, くすぶる.

Schwall [ʃval] 男 -[e]s/ (押寄せる)大波, うねり, 洪水;《比喩》〈言葉･音などの〉洪水. ein ~ von Biergeruch むっとくるビールの匂い. ein ~ von Worten 滔々たる弁舌.

schwamm [ʃvam] schwimmen の過去.

***Schwamm** [ʃvam シュヴァム] 男 -[e]s/Schwämme **1** スポンジ, 海綿. et⁴ mit einem ~ abwischen 物⁴をスポンジで拭き取る. sich⁴ mit einem ~ waschen スポンジで身体を洗う. Er hat einen ~ im Magen. 《話》彼は底なしの大酒飲みだ. ~ drüber! 《話》その話はもうよそう(水に流そう). **2** 《動物》海綿動物(類). **3** 《植物》(a) キノコ(ﾀｹ) (Pilz) きのこ. (b) (Hausschwamm) なみだけ(木材を腐らせる害菌).

'schwäm·me ['ʃvɛmə] schwimmen の接続法 II.

'Schwäm·me ['ʃvɛmə] Schwamm の複数.

Schwäm·merl ['ʃvamɐrl] 中 -s/-[n] (Schwamm 3 の縮小形) 《ｵｰｽﾄﾘｱ･ﾊﾞｲｴﾙﾝ》 (Pilz) きのこ.

'schwam·mig ['ʃvamɪç] 形 **1** 海綿(スポンジ)状の, 海綿質の. **2** 《俺》(顔などが)ぶよぶよした, ふやけた. **3** 《俺》(表現などが)はっきりしない, 不明瞭な. **4** (床などが)なみだけに冒された (↑Schwamm 3(b)).

*** Schwan** [ʃvan シュヴァーン] 男 -[e]s/Schwäne **1** 白鳥. Mein lieber ~! 《話》(驚きを示して)おやおや, おやまあ;(腹立ち･非難などを示して)これこれ, いかんな. **2** der ~《天文》白鳥座.

schwand [ʃvant] schwinden の過去.

'schwän·de ['ʃvɛndə] schwinden の接続法 II.

'Schwä·ne ['ʃvɛːnə] Schwan の複数.

'schwa·nen ['ʃvaːnən] 自《話》(人³に)予感がする. Mir schwant nichts Gutes. 私はどうも嫌な予感がする.

'Schwa·nen·ge·sang 中 -[e]s/⸚e 《雅》(瀕死の白鳥が歌うという)白鳥の歌;《比喩》(詩人や芸術家などの)最後の作品, 絶筆.

'Schwa·nen·hals 男 -es/⸚e **1** 白鳥の首. **2** 《話》すらりと(ひょろひょろと)細長い頸. **3** (馬の)鶴首(上方で大きく曲がっている首の形状をいう). **4** 《猟師》(狐罠などに用いる大型の)虎挾み(獣の頸を挾んで即死させる). **5** 《工学》S字管.

'schwa·nen·weiß 形 白鳥のように白い.

schwang [ʃvaŋ] schwingen の過去.

Schwang [ʃvaŋ] 男 《話》(↓次の成句で)im ~[e] sein 流行っている, 広く行われている. Dieser Brauch ist heute nicht mehr im ~[e]. この習慣は今日はもう行われていない. Darüber sind viele Fragen im ~[e]. それについて多くの問題が論じられている. in ~ kommen 流行っている, 広く行われるようになる.

'schwän·ge ['ʃvɛŋə] schwingen の接続法 II.

*** 'schwan·ger** ['ʃvaŋɐ シュヴァンガー] 形 身ごもった, 妊娠している. eine ~e Frau 妊婦. ~ sein〈werden〉(von j³ 人³の)子供を身ごもっている〈身ごもる〉. [mit einem Kind] ~ gehen 《雅》子供を身ごもっている, 身重である. mit et³ ~ gehen 《話》事³(計画など)を胸の中で温めている, 心の中に抱いている.

'Schwan·ge·re 女 《形容詞変化》妊婦.

'schwän·gern ['ʃvɛŋɐn] 他 **1** (とくに未婚女性を)妊娠させる, 孕(ﾊﾗ)ませる. **2** (et⁴ mit〈von〉et³ 物⁴を物³で)充満させる. Die Luft war von Wohlgeruch geschwängert. 空気は芳香で満ちていた.

'Schwan·ger·schaft ['ʃvaŋɐrʃaft] 女 -/-en 妊娠(していること). im dritten Monat unterbrechen 妊娠3ヶ月で中絶する.

'Schwan·ger·schafts·ab·bruch 男 -[e]s/⸚e 妊娠中絶.

'Schwan·ger·schafts·test 中 -[e]s/-s(-e) 妊娠テスト.

'Schwan·ger·schafts·un·ter·bre·chung 女 -/-en =Schwangerschaftsabbruch.

'Schwan·ger·schafts·ver·hü·tung 女 -/-en 避妊.

schwank [ʃvaŋk] 形 《雅》**1** ほっそりした, しなやかな; ゆらゆら揺れる. **2** 落着かない, 頼りない.

Schwank [ʃvaŋk] 男 -[e]s/Schwänke **1** 《文学》笑い話, 笑話, 滑稽譚; 笑劇, 茶番劇. **2** 愉快ないたずら(話), (おもしろい)エピソード. Erzähl mir einen ~ aus deiner Jugend.《話》若い頃のおもしろい話を聞かせておくれ.

*** 'schwan·ken** ['ʃvaŋkən シュヴァンケン] 自 (h, s) **1** (h) 揺れる, ぐらつく, ぐらぐらする; よろめく, よろよろする. Die Bäume *schwanken* im Wind. 木々が風に揺れる. Mir haben die Knie *geschwankt*, als ich das sah. 私はそれを見たとき膝ががくがくした. (現在分詞で) Er ist [wie] ein *schwankendes* Rohr im Winde. 彼はまるで風にそよぐ葦(ｱｼ)の(優柔不断だ, 移り気だ). (現在分詞で) mit *schwankenden* Schritten よろよろした足取りで. (b) (s) よろよろ歩いて行く. Der Betrunkene ist über die Straße *geschwankt*. その酔っぱらいは千鳥足で通りを渡っていった. **2** (h) (価格･温度などが)揺れ動く, 上下する, 不安定である. Die Preise *schwanken*. 物価が不安定である. (現在分詞で) eine *schwankende* Gesundheit 不安定な健康状態. **3** (h) 気持ちがぐらつく, 思い惑う. Ich habe lange *geschwankt*, ob ich mitgehen soll. 私はいっしょに行くべきかどうかずいぶん迷った. j⁴ *⟨schwankend⟩* machen 人⁴(の決心･信念など)をぐらつかせる.《中性名詞として》ins Schwanken kommen〈geraten〉(決心･信念などが)ぐらつく.

'Schwan·kung ['ʃvaŋkʊŋ] 女 -/-en 揺れ, 変動; 動揺.

*** Schwanz** [ʃvants シュヴァンツ] 男 -es/Schwänze **1** (動物の)しっぽ. den ~ einziehen くしっぽを巻く).《話》尻込みする, 怖(ｵｼﾞ)じ気づく. den ~ hängen lassen しっぽを垂れる;《話》しょんぼりする, しょげ返る. das Pferd am〈beim〉~ aufzäumen《話》手順を誤る, あべこべなことをする. Das trägt die Katze am ~ fort〈weg〉.《話》それはほんのわずかだ, たいした分量(金額)ではない. j³ auf den ~ treten《話》人³の感情を害する, (を)侮辱する. Da beißt

Schwänze

sich⁴ die Katze⟨die Schlange⟩ in den ~.《話》それでは堂々めぐりだ(まるでいたちごっこだ). mit dem ~ wedeln (犬が)しっぽを振る. **2** (a) (さまざまな物の)尾. der ~ des Drachens⟨des Kometen⟩ 凧(㌘)㌻彗星(㌘㌘)の尾. (b) (飛行機などの)尾部, テール. (c) (長い列などの)後尾部, 末端. Wir bildeten⟨machten⟩ den ~.《話》私たちはしんがりを勤めた(列の最後だった). (d) 長い列. ein ~ von Anhängern ファンの長い列. (e) (長く尾を引く)一連の出来事(経過). Dieses Urteil wird einen ~ von Verfahren nach sich³ ziehen. この判決は今後上告審で長く尾を引くことになるだろう. ein ~ von Verwicklungen 一連のごたごた. (f) einen ~ bauen⟨machen⟩《学生》(試験に落ちて)追試験を受ける. (g)《卑》ペニス. sich³ den ~ verbrennen (男性が女性から)悪い病気をもらう. **3** kein ~《話》誰も…ない(=niemand). Kein ~ war da. 猫の子一匹いなかった.

Schwän·ze [ˈʃvɛntsə] Schwanz の複数.

schwän·zeln [ˈʃvɛntsəln] ⓘ (h, s) **1** (a) (h) (犬などが)しっぽを振る. (b) (s) しっぽを振って走る. **2** (h, s)《貶》(気取って)踊るような腰つきで歩く, しゃなりしゃなりと歩く. **3** (s, h)《um j⟨et⟩³ ‹vor j›》人³⁺⁴にこびへつらう, ぺこぺこする, しっぽを振る.

'schwän·zen [ˈʃvɛntsən] ⓘ ⓘⓘ 《話》(学校・授業などを)さぼる, 怠ける, ずる休みする.

Schwanz·fe·der ⓕ -/-n (ふつう複数で)(鳥の)尾羽.

Schwanz·flos·se ⓕ -/-n **1** (魚の)尾びれ. **2** (飛行機の)尾翼(の安定板).

schwapp [ʃvap] 間 Schwapp!(水などのはねる音を表して)ばしゃっ, びちゃっ;(平手などで打つ音を表して)ぴしゃ, ぴしゃり. Schwipp ~! ぴしゃっ, ぴしゃり.

Schwapp ⓜ -[e]s/-e **1** (a) (水などがはねる)ばしゃっ(ぴちゃっ)という音. (b) (平手などで打つ)ぴしゃ(ぴしゃり)という音. **2** (ばしゃっと跳ねる)ひとこぼれ(の液体).

'schwap·pen [ˈʃvapən] ⓘ (h, s) **1** (h) (液体が揺れて)ばしゃっ(ぴちゃっ)と音を立てる. **2** (s) (液体がばしゃっばしゃっと)こぼれる;(波がぴちゃぴちゃとうち寄せる. **3** ⓘⓘ (液体をばしゃっ(ぴちゃっ)とこぼす.

schwaps [ʃvaps] 間 =schwapp

'Schwä·re [ˈʃvɛːrə] ⓕ -/-n《雅》腫(㌘)れ物, 膿瘍(㌘㌘).

schwä·ren⁽ˣ⁾ [ˈʃvɛːrən] schwärte (schwor), geschwärt (geschworen) ⓘ《雅》(eitern) 化膿する, 膿(㌘)む.

schwä·rig [ˈʃvɛːrɪç] ⓐ《雅》腫れ物(おでき)のできた; 化膿した, 膿(㌘)んだ.

Schwarm [ʃvarm] ⓜ -[e]s/Schwärme **1** 群れ, 集団;(人の)群れ, 群衆. ein ~ Bienen 蜜蜂の群. ein ~ von Reportern レポーターの一団. **2**《複数まれ》《話》憧れの的, アイドル.

*'schwär·men [ˈʃvɛrmən シュヴェルメン] ⓘ (h, s) **1** (a) (h) (昆虫などが)群をなす, 群がる;(蜜蜂が)分封する, 巣分かれする. (b) (s) (昆虫などが)群をなして移動する. (c) (h)《比喩》一団になって歩く;(盛り場などを)ぶらつき歩く. **2** (h) 《für j⟨et⟩⁴》人⟨事⟩⁴に熱中する, 熱中する. In ihrer Jugend schwärmte sie für die Beatles. 若い頃彼女はビートルズに夢中だった. **3** (von j⟨et⟩》人⟨事⟩³について夢中になって話す. von seinen Erlebnissen ~ 自分の体験を熱っぽい口調で話す.《中性名詞として》Er gerät⟨kommt⟩ leicht ins Schwärmen. 彼は話し出すとすぐ夢中になる.

'Schwär·mer [ˈʃvɛrmər] ⓜ -s/- **1** (a) 夢想家, 空想家; 熱中(熱狂)する人. (b) 狂信者. **2** ねずみ花火, 爆竹. **3**《虫》スズメガ.

Schwär·me·rei [ʃvɛrməˈraɪ] ⓕ -/-en 夢中になること, 熱中, 熱狂. sich⁴ in ~[en] verlieren 夢中になって我を忘れる.

'schwär·me·risch [ˈʃvɛrmərɪʃ] ⓐ 熱中した, 熱狂的な, 夢中になった; 狂信的な.

'Schwärm·geist ⓜ -[e]s/-er **1** (16世紀宗教改革当時の)狂信的な宗教改革者. **2** (一般に政治的・宗教的な)夢想家, 空想家; 狂信者.

'Schwar·te [ˈʃvartə, ˈʃvaːrtə] ⓕ -/-n **1** (a) (豚の)脂身・ベーコンなどの)厚皮.《猟師》(猪・穴熊などの)獣皮. (b)《戯》(人間の)皮膚. Ihm⟨Ihn⟩ juckt die ~.《話》彼は図に乗りすぎている(今に痛い目にあうぞ). Er arbeitet, dass⟨bis⟩ die ~ kracht.《話》彼はほろほろになるまで働く. **2** (古びた・価値のない)分厚い本(元々は「豚革装の本」の意). **3** (製材後に残る樹皮のついた)背板. **4**《医学》(皮膚の)硬結, 胼胝(㌘).

'schwar·ten [ˈʃvartən, ˈʃvaːrtən] ❶ ⓘⓘ **1**《猟師》(獣の)皮を剥(㌘)ぐ. **2**《話》(人⁴を)打ちのめす. ❷ ⓘ《まれ》本に読み耽る.

Schwar·ten·ma·gen ⓜ -s/(-)《料理》シュヴァルテンマーゲン(豚の胃袋に豚の厚皮・脂身・血・肉などを詰めたソーセージ).

'schwar·tig [ˈʃvartɪç, ˈʃvaːrtɪç] ⓐ **1** (豚の脂身などが)厚皮のついた; 厚皮のように堅い(分厚い, 強い). **2** 胼胝(㌘)になった.

schwarz

[ʃvarts シュヴァルツ] schwärzer, schwärzest **1** 黒い, 黒色の. ~e Augen 黒い目. das ~e⟨Schwarze⟩ Brett 掲示板. ~es Gold《比喩》(石炭または石油をさして)黒い黄金. ~e Katze 黒猫. die ~e⟨Schwarze⟩ Kunst《戯》活版印刷術(↑5). der ~e Mann 煙突掃除夫; 黒いおじちゃん, 黒服の男(子供を怖がらせるために持出す想像上の人物). das ~e Schaf《比喩》(家族の中などでの)持て余し者, 変り者. et⁴ in ~en⟨in den schwärzesten⟩ Farben malen《比喩》事⁴をきわめて悲観的に描く. Sie ist ~ gekleidet. 彼女は黒服(喪服)を着ている. ~ auf weiß《話》(証拠となるように)文書で, 書面にして. aus ~ weiß machen wollen (↑Schwarz 1).《過去分詞と結びついて》~ gefärbtes⟨°schwarzgefärbtes⟩ Haar 黒く染めた髪. ~ gerändertes ⟨°schwarzgerändertes⟩ Briefpapier 黒枠付きの便箋. ~ gestreift⟨°schwarzgestreift⟩ Hemd 黒縞(㌘)の.

2 黒っぽい, 黒みがかった; 真っ暗な. ~es Brot 黒パン. ~er Kaffee ブラックコーヒー. das Schwarze Meer《地理》黒海. eine ~e Nacht 闇夜. ~er Pfeffer 黒胡椒(㌘). ~er Tee 紅茶. der ~e ⟨°Schwarze⟩ Tod《雅》(中世の)ペスト, 黒死病. ~e Wolken 黒雲, 暗雲. ~ von Menschen⟨Leuten⟩ sein 黒山の人だかりである. Mir wurde ~ vor [den] Augen.《比喩》私は目の前が暗くなった(気が遠くなった). Der Kuchen ist ~ geworden.《話》ケーキがこげてしまった. Da kannst du warten, bis du ~ wirst.《話》それじゃ死ぬまで待っていなよ, いつまで待っても無駄だ. sich⁴ ~ ärgern《話》死ぬほど怒る, かんかんになる. **3** 陰鬱な, 悲観的な; 不吉な, 邪悪な. ~e Gedanken 暗澹(㌘)たる思い; 腹黒い考え. ~er Humor ブラックユーモア. die ~e⟨°Schwarze⟩ Kunst (黒魔術, 妖術(↑1). die ~e Liste ブラックリスト. Er hat eine ~e Seele. 彼はよこしまな人間だ. ein ~er Tag

ついてない日，厄日． eine ~e Tat 悪辣な行為． Du siehst alles zu ~. 君は何でも暗く見過ぎる． et⁴ ~ in ~ malen〈schildern/schildern〉事⁴をひどく悲観的に描写する．

4《話》汚れた，黒ずんだ． ~e Hände 汚れた手． Der Kragen ist ganz ~. 襟がすっかり黒ずんでいる． sich⁴ ~ machen (身体中が)汚れて真っ黒になる．

5《話》不正な，非合法な，闇の，もぐりの． ~e Geschäfte 闇取引． der ~e Markt 闇市，ブラックマーケット． ~ arbeiten もぐりで働く． et⁴ ~ kaufen 物⁴を闇で買う． ~ über die Grenze gehen 不法入国(出国)する．

6 皮膚の黒い，黒人の． ~e Musik 黒人音楽． die ~e Rasse 黒色人種．

7《話》(政党などが)カトリック系の，保守系の(僧衣の黒色にちなむ)． eine ~e Partei カトリック政党． 60 Prozent wählen dort ~. そこでは 60 パーセントが保守系に投票する．

♦ ↑schwarz gefärbt, schwarz gerändert, schwarz gestreift, schwarz sehen

Schwarz [ʃvarts] 匣 –[es]- **1** 黒，黒色． aus ⁽°*schwarz*⁾ Weiß⁽°*weiß*⁾ machen wollen《話》黒を白と言いくるめようとする． **2** 黒服，喪服． in ~ gehen〈gekleidet sein〉黒服(喪服)を着ている． **3**〖遊戯〗(a) (チェスなどの)黒駒． (b) (トランプの)黒札． (c) (ルーレットの)黒．

'**Schwarz**|**ar·beit** 囡 -/ 不正就労，もぐりの仕事．
'**Schwarz**|**ar·bei·ten** 圓 不正就労をする，もぐりで仕事をする．
'**Schwarz·ar·bei·ter** 男 –s/- 不法就労者，もぐりの労働者．
'**schwarz·äu·gig** 形 黒い目(瞳)の．
'**Schwarz·bee·re** 囡 -/-n《南ドイツ・オーストリア》(Heidelbeere) こけもも．
'**Schwarz·blech** 匣 –[e]s/- 〖工学〗(圧延しただけで防錆加工などをほどこしていない)薄鋼板．
'**schwarz·braun** 形 焦茶色の，黒褐色の．
'**Schwarz·bren·ner** 男 -s/- 蒸留酒の密造者．
'**Schwarz·brot** 匣 –[e]s/-e 黒パン．
'**Schwarz·dorn** 男 –[e]s/-e〖植物〗(Schlehdorn) スロー．
'**Schwarz·dros·sel** 囡 -/-n〖鳥〗(Amsel) くろうたどり．
'**Schwar·ze** [ˈʃvartsə]〖形容詞変化〗❶ 男 囡 **1** 黒人． **2**《話》黒髪の人． **3** カトリック政党党員(支持者)． ❷ 男 **1**《話》(Teufel) 悪魔． **2**《オーストリア》ブラックコーヒー． ❸ 匣 黒いもの； (標的の)黒点； 黒い服． j³ nicht das ~ unter dem [Finger] gönnen《話》人³には爪の垢ほどもくれてやらない． ein Schuss ins ~《比喩》(商売・興行などの)大成功，大当り． ins ~ treffen 標的の黒点を射る；《比喩》正鵠を射る，図星を指す．
'**Schwär·ze** [ˈʃvɛrtsə] 囡 –/-n **1**《複数なし》黒さ，黒色；暗黒． **2** 黒色染料，印刷用黒インキ． **3**〖鉱物〗石墨，石鉛． **4**〖農業〗黒菌病．
'**schwär·zen** [ˈʃvɛrtsən] 匣 黒くする，黒く塗る(染める)． **2**《南ドイツ・オーストリア》(a) (schmuggeln) 物⁴を密輸する． (b) (人⁴を)欺く，だます．
'**schwär·zer** [ˈʃvɛrtsər] schwarz の比較級．
'**Schwär·zer** [ˈʃvɛrtsər] 男 -s/- **1** 黒く塗る(染める)人． **2**《南ドイツ・オーストリア》(Schmuggler) 密輸業者．
'**Schwarz·er·de** 囡 -/-n〖地質〗黒土．
'**schwär·zest** [ˈʃvɛrtsəst] schwarz の最上級．

'**schwarz**|**fah·ren*** 圓 (s) **1** 無免許運転する． **2** 無賃(不正)乗車する．
'**Schwarz·fah·rer** 男 –s/- **1** 無免許運転者． **2** 無賃乗車する人，不正乗客．
'**Schwarz·fahrt** 囡 -/-en **1** 無免許運転． **2** 無賃(不正)乗車．
'**schwarz ge·färbt**, °'**schwarz·ge·färbt** 形 (毛髪などを)黒く染めた．
'**schwarz**|**ge·hen*** 圓《話》 **1** 密猟に行く． **2** 密入国(出国)する．
'**Schwarz·geld** 匣 –[e]s/- 不正に得た金，裏金，ブラックマネー．
'**schwarz ge·rän·dert**, °'**schwarz·ge·rän·dert** 形 (封筒・便箋などが)黒枠付きの．
'**schwarz ge·streift**, °'**schwarz·ge·streift** 形 (生地などが)黒縞の．
'**schwarz·haa·rig** 形 髪の黒い，黒髪の．
'**Schwarz·han·del** 男 -s/ 闇取引，不正売買．
'**Schwarz·händ·ler** 男 –s/- 闇商人，闇屋．
'**Schwarz·hö·ren** 匣 **1** 受信料を払わずにラジオを聴く． **2** 無断聴講する．
'**Schwarz·hö·rer** 男 –s/- **1** 受信料を払わずにラジオを聴く人，不正聴取者． **2** 無断聴講生．
'**Schwarz·kit·tel** 男 –s/- **1**《猟師》(Wildschwein) 猪． **2**《侮》カトリックの坊さん． **3**《隠》(とくにサッカーで)審判．
'**Schwarz·kunst** 囡 -/〖美術〗(Schabkunst) メゾティント，メゾチント(銅版画技法の一種)．
'**Schwarz·künst·ler** 男 –s/- 魔法使い，妖術師．
'**schwärz·lich** [ˈʃvɛrtslɪç] 形 黒ずんだ，黒っぽい．
'**Schwarz·markt** 男 –[e]s/- 闇市場，ブラックマーケット；闇取引．
'**Schwarz·pul·ver** 匣 -s/- 黒色火薬．
'**Schwarz·rock** 男 –[e]s/-e〖戯〗カトリックの坊さん．
'**Schwarz-'Rot-'Gold** 匣 -(-[e]s)- 黒赤金の三色(旗)． die Fahne ~ 黒赤金の三色旗(ドイツの国旗)．
'**schwarz-'rot-'gol·den** 形 黒赤金三色の． eine ~e Fahne 黒赤金の三色旗．
'**schwarz**|**schlach·ten** 他 (家畜を)密殺する．
'**schwarz**|**se·hen¹*** 圓《話》(受信料を払わずに)テレビを見る．
'**schwarz se·hen***, °'**schwarz**|**se·hen²*** 圓 他《話》([für] et⁴ 物⁴について)悲観的に見る，否定的な判断をする．
'**Schwarz·se·her** 男 –s/-《話》 **1** 悲観論者，ペシミスト． **2** 受信料を払わずにテレビを見る人，不正視聴者．
Schwarz·se·he·rei [ʃvartszeːəˈraɪ] 囡 –/《話》 **1** 悲観，ペシミズム． **2** 受信料を払わずにテレビを見ること．
'**Schwarz·se·he·risch** [..zeːərɪʃ] 形《話》悲観的な，ペシミスティックな．
'**Schwarz·sen·der** 男 –s/- 無免許放送局．
'**Schwarz·wald** 男《地名》der ~ シュヴァルツヴァルト(ドイツ南西部の山地)．
'**schwarz-'weiß** [ˈʃvarts·vaɪs, -'-] **1** 黒と白の． **2** (映像が)白黒の，モノクロの．
Schwarz-'Weiß-Film 男 –[e]s/-e 白黒(モノクロ)映画． **2** 白黒(モノクロ)フィルム．
'**schwarz-'weiß-'rot** 形 黒白赤の(1871-1918 および 1933-45 のドイツ国旗の色)．
'**Schwarz·wild** 匣 -[e]s/〖猟師〗猪．
'**Schwarz·wur·zel** 囡 -/-n〖植物〗きくごぼう．

Schwatz [ʃvats] 男 -es/-e 《話》(Geschwätz) おしゃべり, 雑談. einen kleinen ～ halten 雑談する, 立ち話をする〈mit j³ 人³〉.

'**Schwa·tz·ba·se** 女 -/-n 《話》おしゃべり女.

*'**schwat·zen** ['ʃvatsən] シュヴァツェン ❶ 自 1 おしゃべりをする, 雑談する〈mit j³ 人³〉. 2 《侮》〈くだらないことを〉ぺらぺら(ぺちゃくちゃ)しゃべる〈von et³ über et³〉事³,¹について〉. 3 《侮》(授業中に)おしゃべりをする, 私語する. 4 《侮》口をすべらせる, よけいなおしゃべりをする. ❷ 他 《侮》〈くだらないことを〉しゃべる. dummes Zeug ～ 馬鹿げたことをしゃべる.

'**schwät·zen** ['ʃvɛtsən] 《南ᵈ》=schwatzen

'**Schwät·zer** ['ʃvɛtsər] 男 -s/- 《侮》おしゃべり屋, 口の軽いやつ. ◆女性形 Schwätzerin 女 -/-nen

Schwät·ze·rei [ʃvɛtsə'raɪ] 女 -/-en 《侮》おしゃべり, 無駄話.

'**Schwät·ze·rin** ['ʃvɛtsərɪn] 女 -/-nen 《Schwätzer の女性形》おしゃべり女.

'**schwatz·haft** [ʃvatshaft] 形 《侮》おしゃべりな, 口の軽い.

'**Schwe·be** ['ʃveːbə] 女 -/ (↓ schweben) 《次の成句で》in der ～ /《比喩》in ～ 釣り合って, 宙に浮かんで; 《比喩》未決定〈懸案〉のままで.

'**Schwe·be·bahn** 女 -/-en ロープウェー, 空中ケーブル; 懸垂式モノレール.

'**Schwe·be·bal·ken** 男 -s/- 《スポ》平均台.

'**Schwe·be·baum** 男 -[e]s/-e 1 《スポ》平均台(の前身). 2 《厩舎の馬房の仕切りの)横木.

*'**schwe·ben** ['ʃveːbən] シュヴェーベン 自 (h, s) 1 (h)〈空中・水中に〉浮かんでいる, 漂っている; 宙吊になっている. Am Himmel *schweben* kleine Wölkchen. 空に小さな雲が浮かんでいる. an einem Seil über dem Abgrund ～ ザイルで絶壁に宙吊になっている. Ein Lächeln *schwebt* auf ihren Lippen. 微笑が彼女の口許に浮かんでいる. j³ auf der Zunge〈auf den Lippen〉～《比喩》〈言葉が〉人³の口から出かかっている. j³ vor Augen ～《比喩》人³の脳裏に浮かぶ. 2 (s) 滑るように飛んでいく; 軽やかに〈滑るように〉歩く. Die Blätter *schweben* zu Boden. 木の葉がひらひらと地面に落ちる. 3 (h) 《比喩》(a)〈感情・状況などが〉揺れ動く. in tausend Ängsten ～ 心配で心配でたまらない. zwischen Leben und Tod ～ 生死の境をさまよっている. (b)〈交渉・審理などが〉未決着である, 係争中である.

'**schwe·bend** 現分 形 1 浮かんでいる, 漂っている; 軽やかな. ～*en* Schrittes² 軽やかな足取りで. 2《比喩》未決着の, 係争中の; 宙ぶらりんの. eine ～*e* Frage 未決着の問題, 懸案.

'**Schwe·be·stoff** ['ʃveːbəʃ..] 男 -[e]s/-e =Schwebstoff

'**Schweb·stoff** ['ʃveːp..] 男 -[e]s/-e 《ふつう複数で》《化学》(水中や溶液中に懸濁している)浮遊物質.

'**Schwe·bung** 女 -/-en 《物理》うなり.

'**Schwe·de** ['ʃveːdə] 男 -n/-n スウェーデン人. Alter ～!《話》(親しい仲間に呼掛けて)おい相棒か, (軽くいさめて)おいおいお前さん. wie die ～*en* hausen 《古》町を荒らす. ◆女性形 Schwedin 女 -/-nen

*'**Schwe·den** ['ʃveːdən] シュヴェーデン 《地名》スウェーデン.

'**Schwe·den·plat·te** 女 -/-n 《料理》(魚介の薰製やマリネなどを盛合せた)スウェーデン風前菜.

'**Schwe·den·punsch** 男 -[e]s/-e(=e) 《料理》スウェーデン・パンチ(アラク酒に砂糖・香料などを加えてつくるアルコール飲料).

'**Schwe·den·trunk** 男 -[e]s/ スウェーデンドリンク(30 年戦争当時の拷問方法の 1 つとして飲まされた糞尿などの汚物).

'**Schwe·din** ['ʃveːdɪn] 女 -/-nen 《Schwede の女性形》スウェーデン人(の女性).

'**schwe·disch** ['ʃveːdɪʃ] 形 スウェーデン(人, 語)の. ～*e* Gymnastik スウェーデン体操. hinter ～*en* Gardinen sitzen《話》刑務所に入っている. ↑deutsch

'**Schwe·disch** 中 -[s]/ スウェーデン語. ↑Deutsch

'**Schwe·di·sche** 中 《形容詞変化 / 定冠詞と》das ～ スウェーデン語; スウェーデン的なもの(特性). ◆↑Deutsche ②

'**Schwe·fel** ['ʃveːfəl] 男 -s/ 《記号 S》《化学》硫黄(いおう). wie Pech und ～ zusammenhalten 《比喩》固く団結している, がっしり手を組んでいる.

'**Schwe·fel·bad** 男 -[e]s/=er 1 硫黄泉(の湯治場). 2《医学》硫黄浴.

'**Schwe·fel·ban·de** 女 -/-n 1《戯》いたずら仲間, 悪さ仲間. 2《侮》ならず者, ごろつき(の仲間).

'**Schwe·fel·blu·me** 女 -/-n, '**Schwe·fel·blü·te** 女 -/-n 湯の花, 《化学》硫黄華.

'**Schwe·fel·di·oxid** 中 -[e]s/-e 《化学》二酸化硫黄.

'**schwe·fel·gelb** 形 硫黄色の.

'**schwe·fel·hal·tig** 形 硫黄を含んだ.

'**Schwe·fel·holz** 中 -es/=er =Schwefelhölzchen

'**Schwe·fel·hölz·chen** 中 -s/- 《古》(Zündholz) 硫黄マッチ.

'**schwe·fe·lig** ['ʃveːfəlɪç] 形 =schweflig

'**Schwe·fel·kies** 男 -es/-e 《鉱物》硫黄鉄.

'**Schwe·fel·koh·len·stoff** 男 -[e]s/-e 《化学》二硫化炭素.

'**schwe·feln** ['ʃveːfəln] 他 1 (食品などに硫黄処理をほどこす(持ちをよくするために). 2 (果樹に殺菌目的で)硫黄剤を散布する(殺菌目的で). 3 (繊維を)硫黄漂白する.

'**Schwe·fel·quel·le** 女 -/-n 硫黄泉, 硫化泉.

'**schwe·fel·sau·er** 形 《化学》硫酸の. *schwefelsaures* Kali 硫酸カリウム.

'**Schwe·fel·säu·re** 女 -/-n 《化学》硫酸.

'**Schwe·fe·lung** 女 -/-en (↓ schwefeln)(食品などにほどこされる)硫黄処理, 硫化; (果樹を殺菌するための)硫黄剤散布; 《繊維》硫黄漂白.

'**Schwe·fel·ver·bin·dung** 女 -/-en 《化学》硫化物, 硫黄化合物.

'**Schwe·fel·was·ser·stoff** 男 -[e]s/-e 《化学》硫化水素.

'**schwef·lig** ['ʃveːflɪç] 形 1 硫黄(いおう)を含んだ. ～*e* Säure 《化学》亜硫酸. 2 硫黄のような味(匂い)の. 3 (見た目が)硫黄のような, 硫黄状の.

Schweif [ʃvaɪf] 男 -[e]s/-e (動物の長くてふさふさした)尾, しっぽ; (彗星の)尾.

'**schwei·fen** ['ʃvaɪfən] ❶ 自 (s)《雅》(あてもなく)さまよう, ぶらつく. *seinen* Blick〈*seine* Gedanken〉～ lassen 視線をさまよわせる〈思いをはせる〉. ❷ 他 《工学》(物)に反(そ)りをつける, (を)湾曲させる, 弓形に切る. ◆↑geschweift

'**Schweif·sä·ge** 女 -/-n 糸鋸(いとのこ).

'**Schweif·stern** 男 -[e]s/-e 《古》(Komet) 彗星, ほうき星.

'**schweif·we·deln** ['ʃvaɪfveːdəln] 自 1 (犬が)尾を振る. 2《侮》(bei j³ 人³に)こびへつらう. ◆過去分

詞 geschweifwedelt

Schwei·ge·geld ['ʃvaɪɡə..] 中 -[e]s/-er 口止め料.

Schwei·ge·marsch 男 -[e]s/=e《抗議や葬送の》沈黙の行進.

schwei·gen* ['ʃvaɪɡən] シュヴァイゲン
schwieg, geschwiegen 自 **1** 黙っている, 沈黙する. *Schweig!* 黙れ. wie ein Grab ~ 石のように押し黙っている, かたく秘密を守る. auf eine Frage〈einen Brief〉~ 問いや〈手紙〉に答えない. vor Schrecken ~ 驚いて口がきけない. ganz zu ~ von et〈j〉[3] 事〈人〉3 のことは言うまでもなく. Das Hotel war schlecht, ganz zu ~ vom Essen. そのホテルはひどかった, 食事は言わずもがなだ. Davon ganz zu ~! そんなことは言わずと知れたことだ. **2**《音が》やむ, 聞こえなくなる. Der Lärm *schweigt*. 騒音がやむ. Die Waffen *schweigen*.《雅》戦闘がやむ.

Schwei·gen ['ʃvaɪɡən] 中 -s/ 沈黙, 無言. Reden ist Silber, ~ ist Gold.《諺》雄弁は銀, 沈黙は金. Es herrschte tiefes ~. みんな黙りこくっていた. das ~ der Nacht 夜の静寂(セイジャク) ~ bewahren 沈黙を守る (über et⁴ 事⁴について). das ~ brechen 沈黙を破る. sich⁴ in ~ hüllen 口をつぐむ, だんまりを決めこむ. j⁴ zum ~ bringen 人⁴を黙らせる; (の)口を封ずる, 息の根を止める.

schwei·gend 現分形 沈黙した, 無言の, 暗黙の. *~e* Zustimmung 暗黙の同意. ~ nicken 黙ってうなずく.

Schwei·ge·pflicht 女 -/ 守秘義務.

Schwei·ger ['ʃvaɪɡər] 男 -s/- 無口な人, だんまり屋.

schweig·sam ['ʃvaɪkzaːm] 形 無口な, 寡黙な, 口数の少ない.

Schweig·sam·keit 女 -/ 無口, 寡黙.

Schwein [ʃvaɪn シュヴァイン] 中 -[e]s/-e **1** (a) 豚. wie ein ~ bluten〈schwitzen〉《話》ひどく出血する《大汗をかく》. besoffen wie ein ~《話》ぐでんぐでんに酔って. Wo haben wir denn zusammen *~e* gehütet?《話》いやなれなれしい口をきくじゃないか. Da haben wir das falsche ~ geschlachtet.《話》私たちは返しのつかない失敗をしてしまった.《複数なし》《話》(Schweinefleisch) 豚肉. **2** (a)《話》人. Er ist ein armes ~. 彼はかわいそうなやつだ. kein ~ 誰も…ない. Das versteht kein ~. 彼のよくが分からない. (b)《卑》汚らしいやつ, 下劣(卑劣)なやつ;《人をののしって》豚野郎. **3**《話》(思いがけない)幸運, もっけの幸い. ~ haben 運がいい, ついている.

'**Schwei·ne·bra·ten** 男 -s/-《料理》豚の焼き肉, ローストポーク. wie ein ~ schwitzen《話》大汗をかく.

'**Schwei·ne·fett** 中 -[e]s/-e 豚の脂, ラード.

'**Schwei·ne·fleisch** 中 -[e]s/《料理》豚肉, ポーク.

'**Schwei·ne·fraß** 男 -es/《卑》(豚の餌のような)ひどい食べ物.

'**Schwei·ne·hirt** 男 -en/-en 豚飼い.

'**Schwei·ne·hund** 男 -[e]s/-e《侮》薄汚いやつ; 豚野郎. der innere ~《話》臆病な心, 弱気の虫.

'**Schwei·ne·ko·ben** 男 -s/- 豚小屋.

'**Schwei·ne·mäs·te·rei** 女 -/-en 養豚(業).

'**Schwei·ne·pest** 女 -/《畜産》豚コレラ.

'**Schwei·ne·rei** [ʃvaɪnəˈraɪ] 女 -/-en《話》**1** 不潔, 汚らしさ, だらしなさ. **2** 卑劣(下劣)なこと. **3** 《ふつう複数で》卑猥な(みだらな)行為; 卑猥な(下品な)

話, 猥談.

'**schwei·nern** ['ʃvaɪnərn] 形《南ドイ》豚肉の.

'**Schwei·ner·ne** 中《形容詞変化》《南ドイ・オースト》(Schweinefleisch) 豚肉.

'**Schwei·ne·schmalz** 中 -es/ 豚脂, ラード.

'**Schwei·ne·stall** 男 -[e]s/=e **1** 豚小屋. **2**《侮》(人の住まいや酒場などをさして)豚小屋(のようなところ).

'**Schwei·ne·zucht** 女 -/-en 養豚(業).

'**Schwein·igel** ['ʃvaɪnˌiːɡəl] 男 -s/-《卑》**1** 不潔な(汚い)やつ. **2** 卑猥な(下品なことばかり言うやつ).

'**Schwein·ige·lei** [ʃvaɪnˌiːɡəˈlaɪ] 女 -/-en《卑》**1** 不潔な(汚らわしい)行為. **2** 卑猥な(下品な)冗談; 猥談.

'**schwein·igeln** ['ʃvaɪnˌiːɡəln] 自《卑》**1** 汚す, きたなくする. **2** 卑猥な(下品な)冗談を言う; 猥談をする.

'**schwei·nisch** ['ʃvaɪnɪʃ] 形《話》**1** 不潔な, 汚らしい, きたない. **2** 卑劣な, 下劣な. **3** 下品な, 卑猥な; 猥褻(ワイセツ)な.

'**Schweins·au·ge** 中 -s/-n **1** 豚の目. **2**《ふつう複数で》(豚の目のような)小さな目.

'**Schweins·äug·lein** 中 -s/- =Schweinsauge

'**Schweins·bors·te** 女 -/-n《ふつう複数で》豚の剛毛.

'**Schweins·ga·lopp** 男《次の用法で》im ~《話》大いそぎで, 大あわてで, どたどた(ばたばた)と.

'**Schweins·kopf** 男 -[e]s/=e **1**《料理》豚の頭. **2**《侮》(大きくて不格好な豚みたいな頭).

'**Schweins·le·der** 中 -s/- 豚革.

'**Schweins·le·dern** 形《付加語的用法のみ》豚革(製)の.

'**Schweins·ohr** 中 -[e]s/-en **1** 豚の耳. **2**《料理》シュヴァインスオーア(豚の耳に似た形をしたパイの一種). **3**《植物》あんずたけ(の一種).

***Schweiß** [ʃvaɪs シュヴァイス] 男 -es/-e《複数まれ》**1** 汗. (比喩) 苦労, 辛苦. kalter ~ 冷や汗. die Früchte seines *~es* 彼の汗の結晶, 辛苦の賜物. Das hat viel ~ gekostet. それはひどく骨の折れる仕事だった. im *~e seines* Angesichts 額に汗して, 苦労して (↓《旧約》創世 3:19). [wie] in ~ gebadet sein 汗びっしょりである. in ~ kommen〈geraten〉汗をかく. mit ~ gedüngt sein 汗(苦労)がしみこんでいる. **2**《狩猟》(手負い獣の)血.

'**Schweiß·aus·bruch** 男 -[e]s/=e (どっと)汗が噴き出ること.

'**schweiß·be·deckt** 形 汗まみれの, 汗みどろの.

'**Schweiß·blatt** 中 -[e]s/=er《ふつう複数で》(ドレスの腋の下につける)汗よけ.

'**Schweiß·bren·ner** 男 -s/-《工学》溶接バーナー.

'**Schweiß·drü·se** 女 -/-n《ふつう複数で》《解剖》汗腺.

'**schwei·ßen** ['ʃvaɪsən] ❶ 他 溶接する. ❷ 自 **1**《地方》汗をかく. **2**《猟師》(手負い獣の)血を流す.

'**Schwei·ßer** ['ʃvaɪsər] 男 -s/- 溶接工.

'**Schweiß·fuß** 男 -[e]s/=e《ふつう複数で》あぶら足.

'**schweiß·ge·ba·det** 形 汗びっしょりの.

'**Schweiß·hund** 男 -[e]s/-e《猟師》ブラッドハウンド(手負いの獣を追う猟犬). ↑Schweiß 2

'**schwei·ßig** ['ʃvaɪsɪç] 形 **1** 汗ばんだ, 汗まみれの. **2**《猟師》(獣が)血まみれの.

'**Schweiß·le·der** 中 -s/- スウェットバンド(帽子の内側にある汗止め用革バンド).

'**Schweiß·naht** 女 -/=e 溶接の継ぎ目.

'**Schweiß·per·le** 女 -/-n《ふつう複数で》玉のような

'Schweiß·stahl 男 -[e]s/=e 〖工学〗錬鋼.
'Schweiß·stel·le 囡 -/-n 溶接箇所.
'Schweiß·trei·bend 形 1 発汗を促す,発汗性の. 2《比喩》大汗をかかせる,骨の折れる.
'schweiß·trie·fend 形 汗のしたたる,汗びっしょりの.
'Schweiß·trop·fen 男 -s/-《ふつう複数で》汗のしずく,玉の汗.
'Schweiß·tuch 甲 -[e]s/=er 汗ふき.《古》ハンカチ. das ~ der Veronika〖㌍教〗ヴェロニカの聖骸布(㍔) (ヴェロニカが刑場の丘へ向かうイエス・キリストの血と汗を拭ったとされる布. キリストの顔の形がそっくり残っているという).
'Schwei·ßung 囡 -/-en 溶接.
'Schweit·zer ['ʃvaɪtsər]〖人名〗シュヴァイツァー. Albert ~ アルベルト・シュヴァイツァー (1875-1965, エルザス生れの医師・伝道師・音楽家).
*Schweiz [ʃvaɪts シュヴァイツ] 囡 -/〖地方〗die ~ スイス.
'Schwei·zer ['ʃvaɪtsər] ❶ 男 -s/- 1 スイス人. ▶女性形 Schweizerin 囡 -/-nen 2 (きちんと職業教育をうけた)搾乳夫, 牧畜. 3〖地方〗(カトリック教会の)番人, 寺男. 4 (ローマ教皇の)護衛兵. 5 (Schweizer Käse) スイスチーズ. ❷ 形《不変化》スイスの.
'Schwei·zer·de·gen 男 -s/- 植字兼印刷工.
'schwei·zer·deutsch 形 スイス・ドイツ語の. ↑deutsch
'Schwei·zer·deutsch 甲 -[s]/ スイス・ドイツ語(スイスのドイツ語圏で使われているドイツ語). ↑Deutsch
'Schwei·zer·gar·de 囡 -/(スイス出身の)教皇庁護衛兵.
'Schwei·ze·rin ['ʃvaɪtsərɪn] 囡 -/-nen 《Schweizer の女性形》スイス人(女性).
'schwei·ze·risch ['ʃvaɪtsərɪʃ] 形 スイス(人, 方言)の. ↑deutsch
'Schwel·brand ['ʃve:l..] 男 -[e]s/=e くすぶっただけで収まった火事, ぼや.
'schwe·len ['ʃve:lən] ❶ 圓 くすぶる. Hass schwelte in ihm.《雅》憎しみが彼の胸のなかでくすぶっていた. ❷ 他 1 (石炭などを)低温乾留する. 2 (芝などを)焼く, 野焼きする.
Schwe·le·rei [ʃve:lə'raɪ] 囡 -/-en〖工学〗低温乾留装置.
'schwel·gen ['ʃvɛlgən] 圓 1 贅沢(㌱)に暮す, 豪勢に飲み食いする. 2 (in et³ 物³に)耽(㌵)る; (を)ふんだんに用いる. in Erinnerung ~ 思い出に耽る. in Farben ~ 色彩をふんだんに使う.
'Schwel·ger ['ʃvɛlgər] 男 -s/- 美食家; 贅沢三昧(㍼)の人.
Schwel·ge'rei [ʃvɛlgə'raɪ] 囡 -/-en 美食, 飽食; 贅沢三昧.
'schwel·ge·risch ['ʃvɛlgərɪʃ] 形 口のおごった, 贅沢三昧の, 享楽的な.
*'Schwel·le ['ʃvɛlə シュヴェレ] 囡 -/-n 1 (戸口などの)敷居;《比喩》境目, 入り口, 発端. die ~ übertreten / über die ~ treten 敷居をまたぐ. an der ~ des Todes stehen《比喩》死にかけている. Der Schritt über die ~ ist der schwerste.《諺》はじめの一歩がいちばん難しい. j¹ von der〈seiner〉~ weisen《比喩》人¹に門前払いをくわせる. 2 (線路の)枕木. 3〖心理〗閾(㍊);〖生理〗刺激閾(刺激によって感覚や反応がおこる境目の値). die ~ des Bewusstseins〖心理〗識閾

(無意識から意識へ移る境目). 4〖地理〗(地表の隆起による細長い)台地; (大洋底の)海膨. 5〖建築〗(木組み家屋の)まくら材, けた.
'schwel·len*) ['ʃvɛlən] (schwoll(schwellte), geschwollen(geschwellt) / du schwillst(schwellst), er schwillt(schwellt) ❶ 圓 (s)《不規則変化》腫(㍿)れる, 膨(㌞)れる;(蕾(㌰)が)カトりふくらむ; (河川が)水かさを増す;(風が)強まる;(音が)大きくなる. Sein Hals ist stark geschwollen. 彼の喉はひどく腫れていた. Die Brust schwoll ihr vor Freude. 彼女は喜びで胸を膨らませた. ❷ 他《規則変化》1 膨らます. Der Wind schwellte die Segel. 風で帆がふくらむ. Freude schwellte ihr die Brust.《雅》彼女は喜びで胸を膨らませた. 2〖地方〗ふやけさすまで煮る.
♦ ↑ geschwollen
'Schwel·len·angst 囡 -/=e(なじみのない店などに入ろうとする際の)気後れ, 不安, 心理的抑制.
'schwel·lend 現分 形 ふっくらとした, ふくよかな. ~e Brüste ふくよかな胸. ~e Kissen ふっくらとしたクッション(座ぶとん).
'Schwel·len·land 甲 -[e]s/=er (先進工業国の仲間入りを目指している)中進国.
'Schwel·len·wert 男 -[e]s/=e〖物理〗閾(㌻)値;〖心理〗閾(㌻)値.
'Schwel·ler ['ʃvɛlər] 男 -s/-〖楽器〗(オルガンの)増音装置, スエルペダル.
'Schwell·kör·per 男 -s/-〖解剖〗海綿体.
'Schwel·lung ['ʃvɛlʊŋ] 囡 -/-en 1 (a)《複数なし》腫(㍿)れていること; 腫れ, 腫脹(㌽㌱). Die ~ der Mandel ist zurückgegangen. 扁桃腺の腫れがひいた. (b) はれた箇所. 2 (ドーム状の)隆起, 膨らみ.
Schwe·lung ['ʃve:lʊŋ] 囡 -/-en〖工学〗低温乾留.
'Schwem·me ['ʃvɛmə] 囡 -/-n 1 (家畜の)水飼い場, 水浴び場. die Pferde zur ~ führen 馬を水飼い場へ連れていく. j¹ in die ~ reiten《話》人¹を飲みに誘う; 困った(辛い)立場に追いやる. in die ~ gehen〖地方〗風呂に入る. 2《話》酒場. 3 (㌍㍿)(デパートの)特売場. 4〖商業〗(商品の)供給過剰, だぶつき. ▶しばしば次のような複合語を形成する. Tomaten-schwemme トマトのだぶつき.
'schwem·men ['ʃvɛmən] 他 1 (水の流れが)押流す. eine Leiche ans Ufer ~ (波などが)死体を岸に打寄せる. Der Regen hat den Schmutz von der Straße geschwemmt. 雨が通路の汚れを洗い流した. 2 (家畜を川などで)洗う, (に)水浴びをさせる. 3 (㌍㍿)(木材を)筏に組んで流す. 4 (㌍㍿)(洗濯物を)すすぐ.
'Schwemm·land ['ʃvɛm..] 甲 -[e]s/=er〖地質〗沖積地.
'Schwemm·sand 男 -[e]s/ 沖積砂.
'Schwen·de ['ʃvɛndə] 囡 -/-n (森を焼いてつくった)開墾地, 焼き畑.
'Schwen·gel ['ʃvɛŋəl] 男 -s/ 1 (ポンプなどのハンドル, 柄の部分). 2 (鐘の)舌. 3《古》若者. 4《卑》ペニス.
Schwenk [ʃvɛŋk] 男 -[e]s/ 1〖映画・㍊〗パン(ショット). 2 (急な方向転換, 旋回.
'schwenk·bar ['ʃvɛŋkba:r] 形 向きを変えられる, 旋回式の, 回転自在の.
'schwen·ken ['ʃvɛŋkən] ❶ 他 1 (旗・ハンカチなど)を振る; 振回す. 2 (振動かして)濯(㌱)ぎ洗いをする, 濯(㌱)ぐ. Wäsche ~ 洗濯物を濯ぐ. 3《物³の》向きを変える, 旋回させる. die Kamera ~ カメラをパンする. 4〖料理〗さっと炒(㌭)める, ソテーにする. Kartoffeln

in Butter ~ じゃがいもをバターでさっと炒める. Fleisch in Soße ~ (炒めながら)肉にソースをからめる. **5** 《地方》追出す, くびにする; 放校する.

❷ 圓 (h, s) **1** (h) (mit es³ 物³)を振る, 振回す. mit der Fahne ~ 旗を振る. **2** (s) 方向を変える;(道を)曲がる. nach rechts ~ 右へ曲がる. um die Ecke ~ 角を曲がる. Links schwenkt, marsch!（号令で）左向け, 進め. ins andere Lager ~《比喩》相手の陣営に寝返る.

Schwenk·kran 男 -[e]s/=e(-e)《工学》旋回クレーン.

Schwen·kung 囡 -/-en 方向転換, 旋回;《比喩》転向, 変節. eine ~ machen(vollziehen／vornehmen)方向転換する, 旋回する, ターンする;《比喩》転向する.

◆↑schwer beladen, schwer bewaffnet, schwer erziehbar, schwer fallen, schwer halten, schwer krank, schwer löslich, schwer machen, schwer nehmen, schwer tun, schwer verdaulich, schwer verletzt, schwer verständlich, schwer verträglich, schwer verwundet

schwer
[ʃveːr シュヴェーア] 形 **1** (a) 重い, 重量のある; 重みのある. Der Koffer ist sehr ~. そのスーツケースはとても重い. Meine Beine sind ~ wie Blei. 私は脚が鉛のように重たい. ~er Boden 粘土質の土壌,《気象》(雨などで)ぬかるんで重いグラウンド. ein ~es Geld《話》(ずっしりと重い)大金. eine ~e Last 重い荷. ein ~er Lastwagen 大型トラック. ein ~er Mann《話》太った男. die ~e Menge《古》大量に, どっさりと. Geld die ~e Menge haben《古》大金を持っている. ein ~er Teppich 目の詰んだ(厚手の)絨緞(だん). ~es Wasser《化学》重水. ~es Wetter《鉱業》酸素不足の坑内空気. Du sollst nicht ~ heben. 君は重いものを持ちあげてはいけない. Der Wagen ist ~ beladen. その車は重い荷を積んでいる. ~ bewaffnet sein 重装備をしている. ~ wiegen 目方が重い;(言葉などが)重みがある. (b) …の重さの. Wie ~ ist das? それはどれくらいの目方ですか. Wie ~ bist du?《話》君の体重はどれくらいか.《重さを示す4格に》Der Fisch ist 3 Kilo ~. その魚は重さ3キロだ. ein mehrere Millionen ~er Mann《話》大金持ちの男.
2 重苦しい, 気の重い, 陰鬱な, 悲しい. ein ~er Abschied つらい別れ. einen ~en Traum haben 重苦しい夢を見る. ~en Herzens 重い心で, しぶしぶ. Das Herz ist mir ~. ／ Mir ist ~ ums Herz. 私は気が重い.
3 難しい, 困難な; 骨の折れる, 面倒な, 厄介な, つらい; 分かりにくい, 難解な. Das Problem ist ~ zu lösen. その問題は解決するのが難しい. eine ~e Arbeit 骨の折れる仕事, 重労働. eine ~e Frage 難しい質問. ~e Musik 難解な音楽. ihre ~e Stunde《古》《雅》彼女の分娩の時. ~ atmen 苦しそうに息をする. ~ hören 耳が遠い. es⁴ ~ haben 苦労する, つらい思いをする. Das ist leicht gesagt, doch ~ getan. それは言うは易いが実行するのは難しい.
4（動作や頭の回転が）鈍い, のろい, 不器用な, ぎこちない. ~en Gang haben 歩き方がのろい. eine ~e Hand haben 不器用である. eine ~e Zunge haben 口べたである;(酔って)ろれつが回らない. ~ von Begriff sein《話》のみこみが遅い.
5（料理が）こってりした, しつこい, 消化しにくい(酒・煙草などが)強い, きつい,（空気が）湿っぽい, よどんだ. ein ~es Parfüm 香りのきつい香水. ein ~er Wein（糖分とアルコールを標準以上に含んだ重たいワイン）. Die Speisen liegen mir ~ im Magen. 料理が胃にもたれる.
6 (a) 重大な, 甚大な; はなはだしい, ひどい; 激しい, きび

しい. eine ~e Beleidigung ひどい侮辱. ein ~es Gewitter 激しい雷雨. ein ~er Junge《話》凶悪犯, ギャング. eine ~e Krankheit 重病. ein ~er Schlaf 深い眠り. ~e Seen 大波. ein ~es Unglück 大惨事. eine ~e Verantwortung 重大な責任. ein ~er Verlust 甚大な損害. ein ~er Winter きびしい冬. Er wurde ~ bestraft. 彼はきびしく処罰された. ~ krank sein 重病である. (b)《副詞的用法》(sehr)たいそう, すごく. Er ist ~ betrunken. 彼はひどく酔っている. Da hast du ~ Glück gehabt. それは君まさに幸運だった. Das will ich ~ hoffen. ぜひともそう願いたいものだ. sich⁴ ~ ärgern 〈täuschen〉ひどく腹を立てる〈とんでもない思い違いをする〉.

◆↑schwer beladen, schwer bewaffnet, schwer erziehbar, schwer fallen, schwer halten, schwer krank, schwer löslich, schwer machen, schwer nehmen, schwer tun, schwer verdaulich, schwer verletzt, schwer verständlich, schwer verträglich, schwer verwundet

..schwer [..ʃveːr]《接尾》名詞と結びついて「…(のように)重い, …の重さの」などの意の形容詞をつくる. bleischwer 鉛のように重い. folgenschwer 重大な結果をもたらす.

'**Schwer·ar·beit** 囡 -/ 重労働.
'**Schwer·ar·bei·ter** 男 -s/- 重労働者.
'**Schwer·ath·le·tik** 囡 -/《スポ》重量競技(重量挙げ・レスリングなど).
'**schwer·be·hin·dert**《書》重度身体障害の.
'**Schwer·be·hin·der·te** 男 囡《形容詞変化》《書》重度身体障害者.
'**schwer·be·la·den**, ○'**schwer·be·la·den** 形 重い荷を積んだ;《比喩》重荷を負った.
'**Schwer·be·schä·digt 1**《書》(戦禍などによる)重度身体障害の. **2**《付加語的用法で》大きく損傷した.
'**Schwer·be·schä·dig·te** 男 囡《形容詞変化》《書》重度身体障害者.
'**schwer·be·waff·net**, ○'**schwer·be·waff·net** 形 重装備の(重武装)の.
'**schwer·blü·tig** 形 (→leichtblütig) 鈍重な; 慎重な.
'**Schwe·re** [ˈʃveːrə] 囡 -/ **1** 重さ, 重量; 重力. **2** 難しさ, 困難さ; 重大さ, 重要性; 強さ, 激しさ; 重苦しさ. die ~ des Parfümes 香料の強さ. die ~ der Luft 空気の重苦しさ.
'**schwe·re·los 1** 無重力の, 無重量の. **2**《雅》屈託(心配事)のない, 軽やかな; 容易な.
'**Schwe·re·lo·sig·keit** 囡 -/ **1**《物理》無重力状態. **2** 屈託(心配事)がないこと.
'**Schwe·re·not** [ˈʃveːrənoːt] 囡 -/《古》《次のような用法で》《不快・怒り・驚きなどを表す》~ noch einmal! こんちくしょう, なんてこった. Dass dich die ~! くたばっちまえ. Es ist, um die ~ zu kriegen! まったく気が変になりそうだ. ◆元来は癲癇(てんかん) Epilepsie をさしていった言葉.
'**Schwe·re·nö·ter** [..nøːtər] 男 -s/-《戯》女たらし.
'**schwer·er·zieh·bar**, ○'**schwer·er·zieh·bar** 形《付加語的用法のみ》(学童や青少年について)通常の教育が困難な.

＊'**schwer fal·len***, ○'**schwer|fal·len*** [ˈʃveːr falən シュヴェーア ファレン] 圓 (s) (人³にとって)困難である, 難しい; つらい. Diese Arbeit fällt mir sehr

schwer. この仕事は私にはたいへん荷が重い.
'schwer·fäl·lig [ˈʃveːrfɛlɪç] 形 鈍重な, 不器用な, ぎこちない, ぐずぐずした; 面倒な, 厄介な.
'Schwer·fäl·lig·keit 女 -/ 鈍重さ, 不器用さ, ぎこちなさ; 面倒(厄介)であること.
'Schwer·ge·wicht 中 -[e]s/-e 1《複数なし》《スポーツ》ヘビー級, 重量級. 2 ヘビー級(重量級)の選手. 3《戯》体重の重い人, でぶ. 4《複数なし》《比喩》重点, 眼目. das ~ auf et⁴ legen 事に主眼をおく.
'Schwer·ge·wicht·ler 男 -s/- ヘビー級(重量級)の選手.
'schwer hal·ten*, **°'schwer|hal·ten*** 自 (あることが)難しい, 困難である. *Es hält schwer, alle zufrieden zu stellen.* みんなを満足させるのは難しいことだ.
'schwer·hö·rig [ˈʃveːrhøːrɪç] 形 耳の遠い, 難聴の.
'Schwer·hö·rig·keit 女 -/ 耳の遠いこと, 難聴.
Schwe'rin [ʃveˈriːn] 《地名》シュヴェリーン(メクレンブルク=フォーアポンメルン州の州都).
'Schwer·in·dus·trie 女 -/ (↔ Leichtindustrie) 重工業.
'Schwer·kraft 女 -/ 《物理》重力.
'schwer krank, **°'schwer·krank** 形《付加語的用法で》1 重病の. 2《猟師》手負いの.
'Schwer·kran·ke 男 -n/-n《形容詞変化》重病人. ♦ schwer Kranke とも書く.
'Schwer·kriegs·be·schä·dig·te 男女《形容詞変化》重度戦傷者.
'schwer·lich [ˈʃveːrlɪç] 副 (kaum) ほとんど…ないだろう, まず…ないだろう.
'schwer lös·lich, **°'schwer·lös·lich** 形 溶けにくい, 難溶性の.
'schwer ma·chen, **°'schwer|ma·chen** 他 (人³の事⁴を)難しくする, 困難(つらい)ものにする. j¹ das Leben ~ 人³の人生をつらいものにする.《再帰的に》*sich³ et⁴ ~* 事⁴で苦労する, つらい思いをする. *es³ sich³ ~* 苦労する, つらい思いをする(mit et³ 事³のことで). *Da hast du es dir doch schwer gemacht.* それはまあひとり君もたいへんだったね.
'Schwer·me·tall 中 -s/-e (↔ Leichtmetall) 重金属.
'Schwer·mut [ˈʃveːrmuːt] 女 -/ 憂鬱(うつ), 憂愁, 重苦しい気分;《心理》鬱(うつ)病, 抑鬱(状態).
'schwer·mü·tig [..myːtɪç] 形 1 憂鬱な, 心の重い, ふさぎ込んだ. 2《心理》鬱病の, 抑鬱状態の.
'schwer neh·men*, **°'schwer|neh·men*** 他 (事⁴を)難しくする, 深刻に考える, 重大視する. *Nimm es nicht so schwer!* そんなにくよくよするんじゃないよ, もっと気楽にやりなさい.
'Schwer·öl 中 -[e]s/-e《化学》重油.
'Schwer·punkt 男 -[e]s/-e 1《物理》重心. 2《比喩》重点, 要点, 力点.
'Schwer·punkt·streik 男 -[e]s/-s 拠点ストライキ.
'Schwer·spat 男 -[e]s/-e(⁼e)《鉱物》重晶石.
*****Schwert** [ʃveːrt シュヴェーアト] 中 -[e]s/-er 1 剣, 刀. ein zweischneidiges ~ 諸刃(もろは)の剣. ~ des Damokles ダモクレスの剣(↑ Damokleschwet). das ~ des Geistes《新約》霊の剣(つるぎ), 神の言葉(エフェ 6:17). die ~*er* kreuzen《雅》剣を交える. *Wer zum ~ greift, der soll durchs ~ umkommen.《新約》剣をとるものは剣で滅びる(マタ 26:52). das ~ in die Scheide stecken* 剣を鞘におさめる;《比喩》戦いをやめる. *ein ~ tragen* 剣を帯びる. *sein ~ in die Waagschale werfen*《比喩》力ずくで事を決める, 武力にものを言わせる. *das ~ ziehen(zücken)* 剣を抜くmit Feuer und ~ 火を放ち剣を振るって;《比喩》強硬な手段で. 2 (ヨットなどの)センターボード, 垂下竜骨 3《建築》筋かい.
'Schwert [ˈʃveːrtəl] 中 -s/- 1《植物》(Gladiole) グラジオラス. 2《植物》(Schwertlilie) あやめ(属).
'Schwert·fisch 男 -[e]s/-e《魚》めかじき.
'Schwert·li·lie 女 -/-n《植物》あやめ(属); アイリス
'Schwert·streich 男 -[e]s/-e 剣で切ること, 剣の一撃. *ohne ~*《雅》闘わずして, 無血で.
'schwer tun*, **°'schwer|tun*** 再 (**sich**⁴) または **sich**⁴)《話》苦労する, 四苦八苦する(mit(bei) et³ 事³で).
'Schwer·ver·bre·cher 男 -s/- 重罪犯人.
'schwer ver·dau·lich, **°'schwer·ver·dau·lich** 形 消化の悪い, 消化しにくい.
'schwer ver·letzt, **°'schwer·ver·letzt** 形 重傷を負った, 重傷の.
'Schwer·ver·letz·te 男女《形容詞変化》重傷者. ♦ schwer Verletzte とも書く.
'schwer ver·ständ·lich, **°'schwer·ver·ständ·lich** 形 分かりにくい, 難解な.
'schwer ver·träg·lich, **°'schwer·ver·träg·lich** 形 = schwer verdaulich
'schwer ver·wun·det, **°'schwer·ver·wun·det** 形 重傷を負った, 重傷の.
'Schwer·ver·wun·de·te 男女《形容詞変化》重傷者. ♦ schwer Verwundete とも書く.
'schwer·wie·gend [ˈʃveːrviːgənt] 形 重大な, 深刻な. ♦ schwer wiegend とも書く.

Schwes·ter
[ˈʃvɛstər シュヴェスター] 女 -/-n 1 姉, 妹; 姉妹. *meine ältere⟨große⟩ ~* 私の姉. *meine jüngere⟨kleine⟩ ~* 私の妹. 2《略 Schw.》(Krankenschwester) 看護婦. 3 修道女, シスター.
'Schwes·ter·fir·ma 女 -/..firmen 姉妹会社.
'Schwes·ter·kind 中 -[e]s/-er《古》姉(妹)の子.
'schwes·ter·lich [ˈʃvɛstərlɪç] 形 姉妹の; 姉妹のような, 仲の良い.
'Schwes·tern·lie·be 女 -/ 姉(妹)としての愛, 姉妹愛.
'Schwes·tern·or·den 男 -s/- 女子修道会.
'Schwes·tern·paar 中 -[e]s/-e ふたり姉妹.
'Schwes·tern·schaft [ˈʃvɛstərnʃaft] 女 -/-en 1《複数なし》《まれ》姉妹であること. 2《複数なし》《集合的に》(ある病院の)看護婦(の全体). 3《カト》女子修道団体.
'Schwes·ter·schiff 中 -[e]s/-e 姉妹船(艦).
'Schwib·bo·gen [ˈʃvɪpboːgən] 男 -s/-《建築》飛び控え, 飛梁(はりょう).
schwieg [ʃviːk] schweigen の過去.
'schwie·ge [ˈʃviːgə] schweigen の接続法 II.
'Schwie·ger [ˈʃviːgər] 女 -/-n《古》= Schwiegermutter
'Schwie·ger·el·tern 複 夫(妻)の両親, 義理の両親, 舅姑(きゅうこ).
'Schwie·ger·mut·ter 女 -/⁼ 夫(妻)の母, 義理の母, 姑(しゅうとめ).
'Schwie·ger·sohn 男 -[e]s/⁼e 娘の夫, 婿(むこ).
'Schwie·ger·toch·ter 女 -/⁼ 息子の妻, 嫁.
'Schwie·ger·va·ter 男 -s/⁼ 夫(妻)の父, 舅(しゅうと).

Schwie・le [ˈʃviːlə] 囡 -/-n たこ;《医学》胼胝(べんち), 皮膚硬結. Du musst doch bald ~n am Hintern haben. そんなに座ってばかりいるといまにお尻にたこができるよ.

schwie・lig [ˈʃviːlɪç] 形 胼胝(べんち)のできた, 胼胝だらけの.

Schwie・mel [ˈʃviːməl] 男 -s/-《地方》**1** 酔い, 酩酊. **2** 自堕落な人, 放蕩者; 飲んだくれ.

Schwie・me・lig [ˈʃviːməlɪç] 形《地方》めまいのする, よろよろする.

schwie・meln [ˈʃviːməln] 自《地方》**1** よろめく, ふらつく. **2** 自堕落な(だらしのない)生活をする; 飲んだくれる.

schwiem・lig [ˈʃviːmlɪç] 形 =schwiemelig

schwie・rig [ˈʃviːrɪç シュヴィーリヒ] 形《副詞的には用いない》**1** 難しい, 困難な, 面倒な, 厄介な; こみ入った, 扱いにくい. Diese Schrift ist ~ zu lesen. この字は読みにくい. eine ~e Frage 難問. ein ~es Thema 扱いにくいテーマ. **2**《人が》気むずかしい, 強情な. Im Alter wurde er immer ~er. 年をとって彼はますます気むずかしくなった. ein ~es Kind 扱いにくい子供.

*|**Schwie・rig・keit** [ˈʃviːrɪçkaɪt シュヴィーリヒカイト] 囡 -/-en **1**《ある一件の》難しさ, 困難; 難点. Die ~ liegt darin, dass... 厄介なのは…という点である. ~en aus dem Weg[e] gehen 困難を回避する. ~en aus dem Weg[e] räumen 困難を取除く. Die Durchführung bereitet technische ~en. その実施には技術的な困難が伴う. auf ~en stoßen 困難にぶつかる. **2**《ふつう複数で》面倒な(厄介な)こと, ごたごた; 障害, 支障. j³ ~en bereiten〈machen〉/ j³ ~en in den Weg legen 人³を困らせる, 手こずらせる. in ~en geraten〈kommen〉面倒な(厄介な)ことになる. j⁴ in ~en bringen 人⁴を苦境に立たせる. mit j³ ~en haben 人³とうまくやっていけない, そりが合わない. **3**《スポ》《体操競技などの》難度; 高難度の演技.

Schwie・rig・keits・grad 男 -[e]s/-e 難度, 難易度.

schwillst [ʃvɪlst] schwellen の現在 2 人称単数.
schwillt [ʃvɪlt] schwellen の現在 3 人称単数.

Schwimm・an・stalt [ˈʃvɪm..] 囡 -/-en = Schwimmbad

Schwimm・an・zug 男 -[e]s/⸗e《とくに競泳用の》水着.

*|**Schwimm・bad** [ˈʃvɪmbaːt シュヴィムバート] 中 -[e]s/⸗er《更衣室や日光浴用の芝生などを備えた》水泳プール, 水泳施設. ins ~ gehen プールへ行く.

Schwimm・be・cken 中 -s/-《水泳》プール.

Schwimm・bla・se 囡 -/-n **1**《魚》《魚の》浮き袋. **2**《植物》《藻類の》気胞.

Schwimm・dock 中 -s/-s(-e)《造船》浮きドック.

°**Schwimmeis・ter** ↑Schwimmmeister

schwim・men* [ˈʃvɪmən シュヴィメン] schwamm, geschwommen ❶ 自 (s, h) **1** (a) (s, h) 泳ぐ. Er *schwimmt* gut. 彼は水泳が上手だ. Er ist〈hat〉gestern viel *geschwommen*. 彼は昨日たくさん泳いだ. 《schwimmen〈lernen〉泳ぐことを習う》. Wir sind gestern ~ gewesen.《話》私たちはきのう泳ぎに出かけていた. wie ein Fisch ~《話》魚のようにすいすい泳ぐ. wie eine bleierne Ente ~《戯》かなづちである. auf der Brust〈dem Rücken〉 ~ 平泳ぎ〈背泳ぎ〉で泳ぐ. im Freistil〈Schmetterlingsstil ~ 自由形〈バタフライ〉で泳ぐ. mit dem Strom ~ 流れに乗って泳ぐ;《比喩》時流に乗る. gegen den Strom ~ 流れに逆らって泳ぐ;《比喩》時流に逆行する. über den See ~ 湖を泳いで渡る. (s)《方向を示す語句と》(...へ)泳いで行く. ans andere Ufer ~ 向こう岸まで泳ぐ. (c) (s)《距離・時間・種目などを示す副詞的4格と》Wir sind drei Kilometer *geschwommen*. 私たちは 3 キロメートル泳いだ. einen neuen Rekord ~《競泳で》新記録を出す. 100 Meter Kraul ~ 100 メートル自由形に出場する.
2 (a) (h)《沈まずに》浮く. Holz *schwimmt*. 木は水に浮く. (b) (s, h)《水面や水中を》漂う, (に)浮かんでいる. Auf der Suppe *schwimmen* Fettaugen. スープに脂の玉が浮いている. In ihren Augen *schwimmen* Tränen. 彼女の目に涙が浮かんでいる. et⁴ ~ lassen 物⁴を水に浮かべる. (c) (s)《流れに》運ばれる, 流される. Das Boot ist stromabwärts *geschwommen*. ボートは下流に流された.
3 (h) (a) 水浸しになっている, びしょぬれである. Der Boden *schwimmt*. 床が水浸しである. Ihre Augen *schwammen*. 彼女の目は涙でぐっしょり濡れていた. (b) 水浸し(びしょぬれ)にしている. Auf dem Tisch *schwimmt* Bier. テーブルがビールでびしょびしょだ.
4 (s)《in et³ 物³に》浸っている. im〈in *seinem*〉Blut[e] ~ 血の海に倒れている. in Freude ~《比喩》喜びに浸っている. im〈in〉Geld ~《話》大金持である. in Tränen ~ 涙にくれる.
5 (a) (s, h) ぼやけて〈かすんで〉見える. Die Buchstaben *schwammen* mir vor den Augen. 私は文字がかすんで見えた.《非人称的に》Mir *schwimmt* es vor [den] Augen. 私は目がかすむ. (b) (s)《頭が》ぼんやりする, もうろうとする. Sein Kopf *schwamm* ihm. 彼は頭がもうろうとした.
6 (s, h)《話》(a)《語り手・演じ手などが》もたもたする, しどろもどろになる. Der Schauspieler *schwimmt* oft. その俳優はしじゅう台詞(せりふ)がつまる. in der Prüfung ~ 試験でもたつく. (b)《車が》横滑りする, ハンドルを取られる. (c)《中性名詞として》ins *Schwimmen* geraten〈kommen〉《話》もたつく, しどろもどろになる;《車が》横滑りする, ハンドルを取られる.

❷ 再 (sich) *sich* müde ~ 泳ぎ疲れる.
◆完了の助動詞は原則として,「泳ぐ」ことを場所の移動と捉えるときは sein を, 泳ぐ行為と捉えるときは haben を用いる. ただし後者の場合でも sein が用いられている. Er *ist* ans andere Ufer *geschwommen*. 彼は向こう岸まで泳いだ(場所の移動). Sie *hat*〈*ist*〉gestern 2 Stunden *geschwommen*. 彼女は昨日 2 時間泳いだ(泳ぐ行為).

schwim・mend 現分 **1** 浮かんでいる, 漂っている. ~e Fracht 船荷. ein ~es Hotel 水に浮かぶホテル(豪華客船のこと). et⁴ in ~em Fett〈in Fett ~〉backen 物⁴をたっぷりの油で揚げる. **2** ぼやけた. ~e Konturen ぼやけた輪郭.

Schwim・mer [ˈʃvɪmər] 男 -s/- **1** (a) 泳ぐ人, 泳ぎ手; 泳げる人. (b) 水泳選手. **2** (a)《釣りの》浮子(うき). (b)《工学》浮球, フロート. (c)《複数で》《水上飛行機の》フロート. ◆女性形 Schwimmerin 囡 -/-nen

Schwimm・flos・se 囡 -/-n **1**《スキンダイビング用の》足ひれ, フリッパー. **2**《動物》鰭(ひれ).

Schwimm・fuß 男 -es/⸗e《動物》《水鳥の》遊泳足, 水かき足;《甲殻類の》遊泳脚.

Schwimm・gür・tel 男 -s/- **1**《腰にまく》救命胴衣, 浮き帯. **2**《戯》腰回りのぜい肉, お腹の脂肪.

'**Schwimm·hal·le** 囡 -/-n 室内プール.
'**Schwimm·haut** 囡 -/⁼e〖動物〗水かき.
'**Schwimm·ho·se** 囡 -/-n 水泳パンツ.
'**Schwimm·kis·sen** 囲 -/- 浮きマット.
'**Schwimm·kran** 男 -[e]s/⁼e クレーン船.
'**Schwimm·rei·fen** 男 -s/- =Schwimmring.
'**Schwimm·ring** 男 -[e]s/-e 浮き輪.
'**Schwimm·leh·rer** 男 -s/- 水泳指導員(コーチ), 水泳教師.
'**Schwimm·meis·ter** 男 -s/- **1** 水泳指導員(コーチ). **2** プール監視員.
'**Schwimm·sand** 男 -[e]s/- 流砂.
'**Schwimm·sport** 男 -[e]s/- (スポーツとしての)水泳; 水泳競技.
'**Schwimm·vo·gel** 男 -s/⁼〖動物〗遊禽(ゆうきん)類, 水鳥.
'**Schwimm·wes·te** 囡 -/-n 救命胴衣, ライフジャケット.

*'**Schwin·del** ['ʃvɪndəl シュヴィンデル] 男 -s/ **1** めまい. [einen] ~ bekommen / von [einem] ~ befallen werden めまいがする. an⟨unter⟩ ~ leiden よくめまいがする, めまい持ちである. **2** 《話》詐欺, ぺてん, ごまかし. auf einen ~ hereinfallen ぺてんに引っかかる. Den ~ kenne ich! その手はくわないぞ. **3** (**der ganze Schwindel** の形で)《話》がらくた, くだらないこと(の一切合切). Ich will von dem ganzen ~ nichts mehr wissen. そんなくだらないことにこれ以上聞きたくない. Was kostet der ganze ~? 全部ひっくるめていくらですか.
'**Schwin·del·an·fall** 男 めまいの発作.
'**Schwin·de·lei** [ʃvɪndə'laɪ] 囡 -/-en 始終嘘をつくこと, 嘘八百; 詐欺, ペテン, インチキ.
'**schwin·del·er·re·gend** 形 目のくらむような, 気の遠くなるような. ◆Schwindel erregend とも書く.
'**schwin·del·frei** 形 めまいを感じない, めまいのしない.
'**Schwin·del·ge·fühl** 匣 -[e]s/-e めまい感, 眩暈(げんうん)感.
'**schwin·del·haft** 形 **1**《俗》でたらめな, インチキな. **2**《まれ》めまいを起こさせるような.
'**schwin·de·lig** ['ʃvɪndəlɪç] 形 =schwindlig

*'**schwin·deln** ['ʃvɪndəln シュヴィンデルン] ❶ 匣(人称) Es schwindelt j⟨くまれ j⟩. 人³はめまいがする. Mir schwindelt. 私はめまいがする.

❷ 匣 **1**《(頭が)くらくらする, めまいがする. Ich schwindle. 私はめまいがする. Sein Kopf schwindelte. / Ihm schwindelte der Kopf. 彼は頭がくらくらした. **2**《話》(たわいもない)嘘をつく, ごまかす.

❸ 他《話》**1** 嘘を言う. Das ist alles geschwindelt. それはぜんぶ嘘だ. **2** ごまかして持ち込む. et⁴ durch den Zoll ~ 物⁴を関税をごまかして持ち込む. (再帰的に) sich⁴ durchs Leben ~ 嘘で世の中を渡る.

'**schwin·delnd** 現分 形 目のくらむような. in ~en Höhen 目のくらむような高所で.

*'**schwin·den*** ['ʃvɪndən シュヴィンデン] schwand, geschwunden 匣 (s) **1**《雅》(次第に)小さくなる, 少なくなる, 減る; (力が)衰える, (関心・不安などが)薄らぐ, (音が)弱まる, (色が褪(あ)せる; (時が)過ぎ去る; (徐々に)なくなる, 消え失せる. Mir schwand das Bewusstsein. / Mir schwanden die Sinne. 私は気が遠くなった(意識を失った). aus j² Augen⟨Blick⟩ ~ 人²の視界から消える. j² aus der Erinnerung⟨dem Gedächtnis⟩ ~ 人³の記憶から忘れ去られる. Die Sonne schwindet. 日が沈む. Die Jahre schwinden schnell. 年月の過ぎ去るのははやい.《中性名詞として》im Schwinden [begriffen] sein (名声・影響力などが)失せつつある. **2**〖工学〗(木材・金属などが冷却や乾燥の過程で)収縮する.
'**Schwind·ler** ['ʃvɪndlɐr] 男 -s/- ぺてん師, 詐欺師; 嘘つき.
'**schwind·le·risch** ['ʃvɪndlərɪʃ] 形《俗》詐欺師のような; いかさまの. ぺてんの.
'**schwind·lig** ['ʃvɪndlɪç] 形 **1** めまいのする. Ich bin⟨Mir ist⟩ ~. 私はめまいがする. Ich werde⟨Mir wird⟩ ~ leicht ~. 私はすぐ目がまわる. j⁴ ~ machen 人⁴の目をまわす. **2** 目のくらむような. in ~en Höhen 目もくらむような高所で.
'**Schwind·sucht** ['ʃvɪnt..] 囡 -/《古》消耗性疾患; (とくに)肺結核, 労咳(ろうがい). sich³ die ~ an den Hals ärgern《話》かんかんに怒る. [die] ~ im Geldbeutel haben《話》お金に困っている, 金欠病である.
'**schwind·süch·tig** 形《古》消耗性疾患にかかった; (とくに)結核を患った.
'**Schwing·ach·se** ['ʃvɪŋ..] 囡 -/-n〖自動車〗独立車軸, インディペンデント・サスペンション.
'**Schwin·ge** ['ʃvɪŋə] 囡 -/-n **1**《ふつう複数で》《雅》(大型の鳥の)翼. **2**〖工学〗滑動棒, 揺り腕. **3** 麻打ち棒, からざお. **4**(a)〖南ドイツ・中部〗唐箕(とうみ), 篩(ふるい). (b)〖西ドイツ・北ドイツ〗(取っ手が2つ付いた)平かご.

*'**schwin·gen*** ['ʃvɪŋən シュヴィンゲン] schwang, geschwungen ❶ (h) **1**(振り子・ブランコなどが)揺れる, 振れる;(体操で)身体を振る. am Reck⟨an den Ringen⟩ ~ 鉄棒⟨吊り輪⟩で身体を振る. **2**(h)震える, 振動(震動)する. 振動板⟨弦⟩が震える. **3**(h)余韻として残る;(感情が声や言葉に)表れる. Seine Stimme schwang noch im Raum. 彼の声の響きがまだ部屋の中に残っていた. In seinen Worten schwang Angst. 彼の言葉には不安な思いが感じられた. **4**(h, s)《雅》(音が)広がる, 響きわたる. Eine Melodie ist⟨hat⟩ durch den Saal geschwungen. ひとつのメロディーがホールじゅうに響きわたった. **5**(s)《雅》(スキーで)パラレルターンで滑降する. **6**(h)《方》スイス式レスリングをする.

❷ 他 **1**(腕・旗などを)振る, 振り回す;(ブランコなどを揺らす;(斧などを)ふるう. Fackeln ~ 松明(たいまつ)を振回す. die Gläser⟨die Becher⟩ ~《古》大いに飲む. die große Klappe ~《話》大口をたたく, ほらふきを吹く. den Pantoffel ~《話》亭主を尻に敷く. Rahm ~(ラーム)生クリームを泡立てる. große Reden ~《話》大口をたたく, 大演説をぶつ. das Schwert ~ 剣をふるう. das Tanzbein ~《話》ダンスをする. **2**(方向を示す語句と)はずみをつけて動かす. einen Sack auf den Rücken ~ 袋を背にかつぐ.

❸ 匣《sich⁴》**1**(ブランコに乗って)体を揺らす. **2**《方向を示す語句と》(ひらりと)飛上がる, 飛乗る(降りる), 飛越える. sich über den Zaun ~ ひらりと垣を飛越える. sich in die Luft ~(鳥が)空に舞上がる. **3**《雅》弧を描いている. Die Brücke schwingt sich über den Fluss. その橋は川の上に弧を描いている. (過去分詞で) eine kühn⟨leicht⟩ geschwungene Linie 大胆な⟨緩やかな⟩弧を描く線.
◆↑geschwungen
'**Schwin·ger** ['ʃvɪŋɐr] 男 -s/- **1**(ボクシングの)スイング. **2**〖物理〗振動子. **3**《方》(スイス式レスリングの)レスラー.
'**Schwing·tür** 囡 -/-en (前後に開く)スイングドア.

'Schwin·gung [ˈʃvɪŋʊŋ] 囡 -/-en **1** (a) 振る(振り回す)こと; (物体の)振れ, 揺れ, 【物理】振動. eine Schaukel in ~[en] versetzen ブランコを揺らす. (b) (弦などの)振動, バイブレーション. **2** (風景の中の)弓なりの線, 弧線. in eleganter ~ 優雅な弧を描いて.

'Schwin·gungs·kreis 男 -es/-e 【電子工】振動(共振)回路.

'Schwin·gungs·zahl 囡 -/-en 【物理】振動数, 周波数.

schwipp [ʃvɪp] 間 *Schwipp*! (水などのはねる音)ぴちゃっ, ぴしゃっ; (平手や鞭などで打つ音)ぴしっ, ぴしゃり. *Schwipp, schwapp*! ぴしゃっ, ぱしゃっ.

'Schwip·pe [ˈʃvɪpə] 囡 -/-n 〖地方〗(若枝や鞭のしなやかな)先端; 鞭.

schwip·pen [ˈʃvɪpən] 圓 (h, s) **1** (h) (すばやく)揺れる, ふるえる. **2** (a) (h) (水などが)ぴちゃっ(ぴしゃっ)と音を立てる. (b) (s) (水などが)ぴちゃっ(ぴしゃっ)と音をたててこぼれる. **3** (h) (mit et³ 物³ を振って)ぴしゃっ(ぴしゃり)と音を立てる. mit der Peitsche ~ 鞭をぱしっと鳴らす.

Schwipp·schwa·ger 男 -s/= 〖話〗義理の姉(妹)の夫.

Schwipp·schwä·ge·rin 囡 -/-nen 〖話〗義理の兄(弟)の妻.

Schwips [ʃvɪps] 男 -es/-e **1** 〖地方〗鞭打ち(の音). **2** 〖話〗ほろ酔い. einen [kleinen] ~ haben 一杯ひっかけている. ほろ酔い機嫌である.

schwir·beln [ˈʃvɪrbəln] 圓(圊)(h) 〖地方〗**1** くるくる回る. **2** 《非人称的に》(schwindeln) めまいがする. *Mir schwirbelt*. 私はめまいがする.

'schwir·ren [ˈʃvɪrən] 圓 (h, s) **1** (h) ぶんぶん(ひゅんひゅん)うなる, ひゅうっと鳴る. Die Mücken *schwirren*. 蚊がぶんぶんいっている. Die Sehne des Bogens *schwirrte*. 弓の弦がうなりを発した. Mir *schwirrt der Kopf*. 〖話〗(あまりに多くのことを聞いたり学んだりして)私の頭の中がじんじんしている. Die Stadt *schwirrt* von Nachrichten über den Vorfall. 〖比喩〗町はその事件のニュースでもちきりだ. 《非人称的に》*Es schwirrt mir vor den Augen*. 私は目の前がくるくる回っている. **2** (s) (a) (虫などが)ぶんぶん飛ぶ; (矢弾が)ひゅんひゅん飛ぶ. (b) (s) (噂が)ぱっと広まる; (考えなどが)ひょっとよぎる; (視線などが)ぱっと転じる. Mir *schwirrten* mancherlei Gedanken durch den Kopf. さまざまな考えが私の頭に中をよぎった. (c) 〖話〗(人が)かけ足で移動する; ひょいと来る(行く); (矢などが)すっ飛んでいく. Die Touristen *schwirrten* durch die Stadt. 観光客で町がわさわさしていた. mit dem Auto an die See ~ 車でさっ飛ばして海辺に行く. 《過去分詞で》Er kam um die Ecke *geschwirrt*. 彼はひょいと角を回ってきた.

'Schwitz·bad [ˈʃvɪts..] 匣 -[e]s/=er 発汗浴, 蒸し風呂.

'Schwit·ze [ˈʃvɪtsə] 囡 -/-n 【料理】(Mehlschwitze) ルー.

***'schwit·zen** [ˈʃvɪtsən シュヴィッツェン] ❶ 圓 **1** 汗をかく, 汗ばむ. Er *schwitzt* stark. 彼はひどく汗をかく. Die Füße〈Die Hände〉 *schwitzen*. 足〈手〉に汗をかく. wie ein Affe〈ein Schweinebraten / ein Tanzbär〉 ~ 〖話〗汗びっしょりになる. am ganzen Körper ~ 全身に汗をかく. unter den Armen ~ 脇の下に汗をかく. Er *schwitzt* jetzt im Examen. 〖比喩〗彼はいま試験で四苦八苦している. vor Angst ~ 不安で冷や汗をかく. 《中性名詞として》ins *Schwitzen* kommen〈geraten〉 汗をかく, 汗ばむ. **2** (壁・窓が)結露する, 湿気を帯びる.

❷ 囮 **1** (樹液などを)出す. Die Kiefern *schwitzen* Harz. 松が脂(ﾔﾆ)を出す. Blut [und Wasser] ~ 〖話〗(不安や緊張で)びっしょりと冷や汗をかく; (たいへんな労苦で)血の汗を流す. [Geld] ~ müssen 《南》[1] 金を出さなくてはならない. Ich kann es nicht durch die Rippen ~. 〖話〗私はそれをどうしても工面できない, 無い袖は振れない. **2** 【料理】(物³を)油で炒める, 狐色にこがす. 《非人称的に》*Es schwitzt mich. / Mich schwitzt*. 私は汗をかく.

❸ 囲 (sich) 《結果を示す語句と》Er hat *sich* ganz nass *geschwitzt*. 彼は汗びっしょりになった.

'schwit·zig [ˈʃvɪtsɪç] 形 汗ばんだ, 汗まみれの.

'Schwitz·kas·ten 男 -s/= **1** (上部に頭を出す穴の開いた)発汗箱. **2** 《相》(レスリングの)ヘッドロック.

'Schwitz·kur 囡 -/-en 発汗療法.

Schwof [ʃvoːf] 男 -[e]s/-e 〖話〗(酒場などで催される公開の)ダンスパーティー; ダンス.

'schwo·fen [ˈʃvoːfən] 圓 〖話〗ダンスパーティーに出かける; ダンスをする, 踊る.

schwoll [ʃvɔl] *schwellen* の過去.

'schwöl·le [ˈʃvœlə] *schwellen* の接続法 II.

'schwöm·me [ˈʃvœmə] *schwimmen* の接続法 II.

schwor [ʃvoːr] *schwären*, *schwören* の過去.

'schwö·re [ˈʃvøːrə] *schwären* の接続法 II.

'schwö·ren [ˈʃvøːrən シュヴェーレン] *schwor*(古 *schwur*), *geschworen* ❶ 圓 **1** 誓う, 宜誓する. falsch ~ 偽誓する. feierlich〈hoch und heilig〉 ~ 厳かに誓う. Stein und Bein ~ きっぱりと誓う. auf die Bibel ~ (手をのせて)聖書に誓う. auf Ehre und Gewissen ~ 名誉と良心にかけて誓う. bei Gott ~ 神かけて誓う. vor Gericht ~ 法廷で宜誓する. **2** (auf j〈et〉⁴ 人〈事〉⁴ に)絶大な信頼を寄せている, (を)固く信じている. Er *schwört* auf seinen Arzt. 彼は医者を信頼しきっている. Ich *schwöre* darauf, dass… 私は…を確信している.

❷ 囮 誓う, 宜誓する, 誓約する; (確かだと)請け合う, 断言する. einen Eid ~ 宜誓する. Ich könnte ~, dass… 私は…だと断言してもいい. et⁴ bei j〈et〉³ ~ 事⁴ を人〈事〉³ にかけて誓う. sich³ et³ ~ 事⁴ を固く心に誓う(決心する). ◆↑ *geschworen*

schwul [ʃvuːl] 形 〖話〗**1** (ふつう男性が)同性愛の, ホモの, ゲイの; 〖まれ〗レズの. **2** 同性愛の, ホモっぽい. **3** 〖付加語的用法のみ〗ホモ(ゲイ)のための.

schwül [ʃvyːl シュヴュール] 形 蒸し暑い, むせるような; 重苦しい, 気の滅入る; 官能的な, エロチックな. ein ~er Blumengeruch むせかえるような花の匂い. Ihm wurde ~ zumute. 彼は気が滅入った.

'Schwu·le (形容詞変化)〖話〗❶ 男 ホモ, ゲイ(の男). ❷ 囡 〖まれ〗レズビアン(の女).

'Schwü·le [ˈʃvyːlə] 囡 -/-n 蒸し暑さ, 鬱陶(ｳｯﾄｳ)しさ; 重苦しい(鬱陶しい)気分; 官能的(エロチック)な雰囲気.

Schwu·li·tät [ʃvuliˈtɛːt] 囡 《ふつう複数で》〖話〗苦しい立場, 苦境. in ~en geraten〈kommen〉 苦境に陥る, 困ったことになる. j⁴ in ~en bringen 人⁴ を苦境に追い込む.

Schwulst [ʃvʊlst] 男 -[e]s/Schwülste 《複数まれ》〖俳〗(文体を表現における)誇張, 装飾過多, けばけばしさ (とくに後期バロック文学的の修飾語過剰な文体などを指して用いられる).

'schwuls·tig [ˈʃvʊlstɪç] 形 (↑ *schwellen*) **1** 腫れた, 膨れ上がった. **2** = *schwülstig* 'schwüls·tig ['ʃvylstɪç] 形《侮》(文体・表現などが)誇張した, 装飾過剰な.

'schwum·me·rig ['ʃvʊmərɪç] 形 =schwummrig

'schwumm·rig ['ʃvʊmrɪç] 形 (↑schwimmen)《話》 1 (schwindelig) めまいのする, ふらふらする. 2 不安な, 恐ろしい, 気味の悪い.

Schwund [ʃvʊnt] 男 –[e]s/(↑schwinden) 1 減少, 減退, 収縮. 2 (商品の)目減り, ロス, 損耗. 3《医学》萎縮. 4《放送》フェーディング.

'Schwund·aus·gleich 男 –[e]s/–e《放送》(ラジオなどの)自動音量調節(装置), フェーディング防止.

*Schwung [ʃvʊŋ シュヴング] 男 –[e]s/Schwünge (↑schwingen) 1 (振り子・ブランコなどの)振り, 揺れ, 振動. eine Schaukel⟨ein Pendel⟩ in ~ setzen ブランコを揺らす⟨振り子を動かす⟩. 2 弧を描く運動(の)(馬術などの)跳躍, (鉄棒・鞍馬などの)旋回, (スキーの)回転, 弧, 弓形(の曲線). In⟨Mit⟩ kühnem ~ überspannt die Brücke das Tal. 大胆なアーチを描いてその橋は谷をまたいでいる. 3《複数なし》勢い, はずみ. Bergab bekam der Schlitten plötzlich großen ~. 下り坂になって突然橇(そり)にすごい勢いがついた. ~ holen⟨nehmen⟩(器械体操などで)身体にはずみをつける. an ~ verlieren 勢いをなくす. in ~ kommen 勢いづく, はずみをつけて, 勢いよく(↑4). 4《複数なし》活力, 気力, 意気込み; 活気, 熱気. Seiner Rede fehlte aller ~. 彼の演説にはおよそ気迫が感じられない. ~ haben 活力がある, やる気がある; 生き生きとしている. ~ hinter et machen⟨setzen⟩《話》意気込んで事をする. et in ~ bringen《話》事を活気づかせる; (商売などを)繁盛させる. j in ~ bringen《話》人に活を入れる, 意欲を与える. Der Sport hat ihn in ~ gehalten.《話》スポーツのおかげで彼はいつまでも元気だ. in ~ kommen 活気づく, 繁盛する; 調子が出る. in ~ sein《話》活気がある, 好調である, 繁盛している; (ある人が)元気である, 上機嫌である, (シーズンなどが)真っ盛りである, たけなわである. mit ~ 意気込んで, やる気を出して(↑3). ohne ~ 活気(精彩)のない, だらけた. 5《複数なし》《話》おおぜい, たくさん. ein ~ Kinder⟨von Kindern⟩ おおぜいの子供.

'Schwung·brett 中 –[e]s/–er 踏切板, スプリングボード.

'Schwün·ge ['ʃvʏŋə] Schwung の複数.

'Schwung·fe·der 女 –/–n《動物》(鳥の翼の)風切り羽根. j³ die ~n ausrupfen《比喩》人³の羽根をもぐ, 勢いをそぐ.

'schwung·haft 形 1 (商売などが)活気のある, 盛んな. 2 元気のある, 潑剌とした, 威勢のいい.

'Schwung·kraft 女 –/–¨e《物理》遠心力.

'schwung·los 形 1 活気(元気)のない. 2 活力(迫力)のない, しらけた.

'Schwung·rad 中 –[e]s/–er《工学》はずみ車.

'schwung·voll 形 1 活力(迫力)にあふれた, 元気いっぱいの. 2 勢いのこもった, 迫力に満ちた. 3 (図形・筆致などが)躍動感に満ちた, 流れるような弧を描いた. ~-e Arabesken 流麗なアラベスク模様.

schwupp [ʃvʊp] 間 Schwupp! (すばやい動きを表して)さっ, ひょい, ひょい, ぴしょい, ぴしゃい, ぴしゃい! Schwupp, und das Gummi schnellte zurück. ぴしっとゴムははね返った. Schwupp, schon war er um die Ecke. さっと身を翻すとはやくも彼は角を曲がっていた.

Schwupp 男 –[e]s/–e 1 さっ(ぱっ)という動き. et¹ in einem⟨auf einen⟩ ~ erledigen 事¹をあっという間に片づける. mit einem ~ さっと, ぱっと, ぱくっと.

2 (軽い)突き. j³ einen leichten ~ geben 人³をちょんと突く. 3 (びしゃっという)水しぶき, 跳ね. j³ einen ~ Wasser ins Gesicht gießen 人³の顔にびしゃっと水をかける.

schwur [ʃvuːr]《古》schwören の過去.

Schwur [ʃvuːr] 男 –[e]s/Schwüre 誓い, 誓約; 宣誓. einen ~ halten⟨verletzen⟩誓いを守る⟨破る⟩. einen ~ auf die Verfassung leisten 憲法にかけて宣誓する. Er hat den ~ getan. 彼は固く決心した.

'Schwu·re [ˈʃvuːrə] Schwur の接続法 II.

'Schwur·fin·ger 男 –s/–《ふつう複数で》宣誓の指(宣誓のさいに立てる右手の親指・人差し指・中指の 3 本のこと).

'Schwur·ge·richt 中 –[e]s/–e 陪審裁判所.

Schwyz [ʃviːts]《地名》シュヴィーツ(スイス中部の州およびその州都, スイスのいわゆる Urkanton の 1 つ).

'Schwy·zer·dütsch [ˈʃviːtsərdytʃ] 中 –[s]/《話》(Schweizerdeutsch) スイス・ドイツ語.

'Schwy·zer·tütsch [..tyːtʃ] 中 –[s]/ =Schwyzerdütsch

'Sci·ence-'Fic·tion, 'Sci·ence·fic·tion [ˈsaɪəns ˈfɪkʃən] 女 –/ (am.) サイエンスフィクション, SF (小説・映画).

scil.《略》 =scilicet

'sci·li·cet ['stsiːlitsɛt] (lat.)《略 scil., sc.》(nämlich) すなわち.

'Scrol·len ['skroːlən] 中 –s/, 'Scrol·ling ['skroːlɪŋ] 中 –s/ (engl.)《電算》スクロール, 画面移動.

s.d.《略》 1 =Sieh[e] dies! これを見よ. 2 =Sieh[e] dort! そこを見よ(参照せよ).

SDR [ɛsdeːˈɛr]《略》 =Süddeutscher Rundfunk 南ドイツ放送.

Se《記号》《化学》 =selen

Seal [ziːl, siːl] 男 –s/–s (engl.) あざらしの毛皮, シールスキン(のコート, 服).

Se'bas·ti·an [zeˈbastian]《男名》ゼバスティアン.

sec [zɛk, sɛk] 形 (fr., trocken)《不変化/後置されて》(ワインなどが)辛口の.

sec¹《略》 1《数学》 =Sekans 2《古》 =Sekunde 1

Sech [zɛç] 中 –[e]s/–e すき(鋤, 犁)の刃, すきべら.

sechs [zɛks ゼクス] 数 6. Es ist ~ [Uhr]. いま 6 時だ. Das Kind ist ~ [Jahre alt]. その子は 6 歳だ. Wir sind ~. (/halten) Wir sind zu ~en. (/戯) Wir sind unser ~. 私たちは全部で 6 人だ. ◆ vier

Sechs 女 –/–en 6 という数(字); (トランプの) 6 の札; (さいころの) 6 の目;《学校》(6 段階評価の成績の) 6, 不可; (バスなどの路線の) 6 番線;《話》6 人編成のチーム(バレーボールの).

'Sechs·ach·tel·takt 男 –[e]s/《音楽》8 分の 6 拍子.

'Sechs·eck 中 –[e]s/–e《幾何》6 角形.

'sechs·eckig 形《幾何》6 角形の.

'Sech·ser ['zɛksɐ] 男 –s/– 1《古》(旧) 5 ペニヒ硬貨. nicht für einen ~《話》すこしも…ない. 2 (地方)《評点の》6; (市電・バスの) 6 番線; (さいころなどの) 6. 3《話》(宝くじなどで 6 個の数字を正しく当てた)大当たり.

'sech·ser·lei ['zɛksɐˌlaɪ] 形《不変化》6 種類の, 6 通りの; 6 つの. auf ~ Weise 6 通りのやり方で.《名詞的用法で》Er hat ~ zu tun. 彼は 6 つのことをしなくてはならない.

'sechs·fach ['zɛksfax] 形 6 倍の, 6 重の.

Sechs·flach 田 -[e]s/-e 〖幾何〗6面体.
sechs·flä·chig 形 〖幾何〗6面体の.
sechs'hun·dert ['zɛks'hʊndərt] 数 600.
sechs'jäh·rig 形 《付加語的用法のみ》6歳の; 6年間の.
sechs·mal 副 6度, 6回; 6倍(に).
sechs·ma·lig 形 《付加語的用法のみ》6回(6度)の.
sechs·mo·na·tig 形 《付加語的用法のみ》(生後)6ヶ月の; 6ヶ月間の.
sechs·mo·nat·lich 形 6ヶ月(半年)毎の.
sechs·spän·nig 形 6頭立ての.
sechst [zɛkst ゼクスト] 形 《序数》(↑sechs) **1** 第6の, 6番目の. der ~e Mai 5月6日. der ~e Erdteil 南極大陸. der ~e Sinn 第六感. 《名詞的用法で》Leo der *Sechste* レオ6世. Er ist der *Sechste* in der Klasse. 彼はクラスで6番だ. **2** 《**zu sechst**の形で》Wir sind zu ~. 私たちは全部で6人(6人連れだ).
Sechs'ta·ge·ren·nen 田 -s/- 〖競〗6日間耐久自転車レース.
sechs'tau·send ['zɛks'taʊzənt] 数 6000.
sechs·tel [ˈzɛkstəl] 形 《不変化/付加語的用法のみ》6分の1の.
Sechs·tel 田 (男) -s/- 6分の1.
sechs·tens [ˈzɛkstəns] 副 《記号6.》第6に, 6番目に.
Sechs·und'sech·zig 田 -/ 〖トランプ〗66 (最初に66点取った人が勝ちのゲーム).
Sechs·zy·lin·der 男 -s/- 〖工学〗6気筒エンジン(の自動車).
sech·zehn [ˈzɛçtseːn ゼヒツェーン] 数 16.
sech·zehnt 形 《序数》第16の, 16番目の.
sech·zehn·tel 形 《不変化/付加語的用法のみ》16分の1の.
Sech·zehn·tel 田 (男) -s/- **1** 16分の1. **2** 〖音楽〗16分音符.
Sech·zehn·tel·no·te 女 -/-n 〖音楽〗16分音符.
sech·zig [ˈzɛçtsɪç] 数 60.
Sech·zig 女 -/-en 1 60という数(字). **2** 60歳(代).
sech·zi·ger [ˈzɛçtsɪɡər] 形 《不変化/付加語的用法のみ》1 60の. **2** 60年(代)の. ◆ 数字で表記するときは60er
Sech·zi·ger 男 -s/- **1** 60歳(代)の男. **2** 60年産のワイン. **3** 《複数で》60歳代; 60年代. ◆ 女性形 Sechzigerin 女 -/-en
sech·zigst [ˈzɛçtsɪçst] 形 《序数》(↓sechzig)第60の, 60番目の.
sech·zigs·tel 形 《不変化/付加語的用法のみ》60分の1の.
Sech·zigs·tel 田 (男) -s/- 60分の1.
Se·cond·hand [ˈzɛkənthɛnt, ˈsɛkəndˈhænd] 形 (*engl.*) 中古で, リサイクル品として.
Se·cond·hand 女 -/ 中古品, リサイクル品; 古着.
Se·cond·hand·la·den 男 -s/⸚ 中古品店, リサイクルショップ.
Se·cond·hand·shop [..ʃɔp] 男 -s/-s =Secondhandladen
Se·cond·hand·wa·ren 複 中古品, リサイクル品; 古着.
SED [ɛsleːˈdeː] 〖略〗=Sozialistische Einheitspartei Deutschlands ドイツ社会主義統一党(旧東ドイツの支配政党, 現在のPDS).
se·da·tiv [zedaˈtiːf] 形 (*lat.* sedatus, ruhig') 〖医

学〗鎮静作用のある.
Se·da·tiv 田 -s/-e [..və] =Sedativum
Se·da·ti·vum [zedaˈtiːvʊm] 田 -s/..tiva [..ˈtiːva] 〖医学〗鎮静剤.
Se'dez [zeˈdeːts] 田 -es/-e (*lat.* sedecim, sechzehn') **1** 《複数なし》《記号16°》16折り判. **2** 16折り判の本.
Se·di'ment [zediˈmɛnt] 田 -[e]s/-e (*lat.*) **1** 〖地質〗堆積物; 堆積岩. **2** 〖化学・医学〗沈殿物, 沈渣({シン}), おり.
se·di·men'tär [zedimɛnˈtɛːr] 形 〖地質〗沈積による, 堆積性の. ~*es* Gestein 堆積岩.
Se·di·men·ta·ti'on [zedimɛntatsi̯oːn] 女 -/-en **1** 〖地質〗堆積. **2** 〖化学・医学〗沈降, 沈積.
Se·di'ment·ge·stein 田 -[e]s/-e 〖地質〗堆積岩, 水成岩.

See [zeː ゼー] ❶ 男 -s/-n [ˈzeːən] 湖. ein künstlicher ~ 人造湖. Der Hund hat einen ~ gemacht. 《話》犬がおしっこの池をつくった. an einem ~ 湖畔で. auf einem ~ segeln 湖上をヨットで走る. in einem ~ schwimmen 湖で泳ぐ.
❷ 女 -/-n [ˈzeːən] **1** 《複数なし》海. Die ~ geht hoch. 海は波が高い. faule ~ 凪({ナギ}). an der ~ 海辺で. an die ~ fahren 海へ行く. auf der ~ bleiben 《雅》(船乗りが)海で死ぬ. auf hoher〈offener〉~ 沖合いで, 外海で. in ~ gehen〈stechen〉海へ出る, 出航する. der Handel zur ~ 海外貿易. Kapitän zur ~ 海軍大佐. zur ~ fahren 船乗りである, 海上勤務についている. zur ~ gehen 《話》船乗りになる, 海軍に入る. **2** 《船員》大波, 波浪. grobe〈schwere〉~ 荒波. Die ~*n* gingen zehn Meter hoch. 波浪は高さ10メートルに達した. Das Schiff nimmt ~*n* über. 船が波をかぶる.
'See·aal 男 -[e]s/-e 〖商標〗ゼーアール(つのざめのマリネ). 〖魚〗あなご.
'See·ad·ler 男 -s/- 〖動物〗おじろわし.
'See·amt 田 -[e]s/⸚er 〖法制〗海難審判庁.
'See·bad [ˈzeːbaːt] 田 -[e]s/⸚er 海水浴場; 海水浴.
'See·bär 男 -en/-en **1** 〖動物〗おっとせい. **2** 《戯》ベテラン船員, 老練な水夫. **3** 〖海事〗熊波(バルト海や北海沿岸に見られる突然の大波・高波).
'See·be·ben 田 -s/- 〖地学〗海底地震, 海震.
'See·ele·fant, 'See·Ele·fant 男 -en/-en 〖動物〗ぞうあざらし.
'see·er·fah·ren 形 (船長などが)航海経験が豊富な, 海に詳しい, 老練な.
'see·fah·rend 形 《付加語的用法で》航海に従事している. ein ~*es* Volk 海洋民族.
'See·fah·rer 男 -s/- 《古》船乗り.
'See·fahrt 女 -/-en **1** 《複数なし》航海. die christliche ~ 《戯》航海に関するあらゆること. ~ betreiben 海運業に携わる. **2** 船旅.
'See·fahrt[s]·buch 田 -[e]s/⸚er 〖海事〗船員手帳.
'See·fahrt[s]·schu·le 女 -/-n 商船学校, 海員養成所.
'see·fest 形 《副詞的には用いない》**1** 航海に適する, 耐航性のある. **2** 船酔いしない.
'See·fisch 男 -[e]s/-e 海水魚.
'See·flug·zeug 田 -[e]s/-e =Wasserflugzeug
'See·fracht 女 -/-en 船荷.
'See·gang 男 波の動き(状態). Es herrscht

See·ge·fecht 田 -[e]s/-e《小規模な》海戦.
See Ge'ne·za·reth ['ze: ge'ne:tsarət]《地名》《新約》ゲネサレ湖(ガリラヤ湖の異称, ルカ 5:1).
'See·gras -es/¨er《植物》あまも(海藻の一種で乾燥させてクッションの詰め物に用いる).
'See·gur·ke 囡 -/-n《動物》なまこ.
'See·ha·fen 男 -s/¨ 1 海港. 2 港町.
'See·han·del 男 -s/ 海上(洋上)取引; 海外貿易.
'See·herr·schaft 囡 -/ 制海権.
'See·hund 男 -[e]s/-e 1《動物》あざらし. 2 あざらしの毛皮.
'See·igel 男 -s/-《動物》うに.
'See·jung·fer 囡 -/-n 1 = Seejungfrau 2《動物》あおはだとんぼ(かわとんぼの一種).
'See·jung·frau 囡 -/-en《神話や伝説中の》人魚.
'See·ka·dett 男 -en/-en《軍事》海軍士官候補生.
'See·kar·te 囡 -/-n 海図.
'see·klar 形《船員》出帆(出航)準備の整った.
'See·kli·ma 田 -s/《気象》(↔ Kontinentalklima)海洋性気候, 海洋気候.
'see·krank 形 船の酔った.
'See·krank·heit 囡 -/ 船酔い.
'See·krieg 男 -[e]s/-e 海戦.
'See·kuh 囡 -/¨e《動物》かいぎゅう(海牛).
'See·küs·te 囡 -/-n 海岸, 海浜, 磯.
'See·lachs 男 -es/-e 1《動物》たら(鱈). 2《料理》ゼーラックス(北大西洋産まだらの市場名).
'See·land《地名》1 ゼーラント(オランダの州). 2 シェラン島(首都コペンハーゲンを擁するデンマークの島).

***'See·le** ['ze:lə ゼーレ] 囡 -/-n 1 心, 精神. Die beiden sind ein Herz und eine ~. ふたりは一心同体である. eine gute ~ haben 気立てがよい. eine schwarze ~ haben 腹黒い, 性悪である. keine ~ haben 情(思いやり)がない; 心がこもっていない. j³ die ~ aus dem Leib fragen 人³に根掘り葉掘りたずねる. sich³ die ~ aus dem Leib husten〈reden/schreien〉《話》激しく咳き込む〈心を傾けて説き勧める / 声を限りに叫ぶ〉.《前置詞と》an Leib und ~ gesund sein 心身ともに壮健である. j³ et⁴ auf die ~ binden《話》人³に事⁴をくれぐれも頼む, きつく言い聞かせる. Es brennt mir auf der ~, es zu tun.《話》私はどうしてもそれがしたい. j³ auf der ~ knien《要求・頼みごとなどで》人³をせきたてる. auf j² ~ liegen〈lasten〉/ j³ auf die ~ liegen〈lasten〉《雅》人²,³の心に重くのしかかっている. aus ganzer〈tiefster〉 ~ 心の底から; 心をこめて. j³ aus der ~ sprechen《話》人³が思っていることを代って言う. in der〈tiefster〉 ~ 心の中深くで; とても, ひじょうに. in j² ~ lesen 人²の心の内を読む. in j² ~ schneiden / j³ in die ~ schneiden《雅》人²,³の心を深くいためる. mit ganzer ~ 心をこめて. Er ist mit ganzer ~ Lehrer. 彼は心底から教師である. mit Leib und ~ 全身全霊をこめて. sich³ et⁴ von der ~ reden 事⁴(心の悩みなど)を打明けてすっきりする.
2 霊魂, 魂. eine arme ~《キリスト教》(煉獄で罪の償いをする死者の霊魂. Meiner ~!《古》Bei meiner ~!《南ドイツ・オーストリア》《断言として》誓って, ほんとうに.《驚いて》これはたまげた. die〈seine〉~ aushauchen《雅》息をひきとる. Schaden an seiner ~ nehmen 魂に傷を負う; 堕落する. hinter et³ her sein wie der Teufel hinter der armen ~《話》物³をせしめようとつけ狙っている,《話》欲しくてたまらない.

3 (a) 人, 人物. eine ~ von Mensch〈einem Menschen〉《話》人間味豊かな人, いい人. eine durstige ~《話》飲み助. eine treue ~ 誠実な人. Es ist keine ~ hier.《話》ここには人っ子ひとりいない. Nur hat die liebe ~ Ruh!《話》(くずしった子供が欲しいものを手に入れるなどして)やっとおとなしくなった. (b)《古》住民. ein Dorf mit 500 ~n 人口 500 の村. (c) 中心的存在, 中心人物. die ~ des Betriebs 企業の中心人物. die ~ des Hauses 一家の大黒柱.
4 (a) (器具などの)中心部, 核心部. (b)《軍事》銃腔(ら), 砲腔. (c)《工学》(ローラなどの)芯. (d)《音楽》(弦楽器の)魂柱.
'See·len·ach·se 囡 -/-n《軍事》(火器の)腔軸(銃身).
'See·len·amt 田 -[e]s/¨er《キリスト教》(Totenmesse) 死者のためのミサ.
'See·len·frie·den 男 -s/《しばしば反語で》心の安らぎ, 魂の平安.
'see·len·froh この上なくうれしい, 心から喜んでいる.
'See·len·grö·ße 囡 -/《雅》高貴な心, 魂の気高さ.
'see·len·gut 心底善良な(親切な).
'See·len·heil 田 -[e]s/《キリスト教》霊魂の救済.
'See·len·hirt 男 -en/-en《雅》《古》(Geistlicher) 聖職者, 牧師.
'See·len·kun·de 囡 -/《古》(Psychologie) 心理学.
'See·len·le·ben 田 -s/《雅》精神生活, 内面生活.
'see·len·los 形 1 (unbeseelt) 魂のない; 生命のない. 2 魂(心)のこもっていない; 心(感情)を持たない.
'See·len·mes·se 囡 -/-n《キリスト教》(Totenmesse) 死者のためのミサ, 死者追悼ミサ.
'See·len·qual 囡 -/-en《雅》心の苦しみ, 苦悩.
'See·len·ru·he 囡 -/ 魂の安らぎ, 落着き.
'see·len·ru·hig 形 落着き払った.
'see·lens·gut 形 =seelengut
'see·len·ver'gnügt《話》心から満足した, 満ち足りた.
'See·len·ver·käu·fer 男 -s/《話》1 人買い. 2 (船)おんぼろ船.
'see·len·ver·wandt 精神的に近い, 気心の合った, 相性のよい.
'See·len·ver·wandt·schaft 囡 -/ 精神的な近さ, 相性(のよさ).
'see·len·voll 形 魂(心, 精神)のこもった.
'See·len·wan·de·rung 囡 -/《宗教》(Reinkarnation) 輪廻(りんね).
'See·len·zu·stand 男 -[e]s/¨e 心理(精神)状態.
'See·leu·te 複 (Seemann の複数形) 船乗り, 船員.

***'see·lisch** ['ze:lɪʃ ゼーリシュ] 形 心の, 心的な, 精神的な; 霊魂の, 魂の. das ~e Gleichgewicht 心のバランス, 平静. Seine Krankheit ist ~ bedingt. 彼の病気は精神的なものだ.
'See·lö·we 男 -n/-n《動物》とど, あしか.
'Seel·sor·ge ['ze:l..] 囡 -/《キリスト教》司牧(聖職者が信者を霊的に導き魂の世話をすること).
'Seel·sor·ger 男 -s/-《キリスト教》司牧者.
'seel·sor·ge·risch [..zɔrgərɪʃ] 形 司牧(者)の, 牧者の; 司牧の.
'See·luft 囡 -/ 海の空気, 海風.
'See·macht 囡 -/¨e 1《複数なし》海軍力. 2 海軍国.

'See·mann ['ze:man] 男 -[e]s/..leute (とくに外洋航海の)船員, 海員, 水夫, 船乗り. Das kann doch einen ~ nicht erschüttern.《話》そんなことは人口に経

験をつんだ者には何でもないことだ. Das haut den stärksten ~ um.《話》そんなことできっこない; そんなことはとても理解できない.

see·män·nisch ['ze:mɛnɪʃ] 形 船員(船乗り)の; 船員用語の.

See·manns·amt 中 –[e]s/ 海員庁.

See·manns·garn 中 –[e]s/ 船乗りの冒険談. [ein] ~ spinnen (船乗りが)海の冒険談をする; (しばしば)ほら話をする.

See·manns·heim 中 –[e]s/–e (港にある)海員宿泊所.

See·manns·spra·che 女/ 海員用語.

See·mei·le 女 –/–n (記号 sm)《海事》海里(=1,852 メートル).

See·mi·ne 女 –/–n 機雷.

See·not 女 –/ 海難.

See·not·zei·chen 中 –s/– 海上遭難信号, 海難信号.

Se·en·plat·te ['ze:ən..] 女 –/–n 湖沼に富んだ平原, 湖沼地帯.

See·of·fi·zier 男 –s/–e 海軍士官.

See·pferd 中 –[e]s/–e =Seepferdchen

See·pferd·chen 中 –s/–《魚》たつのおとしご.

See·räu·ber 男 –s/– (Pirat) 海賊.

See·räu·be·rei [ze:rɔybəˈraɪ] 女 –/–en 海賊行為.

See·recht 中 –[e]s/《法制》海法(海上法・海事法・海洋法などの).

See·rei·se 女 –/–n 船旅.

See·ro·se 女 –/–n **1**《植物》すいれん(睡蓮). **2**《動物》いそぎんちゃく(磯巾着).

See·scha·den 男 –s/–《商業》海損.

See·schiff 中 –[e]s/–e 海船, 外洋船.

See·schiff·fahrt 女 –/ (とくに外洋の)航海, 遠洋航海; 海運.

See·schlacht 女 –/–en 海戦.

See·schlan·ge 女 –/–n **1**《動物》うみへび. **2** (伝説上の怪物)大海蛇.

See·schwal·be 女 –/–n《鳥》あじさし.

See·sper·re 女 –/–n 海上封鎖.

See·stadt 女 –/–¨e 海岸都市, 海辺の町.

See·stern 男 –[e]s/–e《動物》ひとで.

See·stra·ße 女 –/–n 海路, 航路.

See·stra·ßen·ord·nung 女 –/ (国際)海上交通法, 航路法.

See·streit·kräf·te 複 海軍力; 海軍.

See·stück 中 –[e]s/–e《美術》(Marine 2) (海·海岸·海戦などを題材にした)海の絵, 海洋画.

See·tang 中 –[e]s/–e《植物》海藻, 海草, 海苔(㋐).

see·tüch·tig 形 (船が)航海に適する, 耐航性の.

See·ufer 中 –s/– 海岸; 湖岸.

See·ver·si·che·rung 女 –/–en《法制》海上保険.

See·vo·gel 男 –s/–¨ 海鳥.

See·volk 中 –[e]s/–¨er **1** 海洋民族, 海の民. **2**《複数なし》《話》(Seeleute) 船乗り.

See·war·te 女 –/–n 海洋研究所.

see·wärts ['ze:vɛrts] 副 海の方へ, 海に向かって.

See·was·ser 中 –s/ 海水; 湖水.

See·weg 男 –[e]s/–e **1** 海路. **2**《複数なし》海路. auf dem ~ 海路で.

See·we·sen 中 –s/ 海事.

See·wind 男 –[e]s/–e (↔ Landwind) 海風.

See·zei·chen 中 –s/– 航路標識, 海標.

See·zun·ge 女 –/–n《魚》したびらめ.

Se·gel ['ze:gəl ゼーゲル] 中 –s/– 帆. die Segel aufziehen 帆を揚げる. die Segel einziehen⟨einholen⟩ 帆を降ろす. die Segel streichen 帆を降ろす;《比喩》降参する(vor j³ 人³に). j³ den Wind aus den ~n nehmen《比喩》人³の気勢をそぐ, 機先を制する. Das ist Wind in seine Segel.《比喩》それは彼にとって願ってもないことだ. mit vollen ~n《比喩》全力をあげて. unter Segel 帆を揚げて. unter Segel gehen 出帆する. **2** 帆布(㋐)製の日除け, ズック張り.

Se·gel·boot 中 –[e]s/–e 小型帆船, ヨット.

se·gel·fer·tig 形 出帆準備の整った.

se·gel·flie·gen (不定詞でのみ) グライダーで飛ぶ, 滑空する.

Se·gel·flie·ger 男 –s/– グライダー操縦士.

Se·gel·flug 男 –[e]s/–¨e 滑空; グライダー飛行.

Se·gel·flug·zeug 中 –[e]s/–e グライダー.

Se·gel·jacht 女 –/–en ヨット.

Se·gel·klub 男 –s/–s ヨットクラブ.

se·geln ['ze:gəln ゼーゲルン] ❶ 自 (s, h) **1** (a) (s) (船が)帆走する. Die Jacht segelt gut. そのヨットはよく走る. gegen den Wind ~ 風に逆らって帆走する. mit⟨vor⟩ dem Wind ~ 追い風を受けて帆走する. (b) (s, h) (人が)帆走する, 帆船で行く. Diese Route bin⟨habe⟩ ich noch nicht gesegelt. このルートはまだ帆走したことがない. in j² Fahrwasser ~《比喩》人²の言うことを鵜呑みにする, (に)盲従する. in j² Kielwasser ~《比喩》人²に追従する. unter falscher Flagge ~《比喩》素性(正体)を偽る. **2** (a) (s) (鳥·グライダーなどが)滑空する, 滑るように飛ぶ; (雲が)流れる. Blätter segeln durch die Luft. 木の葉が宙を舞う. (b) (s, h) (グライダーなどで)飛ぶ. **3** (s)《話》飛ぶように走る(歩く). **4** (s)《話》(a) (滑り)落ちる. aus der Hängematte ~ ハンモックから落っこちる. (b) durchs Examen ~ 試験に落第する. (c) von der Schule ~ 退学になる.
❷ 他 **1** (帆船·ヨットを)帆走させる, 操船する. **2** eine Regatta ~ レガッタに出る. **3** (a)《再帰的に》Diese Jacht segelt sich⁴ gut. このヨットはよく走る. (b)《非人称的に》Bei diesem Wetter segelt es sich⁴ schlecht. この お天気では帆走は難しい.

Se·gel·re·gat·ta 女 –/..regatten ヨットレース, 帆走競技.

Se·gel·schiff 中 –[e]s/–e (大型の)帆船.

Se·gel·schlit·ten 男 –s/– =Eisjacht

Se·gel·schu·le 女 –/–n ヨットスクール.

Se·gel·sport 男 –[e]s/ 帆走スポーツ.

Se·gel·tuch 中 –[e]s/–e 帆布, カンバス, ズック.

Se·gel·yacht 女 –/–en =Segeljacht

Se·gen ['ze:gən ゼーゲン] 男 –s/– **1**《複数なし》(神の)祝福, 恵み; (複数まれ)《宗教》祝別(式), 《カトリック》祝福, 掩祝(㋐), 《プロテスタント》祝禱(㋐). An Gottes ~ ist alles gelegen.《諺》すべては神のお恵み次第. Heile, heile ~ !〔Morgen gibt es Regen, übermorgen...!〕 (泣いている子供を慰めるときなどに)よしよしいい子; 痛くない, 痛くない. den ~ bekommen⟨erhalten⟩ 祝福を授かる. j³ den ~ erteilen⟨geben/spenden⟩ 人³に祝福を授ける. den ~ über j⟨et⟩ sprechen 人⟨物⟩のうえに祝別の祈りを唱える. **2**《複数なし》《話》同意, 賛成. seinen ~ zu et³ geben 事³に同意する. Meinen ~ hast du! 僕に異存はないよ, 僕はかまわないよ. **3**《比喩》幸福, 幸運; 成功. j³ Glück und ~ wünschen 人³の幸せを祈る. Es ist ein ~, dass es nicht regnet. 雨が降らないで幸いだ. Auf seiner Arbeit ruht kein ~. 彼の仕事はうまくいっていない. Sich regen bringt ~. 《諺》勤勉は成功のもと(↑Segen bringend). **4**《複数なし》《諺》(豊かな)収穫, もうけ. der ~ der Ernte 豊作. der ganze ~ (皮肉に)ありったけのがらくた, 一切合切. Ist das der ganze ~? (皮肉に)これで全部かい.

'**Se·gen brin·gend**, °'**se·gen·brin·gend** 形 幸福(幸運)をもたらす.

'**se·gens·reich** 形 祝福にみたち, 恵み豊かな; 幸福(幸運)をもたらす.

'**Se·gens·spruch** 男 -[e]s/¨e 祝福の言葉.

'**Se·gens·wunsch** 男 -[e]s/¨e **1** 祝福の祈り, 祝禱(しゅくとう). **2**《複数で》祝福の言葉.

'**Seg·ler** ['ze:glɐ] 男 -s/- **1** 帆船, ヨット; グライダー. **2** 帆走者, ヨット乗り. **3**《鳥》あまつばめ(雨燕). ◆女性形 Seglerin 女 -/-nen

Seg'ment [zɛ'ɡmɛnt] 中 -[e]s/-e (*lat.*) **1** (ある全体の)部分; 切片, 節. **2**《幾何》(円の一部を切取った)弓形; (球の一部を切取った)球欠. **3**《動物》体節, 環節. **4**《言語》分節, セグメント; 分節音.

*'**seg·nen** ['ze:ɡnən] ゼーグネン ❶ 他 **1** (人〈物〉⁴を)祝福する, (に)祝福を与える; (を)祝別する; (に)十字を切る. Der Pfarrer *segnete* die Kinder. 司祭(牧師)は子どもたちを祝福した. Brot und Wein ~ パンとぶどう酒を祝別する. das Zeitliche ~《雅》この世を去る, 死ぬ; 《戯》(物が)こわれる. **2**《神が主語》(人〈物〉⁴に)恵みを与える. Gott *segne* dich〈dieses Haus〉! あなた〈この家〉に神の恵みがありますように. **3**《古》(a) (preisen) ほめたたえる, 賛美する. (b) (jʸ für etʸ ⁴に事⁴のことで)感謝する. ❷ 再 (sich⁴) 十字を切る.
◆↑gesegnet

'**Seg·nung** ['ze:ɡnʊŋ] 女 -/-en **1** 祝福. **2**《複数で》(しばしば皮肉にも)恵み, 恩恵.

'**Seh·ach·se** ['ze:...] 女 -/-n 《光学》視線. **2**《解剖》視軸.

'**seh·be·hin·dert** 形 視力障害のある.

'**se·hen*** ['ze:ən] ゼーエン sah, gesehen / du siehst, er sieht ❶ 他 **1** (a) (人〈物〉⁴が)見える, 目に入る; (を)見かける, 目にする, 見る; (に)気づく. In der Ferne *sah* ich eine schneegekrönte Bergspitze. 遠くに雪をいただいた山頂が見えた. Wo hast du meine Freundin *gesehen*? 君はどこで僕のガールフレンドを見かけたんだい. Gespenster ~《比喩》幻影におびえる. weiße Mäuse ~《話》(酔って)幻覚を見る. alles doppelt ~《話》(酔って)何もかも 2 重に見える. Hast du etwas *gesehen*? 君は何か気づいたかい(気づいたか). Was *sehe* ich denn?《話》いったいこれは何なんだい, どうしたことだ. Das möchte ich ~, dass du einmal pünktlich kommst.《話》君が時間通りに来るのを見てみたいものだ. Den〈Die〉 möchte ich doch ~.《話》(そんな男〈女〉がいるんだったら)そいつにお目にかかりたいものだね. jʸ wieder ~〈wieder*sehen*〉人と再会する, 再び会う. Wir *sahen* ihn häufig bei uns. 彼はしばしばわが家に顔を見せた. (b)《zu のない不定詞を伴って》(↑◆¹) Ich *sah* den Jungen davonlaufen. 私はその男の子が逃げ出すのを見た. Siehst du den Mond am Himmel stehen? 君には月が空にかかっているのが見えるかい. Er hat das Mädchen tanzen *sehen*〈ist *gesehen*〉. 彼は少女が踊っているのを見た. (c) (lassen と)etʸ ~ lassen 物⁴を見せる. sich⁴ ~ lassen 姿を見せる, あらわれる; (bei jʸ ³ 人³のに)立ち寄る, 顔を出す. Lassen Sie sich⁴ mal wieder bei uns ~! また私たちのところに立寄ってください. Seit drei Woche darf〈kann〉 ich mich bei ihr nicht mehr ~ lasser 3 週間前から私は彼女のもとに顔を出せないている sich⁴ ~ lassen können《比喩》人に見せても(出しても)恥ずかしくない. Seine Leistungen könne sich⁴ wirklich ~ lassen. 彼の成績(業績)は堂々たるのだ. Mit seinem Abiturzeugnis kann er sich überall ~ lassen. その成績でギュムナージウムを卒業たのであれば, 彼はどこへ出ても恥ずかしくない. (d) 《et gern sehen》(事を快く思う, 好む. Sie sieht e nicht gern, dass〈wenn〉 ihr Mann Pfeife rauch彼女は夫がパイプをふかすのを好まない. 《過去分詞で Er ist bei uns sehr gern *gesehen*. 彼は私たちのとこでは大歓迎だ. (e) 《jʸ 〈etʸ〉⁴ nicht mehr sehen könne の形で》《話》 人〈物〉⁴はもう見るのもいやである, ...にはうんざりである. Den Namen dieser Werbung nicht mehr ~. そのコマーシャルにはもううんざりだ. (f) 《[und hast du nicht gesehen の形で》《話》いつの間にか, ふに. [Und] hast du nicht *gesehen*, war er ver schwunden. いつの間にか彼は姿を消していた. **2** (a) (事⁴を)目(*)のあたりにする, 経験(体験)する Noch nie habe ich eine so große Begeisterun *gesehen*. いまだかつて私はそんな感激を味わったことがない. die Welt ~ 世間を見る. Sie hat einmal bessere Zeiten〈Tage〉 *gesehen*. 彼女は以前はもっといい暮しをしていた. Dieses Kleid hat auch schon bessere Zeiten *gesehen*.《戯》このドレスもそのうちはもっといい目を見たんだろうな. 《様態を示す語句を伴って》Ich habe ihn nie so traurig *gesehen*. 私は彼がかくも悲しそうな顔をしているのを見たことがない. Man *sieht* ihr nur selten nüchtern. しらふの彼にはめったにお目にかれない. Ich *sah* meine Wünsche alle erfüllt. 私は望みが全てかなえられた. (b) (人〈事〉⁴のことが)目に浮ぶ, 思い出される. Ich *sehe* ihn [in der Erinnerung noch deutlich vor mir. 私には彼の姿がなおありありと目に浮ぶ. Ich *sehe* noch deutlich, wie sie sich verabschiedete. 私は彼女が別れを告げたときのことをまだはっきりと覚えている.

3 (意図的に)見る, 眺める; 観る, 観賞する, 見物する調べてみる, 確かめてみる; (書籍などに)目を通す. Has du schon die Ausstellung *gesehen*? 君はもうその展覧会を見たのかい. einen Film ~ 映画を観る. ein Spiel ~ ゲームを観賞する. In dieser Stadt gibt es viel zu ~. この町には見るべきものがたくさんある. Das muss man *gesehen* haben. それはぜひ見ておかなくてはね. Er will mal ~, ob die Maschine läuft. 機械が動いているかどうかひとつ見てみよう. Sieh mal, wer geklopft hat! だれがノックをしたのかちょっと見ておくれ 《4 格目的語なしでも》 Lass es mich ~! / Lass [mich ~! 私にも見せておくれ. Mal ~.《話》 見てみよう. 《参照個所を指示して》 (↑◆²) Siehe Seite 48! 《略 s. S. 48》 48 頁参照. Siehe oben〈unten〉! 《略 s.o 〈s.u.〉》上記〈下記〉参照. Siehe auch...! 《略 s.a ...》...も参照. 《過去分詞で》 *Gesehen*! (書籍などで閲覧済み.

4 (treffen) (人⁴と)会う. Ich habe ihn schon lange nicht *gesehen*. 私は彼とはもう久しく会っていない Ich *sehe* ihn nicht mehr vor den Feiertagen. 私は彼とはもう連休前に会うことがない. Ich freue mich, Sie zu ~. (初対面の挨拶で)あなたにお目にかかれてうれしく思います. 《相互代名詞と》 Wann *sehen* wir *uns*? いつお会いしましょうか. Wir *sehen uns* also um 8

sehen

Uhr. それでは8時にお会いしましょう. **5** (a) 《事⁴を》見て取る, 見抜く;《物事の本質や問題性を》つかむ, 捉える, 悟る, 知る. Er *sieht* immer nur Fehler. 彼はいつもミスばかり見つける. das Gute im Menschen ~ 人間のうちにある善さを知る. *seinen* Weg vor sich³ ~《比喩》自分の進むべき道が分かっている. einen Widerspruch ~ 矛盾を見抜く. die Zusammenhänge ~《物事の》関連性をつかむ. ...oder wie *seh'* ich das?《話》...それとも私の思い違い(見間違い)だろうか. *Siehst* du nun, dass ich doch Recht hatte? これで私が正しかったと君にも分かっただろう. Ich *sehe* nur allzu deutlich, was er meint. 私には彼の言いたいことが分かりすぎるくらいよく分かる.《4格のesを省略した形で》Du wirst [schon] ~ ! 君にも分かるだろう. Wir werden [ja/schon] ~ ! / Wir wollen [mal] ~ !まあ見ていようじゃないか. *Siehst* du [wohl]! / *Sehen* Sie! (話) *Siehste*! それごらん, 言った通りだろう, 分かっただろう. Wie du [es] *siehst*, hat sich⁴ hier vieles verändert. 見ての通り, ここには多くの変化があった. wie ich ~ 私の見るところ, 明らかに. (b)《様態を示す語句を伴って》《事⁴を…に》見る, 捉える, 判断する. Wie *sehen* Sie das? あなたはそれをどう見ますか. Ich *sehe* das anders. 私はそれを別な見方で捉える. alles negativ ~ すべてを否定的に捉える. die Lage richtig〈falsch〉~ 状況を正しく〈誤って〉判断する. et⁴ durch eine gefärbte Brille ~《比喩》事⁴を色眼鏡で見る. Du musst die Dinge ~, wie sie sind. 君は物事をあるがままに見なくてはならない. (c)《in j〈et〉³ j〈et〉³ 人〈事〉³ に人〈事〉⁴を》見る, 認める;《…と…と》みなす, 解釈する. In diesem Vorschlag *sahen* wir eine Möglichkeit, die Krise zu überwinden. この提案に私たちは危機を克服する可能性を認めた. Er *sieht* in dir nur den Gegner. 彼は君を敵としか見ていない. (d)《als...を伴って》《人⁴と...と》見る, みなす. Sie *sah* ihren Sohn schon als großen Fußballspieler. 彼女は息子こそをゆくゆくは偉大なサッカー選手だと思っていた.

6《副文を伴って》(...を)やってみる, 試してみる;考えてみる. Er will ~, dass er uns zu Ostern besucht. 彼は復活祭に私たちを訪ねてみる気だ. Ich will mal ~, ob ich euch Eintrittskarten besorgen kann. 君たちのために入場券が入手できるかどうかひとつやってみよう. Man muss ~, wo man bleibt.《話》(損をしないように)自分の立場をよく考えねばならなくてはならない.《命令文で》*Sieh*, dass du bald fertig wirst! さっさと片づけてしまえよ.

❷ 自 **1** (a) 物が見える. Von hier aus kann man nicht gut ~. ここからだとよく見えない. Wegen dichten Nebels kann man kaum drei Schritt weit ~. 濃い霧のせいで3歩先も見えない. Lass [mich] mal ~! ちょっと見せてよ. (b) 目が見える, 視力がある. Er *sieht* gut〈schlecht〉. 彼は目がいい〈悪い〉. *Sehe* ich recht? これはほんとうなのか, 夢じゃないだろうか. weit ~ 遠目がきく. Nach der Operation kann er wieder ~. 手術の後彼は視力を回復している. nur 〈mit〉einem Auge ~ 片目しか見えない. ohne Brille ~ 裸眼で見る.《現在分詞で》j⁴ *sehend* machen 人⁴の視力を回復する;《比喩》人⁴の目を開いてやる. Sie ist mit *sehenden* Augen〈雅 *sehenden* Auges²〉in ihr Unglück gerannt.《比喩》彼女はみすみす不幸に飛び込んでいった.

2《方向を示す語句などを伴って》(...に)視線を向ける, 目をやる;(...を)見る. auf j〈et〉⁴ ~《人〈物〉⁴に視線を向ける,《を》見る;《比喩》《に》注意(関心)を向ける,《を》重視する. auf die Ampel ~ 信号を見る. j³ auf die Finger ~《比喩》人³を監視する, 見張る. aufs Geld ~《話》お金にうるさい. auf die Uhr ~ 時計を見る. *Sieh* mal auf die Uhr!《話》そろそろ時間だよ, いまが潮時だ. nur auf *seinen* Vorteil ~ 自分の利益しか眼中にない. Ich kann kaum aus den Augen ~.《話》(疲労困憊して)私は目をあけていられない(意識がもうろうとしている). aus dem Fenster ~ 窓から外を見る. durch das Fernglas ~ 双眼鏡で見る. j³ in die Augen〈ins Gesicht〉~ 人³の目〈顔〉を直視する. Er *sah* der Gefahr gelassen ins Auge.《比喩》彼は平然と危険に立ち向かった. sich³ nicht in die Karten ~ lassen《比喩》手の内を見せない, 本心を明かさない. Man kann niemandem〈keinem〉ins Herz ~.《比喩》人の気持ちは分からないものだ. in den Spiegel ~ 鏡をのぞく. in die Zukunft ~ 未来を予想する. nach j〈et〉³ ~ 人〈物〉³の方を見る;(を)探す;《に》気を配る,《の》面倒を見る. nach einem Kranken ~ 病人の看護をする. *Sehen* Sie bitte nach den Kindern! どうか子どもたちをみてやってください. nach neuen Möglichkeiten ~ 新たな可能性をさぐる. nach der Uhr ~ 時計を見る. nach rechts〈links〉 ~ 右〈左〉を見る. [nach] rückwärts ~ 後ろを見る. vor sich⁴ [hin] ~ ぼんやり前を見る. zum Boden ~ 床に目を落とす, うつむく. zum Himmel ~ 空を見上げる, 天を仰ぐ. weder links noch rechts ~ 目の前のことしか目に入らない, 左右を見ない;右顧左眄(うこさべん)しない.《命令文で》*Sieh* da! / Und *sieh* da!《戯》*Sieh* mal [einer] guck! これは驚いた, これはこれは.

3 (a)《わずかに》見える, 覗(のぞ)いている. Das Boot *sah* nur ein Stück aus dem Wasser. ボートは水面からほんのわずかだけ見えていた. Ihm *sieht* die Arroganz aus den Augen.《比喩》彼は見るからに傲岸不遜な目をしていた. (b)《部屋・窓などが》面している. Das Zimmer *sieht* auf die〈nach der〉Straße. その部屋は通りに面している. nach Süden ~《窓などが》南向きである.

4《j³ **ähnlich sehen**の形で》(a)《人³に》よく似ている. Er *sieht* seinem Vater ähnlich. 彼は父親似だ. (b)《人³に》似つかわしい. Das *sieht* ihm ähnlich. それはいかにも彼らしい.

5《古》《地方》(aussehen) (...に)見える. Du *siehst* so blass. 君は顔色がひどく悪い. rot ~ (怒って)顔を真っ赤にしている.

❸ 再 〈**sich**⁴〉**1** 自分の姿を見る. *sich* im Spiegel ~ 鏡の中の自分を見る. **2**《様態を示す語句を伴って》(自分が...の状態にあると)気づく, 知る, 悟る;(と)判断する. Er *sieht sich* schon als der neue Parteichef〈れも als den neuen Parteichef〉. 彼ははやくも新しい党首気取りでいる. Er *sah sich* schon am Ziel angelangt. 彼ははやくも目的地に着いた気になった. Er *sah sich* betrogen. 彼はだまされたと気づいた. *sich* in *seinen* Vermutungen bestätigt ~ 自分の推測が正しかったと分かる. *sich* gezwungen〈genötigt / veranlasst〉~, ...zu tun ...せざるを得ない. Ich *sehe mich* gezwungen, das Grundstück zu verkaufen. 私はどうしてもその土地を売らなくてはならない. Er *sah sich* nicht in der Lage, ihr zu helfen. 彼は彼女を助けられる状況にはなかった(彼女を助けることはできなかった).

3《結果を示す語句を伴って》Ich kann *mich* an ihrem Bild nicht satt ~. 私は彼女の写真をいくら見て

も見飽きることがない.

♦ ¹ fühlen, hören, sehen のような知覚動詞が zu のない不定詞を伴う場合,完了形ではふつう本動詞と同形の過去分詞が用いられる. Er hat die Gefahr kommen sehen〈まれ gesehen〉. 彼には危険が迫りつつあるのがわかっていた.

♦ ² du に対する命令形は今日では多く sieh だが,参照箇所の指示の場合には慣用的に siehe の形を用いる.

♦ ³ ↑ gesehen

'Se·hen 田 -s/ 見る(見える)こと; 視覚. j⁴ vom ~ kennen j⁴には会ったことがある, (の)顔は知っている.

'se·hens·wert ['zeːənsveːɐt], 'se·hens·würdig [..vyrdɪç] 形 見る価値のある, 一見に値する.

'Se·hens·wür·dig·keit 囡 -/-en 一見に値するもの (美術品・建造物など); 見物(もの), 名所.

'Se·her ['zeːɐr] 男 -s/- 1 予見者, 予言者; 霊視者. 2 《卑》(泥棒などの)見張り役. 3 《多く複数形で》《戯》《若者》(Auge) 目. 4 《猟師》(うさぎなどの)目. ♦ 女性形 Seherin 囡 -/-nen

'Se·her·ga·be 囡 -/-n 予言の才能(能力).

'se·he·risch ['zeːərɪʃ] 形 予見的な, 予言者的な; 予見(予言)者の.

'Seh·feh·ler 男 -s/- 視覚障害.

'Seh·feld 田 -[e]s/-er 視野.

'Seh·hü·gel 男 -s/-《解剖》(Thalamus) 視床.

'Seh·kraft 囡 -/ 視力.

'Seh·kreis 男 -es/-e 視界, 視野.

'Seh·li·nie 囡 -/-n《光学》視線.

'Seh·loch 田 -[e]s/⸚er《解剖》(Pupille) 瞳孔.

sehn [zeːn] =sehen

'Seh·ne ['zeːnə] 囡 -/-n 1《解剖》腱(けん). 2 (弓の)弦(つる). 3《幾何》弦.

*'seh·nen ['zeːnən] 動 (sich⁴)(nach j⟨et⟩³〈物⟩³に)憧れる, (を)思い焦がれる; (を)切望する. sich nach der Heimat⟨nach Hause⟩ ~ 郷愁をおぼえる. Ich sehne mich [danach], sie wiederzusehen. 私はまた彼女に会いたくてたまらない.

'Seh·nen 田 -s/《雅》憧れ, 憧憬.

'Seh·nen·schei·de 囡 -/-n《医学》腱鞘(けんしょう).

'Seh·nen·schei·den·ent·zün·dung 囡 -/-en《病理》腱鞘(けんしょう)炎.

'Seh·nen·zer·rung 囡 -/-en《医学》筋違え, 捻挫(ねんざ), 腱挫傷.

'Seh·nerv 男 -s/-en 視神経.

'seh·nig ['zeːnɪç] 形 1 (食肉などが)筋の多い. 2 筋肉質の.

'sehn·lich ['zeːnlɪç] 形 憧れにみちた, 切なる.

*'Sehn·sucht ['zeːnzʊxt ゼーンズフト] 囡 -/⸚e 憧れ, 憧憬; 思慕. ~ in die Ferne 遠くへの憧れ. ~ nach der Heimat 郷愁. ~ nach j⟨et⟩³ haben 人⟨物⟩³に憧れる, を思い焦がれる.

'sehn·süch·tig ['zeːnzyçtɪç] 形 憧れた, 切望した, 恋いこがれた.

'sehn·suchts·voll 形《雅》= sehnsüchtig

'Seh·or·gan 田 -[e]s/-e 視覚器官.

sehr

[zeːɐ ゼーア] 副 ひじょうに, とても, たいへん; ひどく, はなはだしく. Er ist ~ einsam. 彼はとても孤独だ. ~ fein《略ff》(品質表示で)極上. ~ gut ひじょうに良い; (成績評価で) 1, 秀(6段階評価で最上位, ↑gut 11▶). Sehr wohl! かしこまりました. Danke ~! — Bitte ~! どうもありがとう — どういたしまして. Es regnet ~. ひどく雨が降っている.

'Seh·rohr 田 -[e]s/-e (Periskop) 潜望鏡.

'Seh·schär·fe 囡 -/-n 視力.

'Seh·schwä·che 囡 -/ 弱視.

'Seh·stö·rung 囡 -/-en《多く複数形で》視力障害.

'Seh·test 男 -[e]s/-s⟨-e⟩視力検査.

'Seh·ver·mö·gen 田 -s/ 視覚能力, 視力.

'Seh·wei·te 囡 -/-n 1《複数なし》視界. 2《医学》(読書などのさいの)明視距離(約 25 cm).

'Seh·win·kel 男 -s/- 1 =Gesichtswinkel 1

sei¹ [zaɪ] sein の du に対する命令形.

sei² sein の接続法 I.

'Sei·ber ['zaɪbɐr] 男 -s/《地方》(とくに幼児の)よだれ(涎).

'sei·bern ['zaɪbɐrn] 自《地方》(とくに幼児が)よだれを垂らす.

Seich [zaɪç] 男 -[e]s/, 'Sei·che ['zaɪçə] 囡 -/《地方》《卑》1 小便, 尿. 2 おしゃべり, 無駄話.

'sei·chen ['zaɪçən] 自《地方》《卑》1 小便をする. 2 おしゃべり(無駄話)をする.

*seicht [zaɪçt ザイヒト] 形 1 (水深の)浅い. 2《比喩》底の浅い, 浅薄な, 皮相な.

'Seicht·heit 囡 -/-en (水深が)浅いこと;《比喩》浅薄(皮相)なこと.

'Seich·tig·keit ['zaɪçtɪçkaɪt] 囡 -/-en《古》=Seichtheit

seid¹ [zaɪt] sein の ihr¹ に対する命令形.

seid² sein の現在 2 人称複数.

*'Sei·de ['zaɪdə ザイデ] 囡 -/-n 1 生糸(きいと), 絹, 絹糸; 絹織物. reine ~ 純絹. ein Kleid aus ~ シルクのドレス. Dabei ist keine ~ zu gewinnen.《古》そんなことをしても何ら得るところがない. Damit kann ich keine ~ spinnen.《話》そんなものは私には何の役にも立たない. Die beiden spinnen keine gute ~ miteinander.《話》あの 2 人は折り合いが悪い. 2《植物》ねなしかずら(属).

'Sei·del ['zaɪdəl] 田 -s/- 1 (取っ手付きの)ジョッキ, ビアマグ. 2 (昔の液量単位)ザイデル(0.3-0.5 l).

'Sei·del·bast [..bast] 男 -[e]s/-e《植物》じんちょうげ.

*'sei·den ['zaɪdən ザイデン] 形 絹(製)の; (つやつやとして)絹のような. eine ~e Bluse 絹のブラウス. an einem ~en Faden hängen《比喩》(事態が)予断を許さない, 風前の灯火である.

'Sei·den·at·las 男 -[ses]/-se《紡織》(本)繻子(しゅす), シルクサテン.

'Sei·den·bau 男 -[e]s 養蚕(ようさん).

'Sei·den·fa·den 男 -s/⸚ 絹糸.

'Sei·den·glanz 男 -es/ 絹の光沢.

'Sei·den·pa·pier 田 -s/-e 薄葉紙(うすようし).

'Sei·den·rau·pe 囡 -/-n《動物》蚕(かいこ).

'Sei·den·rau·pen·zucht 囡 -/ 養蚕(ようさん)業.

'Sei·den·spin·ner 男 -s/-《虫》かいこが(蚕蛾).

'Sei·den·spin·ne·rei 囡 -/-en 1《複数なし》絹紡績業. 2 絹紡績工場.

'Sei·den·stoff 男 -[e]s/-e 絹織物, 絹地.

'Sei·den·stra·ße [..ʃtraːsə] 囡 -/ シルクロード, 絹の道.

'Sei·den·strumpf 男 -[e]s/⸚e 絹の靴下(ストッキング).

'sei·den'weich 形 絹のように柔らかい.

'sei·dig ['zaɪdɪç] 形 1《古》絹(製)の. 2 (光沢などが)絹のような.

'sei·en ['zaɪən] sein¹ の接続法 I, 1・3 人称複数.

'**sei·end** ['zaɪənt] sein¹ の現在分詞.
'**sei·est** [zaɪəst] sein¹ の接続法 I, 2 人称単数.
'**sei·et** [zaɪət] sein¹ の接続法 I, 2 人称複数.

'**Sei·fe** ['zaɪfə ザイフェ] 囡 -/-n **1** 石鹼. ein Stück ~ 石鹼 1 個. grüne ~ 軟石鹼, カリ石鹼. **2**《多く複数で》〔地質〕（金・ダイヤなどの）砂鉱床.
'**sei·fen** ['zaɪfən] 他 **1** 石鹼で洗う. **2**〔鉱業〕洗鉱する.
'**sei·fen·ar·tig** 形 石鹼状の.
'**Sei·fen·bla·se** 囡 -/-n《ふつう複数で》**1** シャボン玉. **2**《比喩》〔シャボン玉のように〕はかないもの（夢・計画など）.
'**Sei·fen·kis·te** 囡 -/-n《話》（木製の）子供用レーシングカー.
'**Sei·fen·lau·ge** 囡 -/-n 石鹼液.
'**Sei·fen·oper** 囡 -/-n《話》（テレビなどの主婦向け）連続メロドラマ, ソープオペラ. ◆米語の soap opera の翻訳借用語.
'**Sei·fen·pul·ver** 中 -s/- 粉石鹼, 粉末洗剤.
'**Sei·fen·scha·le** 囡 -/-n 石鹼皿.
'**Sei·fen·schaum** 男 -[e]s/ 石鹼の泡.
'**Sei·fen·sie·der** 男 -s/-《古》石鹼職人. Ihm geht ein ~ auf.《話》彼はすべてをさとり, いっぺんに事情が飲込めた. ◆この言回しで Ihm geht ein Licht auf. を下敷きにしており, 以前は石鹼職人がロウソクの製造にも携わっていたことにちなむ.
'**Sei·fen·was·ser** 中 -s/ 石鹼水.
'**sei·fig** ['zaɪfɪç] 形 **1** 石鹼だらけの. **2** 石鹼のような, 石鹼状の, 石鹼のような味の.
'**Sei·ger** ['zaɪɡɐ] 男 -s/-〔坑夫〕(senkrecht) 垂直の.
'**Sei·ger** ['zaɪɡɐ] 男 -s/-〔地方〕**1** (Uhr) 時計. **2** 測鉛. **3** 天秤.
'**sei·gern** ['zaɪɡɐn] ❶ 圁《古》（液体が）染み出る, 漏れ出る, したたる. **2**（金属が）溶離（凝離）する. ❷ 他（金属を）溶離（凝離）させる.
'**Sei·ge·rung** 囡 -/-en〔冶金〕溶離, 絞り吹き; 偏析.
'**Sei·he** ['zaɪə] 囡 -/-n〔地方〕**1** フィルター, 濾紙(ろし), 濾し布. **2** 濾し汁(じる).
'**sei·hen** ['zaɪən] 他《地方》濾過する.
'**Sei·her** ['zaɪɐ] 男 -s/-〔地方〕フィルター, 濾紙(ろし), 濾し布.
'**Seih·tuch** ['zaɪ..] 中 -[e]s/..er 濾(こ)し布.

*'**Seil** [zaɪl ザイル] 中 -[e]s/-e 綱, ロープ;（登山用の）ザイル;《複数で》（ボクシングの）ロープ. et¹ an⟨mit⟩ einem ~ hochziehen 物をロープで引上げる. Wir ziehen am gleichen ~.《比喩》（手段は違っても）私たちの目的は同じだ. auf dem ~ tanzen《比喩》綱渡りをする. in den ~en hängen〖スポ〗ロープダウンしている;《話》へばっている. über das ~ hüpfen⟨springen⟩縄跳びをする.[seilspringen].
'**Seil·bahn** 囡 -/-en **1** ケーブルカー. **2** ロープウェー.
'**sei·len** ['zaɪlən] ❶ 圁 綱（ロープ）を製造する. ❷ 他（まれ）(人¹の)体をロープに（で）固定する.
'**Sei·ler** ['zaɪlɐ] 男 -s/- 綱（ロープ）製造職人.
'**Sei·le'rei** [zaɪləˈraɪ] 囡 -/-en **1**《複数なし》綱（ロープ）製造. **2** 綱（ロープ）製造所.
'**seil**|**hüp·fen** 圁 (s) =seilspringen
'**Seil·schaft** ['zaɪlʃaft] 囡 -/-en **1**〔登山〕ザイルパーティー. **2**《比喩》（一蓮托生の）同志, 仲間.
'**Seil·schwe·be·bahn** 囡 -/-en ロープウェー.
'**seil**|**sprin·gen**＊ 圁 (s)《ふつう不定詞か過去分詞で》縄跳びをする.

'**seil**|**tan·zen** 圁《ふつう不定詞か過去分詞で》綱渡りをする.
'**Seil·tän·zer** 男 -s/- 綱渡り師. ◆女性形 Seiltänzerin 囡 -/-nen
'**Seil·trom·mel** 囡 -/-n ロープの巻き胴.
'**Seil·win·de** 囡 -/-n ケーブルウィンチ.
'**Seil·zie·hen** 中 -s/ 綱引き.
Seim [zaɪm] 男 -[e]s/-e《古》《雅》（どろっとした）濃密液, 粘液, シロップ; (Honigseim) 蜂蜜.
'**sei·mig** ['zaɪmɪç] 形《古》《雅》どろっとした, ねばねばした.

sein¹＊ [zaɪn ザイン] war, gewesen / ich bin, du bist, er ist, wir sind, ihr seid, sie sind ❶ 圁 (s) **1** (a)《述語名詞と》…である. Tokio *ist* die Hauptstadt von Japan. 東京は日本の首都である. Der Löwe *ist* ein Raubtier. ライオンは猛獣である. Wale *sind* Säugetiere. 鯨は哺乳動物である. Was du gesagt hast, *ist* eine Lüge. 君が言ったことは嘘だ.《職業・身分・国籍・宗教などを表すふつう無冠詞の名詞と》Ich *bin* Arzt. 私は医者です. *Sind* Sie Japaner? あなたは日本人ですか? Er *ist* Buddhist. 彼は仏教徒です. ▶ただし述語名詞が形容詞を伴っていたり, 何らかのニュアンスをおびている場合などには不定冠詞を伴う (Er *ist* ein guter Lehrer. 彼はりっぱな教師です. Sie *ist* eine Künstlerin. 彼女はひとかどの芸術家だ).《紹介の das や es などを主語として》Was *ist* das? — Das *ist* ein Apfel. それは何ですか? — それはりんごです. Das *sind* Äpfel. それはりんごです. Das *ist* eine alte Wahrheit. それは昔からよく知られていることだ. Wer *sind* das? — Das *sind* meine Kinder. あの人たちは誰ですか? — 私の子どもたちです. das *ist*（略 d. i.）すなわち, つまり（=das heißt）. ▶「それは…です」と用いられる das(es) は,「紹介の das(es)」と呼ばれ, 本来述語名詞の性・数・人称を超越しており, sein の人称変化は述語の数に従う. (b)《述語形容詞と》…である. Der Arzt *ist* sehr nett. その医者はとても感じがいい. Das Buch *ist* mir langweilig. その本は私には退屈だ. Wie alt *bist* du? — Ich *bin* 12 Jahre alt. 君はいくつですか? — 12 才です. Es *ist* möglich, dass …… はありうることだ.《命令法で》*Sei* brav! (du に対して) いい子にしなさい. *Seid* ruhig! (ihr に対して) 静かにしなさい.《接続法で》*Seien* Sie bitte so freundlich und helfen Sie mir aus dem Wagen! / *Seinen* Sie bitte so freundlich, mir aus dem Wagen zu helfen! / Würden Sie so freundlich *sein*, mir aus dem Wagen zu helfen? すみませんが車から降りるのに手を貸してくださいませんか. (c)《述語としての代名詞と》…である. Wer hat diesen Strauß mitgebracht? — Das *war* ich. 誰がこの花束を持って来てくれたのですか? — 私です. Wer *ist* es gewesen? — Er war es. それは誰だったんだ（誰がしてかしたんだ）— 彼ですよ. Ich *bin's*(=bin es). 私です. Bin ich's, Rabbi?〔新約〕私のことですか, 先生(最後の晩餐でのユダの言葉. マタ 26:25). Nachher will es keiner gewesen *sein*. あとからでは誰も自分がやったとは言わない. Das *wär's*.《話》これで全部です, それだけです; まずこんなところです. Das *ist* es ja gerade!《話》そうそれなんですよ. Auf diesem Gebiet *ist* er wer.《話》この分野では彼は何ものかではあるん（いっぱしの人物である）. Er *ist* nichts.《話》彼は取るに足らない男だ.《述語形容詞に代る **es** と》*Bist* du verzweifelt? — Ja, ich *bin's*. 君はやっぱちなのか? — ああ, そうだとも.《所有

sein

代名詞と》Das *ist* meins. それは私のものです(↑5). Ich *bin* dein.《古》私は君のものだ.《さまざまな副詞と》Das Fenster *ist* auf⟨zu⟩. 窓が開いている⟨閉まっている⟩. Alles *ist* aus. すべてが終わった. Meine Jugend *ist* dahin. 私の青春は過ぎ去った. Es *ist* schon lange her, dass⟨seit⟩… …したのはもうずいぶん以前のことだ. Es *ist* noch drei Jahre hin, dass⟨bis⟩… …までまだ3年はかかる. nicht so *sein*《話》けちけちしない, 太っ腹である. Der Termin *ist* um. 期日は過ぎた. Wie *wäre* es, wenn…もし…だとしたらどうでしょうか. (e)《さまざまな前置詞句と》Mein Mann *ist* auf Reisen. 夫は旅行中です. Er *ist* aus Berlin. 彼はベルリーン出身だ. aus guter Familie ⟨gutem Haus⟩ ~ 良家の出である. aus Holz⟨Papier⟩ ~ 木製⟨紙製⟩である. **bei** der Arbeit ~ 仕事中である. bei der Polizei⟨der Post⟩ ~ 警察⟨郵便局⟩に勤めている. bei Tisch ~ 食事中である. nicht bei sich³ ~ 放心している. **für** j⟨et⟩⁴ ~ 人⟨事⟩に賛成である. **gegen** j⟨et⟩⁴ ~ 人⟨事⟩に反対である. Die Maschine *ist* in Betrieb. 機械は運転中である. **ohne** Geld ~ お金がない. Das Paket *ist* von Mutter⟨von zu Hause⟩. その小包は母から⟨家から⟩だ. **zu** Hause ~ 家にいる, 在宅している. (f) ⟨2格の名詞と／事⟩を具有していることを意味して》Das *ist* nicht meines Amtes.《雅》それは私の関知するところではない. Ich *bin* der Ansicht, dass… 私は…という意見である. Ich *bin* des Glaubens, dass… 私は…と信じている. Sie *ist* guter Hoffnung.《古》《雅》彼女はおめでたである. guter⟨schlechter⟩ Laune ~ 上機嫌⟨不機嫌⟩である.《人²の手に帰属することを意味して》Wir *sind* des Herrn.《聖書》私たちは主のものである. Er *ist* des Todes.《雅》彼は死ぬ運命にある⟨死神のものである⟩. (g)《数詞と》Zwei und drei *ist*⟨話 *sind*⟩ fünf. 2+3=5. Zehn weniger eins *ist* neun. 10−1=9. Vier mal drei *ist* zwölf. 4×3=12. Fünfzehn durch fünf *ist* drei. 15÷5=3.

2 《…が⟩ある, いる, 存在する. Gott *ist*. 神は存在する. Ich denke, also *bin* ich. 私は考える, ゆえに私は存在する⟨デカルトのラテン語命題 cogito, ergo sum. のドイツ語訳⟩. Er *ist* nicht mehr.《雅》彼はもうこの世のひとではない. Ordnung muss *sein*. 規律はあらねばならない. In diesem Bach *sind* viele Fische. この小川には魚がたくさんいる. Es *war* einmal ein König… ⟨昔話の語り始めなどで⟩昔々ひとりの王様がおりました… ⟨文頭の Es は ein König にかわる形式上の主語⟩. Das *war* einmal. / Das *war* gewesen. それはもう昔のことだ, すんだ話だ. alles, was *war*, *ist*, und *sein* wird 過去, 現在, 将来あるすべての. *Ist* nicht!《話》それはない. ▶↑gewesen

3 《場所を示す語句と》(…に)ある, いる; 住んで⟨滞在して⟩いる. Wo *ist* meine Brille? 私の眼鏡はどこだ. Bier *ist* im Kühlschrank. ビールは冷蔵庫の中だ. Meine Wohnung *ist* im dritten Stock. 私の住まいは4階だ. *Sind* Sie schon einmal in England gewesen? イギリスにいったことはありますか. Ich *war* gestern bei meinen Eltern. 私は昨日両親のところへいっていた. Um 9 Uhr *sind* wir bei Ihnen. 9時に私たちはお宅に伺います. Er *ist* zur Zeit in München. 彼はいまミュンヒェンにいる. Er *war* kurz vor London, als das Unglück passierte. 彼がロンドンの手前まできたときその事故は起こった. Wer *ist* dort, bitte?⟨電話口で⟩どちらさまですか. Unsere Kinder *sind* draußen. わが家の子供たちは外にいます.

4《多く場所・時点を示す語句を伴って》起こる; 催される, 行われる. Was *ist*? どうしたんだ, 何があったんだ. Wann *ist* es denn? いったいいつあるの. *Ist* irgend etwas? どうかしたの, 何かあったのか. Was *ist* mit dir? 君どうしたんだ. Das Essen *ist* um 9 Uhr. 食事は9時からだ. Das Konzert *ist* am 5. April. コンサートは4月5日です. In den Bergen *war* ein Unwetter. 山は悪天候だった. Das *war* in der Schweiz. それはスイスでのことだった. Es braucht nicht sofort zu ~. すぐにことではいいよ. Fernsehen *ist* heute nicht.《話》⟨子供を叱ったときなどに⟩テレビはきょうはだめよ. Rauchen *ist* bei mir nicht mehr.《話》タバコはもうやめにした.

5《話》⟨gehören⟩(人³の)ものである. Wem *ist* das Auto? その自動車は誰のものですか. Das *ist* mir. それは私のものです.

6《話》《方向を示す語句や不定詞などと》(…へ)行っている, 出かける. Er *ist* in die Stadt. 彼は町へ出かけている. Er *ist* nach Bonn. 彼はボンへ行っている. Er *ist* zu Tisch. 彼は食事中である. ▶ Er *ist* in die Stadt [gegangen/gafahren]. や Er *ist* essen [gegangen]. のように, 過去分詞が省略された言回しであると考えられる.

7《話法の助動詞とともに》Das darf⟨soll⟩ nicht ~. それはあってはならないことだ, そうなっては困るんだ. Das kann⟨mag⟩ ~. それはありうることだ. Kann⟨Mag⟩ ~! そうかもね, あるいはね. Möge ~! そうあってほしいね. Das muss ~. そうでなくてはならない, そうでなくちゃ. Muss das ~? どうしてもなのかい. Was ~ muss, muss [eben] ~! 自分にもらないことはしかたがない. Was soll das ~? それはどういうことか, 何のつもりなんだ.

8 ⟨**lassen** と⟩et¹ ~ lassen⟨*sein*lassen⟩事をしておく. Lass das lieber ~! それはやめたほうがいい. j⁴ ~ lassen⟨*sein*lassen⟩人をそっとしておく. Lassen Sie mich bitte ~! どうか私にかまわないでください.

9《非人称的用法で》(a)《自然現象を表して》Es *ist* dunkel. 暗い. Es *ist* kalt draußen. 外は寒い. Heute *ist* es sehr warm. 今日はとても温かい. Es *ist* Ebbe⟨Flut⟩. 干潮⟨満潮⟩である.《時刻や季節などを表して》Wie spät *ist* es? / Wie viel Uhr *ist* es? いま何時ですか. Welche Zeit *ist* es jetzt bei Ihnen? いまそちらは何時ですか. Es *ist* 12 Uhr mittags ⟨nachts⟩. 昼⟨夜⟩の12時です. Es *ist* Morgen ⟨Abend⟩. 朝⟨晩⟩だ. Es *ist* schon Frühling. もう春だ. Es *ist* noch nicht Winter. / Es *ist* noch kein Winter. まだ冬にはなっていない. (b)《生理・心理現象を表して／多く無主語文で人³を伴って》Es *ist* mir kalt. / Mir *ist* kalt. 私は寒い. Wie *ist* Ihnen [zumute]? 気分はいかがですか. Mir *ist* schwindlig. 私はめまいがする. Bei diesem Gedanken *ist* mir nicht wohl. このことを考えると私はいい気持がしない. ⟨**als ob**…⟩/ ⟨**als**…⟩ Mir *ist*, als ob ich ein Schluchzen gehört hätte. / Mir *ist*, als hätte ich ein Schluchzen gehört. 私はすすり泣きが聞こえたような気がする. ⟨**nach** et³⟩ Mir *ist* heute nicht nach Arbeiten. 私はきょうは仕事をする気にならない. Ihr *war* nach Tanzen. 彼女はダンスがしたい気分だった. (c)《さまざまな事情・状況を表して》Wie *war* es dort? あそこはどうだった. Es *war* anders. 様子が違っていた. Mit ihm *ist* es aus. 彼はもうおしまいだ. Jetzt *ist* es still im Haus. いま家の中は静かだ. Es *ist* nun einmal so.《話》とにかくそ

sein

ういうことなんだ．*Ist es* nicht so? そうではありませんか，違いますか．So *ist es*! そうですとも．*Es ist* an dem. その通りだ，そういうことだ．*Es ist an* j¹, ...zu tun. j³ が...しなくてはならない(する番だ)．*Es ist an* dir, den ersten Schritt zu tun. 君がまず手始めに，君が率先してやらなくてはならない．Damit *ist es* so. / Dem *ist* so. 事情はこうだ．Dem so *ist* そういうことです．Dem *ist* そういうことじゃないんだ．wenn dem so *ist* 事情がそうならば，もしそうということならば．Dir *ist es* nur um das Geld zu tun. 君が関心をもっているのはお金のことだけだ．Ihm *war es* nur darum zu tun, sein Studium abzuschließen. 彼にとって重要なのは大学を卒業することだけだった．《接続法第 I 式の形で》*Es sei*! / *Es sei*! / *Seis denn*! それでかまわないよ．*Es sei* drum! / *Seis drum*! まぁいいだろう，それでよしとしよう．*Sei's drum, mir bleibt trotzdem noch genug*. まあいいさ，私にはそれでもまだ十分残っているんだから．*sei es* wie es will / *sei* dem⟨dem sei⟩, wie ihm wolle / wie dem auch *sei* 事情がどうであれ，いずれにしても．*es sei* denn, ⟨dass⟩... ...でなければ，...でない限り．er muss seinen Beruf aufgeben, *es sei* denn, er hat sehr viel Glück. 彼はよほどの幸運でもつかまない限り，退職せざるをえない．*sei es*..., *sei es*... / *sei es*...oder ⟨*sei es*⟩...にせよ...にせよ, ...であれ...であれ．*sei es* heute, *sei es* morgen / *sei es* heute oder ⟨*sei es*⟩ morgen 今日であれ明日であれ．Alle, *seien es* Erwachsene, *seien es* Kinder, liebten den Tiergarten. 大人にせよ子供にせよみんながその動物園を愛していた．

10 《**zu** 不定詞句とともに》(a) 《受動の可能を表して》...される．Diese Frage *ist* leicht zu lösen. この問題は容易に解決できる(＝Diese Frage kann leicht gelöst werden.)．Die Hitze *ist* kaum zu ertragen. この暑さはほとんどたえられない．《まれに自動詞の zu 不定詞句と》Es *ist* ihm nicht mehr zu helfen. 彼にもう助けようがない．(b) 《受動の必然を表して》...されるべきである，...されねばならない．Der Brief *ist* sofort zu beantworten. その手紙にはすぐ返事を出さなくてはならない(＝Der Brief muss sofort beantwortet werden.)．Das Geld *ist* innerhalb von 10 Tagen zu überweisen. そのお金は 10 日以内に振込んでください．◆目の前にいる人や親しい間柄の人に対して用いる場合は，Sie müssen⟨Du musst⟩ den Brief sofort beantworten. や Sie müssen⟨Du musst⟩ das Geld innerhalb von 10 Tagen überweisen. の方が適切である．

11 《**zu** のない不定詞句と》(a) 《**gut, schlecht** などを伴って》Hier *ist* gut wohnen. ここは住みやすい．Mit ihm *ist* schlecht⟨nicht gut⟩ Kirschen essen. 《比喩》彼とはうまくやって行けない．(b) Er *ist* essen. 《話》彼は食事に行っている(↑⑥)．

▶ gewesen

❷ 勔 ① 《完了 / 以下のようないわゆる「sein 支配」の動詞の過去分詞と》**1** 《場所の移動を意味する自動詞と．例 fahren, gehen, kommen など》Ich *bin* gestern mit meiner Freundin ins Kino gegangen. 私はきのう女友だちと映画に行った．Er *ist* ins Haus gelaufen. 彼は家の中に走って入った．Er *ist* in die Berge gewandert. 彼は山ヘハイキングに行った．▶¹ 場所の移動を意味する自動詞の完了形については schwimmen の注記◆を参照．◆² 話し言葉では gegangen, gefahren などの過去分詞が省略され言回しが用いられることがある．Er *ist* in die Stadt [gegangen/gefahren]. 彼は町へ出かけている(↑①6).

2 《状態の変化を意味する自動詞と．例 einschlafen, sterben, werden など》Ich *bin* gerade erst aufgestanden. 私は今ちょうど起きたところだ．Er *ist* früh gestorben. 彼は早死にした．Er *ist* wieder gesund geworden. 彼はまた元気になった．▶ altern のように緩慢な変化を意味する動詞では，haben を用いることもある．In letzter Zeit *ist*⟨まれ hat⟩ sie stark gealtert. 最近彼女はめっきりふけた．

3 《bleiben, sein, および若干の 3 格支配の自動詞 begegnen, folgen, gelingen などと》Wie lange *bist* du bei ihr geblieben? 君はどれくらい彼女のところにいたんだ．Er *ist* lange Zeit in China gewesen. 彼は長い間中国にいた．Wir *sind* ms³ gestern in der Stadt begegnet. 私たちは昨日町でばったり会った．Das Essen *ist* [mir] gut gelungen. 料理はうまくできた．

4 《sein 支配の自動詞を基礎語とする若干の他動詞と．例 durchgehen, eingehen などと》Ich *bin* ein Risiko eingegangen. 私は危険を冒してしまった．

5 《受動の助動詞 werden と》Die Ursache des Unfalls *ist* von der Polizei untersucht worden. 事故の原因は警察によって調査された．Das Museum *ist* erst kürzlich renoviert worden. 博物館はつい最近改修された．

6 《南》《①自動詞 liegen, sitzen, stehen など通常は haben 支配の自動詞と》Ich *bin* den ganzen Vormittag im Bett gelegen. 私は午前中いっぱいベッドの中にいた．▶ これらの動詞は「横になる」「座る」「立つ」など状態の変化を意味していたと考えられ，ここでの用法はその名残．

② 《受動 / 他動詞の過去分詞と状態受動文をつくる》Das Tor *ist* nachts geschlossen. その門は夜間はしまっている．Das Hotel *war* von Wäldern umgeben. そのホテルは森に囲まれていた．《しばしば再帰動詞の過去分詞と》Ich *bin* leicht erkältet. 私は軽い風邪をひいている(↑erkälten)．▶ ごくまれに自動詞の過去分詞と．Auf dem Bild *ist* ihr geschmeichelt. その絵(写真)は彼女本人よりもよく描けて(撮れて)いる(↑schmeicheln).

sein²

[zain ザイン] 冠 ① 《所有》3 人称単数男性および中性の所有代名詞．格変化は付録「品詞変化表」III 参照．**1** 《付加語的用法で / 不定冠詞の変化に準じる》彼の；それの．〜 Buch 彼の(書いた，所有する)本．Das Auto hat 〜*e* Vorzüge. その自動車にはそれなりの良さがある．Hier wohnt einer 〜*er* Freunde⟨von 〜*en* Freunden⟩. ここには彼の友人のひとりが住んでいる．dieser 〜 Entschluss 彼のその決心．《高位の男性に対する尊称で / 頭文字を大書いて》*Seine* Exzellenz《略 S[e]. E.》閣下．*Seine* Hoheit《略 S[e]. H.》殿下．*Seine* Majestät《略 S[e]. M.》陛下．*Seine* königliche Majestät / *Seine* Majestät der König 国王陛下．im Auftrag *Seiner* Majestät《略 Sr. M.》国王陛下の命によって．*Seine* Magnifizenz 総長(学長)閣下．《「いつもの，例の」といったニュアンスで》Er hat 〜*en* Bus verpasst. 彼はいつものバスに乗り遅れた．《数詞の前に置かれて「ゆうに，たっぷり」といったニュアンスで》Der Fisch wog 〜*e* drei Pfund. その魚はゆうに 3 ポンドあった．Das dauert 〜*e* Zeit. それはすいすいとは行かない，たっぷり時間がかかる．《2 格に代る用法で》《話》Das ist mein 〜 Vater 〜 Hut. これは私の父の帽子です(＝Das ist meines Vaters Hut.)．**2** 《名詞的用法で》(a) 《単独で用いて / dieser の変化に準じる．ただし中性 1・4 格は

seins⟨雅 seines⟩》彼のもの; それのもの. Das ist nicht mein Auto, sondern ~s⟨雅 -es⟩. それは私の自動車でなく彼のです. 《しばしば不変化で》Der Hund ⟨Die Katze / Das Pferd⟩ ist ~. 《地方》その犬⟨猫/馬⟩は彼のです. (b) 《定冠詞とともに用いて/形容詞の弱変化に準じる》《雅》彼のもの; それのもの. Ich habe meinen Kuli vergessen und benutzte den ~en. 私は自分のボールペンを忘れたので彼のを使った. 《頭文字を大書して / 新正書法では小文字のままも可》die Seine ⟨die -e⟩ 彼の妻. die Seinen⟨die -en⟩ 彼の家族(身内). das Seine⟨das -e⟩ 彼の義務(役割); 彼の財産. Jedem das Seine⟨das -e⟩. 《諺》それぞれに相応のものを与えよ.

Ⅱ 《人称》《古》=seiner (人称代名詞 er, es の2格)

Sein 中 -s/ 《哲学》あること, 有, 存在, 実在. das menschliche ~ 人間存在. ~ und Schein 実在と仮象. ~ oder Nichtsein, das ist hier die Frage. 生か死か, それが問題だ (Shakespeare の „Hamlet" の中の台詞).

'Sei·ne ['zɛːnə,sɛn] 囡 -/ 《地名》die ~ セーヌ川.

'sei·ner ['zainər] 代 《人称》人称代名詞 er, es の2格. statt ~ 彼の代りに; それの代りに.

'sei·ner·seits ['zainərˌzaits] 副 彼の側(彼の方)では, 彼としては. Er ~ wollte⟨Er wollte ~⟩ dich nicht anrufen. 彼としては君に電話をしたくなかった.

'sei·ner·zeit ['zainərtsait] 副 1 当時, その頃. 2 《カラ》《古》いずれ, そのうちに, しかるべき時に.

'sei·nes·glei·chen ['zainəsˌglaiçən] 代 《不定》《不変化》彼のような人(々), 彼と同等の人(々), 同類(たち); それのようなもの, それと同等のもの. er und ~《俺》彼みたいな連中, 彼のような手合い. Leute wie ~ どんなことにも良い面と悪い面がある. ~ suchen / nicht ~ haben 比肩するものがない, 比類がない.

'sei·net·hal·ben ['zainətˌhalbən] 副 《古》=seinetwegen

'sei·net·we·gen ['zainətˌveːgən] 副 彼のために, 彼のせいで.

'sei·net·wil·len ['zainətˌvilən] 副 《次の成句で》um ~ 彼のために.

'sei·ni·ge ['zainigə] 代 《所有》《雅》《つねに定冠詞を伴った名詞的に用いられる. 形容詞の弱変化に準じる》彼のもの; それのもの. ↑meinige

°**'sein las sen*** ↑sein¹ ① 8

'Seis·mik ['zaismik] 囡 -/ (gr.) 地震学.

'seis·misch ['zaismiʃ] 形 1 地震学(上)の. 2 地震の, 地震による.

Seis·mo'graf [zaismoˈgraːf] 男 -en/-en =Seismograph

Seis·mo'gramm [..ˈgram] 中 -s/-e 地震記録(振動の波形記録).

Seis·mo'graph [..ˈgraːf] 男 -en/-en 地震計.

Seis·mo'lo·ge [..ˈloːgə] 男 -n/-n 地震学者.

Seis·mo·lo'gie [..loˈgiː] 囡 -/ =Seismik

Seis·mo'me·ter [..ˈmeːtər] 中 -s/- 地震計.

seist [zaist] =seiest

seit [zait ザイト] ❶ 前 《3格支配》**1** ...以来, ...の時から(ずっと). *Seit* wann bist du hier? いつから君はここにいるんだね. ~ Anfang April 4月の初めから. ~ vorigem Monat 先月から. ~ seinem Tod[e] 彼が死んでから. ~ alters 《雅》昔から. ~ gestern 昨日から. ~ eh und je / ~ jeher 《話》前からずっと. **2** ...のこなた, 前から(ずっと). ~ einem Jahr 1年前から. ~ acht Tagen 1週間前から. ❷ 接 《従属/定動詞後置》(seitdem) ...して以来.

seit'ab [zaitˈʔap] 副 **1** わきに, わきの方に; (わきの方へ)離れて. ~ von der Straße 通りから離れたところに. **2** 《まれ》(beiseite) わきへ. ~ gehen わきへのく.

*seit'dem [zaitˈdeːm ザイトデーム] ❶ 副 それ以来. Wir haben uns gestritten, ~ besucht er mich nicht mehr. 私たちはけんかをした, それ以来彼はもう私のところへ来ない. ❷ 接 《従属/定動詞後置》...して以来. *Seitdem* sie operiert worden ist, geht es ihr sehr gut. 手術を受けて以来彼女はとても調子がいい.

'Sei·te ['zaitə ザイテ] 囡 -/-n **1** (a)《立体の》面. die obere⟨untere⟩ ~ einer Kiste 箱の上⟨下⟩面. die sechs ~n eines Würfels さいころの6つの目. (b)《表裏の》面. die beiden ~n einer Münze 硬貨の両面. die erste⟨zweite⟩ ~ einer Schallplatte レコードのA⟨B⟩面. die rechte⟨linke⟩ ~ eines Stoffes 布地の表⟨裏⟩側. Jedes Ding hat [seine] zwei ~n. どんなことにも良い面と悪い面がある.

2 (a)《物体の》側面. die beiden ~n eines Schrankes 戸棚の両側面. Das Schiff legte sich⁴ auf die ~. 船が横転した. (b)《人や獣の》脇腹, 横腹. eine ~ Speck 豚の脇腹肉のベーコン. sich³ die ~ vor Lachen halten 腹を抱えて笑う. lange ~n haben 《話》大食いである. auf der ~ liegen 脇を下にして寝ている, 横臥する. Schmerzen in der ~ haben 脇腹が痛い.

3（ある人の）脇(ホホ), 側(ミミ), 傍(ホメム)ら. an j² ~ gehen 人³のそばに行く. Komm an meine grüne ~!《戯》僕のそばへおいで(meine grüne Seite は本来心臓のある「左側」を意味した). j⟨et⟩³ j⟨et⟩³ an die ~ stellen 《古》人⟨事⟩⁴を人⟨事⟩³と同列におく. Man kann ihm niemand[en] an die ~ stellen. 彼に匹敵するものはひとりもいない. ~ an ~ （ぴったり）並んで, 肩を並べて; いっしょに, 共同で. j⁴ von der ~ ansehen 人⁴を白い目で見る. j³ nicht von der ~ gehen⟨weichen⟩ 人³のそばを離れない.

4 （少し離れた）わき, 横の方. et⟨j⟩⁴ auf die ~ bringen⟨schaffen⟩《話》物⁴をくすねる⟨人⁴を片づける(殺す)⟩. Geld auf die ~ haben《話》金を貯め込んでいる. Geld auf die ~ legen《話》金を貯める. von der ~ angreifen 側面攻撃をする. Das Auto kam von der ~. その自動車は横の方から来た. zur ~ gehen⟨rücken⟨treten⟩ わきによける, 道をあける. et⁴ zur ~ legen 物⁴をわきへのける. j⁴ zur ~ nehmen 人⁴をわきへ連れていく. j⁴ zur ~ schieben⟨比喩⟩ 人⁴をわきへ押しやる(押しのける). zur ~ sprechen《演劇》（観客には聞こえて相手役には聞こえないことになっている）傍白(ffi)⟨わきぜりふ⟩を言う.

5 （人柄や事柄の）一面, 側面. et³ eine neue ~ abgewinnen 事³の新しい面を見いだす. Physik ist seine schwache⟨starke⟩ ~. 彼は物理に弱い⟨強い⟩. die technische ~ des Plans 計画の技術的側面. von allen ~n あらゆる面から. Von dieser ~ kannte ich ihn noch nicht. こんな一面が彼にあるとは私は知らなかった. et⁴ von der guten ~ ansehen 事⁴の良い面を見る. et⁴ von der leichten⟨heiteren⟩ ~ nehmen 事⁴を気楽に考える. sich⁴ von *seiner* guten ~ zeigen 自分の良い面を出す.

6（左右・東西南北などの）...側. die rechte⟨linke⟩ ~ der Straße 通りの右⟨左⟩側. die südliche ~ des Berges 山の南側. auf der anderen ~ des Flusses

川の向こう側に. nach〈von〉 allen ～n 四方八方〈から〉.
7 〈対立するグループなどの〉一方の側, 一派; 〈テニスなどの〉組, サイド. die gegnerische ～ 敵方, 敵側. Beide ～n behaupten, sie trügen keine Schuld. 双方とも自分の側に責任はないと主張している. Das Recht ist auf seiner ～. 正しいのは彼の方だ. j¹ auf *seiner* ～ haben 人¹を味方にしている. sich⁴ auf j² ～ schlagen 人²の側に寝返る. auf der konservativen ～ stehen 保守派についている. auf j² ～ treten 人²の側につく.
8 〈父方または母方のうちの〉…方(). ein Verwandter der mütterlichen〈väterlichen〉 ～ 母〈父〉方の親戚. Das hat er von der mütterlichen〈von mütterlicher〉 ～. それは彼が母方から受けついだものだ.
9 〈関係する〉方面, 筋(). Er erhielt von verschiedenen ～n Angebote. 彼はさまざまな方面から申出を受けた. von unterrichteter〈zuverlässiger〉 ～ 消息筋〈確かな筋〉から.
10 《略 S., 複数 SS.》〈本などの〉ページ; 〈新聞の〉面. die ～ 5 aufschlagen 5ページを開く. Das Buch hat 250 ～n. / Das Buch ist 250 ～n stark. その本は250ページある. Siehe S. 40-45《die ～ 40-45》! 40-45 ページ参照. auf der ersten ～ der Zeitung 新聞の第1面に.
11 〖数学〗 (a) 〈多角形の〉辺. (b) 〈方程式の〉辺. beide ～n durch x dividieren 両辺を x で割る.
12 《auf｜von｜zu》 Seiten〈seiten〉／aufseiten〈vonseiten｜zuseiten〉の形で》 auf ～n《aufseiten｜von *seiten*》der Regierung〈im Namen der Regierung〉 政府側の立場に立っている. von ～n《vonseiten｜°von *seiten*》des Klägers 原告側から. zu ～n《zuseiten｜°zu *seiten*》des Tors《古》門のかたわらに. ▶ Seiten は単数 3 格の古形.

'Sei·ten·an·griff 男 –[e]s/–e 側面攻撃, サイドアタック.
'Sei·ten·an·sicht 女 –/–en 〈建物などを〉横から見た眺め; 側面図.
'Sei·ten·aus·gang 男 –[e]s/⸚e 〈建物の〉側面出口, 通用口.
'Sei·ten·blick 男 –[e]s/–e 横目, 流し目. j³ einen ～ zuwerfen 人³に横目を使う.
'Sei·ten·ein·gang 男 –[e]s/⸚e 〈建物の〉側面入口, 通用口.
'Sei·ten·flü·gel 男 –s/– **1** 〖建築〗〈建物の〉側翼. **2** 〈教会の翼祭壇の〉側面部, 扉.
'Sei·ten·gang 男 –[e]s/⸚e **1** (a) 〈列車の〉片廊下. (b) 〈建物の〉側廊. **2** 横町, 路地. **3** 〖馬術〗二蹄()行進.
'Sei·ten·gas·se 女 –/–n 横丁, 路地, 裏通り.
'Sei·ten·ge·bäu·de 中 –s/– 付属建築物, 別館.
'Sei·ten·ge·wehr 中 –[e]s/–e 〈腰に帯びている〉銃剣.
'Sei·ten·hieb 男 –[e]s/–e **1** 〘〙横手斬り, サイドカット. **2** 〈比喩〉あてこすり, いやみ. mit einem ～ auf j〈et〉³ 人〈事〉⁴をあてこすって.
'Sei·ten·ket·te 女 –/–n 〖化学〗側鎖.
'Sei·ten·la·ge 女 –/–n 横臥, 側臥; 側臥位. in ～ schlafen 横臥になって寝る. in ～ schwimmen 横泳ぎをする.
'sei·ten·lang 形 数ページにわたる, 詳細な.
'Sei·ten·leh·ne 女 –/–n 〈椅子の〉肘掛け.
'Sei·ten·leit·werk 中 –[e]s/–e 〖航空〗垂直尾翼.

'Sei·ten·li·nie 女 –/–n **1** 〖鉄道〗支線. **2** 〈家系の〉傍系. **3** 〖球技〗サイドライン. **4** 〖動物〗〈魚などの〉側線.
'Sei·ten·ru·der 中 –s/– 〖航空〗〈垂直尾翼の〉方向舵.
'sei·tens ['zaɪtəns] 前《2 格支配》《書》…の側から, …によって. ～ des Klägers 原告側から.
'Sei·ten·schiff 中 –[e]s/–e 〈聖堂の〉側廊.
'Sei·ten·sprung 男 –[e]s/⸚e **1** 〈古〉横っ跳び. **2** 〈比喩〉浮気. einen ～ machen 浮気する.
'Sei·ten·ste·chen 中 –s/ 〖病理〗〈走ったときに生じる〉〈左〉脇腹の痛み, 脾臓痛.
'Sei·ten·stra·ße 女 –/–n 横町, 裏通り.
'Sei·ten·stück 中 –[e]s/–e **1** 側面部, 側面の一部. **2** 〈対をなすものの〉片方, 相対〈対応〉物.
'Sei·ten·ta·sche 女 –/–n 〈上着・カバンなどの〉サイドポケット.
'Sei·ten·teil 中 –[e]s/–e 側面部, 側部.
'Sei·ten·tür 女 –/–en 側面ドア, 通用口.
'sei·ten·ver·kehrt 形 左右さかさまの.
'Sei·ten·wa·gen 男 –s/– (Beiwagen) サイドカー.
'Sei·ten·wand 女 –/⸚e 側壁.
'Sei·ten·wech·sel 男 –s/– 〘〙サイドチェンジ.
'Sei·ten·weg 男 –[e]s/–e 横町, 裏通り; 脇道, 間道. ～e gehen 《話》人目を避けて〈こっそり〉やる.
'Sei·ten·wind 男 –[e]s/–e 横風.
'Sei·ten·zahl 女 –/–en **1** 〈総〉ページ数. **2** 〈各ページの〉ページ番号, ノンブル.
seit'her [zaɪt·he:r] 副 《まれ》(seitdem) それ以来, その後.
seit'he·rig [zaɪt·he:rɪç] 形 **1** それ以来の, それ以後の. **2** 〈地方〉(bisherig) これまでの, 従来の.
..sei·tig [..zaɪtɪç] 〔接尾〕数詞などにつけて形容詞をつくる. **1** 《「…ページの」の意を表す》hundertseitig 100ページの. **2** 《「…辺の, …辺形の」》vierseitig 4辺形の. **3** 《「…面の」》einseitig 一面的な. zweiseitig 多面的な. **4** 《「…側の」》linksseitig 左側の.
'seit·lich ['zaɪtlɪç] **❶** 形 横の, 脇の, 側面の; 横〈側〉面からの, 横〈側面〉への. der ～e Wind 横風. Der Eingang ist ～. 入口は横にある. die Arme ～ ausstrecken 腕を横に伸ばす. ～ von et〈j〉³ 物〈人〉³の横〈脇〉で〈に〉《↑ ②》. Er stand ～ von mir. 彼は私の脇に立っていた. **❷** 前《2 格支配》…の横〈脇〉で〈に〉. ～ des Hauses 家の横で〈に〉.
'seit·lings ['zaɪtlɪŋs] 副 《古》横〈脇〉に, 横〈脇〉へ.
..seits [..zaɪts] 〔接尾〕《方向・場所を表す副詞や 2 格支配の前置詞をつくる. andererseits 他方では. einerseits 一方では. jenseits …の向こう側で〈に〉.
'seit·wärts [zaɪtvɛrts] **❶** 副 横〈脇〉に, 横〈脇〉へ; 横〈脇〉から. Das Schloss liegt ～. 城は横手にある. sich⁴ ～ von rechts nahen 右の脇の方から近づく. sich¹ ～ in die Büsche schlagen 《話》こっそり姿をくらます. **❷** 前《2 格支配》…の横〈脇〉に, …の横〈脇〉で. ～ der Straße 通りの横で〈に〉.

sek, Sek. 《略》=Sekunde 1
'Se·kans [ze:kans] 男 –/ (Sekanten) (*lat.*)〖記号 sec〗〖数学〗セカント, 正割.
Se'kan·te [ze'kantə] 女 –/–n (*lat.*)〖幾何〗〈円の〉割線().
Se'kan·ten [ze'kantən] Sekans, Sekante の複数.
se'kret [ze'kre:t] 形 (*lat.*)《古》**1** (geheim) 秘密の. **2** 分離〈分泌〉された.

Se·'kret¹ [zeˈkreːt] 男 -[e]s/-e 《医学》分泌液(唾液や胃液など).

Se·'kret² 中 -/ 《カト》密誦(ひそう).

*__Se·kre·'tär__ [zekreˈtɛːr ゼクレテーア] 男 -s/-e (lat.) **1** 秘書. **2** (政党・組合などの)書記(長), 幹事(長); (官庁の)幹部事務官(事務長など); (大使館などの)書記官; 庶務係. **3** 書き物机, ライティングビューロー. **4** 《鳥》へびくいわし(別名 さぎたか, しょきかんちょう).

Se·kre·ta·ri·'at [zekretariˈaːt] 中 -[e]s/-e **1** 秘書(庶務, 総務)課; 事務局, 官房; 書記局. **2** 秘書の職務, 庶務, 総務; 書記局.

*__Se·kre·'tä·rin__ [zekreˈtɛːrɪn] 女 -/-nen (Sekretär の女性形) 女性秘書.

se·kre·'tie·ren [zekreˈtiːrən] 他 **1** 《生物》分泌する. **2** 秘蔵する.

Se·kre·ti·'on [zekretsiˈoːn] 女 -/-en **1** 《生物》分泌. **2** 《地質》セクリーション, 分泌.

*__Sekt__ [zɛkt ゼクト] 男 -[e]s/-e (種類 -e) (it.) ゼクト(ドイツ産の発泡ワイン・シャンパンの類).

'Sek·te [ˈzɛktə] 女 -/-n (it.) **1** 《宗教》分派, 宗派. **2** (思想的・政治的)分派, 党派, セクト.

'Sek·ten·we·sen 中 -s/ (宗教上の)派閥主義; 宗派心.

'Sekt·glas 中 -es/⸚er シャンパングラス.

'Sek·'tie·rer [zɛkˈtiːrər] 男 -s/- **1** 《宗教》(ある宗派の)宗徒. **2** (政治上の)セクト主義者, 分派主義者.

Sek·tie·re·'rei [zɛktiːrəˈraɪ] 女 -/ **1** 分派活動(行動).

sek·'tie·re·risch [zɛkˈtiːrərɪʃ] 形 **1** 宗派の, 分派の. **2** セクト主義的な, 分派主義的な.

Sek·ti·'on [zɛktsiˈoːn] 女 -/-en (lat.) **1** 《医学》(死体)解剖. **2** (官庁などの)部局, 部門, 部, 課; 《古》(旧東ドイツで)大学の学科, 学科. **3** 《工学》(とくに船舶の組み立て)部品, プレハブ部材.

Sek·ti·'ons·be·fund 男 -[e]s/-e 《医学》解剖所見.

Sek·ti·'ons·chef 男 -s/-s **1** 部局の長(局長・部長・課長など). **2** 《オーストリ》(各省の)局長.

'Sek·tor [ˈzɛktoːr] 男 -s/-en [zɛkˈtoːrən] **1** (専門)領域, 分野. **2** 《幾何》扇形; 球扇形. **3** (a) 《歴史》(第2次大戦後のベルリンおよび被占領時代ヴィーンにおける米・英・仏・ソ連による4つの)占領地区. (b) (地域の分割によってできた)地区. **4** 《コンピュ》セクター.

Sek·'to·ren·gren·ze 女 -/-n 《歴史》占領地区(↑Sektor 3(a))の境界.

Se·'kun·da [zeˈkʊnda] 女 -/Sekunden (lat.) **1** 《古》(ギュムナジウムの)第6・7学年. ▶ かつて Sekunda は第6学年にあたる Untersekunda と第7学年にあたる Obersekunda の2学年を意味した. 今日の学制では, 前者は第10学年, 後者は第11学年に数えられる. **2** 《オーストリ》(ギュムナジウムの)第2学年.

Se·'kun·da·ner [zekʊndaˈnər] 男 -s/- (↑Sekunda) **1** 《古》(ギュムナジウムの)6・7学年生. **2** 《オーストリ》(ギュムナジウムの)2学年生.

Se·'kun·dant [zekʊnˈdant] 男 -en/-en **1** (決闘の)立会人, 介添人. **2** 《スポーツ》セコンド.

se·kun·'där [zekʊnˈdɛːr] 形 (fr.) (↔ primär) **1** 第2の, 副の. **2** 次的な, 副次的な, 付随的な. Das hat nur ~e Bedeutung. それには二義的な意味しかない. **2** 《化学》第2の. ~e Alkohole 第2アルコール. ~e Salze 第2塩.

Se·kun·där·li·te·ra·tur 女 -/ 2次文献, 参考文献.

Se·kun·där·strom 男 -[e]s/ 《電子工》2次電流.

Se·kun·där·wick·lung 女 -/-en 《電子工》2次コイル.

Se·kun·da·wech·sel 男 -s/- 《商業》2号手形.

*__Se·'kun·de__ [zeˈkʊndə] 女 -/-n (略 sek, Sek., 古 sec) (記号 s) (時間の単位)秒. Es ist jetzt genau 10 Uhr, 2 Minuten und 40 ~n. 今正確には10時2分40秒です. Eine ~ bitte!《話》ちょっとお待ちを. auf die ~ (1秒の狂いもなく)正確に, かっきり. **2** (記号″)(角度の単位)秒. **3** 《音楽》(a)(全音階の)第2音. (b) 2度(音程). **4** 《印刷》(製本の際の目印にする)折り丁番号(全紙の3ページ目右下隅に刷り込む).

Se·'kun·den [zeˈkʊndən] Sekunda, Sekunde の複数.

se·'kun·den·lang 形 数秒間の; ほんの一瞬の.

se·'kun·den·schnell 形 一瞬の, あっという間の.

Se·'kun·den·schnel·le 女 -/《次の成句で》in ~ 一瞬のうちに, あっという間に.

Se·'kun·den·zei·ger 男 -s/- (時計の)秒針.

se·kun·'die·ren [zekʊnˈdiːrən] 他 **1** (人〈事〉³を)支援する, 支持する(議論などで). 補佐する. einem Vorschlag mit Argumenten ~ 根拠をあげて提案を支持する.《他動詞的にも》Der Angeklagte wird von zwei Verteidigern sekundiert. 被告は2名の弁護人によって補佐される. **2** (決闘などで人³の)介添役をつとめる;《スポーツ》セコンドをする. **3** 《音楽》(人³の)伴奏をする.

se·'kund·lich [zeˈkʊntlɪç] 形《まれ》= sekündlich.

se·'künd·lich [zeˈkʏntlɪç] 形 毎秒(の), 1秒毎の.

Se·kun·do·ge·ni·tur [zekʊndogeniˈtuːr] 女 -/-en (中世諸侯家における)次子相続(権).

Se·'ku·rit [zekuˈriːt] 中 -s/ (lat.) 《商標》ゼクリート(安全ガラスの名).

Se·ku·ri·'tät [zekuriˈtɛːt] 女 -/-en (lat.)《古》(Sicherheit) 安全, 安心; 保証.

sel. (略) = selig 2

'se·la [ˈzeːla, zeˈla] 間 (hebr.) Sela!《古》それでよし, オーケー.

'Se·la [ˈzeːla] 中 -s/- (hebr.)《旧約》セラ(詩篇中にしばしば現れる意味不明の語. 合いの手もしくは演奏上の指示と考えられている).

*__selb__ [zɛlp ゼルプ]形 **1** (ふつう前置詞と定冠詞の融合形の後に用いる) 同じ, 同一の. am ~en Tag 同じ日に. im ~en Augenblick 同じ瞬間に.《定冠詞なし》《古》an ~er Stätte 同じ場所に. **2** (derselbe, dasselbe, dieselbe の短縮形として)《話》Selber Ort, ~e Zeit! 同じ場所, 同じ時間に. ♦ ↑derselbe

selb·an·der [zɛlpˈandər] 副《古》(zu zweit) 2人で(一緒に).

selb·dritt [zɛlpˈdrɪt] 副《古》(zu dritt) 3人で(一緒に).

*__'sel·ber__ [ˈzɛlbər ゼルバー] 代 (指示／不変化)《話》(selbst) 自分(自身), みずから. Der Minister ~ hat den Kranken besucht. 大臣自らがその病人を見舞った. Das musst du ~. それは君が自分自身でしなくてはならない. Selber essen macht fett.《諺》うまいものは人にはやれぬ(自分で食べてこそが身が太る).

'Sel·ber·ma·chen 中 -s/ 自分で自分でつくること. ein Bücherregal zum ~ 自作用書棚(キット).

'sel·big [ˈzɛlbɪç]《古》(selb) 同一の, 同じ. zu ~er〈zur ~en〉Stunde 同じ時刻に.

selbst [zɛlpst ゼルプスト] ❶ 代《指示/不変化》自分自身, それ自身;《副詞的用法で》自分自身で, みずから. Er ~ hat es gesagt. / Er hat es ~ gesagt. 彼自身がそういったのだ. Ich koche ~. 私は自分で料理をする. Das Kind kann schon ~ laufen. この子はもうひとりで歩ける. ein ~ gebackenes〈°*selbst-gebackenes*〉Brot ホームメイドのパン. ~ gebrautes〈°*selbstgebrautes*〉Bier 自家醸造ビール. *Selbst* ist der Mann.《諺》男は他人に頼らぬもの. Er ist die Gutmütigkeit ~. 彼はお人好しそのものだ. Wie geht's dir? — Gut! Und ~? 元気かい — 元気だよ, で君は. Er ist nicht mehr Herr seiner[2] ~. 彼はもう自分で自分をどうすることもできなくなっている. Er denkt nur an sich[4] ~. 彼は自分のことしか考えない. aus sich[3] ~ 自分からすすんで. Das ist ein Widerspruch in sich[3] ~. それは自己矛盾だ. mit sich[3] ~ sprechen ひとり言をいう. von ~ ひとりでに, おのずから. Das versteht sich[4] von ~. それは自明のことだ. Sie kommt nicht zu sich[3] ~. (いそがしくて)彼女には自分自身のことを考える暇もない.
❷ 副《ふつう強調する語の直前におかれて》…すら, さえ. *Selbst* sein Freund riet ihm davon ab. 彼の友人でさえそんなことはやめるようにと彼に忠告した. Ich tue es, ~ wenn du dagegen bist. たとえ君が反対でも私はそれをするよ.

Selbst 中 -/- 自分自身, 自己; 自我. ein Stück meines ~ 自分自身の一部.
Selbst·ach·tung 女 -/ 自尊心. *seine* ~ verlieren 自尊心を失う.
selb·stän·dig ['zɛlpʃtɛndɪç] 形 =Selbstständig
Selb·stän·di·ge 男 女《形容詞変化》=Selbstständige
Selb·stän·dig·keit 女 -/ =Selbstständigkeit
Selbst·an·kla·ge 女 -/-n 1《雅》自責, 自己告発. 2《まれ》自己批判.
Selbst·an·schluss 男 -es/¨e《古》(電話の)自動交換.
Selbst·an·zei·ge 女 -/-n 1《法制》(軽罪の)自己申告; 自首. 2 (著者自身による)紹介批評, 自評.
Selbst·auf·op·fe·rung 女 -/-en《複数まれ》自己犠牲, 献身.
Selbst·aus·lö·ser 男 -s/-《写真》セルフタイマー.
Selbst·be·die·nung 女 -/ セルフサービス.
Selbst·be·die·nungs·la·den 男 -s/¨ セルフサービスの店.
Selbst·be·frie·di·gung 女 -/ (Masturbation) 自慰, オナニー.
Selbst·be·fruch·tung 女 -/-en《生物》自家受粉.
Selbst·be·haup·tung 女 -/-en 自己主張.
Selbst·be·herr·schung 女 -/-en 自制(心), 克己.
Selbst·be·kennt·nis 中 -ses/-se 自己告白, 自白; 懺悔(ざんげ)録.
Selbst·be·kös·ti·gung 女 -/-en (旅行中などの)自炊.
Selbst·be·stä·ti·gung 女 -/《心理》(自分の存在意義・能力などの)自己確認, 自己証明.
Selbst·be·stim·mung 女 -/ 自己決定, 自主決定;《哲学》自律;《政治》(民族)自決, 自治;《社会学》(女性などの)自立.
Selbst·be·stim·mungs·recht 中 -[e]s/《法

制》(社会的・政治的な)自立の権利. 2《政治》(民族)の自決権.
Selbst·be·tei·li·gung 女 -/-en《保険》免責歩合(ぶあい), 小損害免責.
Selbst·be·trug 男 -[e]s/ 自己欺瞞.
Selbst·be·wusst 形 1 自分を意識した, 自意識を持った; 自覚した. 2 自信(自負心)のある.
Selbst·be·wusst·sein 中 -s/ 1 自意識, 自覚;《哲学》自己(自我)意識. 2 自信, 自負(心).
Selbst·bild·nis 中 -ses/-se 自画像.
Selbst·bin·der 男 -s/- 1 (Krawatte)(自分で結ぶ)ふつうのネクタイ. 2《農業》バインダー, 刈取り束ね機.
Selbst·bio·gra·phie 女 -/-n 自叙伝, 自伝.
Selbst·dis·zi·plin 女 -/ 自制, 克己.
Selbst·ein·schät·zung 女 -/-en 自己評価.
Selbst·ent·zün·dung 女 -/-en 自然発火.
Selbst·er·fah·rung 女 -/《心理》(自分のことや自分の抱えている問題を人に語ることで得られる)自己体験, 自己理解.
Selbst·er·hal·tung 女 -/ 自己保存.
Selbst·er·hal·tungs·trieb 男 -[e]s/-e 自己保存本能(衝動).
Selbst·er·kennt·nis 女 -/ 自己認識.
Selbst·er·nie·dri·gung 女 -/ 自己卑下.
Selbst·fah·rer 男 -s/- 1 (公用車などを)自分で運転する人. 2 (自分で動かせる)車椅子. 3 (自分で操作する)エレベーター.
selbst·ge·ba·cken, °**selbst·ge·backen** 形 (パンや菓子などについて)自分で焼いた, ホームメイドの.
selbst ge·braut, °**selbst·ge·braut** 形 (ビールなどの)自家醸造の.
selbst·ge·fäl·lig 形 自己満足した, 自惚(うぬぼ)れた, 独りよがりの.
Selbst·ge·fäl·lig·keit 女 -/ 自己満足, 自惚(うぬぼ)れ, 独りよがり.
Selbst·ge·fühl 中 -[e]s/《雅》《まれ》(Selbstbewusstsein) 自己感情, 自意識; 自負(心), 自尊心.
selbst·ge·macht, °**selbst·ge·macht** 形 手作りの, 自家製の, ホームメイドの.
selbst·ge·nüg·sam 形 自己満足した, 自足した.
selbst·ge·recht 形 独善的な, 独りよがりの.
selbst·ge·schrie·ben, °**selbst·ge·schrieben** 形 自筆の.
Selbst·ge·spräch 中 -[e]s/《ふつう複数で》独り言, 独白. ~e führen〈halten〉独り言を言う.
selbst·ge·strickt, °**selbst·ge·strickt** 形 1 自分で編んだ, 手編みの. 2《話》手作りの.
selbst ge·zo·gen, °**selbst·ge·zo·gen** 形 1 (ろうそくの)自家製の. 2 自家栽培の.
selbst·herr·lich 形 独断的な, 専横的な, 自分勝手な; 独裁的な.
Selbst·herr·lich·keit 女 -/ 独断, 専横; 独裁.
Selbst·herr·schaft 女 -/ =Autokratie
Selbst·herr·scher 男 -s/- =Autokrat
Selbst·hil·fe 女 -/ 自助, 自力更生;《法制》自力救済, 自救行為.
Selbst·in·duk·ti·on 女 -/-en《電子工》自己誘導.
selbs·tisch ['zɛlpstɪʃ] 形《古》(egoistisch) 利己的な, 自分本位の.
Selbst·kos·ten 複《経済》(製造)原価, 実費.
Selbst·kos·ten·preis 男 -es/-e《経済》原価, 仕

入値段.
'**Selbst·kri·tik** 囡 -/-en《複数まれ》自己批判.
'**Selbst·kri·tisch** 厖 自己批判的な.
'**Selbst·la·de·ge·wehr** 甲 -[e]s/-e 自動小銃.
'**Selbst·la·de·pis·to·le** 囡 -/-n 自動拳銃.
'**Selbst·la·der** 男 -s/-《話》=Selbstladewaffe
'**Selbst·la·de·waf·fe** 囡 -/-n 自動火器(セミオートマチックに弾丸を装填する小銃や拳銃など).
'**Selbst·laut** 男 -[e]s/-e《音声》母音.
'**Selbst·lob** 甲 -[e]s/-e《複数まれ》自賛.
'**selbst·los** 厖 無私の, 無欲の.
'**Selbst·lo·sig·keit** 囡 -/ 無私, 無欲, 私心のないこと, 公平無私.
'**Selbst·mord** 男 -[e]s/-e 自殺. ～ begehen〈verüben〉自殺する. erweiterter ～ 無理心中. ～ durch Ertränken 入水自殺.
'**Selbst·mord·at·ten·tat** 甲 -[e]s/-e 自爆テロ.
'**Selbst·mör·der** 男 -s/- 自殺者.
'**Selbst·mör·de·risch** 厖 **1** 自殺の, 自殺による, 自殺目的の. **2**《比喩》自殺的な, 無謀な, 無鉄砲な.
'**Selbst·mord·ver·such** 男 -[e]s/-e 自殺の企て, 自殺未遂.
'**selbst·quä·le·risch** 厖 自虐的な.
'**Selbst·re·dend** 副《古》(selbstverständlich) 言うまでもなく, 無論, 当然.
'**Selbst·rei·ni·gung** 囡 -/-en **1**(パン焼きかまど・グリルなどの)セルフクリーニング. **2**(河川などの)自浄作用, 自浄力.
'**Selbst·schuss** 男 -es/¨e《ふつう複数で》(侵入防止用の)自動発砲装置.
'**Selbst·schuss·an·la·ge** 囡 -/-n =Selbstschuss
'**Selbst·schutz** 男 -es/ **1** 自己防衛, 自衛. **2**《法制》自力防護団; 自力防衛.
'**selbst·si·cher** 厖 自信のある, 自信たっぷりの.
'**Selbst·si·cher·heit** 囡 -/ 自信.
*'**selbst·stän·dig** ['zɛlpst-ʃtɛndɪç ゼルプストシュテンディヒ] 厖 自立した, 自主的な, 独立の; 自力の, 自営の. ein ～ *er* Staat 独立国家. ～ denken 自分で考える. sich⁴ ～ machen 独立する, 一本立ちする;《戯》行方が分からなくなる. Mein Füllhalter hat sich⁴ ～ gemacht.《戯》私の万年筆がどこかへいってしまった.
'**Selbst·stän·di·ge** 男 囡《形容詞変化》自営(自由)業者.
'**Selbst·stän·dig·keit** 囡 -/ 自立, 独立; 自主性.
'**Selbst·steu·e·rung** 囡 -/-en《工学》(機械などの)自動制御; 自動操縦.
'**Selbst·stu·di·um** 甲 -s/..dien 独学.
'**Selbst·sucht** 囡 -/ 利己心, 我欲; 利己主義.
'**selbst·süch·tig** 厖 利己的な, エゴイスティックな.
'**selbst·tä·tig** 厖 **1** 自動の, 自動式の. **2**(まれ)自発的な.
'**Selbst·täu·schung** 囡 -/-en 自己欺瞞.
'**Selbst·tor** 甲 -[e]s/-e (Eigentor) (サッカーなどの)オウンゴール.
'**Selbst·tö·tung** 囡 -/-en《書》(Selbstmord) 自殺.
'**Selbst·über·he·bung** 囡 -/-en《雅》思い上がり, 自惚(ぼ)れ.
'**Selbst·über·schät·zung** 囡 -/-en 自己過信, 思い上がり, 自惚(ぼ)れ.
'**Selbst·über·win·dung** 囡 -/-en 自己克服, 克己, 自制.
'**Selbst·un·ter·richt** 男 -[e]s/ =Selbststudium
'**Selbst·ver·ach·tung** 囡 -/ 自己卑下, 自己蔑視.

'**Selbst·ver·ges·sen** 厖 我を忘れた, 忘我の, 無我夢中の.
'**Selbst·ver·lag** 男 -[e]s/《書籍》自費出版. im ～ 自費出版で.
'**Selbst·ver·leug·nung** 囡 -/-en 自己否定, 没我; 献身.
'**Selbst·ver·sor·ger** 男 -s/- **1**(とくに食糧の)自給自足者. **2**《戯》(休暇中の)自炊人.

'**selbst·ver·ständ·lich** ['zɛlpstfɛrʃtɛntlɪç ゼルプストフェアシュテントリヒ] ❶ 厖 **1** 自明の, 当然の, 分かりきった. eine ～ *e* Pflicht 当然の義務.《最上級で》Das ist die ～*ste* Sache der Welt それはあまりにも自明なことだ. **2** まるで当然のことのような, 何のこだわりもない, こともなげな. Sie nahme das Kind ganz ～ bei sich³ auf. 彼らは何のためらいもなくその子を家に泊めた. ❷ 副 もちろん, 当然. Kommst du mit? — *Selbstverständlich*! 一緒に来るかい — もちろんだよ.
'**Selbst·ver·ständ·lich·keit** 囡 -/-en 自明なこと, 当然のこと; 自明(当然)であること.
'**Selbst·ver·ständ·nis** 甲 -ses/ 自己理解.
'**Selbst·ver·stüm·me·lung** 囡 -/-en 自己損傷(徴兵忌避などのための). **2**《生物》自切, 自割, 自己切断(とかげのしっぽ切りなど).
'**Selbst·ver·tei·di·gung** 囡 -/-en 自衛, 自己防衛.
'**Selbst·ver·trau·en** 甲 -s/ 自信, 自負. kein ～ haben 自信がない.
'**Selbst·ver·wal·tung** 囡 -/-en 自治, 自主管理.
'**Selbst·ver·wirk·li·chung** 囡 -/-en 自己実現, 自己発現.
'**Selbst·wähl·fern·dienst** 男 -[e]s/-e《通信》直通長距離通話, ダイヤル市外通話.
'**selbst·zer·stö·re·risch** 厖 自己破壊的な.
'**Selbst·zucht** 囡 -/《雅》(Selbstdisziplin) 自己規律, 自制.
'**selbst·zu·frie·den**《しばしば侮蔑的に》自己満足した.
'**Selbst·zu·frie·den·heit** 囡 -/ 自己満足.
'**Selbst·zün·der** 男 -s/- **1** 自燃物. **2**《自動車》ディーゼルエンジン(の自動車).
'**Selbst·zweck** 男 -[e]s/ 自己目的. als ～ それ自体を目的として.
'**sel·chen** ['zɛlçən]《﹅·﹅》 ❶ 他 (räuchern)(肉などを)燻(いぶ)す, 燻製(いぶし)にする. ❷ 自 (肉が)干し固まる.
'**Sel·cher** ['zɛlçər] 男 -s/-《﹅·﹅》(燻製肉を製造・販売する)肉屋.
'**Selch·fleisch** ['zɛlç..] 甲 -[e]s/《﹅·﹅》燻製肉.
'**Seld·schu·ke** [zɛl'dʒukə] 男 -n/-n セルジューク人(11-12世紀にセルジュークトルコ帝国を築いたトルコ系民族集団の一派).
se·lek·tie·ren [zelɛk'tiːrən] 他 **1** 選び出す, 選り抜く, 選抜する, 選別する. **2**(強制収容所の捕虜をガス室送りにするために)選び出す(ナチスの用語).
Se·lek·ti·on [zelɛktsi'oːn] 囡 -/-en (*lat.*) **1** 選択, 選抜, 選別. **2**《生物》淘汰(だ). **3**(ガス室送りにする捕虜の)選出(ナチスの用語). **4**《言語》選択. **5**《放送》選局.
se·lek·ti·o'nie·ren [zelɛktsio'niːrən] 他 =selektieren
Se·lek·ti'ons·the·o·rie 囡 -/ **1**《生物》(Dar-

win の)自然淘汰説. **2**〘生化学・医学〙クローン選択説(F. M. Burnet, 1899-1985 が提唱した抗体の生体内生産に関する学説).

se·lek'tiv [zɛlɛk'ti:f] 形 **1** 選択的な, 選別的な. **2**〘放送〙選択(選局)度のよい. **3** ~e Absorption〘物理〙選択吸収.

Se·lek·ti·vi·tät [zelɛktivi'tɛ:t] 囡 -/ **1** 選択性. **2**〘放送〙選択(選局)度.

Se'len [zeˈleːn] 匣 -s/ (gr.)《記号 Se》〘化学〙セレニウム, セレン.

Se·leˈnat [zeleˈnaːt] 匣-[e]s/-e〘化学〙セレン酸塩.

Se·le·ne [zeˈleːnə]〖人名〗〘ギリシア神話〙セレーネー, セレネ(月の女神, ローマ神話では Luna).

Self-made-man [ˈzɛlfme:tmɛn, ˈsɛlfmeɪdˈmæn] 男 -s/..men [..mɛn] (engl.) 自力でのしあがってきた人.

seˈlig [ˈzeːlɪç ゼーリヒ] 形 **1** (a)〘キリスト教〙(死後に)天国の至福にあずかった, 浄福(永福)の; Selig, die ein reines Herz haben.〘新約〙心の清い人々は幸いである(マタ 5:8). bis an mein ~es Ende 私が天国に行くまで. ~ entschlafen 安らかに息を引取る. Gott hab' ihn ~! 神さまが彼に永福をお与えくださいますように. (b)〘カトリック〙列福された, 福者の. (c) 《seligen Angedenkens² の形で》meine Mutter ~en Angedenkens 今は亡き私の母. die Postkutsche ~en Angedenkens 昔懐かしい郵便馬車. **2**《略 sel.》今は亡き, 故…. mein ~er Vater / 《とくに南独》mein Vater ~ 私の亡き父. **3** この上なく幸せな, 幸福に酔いしれた, 有頂天の. Er war ~, dass er die Prüfung bestanden hatte. 彼は試験に合格して大喜びだった. ~ über et⁴ sein 事⁴で有頂天になっている. **4**《話》ほろ酔い機嫌の. ♦ Selige, selig preisen, selig sprechen

..seˈlig [..zeːlɪç] 《接尾》名詞・形容詞および動詞の語幹などと結びついて次のような意味の形容詞をつくる.(『…の状態の, …の性質の』の意を表す) armselig みじめな. feindselig 敵意のある.(『…にあふれた, …にみちた; (やたらに)…しやすい, …しすぎる』) glückselig 幸せでいっぱいの. redselig 話好きの. vertrauensselig 人を信用しすぎる, お人好しの. **3**《戯》(『…てほろ酔い機嫌の』) bierselig ビールで一杯機嫌の.

'Seˈli·ge [-] 男 《形容詞的変化》**1**《複数で》(とくにカトリックで)天国に召された人たち, 死者たち. die Gefilde der ~n 〘ギリシア神話〙死者の園, 楽園, エリュシオン(地の西端において英雄など神々に嘉(よみ)せられた人たちが死後に住むとされた野). **2**〘キリスト教〙福者. **3** mein Seliger 〈meine Selige〉《古》《戯》私の亡夫〈亡妻〉.

'Seˈlig·keit [ˈzeːlɪçkaɪt] 囡 -/-en **1**《複数なし》〘キリスト教〙(とくにカトリックで)(天国の)至福, 浄福, 永福. et⁴ bei seiner ~ beschwören 事⁴を神かけて誓う. in die ewige ~ eingehen 永福の至福にあずかる, 天国に入る. Die Bomber haben ihn in die ewige ~ befördert. 爆撃機が彼の命を奪った. **2** 無上の幸せ, この上ない歓び. in ~ schwimmen《話》幸せいっぱいである; (恋をして)すっかりのぼせる.

seˈlig prei·sen*, °**seˈlig|prei·sen** 他《古》《雅》(人⁴を)このうえなく幸せであると讃える(認める). **2**〘キリスト教〙(人⁴を)浄福(至福)にあずかるものとして讃える.

'Seˈlig·prei·sung 囡 -/-en **1** この上なく幸せであると讃えること. **2**《山上の垂訓における》真の八福音, 真福八端(↑〘新約〙マタ 5:3-10).

'seˈlig spre·chen*, °**'seˈlig|spre·chen*** 他〘カトリック〙(beatifizieren)(人⁴を)列福する, 福者の列に加える.

'Seˈlig·spre·chung 囡 -/-en〘カトリック〙(Beatifikation)列福; 列福式.

'Sel·leˈrie [ˈzɛləri, ˈzɛləriˈ zɛləˈriː] 男 -s/-[s] (囡 -/-, -/-n[..ˈriːən]) (gr.)〘植物〙オランダみつば, セロリ.

'sel·ten [ˈzɛltən ゼルテン] ❶ 形 まれな, めったにない, 珍しい. ein ~es Buch 稀覯(きこう)本. ~e Erden〘化学〙希土類. ein ~er Gast 珍しい客. ein Menschen von ~en Gaben 希有な才能の持主. Sie ist eine ~e Schönheit. 彼女はまれにみる美人だ. Er ist ein ~er Vogel.《比喩》彼は変り者だ. sich⁴ ~ machen《話》めったに顔を見せない. ❷ 副 **1** まれに, めったに…ない. Wir gehen ~ aus. 私たちはめったに外出しない. Das ist ganz ~ der Fall. それはきわめてまれなケースだ(めったにないことだ). Er versteht sein Fach wie ~ einer. 彼など自分の専門に通じているのはざらにはいない. Es kommt nicht ~ vor, dass… …は珍しいことではない. Selten so gelacht!《反語》おもしろくも何ともないよ. **2**《他の形容詞や副詞を強めて》(besonders) ひときわ, とりわけ, 並はずれて. eine ~ schöne Frau ひときわ美しい女性.

*'**Sel·ten·heit** [ˈzɛltənhaɪt ゼルテンハイト] 囡 -/-en **1**《複数なし》まれな(珍しい)こと, 希少性. **2** 珍しい事物, 珍品. Diese Münze ist eine große ~. このコインはきわめて珍しいものだ.

'Sel·ten·heits·wert 男 -[e]s/ 希少価値.
'Sel·ters [ˈzɛltɐs] 匣 -/- =Selter[s]wasser
'Sel·ter[s]·was·ser 匣 -s/(種類 ⸗) **1**《商標》ゼルター水(タウヌス山地の Niederselters 産の鉱泉水). **2**《話》ミネラルウォーター, 炭酸水.

*'**selt·sam** [ˈzɛltzaːm ゼルトザーム] 形 奇妙な, 風変りな, 変な, おかしな, 不思議な. ein ~es Gefühl haben へんな気分がする. ein ~er Mensch 変った人. Das kommt mir ~ vor. それは私には奇妙に思われる.

'selt·sa·mer·wei·se [ˈzɛltzaːmɐˈvaɪzə] 副 奇妙なことに, 不思議なことに.
'Selt·sam·keit 囡 -/-en **1**《複数なし》奇妙なこと, 不思議であること. **2** 奇妙な(不思議な)出来事, 珍事.

Sem¹ [zɛm]〖人名〗(hebr.)〘旧約〙セム(Noah の長男で Semit の祖とされる. ↑創世 10:1).
Sem² [ze:m] 匣 -/- (gr. sema „Zeichen')〘言語〙意味素(意味を構成する最小単位).
Se·ˈman·tik [zeˈmantɪk] 囡 -/ (gr.)〘言語〙**1** 意味論. **2**《まれ》(語・文・テキストなどの)意味, 内容.
se·ˈman·tisch [zeˈmantɪʃ] 形 **1**〘言語〙**1** 意味論の. **2** (語・文などの)意味に関する, 内容に関わる; 意味(内容)上の.

Se·ma·sio·lo·gie [zemaziolo'giː] 囡 -/ (gr.)〘言語〙**1** (Wortbedeutungslehre) 意義学, 語義論. **2**《まれ》(Semantik) 意味論.

'Sem'em [zeˈmeːm] 匣 -s/-e (↑Sem²)〘言語〙形態意味素.

*'**Se·ˈmes·ter** [zeˈmɛstɐ ゼメスター] 匣 -s/- (lat.) **1**(大学の年2半期制の)学期, ゼメスター. Sommersemester 夏学期. Wintersemester 冬学期. im 5. ~ sein〈stehen〉在学5学期目である. **2**《学生》(ある学期に在学する)学生. die ersten Semester 新入生たち. Er ist schon ein älteres〈höheres〉~. 彼はもう長期間在学している《戯》彼はもう若くはない.

Se·ˈmes·ter·fe·ri·en 複 (大学の)学期末休暇.

se·mi.., **Se·mi..** [zemi.., ze:mi..]《接頭》(lat.

'Se·mi·fi·na·le ['ze:mifina:lə] 田 -s/-[s] 《スポーツ》 (Halbfinale) 準決勝, セミファイナル.

'Se·mi·ko·lon [zemi'ko:lɔn] 田 -s/-s (..kola [..la]) 《文法》(Strichpunkt) セミコロン(;).

*Se·mi·nar [zemi'na:r ゼミナール] 田 -s/-e (まれ..:ゼ・ミ・ナ Seminarien [..riən] (*lat.*) **1** (a) (大学の)ゼミナール, ゼミ, 演習. (b) ゼミ参加者(の総称). **2** (大学の)研究室, ゼミ. Assistent am ~ für Anglistik 英語英文学研究室の助手. Er arbeitet heute im ~. 彼は今日研究室で仕事(勉強)だ. **3** (一般に)研修セミナー, ゼミナール. **4** (聖職者養成のための)神学校. **5** 《古》小学校教員養成所.

'Se·mi·nar·ar·beit 囡 -/-en 演習(ゼミ)レポート.

Se·mi·na·rist [zemina'rɪst] 男 -en/-en **1** 神学校生. **2** 教員研修生. **3** 《古》小学校教員養成所研修生.

'Se·mi·nar·schein 男 -[e]s/-e 演習(ゼミ)の単位取得証明書.

Se·mi·o·lo·gie [zemiolo'gi:] 囡 -/ **1** 《言語》(Semiotik) 記号学, 記号論. **2** 《医学》(Symptomatologie) 症候学.

Se·mi·o·tik [zemi'o:tɪk] 囡 -/ (*gr.*) **1** 《言語》記号論, 記号学. **2** 《医学》(Symptomatologie) 症候学.

se·mi·per·me·a·bel [zemipɛrme'a:bəl] 形 (*lat.*) 半透(過)性の. *semipermeable* Membranen 半透膜.

Se'mit [ze'mi:t] 男 -en/-en (↑Sem') セム族(の人).
◆ 女性形 Semitin 囡 -/-nen

se·mi·tisch [ze'mi:tɪʃ] 形 セム(族, 語)の. ~*e* Sprachen 《言語》セム語族(aramäisch アラム語, hebräisch ヘブライ語, arabisch アラビア語など). ◆↑ deutsch

'Sem·mel ['zɛməl] 囡 -/-n 《南ドイ・オーストリ》 (Brötchen) ゼンメル(小型で円い白パン). weggehen wie warme ~n 《話》飛ぶように売れる.

'sem·mel·blond 形 明るい(淡い)ブロンドの.

'Sem·mel·brö·sel 男 《オーストリ》田 -s/-《南ドイ・オーストリ》(ふつう複数で)(Paniermehl) パン粉.

'Sem·mel·kloß 男 -es/¨e 《まれ》=Semmelknödel

'Sem·mel·knö·del 男 -s/- 《オーストリ・南ドイ》《料理》ゼンメル団子(古くなった Semmel をふやかしたものにバター・小麦粉・牛乳・卵・薬味などを加えてつくった団子).

'Sem·mel·mehl 男 -[e]s/ 《南ドイ・オーストリ》 (Paniermehl) (古くなった Semmel を砕いてつくった)パン粉.

sen. (略) = senior

Se'nat [ze'na:t] 男 -[e]s/-e (*lat.*) **1** 《歴史》(古代ローマの)元老院. **2** (米国などの)上院. **3** (大学の)評議会. **4** (a) (ハンブルク・ブレーメンおよびベルリーンの3都市州の)州政府. (b) (リューベックなどの)市政府. **5** 《法制》(上級裁判所における刑事部 Strafsenat および民事部 Zivilsenat などの)部.

Se'na·tor [ze'na:tɔr] 男 -s/-en [zena'to:rən] **1** 《歴史》(古代ローマの)元老院議員. **2** (米国などの)上院議員. **3** 大学評議員. **4** (a) (ハンブルク・ブレーメンおよびベルリーンの3都市州の)州政府大臣. (b) (リューベックなどの)市行政官.

se·na'to·risch [zena'to:rɪʃ] 形 元老院(上院)の, 元老院員(上院に属する(属する).

'Send·bo·te ['zɛnt..] 男 -n/-n 《古》《雅》使者.

'Send·brief 男 -[e]s/-e 《古》=Sendschreiben

'Sen·de·an·la·ge ['zɛndə..] 囡 -/-n 通信(放送)施設.

'Sen·de·be·reich 男 -[e]s/-e (テレビ・ラジオの)送信区域, サービスエリア.

'Sen·de·fol·ge 囡 -/-n **1** (一連の)放送番組, 番組帯. **2** 《まれ》連続放送, シリーズ番組.

'Sen·de·ge·biet 中 -[e]s/-e =Sendebereich

'Sen·de·lei·ter 男 -s/- (テレビ・ラジオの)放送責任者, プロデューサー.

'sen·den(*)
['zɛndən ゼンデン] sandte(sendete) gesandt(gesendet) 他 **1** (ふつう不規則変化)《雅》(a) (人³に物⁴を)送る, 発送する. j³ Blumen〈Glückwünsche〉~ 人³に花〈お祝いの言葉〉を送る. (b) (人⁴を)遣(つ)る, 遣(つ)わす, 派遣する. einen Boten ~ 使者を派遣する. Die Sonne *sandte* ihre Strahlen zu Erde. 《比喩》太陽はその光を地球へと放った. **2** (不規則変化) 放送する; 送信(発信)する. Morsezeichen ~ モールス信号を送る. einen Spielfilm ~ 映画を放送する.

*'Sen·der ['zɛndər ゼンダー] 男 -s/- **1** (テレビ・ラジオの)放送局, 局; 送信所. ein angeschlossener ~ ネット局. einen ~ empfangen ある局を受信する auf dem ~ sein 《放送》オンエア中である. auf einen anderen ~ umschalten 他の局に換える. **2** 送信機器, 発信機. **3** (郵便物の)発送人; (電信・電子メールなどの)送信人, 発信者. **4** 《情報》(↔ Empfänger) 送信機.

'Sen·der·an·la·ge 囡 -/-n =Sendeanlage

'Sen·de·raum 男 -[e]s/¨e 放送室, スタジオ.

'Sen·de·rei·he 囡 -/-n 連続放送番組, シリーズ番組.

'Sen·de·sta·ti·on 囡 -/-en 《放送》**1** 放送局. **2** (放送電波の)送信所; 中継所.

'Sen·de·stel·le 囡 -/-n 放送局.

'Sen·de·zei·chen 中 -s/- 《放送》(番組放送休止時間帯や番組と番組の間に送信するテストパターンやコールサインなどの)放送信号.

'Sen·de·zeit 囡 -/-en 放送時間.

'Send·ling ['zɛntlɪŋ] 男 -s/-e 《古》《雅》(Bote, Sendbote) 使者.

'Send·schrei·ben 中 -s/- 《古》回状, 回章; 公開状.

*'Sen·dung ['zɛndʊŋ ゼンドゥング] 囡 -/-en **1** 発送, 送付; 派遣. **2** 発送物, 発送品. Wir bestätigen Ihnen den Empfang der ~. お送りいただきました品を確かに受領いたしました. **3** (a) (テレビ・ラジオの)放送, 放送番組. eine ~ in Farbe〈in Stereo〉カラー〈ステレオ〉番組. auf ~ sein 《放送》放送中である. die ~*en* des heutigen Abends 今晩の放送番組. (b) (無電の)送信. feindliche ~*en* stören 敵の送信を妨害する. **4** (複数なし)《雅》(Mission) 使命, 任務. eine politische ~ erfüllen 政治的な使命を果たす.

'Sen·dungs·be·wusst·sein 中 -s/ 使命感.

'Se·ne·ca ['ze:neka] 《人名》Lucius Annaeus ~ ルーキウス・アナエウス・セネカ(前4頃-後65, ローマのストア派哲学者・劇作家・政治家でネロの教育者だった).

'Se·nes·blät·ter ['ze:nəs..] 複 =Sennesblätter

*Senf [zɛnf ゼンフ] 男 -[e]s/-e **1** 《植物》からしな. **2** 《料理》からし(芥子), マスタード. **3** 《話》むだ話. [*seinen*] ~ dazugeben 口出しをする. Mach keinen langen ~ 長々とくだらない話をするな.

'senf·far·ben, 'senf·far·big 形 からし色の.

'Senf·gas 中 -es/ 《軍事》マスタードガス, イペリット(皮

膚・呼吸器の粘膜を侵す猛烈な毒ガス).
Senf·gur·ke 囡 -/-n からし粒入りの酢漬けきゅうり.
Senf·korn 囲 -[e]s/-körner からし粒の種子; からし粒.
Senf·pflas·ter 囲 -s/- 《古》からし膏薬(ごうやく).
Sen·ge ['zɛŋə] 囡《地方》(Prügel) 殴ること, 殴打.
 ～ bekommen《beziehen/kriegen》殴られる.
sen·gen ['zɛŋən] ❶ 他 《物》の表面をさっと焼く, 焦がす, あぶる. ein Huhn ～ 鶏を毛焼きする. j³ eins
 ～ 人³に一発くらわす.《目的語なしで》und brennen《古》放火略奪を働く. ❷ 自 焦げる;《太陽が》焼けつくように照る, じりじり照りつける.
sen·ge·rig ['zɛŋərɪç] 形 =sengrig
seng·rig ['zɛŋrɪç] 形《地方》1 焦げた, 焦げ臭い. 2《比喩》胡散(うさん)臭い, あや臭い.
se·nil [zeˈniːl] 形 《lat.》(→ juvenil) 1 老年の, 老衰した;《俗》老いぼれた, もうろくした. 2《医学》老人性の. ～e Demenz 老人性痴呆症.
Se·ni·li·tät [zeniliˈtɛːt] 囡 -/ 老化, 老衰;《俗》耄碌(もうろく).
'se·ni·or ['zeːnioːr] 形 《lat., älter'》(→ junior)《不変化/付加語として人名に後置》《略 sen.》(同名の年少者, とくに息子と区別して)父の, 年長の, 老…, 大….
Herr Hartmann ～ 父親の方のハルトマンさん, 老ハルトマン氏.
'Se·ni·or ['zeːnioːr] 男 -s/-en [zeniˈoːrən] (↔ Junior) 1《複数まれ》(息子に対しての)父親;《商業》(共同経営者などのうち年長者をさして)老社長, 先代, 大旦那. 2《...》シニアクラスの選手. 3《ふつう複数で》(ファッションの用語で)中高年層, シニア, アダルト. 4《ふつう複数で》《年金受給年齢の高齢者, 老人. 5《家族やグループ内の》最長老, 最年長者. 6《学生組合などの》筆頭幹部, 長老. ◆女性形 Seniorin 囡 -/-nen
Se·ni·o·rat [zenioˈraːt] 囲 -[e]s/-e 1《古》長老の風格, 年長者の威厳. 2 (最)長老職, 座長職. 3《法制》(親等や血統に優先する)最年長者相続.
'Se·ni·or·chef [...ʃɛf] 男 -s/-s《商業》(共同経営者または共同事業主のうち年長の者をさして)老社長, 先代, 大旦那.
Se·ni·o·ren·heim [zeniˈoːrən..] 囲 -[e]s/-e (Alten[wohn]heim) 老人ホーム.
Se·ni·o·ren·pass 男 -es/-pässe (鉄道の)老人割引パス.
Senk·blei ['zɛŋk..] 囲 -[e]s/-e =Senklot
'Sen·ke ['zɛŋkə] 囡 -/-n 1 (地面の)くぼみ, 窪地, 低地. 2 (西洋兜(かぶと)の)面頬(めんぽお). 3《物理》吸い込み. 4 汚水溜まり.
'Sen·kel ['zɛŋkəl] 男 -s/- 靴紐(ひも). 2《古》《地方》(Senklot) 下げ降(おもり). j³ auf den ～ gehen《話》人³をうるさがらせる, 煩わせる. j⁴ in den ～ stellen《話》人⁴をとっちめる, きびしくとがめる.
'sen·ken ['zɛŋkən ゼンケン] (↑ sinken) ❶ 他 1 沈める, 下げる, 垂らす. die Augen〈den Blick〉 ～ 目を伏せる. den Kopf ～ 頭を垂れる, うなだれる. den Toten in die Erde ～ 死者を埋葬する.《過去分詞で》mit gesenktem Haupt / gesenkten Hauptes うなだれて, しょげ返って. 2 (温度・値段・声などを)低くする, 下げる. den Blutdruck ～ 血圧を下げる. die Preise ～ 値下げする. 3《園芸》(若枝を)取り木し, 植えつける;(根を)下ろす. Schösslinge in die Erde ～ 若枝を取り木する. den Keim des Bösen in j² Herz ～《比喩》人²の心に悪の芽を植えつける. 4《鉱業》(立坑を)掘り下げる.
❷ 再 (sich⁴) 1 沈む, 沈下する, 低くなる, 下がる. Der Boden hat sich gesenkt. 地盤が沈下した. Die

---

1313　　Señora

Nacht senkt sich auf die Erde.《雅》地上に夜の帳(とばり)が降りる. 2 (下方に)傾く, 傾斜する;《道などが》下り坂になる.
'Sen·ker ['zɛŋkər] 男 -s/- 1 (穴を整形したり拡大したりするための)さらもみ錐(きり). 2 (漁網の)おもり. 3《園芸》(a) 取り木. (b)《寄生植物の》寄生根, 吸根.
'Senk·fuß 男 -es/-²e《医学》(軽度の)偏平足.
'Senk·gru·be 囡 -/-n 汚水溜まり, 便槽.
'Senk·kas·ten 男 -s/-(-)《工学》(水中工事用の)函(はこ), ケーソン.
'Senk·lot 囲 -[e]s/-e《土木》(Senkblei) 下げ降(おもり).
*'**senk·recht** ['zɛŋkrɛçt ゼンクレヒト] 形 (↔ waagerecht) 垂直の, 鉛直の; 直立の. Bleib〈Halt dich〉
 ～ !《話》ぶっ倒れるなよ, ころぶんじゃない; おたおたするんじゃない, しゃんとしているんだ. Immer [schön] ～ bleiben!《話》どんなときでもしゃんとするんだ, 何があっても取乱すんじゃないぞ.《名詞的用法で》Das ist das einzig Senkrechte, was du in diesem Fall tun kannst.《話》それがこの場合君にできる唯一まともなことだ.
'Senk·rech·te 囡《形容詞変化/無冠詞の複数は -n も》《数学》垂線; 垂直線, 鉛直線. zwei ～[n] 2 本の垂線.
'Senk·recht·star·ter 男 -s/- 1《航空》垂直離着陸機. 2《話》スピード出世した人, 急にのし上がってきた人, 新星;(爆発的な)大ヒット作.
'Sen·kung ['zɛŋkʊŋ] 囡 -/-en 1《雅》(水位などが)下がること, 低下. 2 (地面などのへこみ, くぼみ) 窪地, 低地;《地形》(地盤の)沈降. 3 (税や価格などの)引下げ,(費用などの)削減. 4《韻律》(Hebung)抑格, 弱音部. 5《医学》(a) 赤血球沈降, 血沈. (b)《臓器の》下垂.
'Senk·waa·ge 囡 -/-n《工学》浮き秤, 液体比重計.
Senn [zɛn] 男 -[e]s/-e《スイス・チロル・エルザス》(Almhirt) (アルプス地方などで夏期チーズやバターを製造する)高原酪農家, 酪農夫人.
'Sen·na ['zɛna] 囡 -/ (arab.) =Sennesblätter
'Sen·ne¹ ['zɛnə] 囡 -n/-n《スイス・チロル・エルザス》=Senn
'Sen·ne² 囡 -/-n《スイス・チロル・エルザス》(Alm) (アルプス地方の)高原牧場, 高原の放牧地.
'Sen·ne³ 囡 -/-n《ニーダーザクセン》(Heideland) 荒野, 荒地;(とくにトイトブルクの森の南西に広がる荒野をさして)ゼンネ.
'sen·nen ['zɛnən] 自《スイス・チロル・エルザス》高原酪農に従事する;(とくに)チーズを製造する.
'Sen·ner ['zɛnər] 男 -s/-《スイス・チロル・エルザス》《まれ》=Senn
Sen·ne'rei [zɛnəˈraɪ] 囡 -/-en《スイス・チロル・エルザス》1《複数なし》(アルプス地方における夏期の)高原酪農. 2 (アルプス地方の)高原酪農場.
'Sen·ne·rin ['zɛnərɪn] 囡 -/-nen《Senn の女性形》女性の高原酪農家.
'Sen·nes·blät·ter ['zɛnəs..] 複 センナ葉(下剤として用いる).
'Senn·hüt·te 囡 -/-n《スイス・チロル・エルザス》(アルプス地方で夏期にバターやチーズ製造に使われる)酪農小屋.
'Sen·nin ['zɛnɪn] 囡 -/-nen《スイス・チロル・エルザス》《まれ》=Sennerin
Se·ñor [zɛnˈjoːr, sɛ..] 男 -s/-es [..rɛs] (sp.) 1 (男性の姓につける敬称で, ドイツ語の Herr にあたる)セニョール, …氏, …様. …氏. 2 (男性に対する呼称で) あなた, だんな様.
Se·ño·ra [zɛnˈjoːra, sɛ..] 囡 -/-s 1 (女性の姓につけ

Señorita

る敬称で、ドイツ語の Frau にあたる)セニョーラ、…さん、…様、…夫人. **2**《女性に対する呼称として)奥さま.

Se·ño·ri·ta [zenjoˈriːta, sɛ..] 囡 –/–s **1** (未婚女性の姓につける敬称で、ドイツ語の Fräulein にあたる)セニョリータ、…さん、…様、…嬢. **2**《未婚女性に対する呼称として)お嬢さん.

Sen·sa·ti·on [zenzatsiˈoːn] 囡 –/–en (fr.) **1** (a) センセーション、大評判. ~ erregen〈machen〉センセーションを巻き起す、大評判にする. (b) センセーショナルな出来事、大事件. **2**《医学》感覚.

sen·sa·ti·o·nell [zenzatsioˈnɛl] 形 **1** センセーショナルな、世間を騒がせる. eine ~e Nachricht 耳目を驚かせるニュース. **2**《話》すばらしい、すごい. Ein ~es Auto! すごい車だ.

Sen·sa·ti·ons·gier 囡 –/《俚》センセーショナルなものを見聞きしたいという欲望.

Sen·sa·ti·ons·lust 囡 –/《俚》センセーショナルなものを喜ぶ気持.

sen·sa·ti·ons·lüs·tern 形《俚》センセーショナルなものを好む、刺激に飢えた. ein ~es Publikum 物見高い観衆(聴衆).

Sen·sa·ti·ons·mel·dung 囡 –/–en センセーショナルな知らせ(報道).

Sen·sa·ti·ons·pres·se 囡 –/《集合的》(大衆向けの)煽情的な新聞、(センセーショナルな)大衆紙.

Sen·sa·ti·ons·pro·zess 男 –es/–e センセーショナルな裁判、世間が注目する訴訟.

Sen·sa·ti·ons·sucht 囡 –/《俚》センセーショナルなものへの嗜好、刺激的なものへの飢え.

'Sen·se [ˈzɛnzə] 囡 –/–n 大鎌. Jetzt〈Nun〉ist [aber] ~!《話》もうおしまいだ、たくさんだ.

'Sen·sen·mann 男 –[e]s/–er **1**《古》大鎌で刈る人. **2**《複数なし》死神、死. Der ~ hielt reiche Ernte.《雅》たくさんの人が命を失った.

sen'si·bel [zɛnˈziːbəl] 形 (lat.) (↔ insensibel) **1** 感受性の強い、感じやすい、繊細な、敏感な. ein ~es Kind 感じやすい(多感な)子供. **2**《医学》(外からの刺激に対して)感じる;感覚の、知覚の. ~e Nerven 知覚神経. **3**《哲学》(五感によって)知覚できる.

Sen·si·bi·li'sa·tor [zɛnzibiliˈzaːtoːr] 男 –s/–en [..zaˈtoːrən]《写真》増感剤.

sen·si·bi·li'sie·ren [zɛnzibiliˈziːrən] 他 **1** (jʻ für etʻ 人ʻを事ʻに対して)感じやすくさせる、敏感にする. **2**《医学》(人〈物〉ʻを)感作する. **3**《写真》感光度を増す、増感する.

Sen·si·bi·li·ti'vi·tät [zɛnzibiliˈtɛːt] 囡 –/ **1** 感じやすさ、繊細さ、敏感さ;感受性. **2**《医学》(刺激に対する)感受力、感覚能. **3**《写真》感光度. **4**《工学》(センサなどの)感度.

sen'si·tiv [zɛnziˈtiːf] 形 **1** 非常に敏感な、神経過敏な、興奮しやすい. ~er Beziehungswahn《心理》敏感関係妄想. **2** 感情繊細な、感じやすい.

Sen·si·ti·vi'tät [zɛnzitiviˈtɛːt] 囡 –/ 非常に敏感なこと、過敏性;過敏な振舞(行動).

'Sen·sor [ˈzɛnzoːr] 男 –s/–en [zɛnˈzoːrən] (engl.) **1**《工学》センサー、感知器、感知装置. **2**《電子工》タッチセンサー.

sen·so·risch [zɛnˈzoːrɪʃ] 形 感覚の、知覚の;感覚上の. ~e Deprivation《心理》感覚遮断. ~e Nerven 感覚神経.

Sen·so·ri·um [zɛnˈzoːrium] 中 –s/..rien [..riən] **1**《複数なし》《古》《医学》(Bewusstsein) 意識. **2**《複数で》(大脳の)感覚中枢、大脳皮質. **3**（物事に対する)感覚、感受性;知覚能力.

Sen·su·a'lis·mus [zɛnzuaˈlɪsmʊs] 男 –/ **1**《哲学》感覚論. **2**《心理》感覚主義. **3**《倫理》官能主義、肉欲主義.

sen·su'ell [zɛnzuˈɛl] 形 (fr.) **1** 感覚の、感覚的な. **2**《sinnlich》官能的な、肉感的な.

'Sen·sus com·mu'nis [ˈzɛnzʊs kɔˈmuːnɪs] 男 – –/ – – (lat.) 常識、良識、コモンセンス.

'Sen·ta [ˈzɛnta]《女名》ゼンタ.

Sen'tenz [zɛnˈtɛns] 囡 –/–en (lat.) **1** 金言、格言. **2**《宗教》神学命題. **3**《古》《法制》(Urteil) 判決.

sen·ten·zi'ös [zɛntɛnˈtsiˈøːs] 形 金言ふうの、格言的な;金言(格言)に富んだ.

Sen·ti'ment [zãtiˈmã, sã..] 中 –s/–s (fr.) **1** 感情、心情. **2**《まれ》先入観.

sen·ti·men'tal [zɛntimɛnˈtaːl] 形《俚》感傷的な、センチメンタルな;情感的な.

sen·ti·men'ta·lisch [zɛntimɛnˈtaːlɪʃ] 形 **1**《古》感傷的な. **2**《文学》情感的な. ~e Dichtungen 情感文学(Schiller の美学論文『素朴文学と情感文学について』Über naive und sentimentalische Dichtung に由来する).

Sen·ti·men·ta·li'tät [zɛntimɛntaliˈtɛːt] 囡 –/–en **1**《複数なし》感傷(性). **2** 感傷的な言葉.

Se'oul [zeˈuːl, ˈzeːol]《地名》ソウル(韓国の首都).

se·pa'rat [zepaˈraːt] 形 (lat.) 離れた、分離した、個々の、単独の、専用の. ein ~es Zimmer 個室. ein Zimmer mit ~em Eingang 専用入口のある部屋. Wir wollen diese Frage ~ behandeln. 私たちはこの問題を個別的に扱うでしょう.

Se·pa'rat·druck 男 –[e]s/–e《印刷》抜き刷り.

Se·pa'rat·frie·de 男 –ns/–n = Separatfrieden

Se·pa'rat·frie·den 男 –s/– 単独講和.

Se·pa·ra·ti'on [zeparatsiˈoːn] 囡 –/–en **1**《古》分離. **2** 領土の分離(分割). **3**《歴史》(とくに18–19世紀の)耕地整理. **4**《生物》(偶然の交尾・交配を抑えるための)隔離.

Se·pa·ra'tis·mus [zeparaˈtɪsmʊs] 男 –/《俚》(政治的・宗教的)分離主義.

Se·pa·ra'tist [zeparaˈtɪst] 男 –en/–en《俚》分離主義者.

Se·pa'ra·tor [zepaˈraːtoːr] 男 –s/–en [..raˈtoːrən] 分離器.

Se·pa'ree [zepaˈreː, se..] 中 –s/–s = Séparée

Sé·pa'rée [zepaˈreː, se..] 中 –s/–s (fr.) (レストランなどの)個室、特別室.

se·pa'rie·ren [zepaˈriːrən] ❶ 他 **1** (absondern) (分離器で)分離させる. **2**《古》(人〈物〉ʻを)隔離する. ❷ 再《sichʻ》別れる;離反する.

Se'phar·di [zeˈfardi] 男 –/–m セファルディ(Sephardim の単数).

Se'phar·dim [zeˈfardiːm, – –ˈ–] 男 (hebr.)《Sephardi の複数》セファルディム. ◆中世以降スペイン・ポルトガル、さらに北アフリカなどに居住したユダヤ人とその子孫たち、アシュケナジム Aschkenasim とともに離散のユダヤ人を2分する.

'se·pia [ˈzeːpia] 形《不変化》セピア色の、暗褐色の.

'Se·pia 囡 –/Sepien [ˈzeːpiən] (gr., Tintenfisch) **1**《動物》いか(烏賊);(とくに)こういか(甲烏賊). **2**《複数なし》烏賊の墨. **3**《複数なし》セピア(元来は烏賊の墨から作った暗褐色の絵の具).

'Se·pia·zeich·nung 囡 –/–en《美術》セピア画.

'Se·pie [ˈzeːpiə] 囡 –/–n《動物》= Sepia 1

Se·pien [ˈzeːpiən] Sepia, Sepie の複数.
Sep·sis [ˈzɛpsɪs] 囡 -/Sepsen [..sən] (*gr.* , Fäulnis') 【医学】(Blutvergiftung) 敗血症, セプシス.
Sept. 《略》=September

Sep·tem·ber

[zɛpˈtɛmbər ゼプテンバー] 男 -[s]/- (*lat.* septem , sieben') 《略 Sept.》 9月. im ~ 9月に.

Sep·tett [zɛpˈtɛt] 回 -[e]s/-e (*lat.* septem , sieben') 1 【音楽】 7重唱, 7重奏; 7重唱曲, 7重奏曲. 2 7重唱団, 7重奏団. 2 【韻律】 7行詩.
Sep·ti·me [zɛpˈtiːmə] 囡 -/-n 【音楽】 1 (全音階の)第7度. 2 7度(の音程).
'sep·tisch [ˈzɛptɪʃ] 肜 【医学】 1 敗血症の. 2 腐敗性の, 病原菌を含んだ, 有菌性の.
Sep·tu·a·gin·ta [zɛptuaˈɡɪnta] 囡 -/ (*lat.* , siebzig') (記号 LXX) セプトゥアギンタ, 70人訳聖書. ◆紀元前3世紀アレクサンドリアで72人のユダヤ人律法学者たちの手で作りはじめられたという最古のギリシア語訳旧約聖書.
seq. 《略》=sequens
seqq. 《略》=sequentes
'se·quens [ˈzeːkvɛns] (*lat.* sequi , folgen') 《略 seq.》次の, 次ページの.
se'quen·tes [zeˈkvɛntes] (*lat.*) 《略 seqq.》次ページ以下の.
se·quen·ti'ell [zekvɛntsiˈɛl] 肜 =sequenziell
Se'quenz [zeˈkvɛnts] 囡 -/-en (*lat.*) 1 連続, 継続; 順序, 次第. 2 【音楽】 反復進行. 3 【カトリック】 (中世教会音楽の)続誦(じ) (典礼のさいに昇階唱のアレルヤについて歌われる聖句). 4 【映画】 シークエンス (ショットの連続によって構成される一局面). 5 【トランプ】 シークエンス(同色の3枚以上が連続する数の続き札). 6 【カトリック】 (演算命令などの)シークエンス, 連続.
se·quen·zi'ell [zekvɛntsiˈɛl] 肜 【コンピュータ】 順次の, 逐次の, シーケンシャルな. ~er Zugriff 逐次呼出し, 順次アクセス.
Se·ques·ter [zeˈkvɛstər] 回 -s/- (*lat.*) 【医学】 腐骨片, 死骨片; (組織の)壊死(し)片.
Se·ques·ter² (*lat.*) 【法制】❶ 男 -s/- (係争物の)保管人. ❷ 男 -s/- (係争物の)保管; 強制管理.
Se·ques·tra·ti·on [zekvɛstratsiˈoːn] 囡 -/-en 1 【医学】 腐骨形成; 壊死(し)巣分離. 2 【法制】 (係争物の)保管.
se·ques'trie·ren [zekvɛsˈtriːrən] 岫 1 【法制】 (係争物を)保管する. 2 【医学】 (壊死(し)した組織・腐骨片を)分離する.
'Se·ra [ˈzeːra] Serum の複数.
Se'rail [zeˈraɪ(l), zeˈraːj] 回 -s/-s (*pers.*) (イスラーム教国, とくにトルコの Sultan の)宮殿. „Die Entführung aus dem ~" 『後宮からの誘拐』(モーツァルトのオペラ).
'Se·raph [ˈzeːraf] 男 -s/-e (Seraphim) (*hebr.*) 【旧約】セラフ, 熾(し) 天使 (最上位の天使で6翼される).
'Se·ra·phim [ˈzeːrafiːm] 榎 (Seraph の複数)セラフ, 熾(し)天使.
se·ra'phisch [zeˈraːfɪʃ] 肜 1 (a) 熾(し)天使の, セラフィムの; 熾天使のような, セラフィムのような. (b) 天使のような, 気高い. 2 (verzückt) 恍惚とした. 3 *Seraphischer Orden* 【カトリック】 フランシスコ修道会.
'Ser·be [ˈzɛrbə] 男 -n/-n セルビア人. ◆女性形 Serbin 囡 -/-nen
'Ser·bien [ˈzɛrbiən] (*russ.*) 《地名》セルビア.
ser·bisch [ˈzɛrbɪʃ] 肜 セルビア(人, 語)の. ↑deutsch
ser·bo·kro'a·tisch [zɛrbokroˈaːtɪʃ] 肜 セルボクロアティア(人, 語)の. ↑deutsch
'Se·ren [ˈzeːrən] Serum の複数.
Se·re'na·de [zereˈnaːdə] 囡 -/-n (*it.* serenata) 【音楽】 1 セレナード(多楽章からなる管弦楽形式). 2 祝賀曲, セレナード(17-18世紀の王侯貴族奉祝のための声楽曲). 3 《古》 (Abendständchen) 夜曲, 小夜曲, セレナード(恋する女性の窓辺で夕べに楽器を奏でながら歌う歌曲).
Serge [zɛrʃ, ˈzɛrʒə] 囡(1ジュ) -/-n[..ʒən] (*fr.*) 【紡績】サージ, セル, 綾戈(じ).
Ser'geant [zɛrˈʒant, ˈzaːrdʒənt] 男 -en/-en 【軍事】 (英米仏軍における)下士官; 軍曹, 曹長.

*'**Se·rie** [ˈzeːriə ゼーリエ] 囡 -/-n (*lat.*) 1 (物事の連続, 一連, ひと続き. eine ~ von Unfällen 一連の事故. 2 (出版物の)シリーズ, 双書; (番組などの)連続もの, シリーズ; (絵画・写真などの)連作, シリーズ; (製品の)ロット. eine ~ Briefmarken シリーズ切手. eine neue ~ von Möbeln 家具の新作シリーズ. eine ~ zum Thema Umweltschutz 環境保護をテーマにした連続番組. in ~ ロットで, ロット生産で. et[4] in ~ herstellen 物[4]をロット生産する. 3 【物理】 系列. 4 【電気】 直列. 5 【ビリヤード】 連続得点.

se·ri·ell [zeriˈɛl] 肜 1 (*lat.*) 連続した, シリーズの; ロット生産の. 2 【音楽】 セリーによる, セリー技法の. *~e Musik* ミュージック・セリエル, セリー音楽. 3 【コンピュータ】 逐次の, 順次の. *~er Zugriff* 逐次(順次)アクセス.
'Se·ri·en·an·fer·ti·gung 囡 -/-en =Serienfabrikation
'Se·ri·en·bau 男 -[e]s/-ten 1 《複数なし》 =Serienfabrikation. 2 (同一規格によって建てられた)シリーズ生産の住宅.
'Se·ri·en·fa·bri·ka·ti·on 囡 -/-en 《複数まれ》 ロット生産 (同一規格による一定個数の製品の生産).
'Se·ri·en·fer·ti·gung 囡 -/-en =Serienanfertigung
'Se·ri·en·her·stel·lung 囡 -/-en =Serienfabrikation
'se·ri·en·mä·ßig 肜 ロット生産方式の. ↑Serienfabrikation
'Se·ri·en·pro·duk·ti·on 囡 -/-en =Serienfabrikation
'Se·ri·en·schal·tung 囡 -/-en 【電子工】 直列接続.
'Se·ri·en·tä·ter 男 -s/- 連続実行犯, 連続犯.
'se·ri·en·wei·se 副 1 連続して, 順次に; シリーズで, セットで; 【工学】(一定の)ロットで. 2 《話》大量に, 数多く.
se·ri'ös [zeriˈøːs] 肜 (*fr.*) 1 真剣な, 真面目な, 本気の. 2 厳(ごん)かな, 荘重な; 謹厳な, 端正な, いかめしい. 3 信頼のおける, 堅実な. 4 《まれ》 (solide) 堅実な, きっちりとした.
Se·ri·o·si'tät [zerioziˈtɛːt] 囡 -/ 真剣さ, 真面目さ, 厳(ごん)かなこと, 荘重さ; 謹厳さ, 端正さ; 堅実さ.
Ser'mon [zɛrˈmoːn] 男 -s/-e (*lat.*) 1 《古》 (Predigt) 説教. 2 《俺》お説教, 小言; 長ったらしい話, 長談義.
Se·ro·lo'gie [zeroloˈɡiː] 囡 -/ (↑Serum) 血清学.
Ser·pen'tin [zɛrpɛnˈtiːn] 男 -s/-e (*lat.* serpens , Schlange') 【鉱物】 蛇紋(じ)石.
Ser·pen'ti·ne [zɛrpɛnˈtiːnə] 囡 -/-n 1 曲がりくね

Serpentinenstraße

った坂道, 曲折路. **2**〘道路の〙蛇行, カーブ, つづら折り.

Ser·pen·ti·nen·stra·ße 囡 -/-n 曲がりくねった坂道, つづら折り.

'Se·rum ['zeːrʊm] 匣 -s/Seren ['zeːrən] (Sera ['zeːra]) (*lat.*) 〘医学〙血清; 免疫血清.

'Ser·ver ['sɔːvɐ] 男 -s/- (*engl.*) 〘コンピュータ〙サーバ.

Ser'vice¹ [zɐr'viːs] 匣 -(-s [..'viːsəs])/-[..'viːs(ə)n] (*fr.*) 〘ひと揃いの〙食器セット. ein ~ für sechs Personen 6人用食器セット.

Ser'vice² ['zœːrvɪs, 'zœːrvɪs, 'sɜːvɪs] 男 (匣) -/-s [..vɪs(ɪs)] (*engl.*) **1**〘複数なし〙(ホテル・レストランなどの)接客, サービス; サービス料, チップ.〘顧客に対する〙アフターサービス; サービスステーション. **2**〘テニスなどの〙サーブ; サーブボール.

Ser'vier·brett [zɐr'viː..] 匣 -[e]s/-er〘古〙(Tablett) 盆.

ser'vie·ren [zɐr'viːrən] ❶ 他 (*fr.*) **1**(飲食物を)出す, 配る; 給仕する. den Gästen Tee ~ お客さんにお茶を出す.〘目的語なしで〙beim Mittagessen ~ 昼食の給仕をする.《過去分詞で》Es ist *serviert*. 食事の用意ができました. **2**《比喩》(話題などを)持出し, 提供する. Ich werde Ihnen gleich eine große Überraschung ~. すぐにみなさんに仰天するような話をしてあげましょう. **3** den Ball ~〘スポーツ〙(サッカーなどで)ボールをいい所へ出してやる(パスする). ❷ 自〘スポーツ〙卓球でサーブをする.

Ser'vie·re·rin [zɐr'viːrərɪn] 囡 -/-nen ウェートレス.

Ser'vier·tisch 男 -[e]s/-e (コロ付きの)給仕台, サイドテーブル.

Ser·vi'et·te [zɐrvi'ɛtə] 囡 -/-n (*fr.*) (食卓用の)ナプキン.

Ser·vi'et·ten·ring 男 -[e]s/-e ナプキンリング.

ser'vil [zɐr'viːl] 形 (*lat.* servus, Sklave') 〘侮〙卑屈な, 屈従的な.

Ser·vi·li'tät [zɐrvili'tɛːt] 囡 -/-en **1**〘複数なし〙卑屈なこと; 奴隷根性. **2** 卑屈な態度.

Ser'vis [zɐr'viːs] 匣 -/ (*fr.*)〘古〙**1** 奉仕, サービス. **2** (a) 食費; 宿泊費. (b) (住宅手当・勤務手当などの追加料金, 給付金.

Ser·vi'tut [zɐrvi'tuːt] 匣 -[e]s/-e (スイス 囡 -/-en)〘古〙〘法制〙(Dienstbarkeit) 役権(蒼).

'Ser·vo·brem·se ['zɛrbɔ..] 囡 -/-n〘工学〙サーブレーキ.

'Ser·vo·len·kung 囡 -/-en〘自動車〙パワーステアリング.

'Ser·vo·mo·tor 男 -s/-en〘工学〙サーボモーター.

'ser·vus ['zɛrvʊs] 間 (*lat.*, [dein/Ihr] Diener') 《南ドイツ・オーストリア》Servus! やあ, こんにちわ; さようなら.

'Se·sam ['zeːzam] 男 -s/-s (*semit.*) **1**〘植物〙ごま(胡麻)属. **2** ごま(の実). ~, öffne dich!〘戯〙開けごま《『千夜一夜物語』の「アリババと40人の盗賊」に出てくる呪文から).

*'Ses·sel ['zɛsəl ゼセル] 男 -s/- **1**(背もたれと多くは肘掛けの付いた)安楽いす, アームチェア. sich⁴ in einen ~ setzen 安楽いすに座る.《スイス》(Stuhl) 椅子. **3**〘古〙(Sänfte) 駕籠(ぎ), 輿(ぎ).

'Ses·sel·bahn 囡 -/-en Sessellift.

'Ses·sel·leh·ne 囡 -/-n (安楽椅子の)背もたれ.

'Ses·sel·lift 男 -[e]s/-e(-s) (スキー場などの)チェアリフト.

'sess·haft, °'seß·haft ['zɛshaft] 形 **1** 定住した, 居を定めている; 定住性の. Er ist jetzt in Berlin ~. 彼はいまベルリーンに住んでいる. ~ werden 定住する, 定住化する. **2**〘戯〙(客などが)本尻の.

'Sess·haf·tig·keit [..'haftɪçkaɪt] 囡 -/ 定住, 居住, 長居.

Ses·si'on¹ [zɛsi'oːn] 囡 -/-en (*lat.*) (比較的長期の)会議; 会期.

'Ses·sion² ['zɛʃən, 'sɛʃən] 囡 -/-s (*engl.*) (Jamsession の短縮)〘音楽〙(ジャズの)ジャムセッション.

Set [zɛt, sɛt] (*engl.*) ❶ 匣 (男) -[s]/〘印刷〙セット(活字の幅の単位). ❷ 匣 -[s]/-s **1** (日用品などのひと揃い, 1式, セット. ein ~ zum Frisieren aus Kamm, Bürste und Spiegel 櫛とブラシと鏡からなる整髪セット. **2**〘ふつう複数で〙テーブルマット. **3**〘心理〙(肉体的・精神的な)性向, 素因; 構え. **4**〘スポーツ〙(Satz) (テニスなどの)セット. **5**〘映画〙セット.

'Set·ter ['zɛtɐ, 'sɛtɐ] 男 -s/- (*engl.*) セッター(猟犬の一種).

'Setz·ei [zɛts..] 匣 -[e]s/-er (地方) (Spiegelei) 目玉焼き.

'set·zen ['zɛtsən ゼッツェン] ❶ 他 **1**《人⁴と》(a) (ある場所に)座らせる, 腰掛けさせる. Sie *setzte* den Kranken ans Fenster. 彼女は病人を窓辺に座らせた. j⁴ auf einen Stuhl ~ 人⁴を椅子に座らせる. j⁴ auf den Thron ~《比喩》人⁴を王位につける. j⁴ in den Sessel ~ 人⁴を安楽椅子に座らせる. j⁴ neben j⁴ ~ 人⁴を人³の横に座らせる. Mehr Leute können wir nicht ~.〘話〙もうこれ以上席はありません. (b) (ある場所に)置く, 据える. j⁴ an eine Aufgabe ~ 人⁴をある任務につける. j⁴ an Land ~ 人⁴を下船させる. j⁴ an die [frische] Luft ~ / j⁴ auf die Straße ~ / j⁴ vor die Tür ~〘話〙人⁴をお払い箱にする, 首にする. j⁴ an den besten Platz ~ 人⁴をいちばんいい席に座らせる. j⁴ ins Gefängnis ~ 人⁴を投獄する. ein Kind in die Welt ~〘戯〙子供を生む. j⁴ über einen Fluss ~ 人⁴を川の向こうへ渡す. A⁴ über B⁴ ~ / B³ A⁴ vor die Nase ~《比喩》A⁴ を B⁴の上司に据える. j⁴ unter Druck ~〘話〙人⁴に圧力をかける.《本来の意味をほとんど失って》j⁴ in Angst ~ 人⁴を不安にさせる. j⁴ in Begeisterung ~ 人⁴を感動させる. sich⁴ mit j³ in Verbindung ~ 人³と連絡をとる. (c) 〘スポーツ〙シードする. j⁴ als Nummer drei ~ 人⁴を第3シードにする. der⟨die⟩ erste *Gesetzte* 第1シードの選手.

2《物⁴・事⁴と》(a) (ある場所に)置く, 据える. das Glas an den Mund ~ グラスを口にあてる. den Wagen an⟨gegen⟩ einen Baum ~ 車を樹にぶつける. j³ die Pistole auf die Brust ~ 人³の胸にピストルを突きつける. einen Topf aufs Feuer ~ 鍋を火にかける. sich³ den Hut auf den Kopf ~ 帽子を頭にかぶる. j³ die Krone aufs Haupt ~《比喩》人³を王位につける. Tassen und Teller auf den Tisch ~ 茶碗とお皿をテーブルに並べる. sich³ et⁴ in den Kopf ~〘比喩〙事⁴を何がなんでも実行しようと思う; 物⁴を何が何でも手に入れようと思う. sich³ die Mütze tief in die Stirn ~ 縁なし帽を目深にかぶる. Gerüchte in die Welt ~ 噂を世間にばらまく. eine Topfpflanze nach draußen ~ 鉢植えを外(表)に出す. Nie wieder *setze* ich meinen Fuß über deine Schwelle.〘比喩〙二度とふたたび君の家の敷居はまたぎません.《本来の意味をほとんど失って》et⁴ außer⟨in⟩ Kraft ~ 事⁴を失効⟨発効⟩させる. et⁴ in Brand ~ 物⁴に火をつける,

放火する． et⁴ in Gang ～ 物⁴を始動する． ein Gedicht in Musik ～ 詩に音楽をつける． et⁴ ins Werk ～ 事⁴を実行に移す． et⁴ in Zweifel ～ 事⁴を疑う． (b) (チェスの駒などを)打つ(↑③ 3). einen Stein ～ (盤上に)石を置く． (c) (煉瓦・壁などを)積む，築く；(暖炉を)据えつける，作る；(記念碑などを)建てる． j⁴ ein Grabstein ～ 人³の墓石を建てる． Holz ～ 薪(ホポ)を積上げる． eine Mauer ～ 壁を築く． einen Ofen ～ 暖炉を据えつける． (d) (旗などを)樹てる，揚げる；(帆などを)張る． die Segel ～ 帆をあげる． einen Stander ～ 三角旗を揚げる． (e) (生き物を…に)放つ，入れる． Karpfen in einen Teich ～ 鯉を池に放つ． einen Vogel in einen Käfig ～ 小鳥を鳥籠に入れる． j³ einen Floh ins Ohr ～ 《話》(いい加減な話を吹込んで)人³をその気にさせる, (に)はかない望みを抱かせる． (f) (植物を)植え付ける． Kartoffeln〈Tomaten ins Freiland〉～ じゃがいもを〈トマトを露地に〉植え付ける． Diese Kirschbäume wurden vor 10 Jahren gesetzt. これらの桜の樹は10年前に植えられた． (g) 記す，書入れる；(リストに)載せる；(カッコに)入れる；(句読点などを)打つ． j⁴〈j² Namen〉auf eine Liste ～ 人⁴〈人²の名前〉をリストに載せる． ein Buch auf den Index ～ ある本を索引に載せる． das Datum auf den Briefbogen ～ 日付を便箋(ヒネ)に入れる． ein Zitat in Klammern ～ 引用句をカッコでくくる． seinen Namen unter ein Dokument ～ 自分の名前を文書の最後に署名する． einen Punkt〈ein Komma〉～ ピリオド〈コンマ〉を打つ． (h) (活字を)組む，植字する． Lettern〈Schrift〉～ 活字を組む． ein Manuskript ～ 原稿を活字に組む． (i) (金などを)賭ける，張る〈望みなどを〉懸ける． 500 Euro auf ein Pferd ～ ある馬に500ユーロ賭ける． sein Leben aufs Spiel ～ 《比喩》自分の命を賭ける． seine Hoffnung auf j〈et〉⁴ ～ 人〈事〉⁴に望みをかける． sein Vertrauen auf j〈et〉⁴ ～ 人〈事〉⁴に信頼を置く． Zweifel in j〈et〉⁴ ～ 人〈事〉⁴に疑いを抱く． (j) (金・労力・時間などを)つぎこむ，投入する． Arbeit〈Geld/Zeit〉an et⁴ ～ 事⁴に労力〈金/時間〉をかける． (k) 設定する，設ける． ein Pfand ～ 抵当を設定する． et⁴ als〈zum〉Pfand ～ 物⁴を担保に入れる． Prioritäten ～ 優先順位を設ける．《しばしば j〈et〉³ et⁴ setzen の形で》et³ ein Ende ～ 事³にピリオドを打つ，を終りにする． j³ eine Frist ～ 人³に期限を設ける． j³ Grenzen〈Schranken〉～ 人³に制限を加える． et³ ein Ziel ～ 事³に目標を定める． (l) (voraussetzen) 仮定する，想定する． Setzen wir einmal den Fall, dass… 仮に…という場合を想定してみよう．《過去分詞で》gesetzt [den Fall], [dass]… …の場合には，…と仮定すれば(≒falls…)． **3** [Junge]（獣畜の）仔を産む． **4**（非人称的に）《話》Es setzt et⁴.（うれしくない)事⁴が起る，生じる． Es setzt Prügel〈Ohrfeigen〉. さんざんにひっぱたかれる〈平手打をくらう〉． Ruhe, sonst setzt's was! 静かにしろ，しもないと痛い目にあうぞ． ❷ 再 (sich) **1** (a) 腰を下ろす，座る． Bitte setzen Sie sich! どうぞお掛けください． Setzt euch! / Setzen! (学校で)着席． sich aufrecht ～ 背筋を伸ばして座る． sich an den Tisch ～ 机に向かって座る． sich auf einen Stuhl ～ 椅子に腰を下ろす． sich ins Gras ～ 草の上に座る． sich in die Sonne〈den Schatten〉～ 日向(ﾋﾅｶﾞ)〈日陰〉に座る． sich in den Zug ～ 列車に乗込む． sich zur Ruhe ～ 退職(引退)する，年金生活に入る． sich zu Tisch ～ 食卓に着く． sich zwischen zwei Stühle ～ 《比喩》虻蜂

(ﾄﾞ)取らずになる． (b) （鳥などが）止まる． Ein Vogel setzte sich ihr auf die Schulter. 1羽の鳥が彼女の肩にとまった． **2** (…の位置・状態に)身を置く, 移る; (…の状態に)なる, 陥る． sich an die Arbeit ～ 仕事に取りかかる． sich auf die Spitze ～ 先頭に立つ． sich in Bewegung ～ (機械などが)動き出す；走り出す． sich ins Unrecht ～ 自ら不正な立場に陥る，自分で自分の首を絞める． sich über den Fluss ～ 川向こうに渡る(渡してもらう)． sich zur Wehr ～ 防戦する，身を守る． **3** (a) (地面などが)沈下する，沈む． Das Erdreich setzt sich. 土壌が沈む(固まる)． (b) (澱(ﾎﾞ)などが)沈澱する；(溶液などが)澄む． Der Kaffee setzt sich allmählich. コーヒーの滓(ｶｽ)がじょじょに沈む． (c) (モルタルなどが)固まる，凝固する． Der Beton setzt sich. コンクリートが固まる． (d) (色素・臭気などが)しみ込む；(埃(ﾎｺﾘ)などが)溜まる． Die Giftstoffe setzen sich unter die Haut. 毒素が皮下にしみ込んだ． Der Staub hat sich in die Fugen gesetzt. 埃が継ぎ目に溜まった．
❸ 自 **1** (s, h) (über et⁴ 物⁴を)跳び越える；渡る． Der Hund setzte über den Zaun. その犬は柵を跳び越えた． **2** (h) (auf et⁴ 物⁴に)賭ける，張る． auf ein Pferd ～ ある馬に賭ける． aufs falsche〈richtige〉Pferd ～《比喩》(運命の岐路などで)状況判断を誤る〈正しい状況判断をする〉． auf Rouge〈Noir〉～ (ルーレットで)赤〈黒〉に張る． hoch〈niedrig〉～ 大きく〈小さく〉張る． auf j〈et〉⁴ ～ 人〈事〉⁴に賭ける，全幅の信頼を置く． **3** (チェスなどで)駒を打つ，石を置く (↑❶ 2(b)).

'**Set·zer** [ˈzɛtsər] 男 -s/- 〖印刷〗植字工; 組み版(写植)オペレーター．

Set·ze'rei [zɛtsəˈraɪ] 女 -/-en 〖印刷〗植字室; 製版(写植)部．

'**Setz·feh·ler** [ˈzɛts..] 男 -s/- 〖印刷〗誤植．

'**Setz·kas·ten** 男 -s/¨(-) **1** 〖印刷〗活字箱, 活字ケース．**2** 〖園芸〗移植箱, 育苗箱．

'**Setz·ling** [ˈzɛtslɪŋ] 男 -s/-e **1** (移植用の)苗木．**2** 〖水産〗養殖稚魚．

'**Setz·ma·schi·ne** 女 -/-n 〖印刷〗植字機．**2** 〖鉱業〗比重選鉱機．

'**Setz·waa·ge** 女 -/-n 〖測量〗水準器．

'**Seu·che** [ˈzɔʏçə] 女 -/-n 流行病, 伝染病, 悪疫；好ましくない(ことの)流行, 蔓延．

'**Seu·chen·herd** 男 -[e]s/-e 伝染病流行地域．

*'**seuf·zen** [ˈzɔʏftsən ゾイフツェン] ❶ 自 **1** ため息をつく；(風などが)うめくような音をたてる． vor Erleichterung〈Kummer〉～ ほっとして〈心痛のあまり〉ため息をつく．**2**《雅》(unter et⁴ 事³に)あえぐ, 呻吟(ｼﾝｷﾞﾝ)する． unter einem Druck ～ 重圧にあえぐ．❷ 他 ため息まじりに言う．

*'**Seuf·zer** [ˈzɔʏftsɐ ゾイフツァー] 男 -s/- ため息, 嘆息, 吐息． einen ～ ausstoßen〈unterdrücken〉ため息をつく〈押殺す〉． den〈seinen〉letzten ～ tun《雅》息をひきとる．

'**Seuf·zer·brü·cke** 女 -/-n ため息の橋, 嘆きの橋.
♦ヴェネツィアのドゥカーレ宮殿と監獄を結ぶ橋．イタリア語では ponte dei sospiri．

Se'vil·la [zeˈvɪlja] 〖地名〗セビリア(スペイン南西部アンダルシア地方の都市).

Sex [zɛks, sɛks] 男 -[es]/ (engl.)《話》**1** (Geschlecht) (男女の)性, セックス．**2** (商品化された)性, セックス；性描写．**3** 性交, 性行為．**4** (Sexappeal) 性的魅

力, セックスアピール. eine Frau mit ~ セックスアピールのある女性.

'**Sex-Ap·peal** [ˈzɛksˌepiːl] 男 -s/ (am.) セックスアピール, 性的魅力.

'**Sex·bom·be** 女 -/-n《卑》強烈な性的魅力を持った女性, とくに女優をさして)セックスダイナマイト, セックスボンバー.

'**Sex·film** 男 -[e]s/-e ポルノ映画.

Se'xis·mus [zɛˈksɪsmʊs] 男 -/ 性差別; (とくに)女性差別.

Se'xist [zɛˈksɪst] 男 -en/-en 性差別主義者, 女性蔑視論者.

Se·xo·lo'gie [zɛksoloˈgiː] 女 -/ 性科学, セクソロジー.

Sext [zɛkst] 女 -/-en (lat.) 1《カトリック》(聖務日課の)六時課(正午の祈祷). 2《音楽》= Sexte

'**Sex·ta** [ˈzɛksta] 女 -/..ten (lat. sexta classis, sechste Klasse) 1《古》(9年制ギムナジウムの最下級にあたる)第1学年. 2《オーストリア》(ギムナジウムの)第6学年. ♦ ↑ Gymnasium

Sex'ta·ner [zɛksˈtaːnər] 男 -s/- 1《古》(9年制ギムナジウムの)1年生. 2《オーストリア》(ギムナジウムの)6年生. ♦ 女性形 Sextanerin [..nərɪn] 女 -/ -nen

Sex'tant [zɛksˈtant] 男 -en/-en 1《工学》六分儀. 2 der ~《天文》六分儀座.

'**Sex·te** [ˈzɛksta] 女 -/-n《音楽》1 (全音階の)第6度. 2 6度の音程.

'**Sex·ten** [ˈzɛksˌtən] Sext, Sexta, Sexte の複数.

Sex'tett [zɛksˈtɛt] 中 -[e]s/-e 《音楽》6重唱(奏)曲; 6重唱(奏)団. 2《韻律》6行詩, 6行詩節. 3《原子物理》6重項.

'**Sex·tou·ris·mus** 男 -/《話》買春ツアー.

se·xu'al [zɛksuaˈl] 形 (まれ) = sexuell

Se·xu'al·auf·klä·rung 女 -/ 性教育.

Se·xu'al·de·likt 中 -[e]s/-e = Sexualstraftat

Se·xu'al·er·zie·hung 女 -/-e 性教育.

Se·xu'al·hor·mon 中 -s/-e《生物》性ホルモン.

se·xu·a·li'sie·ren [zɛksualiˈziːrən] 他 (人⁴を)性的にする, 性的興味を起させる; (事⁴を)性的な問題にする.

Se·xu·a·li'tät [zɛksualiˈtɛːt] 女 -/ 性, 性的なこと, 性衝動, 性欲, 性行動, 性生活.

Se·xu'al·kun·de 女 -/ (科目名としての)性科学, 性教育.

Se·xu'al·le·ben 中 -s/ (Geschlechtsleben) 性生活.

Se·xu'al·mo·ral 女 -/ 性道徳.

Se·xu'al·part·ner -s/- 性行為の相手, セックスパートナー.

Se·xu'al·straf·tat 女 -/-en《法制》性的犯行.

Se·xu'al·trieb 男 -[e]s/ 性衝動.

Se·xu'al·ver·bre·chen 中 -s/- 性犯罪.

Se·xu'al·ver·bre·cher 男 -s/- 性犯罪者.

se·xu'ell [zɛksuˈɛl] 形 (fr.) 性の, 性的な, 性に関する.

'**Sex·us** [ˈzɛksʊs] 男 -/-[ˈzɛksuːs] (lat. sexus, Geschlecht') 1 (複数まれ) (a) (Geschlecht) 性, 性別. (b) (人間の本性としての)性欲. 2 (まれ)《言語》性.

'**se·xy** [ˈzɛksi, ˈsɛksi] 形 (engl.)《不変化》《話》セクシーな, 性的魅力のある.

Sey'chel·len [zeˈʃɛlən] 複《地名》die ~ セイシェル諸島.

Se·zes·si'on [zetsɛsiˈoːn] 女 -/-en (lat. secessio

, Absonderung') 1 (国家などからの)分離, 独立. 2《美術》(旧来の流派からの分離; 分離派(とくにオーストリアの Jugendstil のグループをさして).

Se·zes·si'ons·krieg -[e]s/-e 1 独立戦争. 2 (とくにアメリカの)南北戦争(1861-65).

se'zie·ren [zeˈtsiːrən] 他 (lat.) 1《医学》解剖する. 2《比喩》(人⁴の)なかを詳細に分析する.

Se'zier·mes·ser [zeˈtsiːr..] 中 -s/- 解剖刀.

SFB [ɛsˈɛfˈbeː] (略) = Sender Freies Berlin 自由ベルリーン放送局.

sfr, (まれ) **sFr.** (略) = Schweizer Franken スイスフラン.

Sg. (略) = Singular

sh (略) = Shilling

Shag [ʃɛk, ʃæg] 男 -s/-s (engl.) シャッグ(細刻みのパイプ用タバコ).

'**Shakes·peare** [ˈʃɛkspiːr, ˈʃeɪkspɪə]《人名》William ~ ウィリアム・シェイクスピア(1564-1616, イギリスの劇作家).

'**shakes·peare·sch** [ˈʃɛkspiːrʃ], '**shakes·pea·risch** [..piːrɪʃ] 形 シェイクスピアの; シェイクスピア流の.

'**Sham·poo** [ˈʃampu, ˈʃɛmpu, ˈʃampo, ʃamˈpuː] 中 -s/-s (engl.) シャンプー.

Sham'poon [ʃamˈpoːn, ʃɛmˈpuːn] 中 -s/-s = Shampoo

'**Shan·ty** [ˈʃɛnti, ˈʃanti] 中 -s/-s[..tiːs] (engl.) シャンティ(水夫が碇(いかり)の巻上げなどの共同作業をする時に歌うはやし歌).

'**Share·ware** [ˈʃɛːrvɛːr, ˈʃeəˈweə] 女 -/-s (engl.)《コンピュータ》シェアウェア.

'**Sher·ry** [ˈʃɛri] 男 -s/-s (engl.) シェリー酒(食前酒やデザートワインとして好んで飲まれるスペイン産の白ワイン).

'**Shil·ling** [ˈʃɪlɪŋ] 男 -s/-s (単位 ~) (記号 s, sh) シリング(1971に廃止された英国貨幣).

'**sho·cking** [ˈʃɔkɪŋ] (engl.)《述語的用法のみ》ショッキングな, ひどい.

Shop [ʃɔp] 男 -s/-s (engl.) 店, ショップ.

'**Shop·ping** [ˈʃɔpɪŋ] 中 -s/-s (engl.) 買物, ショッピング.

Shorts [ʃɔːrts, ʃɔrts, ʃɔːts] 複 ショーツ, ショートパンツ.

Show [ʃoː, ʃoʊ] 女 -/-s (engl.)《テレビ・舞台の》ショー. eine ~ abziehen 気取ってみせる, かっこうをつける. ♦ ↑ Schau

'**Show·ge·schäft** 中 -[e]s/ ショービジネス.

'**Show·mas·ter** 男 -s/- ショーの司会者.

'**Shred·der** [ˈʃrɛdər] 男 -s/- (engl.) = Schredder

Shunt [ʃant, ʃʌnt] 男 -s/-s (engl.) 1《電子工》分路, 分流器. 2《医学》(血管の短絡, シャント.

Si [ɛsˈiː, tsiˈliːtsiom](記号)《化学》= Silicium

'**Si·am** [ˈziːam]《地名》シャム(タイの旧称).

Si·a'me·se [ziaˈmeːzə] 男 -n/-n シャム人. ♦ 女性形 Siamesin 女 -/-nen

si·a'me·sisch [ziaˈmeːzɪʃ] 形 シャム(人, 語)の. ↑ deutsch

'**Si·am·kat·ze** 女 -/-n シャム猫.

Si·bi'lant [zibiˈlant] -en/-en (lat.)《音声》歯擦音([s], [z], [ʃ]など).

Si·bi'ri·en [ziˈbiːriən]《地名》シベリア.

Si·bi'ri·er [ziˈbiːriər] 男 -s/- シベリアの住民.

si'bi·risch [ziˈbiːrɪʃ] 形 シベリアの. ~ e Kälte《比喩》シベリア並の寒さ, 猛烈な寒気.

Si'byl·la [ziˈbʏla]《女名》ジビュラ(Sibylle² の別形).

Si·byl'le [ziˈbʏla] 女 -/-n (gr.)《ギリシア神話》シビュラ (Apollon の神託を告げる巫女や女予言者の総称).

~ von Cumae クマエのシビュラ(イタリアにおける最古のギリシア植民市であるナポリ近郊のクマエのシビュラ). ♦
↑sibyllinisch

Si·byl·le² [zɪbɪl(ə), siˈbɪl]《女名》ジビル, ジビレ, シビル.

si·byl·li·nisch [zibyˈliːnɪʃ] 形 **1** シビュラの; 巫女の, 女予言者の. die ～en Bücher シビュラの書(クマエのシビュラの託宣を蒐集した予言書. 古代ローマの統治者が厳重に保管し, しばしば神意をはかるために繙(ひもと)いたという. ↑Sibylle¹). *Sibyllinische Orakel*《キリスト教》シビュラの託宣(旧約聖書偽典および新約聖書外典に含まれる文書名. イランに由来すると思われる女預言者シビュラの託宣を模倣した偽書). **2** 預言めいた, 謎めいた.

sic [ziːk, zɪk] (*lat.*, so*') 原文のまま, ママ.

sich [zɪç ズィヒ] 代《再帰》3人称単数 er/sie/es・複数 sie および 2人称敬称 Sie の3・4格.
Ⅰ《再帰的用法で /「自分自身を(に)」の意を表す》**1**《4格で》(a)《純然たる再帰動詞の目的語として》～ beeilen 急ぐ. ～ ereignen 〈事件などが〉起る, 生じる. ～ erkälten 風邪をひく. ～ schämen 恥じる. ～ verspäten 遅れる. (b)《さまざまな他動詞と/他動詞を自動詞的ないしは受動味に変えて》～ bewegen 動く. ～ an et⁴⟨j⟩³ freuen (いま眼の前にしている) 物⟨人⟩を楽しむ, 見て喜ぶ. ～ auf et⁴ freuen (将来の)事⁴を喜ぶ. ～ über et⁴ freuen (すでに起こった)事⁴を喜ぶ. ～ setzen 座る. *Sein neues Buch verkauft ～ gut.* 彼の新しい本はよく売れる. [*Das*] *versteht ～!* あたりまえじゃないか. (c)《*sich*+他動詞+*lassen* の形で / 受動あるいは受動の可能性を表して》*Das Fenster lässt ～ schwer öffnen.* その窓は開きにくい. *Das lässt ～ nicht so leicht sagen.* それはそう簡単には言えない. (d)《非人称的用法で》*Es fragt ～, ob...* ...かどうかは分からない. *Es handelt ～ um das Kind.* 問題は子供だ. *Es läuft ～ gut in diesen Schuhen.* この靴は歩きやすい. *Hier lebt es ～ gut.* ここは暮しやすい. (e)《結果を示す語句を伴って》～ müde arbeiten 働き疲れる. ～ satt essen 満腹する. (f)《4格支配の前置詞と》**an** ～ halten 自制する. et⁴ **auf** ～ nehmen 事⁴⟨責任・罪など⟩を引き受ける. **für** ～ ひとりきりで; それだけで; 自分⟨それ⟩自身のために. et⁴ für ～ behalten 事⁴を自分の胸だけにしまっておく. *Das ist eine Sache für ～.* それは別問題だ. etwas für ～ haben 〈提案・アイデアなど〉になかなかのものである. et⁴ **hinter** ～ bringen 事⁴を終える. **um** ～ sehen あたりを見回す.
2《3格で》(a)《純然たる再帰動詞の目的語として》～ et⁴ aneignen 事⁴⟨知識・習慣など⟩を身につける; 物⁴を着服する. ～ et⁴ einbilden (誤って)事⁴と思いこむ. (b)《自動詞の3格目的語として》*Damit hat er eine neue Pflicht aufgeladen.* 彼はそのことで新たな義務を負うことになった. *Damit haben sie ～ geschadet.* そのことで彼ら自身が損をした. (c)《所有・利害・関心を表して》*Er kaufte ～ eine Uhr.* (自分のために)彼は時計を買った. *Sie sah ～ gestern den neuen Film.* 彼女はきのうその新しい映画を見た. ～ die Hände waschen (自分の)手を洗う. (d)《3格支配の前置詞と》**an** [und für] ～ それ自体としては, 本来は. *das Ding an ～* 〖哲学〗物自体(Kantの用語). *An ～ war der Ring nicht viel wert, aber er war ein Andenken.* 指輪そのものには値打ちはなかったが, しかしそれは形見の品だった. et⁴ an ～ haben 事⁴(特

質・魅力など)を身にそなえている. *Das hat nichts auf ～.* それは大したことない. ～ **heraus**gehen うち解けてくる. **außer** ～ sein⟨geraten⟩我を忘れている⟨我を忘れる⟩. **bei** ～ denken 心の中でひそかに思う. et⁴ bei ～ haben 物⟨金など⟩を持ち合せている. *nicht bei ～ sein* 正気でない; 意識を失っている. et⁴ **hinter** ～ haben 事⁴をし終えている. *Diese Arbeit*⟨*Der Wein*⟩ *hat es* **in** ～. この仕事はけっこう骨が折れる⟨このワインはなかなか強い⟩. **von** ～ *aus* みずから, 自発的に. et⁴ **vor** ～ haben (これからしなくてはならない)事⁴をかかえている. [*wieder*] **zu** ～ kommen 正気に返る; 意識を取り戻す.
Ⅱ《相互的用法で /「お互いを(に)」の意を表す》**1**《4格で》～ grüßen 挨拶をかわす. ～ umarmen たがいに抱合う. **2**《3格で》*Sie helfen ～* [*gegenseitig*]. 彼らはたがいに助け合う. *Beim Grüßen gibt man ～ die Hand.* 挨拶するときは手を握り合う. *Sie teilten die Beute unter ～.* 彼らは獲物を山分けした.

Si·chel [ˈzɪçəl] 女 -/-n (*lat.*) (三日月形の小さな)鎌, 利鎌(とがま). *die ～ des Mondes* 三日月.
ˈsi·chel·för·mig 形 鎌の形をした, 三日月形の.
ˈsi·cheln [ˈzɪçəln] 他 鎌で刈る.

Sichel

ˈsi·cher [ˈzɪçɐr ズィヒャー]
❶ 形 **1** 安全な, 危険のない, 安心できる (vor et³事³に対して). *ein ～er Weg* 安全な道. *vor Diebstahl ～ sein* 盗難のおそれがない. *Sicher ist ～.* 〈諺〉用心にしたことはない.《次のような成句で》*auf Nummer Sicher*⟨～⟩ *gehen*〈話〉安全第一にやる, 危ない橋は渡らない. *auf Nummer Sicher*⟨～⟩ *sein / auf Nummer Sicher*⟨～⟩ *sitzen*〈話〉監獄に入っている.《名詞的用法で》*im Sichern*⟨°-*n*⟩ *sein* 安全である. **2** 確かな, 確実な; 信頼できる; 間違いのない. *ein ～er Beweis* 確かな証拠. *ein ～es Einkommen* 安定した収入. *ein ～er Freund* 信頼できる友. *eine ～e Hand*⟨*ein ～es Urteil*⟩ *haben* 腕が確かな⟨判断力が確かである⟩. *den ～en Tod vor Augen haben* 確実に死が迫っている. *Das weiß ich aus ～er Quelle.* それを私は確かな筋から知った. *Eine Strafe ist ihm ～.* 彼が処罰されることは間違いない. *so ～ wie das Amen in der Kirche sein*〈話〉まず間違いのないところである. *Das Mittel wirkt ～.* その薬の効き目は確かだ. **3** 自信に満ちた, 確信のある. *ein ～es Auftreten haben* 自信に満ちた(堂々とした)態度である. [*sich*³] *et² ～ sein* 事²を確信している. ...には自信がある. [*sich*³] *seines Erfolgs*⟨*seines Sieges*⟩ *~ sein* 自分の成功⟨勝利⟩を確信している. *Du kannst meiner Hilfe ～ sein.* 私はきっと君の助けになるよ. *Ich bin* [*mir*] *～, dass...* 私は...と確信している, きっと...であると思う.
❷ 副 きっと, かならず, 確かに. *Er hat es ～ vergessen.* 彼はそれをきっと忘れたんだ. *Ist es so?*—*Sicher!* そうなのかい—そうだとも. *Kommst du auch?*—*Aber ～!* 君も来るのかい—もちろんさ.

..si·cher [..zɪçɐr]《接尾》名詞・動詞の語幹などと結びついて, 「...に対して安全な, ...にとって安全な, ...に対して耐性がある」あるいは「...に確信した」の意の形容詞をつくる. *feuersicher* 耐火性のある. *kindersicher* 子供にとって安全な. *mündelsicher* (信託するにあたって)安全確実な. *selbstsicher* 自信に満ちた. *siegessi-*

cher 勝利を確信した. **wasch***sicher* 洗っても大丈夫な, 水洗いのできる.

'**si·cher|ge·hen*** 自 (s) 危険を冒さない, 安全策をとる. 《**zu** 不定詞句で》um *sicherzugehen* 念のために.

***Si·cher·heit** [ˈzɪçɐrhaɪt ズィヒャーハイト] 女 -/-en **1**《複数なし》安全, 安全性. die innere ~ 国内の治安. die öffentliche ~ 公安. das Gefühl der ~ 安心感. der ~² halber 安全のために. j(et)⁴ in ~ bringen 人(物⁴)を安全な場所へ移す. sich⁴ in ~ bringen 安全な場所へ避難する. in ~ sein 安全である. j(sich)⁴ in ~ wiegen《比喩》人に大丈夫だと思い込ませる〈自分は大丈夫だと思い込む〉. **2**《複数なし》確かさ, 確実性, 確かさ; 信頼性. die ~ eines Urteils 彼の判断の確かさ. die ~ eines Autofahrers ドライバーの腕の確かさ. mit ~ 確かに, 確実に(↑3). 《複数なし》確信, 自信; (態度や振舞の)落着き. mit ~ 確信を持って, 自信を持って(↑2). et⁴ mit ~ behaupten 事を確信をもって主張する. mit großer ~ auftreten 自信満々に振舞う. **4**《経済》担保, 抵当; 保証. ~*en* fordern〈verlangen〉担保を要求する. ~*en* geben〈leisten〉担保を与える, 保証する.

'**Si·cher·heits·ab·stand** 男 -[e]s/⸚e《交通》安全車間距離.

'**Si·cher·heits·au·to** 中 -s/-s (人や環境に優しい)安全車, セーフティーカー.

'**Si·cher·heits·bin·dung** 女 -/-en (スキーの)セーフティービンディング.

'**Si·cher·heits·dienst** 男 -[e]s/-e《略 SD》(ナチスの)秘密情報機関.

'**Si·cher·heits·fak·tor** 男 -s/-en《工学》安全率.

'**Si·cher·heits·glas** 中 -es/⸚er 安全ガラス.

'**Si·cher·heits·gurt** 男 -[e]s/-e **1** (自動車や航空機の)安全ベルト, シートベルト. **2** =Sicherheitsgürtel

'**Si·cher·heits·gür·tel** 男 -s/- (高所作業用の)安全ベルト.

'**si·cher·heits·hal·ber** 副 安全のために, 念のため.

'**Si·cher·heits·ket·te** 女 -/-n **1** 防犯用ドアチェーン. **2** (路肩や車止めの)安全チェーン.

'**Si·cher·heits·ko·pie** 女 -/-n バックアップコピー.

'**Si·cher·heits·lam·pe** 女 -/-n《鉱業》安全灯.

'**Si·cher·heits·leis·tung** 女 -/-en《法制》担保の供与.

'**Si·cher·heits·maß·nah·me** 女 -/-n 安全措置, 予防策.

'**Si·cher·heits·na·del** 女 -/-n 安全ピン.

'**Si·cher·heits·pakt** 男 -[e]s/-e 安全保障条約.

'**Si·cher·heits·po·li·tik** 女 -/《政治》(国家の)安全保障政策.

'**Si·cher·heits·rat** 男 -[e]s/- (国連の)安全保障理事会.

'**Si·cher·heits·ri·si·ko** 中 -s/..ken《話》安全を脅かす要因; (政治的)危険分子.

'**Si·cher·heits·schloss** 中 -es/⸚er 安全錠, セーフティロック.

'**Si·cher·heits·ven·til** 中 -s/-e《工学》安全弁.

'**Si·cher·heits·vor·keh·rung** 女 -/-en (ふつう複数で)安全措置, 予防策.

'**Si·cher·heits·vor·schrift** 女 -/-en 安全規則.

'**si·cher·lich** [ˈzɪçɐlɪç] 副 確かに, きっと, かならず, 間違いなく.

***si·chern** [ˈzɪçɐrn ズィヒャーン] ❶ 他 **1** 安全にする, 守る〈gegen et⁴〈vor et³〉事⁴,³から〉. j⁴ vor einer Gefahr ~ 人⁴を危険から守る. das Fahrrad durch ein Schloss ~ 自転車に施錠する. das Gewehr ~ 銃に安全装置を掛ける. die Grenze ~ 国境を固める. **2** (事⁴)を保障する, 確かなものにする; 保証する. die Rechte der Behinderten ~ 障害者の権利を保障する.《過去分詞で》in gesicherten Verhältnissen leben 保障された〈安定した〉生活をする. Die Zukunft ist gesichert. 彼女の将来は保障されている. **3** (人³)物⁴)確保する, 予約する. sich³ eine Karte für ein Konzert ~ コンサートの切符を予約する. **4**《法制》(犯行現場で証拠物件を)確保する, 保全する; (指紋などを)採取する.

❷ sich (sich⁴) 身を守る, 自衛する.

❸ 自 (獣が)あたりの様子をうかがう.

'**si·cher|stel·len** 他 **1** (物⁴)を安全な場所に移す, 保全する; (盗品・証拠物件などを)押収する. **2** (生活物資の供給などを)確保する, 保障する. **3**《まれ》(事⁴)を証明する, 実証する.

'**Si·che·rung** [ˈzɪçɐrʊŋ] 女 -/-en **1**《複数なし》(a) 保安, 保全, 確保. die ~ der Arbeitsplätze 職場の確保. zur ~ des Friedens 平和を守るために. (b) (生活や安全の)保障. das Netz sozialer ~*en* 社会保障制度のネットワーク. (c) (警察による)現場検証, 証拠保全. **2**《軍事》(国境などの)防御. (b)《経済》担保, 抵当, 保証. 《電子工》ヒューズ. Bei ihm brennt die ~ durch. / Bei ihm brennen die ~*en* durch.《話》彼は自制心を失ってしまった. **3** (銃などの)安全装置.

***Sicht** [zɪçt ズィヒト] 女 -/-en **1**《複数なし》見えること; 視界, 視野; 眺望, 見晴らし. Die ~ betrug nur 300 Meter. 視界はわずか 300 メートルだった. Heute ist gute〈schlechte〉 ~. / Heute hat man gute〈schlechte〉 ~. 今日は見晴らしがいい〈悪い〉. Die ~ öffnet sich⁴. 視界が開ける. j³ die ~ versperren 人³の視界をさえぎる. auf lange〈weite〉 ~《比喩》長期的視野に立って, 長い目で見て. auf ~ fliegen 有視界飛行をする. außer ~ 視界の外に消える, 見えなくなる. in ~ kommen 視界に入る, 見えてくる. Land in ~! (船員) 陸が見えるぞ. **2** 見解, 見方. aus〈in〉 meiner ~ 私のみるところでは. **3**《複数なし》《銀行》(手形の)一覧, 呈示. ein Wechsel auf〈bei〉 ~ 一覧払いの手形. 10 Tage nach ~ zahlbar 一覧後 10 日払いの.

***sicht·bar** [ˈzɪçtbaːr ズィヒトバール] 形 目に見える, 可視の; 明らかな, 明白な. et⁴ ~ machen 事⁴を目に見えるようにする, はっきりさせる. Der Zustand des Kranken hat sich⁴ ~ gebessert. 病人の様態は目に見えて良くなった. die ~e Kirche〔宗教〕可視的教会(ラテン語 Ecclesia visibilis のドイツ語訳で信徒の共同体としての教会を意味する).

'**Sicht·bar·keit** 女 -/ 目に見えること, 可視的であること; 明白なこと.

'**sicht·bar·lich** 形《古》=sichtlich

'**sich·ten**¹ [ˈzɪçtn̩] 他 (↑Sicht) (遠方にある物を)認める, 視界に捉える. am Horizont eine Insel ~ 水平線上に島影を認める.

'**sich·ten**² 他 (↑Sieb) **1** (物⁴を)篩(ふるい)にかける, ふるい分ける. **2** (物⁴を)選(よ)り分ける, 精選する; (書類などを)吟味する, 整理する.

'**sich·tig** [ˈzɪçtɪç] 形 (天気が良くて)見通しのきく, 遠くまでよく見える; 晴れ渡った.

'**..sich·tig** [..zɪçtɪç] 《接尾》「..の視力の, ..の見え方がする」などの意の形容詞をつくる. **durch***sichtig* 透き

通った. kurz*sichtig* 近視の.

sicht・lich ['zɪçtlɪç] 形 目に見えて明らかな, 明白な. Er ist ~ größer geworden. 彼は目に見えて大きくなった. mit ~*er* Erleichterung 安堵の表情を表して, 目に見えてほっとして.

Sich・tung[1] 女 -/ (遠方にあるものを)見つけること, 視界に捉えること.

Sich・tung[2] 女 -/ 選(²)り分けること, ふるい分け, 選別; (書類などの)吟味, 整理.

Sicht・ver・hält・nis・se 複 【気象】視界状況, 視程.

Sicht・ver・merk 男 -[e]s/-e (Visum) ビザ, 査証.

Sicht・wech・sel 男 -s/- 【銀行】一覧払い手形.

Sicht・wei・te 女 -/-n 視界. außer⟨in⟩ ~ sein 視界の外⟨内⟩にある.

Sicht・wer・bung 女 -/-en 目立つ広告.

si・ckern ['zɪkərn] 自 (s) 1 (液体が)滴(⻌)る, 漏れる, しみ出る. 2 《比喩》(秘密などが)漏れる.

Si・cker・was・ser ['zɪkər..] 中 -s/ 1 (雨水などが地中にしみ込まれて)浸透水, 地下水. 2 (ダム·堤防などから)しみ出た水, 漏水.

Sid'dhar・tha [zi'darta] (*sanskr.*, der sein Ziel erreicht hat') 《人名》シッタルタ, 悉達多(釈迦が出家前に太子であったときの名). ↑Buddha

si・de・risch [zi'de:rɪʃ] 形 (*lat.* sidus, Stern') 【天文】恒星の. ~ *es* Jahr 恒星年.

si・de・risch[2] 形 (*gr.* sideros, Eisen') 鉄の; 鉄に反応する.

Si・de・rit [zide'ri:t] 男 -s/-e 【鉱物】菱(⻌)鉄鉱.

sie[1] [zi:] ズィー 代 《人称》(3 人称単数女性の 1・4 格. すでに話題にのぼっている女性および女性名詞を代理して用いられる. 変化は付録「品詞変化表」VII 参照) 彼女が(が, を); それが(が, を). *Sie* ist Japanerin. 彼女は日本人です. Wo ist deine Katze? — *Sie* liegt auf dem Sofa. 君の猫はどこにいるの — ソファーの上に寝そべっているよ. Was macht das Mädchen eigentlich? — Es⟨*Sie*⟩ geht noch zur Schule. そこあの女の子は何をしているの — あの子はまだ学校に通っているんだ(Mädchen は文法上の性は中性だが, 自然の性を反映して sie を用いることもある).

sie[2] [zi:] ズィー 代 Ⅰ 《人称》(3 人称複数の 1・4 格, すでに話題にのぼっている複数名詞を性の区別なしに代理する. 変化は付録「品詞変化表」VII 参照) 彼らは(が, を), 彼女らは(が, を), それらは(が, を). Deine Eltern sind da. *Sie* warten schon lange auf dich. 君のご両親があそこにいる. 彼らはきのう長い間君を待っているんだ. Weißt du, wo meine Schuhe sind? — Ja, ich habe ~ zum Schuster gebracht. 僕の靴がどこにあるか君は知ってるかい — ええ, 私が靴屋さんに持っていったわ. *Sie* und du[, ihr] müsst⟨*Sie* und ich[, wir] müssen⟩ den alten Mann beim Umzug helfen. 彼らと君とで⟨彼らと私とで⟩その老人の引越しを手伝わなくてはならない.
Ⅱ 《不定》(特定できないか特定したくない「人」を漠然とさして) (man) 人は(が), だれかが; (世の中の)人々は(が), 連中は(が). Hier wollen ~ eine Brücke bauen. ここに橋が建設されようとしている. Mir haben ~ gestern das Auto gestohlen. 私はきのう自動車を盗まれた.

Sie[1] 代 《人称》(いわゆる 2 人称「敬称」の単数および複数 1・4 格. 2 人称「親称」の du/ihr とは対照的に)

一定の隔たりをおいた間柄の相手に用いる. 本来 3 人称複数の sie の転用であり, 定動詞の人称変化もまた 3 人称複数の変化に準じる. 変化は付録「品詞変化表」VII 参照) あなたは(を); あなたがたは(を). Was wünschen ~, mein Herr⟨meine Herren⟩! 何を差上げましょう, お客さま⟨お客さまがた⟩ですか. Darf ich ~ um eine Gefälligkeit bitten? あなたにちょっとお願いがあるのですが. ~ und ich[, wir] sind daran schuld. あなたと私にそのせきがある. ~ da, he! 《話》(無礼な物言いでいい, そこのあんた. Bitte kommen ~ herein und nehmen ~ Platz! どうぞお入りになってお座りください(命令文で動詞ごとに Sie を繰返す).

Sie[2] 女 《人称》《古》(sie' の頭文字を大書して 2 人称に転用したもの. もともとは女性に対する敬称として用いたが, 後には目下の女性に対する呼称となった. 格変化は 2 格 Ihr[er], 3 格 Ihr, 4 格 Sie となり, 所有冠詞は Ihr) あなた, おまえ. Hat ~ Ihren Auftrag erledigt? そなた, 申しつけたことはお済みかい. Schweige ~ davon! おまえ, そのことは口にするんじゃないよ.

Sie[3] 女 -/-s 《話》(ふつう不定冠詞と) 女, 女性; 雌(⻌). Mein Hund ist eine ~. 私の犬は雌です. ↑Er[1]

Sie[4] 女 -[s]/-[s] Sie (あなた・あなた方)という呼び方. das förmliche ~ あらたまった言い方の「あなた(方)」. j⁴ mit ~ anreden 人⁴に「あなた(方)」で呼掛ける. Dazu muss man [schon] ~ sagen. 《戯》それはおろそかにはできないぞ, これはたいしたものだ.

*****Sieb** [zi:p] ズィープ 中 -[e]s/-e 1 ふるい; 濾(こ)し器, 濾過器. ein feines⟨grobes⟩ ~ 目の細かい⟨粗い⟩ふるい. Tee durch ein ~ gießen お茶を濾し器に注いでいる. Kartoffeln durch ein ~ rühren⟨schlagen/streichen⟩ じゃがいもをうらごしする. Den Jungen haben sie durch ein ~ angeschissen. / Auf den Jungen hat der Teufel durch ein ~ geschissen. 《卑》その男の子にはそばかすがある. Wasser mit einem ~ schöpfen 《比喩》ざるで水を汲む, 無駄骨を折る. ein Gedächtnis wie ein ~ haben 《比喩》ざるのような頭をしている, まるで記憶力がない. 2 《美術》絹紗スクリーン, シルクスクリーン.

'**Sieb・druck** 男 -[e]s/-e 1《複数なし》シルクスクリーン印刷. 2 シルクスクリーンの印刷物・作品.

'**sie・ben** ['zi:bən] 他 (↑Sieb) 1 (穀物などを)ふるう, ふるいにかける; (液体を)濾(こ)す. 《過去分詞で》ge*siebte* Luft atmen 《戯》刑務所暮しをする. 2 《比喩》選(²)り分ける, 選別する, ふるい落す.

'**sie・ben**[2] ['zi:bən] ズィーベン 数 7, 七つ. Es ist ~ [Uhr]. 7時です. Wir sind ~. / 《話》Wir sind zu ~. / 《雅》Wir sind unser ~. 私たちはぜんぶで 7 人です. die ~ fetten Jahre 《比喩》(悪い時代に先立つ)良い時代, 豊かな時代. die ~ mageren Jahre 《比喩》(豊かな時代につづく)悪い時代, 乏しい時代(↓《旧約》創世記 41 章のヨセフによるファラオの夢解きの話にちなむ). *seine* ~ Sachen packen 《話》(旅立ちのために身の回りの品々をとりまとめる)(↑Siebensachen). in ~ Sprachen schweigen 《まれ》がんとして口を開かない. die **Sieben** Weisen (ギリシアの)七賢人. die ~⟨*Sieben*⟩ Weltwunder 世界の七不思議. ♦ ↑vier

'**Sie・ben** 女 -/-[en] 7 という数(字); (トランプの)7 の札; (バス·電車などの)7 番系統; 【口語】7 人編成のチーム. eine böse ~ 口やかましい女(昔のトランプの 7 の札に描かれていた女の表情から).

Sie・ben・bür・gen [zi:bənˈbʏrgən] 《地名》ジーベンビュルゲン(ルーマニア中央部のトランシルヴァニア Transsilvanien の旧ドイツ語名).

'Sie·be·ner ['ziːbənər] 男 -s/-《南ドイツ》7番系統の市電(バス).

'sie·ben·fach 形 7倍の, 7重の.

'Sie·ben·ge·bir·ge ['ziːbəngəbirgə] 〖地名〗 das ~ ジーベンゲビルゲ(ライン川右岸の山地).

'Sie·ben·ge·stirn 中 -[e]s/ プレアデス星団, すばる(昴).

'sie·ben·hun·dert 数 700, 七百.

'sie·ben·jäh·rig 形 7年間の; 7歳の. der Siebenjährige Krieg 〖歴史〗七年戦争(1756-63). ◆数字を用いて 7-jährig とも表記される.

'sie·ben·jähr·lich 形 7年ごとの. ◆数字を用いて 7-jährlich とも表記される.

'sie·ben·mal 副 7回; 7倍.

'sie·ben·ma·lig 形 7回の.

Sie·ben·mei·len·schrit·te [ziːbənˈmailən..] 複《次の成句で》mit ~n 《話》ものすごい速さで.

Sie·ben·mei·len·stie·fel ['ziːbənmailənʃtiːfəl] 男 7マイル靴, 七里靴(童話に出てくる1歩で7マイル進めるという魔法の靴). ~ anhaben《話》足がものすごく速い. mit ~n 《話》ものすごく速さで.

'sie·ben·mo·na·tig 形 (生後)7ヶ月の.

'sie·ben·mo·nat·lich 形 7ヶ月毎の.

Sie·ben·mo·nats·kind 中 -[e]s/-er 7ヶ月子(妊娠7ヶ月目で生まれた早産児).

Sie·ben·sa·chen 複《話》身の回りの品々, 所持品; 七つ道具. seine ~ packen《話》(旅立つために)所持品をカバンに詰める, 家を引払う, 旅立つ.

'Sie·ben·schlä·fer 男 -s/- 1 眠れる七聖人の祭日. ▶ 6月27日, 251のキリスト教徒迫害のさいに洞窟に閉じ込められ, 240年間眠り続けた後に奇跡により目覚めたとされる7人兄弟の祭日. なお農事暦によれば, この日に雨が降ればそれ以降7週間雨が続くといわれる. 2《動物》やまね.

*'sie·bent ['ziːbənt]《人名》ジーベント, シーボルト. Philipp Franz ~ フィーリップ・フランツ・ジーボルト (1796-1866, ヴュルツブルク生れのドイツ人の医師でオランダ東インド会社の商館付医者として来日. 長崎郊外鳴滝に診療所兼学塾を開設した).

*'siebt [ziːpt ズィープト] 形《序数》(↑ sieben²) 第7の, 7番目の. Heute ist der ~e Juli. 今日は7月7日だ. [wie] im ~en siebenten〉Himmel sein (od.) [wie] im ~en〈siebenten〉Himmel fühlen《話》天にも昇る心地である, 有頂天である. zu ~ 7人で, 7人連れで. ◆↑ siebent

'sieb·tel ['ziːptəl] 形《不変化》7分の1の.

'Sieb·tel 中《スイス》男 -s/- 7分の1.

'sieb·tens ['ziːptəns] 副 第7に, 第7番目に.

*'sieb·zehn ['ziːptsn] 数《基数》ズィープツェーン》17, 十七.

*'sieb·zehnt ['ziːptseːnt] 形《序数》(↑ siebzehn) 第17の, 第17番目の.

*'sieb·zig ['ziːptsɪç ズィープツィヒ] 数 70, 七十.

'Sieb·zig 女 -/-en 1 70という数(字). 2 70歳; 70歳代. Er ist Anfang〈Mitte/Ende〉[der] ~. 彼は70代の〈中ほど/終り〉だ.

'sieb·zi·ger ['ziːptsɪgər] 形《不変化/付加語的にのみ用いる》1 70 の. 2 70 年代の; 70 年代の. de Siebziger Krieg 〖歴史〗(1870-71)の普仏戦争, ドイツ・フランス戦争. ◆数字を用いて 70er とも表記される.

'Sieb·zi·ger 男 -s/- (↑ siebzig) 1 70 歳代の男; 70代の男. 2 70年産ワイン. 3《複数でのみ用いる》70年代; 70代. Er ist Anfang〈Mitte/Ende〉der ~ 彼は70代の初め〈中ほど / 終り〉だ. in den ~n sei 70代である. ~ in 女性形 Siebzigerin 女 -/-nen

'sieb·zigst ['ziːptsɪçst] 形《序数》(↑ siebzig) 第7の, 第70番目の.

siech [ziːç] 形《雅》長患いの; 病弱な; 衰弱した.

'sie·chen ['ziːçən] 自《古》(長患いで)衰弱する.

'Siech·tum ['ziːçtuːm] 中 -s/《雅》長患い, 病気になる衰弱.

'sie·de·heiß ['ziːdə..] 形《比較変化なし》《まれ》沸騰した; 煮えたぎるように熱い(↑ sieden ①).

'Sie·de·hit·ze 女 -/ 1 沸騰点. 2 酷暑; 高熱.

'sie·deln ['ziːdəln] 自 入植する, 移住する; (未開拓の土地に)住みつく.

'Sie·de·lung ['ziːdəluŋ] 女 -/-en = Siedlung

*'sie·den(*) ['ziːdən ズィーデン] sott (siedete), gesotten (gesiedet) ❶ 自 1 沸く, 沸騰する. Das Wasser siedet. お湯が沸く.《比喩的用法で》vor Wut ~ はらわたが煮えくり返るほど怒る. Mir siedet das Blut 頭に血がのぼる, いきり立つ.《現在分詞で》siedende Hitze うだるような暑さ. Die Suppe ist noch siedend heiß〈°siedendheiß〉. そのスープはまだとても熱い Es siedet sie siedend heiß〈°siedendheiß〉. 彼女はひどくびっくりした. j³ siedend heiß〈°siedendheiß〉 einfallen《話》(人³が)不意に思い出してはっとする. 2 煮える.

❷ 他 1 沸かす, 沸騰させる. 2《地方》ゆでる, 煮る. Gesottenes und Gebratenes (煮たり焼いたりした)沢山のごちそう. 3《古》(にかわなどを)煮て作る. Zucker ~ 砂糖を精製する.

°'sie·dend·heiß 形 ↑ sieden ① 1

'Sie·de·punkt ['ziːdə..] 男 -[e]s/-e (Kochpunkt) 沸(騰)点. auf dem ~ angelangt sein 沸点に達した;《比喩》かんかんに怒っている.

'Sied·ler ['ziːdlər] 男 -s/- 入植者, 開拓者, 移住者.

*'Sied·lung ['ziːdluŋ ズィードルング] 女 -/-en (↓ siedeln) 1《複数なし》(開拓地などでの)居住; 入植; 居留. 2 居住地, 集落; 入植地, 開拓部落; 居留地. 3 (郊外の)団地;《総称的に》団地住民. 4《生物》コロニー, 群体.

'Sied·lungs·haus 中 -es/⸚er 移住(入植)者用家屋, 開拓農家.

*'Sieg [ziːk ズィーク] 男 -[e]s/-e 勝利, 勝ち. ein knapper〈leichter〉~ 辛勝〈楽勝〉. ein ~ nach Punkten 判定勝ち. einen ~ erringen〈davontragen〉勝利をおさめる(über j⁴ 人⁴に対して). einen ~ über sich⁴ selbst erringen 自分に打ち克つ. von ~ zu ~ schreiten 連戦連勝する.

*'Sie·gel ['ziːgəl ズィーゲル] 中 -s/- 〈lat.〉印, 印章; 封書などの)封印. ein amtliches ~ 公印. ein ~ auf et¹ drücken 物¹に押印する. ein ~ aufbrechen〈öffnen/erbrechen〉封印を破る, 開封する. unter dem ~ der Verschwiegenheit 他言しないという約束で. Brief und ~ auf et⁴ geben 事⁴を確約(保証)する. Das ist mir ein Buch mit sieben ~n.《比喩》それは私には全く不可解だ.

Sie·gel·be·wah·rer 男 -s/-《古》国璽(こくじ)保管職.

Sie·gel·lack 男 -[e]s/-e 封蠟(ふうろう).

sie·geln ['ziːgəln] 他 (文章などに)押印する; (手紙などを)封印する, 封緘(ふうかん)する.

Sie·gel·ring 男 -[e]s/-e 印章指輪.

Sie·gel·lung 女 -/-en 押印, 封印.

sie·gen ['ziːgən ズィーゲン] 自 (über j³ 人³に)勝つ, 勝利をおさめる. Er hat im Weitspringen *gesiegt*. 彼は幅跳びで1位になった. nach Punkten ~ 得点でまさる. Bei ihr *siegte* das Gefühl über den Verstand. 彼女の心の中は理性よりも感情が勝ちを占めた.

Sie·ger ['ziːgər ズィーガー] 男 -s/- 勝者. aus einem Wettkampf als ~ hervorgehen 試合の勝者になる. zweiter ~ werden《話》勝ちを譲る. ◆女性形 Siegerin 女 -/-nen

Sie·ger·eh·rung 女 -/-en (スポーツでの)勝者の表彰(式).

Sie·ger·kranz 男 -es/-¨e 勝利の栄冠, 月桂冠.

Sie·ges·be·wusst 形 =siegessicher

sie·ges·ge·wiss 形《雅》必勝を期した.

Sie·ges·kranz 男 -es/-¨e =Siegerkranz

Sie·ges·preis 男 -es/-e 勝利者の賞.

Sie·ges·säu·le 女 -/-n 戦勝記念塔.

sie·ges·si·cher 形 勝利を確信した.

Sie·ges·tor 中 -[e]s/-e 1 凱旋(がいせん)門. 2《スポ》決勝ゴール.

Sie·ges·tref·fer 男 -s/- =Siegestor 2

sie·ges·trun·ken 形《雅》勝利に酔った.

Sie·ges·zug 男 -[e]s/- 勝利の行進, 凱旋(がいせん)行進.

Sieg·fried ['ziːkfriːt] ❶《男名》ジークフリート. ❷《人名》ジークフリート (*Nibelungenlied* の主人公の名).

sieg·haft 形《雅》1 勝利を確信した. 2《古》(siegreich) 無敵の.

'Sieg·lung ['ziːglʊŋ] 女 -/-en =Siegelung

'Sieg·mund ['ziːkmʊnt]《男名》ジークムント.

'sieg·reich 形 勝利を収めた; 無敵の. die ~e Mannschaft 勝利チーム. ~ zurückkehren 凱旋(がいせん)する.

siehst [ziːst] sehen の現在2人称単数.

sieht [ziːt] sehen の現在3人称単数.

Siel [ziːl] 中 (男) -[e]s/-e 1 (堤防の)水門. 2《北ドイツ》下水溝.

'Sie·le ['ziːlə] 女 -/-n 1 (荷車用の馬の)胸革. in den ~n sterben《比喩》仕事の最中に死ぬ. 2 =Sielengeschirr

'sie·len ['ziːlən] 他 (↓ Siel) (水を)水門から流す.

'sie·len² 再 (**sich**⁴) (↑ suhlen)《地方》寝転ぶ, ころげ回る.

'Sie·len·ge·schirr 中 -[e]s/-e (荷車用の馬の)引具.

'Sie·mens ['ziːməns] 中 -/- (記号 S)《物理》ジーメンス(電導度の単位, ドイツの物理学者 Werner von Siemens, 1816–1892 にちなむ).

'Sie·mens-'Mar·tin-Ofen ['ziːməns'martiːn..] 男 -s/..Öfen (略 SM-Ofen)《冶金》平炉.

si'e·na [si'eːna] 形 (it.)《不変化》赤褐色の.

Si'es·ta [zi'ɛsta, si'ɛsta] 女 -/-s(..sten)(*sp.*, Mittagsruhe*) 昼休み, 昼寝. ~ halten 昼休みをとる, 昼寝をする.

*____sie·zen_ ['ziːtsən ズィーツェン] ❶ 他 (人⁴に) Sie (敬称2人称)を使って話しかける. ❷ 再 (**sich**⁴) 互いに Sie を使って話す (mit j³ 人³と). ◆↑ duzen

'Si·gel ['ziːgəl] 中 -s/- (*lat.*) 1 速記記号. 2 略記号, 略字.

'Sig·ma ['zɪgma] 中 -[s]/-s シグマ(ギリシア語アルファベットの第18文字 Σ, σ, ς).

'Si·gna ['zɪgna] Signum の複数.

*____Si'gnal_ [zɪ'gnaːl, zɪŋ'naːl ズィグナール] 中 -s/-e (*lat.* signum , Zeichen*) 1 合図, 信号. die ~e der Feuerwehr 消防車のサイレン. das ~ zur Abfahrt geben 出発の合図(発車信号)を出す. hoffnungsvolle ~e《比喩》期待のもてる(望みのある)しるし. ~e setzen《比喩》将来の方向を示す, (発展の)契機となる. 2《鉄道》信号機;《海事》信号灯; (とくに三ジ)交通標識. 3《物理・人間工》シグナル(情報伝達を媒介するもの. 電磁波など).

Si'gnal·buch 中 -[e]s/-¨er 1《鉄道》信号規程. 2《海事》国際信号(解説)書.

Si·gna·le·ment [zɪgnalə'mãː] 中 -s/-s (*fr.*) 1 人相書. 2《農業・畜産》(家畜の血統書などの)特徴記載事項.

Si'gnal·feu·er 中 -s/- のろし.

Si'gnal·flag·ge 女 -/-n 信号旗.

Si'gnal·gast 男 -[e]s/-en《海事》信号手.

Si'gnal·horn 中 -[e]s/-¨er 警笛, サイレン; 信号ラッパ.

si·gna·li'sie·ren [zɪgnali'ziːrən] 他 (*fr.*) 1 (事⁴を信号(合図)で知らせる. einen Schiffbruch ~ 船の難破を知らせる. eine Nachricht mit Flaggen von Schiff zu Schiff ~ 船から船へ手旗信号で知らせを送る. 2 知らせる, 通告する; 予告する. Gefahr ~ 危険を予告する. 3《古》(人⁴の)人相書を出す.

Si'gnal·lam·pe 女 -/-n 信号灯.

Si'gnal·mast 男 -[e]s/-en(-e)《海事》信号用のマスト.

Si'gnal·pfei·fe 女 -/-n 信号用の笛; 汽笛.

Si'gnal·tar·macht [zɪgna'taːr..] 女 -/-¨e《政治》(条約)調印国.

Si·gna'tur [zɪgna'tuːr] 女 -/-en (*lat.* signum , Zeichen*) 1 (略記された)署名, サイン.《比喩》しるし, 徴候. 2 (図書の整理の記号・番号;《地図》(Kartenzeichen)地図記号;《書籍》折り丁番号;《印刷》(活字の)ネッキ.《薬学》(処方箋・紙袋などに書かれた)薬の使用上の指示; (紙袋・容器などに貼られた)内容表示ラベル, 分類札.

Si'gnet [zɪ'gneːt, zɪ'gnɛt, zɪn'jeː] 中 -s/-e (zn'je と発音するときは -s) (*fr.*) 1《書籍》出版社(印刷所)のマーク(社標); 商標. 2 =Petschaft

si'gnie·ren [zɪ'gniːrən] 他 (*lat.*) 1 (物⁴に)署名(サイン)する. ein von Picasso *signiertes* Bild ピカソのサイン入りの絵. 2 (まれ)(図書に)整理の記号(番号)をつける; (紙袋・容器などに)内容表示ラベルを貼る;《書籍》折り丁番号をつける.

Si'gno·ra [zɪn'joːra] 女 -/-s(..re[..rə]) (*it.*) (イタリア語の呼掛り)夫人, 奥様.

Si'gno·re [zɪn'joːrə] 男 -/..ri[..ri] (*it.*) (イタリア語の呼掛り様, 君, 氏.

Si·gno'ri·na [zɪnjo'riːna] 女 -/-s(..ne[..nə]) (イタリア語の呼掛り)お嬢さん.

'Si·gnum ['zɪgnʊm] 中 -s/Signa[..na] (*lat.*, Zeichen*) 1 しるし, シンボル. 2 サイン. 3《医学》徴候.

Sik·ka·tiv [zɪka'tiːf] 中 -s/-e (*lat.*)《化学》(絵の具などに混ぜる)乾燥剤.

*'**Sil·be** ['zɪlbə ズィルベ] 囡 -/-n (gr.) **1**〖言語・音声〗音節, シラブル. eine betonte ~ アクセントのある音節. ein Wort mit drei ~n 3音節の単語. ein Wort nach ~n trennen 単語を音節に分ける, 分綴する. **2**〖比喩〗一言, 一語. keine(nicht eine) ~ sagen 一言も言わない. Ich verstehe keine ~ davon. 私はそれが全然分からない. et⁴ mit keiner ~ erwähnen 事⁴に一言も触れない.

'**Sil·ben·maß** 囲 -es/-e〖韻律〗韻律の長短.

'**Sil·ben·rät·sel** 囲 -s/-〖韻律〗(ばらばらの綴り字から元の語を当てる)綴り字パズル.

'**Sil·ben·ste·cher** 男 -s/-〖古〗=Wortklauber

'**Sil·ben·tren·nung** 囡 -/ 分綴(法).

'**Sil·ber** ['zɪlbər ズィルバー] 匣 -s/ **1**〖記号 Ag〗〖化学〗銀. ~ überziehen 物に銀をかぶせる, 銀メッキする. **2** 銀の食器, 銀器;〖ﾕﾆｩ〗銀メダル;〖古〗銀貨. **3** 銀色, 銀のような輝き.

'**Sil·ber·bar·ren** 男 -s/- 銀の延べ棒.

'**Sil·ber·be·steck** 匣 -[e]s/-e 一揃いの銀器(ナイフ・フォーク・スプーン).

'**Sil·ber·blick** 男 -[e]s/-e〖戯〗軽い斜視.

'**Sil·ber·fisch·chen** 匣 -s/-〖虫〗せいようしみ(西洋衣魚).

'**Sil·ber·fuchs** 男 -es/-e **1**〖動物〗銀狐. **2** 銀狐の毛皮.

'**Sil·ber·ge·halt** 男 -[e]s/ 銀含有量.

'**Sil·ber·geld** 匣 -[e]s/ 銀貨.

'**Sil·ber·ge·schirr** 匣 -s/ 銀製の食器.

'**Sil·ber·glanz** 男 -es/-e **1**〖鉱物〗(Akanthit) 輝銀鉱. **2** 銀色の輝き.

'**sil·ber·grau** 銀ねずみ色の, 銀灰色の.

'**sil·ber·hal·tig**〖比較変化なし〗銀を含有した.

'**sil·ber·hell**〖比較変化なし〗**1** 銀色に輝く. **2**〖雅〗(声・音などが)鈴の音(¹)のように澄んだ.

'**Sil·ber·hoch·zeit** 囡 -/ 銀婚式.

'**Sil·be·rig** ['zɪlbərɪç]〖形〗silbrig

'**Sil·ber·ling** ['zɪlbərlɪŋ] 男 -s/-e〖古〗銀貨. j⁴ für dreißig ~e verraten 人⁴をわずかな金のために裏切る(イスカリオテのユダが銀貨30枚でイエスを裏切ったことから.↓〖新約〗マタ 26:15).

'**Sil·ber·me·dail·le** 囡 -/-n 銀メダル.

'**Sil·ber·mün·ze** 囡 -/-n 銀貨.

*'**sil·bern** ['zɪlbərn ズィルバーン]〖比較変化なし〗**1** 銀の, 銀製の. eine ~e Uhr 銀時計. ~e Hochzeit 銀婚式. Silberner Sonntag〖ｷﾘｽﾄ教〗銀の主日(待降節第3の日曜日). **2**〖雅〗銀色の, 銀のように輝く. (声などの)明るく澄んだ. ~es Haar 銀髪.

'**Sil·ber·ni·trat** 匣 -[e]s/-e〖化学〗硝酸銀.

'**Sil·ber·pa·pier** 匣 -s/ 銀紙, 錫箔, アルミホイル.

'**Sil·ber·pap·pel** 囡 -/〖植物〗白ポプラ, ぎんどろ, はくよう(白楊).

'**Sil·ber·schmied** 男 -[e]s/-e **1** 銀細工師. **2** (3年半の見習い期間を経た)銀細工職.

'**Sil·ber·stift** 男 -[e]s/-e 銀尖筆(¹).

'**Sil·ber·strei·fen** 男 -s/-〖雅〗銀色の帯(線, 筋). einen ~ am Horizont sehen〖比喩〗一条の光明を見出す.

'**Sil·ber·tan·ne** 囡 -/-n〖植物〗(Edeltanne) おうしゅうもみ(欧州樅).

'**sil·ber·wäh·rung** 囡 -/-en〖経済〗銀本位制.

'**sil·ber·weiß**〖比較変化なし〗銀白色の.

'**Sil·ber·zeug** 匣 -[e]s/-e 銀器.

..**sil·big** [..zɪlbɪç]〖接尾〗(↓Silbe) 数詞などにつけて「…音節の」の意の形容詞をつくる. mehr*silbig* 多音節の.

'**sil·bisch** ['zɪlbɪʃ]〖形〗〖言語〗音節主音(音節の中音の聞こえの頂点を成す音)となる(ふつう母音). ~ Konsonanten 音節主音的子音(l, n, r などがある).

'**silb·rig** ['zɪlbrɪç]〖形〗〖雅〗**1** 銀色の. **2** (音などが)鈴の音のように澄んだ.

Si'len·ti·um [zi'lɛntsiʊm] 匣 -s/..tien [..tsiən] (lat.)〖複数なし〗沈黙. ~! 静粛に. **2**〖教育〗学生寮での自習時間.

Sil·hou·et·te [zilu'ɛtə] 囡 -/-n (fr.) **1** (人物の輪郭などが映った)影像, シルエット. **2** 切絵, 影絵.〖服飾〗(衣服の)シルエット. ein Mantel mit modscher ~ 流行のシルエットがとりいれられた外套.

sil·hou·et'tie·ren [ziluɛ'tiːrən] 他 (fr.)〖古〗(人〈物〉⁴の)影絵を描く; (の)切絵を作る.

Si·li'cat [zili'kaːt] 匣 -[e]s/-e〖化学〗=Silikat

Si'li·ci·um [zi'liːtsiʊm] 匣 -s/ (lat.)〖記号 Si〗〖化学〗珪素, シリコン(非金属元素名).

Si·li'kat [zili'kaːt] 匣 -[e]s/-e (lat.)〖化学〗珪酸塩

Si·li'kon [zili'koːn] 匣 -s/-e (lat.)〖化学〗シリコー(有機珪素化合物の重合体の総称).

Si·li'ko·se [zili'koːzə] 囡 -/-n (lat.)〖病理〗珪肺(¹¹)症.

Si'li·zi·um [zi'liːtsiʊm] 匣 -s/ =Silicium

Si·lo ['ziːlo] 男 -s/-s (sp., Getreidegrube¹) (家畜の飼料・穀物・肥料・セメントなどの)貯蔵庫, サイロ.

Si'lur [zi'luːr] 匣 -s/〖地質〗シルル紀(古生代第3期の紀).

*'**Sil'ves·ter** [zɪl'vɛstər ズィルヴェスター] (lat.) ❶〖男名〗ジルヴェスター. der heilige ~ 聖シルヴェステル1世(第33代教皇, 在位 314-335, 伝説上 Konstantin der Große に授洗したとされる). ❷ 男 (匣) -s/- 大晦日(¹¹)(聖シルヴェステル1世の祝日). an〈zu〉~ 大晦日に.

Sil'ves·ter·abend 男 -s/-e 大晦日(¹¹)の晩.

Si·mi·li·stein ['ziːmili..] 男 -[e]s/-e (lat. similis, ähnlich¹) 模造宝石.

'**Sim·mel** ['zɪməl]〖人名〗Georg ~ ゲオルク・ジンメル (1858-1918, ドイツの哲学者).

'**Si·mon** ['ziːmɔn] (hebr., ruhmreich¹) ❶〖男名〗ジーモン. ❷〖人名〗〖新約〗シモン. ~ Magus 魔術師シモン(魔術を操るとサマリアの人々に信じられていた. 使 8:9-24).

Si·mo'nie [zimo'niː] 囡 -/-n [..ni:ən] (↓Simon)〖複数まれ〗〖聖職売買〗魔術師シモンが使徒たちの聖霊を授ける力を金で買おうとしたことにちなむ.

'**sim·pel** ['zɪmpəl] 形 (fr.) (問題などが)単純な, 簡単な; 平凡な; (人などが)単純素朴な, 愚直な.

'**Sim·pel** 男 -s/-〖話〗単純な者, ばか.

'**Sim·plex** ['zɪmplɛks] 匣 -/-e (..plizia [zɪm'pliːtsia] (lat.)〖言語〗単一語.

sim·pli·fi'zie·ren [zɪmplifi'tsiːrən] 他 (lat. simplex, einfach¹) (事⁴を)単純化する.

Sim'pli·zia [zɪm'pliːtsia] Simplex の複数.

Sim·pli·zi'tät [zɪmplitsi'tɛːt] 囡 -/ (lat.) 単純, 愚直, 質素.

Sims [zɪms] 男 (匣) -es/-e〖土木・建築〗(Gesims) コーニス, 蛇腹(¹¹).

'**Si·mson** ['zɪmzɔn] (hebr.) ❶〖男名〗ジムゾン. ❷〖人名〗〖旧約〗サムソン(ダン族出身の士師のひとりで怪力で知られる. 士13-16).

Si·mu·lant [zimu'lant] 男 -en/-en (*lat.*) 仮病を使う人.

Si·mu·la·ti·on [zimulatsi'o:n] 女 -/ (*lat.*) **1** 偽装, 仮装. **2** 仮病. **3** 模擬実験, シミュレーション.

Si·mu·la·tor [zimula'to:r] 男 -s/..toren [..la'to:rən] 模擬実験装置, シミュレーター.

si·mu·lie·ren [zimu'li:rən] (*lat.*) ❶ 自 **1** 仮病を使う. **2**《古》《地方》(über et⁴ 事について)あれこれと考える. ❷ 他 **1** (病気などを)装う, (の)ふりをする. **2** (事⁴の)模擬実験(訓練)をする. den Zustand der Schwerelosigkeit ~ 無重力状態の模擬実験(訓練)をする.

si·mul'tan [zimul'ta:n] 形 (*lat.* simul, zugleich°) **1** 同時の. ~ *es* Dolmetschen 同時通訳. ~ ablaufen 同時進行する. **2** 共同の, 共通の.

Si·mul'tan·dol·met·scher [..] 男 -s/- 同時通訳者. ◆ 女性形 Simultandolmetscherin 女 -/-nen

Si·mul·tan·schu·le [..] 女 -/-n 宗派混合学校.

Si·mul·tan·spiel 男 -[e]s/-e《チェス》(同時に複数の相手と対局する)多面指し.

sin (記号／略)《幾何》= Sinus 1

'Si·nai ['zi:nai] 男 -[s]/(地名) der ~ シナイ半島; 《旧約》シナイ山(出 19-31).

sind [zɪnt] sein の現在 1·3 人称複数, 敬称 2 人称単数・複数.

'si·ne 'an·no ['zi:nə 'ano] (*lat.*, ohne Jahr*) 《略 s.a.*》《書籍》年号なし(発行年不詳のときの図書目録への注記).

Si·ne·ku·re [zine'ku:rə] 女 -/-n (*lat.* sine cura, ohne Sorge*) **1**《カトリック》聖務義務のない聖職禄. **2**《比喩》(楽で実入りのいい)閑職.

'si·ne 'tem·po·re ['zi:nə 'tɛmpore] (*lat.*, ohne Zeit*)《略 s.t.》(↔ cum tempore) (大学の講義開始が)15 分遅れることに, 定刻どおりに.

Sin·fo'nie [zɪnfo'ni:] 女 -/-n [..'ni:ən]《音楽》(Symphonie) シンフォニー, 交響曲. eine ~ aus Licht und Tönen《比喩》光と音響のシンフォニー.

Sin·fo'nie·or·ches·ter 中 -s/-《音楽》交響(管弦)楽団.

sin'fo·nisch [zɪn'fo:nɪʃ] 形《比較変化なし》《音楽》(symphonisch) 交響曲(風)の.

Sing.(略) = Singular

'Sing·aka·de·mie [zɪŋ..] 女 -/-n 合唱協会.

'Sin·ga·pur [zɪŋgapu:r] 中 -[s]/(地名) シンガポール.

'sing·bar ['zɪŋba:r] 形《音楽》歌うことができる.

'Sing·dros·sel 女 -/-n《鳥》うたつぐみ.

'sin·gen* ['zɪŋən] *ズィンゲン* sang, gesungen ❶ 自 **1** 歌う; (小鳥などが)さえずる, 鳴く. hoch 〈tief〉 ~ 高い声〈低い声〉で歌う. nach Noten ~ 楽譜を見ながら歌う. im Chor ~ 合唱する; 合唱団で歌う. **2**《古》《雅》詩に歌う(von et⁴ 物⁴にのことを). **3** 歌うような音を出す. Der Wind *singt*. 風がひゅうひゅう鳴っている. mit *singendem* Tonfall 歌うような口調で. **4**《比喩》《卑》(取調べなどで)口を割る.
❷ 他 歌う. einen Schlager〈ein Lied〉 ~ 流行歌〈歌曲〉を歌う. Sopran〈Alt〉 ~ ソプラノ〈アルト〉のパートを歌う. Das kann ich schon ~ .《話》それはもううんざりする程聞いたよ. ein Kind in den Schlaf ~ 歌って子供を寝かしつける.

'Sin·gle ['zɪŋəl, 'sɪŋəl] (*engl.*) ❶ 中 -[s]/-[s]《スポ》(テニスなどの)シングルス;《ゴルフ》のシングル. ❷ 女 -/-[s] (レコードの)シングル盤. ❸ 男 -[s]/-s 独身者.

'Sing·sang ['zɪŋzaŋ] 男 -s/《話》**1** 単純な旋律の歌. **2** 単調な歌い方, 鼻歌. **3** 歌うような話し方.

'Sing·spiel 中 -[e]s/-e ジングシュピール(台詞(せりふ)と歌からなる陽気な音楽劇), 歌唱劇.

'Sing·stim·me 女 -/-n《音楽》**1** 声楽のパート. **2** 歌声.

'Sin·gu·lar ['zɪŋgula:r] 男 -s/-e (*lat.*)《略 Sing., Sg., sg.》《言語》(↔ Plural) 単数(形).

sin·gu'lär [zɪŋgu'lɛ:r] 形 (*lat.*)《比較変化なし》**1** まれな. **2** (一個として)比類のない, 類いまれな.

Sin·gu·la·re'tan·tum [zɪŋgula·ra'tantom] 中 -s/-s(..laria.. [..ria..])(*lat.*)《文法》(↔ Pluraletantum)絶対単数(単数形でしか用いない名詞.例Fleisch, Hunger).

sin·gu'la·risch [zɪŋgu'la:rɪʃ] 単数(形)の.

Sin·gu·la·ri'tät [zɪŋgulari'tɛ:t] 女 -/-en **1** まれである(珍しい)こと; 比類のない(特別である)こと, 特殊性. **2**《気象》一定の時期にみられる特異な気象現象.

'Sing·vo·gel 男 -s/-《鳥》鳴禽(めいきん)類.

'Sing·wei·se 女 -/-n 歌い方; メロディー.

'sin·ken* ['zɪŋkən] *ズィンケン* sank, gesunken 自 (s) **1** 沈む, 沈下(沈没, 下降)する. Die Sonne *sinkt*.《雅》日が沈む. Das Schiff ist *gesunken*. その船は沈没した. den Löffel〈das Buch〉 ~ lassen スプーン〈本〉を下に置く. Er ist tief *gesunken*.《比喩で》彼はひどく落ちぶれた(堕落した).《慣用的表現で》die Arme〈den Kopf〉 ~ lassen 腕を垂れる〈うなだれる〉. j³ an die Brust〈in die Arme〉 ~ 人³の胸〈腕〉の中に倒れこむ. auf〈auf den〉 Boden ~ 地面に倒れる(落ちる). auf〈in〉 die Knie ~ がっくり膝をつく, ひざまずく. aufs Sofa ~ ソファーに身を沈める. Er ist in unserer Achtung *gesunken*.《比喩》彼は私たちの信望を失った. Er wäre vor Scham am liebsten in den Boden 〈die Erde〉 *gesunken*. 彼は恥ずかしくて穴があれば入りたいくらいだった. in Ohnmacht ~ 《雅》失神する. in Schlaf ~ 《雅》眠りに落ちる. in Schutt und Asche ~ 《雅》(町などが)灰燼(かいじん)に帰する. j³ zu Füßen ~ 人³の足下にひれ伏す. **2** (温度・値段などが)下がる, (価値・水準が)低下下(落ちる); (気分が)沈む, めいる. Das Fieber〈Die Temperatur〉 *sinkt*. 熱〈温度〉が下がる. Das Thermometer ist auf null *gesunken*. (温度計の)温度が零度に下がった. Die Preise *sinken*. 物価が下がる. Der Verbrauch *sinkt*. 消費(量)が落ちこむ. den Mut ~ lassen 意気消沈する.

'Sink·kas·ten ['zɪŋk..] 男 -s/⸗(-)(排水溝の)泥溜め枡(ます).

Sinn

[zɪn] *ズィン* 男 -[e]s/-e **1** (a)《ふつう複数で》(5 官による)感覚, 知覚. die fünf ~*e* 五感. *seine* fünf ~*e* nicht beisammenhaben《話》頭がどうかしている. *seine* fünf ~*e* zusammenhalten〈zusammennehmen〉《話》精神を集中する, 気を入れる. *seiner* [fünf] ~*e* nicht mehr mächtig sein《雅》自制心をなくしている. einen sechsten ~ haben 第六感がはたらく(für et⁴ 事⁴に対して). (b)《複数で》(正常な)意識, 正気. j³ schwinden〈vergehen〉 die ~*e*. 人³の意識がなくなる. nicht bei ~*en* sein 頭がおかしい, 正気でない. [wie] von ~*en* sein 正気でない; (怒り・悲しみなどで)気も狂わんばかりである.《雅》性感, 性欲.

2《複数なし》(美などに対する)感覚, センス; 好み, 関心;

sinnbetörend

理解力. ～ für Humor〈Schönheit〉haben ユーモアが分かる〈美的センスがある〉. ～ für Gerechtigkeit 正義感.
3《複数なし》《雅》考え, 考え方; 心(のうち), 気持; 脳裡, 念頭. j³ steht der ～ nach et³. 人³の心が事³に傾く, 人³が事⁴を求める. Mir steht der ～ jetzt nicht nach Musik. いま私は音楽を聞く気になれない. anderen ～es werden 考え〈気持〉が変る. mit j³ eines 〈gleichen〉～es sein 人³と同じ考えである. in einem 〈reinen〉～es 気軽に〈純粋な気持で〉.《前置詞と》j³ nicht aus dem ～ gehen 人³の念頭を去らない, 頭から離れない. j³ aus dem ～ kommen 人³に忘れられる. sich⁴ et〈j〉⁴ aus dem ～ schlagen 事⁴(計画など)をあきらめる〈人⁴のことを忘れ去ろうとする〉. Aus den Augen, aus dem ～.《諺》去る者は日々にうとし. j³ **durch** den ～ fahren〈gehen〉人³の脳裡に浮かぶ. et⁴ **im** ～ haben 事⁴を(いつも)考えている; 事⁴をもくろんでいる. mit j〈et〉³ nichts im ～ haben 人〈事⁴〉のことは頭にない, 関心がない. j⁴ im ～ haben 人³のことが忘れられない. j³ im ～ liegen 人³の頭から離れない, 心にかかる. j³ in den ～ kommen 人³の頭に浮かぶ, 記憶によみがえる. j³ nicht in den ～ [hinein] wollen 人³の頭に入らない〈覚えられない, 理解できない〉. **mit** j³~e 人³の意にそって, 思いどおりに. **mit** ～ und Verstand よく考えて, 慎重に. **nach** j² ～ sein 人²の望むところ〈思いどおり〉である. **ohne** ～ und Verstand よく考えずに, 無分別に. Mir war **zu** ～ [e], als müsste ich sterben. 私は死んでしまいそうな気がした.
4《複数なし》《雅》気性, 気質. einen geraden〈heiteren〉～ haben まっすぐな〈明るい〉気性である. ein Mensch von hartem ～ 頑固者.
5《複数なし》意味, (意味の)内容; 主旨; 意義, 目的. der ～ einer Erzählung〈eines Wortes〉物語の内容〈言葉の意味〉. der langen Rede kurzer ～ (だらだら)長い話の要点, つまるところ. Das ist nicht der ～ der Sache.《話》そんなことを言ってるんじゃない; そんなことは駄目だ. *seinen* guten ～ haben 有意義である. keinen ～ haben / ohne ～ sein 無意味〈ナンセンス〉である. Es hat keinen〈wenig / nicht viel〉～, damit zu beginnen. そんなことをしても無駄だ〈大して意味がない〉. in diesem ～ [e] この意味で, こういう主旨で. im engeren〈weiteren〉～ [e] 狭い〈広い〉意味で. im strengsten ～ [e] 厳密に言うと. im ～ [e] des Gesetzes 法の精神にのっとって. nach dem ～ des Lebens fragen 人生の意味を問う. et⁴ dem ～ nach zitieren 事⁴(言葉どおりでなく)主旨を引用する.

'**sinn·be·tö·rend**〖形〗《比較変化なし》《雅》うっとりさせる, 魅じする.
'**Sinn·bild** 〖中〗 -[e]s/-er 象徴, シンボル; 比喩.
'**sinn·bild·lich** 〖形〗 象徴的な; 比喩的な.
*'**sin·nen**['zınən ズィネン] sann, gesonnen ❶ 〖自〗 **1** 思案(熟考)する, 物思いにふける(über et⁴ 事⁴について). Was *sinnst* du? 君は何を考え込んでいるんだい. **2** 企てる, もくろむ(auf et⁴ 事⁴を). auf Flucht〈Mord〉～ 逃亡〈殺人〉を企てる. ❷ 〖他〗《古》(事⁴を)企てる, もくろむ. ◆↑gesonnen, Sinnen
'**Sin·nen** 〖中〗 -s/ **1** 思案, 熟考. **2** 企て, もくろみ. Sein ganzes ～ und Trachten ist darauf gerichtet, sich⁴ selbstständig zu machen. 彼のすべは自分が独り立ちすることに向けられている.
'**sin·nend** 〖現分〗 思案(熟考)している. Sie schaute ～ aus dem Fenster. 彼女は物思いにふけりながら窓から外を眺めていた.

'**Sin·nen·freu·de** 〖女〗 -/-n《雅》**1** 感覚的な喜び;《複数なし》感覚的な喜びを享受する感性(性質). **2**《多く複数で》(美食などの)感覚的な快楽, 官能的(肉体的)快楽.
'**Sin·nen·lust** 〖女〗 -/《雅》感覚的な快楽, 官能的(肉体的)快楽.
'**Sin·nen·mensch** 〖男〗 -en/-en 感覚的な快楽を追求している人, 享楽家.
'**Sin·nen·rausch** 〖男〗 -[e]s/《雅》官能的(性的)陶酔.
'**sinn·ent·stel·lend** 〖形〗 意味をゆがめる.
'**Sin·nen·welt** 〖女〗 -/《哲学》感覚世界, 現象界, 物質界.
'**Sin·nes·än·de·rung** 〖女〗 -/-en 気持(心境)の変化, 心変り.
'**Sin·nes·art** 〖女〗 -/-en 気質, 性向.
'**Sin·nes·ein·druck** 〖男〗 -[e]s/-e 感覚的な印象.
'**Sin·nes·or·gan** 〖中〗 -s/-e《生理》(目·耳などの)感覚器官.
'**Sin·nes·reiz** 〖男〗 -es/-e《生理》感覚器官への刺戟.
'**Sin·nes·täu·schung** 〖女〗 -/-en 錯覚, 幻覚.
'**Sin·nes·wahr·neh·mung** 〖女〗 -/-en 知覚.
'**Sin·nes·werk·zeug** 〖中〗 -[e]s/-e《多く複数で》《生理》感覚器官.
'**sinn·fäl·lig** 〖形〗 はっきり知覚できる, 明確な, 目立つ. ～en Ausdruck finden 分かりやすい表現を見出す.
'**Sinn·ge·dicht** 〖中〗 -[e]s/-e《文学》(Epigramm) 格言詩, エピグラム.
'**Sinn·ge·halt** 〖男〗 -[e]s/-e《複数まれ》意味内容.
'**sinn·ge·mäß** 〖形〗《比較変化なし》**1** 意味(内容)に従った, その Text へ übersetzen 原文を意訳をくんだ. et⁴ ～ wiedergeben 事⁴の内容をだいたいの意味にそって伝える(繰り返す). **2**(まれ)意味(意義)のある; 筋の通った, 首尾一貫した.
'**sinn·ge·treu** 〖形〗《比較変化なし》意味(内容)に従った, 文意をくんだ. eine ～e Übersetzung 意訳.
sin'nie·ren [zı'ni:rən] 〖自〗(über et⁴ 事⁴について)考え込む, 思いわずらう.
'**sin·nig** ['zınıç] 〖形〗 **1**(しばしば反語的に)よく考えられた, 深い意味を持った; 気の利(⁶)いた. eine ～e Bemerkung 意味深いコメント. ein ～es Geschenk〈反語〉(好意は分かるが)的はずれの贈物. **2**《古》(···nend)物思いに沈んだ; (人などが)考え込むことの多い. **3**《地方》思慮深い, 慎重な.
*'**sinn·lich** ['zınlıç ズィンリヒ] 〖形〗 **1**《比較変化なし》感覚の(による), 感覚的な. et⁴ ～ erfassen 物を感覚(目·耳など)でとらえる. **2** 官能的な, 肉感的な, 性的な. ～e Freuden 官能的な喜び. ～e Liebe 性愛. ein ～er Mensch 好色家. j⁴ ～ erregen 人⁴の官能を刺激する.
'**Sinn·lich·keit** 〖女〗 -/ 感覚性, 官能性; 肉感的欲望.
*'**sinn·los** ['zınlo:s ズィンロース] 〖形〗 **1** 無分別な, 度はずれの, 正気を失した. ～ betrunken sein へべれけに酔っている. **2** 意味のない, 無意味な, 無駄な. ～es Geschwätz 無駄なおしゃべり. eine ～e Hoffnung むなしい望み.
'**Sinn·lo·sig·keit** 〖女〗 -/-en《複数なし》無意味さ. **2** 無意味な言動.
'**sinn·reich** 〖形〗 **1** 工夫を凝らした, 巧妙な. **2**(まれ)含蓄に富む, 意義深い. **3**《古》(人などが)聡明な.
'**Sinn·spruch** 〖男〗 格言, 金言.
'**sinn·ver·wandt** 〖形〗《言語》同義の, 類義の.
*'**sinn·voll** ['zınfɔl ズィンフォル] 〖形〗 **1** 分別のある, 賢

明な; 有効な, 有意義な. ~en Gebrauch von et³ machen 物³を有効に利用する. **2** 意味のある; 意味深い. ein ~er Satz 内容のある文章.

'sinn·wid·rig 形 《雅》理性に反した, 矛盾した.

Si·no·lo·ge [zino'lo:gə] 男 –n/–n (gr.) 中国学者, 中国語(中国文学)研究者; 中国学専攻学生. ◆女性形 Sinologin 女

Si·no·lo·gie [zinolo'gi:] 女 –/ 中国学, 中国語(中国文学)研究.

Sin·ter ['zɪntər] 男 –s/– 湯の花(鉱泉の中に生ずる沈澱物).

'sin·tern ['zɪntərn] ❶ 自 (s, h) **1** (s) 焼結する. **2** (s, h) (鉱泉が)沈澱物を生じる, 湯の花をつくる. ❷ 他 焼結させる.

Sint·flut ['zɪntflu:t] 女 –/ 《旧約》ノアの洪水; 大洪水. Nach mir〈uns〉die ~! あとは野となれ山となれ.

Sin·to ['zɪnto] 男 –/..ti [..ti] (ふつう複数で) ジンティ(ドイツ系のジプシーが自らを言う呼称). ↑ Rom², Zigeuner

Si·nus ['zi:nʊs] 男 –/–[..nu:s](-se) (lat.) **1** 《略·記号 sin》《幾何》正弦, サイン. **2** 《解剖》洞.

'Si·nus·kur·ve 女 –/–n 《幾何》正弦曲線.

Si·phon ['zi:fõ, zi'fõ:, zi'fo:n] 男 –s/–s (fr.) **1** 《工学》防臭弁. **2** サイフォン(炭酸水をつくって蓄えておくびん). **3** 《》《話》(Sodawasser) ソーダ水.

'Sip·pe ['zɪpə] 女 –/–n **1** 《民族学》部族, 氏族. **2** 《戯》《侮》親類縁者, 一族. **3** 《》族, 類.

'Sip·pen·for·schung 女 –/ 系譜学.

'Sipp·schaft ['zɪpʃaft] 女 –/–en 《侮》**1** 親類縁者, 一族. **2** 徒党, 一味, 連中.

Sir [zø:r, sə:] 男 –s/–s (engl.) **1** 《複数なし》(英国で男性に対する改まった呼掛け)あなた, だんな様. **2** 《複数なし》(英国貴族の尊称)卿, サー. **3** 卿(サー)と呼ばれる人.

Si·re·ne [zi're:nə] 女 –/–n (gr. seiren) **1** (多く複数で)《神話》セイレーン(美しい歌声で船人をおびき寄せて殺したという半人半鳥の海の精);《比喩》妖婦. **2** サイレン. **3** 《動物》(Seekuh) 海牛.

Si·re·nen·ge·heul 女 –[e]s/– サイレンの鳴る音.

Si·re·nen·ge·sang 男 –[e]s/⁼e セイレーンの歌;《比喩》人を誘惑する言葉.

si·re·nen·haft 形 《雅》(セイレーンの歌のように)人の心を惑わす; 誘惑的な.

'sir·ren ['zɪrən] 自 (h, s) **1** (h) ぶーんという音を立てる(虫などが). **2** (s) ぶーんという音を立てて飛ぶ. Ein Pfeil sirrte durch die Luft. 1本の矢がぶーんと唸りをあげて空中を飛んだ.

Si·rup ['zi:rʊp] 男 –s/–e (arab.) 《複数なし》**1** 糖蜜, シロップ. **2** 《薬学》シロップ剤.

'Si·sal·hanf ['zi:zal..] 男 –[e]s/– サイザル(シザル)麻(メキシコ原産の植物 Sisal の茎·葉からとった繊維).

sis·tie·ren [zɪs'ti:rən] 他 (lat.) **1** (行政措置·営業などを)一時的に停止する. **2** (人⁴を身分の確認などのために)警察に連行する, 仮逮捕する.

Sis'tie·rung [zɪs'ti:rʊŋ] 女 –/–en **1** (行政措置·営業などの)一時的停止. **2** 警察に連行すること, 仮逮捕.

'Si·sy·phus ['zi:zyfʊs] 《人名》《神話》シーシュポス, シシュフォス. ◆途中で必ず転げ落ちてしまう岩を頂上に向かって未来永劫にわたって転がし続ける仕事を地獄で科せられたコリントの王, Sisyphos.

'Si·sy·phus·ar·beit 女 –/–en シーシュポス(シシュフォス)の仕事;(際限なく繰返される)無益な骨折り仕事.

Sitz

*'**Sit·te** ['zɪtə ズィテ] 女 –/–n **1** 慣習, 風習, 風俗. ~ und Brauch / ~n und Gebräuche 風俗習慣. Das ist hierzulande〈bei ihnen〉~. それは当地〈彼ら〉の習わしだ. Das sind ja ganz neue ~n! 《話》(今までと違うやり方に文句をつけて)いつからそうなったんだ. Andere Länder, andere ~n. 《諺》所変われば品変る. **2** 道義, 道徳. 《複数で》礼儀作法, 行儀, 仕来り. gegen die guten ~n verstoßen 道義に反する; 風紀を乱す. 《法制》善良の風俗に反する. ein Mensch mit〈von〉guten ~n 礼儀正しい人. **3**《複数なし》《卑》(Sittenpolizei) 警察の風紀係.

'Sit·ten·bild 中 –[e]s/–er **1** (ある時代やある社会階層などの)風俗描写. **2** 《美術》風俗画.

'Sit·ten·ge·mäl·de 中 –s/– = Sittenbild

'Sit·ten·ge·schich·te 女 –/–n 風俗史.

'Sit·ten·ge·setz 中 –es/–e 道徳律.

'Sit·ten·leh·re 女 –/–n 倫理学, 道徳哲学.

'sit·ten·los 形 不道徳な, 不品行な, 道徳的な規範を欠いた.

'Sit·ten·lo·sig·keit 女 –/ 不道徳, 不品行, 道徳的規範の欠如.

'Sit·ten·po·li·zei 女 –/–en 《複数まれ》警察の風紀係.

'Sit·ten·rich·ter 男 –s/– (しばしば侮) 道徳について口やかましい人; 道学者.

'Sit·ten·streng 形 《古》道徳的に厳格な; 行儀作法にはやかましい.

'Sit·ten·strolch 男 –[e]s/–e 《侮》女性や子供にいたずらをする変質者.

'Sit·ten·ver·fall 男 –[e]s/– 道徳の頽廃.

'Sit·ten·wid·rig 形 公序良俗に反する.

'Sit·tich ['zɪtɪç] 男 –s/–e (gr.) 《話》《鳥》(Papagei) おうむ, インコ.

'sit·tig ['zɪtɪç] 形 《古》= sittsam

*'**sitt·lich** ['zɪtlɪç ズィトリヒ] 形 **1** 《比較変化なし / 述語的には用いない》道義的な, 倫理的な, 道徳上の. ein ~es Bewusstsein 道義心, 倫理的意識. ein ~es Vergehen 性犯罪. ~ gefährdete Jugendliche 非行(不良)少年. **2** 道義心のある; 品行方正の; 礼儀正しい.

'Sitt·lich·keit 女 –/ 道義, 倫理, 道徳. die öffentliche ~ gefährden〈einhalten〉風紀を乱す〈公衆道徳を守る〉. **2** 道義心のある(礼儀正しい)こと.

'Sitt·lich·keits·ver·bre·chen 中 –s/– 性犯罪, わいせつ罪.

'sitt·sam ['zɪtza:m] 形 《古》行儀(しつけ)の良い; (女性についても)しとやかな, 慎み深い.

'Sitt·sam·keit 女 –/ 行儀(しつけ)の良さ; しとやかさ.

*'**Si·tu·a·ti·on** [zituatsi'o:n ズィトゥアツィオーン] 女 –/–en (fr.) 状況, 情勢; 事態, 局面; 立場, 境遇. die politische ~ 政治情勢, 政局. Herr der ~ sein (困難な)情勢に十分対処できる, 状況に押流されない. sich¹ in j² ~ versetzen 人²の立場に身を置く. Versetze dich in meine ~ ! こちらの身にもなってくれ.

Si·tu·a·ti'ons·ko·mik 女 –/ 状況から生じるおかしさ.

si·tu'iert [zitu'i:rt] 形 (fr.) gut ~ sein 良い地位についている; 良い経済状態にある.

'sit 've·nia 'ver·bo ['zɪt 've:nia 'vɛrbo] (lat.) 《略 s. v. v.》かく申し上げることを許されたい. ◆ローマの政治家·文筆家プリニウス Plinius d. J., 61–113 の言葉.

*'**Sitz** [zɪts ズィッ] 男 –es/–e (↓ sitzen) **1** (乗物·ホールなどの)席, 座席; 椅子, (椅子の)座部. ein harter

〈gepolsterter〉～ 固い〈クッションの付いた〉座席. ein ～ im Parkett〈劇場の〉平土間席. Es war kein mehr frei. 空席はもう1つもなかった. j¹ vom ～ hauen〈reißen〉《比喩》《話》人をびっくり仰天させる, あっと言わせる. **2** 議席；《役員などの》ポスト. Die Partei erhielt 40 ～ *e* im Parlament. その政党は国会で40議席を獲得した. **3**（官庁・会社などの）所在地, 本拠；居住地, 居所. Der ～ des Unternehmens ist [in] Berlin. その企業の所在地はベルリーンである. die Seele als ～ des Gefühls《比喩》感情の在り処〈ありか〉としての心. **4**《複数なし》座った姿勢, 座り方. Der Reiter hat einen guten ～. その騎手は乗馬姿勢が良い. auf einen ～《比喩》《話》いっきに, たてつづけに. Auf einen ～ trank er fünf Glas Bier. 彼はたてつづけにビールを5杯飲んだ. **5**《複数なし》〈衣服などの〉合い具合, フィット. einen guten ～ haben〈衣服などが〉ぴったり合っている. der ～ eines Anzugs〈einer Brille〉背広のフィット〈眼鏡のすわり〉. **6** ズボンの尻. **7**《工学》(Halterung) 受け〈軸受けなど〉, 留め具, 掛け釘.

'Sitz·bad 甲 -[e]s/⸚er 座浴.
'Sitz·bank 甲 -/⸚e (腰掛け用)ベンチ. ◆ Kniebank と区別して用いる.
'Sitz·bein 甲 -[e]s/-e《解剖》座骨.
'Sitz·blo·cka·de 甲 -/-n 座り込み(による封鎖).

'sit·zen* ['zɪtsən ズィツェン] saß, gesessen ❶ 自 (h, 南ﾄﾞｲﾂ・ｵｰｽﾄﾘｱ・ｽｲｽでは s) **1** (a) 座っている, 腰掛けている. aufrecht ～ 背筋をのばして座っている. gut〈schlecht〉～ 座り心地が良い〈悪い〉. hart〈weich〉～ 固い〈柔らかい〉椅子に座っている. Zu hoch ～ 椅子が高すぎる. einem Maler ～ ある画家のモデルになる. weder ～ noch liegen können《比喩》(痛みなどで)居ても立ってもいられない. *Sitzt* du gut? 座り心地はいいですか. Wer kommt neben mich zu ～? 誰が私の横に座ることになるのですか. Er hat〈南ﾄﾞｲﾂ・ｵｰｽﾄﾘｱ・ｽｲｽ ist〉selbst am Steuer des Wagens *gesessen*. 彼が自分で(車の)ハンドルを握った. Bleiben Sie bitte ～! どうぞお掛けになったままで(↑sitzen bleiben). j¹ lassen 人¹に席をゆずる(↑sitzen lassen). ～ haben《話》(少し酔っぱらっている.《場所を示す語句と》am Fenster ～ 窓辺に座っている. am Tisch ～ 机に向かっている. an〈bei/über〉einer Arbeit ～ 仕事中である. Er sitzt schon stundenlang an seinem Referat. 彼はもう何時間も研究発表の準備にかかりきりになっている. auf einem Stuhl ～ 椅子に座っている. auf et³ ～《比喩》《話》物を手放そうとしない. auf *seinem* Geld ～《比喩》《話》けちである. beim Kaffee ～ コーヒーを飲んでいる. bei〈zu〉Tisch ～ 食事中である. im Gras ～ 草の上に座っている. Er sitzt immer noch in der zehnten Klasse. 彼は相変らず第10学年のままだ(進級できなくて). im Sessel ～ 安楽椅子に座っている. den ganzen Tag im Wirtshaus ～ 一日中飲み屋にいりびたる. über den Büchern ～ 熱心に勉強している(読書に熱中している). vor dem Fernseher ～ テレビを見ている. immer zu Hause ～ 家に引きこもっている《現在分詞として》eine *sitzende* Beschäftigung 座ったままの仕事, 座業. in *sitzender* Stellung 座った姿勢で. 《中性名詞として》Im *Sitzen* spricht es sich⁴ bequemer. 座って話す方が快適である. (b) (会議などに)議席を持っている；(のメンバーである. in einem Ausschuss ～ ある委員会のメンバーである. im Parlament ～ 国会議員である.

(c) (…に)住んでいる, 居住(定住)している. Er *sitzt* seit Jahren in Südamerika. 彼は数年前から南アメリカに住んでいる. Die Goten *saßen* an der Weichsel. ゴート人はヴァイクセル河畔に住んでいた. (d)《話》会議中である；用便中である；(刑務所に)ぶち込まれている, 服役中である. auf der Toilette ～ トイレに入っている. Er hat drei Jahre *gesessen*. 彼は3年間服役した.
▶ ↑ sitzen bleiben, sitzen lassen

2 (a)《本来の意味が薄れてほとんど sein の意味になって》(ある場所に). Da *sitzt* der Fehler! そこに誤りがある. Die Ursache *sitzt* tiefer. 原因はもっと深いところにある. Der Hut *sitzt* ihm schief auf dem Kopf. 彼は帽子を斜めにかぶっている. Die Firma *sitzt* in München. その会社はミュンヒェンにある. Der Schreck *sitzt* ihm noch in den Gliedern. 彼はいまだショックから覚めやらずにいる. (b) (しっかりと)くっついている；食込んでいる, はまり込んでいる；(釘などが)利いている. An dem Zweig *sitzen* noch einige Blüten. その枝にはまだいくつか花が咲いている. [Bei] ihm *sitzt* die Hand〈sitzen die Tränen〉locker.《話》彼はすぐ手を出す〈涙もろい〉. Ihr war, als *sitze* ihr ein Kloß in der Kehle.《話》彼女はまるで団子が喉につかえたかのようなりさまだった, 興奮(緊張)のあまり喉がつまって話せなかった. Es *sitzt* ein Splitter unter der Haut. 肌に刺がささっている. (c)〈衣服などが〉体に合っている, ぴったりである；〈ネクタイ・髪型などが〉きちんとしている. Der Anzug *sitzt* [gut]. 服は体にぴったり合っている. *Sitzt* die Krawatte [richtig]? ネクタイが曲がっていませんか. (d) 命中する, 的中する. Der Schuss〈Die Ohrfeige〉*saß*. 射撃は命中した〈平手打ちが決った〉. Das *saß*!《比喩》(当てこすり・批判などが)効いてあれはきいた, 図星だった. (e) (習い覚えたことが)しっかり頭に入っている(身についている). Der Text *sitzt*. テクスト(歌詞, せりふ)をそらんじている.

3（鳥などが）とまっている；卵を抱いている. Fliegen *sitzen* auf dem Braten. 蠅がロースト肉にたかっている. Die Henne *sitzt* [auf den Eiern]. めんどりが卵を温めている.

4《**voll[er]**》と》…でいっぱいである. Der Wartesaal *saß* voll[er] Menschen. 待合室は人でいっぱいだった.
5《次の用法で》et⁴ nicht auf sich³ ～ lassen 事⁴の非難・侮辱などをそのままにしておかない. Das lasse ich nicht auf mir ～! それは聞き捨てならない(黙っていられない).

6 (s) 《南ﾄﾞｲﾂ・ｵｰｽﾄﾘｱ》(sich setzen) (…に)座る, 腰を下ろす. auf eine Bank ～ ベンチに座る.

❷ 再《**sich**》**1**《結果を示す語句と》*sich* müde ～ 座り疲れる.
2《非人称的に》Hier *sitzt* es sich gut. ここは座り心地がよい.

'sit·zen blei·ben*, °**'sit·zen│blei·ben*** 自 (s) **1**《話》落第(留年)する. **2**《話》《古》(女性が)結婚相手が見つからない；(女性が)ダンスのパートナーが見つからない. **3**《話》(商人が)買手が見つからない(auf et³ 物³の). **4**《地方》(パンの生地(き)が)ふくらわない. **5**《ｽﾎﾟｰﾂ》スタートで出遅れる. ◆ 'sitzen 'bleiben は「座ったままでいる」の意.
'Sit·zen·blei·ber 男 -s/-《話》留年生, 落第生.
'sit·zen las·sen*, °**'sit·zen│las·sen*** 他《話》 **1** 見捨てる, 見殺しにする. Er hat Frau und Kinder *sitzen lassen*. 彼は妻子を置去りにして蒸発した. ein Mädchen ～《古》女の子を捨てる(結婚を約束しておきながら). **2** 落第(留年)させる. **3** (j¹ auf〈mit〉et¹

人⁴の物³)に買手がつかない．**4**（人⁴に）待ちぼうけを食わせる．◆過去分詞 sitzen lassen（まれ sitzen gelassen）◆²'sitzen 'lassen は「座らせる」の意（↑sitzen I(a)）．

'sit·zer [..zɪtsər]《接尾》（↓sitzen）数詞などにつけて「...人乗りの車（乗物），...人掛けの椅子（ソファーなど）」の意の男性名詞（-s/-）をつくる．Vier*sitzer* 4 人乗りの車（乗物），4人掛けの腰掛．

Sitz·fleisch 中 -[e]s/ **1**《次の成句でのみ》《話》～ haben 長っ尻（じり）である，長居をする．kein ～ haben じっと座っていられない，根気がない．**2**《戯》(Gesäß) 尻．

Sitz·ge·le·gen·heit 女 -/-en 座るための設備，座席，椅子（類）．

Sitz·kis·sen 中 -s/- クッション，座ぶとん．

Sitz·ord·nung 女 -/-en 席順．

Sitz·platz 男 -es/ˆ-e (↔ Stehplatz) 座席．ein Theater mit 800 *Sitzplätzen* 座席が 800 席ある劇場．

Sitz·stan·ge 女 -/-n（鳥籠などの）止り木．

Sitz·streik 男 -[e]s/-s 座り込みストライキ．

Sit·zung ['zɪtsʊŋ] 女 -/-en **1** 会議，集会；（裁判の）審理．an einer ～ teilnehmen 会議に出席する．eine feuchtfröhliche ～《話》酒宴．**2** (a)（絵や彫刻のモデルとして座ること．(b) 歯科，精神科などでの治療）を受けること．(b)（Karnevalssitzung）カーニバルの（協会が主催する歌や踊りの）集会．

Sit·zungs·be·richt 男 -[e]s/-e 議事録．

Sit·zungs·pe·ri·o·de 女 -/-n（議会の）会期．

Sit·zungs·saal 男 -[e]s/..säle（大）会議室，議場．

Si·zi·li·a·ner [zitsili'a:nər] 男 -s/- シチリアの住民（出身者）．◆女性形 Sizilianerin 女 -/-nen

si·zi·li·a·nisch [zitsili'a:nɪʃ] 形 シチリア（人，方言）の．↑deutsch

Si'zi·li·en [zi'tsi:liən]《地名》シチリア島．

SJ《略》=Societas Jesu

Ska·bi·es ['ska:biɛs] 女 -/（*lat.*）《病理》疥癬（かいせん）．

Ska·la ['ska:la] 女 -/-Skalen(-s) (*it.*, 'Treppe') **1**（計器の）目盛り．**2** 段階，等級．eine ～ von verschiedenen Grün 濃淡さまざまな緑色．**3**《工学》（印刷用の）色見本．**4**《音楽》音階．

Ska'lar [ska'la:r] 男 -s/-e **1**《数学・物理》スカラー．**2**《魚》(Segelflosser) エンゼルフィッシュ．

Skal·de ['skaldə] 男 -n/-n (*anord.*) スカルド（中世にノルウェーやアイスランドで活躍した宮廷詩人）．

Skal·den·dich·tung 女 -/ スカルド詩（文学）．

Ska·len ['ska:lən] Skala の複数．

Skalp [skalp] 男 -s/-e (*engl.*)（北米インディアンが戦勝記念として敵の頭から剝いだ頭髪のついた）頭皮．

Skal'pell [skal'pɛl] 中 -s/-e (*lat.*) 外科用メス．

skal'pie·ren [skal'pi:rən] 他 (*engl.*)（人⁴の）頭皮を剝ぐ．

Skan'dal [skan'da:l] スカンダール 男 -s/-e (*fr.*) **1** スキャンダル，醜聞，腹立たしい事．einen ～ verursachen スキャンダルをまき起す．in einen ～ verwickelt werden ～に巻込まれる．**2**《地方》騒音，騒ぎ．einen ～ machen 騒ぎたてる；怒鳴りちらす．

skan·da'lie·ren [skanda'li:rən] 自 《古》騒ぐ．

skan·da'lös [skanda'lø:s] 形 **1** スキャンダルになりそうな，破廉恥な，腹立たしい，言語道断の．

Skan'dal·pres·se 女 -/（侮）（醜聞専門の）低俗新聞，赤新聞．

skan'die·ren [skan'di:rən] 他 (*lat.*) **1**（詩句などを強く抑揚を付けて（韻律に従って）音読する．**2** 一語一語区切って（抑揚を付けて）話す；（シュプレヒコールなどを）抑揚を付けて唱える．

Skan·di'na·vi·en [skandi'na:viən]《地名》スカンディナヴィア．

Skan·di'na·vi·er [skandi'na:viər] 男 -s/- スカンディナヴィア人．

skan·di'na·visch [skandi'na:vɪʃ] 形 スカンディナヴィア（人，語）の．↑deutsch

Skat [ska:t] 男 -[e]s/-e(-s) (*it.* scarto, das Wegwerfen) **1**《複数なし》スカート（トランプ遊びの一種）．～ spielen スカートをする．～ klopfen〈kloppen/dreschen〉《話》飽きずにいつまでもスカートを続ける．**2** スカートで伏せて置かれた 2 枚の場札．

'Skate·board ['ske:tbɔrt, 'skeɪtbɔ:d] 中 -s/-s (*engl.*) スケートボード．

'skate·boar·den ['ske:tbɔrdən, 'skeɪtbɔ:dən] 自 (s) スケートボードで滑る．

'Skate·boar·der ['ske:tbɔrdər, 'skeɪtbɔ:də] 男 -s/- スケートボードで滑る人．

'ska·ten¹ ['ska:tən] 自《話》《スポ》スカートをする．

'ska·ten² ['ska:tən] 自 (s) **1** スケートボードで滑る．**2** インラインスケートで滑る．

'Ska·ter¹ ['ska:tər] 男 -s/-《話》=Skatspieler

'Ska·ter² ['ska:tər] 男 -s/- **1** スケートボードで滑る人．**2** インラインスケートで滑る人．

'Skat·spie·ler 男 -s/- スカートをする人．

'Ske·le·ton ['skelətən, ..lɛtɔn] 男 -s/-s《スポ》スケルトン（背の低い競技用橇（そり））．

Ske'lett [ske'lɛt] 中 -[e]s/-e (*gr.*) 骸骨；骨格．zum ～ abmagern やせて骨と皮だけになる．**2**《土木》骨組．《植物》（葉などの）組織．**3** 骨子，輪郭．

Ske'lett·bau 男 -[e]s/-ten **1**《複数なし》（鉄骨などによる）骨組式構造建築．**2**（鉄骨などによる）骨組式構造建築物．

'Skep·sis ['skɛpsɪs] 女 -/ (*gr.*, 'Betrachtung, Prüfung') 疑心，不信；懐疑的な態度．et⁴ mit ～ betrachten 事⁴を不信の目で見る．

'Skep·ti·ker ['skɛptikər] 男 -s/- **1** 疑い深い人．**2**《哲学》懐疑論者．

*'skep·tisch** ['skɛptɪʃ] スケプティシュ 形 懐疑的な，疑い深い；《哲学》懐疑論の．ein ～ gegenüberstehen 事³に疑念をいだいている．ein ～es Gesicht machen いぶかしげな顔をする．

Skep·ti'zis·mus [skɛpti'tsɪsmʊs] 男 -/ **1**（Skepsis）懐疑的な態度．**2**《哲学》懐疑論，懐疑主義．

Sketch [skɛtʃ] 男 -[es]/-e(-es, -s) =Sketsch

Sketsch [skɛtʃ] 男 -[e]s/-e (*engl.*)（多くの寄席で演じられる）風刺のきいた寸劇．

*'**Ski** [ʃi:; ʃ-] 男 -[s]/-[er] (*norw.*) (Schi) スキー；スキー板．～ fahren〈laufen〉スキーをする．auf ～*ern* die Piste hinabrasen スキーをはいてコースを滑り降りる．～ Heil! シーハイル（スキーヤーの挨拶）．

'Ski·akro·ba·tik 女 -/ アクロバットスキー．

'Ski·bril·le 女 -/-n スキー用ゴーグル．

'Ski·fah·rer 男 -s/- スキーヤー．

'Ski·ge·län·de 中 -s/- スキー場，ゲレンデ．

'Ski·ha·serl 中 -s/-[n]《戯》《南ドイツ・オーストリア》**1** スキーをする若い女の子．**2** スキーを習いたての女の子．

'Ski·lang·lauf 男 -[e]s スキーの距離競技．

'Ski·lauf 男 -[e]s, **'Ski·lau·fen** 中 -s/ スキー（で滑ること）．

'Ski·läu·fer 男 -s/- スキーヤー．◆女性形 Skiläuferin 女 -/-nen

'Ski·lift 男 -[e]s/-e(-s) スキーリフト.
'Skin·ef·fekt ['skɪn..] 男 -[e]s/-e (engl. skin, Haut')【電気】(高周波電流の)表皮効果.
'Ski·sport ['ʃi..] 男 -[e]s/-e スキースポーツ.
'Ski·sprin·gen 中 -s/ 《スポ》(スキーの)ジャンプ.
'Ski·stock 男 -[e]s/¨e (スキーの)ストック.
'Skiz·ze ['skɪtsə] 女 -/-n (it.) **1** スケッチ, 素描; 見取り図, 略図. **2** (要点だけを記した)メモ,（講演や小説などの)草案, 概要;【文学】(スケッチ風の)小品.
'Skiz·zen·buch 中 -[e]s/¨er スケッチブック, 写生帳.
'skiz·zen·haft 形 スケッチ風の; 簡略な, 走り書きの.
skiz'zie·ren [skɪ'tsi:rən] 他 **1** (物を)スケッチする;（物の)略図(見取図)を描く. **2** (物の)要点だけを記述べる. **3** (物の)草案を書く.
'Skla·ve ['skla:və, ..fə] 男 -n/-n (gr.) 奴隷;《比喻》(欲望や悪習などの)虜(とりこ). mit ~n handeln 奴隷の売買をする. sich¹ zum ~n seiner Begierden machen 自己の欲望の虜になる.
'Skla·ven·ar·beit 女 -/-en **1** 奴隷労働. **2**《比喻》苦役.
'Skla·ven·hal·ter 男 -s/- 奴隷所有者.
'Skla·ven·han·del 男 -s/ 奴隷売買(貿易).
'Skla·ven·markt 男 -[e]s/¨e【歴史】奴隷市場.
'Skla·ven·mo·ral 女 -/【哲学】(↔ Herrenmoral) 奴隷の道徳 (Nietzsche の用語).
'Skla·ven·schiff 中 -[e]s/-e【歴史】奴隷船.
Skla·ve'rei [skla:və'raɪ, ..fa'raɪ] 女 -/ **1**【歴史】奴隷の身分; 奴隷制. **2**《比喻》隷属状態; 苦役, つらい仕事.
'Skla·vin ['skla:vɪn, ..fɪn] 女 -/-nen (Sklave の女性形)女奴隷.
'skla·visch ['skla:vɪʃ, ..fɪʃ] 形 **1** 奴隷のような, 卑屈な. sich¹ ~ an eine Anordnung halten 命令に唯々諾々(いいだくだく)として従う. **2**《比喻》自主性のない.
'Skle·ra ['skle:ra] 女 -/..ren[..rən]【解剖】(Lederhaut)(眼球の)強膜.
Skle'ro·se [skle'ro:zə] 女 -/-n (gr.)【医学】硬化(症).
'Skon·ti ['skɔnti] Skonto の複数.
skon'tie·ren [skɔn'ti:rən] 他 (it.)【経済】(物から)割引きする. eine Rechnung 〈einen Betrag〉 ~ 勘定(請求金額)から割引く.
'Skon·to ['skɔnto] 中 (男) -s/-s (Skonti[..ti]) (it., Abzug') (現金払いなどに対する)割引.
skon'trie·ren [skɔn'tri:rən] 他 (it.)【経済】(在庫データを)出入計算によって補正する; 出入計算によって在庫数量を割出す.
'Skon·tro ['skɔntro] 中 -s/-s (it.)【経済】(出入計算によって求め得られた在庫数量を記載した)在庫リスト.
'Skoo·ter ['sku:tər] 男 -s/- (engl.) ゴーカート.
Skor'but [skɔr'bu:t] 男 -[e]s (lat.)【病理】壊血病.
Skor·pi'on [skɔrpi'o:n] 男 -s/-e **1**【動物】蠍(さそり). **2** (a) der ~〈天文〉蠍座;【占星】天蝎(てんかつ)宮(黄道12宮の一). (b) 蠍座生まれの人.
skr（略）= die schwedische Krone スウェーデン・クローネ(ユーロ導入以前のスウェーデンの通貨単位, クローナとも).
Skri'bent [skri'bɛnt] 男 -en/-en (lat.)《侮》多作家, 濫(らん)作家.
Skript [skrɪpt] 中 -[e]s/-e (lat. scriptum, Geschriebenes') **1** (Manuskript) 原稿, 草稿;（大学の講義の)原稿.（講義を筆記した)ノート. **3** (多く複数 -s)【映画】台本, シナリオ.
'Skrip·tum ['skrɪptʊm] 中 -s/..ten[..tən](..ta[..ta] (lat.)《古》《オーストリア》= Skript
'Skro·fel ['skro:fəl] 女 -/-n (lat.) (多く複数で)【医学】**1** 頸部リンパ腺腫瘍. **2** (Skrofulose) 腺病.
skro·fu'lös [skrofu'lø:s] 形 (lat.)【医学】腺病にかかった, 腺病性(質)の.
Skro·fu'lo·se [skrofu'lo:zə] 女 -/-n (lat.)【医学】腺病.
'Skru·pel ['skru:pəl] 男 -s/- (lat., spitzes Steinchen')（多く複数で)（自分の行動に対する道徳上の)疑念, 良心のとがめ. ~ haben 良心の呵責(かしゃく)を感じる. ohne [jeden] ~ 少しもためらわずに, 平然と.
'Skru·pel² 男 -s/- (lat.)（古）スクルペル(薬の重量が量るのに用いられた単位, =約1.3g).
'skru·pel·los 形 良心のとがめを感じない, 疑念を持たない. j¹ ~ betrügen 人を平気でだます.
'Skru·pel·lo·sig·keit 女 -/ 良心のとがめを感じないこと(態度),（自分の企てに倫理的に)疑念を持たないこと(態度).
skru·pu'lös [skrupu'lø:s] 形 (lat.)《古》小心翼々とした; ひじょうに几帳面な, くそ真面目な.
'Skull·boot ['skʊl..] 中 -[e]s/-e (engl. scull, kurzes Ruder') ボート競技のスカル艇.
skulp'tie·ren [skʊlp'ti:rən] 他 (lat.)（とくに人物像などを)彫刻する;（とくに板石などに)彫刻する.
Skulp'tur [skʊlp'tu:r] 女 -/-en (lat.) **1**（複数で)彫刻. **2** 彫刻品, 彫像.
skulp·tu'ral [skʊlptu'ra:l] 形 彫刻的な, 彫刻の.
Skunk [skʊŋk] 男 -s/-e(-s) (engl.) **1**【動物】(Stinktier) スカンク. **2**（多く複数で) スカンクの獣皮; スカンクの(獣皮から造った)毛皮.
skur'ril [skʊ'ri:l] 形 (lat.) 奇想天外な, 奇抜な; 滑稽な, おどけた, 一風変った. ~e Einfälle〈Ideen〉奇抜な思いつき(アイデア).
'Skyl·la ['skʏla] 女 -/ (gr.)《ギ神話》(Scylla, Szylla) スキュラ. ♦ Homer の『オデュッセイア』 Odyssee でカリュブディスに面する洞穴に棲み, 3重の歯と6つの頭と12本の足を持つ海の怪物.
'Sky·the ['sky:tə] 男 -n/-n (gr.) スキタイ人. ♦ 前6世紀から前4世紀頃黒海北岸の草原地帯に強大な遊牧国家を建設したイラン系遊牧民族.
'Sla·lom ['sla:lɔm] 男 -s/-s (norw.) **1**《スポ》(a) スラローム(スキーの回転競技). (b) スラロームカヌー(カヌー競技の種目の1つ). **2**《比喻》ジグザグ運動(走行).
Slang [slɛŋ] 男 -s/-s (engl.) **1** 俗語, スラング. **2**（特定の社会階層や集団などの)特殊な用語, 隠語.
'Sla·we ['sla:və] 男 -n/-n スラヴ人.
'Sla·win ['sla:vɪn] 女 -/-nen (Slawe の女性形)女のスラヴ人.
'sla·wisch ['sla:vɪʃ] 形 スラヴ(人, 語)の. ↑deutsch
Sla'wist [sla'vɪst] 男 -en/-en スラヴ学者, スラヴ語(スラヴ文学)研究者; スラヴ学専攻学生. ♦ 女性形 Slawistin 女 -/-nen
Sla'wi·stik [sla'vɪstɪk] 女 -/ スラヴ学, スラヴ語(スラヴ文学)研究.
sla'wi·stisch [sla'vɪstɪʃ] 形 スラヴ学(スラヴ語スラヴ文学)の, スラヴ学(スラヴ語スラヴ文学研究)に基づく(に関する).
Slip [slɪp] 男 -s/-s (engl., gleiten') **1** (女性用)パンツ;（男性用)ブリーフ. **2**【航空・海事】(プロペラ・スクリューの空転による)推力の喪失, 失脚. **3**【航空】(機体の)横滑り. **4**【海事】(Schlipp) (傾斜し

Slip·per ['slɪpər, 'slɪpɐ] 男 -s/-[s] (*engl.*, Pantoffel') **1** スリッパ(紐のないかかとの低い軽快な靴, スリッパ・オンとも). **2** 《服飾》《複数 -》スリッパ(スポーティーな男性用コート).

Slo·gan ['slo:gən, 'sloʊgən] 男 -s/-s (*engl.*) スローガン, 標語; キャッチフレーズ.

Slo·wa·ke [slo'va:kə] 男 -n/-n スロヴァキア人(出身者).

Slo·wa·kei [slova'kaɪ] 女 -/ 《地名》die ～ スロヴァキア(1993 より共和国, それ以前は旧チェコスロヴァキア東部の一地方).

slo·wa·kisch [slo'va:kɪʃ] 形 スロヴァキア(人, 語)の. ↑deutsch

Slo·we·ne [slo've:nə] 男 -n/-n スロヴェニア人(出身者).

Slo·we·ni·en [slo've:niən] 《地名》スロヴェニア(1991 より共和国, それ以前は旧ユーゴスラヴィア北西部の一共和国).

slo·we·nisch [slo've:nɪʃ] 形 スロヴェニア(人, 語)の. ↑deutsch

Slum [slam, slʌm] 男 -s/-s 《多く複数で》(*engl.*) 貧民窟, スラム(街).

sm 《記号》=Seemeile

Sm 《記号》《化学》=Samarium

S. M. 《略》=Seine Majestät 陛下.

Sma·ragd [sma'rakt] 男 -[e]s/-e (*gr.*) エメラルド.

sma·rag·den [sma'rakdən] 形 《比較変化なし》**1** 《付加語的用法のみ》エメラルド(製)の. **2** エメラルドのような(色の), エメラルドグリーンの.

sma'ragd·grün 形 エメラルドグリーンの, エメラルド色の.

smart [sma:rt, smart] 形 (*engl.*) **1** 抜け目のない, ずる賢い. **2** あか抜けた, スマートな.

Smog [smɔk, smɔg] 男 -[s]/-s (*engl.*) スモッグ.

Smok·ar·beit ['smo:k..] 女 -/-en (↓smoken) スモック, スモッキング(布にひだを寄せ美しくする手芸の一種, またその手法の施されたひだ飾り).

smo·ken ['smo:kən] 他 (物に)スモック(スモッキング)を施す.

Smo·king ['smo:kɪŋ] 男 -s/-s (*engl.*) スモーキング(タキシードの別名).

Sn 《記号》《化学》=Stannum

Snail-Mail ['sneɪlmeɪl] 女 -/-s (*engl.*) かたつむり郵便(電子メールに対して通常の郵便のこと).

Snob [snɔp] 男 -s/-s (*engl.*)《俺》(富や地位ゆえに上品ぶる)俗物, 気取り屋.

Sno·bis·mus [sno'bɪsmʊs] 男 -/..men [..mən] **1**《複数なし》俗物根性. **2** 紳士気取りの(俗物的な)言動.

sno·bis·tisch [sno'bɪstɪʃ] 形 紳士気取りの, 俗物的な.

Snow·board ['sno:bo:rt, 'snoʊbɔ:d] 中 -s/-s (*engl.*) スノーボード.

snow·boar·den ['sno:bo:rdən, 'snoʊbɔ:dən] 自 (h, s) スノーボードで滑る.

Snow·boar·der ['sno:bo:rdər, 'snoʊbɔ:də] 男 -s/- スノーボードで滑る人.

SO [zo:, ゾー] ❶ 副 **1**《方法・状態・性質などに関して / 文中でふつうアクセントをもつ》その(この)ように. *So geht es nicht.* そうはいかない. *So habe ich es nicht gemeint.* そういうつもりで言ったのではない. *So betrachtet*〈gesehen〉, hat er Recht. そのように見れば彼の言うことは正しい. Die Sache verhält sich⁴ ~: ... 事情は次のとおりです. ... *So ist es!* そうなんだ; そのとおりだ. Recht〈Gut〉 ~! それでよし; そのとおり. [Nur] weiter ~ ! その調子でいけ. *So nicht!* そんなことはするな. Sieh mich nicht ~ an! 私をそんな目で見ないでください. *So kann das nicht bleiben.* これではこのままにはしておけない. *So kannst du nicht auf die Straße gehen.* そんな恰好じゃ表には出られないよ. wenn ich ~ sagen darf そう言ってよければ. ~ und nicht anders まさしくそのように. und ~ weiter《略 usw.》/ und ~ fort《略 usf.》(語句の後に置かれて)...など. ~ oder〈und〉~ そうともこうとも, ああだったりこうだったり; いずれにしても, どっちみち. Das kann man ~ oder〈und〉~ sehen. それはいろんな見方ができる. Er muss das Geld ~ oder〈und〉~ zurückzahlen. 彼はどっちみちその金を返さなくてはならない. Sie spricht einmal ~, ein andermal ~〈bald ~, bald ~ / erst ~, dann ~〉. 彼女はああ言ったりこう言ったりする. 《後続の als [ob], dass, wie と呼応して》Mir ist〈Es ist mir〉 ~, als [ob]... 私には(まるで)...のように思われる. Mir ist ~, als hätte ich ihn schon einmal irgendwo gesehen. 私は前に一度どこかで彼に会ったような気がする. Er spricht ~, dass ihn jeder verstehen kann. 彼はみんなに分かるように話す. Handle ~, wie du es für richtig hältst. 自分が正しいと思うように行動せよ. Wie du mir, ~ ich dir. そっちがそうならこっちもこうだ.

2《文中でふつうアクセントをもつ》**(a)**《程度を表して》そんな(こんな)に, それ(これ)ほど; とても, ひじょうに. Er ist ~ groß.（手などで示しながら）彼はこれくらいの背丈だ. Einen ~ heißen Sommer hatten wir seit Jahren nicht. こんなに暑い夏はここ何年もなかった. Sprich bitte nicht ~ laut! どうかそんなに大きな声で話さないで. Sei ~ gut und schließe die Tür! 悪いけれどドアを閉めてください. Ich bin [ja] ~ froh. 私はとってもうれしい. Es tut mir ~ leid. まことに残念です(申訳ない). nicht ~ viel《話》少しも...てない. Das hat nicht ~ viel genutzt. それはこれといった役に立たなかった. **(b)**《後続の zu 不定詞句と呼応して》...するほど(それほど).... Ich bin nicht ~ dumm, das zu glauben. 私はそれを信じるほど馬鹿じゃない. **(c)**《後続の dass と呼応して》あまりに...なので...; ...なくらい.... Er ist ~ krank, dass er nicht kommen kann. 彼は病気が重いので来ることができない. Sie war ~ erschrocken, dass sie nicht sprechen konnte. 彼女は口もきけないくらい驚いた. **(d)**《後続の wie〈als〉と呼応して / 文中ふつうアクセントをもたない》...と同じくらい.... Er ist ~ alt〈groß〉wie ich. 彼は私と同い年〈同じ背丈〉だ. Das Zimmer ist doppelt ~ groß wie meins. この部屋は私の部屋の倍の大きさだ. ~ weiß wie Schnee / wie Schnee ~ weiß 雪のように白い. Er ist ~ dumm wie faul. 彼は馬鹿で怠け者だ. ~ schnell wie〈als〉möglich できるだけ早く(急いで). ~ gut wie... ほとんど...だ, も同然だ. ～ ist ~ gut wie sicher. それはほとんど確実だ. **(e)**《*nur so* の形で》《話》(音・速さなどに関して)ものすごく. Es hat nur ~ geknallt. どかんとものすごい音がした. Der Wagen sauste nur ~ dahin. 車は猛スピードで走り去った. ▶↑① 5(b) **(f)**《*noch so* の形で / 認容を表す》たとえ んなに...でも. Und wenn du mich noch ~ sehr bittest, es geht nicht. 君にどんなに頼まれようとも, そう

SO

はいかないんだ.
3《指示代名詞的に / 文中でふつうアクセントをもつ》(solch)(a)《話》《不定冠詞と結びついて》そんな, こんな. Rede nicht ~ einen Unsinn! そんな馬鹿げたことを言うな. bei ~ einem Wetter こんな天気のときに. So ein Zufall! なんという偶然だろう. (b)《複数名詞の前に置いて / しばしば侮蔑的に》そんな, こんな. So Sachen kannst du dir hier nicht erlauben. そんなことはここではやってはいけません. (c)《不定代名詞と結びついて》~ einer《侮》そういう(いやみな, いかがわしい)男. ~ eine《侮》そういう(だらしない, ふしだらな)女. Du solltest dich nicht mit ~ einer abgeben. ああいう女とはかかわり合わない方がいい. ~ etwas そんなこと(もの). So etwas sagt man nicht! そんなことは言わないものだ. So etwas Schönes habe ich noch nie gesehen. こんなに美しいものを私はこれまで見たことがない. ~ etwas! なんてことだ. ~ was《話》そんなこと(もの);《侮》そんな輩(ぷら), そんなやつ. So was von Dummheit! なんてばかなこと. Nein〈Na/Also〉~ was! びっくりした. Und ~ was nennt sich⁴ Fachmann! こんなやつが自分は専門家だなんて言うんだ. Und ~ was lebt! そんな(馬鹿な)やつがのうのうと生きているなんて.
4《接続詞的に / 文中にアクセントをもたない》(a)《前文の結果を表して》それゆえ, だから. Du hast es gewollt, ~ trage die Folgen. 君がそれを望んだのだ, だから結果についても責任を負いなさい. (b)《条件を表す前文を受けて》それなら, そうすれば. Hast du einen Wunsch, ~ will ich ihn dir erfüllen.《古》君に望みがあるなら私がそれをかなえてあげよう. Hilf dir selbst, ~ hilft dir Gott.《諺》天はみずから助くる者を助く. (c)《副文の機能をもつ主文を受けて》Es dauerte gar nicht lange, ~ kam er. ほんの少しして彼がやって来た. (d)《命令文の文頭で / 促しの気持を表す》So lasst uns beginnen! じゃあ始めようか. So komm doch 〈schon〉endlich! さあ早く!
5《話》《文中にアクセントをもつ》(a)《他のものをつけ加えたり持ったりしないで》そのままで, それだけで; 料金を払わずに, ただで. Ich brauche kein Brot, ich esse die Wurst ~. パンはいらない, ソーセージだけ食べるよ. Nimm den Schirm mit! — Ach, ich gehe ~. 傘を持って行きなさい — いや, なしで行くよ. Du gefällst mir ~, wie du bist. 私は今のままの君が好きだ. Es geht auch〈schon〉~.《助きを借りずに》ひとりでも大丈夫だ. Ich habe ~ schon genug zu tun. 私はそれでなくても忙しいんだ. Er ist ~ ins Kino gekommen. 彼はただで映画館に入った. (b)《**nur so**の形で》ただなんとなく. Das habe ich nur ~ gesagt. ただなんとなく言ってみただけだよ.
6《話》《文中にアクセントをもたない》(a)《数詞と / しばしば同じ意味の副詞を伴って》およそ, 約. ~ vor drei Jahren 3 年ほど前に. So etwa 30 Leute waren da. 30 人くらいの人がそこにいた. ~ an〈um〉zehn Euro 10 ユーロかそこら. (b)《表現をぼかしたり, やわらげたりする》was die Leute ~ sagen とかく人の言うこと. Er hat ~ seine Pläne. 彼にも彼なりの計画があるようだ.《**oder**や**und**の後に置かれて》Eine Stunde oder ~ kann es schon dauern. 1 時間ほどは十分かかるだろう. im April oder ~ 4 月かそのあたりに. Häuser, Grundstück und ~ 家や, 土地といったようなもの.
7《強めとして / 文中にアクセントをもたない》まったく, 全然. Mir ist das ~ egal. 私にとってはそれはまったくどうでもいいことだ. Ich habe ~ manches Mal darum gebeten. わたしは何回となくそれを頼んだ. Sie wa damit ~ gar nicht zufrieden. 彼女はそれにはにあっちも満足していなかった.
8《間投詞的に》(a)《完了後の安堵感を表して》So jetzt bin ich fertig. さあ, これで済んだ. So, so, nun? でしてね, よくはし. (b)《確認・納得を表して》Ach — !, あ, そう. (c)《問いの形で軽い驚きや疑念を表す》Er kommt morgen. — So? 彼はあす来るよ — んと? (d)《了解・了承を無関心ないし冷淡な口調で示す》Du, es regnet jetzt. — So. 雨が降っているあたいだ — あっそう. So, du kommst nicht mit — dan gehe ich eben allein. そう, 一緒に来ないの, じゃあ私とりで行くさ.

❷ 接《従属 / 定動詞後置》**1**《**so dass** ...の形で / 果を表す》だから, それで. Er war krank, ~ dass e nicht kommen konnte. 彼は病気だった, だから来れかった. ▶ sodass とも書く. ↑sodass
2《形容詞・副詞を伴って》(a)《認容を表す》どんなに. しても. So leid es mir tut, ich muss jetzt gehen. 念ながら, もう行かねばなりません. So sehr er sich auch〈immer〉bemüht, er hat keinen Erfolg. どんに努力しても彼は成果を挙げられない. (b)《制限を表す》...のかぎり. Er rannte, ~ schnell er konnte. 彼力のかぎり速く走った. (c)《主文・副文それぞれの文に置かれて / 相関関係を表す》So jung sie ist, ~ sie fahren ist sie. 彼女は若いだけに経験不足だ.
3《古》《雅》《条件を表して》もし...ならば. Wir uns wieder, ~ es das Schicksal will. ご縁があればた会えるでしょう. So dich dein Auge ärgert, reiß es aus und wirfs von dir.《新約》もし片方の目があなをつまずかせるなら, えぐり出して捨ててしまいなさい (マタ18:9).

❸ 代《関係 / 定動詞後置 / 1 格と 4 格のみ》《古》Bit tet für die, ~ euch beleidigen und verfolgen. 約》自分を迫害する者のために祈りなさい (マタ 5:44).
◆ ↑ so genannt, so viel, so weit, so wenig, umso

SO《略》=Südost[en]
So.《略》=Sonntag
s. o.《略》=siehe oben! 上記参照.

****so'bald** [zo'balt ゾバルト] 接《従属 / 定動詞後置》...するやいなや. Ich rufe an, ~ ich zu Hause bin 家に帰ったらすぐに電話をします. Komm, ~ d kannst. できたら早く来てください.

So'ci·e·tas Je·su [zo'tsi:etas 'je:zu] 女 -/-《略SJ》《カトリ》イエズス会. 1 Jesuitenorden

'**Söck·chen** ['zœkçən] 中 -s/-《Socke の縮小形》《つう複数で》小さなソックス; (とくに婦人・子供用の)ソックス.

****So·cke** ['zɔkə ゾケ] 女-/-n《lat.》《ふつう複数で》ックス, 短靴下. ein Paar ~n ソックス 1 足. Mi qualmen die ~n.《話》私は大急ぎでやって来た(靴下から湯気が立つほどだ). j³ auf den ~n sein《話》人⁵跡をつける, 追跡する. sich⁴ auf die ~n macher《話》(急いで)出発する, 立去る. von den ~n 《話》びっくり仰天する.

'**So·ckel** ['zɔkəl] 男 -s/- 《fr.》**1**(建物などの)土台, 礎; (柱・立像などの)台, 台座. **2**《電子工》(電球・真空管などの)口金; ソケット. **3**《賃金の》ベース.

'**So·cken** ['zɔkən] 男 -s/-《南》《オーストリア》《ふつう複数で》=Socke

'**So·cken·hal·ter** 男 -s/-《多く複数で》《古》(男性用)靴下留め.

Sod [zo:t] 男 -[e]s/-e (↓ sieden)《古》**1**《複数な

沸騰. **2** 《複数なし》(Sodbrennen) 胸やけ. **3** (Brühe) 肉汁. **4** 《古》(釣瓶)井戸.
So·da ['zo:da] (*sp.*) **❶** 囲 -/《化学》ソーダ, 炭酸ナトリウム. **❷** 田 -s/ (Sodawasser) ソーダ水, 炭酸水.
'**so·dann** [zo'dan] 副 **1** (außerdem) その上に, さらに. **2** 《古》(danach) その後, それから.
'**so·dass**, °**so·daß** [zo'das] 腰《従属 / 定動詞後置》(so dass) だから, それで. Er war krank, ～ er absagen musste. 彼は病気だったので約束をキャンセルせねばならなかった. ◆↑so ② 1
So·da·was·ser 田 -s/- ソーダ水, 炭酸水.
Sod·bren·nen 田 -s/《医学》胸やけ.
So·de ['zo:də] 囲 -/-n《北ドイ》**1** (根ごと4角に切取った)芝生. **2** (れんがに切って乾燥した)泥炭.
So·dom ['zo:dɔm] **❶**《地名》《旧約》ソドム. ▶姉妹都市ゴモラとともに, その住民の退廃的生活行状にヤーヴェによって住民もともに焼き滅ぼされた都市. 創 18–19. **❷** 田 -/ **1** 退廃(罪業)の都市. **2**《成句的に》～ und Gomorrha 退廃と罪業の支配する状態; てんやわんやの大混乱.
So·do·mie [zodo'mi:] 囲 -/ (*lat.*) 獣姦.
so·do·mi·tisch [zodo'mi:tɪʃ] 形 獣姦の, 獣姦を行う.
so'eben [zo'|e:bən] 副 ゾエーベン 副 **1** 今ちょうど. *Soeben* schlägt es zwölf. 今ちょうど12時を打っている. **2** たった今, 今し方. Er hat ～ das Haus verlassen. 彼は今し方家を出たところだ.
So·fa ['zo:fa ゾーファ] 田 -s/-s (*arab.*) ソファー. sich⁴ aufs ～ setzen ソファに座る.
So·fa·ecke 囲 -/-n (背もたれと肘掛けにはさまれた, 座り心地のよい)ソファの隅.
So·fa·kis·sen 田 -s/- ソファー用クッション.
so'fern [zo'fɛrn] 腰《従属 / 定動詞後置》(falls) …の場合には, …であれば. *Sofern* du damit fertig bist, kannst du mitkommen. それを済ませたら一緒に来てもいいよ.
soff [zɔf] saufen の過去.
söf·fe ['zœfə] saufen の接続法II.
Söf·fel ['zœfəl], '**Söf·fer** ['zœfər] 男 -s/- (↓ saufen)《地方》大酒飲み.
Sof'fit·te [zɔ'fɪtə] 囲 -/-n (*it.*)**1**《多く複数で》《演劇》一文字(舞台の上方に垂れる, 舞台空間の上部を仕切る横長の幕). **2** =Soffittenlampe
Sof'fit·ten·lam·pe 囲 -/-n 管状白熱電球(電灯).
So·fia ['zɔfia, 'zo:fia]《地名》ソフィア(ブルガリアの首都).
so'fort [zo'fɔrt] ゾフォルト 副 今すぐ, ただちに; 間もなく. Komm ～ her! すぐにこっちへ来なさい.
So'fort·bild·ka·me·ra 囲 -/-s ポラロイドカメラ.
So'fort·hil·fe 囲 -/ 緊急援助.
so'for·tig [zo'fɔrtɪç] 形《付加語的用法のみ》即時の, 即座の. mit ～er Wirkung 即座に効力を発揮して.
So'fort·maß·nah·me 囲 -/-n 緊急処置(措置).
Soft·ware ['zɔftvɛːr, 'zɔftwɛə] 囲 -/-s (*engl.*) 《コンピュ》ソフトウェア. (↔ Hardware)
sog [zo:k] saugen の過去.
Sog [zo:k] 男 -[e]s/-e (↓ saugen) **1** (渦などの)吸引力, (水や空気の)吸込む流れ. in einen ～ geraten (空気や水の)渦に巻込まれる. **2**《比喩》(抗し難い)吸引力. der ～ der Großstadt 大都会の魔力.

3《海洋》(打寄せる波の)沖へ引く流れ(渦).
sog.《略》=so genannt

so'gar [zo'gaːr ゾガール] 副 **1** …ですら, …でさえも. *Sogar* er〈Er ～〉ist damit einverstanden. 彼ですらそれに同意している. Er arbeitet ～ im Urlaub. 彼は休暇中にさえ仕事をする. **2** それどころか. Sie ist krank, ～ sehr krank. 彼女は病気だ, それも重病だ. Er mag sie, liebt sie ～. 彼は彼女に好意をもっているか, いや愛してさえいる.

'**sö·ge** ['zø:gə] saugen の接続法II.
*'**so ge·nannt**, °'**so·ge·nannt** ['zo:gənant ゾーゲナント] 形《付加語的用法のみ》《略 sog.》いわゆる, 俗に言う. ein *so genanntes* Genie いわゆる天才.
so'gleich [zo'glaɪç] 副 **1** (sofort) 今すぐ, ただちに. **2**《まれ》間もなく.
so'hin [zo'hɪn] 副《古》(デスパ)それゆえに, だから.
'**Sohl·bank** ['zo:l..] 囲 -/=e《建築》窓の下枠, 窓台.
*'**Soh·le** ['zo:lə ゾーレ] 囲 -/-n (*lat.*) **1** (Fußsohle) 足の裏. 《慣用的表現で》《話》sich³ die ～n nach et³ ablaufen(wund laufen) 足を棒にして物³を探し回る. eine kesse ～ aufs Parkett legen さっそうと踊る. sich⁴ an j² ～n heften / sich⁴ j³ an die ～n heften 人²,³をつけ回す; (競争などで)人²,³にぴったりつけていく. auf leisen ～n こっそりと, 足音を忍ばせて. Es〈Die Zeit〉 brennt mir unter den ～n. 私はとても気がせく. **2** (Schuhsohle) 靴底; 靴下の底, 靴の中敷. sich³ et⁴ [längst] an den ～n abgelaufen haben 《話》事⁴をとっくの昔に知っている. 経験ずみである. **3** (谷・川などの)底. **4**《鉱業》(坑道の)底, 水平坑道. **5**《地質》(地層の)底面. **6**《地方》(Lüge) 嘘.
'**soh·len** ['zo:lən] **❶** 他 (靴に)底革を張る, (の)底を張り替える. **❷** 自《地方》嘘をつく.
'**Soh·len·gän·ger** [zo:..] 男 -s/- 蹠行(ツョウ)動物(人や猿などのように足の裏全部を地面につけて歩く動物).
'**Soh·len·le·der** 田 -s/- 靴の底革.
'**söh·lig** ['zø:lɪç] 形 (↓ Sohle)《鉱夫》水平の.
'**Sohl·le·der** 田 -s/- =Sohlenleder

Sohn [zo:n] 男 -[e]s/Söhne **1** 息子. der älteste〈einzige〉 ～ 長男〈一人息子〉. Er ist der echte ～〈Er ist ganz der ～〉seines Vaters. 彼は父親に生き写しだ. Gottes ～ / der ～ Gottes《宗教》神の子(キリスト). ein ～ der Berge《雅》山の子, 山国育ちの人. der größte ～ dieser Stadt この町一番の名士. **2** Mein ～!(年少者への親しみをこめた呼掛けとして)坊や, お若いの.
'**Söhn·chen** ['zø:nçən] 田 -s/-《Sohn の縮小形》小さな(幼い)息子.
'**Söh·ne** ['zø:nə] Sohn の複数.
soi'gniert [zoan|ji:rt] 形 (*fr.*, gepflegt⁺)《古》手入れの行届いた; 身なりのよい.
Soi'ree [zoa're:, soa:re:] 囲 -/..reen [..'re:ən] (*fr.*, Abendzeit⁺) **1** (上流社会の)夜会, 夜のパーティー. **2** (文化的な)夕べの集い.
'**So·ja** ['zo:ja] 囲 -/..jen [..jən] (*jap.*) =Sojabohne
'**So·ja·boh·ne** 囲 -/-n **1**《植物》大豆. **2** 大豆(の種子).
'**So·ja·öl** 田 -[e]s/-e 大豆油.
'**So·ja·so·ße** 囲 -/-n 醤油(ショウユ).
'**So·kra·tes** ['zo:krates]《人名》ソクラテス(前470頃–前399, ギリシアの哲学者).
So'kra·ti·ker [zo'kra:tikər] 男 -s/- ソクラテス派の

哲学者.
so·kra·tisch [zoˈkraːtɪʃ] 形 ソクラテス(流)の. **2** 賢明な.

Sol[1] [zoːl] (*lat.*)《人名》『ギ神話』ソール(太陽神, ギリシア神話の Helios と同一視される).

Sol[2] [zoːl] 男 -[s]/-[s] (*span.* ‚Sonne') ソル(ペルーの通貨単位).

Sol[3] [zoːl] 中 -s/-e (*lat.* solutio ‚Lösung') 〖化学〗ゾル, コロイド溶液.

****so'lang** [zoˈlaŋ ゾラング], **so'lan·ge** [zoˈlaŋə ゾランゲ] ❶ 接《従属/定動詞後置》**1** …の間は(に), …の限りは. Solang[e] es regnet, bleiben wir hier. 雨が降っている間はここにいよう. Ich muss das erledigen, ~ ich Urlaub habe. 私は休暇をとっている間にこれを片づけてしまわねばならない. **2** (nicht を伴って) …しないうちに. Solang[e] du nicht alles aufgegessen hast, darfst du nicht spielen gehen. 食事を全部たいらげないうちは遊びに行ってはいけません. ❷ 副 その間じゅう. その間ずっと.

so'lar [zoˈlaːr] 形 (*lat.* sol ‚Sonne') 太陽の(による). der ~e Wind 太陽風.

So·lar·bat·te·rie 女 -/-n 〖電子工〗太陽電池.
So·lar·ener·gie 女 -/ 〖物理〗太陽エネルギー.
So·la·ri·sa·ti·on [zolarizatsi'oːn] 女 -/-en 〖写真〗ソラリゼーション.
So·la·ri·um [zoˈlaːrium] 中 -s/..rien[..riən] (日光浴をするための)ソラリウム, 太陽灯照射室.
So·lar·kon·stan·te 女 -n/-n 〖気象〗太陽定数.
So·lar·öl 中 -[e]s/-e (褐炭のタールを蒸留して得られる)軽油.
So·lar·tech·nik 女 -/ 太陽エネルギー利用技術.
So·lar·zel·le 女 -/-n 〖電子工〗太陽電池.
'So·la·wech·sel [ˈzoːla..] 男 -s/- (*it.* sola ‚einzig') 〖経済〗約束手形.
'Sol·bad [ˈzoːl..] 中 -[e]s/-er (↓ Sole) **1** (医療用)塩泉浴. **2** 塩泉浴場.

solch [zɔlç ゾルヒ] 代《指示》dieser と同じ変化の場合と, 不定冠詞(または否定冠詞)の後で形容詞のように混合変化する場合と, 不変化の場合とがある(付録「品詞変化表」IV-5 参照). **1**《付加語的用法で》(a) ~er(この)ような. ~er Stoff / ein ~er Stoff / ein Stoff そのような生地(きじ). ~er feine⟨er feiner⟩ Stoff / ein ~er feiner Stoff / ~ ein feiner Stoff そのような生地. bei ~em herrlichen⟨er herrlichem⟩ Wetter / bei einem ~en herrlichen Wetter / bei ~ einem herrlichen Wetter / bei ~ herrlichem Wetter こんなすばらしい天気のときに. ~e Arme⟨Arme⟩ そのような貧しい人たち. ~es Schöne / ~ Schönes こんな美しいもの. (b) 《程度の高さを表して》ひどい, すごい. Ich habe ~en Hunger⟨~e Kopfschmerzen⟩. 私はお腹がぺこぺこだ⟨ひどく頭が痛い⟩. Das macht ~en Spaß! それはすごく楽しいね. Es war eine ~e Kälte, dass sogar die Ostsee zufror. バルト海が凍りつくほどのひどい寒さだった. Er hat keine ~e Eile. それほど急がない. **2**《名詞的用法で》そのような人(もの, こと). Sie ist keine ~e. 彼女はそんな(悪い)女じゃない. Es gibt immer ~e und ~e. (話) いつの世にもいろんな人間がいるもんさ(気にすることはないよ). Solches hat er auch schon gehört. そのようなことは彼もすでに耳にしていた. (als solcher⟨solche/solches⟩の形で) Das Programm als ~es war gut, aber die Ausführung hatte Mängel. 計画のものは悪くなかったのだが実行の段階に難があった.

た. die Natur als ~e 自然そのもの.

'sol·cher'art [ˈzɔlçər|aːrt] ❶ 副《不変化/付加語的用法のみ》そのような(種類の). ❷ 副 そのような仕方で, そのようにして.
'sol·cher'lei [ˈzɔlçərˈlai] 形《不変化》そのような(種類の). 《名詞的用法で》Ich habe ~ schon gehört. そのようなことは前に聞いた覚えがある.
'sol·cher·ma·ßen [ˈzɔlçərˈmaːsən] 副 (solcherart) そのようにして, そのような仕方で.
'sol·cher·wei·se [ˈzɔlçərˈvaizə] 副 (solcherart) そのようにして, そのような仕方で.
Sold [zɔlt] 男 -[e]s/-e (*fr.*)《複数まれ》(兵士・下士官の)給料, 給金. in j² ~ stehen 人²に雇われている.

Sol'dat [zɔlˈdaːt ゾルダート] 男 -en/-en 兵隊, 兵士, 軍人. ein einfacher⟨gemeiner⟩ ~ 兵卒. Berufssoldat 職業軍人. bei den ~en sein⟨話⟩兵隊である. zu den ~en gehen⟨kommen⟩⟨話⟩兵隊になる. **2** 〖チェス〗(Bauer) ポーン. **3** 〖虫〗兵隊蟻. **4**⟨話⟩ほしかめ虫.
Sol·da·ten·lied 中 -[e]s/-er 軍歌.
Sol·da·ten·spra·che 女 -/ 兵隊言葉, 軍隊用語.
Sol·da·tes·ka [zɔldaˈtɛska] 女 -/..ken[..kən] (*it.*) (俺) (規律のない)野蛮な兵隊.
sol'da·tisch [zɔlˈdaːtɪʃ] 形 **1** 兵隊の; 兵隊に関する. ~e Disziplin 軍規. **2** 兵士(軍人)らしい.
'Sold·buch 中 -[e]s/-er (第2次世界大戦時のドイツ兵の)軍隊手帳(身分証明書).
'Söld·ling [ˈzœltlɪŋ] 男 -s/-e (俺) (金のために仕事をする)雇われ人.
'Söld·ner [ˈzœldnər] 男 -s/- (↓ Sold) 傭兵.
'Söld·ner·heer 中 -[e]s/-e 傭兵部隊.
'So·le [ˈzoːlə] 女 -/-n 塩水; 塩泉.
'Sol·ei [ˈzoːl|ai] 中 -[e]s/-er (↓ Sole) 塩水漬けゆで卵.
so'lenn [zoˈlɛn] 形 (*lat.*)⟨古⟩厳粛な, 荘重(荘厳)なおごそかな.
So·len·ni'tät [zolɛniˈtɛːt] 女 -/⟨古⟩荘重, 荘厳, 厳粛.
sol·feg·gie·ren [zɔlfɛˈdʒiːrən] 自 (*it.*) 〖音楽〗ソルフェージュをする.
Sol'feg·gio [zɔlˈfɛdʒo] 中 -s/..feggien[..dʒiən] (*it.*) 〖音楽〗ソルフェージュ(正しく譜を読むための訓練, またそのような目的で作曲された練習曲).
'So·li [ˈzoːli] Solo の複数.
so'lid [zoˈliːt] 形 =solide
So·li'dar·haf·tung [zoliˈdaːr..] 女 -/ 〖経済・法制〗連帯責任.
so·li·da·risch [zoliˈdaːrɪʃ] 形 (*lat.*) **1** 一致団結した, 連帯した. in ~er Geschlossenheit 一致団結して. sich¹ mit j³ ~ erklären j³と連帯(団結)する(を)指示する. **2** 〖法制〗連帯(責任)の. ~e Haftung⟨Verantwortung⟩ 連帯責任.
so·li·da·ri'sie·ren [zolidariˈziːrən] (*fr.*) ❶ (sich⁴) 連帯(団結)する(mit j³ 人³と). ❷ 他 団結(連帯)させる.
So·li·da·ri'tät [zolidariˈtɛːt] 女 -/ 連帯, 協調, 団結(心).
So·li·da·ri'täts·ge·fühl 中 -[e]s/ 連帯感.
So·li'dar·schuld·ner [zoliˈdaːr..] 男 -s/- 〖法制〗連帯債務者.
****so'li·de** [zoˈliːdə ゾリーデ] 形 (*lat.*) **1** (材質の)丈夫な, 長持ちする; しっかりした作りの, 堅牢な, 頑

Tisch がっしりした机．Der Stoff ist ～．この生地は丈夫だ．Das Haus ist ～ gebaut．この家は頑丈にできている．**2** 信頼できる，堅実な，手堅い．eine ～ Firma 確実な会社．ein ～r Mensch しっかりした人．～ leben 確実な生き方をする，まじめに暮す．

So·li·di·tät [zolidi'tɛːt] 囡 -/ 手堅さ，堅実さ；堅牢性，丈夫さ．

So·lin·gen ['zoːlɪŋən]《地名》ゾーリンゲン（ノルトライン=ヴェストファーレン州の都市）．

So'list [zo'lɪst] 男 -en/-en **1** 独奏(独唱)者，ソリスト．**2** バレーのソロの踊り手．**3** サッカーで巧みに個人技(独走)を行う選手；(曲芸体操の)個人競技参加者．◆女性形 Solistin 囡 -/-nen

so·li·tär [zoli'tɛːr] 形《比較変化なし》(fr.) **1** 孤立した，孤独な．**2**《生物》群居しない，独居性の．

So·li·tär [zoli'tɛːr] 男 -s/-e **1**（指輪などに 1 粒だけはめ込まれた，大きな）宝石．**2**《複数なし》ソリテール（1 人遊びの盤上ゲームの一種）．**3**（森の外に）1 本だけ孤立して立っている樹木．

So·li·tü·de [zoli'tyːdə] 囡 -/-n (fr., Einsamkeit') 寂寥，閑静（しばしば離宮などの名前に用いられる）．

soll [zɔl] sollen の現在 1・3 人称単数．

<u>**Soll**</u> [zɔl] 中 -s/-[s]《複数まれ》(↓ sollen) **1**《経済》借り方；支出，負債．et⁴ ins ～ eintragen 物⁴を借り方に記入する．～ und Haben 借り方と貸し方；支出と収入．**2**《人が》予定された仕事量(生産量)．sein ～ erfüllen 自分のノルマを果たす．Das ～ liegt bei 100 Stück. ノルマは 100 個とされている．

'Soll·be·stand 男 -[e]s/³ᵉ《経済》(↔ Istbestand) 基準在高，計画(見積)在庫数．

sol·len* ['zɔlən ゾレン] sollte (gesollt)/ich soll, du sollst, er soll ▶本動詞を伴うときの過去分詞には不定詞の sollen を，本動詞を伴わない独立的用法のときは gesollt を用いる．囲《話法》① 《本動詞を伴って》《過去分詞》主語に対する主語以外のものの意図・要求・主張などを表す．したがって，sollen の背後にはつねに wollen が隠されているが，wollen する主体である「主語以外のもの」が文中に表れないのが普通．**1**《神・道徳律・運命などの要求・主張・意志》…すべきである，しなければならない，する運命になる．Du sollst deinen Vater und deine Mutter ehren.《旧約》あなたの父と母を敬え (出 20:12). Du sollst nicht töten.《旧約》あなたは殺してはならない (出 20:13). Die beiden Könige sollten sich⁴ nicht wiedersehen. ふたりの王は二度と相見なめとなった．それを理解できる人はこれから生きる運命にある（そういう人はまだいない）．Es hat nicht sollen sein. / Es hat nicht sein sollen. 結局そうならなかった（肯定文 Es hat so sollen sein.）．

2《個人・集団・社会通念・慣習などの意思・要求》…すべきである，しなければならない，させられる（羽目になる）．Der Kranke soll noch nicht aufstehen. 病人はまだ起きてはいけない．Ich sollte dich eigentlich ausschelten. 私は本当は君を叱りつけるべきだ．Das hättest du nicht tun sollen. 君はそんなことをすべきではなかったろう（しなければよかったのに）．Er sollte doch wissen, was er zu tun hat. 彼は自分のしなければならぬことくらい分かっていてもよさそうなものだ（これは接続法 II. ↑8b）．Dass ich wieder einmal ins Ausland gehen soll! また外国へ行かせられる羽目になるなんて．

3《話者の意思》Inge soll gleich zum Krankenhaus kommen. インゲにすぐ病院へ来てもらいたい．Dich soll doch der Teufel ⟨der Kuckuck⟩ holen! おまえなんかどこかに消えてなくなれ! Man soll mich in Frieden lassen. 私をそっとしておいてもらいたい．Das soll nicht wieder vorkommen. そんなことはまたと起こらないようにしよう．Sie sollen nur kommen!（軽いおどし）なんなら彼らに来て貰いましょうか．Das sollst du morgen haben. それを明日君にあげましょう．Sie sollten ihn tun. あなたにそうしてもらいましょう．Sie hätten ihn damals sehen sollen. そのころの彼をあなたに見せたかった．

4《転じて認容・譲歩》Du sollst Recht haben. 君の言い分が正しいとしておこう．Er soll es geschrieben haben. 彼がそれを書いたのだとしておこう．

5《話相手の意向/疑問文で》Soll ich Kaffee kochen? コーヒーを入れましょうか．Soll es noch etwas sein?（店員が）ほかにまだお入用のものは? Was soll es denn sein?（店員が）何にいたしましょうか．Sollte es Ihr Ernst sein? 本気でおっしゃっているのですか（↑8b）．

6《漠然たる他者の意図/転じて疑惑・反問の気持を強める》Was soll das [heißen/bedeuten]? それはどういうことなのでしょうか．Was soll ich denn tun? 私はどうしたらいいのだろう．Sollte es wahr sein? それは本当なのだろうか（↑8b）．

7《世間一般の主張・噂》…という話だ．Der Kaufmann soll sehr reich sein. その商人は大金持だという話だ．Homer soll blind gewesen sein. ホメーロスは盲目であったと言われている．

8《接続法 II の <u>sollte</u> で》(a)《万一の可能性》Wenn es morgen regnen sollte, ... 明日もし雨が降れば…．Solltest du ihn sehen, dann sag ihm... 万一彼に会ったら…と言ってください．Sollte er es auch nicht billigen, wir müssen es tun. よしんば彼の同意が得られなくても，我々はにはそうせざるをえない．(b)《婉曲な表現》Es sollte mich sehr freuen, wenn es wahr wäre. それが本当だったら，たいへんうれしいのだが．Man sollte glauben, dass... …と言ってもいいくらいだ．Das sollte ich meinen. そうなんですよ，そう言いたかったんですよ．

② 《独立的用法》《過去分詞 gesollt》Was soll's? それがなんの役に立つだろうか．Was soll das Klagen? 泣きごとを言って何になるだろうか．Was soll ich damit [anfangen]? これはどうしたものだろうか．Das hast du nicht gesollt. 君はそんなことをすべきではなかった．

◆¹ 命令文を間接話法にするとき，sollen（依頼のニュアンスが強い場合は mögen）を用いる．Sie sagte mir, ich solle ⟨möge⟩ im Nebenzimmer warten. 彼女は隣室で待つように⟨お待ちください⟩と私に言った（solle, möge は接続法 I）．

◆² sollen と müssen の相違．Ich soll heute meinen Onkel besuchen. という文では，「私」は誰かに言いつけられて「訪問しなければならない」のだが，Ich muss.. という文は，誰かに言いつけられたかどうかにかかわりなく，叔父を訪問することが「私」にとって「必要」であるということを表す．

◆³ sollen に未来の助動詞としての用法はないが，Das soll bald geschehen（まもなくそういう事態が起ろう）．のような文は，そうなのが「運命の意思」であるという原意から転じて，実際には未来の助動詞として用いて Das wird bald geschehen. と言うのとほとんど異ならない．

'Söl·ler ['zœlər] 男 -s/- (lat.) **1**《建築》(Altan) バ

ルコニー. **2**《雅》床(ゆか). **3**〘地方〙屋根裏部屋, 屋根裏の物置.

'**Soll·sei·te** ~/-n 〘商業〙(↔ Habenseite) 借り方.

'**Soll·stär·ke** ~/-n 〘軍事〙(↔ Iststärke) 定員, 規定員数.

'**soll·te** ['zɔltə] sollen の過去および接続法 II.

'**so·lo** ['zo:lo] 形 (it.) **1** 〘音楽〙ソロで. ~ singen〈spielen〉独唱〈ソロで演奏〉する. **2** 〘話〙ひとりで.

'**So·lo** ~/-s -s (Soli) 中 **1** 〘音楽〙ソロ, 独唱(部), 独奏(部). **2** 〘カルタ〙ソロ. **3** 〘トランプ〙ソロ(1人で2人以上を相手にする遊び方). **4** 〘球技〙(球技での)個人技, 個人プレー; (飛込みなどの)ソロ演技.

'**So·lo·ge·sang** 男 -[e]s/-¨e 〘音楽〙独唱(部).

'**So·lo·sän·ger** 男 -s/- 独唱者. ♦女性形 Solosängerin 女 -/-nen

'**So·lo·stim·me** 女 -/-n 独唱(独奏)声部.

'**So·lo·tanz** 男 -es/-¨e ソロダンス.

'**So·lo·tän·zer** 男 -s/- (バレエの)ソロの踊り手(ダンサー). ♦女性形 Solotänzerin 女 -/-nen

'**Sol·quel·le** ['zo:l..] 女 -/-n (↓ Sole) 塩泉.

Sol·sti·ti·um [zɔl'sti:tsiʊm] 中 -s/..tien [..tsiən] (lat.) 〘天文〙(Sonnenwende) 至(し). ♦至には1年のうちで地球から見て太陽が最も高いところを通る夏至と, 最も低いところを通る冬至の2至がある.

So·lu·ti·on [zolutsi'o:n] 女 -/-en (lat.) 〘化学・薬学〙溶液.

Sol·va·ta·ti·on [zɔlvatatsi'o:n] 女 -/-en (lat.) 〘化学〙溶媒和.

sol'vent [zɔl'vɛnt] 形 (lat.) 〘経済〙(↔ insolvent) 支払能力のある.

Sol'venz [zɔl'vɛnts] 女 -/ (lat.) 〘経済〙(↔ Insolvenz) 支払能力.

'**So·ma** ['zo:ma] 中 -[s]/-ta (gr., Körper') **1** 〘医学・生物〙(生殖細胞に対して)体細胞の全体. **2** 〘医学・心理〙(精神・心理に対して)肉体, 身体.

so·ma·tisch [zo'ma:tɪʃ] 形 **1** 〘医学・生物〙体細胞の, 体細胞に関する. ~e Zellen 体細胞. **2** 〘医学・心理〙(精神に対して)身体の, 身体に関する.

So·ma·to·lo·gie [zomatolo'gi:] 女 -/ 〘人類学〙生体(身体)学.

Som·bre·ro [zɔm'bre:ro] 男 -s/-s (sp.) ソンブレロ(中南米で用いる幅広のつばのある帽子).

so'mit [zo'mɪt, 'zo:mɪt] 副 **1** 従って, それゆえに. **2** (hiermit) これをもって, これで. *Somit* bist du der Aufgabe enthoben. これで君はその任務(課題)から解放された.

'**Som·mer** ['zɔmɐ ゾマー] 男 -s/- 夏. den ~ über / den ganzen ~ [lang] 夏じゅう. im ~ 夏に. im ~ und im Winter 夏も冬も, 一年中. der ~ des Lebens 《雅》人生の盛り.

'**Som·mer·abend** 男 -s/-e 夏の宵(夕べ).

'**Som·mer·an·fang** 男 -[e]s/-¨e 夏の始まり(6月22日頃の夏至の日).

'**Som·mer·fahr·plan** 男 -[e]s/-¨e 夏季列車時刻表, 夏のダイヤ.

'**Som·mer·fe·ri·en** 複 (学校の)夏休み, 夏期休暇.

'**Som·mer·fri·sche** 女 -/-n 《古》〘複数なし〙避暑. ~ machen / in die ~ gehen 避暑に行く. bei ~ sein 避暑に来ている, 避暑客である. **2** 避暑地.

'**Som·mer·frisch·ler** 男 -s/- 《古》避暑客.

'**Som·mer·kleid** 中 -[e]s/-er **1** サマードレス, 夏服. **2** 〘狩猟〙(動物の)夏毛; (鳥の)夏羽.

'**som·mer·lich** ['zɔmɐlɪç] 形 **1** 夏の(ような), 夏らしい. **2** (服装などについて)夏向きの. ~ gekleidet sein 夏向きの装いをしている.

'**Som·mer·loch** 中 -s/- 《話》(休暇のせいで政治への動きがとだえる)夏枯れ時.

'**Som·mer·man·tel** 男 -s/-¨ サマーコート.

'**Som·mer·mo·nat** 男 -[e]s/-e **1** 〘複数まれ〙《古》6月. **2** 〘ふつう複数で〙夏の月(6月・7月・8月).

'**som·mern** ['zɔmɐn] **❶** 自 (非人称的に) *Es sommert.* 夏になる; 夏らしくなる. **❷** 他 =sömmern

'**söm·mern** ['zœmɐn] 他 (↓ Sommer) **1** (畑に)夏に採れる作物を植える. **2** (家畜を)夏の放牧地に追いやる, 夏の放牧地で放牧する. **3** (養魚池を清掃などのために)干す. **4** 〘地方〙(ベッドなどを)日に当てる(さらす), 虫干しする.

'**Som·mer·nacht** 女 -/-¨e 夏の夜.

'**som·mers** ['zɔmɐs] 副 夏に, 夏の間; 毎夏. ~ wie winters 一年中.

'**Som·mer·san·fang** 男 -[e]s/-¨e =Sommeranfang

'**Som·mer·schluss·ver·kauf** 男 -[e]s/-¨e 夏の期末大売出し, 夏物一掃バーゲンセール.

'**Som·mer·se·mes·ter** 中 -s/- (↔ Wintersemester) (大学の)夏学期.

'**Som·mer·son·nen·wen·de** 女 -/-n 夏至(げし)(6月22日頃).

'**Som·mer·spros·se** 女 -/-n 〘多く複数で〙そばかす.

'**som·mer·spros·sig** 形 そばかすだらけの.

'**Som·mers·zeit** 女 -/ 《雅》夏季, 夏期.

'**Som·mer·tag** 男 -[e]s/-e **1** 夏の日. **2** 〘気象〙夏日(最高気温が摂氏25度以上の日). **3** 〘民俗〙夏祭り(Lätare の日曜日に冬に対する夏の勝利を祝う).

'**Som·mer·zeit** 女 -/-en **1** 〘複数なし〙=Sommerszeit **2** 夏時間, サマータイム.

som·nam'bul [zɔmnam'bu:l] 形 (lat. somnus 'Schlaf'+ambulare , umhergehen') **1** 《古》夢遊病の. **2** 夢遊病者のような.

Som·nam·bu·le [zɔmnam'bu:lə] 男/女 《形容詞変化》夢遊病者.

Som·nam·bu'lis·mus [zɔmnambu'lɪsmʊs] 男 -/ 〘医学〙(Schlafwandeln) 夢遊病(症).

so'nach [zo'na:x, 'zo:na:x] 副 《まれ》(demnach) それによれば, それによって, 従って.

So'nar [zo'na:r] 中 -s/-e **1** 〘複数なし〙超音波による水中探知. **2** 超音波水中探知器, ソナー. ♦英語の sound navigation ranging の略.

So'na·te [zo'na:tə] 女 -/-n (it.) 〘音楽〙ソナタ.

So·na·ti·ne [zona'ti:nə] 女 -/-n (it.) 〘音楽〙ソナチネ, 小ソナタ.

'**Son·de** ['zɔndə] 女 -/-n (fr.) **1** 〘医学〙ゾンデ, 消息子(しょうそくし)(診断用器具の一種). **2** 〘鉱業〙(石油・天然ガスの)採掘ボーリング装置. **3** (Radiosonde) ラジオゾンデ; (Raumsonde) 宇宙探測機.

'**son·der** ['zɔndɐ] 前置 《4格支配》《古》(ohne) …なしに. ~ allen Zweifel 一点の疑いもなく.

Son·der.. [zɔndɐ..] (接頭) 名詞に冠して「特殊な…, 特別の…」の意を表す. *Sonder*schule 特殊学校. *Sonder*zug 特別列車.

'**Son·der·ab·druck** 男 -[e]s/-e 〘書籍〙=Sonderdruck

'**Son·der·an·fer·ti·gung** 女 -/-en 特別仕様.

'**Son·der·an·ge·bot** 中 -[e]s/-e (商品の特売, 大安売り; (料金の)特別割引. Heute ist Schweine-

fleisch im ~. 今日は豚肉が大安売りだ.
'Son·der·auf·trag 男 -[e]s/=e 特別任務;特別注文.
'Son·der·aus·ga·be 女 -/-n 1《新聞や雑誌の》特別号;《書籍の》廉価版,普及版. 2《多く複数で》《法制》《所得から控除できる》特別支出.
'son·der·bar ['zɔndərbaːr ゾンダーバール] 形 一風変った,変な,奇妙な,おかしな. ein ~es Ereignis 奇妙な出来事. ein ~er Heiliger《話》変り者. Warum siehst du mich so ~ an? なぜ君は私をそんな変な目で見るのか.
'Son·der·ba·rer'wei·se ['zɔndərba:rər'vaizə] 副 奇妙な(おかしな)ことに,変な話だが.
'Son·der·bar·keit 女 -/-en《複数なし》奇妙な(変)であること. 2《複数》奇妙な(変な,おかしな)言動.
'Son·der·be·auf·trag·te 男女《形容詞変化》特命委員,特別代理人.
'Son·der·be·richt·er·stat·ter 男 -s/-《新聞社などの》特派員.
'Son·der·druck 男 -[e]s/=e《書籍》1 別刷り,抜き刷り. 2《新聞・雑誌の》特別号,別冊.
'Son·der·fahrt 女 -/-en《列車などの》特別運転,臨時便.
'Son·der·fall 男 -[e]s/=e 特殊なケース,特例.
'Son·der·ge·richt 中 -[e]s/-e 1《法制》特別裁判所. 2《ナチスが政敵を抹殺するのに悪用した》特別法廷.
'son·der'glei·chen ['zɔndər'glaiçən] 副《名詞の後に置かれて》類をみない,並はずれた. eine Frechheit ~ 無類の厚かましさ.
'Son·der·heit 女 -/-en《まれ》特殊性. in ~《°in sonderheit》《雅》とくに,とりわけ.
'son·der·lich ['zɔndərlɪç] 形 ❶ 1 奇妙な,変った. 2《否定詞を伴って》特別な,格別の. Er schien keine ~e Eile zu haben. 彼はとくに急いでいるようには見えなかった. ❷ 副《古》とりわけ.
'Son·der·ling ['zɔndərlɪŋ] 男 -s/-e 変人,奇人.
'Son·der·mar·ke 女 -/-n 記念切手.
'Son·der·müll 男 -[e]s/-《有害物質を含む》特殊廃棄物.
*'son·dern' ['zɔndərn ゾンダーン] 接《並列》1《前文中の否定詞と呼応して》そうではなく. Das ist nicht grün, ~ blau. それは緑ではなくて青だ. Nicht er, ~ sie ist schuld. 彼じゃなくて彼女に責任がある. 2《nicht nur…, sondern [auch]…の形で》…だけでなくて…も. Er ist nicht nur fleißig, ~ auch klug. 彼は勤勉なだけでなく頭もいい.
'son·dern² ['zɔndərn] 他《雅》より分ける,選別する (von et<j>³ 物<人>³から).
'Son·der·num·mer 女 -/-n《新聞・雑誌の》特別号.
'Son·der·preis 男 -es/-e 特価品.
'Son·der·recht 中 -[e]s/-e (Privileg) 特権,特典.
'son·ders ['zɔndərs] 副《次の成句でのみ》samt und ~ ことごとく,残らず,すべて.
'Son·der·schu·le 女 -/-n《心身障害児のための》特殊学校.
'Son·der·spra·che 女 -/-n《言語》特殊語《職業語・専門分野の学術語・隠語など》.
'Son·der·stel·lung 女 -/-en 特殊な地位《位置,立場》. eine ~ einnehmen 特殊な地位を占める.
'Son·de·rung 女 -/-en より分けること,分離,選別.
'Son·der·zug 男 -[e]s/=e 特別《臨時》列車. einen ~ einsetzen 特別列車を仕立てる.

son'die·ren [zɔn'diːrən] (fr.) ❶ 1 (a)《物の》様子を探る,《物を》慎重に調べる. die öffentliche Meinung ~ 世論を調査する. (b)《まれ》《人の》意向を探り出す,《に》探りを入れる. 2《機器を用いて》調査《観測》する;《医学》ゾンデを使って検査する (↑Sonde);《海事》《水深を》測る. ❷ 自 探る,慎重に調べる. bei j³ ~《人の》意向を探り出す,《に》探りを入れる.
So'nett [zo'nɛt] 中 -[e]s/-e (it.)《文学》ソネット,14行詩.
Song [zɔŋ, sɔŋ] 男 -s/-s (engl.) 1 ポピュラーソング,歌曲. 2《大道歌手調の》諷刺歌謡.

'Sonn·abend ['zɔn|a:bənt ゾンアーベント] 男 -s/-e《略 Sa.》土曜日. am ~, dem〈den〉4. April 4月4日の土曜日に. ◆北部ª²¹·中部ª²¹で多く用いられる. 西部ª²¹·南部ª²¹では Samstag.
'Sonn·abend'abend ['---'-- とも] 男 -s/-e 土曜日の晩. [am] ~《°Sonnabend abend》土曜日の晩に.
'sonn·abend'abends ['---'--' とも] 副 土曜日の晩に.
'Sonn·abend'mit·tag ['---'-- とも] 男 -s/-e 土曜日の正午《昼》.
'sonn·abend'mit·tags ['---'-- とも] 副 土曜日の正午《お昼》に.
'Sonn·abend'mor·gen ['---'-- とも] 男 -s/- 土曜日の朝.
'sonn·abend·mor·gens ['---'-- とも] 副 土曜日の朝に.
'Sonn·abend'nach·mit·tag ['---'--- とも] 男 -s/-e 土曜日の午後.
'sonn·abend'nach·mit·tags ['---'--- とも] 副 土曜日の午後に.
'Sonn·abend'nacht ['---'-- とも] 女 -/=e 土曜日の夜.
'sonn·abend'nachts ['---'-- とも] 副 土曜日の夜に.
'sonn·abends ['zɔn|a:bənts] 副 土曜日ごとに,毎週土曜日に.
'Sonn·abend'vor·mit·tag ['---'--- とも] 男 -s/-e 土曜日の午前.
'sonn·abend'vor·mit·tags ['---'--- とも] 副 土曜日の午前に.

'Son·ne ['zɔnə ゾネ] 女 -/-n 1《複数なし》太陽. die liebe ~《話》お日さま. Heute meint es die ~ gut. 今日はいい日和《話》だ. Die ~ zieht Wasser. 空が雨模様になる. Die ~ bringt es an den Tag. 天天道《ﾃﾝﾄﾞｳ》さまの目はごまかせない. unter der ~《雅》天《下》が下に,この世に《で》. 2《複数なし》日光,日差し,日の輝き. Das Zimmer hat viel〈wenig〉~. この部屋は日当りがよい《悪い》. ein Platz an der ~ 日の当る場所;《比喩》恵まれた人生《生活》. an die ~ kommen 日に当たる,戸外に出る. Geh mir aus der ~! 陰になる,どいてくれ;とっとと失せろ. gegen die ~ 逆光で. in die ~ gehen 日なたに出る. sich⁴ in die ~ legen〈setzen〉日なたにぼっこする. sich⁴ in〈von〉 der ~ braten〈bräunen〉lassen 肌を日に焼く,日光浴をする. mit der ~ 順光で,日を背にして. 3 恒星. 4 (Heizsonne) 反射型電気ストーブ;(Höhensonne) 太陽灯.
'sön·ne ['zœnə] sinnen の接続法IIの古形.
'son·nen ['zɔnən] (↓Sonne) ❶ 他《寝具・衣類など

を)日に当てる,虫干しする. ❷ 自 《sich⁴》日に当る,日光浴をする. *sich in et¹* 〈*nach / vor*〉 〜 《比喩》物³を楽しむ. *sich in seinem* Glück 〜 幸福にひたる.

'**Son·nen·auf·gang** 男 -[e]s/¨e 日の出. bei〈nach/vor〉〜 日の出時〈後 / 前〉に.

'**Son·nen·bad** 中 -[e]s/¨er 日光浴. ein 〜 nehmen 日光浴をする.

'**son·nen·ba·den** 自《ふつう不定詞と過去分詞で》日光浴をする.

'**Son·nen·bahn** 女 -/ (地球から見ての)太陽の軌道, 黄道(ミネッ).

'**Son·nen·ball** 男 -[e]s/《雅》(球状のものとして見られた)太陽, 日輪.

'**Son·nen·bat·te·rie** 女 -/-n [..ri:ən] 太陽電池.

'**Son·nen·blen·de** 女 -/-n **1** 日よけ. die 〜 im Auto herunterklappen 自動車のサンバイザーをおろす. **2** 《写真》レンズフード.

'**Son·nen·blu·me** 女 -/-n《植物》ひまわり(向日葵).

'**Son·nen·brand** 男 -[e]s/¨e **1** 日焼け;《話》日焼けで皮膚炎を起した患部. einen 〜 bekommen 日焼けになる, 日焼けして炎症を起す. *sich³* einen 〜 holen《話》日焼けになる. **2** 《植物性繊維の》日焼け. **3** 《雅》(Sonnenglut) の炎熱.

'**Son·nen·bril·le** 女 -/-n サングラス.

'**Son·nen·dach** 中 -[e]s/¨er (店頭や窓の外に張る)日よけ(の屋根), サンルーフ.

'**Son·nen·deck** 中 -[e]s/-s(-e) (旅客船の)サンデッキ, 日向(ヒミム)甲板.

'**Son·nen·ener·gie** 女 -/《物理》太陽エネルギー.

'**Son·nen·fer·ne** 女 -/《天文》(Aphel) 遠日点.

'**Son·nen·fins·ter·nis** 女 -/-se《天文》日食. totale〈partielle〉〜 皆既〈部分〉日食.

'**Son·nen·fleck** 男 -[e]s/-en《天文》太陽の黒点.

'**son·nen·ge·bräunt** 形《比較変化なし》日焼けした.

'**Son·nen·glut** 女 -/ 太陽の炎熱.

'**Son·nen·gott** 男 -[e]s/¨er 太陽神(ギリシア神話におけるHelios など).

'**Son·nen·jahr** 中 -[e]s/-e《天文》太陽年.

'**son·nen·klar** 形 **1** 《雅》陽光まばゆい, 太陽のように明るい. **2** ['−−'−]《話》明らかな, 明白な.

'**Son·nen·kol·lek·tor** 男 -s/-en《工学》太陽電池.

'**Son·nen·kö·nig** 男 -s/ 太陽王(フランスのルイ14世の別名).

'**Son·nen·kraft·werk** 中 -[e]s/-e 太陽熱利用発電所.

'**Son·nen·licht** 中 -[e]s/ 日光, 陽光.

'**Son·nen·nä·he** 女 -/-n《天文》(Perihel) 近日点.

'**Son·nen·schei·be** 女 -/-n (円盤状のものとして見られた)太陽, 日輪.

'**Son·nen·schein** 男 -[e]s/ 日光, 陽光, 日差し;《比喩》希望の中心となるもの(子供など). im 〜 sitzen 日なたに座っている.

'**Son·nen·schirm** 男 -[e]s/-e 日傘, パラソル.

'**Son·nen·schutz** 男 -es/ 日よけ(ブラインド・シャッターなど).

'**Son·nen·se·gel** 中 -s/- **1** 帆布(ハネ)製の日よけ, 日覆い. **2** 《宇宙》ソーラーセイル(人工衛星の推進用などに太陽光の圧力を利用するための帆); (人工衛星などの)展開帆.

'**Son·nen·sei·te** 女 -/-n (↔ Schattenseite) 日の当たる側; 南側;《比喩》(物事の)明るい面. ◆南ザ゙・ホ・ボでは Sonnseite を用いる.

'**Son·nen·spek·trum** 中 -s/《物理》太陽スペクトル.

'**Son·nen·stand** 男 -[e]s/¨e 太陽の位置.

'**Son·nen·stich** 男 -[e]s/-e《医学》日射病. einen 〜 bekommen / sich³ einen 〜 holen 日射病にかかる. einen 〜 haben 日射病にかかっている;《話》頭が変だ, 気が狂っている.

'**Son·nen·strahl** 男 -[e]s/-en (多く複数で)陽光, 日光.

'**Son·nen·sys·tem** 中 -s/-e《天文》太陽系.

'**Son·nen·tag** 男 -[e]s/-e **1** 《天文》太陽日(ジッ). **2** 晴天の日.

'**Son·nen·uhr** 女 -/-en 日時計.

'**Son·nen·un·ter·gang** 男 -[e]s/¨e 日の入り, 日没. bei 〜 日暮れ時に. nach〈vor〉 〜 日没後〈前〉に.

'**Son·nen·ver·brannt** 形《比較変化なし / 副詞的には用いない》よく日焼けした.

'**Son·nen·wär·me·kraft·werk** 中 -[e]s/-e 太陽熱発電所.

'**Son·nen·wen·de** 女 -/-n **1** 《天文》至(シ). Sommer*sonnenwende* 夏至. Winter*sonnenwende* 冬至. **2** 《植物》ヘリオトロープ.

'**Son·nen·wen·dig·keit** 女 -/《植物》向日性, 向光性.

'**Son·nen·zeit** 女 -/《天文》太陽時.

'**son·nig** ['zɔnɪç] 形 **1** 日当たりのいい. **2** ほがらかな, 陽気な;《反語》のんきな, おめでたい.

'**Sonn·tag** ['zɔnta:k ゾンターク] 男 -[e]s/-e 《gr., Tag der Sonne'》(略 So.) 日曜日;《宗教》主日. Heute ist 〜. 今日は日曜日だ. eines [schönen] 〜s ある日曜日に. jeden〈an jedem〉 〜 毎日曜日に. am 〜, dem〈den〉 5. Mai 5月5日の日曜日に. an *Sonn-* und Feier*tagen* 日曜祝日に. Es ist nicht alle Tage 〜. いつもいつもいい(楽しい)ことばかりじゃない.
◆ギリシア語 hemera helion ,Tag der Sonne‛ の翻訳借用語.

Sonn·tag'abend ['−−'−− とも] 男 -s/-e 日曜日の晩. [am] 〜《°Sonntag abend》日曜日の晩に.

sonn·tag'abends ['−−'−− とも] 副 日曜日の晩に.

'**sonn·tä·gig** ['zɔntɛ:gɪç] 形 日曜日の.

'**sonn·täg·lich** ['zɔntɛ:klɪç] 形 日曜日ごとの; 日曜らしい. *sich⁴* 〜 anziehen 日曜日らしく晴れ着を着る.

Sonn·tag'mit·tag ['−−'−− とも] 男 -s/-e 日曜日の正午(昼). [am] 〜《°Sonntag mittag》日曜日のお昼(正午)に.

sonn·tag'mit·tags ['−−'−− とも] 副 日曜日のお昼(正午)に.

Sonn·tag'mor·gen ['−−'−− とも] 男 -s/- 日曜日の朝. [am] 〜《°Sonntag morgen》日曜日の朝に.

sonn·tag'mor·gens ['−−'−− とも] 副 日曜日の朝に.

Sonn·tag'nach·mit·tag ['−−'−−− とも] 男 -s/-e 日曜日の午後.

sonn·tag'nach·mit·tags ['−−'−−− とも] 副 日曜日の午後に.

Sonn·tag'nacht ['−−'− とも] 女 -/¨e 日曜日の夜.

sonn·tag'nachts ['−−'− とも] 副 日曜日の夜に.

'**sonn·tags** ['zɔnta:ks] 副 日曜日(ごと)に.

'**Sonn·tags·an·zug** 男 -[e]s/¨e (日曜日の)晴れ着, よそ行きの服.

'Sonn·tags·fah·rer 男 –s/– 《話》日曜ドライバー(ごくたまにしか運転しない人).

'Sonn·tags·jä·ger 男 –s/– 日曜ハンター.

'Sonn·tags·kind 中 –[e]s/–er 日曜日生れの人(俗信によれば幸運に恵まれるという); 幸運児.

'Sonn·tags·kleid 中 –[e]s/–er (日曜日の)晴着, よそ行きの服.

'Sonn·tags·ma·ler 男 –s/– 日曜画家.

'Sonn·tags·rück·fahr·kar·te 女 –/–n (土曜の午後から日曜の夜まで有効の)週末割引往復乗車券.

'Sonn·tags·ru·he 女 –/ 日曜日の休息; 日曜日の静けさ.

'Sonn·tags·schu·le 女 –/–n (教会の)日曜学校.

'Sonn·tags·staat 男 –[e]s/ 《戯》晴着, 盛装. im ～ 着飾って.

Sonn·tag'vor·mit·tag ['–'–––– とも] 男 –s/–e 日曜日の午前.

sonn·tag'vor·mit·tags ['–'–––– とも] 副 日曜日の午前に.

'sonn·ver·brannt ['zɔn..] 形 =sonnenverbrannt

'Sonn·wend·fei·er ['zɔnvɛnt..] 女 –/–n 夏至祭, 夏至の火祭り.

so'nor [zo'noːr] (fr.) 1 (声が)よく響きわたる, 朗々とした. 2 《音声》鳴音の. ～e Laute 鳴音.

---

sonst [zɔnst ゾンスト] 副 1 さもないと. Ich muss mich beeilen, ～ komme ich zu spät. 急がなくては, でないと遅れてしまう. 2 そのほかに, それ以外に. Haben Sie ～ noch Fragen? ほかにまだ質問がありますか. Sonst noch etwas? (店員が客に)ほかにまだ何か(ご入用は). Sonst noch was! 《話》とんでもない, そんなことがあってたまるか. Das weiß ～ niemand außer ihm. そのことは彼以外には誰も知らない. Er denkt, er ist ～ wer. 彼は自分を特別な人間か何かのように思っている. 3 いつもは, ふだんは. So etwas tut er ～ nicht. いつもなら彼はそんなことをしないのに. genau wie ～ ふだんとまったく同じように. 4 以前は, 昔は. Hier ist noch alles wie ～. ここはまだ何もかも昔のままだ. ♦↑ sonst was, sonst wer, sonst wie, sonst wo, sonst woher, sonst wohin

'sons·tig ['zɔnstɪç] 形 《付加語的用法のみ》その他の, それ以外の; 以前の, ふだんの. 《名詞的用法で》Sonstiges その他のもの; (分類項目として)その他, 雑.

'sonst was, ° **'sonst·was** 代 《不定》《話》 1 ほか何か, 何かほかの物(事); (できることなら)何でも. Ich habe ～ versucht. 私はいろんなことを試してみた. 2 何か特別な物(事).

'sonst wer, ° **'sonst·wer** 代 《不定》《話》 ほかの誰か, 誰かほかの人.

'sonst wie, ° **'sonst·wie** 副 《話》何かほかの方法(やり方)で.

'sonst wo, ° **'sonst·wo** 副 《話》どこかの場所で, ほかの場所; どこか特別な所で.

'sonst wo·her, ° **'sonst·wo·her** 副 《話》ほかの場所から, ほかのところから; どこか特別の所から.

'sonst wo·hin, ° **'sonst·wo·hin** 副 《話》ほかの場所へ, ほかのところへ; どこか特別な所へ.

so'oft [zo'ɔft] 接 《従属 / 定動詞後置》…するたびに, …するときはいつも. *Sooft* er kommt, bringt er Blumen mit. 彼は来る時はいつも花を持ってきてくれる. 《譲歩文で》*Sooft* ich auch komme, er ist nie zu Hause. いつ行っても彼は家にいたためしがない.

So'phia [zo'fiːa] (gr., Weisheit') 《女名》ゾフィーア.

So'phie [zo'fiː(ə), 'zɔfi] 《女名》ゾフィー, ゾフィーエ.

So'phis·ma [zo'fɪsma] 中 –s/..men [..mən] =Sophismus

So'phis·men [zo'fɪsmən] Sophisma, Sophismusの複数.

So'phis·mus [zo'fɪsmʊs] 男 –/..men [..mən] (gr.) 詭弁(ﾂﾟ), 屁理屈.

So'phist [zo'fɪst] 男 –en/–en (gr. sophos, klug, weise') 1 屁理屈屋, 詭弁家. 2 《哲学》(古代ギリシアの)ソフィスト; 《古》思想家, 賢者; 弁論術(哲学)の教師.

So·phis·te'rei [zofɪstəˈraɪ] 女 –/–en 屁理屈, 詭弁(ﾂﾟ), こじつけ.

So'phis·tik [zo'fɪstɪk] 女 –/ 1 詭弁(ﾂﾟ), 屁理屈. 2 《哲学》古代ギリシアのソフィスト派の教え.

so'phis·tisch [zo'fɪstɪʃ] 形 1 屁理屈(こじつけ)の, 詭弁を弄する. 2 《哲学》ソフィスト派の.

'So·pho·kles ['zoːfɔklɛs] 《人名》ソフォクレス(前496頃–前406頃, 古代ギリシアの3大悲劇詩人の1人).

<u>**So'pran**</u> [zo'praːn] 男 –s/–e (it.) 《音楽》 1 ソプラノ(女性または少年の声の高音部). 2 ソプラノ歌手. 3 《複数なし》(a) 合唱のソプラノ(最高音)声部. (b) 楽器の高音域.

So·pra'nist [zoprɑˈnɪst] 男 –en/–en ボーイソプラノ歌手.

So·pra'nis·tin [zopraˈnɪstɪn] 女 –/–nen ソプラノ歌手.

'Sor·bet ['zɔrbɛt, zɔr'beː] 男 (中) –s/–s =Sorbett

Sor'bett [zɔr'bɛt] 男 (中) –[e]s/–e (it.) 《料理》(Scherbett) シャーベット.

<u>**'Sor·ge**</u> ['zɔrɡə ゾルゲ] 女 –/–n 心配, 不安, 気がかり; 《ふつう複数で》心配の種. ～n haben 心配がある, 心配である. j³ ～n bereiten（machen）人³を心配させる, (に)気がかりである. sich³ ～n machen 心配する(um j<et>⁴ / wegen j<et>² 人<事>¹,²のことを). Keine ～! / Sei ohne ～! 心配するな. Deine ～n möchte ich haben! 《反語》君はいいよ, そんな(ちっぽけな)心配しかなくて. Das sind ～n! / Du hast ～n! 《反語》そんなことぐらいなんのかわ(呆れたもんだ). in ～n sein 心配している, 気がかりである(um j<et>⁴ 人<事>⁴のことを, ことが). j⁴ mit ～ erfüllen 人⁴を心配させる, 不安にする. Kleine Kinder, kleine ～n, große Kinder, große ～n. 《諺》小さな子には小さな心配, 大きな子には大きな心配(親にとって子はいつも心配の種). 2 《複数なし》気づかい, 配慮, 世話. Lass das〈Das lass〉 nur meine ～ sein! それは私にまかせなさい. 私のことだ, ほっといてくれ. für〈um〉 j<et>⁴ ～ tragen 《(文^r)》[zu] j<et>³ ～ tragen 《雅》人<事>⁴,³の世話をする, (に)配慮する.

*'**sor·gen** ['zɔrɡən ゾルゲン] ❶ 自 1 (a) (für j⁴ 人⁴の)世話をする, 面倒を見る. für *seine* Familie ～ 家族の面倒を見る. Wer *sorgt* denn für die Kinder? 誰がその間子供たちの面倒を見るのか. Sie *sorgt* in unserer Abwesenheit für den Hund〈die Blumen〉. 私たちがいない間彼女が犬の面倒を見て花の世話をしてくれます. für das Essen ～ 食事に気を配る. für Ruhe und Ordnung ～ 安寧(ﾂﾟ)と秩序が保たれるよう努める. *Sorge* [dafür], dass dem Kind nichts geschieht! 子供に何事も起らないように注意してくれ. (c) (für et⁴ 物⁴)を手配(調達)する. *Sorgen* Sie für ein Taxi! タクシーを呼んで下さい. 2 《古》(für et⁴ 事⁴を)引き起こす.

Sein Erscheinen *sorgte* im Dorf für große Aufregung. 彼の出現は村で大きな騒ぎとなった. ❷ 再 (sich⁴) (um j et)⁴ 人⁴のことを心配する, 気づかう. Sie *sorgt* sich um ihren Sohn〈seine Gesundheit〉. 彼女は自分の息子の心配をしている〈彼の健康を気づかっている〉.

'**Sor·gen·bre·cher** 男 -s/- 《戯》憂さ(浮き世の悩み)を払ってくれるもの(酒のこと). Alkohol ist der beste ～. 酒は最上の憂さ晴らし.

'**sor·gen·frei** 形 心配(不安)のない.

'**sor·gen·kind** 甲 -[e]s/-er 《周囲の》心配の種である子, 世話のやける子;《比喩》心配(悩み)の種.

'**sor·gen·last** 女 -/ 重い悩み, 心痛, 深い心配.

'**sor·gen·los** 形 《まれ》=sorgenfrei

'**sor·gen·voll** 形 心配(不安)でいっぱいの, ひどく心配そうな. ～e Tage 心配で満ちた日々.

'**Sor·ge·pflicht** 女 -/-en 《法制》(親権者の子供に対する)保護監督義務.

'**Sor·ge·recht** 中 -[e]s/《法制》(親権者の子供に対する)保護監督権.

*'**Sorg·falt** ['zɔrkfalt ゾルクファルト] 女 -/ 念入り, 綿密, 細心. ～ auf et⁴ verwenden 事⁴に細心の注意を払う. mit ～ 念入りに(綿密に).

*'**sorg·fäl·tig** ['zɔrkfɛltɪç ゾルクフェルティヒ] 形 注意深い, 念入りな, 綿密な. eine ～e Arbeit 丹念な仕事. et⁴ ～ vorbereiten 周到に事の準備をする.

'**Sorg·fäl·tig·keit** 女 -/ 《古》=Sorgfalt

'**sorg·lich** ['zɔrklɪç] 形 **1** 《述語的には用いない》《古》注意の行届いた, 念入りな. **2** 気配りの細かい, よく気のつく.

'**sorg·los** ['zɔrkloːs] 形 **1** 心配(不安)のない, 気楽な. ein ～es Leben 不安のない(気楽な)暮し. **2** ぞんざいな, 不注意な. ～ mit et³ umgehen 物³をぞんざいに扱う. **3** 人を信じやすい, 警戒心のない.

'**Sorg·lo·sig·keit** [..loˑzɪçkaɪt] 女 -/ 不注意(軽率)であること; むとんちゃく(のんき)であること.

'**sorg·sam** ['zɔrkzaːm] 形 **1** 注意の行届いた, 慎重な. ～ mit et³ umgehen 物³を注意深く(丁寧に)扱う. **2** 気配りの細かい, 手厚い. eine ～e Betreuung des Kranken 病人の手厚い看護.

'**Sorg·sam·keit** 女 -/ 注意深いこと, 慎重(念入り)なこと.

*'**Sor·te** ['zɔrtə ゾルテ] 女 -/-n (*it.*) **1** (商品・作物などの)種類, 品種, 品質, 等級. die beste〈mittlere〉～ 最高級〈中級〉品. Stoffe aller〈in allen〉～n あらゆる種類の生地(⸮). verschiedene ～n von Rosen さまざまな品種のばら. Er ist eine seltsame ～ [Mensch].《話》彼は変り者だ. **2**《複数ная》外貨.

sor·tie·ren [zɔr'tiːrən] 他 分類する, 仕分けする, 選別する. Bausteine nach ihrer Farbe〈Größe〉～ 建築石材をその色〈大きさ〉によって選り分ける. Bücher in ein Regal ～ 本を分類して本棚に収める. ♦ ↑ Sortier

Sor·tie·rer [zɔr'tiːrər] 男 -s/- **1** (商品・部品などの)選別(仕分け)係. **2** 選別(分類)機の操作係. **3** =Sortiermaschine

Sor·tier·ma·schi·ne [zɔr'tiːr..] 女 -/-n 《⸮》(郵便物・パンチカードなどの)選別(分類)機, ソーター.

sor'tiert 過分 形 《比較変化なし》**1**《次の用法で》gut〈reich〉～ 品揃えの豊富な. Dieses Geschäft ist sehr gut in französischen Rotweinen ～. この店にはフランス産赤ワインが豊富に揃っている. **2** 精選された. ～e Ware 極上品.

Sor'tie·rung 女 -/-en **1**《複数なし》選別(分類)すること. **2** (Sortiment 1) 商品在庫, (取り揃えた)品目.

Sor·ti'ment [zɔrti'mɛnt] 中 -[e]s/-e (*it.*) **1** 商品在庫, (取り揃えた)品目. **2** =Sortimentsbuchhandel

Sor·ti'men·ter [zɔrti'mɛntər] 男 -s/- =Sortimentsbuchhändler

Sor·ti'ments·buch·han·del 男 -s/ 書籍取次(販売)業, 書籍小売業.

Sor·ti'ments·buch·händ·ler 男 -s/- 書籍取次(販売)業者, 書籍小売業者, 本屋.

SOS [ɛsoː'ɛs] 中 -/ エス・オー・エス(無線電信による遭難信号).

so'sehr [zoˑ'zeːr] 副 《従属/定動詞後置》どんなに(いくら)…しても. *Sosehr* ich ihn auch schätze, billige ich in diesem Fall sein Verhalten nicht. いくら私が彼を評価してはいても, この件では彼の態度は是認できない.

so'so [zoˑ'zoː] ❶ 間 *Soso*! (話者の無関心・疑念を示して)ふうん, へえ, なるほど. ❷ 副 まあまあ, さして良くも悪くもない. Es geht mir ～. まあまあだよ.

SOS-Ruf 男 -[e]s/-e エス・オー・エスの信号;《比喩》救いを求める声(叫び). einen ～ auffangen〈senden〉 エス・オー・エスの信号を受信〈発信〉する.

*'**So·ße** ['zoːsə ゾーセ] 女 -/-n (*fr.* sauce, Brühe⁴) **1** 《料理》ソース, ドレッシング. **2** (タバコに添加する)香味料. **3** (話) 汚れ, 泥水. in der ～ sein〈sitzen/stecken〉《比喩》泥沼に陥っている, 手も足も出ない. ♦ Sauce とも綴る.

'**so·ßen** ['zoːsən] 他 (saucieren) (苦みなどを和らげるためにタバコの葉を)酸(アルカリ)溶液に浸す.

'**So·ßen·löf·fel** 男 -s/- ソーススプーン.

so'tan [zoˑ'taːn] 形 《古》(derartig, solch) このような, かような.

sott [zɔt] sieden の過去.

söt·te ['zœtə] sieden の接続法 II.

Sot'ti·se [zɔ'tiːzə] 女 -/-n (*fr.*) **1** (Dummheit) 愚かしい言動, 愚行. **2** 不作法, 粗野な言動. **3** (Stichelei) いやみ, 当てこすり.

Sou'bret·te [zu'brɛtə] 女 -/-n (*fr.*) **1** (オペラ・オペレッタで小間使いや侍女などの軽い役を演じる)ソプラノ歌手, スブレット. **2**《複数なし》(オペラ・オペレッタの)小間使い(侍女)の役, スブレットの役.

Souf'flé, **Souf'flee** [zu'fleː, su..] 中 -s/-s (*fr.*) 《料理》スフレ.

Souf'fleur [zu'fløːr, su..] 男 -s/-e (*fr.*)《演劇》(俳優の)後見(⸮), プロンプター.

Souf'fleur·kas·ten 男 -s/⸚ (舞台の陰の)プロンプトボックス, プロンプター席.

Souf'fleu·se [zu'fløːzə, su..] 女 -/-n (*fr.*) (女性の)プロンプター.

souf'flie·ren [zu'fliːrən, su..] (*fr.*, flüstern⁴) ❶ 他 1 j³ et⁴ 人³に事⁴をそっと(こっそり)教える. ❷ 自 プロンプターを務める.

'**Sound·kar·te** ['zaʊnt.., 'saʊnd..] 女 -/-n 《⸮》サウンドカード.

'**so·und·so** ['zoːɔntzoː]《話》❶ 副 これこれ, しかじか. ～ groß これこれの大きさの. ～ oft 何度となく. ❷ 形 《名詞の後に置かれて具体的な数字・名前の代用をする》これこれの, しかじかの. Paragraph ～ しかじかの段落. Das steht doch auf Seite ～. それは何ページだかに書いてあるよ.《名詞的用法で》Herr *Soundso* 何某(⸮)氏.

so·und·so·vielt ['zo:|ontzo'fi:lt] 形 何番目かの. am ~en März 5月某日だ.

Sou'per [zu'pe:, su'pe] 中 -s/-s (fr., Abendessen`)《雅》晩餐(会). zum ~ einladen 晩餐に招待する.

sou'pie·ren [zu'pi:rən] 自 (fr.)《雅》晩餐をとる. 豪華な夕食をとる.

Sou'ta·ne [zu'ta:nə, su..] 女 -/-n (fr.) スータン(カトリックの聖職者の通常服).

Sou·ter'rain [zutɛ'rɛ̃:, su.., zu:tɛrɛ̃] 中 -s/-s (fr.) (半)地階.

Sou·ve'nir [zuvə'ni:r, su..] 中 -s/-s (fr.) (旅行などの)土産(ﾄﾞ), 思い出(記念)の品.

<u>**sou·ve'rän**</u> [zuvə're:n, su..] 形 (fr.) **1**《比較変化なし》主権を有する, 独立した. **2**《比較変化なし》《古》制約を受けない; 絶対的な, 専制的な. **3**《雅》悠然とした, 危なげない. die Situation ~ meistern〈beherrschen〉事態を難なく切りぬける.

Sou·ve'rän 男 -s/-e **1** 専制君主, 統治者. **2**《ﾆｯｼﾞ》《総称的に》有権者.

Sou·ve·rä·ni'tät [zuvərɛni'tɛ:t, su..] 女 -/ **1** 主権;(国家の)独立. **2**《雅》悠然とした(危なげのない)様子, 卓越していること.

＊<u>**so'viel**[1]</u> [zo'fi:l] ゾフィール 接《従属／定動詞後置》 **1**《限定》…の限りでは. ~ ich weiß / ~ mir bekannt ist 私の知る限りでは. **2**〖auch／認容を表す〗どんなに…しても. ~ ich auch arbeite どんなに働いても.

so 'viel,°so'viel[2] 代《不定》**1**《後続のwie〈als〉と呼応して》(…と)同じだけ. doppelt〈noch einmal〉~ wie… の2倍か. ~ wie〈als〉möglich できるだけ. Du darfst nehmen, ~ [wie] du willst. ほしいだけ取っていいよ. **2**《限度を示して》それだけ. *So viel für heute!* 今日はここまで.

'Sow·chos ['zɔfxɔs, -'-] 男 (中) -/-e [..'xo:zə, ..'ço:zə] ＝Sowchose

Sow'cho·se [zɔf'xo:zə, ..'ço:zə] 女 -/-n (russ.) ソホーズ(旧ソ連の国営集団農場).

＊<u>**so'weit**[1]</u> [zo'vaɪt] ゾヴァイト 接《従属／定動詞後置》《限度を示して》…の限りでは, …の範囲内で. ~ ich weiß 私の知る限りでは.

so 'weit, °so'weit[2] 副 **1**《限定》それまでのところ; おおよそのところは. *So weit war er einverstanden, beim Folgenden aber hatte er Einwände.* 彼はそこまでは了解していたが, その次のところには異存があった. Es geht ihm ~ gut. 彼の調子はまあまあだ. ~ wie〈als〉möglich できる限り. **2**《so weit sein の形で》《話》すでに終えている; 準備ができている. Gib mir Bescheid, wenn du ~ bist. 終ったら(用意ができたら)知らせてくれ. Es ist bald ~. いよいよその時が来た.

<u>**so'we·nig**</u> [zo've:nɪç] 接《従属／定動詞後置》《auch／認容を表す》どんなに(いかに)…が少なくても. *Sowenig* er auch davon weiß, er will immer mitreden. 自分の知っていることがどんなに少なくても彼はいつも話に加わろうとする.

so 'we·nig, °so'we·nig[2] 代《不定》《後続のwie〈als〉と呼応して》(…と)同様…でない. Er kann es ~ wie du. 君と同様彼もそれができない. ~ wie〈als〉möglich できるだけ…しない. Rauchen Sie ~ wie〈als〉möglich. タバコはできるだけ減らしてください.

＊**so'wie** [zo'vi:] ゾヴィー **1**《並列》および, そして. Er ~ seine Frau waren [en] da. 彼と彼の妻がそこにいた. **2**《従属／定動詞後置》(sobald) …するやいなや. *Sowie* er mich sah, lief er weg. 彼は私の姿を見ると走り去った.

＊**so·wie'so** [zovi'zo: ゾヴィゾー] 副 **1** いずれにせよ, どっちみち. Mach langsam, wir kommen ~ zu spät. ゆっくりしろよ, どうせ遅れるんだから. Das ~!《話》あたりまえじゃないか. **2** ['---]《名詞的用法で》《話》Herr Sowieso 某氏, なんとか氏とやら.

Sow'jet [zɔ'vjɛt, '--] 男 -s/-s (russ.)《歴史》**1** 労兵評議会. **2** ソビエト, 代表会議, 評議会(旧ソ連邦の政治倫機関). **3** ソビエト連邦最高会議. **3**《複数の Sowjets ['zɔvjɛts] で》ソ連人.

sow'je·tisch [zɔ'vjɛtɪʃ, ..'vje:tɪʃ] 形 (旧)ソビエト(連邦)の, ソ連の. ~e Besatzungszone《略 SBZ》(1945-1949 のドイツにおける)ソ連占領地区.

sow·je·ti'sie·ren [zɔvjɛti'zi:rən, zɔvje..] 他 ソビエト化する, ソ連の支配(体制)下に置く.

Sow'jet·re·pu·blik [zɔ'vjɛt.., '-----] 女 -/-en **1** (旧)ソビエト連邦を構成した共和国. **2**《歴史》評議会共和国.

sow'jet·rus·sisch ['----とも] 形 ソビエト・ロシア(人)の. deutsch

Sow'jet·russ·land ['----とも]《地名》**1**《話》ソビエト・ロシア(旧ソ連). **2**《歴史》ソビエトロシア(旧ソ連成立以前のボルシェビキ支配下のロシア).

Sow'jet·stern ['---とも] 男 -[e]s/-e (旧ソ連国家の象徴としての)ソ連の赤い星.

Sow'jet·uni·on ['-----とも] 女 -/《略 SU》ソビエト連邦(1922-1991).

Sow'jet·zo·ne ['-----とも] 女 -/ **1** (1945-1949 のドイツにおける)ソ連占領地区 (sowjetische Besatzungszone の略). **2**《古》《俗》(旧)東ドイツ.

＊**so'wohl** [zo'vo:l ゾヴォール]接《並列》《sowohl A als〈wie〉[auch] B の形で》A も B も. Er spricht ~ Englisch als auch Französisch. 彼は英語もフランス語も話す. Er hat ~ gelogen als auch gestohlen. 彼は嘘をついたし盗みもした.

'**So·zi** [zo:tsi] 男 -s/-s《侮》(Sozialdemokrat) 社会民主主義者; 社会民主党員.

＊**so·zi'al** [zotsi'a:l ゾツィアール] 形 (fr.) **1**《比較変化なし》社会の, 社会的な. ~e Fragen〈Verhältnisse〉社会問題〈情勢〉. ~ Ansehen erlangen 社会的な名声を得る. ~ aufsteigen〈absteigen〉出世する〈落ちぶれる〉. **2** 社会福祉(奉仕)の, 公益のための. ~e Einrichtungen 社会福祉(公益)施設. der ~e Wohnungsbau (低所得者向けの)国庫補助つき住宅建設. in der ~en Arbeit stehen 社会福祉の仕事をしている. ~ gesinnt sein 公益を念頭に置いている. **3**《動物》社会性の. ~e Insekten 社会性昆虫(蜜蜂・蟻などがコロニーをつくって生活する昆虫).

So·zi'al·ab·ga·ben 複 社会保険料.
So·zi'al·amt 中 -[e]s/-er 社会福祉事務所.
So·zi'al·ar·beit 女 -/ ソーシャルケースワーク.
So·zi'al·ar·bei·ter 男 -s/- ソーシャルケースワーカー.
So·zi'al·ar·bei·te·rin 女 -/-nen (女性の)ソーシャルケースワーカー.
So·zi'al·de·mo·krat -en/-en 社会民主主義者; 社会民主党員.
So·zi'al·de·mo·kra'tie 女 -/ 社会民主主義;《総称的に》社会民主党.
so·zi'al·de·mo·kra·tisch 形 社会民主主義の. *Sozialdemokratische* Partei Deutschlands《略 SPD》ドイツ社会民主党.
So·zi'al·ethik 女 -/《哲学》社会倫理(学).
So·zi'al·fall 男 -[e]s/-e 社会扶助を必要とする人,

Sozialhilfe

ソーシャルケース.
So·zi·al·hil·fe 囡 -/ 社会扶助, 生活保護. ～ bekommen〈beziehen〉生活保護を受ける.
so·zi·a·li·sie·ren [zotsiali'zi:rən] 他 **1**《社会学・心理》(人⁴を)社会化する, 社会(集団, 共同)生活に適するようにする. **2**《産業などを》公有(国有)化する.
So·zi·a·li·sie·rung 囡 -/ **1** 公有(国有)化すること. **2**《社会学・心理》社会化.
So·zi·a·lis·mus [zotsia'lɪsmʊs] 男 -/..men [..mən] **1**《複数なし》(理論としての)社会主義. **2**《複数まれ》社会主義国(家, 体制).
So·zi·a·list [zotsia'lɪst] 男 -en/-en 社会主義者; 社会党員.
so·zi·a·lis·tisch [zotsia'lɪstɪʃ] 形 **1** 社会主義の. das ～e Lager 社会主義(国)陣営. **2**《ドイツ》社会民主主義の.
So·zi·al·las·ten 複 (雇用者・被用者・国家などが分担する)社会保障費.
So·zi·al·leis·tung 囡 -/-en (多く複数で) 社会保障の現金(現物)給付.
So·zi·al·öko·no·mie 囡 -/ 社会経済学.
So·zi·al·part·ner 男 -s/-《多く複数で》社会パートナー(雇用者と被用者, 経営者団体と労働組合など).
So·zi·al·po·li·tik 囡 -/《政治》社会(福祉)政策.
so·zi·al·po·li·tisch 形 社会(福祉)政策の(に関する).
So·zi·al·pro·dukt 中 -[e]s/-e《経済》国民総生産(高).
So·zi·al·psy·cho·lo·gie 囡 -/ 社会心理学.
So·zi·al·rent·ner 男 -s/- 社会保険年金受給者.
◆女性形 Sozialrentnerin 囡 -/-nen
So·zi·al·staat 男 -[e]s/-en《法制》社会的国家(社会的弱者に配慮し社会正義や平等の実現を目指す).
So·zi·al·ver·si·che·rung 囡 -/-en (略 SV) 社会保険(法定保険である年金・医療・傷害・失業の4保険).
So·zi·al·wis·sen·schaf·ten 複 社会科学(社会学・政治学など).
So·zi·al·woh·nung 囡 -/-en 社会住宅(比較的安い家賃の低所得者向け住宅. ↑sozial 2).
So·zi·e·tät [zotsie'tɛ:t] 囡 -/-en (lat. societas , Gemeinschaft') **1**《古》協同(同業)組合. **2**《生物》(動物が種を維持するために必要な)社会. **3**《社会学》(共通の目的や利害をもつ個々人によって形成される)会, 協会; 組合, 団体, クラブ, 結社.
So·zii ['zo:tsiː] Sozius の複数.
So·zio·lo·ge [zotsio'lo:gə] 男 -n/-n (lat.) 社会学者; 社会学専攻学生.
So·zio·lo·gie [zotsiolo'gi:] 囡 -/ (lat. socius , Genosse') 社会学.
so·zio·lo·gisch [zotsio'lo:gɪʃ] 形 社会学(上)の, 社会学的な.
So·zi·us ['zo:tsiʊs] 男 -/-se(..ziī) (lat. , Genosse') **1**《複数 -se または Sozii》《経済》(Teilhaber の) 共同出資(者), 組合員, 社員. **2**《複数 -se》(a) (Beifahrer) (オートバイの)同乗者. (b) (Soziussitz) (オートバイの)同乗者席.
So·zi·us·sitz 男 -es/-e (オートバイの)同乗者席.
*__so·zu'sa·gen__ [zo:tsu'za:gən] 副 ―――― ソーツザーゲン] いわば, 言ってみれば. Sie ernährt ～ die ganze Familie allein. 彼女はいわば1人で家族全員を養っているようなものだ.

Space·lab ['spe:slɛp, 'speɪslæb] 中 -s/-s (engl. (Raumlabor) 宇宙実験室, スペースラブ.
'Spach·tel ['ʃpaxtəl] 男 -s/- (囡 -/-n) (↓ Spatel) へら(箆), パテナイフ, パレットナイフ. **2**《複数なし》しっくい.
'spach·teln ['ʃpaxtəln] **❶** 自 1 へら(箆)を使う 2《話》たらふく食べる. **❷** 他 へらで平らにならす, へらで塗る.
Spa·gat¹ [ʃpa'ga:t] 男 (中) (ドイツでは男のみ) -[e]s/-e (it.) 《体操》スプリット; 《体操》前後(左右)開脚座, スプリット.
Spa·gat² 男 -[e]s/-e (it.) 《南ドイツ・オーストリア》(Bindfaden) (荷造りや包装用の)紐, 細紐.
Spa'get·ti, Spa'ghet·ti [ʃpa'gɛti] 複 (it.) 《料理》スパゲッティ.
'spä·hen ['ʃpɛ:ən] 自 のぞき見る, (様子を)うかがう. durch eine Mauerritze ～ 壁の穴からのぞき見る. über den Zaun ～ 垣根越しにのぞき見る. nach j³ ～ j³ を見張る, (の)様子をうかがう.
'Spä·her ['ʃpɛ:ər] 男 -s/- 様子を窺う人, 探索(偵察)をする人; 監視(見張り)人, スパイ, 密偵.
'Späh·trupp ['ʃpɛ:..] 男 -s/-s《軍事》偵察(斥候)隊.
Spa'lier [ʃpa'li:r] 中 -s/-e (it.) **1**《園芸》(果樹などの)格子垣. **2** 人垣(歓迎などのために通りの両側にできる). ～ stehen 人垣に並んで立っている.
Spa'lier·obst 中 -[e]s **1** 格子垣仕立てで栽培された果物. **2**《話》(総称的に)格子垣仕立ての果樹.

*__Spalt__ [ʃpalt シュパルト] 男 -[e]s/-e 隙間; 裂け目, 割れ目. ein ～ im Fels〈in der Wand〉岩の裂け目〈壁のひび〉. die Tür einen ～ [breit, weit] öffnen ドアを細めに開ける. **2**《比喩》(意見などの)不一致, くいちがい. **3**《卑》膣（`).
'spalt·bar ['ʃpaltba:r] 形 割ることができる;《核物理》核分裂性の. ～es Material 核分裂性物質.
'Spalt·bar·keit 囡 -/ (一般に)割れることのできる性質;《鉱物》(結晶の)劈開;《核物理》核分裂性.
'Spält·chen ['ʃpɛltçən] 中 -s/- (Spalt, Spalte の縮小形) 小さな裂け目(割れ目), 穴, ひび.
*__'Spal·te__ ['ʃpaltə シュパルテ] 囡 -/-n **1** (Spalt) (岩などの)裂け目, 割れ目. **2**《略 Sp.》《印刷》(本・新聞などのページの)欄, 段. Das Buch ist in drei ～n gesetzt. その本は3段組みだ. **3**《ドイツ》(Scheibe) (パン・ハムなどの)薄切り, (果物などの)1切れ. eine ～ 〈Zitrone〉パン1切れ〈レモンの薄切り1枚〉. **4**《卑》膣（`).
__'spal·ten__ ['ʃpaltən シュパルテン] spaltete, gespalten (gespaltet) **❶** 他 **1**《縦に》割る, 裂く. mit einer Axt Holz ～ 斧で薪（`を割る. Der Blitz hat den Baum *gespalten〈gespaltet〉*. その木は雷が落ちてまっ二つに裂けた. Diese Frage hat die Partei in zwei Lager *gespalten*. この問題は党を2つの陣営に分裂させた. **2**《核物理》(原子核などの)分裂を起こさせる;《化学》(化合物を)分解する.
❷ 再 (**sich**) 割れる, 裂ける; 分裂する. Ihre Haare spalten sich. 彼女は毛先が分かれている. *gespaltenes* Bewusstsein (統合失調症における)分裂意識.
'Spal·ten·brei·te 囡 -/-n《印刷》段(欄)の幅.
'Spalt·fuß 男 -es/..füße **1**《動物》二枝型付属肢, 分叉（`肢, 裂脚肢, 分肢. **2**《医学》裂足.
'Spalt·fü·ßer 男 -s/-《動物》裂脚亜目, あみ類.
'Spalt·le·der 中 -s/- 裂き皮, スカイバー皮(製革などに用いる薄くすき落した羊の銀付き革.
'Spalt·pilz 男 -es/-e《生物》=Bakterie
'Spalt·pro·dukt 中 -[e]s/-e《多く複数で》**1**《核物

理》核分裂生成物． **2**《化学》分解生成物．
'**Spal·tung** [ˈʃpaltʊŋ] 囡 –/–en **1**（木などを）割る(裂く)こと． **2**《比喩》(党派・宗派などの)分裂；（化合物の)分解；（領土・国などの)分割，分断；《医学・心理》(意識の)分裂；《核物理》(核などの)分裂．
Span [ʃpan] 男 –[e]s/Späne **1** 木屑，鉋屑(ﾚ̌)，おが屑． arbeiten, dass die *Späne* fliegen 《比喩》むしゃらに働く． Wo gehobelt wird, [da] fallen *Späne*.《諺》何事をするにも多少の犠牲はつきもの(かんなをかけるところが屑が出る)． **2**《話》不和，反目，いさかい． *Späne* machen 面倒を起す，反抗する． mit jɜ einen ~ haben《地方》人ɜと喧嘩(反目)している． einen ~ ausgraben（とくに³で）喧嘩を買って出る．
'**span·ab·he·bend**《述語的には用いない》《工学》切削(ﾎ̌)の，研削の． ~*e* Maschinen〈Werkzeuge〉切削機類．
'**Spä·ne** [ˈʃpɛːnə] Span の複数．
'**spä·nen**[1] [ˈʃpɛːnən] 他 **1**（母駄が子豚に)乳を飲ませる，授乳する． **2**（乳児を)離乳させる．
'**spä·nen**[2] 他（↓Span）（板張りの床などを)金属たわしでこする．
'**Span·fer·kel** –s/–（↓spänen[1]）（まだ離乳前の)子豚．
'**Span·ge** [ˈʃpaŋə] 囡 –/–n **1** 髪留め，（装飾を兼ねた)留め針，ブローチ． **2**（婦人靴の)ストラップ． **3**（Armspange)（円環の閉じていない)ブレスレット；《腕曲》手錠． **4**（Ordensspange）勲章用留め金． **5**（Zahnspange）歯列矯正器具(の一種)．
'**Span·gen·schuh** 男 –[e]s/–e（とくに婦人用の)留め金(バックル)付きの靴，ストラップシューズ．
'**Spa·ni·el** [ˈʃpaːni̯əl, ˈspɛniəl] 男 –s/–s（*engl.*）スパニエル(スペイン原産の猟犬種)．
*'**Spa·ni·en** [ˈʃpaːni̯ən] シュパーニエン 中《地名》スペイン．
'**Spa·ni·er** [ˈʃpaːni̯ər] 男 –s/– スペイン人． stolz wie ein ~ 自慢たらしい，高慢ちきな． ◆女性形 Spanierin 囡 –/–nen
Spa·ni·ol [ʃpani̯oːl] 男 –s/–e（*sp.*）スパニオール(スペイン産の嗅ぎタバコ)．
Spa·ni·o·le [ʃpaːni̯oːlə] 男 –n/–n スパニオール(1492 スペインから追放されたユダヤ人の子孫)．
*'**spa·nisch** [ˈʃpaːnɪʃ] シュパーニシュ 形 **1** スペイン(人，語)の，スペイン産(風)の． ~ sprechen スペイン語で話す． et⁴ ~ sagen 事⁴をスペイン語で言う． die ~*e* Küche スペイン料理． ~*er* Pfeffer《古》とうがらし，パプリカ． ein ~*er* Reiter（有刺鉄線を巻きつけた)封鎖用柵． ein ~*es* Rohr（細工用の)籐(ﾄ̌)． die ~*e* Sprache スペイン語． eine ~*e* Wand 屏風(ﾋ̌)． die *Spanische* Reitschule（ヴィーンの)スペイン乗馬学校． ▶↑Spanisch **2**《話》一風変った，奇妙な，不可解な． Das kommt mir ~ vor. それはどうも変だ(おかしい)． ◆↑deutsch
'**Spa·nisch** 中 –[s] スペイン語． ~ sprechen スペイン語を話す． Unterricht in ~ スペイン語の授業． ◆↑Deutsch
'**Spa·ni·sche**《形容詞変化 / 定冠詞と》das ~ スペイン語；スペイン的なもの(特色)． ◆↑Deutsche ②
spann [ʃpan] spinnen の過去．
Spann [ʃpan] 男 –[e]s/–e（↓spannen）**1** 足の甲． **2** =Spanne 2
'**Spann·be·ton** –s/–s(–e)《土木・建築》プレストレストコンクリート．
'**Spann·dienst** 男 –[e]s/–e《古》(農民の領主に対す

る)役畜を使っての夫役（ﾌ̌），畜耕による夫役．
'**Span·ne** [ˈʃpanə] 囡 –/–n **1**（比較的短い)時間，期間． eine ~ Zeit しばらくの間． **2** 指尺(親指と小指を広げた長さで約 20 cm)；《まれ》距離，間隔． **3**（価格や金額の)差；《商業》(Handelsspanne) 売買差益，マージン．
'**spän·ne** [ˈʃpɛnə] spinnen の接続法 II．

'**span·nen** [ˈʃpanən] シュパネン ❶ 他 **1**（ぴんと)張る，引っ張る；（筋肉・神経などを)緊張させる． ein Seil〈ein Netz〉~ ロープ〈ネット〉を張る． den Bogen ~ 弓を張る(引き絞る)． Die Katze *spannte* ihre Muskeln zum Sprung. 猫は跳ぼうとして脚をぴんと突っ張った． Seine Nerven waren zum Zerreißen *gespannt*. 彼の神経はいまにも切れそうにぴんと張りつめていた（↑gespannt）．《方向を示す語句と》Saiten an ein Instrument ~ 楽器に弦を張る． einen Briefbogen in die Schreibmaschine ~ タイプライターにレター用紙をかませる(作動するようにして)にセットする． den Fotoapparat〈den Kameraverschluss〉~ カメラのシャッターをセットする． ein Gewehr ~ 銃の撃鉄を起す． **3**（牛・馬などを)つなぐ． ein Pferd an〈vor〉den Wagen ~ 馬を馬車につなぐ． Hunde vor einen Schlitten ~ 橇(ﾒ̌)に犬たちをつなぐ． **4**《地方》(merken) 気づく．

❷ 自 **1**（服・ズボンなどが)きつい，窮屈である． Das Kleid *spannt* unter den Armen. この服は腋の下がきつい． **2**《比喩》《話》(auf et⁴〈j⁴〉事⁴〈人⁴〉に)注目する；(を)待受ける． Die Kinder *spannen* auf den Nikolaus. 子供たちはニコラウスが来るのをわくわくしながら待ちます(ニコラウスの日が近づくときに)． **3**（飛行機などが)…の翼幅である． Der Vogel *spannt* anderthalb〈1.5〉Meter. その鳥は翼を広げると 1.5 メートルある．

❸ 再 (*sich*) **1**（ロープなどが)ぴんと張られる；（筋肉などが)ぎゅっと引き締まる，緊張する． **2**《雅》(über et⁴ 物⁴の上に)(空などが)広がっている；（橋などが)架かっている． Über den Fluss *spannt* sich eine Brücke. 川の上に橋がかかっている． Ein Regenbogen *spannte* sich über den Himmel. 空に虹が懸かっていた．

◆↑gespannt

*'**span·nend** [ˈʃpanənt] シュパネント 現分 形 はらはら(わくわく)させる，息詰まるような． ein ~*er* Kriminalroman サスペンスに富んだ推理小説． Mach's nicht so ~ !《話》そんなに回りくどい言い方はよせ．
'**span·nen·lang** [ˈʃpanənlaŋ] 形 指尺(親指と小指を広げたくらい)の長さの．
'**Span·ner** [ˈʃpanər] 男 –s/– **1**《虫》しゃくとり(尺蛾)． **2**（ズボン・靴・帽子などの形を保つための)ハンガー，（ズボン)プレッサー，靴(帽子)の張り型，（テニスの)ラケットプレス． **3**《古》荷馬車屋． **4**《話》(Voyeur) のぞき趣味の人，のぞき見嗜好者．
..**spän·nig** [..ʃpɛnɪç]《接尾》数詞などにつけて「…頭立ての，の意の形容詞をつくる． zweisp*ä*nnig 2 頭立ての． mehrsp*ä*nnig 数頭立ての．
'**Spann·kraft** 囡 –/..*e* 《工学》(ばねの)弾力；（気体の)張力，圧力． **2**《比喩》活力，気力，精力．
'**spann·kräf·tig** [ˈ..]《比喩》活力(気力，精力)のある．
'**Spann·rah·men** 男 –s/–（刺繍などの)張り枠，フレーム．
*'**Span·nung** [ˈʃpanʊŋ] シュパヌング 囡 –/–en **1**（複数なし）(綱などを)ぴんと張ること；ぴんと張っていること，張り． **2**《工学》張力；《物理》(気体の)圧力；《電子工》電圧． eine ~ von 220 Volt 220 ボルトの電圧．

Die Leitung steht unter ~. この線には電流が通じている. **3** 緊張, 緊迫; 緊張〈対立〉状態, 葛藤. Die ~ wächst〈lässt nach〉. 緊張が高まる〈ゆるむ〉. atemlose ~ 息詰まるような緊張(感). Der Film hat sehr viel ~. その映画はとてもサスペンスに富んでいる. mit j¹ in ~ leben 人¹とはらはらして暮らす. mit〈voll〉 ~ はらはらくわくわく〉して, 固唾をのんで.

'Span·nungs·ab·fall 男 –[e]s/『電子工』電圧低下(降下).

'span·nungs·ge·la·den 緊迫した; はらはらさせる.

'Span·nungs·mes·ser 男 –s/– **1**『電子工』電圧計. **2**『工学』ひずみゲージ, 伸び計.

'Span·nungs·rei·he 女 –/–n 『化学』電気化学列; 『物理』電化(電圧)列, 接触序列.

'Span·nungs·tei·ler 男 –s/– 『電子工』分圧計(器).

'Spann·vor·rich·tung 女 –/–en 『工学』伸展装置, クランプ(チャック)装置.

'Spann·wei·te 女 –/–n **1** (鳥の)両翼を広げた時の幅; (昆虫の)両張幅; (飛行機の)翼幅. ein Flugzeug mit einer ~ von 40 m 翼幅 40 メートルの飛行機. **2**『建築』スパン(支柱と支柱の間の距離); 梁間(はり), 径間(けい). **3** 〈比喩〉(人間の精神的な)幅.

Spant [ʃpant] 中 (男) –[e]s/–en 『工学』(船の)肋骨, 肋材; (飛行機の)機体骨組, 小骨, リブ.

'Spar·buch ['ʃpa:r..] 中 –[e]s/ ²er 貯金(預金)通帳.

'Spar·büch·se 女 –/–n 貯金箱.

Spar·ein·la·ge 女 –/–n 貯金(残金).

*'spa·ren ['ʃpa:rən シュパーレン] ❶ 他 1 節約する; 差控える, 取っておく. Zeit〈Arbeit〉 ~ 時間を節約する〈仕事を差控える〉. Strom〈Gas〉 ~ 電気〈ガス〉を節約する. **2** (お金などを)貯める, 蓄(たくわ)える. Sie spart jeden Monat 200 Euro. 彼女は毎月 200 ユーロ貯金している. Kraft ~《比喻》力を蓄える. **3** (人¹に事¹を)免じる. Die Mühe〈Deine Ratschläge〉 kannst du dir ~. そんな苦労〈忠告〉はする必要ないよ. Spar dir deine Ratschläge〈Erklärungen〉! 君の忠告〈説明〉など聞きたくないよ.
❷ 自 1 節約する, 惜しむ. Sie spart fleißig〈viel/sehr〉. 彼女は非常な倹約家だ. Spare in der Zeit, so hast du in der Not.《諺》備えあれば憂いなし.《前置詞と》 am Essen ~ 食費を節約する. mit jedem Pfennig ~ ひどい始末屋(けちんぼう)である. Er spar te nicht mit Lob.《比喻》彼は賛辞を惜しまなかった. **2** 貯金する, 貯蓄する. auf〈für〉 ein Auto〈Haus〉 ~ 車〈家〉の購入のために貯金する. bei einer Bank ~ 銀行に預金する.

'Spa·rer ['ʃpa:rər] 男 –s/– 預金者.

'Spar·flam·me 女 –/–n (ガスコンロの)燃料を節約するための弱火, とろ火. auf ~ kochen《話》生活を切りつめる, つましく暮す(弱火で料理する).

'Spar·gel ['ʃpargəl] 男 –s/– (-sの²)『植物』アスパラガス.《複数なし》(食用野菜としての)アスパラガスの若芽). ein Bund ~ kaufen アスパラガスを1束買う.

'Spar·gut·ha·ben 中 –s/– 『銀行』貯金(残高), 貯蓄高.

'Spar·kas·se 女 –/–n 貯蓄銀行.

'Spar·kas·sen·buch 中 –[e]s/²er =Sparbuch

'Spar·kon·to 中 –s/..ten 預金(貯金)口座.

*'spär·lich ['ʃpɛːrlɪç シュペーアリヒ] 形 (↓sparen) わずかな, 乏しい; (食事などの)粗末な; (草木などの)まばら な; (髪の)薄い; (照明などの)弱い. ein ~es Einkommen 乏しい収入. ein ~ besiedeltes Gebiet 住民の少ない地域. Die Versammlung war ~ besucht. その集会は参加者が僅かだった. ~ essen〈leben〉貧弱な食事〈乏しい暮し〉をする.

'Spär·lich·keit 女 –/ わずかな(乏しい)こと.

'Spar·maß·nah·me 女 –/–n 経費節約(節減)措置.

'Spar·pfen·nig 男 –s/–e《話》(万一の時に備えての)わずかな蓄え, 備蓄.

'Spar·ren ['ʃparən] 男 –s/– **1**『建築』垂木(たるき). **2** 垂木形(山形)の紋章. **3**《複数なし》《比喻》《話》少し狂気じみていること. Er hat einen ~ [zu viel / zu wenig]. / Bei ihm ist ein ~ locker. 彼は少し頭がおかしい.

'Spar·ring ['ʃparɪŋ, 'sp..] 中 –s/ (engl.) 〈ボクシング〉スパーリング.

*'spar·sam ['ʃpa:rza:m シュパールザーム] 形 **1** つましい, 倹約した; 割安の, 経済的な. eine ~e Hausfrau 倹約家の主婦. ~ im Gebrauch〈Verbrauch〉 sein (ガソリン・洗剤などが)消費が少なくてすむ. ~ wirtschaftlich暮す. mit et³ ~ umgehen 物³を節約(倹約)する. **2** (分量の控え目な; わずかな, 少ない. mit ~en Worten 言葉少なに. von et³ ~ [en] Gebrauch machen 物³を控え目に使う.

'Spar·sam·keit 女 –/ つましさ, 倹約, 節約; 乏しさ, 少なさ. die ~ seiner Worte 彼の言葉数の少なさ.

'Spar·schwein 中 –[e]s/–e 豚の形の貯金箱.

'Spar·ta ['ʃparta, 'sp..]《地名》スパルタ(古代ギリシアの都市国家).

Spar·ta·kist [ʃparta'kɪst, sp..] 男 –en/–en スパルタクス団員 (Spartakusbund の団員); スパルタクス団運動の支持者.

'Spar·ta·kus [ʃpartakus, 'sp..] ❶《人名》スパルタクス(?–前71, 古代ローマの奴隷反乱の指導者). ❷ 男 –/ スパルタクス. ▶ 1971に創設された旧西ドイツの学生運動の政治組織である Marxistischer Studentenbund Spartakus の略称.

'Spar·ta·kus·bund 男 –[e]s/ スパルタクス団. ◆ 1917に K. Liebknecht や R. Luxemburg などを指導者として組織された結社でドイツ共産党の前身.

Spar·ta·ner [ʃpar'ta:nər, sp..] 男 –s/– (古代ギリシアの)スパルタ人; (古代ギリシアにおける参政権を持つ)スパルタ市民.

spar·ta·nisch [ʃpar'ta:nɪʃ, sp..] 形 **1** スパルタの. **2** スパルタ式の; 厳しい, 厳格な; 質素な. eine ~e Erziehung スパルタ式の(厳しい)教育.

'Spar·te ['ʃparta] 女 –/–n (it.) **1** (学問・芸術などの)分野, 領域, 部門; (スポーツの)種目; (組織の)部局, 課. **2** (新聞の)欄, 面.

'Spas·men ['ʃpasmən, 'sp..] Spasmus の複数.

'spas·misch ['ʃpasmɪʃ, 'sp..] 形 (gr.)『医学』痙攣(性)の, 痙性(けいせい)の.

spas·mo·disch [ʃpas'mo:dɪʃ, sp..] 形『医学』 =spasmisch

'Spas·mus ['ʃpasmus, 'sp..] 男 –/..men [..mən] (gr.)『医学』痙攣(けいれん), 痙縮, ひきつけ.

Spaß

[ʃpa:s シュパース] 男 –es/Späße (it. ‚Vergnügen') **1** 冗談, ふざけ. ein schlechter ~ 悪い冗談, 悪ふざけ. ~〈Späße〉 machen 冗談を言う, ふざける. Du machst wohl ~. 冗談だろう. Mach keinen ~〈keine Späße〉! 冗談はよせ, ふざけるな; まさか. seinen ~ mit j³ treiben 人³をからかう. keinen

Spaziergänger

verstehen 冗談が通じない; (in⟨mit⟩ et³ 物³に関して) 神経をとがらす．Mit Geld versteht er keinen ~. 彼は金のこととなるとびりびりする． ~ beiseite 冗談はさておいて，et⁴ aus⟨im/zum⟩ ~ sagen 事⁴を冗談でふざけて)言う． ohne ~! 冗談抜きで！ Das geht über den ~! 冗談が過ぎる！ 2《複数なし》楽しみ，慰み． Viel ~! たっぷり楽しんでおいで． seinen ~ an⟨mit⟩ et³ finden⟨haben⟩ 事³を自分の楽しみとしている． j³ ~ machen 人³を楽しませる．Das hat mir viel ~ gemacht. これは大いに楽しかった． Das macht ~. それは面白い． sich³ einen ~ aus et³ machen 事³(いたずらなど)をして面白がる． j³ den ~ verderben⟨versalzen⟩ 人³の楽しみをぶちこわす．

'**Spä·ße** [ˈʃpɛːsə] Spaß の複数．

'**spa·ßen** [ˈʃpaːsən] 圓 冗談を言う，からかう；ふざける (mit j³ 人³と)．Er lässt nicht mit sich³ ~. / Mit ihm ist nicht zu ~. 彼にはうっかり冗談も言えない．Mit et³ ist nicht zu ~. / Mit et³ darf man nicht ~. 物³を軽く考えてはいけない，軽率(ネミ)には扱えない．

'**spa·ßes·hal·ber** [ˈʃpaːsəshalbər] 圜 **1**（zum Spaß) 冗談で，ふざけて． **2** 面白半分に，もの好きに．

'**spaß·haft** [ˈʃpaːshaft] 圏 = spaßig

'**spa·ßig** [ˈʃpaːsɪç] 圏 楽しい，愉快な，おもしろい，こっけいな；ひょうきんな，おどけた． ~e Einfälle 愉快な思いつき． ein ~er Bursche ひょうきんな若者．

'**Spaß·ma·cher** [ˈʃpaːsmaxər] 閉 -s/- 冗談ばかりでまい人，人を楽しませてくれる人，愉快(ひょうき)な人．

'**Spaß·ver·der·ber** 閉 -s/- 興をそぐ人．

'**Spaß·vo·gel** 閉 -s/⸚ 冗談好きな人，ひょうきん(おどけ)者．

Spat¹ [ʃpaːt] 閉 -[e]s/-e (Späte)〖鉱物〗へげ石，スパー(良劈開()性の鉱物に対する総称)．

Spat² [ʃpaːt] 閉 〖獣医〗(馬の飛節内腫．

*'**spät** [ʃpɛːt] 閉 シュペート **1** (↔ früh)（時刻・時期の)遅い；晩年(末期)の；(果実などが)晩生の，時機遅れの，間に合わない． am ~en Abend 晩遅くに． im ~en Sommer 夏の終りに． der ~e Goethe 晩年のゲーテ． ein ~es Mädchen (話) オールドミス． das ~e Mittelalter 中世末期． bis in die ~e Nacht / bis ~ in die Nacht 夜遅くまで． ~e Rosen 遅咲きのバラ． eine ~e Sorte Apfel 晩生種のりんご． zu ~er Stunde 遅い時間に；のちほど．Wie ~ ist es? いま何時ですか．Es wird heute Abend ~. 今晩は(帰宅時間などが)遅くなる．Je ~er der Abend, desto schöner die Gäste. 遅いお客さまほどいいお客(遅れてきた夜遅く来たりした客への冗談めかした挨拶)． ~ aufstehen⟨zu Bett gehen⟩ 遅い時間に起きる⟨寝る⟩． zu ~ kommen 遅刻する． früh und ~ / von früh bis ~ 朝から晩まで，一日中．Besser ~ als nie.〘諺〙遅くてもしないよりまし．◆ ↑ später

'**Spä·te** [ˈʃpɛːtə] Spat¹ の複数．

'**Spa·tel** [ˈʃpaːtəl] 閉 -s/- (囡 -/-n)(lat.)**1**（軟膏用の)へら；(医師の用いる)舌圧子(ヒった)． **2** = Spachtel

'**Spa·ten** [ˈʃpaːtən] 閉 -s/- スコップ，(柄のついた)鋤(ぎ)．

*'**spä·ter** [ˈʃpɛːtər] シュペーター 圏（spät の比較級）（↔ früher）の；(時刻・時期の)より遅い；(時代の)のちの，後年(将来)の． ~e Generationen のちの(将来の)世代． in ~en Jahren⟨Zeiten⟩ 後年(に)． **2**《副詞的用法》のちに，あとで．drei Stunden ~ 3時間のちに．Auf⟨Bis⟩ ~! じゃあまたあとでね．

'**spä·ter·hin** [ˈʃpɛːtərhɪn] 圜 のちに，あとで．

*'**spä·tes·tens** [ˈʃpɛːtəstəns] シュペーテステンス 圜 遅くとも． ~ [am] Montag 遅くとも月曜日には． ~ [um] 5 Uhr / [um] 5 Uhr ~ 遅くとも5時には．

'**Spät·ge·burt** 囡 -/-en〖医学〗晩期産(の子)．

'**Spät·herbst** 閉 -[e]s/-e《複数まれ》晩秋．

'**Spa·ti·um** [ˈʃpaːtsiom, 'sp..] 中 -s/..tien [..tsiən] (lat.)〖印刷〗スペース(字間・語間のあき，又は字間・語間のあきのための込め物)．

'**Spät·jahr** 中 -[e]s/-e《複数まれ》〘雅〙(Herbst) 秋．

'**Spät·la·tein** 中 -s/- 後期ラテン語．

'**Spät·le·se** 囡 -/-n **1**（ぶどうの)遅摘み． **2** シュペートレーゼ(遅摘みのぶどうから作ったワイン)．

'**Spät·ling** [ˈʃpɛːtlɪŋ] 閉 -s/-e **1** 遅咲きの花；晩生(晩熟)の果物． **2** 兄姉とひどく年が離れて生れた子；(親の結婚後)遅く生れた子． **3** (Spätwerk) 晩年の作品．

'**Spät·nach·mit·tag** 閉 -s/-e 午後遅くの時刻，夕方(およそ6時頃)．

'**Spät·obst** 中 -[e]s/-《複数まれ》晩生(晩熟)の果物．

'**Spät·rei·fe** 囡 -/ おくて，晩成．

'**Spät·scha·den** 閉 -s/⸚ 後遺症．

'**Spät·som·mer** 閉 -s/-《複数まれ》晩夏．

*'**Spatz** [ʃpats] 閉 -en/-en(-es)/-en〖鳥〗(Sperling の愛称語) **1** 雀(
テ)．wie ein ~ essen ほんの少ししか食べない．Das pfeifen die ~en von den⟨allen⟩ Dächern.（秘密のことがらいが)それは誰でも知っている．Besser ein ~ in der Hand, als eine Taube auf dem Dach.〘諺〙先の雁より手前の雀(「たとえ価値の少ないものでも確実なほうがよい」の意)．Du hast wohl ~en unterm Hut?〘戯〙(部屋の中で挨拶のときに帽子をとらない者に向かって)君は帽子の中に雀でも飼っているのかい． **2**（子供・小動物を指して)ちびっこ，おちびちゃん；(Penis) おちんちん． **3**《複数で》〘戯〙おっぱい．

'**Spätz·chen** [ˈʃpɛtsçən] 中 -s/- Spatz の縮小形．

'**Spat·zen·ge·hirn**, '**Spat·zen·hirn** 中 -[e]s/-e〘侮〙愚か者，小鳥の頭が足りない人． ein ~ haben 頭が足りない．

'**Spätz·le** [ˈʃpɛtslə] 閉（とくにシュ
パ）〖料理〗シュペッツレ(塩ゆでした卵入りヌードル)．

'**Spät·zün·der** [ˈʃpɛːt..] 閉 〘戯〙呑込みの悪い(頭の回転の鈍い)人；発達の遅い子．

'**Spät·zün·dung** 囡 -/-en **1**（エンジンの)点火遅れ． **2**《戯》物分かりの悪さ，反応の鈍さ．

spa·zie·ren [ʃpaˈtsiːrən] 圓 (s) (it.) **1** (古) (spazieren gehen) 散歩する． **2** ぶらぶら歩く．

*'**spa·zie·ren fah·ren***, °**spa·zie·ren|fah·ren*** [ʃpaˈtsiːrən faːrən] 圓 シュパツィーレン ファーレン **❶** 閉 (s) ドライブする． **❷** 閉 人⁴をドライブに連れて行く；(を)乳母車(車椅子など)に乗せて連れて行く．

spa·zie·ren füh·ren, °**spa·zie·ren|füh·ren** 閉 散歩に連れて行く．Er führt seinen Hund spazieren. 彼は犬を散歩に連れて行く． ein neues Kleid ~〘戯〙新しい洋服を着て見せびらかす．

*'**spa·zie·ren ge·hen***, °**spa·zie·ren|ge·hen*** [ʃpaˈtsiːrən geːən] 閉 (s) 散歩する，散歩に行く． im Park ~ 公園を散歩する．

spa·zie·ren rei·ten*, °**spa·zie·ren|rei·ten*** 閉 (s) 馬で遠乗りする．

Spa·zier·fahrt [ʃpaˈtsiːrfaːrt] 囡 -/-en ドライブ，(車での)遠乗り．

*'**Spa·zier·gang** [ʃpaˈtsiːrɡaŋ] シュパツィーアガング 閉 -[e]s/⸚e einen ~ machen 散歩をする．j⁴ auf einem ~ begleiten 人⁴の散歩のお供をする．

'**Spa·zier·gän·ger** [..ɡɛŋər] 閉 -s/- 散歩する人．

Spazierstock

♦ 女性形 Spaziergängerin 囡 -/-nen
Spa'zier·stock 男 -[e]s/-e 《散歩用》ステッキ.
Spa'zier·weg 男 -[e]s/-e 散歩道.
SPD [εspe:'de:] 《略》=Sozialdemokratische Partei Deutschlands ドイツ社会民主党.
Specht [ʃpɛçt] 男 -[e]s/-e 《鳥》きつつき.
* **Speck** [ʃpɛk] シュペック 男 -[e]s/-e **1** (豚などの)脂肪組織, 豚身; ベーコン. den ~ riechen《話》《怪しい・危険だと》勘づく, ぴんとくる. Ran an den ~!《戯》さあ仕事にかかれ. [wie die Made] im ~ sitzen《話》ぬくぬくと暮している. Mit ~ fängt man Mäuse.《諺》餌さえよければ必ず獲物がひっかかる. **2**《話》(人間の)皮下脂肪. ~ ansetzen 太る.
'**spe·ckig** ['ʃpɛkɪç] 形 **1** 脂じみた, 脂っぽい;《比喩》汚れて脂びかりした. ~ e Stellen an den Ärmeln (汚れたために)そでのてかてか光っている箇所. **2**《話》太った, 脂肪ぶとりした. **3**《南ドイツ・オーストリア》(パンなどが)生焼けの.
'**Speck·schwar·te** 囡 -/-n ベーコンの皮.
'**Speck·sei·te** 囡 -/-n (豚の)大きな脂身, ベーコン.
'**Speck·stein** 男 -[e]s/-e《鉱物》石けん石, 滑石.
spe'die·ren [ʃpe..] 他 -[e]t/- **1** (荷物を)運送する, 輸送する. **2**《戯》(人*を)追出す, 送り出す.
Spe·di'teur [ʃpedi'tø:r] 男 -s/-e 運送業者.
Spe·di'ti·on [ʃpeditsi'o:n, (in it.) i..] 囡 -/-en **1** 運送, 輸送. **2** 運送業, 運送会社; (会社の)発送部.
Spe·di'ti·ons·ge·schäft 中 -[e]s/-e **1** 運送店 (業). **2**《法制》運送取扱契約.
Speech [spi:tʃ] 男 -es/-e(-es[..tʃɪs]) (engl.) スピーチ, 演説.
Speer [ʃpe:r] 男 -[e]s/-e 槍(ﾔﾘ);《スポーツ》(競技用の)槍.
'**Speer·wer·fen** 中 -s/《スポーツ》槍投げ.
'**Spei·che** ['ʃpaɪçə] 囡 -/-n **1** (車輪の)スポーク. dem Schicksal in die ~n greifen〈fallen〉《比喩》運命に逆らう(運命の進行を止めようとする). **2**《解剖》橈骨(とうこつ).
'**Spei·chel** ['ʃpaɪçəl] 男 -s/ (↓ speien) 唾液(だえき), つば, よだれ. Der ~ lief ihm im Mund zusammen. (食欲のため)彼は口の中につばがたまった.
'**Spei·chel·drü·se** 囡 -/-n《解剖》唾液腺.
'**Spei·chel·fluss** 男 -es/《医学》唾液分泌過多, 流涎(りゅうぜん)症.
'**Spei·chel·le·cker** 男 -s/-《侮》おべっか使い, ごますり.
Spei·chel·le·cke'rei 囡 -/《侮》おべっか, ごますり.
* '**Spei·cher** ['ʃpaɪçər] シュパイヒャー 男 -s/- (lat.) **1** 倉庫, 納屋;《南ドイツ・西部ドイツ》屋根裏部屋. **2**《工学》(水・熱・圧縮空気などの)貯蔵装置(タンク). **3**《コンピュータ》記憶装置, メモリ. Daten in den ~ eingeben データをメモリに保存する.
'**Spei·cher·ka·pa·zi·tät** 囡 -/-en メモリ容量.
'**spei·chern** ['ʃpaɪçərn] 他 **1** (倉庫に)貯蔵する, 蓄える, 蓄積する. Getreide in der Scheune ~ 穀物を納屋に貯蔵する. Hass in sich³ ~《比喩》憎しみをつのらせる. **2**《コンピュータ》データを記憶させる, 保存する.
'**Spei·che·rung** 囡 -/-en 貯蔵, 蓄積;《コンピュータ》(情報を)記憶させること, (データの)保存.
'**spei·en*** ['ʃpaɪən] spie, gespien《雅》❶ 自 つばを吐く; 嘔吐する. auf den Boden ~ 地面につばを吐く. Es ist zum Speien.《話》それは嫌だ, 退屈でおもしろくない. ❷ 他 吐く, 吐き出す. Der Drache speit Feuer. 竜が火を吐く.
'**Spei·gat**, '**Spei·gatt** ['ʃpaɪgat] 中 -[e]s/-s(-en) 《船員》排水孔(甲板の水を排出するための).
Speil [ʃpaɪl] 男 -[e]s/-e 木屑(ﾉ).
Speis¹ [ʃpaɪs] 男 -es/《南ドイツ》(Mörtel) モルタル.
Speis² 囡 -/-en《南ドイツ・オーストリア》(Speisekammer) 食料貯蔵室.
* '**Spei·se** ['ʃpaɪzə シュパイゼ] 囡 -/-n (lat.) **1** 料理;《雅》食物;《とくに北ドイツで》デザートの甘い物(プディングなど). ~ n und Getränke /《雅》Speis und Trank 飲食物. **2**《複数なし》(it.) (↑ Speis¹). **3** (Glockenspeise)(鐘を鋳造するための)金属溶液, 湯. **4**《冶金》スパイス(金属鉱の製錬の際に生じる中間産物).
'**Spei·se·brei** 男 -[e]s/-e **1** かゆ(状の食物). **2**《医学》乳糜粥(にゅうびじゅく), キームス.
'**Spei·se·eis** 中 -es/ アイスクリーム.
'**Spei·se·haus** 中 -es/..er《古》食堂, 料理店.
'**Spei·se·kam·mer** 囡 -/-n 食料貯蔵室.
* '**Spei·se·kar·te** ['ʃpaɪzəkartə シュパイゼカルテ] 囡 -/-n 献立表, メニュー. die ~ verlangen メニューを持ってきてくれるように頼む.
'**Spei·se·lei·tung** 囡 -/-en《工学》(ガス・水道の)供給管; 給電線.
'**spei·sen** ['ʃpaɪzən] ❶ 自《雅》食事をする. zu Abend ~ 夕食をとる. Was hast du heute gespeist〈gespiesen〉? 今日はなにを食べたの. [Ich] wünsche wohl zu ~〈wohl gespeist zu haben〉!《古》よろしく召しあがれ〈おにに合いましたか〉. ▶食事をする本人が自分で Ich speise... とはふつう言わない. ❷ 他 **1**《雅》(人*に)食物を与える, 食事を出す(ふるまう). **2**(他に)供給(補給, 補充)する(mit et³物*を). einen Kessel mit Wasser ~ 湯沸かしに水を補給する. eine aus〈von〉zwei Batterien gespeiste Taschenlampe 電池を2個いれる懐中電灯. ♦過去分詞に gespiesen という不規則変化形もあり(↑①)が, これは冗談めかした調子で用いる, ただしスイスではこれを用いるのがふつう.
'**Spei·sen·fol·ge** 囡 -/-n 献立の順序(フルコースなどの); (Menü) 定食, フルコースの料理.
'**Spei·sen·kar·te** 囡 -/-n =Speisekarte
'**Spei·se·öl** 中 -[e]s/-e 食用油.
'**Spei·se·rest** 男 -[e]s/-e《多く複数で》食べ残し.
'**Spei·se·röh·re** 囡 -/-n《解剖》食道.
'**Spei·se·saal** 男 -[e]s/..säle 大食堂, 食堂ホール.
'**Spei·se·schrank** 男 -[e]s/..e 食料用戸棚.
'**Spei·se·wa·gen** 男 -s/- 食堂車.
'**Spei·se·was·ser** 中 -s/= (ボイラー用の)補給水 (↓ speisen ②②).
'**Spei·se·zet·tel** 男 -s/- (Küchenzettel) (一定期間のための)献立計画表.
'**Spei·se·zim·mer** 中 -s/- (Esszimmer) **1** 食堂, ダイニングルーム. **2** 食堂用の家具.
'**Speis·ko·balt** 中 -s/《鉱物》砒(ヒ)コバルト鉱.
'**Spei·sung** 囡 -/-en **1**《雅》給食; 食事の供応. **2**《工学》供給; 給水, 給電, 給油.
'**spei'übel** ['ʃpaɪ'yːbəl]《比較変化なし》胸がむかむかする, 吐きそうな. Mir ist ~. 私は吐き気がする.
Spek·ta·bi·li'tät [ʃpɛktabili'tɛːt, sp..] 囡 -/-en (lat., Ansehen*) **1**《複数なし》声望. **2**《大学学部長の伝統的な称号・呼掛け》《古》Eure ~ 学部長殿. Seine ~ 学部長.
Spek'ta·kel¹ [ʃpɛk'taːkəl, sp..] 中 -s/- (lat. spectaculum*, Schauspiel*) **1**《古》芝居, 劇. **2** 見もの, (関心を呼ぶ)出来事, スペクタクル.
Spek'ta·kel² [ʃpɛk'taːkəl] 男 -s/- (↓ Spektakel¹)

spek·ta·keln [ʃpɛk'ta:kəln] 自《話》センセーションをまき起し,騒動をひき起す.

spek·ta·ku·lär [ʃpɛktaku'lɛ:r, sp..] 形 センセーショナルな.

'Spek·tra ['ʃpɛktra, 'sp..] Spektrum の複数.

spek'tral [ʃpɛk'tra:l, sp..] 形 (*lat.*) スペクトルの.

Spek'tral·ana·ly·se 女 -/-n 〖物理・化学〗 スペクトル分析.

Spek'tral·far·be 女 -/-n 〖物理〗 分光色, スペクトル色.

'Spek·tren ['ʃpɛktrən, 'sp..] Spektrum の複数.

Spek'tro·graph [ʃpɛktro'gra:f, sp..] 男 -en/en 分光写真機.

Spek'tro·me·ter [ʃpɛktro'me:tər, sp..] 中 -s/- **1** 分光計. **2** =Spektrograph

Spek'tro·skop [ʃpɛktro'sko:p, sp..] 中 -s/-e 分光器.

Spek·tro·sko'pie [ʃpɛktrosko'pi:, sp..] 女 -/- 〖物理〗 分光学, 分光器検査.

'Spek·trum ['ʃpɛktrom, 'sp..] 中 -s/..tren (..tra) (*lat.*, Erscheinung') **1** 〖物理〗 スペクトル. **2** 《比喩》 多様性, 多彩さ. das ~ der modernen Literatur 近代文学の多様性.

Spe·ku'lant [ʃpeku'lant] 男 -en/en (*lat.*) 投機家, 相場師.

Spe·ku·la·ti'on [ʃpekulatsi'o:n] 女 -/-en (*lat.*) 推測, 憶測; 〖哲学・宗教〗 思弁. ~en über et⁴ anstellen 事⁴について推量する. Das ist alles nur ~. それはみな憶測にすぎない. **2** 〖経済〗 投機, 思惑買い; 冒険的な商売(企て).

Spe·ku·la'ti·us [ʃpeku'la:tsios] 男 -/- (*ndl.*) シュペクラティウス(型で抜いたクリスマスのクッキー).

spe·ku·la'tiv [ʃpekula'ti:f] 形 **1** 思弁的な. **2** 推測(憶測)による. **3** 投機的な.

speku'lie·ren [ʃpeku'li:rən] 自 (*lat.*) **1** (an⟨mit⟩ et³ 物³で) 投機をする, 思惑買いをする. mit Grundstücken ~ 土地で投機をする. **2** 《話》(auf et⁴ / mit et³ 物⁴,³ を) あてにする, 計算に入れる. mit der Erbschaft ~ 遺産をあてにする. **3** (über et⁴ 事⁴について) 熟考する, 推測する.

Spelt [ʃpɛlt] 男 -[e]s/-e 〖植物〗 スペルト小麦.

Spe'lun·ke [ʃpe'loŋkə] 女 -/-n (*gr.*, Höhle') **1** 《俗》いかがわしい酒場. **2** (汚なく荒れ放題の)ひどい部屋.

Spelz [ʃpɛlts] 男 -es/-e 〖植物〗 =Spelt

'Spel·ze ['ʃpɛltsə] 女 -/-n **1** (穀物の)もみがら. **2** 〖植物〗 穎(ﾎｳ), 芒(ﾉｷﾞ).

'spel·zig ['ʃpɛltsɪç] 形 穎(ﾎｳ)のある.

spen'da·bel [ʃpɛn'da:bəl] 形 (↓spenden)《話》気前のよい.

'Spen·de ['ʃpɛndə] 女 -/-n 寄付(金), 施(ﾎﾄｺ)し, 喜捨, 義援金.

*'**spen·den** [ʃpɛndən シュペンデン] 他 (*lat.*) 寄付(寄贈, 喜捨)する; 惜しみなく与える(さずける); 寄与(貢献)する. das Abendmahl⟨den Segen⟩ ~ 〖宗教〗聖体(祝福)を授ける. j³ Beifall ~ 人³に喝采をおくる. einem Vorschlag Beifall ~ 提案に賛成(賛同)する. Blut ~ 献血をする. j³ Lob⟨Trost⟩ ~ 人³をほめる(なぐさめる). 《雅》 Der Brunnen *spendet* kein Wasser mehr. この泉はもう涸れてしまった.

'Spen·der [ʃpɛndər] 男 -s/- **1** 寄贈(献金)者. **2** (Blutspender) 献血者; 臓器(組織, 精子)提供者, ドナー. **3** ディスペンサー(ちり紙・かみぞりなどを少しずつとり出せるようになっている容器).

spen'die·ren [ʃpɛn'di:rən] 他 (↓spenden)《話》**1** (お金を)出してやる(für et⁴ 事⁴のために). für die Reise 200 Euro ~ その旅行のために 200 ユーロ出してやる. **2** (物⁴を)おごる. eine Runde Bier ~ みなにビールを1杯ずつふるまう. den Kindern einen Besuch im Kino ~ 《比喩》子供たちを映画に招待する.

Spen'dier·ho·se [ʃpɛn'di:r..] 女 -/-n 《次の成句でのみ》 die ~n anhaben 《戯》気前がよい.

'Spen·dung 女 -/-en《複数まれ》寄付.

'Speng·ler[¹] ['ʃpɛŋlər] 男 -s/- 《南ﾄﾞ・ｽｲ・ｵｰｽﾄﾘｱ》(Klempner) ブリキ職人.

'Speng·ler² 《人名》シュペングラー. Oswald ~ オスヴァルト・シュペングラー(1880-1936, ドイツの哲学者).

'Sper·ber ['ʃpɛrbər] 男 -s/- 〖鳥〗 はいたか.

Spe'renz·chen [ʃpe'rɛntsçən] 複 (*lat.*)《話》= Sperenzien

Spe'ren·zi·en [ʃpe'rɛntsiən] 複 (*lat.*)《話》くどくどしい言いわけ; 面倒, ごたごた.

*'**Sper·ling** ['ʃpɛrlɪŋ シュペルリング] 男 -s/-e 〖鳥〗雀(ｽｽﾞﾒ). 《諺》 Besser ein ~ in der Hand, als eine Taube auf dem Dach. 《諺》先の雁より手前の雀(「たとえ価値の少ないものでも確実なほうがよい」の意).

'Sper·ma ['ʃpɛrma, 'sp..] 中 -s/..men (..ta[..ta]) (*gr.*, Samen') 〖医学〗 精液.

Sper·ma·to'zo·on [ʃpɛrmato'tso:ɔn, sp..] 中 -s/..zoen [..'tso:ən] (*gr.*) 〖医学〗 精虫.

'Sper·men [ʃpɛrmən, sp..] Sperma の複数.

'Sperrad ['ʃpɛrra:t] = Sperrrad

°**sperr'an·gel·weit** ['ʃpɛr|aŋəl|vaɪt] 形 《話》大きく開いた. Die Tür steht ~ offen. ドアがいっぱいに開いている.

'Sperr·bal·lon 男 -s/-s(-e) 《古》〖軍事〗 阻塞(ｿｻｲ)気球.

'Sperr·baum 男 -[e]s/-e (Sperre 1) 遮断機(柵, 棒).

'Sperr·druck 男 -[e]s/-e 〖印刷〗隔字体印刷.

*'**Sper·re** ['ʃpɛrə シュペレ] 女 -/-n **1** 遮断機(柵, 棒), バリケード; (駅の)改札口. durch die ~ gehen 改札口を通る. eine ~ haben 《比喩》《話》頭が働かない, 理解できない. **2** 封鎖, 閉鎖; 通行止め; (輸出入・売買などの)禁止, 差止め. eine ~ über et⁴ verhängen 事⁴を禁止する. eine ~ aufheben 禁止(封鎖)を解く. **3** 《ｽﾎﾟｰﾂ》出場停止(処分); (球技での)ブロッキング.

*'**sper·ren** ['ʃpɛrən シュペレン] ❶ 他 **1** 封鎖(閉鎖)する, 遮断(禁止)する. die Ausfuhr ~ 輸出を禁止する. eine Brücke für den Verkehr ~ 橋の通行を遮断する. einen Eingang⟨den Verkehr⟩ ~ 立入⟨通行⟩を禁じる. die Grenze⟨den Hafen⟩ ~ 国境⟨港⟩を封鎖する. ein Rad ~ 車輪に輪止めをかます. 《過去分詞》 *Gesperrt* für Durchgangsverkehr! 通抜け禁止. **2** (人³に物の供給・使用などを)差止める, 絶つ, 停止する. das Gas ~ 人³のガスをとめる. j³ Konto ~ / j³ das Konto ~ 人²,³の口座からの引出しを差止める. j³ den Kredit ~ 人³に貸付(掛売)を停止する. einen Scheck ~ (銀行に)小切手の支払停止を通知する. j³ den Urlaub ~ 人³の休暇を棚上げにする. **3** (in et⁴ 物の中に)閉込める. j⁴ ins Gefängnis ~ 人⁴を投獄する. 《再帰的に》 Sie hat *sich* stundenlang in ihr Zimmer *gesperrt*. 彼女は何時間も自室に閉じこもったきりだ. **4** 《ｽﾎﾟｰﾂ》(a) (人³の)プレーを妨害する(とくに反則的行為で). (b) 出場停止処

分にする. **5**『印刷』字間をあけ(て印刷)する. *gesperrt* 隔字体の. **6** (ドラマ・南ドツ)(店・扉などを)しめる, とじる. das Geschäft ~ (昼休みなどに一時的に)店をしめる.

❷ 📶 **1**《話》(a) (戸・窓がつかえてきちんとしまらない, あけたてしにくい. (b) (シャッなどが)ぴちぴちである. **2** (ドラマ・南ドツ)(店・窓口などが)しまる. Der Schlüssel *sperrt* nicht. この鍵ははまらない. **3** (ひな鳥が餌をもらおうと)嘴をあける.

❸ 📶(**sich**⁴) (gegen et⁴ 事⁴に)逆らう, 抵抗する, (を)いやがる, 拒む.
◆ ↑ gesperrt

'**Sperr·feu·er** 📶 -s/『軍事』弾幕射撃.
'**Sperr·frist** 📶 -/-en 『法制』閉鎖(禁止)期間.
'**Sperr·ge·biet** 📶 -[e]s/-e 封鎖地区; 立入禁止区.
'**Sperr·ge·trie·be** 📶 -s/- 『工学』制動装置, 爪(つめ)車装置.
'**Sperr·gut** 📶 -[e]s/⁼er (↑ sperrig) かさばる荷物.
'**Sperr·gut·ha·ben** 📶 -s/- 『銀行』封鎖預金.
'**Sperr·holz** 📶 -es/- 合板, ベニヤ板.
'**sper·rig** ['ʃpɛrɪç] 📶 (↓ sperren) 場所をとる, 運びにくい. ein ~*es* Gut かさばる荷物 (↑ Sperrgut). ein ~*es* Problem《比喩》手に負えない問題.
'**Sperr·ket·te** 📶 -/-n 通行止めの鎖; ドアチェーン, (自転車などの)鎖錠.
'**Sperr·kon·to** 📶 -s/..ten 『銀行』封鎖勘定(口座).
'**Sperr·kreis** 📶 -es/-e 『電子工』反共振回路, 電波トラップ, 電波吸収器.
'**Sperr·müll** 📶 -[e]s/ 大型ごみ, 粗大ごみ(特に家具など).
'**Sperr·rad** 📶 -[e]s/⁼er 『工学』爪(つめ)車, 追歯車.
'**Sperr·schicht** 📶 -/-en 『土木』防水層; 『電子工』絶縁層; 『気象』逆転層.
'**Sperr·sitz** 📶 -es/-e 特別仕切り席((a) 劇場・サーカスの前列席. (b) 映画館の後列席).
'**Sperr·stun·de** 📶 -/-n (複数まれ) 『法制』(Polizeistunde) 閉店時刻.
'**Sper·rung** 📶 -/-en **1** 遮断, 閉鎖; 差止め, 禁止. **2** (ドラマ・南ドツ)(Schließung) 店じまい; (学校・工場などの)閉鎖. **3** ~ Sperre 1
'**Sperr·zoll** 📶 -[e]s/⁼e 阻止関税.
'**Spe·sen** [ˈʃpeːzən] 📶 (*it.*) 雑費, 諸経費. ~ machen 経費をかける. Außer ~ nichts gewesen.《諺》骨折り損のくたびれもうけ.
'**spe·sen·frei** 📶 諸経費なしの, 雑費なしの.
'**Spe·ze·rei** [ʃpeˈtsɔˑraɪ] 📶 -/-en (多く複数で)《古》(*it.*) **1** 香辛料, 薬味. **2** (ドラマ)高級食料品, デリカテッセン.
'**Spe·ze·rei·wa·re** 📶 -/-n (多く複数で)《古》高級食料品, デリカテッセン.
'**Spe·zi**¹ [ˈʃpeːtsi] 📶 -s/-[s] (↓ spezial) (南ドツ・オーストリア・スイス) 親友.
'**Spe·zi**² 📶 (📶) -s/-[s] 《話》シュペーツィ(コーラにレモネードを混ぜた清涼飲料).
spe·zi·al [ʃpetsiˈaːl] 📶 《古》 =speziell
Spe·zi·al.. [ʃpetsiaˈl..] (接頭)(*lat.*) 名詞に冠して「特別の…, 専門の…, 個別の…」の意を表す. *Spezialarzt* 専門医. *Spezialfach* 専科目.
Spe·zi·al·arzt 📶 -es/⁼e 専門医.
'**Spe·zi·al·fach** 📶 -[e]s/⁼er 専門(科目). Mein ~ ist Geschichte. 私の専門は歴史です.
Spe·zi·al·fahr·zeug 📶 -[e]s/-e 特殊車輛.

Spe·zi·al·ge·schäft 📶 -[e]s/-e 専門店.
Spe·zi·a·li·en [ʃpetsiˈaːliən] 📶《古》詳細, 細目.
spe·zi·a·li·sie·ren [ʃpetsiali'ziːrən] シュペツィアリズィーレン ❶ (**sich**) (auf et⁴ 事⁴を)専門に(研究する), 専攻する. Er spezialisierte sich auf Kinderheilkunde. 彼は小児科学を専攻した.《過去分詞》auf et⁴ *spezialisiert sein* 事(物)⁴を専門に扱っている. ❷《古》(計算書の項目などを)細かく分ける, 細分する.
Spe·zi·a·li·sie·rung 📶 -/-en 専門化, 細分化, 特殊化.
Spe·zi·a·list [ʃpetsiaˈlɪst] 📶 -en/-en **1** 専門家, スペシャリスト; 専門店. **2**《話》専門医.
Spe·zi·a·lis·ten·tum [ʃpetsiaˈlɪstəntuːm] 📶 -s/- 専門家(スペシャリスト)であること.
Spe·zi·a·li·tät [ʃpetsialiˈtɛːt] 📶 -/-en **1** (a) (その土地・店の)名物(料理). Dieses Gebäck ist eine Mannheimer ~. このクッキーはマンハイムの名物である. (b) 好きな食べ物(料理), 好物. Eierkuchen sind ihre ~. パンケーキが彼女の好物(得意料理)である. **2** 専門分野; 特技, 趣味. **3**《古》特殊性.
Spe·zi·al·wis·sen 📶 -s/ 専門知識.
*__**spe·zi·ell** [ʃpetsiˈɛl] シュペツィエル ❶ 📶 (↔ generell) 特別の, 特殊な. In ~ Falle 特別の場合には. Auf dein ~*es* Wohl! / Auf dein *Spezielles*! (乾杯のときに)何よりも君の健康を祈って. Er ist mein ~*er* Freund. 彼は友人といっても特別だ(嫌いな人・苦手な人). ❷ 📶 とくに, 特別に. ~ für Kinder angefertigte Möbel とくに子供用に作られた家具.
'**Spe·zi·es** [ˈʃpeːtsiɛs, 'ʃp..] 📶 -/-[..tsieːs] (*lat.*) **1** 種, 種類, タイプ, **2**『生物』種. **3** die vier ~《古》『数学』四則. **4**『法制』特定物. **5**『薬学』混合茶.
Spe·zi·fi·ka·ti·on [ʃpetsifikatsiˈoːn] 📶 -/-en (↓ spezifizieren) 細目を列記すること, 詳述すること; 明細, 細目, 内訳.
spe·zi·fisch [ʃpeˈtsiːfɪʃ] 📶 (*lat.*) 独特の, 特有の, 固有の, 特殊な. der ~*e* Geruch von Pferd und Schaf 馬や羊の特有なにおい. ~*es* Gewicht『物理』比重. ~*e* Wärme『物理』比熱. der ~*e* Widerstand『電気』比抵抗.
..**spe·zi·fisch** [..ʃpetsiːfɪʃ] (接尾) 名詞につけて「…に特有の, …に固有の」の意の形容詞をつくる. *alterspezifisch* 年齢に特有な.
spe·zi·fi·zie·ren [ʃpetsifiˈtsiːrən] 📶 (*lat.*) 細目を列記する; 詳述する.
Spe·zi·fi·zie·rung 📶 -/-en =Spezifikation
'**Spe·zi·men** [ˈʃpeːtsiːmɛn, 'ʃp..] 📶 -s/..zimina [ʃpeˈtsiːmɪna, ʃp..] (*lat.*)《古》見本, 試作品.
'**Sphä·re** [ˈsfɛːra] 📶 -/-n (*gr.*, Kugel, Ball) **1** (活動などの)範囲, 領域; 勢力圏. **2**『天文』天球. in höheren ~*n* schweben (戯)(現実を忘れて)空想にふけっている.
'**Sphä·ren·har·mo·nie** 📶 -/『哲学』天球のハルモニア(Pythagoras 学派の天文説).
'**Sphä·ren·mu·sik** 📶 -/(ピュタゴラス学派の説による)天球の音楽; 天体の諧音; 妙なる音楽.
'**sphä·risch** [ˈsfɛːrɪʃ] 📶 **1** 天球の, 天体の. **2**『数学』球の, 球状の. ~*e* Trigonometrie 球面三角法.
Sphä·ro·id [sfɛroˈiːt] 📶 -[e]s/-e『幾何』球状体(面), 回転楕円体.
Sphä·ro·me·ter [sfɛroˈmeːtər] 📶 -s/-『工学』球面計, スフェロメーター.

'**Sphen** [sfeːn] 男 -s/-e 《*gr.*》〚鉱物〛チタン石，くさび石．

'**Sphin·gen** ['sfɪŋən] Sphinx ① の複数．

'**Sphink·ter** ['sfɪŋktər] 男 -s/-e [sfɪŋk'teːrə] 《*gr.*》〚解剖〛括約筋．

Sphinx [sfɪŋks] 《*gr.*》❶ 女 -/-e (Sphingen) (凶 -e) 〚考古〛スフィンクス(古代エジプトの人面獣身の怪物の石像). ❷ 凶 -e 〚北欧神話〛スピンクス(人面で翼のある獅子の怪物，謎をかけ解けない者を殺して食べた).

'**Spick·aal** ['ʃpɪk..] 男 -[e]s/-e 燻製(にうなぎ．

'**spi·cken** ['ʃpɪkən] ❶ 他 **1** Fleisch ~ 〚料理〛肉に脂身(ベーコン)をさしこむ(Spicknadel を使って). **2** 《話》(物に)いっぱい詰める，たっぷり与える，もりこむ (mit et³ 物³を). j⟨sich⟩³ den Beutel ~ 《古》人²の懐を十分にあたためてやる〈軍資金をたっぷり用意する〉. eine Rede mit Sprichwörtern ~ 演説にいろいろな諺をふんだんにちりばめる. 《過去分詞で》mit Fehlern ge*spickt* sein 間違いだらけである． **3** 《卑》(人²を)買収する．

❷ 自 (h, s) **1** (h) 《学生》盗み見(カンニング)をする(bei ⟨von⟩ j³ 人³の答案を). **2** (s) 《俗》試験におちる．

'**Spick·gans** 凶 -/-e 燻製(にがちょう．

'**Spick·na·del** 凶 -/-n 肉に脂身(ベーコン)をさしこむための串(↑spicken ①).

spie [ʃpiː] speien の過去．

'**Spie·gel** ['ʃpiːgəl シュピーゲル] 男 -s/- 《*lat.*》 **1** 鏡. sich⁴ im ~ besehen⟨betrachten⟩ 鏡に(映った姿に)見入る. j³ den⟨einen⟩ ~ vorhalten 人³にその欠点(誤り)を指摘する(気づかせる). sich³ et⁴ hinter den ~ stecken können 《話》事⁴を肝に銘じる(よく覚えておく)必要がある. [sich³] et⁴ nicht hinter den ~ stecken 《話》(都合の悪い)物⁴をすぐ隠す. Sein Werk ist ein getreuer ~ seiner Zeit. 彼の作品は時代を忠実に映す鏡だ． **2** (海·湖などの)水面；水位． **3** (ドアの)鏡板． **4** (タキシードなどの絹の)折り襟；(制服の)襟章． **5** 〚医学〛(a) (体腔や器官内を検査する)鏡．(b) (体液中の)成分含有量．Blutzucker*spiegel* 血糖値． **6** (a) (牛·馬の)額部白斑．(b) 〚猟師〛(鹿類の)臀部白斑；(鴨などの)翼の斑紋． **7** 〚造船〛(垂直板状の)船尾． **8** 〚地質〛鏡肌(ミヨタ)． **9** 〚印刷〛版面；〚製本〛飾り見返し． **10** (標的の)中心部． **11** 一覧表，席次表． **12** 《古》(道徳的·宗教的な)規範書，典範．

'**Spie·gel·bild** 中 -[e]s/-er 鏡像，鏡に映った像．

'**spie·gel·bild·lich** 形 《比較変化なし》鏡に映った像のような，左右逆の．

'**Spie·gel·blank** 形 鏡のようにぴかぴかの(輝く).

'**Spie·gel·ei** 中 -[e]s/-er 目玉焼き．

'**Spie·gel·ei·sen** 中 -s/ 〚冶金〛鏡鉄．

'**Spie·gel·fech·te'rei** [ʃpiːɡəlfɛçtəˈraɪ] 凶 -/-en (俺) みせかけ，まやかし，いかさま，ペテン．

'**Spie·gel·fern·rohr** 中 -[e]s/-e 〚工学〛反射望遠鏡．

'**Spie·gel·glas** 中 -es/¨-er **1** 鏡用ガラス． **2** 《まれ》(Spiegel) 鏡．

'**spie·gel·glatt** 形 鏡のようになめらかな．

'**spie·geln** ['ʃpiːɡəln] ❶ 自 (表面が)ぴかぴか光る，反射する；(反射して)まぶしい. ❷ 他 **1** 映す，映し出す．Die Glastür *spiegelt* die vorüberfahrenden Autos. ガラス戸に行き交う車が映っている． **2** 〚医学〛(内視)鏡で診る. ❸ 再 (**sich**³) **1** (in et³ 物³の中に)映る，映し出される. In ihrem Gesicht *spiegelte sich* die Enttäuschung. 彼女の顔に落胆の色がありありと見えた. **2** 《まれ》鏡に(映った姿に)見入る．

'**Spie·gel·re·flex·ka·me·ra** 凶 -/-s 〚写真〛レフレックスカメラ．

'**Spie·gel·saal** 男 -[e]s/..säle (宮殿の)鏡の間．

'**Spie·gel·schei·be** 凶 -/-n 鏡用ガラス．

'**Spie·gel·schrift** 凶 -/-en 鏡文字(左右の逆転した字)．

'**Spie·gel·te·le·skop** 中 -s/-e 〚工学〛=Spiegelfernrohr．

'**Spie·gel·tisch** 男 -[e]s/-e 鏡台，化粧台．

'**Spie·ge·lung** 凶 -/-en **1** 鏡にうつること，反射，反映. **2** (Spiegelbild) 鏡像．

Spiel [ʃpiːl シュピール] 中 -[e]s/-e **1** 遊び，遊戯．das ~ mit dem Ball ボール遊び．freies ~ haben 好き放題にやってよい. et⁴ wie im ~ schaffen 事⁴をお茶の子さいさいとやってのける. ein ~ der Natur⟨des Schicksals⟩ 造化のたわむれ，気まぐれいたずら．

2 (a) ゲーム，競技，試合. das königliche ~ 《比喩》チェス. die Olympischen ~e オリンピック競技. ein abgekartetes ~ 八百長. Das ~ ist aus. 試合が終った；すべては終った(もうこれまでだ). Das ~ hat sich⁴ gewendet. 形勢が変った，つきが落ちた. das ~ verloren geben 勝負を投げる；見込みなしとあきらめる. bei j³ gewonnenes ~ haben 人³に対して勝目がある. mit j⟨et⟩³ [ein] leichtes ~ haben 人⟨物⟩³を手玉にとる，翻弄する. das ~ machen 勝負に勝つ. [ein] doppeltes ~ spielen 二股かける，双方を欺く. im falschen ~ mit j³ treiben 人³をだます. j³ das⟨sein⟩ ~ verderben 人³の計画をぶちこわす. aus dem ~ bleiben (問題·事柄に)かかわらない；考慮の対象でない. j⟨et⟩⁴ aus dem ~ lassen 人⟨事⟩⁴を(問題·事柄に)巻きこまない；考慮の対象としない. [mit] im ~ sein (裏で)かかわっている；一枚かんでいる(bei et³ 事³に). j⟨et⟩⁴ ins ~ bringen 人⁴に一枚かんでもらう⟨事⁴を(論拠などとして)持出す⟩. ins ~ kommen かかわる，一枚かむ. (b) 《複数なし》試合運び，(競技での)戦いぶり，プレー. ein faires ~ フェアプレー. zu Zeit のころの作柄. zu *seinem* ~ finden (徐々に)いつもの調子が出てくる. (c) (テニスのセットなどの内の)ゲーム. (d) (ゲーム用具などの)ひと組，ひと揃い. ein ~ Karten トランプひと組. ein ~ Stricknadeln 編み針ひと組．

3 賭け事，勝負事. auf dem ~ stehen 賭けられている，危険にさらされている. Sein Leben⟨Seine Zukunft⟩ steht auf dem ~. 彼の命⟨将来⟩がかかっている. et⁴ aufs ~ setzen 物⁴を賭ける，危険にさらす．

4 (軽はずみな·危険な)行動，振舞，ふざけ，冗談. ein ~ mit dem Feuer 火遊び. Das ist ein ~ mit dem Leben. それは命をもてあそぶ行為だ. Das ist doch alles nur ~. みんな冗談だってば. *sein* ~ mit j⟨et⟩³ treiben 人⟨物⟩³を⟨もてあそぶ，もてあそぶ. das ~ zu weit treiben 度を過ごす，やりすぎる. j² durchschauen 人²の魂胆を見抜く．

5 《複数なし》(たわむれるような·軽やかな)動き；ゆらめき，うごめき．das lebhafte ~ ihrer Augen 彼女の目のいきいきとした動き. das ~ der Lichter 光のゆらめき．

6 《複数なし》演技，上演，演奏. ein treffliches ~ 名演. ein stummes ~ 無言の演技. das ~ [auf] der Orgel オルガン演奏．

7 芝居，劇. die geistlichen ~e des Mittelalters 中世の宗教劇. ein ~ im ~ 劇中劇.

Spielalter

8 〖工学〗(機械の部品などの)あそび.
9 〖猟師〗(きじ・黒雷鳥などの)尾.

'Spiel·al·ter 中 -s/ 遊び盛りの年令.
'Spiel·an·zug 男 -[e]s/ᵉ (子供の)遊び着.
'Spiel·art 女 -/-en 1 〖生物〗変種, 変異形. 2 遊び方.
'Spiel·au·to·mat 男 -en/-en (スロットマシンなどの)ゲーム機.
'Spiel·ball 男 -[e]s/ᵉe 1 (遊戯用の)ボール; 〖球技〗(球技用のボール); 〖ラグビー〗手球; 〖テニス〗ゲームポイント; 〖テニス〗マッチポイント・サービス. 2 《比喩》玩弄(ｶﾞﾝﾛｳ)物. Das Boot war ein ~ der Wellen. ボートは波に弄(ﾓﾃｱｿ)ばれていた.
'Spiel·bank 女 -/-en 賭博場, カジノ.
'Spiel·bein 中 -[e]s/-e (ダンス・スポーツ・彫像などの)体重のかかっていない方の脚.
'Spiel·brett 中 -[e]s/-er 遊戯盤(チェス盤など); 〖バスケ〗(バスケットの)バックボード.
Spiel·do·se 女 -/-n オルゴール.

spie·len ['ʃpi:lən] シュピーレン ❶ 自 1 (ゲーム・賭け事・スポーツを)する, して遊ぶ, (に)興じる; (が)できる. Billard〈Fußball〉 ~ ビリヤード〈サッカー〉をする. eine Partie ~ 一勝負する(テニス・トランプなどで). gut Schach ~ チェスがうまい(強い). j³ einen Streich ~ 人³にいたずらをする, (を)だます. Trumpf ~ 〖トランプ〗切り札を出す.
2 (a) den Ball ins〈vors〉 Tor ~ 〖球技〗ボールをゴールにもちこむ〈シュートする〉, ゴール前へ送る(センタリングする)〉. (b) j³ et⁴ in die Hand〈in die Hände〉 ~ 人³に事⁴(情報など)を内密につかませる(こっそり知らせる).
3 演奏する. Flöte ~ フルートを吹く, die erste Geige ~ 第１バイオリンを弾く; 《話》指導的役割をとる, 音頭をとる. Mozart〈eine Sonate〉 ~ モーツァルト〈ソナタ〉を演奏する. eine CD ~ 《話》CDをかける.
4 (a) (役を)演じる, (に)扮する; よそおう, (の)ふりをする. 〖演劇〗(ポジション)をつとめる. den Don Carlos ~ ドン・カルロス役を演じる. den Hampelmann〈den Hanswurst〉 ~ 《話》道化役を演じる. die beleidigte〈gekränkte〉 Leberwurst ~ 《話》すねる. den feinen Mann ~ 伊達(ﾀﾞﾃ)を気取る. den wilden Mann ~ 《話》いきまく, 暴れまわる. bei et³ j¹ eine Rolle ~ 事¹一役かう人³にとって重要である. eine zwielichtige Rolle ~ 怪しげな行動(態度)をとる. Torwart ~ ゴールキーパーをつとめる. j¹ an die Wand ~ (好演して)人¹(他の役者)を食う; (の)影を薄くする. 《目的語なしで》krank ~ 《話》仮病をつかう. (b) 《話》(上映中で)(の)お芝居をする. Was wird heute im Kino〈Theater〉 gespielt? 今日は映画はなにが上映中〈芝居はなにが上演されて〉いますか. eine Oper ~ オペラを上演する. Theater ~ 《話》お芝居をする. 《過去分詞で》Seine Entrüstung ist nur gespielt. 彼の憤慨はただの芝居だよ. mit gespielter Gleichgültigkeit 無関心をよそおって. 《慣用的表現で》Was wird hier gespielt?《話》いったい何事が起きているんだ.

❷ 他 1 遊ぶ, 戯れる. Komm, wir spielen ein bisschen! さあ, ちょっと遊ぼう. Die Natur spielt manchmal wunderlich. 自然はときに不思議なことするものだ. an et³ ~ 物³をいじくる(もてあそぶ). mit et¹ ~ 物¹で遊ぶ; (を)もてあそぶ. [leichtsinnig] mit seinem Leben ~ 命を粗末にする. mit dem Gedanken ~, …zu tun …しようとしきりに思案する. mit j³ ~ 人³と遊ぶ;

(と)ふざける(いちゃつく); (を)からかう. Ich spiele ja nur mit ihr. 彼女とはほんのお遊びさ. mit Worten〈Wörtern〉 ~ 言葉遊びをする.
2 (ゲーム・賭け事・スポーツで)プレーする; 競技(試合)をする. fair〈falsch〉 ~ フェアなプレー〈いかさま〉をする. hoch ~ 大金を賭ける, 大きく張る. unentschieden〈2:1〉 ~ 引分ける〈2対1のゲームをする〉. et⁴ ~ lassen 物⁴(の力)にうったえる(ものを言わせる), (を)活用(総動員)する. auf Tempo〈Zeit〉 ~ スピーディーな〈(時間稼ぎの)緩慢な〉プレーをする. gegen j³ ~ 人³と対戦(手合せ)する. in der Lotterie ~ 宝くじをする. mit einem hohen Einsatz ~ 大金を賭ける, 大勝負にでる. um Geld ~ 金を賭ける. um die Meisterschaft ~ 選手権を争う.
3 演奏をする; (ラジオなどが)鳴る. auf der Flöte ~ フルートを吹く. zum Tanz ~ ダンス音楽を演奏する.
4 (a) 舞台に立つ(出る). Er spielt nur noch an großen Bühnen. 彼はもう大きな劇場にしか出ない. (b) 上演(上映)される. Hier spielt diese Woche ein Liebesfilm. ここの映画館は今週は恋愛物をやっている. Die Sache spielt schon lange. 《比喩》それはかねての懸案である(なにもいまに始まったことではない).
5 (蝶などが)あちこち(せわしなく)動きまわる, ちらちらする(動く); 浮遊する, (光・影が)ゆらめく, ちらつく. Um seine Lippen spielte ein Lächeln. 彼の口許にあるかなきかの微笑がうかんでいた. in allen Farben ~ (宝石などが)七色に輝く. ins Grünliche ~ 緑がかっている. seine Augen über et⁴ ~ lassen 物⁴の上にしきりに視線を送る.
6 (小説などが)…を舞台に展開する. Der Roman spielt im Mittelalter. この小説は中世が舞台だ.

❸ 再 (sich⁴) 1 sich müde ~ 遊び疲れる. sich mit et³ ~ 〖ｵｰｽﾄﾘｱ〗物³をいいかげんにあつかう; 事³を苦もなくやってのける. sich um sein Vermögen ~ 博打で一文無しになる.
2 《方向を示す副詞規定と》sich an〈in〉 die Spitze ~ トップにでる, トップクラスにはいる. sich in den Vordergrund ~ 表に立つ, 表面に出る. sich ganz nach vorn ~ 1流(トップ)の仲間入りをする.
3 《非人称的に》Auf nassem Rasen spielt es sich schlecht. 芝が濡れているとプレーがしにくい.

'spie·lend ['ʃpi:lənt] 形容副 《述語的には用いない》やすやすと, 簡単に. et⁴ ~ schaffen〈lernen〉 事⁴を難なくやってのける〈やすやすと覚える〉.

'Spie·ler ['ʃpi:lər] 男 -s/- 1 (スポーツの)プレーヤー; (楽器の)演奏者; 《まれ》俳優. Klavierspieler ピアノ奏者. 2 賭博好きな人, 遊び人.
Spie·le·rei [ʃpi:lə'raɪ] 女 -/-en 1 《複数なし》(俺)遊び, 遊んでばかりいること. 2 暇つぶし; 遊び半分でやれる仕事. 3 くだらない付属物.
'Spie·le·rin ['ʃpi:lərɪn] 女 -/-nen Spieler の女性形.
'spie·le·risch ['ʃpi:lərɪʃ] 形容 1 遊びのような, 遊びを交えた. et⁴ ~ lernen 事⁴を遊びながら学ぶ(子供などが). 2 だらしない, 不真面目な. 3 (飾りなどが)かわいい(軽やかな)感じの. 4 《述語的には用いない》競技に関する. eine ausgezeichnete ~e Leistung 優秀な競技成績.

'Spiel·feld 中 -[e]s/-er (サッカーなどの)競技場, グラウンド; (テニスなどの)コート.
'Spiel·film 男 -[e]s/-e 劇映画.
'Spiel·fol·ge 女 -/-n 競技(演奏, 演技, 上演)プログラム.

'**Spiel·füh·rer** 男 -s/- キャプテン, 主将.
'**Spiel·ge·fähr·te** 男 -n/-n 《子供の》遊び友達. ◆ 女性形 Spielgefährtin 女 -/-nen
'**Spiel·geld** 田 -[e]s/-er **1** 賭け金. **2** 《ゲーム・賭博用の》チップ, コイン.
'**Spiel·hal·le** 女 -/-n ゲームセンター.
'**Spiel·höl·le** 女 -/-n 《俗》賭博場.
'**Spie·li·o·thek** [ʃpiliotɛ:k] 女 -/-en =Spielothek
'**Spiel·ka·me·rad** 男 -en/-en (Spielgefährte) 遊び友達. ◆ 女性形 Spielkameradin 女 -/-nen
'**Spiel·kar·te** 女 -/-n トランプのカード.
'**Spiel·ka·si·no** 田 -s/-s (Spielbank) 賭博場.
'**Spiel·lei·den·schaft** 女 -/ 賭博熱.
'**Spiel·lei·ter** 男 -s/- 映画監督, 演出家;《テレビの》クイズ司会者;《試合の》審判.
'**Spiel·mann** 男 -[e]s/.leute 《多く複数で》**1** 《中世の》吟遊詩人. **2** 鼓笛隊の隊員.
'**Spiel·manns·dich·tung** 女 -/-en 吟遊詩人の歌.
'**Spiel·mar·ke** 女 -/-n 《ゲーム・賭博用の》チップ, コイン.
'**Spiel·oper** 女 -/-n 《音楽》喜歌劇.
Spie·lo·thek [ʃpiloˈtɛ:k] 女 -/-en **1** ゲーム貸出し所. **2** ゲームセンター.
'**Spiel·plan** 男 -[e]s/ⁿe 演奏(演技, 上演)予定(プログラム);《スポーツの》競技予定(プログラム).
'**Spiel·platz** 男 -es/ⁿe 《戯》よく遊ぶ子供.
'**Spiel·rat·te** 女 -/-n 《戯》よく遊ぶ子供.
'**Spiel·raum** 男 -[e]s/ⁿe 《運動のための》予備空間, 余地;《工学》遊び(空間). genügend〈etwas〉~ lassen 十分に《少し》すき間(余地)を残す.
'**Spiel·re·gel** 女 -/-n 《多く複数で》ゲームの規則(ルール).
'**Spiel·sa·chen** 複 おもちゃ, 玩具. Räum deine ~ weg! おもちゃを片づけなさい.
'**Spiel·schuld** 女 -/-en 賭博による借金(負債).
'**Spiel·schu·le** 女 -/-n **1** 《古》幼稚園. **2** 遊戯治療演習(行為障害児のための).
'**Spiel·teu·fel** 男 -s/- 賭博の悪魔. vom ~ besessen sein 賭博熱にとりつかれている.
'**Spiel·tisch** 男 -[e]s/-e **1** トランプ台, ゲーム用テーブル; ビリヤード台. **2** 《パイプオルガンの》演奏台.
'**Spiel·uhr** 女 -/-en オルゴール時計.
'**Spiel·ver·der·ber** 男 -s/- 遊びの興をそぐ人;《比喩》共同の企画をぶち壊しにする人.
'**Spiel·ver·ei·ni·gung** 女 -/-en 《略 SV, SVgg, Spvgg》競技連盟(一種のスポーツクラブ名).
'**Spiel·wa·re** 女 -/-n 《多く複数で》《商品としての》おもちゃ, 玩具.
'**Spiel·werk** 田 -[e]s/-e オルゴール(オルゴール時計)の仕かけ.
'**Spiel·zeit** 女 -/-en **1** 《演劇などの》シーズン. **2** 《映画の》上映期間; 上映(上演)時間. **3** 《スポーツの》試合時間.
*'**Spiel·zeug** [ˈʃpi:ltsɔyk シュピールツォイク] 田 -[e]s/-e おもちゃ, 玩具.
'**Spiel·zim·mer** 男 -s/- 遊戯室, プレイルーム.
Spier [ʃpi:r] 田 -[e]s/-e **1** 《北方》草の葉の先. **2** 《船員》Spiere
'**Spie·re** [ˈʃpi:rə] 女 -/-n 《船員》(マスト・帆に用いる)円材.
Spieß [ʃpi:s] 男 -es/-e **1** (串焼き用の)焼き串. **2** (投げ)槍. wie am ~ schreien けたたましい悲鳴をあげる. den ~ umdrehen〈umkehren〉攻勢に転じる. **3** 《猟師》(鹿などの)枝分かれしていない角. **4** 《兵隊》曹長. **5** 《印刷》(行間などの)印刷のよごれ.
'**Spieß·bra·ten** 男 -s/- 串焼きの肉.
'**Spieß·bür·ger** 男 -s/-《元来は武器に槍かを持たない都市市民に対する蔑称》自主性がなく保守的な人, 俗物.
'**spieß·bür·ger·lich** 形 《侮》自主性がなく保守的な, 俗物的な.
'**Spieß·bür·ger·tum** -s/《侮》自主性がなく保守的なこと, 俗物根性;《総称的に》自主性がなく保守的な人間, 俗物.
'**spie·ßen** [ˈʃpi:sən] ❶ 他 《物》を突き刺す; 刺して留める. einen Schmetterling auf eine Nadel ~ 蝶をピンに突き刺す. einen Poster an die Tür ~ ポスターをドアの上にピンで留める. ❷ 再 (sich⁴)《話》(引出しなどが)つかえて動かない,《物が》つかえている;《物事が》順調に進まない.
'**Spie·ßer** [ˈʃpi:sər] 男 -s/-《侮》=Spießbürger
'**Spieß·ge·sel·le** 男 -n/-n《侮》(悪事の)相棒, 共犯者;《古》戦友, 仲間.
'**Spieß·glanz** 男 -es/-e《多く複数で》《鉱物》アンチモン.
'**spie·ßig** [ˈʃpi:sɪç] 形 《侮》=spießbürgerlich
'**Spieß·ru·te** 女 -/-n (先のとがった)笞(しもと). ~n laufen 笞打ちの刑を受ける;《比喩》人々の前をあざけりの視線を浴びながら通過する(2 列に並んだ兵隊の間を笞に打たれながら通るという昔の軍隊の刑罰から).
Spike [spaik, ʃpaik] 男 -s/-s (engl.) **1** スパイク(運動靴・タイヤなどに付いた鋲状の金具). 《複数で》スパイクシューズ. **3** 《複数で》スパイクタイヤ.
Spill [ʃpɪl] 田 -[e]s/-e(-s) 《船員》揚錨(ようびょう)機, キャプスタン(錨を巻上げる装置).
Spin [spɪn] 男 -s/-s (engl.) 《物理》スピン;《スポーツ》(ボールに加える)スピン, ひねり.
spi·nal [ʃpiˈna:l, sp..] 形 (lat.) 脊椎(せきつい)の, 脊柱の, 脊髄の.
Spi·nat [ʃpiˈna:t] 男 -[e]s/-e 《植物》ほうれん草.
'**Spi·nat·wach·tel** 女 -/-n《卑》おかしな格好の婆(ばばあ).
Spind [ʃpɪnt] 男(田) -[e]s/-e 戸棚, ロッカー(とくに兵舎の).
'**Spin·del** [ˈʃpɪndəl] 女 -/-n (↓ spinnen) **1** 《紡織》つむ, 紡錘(ぼうすい), 糸巻き棒;(昔は象徴的に)女性. **2** 《工学》軸, 心棒; スピンドル; 雄ねじ. **3** 《建築》(らせん階段の)親柱. **4** 《生物》紡錘体. **5** 《植物》(花序・果実の中の)中軸. **6** 《園芸》=Spindelbaum
'**Spin·del·baum** 男 -[e]s/ⁿe《植物》にしきぎ(錦木)属の灌木.
'**spin·del·dürr** 形 《比較変化なし》やせこけた, ひょろ長い.
'**Spin·del·öl** 田 -[e]s/-e《工学》スピンドル油.
Spi·nell [ʃpiˈnɛl] 男 -s/-e (it.)《鉱物》尖晶(せんしょう)石.
Spi·nett [ʃpiˈnɛt] 田 -[e]s/-e (it.)《音楽》スピネット(チェンバロの一種).
*'**Spin·ne** [ˈʃpɪnə シュピネ] 女 -/-n **1** 《動物》くも(蜘蛛). ~ am Morgen bringt Kummer und Sorgen, ~ am Abend erquickend und labend. 《諺》朝の蜘蛛は苦の種, 晩の蜘蛛は楽の種. Pfui ~! 《話》ああ, いやだ(気持ち悪い). **2** 《侮》(やせこけた)意地悪女. **3** 《交通》(4 本以上の道路の)合流点. **4** 《猟師》(鹿などの)乳首.
'**spin·ne·feind** [ˈʃpɪnəˌfaɪnt] 形 《次の成句でのみ》

《話》[mit] j^3 ～ sein 人^{3}に強い敵意を抱いている,(を)蛇蠍(だかつ)のごとく憎んでいる.

'spin·nen ['ʃpɪnən シュピネン] spann, gesponnen
❶ [他] **1** 紡(つむ)ぐ, 縒(よ)る; (くもが巣を)はる, (蚕がまゆを)つくる; 〖紡織〗(化繊を)紡績する. einen Faden 〈Wolle zu Garn〉 ～ 糸を〈羊毛を糸に〉紡ぐ. 《比喩的用法》 keinen guten Faden〈keine Seide〉 miteinander ～ 仲がうまく(しっくり)いっていない. [ein] Garn〈Seemannsgarn〉 ～ たいそうな作り話をする. Dabei ist keine Seide zu ～. それはなんの得るところもない. **2** 考え出す, (とくに悪事を)企む; 出まかせ(いいかげんなこと)を言う. Er *spinnt* das alles ja bloß. 《話》そんなことはみんな彼の嘘八百だ. Es ist nichts so fein *gesponnen*, es kommt doch ans Licht der Sonnen. 《諺》天網恢々(てんもうかいかい)疎にして漏らさず.
❷ [自] **1** 糸を紡ぐ; (くも・蚕が)糸を吐く. am Spinnrad ～ 糸車で紡ぐ. **2** (an et^3 事^{3}について)いろいろ考えをめぐらせる. an einer Intrige ～ 陰謀をめぐらす. **3** 《話》頭がおかしい, わけの分からないことを口走る. Du *spinnst* wohl? 気でも違ったか. **4** 《地方》(猫が)喉をごろごろ鳴らす. **5** 《古》くさいめしを食う.

'Spin·nen·ge·we·be [中] -s/- =Spinngewebe

'Spin·ner ['ʃpɪnər] [男] -s/- **1** 紡績工. **2** 《話》《侮》頭のおかしな人. **3** 〖虫〗蚕蛾(かいこが). **4** 〖フィッシング〗(水中で回転する)擬餌(ぎじ)針.

Spin·ne'rei [ʃpɪnə'raɪ] [女] -/-en 糸紡ぎ, 紡績; 紡績工場; 《話》《侮》妄想, ばかげた考え.

'Spin·ne·rin ['ʃpɪnərɪn] [女] -/-nen 紡ぎ女; 紡績女工; 《話》《侮》ばかげたことを考える女.

'Spin·ner·lied [中] -[e]s/-er 《古》紡ぎ歌.

'Spinn·fa·den [男] -s/⸗ くもの糸.

'Spinn·ge·we·be [中] -s/- くもの巣.

'Spinn·ma·schi·ne [女] -/-n 〖紡織〗紡績機.

'Spinn·rad [中] -[e]s/⸗er 紡ぎ車, 糸車.

'Spinn·ro·cken [男] -s/- 糸巻き棒(竿).

'Spinn·stu·be [女] -/-n (昔の農家の)紡ぎ部屋.

'Spinn·web [中] -s/-e 《オーストリア》=Spinnwebe

'Spinn·we·be [女] -/-n 《多く複数で》(Spinngewebe) くもの巣.

'Spinn·wir·tel [男] -s/- (紡錘の)はずみ車.

Spi'no·za [ʃpi'no:tsa, spi..] 《人名》 Baruch de ～ バールフ・デ・スピノザ(1632–77, オランダの哲学者).

Spi·no'zis·mus [ʃpino'tsɪsmʊs, sp..] [男] -/ 〖哲学〗スピノザの説, スピノザ主義.

spin·ti'sie·ren [ʃpɪnti'zi:rən] [自] (↑spinnen) くよくよ(あれこれ)考える, 奇妙な考えにふける.

Spi'on [ʃpi'o:n] [男] -s/-e (*it.* ‚Späher‘) **1** スパイ, 間諜(かんちょう), 密偵, 諜報員. **2** (ドアなどの)のぞき穴. **3** (部屋の中から戸外の様子を見るために)窓の外側に取付けられた鏡.

Spi·o'na·ge [ʃpio'na:ʒə] [女] -/ (*fr.*) スパイ(諜報)活動. ～ treiben スパイする, 諜報活動する.

spi·o'nie·ren [ʃpio'ni:rən] [自] スパイする, 諜報活動する; こっそりさぐる.

Spi'rä·e [ʃpi'rɛ:ə, sp..] [女] -/-n (*gr.*) 〖植物〗しもつけ属.

spi'ral [ʃpi'ra:l] [形] (*gr.*) =spiralig

Spi'ral·boh·rer [男] -s/- 〖工学〗ドリル.

Spi'ra·le [ʃpi'ra:lə] [女] -/-n (*gr.* ‚Windung‘) **1** 〖数学〗らせん, 渦巻き線. **2** らせん, 渦巻き曲線. in ～*n* らせん状に. **3** らせん(渦巻き)形のもの; ぜんまい; 《話》子宮内ペッサリー.

Spi'ral·fe·der [女] -/-n 〖工学〗渦巻きばね, ぜんまい.

spi'ral·för·mig [形] 《比較変化なし》らせん形の.

spi'ra·lig [ʃpi'ra:lɪç] [形] 《比較変化なし / 述語的には用いない》らせん状の, 渦巻き状の.

Spi'ral·li·nie [女] -/-n らせん, 渦巻き線.

Spi'ral·ne·bel [男] -s/- 〖天文〗渦巻き星雲.

'Spi·rans ['ʃpi:rans, 'sp..] [女] -/..ranten (*lat.*) 〖音声〗(Frikativ) 摩擦音.

Spi'rant [ʃpi'rant, sp..] [男] -en/-en 《古》=Spirans

Spi'ran·ten [ʃpi'rantən, sp..] Spirans の複数.

spi'ran·tisch [ʃpi'rantɪʃ, sp..] [形] 〖音声〗摩擦音の.

Spi'ril·le [ʃpi'rɪlə, sp..] [女] -/-n (*gr.*) 《多く複数で》〖植物・医学〗らせん菌.

Spi·ri'tis·mus [ʃpiri'tɪsmʊs, sp..] [男] -/ (*lat.* spiritus ‚Seele, Geist‘) 交霊術, 降神術.

Spi·ri'tist [ʃpiri'tɪst, sp..] [男] -en/-en 心霊論者; 交霊(降神)術者.

spi·ri'tis·tisch [形] 心霊論の; 交霊(降神)術の.

spi·ri·tu'al [ʃpiritu'a:l, sp..] [形] =spirituell

Spi·ri·tu'al¹ [男] -s(-en)/-en 〖カトリック〗霊的指導司祭(霊的な助言・指導を行う).

'Spi·ri·tu·al² ['spɪrɪtʃuəl] [中]([男]) -s/-s (*engl.* ‚geistlich‘) 黒人霊歌.

Spi·ri·tu·a'lis·mus [ʃpiritua'lɪsmʊs, sp..] [男] -/ **1** 〖哲学〗唯心論. **2** 〖キリスト教〗心霊主義. **3** 《古》(Spiritismus) 交霊術, 降神術.

Spi·ri·tu·a'list [ʃpiritua'lɪst, sp..] [男] -en/-en 唯心論者; 心霊主義者.

spi·ri·tu·a'lis·tisch [形] 唯心論の, 唯心論的な; 心霊主義の.

Spi·ri·tu·a·li'tät [ʃpilituali'tɛ:t, sp..] [女] -/ 〖哲学〗(↔ Materialität) 精神性.

spi·ri·tu'ell [ʃpiritu'ɛl, sp..] [形] (*lat.* spiritus) **1** (geistig) 精神的な, 霊的な. **2** (geistlich) 宗教上の.

spi·ri·tu'os [ʃpiritu'o:s, sp..] [形] (*lat.* spiritus) 《比較変化なし》(多量の)アルコールを含んだ.

spi·ri·tu'ös [ʃpiritu'ø:s, sp..] [形] =spirituos

Spi·ri·tu'o·se [ʃpiritu'o:zə, sp..] [女] -/-n 《多く複数で》(強い)アルコール飲料(ブランディーなどの).

'Spi·ri·tus¹ ['spi:rɪtʊs] [男] -/-[..tu:s] (*lat.* ‚Hauch, Seele, Geist‘) **1** 〖言語〗(ギリシア語の)気音, 気息音. ～ asper ['aspər] 気音記号. ～ lenis ['le:nɪs] 無気音記号. **2** 精神, 霊; 活気, 元気. ～ familiaris [famili'a:rɪs] 家の精(家の守護霊・家の友人・召使いなど).

'Spi·ri·tus² ['ʃpi:ritʊs] [男] -/-se エチルアルコール.

'Spi·ri·tus·ko·cher ['ʃp..] [男] -s/- アルコールを燃料としたコンロ.

'Spi·ri·tus·lack ['ʃp..] [男] -[e]s/-e 酒精ワニス, アルコールニス.

'Spi·ri·tus·lam·pe ['ʃp..] [女] -/-n アルコールランプ.

'Spi·ri·tus 'Rec·tor ['spi:ritʊs 'rɛkto:r] [男] --/ (*lat.*) 指導的精神(人物), 推進力.

'Spi·ri·tus 'Sanc·tus ['spi:ritʊs 'zaŋktʊs] [男] --/ (*lat.* ‚der Heilige Geist‘) 〖キリスト教〗聖霊.

Spi·ro'chä·te [ʃpiro'çɛ:tə, sp..] [女] -/-n (*gr.*) 〖生物・医学〗スピロヘータ.

Spi·ro'me·ter [ʃpiro'me:tər, sp..] [中] -s/- (*lat.*) 〖医学〗肺活量計.

Spi'tal [ʃpi'ta:l] [中] -s/⸗er (↓Hospital) **1** 《古》養老院; 救貧院. **2** 《古》《オーストリア・スイス》病院.

***spitz** [ʃpɪts シュピッツ] [形] **1** 先の細い, とがった, 鋭い. ein ～*er* Winkel 鋭角. ～*e* Ohren machen 耳をそ

ばだてる．et¹ mit ～en Fingern anfassen〈きたない〉物⁴を指でつまむ．**2**〈声・響きの〉鋭い，かん高い．**3**《話》〈顔の〉やせこけた，げっそりした．**4**手きびしい，辛らつな；いやみな，皮肉たっぷりの．eine ～e Feder führen〈schreiben〉辛らつな文を書く．eine ～e Zunge haben 口が悪い，毒舌家である．**5**〈色〉色気のある，欲情をそそる．eine ～e Puppe 色気のある娘．～ auf j〈et〉⁴ sein A⁴をものにしたくて〈物⁴が欲しくて〉たまらない．j⁴ ～ machen 人⁴の欲情をそそる．

Spitz [ʃpɪts] 男 -es/-e (↓ spitz) **1** スピッツ犬．Mein lieber ～!《話》おいおい君〈非難・驚きの気持を込めた呼掛け〉．**2**《地方》ほろ酔い．**3**〈〔古〕・〔まれ〕〉(Spitze)（とがった）先，先端；（山などの）頂上．～ und Knopf stehen / ～ auf Knopf stehen（事の成否が）どうなる際どいところだ．**4**〈〔たばこ〕〉**(a)**（たばこ・葉巻の）吸口；葉巻用パイプ，シガレットホルダー．**(b)** =Tafelspitz

'**Spitz·bart** 男 -[e]s/-e **1** 先のとがったあごひげ．**2**《話》先のとがったあごひげの男．

'**spitz·bär·tig** 形 先のとがったあごひげの．

'**spitz|be·kom·men*** 他 《話》=spitzkriegen

'**Spitz·ber·gen** ['ʃpɪtsbɛrɡən] 〈地名〉スピッツベルゲン（北極海の群島）．

'**Spitz·bo·gen** 男 -s/- 〈建築〉尖頭〈〔せんとう〕〉アーチ．

'**Spitz·bu·be** ['ʃpɪtsbuːbə] 男 -n/-n **1**《古》泥棒；悪党，ならず者；詐欺師．**2** いたずらっ子，わんぱく者．**3**〈〔ドイツ南部〕〉《複数で》シュピッツブーベン（ジャムをはさんだクッキー）．

Spitz·bü·be·rei [ʃpɪtsbyːbəˈraɪ] 女 -/-en 悪事；詐欺；いたずら．

'**Spitz·bü·bin** ['ʃpɪtsbyːbɪn] 女 -/-nen Spitzbube の女性形．

'**spitz·bü·bisch** ['ʃpɪtsbyːbɪʃ] 形 **1**《古》詐欺師の，悪者の．**2** わんぱくな，いたずら好きの．

'**Spitze** ['ʃpɪtsə シュピッツェ] 女 -/-n **1**（とがった）先，先端；(3 角形などの）頂点，(山などの）頂上．die ～ eines Messers〈einer Nadel〉ナイフの刃先〈針の先〉．die ～ des Eisberges《比喩》氷山の一角．et¹ die ～ abbrechen〈nehmen〉事¹（攻撃・非難などの矛先〈〔ほこさき〕〉）をかわす．j〈et〉³ die ～ bieten《雅》人〈事〉³に勇敢に立向う．auf ～ und Knopf stehen（事の成否が）どうなる最後の際まで分からない．**2**（列の）先頭，（とくにスポーツで）首位，（競争の）先頭集団，トップグループ．die ～ des Zuges 行列の先頭；列車の先頭．an der ～ marschieren 先頭に立って行進する．Unsere Mannschaft liegt an der ～. 我々のチームは首位にいる．**3**（組織・集団内の最高の地位，トップの座；《複数で》上層部，中枢部，幹部連．an der ～ eines Unternehmens stehen 企業のトップの座にある．die ～n der Partei〈der Stadt〉党の上層部〈町の有力者たち〉．**4**（最高値，最高速度．Die ～ des Stromverbrauchs ist gegen 19 Uhr. 電力の消費量が最大になるのは 19 時ごろだ．Dieses Auto fährt〈schafft〉200 km ～. この車の最高時速は 200 キロだ．et¹ auf die ～ treiben 事¹をやり過ぎる，ことんまでやる．**(b)**《話》《複数なし》最高にすばらしい（抜群の）もの．Als Torwart ist er [absolute] ～. ゴールキーパーとして彼は最高だ．Dein Kaffee ist [einsame] ～. 君のコーヒーは最高だね．**5** あてこすり，いやみ，皮肉．Das ist eine ～ gegen dich. それは君に対するあてこすりだ．**6**《金融》剰余（額）；端株．**7** レース（編み）．ein mit ～n besetztes Kleid レース飾りのついたドレス．**8**（パイプの）吸口，シガレットホルダー．

'**Spit·zel** ['ʃpɪtsəl] 男 -s/- (↓ Spitz) スパイ，密偵．

'**spit·zeln** ['ʃpɪtsəln] 自 スパイ（活動）する．

'**spit·zen** ['ʃpɪtsən] ❶ 他 とがらせる．die Ohren ～《比喩》《話》耳をそばだてる．❷ 自 **1**《地方》うかがい見る，見張る；気をつける，注意する．**2**（植物が地面から）芽を出す；《醸造》(大麦が）発芽する．**3**《とくに南〈〔みなみ〕〉ドイツ・〈〔オーストリア〕〉》驚く〈次の用法でのみ〉Da wirst du ～! / Da spitzt du aber! 君はあっと驚くよ．

'**Spit·zen·film** 男 -[e]s/-e 最優秀映画．

'**Spit·zen·ge·schwin·dig·keit** 女 -/-en 最高速度．

'**Spit·zen·klas·se** 女 -/-n 最高級（品）；トップクラス．

'**Spit·zen·leis·tung** 女 -/-en 最高成績（業績）；最大出力；最高記録．

'**Spit·zen·or·ga·ni·sa·ti·on** 女 -/-en 中央組織．

'**Spit·zen·rei·ter** 男 -s/- **1**〈スポーツ〉トップクラスの騎手；トップクラスの選手（チーム）．**2**《比喩》《話》大ヒット商品；大ヒット作（劇・映画・テレビなどで）．

'**Spit·zen·tanz** 男 -es/-¨e （バレエの）トーダンス．

'**Spit·zen·tech·no·lo·gie** 女 -/-n 先端技術．

'**Spit·zen·ver·band** 男 -[e]s/-¨e 中央組織．

'**Spit·zen·zeit** 女 -/-en **1**（交通などの）ピーク時．**2**〈スポーツ〉ベストタイム．

'**Spit·zer** ['ʃpɪtsər] 男 -s/- 鉛筆削り．

'**spitz·fin·dig** ['ʃpɪtsfɪndɪç] 形《俚》細かいことにこだわる；屁理屈をこねる．

'**Spitz·fin·dig·keit** 女 -/-en **1**《複数なし》細かいことにこだわること．**2** 細かいことにこだわった考え方．

'**Spitz·ha·cke** ['ʃpɪtshakə] 女 -/-n ピッケル．

'**spit·zig** ['ʃpɪtsɪç] 形《古》(↑ spitz) **1** 先の細いとがった，鋭い．**2**（顔の）やせこけた，げっそりした．**3** 手きびしい，辛らつな．

'**Spitz·keh·re** 女 -/-n **1**（スキーの）キックターン．**2**（道路などの）ヘアピンカーブ．**3**〈鉄道〉スイッチバック．

'**spitz|krie·gen** 他 《話》（秘密などを）探り出す；（答えなどを）見出す．

'**Spitz·mar·ke** 女 -/-n 〈印刷〉段落の始めの隔字体（太字）の語（一種の見出し）．

'**Spitz·maus** 女 -/-¨e 〈動物〉とがりねずみ．**2**《話》瘦顔の小柄な女．

'**Spitz·na·me** 男 -ns/-n あだ名，ニックネーム．◆格変化については Name 参照．

'**Spitz·weg** ['ʃpɪtsveːk]〈人名〉Carl ～ カール・シュピッツウェーク（1808-85，ドイツの画家）．

'**Spitz·we·ge·rich** ['ʃpɪtsveːɡərɪç, -'---] 男 -s/-e〈植物〉へらおおばこ．

'**spitz·win·ke·lig** 形 =spitzwinklig

'**spitz·wink·lig** 形（比較変化なし）鋭角の（をもった）．

Spleen [ʃpliːn, sp..] 男 -s/-e(-s) (*engl.*)《複数まれ》気まぐれ，奇矯，奇行；突飛な考え．

'**splee·nig** ['ʃpliːnɪç, 'sp..] 形 (*engl.*) 奇矯な，突飛な；少し頭の変な．

Spleiß [ʃplaɪs] 男 -es/-e《古》**1**〈北〈〔ほく〕〉ドイツ〉破片；（とくに木材の）細片，木っ端．**2**（船員）撚〈〔よ〕〉り継ぎ，スプライス．

'**Splei·ße** ['ʃplaɪsə] 女 -/-n〈北〈〔ほく〕〉ドイツ〉=Spleiß

'**splei·ßen**(*) ['ʃplaɪsən] spliss (splißte), gesplissen (gespleißt)《古》〈北〈〔ほく〕〉ドイツ〉❶ 他 **1**（木を）割る，裂く．**2**（船員）(綱の端を）撚〈〔よ〕〉り継ぎする．❷ 自 (s) 割れる，裂ける．

splen·did [ʃplɛnˈdiːt, sp..] 形 (*lat.*, glänzend`) **1** 気前のいい．**2** 立派な，豪勢な，すばらしい．**3**〈印

Spließ 刷〕文字間[語間, 行間]をあけた, インテル入りの.

Spließ [ʃpliːs] 男 -es/-e (↓spleißen) こけら(板), 屋根下の木屑.

Splint [ʃplɪnt] 男 -[e]s/-e 1 【工学】割りピン, コッター. 2《複数なし》=Splintholz

'Splint·holz 中 -es/⁻er 辺材, 白太(しろ).

spliss, °**spliß** [ʃplɪs] spleißen の過去.

'splis·se [ˈʃplɪsə] spleißen の接続法 II.

'splis·sen [ˈʃplɪsən] 他《地方》=spleißen

Splitt [ʃplɪt] 男 -[e]s/-e《コンクリート用》砂利; (道路用)砕石.

****'Split·ter** [ˈʃplɪtər シュプリター] 男 -s/- (木・ガラス・金属などの)かけら, 破片. sich³ einen ~ einreißen とげが刺さる. in tausend Splitter zerbrechen こなごなに割れる. Was siehst du aber den ~ in deines Bruders Auge und wirst nicht gewahr des Balkens in deinem Auge?《新約》あなたは兄弟の目にあるおが屑は見えるのになぜ自分の目の中の丸太に気づかないのか(マタ 7:3).

'split·ter·fa·ser·nackt [ˈʃplɪtərˈfaːzərˈnakt] 形《話》すっぱだかの, まる裸の.

'split·ter·frei 形 割れてもとがった破片にならない. ~es Glas 安全ガラス.

'Split·ter·grup·pe 女 -/-n 分派, 小会派.

'split·te·rig [ˈʃplɪtərɪç] 形《比較変化なし》1 割れ(裂け)やすい. 2 (木片などの)ささくれ立った.

'split·tern [ˈʃplɪtərn] 自 (h, s) 裂ける, 割れる, 砕ける.

'split·ter·nackt [ˈʃplɪtərˈnakt] 形《話》すっぱだかの, まる裸の.

'Split·ter·par·tei 女 -/-en (分派)小党.

'Split·ter·rich·ter 男 -s/-《古》あらさがし屋. ♦「兄弟の目にあるおが屑 (Splitter) は見えるのに」(《新約》マタ 7:3)による. ↑Splitter

'split·ter·si·cher 形 1 =splitterfrei 2 (砲弾などの)破片に対して安全な.

'splitt·rig [ˈʃplɪtrɪç] 形 =splitterig

SPÖ [ɛspeˈʔøː]《略》=Sozialistische Partei Österreichs オーストリア社会党.

Spon'de·us [ʃpɔnˈdeːʊs, sp..] 男 -/..deen [..ˈdeːən] (lat.)《韻律》長長(強強)格(元来献酒の祭文の詩脚).

'spön·ne [ˈʃpœnə] spinnen の接続法 II.

'spon·sern [ˈʃpɔnzərn, ˈsp..] 他 (engl.)(スポーツ選手・競技会などの)スポンサーになる.

'Spon·sor [ˈʃpɔnzɔːr, ˈsp..] 男 -s/-s(-en [ʃpɔnˈzoːrən, sp..]) 1 スポンサー. 2《話》パトロン.

spon'tan [ʃpɔnˈtaːn, sp..] 形 (lat.) 自発的な, 自然発生的な; とっさの. et⁴ ganz ~ tun 事⁴をまったく自発的に行う. ~ antworten とっさに答える.

Spon·ta·ne·i'tät [ʃpɔntaneiˈtɛːt, sp..] 女 -/-en (fr.)《複数なし》1《複数なし》自発性, 自然発生的なこと. 2 自発的な言動.

spo'ra·disch [ʃpoˈraːdɪʃ, sp..] 形 (gr.) まばらな, 散発的な; たまにしかない.

'Spo·re [ˈʃpoːrə] 女 -/-n (gr., Same¹)《生物》胞子, 芽胞.

'Spo·ren [ˈʃpoːrən] 複 Spore, Sporn の複数.

'Spo·ren·pflan·ze 女 -/-n《植物》(↔Samenpflanze) 胞子植物.

Sporn [ʃpɔrn] 男 -[e]s/Sporen(-e)《多く複数で》1 拍車. einem Pferd die *Sporen* geben 馬に拍車を入れる. sich³ die [ersten] *Sporen* verdienen (初)手柄をたてる, 名をあげる. 2《複数なし》《古》刺激; 鼓舞. 3 (鳥の)けづめ. 4《複数 -e》突起状のものを指して (a)《植物》(花びらのもとにある突起). (b) 衝角(軍艦の船首部に付けた突起). (c) (飛行機の尾橇(びそり)), 尾輪. (d)《軍事》駐鋲(ちゅうびょう), スペード(大砲の発射時の反動防止用突起物). (e) 登山靴のスパイク, 靴釘. (f)《地形》山脚(山や山脈の突出部); 岩の突出部. (g)《病理》(かかとの)棘(とげ)状突起.

'spor·nen [ˈʃpɔrnən] 他 1 (馬に)拍車を入れる;《比喩》(人⁴を)鼓舞する, 激励する. 2 (靴に)拍車を付ける.

'sporn·streichs [ˈʃpɔrnʃtraɪçs] 副 大急ぎで, 即座に; まっしぐらに.

Sport
[ʃpɔrt シュポルト] 男 -[e]s/(種目を表すときまれに -e) (engl.) 1 スポーツ, 運動; (学校での授業科目としての)体育. der weiße ~ ウィンタースポーツ(とくにスキー); テニス(など白いユニフォームを着てするスポーツ). ~ treiben スポーツをする. 2 楽しみ, 気晴らし; 趣味, 道楽. Er sammelt Briefmarken als〈zum〉 ~. 彼は趣味で切手を集めている. sich³ einen ~ aus et³ machen《話》事³をして面白がる.

'Sport·ab·zei·chen 中 -s/-(運動能力を認定する)スポーツバッジ, スポーツメダル.

'Sport·an·la·ge 女 -/-n スポーツ施設.

'Sport·an·zug 男 -[e]s/⁻e 運動着, スポーツウェア.

'Sport·art 女 -/-en 運動種目, スポーツ種目.

'Sport·ar·ti·kel 男 -s/-《多く複数で》スポーツ用品.

'Sport·ar·ti·kel·ge·schäft 中 -[e]s/-e スポーツ用品店.

'Sport·arzt 男 -es/⁻e スポーツ(専門)医.

'Sport·be·richt 男 -[e]s/-e スポーツニュース.

'Spor·tel [ˈʃpɔrtəl] 女 -/-n《多く複数で》(中世末期から 18 世紀初頭までの個人負担の)役人手数料(裁判官への謝礼など).

'Sport·feld 中 -[e]s/⁻er《古》競技場.

'Sport·fest 中 -[e]s/-e 体育祭, スポーツ大会.

'Sport·flug·zeug 中 -[e]s/-e レース(ツアー)用軽飛行機.

'Sport·freund 男 -[e]s/-e 1 スポーツファン, 運動好き. 2 (Sportler) スポーツ選手. 3 スポーツクラブの会員; スポーツ仲間.

'Sport·ge·rät 中 -[e]s/-e 運動器具(用具).

'Sport·ge·schäft 中 -[e]s/-e =Sportartikelgeschäft

'Sport·hal·le 女 -/-n 屋内体操場, 体育館.

'Sport·hemd 中 -[e]s/-en スポーツシャツ.

'Sport·herz 中 -ens/-en《複数まれ》(運動で拡張した)スポーツ心臓. ♦ 格変化は Herz 参照.

'Sport·klei·dung 女 -/ 1 スポーツウェア, 運動服. 2 スポーティーな服.

'Sport·klub 男 -s/-s (Sportverein) スポーツクラブ.

'Sport·leh·rer 男 -s/- 1 体育教師. 2 コーチ, (運動種目の)指導員.

'Sport·ler [ˈʃpɔrtlər] 男 -s/- スポーツマン(選手). ♦ 女性形 Sportlerin を参照.

****'sport·lich** [ˈʃpɔrtlɪç シュポルトリヒ] 形 1 スポーツの, スポーツに関する. ~es Können スポーツの能力. 2 スポーツマンらしい, スポーツで鍛えた; (体格の)引締まった; 運動神経の良い, (動きの)きびきびした; (態度の)正々堂々とした, フェアな. ~er Geist スポーツマンシップ. 3 (服装などの)スポーティーな, 若々しい.

Sport·lich·keit 囡 -/ スポーツマンらしさ; フェアな(運動能力のある, スポーティーな)こと.
Sport·me·di·zin 囡 -/ スポーツ医学.
Sport·müt·ze 囡 -/-n (ひさし付き)運動帽.
Sport·nach·rich·ten スポーツニュース.
Sport·platz [ˈʃpɔrtplats シュポルトプラツ] 男 -es/⸚e 運動場, (屋外の)競技場.
Sport·schuh 男 -[e]s/-e 1 スポーツ用シューズ. 2 スニーカー.
Sports·mann [ˈʃpɔrts..] 男 -[e]s/..leute(⸚er) 1 スポーツマン(選手); スポーツファン. 2 フェアな精神の持ち主.
Sport·ver·band 男 -[e]s/⸚e スポーツ連盟.
Sport·ver·ein 男 -[e]s/-e (Sportklub) スポーツクラブ.
Sport·wa·gen 男 -s/- 1 スポーツカー. 2 (腰掛け式の)ベビーカー.
Sport·zei·tung 囡 -/-en スポーツ新聞.
Spot [spɔt, ʃpɔt] 男 -s/-s 〈engl.〉 1 (テレビ・ラジオの)コマーシャル; 短い番組.   2 =Spotlight
Spot·light [ˈspɔtlaɪt, ˈʃpɔt..] 中 -s/-s 〈engl.〉 スポットライト.
***Spott** [ʃpɔt シュポト] 男 -[e]s/ あざけり, からかい, 嘲笑. [seinen] ~ mit j⟨et⟩³ treiben 人⟨事⟩³ をあざける(からかう). Gegenstand des ~es sein 嘲笑の的である. zum ~ werden 人の笑いになる.
Spott·bild 中 -[e]s/-er 戯画, カリカチュア.
spott·bil·lig [ˈʃpɔtˌbɪlɪç] 形 〈話〉 ばかに安い.
Spott·dros·sel 囡 -/-n 1 〖鳥〗 まねしつぐみ.   2 〈話〉 ひやかし屋, 嘲笑家.
Spöt·te·lei [ʃpœtəˈlaɪ] 囡 -/-en 1 《複数なし》 からかうこと.   2 (悪意のない)からかい, ひやかし.
spöt·teln [ˈʃpœtəln] 自 (über j⟨et⟩³ 人⟨物⟩⁴を)からかう, ひやかす; 小馬鹿にする.
'spot·ten [ˈʃpɔtən シュポテン] 自 1 あざける, 嘲笑する; からかう, 馬鹿にする(über j⟨et⟩⁴ /〈古〉 j⟨et⟩² 人⟨物⟩⁴,²を). *Spotte* nicht! 馬鹿にしてはいけないよ(軽く見ないで下さい). Du hast gut⟨leicht⟩ ~. 君は人のことだから笑っていられるんだ(私の身にもなってくれ).   2 〈雅〉 (事² を)問題にしない, 無視(軽視)する. der Gefahr ~ 危険をものともしない. 〈物が主語〉Das *spottet* jeder Beschreibung. それは筆舌に尽くしがたい, まったく言語道断だ.   3 〖動物〗 (鳥が)物まねをする.
'Spöt·ter [ˈʃpœtɐ] 男 -s/- 1 ひやかし屋, 嘲笑家.   2 〖動物〗 (a) (Spottvogel) 物まねをする鳥. (b) (Gelbspötter) きいろうたいむしくい.
Spöt·te·te·rei [ʃpœtəˈraɪ] 囡 -/-en 1 《複数なし》 あざけること.   2 あざけり, 嘲笑; 皮肉.
'Spott·ge·burt 囡 -/-en 〈卑〉 できそこない, 奇形.
'Spott·ge·dicht 中 -[e]s/-e 〖文学〗 諷刺詩.
'Spott·geld 男 -[e]s/ 〈話〉 わずかな金, はした金. für ein ~ 二束三文で.
***spöt·tisch** [ˈʃpœtɪʃ シュペティシュ] 形 あざけりを含んだ, 嘲笑的な. ein ~er Blick 嘲笑的なまなざし. ein ~er Mensch 他人をからかって(小馬鹿にして)よろこぶ人間.
'Spott·lied 中 -[e]s/-er 〖文学〗 諷刺歌.
'Spott·lust 囡 -/ 嘲笑癖.
'Spott·na·me 男 -ns/-n あだ名. ◆ 格変化は Name 参照.
'Spott·preis 男 -es/-e 〈話〉大安売.
'spott·süch·tig 形 嘲笑癖のひどい.
'Spott·vo·gel 男 -s/⸚ 1 〖鳥〗 ものまねをする鳥.   2 ひやかし屋, 嘲笑家.

sprach [ʃpraːx] sprechen の過去.
'Sprach·at·las 男 -[ses]/-se(..atlanten) 〖言語〗言語地図(集).
'sprach·be·gabt 形 語学の才能ある.
'Sprach·be·ga·bung 囡 -/-en 語学の才能.
'Sprach·denk·mal 中 -[e]s/⸚er(-e) 言語史上重要な古文書(碑文), 言語遺産.

'Spra·che [ˈʃpraːxə シュプラーヘ] 囡 -/-n 1 言葉, 言語. die deutsche ~ ドイツ語. eine fremde ~ 外国語. lebende⟨tote⟩ ~n 現用語⟨死語⟩. die ~ der Physik⟨der Soldaten⟩ 物理学⟨兵隊⟩用語. fünf ~n beherrschen 5か国語に通じている. eine andere ~ sprechen⟨reden⟩ 話が通じない; 言ったことうとうはらつまる. dieselbe⟨die gleiche⟩ ~ sprechen⟨reden⟩ 話が通じる, 互いに気心が知れている. in sieben ~n schweigen 《戯》 一言もしゃべらない.   2 《複数なし》 話すこと; 話す能力. Da bleibt mir [glatt] die ~ weg! 〈話〉 呆れてものも言えないよ. die ~ auf et⁴ bringen 話題を事⁴ に向ける. die ~ verlieren (ショックなどで)ものが言えなくなる. j³ die ~ verschlagen⟨rauben / nehmen⟩ 人³ を(ものも言えないほど)呆れさせる, (に)ひどいショックを与える. Der grausige Anblick raubte mir die ~. その恐しい光景に私は言葉を失った. mit der ~ herausrücken⟨話 herauswollen⟩ しぶしぶ話し始める, ようやく口を開く. nicht mit der ~ herausrücken⟨話 herauswollen⟩ 口を割らない, 白状しない. Heraus mit der ~! 〈話〉 かくさずに言え, 吐きなさい. et⁴ zur ~ bringen 事⁴ を話題にする, 論議する. zur ~ kommen 話題になる, 論議される.   3 《複数なし》 話し方, 言葉づかい; 表現(法). eine deutliche ~ sprechen⟨reden⟩ はっきりものを言う(mit j³ 人³ に); (統計などが)明白に示している. Diese Zahlen sprechen eine deutliche ~. これらの数字に(事実が)はっきり表れている.

'sprä·che [ˈʃprɛːçə] sprechen の接続法 II.
'Sprach·fa·mi·lie 囡 -/-n 〖言語〗 語族. die slawische ~ スラブ語族.
'Sprach·feh·ler 男 -s/- 発音上の欠陥.
'sprach·fer·tig 形 (まれ) =sprachgewandt
'Sprach·for·scher 男 -s/- =Sprachwissenschaftler
'Sprach·füh·rer 男 -s/- (旅行用)外国語ハンドブック, 外国語会話集.
'Sprach·ge·biet 中 -[e]s/-e 〖言語〗 (Sprachraum) 言語圏.
'Sprach·ge·brauch 男 -[e]s/ 言語の慣用, 用語法. im deutschen ~ ドイツ語の用法で(は).
'Sprach·ge·fühl 中 -[e]s/ 語感. nach meinem ~ 私の語感では(によれば).
'Sprach·geo·gra·phie 囡 -/ 言語地理学.
'sprach·ge·wandt 形 語学の才能がある; 弁の立つ, 表現のうまい.
'Sprach·gut 中 -[e]s/ 〖言語〗 史的資産としての全言語現象.
..spra·chig [..ˈʃpraːxɪç] 〖接尾〗 (↓ Sprache) 数詞・形容詞などにつけて「…か(国)語を話す; …か(国)語による」の意の形容詞をつくる. deutsch*sprachig* ドイツ語を話す; ドイツ語による. zwei*sprachig* 2か国語を話す; 2か国語による. fremd*sprachiger* Unterricht 外国語による授業. ◆ ↑..sprachlich
'Sprach·in·sel 囡 -/-n 〖言語〗 言語島, 孤立言語

'Sprach·kennt·nis 囡 -/-se 1《複数なし》国語力, 国語の知識. 2《複数で》外国語の知識.
'sprach·kun·dig 厖 1 言葉に精通した. 2 数か国語のできる.
'Sprach·kurs 男 -es/-e 語学講習会.
'Sprach·la·bor 田 -s/-s(-e)《語学教育の》LL 装置, ランゲージラボラトリー.
'Sprach·leh·re 囡 -/-n 1 (Grammatik) 文法(書). 2《まれ》国文法の授業.
'Sprach·leh·rer 男 -s/- 1 語学教師. 2《古》言語学者.
'sprach·lich ['ʃpraːxlɪç] 厖《比較変化なし》言葉の, 言葉による; 言語(語法)上の.
..sprach·lich [..ʃpraːxlɪç]《接尾》名詞・形容詞などにつけて「…語の, …語に関する」の意の形容詞をつくる. fachsprachlich 専門用語の. fremdsprachlicher Unterricht 外国語の(を教える)授業. ♦↑..sprachig
*'sprach·los ['ʃpraːxloːs シュプラーハロース] 厖 1 (ショックなどで)言葉も出ない. 唖然とした. über et¹ ~ sein 事に呆れてものが言えない. 2 無言の, 暗黙の. in ~em Einverständnis 暗黙の了解をして. 3 言葉を持たない, 言葉を話せない.
'Sprach·lo·sig·keit 囡 -/ 1 言葉を話せないこと. 2 唖然としていること. 3 無言, 言葉にならないこと.
'Sprach·pfle·ge 囡 -/《言語》国語の育成(規範の確立).
'Sprach·phi·lo·so·phie 囡 -/ 言語哲学.
'Sprach·psy·cho·lo·gie 囡 -/ 言語心理学.
'Sprach·raum 男 -[e]s/⸚e =Sprachgebiet
'Sprach·rei·ni·gung 囡 -/ =Purismus
'Sprach·rohr 画 -[e]s/-e メガホン. j² ~ sein《比喻》人²の代弁者である.
'Sprach·schatz 男 -es/⸚e《複数まれ》語彙(ホ˅), ある言葉の総体.
'Sprach·schnit·zer 男 -s/-《話》ちょっとした語法上の誤り.
'Sprach·sil·be 囡 -/-n《言語》(↔ Sprechsilbe) 語綴(シ˅)(語の構成要素によって分けた音節. 例 Länder, Kinder).
'Sprach·stö·rung 囡 -/-en《医学・心理》言語障害.
'Sprach·ta·lent 画 -[e]s/-e 語学の才能.
'Sprach·un·ter·richt 男 -[e]s/-e《複数まれ》(外)国語の授業.
'Sprach·ver·ein 男 -[e]s/-e 国語協会. Allgemeiner Deutscher ~ ドイツ国語協会(1885 創設の国粋的国語浄化団体, 1947 Gesellschaft für deutsche Sprache に改組).
'Sprach·ver·glei·chung 囡 -/《比較言語学における》言語の比較.
'sprach·wid·rig 厖 文法(慣用語法)に反した.
'Sprach·wis·sen·schaft 囡 -/ 言語学. allgemeine ~ 一般(理論)言語学. vergleichende ~ 比較言語学.
'Sprach·wis·sen·schaft·ler 男 -s/- 言語学者; 言語学専攻学生.
'sprach·wis·sen·schaft·lich 厖 言語学の(に基づいた).
'Sprach·zen·trum 田 -s/..tren《解剖・生理》1《複数なし》(総体としての)言語中枢. 2 (個々の)言語野. sensorisches ~ 感覚性言語中枢. motorisches ~ 運動性言語中枢.

sprang [ʃpraŋ] springen の過去.
'sprän·ge [ʃprɛŋə] springen の接続法II.
Spray [ʃpreː, sp..] 画 (田) -s/-s《engl.》スプレー(の液), 噴霧(器).
'spray·en [ʃpreːən, sp..] 他動 (田) スプレーする. Parolen an die Wände ~ 壁にスプレーでスローガンを書く. sich¹ das Haar⟨die Haare⟩ ~《自分の髪にヘアスプレーをかける. gegen Ungeziefer ~ 害虫駆除の薬を噴霧する.
'Sprech·an·la·ge ['ʃprɛç..] 囡 -/-n インターホン.
'Sprech·chor 男 -[e]s/⸚e シュプレヒコール.

'spre·chen*
['ʃprɛçən シュプレヒェン] sprach gesprochen / du sprichst, er spricht ❶ 自 1 物を言う, 口を利(㋕)く. Das Kind kann schon ~. その子はもう口が利ける. vor Schreck nicht ~ können 驚愕のあまり口が利けない.
2 話す, 話をする. laut ⟨deutlich / hoch⟩ ~ 大きな声で⟨はっきりと / 高い声で⟩話す. Sprechen Sie bitte langsam! どうかゆっくりお話下さい. deutsch ~ ドイツ語で話す(1② I(a)). im Schlaf ~ 寝言を言う. 《電話で》Wer spricht da? どちらさまでしょうか. Hier spricht Bauer. こちらはバウアーです. Er spricht, wie ihm der Schnabel gewachsen ist.《話》彼はずけずけと物を言う.《慣用句で》auf j⟨et⟩¹ zu ~ kommen (たまたま)人⟨事⟩¹に話がおよぶ, (を)話題にする. auf j¹ schlecht ⟨nicht gut⟩ zu ~ sein 人¹のことをよく思っていない, (に)腹を立てている. frei ⟨frisch⟩ von der Leber weg ~ 率直に話す.《前置詞と》für j¹ ~ 人¹を代弁する; 弁護する. für ⟨gegen⟩ et¹ ~ 事¹に賛成⟨反対⟩する. Einige sprachen für das Projekt, andere dagegen. その計画に賛成する人もいたし, 反対する人もいた. mit j¹ ~ 人¹と話をする. Darüber müssen wir noch mit ihm ~. それについて私たちはなお彼と話合わなくてはならない. nicht miteinander ~ (不仲で)互いに口も利かない. mit sich³ selbst ~ 独り言を言う. über j⟨et⟩¹ ~ / von j⟨et⟩¹ ~ 人⟨事⟩¹について話す, (を)話題にする. Sprechen wir nicht mehr darüber ⟨davon⟩! もうその話はよそう. Wir haben gerade vor dir gesprochen. 私たちはちょうど君のことを話していたところです. Man spricht von 180 Toten. 死者の数は 180 名と言われている. gut ⟨schlecht⟩ über j¹ ⟨von j³⟩ ~ / Gutes ⟨Schlechtes⟩ über j¹ ⟨von j³⟩ ~ 人¹.³のことを良く⟨悪く⟩言う. nur lobend von j¹ ~ 人¹のことをほめやまぬ.《過去分詞で》ganz allgemein gesprochen ごく一般的に言って. unter uns gesprochen ここだけの話だが.《中性名詞として》j¹ zum Sprechen bringen 人¹にしゃべらせる.
3 演説(スピーチ)をする, 講演する. Heute Abend spricht der Minister. 今晩大臣が演説する. frei ~ 原稿なしで話す. auf einer Versammlung ~ ある集会で話す. im Fernsehen ~ テレビで話す.
4《物が主語》(a)《目や心などが》物を言う, 語りかける. Sein Gewissen sprach. 彼の良心が人の心を動かした. seinen Verstand ~ lassen 理性の声に従う. (b)《aus et³ 物³から》《感情などが》表れる. Aus seinen Augen sprich Güte⟨Angst⟩. 彼の目には善意が表れている⟨不安の色が見える⟩. (c)《für j⟨et⟩¹ 人⟨事⟩¹に》有利に働く; ⟨gegen j⟨et⟩¹ 人⟨事⟩¹に⟩不利に働く. Seine Aussage sprach dafür⟨dagegen⟩. 彼の供述はその証明⟨反証⟩になった. Diese Handlung spricht für seinen Mut. この行為は彼の勇気を物語っている. Das spricht für sich⁴ selbst. それは自明のことである.

❷ 〚自〛 **1** (a)(ある言語)を話す. Er spricht Deutsch. 彼はドイツ語を話す. Dialekt→方言を話す. mit dir muss man eine andere Sprache ～ (穏やかに話して分からない相手に)君にはもっと別な物言いをしなければならないな. 《物が主語》Diese Fotos *sprechen* eine eindringliche Sprache. これらの写真には切々と訴えかけるものがある. (b) (ある事を話す, 言う); 語る. die Wahrheit ～ 真実を語る. kein Wort ～ 一言も話さない. (c) (詩文などを)朗読する, 朗唱する; (祈り)など)を唱える. ein Gedicht ～ 詩を朗読する. den Segen ～ 祝福を唱(ﾄﾅ)える.
2 〚j³ と〛(a)(偶然)会って話す. Ich habe ihn schon lange nicht mehr *gesprochen*. 私はもう長い間彼に会っていない. (b) (用事があって)会う, 面談(面会)する; (電話で)話す. Kann ich bitte Herrn Doktor ～? 先生にお目にかかりたいのですが; (電話口で)先生をお願いできますか. Der Arzt ist täglich von 8 bis 13 Uhr zu ～. その医者の診療時間は毎日 8 時から 13 時までです. 《相互的に》Wir *sprechen* uns noch! いずれお話を〈別れの挨拶〉; (脅し文句として)このままでは済まさないぞ.

spre·chend 〚現分〛形 **1** 表情(表現)豊かな; 意味深長な. Sie hat ～e Augen. 彼女は表情豊かな目をしている. eine ～*e* Mimik 雄弁な演技(身振り). mit einem ～*en* Blick 意味ありげな目つきで. **2** 明白な. ein ～*er* Beweis 明白な証拠. j³ ～ ähnlich sein 人³に生き写しである.

Spre·cher ['ʃprɛçɐr] 男 -s/- **1** 話し手; 語り手, ナレーター. **2** 〘まれ〙(Redner) 講演者, 演説者. **3** (Ansager) アナウンサー. Fernseh*sprecher* テレビのアナウンサー. **4** 代弁者; スポークスマン, 広報担当官. ◆ 女性形 Sprecherin 囡 -/-nen

'**Sprech·er·zie·hung** 囡 -/ 発声(発音)教育, スピーチ教育.
'**Sprech·funk·ge·rät** 中 -[e]s/-e 無線電話機.
'**Sprech·ge·sang** 男 -[e]s/-e 〘音楽〙シュプレヒゲザング; レチタティーヴォ, 叙唱.
'**Sprech·kunst** 囡 -/²e 話術; 朗読法.
'**Sprech·plat·te** 囡 -/-n 言語レコード.
'**Sprech·sil·be** 囡 -/-n 〘言語〙(↔ Sprachsilbe) 音綴(発音上自然に生ずる切れ目によって分けた音節. 例 Län-der).
'**Sprech·stun·de** ['ʃprɛçʃtʊndə シュプレヒシュトゥンデ] 囡 -/-n 面会時間; 診療時間. Der Arzt hat heute keine ～. その医者は今日は診察しない. in die ～ gehen 面会(受診)に行く.
'**Sprech·stun·den·hil·fe** 囡 -/-n 〘古〙診察助手(女性).
'**Sprech·übung** 囡 -/-en **1** 言語障害者の矯正訓練. **2** 話し方(会話)の練習.
'**Sprech·wei·se** 囡 -/-n 話し方, 話し振り.
'**Sprech·zim·mer** 中 -s/- 診察室; 応接室.

Spree ['ʃpre:] 囡 (地名) die ～ シュプレー川(エルベ川の支流でベルリン市内を流れる).

'**Sprei·te** ['ʃpraɪtə] 囡 -/-n **1** 〘植物〙(Blattspreite) 葉身. **2** 〘地方〙(a)(Spreitdecke) 掛布団, 毛布; テーブルクロス. (b) 打穀するために広げた穀物.

'**Sprei·ze** ['ʃpraɪtsə] 囡 -/-n **1** 〘建築〙(胴)梁. **2** 〘体操〙開脚姿勢.

'**sprei·zen** ['ʃpraɪtsən] ❶ 他 (手足・翼・枝などを)広げ, 開く. die Beine ～ 両脚を広げる. die Federn ～ (鳥が)羽毛を逆立てる. ❷ 再 (**sich**⁴) **1** 気取る, もったいぶる; ふんぞり返る. **2** 受け入れ拒む(断わる). からって見せる. Sie *spreizte sich*, das Geschenk anzunehmen. 彼女は贈物を受取るのをためらって見せた. *sich* gegen et⁴ ～ (もったいぶって)事⁴に反対する, さからって見せる. ◆ ↑ gespreizt

'**Spreiz·fuß** ['ʃpraɪts..] 男 -es/²e 〘医学〙開帳足.
'**Spreng·bom·be** ['ʃprɛŋ..] 囡 -/-n 爆(裂)弾.
'**Spren·gel** ['ʃprɛŋəl] 男 -s/- **1** 〘宗教〙教区; (Diözese) 司教区. **2** 〘オーストリア〙行政区, 管轄区.

'**spren·gen** ['ʃprɛŋən シュプレンゲン] ❶ 他 **1** 爆破する. eine Brücke ～ 橋を爆破する. einen Tunnel durch den Berg ～ 山を爆破してトンネルをつくる. 〘目的語なしで〙Im Stollen wurde *gesprengt*. 横坑で発破(ﾊｯﾊﾟ)をかけた. **2** こじ開ける; 押破る, 粉砕する. Das Eis hat die Flasche *gesprengt*. 氷で瓶が破裂した. Die Freude *sprengte* ihr fast das Herz. 〘比喩〙〘古〙喜びのあまり彼女は心臓が破裂しそうだった. alle Normen ～ あらゆる規範を打ち壊す. Diese Fragen würden den Rahmen des Vortrags ～. これらの問題はこの講演の枠を越えるものでしょう. ein Schloss〈ein Tor〉～ 錠をこじ開ける〈門を打ち破る〉. eine Versammlung ～ 集会を粉砕する. **3** (水を)撒(ﾏ)く; (…に)水を撒く. die Blumen ～ 花に水をやる. Wasser auf〈über〉die Wäsche／die Wäsche ～ 洗濯物に霧を吹く. **4** 〘猟師〙(猟獣を)追立てる; 〘古〙(馬を)駆る. j⁴ aus dem Bett ～ 〘話〙人⁴をベッドから追立てる. ❷ 自 (s)〘雅〙馬を駆る, 疾駆する.

'**Spreng·ge·schoss** ['ʃprɛŋ..] 中 -es/-e (弾径 20 mm 以上の)爆裂弾.
'**Spreng·gra·na·te** 囡 -/-n 破裂榴弾.
'**Spreng·kap·sel** 囡 -/-n 雷管(起爆装置).
'**Spreng·kom·man·do** 中 -s/-s 爆破班(部隊).
'**Spreng·kör·per** 男 -s/- 爆発物.
'**Spreng·kraft** 囡 -/ 爆破力.
'**Spreng·la·dung** 囡 -/-en 一定量の爆薬.
'**Spreng·laut** 男 -[e]s/-e 〘音声〙(Explosivlaut) 破裂音.
'**Spreng·pul·ver** 中 -s/- 火薬.
'**Spreng·stoff** 男 -[e]s/-e 爆薬, 爆発物.
'**Spren·gung** 囡 -/-en 爆発(すること).
'**Spreng·wa·gen** 男 -s/- 散水車.
'**Spreng·werk** 中 -[e]s/-e 〘建築〙トラス, 斜め桁構造.
'**Spreng·wir·kung** 囡 -/ 爆発効果.
'**Spren·kel** ['ʃprɛŋkəl] 男 -s/- 斑点, 小さいしみ.
'**spren·keln** ['ʃprɛŋkəln] 他 (物⁴に)斑点をつける. ↑ gesprenkelt

Spreu [ʃprɔʏ] 囡 -/ 穀類の殻, もみ殻. die ～ vom Weizen trennen〈sondern〉〘諺〙価値のあるものとないものをより分ける(↓〘新約〙マタ 3:12). zur ～ gehören／sich⁴ unter die ～ mischen つまらぬ人間どもの仲間入りをする.

sprich [ʃprɪç] sprechen の du に対する命令形.
sprichst [ʃprɪçst] sprechen の現在 2 人称単数.
spricht [ʃprɪçt] sprechen の現在 3 人称単数.

*'**Sprich·wort** ['ʃprɪçvɔrt シュプリヒヴォルト] 中 -[e]s/²er 諺(ｺﾄﾜｻﾞ), 格言.

'**sprich·wört·lich** 形 **1** 諺の, 諺になった. eine ～*e* Wendung 諺ふうの言回し. **2** 〘副詞的にも用いない〙よく知られた, 周知の. Seine Freigebigkeit ist ～. 彼の気前のよさは誰もが知っている.

'**Srie·ße** ['ʃpri:sə] 囡 -/-n **1** 支柱, 根太(ﾈﾀﾞ)〘梁〙). **2** 〘地方〙(はしごの)横木. **3** 〘地方〙破片(ｶｹﾗ).

'**srie·ßen** ['ʃpri:sən] 他 〘土木〙突っ張りをする, 支

'sprie·ßen² * ['ʃpriːsən] spross, gesprossen 自 (s) 発芽する、芽ぐむ、若芽を出す；《戯》（ひげが）生える。Die Blumen *sprießen* schon aus der Erde. その花はもう土から芽を出している。

Spriet [ʃpriːt] 中 -[e]s/-e (帆船の帆を張出す)スプリット。

'Spring·brun·nen ['ʃprɪŋ..] 男 -s/- 噴水。

'sprin·gen* [ˈʃprɪŋən] シュプリンゲン] sprang, gesprungen 自 (s, h) **1** (s) 跳ぶ、はねる。hoch 〈weit〉～ 高く〈遠く〉跳ぶ。auf die Straßenbahn ～ 市街電車に飛乗る。aus dem Bett ～ ベッドから飛起きる。ins Wasser ～ 水に飛込む。mit Anlauf ～ 助走して跳ぶ。mit dem Seil〈dem Stab〉～ 縄跳び〈棒高跳び〉をする。von einem Thema zum anderen ～ 《比喩》話題を次々変える。(s, h) 《スポ》跳躍(ジャンプ)する。Er ist〈hat〉 schon dreimal *gesprungen*. 彼はすでに3回跳んだ。《結果を示す語句と》Er ist〈hat〉 7,5 m [weit] *gesprungen*. 彼は7メートル50を跳んだ。einen neuen Rekord ～ 《ジャンプで》新記録を出す。einen Salto ～ 宙返りをする。(c) (s) 《話》急いで(すっとんで)行く、走る；《忙しく》飛び回る。Bitte *spring* rasch zum Briefkasten! 郵便ポストまで急いで走っていきてくれ。

2 (s) (a) 弾(片)む、はねる。Der Ball *springt* gut. そのボールはよく弾む。《比喩的用法で》Das *springt* sofort ins Auge. それはすぐ目につく（よく目立つ）。Sein Herz *springt* vor Freude. 彼の心臓は喜びに弾む。et⁴ ～ lassen 《話》物(金など)を気前よく出す(ふるまう)。(b) 《指針などが》急に動く。Die Ampel *springt* auf Grün. 信号が青に変る。Der Kilometerzähler *springt* auf 30 000. 走行距離計が3万キロに跳び上がった。(c) 《はずして》飛出す、《ぽんと》取れる。Die Lokomotive ist aus den Schienen *gesprungen*. 機関車が脱線した。Ein Knopf *sprang* von der Jacke. ボタンが上着から飛んだ。(d) 《水などが》噴き出す、ほとばしる。Die Tränen *sprangen* aus ihren Augen. 涙が彼女の目から溢れ出た。Ihr *sprang* die Wonne aus den Augen. 《比喩》彼女の目に喜悦の色が浮かんだ。(e) 《火花などが》飛散る。(f) der *springende* Punkt 《比喩》要点、核心。

3 (s) (a) ひびが入る、ひび割れする《細かく》割れる、破裂する。Porzellan *springt* leicht. 磁器にはひびが入りやすい。in tausend Stücke ～ 粉々に割れる。Das Herz wollte ihr vor Freude [fast] ～. 彼女の心臓は喜びではちきれんばかりだった。(b) 《糸などが》ぷつんと切れる。(c) 《蕾(?)などが》ぱっと開く。

4 (s) 《生産ラインなどで》非常交代要員として働く。

5 (s) 《学校で》飛級する。

6 (s) 《チェスなどで》ひと飛(ュ)び飛ぶ。

7 (s) 《まれ》(vorspringen) 飛出す、張出す。

Sprin·gen 中 -s/ **1** 跳ぶこと。**2** 《スポ》跳躍、ジャンプ；飛込み。

'Sprin·ger ['ʃprɪŋɐr] 男 -s/- **1** 《スポ》跳躍競技の選手、飛込競技の選手。**2** 《動物》《馬・ばった・蛙などの》跳躍する動物。**3** 《チェス》ナイト。**4** 《必要に応じて》色々な仕事をこなす人；非常交代要員。**5** 飛級をした生徒。**6** 種畜(馬・牛の)。**7** ein junger ～ 《話》青二才。

'Spring·flut 女 -/-en 大潮。

'Spring·ins·feld ['ʃprɪŋɪnsfɛlt] 男 -[e]s/-e 《複数まれ》《戯》陽気な屈託のない若者；元気な子供。

'Spring·kraut 中 -[e]s/ːer 《複数まれ》《植物》つりふねそう属；ほうせんか・きつりふねなど。

'spring·le'ben·dig 形 《比較変化なし》元気溌剌(??)とした、活気に溢れた。

'Spring·maus 女 -/ːe 《動物》とびねずみ。

'Spring·quell 男 -[e]s/-e =Springbrunnen

'Spring·seil 中 -[e]s/-e 縄跳び用の縄。

'Sprink·ler ['ʃprɪŋklər] 男 -s/- 《engl.》 (消化用)スプリンクラー、散水器。

Sprint [ʃprɪnt] 男 -s/-s 《engl.》《スポ》**1** 短距離走、スプリント。**2** 《ラスト》スパート、全力疾走。

'sprin·ten ['ʃprɪntən] **1** 他 《最後の区間を》全力疾走する、(ラスト)スパートする。**2** 自 《話》急いで走る。

'Sprin·ter ['ʃprɪntər] 男 -s/- 《スポ》スプリンター、短距離走者。

Sprit [ʃprɪt] 男 -[e]s/-e (Spiritus の短縮) **1** 《複数なし》エチルアルコール。**2** 《複数まれ》《話》(a) シュナップス、火酒。(b) ガソリン。

'Spritz·ap·pa·rat ['ʃprɪts..] 男 -[e]s/-e スプレーガン、(塗料などの)吹付器。

'Spritz·ar·beit 女 -/-en **1** 《複数なし》吹付画法。**2** 吹付物。

'Spritz·dü·se 女 -/-n 霧吹きノズル。

'Sprit·ze* ['ʃprɪtsə シュプリッツェ] 女 -/-n (↓ spritzen) **1** 注射器；注射；注射液。eine ～ bekommen 注射をしてもらう。j³ eine ～ geben 人³に注射をする。an der ～ hängen 麻薬中毒にかかっている。**2** (Feuerspritze) 消防ポンプ；消防自動車；《話》(消化ホースの)筒先。der erste Mann an der ～ 《比喩》主役。**3** (洗浄・浣腸などのための)注入器；散水器；噴霧器；(生クリームなどの)絞り出し器。**4** 《卑》自動小銃。**5** 《話》《一時的な》資金援助。

'sprit·zen* ['ʃprɪtsən シュプリッツェン] ❶ 他 **1** (a) 《飛沫を》はねかける。Tinte auf das Heft ～ インクのしぶきをノートに飛ばす。j³ Wasser ins Gesicht ～ 人³の顔に水をはねかける。(b) 《水などを》撒(?)く、かける。《ノズルから》噴出する。Wasser auf die Straße ～ 通りに水を撒く。Wasser in die Flammen ～ 炎に水をかける。(c) 《クリームなどを》押出す、絞り出す。Sahne auf eine Torte ～ 生クリームを絞り出してトルテにつける。(d) 《目的語が結果を示して》eine Eisbahn ～ (水を撒いて)スケートリンクを作る。ein Herz auf eine Torte ～ 《生クリームなどを絞り出して》ハート模様をトルテに描く。**2** (a) 《物⁴に》水を撒(?)く《かける》。den Rasen ～ 芝生に水を撒く。(b) 《話》《j³ [mit Wasser]》人³に水をかける(ひっかける)。(c) 《植物・畑などに》薬剤を散布する。(d) 《自動車などに》吹付塗装をする。**3** (a) 《薬液を》注射する；注入する。j³ ein Schmerzmittel ～ 人³に鎮痛剤を注射する。(b) 《人³に》注射する。j⁴ gegen Grippe ～ 人⁴にインフルエンザの注射をする。j⁴ mit Morphium ～ 人⁴にモルヒネを注射する。**4** 《酒などを》ソーダ水で割る。

❷ 自 (h, s) **1** (a) (h) 《水などが》はねる、飛散る。Das Fett hat *gespritzt*. 脂がはねた。(b) (s) 《方向を示す語句と》《…に》はねかかる、飛散る；《…から》噴き出す、ほとばしり出る。Das Blut ist aus der Wunde *gespritzt*. 血が傷口からほとばしり出た。Der Regen *spritzt* gegen das Fenster. 雨しぶきが窓を打っている。Das Wasser *spritzte* ihm ins Gesicht. 水しぶきが彼の顔にかかった。**2** (h) はねを飛ばす、水しぶきをあげる；放水する。*Spritz* nicht so! そんなに水をはねないで。[mit Wasser] ～ 水をはねかける。**3** (h) 《非人称

的に) Es spritzt.《話》霧雨が降る. **4** (s)《話》すっ飛んで行く(来る). **5** (h)《卑》(ejakulieren) 射精する.

Sprit·zen·haus 甲 -es/=er《古》《地方》(牢屋を兼ねた)消防ポンプ小屋.

Sprit·zer ['ʃprɪtsər] 男 -s/- **1** しぶき, はね. **2** 振掛けられた少量の液体. Whisky mit einem ～ Soda 少量のソーダで割ったウィスキー. **3**《南》にわか雨. **4** 吹付塗装工. **5**《話》麻薬常習者. **6** ein junger ～ 青二才(↓Springer 7).

Spritz·fahrt 女 -/-en《話》=Spritztour

Spritz·fla·sche 女 -/-n **1** (香水などの)スプレー付瓶. **2**《化学》洗浄瓶.

Spritz·guss 男 -es/ **1**《治》加圧鋳造法. **2** ダイカスト(鋳造法).

sprit·zig ['ʃprɪtsɪç] 形 (↓spritzen) **1** (ワインなどが)ぴりっとした. **2** (演劇・演奏などが)躍動的な, 迫力のある; 機知に富んだ. **3** (スポーツの動きなどが)敏捷な, きびきびした; (車が)加速のよい.

Spritz·ku·chen 男 -s/-《料理》シュプリッツクーヘン(絞り出しにした生地を油で揚げた菓子).

Spritz·pis·to·le 女 -/-n (塗料を吹きつけるための)スプレーガン.

Spritz·tour 女 -/-en《話》ちょっとしたドライブ, 小旅行.

spröd [ʃprøːt] 形 =spröde

'sprö·de ['ʃprøːdə] 形 **1** もろい, こわれやすい. **2** 加工しにくい, 扱いにくい. ein ～s Thema 扱いにくいテーマ. **3** (皮膚が)乾いた, かさかさした; (rissig) ひび割れし た; (声が)しわがれた, がらがらの. **4** 人に気を許さない, 愛想のない, (娘などが)つんとすました.

Sprö·dig·keit [ʃprø:dɪçkaɪt] 女 -/ **1** (ガラスなどの)もろさ, こわれやすさ; (題材・テーマなどの扱いにくさ; (女性などの)近寄りがたさ, 冷淡さ. **2** (皮膚が)乾いた(かさかさしている)こと; (声が)しわがれていること.

sproß, °sproß [ʃprɔs] sprießen² の過去.

Sproß, °Sproß [ʃprɔs] 男 -es/-e(-en) (↓sprießen²) **1** 新芽, 若葉, 若枝. **2**《雅》(男子の)後継者, 子孫, 後裔. **3**《複数 -en》《猟》《猟師》(鹿の枝角.

Spros·se¹ ['ʃprɔsə] Sproß の複数.

'Spros·se² ['ʃprɔsə] 女 -/-n **1** (はしごの)段; (窓の)桟. **2**《猟》(鹿の枝角. **3**《古》そばかす. **4**《治》(Kohlsprosse) 芽キャベツ.

sprös·se ['ʃprœsə] sprießen² の接続法 II.

'spros·sen ['ʃprɔsən] 動 (h, s) (↓Sproß) **1** (h) 新芽を出す. **2** (s) (植物・髭が)生え(始め)る, 伸びる.

Spros·sen ['ʃprɔsən] Sproß, Sprosse² の複数.

Spros·sen·wand 女 -/=e《運》肋木(ろく).

'Spröss·ling ['ʃprœslɪŋ] 男 -s/-e **1** 子孫. **2**《戯》子, 息子.

'Sprot·te ['ʃprɔtə] 女 -/-n《魚》スプラッス(にしん科の小型の魚).

*Spruch [ʃprʊx] シュプルフ 男 -[e]s/Sprüche (↓sprechen) **1** 格言, 金言;《話》スローガン, モットー. ein ～ aus der Bibel〈von Goethe〉聖書〈ゲーテ〉の格言. **2** (旧約聖書や中世の)格言(ん)詩. das Buch der Sprüche / die Sprüche Salomos (旧約聖書の)箴言. **3**《話》決り文句, 月並みな言葉;《ふつう複数で》たわ言. Sprüche machen〈klopfen/kloppen〉たわ言を言う, ほらを吹く. **4** 判決(裁決)文. **5** (Orakelspruch) 神託; (Zauberspruch) 呪文.

'Spruch·band 甲 -[e]s/=er **1** (中世絵画に描かれる)絵の内容を説明する帯. **2** スローガンを書いた横断幕.

'Spruch·dich·tung 女 -/《中世の》格言詩.

'Sprü·che ['ʃprʏçə] Spruch の複数.

'Sprü·chel·chen ['ʃprʏçəlçən] 甲 -s/-《Spruch 1, 3 の縮小形》=Sprüchlein

'Spruch·kam·mer 女 -/-n (第2次大戦後ドイツで連合軍によって設置された)非ナチス化裁判所.

'Sprüch·lein ['ʃprʏçlaɪn] 甲 -s/-《Spruch 1, 3 の縮小形》sein ～ hersagen 決り文句を唱(ぐ)える.

'spruch·reif 形《比較変化なし》判決(決定)を下せるまでに機が熟した. Die Angelegenheit ist ～. その件は決定を下せる段階にある.

*'Spru·del ['ʃpruːdəl] シュプルーデル 男 -s/- **1** 炭酸水, ソーダ水;《南》清涼飲料水. süßer ～ レモネード. **2** 噴水; (噴水から)噴き出す水. **3**《古》噴泉.

'Spru·del·kopf 男 -[e]s/=e《古》熱弁家, 激しやすい人.

'spru·deln ['ʃpruːdəln] ❶ 動 (h, s) **1** (h) (a) 泡立つ, たぎる; 沸き立つ. Der Sekt sprudelt. シャンパンが泡立つ.《比喩的用法で》Die Worte sprudeln. 言葉がほんばしり出す. ～ vor Freude 彼女は喜びに溢れていた. (b)《話》まくしたてる. **2** (s)《方向を示す語句と》湧き出る, 噴き出る; ほとばしる. Die Quelle sprudelt aus dem Felsen. 泉が岩間からこんこんと湧き出る. ❷ 動 (quirlen) かき混ぜる.

'spru·delnd 現分 形 泡立つ, 沸き立つ;《比喩》溢れるばかりの, はつらつとした. ein ～es Getränk 炭酸飲料.

'Spru·del·stein 男 -[e]s/-e《鉱物》(Aragonit) あられ石.

'Spru·del·was·ser 甲 -s/= Sprudel

'sprü·hen ['ʃpryːən] ❶ 動 (h, s) **1** (火花・しぶきなどが)飛散する. Die Funken sprühen nach allen Seiten. 火花が四方八方へ飛散する.《比喩的用法で》Ihre Augen sprühten [vor Freude]. 彼女の目は(喜びに)輝いていた. Der Redner sprühte von Ideen〈vor Geist〉. その演説者の話はひじょうに機知に富むものだった.《現在分詞で》ein sprühender Witz 才気あふれる機知. in sprühender Laune sein / sprühender Laune² sein はつらつとした気分である. **2** (h)《非人称的に》Es sprüht. 霧雨が降る. **3** (h) (ダイヤモンドなどが)きらきら輝く.

❷ 動 **1** (水などを)撒(ま)く, かける. Wasser〈chemische Mittel〉über die Pflanzen ～ 植物に水をまく〈薬剤を散布する〉. **2** (火花を)飛散らす. Der Schweißapparat sprüht Funken. 溶接機が火花を散らしている. Er sprühte Geist und Witz.《比喩》彼はひじょうに機知に富んだ意見を述べた.

'Sprüh·re·gen ['ʃpryː...] 男 -s/- 霧雨, こぬか雨.

*Sprung [ʃprʊŋ] シュプルング 男 -[e]s/Sprünge (↓springen) **1** 跳ぶこと, 跳躍, ジャンプ. ein ～ ins Wasser〈über einen Graben〉水中に飛込む〈堀を跳び越える〉こと. ein ～ ins Dunkel〈ins Ungewisse〉向こう見ずな行動, 冒険. mit einem ～ ひと跳びで; ひとおもいに. zum ～ ansetzen (猛獣などが)跳びかかろうとする.《比喩的用法で》《話》keine großen Sprünge machen können (お金が乏しいので)大したことはできない. den ～ wagen 一大決心をする. ふんぎる(zu et³ 事³しようと). auf dem ～ sein〈stehen〉ちょうど…するところである. Er war auf dem ～, das Haus zu verlassen. 彼はちょうど家を出るところだった. immer auf dem ～ [e] sein いつもせかせかしている. j〈et〉³ auf die Sprünge helfen 人³にヒントを与えてやる〈事³にはずみをつけてやる〉. j³ auf〈hinter〉die Sprünge kommen 人³の魂胆(策略)を見抜く. sich⁴ auf die *Sprünge* machen すっ飛んで行く(逃げる). **2** 《話》短い時間(距離). [auf] einen ~ ちょっとの間. Bis zur Post ist es nur ein ~. 郵便局まではほんのひとっ走りだ. **3** 《論理・考え方などの》飛躍(一足飛びの)昇進;（せりふ・テキストなどの途中を)とばすこと. einen großen ~ machen 一躍出世(昇進)する. einen ~ haben ひびが入っている. Ihre Beziehung hat einen ~ bekommen.《比喩》彼らの関係にひびが入った. einen ~ in der Schüssel haben《話》頭がおかしい. **5** (家畜の)交尾. **6** 《猟師》(のろじかの群れ;（野うさぎの)足足. **7** 《地質》断層.

'**Sprung·bein** 甲 -[e]s/-e 《解剖》距骨(きょこつ). **2** 《跳躍》の踏切足.

'**sprung·be·reit** 形 **1** 跳ぶ準備(構え)のできた. **2** 《戯》出かける準備のできた.

'**Sprung·brett** 甲 -[e]s/-er 《体操》 の踏切板、スプリングボード;(水泳の)飛込板. **2** 《比喩》(飛躍のための)踏台, ステップ.

'**Sprün·ge** ['ʃprŋə] Sprung の複数.

'**Sprung·fe·der** 女 -/-n (クッション・マットレスなどの)スプリング.

'**Sprung·fe·der·ma·trat·ze** 女 -/-n スプリングマットレス.

'**Sprung·ge·lenk** 甲 -[e]s/-e 《解剖》距(きょ)関節.

'**Sprung·gru·be** 女 -/-n 《陸上競技》幅跳び用砂場.

'**sprung·haft** ['ʃprʊŋhaft] 形 **1** (人などが)移り気な,気まぐれな;(話題などが)飛躍の多い, 突飛な. **2** (変化などが)突然の, 急な;飛躍的な.

'**Sprung·lauf** 男 -[e]s/ スキーのジャンプ(競技).

'**Sprung·schan·ze** 女 -/-n (Bakken) スキーのジャンプ台, シャンツェ.

'**Sprung·seil** 甲 -[e]s/-e 縄跳びの縄.

'**Sprung·stab** 男 -[e]s/⸚e 《陸上競技》棒高跳びのボール.

'**Sprung·tuch** 甲 -[e]s/⸚er **1** (火災の際に飛降りる人を受止める)救助幕. **2** トランポリンのマット.

'**Sprung·turm** 男 -[e]s/⸚e 《スポ》 **1** (高飛込みの)飛込台. **2** スカイダイビングの練習塔.

'**sprung·wei·se** 副 (述語的には用いない)跳躍(しながら)の, 跳びはねの.

***Spu·cke** ['ʃpʊkə シュプケ] 女 -/ 《話》(Speichel) つば(唾). Mir bleibt die ~ weg!《比喩》呆れてものが言えない;びっくりして言葉にならない.

***spu·cken** ['ʃpʊkən シュプケン] ❶ 自 **1** 唾(つば)を吐く. j³ ins Gesicht ~ 人³の顔に唾を吐きかける(軽蔑の表現). Ich *spucke* auf et⟨j⟩⁴ ~.《話》物⟨人⟩⁴なんかものなるか(どうでもなれ). j³ auf den Kopf ~ können《戯》人³より背が高い;（より）優れている. sich³ nicht auf den Kopf ~ lassen 人のいいなりにはならない. in die Hände ~ 手に唾をして(はりきって)仕事にとりかかる.《話》j³ in die Suppe ~ 人³の計画をぶちこわす. **2** 吐血する, 吐く. **3** (エンジンが)ノッキングする. **4** 《話》のしる.
❷ 他 吐く, 吐き出す. Der Vulkan *spuckt* [Lava]. 火山が熔岩噴出する. große Bogen⟨Töne⟩ ~《比喩》自慢する, 威張る.

'**Spuck·napf** ['ʃpʊk..] 男 -[e]s/⸚e 痰(たん)つぼ.

Spuk [ʃpuːk] 男 -[e]s/-e《複数まれ》**1** 幽霊(怪奇)現象;(生)幽霊. **2** (b)《俗》悪夢のような出来事. (b)《話》《古》騒音;ばか騒ぎ. Mach nicht so viel ~ darum! そんなに大騒ぎをするな.

'**spu·ken** ['ʃpuːkən] 自 (h, s) **1** (a) (h) 幽霊が出る. Der alte Graf *spukt* noch im Schloss. お城にはまだ老伯爵の幽霊がでる.《非人称的に》Hier soll es früher *gespukt* haben. ここは以前幽霊が出たという噂だ. (b) (s) 幽霊が通り過ぎる. **2** (h)《比喩》(迷信などが)生き長らえている, 亡霊のようにつきまとっている.

'**Spuk·geist** 男 幽霊.

'**Spuk·ge·schich·te** 女 -/-n 怪談.

'**spuk·haft** ['ʃpuːkhaft] 形 幽霊の(ような).

'**Spül·be·cken** 甲 -s/- **1** (台所の)流し. **2** 《医学》(歯科医の)口すすぎ器.

'**Spu·le** ['ʃpuːlə] 女 -/-n **1** (糸などを巻きつける)巻枠, リール, ボビン(↑ spulen 1). **2** 《電子工》コイル. **3** 《猟師》(鳥の羽)の羽柄(うがら).

'**Spü·le** ['ʃpyːlə] 女 -/-n (↓ spülen) =Spülbecken

'**spu·len** ['ʃpuːlən] 他 **1** (糸・テープなどを)巻く. auf eine Spule ~ 別のリール(巻き枠)に巻取る. **2** (abspulen) ほどく, 解く(von et³ 物³から).

***spü·len** ['ʃpyːlən シュピューレン] ❶ 他 **1** (食器など)を洗う;（洗濯物などを)すすぐ;（傷口などを)洗浄する. sich³ den Mund ~ 口をすすぐ. **2** (方向を示す語句と)押し流す. Er wurde über Bord *gespült*. 彼は甲板から波にさらわれた. ❷ 自 **1** 食器を洗う, 洗いものをする. **2** (水洗トイレの)水を流す. **3** (方向を示す語句が)（波が打寄せる;（物が)流れ着く, 漂着する.

'**Spu·ler** ['ʃpuːlər] 男 -s/- **1** (ミシンの)巻取装置. **2** 巻取労働者.

'**Spü·licht** ['ʃpyːlɪçt] 甲 -s/-e 《複数まれ》《古》汚れた洗い水.

'**Spül·ma·schi·ne** 女 -/-n 自動食器洗い器.

'**Spül·mit·tel** 甲 -s/- 食器用洗剤.

'**Spül·stein** 男 -[e]s/-e 《地方》《古》=Spülbecken

'**Spü·lung** ['ʃpyːlʊŋ] 女 -/-en **1** 洗う(すすぐ)事. **2** 《医学》洗浄;《工学》洗浄, 排水. **3** (トイレの)水洗装置. die ~ betätigen (トイレで)水を流す.

'**Spül·was·ser** 甲 -s/⸚ **1** 食器を洗った後の汚水. Die Suppe schmeckt wie ~.《話》このスープは水っぽい. **2** 洗い物(すすぎ)用の水.

'**Spul·wurm** 男 -[e]s/⸚er《多く複数で》《虫》回虫.

Spund [ʃpʊnt] 男 -[e]s/Spünde(-e)《lat.》《複数 Spünde》(a) (樽などの)栓. (b)《建築》突起, さね柄(がら)(板をはめ合わせる際の片方の板の凸状突起). 《複数 -e》 ein junger ~ 青二才, 若造.

'**spun·den** ['ʃpʊndən] 他 **1** (樽に)栓をする;栓で閉じる(ふさぐ). **2** 《建築》さねつぎ(さねは)する.

'**Spund·loch** 甲 -[e]s/⸚er (樽の)栓口.

'**Spund·wand** 女 -/⸚e 《土木》隔壁, 矢板壁.

***Spur** [ʃpuːr シュプーア] 女 -/-en **1** 足跡, 足跡ばかり;（車の)轍(わだち), (船の)航跡, 《猟師》(野獣, とくにさぎ・のろじかの)足跡, 臭跡(しゅうせき);（スキーの)シュプール;(Loipe) 滑走コース. eine heiße ~.《話》有力な手がかり. Von dem Täter fehlt jede ~. 犯人の手がかりは何ひとつない. j² *en* verlieren 人²の行方が分からなくなる. j⁴ auf die [richtige] ~ bringen 人³に手がかり(ヒント)を与える. j⟨et⟩³ auf die ~ kommen 人³の探索⟨事³の解明⟩の手がかりをつかむ. j⟨et⟩³ auf der ~ sein 人⟨事⟩³の手がかりをつかんでいる;人³の行方を追っている⟨事³(事件など)を追求している⟩. auf j² *en* wandeln / in j² *en* treten 人³の例にならう, 人³を範とする. **2** 《ふつう複数で》痕跡, 形跡;（犯罪の)証拠. die *en* des Krieges 戦争の形跡. Ihr Gesicht zeigte die *en* der Anstrengung.

彼女の顔に苦労のあとが表れていた. **3** 少量, ほんのちょっと. Es fehlt noch eine ~ Salz. まだ少し塩が足りない. Die Suppe ist [um] eine ~ zu salzig. このスープは少々塩辛い. keine ~ von Talent〈Witz〉 haben まったく才能〈洒落つき〉がない. Keine〈Nicht die〉 ~ davon ist wahr. そんなのまったくの嘘っぱちだ. Hat es dich geärgert? — Keine ~! 怒ったの — いや全然. **4**《交通》(道路の)車線. ~ wechseln 車線を変更する. auf〈in〉 der linken ~ fahren 左車線を走る. **5**《ミッウ》(磁気テープの)トラック. **6**《鉄道》軌間. **7**《自動車》(a) トレッド(左右車輪の間隔). (b) 走行軌跡. Der Wagen hält gut ~. この車は走行に安定性がある.

'**spür·bar** [ʃpy:rba:r] 形 **1** 感じうる, 分かるほどの. **2** 明らかな, 著しい.

'**spu·ren** ['ʃpu:rən] 自《↓Spur》 **1**《ミッウ》(a)(新雪に)シュプールをつけてすべる. (b) シュプールを付けて滑走コースをつくる. **2** (車がぶれずに)安定走行する. **3**《比喩》《話》従順になる, とけ込む.

*'**spü·ren** ['ʃpy:rən シュピューレン] ❶ 他 感じる. Kälte〈Hunger〉 ~ 寒さを感じる〈空腹を覚える〉. den Alkohol〈seinen Magen〉 ~ 酔いが回ってくる〈胃が痛む〉のを感じる. j² Fäuste zu ~ bekommen けんこつをくらう. et¹ am eigenen Leibe ~ 事¹を肌で感じる, 身をもって体験する. Er spürte sein Herz schneller schlagen. 彼は心臓の鼓動が速くなるのを感じた. ❷ 他 自 das Wild〈nach dem Wild〉 ~ 《猟師》(獲物の)におい跡から獣の跡を追う.

'**Spu·ren·ele·ment** 中 -[e]s/-e 《生物》(生体に必要な)微量元素.

'**Spu·ren·si·che·rung** 女 -/-en (警察による)証拠保全; その担当部局.

'**Spür·hund** ['ʃpy:r..] 男 -[e]s/-e **1** 猟犬; 捜査犬, 警察犬. **2**《比喩》《話》(a) 機敏な人. (b) (Spitzel) スパイ, いぬ.

..**spu·rig** [..ʃpu:rɪç] (接尾)《↓Spur》数詞などにつけて「...軌道(車線)の」の意の形容詞(述語的には用いない)をつくる. zweispurig 2 車線の, 複線の. schmalspurig 狭軌の.

'**spur·los** ['ʃpu:rlo:s] 形《述語的には用いない》痕跡のない, 跡形もない.

'**Spür·na·se** 女 -/-n **1** 鋭敏な鼻. eine ~ haben 《比喩》勘がするどい. **2** するどい勘の人.

'**Spür·sinn** 男 -[e]s/ **1** (猟犬の)するどい嗅覚(ｷｭｳｶｸ). **2**《比喩》するどい勘.

Spurt [ʃpʊrt] 男 -[e]s/-s(-e) (engl.) **1**《ｽﾎﾟｰﾂ》スパート. einen ~ einlegen〈machen〉 スパートをかける. **2**《話》速く走ること.

'**spur·ten** ['ʃpʊrtən] 自 **1**《ｽﾎﾟｰﾂ》スパートする. **2**《話》速く走る.

'**Spur·wei·te** 女 -/-n **1**《鉄道》軌間(軌道の幅). **2**《自動車》輪距(車輪の間隔). **3**《ｽｷｰ》(そりの)滑り木の間の距離.

'**Spu·ta** ['ʃpu:ta, 'sp..] Sputum の複数.

'**spu·ten** ['ʃpu:tən] 自 (sich⁴) 《古》《地方》急ぐ.

'**Sput·nik** ['ʃpʊtnɪk, 'sp..] 男 -s/-s (russ., Begleiter) 《宇宙》スプートニク(旧ソ連の人工衛星).

'**Spu·tum** ['ʃpu:tʊm, 'sp..] 中 -s/..ta [..ta] (lat.) 《医学》痰(ﾀﾝ).

Squash [skvɔʃ] 中 -/ (engl.) **1**《ｽﾎﾟｰﾂ》スカッシュ. **2** スカッシュ(炭酸果汁飲料).

Sr《記号》《化学》= Strontium

Sr.《略》= Seiner(Seine Majestät などの言い方に使うSeine の2·3格形).

'**Sri Lan·ka** ['sri: 'laŋka]《地名》スリランカ(インド洋のセイロン島を占める民主社会主義共和国, 旧称Ceylon).

ß [εs'tsεt] 中 -/- エスツェット(の文字).

SS《略》=Schutzstaffel

ss.《略》=Sante, Santi

SSO《略》=Südsüdost[en]

SSR [εsεs'ɛr]《略》= Sozialistische Sowjetrepublik ソビエト社会主義共和国連邦(旧ソ連).

SSW《略》=Südsüdwest[en]

st¹ [st] 間 (pst) St! 静かに; おい.

st²《記号》=Stunde 1

St 《略》=Saint 2

St.《略》**1**=Stunde 1 **2**=Stück 2 **3**=Sankt, Saint 1

s. t. [εs'te:]《略》=sine tempore

Sta.《略》= Santa

Staat [ʃta:t シュタート] 男 -[e]s/-en (lat.) **1** 国家, 国(連邦国の州). ein neutraler〈unabhängiger〉 ~ 中立国〈独立国〉. die benachbarten ~en 隣接諸国. die Vereinigten ~en von Amerika アメリカ合衆国. beim ~ angestellt sein 国家公務員である. von ~s wegen 国家のために; 国(政府)の定めるところにより. **2**《動物》(蟻·蜂などの)社会, コロニー. **3**《複数なし》《古》《話》(a) 晴れ着. in vollem ~ 盛装して, めかしこんで. sich¹ in ~ werfen 盛装する, めかしこむ. (b) 豪華; 華美, 贅沢. ein [wahrer] ~ sein 華やか〈みごと〉である. [viel] ~ machen 贅沢をする; 飾りたてる. mit et¹ ~ machen 物¹を見せびらかす, (て)人目をひく. zum ~ 飾りとして, 見せびらかすために. (c) お供(お付)の人々.

'**Staa·ten·bund** 男 -[e]s/-e 国家連合.

'**staa·ten·los** ['ʃta:tənlo:s] 形《副詞的には用いない》無国籍の.

'**Staa·ten·lo·se** 男 女《形容詞変化》無国籍者.

*'**staat·lich** ['ʃta:tlɪç シュタートリヒ] 形《比較変化なし》**1** 国家の, 国の, 国による. ~e Interessen 国益. die ~e Anerkennung erlangen 国家としての承認を得る. ~ angestellt sein 国家公務員である. **2** geprüft 国の検定(国家試験)に合格した. **2** 国立の, 国有の. ein ~es Museum 国立博物館.

'**Staats·akt** ['ʃta:ts..] 男 -[e]s/-e **1** 国家行事(儀式). **2**《法制》国家の行為.

'**Staats·ak·ti·on** 女 -/-en 国家の重要措置. eine ~ aus et¹ machen 《話》事¹をおおげさに騒ぎ立てる.

'**Staats·an·ge·hö·ri·ge** 男 女《形容詞変化》国民. deutsche ~ ドイツ国民.

'**Staats·an·ge·hö·rig·keit** ['ʃta:ts|aŋgəhø:rɪçkaıt] 女 -/-en 国籍, 国民.

'**Staats·an·lei·he** 女 -/-n《金融》国債.

*'**Staats·an·walt** ['ʃta:tsanvalt シュターツアンヴァルト] 男 -[e]s/ᵁe 検事, 検察官. ♦ 女性形 Staatsanwältin 女 -/-nen

'**Staats·an·walt·schaft** 女 -/-en 検察庁.

'**Staats·ar·chiv** 中 -s/-e 国立文書館.

'**Staats·auf·sicht** 女 -/ 国家による監督.

'**Staats·bahn** 女 -/-en 国有鉄道.

'**Staats·bank** 女 -/-en《金融》国立銀行.

'**Staats·be·am·te** 男《形容詞変化》(男の)国家公務員, 官吏. ♦ 女性形 Staatsbeamtin 女 -/-nen

'**Staats·be·gräb·nis** 中 -ses/-se 国葬.

'**Staats·be·such** 男 -[e]s/-e (大臣などによる公式の)外国訪問.
'**Staats·bür·ger** 男 -s/- 国民, 公民. ~ in Uniform (ドイツの)国防軍兵士. ◆女性形 Staatsbürgerin 女 -/-nen
'**staats·bür·ger·lich** 形 《比較変化なし》国民の. ~e Rechte 国民の権利.
'**Staats·bür·ger·schaft** 女 -/-en =Staatsangehörigkeit
'**Staats·dienst** 男 -[e]s/- 国家公務員の職務. im ~ sein〈stehen〉国家公務員である. in den ~ eintreten〈話 gehen〉国家公務員になる.
'**staats·ei·gen** 形 《比較変化なし/副詞的には用いない》国有の. ein ~ es Unternehmen 国有企業.
'**Staats·ei·gen·tum** 中 -[e]s/ⁿer 国有財産.
'**Staats·exa·men** 中 -s/- 国家試験.
'**Staats·feind·lich** 形 反国家的な.
'**Staats·form** 女 -/-en 国家形態, 社会体制.
'**Staats·ge·biet** 中 -[e]s/-e (1国の)領土, 国土.
'**Staats·ge·heim·nis** 中 -ses/-se 1 《法制》国家機密. 2《戯》重大な秘密.
'**Staats·gel·der** 複 国庫金.
'**Staats·ge·walt** 女 -/-en 《複数まれ》国家権力, 国権. die richterliche〈gesetzgebende/vollziehende〉 ~ 司法〈立法/行政〉権.
'**Staats·haus·halt** 男 -[e]s/-e 国家財政.
'**Staats·ho·heit** 女 -/- 国家主権; 国家権力.
'**Staats·ka·pi·ta·lis·mus** 男 -/《経済》国家資本主義.
'**Staats·kas·se** 女 -/-n 国庫.
'**Staats·kir·che** 女 -/-n 国教会.
'**staats·klug** 形 政治的手腕のある.
'**Staats·kos·ten** 複《次の用法で》auf ~ 国費で.
'**Staats·kunst** 女 -/《古》政治的手腕, 統治術(法).
'**Staats·mann** 男 -[e]s/ⁿer (国政に携わる)実力者, 政治家.
'**staats·män·nisch** 形 《比較変化なし》政治家の, 政治家らしい.
'**Staats·mi·nis·ter** 男 -s/- 《政治》1 国務大臣, 無任所大臣. 2 (ドイツの)議会担当政務次官.
'**Staats·ober·haupt** 中 -[e]s/ⁿer 国家元首.
'**Staats·oper** 女 -/-n 国立歌劇場.
'**Staats·or·gan** 中 -s/-e 国家機関(議会など).
'**Staats·pa·pier** 中 -s/-e 《多く複数で》《金融》国債証券.
'**Staats·po·li·zei** 女 -/(政治犯を取締る)国家警察. die Geheime ~ (ナチスの)秘密国家警察, ゲシュタポ.
'**Staats·prä·si·dent** 男 -en/-en (共和制国家の)元首, 大統領.
'**Staats·prü·fung** 女 -/-en 国家試験.
'**Staats·rat** 男 -[e]s/ⁿe 1 枢密院; 枢密顧問官. 2 《米》州政府. 3 (旧東ドイツの)国家評議会.
'**Staats·recht** 中 -[e]s/ 《法制》国法; 憲法.
'**staats·recht·lich** 形《比較変化なし/述語的には用いない》国法(憲法)上の, 国法(憲法)に基づいた(関する).
'**Staats·re·li·gi·on** 女 -/-en 国教.
'**Staats·schatz** 男 -es/ⁿe《古》(外貨・貴金属などの)国庫財産.
'**Staats·schuld** 女 -/-en 《多く複数で》《経済》国債, 国の負債.
'**Staats·se·kre·tär** 男 -s/-e 1 (各省庁の)事務次官. parlamentarischer ~ 議会担当政務次官. 2 (旧東ドイツの)国家機関の幹部.
'**Staats·si·cher·heits·dienst** 男 -[e]s/ 《略 SSD》(Stasi) (旧東ドイツの)国家公安局.
'**Staats·so·zi·a·lis·mus** 男 -/ 国家社会主義.
'**Staats·streich** 男 -[e]s/-e クーデター.
'**Staats·the·a·ter** 中 -s/- 国立(州立)劇場.
'**Staats·ver·bre·chen** 中 -s/- 《法制》国事犯.
'**Staats·ver·fas·sung** 女 -/-en 憲法.
'**Staats·ver·trag** 男 -[e]s/ⁿe 1 条約. 2《哲学》(国家成立の基礎として考えられた)国家契約.
'**Staats·we·sen** 中 -s/- 1《複数なし》国家機構(全般). 2 (社会体制としての)国家. ein demokratisches ~ 民主主義的国家(体制).
'**Staats·wirt·schaft** 女 -/-en 国家経済(財政).
'**Staats·wis·sen·schaft** 女 -/-en 国家学.
'**Staats·wohl** 中 -[e]s/ 国家の福祉.
*'**Stab** [ʃtaːp シュターブ] 男 -[e]s/Stäbe 1 棒, 杖, 竿; (格子などの)桟(ﾖﾝ); 《雅》(Taktstock) 指揮棒; 司法(司教)杖. den ~ über j⁴ brechen《比喩》人⁴に有罪の宣告を下す; (を)手きびしく批判する. den ~ führen (音楽の)指揮をする. 2 (組織の)陣容, スタッフ, 幹部, 《軍事》(参謀部の)幕僚. der technische ~ eines Betriebs 企業の技術陣. 3 《ﾑ︀》(棒高跳びの)ポール; (Staffelstab) (リレーの)バトン.
'**Stäb·chen** ['ʃtɛːpçən] 中 -s/- (Stabの縮小形) 1 小さな棒. 2《ふつう複数で》箸. 3《解剖》(目の)桿状体(棒細胞ともいう). 4《愛》紙巻きたばこ.
'**Stä·be** ['ʃtɛːba] Stab の複数.
'**Stab·ei·sen** 中 -s/- 《工学》棒鉄, 棒鋼.
'**Stab·füh·rung** 女 -/《音楽》指揮. unter der ~ von j³ j³ の指揮で.
'**Stab·hoch·sprung** 男 -[e]s/ⁿe 《陸上競技》棒高跳び.
sta·bil [ʃtaˈbiːl, st..] 形 (lat.) 1 (価格などが)安定した, 変動しない. eine ~e Wirtschaft 安定した経済. 2 (家具・建物などが)丈夫な, 頑丈な造りの. ein ~er Stuhl 頑丈にできた椅子. eine ~e Gesundheit haben《比喩》体が丈夫である. 3《比較変化なし》《物理》安定性の. ein ~es Atom 安定原子.
'**Sta·bi·le** ['ʃtaːbila, 'st..] 中 -s/-s (lat.) (↔ Mobile)《芸術》スタビル(金属板・木材などで作った抽象的なオブジェ).
Sta·bi·li·sa·tor [ʃtabiliˈzaːtoːr, st..] 男 -s/-en [..zaˈtoːran] 1《工学》(船・飛行機などの)自動安定装置, スタビライザー; (自動車の)揺れ止め. 2《化学》安定剤. 3《電子工》電圧調節器(安定装置).
sta·bi·li·sie·ren [ʃtabiliˈziːran, st..] ❶ 他 1 安定させる. die Wirtschaft ~ 経済を安定させる. 2 (物)を丈夫にする, (の)造りをがっちりとする. Das Training hat seine Gesundheit *stabilisiert*. そのトレーニングにより彼の体は丈夫になった. ❷ 再 《sich⁴》安定する.
Sta·bi·li·sie·rung 女 -/-en 1 安定化. 2 丈夫にする(なる)こと.
Sta·bi·li·tät [ʃtabiliˈtɛːt, st..] 女 -/ (↓ stabil) 1 (家具・建物などが)丈夫(頑丈)であること. 2 (価格などの)安定(性), 不変(性). 3《物理》安定性(度). 《航空·造船》復原性.
'**Stab·reim** ['ʃtaːp..] 男 -[e]s/-e 《韻律》頭韻.
'**Stabs·arzt** 男 -es/ⁿe 《軍事》軍医大尉.
'**Stabs·feld·we·bel** 男 -s/-《軍事》(空)軍准尉.
'**Stab·sich·tig·keit** 女 -/《医学》乱視.
'**Stabs·of·fi·zier** 男 -s/-e 《軍事》佐官, 参謀将校.

'**Stab·wech·sel** 男 -s/- 〖~〗(リレーの)バトンタッチ.
stacc. 《略》=staccato
stac'ca·to [ʃtaˈkaːto, st..] 副 (*it.*, abgesondert')《略 stacc.》〖音楽〗スタッカートで.
Stac'ca·to 中 -s/-s (Staccati[..ti])〖音楽〗スタッカート.
stach [ʃtaːx] stechen の過去.
'**stä·che** [ˈʃtɛːçə] stechen の接続法 II.
'**Sta·chel** [ˈʃtaxəl シュタヘル] 男 -s/-n (↓ stechen) **1** 〖植物〗(ばら・サボテンなどの)とげ, 刺毛. **2** 〖動物〗(蜂・針ねずみなどの)針, 針状毛; (さそりなどの)毒針; (はりねずみなどの)とげ. **3** (有刺鉄線の)とげ, (登山杖などの)石突き; (チェロなどの)脚枠; (尾housingなどの)刺鉤(けり). **4** 《雅》心を痛めさせるもの, しこり, わだかまり, 心を駆りたてるもの, 衝動. et³ den ~ nehmen 事³にしこりを残さない, こと穏便にはこぶ. der ~ der Eifersucht 抑えきれない嫉妬心(心に刺さる嫉妬心のとげ).
'**Sta·chel·bee·re** 女 -/-n〖植物〗すぐり; すぐりの実.
'**Sta·chel·draht** 男 -[e]s/⁼e 有刺鉄線. hinter ~ sitzen 捕虜(強制, 抑留等)収容所に入れられている.
'**Sta·chel·häu·ter** 男 -s/-〖動物〗棘皮(きょくひ)動物.
'**sta·che·lig** [ˈʃtaxəlɪç] 形 **1** とげのある, とげだらけの; (布などが)ちくちくする. **2**《比喩》(言葉などが)とげのある, 辛辣な.
'**sta·cheln** [ˈʃtaxəln] ❶ 他 とげで刺す; (とげなどで)ちくちくする. ❷ 他《比喩》**1** (a) (人³を)悩ませる, 苦しめる. (b) (憎悪・欲望などを)刺激する, 煽(あお)り立てる. **2** (j⁴ zu et¹ 人⁴を事³へと)駆り立てる.
'**Sta·chel·schwein** 中 -[e]s/-e〖動物〗やまあらし.
'**stach·lig** [ˈʃtaxlɪç] 形 =stachelig
'**Sta·del** [ˈʃtaːdəl] 男 -s/- (⁼ Städel)《南ドイツ・オーストリア・スイス》納屋(なや), 干草小屋; 物置小屋.
'**Sta·di·en** [ˈʃtaːdiən] Stadion, Stadium の複数.
'**Sta·di·on** [ˈʃtaːdiɔn] 中 -s/..dien [..diən] (*gr.*) スタジアム, 競技場.
'**Sta·di·um** [ˈʃtaːdiʊm] 中 -s/..dien [..diən] (*gr.*) (発展の)段階, 局面, 時期.

Stadt [ʃtat シュタト] 女 -/Städte 市, 町; 都市, 都会. die ~ Köln ケルン市. die Ewige ~ 永遠の都(ローマ). die Heilige ~ 聖なる都(エルサレム). eine offene ~ 無防備都市. der Rat der ~ 市(町)議会. außerhalb der ~ 郊外に. bei der ~ angestellt sein 市(町)の職員である. in die ~ gehen 町へ行く. in ~ und Land 町でも村でも, 国じゅうで. Die ganze ~ spricht davon. 町じゅうの人がその噂をしている.

'**Stadt·bahn** 女 -/-en〖交通〗(S-Bahn) 都市鉄道(都市と近郊もしくは市内各所を結ぶ).
'**stadt·be·kannt** 形《比較変化なし / 副詞的には用いない》町中に知れわたった.
'**Stadt·be·woh·ner** 男 -s/- 市(町)の住民, 市(町)民.
'**Stadt·be·zirk** 男 -[e]s/-e 市区. fünfter ~ (市の) 第5区.
'**Stadt·bild** 中 -[e]s/-er 都市景観, 町の風景.
'**Städt·chen** [ˈʃtɛtçən, ˈʃtɛt..] 中 -s/- 《Stadt の縮小形》小都市, 小さな町.
'**Städ·te** [ˈʃtɛːtə, ˈʃtɛtə] Stadt の複数.
'**Städ·te·bau** [ˈʃtɛːtə.., ˈʃtɛtə..] 男 -[e]s/ 都市計画.
'**städ·te·bau·lich** 形《比較変化なし / 述語的には用いない》都市計画(上)の, 都市計画に基づいた.
'**Städ·te·bund** 男 -[e]s/⁼e (中世の)都市同盟.

'**Städ·ter** [ˈʃtɛːtɐ, ˈʃtɛtɐ] 男 -s/- **1** 市(町)の住民, 市(町)民. **2** 都会人.
'**Stadt·gas** 男 -es/- 都市ガス.
'**Stadt·ge·biet** 中 -[e]s/-e 市の管轄区域.
'**Stadt·ge·spräch** 中 -[e]s/-e **1** (電話の)市内通話. **2** (次の用法で) ~ sein〈zum〉~ werden〉市じゅうの噂である(になる). Dieser Vorfall war ~. その出来事は町じゅうの噂になっていた.
'**Stadt·haus** 中 -es/⁼er **1** 市庁舎の別館. **2** (↔ Landhaus) 都会(町)の家屋.
＊'**städ·tisch** [ˈʃtɛːtɪʃ, ˈʃtɛtɪʃ] シュテーティシュ 形 **1** 市(町)の, 都市の; 市(町)立の, 市(町)営の. ein ~er Angestellter 市(町)の職員. ~e Verkehrsmittel 都市の交通機関. **2** 都会風の.
'**Stadt·käm·me·rer** 男 -s/- 市の収入役(出納長).
'**Stadt·kern** 男 -[e]s/-e 市の中心部.
'**Stadt·kof·fer** 男 -s/-《古》(買物用の)小型トランク.
'**Stadt·kreis** 男 -es/-e (Kreis と同列の行政区画である)特別市; 市の行政区域.
'**Stadt·mau·er** 女 -/-n (中世の)都市を囲む壁.
'**Stadt·mit·te** 女 -/ 市(町)の中心部, 都心.
'**Stadt·park** 男 -s/-s(-e) 市立公園.
'**Stadt·plan** 男 -[e]s/⁼e 市街地図.
'**Stadt·pla·nung** 女 -/-en 都市計画.
'**Stadt·rand** 男 -[e]s/⁼er 市(町)の周辺地域, 郊外.
'**Stadt·rand·sied·lung** 女 -/-en 近郊住宅団地.
'**Stadt·rat** 男 -[e]s/⁼e **1** 市議会. **2** 市会議員.
'**Stadt·recht** 中 -[e]s/〖歴史〗都市法(中世から19世紀まで).
'**Stadt·rund·fahrt** 女 -/-en 市内遊覧. eine ~ machen バスで市内観光をする.
'**Stadt·schrei·ber** 男 -s/- **1**《古》(市の)書記官. **2** (市の委嘱を受けた)市史編纂者.
'**Stadt·staat** 男 -[e]s/-e 都市国家(かつてのヴェネツィア・フィレンツェなど).
'**Stadt·strei·cher** 男 -s/- (大都市の)浮浪者, ホームレス. ◆女性形 Stadtstreicherin 女 -/-nen
'**Stadt·teil** 男 -[e]s/-e **1** (町の中の)区域. **2**《話》(町の中の)区域の住民.
'**Stadt·the·a·ter** 中 -s/- 市立劇場.
'**Stadt·tor** 中 -[e]s/-e (周囲を取囲む壁をもっていた中世の)都市の門, 市門.
'**Stadt·vä·ter** 複《戯》町の顔役たち; 市会議員.
'**Stadt·ver·ord·ne·te** 男 〖形容詞変化〗市会(町会)議員.
'**Stadt·ver·wal·tung** 女 -/-en **1** 市(町)政. **2**《総称的に》市政(町政)の担当者; 市(町)当局.
'**Stadt·vier·tel** 中 -s/- (町の中の)区域.
'**Stadt·zen·trum** 中 -s/..ren 市(町)の中心部.
Sta'fet·te [ʃtaˈfɛtə] 女 -/-n **1**《古》(駅伝制の)伝令隊; (馬を使った)急使, 早馬. **2** (馬・自動車などの)隊列. **3**《古》〖スポーツ〗リレー競技(のチーム).
Sta'fet·ten·lauf 男 -[e]s/⁼e〖スポーツ〗リレー競技.
Staf'fa·ge [ʃtaˈfaːʒə] 女 -/-n (↓ staffieren) **1** 装飾, 飾り. **2**〖美術〗(風景画などの)点景, 添景.
'**Staf·fel** [ˈʃtafəl] 女 -/-n **1** (階段の)段;《南ドイツ》階段; 《比喩》段階, 等級, 階級. **2**〖軍事〗梯形(ていけい)隊, 梯隊; 飛行中隊. **3** (護衛車などの)編隊. **4**〖スポーツ〗団体戦のチーム, リレーチーム.
Staf·fe'lei [ʃtafəˈlaɪ] 女 -/-en〖美術〗画架, イーゼル.
'**Staf·fel·lauf** 男 -[e]s/⁼e〖陸上競技・スポーツ〗リレー競技.

staf·feln [ˈʃtafəln] (↓ Staffel) ❶ 他 **1** 〈事4に〉段階(等級)をつける。 Gehälter(Preise) ~ 給料(価格)に格差をつける。 **2** 〈物4を〉階段状(梯子状)に積上げる。 et4 pyramidenartig〈zu Pyramiden〉 ~ 物4をピラミッド状に積上げる。 **3** 〖軍事〗〈隊列などを〉梯形(ﾃｲｹｲ)に編成する。 ❷ **(sich)** 自 **1** 段階(等級)をつけられる〈nach et3 事3に従って〉。 **2** 梯子状に積上げられる(編成される).

'Staf·fel·stab 男 -[e]s/¨e 〖陸上競技〗(リレーの)バトン.

'Staf·fe·lung 女 -/ **1** 段階(等級)をつけること; 階段状(梯形)にすること. **2** (隊列などの)梯形(ﾃｲｹｲ)編成.

staf'fie·ren [ʃtaˈfiːrən] 他 (fr.) **1** 〈古〉(ausstaffieren)〈物4に〉装備する〈mit et3 物3〉. **2** 〈ﾘﾎﾞﾝなどで物4に〉飾りをつける. **3** 〖服飾〗〈物4に〉裏地をつける.

Stag [ʃtaːk] 中 -[e]s/-e[n] 〖海事〗(マストを支える)支索, ステー.

Sta·gna·ti·on [ʃtagnatsiˈoːn, st..] 女 -/-en (lat.) **1** 停滞, 沈滞(とくに経済の分野の); (水の)よどみ. **2** 〖医学〗鬱血(ｳｯｹﾂ).

sta'gnie·ren [ʃtaˈgniːrən, st..] 自 (lat.) 停滞する, 沈滞する; (水が)淀む.

stahl [ʃtaːl] stehlen の過去.

***Stahl** [ʃtaːl シュタール] 男 -[e]s/Stähle(-e) **1** 鉄鋼, はがね. aus〈von〉 ~ 鉄鋼製の; 〈比喩〉強靱(堅固)な. Nerven aus ~ 強靱な神経. **2** 〈雅〉やいば〈刃〉. der tödliche ~ 凶刃.

'Stahl·bad 中 -[e]s/¨er **1** 鉄泉浴(療法); 鉄泉の出湯治場. **2** 〈比喩〉厳しい試練.

'Stahl·bau 男 -[e]s/-ten 〖土木〗 **1** 〈複数なし〉鉄骨構造. **2** 鉄骨構造の建築物. **3** 〈複数なし〉鉄骨工事(業).

'Stahl·be·ton 男 -s/-s(-e) 〖土木〗鉄筋コンクリート.

'stahl·blau 形 〈比較変化なし〉 **1** 鋼(ﾊｶﾞﾈ)色の, 青みがかった灰色の. **2** 輝くような青色の.

'stäh·le [ˈʃtɛːlə] stehlen の接続法 II.

'Stäh·le [ˈʃtɛːlə] Stahl の複数.

'stäh·len [ˈʃtɛːlən] 他 (↓ Stahl) (心身を)鍛える, 鍛練する. seinen Körper ~ 体を鍛える. 《再帰的に》sich4 ~ 体を鍛える.

***'stäh·lern** [ˈʃtɛːlərn シュテーラーン] 形 〈比較変化なし〉 **1** 〈付加語的用法のみ〉鉄鋼(製)の. **2** 〈比喩〉強靱(堅固)な. ein ~er Wille 堅固な意志.

'Stahl·fe·der 女 -/-n **1** 鋼鉄ペン. **2** 鋼鉄ばね.

'stahl·grau 形 〈比較変化なし〉鋼(ﾊｶﾞﾈ)のような灰色の.

'stahl·hart 形 〈比較変化なし/副詞的にも用いない〉鋼(ﾊｶﾞﾈ)のように硬い; 〈比喩〉(意志などが)不屈の.

'Stahl·helm 男 -[e]s/-e 鉄兜(ﾃﾂｶﾌﾞﾄ).

'Stahl·in·dus·trie 女 -/-n 〖経済〗鉄鋼産業.

'Stahl·kam·mer 女 -/-n (鉄鋼製の)金庫室(とくに銀行の).

'Stahl·rohr·mö·bel 中 -s/-〈多く複数で〉スチールパイプ製の家具.

'Stahl·ross -es/¨er 〖戯〗(Fahrrad) 自転車.

'Stahl·stich 男 -[e]s/-e 〖美術〗 **1** 〈複数なし〉鋼版彫刻(技術). **2** 鋼版画.

'Stahl·wa·ren 複 〈鋼〉鉄製品.

'Stahl·werk 中 -[e]s/-e 製鋼所.

stak [ʃtaːk] stecken の過去.

'Sta·ke [ʃtaːkə] 女 -/-n (北ﾄﾞｲﾂ) **1** 長い棒; (小舟を操る)棹(ｻｵ). **2** (木骨家屋の)支柱.

'stä·ke [ˈʃtɛːkə] stecken の接続法 II.

'sta·ken [ˈʃtaːkən] (↓ Staken) 〈地方〉 ❶ 他 **1** ein Boot ~ 棹(ｻｵ)で(川底や岸辺を)押して小舟を前へ進める. **2** 〈北ﾄﾞｲﾂ〉(干し草などを)フォークで刺して持ち上げる. ❷ (s, h) **1** (s) 棹で押して(小舟で)進む(渡る). **2** (h) 〈まれ〉突き出ている. **3** (s) =staksen.

'Sta·ken 男 -s/- =Stake.

Sta'ket [ʃtaˈkeːt] 中 -[e]s/-e (it.) 板塀, 格子垣.

Stak·ka·to [ʃtaˈkaːto, st..] 中 -s/-s(Stakkati[..ti]) (it.) 〖音楽〗(Staccato) スタッカート.

'stak·sen [ˈʃtaːksən] 自 (s) 〈話〉ぎごちない足どりで歩く.

Sta·lag'mit [ʃtalaˈgmiːt, st..] 男 -s(-en)/-e[n] (gr., Tropfen*) 〖地質〗石筍(ｾｷｼﾞｭﾝ).

Sta·lak'tit [ʃtalakˈtiːt, st..] 男 -s(-en)/-e[n] (gr.) 〖地質〗鍾乳石.

'Sta·lin [ˈʃtaːlin, 'st..] 〖人名〗Iossif Wissarionowitsch ~ ヨシフ・ヴィサリオノヴィチ・スターリン(1879-1953, 旧ソ連の政治家).

'Sta·lin·grad [ˈʃtaːliŋgraːt] 〖地名〗スターリングラード(ヴォルゴグラード Wolgograd の旧ソ連時代の名称, 1925 から 1961 まで).

Sta·li'nis·mus [ʃtaliˈnɪsmʊs, st..] 男 -/ スターリン主義.

sta·li'nis·tisch 形 〈比較変化なし〉スターリン主義の(に基づいた).

'Sta·lin·or·gel 女 -/-n 〖兵器〗スターリンオルガン(第2次世界大戦で旧ソ連軍が使用した連発ロケット砲).

'Stal·ker [ˈstɔːkər] 男 -s/- (engl.) ストーカー.

***Stall**[1] [ʃtal シュタル] 男 -[e]s/Ställe **1** 家畜小屋, 馬(牛, 豚, 犬, 鶏)小屋; 〈話〉きたない(みすぼらしい)部屋. das beste Pferd im ~ 〈比喩〉最良(グループ)内のひと. ein ganzer ~ voll Kinder 〈話〉たくさんの子供. aus gutem ~ kommen 〈戯〉良家の出である. **2** (Rennstall) (a) (競走馬の)飼養所; 〈総称的に〉(同じ)養馬所属の競走馬. (b) (企業所属の)オートレース(自転車走)のチーム.

Stall[2] 男 -es/ 〈地方〉(馬の)尿.

°**'Stalla·ter·ne** [ˈʃtallaternə] ↑ Stalllaterne

'Ställ·chen [ˈʃtɛlçən] 中 -s/- 《Stall の縮小形》 **1** 小さな家畜小屋. **2** (Laufgitter) ベビーサークル.

'Stall·dün·ger [ˈʃtal..] 男 厩肥(ｷｭｳﾋ).

'Stäl·le [ˈʃtɛlə] Stall1 の複数.

'stal·len[1] [ˈʃtalən] (↓ Stall1) ❶ 他〈まれ〉(家畜を)小屋に入れる. 《再帰的に》sich4 mit j3 ~ 〈古〉人3と仲良くやっていく. ❷ 自 〈まれ〉(家畜が)小屋に入っている.

'stal·len[2] 自 〈地方〉(馬が)放尿する.

'Stall·füt·te·rung 女 -/ 厩舎(畜舎)内で餌をやること.

'Stall·ha·se 男 -n/-n 〈戯〉飼兎(ｼｲﾄ).

'Stall·knecht 男 -[e]s/-e 〈古〉家畜小屋の世話をする下男; (とくに)馬丁, 厩(ｳﾏﾔ)番.

'Stall·la·ter·ne 女 -/-n 厩舎(畜舎)用のランタン.

'Stall·meis·ter 男 -s/- **1** 厩舎(ｷｭｳｼｬ)長; (宮廷の)厩(ｳﾏﾔ)の別当. **2** (馬の)調教師; 馬術師範.

'Stal·lung 女 -/-en 〈多く複数で〉(Stall1) 家畜小屋, 厩舎, 畜舎.

***Stamm** [ʃtam シュタム] 男 -[e]s/Stämme **1** (木の)幹, 樹幹. Der Apfel fällt nicht weit vom ~. 〈諺〉瓜(ｳﾘ)のつるになすびはならぬ(りんごはその幹から遠くへは落ちない). **2** 部族, 種族; 家系, 血統. die zwölf Stämme Israels 〖旧約〗イスラエルの12部族(創4 49: 28). eines ~es[und Geschlechts] sein 〈雅〉同じ一族(の出)である(mit j3 人3と). aus königlichem ~

王家の出の. vom ~e Nimm sein《戯》根っからの欲張りである(↑nimm). **3** 基幹(根幹)を成すもの; (チーム・グループなどの)中軸, 中核; (資本などの)基幹部分. ein alter ~ von Mitgliedern 古株のメンバー. einen festen ~ von Kunden haben 固定客をつかんでいる. **4**〖生物〗(分類学上の)門; (微生物の最小の分類学的群としての)群; (栽培植物や飼育動物の品種; (飼育動物のまとまりを成す)一群. ein ~ Bienen 一群の蜜蜂. **5**〖言語〗語幹. **6**《話》(Stammgericht)(主として常連客のためのサービス(おすすめ)料理.

'**Stamm·ak·tie** 囡 -/-n〖経済〗基本株式.
'**Stamm·baum** 男 -[e]s/ⴂe 系譜, 系図;〖生物〗系統樹, 系統図;〖生物〗(Stemma) 樹形図, 枝分かれ図.
'**Stamm·buch** 由 -[e]s/ⴂer **1**《古》(客・友人などが名前や言葉を書きこむ)記念帳. j³ et¹ ins ~ schreiben 人³の記念帳に事を書きこむ;《比喩》《話》人³に事¹(欠点など)を指摘する. **2** (Familienbuch) 家族登録簿. **3** (Herdbuch) 家畜などの血統証明書.
'**Stämm·chen** ['ʃtɛmçən] 由 -s/《Stammの縮小形》細い幹.
'**Stäm·me** ['ʃtɛmə] Stammの複数.
'**stam·meln** ['ʃtaməln] ❶ 他 自 どもりながら言う, もぞもぞ言う, 口ごもる. ❷ 自〖医学〗調音障害がある, 訥音症(とつおんしょう)である.
'**Stamm·el·tern** 複《一族の》祖先;〖宗教〗人類の祖先(Adam と Eva のこと).
* '**stam·men** ['ʃtamən シュタメン] 自 (↓Stamm)《前置詞 aus または von を伴って》**1** …の出身(生れ, 産)である. Er *stammt* aus einer alten Familie〈aus Berlin〉. 彼は旧家の出〈ベルリン生れ〉だ. **2** …に起源をもつ(由来する), …の作る. Das Wort *stammt* aus dem Lateinischen. この言葉はラテン語からきている. Das Haus *stammt* von meinen Großeltern. この家は祖父母の代からのものだ. Das Gedicht *stammt* von Goethe. この詩はゲーテの作だ.
'**Stam·mes·ge·schich·te** 囡 -/〖生物〗系統発生.
'**Stamm·form** 囡 -/-en **1**〖文法〗(動詞の)基本形. **2**〖生物〗原型.
'**Stamm·gast** 男 -es/ⴂe (飲食店などの)常連(客).
'**Stamm·ge·richt** 由 -[e]s/-e (飲食店・学食などでの)サービス定食(とくに常連客に対して出される).
'**Stamm·gut** 由 -[e]s/ⴂer《古》世襲財産; 世襲地.
'**Stamm·hal·ter** 男 -s/- 総領息子, 嫡男(ちゃくなん), 跡取り.
'**Stamm·haus** -es/ⴂer **1**〖商業〗創業時の社屋, 本店. **2**〖歴史〗(貴族の)先祖代々の館.
°'**Stammie·te** ['ʃtammiːtə] ↑Stammmiete
'**stäm·mig** ['ʃtɛmɪç] 形 (↓Stamm)《副詞的には用いない》ずんぐりした, がっしりした.
'**Stamm·ka·pi·tal** 由 -s/-e〖経済〗(有限会社の)基本資本金.
'**Stamm·knei·pe** 囡 -/-n《話》行きつけの飲屋(居酒屋).
'**Stamm·kun·de** 男 -n/-n お得意の客, 常連客.
'**Stamm·kund·schaft** 囡 -/《集合的に》(↔Laufkundschaft) 固定客, 常連客.
'**Stamm·land** 由 -[e]s/ⴂer(-e) (部族・一族の)発祥の地.
'**Stamm·ler** ['ʃtamlər] 男 -s/-〖医学〗どもる人, 吃音(きつおん)者.
'**Stamm·lo·kal** 由 -[e]s/-e 行きつけの飲食店, なじみの店.
'**Stamm·mie·te** 囡 -/-n (劇場の)定期予約料金.
'**Stamm·mut·ter** 囡 -/ⴂ (一族の)女の祖先;〖宗教〗人類の女の祖先(Eva のこと).
'**Stamm·platz** 男 -es/ⴂe (飲食店・劇場などの)常連の席.
'**Stamm·rol·le** 囡 -/-n〖軍事〗壮丁名簿; 兵員簿.
'**Stamm·sil·be** 囡 -/-n《古》〖言語〗語幹の音節.
'**Stamm·sitz** 男 -es/-e **1** (劇場の)予約席. **2** (Stammhaus) 祖先の在所(屋敷). **3** 企業の発祥の地(創業時の社屋); 本店. **4**《まれ》(飲食店の)定席.
'**Stamm·ta·fel** 囡 -/-n 系図.
'**Stamm·tisch** 男 -[e]s/-e **1** (飲食店などの)常連客用のテーブル. **2** 常連グループ. **3** (定期的な)常連の集まり.
°'**Stammut·ter** ['ʃtammʊtər] ↑Stammmutter
'**Stamm·va·ter** 男 -s/ⴂ (一族の)男の祖先;〖宗教〗人類の男の祖先(Adam のこと).
'**stamm·ver·wandt**《比較変化なし》**1** 同族の, 同系の. **2**〖言語〗同じ語幹の.
'**Stamm·vo·kal** 男 -s/-e〖音声〗幹母音.
'**Stamm·wäh·ler** [..vɛːlər] 男 -s/- (ある政党や候補者への)固定投票者.
'**Stamm·wort** 由 -[e]s/ⴂer〖言語〗基根語, 幹語.
'**Stamm·wür·ze** 囡 -/〖醸造〗原麦汁エキス(酵母添加前にビールにふくまれている麦汁のエキス).
'**Stampf·be·ton** ['ʃtampf..] 男 -s/ 突き固めコンクリート.
'**Stampf·e** ['ʃtampfə] 囡 -/-n =Stampfer
* '**stamp·fen** ['ʃtampfən シュタンプフェン] ❶ 他 (h, s) **1** (h)(地面・床を)踏みつける, 踏鳴らす. Er *stampfte* vor Zorn mit dem Fuß [auf den Boden]. 彼は怒って地団太を踏んだ. **2** (s) ずしずし(どんどん)と歩く. durch den Schnee ~ 雪の中を足を踏みしめて歩く. **3** (h)(機械が)どすんどすんと音を立てて動く; (船が)ピッチングする.
❷ 他 **1** (地面・床を)踏みつける, 踏鳴らす. mit dem Fuß den Boden ~ 地面(床)を踏みつける. [sich³] den Schnee von den Schuhen ~ 足踏みして靴の雪を落す. et¹ aus dem Boden〈der Erde〉~《比喩》《魔法でも使ったように》物¹をさっと取出して(実現して)みせる. **2** (雪・土などを)踏固める, 突き固める; (杭などを)打込む. Pfähle in den Boden ~ 杭を地中に打込む. **3** (じゃがいも・ぶどうなどを)圧し(すり)つぶす.
'**Stamp·fer** ['ʃtampfər] 男 -s/- **1**〖工学〗突き棒, たこ突き, タンパー. **2**〖料理〗(じゃがいもなどの)すりつぶし器, マッシャー. **3**〖乳鉢の〗乳棒.
stand [ʃtant] stehen の過去.
***Stand** [ʃtant シュタント] 男 -[e]s/Stände **1** (まっすぐに)立っていること, 直立; 静止状態. einen festen〈guten/sicheren〉~ haben (ぐらつかずに)しゃんと立っている. einen schweren ~ haben / keinen leichten ~ haben《話》つらい立場にある; 言いたいことが言えない (bei j³ 人³に対して). bei j³ einen schlechten ~ haben / bei j³ keinen guten ~ haben《話》人³の受けが良くない, (に)評価されていない. aus dem ~ [heraus] 即座に, 即席に(ぶっつけ本番で). aus dem ~ springen 助走なしに跳躍する. Start aus dem ~ スタンディングスタート. den Motor im ~ laufen lassen 停車したままエンジンを回す. **2** 立つ(坐る)場所, 足場; (Schießstand) 射(撃)場; (Führerstand) 運転(操縦)室; (馬場・車庫などの仕切られた)

区画; タクシー乗場; 《猟師》(獣などの好む)居場所. **3** 屋台, (屋台の)売店, (駅・街路などの)スタンド; (見本市などの)展示場. **4** 《天体などの》位置, 《水面などの》高さ; 《計器の》示度; (口座などの)現在高, (為替などの)相場. der ~ der Sonne《des Wassers》太陽の位置《水位》. **5** 状況, 状態, 形勢. der heutige ~ der Medizin 医学の現況. der ~ des Wettkampfs 試合の形勢. ein Buch auf den neuesten ~ bringen 本の内容を最新の状況に合ったものにする. gut im ~[e]/e in gutem ~[e]/ sein 良い状態にある, 好調《健康》である. in den [heiligen] ~ der Ehe treten 《雅》結婚する. 《zu 不定詞句と》Das [ver]setzte mich in den ~, im Ausland zu studieren. そのおかげで私は留学することができた. **6** (a)《社会の》地位, 身分, 階層, 職業. der ~ der Arbeiter 労働者層. der geistliche ~ 聖職者階級. der dritte ~ 《歴史》第3 階級(貴族・聖職者に対する市民). die höheren《die niederen》Stände 上層《下層》階級. über《unter》seinem ~ heiraten 身分の上《下》の者と結婚する. ein Mann von [hohem] ~ 身分の高い男. **7** (Familienstand)《未婚・既婚・離婚などの》配偶関係. **7** (⁽ʃᵗ⁾) (Kanton) 州. ♦ †außerstande, imstande, instand, zustande

'**Stan·dard**¹ ['ʃtandart, 'st..] 匣 -s/-s 《*engl.*》**1** 標準, 水準, スタンダード; 規格, 基準, 標準規格; 《度量衡の》原器. **2** 《貨幣制度の》本位; 《貨幣の》品位, 法定純度. **3** (⁽ⁿ⁾) スタンダード《ブレー》, スクラッチ.

'**Stan·dard**² ['ʃtændəd] 匣 -s/-s 《音楽》(ジャズのレパートリーの中の)スタンダードナンバー.

'**Stan·dard·brief** 匣 -[e]s/-e 《郵便》定形郵便物.

stan·dar·di·sie·ren [ʃtandardi'ziːrən] 他 **1** (工業製品などを)規格化する. **2** 《心理・統計》標準化する.

Stan·dar·di·sie·rung 囡 -/-en 《複数なし》規格化. **2** 《心理・統計》標準化.

'**Stan·dard·lö·sung** 囡 -/-en 《化学》標準液.

'**Stan·dard·spra·che** 囡 -/-n 標準語.

'**Stan·dard·werk** 匣 -[e]s/-e 基本文献; 基本的な作品.

Stan·dar·te [ʃtan'dartə] 囡 -/-n 《*fr.*》**1** 方形旗; 元首旗, 皇帝旗; 《古》騎兵隊旗. **2** 《猟師》(きつね・狼の)尾. **3** ナチス突撃隊(親衛隊)の連隊.

'**Stand·bein** 匣 -[e]s/-e **1** (↔ Spielbein) (スポーツ・ダンスなどの)軸足. **2** 《美術》立像の立ち足.

'**Stand·bild** 匣 -[e]s/-er (Statue) 立像.

Ständ·chen ['ʃtɛntçən] 匣 -s/- **1** (Stand の縮小形) 小さな(屋台の)売店. **2** 《音楽》セレナーデ(贈り物として, 家の前で演奏される小曲).

Stan·de ['ʃtandə] 囡 -/-n 《地方》樽; 桶.

stän·de ['ʃtɛndə] stehen の接続法Ⅱ.

Stän·de ['ʃtɛndə] Stand の複数.

Stan·der ['ʃtandər] 男 -s/- **1** (公用車などにつける)三角旗, ペナント. **2** 《船員》吊り索, 短索.

'**Stän·der** ['ʃtɛndər] 男 -s/- **1** (物を置く)台, 架; (Notenständer) 譜面台; (Kleiderständer) 洋服掛け; (Schirmständer) 傘立. **2** 《土木》支柱, 垂直柱. **3** 《工学》固定子. **4** 《猟師》(水鳥以外の鳥の)足. **5** 《卑》勃起したペニス.

'**Stän·de·rat** ['ʃtɛndə..] 男 -[e]s/⁼e **1** 《複数なし》(スイス連邦議会の)上院(各州の代表によって構成される). **2** (スイス連邦議会の)上院議員.

'**Stan·des·amt** ['ʃtandəs..] 匣 -[e]s/⁼er 戸籍役場(誕生・婚姻・死亡などの業務を扱う). j⁴ zum ~ bringen《schleppen》《戯》人⁴と結婚する; 《に》結婚をせまる.

'**stan·des·amt·lich** 形 《述語的には用いない》戸籍上の, 戸籍役場での. sich⁴ ~ trauen lassen 婚姻届けを出す.

'**Stan·des·be·am·te** 男 《形容詞変化》戸籍役場の職員.

'**Stan·des·be·wusst·sein** 匣 -s/ 身分意識, 階級意識.

'**Stan·des·dün·kel** 男 -s/ 《侮》(身分からくる)特権意識; (身分についての)思い上がり.

'**stan·des·ge·mäß** 形 身分相応の, 身分(社会的地位)にふさわしい.

'**Stan·des·per·son** 囡 -/-en 《古》身分の高い人, 貴族.

'**Stan·des·re·gis·ter** 匣 -s/- 《古》《法制》戸籍簿.

'**Stan·des·un·ter·schied** 男 -[e]s/-e 身分の違い.

'**stan·des·wid·rig** 形 身分にふさわしくない.

'**stand·fest** ['ʃtantfɛst] 形 **1** (家具などが)ぐらぐらしない, 安定した. 《農業》(稲などの茎が)倒れにくい. nicht mehr ganz ~ sein 《戯》(ほろ酔い機嫌で)足がふらついている. **2** 確固とした, 他人に惑わされない. **3** 《工学・土木》かなりの圧力に耐えられる. **4** (⁽ⁿ⁾) (ブレーの)耐久力.

'**Stand·fes·tig·keit** 囡 -/ (家具などが)安定して(しっかりして)いること; 確固としていること.

'**Stand·geld** 匣 -[e]s/-e **1** (Marktgeld) 市(⁽ⁿ⁾)の出店料. **2** 《鉄道》貨物車転留め置き料.

'**Stand·ge·richt** 匣 -[e]s/-e 《戒厳令下で即決裁判を行う》臨時軍法会議(↑ Standrecht).

'**stand·haft** ['ʃtanthaft] 形 毅⁽ʸ⁾然とした, 不屈の, 確固とした.

'**Stand·haf·tig·keit** ['ʃtanthaftıçkaɪt] 囡 -/ 毅然としていること, 確固としていること.

'**stand**|**hal·ten*** ['ʃtanthaltən] 自 **1** (事⁴に)持ちこたえる, 屈しない. den Angriffen des Gegners ~ 敵の攻撃に持ちこたえる. **2** (人⁴事³に)負けない, たじろがない. Sie *hielt* den neugierigen Blicken der Kollegen *stand*. 彼女は同僚の好奇の目にもたじろがなかった. einer Kritik ~ 批判に耐える.

*'**stän·dig** ['ʃtɛndɪç シュテンディヒ] 形 《述語的には用いない》常設の, 常任の, 定例の, 固定な; 絶間ない, ひっきりなしの. eine ~e Ausstellung 常設展示. sein ~es Einkommen 彼の定収入. ein ~er Gast しょっちゅう来る客, 常客. ~ zunehmen 絶えず増加する.

'**stän·disch** ['ʃtɛndɪʃ] 形 《付加語的用法のみ》**1** 身分(上)の, 階級(上)の; 職業身分的な. **2** (⁽ⁿ⁾) 州の.

'**Stand·licht** 匣 -[e]s/-er 自動車の駐車灯.

'**Stand·ort** 男 -[e]s/-e **1** 現在地, 所在地; (飛行機・船の)現在位置; 《図書館》(図書の)配列場所; 《生物》生息場所; 《経済》(工場などの)立地; 《軍事》駐屯地, 本拠地. **2** 見解, 立場.

'**Stand·pau·ke** 囡 -/-n 《話》お説教. j³ eine ~ halten 人³にお説教する.

*'**Stand·punkt** ['ʃtantpʊŋkt シュタントプンクト] 男 -[e]s/-e **1** 立っている場所, (観察する)位置. Von diesem ~ aus kann man nichts sehen. この位置からは何も見えない. **2** 意見, 見解, 観点, 立場. einen ~ einnehmen《vertreten》ある立場をとる《ある見解を支持する》. j³ den《seinen》~ klarmachen 人³にきびしく意見する. Ich teile seinen ~. 私は彼と同意見だ. Ich stehe auf dem ~, dass... 私は…という意見だ. vom fachmännischen ~ aus urteilen 専門家

の立場から判断する. Das ist doch kein ~!《話》そんな考え方ってあるもんか.

'Stand·quar·tier 田 -s/-e 《一定期間》拠点となる宿舎(キャンプ), ベースキャンプ.

'Stand·recht 田 -[e]s/《法制》《戒厳令下の》即決裁判.

'stand·recht·lich 形《述語的には用いない》《戒厳令下の》即決裁判による.

'Stand·seil·bahn 女 -/-en ケーブルカー.

'stand·si·cher (standfest 1) ぐらぐらしない, 安定した.

'Stand·uhr 女 -/-en 《床に立てる》大きな箱型時計.

'Stand·vo·gel 男 -s/=《多く複数で》《鳥》《季節によって移動することのない》留鳥.

*'**Stan·ge** ['ʃtaŋə シュタンゲ] 女 -/-n **1** 棒, 竿, (豆などの栽培に用いる)支柱; 止まり木, 横木, バー;《話》ひょろ長い人.《比喩的用法》《話》eine [schöne] ~ Geld 大金. Das kostet eine ~ Geld. それはとても高くつく. eine ~ angeben 自慢する, ほらを吹く. j³ die ~ halten 人³をかばう, (の)味方をする.《競》人³に匹敵する. eine ~ [Wasser] in die Ecke stellen《卑》立小便をする. bei der ~ bleiben (最後まで)やり通す; 自説をまげない. j² bei der ~ halten 人²を(挫折·落伍しないよう)つなぎとめておく, (最後までやり通すように)励ます. von der ~《服などが》既製品の, 吊るしの. [fast] von der ~ fallen驚いて目をむく, びっくり仰天する. eine ~ Weißbrot〈Zigaretten〉 1 本の白パン〈1 カートンのタバコ〉. **3** 《車の轅(ながえ)》, (轅(ながえ))の馬銜(はみ)》. **4** 《猟師》(鹿などの)角の片方. **5** 《卑》勃起したペニス.

'Stän·gel ['ʃtɛŋəl] 男 -s/- (↓ Stange)《植物》茎.《比喩的用法》《話》fast vom ~ fallen びっくりする, 驚く. Fall [mir] nicht vom ~! 落ちるなよ, ひっくり返るなよ; びっくりするなよ.

'Stän·gel·chen ['ʃtɛŋəlçən] 田 -s/-《Stange, Stängel の縮小形》小さい棒(竿, 支柱); 小さい茎.

'Stan·gen·boh·ne ['ʃtaŋən..] 女 -/-n いんげん豆.

'Stan·gen·brot 男 -[e]s/-e 棒状のパン, バゲット.

'Stan·gen·holz -es/=er **1** 丸太(材). **2**《林業》(幹の直径が 20 cm 以下の)若木の森.

'Stan·gen·pferd 男 -[e]s/-e 轅(ながえ)につながれた馬.

'Stan·gen·spar·gel 男 -s/- まるままの(切ってない)アスパラガス.

stank [ʃtaŋk] stinken の過去.

Stank 男 -[e]s/Stänke《複数まれ》**1**《話》いざこざ, 喧嘩(けんか). **2**《古》悪臭.

'stän·ke ['ʃtɛŋkə] stinken の接続法 II.

'Stän·ker ['ʃtɛŋkər] 男 -s/- **1**《話》= Stänkerer **2**《猟師》毛長いたち.

Stän·ke·rei [ʃtɛŋkə'raɪ] 女 -/-en《話》しょっちゅういざこざを起こすこと, 文句を言うこと; しょっちゅう悪臭を放つこと.

'Stän·ke·rer ['ʃtɛŋkərər] 男 -s/- しょっちゅういざこざを起こす人, 文句を言う人; しょっちゅう悪臭を放つ人.

'stän·kern ['ʃtɛŋkərn] 自 (h)**1**いざこざを起こす, 文句を言う. **2** 悪臭を放って空気を汚す.

Stan·ni·ol [ʃtani'oːl, st..] 田 -s/-e《略》錫(すず)箔.《話》アルミ箔.

Stan·ni·ol·pa·pier 田 -s/-e《複数まれ》=stanniol

Stan·num ['ʃtanʊm, 'st..] 田 -s/- (lat.)《記号 Sn》《化学》錫(すず).

'Stan·ze¹ ['ʃtantsə] 女 -/-n (it. 〝Zimmer, Strophe〟) **1**《複数で》《美術》スタンザ(ラファエロのフレスコ画で飾られたヴァチカン宮殿内の部屋). **2**《韻律》スタンザ(Jambus の 8 行詩節).

'Stan·ze² 女 -/-n (stanzen) **1**《金属の》押し型. **2** 打ち〈押し〉抜き機; 型押し機.

'stan·zen ['ʃtantsən] 他 **1**《ブリキなどをある形に》打ち抜く, 押し抜く. **2**《模様·文字などを》打ち出す, 型押しする(auf〈in〉et⁴ 物に〉). ein Wappen auf das Blech ~ 紋章をブリキに型押しする. **3**《孔を》打ち抜く, 押抜く.

'Stanz·ma·schi·ne 女 -/-n 打ち抜き機; 型押し機.

'Sta·pel ['ʃtaːpəl] 男 -s/- (↓ Staffel) **1** 積重ねもの, 積上げた山, 堆積(物). ein ~ Bücher 山積みの本. **2** 商品倉庫, 貨物置場. **3** 造船台, 進水台. ein Schiff auf ~ legen 船台で建造を開始する. ein Schiff vom ~ lassen 船を進水させる. eine Rede vom ~ lassen《話》くだらぬことを一席ぶつ. **4** (羊の)毛の房, 毛玉;《紡織》ステーブル(短繊維の長さの単位).

'Sta·pel·fa·ser 女 -/-n ステーブルファイバー(人造短繊維), スフ.

'Sta·pel·lauf 男 -[e]s/=e (船の)進水, 進水式.

'sta·peln ['ʃtaːpəln] ❶ 他 (物⁴を)積重ねる, 積上げる, 山積みする. Holz ~ 木材を積上げる. ❷ 再《sich⁴》積上げられる, 山積みになる.

'Sta·pe·lung 女 -/-en《複数まれ》山積み(になる)こと.

'Sta·pel·platz 男 -es/=e 商品を積んでおく場所, 倉庫.

'Sta·pel·wa·re 女 -/-n 《多く複数で》**1** 積重ねられた商品; 積重ねのできる商品. **2**《紡織》(流行に左右されず大量生産される)在庫のきく繊維製品.

'Stap·fe ['ʃtapfə] 女 -/-n《多く複数で》足跡.

'stap·fen ['ʃtapfən] 自 (h, s) (地面を)力強く踏みしめながら歩く. durch den Schnee ~ 雪を踏みしめながら歩く.

'Stap·fen ['ʃtapfən] 男 -s/-《多く複数で》=Stapfe

Star¹ [ʃtaːr] 男 -[e]s/-e (古[e]s/-en)《鳥》椋鳥(むくどり).

Star² 男 -[e]s/-e (↓ starr) 《複数まれ》そこひ. der graue ~ 白内障, 白そこひ. der grüne ~ 緑内障, あおそこひ. j³ den ~ stechen 人³のそこひを治す;《比喩》人³を開眼させる, 目覚めさせる.

Star³ [ʃtaːr, staːr] 男 -s/-s (engl. , Stern‘)(映画·音楽·スポーツなどの)スター, 花形.

Stär -[e]s/-e (↓《地方》)《Widder》雄羊.

'Star·al·lü·ren ['ʃtaːr.., 'staːr..] 複《↓ Star³》スター特有の気まぐれな振舞, スター気取り.

starb [ʃtarp] sterben の過去.

'star·blind ['ʃtaːr..] 形 そこひで失明した.

'Star·bril·le 女 -/-n (↓ Star²) 白内障用眼鏡.

stark [ʃtark シュタルク] stärker, stärkst 形 **1** (↔ schwach) (a) (肉体的に)強い, 力のある, 丈夫な. ~e Arme〈Nerven〉 haben 腕っぷしが強い〈神経が太い〉. ein ~es Herz 丈夫な心臓. das ~e Geschlecht《戯》男性. ein ~er Mann 強い男. den ~en Mann mimen〈spielen〉《話》強がる, からいばりする. sich⁴ ~ machen できもしないことを言う. sich⁴ für j〈et⁴〉 ~ machen 人〈人事〉のために力になる. (b) (精神的に)強い, (性格などの)しっかりした, (意志などの)堅固な. Sie hat einen ~en Charakter〈Willen〉. 彼女は性格がしっかりしている〈意志が強い〉. ein ~er Glau-

..stark
be 強い信念〈信仰〉. Jetzt heißt es ~ bleiben. 今こそ気持をしっかり持たないけばならない. (c)〈国家・政党が〉強い〈強力〉な, 勢力のある. ein ~er Staat 強国. Hinter ihm steht eine ~e Organisation. 彼の後ろには強大な組織が控えている. Politik der ~en Hand 強権政治.《名詞的用法で》die sozial Starken 社会的強者.

2 (a)〈木などが〉太い,〈板などが〉厚い,〈布・紙などが〉丈夫な,〈体格が〉太い, 太った. ein ~er Ast 太い枝. eine ~e Mauer 厚い壁. Kleider für ~e Damen ふっくらタイプのご婦人向けドレス. Er ist ~ gebaut. 彼は体格ががっしりしている. (b)《数量を示す語と》…の太さ〈厚さ〉の. ein 3 cm ~es Brett 3センチの厚みの板. Das Buch ist 350 Seiten ~. その本は350ページある.

3 度の強い,〈酒・たばこなどが〉強い, きつい,〈味などが〉濃い. ~er Kaffee 濃いコーヒー. ~er Wein 強いワイン. Die Brille ist sehr ~. このメガネはひじょうに度が強い.《数量を示す語と》eine 60 Watt ~e Glühbirne 60ワットの電球.

4 (a)〈雨・風などが〉激しい,〈痛み・暑さなどが〉ひどい, 強烈な. eine ~e Erkältung ひどい風邪. ein ~er Raucher ヘビースモーカー. einen ~en Eindruck machen 強烈な印象を与える. Das ist 〈ein ~es Stück〉.《話》それはひどい. Es regnete ~. 雨が激しく降った. Ich habe ihn ~ in Verdacht, das getan zu haben. 私は彼がそれをしたのではないかという強い疑念をもっている. Es geht ~ auf 12 Uhr 〈auf Mitternacht〉.《話》もうじき12時〈真夜中〉だ. Er ist ~ in den Fünfzigern. 彼はうとっくに50〈歳代〉になっている. (b)《副詞的用法で》とくに形容詞を強めて》ひじょうに, きわめて. eine ~ saure Lösung 強酸性の溶液. eine ~ wirkendes Mittel 作用の強烈な薬. ~ beschäftigt〈verschuldet〉sein とても忙しい〈莫大な借金をかかえている〉. Das ist ~ gesüßt〈gesalzen〉. これは甘み〈塩味〉が強すぎる.

5〈知力・技能が〉すぐれた, 有能な;〈ある分野に〉強い, 得意の. eine ~e Begabung すぐれた才能. ein ~er Gegner 強敵. Der Schüler ist in Mathematik ~. その生徒は数学が得意だ. Die Mannschaft spielte sehr ~. そのチームはとても奮戦した.

6《若者》すごい, いかす. ~e Musik いかす音楽. ~ aussehen すごくカッコいい.

7 (a) 多数の, 大勢の. eine ~e Familie 大家族. unter ~er Beteiligung 大勢の参加者を得て. (b)《数量を示す語と》(総員)…名の. eine 50000 Mitglieder ~e Gewerkschaft 5万人の組合員を擁する労働組合. Die Gruppe der Bergsteiger ist acht Mann ~. その登山パーティーは8名から成る.

8《文法》不規則〈強変化〉の. ein ~es Verb 不規則変化動詞. Dieses Verb wird ~ gebeugt. この動詞は不規則変化する.

..stark [..ʃtark]《接尾》「…の程度が高い, …が強い」の意の形容詞をつくる. geburtenstark 出生率の高い. willensstark 意志の強い.

'Star·kas·ten ['ʃtaːr..]男-s/=(-)(↓Star¹) 椋鳥〈ムクドリ〉の巣箱.

'Stark·bier 中-[e]s/-e (麦汁エキス16%以上の)強いビール.

*'**Stär·ke** ['ʃtɛrkə シュテルケ]女-/-n **1**《複数なし》強いこと, 強さ. die ~ seiner Muskeln 彼の筋肉の強さ〈体力〉. **2**《複数なし》権力, 勢力. die militäri-

sche ~ eines Landes 1国の軍事力. **3** 太さ, 厚さ. Das Brett hat eine ~ von 5 mm. この板は厚さ5ミリだ. **4** 度の強さ; 濃さ. die ~ des Kaffees コーヒーの濃さ. **5** 激しさ, ひどさ. die ~ des Lärms〈Regens〉. 騒音のひどさ〈雨の激しさ〉. **6** 得意〈のこと〉, 強み. Zeichnen ist seine ~. デッサンが彼の得意のものだ. **7** 人数, 総員. eine Truppe von 300 Mann ~ 300名から成る部隊. **8** でんぷん; 洗濯糊. Hemdkragen mit ~ behandeln シャツのカラーに糊づけする.

'stär·ke·hal·tig《比較変化なし》でんぷんを含んだ.
'Stär·ke·kleis·ter 男-s/- でんぷん糊〈のり〉.
'Stär·ke·mehl 中-[e]s/-e (粉末の)でんぷん〈澱粉〉.

*'**stär·ken** ['ʃtɛrkən シュテルケン](↓stark)❶他 **1** 強くする,〈に〉力をつける;〈自信・勇気などを〉強める. Training stärkt den Körper. トレーニングは体力をつける. j³ den Rücken ~ 人³を励ます. ein stärkendes Mittel 強壮剤. **2** 〈物に〉糊〈のり〉づけする. ein gestärktes Hemd 糊づけしたシャツ. ❷ 再《sich⁴》〈腹ごしらえをして〉元気をつける.

'stär·ker ['ʃtɛrkər] stark の比較級.
'Stär·ke·zu·cker 男-s/- でんぷん糖.
'stark·kno·chig《副詞的には用いない》骨格のたくましい, 骨太の.
'stark·lei·big《比較変化なし》太った, 肥満した.
stärkst [ʃtɛrkst] stark の最上級.
'Stark·strom 男-[e]s/-e《電子工》強電流.
'Stark·strom·lei·tung 女-/-en 高圧電線.
'Stär·kung 女-/-en **1**《複数なし》強くする〈なる〉こと, 強化. **2**《元気をつけるための》軽い食事〈飲物〉.
'Stär·kungs·mit·tel 中-s/- 強壮剤.
'Star·let ['ʃtaːrlɛt, 'st..] 中-s/-s〈engl., Sternchen〉スター気取りのかけだしの女優.

*'**starr** [ʃtar シュタル]形(↓starren) **1**〈筋肉・表情などが〉こわばった, 硬直した;〈紙・布地などが〉こわばった. ein ~er Blick すわった目. j〈et〉⁴ ~ ansehen 人〈物〉⁴を見据える. ~ vor〈von〉der Kälte sein 寒さでかじかんでいる. ~ vor Schrecken sein 驚きのあまり身じろぎひとつしない. **2**〈機械の部品などが〉固定された, 動かない;〈物理〉剛性の. ein ~er Körper 剛体. **3**〈規則などに〉堅苦しい, 融通のきかない; 頑固な, 不屈の. ~e Prinzipien〈Regeln〉曲げられない原則〈規則〉. einen ~en Nacken haben 頑固である. ~ an et³ festhalten 事³に固執する.

'Star·re ['ʃtara]女-/ 硬直, こわばり;《医学》硬直.

*'**star·ren** ['ʃtarən シュタレン]自 **1** じっと見る, 凝視する. auf j〈et〉⁴ ~ 人〈物〉⁴にじっと見入る. in die Dunkelheit ~ 暗闇を凝視する. vor sich⁴ hin ~ /《話》Löcher in die Luft ~ 目の前を(空〈うつ〉ろに)じっと見つめる (穴のあくほど). **2** von〈vor〉et³ ~ 物³がいっぱいくっついている,〈に〉すっかり覆われている. von Schmutz ~ 泥だらけである. von Waffen ~ 武具に身を固めている. **3** そびえ立っている;〈硬直したように〉突き出ている. Die kahlen Äste starren gegen den Himmel. 葉を落した枝が寒空に突刺すように伸びている.

'Starr·heit 女-/ 硬直, こわばり; 頑固〈強情〉さ.
'Starr·kopf 男-[e]s/-e 頑固〈強情〉者, 石頭.
'starr·köp·fig 頑固〈強情〉な, 頭の固い.
'Starr·krampf 男-[e]s/-e《医学》硬直性痙攣〈けいれん〉.
'Starr·sinn 男-[e]s/-e 頑固〈強情〉さ, 頭の固さ.
'starr·sin·nig 頑固〈強情〉な, 頭の固い.
'Starr·sucht 女-/《医学》強硬症, カタレプシー.

*'**Start** [ʃtart, st.. シュタルト]男-[e]s/-s(-e)〈engl.〉**1**

スタート; 出発, 開始; スタートライン(地点). ～ und Ziel スタートとゴール. fliegender〈stehender〉～ 助走〈定位置〉スタート. den ～ freigeben レースをスタートさせる. einen guten ～ haben スタートがいい;（仕事などで）出だしが好調である. am ～ sein スタートラインについている; レースに出場している. der ～ ins Leben 実社会へのスタート. 2《飛行機などの》離陸; 《ロケットなどの》発進; 《エンジンなどの》始動. ～ und Landung 離陸と着陸. den ～ der Maschine freigeben 飛行機に離陸許可を与える.

'Start·bahn 囡 -/-en 〖航空〗(離陸用の)滑走路.

'start·be·reit 厖《比較変化なし》始動(スタート)の準備のできた;《飛行機などの》離陸準備の整った;《話》出発(旅行)の用意のできた.

'Start·block 男 -[e]s/⸚e〖スポーツ〗 1（水泳の）スタート台. 2《ふつう複数で》〖陸上競技〗スターティングブロック.

*'star·ten ['ʃtartən, 'st.. シュタルテン] (↓Start) ❶ 圓 (s) 1（競争・競泳などで）スタートする; (競争などに)出場する. 2（飛行機・ロケットなどが）発進する; (エンジンが)始動する. 3《話》出発する, 旅立つ. ❷ 他 1（競争などで）スタートの合図をする, スタートさせる. 2（飛行機などを）発進させる; (エンジンなどを)始動させる. 3（活動・事業などを）始める, 始動する.

'Star·ter ['ʃtartər, 'st..] 男 -s/- 1（競争・競泳などの）スターター. 2（競技の）出場者, スタートする人. 3（エンジンなどの）始動機.

'Start·hil·fe 囡 -/-n 1（結婚や開業などの）人生の門出のための資金援助. 2〖航空〗離陸補助装置. 3（車のバッテリーがあがった時の）始動補助.

'start·klar 厖 =startbereit

'Start·li·nie 囡 -/-n スタートライン.

'Start·num·mer 囡 -/-n〖スポーツ〗ゼッケン番号.

'Start·platz 男 -es/⸚e（競技の）スタート地点;（競技などの）滑走開始地点.

'Start·schuss 男 -es/⸚e（競技の）スタートの号砲;《比喩》開始の合図.

'Start·ver·bot 伸 -[e]s/-e 1（競技への）出場禁止. 2〖航空〗離陸禁止.

'Start·zei·chen 伸 -s/-（競技の）スタートの合図.

'Sta·si ['ʃta:zi] ❶ 囲 -/[-s]/-（話）《略》=Staats-sicherheitsdienst. ❷ 男 -s/-s《話》の職員, シュタージ.

sta·ta·risch [ʃta'ta:rɪʃ, st..] 厖《lat.》とどまっている, ゆっくりと進む. ～e Lektüre 逐一ていねいに読み進める講読.

'Sta·tik ['ʃta:tɪk, 'st..] 囡 -/ (gr.) 1〖物理〗(↔Dynamik) 静力学. 2〖工学・土木〗安定性, 静止強度. 3 静止状態, 平衡状態.

'Sta·ti·ker ['ʃta:tikər, 'st..] 男 -s/- 構造設計技師; 静力学者.

*Sta·ti·on [ʃtatsi'o:n シュタツィオーン] 囡 -/-en《lat.》1（小さな）駅, 停留所. auf〈an〉jeder ～ halten 各駅で停車する. 2（旅先での短期間の）滞在(地); 休息(地). ～ machen（旅先での短期間）滞在する. bei j³ ～ machen 人³のところに立寄る. freie ～ haben 宿泊費を払わなくてよい. 3（物事の区切りとなる）時点. eine wichtige ～ des Lebens 人生の重要な節目. 4（病院の）科, 病棟. die chirurgische ～ 外科, 外科病棟. 5 部署, 支所, 派出所;（観測などのための）基地, 観測所(の留り); 指定参詣聖堂. 6 (a) 〖宗〗（十字架の道の）留り; 指定参詣聖堂. (b) 〖新約〗（新約聖書中の）十字架の道のくだり.

sta·ti·o·när [ʃtatsio'nɛːr] 厖 (fr.) 1 不変の, 不動

の, 静止(停滞)した; 固定した. die ～e Phase einer Krankheit 病気の停止段階. ～e Wirtschaft 成長率ロの経済. 2 入院の, 病院での. eine ～e Behandlung 入院治療.

sta·ti·o'nie·ren [ʃtatsio'ni:rən] 他 1（武器などを）配備(配置)する. 2（部隊などを）駐留(駐屯)させる.

Sta·ti'ons·arzt 男 -es/⸚e 医局の主任医師.

Sta·ti'ons·schwes·ter 囡 -/-n 医局の婦長.

Sta·ti'ons·vor·ste·her 男 -s/- 駅長.

sta·ti'ös [ʃtatsi'øːs] 厖 (lat.)《古》《地方》堂々とした, 立派な, 豪華な.

'sta·tisch ['ʃta:tɪʃ, 'st..] 厖 (↓Statik) 1〖物理〗(↔dynamisch) 静力学(上)の. 2〖医学〗平衡の. ～er Sinn 平衡感覚. 3〖工学・土木〗安定性(静止強度)に関する. 4 動き(発展)のない, 静止した, 静的の. 5〖電子工〗静電気の.

'stä·tisch ['ʃtɛ:tɪʃ] 厖《地方》(とくに馬が)性質の荒らしい, 御し難い.

Sta'tist [ʃta'tɪst] 男 -en/-en (lat.) 1〖演劇・映画〗端役, エキストラ. 2 重要でない(取るに足らない)人. 3（スポーツ）戦意を喪失した選手.

*Sta·tis·tik [ʃta'tɪstɪk, sta.. シュタティスティク] 囡 -/-en (lat.) 1《複数なし》統計学. 2 統計.

Sta'tis·ti·ker [ʃta'tɪstɪkər, sta..] 男 -s/- 統計学者; 統計をまとめ利用した人.

*sta'tis·tisch [ʃta'tɪstɪʃ, sta.. シュタティスティシュ] 厖 統計的の, 統計(学)上の.

Sta·tiv [ʃta'ti:f] 伸 -s/-e (lat.)（カメラなどの）三脚.

statt¹

[ʃtat シュタト] ❶ 前《2格支配》…の代りに. *Statt* seines Freundes kam sein Bruder. 彼の友人の代りに彼の兄(弟)がきた. ～ meiner 私の代りに. *Statt* eines Hutes trug sie 3 格を支配することもある. Sie trug ein Kopftuch ～ einem Hut. 彼女は帽子の代りにスカーフを着けていた. ❷ 腰《zu 不定詞句, dass に導かれた副文とも》1 …する代りに, …ではなくて. *Statt* zu arbeiten〈*Statt* dass er arbeitete〉, ging er ins Kino. 彼は仕事をしないで映画にいった. Schicken Sie das Buch an mich ～ an ihn! その本を彼ではなく私に送ってください.

statt², °Statt¹ 囡《次の成句で》an j〈et〉² ～ 人〈事〉²の代りに. an seiner ～ 彼の代りに. an Eides ～ 宣誓の代りに. Annahme an Kindes ～ 養子縁組.

Statt² [ʃtat] 囡 -/《古》場所. eine bleibende ～ 定住(安住)の地.

statt·des·sen, °statt 'des·sen 副 その代りに.

'Stät·te ['ʃtɛtə] 囡 -/-n《雅》（特別の意味を持つ）場所, ところ. eine heilige ～ 聖地. ～n der Erinnerung 思い出の地.

'statt|fin·den*

['ʃtatfɪndən シュタトフィンデン] 圓（会などが）催される, 行われる. Die Versammlung hat gestern *stattgefunden*. その集会は昨日催された.

'statt|ge·ben* 圓《書》（事³を）許可する. einem Gesuch ～ 願書を認める.

'statt|ha·ben* 圓《雅》=stattfinden

'statt·haft ['ʃtathaft] 厖 許されている, 認められている.

'Statt·hal·ter [ʃtathaltər] 男 -s/-《古》知事, 総督, 代官;〖宗〗判事.

'Statt·hal·ter·schaft 囡 -/ Statthalter としての職務(の執行).

'statt·lich ['ʃtatlɪç] 厖 (↓Staat) 1 立派な, 堂々と

した; 豪華な, 華美な. eine ~e Erscheinung 威風堂々とした人. ein ~es Haus 豪華な家. 2 かなりの, 相当な. ~es Vermögen 相当な財産.
'**Statt·lich·keit** 囡 -/ 立派なこと; 豪華であること.
sta·tu·a·risch [statuˈaːriʃ, st..] 圏 (lat.) 彫刻(彫像)の; 彫像のような.
'**Sta·tue** [ˈʃtatuə, ˈst..] 囡 -/-n (lat. stare, stehen*) 立像.
Sta·tu·en·haft 圏 彫像のような, 身動きもしない.
Sta·tu·et·te [statuˈɛta, st..] 囡 -/-n (fr.) 小立像.
sta·tu·ie·ren [ʃtatuˈiːrən, st..] 他 (lat.) 確定(確立)する. ein Exempel an j³ ~ 人¹に見せしめをする.
'**Sta·tur** [ʃtaˈtuːr] 囡 -/-en (lat.) 体格, 体つき. von mittlerer ~ sein 中肉中背である.
'**Sta·tus** [ˈʃtatos, ˈst..] 圐 -/- (lat.) 1 状態, 状況; (社会的)地位, 身分, ステータス; 資産状態. 2《医学》病状; 体質.
'**Sta·tus 'quo** [.. ˈkvoː] 圐 -/- (lat.)《法制》現状.
'**Sta·tus·sym·bol** 田 -s/-e ステータスシンボル.
Sta·tut [ʃtaˈtuːt, st..] 田 -[e]s/-en (lat.) 定款, 規約, 規則, 会則.
sta·tu·ta·risch [ʃtatuˈtaːrɪʃ, st..] 圏 定款(規約)にのっとった, 規約上の.

Stau [ʃtao] 圐 -[e]s/-e(-s) (↓ stauen) 1《複数まれ》(水・風などの)停滞, 停留; (自動車の)渋滞. im ~ sein (潮の)流れが止まっている時である. 2《まれ》ダム, 堰[セキ].
'**Stau·an·la·ge** 囡 -/-n 貯水施設, ダム.
*'**Staub** [ʃtaop シュタオプ] 圐 -[e]s/-e (Stäube) (↓ stieben) 塵[チリ], 埃[ホコリ]. Blütenstaub 花粉. Kohlenstaub 炭塵. [viel] ~ aufwirbeln《話》センセーションを巻き起す, 物議をかもす. den ~ Londons〈der Stadt〉 von den Füßen schütteln《雅》ロンドン〈その街〉を(永久に)あとにする(↓《新約》マタ 10:14). sich⁴ aus dem ~[e] machen《話》さっさと立去る, こっそりずらかる. j〈et〉³ durch〈in〉 den ~ ziehen〈zerren〉《雅》人〈事〉を悪しざまにいう, そしる. vor j³ im ~[e] kriechen / sich⁴ vor j³ in den ~ werfen《雅》人³の前にへいつくばる. [wieder] zu ~ werden《雅》死んで塵にかえる. Es ist alles von ~ gemacht und wird wieder zu ~.《旧約》すべては塵からなった. すべては塵にかえる(コヘ 3:20).
'**staub·be·deckt** 圏 ほこりまみれの.
'**Staub·be·sen** 圐 -s/- =Staubwedel
'**Staub·beu·tel** 圐 -s/- 1《植物》葯[ヤク]. 2 (電気掃除機の)ごみ袋.
'**Staub·blatt** 田 -[e]s/=er《植物》雄しべ.
'**Stäub·chen** [ˈʃtɔypçən] 田 -s/-《Staub の縮小形》ほこりの微片, 微塵, 細塵.
'**staub·dicht** 圏 ほこりを通さない.
'**Stäu·be** [ˈʃtɔybə] Staub の複数.
'**Stau·be·cken** [ˈʃtao..] 田 -s/- 貯水池.
'**stau·ben** [ˈʃtaobən] 圁 1 (物が)埃(ホコリ)を出す; (人が)埃を立てる. Die Straße staubt. この道路には埃が立っている. 2《非人称的に》Es staubt. 埃が立つ;《比喩》大騒ぎになる. 2 他 (埃などを)払い落す. 3《地方》(物¹に)小麦粉をふりかける.
'**stäu·ben** [ˈʃtɔybən] 1 自 1 (粉末・しぶきなどが)飛散する. Der Schnee stäubt mir ins Gesicht. 雪が私の顔にふりかかる. 2《猟師》(猟鳥が)羽ばたく. 3《まれ》(物が)埃を出す. 2 他 1 (粉末・しぶきなどを)ふりかける. Puderzucker über einen Kuchen ~ 粉砂糖をケーキにまぶす. Wasser über Pflanzen ~ 植物に水をかける. 2 (埃などを)払い落す.
'**Staub·fa·den** 圐 -s/= 《植物》(雄しべの)花糸.
'**Staub·fän·ger** 圐 -s/- 《話》埃がたまりやすい置物.
'**staub·frei** 圏 埃(塵)のない, 無塵の.
'**Staub·ge·fäß** 田 -es/-e《植物》=Staubblatt
*'**stau·big** [ˈʃtaobɪç シュタオビヒ] 圏 1 埃(ホコリ)だらけの, 埃まみれの. 2《地方》酔っぱらった.
'**Staub·kamm** 圐 -[e]s/=e (歯のつんだ)すき櫛.
'**Staub·korn** 田 -[e]s/=er ほこり(の一つ一つ)の粒.
'**Staub·lap·pen** 圐 -s/- ほこり拭き用の柔らかい布.
'**Stäub·ling** [ˈʃtɔyplɪŋ] 圐 -s/-e《植物》ほこり茸.
'**Staub·lun·ge** 囡 -/-n《病理》塵肺[ジンパイ].
'**Staub·man·tel** 圐 -s/= ダスターコート.
'**staub·sau·gen** [ˈʃtaopzaogən] staubsaugte, gestaubsaugt 田 他 (物に)電気掃除機をかける. ♦↑saugen ① ②
'**Staub·sau·ger** [ˈʃtaopzaogər] 圐 -s/- 電気掃除機.
'**Staub·tuch** 田 -[e]s/=er 埃(ホコリ)をふく布.
'**Staub·we·del** 圐 -s/- 羽ばたき, 羽のはたき.
'**Staub·wol·ke** 囡 -/-n 砂ぼこり, 砂けむり.
'**Staub·zu·cker** 圐 -s/ 粉砂糖.
'**stau·chen** [ˈʃtaoxən] 他 1 押しつける, 強くぶつける. einen Stab auf den Boden ~ 杖を地面に突き立てる. sich³ den Fuß ~ 足をくじく. 2 (衝撃を与えて)圧縮する, 押しつぶす. einen Sack ~ 袋を地面にたたきつけて中身を詰める. 3《話》叱りとばす, どやしつける. ❷ 自 (自動車が悪路で)バウンドする.
'**Stau·cher** [ˈʃtaoxər] 圐 -s/-《話》こっぴどい叱責.《地方》マフ, ゆったりした袖; スカーフ.
'**Stau·damm** [ˈʃtao..] 圐 -[e]s/=e 堰堤[エンテイ], ダム.
'**Stau·de** [ˈʃtaodə] 囡 -/-n《植物》多年生植物; 宿根植物.《地方》サラダ菜の球; 灌木.
'**stau·den** [ˈʃtaodən] 自《植物》おいしげる.
'**stau·dig** [ˈʃtaodɪç] 圏 宿根草(多年草)の.
'**stau·en** [ˈʃtaoən] ❶ 他 1 (流れを)せきとめる. 2 (積荷を)積載する. ❷ 再《sich³》 せきとめられる; (車が渋滞する; 鬱血する;《比喩》(怒りなどが)鬱積する.
'**Stau·er** [ˈʃtaor] 圐 -s/- 荷役人夫, 沖仲仕.
'**Stau·fer** [ˈʃtaofər] 圐 -s/- ホーエンシュタウフェン家の人(Hohenstaufen の短縮).
'**Stauf·fer·fett** [ˈʃtaofərfɛt] 田 -[e]s/《工学》シュタウファー潤滑油.
*'**stau·nen** [ˈʃtaonən シュタオネン] 自 驚く, びっくりする; 驚嘆(感嘆)する. über et⁴ ~ 事⁴に驚く(驚嘆する). Ich staune, was du alles kannst. 君がなんでもできるので驚いた. Da staunst du, was? どうだい驚いたろう. nicht schlecht ~《話》少なからず驚く. 《現在分詞で》mit staunenden Augen 驚き(驚嘆)の眼差しで.
'**Stau·nen** [ˈʃtaonən] 田 -s/ 驚き; 驚嘆, 感嘆. Diese Entdeckung hat überall ~ erregt. この発見はいたるところで驚嘆の念を呼起した. aus dem ~ nicht herauskommen 驚きからさめない. j⁴ in ~ [ver]setzen 人⁴を驚かす. vor ~ 驚きのあまり.
'**stau·nens·wert** 圏《雅》驚くべき, 感嘆すべき.
'**Stau·pe¹** [ˈʃtaopə] 囡 -/-n《獣医》ジステンパー.
'**Stau·pe²** 囡 -/-n《歴史》1 (中世の)公開苔刑[タイケイ]. 2 (苔刑の)さらし柱. 3 (苔刑用の)苔[ムチ].
'**stäu·pen** [ˈʃtɔypən] 他 (↓Staupe²)《歴史》苔刑[タイケイ]に処する.
'**Stau·punkt** [ˈʃtao..] 圐 -[e]s/-e《物理》(流体の)よどみ点.

Stau・see 男 -s/-n ダム湖.
Stau・ung 女 -/-en **1** せきとめること. **2** 停滞, 滞留, 渋滞.
Stau・was・ser 中 -s/- 〖海洋〗憩(い)流, 憩潮.
Stau・wehr 中 -[e]s/-e 堰(せき).
Stau・werk 中 -[e]s/-e 堰堤(えんてい), ダム.
Std. 《略》=Stunde 1
Stdn. 《略》=Stunden 1 (Std. の複数形)
Steak [ste:k, ʃte:k] 中 -s/-s (engl.) 〖料理〗ステーキ.
Ste・a・rin・ker・ze [ʃtea'ri:n.., st..] 女 -/-n ステアリン蠟燭.
Ste・a・rin・säu・re 女 -/ 〖化学〗ステアリン酸.
'Stech・ap・fel ['ʃtɛç..] 男 -s/= 〖植物〗洋種朝鮮朝.

'ste・chen* ['ʃtɛçən] シュテヒェン] stach, gestochen / du stichst, er sticht ❶ 他 **1** (人⁴を)刺す. Eine Mücke hat mich *gestochen*. 私は蚊に刺された. j⁴ mit dem Dolch in den Rücken ~ 短刀で人⁴の背中を刺す. j⁴ aus dem Sattel ~ (中世の馬上試合で)人⁴を槍で鞍から突き落す. 《再帰的に》Ich habe *mich* mit der Nadel in den Finger *gestochen*. 私は針で指を刺してしまった. sich⁴ an den Dornen ~ とげが刺さる. 《非人称的に》Es sticht mich im Rücken. 私は背中がちくちく痛む.
2 (人⁴の)心を刺激する. Die Neugier *sticht* ihn. 彼は好奇心をそそられる.
3 (針・刃物などを)突刺す(in et⁴ 物³に). eine Nadel in den Stoff ~ 布地に針を刺す. j⁴ den Dolch in die Brust ~ 人³の胸に短刀を突刺す. 《再帰的に》sich³ einen Splitter in den Fuß ~ 足に破片が刺さる.
4 (穴をあける(刺して), (模様などを)彫りつける(in et⁴ 物³に). Löcher in Leder⟨die Ohrläppchen⟩ ~ 革〈耳たぶ〉に穴をあける. ein Bild in Kupfer ~ 銅版に絵を彫りつける. 《過去分詞で》wie *gestochen* schreiben (彫ったような)きちんとした字を書く.
5 (牛・豚などを)刺殺する; (やすなどで魚を)刺して捕らえる.
6 (シャベルなどで)掘出す; (泥炭などを)採掘する; (芝などを)切り採る.
7 〖トランプ〗(切札で)切る. einen König mit dem Buben ~ ジャックで王を切る.
8 《卑》(人⁴に)入れ墨を入れる.
9 (タイムカードを)押す.
❷ 自 (h, s) **1** (h) (蜂などが)針をもっている, 刺す; (植物が)とげをもっている. Bienen〈Rosen〉 *stechen*. 蜜蜂は刺す〈ばらにはとげがある〉.
2 (h) (a) (j³ in et⁴ 人³の物⁴に)刺す. Das Insekt hat ihm ins Bein *gestochen*. 虫が彼の足を刺した. Er *stach* dem Mann mit dem Messer in die Brust. 彼はナイフでその男の胸を刺した. 《再帰的に》Ich habe *mir* in den Finger *gestochen*. 私は指を針で刺してしまった. (b) (durch⟨in⟩ et⁴ 物⁴に)刺す(mit et³ 物³を). mit der Nadel durch den Stoff ~ 針を布地に刺す. mit der Spritze in die Vene ~ 静脈に注射をする. in ein Wespennest ~ 《比喩》蜂の巣をつつく. (c) (nach j³ 人³に)刺そうと襲いかかる(mit et³ 物³で).
3 (h) 刺すような感じ(痛み)を与える. Die Sonne *sticht*. 太陽がじりじりと照りつける. Der Rauch *sticht* in die Augen. 煙が目にしみる. Seine Augen *stechen*. 彼は刺すような目で見る. j³ ins Auge⟨in die Augen⟩ ~ 人³の目をひく, 気をそそる. Der kostbare Pelz *stach* ihr in die Augen. 高価な毛皮に彼女は目を奪われた. Der Pullover *sticht*. このセーターは

肌にちくちくする. 《非人称的に》*Es sticht* mir in der Seite. 私は脇腹がちくちく痛む.
4 (h) 突き出ている. Der Turm *sticht* hoch in den Himmel. 塔は空高くそびえている.
5 (h) ある色合を帯びている. Ihr Haar *sticht* ins Rötliche. 彼女の髪は赤みがかっている.
6 (s) in See ~ (船が)沖合に出る, 出航する.
7 (h) タイムレコーダーを押す.
8 (h) 〖トランプ〗切って札をとる; 切札である. Herz *sticht*. ハートが切札だ.
9 (h) 〖スポーツ〗(とくに馬術競技で)優勝決定戦をする.
10 (h) 〖猟師〗(鴨面の)土をほじくる.
◆ ↑ gestochen

'Ste・chen 中 -s/- **1** 刺すような痛み. **2** 〖スポーツ〗(とくに馬術競技の)優勝決定戦.
'ste・chend 現分 形 刺すような. ein ~er Blick 刺すような眼つき. ein ~er Geruch 鼻をつく臭い. eine ~e Kälte 肌を刺す寒さ. ein ~er Schmerz 刺すような痛み.
'Ste・cher ['ʃtɛçər] 男 -s/- **1** 銅(鋼)版画家. **2** 《話》すぐに刃物を振回すやつ. **3** (やすなどの)突き具. **4** 〖猟師〗(鴨・千鳥などの)くちばし. **5** 引き金.
'Stech・flie・ge 女 -/-n 〖虫〗さし蠅.
'Stech・he・ber 男 -s/- 〖化学〗ピペット.
'Stech・kar・te 女 -/-n タイムカード.
'Stech・mü・cke 女 -/-n 〖虫〗蚊.
'Stech・pal・me 女 -/-n 〖植物〗西洋柊(ひいらぎ).
'Stech・schritt 男 -[e]s/ 〖軍事〗(観閲式などの)直立歩調.
'Stech・uhr 女 -/-en タイムレコーダー.
'Steck・brief ['ʃtɛk..] 男 -[e]s/-e **1** 指名手配書, 人相書. **2** (人物の)略歴, (製品などの)簡単な資料.
'steck・brief・lich 形 人相書(手配書)による.
'Steck・do・se 女 -/-n 〖電気〗コンセント.

'ste・cken* ['ʃtɛkən シュテケン] steckte (雅 stak), gesteckt ❶ 他 **1** 《規則変化》 **1** 挿す, 差込む, 突っ込む, 入れる. j³ einen Ring an den Finger ~ 人³の指に指輪をはめる. Das kannst du dir an den Hut ~. 《卑》それは全然たいしたものじゃないよ. Kerzen auf den Leuchter ~ 燭台にろうそくを立てる. den Kopf aus dem Fenster ~ 窓から顔を出す. den Bleistift hinter das Ohr ~ 鉛筆を耳にはさむ. einen Brief in den Briefkasten⟨einen Umschlag⟩ ~ 手紙を投函する《封筒に入れる》. sich³ eine Blume ins Haar ~ 髪に花を挿す. sich³ eine Zigarette in den Mund ~ タバコを口にくわえる. den Schlüssel ins Schlüsselloch ~ 鍵を鍵穴に差込む. die Hände in die Taschen ~ 両手をポケットに突っ込む; 拱手傍観する. 《比喩的・慣用的表現で》seine Nase in alles ~ 《卑》何にでも首を突っ込む. ein Kind ins Bett ~ 子供を寝かせる. ein Haus in Brand ~ 家に火をつける. seine Nase ins Buch ~ 《話》本に読みふける. Geld⟨seine ganze Kraft⟩ in et⁴ ~ 事¹に金をつぎこむ⟨全力を傾注する⟩. j⁴ ins Gefängnis ~ 人⁴を投獄する. j⁴ in neue Kleider ~ 人⁴に新しい服を着せる. den Kopf in den Sand ~ 現実から目をそむける. et⁴ in die [eigene] Tasche ~ 《話》物⁴をくすねる. die Hände in fremde Taschen ~ 《話》盗みを働く. j⁴ in eine Uniform ~ 人⁴を兵隊にとる. die Beine unter den Tisch ~ 《話》何もせずに)のらくらしている. Geld zu sich³ ~ 金を自分の懐(ふところ)に入れる. sich³ ein Ziel ~ 目標を定める.

j³ eine〈ein paar〉 ~ 《地方》人³に一発くらわす. 《過去分詞で》eine〈ein paar〉gesteckt kriegen 《地方》一発くらう. Der Saal war gesteckt voll. 《話》ホールはすし詰めだった.
2 《再帰的に》《話》sich¹ hinter j¹ ~ 人¹にとりなしを頼む; (を)支える. sich¹ hinter j¹ ~ 事¹に励む(いそしむ).
3 ピンで留める. eine Brosche ans Kleid ~ ドレスにブローチをつける. Das Kleid ist nur gesteckt. そのドレスはピンで仮縫いしてあるだけだ.
4 《話》(a) j³ et¹ ~ 人³に事¹をこっそり伝える, 告げ口する. (b) es j³ ~ 人³に(自分の意見などを)ずけずけいう.
5 《地方》(じゃがいも・たまねぎなどを)植えつける.
❷ 《規則変化／雅 不規則変化》**1** 差込んだ〈突っ込んで〉ある, 内にひそんでいる; 《話》《ある場所》にいる,《ある状態》にある. Der Ring steckt am Finger. 指輪が指にはまっている. Ein Brief steckt im Briefkasten. 手紙が郵便受けに差込まれている. Eine Rose steckte〈stak〉in ihrem Haar. 彼女の髪にばらの花が挿してあった. Der Wagen steckt im Schlamm. 車がぬかるみにはまっている. Der Schlüssel steckt [im Schlüsselloch]. 鍵は(鍵穴に)差したままだ. Seine Füße steckten〈staken〉in derben Stiefeln. 彼はがっしりしたブーツをはいていた. 《比喩的・慣用的表現で》Wo hast du denn gesteckt? 《話》いったい君はどこにいたんだ. Steckt das Baby warm? 《話》赤ん坊は暖かくしてあるか(夜具などで着せて). immer hinter den Büchern ~. いつも本ばかり読んでいる. Dahinter steckt doch etwas. その裏にはきっと何かあるよ. mitten in der Arbeit ~ 仕事の真っ最中である. im Bett ~ ベッドに入っている. Ich möchte nicht in seiner Haut ~. 私は彼のような目に遭いたくない. noch in den Kinderschuhen ~ まだほんの子供である; (事業などが)緒(ちょ)に就いたばかりである. In diesem Sprichwort steckt viel Wahrheit. 《話》この諺には多くの真理が含まれている. Darin steckt viel Mühe 〈Geld〉. これにはずいぶん手間〈金〉がかかっている. in ihm scheint eine Krankheit zu ~. 彼はどうも病気のようだ. In ihm steckt etwas. 彼には才能がある. tief in Schulden ~. ひどい借金を抱えている. Er steckt immer zu Hause. 彼はいつも家にいる.
2 《voll[er]と》…でいっぱいである. Seine Rede steckt voller Widersprüche. 彼の話は矛盾だらけだ. Er steckt voller Witz〈Bosheit〉. 彼は機知に富んでいる〈悪意に満ちている〉.
3 ピンで留める.
♦ ↑stecken bleiben, stecken lassen

'**Ste·cken** 男 -s/- 《とくに南》(Stock) 棒, 杖.

*'**ste·cken blei·ben***, °'**stecken|blei·ben***
['ʃtɛkən blaɪbn シュテケン ブラィベン] 自 (s) (ぬかるみなどに)はまりこんでいる, (食べたものが)つかえている; (交渉などが)ゆき詰まる. Mir ist eine Gräte im Hals stecken geblieben. 私は喉に魚の骨をたてた. Vor Schreck blieb ihr das Wort im Hals stecken. 恐怖のあまり彼女は口がきけなくなった. in den Anfängen ~ (計画などが)いっこうに進展しない, はかどらない. Ich bin in der Rede zweimal stecken geblieben. 私はスピーチの途中で2度言葉に詰まった.

'**ste·cken las·sen***, °'**stecken|las·sen*** 他 差した(突っ込んだ, はめた)ままにしておく. den Schlüssel ~ 鍵を差したままにしておく. j¹ in der Patsche ~ 人¹を見殺しにする. Lassen Sie [Ihr Geld] ~! (飲み代などは)ここは私に払わせてください. ♦ 過去分詞 stecken lassen (まれ stecken gelassen)

'**Ste·cken·pferd** 中 -[e]s/-e **1** 春駒, 竹馬(棒の先に馬の頭をつけたもの). **2** 趣味, 道楽. sein ~ reiten 《戯》道楽に耽る; 得意の話を繰返し話す.

'**Ste·cker** ['ʃtɛkər] 男 -s/- プラグ.
'**Steck·kar·te** 囡 -/-n 《コンピュ》(各種の)ボード.
'**Steck·kon·takt** 男 -[e]s/-e コンセント; プラグ.
'**Steck·ling** ['ʃtɛklɪŋ] 男 -s/-e 《園芸》挿し木.
'**Steck·na·del** 囡 -/-n 留め針, まち針, ピン. j〈et〉¹ wie eine ~ suchen 《話》人〈物〉¹を懸命に(しらみつぶしに)探す. eine ~ im Heuhaufen suchen 《話》見込みのないことを企てる. Es war so still, dass man eine ~ hätte fallen hören können. 針の落ちる音も聞こえるくらい静まりかえっていた. Keine ~ konnte zu Boden fallen. 立錐(りっすい)の余地もなかった.
'**Steck·platz** 男 -es/¨e 《コンピュ》スロット.
'**Steck·reis** 中 -es/-er 《園芸》挿し木用の若枝.
'**Steck·rü·be** 囡 -/-n 《植物》スウェーデン蕪(かぶ).
'**Steck·schlüs·sel** 男 -s/- ボックススパナ.
'**Steck·schuss** 男 -es/¨e 盲管銃創.
'**Steck·zwie·bel** 囡 -/-n 玉ねぎの苗.
'**Ste·fan** ['ʃtɛfan] 男 Stephan

Steg [ʃteːk] 男 -[e]s/-e **1** (板などを並べた狭い)小橋, 板橋; 歩行板; (ボートなどの)小桟橋, 渡り板. **2** 《古》小径, 細道. jeden Weg und ~ kennen (街の)隅々まで知っている. auf Weg und ~ いたるところに. **3** (めがねの)ブリッジ. **4** 《印刷》植字架, ステッキ; ファニチャー. **5** 《楽器》(弦楽器の)駒. **6** (ズボンの裾の, 靴底にかける)革紐, ストラップ; (靴の)土踏まずの部分. **7** 《工学》(鉄型の)垂直辺, ウェブ; (鎖の輪の)スタッド.

'**Steg·reif** ['ʃteːkraɪf] 男 -[e]s/-e **1** 《古》あぶみ. **2** 《今日での次の用法で》aus dem ~ 即席に; 即興で.
'**Steg·reif·dich·ter** 男 -s/- 即興詩人.
'**Steh·auf** ['ʃteː|aʊf] 男 -/- = Stehaufmännchen
'**Steh·auf·männ·chen** 中 -s/- 起き上がり小法師(ぼし). 《比喩》ねばとい人.
'**Steh·bier·hal·le** 囡 -/-n 立飲みのビヤホール.

'**ste·hen***
['ʃteːən シュテーエン] stand, gestanden ❶ 自 (h, 南)《とくに…では》**1** (人・動物が主語)(a) 立っている. Das Kind kann schon ~. この子はもう立つことができる. Der Zug war voll, wir mussten ~. 列車はとても混んでいて, 私たちは立っていなければならなかった. Er konnte kaum noch ~. 彼は(疲れて)もうほとんど立っておれなかった. Bis hierhin kann man noch ~. (海水浴場などで)ここまでは足がつきます. am Fenster〈vor dem Spiegel〉~ 窓辺〈鏡のまえ〉に立っている. auf einem Bein〈den Fußspitzen〉~ 片足〈つま先〉で立っている. auf dem Kopf〈den Händen〉~ 逆立ちしている. Er trägt diesen Hut, wo er geht und steht. 彼はどこへゆくにもこの帽子をかぶっている. so wie er ging und stand 《話》すぐさま, とるものもとりあえず. so wahr ich hier stehe この身にかけて, 誓って. (b) (ある場所)にいる. am Herd〈in der Küche〉~ 台所にいる, コック(主婦)である. an der Maschine ~ 機械を扱っている, 機械工である. Habe ich auf Ihrem Fuß gestanden? あなたの足を踏みましたか. auf der Bühne〈vor der Kamera〉~ 舞台〈映画〉に出ている. Viele stehen auf der Straße. 多くの人が失業している. im Laden〈Tor〉~ 店員〈ゴールキーパー〉である. j¹ im Weg ~ 人¹の邪魔をする. über〈unter〉j³ ~ 人³より上位〈下位〉にいる. vor einer Frage〈einer Entscheidung〉~ ある問題に直面している〈決断を迫られてい

》. zwischen zwei Menschen ~《比喩》ふたりの仲を邪魔する.

2《物が主語》(a) 立っている, 立てて(置いて)ある. Die Flasche soll ~, nicht liegen. その瓶は立てて置きなさい, 寝かせてはいけない. Der Tisch *steht* nicht richtig, er wackelt. この机はちゃんと立っていない, ぐらぐらする. Der Tisch *steht* nicht richtig, er wackelt. Auf dem Platz *steht* ein Denkmal. 広場に記念碑が立っている. Das Essen *steht* bereits auf dem Tisch. 食事はもうテーブルに出ている. Das Glas *steht* auf dem Kopf. グラスが伏せて置いてある. Das Auto *steht* in der Garage. 自動車がガレージに入れてある. Die Haare *stehen* in die Höhe. 髪の毛が逆(ﾋﾞ)立っている. Blumen *stehen* in der Vase. 花瓶に花が生けてある. Im Zimmer *stand* eine Leiter. 部屋に梯子(ﾊｼｺﾞ)が立ててあった. Er hat einen großen Schrank im Zimmer ~. 彼は部屋に大きな戸棚を置いている. Der Kaffee ist so stark, dass der Löffel drin *steht*.《話》このコーヒーは(スプーンが立つほど)べらぼうに濃い. Die Hose *steht* vor Dreck.《話》ズボンが汚れてごわごわになっている. (b) 《ある場所・位置にある. Der Mond *steht* tief. 月が低くかかっている. Am Himmel *stehen* Sterne. 空に星が出ている. Der Schweiß *stand* ihm auf der Stirn. 彼の額に汗がにじみ出いた. Hast du noch etwas [Geld] auf deinem Konto ~? 口座にまだいくらか金が入っているかい. Das Wasser *stand* mir bis zu den Knien. 水は私の膝のところまであった. Das *steht* mir bis zum Hals〈bis hier oben〉.《話》それはもううんざりだ. Tränen *standen* ihr in den Augen. 彼女の目に涙が浮かんでいた. mit j〈et〉³ ~ und keinem 人〈事〉³と対する. Über uns *steht* der blaue Himmel. (私たちの)頭上に青空が広がっている. Ein bitteres Lachen *stand* um seinen Mund. 彼の口元に苦笑いが浮かんでいた. Die Wiese *steht* unter Wasser. 牧草地は水をかぶっている.

3 …の状態(立場)にある. Das Haus *steht* leer. その家は空き家だ. Das Getreide *steht* gut〈schlecht〉. 穀物のできはよい〈悪い〉. Die Aktie *steht* wieder besser. その株は持ちなおした. Wie *stehen* die Aktien?《卑》調子はどうだい, もうかっているかい. Der Wind *steht* gut〈günstig〉. 風向きはよい. Die Aussichten〈Die Chancen〉 *stehen* fifty-fifty. 見込(チャンス)は五分五分だ. Wie〈Wo〉 *steht* er politisch? 彼は政治的にはどういう立場なんだ. Das Spiel *steht* 2 : 1〈unentschieden〉. 試合は 2 対 1〈引分〉だ. mit j³ gut〈schlecht〉 ~. 人³とうまくいっている〈いない〉. an erster〈führender〉 Stelle ~ 首位にいる〈指導的地位にある〉. Auf welcher Seite *stehst* du? 君はどっちの側について(味方して)いるんだい. außer Zweifel ~ 疑問の余地がない. Der Dollar *steht* jetzt bei 2.17 Euro. 1ドルは目下2ユーロ17である. bei j³ in Arbeit ~ 人³のところで働いている. bei j³ in hohem Ansehen ~ 人³に信望がある. (の)おぼえがめでたい. in Blüte〈Flammen〉 ~ 咲いて〈燃えて〉いる. mit j³ in〈in〉 Briefwechsel ~ 人³と文通している. im dreißigsten Jahr ~ 29歳である. Das *steht* nicht in meiner Macht. それは私の力ではどうにもならない. in gutem〈schlechtem〉 Ruf ~ 評判がいい〈悪い〉. Die Vernunft *steht* über allem. 理性は何物にもまさる. Er *steht* über den Dingen〈der Sache〉. 彼は俗事に超然としている. Unter Anklage ~ 訴えられている. unter j² Einfluss ~ 人²の影響を受けている. vor dem Bankrott ~ 破産寸前である. zum Verkauf ~ 売りに出ている. zur Diskussion ~ 討議に付されている.《非人称的に》 Es *steht* gut mit ihm〈um ihn〉. 彼は元気だ, うまくいっている. Mit seiner Gesundheit *steht* es schlimm. 彼は健康がすくれない. [Wie geht's], wie *steht's*?《話》調子はどうだい, 元気かい. Wie *steht* es mit dem Bezahlen〈dem Heiraten〉? 勘定のほうはどうなっているのか〈結婚のほうはどうなんだい〉. wenn es so *steht*, そういうことならば.

4（指針などが）…を指している,（気持ちなどが）…の方を向いている. Der Zeiger〈Die Uhr〉 *steht* auf zwölf. 時計の針は 12 時を指している. Das Thermometer *steht* auf 10°C. 気温は 10°C を指している. Die Ampel *steht* auf Rot. 信号は赤だ. Der Wind *steht* nach Norden. 風は北向きだ. Ihr Sinn *steht* nach [etwas] Höherem. 彼女はより高いものを目指している. Mir *steht* der Kopf heute nicht nach Vergnügen. きょうはどうも楽しもうという気にならない. Hier *stand* Meinung gegen Meinung. この点で意見の対立があった. Mir *standen* die Haare zu Berge.《話》私はびっくり仰天した.

5 (本などに)記されている, 載っている. Wo *steht* denn das geschrieben? それはどこに書いてあるんだい. Was *steht* denn heute auf dem Programm〈der Tagesordnung〉?《話》きょうの予定はなんだい. auf einer Liste ~ リストに載っている. Das *steht* bei Goethe. それはゲーテの言葉だ. In der Bibel *steht* geschrieben〈zu lesen〉, ...《古》聖書には...と書いてある. Was *steht* in dem Brief? その手紙にはなんて書いてあるの. in der Zeitung〈an der Tafel〉 ~ 新聞〈黒板〉に書いてある. In ihrem Gesicht *steht* Angst. 彼女の顔には不安の色があらわれている. Er ist ein Arzt, wie er im Buche *steht*.《比喩》彼は正真正銘の医者だ. Das *steht* auf einem anderen Blatt.《比喩》それとは関係ないことだ.

6 止まっている, 滞っている. Der Motor〈Die Uhr〉 *steht*. エンジン〈時計〉が止まっている. Eine Blutung *steht*. 出血が止まった. Die Luft *steht*. 風がない. Der Verkehr *steht*. 交通が渋滞している. Es war tatsächlich, als *stehe* die Zeit. まるで時間が止まっているかのようだった.《中性代名詞として》 zum *Stehen* kommen 止まる. et⁴ zum *Stehen* bringen 物⁴を止める.

7 存在(存続)している, 残っている. Das Haus *steht* seit 20 Jahren. その家は 20 年前からある. Die mittelalterliche Stadtmauer *steht* noch. 中世の街の囲壁がまだ残っている. solange die Welt *steht* この世のつづくかぎり.

8 できあがっている, 完成している. Der Plan *steht*. 計画はできあがっている. In drei Monaten wird das Haus ~. 3ヶ月でその家は完成するだろう. Die Mannschaft *steht*. チームは編成ずみだ. Bis zum Wochenende muss das Referat ~.《話》週末までにレポートを仕上げねばならない.

9 (j³) 似合う. Der Hut *steht* dir [gut]. その帽子は君に(よく)似合っている. Die Farbe *steht* ihr gut zu Gesicht. その色は彼女の顔によく合っている. [Wie] *stehen* mir die Jeans? このジーンズは似合っているかしら. Dieses Benehmen *steht* ihr nicht sicht.《比喩》このような態度は彼女には似合わない.

10《zu j〈et〉³ stehen の形で》(a) 人³に責任を持つ. Ich werde imm auch geschehen möge. なに

味方だ. zu *seinem* Wort〈*seinem* Versprechen〉~ 自分の言葉に責任を持つ〈約束を守る〉. Ich *stehe* zu dem, was ich getan habe. 私は自分のしたことに責任を持つ. (b) 人〈事〉に…の態度をとる〈考えをもつ〉. Wie *stehst* du zu diesem Problem? 君はこの問題についてどう思う. Wie *stehst* du zu ihr? 彼女のことをどう思う. zu et〈j〉³ positiv ~ 事〈人〉³にたいして肯定的である.

11 bei j³ ~ 人³しだいである. Das *steht* ganz bei dir. それはまったく君しだいだ. Es *steht* bei dir, anzunehmen oder abzulehnen. 受入れるか断るかは君が決めることだ.

12 (a) auf et⁴ ~ 事⁴にたいして刑罰が科せられている. Auf Diebstahl *steht* Gefängnis. 盗みをすると刑務所行きだ. (b) auf et〈j〉⁴ ~ 物〈人〉⁴に賞金がかかっている. Auf seinen Kopf〈ihn〉 *steht* eine Belohnung. 彼の首〈彼〉には賞金がかかっている.

13 auf j〈et〉⁴ ~ 《話》人〈物〉⁴が大好きである. Ich *stehe* auf Jazz. 私はジャズが大好きだ. Ich glaube, sie *steht* auf dich. 彼女は君にご執心のようだよ.

14 《für et⁴ *stehen* の形で》(a) 事⁴を保証する. Die Marke *steht* für Qualität. この商標は品質を保証している. Ich *stehe* für nichts. 私はなにも請け合いません. (b) 物⁴を代表する. Dieser Name *steht* für alle. この名前は全員を代表するものである. Norwegen *steht* für rauhes Klima. ノルウェーといえば厳しい気候である.

15 hinter j〈et〉³ ~ 人³の後ろ盾になっている〈事³を支持している〉. Alle Kollegen *stehen* hinter ihm. 同僚はみな彼に味方についている. Er *steht* fest hinter ihrem Plan. 彼は彼女の計画を強く支持している.

16 j⁴⁺³ teuer zu ~ kommen 人⁴³にとって高いものにつく. Das Haus kam ihn〈ihm〉 teurer zu ~, als er angenommen hatte. その家は彼が考えていたよりも高くついた. Das wird dich teuer zu ~ kommen! それはいずれ君の身に手痛いものはねかえってくるぞ.

17 《zu 不定詞句とともに/非人称的に》Es *steht* zu erwarten〈befürchten〉, dass…. …ことが期待される〈気づかわれる〉.

18 《話》勃起する. einen ~ haben 勃起している.

19 《まれ》(sich⁴ stellen) ~ auf die Zehenspitzen ~ つま先で立つ.

❷ 圓 **1** 〔立ち仕事を〕する. Wache ~ 見張りに立つ. j³ Modell ~ 人³のモデルになる. *seinen* Mann ~ 男の意気を見せる.

2 (a) 《スポ》(転倒せずに)ジャンプを終える. 96 Meter *gestandener* Sprung 最長不倒ジャンプ. (b) der weiteste *gestandene* Sprung 最長不倒ジャンプ. (c) 《スポ》ダウンしない. fünf Runden ~ ダウンせずに5ラウンド持ちこたえる.

❸ 圓 (sich¹) **1** sich gut〈schlecht〉 ~ 《話》暮し向き〈金回り〉がいい〈悪い〉. Er *steht* sich auf 3000 Euro monatlich. 彼は毎月 3000 ユーロ稼いでいる.

2 sich gut mit j³ ~ 人³とうまくいっている.

3 〔結果を示す語と〕sich müde ~ 立っていて疲れる.

◆↑stehen bleiben, stehen lassen, gestanden¹

'**Ste·hen** 囲 –s/ **1** 立っていること. So müde, dass ich im ~ schlafen könnte. 私はとても疲れていて立ったまま眠ってしまいそうだ. **2** 止まっていること. eine Blutung zum ~ bringen 出血を止める. zum ~ kommen 止まる.

'**ste·hen blei·ben***, °'**ste·hen|blei·ben*** ~ blaiben シュテーエン ブライベン 圓 (s) **1** 立ち止まる〈止っている〉; 〔発육などが〕途中で止る. vor dem Schaufenster ~ ショーウィンドーの前で立止る. Das Pferd ist vor dem Hindernis *stehen geblieben*. 馬は障害の前で立止ってしまった. Das Kind ist in der Entwicklung *stehen geblieben*. その子供は成長〈発育〉が止ってしまった. Wo sind wir gestern *stehen geblieben*? (授業などで)きょうはどこで終えましたか. auf halbem Weg ~ 《比喩》(仕事などを)途中でやめる. **2** (車・機械などが)止る. Die Uhr *bleibt* immer *stehen*. この時計は止ってばかりいる. Das Herz war ihr [fast] *stehen geblieben* vor Schreck. 《比喩》驚きのあまり彼女は心臓が止りそうだった. Dort scheint die Zeit *stehen geblieben* zu sein. 《比喩》あそこでは時間が止ってしまったかのようだ. **3** (建物などが壊れずに)残る. **4** (a) 置き忘れられる. Es sind zwei Schirme *stehen geblieben*. 傘 2 本の忘れ物があった. (b) (そのまま)置かれている; (もとのまま)放置されている. Das Geschirr kann ruhig bis morgen ~. 食器はあしたまでそのままにしておいていいよ. In dem Text sind noch viele Fehler *stehen geblieben*. テキストにはまだ多くの誤植が残っている. Dieser Vorschlag kann so nicht ~. 《比喩》この提案はそのままでは具合が悪い〈修正, 削除しなければならない〉.

'**ste·hend** 現分·形 **1** 立ったままの. Er trank seinen Kaffee ~. 彼は立ったままコーヒーを飲んだ. Das macht er ~ freihändig. 彼はそれをいとも簡単にやってのける. **2** 止まっている, 動かない. ~*es* Gewässer 湖沼. ~*er* Start 《スポ》スタンディングスタート. **3** 決りきった, 常用の. eine ~*e* Einrichtung 慣行, しきたり. eine ~*e* Redewendung 慣用句.

'**ste·hen las·sen***, °'**ste·hen|las·sen*** 他 **1** (手をつけないで)そのままにしておく, ほうておく. die Flasche auf dem Tisch ~ 瓶をテーブルのうえに出したままにしておく. Bäume ~ 木を切らずにおく. das Essen ~ 食事に手をつけずにおく. einen Fehler ~ 間違いを見落す. Für ein Stück Kuchen *lässt* er alles andere *stehen*. 《話》彼はケーキには目がない. Diesen Satz kannst du nicht so ~. この文章はこのままではだめだ. das Bein ~ 《スポ》反則をおかす. Das können wir ~. 《話》これはそのままにしておこう. sich³ einen Bart ~ 髭をたくわえる. **2** 置き忘れる. Er hat seinen Schirm *stehen* [ge]*lassen*. 彼は傘を忘れた. **3** (人⁴を)ほうっておく, 相手にしない. Er hat mich einfach *stehen* [ge]*lassen*. 彼は私をあっさり無視していってしまった. ◆過去分詞 stehen lassen(まれ stehen gelassen)

'**Ste·her** ['ʃteːɐr] 男 –s/ **1** (← Flieger) 《競輪》長距離競輪選手; 《競馬》長距離競走馬, ステーヤー. **2** 《話》しっかりした人. **3** 《スポ》垣根の杭, 杭片.

'**Steh·kra·gen** 男 –s/(⁻) 《服飾》立ち襟, スタンドカラー. bis an den〈bis zum〉 ~ in Schulden stecken 《話》借金で首が回らない.

'**Steh·lam·pe** 囡 –/–n フロアスタンド.

'**Steh·lei·ter** 囡 –/–n 脚立.

steh·len* ['ʃteːlən] シュテーレン stahl, gestohlen/du stiehlst, er stiehlt **❶** 他 盗む. j³ et⁴ ~ 人³の物⁴を盗む. Du hast mir mein Herz *gestohlen*. 《雅》あなたは私の心を(すっかり)奪ってしまった. j³ den Schlaf〈die Zeit〉 ~ 《比喩》人³の睡眠を妨げる〈時間を奪う〉. sich³ die Zeit ~ (やりくりして)時間をとる (für et⁴ 事⁴のために). dem lieben Gott die Zeit〈den Tag〉 ~ のらくらする. j³ den letzten Bissen vom Mund ~.《話》人³の身ぐるみをはぐ. Mit dem kann man Pferde ~.《話》あいつといったらなんだってできる. Er kann mir *gestohlen* bleiben!《話》彼のことなんか知るもんか.《目的語なしで》Du sollst nicht ~.《旧約》汝盗むべからず(出 20:15). Er *stiehlt* [wie ein Rabe]. 彼は手癖が悪い. Woher nehmen und nicht ~?《戯》(必要な物がなくなって困ったときに)いったいどうやって手に入れられようか.

❷ 再《sich⁴》《方向を示す語句と》こっそり出る(入る). *sich* aus dem Haus《ins Zimmer》~ こっそり家を出る《部屋に入る》. Ein Lächeln *stahl sich* auf ihr Gesicht.《雅》彼女の顔に微笑が浮かんだ. Ein Seufzer *stahl sich* aus ihrer Brust.《雅》彼女の胸から嘆息がもれた.

'Steh·ler ['ʃteːlɐr] 男 -s/- 《まれ》盗人, 泥棒.
'Steh·platz 男 -es/⸗e 立ち席.
'Steh·pult 中 -[e]s/-e (立ったまま使用する)書見台.
'Steh·ver·mö·gen 中 -s/ 耐久(持続)力, スタミナ.

*steif [ʃtaɪf シュタイフ] 形 1 (紙・布などが)堅い, ごわごわした. ein ~*er* Hut 山高帽. ein ~*er* Kragen 堅い(糊のきいた)襟. ~*es* Schiff《船員》揺れの少ない船. Das Handtuch ist ~ wie ein Brett.《話》そのハンカチは《糊がききすぎて》ごわごわだ. ~ und fest behaupten〈glauben〉《比喩》事⁴をかたくなに主張する〈信じる〉. 2 (a) (手足などが)こわばった, 堅い, かじかんだ. einen ~*en* Hals haben 首筋がこっている(動かない). einen ~*en* Nacken haben《比喩》強情である. ~ in den Gelenken sein 関節が堅い(硬直して動かない). Seine Glieder sind im Alter ~ geworden. 彼の手足は年をとって堅くなって(こわばって)しまった. Ihre Finger waren ~ vor Kälte. 彼女の指は寒さでかじかんだ. Sie wurde vor Schreck ganz ~. 驚きのあまり彼女の体はすっかりこわばってしまった(身動きひとつできなくなった). die Arme ~ halten 腕をまっすぐのばしておく. (b) (動作が)ぎこちない, ぎくしゃくした. ein ~*er* Gang ぎこちない歩き方. eine ~*e* Haltung しゃちばこばった姿勢. ein ~*er* Stil《比喩》ぎこちない文体. (c)《話》勃起した. (c)《話》(ペニスが)勃起(怒張)した. 3 (態度などが)堅苦しい. eine ~*e* Begrüßung 堅苦しい挨拶. ein ~*er* Empfang 型どおりの出迎え. ein ~*er* Mensch 堅苦しい(融通のきかない)人. Bei ihnen geht es immer etwas ~ zu. 彼等のところはいつもいささか堅苦しい(形式ばっている). 4《話》(スープなどが)どろっとした, 固まった. das Eiweiß ~ schlagen 卵白をホイップして固くする. 5《船員》(風が)きつい, (海が)荒れた. 6《話》(酒などが)きつい, 濃い.

♦ ↑steif halten

'Stei·fe ['ʃtaɪfə] 女 -/- n 1《複数なし》堅さ, こわばり, 硬直; 堅苦しさ, ぎこちなさ. ▶↑steif 2《土木》突っ張り, 筋交い, 方杖に.

'stei·fen ['ʃtaɪfən] ❶ 他 1 こわばらせる, 堅くする. j³ den Nacken ~ 人³を激励する. j³ den Rücken ~ 人³を勇気づける. 2《地方》(洗濯物に)糊をつける. 3《土木》(壁などを)補強する, 支える. ❷ 再《sich⁴》こわばる, 堅くなる.

steif hal·ten*, °'steif|hal·ten* 他《次の成句で》die Ohren〈den Nacken〉 ~《話》くじけない, めげない.

'Steif·heit 女 -/ 1 堅い(こわばっている)こと; こわばっていること; ぎこちないこと; 堅苦しさ. 2 堅苦しい態度.

'Stei·fig·keit ['ʃtaɪfɪçkaɪt] 女 -/ 1 =Steifheit 2《工学》剛性.

'Steif·lei·nen 中 -s/-《服飾》麻の芯地, バックラム.
Steig [ʃtaɪk] 男 -[e]s/-e 小道, 坂道, 山道.
'Steig·bü·gel 男 -s/- 1 あぶみ. j³ den ~ halten《比喩》人³の出世に手を貸す. 2《解剖》あぶみ骨.
'Stei·ge ['ʃtaɪɡə] 女 -/-n 1 急な坂道; 狭い階段. 2 (果物用の浅い)木箱; (板囲いの)小屋.
'Steig·ei·sen 中 -s/-《多く複数で》《登山》アイゼン; 木登り用の金具(靴につける); (煙突などの)昇降用足場.

'stei·gen* [ˈʃtaɪɡən シュタイゲン] stieg, gestiegen ❶ 自《s》 1《方向を示す語句と》登る, 上がる, 乗る; 下る, 降りる. bergauf〈bergab〉 ~ 山〈坂〉を登る〈下る〉. Wer hoch *steigt*, fällt tief.《諺》高く登る者は深く落ちる. auf einen Berg〈einen Turm〉 ~ 山〈塔〉に登る. auf eine Leiter ~ 梯子(は⁵⁹)に登る. auf einen Stuhl ~ 椅子のうえに乗る. aufs Fahrrad〈Pferd〉 ~ 自転車〈馬〉にまたがる. auf die Bremse〈in die Bremsen〉 ~《話》急ブレーキをかける. j³ aufs Dach〈dem Kopf〉 ~《卑》人³をとっちめる. aus dem Auto〈dem Zug〉 ~ 自動車〈列車〉から降りる. aus dem Wasser ~ 水から出る. aus dem〈ins〉 Bett ~《話》ベッドから起きる〈ベッドに入る〉. durchs Fenster ~ 窓から入る. ins Auto〈Bad〉 ~ 自動車に乗る〈ふろに入る〉. in den Keller〈ins Tal〉 ~ 地下室〈谷〉に下りる. in den Ring ~ (ボクシングの)リングに上がる. ins Examen ~《話》試験を受ける. in die Kleider ~《話》服を着る. über einen Zaun ~ 柵を乗越える. vom Pferd ~ 馬から下りる.

2 再《空中へ》昇る, 上昇する. Das Flugzeug *stieg* bis auf 5 000 m. 飛行機は高度5000メートルまで上昇した. Eine Lerche *steigt* in die Lüfte.《雅》ひばりが空に舞上がる. Der Nebel *steigt*. 霧が立つ. Die Sonne *steigt* am Horizont. 地平線に日が昇る. Drachen ~ lassen 凧(な)を揚げる. (b)《方向を示す語句と》(人³に)(わき)上がってくる, たちのぼる. Das Blut *stieg* ihr ins Gesicht. 彼女は顔を赤くした〈彼女の顔に血がのぼった〉. Ein feiner Duft ist mir in die Nase *gestiegen*. よいにおいが私の鼻に入ってきた. Der Erfolg ist ihm zu Kopf *gestiegen*.《話》その成功で彼はのぼせ上がった. Die Tränen *stiegen* ihr in die Augen. 彼女の目に涙が浮かんだ. Der Wein ist ihm zu Kopf *gestiegen*. ワインの酔いで彼の頭はぼおっとなった.

3 (↔ fallen) (温度・価格・地位などが)上がる, 上昇する; (数・量が)増加する; (感情などが)高まる; (道が)上りになっている. Die Temperatur〈Das Fieber〉 *steigt* auf 40°. 温度〈熱〉が40°に上がる. Der Wasserspiegel *steigt* um einen Meter. 水面が1メートル上昇する. Die Preise sind *gestiegen*. 物価が上昇した. Er war hoch *gestiegen*. 彼は大いに出世した. Die Zahl der Toten *stieg* auf 100. 死者の数は100人にのぼった. Die Ansprüche〈Die Aussichten〉 *steigen*. 要求が高まる〈見込が増す〉. Die Stimmung ist *gestiegen*. 雰囲気〈気分〉が盛上がった. Unruhe und Spannung waren *gestiegen*. 不安と緊張がつのった. Der Weg *steigt*. 道は上り坂になっている. 《in et³ steigen の形で》im Preis〈Wert〉 ~ 値段〈価値〉が上がる. im Gehalt〈Rang〉 ~ 給料〈地位〉が上がる. im Ansehen ~ 人望が高まる. Er ist in meiner Achtung beträchtlich *gestiegen*. 彼にたいする私の尊敬の念は大いに高まった.

4《話》(行事・会などが)催される. Die Party *steigt* in der nächsten Woche. パーティーは来週開かれる.

Steiger

5 (馬が)後ろ足で立つ.
6 (魚が)川を登る; 水面に上がってくる.
❷ 他 eine Treppe ~ 階段を上る.

'**Stei·ger** ['ʃtaɪɡər] 男 –s/– 1《鉱業》鉱山の現場監督. 2 旅客車用桟橋. 3《まれ》登山家.

'**Stei·ge·rer** ['ʃtaɪɡərər] 男 –s/– (競売の)買い手.

*'**stei·gern** ['ʃtaɪɡərn シュタイゲーン] ❶ 他 1 (程度・度合)を高く〈強く〉する, 上げる, 高める; (感情などを)強める. die Erträge〈die Produktion〉 ~ 収益〈生産〉を高める. die Geschwindigkeit〈das Tempo〉 ~ 速度〈テンポ〉を上げる. die Preise〈die Mieten〉 ~ 値段〈家賃〉を上げる. die Spannung〈die Angst〉 ~ 緊張〈不安〉を高める. den Wert ~ 価値を高める. 《過去分詞で》 *gesteigerte* Ansprüche stellen 一段と高い要求を出す. mit *gesteigertem* Interesse verfolgen 事をより深い関心を持ち見守る. 2 ein Adjektiv ~ 《文法》形容詞を比較変化させる. 3 (競売で)競り落す.

❷ 再 (*sich*⁴) (程度・度合)が高く〈強く〉なる, 上がる, 高まる. Die Erregung〈Die Angst〉 *steigert sich*. 興奮が高まる〈不安がつのる〉. Sein Zorn〈Ihre Freude〉 *steigerte sich* noch. 彼の怒り〈彼女の喜び〉はさらに高まった. Die Hitze *steigerte sich*. 暑さが増した. Der Wind *steigerte sich* zum Sturm. 風が強まって嵐になった. Die Schmerzen *steigerten sich* ins Unerträgliche. 痛みはだんだん激しくなって耐えられなくなった. Er hat *sich* in seinen Leistungen *gesteigert*. 彼は成績が上がった. *sich* in Raserei ~ (だんだん)興奮して狂乱状態になる.

❸ 自 (競売で)競(*セ*)る (um et⁴ 物⁴を).

'**Stei·ge·rung** ['ʃtaɪɡərʊŋ] 女 –/–en 1 (程度・度合を)高める〈高まる〉こと. Preis*steigerung* 値上. die ~ der Produktion 増産. 2《文法》比較変化.

'**Steig·fä·hig·keit** 女 –/–en (車の)登坂力.

'**Steig·hö·he** 女 –/–n《航空》上昇限度.

'**Steig·lei·tung** 女 –/–en (建物内の水道・電気などの)立上がり配管(配線).

'**Steig·rohr** 中 –[e]s/–e 吸上げ管.

'**Stei·gung** ['ʃtaɪɡʊŋ] 女 –/–en 1 登ること, 上がること; 傾斜, 勾配; 上り坂. 2《工学》(歯車の)ピッチ, リード.

***steil** [ʃtaɪl シュタイル] 形 1 傾斜の急な, 険しい, きり立った; 垂直の, 直立した. ein ~*er* Berg 険しい山. eine ~*e* Flamme まっすぐ立つ炎. eine ~*e* Handschrift 字の直立した筆跡. eine ~*e* Karriere 一躍の昇進. sich⁴ ~ aufrichten まっすぐに立ち〈起き〉上がる. Die Sonne steht ~ am Himmel. 日は空高く昇っている. 2《付加語的用法のみ》《古》(とくに若者に)すてきな, すごい. ein ~*er* Zahn いかす女の子. 3《球技》(パスが)はるか前方に上げられた.

'**Stei·le** ['ʃtaɪlə] 女 –/–n 険しい; 急傾斜, 急勾配.

'**Steil·feu·er** 中 –s/–《軍事》曲射.

'**Steil·feu·er·ge·schütz** 中 –es/–e 曲射砲.

'**Steil·hang** 男 –[e]s/–*e* 断崖, 急斜面.

'**Steil·heit** 女 –/ 1 険しいこと, 急傾斜, 急勾配. 2《電気》相互コンダクタンス.

'**Steil·küs·te** 女 –/–n 切立った海岸, 急崖.

Stein

[ʃtaɪn シュタイン] 男 –[e]s/–e 1 石. eine Bank〈ein Denkmal〉 aus ~ 石のベンチ〈石碑〉. Der Weg ist voller ~*e*. その道は石ころだらけだ. der ~ des Anstoßes つまずきの石 (↓《旧約》イザ 8:14); しゃくの種. der ~ der Weisen 賢者の石(錬金術で卑金属を金にかえる力を持つと考えられた石. あらゆる謎を解く知恵の象徴). Mir fällt ein ~ vom Herzen. これで私の肩の荷がおりた, ひと安心だ. Der ~ kommt ins Rollen.《話》事態が動き出す. Es friert ~ und Bein.《話》骨身にしみる寒さだ. wie ein ~ schlafen《話》死んだように眠る. den ~ ins Rollen bringen《話》事態を進展させる. Das könnte einen ~ erbarmen〈erweichen〉. それには石さえ心を動かさずにはおれまい. j³ ~*e* statt Brot geben《比喩》人³に親切ごかしに(口先だけで)ものを言う (↓《新約》ルカ 7:9). einen ~ im Schuh haben 靴の中に石が入っている. Man könnte ebensogut ~ *en* predigen. まるで石に灸(キュウ)をすえるようなもので, 馬の耳に念仏だ. j³ ~*e* in den Weg legen《比喩》人³の邪魔をする. j³ [die] ~*e* aus dem Weg räumen《比喩》人³の障害を取除いてやる. ~ und Bein schwören《話》きっぱりと誓う, 断言する. einen ~ auf j⁴ werfen《比喩》人⁴をなじる, 責める. j³ einen ~ in den Garten werfen《話》人³に損害を与える.《戯》人³の親切に報いる. den ersten ~ auf j⁴ werfen《比喩》最初に人⁴を責める. Wer unter euch ohne Sünde ist, der werfe den ersten ~ auf sie. あなたたちの中で罪を犯したことのない者が, まずこの女に石を投げなさい《新約》ヨハ 8:7). Steter Tropfen höhlt den ~.《諺》点滴石をも穿(ウガ)つ. Das ist nur ein Tropfen auf den heißen ~. それは焼け石に水だ. über Stock und ~ 草を分け岩を越え, がむしゃらに. ein Herz von〈aus〉 ~ haben 思いやりがない, 非情である. zu ~ werden《雅》(表情などが)石のようにこわばる.

2 (a)《建築用の》石材, 煉瓦. ~*e* brechen〈brennen〉石を切出す〈煉瓦を焼く〉. eine zwei ~ starke Mauer 煉瓦 2 個分の厚さの壁. Kein ~ bleibt auf dem anderen. (街などが)完全に破壊される, 瓦礫と化す(《新約》マタ 24:2). keinen ~ auf dem anderen lassen (街などを)破壊しつくす. (b) 墓石.

3 (Edelstein) 宝石; (時計の)石. ein ~ von 40 Karat 40 カラットの宝石. Dabei fällt dir kein ~ aus der Krone.《話》それで君の面目がつぶれるわけじゃないよ.

4 (ゲームの)石, 駒. bei j³ einen ~ im Brett haben《話》人³の受けがいい.

5《植物》(石果の)核, 種.

6《医学》結石. an ~ *en* in der Galle leiden 胆石を患っている.

7《地方》ジョッキ.

'**Stein·ad·ler** 男 –s/–《鳥》いぬ鷲.

'**stein'alt** 形 非常に高齢の.

'**Stein·axt** 女 –/–*e* 石斧(フ).

'**Stein·bank** 女 –/–*e* 石のベンチ.

'**Stein·bau** 男 –[e]s/–ten (複数なし) 石造り, 石造建築物.

'**Stein·block** 男 –[e]s/–*e* 石のかたまり, 石塊.

'**Stein·bock** 男 –[e]s/–*e* 1《動物》アルプスアイベックス. 2 (a) der ~《天文・占星》山羊座; 磨羯(マカツ)宮. (b) 山羊座生れの人.

'**Stein·bo·den** 男 –s/–*e* 1 石だらけの土地, 岩地. 2 板石をしいた床, 畳の床.

'**Stein·boh·rer** 男 –s/– 削岩機.

'**Stein·brech** 男 –[e]s/–e《植物》ゆきのした.

'**Stein·bre·cher** 男 –s/– 1 砕石機, クラッシャー. 2 石切り工, 砕石工.

'**Stein·bruch** 男 –[e]s/–*e* 採石場, 石切り場.

'**Stein·butt** 男 –[e]s/–e《魚》(大型の)ひらめ.

Stein‧druck 男 –[e]s/–e 〖印刷〗 **1**《複数なし》石版印刷(術). **2** 石版画, 石版印刷物.
Stein‧ei‧che 女 –/–n 〖植物〗ときわ樫.
Stei‧ner ['ʃtaɪnər]〖人名〗Rudolf ~ ルードルフ・シュタイナー(1861–1925, ドイツの思想家).
stei‧nern ['ʃtaɪnərn] シュタイナーン〗形 **1** 石の, 石製(石造り)の. **2** 冷淡な, 無情な;(表情の)こわばった, 無表情な. ein ~es Herz haben 心が冷たい.
Stein‧er‧wei‧chen 中 –s/《次の成句で》zum ~ weinen〈heulen〉見るも痛ましいほど激しく泣く(泣きわめく). Es war zum ~. それは見るもあわれだった.
Stein‧gar‧ten 男 –s/⸚ 高山植物を植えた岩石園.
Stein‧gut 中 –[e]s/(種類 –e)〖陶〗炻器(せっき).
Stein‧hä‧ger ['ʃtaɪnhɛːɡər] 男 –s/– シュタインヘーガー(杜松酒の商標).
stein'hart 形 石のように堅い, かちかちの, こちこちの.
Stein‧hau‧er 男 –s/–〖古〗石切(採石)工;石工.
Stein‧holz 中 –es/ キシロリット(おが屑などにマグネシアセメントを混ぜてつくる合成床材).
'stei‧nig ['ʃtaɪnɪç] 形 石の多い, 石だらけの.
stei‧ni‧gen ['ʃtaɪnɪgən] 他 (刑罰として)石を投げて打殺する;《比喩》打負かす, やっつける.
Stei‧ni‧gung 女 –/–en 石を投げて打殺すること, 石打の刑.
Stein‧koh‧le 女 –/–n 石炭.
Stein‧koh‧len‧teer 男 –[e]s/ コールタール.
Stein‧mar‧der 男 –s/–〖動物〗ぶな貂(てん).
Stein‧metz 男 –en/–en 石工(いしく).
Stein‧obst 中 –[e]s/〖植物〗核果.
Stein‧öl 中 –[e]s/–〈古〉(Erdöl) 石油.
Stein‧pilz 男 –es/–e〖植物〗やまどり茸.
'stein‧reich 形 **1** ['–'–]《まれ》石だらけの. **2** ['–'–] 大金持の.
Stein‧salz 中 –es/ 岩塩.
Stein‧schlag 男 –[e]s/⸚e **1** 落石. **2**《複数なし》〖土木〗砕石, 割りぐり.
Stein‧schleu‧der 女 –/–n 投石器.
Stein‧schmät‧zer 男 –s/–〖鳥〗さばくひたき.
Stein‧set‧zer 男 –s/– 道路舗装工.
Stein‧wurf 男 –[e]s/⸚e **1** 投石. **2** 石を投げて届くほどの距離. [nur] einen ~ weit [entfernt]〈古〉ごく近くに.
Stein‧zeich‧nung 女 –/–en 石版(画), リトグラフ.
Stein‧zeit 女 –/〖先史〗石器時代.
Steiß [ʃtaɪs] 男 –es/–e **1**（人間の）尻, 臀部. **2**〖猟師〗（野鳥の）尾.
Steiß‧bein 中 –[e]s/–e〖解剖〗尾骨.
'Ste‧le ['steːlə, 'ʃt..] 女 –/–n〖美術〗ステレ. ◆おもに古代ギリシアで, 墓碑などとして使われた, 浮彫や碑文の入った石盤(石柱).
Stel‧la‧ge [ʃtɛˈlaːʒə] 女 –/–n (ndl.) **1** 台, 棚. **2**〖金融〗複合選択権付き取引.
Stel‧lar‧as‧tro‧no‧mie [ʃtɛˈlaːr..., st..] 女 –/ 恒星天文学.
'Stell‧dich‧ein ['ʃtɛldɪçaɪn] 中 –[s]/–[s] あいびき, ランデブー, デート;《比喩》会合, ミーティング. sich³ ein ~ geben (会議に)集合する, 落ち合う.

'Stel‧le ['ʃtɛlə シュテレ] 女 –/–n (↓stellen) **1** (a) 場所, 箇所, 地点;（身体や物体の）部位. die beste ~ zum Campen キャンプをするにはもってこいの(最適の)場所. eine ~, wo Pilze wachsen きのこの生えている場所. eine kahle ~ auf dem Kopf 頭の禿(は)げた箇所. eine schwache ~ 弱いところ, 弱点. Das ist seine empfindliche〈schwache〉 ~. それが彼の泣き所だ. Die Äpfel haben ~n. りんごには傷んだところがある.《前置詞と》An einigen ~n liegt noch Schnee. 所々にまだ雪が残っている. an der richtigen ~ しかるべき(ふさわしい)ところ(場所)に. An dieser ~ geschah der Unfall. この場所で事故が起った. Stell den Stuhl wieder an seine ~! 椅子をもとの場所にもどしなさい. Das gehört nicht an diese ~. これはここにあるべきものではない;《比喩》それはこの事とはなんの関係もない. an Ort und ~ 現場で, 本来の(もとの, 目的の)場所に. **auf** der ~ その場で, すぐに. Er war bei dem Unfall auf der ~ tot. 彼はその事故で即死だった. auf der ~ treten〔話〕先へ進まない, もたついている(in〈mit〉 et³ 事³が);（仕事などに）わざと時間をかける. In den Verhandlungen trat man auf der ~. 交渉は進まなかった. Ich bringe den Schrank nicht von der ~. 私はこの棚を動かすことができない. nicht von der ~ kommen〔話〕先へ進まない, はかどらない(mit et³ 事³が). Ich komme mit meiner Arbeit nicht von der ~. 私は仕事がはかどらない. sich⁴ nicht von der ~ rühren その場を動かない. von der ~ weg そのまま. Er heiratete sie von der ~ weg. 彼はその場で彼女と結婚した. sich⁴ **zur** ~ melden (とくに軍隊に)出頭する. Soldat Müller auf Ihren Befehl zur ~! 兵士ミュラー命令により出頭いたしました. et〈j〉⁴ zur ~ schaffen 物¹をもってくる, 調達する〈人⁴を連れてくる〉. zur ~ sein (おあつらえ向きに)その場にいる. (b) 立場. an meiner ~ 私の立場で;私の代りに. Ich an deiner ~ würde das nicht tun〈machen〉. 僕が君ならそんなことはしないだろう. Ich möchte nicht an seiner ~ sein〈stehen〉. 私は彼のような立場(境遇)には身を置きたくない. sich⁴ an j² ~ setzen 人²の立場に立つ. Versetz dich einmal an meine ~! こちらの立場にもなってみろ. an ~ von et〈j〉³ 物⁴人⁴の代りに. an ~ der〈von〉 Milch ミルクの代りに. Er kam an ~ seines Bruders. 弟(兄)の代りに彼がやってきた.

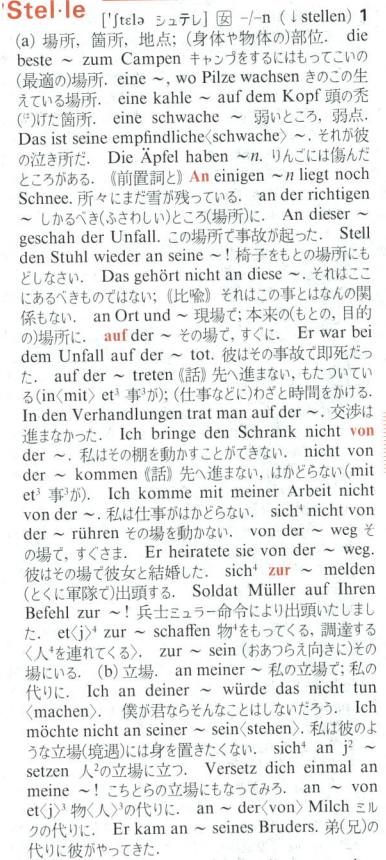

2（書物・楽曲などの）箇所, 部分. eine ~ aus dem Buch herausschreiben〈zitieren/vorlesen〉本のある箇所を書抜く〈引用する/朗読する〉.

3 職(場), 勤め口, ポスト. eine freie〈eine offene〉 ~ 空(あ)いているポスト. In dieser Firma ist eine ~ als Sekräterin frei. この会社では秘書のポストがひとつ空いている. eine ~ finden〈suchen〉勤め口を見つける〈探す〉. eine ~ bekommen〈antreten〉職にありつく〈就く〉. ohne ~ sein 職がない.

4 順位;地位. an erster ~ 第1位に, 先頭に. an erster ~ stehen トップ(第1人者)である;もっとも重要である. an führender ~ stehen 指導的地位にある.

5 (Dienststelle) 役所, 官庁. sich⁴ an die zuständige ~ wenden 当局に問合せる.

6〖数学〗位, 桁. eine Zahl mit drei ~n 3桁の数字. die erste ~ hinter〈nach〉 dem Komma 少数第1位.

'stel‧len ['ʃtɛlən シュテレン] (↓Stall) ❶ 他 **1**

Stellenangebot

《ふつう方向を示す語句》(a)《物⁴を》立てる,（立てて）置く. Du musst die Flasche ~, nicht legen. その瓶は立てて置きなさい，寝かせてはいけない. Wie sollen wir die Möbel ~? 家具をどのように置こうか. In dem kleinen Zimmer kann ich den Schrank nicht ~. このせまい部屋では戸棚を置くことができない. et⁴ beiseite ~ 物⁴をわきに置く. einen Schrank an die Wand ⟨ins Zimmer⟩ ~ 戸棚を壁ぎわに置く⟨部屋に入れる⟩. et⁴ auf den Kopf ~ 物⁴をさかさにする,《比喩》めちゃくちゃにする，ちらかす，(事実などを)ねじまげる. das Geschirr auf den Tisch ~ 食器をテーブルに置く. das Auto in die Garage ~ 自動車をガレージに入れる. eine Frage in den Mittelpunkt der Diskussion ~ 《比喩》ある問題を議論の中心に据える. Bücher ins Regal ~ 本を本棚に立てる. die Blumen in die Vase ~ 花を花瓶に生ける. A⁴ über B⁴ ~ 《比喩》A⁴をB⁴よりも優先（優遇）する. (b)《人⁴を》立てる. j⁴ wieder auf die Füße ~ 人⁴を助け起こす. j⁴ auf eigene Füße ~ 人⁴を（経済的に）自立させる. j⁴ in den Schatten ~ 人⁴を陰に立たせる;《比喩》人⁴を凌駕する. Der Fotograf stellte die Kinder vor die Erwachsenen. 写真家は子供たちを大人の前に立たせた. j⁴ vor eine Entscheidung⟨die Wahl⟩ ~ 《比喩》人⁴に決断〈選択〉を迫る. j⁴ vor ein Problem ~ 《比喩》人⁴に問題をつきつける. j⁴ einen Helfer zur Seite ~ 人³に介添人（助力者）をつけてやる.《過去分詞で》auf sich⁴ [selbst] gestellt sein《比喩》（経済的に）自立している. (c)《本来の意味がうすれて》(↑11) j⁴ auf die Probe ~ 人⁴を（ためしに）試す. et⁴ in Abrede ~ 事⁴を否定（否認）する. et⁴ in Frage ~ 事⁴を疑問視する；（ある事が）事⁴をおぼつかなくさせる. et⁴ in Rechnung ~ 事⁴を計算に入れる，考慮する. et⁴ in Zweifel ~ 事⁴を疑う. j⁴ unter Aufsicht ~ 人⁴を監視する. et⁴ unter Beweis ~ 事⁴を証明（立証）する. et⁴ unter Strafe ~ 事⁴に刑罰を科す. j⁴ vor Gericht ⟨unter Anklage⟩ ~ 人⁴を告訴する. et⁴ zur Diskussion ~ 事⁴を討議にかける. j⁴ zur Rede ~ 人⁴に釈明を求める.

❷（動物が尾や耳を）立てる.

❸（罠などを）仕掛ける.

❹（器具などを）調節（調整）する. die Uhr ~ 時計を（正しい時刻に）合せる. den Wecker auf sechs Uhr ~ 目覚し時計を6時にセットする. die Heizung auf 22° ~ 暖房の温度を22℃にセットする. das Radio leiser⟨auf leise⟩ ~ ラジオの音を小さくする. die Flamme kleiner ~ 炎を小さくする.

❺ 用意（提供）する，用立てる. Die Getränke stelle ich. 飲み物は私が用意します. einen Bürgen⟨Zeugen⟩ ~ 保証人⟨証人⟩を立てる. j³ Wagen und Chauffeur ~ 人³に車と運転手を提供する（用立てる）. eine Kaution ~ 保証金を積む. Die Gemeinde stellte für die Bergungsarbeiten 50 Mann. 村は救助活動に50名の人員を出した.

❻（飲食物などを）一定の温度に保つ. Wein kalt ~ ワインを冷やしておく. Speisen warm ~ 料理を温かくしておく.

❼（犯人などを）追いつめる，捕らえる. Die Polizei stellte den Verbrecher. 警察は犯人を捕らえた. Der Hund hat das Wild gestellt.《猟師》猟犬が獣を追いつめた.

❽（課題・期限などを）定める，（予定を）立てる. j³ eine Aufgabe⟨ein Thema⟩ ~ 人³に課題〈テーマ〉を与える. Bedingungen⟨eine Frist⟩ ~ 条件〈期限〉を定める. j³ eine Diagnose⟨ein Horoskop⟩ ~ 人³に診断を下す⟨人³の星占いをする⟩.

❾ eine Szene ~（演劇などで）場面を演出する.

❿ j⁴ gut ~ 人⁴に給料をたっぷり与える，(の)暮しをよくする. Seine neue Position stellte ihn nicht besser 彼は新しいポストに就いたけれど給料がよくなったわけでなかった.《過去分詞で》gut⟨schlecht⟩ gestellt sein 暮し向きがいい⟨悪い⟩.

⓫《機能動詞的に》…する(↑1(c)). einen Antrag ~ 提案をする（出す）. eine Bitte ~ 頼みごとをする. eine Forderung ~ 要求をする. eine Frage ~ 質問をする. ein Ultimatum ~ 最後通告を出す.

❷ 再《sich》❶（ある場所に）立つ，身を置く. sich ans Fenster⟨vor die Tür⟩ ~ 窓辺⟨ドアの前⟩に立つ. sich auf den Kopf⟨die Zehenspitzen⟩ ~ 逆立ちする⟨爪先で立つ⟩. sich gegen j⟨et⟩⁴ ~ 人⟨事⟩に逆らう. sich hinter j⟨et⟩⁴ ~ 人⟨事⟩の味方をする，(の)後ろ盾になる. sich j³ in den Weg ~ 人³の行く手をさえぎる;《比喩》(を)妨害する. sich vor j⁴ ~ 《比喩》人⁴をかばう.

❷ 集まる，集合する. Wir stellen uns morgen um neun Uhr am Bahnhof. 私たちはあした9時に駅に集合する.

❸ (a) 自首する. Der Täter hat sich [der Polizei] gestellt. 犯人は(警察に)自首した. (b) sich zum Militärdienst ~ 兵役につく. Er muss sich am 1. Januar ~. 彼は1月1日に入隊しなければならない. (c)（要求などに）応じる. sich einer Diskussion⟨der Herausforderung⟩ ~ 討論⟨挑戦⟩に応じる. sich der Presse⟨der Kamera⟩ ~ 記者会見⟨写真撮影⟩に応じる. sich dem Gegner [zum Kampf] ~ 敵(相手)との対戦に応じる.

❹ …のふりをする. sich krank ~ 仮病をつかう. sich schlafend⟨unwissend⟩ ~ 眠ったふり⟨知らんふり⟩をする. sich tot ~（動物が）死んだふりをする.

❺ …の態度をとる，…の考え方をする. Wie stellen Sie sich zu dem neuen Projekt? この新しい計画をどう思われますか. sich positiv⟨negativ⟩ zu et³ ~ 事³に肯定的⟨否定的⟩な態度をとる. sich mit j³ gut ~ 人³と仲良くやってゆく.

❻ sich gut⟨schlecht⟩ ~（地方）暮し向きがいい⟨悪い⟩.

❼《とくに[*]で》…の額になる. Dieses Kleid stellt sich auf 80 Euro. このドレスは80ユーロする. Der Preis stellt sich höher als erwartet. 値段は思っていたよりも高い.

◆ ↑ gestellt

'**Stel·len·an·ge·bot** 中 -[e]s/-e 求人.

'**Stel·len·ge·such** 中 -[e]s/-e 求職.

'**stel·len·los** ['ʃtɛlənloːs] 形 定職のない，失業中の.

'**Stel·len·nach·weis** 男 -es/-e 職業紹介所.

'**Stel·len·ver·mitt·lung** 女 -/-en 職業紹介.

'**Stel·len·wei·se** ['ʃtɛlənvaɪzə] 副 あちこちに，所々に；部分的に.

'**Stel·len·wert** 男 -[e]s/-e 1《数学》（数字の）桁の値. 2 全体の中での価値.

..**stel·lig** [..ʃtɪlɪç]《接尾》数詞などにつけて「…桁の」の意の形容詞をつくる. dreistellig 3桁の.

'**Stell·ma·cher** ['ʃtɛl..] 男 -s/-（Wagner）車大工.

'**Stell·netz** 中 -es/-e《水産》置き網，定置網.

'**Stell·rad** 中 -[e]s/-er（計測装置などの）調整用ノブ.

'**Stell·schrau·be** 女 -/-n 調整ねじ.

* '**Stel·lung** ['ʃtɛlʊŋ シュテルング] 女 -/-en（↓stellen）

❶ 姿勢，ポーズ；（性交時の）体位. eine bequeme ~

楽な姿勢. eine andere ~ einnehmen 姿勢を変える. in hockender〈gebückter〉~ しゃがんだ〈かがんだ〉姿勢で. **2** 位置,配列. die ~ der Gestirne 星位. die ~ der Weichen ändern ポイントを切換える. den Temperaturregler auf ~ 6 bringen 温度調節器を6の目盛に合せる. **3** (a) 職(場), ポスト. eine gut bezahlte ~ finden〈suchen〉 給料のいい勤めを見つける. eine hohe ~ einnehmen〈bekleiden〉(地位の)高いポストに就く. eine ~ finden〈suchen〉 職を見つける〈探す〉. Sie hat eine ~ als Sekretärin. 彼女は秘書として勤めている. bei j³ in ~ sein《古》 人³のところで女中奉公をしている. zu j³ in ~ gehen《古》 人³のところで女中奉公に出る(↑5(a)). sich⁴ nach einer neuen ~ umsehen 新しい職を探す. ohne ~ sein 職がない. (b)《複数なし》地位. die gesellschaftliche〈soziale〉~ 社会的地位. **4**《複数なし》立場,態度; 見解. ~ beziehen (ある)態度をとる(zu et¹ 事³に対して). eine kritische ~ zu j³ haben 人³に対して批判的である. für j〈et〉⁴ ~ nehmen 人〈事〉⁴に賛成する. gegen j〈et〉⁴ ~ nehmen 人〈事〉⁴に反対する. zu et³ ~ nehmen 事³に対する態度を決める(見解を表明する). **5**《軍事》(a) 陣地. die ~ behaupten〈verteidigen〉陣地を守る. die ~ halten 陣地を守る;《比喩》持場を離れない. et¹ in ~ bringen 物¹を配備する. in ~ gehen 陣地につく(↑3(a)). (b)《口》徴兵検査.
'**Stel·lung·nah·me** ['ʃtɛluŋnaːmə] 囡 –/–n **1**《複数なし》意見(態度,見解)の表明(zu et¹ 事³に対する). **2**《表明された》意見,見解.
'**Stel·lungs·be·fehl** 男 –[e]s/–e 召集令状.
'**Stel·lungs·krieg** 男 –[e]s/–e《軍事》(↔ Bewegungskrieg) 陣地戦.
'**stel·lungs·los** ['ʃtɛluŋsloːs] 形 無職の, 失業中の.
'**Stel·lungs·su·che** 囡 –/ 求職. auf ~ sein 職を探している.
'**Stel·lungs·su·chen·de** 男囡《形容詞変化》求職者.
'**Stel·lungs·wech·sel** 男 –s/– 位置(陣地, 姿勢)をかえること; 転職.
'**stell·ver·tre·tend** 形 代理の, 代行の.
'**Stell·ver·tre·ter** ['ʃtɛlfɛrtreːtər] 男 –s/– 代理人, 代理, 名代. ~ Jesu Christi《カトリック》 イエス・キリストの代理人(ローマ教皇のこと).
'**Stell·ver·tre·tung** 囡 –/–en 代理, 代行.
'**Stell·wa·gen** 男 –s/–《南》《古》 乗合馬車.
'**Stell·werk** 中 –[e]s/–e **1**《鉄道》信号操作所. **2**《演劇》照明操作室.
'**Stelz·bein** ['ʃtɛltsbaɪn] 中 –[e]s/–e 義足(の人).
'**Stel·ze** ['ʃtɛltsə] 囡 –/–n **1**《ふつう複数で》竹馬. ~n laufen / auf ~n gehen 竹馬にのる. wie auf ~n gehen ぎこちなく歩く;《比喩》気どってみせる, もったいぶる. **2**《鳥》セキレイ(科). **3**《卑》細長い足. **4** 義足. **5**《料理》(Eisbein) アイスバイン.
'**stel·zen** ['ʃtɛltsən] 自 (s) **1** 竹馬に乗って歩く. **2** 長い脚で歩く. **3** ぎごちなく〈気取って〉歩く. eine gestelzte Ausdrucksweise《比喩》仰々しい口調.
'**Stel·zen·läu·fer** 男 –s/– **1** 竹馬乗り. **2**《鳥》セイタカシギ.
'**Stelz·fuß** 男 –es/¨e **1**《古》義足. **2**《話》義足の人. **3**《獣医》(馬の繋)の硬直.
'**Stelz·vo·gel** 男 –s/¨《古》渉禽(しょうきん)類.
'**Stelz·wur·zel** 囡 –/–n《植物》支柱根.
'**Stemm·bo·gen** ['ʃtɛm..] 男 –s/–《スキー》シュテムボーゲン.

'**Stemm·ei·sen** 中 –s/– 鑿(のみ).
*'**stem·men** ['ʃtɛmən シュテメン] ❶ 他 **1**(重い物を)持上げる, さし上げる. Gewichte ~ 重量挙げをする. **2** 押しつける, 突っ張る, 支える;(水を)せき止める. die Ellbogen auf den Tisch ~ 机に肘をつく. die Hände in die Seiten ~ (肘を張って)腰に手を当てる. **3**(鑿(のみ)で穴や溝をほる;《林業》伐採する. ein Loch in die Wand ~ 壁に穴をあける. **4**《卑》(押し入って)盗む. **5**《卑》(酒を)飲む. einen ~ 一杯やる. ❷ 再《sich¹》**1** 体を押しつける(突っ張る, 支える). sich gegen die Tür ~ ドアに体を押しつける. **2** 抵抗(反抗)する(gegen et⁴ 事⁴に). ❸ 自《スキー》シュテムボーゲンをする.
*'**Stem·pel** ['ʃtɛmpəl シュテンペル] 男 –s/– 印鑑, はんこ, スタンプ;(押された)印(日付印・消印など);(貴金属・メダルなどの)極印, 刻印. den ~ auf die Quittung drücken 領収書に印を押す. Der Brief trägt den ~ vom 1. März. この手紙には3月1日の日付印(消印)がある. Briefmarken mit einem〈durch einen〉~ entwerten 切手に消印を押す. **2** 特徴, 特質, 刻印. j〈et〉³ den ~ aufdrücken 人〈事〉³を特徴づける. j〈et〉³ seinen ~ aufdrücken 人〈事〉³におのれの刻印をきざみつける. Diese Musik trägt den ~ des Genies. この音楽には天才の特徴がよく表れている. **3**《植物》(被子植物の)雌しべ. **4**《工学》型押(打抜)機の鋼部. **5**《鉱業・土木》(坑道などの)太い支柱;《比喩》大根足.
'**Stem·pel·far·be** 囡 –/–n スタンプインキ.
'**Stem·pel·geld** 中 –[e]s/–er《話》失業手当.
'**Stem·pel·kis·sen** 中 –s/– スタンプ台.
'**Stem·pel·mar·ke** 囡 –/–n 印紙.
*'**stem·peln** ['ʃtɛmpəln シュテンペルン] (↓Stempel) ❶ 他 **1**(書類などに)捺印(なついん)する, スタンプを押す(金属に)極印を押す. **2** j⁴ zu ~ 人⁴に事³の烙印を押す, レッテルを貼る. j⁴ zum Verräter ~ 人⁴に裏切者の烙印を押す. ❷ 自 ~[gehen] 失業手当を受ける.
'**Stem·pel·schnei·der** 男 –s/– 印刻師.
'**Stem·pel·steu·er** 囡 –/–n 印紙税.
'**Stem·pe·lung** 囡 –/–en **1**《複数なし》スタンプ(印)を押すこと. **2**(貴金属の純度の)検証極印.
'**Sten·ge** ['ʃtɛŋə] 囡 –/–n《船員》トップマスト.
°'**Sten·gel** ['ʃtɛŋəl] ↑Stängel
'**Ste·no** ['ʃteːno] 囡 –/《話》速記.
'**Ste·no·graf** ['ʃteːnoɡraːf] 男 –en/–en 速記者. ♦女性形 Stenografin 囡 –/–nen
Ste·no·gra·fie [ʃtenoɡraˈfiː] 囡 –/–n [..ˈfiːən] 速記(術).
ste·no·gra·fie·ren [ʃtenoɡraˈfiːrən] 他 自 速記に取る;速記する.
ste·no'gra·fisch [..ˈɡraːfɪʃ] 形 速記の, 速記で書かれた.
Ste·no'gramm [ʃtenoˈɡram] 中 –s/–e 速記原稿. ein ~ aufnehmen (口述のテキストを)速記する.
Ste·no'gramm·block 男 –[e]s/¨e(–s) 速記用紙.
Ste·no'graph [ʃtenoˈɡraːf] 男 –en/–en =Stenograf ♦女性形 Stenographin 囡 –/–nen
Ste·no·gra'phie [ʃtenoɡraˈfiː] 囡 –/–n =Stenografie
ste·no·gra'phie·ren [ʃtenoɡraˈfiːrən] 他 自 =stenografieren
ste·no·gra'phisch [..ˈɡraːfɪʃ] 形 =stenografisch
Ste·no·kar'die [ʃtenokarˈdiː, st..] 囡 –/[..ˈdiːən]《医学》狭心症.

Ste·no·se [ʃte'no:zə, st..] 囡 -/-n (gr. stenosis, Verengung') 〖医学〗狭窄(きょうさく)症.

Ste·no·ty'pist [ʃtenoty'pɪst] 男 -en/-en 速記タイピスト. ◆女性形 Stenotypistin 囡 -/-nen

'Sten·tor·stim·me ['ʃtɛnto:r.., 'st..] 囡 -/-n (轟きわたる)大声, 大音声(大声を持つ,『イーリアス』Ilias の中の英雄ステントール Stentor にちなむ).

°**Step** [ʃtɛp, step] ↑Stepp

'Ste·phan [ʃ'tɛfan] 〖男名〗(Stefan) シュテファン.

Stepp [ʃtɛp, step] 男 -s/-s (engl.) **1** (Stepptanz) タップダンス. **2** 〖陸上〗(三段飛びの)ステップ.

'Stepp·de·cke ['ʃtɛpdɛkə] 囡 -/-n キルティングの掛け布団.

'Step·pe [ʃ'tɛpə] 囡 -/-n (russ.) 〖地理〗ステップ.

'step·pen[1] ['ʃtɛpən] 他 刺し子縫い(キルティング)する.

'step·pen[2] [ʃ'tɛpən, 'st..] 自 タップダンスをおどる.

'Step·pen·wolf [ʃ'tɛpənvɔlf] 男 -s/=e 〖動物〗コヨーテ.

Step·pe'rei [ʃtɛpə'raɪ] 囡 -en (↓ steppen[1]) 〖服飾〗返し縫いによる飾り; 縫い合せの仕事場.

'Stepp·naht 囡 -/=e 〖服飾〗返し縫い.

'Stepp·stich 男 -[e]s/-e 返し縫いのステッチ.

'Stepp·tanz ['ʃtɛp.., 'st..] 男 -es/=e タップダンス.

'Stepp·tän·zer 男 -s/- タップダンサー.

Ster [ʃte:r] 男 -s/-e(-s) (gr.) 〖林業〗ステール(薪(まき)などの嵩(かさ)の単位、=1 m³).

'Ster·be·bett [ʃ'ʃtɛrbə..] 中 -[e]s/-en 死の床.

'Ster·be·da·tum 中 -s/..ten 死亡年月日.

'Ster·be·fall 男 -[e]s/=e =Todesfall

'Ster·be·geld 中 -[e]s/- (保険から支払われる)葬儀料, 死亡弔意金.

'Ster·be·kas·se 囡 -/-n 葬祭互助会.

'Ster·be·kli·nik 囡 -/-en ホスピス.

'ster·ben* [ʃ'ʃtɛrbən] シュテルベン] starb, gestorben / du stirbst, er stirbt 自 (s) 死ぬ, 滅びる, 絶える; 〈愛などが〉消え去る. jung ~ 若死する. ruhig 〈einsam〉 ~ 安らかに〈ひっそりと〉死ぬ. ohne Hoffnung〈Seine Liebe〉 ist gestorben. 彼の希望〈愛〉は消去った. Das Gespräch ist plötzlich gestorben. 突然会話がとだえた. Eine Flamme stirbt. 〖雅〗炎が消える. Das Thema ist für mich gestorben. 私はもうそのテーマになんの関心もない. 《j³ と》Ihm ist vor kurzem die〈seine〉Frau gestorben. 最近彼の奥さんが亡くなった(彼は奥さんに死なれた). 《前置詞と》an einem Herzschlag〈An den Folgen eines Unfalls〉 ~ 心臓発作で〈事故がもとで〉死ぬ. an Aids ~ エイズで死ぬ. Sie stirbt [bestimmt] nicht an Herzdrücken. 〖話〗彼女は心臓に毛がはえている. Du wirst nicht gleich daran〈davon〉 ~! 〖話〗そんなことどうってことないよ. auf dem Schlachtfeld〈zu Hause〉 ~ 戦場で〈家で〉死ぬ. aus Gram ~ 悲しみのあまり死ぬ. durch j¹〈durch j² Hand〉 ~ 人[1,2]の手にかかって死ぬ. für seinen Glauben〈das Vaterland〉 ~ 信仰に殉ずる〈祖国のために死ぬ〉. für et³ leben und ~ 事に命をかけている. 血道をあげる. mit 80 Jahren〈im Alter von 80 Jahren〉 ~ 80 歳で死ぬ. über einer Arbeit ~ 仕事なかばで死ぬ. vor Hunger〈Kälte〉 ~ 餓死〈凍死〉する. vor Langeweile ~ 〖話〗死ぬほど退屈である. 《2格と》Hungers ~ 〖雅〗餓死する. eines unnatürlichen〈eines gewaltsamen〉Todes ~ 非業〈内在的目的語と〉einen sanften〈einen qualvollen〉Tod ~ 安らかに〈苦しみ〉死ぬ. den Heldentod ~ 英雄として死ぬ. 《es stirbt sich[4] の形で》Es stirb sich leicht. 死ぬのはたやすい.

'Ster·ben 中 -s/. das große ~ 大量死(とくに中世のペストによる). im ~ liegen 死の床にある. zum ~ langweilig〈müde〉sein 〖話〗死ぬほど退屈である〈へとへとに疲れている〉. Das ist ja zum Leben zu wenig, zum ~ zu viel. 〖話〗(給料などのことをさして)これじゃあ生かさず殺さずじゃないか.

'ster·bend 現分 形 死にかかっている, 瀕死の. die ~e Flamme 消えかかっている炎.

'ster·bens·krank 形 **1** 重病の. **2** すごく気分〈具合〉が悪い.

'ster·bens·lang·wei·lig 形 〖話〗死ぬほど退屈な.

'ster·bens·wort, 'Ster·bens·wört·chen 中 (次の成句で) kein ~〈nicht ein ~〉sagen〈verraten〉一言も洩らさない, なにも言わない. von et³ kein ~ wissen ついてなにも知らない.

'Ster·be·ort 中 -[e]s/-e 死亡場所(地).

'Ster·be·ra·te 囡 -/-n 死亡率.

'Ster·be·sa·kra·men·te 複 〖ゲト〗臨終の秘跡.

'Ster·be·stun·de 囡 -/-n (Todesstunde).

'Ster·be·ur·kun·de 囡 -/-n 〖法制〗死亡証明書.

'Ster·be·zim·mer 中 -s/- (ある人の)亡くなった(終焉の)部屋.

***'sterb·lich** ['ʃtɛrplɪç シュテルプリヒ] 形 **1** 死ぬ運命にある. Alle Menschen sind ~. 人間はみないつかは死ぬ. die ~e Hülle / die ~en Überreste 〖雅〗遺骸. **2** 《副詞的用法で》〖話〗死ぬほど, ひどく. ~ verliebt sein 死ぬほど惚れている.

'Sterb·li·che 男 囡 《形容詞変化》 死ぬべき人間. ein gewöhnlicher Sterblicher なみの人間, 凡人.

'Sterb·lich·keit 囡 -/ **1** 死すべき定めであること; 無常, はかなさ. **2** =Sterblichkeitsziffer

'Sterb·lich·keits·zif·fer 囡 -/-n 〖統計〗(→ Geburtenziffer) 死亡率.

'Ste·reo ['ʃte:reo, 'st..] 中 -s/-s (gr.) **1** 〖印刷〗ステロ版. **2** 《複数なし》〖話〗=Stereophonie

Ste·reo·an·la·ge 囡 -/-n ステレオ装置.

Ste·reo·che·mie [ʃtereoçe'mi:, st..] 囡 -/ 立体化学.

Ste·reo·fo'nie [ʃtereofo'ni:, st..] 囡 -/ =Stereophonie

Ste·reo·me'trie [ʃtereome'tri:, st..] 囡 -/ 立体幾何学.

ste·reo'phon [ʃtereo'fo:n, st..] 形 (gr.) (↔ monophon) 〖電子工〗ステレオ(方式)の, 立体音響の.

Ste·reo·pho'nie [ʃtereofo'ni:, st..] 囡 -/ 〖電子工〗立体音響(効果), ステレオ.

Ste·reo·skop [ʃtereo'sko:p, st..] 中 -s/-e 立体鏡, ステレオスコープ.

ste·reo'sko·pisch 形 立体的に(実体のように)見える. ~es Sehen 立体視. ~er Film 立体映画.

ste·reo'typ [ʃtereo'ty:p, st..] 形 **1** 型にはまった, 紋切型の, おさだまりの. **2** 〖印刷〗ステロ版の.

Ste·reo'typ·druck 男 -[e]s/-e 〖印刷〗**1** 《複数なし》ステロ版印刷. **2** ステロ版印刷物.

Ste·reo·ty'pie [ʃtereoty'pi:, st..] 囡 -/-n [..pi:ən] **1** 〖印刷〗ステロ版; 《複数なし》ステロ版製版. **2** 〖心理・医学〗常同症.

ste·reo·ty'pie·ren [ʃtereoty'pi:rən, st..] 他 〖印刷〗ステロ版を作る.

ste'ril [ʃte'ri:l, st..] 形 (fr.) **1** 無菌の, 殺菌した. **2** 〖生物・医学〗(↔ fertil) 不妊の, 生殖不能の. **3** 〖侮〗

創造的〈生産的〉でない, 不毛の; 索漠とした. eine ~e Wissenschaft 不毛な学問.

Ste･ri･li･sa･ti･on [ʃterilizatsi'o:n, st..] 囡 -/-en **1** 殺菌, 消毒; 殺菌装置. **2**《医学》不妊化, 断種.

Ste･ri･li･sa･tor [ʃterili'za:toːr, st..] 男 -s/-en [..za'to:rən] 滅菌器, 消毒器.

ste･ri･li･sie･ren [ʃterili'zi:rən, st..] 他 **1** 殺菌する, 消毒する. **2**《医学》不妊にする, 断種する.

Ste･ri･li･tät [ʃterili'tɛ:t, st..] 囡 -/ (lat.) **1** 無菌状態. **2**《医学・生物》不妊(症); 不稔性. **3**《俺》不毛, 実りのなさ, 創造力〈感性〉の欠如.

Ste'rin [ʃte'ri:n, st..] 中 -s/-e (gr.)《多く複数で》《生化学》ステリン, ステロール.

Ster･ke [ˈʃtɛrkə] 囡 -/-n《北ド》未経産牛.

Ster･ling [ˈʃtɛrlɪŋ, 'st..] 男 -s/-e〈単位 -/-〉(engl.) **1** スターリング（昔の英国銀貨）. **2** ポンド（略 Pfd. St. / 記号 £）ポンド・スターリング（英貨1ポンド）.

Stern[1] [ʃtɛrn シュテルン] 男 -[e]s/-e **1** 星. ein ~ erster Größe 1等星. ein neuer ~ 新星. Die ~e gehen auf〈unter〉. 星が出る〈消える〉. ~e tanzen vor meinen Augen.《話》私は目の前がちかちかしている. die ~e vom Himmel holen wollen《雅》できもしないことをしようとする. j'〈für j'〉 die ~e vom Himmel holen（好きな人3,4のためならどんなことでもする. ~e sehen《話》目から火が出る. auf diesem 〈unserem〉 ~《雅》この地球上で. nach den ~en greifen《雅》高嶺の花を追う. unter fremden ~en 異郷で. Er ist [ein Mensch] von einem anderen ~. 彼は浮き世離れしている. **2**（星占いの）星, 運勢. ein guter ~ いい星まわり, 幸運. Sein ~ geht auf 〈sinkt〉. 彼の運勢は上り坂〈下り坂〉だ. Die ~e stehen günstig. 星まわりがいい. die ~e befragen / in den ~en lesen 星占いする. in den ~en [geschrieben] stehen （将来どうなるか）いまはまだまったく分からない. unter einem guten〈glücklichen / günstigen〉 ~ geboren sein 幸運の星の下に生れた. unter einem guten〈glücklichen / günstigen〉 ~ stehen （企画・事業などが）好条件に恵まれている, 順調な経過をたどっている. **3**（芸能界などの）花形, スター. ein neuer ~ am Filmhimmel 映画界のニュースター. **4** 星形のもの; 星形勲章, 星形菓子; （ホテルなどの等級を示す）星印（テキストの注などの）星印. ein fünfzackiger ~ 突起が5つの星形. ein Hotel mit vier ~en 4つ星のホテル. Das ist eine Eins mit ~.《比喩》それはとびきりのできだ. **5**（夫婦・恋人などの間の呼掛けで）いとしい人. **6**《まじ》《話》恋人.

Stern[2] 男 -s/-e (engl.)《船員》艫(とも), 船尾.

'stern･be･sät 形《雅》星がちりばめた, 星をちりばめた.

'Stern･bild 中 -[e]s/-er《天文》星座.

'Stern･blu･me 囡 -/-n《植物》アスター, えぞぎく.

'Stern･chen [ˈʃtɛrnçən] 中 -s/-〈Stern[1] の縮小形〉 **1** 小さな星. **2**《記号*》（テキストの注などの）星印, アステリスク. **3**《比喩》(映画)スターの卵.

'Stern･deu･ter 男 -s/- 占星術師.

Stern･deu･te'rei [ʃtɛrndɔʏtə'raɪ] 囡 -/ 占星術.

'Stern･deu･tung 囡 -/ 占星術.

'Ster･nen･ban･ner 中 -s/- 星条旗.

'ster･nen･hell 形《雅》星明りの, 星明りの.

'Ster･nen･him･mel 男 -s/《雅》星空.

'ster･nen･klar 形《雅》星がよく見える, 星の明るい.

'ster･nen･los 形《雅》=sternlos

'Ster･nen･zelt 中 -[e]s/《雅》星空.

'Stern･fahrt 囡 -/-en（異なる出発点から同一のゴールをめざす）(自動車)ラリー.

'stern･för･mig 形 星形の, 放射状の.

'Stern･gu･cker 男 -s/- **1**《動物》みしまおこぜ. **2**《戯》天文学者; 占星術師.

'stern･ha･gel･voll [ˈʃtɛrnˈhaːɡəlˈfɔl] 形《話》泥酔した, へべれけの, ぐでんぐでんの.

'Stern･hau･fen 男 -s/-《天文》星団.

'stern･hell 形 星の明るい; 星明りの.

'Stern･him･mel 男 -s/ 星空.

'Stern･kar･te 囡 -/-n《天文》星図.

'Stern･ka･ta･log 男 -[e]s/-e《天文》星表.

'stern･klar 形 星がよく見える, 星の明るい.

'Stern･kun･de 囡 -/《Astronomie》天文学.

'stern･los 形 星のない（出ていない）.

'Stern･mo･tor 男 -s/-en《工学》星形機関.

'Stern･schnup･pe 囡 -/-n《天文》流星, 流れ星.

'Stern･stun･de 囡 -/-n 運命の時, 歴史的瞬間.

'Stern･sys･tem 中 -s/-e《天文》恒星系.

'Stern･tag 男 -[e]s/-e《天文》恒星日.

'Stern･war･te 囡 -/-n《天文》天文台.

'Stern･zeit 囡 -/-en《天文》恒星時.

Sterz [ʃtɛrts] 男 -es/-e **1**（鳥の）尾. **2** 犂(すき)の柄.

stet [ʃteːt] 形 **1**（付加語的用法のみ）《雅》変ることのない, 不変の, 不断の; 恒常の, 絶間ない. in ~em Gedenken（手紙の末尾で）いつまでもあなたのことを思いつつ. **2**《南ド》静かな, 落着いた.

Ste･tho'skop [ʃteto'sko:p] 中 -s/-e (gr.)《医学》聴診器.

'ste･tig [ˈʃteːtɪç] 形（↓stet） **1** 絶えざる, 不断の; 恒常的な; 安定した, 落着いた. **2**《数学》連続の.

'Ste･tig･keit 囡 -/ 不変, 不断, 安定, 不動, 恒常.

***stets** [ʃteːts シューテーツ] 副 いつも, つねに. Er ist ~ guter Laune. 彼はいつも上機嫌だ. ~ der〈die〉Ihre ... いつもあなたのものである...より（手紙の末尾で署名のまえに）.

***'Steu･er**[1] [ˈʃtɔʏər シュトイアー] 中 -s/-（自動車の）ハンドル, （船の）舵(かじ), （飛行機の操縦桿(かん)）《比喩》采配, 指揮. das ~ führen 自動車(船, 飛行機)を運転(操縦)する; 采配を振る. das ~ des Staates ergreifen 政権を握る. das ~ fest in der Hand haben〈halten〉実権をがっちり握っている. das ~ herumreißen 〈herumwerfen〉急にハンドル(舵)を切る; 突然方針を変える. das ~ übernehmen 代って運転する; (代って)実権を握る. am〈hinter dem〉~ sitzen 自動車を運転している. am〈hinter dem〉~ stehen（船の）舵を取っている. am ~ sein 権力の座にある. j' ans ~ lassen 人4に運転を任せる.

***'Steu･er**[2] [ˈʃtɔʏər シュトイアー] 囡 -/-n **1** 税金, 租税. direkte〈indirekte〉~n 直接〈間接〉税. ~n zahlen〈hinterziehen〉税金を納める〈脱税する〉. Das unterliegt der ~. それには税金がかかる. et⁴ mit einer ~ belegen 物⁴に課税する. **2**《複数なし》《話》税務署.

'Steu･er･amt 中 -[e]s/-⸚er 税務署.

'Steu･er･auf･kom･men 中 -s/- 税収(総額).

'steu･er･bar[1] [ˈʃtɔʏərbaːr] 形（↓steuern[1]）舵(かじ)のとれる, 操縦(制御)可能な.

'steu･er･bar[2] 形（↓steuern[2]）《法制》課税対象となる.

'steu･er･be･güns･tigt 形 税制上の優遇措置のある.

'Steu·er·be·hör·de 囡 -/-n 税務署, 税務官庁.
'Steu·er·be·ra·ter 男 -s/- 税理士.
'Steu·er·be·scheid 男 -[e]s/-e 税額査定書, 納税告知書.
'steu·er·bord [..bɔrt] 副《海事》= steuerbords
'Steu·er·bord 田 (パラ男) -[e]s/-e《海事》(↔ Backbord) 右舷;《航空》右方向, 右側.
'steu·er·bords [..bɔrts] 副《海事》(↔ backbords) 右へ, 右舷に.
'Steu·er·ein·nah·me 囡 -/-n 税収.
'Steu·er·er·hö·hung 囡 -/-en 増税.
'Steu·er·er·klä·rung 囡 -/-en 納税申告.
'Steu·er·er·leich·te·rung 囡 -/-en 税の減免.
'Steu·er·er·mä·ßi·gung 囡 -/-en 税額の軽減.
'Steu·er·flucht 囡 -/《法制》国外通貨(流出), 《資本あるいは住居の国外移転による脱税》.
'steu·er·frei 免税(非課税)の.
'Steu·er·ge·rät 田 -[e]s/-e 制御装置.
'Steu·er·ge·setz 田 -es/-e《法制》税法.
'Steu·er·hin·ter·zie·hung 囡 -/-en 脱税.
'Steu·er·klas·se 囡 -/-n《法制》課税等級.
'Steu·er·knüp·pel 男 -s/- (飛行機の)操縦桿.
'steu·er·lich ['ʃtɔyərlɪç] 税の, 税にかんする, 租税上の.
'Steu·er·mann 男 -[e]s/..leute 1 舵手. 2《海事》航海士, 高級船員; 甲板長. 3《スポ》(ボートの)コックス(ボブスレーのパイロット).
'Steu·er·mar·ke 囡 -/-n 1 納税証; 犬の鑑札. 2 (方向を保つための)目標地点.
*'steu·ern¹ ['ʃtɔyərn] シュトイアーン ❶ 他 (↓ Steuer¹) 1 (船の)舵(ʦ)をとる, (自動車・飛行機などを)運転(操縦)する; (ある進路を)とる. das Schiff in den Hafen⟨nach Osten⟩ ~ 船を港に入れる⟨船の舵を東にとる⟩. Er hat das Motorrad mit einer Hand gesteuert. 彼はオートバイを片手で運転した. Wer hat den Wagen gesteuert? 誰が車を運転していたのですか. den Betrunkenen über die Straße ~《比喩》酔っぱらいを(手をひいて)通りの向こうへ連れてゆく. einen südwestlichen Kurs ~ 南西の進路をとる. einen geraden Kurs ~ 直進する; 正道を歩む, まがったことをしない.《再帰的に》Dieser Flugzeugtyp steuert sich gut. このタイプの飛行機は操縦しやすい. 2 (ある方向に)導く, あやつる, 操作する. ein Gespräch geschickt ~ 会話をたくみに導く. Preise⟨die öffentliche Meinung⟩ ~ 価格⟨世論⟩を操作する. Er hat unser Land in den Krieg⟨ins Verderben⟩ gesteuert. 彼がわが国を戦争⟨破滅⟩へと導いた. 3 (機械などを)調整(制御)する. den Ton ~ 音を調整する.《過去分詞で》automatisch gesteuerte Heizungen 自動制御式の暖房装置.
❷ 自 (s, h) 1 (s) (ある方向へ)向かう, 進む. in den Hafen⟨nach Norden⟩ ~ (船が)港に向かう⟨北に進路をとる⟩. Er steuerte zum Ausgang. 彼は出口へと進んだ. Wohin steuert er?《比喩》彼はなにをもくろんでいるのだろう. Er steuert in sein Unglück.《比喩》彼は不幸に向かって⟨まっしぐらに⟩進んでいる. 2 (h)《雅》(事)をくい止める, 防止する. einem Unheil ~ 災いを防ぐ.
'steu·ern² (↓ Steuer²)《古》(ズイ)税を納める, 寄付(献金)する.
'Steu·er·oa·se 囡 -/-n《話》税金天国(税金がかかない安い国や州).
'Steu·er·pflicht 囡 -/-en《法制》納税義務.

'steu·er·pflich·tig 形 1 納税義務のある. 2 税のかかる, 課税される.
'Steu·er·pflich·ti·ge 男 囡《形容詞変化》《法制》納税義務者.
'Steu·er·po·li·tik 囡 -/ 租税政策.
'Steu·er·rad 田 -[e]s/-er 1 (自動車などの)ハンドル. 2 (船の)操舵輪; (飛行機の)操縦桿.
'Steu·er·recht 田 -[e]s/ 租税法.
'Steu·er·re·form 囡 -/-en 税制改革.
'Steu·er·ru·der 田 -s/- (船の)舵(ʦ); (飛行機の)方向舵.
'Steu·er·satz 男 -es/ᴇe《法制》税率.
'Steu·er·schlupf·loch 田 -[e]s/ᴇer 税金のがれの抜道.
'Steu·er·schrau·be 囡《次の用法で》1 die ~ anziehen 増税する. 2 an der ~ drehen 税を変える.
'Steu·er·schuld 囡 -/-en 未納の税金.
'Steu·er·sys·tem 田 -[e]s/-e 税制.
'Steu·e·rung 囡 -/-en (↓ steuern¹) 1《複数なし》(a) 操縦, 操縦, 運転. (b) 調整, 制御, コントロール. (c)《雅》抑止, 防止. 2 操縦(操縦, 制御)装置.
'Steu·er·ver·an·la·gung 囡 -/-en 税額の査定.
'Steu·er·werk 田 -[e]s/-e《コンピュ》制御装置. 2《航空・工学》操縦装置.
'Steu·er·we·sen 田 -s/ 租税制度, 税制.
'Steu·er·zah·ler 男 -s/- 納税者.
'Ste·ven ['ʃteːvən] 男 -s/-《造船》船首(船尾)材.
*'Ste·ward ['stjuːərt, 'ʃt(j)uːərt] 男 -s/-s (engl.). (船・飛行機の)スチュワード.
'Ste·war·dess ['stjuːərdɛs, 'ʃt(j)uːərdɛs, stjuːərˈdɛs, ʃt(j)uːərˈdɛs] 囡 -/-en スチュワーデス.
StGB《略》= Strafgesetzbuch
sti'bit·zen [ʃtiˈbɪtsən]他《話》(人⁴から)くすねる, かっぱらう, ちょろまかす. ◆過去分詞 stibitzt
'Sti·bi·um ['ʃtiːbɪʊm, 'st..] 田 -s/《記号 Sb》《化学》スチビウム(アンチモン).
*Stich [ʃtɪç] stechen の du に対する命令形.
*Stich [ʃtɪç] シュティヒ 男 -[e]s/-e (↓ stechen) 1 (刃物・針などで)刺す(突く)こと;《ラシン》突き. ein tödlicher ~ 致命的な一刺し. Der ~ mit dem Messer ging ins Herz. ナイフでの一刺しは心臓に達した. Er erhielt einen ~ mit dem Messer. 彼はナイフで刺された. j³ einen ~ versetzen《比喩》人³にあてこすり(嫌味)をいう. 2 刺し傷. Der ~ juckt noch. 傷がまだうずく. Der ~ rührt von einer Biene her. この傷は蜜蜂に刺されたものだ. 3 刺すような痛み. ~e in der Seite haben⟨verspüren⟩脇腹が刺すように痛い. Bei diesem Namen ging ihm ein ~ durchs Herz. この名前を聞くと彼の胸に痛みが走った. Der Anblick gab mir einen ~ ins Herz. それを見て私は胸が痛んだ⟨ショックを受けた⟩. 4 (裁縫で)縫うこと; 縫い目, ステッチ. mit kleinen⟨großen⟩ ~en nähen 目を細かく⟨粗く⟩縫う. 5 (Kupferstich) 銅版画, (Stahlstich) 鋼板画. 6《複数なし / 次の成句で》(a) einen [leichten] ~ haben《話》(肉などが)傷み(腐り)かけている; (頭が)いかれている;《地方》酔っぱらっている. (b) einen ~ in et⁴ haben 事⁴(色合などを)をおびている, (の)気味がある. einen ~ ins Blaue haben 青みがかっている. Er hat einen ~ ins Melancholische.《話》彼にはちょっとメランコリックなところがある. (c) ~ halten (主張・論拠などが)確かである, しっかりしている. Ihr Alibi hält ~. 彼女のアリバイはしっかりしている. (d) j⁴ im ~ lassen 人⁴を見捨てる, 見殺しにする.

Sein Gedächtnis lässt ihn im ～. 彼はどうしても思い出せない． Seine Augen lassen ihn im ～. 彼は(もう)目がよく見えない． (e) et⁴ im ～ 7 lassen 物⁴を置去りにする, (ないもの)と諦める． **7**〘ﾂﾞ〙(切り札で)相手のカードをとること． **8**〘冶金〙(圧延のパス．**9**〘建築〙(アーチの)せり角．**10**〘船員〙(索などの)結び(目)．**11**〘猟師〙(獣の)喉元．**12**〘地方〙(急な)上り坂．**13**〘ｽﾎﾟ〙射撃競技． **14** ein ～ Butter〘地方〙少量(ひとすくい)のバター．

Stich-bahn 安 -/-en 〘鉄道〙(一方が行止りになっている)支線．

Stich-blatt 中 -[e]s/=er (刀の)鍔(ﾂﾊﾞ)．

Sti-chel ['ʃtɪçəl] 男 -s/- (とくに銅版用の)彫刻刀．

Sti-che'lei [ʃtɪçə'laɪ] 安 -/-en **1**《複数なし》縫い目, 針仕事．**2** 嫌味, あてこすり．**3**《複数なし》たえず嫌味(あてこすり)をいうこと．

'sti-cheln ['ʃtɪçəln] (↓ stechen) **1** ちくりと皮肉(嫌味)を言う〈gegen j⁴ 人⁴に〉. **2** せっせと針を運ぶ．

stich-fest 厖 **1**《古》(刃物の)突き刺さらない．**2**《比喩》(論拠・アリバイなどが)突き崩せない; 《多く *hieb- und stichfest* の形で》びくともしない, 完璧な．

Stich-flam-me 安 -/-n (ガスバーナーなどの)炎, (細長く)吹出す炎．

Stich-fra-ge 安 -/-n (クイズなどで)同点者の勝敗を決める問題．

Stich hal-ten*, °'**stich\|hal-ten*** 自〘分離〙(論証などが)確か(確実)である, 反駁されない．

'stich-hal-tig ['ʃtɪçhaltɪç] 厖 (論拠の)しっかりした, 確固たる．

'stich-häl-tig [..hɛltɪç] 厖〘ｵｰｽﾄﾘｱ〙=stichhaltig

'Stich-hal-tig-keit 安 -/- (論証などの)確かさ．

Stich-ling ['ʃtɪçlɪŋ] 男 -s/-e〘動物〙とげうお．

Stich-pro-be 安 -/-n 抜取検査, 任意(無作為)抽出法; 任意に抽出された標本．

stichst [ʃtɪçst] stechen の現在 2 人称単数．

sticht [ʃtɪçt] stechen の現在 3 人称単数．

'Stich-tag 男 -[e]s/-e (公的な調査・法令などの)施行期日, 実施日．

'Stich-waf-fe 安 -/-n 刺突用武器(槍・剣など)．

'Stich-wahl 安 -/-en 決戦投票．

'Stich-wort ['ʃtɪçvɔrt] 中 -[e]s/=er〈-e〉**1**《複数 =er》(辞書の)見出語． **2**《複数 -e》(相手役の演技などの合図となる)きっかけの台詞,《比喩》きっかけ, 引金． **3**《多く複数 -e で》心覚えに控えておく重要な語, メモ．

'Stich-wort-re-gis-ter 中 -s/- 索引．

'Stich-wort-ver-zeich-nis 中 -ses/-se 索引．

'Stich-wun-de 安 -/-n 刺し傷, 突き傷．

'Stick-ar-beit ['ʃtɪk..] 安 -/-en **1**《複数なし》刺繍(ｼｼｭｳ)すること．**2** 刺繍品．

'sti-cken ['ʃtɪkən] (↓ Stich) **❶** 自 刺繍する．**❷** 他 (物⁴に)刺繍をする, (図柄などを)刺繍する．

Sti-cke'rei [ʃtɪkə'raɪ] 安 -/-en **1**《複数なし》刺繍すること．**2** 刺繍品(飾り)．

'Stick-garn 中 -[e]s/-e 刺繍糸．

'Stick-hus-ten 男 -s/-〘医学〙百日咳(ﾋｬｸﾆﾁｾﾞｷ)．

'sti-ckig ['ʃtɪkɪç] 厖 息が詰まりそうな, むっとする．

'Stick-luft 安 -/- 息詰まるような(むっとする)空気．

'Stick-mus-ter 中 -s/- 刺繍の図案(下絵)．

'Stick-na-del 安 -s/- 刺繍針．

'Stick-oxid [..ɔksiːt] 中 -[e]s/-e〘化学〙酸化窒素．

'Stick-rah-men 男 -s/- 刺繍枠．

'Stick-stoff 男 -[e]s〘記号 N〙〘化学〙窒素．

'Stick-stoff-dün-ger 男 -s/-〘農業〙窒素肥料．

'Stick-stoff-oxid 中 -[e]s/-e〘化学〙酸化窒素．

'stie-ben* ['ʃtiːbən] stob(stiebte), gestoben(gestiebt) **❶**〈s, h〉 **1**〈s, h〉(砂などが)舞上がる, (しぶきなどが)飛散する． **2**〈s〉(群衆などが)われさきにと走り出す, 四散する． **❷** 自 飛び(撒き)散らす．

Stief..., **stief..**. [ʃtiːf..]〘接頭〙親族を表す名詞に冠して「血のつながりのない, 継…」の意を表す． *Stief*kind 継子(ﾏﾏｺ)．

'Stief-bru-der ['ʃtiːfbruːdər] 男 -s/= **1** 異父(異母)兄弟．**2** 父母それぞれの連れ子である兄弟．

✴**'Stie-fel** ['ʃtiːfəl] シュティーフェル 男 -s/- **1** 長靴, ブーツ; 編み上げ靴． Gummi*stiefel* ゴム長靴． Reit*stiefel* 乗馬用長靴． spanischer ～《古》(2 枚の鉄板ではさんで締めつける)脚用の拷問具．[Das] sind lauter linke *Stiefel*.《話》どれもこれも使いものにならない． Das sind zweierlei〈zwei Paar〉 *Stiefel*. そのふたつはまるっきり別物(別の事)だ． Das zieht ihm die *Stiefel* aus!《話》これはひどい, 我慢できない． j³ die *Stiefel* lecken〈küssen〉《侮》人³にぺこぺこする． Das haut mich aus den ～ *n*.《話》これはびっくり仰天だ． **2** 長靴型のジョッキ． einen〈guten/tüchtigen〉～ vertragen〈können〉《話》めっぽう酒が強い． sich³ einen〈gehörigen〉～ einbilden〈話〉思い上がっている． **3**《次の用法で》〈話〉einen ～ arbeiten〈schreiben〉 仕事〈字〉がまずい． *seinen*〈den〉[alten] ～ weitermachen 相も変らぬやり方を続ける． einen ～ zusammenreden〈zusammenschreiben〉たわごとをしゃべり〈書き〉まくる．

'Stie-fel-an-zie-her 男 -s/- 靴べら．

Stie-fe'let-te [ʃtiːfə'lɛtə] 安 -/-n《多く複数で》ハーフブーツ, 半長靴．

'Stie-fel-knecht 男 -[e]s/-e (長靴用の)靴脱ぎ器．

'stie-feln ['ʃtiːfəln] **❶** 自〈s〉 大股で(どっしりと)歩く．**❷** 他〈sich⁴〉《古》長靴(ブーツ)をはく． ◆↑ gestiefelt

'Stief-el-tern ['ʃtiːf..] 複 (継父または継母が再婚した場合の)血のつながりのない両親, まま親．

'Stief-ge-schwis-ter 複 **1** 異父(異母)兄弟姉妹． **2** 父母それぞれの連れ子である兄弟姉妹．

'Stief-kind ['ʃtiːfkɪnt] 中 -[e]s/=er 継子, まま子． ein ～ des Glücks《比喩》ふしあわせな人．

'Stief-mut-ter ['ʃtiːfmʊtər] シュティーフムッター 安 -/= 継母, まま母．

'Stief-müt-ter-chen 中 -s/-〘植物〙三色すみれ, パンジー．

'stief-müt-ter-lich [..mʏtərlɪç] 厖 まま母のような, 愛情のない, 冷酷な． j〈et〉⁴ ～ behandeln 人〈物〉⁴をまま子扱いする, ないがしろにする．

'Stief-schwes-ter 安 -/-n **1** 異父(異母)姉妹． **2** 父母それぞれの連れ子である姉妹．

'Stief-sohn 男 -[e]s/=e 男の継子, まま息子．

'Stief-toch-ter 安 -/= 女の継子, まま娘．

'Stief-va-ter 男 -s/= 継父, まま父．

stieg [ʃtiːk] steigen の過去．

'stie-ge ['ʃtiːɡə] steigen の接続法 II.

'Stie-ge ['ʃtiːɡə] 安 -/-n (↓ steigen) **1** せまくて急な木の階段, 段梯子;《南ﾄﾞｲﾂ》階段． **2**《とくに南ﾄﾞｲﾂ》(野菜や果物などを入れる)木の荷箱．

'Stie-gen-haus 中 -es/=er《南ﾄﾞｲﾂ》吹抜け．

'Stieg-litz ['ʃtiːɡlɪts] 男 -es/-e〘動物〙ごしきひわ．

stiehl [ʃtiːl] stehlen の du に対する命令形．

stiehlst [ʃtiːlst] stehlen の現在 2 人称単数．

stiehlt [ʃtiːlt] stehlen の現在 3 人称単数．

Stiel [ʃtiːl] 男 -[e]s/-e **1** (道具類の柄, 取っ手, ハンドル; (ワイングラスなどの)脚; (アイスキャンデーなどの)棒; (筆の)軸. **2**《植物》茎, 葉柄, 花柄. **3**《医学》(器官・組織などの各部を結合する)茎状部, 脚部.

'**Stiel·au·ge** 中 -s/-n **1**《動物》(甲殻類の)有柄眼. **2** (複数で) ~ *n* machen (bekommen)《話》物珍しそうに眺める, びっくりして目が飛び出る.

'**Stiel·bril·le** 女 -/-n《古》ロルネット, 柄つき眼鏡.

'**Stiel·stich** 男 -[e]s/-e《手芸》ステムステッチ.

stier [ʃtiːr] 形 **1** (目が)据わった, 虚な, 無表情の. **2**《オーストリア》《話》お金がない, 金欠の; 活気のない.

***Stier** [ʃtiːr シュティーア] 男 -[e]s/-e **1** 雄牛. wie ein ~ arbeiten (brüllen) 馬車馬のように働く《大声でわめく》. den ~ bei den Hörnern packen (fassen) (困難に)正面からぶつかる. **2** (a) der ~《天文》牡牛座,《占星》牡牛座(金牛宮). (b) 牡牛座生れの人. Sie ist [ein] ~. 彼女は牡牛座生れだ.

'**stie·ren** [ˈʃtiːrən] 自 (雌牛が)さかりがつく.

'**stie·ren**² [ˈʃtiːrən] 自 (↓stier) (じっと)見つめる, 見据える.

'**stie·rig** [ˈʃtiːrɪç] 形 (雌牛が)さかりのついた.

'**Stier·kampf** 男 -[e]s/⸚e 闘牛.

'**Stier·kämp·fer** 男 -s/- 闘牛士.

'**Stier·na·cken** 男 -s/-《侮》猪首(じゅ).

'**stier·na·ckig** 形 首の太い, 猪首の.

'**Stie·sel** [ˈʃtiːzəl] 男 -s/-《話》まぬけ, うすのろ.

'**stie·se·lig** [ˈʃtiːzəlɪç] 形《話》まぬけな, がさつな.

stieß [ʃtiːs] stoßen の過去.

'**stie·ße** [ˈʃtiːsə] stoßen の接続法 II.

Stift¹ [ʃtɪft] 男 -[e]s/-e **1** 無頭釘, 木釘; 留め針, ピン;《機械》軸くさび, ピン. **2** 鉛筆; 石筆; クレヨン; パステル. **3**《話》見習小僧, 丁稚; 小さな男の子, ちび. **4** (a)《料理》(野菜の)千切り. (b) 女王蜂の卵.

Stift² [ʃtɪft] 中 -[e]s/-e (↓ stiften) **1** (中世において, 特定の宗教的な目的のために寄進された)土地と基金を持った)教会法人(司教区・参考会・修道院など). **2** (1に所属する)建物. **3** (1によって運営される宗教的施設; 神学校, 修道院. **4**《古》(宗派別)女学校; (身分のある女性のための)養老院.

***stif·ten** [ˈʃtɪftən シュティフテン] 他 **1** (基金を以て)創設(設立, 建立)する. im Kloster ~ 修道院を開く. einen Preis ~ 賞を設ける. **2** 寄贈(寄付, 寄進)する;《話》おごる. ein Fass Bier für die Feier ~ 祭りのためにビール樽を寄贈する. **3**《機能動詞的に》einen Brand ~《古》放火する. eine Ehe ~ 結婚の仲立ちをする. Frieden ~ 和解させる. Unheil ~ 災いの種をまく. Verwirrung ~ 混乱を引き起こす.

'**stif·ten ge·hen***, °'**stif·ten ge·hen*** 自(s) 《話》こっそり逃出す, とんずらする, ずらかる.

'**Stif·ter**¹ [ˈʃtɪftər] 男 -s/- 設立者, 創立者, 発起人; 寄贈者(寄付)者.

'**Stif·ter**²《人名》Adalbert ~ アーダルベルト・シュティフター(1805-1868, オーストリアの作家).

'**Stifts·da·me** 女 -/-n **1**《旧》(修道院の)(身分の高い)女性のための)養老女. **2** (女性のための)養老院で暮らす婦人.

'**Stifts·fräu·lein** 中 -s/- **1** -Stiftsdame **2** 宗派女学校の生徒.

'**Stifts·herr** 男 -n/-en 参事会員, 司教座聖堂参事会員.

'**Stifts·hüt·te** 女 -/-n 幕屋(きく)(エジプト脱出後, 古代ユダヤ人が砂漠を彷徨(ほう)した際に用いた移動神殿).

'**Stifts·kir·che** 女 -/-n《旧教》参事会教会, 司教座聖堂.

'**Stifts·schu·le** 女 -/-n《歴史》(Domschule)(中世の)司教座聖堂(修道院)付属学校.

*'**Stif·tung** [ˈʃtɪftʊŋ シュティフトゥング] 女 -/-en (↓ Stift²) **1** 寄付, 寄贈. eine ~ an Geld (Kunstwerken) machen 金を寄付する《芸術作品を寄贈する》. eine fromme (milde) ~ 喜捨. **2**《法制》財団 (財団により運営される)施設, 機関. **3** (公共施設などの)創立, 設立, (賞などの)創設.

'**Stif·tungs·fest** 中 -[e]s/-e 創立記念祭.

'**Stif·tungs·ur·kun·de** 女 -/-n 寄付状, 寄付行為書. **2** 創立定款.

'**Stift·zahn** 男 -[e]s/⸚e 継続歯.

'**Stig·ma** [ˈʃtɪgma, ˈst..] 中 -s/..men(-ta) (*gr.*, Zeichen) **1** 特徴, 特色. **2** (a) (古代ギリシア・ローマで罪を犯した奴隷に押された)焼印, 烙印, (比喩) 汚名, 極印. (b)《宗教》聖痕. **3**《植物》柱頭. **4**《動物》気門, (原生動物などの)眼点.

stig·ma·ti·sie·ren [ʃtɪgmatiˈziːrən, st..] 他 (↓ Stigma) (人に)烙印を押す.

stig·ma·ti·siert 形《宗教》聖痕を受けた.

'**Stig·men** [ˈʃtɪgmən] Stigma の複数.

***Stil** [ʃtiːl, stiːl シュティール] 男 -[e]s/-e (*lat.*, Schreibgerät*) **1** 文体, 書き(話し)方. ein knapper ~ 簡潔な文体. der kaufmännische ~ 商用文体. ein Meister des ~s 文章家. einen guten 〈schlechten〉 ~ schreiben いい〈悪い〉文章を書く. Er hat〈schreibt〉einen flüssigen ~. 彼はなめらかな文章を書く. Das Buch ist in lebendigem ~ geschrieben. その本は生き生きとした文体で書かれている. **2** (芸術上の)様式, 表現形式. Baustil 建築様式. der gotische〈romanische〉~ ゴシック〈ロマネスク〉様式. der ~ des Barocks バロック様式. Die Räume haben ~. これらの部屋は一定の様をもっている. Sie malt im ~ Rembrandts. 彼女はレンブラントの様式で(レンブラント流に)絵を描く. Das Haus ist im ~ der Gründerzeit gebaut. この家は泡沫会社乱立時代の様式で建てられている. **3**《複数なし》生活様式, 生き方; やり方, 流儀. Er hat ~. 彼はひとかどの人物だ. Das ist nicht mein ~. それは私の流儀ではない; 私はそうはしない. Das entspricht ganz seinem ~. それはいかにも彼らしい. großen ~s スケールの大きい, 大がかりな. ein Künstler großen ~s スケールの大きい芸術家. eine Veranstaltung großen ~s 大がかりな催し物. im großen ~ ~ 大がかりに, 豪勢に. Geschäfte im großen ~ machen 手広く商売をする. in großem ~ leben 豪勢な暮しをする. **4** (スポーツの)技法, 型. Laufstil 走法. einen eigenartigen ~ schwimmen 独特の泳法で泳ぐ. **5** 暦法. alten ~s (略 a. St.) ユリウス歴の. neuen ~s (略 n. St.) グレゴリオ暦の.

'**Stil·blü·te** 女 -/-n (こっけいな)言間違い, (思いがけなくできた)こっけいな言回し(しゃれ).

Sti·lett [ʃtiˈlɛt, st..] 中 -s/-e (*it.*) (3 稜(ょぅ)の)短剣.

'**Stil·ge·fühl** 中 -[e]s/ 様式(文体)に対する感覚.

'**stil·ge·recht** 形 **1** 様式にかなった, 様式どおりの. **2** ふさわしい, 相応の.

sti·li·sie·ren [ʃtiliˈziːrən, st..] 他 (↓ Stil) **1**《美術》様式化する. **2**《古》(文章を)一定の型(書式)にはめて作る.

Sti·list [ʃtiˈlɪst, st..] 男 -en/-en **1** 文章家. **2** しっかりした(独自の)フォームを持った運動選手.

Sti·li·stik [ʃtiˈlɪstɪk, st..] 女 -/-en (*fr.*) **1**《複数な

し）文体論． **2** 文体論の手引書，文章読本．

sti'lis·tisch [ʃti'lɪstɪʃ, st..] 形 様式(上)の，文体(上)の．

'Stil·kun·de 女 -/-n =Stilistik

still [ʃtɪl シュティル] 形 **1** 静かな，物音のしない，ひっそりとした． eine ～ *es* Dorf 静かな村． eine ～ Gegend 閑静なところ． ～ *er* Freitag 《基督教》聖金曜日 (聖週間中の金曜日，キリストの十字架上の死を記念する日). im ～ *en* Kämmerlein 落書いて，ひとり静かに． ～ *e* Woche 《基督教》聖週間(復活祭前の1週間)． Im Haus war es ganz ～. 家の中はひっそりと静まりかえっていた． Sei jetzt endlich ～! いいかげん静かにしろ． Es ist um j⟨et⟩ ～ geworden. 《比喩》人⟨人事⟩のうわさがもう(以前ほど)人の口にのぼらなくなった． ～ vor sich⁴ hin weinen 忍び泣く． **2** 動かない，静止した． der *Stille* Ozean 太平洋． ～ *es* Wasser〈Gewässer〉よどんだ水(の流れ)． Er ist ein ～ *es* Wasser. 《比喩》彼はもの静かな(腹の底の知れない)人だ． *Stille* Wasser sind ⟨gründen⟩ tief. 《諺》もの静かな人ほど怖い〈静かな川は深い〉． Die Luft ist ganz ～. そよとの風もない． die Hände ⟨den Kopf⟩ ～ halten 両手⟨頭⟩を動かさないでいる． ～ sitzen 静かに座っている． **3** 落着いた，穏やかな，平穏な；おとなしい，もの静かな． ein ～ *es* Kind おとなしい子供． ein ～ *es* Leben führen 静かな生活をおくる． in einer ～ *en* Stunde 気持の落着いたときに． ein ～ *er* Tag 静かな(平穏な)1日． Du bist ja heute so ～! きょうはずいぶんおとなしいじゃないか(いったいどうしたんだい)． **4** 無言の，沈黙した． ein ～ *es* Einverständnis 暗黙の了解． ein ～ *es* Gebet 黙禱〈もくとう〉. ～ *e* Messe《法制》読誦ミサ(音楽をともなわない読むだけのミサ)． ein ～ *er* Vorwurf 無言の非難． Sei ～! 黙れ，しゃべるな． Sei doch endlich ～ davon! もういいかげんそのことは口にするな． Sie ging ～ neben ihm her. 彼女は押し黙ったまま彼とならんで歩いた． **5** (a) ひそやかな，秘密の． das ～ *e* Örtchen 《話》トイレ． ～ *e* Gesellschaft《法制》匿名組合． ～ *e* Reserven ⟨Rücklagen⟩《経済》(帳簿外の)秘密積立金． Sie ist seine ～ *e* Liebe. 彼女は彼がひそかに思いを寄せている人だ． *seine* ～ *e* Freude an et³ haben ある事にひそかな楽しみをている． ～ *e* Hoffnung, dass... 彼は内心ひそかに…のことを期待している． sich⁴ dem ～ *en* Suff ergeben《戯》こっそり大酒を飲む． (b) 《im Stillen ⟨im stillen⟩の形で》ひそかに，心のうちで，こっそりと．

'still|blei·ben* 自 (s) **1** 静かにしている，おとなしくしている． **2** じっとがまんする．

'stil·le [ʃtɪlə]《古》=still

*'**Stil·le** [ʃtɪlə シュティレ] 女 -/ (↓ still) **1** 静けさ，静寂；沈黙，無言． die ～ der Nacht 夜のしじま． die ～ vor dem Sturm 嵐のまえの静けさ．《戯》食べるのに忙しくて会話がとぎれること． **2** 平穏，静止，凪〈なぎ〉；(市況などの)閑散，不景気．**3**《次の成句》in der ～ 落着いて． in aller ～ ひそかに，人知れず； in aller ～ davonschleichen こっそり逃去る． Die Beerdigung fand in aller ～ statt. 葬儀は内輪だけでおこなわれた．

ᵒ**'Stille·ben** ['ʃtɪl..] ↑Stillleben

ᵒ**'stille·gen** ['ʃtɪle..ɡən] ↑stilllegen

ᵒ**'Stille·gung** ↑Stilllegung

'Stil·leh·re [ʃti:l..] 女 -/-n =Stilistik

*'**stil·len** [ʃtɪlən シュティレン] 他 (↓ still) **1** (子供に)乳(おっぱい)をやる． **2** (血・涙などを)止める，(痛みを)や

わらげる，鎮める． **3** (欲求を)満たす，(空腹・渇きを)いやす．

'Still·hal·te·ab·kom·men 中 -s/- **1**《経済》支払い猶予協定． **2**(対立する党派間の)休戦協定．

'still|hal·ten* 自 **1** 静かにしている． **2**《比喩》じっとがまんする． **3** 待ちとおす，しんぼうする．

'stillie·gen* ['ʃtɪl..liː..] ↑stillliegen

'Still·le·ben ['ʃtɪllebən] 中 -s/-《美術》静物画．

'still|le·gen ['ʃtɪllegən] 他 (物の)操業(営業)を停止(休止)する，(工場などを)閉鎖する，(交通を)止める．

'Still·le·gung 女 -/-en 休止，休業，操業中止．

'still|lie·gen* 自 操業(営業)を停止している．

'stil·los ['ʃtiːloːs, 'stː..] 形 **1** 様式のない． **2** 様式感のない，品のない，趣味の悪い．

'Stil·lo·sig·keit 女 -/-en **1**《複数なし》様式のないこと． **2** 様式感の欠如，悪趣味，品のないしぐさ．

'still|schwei·gen* ['ʃtɪlʃvaɪɡən] 自 黙っている，沈黙を守る．

'Still·schwei·gen 中 -s/ 黙っていること，沈黙；秘密を守ること． über et¹ ～ bewahren 事について秘密を厳守する(かたく沈黙を守る)． sich⁴ in ～ hüllen かたく口を閉ざす． über et¹ mit ～ hinweggehen / et¹ mit ～ übergehen 事を黙殺する．

'still·schwei·gend 現分形《述語的には用いない》沈黙している，無言の；暗黙の． eine ～ *e* Übereinkunft 暗黙の了解．

'still|sit·zen* 自 (h, 南独 s) なにもせずに座っている，じっとしている．

'Still·stand ['ʃtɪlʃtant] 男 -[e]s/ 静止，停止，休止；停滞，停頓，膠着状態，行詰まり． et¹ zum ～ bringen 物を止める． zu ～ kommen 止る，停止(停滞)する．

*'**still|ste·hen*** ['ʃtɪlʃteːən シュティルシュテーエン] 自 (h, 南独 s) **1** (機械などが)止っている， 停止している．(交通などが)停滞している． Vor Schreck *stand* sein Herz *still*. 驚きのあまり彼は心臓が止りそうだった． Sein Mundwerk *steht* nie *still*. 彼はのべつ幕なしにしゃべる． Da *steht* einem der Verstand *still*. 《話》まったく理解に苦しむよ． **2**《軍事》直立不動の姿勢でいる．《過去分詞で》Stillgestanden! 気をつけ(号令)．

'Stil·lung 女 -/ おっぱいをやる；(血などを)止めること，(痛みを)やわらげる(鎮める)こと；(欲求を)満たすこと．

'still·ver·gnügt 形 静かに(ひそかに)満足した，内心喜んでいる．

'Stil·mö·bel ['ʃtiːl..] 中 -s/-《多く複数で》復古調の家具．

'Stil·übung 女 -/-en 作文(文章)練習．

'stil·voll 形 (すぐれた)様式を持つ，全体に統一(調和)のとれた；趣味のいい，優美な．

'Stimm·ab·ga·be ['ʃtɪm..] 女 -/-n 投票．

'Stimm·band 中 -[e]s/¨er《解剖》声帯．

'stimm·be·rech·tigt 形 投票権のある．

'Stimm·be·rech·ti·gung 女 -/-en 投票権．

'Stimm·bruch 男 -[e]s/ 声変り．

'Stim·me ['ʃtɪmə シュティメ] 女 -/-n **1** 声，音声；歌声，(動物の)鳴声． eine hohe ⟨tiefe⟩ ～ 高い⟨低い⟩声． eine heisere ⟨schrille⟩ ～ しゃがれ⟨きいきい⟩声． eine innere ～ 心の中の声，予感，確信． die ～ des Blutes《雅》血縁にひかれる思い． Ihre ～ brach. 彼女は声をふるわせた． Seine ～ trägt gut ⟨weit⟩. 彼の声はよくとおる． Die ～ versagte ihm. 彼は(ショックなどで)声が出なかった． der ～ des Gewissens folgen 良心の声にしたがう. der ~ der Natur folgen 衝動に身をまかせる; 自然に順応する. seine ~ erheben《雅》口を開く. Seine ~ haben 〈歌手が〉うまく歌えない. Der hat ~! あの歌手はいい声だ. die ~ heben〈senken〉声を張り上げる〈落す〉. ~n hören 幻聴がする. die ~ ölen《戯》声に油をさす(一杯ひっかけて歌う). die ~ verlieren 〈しだいに〉うまく歌えなくなる. seine ~ verstellen 声をつくる, 声の調子を変える. j⁴ an der ~ erkennen 声[quot][gut] bei ~ sein〈歌う〉声の調子がよくない. mit halber ~ 声をひそめて. **2**《世論などの》声, 意見. die ~ der Presse 新聞〈ジャーナリズム〉の論評. Die ~n des Protests mehren sich⁴. 抗議の声が高まる. die ~ des Volkes〈der Öffentlichkeit〉民衆の声, 世論. Seine ~ gilt viel in dieser Stadt. 彼の発言はこの街では大きな影響力をもっている. Seine ~ hat Gewicht. 彼の発言には重みがある. Volkes ~, Gottes ~.《諺》民の声は神の声. **3**(選挙の)票; 投票権; 発言権. gültige〈ungültige〉~n 有効〈無効〉票. sich⁴ der ~ enthalten 棄権する. seine ~ abgeben 投票する. j³ seine ~ geben 人³に投票する. eine〈keine〉~ haben 投票権がある〈ない〉. beratende ~ haben 審議権(だけ)をもつ, 相談役である. alle ~n auf sich⁴ vereinigen 満場一致で選ばれる. **4** (a)《音楽》声部, パート; 声部譜. ein Chor für vier gemischte ~n 混声四部合唱. Sopran〈Alt〉~ singen ソプラノ〈アルト〉を歌う. (b)《楽器》〈弦楽器の〉魂柱(こんちゅう); 〈オルガンの〉音栓, ストップ.

*¹**'stim·men** ['ʃtɪmən シュティメン] ❶ 圁 **1** 合っている, 正しい, 本当である. Die Nachricht〈Rechnung〉 *stimmt*. そのニュースは本当だ〈計算は合っている〉. Die Adresse *stimmt* nicht mehr. その住所はもう古い. [Das] *stimmt*! そのとおり, それだよ. *Stimmt* so!(支払のさいに)お釣りはとっておいてください. *Stimmt* auffallend!《皮肉》おっしゃるとおり. Es *stimmt*, was er gesagt hat. 彼が言ったことは本当だ(言ったとおりだ). *Stimmt* es, dass...? ...というのは本当ですか. Das kann nicht〈unmöglich〉 ~. そんなはずはない. In ihrer Ehe *stimmt* etwas nicht. 彼らの夫婦生活はどうもしっくりしないところがある. Hier *stimmt* was nicht! こいつはどうも変だ. Die Kasse *stimmt* bei ihm immer.《話》彼にいつもふところが暖かい. Die Kohlen *stimmen*.《話》(食っていけるだけの)十分な収入がある.《非人称的に》*Stimmt*'s oder hab' ich Recht?《戯》どうだい図星だろう. Bei dir *stimmt*'s wohl nicht[ganz]? 《話》君はちょっと(頭が)おかしいんじゃないか. **2** 合う, 調和する; 一致(合致)する(auf et〈j〉⁴ / zu et〈j〉³ 物〈人〉⁴.³ に). Diese Aussage *stimmt* zu der des anderen Zeugen. この供述はもうひとりの証人のものと一致している. Die Beschreibung *stimmt* auf die Gesuchte. その描写は尋ね人とぴったり一致する. Die Vorhänge *stimmen* gut zur Tapete. カーテンが壁紙によく合っている. **3** 投票する. für j〈et〉⁴ ~ 人〈事〉⁴ に賛成の投票をする. gegen j〈et〉⁴ ~ 人〈事〉⁴ に反対の投票をする. Sie hat mit Ja〈Nein〉 *gestimmt*. 彼女は賛成〈反対〉票を投じた. ❷ 囲 **1** ...の気分にさせる;(に)気を起こさせる(zu et³ 事³ をする). j⁴ froh〈traurig〉 ~ 人⁴ を楽しい〈悲しい〉気分にさせる.《過去分詞で》gut〈schlecht〉 *gestimmt* sein 機嫌がいい〈悪い〉. Ich bin heute nicht zur Arbeit *gestimmt*. 私はきょうは仕事をする気がしない. **2** (楽器を)調律する. die Geige höher〈tiefer〉 ~ ヴァイオリンの音調を高く〈低く〉合せる. Das Klavier ist schlecht *gestimmt*. このピアノは調律が悪い.《目的語なしでも》Das Orchester *stimmt*. オーケストラが音合せをする.

'**Stim·men·fang** 男 -[e]s/《侮》票集め.
'**Stim·men·ge·wirr** 中 -[e]s/-e 入乱れた声.
'**Stim·men·gleich·heit** 女/ 得票同数.
'**Stim·men·mehr·heit** 女 -/-en 過半数の得票.
'**Stimm·ent·hal·tung** 女 -/-en (投票の)棄権; 白票.
'**Stim·men·ver·lust** 男 -es/-e (前回よりの)得票数の減少.
'**Stim·mer** ['ʃtɪmər] 男 -s/- **1** 調律師. **2**《楽器》ブルドン管.
'**Stimm·ga·bel** 女 -/-n《楽器》音叉(おんさ).
'**stimm·ge·wal·tig** 形 大声の, 声量がゆたかな.
'**stimm·haft** 形《音声》(~ stimmlos) 有声の.
'**stim·mig** ['ʃtɪmɪç] 形 調和のとれた, 矛盾のない.
...stim·mig [..ʃtɪmɪç] (接尾) 数詞などにつけて「...声の」の意をもった形容詞をつくる. dreistimmig 3声の.
'**Stimm·la·ge** 女 -/-n《音楽》声の高さ, 声域.
'**stimm·lich** ['ʃtɪmlɪç] 形 声の, 音声(上)の.
'**stimm·los** 形 **1** 聞取れないほど小さな声の, か細い声の. **2**《音声》(~ stimmhaft) 無声の.
'**Stimm·recht** 中 -[e]s/-e 投票権.
'**Stimm·rit·ze** 女 -/-n《解剖》声門.
'**Stimm·stock** 男 -[e]s/-e《楽器》(弦楽器の)魂柱(こんちゅう); (ピアノの)ピン板.

*¹**'Stim·mung** ['ʃtɪmʊŋ シュティムング] 女 -/-en (→ stimmen) **1** (a) 気分, 気持ち, 機嫌. eine frohe〈traurige〉~ 喜ばしい〈悲しい〉気分. Die ~ sinkt unter null.《話》気分がすっかり落込む. Ihre ~ schlägt sehr leicht um. 彼女はすぐに気分を変える. seine miese ~ an j³ auslassen 人³にあたり散らす. ~en haben / ~en unterworfen sein 気分に左右される, 気分屋である. [in] guter〈schlechter〉 ~ sein 上機嫌〈不機嫌〉である. nicht in der [rechten] ~ sein, ...zu tun ...する気にならない. j⁴ in gute〈schlechte〉 ~ versetzen 人⁴ を上機嫌〈不機嫌〉にする. (b) 上機嫌. Hier herrscht ~! ここは盛り上がってるじゃないか. ~ machen 気分を盛上げる. die ~ verderben 人³の気分をこわす(mit et³ / durch et⁴ 事³.⁴で). j⁴ in ~ bringen 人⁴をいい気分にさせる. in ~ kommen〈geraten〉気分が盛上る, いい気分になる. in ~ sein ご機嫌である. **2** 雰囲気, 情緒, ムード; 気配. die ~ vor einem Gewitter 嵐が近づく気配. Es herrschte eine ausgelassene〈gespannte〉 ~. にぎやかな〈緊張した〉雰囲気に包まれていた. Eine feierliche ~ umfängt die Besucher. 荘厳な雰囲気が訪れる人びとを包み込む. Das Mondlicht erzeugte eine geheimnisvolle ~. 月光が神秘的な雰囲気を生み出していた. Das Bild strahlt ~ aus. その絵は情緒に満ちあふれている. **3** (世間の人びとの)意見; (一般的な)動向, 風潮. Die herrschende ~ war gegen ihn. 意見の大勢は彼に反対だった. die ~ des Volkes erkunden 民意を探り出す. für j〈et〉⁴ ~ machen《話》人〈事〉⁴ を売り込む. gegen j〈et〉⁴ ~ machen《話》人〈事〉⁴ に対する反応をあおる. **4**《音楽》調律; ピッチ.

'**Stim·mungs·bild** 中 -[e]s/-er 雰囲気の描写.
'**Stim·mungs·ka·no·ne** 女 -/-n《戯》(パーティーなどの)盛上げ役.
'**Stim·mungs·ma·che** 女 -/《侮》世論操作.

'Stim·mungs·um·schwung 男 -[e]s/-e 気分の急変; 世論の急激な変化.

'stim·mungs·voll 形 (絵などが)情緒ゆたかな; なごやかな, 気持のいい.

'Stimm·wech·sel 男 -s/ 声変り.

'Stimm·zet·tel 男 -s/- 投票用紙.

'Sti·mu·lans ['ʃtimulans, 'st..] 中 -/-lantia [ʃtimu'lantsia, st..] (..lanzien [ʃtimu'lantsiən, st..]) (lat.) 刺激(興奮)剤.

Sti·mu·la·ti·on [ʃtimulatsi'o:n, st..] 女 -/-en (lat.) 刺激, 興奮; 活発にすること.

sti·mu'lie·ren [ʃtimu'li:rən, st..] 他 (lat.) **1** 刺激する; 〈物の〉機能を増進させる, 興奮させる. **2** 励ます. j⁴ zu et³ ～ 人⁴を激励して事³をさせる.

'Sti·mu·lus ['ʃti:mulos, 'st..] 男 -/..li [..li] (lat.) **1** 〖生理〗刺激. **2** 刺戟, 刺激, 激励.

stink.., Stink.. [ʃtɪŋk..] 〖接頭〗形容詞・名詞に冠してそれを強調し「極度の, きわめて」などの意を表す. stinkfaul ひどくずうずうしい. Stinkwut 激怒.

'Stink·bom·be 女 -/-n 悪臭弾.

'stin·ken [ʃtɪŋkən シュティンケン] stank, gestunken 自 **1** 〈侮〉くさいにおいがする, 悪臭を放つ. Du stinkst nach Schweiß. 君は(汗)くさい. ～ wie ein Bock〈die Pest〉 鼻が曲るほどくさい. aus dem Mund ～ 口臭がする. nach Alkohol ～ 酒くさい. nach Geld ～ 〈話〉くさるほど金を持っている. vor Geiz〈Faulheit〉 ～ 〈話〉ひどいけちくなまけ者である. Das stinkt ja zum Himmel. 〈話〉そいつは言語道断だ. Eigentlich stinkt.. 〈話〉手前味噌はいやだが.. Geld stinkt nicht. 金は素性を語らない. 〈非人称的に〉 Es stinkt nach Gas. ガスのにおいがする. 〈現在分詞で〉 stinkend faul sein ひどいなまけ者である. **2** 〈話〉うさんくさい, 怪しい. Die Sache stinkt. この件はくさい. Das stinkt nach Verrat. それは裏切りのにおいがする. 〈非人称的に〉 Hier stinkt es! / Es stinkt! これは怪しいぞ. 〈卑〉(人³にとって)いや(不快)である. Der Kerl〈Die Arbeit〉 stinkt mir. あいつは虫が好かぬく,この仕事はいやだ. 〈非人称的に〉 Mir stinkt's [gewaltig]! 私はもううんざりだ.

'stink'faul [ʃtɪŋk'faol] 形 〈卑〉ひどくぐうたらな, どうしようもない怠け者の.

'stin·kig ['ʃtɪŋkɪç] 形 **1** 〈話〉臭い, 悪臭をはなつ. **2** 〈侮〉鼻もちならない, いやな. **3** 〈卑〉気分を害した, おこっている, 腹を立てた.

'Stink·mor·chel 女 -/-n 〖植物〗すっぽんたけ.

'Stink·tier 中 -[e]s/-e **1** 〖動物〗(Skunk) スカンク. **2** 〈侮〉スカンク野郎.

'Stink·wut 女 -/ 〈卑〉激怒. eine ～ haben かんかん(ものすごく)怒っている.

Stint [ʃtɪnt] 男 -[e]s/-e **1** 〖動物〗きゅうりうお. **2** 〈北〉ばか者, まぬけ.

Sti·pen·di·at [ʃtipɛndi'a:t] 男 -en/-en (lat.) 奨学生, 給費生.

Sti'pen·di·um [ʃti'pɛndiom] 中 -s/..dien [..diən] (lat.) 奨学金, 育英資金.

Stipp [ʃtɪp] 男 -[e]s/-e 〈地方〉 **1** =Stippe **2** auf einen ～ すぐさま, すぐに.

'Stip·pe ['ʃtɪpə] 女 -/-n 〈地方〉 **1** (Punkt) 点. **2** 膿疱, おでき. **3** ソース.

'stip·pen ['ʃtɪpən] 他 〈地方〉 ❶ **1** 軽く漬ける, ちょっとひたす. Brot in Milch ～ パンをミルクにひたす. **2** すくい(ぬくい)取る. Soße mit Brot aus der Schüssel ～ パンで皿からソースをぬくい取る. **3** (人⁴物⁴に)かる く触れる, そっとつつく. ❷ 自 (an〈gegen〉 et⁴ / nach et³) 軽く⁴³をかる くつつく, そっとさわる.

'Stipp·vi·si·te 女 -/-n 〈話〉 ちょっとした訪問.

Sti·pu·la·ti·on [ʃtipulatsi'o:n] 女 -/-en (lat.) **1** (古代ローマにおける)口頭での契約. **2** 〖法制・商業〗約定, 契約.

sti·pu'lie·ren [ʃtipu'li:rən] 他 (lat.) 〖法制・商業〗契約する, 取決める.

stirb [ʃtɪrp] sterben の du に対する命令形.

stirbst [ʃtɪrpst] sterben の現在2人称単数.

stirbt [ʃtɪrpt] sterben の現在3人称単数.

*Stirn [ʃtɪrn シュティルン] 女 -/-en **1** 額. eine gewölbte ～ つきでた額(でこ山). eine hohe ～ 高い(はげ上がった)額. Seine ～ umwölkte sich⁴. 〈雅〉彼の顔はくもった. j〈et〉³ die ～ bieten 人〈事〉³に逆らう, 勇敢に立向かう. eine hohe ～ 〈eine ～ bis in den Nacken〉 haben 〈戯〉はげ頭である. zu et³ die ～ haben ずうずうしく事³をする. 《zu 不定詞句と》die ～ haben, ..zu tun ずうずうしく..をする. die ～ runzeln / die ～ in Falten ziehen〈legen〉 額にしわを寄せる. über j〈et〉⁴ die ～ runzeln 人〈事〉⁴に顔をしかめる. j³ et⁴ an der ～ ablesen 人³の顔から事⁴を読みとる. sich⁴ an die ～ fassen〈greifen〉 〈話〉(わけが分からなくて)頭をかかえる. Da kann man sich³ nur an die ～ fassen〈greifen〉. 〈話〉そいつはまったく理解に苦しむよ. j⁴ an〈auf〉 der ～ geschrieben stehen 人³の顔に書いてある. Keiner weiß, was hinter seiner ～ vorgeht. 彼が何を考えているのか誰にも分からない. mit eherner〈eiserner〉 ～ 毅然たる態度で; ずうずうしく. sich⁴ vor die ～ schlagen (うっかりしていたと)額をたたく. j⁴ vor die ～ stoßen 人⁴の気分を害する. **2** (建物の)正面, 前面. **3** 〖地形〗氷河の先端部.

'Stirn·band 中 -[e]s/⸚er ヘアバンド, はちまき.

'Stirn·bein 中 -[e]s/-e 〖解剖〗前頭骨.

'Stir·ne ['ʃtɪrnə] 女 -/-n 〈古〉〈雅〉 =Stirn

'Stirn·fal·te 女 -/-n 額の皺(しわ).

'Stirn·höh·le 女 -/-n 〈多く複数で〉〖解剖〗前頭洞.

'Stirn·lo·cke 女 -/-n 額にかかる巻き毛.

'Stirn·rie·men 男 -s/- (馬具の)額革.

'Stirn·run·zeln 中 -s/ 額に皺(しわ)を寄せること; しかめっつら.

'Stirn·sei·te 女 -/-n 〈とくに建物の〉前面, 正面.

Stoa ['ʃto:a, 'st..] 女 -/-Stoen (gr.) **1** 〖複数なし〗ストア学派. **2** 〖古代建築〗(広場などに面した)柱廊.

stob [ʃto:p] stieben の過去.

'stö·be [ʃtø:bə] stieben の接続法 II.

'stö·bern ['ʃtø:bərn] ❶ 自 (h, s) **1** (h) 〈話〉 (in et³ 物³のなかを)引っかき回して探す (nach et³ 物³を). im Sperrmüll nach Brauchbarem ～ 粗大ごみを引っかき回して使えるものを探す. in einem Buch ～ 本をあちこちめくって探す. **2** (h) (雪などが)舞散る. 〈非人称的に〉 Es stöbert. 雪が舞っている, 吹雪(ふぶき)いている. **3** (s) (風が)吹抜ける. ❷ 他 **1** (風が雪片などを)吹散らす. **2** 〈南〉大掃除をする. **3** 〖猟師〗(猟犬が獣を)狩り出す.

'Sto·cher ['ʃtɔxər] 男 -s/- ほじくる道具(火かき棒・つまようじなど).

'sto·chern ['ʃtɔxərn] 自 つつき回す, ほじくる(in et³ 物³の中を). im Essen ～ 箸でまずそうに食べる.

Stö·chi·o·me·trie [ʃtøçiome'tri:, st..] 女 -/ (gr.) 化学量論.

*Stock¹ [ʃtɔk シュトク] 男 -[e]s/Stöcke **1** 棒, 杖, ステッキ; 指揮棒; (スキーの)ストック, (ホッケーの)スティック.

[steif] wie ein ～ dastehen《話》こちこちになって突っ立っている. Er ist ein richtiger ～.《話》彼はほんとうの石頭（堅物）だ. den ～ zu fühlen〈spüren〉bekommen 殴られる. Er geht, als hätte er einen ～ verschluckt.《話》彼はしゃちほこばった歩き方をする. am ～ gehen 杖を頼りに歩く, 体が衰弱している;《話》すかんぴんである. Da gehst du am ～! こりゃまただ〈驚いた〉. **2**（木の株, 切株; 花びらなどの）灌木, 低木. über ～ und Stein 草を分け岩を越え, がむしゃらに. 《歴史》（中世の囚人用の枷(かせ)）. j⁴ in den ～ legen 人⁴に枷をはめる. im ～ sitzen 枷をはめられている. **4**（養蜂用の）巣箱. **5**《動物》群体. **6**《南ドイツ》（薪(まき)割りなどに用いる）台木, 丸太. **7**《南ドイツ》山塊. **8**《南ドイツ・オーストリア》（教会の）献金箱. **9**《ドイツ》（スカートの伏せ礼. **10**《地質》岩床(ぐら).

Stock² 男 –[e]s/–werke（数詞のあとでは –）（建物の）階. Das Haus hat zwei *Stock*. / Das Haus ist zwei *Stock* hoch. その家は 3 階(2 階)建てだ. im ersten ～ wohnen 2 階に住む.

Stock 男 –s/–s 《*engl.*》《経済》**1** 在庫(高), ストック; 商品倉庫. **2** 資本金, 元金. **3** 有価証券.

stock.., Stock.. ['ʃtɔk..]（接頭）形容詞や名詞に冠して「非常に, 根っからの」などの意を表す. *stock*dunkel 真っ暗な. *Stock*franzose 根っからのフランス人.

'**stock**'**blind** 形《話》まったく目が見えない.

Stöck・chen ['ʃtœkçən] 中 –s/– 《Stock の縮小形》ちいさな棒.

'**stock**'**dumm** 形《話》大馬鹿の.

'**stock**'**dun・kel** 形《話》とてもくらい, まっくらの.

'**Stö・cke** ['ʃtœkə] Stock¹ の複数.

'**Stö・ckel・schuh** ['ʃtœkəl..] 男 –[e]s/–e ハイヒール.

*'**sto・cken** ['ʃtɔkən シュトケン] 自 (h, s) **1** (h)（a）止まる, とぎれる, とどこおる, 停滞する. Die Arbeit〈Der Verkehr〉*stockt*. 仕事がとどこおる〈交通が停滞する〉. Das Gespräch *stockt*. 会話がとぎれる. Der Atem *stockte* ihm.《雅》彼は息がつまった（驚きのあまり）息が止まった. Das Blut *stockte* ihm in den Adern. 彼は血が凍る思いをした. Die Feder *stockte* ihm.《雅》彼の筆は先へ進まなかった.《中性名詞として》ins *Stocken* geraten〈kommen〉とぎれる, 停滞する.（b）（言葉につかえる, つまる. Er *stockte* in seiner Erzählung. 彼は話の途中で言葉をつまらせた.《現在分詞として》*stockend*〈mit *stockender* Stimme〉sprechen つかえ〈口ごもり〉ながら話す.《中性名詞として》ohne *Stocken* lesen よどみなく読む.（c）足を止める. **2** (h, s)《地方》凝固する.（b）（布・紙に）しみがつく, かびる.

'**stock**'**fins・ter** 形 とてもくらい, まっくらの.

'**Stock・fisch** 男 –[e]s/–e **1** 棒鱈(たら). **2**《話》退屈な奴, まぬけ, うすのろ.

'**Stock・fleck** 男 –[e]s/–e （紙・布にできた）染(しみ)み.

'**stock・fle・ckig** 形 染(しみ)みのついた, かびのはえた.

Stock・holm ['ʃtɔkhɔlm, 'ʃtɔk..]（地名）ストックホルム（スウェーデンの首都）.

'**sto・ckig** ['ʃtɔkɪç] 形 染(しみ)みのついた, かびのはえた.

..**stö・ckig** [..ʃtœkɪç]（接尾）数詞につけて「...階建ての」を意味する形容詞をつくる. zwei*stöckig* 3 階(2 階)建ての.

'**Stock・punkt** 男 –[e]s/–e 《化学》凝固点.

'**Stock・ro・se** 女 –/–n《植物》たちあおい.

'**Stock・schirm** 男 –[e]s/–e ステッキがさ.

'**Stock・schnup・fen** 男 –s/– 鼻かぜ, 鼻づまり.

'**stock**'**steif** 形《話》こわばった, 硬直した;《比喩》ぎくしゃくした, しゃちほこばった, こちこちの.

'**stock**'**taub** 形《話》まったく耳が聞こえない.

'**Sto・ckung** 女 –/–en 中止, 停滞; 行詰まり; 渋滞.

*'**Stock**'**werk** ['ʃtɔkvɛrk シュトクヴェルク] 中 –[e]s/–e (↓ Stock²)（建物の）階. ein Haus mit drei ～*en* 4 階(3 階)建ての家. **2**《鉱山》（坑道のある）階層.

'**Stock・wer・ke** Stock² の複数.

Sto・en ['ʃtoːən, 'st..] Stoa の複数.

*'**Stoff** [ʃtɔf シュトフ] 男 –[e]s/–e 《*fr.*》**1**（衣類などの）生地(きじ), 布地. ein ～ aus reiner Wolle 純毛の生地. ～ für einen〈zu einem〉Anzug 背広用生地. **2** (a) 物質. ein chemischer〈synthetischer〉～ 化学物質〈合成物質〉. Er ist aus anderem ～ gemacht〈geformt〉als wir. 彼は我々とは別種の人間だ. (b)《卑》酒; 麻薬. sich⁴ mit ～ voll pumpen しこたま酒をくらう. **3**（創作のための）素材, 題材,（論文作成のための）資料; 題材,（話の）種, ～ für eine〈zu einer〉Tragödie 悲劇の題材. ～ zum Gespräch 話の種, 話題. Das Buch gab mir reichlich ～ zum Nachdenken. その本を読んで私はずいぶん考えさせられた. **4**（複数なし）《アリストテレス哲学の》質料.

'**Stoff・bahn** 女 –/–en 反物(たんもの), 帯状の布地.

'**Stoff・bal・len** 男 –s/– 巻いた布地(反物).

'**Stof・fel** ['ʃtɔfəl] 男 –s/– 《話》がさつな（やぼったい）つ.

'**stof・fe・lig** ['ʃtɔfəlɪç] 形《話》がさつな, やぼったい.

*'**stoff・lich** ['ʃtɔflɪç] 形 **1** 生地(きじ)の. **2** 物質的な, 物質の. **3** 素材（題材）上の.

'**stoff・lig** ['ʃtɔflɪç] 形 stoffelig.

'**Stoff・rest** 男 –[e]s/–e 端(はし)切れ, 切れ地, 生地切れ.

*'**Stoff・wech・sel** 男 –s/– 《生物》新陳代謝.

'**stöh・le** ['ʃtøːlə] stehlen の接続法 II.

*'**stöh・nen** ['ʃtøːnən シュテーネン] 自 うめく; 嘆息する;《比喩》（階段などが）きしむ. unter der großen Hitze〈der Steuerlast〉～ 猛暑〈重税〉にあえぐ.

'**Sto・i・ker** ['ʃtoːikər, 'st..] 男 –s/– 《*gr.*》**1** ストア学派の人. **2** 禁欲主義者, 禁欲主義者. **3** ものに動じない人, いつも冷静な人.

'**sto・isch** ['ʃtoːɪʃ, 'st..] 形《*gr.*》**1** ストア学派（哲学）の. **2** 禁欲的（ストイック）な, 毅然とした.

Sto・i'zis・mus [ʃtoi'tsɪsmʊs, st..] 男 –/ **1** ストア哲学, ストア主義; 禁欲主義. **2** 冷静沈着, 泰然自若.

'**Sto・la** ['ʃtoːla, 'st..] 女 –/..len [..lən] 《*gr.*》《服飾》**1**（古代ローマ婦人の貴族の典礼服の）頸垂帯. **2**（婦人用の長い肩掛け, ストール.

'**Stol・le** ['ʃtɔlə] 女 –/–n《中部ドイツ・北ドイツ》= Stollen 1

'**Stol・len** ['ʃtɔlən] 男 –s/– シュトレン（らう酒漬けのドライフルーツを入れたクリスマス用のパン菓子）. **2** 地下の通路, 坑道.《鉱業》横穴, 通洞. **3**（蹄鉄の）すべり止めの突起;《多く複数で》靴底のすべり止め, スパイク. **4**《韻律》部分詩節.

*'**stol・pern** ['ʃtɔlpərn シュトルパーン] 自 (s) **1** (a)（über et⁴ 物⁴に）つまずく. über einen Stein ～ 石につまずく. über *seine* eigenen Füße〉～ 足がもつれる. Über diese Affäre ist er *gestolpert*. この事件で彼は失脚した. über den eigenen Schatten ～《比喩》ちょっとしたことにつまずく; よく取乱す. (b)《比喩》くだらぬことにつまずく; よく取乱す. einen Zwischenfaden ～《比喩》ちょっとしたことにつまずく; よく取乱す. (b) よろよろ歩く. Der Betrunkene *stolperte* nach Hause. 酔っぱらいは千鳥足で家に帰っていった. **2**（über et⁴ 事⁴に）ひっかかる. Über diesen Satz ～ この文章にひっかかる. **3**《話》（über et〈j〉⁴ 物〈人〉⁴に）ひょっこり出くわす. Über dieses Wort *stolpert* man neuerdings öfter. 最近このことばをよく耳にする.

stolz [ʃtɔlts シュトルツ] 形 **1** 誇りに(自慢)している, 誇らしげな; 誇り高い; 高慢な, うぬぼれた. auf j⟨et⟩⁴ ～ sein 人⟨事⟩⁴を誇りに(自慢)している. Er ist ～ auf seinen Sohn. 彼は息子を自慢にしている. ～ wie ein Spanier⟨ein Pfau⟩ とても誇らしげ⟨高慢⟩な. Warum so ～? (戯)(挨拶されなかったときなどに)なにをそんなに気どっているの. **2** 《付加語的用法のみ》立派な, 堂々とした;《話》(金額などが)かなりの, 相当の. ein ～es Gebäude 堂々たる建物. ein ～er Preis かなりいい値段.

Stolz [ʃtɔlts シュトルツ] 男 -es/ **1** 誇り, 自尊心, プライド;《侮》高慢, うぬぼれ, 思いあがり. Sein ～ verbietet ihm das. 彼のプライドがそれを許さない. Sein ～ auf diese Erfolge ist berechtigt. この成功にたいする彼の誇りは正当なものだ. j² ～ brechen⟨verletzen⟩ 人⁴の自尊心を打ち砕く⟨傷つける⟩. Hast du denn [gar] keinen ～? 君にはプライドってものがないのかね. seinen [ganzen] ～ daran⟨darein⟩ setzen, …zu tun プライドを賭けて…をする. voller ～ 誇らしげに, 得意満面で. **2** 自慢の種. Seine Kinder sind sein ganzer ～. 子供が彼の自慢の種だ.

stol·zie·ren [ʃtɔl'tsiːrən] 自 (s) いばって歩く, 気どって(とりすまして)歩く.

Sto·ma·to·lo'gie [ʃtomatoloˈgiː, st..] 女 -/《医学》口腔病学.

stop [ʃtɔp, stop] 間 ⟨engl.⟩ **1** (電報で)ピリオド(文章を終るときに言う). **2** (halt) Stop! 止まれ, ストップ.

'Stopf·büch·se [ˈʃtɔpf..] 女 -/-n《工学》パッキン箱.

'stopf·en [ˈʃtɔpfən シュトプフェン] ❶ 他 **1** 繕う, かがる(mit et³ 物³で). eine Hose ～ ズボンの破れを繕う.《目的語なしで》Sie hat den ganzen Tag gestopft. 彼女は一日中繕い物をしていた.《過去分詞で》gestopfte Strümpfe tragen 穴をかがった靴下をはいている. **2** (a) (物⁴に)詰める(mit et³ 物³で). das Geflügel ～ 鳥の腹に詰め物をする. ein Kissen mit Daunen ～ クッションに羽毛を詰める. sich³ eine Pfeife ～ / seine Pfeife mit Tabak ～ パイプにタバコを詰める. eine Trompete ～《音楽》トランペットに消音器(ミュート)をつける. Wurst ～ (肉を皮に詰めて)ソーセージをつくる.《過去分詞で》gestopft voll sein《話》ぎゅうぎゅう詰めの(すし詰め)である. (b) (in et⁴ 物⁴の中に)詰込む, 押込む. sich³ das Hemd in die Hose ～ シャツ(の裾)をズボンの中に押込む. Kleider in den Koffer ～ 衣類をスーツケースに詰込む. [sich³] et⁴ in den Mund ～ 物⁴を頬ばる. **3** (穴・すきまを)ふさぐ, 埋める. ein Loch ～《比喩》穴を埋める (赤字の補填など). fünf hungrige Mäuler⟨Münder⟩ ～《卑》5 人の子供を食べさせる. j³ das Maul ⟨das Maul⟩ ～《比喩》《話》人³を黙らせる, (の)口をふさぐ. **4** Stopfen!《古》《軍》砲撃やめ(号令). **5** (家禽を)肥育する, 太らせる. ❷ 自 **1**《話》飯をかきこむ, がつがつ食う. **2**《話》(食物が)腹にたまる, 胃にもたれる. **3** (食物が)便秘をひき起こす; (薬が)下痢を止める.

'Stop·fen 男 -s/ (↓ stopfen)《地方》コルク, 栓.

'Stop·fer [ˈʃtɔpfər] 男 -s/ **1** (パイプ用の)ストッパー;《地方》コルク栓. **2** かがり跡. **3** 繕う人.

'Stopf·garn 中 -[e]s/-e かがり糸.

'Stopf·na·del 女 -/-n かがり針.

stopp [ʃtɔp] 間 ⟨engl.⟩《話》Stopp! 止まれ, ストップ.

Stopp [ʃtɔp] 男 -s/-s (↓ stop) **1** 中止, 停止. Preis*stopp* 価格凍結. **2**《複数なし》(ヒッチハイクのために)車をとめること.

'Stop·pel [ˈʃtɔpəl] 女 -/-n ⟨lat.⟩ **1** 刈り株;《話》無精ひげ. **2**《複数なし》刈取りのすんだ畑, 刈り田.

'Stop·pel·bart 男 -[e]s/ⁿe《話》無精ひげ; 無精ひげをはやした顔.

'Stop·pel·feld 中 -[e]s/-er 刈り田, 刈り株の残っている畑.

'stop·pe·lig [ˈʃtɔpəlɪç] 形 無精ひげのはえた.

'stop·peln [ˈʃtɔpəln] 他 **1** 落ち穂ひろいをする, (畑に残ったじゃがいもなどを)拾い集める. **2**《話》寄せ集めてつくりあげる, でっちあげる.

'stop·pen [ˈʃtɔpən] ❶ 他 **1** 止める, 停止(ストップ)させる. die Produktion ～ 生産を停止する. einen Angriff ～ 攻撃をくい止める. einen Ball ～《スポーツ》ボールを止める. einen Schlag ～《スポーツ》ブロックする. **2** (タイムを)ストップウォッチで計る. die Geschwindigkeit ～ 速度を計る. ❷ 自 止る, 停止する. Er *stoppte* beim Arbeiten. 彼は仕事の手を止めた.

'Stop·per [ˈʃtɔpər] 男 -s/ **1**《海事》ストッパー, 止め索. **2**《スポーツ》ストッパー. **3** (ローラースケート靴の)ストップゴム. **4**《スポーツ》(釣り糸の)ストップ装置. **5**《広告》人の目を惹きつけるもの.

'Stopp·licht 中 -[e]s/-er (自動車の)ブレーキランプ, 制動灯.

'Stopp·schild 中 -[e]s/-er 一時停止標識.

'Stopp·uhr 女 -/-en ストップウォッチ.

'Stöp·sel [ˈʃtœpsəl] 男 -s/ (↓ stopfen) **1** (びんなどの)栓. **2**《電子工》プラグ. **3**《話》ずんぐりした男の子, ちび.

'stöp·seln [ˈʃtœpsəln] 他 (↓ Stöpsel) (物⁴に)栓をする, (プラグなどを)差込む;《通信》(プラグを差込んで)電話をつなぐ.

Stör¹ [ʃtøːr] 男 -[e]s/-e《魚》ちょうざめ(蝶鮫).

Stör² 女 -/-en (↓ stören) 《スイス・オーストリア》注文先へ出かけて仕事をすること, 出仕事. in die ～ gehen 出仕事に行く.

Storch [ʃtɔrç] 男 -[e]s/Störche《鳥》こうのとり(鸛). wie ein ～ im Salat gehen《話》しゃちほこばって歩く. Nun brat' mir [aber] einer 'nen ～!《話》こいつは驚いた. Bei ihr ist der ～ gewesen.《話》彼女のところに子供が生れた. Der ～ hat sie ins Bein gebissen.《話》彼女は身ごもった; 子供を生んだ. ◆女性形 Störchin 女 -/-nen

'stor·chen [ˈʃtɔrçən] 自 (s)《話》(こうのとりのように)大股でぎこちなく歩く.

'Storch·schna·bel 男 -s/ⁿ **1** こうのとりの嘴(くちばし). **2**《植物》(Geranium) ふうろそう(風露草). **3**《工学》パントグラフ.

Store¹ [ʃtoːr, st..] 男 -s/-s ⟨fr.⟩ 薄地のカーテン.

Store² [stoːr] 男 -s/-s ⟨engl.⟩ **1** 倉庫. **2** 在庫品.

'stö·ren [ˈʃtøːrən シュテーレン] ❶ 他 **1** (a) (人⁴の)気持をかき乱す, 邪魔する. j⁴ aus dem Schlaf ～ 人⁴の安眠を妨げる. j⁴ bei der Arbeit ～ 人⁴の仕事を邪魔する. j⁴ in einem Vorhaben ～ 人⁴のもくろみを挫く. Darf ich Sie einen Augenblick ～? ちょっと(お邪魔して)よろしいでしょうか. *Stört* es Sie, wenn ich rauche? たばこを喫んでもかまいませんか. Lassen Sie sich³ nicht ～! どうぞおかまいに(お気遣い)なく. Heute *stört* ihn jede Fliege an der Wand.《話》きょうの彼はすこぶる機嫌が悪い(いらいらしている).《目的語なしで》Störe ich [Sie]? お邪魔でしょうか. Entschuldigen Sie bitte, wenn ich *störe*, aber... お忙しいところ(お邪魔して)申訳ありませんが.... Bitte nicht ~!(会議中につき)お静かに; 起さないでください(ドアの外の下げ札). (b) (人^{4}の)気に入らない, 気にくわない, 気に障(さわ)る. Die niedrigen Decken *stören* mich. 天井が低いのが私の気に入らない. Das soll uns nicht weiter ~. そのことはもう気にしないでおこう. **2** (事^{4}を)妨げる, 妨害する, 損なう. den Empfang〈den Unterricht〉~ 受信〈授業〉の妨害をする. j^2 Freude ~ 人^{2}の喜びに水をさす. den Frieden ~ 平和を乱す. 《過去分詞で》Er ist geistig *gestört*. 彼は精神に異常がある.

❷ 再 《**sich**^{4}》《話》(an et^3 事^{3}で)気を悪くする, (が)気に入らない. *sich* an j^2 Benehmen ~ 人^{2}の態度が気に食わない. *Störe dich* nicht an ihm! 彼のことは気にするな.

❸ 自 《南ドイツ・オーストリア》注文先で仕事をする(へ仕事に出向く). ▶ ↑Stör^2

♦ ↑gestört

'stö·rend 現分 形 邪魔(妨げ, 迷惑)になる, 煩わしい, うるさい, 神経に障る.

'Stö·ren·fried [ˈʃtøːrənfriːt] 男 -[e]s/-e 邪魔ばかりする人; 平和を乱す者.

S

'Stör·fak·tor [ˈʃtøːr..] 男 -s/-en 障害要因.

'Stör·fall 男 -[e]s/¨-e 原子力発電所の事故(故障).

Storm [ʃtɔrm] 《人名》Theodor ~ テーオドール・シュトルム(1817-88, ドイツの作家).

'Stör·ma·nö·ver 中 -s/- 妨害工作.

'Stor·ni [ˈʃtɔrni, ˈst..] Storno の複数.

stor'nie·ren [ʃtɔrˈniːrən, st..] 他 (*it.*) 〖商業〗(記帳の誤りを)振替記入で訂正する; (注文などを)取消す, キャンセルする.

'Stor·no [ˈʃtɔrno, ˈst..] 男 (中) -s/..ni[..ni] (↓stornieren) 〖商業〗**1** (帳簿の)誤記訂正. **2** 取消し, キャンセル.

'stör·rig [ˈʃtœrɪç] 形 《古》=störrisch

'stör·risch [ˈʃtœrɪʃ] 形 強情な, 反抗的な.

'Stör·schutz [ˈʃtøːr..] 男 -es/ (放送の)受信妨害防止策.

'Stör·sen·der 男 -s/- 妨害電波発信局.

*'**Stö·rung** [ˈʃtøːrʊŋ シュテールング] 女 -/-en **1** 邪魔, 妨害, 攪乱; 迷惑; 支障, 差支え; 〖人間工〗干渉. Entschuldigen Sie die ~! お邪魔して(ご迷惑をおかけして)すみません. Die Sache verlief ohne ~ 事は滞りなく運んだ. **2** 故障, 障害; 欠陥; 乱れ, 狂い; 混乱; 〖気象〗(移動性)低圧域; 〖地質〗断層; 〖天文〗摂動. nervöse ~*en* 神経障害.

'stö·rungs·frei 形 妨害(雑音)のない; 故障のない.

'Stö·rungs·stel·le 女 -/-n 電話などの故障係.

'Sto·ry [ˈstoːri, ˈstɔri, ˈʃt..] 女 -/-s (*engl.*) **1** (小説などの)筋, ストーリー. **2** センセーショナルな物語(事件). **3** ルポルタージュ, (記事の)ねた. **4** 短編小説.

***Stoß** [ʃtoːs シュトース] 男 -es/Stöße (↓stoßen) **1** (a) ぶつかること, 衝突; (小)突き, 蹴り. ein ~ mit dem Ellbogen〈dem Fuß〉肘で突く〈足で蹴る〉こと. einen ~ erleiden (自信などが)ぐらつく, 揺さぶられる. j^3 einen ~ in die Seite〈gegen die Schulter〉geben 人^{3}の脇腹を小突く〈肩をぽんとたたく〉. j^3 den letzten ~ geben 人^{3}にとどめを刺す. sich^3〈*seinem* Herzen〉einen ~ geben 思い切って決断する, 覚悟をかためる. j^3 einen ~ versetzen 人^{3}に一撃を加える; (に)揺さぶりをかける, (を)ぐらつかせる. Sie kamen alle auf einen ~. 《話》かれらは全員同時にやってきた. (b) (砲丸の)投擲(とうてき). **2** (刃物で)突く(刺す)こと, 突き. einen ~ auffangen 突きをかわす. einen ~ führen ぐさっと刺す. den ersten ~ führen 先制する, 口火を切る. j^3 mit dem Dolch einen ~ [ins Herz] versetzen 人^3(の心臓)を短刀でぐさりと刺す. **3** ぐっとした動き; (水泳・ボートの)ストローク. einen sicheren ~ haben 〖ビリヤード〗いい腕をしている. mit kräftigen *Stößen* 力強いストロークで. **3** (a) リズミカルな動き, (心臓の)鼓動. die *Stöße* der Welle 打ちよせる波. in tiefen *Stößen* atmen 深く息を吸込んで呼吸する. (b) (激しい)揺れ, 衝撃. die *Stöße* des Wagens 車の振動. die *Stöße* eines Erdbebens 地震の揺れ. der ~ bei der Landung 着陸時の衝撃. (c) (風・煙などの激しい)ひと吹き. Wind*stoß* 突風. einen ~ ins Horn tun ホルン(角笛)をぷうっとひと吹きする. **5** 〖軍事〗攻撃, 出撃. **6** ...の山; ひと山, ひと重ね. ein ~ Akten〈Wäsche〉書類〈洗濯物〉の山. einen ganzen ~ Arbeit erledigen 《話》山ほどの仕事を片づける. Bücher auf einen ~ legen 本を山と積上げる. **7** (短期間での薬剤の)大量投与. **8** 〖工学・手工芸〗接合部, (タイルの)目地; 〖鉄道〗(レールの)継ぎ目; 〖鉱業〗(坑道の)側壁; 〖服飾〗(裾裏の)当てぎれ. **9** 〖農業〗(雌牛1頭を飼育できる)牧草地. **10** 《猟師》(猟鳥の)尾; (猛禽用の)捕獲網.

'Stoß·dämp·fer 男 -s/- 〖自動車〗緩衝器.

'Stoß·de·gen 男 -s/- (フェンシングの)突き用の剣.

'Stö·ße [ˈʃtøːsə] Stoß の複数.

'Stö·ßel [ˈʃtøːsəl] 男 -s/- 乳棒, 擂(す)り粉(こ)木, 杵(きね); 〖工学〗タペット.

'stoß·emp·find·lich 形 衝撃に弱い.

'sto·ßen*

[ˈʃtoːsən シュトーセン] stieß, gestoßen / du stößt, er stößt ❶ 他 **1** (a) 突く, 小突く; 突飛ばす, 押しやる; 蹴る, 蹴り飛ばす. j^4 mit dem Ellbogen〈dem Fuß〉~ 人^{4}を肘で突く〈足で蹴る〉. 《方向を示す語句と》j^4 [mit der Nase] auf et^4 ~ 《話》人^{4}に事^{4}をはっきり分からせてやる. j^4 aus dem Anzug ~ 《卑》人^{4}をさんざんに殴りつける. j^4 aus der Gemeinschaft ~ 人^{4}を村八分にする. j^4 aus dem Haus ~ 人^{4}を(家から)追出す. j^4 ins Elend ~ 《比喩》人^{4}を不幸のどん底に突落す. j^4 in den Rücken〈die Seite〉~ 人^{4}の背中〈脇腹〉をつつく. j^4 ins Wasser ~ 人^{4}を水の中に突落す. alles über den Haufen ~ すべてをご破算(おじゃん)にする. j^4 vom Thron ~ 人^{4}を王位から追放する. j^4 von sich^3 ~ 人^{4}を突放す(押しのける); 《比喩》人^{4}を勘当(離縁)する. j^4 vor〈gegen〉die Brust ~ 人^{4}の胸をどんと突く. j^4 vor den Kopf ~ 《比喩》人^{4}を侮辱する(傷つける). j^4 zur Seite〈zu Boden〉~ 人^{4}を突きのける〈突倒す〉. 《不定の目的語 es と》es j^3 ~ 《話》不賛成の意向を人^{3}にはっきり分からせる. (b) 〖スポーツ〗(砲丸を)投擲(とうてき)する; (重量挙げで)押し(さし)あげる. die Kugel zwölf Meter weit ~ 砲丸を12メートル投げる. einen neuen Rekord ~ (砲丸投げで)新記録を出す.

2 突刺す, 突立てる; つっこむ. einen Stock in den Boden ~ 地面に棒を突刺す. j^3 den Degen in〈durch〉den Leib ~ 人^{3}の体に剣を突刺す. den Schlüssel ins Schloss ~ 鍵穴に鍵を突っ込む. das Schwert in die Scheide ~ 剣を鞘(さや)に納める. 《目的語が結果を示して》mit der Stange ein Loch ins Fenster ~ 棒で突いて窓に穴をあける.

3 (体を)ぶつける(an et^3 物^{3}に). sich^3 den Kopf an der Tischkante ~ 机の角に頭をぶつける. sich^3 das

Knie blutig ~ 膝をぶつけて血を出す.《目的語が結果を示して》sich³ an der Stirn eine Beule ~ ぶつかて額にこぶをこしらえる.
4 突き砕く, 搗(つ)く. Pfeffer ~ 胡椒をひく.《過去分詞》gestoßener Zucker 粉砂糖, パウダーシュガー.
5《感情などが》激しく突きあげる, 発作的におそう. Ihn stieß ein Schluchzen〈ein Lachen〉. 彼はこらえきれずにしゃくりあげた〈笑い出した〉.
6《話》《人³の鼻先に》突きつける. Ich habe ihr das vorgestern gestoßen. 私は彼女にそのことをおとといはっきりいってやった.
7《卑》《男が》性交する,《女と》やる.
8《古》(a)《人⁴を》けしかけるらしう. (b)《自転車・自動車などを》押す, 押して歩く. (c) Bitte ~! 押してください(ドアの表示).
❷ (h, s) **1** (h) 突く, つつく; 蹴る;《獣が》突きかかる. j³ in die Seite ~ 人³の脇腹をつつく. mit dem Fuß nach j³ ~ 人³を蹴る. mit den Hörnern nach j³ ~ 《獣が》角で人³に突きかかる. Der Bock stößt. この山羊は突く癖がある.
2 (s) ぶつかる, 衝突する《an〈gegen〉et⁴ 物³に》. mit dem Kopf an die Decke ~ 頭を天井にぶつける. mit dem Fuß an einen Stein ~ 石に蹴躓(つまず)く. Der Wagen stieß gegen einen Baum. 車は木に衝突した. mit dem Auto gegen einen Baum ~ 車を木にぶつける. auf Grund ~《船が》座礁する.
3 (s) (a)《auf j⁴ 人⁴に》ひょっこり出くわす. (b)《auf et⁴ 物⁴に》行き当たる. 偶然見つける. auf Erdöl ~ 石油を掘りあてる. auf einen interessanten Satz ~ おもしろい文に出くわす. auf Schwierigkeiten ~ 困難に出会う. bei j³ auf Widerstand ~ 人³の反対に遭う. (c) auf et⁴《道などが》物⁴に通じている. Die Straße stößt direkt auf den Bahnhof. この道はまっすぐゆくと駅に出る.
4 (s) (zu j³ 人³の)一味に加わる,《に》合流する. zu einer Gruppe ~ あるグループに加わる. Sie stoßen im nächsten Ort zu uns. つぎの場所で彼らは我々に合流する.
5 (h, s)《an et⁴ 物⁴に》隣接している. Mein Zimmer stößt an die Küche. 私の部屋は台所のとなりにある.
6 (h)《車などが》がたがた揺れる;《風が》断続的に強く吹く.《現在分詞》mit stoßendem Atem はあはあ息を切らして.
7《猟師》《猛禽が》急降下で襲う《auf et⁴ 物⁴に》.
8 (h)《古》鋭く《ぱっと》吹く. in das Horn ~ 角笛を吹く. mit j³ in dasselbe〈das gleiche〉Horn ~《比喩》人³に同調(雷同)する.
❸ 《sich⁴》**1** ぶつかる, 衝突する《an et³ 物³に》. sich an der Tischkante ~ 机の角にぶつかる. sich am Kopf ~ 頭をぶつける.
2 (an et⁴ 事⁴で)気分を害する, 腹を立てる. Sie stieß sich an seinem Benehmen. 彼女は彼の態度に腹を立てた.

'**Stö·ßer** ['ʃtøːsər] 男 -s/-《鳥》はいたか.
'**stoß·fest** 衝撃に強い.
'**Stoß·ge·bet** 中 -[e]s/-e《危急の時に》とっさに口をついて出てくる祈り.
'**stö·ßig** ['ʃtøːsɪç] 《牛などが》突きかかる癖のある.
'**Stoß·kraft** 女 -/⁼e **1** 衝撃力. **2**《複数なし》推進力.
'**Stoß·seuf·zer** 男 -s/- 深い溜息, 長大息(ちょうたいそく).
'**stoß·si·cher** 衝撃に強い.
'**Stoß·stan·ge** 女 -/-n (自動車の)バンパー.

'**Stoß·trupp** 男 -s/-s《軍事》特別の任務を帯びた班.
'**Stoß·ver·kehr** 男 -s/ ラッシュアワーの交通混雑.
'**Stoß·waf·fe** 女 -/-n 突き(刺し)用の武器.
'**stoß·wei·se** 《述語的には用いない》**1** 断続的なの, とぎれとぎれの. **2**《書物などが》山積みの, 一山ごとの.
'**Stoß·wel·le** 女 -/-n《物理》衝撃波.
'**Stoß·zahn** 男 -[e]s/⁼e《動物》(象などの)牙.
'**Stoß·zeit** 女 -/-en **1** ラッシュアワー. **2** 仕事の殺到する時期.
'**Stot·te·rer** ['ʃtɔtərər] 男 -s/- どもる人, どもり.
'**stot·te·rig** ['ʃtɔtərɪç] どもる, どもりの.
*'**stot·tern** ['ʃtɔtərn シュトターン] (nd.) ❶ **1** どもる, つかえながらつかえながら話す. **2**《車・エンジンなどが》がくんがくんする. **3**《中性名詞として次の成句で》et⁴ auf Stottern kaufen《話》物⁴を分割払いで買う. ❷ どもりながら言う.

Stotz [ʃtɔts] 男 -es/-e =Stotzen
'**Stot·zen** ['ʃtɔtsən] 男 -s/- **1**《南ド・中ド・スイス》切株, 丸太. **2**《スイス》桶(おけ). **3** 腿肉.
'**Stöv·chen** ['ʃtøːfçən] 中 -s/- (ろうそくを用いた)ティーポット用保温器.
StPO [ɛsteːpeː'ʔoː] 《略》=Strafprozessordnung
Str.《略》=Straße 1a
stracks [ʃtraks] 副《古》**1** 直ちに, 即刻. **2** 真っ直ぐに, まっしぐらに. **3** (決められたとおり)きちんと.
'**Straf·an·stalt** ['ʃtraːf...] 女 -/-en 刑務所.
'**Straf·an·trag** 男 -[e]s/⁼e《法制》告訴. einen ~ stellen 告訴する.
'**Straf·an·zei·ge** 女 -/-n《法制》(犯罪の)告発. eine ~ erstatten 告発する.
'**Straf·ar·beit** 女 -/-en (生徒に)罰として与えられる課題.
'**Straf·auf·schub** 男 -[e]s/⁼e《法制》刑の執行延期.
'**Straf·aus·set·zung** 女 -/-en《法制》刑の執行猶予.
'**Straf·bank** 女 -/⁼e《アイスホッケー》ペナルティーボックス.
'**straf·bar** ['ʃtraːfbaːr] 《処罰すべき, 罪になる. eine ~e Handlung 違反(違法)行為. sich⁴ ~ machen《法律》違反(法律)違反をおかす.
'**Straf·bar·keit** 女 -/ 罰すべき(可罰的)であること.
'**Straf·be·fehl** 男 -[e]s/⁼e《法制》略式命令.
'**Straf·be·scheid** 男 -[e]s/-e《古》《法制》通告処分.
*'**Stra·fe** ['ʃtraːfə シュトラーフェ] 女 -/-n 罰, 懲罰;《法制》刑罰, (とくに)自由刑; 罰金. eine körperliche〈hohe〉~ 体罰《厳罰》. zeitliche《ewige》〈ク》~ 有限の刑. eine ~ Gottes《des Himmels》天罰. Die ~ bleibt nicht aus. 罰は免れ得ない. ~ muss sein! きっと罰(ばつ)があたる. Darauf steht ~. それを犯すと処罰される. Das ist die ~ [dafür]. それ見たことか. Das ist die ~ für deine Gutmütigkeit. それは君のお人好しが招いたことだ. seine [wahre] ~, sie singen hören zu müssen. 彼女の歌を聞かされるなんて何の因果に. seine ~ absitzen《話》刑期を勤めあげる. seine ~ antreten 服役する. j³ eine ~ auferlegen 人³を処罰する. j³ eine ~ erlassen〈schenken〉人³に刑(罰)を免除してやる. Sie wird [noch] ihre ~ finden. 彼女はいずれ罰が当たる. über eine ~ hinwegkommen 人³に刑を科する《罰》. eine ~ vollziehen 刑を執行する. 20 Euro ~ zahlen / eine ~ von 20 Euro zahlen 20 ユーロの罰金を払う. bei ~ verboten sein《書》《…の禁を犯すと》罰

strafen

せられる. j⁴ in ~ nehmen《法制》人⁴を処罰する. j⁴ mit einer ~ belegen《雅》《法制》人⁴に刑を科する, (を)処罰する. et⁴ unter ~ stellen 事⁴を処罰の対象にする(処罰する). zur ~ 罰として. j⁴ zu einer ~ von et³ verurteilen 人⁴に事³の刑を言渡す.

*'**stra·fen** ['ʃtraːfən] 他 罰する, 懲らしめる; 責める, とがめる, 非難する;《古》《法制》処罰する. Gott strafe mich, wenn ich lüge. 誓って嘘は申しません. j⁴ körperlich ~ 人⁴に体罰を加える. j⁴〈et⁴〉 Lügen ~ 人⁴の嘘〈事⁴が嘘であること〉を暴く. j⁴ an Leib und Leben〈Geld und Gut〉 ~ 人⁴に死刑を科する〈人⁴の財産を没収する〉. j⁴ für et⁴〈wegen et²〉 ~ 人⁴を事⁴,²のかどで罰する. j⁴ mit der Rute ~ 人⁴に笞刑(ちけい)を科する, (を)折檻(せっかん)する. j⁴ mit〈durch〉 Verachtung ~ 人⁴を軽蔑(けいべつ)(黙殺)する. j⁴ mit Worten ~ 人⁴を叱りつける.《現在分詞で》ein strafender Blick 非難の眼差(まなざ)し. strafende Worte 叱責. j⁴ strafend anblicken 人⁴をとがめるような目で見る.《過去分詞で》Sie ist gestraft genug. 彼女はもう充分痛めつけられている. mit j⁴〈et³〉 gestraft sein 人³のこと〈事³〉を苦の種にしている, (に)泣かされている.

'**Straf·ent·las·se·ne** 男女《形容詞変化》出獄者.

'**Straf·er·lass** 中 -es/-e《法制》赦免. um ~ bitten〈nachsuchen〉赦免を願い出る.

straff [ʃtraf] 形 **1** ぴんと張った; 張りつめた; まっすぐの. ein ~es Seil ぴんと張った綱. ~e Brüste〈eine ~e Brust〉haben つんと上向いた胸をしている. ~es Haar こわい髪の毛. ~e Haltung annehmen 直立不動の姿勢をとる; しゃんとする. die Zügel ~ anziehen 手綱を引締める. Die Hose sitzt [zu] ~. このズボンはぴちぴちだ. **2** 厳しい, 厳格な; (文体が)簡潔な. eine ~e Zucht 厳しい規律. [zu Hause] ein ~es Regiment führen かかあ天下〈亭主関白〉である. ~ und knapp schreiben 簡潔に書く.

'**Straf·fall** 男 -[e]s/⸚e《法制》刑事事件.

'**straf·fäl·lig** 形 罪を犯した, 罰すべき, 処罰に値する. ~ werden 罪を犯す.

'**straf·fen** ['ʃtrafən] (↓ straff) ❶ 他 **1** ぴんと張る; 引締める; 硬直(緊張)させる. seinen Körper ~ 体をこわばらす. die Zügel ~ 手綱を引締める. **2** (規律·組織を)引締める; (手続·方法を)簡略にする; (文章を)簡潔にする, 要点を絞る. ❷ 再 (**sich**) ぴんと張る, 引締まる; こわばる, 硬直(緊張)する. Seine Züge strafften sich. 彼の表情が固くなった.

'**Straff·heit** 女 -/ ぴんと張った(張りつめた)状態, 緊張; 厳しさ, 厳格; (文体などの)簡潔.

'**straf·frei** 形 罰せられない, 無罪の.

'**Straf·frei·heit** 女 -/《法制》無罪放免, 刑免除.

'**Straf·ge·fan·ge·ne** 男女《形容詞変化》囚人, 受刑者.

'**Straf·geld** 中 -[e]s/-er 罰金, 科料.

'**Straf·ge·richt** 中 -[e]s/-e **1** 刑事裁判所. **2**《雅》裁き, 罰, 懲らしめ. das ~ des Himmels 天罰.

'**Straf·ge·richts·bar·keit** 女 -/《法制》刑事裁判権.

'**Straf·ge·setz** 中 -es/-e《法制》刑法.

'**Straf·ge·setz·buch** 中 -[e]s/⸚er (略 StGB)《法制》刑法典.

'**Straf·ge·setz·ge·bung** 女 -/《法制》刑事立法.

'**Straf·ge·walt** 女 -/《法制》刑罰権.

'**Straf·kam·mer** 女 -/-n《法制》(地方裁判所の)刑事部.

'**Straf·ko·lo·nie** 女 -/-n 流刑地.

'**sträf·lich** ['ʃtrɛːflɪç] 形 **1** 処罰に値する; 非難すべき, ひどい. **2**《副詞として》《話》ひどく, すごく.

'**Sträf·ling** ['ʃtrɛːflɪŋ] 男 -s/-e《話》囚人, 受刑者.

'**straf·los** 形 無罪の, 処罰されない.

'**Straf·lo·sig·keit** 女 -/ 無罪放免, 刑免除.

'**Straf·man·dat** 中 -[e]s/-e (交通違反などの場合の)処罰命令.

'**Straf·maß** 中 -es/-e 刑量.

'**straf·mil·dernd** 形《法制》刑量を減ずる, (情状が)酌量すべき.

'**Straf·mi·nu·te** 女 -/-n《スポ》(アイスホッケー·ハンドボールなどの)ペナルティータイム.

'**straf·mün·dig** 形《法制》刑事責任を負うべき年齢の.

'**Straf·por·to** 中 -s/-s《話》不足郵便料金.

'**Straf·pre·digt** 女 -/-en《話》お説教. j³ eine ~ halten 人³にお説教する.

'**Straf·pro·zess** 男 -es/-e《法制》刑事訴訟.

'**Straf·pro·zess·ord·nung** 女 -/-en (略 StPO)《法制》刑事訴訟法.

'**Straf·punkt** 男 -[e]s/-e《スポ》減点, 失点.

'**Straf·raum** 男 -[e]s/⸚e《スポ》ペナルティーエリア.

'**Straf·recht** 中 -[e]s/《法制》刑法.

'**straf·recht·lich** 形 刑法(上)の.

'**Straf·re·gis·ter** 中 -s/- **1**《法制》刑罰登録簿, 前科簿. **2**《話》幾多の過失(忍慢).

'**Straf·sa·che** 女 -/-n《法制》刑事事件.

'**Straf·se·nat** 男 -[e]s/-e《法制》(上級地方裁判所の)刑事部.

'**Straf·stoß** 男 -es/⸚e《スポ》(サッカーの)ペナルティーキック; (ホッケーの)ペナルティーストローク.

'**Straf·tat** 女 -/-en《法制》犯罪行為, 犯行.

'**Straf·ver·fah·ren** 中 -s/-《法制》刑事訴訟手続き.

'**Straf·ver·fol·gung** 女 -/-en《法制》刑事訴追.

'**straf·ver·set·zen** 他《不定詞と過去分詞 strafversetzt でのみ》左遷する.

'**Straf·ver·set·zung** 女 -/-en (役人などの)左遷.

'**Straf·ver·tei·di·ger** 男 -s/-《法制》刑事弁護人.

'**Straf·voll·stre·ckung** 女 -/《法制》刑の執行.

'**Straf·voll·zug** 男 -[e]s/《法制》行刑.

'**straf·wür·dig** 形 罰すべき, 処罰に値する.

'**Straf·zeit** 女 -/-en =Strafminute

'**Straf·zu·mes·sung** 女 -/-en《法制》刑の量定, 量刑.

*'**Strahl** [ʃtraːl シュトラール] 男 -[e]s/-en **1** 光線, 一条(ひと筋)の光. Blitzstrahl 稲妻. die ~en des Mondes 月の光り. ein ~ der Hoffnung〈Freude〉ひと筋の希望の光〈喜びの輝き〉. **2**《複数まれ》(細い孔からの液体·気体の)噴出, 噴射, 噴流. **3**《複数で》《物理》光線, 熱線, 化学線, 放射線, 電磁線, 粒子線. **4**《数学》半直線. **5**《獣医》蹄骨.

'**Strahl·an·trieb** 男 -[e]s/-e《光学》ジェット推進.

*'**strah·len** ['ʃtraːlən シュトラーレン] (↓ Strahl) 自 **1** 光線を放射する, 光る, 輝く, きらめく;《物理》《化学》線を放射する. Die Sonne strahlt am〈vom〉Himmel. 太陽が空に輝く. ~ aus allen Knopflöchern ~《卑》嬉しさ(喜び)を体じゅうに表している. über beide Backen〈übers ganze Gesicht〉 ~《卑》喜色満面である. vor Begeisterung〈Sauberkeit〉 ~ 感激に顔を輝かせて〈ピカピカに磨きあげられて〉いる.《現在分詞で》strahlendes Wetter 太陽が輝くいい天気. mit strahlenden Augen 目を輝かせて. ein strahlendes

Lachen きらめくような笑い. Sie sah ihn *strahlend* an. 彼女は顔を輝かせて彼を見た. **2** 送信する. **3** (馬が)放尿する.

❷ 1 放射する, 輻射する;《雅》(喜びの色などを)発散する, まき散らす. **2**《まれ》(番組を)放送する.

'**Strah·len·be·hand·lung** 囡 -/-en《医学》放射線療法.

'**Strah·len·bio·lo·gie** 囡 -/ 放射線生物学.

'**Strah·len·bre·chung** 囡 -/-en《物理》光の屈折.

'**Strah·len·bün·del** 匣 -s/- **1**《光学》光束, 光線束. **2**《数学》束線.

'**Strah·len·che·mie** 囡 -/ 放射線化学.

'**strah·len·för·mig** 形 放射状の.

'**Strah·len·krank·heit** 囡 -/-en《病理》放射線疾患.

'**Strah·len·kranz** 男 -es/⸗e 光輪, 後光.

'**Strah·len·pilz** 男 -es/-e《生物》放射菌.

'**Strah·len·scha·den** 男 放射線障害.

'**Strah·len·schä·di·gung** 囡 -/-en 放射線障害.

'**Strah·len·schutz** 男 -es/ 放射線防護.

'**Strah·len·the·ra·pie** 囡 -/-n =Strahlenbehandlung

'**Strah·len·tier·chen** 匣 -s/-《動物》放散虫.

'**Strah·ler** [ˈʃtraːlɐr] 男 -s/-**1**(電磁線放射線の)放射体, 線源. **2** schwarzer ~《物理》黒体. **3** 放射器;放熱器. **4**《雅》鉱物(水晶)採取者.

'**strah·lig** [-lɪç] 形 輻射状.

'**Strahl·trieb·werk** 匣 -[e]s/-e《工学》ジェットエンジン.

'**Strah·lung** [ˈʃtraːlʊŋ] 囡 -/-en **1**《物理》放射; 放射エネルギー;放射物質. **2**《複数なし》《雅》(人から滲み出る)魅力, 影響力.

'**Strah·lungs·druck** 男 -[e]s/⸗e《物理》放射圧.

'**Strah·lungs·wär·me** 囡 / 輻射熱.

'**Sträh·ne** [ˈʃtrɛːnə] 囡 -/-n **1**(髪の毛の)束, 房;(糸の綛(ʔㇺ)). **2**《多く複数名》束になって見える光(水の流れ), 光芒(わ), しのつく雨. **3** (ある一時期の)一連の出来事, (人生の)一時期.

'**sträh·nig** [ˈʃtrɛːnɪç] 形 (髪などが)束(房)になった.

'**Stra·min** [ʃtraˈmiːn] 男 -s/-e (fr.)《紡織》(刺繡用の)キャンバス.

stramm [ʃtram] 形 **1** (衣服が)ぴたっと体にあった;(綱などが)ぴんと張った. Die Hose sitzt zu ~. このズボンはぴちぴちだ. **2** たくましい, がっしりした, 頑健(頑丈)な. ein ~*er* Junge たくましい子. **3** 直立不動の, しゃちほこばった. eine ~*e* Haltung annehmen 直立不動の姿勢をとる. **4**《話》(仕事などがきつい, きびしい;相当な. ein ~*er* Marsch きつい行進. ~*en* Hunger haben 猛烈に腹がへっている. ~ arbeiten がむしゃらに働く. **5** (規則などが)きびしい, 厳格な;(信仰などが)かたくなの. ↑stramm

'**Stramm·heit** 囡 -/ (綱などが)ぴんと張っていること, たくましさ, 頑丈さ;きびしさ. ↑stramm

'**stramm|ste·hen*** 自 直立不動の姿勢をとっている.

'**stramm|zie·hen**¹* 他《次の成句で》j³ die Hosen ⟨den Hosenboden⟩ ~《話》人³の尻をひっぱたく.

stramm zie·hen*², '**stramm|zie·hen**²* 他 ぴんと張る, ひき締める.

'**Stram·pel·hös·chen** [ˈʃtrampəl..] 匣 -s/- ロンパース(子供用遊び着).

'**stram·peln** [ˈʃtrampəln] 自 (*nd.*) (h, s) **1** (h) (赤ん坊などが)手足をばたばたさせる. **2** (s)《話》自転車で行く. **3** (h)《話》あくせく働く, さんざん骨を折る.

***Strand** [ʃtrant シュトラント] 男 -[e]s/Strände 浜, 浜辺, 海浜. am ~ [in der Sonne] liegen 浜で甲羅を干す. an den ~ gehen 浜へ(海水浴に)行く. auf ~ geraten⟨laufen⟩《船員》(船が)浜に乗りあげる.

'**Strand·an·zug** 男 -[e]s/⸗e ビーチウェア(海浜着).

'**Strand·bad** 匣 -[e]s/⸗er (海)水浴場.

'**Strän·de** [ˈʃtrɛndə] Strand の複数.

'**stran·den** [ˈʃtrandən] 自 (s) (↓Strand) **1** (船が)座礁する, 浅瀬に乗上げる. **2**《雅》挫折する.

'**Strand·gut** 匣 -[e]s/⸗er (難船の)漂着物, 海難貨物.

'**Strand·ha·fer** 男 -s/《植物》はまむぎ.

'**Strand·ho·tel** 匣 -s/-s シーサイドホテル.

'**Strand·korb** 男 -[e]s/⸗e (浜辺に置かれた)籠いす.

'**Strand·läu·fer** 男 -s/《鳥》おばしぎ.

'**Strand·recht** 匣 -[e]s/《法制》海難救助法規.

'**Stran·dung** [ˈʃtrandʊŋ] 囡 -/-en 座礁;海難.

'**Strand·wa·che** 囡 -/-n 海岸監視.

'**Strand·wäch·ter** 男 -s/- 海岸監視員.

Strandkorb

***Strang** [ʃtraŋ シュトラング] 男 -[e]s/Stränge **1** 縄, 綱, 索, ロープ. den ~ der Glocke ziehen 綱を引いて鐘を鳴らす. Er⟨Diese Tat⟩ verdient den ~. 彼⟨この行い⟩は絞首刑に値する. j³ zum Tode durch den ~ verurteilen《雅》人³に絞首刑を宣告する. **2** (牛・馬の)引き綱(革). Die Pferde legten sich⁴ mächtig in die *Stränge*. 馬は力強く⟨綱を⟩引きはじめた. wenn alle *Stränge* reißen《話》まさかの(やむをえない)ときには. an einem⟨am gleichen / an demselben⟩ ~ ziehen《比喩》目指す所は同じである. über die *Stränge* hauen⟨schlagen⟩《話》はめをはずす. **3** (糸の)束, 綛(ʔ);《解剖》索状組織. **4** 軌条, レール;《比喩》(映画などの)筋.

'**Strän·ge** [ˈʃtrɛŋə] Strang の複数.

stran·gu·lie·ren [ʃtraŋguˈliːrən] 他 (*lat.*) 絞殺する.

Stran·gu·lie·rung 囡 -/-en 絞殺(ʃ), 扼殺(ʃ);《医学》絞扼.

Stra·pa·ze [ʃtraˈpaːtsə] 囡 -/-n (*it.*) 苦労, 辛労;骨の折れる仕事.

stra·pa·zie·ren [ʃtrapaˈtsiːrən] (*it.*) **❶** 他 **1** (物⁴を)酷使する, 使い古す. Schuhe ~ 靴を履きからす(つぶす). *strapazierte* Parolen いい古された(陳腐な)スローガン. **2** (ひどく)疲れさせる, 疲れきらせる. Die Kinder *strapazieren* die Mutter. 子供たちは母親をくたくたに疲れさせる. j³ Geduld ~《話》人³にたいへんな我慢をさせる. **❷** 再 (*sich*⁴) 無理をする, 全力を使いはたす.

stra·pa·zier·fä·hig [ʃtrapaˈtsiːr..] 形 酷使に耐える, 丈夫(頑丈)な.

stra·pa·zi·ös [ʃtrapatsiˈøːs] 形 辛い, 骨の折れる.

Strass, °**Straß** [ʃtras] 男 -[es]/-e **1**《複数なし》ストラス(鉛ガラス). **2** (ストラスを用いた)模造宝石.

straß'ab [ʃtraːsˈʔap] 副 通りを下って.

straß'auf [ʃtraːsˈʔaʊf] 副 通りを上って.《次の用法で》~, straßab / ~ und straßab 町中あちこち.

'**Straß·burg** [ˈʃtraːsbʊrk]《地名》シュトラースブルク(フランスのアルザス地方の都市).

'**Stra·ße** [ˈʃtraːsa シュトラーセ] 囡 -/-n (*lat.*) **1**

(a)《略 Str.》道路, 街路, (大)通り; 車道; …街, …通り. eine ～ erster Ordnung 1級道路. eine belebte〈ruhige〉～ にぎやかな〈静かな〉通り. ～ und Hausnummer von j³ 人³の住所. unter dem Druck der ～ 街の声〈世論〉におされて. die ganze ～ abklappern《話》一軒一軒しらみつぶしにたずねて歩く. eine ～ anlegen〈bauen〉《戯》ころえ. auf die ～ die ～ messen《戯》ころえ. auf die ～ pflastern können《話》物³が掃いて捨てるほどある. seine [stille] ～ ziehen《雅》(そっと)立去る.《前置詞と》auf offener ～ (天下の)往来で, 公衆の面前で. auf der schmalen ～ des Herkommens〈des Üblichen〉gehen 世間〈慣習〉にしたがう, 易きにつく. der Länge nach die ～ messen《戯》ころえ. auf¹ die ～ pflastern können《話》物³が掃いて捨てるほどある. seine [stille] ～ ziehen《雅》(そっと)立去る.《前置詞と》auf offener ～ (天下の)往来で, 公衆の面前で. auf der schmalen ～ der Tugend gehen まがったことを断固きらう. Wir haben den ganzen Tag auf der ～ gelegen.《話》私たちは一日中まで走り回っていた. auf der ～ liegen〈sitzen/stehen〉《話》失業中である; 宿なしである. Das Geld liegt hier auf der ～.《話》ここには金儲けのおいしい話がごろごろしている. Die Kinder spielen auf der ～. 子供たちが通りで遊んでいる. auf die ～ gehen 通り〈外〉に出る;《話》街頭へデモに出る; (娼婦として)街角に立つ. Das Fenster geht auf die ～〈zur ～〉. 窓は通りに面している. j⁴ auf die ～ schicken《話》j⁴を(娼婦として)街角に立たせる. j⁴ auf die ～ setzen〈werfen〉《話》j⁴をくびにする; 家から追出す. das Geld auf die ～ werfen 金を濫費する. durch die ～n bummeln 街を(あちこち)ぶらつく. Er wohnt in der Leipziger ～. 彼はライプツィヒ通りに住んでいる. et⁴ über die ～ verkaufen 物⁴を露店で売る. ein Mädchen von der ～ 街の女, 娼婦. der Mann von der ～ 市井(しせい)の人, 一般市民. j⁴ von der ～ auflesen 人⁴を浮浪者の身から救い出す. j⁴ von der ～ holen 人⁴を更生させる. ein Zimmer zur 〈nach der〉～ 通りに面した部屋. (b)《話》通りの住民, 町内の人びと. Die ganze ～ spricht von diesem Skandal. 街中がこのスキャンダルでもちきりだ. **2** 海峡, 水道. **3** (工場の)ライン.
♦付録「図解小辞典」参照.

'**Stra·ßen·an·zug** 男 -[e]s/⁻e 平服.

'**Stra·ßen·ar·bei·ter** 男 -s/- 道路工夫.

*'**Stra·ßen·bahn** ['ʃtra:sənba:n シュトラーセンバーン] 女 -/-en 市街(路面)電車. die ～ nehmen 市電に乗る〈で行く〉.

'**Stra·ßen·bah·ner** 男 -s/-《話》市街電車の乗務員.

'**Stra·ßen·bau** 男 -[e]s/ 道路工事(建設).

'**Stra·ßen·ecke** 女 -/-n 街かど.

'**Stra·ßen·fe·ger** 男 -s/- **1** 道路清掃夫. **2**《話》(放送時間には人通りがなくなる)テレビの人気番組.

'**Stra·ßen·glät·te** 女 -/ 道路が滑りやすいこと.

'**Stra·ßen·gra·ben** 男 -s/⁻ 道路の側溝.

'**Stra·ßen·han·del** 男 -s/ 街頭販売, 大道商い.

'**Stra·ßen·händ·ler** 男 -s/- 露店商人.

'**Stra·ßen·jun·ge** 男 -n/-n(-ns, ..jungs)《侮》(街にたむろする)不良少年.

'**Stra·ßen·kampf** 男 -[e]s/⁻e《多く複数で》市街戦.

'**Stra·ßen·kar·te** 女 -/-n 道路地図.

'**Stra·ßen·keh·rer** 男 -s/- 道路清掃夫.

'**Stra·ßen·kind** 中 -[e]s/-er ストリートチルドレン.

'**Stra·ßen·kreu·zer** 男 -s/-《話》大型高級乗用車; リムジン.

'**Stra·ßen·kreu·zung** 女 -/-en 交差点.

'**Stra·ßen·la·ge** 女 -/ (自動車の)ロードホールディング.

'**Stra·ßen·lärm** 男 -[e]s/ 道路(街頭)の騒音.

'**Stra·ßen·la·ter·ne** 女 -/-n 街灯.

'**Stra·ßen·mäd·chen** 中 -s/- 街娼.

'**Stra·ßen·mu·si·kant** 男 -en/-en ストリートミュージシャン.

'**Stra·ßen·na·me** 男 -ns/-n 通りの名, 町名.♦格変化は Name 参照.

'**Stra·ßen·netz** 中 -es/-e 道路網.

'**Stra·ßen·rand** 男 -[e]s/⁻er 道路の端.

'**Stra·ßen·raub** 男 -[e]s/-e 追いはぎ, 辻強盗.

'**Stra·ßen·räu·ber** 男 -s/- 追いはぎ, 辻強盗.

'**Stra·ßen·rei·ni·gung** 女 -/-en **1** 道路の清掃. **2** 道路清掃局.

'**Stra·ßen·ren·nen** 中 -s/-《ス²》(自転車・オートバイの)ロードレース.

'**Stra·ßen·schild** -[e]s/-er **1** 町名(街路名)標示板. **2** 道標, 道しるべ. **3**《話》交通標識.

'**Stra·ßen·schlacht** 女 -/-en 市街戦.

'**Stra·ßen·sper·re** 女 -/-n 道路の通行止めの柵.

'**Stra·ßen·sper·rung** 女 -/-en 道路閉鎖.

'**Stra·ßen·über·füh·rung** 女 -/-en 高架道路; 陸橋.

'**Stra·ßen·un·ter·füh·rung** 女 -/-en 陸橋下の道路; 地下道.

'**Stra·ßen·ver·kehr** 男 -s/ 道路交通.

'**Stra·ßen·ver·kehrs·ord·nung** 女 -/《略 StVO》《法則》道路交通規制.

'**Stra·ßen·wal·ze** 女 -/-n《土木》ロードローラー.

'**Stra·ßen·zug** 男 -[e]s/⁻e 街並.

'**Stra·ßen·zu·stand** 男 -[e]s/⁻e (凍結などによる)道路状態.

Stra·te·ge [ʃtra'te:gə, st..] 男 -n/-n (gr.) **1** 戦略家. **2** 軍司令官. **3**《戯》策略家.

Stra·te·gie [ʃtrate'gi:, st..] 女 -/-n (gr.) 戦略, 軍略;《比喩》(ある目的をとげるための)計画, 戦術.

stra·te·gisch [ʃtra'te:gɪʃ, st..] 形 戦略(上)の, 戦略的な.

'**Stra·ti** ['ʃtra:ti, 'st..] Stratus の複数

Stra·ti·gra·phie [ʃtratigra'fi:, st..] 女 -/ **1** 層序学; 地層学. **2**《医学》断層撮影(法).

Stra·to·sphä·re [ʃtrato'sfɛːrə, st..] 女 -/《気象》成層圏.

Stra·to·sphä·ren·flug 男 -[e]s/⁻e 成層圏飛行.

stra·to·sphä·risch [ʃtrato'sfɛːrɪʃ, st..] 形《述語的には用いない》成層圏の.

'**Stra·tus** ['ʃtra:tos, 'st..] 男 -/..ti [..ti] (lat.)《気象》層雲.

'**Stra·tus·wol·ke** 女 -/-n ＝Stratus

*'**sträu·ben** ['ʃtrɔybən シュトロイベン] ❶ 他 (毛などを)逆(さか)立てる. ❷ 再 (sich) **1** (毛が)逆立つ. Da sträubten sich mir die Haare.《比喩》私は身の毛がよだつような思いをした. **2** 逆らう, 抗う, 抵抗する(gegen et⁴ 事⁴に対して). Die Feder sträubt sich, den schrecklichen Unfall zu beschreiben.《比喩》事故の様子は恐ろしくてとても書けない.

Strauch [ʃtraʊx] 男 -[e]s/Sträucher **1**《植物》低木, 灌木(かんぼく). **2**《話》やぶ, 茂み.

'**Strauch·dieb** 男 -[e]s/-e《古》追いはぎ.

'**strau·cheln** ['ʃtraʊxəln] 自 (s) **1**《雅》つまずく. über einen Stein ～ 石につまずく. **2**《雅》道を踏みはずす, 堕落する. in seinem Leben ～ 人生につまずく. ein gestraucheltes Mädchen 堕落した少女. **3**《話》

'**Sträu·cher** [ˈʃtrɔyçər] Strauch の複数.

'**strau·chig** [ˈʃtraʊxɪç] 图 **1** 灌木(状)の. **2** 灌木の茂った.

'**Strauch·rit·ter** 男 -s/- 《古》馬を乗りまわす追いはぎ.

'**Strauch·werk** 匣 -[e]s/ **1** 灌木の茂み; やぶ. **2** 枝, 柴.

Strauss [ʃtraʊs] 《人名》Richard ~ リヒャルト·シュトラウス(1864-1949, ドイツの作曲家).

*'**Strauß**¹ [ʃtraʊs シュトラオス] 男 -es/Sträuße 花束; 束, 房. einen ~〈Blumen zum ~〉binden 花束をつくる.

'**Strauß**² 男 -es/Sträuße **1** 《古》諍(いさか)い, いがみ合い, 口論, 喧嘩. mit j³ einen ~ ausfechten 人³と一戦まじえる. mit j³ einen harten ~ haben 《雅》人³と犬猿の仲である. **2** 《古》戦い, 戦闘, いくさ.

*'**Strauß**³ [ʃtraʊs シュトラオス] 男 -es/-e 《lat.》《鳥》だちょう(駝鳥). den Kopf in den Sand wie der Vogel ~ stecken 厄介な事には目をつむる; 現実を見ようとしない.

Strauß 《人名》Johann ~ ヨーハン·シュトラウス((a) 1804-49, オーストリアの作曲家. (b) 1825-99, オーストリアの作曲家, (a)の息子).

'**Sträuß·chen** [ˈʃtrɔʏsçən] 匣 -s/- (Strauß¹ の縮小形)小さな花束.

'**Sträu·ße** [ˈʃtrɔʏsə] Strauß¹, Strauß² の複数.

'**Strau·ßen·ei** 匣 -[e]s/-er 駝鳥(だちょう)の卵.

'**Strau·ßen·fe·der** 囡 -/-n 駝鳥(だちょう)の羽根.

'**Strauß·wirt·schaft** 囡 -/-en 《地方》自家醸造ワインを飲ませる酒場(枝の束を戸口に吊しているところから).

'**Straz·ze** [ˈʃtratsə, st..] 囡 -/-n 《it.》《商業》日記帳.

'**Stre·be** [ˈʃtreːbə] 囡 -/-n (↓ streben)《屋根以外の斜めに組まれた支(柱), 筋違(ち), 方杖(ほうつえ)》.

'**Stre·be·bal·ken** 男 -s/- 斜めに組まれた梁(はり).

'**Stre·be·bo·gen** 男 -s/- 《建築》飛び控え.

*'**stre·ben** [ˈʃtreːbən シュトレーベン] 圓 (s, h) **1** (s, h) (方向を示す語句と)まっしぐらに(わき目もふらず)突き進む. nach Hause ~ 家路を急ぐ. zum Ausgang ~ 出口へと突き進む. Die Pflanze strebt nach dem 〈zum〉Licht. この植物は光に向かう. in die Höhe ~ / zum Himmel ~ 《雅》天高くそびえる. zur〈an die〉Macht ~ 《雅》権力に向かって邁進する. **2** (h) (a) 懸命に努力する, 頑張る(nach et³ 物³を得ようと). nach Reichtum〈Macht〉~ 富〈権力〉を求める. Er strebt immer [danach], sein Bestes zu tun. 彼はいつも最善をつくそうとする. Es irrt der Mensch, solange er strebt. 人間は努力するかぎり迷うものだ(Goethe, Faust I). (b) 《学生》がり勉する.

'**Stre·ben** 匣 -s/ 努力(nach et³ 物³をめざしての). das ~ nach Vollkommenheit 完璧を期する努力.

'**Stre·be·pfei·ler** 男 -s/- 《建築》バットレス, 控え壁(柱).

'**Stre·ber** [ˈʃtreːbər] 男 -s/- **1** 《侮》がり勉, 点取虫; 立身出世主義者. **2** 《魚》ドナウパーチ(体長18 cm位のドーナウ川流域に棲息するパーチ).

'**stre·ber·haft** [ˈʃtreːbərhaft] 图 《侮》出世主義の; がり勉の.

'**Stre·ber·tum** [ˈʃtreːbərtuːm] 匣 -s/ 《侮》出世主義; がり勉.

'**streb·sam** [ˈʃtreːpzaːm] 图 勤勉な, 努力家の.

'**Streb·sam·keit** 囡 -/ 努力, 勤勉, 野心.

'**streck·bar** [ˈʃtrɛkbaːr] 图 伸ばす(広げる)ことのできる, 伸張〈伸展〉性のある.

'**Streck·bett** 匣 -[e]s/-en 《医学》伸展ベッド.

*'**Stre·cke** [ˈʃtrɛkə シュトレッケ] 囡 -/-n (↓ strecken) **1** (a) 道のり, 道程, 距離. eine lange〈weite〉~ 長い距離(道のり). eine kurze〈kleine〉~ 短い距離(道のり). Es ist noch eine gute ~ bis dorthin. そこまではまだ相当な距離がある(長丁場だ). j² eine ~ begleiten 人⁴としばらく一緒にゆく. eine ~ von 20 Kilometern zurücklegen〈bewältigen〉20 キロメートルの道のりをこなす. auf der ~ bleiben 《話》二進(にっち)も三進(さっち)もいかない, 失敗(落伍)する; ばしゃる, おじゃんになる. (b) 《複数で》(一定の)広がり, 範囲; (書物などの)一部分. über weite ~ n [hin] 広範囲にわたって. **2** 《鉄道》区間, 路線, ルート. eine ~ begehen ある区間を巡回する. die ~ Berlin-Moskau fliegen ベルリーン-モスクワ間を飛ぶ. auf freier〈offener〉~ halten 駅のないところ(途中)で止まる. **3** 《スポーツ》競争距離, コース. die kurzen〈langen〉~ n 長〈短〉距離. auf die ~ gehen スタートする. über die ~ gehen 出走する, 競走に出る. **4** 《猟師》線分. **5** 《猟師》獲物(の総数), 仕留めてならべられた獲物. einen Hasen zur ~ bringen うさぎを仕留める. j² zur ~ bringen 《比喩》人⁴を打ち負かす(倒す); 物⁴〈人など〉を仕留める. **6** 《鉱業》横坑, 水平坑道. **7** 《紡織》練条機. **8** 《スポーツ·九柱戯》投球回数

*'**stre·cken** [ˈʃtrɛkən シュトレッケン] ❶ 他 **1** (体·体の一部を)伸ばす, まっすぐにする, 広げる; 突き出す, 差ゆべる. Arme streckt! (体操の号令で)腕を伸ばせ. den Finger〈die Hand〉~ (生徒が)手を挙げる. die Knie ~ 膝を伸ばす. die Waffen ~ 降伏(降参)する. Das gebrochene Bein muss gestreckt werden. 折れた脚には展伸帯を巻かねばならない. den Kopf aus dem Fenster ~ 窓から首を突き出す. die Zunge aus dem Mund ~ 舌を出す. die Arme in die Höhe ~ 両腕を上に伸ばす. Er streckt noch die Füße〈die Beine〉unter Vaters Tisch. 《比喩》彼はまだ親掛りだ(親の脛をかじっている). alle viere von sich³ ~ 大の字になる, 手足を投出す; くたばる, 死ぬ. die Beine von sich³ ~ 両足を投げ出す. j² zu Boden ~ 人⁴を打ち倒す, のす. 《過去分詞で》in gestrecktem Galopp〈Lauf〉全速力で. in gestreckter Überhebung《体操》(吊輪の)伸身宙返り. ein gestreckter Winkel 《数学》平角(180°). **2** (金属などを)(打ち)延ばす. das Eisen durch Walzen ~ 鉄を圧延する. sich³ Schuhe ~ und weiten lassen 靴を延ばしてもらう. Die Streifen strecken sie〈ihre Figur〉. 縞模様で彼女はすらりと見える. **3** (a) (食べ物を)薄める, のばす. die Suppe mit Wasser ~ スープを水でのばす. (b) (たくわえを)長くもたせる, 節約する. (c) 引延ばす, 長びかせる. die Arbeit ~ 仕事を(だらだらと)引延ばす. **4** 《猟師》仕留める. ❷ 匣 (sich¹) **1** 手足(体)を伸ばす, 伸びをする; 長々と寝る, 寝そべる; 《スポーツ》(ゴールキーパーが)横っとびに跳ぶ, セービングをする. sich aufs Bett ~ 寝台に長々と横たわる. sich nach der Decke ~ 《話》分相応に暮す. **2** (延々と)伸びて(広がって)いる. Das Dorf streckte sich den Fluss entlang. 《雅》村は川に沿って延びていた. Der Weg streckt sich. 《話》道は思ったより遠い. **3** 《話》背が伸びる, 大きくなる.

'**Stre·cken·ar·bei·ter** 男 -s/- 線路工夫.

'**Stre·cken·flug** 男 -[e]s/-e (グライダーの)距離滑空競技.

'**Stre·cken·re·kord** 男 -[e]s/-e 《スポーツ》区間新記録.

'**Stre·cken·wär·ter** 男 -s/- 《鉄道》線路巡回員.

'stre・cken・wei・se 副 1 区間(一区切り)ごとに; 一部(ある区間)は, 部分的に. **2** 時々, 暫くのあいだ.

'Stre・cker ['ʃtrɛkər] 男 -s/- 1《解剖》伸筋. 2 (釣りざおの)のばし.

'Streck・gren・ze 女 -/-n《工学》弾性限界, 降伏点.

'Streck・hang 男 -[e]s/《体操》=Langhang

'Streck・mus・kel 男 -s/-n《解剖》伸筋.

'Stre・ckung ['ʃtrɛkʊŋ] 女 -/-en 伸張, 牽引, 伸展;《医学》伸長期.

'Streck・ver・band 男 -[e]s/ ゚e《医学》伸展包帯.

*Streich [ʃtraɪç ʃュトライヒ] 男 -[e]s/-e 1《雅》一撃, 殴打; 運命の打撃. einen ~ gegen j¹ führen 人¹を一撃する. j³ einen tödlichen ~ versetzen 人³ に致命的な一撃を加える. auf einen ~《古》一度に; 突然. Von einem〈Vom ersten〉~ fällt keine Eiche. (諺) ローマは1日にして成らず(樫は一撃では倒れない). mit et³ zu ~ kommen《古》物³(使い)こなす, ものにする; (と)折り合いがつく(うまくいく). **2** 悪戯(いたずら), 悪さ; からかい, 悪ふざけ; 愚行. Das ist mir ein schöner ~!《反語》これはまた有難いことをしてくれたんだ. ~e machen〈verüben〉悪戯をする. j³ einen ~ spielen 人³に悪さ(悪戯)をする, (を)からかう, (を)欺(あざむ)く, 見捨てる. Sein Schicksal hat ihm manchen ~ gespielt. 運命は幾度となく彼を裏切った. Was hat du da für einen ~ gemacht!《話》君は何て馬鹿をしでかしたんだ.

◆ ↑gestrichen

*'strei・cheln ['ʃtraɪçəln シュトライヒェルン] 他 自 やさしく(を)撫でる, さする. Er streichelte mir das Haar〈mir das Haar / mir übers Haar〉. 彼は私の髪をやさしく撫でた. Läßt sich⁴ der Hund ~?《話》この犬は撫でても大丈夫ですか.

'strei・chen ['ʃtraɪçən シュトライヒェン] strich, gestrichen ❶ 他 **1** (a) 撫(な)でる, さする. seinen Bart ~ / sich³ den Bart ~ 髭を撫でる(しごく). die Wäsche glatt ~ 洗濯物を手で平らに伸ばす. die Geige ~《古》バイオリンをひく. (b) (手で)さっと払う, 払いのける. sich³ die Haare aus der Stirn ~ 額にかかる髪を掻きあげる. den Schweiß von der Stirn ~ 額の汗を拭う. die Krümel vom Tisch ~ パン屑を食卓から払う. (c) 研(と)ぐ. (d)《過去分詞で》Die Wanne〈Das Maß meiner Geduld〉ist gestrichen voll. 桶は擦り切り一杯だ〈我が忍耐も限界にきている〉. die Hosen gestrichen voll haben《話》不安で(怖くて)居ても立ってもいられない. die Nase gestrichen voll haben《話》うんざりしている.

2 塗る, 塗り付ける(et⁴ mit et³ 物⁴に物³を); (物に)塗料(ペンキ・色など)を塗る. Butter aufs Brot ~ パンにバターを塗る. Salbe auf eine Wunde ~ 傷に軟膏を塗る. j³ et⁴ aufs Butterbrot ~《話》人³の事を咎(とが)める. Kitt in die Fugen ~ 目地にパテを塗りこむ. ein Brot mit Marmelade ~ パンにジャムを塗る. j³ ein Brot ~ 人³のパンにバター(ジャム)を塗ってやる. die Wände ~ 壁を塗装する.《過去分詞で》gestrichenes Papier《製紙》コート紙, 光沢紙. Vorsicht, frisch gestrichen! 注意, ペンキ塗りたて.

3 et⁴ durch ein Sieb ~《料理》物⁴を裏漉(ご)しする.

4 (線を引いて)抹消する, 削除する; (物)の無効を宣する, (を)取消す. einen Abschnitt〈eine Zeile〉~ 1 節(1行)を削除する. einen Auftrag ~ 注文を取消す. j² Schulden ~ 人²の借金を棒引きにする. seinen Urlaub ~《話》休暇を返上する. et⁴ aus seinem Gedächtnis ~《比喩》事⁴を記憶から抹殺する(忘れ去る). j⁴ 〈j² Namen〉aus der Liste ~ 人⁴,²の名前をリストから削る. Nichtzutreffendes bitte ~! 不要(該当しない)項目を消して下さい. Das kannst du ~! 《話》それ(案・計画など)は君, 取りさげてもらうよ.

5《船員》《古》(帆・旗を)降ろす, 巻く. die Flagge〈die Segel〉~ 旗を巻く(帆をたたむ);《比喩》降参する.

6《ドー》(オールを)逆漕する.

7《地方》(牛などの)乳を搾る.

8《古》(鞭などで)打つ, 叩く; 懲(こ)らしめる.

❷ 自 (h, s) **1** (h) 撫でる, さする. j(sich)³ mit den Fingern durchs Haar ~ 人〈自分〉の髪を指で掻き上げる. über den Bart ~ 髭をしごく. über eine Decke ~ 毛布の皺を伸ばす. j³ über das Haar ~ 人³の髪を撫でつける. j³ um den Bart ~《話》人³のご機嫌をとる, (に)へつらう.

2 (s) ぶらつく, ほっつき歩く; うろつく, 排徊する; 忍び歩く. durch die Straßen ~ 街をほっつく. um das Haus ~ 家の周りをうろつく. Die Katze streicht ihr um die Beine. 猫が彼女の足にまとわりつく.

3 (s) (風が)吹きぬける(わたる);《猟師》(鳥が)さっと(掠(かす)めて)飛ぶ;《雅》(舟が)走る(durch die Wellen 波を切って).

4《地理》(山並が)伸びて(走って)いる;《地質》(地層が)層向(走向)する. ▶現在時称でのみ用いる.

◆ ↑gestrichen

'Strei・cher ['ʃtraɪçər] 男 -s/- (とくにオーケストラの)弦楽器奏者. ◆ 女性形 Streicherin 女 -/-nen

'streich・fä・hig 形 (バターなどが)塗りやすい.

'Streich・garn 中 -[e]s/《紡織》梳毛(そもう)糸.

*'Streich・holz ['ʃtraɪçhɔlts シュトライヒホルツ] 中 -es/ ゚er マッチ(棒).

'Streich・holz・schach・tel 女 -/-n マッチ箱.

'Streich・in・stru・ment 中 -[e]s/-e 弦楽器.

'Streich・kä・se 男 -s/- スプレッドチーズ, ソフトチーズ.

'Streich・mu・sik 女 -/- 弦楽(曲).

'Streich・or・ches・ter 中 -s/- 弦楽合奏団.

'Streich・quar・tett 中 -[e]s/-e 弦楽4重奏曲; 弦楽4重奏団.

'Strei・chung ['ʃtraɪçʊŋ] 女 -/-en 末梢, 削除(箇所).

Streif [ʃtraɪf] 男 -[e]s/-e《雅》線条, しま.

'Streif・band 中 -[e]s/ ゚er《郵便》帯封(封);《書籍》(本)の帯.

'Streif・band・de・pot [..depo:] 中 -s/-s《銀行》(↔Sammelbanddepot) 帯封寄託(証券を所有者別に帯封して保管する).

'Strei・fe ['ʃtraɪfə] 女 -/-n (↓streifen) **1** 巡察; 巡察隊. **2**《地方》=Streifzug **3**《狩猟》狩出し隊.

*'strei・fen ['ʃtraɪfən シュトライフェン] ❶ 他 **1** 軽く触る, さわる; かする, かすめる;《比喩》ちょっと言及する(触れる). j⁴ an der Schulter ~ 人⁴の肩に触れる. Die Kugel hat ihn nur gestreift. 弾丸は彼をかすっただけだった. mit dem Wagen einen Baum ~ 車で木に接触する. et⟨j⟩⁴ mit einem Blick ~ 物〈人〉⁴をちらりと見る. Ich kann leider diese Frage nur ~. 残念ながらこの問題は言及するにとどめます. Paris habe ich diesmal nur gestreift. パリは今回はちょっと立寄っただけです. Ein kühler Windhauch streifte ihre Wangen.《雅》涼風がさっと彼女の頬を撫でた. **2** するりと着る(はめる, 通す), するりと脱ぐ(はずす, 抜く);《猟師》(獲物の)皮を剥ぐ; 軽くこすり(払い)落す. den

Ring auf den Finger〈vom Finger〉~ 指環をはめる〈はずす〉. die Ärmel in die Höhe〈nach oben〉~ 袖をたくし上げる. sich³ die Handschuhe über die Hand〈von der Hand〉~ 手袋をはめる〈取る〉. sich³ den Pullover über den Kopf ~ セーターを頭からかぶって着る. die Asche von der Zigarette ~ 煙草の灰を落す. **2**〈物¹に〉筋(縞模様, 線)をいれる.
❷ 圓 **1** (s) ぶらつく, ほっつく, 歩き回る;《まれ》巡視(パトロール)する. durchs Gebirge ~ 山歩きをする. **2**〈über et⁴ 物⁴を〉さする, 撫でる. **3** (an et⁴ 事⁴に)紙一重である. Dein Vorhaben *streift* ans Verbrecherische. 君の計画は犯罪すれすれだ.

◆ ↑ gestreist

'**Strei·fen*** ['ʃtraɪfən] シュトライフェン] 男 -s/- **1** 縞, 筋, 線条; 縞柄(模様). ein Stoff mit〈in〉~ 縞柄の生地(きじ). Hochdeutsch mit 《戯》訛りのある標準ドイツ語. den weißen ~ [auf der Fahrbahn] überfahren (車道の)白線をうっかり通過する. in den ~ passen《話》周囲うまくいく. nicht in j² ~ passen / j³ nicht in den ~ passen《話》人²,³にとって不都合である. **2** (布・板・土地などの)細長い1片, 帯, 細片; ひと筋(一条)の… ein ~ Land[es] 細長い土地. ein ~ Sonnenlicht 一条の陽の光. in ~ reißen〈schneiden〉物⁴をずたずたに引き裂く〈細長く切る〉. sich⁴ für j¹ in ~ schneiden lassen《話》人⁴のために粉骨砕身する. **3**《話》(Film) 映画.
'**Strei·fen·dienst** 男 -[e]s/-e **1** パトロール勤務. **2** パトロール隊.
'**Strei·fen·wa·gen** 男 -s/- パトロールカー.
'**strei·fen·wei·se** 副 帯状に, 縞になって.
'**strei·fig** ['ʃtraɪfɪç] 形 しわになった, 縞のある.
'**Streif·licht** 中 -[e]s/-er ちらっと掠(かす)める光線. ein paar ~ *er* auf et⁴ werfen〈fallen lassen〉物⁴の一瞬にはっきりと照らし出す. 〈の〉特性を簡明に描き出す.
'**Streif·schuss** 男 -es/-e 擦過(さっか)銃創; 擦過弾.
'**Streif·zug** 男 -[e]s/-e (調査などのための)跋渉, 踏査行. literarische *Streifzüge*《比喩》(書名などで)文学散歩(概観).
*'**Streik** [ʃtraɪk シュトライク] 男 -[e]s/-s(-e)《*engl.*》ストライキ, 同盟罷(ひ)業(für〈um〉et⁴ 物⁴要求の / gegen et⁴ 事⁴反対の). in ~ stehen スト決行中である. in [den] ~ treten ストに入る.
'**Streik·bre·cher** 男 -s/- スト破り.
*'**strei·ken** ['ʃtraɪkən シュトライケン] 圓《*engl.*》**1** ストライキをする, ストに入る(für〈gegen〉et⁴ 事⁴を要求する〈事⁴に反対して〉). **2**《話》仲間から抜ける. Wenn er so was tut, dann *streike* ich. 彼がそういうことをするようなら私はおりる. **3**《話》(機械などが)動かなくなる.
'**Strei·ken·de** 男女《形容詞変化》スト参加者.
'**Streik·pos·ten** 男 -s/- スト破りに対するピケ.
'**Streik·recht** 中 -[e]s/- ストライキ権.
*'**Streit** [ʃtraɪt シュトライト] 男 -[e]s/-e 争い, 衝突, 対立; 喧嘩, 口論; 論争, 論戦(um et⁴ 事⁴をめぐっての;《複数なし》不和, 反目. ein ~ der Meinungen 意見の衝突. ein gelehrter〈wissenschaftlicher〉~ 学術論争. ein ~ mit Worten 口げんか, 言い争い. ein ~ um des Kaisers Bart《話》つまらぬこと(の無意味な)争い. ein ~ zwischen den Eheleuten 夫婦げんか. Zwischen ihnen gibt es dauernd [Zank und] Streit. 彼らは喧嘩口論が絶えない. Er sucht immer〈stets〉~. 彼は喧嘩腰である. einen ~ vom Zaun[e] brechen 争いの口火を切る; 喧嘩を売る. mit j¹ in ~ geraten〈kommen〉人³と争い(喧嘩)にな

る, 仲たがいする. mit j³ im ~ liegen 人³と争っている(紛争中である). **2**《古》戦闘, 合戦, いくさ.
'**Streit·axt** 女 -/-e《多複数》《戦闘用の斧》. die ~ begraben《比喩》矛(ほこ)をおさめる.
'**streit·bar** ['ʃtraɪtbaːr] 形 **1** 喧嘩早い; 闘志のある. **2**《古》戦闘力のある, 好戦的な.
*'**strei·ten*** ['ʃtraɪtən シュトライテン] stritt, gestritten
❶ 圓 **1** (a) 争う, 喧嘩(口論)する. mit j³ um et⁴〈wegen et²〉~ 人³と物⁴をめぐって〈物²のことで〉喧嘩する. mit Worten ~ 言争い(口論)する. Warum *streitet* ihr den ganzen Tag? どうしておまえたちは一日中喧嘩ばかりしているんだ. die *streitenden* Parteien (訴訟の)係争中の当事者双方. (b) 論争する(über et⁴ 事⁴について). Darüber kann man ~. / Darüber lässt sich⁴ ~. それについてはいろんな意見があるだろう, まだ議論の余地がある. **2**《雅》(a) 闘う(für〈gegen〉et⁴ 事⁴のために〈に抗して〉). (b)《古》戦う, 武器をとる.
❷ 冊 (**sich⁴**) 争う, 喧嘩する; 論争する. *sich* mit j³ ~ 人³と喧嘩(論争)する. Ich *streite mich* nicht gern. 私は争いは好まない. *sich* um des Kaisers Bart ~《話》つまらぬことで争う, 無意味な争いをする. Wenn zwei *sich streiten*, freut sich⁴ der Dritte.《諺》漁夫の利をしめる(2人が争えば第三者が喜ぶ).
'**Strei·ter** ['ʃtraɪtər] 男 -s/-《古》戦士;《雅》闘士. ◆女性形 Streiterin 女 -/-nen
Strei·te·rei [ʃtraɪtə'raɪ] 女 -/-en《侮》絶え間ない争い.
'**Streit·fall** -[e]s/-e 争い事, 係争事件. im ~ 争い事が生じたときに.
'**Streit·fra·ge** 女 -/-n 争いの問題点, 争点.
'**Streit·ge·gen·stand** 男 -[e]s/-e **1** 争い(論争)の対象. **2**《法制》訴訟物.
'**Streit·ge·spräch** 中 -[e]s/-e **1** 論争, 討論. **2**《文学》論争詩.
'**Streit·hahn** 男 -[e]s/-e, '**Streit·ham·mel** 男 -s/- 喧嘩好きな人.
'**strei·tig** ['ʃtraɪtɪç] 形 **1** 論争(議論)の余地のある, 疑わしい. j³ et⁴ ~ machen 人³の物⁴に対する権利に異議を唱える, 人³と物⁴(の権利)を争う. ▶この用法以外ではふつう strittig を用いる. **2**《法制》係争(訴訟)中の. ~ *e* Gerichtsbarkeit 訴訟事件中.
*'**Strei·tig·keit** ['ʃtraɪtɪçkaɪt シュトライティヒカイト] 女 -/-en (多く複数で) **1** 絶間ない争い, ごたごた, 紛争. **2** 訴訟, 争い(係争)事件.
'**Streit·kraft** 女 -/-e (多く複数で) 戦力, 兵力.
'**Streit·lust** 女 -/ 喧嘩好き; 戦意.
'**streit·lus·tig** 形 喧嘩好きの, 好戦的な.
'**Streit·macht** 女 -/《古》戦力, 兵力, 軍隊.
'**Streit·ob·jekt** 中 -[e]s/-e =Streitgegenstand 1
'**Streit·ross** 中 -es/-er《古》軍馬.
'**Streit·sa·che** 女 -/-n 争い事;《法制》係争事件.
*'**Streit·schrift** 女 -/-en (宗教・政治上の)論争文.
'**Streit·sucht** 女 -/ 喧嘩好き.
'**streit·süch·tig** 形 喧嘩好きの, 喧嘩っ早い.
'**Streit·wa·gen** 男 -s/- (古代の)戦闘用馬車.
'**Streit·wert** 男 -[e]s/-e《法制》訴訟物の価格.
'**strem·men** ['ʃtrɛmən] (↓ stramm) (地方) ❶ 他 圓 [j⁴ ~]〈衣服などが〉窮屈である(人⁴にとって). ❷ 冊 《**sich⁴**》非常に努力する, 骨を折る.

*'**streng** [ʃtrɛŋ シュトレング] 形 **1** きびしい, 厳格な; 情容赦のない, 手きびしい; 苛酷な, 無慈悲な. unter

Strenge

~er Aufsicht〈Bewachung〉stehen きびしく監視されている. eine ~e Erziehung きびしい教育(躾). ein ~er Lehrer 厳格な教師. ein ~es Regiment führen きびしく統治する(とりしきる). ein ~es Urteil きびしい判決. j⁴ 〈mit einem ~en Blick〉ansehen 人⁴をきびしい(険しい)目つきで見る. j⁴ ~ bestrafen 人⁴を厳罰に処す. j⁴ ~ halten 人⁴をきびしく扱う(しつける). ~ gegen j⁴〈mit j³ / zu j³〉sein 人³に対してきびしい. **2**《述語的には用いない》厳密(正)な, 精確な, きちっとした; 厳重な, 絶対的な; 無条件の, 絶対的な. der ~e Aufbau des Dramas 戯曲のがっちりした構成. ~e Bettruhe 絶対安静. ein ~er Katholik 厳格なカトリック教徒. im ~en Sinne 厳密な意味において. Zutritt ~ verboten! 立入り厳禁. **3**(寒さが)きびしい. ein ~er Winter 厳冬. **4**《髪型・服の裁(た)ち方などが》硬い(きつい)感じのする. **5**(味・臭いが)鋭い, 刺すような; 舌にぴりっとくる, うずく. **6**《商(あきない)》骨の折れる, つらい. Es war eine ~e Woche. 大変な(しんどい)1週間だった. ◆ streng genommen, streng nehmen

*'**Stren·ge** ['ʃtrɛŋə シュトレンゲ] 女 -/ **1** きびしさ, 厳格さ; 非情, 苛酷(無慈悲)さ. katonische ~《古》仮借(かしゃく)ない厳しさ. ~ üben〈walten lassen〉きびしい姿勢で事にあたる. es an ~ fehlen lassen きびしさを欠く, 甘い. **2** 厳密(正)さ, 精確さ, 厳重さ, いかめしさ. **3** 厳寒, 極寒. **4**《髪型・服の裁(た)ち方などの》そっけなさ, 生硬な感じ. **5**(味・臭いの)強烈さ, 刺戟性.

'**streng ge·nom·men**, °**streng|ge·nom·men** ❶ streng nehmen〈°strengnehmen〉の過去分詞. ❷ 副 厳密にとれば(考えれば, 言えば).

'**streng·gläu·big** 厳格に教義を守る, 正統信仰の.

'**streng neh·men***, °**streng|neh·men*** 他 厳密に考える. 《不定の es¹ と》es mit et(j)³ ~ 事〈人〉³のことを厳格(厳密)にとる(考える). ◆ streng genommen

'**strengs·tens** ['ʃtrɛŋstəns] 副 極めて厳しく, 厳重に.

Strep·to'kok·kus [ʃtrɛpto'kɔkʊs, st..] 男 -/ ..kokken [..'kɔkən] (gr.)《医学》連鎖状球菌.

Strep·to·my'zin [..my'tsi:n] 中 -s/《薬学》ストレプトマイシン.

Stress, 'Streß [ʃtrɛs, st..] 男 -es/-e (engl.)(肉体的・精神的)圧迫, ストレス. im ~ sein / unter ~ stehen ストレスを受けている.

Streu [ʃtrɔy] 女 -/-en (↓ streuen) 寝わら, 敷きわら.

'**Streu·büch·se** 女 -/-n (塩・胡椒などの)薬味入れ.

*'**streu·en** ['ʃtrɔyən シュトロイエン] ❶ 他(粒状のものを)撒(ま)く, ばら撒く, 撒き散らす(et⁴ von j / et⁴ mit et³ / et³ mit⁴); 振りかける, 散布する(auf〈über〉et⁴ on³);《比喩》(情報・噂を)流す, ふりまく. den Hühnern〈für die Hühner〉Futter ~ 鶏に餌を撒いてやる. Sand[auf die Straße] ~ 通りに砂を撒く(凍結時の滑り止めに). dem Vieh Stroh ~ 家畜に敷藁を入れてやる. die Straße mit Salz ~ 往来に(融雪用の)塩を撒く. Pfeffer auf〈über〉das Fleisch ~ 肉に胡椒をふりかける. sich³ Asche aufs Haupt ~《古》自分の非を認める, 悔い(改め)る. j³ Sand in die Augen ~《比喩》人³の目を欺く, かつぐ. Gerüchte unter die Leute ~ 噂を世間にふりまく.

❷ 自 **1**(凍結時の滑り止めに)道路に砂(灰)を撒く, (融雪用に)道路に塩を撒く. **2**(調味料容器などが)中味を振り撒く(出す);《射撃》(弾丸が)弾片を飛散させる;《医学》(病巣の)播種(はしゅ)する. Das Salzfass streut gut〈schlecht〉. この食塩入れは塩が出(悪い). Die Tüte streut. その紙袋は洩れる. **3**《射撃》(弾が)弾道が定まらない, 命中しない;《物理》(光線(電波, 音波)を回折させる, (光線・電磁波などが)散乱(分散)する;《統計》(平均値などが)分散する.

Streu·er ['ʃtrɔyər] 男 -s/- 卓上薬味入れ.

'**streu·nen** [ʃtrɔynən] 自 (s, h) うろつく, 徘徊する.

'**Streu·salz** 中 -es/ (路面凍結時用の)まき塩.

'**Streu·sand** 男 -[e]s/ **1**(路面凍結時の)まき砂. **2**《古》(インクを乾かすための)まき砂.

'**Streu·sel** ['ʃtrɔyzəl] 男 (中) -s/- 砂糖・バター・小麦粉を混ぜて粒状にしたもの(ケーキの上にのせて焼く).

'**Streu·sied·lung** 女 -/-en 散村.

'**Streu·ung** ['ʃtrɔyʊŋ] 女 -/-en **1** 撒(ま)くこと, 散布. **2**《医学》(病巣の)播種(はしゅ). 散在. **3**《射撃》(射弾の)散発. **4**《物理》(粒子・光などの)散乱. **5**《統計》ばらつき, 分散.

'**Streu·zu·cker** 男 -s/ 粉砂糖.

strich [ʃtrɪç] streichen の過去.

***Strich** [ʃtrɪç シュトリヒ] 男 -[e]s/-e (↓ streichen) **1** 線, すじ, 罫. Sie ist nur noch ein ~〈der rein[st]e ~〉. 彼女はがりがりに(針金みたいに)やせてしまった. einen ~ machen〈zeichnen / ziehen〉線を引く. keinen ~ machen〈tun〉《話》何一つしない, (an et³ 事¹に)全く手をつけない. einen ~ durch et⁴ machen《話》人⁴の事(計画など)をぶちこわす. j³ einen ~ durch die Rechnung machen《話》人³の計画をつぶす. einen [dicken] ~ unter et⁴ machen〈ziehen〉事⁴をすっぱりと水に流す, (に)終止符を打つ. einen ~ zwischen sich³ und j⁴ ziehen《話》人⁴と手を切る. ~ drunter!《話》それはもう忘れろ, いい加減にしろ. noch auf dem ~ ~ gehen können《戯》まだそれほど(足にくるほど)酔っぱらっていない. et⁴ ~ für ~ nachzeichnen 物⁴を丹念に模写する. et⁴ in〈mit〉einigen [groben] ~en umreißen《比喩》事⁴の輪郭をおおまかに述べる. in〈mit〉knappen〈wenigen〉~en 簡潔に, 手短かに. unter dem ~ 差引勘定してみると. unter dem ~ sein (話)水準(並)以下である. unter dem ~ stehen (新聞の娯楽欄(面)に出ている.

2 (a)(符号・印としての)短かい線, ハイフン, 長音符号, ダッシュ; 計器類の目盛り;《海事》(羅針盤の)方位点. (b)《複数なし》《射撃》照星と照門を結ぶ線. ~ schießen ぴたりと照準を合せて射つ. j⁴ auf dem ~ haben《話》人⁴のことが我慢ならない, (を)毛嫌いする.

3 (a) ひと撫で, ひと刷毛(は), ひと梳(す)り. das Haar mit kräftigen ~en frisieren 髪をしっかりブラシングする. (b)《複数なし》《弦楽器の》運弓(法). (c)《複数なし》筆使い, 運筆, 筆致.

4《ふつう複数で》(テクストの)抹消部分, 削除箇処. ~e in et³ anbringen〈vornehmen〉物³(原稿など)に手を入れて所々削る.

5《複数なし》毛足の向き(流れ), 毛並み, (布地などの)けば. et⁴ gegen〈wider〉den ~ bürsten 物⁴に逆目にブラシをかける. j³ gegen〈wider〉den ~ gehen《話》人³の気にいらない, 性に合わない. mit dem ~ 毛足(毛の流れ)に沿って. (話) nach ~ und Faden こっぴどく, したたかに, 徹底的に.

6《複数まれ》《猟師》(鳥の低い飛翔(とくに交尾期の), 渡り;《猟》鳥類の群れ.

7《卑》(a)《複数なし》(街娼・男娼の)売淫, 売春. auf den ~ gehen 客を拾い(漁り)に出かける, 街角に立つ.

j⁴ auf den ~ schicken 人⁴を(客をとらせるために)街角に立たせる. (b) 赤線(青線)地帯, 売春区域. **8**《まれ》狭い土地, 細長い地帯. **9**《鉱物》条痕. **10**《南ド・オ》(酪農用家畜の)長く伸びた乳頭.

'**Strich·ät·zung** 囡 -/-en《印刷》線画凸版.
'**Strich·code** [..ko:t] 男 -s/-s バーコード.
'**stri·che** ['ftriçə] streichen の接続法 II.
'**stri·cheln** ['ftriçəln] 他 **1** 細い線で陰影を付ける. **2** 細い線を引く;(図形などを)細い線で描く.
'**Strich·jun·ge** 男 -n/-n《卑》おかま.
'**Strich·mäd·chen** 中 -s/-《卑》街娼.
'**Strich·punkt** [..pʊŋkt] 男 -[e]s/-e《文法》セミコロン(;).
'**Strich·re·gen** 男 -s/-《気象》通り雨.
'**Strich·vo·gel** 男 -s/¨《多く複数で》《動物》漂鳥.
'**strich·wei·se** 副《付加語的用法のみ》**1** 所により. Es schneit ~. 所により雪が降る. **2** 形《付加語的用法のみ》eine nur ~ Abkühlung 局地的な冷えこみ.

*'**Strick**¹ [ʃtrɪk シュトリク] 男 -[e]s/-e **1** 縄, 綱, ロープ, 縛り首の縄. einen ~ binden〈schnüren〉紐をかける (um ein Paket 小包に). den ~ an das Seil binden《話》屋上墓を架す. j³ aus et³ einen ~ drehen 事³を種に人³の足をすくう. sich³ selbst einen ~ drehen《話》自ら墓穴(ホ...)を掘る. j³ ~ e legen《話》人³に罠(ム)をしかける. j⁴ den ~ um den Hals legen《比喩》人⁴を絞首台に送る. den ~ sich³ kaufen können 進退きわまる, 二進(ホッ)も三進(ホッ)もいかない. den〈einen〉~ nehmen /《雅》zum ~ greifen 首をくくる. Er hat längst den ~ verdient. あいつはとっくに縛り首にならなきゃおかしくないやつだ. den ~ nicht wert sein《古》縛り首にも値しない.《人間の屑である. wenn alle ~e reißen《話》まさかの時には, 万策尽きたら. j⁴ am ~ haben《話》人⁴を味方に引いている. an demselben〈an einem / am gleichen〉~ ziehen 同じ目的を追う. **2**《話》いたずら坊主, 腕白. So ein ~! この腕白め.

Strick² 中 -[e]s/《無冠詞》(↓stricken) 編物製品; ニット.

'**Strick·ar·beit** 囡 -/-en **1**《複数なし》編み物(をすること). **2** 編物の製品.
'**Strick·beu·tel** 男 -s/- 編物用具入れ.

*'**stri·cken** ['ʃtrɪkən シュトリケン] (↓ Strick¹) ❶ 他 編む. einen Pullover ~ セーターを編む. **2** 自 編む(an einem Pullover セーター を). 手編みをする. eins links, eins rechts ~ 裏編みでひと目裏編みでひと目(ずつ)編む. **2**《話》(an et³ 事³に)従事して(専念して, かかり切りになって)いる.
'**Stri·cker** ['ʃtrɪkər] 男 -s/- 編物をする人; 編物職人.
Stri·cke'rei [ʃtrɪkə'raɪ] 囡 -/-en **1** 編物工場. **2**《複数なし》編物をすること.《俗》編物ばかりしていること.
'**Strick·garn** 中 -[e]s/-e 編物用の糸, 編み糸.
'**Strick·ja·cke** 囡 -/-n ニットのジャケット.
'**Strick·lei·ter** 囡 -/-n 縄ばしご.
'**Strick·ma·schi·ne** 囡 -/-n (毛糸)編機.
'**Strick·na·del** 囡 -/-n 編針, 編棒.
'**Strick·strumpf** 男 -[e]s/¨e 編みかけの靴下.
'**Strick·wa·re** 囡 -/-n《多く複数で》《紡織》ニットウェア, ニット製品.
'**Strick·wes·te** 囡 -/-n ニットのベスト.
'**Strick·zeug** 中 -[e]s/-e **1** 編みかけの物, 編み物. **2** 編物用品.
'**Strie·gel** ['ʃtri:gəl] 男 -s/- (lat.)(牛・馬用の)ブラシ, 鉄くし, 馬くし.

'**strie·geln** ['ʃtri:gəln] 他 **1**(動物を)硬いブラシで手入れする. **2**(髪を)ブラッシングする(主に過去分詞で) gestriegelt und gebügelt パリッとした身なりで, めかし込んで. **3**《話》いじめる, 虐待する.
'**Strie·me** ['ʃtri:mə] 囡 -/-n《まれ》=Striemen
'**Strie·men** ['ʃtri:mən] 男 -s/- みみず腫れ.
'**strie·mig** ['ʃtri:mɪç] 形 みみず腫れのできた.
'**Strie·zel** ['ʃtri:tsəl] 男 -s/-《地方》**1** シュトリーツェル(細長いイーストパン). **2** わんぱく小僧.
'**strie·zen** ['ʃtri:tsən] 他 **1**《話》いじめる, 虐待する. **2**《地方》(ささいなものを)盗む, くすねる.

strikt [ʃtrɪkt, st..] 形 (lat.) 厳しい, 厳格な; 厳密な. ein ~er Befehl 厳命. eine Anordnung ~ befolgen 指令を厳守する.
'**strik·te** [ʃtrɪktə, st..] 副 (↓ strikt)《古》厳しく, 厳格に; 厳密に.
Strik'tur [ʃtrɪk'tu:r, st..] 囡 -/-en (lat.)《医学》狭窄(きょう).
strin'gen·do [strɪn'dʒendo] 副 (it.)《略 string.》《音楽》ストリンジェンド, 漸次急速に.
'**String-the·o·rie** ['ʃtrɪŋ.., 'strɪŋ..] 囡 -/《物理》ひも理論.
Strip [ʃtrɪp, strɪp] 男 -s/-s **1** =Striptease **2**(帯状の)絆創膏(ばんそう). **3** 絵巻紙, 絵巻物.
'**Strip·pe** ['ʃtrɪpə] 囡 -/-n (nd.)《話》紐, 結び紐;《戯》電話線. j⁴ an der ~ bekommen〈kriegen〉人⁴を電話に呼出す. j⁴ an der ~ haben 人⁴と電話している. j⁴ fest an der ~ haben〈halten〉人⁴を厳しく扱う. dauernd an der ~ hängen 電話ばかりかけている.
'**strip·pen** ['ʃtrɪpən, 'st..] 自《話》ストリップショーを行う.
'**Strip·tease** ['ʃtrɪpti:s, 'st..] 男〈中〉 -/ (engl.) ストリップショー.
stritt [ʃtrɪt] streiten の過去.
'**strit·te** ['ʃtrɪtə] streiten の接続法 II.
'**strit·tig** ['ʃtrɪtɪç] 形 まだ決着のついていない, 異論のある, 争点となっている.
'**Striz·zi** ['ʃtrɪtsi] 男 -s/-s《南ド・オ》**1** ごろつき, 浮浪者. **2**(売春婦の)ひも.
'**Stro·bel** ['ʃtro:bəl] 男 -s/-《地方》もじゃもじゃ(くしゃくしゃ)の髪.
'**stro·be·lig** ['ʃtro:bəlɪç] 形《地方》=strubbelig
'**stro·beln** ['ʃtro:bəln]《地方》❶ 他 (髪を)くしゃくしゃにする. **2** 自 (髪が)くしゃくしゃになっている.
'**strob·lig** ['ʃtro:blɪç] 形《地方》=strobelig
Stro·bo'skop [ʃtrobo'sko:p, sto..] 中 -s/-e (gr.)《工学》ストロボスコープ(高速の周期的な運動体を観察し, 計測するための装置).

*'**Stroh** [ʃtro: シュトロー] 中 -[e]s/(脱穀したあとの穀類の)茎; 藁(ツァ), 麦藁. ein Bund ~ 1 束の藁. Viel ~ wenig Korn.《諺》蛇が出そうで蚊も出ない, 空騒ぎ. leeres ~ dreschen《話》無駄口をたたく. ~ im Kopf haben《話》頭が空っぽである. auf〈im〉~ schlafen 藁に寝る. eine Hütte mit ~ decken 小屋の屋根を藁で葺(ふ)く. wie ~ 〈wie nasses ~〉brennen あっという間に燃えるく(よく燃えない). wie ~ schmecken《話》(藁を噛むように)旨くもまずくもない.

'**stroh·blond** 形 明るいブロンドの, 麦藁色の.
'**Stroh·blu·me** 囡 -/-n《植物》むぎわらぎく.
'**Stroh·dach** 中 -[e]s/¨er 藁葺(ウき)き屋根.
'**stroh·ern** ['ʃtro:ərn] 形 **1**《付加語的用法のみ》藁(ウ)でできた. **2**(パンなどが)ひからびてかさかさの.
'**Stroh·feu·er** 中 -s/- わら火;《比喩》一時の情熱.

'**Stroh·halm** 男 -[e]s/-e 藁(½)の茎, 麦藁, 藁稭(₅³)ストロー. sich¹ ～ klammern 一縷(½)の望みにすがりつく. Limonade durch einen ～〈mit einem ～〉trinken レモネードをストローで飲む. nach dem rettenden ～ greifen 藁をもつかもうとする. über einen ～ stolpern《話》つまらぬことで躓(⁵⁴)く(1本の藁に躓く).

'**Stroh·hut** 男 -[e]s/-e 麦藁帽子.

'**stro·hig** 形 -[e]s/-e 藁(½)のような; (藁のように)ぱさぱさの, 乾いて不味い.

'**Stroh·kopf** 男 -[e]s/ü-e《話》馬鹿, うすのろ.

'**Stroh·mann** 男 -[e]s/⁻er 1 藁人形, かかし. 2 (表向きだけの)名義人; (トランプの)空席, ダミー.

'**Stroh·sack** 男 -[e]s/⁻e 藁布団. [Ach du] gerechter〈heiliger〉～!《話》何てことだ, しまった, 畜生.

'**Stroh·wisch** 男 -[e]s/-e 藁箒(¾³).

'**Stroh·wit·we** 女 -/-n《戯》夫が旅行中の妻, 一時やもめ(女).

'**Stroh·wit·wer** 男 -s/-《戯》妻が旅行中の夫, 一時やもめ(男).

Strolch [ʃtrɔlç] 男 -[e]s/-e 1 ごろつき, ならず者, 浮浪者. 2 **Bub·chen** いたずらっこ.

'**strol·chen** ['ʃtrɔlçən] 自 (s) (↓ Strolch) (当てなく)歩きまわる, うろつく; 放浪する.

***Strom** [ʃtro:m シュトローム] 男 -[e]s/Ströme 1 大河, 川, (川の)流れ, 水流, 気流, 海流, 潮流. ein reißender ～ 激流. der ～ der Zeit《比喩》時の流れ, 時代の波. Der ～ ist über die Ufer getreten. 川が氾濫した. einen ～ befahren / auf einen ～ fahren (船で)川を行く. aus dem ～ des Vergessens 〈der Vergessenheit〉trinken《雅》忘却の川の水を飲む(↑Lethe). gegen〈wider〉den ～ schwimmen 流れに逆らって(上流に向って)泳ぐ《比喩》時流に逆らう. in den ～ der Vergessenheit geraten〈ver〉sinken〉《雅》忘却の淵に沈む, すっかり忘れ去られる. mit dem ～ schwimmen 流れに乗って泳ぐ《比喩》大勢に順応している, 時流に投じる(乗る). 2 (多量の物の)流出, 氾濫, 洪水; (人・車などの)流れ. der ～ der Flüchtlinge 難民の群れ. der glühende ～ der Lava 熔岩流. ein ～ von Autos 車の洪水. ein ～ von Blut 〈Tränen〉どっと流れ出る血〈溢れる涙〉. Ströme von Schweiß vergießen 汗を滝のように流す. in Strömen 大量(ふんだん)に, たっぷりと, どっと. Es regnet〈gießt〉in Strömen. 雨がざあざあ降る. Der Wein floss in Strömen. 酒がたっぷり出た. sich¹ vom ～ der Menge tragen〈treiben〉lassen 人の波に流されて行く. 3《電子工》電流, 電気. den ～ einschalten〈ausschalten〉電源を入れる〈切る〉. auf〈mit〉～ kochen 電気で料理する. sich¹ auf 'den ～ schwingen《戯》市電に(とび)乗る. mit ～ heizen 電気で暖房する. unter ～ stehen 電気が通じて(流れ)ている. 4《複数なし》《話》(Geld) 銭, お金.

strom·ab [ʃtro:m'ap] 副 川を下って, 川下の方へ.

'**Strom·ab·neh·mer** 男 -s/- 1 パンタグラフ. 2 電力消費者.

strom·ab·wärts [ʃtro:m'apvɛrts] 副 =stromab.

strom·auf [ʃtro:m'auf] 副 川を上って, 川上の方へ.

strom·auf·wärts [ʃtro:m'aufvɛrts] 副 =stromauf.

'**Strom·aus·fall** 男 -[e]s/⁻e 停電.

'**Strom·bett** 中 -[e]s/-en 河床.

'**Strom·er·zeu·ger** 男 -s/- 1 発電器. 2 電力会社.

'**Strö·me** ['ʃtrø:mə] Strom の複数.

*'**strö·men** ['ʃtrø:mən シュトレーメン] 自 (s, h) (↓ Strom) 1 (s) (河が)滔々と〈悠然と〉流れる. 2 (液体・気体などが)どっと流れる, 迸(⁵¹)る; (人・車が)列(群)れをなして動く, ひっきりなしに流れる. Regen strömte [vom Himmel]. 篠(²⁵)突く雨が降った. Das Blut strömt aus der Wunde. 血が傷口からどっと吹き出している. Die Menschen strömen ins Theater. 人々は劇場へ続々と入っていく. Seine Rede strömt.《雅》彼の弁舌は立て板に水だ. Worte der Dankbarkeit strömten aus seinem Mund. 感謝の言葉が彼の口から次々とあふれ出た.《現在分詞で》bei〈in〉strömendem Regen 土砂降りの中を. 3 (h)《非人称的に》Es strömt. 土砂降りだ.

'**Stro·mer** ['ʃtro:mər] 男 -s/-《話》1《侮》浮浪者. 2《戯》(いつも我がままな)腕白.

'**stro·mern** ['ʃtro:mərn] 自 (h, s) 1 (h)《侮》仕事(勉強)もせずにほっつき歩く. 2 (s) (あてもなく)ぶらつく.

'**Strom·er·zeu·gung** 女 -/- 発電.

'**Strom·ka·bel** 中 -s/- 電力ケーブル.

'**Strom·kreis** 男 -es/-e《電子工》回路, 回線.

'**Ström·ling** ['ʃtrø:mlɪŋ] 男 -s/-e《魚》(バルト海産の)小型のにしん(鯡).

'**Strom·li·nie** 女 -/-n《物理》流線.

'**Strom·li·ni·en·form** 女 -/-en《物理・工学》流線型.

'**strom·li·ni·en·för·mig** 形 流線型の.

'**Strom·mes·ser** 男 -s/-《電子工》電流計.

'**Strom·netz** 中 -es/-e 回路網.

'**Strom·quel·le** 女 -/-n《電子工》電源, 電力源.

'**Strom·schnel·le** 女 -/-n 早瀬, 急流.

'**Strom·span·nung** 女 -/-en 電圧.

'**Strom·sper·re** 女 -/-n 停電, 送電停止.

'**Strom·stär·ke** 女 -/-n《電子工》電流の強さ.

*'**Strö·mung** ['ʃtrø:muŋ シュトレームング] 女 -/-en (水・気体などの)流れ, 海流, 潮流; (時代の)流れ, 傾向, 風潮, 趨勢. eine kalte〈warme〉～ 寒流〈暖流〉. eine politische ～ 政治的潮流. eine reißende ～ 激流, 急流. die ～ der Zeit 時代の趨勢(⁵⁵). gegen die ～ ankämpfen (大勢に逆らって)孤軍奮闘する. gegen die ～ anschwimmen 流れに逆らって泳ぐ; 大勢(時流)に逆らう. in eine ～ geraten 流れに巻込まれる. sich¹ mit der ～ treiben lassen 流れに身をまかせる.

'**Strö·mungs·leh·re** 女 -/- 流体(動)力学.

'**Strom·ver·brauch** 男 -[e]s/- 電力消費(量).

'**Strom·ver·sor·gung** 女 -/- 電力供給.

'**Strom·wand·ler** 男 -s/-《工学》変流器.

'**strom·wei·se** 副《古》流れをなして, 大量に, どっと.

'**Strom·wen·der** 男 -s/-《電子工》整流子.

'**Strom·zäh·ler** 男 -s/-《工学》積算電力計.

Stron·ti·um ['ʃtrɔntsiom, st..] 中 -s/-《記号 Sr》《化学》ストロンチウム.

'**Stro·phe** ['ʃtro:fə] 女 -/-n (gr.) 1《韻律》詩の節, 連. 2 (古代ギリシア悲劇での)ストロペ(合唱歌の一部).

..**stro·phig** [..ʃtro:fɪç]《接尾》(↓ Strophe) 数詞・形容詞につけて「...詩節の, ...連の」の意の形容詞をつくる. dreistrophig 3 連の.

'**stro·phisch** ['ʃtro:fɪʃ] 形 1 詩節に分けられた. 2《音楽》有節歌曲形式の.

'**strot·zen** ['ʃtrɔtsən] 自 (von〈vor〉et³ 物³で)満ちあふれている, はち切れそうである.

strot·zend 現分 形 (力・エネルギーなどに)満ちあふれた、いっぱいの、はちきれそうな.

strub·be·lig [ˈʃtrɔbəlɪç] 形《話》ぼさぼさ(もじゃもじゃ)の. ~es Haar しゃくしゃくしゃの髪.

Strub·bel·kopf [ˈʃtrɔbəl..] 男 -[e]s/≃e《話》**1** ぼさぼさ頭. **2** ぼさぼさ頭の人.

strub·be·lig [ˈʃtrɔbəlɪç] 形=strubbelig

'Stru·del [ˈʃtruːdəl] 男 -s/-（↓strudeln）**1** 渦、渦巻き; 《比喩》(物事の)渦、混乱、騒動. in den ~ der Ereignisse hineingerissen werden 事件の渦中に巻き込まれる. **2**《料理》(とくに南ﾄﾞｲﾂの)シュトルーデル(パイの一種). **3**《南ﾄﾞｲﾂ･ｵｰｽﾄﾘｱ》攪拌(ﾗﾝ)器.

'Stru·del·kopf 男 -[e]s/≃e《古》頭のおかしい人.

stru·deln [ˈʃtruːdəln] ❶ 自 (h, s) **1** (h) (水が)渦を巻く、渦を巻きながら流れる. **2** (s) (人波などが)渦をなして動く. **3** (h) あわてて軽率な行動をとる. ❷ 他 **1** (プランクトンなどが)繊毛で水をかき寄せる. **2**《南ﾄﾞｲﾂ･ｵｰｽﾄﾘｱ》かき回す.

Struk·tur [ʃtrʊkˈtuːr, st..] 女 -/-en《lat.》**1** 構造; 仕組、機構、組織、組成. **2**《紡織》(模様が浮き出した)生地(ｷﾞ)の表面.

Struk·tu·ra·lis·mus [ʃtrʊktura-ˈlɪsmʊs, st..] 男 -/〖言語・科学哲学〗構造主義.

struk·tu·ra·lis·tisch 形 構造主義の.

struk·tu·rell [ʃtrʊktuˈrɛl, st..] 形《fr.》構造(上)の、構造的な. ~e Analysen 構造分析. ~e Linguistik〖言語〗構造言語学.

Struk·tur·for·mel 女 -/-n〖化学〗構造式.

struk·tu·rie·ren [ʃtrʊktuˈriːrən, st..] ❶ 他 (ふつう過去分詞で)(物に)ある構造(構成)を与える、(物)の構造を決定する. eine Abhandlung neu ~ 論文の構成を改める. ein kunstvoll *strukturiertes* Mosaik 巧みな構成の(芸術的な)モザイク. ❷ 再《*sich*[4]》...の構造を持つ、...で構成されている.

Struk·tur·kri·se 女 -/-n〖経済〗構造的危機.

Struk·tur·re·form 女 -/-en 構造改革.

Stru·ma [ˈʃtruːma, st..] 女 -/..men [..mən] (..mae [..mɛ]) 《lat.》〖病理〗甲状腺腫、副腎腺腫.

stru·mös [ʃtruˈmøːs, st..] 形〖医学〗甲状腺腫の、副腎腺腫の.

***Strumpf** [ʃtrʊmpf シュトルンプフ] 男 -[e]s/Strümpfe **1** (長)靴下、ストッキング. ein Paar *Strümpfe* 靴下1足. ein ~ ohne Naht シームレスストッキング. Ihre *Strümpfe* ziehen Wasser. 《話》彼女の靴下はげ落ちて(たるんで)いる. auf [den] *Strümpfen* 靴を脱いで. sich[4] auf die *Strümpfe* machen《話》(出かけるべく)立ち上がる、腰を上げる. gut auf dem⟨den⟩ ~ sein 《話》元気一杯である. et[4] im ~ haben《比喩》物をこっそり溜めこんでいる. *sein* Geld in den ~ stecken《話》箪笥(ｽ)貯金をする. (b) 馬の脛の白い毛. 白靴(ｶﾞｽ)マントル.

'Strumpf·band 中 -[e]s/≃er 靴下留め、ガーター.

'Strümp·fe [ˈʃtrʏmpfə] Strumpf の複数.

'Strumpf·hal·ter 男 -s/- ガーター、ガーターベルト.

Strumpf·ho·se 女 -/-n パンティーストッキング、タイツ.

'Strumpf·wa·ren 複 (売場に並べられた)靴下類.

'Strumpf·wir·ke·rei 女 -/-en **1** 《複数なし》靴下の製造. **2** 靴下製造工場.

Strunk [ʃtrʊŋk] 男 -[e]s/Strünke **1** (キャベツなどの)太くて短い茎. **2** 切り株、(枯れた)幹. **3**《古》間抜け、とんま.

'strup·pig [ˈʃtrʊpɪç] 形 (髪の毛などが)ぼさぼさの、もじゃもじゃの、ぼうぼうの.

'Struw·wel·kopf [ˈʃtrʊvəl..] 男 -[e]s/≃e 《地方》=Strubbelkopf

'Struw·wel·pe·ter [ˈʃtrʊvəlpeːtɐ] 男 -s/-《話》ぼさぼさ頭の子供(ドイツの作家 H. Hoffmann, 1809-94 の同名の子供向け本の主人公の名前).

Strych·nin [ʃtrʏçˈniːn, st..] 中 -s/《gr.》ストリキニーネ.

'Stub·ben [ˈʃtʊbən] 男 -s/- **1**《北ﾄﾞ》(木の)切株. **2**《こっけい》融通のきかない役人; がさつな男.

'Stüb·chen[1] [ˈʃtyːpçən] 中 -s/-《古》シュテューブヒェン(北ドイツの液量単位、3-4 *l*).

'Stüb·chen[2] 中 -s/-《Stube の縮小形》小部屋.

***Stu·be** [ˈʃtuːbə シュトゥーベ] 女 -/-n **1** 《古》部屋、居室; (ｺﾞｼｭ)居間. die gute ~《話》(普段使わない)とっておきの部屋; 《比喩》他人の名所. [Nur immer] rein in die gute ~! 《戯》(ノックに応えて)どうぞお入り、ずうっと奥へ. [immer] in der ~ hocken⟨sitzen⟩ 《話》部屋にとじこもっている. **2** (兵営・寄宿舎などの)共同居室; (話) 1室(1部屋)の全員. ~ zwei hat heute Küchendienst. 2号室が今日は炊事当番だ. auf ~ zehn liegen⟨sein⟩ 10号室に入っている.

'Stu·ben·ar·rest 男 -[e]s/-e (罰としての)外出禁止、禁足.

'Stu·ben·flie·ge 女 -/-n〖虫〗Große⟨Gemeine⟩ ~ いえばえ. Kleine ~ ひめいえばえ.

'Stu·ben·ge·lehr·te 男 《形容詞変化》《古》《毎》(世事に疎い)書斎学者、学者ばか.

'Stu·ben·ho·cker 男 -s/-《話》部屋にとじ込もってばかりいる人、出不精の人.

'Stu·ben·mäd·chen 中 -s/-《まれ》(ホテルなどの)部屋係りの女中、メイド.

'stu·ben·rein 形 **1** (犬・猫などが)排泄(ｶﾞｴ)で部屋を汚さない. **2**《話》(冗談などが)下品(不作法)にならない.

'Stü·ber [ˈʃtyːbɐ] 男 -s/- 《ndl.》**1** シュテューバー(昔の北ドイツの硬貨). **2**《まれ》鼻先を指ではじくこと.

Stuck [ʃtʊk] 男 -[e]s/-《*it*. stucco》化粧漆喰(ﾗｯｸｲ); スタッコ. 化粧漆喰で仕上げた装飾.

***Stück** [ʃtʏk シュテュック] 中 -[e]s/-e(-, 話 -er) **1** (a) 断片、切片; 破片、かけら; 一部、部分. ein ~ Brot ⟨Schokolade⟩ パン⟨チョコレート⟩1かけら(ひと切れ). Das ist ein ~ Heimat für mich. これを見ると私は故郷を思い出す. ein ~ Papier für eine Notiz メモ用の紙切れ. Das ist nur ein ~ Papier. それは紙切れ同然だ. ein ~ von dem Stoff (反物の)端(ﾊﾞ)切れ. ein ~ von einem Wissenschaftler 科学者の端くれ. ein ~ abbeißen ひとロかじる. sich[3] ~ abschneiden [können]《話》人[3]をお手本にする、(の)爪の垢(ｱｶ)を煎じて飲む. aus einem Buch ein ~ vorlesen 本の一部を朗読する. Die Scherben ~ für ~ einsammeln 破片をひとつずつ拾い集める. in allen ⟨vielen⟩ ~en あらゆる(さまざまな)点で、どの点から見ても. ~ e gehen 割れる、砕ける. j[4] in ~ e hauen ⟨schneiden⟩《話》人[4]をこてんこてんに痛めつける. et[4] in [kleine] ~e reißen⟨schneiden⟩ 物をずたずたに引き裂く⟨細かく切る⟩. sich[4] für j[4] in ~e reißen lassen《話》人[4]のために身を粉(ｺ)にする. et[4] in ~e schlagen 物を粉々に(ばらばらに)叩き壊す. et[4] in vier gleiche ~e teilen 物を4等分する. in tausend⟨hundert⟩ ~e zerbrechen 粉(ｺ)に微塵になる. (b) 《集合的あとどれでふつう》(全体の一部ではあるが、まとまりのある1個として認識される)もの. ein ~ Land 1区画の土地. ein ~ Papier 1枚の紙. zwei *Stück*[e] Kuchen ケーキ2

Stuckarbeit

切れ. ein ~ deutscher Geschichte ドイツ史の一齣. ein ~ Wahrheit ひとつの真実. ein großes (schweres) ~ Arbeit 〚話〛たくさんの〈きつい〉仕事. ein [schönes] ~ Geld 〚話〛相当な〔馬鹿にならない〕金額. das kostbarste ~ der Sammlung コレクションのなかの逸品. Dieser Mantel ist mein bestes ~. このコートは私の一番大切にしているものだ. Er〈Sie〉ist mein bestes ~. 〚戯〛彼〈彼女〉はわが最愛の人だ. j' wie ein ~ Dreck〈Mist〉behandeln 〚卑〛人をあしらう. große ~ e auf j' halten 〚話〛人を高く買っている. Wir sind [mit der Arbeit] ein gutes ~ vorangekommen. 仕事はうんとはかどった. Käse im〈am〉~ kaufen チーズを塊のまま〔ブロックで〕買う. an〈in〉einem ~ 〚話〛絶間なく, ひっきりなしに.
2 《複数はふつう-》《独立した物・動物などの個数を示して》《略 St.》…個, …頭(匹). zehn *Stück* Eier たまご 10個. zwölf *Stück* Vieh 12頭の家畜. Vier *Stück* Äpfel machen ungefähr ein Pfund. リンゴ 4 個でだいたい 1 ポンドだ. Die Eier kosten das ~ 25 cent. / Die Eier kosten 25 cent das ~. たまごは1個 25 セントだ. nach ~ bezahlt werden〔仕事の〕出来高で支払われる.《数詞に先行して/複数 -er》《話》~er 20 およそ 20 個. Es waren ~er 50 Leute da. およそ 50 人ばかりいた.
3 一定の距離(道程). ein ~ spazieren gehen ちょっと散歩する. Wir sind ein ~ Weg〈Weges〉gemeinsam gegangen. 私たちはしばらく一緒に歩いた. ein kleines〈ganzes〉~ wachsen (子供が)ちょっぴり〈すっかり〉大きくなる.
4《複数まれ》尋常でない行為; 無茶, 愚行, 悪戯. Das ist ein starkes〈tolles〉~! 〚話〛こいつはひどいや, なんという馬鹿なことを. sich³ ein ~ leisten とんでもないこと〈ヘま〉をする. ein ~ aus dem Tollhaus sein 信じられないことだ, 馬鹿げた話だ.
5《侮》やつ, 野郎, あま. ein freches〈faules〉~ 図々しい〈ぐうたらな〉やつ. ~ Malheur だらしない〔ろくでもない〕やつ.
6 (a) 戯曲, 演劇, 芝居. ein ~ von Büchner ビューヒナーの戯曲(作品). (b) 音楽作品, 楽曲. ein ~ auf dem Klavier spielen ピアノで 1 曲弾く.
7 aus〈古 von〉freien ~ en 自発的に, 自ら進んで.
8 〚金融〛有価証券, 株券.
9 〚狩猟〛獲物.
10 (初期の)大砲.

'**Stuck·ar·beit** 囡 -/-en **1** スタッコ塗装〈スタッコを使った〉装飾. ↑Stuck

'**Stück·ar·beit** 囡 -/-en **1**《複数なし》出来高払いの仕事. **2** 継ぎはぎ細工.

Stu·cka'teur [ʃtʊka'tø:r] 男 -s/-e スタッコ塗装の職人. ↑Stuck

Stu·cka'tur [ʃtʊka'tu:r] 囡 -/-en スタッコを用いた装飾. ↑Stuck

'**Stück·chen** [ʃtʏkçən] 中 -s/- 《Stück の縮小形》一部分, 小片.

'**stü·ckeln** ['ʃtʏkəln] 他 (↓Stück) **1** 小部分に分ける, 細かく切る. **2** 継ぎはぎする.

'**stü·cken** ['ʃtʏkən] 他 =stückeln

'**Stü·cker** ['ʃtʏkər] Stück の複数.

'**stu·ckern** ['ʃtʊkərn] 自 (h, s) **1** (h)(車が)がたがたゆれる. **2** (s)(車が)がたがた走る.

'**Stück·fass** 中 -es/⸚er シュテュックファス(ワインの液量単位, =1000–1200 l).

'**Stück·gut** 中 -[e]s/⸚er 〚鉄道〛小口扱い貨物.

'**Stück·koh·le** 囡 -/-n 塊炭(かいたん).
'**Stück·lohn** 男 -[e]s/⸚e 〚経済〛出来高賃金.
'**stück·wei·se** 副 ひとつずつ, 1個単位で. et¹ ~ verkaufen 物をばら売りする.
'**Stück·werk** 中 -[e]s/ 不完全な仕事. Die Reform blieb ~. 改革は中途半端のままに終った.
'**Stück·zahl** 囡 -/-en 〚経済〛生産個数. etwas in großer ~ 〈großen ~ en〉produzieren ある製品を大量に製造する.

stud. [ʃtuːt, ʃtʊt]《略》(*lat.*) =**Studiosus**

Stu'dent

[ʃtu'dɛnt シュトゥデント] 男 -en/-en (*lat.*) 大学生,《ﾃ ﾘ ﾃ ﾊﾁ》(高等学校の)生徒. ~ der Medizin 医学生. ~ an der Musikhochschule 音大生. ein ewiger ~ 〚戯〛万年学生.

Stu·den·ten·aus·weis 男 -es/-e 学生証.
Stu·den·ten·be·we·gung 囡 -/ 学生運動.
Stu·den·ten·bu·de 囡 -/-n 〚話〛学生下宿.
Stu·den·ten·fut·ter 中 -s/ 学生の餌(えさ)〔学生が講義の合間に好んで食べるくるみ・アーモンド・干ぶどうのミックス〕.
Stu·den·ten·heim 中 -[e]s/-e 学生寮.
Stu·den·ten·lied 中 -[e]s/-er 学生歌.
Stu·den·ten·schaft 囡 -/-en (1大学の)学生(全体).
Stu·den·ten·spra·che 囡 -/ 学生ことば.
Stu·den·ten·ver·bin·dung 囡 -/-en 学生組合.
Stu·den·ten·werk 中 -[e]s/-e 学生援護会.
Stu·den·ten·wohn·heim 中 -[e]s/-e 学生寮.

Stu'den·tin [ʃtu'dɛntɪn] 囡 -/-nen (大学の)女子学生, 女子大生,《ﾃ ﾘ ﾃ ﾊﾁ》(高等学校の)女学生. =Student

stu·den·tisch [ʃtu'dɛntɪʃ] 形 (大)学生の.

'**Stu·die** ['ʃtuːdiə] 囡 -/-n (↓ Studium) **1** 学術研究. **2** (予備的)研究, 試論, 小論. **3** 〚芸術作品, とくに絵画の〛習作, スケッチ.

'**Stu·di·en** ['ʃtuːdiən] Studie, Studium の複数.
'**Stu·di·en·as·ses·sor** 男 -s/-en 高等学校教員補(まだ常勤になっていない高等学校教員の職階名).
'**Stu·di·en·auf·ent·halt** 男 -[e]s/-e 留学, 研究のための滞在.
'**Stu·di·en·di·rek·tor** 男 -s/-en 高等学校教頭.
'**Stu·di·en·fach** 中 -[e]s/⸚er (大学での)専攻(科目).
'**Stu·di·en·freund** 男 -[e]s/-e 大学時代の友人.
'**Stu·di·en·gang** 男 -[e]s/⸚e 課程.
'**Stu·di·en·ge·bühr** 囡 -/-en (大学の)学費, 聴講料.
'**stu·di·en·hal·ber** 副 大学での勉強(研究)のために.
'**Stu·di·en·jahr** 中 -[e]s/-e **1** (大学の)学年. **2**《複数》学生時代.
'**Stu·di·en·plan** 男 -[e]s/⸚e **1** (大学の)カリキュラム. **2** 研究計画.
'**Stu·di·en·platz** 男 -es/⸚e (大学の)学生定員(分の席).
'**Stu·di·en·rat** 男 -[e]s/⸚e 高等学校教諭.
'**Stu·di·en·re·fe·ren·dar** 男 -s/-e 高等学校教員研修生(高等学校教員資格第2次試験受験のための研修中の者).
'**Stu·di·en·rei·se** 囡 -/-n (学生・生徒の)研修旅行.
'**Stu·di·en·zeit** 囡 -/-en **1** (大学の)在学期間. **2**《複数なし》学生時代.

stu'die·ren

[ʃtu'diːrən シュトゥディーレン]

stülpen

(*lat.*, eifrig betreiben') ❶ 圄 大学に通っている、大学生である; 大学で学ぶ; 学問(研究)をする.(話) 高等学校に通っている. Er hat *studiert*. 彼は大学を出ている. *sein* Kind ～ lassen 子供を大学にやる. an der medizinischen Hochschule ～ 医科大学で学んでいる. in Mainz ～ マインツの大学で学んでいる. auf Lehrer ～ (話)教師をめざして大学で勉強している. bei Professor Y ～ Y 教授についている. Ein voller Bauch *studiert* nicht gern. (諺)腹の皮が張れば目の皮がたるむ. (中性名詞として) Probieren geht über *Studieren*. (諺)習うより慣れよ.

❷ 他 **1** (大学で)研究する, 専攻する. Jura ～ 法学を専攻する. **2** くわしく考察(研究)する, 綿密に調査(検討)する; (戯)とっくり眺める, ためつすがめつする, 熟読する; (役柄などを)練習して覚える. j² Charakter ～ 人²の性格をくわしく観察する. die Speisekarte (die Zeitung) ～ メニューをとっくり眺める(新聞を丹念に読む). die Verhältnisse an Ort und Stelle ～ 状況を現場に立って調査する.

♦↑studiert

Stu・die・ren・de 男女 (形容詞変化)大学生, 学生, 研究者, 学徒.

Stu・dier・stu・be 女 -/-n 《古》(学生・学者の)勉強部屋, 書斎, 研究室.

stu'diert 過分形 《ふつう付加語的に用いる》《話》大学教育を受けた, 大学出の; 学問(教養)のある.

Stu'dier・te 男女 (形容詞変化)《話》大学教育を受けた(大学出の)人; 学問(教養)のある人.

'Stu・di・ker [ˈʃtuːdikɐr] 男 -s/- 《戯》大学生.

'Stu・dio [ˈʃtuːdio] 匣 -s/-s (*it.*) **1** (デザイナーなどの)仕事場, アトリエ. **2** 撮影場, (テレビ・ラジオの)放送室, スタジオ. **3** (役者などの)練習場. **4** (演劇)実験劇場. **5** (不動産の広告文などで)独立した1部屋, ワンルームマンション.

Stu・di'o・sus [ʃtudiˈoːzʊs] 男 -/..si[..zi] (..sen) (*lat.*) (戯)大学生.

*❋**Stu'di・um** [ˈʃtuːdiʊm シュトゥーディウム] (*lat.*, Streben') 匣 -s/..ien[..iən] **1** (複数なし)(大学での)勉強, 勉学. das ⟨*sein*⟩ ～ abschließen 大学の学業を修了する. noch im ～ sein まだ大学に通っている. j² zum ～ zulassen 人²に大学への入学を許可する. ～ generale [genaˈraːla] 一般教養講義(演習) (中世の)大学. **2** (学術的な)研究, (専門的な)調査; 考察, 観察; (複数なし)(文献・書類などの)綿密な検討. *Studien* über et⁴ anstellen ⟨betreiben⟩ 事⁴の研究(調査)をする〈に携わる〉. mit dem ～ der Zeitung beschäftigt sein (話)新聞の隅々にまで目を通すことに余念がない. Das ist wirklich ein ～ für sich⁴! (話)これはなかなか気がつき(判り)にくい. **3** (複数なし)(芝居の役などの)勉強, 練習.

*❋**'Stu・fe** [ˈʃtuːfə シュトゥーフェ] 女 -/-n **1** (階段・梯子(はしご)の)段, 踏み段, ステップ; (複数で)階段. Achtung ⟨Vorsicht⟩～! 段差(階段)あり注意. die ～n zum Erfolg erklimmen (比喩)成功への階段を登りつめる. die ～n hinaufgehen 階段を登る. zwei ～n auf einmal nehmen 2段ずつかけ上がる(下りる). ～n in den Gletscher schlagen 氷河にステップを切る. ～ um ～ 1段ずつ, 着実に. von ～ zu ～ 一段一段; 段々に. **2** 段階; 程度, 水準, レベル; 等級, 階級, ランク. die ～n der Erkenntnis 認識の段階. die höchste ～ des Glücks 幸福の絶頂. sich⁴ einige ～n unter j³ befinden 人³より数段下位にいる(劣る). auf der untersten ～ anlangen どん底に落ちこむ. auf einer hohen ～ stehen 高い水準にある. mit j³ auf der gleichen (derselben) ～ stehen 人³と同等である(並び立っている). j⁴ mit j³ auf eine⟨die gleiche / dieselbe⟩ ～ stellen 人⁴を人³と同レベルであると見なす. **3** (地質)階(年代層序区分の単位); (地理)段丘. **4** (工学)(多段式スイッチ・ギアなどの)段(多段式ロケットの段, ブースター). **5** (文法)(形容詞比較変化の)級; (音楽)(音)度, 音程; (植物)植生段階. **6** (鉱業)鉱塊. **7** (服飾)フリル, ひだ飾り.

'stu・fen [ˈʃtuːfən] 他 **1** (物)に段をつける. ein terrassenförmig *gestufter* Garten テラス状に段のついている庭. **2** 等級に分ける, 格付けする.

'Stu・fen・bar・ren 男 -s/- 段違い平行棒.

'Stu・fen・fol・ge 女 -/-n **1** 等級の序列. **2** 段階的発展.

'stu・fen・för・mig 形 段階的な; 階段状の.

'Stu・fen・gang 男 -[e]s/⸚e 階段状の廊下.

'Stu・fen・lei・ter 女 -/-n 段はしご, 脚立; (比喩)階段(官職の等級や発達段階などの). die ～ des Erfolgs 成功への階段.

'stu・fen・wei・se ❶ 副 段階的に, だんだんに. ❷ 形 (付加語的用法のみ) der ～ Abbau der Arbeitslosigkeit 失業の段階的解消.

..stu・fig [..ʃtuːfɪç] (接尾) (↓Stufe) 数詞・形容詞につけて「…段の, …階段の」の意の形容詞をつくる. breit*stufig* 広い階段の. fünf*stufig* 5段の.

Stuhl [ʃtuːl シュトゥール] 男 -[e]s/Stühle **1** 椅子, 腰掛; 折畳椅子. der elektrische ～ 電気椅子. heißer ～ (若者)バイク, 車車. j³ einen ～ anbieten 人³に椅子をすすめる. j³ den ～ vor die Tür setzen 人³を家から追い(放り)出す; (を)(急に)解雇(除名, 追放)する. j³ den ～ unter dem Hintern wegziehen 人³を経済的に破綻させる. sich⁴ auf einen ～ setzen 椅子に腰掛ける. [fast] vom ～ fallen (話)びっくり仰天する. j⁴ vom ～ hauen ⟨reißen⟩ (話)人⁴を(びっくり)仰天させる. mit et³ zu ～[e] kommen (話)事³を片づけ(仕上げ)る, こなす. sich⁴ zwischen zwei *Stühle* setzen 虻蜂(あぶはち)とらずになる. **2** (比喩)権威・地位などの象徴としての椅子, 座, ポスト, 席. der Apostolische⟨Heilige⟩⟨Päpstliche⟩ ～ (カト)聖座, 教皇座. der bischöfliche ～ (カト)司教座. der ～ Petri (カト)聖ペトロの座; 聖ペトロ教座祝日(1月18日). Meister vom ～ フリーメーソン支部長. an *seinem* ～ kleben (話)自分の椅子にしがみつく. an j² ～ sägen (話)人²の失脚を図る. **3** (医学)大便; (複数なし)便通. ～ angehalten 便通なし. keinen ～ haben 便通がない, 便秘している.

'Stuhl・bein 匣 -[e]s/-e 椅子の脚.

'Stuhl・drang 男 -[e]s/ (医学)便意.

'Stüh・le [ˈʃtyːlə] Stuhl の複数.

'Stuhl・gang 男 -[e]s/ (医学)便通.

'Stuhl・leh・ne ⟨-/-n⟩ 椅子の背もたれ.

'Stu・ka [ˈʃtuːka, ˈʃtʊka] 男 -s/-s 急降下爆撃機 (Sturzkampfflugzeug の短縮).

°**Stuk・ka'teur** [ʃtʊkaˈtøːr] ↑Stuckateur

°**Stuk・ka'tur** [ʃtʊkaˈtuːr] ↑Stuckatur

'Stul・le [ˈʃtʊlə] 女 -/-n (北ドイツ) オープンサンド.

'Stul・pe [ˈʃtʊlpə] 女 -/-n (*ndl.*) (袖口・手袋・長靴などの) 折返し; (服飾) レッグウォーマー, 手首覆い.

'stül・pen [ˈʃtʏlpən] 他 **1** 折返す, 裏返す, まくる. die Hosentasche nach außen ～ ズボンのポケットを裏返す. die Hutkrempe ～ 帽子のつばを折返す. die

Stulpenhandschuh

Lippen [verdrossen] nach vorn ~ 不服そうに唇を突き出す. **2** (袋などを裏返して中の物を)出す. er *stülpte* alles Kleingeld aus seiner Hosentasche auf den Tisch. 彼はズボンのポケットをひっくり返して小銭を全部机の上にぶちまけた. **3** (すぽっと)かぶせる(auf⁴ 物⁴の上に/über et⁴ 物⁴の上から). sich⁴ den Hut auf den Kopf ~ 帽子を頭に(ちょこんと)かぶせる. den Kaffeewärmer über die Kanne ~ コーヒーポットに保温カバーをかぶせる.

'Stul·pen·hand·schuh 男 -[e]s/-e 折返しのある手袋.

'Stul·pen·stie·fel 男 -s/- 折返しのある長靴.

'Stülp·na·se [ʃtylp..] 女 -/-n 上方に反(ぞ)り返った鼻.

***stumm** [ʃtʊm シュトゥム] 形 **1** 口の利(き)けない, 唖(お)の. ein ~er Diener 《比喩》配膳台(食卓中央の)ターンテーブル; 洋服スタンド. ein ~es Kind 唖の子供. ein ~er Zeuge der Vergangenheit (物言わぬ)過去の証(遺跡など). von Geburt an ~ sein 生れつき口が利けない. ~ vor Schreck〈Entsetzen〉sein 恐怖〈驚き〉のあまり口も利けない. sich⁴ ~ stellen 口をとざす, 押し黙る(口が利けないふりをする). **2** 無言の, 沈黙した; (機械などが)音を出さない. ein ~er Blick 無言のまなざし. ein ~er Gruß〈Protest〉無言の挨拶〈抗議〉. Er ist jetzt ein ~er Mann. 《話》彼はもう物を言わない(死んだ). ~e Person《演劇》せりふのつかない端(は)役(俳優). ~e Rolle《演劇》せりふのない役. ~er Schmerz 心痛. ~es Spiel《演劇》黙劇, パントマイム. Besser ~ als dumm. 《諺》あほうを語るより黙するがまし. ~ bleiben 沈黙を守る(auf eine Frage 質問に対して). j⁴ ~ machen《雅》人を黙らせる; 人⁴の口をふさぐ, 人⁴を殺す. Er reichte mir ~ den Brief. 彼は黙ったままその手紙を私に渡した. ~ wie ein Fisch〈ein Stock〉sein 黙りこくっている, (非常に)口固である. ~ wie das Grab sein 口が固い, 口を割らない. Das Telefon ist[bleibt] ~. 電話がかかってこない. **3**《言語》無声(黙音)の. ~er Laut 黙音. **4**《医学》無症状(無徴侯)の, 不顕性の. eine ~e Infektion 不顕性感染. **5**《地図》(地図などが)文字や記号の書込まれていない.

'Stum·me 女 《形容詞変化》唖(お)の人.

'Stum·mel [ʃtʊmǝl] 男 -s/- 《話》(鉛筆・煙草・ろうそくなどの)残片. Bleistift*stummel* ちび鉛筆. den ~ quälen《戯》たばこを吸う.

'Stum·mel·pfei·fe 女 -/-n 短いパイプ.

'Stumm·film 男 -[e]s/-e (↔ Tonfilm) 無声(サイレント)映画.

'Stumm·heit 女 -/ **1** 唖(お)であること. **2** 無言, 沈黙.

'Stum·pe ['ʃtʊmpǝ] 男 -n/-n 《地方》(木の)切り株.

'Stum·pen [ʃtʊmpǝn] 男 -s/- **1**《地方》(木の)切り株. **2** フェルト帽の基部. **3** 両切りの葉巻.

'Stüm·per [ʃtʏmpǝr] 男 -s/- 《侮》(自分の専門分野で)無能な人, へぼ. Wo kein Meister ist, da gelten die *Stümper*. 《諺》名人がいなければ, 能なしが大きな顔をする. ◆ 女性形 Stümperin 女 -/-nen

Stüm·pe·rei [ʃtʏmpǝˈraɪ] 女 -/-en 《侮》**1**《複数なし》へたくそな仕方. **2** へたくそ(てきの悪い)仕事(作品).

'stüm·per·haft ['ʃtʏmpǝrhaft] 形 《侮》へたくそな, てきの悪い.

'stüm·pern ['ʃtʏmpǝrn] 自 《話》へたくそな仕事をする. auf einem Instrument ~ 楽器でへたくそな演奏をする.

***stumpf** [ʃtʊmpf シュトゥンプフ] 形 **1**(刃が)鈍い, 鋭利でない, なまくらの. ein ~es Schwert 鈍刀, なまくら. **2** 尖っていない, 先の丸い, 角のない; 《幾何》鈍角の. ein ~er Farbstift 先の丸くなった色鉛筆. ein ~er Kegel 円錐台. ein ~e Nase 団子鼻. ein ~er Winkel 鈍角. **3** 粗い, ざらざらした; 光沢(艶)のない. ~es Haar 艶(つや)のない髪. eine ~e Oberfläche ざらざらした表面. ein ~es Rot くすんだ赤. Der Schnee ist ~. この雪はべとつく; 《古》この雪はざらめだ. **4** 無気力な, 生気のない, 鈍感な, 無感動の. ein ~er Blick 虚(うつ)ろな眼差(ざ). ein ~es Gesicht〈einen ~en Gesichtsausdruck〉haben うつけた顔〈表情〉をしている. ein ~er Mensch 間抜け, 抜け作. ~e Sinne haben 鈍感(愚鈍)である. ~ dahinleben ぼんやり日を送っている. gegen et¹〈gegenüber et³〉~ sein 事³・⁴に対して鈍感である. **5**《印刷》字下げ(インデンション)のない. **6**《手工業》(継ぎ目が)突き合せの, 突き合わせ溶接による. **7**《医学》鈍器による; (剥離)的鈍な. eine ~e Verletzung 挫傷. **8** ~er Reim《韻律》男性韻.

Stumpf [ʃtʊmpf] 男 -[e]s/Stümpfe 残片; (木の)切株; (手足などの)切り残りの部分, 断端; (歯の)残根. mit ~ und Stiel 《話》根こそぎ.

'Stumpf·heit 女 -/ 鈍いこと, 無気力, 鈍感.

'Stumpf·na·se 女 -/-n 団子鼻.

'stumpf·na·sig 形 団子鼻の.

'Stumpf·sinn 男 -[e]s/ **1** 愚鈍, 鈍感, 無関心, 痴呆(放心)状態. **2** 退屈なこと, つまらないこと. **3**《まれ》愚かな言動.

'stumpf·sin·nig ['ʃtʊmpfzɪnɪç] 形 **1** 放心状態の. ~ vor sich⁴ hin starren ぽかんとして空(くう)を見つめる. **2** まったく関心のない, 鈍感の. **3** 面白味のまったくない, 退屈至極の. **4** (まれ)馬鹿げた.

'stumpf·win·ke·lig 形 =stumpfwinklig

'stumpf·wink·lig 形 鈍角の.

'Stünd·chen ['ʃtʏntçǝn] 中 -s/- 《Stunde の縮小形》《話》ほぼ1時間, 1時間足らず. ↑ Stundlein

'Stun·de ['ʃtʊndǝ シュトゥンデ] 女 -/-n **1**《略 St., Std., 複数 Stdn. / 記号 st, h, 《天文》h》1時間; 《古》1時間の行程. eine volle〈geschlagene〉~ a 1時間. eine gute ~ たっぷり1時間. eine knappe ~ 小1時間, 1時間弱. eine halbe〈viertel〉~ 半時間〈15分〉. eine ~ Wegs 1時間の道のり. des Jahres letzte ~ 1年最後の時間(大晦日). Jedem schlägt seine ~. 《雅》誰でにつかは番がまわってくる; 誰にもいずれ迎えがくる. Seine letzte ~ hat geschlagen. / Seine letzte ~ ist gekommen. / Seine ~n sind gezählt. 彼にはいよ最期だ, もう永くない. wissen, was die ~ geschlagen hat 事態がどうなっているか分かっている. ein Mann der ersten ~ 草創期の人, 草分け. 《4格》jede ~ 1時間ごとに, 毎時間. alle drei ~n 3時間ごとに. Ich mußte eine ~ warten. 私は1時間待っていなくてはならなかった. Sie wohnt zwei ~n von hier. 彼女はここから2時間のところに住んでいる. eine ~ Verspätung〈Zeit〉haben 1時間遅れる〈時間が1時間ある〉. die fünfte ~ schlagen《雅》(時計が)5時を打つ. jede volle ~〈die halben und vollen ~n〉schlagen (時計が)毎正時に〈正時と半に〉時を打つ. die ~n bis zu et⁴ zählen 事⁴を指折数えて待つ(いまかいまかと待ち受ける). ~n und ~n / ~n und Tage 何時間も, ずいぶん長いあいだ.

Besser eine ~ zu früh als eine Minute zu spät.《諺》1時間早すぎるほうが1分遅れるよりいい.《前置詞と》**auf**〈für〉eine ~ kommen ちょっと寄る. **bei**〈zu〉jeder vollen ~ 毎正時に. 15 Euro **für** die ~〈in der ~ / pro ~〉bekommen 1時間に〈つき〉15 ユーロもらう. in einer ~ 1時間のうちに〈は〉, 1時間たてば. 120 km in der ~〈pro ~〉fahren 時速120キロで走る. in der zehnten ~《話》9時から10時の間に, 9時台に. j⁴ **nach** ~ bezahlen 人⁴に時給で払う. ~ **um** ~ 何時間も; 刻々と. um diese ~ この時間に, いま **von** ~ zu ~ / zur einer ~ zur anderen 時々刻々, 刻一刻. ▶古代には日の出(6時), 日没(6時)からそれぞれ昼夜の時間を数えた. Um die neunte ~ schrie Jesus laut. 3時ごろにイエスは大声で叫んだ(《新約》マタ27:46).

2 一刻(窒), 一時(窒). die blaue ~《雅》黄昏(窒)時; 夜誰(窒)時り. ihre schwere ~《雅》彼女のお産の時. die ~ des Pan《雅》(とくに夏などの)森閑とした真昼どき. keine ruhige ~ haben 心の安まるときがない. keine gute ~ bei j³ haben 人³には泣かされる(つらい目に遭わされる).

3 時, 時刻, 時点; 時期; 時機. eine historische ~ 歴史的瞬間. die ~ der Entscheidung〈der Rache〉決断〈復讐〉の時. die ~ der Wahrheit 真実が明らかになる時. die ~ X〈行動開始〉の某時刻. die ~ null 新生の時, 出発点. Meine ~ kommt noch. 私の(=番・勝利の)時はいずれくる. Seine [große] ~ ist gekommen. 彼の出番がきた. Zeit und ~ warten nicht.《諺》歳月人を待たず. das Gebot der ~ 刻下の急務. dem Gebot der ~ gehorchen〈folgen〉時の命じるところに従う. die Gunst der ~ verpassen〈nutzen〉好機を逸する〈利用する〉. die richtige〈rechte〉~ abwarten チャンスを窺う. *seine* ~ wahrnehmen チャンスを利用する.《前置詞と》**bis** zur〈bis zu dieser〉~ この瞬間まで. **in** einer glücklichen ~ geboren sein 幸運の星の下に生れている. in einer schwachen ~ 気負消沈しているときに. in zwölfter〈elfter〉~ 最後の瞬間に, 土壇場で(↓《新約》マタ20:6). **von** dieser ~ an /《古》von *Stund* an いま(この時)から. **zur** ~ 目下(のところ). zu beliebiger ~ 随時, お好きなときに. zu früher〈vorgerückter〉~ 朝早く〈夜遅く〉. zu gelegener ~ 折りよく, ちょうどよいところへ. zur gewohnten〈zu gewohnter〉~ いつもの時刻に. zu jeder / jede ~ いつでも, いつ何時でも. zur rechten ~ 時間きっかりに, 遅れずに.

4《学校の授業時間, 1時限(講時),《話》個人授業(の1回の授業), レッスン. Was haben wir nächste ~〈in der nächsten ~〉? つぎの時間は何(の授業)ですか. ~n geben〈erteilen〉個人授業をする(in Mathematik 数学の). ~n nehmen 個人教授〈レッスン〉を受ける(bei j³ 人³から). in die ~〈zur ~〉gehen レッスン(お稽古, 授業)を受けにゆく.

'**stün·de** ['ʃtʏndə] stehen の接続法II.

'**stun·den** ['ʃtʊndən] 他 (↓Stunde) (人³に物⁴の)支払いを猶予する.

'**Stun·den·buch** 田 –[e]s/¨-er《カトリック》聖務日課書, 定時課書.《プロテスタント》時祷書.

'**Stun·den·geld** 田 –[e]s/《話》レッスン料, 月謝.

'**Stun·den·ge·schwin·dig·keit** 囡 –/-en 時速.

'**Stun·den·glas** 田 –es/¨-er 砂時計.

'**Stun·den·ki·lo·me·ter** 男 –s/《話》《記号》km/h, km/st, km/std》 時速...キロメートル. Er fuhr mit 100 ~ n. 彼の車は時速100キロで走った.

'**stun·den·lang** ['ʃtʊndnlaŋ] 形《述語的には用いない》数時間の, 数時間にわたる.

'**Stun·den·lohn** 男 –[e]s/¨e 時間給.

'**Stun·den·plan** 男 –[e]s/¨e 時間割り, 時間表.

'**Stun·den·schlag** 男 –[e]s/¨e (時計の)時を告げる音.

'**stun·den·wei·se** ❶ 副 時間単位で. ~ arbeiten パートタイムで働く. ❷《付加語的用法のみ》eine ~ Vermietung 時間制賃貸し.

'**Stun·den·weit** 形 1《数》時間の道のりの.

'**Stun·den·zei·ger** 男 –s/– (時計の)短針, 時針.

..**stün·dig** [..ʃtʏndɪç] 形《接尾》(↓Stunde) 数詞などにつけて「...時間の, ...時間にわたる」の意の形容詞をつくる. zwei*stündig* 2時間の, 2時間にわたる. mehrstündig 数時間の, 数時間にわたる.

'**Stünd·lein** ['ʃtʏntlaɪn] 田 –s/–《Stunde の縮小形》《雅》Sein letztes ~ hat geschlagen〈ist gekommen〉. 彼の最期の時が来た.

*'**stünd·lich** ['ʃtʏntlɪç シュテュントリヒ] 形《比較変化なし》❶《述語的には用いない》毎時間の, 1時間ごとの. ein ~er Wechsel 1時間交替. ~ zwei Tabletten nehmen 1時間毎に2錠服〈む〉. täglich und ~ 繰り返し, 再三再四, しょっちゅう. ❷《副詞的用法で》たえず, いつも, ずっと; 今〈すぐ〉にも, いつ何時でも. Die Lage verändert sich⁴ ~. 状況は時々刻々変化している. Die Frage quält mich ~. この問題はずっと私を悩ませている. Ihr Tod kann ~ eintreten. 彼女の死はすぐにもやって来るかもしれない.

..**stünd·lich** [..ʃtʏntlɪç]《接尾》数詞などにつけて「...時間ごとの」の意の形容詞をつくる. drei*stündlich* 3時間ごとの.

'**Stun·dung** ['ʃtʊndʊŋ] 囡 –/-en 支払猶予.

Stunk [ʃtʊŋk] 男 –s/ (↓stinken)《話》けんか, いさかい. mit j³ ~ haben 人³といがみ合っている.

'**stup·fen** ['ʃtʊpfən] 他《地方》軽く押す, つつく.

stu·pid [ʃtuˈpiːt, st..] 形 (*fr.*) 1 ばかな, ぼんやりした, 愚鈍な. 2 (仕事などが)つまらない, くだらない, 退屈な.

stu·pi·de [ʃtuˈpiːdə, st..] 形 =stupid

Stu·pi·di·tät [ʃtupidiˈtɛːt, st..] 囡 –/-en 《俺》1《複数なし》ばかなこと, 愚鈍, まぬけ; つまらなさ, 単調. 2 間の抜けた言動.

Stups [ʃtʊps] 男 –es/-e《話》軽く押す〈突く〉こと.

'**stup·sen** ['ʃtʊpsən] 他《話》(人⁴を)軽く押す〈突く〉.

'**Stups·na·se** 囡 –/-n《話》(すこし)上向きに反った鼻.

*'**stur** [ʃtuːr シュトゥール] 形 (*ndl.*)《俺》1 頑固な, 片意地な, 強情な; 頭の固い, 頑迷〈固陋〉な. ein ~er Bock 頑固者, 石頭. ~ nach Vorschrift あくまでも〈どこまでも〉規則通りに. ~ wie ein Panzer〈ein Brett〉sein 全く融通がきかない. sich⁴ ~ stellen 強情をはる, 依怙地になる. auf ~ schalten《話》人の言うことに耳を貸さない. 2 (仕事などが)単調な, 退屈な, つまらない. 3 (目付きが)凝然とした, 据わった.

'**stür·be** ['ʃtʏrbə] sterben の接続法II.

'**Stur·heit** ['ʃtuːrhaɪt] 囡 –/《話》頑固, 強情.

*'**Sturm** [ʃtʊrm シュトゥルム] 男 –[e]s/¨-e Stürme 1 嵐, 暴風, 荒天;《比喩》激動, 紛糾, (大)騒ぎ, 熱狂. ~ und Regen 暴風雨. Der ~ tobt. 嵐が吹き荒れる. Der ~ bricht los. 嵐になる. Der ~ legt sich⁴. 嵐がおさまる. ein ~ der Begeisterung 興奮の渦巻き. ein ~ des Beifalls 嵐のような拍手喝采. die *Stürme des Lebens* 人生の荒波. ein ~ im Wasserglas コップのなかの嵐. ~ und Drang《文学》シュトゥル

ム・ウント・ドラング, 疾風怒涛(18世紀後半のドイツの文学革新運動). Es herrscht in der Familie.《話》家庭に波風が立っている. Wer Wind sät, wird ~ ernten.《諺》身から出た錆(《旧約》ホセ 8:7). Das Barometer steht auf ~. 気圧計は暴風を指している;《話》一触即発のムードだ. Sein Barometer steht auf ~. / Er hat ~.《話》彼はご機嫌ななめだ. die Ruhe 〈die Stille〉vor dem ~ 嵐のまえの静けさ. **2** 突撃, 急襲(auf〈gegen〉et⁴ 物⁴への); (群衆などの)殺到, 突進. der ~ auf die Bank 銀行の取付(騒ぎ). Am nächsten Morgen setzte ein ~ auf die Zeitungskioske ein. 翌朝人々はどっと新聞スタンドへ押寄せた. gegen et¹ ~ laufen 事¹にはげしく抗議(反対, 抵抗)する. ~ läuten〈klingen/schellen〉ベルを激しく鳴らす; (ベル・電話が)うるさく鳴り続ける. j⁴〈j² Herz〉im ~ erobern たちまち(なんなく)人⁴の心をつかむ. im ~ die Treppe hinauflaufen どどっと階段を駆上がる. eine Festung im ~ nehmen〈erobern〉要塞を突撃して奪取する. zum ~ blasen〈vorgehen〉『軍事』突撃ラッパを吹く〈突撃する〉. **3**『スポーツ』フォワード, オフェンス陣; (ゴールを目指しての)攻撃. auf ~ spielen 攻撃的なプレーをする(に出る). im ~ spielen フォワードをやっている. **4** (ナチスの)突撃隊. **5**《複数なし》(《話》 (Federweiße) フェーダーヴァイザー(発酵中の若いワイン).

'**Sturm·ab·tei·lung** 囡 -/ (略 SA) (ナチスの)突撃隊.
'**Sturm·an·griff** 男 -[e]s/-e 突撃.
'**Sturm·band** 匣 -[e]s/⁼e 帽子のあご紐.
'**Sturm·bock** 男 -[e]s/⁼e《古》破城槌(ｶﾞ)(城壁破壊用兵器).
'**Stür·me** ['ʃtʏrmə] Sturm の複数.
'**stür·men** ['ʃtʏrmən] (↓ Sturm) ❶ 圓 (h, s) **1** (h)《非人称》*Es stürmt* heftig. 激しい嵐である. In ihr *stürmte es.*《雅》彼女の胸の内は荒狂っている. **2** (s)荒れる(吹く), 吹荒れる(すさぶ). Das Wetter *stürmt*. 嵐(荒天)である. Der Wind ist über die Felder *gestürmt*. 風が野面(ﾉ)を激しく吹きわたった. Die Leidenschaften *stürmten* in ihm.《雅》激情の嵐が彼の心の内を吹荒れていた. **3** (s) 突進〈猛進〉する, 突っ走る. auf die Straße ~ 表(通り)へとび出す. ins Zimmer ~ 部屋に駆けこむ. durch den Wald ~ 森を駆け抜ける. nach Hause ~ 家へとんで帰る. zum Ausgang ~ 出口へ殺到する. **4** (h) 突撃(を敢行)する. **5** (h)『スポーツ』フォワードをつとめる; 攻撃する. **6** (h)(ワインなどが)発酵する.
❷ 囮 突撃して奪取(占領)する;《比喩》(物)に突進(殺到)する, 押寄せる. eine Bank ~ 銀行に取付に押しかける. eine feindliche Festung ~ 突撃(急襲)して敵の要塞を奪取する. die Theaterkasse ~ 劇場の切符売場に詰めかける.

'**Stür·mer** ['ʃtʏrmər] 男 -s/- **1**『スポーツ』フォワード, 前衛. ~ spielen フォワードをつとめる. **2** (学生組合員の)学期. **3** 醗酵中のワイン. **4**《古》向う見ずの(無鉄砲な)男. **5** ~ und Dränger シュトゥルム・ウント・ドランクの詩人(↑Sturm 1).
'**Stur·mes·brau·sen** 匣 -s/《雅》嵐の咆哮(ﾎｳｺｳ).
'**Sturm·fah·ne** 囡 -/-n《古》戦旗.
'**Sturm·flut** 囡 -/-en 高潮, 暴風津波.
'**sturm·frei** 形 **1**《古》『軍事』攻略されるおそれのない. **2**《話》両親が留守の.
'**Sturm·glo·cke** 囡 -/-n《古》警鐘.
'**Sturm·hut** 男 -[e]s/⁼e《植物》とりかぶと.

*'**stür·misch** ['ʃtʏrmɪʃ シュテュルミシュ] 形 **1** 嵐の, 暴風(強風)の, 荒天(しけ)の. ~*e* See 荒れた(しけの)海. ~*e* Seereise 嵐をつく航海の船旅. ~*e* Tage《比喩》激動の日々. **2** 嵐のような, 激しい; 熱烈な. ~*er* Beifall 嵐のような拍手喝采. eine ~*e* Debatte 激しい議論. ein ~*er* Empfang 熱狂的な歓迎. ~ protestieren 激しく抗議する. Nicht so ~!《戯》そうせくなって, まあひとつ落着こう.
'**Sturm·la·ter·ne** 囡 -/-n 風防カンテラ, 耐風灯.
'**Sturm·lauf** 男 -[e]s/⁼e **1** 突撃; 殺到. **2** 疾走.
'**Sturm·lei·ter** 囡 -/-n《古》城攻め用の梯子(ﾊｼｺﾞ).
'**Sturm·rie·men** 男 -s/- =Sturmband
'**Sturm·scha·den** 男 -s/⁼ 暴風による被害.
'**Sturm·schritt** 男 -[e]s/《次の成句で》im ~ 足早に, 大急ぎで.
'**Sturm·si·gnal** 匣 -s/-e 暴風標識.
'**Sturm-und-'Drang-Zeit** 囡 -/《文学》シュトゥルム・ウント・ドランク時代. ↑Sturm 1 **2**《戯》(多感な)青年時代.
'**Sturm·vo·gel** 男 -s/⁼《鳥》みずなぎどり.
'**Sturm·war·nung** 囡 -/-en 暴風警報.
'**Sturm·wind** 男 -[e]s/-e《雅》嵐, 暴風.
'**Sturm·zei·chen** 匣 -s/- **1** 嵐の前兆. **2** =Sturmsignal

*'**Sturz** [ʃtʊrts シュトゥルツ] 男 -es/Stürze (-e) (↓ stürzen) **1**《複数 Stürze》墜落, 転落, 落下; 急激な低下, 急降下; 急落, 暴落. ein ~ aus dem Fenster 窓からの転落. ein ~ in die Tiefe 深みへの転落. ein ~ vom Pferd 落馬. ein ~ der Preise〈der Temperatur〉物価の暴落〈気温の急降下〉. **2**《複数 Stürze》転倒; 倒壊; (政治家の)失脚, 没落; (政府の)瓦解(ｶﾞｶｲ), 転覆; (天候の)急変, 大崩れ. einen ~ bauen〈drehen〉《話》(スキー・バイクなどで)激しく転倒する. **3** (a)《複数 Stürze》『自動車』キャンパー. (b)《複数 -e または Stürze》『建築』楣(ﾏｸﾞｻ). ein negativer〈positiver〉~ (車輪の)下〈上〉反り. **4**《複数 Stürze》『鉱業』鉱石堆積場. **5**《複数 Stürze》『南ﾄﾞ・ｵｰｽﾄﾘｱ』(Glasstutz, Glasglocke) 釣鐘型ガラス蓋. **6**《複数 -e または Stürze》《西中部》切株.
'**Sturz·acker** 男 -s/⁼《古》鋤(ｽ)き返された畑.
'**Sturz·bach** 男 -[e]s/⁼e 奔流, 激流. ein ~ von Fragen《比喩》質問の雨.
'**Sturz·bad** 匣 -[e]s/⁼er《古》シャワー(浴).
'**Stür·ze¹** ['ʃtʏrtsə] Sturz の複数.
'**Stür·ze²** 囡 -/-n **1**『楽器』朝顔(金管楽器の漏斗形の開口部). **2**《地方》(鍋などの)蓋.
'**Stur·zel** ['ʃtʊrtsəl] 匣, '**Stür·zel** ['ʃtʏrtsəl] 男 -s/- 切株, (先を切りとった)端.

'**stür·zen** [ʃtʏrtsən シュテュルツェン] ❶ 圓 (s) **1** 墜落(転落)する, 落下する; 暴落(急落)する;《雅》(急)勾配でくだっている, 深く落ちこむ. aus dem Fenster ~ 窓から落ちる. in den Abgrund ~ 深い谷に転落する; どん底に落ちる. vom Pferd ~ 落馬する. Die Temperatur *stürzte* um 20°〈auf 15° unter Null〉. 気温は一気に 20度〈零下 15度に〉さがった. Der Dollar ist〈Die Kurse sind〉*gestürzt*. ドル〈相場〉が暴落した. Hier *stürzt* der Fels steil in die Tiefe. ここで岩壁は谷底に向って激しく落ちこんでいる.
2 転倒する; 失脚(没落)する. auf der Straße ~ 路上でころぶ. aufs Gesicht ~ うつぶせに倒れる. beim Skilaufen ~ スキーで転倒する. nach hinten ~ 仰むけにひっくり返る. über et⁴ ~ 物⁴につまずいてこ

ろぶ; 事⁴で失脚する. zu Boden ~ 地べたに(ぶっ)倒れる. j³ zu Füßen ~ 人³の足許に身を投げる(崩折れる).

3 突進(猛進)する, かけ出す; どっと流れ出る(落ちる), 奔出する. aus dem Zimmer ~ 部屋からとび出す. Tränen *stürzten* aus ihren Augen. / Tränen *stürzten* ihr aus den Augen. 《雅》彼女の目から涙が滂沱(ぼうだ)と流れた. j〈sich〉³ in die Arme ~ 人³の腕の中にとびこむ〈とびついて抱合う〉. ins Haus ~ 家へ駆けこむ. in *seine* Kleider ~ 大急ぎで服を着る. zu j³ ~ 人³の許にかけつける.

❷ [他] **1** 突き落す(倒す); 失脚(退陣)させる; 没落(転落)させる. einen Minister〈die Regierung〉 ~ 大臣を失脚させる〈政府を倒す〉. j⁴ aus dem Fenster〈von der Brücke〉 ~ 人⁴を窓〈橋の上〉から突き落す. j⁴ in Unglück ~ 《比喩》人⁴を不幸に陥れる. j⁴ zu Boden ~ 人⁴を突き倒す(突きころばす).

2 (容器などを)逆さまにする, ひっくり返す. die gespülten Gläser auf ein Tuch ~ 洗ったグラスをふきんの上に伏せて置く. die Kuchenform〈den Pudding auf einen Teller〉 ~ ケーキ型をひっくり返す〈プリンを(型から)皿に空ける〉. die Kasse ~ 《古》1日の勘定を締める. 《目的語なしで》Bitte nicht ~! 天地無用.

3 (über et⁴ 物⁴の上から)かぶせる, 蓋(ふた)をする. eine Glasglocke über den Käse ~ チーズにガラスの鉢蓋をする.

4 einen Acker ~ 《地方》畑を鋤(す)き返す.

❸ [再] 《**sich⁴**》 **1** とびこむ, とび降りる, 身を投げる; 《比喩》(in et⁴ 事⁴に)うちこむ, 身をいれる. *sich* aus dem Fenster ~ 窓からとび降りる. *sich* in die Arbeit ~ 仕事にうちこむ. *sich* in die Fluten ~ 《雅》水にとびこむ(遊泳などのために). *sich* in den Fluss ~ 川に身を投げる. *sich* in Schulden ~ ひどい借金をつくる. *sich* in *sein* Schwert ~ 自刃する. *sich* in Unkosten ~ 大散財をする. *sich* ins Verderben ~ 身を滅ぼす(持ちくずす). *sich* ins Vergnügen ~ お楽しみ(遊興)に精を出す(ふける). *sich* zu Tode ~ 転落(墜落)死する.

2 (a) (auf j⁴ 人⁴に)とびかかる, 襲い(つかみ)かかる; さっとかけ寄る, 群がる. (b) (auf et⁴ 物⁴に)突進(殺到)する, とびつく. *sich* auf die Zeitung ~ 急いで(ひったくるように)新聞を手に取る.

'Sturz·flug [男] –[e]s/..̈e 急降下.

'Sturz·gut [中] –[e]s/..̈er ばら荷.

'Sturz·hang [男] –[e]s/ 〚体操〛(吊輪での)倒立.

'Sturz·helm [男] –[e]s/–e (オートバイなどの)ヘルメット.

'Sturz·kampf·flug·zeug [中] –[e]s/–e (↑Stuka) 〚軍事〛急降下爆撃機.

'Sturz·re·gen [男] –s/– どしゃ降り(の雨).

'Sturz·see [女] –/–n 激浪, さかまく大浪.

'Sturz·wel·le [女] –/–n =Sturzsee

Stuss, °Stuß [ʃtʊs] [男] –es/ (*jidd.*) 《話》馬鹿げたこと, 愚かなこと.

'Stu·te ['ʃtuːtə] [女] –/–n (馬・らくだ・ろばなどの)雌.

'Stu·ten·fül·len [中] –s/– =Stutfohlen

Stu·te'rei [ʃtuːtəˈraɪ] [女] –/–en 《古》(Gestüt) 種馬飼育場.

'Stut·foh·len ['ʃtuːt..] [中] –s/– 雌の若馬.

'Stutt·gart ['ʃtʊtgart] 《地名》シュトゥットガルト(バーデン=ヴュルテンベルク州の州都).

'Stutt·gar·ter ['ʃtʊtgartər] **❶** [男] –s/– シュトゥットガルト市民. **❷** [形] 《不変化》シュトゥットガルトの.

Stutz [ʃtʊts] [男] –es/–e (Stütze) **1** 《地方》押す(突く)こと. auf den ~ 急に, 突然. **2** 《地方》切り端, 短くしたもの. **3** 《地方》(帽子・兜などの)羽根飾り. **4** 《スイス》急坂. **5** 《地方》壁棚.

Stütz [ʃtʏts] [男] –es/–e (↓stützen) 〚スポーツ〛両腕支持.

'Stütz·bal·ken [男] –s/– 支梁.

'Stutz·bart [男] –[e]s/..̈e 短く刈込んだひげ.

'Stüt·ze[1] ['ʃtʏtsə] Stutz, Stütz の複数.

*__'Stüt·ze__[2] ['ʃtʏtsə シュテュツェ] [女] –/–n (↓stützen) **1** 支え; 支柱, 突っかい(棒); 〚土木〛柱, 梁(はり). eine ~ für den Kopf ヘッドレスト. et⁴ mit ~*n* versehen 物⁴に突っぱりを支(か)う(突っかい棒をする). **2** 《比喩》心の支え, 頼り; 支持(者); 拠り所, 根拠; 大黒柱. Die ~ seines Alters ist der Sohn. 彼の老後の頼りは息子だ. die ~ der Familie〈des Staates〉 一家の大黒柱〈国家の柱石(ちゅうせき)〉. die ~*n* der Gesellschaft 《多く皮肉で》世のお偉方. ein Notizbuch als ~ für mein Gedächtnis 私の備忘手帳. in et³ eine ~ finden 物³で裏付けられる, (に)根拠を得る. an j³ eine ~ haben 人³を恃(たの)む(頼りにする). **3** 家政婦. **4** 《卑》(Arbeitslosengeld) 失業保険.

*__'stut·zen__[1] ['ʃtʊtsən シュトゥツェン] [自] (↓stoßen) **1** (驚いて)はっとする, 息をのむ, 一瞬立ちどまる(手をとめる); おやっと思う. Sie *stutzte*, als ich das sagte. 彼女は私がそう言ったときはっとした. **2** 《猟師》(獣が)急に立ちどまる; 《地方》(馬が)怯(おび)え(て暴れ)る.

'stut·zen[2] [他] (↓Stutz) 短く切る, 刈込む. j³ den Bart〈die Haare〉 ~ 人³のひげ〈髪の毛〉を短かく切りそろえる. j³ die Flügel ~ 《比喩》人³の行動の自由を制限する; (の)意気を沮喪(そそう)させる. eine Hecke ~ 生垣を剪定(せんてい)する. einem Hund die Ohren〈den Schwanz〉 ~ 犬の耳〈尾〉を切り詰める.

'Stut·zen ['ʃtʊtsən] [男] –s/– **1** 銃身の短い猟銃. **2** 〚工学〛連結パイプ. **3** 《多く複数で》足部のないハイソックス; レッグウォーマー; アームカバー.

*__'stüt·zen__ ['ʃtʏtsən シュテュツェン] **❶** [他] **1** (物⁴を)支える, (に)つっかい棒をする. ein baufälliges Haus ~ 倒れかけの家につっぱりをかう. eine alte Mauer durch Pfeiler ~ 古い塀に柱でつっかいをする. eine Währung〈einen Kurs〉 ~ 〚金融〛通貨〈相場〉を買い支える. 《**et⁴ auf〈in〉 et⁴ stützen** の形で》die Ellenbogen auf den Tisch ~ 机に肘をつく. den Kopf in die Hände ~ 頬杖をつく. die Arme in die Hüften〈die Seiten〉 ~ 両手を腰にあてがう. **2** 《比喩》支持(支援)する. eine Regierung ~ 政府を支持する. **3** 裏づける, 証拠だてる. *seine* Behauptung durch Beweise〈mit Beweisen〉 ~ 証拠を挙げて主張の裏づけをする.

❷ [再] 《**sich⁴**》 **1** (auf et⁴ 物⁴で)体を支える, (に)つかまる, (に)よりかかる. *Stützen* Sie *sich* auf mich〈meinen Arm〉! 私〈私の腕〉につかまりなさい. *sich* an die Mauer ~ 塀によりかかる(もたれる). *sich* auf den Stock ~ 杖にすがる. *sich* mit den Ellenbogen auf den Tisch ~ 机に肘をつく. *sich* gegen die Wand ~ 壁に体をもたせかける. **2** 《比喩》(auf et⁴ 事⁴を)拠り所にする, (に)根拠を求める, (に)もとづく. Ich kann *mich* auf reiche Erfahrungen ~. 私には豊富な経験があるから大丈夫だ. Seine Behauptung *stützt sich* nur auf Vermutungen. 彼の主張は推測にもとづくものにすぎない.

'Stut·zer ['ʃtʊtsər] [男] –s/– **1** しゃれ(伊達)男. **2** (男性用)ダブルのショートコート. **3** 《スイス》銃身の短い猟銃.

'Stutz·flü·gel [男] –s/– 〚楽器〛小型のグランドピアノ.

S

'**stut·zig** [ˈʃtʊtsɪç] 形 (↓ stutzen¹) **1** ~ werden ぎょっとする, 不審に思う. **2** j⁴ ~ machen 人⁴を面食らわせる, に違和感(疑念)を起させる.

'**Stütz·mau·er** 女 -/-n （土止め）擁壁.

'**Stütz·pfei·ler** 男 -s/- 支柱.

'**Stütz·punkt** 男 -[e]s/-e **1** 支点. **2** 拠点, 根拠地, 基地.

'**Stutz·uhr** 女 -/-en 《古》置時計.

StVO 《略》=Straßenverkehrsordnung

Sty'rol [ʃtyˈroːl, st..] 中 -s/ 《化学》スチロール, スチレン.

Sty·ro·por [ʃtyroˈpoːr, st..] 中 -s/ 《商標》発砲スチロール.

Styx [ʃtʏks, st..] 男 -/ 《ギリシャ神話》ステュクス（冥界の川）.

SU 《略》=Sowjetunion

s. u. 《略》=siehe unten 下記参照.

Su'a·da [zuˈaːda] 女 -/..den =Suade

Su'a·de [zuˈaːdə] 女 -/-n (lat.)《侮》**1** 饒舌(じょうぜつ), 多弁. **2**《複数なし》雄弁さ.

sub.., Sub.. [zʊp..]《接頭》(lat. , unter[halb]') 名詞・形容詞などに冠して「下位の, 副…, 亜…」などの意を表す. f の前で suf-, g の前で sug-, k, z の前で suk-, p の前で sup-, r の前で sur- となることがある. **Sub·kultur** 下位文化.

sub·al'tern [zʊpʔalˈtɛrn] 形 (lat.) 下位の, 下級の, 下っ端の（精神的に）低級な, 自主性のない; 卑屈な.

Sub·al'tern·be·am·te 男《形容詞変化》下級公務員. ◆女性形 Subalternbeamtin 女 -/-nen

＊**Sub'jekt** [zʊpˈjɛkt ズブイェクト] 中 -[e]s/-e (lat.) **1** (↔Objekt)《哲学》主体, 主観; 我, 自我. **2**《論理》主辞, 主語;《文法》主語, 主部;《音楽》主題; 主楽想（とくにフーガの）. **3**《侮》やつ, 野郎. ein widerwärtiges ~ いやなやつ.

＊**sub·jek'tiv** [zʊpjɛkˈtiːf, '--- ズブイェクティーフ] 形 (↓ Subjekt) **1**《哲学》主体の, 主観の, 自我の. ~*er Geist* 主体的精神（ヘーゲル哲学の用語）. **2** (↔objektiv) 主観的な, 個人的な, 一面(一方)的な. ~*es Recht*《法制》主観的法, 権利. et⁴ zu ~ beurteilen 事⁴を余りに主観(一面)的に判断する. **3**《文法》主語の.

Sub·jek·ti'vis·mus [zʊpjɛktiˈvɪsmʊs] 男 -/ (↔Objektivismus) **1**《哲学》主観主義, 主観論. **2** 主観主義的な態度, 自己中心主義.

sub·jek·ti'vis·tisch [zʊpjɛktiˈvɪstɪʃ] 形 **1**《哲学》主観主義(主観論)の. **2** 自己中心の.

Sub·jek·ti·vi'tät [zʊpjɛktiviˈtɛːt] 女 -/ **1** 主観性. **2** 自己中心的な(主観的な)姿勢.

Sub'jekt·satz 男 -es/⁼e《文法》主語文.

'**Sub·kul·tur** [ˈzʊp..] 女 -/-en《社会学》サブカルチャー, 下位文化.

sub·ku'tan [zʊpkuˈtaːn] 形 (lat.) (略 s. c.)《医学》皮下の. ~*es Fettgewebe* 皮下脂肪組織.

sub'lim [zuˈbliːm] 形 (lat. sublimis , in die Höhe gehoben') 洗練された, 繊細(微妙)な.

Sub·li'mat [zubliˈmaːt] 中 -[e]s/-e (lat.)《化学》**1** 昇華物. **2** 昇華(しょうか).

Sub·li·ma·ti'on [zublimatsiˈoːn] 女 -/-en (↓ sublimieren) **1**《心理》(性的エネルギーの文化的・精神的なものへの)昇華. **2**《化学》昇華.

sub·li'mie·ren [zubliˈmiːrən] 他 (lat.) ❶ 他 **1** 高尚なものにする, 洗練する, 純化する. **2**《心理》（高尚なものへと）昇華させる. **3**《化学》(物質を)昇華する.

❷ 自 (s)《化学》昇華する.

Sub·li'mie·rung 女 -/-en **1** 高尚化, 洗練, 純化. **2**《化学》=Sublimation l **3**《化学》昇華.

Sub·li·mi'tät [zubliːmiˈtɛːt] 女 -/ (lat.) 高尚, 洗練, 繊細.

sub·lu'na·risch [zʊpluˈnaːrɪʃ] 形 (lat.)《古》(月球)上の; 現世(この世)の. ◆「月下の」の意から.

sub·ma'rin [zʊpmaˈriːn] 形《地質》海中(海底)の.

Sub·mis·si'on [zʊpmɪsiˈoːn] 女 -/-en (lat.) **1**《古》恭順, うやうやしい態度. **2**《古》服従, 屈服. **3**《経済》入札(請負)の公募; 落札(させること).

Sub·or·di·na·ti'on [zʊpʔɔrdinatsiˈoːn] 女 -/-en (↓ subordinieren) **1**《古》服従（とくに軍隊において）. **2** 下位におく（従属する）こと. **3**《文法》従属.

sub·or·di'nie·ren [zʊpʔɔrdiˈniːrən] 他 (lat.) 《古》(unterordnen) 下位に置く, 従属させる. **2**《文法》（文を）従属させる. *subordinierende Konjunktion* 従属接続詞.

Sub·si·di'är [zʊpziˈdiɛːr] 形 (lat.)《古》**1** 援助のための. **2** 間に合せの, 応急の. **3**《法制》補充の, 補充的な.

Sub·si·di·a·ri'täts·prin·zip [zʊpzidiariˈtɛːts..] 中 -s/《政治》補完性の原理, 権限配分の原則（国家はより小さな集団に対して補完的な機能のみを果たすべきであるという原則）.

Sub·sis'tenz [zʊpzɪsˈtɛnts] 女 -/-en (lat.) **1**《哲学》独立存在, 自存. **2**《古》生計.

Sub·skri'bent [zʊpskriˈbɛnt] 男 -en/-en (lat.)《書籍》予約注文者.

sub·skri'bie·ren [zʊpskriˈbiːrən] 自他 (lat.) ein Werk〈auf ein Werk〉~《書籍》ある作品を予約注文する. **2**《銀行》(公社債などに)応募する.

Sub·skrip·ti'on [zʊpskrɪptsiˈoːn] 女 -/-en (lat.) **1** (出版物の)予約注文. **2**《古写本の》奥付. **3**《銀行》(株式などの)引受申込.

Sub·skrip·ti'ons·preis 男 -es/-e《書籍》予約価格.

'**Sub·spe·zi·es** [ˈzʊpspeːtsiɛs] 女 -/ [..tsieːs]《略 ssp.》《生物》亜種.

sub·stan·ti'ell [zʊpstantsiˈɛl] 形 (lat.) **1** 物質の, 実体の. **2** 中身のある, 実質的な; 本質的な. **3**《古》滋養のある.

'**Sub·stan·tiv** [ˈzʊpstantiːf, --'-] 中 -s/-e (lat.) 《略 Subst.》《文法》(Hauptwort) 名詞.

sub·stan·ti'vie·ren [zʊpstantiˈviːrən] 他《文法》(動詞・形容詞を)名詞化する, 名詞として用いる.

'**sub·stan·ti·visch** [ˈzʊpstantiˌvɪʃ, --'--] 形 《文法》名詞の; 名詞的な.

Sub'stanz [zʊpˈstants] 女 -/-en (lat.) **1**《哲学》実体, 本質. **2**《物理・化学》物質. **3**《複数なし》手持ちの（現存する）もの; 資産. *Erhaltung der baulichen* ~ 建築物の遺構の保存. *die* ~ *angreifen* 元金に手をつける. *Die häufigen Nachtwachen sind ihm an die* ~ *gegangen*. たび重なる夜勤が応えて彼はすっかり参っている. **4**《複数なし》実質, 本質的なもの, 核心. *Dem Vortrag fehlt es an* ~. その講演には内容がない.

sub·stan·zi'ell [zʊpstantsiˈɛl] 形 =substantiell

sub·sti·tu'ie·ren [zʊpstituˈiːrən] 他 **1** A⁴ durch B⁴・A⁴ を B⁴ で置き換える, A⁴のかわりに B⁴ を用いる. **2** (人⁴を)代理する.

Sub·sti'tut [zʊpstiˈtuːt] (lat.) ❶ 男 -en/-en **1** 《古》代理人;《法制》復代理人. **2** (小売商店の)売

Sub·sti·tu·tion [zʊpstitutsi'o:n] 囡 -/-en (*lat.*) **1** 代用; 置き換え, 置換. **2** 代理. **3**〚数学〛代入.

Sub'strat [zʊp'stra:t] 男 -[e]s/-e (*lat.*) **1** 基礎, 土台, 基盤. **2**〚言語〛基層. **3**〚哲学〛基体. **4**〚化学〛基質. **5**〚生物〛培地, 培養基.

sub·su·mie·ren [zʊpzu'mi:rən] 他 (*lat.*) **1** et³ ~ 事¹ を事³ に包含(包摂)する. **2**〈事⁴ を〉まとめる, 一括する (unter et³,⁴ 事³,⁴ の下に).

sub'til [zʊp'ti:l] 形 (*lat.*) **1** 微妙な, 繊細な; 緻密な; 精妙な. **2** 鋭敏な; 細かい点までうるさい. **3** 複雑な, やっかいな.

Sub·tra'hend [zʊptra'hɛnt] 男 -en/-en〚数学〛減数.

sub·tra·hie·ren [zʊptra'hi:rən] 他 (*lat.*) 引く, 引き算する. zwei von drei ~ 3 から 2 を引く.

Sub·trak·ti·on [zʊptraktsi'o:n] 囡 -/-en〚数学〛(↔ Addition) **1** 減法, 引算. **2** 差(減法によって得られた答え).

Sub·tro·pen ['zʊptropən] 複〚地理〛亜熱帯.

*'**sub·tro·pisch** ['zʊptropɪʃ, -'--] 形〚地理〛亜熱帯の.

Sub·ven·ti·on [zʊpvɛntsi'o:n] 囡 -/-en (多く複数で)〚経済〛(公的な)補助金, 助成金.

sub·ven·ti·o·nie·ren [zʊpvɛntsio'ni:rən] 他 (事業などを)補助金(助成金)を出して援助(助成)する.

sub·ver'siv [zʊpvɛr'zi:f] 形 (体制を覆⟨ᵘᵗᵘᵍᵃᵉ⟩す)ような, 破壊的な.

sub 'vo·ce [zʊp 'vo:tsə] (*lat.*)《略 s. v.》...という見出し語の下で.

*'**Such·ak·ti·on** ['zu:x..] 囡 -/-en (警察などによる組織的な)捜索活動 (nach j³ 人³ にたいする).

*'**Such·dienst** 男 -[e]s/-e (ドイツ赤十字社の)戦時行方不明者調査機関.

*'**Su·che** ['zu:xə] 囡 -/-n (↓ suchen)《複数なし》捜すこと (nach et³ 物⁴ 〈人³〉を); 捜索, 探索; 追及, 調査. ~ nach einem Vermissten 失踪者の捜索. auf die ~ gehen / sich⁴ auf die ~ machen 捜索に(捜しに)行く. j⁴ auf die ~ nach et³ schicken 人⁴ を物³ を捜しに遣る. auf der ~ nach et⟨j⟩³ sein 物⟨人⟩³ を捜している. **2**〚狩猟〛(犬を使っての)追出し狩(とくに小獣の).

*'**su·chen** ['zu:xən ズーヘン] ❶ 他 **1** (見つけ出そうと)探す. Wir haben dich schon überall gesucht!. ほうぼう君を捜したんだぜ. Was suchst du denn? いったい誰を捜しているんだい. j⁴ ~ gehen 人⁴ を捜しに行く. j⁴ polizeilich ⟨steckbrieflich⟩ ~ 人⁴ を警察の手で⟨手配書で⟩探す. Fehler ~ 間違いを探す. Solche Leute muss man schon ~.《話》こんな人たちにはめったにお目にかからない(もう探さないといい). eine Lösung ~ 解決の道を探る. einen Parkplatz ~ 駐車場を探す. in allem etwas ~《話》なんでも裏を考える. hinter allem etwas Schlechtes ~《話》なんでも疑ってかかる. die Schuld immer nur bei anderen ~ 罪(責任)はいつも他人におっかぶせる. seinesgleichen ~ 匹敵する(太刀打できる)ものがない, 比類がない.《慣用的表現で》《話》Was hast du hier zu ~? ここになんの用だい. Das hat hier nichts zu ~! そいつは(ここには)場違いだ.《目的語なして》Ich habe stundenlang vergeblich *gesucht.* 私は何時間も探しまわったが無駄だった. Da kannst du lange ~《話》好きなだけ探すがいいよ(どうせ無駄だ). Wer *sucht*, der findet. 求めよ, さらば与えられん《新約》マタ 7:7).《中性名詞として》*Suchen* spielen《地方》かくれんぼうをする.

2 探し求める, 得ようと努める. Abenteuer ~ 冒険を求める. Die Firma *sucht* einen Buchhalter. その会社は簿記係を探して(求めて)いる. Er *sucht* eine Frau. 彼は嫁さんを探している. einen Freund ~ 友達を探す. sein Heil in der Flucht ~ さっさと逃げる, 三十六計を決めこむ. Hilfe⟨Rat⟩ ~ 助け⟨助言⟩を求めている (bei j³ 人³ に). *sein* Recht ~ 権利を要求(主張)する. eine Stelle ~ 職を探す. Streit ~ 喧嘩っ早い. Vergessen im Alkohol ~ 酒で忘れようとする. *seinen* Vorteil ~ 利益を図る. das Weite ~ ずらかる. Da haben sich zwei *gesucht* und gefunden.《話》この 2 人こそ御神酒⟨ᵒᵐⁱᵏⁱ⟩どっくりというやつだ.《過去分詞で》Verkäuferin *gesucht* 女店員求む.

3《zu 不定詞句と》...しようとする(努める). j⁴ zu gefallen ~ 人⁴ に気に入られようとする. j³ zu helfen ~ 人³ を助けようとする. j⁴ zu verstehen ~ 人⁴ を理解しようとする. et⁴ zu vergessen ~ 事⁴ を忘れようとする.

❷ 自 (nach et³ 物⟨人⟩³ を) 探し求める. Wo nach *suchst* du? なにを探しているんだい. nach dem Sinn des Lebens ~ 人生の意味を探し求める. nach dem Täter ~ 犯人を探す. nach Worten ~ (適切な)言葉を探す. *Such*!《猟師》(犬に)さあ, 探してこい.
♦ ↑ gesucht

*'**Su·cher** ['zu:xər] 男 -s/- **1**《まれ》捜す人; 探求者. **2**(カメラの)ファインダー; 見出し望遠鏡.

*'**Such·ma·schi·ne** 囡 -/-n〚ᴄᴏᴍᴘ〛検索エンジン.

*'**Such·mel·dung** 囡 -/-en 行方不明者に関する報道.

Sucht [zʊxt] 囡 -/Süchte (↓ siechen) **1** (病的な)欲求; (アルコール・麻薬などの)嗜癖⟨ʰⁱᵖᵉᵏⁱ⟩, 中毒. die ~ nach Geld 度を越した金銭欲. **2**《古》病気, 疾病.

*'**süch·tig** [zʏçtɪç] 形 (↓ Sucht) **1** 嗜癖⟨ʰⁱᵖᵉᵏⁱ⟩のある, 中毒症の. heroin*süchtig* ヘロイン中毒の. ~ nach et³ sein 物³(アルコールなど)への嗜癖がある. **2** 病的(異常)な欲求をもった. *ruhmsüchtig* 異常に名誉欲の強い. ~ nach der Musik von Wagner sein ワーグナーの音楽を異常に愛好している. **3**《古》病気の. fall*süchtig* 癲癇⟨ᵗᵉⁿᵏᵃⁿ⟩の. schwind*süchtig* 肺結核の.

*'**su·ckeln** [zʊkəln] (↓ saugen)《地方》❶ 自 an et³ ~ 物³(葉巻などを)スパスパ吸う; (飲物を)ぐびぐび飲む, チュウチュウ吸う. ❷ 他 (飲物を)ぐびぐび飲む.

Sud [zu:t] 男 -[e]s/-e (↓ sieden) 煮汁, (とくに)肉汁; (茶・葉草などの)煮出し汁, 煎じ汁.

Süd [zy:t] 男 -[e]s/-e **1**《複数なし》《無冠詞/不変化》(a)《(主に)船員》〚気象〛南. aus⟨von⟩ ~ 南から. (b)《都市名に添えて》《略 S》南部. Frankfurt-Süd フランクフルト南部. **2**《複数まれ》《船員》《雅》南風.

*'**Süd·afri·ka** ['zy:t|a:frika, ..'|afrika]《地名》南アフリカ. die Republik ~ 南アフリカ共和国.

*'**süd·afri'ka·nisch** ['zy:t|afri:ka:nɪʃ] 形 南アフリカの.

*'**Süd·ame·ri·ka** ['zy:t|a'me:rika]《地名》南アメリカ, 南米.

*'**süd·ame·ri'ka·nisch** 形 南アメリカの, 南米の.

Su·dan [zu'da:n, 'zu:dan] 男 -s/ (*arab.*)《地名》der ~ スーダン.

Su·da·ner [zu'da:nər] 男 -s/- スーダン人.

Su·da·ne·se [zuda'ne:zə] 男 -n/-n スーダン人.
su·da·ne·sisch [zuda'ne:zɪʃ] 形 スーダン(人)の. ↑deutsch
'süd·deutsch ['zy:tdɔʏtʃ] 形 南ドイツの; 南ドイツ的な. ↑deutsch
'Süd·deutsch·land ['zy:tdɔʏtʃlant] 《地名》南ドイツ.
Su·de'lei [zu:də'laɪ] 女 -/-en 《話》 1 べとべとしたものなどで汚すこと; 汚ない字で書くこと; ぞんざいな仕事をすること. 2 ぞんざいな仕事.
'Su·de·ler ['zu:dələr] 男 -s/- 《話》汚す人; 汚ない字を書く人; ぞんざいな仕事をする人.
'su·de·lig 形 《話》 1 汚ない字で書かれた. 2 (仕事などが)ぞんざいな.
'su·deln ['zu:dəln] 自 《話》 1 (べとべとに)汚す. 2 殴り書きをする. 3 ぞんざいな(やっつけ)仕事をする.

'Sü·den ['zy:dən] ズューデン 男 -s/ 1 《ふつう無冠詞で》《略 S》南. Kurs auf ~ nehmen 進路を南にとる. nach ~ gehen〈liegen〉〈窓・部屋が〉南向きである. von ~ nach Norden 南から北へ. 2 《定冠詞と》南部, 南部地帯(地域); 南国, 南欧(地中海沿岸); アメリカ南部. aus dem ~ stammen 南(南部)の出身である. im ~ Deutschlands〈von Berlin〉南ドイツ〈ベルリーン南部〉で. nach dem ~ reisen 南(南欧)へ旅行する.

Su·de·ten [zu'de:tən] 複 《地名》die ~ ズデーテン (チェコとポーランドの国境に東西に伸びる山地).
Su·de·ten·deut·sche 男女 《形容詞変化》ズデーテン地方のドイツ人.
'Süd·frucht ['zy:t..] 女 -/⁻e 《多く複数で》南国(熱帯地方)の果物.
'Süd·haus ['zu:t..] 中 -es/⁻er《醸造》(発酵前のビールの原液を煮沸(しょふつ)する)麦芽汁煮沸室, 仕込み場.
'Süd·län·der ['zy:tlɛndər] 男 -s/- 南国人; (とくに地中海沿岸諸国の)南欧人.
'süd·län·disch 形 南国(南欧)の.
südl. Br. 《略》**südlicher Breite²** 《地理》南緯…
'Süd·ler ['zu:dlər] 男 -s/- →Sudeler
*'**süd·lich** ['zy:tlɪç] ズュートリッヒ ❶ 形 1 南の, 南の(方向に)ある; 南部の. das ~e Afrika 南アフリカ. ~er Breite² 《略 südl. Br., s. Br.》 《地理》南緯…. die ~e 〔Erd〕halbkugel 南半球. am ~en Himmel 南の空に. ein ~es Temperament 南国人気質. Die Stadt liegt weiter ~. その町はずっと南にある. (von) ~ von München ミュンヒェンの南(で). 2 南向きの; 南(南方)からの. ~en Kurs〈~〉steuern 進路を南にとる. ein ~er Wind 南風. ❷ 前 《2 格支配》…の南側の…, …より南の. das Gebiet ~ des Flusses 川の南側一帯.
'sud·lig ['zu:dlɪç] 形 →sudelig
'Süd·ost [zy:t'ɔst] 男 -[e]s/-e 1 《複数なし》《無冠詞 / 不変化》(a) 《とくに船員》《気象》南東. aus〈von〉~ 南東から. (b) 《都市名に添えて》《略 SO》南東部. 2 《船員》《雅》南東の風.
Süd·ost·asi·en [zy:t'ɔst|'a:ziən] 《地名》東南アジア.
'Süd·os·ten [zy:t'ɔstən] 男 -s/ 《多く無冠詞で》《略 SO》南東. 2 南東部.
süd'öst·lich [zy:t'œstlɪç] ❶ 形 1 南東に向かった. in ~er Richtung 南東方向の(に). 2 南東からの. ein ~er Wind 南東の風. 3 南東の, 南東に位置する. im ~en Teil der Stadt 市の南東部の(に). ~ von München liegen ミュンヒェンの南東にある ❷ 前 《2 格支配》…の南東に. ~ Berlins ベルリーンの南東に.
'Süd·pol [zy:'tpo:l] 男 -s/ (↔ Nordpol) 南極.
'Süd·pol·ex·pe·di·tion 女 -/-en 南極探検.
'Süd·see [zy:'tze:] 女 -/ 南洋, 南太平洋.
Süd·süd·os·ten [zy:tzy:t'ɔstən] 男 -s/ 1 《多く無冠詞で》《略 SSO》南南東. 2 南南東部.
Süd·süd·wes·ten [zy:tzy:t'vɛstən] 男 -s/ 1 《多く無冠詞で》《略 SSW》南南西. 2 南南西部.
'süd·wärts ['zy:tvɛrts] 副 1 南の方へ, 南方へ. 2 《まれ》南に, 南側に.
'Süd·wein 男 -[e]s/-e (南欧の)デザートワイン.
Süd·west [zy:t'vɛst] 男 -[e]s/-e 1 《複数なし》《無冠詞 / 不変化》(a) 《とくに船員》《気象》南西. au〈von〉~ 南西から. (b) 《都市名に添えて》《略 SW》南西部. 2 《船員》《雅》南西の風.
Süd'wes·ten [zy:t'vɛstən] 男 -s/ 1 《多く無冠詞で》《略 SW》南西. 2 南西部.
'Süd·wes·ter ['zy:tvɛstər] 男 -s/- サウスウェスター (暴風雨の時に船員が用いる防水帽).
süd'west·lich [zy:t'vɛstlɪç] ❶ 形 1 南西に向かった. in ~er Richtung 南西方向の(に). 2 南西からの. ein ~er Wind 南西の風. 3 南西の, 南西に位置する. im ~en Teil der Stadt 市の南西部の(に). ~ von München liegen ミュンヒェンの南西にある ❷ 前 《2 格支配》…の南西に. ~ Berlins ベルリーンの南西に.
'Süd·wind 男 -[e]s/-e 南風.
'Su·es ['zu:ɛs] 《地名》スエズ(エジプト北東部の港湾都市).
'Su·es·ka·nal 男 -s/ スエズ運河.
Suff [zʊf] 男 -[e]s/ (↓ saufen) 《話》 1 飲酒癖. sich¹ dem ~ ergeben 飲酒にふける. 2 《過度の》飲酒, 大酒を飲むこと. 3 酩酊. im ~ 酔っぱらって.
'Süf·fel ['zʏfəl] 男 -s/- (↓ Suff) 《戯》大酒飲み, のんだくれ.
'süf·feln ['zʏfəln] 自 《話》(酒を)楽しみながら飲む.
'süf·fig ['zʏfɪç] 形 (ワインなどが)口当りのいい, 美味な.
Süf·fi'sance [zʏfi'zã:s] 女 -/ (fr.) 思い上がり, うぬぼれ.
süf·fi'sant [zʏfi'zant] 形 (fr.) 思い上がった, 自惚(うぬぼ)れた, 高慢な.
Suf'fix [zʊ'fɪks, '- -] 中 -es/-e (lat.) 《文法》接尾辞, 後つづり.
sug·ge'rie·ren [zʊɡe'riːrən] 他 (lat.) 1 j¹ et⁴ ~ 人³を暗示にかけて事⁴を信じ込ませる, (考えなどを)吹込む. 2 《物が主語》et⁴ ~ いかにも事⁴であるかのような印象を与える, 連想させる.
sug·ges'ti·bel [zʊɡɛs'tiːbəl] 形 《心理》暗示にかかりやすい.
Sug·ges·ti'on [zʊɡɛsti'oːn] 女 -/-en (lat.) 1 暗示, 示唆. 2 《複数なし》暗示力(作用).
sug·ges'tiv [zʊɡɛs'tiːf] 形 《心理》 1 暗示的な; 誘導的な. 2 強い影響力を持った.
Sug·ges'tiv·fra·ge 女 -/-n 誘導尋問.
'Suh·le ['zu:lə] 女 -/-n (↓ suhlen) (猪などが泥浴びをする)泥水の水溜り.
'suh·len ['zu:lən] 再 (sich⁴) 1 《猟師》(猪などが)泥浴びをする. 2 《侮》事³(自己憐憫などに)ふける; 事³(隠語などに)をいい気になって使う.
'Süh·ne ['zy:nə] 女 -/-n 《雅》償い, 贖(あがな)い, 贖罪(しょくざい); 《キリスト教》(キリストの十字架の死による)贖い.

'Süh·ne·maß·nah·me 囡 -/-n 制裁措置.
'süh·nen ['zy:nən] (↓Sühne) ❶ 他 (罪を)贖(あがな)う, 償う, (事¹の)罪滅ぼしをする. et⁴ mit dem Leben 〈dem Tode〉 ~ 事⁴を死をもって償う. ❷ 自 罪滅し(埋め合せ)をする(für et⁴ 事⁴の).
'Süh·ne·op·fer 匣 -s/- 〖宗教〗贖罪のいけにえ.
'Süh·ne·rich·ter 男 -s/- 調停裁判官.
'Süh·ne·ver·such 男 -[e]s/-e 〖法制〗和解の試み.
'Sühn·op·fer ['zy:n..] 匣 -s/- =Sühneopfer
'Süh·nung 囡 -/-en 贖罪, 償い, 罪滅ぼし.
'Sui·te ['svi:tə, zu'i:tə] 囡 -/-n (fr.) 1 〖音楽〗組曲. 2 〈古〉お供(従者)の一行, 随員. 3 (ホテルなどの)一続きの部屋.
Su·i'zid [zui'tsi:t] 匣 (囲) -[e]s/-e (lat.) 自殺.
Su'jet [zy'ʒe:, sy'ʒe] 匣 -s/-s (fr., Subjekt) 主題, テーマ, 題材.
Suk'ka·de [zu'ka:də] 囡 -/-n (fr.) (オレンジなどの)果皮の砂糖漬け, ピール.
'Suk·ku·bus ['zukubus] 男 -/..kuben [zu'ku:bən] (lat., Beischläferin) 〖民俗〗サキュバス, (女の)夢魔(睡眠中の男と交わるとされた中世の悪魔. ↑Inkubus).
Suk·zes·si'on [zuktsɛsi'o:n] 囡 -/-en 〖法制〗権利の承継. 2 王位継承. 3 Apostolische ~〖カトリ〗使徒伝来. 4 〖生態〗(植物群落の)遷移.
suk·zes'siv [zuktsɛ'si:f] 形 (lat.) 引続いての, 継起的な, 斬新的な.
suk·zes'si·ve [zuktsɛ'si:və] 副 次第に, 漸次, 順次.
Sul'fat [zʊl'fa:t] 匣 -[e]s/-e 〖化学〗硫酸塩.
Sul'fid [zʊl'fi:t] 匣 -[e]s/-e 〖化学〗硫化物.
Sul'fit [zʊl'fi:t] 匣 -[e]s/-e 〖化学〗亜硫酸塩.
Sul·fo·na'mid [zʊlfona'mi:t] 匣 -[e]s/-e 〖多く複数で〗〖薬学〗スルホンアミド, サルファ剤.
'Sul·fur [zʊlfʊr] 匣 -s/ (lat.) (記号 s) 〖化学〗(Schwefel) 硫黄(いおう).
'Sul'tan ['zʊltan] 男 -s/-e (arab., Herrschaft, Herrscher) 1 (複数なし)サルタン(イスラム教国の君主の称号). 2 サルタン(イスラム教国の君主).
Sul·ta'nin [zʊltanɪn, zɔl'ta:nɪn] 囡 -/-nen サルタンの妃.
Sul·ta'ni·ne [zʊlta'ni:nə] 囡 -/-n (↓Sultan) (大粒の種なし)干しぶどう.
Sulz [zʊlts] 囡 -/-en (南ドイツ・オーストリア・スイス) 〖料理〗アスピック(鶏肉・魚肉を煮汁とともにゼラチンで固めた料理).
'Sul·ze ['zʊltsə] 囡 -/-n (南ドイツ・オーストリア・スイス) 〖料理〗= Sülze
'Sül·ze ['zʏltsə] 囡 -/-n 1 塩類泉; (塩類泉の)塩水; 塩漬け用の食塩水. 2 (南ドイツ・オーストリア・スイス) 〖料理〗アスピック(↑Sulz). 3 〖猟師〗野獣が塩をなめに集まってくる所, 塩ふき場.
'sül·zen ['zʏltsən] (↓Sülze) ❶ 他 1 (猟獣に)塩をまいてやる(おびき寄せるために). 2 (肉を)アスピック料理にする(↑Sulz). ❷ 自 (h, s) 1 (s) アスピックになる. 2 (h) 〈地方〉〈卑〉長々とくだらないおしゃべりをする.
'Su·mach ['zu:max] 男 -s/-e (arab.) 〖植物〗うるし属(はぜ・ぬるでなど).
summ [zʊm] 間 Summ~, ~! (蜂などの羽音を表して)ブン, ブン.
'Sum·ma ['zʊma] 囡 -/Summen (lat.) 1 〈古〉(略 Sa.) 合計, 総計. 2 (スコラ哲学の)汎論, 大全.
Sum'mand [zʊ'mant] 男 -en/-en (lat.) 〖数学〗被加数.

sum'ma·risch [zʊ'ma:rɪʃ] 形 1 要点をかいつまんだ, 簡潔な, 概括的な. 2 大雑把な, 上っ面だけの.
'Sümm·chen ['zʏmçən] 匣 -s/- (Summe の縮小形) 〈話〉ちょっとした金額. ein nettes ~ auf die Seite legen かなりの額の金を貯める.
*'Sum·me ['zʊmə] 囡 -/-n (lat., Gesamtzahl) 1 合計, 総計, 〖数学〗和; 〖比喩〗総体, 総和. eine ~ errechnen〈herausbekommen〉合計を出す. die ~ unserer Erfahrungen 我々の経験の総和. 2 (金額)金高. eine ~ von 500 Euro 500ユーロの金額. eine beträchtliche〈hübsche〉~ 少なからぬ額. die ganze ~ bar bezahlen 全額を現金で払う. 3 〈まれ〉(中世のとくに神学・哲学の大全)
'sum·men ['zʊmən] ❶ 自 (h, s) 1 (h) (虫・機械などが)ぶーんと音を出す. 《非人称的に》Es summt mir in den Ohren. 私は耳鳴りがする. 2 (s) ぶーんと飛んでいく. 3 (h) ハミングする. ❷ 他 (メロディーを)口ずむ, ハミングする.
'Sum·men ['zʊmən] Summa, Summe の複数.
'Sum·mer ['zʊmər] 男 -s/- (↓summen) ブザー.
'Sum·mer·zei·chen 匣 -s/- 信号音, 発信音.
sum'mie·ren [zʊ'mi:rən] (lat.) ❶ 他 合計(総計)する; (データをまとめる, 総括する. ❷ 自 《sich⁴》増加する, 累積する.
*Sumpf [zʊmpf] 男 -[e]s/Sümpfe (↓Schwamm) 1 沼地, 湿地, 湿地帯, 湿原, 〈話〉ぬかるみ, 穴ぼこ; 〖比喩〗泥沼, 頽廃, 堕落. einen ~ entwässern 湿地を干拓する. in einen ~ geraten ぬかるみにはまりこむ; 泥沼に落ちる, 悪の道に染まる. im ~ der Großstadt untergehen〈versinken〉大都会の頽廃の淵に沈む. 2 〖鉱業〗集水坑, (坑底の)水溜め.
'Sumpf·bo·den 男 -s/- 沼地, 湿地.
'Sumpf·dot·ter·blu·me 囡 -/-n 〖植物〗りゅうきんか(立金花).
'Sümp·fe ['zʏmpfə] Sumpf の複数.
'sump·fen ['zʊmpfən] (↓Sumpf) ❶ 自 〈古〉沼地化する. 2 〈話〉夜を徹して飲み明かす; 自堕落な生活をする. ❷ 他 (陶土を加工前に)水につける.
'Sumpf·fie·ber 匣 -s/- 〖病理〗沼沢熱, マラリア.
'Sumpf·gas 匣 -es/-e 〖化学〗メタンガス.
'Sumpf·huhn 匣 -[e]s/-er 1 〖鳥〗ひめくいな. 2 〈戯〉飲み助; 放蕩者, 道楽者.
'sump·fig ['zʊmpfɪç] 形 (↓Sumpf) 沼地のような, じめじめした.
'Sumpf·land 匣 -[e]s/- 沼地, 湿地, 沼沢地.
'Sumpf·ot·ter 囡 -/- 〖動物〗ヨーロッパミンク.
'Sumpf·pflan·ze 囡 -/-n 沼沢植物.
Sums [zʊms] 男 -es/ 〈話〉大騒ぎ; おしゃべり.
Sund [zʊnt] 男 -[e]s/-e (とくにデンマークのシェラン島と南スウェーデンの間の)海峡, スンド.
*'Sün·de ['zʏndə] 囡 -/-n 1 (宗教上の)罪, 罪業; (道徳的な)罪悪, 過ち, 不行跡. Erbsünde 〖カト教〗原罪. Todsünde 〖カト〗大罪. die ~n des Fleisches 肉欲の罪. eine ~ wider den Heiligen Geist 聖霊にたいする冒瀆の罪(↓新約 マタ 12:31). ein Kind der ~ 罪の子(私生児). eine ~ begehen 罪を犯す. seine ~n bekennen〈bereuen〉罪を告白する〈悔いる〉. Die〈Diese〉~ vergibt [dir] der Küster. 〖地方〗〖戯〗こんなこと気にするにはおよばないよ. faul〈schön〉wie die ~ sein 〈話〉ひどく怠け者である〈なんとも美しい〉. 〖比喩的に〗Sie ist eine ~ wert. 〖戯〗彼女となら地獄に堕ちてもいい. et⁴ wie die ~ fliehen〈meiden〉事⁴に絶対手を出さない, (を)忌み嫌

'**Sün·den·be·kennt·nis** 图 -ses/-se 罪の告白.

'**Sün·den·bock** 图 -[e]s/¨-e 1 贖罪の山羊. 2《話》スケープゴート, (他人の罪を負う)身代り.

'**Sün·den·fall** 图 -[e]s/ 《キリスト教》(アダムとイヴの)堕罪.

'**Sün·den·geld** 图 -[e]s/ 1 贖罪献金. 2《話》大金.

'**Sün·den·last** 图 罪の重荷.

'**Sün·den·lohn** 图 -[e]s/《雅》1 罪の報い. 2 悪事の報酬.

'**sün·den·los** 圏 罪のない, 潔白な.

'**Sün·den·pfuhl** 图 -[e]s/-e《複数まれ》《侮》《戯》退廃の巷(ちまた), 悪業の淵(ふち).

'**Sün·den·re·gis·ter** 图 -s/- 1《キリスト教》懺悔(ざんげ)書. 2《罪過の記録.

'**Sün·den·ver·ge·bung** 图 -/-en《複数まれ》(神あるいは神の代理人による)罪の赦し.

'**Sün·der** ['zʏndər] 图 -s/- (↓ Sünde) 罪人, 罪深い人. Parksünder《話》駐車違反者. ein armer ~《古》死刑の宣告を受けた罪人. Du alter ~!《戯》このー悪友めぇ, おいー悪友. ◆ 女性形 Sünderin 图 -/-nen

'**Sün·der·mie·ne** 图 -/-n 後ろめたそうな顔つき.

'**Sünd·flut** ['zʏnt..] 图 -/(Sintflut) ノアの洪水.

'**sünd·haft** ['zʏnthaft] 圏 1《雅》罪のある, 罪深い. 2《話》法外な, べらぼうな. 3《副詞的用法で》ひどく.

'**Sünd·haf·tig·keit** 图 -/ 罪を負っていること, 罪深いこと.

'**sün·dig** ['zʏndɪç] 圏 1 罪のある, 罪深い. ~ werden 罪を犯す. 2 良俗に反する, 不道徳な.

***sün·di·gen** ['zʏndɪɡən ズュンディゲン] 圃 1《(↓ Sünde)(宗教上の)罪を犯す; (道徳的に)過ちを犯す; 取るにつかないことをしでかす; gegen et⁴ 事に違反する, 背く, (を)冒瀆する. an〈gegen〉Gott ~《聖書》神を冒瀆する. gegen〈wider〉Gottes Gebot ~ 神の掟に背く. gegen *seine* Gesundheit ~ 体に悪いことをする. in Gedanken ~ 邪(よこしま)な考えを抱く. mit Worten ~ 神を冒瀆する言葉を吐く. Ich habe wieder ge*sündigt.*《戯》またぞろ食べ過ぎた.

'**sünd·los** 圏 =sündenlos

'**Sun·na** ['zɔna] 图 -/《*arab.*》sunnah『慣習, Brauch, Sitte')》スンナ(預言者ムハンマドの伝承された言行の範例・伝統の集大成).

Sun'nit [zɔ'niːt] 图 -en/-en (イスラームの)スンニー派信徒. ♦ スンナ をイスラームの生活の規範とし, アブー=バクル・ウマル・ウスマーン・アリーの4人をムハンマドの正統の後継者とみなす1派. ↑Schia, Schiit

su·per [zuːpər] 圏 《*lat.*》《話》すばらしい, とびぬけの.

'**Su·per** ['zuːpər] 图 -/ スーパーガソリン (Superbenzin の短縮).

su·per.., **Su·per..** [zuːpər.., zupər..]《接頭》《*lat., oben darauf, darüber*》名詞・形容詞などに冠して「上位, 超越, 極度」などの意を表す. *Super*hit 超ヒット商品(曲). *super*modern 超近代的な.

sü·perb [zy'pɛrp] 圏 《*fr.*》素晴らしい, 立派な.

'**Su·per·ben·zin** 图 -s/-e スーパー(ハイオク)ガソリン.

'**Su·per·ding** 图 -[e]s/-er《卑》すごいこと(もの).

'**su·per·fein** ['zuːpərfaɪn] 圏 《話》極上の.

'**Su·per-G** ['zuːpərdʒiː] 图 -[s]/-[s]《*engl.* supergiant》《スキー》スーパー大回転.

'**Su·per-GAU** [..gau] 图 -s/-s (原子炉の)超最大仮想事故.

Su·per·in·ten·dent [zupərɪntɛn'dɛnt, 'zuːpərɪntɛndɛnt] 图 -en/-en《*lat.*》《プロテスタント》教区監督.

Su·pe·ri·or [zu'peːrioːr] 图 -s/..o·ren [zupeˈrioːrən]《*lat.*》《カトリック》修道院長, 修道会長.

Su·pe·ri·o·ri·tät [zupəriori'tɛːt] 图 -/《*lat.*》(↔ Inferiorität)(Überlegenheit) 優越, 優勢.

'**Su·per·kar·go** [zupər'kargo, 'zuːpərkargo] 图 -s/-s《船員》貨物上乗り人, 船荷監督者.

'**su·per·klug** ['zuːpər..] 圏 《話》とびきり賢い(利口な), (ひどく)利口ぶった.

'**Su·per·la·tiv** ['zuːpərlati:f] 图 -s/-e [..və]《*lat.*》1《文法》最上級. 2《多く複数で》最高のもの, たくさいもの, 大げさな言葉(讃辞).

'**su·per·la·ti·visch** ['zuːpərlati:vɪʃ] 圏 1《文法》最上(最高)級の. 2《賛辞などが》最高級の; (告発などが)誇張された, 大げさな.

'**Su·per·macht** 图 -/¨-e《政治》超大国.

'**Su·per·mann** 图 -[e]s/¨-er スーパーマン, 超人.

'**Su·per·markt** ['zuːpərmarkt] 图 -[e]s/¨-e スーパーマーケット.

Su·per'no·va [zupər'noːva] 图 -/..vä [..vɛ]《*lat.*》《天文》超新星.

'**Su·per·oxid** ['zuːpərˈɔksiːt] 图 -[e]s/-e《化学》過酸化物.

Su·per·phos·phat [zupərfɔsˈfaːt, 'zuːpərfɔsfaːt] 图 -[e]s/-e《化学》過燐酸塩, 過燐酸石灰.

'**Su·per·string·the·o·rie** 图 -/《物理》超ひも理論.

'**Sup·pe** ['zʊpə スペ] 图 -/-n 1 スープ. dicke〈klare〉~ ポタージュ〈コンソメ〉スープ. ~ mit Einlage 具入りスープ. die ~ essen (スプーンで)スープを飲む. die ~ auslöffeln, die man sich³ eingebrockt hat《話》自分のした事の責任をとる(後始末をする). j³ eine schöne〈hübsche/böse〉~ einbrocken〈einrühren〉《話》人³の身にひどい(不愉快な)目に遭わせる. Die ~ hast du dir selbst eingebrockt.《話》それは君自業自得だよ. ~ haben《地方》《話》ついている, 運がよい. *seine* ~ dabei kochen《話》一儲け(一仕事)する. Das macht die ~ auch nicht fett.《話》そんなのはなんの足しにもならない. j³ die ~ versalzen 人³の計画をぶち壊す; (の)お楽しみ(喜び)に水をぶっかける.《前置詞と》die Brocken **aus** der ~ fischen 一番いいところを取る, 一番得な役に回る. die Hand aus der ~ ziehen (一件から)手を引く. j³ **in** die ~ fallen〈geraten〉《話》人³の食事時にお邪魔する. ein Haar in der ~ finden《話》あら(難点)を見つける. in die〈eine böse〉~ geraten〈kommen〉《話》進退きわまる. j³ nicht das Salz in der〈zur〉~ gönnen《話》人³にこれっぱかりも恵む気がない. j³ in die ~ sehen 人³の今後(手の内)を覗き見る. j³ in die ~ spucken《話》人³のもくろみを台無しにする. 2《話》(a) 汗. (b)《複数なし》霧. (c) 膿(う).

'**Sup·pen·fleisch** 图 -[e]s/ スープ用の肉.

'**Sup·pen·grün** 图 -s/ スープ用の香味野菜.

'Sup·pen·kas·per 男 -s/- 《話》スープ嫌いの子供.
'Sup·pen·löf·fel 男 -s/- スープ用スプーン；スープ用杓子(しゃくし).
'Sup·pen·schüs·sel 女 -/-n スープ鉢.
'Sup·pen·tel·ler 男 -s/- スープ皿.
'Sup·pen·ter·ri·ne 女 -/-n スープ鉢.
'Sup·pen·wür·fel 男 -s/- 固形スープ.
'sup·pig ['zʊpɪç] 形 スープ状の.
Sup·ple·ment [zʊple'mɛnt] 中 -[e]s/-e (fr.) **1** 補充，補遺；補遺，増補．**2** 補角(Supplementwinkel の短縮).
Sup·ple'ment·band 男 -[e]s/¨e 《略 Suppl.-Bd.》〖書籍〗別巻，補巻.
Sup·ple'ment·win·kel 男 -s/- 〖数学〗補角.
Sup'port [zʊ'pɔrt] 男 -[e]s/-e (lat.) 〖工学〗(機械の)工具送り台.
Sup·po·si'to·ri·um [zʊpozi'to:riʊm] 中 -s/..rien [..riən] 〖医学〗(Zäpfchen) 座薬，座剤.
'Sup·ra·leit·fä·hig·keit ['zu:pra..] 女 -/ 〖物理〗超伝導性.
Su·pre'mat [zupre'ma:t] 中 (男) -[e]s/-e (lat.) **1** 優位，上位；至上権．**2** 〘ｶﾄﾘｯｸ〙(教皇の首位権.
Su·pre·ma'tie [zuprema'ti:] 女 -/ [..'ti:ən] =Supremat
'Su·re ['zu:rə] 女 -/-n (arab.) スーラ(イスラーム教の聖典コーランの章).
'Surf·brett 中 -[e]s/-er サーフボード.
'sur·fen ['zø:rfən, 'zœrfən, 'sə:fən] 自 (h, s) (engl.) **1** サーフィンをする．**2** 〘ｺﾝﾋﾟｭｰﾀ〙ネットサーフィンをする.
'Sur·fer ['zø:rfər, 'zœrfər, 'sə:fər] 男 -s/- (engl.) **1** サーファー．**2** 〘ｺﾝﾋﾟｭｰﾀ〙ネットサーファー.
'Sur·fing ['zø:rfɪŋ, 'zœrfɪŋ, 'sə:fɪŋ] 中 -s/ (engl.) サーフィン.
Sur·re·a'lis·mus [zʊrea'lɪsmʊs, zyr..] 男 -/ (fr.) シュールレアリズム，超現実主義.
Sur·re·a'list [zʊrea'lɪst, zyr..] 男 -en/-en シュールレアリスト，超現実主義者.
sur·re·a'lis·tisch 形 シュールレアリズムの，超現実主義の.

'sur·ren ['zʊrən] 自 (h, s) **1** (h) (虫・機械などが)ぶーん(ぶんぶん)と音をたてる．**2** (s) ぶーん(ぶんぶん)と音をたてて飛んでいく.
Sur·ro'gat [zʊro'ga:t] 中 -[e]s/-e (lat.) **1** 代用品，一時しのぎ．**2** 〖法制〗代償物.
'Su·shi ['zu:ʃi] 中 -s/-s (jap.) 寿司.
sus'pekt [zʊs'pɛkt] 形 (lat.) 疑わしい，怪しい.
sus·pen'die·ren [zʊspɛn'di:rən] 他 (lat.) **1** (人を)停職にする；免除する(von et³ 事³から)．**2** 一時中止する，停止させる，保留する．**3** 〖医学〗懸吊(けんちょう)する．**4** 〖物理・化学〗(固体粒子を)浮遊させる.
Sus·pen·si'on [zʊspɛnzi'o:n] 女 -/-en (↓ suspendieren) **1** 一時中止，停止；停職(処分)．**2** (指令などの)一時取下げ；保留；(債務の)免除．**3** 〖医学〗懸吊．**4** 〖物理・化学〗浮遊状態，懸濁剤.
sus·pen'siv [zʊspɛn'zi:f] 形 (↓ suspendieren) 一時的に停止させる；延期させる.
Sus·pen·so'ri·um [zʊspɛn'zo:riʊm] 中 -s/..rien [..riən] 〖医学〗吊り包帯，提挙帯.

süß [zy:s ズュース] 形 **1** (味・香りが)甘い．ein ~er Duft 甘い香り．einen ~en Gruß senden 甘いものを贈る．~er Heinrich 《話》(卓上)砂糖入れ．~e Milch 新鮮牛乳．~e Sachen / Süßes 甘いもの，お菓子．voll des ~en Weines sein 《戯》酩酊している．Mögen Sie den Kaffee ~? コーヒーにお砂糖を入れましょうか．**2** 快い，甘美な；可愛い，魅力(魅惑)的な；親切な，愛想のよい；《俺》甘ったるい，感傷的な．ein ~es Geheimnis haben 《話》妊娠している．ein ~es Gesicht 愛くるしい顔．ein ~es Kind 可愛い子供．ein ~es Kleid とても素敵な服．das ~e Leben 甘い生活．eine ~e Melodie 甘い調べ．~es Nichtstun 安逸な生活．ein ~er Schmerz 甘美な痛み．《名詞的用法で》Na, mein Süßer〈meine Süße〉! 《話》ねえあなた〈きみ〉．**3** これはご機嫌によろしい．Träum ~! いい夢を．**3** 《俺》嬉しがらせの，歯のうくような．mit ~en Reden〈Worten〉うまいことを言って，言葉巧みに．auf die ~e Tour / auf die Süße《話》とてもなれなれしげに，いやに愛想よく.

'Sü·ße ['zy:sə] 女 -/ (↓ süß) **1** 甘さ，甘味；快さ；《俺》甘ったるさ．**2** (女性への呼び掛け)愛する人(ささやき).
'sü·ßen ['zy:sən] 他 甘くする(mit et³ 物³で)．den Kaffee mit Zucker ~ コーヒーに砂糖を入れる．《目的語なしで》Süßstoff süßt stärker als Zucker. 人工甘味料の方が砂糖より甘い.
'Süß·holz 中 -es/ 〖植物〗かんぞう(甘草)．~ raspeln 《話》(女の)機嫌をとる.

*'Sü·ßig·keit ['zy:sɪçkaɪt ズュースィヒカイト] 女 -/-en **1** 《多く複数で》甘いもの，菓子．**2** 《複数まれ》《雅》甘美なこと；快さ，親切，《俺》嬉しがらせ.
'Süß·kar·tof·fel 女 -/-n 〖植物〗さつまいも.
'Süß·kir·sche 女 -/-n **1** 〖植物〗せいようざくら(西洋実桜)．**2** 西洋実桜の実.
'süß·lich ['zy:slɪç] 形 **1** やや(ちょっぴり)甘い．**2** 《俺》いやに感傷的な，お涙頂戴(式)の，甘ったるい．**3** 《俺》やたら(変に)愛想のよい，嬉しがらせの．ein ~es Lächeln お愛想笑い．~e Worte 甘言.
'Süß·most 男 -[e]s/-e (未発酵の)天然果汁.
'süß'sau·er ['zy:s'zaʊər] 形 甘ずっぱい．ein ~es Gesicht 《話》嬉しいような腹立たしいような表情.
'Süß·spei·se 女 -/-n 甘いデザート.
'Süß·stoff 男 -[e]s/-e 人工甘味料.
'Süß·wa·ren 複 菓子類.
'Süß·was·ser 中 -s/- 淡水，真水(まみず).
'Süß·was·ser·fisch 男 -[e]s/-e 淡水魚.
'Süß·wein 男 -[e]s/-e 甘口ワイン.
s. v. 《略》**1** =salva venia **2** =sub voce
s. v. v. 《略》=sit venia verbo
svw. 《略》=soviel wie …と同じくらい.
SW 《略》=Südwest[en]
'Swap·ge·schäft ['svɔp..] 中 -[e]s/-e 《略 Swap》〖金融〗(為替の)スワップ取引.
'Swea·ter ['svɛ:tər, 'svɛtər] 男 -s/-s (engl.)《古》(Pullover) セーター.
'Swe·be ['sve:bə] 男 -n/-n スエービ人(古代ゲルマンのいくつかの部族の集合体をスエービ族とよぶ).
SWF 《略》=Südwestfunk 南西ドイツ放送.
'Swim·ming·pool ['svɪmɪŋpu:l, 'sw..] 男 -s/-s (engl.) 水泳プール.
Swing [svɪŋ] 男 -[s]/-s (engl.) **1** 《複数なし》〖音楽〗スウィング(ジャズ音楽の一形式)．**2** スウィングフォックス(フォックストロットから発展した形式)．**3** 《複数なし》〖経済〗スウィング(2国間の貿易協定の信用割当の最高限度額).
Sy·ba'rit [zyba'ri:t] 男 -en/-en **1** (イタリア南東部

Syllabus

にあった古代ギリシアの植民都市)シュバリスの住人. **2**《古》享楽の徒.

'Syl·la·bus ['zylabʊs] 男 -/-(..bi) (*lat.*) **1**《古》大要, 摘要, 概要. **2**《カトリ》謬説表.

Syl·lo'gis·mus [zylo'gɪsmʊs] 男 -/..men [..mən] (*gr.*)《論理》三段論法.

syl·lo'gis·tisch 三段論法の.

'Syl·phe ['zylfə] 男 -n/-n (女 -/-n) 空気の精.

Syl'phi·de [zyl'fi:də] 女 -/-n (↓ Sylphe) **1**(女の)空気の精. **2**(すらりとした)優美な少女.

Syl'ves·ter [zyl'vɛstər, zɪl..] 男 (中) -s/- (多く無冠詞で) (Silvester) 大晦日(おおみそか).

Syl'vin [zyl'vi:n] 男 -s/-e《鉱物》カリ岩塩.

sym.., Sym.. [zym..] =syn.., Syn..

Sym·bi'o·se [zymbi'o:zə] 女 -/-n《生物》共生.

***Sym'bol** [zym'bo:l] 男 (中) -s/-e (*gr.* , Erkennungszeichen ') **1** 象徴, シンボル. **2** 記号, 符号.

Sym'bol·haft 形 象徴のような, 象徴的な.

Sym'bo·lik [zym'bo:lɪk] 女 -/ **1** 象徴的意義(意味), 象徴性; 象徴(的)表現. **2** 象徴の(象徴としての)使用, 象徴学. **3**《古》《神学》信条学.

***sym'bo·lisch** [zym'bo:lɪʃ] 形 ズュンボーリッシュ] **1** 象徴の, 象徴的な, 象徴による. **2** 記号(符号)による.

sym·bo·li'sie·ren [zymboli'zi:rən] ❶ 他 **1** 象徴する, (物〈事〉⁴の)象徴である. **2** 記号化する. ❷ 再(sich⁴)(in et³ 物³に)象徴される, 象徴的にあらわれる.

Sym'bo·lis·mus [zymbo'lɪsmʊs] 男 -/ **1** 象徴主義, シンボリズム. **2**《まれ》記号体系.

Sym'bo·list [zymbo'lɪst] 男 -en/-en 象徴主義者, サンボリスト. ◆女性形 **Symbolistin** 女 -/-nen

sym·bo·lis·tisch [zymbo'lɪstɪʃ] 象徴主義者(サンボリズム)の.

Sym·me'trie [zymeˈtriː] 女 -/-n [..iːən] (*gr.* , Ebenmaß ') (左右)相称, 対称; 釣合いがとれていること, 均整; シンメトリー.

sym'me·trisch [zy'me:trɪʃ] 形 (↓ Symmetrie) (左右)対称の, 対称的な, 均整のとれた.

sym·pa'the·tisch [zympa'te:tɪʃ] 形 (↓ Sympathie) **1**《古》共感した, 同情的な, 思いやりのある. **2** 感応性の; 神秘的な. eine ~e Ahnung 虫の知らせ, 第六感. eine ~e Kur《医学》感応療法.

***Sym·pa'thie** [zympa'ti: ズュンパティー] 女 -/[..'ti:ən] (*gr.*) (↔ Antipathie) 共感, 共鳴; 交感(作用), 感応; 同意, 賛同; 好感, 好意. ~ für j¹ empfinden 人¹に共感を覚える. j²〜gewinnen 人²の共感を呼ぶ, j¹の賛同を得る. Dieser Plan hat meine volle ~. この計画には私は双手(もろて)を挙げて賛成だ.

Sym·pa'thi·kus [zym'pa:tikʊs] 男 -/ (↓ Sympathie)《解剖》交感神経.

***sym·pa'thisch** [zym'pa:tɪʃ ズュンパーティシュ] 形 **1** 共感を誘う, 好感の持てる, 意にかなった. Er<Der Gedanke> ist mir nicht ~. 彼とは私は肌が合わない<その考えには同意できない>. **2**《述語的には用いない》《解剖》交感(神経)性の.

sym·pa·thi'sie·ren [zympati'zi:rən] 自 (↓ Sympathie) (mit et〈j〉³ 事〈人〉³に)共感(同感)する, 好感(好意)を持つ.

Sym·pho'nie [zymfo'ni:] 女 -/[..'ni:ən] =Sinfonie

Sym·'po·si·on [zym'po:zion] 中 -s/..sien [..ziən] =Symposium

'Sym·'po·si·um [zym'po:zium] 中 -s/..sien [..ziən] (*gr.*, zusammentrinken ') **1** 饗宴(酒を酌(く)み交わしながら哲学的な談話を楽しんだ古代ギリシアの人々の集い). **2**(同一のテーマをめぐる)討論会, シンポジウム.

***Symp'tom** [zymp'to:m ズュンプトーム] 中 -s/-e (*gr.* , vorübergehende Eigentümlichkeit') **1** 徴候, 予兆, 前ぶれ (für et¹ 事¹の). **2**《医学》症候, 症状.

symp·to'ma·tisch [zympto'ma:tɪʃ] 形 **1** 徴候(予兆, 前ぶれ)としての; 特徴(典型)的な. für et¹ ~sein その徴候である, (にとって)特徴的である. **2**《医学》症候的な; 対症的な. eine ~e Behandlung 対症療法.

syn.., Syn.. [zyn.., zyn..]《接頭》(*gr.* , zusammen, mit') 名詞や形容詞に冠して「共同の, 同時の, 同類の, ひとつに合せた」などの意を表す. l の前では syl.., Syl.. となり, b, m, p の前では sym.., Sym.. となる. *Syn*chronie 共時態. *Sym*pathie 共感. *Syl*labus 大要.

Sy·na'go·ge [zyna'go:gə] 女 -/-n (*gr.*, Versammlung ') **1** シナゴーグ (a) ユダヤ教徒の会堂. (b) ユダヤ教徒の集会. **2**《芸術》シナゴーグ(旧約聖書の寓意として描かれた目隠しをし, 折れた杖を手にした女人像).

Syn·äs·the'sie [zynɛste'zi:, zynɛ..] 女 -/-n [..'zi:ən]《生理》共感(覚).

syn·äs'the·tisch [zynɛs'te:tɪʃ, zynɛ..] 形 共感(覚)の.

syn'chron [zyn'kro:n] 形 (*gr.*) **1** 同時の;《工学》同期の. **2**《言語》=synchronisch

Syn·chro'nie [zynkro'ni:] 女 -/《言語》(↔ Diachronie) 共時態, 共時論.

Syn·chro·ni·sa·ti'on [zynkronizatsi'o:n] 女 -/-en **1** 同時にすること, 同時化. **2**《工学》同期化. **3**《映画·テレ》同時録音, シンクロ, 吹き替え.

syn'chro·nisch [zyn'kro:nɪʃ] 形《言語》(↔ diachronisch) 共時(論)的な, 共時態の.

syn·chro·ni'sie·ren [zynkroni'zi:rən] 他 **1** (いくつかの事象を)同時に進行させる. **2**《工学》同期化する. **3** einen Film ~《映画》(吹き替えの)音声と映像を一致させる, シンクロにする.

Syn·chro'nis·mus [zynkro'nɪsmʊs] 男 -/..men [..mən] (《複数なし》) **1**《工学》同期. **2**(出来事の)同時性, 時間的一致.

syn·chro·nis'tisch [zynkro'nɪstɪʃ] 形 **1**《工学》同期的の. **2**(異なる領域でのいくつかの歴史的事象の)同時的な並列した, 同時的の並列の.

Syn'chron·ma·schi·ne 女 -/-n 同期機.

Syn'chron·mo·tor 男 -s/-en [..moto:rən]《電子工》同期電動機.

Syn'chron·schwim·men 中 -s/《水泳》シンクロナイズドスイミング.

'Syn·chro·tron ['zynkrotro:n] 中 -s/-e《物理》シンクロトロン.

Syn·di·ka'lis·mus [zyndika'lɪsmʊs] 男 -/ (↓ Syndikus) サンジカリズム(19 世紀末にフランスで起った急進的な労働組合主義).

Syn·di'kat [zyndi'ka:t] 中 -[e]s/-e (↓ Syndikus) **1**(団体·法人などの)法律顧問の職. **2**《経済》シンジケート, 企業連合. **3** シンジケート(犯罪組織).

'Syn·di·kus ['zyndikʊs] 男 -/-se(..dizi [..ditsi]) (*gr.*)(団体·法人などの)法律顧問.

Syn'drom [zyn'dro:m] 中 -s/-e (*gr.*)《医学》症候群.

Sy·ner'gis·mus [zynɛr'gɪsmʊs] 男 -/ **1**《神学》

Syn·ko·pe [ˈzynkopə, zynˈkoːpə] 囡 -/-n [zynˈkoːpən] **1** [ˈzynkopə]〖文法〗語中音消失の; 〖韻律〗脱格の脱落. **2** [ˈzynkopə]〖医学〗失神. **3** [zynˈkoːpə]〖音楽〗シンコペーション.

syn·ko·pie·ren [zynkoˈpiːrən] 他 (↓ Synkope) **1**〖文法〗語中音を消失させる. **2**〖韻律〗(詩行の)抑格を省略する. **3**〖音楽〗(リズムを)シンコペーションによって変える.

syn·ko·pisch [zynˈkoːpɪʃ] 形 **1** 語中音消失の; 抑格省略の. **2** シンコペーションの(による).

sy·no·dal [zynoˈdaːl] 形〖キリスト教〗教会会議の.

Sy·no·de [zyˈnoːdə] 囡 -/-n〖キリスト教〗教会会議; 〖カトリック〗司教区会議, 公会議; 〖ギリシア正教〗宗務院.

sy·no·disch [zyˈnoːdɪʃ] 形 (↓ Synode)〖天文〗合の, 会合の. ~er Monat 朔望(さくぼう)月.

sy·no·nym [zynoˈnyːm] 形 (gr.) 同義(同意)語の, 類義語の.

Sy·no·nym 中 -s/-e〖言語〗(↔ Antonym) 同義語, 同意語, 類(義)語.

Sy·no·ny·mie [zynonyˈmiː] 囡 /〖言語〗(複数語間の)同義(類義)性.

Sy·no·ny·mik [zynoˈnyːmɪk] 囡 -/-en **1** (複数なし)〖言語〗同義(類義)語論. **2** 同義(類義)語辞典.

Sy·nop·se [zyˈnɔpsə, zynˈɔpsə] 囡 -/ =Synopsis

Sy·nop·sis [ˈzyːnɔpsɪs, zynˈɔpsɪs] 囡 -/..sen [..sən] (gr.) **1** (テクストの)対照, 対比; 〖キリスト教〗共観福音書(マタイ・マルコ・ルカの3福音書)の対観表, 福音和合表. **2** 概観.

Sy·nop·ti·ker [zyˈnɔptikər, zynˈɔp..] 男 -s/-〖キリスト教〗共観福音史家(Matthäus・Markus・Lukas).

syn·op·tisch [zyˈnɔptɪʃ, zynˈɔp..] 形 **1** 対照的な. **2** 概観的な. **3** 共観福音史家による. die ~ en Evangelien 共観福音書.

synt·ak·tisch [zynˈtaktɪʃ] 形 統語(統辞)論の.

Syn·tax [ˈzyntaks] 囡 -/-en (gr.)〖言語〗統語(統辞)論, 構文論, シンタクス.

Syn·the·se [zynˈteːzə] 囡 -/-n (gr., Zusammensetzung) **1** 総合, 統合, ジンテーゼ. **2**〖化学〗合成.

Syn·the·se·pro·dukt 中 -[e]s/-e 合成品.

Syn·the·sis [ˈzyntɛzɪs] 囡 -/..thesen [..ˈteːzən]〖まれ〗=Synthese 1

syn·the·tisch [zynˈteːtɪʃ] 形 **1** 総合的, 総合的な. ~e Sprache〖言語〗総合言語. ein ~es Urteil〖哲学〗総合判断. 合成の, 人造の. ~e Stoffe 合成物質. et⁴ ~ herstellen 物⁴を合成する.

syn·the·ti·sie·ren [zynteːtiˈziːrən] 他〖化学〗合成する.

Sy·phi·lis [ˈzyːfilɪs] 囡 -/〖病理〗梅毒. ◆ヴェローナの医師 G. Fracastoro, 1478-1553 の教訓詩の主人公で, 梅毒にかかった牧童 Syphilus の名にちなむ.

Sy·phi·li·ti·ker [zyfiˈliːtikər] 男 -s/- 梅毒患者.

sy·phi·li·tisch [zyfiˈliːtɪʃ] 形〖医学〗梅毒(性)の.

Sy·rer [ˈzyːrər] 男 -s/- シリア人.

Sy·ri·en [ˈzyːriən]〖地名〗シリア.

Sy·ri·er [ˈzyːriər] 男 -s/- =Syrer

Sy·rin·ge [zyˈrɪŋə] 囡 -/-n (gr.)〖植物〗リラ, ライラック.

sy·risch [ˈzyːrɪʃ] 形 シリア(人, 語)の. ↑deutsch

Syr·te [ˈzyrtə] 囡 -/-n (gr.)〖古〗浅瀬, 砂州.

System [zysˈteːm ズュステーム] 中 -s/-e (gr., Gebilde') **1** (a) 体系, システム; 系統, 秩序. das philosophische ~ Hegels ヘーゲルの哲学体系. gebundenes ~〖建築〗(ロマネスクの)正方形構造. ~ in et¹ bringen 事⁴を整理する. et⁴ in ~ bringen 事⁴を体系化する, まとめる. (b) ~ (科学用語としての)系. ein ökologisches ~〖生物〗生態系. periodisches ~〖化学〗周期系. (c) (機械などの)システム, 系統. **2** (政治・経済などの)体制, 制度, 機構. ein kapitalistisches〈marxistisches〉~ 資本主義〈マルクス主義〉体制. **3** 体系的方法, 方式; 方法論, 原則, (一定の)手順. In seinem Verhalten liegt ~. 彼の態度には一貫したものがある. Dahinter steckt ~. 話の裏にはなにか(よからぬ事が)ある. nach einem bestimmten ~ 一定の手順通りに.

Sys·te·ma·tik [zysteˈmaːtɪk] 囡 -/-en (↓ System) **1** 分類, 体系; 分類法, 組織法; 系統学. **2** (複数なし)〖生物〗分類学.

Sys·tem·ana·ly·se 囡 -/-n システム分析.

Sys·te·ma·ti·ker [zysteˈmaːtikər] 男 -s/- **1** 体系的(組織的)に仕事をする人. **2**〖生物〗分類学者.

sys·te·ma·tisch [zysteˈmaːtɪʃ ズュステマーティシュ] 形 **1** 体系的な, 組織(系統)立った, 秩序ある, 整然とした; 計画性のある, 一貫した. ~e Theologie〖神学〗組織神学. ~ vorgehen 計画的に行動(作業)する. **2** 分類(学)上の, 分類法にもとづく. ~er Katalog〖図書館〗総合分類目録.

sys·te·ma·ti·sie·ren [zystematiˈziːrən] 他 体系化する, 組織づける, 系統立てる.

Sys·tem·kri·tik 囡 -/-en 体制批判.

Sys·tem·kri·ti·ker 男 -s/- 体制批判者.

sys·tem·los 形 体系のない, 計画性のない.

Sys·to·le [ˈzystole, zysˈtoːlə] 囡 -/-n [..ˈtoːlən] (gr.)〖生理〗(↔ Diastole) 心収縮. **2**〖韻律〗音節短縮.

s. Z.〖略〗=seinerzeit

Sze·nar [stseˈnaːr] 中 -s/-e =Szenarium

Sze·na·ri·um [stseˈnaːrium] 中 -s/..rien [..riən] (↓ Szene) **1**〖演劇〗台本, 脚本. **2**〖映画〗粗書きシナリオ. **3** (出来事などの)舞台.

Sze·ne [ˈstseːnə スツェーネ] 囡 -/-n (gr., Zelt') **1** 場面, シーン, (映画の)カット. 〖演劇〗場. zweiter Akt, dritte ~ 第2幕第3場. eine ~ drehen 〈filmen〉 1シーン撮る. **2** 舞台. die ~ beherrschen 中心的存在である, 主役を演じる. die ~ betreten 登場する. auf offener ~ 演技(上演)中に; 〖比喩〗公衆の面前で. hinter der ~ 舞台裏で. in ~ gehen 舞台にかかる. et⁴ in ~ setzen 物⁴(作品)を舞台にかける; 〖比喩〗事⁴を演出する, (を)企てる, (の)お膳立てをする. sich⁴ in ~ setzen 自分をひけらす. **3** 光景, 情景, 場面; 大騒ぎ, (大)立ち廻り. eine hässliche〈traurige〉~ 見苦しい場面〈愁嘆場〉. eine unangenehme ~ 大喧嘩, 物凄い一幕. ~ n machen 大騒ぎする. j³ eine 〈eine ~〉 machen〖話〗人³を激しく非難する(ののしる). **4** (複数まれ)(文化・政治などの)状況, 事情; …界, …方面. die Berliner literarische ~ ベルリーンの文学界(文壇). die Bonner ~ ボンの事情, ボンのお歴々.

'Sze·nen·wech·sel 男 -s/-〖演劇〗場面転換.

Sze·ne'rie [stsenəˈriː] 囡 /..ˈriːən (fr.) **1** 舞台装置. **2** 風景, 景色, 光景; (小説などの)舞台.

'sze·nisch [ˈstseːnɪʃ] 形 舞台(上)の; 舞台向きの, 上演に適する.

'Szep·ter ['stsɛptər] 田 -s/- 《古》= Zepter
Szi·en'tis·mus [stsiɛn'tɪsmʊs] 男 -/ 1 科学主義. 2 クリスチャン・サイエンス, キリスト教精神療法.
Szin·til·la·ti'on [stsɪntɪlatsi'oːn] 囡 -/-en (*lat.*) 1 〖天文〗星のまたたき. 2 〖物理〗シンチレーション.

'Szyl·la ['stsʏla] 囡 -/ 〖ギリシア神話〗 (Scylla) スキュラ(6つの頭と 12 本の足をもつ海の怪物). zwischen ~ und Charybdis 進退きわまった状況(にある).

t, T

t¹, T¹ [teː] 匣 -/- ドイツ語アルファベットの第20文字(子音字). ◆口語では単数2格および複数形を [tεːs] と発音することがある.

t² 《記号》**1** =Tonne **2** =Triller 1

T² 《記号》**1** =Tritium **2** =Tera⁻ **3** =Tara **4** =Tesla

Ta [teː|aː] ❶《記号》=Tantal ❷《略》=Tara

***Ta·bak** ['taːbak, 'tabak, ta'bak タバク ターバク] 男 -s/-e (*sp. tabaco*) **1** タバコ(属); タバコの葉(木). ~ [an]bauen〈beizen〉タバコを栽培する〈タバコの葉を浸漬(しんし)する〉. **2** タバコ, 煙草; (とくに噛み煙草, 嗅ぎ煙草, leichter〈schwerer〉 ~ 軽い〈きつい〉煙草. [eine Pfeife] ~ rauchen 一服やる. keine Pfeife ~ wert sein 三文の値打もない. Das ist alter ~. その話はもう古いよ. Das ist starker ~.《戯》それはあんまりだ(厚かましいよ); それは難儀だね, それは言い過ぎだぜ(冗談がきついよ). **3**《複数なし/無冠詞で》タバコの匂いの香.

'Ta·bak·bau 男 -[e]s/ タバコ栽培.

'Ta·bak·fa·brik 囡 -/-en タバコ工場.

'Ta·bak·beu·tel 男 -s/- (巾着型をした革製の)刻み煙草入れ.

'Ta·baks·do·se 囡 -/-n (円筒形の)タバコケース.

'Ta·baks·pfei·fe 囡 -/-n (喫煙用の)パイプ.

'Ta·bak·steu·er 囡 -/-n タバコ税.

'Ta·bak·tra·fik 囡 -/-en《オーストリア》タバコ屋.

'Ta·bak·wa·ren タバコ類(葉巻・紙巻タバコ・刻みタバコなどの一括称).

Ta·bas·co [ta'basko] 囲 -s/《料理》タバスコ(赤唐辛子・酢・塩からつくった香辛料の商標名, 原産地のメキシコ・タバスコ州の名にちなむ).

Ta·ba·ti·e·re [tabati'eːrə] 囡 -/-n (*fr.*) **1**《古》嗅ぎ煙草入れ. **2**《オーストリア》シガレットケース.

ta·bel·la·risch [tabε'laːrɪʃ] 形 (*lat. tabellarius*) 一覧表で表した.

ta·bel·la·ri'sie·ren [tabεlari'ziːrən] 他 表(一覧表)にする.

'Ta·bel·le ['tabεlə] 囡 (*lat. tabella, Täfelchen '*) -/-n 表, 一覧表, 図表; 《スポーツ》順位表, 番付.

Ta·'bel·len·füh·rer 男 -s/- 《スポーツ》首位チーム.

Ta·ber'na·kel [tabεr'naːkəl] 囲 (*lat. tabernaculum, Hüttchen*') **1**《カトリック》聖櫃(ひつ). **2**《建築》(聖像などを安置するための)天蓋.

Ta·'ber·ne [ta'bεrnə] 囡 -/-n (*lat.*)《古》(Taverne)(イタリア風)居酒屋, 飲屋.

Ta·'bleau [ta'bloː] 囲 -s/-s (*lat. tabula, Tafel '*) **1**《演劇》タブロー(舞台上の印象深い群像). **2**《文学》タブロー(叙事文学の多人数の活写). **3**《古》絵. ~ -n 一覧表. (a) 表, 一覧表. (b) (アパートなどの玄関の)居住者氏名掲示板.

'Ta·ble d'Hôte ['taːblə 'doːt] --/ (*fr.* , Wirtstafel*'*)《古》(旅館・ホテルの食堂の)相席の大テーブル.

***Ta·'blett** [ta'blεt タブレト] 匣 -[e]s/-(-e) (*lat. tabula , Tafel'*) 盆, トレイ. nicht aufs ~ kommen《話》問題にならない. j³ et⁴ auf dem silbernen〈goldenen〉 ~ servieren《戯》人³に物⁴を熨斗(のし)を付けて差出す(貰って頂く).

***Ta·'blet·te** [ta'blεtə タブレテ] 囡 -/-n 錠剤. eine ~ nehmen 1 錠服用する.

ta·'bu [ta'buː] 形 (*polynes.*)《述語的用法のみ》禁忌(タブー)の; 《比喩》禁物の. ~ sein タブーである.

Ta·'bu [ta'buː] 匣 -s/-s タブー, 禁忌; 禁制, 法度(はっと), 禁句. ein ~ antasten〈brechen〉タブーに触れる〈タブーを破る〉. et⁴ mit einem ~ belegen 事⁴をタブー(禁制)にする.

ta·bu'ie·ren [tabu'iːrən] 他 =tabuisieren

ta·bu·i'sie·ren [tabui'ziːrən] 他 タブーにする, タブー視する.

'Ta·bu·la 'ra·sa ['taːbula 'raːza] 囡 -/ (*lat.*) **1** (古代の, 何も書けないように蠟を引いた)白紙. mit et³ ~ machen 事³を容赦なく片付ける, きれいさっぱり一掃する. **2**《哲学》タブラ・ラサ(生れたばかりの人間の心の白紙のような状態). **3** 完全な空虚.

Ta·bu'la·tor [tabu'laːtoːr] 男 -s/..toren [..laˈtoːrən] (*lat. tabula, Tafel '*) (計算機などの)タブレーター, 図書作成装置.

Ta·bu'rett [tabu'rεt] 匣 -[e]s/-e (*arab. tanbur , Trommel '*) 《スイス》スツール, 腰掛け.

'Ta·che·les ['taxalεs] (*hebr.*)《次の用法で》~ reden《話》腹を割って話す; はっきり物(考え)を言う.

Ta·'cho ['taxo] 男 -s/-s (*gr. tachos , Geschwindigkeit '*)《話》=Tachometer

Ta·cho'graph [taxo'graːf] 囲 -en/-en《古》タコグラフ, 自動記式回転速計.

Ta·cho'me·ter [taxo'meːtər] 匣 -s/- (Geschwindigkeitsmesser) タコメーター.

Ta·chy·gra'phie [taxygra'fiː] 囡 -/ (*gr.*) (古代の)速記法, 速記術.

'Ta·ci·tus ['taːtsitʊs]《男名》Publius Cornelius ~ プーブリウス・コルネーリウス・タキトゥス(55頃-115頃, ローマの歴史家,『ゲルマーニア』 *Germania*,『同時代史』 *Historiae* など).

***'Ta·del** ['taːdəl ターデル] 男 -s/- **1** 非難, とがめ(立て); 叱責, 譴責(けんせき); 大目玉, 小言(こごと); 《古》(閻魔帳に書きこむ)悪い評点, 罰点. Ihn trifft kein ~. 彼に責任(罪)はない. einen ~ aussprechen〈erteilen〉 非難(叱責)する, とがめる. einen ~ bekommen〈erhalten〉とがめられる, 大目玉をくらう. **2**《雅》《ふつう否定語と》欠点, 短所, 難(点), 粗(さ), 瑕(きず). An seinem Leben war kein ~. 彼の人生は完璧だった. ohne〈sonder〉 ~ sein 申分ない, 非の打ち所(間然する

tadelfrei

所)がない. ein Ritter ohne Furcht und ～ 騎士の鑑(かがみ); ますらお.

'ta·del·frei 形 申分(文句のつけよう)のない, 非の打ち所がない.

'ta·del·haft ['ta:dəlhaft] 形《古》(tadelnswert) 非難(ひなん)すべき, 非難されても仕方がない.

***'ta·del·los** ['ta:dəllo:s ターデルロース] 形 申分の, 非の打ち所(間然する所)のない, 完璧な.

***'ta·deln** ['ta:dəln ターデルン] 他 非難(批判)する, 叱る, (に)文句をつける. j⁴ für et⁴〈wegen et²〉 streng ～ 人⁴ を事⁴,²のことでとっちめる. Er *tadelte* mein Verhalten. 彼は私の態度を難じた. An allem findet sie etwas zu ～. 何にでも彼女はけちをつけたがる. Ich *tad[e]le* nicht gern. 私は人を悪く言うのは好きじゃない. *tadelnde* Blicke 非難の眼差(まなざ)し.

'ta·delns·wert 形 非難すべき, 非難に値する.

'Ta·del·sucht 囡 -/ あら捜し, 揚げ足とり, 小言(こごと)癖.

'ta·del·süch·tig [..zyçtıç] 形《雅》難癖をつけたがる, 揚げ足とりの; 文句の多い, 口うるさい.

'Tad·ler ['ta:dlɐ] 男 -s/-〈まれ〉うるさ型, やかまし屋. ◆女性形 **Tadlerin** 囡 -/-nen

Tad'schi·ke [ta'dʒi:kə] 男 -n/-n タジク人(中央アジアのイラン系部族).

Tad'schi·kis·tan [ta'dʒi:kısta(:)n] 〖地名〗 タジキスタン(中央アジア南東部にある共和国, 首都ドゥシャンベ Duschanbe).

Taf.《略》=Tafel 3

***'Ta·fel** ['ta:fəl ターフェル] 囡 -/-n (*lat.* tabula, Brett ') **1** 平たい板, 盤; 板状の物. eine ～ Schokolade 板チョコ 1 枚. **2** (a) 黒板, パネル, 予定表(の板); 掲示板, 広告板; 石板(盤), スレート, 銘板, 記念額. eine Mitteilung an der ～ anschlagen 通知を掲示板に張出す. et⁴ an die ～ schreiben 事⁴を黒板に書く. et⁴ auf die ～ schreiben 事⁴を石板に書く. (b) 配電盤(制御)盤. (c)〖交通標識板〗. (d)〖美術〗板絵. **3** 表, 図表, 一覧表;《略 Taf.》〖書籍〗(全ページ大の)図版, 図解, プレート. **4**〖地形〗台地;〖宝石〗. **5**《雅》(宴・会食の)食卓;《複数なし》(祝)宴; ごちそう, 料理;《複数纏》(の)会食者一同, 食卓仲間. die ～ aufheben 会食の終りを告げる(席を立つことによって). die ～ decken 食卓の用意をととのえる. an j² ～ speisen 人²に(の家で)ごちそうになる. j⁴ zur ～ bitten〈laden〉人⁴を食事に招く.

'Ta·fel·auf·satz 男 -es/-e〈祝宴の食卓の中央に飾る〉センターピース, 卓上飾り物.

'Ta·fel·berg 男 -[e]s/-e **1**〖地形〗卓状山地(頂上が平らになった山地). **2** der ～〖天文〗テーブル座.

'Ta·fel·be·steck 匣 -[e]s/-e 銀器セット(とくに祝宴用のナイフ・フォーク・スプーンの一揃い).

'Tä·fel·chen ['tɛ:fəlçən] 匣 -s/- Tafel の縮小形.

'ta·fel·för·mig 平板(盤)状の, テーブル状の.

'Ta·fel·freu·den 複《雅》美食の楽しみ. den ～ huldigen 美食にふける.

'Ta·fel·ge·schirr 匣 -[e]s/-e 上等の食器(とくに祝宴用の).

'Ta·fel·glas 匣 -es/〖工学〗(Flachglas) 板ガラス.

'Ta·fel·land 匣 -[e]s/-ᵉʳ〖地形〗台地, 卓状地.

'Ta·fel·mu·sik 囡 -/《古》ターフェルムジーク(王侯貴族が祝宴の際にお抱え楽士たちに演奏させたバックグラウンドミュージック).

'ta·feln ['ta:fəln] 圄《雅》みんなでごちそうを食べる, 盛大に宴(うたげ)を張る.

'tä·feln ['tɛ:fəln] 他 eine Wand〈eine Decke〉～ 壁〈天井〉に板を張る. ◆↑**getäfelt**

'Ta·fel·obst 匣 -es/ 生食用の果物.

'Ta·fel·öl 匣 -[e]s/-e 食卓用の上質食用油(サラダ油など).

'Ta·fel·run·de 囡 -/-n《雅》食卓の一同, 会食仲間. die ～ des Königs Artus アーサー王の円卓の騎士たち.

'Ta·fel·sil·ber 匣 -s/《祝宴用》銀製食器.

'Ta·fel·spitz 男 -es/-e (オーストリア)ターフェルシュピッツ《(a) 牛肉の煮込み料理. (b) オックス・テールの一番端っこ)》.

'Ta·fel·tuch 匣 -[e]s/-ᵉʳ《祝宴用》テーブルクロス.

'Tä·fe·lung ['tɛ:fəluŋ] 囡 -/-en **1** 板を張ること. **2** (壁や天井の)化粧張り, 羽目板.

'Ta·fel·waa·ge 囡 -/-n〖工学〗大型計量台; 台秤(だいばかり).

'Ta·fel·was·ser 匣 -s/- 瓶入りのミネラルウォーター.

'Ta·fel·wein 男 -[e]s/-e **1** テーブルワイン(1971 のワイン法によって最下級と定められたワイン). **2** 食事用のワイン.

'Ta·fel·werk 匣 -[e]s/-e **1** =Täfelung 2 **2**〖書籍〗図版の多い本.

'Täf·lung ['tɛ:fluŋ] 囡 -/-en〈まれ〉=Täfelung

Taft [taft] 男 -[e]s/-e (*pers.* taftah, gewebt ')〖紡織〗琥珀(こはく)織り, タフタ.

'taf·ten ['taftən] 形《付加語的用法のみ》琥珀織り(のタフタ)の.

Tag [ta:k ターク] 男 -[e]s/-e **1** (↔ Nacht) 昼, 昼間, 日中(にっちゅう); (昼の)明るさ, 日の光. Es wird ～.《雅》Der ～ bricht an. 夜が明ける. Der ～ neigt sich 〈sinkt〉.《雅》日が傾く. Im Herbst nehmen die ～e ab. 秋になると日が短くなる. Ich war den ganzen ～ unterwegs. 私は一日じゅう出歩いていた. Guten ～, Herr Kunz! こんにちは, クンツさん(たんに ～! と言うこともある). Es war helllichter ～. 昼の日なかだった. solange es noch ～ ist 日のあるうちに, 明るい間に. ein kalter〈regnerischer〉～ 寒い日〈雨模様の一日〉. der kürzeste〈längste〉～ 昼の最も短い〈最も長い〉日. ein Unterschied wie ～ und Nacht 歴然とした相違, 雲泥(うんでい)の差. ～ und Nacht arbeiten 昼も夜も働く. bei j¹ guten ～ sagen〈話〉人³ の所にちょっと顔を見せる(寄る). [zu] j¹ guten ～ sagen 人³にこんにちはを言う.《慣用的表現で》Jetzt wird's ～! やっと分かったよ, 眼から鱗(うろこ)が落ちました. Er redet viel, wenn der ～ lang ist.《話》彼はいい加減な〈くだらない〉ことばかり言うやつだ. Man soll den ～ nicht vor dem Abend loben.《諺》結果を見るまでは安心してはならぬ, ぬか喜びは禁物. [dem lieben Gott] den ～ [weg]stehlen のらくら遊び暮す. Du stiehlst mir nur den ～. 君は私の仕事の邪魔ばかりする.《前置詞と》**am**〈bei〉～e 昼間に, 日中. früh〈spät〉am ～e 朝早く〈日暮れに〉. am hellen〈helllichten〉～ 真っ昼間(昼のさなか)に, 白昼に. et⁴ an den ～ bringen 事⁴を明るみに出す, 公にする. an den ～ kommen 明るみに出る, 公になる. et⁴ an den ～ legen 物⁴(力量・知識など)を示す, 証明してみせる. noch bei ～e besehen よく考えてみると. **bis** in den hellen ～ schlafen 日が高くなるまで眠る. **in** den ～ hinein reden 口から出まかせを言う. **über** ～ e arbeite (坑夫)坑外(地上)で仕事をする. **unter** ～ e《坑夫》坑内(地下)で. unter ～s 昼間, 昼間ずっと. **vor**〈雅〉夜明け前に. vor Tau und ～《雅》朝まだきに.

Tageseinnahme

et¹ zn 〜e bringen〈fördern〉物(鉱物など)を掘り出す; 事⁴を明るみに出す(↑zutage).

2 (a) 男, 日 (1日(24時間)); 日にち, 期日. Ein 〜 hat 24 Stunden. 1日は24時間である. Jeder 〜 hat seine Plage. 《諺》1日には1日の苦労あり《新約》マタ6:34). Welchen 〜 haben wir heute? 今日は何曜日(何日)ですか. Morgen ist auch noch ein 〜. 明日という日がないわけじゃない. Auch der längste 〜 hat sein Ende. 《諺》待てば海路の日和(ひより)あり. Dein 〜 wird [schon noch] kommen. 今にきっと君が成功する(罰を受ける)日が来る. der 〜 des Herrn《キリスト教》主日(日曜日). der Jüngste 〜《キリスト教》最終審判(公審判)の日. der 〜 der X X (エックス)デー. der 〜 der offenen Tür (官庁・公共施設などの)一般公開(自由見学)の日. 〜 und Stunde für ein Treffen verabreden 会合の日時をとり決める. im Lauf des 〜e この日のうちに. das Ende aller 〜e 世の終り. Es ist noch nicht aller 〜e Abend. 《諺》安心する(諦める)のはまだ早い. ein Gesicht wie drei〈sieben〉〜e Regenwetter machen 不機嫌な顔(仏頂面)をする. der gestrige〈heutige〉〜 昨日(今日) の. *seinen* guten〈schlechten〉〜 haben 機嫌(調子, 具合)がよい(悪い). Er hat keinen guten 〜 bei ihr. 彼は彼女にすげなくされている. sich³ einen guten〈freien〉〜 machen 《話》1日仕事を休んでのんびりする. den lieben, langen 〜 faulenzen 日がな1日遊び暮す. Heute ist für mich ein schwarzer 〜. 今日は私は厄日だ(ついてない). 《副詞的2格で》zweimal des 〜es 日に2度. des 〜es zuvor その前日に. dieser 〜e 先だって, 最近; 近いうちに, 近々. eines [schönen] 〜es 或る日のこと; かつて; いつかは. 《副詞的4格で》alle 〜e 毎日. alle acht 〜e 1週に1度, 1週おきに. ein paar 〜e 2, 3日. ewig und drei 〜e 長い間. einen 〜 um den anderen 1日おきに. den ganzen 〜 [über] 一日じゅう, まる一昼夜. [ganze] 〜e lang 何日間も. den geschlagenen 〜 まる一日じゅう. jeden 〜 毎日. Er muss jeden 〜 ankommen. 彼は今日明日にも到着するはずだ. 《前置詞的で》dreimal *am* 〜e 日に3度. *am* 〜e vorher その前日に. am folgenden〈nächsten〉〜e 翌日に. An welchem 〜 geschah es? それは何日に起こったのか. Das Geburtstagsgeschenk kam *auf* den [genau] an. 誕生日祝いのプレゼントはちょうどその日(当日)に着いた. Heute ist es *auf* den 〜 ein Jahr her, seit... ...以来今日でちょうど1年になる. *auf*〈*für*〉 ein paar 〜e 2, 3日の予定で. 〜 *für* 〜 来る日も来る日も. *in* den nächsten 〜en 近日中に, 近々. *in* wenigen 〜en 2, 3日もすれば. *seit* Jahr und 〜 ずっと以前から. heute *über* acht 〜e / heute in acht 〜en 1週間後の今日. *von* 〜 zu 〜 日ましに, 日一日と. von einem 〜 auf den anderen 突然, 急に, 藪から棒に. (b) 記念日. der 〜 der Arbeit メーデー. der 〜 der Deutschen Einheit ドイツ統一記念日(1990の東西ドイツ統一を記念する日, 10月3日. それ以前は旧東ドイツ連邦共和国の記念日が6月17日). der 〜 der Republik 共和国建国記念日(1949に成立した旧ドイツ民主共和国の建国の祝日, 10月7日). (c)《複数で》Sie hat ihre 〜e.《隠》彼女は生理だ.

3 (a)《複数式》(人生の一時期, 時世(じせい); 生涯. die 〜e der Jugend 青春の日, 青春時代. Sie haben frühere bessere 〜e gesehen. 彼らも昔は幸福な(羽振りのよい)時期があった. Er hat jetzt seine großen 〜e. 彼は今得意の絶頂にある. *seine* 〜e beschließen《雅》生涯の幕を閉じる. Seine 〜e sind gezählt. 彼の寿命はもう尽きようとしている. *seine* 〜e sind gezählt 良い時も悪い時も, 楽しい時も苦しい時も. (b) いま(の時代), 現代. die Forderung des 〜es 目下(現下)の急務. der Held〈der Mann〉des 〜es 時代の英雄(時の人). noch bis unsere 〜e 現代にいたるまでなお. in unseren〈diesen〉〜en 今日では. Das ist nur für den 〜 gemacht. この仕事は今にしか通用しない代物だ.

4《古》会議, 集会.《今日では複合名詞においてのみ》Bundes*tag* 連邦議会. Partei*tag* 党大会.

..tag [..ta:k]《接尾》「...の日, ...の代表者大会, ...議会」の意の男性名詞 (-[e]s/-e) をつくる. Geburts*tag* 誕生日. Partei*tag* 党大会. Bundes*tag* 連邦議会.

tag'aus [ta:k'|aυs]副《成句で》〜, tagein 明けても暮れても, 毎日毎日.

'Ta·ge·ar·beit ['ta:gə..] 女 -/-en《古》日雇いの仕事.

'Ta·ge·bau 男 -[e]s/-e《鉱業》**1**《複数なし》露天掘り. **2** 露天掘り採掘場.

'Ta·ge·blatt 中 -[e]s/-er《古》日刊新聞.

'Ta·ge·buch 中 -[e]s/-er **1** 日記, 日誌. ein 〜 führen 日記をつける. **2**《簿記》仕訳帳.

'Ta·ge·dieb 男 -[e]s/-e 怠け者, ならくら者.

'Ta·ge·geld 中 -[e]s/-e **1** (出張者などに対する)1日分の手当. **2**《複数で》(Diäten) 日当. **3** (健康保険の)1日当りの手当額.

tag'ein [ta:k'|aɪn]副↑tagaus

'ta·ge·lang ['ta:gəlaŋ]形《述語的には用いない》何日にもわたっての.

'Ta·ge·lied 中 -[e]s/-er《文学》ターゲ・リート, 後朝(きぬぎぬ)の歌(中世のMinnesangの一詩型).

'Ta·ge·lohn 男 -[e]s/《複数まれ》(日雇い仕事の)日当.

'Ta·ge·löh·ner [..lø:nər] 男 -s/- 日雇いの労働者, 日傭取り. ◆ 女性形 Tagelöhnerin 女 -/-nen

'ta·ge·löh·nern ['ta:gəlø:nərn]自 日雇いで働く.

*'ta·gen** ['ta:gən] 自 **1** (会議などが)開催される, 開かれる; 会議を開く, (大勢で)話合う, 討議する. über Probleme des Umweltschutzes 〜 環境保護の諸問題を話合う(で会議を開く). **2**《戯》酒盛りをする.

'ta·gen 自《ふつう非人称的に》**1** Der Morgen *tagt*. /《雅》Es *tagt*. 夜が明ける, あたりが白む.《比喩的に》Jetzt *tagt* mir's. / Jetzt *tagt* es bei mir. やっと分かってきたぞ. **2**《ジョーク》*Es tagt* mit der Arbeit. この仕事はどうやら自暴がついた(そろそろ終りが見えてきた).

'Ta·ge·rei·se 女 -/-n **1** 日帰り旅行. **2**《古》1日の旅程(とくに馬・馬車での). **3** 長い道のり. Bis zu euch ist es ja eine 〜! 君たちの所はほんとに遠いからなあ.

'Ta·ges·an·bruch 男 -[e]s/ 夜明け, 黎明(れいめい). bei〈vor〉〜 夜明け〈夜明け前〉に.

'Ta·ges·ar·beit 女 -/-en 1日でできる仕事, 1日がかりの仕事; 日々の仕事.

'Ta·ges·aus·flug 男 -[e]s/-e 日帰りのピクニック(遠足).

'Ta·ges·be·darf 男 -[e]s/ 1日の需要(必要量).

'Ta·ges·be·fehl 男 -[e]s/-e《軍事》日々命令.

'Ta·ges·be·richt 男 -[e]s/-e 日報.

'Ta·ges·dienst 男 -[e]s/-e 昼間勤務, 日直.

'Ta·ges·ein·nah·me 女 -/-n 日収, 日割り収入.

'Ta·ges·er·eig·nis 囲 -ses/-se その日の(重要な)出来事.

'Ta·ges·ge·spräch 囲 -[e]s/-e トピック, 時の話題. Seine Scheidung ist ~. 彼の離婚は話題になっている.

'Ta·ges·heim 囲 -[e]s/-e 託児所.

'Ta·ges·kar·te 囡 -/-n 1 当日限り有効の乗車券(入場券). 2 (レストランの)その日の(本日の)サービスメニュー.

'Ta·ges·kas·se 囡 -/-n 1 (劇場・映画館の)昼間開いている切符売り場(↑Abendkasse). 2 1日の売上げ.その日の売上げ.

'Ta·ges·kurs 囲 -es/-e 【金融】その日の相場. Devisen zum ~ kaufen 外貨をその日の相場で買う. 2 1日講習(会).

'Ta·ges·leis·tung 囡 -/-en 1日の仕事量(生産力, 工率).

'Ta·ges·licht 囲 -[e]s/-e 日の光. noch bei ~ zurückkehren 明るいうちに帰る. et⁴ ans ~ bringen 事を明るみに出す. ans ~ kommen〈treten〉明るみに出る. das ~ scheuen 世間を憚る.

'Ta·ges·marsch 囲 -[e]s/ᵋe 1 1日の行軍. 2 1日の行軍の行程.

'Ta·ges·mut·ter 囡 -/ (昼間よその子供を自宅に預かる)保育ママ.

'Ta·ges·ord·nung 囡 -/-en 議事日程. an der ~ sein〈比喩〉よく起る, 日常茶飯事である(とくに事件・事故などが). et⁴ auf die ~ setzen 事を議事日程にのせる. et⁴ von der ~ absetzen〈streichen〉事を議事日程からはずす. auf die ~ übergehen 議事日程に上る. Zur ~! (発言者に向って)議題から脱線しないように. über et⁴ zur ~ übergehen〈比喩〉事を無視して先へ進む.

'Ta·ges·preis 囲 -es/-e 【経済】その日の値段, 時価.

'Ta·ges·pres·se 囡 -/〈集合的〉日刊紙.

'Ta·ges·raum 囲 -[e]s/ᵋe (病院・ホームなどの)共同利用室, 娯楽室.

'Ta·ges·satz 囲 -es/ᵋe 1【法制】(罰金の日割制における)1日の罰金額. 2 (入院治療費の)1日分の定額.

'Ta·ges·schau 囡 -/-en 今日のニュース(ARD テレビ放送のニュース番組のタイトル)

'Ta·ges·zeit 囡 -/-en 昼間の時刻; 昼間. Zu welcher〈Um welche〉~ willst du kommen? 何時に来ますか. zu jeder ~ und Nachtzeit いつでも, 四六時中. j³ die ~ [ent]bieten〈古〉人³に挨拶をする.

'Ta·ges·zei·tung 囡 -/-en 日刊新聞.

'Ta·ges·zug 囲 -[e]s/ᵋe 昼間の列車.

'ta·ge·wei·se ['ta:gəvaɪzə] 副 1 1日づつ, 日割で. 2 2, 3日, 何日間か.

'Ta·ge·werk 囲 -[e]s/-e 1〈複数なし〉〈雅〉日々の仕事(務め). 2 (a) 1日の仕事. (b)〈古〉ターゲヴェルク(耕地面積の単位, 犂⁽キ⁾で1日に耕せる広さを示す. 約30アール).

'Tag·fahrt 囡 -/-en 1 昼間走行(とくに鉄道の). 2〈鉱業〉出坑.

'Tag·fal·ter 囲 -s/〈話〉蝶⁽チョウ⁾;【動物】蝶類. ↑Nachtfalter

'tag·hell ['ta:k'hɛl] 形〈比較変化なし〉昼間のように明るい.

..tä·gig [..tɛ:gɪç]〈接尾〉「…日(間)の, …日にわたる, …日を経た」の意の形容詞をつくる. achttägig 8日間の, 1週間の; 生後8日の. ganztägig 終日の, フルタイムの; 1日がかりの.

*'täg·lich ['tɛ:klɪç テークリヒ] 形〈述語的には用いない〉毎日の, 日々の. 1日の. das ~ e Brot 日々の糧⁽カテ⁾. ~es Geld【金融】デイ・ローン. das ~e Leben 日常生活. ~ dreimal / dreimal ~ 日に(1日)3回. ~ und stündlich しょっちゅう, 何度も何度も.

..täg·lich [..tɛ:klɪç]〈接尾〉「…日ごとの」の意の形容詞をつくる. achttäglich 8日ごとの, 毎週の.

tags [ta:ks] 副 1 昼間に, 日中に. 2 ~ darauf その翌日に. ~ zuvor その前日に.

'Tag·sat·zung 囡 -/-en 1 (⁽スイス⁾)(官庁が定めた)期日; (とくに)公判日. 2 (⁽スイス⁾)(1848までの)州議会.

'Tag·schicht 囡 -/-en 1 (交替制の)昼間勤務, 日勤. 2〈集合的〉日勤方⁽ガタ⁾, 日勤じょうご.

'tags·über ['ta:ks|y:bər] 副 (untertags) 昼の間じゅう, 一日じゅう.

'tag'täg·lich ['ta:k'tɛ:klɪç] 形〈述語的には用いない〉毎日毎日の.

'Tag·traum 囲 -[e]s/ᵋe【心理】(Wachtraum) 白日夢, 白中夢.

Tag·und'nacht·glei·che 囡 -/-n【地理】(Äquinoktium) 昼夜平分体(春分・秋分をさす).

*'Ta·gung 囡 -/-en タグング〉 (とくに会員・専門家の)会議, 会合; 大会. eine ~ abhalten〈besuchen〉会議を開催〈会議に出席〉する. auf〈bei〉der ~ sprechen 会議で講演する.

'Tag·wa·che 囡 -/-n (⁽スイス⁾・⁽オ⁾)【兵隊】1 (兵士の)起床時刻. 2 起床の号令.

'Tag·wech·sel 囲 -s/-【銀行】確定日払い手形.

Tahi·ti [ta'hi:ti, taɪ'ti]【地名】タヒチ(南太平洋のソシエテ諸島 Gesellschaftsinseln の主島).

Tai-'Chi [taɪ'tʃi:] 囲 -[s]/ (chin.) 1 太極(古代中国の宇宙観における天地万物の根元の気). 2 太極拳.

Tai'fun [taɪ'fu:n] 囲 -s/-e (gr. typhon) 台風.

Tai·ga ['taɪga] 囡 -/ (russ.) タイガ(シベリアの針葉樹林を中心とした森林帯).

'Tail·le ['taljə, ⁽フ⁾ 'taɪjə] 囡 -/-n (lat. talea, abgeschnittenes, stabförmiges Stück') 1 (身体の)ウエスト; 腰部. (洋服の)ウエスト. eine schlanke ~ haben ウエストがほっそりしている. keine ~ haben〈話〉ずん胴である. ein Kleid auf ~ arbeiten ドレスをウエストで強調した仕立てにする. eine Bluse in der ~ enger machen ブラウスのウエストをつめる. eine Frau mit ~ 60 ウエスト60cmの女性. j⁴ um die ~ fassen 人⁴の腰に手を回す. 2〈古〉(婦人服の)胴着, ボディス. per ~ gehen (とくに⁽オ⁾)外套なしで出歩く. 3【音楽】タユー(16-18 世紀のフランス音楽におけるテノール音域). 4 (⁽トラ⁾) ターユ(勝ち負けをあきらかにするためカードを開いて見せること). 5 タユ(1439 から 1789 までフランスで農民・市民の非特権階級に課せられた税金). 6【美術】(銅版画で)銅板に刻まれた線.

Tail'leur¹ ['taljø:r] 囲 -s/-s (fr. tailler , schneiden') 1〈古〉仕立屋. 2 (Bankhalter) 賭博の親, 胴元.

Tail'leur² 囲 -s/-s (⁽フ⁾)【服飾】(オーダーメイドの)ウエストをしぼった婦人用スーツ.

tail'lie·ren [ta(l)'ji:rən] 他 1 ウエストを強調して仕立てる, (の)ウエストをしぼる. 2 (⁽トラ⁾)(手札)を開いて見せる.

'Tai·wan ['taɪvan, taɪ'va(:)n]【地名】台湾.

'Tai·wa·ner [taɪ'va:nər] 囲 -s/- 台湾人.

tai'wa·nisch [..nɪʃ] 形 台湾(人)の. ↑deutsch

Take [te:k] 男 (映) -s/-s (engl.) **1**〖映画・ｱﾚﾋﾞ〗(a) カット，ショット；(宣伝用などに使われる)ワンシーン．(b) テーク(シンクロナイジング Synchronisation 用に短かいカットをとったフィルム)．**2**〈卑〉(大麻・マリファナの)煙草の一服．

'Ta·kel ['ta:kəl] 中 -s/- 〖船員〗テークル，滑車装置．

Ta·ke'la·ge [takə'la:ʒə] 女 -/-n 〖船員〗操船装置，リギング(マスト・スパー・索具などの総称)．

'ta·keln ['ta:kəln] 他 〖船員〗(帆船)を艤装する．

'Ta·ke·lung ['ta:kəluŋ] 女 -/-en 〖船員〗帆装，リギング；リギングの様式(横帆・縦帆など)．

'Ta·kel·werk 中 -[e]s/ 〖船員〗=Takelage

'Tak·lung ['ta:kluŋ] 女 -/-en 〖船員〗=Takelung

★**Takt** [takt タクト] 男 -[e]s/-e (lat. tactus，Berührung') **1**〈複数なし〉拍子，調子，リズム；規則正しい(リズミカルな)動き(打音)；〖音楽〗拍，拍子．Dreiviertel ～ 4分の3 拍子．der ～ des Hammers〈des Rads〉規則正しい槌の音〈車の回転〉．den ～ angeben 〈比喩〉音頭をとる，采配を振る．[den] ～ [ein]halten 拍子を合せる．den ～ schlagen〈angeben〉拍子をとる． 〈前置詞と〉j⁴ **aus** dem ～ bringen 人⁴の調子(リズム)を狂わせる；〈比喩〉人⁴を慌て(困惑，動揺)させる．aus dem ～ kommen〈geraten〉リズムをはずす，拍子が狂う；〈比喩〉慌てる，動揺(困惑)する．**gegen** den ～ 拍子(リズム)をはずして，拍子はずれで．**im** ～ 拍子をとって，調子を(に)合せて．im〈nach dem〉 ～ marschieren 歩調をとめて(足並揃えて)行進する．im ～ sein 健康である，調子がよい，正常(順調)である．**nach** ～ und Noten〈話〉大いに，したたか，ひどく．**2**〖音楽〗小節；〖韻律〗タクト(韻律単位)；〖工学〗(ピストンの)サイクル，行程；〖機械〗(流れ作業の)工程；〈ｺﾝﾋﾟｭｰﾀ〉〖情報処理〗のサイクル．ein paar ～e des Liedes 歌の2，3小節．Hier folgen〈sind〉drei ～e Pause．ここから3小節休止です．ein paar ～e ausruhen 〈話〉ちょっと休息する．einen ～ dreingeben 口を差しはさむ，ひとこと言う．Mit dir muss ich ein paar ～e reden. 〈話〉君とは一度真面目に話し合う必要がある；君から一度ちゃんとした挨拶(釈明の言葉)を貰わないとね．ein paar ～e sagen 〈話〉ちょっと(二言三言)言う．**3**〈複数なし〉思いやり，心づかい，気配り，気転，如才(そつ)のなさ．viel ～〈kein ～ [im Leibe]〉haben たいへん思いやりがある，よく気がつく(さつそである)．den ～ verletzen / gegen den ～ verstoßen 礼を失する，礼儀に悖(もと)る．mit ～ 気を配って(つかって)，気をきかせて，如才(そつ)なく．

'takt·fest 形 **1**〖音楽〗拍子をはずさない．**2**〈まれ〉(仕事・能力などにおいて)しっかりした，確かな腕の．auf einem Gebiet ～ sein ある分野に通暁している，自信がある．**3**〈まれ〉〈多く否定詞と〉(体が)丈夫な，しっかりした．Sie ist zur Zeit nicht ganz ～. 彼女はこのところあまり具合がよくない．

'Takt·ge·fühl 中 -[e]s/ (人づきあいにおける)気配り，心づかい，思いやり．

tak'tie·ren¹ [tak'ti:rən] 自 (↓Takt 1)〈古〉〖音楽〗拍子をとる．

tak'tie·ren² (↓Taktik)うまく(かしこく)立ち回る，策をめぐらす．bie e² geschickt〈ungeschickt〉～ 策の巧〈へたな手〉を使う．

'Tak·tik ['taktɪk] 女 -/-en (gr. taktike，Kunst der Anordnung') 駆け引き，策略；〖軍事・ｽﾎﾟｰﾂ〗戦術．Strategie und ～ 戦略と戦術．die ～ der verbrannten Erde 〖軍事〗焦土戦術．die ～ des Wartens「待ち」の戦術(戦法)．seine ～ ändern 戦術

(手)を変える．

'Tak·ti·ker ['taktɪkər] 男 -s/- 戦術家．

'tak·tisch ['taktɪʃ] 形 ～e Waffen 〖軍事〗戦術上の，戦術的な．～e Waffen 〖軍事〗戦術兵器(狭義では，戦術核兵器)．Er hat ～ falsch gahandelt. 彼の行動は戦術的に誤りだった．

★**'takt·los** ['taktlo:s タクトロース] 形 思いやりのない，つれない；礼儀知らずの，無礼な，がさつな，気のきかない．Es war ～ [von dir], darauf anzuspielen. あんな当てこすりを言うなんてひどいね．

'Takt·lo·sig·keit ['taktlo:zɪçkaɪt] 女 -/-en 無礼，非礼，無作法，不謹慎，ぶしつけ．

'takt·mä·ßig 形 拍子の(拍子に)合った．

'Takt·mes·ser 男 -s/-〖音楽〗(Metronom) メトロノーム．

'Takt·stock 男 -[e]s/ˮe 指揮棒．

'Takt·stra·ße 女 -/-n 〖工学〗流れ作業コンベヤー．

'Takt·strich 男 -[e]s/-e 〖音楽〗(楽譜の)縦線，小節線．

'takt·voll ['taktfɔl] 形 思いやりのある(深い)，礼儀をわきまえた，気をきかせた(のきいた)．

Tal

[ta:l タール] 中 -[e]s/Täler(-e) **1** 谷，谷間，渓谷，谷あい．auf dem Grund des ～es 谷底に．sich⁴ in einem ～ befinden (経済・生産などが)落ちこんでいる．das Vieh ins〈zu〉～ treiben 家畜を谷へ追込む．über Berg und ～ 山を越え谷を下り．zu ～ fahren〈雅〉(内水航行で)川をくだる．**2**〈話〉〈複数なし〉谷間の住民たち．

tal'ab·wärts [ta:l'apvɛrts] 副 谷底(谷間)へ，谷をくだって；〖内水航行〗川をくだって．

Ta'lar [ta'la:r] 男 -s/-e (lat. talaris [ornatus], bis zum Knöchel reichendes [Gewand]') (裁判官・大学教授・僧などの着る)ガウン．

tal'auf·wärts [ta:l'laʊfvɛrts] 副 谷底(谷間)から上へ向って；〖内水航行〗川をのぼって．

Ta'len·ge 女 -/-n 谷のとくに狭くなった所．

★**Ta'lent** [ta'lɛnt タレント] 中 -[e]s/-e (gr. talanton，Waage, das Gewogene') **1** 才能(für et⁴ / zu et³ 事⁴,³の)；才能のある人．ein malerisches ～ 画才．～ für Musik 楽才．ein ～ zur〈zur〉Mathematik 数学の才能．Nun stehen〈hocken〉wir da mit unserem ～. 〈話〉さてどうしたものだろうか，こうなるとどうしようもないな．sein ～ entwickeln〈verkümmern lassen〉才能を伸ばす〈殺す〉．junge ～e fördern 若い才能を育てる．viel〈kein〉～ haben 才能が豊かである〈さっぱりない〉．kein ～ zum Lehren haben 教師に向いていない．kein ～ zum Lügen haben 嘘のつけないたちである．nicht ohne ～ sein 才能がない訳ではない．〈**zu** 不定詞句と〉Er hat das ～, solch eine Frage zu behandeln. 彼はそういう問題を扱うのがうまい．**2** タラント(古代ギリシアの重量及び貨幣の単位)．

ta·len'tiert [talɛn'ti:rt] 形 才能のある，才能豊かな，才能に恵まれた (für et⁴ 事⁴において)．

ta'lent·los [ta'lɛntlo:s] 形 才能のない

Ta'lent·pro·be 女 -/-n デビュー，処女作．

ta'lent·voll [ta'lɛntfɔl] 形 才能に恵まれた，(よく)できる．

'Ta·ler ['ta:lər] 男 -s/- ターラー((a) 16 世紀から 18 世紀中葉まで使用されたドイツの旧銀貨，ベーメンの銀山 St. Joachimsthal にちなんで名付けられた Joachimstaler の短縮形．(b) 3 ライヒスマルク Reichsmark 相当の銀貨)．

'Tä·ler ['tɛːlər] Tal の複数.

'Tal·fahrt 囡 -/-en (↔ Bergfahrt) **1** (登山電車などで)山をくだること. **2** 為替相場の下落. die ~ des Dollar ドル相場の下落. **3** 川下り.

Talg [talk] 男 -[e]s/-e 獣脂(とくに牛脂・羊脂). **2** 皮脂.

'Talg·drü·se 囡 -/-n (多く複数で)《解剖》脂腺, 皮脂腺.

'tal·gen ['talgən] 他 (皮革などに)獣脂を塗る.

'tal·gig ['talgɪç] 形 **1** 獣脂による, 獣脂でべたべたの. **2** 獣脂のような.

'Talg·licht 囡 -[e]s/-er 獣脂ろうそく.

Ta·li·ban [taliˈbaːn] 履 タリバーン(主にアフガニスタン難民で構成されたパキスタンのイスラーム過激派民兵). ◆アフガニスタンの公用語のひとつであるパシュトゥー語 Paschto, Paschtu で, 「知識を求める人々」の意.

Ta·li·on [taliˈoːn] 囡 -/-en (lat. talio, Wiedervergeltung) 《法制》タリオ, 同害復讐(刑)(ハムラビ法典などの古代法に見られる「目には目, 歯には歯」の復讐刑).

'Ta·lis·man ['taːlɪsman] 男 -s/-e (arab. tilasmo, Zauberbild) お守り, 護符.

'Tal·je ['taljə] 囡 -/-n (lat. talea, abgeschnittenes Stück) (船員) 滑車装置, テークル.

Talk[1] [talk] 男 -[e]s/-e (arab. talq) 《鉱物》滑石, タルク.

Talk[2] [talk] 男 -[e]s/-e (南ドイツ・オーストリア) **1** 生焼けのパン生地. **2** 煮え切らない人, 愚図.

Talk[3] [toːk] 男 -s/-s (engl.)《話》おしゃべり, 雑談, 談話.

'Talk·er·de ['talk..] 囡 -/-n 《鉱物》酸化マグネシウム, 苦土(ど).

'Tal·kes·sel 男 -s/- 谷あいの窪地, 盆地.

'Talk·show ['toːkʃoː] 囡 -/-s (engl.) (テレビなどの)トークショー.

'Tal·kum ['talkʊm] 囲 -s/ タルカムパウダー, 粉末滑石, 打ち粉.

'Tal·mi ['talmi] 囲 -s/ (fr. Tallois-demi-or = Tallois-Halbgold') **1** タルミ金(金メッキした真鍮). **2** (比喩)まがい物, 偽物. ◆発明したフランス人(Tallois)の名にちなむ.

'Tal·mi·gold 囲 -[e]s/ タルミ金.

'Tal·mud ['talmuːt] 男 -[e]s/-e (hebr., Gelernte, Lehre) **1** (複数なし)タルムード(旧約聖書とならぶユダヤ教の教典, 律法とその解説の集大成). **2** タルムード原典の写し.

tal·mu·disch [talˈmuːdɪʃ] 形 タルムードの, タルムードに基づいた.

Tal·mu·dist [talmuˈdɪst] 男 -en/-en タルムード学者.

'Tal·mul·de 囡 -/-n 《地理》谷あいの盆地.

Ta·lon [taˈlõː, ..taˈloːn] 男 -s/-s (lat. talus, Knöchel, Ferse') **1** (a) 《経済》更改証書, 利札, 引換券. (b) (入場券などの半券. **2** 《トランプ》山札, ストック; 《チェス》(配牌後の残り牌. **3** 《音楽》(Frosch)ナット, 毛止め(バイオリンなどの弓の).

'Tal·schaft ['taːlʃaft] 囡 -/-en **1** (集合的に)谷間の住民. **2** (集合的に)アルプス渓谷.

'Tal·soh·le ['..] 囡 -/-n **1** 谷底. **2** (比喩)どん底. sich⁴ in einer ~ befinden (経済などが)どん底状態にある.

'Tal·sper·re 囡 -/-n 堰堤(ぇんてぃ), ダム.

'tal·wärts ['taːlvɛrts] 副 (↔ bergwärts) 谷へ, 谷の

方へ, 流れをくだって.

Ta·ma·rin·de [tamaˈrɪndə] 囡 -/-n (arab. tamr hindi, indische Dattel') 《植物》タマリンド(インド・熱帯アフリカ原産の豆科の常緑樹). **2** タマリンドの実(清涼飲料・緩下剤に利用される).

Ta·ma·ris·ke [tamaˈrɪskə] 囡 -/-n (arab. tamr, Dattel) 《植物》ぎょりゅう(御柳)(タマリスク属).

'Tam·bour ['tambuːɐ̯, -ˈ-] 男 -s/-e[tamˈbuːrə] -en[..ˈbuːrən] (arab. tanbur, Trommel) **1** 《古》鼓手. **2** 《音楽》太鼓. **3** 《建築》(ドーム屋根の基部の)鼓胴, ドラム. **4** 《紡織》(梳綿機などの)針金を巻いたローラー.

'Tam·bour·ma·jor [-ˈ----] 男 -s/-e 鼓笛隊の隊長; 《軍楽》軍楽隊長.

'Tam·bur ['tambuːɐ̯, -ˈ-] 男 -s/-e[tamˈbuːrə] **1** 《手芸》タンブール(円形の刺繍枠). **2** 《楽器》=Tambur

Tam·bu·rin [tambuˈriːn, ---] 囲 -s/-e (fr. tambourin) **1** 《楽器》タンバリン. **2** 《手芸》(Tambur) 円形刺繍枠.

'Ta·mil ['taːmɪl] 囲 -[s] タミル語(ドラヴィダ語族に属する).

Ta·mi·le [taˈmiːlə] 男 -n/-n タミル人(インド南東部・スリランカ北部に住むドラヴィダ族の1 種族).

'Tam·pon ['tampon, tamˈpoːn, taˈpõː] 男 -s/-s (fr., Pfropfen) **1** 《医学》綿球, 止血栓, タンポン. **2** 《印刷》たんぽ, タンパー.

tam·po·nie·ren [tampoˈniːrən, tãp..] 他 《医学》(傷口に)タンポンを詰める.

Tam'tam [tamˈtam, '--] 囲 -s/-s **1** 《音楽》銅鑼(ど), タムタム(東アジアの銅製の打楽器). **2** (複数なし)《話》大騒ぎ, 鳴物入りの宣伝. viel ~ um j(et)⁴ machen 人⁴(物)⁴のことで大騒ぎする. ◆ヒンディー語 Hindi の擬声語.

'Tan·bur ['tanbuːɐ̯, -ˈ-] 男 -s/-e[tanˈbuːrə] (-s) (arab.) 《楽器》タンブール(アラビアのリュート, 長い棹(ま)と小さな共鳴胴から成る 3-4 弦の撥弦楽器.

Tand [tant] 男 -[e]s/ (lat. tantus, so viel') 《雅》(見かけ倒しの)安物, がらくた, 子供だまし, ちゃちなもの.

Tän·de'lei [tɛndəˈlaɪ] 囡 -/-en **1** 戯れ, ふざけ, いちゃつき. **2** 暇つぶし, 退屈しのぎ.

'Tan·del·markt ['tandəl..] 男 -[e]s/¨e(オーストリア) =Tändelmarkt

'Tän·del·markt ['tɛndəl..] 男 -[e]s/¨e(地方) (Trödelmarkt) 蚤(のみ)の市, がらくた市.

'tän·deln ['tɛndəln] 圁 **1** 暇つぶしをする, ぶらぶらする. mit et³ ~ mit³ をおもちゃにする, 弄(もてあそ)ぶ. **2** 戯れる, ふざける, いちゃつく(mit j³ 人³と). **3** (南東部ドイツ)古手(古物)を商う.

'Tan·dem ['tandəm] 囲 -s/-s (lat., schließlich, endlich, der Länge nach) **1** タンデム((a) 2 人乗りの自転車. (b) 馬を 2 頭縦につないだ 2 輪馬車. **2** 《工業》タンデム機械(空気). **3** (サーフボードでの)2 人乗り用. **4** (比喩)コンビ, ペア. Die beiden bilden ein erfolgreiches ~. 2 人のコンビは大成功だ.

'Tand·ler ['tandlər] 男 -s/- (オーストリア) =Tändler

'Tänd·ler ['tɛndlər] 男 -s/- **1** ぶらぶらしている人, のらくら者; ふざけるのが好きな人. **2** (古手屋, 古物商.

tang 《記号》《幾何》 =Tangens

Tang [taŋ] 男 -[e]s/-e 《植物》海藻.

Tan·gan·ji·ka [taŋganˈjiːka] 《地名》タンガニーカ(ア

フリカ南東部に位置し 1920 以降英委任統治領, 61 独立, 64 ザンジバルと合併してタンザニアとなる.

'Tan·gens ['taŋgɛns] 男 -/- (*lat.* tangere, berühren')《記号 tan, tang, tg》〖幾何〗タンジェント, 正接.

Tan·gen·te [taŋ'gɛntə] 女 -/-n (*lat.*) **1** 〖幾何〗接線. **2** 〖楽器〗タンジェント (Klavichord などの打弦棒). **3** 〖交通〗バイパス, 幹線道路.

tan·gen·ti·al [taŋgɛntsi'a:l] 形 〖幾何〗(曲線・曲面に)接した, 正接の.

tan·gie·ren [taŋ'gi:rən] 他 **1** 〖幾何〗(曲線・曲面に)接する. **2** (人〈事〉に)関わる, 影響を与える. Das *tangiert* mich nicht. それは私には関係ない.

'Tan·go ['taŋgo] 男 -s/-s (*sp.*) タンゴ(アルゼンチンで起った 2/4 ないし 4/8 拍子のダンス及びその音楽).

Tank [taŋk] 男 -s/-s(-e) (水・石油・ガスなどの)貯槽, タンク; 〖古〗〖軍事〗戦車, タンク.

* 'tan·ken [taŋkən タンケン] 他 (燃料を)タンクに詰める, 補給する; 給油する. Du musst noch heute ~. 今日のうちに給油しておかなきゃ駄目だよ. ein Auto 〈seinen Füllhalter〉~ 自動車〈万年筆にインキ〉を入れる. frische Kräfte〈neuen Mut〉~ 英気を養う〈あらためて勇気を奮い起す〉. Sonne ~ 陽光を胸一杯に吸いこむ. Er hat mal wieder gehörig *getankt*. 〖戯〗彼はまたぞろ痛飲した.

'Tan·ker ['taŋkər] 男 -s/- タンカー, 油送(油槽)船.

'Tan·ker·flot·te 女 -/-n (船会社・国などが有する)油送(油槽)船団.

'Tank·fahr·zeug 中 -[e]s/-e タンクローリー.

'Tank·säu·le 女 -/-n (Zapfsäule) ガソリンスタンドなどにある柱状の計量給油機.

'Tank·schiff 中 -[e]s/-e (Tanker) タンカー.

'Tank·stel·le 女 -/-n ガソリンスタンド, 給油所.

'Tank·wa·gen 男 -s/- **1** タンクローリー. **2** 〖鉄道〗タンク車.

'Tank·wart 男 -[e]s/-e ガソリンスタンドの係員. ◆ 女性形 Tankwartin /-nen

Tann [tan] 男 -[e]s/-e 〖雅〗樅(もみ)の森.

* 'Tan·ne ['tanə タネ] 女 -/-n 〖植物〗もみ属, 樅(もみ)の木, 樅材; 〖話〗クリスマスツリー. Sie ist immer noch schlank wie eine ~. 彼女は相変らずすらりと美しい.

'tan·nen¹ ['tanən] 形 樅材製の.

'tan·nen² 自 tannieren

'Tan·nen·baum 男 -[e]s/¨-e **1** 樅(もみ)の木. **2** (Weihnachtsbaum) クリスマスツリー.

'Tan·nen·grün 中 -s/ 樅(もみ)の小枝(室内装飾用の).

'Tan·nen·holz 中 -es/ 樅(もみ)材.

'Tan·nen·na·del 女 -/-n 樅(もみ)の針葉.

'Tan·nen·wald 男 -[e]s/¨-er 樅(もみ)の森.

'Tan·nen·zap·fen 男 -s/- 〖植物〗樅(もみ)の球果.

'Tann·häu·ser ['tanhɔyzər] 《人名》タンホイザー(13世紀ドイツの Minnesänger). ◆ Wagner の同名の歌劇が有名.

'Tan·nicht ['tanɪçt] 中 -s/-e 〖古〗樅(もみ)の小さな森.

'Tän·nicht ['tɛnɪçt] 中 -s/-e 〖古〗樅(もみ)の小さな森.

tan'nie·ren [ta'ni:rən] 他 (獣皮などを)タンニンでなめす; (帆・網などに)渋(しぶ)を塗る.

Tan'nin [ta'ni:n] 中 -s/-e (*fr.* tanin, Gerbstoff') 〖化学〗タンニン(酸), 鞣質(じゅうしつ).

Tan·sa'nia [tanza'ni:a, tan'za:nia] 〖地名〗タンザニア 1964 タンガニーカとザンジバルが合併して成立した. 東アフリカの連合共和国. 野生動物保護区セレンゲティ国立公園が有名, 首都ダルエスサラーム Dar es Salaam; ザンジバル島にあり.

'Tan·tal ['tantal] 中 -s/ (*gr.*)《記号 Ta》〖化学〗タンタル. ◆ 酸に強く鉱物からの抽出がむつかしいため Tantalus の名がつけられた.

'Tan·ta·lus ['tantalos] (*gr.*) 《人名》《ギ神話》タンタロス. Zeus の息子にして小アジアの裕福な王, その不遜な振舞いが神々の怒りにふれて冥府の底 Tartarus に落され, 首まで水に浸かりながら飲めず頭上のたわわに実る果実も食べることができないという永遠に続く飢渇の責苦を受ける.

'Tan·ta·lus·qua·len タンタロスの苦しみ(目前の欲しいものが手に入らぬ苦しみ). ↑Tantalus

'Tan·te ['tantə タンテ] 女 -/-n (*lat.* amita, Vaterschwester, Tante') **1** おば(伯母, 叔母). das Haus der ~ /〖地方〗〖話〗~es Haus おばの家. meine ~, die 〖ほぼ〗うちのおばさん(トランプ遊戯の一種). Dann〈Denn〉nicht, liebe ~, dann geh'n wir zum Onkel〈dann heiraten wir eben den Onkel〉. 〖戯〗じゃあもう結構です体を当ってみますから. Das kann meine ~ auch. そんな(いい加減な)ことなら誰でもできる. **2** 〖幼児〗(知合いの)小母さん, 小母ちゃん; 〖話〗(一般に年配の)おばさん, ばばあ. eine komische ~ 変なばあさん. Meier 〖隠〗はばかり, 御手洗. **3** 〖卑〗(いい年をした)ゲイボーイ.

Tan·te·'Em·ma·La·den -s/¨ 〖話〗(昔風の)個人商店. ◆ かつて Emma というのはよくある名前でエマおばさん Tante Emma といえば気安くつき合えるごく庶民的な隣人を意味した. 転じてセルフサービスの店やスーパーとの対比からこの言い方が生れた.

Tan·ti'e·me [tãti'ɛ:mə, ..ti'ɛ:mə] 女 -/-n (*lat.* tantus, so groß') **1** 利益配当. **2** (多く複数で)印税.

* Tanz [tants タンツ] 男 -es/Tänze (*fr.* danse) **1** ダンス, 踊り; 舞踊, 舞踏, バレエ. Darf ich [Sie] um den nächsten ~ bitten? 次のダンスをお相手願えますか. der ~ der abfallenden Blätter〈der Mücken〉落葉の舞〈蚊柱〉. ein ~ auf dem Seil 綱渡り(冒険的な企て). ein ~ auf dem Vulkan 火山上でのダンス(破滅を前にしての乱痴気騒ぎ). der ~ ums Goldene Kalb 金の仔牛をめぐる踊り, 拝金(↓〖旧約〗出 32: 4 以下). den ~ anfangen 〖比喩〗仕事にかかる, 御輿(こし)をあげる. keinen ~ auslassen 踊りまくる. einen ~ hinlegen〈aufs Parkett legen〉〖話〗ステップも鮮やかに(軽快に)踊る. j³ den ~ lang machen 〖地方〗人³ をじらす. j³ zum ~ auffordern 人にダンスを申込む, (を)ダンスに誘う(お辞儀などで). ein ~ aufspielen ダンス音楽を演奏する. **2**《複数なし》ダンスパーティー, 舞踏会. zum ~ gehen 踊りに行く. **3** ダンスミュージック, 〖音楽〗舞曲. **4** 〖話〗喧嘩, 口論, いさかい; 喧嘩騒ぎ, 悶着(もんちゃく). Das wird wieder einen ~ geben. これはまた一騒ぎあるぞ. einen ~ aufführen (些細なことで)大騒ぎする; がみがみ文句を言う. einen ~ mit j³ haben 人³ ともめている. j³ einen ~ machen 人³ にうるさく言う, 説教をする.

'Tanz·abend 男 -s/-e **1** ダンスパーティーの夕べ, 舞踏夜会. **2** 夜の舞踊公演.

'Tanz·bar 女 -/-s ダンスのできるバー.

'Tanz·bär 男 -en/-en ダンスの芸をする熊(歳の市などで).

'Tanz·bein 中 〖話〗《次の用法でのみ》das ~ schwingen 踊りまくる.

'Tanz·bo·den 男 -s/¨ 〖話〗ダンスホール. Auf dem ~ ist er der Erste〈der Beste〉. ダンスにかけては彼が一

番だ.

Tanz·die·le 囡 -/-n (Tanzlokal) ダンスのできるレストラン(酒場).

Tän·ze ['tɛntsə] Tanz の複数.

tän·zeln ['tɛntsəln] 圊 (h, s) 踊るような足どりで歩く, 跳びはねる. Das Pferd hat nervös *getänzelt*. 馬はいら立ってはねた. Sie ist aus dem Zimmer *getänzelt*. 彼女はスキップをしながら部屋を出て行った.

'tan·zen ['tantsən タンツェン] ❶ 圊 (h, s) ダンスをする, 踊る; 躍る; とび跳ねる; 舞う. Er kann nicht ~. 彼はダンスができない. Die Mücken *tanzten* über der Pfütze. 蚊が水溜りの上で群れて舞っていた. Das Schiff *tanzte* auf den Wellen. 船は波間に揺れていた. Die Buchstaben *tanzen* vor seinen Augen⟨ihm vor den Augen⟩. 彼は文字がちらついて見える(目まいで). gut ~ ダンスがうまい. ~ gehen⟨lernen⟩ 踊りに行く⟨ダンスを習う⟩. auf der falschen Hochzeit ~ (話) 見込違いをする, どじを踏む. aus der Reihe ~ (話) 勝手な振舞をする, 独り我が道を行く. nach j² Pfeife ~ (話) 人の言いなりになる. vor Freude ~ 欣喜雀躍する. ◆完了形については schwimmen の注記◆を参照. Sie hat wunderbar *getanzt*. 彼女の踊りは見事だった. Sie ist quer durch den Saal *getanzt*. 彼女はホールを横切って踊って行った.

❷ 他 Tango⟨Ballett⟩ ~ タンゴ⟨バレエ⟩を踊る.

❸ 再 (sich⁴) sich müde ~ 踊り疲れる. (非人称的に) Hier *tanzt* sich's gut. ここは踊りやすい.

'Tän·zer ['tɛntsər] 男 -s/- 1 (a) 踊る(踊れる)人, 踊り手. (b) ダンスのパートナー. 2 ダンサー, 舞踊家, バレエダンサー.

Tan·ze·rei [tantsə'raɪ] 囡 -/-en 1 (話) ちょっとした(ささやかな)ダンスパーティー. 2 なかなかやめない(いつ終るともしれない)ダンス.

'Tän·ze·rin ['tɛntsərɪn] 囡 -/-nen Tänzer の女性形.

'tän·ze·risch ['tɛntsərɪʃ] 形 1 ダンス(踊り)の, ダンス(踊り)に関する. 2 ダンスのような, 踊るような.

'Tanz·fest 匣 -[e]s/-e ダンスパーティー.

'Tanz·flä·che 囡 -/-n ダンスフロアー.

'Tanz·ka·pel·le 囡 -/-n ダンス音楽の楽団(バンド).

'Tanz·kar·te 囡 -/-n (古) ダンシングカード, パートナーを希望する男性たちが曲目ごとに自分の名を記入したカード, 女性が持つ).

'Tanz·kränz·chen 匣 -s/- 1 小さなダンスパーティー, ダンスの会. 2 ダンスの会(集い)のメンバー.

'Tanz·kunst 囡 -/ 1 舞踊芸術. 2 ダンスの技能.

'Tanz·kurs 男 -es/-e 1 ダンスの講習会. 2 《集合的に》ダンスの講習会の受講生.

'Tanz·leh·rer 男 -s/- (社交)ダンスの教師. ◆女性形 Tanzlehrerin 囡 -/-nen

'Tanz·lied 匣 -[e]s/-er ダンスに合せて歌う歌, 舞踏歌.

'Tanz·lo·kal 匣 -[e]s/-e ダンスのできるレストラン(酒場).

'tanz·lus·tig 形 ダンスの好きな.

'Tanz·meis·ter 男 -s/- 1 (古) (宮廷舞踏会での)舞踏(舞踊)監督. 2 (古) ダンスの教師.

'Tanz·mu·sik 囡 -/-en (複数まれ) ダンス音楽, ダンスミュージック; 舞踏音楽, 舞曲.

'Tanz·part·ner 男 -s/- ダンスのパートナー. ◆女性形 Tanzpartnerin 囡 -/-nen

'Tanz·plat·te 囡 -/-n ダンス音楽のレコード.

'Tanz·platz 男 -es/-e 1 野外舞踏場. 2 ダンスフロアー.

'Tanz·saal 男 -[e]s/..säle 舞踏会用大広間, 舞踏室; (Tanzlokal の)ダンスルーム, ダンスホール.

'Tanz·schritt 男 -[e]s/-e ダンスのステップ.

'Tanz·schuh 男 -[e]s/-e (婦人用)ダンスシューズ; バレエシューズ.

'Tanz·schu·le 囡 -/-n (社交)ダンス教習所.

'Tanz·sport 男 -[e]s 競技ダンス.

'Tanz·stun·de 囡 -/-n ダンスのレッスン. in die ~ gehen ダンス教室に通う.

'Tanz·tee 男 -s/-s ティーダンス(午後のお茶の時間に催されるダンスパーティー).

'Tanz·tur·nier 匣 -s/-e 競技ダンスのコンクール.

'Tanz·un·ter·richt 男 -[e]s/-e 《複数まれ》ダンスの授業(レッスン).

'Tanz·ver·gnü·gen 匣 -s/- (ささやかな)ダンスの会(集い).

'Tao ['ta:o, tau] 匣 -/- (*chin*., Weg, Bahn') 《宗教・哲学》(中国哲学における)道(ﾀｵ)⟨あらゆる現象の奥にある存在の根本なもの⟩.

Ta·o'is·mus [tao'ɪsmʊs, tau..] 男 -/ 道教. ◆中国3大宗教の1つ, 中国古代の民間信仰からとくに不老不死を主たる目的として2世紀頃自然発生的に生れ, のちに道家一老子・荘子の思想などを採り入れる.

Ta·o'ist [tao'ɪst, tau..] 男 -en/-en 道教信者, 道教徒.

'Ta·pa ['ta:pa] 囡 -/-s (*polynes*., Rindenstoff') 《紡織》タパ(種々の靭皮から得た繊維, またその織物).

Tape [te:p, teɪp] 匣 (男) -s (*engl*.) 録音テープ; カセットテープ.

'Ta·per·greis ['ta:pərgraɪs] 男 -es/-e (北ドイツ) (俚) よぼよぼのじいさん, 老いぼれ.

'ta·pe·rig ['ta:pərɪç] 形 (北ドイツ) よぼよぼの, (高齢のため)ぶるぶる震えている.

'ta·pern ['ta:pərn] 圊 (s) (北ドイツ) よぼよぼ歩く.

Ta'pet [ta'pe:t] 匣 -[e]s/-e (*lat.* tapetum, Wandteppich') (古) 会議用テーブル掛け. 《今日では次の成句で》et⁴ aufs ~ bringen (話) 事⁴を話題にする. aufs ~ kommen (話) 話題にのぼる, 問題になる.

* **Ta'pe·te** [ta'pe:tə タペーテ] 囡 -/-n (*lat.* tapetum, Wandteppich') 壁紙. die ~[n] wechseln (話) 引越す; 転職する, (異動などで)職場を移る; 河岸を変える(次の飲屋へ行くこと). ◆数量を表すときは単数形で用いる. drei Rollen ~[n] 壁紙 3巻き.

Ta·pe·ten·mot·te 囡 -/-n 《虫》絨毯(毛氈)蛾.

Ta·pe·ten·tür 囡 -/-en 壁と同じ壁紙を貼ったドア, 隠しドア.

Ta·pe·ten·wech·sel 男 -s/- (話) 住みなれた環境を変えること; 引越し, 転職, (静養のための)転地. ≒ Tapete

Ta·pe'zier [tape'tsi:r] 男 -s/-e (南ドイツ) = Tapezierer

ta·pe'zie·ren [tape'tsi:rən] 他 (*fr.* tapisser) (主に Zimmer) ~ 壁紙を貼る. die Wände⟨ein Zimmer⟩ ~ 壁に⟨部屋の⟩壁紙を貼る. Die Wand war mit Starfotos *tapeziert*. 壁にはスターのブロマイドがびっしりと貼ってあった. 〔口〕(ソファーなどを)張替える.

Ta·pe'zie·rer [tape'tsi:rər] 男 -s/- 壁紙貼り職人, 経師(きょうじ)屋, 椅子張り職人.

Ta·pe·zier·na·gel 男 -s/=· 壁紙貼り職人(経師屋)の使う鋲(細くて頭が large).

'Tap·fe ['tapfə] 囡 -/-n = Tapfen

'Tap·fen ['tapfən] 男 -s/- 《多く複数で》(Fußstapfen) 足跡.

*'tap·fer ['tapfər タプファー] 形 **1** 勇ましい, 勇敢な; 果敢な, 大胆な; 気丈な, 音(ʰ)をあげた. **2** 《副詞的の用法で》《話》《古》したたかに, ひどく. ~ essen und trinken 鯨飲(ᵍᵉⁱⁿ)《牛飲》馬食する.

'Tap·fer·keit ['tapfərkait] 囡 -/ 勇ましい(勇敢な)行為; 雄々しさ, 気丈.

Ta·pi·o·ka [tapi'o:ka] 囡 -/ (sp.) タピオカ(Maniok の根茎から製する良質の澱粉).

'Ta·pir ['ta:pir] 男 -s/-e (indian. tapira) 《動物》獏(ばく).

Ta·pis·se·rie [tapisəˈriː] 囡 -/-s [..ˈriːən] (fr. tapis, Teppich') **1** タペストリー, つづれ織り(ゴブラン織り)壁掛け. **2** 《手芸》クロスステッチ刺繍. **3** 《古》手芸材料店.

tapp [tap] 間 Tapp! (軽く打つ音を表して)とん, ことっ, ぺたっ.

Tapp 男 -[e]s/-e 《北ᵍ》軽く打つこと(音).

'tap·pen ['tapən] 自 (h, s) **1** (a) (h, s) ぺたぺた足音をたてる. mit tappenden Schritten ぺたぺた足音をたてて. (b) (s) そろりそろり(頼りない足どりで)歩く. Füße tappen über den Flur. 廊下を頼りない足取りで歩く音がする. Er ist in die Pfütze getappt. 彼はうっかり水溜りに足を踏みいれた. im Dunkeln ~ 暗中模索する. in eine Falle ~ 罠(ᵂⁿⁿ)にはまる. **2** (h) 《nach et³ ³⁰³》を手探りする. nach dem Lichtschalter ~. 電気のスイッチを手探りで捜す.

'tap·pig ['tapɪç] 形 (tapsig) 不器用な; (動作などが)ぎごちない.

'täp·pisch ['tɛpɪʃ] 形 動きの鈍い, もたもたした; 不器用な.

'tapp·rig ['taprɪç] 形 (taperig) よぼよぼの.

'tap·rig ['ta:prɪç] 形 (taperig) よぼよぼの.

Taps [taps] 男 -es/-e **1** 《話》不器用な人間. Hans ~ ぶきっちょなやつ, くず. **2** 《地方》軽く打つこと(音).

'tap·sen ['tapsən] 自 (h, s) 《話》 **1** (s) そろりそろり(おぼつかない足どりで)歩く. **2** (h, s) (足の裏が)ぺたぺた音をたてる.

'tap·sig ['tapsɪç] 形 《話》ぶきっちょ(不器用)の.

'Ta·ra ['ta:ra] 囡 -/..ren (arab. tarh, Abzug') 《記号 T》(略 Ta) 風袋(ᶠᵘᵏᵘʳᵒ).

Ta·ran·tel [ta'rantəl] 囡 -/-n (it. tarantola) 《動物》タランチュラ, 舞踏ぐも. wie von der ~ gestochen aufspringen (毒ぐもに刺されたように)突然ぱっと跳ねあがる. ◆この蜘蛛がとくによく生息するという南イタリアの町 Taranto にちなむ.

Ta·ran·tel·la [taran'tɛla] 囡 -/-s (..llen/..ellen) (it. tarantola, Tarantel') 《音楽》タランテラ(8分の3 ないし8分の6拍子の激しい調子の南イタリアの民族舞踊および舞曲).

Tar·busch [tar'bu:ʃ] 男 -[e]s/-e (türk. ter , Schweiß' + pers. pus , bedecken') トルコ帽.

tar'dan·do [tar'dando] (it. tardare , zögern') 《音楽》タルダンド, しだいに遅く.

'Ta·ren [ta'ra:n] Tara の複数.

'Tar·get ['targət, 'taːrgət] 中 -s/-s (engl. , Zielscheibe') 《物理》ターゲット(核反応を起させるために高エネルギーの放射線を照射する物質).

ta·rie·ren [ta'ri:rən] 他 **1** 《物理》(物⁴の)正味重量を分銅でゼロに補整する. **2** 《商業》(商品の)風袋(ᶠᵘᵏᵘʳᵒ)重量を計る.

Ta'rif [ta'ri:f] 男 -s/-e (arab. ta'rif, Bekanntmachung') **1** (a) (法定・規定の)料金, 運賃, 税率. (b) 料金表, 運賃表, 税率表. **2** (労働協約による)賃金, 俸給; 賃率; 賃金(俸給)表.

Ta'rif·au·to·no·mie 囡 -/ (労使間交渉において国家の介入を許さない)協約自治, 協約自主権. **2** (公共交通機関の)運賃自主決定権.

Ta'rif·er·hö·hung 囡 -/-en 料金引上げ; (とくに)賃金引上げ.

ta·ri'fie·ren [tari'fiːrən] 他 **1** (物⁴の)金額を定める. **2** (ある金額を)料金(運賃, 賃金)として定める.

Ta'rif·kom·mis·si·on 囡 -/-en (とくに労働協約の)協約交渉委員会.

Ta'rif·kon·flikt 男 -[e]s/-e 労使間の賃金をめぐる紛争.

ta'rif·lich [ta'ri:flɪç] 形 《述語的には用いない》 **1** 料金(定価, 運賃, 賃金)表に従った. **2** 料金(定価, 運賃, 賃金)に関する.

Ta'rif·lohn 男 -[e]s/ᵉ 協約賃金.

ta'rif·mä·ßig 形 = tariflich

Ta'rif·part·ner 男 -s/- 《ふつう複数で》労働協約当事者(雇用者と被雇用者のどちらか一方).

Ta'rif·po·li·tik 囡 -/ 賃金政策.

Ta'rif·run·de 囡 -/-n (労使間の)賃金交渉.

Ta'rif·satz 男 -es/ᵉ 料金率, 税率, 賃金(給与)率.

Ta'rif·ver·hand·lung 囡 -/-en 《ふつう複数で》賃金交渉.

Ta'rif·ver·trag 男 -[e]s/ᵉ 《法制》労働協約.

'Tar·la·tan ['tarlatan] 男 -s/-e (fr.) 《紡織》ターラタン(とくに舞台衣装などに使われる薄地のモスリン).

'Tarn·an·strich ['tarn..] 男 -[e]s/-e 《軍事》迷彩塗装.

'Tarn·an·zug 男 -[e]s/ᵉ 《軍事》迷彩服.

'tar·nen ['tarnən] 他 **1** (人⁴物⁴)に迷彩を施す, (を)偽装(カムフラージュ)する. sich⁴ als Student ~ 大学生になりすます. **2** (事⁴を隠蔽する, 覆い隠す. seine Aufregung mit einem gleichmütigen Gesicht ~ 内心の興奮を何でもないような顔でごまかす.

'Tarn·far·be 囡 -/-n 《多く複数で》(動物などの)迷彩色; 《軍事》迷彩色, 迷彩ペイント.

'Tarn·kap·pe 囡 -/-n 《神話》(身に着けると姿が見えなくなる)隠れ蓑(ᵐⁱⁿᵒ), 隠れ頭巾.

'Tarn·man·tel 男 -s/ᵉ 《軍事》迷彩色の外套.

'Tarn·netz 中 -es/-e 《軍事》偽装網, 遮蔽網.

'Tar·nung ['tarnʊŋ] 囡 -/-en **1** 《複数なし》偽装, カムフラージュ; 遮蔽. **2** 偽装(カムフラージュ)用具; 遮蔽具.

'Ta·ro ['taːro] 男 -s/-s (polynes.) 《植物》たろいも.

Ta'rock [ta'rɔk] (arab. taraha) **1** 中 《オーストリア》 タロック(3人が78枚のタロー・カード ↑ Tarot で行うゲーム). **2** 男 -s/-s タロック(タロック・ゲームで切札となる22枚の絵札. ↑ Tarot).

ta·ro'ckie·ren [tarɔˈkiːrən] 自 = tarockieren

ta·ro'ckie·ren [tarɔˈkiːrən] 自 **1** タロック (↑ Tarock) をする. **2** (タロックで)切札を出す.

Ta'rot [ta'roː] 中 -s/-s (it. tarocco) 《オーストリア》タロー (1セット78枚の特殊なカードで行う Tarock と同系統のゲーム. 22枚の絵札には太陽・月・悪魔などの寓意画が描かれ Tarock では切札になる).

'Tar·sus ['tarzʊs] 男 -/..sen **1** 《動物》(昆虫の)跗節(ふせつ). **2** 《解剖》足根, 足根骨; 眼瞼(がんけん)軟骨, 瞼板(けんばん).

'Tar·tan¹ ['tartan, 'taːrtan] 男 -/-[s] (engl.) タータンチェックの肩掛け(膝掛け).

'Tar·tan² ['tartan] 男 -s/ 《商標》タータン(アメリカの商

社が開発した陸上競技の全天候トラックすなわちタータントラック Tartanbahn に用いられる舗装材料).

'Tar·ta·ros ['tartarɔs] 男 -/ (*gr.*) 《ギ神》タルタロス (神々に背いた者が落される冥府の底).

'Tar·ta·rus ['tartarɔs] 男 -/ (*lat.*) =Tartaros

'Tar·ta·rus[^2] 男 -/ (*lat.*) 《化学・薬学》酒石.

Tar'trat [tar'traːt] 中 -[e]s/-e 《化学》(↓ Tartarus[^2]) 酒石酸塩.

Tar'tüff [tar'tyf] 男 -s/-e 偽善者. ◆Molière の喜劇『タルチュフ, もしくはぺてん師』の主人公の名前 Tartuffe にちなむ.

'Täsch·chen ['tɛʃçən] 中 -s/- Tasche の縮小形.

'Ta·sche ['taʃə タシェ] 女 -/-n **1** ポケット; 《比喩》懐(ふところ), 懐中. eine aufgenähte⟨aufgesetzte⟩ ~ 張付けポケット. ein Mann mit zugeknöpften ~n しまり屋, しみったれ. et¹ aus der ~ nehmen⟨in die ~ stecken⟩ 物⁴をポケットから出す⟨ポケットにしまう⟩. 《慣用句》die Faust⟨die Fäuste⟩ in der ~ ballen 怒りをこらえる. Fass mal einem nackten Mann in die ~! 《戯》ない袖は振れないよ. die Hände in die ~n stecken 懐手(ふところで)をして傍観する; ぶらぶらしている. die Hände in fremde ~n stecken 盗みを働く. seinen Stolz in die ~ stecken おとなしく(しおらしく)する. et¹ wie seine [eigene] ~ kennen 物⁴を知悉(熟知)する. **2** 鞄, バッグ, ケース, 袋; (とくに)財布. Aktentasche ブリーフケース. Brieftasche 紙入れ. Handtasche ハンドバッグ. 《慣用句》sich³ die [eigenen] ~n füllen 《話》私腹を肥やす. keine schwere ~ haben 懐が寂しい. j³ die ~[n] leeren 人³の懐中をまきあげる. die Hand auf der⟨auf die⟩ ~ halten 財布の紐がかたい. j³ auf der ~ liegen 《話》人³に食わしてもらっている, 厄介になっている. aus eigener⟨der eigenen / seiner eigenen⟩ ~ bezahlen 自腹を切る. j³ et¹ aus der ~ ziehen 《話》人³から物⁴をまきあげる. j³ [das] Geld aus der ~ ziehen⟨locken⟩ 《話》人³に大枚をはたかせる. in die eigene ~ arbeiten⟨wirtschaften⟩ 《話》うまい汁を吸おうとする, 私利を図る. tief in die ~ greifen [müssen] 《話》財布の底をはたく, 大散財をする(für et¹ 物⁴のために). et¹⟨j⁴⟩ in der ~ haben 《話》物⁴を(十中八九)手中にしている⟨人⁴を意のままにできる⟩. die Hand in den ~n anderer⟨in anderer Leute ~[n]⟩ haben いつも他人にたかっている, 他人の財布で暮している. et¹ in seine⟩ eigene ~ stecken 《話》物⁴を着服(横領)する. j⁴ in die ~ stecken 《話》人⁴をはるかにしのぐ, 相手(問題)にしない. **3** (トランク・バッグなどの)ポケット. **4** 《解剖》囊, 袋, 窩(ぉ); 《狩猟》(獣の)陰門. **5** 《料理》(生地でつくった詰物料理用の)皮.

'Ta·schen·aus·ga·be 女 -/-n (本の)ポケット版.

'Ta·schen·buch 中 -[e]s/-er **1** 手帳. **2** 小型(ポケット版)の本, ポケットブック.

'Ta·schen·dieb 男 -[e]s/-e 掏摸(すり).

'Ta·schen·dieb·stahl 男 -[e]s/-e 掏摸(すり)を働くこと.

'Ta·schen·fahr·plan 男 -[e]s/-e ポケット版列車時刻表.

'Ta·schen·for·mat 中 -[e]s/ (本のサイズとしての)ポケット版. ein Wörterbuch im ~ ポケット版の辞書. ein Napoleon im ~ 《戯》ナポレオンを気どった男, ナポレオンの猿まね男.

'Ta·schen·geld 中 -[e]s/-e 小遣い銭, ポケットマネー.

'Ta·schen·ka·len·der 男 -s/- ポケット版メモ日記, 日記手帳.

'Ta·schen·klap·pe 女 -/-n **1** ポケットの蓋. **2** 《医学》(心臓の)半月弁, 囊状弁.

'Ta·schen·krebs 男 -es/-e 《動物》いちょうがに(銀杏蟹).

'Ta·schen·lam·pe 女 -/-n 懐中電灯.

'Ta·schen·mes·ser 中 -s/- ポケットナイフ.

'Ta·schen·rech·ner 男 -s/- ポケット電卓.

'Ta·schen·schirm 男 -[e]s/-e 折畳み傘.

'Ta·schen·spie·gel 男 -s/- 懐中鏡.

'Ta·schen·spie·ler 男 -s/- 手品師, 奇術師.

'Ta·schen·spie·le'rei 女 -/-en 手品, 奇術.

'Ta·schen·tuch 中 -[e]s/-er ハンカチ.

'Ta·schen·uhr 女 -/-en 懐中時計.

'Ta·schen·wör·ter·buch 中 -[e]s/-er ポケット辞典.

'Tasch·ner ['taʃnɐr] 男 -s/- 《南独·オーストリア》=Täschner

'Täsch·ner ['tɛʃnɐr] 男 -s/- 鞄職人, 袋物師.

Tas'ma·ni·en [tas'maːniən] 《地名》タスマニア((a) オーストラリア南東の島, 1803 から 53 までイギリスの流刑地. (b) (a) とその周辺の諸島とから成るオーストラリアの州).

TASS [tas] 女 -/ (略) =Telegrafnoye Agentsvo Sovetskovo Sojuza タス(旧ソ連の国営通信社, 1925-91).

'Täss·chen ['tɛsçən] 中 -s/- (Tasse の縮小形) 小さなカップ. Trinken Sie noch ein ~? もう一杯いかがですか. j¹ zu einem ~ einladen 《話》人⁴をお茶に誘う.

'Tas·se ['tasə タセ] 女 -/-n (*pers.* täst, Becken) **1** (コーヒー・紅茶用の)カップ, 茶碗; 茶碗 1 組 (カップと受け皿 Untertasse); 《比喩》受け皿. eine ~ ⟨zwei ~n⟩ Tee 紅茶 1 杯⟨2 杯⟩. mit drei ~n starkem Kaffee⟨雅 starken Kaffees⟩ 濃いコーヒー 3 杯と. eine trübe ~ 《話》退屈な(まぬけの)やつ. nicht alle ~n im Schrank⟨Spind⟩ haben 《話》頭がちょっとおかしい, いかれている. die ~n im Schrank lassen 《話》あわて(うろた)ない. Hoch die ~n! 《戯》さあ乾杯だ. **2** 《比喩》盆.

'tas·sen·fer·tig 形 (コーヒー・スープなどが)インスタント(即席)の.

'Tas·sen·kopf 男 -[e]s/-e 《まれ》(容量単位としての)カップ, 一杯. ~ voll Mehl 小麦粉 1 カップ.

Tas·ta'tur [tasta'tuːr] 女 -/-en (*it.*) **1** 《楽器》(ピアノ・オルガンなどの)鍵盤. **2** (パソコン・タイプライターなどの)キーボード.

'tast·bar ['tastbaːr] 形 さわって分かる, 《医学》触知し得る.

'Tas·te ['tastə] 女 -/-n (*it.* tasto) **1** (鍵盤楽器・タイプライターなどの)キー, 鍵(けん); (プッシュホン・計算機の)ボタン; (電信機の)電鍵. eine ~ anschlagen キーを打つ. die falsche ~ erwischen 《比喩》思い違いをする; 礼を失する. nicht alle ~n auf dem Klavier haben 《話》少しおつむがあやしい. auf die falsche ~ drücken 《比喩》言わでものことを言う. et¹ auf den ~n haben 《話》物⁴に熟達している. Sie hat etwas auf den ~n 《話》彼女はピアノ(に自信)がある. [mächtig] in die ~n greifen 力強くピアノを弾く. **2** (ピアノ・オルガンなどの)ペダル.

***'tas·ten** ['tastən] 動 -e- (*lat.* tangere, berühren) **❶** 自 **1** 手探りする, 手探りで捜す(nach et³ 物⁴を); 《比喩》摸索する, 探りをいれる. Im Dunkeln tastete er nach seinem Schlüssel. 暗闇で彼は手探りしながら鍵を捜した. ein *tastender* Versuch 模索の試み. j⁴ *tastend* fragen 人⁴に小当りに当ってみる. **2**（キーボードの）キーを叩く.

❷ **1** 触れてみる，さわって確かめる；『医学』触診する. **2**（キーを叩いて）打つ，打込む；『コンビュ』入力する. einen Funkspruch ~ （送信機で）電文を打つ. ein Manuskript ~ （植字機で）原稿を打つ. eine Telefonnummer ~ （プッシュホンのボタンで）電話番号を押す.

❸ 匣 (**sich**⁴) 手探りで進む.

'**Tas·ten·in·stru·ment** 匣 -[e]s/-e『楽器』鍵盤楽器.

'**Tas·ten·te·le·fon** 匣 -s/-e プッシュホン.

'**Tas·ter** ['tastər] 匣 -s/- **1**『動物』触鬚(ュɔ). **2**『工学』キーボード；『通信』（モールス通信機の）電鍵. **3** キーパンチャー. **4**『工学』カリパス, 測径器.

'**Tast·or·gan** 匣 -s/-e『生物・解剖』触覚器官.

'**Tast·sinn** 匣 -[e]s/ 触覚.

'**Tast·werk·zeug** 匣 -[e]s/-e（多く複数で）『生物・解剖』触覚器官.

tat [ta:t] tun の過去.

Tat

['ta:t タート] 囡 -/-en **1**（a）行い, 行為, 行動. Lass ~*en* sprechen! （諸君）議論はやめて行動しよう. die ~ eines Wahnsinnigen 狂気の沙汰. ein Mann der ~ 行動の人. die gute Absicht〈den guten Willen〉 für die ~ nehmen 善意を認める. et⁴ in die ~ umsetzen 事⁴を実行に移す. mit Rat und ~〈雅〉行動を起す, 立ちあがる. (b) しわざ, 所業, 功績, 偉業, （とくに）犯行. Das ist eine ~!〈話〉これは立派な〈凄い, 画期的な〉仕事だ. Leben und ~*n* des Herrn Professor Meyer マイヤー教授の経歴と業績. der Fluch der bösen ~ 悪事の報い. j⁴ auf frischer ~ ertappen 人⁴の犯行現場を押える, (を)現行犯で捕(宗)まえる. **2** in der ~ 本当に, 実際, 事実, 本当は, 実は.

Ta'tar¹ [ta'ta:r] 匣 -en/-en タタール人, 韃靼(鈑)人.

Ta'tar² 匣 -[s]/-s『料理』=Tatarbeefsteak

Ta'tar·beef·steak 匣 -s/-s『料理』タルタルステーキ（粗挽きの生の牛肉に卵黄・玉葱などを添えた料理）.

ta·ta·risch [ta'ta:rɪʃ] 形 タタール(人, 語)の. ↑ deutsch

ta·tau·ie·ren [tatao'i:rən] 他 (tätowieren)（人⁴に）入れ墨をする.

'**Tat·be·richt** ['ta:t..] 匣 -[e]s/-e 行動の報告.

'**Tat·be·stand** 匣 -[e]s/ 事情, 事態；『法制』（犯罪）の構成要件.

'**tä·te** ['tɛ:tə] tun の接続法Ⅱ.

'**Tat·ein·heit** 囡 -/『法制』単一犯（一行為が複数の刑罰法条に違反する犯罪, あるいは一行為が同一の刑罰法条に幾度も違反する犯罪をいう）. ♦ ↑ Idealkonkurrenz

'**Ta·ten·drang** ['ta:tən..] 匣 -[e]s/ 行動意欲, やる気；『医学』行為促進.

'**Ta·ten·durst** 匣 -[e]s/〈雅〉=Tatendrang

'**ta·ten·durs·tig** 形〈雅〉行動意欲に燃えた.

'**ta·ten·los** ['ta:tənlo:s] 形〈比較変化なし〉何もしない, 不活発な, 怠惰な. ~ zusehen 手を拱(凸)く.

*'**Tä·ter** ['tɛ:tər] 匣 -s/-『法制』（直接〈直接〉犯人. ♦ 女性形 Täterin 囡 -/-nen

'**Tä·ter·kreis** 匣 -es/（犯行の）容疑者グループ.

'**Tä·ter·schaft** 囡 -/-en **1**（複数なし）犯人であること；『法制』正犯（であること）. die ~ leugnen 犯人であることを否認する. **2**（ポ）『集合的に』犯人.

'**Tat·form** 囡 -/『文法』(↔ Leideform) 能動態.

*'**tä·tig** ['tɛ:tɪç テーティヒ] 形 **1**（副詞的には用いない）(a) 働いて仕事をしている, 勤めている. als Lehrer ~ sein 教師をしている. in einem Verlag ~ sein 出版社に勤務している. (b) 仕事中の；活動中の. ein ~*er* Vulkan 活火山. ~ werden〈書〉（何らかの）手を打つ，（調査などに）のり出す. Ich war heute sehr ~.〈戯〉今日はよく働いた. ~（付加語的用法のみ）活動（行動）的な, 精力的な；積極的な, 活発な. ein ~*er* Mensch よく働く人. ~*e* Mithilfe 積極的な援助. ~*e* Reue『法制』積極的悔悟.

'**tä·ti·gen** ['tɛ:tɪgən] 他〈書〉『商業』行う, 執行(実行)する, 処理する, （契約を）結ぶ. eine Bestellung〈einen Einkauf〉~ 発注する〈仕入れをする〉.

*'**Tä·tig·keit** ['tɛ:tɪçkaɪt テーティヒカィト] 囡 -/-en **1** (a) 活動, 働き. Das gehört zu den ~*en* einer Hausfrau. それも主婦の仕事の1つだ. körperliche〈geistige〉~ 肉体〈精神〉労働. eine rastlose ~ entfalten 休みなく活動する. (b)（複数なし）作動, 運転；作用. in〈außer〉 ~ sein（機械・装置が）作動〈停止〉している；（火山が）活動中である〈活動をやめている〉. in ~ 〈außer〉 ~ setzen ~を作動させる〈停める〉. in ~ treten（機械などが）始動(作動)する,（装置が）働く；（火山が）活動する. **2** 仕事, 職；業務. eine gut bezahlte ~ 実入りのよい仕事. häusliche〈praktische〉~ 家事〈実務〉. eine ~ ausüben 仕事をしている, 職に就いている.

'**Tä·tig·keits·be·reich** 匣 -[e]s/-e 活動領域（分野）, 専門分野.

'**Tä·tig·keits·form** 囡 -/『文法』能動態.

'**Tä·tig·keits·wort** 匣 -[e]s/⸚er『文法』動詞.

'**Tat·kraft** 囡 -/ 行動力；精力.

'**tat·kräf·tig** 形 行動力（実行力）のある, やり手の, 精力的な.

'**tät·lich** ['tɛ:tlɪç] 形〈比較変化なし〉暴力の, 腕ずくの. gegen j⁴ ~ werden 人⁴に殴り(つかみ)かかる, 暴力を振るう.

'**Tät·lich·keit** 囡 -/-en（多く複数で）暴力行為, 暴力沙汰, 殴り合い. Der Zank artete in ~*en* aus. 口論から腕力沙汰となった. sich⁴ zu ~*en* hinreißen lassen かっとなって暴力を振るってしまう.

'**Tat·mensch** 匣 -en/-en 行動の人.

'**Tat·mo·tiv** 匣 -s/-e [..və] 犯行の動機.

'**Tat·ort** 匣 -[e]s/-e 犯行現場. Besichtigung des ~*s*『法制』現場検証.

tä·to'wie·ren [teto'vi:rən] 他 (*tahit.* tatau, Zeichen, Malerei゛) **1**（人⁴に）入れ墨を入れる. sich⁴ ~ lassen 入れ墨をしてもらう. **2** einen Anker ~ 錨の入れ墨をする j³ auf den Arm 人³の腕に）.

Tä·to'wie·rung 囡 -/-en **1** 入れ墨をすること. **2** 彫り物, 入れ墨.

'**Ta·tra** 囡 -/ (*tschech.*)《地名》die ~ タトラ（ルパート中部のポーランドとスロヴァキアとにまたがる山地, 北の高タトラ die Hohe ~ と南の低タトラ die Niedere ~ に分かれる).

Tat·sa·che

['ta:tzaxə タートザヘ] 囡 -/-n 事実；現実；真相. eine gegebene ~ 既成の事実.

Tatsachenbericht

nackte ~n 紛れもない事実, 真実; 《戯》裸, ヌード. Vorspiegelung falscher ~n 事実の捏造(ｾﾂｿﾞｳ). ~ ist, dass... 本当は…だ. ~？《話》本当のことだ, 間違いないよ, もちろんだとも. ~？《話》本当かい. den ~n entsprechen 事実と一致する. die ~n entstellen 〈verdrehen〉事実を曲げる. vollendete ~n schaffen 既成事実をつくりあげる. den ~n ins Auge sehen 事実を直視する. sich⁴ auf den Boden der ~n stellen 事実に立脚する. j⁴ vor die vollendete ~〈vor vollendete ~n〉stellen 人に既成事実を突きつける.

'**Tat·sa·chen·be·richt** 男 -[e]s/-e 事実（現地）報告, ルポルタージュ.

*'**tat·säch·lich** ['taːtzɛçlɪç, -'--] タートゼヒリヒ ❶ 形 事実(上)の, 実際の, 本当の. die ~en Umstände〈Verhältnisse〉実情. ❷ 副 本当に, 実際, 実に; 本当は, 実際は, 実は. *Tasächlich?* (それは)本当なのか. *Tatsächlich!* 本当だとも, その通りだよ.

'**Tat·sche** ['tatʃə] 女 -/-n 《南ﾄﾞｲﾂ･ｵｰｽﾄﾘｱ》**1** 手. **2** 手で軽く叩くこと.

'**tät·scheln** ['tɛtʃəln] 他 (愛撫して)軽く叩く. dem Kind die Wange ~ 子供の頬っぺたを叩いて愛撫する. dem Pferd den Hals ~ 馬の首すじをやさしく叩いてやる.

'**tat·schen** ['tatʃən] 自 《話》がさつに(むやみに)触る(an et⁴ 物⁴ を / j³ 't ins Gesicht 人³の顔を), わし掴(ﾂｶ)みにする (auf et⁴ 物⁴ を).

'**Tat·ter·greis** ['tatər..] 男 -es/-e (手足の震える)よぼよぼの爺さん.

'**Tat·te·rich** ['tatərɪç] 男 -s/ 《話》震え(とくに手の).

'**tat·te·rig** ['tatərɪç], '**tatt·rig** 形 (老衰で手などが)ぶるぶる震える; (高齢で)よぼよぼの.

'**tat·tern** ['tatərn] 自 《話》ぶるぶる震える.

'**Tat·ter·sall** ['tatərzal, 'tætəsɔːl] 男 -s/-s 《engl.》タッタソール《(a) 馬場と馬を備え, 馬の調教・売買・貸与や馬術の教授などを行う一大施設. (b) 教習用馬場》. ◆もと調教師でロンドンの馬市の創設者であるイギリス人 R. Tattersall, 1724-95 にちなむ.

'**Tat'too** [tɛ'tuː, ta'tuː] 中 -/-s 《engl.》入れ墨をすること; 入れ墨, タトゥー.

'**tatt·rig** ['tatrɪç] 形 《話》=tatterig.

'**ta·tü·ta·ta** ['ta'tyː-ta'taː] 間 *Tatütata!* ぴーぽーぴーぽー(パトカー・救急車などのサインの音).

'**Tat·ver·dacht** 男 -[e]s 犯罪容疑. unter ~ stehen 犯行の容疑がかけられる.

'**tat·ver·däch·tig** 犯罪(犯行)容疑をかけられた.

'**Tat·ze** ['tatsə] 女 -/-n **1** (猛獣の)前足. **2** 《戯》つい手, グローブのような手. **3** ｟ｽﾎﾟｰﾂ｠ボクシンググローブの詰め物. **4** ｟地方｠(お仕置で)手をぶつこと.

'**Tat·zeit** 女 -/-en 犯行時間.

'**Tat·zel·wurm** ['tatsəlvɔrm] 男 -[e]s/ⁿer アルプス地方の民話に出てくる竜.

'**Tau¹** [tau] 中 -[e]s/-e (太い)綱, 索, ロープ. am ~ klettern ｟体操｠ロープ・クライミングをする. am gleichen ~ ziehen 《雅》目標(目的)が同じうである. in die ~e geschleudert werden 手痛い敗北を喫する; 商売が左向きになる.

*'**Tau²** [tau タォ] 中 -[e]s/-e 露. Der ~ fällt. 露が降りる. ~ treten 露踏みをする(健康法の１つで早朝に草原を裸足で踏み歩くこと). vom himmlischen ~ leben 暮し向きが苦しい. vor ~ und Tag 《雅》朝まだき, 夜早く, 払暁(ﾎﾞｷﾞｮｳ)に.

'**Tau³** 中 -[s]/-s 《gr.》タウ(ギリシャ語アルファベットの第 19 文字 T, τ).

*'**taub** [taup タォプ] 形 **1** 耳の聞こえない, 聾(ﾂﾝﾎﾞ)の; 耳の遠い. ~ geboren sein 生れつき耳が聞こえない. auf dem rechten Ohr ~ sein 右の耳が聞こえない. ~ für〈gegen〉et⁴ sein 事⁴(頼み事・警告などに)耳をかさない. sich⁴ ~ stellen 聞こえないふりをする, 知らん顔をする. ~en Ohren predigen 《話》馬の耳に念仏を唱える. Bist du denn ~？《話》耳が聞かないのか. Auf dem〈diesem〉Ohr bin ich ~.《戯》この話は聞かないことにする. **2** (体の一部が)感覚のない, 麻痺した, しびれた. ~e Finger 寒さでかじかんだ指. Das rechte Bein ist mir ~ geworden. 《話》右足がしびれが切れた. **3** 中身のない; 種(実)の入っていない; 実を結ばぬ, 不妊の; 気の抜けた. ~es Ei 無精卵. ~es Gestein 〈鉱業〉鉱物を含まない岩石. ~es Metall 輝きのない金属. eine ~e Nuss 空の(実の入っていない)クルミ; 《卑》種無しかぼちゃ(生殖不能の男). Der Pfeffer ist〈schmeckt〉 ~. この胡椒は風をひいている. **4** 《若者》(a) うすのろの, 血の巡りの悪い. (b) 退屈な, つまらない. **5** 《ｽﾞｯ》《述語的用法のみ》不機嫌な, 立腹した.

'**Täub·chen** ['tɔypçən] 中 -s/-《Taube の縮小形》小鳩; 《比喩》小娘; 《比喩》街娼. ein ~ fliegen lassen 新聞広告を出す.

'**Tau·be¹** ['taubə] 男 女《形容詞変化》耳の聞こえない人, 聾(ﾂﾝﾎﾞ)者.

*'**Tau·be²** ['taubə タォベ] 女 -/-n **1** 鳩; 家鳩; 〈猟匠〉雌鳩. Die ~n girren〈gurren/rucken〉. 鳩がククンと啼いている. Ein Spatz in der Hand ist besser als eine ~ auf dem Dach.《諺》先の雁より手前の雀, 明日の千金より今の百文. Den ~n fliegen einem nicht ins Maul.《話》棚からぼた餅は落ちてこない. **2** 《多く複数で》ハト派(の人). **3** die ~ 《天文》鳩座. **4** 《射撃》クレー・ピジョン. **5** 女の子. eine frische ~ ぴちぴちした女の子.

'**tau·ben·blau** ['taubən..] 《比較変化なし》(鳩の羽のような)淡い青灰色の.

'**tau·be·netzt** 露に濡れた.

'**tau·ben·grau** 《比較変化なし》鳩羽色の, 鳩羽鼠(の)(紫がかった鼠色).

'**Tau·ben·haus** 中 -es/ⁿer 鳩舎(ｷｭｳｼｬ), 鳩小屋.

'**Tau·ben·post** 女 -/ 伝書鳩通信.

'**Tau·ben·schie·ßen** 中 -s/ ｟ｽﾎﾟｰﾂ｠クレー射撃(元来生きた鳩を撃ったが多く瓦鳩を代用, やがて現在のクレー標的板 Zielscheibe に変る).

'**Tau·ben·schlag** 男 -[e]s/ⁿe 鳩小屋, 鳩舎(ｷｭｳｼｬ). Heute ging es im Amt [zu] wie im ~.《話》今日は役所は人の出入りが多かった.

'**Tau·ben·zucht** 女 -/ 鳩の飼育.

'**Tau·ber¹** ['taubər] 男 -s/-《鳥》雄鳩.

'**Tau·ber²** 女 -/《地名》die ~ タウバー川(マイン川の支流).

'**Täu·ber** ['tɔybər] 男 -s/-《鳥》=Tauber¹.

'**Tau·be·rich** ['taubərɪç] 男 -s/-e =Tauber¹.

'**Täu·be·rich** ['tɔybərɪç] 男 -s/-e =Tauber¹.

'**Taub·heit** ['tauphait] 女 -/ **1** 聾(ﾂﾝﾎﾞ); 聴覚喪失; 難聴. **2** (手・足などの)感覚麻痺. **3** 中身が空っぽなこと; 実を結ばないこと; (香辛料などが)効かないこと.

'**Täu·bin** ['tɔybɪn] 女 -/-nen 雌鳩.

'**Täub·ling** ['tɔyplɪŋ] 男 -s/-e ｟植物｠べにたけ(紅茸)属.

'**Taub·nes·sel** ['taupnɛsəl] 女 -/-n ｟植物｠おどりこそう(踊子草)属.

'**taub·stumm** ['taupʃtum] 形《副詞的には用いない》

'**Taub·stum·me** 男 女《形容詞変化》聾唖者.
'**Taub·stum·men·an·stalt** 女 -/-en =Taub-stummenschule
'**Taub·stum·men·leh·rer** 男 -s/- 聾唖学校の教師.
'**Taub·stum·men·schu·le** 女 -/-n 聾唖学校.
'**Taub·stum·men·spra·che** 女 -/-n 聾唖者用言語(手話・指話・口話など).
'**Tauch·boot** ['taʊx..] 中 -[e]s/-e〈短時間潜水の〉潜水艇.
*'**tau·chen** ['taʊxən タオヘン] ❶ 自 (h, s) **1** (h, s) 水中にもぐる, 潜水する. drei Meter tief〈zwei Minuten [lang]〉~ 3メートルの深さまで〈2分間〉もぐる. nach Muscheln ~ 貝を取りにもぐる.《中性名詞として》das *Tauchen*《スポーツ》(スキューバ)ダイビング. **2** (s)《雅》(水中の中にもぐる, 沈む, 投げる;〈aus et³ 物³の中から〉浮かび あがる〈出る〉, 姿を現す. Eine Insel *taucht* aus dem Meer. 海のかなたから島影が見えてる. Die Sonne ist ins Meer〈unter den Horizont〉*getaucht*. 太陽が海〈水平線〉のかなたに沈んだ. aus dem Dunkel〈ins Dunkel〉~ 暗闇から浮かびあがる〈暗闇に消える〉. aus dem Wasser〈in die Höhe〉~ 水中から浮かび出る〈水面へ〉浮上する〉. in den Nebel ~ 霧の中に姿を消す. **3** (h, s)《話》《古 ボーセーピングする.
❷ 他 漬ける, 浸す;(とくに人⁴を)水中に沈める. die Hand ins Wasser ~ 手を水につける. j⁴ mit dem Kopf ins〈unter〉Wasser ~ 人⁴の頭を押さえつけて水に沈める. Das Zimmer war in Sonne *getaucht*.《雅》部屋は陽の光を一杯に浴びていた.
'**Tau·cher** ['taʊxər] 男 -s/- **1** 潜水夫・ダイバー. **2**《鳥》(かいつぶりなど)水に潜るのが上手な水鳥.
'**Tau·cher·an·zug** 男 潜水服, 潜水衣.
'**Tau·cher·bril·le** 女 -/-n 潜水眼鏡.
'**Tau·cher·glo·cke** 女 -/-n 潜函(ホセルハエ), 釣鐘形潜水器.
'**Tau·cher·krank·heit** 女 -/《病理》潜水病.
'**tauch·fä·hig** ['taʊx..] 形 (船・鳥などが)潜水能力のある.
'**Tauch·ge·rät** 中 -[e]s/-e 潜水装置, アクアラング, スキューバ.
'**tauch·klar** 形 (潜水艦が)潜水準備の完了した.
'**Tauch·ku·gel** 女 -/-n 潜水球, バティスフィア(船から吊り下げられた深海調査用の球形潜水器).
'**Tauch·sie·der** 男 -s/- 投入式電熱湯沸かし器, イマーシヒーター.
'**Tauch·sta·ti·on** 女 -/-en 潜航配置(潜水艦の乗組員が潜航の際にとる位置). auf ~ gehen《話》人前から身を隠す.
'**Tauch·tie·fe** 女 -/-n 潜水(潜航)深度.
'**tau·en¹** ['taʊən] 非人称《まれ》*Es taut*. 露が降りる.
*'**tau·en²** ['taʊən タオエン] (*gr*. tekein , schmelzen')
❶ 自 (s)《雪・氷が》解ける. ❷ 非人称 Seit gestern *taut es*. 昨日から雪がとけ始めた(雪解け模様の天気だ). *Es taut* von den Dächern. 屋根から雪(氷)の水が落ちる. ❸ 他《雪・氷を》とかす(同義: auftauen).
'**tau·en³** ['taʊən]他《船員》綱で引く, 曳航(ǫ)する.
'**Tau·en·de** ['taʊ..] 中 -s/-n ロープ(索)の端;《地方》ロープの切れ端.
'**Tau·ern** ['taʊərn] ❶ 複《地名》die ~ タウエルン(オーストリアにある東アルプス中の山脈, 高タウエルン die Hohen ~ と低タウエルン die Niederen ~ からなる).

❷ 男 -s/-《地名》der ~ タウエルン(①を越えるいくつかの峠の呼称).
'**Tauf·akt** ['taʊf..] 男 -[e]s/-e《キリスト教》洗礼式; 命名式.
'**Tauf·be·cken** 中 -s/-《キリスト教》洗礼盤.
'**Tauf·buch** 中 -[e]s/¨-er《キリスト教》(Taufregister) 受洗者名簿.
*'**Tau·fe** ['taʊfə タオフェ] 女 -/-n **1**《キリスト教》(a)《複数なし》洗礼, 浸礼(ホム). das Sakrament der ~ 洗礼の秘蹟. die ~ spenden〈empfangen〉洗礼をほどこす〈受洗する〉. (b) 洗礼盤, 洗礼用聖水. et⁴ aus der ~ heben《話》物⁴(新党・結社など)を創立(創設, 創始)する, 興す; 物⁴(新作などを)発表する, 世に問う. j⁴ über die ~ halten / j⁴ aus der ~ heben 人⁴の教父(教母)をつとめる, 名親になる. (c) 洗礼(浸礼)式, 洗礼のお祝い(とくに幼児の). auf der ~ 洗礼のお祝いの席で. **2** (船・飛行機・鐘などの)命名式. **3**《比喩》最初の試練.
*'**tau·fen** ['taʊfən タオフェン] 他 **1** (人⁴に)洗礼(浸礼(ホム))を施す,《戯》水で薄める. sich¹ ~ lassen 洗礼(浸礼)を受ける. schon *getauft* sein もう洗礼(浸礼)が済んでいる. ein *getaufter* Jude 改宗したユダヤ人. die Soße〈den] Wein〉~ ソースを水でのばす〈ワインを水で割る〉. Er ist mit Isarwasser〈Spreewasser〉*getauft*.《戯》彼は生粋(ホ)のミュンヒェン〈ベルリーン〉っ子だ. Ich bin heute tüchtig *getauft* worden.《戯》今日は濡れ鼠となった. **2** (食洗·浸礼の際に)名づける; (動物に)名前をつける, (船・鐘などに, とくに式典を挙げたりして)命名する. Das Kind wurde auf den Namen Manfred *getauft*. その子はマンフレートと名づけられた. Sie wurde nach ihrer Großmutter Marlene *getauft*. 彼女は祖母の名に因んでマルレーネと名づけられた. *Tauf'* endlich dein Spiel!《ドイツ》(ブリッチで)そろそろビッドしてください. ◆↑getauft
'**Täu·fer** ['tɔyfər] 男 -s/- 《キリスト教》授洗者;《複数で》再洗礼派. Johannes der ~ 洗礼者ヨハネ(↑Johannes).
'**tau·feucht** 形《比較変化なし》露に濡れた.
'**Tauf·for·mel** 女 -/-n《キリスト教》授洗の際に唱える言葉(「私は父と子と聖霊のみ名によってあなたに洗礼を授けます」).
'**Tauf·ge·sinn·te** 男 女《形容詞変化》《まれ》《キリスト教》(Mennonit) 再洗礼派の人, メノー派教徒.
'**Tauf·ka·pel·le** 女 -/-n《キリスト教》洗礼堂.
'**Tau·flie·ge** 女 -/-n《動物》しょうじょうばえ(猩猩蝿).
'**Täuf·ling** ['tɔyflɪŋ] 男 -s/-e《キリスト教》受洗者.
'**Tauf·na·me** 男 -ns/-n 洗礼名. ◆格変化は Name 参照.
'**Tauf·pa·te** 男 -n/-n《キリスト教》(洗礼時の)代父.
'**Tauf·pa·tin** 女 -/-nen《キリスト教》(洗礼時の)代母.
'**Tauf·re·gis·ter** 中 -s/-《キリスト教》受洗者名簿.
'**tau·frisch** 形《比較変化なし》**1** 朝露にぬれた. **2**《話》生き生きした, みずみずしい, 真新しい. Ich fühle mich heute ~. 私は今日は気分が爽快だ. Sie ist nicht mehr ganz ~.《卑》彼女ももうそいい歳だ.
'**Tauf·schein** 男 -[e]s/-e《キリスト教》(Taufzeugnis) 受洗証明書.
'**Tauf·stein** 男 -[e]s/-e《キリスト教》(Taufbecken) 洗礼盤.
'**Tauf·was·ser** 中 -s/洗礼用聖水.
'**Tauf·zeu·ge** 男 -n/-n《キリスト教》(父母以外の)洗礼立会人(代父母・教父など).
'**Tauf·zeug·nis** 中 -ses/-se《キリスト教》=Taufschein

*'**tau·gen** ['taugən タオゲン] ❶ 自 (für j⟨et⟩⁴ 人⟨事⟩⁴ の / zu et³ 事³の)役に立つ, (に)向いて(適している). Dieser Film *taugt* nicht für Kinder⟨雅 *taugt* für Kindern nicht⟩. この映画は子供向きでない. Sie *taugt* nicht für das Stadtleben⟨zur Lehrerin⟩. 彼女は都会の生活⟨教師⟩に向いていない. Es *taugt* mir. 《話》それは気にいった(結構だ); それは私にうまく効く(私に合う). ❷ 他 etwas⟨nichts⟩ ~ 使いものになる⟨ものの役に立たない⟩. *Taugt* der Bursche etwas? 《話》この子は役に立つるか(大丈夫か). In der Schule *taugt* er nichts. 学校の方は彼はさっぱりだ.

'**Tau·ge·nichts** ['taugənɪçts] 男 -/-e のらくら者, ろくでなし, 穀(ごく)つぶし.

'**taug·lich** ['tauklɪç] 形《比較変化なし / 副詞的には用いない》**1** 役に立つ, 有用で, 使える; 適した, 向いている, 適格な. für et⟨zu et³⟩ ~ sein 事⁴に⟨することに⟩向いて(適している). **2** 兵役に適格な. beschränkt⟨voll⟩ ~ 乙⟨甲⟩種合格の. j³ ~ schreiben 人³に兵役に適格という診断書を書く.

'**Taug·lich·keit** 女 -/ 適性, 有用性.

'**tau·ig** ['tauɪç] 形《比較変化なし》《雅》露に濡れた.

'**Tau·klet·tern** 中 -s/《体操》ローブクライミング.

'**Tau·mel** ['tauməl] 男 -s/ **1** めまい, 朦朧状態. von einem ~ erfasst werden めまいに襲われる. Ich bin noch wie im ~. 私はまだ頭がぼうっとしている. **2** 陶酔(の状態). Sie geriet in einen ⟨wahren⟩ ~ des Glücks. 彼女は幸福のあまり我を忘れた. **3** 《まれ》よろよろ歩くこと, 千鳥足.

'**tau·me·lig** ['tauməlɪç] 形 **1** めまいがする; 頭がぼんやりしている. Ich bin⟨Mir ist⟩ ~. 私はめまいがする(頭がぼうっとしている). **2** 陶酔した. **3** 《まれ》よろめいた, ふらついている.

'**Tau·mel·kä·fer** 男 -s/《虫》水すまし科.

'**Tau·mel·lolch** 男 -[e]s/-e《植物》どくむぎ(毒麦).

'**tau·meln** ['tauməln] 自 (h, s) よろめく, よろける, ふらつく; (s) よろよろ⟨ふらふら, 千鳥足で⟩歩いていく. Ein Schmetterling *taumelt* von Blüte zu Blüte. 蝶が1匹花から花へひらひら舞っている.

'**taum·lig** ['taumlɪç] 形 =taumelig

'**Tau·nus** ['taunʊs] 男 -/《地名》der ~ タウヌス山地(ドイツ中西部のライン板岩山脈 das Rheinische Schiefergebirge の一部).

'**Tau·punkt** 男 -[e]s/-e《物理》露点.

Tau·ro·ma'chie [taoroma'xi:] 女 -/-n [..'xi:ən](*sp.*) **1**《複数なし》闘牛術. **2** 闘牛.

'**Tau·rus** ['taʊrʊs] 男 -/《地名》der ~ タウルス(トルコの地中海沿岸を走る山脈).

'**Tau·rus** 男 -(..ri)/ der ~《天文》牡牛座.

***Tausch** [tauʃ] 男 -[e]s/-e 交換, 引換え, 取替え; 物々交換, 交易, 取引. einen guten⟨schlechten⟩ ~ machen 得な⟨損な⟩取引をする. im ~ gegen⟨für⟩ ~ 物⁴と引換えに. et⁴ in ~ geben⟨nehmen⟩ ~ 物⁴を引換えに渡す⟨受け取る⟩.

*'**tau·schen** ['tauʃən タオシェン] ❶ 他 **1** 交換する, 換える (gegen et⁴ 物⁴と / mit j³ 人³との間で); 交わす. eine Briefmarke gegen eine alte Münze⟨*seine* Wohnung gegen eine größere⟩ ~ 切手を古貨と⟨住いを大きいのに⟩換える. mit j³ das Zimmer ~ 人³と部屋をかわる. Blicke ~ 視線を交わす, 目交(まなか)ぜしする. einen Gruß ~ 挨拶を交わす. Küsse ~ キスを交わす. die Ringe ~ 指環を交換する. Die beiden haben die Rollen *getauscht*. 2 人は役割を交替した.《目的語なしで》Wollen wir ~? ⟨座席・仕事などを⟩交替しようか, 代ろうか. **2**《事⁴の》担当時間を代ってもらう. den Nachtdienst ~ 夜勤を代ってもらう. ❷ 自 **1** (mit et³ 物³)を交換(取りかえっこ)する. Wir haben mit den Plätzen⟨den Rollen⟩ *getauscht*. 私たちは席⟨役割⟩を交換した. **2** (mit j³ 人³と)交替する. Ich möchte mit ihm *getauscht*, damit er heute früher nach Hause gehen kann. 私は今日彼が早く帰れるようにと代ってやった. Ich möchte mit ihr nicht ~. 私は彼女の立場にはなりたくない. Ich möchte mit niemandem⟨keinem⟩ ~. 私は今の境遇を誰にも譲りたくない.

*'**täu·schen** ['tɔyʃən トイシェン] ❶ 他 **1** だます, 欺く, たぶらかす. Meine Ahnung hat mich nicht *getäuscht*. 私の予感に間違いはなかった. Der Schein *täuscht* [uns]. 外見はあてにならない. Ich sehe mich in meinen Erwartungen *getäuscht*. どうやら私の期待はずれだ. j² Vertrauen ~ 人²の信頼を裏切る. sich⁴ leicht ~ lassen だまされやすい. sich⁴ durch ein freundliches Wesen ~ lassen 優しい人柄にだまされる.《目的語なしで》Man denkt, das Wasser sei tief, aber ich glaube, das *täuscht*[nur]. 水は深そうだがどうもそう見えるだけだと私は思う. Der Schüler hat versucht zu ~. その生徒はカンニングをしようとした.《慣用句的に》wenn mich nicht alles *täuscht* とことん私が間違っているのでなければ. wenn meine Augen mich nicht *täuschen* 私の見間違いで⟨私の目は狂っ⟩ていなければ. **2**《しばしば目的語なしで》《スポーツ》フェイントをかける;《軍事》⟨陽動作戦などで⟩裏をかく. ❷ 再 (sich) **1** 思い違いをする, 勘違い⟨考え違い⟩をする (in et³ 事³のことで). Ich kann *mich* auch ⟨natürlich⟩ ~. 私だって勘違いはする. wenn ich *mich* nicht *täusche* 私の思い違いでなければ. *sich* in einer Hoffnung ~ ある望みを抱く. *sich* in der Uhrzeit ~ 時刻を間違える. **2** (in j³ 人³を)見損う;⟨über et⁴ 事⁴を⟩過大評価する, (について)錯覚する. Wir dürfen *uns* nicht über den Ernst der Lage ~. 我々は事態の深刻さを見くびってはならない.

'**täu·schend** 現分 形 まぎらわしい, 錯覚を起させる. ~ ähnlich sein 酷似している, 瓜二つである.

'**Täu·scher** ['tɔyʃər] 男 -s/- 詐欺師, ペてん師, かたり. ◆女性形 Täuscherin 女/-nen

'**Tausch·ge·schäft** 中 -[e]s/-e 物々交換取引.

'**Tausch·han·del** 男 -s/ **1** バーター貿易, 交易. **2** =Tauschgeschäft

Tau'schier·ar·beit [tao'ʃi:r..] 女 -/-en《工芸》**1**《複数なし》象嵌(ぞうがん)の仕事. **2** 象嵌細工.

tau'schie·ren [tao'ʃi:rən] 他 (*arab.* tausija, Färbung, Verzierung)《工芸》**1**《物に》象嵌(ぞうがん)を施す. **2**⟨紋様などを⟩象嵌する(in et⁴ 物⁴に).

'**Tausch·mit·tel** 中 -s/-《経済》交換手段.

'**Tausch·ob·jekt** 中 -[e]s/-e 交換の対象物.

*'**Täu·schung** ['tɔyʃʊŋ トイシュング] 女 -/-en **1** ごまかし, たぶらかし, 欺瞞, 詐欺;《スポーツ》フェイント. fromme ~ 自己暗示; 方便の嘘. einer ~ zum Opfer fallen / das Opfer einer ~ werden ごまかされる, たぶらかされる. auf eine ~ hereinfallen 嘘(詐欺)にひっかかる. **2** 思い違い, 錯誤; 錯覚, 幻覚. akustische⟨optische⟩ ~ 幻聴⟨幻視⟩. einer ~ erliegen ⟨unterliegen⟩ 思い違いをしている. sich⁴ der ~ hingeben, dass... ...と勘違いの望みを抱く.

'**Täu·schungs·ma·nö·ver** 中 -s/- 人を欺くための策略; 偽装工作; 陽動作戦.

'**tausch·wei·se** 副 交換によって.
'**Tausch·wert** 男 -[e]s/-e 交換価値.
'**Tausch·wirt·schaft** 女 -/〖経済〗(Naturalwirtschaft) 交換(交易)経済.

'**tau·send** ['taʊzənt タオゼント] 数 **1** 千, 1000; 千の. einige 〈ein paar〉 〜〈Tausend〉 Menschen 数千(2, 3 千)人. 〜 und aber*tausend* Briefe / *Tausend* und Aber*tausend* Briefe 何千通もの手紙. Du bist nur einer unter 〜. 君は千人中の 1 人に過ぎない. Ich wette 〜 zu〈gegen〉 eins, dass… 《話》…のことは間違いないと思います. **2** 《話》数えきれないほどの, 無数の, 山ほどの. 〜 Ängste ausstehen 不安で不安でたまらない. *Tausend* Dank! 感謝にたえません. in 〜 Farben schillern 玉虫色に輝く. mit 〜 Grüßen und Küssen (手紙の結びに)敬白, 敬具. in 〜 Stücke zerspringen 粉々に砕け散る. ◆↑Tausend¹ 2

'**Tau·send¹** ['taʊzənt] 中 -s/-(-e) **1** 《複数 -》(略 Tsd.)《数量の単位としての》千. einige *Tausend* Flaschen 瓶数千本. einige *Tausend* Zigarren 葉巻千本入り数箱. das erste 〜 der vierten Auflage 第 4 版の最初の千部. 15 vom 〜 (略 15 v.T.) 千分の 15. **2** 《複数 **Tausende** の形で》数千, 幾千; 何千もの…, 無数の…. 〜*e*〈*tausende*〉 von Euro 数ユーロ. 〜*e*〈*tausende*〉 begeisterter Menschen 熱狂した数千人の群衆. 〜 und aber*tausende* Vögel / *tausende* und aber*tausende* Vögel 何千何万という鳥の群れ. in die 〜*e*〈*tausende*〉 gehen 数千という数にのぼる. zu 〜*en*〈*tausenden*〉 何千となく, 千単位で. ▶ 1, 2, 4 格の語尾(Einige 〜[*e*] standen vor den Toren. 数千人が門の前に立っていた / der Tod 〜*er*〈einiger 〜*e*〉 何千人もの〈数千人の〉死)については Hundert¹ 2 の注記を参照.

'**Tau·send²** 女 -/-en (数または数字としての)千, 1000.
'**Tau·send³** 男 《古》悪魔. 《次の用法でのみ》[Ei] der 〜! 《話》うわっ, びっくり驚いた; こん畜生め.
'**Tau·sen·der** ['taʊzəndər] 男 -s/- **1** (1000 から 9000 までの) 1000 の倍数. **2** 《数学》千の位の数. **3** 《話》旧 1000 マルク(紙幣). **4** 《話》 1000 メートル級の山.
'**tau·sen·der·lei** ['taʊzəndər'laɪ] 形 《不変化》 **1** 何千種類もの, 種々様々の. **2** 《名詞的に》非常にたくさんのいろいろな事(物). an 〜 denken müssen いろいろなことを考えなければならない.
'**tau·send·fach** ['taʊzəntfax] 形 千倍の, 千倍もの;《話》何倍もの, 何千回もの. Das ist das Ergebnis unserer 〜*en* Erfahrungen. それはわれわれの限りない様々な経験の成果だ. eine 〜 bewährte Methode ありとあらゆる方法でその真価が実証された方法. Ich will es dir 〜 zurückgeben. このお返しは何倍にもしてやってやるからな.
'**tau·send·fäl·tig** 形 《古》=tausendfach
'**Tau·send·fuß** 男 -es/¨e 〖動物〗 =Tausendfüßer
'**Tau·send·fü·ßer** [..fy:sər] 男 -s/- 〖動物〗多足類 (むかで・やすでなど).
'**Tau·send·füß·ler** [..fy:slər] 男 -s/- 〖動物〗 = Tausendfüßer
Tau·send·gül·den·kraut [taʊzənt'gʏldən..] 中 -[e]s/¨er 〖植物〗しませんぶり(島千振).
'**tau·send·jäh·rig** ['taʊzəntjɛ:rɪç] 形 **1** 千年を経た, 千歳の. *Tausendjähriges* Reich 〖キリスト教〗千年王国.
'**Tau·send·künst·ler** 男 -s/- 《戯》 **1** 手品師. **2** 何でも器用にこなす人. Du bist ja ein wahrer 〜! 君はまったく便利屋さんだね.
'**tau·send·mal** ['taʊzəntma:l] 副 **1** 千倍, 千回, 千度. **2** 《話》何千回(度)も; 何千倍(何層倍)も; 幾重にも.
'**tau·send·ma·lig** [..ma:lɪç] 形 千回の, 千度の.
'**Tau·send·sa·sa** ['taʊzənt-sasa] 男 -s/-[s] =Tausendsassa
'**Tau·send·sas·sa** [..sasa] -s/-[s] **1** 何でも器用にこなす人, 多芸多才の人. **2** 無鉄砲な男. ◆sa! の強調形 tausend sa! sa! を名詞化したもの (↑sa).
'**Tau·send·schön** ['taʊzənt-ʃø:n] 中 -s/-e 〖植物〗ひな菊, デイジー.
'**Tau·send·schön·chen** 中 -s/- = Tausendschön
'**tau·sendst** ['taʊzəntst] 数 《序数》千番目の.
'**tau·sends·tel** ['taʊzəntstəl] 形《不変化》千分の一.
'**Tau·sends·tel** 中 (ス口男) -s/- 千分の一.
'**tau·send·und·eins** 数 1001. *Tausendundeine Nacht* 千一夜物語, アラビアンナイト.
Tau·to·lo·gie [taʊtolo'gi:] 女 -/-n [..'gi:ən] (*gr.* tauto , dasselbe'+logos , Rede') **1** 〖修辞・文体〗類語反復. トートロジー(nackt und bloß, recht und billig など). **2** 〖哲学〗(a) (伝統的論理学における)(狭義で)循環論証, (広義で)分析判断. (b) (形式論理学の命題論理における)恒真式. **3** 《まれ》冗語(法).
tau·to·lo·gisch [taʊto'lo:gɪʃ] 形 〖修辞・文体〗類語反復の.
Tau·to·me·rie [taʊtome'ri:] 女 -/-n[..'ri:ən] 〖化学〗互変異性, トートメリー.
'**Tau·trop·fen** ['taʊ..] 男 -s/- 露の滴.
'**Tau·werk** 中 -[e]s/《集合的に》綱, ロープ; (船の)索具.
'**Tau·wet·ter** -s/ 雪解けの陽気, 水ぬるむ気候, 春暖.《比喩》(政治的な)雪解け.
'**Tau·wind** 男 -[e]s/e 雪解け期の暖かな風.
'**Tau·zie·hen** 中 -s/ **1** 〖スポーツ〗綱引き. **2** 《話》激しい攻防, 鍔競(つばぜり)り合い (um et⁴ 物をめぐる).
Ta·ver·ne [ta'vɛrnə] 女 -/-n (*lat.* taberna , Hütte, Wirtshaus') (イタリア風の)居酒屋, 小料理屋.
Ta·xa·me·ter [taksa'me:tər] 男 (中) -s/- (*lat.* taxa , Schätzung, Anschlag, Satz'+*gr.* metron , Maß') (タクシーの)料金メーター; 《古》旧タクシー.
'**Tax·amt** ['taks..] 中 -[e]s/¨er 価格査定所.
Ta·xa·ti·on [taksatsi'o:n] 女 -/-en (土地・家屋・絵画などの)価格査定, 評価.
Ta·xa·tor [ta'ksa:to:r] 男 -s/-en[..ksa'to:rən] (専門の)価格査定人, 鑑定士.
'**Ta·xe** ['taksə] 女 -/-n (*lat.* taxa , Schätzung, Anschlag, Satz') **1** (専門家による)評価額; 査定価格, 評価額. **2** 規定料金, 公定料金; 公共料金, 税. **3** 料金規定. **4** =Taxi
'**ta·xen** ['taksən] 他 =taxieren 1
'**Ta·xen** ['taksən] Taxe, Taxis の複数.
'**Ta·xes** ['taksɛs] Taxis の複数.
'**tax·frei** 形 料金(手数料)のいらない; 無税(免税)の.

'**Ta·xi** ['taksi タクスィ] 中 (ス口男) -s/-s (*gr.* taxis , [An]ordnung , Bestimmung, Festsetzung') タクシー. 〜 mit Blaulicht 《話》無線パトカー. ein 〜 bestellen〈nehmen〉タクシーを呼ぶ〈利用する〉. 〜 fahren タクシーの運転手をしている; タクシーに乗る. in〈mit〉einem 〜 fahren タクシーで行く.

'Ta·xi·chauf·feur 男 -s/-e =Taxifahrer.

Ta·xi·der'mie [taksidɐr'mi:] 囡 -/ 《動物の》剥製法.

ta'xie·ren [ta'ksi:rən] 他 **1** (a) 《土地・家屋などを》査定〈評価〉する. (b) 《話》《年齢・大きさ・値段などを》見積もる. Er *taxierte* sie〈ihr Alter〉auf etwa vierzig〈Jahre〉. 彼は彼女〈彼女の年齢〉をおおよそ40歳と踏んだ. **2** 《話》《品定めをするように》じろじろ見る, ためつすがめつ見る. **3** 《状況などを》判断する.

Ta'xie·rer [ta'ksi:rɐr] 男 -s/- =Taxator.

Ta'xie·rung [ta'ksi:rʊŋ] 囡 -/-en 《土地・家屋などの》査定, 評価, 見積り.

'Ta·xi·fah·rer 男 -s/- タクシーの運転手.

'Ta·xis ['taksɪs] 囡 -/..xen(..xes) (*gr.*, [An]ordnung') **1** 《複数なし..xen》【生物】走性. positive〈negative〉～ 正の〈負の〉走性. **2** 《複数 ..xes》【医学】《骨折・ヘルニアなどの》整復術.

'Ta·xi·stand 男 -[e]s/⁼e タクシー乗場.

'Ta·xi·way ['teksiwe:, 'tæksɪweɪ] 男 -[s]/-s (*engl.*) 【航空】《飛行場の》誘導路.

Ta·xo·no'mie [taksono'mi:] 囡 -/ (*gr.*) 【生物・言語】分類学, 分類法.

'Ta·xus ['taksʊs] 男 -/- (*lat.*) 【植物】いちい(櫟)属.

'Tax·wert 男 -[e]s/-e 《査定人による》評価価値〈価額〉, 査定価格.

Tay'lo·ris·mus [tɛlo'rɪsmʊs] 男 -/ (*engl.*) 【経済】テーラーリズム《アメリカの発明家・技術者テーラー Frederick W. Taylor, 1856-1915 の考案した科学的経営管理法》.

'Tay·lor·sys·tem ['tɛɪlɐ..] 中 -s/ (*engl.*) (Taylorismus) テーラーシステム, テーラーリズム.

Tb¹ [te:'be:] 囡 -/ (記号)【化学】=Terbium.

Tb² [te:'be:] 囡 -/ (略) =Tuberkulose.

Tbc [te:be:'tse:] 囡 -/- (略) =Tuberkulose.

Tbc-krank 形 (略) =tuberkulosekrank.

Tb-krank 形 (略) =tuberkulosekrank.

Tc [te:'tse:] 囡 -/ (記号)【化学】=Technetium.

Te [te:'|e:] 囡 -/ (記号)【化学】=Tellur.

Teak [ti:k] 中 -s/ (*port. teca*) =Teakholz.

'Teak·holz 中 -es/⁼er 《複数まれ》チーク材.

Team [ti:m] 中 -s/-s (*engl.*) 《共同作業の》班, 組, チーム.

'Team·ar·beit 囡 -/ =Teamwork.

'Team·geist 男 -[e]s/ 共同〈団体〉精神, チームスピリット.

'Team·work ['ti:mvɐ:rk, ..vœrk] 中 -s/ (*engl.*) チームワーク, 共同作業.

'Tea·room ['ti:ru:m] 男 (ス̂ 中) -s/-s (*engl.*) **1** 喫茶店, 茶房. **2** (ス̂) カフェ.

Tech'ne·ti·um [tɛç'ne:tsiʊm] 中 -s/ (*gr. technetos*, künstlich [gemacht]') (記号 Tc)【化学】テクネチウム.

*'**Tech·nik** ['tɛçnɪk テヒニク] 囡 -/-en (*gr. technikos*, kunstvoll, kunstgemäß, sachverständig, fachmännisch') **1** 《複数なし》工業科学, 工学, 科学〈工業〉技術. das Zeitalter der ～ 科学技術の時代. **2** 《専門》技術, 技巧, テクニック; 技能, 腕《前》; 技術, 技法. eine ausgefeilte ～ 磨きぬかれた技術. eine ～ anwenden〈beherrschen〉技術を駆使する〈マスターする〉. *seine* eigene ～ entwickeln 独自の腕をみがく〈上げる〉. **3** 《複数なし》生産設備; 《機械・器具の》構造, メカニズム. Der Betrieb ist mit modernster ～ ausgestattet. この工場は最新式の設備を備えている. mit der

～ einer Maschine vertraut sein 機械のメカニズムに詳しい. **4** 《複数なし》技術陣《スタッフ》, 技術部. **5** (略̂) 工科〈工業〉大学.

'Tech·ni·ka ['tɛçnika] Technikum の複数.

'Tech·ni·ken ['tɛçnɪkən, 'tɛçnɪkɐn] Technik, Technikum の複数.

'Tech·ni·ker ['tɛçnɪkɐr] 男 -s/- **1** 専門技術者, 専門家; 工学者, 《科学》技師. **2** 技巧家, テクニシャン《とくに芸術上の》. **3** 工芸学者, 工芸家. ◆ 女性形 Technikerin 囡 -/-nen.

'Tech·ni·kum ['tɛçnikʊm] 中 -s/..ka(..ken) 工業〈工芸〉専門学校.

*'**tech·nisch** ['tɛçnɪʃ テヒニシュ] 《比較変化なし》 **1** 工業科学の, 工学〈上〉の; 工業の, 科学〈工業〉技術の. ～e Chemie 工業化学. eine ～e Hochschule (略 TH) 工科〈工業単科〉大学. ～e Kenntnisse 工学の知識. die ～e Truppe【軍事】技術部隊. *Technischer* Überwachungsverein (略 TÜV) 技術監査協会. eine ～e Universität (略 TU) 工業〈総合〉大学. ～es Zeichnen 機械製図. das ～e Zeitalter 科学技術の時代. **2** 技術に関する, 技術〈技巧〉の; 専門〈特殊技術〉の, 専門的な. ～es Foul 【スポーツ】テクニカルファウル. ～er Knockout【スポーツ】テクニカルノックアウト, TKO. ～es Können 技術的能力. ～e Personal 技術スタッフ. ～e Punkte【スポーツ】テクニカルポイント. ～er Wert 【スポーツ】技術的評価. ～ begabt sein 技術的に優れた才能をもっている. 工事構造上の, 構造上の. aus ～en Gründen 構造上の〈技術的な〉理由で.

tech·ni'sie·ren [tɛçni'zi:rən] 他 機械化〈工業化, 技術化〉する.

Tech·ni'sie·rung 囡 -/-en 機械化, 工業化, 技術化.

Tech·ni'zis·mus [tɛçni'tsɪsmʊs] 男 -/..men [..mən] **1** 《専門的な》技術用語. **2** 《複数なし》技術万能主義.

'Tech·no ['tɛçno, 'tɛkno] 中〈男〉-[s]/ (*engl.*)【音楽】テクノポップ.

Tech·no'krat [tɛçno'kra:t] 男 -en/-en **1** テクノクラート, 技術官僚. **2** 《俺》技術万能主義者.

Tech·no·kra'tie [tɛçnokra'ti:] 囡 -/ テクノクラシー《技術万能主義に基づき優秀な専門技術者による社会の管理・運営を提唱する社会経営思想, また専門化した技術官僚による社会の管理・支配の体制》.

tech·no'kra·tisch [tɛçno'kra:tɪʃ] 形 **1** 《述語的には用いない》テクノロジーの, テクノクラートの. **2** 《俺》技術万能主義の.

Tech·no'lo·ge [tɛçno'lo:gə] 男 -n/-n 科学〈工業〉技術の専門家.

Tech·no·lo'gie [tɛçnolo'gi:] 囡 -/-n[..'gi:ən] **1** 《複数なし》工学, 技術学. chemische〈mechanische〉～ 化学〈機械〉工学. **2** 科学〈工業〉技術, テクノロジー. die ～ des Schweißens 熔接の技術. **3** 《特定の領域における》専門的な側面.

tech·no'lo·gisch [tɛçno'lo:gɪʃ] 形 《述語的には用いない》テクノロジーの, 工学の, 工業技術上の.

Tech·tel'mech·tel [tɛçtəl'mɛçtəl] 中 -s/- (*it.* teco meco ,ich mit dir, du mit mir, unter vier Augen') 情事, 色事, 戯れの恋. ein ～ mit j³ haben 人³とよろしく情(ミホ)を通じる.

'Te·ckel ['tɛkəl] 男 -s/- (Dachshund) ダックスフント.

'Ted·dy ['tɛdi, 'tɛdɪ] 男 -s/-s (*engl.*) **1** (Teddybär) テディーちゃん《テディー・ベアのこと, ↑Teddybär》. **2** 《話》=Teddyplüsch **3** =Teddyboy

'Ted·dy·bär 男 -en/-en テディー・ベア《熊の縫いぐる

み). ◆狩猟好きのアメリカ大統領 Theodore Roosevelt, 1858-1919 の愛称 Teddy にちなむ.

'**Ted·dy·boy** ['tedibɔy] 男 -s/-s (*engl.*) **1**《古》テディーボーイ(エドワード Edward 7 世の治世 1901-10 に流行した派手な服装で 1950 年代のイギリスに現れた不良少年のこと, Teddy は Edward の愛称). **2** (一般に)不良少年. ◆女性形 Teddygirl 女 -s/-s)

'**Ted·dy·plüsch** 男 -[e]s/-e《紡織》テディーベアクロス(熊の毛皮に似せた, とくに冬物用の毛羽織物).

Te'de·um 男 -s/-s (*lat.*) **1**《複数なし》《宗教》テ・デウム(ラテン語による神を賛美する歌). **2**《音楽》テ・デウム曲(テ・デウムを編曲したモテット・カンタータ・オラトリオなどの合唱曲). ◆ラテン語の賛美歌の出だしの言葉 Te Deum Laudamus „Dich, Gott, loben wir" による.

Tee[1] [te: テー] 男 -s/-s (*chin.* te) **1**《植物》茶(の木); 茶の葉. ein Beutel ~ お茶 1 袋. **2**《複数なし》お茶, 紅茶. chinesischer ~ 中国茶. grüner 〈schwarzer〉~ 緑茶〈紅茶〉. starker〈dünner〉~ 濃い〈うすい〉お茶. ~ mit Milch〈Zitrone〉ミルクティー〈レモンティー〉. eine Tasse ~ お茶 1 杯. Herr Ober, zwei ~ bitte! ボーイさん紅茶 2 つください. ~ aufbrühen〈kochen〉お茶を淹れ(い)れる. ~ machen お茶を沸かす(淹れる). ~ trinken お茶を飲む, お茶にする. Abwarten und ~ trinken!《話》ひとまず様子を見ようじゃないか. den ~ ziehen lassen 茶を(濃く)出す. Der ~ muss noch etwas ziehen. このお茶はもう少し濃く出さないといけない. Du hast ja einen im ~.《話》君はちょっと(お酒がはいっているね(いくご機嫌だね); 君はちょっと頭がおかしいんじゃないの. **3**(複数なし)(種々の草花の, とくに薬用の)茶; 煎薬, 煎剤. (b)《話》マリファナ, ハシッシュ. **4** お茶の会, ティーパーティー; ティータイム. einen ~ geben お茶の会を催す. j* zum ~ einladen〈bitten〉人*をお茶の会に招く.

Tee[2] [ti:] 男 -s/-s (*engl.*)《ゴルフ》ティー, ティーング・グラウンド; 《ゴルフ》(プレースキックに使う)ティー; 球座; 《ゴルフ》ハウス(目標)の中心点, 標的.

TEE [te:|e:|e:] 男 -[s]/-[s]《略》=Trans-Europ-Express ヨーロッパ横断国際特急. ◆すでに廃止され現在は Eurocity がこれに代っている. ↑Eurocityzug

'**Tee·beu·tel** 男 -s/- ティーバッグ.
'**Tee·blatt** 中 -[e]s/-er(ふつう複数で)お茶の葉.
'**Tee·brett** 中 -[e]s/-er 茶盆.
'**Tee·büch·se** 女 -/-n 茶筒.
'**Tee·ei, Tee-Ei** 中 -[e]s/-er 茶漉(こ)し球(茶の葉を入れてティーポットの中で茶を漉し出す鎖付きのボール型茶道具).
'**Tee·ge·bäck** 中 -[e]s/- (茶請(う)け用の)クッキー, ビスケット, 茶菓子.
'**Tee·ge·schirr** 中 -[e]s/-e (陶磁器製の)茶器, 紅茶用食器; 紅茶用食器セット.
'**Tee·ge·sell·schaft** 女 -/-en (午後の)お茶の会(集い).
'**Tee·hau·be** 女 -/-n =Teewärmer
'**Tee·haus** 中 -es/-er (日本風の)茶店, 茶屋; (とくにオーストリアの)カフェ.
'**Tee·kan·ne** 女 -/-n ティーポット.
'**Tee·kes·sel** 男 -s/- **1** 湯沸かし, やかん; 茶釜. **2** 同音異義語を言い当てる遊び. **3**《地方》《古》とんま, うすのろ.
'**Tee·löf·fel** 男 -s/- **1** ティースプーン, 茶匙. **2** 茶匙(ティースプーン) 1 杯分の分量. ein ~ Zucker ティ

ースプーン 1 杯の砂糖.

'**Tee·ma·schi·ne** 女 -/-n (サモワールなど)お茶用湯沸かし器.
'**Tee·müt·ze** 女 -/-n =Teewärmer
'**Teen·ager** ['ti:ne:dʒɐ, 'ti:neɪdʒɐ] 男 -s/- (*engl.*) ティーンエージャー(13 歳から 19 歳までの少年少女, ドイツでは少女をさすことが多い).

Teer [te:r] 男 -[e]s/-e《化学》タール.
'**tee·ren** ['te:rən] 他 **1** タールを塗る. j* ~ und federn 人*の全身にタールを塗りたくり羽毛で覆う(白人の黒人に対するリンチ). **2** (道路を)タールで舗装する.
'**Teer·far·be** 女 -/-n (コールタール)染料.
'**Teer·farb·stoff** 男 -[e]s/-e (コールタール)染料.
'**tee·rig** ['te:rɪç] 形 **1** タールで覆われた, タール塗装された. **2** タールのような, タール状の.
'**Teer·ja·cke** 女 -/-n (*engl.* Jack Tar, Hans Teer*)《戯》船乗り, 水夫.
'**Tee·ro·se** 女 -/-n **1**《植物》ティー・ローズ(中国原産の四季咲きのばら, 強い茶の香りを漂わす). **2** (一般に)黄色いばら.
'**Teer·pap·pe** 女 -/-n《建築》(屋根葺(ふ)き用)タール紙.
'**Teer·stra·ße** 女 -/-n タール舗装道路.
'**Tee·rung** ['te:rʊŋ] 女 -/-en タールを塗ること; タール塗装, タール舗装.
'**Tee·ser·vice** 中 -[s]/- 茶器セット, ティーセット.
'**Tee·sieb** 中 -[e]s/-e 茶漉(こ)し.
'**Tee·strauch** 男 -[e]s/-e 茶の木.
'**Tee·stu·be** 女 -/-n ティールーム, 喫茶店, 茶房.
'**Tee·tas·se** 女 -/-n 紅茶茶碗, ティーカップ.
'**Tee·tisch** 男 -[e]s/-e お茶の支度の調えられたテーブル.
'**Tee·wa·gen** 男 -s/- (お茶や軽食を運ぶ)ティーワゴン.
'**Tee·wär·mer** 男 -s/- ティーポットの保温カバー.
'**Tee·wurst** 女 -/-e ティーソーセージ(とくに細かい挽肉でつくった上質の燻製ソーセージ).

Te·fil·la [tefɪ'la:] 女 -/ (*hebr.,* Gebet, Gebetbuch*) ユダヤ教の祈禱書, また祈禱書.
Te·fil'lin [tefɪ'li:n] 複 (*hebr.,* Gebetsriemen*)《ユダヤ教》テフィリーン. ◆とくに正統派ユダヤ教徒が朝の祈禱のとき身につける経札, 旧約聖書の聖句を記した羊皮紙を納めた小箱が 2 個ついていて額と左腕に 1 つずつくりつけられるように着用する.

'**Te·gel** ['te:gəl] 男 -s/ (*lat.* tegula, [Dach]ziegel*)《地質》石灰質粘土(とくにウィーン盆地産のもの).
'**Te·gern·see** ['te:gɐrnze:] **1** 男 -s/《地名》der ~ テーゲルン湖(バイエルン州南部の風光明媚な湖). **2**《地名》テーゲルンゼー(テーゲルン湖畔の町, 保養地).
'**Te·he·ran** ['te:həra:n, teha'ra:n]《地名》テヘラン(イランの首都).

***Teich** [taɪç タイヒ] 男 -[e]s/-e 池; 貯水池(槽), 養魚池(場). der große ~《戯》大海原; (とくに)大西洋. einen ~ ablassen 池を干す. einen ~ anlegen 池をつくる(掘る). in den ~ gehen《話》失敗に終る. über den großen ~ fahren《戯》海(大西洋)を渡る. über den ~ gehen《兵》戦死する.
'**Teich·ro·se** 女 -/-n《植物》すいれん(水蓮)属.
'**Teich·wirt·schaft** 女 -/ (池で魚の養殖をする)養魚業, 養殖池経営.

teig [taɪk] 形《地方》(果実が)熟しすぎの, (熟しすぎて)ぶよぶよした.
***Teig** [taɪk タイク] 男 -[e]s/-e (パン・ケーキの)生地(じ), ねり粉. ~ ansetzen 生地をつくる. den ~ gehen lassen 生地を寝かせる.

Teig|far・be 囡 -/-n 《まれ》パステル絵の具.
'teig・ig ['taɪgɪç] 厖 **1** (パンなどが)生焼けの. **2** (手・皿などが)ねり粉で汚れた, ねり粉だらけの. **3** ねり粉のような, ぶよぶよした; (顔・手などが)青くむくんだ.
'Teig・räd・chen 匣 -s/- 生地切り用ルーレット(薄く伸ばした生地を小さな歯車で切断する柄付きの道具).
'Teig・schüs・sel 囡 -/-n (生地をこねるための)ねり鉢.
'Teig・wa・re 囡 -/-n 《多く複数で》麺類, パスタ類(スパゲッティー・マカロニ・ヌードルなど).

Teil [taɪl タイル] **❶** 男 -[e]s/-e **1** 部分, 一部分, 一部. ein ~ <der dritte ~> der Bevölkerung 住民の一部<3分の1>. edler ~, 急所. der erste<zweite> ~ des „Faust" ファウスト第1部<第2部>. der größte ~ der Arbeit 仕事の大部分(大半). der hintere ~ des Lokals 酒場の奥(の方). der nördliche ~ des Landes 国の北部地域. der schönste ~ der Stadt 街の最も美しい地区. Der 5. ~ von 20 ist 4. 20の5分の1は4. in ~en いくつかに分けて. in allen ~en あらゆる部分で, どこもかしこも, 全面的に. et⁴ in drei gleiche ~e teilen 物⁴を3等分する. zum ~ 一部に, 部分的には. zum ~..., zum ~... 一部に..., 一部に.... zum großen<größten> ~ 大部分(は), 大半は, 概ね. 一方の側(の人), 片側, 一側; 《法廷》当事者. der beklagte <klagende> ~ 被告<原告>側. Man muss beide ~e hören. 双方の言い分を聞かねばならぬ.
❷ 男 -[e]s/-e 部品, パーツ. ein defektes ~ ersetzen 欠陥部品を交換する. ein gut ~ 《話》少なくない(馬鹿にならない)量の.... Dazu gehört ein gut ~ Frechheit. それには相当な図々しさが要る.
❸ 男匣 -[e]s/-e 分け前, 取り分; 割当て, 持ち分; 分担, 責任(出し)分. sein[en]<zu seinem> ~ beitragen 応分(それなりの)の貢献をする. sein[en] ~ bekommen<kriegen> 相応の分け前をもらう; 《当然の報いとして》叱られる, 罰を受ける; 体をこわす. sein[en] ~ bekommen haben / sein[en] ~ abhaben<weghaben> 取る物は取って(もらう物はもらって)しまった; お説教をくらう; もう充分報いを受けている. sich³ sein[en] ~ denken (口に出さないが) 自分なりの考えを持つ. j³ sein[en] ~ geben 人³にあけすけに(ずばずばと)物を言う. das bessere<den besseren> ~ erwählt<gewählt> haben 《雅》選択を誤らなかった, (他人より)今よい境遇にある(↑新約ルカ 10:42). sein[en] ~ zu tragen haben それなりに辛酸をなめねばならない, (止むを得ぬとはいえ)つらい日々を送っている. sein[en] ~ tun 責任(義務)を果す. ich für mein[en] ~ 私としては, 私だけについて言えば. zu gleichen ~en 等分に(して). zu seinem ~ 自分なりに, (自分の)責任分.
'Teil・an・sicht 囡 -/-en (↔ Gesamtansicht) 部分図.
'teil・bar ['taɪlba:r] 厖 **1** 分割(区分, 分配)できる, 可分性の. **2** 《数学》割り切れる, 整除できる.
'Teil・bar・keit 囡 -/ 可分性; 《数学》整除できる性質, 被整除性.
'Teil・be・trag 男 -[e]s/⸗e 一部金額; 内金, 手付金.
'Teil・chen ['taɪlçən] 匣 -s/- (Teil の縮小形) **1** 小部分, 微片. **2** 《物理》粒子; 素粒子. **3** 小さな部品. **4** 《地方》小さなクッキー, ビスケット.
'Teil・chen・be・schleu・ni・ger 男 -s/- 《物理》粒子加速器.
'tei・len ['taɪlən タイレン] **❶** 他 **1** (部分に)分け
る, 分割する, 区切る; 《数学》割る. ein Land ~ 土地を分割する. einen Apfel in vier Stücke ~ りんごを4つに切る. et⁴ in zwei<gleiche> Teile ~ 物⁴を2分する<等分する>. im Verhältnis [von] 3:4 ~ 物⁴を3対4の比に分ける(3:4は drei [Teile] zu vier [Teile] と読む). Teile und herrsche! 《諺》分割して統治せよ. Ein Vorhang teilt das Zimmer. 1枚のカーテンがその部屋を仕切っている. Das Schiff teilte die Wellen. 《雅》舟は波を切って進んだ. 12 durch 4 ~ 12を4で割る. 24 geteilt durch 6 ist 4. 24÷6=4. 36 lässt sich⁴ durch 12 ~. 36は12で割り切れる.
2 (aufteilen) 分配する. et⁴ brüderlich ~ 物⁴を山分けする. Wir teilten den Gewinn unter uns<die drei Personen>. 私たちはもうけを私たちで<3人で>分け合った. 《目的語なしで》Wir haben immer gerecht geteilt. 私たちはいつも公正に分配した.
3 (a) (et⁴ mit j³ ~) 物⁴を人³と)分け合う. ein Stück Brot mit j³ ~ ひと切れのパンを人³と分け合う. 《目的語なしで》Er will mit niemandem ~. 彼は誰とも分け合おうとしない. Sie teilt nicht gern. 彼女は人と分け合うのがきらいだ(けちである). (b) 共同所有(使用)する. das Zimmer<das Bett> mit j³ ~ 人³と同じ部屋に住む<同衾⸗する>. Der Hund will seinen Herrn mit niemandem ~. 犬は主人を誰とも共有することを好まない. (c) (苦楽・意見などを)ともにする, 同じくする. Sie haben Freud und Leid miteinander geteilt. 彼らは苦楽をともにした. Ich teile deine Ansicht. 私は君と同じ意見だ. j² Schicksal ~ 人²と運命を共にする.
❷ 再 (sich⁴/sich³) **1** (sich⁴) (a) 分かれる, 分裂(分岐)する. Der Vorhang teilt sich. そのカーテンが左右に割れる. Hier teilt sich der Weg. ここで道は2つに分かれる. Die Jungen teilten sich in zwei Mannschaften. 少年たちは2チームに分かれた. In diesem Punkt teilen sich unsere Ansichten. この点で私たちの見解は分かれる. (b) sich³ mit j³ in et⁴ ~ 人³と物⁴を分け合う, 共同で使用(負担)する. Ich teile mich mit ihm in die Arbeit<den Besitz der Villa>. 私は彼といっしょにその仕事をする<共同でその別荘を所有する>. Wir haben uns in die Kosten<die letzte Zigarette> geteilt. 私たちはその費用を分担してきた<最後のタバコまで分け合ってきた>.
2 (sich³) sich et¹ mit j³ ~ 物⁴を人³に分け与える, (と)分ける. Sie teilte sich die Bonbons mit ihrem Bruder. 彼女はキャンデーを弟にも分けてやった. Teilt euch den Gewinn! もうけは君たちで分けなさい.
♦ ↑geteilt
'Tei・ler ['taɪlər] 男 -s/- 《数学》約数. größter gemeinsamer ~ 最大公約数.
'Teil・fins・ter・nis 囡 -/-se 《天文》部分蝕.
'Teil・ge・biet 匣 -[e]s/-e **1** 地域(地区)の一部. **2** (大きな専門分野のうちの)一分野, 一領域.
'Teil・ha・be ['taɪlha:bə] 囡 -/ **1** 関与, 参加. **2** = Teilhaberschaft
'teil|ha・ben* ['taɪlha:bən] 自 (an et³ 事に)関与している, 加担(加功)している. an der Regierung ~ 政府に深く関わっている. an einem Geheimnis ~ 秘密を共にする. j³ an seiner Freude ~ lassen 人³と喜びを分かち合う.
'Teil・ha・ber ['taɪlha:bər] 男 -s/- 関与(関係)している人, 一枚噛んでいる人; 《経済》共同経営者, 共同出資者, 組合員, (合名会社などの)社員. stiller ~ 《法

制）匿名社員．◆女性形 Teilhaberin ㊛ -/-nen
'Teil·ha·ber·schaft ㊛ -/（合名会社・合資会社・信用組合などの）出資者的（共同経営者）であること．
'teil·haft ['taɪlhaft] 圏《古》《述語的用法のみ》=teilhaftig
'teil·haf·tig [..haftɪç] 圏《雅》《述語的用法のみ》et² ~ werden 事²（栄誉・恩恵など）に与(ｱｽﾞｶ)る,(を)享受する．der Segnungen der Zivilisation ~ werden 文明の恩恵に浴する．eines großen Glücks ~ werden 大きな幸運に恵まれる．
..tei·lig [..taɪlɪç]《接尾》「…の部分からなる」の意の形容詞をつくる．zweiteilig 2つの部分(2部)からなる．
'Teil·kopf ㊚ -[e]s/-e《工学》割出し台．
'Teil·kreis ㊚ -es/-e《工学》（歯車の）ピッチ円．
'Teil·lö·sung ㊛ -/-en 部分的解決．
'teil·mö·bliert 圏 一部家具付きの．

*'Teil·nah·me ['taɪlna:mə タイルナーメ] ㊛ -/ 1 参加，関与，協同，加担(an et³ 事³への）；《法制》共犯．die ~ an der Konferenz〈am Verbrechen〉会議への参加〈犯罪への加担〉．2 (a) 関心，興味．ohne besondere ~ とくに大した関心もなく．(b)《雅》同情，憐憫；哀悼(の意)．Meine herzlichste〈innigste〉~! 心からお悔み申上げます．
'teil·nah·me·be·rech·tigt 圏 参加資格のある．
'teil·nahms·los ['taɪlna:mslo:s] 圏 興味を持たない(示さない)，無関心の，気のない；思いやりのない，冷淡な．
'Teil·nahms·lo·sig·keit [..lo:zɪçkaɪt] ㊛ -/ 無関心，冷淡，無頓着．
'teil·nahms·voll 圏（大いに）興味を持った，関心を抱いた；共感(同情)を抱いた，思いやり深い，心の温かい．

'**teil|neh·men*** ['taɪlne:mən タイルネーメン]㊉ 1 (an et³ 事³に)参加する，加わる；関与する．an einer Exkursion〈einem Wettbewerb〉～ 研修旅行〈競技〉に参加する．an einer Sitzung ~ 会議に列席する．an einem Sprachkurs ~ 語学コースに通う．an einem Verbrechen ~ 犯罪に関与する．2 (an et³ 事³に)関心をもつ，同情（共感）を抱く（喜びや悲しみを）ともにする．Sie hat an meinem Schmerz teilgenommen. 彼女は私と悲しみをともにしてくれた．
'teil·neh·mend 現分 圏 共感(同情)を抱いた，思いやりのある．ein ~er Mann 思いやりのある男．~e Worte いたわりの言葉．Er hat die alte Frau ~ angesehen. 彼はその年老いた女をいたわりの目で見た．

*'Teil·neh·mer ['taɪlne:maʀ タイルネーマー] ㊚ -s/- 1 参加者，出席者(an et³ 事³への）；《競技》競技参加者；《法制》共犯者．2 （電話などの）加入者．◆女性形 Teilnehmerin ㊛ -/-nen

*teils [taɪls タイルス] 副 部分的に(は)，一部は，所々．Das Gebäude wird ~ renoviert. その建物は一部改築される．~, ~ 一部は…，一部は…．~ aus Büchern, ~ aus eigener Erfahrung 一部は書物から，一部は自分の経験．Die Gäste waren ~ jung, ~ älter. 客は若い人もいれば年配の人もいた．Teils, ~.《話》まあまあね，ぼちぼちといったところだよ．Wie geht's dir? ― Teils, ~. 調子はどうだい ― まあまあだよ．
..teils [..taɪls]《接尾》「…の部分では，…の側では」の意の副詞をつくる．anderenteils 他方では．einesteils 一方では．großenteils 大半は．größtenteils 大部分．meinesteils 私としては．
'Teil·stre·cke ㊛ -/-n（道程・路線などの）区間．
'Teil·strich ㊚ -[e]s/-e（計量容器などの）目盛り線．

'Teil·stück ㊥ -[e]s/-e（全体を構成する）部分；（とくに機械などの）部品，パーツ．
'Tei·lung ㊛ -/-en 1 分ける(分かれる)こと；分割，分離，区分；（遺産などの）分配；（仕事などの）分担；（三権の）分立；（道などの）分岐．2《生物》（細胞などの）分裂．3《数学》割り算，除法．4《工学》（歯車の）刻み，ピッチ．
*'teil·wei·se ['taɪlvaɪzə タイルヴァイゼ] ❶ 副 部分的に，一部，所々；分けて，分割して．wie ~ berichtet 一部で報道されているように．❷ 圏《付加語的用法のみ》部分的な，分けた，分割した．
'Teil·zah·lung ㊛ -/-en 分割払い；（1回分の）分割支払金．et¹ auf ~ kaufen 物¹を分割払いで買う．
'Teil·zeit·ar·beit ㊛ -/-en パートタイムの仕事．
'teil·zeit·be·schäf·tigt 圏 パートタイムの．
'Teil·zeit·be·schäf·ti·gung ㊛ -/-en =Teilzeitarbeit
'Teil·zeit·schu·le ㊛ -/-n (↔ Vollzeitschule) 定時制の学校．
Te'in [te'i:n] ㊥ -s/ (↑Tee)《化学》テイン（お茶の葉に含まれるカフェイン Koffein）．
Teint [tɛ̃:] ㊚ -s/-s (fr.)（顔の）色つや；顔色，血色．
'T-Ei·sen ['te:aɪzən] ㊥ -s/- T型鋼．
Tek'to·nik [tɛk'to:nɪk] ㊛ -/ (gr.) 1《地質》構造地質学；地殻構造，地質構造．2《建築》構造学，構築学．3（建築物・文学作品などの）構造，構成．
tek'to·nisch 圏 1 構造(構成)に関する，構造(構成)上の．2《地質》構造地質学(上)の，地殻(地質)構造上の．3《建築》構造学(構築学)に関する，構造学(構築学)上の，構造学(構築学)に基づいた．
..tel [..təl]《接尾》(↑Teil) 数詞の後につけて分数をつくる．viertel 4 分の1の．ein Viertel 4 分の1．
..tel²《接尾》(↑Hotel) 宿泊施設を意味する中性名詞 (-s/-s)をつくる．Botel（係留した船を利用した）水上ホテル．Motel モーテル．
te·le.., Te·le.. [tele.., tela:..]《接尾》(gr., fern, weit') 名詞などに冠して「遠（隔…」の意を表す．
'Te·le·ar·beit ['te:la..] ㊛ -/-en（コンピュータを介した）在宅勤務．
Te·le·ban·king ['te:ləbɛŋkɪŋ] ㊥ -[s]/ (am.)《商業》テレバンキング．
'Te·le·fax ['te:ləfaks] ㊥ -/-e ファックス．
'te·le·fa·xen ['te:ləfaksən] ㊉ ファックスで送る．

Te·le'fon [tele'fo:n, 'te:ləfo:n テレフォーン] ㊥ -s/-e (gr.) 電話；電話機．ein öffentliches ~ 公衆電話．ein schnurloses〈tragbares〉~ コードレス電話〈携帯電話〉．Das ~ läutet〈klingelt〉. 電話が鳴っている．Herr Meyer, ~ für Sie! マイヤーさん，お電話ですよ．~ beantragen 電話の加入申込をする．Darf ich Ihr ~ benutzen? お電話を拝借できますか．Haben Sie ~? お宅に電話はありますか．~ legen lassen 電話を引く(つけてもらう)．ans ~ gehen《話》電話に出る．am ~ hängen《話》電話に出ている；(いつまでも)電話をかけている．sich⁴ ans ~ hängen《話》電話をかける，電話する．j⁴ ans ~ rufen 人⁴を電話口に呼ぶ．Deine Mutter ist am ~. お母さんから電話です．Sie werden am ~ verlangt(gewünscht). あなたにお電話がかかっております．die Angelegenheit über ~ regeln 用件を電話で片づける．
Te·le'fon·an·ruf ㊚ -[e]s/-e 電話をかけること(がかかってくること)．einen ~ bekommen 電話がかかって

くる.

Te·le·fon·an·schluss -es/ᵁe 電話接続. keinen ~ haben 電話がついていない.

Te·le·fo'nat [telefo'naːt] 匣 -[e]s/-e 電話をかけること(がかかってくること); 通話.

Te·le·fon·ban·king [..bɛŋkɪŋ] 匣 -[s]/ (am.)《商業》テレフォンバンキング.

Te·le·fon·buch 匣 -[e]s/ᵁer 電話帳.

Te·le·fon·ge·bühr 囡 -/-en 電話料金.

Te·le·fon·ge·spräch 匣 -[e]s/-e 電話での会話, 通話.

Te·le·fon·hö·rer 男 -s/- (電話の)受話器.

te·le·fo'nie·ren [telefo'niːrən テレフォニーレン] ❶ 圊 電話をかける, 電話する; 電話で話す. mit j³ ~ 人³と電話で話す. nach Bonn ~ ボンへ電話をかける. nach einem Taxi ~ 電話でタクシーを呼ぶ. ❷ 他《まれ》(人¹を)電話で伝える.

*te·le'fo·nisch [tele'foːnɪʃ テレフォーニシュ] 形 電話による, 電話での; 電話の, 電話に関する. etledigen 事¹を電話で片づける. ~ mit j³ sprechen 人³と電話で話す. Bist du ~ zu erreichen? 君とは電話連絡がとれるか.

Te·le·fo'nist [telefo'nɪst] 男 -en/-en (男の)電話交換手; 電話係. ◆女性形 Telefonistin 囡 -/-nen

Te·le·fon·ka·bel 匣 -s/- 電話ケーブル.

Te·le·fon·kar·te 囡 -/-n テレホンカード.

Te·le·fon·lei·tung 囡 -/-en 電話線; 電話回線.

Te·le·fon·num·mer 囡 -/-n 電話番号. j³ seine ~ geben 人³に電話番号を教える.

Te·le·fon·seel·sor·ge 囡 -/-n 電話人生相談.

Te·le·fon·sex [..zɛks, ..sɛks] 男 -[es]/ (am.)《話》テレフォンセックス.

Te·le·fon·über·wa·chung 囡 -/-en 電話の盗聴, 電話傍受.

Te·le·fon·ver·bin·dung 囡 -/-en 電話接続; 電話連絡.

Te·le·fon·zel·le 囡 -/-n (公衆)電話ボックス; 電話室.

Te·le·fon·zen·tra·le 囡 -/-n (大きな会社などの)電話交換室.

'**Te·le·fo·to·gra·fie** ['teːlefotoɡrafiː] 囡 -/-n 1 (望遠レンズを用いた)望遠撮影. 2 望遠写真.

te·le'gen [tele'geːn] 形 (gr.) テレビ映りのよい, テレビ向きの.

Te·le'graf [tele'ɡraːf] 男 -en/-en (gr.) 電信機, 電信装置.

Te·le·gra·fen·amt 匣 -[e]s/ᵁer 電信電話局.

Te·le·gra·fen·mast 男 -[e]s/-e[n] 電信柱.

Te·le·gra'fie [teleɡra'fiː] 囡 -/ 電信. drahtlose ~ 無線電信.

te·le·gra'fie·ren [teleɡra'fiːrən] ❶ 他 (人³に事⁴を)電報で知らせる. ❷ 圊 電報を打つ, 電報する. nach London ~ ロンドンへ電報を打つ. 2《戯》(パスを出す方向などを)合図で知らせる.

te·le·gra'fisch [teleɡra'fɪʃ] 形 電信の, 電報の; 電信(電報)による.

Te·le·gra'fist [teleɡra'fɪst] 男 -en/-en 電信技術者, 電信技手; 電信員.

*Te·le'gramm [tele'ɡram テレグラム] 匣 -s/-e (gr.) 電報. ein ~ telefonisch〈bei der Post〉aufgeben 電話で〈郵便局で〉電報を依頼する. j³ ein ~ schicken 人³に電報を打つ.

Te·le'gramm·ad·res·se 囡 -/-n 電報の宛名略号(短縮され略号化された宛名).

Te·le'gramm·for·mu·lar 匣 -s/-e 《電報の》頼信紙.

Te·le'gramm·stil 男 -[e]s/ 電報用に簡略化した文体, 電文体.

Te·le'graph [tele'ɡraːf] -en/-en = Telegraf

Te·le·gra'phie [teleɡra'fiː] 囡 -/ = Telegrafie

te·le·gra'phie·ren [teleɡra'fiːrən] 他 圊 =telegrafieren

te·le·gra'phisch [teleɡra'fɪʃ] 形 =telegrafisch

Te·le·gra'phist [teleɡra'fɪst] -en/-en = Telegraphist

Te·le·ki'ne·se [teleki'neːzə] 囡 -/ (gr. tele, fern, weit '+kinesis, Bewegung')《超心理》隔動(現象), 念動作用, テレキネシス(念力などによって物が動かされると称する現象).

'**Te·le·kol·leg** ['teːləkɔleːk] 匣 -s/-s テレビ講座(テレビを利用した通信教育で, 学期の終りなどに国家によって承認された終了試験が行われる).

'**Te·le·kom** ['teːləkɔm] 囡 -/《Telekommunikation の略》テレコム. Deutsche ~ AG ドイツ電信電話株式会社, ドイチェ・テレコム.

'**Te·le·kom·mu·ni·ka·ti·on** ['teːləkɔmunikatsio̯n] 囡 -/《略 Telekom》テレコミュニケーション.

'**Te·le·mark** ['teːləmark] 男 -[e]s/-s (norw.)《スキー》テレマーク(ノルディックスキーの回転方法の一種). ◆ノルウェー南部の地方名にちなむ.

'**Te·le·mark·schwung** 男 -[e]s/ᵁe = Telemark

'**Te·le·ob·jek·tiv** ['teːlə..] 匣 -s/-e (Fernobjektiv) 望遠レンズ.

Te·le·o·lo'gie [teleolo'ɡiː] 囡 -/ (gr.)《哲学》目的論.

te·le·o'lo·gisch [teleo'loːɡɪʃ] 形 目的論の, 目的論的な, 目的論に基づく.

Te·le'path [tele'paːt] 男 -en/-en (gr.) テレパシー(遠隔精神感応)のある人. ◆女性形 Telepathin 囡 -/-nen

Te·le·pa'thie [telepa'tiː] 囡 -/ (gr. tele, fern, weit '+pathos, Schmerz, Leiden') テレパシー, 遠隔精神感応.

te·le·pa'thisch [tele·pa'tɪʃ] 形 テレパシーの, 遠隔精神感応の.

Te·le'phon [tele'foːn, 'teːlefoːn] 匣 -s/-e = Telefon

te·le·pho'nie·ren [telefo'niːrən] 圊 =telefonieren

te·le'pho·nisch [tele'foːnɪʃ] 形 =telefonisch

'**Te·le·shop·ping** ['teːləʃɔpɪŋ] 匣 -s/ (engl.) テレショッピング.

Te·le'skop [tele'skoːp] 匣 -s/-e (gr., weitschauend ') (Fernrohr) 望遠鏡.

te·le·sko·pisch [tele'skoːpɪʃ] 形 望遠鏡の, 望遠鏡による.

'**Te·le·spiel** ['teːləʃpiːl] 匣 -[e]s/-e テレビゲーム.

Te·le·vi·si·on [televizi'oːn, 'tɛlɪvɪʒən] 囡 -/《略 TV》(Fernsehen) テレビ, テレビジョン.

'**Te·lex** ['teːlɛks] 匣 (※¹ 男) -/ -e 1 (a) テレックス, 加入通信. (b)《複数なし》テレックス通信網. 2《複数なし》テレプリンター, テレタイプ.

'**te·le·xen** ['teːlɛksən] 他 (事⁴を)テレックスで送信する.

Tell [tɛl] 《人名》テル. Wilhelm ~ ヴィルヘルム・テル (スイスの伝説上の英雄. Schiller の戯曲で有名). Das war ~s Geschoss! 《戯》すごい、テルも顔負けだぞ《投げた物がみごとに命中したときなどの言葉》.

'Tel·ler [ˈtɛlər テラー] 男 -s/ - **1** 皿; ひと皿の料理). ein bunter ~《菓子や果物の》盛合せ. ein flacher〈tiefer〉~ 平皿〈深皿〉. Ich habe einen ~[voll] Suppe gegessen. 私はスープをひと皿飲んだ. seinen ~ leer essen 皿のものをきれいに平らげる. **2** 皿状のもの; 手のひら, 掌(たなごころ);〖スポ〗(ストックの)リング;《ふつう複数で》〖狩猟〗猪の耳.

'Tel·ler·brett 甲 -[e]s/-er (洗った後の皿を立てて置くための)水切り棚;(皿を並べておくために壁に据え付けられた)皿棚.

'Tel·ler·ei·sen 甲 -s/ - 〖狩猟〗(鉄製の)踏み罠(わな).

'tel·ler·för·mig 形 皿の形をした, 皿状の.

'Tel·ler·tuch 甲 -[e]s/-er 〖地方〗(Geschirrtuch)(食器用の)布巾(ふきん).

'Tel·ler·wä·scher 男 -s/ - (レストランなどの)皿洗い.

'Tel·lur [tɛˈluːr] 甲 -s/ (lat. tellus, Erde‘) 〖記号 Te〗〖化学〗テルル.

tel·lu·rig [tɛˈluːrɪç] 形〖化学〗テルルを含有する. ~e Säure テルル酸.

tel·lu·risch [tɛˈluːrɪʃ] 形〖地質〗地球の, 大地の. ~e Ströme 〖物理〗地電流.

Tel·lu·rit [tɛluˈriːt] 甲 -s/-e 〖化学〗亜テルル酸塩.

***Tem·pel** [ˈtɛmpəl テンペル] 男 -s/ - **1**(キリスト教以外の神殿, 寺院, 聖堂;《比喩》聖なる場所. ein antiker ~ 古代の神殿(付録「図解小辞典」参照). ein ~ der Artemis アルテミスの神殿. ein ~ Gottes《雅》教会. Die Natur ist ein ~ Gottes. 自然は神の神殿である. zum ~ hinausfliegen《話》放り出される, 追われる(↓『新約』マタ 21：12). j⁴ zum ~ hinausjagen〈hinauswerfen〉《話》人⁴を放り出す, 追出す. **2** 神殿風の建物, 殿堂. ein ~ der Kunst 芸術の殿堂. **3**《雅》ユダヤ教会堂, シナゴーグ.

'Tem·pel·herr 男 -n/-en =Templer

'Tem·pel·or·den 男 -s/ - Templerorden

'Tem·pel·rit·ter 男 -s/ - =Templer

'Tem·pe·ra [ˈtɛmpəra] 甲 -/-s (it.) 〖美術〗**1** (Temperafarbe) テンペラ絵の具 (Temperamalerei) (a) テンペラ画. (b)《複数なし》テンペラ画法.

'Tem·pe·ra·far·be 囡 -/-n 〖美術〗テンペラ絵の具(顔料に膠(にかわ)質または糊の類を加えた絵の具).

'Tem·pe·ra·ma·le·rei 囡 -/-en 〖美術〗**1** テンペラ画. **2**《複数なし》テンペラ画法.

***Tem·pe·ra·ment** [tɛmpəraˈmɛnt テンペラメント] 甲 -[e]s/-e (lat.) **1** 気質, 気性, 性分(しょうぶん), 性(たち). Er hat ein aufbrausendes〈feuriges〉~. 彼は激しやすい〈情熱的な〉気質をしている. ein cholerisches〈melancholisches; phlegmatisches; sanguinisches〉~ 〖心理〗(4気質のうちの)胆汁〈憂鬱／粘液／多血〉質. die vier ~e〖心理〗(Hippokrates の分類による)四気質. **2**《複数なし》情熱的気質, 激しい気性, 興奮性(こうふんせい); 活気, 生気, 情熱, 気概. Das〈Sein〉~ geht oft mit ihm durch. 彼はしばしば自分が抑えられなくなる. Sie hat kein ~. 彼女は生気のない女だ. Das Auto hat viel ~.《広告などで》この車は走りがいい. sich⁴ von seinem ~ fortreißen〈hinreißen〉lassen 情熱に押し流される. seinem ~ die Zügel schießen lassen《話》感情の赴くままに奔放に振舞う. sein ~ zügeln, bändigen《話》~ を元気に, 張切って. mit ~ 元気に, 張切って.

tem·pe·ra·ment·los 形 元気〈活気〉のない, 無気力な, 精彩を欠いた.

tem·pe·ra·ment·voll 形 活発な, 活気〈生気〉に満ちた, 血気さかんな; 情熱的な, 激しい.

***Tem·pe·ra·tur** [tɛmpəraˈtuːr テンペラトゥーア] 囡 -/-en (lat.) **1** 温度, 気温.〖医学〗体温;《話》熱, 微熱. Gestern hat man eine ~ von −15°C〈~ en bis zu −35°C〉gemessen. 昨日は摂氏でマイナス15度を〈マイナス35度まで〉測定した. die absolute ~〖物理〗絶対温度. hohe〈tiefe〉~ 高〈低〉温. [erhöhte] ~ haben《話》微熱がある. die richtige ~ haben 適温である. Die ~ ist auf 80 Grad gestiegen. 温度が 80 度まで上がった. Die ~ ist um 3 Grad gesunken〈gefallen〉. 温度が 3 度だけ下がった. bei ~ en um 800°C 摂氏 800 度で. **2**〖音楽〗平均律, 整律.

Tem·pe·ra·tur·an·stieg 男 -[e]s/-e 温度(気温, 体温)の上昇.

Tem·pe·ra·tur·reg·ler 男 -s/ - 温度調節器, サーモスタット.

Tem·pe·ra·tur·schwan·kung 囡 -/-en《ふつう複数で》温度(気温, 体温)の変化.

Tem·pe·ra·tur·sturz 男 -es/-e 温度(気温, 体温)の急激な下降.

Tem·pe·renz [tɛmpəˈrɛnts] 囡 -/ (lat.)《まれ》(Mäßigkeit) 節制; (とくに)節酒.

Tem·pe·renz·ler [tɛmpəˈrɛntslər] 男 -s/ - 節酒協会会員.

'Tem·per·guss [ˈtɛmpər..] 男 -es/〖冶金〗可鍛鋳鉄(ちゅうてつ).

tem·pe·rie·ren [tɛmpəˈriːrən] 他 **1** (物⁴の)温度を調節する, 適温にする. **2**《比喩》調節する, 加減する;(興奮などを)和らげる, 静める.《過去分詞で》Der Raum ist angenehm temperiert. 部屋は快適な温度に調節されている. ein gut temperierter Wein はどよく冷やされたワイン. **3**〖音楽〗調律する.《過去分詞で》temperierte Stimmung 平均律.

'tem·pern [ˈtɛmpərn] 他〖冶金〗(鋳鉄(ちゅうてつ)を焼き戻して)可鍛化する, 鈍(なま)す.

'Tem·pi [ˈtɛmpi] Tempo の複数.

'Tem·pi pas·sa·ti [ˈtɛmpi paˈsaːti] (it.,‚vergangene Zeiten‘)(幸せな・残念なことに)それはもう遠く過ぎ去りし昔のことだ.

'Temp·ler [ˈtɛmplər] 男 -s/ -〖歴史〗テンプル騎士団員, テンプル騎士修道会士.

'Temp·ler·or·den 男 -s/〖歴史〗テンプル騎士団, テンプル騎士修道会. ◆1119 異教徒からエルサレムの聖墓およびエルサレムへの巡礼者を保護することを目的にパレスチナに創設された騎士修道会.

***'Tem·po** [ˈtɛmpo テンポ] 甲 -s/-s (..pi[..pi]) (it.) **1**《複数 -s/ 複数まれ》スピード, 速さ, 速度; テンポ, 調子. Hier gilt ~ 60. ここは制限速度 60 キロだ. ~[, ~]! 《話》急げ. ein ~ draufhaben《話》ぶっ飛ばす. Mach ein bisschen ~ dahinter!《話》すこし調子をあげろ, もたもたするな. das ~ erhöhen 速度を上げる. das erlaubte ~ fahren 制限速度で走る. das ~ machen〖スポ〗(先頭を走って)ペースをつくる. ~ machen / aufs ~ drücken《話》スピードを上げる. auf ~ kommen(車の)スピードが上がる. in〈mit〉hohem ~ 高速度で. **2**《複数 Tempi》演奏速度, テンポ, 拍子. **3**〖フェンシ〗カウンター・リポスト. **4**《複数 -s》《商標》(Tempotaschentuch の短縮)《ティッシュペーパーの商品名》テンポ;《一般に》ティッシュペーパー.

'Tem·po·be·gren·zung 囡 -/-en =Tempolimit

'Tem·po·li·mit 甲 -s/-s (-e) (engl.)〖交通〗速度制

限.

'tem·po·ra ['tɛmpora] Tempus の複数.

'tem·po·ral [tɛmpo'ra:l] 形 (lat.) **1**〖文法〗時の, 時を表す; 時称の. ein ~es Adverb 時を表す副詞. **2**〖医学〗側頭部の, こめかみの.

Tem·po·ral·satz [tɛmpo'ra:l..] 男 -es/⁓e〖文法〗時の副文(als, bevor などの従属接続詞で導かれる副文).

tem·po·rär [tɛmpo'rɛ:r] 形 (fr.) (zeitweilig) 一時的な, 暫定的な, 臨時の, 仮の.

tem·po·rell [tɛmpo'rɛl] 形《古》はかない, 無常の; 現世の, この世の.

'Tem·po·sün·der 男 -s/-〖交通〗スピード違反者.

'Tem·po·ta·schen·tuch 中 -[e]s/⁓er〖商標〗《話》テンポ(いわゆるティッシュペーパーの商標名, 短縮形は Tempo).

'Tem·pus ['tɛmpʊs] 中 -/Tempora [..pora] (lat. Zeit')〖文法〗時称, 時制.

Te·na·zi·tät [tenatsi'tɛ:t] 囡 -/ (lat.) **1**(材料などの)粘り強さ, 強靱さ, 靭性. **2**〖心理〗固着し, しつこさ. **3**〖医学〗(細菌などの)抵抗力, 耐性.

*** Ten'denz** [tɛn'dɛnts] テンデンツ 囡 -/-en (lat.) **1** 傾向, 趨勢, 流れ; (相場の)気配《ふつう複数で》(世間の)風潮, 動向. neue ~en in der Literatur 文学の新しい傾向. Die Kurse zeigen steigende ~. / Die Kurse zeigen die ~ zu steigen. 相場は上昇の気配を見せている. Die ~ geht dahin, ... 方向としては...に向かっている. **2** 性向, 性癖. eine Partei mit liberaler ~ 自由主義的傾向をもった政党. eine ~ zum Dogmatismus 教条主義的な傾向. Er hat die ~, alles optimistisch zu beurteilen. 彼は何でも楽観的にとる癖がある. **3**(特定の)意図, 傾向, 偏向. ein Roman mit ~(何らかの政治的傾向のもとに書かれた)傾向小説.

Ten'denz·dich·tung 囡 -/-en《しばしば侮蔑的に》傾向文学.

ten·den·zi·ell [tɛndɛntsi'ɛl] 形 (fr.) 時代の傾向(趨勢)にしたがった.

ten·den·zi·ös [tɛndɛntsi'ø:s] 形 (思想的・政治的に)傾向を持った; 偏した, 偏向した, 傾向的な.

Ten'denz·stück 中 -[e]s/⁓e《しばしば侮蔑的に》傾向劇.

'Ten·der ['tɛndɐr] 男 -s/- **1**(蒸気機関車の)炭水車. **2**〖海事〗(大型船や艦隊に付属する)補給船, 雑役船; 通報船.

ten'die·ren [tɛn'di:rən] 自 (nach⟨zu⟩ et³ ³に)傾く, 向かう; (...の)傾向がある. nach links⟨rechts⟩ ~ (政治的に)左傾⟨右傾⟩している. Die Aktien tendieren uneinheitlich.〖商業〗株価はばらつき気味だ.

'Ten·ne ['tɛnə] 囡 -/-n(納屋の)土間, たたき; 麦打ち場, 打穀場.

*** 'Ten·nis** ['tɛnɪs] テニス 中 -/〖球技〗テニス, 庭球. ~ spielen テニスをする.

'Ten·nis·ball 男 -[e]s/⁓e テニスボール.

'Ten·nis·platz 男 -es/⁓e テニスコート; テニス競技場.

'Ten·nis·schlä·ger 男 -s/- (テニスの)ラケット.

'Ten·nis·schuh 男 -[e]s/⁓e テニスシューズ.

'Ten·nis·spiel 中 -[e]s/-e テニスの試合(ゲーム).

'Ten·nis·spie·ler 男 -s/- テニスプレーヤー, テニス選手.

'Ten·nis·tur·nier 中 -s/-e テニストーナメント.

'Ten·no ['tɛno] 男 -s/-s (jap.)(日本の)天皇.

Te·nor[1] [te'no:r] 男 -s/ (lat.) **1**(論述や演説の)主旨, 要旨, 趣旨. **2**〖法制〗判決主文. **3**〖音楽〗(13-16 世紀多声音楽の)主声部, 主旋律.

Te·nor[2] [te'no:r] 男 -s/Tenöre (it.)〖音楽〗テノール, テナー(男性高声部); テノール歌手.

Te·nor·buf·fo 男 -s/-s(...buffi) (it.)〖音楽〗テノールブッフォ(テノールの道化役歌手).

Te·nö·re [te'nø:rə] Tenor² の複数.

Te·no·rist [teno'rɪst] 男 -en/-en テノール歌手.

Te'nor·schlüs·sel 男 -s/-〖音楽〗テノール記号.

Ten·si'on [tɛnzi'o:n] 囡 -/-en (lat.)〖物理〗(ガスや蒸気の)張力, 圧力.

'Ten·sor ['tɛnzo:r] 男 -s/-en[tɛn'zo:rən] (lat.)〖数学〗テンソル.

Ten'ta·kel [tɛn'ta:kəl] 男(中) -s/-《ふつう複数で》**1**〖動物〗(腔腸類などの)触手, (イカなどの)触腕. **2**〖植物〗(食虫植物の)腺毛, 触毛.

'Te·nu·is [..../-Tenues [..nue:s] (lat., dünn)〖音声〗無気閉鎖音([k][p][t]など).

*** 'Tep·pich** ['tɛpɪç] テピヒ 男 -s/-e **1** 絨毯(じゅうたん), 毛氈(もうせん), カーペット; 壁掛け, タペストリー. ein persischer ~ ペルシア絨毯. ein ~ aus bunten Blumen⟨aus Moos⟩《比喩》花の毛氈⟨苔の絨毯⟩. den roten ~ ausrollen(賓客のために)赤い絨毯を敷く. einen ~ klopfen 絨毯を叩く. einen ~ knüpfen⟨weben⟩絨毯を編む⟨織る⟩. ein Zimmer mit ~en auslegen 部屋に絨毯を敷きつめる.《慣用的表現で》auf dem ~ bleiben《話》(地に足を着けて)浮わついたことを考えない, ほどを守る. j⁴ wieder auf den ~ bringen《話》人々を現実に引き戻す, ⁴の目を覚まさせる. nicht auf den ~ kommen《話》問題にならない, 考慮されない. et⁴ unter den ~ kehren《話》事を隠蔽している, もみ消す, うやむやにする. **2**《南》(Wolldecke) 毛布.

'Tep·pich·kehr·ma·schi·ne 囡 -/-n カーペット用電気掃除機.

'Tep·pich·klop·fer 男 -s/- 絨毯叩き.

'Tep·pich·stan·ge 囡 -/-n カーペット用物干し竿(さお).

Te·ra.. [tera..]〖接頭〗(gr. teras, Zeichen, Vorzeichen')〖記号 T〗単位を表す名詞に冠して「1 兆(10^{12})」を意味する.

Te·ra'me·ter [tera'me:tər] 男 -s/-〖物理〗テラメートル, 10^{12}(1 兆)メートル.

'Ter·bi·um ['tɛrbium] 中 -s/〖記号 Tb〗〖化学〗テルビウム.

Term [tɛrm] 男 -s/-e (lat.) **1** (a)〖数学〗項. (b)〖論理〗名辞. (c)〖物理〗(分子・原子核などの)項; スペクトル項. **2**《まれ》〖言語〗(Terminus) 述語, 専門語.

*** Ter'min** [tɛr'mi:n] テルミーン 男 -s/-e (lat.) **1** 期限, 期日, 日取り; (診察などの)予約, アポイントメント. der ~ für die Einzahlung 払込日. der ~ für die Zahlung 支払いの最終期限. einen ~ anberaumen⟨festsetzen⟩期日を決める. Können Sie mir einen ~ geben⟨nennen⟩? 期日を決めていただけませんか. (診察の予約申込なのだが)いつ伺いすればよろしいでしょうか. Ich habe morgen einen ~ beim Zahnarzt. 私は明日歯医者の予約がある. Ich hätte gern einen ~ für die Sprechstunde von Dr Hartmann. ハルトマン先生の診察の予約を取りたいのですが. Ich habe heute viele ~e⟨eine Reihe von ~en⟩. 私は今日片づけなくてはならない用事が山とある. Die Arbeit hat am 30. März ~. この仕事は3月30日が期限だ. Zu welchem ~ sollen wir liefern? いつまでに納品させていただきましょうか. einen ~ platzen lassen《話》期日をすっぽかす. einen ~ verpassen〈versäumen〉期日に遅れる. an einen ~ gebunden sein 日限が切られている, 期限付きである. ~ auf einen späteren ~ verlegen〈verschieben〉事の期限を遅らせる. zum festgesetzten ~ 所定の期日に. zu einem früheren〈späteren〉~ 期日前に(後に て). zu ~ kommen 期日が迫っている. **2**《法制》召喚日, 出廷日, 開廷日. Er hat heute ~. 彼は今日出廷しなくてはならない.

ter·mi'nal [tɛrmi'na:l] 形 **1** 終端の, 末端の; 終末の. **2**《古》境界の.
Ter·mi·nal ❶ 中 -s/-s (空港・駅などの)ターミナル. ❷ 中 -s/-s 〈コンピュ〉端末(装置), ターミナル.
ter'min·ge·mäß 形 期日[限]通りの.
ter'min·ge·recht 形 =termingemäß
Ter'min·ge·schäft 中 -[e]s/-e《商業》先物取引, 定期取引.
'Ter·mi·ni ['tɛrmini] Terminus の複数.
ter·mi'nie·ren [tɛrmi'ni:rən] 他 (事の)期日(期限)を決める; (の)期間を限る. Die Tagung wurde auf die eine Woche *terminiert*. 会議は会期を1週間と定められた.
'Ter·mi·ni 'tech·ni·ci [..'tɛçnitsi] Terminus technicus の複数.
Ter'min·ka·len·der 男 -s/- 予定記入式カレンダー; 日付入り手帳. et⁴ in *seinen* ~ aufnehmen《比喩》事を自分の日程に組入れる.
ter'min·lich 形 期日(期限)上の, 期間を限られた.
Ter·mi·no·lo'gie [tɛrminolo'gi:] 女 -/-n [..'gi:ən] (*lat*.) **1**《総称的に》専門用語, 述語. **2** 述語学.
ter·mi·no'lo·gisch [tɛrmino'lo:gɪʃ] 形 専門用語に関する, 述語上の.
'Ter·mi·nus ['tɛrminʊs] 男 -/Termini [..ni] (*lat*.) **1** 専門用語, 述語. **2**《古》境界, 限界; 期日.
'Ter·mi·nus 'ad 'quem [.. 'at 'kvɛm], **'Ter·mi·nus 'an·te 'quem** [.. 'antə 'kvɛm] 男 - - -/ (*lat*.) 最終期限.
'Ter·mi·nus 'a 'quo [.. 'a: 'kvo:], **'Ter·mi·nus 'post 'quem** [.. 'pɔst 'kvɛm] 男 - - -/ (*lat*.) 開始期日, 始期.
'Ter·mi·nus 'tech·ni·cus [.. 'tɛçnikʊs] 男 - -/Termini technici[.. 'tɛçnitsi] (*lat*.) (Fachausdruck) 専門用語, 述語.
Ter·mi·te [tɛr'mi:tə] 女 -/-n (*lat*.)《虫》しろあり(白蟻).
ter'när [tɛr'nɛːr] 形 (*lat*.) **3** 要素からなる;《化学》**3** 元の, 3成分の.
Ter·pen [tɛr'pe:n] 中 -s/-e (*gr*.)《化学》テルペン.
Ter·pen'tin [tɛrpɛn'ti:n] 中 (スイス 男) -s/-e (Harz) (松などの)樹脂, テルペンチン. **2**《話》(Terpentinöl) テレピン油.
Ter·pen'tin·öl 中 -[e]s/-e テレピン油.
Ter·psi·cho·re [tɛr'psi:çore]《人名》《ギ神話》テルプシコラ, テルプシコレ (9人の Muse たちの1人で合唱歌舞の女神).
Ter'rain [tɛ'rɛ̃:] 中 -s/-s (*fr*.) **1** (a) (Gelände) 土地, 地域;(軍事的に見た)地形, 地勢;《比喩》活動範囲. das ~ sondieren《比喩》情勢を探る. das ~ verlieren 地歩(勢力)を失う. das ~ für et⁴ vorbereiten 事⁴のの土台作りをする. (b) (Grundstück) 用地, 敷地, 地所. **2**《地理》地表.
Ter·ra·kot·ta [tɛra'kɔta] 女 -/Terrakotten (*it*.) **1**《複数なし》テラコッタ, 素焼き. **2** 素焼きの器(像).
Ter·ra·kot·te [tɛra'kɔtə] 女 -/-n =Terrakotta
Ter·ra·kot·ten [tɛra'kɔtən] Terrakotta, Terrakotte の複数.
Ter·ra·my'cin [tɛramy'tsi:n] 中 -s/《商標》《薬学》テラマイシン(抗生物質の一種).
Ter·ra·ri·um [tɛ'ra:riom] 中 -s/Terrarien [..riən] (*lat*.) **1** (両生類や爬虫類の)陸生飼育器, テラリウム. **2** (動物園の)両生類(爬虫類)館.
***Ter'ras·se** [tɛ'rasə] 女 -/-n (*fr*.) **1** テラス, 露台. auf die ~ [hinaus]treten テラスに出る. **2** 段地, 台地;《地理》段丘;《複数で》段々畑. Tee in ~*n* trinken 段々畑で茶を栽培する.
ter'ras·sen·ar·tig 形 段丘状の, 段々になった.
ter'ras·sen·för·mig 形 段丘状の, 段々になった; ひな壇(階段)状の.
ter'ras'sie·ren [tɛra'siːrən] 他 (傾斜地などを)ひな壇状にする; 階段状にする.
Ter'raz·zo [tɛ'ratso] 男 -s (-[s]/Terrazzi [..'tsi] (*it*.) テラツァー(セメントに色の着いた自然石を混ぜ, 固まった後に研磨してモザイクふうの模様を浮き出させた人造石. 床張り・壁張り・流しなどに用いる).
ter'res·trisch [tɛ'rɛstrɪʃ] 形 (*lat*.) **1** 陸地(陸上)の, 地上の; 陸生の. **2** 地球の.
'Ter·ri·er ['tɛriər] 男 -s/- (*engl*.)《動物》テリア(犬種).
Ter'ri·ne [tɛ'ri:nə] 女 -/-n (*fr*.) **1** (蓋付きの)大鉢, スープ鉢. **2**《料理》テリース.
ter·ri·to·ri'al [tɛritori'a:l] 形 **1** 地方(地域)の, 地方(地域)に関する. **2** 領土の, 領土に関する. **3**《生物》縄張りの, テリトリーの. **4** (旧東ドイツの行政区画としての)地区の, 地区に関する.
Ter·ri·to·ri'al·ge·walt 女 -/《法制》領土の支配権(統治権);(封建領主国家における)領邦支配権, 領主権.
Ter·ri·to·ri'al·ge·wäs·ser 中 -s/- 領海, 領水.
Ter·ri·to·ri·a'li·tät [tɛritoriali'tɛ:t] 女 -/ 領土に属していること;《法制》属地性.
Ter·ri·to·ri·a'li·täts·prin·zip 中 -s/《法制》属地主義.
Ter·ri·to·ri'al·staat 男 -[e]s/-en《歴史》領邦(国家).
Ter·ri·to·ri·en [tɛri'to:riən] Territorium の複数.
Ter·ri·to·ri·um [tɛri'to:riom] 中 -s/Territorien [..riən] (*lat*.) **1** (主権国家の)領土, 領域, 版図. **2** 地域, 地方. **3**《生態》(動植物の)生息域, 縄張り, テリトリー. **4** (旧東ドイツの行政区画としての)地区.
'Ter·ror ['tɛro:r] 男 -s/-《gr*.)》《化学》 **1** テロ, テロ行為; 恐怖政治. ~ ausüben テロを行なう. **2** (尋常でない)恐怖. **3**《話》いさかい, 争い; 大騒ぎ. Mach *keinen* ~ ! (つまらないことで)騒ぐんじゃない.
'Ter·ror·an·griff 男 -[e]s/-e《軍事》テロ攻撃(非軍事施設などを目標とする国際法上許容されない攻撃).
'Ter·ror·an·schlag 男 -[e]s/ᵉ-e テロ行為.
ter·ro·ri'sie·ren [tɛrori'zi:rən] 他 **1** 暴力と脅迫で威嚇する(おどす); 恐怖に陥れる. **2**《話》(しつこく・ひっきりなしに)苦しめる, なやます. Mit ihrem ewigen Nörgeln *terrorisiert* sie ihn. 彼女はあけてもくれても不平を言い募って彼を悩ませる.
Ter·ro'ris·mus [tɛro'rismus] 男 -/ テロリズム, テロ行為. **2**《古》恐怖政治.
Ter·ro'rist [tɛro'rist] 男 -en/-en テロリスト. ◆女性形 Terroristin 女 -/-nen
ter·ro·ris·tisch [tɛro'risti-ʃ] 形 テロの, テロによる;

テロリストの. ~e Aktivitäten テロ活動. ~e Gruppen テロリストの集団.

Ter·tia ['tɛrtsia] 囡 -/Tertien [..tsiən] (*lat.* tertia [classis], dritte [Klasse]*) **1**《古》テルツィア(9年制ギュムナジウムの第4学年と第5学年. ↑Untertertia 第4学年. ↑Obertertia 第5学年). **2**《ｵｰｽﾄﾘｱ》(ギュムナジウムの)第3学年. **3**《複数なし》《印刷》テルツィア(16ポイント活字).

Ter·ti·al [tɛrtsia:l] 中 -s/-e《古》3分の1年, 4ヶ月.

Ter·ti·a·ner [tɛrtsia:nər] 男 -s/- **1**(9年制ギュムナジウムの) 4・5年生. **2**《ｵｰｽﾄﾘｱ》(ギュムナジウムの)3年生. ┃**女性形 Tertianerin** 囡 -/-nen

ter·ti·är [tɛrtsi'ɛːr] 形 第3の, 第3位の, 第3期の, 第3次の;《地質》第3紀の. ~er Alkohol《化学》第3アルコール.

Ter·ti·är -s/《地質》第3紀.

Ter·ti·en ['tɛrtsiən] Tertia の複数.

Terz [tɛrts] 囡 -/-en (*lat.*) **1**《音楽》3度(音程);(音階の)第3音. **2**《ﾌｪﾝｼﾝｸﾞ》第3の構え. **3**《ｶﾄﾘｯｸ》(聖務日課の)三時課(午前9時の祈り).

Ter·ze·rol [tɛrtsə'ro:l] 中 -s/-e (*it.*) 小型ピストル.

Ter·zett [tɛr'tsɛt] 中 -[e]s/-e (*it.*) **1**《音楽》3重唱(奏)曲;3重唱(奏)団. im ~ singen 3重唱で歌う. **2**《文学》テルツェット, 3行連句(ソネット Sonett 後半の3詩節からなる2詩節).

Ter'zi·ne [tɛr'tsi:nə] 囡 -/-n (*it.*)《文学》テルツィーネ(3行で1詩節をなし, 第2行が次節の第1行および第3行と韻を踏むイタリアの詩形. ダンテの『神曲』などに見られる).

'Te·sa·film ['te:zafɪlm] 男 -[e]s/《商標》セロテープ.

'Te·sching ['tɛʃɪŋ] 中 -s/-(-s) 小口径の銃(ピストル).

'Tes·la ['tɛsla] 中 -/-《記号 T》《物理》テスラ(磁束密度の単位). ◆クロアチア生れのアメリカ人電気技術者・発明家 Nikola Tesla, 1856-1943 の名にちなむ.

Tes'sin [tɛ'si:n] ❶ 男 -s/《地名》der ~ ティチノ川, テッサン川(スイス・イタリアを流れるポー河の支流. イタリア語形 tichino). ❷ 中 -s/ ティチノ州(スイス南部の州).

Test [tɛst] 男 -[e]s/-s(-e) (*engl.*) 試験, テスト;(品質・知能・心理分析などの)検査. einen ~ bestehen テストに合格する. et⁴ einem ~ unterziehen 物⁴を検査する.

***Tes·ta·ment** [tɛsta'mɛnt] テスタメント 中 -[e]s/-e (*lat.*) **1** 遺言, 遺言状. ein ~ anfechten《法制》遺言に異議を申立てる. sein ~ aufsetzen 遺言状を書く. sein ~ errichten《法制》遺言書を作成する. ein ~ eröffnen 遺言状を開封する. sein ~ machen 遺言する, 遺言状を作る. et⁴ in seinem ~ verfügen 事⁴を遺言書で定める. Dann kannst du gleich dein ~ machen.《戯》そんなことをしたらただじゃすまないぞ. **2**《ｷﾘｽﾄ教》(神と人間の契約)《新約》I コリ 11:25, II コリ 3:6 など). das Alte ~ (略 A. T.) 旧約聖書. das Neue ~ (略 N. T.) 新約聖書.

tes·ta·men'ta·risch [tɛstamɛn'ta:rɪʃ] 形 述語的に用いない)遺言の, 遺言(状)による, 遺言によって定められた.

Tes·ta'ments·er·öff·nung 囡 -/-en《法制》遺言状の開封.

Tes·ta'ments·voll·stre·cker 男 -s/-《法制》遺言状執行者.

Tes'tat [tɛs'ta:t] 中 -[e]s/-e (*lat.*) **1** (Zeugnis) 証明書;(とくに大学の)聴講証明書. **2** (製品に貼られた)検査済証.

Tes'ta·tor [tɛs'ta:tor] 男 -s/-en [..ta'to:rən] 遺言者, 遺言状作成者.

'Test·bild 中 -[e]s/-er (テレビの)テストパターン.

'tes·ten ['tɛstən] 他 試験する, テストする;検査する. j⁴ schriftlich ~ 人⁴の筆記試験をする. einen Werkstoff auf seine Festigkeit ~ 加工用材料の強度検査をする.

'Test·fahrt 囡 -/-en テスト走行, 試運転.

'Test·flug 男 -[e]s/..flüge テスト飛行.

tes·tie·ren [tɛs'ti:rən] ❶ 他 **1**《法制》(事⁴を)遺言状で定める, 遺言する. **2** (a) (物⁴の)証明書を出す;(の)品質を保証する. (b) (講義などの)聴講証明書を出す. ❷ 自《法制》遺言状を作成する.

Tes'ti·kel [tɛs'ti:kəl] 男 -s/- (*lat.*)《解剖》(Hoden) 睾丸, 精巣.

'Test·ob·jekt 中 -[e]s/-e 被験物.

'Test·per·son 囡 -/-en 被験者.

'Test·pi·lot 男 -en/-en テストパイロット.

Te·ta'nie [teta'ni:] 囡 -/-n [..'ni:ən] (*gr.*)《医学》テタニー, 全身性痙攣(ｹｲﾚﾝ).

'Te·ta·nus ['te:tanʊs, 'tɛ..] 男 -/ (*gr.*) **1**《病理》テタヌス, 破傷風. **2**《生理》筋収縮.

'Te·te [tɛ:'ta] 囡 -/-n (*fr.* tête, Kopf*) **1**《軍事》(隊列などの)先頭.

Tête-a-'Tete [tɛta'tɛ:t] 中 -/-s =Tête-à-tête

tête-à-'tête [tɛta'tɛ:t] 副 (*fr.*)《古》2人きりで, 内密に.

Tête-à-'Tête 中 -/-s **1** 逢引き, 逢瀬. **2** 密会.

te·tra.., Te·tra.. [tetra.., tɛtra..]《接頭》(*gr.*) 名詞などに冠して「4...」の意を表す. 母音の前では tetr.., Tetr.., となる. tetragonal 4辺形の. Tetrapode 4肢動物.

Te·tra·chlor·koh·len·stoff [tetraklo:r'ko:lənʃtɔf] 男 -[e]s/《化学》4塩化炭素.

Te·tra'eder [tetra'|e:dər] 中 -s/- (*gr.*)《幾何》正4面体.

Te·tra'gon [tetra'go:n] 中 -s/-e (*gr.*)《幾何》(Viereck) 4角形, 4辺形.

Te·tra·lo'gie [tetralo'gi:] 囡 -/..['lo:gi:ən] (*gr.*) **1**《演劇》(古代ギリシアの) 4部劇(3編の悲劇と1編の風刺劇からなる). **2** (文学や音楽の) 4部作.

Te'tra·me·ter [te'tra:metər] 男 -s/- (*gr.*)《韻律》テトラメター, 4歩格(4詩脚からなる詩行).

Te·tra'po·de [tetra'po:də] 男 -n/-n **1** (多く複数で)《動物》(Vierfüßer) 4肢動物, 4足(4脚)類. **2** テトラポッド(4脚の護岸用のコンクリートブロック).

Te·tro·de [te'tro:də] 囡 -/-n《電気》4極管.

'teu·er ['tɔyər トィアー] 形 **1** 高価な, 値のはる, 高くつく, 費用のかかる(かさむ). eine *teure* Adresse 家賃や地価の高い地区, 高級住宅地. *teures* Geld 高額の金. für *teures* Geld《話》高い金を出して. ein *teures* Hotel 料金の高いホテル. ein *teures* Leben führen 金のかかる暮しをする, 贅沢に暮す. ein *teures* Pflaster《話》(物価・家賃・地価が高くて)生活費のかさむ町. zu *teuren* Preisen《話》高値で. *teurer* Schmuck 高価な装身具. ein *teurer* Sieg 高くついた勝利. mein *teurer* Sohn《話》金のかかる息子(12). Das war ein *teurer* Spaß〈ein *teures* Vergnügen〉. それは高くついた. *teure* Zeiten 物価高の時代. Wie ~ ist das? これはいくらですか. Das ist mir zu ~. それは私には高すぎる. Das Auto ist ~ im Unterhalt.

その車は維持費が高くつく. Da〈Hier〉 ist guter Rat ~. 《比喩》どうしていいか分からない, もうお手上げだ. et⁴ ~ bezahlen müseen 事やのために高い代償を払わされる. sich³ *sein* Glück ~ erkaufen 幸福を大きな犠牲であがなう. j⁴〈j³〉~ zu stehen kommen 人⁴〈人³〉にとって高いものにつく. *sein* Leben ~ verkaufen《比喩》易々とはやられない, 最後まで頑張る. **2**《雅》貴重な, かけがえのない, 大事な, 大切な. Sie ist mir [lieb und] ~. 彼女は私にとってかけがえのないひとだ. Seine Kamera ist ihm lieb und ~. カメラが彼の宝物だ. mein *teurer* Sohn 私の大切な息子 (↑1). *Teurer* Vater!《古》(とくに手紙で) 敬愛する父上〈お父様〉. 《名詞的用法で》Meine *Teure*〈*Teuerste*〉!《古》私の敬愛するひとよ.

'**Teu·e·rung** ['tɔyərʊŋ] 囡 -/-en 物価騰貴.
'**Teu·e·rungs·ra·te** 囡 -/-n 物価上昇率.
'**Teu·e·rungs·zu·schlag** 男 -[e]s/-e (物価高に配慮した) 物価手当.
'**Teu·fe** ['tɔyfə] 囡 -/-n《坑夫》(立坑やボーリングの) 深さ. ◆ Tiefe の古形.
'**Teu·fel** ['tɔyfəl トイフェル] 男 -s/- **1** (a) 悪魔, サタン. der leibhaftige ~ 悪魔の化身. ein ~ in Menschengestalt 人の姿をした悪魔, 人非人. ein ~ von einem Weib《話》悪女, 性悪{しょうわる}女.《1格で》In den Kerl ist wohl der ~ gefahren.《話》やつは頭がどうかしたんじゃないか. In der Not frisst der ~ Fliegen.《諺》背に腹はかえられない. Bei diesem Projekt hat der ~ die〈seine〉Hand im Spiel. 《話》この計画はけちのつき通しだ. Der ~ soll dich holen! / Hol' dich der ~!《話》くたばってしまえ. Der ~ soll mich holen! / Hol' mich der ~!《話》誓うよ, 本当だって (「もしこれが嘘だったら悪魔にさらわれてもいい」というほどの意味から). Hol's der ~!《話》くそ, なんてこった. Den Kerl reitet der ~. 《話》あいつはどうかしている, まともじゃない. Der ~ ist los.《話》大騒ぎになっている. Der ~ steckt im Detail.《話》悪魔は細部にひそんでいる (問題は細かい点にある, やっかいなのは実施の細目だ, の意). wie der ~《話》すごい勢いで, 猛スピードで. auf et⁴ erpicht sein wie der ~ auf die arme Seele / hinter et³ her sein wie der ~ hinter der armen Seele《話》物⁴·³に取り憑かれている, (金などの) 亡者である.《2格で》des ~s Gebetbuch〈Gesangbuch〉《戯》(1組の) トランプ. des ~s sein《古》気が変である. Ich will des ~s sein.《話》誓うよ, 本当だって (「もしこれが嘘だったら悪魔のものになってもいい」, というほどの意味から). in ~s Küche kommen《話》ひどく窮地〈厄介〉なことになる. in drei〈まれ in des〉~s Namen《話》くそ, いまいましいけれど (in Gottes Namen という言回しをもじったもの. ↑Name 3).《3格で》dem ~ ein Ohr abschwätzen《話》舌がよく回る, 口が達者である. Gibt man dem ~ den kleinen Finger, so nimmt er die ganze Hand.《諺》悪魔に小指を与えたら手をそっくり取られる (ほんの少しのつもりがひどいことになる, の意). sich⁴〈*seine* Seele〉dem ~ verschreiben 魂を悪魔に売り渡す.《4格で》den ~ austreiben〈bannen / verjagen〉悪魔を祓う. den ~ im Leib haben《話》気性が激しい, 気が荒い. Mit diesem Auto hat es den ~.《話》この自動車はトラブル続きだ. sich³ den ~ auf den Hals laden《話》難問をしょい込む, 面倒を招く. den ~ an die Wand malen《話》縁

起でもないことを口にする.《前置詞と》**auf** ~ komm raus《話》力の限り, 必死に, 思いっきり. Wenn man **vom** ~ spricht, kommt er.《諺》噂をすれば影がさす. **Zum** ~ [noch einmal]!《話》くそ, ちくしょう (怒り·呪詛の声). Fahr zum ~!《話》くたばれ. Geh〈Scher dich〉zum ~《話》どっかへ行け, 消えてしまえ. ~ gehen〈sein〉《話》(物が) 壊れる; 無くなる. j⁴ zum ~ jagen〈schicken〉《話》人⁴を追い払う. j⁴ zum ~〈zu allen ~n〉wünschen《話》人⁴を心底嫌う. (b)《間投詞的に》~ auch! / ~ ~!《話》(感嘆や驚嘆の声として) うへぇー, ひぇー, ほほう, なんてこった. ~ noch [ein] mal!《話》(怒りの声として) ちぇっ, くそ, ちくしょう. Pfui ~!《話》(嫌悪の声として) ちぇっ, けっ, まっぴらだ. Ei der ~!《古》くそ, ちくしょう, なんてこった. (c)《否定の気持を強めて》kein ~《話》誰ひとり…ない (=niemand). Kein ~ hat auf ihn gewartet. 誰ひとり彼を待っていなかった. [Das] weiß der ~!《話》そんなこと誰が知るか, 知るもんか. Das geht dich den ~ (= nichts) an.《話》それは君に何の関係もないことだ. Den ~ werde ich tun!《話》金輪際ごめんだ, 絶対にいやだ. Ich frage den ~ (= nicht) danach, ob…《話》…かどうなんて私にはどうでもいいことだ. Es müsste mit dem ~ zugehen, wenn…《話》…することなんて絶対にありえない. (d)《疑問の気持を強めて》Wer zum ~ hat das gesagt〈getan〉?《話》そんなことを言った〈した〉のは誰なんだ.
2 (a) 悪魔のようなやつ, 悪党. So ein ~! なんてひどいやつなんだ. Der Mann ist ein ~. あの男はまるで悪魔だ. Der Kleine ist der reinste ~. あの子はまったくの悪がきだ. (b)《『性質』を表す形容詞をともなって》ein armer ~ 《話》あわれなやつ. ein dummer ~ 《話》馬鹿なやつ.
◆ 女性形 Teufelin 囡 -/-nen
Teu·fe'lei [tɔyfə'lai] 囡 -/-en **1**《複数なし》悪魔のような心, 魔性. **2** 悪魔の所業, 鬼畜の振舞, 極悪非道.
'**Teu·fe·lin** ['tɔyfəlɪn] 囡 -/-nen **1**《話》気の荒い女, 勝ち気な女, じゃじゃ馬. **2**《俺》魔性の女; 鬼女, 毒婦.
'**Teu·fels·aus·trei·ber** 男 -s/- (Exorzist) 悪魔祓{ばら}い,《カトリ》祓魔師{ふつまし}.
'**Teu·fels·aus·trei·bung** 囡 -/ (Exorzismus) 悪魔祓い,《カトリ》祓魔式.
'**Teu·fels·bra·ten** 男 -s/ **1**《戯》(大胆不敵なことをしてかす) とんでもないやつ. **2**《俺》ろくでなし.
'**Teu·fels·dreck** 男 -[e]s/《植物》あぎ (せり科の薬用植物ヤニンヤアフガニスタンの乾燥地帯原産; 阿魏 (あぎ) から得た悪臭のするゴム状樹脂, 鎮痙剤·鎮静剤として用いる).
'**Teu·fels·kerl** 男 -[e]s/-e 《話》(大胆なことを平気でしでかす) とんでもないやつ, たいした野郎.
'**Teu·fels·kreis** 男 -es/-e 悪循環, 堂々めぐり. den ~ durchbrechen 悪循環を断つ. in einen ~ geraten 悪循環に陥る.
'**Teu·fels·weib** 匝 -[e]s/-er =Teufelin
'**Teu·fels·zeug** 匝 -[e]s/-e《話》ものすごい (とてつもない) 代物{しろもの}.
'**teu·fen** ['tɔyfən] 他《坑夫》(立坑を) 掘り下げる.
'**teuf·lisch** ['tɔyflɪʃ] 厖 **1** 悪魔のような, 残忍な, 邪悪な; おぞうしく陰険な, 意地悪な. ~e Freude an et³ haben 事³に残忍なよろこびを覚える. ~ grinsen〈lächeln〉悪魔のような薄ら笑いを浮べる. **2**《話》ものすごい, すさまじい, ひどい; (とくに酒などが) 強烈な. eine

teurer

~e Ähnlichkeit 酷似. ein ~er Durst 灼(°)けつくような渇き.《副詞的用法で》Es ist ~ kalt. おそろしく寒い.

'teu·rer ['tɔyrər] teuer の比較級.

Teu·to·bur·ger Wald ['tɔytobʊrgər 'valt]《地名》トイトブルクの森. ◆ノルトライン＝ヴェストファーレン州北部からニーダーザクセン州にかけて細長く連なる丘陵地帯. 紀元9この地のいずこかで Varusschlacht が戦われ, Armin 率いるゲルマン連合軍がローマ軍団を殲滅した.

Teu·to·ne [tɔy'to:nə] 男 -n/-n 1 チュートン人(ゲルマン民族の1部族). 2 《戯》(典型的な)ドイツ人.

Teu·to·nia [tɔy'to:nia]《地名》トイトニア(Deutschland のラテン語表記).

teu·to·nisch [tɔy'to:nɪʃ] 形 1 チュートン人の. 2 《戯》(典型的に)ドイツ人的な, ドイツ人らしい.

***Text** [tɛkst テクスト] 男 -[e]s/-e (*lat.*) 1 (a) テキスト, 原典, 原本;《序文·注釈などに対しての》本文. Der ~ lautet wörtlich: … 原本には…とある. (b)《個々の文書の》文言, 文面;《台本などの》テキスト. den vollen ~ einer Rede abdrucken 講演の全文を掲載する. einen ~ aufsetzen〈korrigieren〉 文面を作成〈訂正〉する. einen ~ [auswendig] lernen テキストを暗記する. in *seinem* ~ stecken bleiben《話》 （台詞などを忘れて）立往生する.《慣用句》《話》j4 aus dem ~ bringen 人4 を混乱させる. aus dem ~ kommen (話の)脈絡を失って)しどろもどろになる, へどもどする. zu tief in den ~ kommen 話がくどすぎる. Weiter im ~! 続けなさい, 続けよう, どんどんやろう. Nun zum ~! そろそろ本題に入ろうじゃないか. 2 《音楽》（歌劇の）リブレット, 台本;（歌曲の）歌詞. 3 《挿し絵·図表の》説明文, キャプション. 4 《説教の題目としての》聖書の章句. j3 den ~ lesen《話》《古》 人3 にお説教をする.

Text[2] [tɛkst] 中 テキスト (20 ポイントの活字).

'Text·auf·ga·be 女 -/-n《数学》の文章問題.

'Text·buch 中 -[e]s/"er《演劇·音楽》（オペラなどの）台本, リブレット.

'Text·dich·ter 男 -s/-（オペラなどの）台本作家; 作詞家.

'tex·ten ['tɛkstən] ❶ 自 （流行歌などの）作詞をする; 広告文案を作る, コピーを書く. ❷ 他 （物4 に）歌詞を作る;（の）文案を作る, コピーを書く.

'Tex·ter ['tɛkstər] 男 -s/-（流行歌などの）作詞家;広告文案作家, コピーライター.

tex·til [tɛks'ti:l] 形 (*fr.*) 1 紡績の, 織物の. 2 繊維(織物)工業の.

Tex'til·ar·bei·ter 男 -s/- 繊維労働者, 紡織工.

Tex'til·fa·brik 女 -/-en 繊維(紡績)工場.

Tex'til·frei 形 《戯》裸の, ヌードの.

Tex'til·i·en [tɛks'ti:liən] 繊維製品, テキスタイル.

Tex'til·in·du·strie 女 -/-n 繊維(紡績)工業.

Tex'til·wa·ren 複 =Textilien

'Text·kri·tik 女 -/ 本文(原典)批評, 原典批判.

'text·lich ['tɛkstlɪç] 形 本文の, 本文(原典)の;本文(原典)に関する.

'Text·lin·gu·i·stik 女 -/《言語》テキスト言語学.

'Text·pro·gramm 中 -s/-e《ビズ》ワープロソフト.

'Tex·tur [tɛks'tu:r] 女 -/-en 1 （作品や社会組織などの）構造, 構成. 2 (a)《地質》石理(℉). (b)《冶金》(金属の結晶構造. (c)《化学》分子の結晶構造. (d)《家具》木目(℆). (e)（筋肉·器官などの）組織. 3 《印刷》ゴチック体の小文字.

'Text·ver·ar·bei·tung 女 -/-en《ビズ》テキスト処理.

'Text·ver·ar·bei·tungs·ge·rät 中 -[e]s/-《ビズ》ワープロ機器.

'Text·ver·ar·bei·tungs·pro·gramm 中 -s/-《ビズ》ワープロソフト.

'Text·ver·ar·bei·tungs·sys·tem 中 -s/-e《ビズ》ワープロ, ワードプロセッサ.

'Te·zett ['te:tsɛt, te'tsɛt] 中《次の成句で》bis ins ~ / bis zum ~ とことん, 徹底的に; 微(°)に入り細(⦞)にわたり. ◆昔ドイツで使われた初等読本のアルファベット表で tz が表のいちばん最後に置かれていたことによる.

'T-för·mig ['te:fœrmɪç] 形 T 字形の.

tg《記号》《数学》＝Tangens

Th [te:'ha:, 'to:riom]《記号》《化学》＝Thorium

TH [te:'ha:] 《略》＝Technische Hochschule 工業大学.

Thai [taɪ] ❶ 男 -[s]/-[s] (Thailänder) タイ人. ❷ 女 -/-[s] タイ人女性. ❸ 中 -/ タイ語.

'Thai·land ['taɪlant]《地名》タイ(王国).

'Thai·län·der ['taɪlɛndər] 男 -s/- タイ人. ◆女性形 Thailänderin 女 -/-nen

'thai·län·disch ['taɪlɛndɪʃ] 形 タイ(人, 語)の. ↑ deutsch

'Thai·län·disch 中 -[s]/ タイ語. ↑ Deutsch

'Thai·län·di·sche ['taɪlɛndɪʃə] 中 《形容詞的変化/定冠詞と》das ~ タイ語; タイ的なもの(特色). ◆Deutsche ②

'Tha·les ['ta:lɛs]《人名》タレース, タレス（前624頃～前546頃, 「万物の根源は水である」と説いた古代ギリシアの哲学者で七賢人のひとりに数えられる.

Tha'lia [ta'li:a]《人名》(*lat.*)《ギ神話》タレイア, タリアの女神. (a) 文芸と学問を司る9人の Muse たちの1人で喜劇の女神. (b) 美と優美の女神 Charis たちの1人. ギリシア語形 Thaleia).

'Thal·li·um ['talɪom] 中 -s/ (*gr.*)《記号 Tl》《化学》タリウム.

The'a·ter [te'a:tər テアーター] 中 -s/- (*gr.* theatron) 1 (a) 劇場, 芝居小屋. Was wird heute im ~ gegeben? 今日の出し物は何ですか. demnächst in diesem ~（映画の予告で）当館近日上映;《話》いずれそのうちに. ein ~ eröffnen〈schließen〉劇場のこけら落しをする〈劇場を閉鎖する〉. ins ~ gehen 観劇に行く. (b)《集合的に》観客. Das ganze ~ lachte. 劇場中が笑った. 2 （組織としての）劇場, 劇団; …座. Das Kölner ~ ist auf Tournee. ケルン劇場は公演旅行に出ている. am〈beim〉 ~ sein《話》劇場で働いている, 演劇に従事している; 役者である. beim ~ abonniert sein / ein Abonnement im ~ haben 劇団の定期会員である. zum ~ gehen 役者になる. 3 《複数なし》劇, 芝居（の上演）. ~ spielen 芝居をする, 劇を演じる(↑b). nach dem ~ 芝居がはねた後で. (b)《話》芝居がかった振舞, お芝居; 大騒ぎ, どたばた. Das ist doch nur ~! そんなのはただのお芝居だ. So ein ~! なんと大げさな. Mach nicht so ein〈so viel〉 ~! そんなに大騒ぎをするんじゃない. ~ um et4〈wegen et2〉machen 事4,2 で大騒ぎをする. ~ spielen（人を欺いて）お芝居をする, ひと芝居打つ. j3 ~ vormachen 人3 の前でひと芝居打つ. 4 《複数なし》（ある時代·国·流派の）演劇. das ~ der Goethezeit ゲーテ時代の演劇. das antike ~ （古代ギリシアの）古典劇. das höfische ~ des 17. Jahrhunderts 17 世紀の宮廷劇.

◆付録「図解小辞典」参照.

The·a·ter·be·such 男 -[e]s/-e 観劇, 芝居見物; 《複数なし》観劇客数.

The·a·ter·be·su·cher 男 -s/- 観劇客, 芝居を見に行く人.

The·a·ter·dich·ter 男 -s/- (とくに 18-19 世紀の) 座付き作者.

The·a·ter·di·rek·tor 男 -s/-en 劇場監督, 劇場支配人.

The·a·ter·kar·te 女 -/-n 観劇券, 芝居のチケット.

The·a·ter·kas·se 女 -/-n 劇場の切符売場.

The·a·ter·kri·tik 女 -/-en 劇評.

The·a·ter·kri·ti·ker 男 -s/- 演劇批評家, 劇評家.

The·a·ter·pro·be 女 -/-n 芝居の稽古, リハーサル.

The·a·ter·pro·gramm 中 -s/-e 芝居のプログラム, 番付.

The·a·ter·stück 中 -[e]s/-e 劇作品, 戯曲, 脚本.

The·a·ter·vor·stel·lung 女 -/-en (芝居の) 上演, 興行.

The·a·ter·zet·tel 男 -s/- 《古》=Theaterprogramm

The·a·tra·lik [tea'tra:lɪk] 女 -/ (gr.) 芝居がかっていること, 芝居がかった振舞 (態度).

the·a'tra·lisch [tea'tra:lɪʃ] 形 **1** 演劇の, 舞台の, 劇場の; 演劇的な, 舞台 (上演) に適した. **2** 《侮》芝居がかった, 大げさな, わざとらしい.

'The·ben [te:bən] 地名 テーバイ, テーベ ((a) 古代ギリシアのボイオティア地方の都市. (b) ナイル川中流の古代エジプトの都市).

The'in [te'i:n] 中 -s/ =Tein

The'is·mus [te'ɪsmʊs] 男 -/ (gr.) 《哲学・宗教》有神論.

The'ist [te'ɪst] 男 -en/-en 有神論者.

the'is·tisch [te'ɪstɪʃ] 形 有神論の, 有神論に関する; 有神論を信奉する.

'The·ke [te:kə] 女 -/-n (gr.) **1** (酒場などの) カウンター. **2** (商店の) 売り台, カウンター. unter der ~ 《話》闇で, こっそり.

*****'The·ma** ['te:ma テーマ] 中 -s/Themen (Themata ['te:mata]) (gr.) **1** 主題, テーマ; 題材, 題目; 論題, 話題. ein interessantes〈heikles〉~ 興味深い〈扱いにくい〉テーマ. das ~ des Vortrags 講演のテーマ. [Nummer] eins は《話》いちばんの関心事, いまの一番の話題. ein ~ aufgreifen〈behandeln〉あるテーマを取上げる〈扱う〉. das ~ wechseln 話題をかえる. vom ~ abkommen〈abschweifen〉本題からそれる. Das gehört nicht zum ~. それは本題とは無関係だ. zum ~ kommen 本題に入る. **2** (a) 《音楽》主題, テーマ. (b) 《言語》(↑Rhema) 主題, 提題, テーマ.

'The·ma·ta ['te:mata] Thema の複数.

The·ma·tik [te'ma:tɪk] 女 -/-en **1** (複合的な) 主題, テーマ; 主題の立て方, テーマ設定; 主題の範囲. **2** 《音楽》主題の技法.

the'ma·tisch [te'ma:tɪʃ] 形 **1** 主題の, テーマの; 主題 (テーマ) に関する; 主題に基づいた, テーマに沿った; テーマ別の. Der Film ist ~ sehr interessant. この映画のテーマははたいへんおもしろい. et⁴ nach ~en Gesichtspunkten ordnen 物⁴ をテーマ別に配列する. ~e Karte 《地図》特殊図. **2** 《音楽》主題の, テーマに関する. ~er Katalog (作曲家の作品の) 主題目録. **3** 《言語》(a) 幹母音を有する, 語幹形成母音をともなう. ~e Verben 幹母音動詞. (b) (テキスト言語学で) テーマに関する.

'The·men ['te:mən] Thema の複数.

'The·mis ['te:mɪs] 《人名》《ギリシャ神話》テミス (秩序や正義の女神, その名は「置き定められたもの」「掟」の意).

'Them·se ['temzə] 地名 die ~ テムズ川 (イギリス最大の河川でイングランドを東流する).

'Theo ['te:o] 《男名》テーオ (Theodor などの短縮).

theo.., Theo.. [teo..] (gr. theos 'Gott⁴') 《接頭》名詞などに冠して「神」の意を表す.

'The·o·bald ['te:obalt] 《男名》テーオバルト.

The·o·bro·min [teobro'mi:n] 中 -s/ (gr.) 《薬学》テオブロミン (ココアの種子に含まれるアルカロイド, 利尿剤として用いられる).

The·o·di'zee [teodi'tse:] 女 -/-n ['tse:ən] (gr.) 《哲学》弁神論, 神義論.

The·o·do'lit [teodo'li:t] 男 -[e]s/-e 《測量》経緯儀.

'The·o·dor ['te:odo:r] 《男名》テーオドール.

The·o·do·ra [teo'do:ra] 《女名》テオドーラ.

The·o'krat [teo'kra:t] 男 -en/-en (gr.) 神権政治家, 神政主義者.

The·o·kra'tie [teokra'ti:] 女 -/-n [..'ti:ən] (gr.) **1** 《複数なし》神権政治, 神政. **2** 神政国家.

the·o·kra·tisch [teo'kra:tɪʃ] 形 神権政治の, 神政の.

The·o·lo·ge [teo'lo:gə] 男 -n/-n (gr.) 神学者, 神学生. ◆女性形 Theologin 女 -/-nen

The·o·lo'gie [teolo'gi:] 女 -/-n [..'gi:ən] (gr.) 神学.

the·o·lo·gisch [teo'lo:gɪʃ] 形 神学の, 神学的な, 神学に関する. ~e Probleme 神学上の諸問題. die ~e Fakultät 神学部.

The·o·pha'nie [teofa'ni:] 女 -/-n [..'ni:ən] (gr.) 《宗教》神の顕現, テオファニア; (Epiphanie) 公現.

The·o'rem [teo're:m] 中 -s/-e (gr.) 《論理》(Lehrsatz) 定理, 定律.

The·o·re·ti·ker [teo're:tikər] 男 -s/- (↔ Praktiker) 理論家; 空論家.

*****the·o·re·tisch** [teo're:tɪʃ テオレーティシュ] 形 **1** 理論の, 理論上の; 理論的な, 理論的根拠のある; 学理的な, 純理論的な. ~e Kenntnisse 理論的な知識. ~e Physik 理論物理学. et⁴ ~ begründen〈untermauern〉事⁴ を理論づける. **2** 理論の上だけの, 理屈だけの. Es gibt ~e Möglichkeiten. 理屈の上ではいくつかの可能性がある. Was er sagt, ist ~ richtig. 彼の言っていることは理屈としては正しい.

the·o·re·ti'sie·ren [teoreti'zi:rən] 自 理論 (空論) をもてあそぶ, 理屈に走る.

*****The·o·rie** [teo'ri: テオリー] 女 -/-n [..'ri:ən] (gr.) **1** 理論, 学理; 学説, 論; 仮説, 推論; 空理, 空論. ~ und Praxis 理論と実践. die ~ der〈zur / über die〉Entstehung der Erde 地球の誕生に関する理論. eine ~ aufstellen〈entwickeln〉理論を立てる〈展開する〉. Das ist graue ~. それは机上の空論だ. Das ist alles nur ~. それはすべて理屈だけのことだ. seiner ~ nach 彼の説では (↑2). **2** 《比喩》(個人的な) 意見, 見解. Das ist nur deine ~. それは君ひとりの意見に過ぎない. seiner ~ nach 彼の考えでは, 彼の見るところ (↑1).

The·o'soph [teo'zo:f] 男 -en/-en (gr.) 神智学者.

The·o·so'phie [teozo'fi:] 女 -/-n [..'fi:ən] (gr.) 神智学.

The·ra·peut [tera'pɔʏt] 男 –en/–en (gr.) **1** 臨床医, 治療専門家; 療法士, テラピスト. **2** (とくに) 精神療法医. ◆女性形 Therapeutin

The·ra·peu·tik [tera'pɔʏtɪk] 女 –/ 治療学.

the·ra·peu·tisch [tera'pɔʏtɪʃ] 形 治療の, 治療上の, 治療に関する; 治療に役立つ.

The·ra·pie [tera'pi:] 女 –/–n [..'pi:ən] 治療法, セラピー.

The·re·se [te're:zə] 女名 テレーゼ.

The·re·sia [te're:zia] 女名 テレージア. Maria ~ マリア・テレージア (1717–80, オーストリアの女帝).

therm.., **Therm..** [tɛrm..] (接頭) = thermo.., Thermo..

ther·mal [tɛr'ma:l] 形 (gr.) (まれ) **1** 熱の, 熱による; 温度の. **2** 温泉の, 温泉による.

Ther'mal·bad 中 –[e]s/–er **1** 温浴, 温泉浴. **2** 湯治場, 温泉(場). **3** 温水プール.

Ther'mal·quel·le 女 –/–n 温泉.

Ther·me [tɛrmə] 女 –/–n (gr. therme '温かさ, Wärme, Hitze, heiße Quelle') **1** (Thermalquelle) 温泉. **2** 《ふつう複数で》(古代ローマなどの) 公衆浴場.

Ther·mi·dor [tɛrmi'do:r] 男 –[s]/–s (fr., Hitzenmonat') 《歴史》 テルミドール, 熱月 (フランス革命暦の第 11 月, 太陽暦の 7 月 19 日–8 月 17 日にあたる).

'Ther·mik ['tɛrmɪk] 女 –/ (gr.) 《気象》 熱上昇気流.

'ther·misch ['tɛrmɪʃ] 形 熱の; 熱による. ~e Energie 《物理》 熱エネルギー.

Ther·mit [tɛr'mi:t] 男 –s/–e 《商標》 テルミット (アルミニウム粉末と酸化鉄の混合物, 燃焼すると高熱を発するので溶接などに用いる).

thermo.., **Thermo..** [tɛrmo..] (接頭) (gr. thermos ,warm, heiß') 名詞・形容詞などに冠して「熱, 温度」の意を表す. 母音の前では therm.., Therm.. となることがある.

Ther·mo·che·mie [tɛrmoçe'mi:] 女 –/ 《化学》 熱化学.

Ther·mo·dy·na·mik [..dy'na:mɪk] 女 –/ 《物理》 熱力学.

ther·mo·dy·na·misch [..dy'na:mɪʃ] 形 《物理》 熱力学の.

ther·mo·elek·trisch [..e'lɛktrɪʃ] 形 《電子工》 熱電気の; 熱電子の, 熱電子による.

Ther·mo·elek·tri·zi·tät 女 –/ 《電子工》 熱電気.

'Ther·mo·ele·ment ['tɛrmo..] 中 –[e]s/–e 《電子工》 熱電対.

Ther·mo'graph [tɛrmo'gra:f] 男 –en/–en 《気象》 自記温度計.

***Ther·mo'me·ter** [tɛrmo'me:tər テルモメーター] 中 –s/ **1** 温度計, 寒暖計; 体温計. Das ~ fällt ⟨steigt⟩. 水銀柱が下がる⟨上がる⟩. **2** 《卑》(火酒・ブランデーの) 酒びん.

ther·mo·nu·kle·ar [tɛrmonukle'a:r] 形 《核物理》 熱核の. ~e Reaktion 熱核反応. ~e Waffe 熱核兵器.

Ther·mo'phor [..'fo:r] 男 –s/–e **1** 《医学》 保温用具, 保温パット. **2** 《物理》 熱伝導器.

Ther·mo'plast [..'plast] 男 –[e]s/–e 《ふつう複数で》 《化学》 熱可塑性物質.

'Ther·mos·fla·sche ['tɛrmɔs..] 女 –/–n 《商標》 魔法瓶(びん), テルモス.

Ther·mos'tat [tɛrmo'sta:t] 男 –[e]s(–en)/–e[n] サーモスタット.

'Ther·mo·strom ['tɛrmo..] 男 –[e]s/ᵘe 《電子工》 熱電流.

Ther·mo·the·ra'pie 女 –/–n 《医学》 温熱療法.

The'sau·rus [te'zaʊrʊs] 男 –/..ri [..ri] (..ren[..rən]) (gr. thesauros ,Schatz, Schatzhaus') **1** (古代ギリシア・ローマの) 神殿などの宝物, 宝庫. **2** (ラテン語などの) 全語彙集, 語彙の宝庫 (しばしば古典語辞典のタイトルとして用いられる). **3** (特定分野の用語を集めた) 分類語彙集, 類語辞典, シソーラス; 《電算》(情報検索用の) シソーラス.

'The·se ['te:zə] 女 –/–n (gr. thesis ,das Setzen, das Stellen') (論証されるべき) 命題, 論題, 提題; 《哲学》 定立, テーゼ; (政党などの) 綱領. eine ~ aufstellen 命題を立てる.

'The·sen ['te:zən] These, Thesis の複数.

'The·seus ['te:zɔʏs] 人名 (gr.) 《ギ神話》 テーセウス (クレータ島の迷宮の怪物 Minotauros 退治などで数々の武勇伝で有名なアテネの英雄).

'The·sis ['te:zɪs] 女 –/Thesen [te:zən] (gr.) (↔ Arsis) **1** 《韻律》 (a) (古代ギリシア詩の) 強長音部. (b) (後代の詩の) 弱短音部, 抑音部. **2** 《音楽》 テーシス, 下拍, 強拍.

'Thes·pis ['tɛspɪs] 人名 (gr.) テスピス (前 6 世紀のギリシアの詩人, 悲劇の創始者とされる).

'Thes·pis·kar·ren 男 –s/– 巡回劇団, 旅回りの一座. ◆Thespis が車で各地を巡業したという伝説にちなむ.

'The·ta ['te:ta] 中 –[s]/–s (gr.) テータ, シータ (ギリシア語アルファベットの第 8 字 Θ, θ).

'Thi·lo ['ti:lo] 男名 ティーロ.

Thing [tɪŋ] 中 –[e]s/–e (nord., Ding') 《歴史》 (古代ゲルマンの) 民会, 裁判集会.

thio.., **Thio..** [tio.., ti:o..] (接頭) (gr.) 名詞などに冠して「硫黄の, 硫黄を含む」の意を表す. 母音の前では thi.., Thi.. となる.

'Thi·o·harn·stoff ['ti:o..] 男 –[e]s/ 《化学》 チオ尿素.

'Tho·mas ['to:mas] ❶ 男名 トーマス. ~ von Aquin トマス・アクィナス (1225–1274, イタリアの神学者, 哲学者). ❷ 人名 《新約》 トマス (12 使徒の一人. ↑付録「聖人暦」7 月 3 日). ein ungläubiger ~《比喩》疑い深い人 (使徒トマスが Jesus の復活を初信しなかったことにちなむ. ヨハ 20:24–29).

'Tho·mas·mehl 中 –[e]s/ トーマス鉱滓(さい)粉 (燐肥料として用いられる).

'Tho·mas·stahl 男 –[e]s/ 《冶金》 トーマス鋼 (英国人技師 S. G. Thomas にちなむ).

Tho'mis·mus [to'mɪsmʊs] 男 –/ 《哲学》 トマス説, トミズム (トマス・アクィナス Thomas von Aquin の神学・哲学の体系).

Tho'mist [to'mɪst] 男 –en/–en トマス説信奉者.

Thor [to:r] 人名 《北欧神話》 トール (オーディン Odin の息子で雷神. ドイツ語形 Donar).

Tho'ra [to'ra:, 'to:ra:] 女 –/ (hebr., Lehre') 《ユダヤ教》 モーセ五書, トーラー; 律法.

Tho·rax ['to:raks] 男 –[es]/–e (gr.) **1** 《解剖》 (Brustkorb) 胸郭. **2** 《動物》 (節足動物の) 胸部.

'Tho·ri·um ['to:riʊm] 中 –s/ (↑Thor) 《記号 Th》 《化学》 トリウム.

'Thril·ler ['θrɪlər] 男 –s/– (engl.) スリラー (小説, 映画, 劇).

'Throm·ben ['trɔmbən] Thrombus の複数.

Throm·bo·se [trɔm'bo:zə] 女 –/–n (gr.) 《医学》

血栓症.
Throm·bo·zyt [trɔmboˈtsyːt] 男 -en/-en 《医学》(Blutplättchen) 血小板.
Throm·bus [ˈtrɔmbʊs] 男 -/Thromben[..bən] (gr.) 《医学》血栓.
★**Thron** [troːn] トローン 男 -[e]s/-e (gr.) **1** 王座, 玉座, 王位, 帝位; 《宗教》(司教・監督・主教の)高座. Sein ~ wackelt. 《話》彼の優位は揺らいでいる. den ~ besteigen 王位につく. j⁴ auf den ~ erheben 人⁴を王位につける. j⁴ auf den ~ heben 《雅》人⁴がその座にあること(登ること)を認める. von *seinem* ~ herabsteigen 《話》えらそうにするのをやめる. j⁴ vom ~ stoßen 人⁴を王座から追う《比喩》(優位に立っている)人⁴を追い落とす. **2** 《戯》(とくに子供用の)便器, おまる.
Thron·be·stei·gung 女 -/-en 即位.
thro·nen [ˈtroːnən] 自 王座(玉座)に座っている; どっかと座っている, あたりを睥睨(へいげい)している. Das Schloss *thront* über der Stadt. 城が町を見下ろすように聳えている.
Thron·er·be 男 -n/-n (Kronerbe) 王位(帝位)継承者.
Thron·fol·ge 女 -/-n 王位(帝位)継承.
Thron·fol·ger 男 -s/- (Thronerbe) 王位(帝位)継承者.
Thron·him·mel 男 -s/- 玉座の天蓋(てんがい).
Thron·räu·ber 男 -s/- 王位(帝位)簒奪(さんだつ)者.
Thron·re·de 女 -/-n (議会の開会を告げる)王(皇帝)の式辞, 開院勅語[しき].
Thron·saal 男 -[e]s/..säle 玉座の間, 謁見(えっけん)の間.
Thron·ses·sel 男 -s/- 玉座(の椅子).
Thu·ky·di·des [ˈtuːkyːdideːs] 《人名》トゥキュディデス, トゥーキュディデース(前460頃-前400頃, 古代ギリシアの歴史家でペロポネソス戦争の経過を記述した未完の史書『戦史(歴史)』の著者).
Thu·le [ˈtuːlə]《地名》**1** トゥーレ(古典古代において極北にあるとされた伝説上の島). **2** テューレ(グリーンランド北西部の Inuit の集落地).
Thu·li·um [ˈtuːliʊm] 中 -s/《記号 Tm》《化学》ツリウム.
Thun·fisch [ˈtuːnfɪʃ] 男 -[e]s/-e《魚》まぐろ(鮪).
Thur·gau [ˈtuːrɡaʊ]《地名》トゥールガウ(スイス北東部の州).
Thü·rin·gen [ˈtyːrɪŋən]《地名》チューリンゲン(ドイツ東中部の州).
Thü·rin·ger [ˈtyːrɪŋər] ❶ 形《不変化》チューリンゲンの. der ~ Wald チューリンゲンの森(チューリンゲン州南西部の森林地帯). ~ Klöße 《料理》チューリンガー・ダンプリング(じゃがいもと卵の入った団子). ❷ 男 -s/- チューリンゲンの人. ❸ 女 -/-《料理》チューリンガーソーセージ.
thü·rin·gisch [ˈtyːrɪŋɪʃ] 形 チューリンゲンの.
Thurn und Ta·xis [ˈtʊrn ʊnt ˈtaksɪs]《人名》トゥルン・ウント・タクシス(神聖ローマ帝国で郵便事業にたずさわった貴族の家).
Thy·mi [ˈtyːmi] Thymus の複数.
Thy·mi·an [ˈtyːmiaːn] 男 -s/-e (gr.) **1**《植物》たちじゃこうそう. **2**《複数なし》《料理》(香辛料の)タイム.
Thy·mus [ˈtyːmʊs] 男 -/Thymi[..mi] (gr.)《解剖》胸腺.
Thy·mus·drü·se 女 -/-n = Thymus
Thy·ris·tor [tyˈrɪstɔr] 男 -s/-..en[..rɪsˈtoːrən]《電子工》サイリスタ(整流用の多層接合形半導体素子の総称).

Ti [teːˈʔiː, tiˈtaːn]《記号》《化学》= Titan 3
Ti·a·ra [tiˈaːra] 女 -/Tiaren[tiˈaːrən] (pers.) **1**(古代ペルシアやアッシリアの)帽子. **2**《古》《カトリック》教皇冠, 三重宝冠(司法・司牧・教導の三権を表す3重の輪がついた冠).

Tiara

Ti·ber [ˈtiːbər] 男 -s/-《地名》der ~ テヴェレ川, ティベリス川(ローマ市内を流れる. イタリア語形 Tevere).
Ti·bet [ˈtiːbɛt, tiˈbeːt] ❶《地名》チベット. ❷ 男 -s/-e **1**《紡織》チベット織り(羊の梳毛(すきけ)で織った実用的な織物). **2** チベット羊毛皮.
Ti·be·ta·ner [tibeˈtaːnər] 男 -s/- = Tibeter
ti·be·ta·nisch [tibeˈtaːnɪʃ] 形 = tibetisch
Ti·be·ter [tiˈbeːtər, ˈtiːbɛtər] 男 -s/- チベット人.
◆女性形 Tibeterin 女 -/-nen
ti·be·tisch [tiˈbeːtɪʃ, ˈtiːbɛtɪʃ] 形 チベット(人, 語)の.
Tic [tɪk] 男 -s/-s (fr.)《心理・医学》チック(顔面筋の付随意な痙攣(けいれん)).
Tick [tɪk] 男 -[e]s/-s (fr. tic) **1** へんな癖, 妙なところ. Jeder hat seinen ~. だれにでも妙なところはあるものだ. **2**《話》(Nuance) ほんの少し, 心持. Er ist einen ~ besser als du. 彼のほうが君よりほんのちょっびりましだよ.
ti·cken [ˈtɪkən] ❶ 自 ちくたく(かちかち)鳴る; こつこつ音を立てる(mit et³ an⟨auf/gegen⟩ et⁴ 物³で物⁴をたたいて). Die Uhr tickt. 時計がちくたくいう. Es *tickt* bei ihm nicht [ganz] richtig. / Er *tickt* nicht [ganz] richtig. 《話》彼はすこし頭がへんだ(どうかしている). ❷ 他《話》分かる, 理解する.
Ti·cker [ˈtɪkər] 男 -s/-《話》テレタイプ.
Ti·cket [ˈtɪkət] 中 -s/-s (engl.) 乗車(乗船)券, 搭乗券; (まれ) 入場券, チケット.
tick·tack [ˈtɪkˈtak] 間 Ticktack!(時計などの音を表して)ちくたく, かちかち, こちこち.
Tick·tack ❶ 男 -s/(時計などの)ちくたく(かちかち)いう音. ❷ 女 -/-s《幼児》(Uhr) 時計.
Ti·de [ˈtiːdə] 女 -/-n《ふつう複数で》(Gezeiten) 潮の満ち干(ひ), 潮汐(ちょうせき).
Ti·de[n]·hub 男 -[e]s/..e《北ドイツ》(干潮時と満潮時の)潮差.
Tieck [tiːk]《人名》Ludwig ~ ルートヴィヒ・ティーク(1773-1853, ドイツロマン派の作家).

tief [tiːf] ティーフ 形 **1** (a)(深さの)深い, 底深い; 深さ...の. ein ~*er* Abgrund 深く落ち込んだ深淵(絶壁). ~*er* Boden ぬかるんだ地面. ein ~*er* See 深い湖. ein ~*er* Teller(スープ用の)深皿. ~*e* Wurzeln schlagen 深く根を張る. ~ in die Erde bohren 地中深くボーリングする. zu ~ ins Glas gucken ⟨schauen⟩《話》飲み過ぎる. Sie ist ~ gefallen ⟨gesunken⟩.《比喩》彼女は堕落した. Seine Augen liegen ~ [in den Höhlen]. 彼の目は落ち窪んでいる. ~ in Schulden stecken《比喩》借金で首が回らない.《数詞を伴って》ein 150 Meter ~*er* Schacht 深さ150メートルの縦坑. Wie ~ ist der Fluss? その川はどれくらいの深さですか. Der Graben ist 17 Meter ~. その溝は深さ17メートルだ. (b) 深い, 奥深い, 奥まった; 深部(内部)にまで達する; 奥行き...の. eine ~*e* Bühne 奥行のある舞台. im ~[st]en Afrika アフリカの奥地で. in ~*ster* Seele 心の奥底で, 心底. im

~en Wald / im Wald 森の奥深くて. eine ~e Wunde 深い傷, 深手. eine feindliche Land eindringen 敵地深く侵入する. j³ zu ~ in die Augen schauen⟨blicken⟩《比喩》j³に惚れ込む, 心を奪われる.《数詞を伴って》Das Regal ist 30 cm ~. その書架は奥行き30センチだ.
2 (a) 低い, 下方の; 低い所にある, 低地の. ein Zimmer mit ~er Decke 天井の低い部屋. eine ~e Verbeugung machen 深々とお辞儀をする. ~e Wolken 低い雲. Sein Büro ist ein Stockwerk⟨eine Etage⟩ ~er. 彼のオフィスは1階下です. ~ unten im Tal 谷のはるか下方に. ~ fliegen 低空飛行する. Der Mond steht ~ am Horizont. 月が地平線のすぐまぎわに懸かっている. die Mütze ~ in die Stirn ziehen 帽子を目深にかぶる. (b)《数値・水準などが》低い. der ~ste Stand des Kurses 相場の最低水準. ~e Temperaturen 低温. Das Barometer steht ~. 気圧計が下がっている. Sie hat ~ unter ihrem Stand geheiratet.《比喩》彼女は自分よりもはるかに身分の低い男と結婚した.
3《時間的に深まった, 更けた; たけなわの, まっさかりの. im ~sten Frieden 平和のさなかに. im ~en Winter 真冬に. ~ in die Nacht 夜も更けて. bis ~ in die Nacht [hinein] 真夜中まで. bis ~ in das 17. Jahrhundert 17世紀中葉まで.
4《精神的に》深い, 深遠な. eine ~ere Bedeutung より深い意味, 裏の意味. eine ~e Einsicht 深い洞察. ~ nachdenken 深く考える, 熟慮する. Das lässt ~ blicken.《話》それは意味深長だな, なかなかおもしろい話だ.
5 (a)《感覚的に》深い, 篤(ぁっ)い, 深甚な; 深刻な, 痛切な. ~e Einsamkeit 深い孤独. ein ~es Gemüt haben 情が深い. ein ~er Glaube 篤い信仰心. ~er Schlaf 深い眠り. ~er Schmerz ひどい痛み. ~e Stille 深い静寂. in ~er Trauer 深い悲しみに沈んで; 喪服に身をつつんで. (b)《副詞的用法で》深く, いたく; 非常に. j⁴ ~ beleidigen 人⁴をひどく侮辱する. j⁴ ~ betrüben 人⁴をいたく悲しませる. So ein Anpfiff ging bei ihm nicht ~.《話》そんな大目玉を食らうことは彼にはいってこたえなかった. Er war auf das ~ste erschüttert. 彼はものすごいショックを受けた.
6 (a)《音が》低い, 太い. eine ~e Stimme 低い声. ein ~er Ton 低音. ein Instrument ~er stimmen《音楽》楽器のピッチを下げる. (b)《色が》深い, 濃い. ein ~es Blau 深い青. ein ~es Dunkel 深い闇. ~e Schatten 深い影. ~er erröten⟨erblassen⟩ 顔がいっそう赤らむ⟨青ざめる⟩.

◆ ↑tief bewegt, tief blickend, tief empfunden, tief gefühlt, tief gehend, tief greifend, tief liegend, tief schürfend, tief stehend

Tief 田 -s/-s **1**《気象》(↔ Hoch) 低気圧[帯, 圏]. **2**《船員》(干潟・砂州の) 水路, 水脈(鷙). **3**《経済》不況, 景気の沈滞. **4**《話》 (a) 憂鬱. (b) (スポーツ選手などの) スランプ, どん底.

'Tief·bau 男 -[e]s/-ten(-e) **1** (a)《複数なし》《道路・下水路などの》地下[地表]工事. 《複数 -ten》地下建造物. **2**《複数 -e》《鉱業》坑内採掘, 坑内掘り.
'tief be·wegt, °**'tief·be·wegt** 形 深く感動した.
'tief·blau 形 濃青色の, 紺色の.
'Tief·blick 男 -[e]s/- 洞察力, 慧眼(ま).
'tief bli·ckend, °**'tief·bli·ckend** 形 洞察力のある, 慧眼の.
'Tief·de·cker 男 -s/- 《航空》低翼機.
'Tief·druck 男 -[e]s/-e **1**《複数なし》(↔ Hochdruck) 低気圧, 低圧. **2**《印刷》凹版印刷(物).
'Tief·druck·ge·biet 田 -[e]s/-e 《気象》(↔ Hochdruckgebiet) 低圧帯, 低気圧域.

*'**Tie·fe** ['tiːfə] ティーフェ 女 -/-n **1** (a) 深さ. Der Fluss erreicht⟨hat⟩ hier eine ~ von vier Metern. 川はこの辺りで深さ4メートルになる. eine unergründliche ~ 底知れぬ深さ. die ~ des Schnees 雪の深さ. (b) 奥行. die ~ der Bühne 舞台の奥行き. **2** (a) 深み, 淵(あ). die Höhen und ~n des Lebens《雅》(変転する) 人生の山と谷. aus der ~ des Wassers 水底から. in die ~ blicken 高いところから下を覗き込む. in die ~ fallen 高みから転落する. den Sarg in die ~ lassen 棺を墓穴に下ろす. (b) 奥, 奥の方; 奥処(ホ). Die ~ des Raumes liegt im Halbdunkel. 部屋の奥は薄暗がりになっている. in die ~ des Landes 奥地へ, 内陸へ. in die ~ spielen《スポー ツ》(サッカーで) 敵陣深く攻め込む⟨パスを通す⟩. (c)《心などの》内奥. bis in die tiefsten⟨innersten⟩ ~n⟨des Herzens⟩《雅》胸の奥底で. 3 《複数なし》(精神的な) 深み, 深遠さ, 深さ. die ~ der Einsicht 洞察⟨思考⟩の深さ. Gedanken von großer ~ 深遠な考え. **4**《複数なし》(感覚・感情などの) 深さ, 激しさ, 強烈さ. die ~ ihrer Liebe 彼女の愛の深さ. die ~ des Schmerzes 痛みの深さ. **5**《複数なし》(a)《音・声の》低さ. (b)《色の》深み.

'Tief·ebe·ne 女 -/-n (↔ Hochebene) (海抜200メートル以下の起伏のほとんどない) 低地.
'tief emp·fun·den, °**'tief·emp·fun·den**《付加語的用法のみ》《雅》心からの, 衷心(忠)からの. ◆比較級 tiefer empfunden, 最上級 am tiefsten empfunden (tiefstempfunden)
'Tie·fen·psy·cho·lo·gie 女 -/ 深層心理学.
'Tie·fen·schär·fe 女 -/-n《光学》(レンズの) 焦点深度.
'Tie·fen·wir·kung 女 -/-en **1** (絵画・舞台などの) 立体効果, 立体感. **2** (化粧クリームなどの) 浸透作用.
'tief·ernst 形 非常にまじめな, 厳粛な; きわめて深刻な.
'Tief·flug 男 -[e]s/⸚e 低空飛行.
'Tief·gang 男 -[e]s **1**《造船》喫水. **2**《比喩》内面的な深さ, 深み.
'Tief·ga·ra·ge [..gaːrɑːʒə] 女 -/-n 地下駐車場.
'tief·ge·frie·ren* 他《ふつう不定詞か過去分詞で》冷凍する.《過去分詞で》tiefgefrorenes Fleisch 冷凍肉.
'tief ge·fühlt, °**'tief·ge·fühlt** 形《付加語的用法のみ》《雅》心からの, 衷心(忠)からの. ◆比較級 tiefer gefühlt, 最上級 am tiefsten gefühlt (tiefstgefühlt)
'tief ge·hend, °**'tief·ge·hend** 形 **1**(根・傷などが) 深い, 深くまで達した. **2**《比喩》(痛みなどが) きつい, 深刻な;(話などの) 徹底的な, 本質に迫る. ◆比較級 tiefer gehend, 最上級 am tiefsten gehend (tiefstgehend)
'tief·ge·kühlt 過分 (保存のために) 冷凍された, 冷凍の. ~e Fertigkeit 冷凍調理済み食品.
'tief grei·fend, °**'tief·grei·fend** 形 (その影響が) 広範囲に及ぶ, 深刻な, 徹底的な, 根本的な. ◆比較級 tiefer greifend, 最上級 am tiefsten greifend (tiefstgreifend)
'tief·grün·dig 形 **1** 根本的な, 深遠な. **2** (a)《地

tief·küh·len 囲 (tiefgefrieren) 冷凍する. ↑tiefgekühlt

Tief·kühl·fach 囲 -[e]s/⁼er (冷蔵庫の)冷凍室, フリーザー.

Tief·kühl·ket·te 囡 -/-n 《商業》冷凍食品チェーン.

'Tief·kühl·kost 囡 -/ 冷凍食品.

Tief·kühl·tru·he 囡 -/-n (大型の)冷凍冷蔵ケース.

Tief·küh·lung 囡 -/ 冷凍(すること).

Tief·la·der 囲 -s/- 《鉄道》(大型貨物用の)低床式貨車, ロー・ローダ. 2 大物車.

Tief·la·de·wa·gen 囲 -s/- =Tieflader

Tief·land ['tiːflant] 囲 -[e]s/⁼er 《地理》(海抜200メートルまでの)低地, 平地. ↑Hochland

tief lie·gend, °**tief·lie·gend** 形 1 (土地などが)低いところにある. 2 (目などが)落ちくぼんだ. ◆比較級 tiefer liegend, 最上級 am tiefsten liegend (tiefstliegend)

Tief·punkt 囲 -[e]s/-e (↔ Höhepunkt) 1 (目盛・数値などの)最下点, 最低点. 2 《比喩》(a) (気分などの)どん底. (b) (景気)の底.

Tief·schlag 囲 -[e]s/⁼e 1 《ボクシ》ローブロー. 2 《比喩》フェアでない振舞.

tief schür·fend, °**tief·schür·fend** 形 《述語的には用いない》深く掘り下げた, 徹底的に考え抜いた. ◆比較級 tiefer schürfend, 最上級 am tiefsten schürfend (tiefstschürfend)

Tief·see 囡 -/ 《地理》深海.

Tief·see·for·schung 囡 -/ 深海研究(探査).

Tief·sinn 囲 -[e]s/ 1 (深い)物思い, 沈思; 憂鬱( ). in ～ verfallen ふさぎ込む. 2 深い意味.

tief·sin·nig ['tiːfzɪnɪç] 形 1 深い意味を持った, 深遠な. 2 《古》憂鬱( )な気分の, ふさぎ込んだ.

Tief·stand 囲 -[e]s/⁼e 1 (最低水位, (最)低水準. 2 《比喩》不振, 低迷;《経済》不況.

Tief·sta·pe·lei [tiːfʃtaːpəˈlaɪ] 囡 -/-en 1 《複数なし》自己卑下. 2 自己卑下の言動.

tief·sta·peln ['tiːfʃtaːpəln] 囲 (自分の能力・業績について)卑下する, 自分をことさら低く見せる.

tief ste·hend, °**tief·ste·hend** 形 1 低い位置にある, 低高度の. 2 《比喩》(経済的・社会的・精神的に)劣った, 低い. ◆比較級 tiefer stehend, 最上級 am tiefsten stehend (tiefststehend)

Tiefst·tem·pe·ra·tur 囡 -/-en 最低気温.

Tie·gel ['tiːgəl] 囲 -s/- 1 《東中部ﾄﾞｲﾂ》(Pfanne) フライパン. 2 (小さな)平鍋, 浅鍋. 3 《化学》坩堝( ). 4 《印刷》(平圧印刷機の)加圧盤.

Tie·gel·ofen 囲 -s/- 《冶金》るつぼ炉.

Tiek·holz ['tiːkhɔlts] 囲 -es/⁼er 《複数まれ》チーク材. ◆ Teakholz のドイツ語風表記.

Tier

[tiːr ティーァ] 囲 -[e]s/-e 1 (a) 動物, 獣( ). höhere〈niedere〉～e 高等〈下等〉動物. ein nützliches〈schädliches〉～ 益獣〈害獣〉. ein wildes〈zahmes〉～ 野生動物〈飼い慣らされた動物〉. Ein ～ ist verendet. 動物が死んだ. ein ～ abrichten〈dressieren〉動物を調教する. [sich³] ein ～ halten 動物を飼う. 《比喩》動物のような人, 人でなし;《人間の》獣性. das ～ in j³ 人³の中にひそむ獣性. Er ist ein [richtiges] ～. 彼は血も涙もない人間だ;(ボクサーなどに対するほめ言葉として)彼は本物の野獣だ. zum ～ herabsinken 獣になりさがる, 本能の虜( )になる. Ich werd' zum ～!《話》(そんなことをすれば)私は手がつけられなくなるぞ. (c) 《話》人, やつ. ein armes ～ かわいそうなやつ. ein großes〈hohes〉～ 大物, お偉いさん. ein gutes ～ お人好し. 2 《狩猟》(1歳以下の)雌鹿.

Tier·art 囡 -/-en 《動物》動物の種類.

Tier·arzt 囲 -es/⁼e 獣医. ◆女性形 Tierärztin 囡 -/-nen

'**tier·ärzt·lich** 形 獣医の, 獣医による.

Tier·bän·di·ger 囲 -s/- =Dompteur

Tier·chen ['tiːrçən] 囲 -s/- (Tier の縮小形) 小さな(幼い)動物. Jedem ～ sein Pläsierchen. 《諺》蓼( )食う虫も好きずき(「人にはそれぞれの楽しみ方(生き方)がある」の意).

Tier·fa·bel 囡 -/-n 動物寓話.

Tier·freund 囲 -[e]s/-e 動物好き.

Tier·gar·ten ['tiːrgartən] 囲 -s/⁼ (比較的小規模な)動物園. ↑Tierpark

tier·haft 形 《まれ》動物的な.

Tier·hal·ter 囲 -s/- 動物の飼育者(飼い主).

Tier·hand·lung 囡 -/-en ペットショップ.

Tier·heil·kun·de 囡 -/ (Tiermedizin) 獣医学.

Tier·heim 囲 -[e]s/-e 動物ホーム ((a) 捨て犬・捨て猫などのための収容施設. (b) ペットのための宿泊施設).

*'**tie·risch** ['tiːrɪʃ ティーリシュ] 形 1 動物の, 動物性の. 2 (a) 《侮》獣のような, 野蛮(野卑)な. (b) 《話》ものすごい, ひどい. mit ～em Ernst くそまじめに. 《副詞的用法で》Es ist ～ heiß. くそ暑いな. Ich habe mich ～ über deinen Anruf gefreut. 私は君に電話をもらってすごくうれしかった.

Tier·kreis 囲 -es/ 《天文》(Zodiakus) 獣帯, 黄道帯; 《占星》黄道 12 宮(図).

Tier·kreis·licht 囲 -[e]s/ 《天文》(Zodiakallicht) 黄道光.

Tier·kreis·zei·chen 囲 -s/- 《天文・占星》(Himmelszeichen) 1 (黄道 12 宮の)宮, 宿. 2 獣帯記号.

Tier·kun·de 囡 -/ (Zoologie) 動物学.

Tier·me·di·zin 囡 -/ 獣医学.

Tier·park 囲 -s/-s(-e) (大規模な)動物園. ↑Tiergarten

Tier·quä·le·rei [tiːrkvɛːləˈraɪ] 囡 -/-en 動物虐待, 動物いじめ.

Tier·reich 囲 -[e]s/ 動物界.

Tier·schau 囡 -/-en 《動物(猛獣)》ショー.

Tier·schutz 囲 -es/ 動物保護.

Tier·schutz·ver·ein 囲 -[e]s/-e 動物愛護協会.

Tier·stück 囲 -[e]s/-e 動物画.

Tier·ver·such 囲 -[e]s/-e 動物実験.

Tier·welt 囡 -/ (Fauna) 動物界.

Tier·zucht 囡 -/ 動物の飼育; 家畜の飼育, 畜産.

Ti·ger ['tiːgər] 囲 -s/- 《動物》とら(虎). ↑Tigerin

Ti·ger·au·ge 囲 -s/-n 《鉱物》虎眼( )石.

Ti·ge·rin ['tiːgərɪn] 囡 -/-nen (Tiger の女性形) 雌虎.

Ti·ger·kat·ze 囡 -/-n 《動物》オセロット(中南米原産の斑( )や縞のあるねこ科の哺乳動物).

'**ti·gern** ['tiːgərn] 他 《まれ》(物)に虎斑( )をつける, (を)縞( )模様に染める. ↑getigert

'**ti·gern**[²] 自 《話》(遠くまで)歩いて行く, 出かける.

Ti·ger·pferd 囲 -[e]s/-e 《まれ》《動物》(Zebra) しまうま.

Ti·gris ['tiːgrɪs] 囲 -/《地名》der ～ ティグリス川, チ

Tilde

グリス川(西南アジアの大河).

'Til·de ['tɪlda] 囡 -/-n (sp.) 1 【記号 ~】【言語】波形文字, ティルデ. ▶スペイン語では n の上につけて口蓋鼻音 [nj] を表し (Señor), ポルトガル語では母音の上につけて鼻母音 [a] を表す (São Paolo). 2 【記号 ~】【印刷】波ダッシュ, スワングダッシュ(辞書などで用いられる反復記号).

'tilg·bar ['tɪlkbaːr] 肜 抹消(削除)しうる, 抹殺(払拭)できる, 根絶(一掃)できる;【商業】償却(弁済)可能の.

'til·gen ['tɪlɡən] 他 1 《雅》抹消(削除)する, 抹殺する, 消し(拭い)去る, 払拭する; 根絶する, 一掃する. den Druckfehler ~ 誤植を消す. j⁴ aus der Erinnerung ~ 人⁴を記憶から拭い去る. eine Sünde durch Buße ~ 改悛によって罪を贖(⁽⁾)う. et⁴ von der Erde ~ 物⁴を撲滅(絶滅)する. 2 【法制】償却(償還)する, 弁済する;（抵当権を）滌除(⁽⁾)する;（犯罪記録から）抹消する. ein Darlehen ~ ローンを返済する. eine Schmach ~ 恥辱を雪(⁽⁾)ぐ.

'Til·gung 囡 -/-en 1 抹消, 削除, 消去, 払拭, 抹殺, 根絶, 撲滅, 一掃. 2 【法制】償却, 償還, 弁済, 返済, 滌除(⁽⁾);（犯罪記録からの）抹消.

'Til·gungs·fonds [..foː] 男 -/- (公債の)償還積立金, 減債基金.

Till 'Eu·len·spie·gel ['tɪl ˈɔʏlənʃpiːɡəl] 《人名》ティル・オイレンシュピーゲル(中世民衆本の主人公で伝説的ないたずら者).

'Ti·lo ['tiːlo] 《男名》=Thilo

'Tim·bre ['tɛ̃ːbrə, ˈtɛːbər] 男 -s/-s (fr.) (歌声・楽器などの)音色, 音質.

'Time-out ['taɪm|aʊt, -'-] 田 -[s]/-s (engl.) (Auszeit) タイムアウト.

'Time·sha·ring ['taɪmʃɛːrɪŋ, ..ʃeːrɪŋ] 田 -s/-s (engl.) タイムシェアリング(複数のユーザーが1台のコンピュータを共同利用したり, ホテルの部屋や別荘などを共同使用する場合などの時分割システム).

Ti·mo·kra'tie [timokra'tiː] 囡 -/-n[..'tiːən] (gr.) 財力政治, 富人政治, ティモクラティア.

Ti'mo·the·us [ti'moːteʊs] 《人名》《新約》テモテ (Paulus の弟子. 使 16:1).

'tin·geln ['tɪŋəln] 圓 (h, s) 《話》1 (h) (あちこちの安キャバレーなどで)ショーを演じる, どさ回りする. 2 (s) どさ回りの旅をする.

'Tin·gel·tan·gel ['tɪŋəltaŋəl] 田 (男) -s/- 1 安キャバレー. 2 (安キャバレーで演奏されるような)低級な娯楽音楽(ダンス音楽). 3 (安キャバレーの)低級な寄席演芸, 三流バラエティーショー. ◆オーストリアではもっぱら中性名詞として用いる.

Tink'tur [tɪŋk'tuːr] 囡 -/-en (lat.) 1 チンキ(剤). 2 染料.

'Tin·nef ['tɪnəf] 男 -s/ (jidd.) 《話》1 がらくた. 2 たわごと, くだらないこと.

*'**Tin·te** ['tɪntə ティンテ] 囡 -/-n (lat.) 1 インク. rote ~ 赤インク. Darüber ist schon viel ~ verspritzt worden. 《比喩》そのことについてはもういやというほど書かれている. Das ist klar wie dicke ~. 《話》それは明々白々のことだ. in die ~ geraten 《話》困ったことになる, 苦境に陥る. j⁴ in die ~ reiten 《話》人⁴を困らせる, 苦境に陥らせる. sich⁴ in die ~ setzen 《話》自ら苦境を招く. in der ~ sitzen〈sein〉《話》困ったことになっている. 苦境にある. 2 《雅》色調, 色合い.

'Tin·ten·fass 田 -es/⁼er インク壺(⁽⁾).

'Tin·ten·fisch 男 -[e]s/-e 【動物】(Kopffüßler) 頭足類(いか・たこなど).

'Tin·ten·fleck 男 -[e]s/-e インクの染み.

'Tin·ten·klecks 男 -es/-e (ノート・紙についた)インクの染み.

'Tin·ten·kleck·ser 男 -s/- 《俺》(濫作の作家・へぼジャーナリストなどをさして)インクの染み野郎.

'Tin·ten·stift 男 -[e]s/-e (芯に水溶性染料を含む)複写用鉛筆.

'Tin·ten·strahl·dru·cker 男 -s/- 【コンピュ】インクジェットプリンター.

'Tin·ten·wi·scher 男 -s/- 《古》ペン先拭き.

'tin·tig ['tɪntɪç] 肜 インクで汚れた, インクまみれの;（色が）インクのような.

°**'Tip** [tɪp] 男 =Tipp

Tipp [tɪp] 男 -s/-s (engl.) 《話》1 ヒント, 助言, 示唆;（耳寄りな）情報, 秘訣(⁽⁾). j³ einen ~ geben 人³にヒント(助言)を与える. 2 (競馬・ナンバーくじなどの)予想; 予想記入券.

'Tip·pel ['tɪpəl] 男 -s/- 1 《北ドイ》(Tüpfel) 小さな点, 斑点. 2 《ラィ》(Beule) こぶ.

'Tip·pel·bru·der 男 -s/⁼ 1 《話》(Landstreicher) 浮浪者. 2 《古》(修行中の旅職人, 遍歴職人.

'tip·peln ['tɪpəln] 圓 (s) 《話》てくてく歩く;（子供がちょこちょこ）歩く.

*'**tip·pen**¹ ['tɪpən ティペン] 圓 1 軽くたたく, 軽く触れる, ちょん(とん)とつつく. grüßend an den Hut ~ 帽子にちょっと手をやって会釈する. [sich⁴] an die Stirn ~（相手に対して馬鹿じゃないかという意味で）自分の額を指で軽くたたく. An ihn kann auch ich nicht ~. 《話》彼には私もかなわない. j³·⁴ auf die Schulter ~ 人³·⁴の肩をとんとたたく. 2 (an et⁴ 事³の話題にちらっと触れる. Daran ist nicht zu ~. 《話》それは文句のつけようがない. 3 《地方》ティッペンをする (↑Tippen).

'tip·pen² 《話》❶ 他（事⁴を）タイプで打つ;（レジスターなどに）打込む. ❷ 圓 タイプする.

'tip·pen³ ❶ 圓 (engl.) 《話》1 (auf et⁴ 事⁴を)予想する. Ich tippe darauf, dass sie nicht kommt. 私の予想では彼女は来ない. 2 (宝くじ・ナンバーくじなどの)賭けをする. ❷ 他（ナンバーくじなどであたり番号を）予想する.

'Tip·pen 田 -s/ 《遊戯》ティッペン(トランプを用いた賭けゲームの一種. 賭けに加わる者はテーブルをこつこつたたいてその意志を示したことからこの名で呼ばれる).

'Tip·per ['tɪpər] 男 -s/- 賭け事をする人.

'Tipp·feh·ler 男 -s/- (タイプライターの)打ち間違い, タイプミス.

'Tipp·fräu·lein 田 -s/- 《古》(Maschinenschreiberin) 女性タイピスト, タイピスト嬢.

'Tipp·schein 男 -[e]s/-e (ナンバーくじなどの)予想記入用紙.

'Tipp·se ['tɪpsə] 囡 -/-n 《俺》タイピスト嬢; 女性秘書.

tipp, 'tapp ['tɪp 'tap] 間 Tipp, Tapp! (子供などがはだしで床の上を歩く音)ぱたぱた, ぴたぴた.

'tipp'topp ['tɪp'tɔp] 肜 (engl.) 《話》すばらしい, 申し分のない, 完璧な.

'Tipp·zet·tel 男 -s/- =Tippschein

Ti'ra·de [ti'raːdə] 囡 -/-n (fr.) 1 【音楽】ティラード (バロック音楽などに見られる装飾音の一種. 2 《俺》長ったらしい話, 長広舌(⁽⁾).

Ti·ra·mi'su [tiramiˈzuː] 田 -s/-s (it.) 【菓子】ティラミス.

ti·ri'li [tiri'liː] 間 Tirili! (小鳥, とくにひばりの鳴く声) ぴーぴー, ぴーちく.

Ti·ri'li 田 -s/ (ぴーぴー・ぴーちくという)小鳥の鳴声, さえ

ずり.
ti･ri･lie･ren [tiri'li:rən] 自 (ひばりなどが)さえずる，ぴーぴー(ぴーちく)鳴く．
Ti'rol [ti'ro:l] (地名) **1** ティロール，チロル(オーストリアからイタリア北部にかけての地方). **2** ティロール(オーストリアの州，州都はインスブルック Innsbruck).
Ti'ro･ler [ti'ro:lər] ❶ 形《不変化》ティロール(チロル)の. ❷ 男 -s/- ティロール(チロル)地方の人. ◆女性形 Tirolerin 女 /-nen
Ti'ro･ler･hut 男 -[e]s/⁼e チロル帽，チロリアンハット.
Ti'ro･le･risch [ti'ro:lərɪʃ] 形 《話》=tirolisch
ti'ro･lisch [ti'ro:lɪʃ] 形 ティロール(チロル)の.

Tisch [tɪʃ ティシュ] 男 -[e]s/-e **1** (a) 机，テーブル; 食卓. ein ausziehbarer ～ 伸縮式テーブル. ein runder ～ 丸テーブル，円卓. Der ～ war reich gedeckt. テーブルにはごちそうが並んでいた. den ～ abdecken〈decken〉食卓の上を片づける〈食卓の用意をする〉. reinen ～ machen《話》(懸案などを解決して)きちんとする，きっちりけりをつける. sich³ einen ～ reservieren lassen (レストランの)テーブルを予約する. am grünen ～ / vom grünen ～ aus《比喩》実情を知らずに，理屈だけで. am runden ～ 円卓について，対等の立場で. j⁴ an einen ～ bringen 人⁴を話合いの席に着かせる. sich⁴ mit j³ an einen ～ setzen 人³と話合いの席に着く. mit einem ～ 《話》現金で，即金で. Das Problem muss auf dem ～ bleiben. この問題はなお検討の必要がある. et⁴ auf den ～ bringen 事⁴を話題に取上げる. auf den ～ hauen〈schlagen〉《話》強硬に出る，毅然とした態度をとる. et⁴ auf den ～ des Hauses legen《話》事⁴を正式に提示(提案)する，正式に伝える. sich⁴ über den ～ ziehen lassen《話》(交渉の席などで)まんまと出し抜かれる，うまくしてやられる. unter den ～ fallen《話》無視される，捨て置かれる. et⁴ unter den ～ kehren《話》事⁴をひた隠しにする，もみ消す. die Füße〈die Beine〉unter j⁴ ～ stecken〈strecken〉《話》人²に食わせてもらう，(の)厄介になる. j⁴ unter den ～ trinken〈卑 saufen〉《話》人⁴を飲み負かす，酔いつぶれさす. et⁴ vom ～ bringen 事⁴を片づける，(に)けりをつける. vom ～ kommen〈sein〉《話》(もめごとなどが)片づく〈片づいている〉. Diese Sache muss sofort vom ～.《話》この件はただちに解決しなければならない. vom ～ wischen〈fegen〉《話》事⁴(警告・異議など)を無視する，問題にしない. von ～ und Bett getrennt leben〈sein〉(夫婦が)別居している. zum ～ des Herrn gehen《雅》《宗教》聖体を拝領する. (b)《無冠詞 / 次のような前置詞と》食事. bei ～ sein〈sitzen〉食事中である. nach 〈vor〉～ 食後〈食前〉に. Darf ich zu ～ bitten? / Bitte, zu ～! どうぞ食卓におつきください. j⁴ zu ～ laden 人⁴を食事に招く. sich⁴ zu ～ setzen 食卓につく. (c)《集合的に》(会議や会食などで)同じテーブルを囲む人々，一座の人々. Der ganze ～ lachte über seinen Witz. テーブル中の人が彼のジョークを聞いて笑った.
2《複合語で》…台; …盤, …板. Arbeits*tisch* 作業台. Näh*tisch* 裁縫台. Mess*tisch*《測量》平板.
'Tisch･bein 男 -[e]s/-e テーブルの脚.
'Tisch･be･sen 男 -s/- (パン屑などを掃く)食卓用小ぼうき.
'Tisch･chen ['tɪʃçən] 中 -s/-《Tisch の縮小形》小机，小型テーブル; 台.
'Tisch･da･me 女 -/-n (女性の)テーブルパートナー(宴会で Tischherr の右隣に着席する).
'Tisch･de･cke 女 -/-n テーブルクロス，テーブル掛け.
'tisch･fer･tig 形《調理食品などが》すぐ食べられる，そのまま食卓に出せる.
'Tisch･fuß･ball 男 -[e]s/ 卓上サッカーゲーム.
'Tisch･gast 男 -[e]s/⁼e 食事に招かれた客.
'Tisch･ge･bet 男 -[e]s/-e 食前(食後)の祈り.
'Tisch･ge･sell･schaft 女 -/-en **1** 晩餐会，ディナーパーティー. **2** (晩餐会の会食者(一同).
'Tisch･herr 男 -n/-en (男性の)テーブルパートナー(宴会で Tischdame の左隣に着席しその女性をエスコートする役目をになう).
'Tisch･kan･te 女 -/-n テーブルの縁(ふち). an der ～《話》事のついでに，場当り式に.
'Tisch･kar･te 女 -/-n (会食者の席に置かれた)卓上の名札.
'Tisch･lam･pe 女 -/-n 卓上灯，テーブルスタンド.
'Tisch･lein ['tɪʃlaɪn] 中 -s/-《Tisch の縮小形》= Tischchen
Tisch･lein'deck･dich [..'dɛkdɪç] 中 -/ **1** (望み通りに食べ物や飲物を出してくれる)魔法のテーブル(同名のグリム童話に因む). **2**《比喩》何の心配もなく安穏に暮せるところ(境遇). ◆Tischlein, deck dich! という呪文からきた語.
*'**Tisch･ler** ['tɪʃlər ティシュラー] 男 -s/- 指物(さしもの)師，家具職人，建具屋.
Tisch･le'rei [tɪʃlə'raɪ] 女 -/-en **1**《複数なし》指物業，建具職. **2** 指物師の仕事場，家具製作所，家具工場(工房).
'tisch･lern ['tɪʃlərn] ❶ 自 (趣味で)指物(さしもの)細工をする，家具作りをする. ❷ 他 (家具を)日曜大工で作る.
'Tisch･nach･bar 男 -n(-s)/-n (会食の席で)隣どうしになった人，隣席の人.
'Tisch･plat･te 女 -/-n テーブルの甲板(こういた)(天板).
'Tisch･re･de 女 -/-n テーブルスピーチ.
'Tisch･rü･cken 中 -s/《超心理》(霊が動かすかのように)机が動き出すこと，テーブルターニング.
'Tisch･ten･nis 中 -/《スポーツ》卓球，ピンポン.
'Tisch･ten･nis･plat･te 女 -/-n 卓球台.
'Tisch･tuch 中 -[e]s/⁼er テーブル掛け，テーブルクロス. Das ～ ist zwischen ihnen zerschnitten.《雅》彼らの仲はうち絶っている.
'Tisch･wä･sche 女 -/ (テーブルクロスやナプキンなどの)食卓用布類.
'Tisch･wein 男 -[e]s/-e テーブルワイン.
'Tisch･zeit 女 -/-en (会社などの)ランチタイム，昼休み.
Tit.《略》=Titel
Ti'tan [ti'ta:n] (*gr.*) ❶ 男 -en/-en **1**《ふつう複数で》《ギリシャ神話》ティターン，タイタン(オリュンポス Olymp の神々以前に天地を支配していた巨人族). **2**《比喩》巨人，大男. ❷ 男 -s/ der ～ 《天文》タイタン(土星の衛星のひとつ). ❸ 中 -s/《記号 Ti》《化学》チタン.
Ti'ta･ne [ti'ta:nə] 男 -n/-n =Titan ①
ti'ta･nen･haft [..haft] 形 巨人のような，巨大な.
Ti･ta'ni･de [tita'ni:də] 男 -n/-n《ギリシャ神話》ティターン神族の子孫.
ti'ta･nisch [ti'ta:nɪʃ] 形 **1** ティターンの，巨人族の. **2**《比喩》巨人のような，巨大な，超人的な，巨大な.
Ti'ta･nit [tita'ni:t] 男 -s/《鉱物》チタン石.
Ti･ta･no･ma'chie [titanoma'xi:] 女 -/ (*gr.* titan + mache, Kampf*) 《ギリシャ神話》ティタノマキア(ティターン神族 Titan とゼウス Zeus を盟主とするオリュンポス

Olymp の神々との戦い).

***'Ti·tel** ['ti:təl, 'tɪtəl ティーテル] 男 -s/- (*lat.*) (略 Tit.) **1** 称号, 肩書(学位・爵位など). ein akademischer ～ 学位. der ～ eines Doktors der Medizin 医学の博士号. Er führt〈trägt〉den „Professor". 彼には教授の肩書がある. **2** 『競』選手権, タイトル. einen ～ erringen タイトルを獲得する. den ～ des Weltmeisters halten〈verteidigen〉世界チャンピオンのタイトル保持者である〈世界チャンピオンのタイトルを防衛する〉. **3** (a) 表題, 題名, タイトル; (ある表題の)本. Welchen ～ hat〈trägt〉das Buch? その本はどんなタイトルですか. Der ～ ist zur Zeit nicht lieferbar. その表題の本はただいま在庫切れです. (b)『印刷』(Titelblatt〉(本・雑誌などの)扉, タイトルページ. **4**『法制』(a) (法令・法文の)章, 項. (b) 正権限, 権限; 権利証書. **5**『経済』(予算の)費目.

'**Ti·tel·an·wär·ter** 男 -s/- 『競』選手候補者.
'**Ti·tel·bild** 中 -[e]s/-er **1** 『書籍』(本の)口絵, とびら絵. **2** (雑誌の)表紙絵.
'**Ti·tel·blatt** 中 -[e]s/⸚er **1** = Titelseite 1 **2** 『書籍』(本・雑誌などの)扉, 表題紙, タイトルページ.
'**Ti·tel·bo·gen** 男 -s/- (南・オーストリア・スイス) 『書籍』前付けを含む1全紙分(タイトルページ Titelblatt から16ページまたは32ページまで).
'**Ti·te·lei** [ti:tə'laɪ, tɪt‥] 女 -/-en 『書籍』前付け(本文部分に先行する扉・序文・巻頭言・目次・凡例などの総称).
'**Ti·tel·ge·schich·te** 女 -/-n (雑誌などの)カバーストーリー.
'**Ti·tel·hal·ter** 男 -s/- 『競』選手権保持者, タイトルホルダー. ◆女性形 Titelhalterin 女 -/-nen
'**Ti·tel·held** 男 -en/-en (映画・小説などの)題名と同名の題名主人公. ◆女性形 Titelheldin 女 -/-nen
'**Ti·tel·kampf** 男 -[e]s/⸚e 『競』選手権試合, タイトルマッチ.
'**ti·teln** ['ti:təln, 'tɪtəln] 他 (まれ) (betiteln) (映画などに)題名をつける.
'**Ti·tel·rol·le** 女 -/-n (映画・演劇などの)題名と同名の主人公をさして)題名役, タイトルロール.
'**Ti·tel·sei·te** 女 -/-n **1** (新聞の)第1面; (雑誌の)表紙. **2** 『書籍』= Titelblatt 2
'**Ti·tel·sucht** 女 -/ 称号に対する執着, 肩書好き.
'**Ti·tel·trä·ger** 男 -s/- **1** (学位・爵位などの)称号所有者. **2** 『競』(Titelhalter) 選手権保持者, タイトルホルダー.
'**Ti·tel·ver·tei·di·ger** 男 -s/- 『競』選手権防衛者.
'**Ti·ter** ['ti:tər] 男 -s/- (*fr.* titre) **1** 『化学』滴定濃度, 滴定量; (脂肪酸の)凝固点. **2** 『紡績』番手(ガ)(糸の太さを表す単位).
Ti·tra·ti·on [titratsi'o:n] 女 -/-en (↑ titrieren) 『化学』滴定.
'**Ti·tre** ['ti:tər, 'ti:trə] 男 -s/-s (古) = Titer
ti'trie·ren [ti'tri:rən] 他 (↑ Titer) 『化学』滴定する.
'**Tit·te** ['tɪtə] 女 -/-n (ふつう複数で) (卑) (女性の)乳房, おっぱい; 乳首.
Ti·tu·lar [titu'la:r] 男 -s/-e (*lat.*) **1** (実質的な職能を持たない)名目だけの肩書(称号)所有者. **2** (古) (爵位・官位などの)称号所有者.
Ti·tu·la·tur [titula'tu:r] 女 -/-en **1** (学位・爵位などの)称号. **2** 称号(肩書)付きの呼掛け.
ti·tu'lie·ren [titu'li:rən] 他 **1** (まれ) (本などに)表題をつける. **2** (古) (人4を)称号(肩書)で呼ぶ. **3** (戯)

(j〈et〉) [mit/als]... 人〈物〉4を…と)呼ぶ. j4 [mit/als] Dummkopf ～ 人4を馬鹿呼ばわりする.
'**Ti·vo·li** ['ti:voli] **❶**『地名』ティボリ, ティヴォリ(ローマ東方の小高い丘にある町, 古代から避暑地として有名であった). **❷** 中 -[s]/-s **1** ティボリ(遊園地や野外劇場の名前として使われる. とくにコペンハーゲンのが有名). **2** 中 ティボリ(イタリアの球技).
tja [tja(:)] 間 *Tja*! (困惑・ためらい・あきらめなどを表して) うーん, うむ, さて, まあいうか.
Tl [te:'ɛl, 'talıom] 『記号』『化学』= Thallium
Tm[1] [te:'ɛm, 'tu:liom] 『記号』『化学』= Thulium
Tm[2] (略)『物理』= Terameter
TNT [te:ɛn'te:] 『略』= Trinitrotoluol
Toast [to:st] 男 -[e]s/-e(-s) (*engl.*) **1** トースト(パン). eine Scheibe ～ 1切れのトースト. **2** 乾杯の辞. einen ～ auf j4 ausbringen 人4のために乾杯の辞を述べる.
'**toas·ten** ['to:stən] **❶** 他 (パンを)トーストにする. **❷** 自 (auf j〈et〉) 人〈事〉4のために乾杯の辞を述べる.
'**Toas·ter** ['to:stər] 男 -s/- トースター.
'**To·bak** ['to:bak] 男 -[e]s/-e (古) (戯) (Tabak) タバコ. Anno ～ (戯) 大昔. Das ist [ein] starker ～! (話) それはあまりな言いようだ(振舞だ), それはあまりにひどすぎる.
'**To·bel** ['to:bəl] 男 (中) -s/- (南・オーストリア・スイス) (森に覆われた)峡谷, 小さな谷.

***'to·ben** ['to:bən トーベン] 自 (h, s) **1** (a) (h) (人が)荒れ狂う, 猛り狂う, 暴れる. Das Publikum *tobte* vor Begeisterung. 観衆は熱狂した. vor Wut ～ 怒り狂う. (b) (h, s) (海・嵐・災厄などが)荒れ狂う, 威勢をふるう; (激流・熱湯などが)ごうごうと流れる, たぎり立つ. Ein Unwetter *tobte* über dem Meer. 嵐が海で荒れ狂っていた. Der Kampf hat bis in die Nacht hinein *getobt*. 激戦は夜半におよんだ. Die Seuche ist durchs Land *getobt*. 疫病が国中を席巻(譎)した. (c) (h) (激情が)荒れ狂う, 猛り狂う. Die Verzweiflung *tobte* in ihm. 絶望の嵐が彼の胸の中を吹き荒れた. (現在分詞で) *tobende* Leidenschaft 荒れ狂う激情. **2** (h, s) (子供などが)大騒ぎする, はしゃいで暴れ回る. Die Kinder haben den ganzen Nachmittag *getobt*. 子供たちは午後いっぱい大騒ぎした. Die Kinder sind durchs ganze Haus *getobt*. 子供たちはほしいままに家中を駆け回った.

To·bi·as [to'bi:as] (*hebr.*) **❶** 『男名』トビーアス. **❷** 『人名』『旧約』トビア(旧約外典トビト書中の人物).
'**Tob·sucht** [to:p..] 女 -/ 怒り(猛り)狂うこと, 狂乱; 『医学』躁狂(ソウキョウ).
'**tob·süch·tig** 形 怒り(猛り)狂った, 狂乱した; 躁狂の.

Toch·ter

['toxtər トホター] 女 -/Töchter **1** 娘. die älteste〈jüngste〉～ 長女〈末娘〉. die einzige ～ [echte] ～ Evas (古) (戯) いかにも女性らしい女性. die große ～ unserer Stadt (古) (戯) 我が町の生んだ偉大な女性. eine höhere ～ (古) (戯) 良家の娘. eine ～ der Freude (古) 娼婦. Sie ist ganz die ～ ihrer Mutter. 彼女は母親似で生写しだ. Grüßen Sie Ihre Frau〈古 Ihr Fräulein〉～! お嬢様によろしく. sich4 unter den *Töchtern* des Landes umsehen (戯) (嫁(嫁)を探す(↑ [用法] 34: 1). **2** (複数なし) meine ～ (話) (呼掛けて)娘さん, お嬢さん. **3** (古) (古) (年頃の)女性, 娘(とくに女店員やお手伝いさんをさして). **4** (話) (Tochtergesell-

schaft) 子会社.
Töch·ter [ˈtœçtər] Tochter の複数.
Töch·ter·chen [ˈtœçtərçən] 甲 -s/- 《Tochter の縮小形》小さな(かわいい)娘.
Toch·ter·ge·sell·schaft 女 -/-en 《経済》(↔ Muttergesellschaft) 子会社.
töch·ter·lich [ˈtœçtərlɪç] 形 娘の, 娘に属する; 娘のような, 娘らしい.
Töch·ter·schu·le 女 -/-n 《古》女学校.
Töch·ter·spra·che 女 -/-en 《言語》派生語, 娘(語)(例えばラテン語に対するイタリア語・フランス語・スペイン語などをさして).

Tod [toːt トート] 男 -[e]s/-e **1** (a) 死, 死亡. der ewige ~ 《宗教》(神から離れたまま死ぬ人の)永遠の死. ein früher ~ 若死, 夭折(ようせつ). der nasse⁰Nasse〉 ~ 溺死. der schwarze⁰Schwarze〉 ~ 黒死病, ペスト. der weiße⁰Weiße〉 ~ 《雪中や氷上での)凍死, 雪崩による死. der ~ am Kreuz 十字架上の死. 《1格で》Der ~ hat ihn ereilt. (不意の)死が彼を襲った. 《1格で》Der ~ kam um 5.40 Uhr. / Der ~ trat um 5.40 Uhr ein. 死亡時刻は5時40分だった. Das wäre mein ~! 《話》そんなのいやだ, 死んだほうがましだ. 《4格で》den ~ erleiden 死ぬ. den ~ finden 《雅》(事故などで)死ぬ, 落命する. einen schweren〈leichten〉 ~ haben 苦しんで〈苦しまずに〉死ぬ. einen sanften ~ sterben 安らかに死ぬ. tausend ~e sterben 《比喩》死ぬほど心配する(恐い目にあう). 《3格で》dem ~e nahe sein 死期が近い. 《2格で》an〈auf〉der Schwelle des ~es 《雅》死に瀕して, いまわの際に. des ~es sein 《雅》命を失うことになる. eines gewaltsamen〈unnatürlichen〉 ~es sterben 非業(ひごう)の死を遂げる, 横死(おうし)する. eines natürlichen ~es sterben 自然死を遂げる, 寿命で死ぬ. 《前置詞と》ein Kampf auf Leben und ~ 生死を賭けた戦い. auf den ~ krank〈verwundet〉sein 瀕死の重病にかかっている〈重傷を負っている〉, 危篤である. jⁿ auf〈in〉den ~ hassen 人⁴を死ぬほど憎んでいる. Gegen den ~ ist kein Kraut gewachsen. 《諺》死には勝てない, 死生命(せいめい)あり. in den ~ gehen 《雅》(ある人や国のために)死を遂げる, 命を捧げる. jⁿ in den ~ jagen〈treiben〉人⁴を死に追いやる. Es geht um ~ oder Leben. 生きるか死ぬかの瀬戸際である. vom ~e gezeichnet sein 《雅》死相があらわれている. zu ~e (程度を強めて)死ぬほど, ひどく. zu ~e erschrecken 死ぬほどびっくりする. et⁴ zu ~e hetzen〈reiten〉《話》物⁴を使いに, さんざんに利用し尽くす. zu ~e kommen 《書》(事故などで)死亡する, 落命する. jⁿ zum ~e verurteilen 人⁴に死刑を宣告する. (b)《比喩》(物事の)終わり, 終焉. Das war der ~ unserer Ehe. 《雅》それは私たちの結婚の破局だった.
2 (a)《雅》死神. der ~ als Sensenmann〈Schnitter〉大鎌を持った死神, 刈り入れ人たる死神. 《1格で》Der ~ sitzt ihm im Nacken. 彼は死神に取りつかれている. wie der ~ [von Basel〈Warschau〉] aussehen 《話》(死神のように)ひどい顔色をしている. 《3格で》Er ist dem ~ noch einmal von der Schippe gesprungen〈gehüpft〉.《話》彼はなんとか死なずにすんだ, 九死に一生を得た. dem ~ ins Auge schauen〈sehen〉《雅》死の淵をのぞく, 死に直面する. 《2格で》ein Kind〈ein Mann〉des ~es sein 《雅》もう永くない, 助からない. 《前置詞と》mit dem ~ ringen〈kämpfen〉懸命に死と戦う, 危篤である. mit dem

~ spielen 命を粗末にする. (b) 《Tod und Teufel の形で》~ und Teufel!《話》くそ, ちくしょう. weder ~ noch Teufel fürchten 何ものをも恐れない, 怖いもの知らずである. mit allem ~ und Teufel《話》何もかも込みで, 一切合切(いっさいがっさい). über ~ und Teufel《話》あらゆることについて.

tod.. [toːt..]《接頭》**1** 形容詞などに冠して「死」の意味を付与する. **2** 形容詞などと結びついて程度を強める. ~ odernst すごく真剣な, くそまじめな.
ˈtodˈbang 形 《雅》(sehr bang) 死ぬほど心配な.
ˈtodˈbe·reit 形 《雅》死を覚悟の, 決死の.
ˈtodˈblass 形 =totenblass
ˈtodˈbleich 形 =totenbleich
ˈtodˈbrin·gend 形 死を招く, 致命的な.
ˈtodˈernst 形 (sehr ernst) すごく真剣な, くそまじめな.
ˈTo·desˈangst [ˈtoːdəs..] 女 -/⁼e **1** 死の不安(恐怖). **2** 死ぬほどの不安, 命の縮まる思い.
ˈTo·desˈan·zei·ge 女 -/-n 死亡通知; (新聞の)死亡広告.
ˈTo·desˈart 女 -/-en 死に方, 死にざま.
ˈTo·desˈer·klä·rung 女 -/-en《法制》(失踪者などに対する)死亡宣告.
ˈTo·desˈfall 男 -[e]s/⁼e (Trauerfall) (家族・同僚などの)死去, 不幸. Das Geschäft ist heute wegen ~[es] geschlossen. 本日は不幸があり閉店いたします.
ˈTo·desˈfurcht 女 -/ 死の恐怖.
ˈTo·desˈge·fahr 女 -/-en 生命の危険. in ~ schweben 生死の境をさ迷う.
ˈTo·desˈjahr 甲 -[e]s/-e 没年.
ˈTo·desˈkampf 男 -[e]s/⁼e 死との闘い, 断末魔の苦しみ;《医学》死戦.
ˈTo·desˈkan·di·dat 男 -en/-en 死期の迫った人, 余命いくばくもない人.
ˈTo·desˈmut 男 -[e]s/ 決死の覚悟.
ˈto·desˈmu·tig 形 決死の, 死物狂いの.
ˈTo·desˈnot 女 -/⁼e《雅》死の危険.
ˈTo·desˈop·fer 甲 -s/- (事故・災害などの)死者, 犠牲者.
ˈTo·desˈstoß 男 -es/⁼e とどめの一突き.
ˈTo·desˈstra·fe 女 -/-n 死刑.
ˈTo·desˈstrei·fen 男 -s/- (生命の危険のある)立入り禁止区域.
ˈTo·desˈstun·de 女 -/-n《複数まれ》死の時, 臨終; 死亡時刻.
ˈTo·desˈtag 男 -[e]s/-e (ある人が)死んだ日, 命日, 忌日.
ˈTo·desˈur·teil 甲 -s/-e 死刑宣告.
ˈTo·desˈver·ach·tung 女 -/ 死を恐れないこと. mit ~ 《戯》平気で, 平然と.
ˈTo·desˈwun·de 女 -/-n《雅》致命傷.
°**ˈtodˈfeind** ↑Todfeind
ˈTodˈfeind 男 -[e]s/-e 不倶戴天(ふぐたいてん)の敵, 仇敵(きゅうてき). jᵈ ~⁰todfeind〉sein《雅》人³に激しい敵意を抱いている.
ˈtodˈge·weiht 形 《雅》死を免れない, 死期の迫った; 死神に捧げられた.
ˈtodˈkrank 形 危篤の, 重篤の, 重態の.
ˈtodˈlang·wei·lig 形 《話》死ぬほど退屈な.
°*ˈtödˈlich [ˈtøːtlɪç テートリヒ] 形 **1** 死を招く, 致命的な; 命にかかわる. ~e Dosis 致死量. ~es Gift 猛毒, 致死毒. eine Körperverletzung mit ~em Ausgang 《法制》傷害致死. eine ~e Krankheit 不治の病, 死病. jⁿ ~ verletzen 人⁴に致命傷を負わ

todmüde

せる. Das ist ～. 《話》それは命取りになるぞ(おそろしく危険だ). **2**《ﾇﾎﾟｰﾂ》(シュート・ショットなどが)止められない, 受けられない, (パンチなどが)必殺の. **3** (a) ひじょうな, 極度な, はなはだしい, ひどい. ～er Hass すさまじい憎悪. mit ～em Ernst 大まじめに, 死に物狂いで. mit ～er Sicherheit 間違いなく. j⁴ ～ beleidigen 人⁴をはなはだ侮辱する. (b) 《話》死ぬほど退屈な. Der Vortrag war ～. 講演は死ぬほど退屈だった.

'tod·müˈde 圏 死ぬほど疲れた, くたくたになった.
'tod·ˈschick 圏 《話》ものすごくシックな.
'tod·ˈsi·cher 圏 《話》絶対に確かな.
'Tod·ˈsün·de 囡 -/-n 《ｶﾄﾘｯｸ》大罪(ﾃﾞ)(神の恩寵を失うほどの). die sieben ～n 七つの罪源(ﾎﾟﾝ)(かならずしも「大罪」という意味ではなく, 人間が犯しがちな多くの過失の源となる高慢 Hochmut, 貪欲 Geiz, 邪淫 Wollust, 嫉妬 Neid, 貪食 Völlerei, 憤怒 Zorn, 怠惰 Trägheit の7つをさす).
'tod·ˈun·glück·lich 圏 ひどく不幸な.
'tod·ˈwund 圏 《雅》死にいたる傷を負った.
'Tof·fee ['tɔfi, 'tɔfeː] 囲 -s/-s 《engl.》タフィー, トフィー(クリームキャラメルの一種).
'Tof·fel ['tɔfəl] 囲 -s/- 《地方》(しばしば好意を持っての)馬鹿, とんま, まぬけ. ♦ 本来は Christoph の愛称.
'Töf·fel ['tœfəl] 囲 -s/- → Toffel
'töff, 'töff ['tœf 'tœf] 圕 *Töff, töff!* 《幼児》(自動車やオートバイの走る音をさして)ぶーぶー, ぶうぶう.
'Töffˈtöff ['tœf'tœf] 囲 -s/-s 《幼児》(自動車やオートバイをさして)ぶーぶー, ぶうぶう.
'To·fu [toːfu] 囲 -[s]/ (*jap.*) 豆腐(ど).
'To·ga ['toːga] 囡 -/Togen [..gən] (*lat.*) トーガ, トガ(古代ローマの男子用のゆったりとした上着).
To·hu·waˈbo·hu [toːhuvaˈboːhu] 囲 -[s]/-s (*hebr.*) 大混乱, 混沌(汤)《旧約》創 1:2 の「(地は)混沌であって」にあたるヘブライ語の訳.

Toiˈletˈte [toaˈlɛtə, トアレテ] 囡 -/-n (*fr.*) **1** (a) トイレ, 洗面所, 手洗い, 化粧室. eine öffentliche ～ 公衆便所. auf die/in die / zur) ～ gehen トイレに行く. **2** (a) 便器. etw⁴ in die ～ werfen 物⁴を便器に流す. **2** (a) 《複数なし》《雅》化粧, 身繕い, 化粧(直し). die morgendliche ～ 朝の身支度. ～ machen 身支度(身繕い)をする, 化粧を直す. (b) 《女性の》衣裳, (とくに)盛装, 礼装. in großer ～ 盛装して. (c) 《古》(Frisiertoilette) 化粧台, ドレッサー.
Toiˈletˈten·ar·ti·kel 囲 -s/- 《ふつう複数で》化粧品, コスメティックス.
Toiˈletˈten·frau 囡 -/-en 公衆トイレの女性管理人.
Toiˈletˈten·gar·ni·tur 囡 -/-en (手鏡・櫛・ブラシなどの)化粧道具一式.
Toiˈletˈten·mann 囲 -[e]s/⸚er 公衆トイレの男性管理人.
Toiˈletˈten·pa·pier 囲 -s/-e トイレットペーパー.
Toiˈletˈten·sei·fe 囡 -/-n 化粧石鹸(ｹﾞﾝ).
Toiˈletˈten·spie·gel 囲 -s/- 化粧鏡, 姿見.
Toiˈletˈten·tisch 囲 -[e]s/-e 化粧台.
Toiˈletˈten·was·ser 囲 -s/⸚ 化粧水, オードトワレ.
'toi, 'toi, 'toi ['tɔy 'tɔy 'tɔy] 圕 **1** *Toi, toi, toi!* 《民族》(魔よけのまじないの言葉として)といといと, ぺっぺっ; くわばらくわばら(うかつなことを口にして悪魔の妬みをかいつきを落したりしないよう, 机などをこつこつ指でたたきながらこれを唱える. 元来は唾を3度吐くことを模した擬音語で, その行為には悪魔を遠ざける力があるとされた). Ich habe bisher immer Glück gehabt, [unberufen] *toi, toi, toi!* 私はこれまでいつも運が良かったんだ, あっ, 言うんじゃなかった, くわばらくわばら. **2** *Toi, toi, toi!* (新たな努力や成功を祈って)がんばれよ, 幸運を祈るよ. Viel Glück und ein *Toi, toi, toi! für deine Prüfung!* 試験がんばれよ.
Toˈkaiˈer [toˈkaɪɐr] 囲 -s/- = Tokajer
Toˈkaˈjer [toˈkaːjɐr] 囲 -s/- トーカイワイン(ハンガリーの町 Tokaj 産のデザートワイン).
'Toˈkio ['toːkio] 《地名》東京.
Toˈkiˈoˈer ['toːkioɐr] **❶** 《不変化》東京の. **❷** 囲 -s/- 東京の人.
Tokˈkaˈta [tɔˈkaːta] 囡 -/Tokkaten [..tən] (*it.*) 《音楽》トッカータ.
To·koˈloˈgie [tokoloˈgiː] 囡 -/ (*gr. tokos*, Geburt) 《医学》産科学.
'Töˈle ['tøːlə] 囡 -/-n 《北》犬, 犬っころ.
toˈleˈrant [toleˈrant] 圏 (*lat.*) (→ intolerant) 寛容な, 寛大な, 心が広い. gegen andere (gegenüber anderen) ～ sein 他人に寛容である.
Toˈleˈranz [toleˈrants] 囡 -/-en **1** 《複数なし》(↔ Intoleranz) 寛容, 寛大. **2** 《医学》(薬物の漸増投与量に対する)耐性. **3** 《工学》(加工技術などの)許容差, 公差; (流体工学における)裕度.
Toˈleˈranzˈdoˈsis 囡 -/..dosen 放射線許容量.
toˈleˈrieˈren [toleˈriːrən] 囮 **1** (事を)許容する, 容認(黙認)する; (事〈人〉⁴を)寛大に扱う, 大目に見る. **2** 《工学》(誤差をなど)許容する. **3** 囮 許す.
*toll [tɔl トル] 圏 **1** 《古》気の狂った, 気のふれた; (犬が)狂犬病にかかった. Er ist ～ geworden. 彼は気がふれた. Sie ist ～ vor Liebe. 《比喩》彼女は恋に狂っている. wie ～ 狂ったように. **2** (a) 気違いじみた, 常軌を逸した, 度はずれた. ein ～er Bursche 無謀な若者, 命知らず. eine ～e Fahrt 気違いじみた運転. Bei dem Fest ging es ～ her. 祝宴はらんちき騒ぎになった. (b) 《話》とんでもない, お話にならない, むちゃくちゃな. eine ～e Geschichte とんでもない話. eine ～e Hitze ひどい暑さ. ～e Streiche treiben とんでもない悪戯をする. Es kommt noch ～er! もっとひどいことになるぞ. sich⁴ ～ und voll essen 《話》たらふく食べる. ～ und voll sein 《話》(酔って)べろべろである. (c) 《話》すごい, すばらしい, 見事な, ごきげんの. ein ～er Film すごい映画. eine ～e Frau すばらしい女性. Da hast du ein ～es Glück gehabt! それじゃ君は馬鹿つきだったんだ. Wie war es in Spanien? ― *Toll!* スペインはどうだった? ― 最高だったよ. Das ist ja ～! それはすごい. (d) 《副詞的用法で》《話》(sehr, stark) ひどく, すごく. Es hat gestern ～ geschneit. きのうはひどい大雪だった. ～ schwitzen ものすごく汗をかく.
'toll·ˈdreist 圏 《古》(sehr dreist) いけずうずうしい, くそ生意気な, ふてぶてしい.
'Tolˈle ['tɔlə] 囡 -/-n 《話》(カールして)房になった前髪.
'tolˈlen ['tɔlən] 圕 (h, s) **1** (h) (子供などが)大騒ぎして遊ぶ, はしゃぎ回る. **2** (s) (...へ) 大騒ぎしながら(はしゃぎながら)駆けて行く.
Tolˈleˈrei [tɔləˈraɪ] 囡 -/-en 《話》騒ぎ(はしゃぎ)回ること. aus [lauter] Jux und ～ まったくの冗談で, ただもうふざけて.
'Tollˈhaus 囲 -es/⸚er 《古》(Irrenhaus) 精神病院. Das ist ein Stück aus dem ～. それは気違いざただ.
'Tollˈhäusˈler 囲 -s/- 《古》精神病院の入院患者.

'**Toll·heit** ['tɔlhaɪt] 囡 -/-en **1**《複数なし》気違いじみていること, むちゃくちゃなこと; 狂気. **2** 気違いじみた行為, 狂気の沙汰.

'**Toll·kir·sche** 囡 -/-n 〖植物〗 (Belladonna) ベラドンナ(なす科のアルカロイド植物で毒性が強い, 薬用植物として栽培し鎮痛剤や睡眠薬に用いる. マンドラゴラ Mandragora とともに「悪魔の草」と称される).

'**Toll·kopf** 男 -[e]s/¨e 〖戯〗頭の狂ったやつ.

'**toll·kühn** 形 無鉄砲な, 向こう見ずの, 無謀な.

'**Toll·kühn·heit** 囡 -/-en **1**《複数なし》無鉄砲(無謀)さ, 向こう見ずなこと. **2** 無謀な(向こう見ずの)行為.

'**Toll·patsch** ['tɔlpatʃ] 男 -[e]s/-e (*ung.*)〖戯〗無器用者.

'**toll·pat·schig** ['tɔlpatʃɪç] 形 〖戯〗無器用な.

'**Toll·wut** 囡 -/〖医学〗狂犬病, 恐水病.

'**toll·wü·tig** 形 狂犬(恐水)病にかかった.

'**Tol·patsch** ['tɔlpatʃ] ↑Tollpatsch

'**tol·pat·schig** ['tɔlpatʃɪç] 形 ↑tollpatschig

'**Töl·pel** ['tœlpəl] 男 -s/- **1**〖侮〗まぬけ; 不器用な人. **2**〖鳥〗かつおどり(鰹鳥).

'**Töl·pe·lei** [tœlpə'laɪ] 囡 -/-en〖侮〗不器用, まぬけな振舞.

'**töl·pel·haft** 形〖侮〗不器用な; (振舞などが)まぬけな.

'**töl·pisch** ['tœlpɪʃ] 形〈まれ〉〖侮〗=tölpelhaft

Tols·toi [tɔl'stɔy]〖人名〗Lew Nikolajewitsch ~ レフ·ニコラエヴィチ·トルストイ(1828–1910, ロシアの作家).

To·lu·ol [tolu'o:l] 中 -s/〖化学〗トルオール, トルエン.

To·ma·hawk ['tɔmaha:k, ..ho:k] 男 -s/-s (*engl.*) トマホーク(北米インディアンの戦闘用の斧).

To·ma·te [to'ma:tə] 囡 -/-n (*mex.* tomatl)〖植物〗トマト. rot wie eine ~ werden 赤面する. ~*n* auf den Augen haben うっかり見落す, 不注意である. treulose ~ 信用できない人, 不実な人.

To·ma·ten·so·ße 囡 -/-n トマトソース.

Tom·bak ['tɔmbak] 男 -s/ (*mal.*) トンバック(銅と亜鉛の合金で模造金の一種).

Tom·bo·la ['tɔmbola] 囡 -/-s(..len[..lən]) (*it.*)(祭りやバザーなどでの)福引き.

***Ton**[1] ['to:n] トーン 男 -[e]s/-e 粘土; 陶土. ein Gefäß aus ~ 陶器.

***Ton**[2] [to:n] トーン 男 -[e]s/Töne **1** (a) 音, 音響; 音色, 音調;〖音楽〗音色. ein ganzer〈halber〉 ~〖音楽〗全音(半音). in einem hoher〈tiefer〉 ~ 高音〈低音〉. der runde ~ alter Instrumente 古楽器のまろやかな音色. Der ~ macht die Musik.《諺》物も言いようで角が立つ. einen anderen〖音楽〗主音を出す;《比喩》指導的な立場に立つ, 音頭をとる. den ~ A auf dem Klavier anschlagen ピアノでイ音を叩く. einen falschen ~ haben 何やら怪しい, どこか信用できない. einen [furchtbaren] ~ am Leib haben《侮》物の言い方を知らない, 言葉遣いが悪い. den ~ halten〖音楽〗音程を正しく保つ(狂わない), 調子をはずさない. (b) 音声, 声; (発せられた)言葉. keinen ~ herausbringen《話》口がきけない, 声が出ない(vor Überraschung 驚きのあまり). schrille *Töne* hören lassen いやな言葉を吐く,〈怒〉叫ぶ(にらみつける). keinen ~ von sich[3] hören lassen《話》便りをしない. große〈dicke〉 *Töne* reden〈spucken〉 大きな口を叩く, 大風呂敷を広げる. keinen ~ sagen ひと言も喋らない(洩らさない). die *Töne* verlieren (急に)黙りこむ. in allen *Tönen* 口をきわめて. in großen *Tönen* sprechen《話》大言壮語する. j〈et〉[4] in den höchsten *Tönen* loben 人〈物〉[4]を絶賛(激賞)する, ほめちぎる.《慣用的表現で》《話》Hast du *Töne*? / Haste *Töne*? それ本当か, そんな馬鹿な. Rede doch keine〈nicht soviel〉 *Töne*! もったいぶるな, さっさと話せ. (c)(テレビ·映画·ラジオの)録音, 収録音.

2 (a) 口調, 語調, 語気; 口の利(き)き方, 物の言いよう. einen anderen〈schärferen〉 ~ anschlagen 強硬な姿勢に変る, 声高になる. einen frechen ~ anschlagen 生意気な口を利く. den richtigen ~ finden〈treffen〉適切な(ぴったりの)表現を見つける(für et[4] 事[4]に). in befehlendem〈scharfem〉 ~ 命令口調で語気鋭く. sich[4] im ~ vergreifen 口の利き方を間違える. Was ist denn das für ein ~?《話》なんて口の利き方だ. (b) 礼儀, 作法; 慣習, しきたり; (土地の)空気,〈人々の〉気風. der gute ~ 良いマナー, エチケット; 美風.

3 強勢, アクセント; 抑揚, イントネーション. Der ~ liegt auf der zweiten Silbe. / Die zweite Silbe trägt den ~. 第2音節にアクセントがある. den ~ auf et[4] legen 事[4]を強調する. (に)力点をおく.

4 (Farbton) 色調, 陰影, 濃淡. einen ~ zu hell sein 心持ち(ほんの少し)明るすぎる. ~ in ~ gehalten sein 色調が統一されて(同系色でまとめられて)いる(mit et[3] 物[3]と).

5〖文学〗(中世叙事詩の)トーン(詩連形式と韻律による詩の全体的な調子)

'**Ton·ab·neh·mer** 男 -s/- (レコードプレーヤーの)ピックアップ.

to·nal [to'na:l] 形 (*fr.*)〖音楽〗調性の.

To·na·li·tät [tonali'tɛ:t] 囡 -/〖音楽〗調性.

'**ton·an·ge·bend** 形《比較変化なし / 副詞的には用いない》指導的な役割を演じる, 先頭にたつ, 模範となる.

'**Ton·art** [to:n|a:rt] 囡 -/-en〖音楽〗調(ʦ̑ ^). in der ~ C-Dur ハ長調で. **2** (話し方の)調子. eine andere ~ anschlagen 態度を変える.

'**Ton·auf·nah·me** 囡 -/-n 録音.

'**Ton·auf·zeich·nung** 囡 -/-en 録音.

'**Ton·band** ['to:nbant] 中 -[e]s/¨er **1** 録音テープ. **2** (Tonbandgerät) テープレコーダー.

'**Ton·band·auf·nah·me** 囡 -/-n テープ録音.

'**Ton·band·ge·rät** 中 -[e]s/-e テープレコーダー.

'**Ton·blen·de** 囡 -/-n (とくにラジオの)音質調節ダイヤル.

'**Ton·di** ['tɔndi] Tondo の複数.

'**Ton·dich·ter** 男 -s/-〈雅〉(Komponist) 作曲家.

'**Ton·dich·tung** 囡 -/-en **1**〈雅〉音楽作品, 楽曲, 作曲. **2**〖音楽〗標題音楽.

'**Ton·do** ['tɔndo] 中 -s/-s(..di) (*it.*, Kugel, Teller') トンド(とくに15–16世紀にフィレンツェで製作された円形画や円形レリーフ).

'**Tö·ne** ['tø:nə] Ton[2] の複数.

'**to·nen** ['to:nən] 他〖写真〗(白黒写真を)調色する.

*'**tö·nen** ['tø:nən] テーネン **1** 自 **1**〈雅〉音をたてる, 鳴る, (鳴り)響く.《現在分詞で》 *tönende* Worte 聞こえばかり良い言葉. **2**《話》大きな口を叩く, 大いに吹く, 自慢げに話す, 豪語する. ❷ 他 (ちょっと)色合いを付ける, (淡い)陰影(ʦ̑ ^)を付ける. 色調を変える.

'**Ton·er·de** 囡 -/ (↑Ton[1]) **1** 酸化アルミニウム; アルミナ, 礬土(ʙ́ʣ^). essigsaure ~〖化学·薬学〗酢酸礬土. **2**〈まれ〉(Ton[1]) 粘土, 陶土.

*'**tö·nern** ['tø:nərn] テーネルン 形《比較変化なし / 付加語的用法のみ》粘土でできた; 陶製の. auf ~*en*

Tonfall

Füßen stehen《制度・組織の》足許がしっかりしない.
'**Ton·fall** 男 -[e]s/⁼e《複数まれ》イントネーション, 抑揚;《話し方の》調子, 口調.
'**Ton·film** 男 -[e]s/-e (↔ Stummfilm) トーキー映画.
'**Ton·fol·ge** 囡 -/-n 音のつながり, 《短い》メロディー.
'**Ton·fre·quenz** 囡 -/-en《電気》可聴(音響)周波数(約 16-20000 ヘルツ), 口調.
'**Ton·ge·bung** 囡 -/-en 音の出し方; 《言語》イントネーション, 抑揚.
'**Ton·ge·fäß** 中 -es/-e 土器, 陶器.
'**Ton·ge·schirr** 中 -[e]s/-e《家庭用品としての》陶製の容器.
'**Ton·hö·he** 囡 -/-n《音声・音楽》音(声)の高さ, 音高.
'**To·ni** ['to:ni] ❶《男名》トーニ(Anton[ius] の短縮). ❷《女名》トーニ(Antonia の短縮).
'**to·nig** ['to:nɪç]形(↓Ton¹) 粘土を含んだ, 粘土質の.
'**To·ni·ka**¹ ['to:nika] 囡 -/..ken [..kən] (it.)《音楽》主音(音階の第 1 音).
'**To·ni·ka**² Tonikum の複数.
'**To·ni·ken** ['to:nikən] Tonika¹ の複数.
'**To·ni·kum** ['to:nikʊm] 中 -s/..ka [..ka] (gr.)《薬学》強壮剤.
'**Ton·in·ge·ni·eur** 男 -s/-e《映画・放送》録音技師.
'**to·nisch**¹ ['to:nɪʃ] 形 (↓ Tonika¹)《音楽》主音の. -er Dreiklang 主 3 和音.
'**to·nisch**² (gr.)《比較変化なし》《医学》1 強直性の, 緊張性の. 2 強壮(性)の.
'**Ton·ka·me·ra** 囡 -/-s《映画》トーキー映画用のカメラ.
'**Ton·kunst** 囡 -/《古》《雅》(Musik) 音楽.
'**Ton·künst·ler** 男 -s/-《古》《雅》音楽家, 作曲家.
'**Ton·la·ge** 囡 -/-n《音楽》音域.
'**Ton·lei·ter** 囡 -/-n《音楽》音階.
'**ton·los** 形《比較変化なし》音の出ない, 無音の; 《声などが》抑揚のない, 元気のない.
'**Ton·ma·le·rei** ['- - - -とも] 囡 -/-en《擬音》《音楽》音画(例えば森での狩猟の場面を角笛の音で表す).
'**Ton·meis·ter** 男 -s/-《映画・放送》録音調整係, ミキサー.
Ton·na·ge [tɔˈnaːʒə, ⌞ˈnaːʒ] 囡 -/-n (fr.)《海事》1《船舶の》容積トン数. 2《1 国または 1 会社のもつ船舶の》容積(総)トン数.
'**Tönn·chen** ['tœnçən] 中 -s/-(Tonne の縮小形) 1 小さな樽(たる). 2《戯》ちびのでぶ.
'**Ton·ne** ['tɔnə] 囡 -/-n (lat.) 1 樽(たる);《海事》《樽型の》ブイ; 《話》でぶ. 2《記号 t》トン(1000 kg); トン(100-700 l, ワイン・ビールを量る単位). 3 登録総トン数; 半円筒ヴォールト; (Mülltonne) ごみ容器.
'**Ton·nen·ge·halt** 中 -[e]s/-e《海事》《船舶の》積載総トン数.
'**Ton·nen·ge·wöl·be** 中 -s/-《建築》半円筒ヴォールト(断面が半円形の曲面天井).
'**Ton·nen·ki·lo·me·ter** 男 -s/-《記号 tkm》トンキロ(貨物の輸送量を示す単位).
'**ton·nen·wei·se** 副 トン単位で, 大量に.
'**Ton·sil·le** [tɔnˈzɪlə] 囡 -/-n (lat., Mandel ')《多く複数で》《解剖》扁桃(腺).
'**Ton·spur** 囡 -/-en《映画》サウンドトラック.
'**Ton·stu·fe** 囡 -/-n《音楽》度.
Ton·sur [tɔnˈzuːr] 囡 -/-en (lat. tonsura , das Scheren ')《カトリック》1 トンスラ, 剃髪(聖職者が神への献

身の印として頭頂部を円く剃ること). 2 剃冠(円く剃った頭頂部). 3 剃髪式.
'**Ton·tau·be** 囡 -/-n (↑Ton¹) クレー・ピジョン(クレー射撃の標的に用いる粘土を焼いた皿, 生きた鳩の代りに用いられるようになった).
'**Ton·tau·ben·schie·ßen** 中 -s/- 1《複数なし》クレー射撃. 2 クレー射撃競技会.
'**Tö·nung** [ˈtøːnʊŋ] 囡 -/-en 1 響くこと, 響き. 2 色合いをつけること; 色合い, 色調.
'**Ton·wa·re** 囡 -/-n《多く複数で》陶磁器, 焼き物.
'**Ton·zei·chen** 中 -s/-《音楽》音符. 2《文法》アクセント記号.
To·pas [toˈpaːs, ⌞ˈto:pas] 男 -es/-e (gr.)《鉱物》トパーズ, 黄玉.
＊**Topf** [tɔpf トプフ] 男 -[e]s/Töpfe 1 深鍋. den ~ aufs Feuer setzen 鍋を火にかける. den ~ vom Feuer nehmen 鍋を火からおろす. in einen falschen ~ greifen《話》うっかりする, 思い違いをする. j³ in die *Töpfe* gucken《俗》人のことに余計な世話(いらぬお節介)を焼く. *seine* Nase in alle *Töfpe*〈in jeden ~〉stecken 何にでも首を突っこむ. alles in einen ~ werfen《話》何もかもいっしょくたにする. wie ~ und Deckel zusammenpassen《話》ぴったり(しっくり)合う; 似合いである. 《成句的に》Der ~ kocht über. 鍋がふきこぼれる. Jeder ~ findet seinen Deckel. / Für jeden ~ findet sich⁴ ein Deckel.《諺》破(や)れ鍋に綴(と)じ蓋. 2《ふつう蓋付きの》壺, 瓶, 鉢;《とくに》ポット, 植木鉢. die Pflanze in einen anderen ~ umpflanzen 植物を別の鉢に植えかえる. 3 おまる, しびん. auf dem ~ sitzen おまるを使う. Ich muss mal auf den ~.《話》ちょっとお手洗いに.

'**Topf·blu·me** 囡 -/-n 鉢植えの花.
'**Töpf·chen** [ˈtœpfçən] 中 -s/-(Topf の縮小形) 1 小さなつぼ. 2 子供用便器, おまる.
'**Töp·fe** [ˈtœpfə] Topf の複数.
'**Top·fen** [ˈtɔpfən] 男 -s/《おもにオーストリア》(Quark¹) 凝乳, カード.
'**Töp·fer** [ˈtœpfər] 男 -s/- 1 陶工, 焼き物職人. 2 (3 年の見習い期間を経た)陶工職. 3《まれ》暖炉工事職人.
Töp·fe·rei [tœpfəˈraɪ] 囡 -/-en 1《複数なし》製陶業. 2 製陶工場. 3 焼き物, 陶磁器.
'**töp·fern**¹ [ˈtœpfərn] 形《まれ》《付加語的用法のみ》陶製の, 粘土製の.
'**töp·fern**² ❶ 陶工(焼き物師)として働く; 陶磁器(焼き物)作りをする. ❷ 他《花瓶・皿などを》焼く(陶磁器として).
'**Töp·fer·schei·be** 囡 -/-n 製陶用ろくろ.
'**Töp·fer·wa·re** 囡 -/-n《多く複数で》焼き物, 陶磁器.
'**Topf·gu·cker** 男 -s/- 1《話》台所の鍋の中をのぞきたがる男. 2《比喩》ひとのことに余計な世話を焼く人, お節介.
'**Topf·ku·chen** 男 -s/- (Napfkuchen) ナップクーヘン(鉢形のパウンドケーキ).
'**Topf·lap·pen** 男 -s/- 鍋つかみ(布製の).
'**Topf·pflan·ze** 囡 -/-n 鉢植えの植物, 鉢物(もの).
'**To·pik** [ˈtoːpɪk] 囡 -/(gr.) 1《修辞・文学》トポスに関する研究. ▶ Topos 2《古》《言語》配語法. 3《解剖》局所解剖学.
'**to·pisch** [ˈtoːpɪʃ] 形 1《医学》局所(性)の. 2《言語》トポスを用いた. ▶ Topos
To·po·graf [topoˈɡraːf] 男 -en/-en = Topograph

To·po·gra'fie [..gra'fi:] 囡 -/-n =Topographie
to·po'gra·fisch [..'gra:fɪʃ] 圈 =topographisch
To·po'graph [topo'gra:f] 男 -en/-en (gr.) 地形測量士.
To·po·gra'phie [topogra'fi:] 囡 -/-n [..'fi:ən] (gr. topos, Ort') **1**《地理》地誌, 地形測量, 地形(図). **2**《気象》等圧分布(図). **3**《医学》局所解剖学.
to·po'gra·phisch [topo'gra:fɪʃ] 圈 **1** 地形に関する. ~ Karte 地形図. **2**《医学》局所の. ~e Anatomie 局所解剖学.
'To·poi ['tɔpɔy, 'to:pɔy] Topos の複数.
To·po·lo'gie [topolo'gi:] 囡 -/ (gr.) **1**《数学》(a) 位相幾何学. (b) 位相数学. **2**《言語》配語(法), トポロジー.
'To·pos ['tɔpɔs, 'to:pɔs] 男 -/Topoi (gr. , Ort') **1**《修辞》トポス(古典修辞学における固定した思考・表現形式・決り文句). **2**《文学》トポス(ヨーロッパ文芸における慣用的表現・伝統的モティーフ).
topp [tɔp] 間 Topp! よし, 分かった(合意の叫び).
Topp [tɔp] 男 -s/-e[n](-s) (ndl. top, Spitze') **1**《船員》檣(しょう)頭, 先端(マストなどの). vor ~ und Takel treiben 帆を下ろして漂流する(嵐の中を). **2**《話》天井桟敷(劇場の).
Töp·pel ['tœpəl] 囲 (男) -s/- (《北ドイツ》(Topp の縮小形) **1** (鳥の)羽冠. **2** 頭飾り, (つばなしの)帽子.
'Topp·se·gel 伸 -s/- (《船員》上檣(しょう)帆.
'Topps·gast 男 -es/-en (《船員》上檣帆を操作する水夫.
Toque [tɔk] 囡 -/-s (fr.)《服飾》トーク(16 世紀では平たい円形の小さな帽子, 1900 以後ではつばのない婦人用の帽子).
Tor¹ [to:r] 男 -en/-en (雅) 愚か者, 馬鹿, 阿呆. ein reiner ~ お人好し, 世間知らず. ◆ 女性形 Törin 囡 -/-nen
*__Tor__² [to:r トーア] 伸 -[e]s/-e **1** 門, 門扉(らく)(門扉のある)出入口, 通用口;《古》市門, 城門; 水門, 閘門(こう). das Brandenburger ~ ブランデンブルク門. das ~ zum Leben 人生の入り口. das ~ öffnen 〈schließen〉 開閉(閉門)する. et³ Tür und ~ öffnen 事の蔓延, 横行, 跳梁を許す, et³ を野放しにする, (に)手を貸す. durch das ~ fahren〈gehen〉 門をくぐる. vor den ~en der Stadt《雅》町のすぐそば(すぐそこ)に. stehen wie die Kuh vorm neuen ~ 《話》途方に暮れる, お手上げである. zum ~ hinausgehen 門から出て行く. **2**《球技》ゴール; 得点. das goldene ~ 決勝点. das ~ hüten / im ~ stehen ゴールキーパーをつとめる. ein ~ schießen シュート(ゴール)を決める; ポイントを稼ぐ(法廷で被告の為に). das ~ verfehlen ゴールをはずす. aufs〈ins〉 ~ schießen シュートを放つ, ゴールを狙う. auf ein ~ spielen 敵を ~ 前に釘付けにする(完封する). ins eigene ~ treffen《話》自殺点(オウンゴールシュート)を打ってしまう. mit 3:2《drei zu zwei》 ~en siegen 3 対 2 で勝つ. **3**《古》旗門; (急流カヌーで)関門. **4**《地理》(岩場の)切通し, 洞門; (氷河先端の)穴.
To·re·a'dor [torea'do:r] 男 -s(-en)/-e[n] (sp.) (騎乗の)闘牛士.
'Tor·ein·fahrt 囡 -/-en (門のある)出入口; 門道(門から玄関までの車の道).
To're·ro [to're:ro] 男 -[s]/-s (sp.) (徒歩の)闘牛士.
Torf [tɔrf] 男 -[e]s/-e **1** 泥炭, ピート. **2**《複数なし》泥炭地.
'Torf·er·de 囡 -/-n《複数まれ》泥炭土.
'Torf·moor 伸 -[e]s/-e 泥炭地.
'Torf·moos 伸 -es/-e《植物》(Sumpfmoos) みずごけ, ピートモス.
'Torf·mull 伸 -[e]s/-e (乾燥した)泥炭腐植土(土地改良用に用いられる).
'Torf·stich 男 -[e]s/-e **1**《複数なし》泥炭の採掘. **2** 泥炭採掘場.
'Tor·heit ['to:rhaɪt] 囡 -/-en **1**《複数なし》愚かさ. **2** 愚かな行為, 愚行.
'Tor·hü·ter -s/- **1** (Torwächter) 門番(市門の), 門衛. **2**《球技》(Torwart) ゴールキーパー.
*__'tö·richt__ ['tø:rɪçt テーリヒト] 圏 (↓ Tor¹) 愚かな, 馬鹿な, 無分別な; 馬鹿げた, 無意味な, ナンセンスな.
'Tö·rin [tø:rɪn] 囡 -/-nen (Tor¹ の女性形)《雅》愚かな女.
'Tor·jä·ger -s/-《球技》ゴールゲッター.
'Tor·kel ['tɔrkəl] 男 -s/-(囡 -/-n) (lat. torculum, Drehpresse')《南ドイツ》(昔の)ぶどう搾(しぼ)り機.
'Tor·kel² 男 -s/- (lat.)《地方》**1**《複数なし》よろめき, めまい, 陶酔; 俺伴(みょう). **2** 不器用な人.
'tor·keln ['tɔrkəln] 軉 (h, s) よろめく, よろめいて歩く, 千鳥足で歩く.
'Tor·lauf [to:r..] 男 -[e]s/-e《まれ》(Slalom) (スキーの)回転競技, スラローム.
'Tor·li·nie 囡 -/-n《球技》ゴールライン.
'Tor·mann 男 -[e]s/-er(..leute)《球技》(Torwart) ゴールキーパー.
Tor'na·do [tɔr'na:do] 男 -s/-s (sp.) **1**《気象》トルネード(北米大陸で発生する大竜巻). **2** トルネード級の双胴ヨット.
Tor'nis·ter [tɔr'nɪstər] 男 -s/- (slaw.) **1**《軍事》背嚢(のう). **2**《地方》(Schulranzen) ランドセル.
tor·pe'die·ren [tɔrpe'di:rən] 軈 (lat.) **1** (船を)魚雷で撃沈する. **2**《比喩》(事)を妨げる, 妨害する, 邪魔する.
Tor'pe·do [tɔr'pe:do] 男 -s/-s (lat. ,Zitterrochen')《軍事》魚雷, 水雷.
Tor'pe·do·boot 伸 -[e]s/-e《古》《軍事》魚雷艇, 水雷艇.
Tor'pe·do·boot[s]·zer·stö·rer 男 -s/-《古》《軍事》駆逐艦.
'Tor·pfos·ten ['to:r..] 男 -s/- サッカーなどのゴールポスト.
'Tor·raum 男 -[e]s/-e サッカーなどのゴールエリア.
'Tor·schluss -es/《古》(市門の)閉門, 門限. [kurz] vor ~《比喩》時間ぎりぎりに.
'Tor·schluss·pa·nik 囡 -/-en《複数まれ》最後のチャンスを逃がしはすまいかと思う恐怖感(例えば結婚・就職などに関して).
'Tor·si ['tɔrzi] Torso の複数.
Tor·si'on [tɔrzi'o:n] 囡 -/-en (lat.) **1**《機械・力学》ねじり, ねじれ. **2**《数学》捩(れい)率, ねじれ(率). **3**《医学》捻転, 捻転.
Tor·si'ons·fes·tig·keit 囡 -/《機械・力学》ねじり強さ.
Tor·si'ons·mo·dul -s/-en《機械・力学》(Drillsteife) ねじり剛性.
'Tor·so ['tɔrzo] 男 -s/-s(..si ..zi) (it.) **1** トルソー(胴体部だけの彫像). **2**《比喩》未完成作品.
Tort [tɔrt] 男 -[e]s/- (fr.) いやがらせ, 侮辱. j³ einen ~ antun 人にいやがらせをする.
'Tor·te ['tɔrtə] 囡 -/-n (it.) **1**《料理》トルテ(円い大

'Tor・ten・he・ber 男 -s/- ケーキサーバー.

Tor'tur [tɔr'tuːr] 囡 -/-en (lat.) **1**《古》拷問. **2** 苦しみ, 責め苦, つらい仕事.

'Tor・wäch・ter ['toːr..] 男 -s/- **1** 門番, 守衛. **2**《球技》=Torwart

'Tor・wart 男 -[e]s/-e《球技》ゴールキーパー.

'Tor・weg 男 -[e]s/-e 門道, 玄関道.

'to・sen ['toːzən] 自 (h, s) **1** (h) ごうごうと音をたてる, どめく. Ein Wasserfall tost. 滝が轟音をたてて落くなった. tosender Beifall 万雷の拍手. **2** (s) ごうごう音をたてて通る 〈durch〈über〉 et⁴ 物⁴の中〈上〉を〉. Ein Sturm tost durch das Tal. 嵐が谷間を荒れ狂って通る.

tot [toːt トート] 形 **1** (a) 死んだ, 命の絶えた, 死亡した. Sie ist längst ~. 彼女はとうに亡くなった. Das Kind wurde ~ geboren. 子供は死産だった. Er wurde ~ geborgen. 彼は遺体で収容された. Seine Liebe ist ~. 彼の愛は冷えきった. ein ~er Ast 〈Baum〉枯死した枝〈立ち枯れの木〉. ein ~er Körper 死体. den ~en Mann machen《戯》浮き身をする〈水泳であお向けになって水面に浮くこと〉. j⁴ für ~ erklären j⁴の死亡を宣告する. halb ~ vor Furcht sein《話》恐怖のあまり気を失いかける. mehr ~ als lebendig sein 疲労困憊(ﾊﾟｲ)している, 息もたえだえである. 生きた心地がしない. sofort〈auf der Stelle〉~ sein 即死する.《成句的表現で》Tot und begraben!《話》もう済んだことじゃないか; (そんな話)とっくに忘れたよ. Ich bin [völlig] ~ ! 《話》精も根も尽きはてた; ひどくたくれた. Keine Bewegung, sonst bist du ein ~er Mann !《話》動くな, でないと命はないぞ. Er ist ein ~er Mann.《話》彼はもうおしまいだ〈死んだも同然だ〉. (b) 生命を持たない; 無機(質)の, 無生物の. ~es Gestein《鉱業》鉱物を含まない岩層. die ~e Materie〈Natur〉無機物〈無生物界〉.

2 死の(死んだような); 生気(活気)のない, 活力(気力)のない; 生彩を欠く, ひろひろとした, 閑散とした, 寂寞たる. ~e Augen 見えない〈光を失った〉目; 虚ろな目. ~e Farbe さえないくすんだ色. ein ~es Gesicht 生気のない顔. eine ~e Stadt 火の消えたような(さびれた)町. eine ~e [Geschäfts]zeit 霜枯れ時. Er ist geistig ~. 彼は退化(蒈化)している.

3 活動(生産)をやめた; 使われなくなった; 無効になった; 出口のないふさがった. der ~e Ball《球技》デッドボール(インプレイ中でない球). der ~e Buchstabe 死文. das ~e Gewicht (車輛の)自重. ein ~es Gleis《鉄道》終端線, 安全側線. aufs ~e〈auf ein ~es〉Gleis geraten〈kommen〉行きづまる, 暗礁にのりあげる. et⟨j⟩⁴ aufs ~e Gleis schieben 事⁴を行きづまらす, 頓挫させる〈人⁴の昇進の道をとざす, 窓ぎわに追いやる〉. auf dem ~en Gleis sein《話》先の見込み(望み)がない, 将来がない. Tote Hand《法制》死手(譲渡不能の財産から成る法人・財団, 譲渡不能の所有権). ~es Kapital《商業》寝かせ資本. eine ~e Last《工学》死(荷)重. die ~e Leitung 不通の(電話)回線. ~er Mann《坑夫》廃坑. ~er Punkt《工学》死点;《比喩》行きづまり, 袋小路;《比喩》疲労の極. auf dem ~en Punkt anlangen 行きづまる. einen ~en Punkt haben《話》疲れてたうにそう(息もたえだえ)である. ein ~es Rennen 大接戦. eine ~e Sprache 死語(もう話されなくなった言語). ~es Wasser 淀み水, 静水. ein ~er Winkel《軍事》死角.

~e Zahlen 無意味な数字.

♦ ↑tot geboren, tot stellen

*__to'tal__ [toˈtaːl] 形 トタール《比較変化なし》(lat.) **1** 全体の; 全体(総体)的な, 総合(全面)的な; 完全な;《戯》全体主義的な. ~es Differential《数学》完全微分. die ~e Farbenblindheit《医学》全色盲. der ~e Krieg 総力戦. ein ~er Misserfolg 完全な失敗. eine ~e Mondfinsternis 皆既(ｶﾞｲｷ)月蝕. eine ~e Niederlage 完敗. der ~e Staat 全体主義国家. **2**《話》(副詞的用法で)全く, 完全に, すっかり, きっぱり. et⁴ ~ vergessen 事⁴をきれいに忘れる. ~ verrückt sein まったくどうかしている.

To'tal・an・sicht 囡 -/-en (Gesamtansicht) 全景.

To'tal・aus・ver・kauf 男 -[e]s/-e 在庫一掃セール.

To・ta・li'sa・tor [totali'zaːtoːr] 男 -s/-en[..zaˈtoːrən] (fr.) **1** (公営の)馬券売場. **2**《気象》積算降水量計(の降水受けの容器).

To・ta・li'sie・ren [totaliˈziːrən] 他 (fr.) **1**《古》《商業》合算する, 合計する. **2**《まれ》まとめる, 総合的にみる.

to・ta・li'tär [totaliˈtɛːr] 形 **1**《政治》全体主義の, 全体主義的な. **2**《まれ》全体の, 包括的な.

To・ta・li・ta'ris・mus [totalitaˈrɪsmʊs] 男 -/《政治》全体主義.

To・ta・li'tät [totaliˈtɛːt] 囡 -/ (fr.) **1** 全体(総体)性. **2** (全体主義的な)権力行使. **3**《天文》皆既食.

To'tal・re・fle・xi・on 囡 -/-en《物理》全反射.

'tot|ar・bei・ten 再 (sich⁴)《話》死ぬほど働く; 働きすぎて倒れる(死ぬ).

'tot|är・gern《話》❶ 他 かんかんに怒らせる. ❷ 再 (sich⁴) かんかんに怒る.

*__'To・te__ ['toːtə トーテ] 男 囡《形容詞的変化》(↓tot) 死人, 使者. Das Reich der Toten 黄泉(ﾖﾐ)の国. Die Toten soll man ruhen lassen. 死人の悪口はたたくべきではない. wie ein Toter schlafen 死んだように眠る, 熟睡する. Hier ist ja ein Lärm, um einen Toten ⟨um Tote⟩ aufzuwecken. 死人も眼を覚ますほどの騒ぎである.

'To・tem ['toːtɛm] 中 -s/-s (indian.)《民族学》トーテム.

To・te'mis・mus [toteˈmɪsmʊs] 男 -/《民族学》トーテミズム.

to・te'mis・tisch [toteˈmɪstɪʃ] 形 トーテミズム(トーテミズム信仰)の.

'tö・ten ['tøːtən テーテン] 他 **1** 殺す, (の)命を奪う. Bakterien ~ 殺菌する. j⁴ mit Gift ~ 人⁴を毒殺する, (に)一服盛る.《再帰的に》sich⁴ ~ 自殺する.《目的語なしで》Du sollst nicht ~.《旧約》殺してはならない(出 20:13). **2**《話》駄目(無効)にする, 消す, 消去. einen Ball ~《球技》ボールをインタセプトする; シュート(ゴール)をブロックする. Gefühle ~ 感情を殺す. die Kippe(der Zigarette) ~ たばこの吸いさしをもみ消す. den Nerv eines Zahns ~ 歯の神経を抜く. j³ den [letzten] Nerv ~ 人³をいらつかせる, (の)何経にさわる.

'To・ten・acker 男 -s/=《古》(Friedhof) 墓地.

'To・ten・amt 中 -[e]s/=er《ｶﾄﾘｯｸ》=Totenmesse

'To・ten・bett 中 -[e]s/-en 臨終の床.

'to・ten'blass 形《比較変化なし》死人のように青ざめた, 蒼白の.

'To・ten・bläs・se 囡 -/ 死人のような蒼白さ.

'**to·ten**|**bleich** 形 =totenblass
'**To·ten**|**fei·er** 女 –/-n 慰霊祭, 法要.
'**To·ten**|**fest** 中 –[e]s/-e **1**〖キリスト教〗=Totensonntag **2**〖カトリック〗(Allerseelen) 万霊節; 死者の日(11月2日).
'**To·ten**|**glo·cke** 女 –/-n 葬儀の鐘.
'**To·ten**|**grä·ber** 男 –s/- **1** 墓掘人, 墓守, 墓地管理人. **2**〖虫〗してむし科のかぶと虫.
'**To·ten**|**gruft** 女 –/⁼e 地下納骨室, 地下墓地.
'**To·ten**|**hemd** 中 –[e]s/-en 屍衣(し), 経帷子(きょうかたびら).
'**To·ten**|**kla·ge** 女 –/-n 死者を悼(いた)み嘆くこと; 哀悼歌, 葬送歌, 挽歌(ばんか).
'**To·ten**|**kopf** 男 –[e]s/⁼e **1** されこうべ, どくろ. **2**〖虫〗めんがたすずめ(蛾の一種).
'**To·ten**|**mas·ke** 女 –/-n デスマスク.
'**To·ten**|**mes·se** 女 –/-n 〖カトリック〗(Requiem, Totenamt) 死者ミサ.
'**To·ten**|**reich** 中 –[e]s/-e 死者の国, 黄泉(よみ)の国, 冥府(めいふ).
'**To·ten**|**schä·del** 男 –s/- =Totenkopf
'**To·ten**|**schau** 女 –/ 〖法制〗(Leichenschau) 検死.
'**To·ten**|**schein** 男 –[e]s/-e (医師の)死亡証明書.
'**To·ten**|**sonn·tag** 男 –[e]s/-e 〖複数まれ〗〖キリスト教〗死者慰霊日(教会暦 Kirchenjahr の最終日曜日).
'**To·ten**|**star·re** 女 –/〖医学〗死後硬直.
'**to·ten**|**still** 形〖比較変化なし〗静まり返った, しいんとした.
'**To·ten**|**stil·le** 女 –/ 死のような静けさ, 深い静寂.
'**To·ten**|**tanz** 男 –es/⁼e 死の舞踏(骸骨姿の死神が人間と踊る).
'**To·ten**|**uhr** 女 –/-en〖虫〗しばんむし(死番虫).
'**To·ten**|**vo·gel** 男 –s/⁼〖話〗〖鳥〗(Steinkauz) こきんめふくろう, 死霊の鳥.
'**To·ten**|**wa·che** 女 –/-n 通夜(つや). die ~ halten 通夜をする.
'**tot**|**fah·ren*** 他 (車で)ひき殺す.
'**tot**|**ge·bo·ren, ˚tot·ge·bo·ren** 形〖比較変化なし/付加語的用法のみ〗死産の. ein *~es* Kind 死産児; 最初から成功の見込みのない企て.
'**Tot**|**ge·burt** 女 –/-en 死産; 死産児.
'**tot**|**la·chen** ['toːtlaxən] 再《**sich**⁴》〖話〗死ぬほど笑う, 笑いこける.《中性名詞として》Das ist zum *Totlachen*. それは大笑いだ.
'**tot**|**lau·fen*** 再《**sich**⁴》(成果があがらないまま)結局失敗に終る;(噂などが)ひとりでにやむ.
'**tot**|**ma·chen**〖話〗❶ 他 (人・動物を)殺す, やっつける. ❷ 再《**sich**⁴》身を滅ぼす, 自滅する(für j‹et›⁴ 人‹物›⁴のために).
'**To·to** ['toːto] 中《男》–s/-s **1** (Totalisator) (公営の)馬券売場. **2** (サッカーなどの)トトカルチョ, スポーツくじ.
'**Tot**|**punkt** 男 –[e]s/-e〖工学〗(ピストンの)デッドポイント, 死点.
'**tot**|**sa·gen** 他 (人⁴が)死んだと言いふらす.
'**tot**|**schie·ßen*** 他〖話〗撃ち殺す, 射殺する. sich⁴ ~ ピストル自殺する.
'**Tot**|**schlag** 男 –[e]s/-e 殺害, 殴殺(おうさつ), 撲殺, 〖法制〗故殺.
'**tot**|**schla·gen*** ['toːtʃlaːɡən] 他 殴り殺す, 打ち殺す. Er wurde halb *totgeschlagen*. 彼は半殺しの目に会った. die Zeit ~ 時間をつぶす. Dafür lasse ich mich ~.〖話〗それは確かだ, まちがいない. Du

kannst mich ~〈Und wenn du mich *totschlägst*〉, ich weiß wirklich nichts davon. 誓ってもいいが私はそれについて本当に何も知らないのだ. Ich lasse mich lieber‹eher› ~, als dass ich das mache. それをするくらいなら殺された方がましだ. *sein* Gewissen ~ 良心を麻痺させる. Das Rot *schlägt* die andern Farben *tot*. 赤が他の色を殺して(効果をなくして)いる.
'**Tot**|**schlä·ger** 男 –s/- **1** 殺害者; 〖法制〗故殺者. **2** (柄に鉛のついた)殺人用の棍棒.
'**tot**|**schwei·gen*** 他 (人‹事›⁴を)黙殺する, (について)黙して語らない.
'**tot stel·len, ˚tot**|**stel·len** 再《**sich**⁴》死んだふりをする.
'**tot**|**tre·ten*** 他 踏みつぶす, 踏み殺す.
Tö·tung ['tøːtʊŋ] 女 –/-en〖複数まれ〗殺害; 殺人. fahrlässige ~〖法制〗過失致死.
Tou'pet [tuːˈpeː] 中 –s/-s **1** トゥペー, かもじ(18世紀に流行した前髪を逆立てた髪型). **2** (男性用の)ヘアピース.
tou·pie·ren [tuˈpiːrən] 他 (髪を)逆毛を立ててふくらます.
∗**Tour** [tuːr トゥーア] 女 –/-en (*fr*.) **1** (a) 遠足, ハイキング; ドライブ, 旅, 商用(講演, 観光)旅行; 周遊, 巡行. eine ~ durch Europa ヨーロッパ周遊旅行. eine ~ in die Berge machen 山(山歩き)に出かける. auf ~ gehen《話》旅に出る, 出張する. auf ~ sein《話》旅行(出張)中である. (b) 行程, 道程. die ~ zurück 復路, 帰り道. die ~ Bonn-Köln fahren‹machen〉 ボン=ケルン間を走る. (c)〖スポーツ〗ツール・ド・フランスの略称). **2** (a)〖工学〗回転(とくに回転軸の), 旋回. Die Maschine *macht*‹*läuft*〉5000 *~en* in der Minute. この機械は1分間に5千回転する. j⁴ auf *~en* bringen《話》人⁴を元気づかせる, (に)活気にみちる; (を)怒らせる. eine Maschine auf *~en* bringen 機械を作動させる. auf *~en* kommen (機械が)動き出す, 回り出す;《話》元気が出る, 勢い(調子)づく;《話》怒り出す, かっかし出す. auf vollen〈höchsten〉 ~ *en* laufen (機械が)フル回転している;《比喩》全力をあげて(事に当っている), 最高潮である. in einer ~ 《話》一気(ひと息)に; 絶えず; 再三. (b) (一連の動作・過程の)1回り, 1巡, 1幕(ダンスの)ステップ, (バレエの)ピルエット, (編物の)1段. bei der 4.〈vierten〉~ auf dem Karussell 回転木馬に乗って4周目に. eine ~ tanzen 1ステップ踊る. **3** (とくに〖スポーツ〗〖乗馬〗, (調教馬術の)課目. **4**《複数まれ》《話》手口, やり方; 策略, 工夫; 企み, 思惑. seine ~ kriegen‹haben〉(いつもの)変な癖が出る, 不正を働く. krumme *~en* machen‹reiten〉汚ない手を使う, 不正を働く. j³ die ~ vermasseln j³のもくろみをつぶす, (の)計画を狂わす. auf eine andere ~ / mit einer anderen ~ 別の手(手口)で. auf die dumme ~ reisen‹reiten〉ばど素人くさい手を使う, 馬鹿を装って一仕事企む. auf die krumme ~ 汚ない手を使って, 不正を働いて.
'**Tour de 'France** [ˈtuːr də ˈfrãːs] 女 – – –/-s – – ['tuːr də ˈfrãːs] 〖スポーツ〗ツール・ド・フランス(フランスで毎年行われる世界で最も難しい自転車のロードレース).
'**Tou·ren**|**wa·gen** ['tuːrən..] 男 –s/- (レース用の)ツーリングカー.
'**Tou·ren**|**zahl** 女 –/-en〖工学〗毎分回転数.
'**Tou·ren**|**zäh·ler** 男 –s/〖工学〗回転速度計, タコメーター.
Tou'ris·mus [tuˈrɪsmʊs] 男 –/ 観光, 観光客の往来, ツーリズム.

Tou·rist [tu'rɪst トゥリスト] 男 -en/-en 観光客, 旅行客;《古》遠足客, ハイカー. ◆女性形 Touristin 女 -/-nen

Tou·ris·ten·klas·se 女 -/-n ツーリストクラス(船・飛行機のエコノミークラス).

Tou·ris·tik [tu'rɪstɪk] 女 -/ 観光(旅行); 観光旅行業.

tou·ris·tisch [tu'rɪstɪʃ] 形 観光業(旅行)の(に関する).

Tour·nee [tor'neː] 女 -/-s(-n) (fr.) 巡業, 旅公演. **auf ~ gehen** 旅公演(客演旅行)に出る.

'To·xi·ka ['tɔksika] Toxikum の複数.

To·xi·ko·lo'gie [tɔksikolo'giː] 女 -/ (gr.) 毒物学.

To·xi·kum ['tɔksikum] 中 -s/..ka (gr., Gift)《医学》毒, 毒物.

To'xin [tɔ'ksiːn] 中 -s/-e (gr.)《生化学》毒素.

'to·xisch ['tɔksɪʃ] 形《医学》毒性の; 中毒性の.

Trab [traːp] 男 -[e]s/ (馬などの)だく足, 速足(₃₄), 速歩, トロット. 《比喩的用法で》**Mach ein bisschen ~ dahinter!**《話》少し早くしろ. **Nun aber [ein bisschen] ~!**《話》ちょっと急げ. **j⁴ auf ~ bringen**《話》人を急がせる, せきたてる. **auf ~ sein**《話》急いでいる, 忙しい. **j⁴ in ~ halten**《話》人を休ませない.

Tra'bant [tra'bant] 男 -en/-en (tschech.) 1《天文》衛星;《まれ》人工衛星. 2《俺》とりまき, おべっかもち; 衛星国, 衛星都市. 3《古》護衛, おつきの人, お供. 4《複数で》《戯》子供たち. 5 トラバント(旧東ドイツで life されていた 4 人乗り乗用車名).

Tra'ban·ten·staat 男 -[e]s/-en 衛星国.

Tra'ban·ten·stadt 女 -/⸗e 衛星都市.

'tra·ben ['traːbən] 動 (h, s) 1 (h, s) (馬などが)だく足で駆ける. 2《話》(人が)急ぎ足で行く, 駆けて行く.

'Tra·ber ['traːbɐr] 男 -s/- 速歩レース用の馬.

'Trab·ren·nen 中 -s/- 速歩競馬(レース).

Tra'chee [tra'xeːa] 女 -/-n (lat.) 1《動物》気管; 呼吸管. 2《植物》導管.

Tra'chom [tra'xoːm] 中 -s/-e (gr., Rauheit)《医学》トラホーム.

Tracht [traxt] 女 -/-en (↓tragen) 1 (民族・職業に特有の伝統的な)衣装. 2 (髪・ひげの)型. 3 一担(⁸⁵)の分の荷. **eine ~ Holz** 薪(¹⁶) 一担ぎ分. 4 (蜜蜂の運ぶ)蜜と花粉. 5《農業》(野菜などの)作, 生(¹⁶). **erste ~** 一番生り. 6《話》殴打. **eine ~ [Prügel] bekommen⟨kriegen⟩** したたか殴られる.

'trach·ten ['traxtən] 動 1 (nach et³ 物³ を)得ようと努める, 切望する. **j³ nach dem Leben ~** 人³ の命をねらう. 2 《zu 不定詞句と》~, ...zu tun ...しようと試みる, もくろむ. **Er trachtete [danach], sie zu töten.** 彼は彼女を殺そうともくろんだ.

'Trach·ten 中 -s/ 志望, 志向, 熱望. **sein ganzes Sinnen und ~ auf et⁴ richten** 物⁴ をしきりに求める.

'Trach·ten·fest 中 -[e]s/-e 民族衣装祭り.

'träch·tig ['trɛçtɪç] 形 (↓Tracht)《副詞的には用いない》1 (動物が)妊娠した, はらんだ. 2《雅》《mit⟨von⟩et³》~の...で満たされた; 実り豊かな.

'Träch·tig·keit 女 -/ (動物の)妊娠.

tra·die·ren [tra'diːrən] 動 (lat.) 伝承する, 口承で伝える; 受け継ぐ.

*****Tra·di·ti'on** [traditsi'oːn トラディツィオーン] 女 -/-en (lat., Übergabe, Bericht)伝統, しきたり, 慣例; 伝承. **mit einer ~ brechen** 伝統を破る.

Tra·di·ti·o'na·lis·mus [traditsiona'lısmus] 男 -/ 伝統主義.

*****tra·di·ti·o'nell** [traditsio'nɛl トラディツィオネル] 形 (fr.) 伝統的な.

traf [traːf] treffen の過去.

'trä·fe ['trɛːfə] treffen の接続法 II.

Tra'fik [tra'fɪk] 女 -/-s (オーストリア -/-en) (it., Handel) タバコ屋.

Tra·fi'kant [trafi'kant] 男 -en/-en (オーストリア) タバコの店主.

träg [trɛːk]《古》=träge

Tra'gant [tra'gant] 男 -[e]s/-e (gr.) 1《植物》げんげ(属). 2 トラガント(トラカント)ゴム.

'Trag·bah·re ['traːk..] 女 -/-n 担架.

'Trag·band 中 -[e]s/⸗er (鞄などの)負い皮, (ズボンの)サスペンダー; つり包帯.

*****'trag·bar** ['traːkbaːr トラークバール] 形《副詞的には用いない》1 持運びのできる, 携帯用の. **ein ~er Fernseher** ポータブルテレビ. 2 (衣服が)着られる, 着て格好のよい. **ein durchaus ~es Kleid** 普断着(用の)ワンピース. 3 (なんとか)我慢できる, 辛抱できる; (どうにか)容認できる; (金額などが)法外でない, まずまずの. **Er ist als Beamter nicht mehr ~.** 彼をこのまま役人にしておくわけにはいかない. **Das ist nicht mehr ~.**《話》これはもう我慢ならない.

'Tra·ge ['traːgə] 女 -/-n 担架; 背負いかご.

'trä·ge ['trɛːgə] 形;副 怠惰な, 無精な, ものうい; のろのろした, 動きの鈍い;《物理》不活性の.

'tra·gen* ['traːgən トラーゲン] trug, getragen / du trägst, er trägt ❶ 他 1 (a) 運ぶ, になって(担いで)いる. **ein Kind auf dem Arm⟨den Armen⟩ ~** 子供を腕に抱いている. **eine Last auf den Schultern⟨in der Hand⟩ ~** 荷物を肩に担いで⟨手にもって⟩いる. **den Arm in der Binde ~** 腕を三角巾(½)でつっている. **Die Füße⟨Die Knie⟩ trugen ihn nicht mehr.** 彼は(疲れて)もう立っていられなかった, もう歩けなかった. **Er läuft, so schnell ihn die Füße tragen.** 彼はできるだけ早く走る(=**Er läuft so schnell, wie ihn die Füße tragen.**). (b) 運んで(持って)いく. **das Essen aus der Küche ins Zimmer ~** 食事を台所から部屋に運ぶ. **Eulen nach Athen ~**《比喩》余計なことをする, 屋上屋を架す(↑Eule). **et⁴ nach Haus[e] ~** 物⁴ を家へ持帰る. **die Kirche ums Dorf⟨ums Kreuz⟩ ~** 不必要な回り道をする. **j⁴ zu Grabe ~** 人⁴ を埋葬する. **et⁴ zu Grabe ~** 事⁴ (希望・計画などを)葬り去る, きっぱり放棄する. **ein Gerücht von Haus zu Haus ~** 噂(³⁷)話を方々にふれ回る. **für j⟨et⟩⁴ seine Haut zu Markte ~** 人⟨事⟩⁴ のために危険を冒す, あぶない橋を渡る. **Der Fluss trägt Schiffe [zum Meer].** この川は(海まで)船を運んで行ける. **Der Wind hat den Duft⟨den Ruf⟩ bis zu uns getragen.** 風はその香りを私たちのところまで運んできた⟨その評判は風の便りに私たちの耳にも届いた⟩.

2 支えがある, 載せている; (...の重さのものを)載せることができる. **Vier Säulen tragen das Dach.** 4 本の柱が屋根を支えている. **Dieser Turm trägt eine Aussichtsplattform.** この塔の上には展望台がある. **Die Regierung muss vom Vertrauen des Volkes getragen sein.** 政府は国民の信頼に支えられていなくてはならない. **Einen so schweren Schrank trägt der Boden nicht.** そんな重たい戸棚は床が持たない. **Diese Brücke trägt ein Gewicht von 15 Tonnen.** この橋の荷重は 15 トンである. **Die Eisdecke trägt einen Erwachsenen.** この氷はおとなが 1 人のっても大丈夫だ.《目的語なしで》**Das Eis trägt schon⟨noch**

nicht〉. この氷の上はもう歩けない〈まだ歩けない〉.
3 着ている, 身につけている; 所持している; (性質・特徴を)もっている. einen neuen Anzug ~ 新しい背広を着ている. rote Schuhe ~ 赤い靴をはいている. einen Bart〈eine Brille〉~ ひげを生やしている〈眼鏡をかけている〉. eine Blume im Haar ~ 髪に花をさしている. Das trägt man [heute] nicht mehr. そんなのいまどき誰も着ないよ〈流行遅れです〉. Trauer ~ 喪服を着ている; 喪に服している. Er trägt das Haar lang〈kurz〉. 彼は髪を長く〈短く〉している. den Mantel offen ~ コートのボタンをかけずに着ている. die Nase〈den Kopf〉hoch ~ 高慢をである, 思いあがっている. einen berühmten Namen ~ 名前が有名である. Das Buch trägt den Titel... 本は…という表題をもっている. Die Flasche trägt ein gelbes Etikett. そのびんには黄色いラベルが貼ってある. 《前置詞と》eine Natur an sich³ ~ ある性質をもって〈そなえて〉いる. das Herz auf der Zunge ~ 思ったことをすぐ口に出す. et⁴ bei sich³ ~ 物⁴を所持(携帯)している. Dieses Amulett trug ich immer bei mir. この身の守りを私はいつも肌身はなさずもっていた. ein Herz im Busen ~ 《雅》やさしい心の持主である. j² Bild im Herzen ~ 人²の面影を胸に秘めている. Der Wind trug den Heugeruch mit sich³. 風に干し草の匂いがまじっていた. ein Kind unter dem Herzen ~ 《雅》妊娠している(↑5(b)). et⁴ zur Schau ~ 物⁴を見せびらかす, 誇示する. eine freundliche Miene zur Schau ~ 人見しりによく親切そうな顔をする.
4 (心に)抱いている. Bedenken ~ 思案(懸念)する, ためらう. eine Liebe im Herzen ~ 恋をしている, 誰かを愛している. j〈et〉³ Rechnung ~ 人〈事〉³のことを勘定(計算, 考慮)に入れる, あてにする. für et⁴ Sorge ~ 事⁴の世話をする, 面倒を見る. Verlangen nach et〈j〉³ ~ 物³をほしがる〈人³に会いたいと思う〉.
5 (a)《植物が》実をむすぶ; 実る, 生みだす. Der Baum trägt Früchte. この木には実がなる, 実が生っている. Der Acker trägt Weizen〈Roggen〉. この畑では小麦〈らい麦〉がとれる. Zinsen ~ 《比喩》利子を生む. 《目的語なしで》Diese Bäume tragen in diesem Jahr schlecht〈zum ersten Mal〉. これらの果樹は今年は不作で〈今年初めて実が生る〉. (b)《動物が仔を》はらむ. Die Kuh trägt ein Kalb. この雌牛は仔をはらんでいる. 《目的語なしで》Die Stute trägt. その雌馬は妊娠している. ▶︎↑ tragend 2
6 (ertragen) 耐えしのぶ. Er trug sein Unglück tapfer〈mit Geduld〉. 彼は不幸を勇敢に〈辛抱よく〉耐えた. sein Kreuz ~ みずからの十字架を負う; 苦難に耐える.
7 負担する, 引受ける. die Kosten ~ 費用を負担する, 支払う. die Schuld an et³ ~ 事³に罪がある, (の)罪を引きうける. die Verantwortung für et⁴ ~ 事⁴の責任を負う(ている).
❷ 🔘 **1** 遠くまでとどく. Das Geschütz trägt weit. その大砲は射程が大きい. Deine Stimme trägt sehr gut. 君の声はじつによくとおる(↑tragend 3).
2 支えている; 《植物が》実を結ぶ; 《動物が》仔をはらむ(↑① 2, 5).
3 《次の用法で》an et³ schwer ~ 事³で苦しむ, 苦労する. Er trägt schwer an seiner Verantwortung. 彼は責任の重さに苦しんでいる. 《an et³ なしで》Wir haben schwer zu ~. 私たちは苦難に耐えなくてはならない.
❸ 🔘 《sich⁴》**1**《様態を示す語句と》(a)《物が主語》運ぶのが…である; 着心地が…である. Der Koffer trägt sich leicht〈schwer〉. このトランクは運びやすい〈運びにくい〉. Das Hemd trägt sich angenehm. このシャツは着心地がよい. Der Stoff trägt sich gut. この布地は着心地がよい; 持ちがよい. (b)《人が主語》…な服装をしている. Diese Dame trägt sich stets einfach〈nach der letzten Mode〉. この婦人はいつも簡素な〈最新流行の〉服装をしている.
2 (商売が)成立っている, 採算がとれている, ペイする. Das Unternehmen trägt sich nicht mehr. その企業はもうやっていけない.
3 《次の用法で》sich mit et³ ~ 事³ (計画・意図など) を抱いて(あたためて, 練って)いる. Er trägt sich schon lange mit dem Gedanken, seine Villa zu verkaufen. 彼は別荘を売却しようと前々から考えている.
◆↑ getragen

'**tra·gend** 現分形【**2** の意味以外では述語的には用いない】 **1** 根本(中心)的な, 主要な. die ~e Idee eines Werkes ある作品の根本理念. eine ~e Rolle (芝居の)主役. eine ~e Säule 大黒柱(比喩的にも). **2** (動物について) はらんでいる, 妊娠中の. eine ~e Kuh 妊娠している雌牛. Die Sau ist ~. この雌豚は仔をはらんでいる. **3** eine ~e Stimme よくとおる声.

*'**Trä·ger** ['trɛːɡɐr トレーガー] 男 -s/- **1** 運搬(運送)人; (とくに家具の)運送業者; 赤帽, ポーター, 荷担(等)ぎ; 新聞配達員; (救急隊の)担架係, 荷台, 輸送台. **2** (文化・権力などの)担い手; (栄誉・称号などの)保持者, 主宰. **3** (衣服・アクセサリーの)着用者; (身の回り品の)携帯者. **4** 支持(後援)者, 推進者; 後援団体, 代表(責任)機関. **5**『建築』持送り, 腕木, ブラケット; 支柱, 大梁, 桁(½). **6** 《ふつう複数で》肩紐, 吊紐, サスペンダー. **7** 保菌者; 『化学』担体, キャリアー; 『工学』搬送波, キャリアー.

'**Trä·ger·rock** 男 -[e]s/⸚e ジャンパースカート.
'**Trä·ger·wel·le** 女 -/-n 『工学』搬送波, キャリアー.
'**Tra·ge·ta·sche** 女 -/-n ショッピングバッグ.
'**Tra·ge·zeit** 女 -/-n =Tragzeit
'**trag·fä·hig** 形 《副詞的には用いない》運搬力のある, 積載力のある, 支える力のある.
'**Trag·fä·hig·keit** 女 -/『工学』支える力; (橋などの)負荷(積載)能力; (船舶の)輸送容量, 積載量.
'**Trag·flä·che** 女 -/-n 『航空』(Tragflügel) 主翼, 揚力面.
'**Trag·flä·chen·boot** 中 -[e]s/-e 水中翼船.
'**Trag·flü·gel** 男 -s/- =Tragfläche

'**Träg·heit** ['trɛːkhaɪt] 女 -/ **1** 怠惰さ, ものうさ, 不活発さ. **2** 『物理』慣性, 惰性.
'**Träg·heits·ge·setz** 中 -es/ 『物理』慣性の法則.
'**Träg·heits·kraft** 女 -/⸚e 『物理』慣性力.
'**Träg·heits·mo·ment** 中 -[e]s/-e 『物理』慣性モーメント.

'**Trag·him·mel** 男 -s/- (行列のとき聖職者の頭上に揚げられる) 天蓋.

'**Tra·gik** ['traːɡɪk] 女 -/ (gr.) **1** 悲劇的なこと, 悲運, 悲惨, 痛ましい事件. **2** 悲劇性. ein Ereignis von besonderer ~ きわめて悲劇的な出来事.

'**Tra·gi·ker** ['traːɡɪkɐr] 男 -s/- 悲劇作家(詩人).
tra·gi·ko·misch [traɡi'koːmɪʃ, 'traːɡiko:mɪʃ] 形《比較変化なし》悲喜劇的な, 悲喜劇の.
Tra·gi·ko·mö·die [traɡiko'møːdiə, 'traːɡiko:mø:diə] 女 -/-n 悲喜劇.

*'**tra·gisch** ['traːɡɪʃ トラーギシュ] 形 (gr.) **1** (運命・出来事・結末などが) 悲劇的な, 悲惨な, 痛ましい.

Nimm es nicht so ~ !《話》そんなに深刻に考えるな. Das ist nicht so ~.《話》それはそんなに大したことではない. **2** 悲劇に関した, 悲劇的. eine ～ *e* Rolle spielen 悲劇の役を演じる.

'**Trag·korb** 男 -[e]s/~e 背負いかご.

'**Trag·kraft** 女 -/- 【工学】 =Tragfähigkeit

'**Trag·last** 女 -/-en (家畜や人間が運べるべき)の)荷物; 積載量.

Tra·gö·de [traˈgøːdə] 男 -n/-n (*gr.*) 悲劇俳優.

*'**Tra·gö·die** [traˈgøːdiə トラゲーディエ] 女 -/-n 【文学・演劇】悲劇;《話》悲劇的な出来事, 悲運, 惨事. aus et³ eine ～ machen 事³を深刻に考える, 悲観的に見る.

Tra·gö·din [traˈgøːdɪn] 女 -/-nen 悲劇女優.

'**Trag·rie·men** 男 -s/- (ショルダーバッグ・カメラなどの)吊り紐, ストラップ; (ランドセル・鉄砲などの)負い革.

'**Trag·ses·sel** 男 -s/- 輿(ここ), 椅子かご.

trägst [trɛːkst] tragen の現在 2 人称単数.

trägt [trɛːkt] tragen の現在 3 人称単数.

'**Trag·tier** 田 -[e]s/-e 運搬用の動物.

'**Trag·wei·te** 女 -/-n **1** 射程(距離). **2** 影響(範囲), 重要性. **3** 【海事】 (船の信号燈の)到達距離.

'**Trag·werk** 田 -[e]s/-e **1** 【航空】 主翼. **2** 【土木】支え部分, 支持構造(支柱など).

'**Trag·zeit** 女 -/-en (動物の)妊娠期間.

Train [trɛ̃ː, trɛːn] 男 -s/-s (*fr.*, Tross¹) 【軍事】 輜重(しちょう)隊.

'**Trai·ner** [ˈtrɛːnər, ˈtrɛː..] 男 -s/- (*engl.*) **1** 《スポーツ》コーチ, トレーナー; (競馬の)調教師. **2** 《衣》 =Trainingsanzug

trai·nie·ren [trɛˈniːrən, trɛ..] (*engl.*) ❶ 他 訓練する, 練習する; (選手・チームなどを)トレーニングする. *seinen* Körper ⟨*seine* Muskeln⟩ ～ 体⟨筋肉⟩を鍛える. ein Pferd ～ 馬を調教する. *sein* Gedächtnis ～ 記憶力を鍛える. 《目的語なしで》 Er *trainiert* hart. 彼はきびしい練習をする. ❷ 再 (*sich*⁴) (in et³ 事³の)訓練〈トレーニング〉をする. *sich* im Schachspiel ～ チェスの腕をみがく.

'**Trai·ning** [ˈtrɛːnɪŋ, ˈtrɛː..] 田 -s/-s (*engl.*) 練習, 訓練, 鍛練, トレーニング.

'**Trai·nings·an·zug** 男 -[e]s/~e トレーニングウェア, 練習着.

'**Trai·nings·ho·se** 女 -/-n トレーニングパンツ, トレパン.

Tra·jekt [traˈjɛkt] 男〈田〉 -[e]s/-e (*lat.*, Überfahrt¹) **1** 《古》(海などを)渡ること, 渡航. **2** フェリーボート; (鉄道)連絡船.

Tra·jek·to·rie [trajɛkˈtoːriə] 女 -/-n (ふつう複数で) (*lat.*) 【数学】 定角軌道, 軌線.

Trakt [trakt] 男 -[e]s/-e (*lat.*) **1** (建物の)ウイング, 翼部;《集合的に》ウイングの住人. **2** 【医学】(管状臓器の)路, 道.

trak·ta·bel [trakˈtaːbəl] 形《古》扱いやすい, 素直な.

Trak·tat [trakˈtaːt] 男〈田〉 -[e]s/-e (*lat.*) **1** 《古》論文. **2** (宗教上の)小冊子, パンフレット.

Trak·tät·chen [trakˈtɛːtçən] 田 -s/- 《Traktat の縮小形》小論文; (宗教の)伝道用パンフレット.

trak·tie·ren [trakˈtiːrən] 他 (*lat.*) **1** (j⁴ mit et³ 人⁴を物³で)苦しめる, 苛(さいな)む. j⁴ mit dem Stock ～ 人⁴を棒でなぐる. j⁴ mit Vorwürfen ～《話》人⁴をさんざん非難する. **2** 《古》 (j⁴ mit et³ 人⁴に物³を)ごちそうする, おごる.

'**Trak·tor** [ˈtraktoːr] 男 -s/-en [..ˈtoːːrən] トラクター.

Trak·to·rist [traktoˈrɪst] 男 -en/-en (旧東ドイツで) トラクター運転士.

'**Tral·je** [ˈtraljə] 女 -/-n 《北ドイツ》(手摺・窓などの)格子.

'**tral·la** [traˈla] 間 *Tralla* ! (陽気なメロディーの出だしや終わりに口ずさむ) ララララ, らんらんらん.

tral·la·la [trala'la:] 間 *Trallala* ! (陽気なメロディーの出だしや終わりに口ずさむ) ララララ, らんらんらん. ～ sein 《俗》気の狂った, 頭がおかしい.

'**träl·lern** [ˈtrɛlərn] 他自 [ein Lied / eine Melodie] ～ (歌のメロディーを)口ずさむ, とくちずさむ.

Tram¹ [tram] 女 -/-s (ス´イス) -s/-s) =Trambahn

Tram² [traːm] 男 -[e]s/-e (Träme)《地方》梁(はり).

'**Tram·bahn** 女 -/-en 《南ドイツ》(*engl.*) 路面電車.

'**Trä·me** [ˈtrɛːmə] Tram² の複数.

Tramp [trɛmp, tramp] 男 -s/-s (*engl.*) 流れ者, 渡り労務者.

'**Tram·pel** [ˈtrampəl] 男〈田〉 -s/-《話》《俗》のろま, 愚図, 不器用な人(とくに女性).

'**tram·peln** [ˈtrampəln] ❶ 自 (h, s) **1** (h) 足を踏みならす(賛意・歓迎・喝采を表して); 地団太を踏む. **2** (s) 乱暴に歩く. durch⟨über⟩ das Beet ～ 花壇を踏み荒らす, j⁴ auf die Füße ～ 人³の足を踏みつける. ❷ 他 **1** 〈結果を表す語句と〉足で踏みつけて...にする. Er wurde von der Menge zu Tode *getrampelt*. 彼は群衆に踏みつけられて死んだ. et⁴ platt ～ 物⁴を踏みつけて平らにする. **2** 足踏みして取除く. den Schnee von den Schuhen ～ 足踏みして雪を靴からはらい落す. **3** 足で踏みつけて作る. einen Pfad durch den Schnee ～ 雪を踏み固めて道をつくる.

'**Tram·pel·pfad** 男 -[e]s/-e 踏み固められてできた道.

'**Tram·pel·tier** 田 -[e]s/-e **1** 【動物】 (Kamel) らくだ. **2** 《話》《俗》 =Trampel

'**tram·pen** [ˈtrɛmpən, ˈtram..] 自 (*engl.*) (s) **1** ヒッチハイクする. **2** 《古》放浪する(流れ者・渡り労務者として).

'**Tram·per** [ˈtrɛmpər, ˈtram..] 男 -s/- ヒッチハイカー. ▲ 女性形 Tramperin 女 -/-nen

'**Tramp·fahrt** [trɛmp.., tramp..] 女 -/-en 不定期船航路(航海).

'**Tram·po·lin** [trampoliːn, ˌ-ˈ-] 田 -s/-e (*it.*) 【体操】 トランポリン.

Tran [traːn] 男 -[e]s/-e **1** 魚油; 鯨油. **2** 《次の用法で》《話》im ～ sein (酔って・ねぼけて)ぼーっとしている. im ～ ぼんやりして.

'**Tran·ce** [ˈtrãːs(ə), traː)ns] 女 -/-n (*fr.*) トランス, 恍惚状態, 催眠状態. in ～ fallen うっとりする, 失神する. j⁴ in ～ versetzen 人⁴をうっとりさせる, 催眠状態にさせる.

'**Tran·che** [ˈtrãːʃ(ə)] 女 -/-n (*fr.*) **1** 【料理】 (肉・魚の)切り身, スライス. **2** 【経済】 (債券などの)分割発行額.

Tran·chier·be·steck [trãːˈʃiːr..] 田 -[e]s/-e (肉切り用の)大型のナイフとフォーク.

tran·chie·ren [trãːˈʃiːrən] 自他 (*fr.*) (焼いた肉を)切りわける.

Tran·chier·mes·ser 田 -s/- (肉切り用の)大型ナイフ, カービングナイフ.

'**Trä·ne** [ˈtrɛːnə トレーネ] 女 -/-n **1** 涙. Ihr kommen leicht [die] ～n. 彼女は涙もろい. Mir kommen die ～n.《反語》泣かせるねえ. Ihre Augen standen voller ～n. / Ihre Augen schwammen in ～n. 彼女の目に涙があふれていた. Bei ihm, da wäre jede ~ vergebens.《話》あんなやつのことなんか放っときゃいい《構うことはないんだ》. sich³ die ~n abwischen 涙をぬぐう. ~n in den Augen haben 涙ぐんでいる. die《seine》~n hinterschlucken 涙をぐっとこらえる. ~n lachen 涙が出るほど笑う. ~n melken《話》人の涙を誘うようなことを言う, 人をしんみりさせる. j³ keine ~ nachweinen 人'になんの未練もない. den ~n nahe sein 今にも泣きだしそうである. ~n trocknen helfen 慰めになる. ~n der Rührung weinen 感涙にむせぶ. eine ~ wert sein《話》惜しくもなんともない. eine ~ zerdrücken 涙を押し隠す. sich⁴ in ~n auflösen さめざめと(ハンカチを絞って)泣く. in ~n ausbrechen わっと泣きだす. in ~n zerfließen 泣きくずれる. mit ~n in den Augen 目に涙をうかべて. mit einer ~ im Knopfloch《戯》そら涙を流して. mit den ~n kämpfen 必死に涙をこらえる. unter ~n 泣きながらに. j³ zu ~n rühren 人³の出るほど感動させる, (を)泣かせる. 2 (液体の)ごく少量, ほんの数滴. eine ~ nehmen《話》ちくっ一杯やる. 3《俚》のろま, くず;《卑》泣き虫, 弱虫. blutige ~《兵隊》役立たず, 屑(ｸｽﾞ)野郎.

'trä·nen ['trɛːnən]《自》涙が出る. Ihm tränen die Augen. / Seine Augen tränen. 彼の目から涙が出る. (現在分詞で) Tränendes Herz《植物》けまんそう.

'Trä·nen·drü·se 《女》-/-n《多く複数で》涙腺(ｾﾝ). auf die ~n drücken《話》涙腺を刺激する, 感動させる.

'Trä·nen·gas《中》-es/ 催涙ガス.

'trä·nen·reich《形》涙ながらの, とても悲しい; 涙もろい.

'Trä·nen·sack《男》-[e]s/-e《解剖》涙囊(ﾉｳ).

'Tran·fun·zel《女》-/-n《話》1 薄暗いランプ, 鯨油ランプ. 2《俚》ぼけっとした人, 退屈なやつ; のろま.

'tra·nig ['traːnɪç]《形》(↓Tran) 1 魚油の;魚油のような. 2《俚》のろのろした, ぐずぐずした, だらだらした.

trank [traŋk] trinken の過去.

Trank [traŋk]《男》-[e]s/ᵁᵉ《雅》飲物. Zaubertrank 魔法の飲物. ein bitterer ~ 苦い飲物;《比喩》不愉快なこと, 苦い経験.

'trän·ke ['trɛŋkə] trinken の接続法Ⅱ.

'Trän·ke¹ ['trɛŋkə] Trank の複数.

'Trän·ke²《女》-/-n (家畜の)水飲場.

'trän·ken ['trɛŋkən]《他》1 水を呑ませる, 水をやる(とくに動物に);《雅》《古》(人'に)飲物を与える(出す). Der Regen tränkt die Erde. 雨が大地を潤らす(閏す). 2 (mit et³物³に)たっぷりしみこませる, 充分に含ませる. ein Tuch mit Benzin ~ 布にベンジンをたっぷり含ませる. Watte in Alkohol ~ 綿をアルコールに浸す.

'Trank·op·fer《中》-s/- 神に酒を供えること, 献酒; 御神酒(ｷ).

'Tran·lam·pe《女》-/-n 1 鯨油(魚油)ランプ. 2《話》=Tranfunzel.

trans.., Trans..[trans..]《接頭》《lat.》名詞・形容詞・動詞に冠して「…を越えて, …を通って, …の向こうに」などの意を表す. Transport 輸送. transparent 透明な. transplantieren 移植する.

Trans·ak·ti·on [transʔaktsi'oːn]《女》-/-en《lat.》(金融業務上の大きな)取引, 事業, プロジェクト.

trans·al·pin [transʔal'piːn]《形》(比較変化なし / 述語的には用いない) =transalpinisch.

trans·al·pi·nisch [..ʔal'piːnɪʃ]《形》(ローマからみて) アルプス山脈の向こう側の.

trans·at·lan·tisch [transʔat'lantɪʃ]《形》(述語的には用いない) 大西洋の向こう側の; 大西洋横断の.

Tran'schier·be·steck [tran'ʃiːr..]《中》-[e]s/-e = Tranchierbesteck

tran'schie·ren [tran'ʃiːrən]《他》=tranchieren

Tran'schier·mes·ser《中》-s/-=Tranchiermesser

Trans·duk·tor [trans'dʊktoːr]《男》-s/-en [..dʊk'toːrən]《工学》トランスダクター, 磁気増幅機.

Trans-Eu'rop-Ex'press [transʔoy'roːp..]《男》-es/-e《略 TEE》ヨーロッパ横断特急(中部ヨーロッパの主要都市を結ぶ国際特急).

Trans'fer [trans'feːr]《男》-s/-s《engl.》1《経済》外貨への振替, (外国への)為替(ｶﾜｾ)送金. 2 (旅行の目的地などへの)乗換え(乗継ぎ)輸送. 3《スポ》プロ選手のトレード, 移籍. 4《心理》(学習の)転移. 5《言語》転移(母国語の構造が外国語の学習に与える影響).

trans·fe'rie·ren [transfe'riːrən]《他》1 外貨に振替える, (外国に)為替(ｶﾜｾ)送金する. 2 (プロ選手をトレードする, 移籍する. 3《スポ》《書》転任させる.

Trans·fi·gu·ra·ti·on [transfiguratsi'oːn]《女》-/-en《lat., Umwandlung》キリストの変容.

Trans·for·ma·ti·on [transfɔrmatsi'oːn]《女》-/-en《lat.》変形, 変質;転換, 変換;《生物・医学》(細胞の)形質転換;《数学》(座標・数式などの)変換;《電子工》変圧;《言語》変形. Transformationsgrammatik 変形文法.

Trans·for'ma·tor [transfɔr'maːtoːr]《男》-s/-en [..maˈtoːrən]《電子工》変圧器, トランス.

trans·for'mie·ren [transfɔr'miːrən]《他》《lat.》変形する, 変換する;《電子工》変圧する.

Trans·fu·si·on [transfuzi'oːn]《女》-/-en《lat.》《医学》輸血;血管注射. 2《物理・化学》浸透, 注入.

Tran'sis·tor [tran'zɪstoːr]《男》-s/-en [..zɪs'toːrən]《電子工》トランジスター;トランジスターラジオ.

Tran'sis·tor·ra·dio《中》-s/-s トランジスターラジオ.

Tran·sit¹ [tan'ziːt, ..'zɪt, 'tranzɪt]《男》-s/-e《it.》(Durchfuhr) (商品や旅行者の)通過.

Tran·sit²《中》-s/-s (Transitvisum) 通過ビザ.

Tran'sit·han·del《男》-s/《商業》通過貿易.

'tran·si·tiv ['tranziti:f, --'-]《形》《lat.》(↔intransitiv)《文法》他動詞の.

'Tran·si·tiv ['tranziti:f]《中》-s/-e (↔Intransitiv)《文法》他動詞.

tran·si'to·risch [tranzi'toːrɪʃ]《形》《lat., vorübergehend》一時的な, 暫定的な.

Tran·si'to·ri·um [tranzi'toːriʊm]《中》-s/..rien [..riən]《国庫の》臨時予算項目.

Tran'sit·ver·bot《中》-[e]s/-e 通過輸送禁止.

Tran'sit·ver·kehr《男》-s/(貨物・旅客の)通過輸送.

Tran'sit·vi·sum《中》-s/..visen (..vɪzen) 通過ビザ.

Tran'sit·zoll《男》-[e]s/ᵁᵉ 通過関税.

trans·kon·ti·nen·tal [transkɔntinɛn'taːl]《形》(比較変化なし / 述語的には用いない) 大陸横断の.

tran·skri'bie·ren [transkri'biːrən]《他》《lat.》1《言語》他の文字に書換える, 転写する; 音声記号で書換える. 2《音楽》(他の器楽曲に)編曲する.

Tran·skrip·ti·on [transkrɪptsi'oːn]《女》-/-en《lat., Übertragung》1《言語》他の文字への書換え, 転写; 発音表記. 2《音楽》(他の器楽曲への)編曲. 3《生物》(遺伝子情報の)翻訳.

Trans·la·ti·on [translatsi'oːn]《女》-/-en《lat.》1 翻訳. 2《物理》(力学上の)並進(運動); (結晶格子の)並進. 3《言語》転換(ある品詞の位置に他の品詞

を置くこと).

Trans·mis·si·on [transmisi'o:n] 囡 -/-en (lat.) **1**《工学》伝動装置, トランスミッション. **2**《光学》(光波の)透過.

Trans·mis·si·ons·rie·men 男 -s/-《工学》伝動ベルト.

Trans·mis·si·ons·wel·le 囡 -/-n《工学》伝動軸.

trans·oze·a·nisch [transotse'a:nɪʃ] 形《述語的には用いない》大洋横断の, 海のむこう側の.

trans·pa·rent [transpa'rɛnt] 形 (fr.) **1** 透明な, 透けて見える. **2** 明瞭な, 分かりやすい.

Trans·pa·rent [transpa'rɛnt] 匣 -[e]s/-e **1** (スローガンなどを書いた)横断幕. **2** (ガラスなどに描かれた)透かし絵. **3** (オーバーヘッドプロジェクターの)透明フィルム.

Trans·pa'rent·pa·pier 匣 -s/ 透明紙, トレーシングペーパー.

Trans·pa'renz [transpa'rɛnts] 囡 -/ 透明さ, 透明性;《光学》透明度.

Tran·spi·ra·ti'on [transpiratsi'o:n] 囡 -/ (fr.)《医学》発汗;《植物》蒸散.

tran·spi'rie·ren [transpi'ri:rən] 自 (fr.) **1** 汗をかく, 発汗する. **2** (植物などが)水蒸気を発散する, 蒸散する.

Trans·plan·ta·ti'on [transplantatsi'o:n] 囡 -/-en《医学》(臓器などの)移植. **2**《植物》接(つ)ぎ木, 移植.

trans·plan'tie·ren [transplan'ti:rən] 他 **1**《医学》(臓器などを)移植する. **2**《植物》接(つ)ぎ木する.

trans·po'nie·ren [transpo'ni:rən] 他 (lat.) 置き換える,《音楽》移調する.

Trans·port [trans'pɔrt] 男 -[e]s/-e (fr.) 運送, 輸送, 運搬;《集合的に》輸送品, 輸送される人(動物);《古》《商業》(Übertrag) 繰り越し(金).

trans·por'ta·bel [transpɔr'ta:bəl] 形《比較変化なし》輸送(持運び)可能な, ポータブルな.

Trans'port·ar·bei·ter 男 -s/- 運送(輸送)業に従事する者, 運送(輸送)業労働者.

Trans'port·band 匣 -[e]s/⸚er《工学》ベルトコンベヤー.

Trans'por·ter [trans'pɔrtər] 男 -s/- 輸送貨車; 輸送用トラック; 輸送機(船).

Trans·por'teur [transpɔr'tø:r] 男 -s/-e (fr.) **1**《古》《幾何》分度器. **2** (ミシンの)送り歯. **3** 運送屋, 運送業者.

trans'port·fäh·ig 形《比較変化なし》(病人などが)輸送可能な.

Trans'port·flug·zeug 匣 -[e]s/-e《軍事》輸送機.

trans·por'tie·ren [transpɔr'ti:rən] 他 (fr.) **1** (befördern) 輸送する, 運搬する, 運ぶ. Die Verunglückten wurden sofort mit einem Krankenwagen in ein Krankenhaus transportiert. 事故のけが人はすぐに救急車で病院に運び込まれた. **2**《工学》(機械・装置が)送る.《目的語なしで》Die Kamera transportiert nicht richtig. このカメラはフィルムがうまく巻かれていない.

Trans'port·mit·tel 匣 -s/- 輸送手段.
Trans'port·schiff 匣 -[e]s/-e 輸送船.
Trans'port·un·ter·neh·men 匣 -s/- 運送会社.
Trans'port·we·sen 匣 -s/ 運輸制度; 運輸組織.
Trans·se·xu·a'lis·mus [transzɛksua'lɪsmʊs] 男

-/《医学・心理》性倒錯, 性同一性障害.

trans·se·xu·ell [..zɛksu'ɛl] 形 性倒錯の, 性同一性障害の.

trans·si'bi·risch [transzi'bi:rɪʃ] 形《比較変化なし/述語的には用いない》シベリア横断の.

Trans·sub·stan·ti·a·ti·on [transzupstantsiatsi'o:n] 囡 -/-en (lat.)《カトリック》全質変化(パンとぶどう酒をキリストの肉と血に化すこと).

Trans·uran [trans'u'ra:n] 匣 -s/-e (lat.)《ふつう複数で》《化学》超ウラン(元素).

trans·ver'sal [transvɛr'za:l] 形《比較変化なし》(lat.) 横方向の, 横断の.

Trans·ver'sal·wel·le 囡 -/-n《物理》横波.

trans·ves'tie·ren [transvɛs'ti:rən] 自《医学・心理》倒錯的性向から)異性装(女装・男装)をする.

Trans·ves'tit [transvɛs'ti:t] 男 -en/-en (男の)服装倒錯者. ◆ 女性形 Transvestitin

trans·zen'dent [transtsɛn'dɛnt] 形《比較変化なし》(lat.)《哲学》(↔ immanent) 超越的な;《数学》超越の. ~ e Zahl 超越数.

trans·zen·den'tal [transtsɛndɛn'ta:l] 形《哲学》(スコラ哲学で)超越的な;(カント哲学で)先験的な.

Trans·zen'denz [transtsɛn'dɛnts] 囡 -/《哲学》(↔ Immanenz) 超越(性).

Tra·pez [tra'pe:ts] 匣 -es/-e (gr.)《幾何》台形;(体操やサーカスで使用する)空中ブランコ.

Tra·pez'künst·ler 男 -s/- 空中ブランコ曲芸師.

trapp [trap] 間 Trapp, trapp! ぱかぱか馬などの蹄の音; どんどん, どしんどしん, ぱたぱた(行進する軍団の足音); (子供などをせきたてて)さあさあ, それそれ.

'Trap·pe[1] ['trapə] 囡 -/-n (2)《鳥》のがん(野雁).

'Trap·pe[2] 囡 -/-n (北ドツ)(↓ trappen)(きたない)足跡.

'trap·peln ['trapəln] 自 (h, s) **1** (h) ぱたぱた足音をたてる, 蹄(ひづめ)の音をぱかぱかたてる. **2** (s) (子供などが)ぱたぱたと小走りに歩いて行く.

'trap·pen [trapən] 自 (h, s) **1** (h) どたどた(どしんどしん)と足音をたてる. **2** (s) どたどた(どしんどしん)と足音をたてて歩いて行く.

Trap'pist [tra'pɪst] 男 -en/-en《カトリック》トラピスト(厳律シトー会の修道士).

Trap·pis·ten·or·den -s/《カトリック》トラピスト修道会(1664 フランスの La Trappe 修道院から起こった厳律シトー会の通称).

'trap·sen ['trapsən] 自 (↓ trappen)《話》(h, s) どたばた(どしんどしん)音をたてて歩く(歩いて行く).

Tra'ra [tra'ra:] 匣 -s/ トランペット(ラッパ)の音;《話》大騒ぎ, 馬鹿騒ぎ. großes ~ um et⁴ machen 事⁴で大騒ぎをする.

Tras·sant [tra'sant] 男 -en/-en (it.)《経済》手形振出人.

Tras·sat [tra'sa:t] 男 -en/-en (it.)《経済》手形名宛人(支払人).

'Tras·se ['trasə] 囡 -/-n (fr. trace, Umriss')《交通》**1** (道路・配管などの)敷設予定線(測量線). **2** 鉄道線路; (鉄道などの盛り土された)路線.

tras'sie·ren [tra'si:rən] 他 (fr.) **1** (道路・配管などの)敷設予定線を図面に引く. **2**《経済》(手形を)振り出す.

trat [tra:t] treten の過去.

'trä·te ['trɛ:tə] treten の接続法 II.

Tratsch [tra:tʃ] 男 -[e]s/《話》おしゃべり; うわさ話, 陰口.

'trat·schen ['tra:tʃən] 自《話》おしゃべりをする; 陰口(悪口)を言う.

'Trat·te ['tratə] 女 -/-n (it.)《経済》(振出された)為替(ｶﾜｾ)手形.

'Trau·al·tar ['trau..] 男 -[e]s/-e 婚礼の祭壇. vor den ~ treten(雅)教会で結婚する. eine Frau zum ~ führen(雅)ある女性と結婚する.

*'**Trau·be** ['traubə トラオベ] 女 -/-n **1** 房; (とくに)葡萄(ﾌﾞﾄﾞｳ)の房; 《話》葡萄; 《植物》総状花序. Die ~n hängen ihm zu hoch. / Ihm sind die ~n zu sauer.《比喩》彼は本当はやせ我慢をしているんだよ. **2** 一団, 一群, ひとかたまり.

'Trau·ben·le·se 女 -/-n ぶどう摘み, ぶどうの収穫.
'Trau·ben·saft 男 -[e]s/-e グレープジュース.
'Trau·ben·zu·cker 男 -s/ ぶどう糖.

*'**trau·en** ['trauən トラオエン] **1** 自 (人4物3)を信用する, 信頼する, 当てにする. Ich *traue* ihm⟨seinen Worten⟩ nicht recht. 私は彼⟨彼の言葉⟩をあまり信用していない. Seinen Versprechungen ist nicht zu ~. 彼の約束は当てにならない. *Trau,* schau, wem!《諺》人を見たら泥棒と思え(人をよく見てから信じよ). *seinen* Augen⟨*seinen* Ohren⟩ kaum ~ 我が目⟨耳⟩を疑う. dem Braten nicht ~《話》くさい(怪しい)と思う. j³ nicht über den Weg ~《話》…のことをまるで信用しない.
❷ 再 (sich⁴)あえて(思いきって)する, …する勇気がある. Ich *traue* mich⟨まれ mir⟩ nicht, das zu tun. 私にはとてもそんなする勇気はない. Du *traust* dich⟨まれ dir⟩ nur nicht!《話》おまえなんかにできるものか(やれるものならやってみろ). *Traust* du dich allein in die Stadt? 君はひとりで町へ行けるかい.
❸ 他 (人⁴の)結婚式をとり行なう, (を)結婚させる. *sich⁴* ~ lassen 結婚式を挙げる.

*'**Trau·er** ['trauər トラオアー] 女 -/ **1** 深い悲しみ, 哀惜(の念), 哀悼(の意)⟨über et⁴ 事⁴に対する / um j³ 人³の死に対する⟩. in ~ sein 悲しみに打ち沈んでいる. in stiller⟨tiefer⟩ ~ (死亡通知で)深く哀しむ. j⁴ in tiefe ~ versetzen(雅)人⁴を悲しみのどん底につき落す. voll[er] ~ sein 悲嘆にくれている. ~ blasen《話》いつまでもふさいでいる. *seine* ~ weiden《話》(同情を買おうと)身の不運を吹聴してまわる. **2** 喪, 服喪(期間), 忌服. ~ haben 喪に服している, 喪中である. **3** 喪服. ~ die ablegen 喪服を脱ぐ, 喪が明ける. ~ anlegen 喪服を着る, 喪に服する. ~ tragen(雅)喪に服している(um j⁴ 人⁴の); 《戯》爪の先が黒い. in ~ gehen 服喪中である.

'Trau·er·an·zei·ge 女 -/-n (Todesanzeige) (新聞の)死亡広告, 死亡通知.
'Trau·er·bin·de 女 -/-n 喪章のリボン.
'Trau·er·bot·schaft 女 -/-en (雅)訃報(ﾌﾎｳ); 悲報.
'Trau·er·brief 男 -[e]s/-e 死亡通知状.
'Trau·er·fah·ne 女 -/-n 弔(ﾄﾑﾗｲ)旗, 半旗.
'Trau·er·fall 男 -[e]s/-e (Todesfall) 死亡(例); (身内の)不幸.
'Trau·er·fei·er 女 -/-n 葬儀, 葬式.
'Trau·er·flor 男 -s/-e (腕・ボタン穴・旗などにつける黒い紗(ｼｬ)の)喪章.
'Trau·er·jahr 中 -[e]s/-e 1年の服喪(期間); 喪中の年.
'Trau·er·klei·dung 女 -/-en (複数まれ)喪服(ﾓﾌｸ).
'Trau·er·kloß 男 -es/-e《話》退屈な(めそめそした, 陰気な)やつ.

'Trau·er·man·tel 男 -s/-《虫》きべりたては.
'Trau·er·marsch 男 -[e]s/-e《音楽》葬送行進曲.
*'**trau·ern** ['trauərn トラオアーン] 自 **1** 深く悲しむ, 悼(ｲﾀ)む⟨über et⁴ 事⁴を / um j⁴⟨et⁴⟩ 人⟨物⟩⁴を⟩. **2** 喪服を着用している; 喪に服している. 《現在分詞で》die *trauernden* Hinterbliebenen (死亡通知で)遺族一同.
'Trau·er·nach·richt 女 -/-en 訃報(ﾌﾎｳ), 悲報.
'Trau·er·rand 男 -[e]s/-er (死亡通知の黒枠); 《戯》爪の黒い垢.
'Trau·er·re·de 女 -/-n 弔(ﾁｮｳ)辞, 追悼の辞.
'Trau·er·schlei·er 男 -s/- (帽子についている)喪のヴェール.
'Trau·er·spiel 中 -[e]s/-e (Tragödie) 悲劇; 《話》悲しい出来事, 不幸.
'Trau·er·wei·de 女 -/-n《植物》しだれ柳; 《戯》不機嫌な(めそめそした)やつ.
'Trau·er·zeit 女 -/-en 服喪期間.
'Trau·er·zug 男 -[e]s/-e (Leichenzug) 葬列.
'Trau·fe ['traufə] 女 -/-n (↓ triefen)《古》(樋(ﾄﾋ)などを通って)流れ落ちる雨水; 《建築》樋; 軒. vom Regen in die ~ kommen《話》小難を免れて大難にあう, さらに悪い事態に至る.
'träu·feln ['trɔyfəln] **❶** 他 したたらす. **❷** 自 (s, h)したたる.
'träu·fen ['trɔyfən] 他 自 (s, h)《古》=träufeln
'Trauf·rin·ne ['trauf..] 女 -/-n =Dachrinne
'trau·lich ['traulıç] 形 快適な, 心地よい; 《古》親密な. beim ~en Licht der Tischlampe 卓上ランプのくつろいだ明かりのもとで.
'Trau·lich·keit 女 -/ 心地よさ, 気楽さ, 快適さ.

Traum [traum トラオム] 男 -[e]s/Träume **1** (a) 夢. *Träume* sind Schäume.《諺》夢はうたかた. Es ist mir alles wie ein ~. なにもかも夢のような気がする. ein böser⟨quälender⟩ ~ 悪夢⟨夢魔⟩. violetter ~《卑》LSD. *Träume* analysieren⟨deuten⟩ 夢判断をする. einen ~ haben 夢を見る. aus einem ~ aufwachen⟨erwachen⟩ 夢から覚める. im ~ reden 寝言を言う. halb⟨wie⟩ im ~ 夢見ごこちで. nicht im ~《話》夢にも…ない. Daran denke ich nicht im ~. そんなことは考えた(思った)こともない. (b) 夢想, 空想; 憧れ, 切なる望み. Es war der ~ meiner Jugend, einmal eine Weltreise zu machen. 1度世界旅行をすることが私の若い頃の夢だった. Sie war die Frau seiner *Träume*.《話》彼女は彼の憧れの女性だった. *sich⁴* in *Träume* flüchten 夢の世界に逃避する. Aus [ist] der ~! / Der ~ ist aus!《話》夢を見るのもこれまでだ. **2**《話》夢のように美しい(すばらしい)もの. ein blonder ~ すごいブロンド美人.

'Trau·ma ['trauma] 中 -s/..men [..mən] (-ta) (*gr.*, Wunde')《医学》外傷; 《心理》精神的外傷, トラウマ.
trau·ma·tisch [trau'ma:tıʃ] 形 **1**《医学》外傷性の. **2**《心理》トラウマの, 精神的外傷性の.
'Traum·bild 中 -[e]s/-er 夢に現れる像(姿), 幻像; 理想像.
'Traum·buch 中 -[e]s/-er 夢占いの本.
'Traum·deu·ter 男 -s/- 夢占い師.
'Traum·deu·tung 女 -/-en 夢占い; 《心理》夢の解釈.
'Träu·me ['trɔymə] Traum の複数.
'Trau·men ['traumən] Trauma の複数.

*'**träu·men** ['trɔymən トロイメン] 自他 **1** 夢を見る. von j(et)³ ～ 人(物³)の夢を見る. Ich träumte, dass... / Mir träumte, dass... / Es träumte mir, dass... 私は…の夢を見た. einen bösen Traum ～ 悪夢を見る. Träume süß! いい夢をごらん、おやすみ. **2** 夢想(空想)する, ぼんやりしている; 夢みる, 夢に描く. Du träumst! 寝ぼけでる, たわ言いよせ. Das hätte ich mir nicht ～ lassen. そんなことは夢にも思わなかった. am hellen Tage ～ / mit offenen Augen ～ 放心(ぼんやり)している, 空想にふける. Sie träumt davon, Schauspielerin zu werden. 彼女は女優になることを夢みている. Das ist ein Auto, von dem man träumt. これこそ夢の(あこがれの)自動車だ.

'**Träu·mer** ['trɔymər] 男 -s/- **1** (まれ)(よく)夢を見る人. **2** 夢想家, 空想家.

'**Träu·me'rei** [trɔymə'raɪ] 女 -/-en 夢想(空想)にふけること, 白昼夢.

'**träu·me·risch** ['trɔymərɪʃ] 形 夢を見ているような, 夢心地の; 夢想好きな, 空想好きな; 夢幻的な.

'**Traum·fa·brik** 女 -/-en 夢工場(とくにハリウッドの映画会社を指して).

'**Traum·ge·sicht** 中 -[e]s/-e (雅) **1** 夢. **2** 夢の中の像(姿), 夢幻, 幻, 幻想.

'**traum·haft** ['traomhaft] 形 夢のような; (話)(夢のように)すばらしい. eine ～e Landschaft すばらしい景色.

'**traum·ver·lo·ren**, '**traum·ver·sun·ken** 形《比較変化なし》夢想(空想)にふけった, 夢見心地の, ぼんやりした.

traun [traon] 間 (古) Traun! 確かに, 本当に, 誓って.

'**trau·rig** ['traorɪç トラオリヒ] 形 **1** 悲しい思いの, 悲しんでいる; 悲しげな. ein ～es Gesicht machen 悲しそうな顔をする. in ～er Stimmung sein 悲しい気分である. ～e Verstimmung (医学)憂鬱. j⁴ ～ machen 人⁴を悲しませる. **2** (副詞的には用いない)痛ましい, 気の毒な, 遺憾な; 暗い. Er hat eine ～e Jugend gehabt. 彼は暗い青春を過ごした. eine ～e Nachricht 悲報. Ich habe die ～e Pflicht, Ihnen mitzuteilen, dass... 残念ですが私はあなたに…のことをお知らせしなければなりません. [Es ist] ～, aber wahr. (話)気の毒(残念)だが事実は事実だ. **3** みじめな, ほろ苦い; 無残な; (話)嘆かわしい, なっていない, 最低の. eine ～e Berühmtheit erlangen 悪名を馳せ(る). Es ist nur noch ein ～er Rest vorhanden. もうほんのわずかしか残っていない. in ～en Verhältnissen leben みじめな(ひどい)暮らしをしている. ～ enden 惨憺たる結果に終る.

'**Trau·rig·keit** ['traorɪçkaɪt] 女 -/ 悲しみ, 悲哀; (まれ)悲しい出来事, 悲劇. kein Kind von ～ sein お祭り好きである.

'**Trau·ring** ['trao..] 男 -[e]s/-e 結婚指輪.

'**Trau·schein** 男 -[e]s/-e 婚姻証明書.

traut [traot] 形 (古)(雅) **1** 親しい, 親密な; (lieb)親愛な. ein ～er Freund 親愛なる友, 親友. **2** 心地よい, 気楽な, くつろいだ. im ～en Familienkreis 家族水入らずで.

'**Trau·te** ['traotə] 女 -/ (↓ trauen) (話)勇気, 心づもり. Er hat keine ～ dazu. 彼はそれをする勇気がない.

'**Trau·ung** ['traoŋ] 女 -/-en (↓ trauen) 婚礼, 結婚式; 婚姻. eine ～ vollziehen 結婚式を挙げ(る).

'**Trau·zeu·ge** 男 -n/-n 結婚立会人, 媒酌人.

'**Tra·vel·ler·scheck** ['trɛvələrʃɛk] 男 -s/-s (engl.) トラベラーズチェック, 旅行者用小切手.

tra·vers [tra'vɛrs] 中 (fr.)(紡織) 横の, 横縞(いろ)の.

Tra·ver·se [tra'vɛrzə] 女 -/-n (↓ travers) **1** (古)(軍事)横墻(の), 防拳障. **2** (建築)横梁(は), 横桁. **3** (工学)横木, 横つなぎ. **4** (土木)横堤, 横工. **5** (登山)トラバース. **6** (フェンシング)(攻撃をかわすための)横への移動.

tra·ver·sie·ren [travɛr'ziːrən] 他 (fr.) **1** (古)(空間を)横切る, 横断する. **2** (馬術)(馬場を)横歩する. **3** (古)(計画などを)妨害する. **4** (フェンシング)(攻撃を)横に移動してかわす. **5** (登山)(絶壁を)トラバースする.

Tra·ves·tie [travɛs'tiː] 女 -/-n[..'tiːən] (fr.)(文学)戯文, 戯画化作品(作品の内容は変えずに形式を変えて滑稽にしたもの).

tra·ves·tie·ren [travɛs'tiːrən] 他 (fr.) **1** (ある作品を)戯文で滑稽化する. ↑ Travestie **2** (事⁴を)茶化す.

'**Traw·ler** ['trɔːlər, 'trɔːlə] 男 -s/- (engl.) トロール(漁)船.

'**Tre·ber** ['treːbər] 男 -s/- (ピッ)(若い)浮浪者, 浮浪児.

'**Tre·ber**² 複《醸造》ビール粕; ぶどうの搾り粕.

Treck [trɛk] 男 -s/-s (↓ trecken) (馬車などに家財道具を積込んで移動する難民・移民などの)列, 隊列.

'**tre·cken** ['trɛkən] ❶ 他 (北ドイツ)(物⁴を)引く, 引っ張って行く. ❷ 自 (s) (難民・移民などが)隊列を組んで移動する, 隊列に加わって行進する.

'**Tre·cker** ['trɛkər] 男 -s/- (Traktor) トラクター.

'**Treck·schu·te** 女 -/-n (古) (河岸にそって馬などが引く)引き船.

Treff¹ [trɛf] 男 -s/-s (話) **1** (Treffen) 会合, 会談. **2** (Treffpunkt) 待合せ場所, 集合場所.

Treff² 中 -s/-s (fr.) (トランプ)(Kreuz) クラブ. Da ist ～ Trumpf. それはうまく行くかもしれないしうまく行かないかもしれない.

Treff³ 男 -[e]s/-e (↓ treffen) (古) **1** (Schlag) 殴打. **2** 敗北.

'**tref·fen*** ['trɛfən トレフェン] traf, getroffen / du triffst, er trifft ❶ 他 **1** (人⁴・物⁴に)当てる, 当る, 命中する. Der Jäger traf das Reh mit seiner Flinte. 猟師は猟銃で野鹿鹿を仕留めた. Ein Stein traf ihn an der Schulter. 石が彼の肩に当った. Der Blitz hat den Baum getroffen. その木に雷が落ちた. (比喩的に) Seltsame Klänge trafen sein Ohr. 不思議な響きが彼の耳を打った. Der Schlag hat ihn getroffen. 彼は卒中を起した. Auf der Rückreise traf ihn der Tod. 帰途彼は死に見舞われた. Das Los hat ihn getroffen. くじは彼に当った. Ihn trifft keine Schuld. 彼にはなんら責任がない. Das hat ihn in seinem Stolz getroffen. それは彼の誇りの所を傷つけた. (過去分詞で) sich⁴ getroffen fühlen 自分のことを言われた(痛いところをつかれた)と思う.

2 言いあてる; ぴたりと表現する. [Du hast's] getroffen. そのとおり. das Richtige ～ 的を射る. den richtigen Ton ～ 正しい音程で歌う(演奏する); うまく(ぴたりと)言い表す. Er ist auf diesem Bild gut getroffen. この絵(写真)の彼は本人にそっくりだ; 写真映りがいい.

3 出会う, 出くわす; (約束して)落合う. einen alten Freund ～ 旧友と出会う. Wann wollen wir uns ～? いつ会いましょうか. Die Linien treffen sich⁴ in einem Punkt. それらの線は一点で出会う.

4 es⁴ gut〈schlecht〉 ～ うまくいく〈いかない〉; ついてい

〈いない〉(mit et³ 事¹に関して). Wir haben es auf der Reise mit dem Wetter gut *getroffen*. 私たちは旅行中天候に恵まれた. **5** 《機能動詞として》mit j¹ ein **Abkommen** ~ 人³と協定を結ぶ. **Anordnungen** ~ 指図する. eine **Auswahl** ~ 選び出す. **Maßnahmen** ~ 処置をとる. **Vorbereitungen** ~ 準備する. **Vorsorge** ~ 配慮する. ❷ 圓 (h, s) **1** (h) 当たる, 当る, 命中(中)する. ins Schwarze ~ 的を射当てる; 図星をさす, 核心をつく. Das *trifft*. そのとおり. Sie hat mit ihrer Vermutung richtig *getroffen*. 彼女の推測はずばり中(あた)った. **2** (s) (auf j〈et〉³ 人〈物〉⁴に)偶然に出会う, 出くわす, ぶつかる. Die Mannschaft ist auf einen starken Gegner *getroffen*. そのチームは強敵に当った. auf Schwierigkeiten ~ 困難にぶつかる. ❸ 再 (**sich**⁴) **1** (mit j³ と)約束して会う, 落ち合う. Er hat *sich* mit ihr im Park *getroffen*. 彼は彼女と公園でデートした. Wann *triffst* du *dich* das nächste Mal mit ihr? 次はいつ彼女と会うのかい. **2** 《非人称的に》*Es trifft sich*, dass… たまた…となる. *Es traf sich*, dass auch er anwesend war. たまたま彼も居合せていた. *Es trifft sich* gut, dass du gekommen bist. ちょうどよいところへ来たね. wie *es sich gerade trifft* 都合によって, なりゆき次第で.

'**Tref·fen** ['trɛfən] 田 -s/- **1** 会合, 会談, 集会. **2** 〈ㅈㅍ〉対戦. **3**《古》《軍事》遭遇戦, 小競(ぜ)り合い. et⁴ ins ~ führen 《雅》事⁴を根拠として引合いに出す.

'**tref·fend** ['trɛfənt] 現分 適切な, 的確な. ein ~*es* Urteil 的確な判断.

'**Tref·fer** ['trɛfɐ] 男 -s/- **1** 命中弾; (サッカーで)ゴール; (ボクシングで)ヒット; (フェンシングで)トゥシェ. einen ~ erhalten 弾(^)をくらう; ゴールを許す; ヒットされる; トゥシェを受ける. **2** 当りくじ. einen ~ machen 金的を射当てる. einen ~ haben 《比喩》幸運に恵まれる.

'**treff·lich** ['trɛflɪç] 形 《雅》優れた, 優秀な; 卓越した.

'**Treff·lich·keit** 囡 -/ 《雅》優れていること, 優秀さ; 卓越性.

'**Treff·punkt** ['trɛfpʊŋkt] 男 -[e]s/-e 待合せ場所, 集合場所; 《幾何》(直線の)交点. ein ~ der Jugend 若者たちの溜り場.

'**treff·si·cher** 形 **1** 命中確実の, 的をはずさない. **2** (判断・表現などが)的確な, 適切な.

'**Treff·si·cher·heit** 囡 -/ 命中の確実さ, 百発百中; (表現などの)的確さ.

'**Treib·ar·beit** ['traɪp..] 囡 -/-en **1**《複数なし》(板金の)打出し(型押し)細工, エンボシング. **2** 打出し(型押し)された細工品.

'**Treib·eis** 田 -es/ 流氷.

'**trei·ben*** ['traɪbən トライベン] trieb, getrieben ❶ 他 **1** 追う, 追いやる, 押し流す; 駆り(せき)たてる, 無理に…させる; 促す, 推し進める. Hasen ~ 兎(ぎ)狩りをする. den Reifen ~ 輪回し(遊び)をする. sich⁴ ~ lassen 〈水・風・状況に〉押流される; のほんと暮らす. den Schweiß ~ 発汗させる. 《前置詞と》die Pferde **auf** die Weide ~ 馬を牧草地へ追っていく. et⁴ auf die Spitze ~ 事⁴をとことんまでやる, やり過ぎる. j⁴ in die Enge ~ 人⁴を窮地に追込む. Die Scham *trieb* ihr die Röte ins Gesicht. 恥かしくて彼女の顔は赤くなった. die Preise in die Höhe ~ 値を(つ)り上げる(↑hochtreiben). Der Wind *treibt* Staubwolken **vor** sich⁴ her. 風が砂ぼこりを吹散らす. j⁴ **zur** Arbeit ~ 人⁴をせきたてて仕事をさせる. Die Not *trieb* ihn zum Diebstahl. 困りはてて彼は盗みをはたらいた. 《非人称的に》*Es treibt* mich fort. 私はじっとしていられない. *Es treibt* mich, dir zu danken. 君に感謝せずにはいられない. 《現在分詞で》die *treibende* Kraft 推進力(者). **2** (機械を)動かす, 駆動する. **3** (釘などを)打込む, 打抜く; (板金に)打出す. Nägel ins Holz ~ 木に釘を打込む. Reifen um ein Fass ~ 桶にたがをはめる. einen Tunnel durch den Berg ~ 山にトンネルを通す. ein Muster in Kupfer ~ 銅板に模様を打出す. 《過去分詞で》eine *getriebene* Arbeit 打出し細工.

4 (芽を)吹く, (花・葉を)つける; 促成栽培する. Der Roggen *treibt* Ähren. ライ麦が穂をつける. Die Tulpen wurden im Treibhaus *getrieben*. このチューリップは温室で栽培された.

5 発酵させる, ふくらます. Die Hefe *treibt* den Teig. 酵母が(パンの)生地(ピ)をふくらます.

6 (事¹に)従事する, たずさわる; する. Er *treibt* Französisch〈Philosophie〉. 彼はフランス語〈哲学〉をやっている. Was *treibst* du denn? どうた元気かい; 今何をやってるの. ein Gewerbe ~ 商売をする. mit et³ Handel ~ 物³を商(%ǎ)う, 取引する. Luxus ~ ぜいたくをする. Missbrauch mit et³ ~ 物³を乱用する. Sport ~ スポーツをする. *seinen* Spott mit j³ ~ 人³を嘲る. Unsinn ~ ばかげたことをする. Unzucht mit j³ ~ 人³にみだらなことをする.

7《不定の **es**¹ と》es schlimm〈zu bunt〉~ ひどいことをする〈度が過ぎる〉. Er *trieb* es so weit, dass er entlassen wurde. 彼はやり過ぎて首になった. Er wird es nicht mehr lange ~. 彼はもうすぐ尻尾を出すだろう; 彼はもう長くはもつまい. es mit j³ ~ 《卑》人³と肉体関係がある. Er *treibt* es schon länger mit ihr. 彼はもうずっと前から彼女と関係がある.

❷ 圓 (h, s) **1** (s, h) (水・風に)流される; 流れる, 漂う. Das Schiff *treibt* vor dem Wind. 船が風に流される. Ein Boot ist ans Ufer *getrieben*. ボートが岸に流れついた. Man weiß nicht, wohin die Dinge *treiben*. 事態がどうなるかは分からない. die Dinge ~ lassen 事態を成行きにまかせる.

2 (h) 芽を吹く, 発芽する, (若葉・つぼみが)出る, 生長する. Die Bäume beginnen zu ~. 木々が芽吹き始める.

3 (h) 発酵する, (パンの生地(ピ)などが)ふくらむ.

4 (h) 利尿(発汗)作用がある. Bier *treibt*. ビールを飲むと小便が出やすい. Lindenblütentee *treibt*. しなの木の花の茶には発汗作用がある.

'**Trei·ben** ['traɪbən] 田 -s/- **1** (多くの人の)行き来, 往来, 雑踏. lustiges ~ auf dem Jahrmarkt 歳(¹)の市(¹)での人々の楽しげな往来. **2** 行動, 行為; 企み, 陰謀. **3**《狩猟》(Treibjagd) 狩立て猟; 狩立てられの行われる猟場.

'**trei·bend** 現分 形 動かす, 推進する; 漂う. ~*e* Kraft 推進(原動)力.

'**Trei·ber** ['traɪbɐ] 男 -s/- **1** 家畜(ろば・らくだなど)を駆立てる人, 家畜番. **2**《話》(仕事に)駆立てる人, 酷使する人. **3**《狩猟》勢子(セ). **4**《船員》ヨール型帆船の)スパンカー, 後檣(ょう)の縦帆. **5** 〈ㅈㅍ〉ドライバー.

'**Treib·gas** 田 -es/-e **1** (燃料用の)液化石油ガス. **2** (スプレー用の)圧縮ガス.

'Treib·haus [ˈtraɪphaʊs] 田 –es/⸚er 温室.
'Treib·haus·ef·fekt 男 –es/–e 温室効果(大気中の炭酸ガスなどが地表を保温する現象).
'Treib·haus·gas 田 –es/–e 温室効果ガス.
'Treib·holz 田 –es/ 流木.
'Treib·jagd 囡 –/–en 《狩猟》狩立て(追出し)猟, 勢子(?)猟.
'Treib·la·dung 囡 –/–en (砲丸の)発射火薬, 装薬.
'Treib·mit·tel 田 –s/– 1 (パンを焼く時に混ぜる)ふくらし粉, イースト. 2 《化学》発泡剤(発泡スチロールを作る); (スプレー用の)圧縮ガス, ガス発生剤. 3 (Kraftstoff) 燃料.
'Treib·rad 田 –[e]s/⸚er 動輪, 駆動輪.
'Treib·rie·men 男 –s/– 《工学》伝動ベルト.
'Treib·sand 男 –[e]s/–e 《複数まれ》流砂.
'Treib·stan·ge 囡 –/–n 《工学》(機関車の)主連棒.
'Treib·stoff 男 –[e]s/–e (Kraftstoff) 燃料.
'Trei·de·ler [ˈtraɪdəlɐr] 男 –s/– 《古》(河岸から舟を引く)舟引き人夫.
'trei·deln [ˈtraɪdəln] 他 《古》(河岸から人馬で舟を引く).
'Trei·del·pfad [ˈtraɪdəl..] 男 –[e]s/–e (河岸などの)舟引き道.
'Trei·del·weg 男 –[e]s/–e =Treidelpfad
'Treid·ler [ˈtraɪdlɐr] 男 –s/– =Treideler
'trei·fe [ˈtraɪfə] 形 (hebr.) (↔ koscher¹) (ユダヤ教の律法にてらして食べてはいない, (食べ物が)不浄の.
'Tre·ma [ˈtreːma] 田 –s/–s〈–ta〉 (gr.) 1 《言語》トレマ, 分音符(連続する2つの母音の一方の上につけて, それらが別々に発音されることをしめす点. 例 フランス語の naif). 2 《歯学》(上顎歯間間の)歯間.
'Tre·mo·li [ˈtreːmoli] Tremolo の複数.
tre·mo'lie·ren [tremoˈliːrən] 自 (it. ˌzittern')《音楽》トレモロで歌う; トレモロで弾(?)く.
'Tre·mo·lo [ˈtreːmolo] 田 –s/–s〈..li[..li]〉(it.)《音楽》トレモロ.
Tre·mu'lant [tremuˈlant] 男 –en/–en (lat.)《音楽》トレムラント(オルガンにトレモロ効果を出す顫音(?)装置).
tre·mu'lie·ren [tremuˈliːrən] 自 =tremolieren
'Trench·coat [ˈtrɛntʃkoːt, ..koʊt] 男 –[s]/–s (engl.) トレンチコート.
Trend [trɛnt] 男 –s/–s (engl.) 傾向, 動向, 趨勢(?).
'tren·deln [ˈtrɛndəln] 自 《地方》(trödeln) ぐずぐず(のろのろ)している.
'Trend·set·ter [ˈtrɛntzɛtɐr] 男 –s/– 流行を作り出す人[物].
'trenn·bar [ˈtrɛnbaːr] 形 《比較変化なし》分けることができる, 分離できる. ～e Verben《文法》分離動詞.
'Trenn·bar·keit 囡 –/ 分けることができること, 分離が可能なこと.
'Trenn·di·ät 囡 –/ 分離型ダイエット(数日間ずつ, 蛋白質のみ, 炭水化物のみの食事を交互にとる).

'tren·nen

[ˈtrɛnən トレネン] ❶ 他 1 切り(引き)離す (von j⟨et⟩) 人⟨物⟩から); 分ける, 分離, 分割, 分解する; (回線を)遮断(切断)する; (縫目を)ほどく. Im Gedränge wurde das Kind von der Mutter getrennt. 雑踏の中で子供は母親とはぐれた. Ihre Ehe wurde getrennt. 彼らの結婚は解消された. ein Gemisch ～ 混合物を(成分に)分解する. Das Radio trennt [die Sender] gut. このラジオは(放送局の)分離がよい. Die telefonische Verbindung wurde getrennt. 電話が切れた. 2 (境界として)仕切る, 隔て(てい)る. Ein Zaun trennt die beiden Grundstücke. 双方の土地は垣根で仕切られている. Nur noch wenige Tage trennen uns von der Prüfung. 試験まであと幾日もない. 3 《言語》分綴する. ❷ 《sich》別れる, 分かれる, 解散する; 《引》引き分ける. Sie hat sich von ihrem Mann getrennt. 彼女は夫と別れた(別居した). Ich trennte mich nur ungern davon. 私はしぶしぶそれを手ばなした. sich von einem Anblick⟨einem Gedanken⟩ nicht ～ können ある光景に目が釘づけになる⟨ある考えを捨てきれない⟩. Hier trennen sich unsere Wege. ここで私たちの道は別れる; ここが私たちの意見の別れ目だ.

◆ ↑ getrennt

'Trenn·mes·ser [ˈtrɛn..] 田 –s/– 縫目をほどくための小型のナイフ.
'Trenn·punk·te 複 (Trema) トレマ, 分音符.
'trenn·scharf 形《比較変化なし》1 (受信機が)分離(選択度, 感度)がよい. 2 (統計のテストで)区別(弁別)性のすぐれた.
'Trenn·schär·fe 囡 –/ 1《放送》分離性能, 選択度, 感度. 2《統計》精密な区別(弁別)性.
*'Tren·nung [ˈtrɛnʊŋ トレヌング] 囡 –/–en 1 (a) 分離(させること), 切離し. ～ des Erzes vom Gestein 岩石からの鉱石分離. die ～ der Kinder von ihren Eltern 子供を親から引離すこと. (b) 区別, 区分け. eine scharfe ～ der Begriffe 概念の峻別. (c) (通信などの)切断, 遮断. (d) (単語の)分綴. 2 (a) 分裂; 分解, 解離. die ～ einer Legierung 合金の解離. (b) 別れ, 決別, 離別; 別居. die ～ von der gewohnten Umgebung 住み慣れた環境との別れ. die ～ von Tisch und Bett 夫婦の別居(婚姻関係は解消することなくの). in ～ leben 別居中である.
'Tren·nungs·ent·schä·di·gung 囡 –/–en (単身赴任の場合の)別居手当.
'Tren·nungs·geld 田 –[e]s/–er 別居手当.
'Tren·nungs·li·nie 囡 –/–n 境界線, 分離線.
'Tren·nungs·strich 男 –[e]s/–e 1 《文法》(行末の)ハイフン, 分綴符; 連字符. 2 《次の用法で》einen ～ ziehen はっきり区別する, 一線を画す.
'Tren·nungs·zei·chen 田 –s/– =Trennungsstrich
'Tren·se [ˈtrɛnzə] 囡 –/–n 1 (馬の小勒(?)). 2 《地方》細い紐, 組紐, 打ち紐.
trepp'ab [trɛpˈʔap] 副 階段を下へ(降りて).
trepp'auf [trɛpˈʔaʊf] 副 階段を上へ(上って).

'Trep·pe

[ˈtrɛpə トレペ] 囡 –/–n 階段. Er kann kaum noch die ～n gehen⟨laufen⟩. 彼はもうほとんど階段を歩けない. Sie wohnt drei ～ hoch. 《話》彼女は4階に住んでいる. Sie wohnt eine ～ tiefer. 彼女は1階下に住んでいる. Er ist die ～ hinuntergefallen⟨heruntergefallen⟩. 彼は階段から落ちた; 《戯》彼は散髪に行ってきた. auf halber ～ zum ersten Stock 2階へ上る途中の踊り場で. die ～ haben / mit der ～ dran sein《話》階段の掃除の番に当っている. die ～ hinauffallen《話》思いがけなく昇進する. die ～ machen《話》階段の掃除をする. j³ ～n [ins Haus] schneiden《話》人³の髪を不揃いに刈る, 人の頭を虎刈りにする.

'Trep·pen·ab·satz 男 –es/⸚e 階段の踊り場.
'Trep·pen·be·leuch·tung 囡 –/–en 階段の照明.
'Trep·pen·ge·län·der 田 –s/– 階段の手すり(欄干).

'**Trep·pen·haus** 田 -es/⁼er (建物の)階段部(室), 吹抜け.

'**Trep·pen·läu·fer** 男 -s/- (長い)階段用絨毯.

'**Trep·pen·stu·fe** 女 -/-n 階段の段.

'**Trep·pen·witz** 男 -es/-e 《反語》後味の悪いジョーク(出来事); 後知恵. ◆元来は「部屋を出て階段のところでやっと思いつくような機知に富んだ名答」の意.

'**Tre·sen** ['tre:zən] 男 -s/- (*lat*.)《北ドイツ》(酒場の)カウンター; (店の)売り台, カウンター.

Tre'sor [tre'zo:r] 男 -s/-e (*fr*., Schatz') (鉄製の)金庫; (銀行の)金庫室.

'**Tres·se** ['trɛsə] 女 -/-n (子)組紐, 飾り紐; 金モール (とくに制服などに階級章としてつける). die ~n bekommen〈verlieren〉《兵隊》下士官に昇進する〈下士官から降格される〉.

'**Tres·ter** ['trɛstər] 男 -s/- **1**〔複数で〕(ワイン製造などの際に生ずる)搾り粕, 酒粕. **2**〔話〕(Tresterbranntwein, ..schnaps) 搾り粕で造られたブランデー.

'**tre·ten*** ['tre:tən トレーテン] trat, getreten / du trittst, er tritt ❶ 自 (s, h) **1** (s) 歩を運ぶ, 歩む, 歩いて行く, 進む. Bitte, *treten* Sie näher! どうぞこちらへ. j² zu nahe ~《比喩》人³の心を傷つける(人²を)侮辱する. 《前置詞と》an j² Stelle ~ 人²の代り(あとがま)になる. **auf** den Plan ~ 姿を現す, 登場する. **auf** die Straße ~ 通りに出る. Der Schweiß *trat* ihm auf die Stirn. 彼の額に汗がふき出た. **aus** dem Zimmer ~ 部屋を出る. Die Sonne *trat* **hinter** die Wolken. 太陽が雲にかくれた. **in** Aktion ~ 行動を起し, 活動を始める. in j² Bewusstsein ~ 人²の意識にのぼる. mit j³ in Beziehungen ~ 人³とつながりをもつ. in den Ehestand ~ 結婚する. in Erscheinung ~ 現れる, 目立ってくる. in〈außer〉Kraft ~ 発効(失効)する. in [den] Streik ~ ストに突入する. in Verhandlungen ~ 交渉に入る. j³ in den Weg ~ 人³の妨害(邪魔)をする. **nach** vorn〈hinten〉~ 前に出る(後ろにさがる). **über** die Schwelle ~ 敷居をまたぐ. Der Fluss ist über die Ufer *getreten*. 川が氾濫した. j³ **unter** die Augen ~ 人³の前に出る(顔を出す). **zur** Seite ~ わきに寄る.
2 (s, h / ▶) 踏む, 踏み込む, 踏みつける. auf die Bremse ~ ブレーキを踏む(↑② 1). j³ auf den Fuß ~ 人³の足を踏む. Bitte nicht auf den Rasen ~! 芝生(しばふ)に入らないでください. auf der Stelle ~ 足踏みする;進まない, はかどらない. in die Pedale ~ ペダルを踏む(↑② 1). in eine Pfütze ~ 水たまりにはまる. von einem Fuß auf den andern ~ (いらいらして)足踏みする. ▶誤って(知らずに)踏む場合は sein(まれに haben) 支配, 意識して踏む場合は haben 支配.
3 (h) 蹴る, 蹴りつける. gegen die Tür ~ ドアを蹴りつける. j³ in den Bauch ~ 人³の腹を蹴る. nach j〈et〉³ ~ 人〈物〉³を蹴る.
❷ 他 **1** 踏む, 踏みつける. die Bremse〈die Pedale〉 ~ ブレーキ〈ペダル〉を踏む. den Takt ~ 足で拍子をとる. einen Weg durch〈in〉den Schnee ~ 雪を踏み固めて道をつける. Ich habe mir einen Dorn in den Fuß *getreten*. 私は足裏にとげが刺さった.
2 踏みにじる, 踏みつけにする; いじめる, 虐待する. et⁴ in den Schmutz ~ 物⁴をくそみそにする. j⁴ mit Füßen ~ 人⁴を踏みつけにする. das Recht mit Füßen ~ 法を踏みにじる.
3 蹴る, 蹴りつける. den Ball ins Tor ~ (サッカーなどで)シュートする. Wasser ~ 立ち泳ぎする; (Kneipp式療法で)水を踏んで歩く(↑Kneippkur, kneippen).
4(人に…するように)しつこく迫る(催促する).
5(鶏などの雄が)交尾する.

'**Tre·ter** ['tre:tər] 男 -s/-《多く複数で》《戯》(はきやすい)はき古した靴.

'**Tret·mi·ne** ['tre:t..] 女 -/-n《軍事》地雷.

'**Tret·müh·le** -/-n **1**《古》踏み車. **2**《話》単調なつまらない仕事.

'**Tret·rad** 中 -[e]s/⁼er《古》踏み車.

treu [trɔy トロイ] 形 **1** (a) 忠義(忠誠)な, 忠実な, 誠実な, 篤実な; 貞節(貞淑)な; 信じられる, 頼りになる. ein ~er Diener 忠義な従僕. eine ~e Ehefrau 貞節な妻. ein ~er Freund 誠実な(信頼のおける)友. ein ~es Gedächtnis 確かな記憶(力). j³ bis zu ~en Händen übergeben 人³を信頼して物を託す(委ねる). ein ~er Hund 忠犬. ein ~e Kunde なじみの客, 常連. ~e Liebe〈Freundschaft〉変らぬ愛〈友情〉. eine ~e Seele〔話〕二つ心のない人, 気のいいやつ. einen ~en Sinn haben 誠実である, 義理堅い. eine ~e Wiedergabe der Wirklichkeit 現実の忠実な再現. ~ *seine* Pflicht erfüllen 義務に忠実を果す. j⁴ ~ lieben 人⁴を一途に愛する. nicht ~ sein können どうにも浮気の虫をおさえられない. ~ und bieder〈brav〉馬鹿正直(愚直)に. (j〈et〉³ *treu* の形で) j³ ~ ergeben sein 人³に心服して(身も心も捧げて)いる. *seinen* Grundsätzen ~ bleiben〈sein〉自分の信条に忠実である. sich³ selber〈selbst〉 ~ bleiben 志操堅固である, 節(せつ)を曲げない. Das Glück ist ihm ~ geblieben. 彼はいつもツイていた. (b) ~ et³ 《雅》事³の通りに, (を)違えずに. ~ *seinem* Versprechen handeln 約束通りに行動する, 約束を守る. **2**〔話〕底意のない, すなおな, 従順な. ~e Augen〈einen ~en Blick〉haben 純な目をしている. Der ist ja ~! それはまたすなおな(単純な)お人だこと.

◆ j⁴ treu ergeben

'**Treu·bruch** 男 -[e]s/⁼e 背信, 裏切り, 不忠; 不貞.

'**treu·brü·chig** 形 背信の, 裏切りの, 不貞の. ~ werden 信義にそむく, 不貞を働く.

*'**Treue** ['trɔyə トロイエ] 女 -/ (↑treu) **1** 忠義, 忠誠, 忠実; 誠実, 篤実; 貞節, 貞淑; 節操, 志操堅固. die ~ brechen 変節する, 心変りする. j³ die ~ halten /《古》in ~n zu j³ halten 人³に対する忠誠(信義)を守る. j³ ewige ~ schwören〈雅 geloben〉人³に永遠の忠節を誓う. in alter ~ Dein Sohn (手紙で)変らぬ真心をもって息子より. in guten ~n〔話〕善意で(相手を)信じきって. 《Treu の形で》Meiner *Treu*!《古》誓って, 確かに; こりゃ驚いた. *Treu* und Glauben《法制》信義. auf〈in〉~ und Glauben《法制》(相手に)全幅の信頼をおいて, 信じきって. **2**(模写・記録などの)正確度, 信頼性. in vollkommener ~ 実物通りに. mit historischer ~ 史実に忠実に.

'**Treu·eid** 男 -[e]s/-e 忠誠の誓い.

'**treu er·ge·ben**, °'**treu·er·ge·ben** 形《古》忠誠な; 心服している. ↑treu 1(a)

'**Treu·hand** 女 -/《法制》信託.

'**Treu·hän·der** [..hɛndər] 男 -s/-《法制》信託者.

'**treu·hän·de·risch** [..hɛndərɪʃ] 形《法制》受託者による, 信託の.

'**Treu·hand·ge·sell·schaft** 女 -/-en《法制・経済》信託会社.

'**treu·her·zig** ['trɔyhɛrtsɪç] 形 純真な, 底意のない.

'**Treu·her·zig·keit** 女 -/ 邪心(底意)のないこと; 無

'treu·lich ['trɔʏlɪç] 形《古》誠実(忠実)な; 信頼できる. eine ~e Wiedergabe 忠実な模写.

'treu·los ['trɔʏloːs] 形 不誠実(不実)な; 背信的な;《まれ》=er Freund 不実な友. Du =e Tomate!《話》この食わせものが.

'Treu·lo·sig·keit [..loːzɪçkaɪt] 女/- 不誠実であること; 背信, 裏切り; 不貞.

Tri·a·de [triˈaːdə] 女 -n (gr., Dreiheit") 1 3つ組, 4幅対. 2《哲学》(Hegelの歴史哲学におけるThese, Antithese, Syntheseという) 3段階説, 3分法, トリアーデ. 3《化学》3組元素. 4 トリアーデ(古代ギリシア詩の3連構成).

Tri·an·gel ['triːaŋəl] 男(中) -s/- (lat.) 1《音楽》トライアングル. 2《地方》かぎ裂き.

tri·an·gu·lär [triaŋguˈlɛːr] 形 (lat.) =dreieckig

Tri·an·gu·la·ti·on [triaŋgulatsi'oːn] 女 -/-en (lat.) 1《測量》3角測量. 2《建築》3角形による構成.

tri·an·gu·lie·ren [triaŋguˈliːrən] 他《測量》(物の) 3角測量をする.

Tri·an·gu·lie·rung 女 -/-en《測量》3角測量(をすること).

Tri·as ['triːas] 女 -/- (lat.)《複数なし》《地質》(中世代の) 3畳紀; 3畳系. 2 3つ組, 3幅対.

'Tri·ath·lon ['triːatlɔn] 中 -s/-s (gr.)《スポーツ》トライアスロン.

Tri·ba·de [tri'baːdə] 女 -n (gr.)《古》女性の同性愛者, レスビアン.

Tri·ba·die [tribaˈdiː] 女 -/《古》女性の同性愛.

Tri·bun [tri'buːn] 男 -s(-en)/-e(-en) (lat.) 1 (古代ローマの)護民官. 2 (古代ローマの)軍団副官.

Tri·bu·nal [tribuˈnaːl] 中 -s/-e 1 (古代ローマの)裁判官席. 2《雅》法廷, (最高)裁判所(人権擁護などを目的として正規の司法体系外で機能する機関としての)法廷, 裁判所.

Tri·bü·ne [triˈbyːnə] 女 -/-n (lat.) 1 演壇. 2 観客席, スタンド. 3《総称的に》観客.

Tri·but [tri'buːt] 男 -s/-e (lat.) 1 (古代ローマの)直接税; 税, 年貢; (敗戦国民が勝者に支払う)賠償, 貢ぎ物. j³ einen ~ auferlegen 人¹に税を課する. 2《比喩》(払うべき)犠牲; 報い; (払うべき)尊敬, 敬意. Das Erdbeben forderte einen hohen ~ an Menschenleben. 地震によって多くの人命が奪われた. dem Alter ~ zollen 老化する. einer Leistung den schuldigen ~ zollen 業績に相応の敬意を払う.

tri·but·pflich·tig 形 (人³に)貢ぎ物を納める義務のある.

Tri·chi·ne [tri'çiːnə] 女 -/-n (gr.)《動物》せんもうちゅう(旋毛虫).

Tri·chi·nen·schau 女 -/ 旋毛虫検査.

tri·chi·nös [triçi'nøːs] 形 旋毛虫の寄生した.

Tri·chi·no·se [..'noːzə] 女 -/《病理》旋毛虫病.

Tri·chlor·äthy·len [triklo:r|ɛtyˈleːn] 中 -s/《化学》トリクロロエチレン, トリクレン.

'Trich·ter ['trɪçtər] 男 -s/- (lat.) 1 じょうご, 漏斗. j⁴ auf den [richtigen] ~ bringen《話》人⁴にいい考え(解決策)を教えてあげる, (に)理解させる. auf den [richtigen] ~ kommen《話》いい考えを思いつく, やっとのみ込む. der Nürnberger ~《戯》ニュルンベルクのじょうご, 手引書, 虎の巻(ハルスデルファー G. Ph. Harsdörffer によって17世紀にニュルンベルクで出版された詩の技法にかんする手引書のタイトルから). 2《楽器》(管楽器などの)ラッパ, 朝顔; オルガンの音栓. 3 拡声器, メガホン(Schalltrichter の短縮). 4 (爆弾などによって地面にできた)すり鉢状の弾孔; (火山の)クレーター, 火口. 5 =Trichtermündung

'Trich·ter·mün·dung 女 -/-en《地理》(漏斗状に)拡がる河口, エスチュアリ.

***Trick** [trɪk トリク] 男 -s/-s(-e) (engl.) 1 こつ, 要領, 秘訣; 技巧, 手管. Dabei ist ein ~.《話》それにはこつがあるんだ. ~ Siebzehn《戯》得意(とってお)の手. den ~ heraushaben《話》こつ(要領)を心得ている. 2 いかさま, ごまかし; 詐術, 策略;《映画》トリック, 特殊(効果). auf einen billigen ~ hereinfallen いかさま手にひっかかる. hinter den ~ kommen トリック(ごまかし, ぺてん)を見破る. 3《手品などの)たね, 仕掛け; 技; 妙技,《スポ》巧妙な技, トリック. sensationelle ~s vorführen(zeigen) あっと驚くような妙技の数々を披露する. 4《トラ》(ブリッジなどのトリック, 得点.

'Trick·film 男 -[e]s/-e トリック映画, アニメ映画.

'trick·sen [trɪksn]《話》トリックプレーをする.

trieb [triːp] treiben の過去.

Trieb [triːp] 男 -[e]s/-e (↓treiben) 1 (a) 衝動, 欲求; 本能; 性向, 傾向; 性欲. ein unwiderstehlicher ~ 抑えがたい衝動. seine ~e beherrschen(befriedigen) 欲求を抑える(満す). einen ~ zur Kriminalität haben 犯罪者の素質がある. (b)《複数なし》意欲, 気持(zu et¹ 事³をしようとする). nicht den geringsten ~ dazu haben そんなことをする気はさらさらない. 2 (植物の)若芽, 新芽. 3《狩》家畜の群れを追うこと.《工学》伝動, ドライブ. 5《精密機械》小歯車, ピニオン.

'Trieb·fe·der 女 -/-n 1 (時計などの)ぜんまい. 2 (行動を促す)原動力, ばね.

'trieb·haft [triːphaft] 形 衝動的な; 本能(本能)に支配された; 欲情的な.

'Trieb·haf·tig·keit ['triːphaftɪçkaɪt] 女 -/ 本能的(衝動的)であること.

'Trieb·kraft 女 -/=e 1 (機械の)動力. 2《植物》発芽力. 3 原動力, 動機.

Trieb·le·ben 中 -s/- 本能的な生活; 性生活.

'Trieb·rad 中 -[e]s/=er 1 =Treibrad 2《精密機械》ピニオン, 小歯車.

'Trieb·sand 男 -[e]s/-e =Treibsand

'Trieb·tä·ter 男 -s/- (性)衝動犯罪者.

'Trieb·ver·bre·chen 中 -s/- (性)衝動からの犯罪.

'Trieb·wa·gen 男 -s/- (記号 T) (軌道を走る)動力車.

'Trieb·werk 中 -[e]s/-e《工学》駆動(動力)装置, (ジェット機などの)エンジン, 発動機.

'Trief·au·ge [triːf..] 中 -s/-n ただれ目.

'trief·äu·gig [..ɔʏgɪç] 形 ただれ目の.

'trie·fen* ['triːfən] triefte(troff), getrieft(getroffen) 自 (s, h) 1 (s) したたり落ちる. Der Regen trieft. 大粒の雨が降る. Der Schweiß trieft《雅》troff ihm von der Stirn. 彼の額から汗がしたたり落ちた. 2 (h) びしょぬれである(von(vor) et³ 物で);《比喩》... に満ちあふれている. von(vor) Nässe ~ びしょぬれである. Er hat von Schweiß getrieft. 彼はびっしょりだった. Ihm trieft die Nase.《話》彼は(風邪をひいて)鼻水を垂らしている. Seine Augen triefen. 彼の目はただれている; しきりに涙が出る.《比喩》Seine Hände triefen von Blut.《雅》彼の手は(多くの人を殺して)血で汚れている. Dieser Roman trieft von ⟨vor⟩ Sentimentalität. この小説はやけに感傷的だ.

Er *trieft* nur so von〈vor〉 Boshaftigkeit.《俗》彼は悪意のかたまりだ. Du *triefst* ja von〈vor〉 Weisheit! 《反語》君は知恵があり余っているんだね.《現在分詞で》ein von Blut *triefendes* Messer 血の滴るナイフ. *triefend* nass sein びしょぬれである. ◆今日では規則変化がふつうだが, あらたまった文体では過去部に troff が用いられる. 過去分詞 getroffen はめったに用いない.

'trief·nass ['triːfˈnas] 形 びしょぬれ(ずぶぬれ)の.
Trier [triːr] 地名 トリーア(ラインラント゠プファルツ州モーゼル河畔の都市).
Tri·e·re [triˈeːrə] 女 -/-n (*gr*.) (古代ギリシアの) 3段オールの軍船.
trie·zen ['triːtsən] 他《話》苦しめる, いじめる.
triff [trɪf] treffen の du に対する命令形.
triffst [trɪfst] treffen の現在 2 人称単数.
trifft [trɪft] treffen の現在 3 人称単数.
Trift [trɪft] 女 -/-en (↓treiben) **1**《複数なし》家畜を牧草地へ追いやって行くこと. **2**《牧草地へ追われて行く》家畜が通る道. **3** 牧草地. **4**《複数なし》(家畜を牧草地に追いやって行く際に, 他人の土地を通るとのできる)通行権. **5** 筏(いかだ)流し. **6**〖地理〗 (Drift)吹送(そう)流.
trif·ten ['trɪftən] 他 (↓Trift) (丸太を)筏流しにする.
'trif·tig ['trɪftɪç] 形 (↓treffen) 説得力のある, もっともな, 十分納得のいく,
'trift·tig 形 (↓Trift) (船員)漂流中の.
Tri·glyph [triˈɡlyːf] 男 -s/-e (*gr*.)〖建築〗トリグリフ(ドリス式建築のフリーズに繰返される 3 条の縦溝).
Tri·gly·phe [..ˈɡlyːfə] 女 -/-n〖建築〗 = Triglyph
tri·go·nal [triɡoˈnaːl] 形《古》= dreieckig
Tri·go·no·me·trie [triɡonomeˈtriː] 女 -/〖数学〗3 角法.
tri·go·no·me·trisch [..ˈmeːtrɪʃ] 形 3 角法の. ~*er* Punkt 〖測量〗3 角点.
Tri·ko·lo·re [trikoˈloːrə] 女 -/-n (*fr*.) 3 色旗(とくにフランスの国旗).
Tri·kot [triˈkoː, ˈtriko] ❶ 男 (中) -s/-s (*fr*.)《紡織》トリコット, メリヤス. ❷ 中 -s/-s トリコット地の衣類(タイツ・水着・スキーウェアなど).
Tri·ko·ta·ge [trikoˈtaːʒə] 女 -/-n (*fr*.)《多く複数で》トリコット製品, ニットウェア.
Tril·ler ['trɪlər] 男 -s/- (*it*.) **1** (記号 t, tr)〖音楽〗トリル. einen ~ haben《卑》頭が少し変だ. **2** (トリルに似た)鳥のさえずり.
'tril·lern ['trɪlərn] 自 他 (↓Triller) トリルで歌う(演奏する), 声をふるわせて歌う; (鳥が)さえずる; ホイッスル(呼子)を鳴らす. einen ~《話》酒を一杯ひっかける.
'Tril·ler·pfei·fe ['trɪlər..] 女 -/-n 呼子(笛), ホイッスル.
Tril·li·on [trɪliˈoːn] 女 -/-en 100 京(けい)(10 の 18 乗).
Tri·lo·gie [triloˈɡiː] 女 -/-n [..ˈɡiːən] (*gr*.)〖文学〗3 部作.
Tri·mes·ter [triˈmɛstər] 中 -s/- (*lat*.) **1** 3 か月間. **2** (3 学期制の学校の)学期.
'Tri·me·ter [ˈtriːmeːtər] 男 -s/- (*gr*.)〖韻律学〗3 歩格, 6 脚詩行.
'Trimm-dich-Pfad ['trɪm..] 男 -[e]s/-e (森の中の)アスレチックコース.
'trim·men ['trɪmən] (*engl*., in Ordnung bringen') ❶ 他 **1** (a) (船・飛行機の)バランスをとる. ein Schiff〈ein Flugzeug〉 ~ (積荷を適当に配置して)船〈飛行機〉のバランスをとる. das Ruder ~ 〖航空〗(飛行機の)舵を操作してバランスをとる. (b) (船員) Ladung ~ (船のバランスが保たれるように)積荷をさまよく積ませる, 積荷を均(なら)す. **2** einen Hund ~ 犬の毛を刈込む; (ブラシをかけて)犬の毛をすく. **3**《話》(j〈et〉⁴ auf〈für〉 et⁴ 人〈物〉⁴ を事⁴の状態に)調整する, しつける, きたえる. *seine* Kinder auf Ordnung ~ 子供たちに整理整頓をしつける. eine Mannschaft auf Schnelligkeit〈für das nächste Spiel〉 ~ スピードをつけるために〈つぎの試合のために〉チームをきたえる. eine Schauspielerin auf einen bestimmten Typ ~ 女優を特定のタイプにつくりあげる. Das Lokal ist auf antik *getrimmt*. その酒場はアンティーク調に装飾されている. den Motor auf günstigere Eigenschaften ~ もっと高性能を発揮できるようモーターを整備する.

❷ 再《sich⁴》(スポーツなどによって)体調を整える(維持する). Er *trimmt sich* fast täglich durch Waldläufe. 彼はほとんど毎日クロスカントリーで体をきたえている. Sie *trimmt sich* auf jugendlich. 彼女は若々しい体を保っている.

Trim·mer ['trɪmər] 男 -s/- **1** 石炭を罐(かま)口に運ぶ人夫. **2**〖電子工〗トリマー. **3**《話》(スポーツなどによって)コンディション(体調)を整えている人.
Tri·ni·tät [triniˈtɛːt] 女 -/ (*lat*., Dreiheit')〖宗教〗 (Dreieinigkeit) 三位(さんみ)一体.
Tri·ni·ta·tis [triniˈtaːtɪs] 中 -/〖宗教〗三位(さんみ)一体の祝日(聖霊降臨祭後の最初の日曜日).
Tri·ni·ta·tis·fest [..] 中 -[e]s/-e = Trinitatis
Tri·ni·tro·to·lu·ol [trinitrotoluˈoːl] 中 -s/ (略 TNT)〖化学〗トリニトロトルエン.
'trink·bar ['trɪŋkbaːr] 形 飲める, 飲用に適した;《話》飲むに値する, いける. ~*er* Wein まずまずのワイン.

'trin·ken* ['trɪŋkən トリンケン] trank, getrunken ❶ 自 **1** 飲物を飲む. *Trink* nicht so kalt!《話》そんな冷たいものを飲んではいけません. Lass mich mal von dem Saft ~! 僕にもそのジュースを飲ませてよ. j³ zu ~ geben 人³に飲物を与える, 人³(赤ん坊)に授乳する. aus der Flasche ~ ラッパ飲みをする. in kleinen Schlucken ~ ちびちび飲む. in großen Zügen ~ ぐびぐび飲む. **2** 酒を飲む; 酒飲み(アル中)である; (auf et⁴ 事⁴のために)乾杯する. Er *trinkt* gern. 彼は飲み助だ. Seit der Scheidung *trinkt* sie. 離婚してからというもの彼女は酒浸りである. *Trink* langsam!《話》せいては事を損じるぞ. auf j³〈j² Wohl〉 ~ 人³の健康を祝して乾杯する.《中性名詞として》 *sich*³ das *Trinken* abgewöhnen 酒を飲むことを覚える.

❷ 他 **1** (a) 飲む. *Trinkst* du noch ein Glas? もう一杯飲むかい. Die Erde *trinkt* den Regen.《雅》大地が雨を吸い込む. Abwarten und Tee ~!《話》そうあわてるな, まあ落着け. Den Wein kann man ~. / Der Wein lässt sich⁴ ~.《戯》このワインは飲める(いける). einen〈eins〉 ~《話》一杯飲(や)る. *sich*³ einen ~《話》息抜きづけに一杯飲む.《話》一杯ひっかけてゆく. ein Glas〈eins/einen〉 über den Durst ~《話》ちょっと(酒)を飲み過ぎる. den Becher ex ~《話》盃を一気に飲みほす. Kaffee ~ コーヒーを飲む; コーヒー(お茶)にする. Er *trinkt* keinen Tropfen. 彼は下戸だ. (b)《結果を示す語句と》die Flasche leer ~ (酒を) 1 本あける. mit j³ Brüderschaft ~《話》人³と兄弟の契りの盃を交わす. *sich*³ Mut ~ 酒で勇気を出す. j⁴ unter die Bank〈den Tisch〉 ~《話》人⁴を飲み負かす.《再帰的に》*sich*⁴ satt ~ 十分に(いやというほど)飲む. **2**《雅》満

喫する，心ゆくまで楽しむ，十二分に味わう． das Leben ～ 人生を享楽する．Sie *trank* das Sonnenlicht. 彼女は陽光を体いっぱいに浴びた．
❸ 〔*sich*〕 **1** 飲むと…の味がする; 飲み具合が…である．Der Wein *trinkt sich* recht gut. 《戯》このワインはなかなか結構だ．《非人称的に》Aus dem Glas *trinkt es sich* gut. このグラスは飲み良い．*Es trinkt sich* von selbst. 《話》これはいい酒だ．**2** 飲酒で…になる．*sich* arm ～ 酒で身上(しんしょう)をつぶす．*sich* um den Verstand ～ 飲み過ぎて正体を失う．
'**Trin·ker** ['trɪŋkər] 男 -s/- 大酒飲み, アル中患者．
'**trink·fest** 形 酒に強い．
'**Trink·ge·fäß** 中 -es/-e 飲用の容器．
'**Trink·ge·la·ge** 中 -s/- 酒宴, 大酒盛．
'**Trink·geld** ['trɪŋkɡɛlt] 中 -[e]s/-er 酒代(さかて), チップ, 心付け．
'**Trink·glas** 中 -es/⸚er グラス, コップ, ジョッキ．
'**Trink·hal·le** 女 -/-n **1**（湯治場の）鉱泉水を飲む部屋, 社交広間．**2**（飲料水を販売する）売店．
'**Trink·halm** 男 -[e]s/-e（合成樹脂製の）ストロー．
'**Trink·lied** 中 -[e]s/-er 酒宴の歌, 酒歌, 乾杯の歌．
'**Trink·spruch** 男 -[e]s/⸚e 乾杯の辞. einen ～〈auf j³〉ausbringen〈halten〉（人³に敬愛の意を表して）乾杯の辞を述べる．
'**Trink·was·ser** 中 -s/ 飲料水, 飲み水．
'**Trink·was·ser·ver·sor·gung** 女 -/ 飲料水の供給．
'**Trio** ['tri:o] 中 -s/-s (*it.*) **1**《音楽》3重奏（唱）; 3重奏（唱）曲; 3重奏（唱）団, トリオ;《スケルツォやメヌエットに挿入された》中間部．**2** 3人組．
Tri·o·de [tri'o:də] 女 -/-n《電子工》3極（真空）管．
Tri·o·le [tri'o:lə] 女 -/-n (*it.*)《音楽》3連（音）符．
Trip [trɪp] 男 -s/-s (*engl.*) **1** 旅, 旅行, 小旅行; 遠足．**2**《麻薬》LSDの服用; (LSDなどによる) 幻覚状態．トリップ．einen ～ [ein]werfen LSDを飲む(吸う)．**3** とりつかれたような状態, 夢中な時期．Zurzeit ist er auf einem religiösen ～. 目下のところ奴さんは宗教にお熱だ．
Tri'plik [tri'pli:k] 女 -/-en (*lat.*)《古》《法制》再々抗弁に対する抗弁．
'**trip·peln** ['trɪpəln] 自 (s)（幼児などが）ちょこちょこする, 小走りに歩く．
'**Trip·per** ['trɪpər] 男 -s/-《病理》淋病, 淋疾．
'**Trip·tik** ['trɪptɪk] 中 -s/-s =Triptyk
Trip·ty·chon ['trɪptyçɔn] 中 -s/..chen [..çən] (..cha[..ça]) (*gr.*)《美術》トリプティカ, 3枚続きの絵．**3** 連祭壇画．
'**Trip·tyk** ['trɪptyk] 中 -s/-s（3つ折りになった車両・船舶の）国境通行証．
trist [trɪst] 形 (*fr.*) もの悲しい, さみしい, 陰うつな, 荒涼とした; 慰めのない, つまらない; 絶望的な．
'**Tris·tan** ['trɪstan]《男名》トリスタン（ケルト伝説中の人物．Isoldeとの恋愛はWagnerの楽劇やその他多くの物語の主題となった）．
'**Tris·te** ['trɪstə] 女 -/-n《南ドイツ》竿を芯にして積上げられた干し草（麦藁）, 干し草の山．
'**Tri·ti·um** ['tri:tsiʊm] 中 -s/ (*gr.*)（記号 T）トリチウム, 3重水素．
'**Tri·ton**¹ ['tri:tɔn] 男 -en[tri'to:nən]/-en[tri'to:nən]《ギリシャ神話》**1**《複数なし》トリートーン（海神 Poseidonの子で上半身人間下半身魚の神）．**2**《複数のみ》トリートーネン（海の女神 Nereiden の従者でほら貝を吹き鳴らして海を鎮める小神たち）．

'**Tri·ton**² 中 -s/-en[tri'to:nən]《化学》3 重陽子, トリトン．
'**Tri·ton**³ 中 -s/ der ～《天文》トリトン（海王星の第1衛星）．
'**Tri·tons·horn** 中 -[e]s/⸚er《貝》ほらがい（法螺貝）．
tritt [trɪt] treten の現在3人称単数, および du に対する命令形．
*'**Tritt** [trɪt トリト] 男 -[e]s/-e (↓treten) **1** 歩, 1歩; 足音. leichte〈schwere〉 ～ 軽い〈重々しい〉歩み. Ein falscher ～ und du stürzt in die Tiefe. 一歩まちがうと深みへまっさかさまだよ．～ e hören 足音が聞える. einen falschen ～ machen〈tun〉足を踏み損う, 足を挫(くじ)く;《比喩》しくじる. j³ auf Schritt und ～ folgen 人³のあとにどこへでもついていく. bei jedem ～ 1歩歩く毎に．**2**《複数なし》歩き方, 足どり; 足並み. schweren ～ 足どり重く, 重い足をひきずって．～ fassen 歩調を合わす;《比喩》直立する, 出直す;《話》話（商談など）が首尾よく進む. falschen ～ haben 足並みを乱す; 歩調でない. einen festen〈leichten〉～ haben 足どりがしっかりしている〈軽い〉．～ halten 歩調を保つ. Man erkennt ihn an seinem ～. 歩き方で彼だと分かる. j³ aus dem ～ bringen 人³の調子（ペース）を乱す. aus dem ～ kommen 歩調が乱れる;《比喩》失敗する. aus dem ～ sein《話》落伍者である, ついていけない. im gleichen [Schritt und] ～ 歩並み揃えて. einen im ～ haben《話》酔っている. Ohne ～ marsch!《号令》歩調ずして, 進め．**3** 蹴り, 足蹴; 《ラグ》キック. j³ einen ～ geben 人³を蹴とばす;《話》人³をクビにする, ソデにする. einen ～ kriegen〈bekommen〉蹴とばされる;《話》クビになる, ソデにされる．sich³ selber einen ～ in den Hintern geben《話》勇気を奮いおこす．**4** 踏み板;（乗物の）ステップ;（雪面などに刻む）足がかり;（機械などの）ペダル．**5** 踏み台, 足継ぎ. **6**《古》壇. **7**《猟師》（獣の）足跡;《多く複数で》（鶏・鳩などの）足.
'**Tritt·brett** 中 -[e]s/-er（車両の昇降口の）ステップ, 踏み段．
'**Tritt·brett·fah·rer** 男 -s/-《侮》（他人のおかげで利益を得ようとする）便乗者．
'**Tritt·lei·ter** 女 -/-n (2, 3段の低い)脚立(きゃたつ)．
trittst [trɪtst] treten の現在2人称単数．
Tri'umph [tri'ʊmf] 男 -[e]s/-e (*lat.*, Siegeszug) **1**（古代ローマの）凱旋行進, 勝利パレード．**2**《複数なし》大成功の喜び, 勝利の大満足．**3** 大勝利, 大成功. ein ～ der Technik 技術の勝利．～ e feiern 大成功をおさめる．
tri·um'phal [triʊm'fa:l] 形 (*lat.*) **1** 大成功（大勝利）の, 上首尾の, 輝かしい, 素晴しい, 堂々とした. ein ～er Erfolg 赫々(かくかく)たる成果．**2** 歓呼の声にわき返る, 熱狂的な. j³ einen ～ en Empfang bereiten 人³を歓呼して迎え入れる．**3** 勝ち誇る, 意気揚々たる. ein ～ es Geheul anstimmen 勝鬨(かちどき)を挙げる．
Tri·um'pha·tor [..'fa:to:r] 男 -s/-en[..fa'to:rən] (*lat.*) (古代ローマの)凱旋将軍; 凱旋者, 勝利者．
Tri'umph·bo·gen 男 -s/-《建築》**1**（古代ローマの）凱旋門．**2**（初期キリスト教会堂の）凱旋門（内陣と中陣を区切るアーチ）．
tri·um'phie·ren [triʊm'fi:rən] 自 (*lat.*) **1** 勝利を喜ぶ, 凱歌を奏する; 勝ち誇る．《現在分詞で》ein *triumphierendes* Lächeln 勝ち誇った笑い．**2**《über j〈et〉³》人〈物〉³に対して勝利を得る, (に)打ち克つ．
Tri'umph·zug 男 -[e]s/⸚e 凱旋行進（パレード）．
Tri·um·vi'rat [triʊmvi'ra:t] 中 -[e]s/-e (*lat.*) (古

代ローマの三頭政治.
tri·vi'al [triviˈal] 形 《*lat.*》些細(些末)な, 取るに足らない. 2 平凡な, 陳腐な, ありふれた.
Tri·vi·a·li'tät [trivialiˈtɛːt] 囡 -/-en 《複数なし》ごく普通(ありきたり)であること; 平凡(陳腐)なこと. 2 ありきたりのもの, 陳腐なな行為, 月並みな表現.
Tri·vi'al·li·te·ra·tur 囡 -/-en 通俗文学.
tro'chä·isch [troˈxɛːɪʃ] 形 《*gr.*》《韻律》長短(強弱)格の.
Tro'chä·us [troˈxɛːʊs] 男 -/..chäen [..ˈxɛːən] 《*gr.*》《韻律》長短(強弱)格.

'tro·cken [ˈtrɔkən トロケン] 形 1 (a) 乾いた, 乾燥した; ひからびた, 枯れた. ~er Boden 乾燥した土地. ~es Brot ひからびたパン(↑2(a)). ~e Destillation《化学》乾留. die ~en Gäste ⟨俗⟩ちっぽけでない客. ein ~es Handtuch 乾いたタオル. ein ~er Husten 空咳(からせき). ~es Land (海に対して)陸. ~e Luft 乾いた空気. in ~en Augen《雅》無感動に, 冷ややかに. ~en Fußes《雅》足を濡らさずに. keinen ~en Faden [mehr] am Leibe haben《話》ずぶ濡れ(濡れ鼠)である. einen ~en Hals⟨Mund⟩ haben《話》喉⟨口⟩がからからである. eine ~e Kehle⟨Leber⟩ haben《話》酒に目がない, 飲んべえである. Die Wäsche ist schon⟨noch nicht⟩ ~. 洗濯物はもう乾いている⟨まだ乾いていない⟩. sich⁴ ~ rasieren 石鹸を使わずに⟨電気かみそりでひげを剃る⟩. et⁴ ~ reinigen 物をドライクリーニングする. Das Schiff liegt ~. 船は陸(おか)にあがっている(座礁している). Die Kuh steht ~. 牛が乳を出さない. Da blieb kein Auge ~.《話》それにはだれもが涙をしていられなかった;《戯》みんな涙が出るほど大笑いした. Wir sind noch ~ nach Hause gekommen. 私たちはまだ雨が降らないうちに家に帰った. noch nicht ~ hinter den Ohren sein《話》まだ尻が青い(青二才である).《名詞的用法で》auf dem *Trock[e]nen*⟨*trock[e]nen*⟩sitzen⟨sein⟩《話》金に窮している;《戯》酒が切れている; にっちもさっちもいかない. auf dem *Trock[e]nen* sein (船員などが)陸にあがっている. im *Trock[e]nen* sitzen⟨sein⟩ 雨のかからないところにいる; 安全である. *sein Schäfchen* ins *Trock[e]ne*⟨°*trock[e]ne*⟩ bringen 自分の取り分だけは確保する; がっちりためこむ. (b) 雨の少ない ein ~er Sommer 雨の少ない夏. bei ~em Wetter 雨が降らなければ. (c) (肌·髪などが)潤いが(脂気)のない, (肉など)が脂肪の少ない. eine ~e Haut かさかさした肌.
2 (a) (パンなどが)なにも塗られていない. *Trockenes* Brot essen パンになにもつけないで食べる(↑1(a)). *Trocken* Brot macht Wangen rot.《諺》粗食は健康のもと. das Fleisch ~ essen 肉をソースなしで食べる. (b) 酒がつかない. ~*e* Gedeck kostet neun Euro. 酒がつかない定食は9ユーロである. (c)《話》酒をやめている. Er ist seit 2 Jahren ~. 彼は2年前から酒をやめている.
3 (酒が)辛口の.
4 (a) 無味乾燥な, おもしろくもなんともない. ein ~er Mensch おもしろ味のない人間. ein ~er Vortrag 退屈な講演. (b) ぶっきらぼうな; あからさまな. eine ~e Antwort そっけない返事. ~ die Wahrheit sagen ずけずけと(あからさまに)ほんとうのことをいう. (c) さりげない. ein ~er Humor さりげないユーモア.
5 (声·音が)乾いた, 残響のない. ~es Lachen かわいた笑い.
6《話》(パンチ·シュートなどが)強烈な; (馬が十分に調

'Tro·cken·an·la·ge 囡 -/-n 乾燥装置.
'Tro·cken·bat·te·rie 囡 -/-n《電子工》乾電池.
'Tro·cken·bee·ren·aus·le·se 囡 -/-n トロッケンベーレンアウスレーゼ(最高級ワイン).
'Tro·cken·blu·me 囡 -/-n ドライフラワー.
'Tro·cken·bo·den 男 -s/¨ 屋根裏の物干し部屋.
'Tro·cken·dock 中 -[e]s/-s(-e)《海事》乾ドック.
'Tro·cken·ei 中 -[e]s/-er《食品》乾燥卵.
'Tro·cken·eis 中 -es/ ドライアイス.
'Tro·cken·ele·ment 中 -[e]s/-e《電子工》乾電池.
'Tro·cken·ge·mü·se 中 -s/- 乾燥野菜.
'Tro·cken·ge·stell 中 -[e]s/-e 干し物掛け.
'Tro·cken·hau·be 囡 -/-n (ボンネット型の)ヘアドライヤー.
'Tro·cken·heit 囡 -/-en 《複数なし》乾燥(状態), 無味乾燥, 冷淡さ. 2 旱魃(かんばつ), 日照り, 乾季.
'tro·cken·le·gen 他 1 (赤ん坊の)おむつを取替える. 2 (沼地などを)干拓する, 排水する. 3《話》(人⁴に)禁酒させる, 酒を控えさせる.
'Tro·cken·le·gung 囡 -/-en 排水(工事), 干拓.
'Tro·cken·milch 囡 -/ ドライミルク, 粉ミルク, 乾乳.
'Tro·cken·mit·tel 中 -s/-《化学》乾燥剤.
'Tro·cken·obst 中 -[e]s/ ドライフルーツ.
'Tro·cken·ofen 男 -s/¨《工学》乾燥炉.
'Tro·cken·platz 男 -es/¨e (戸外の)物干し場.
'Tro·cken·ra·sie·rer 男 -s/-《話》1 電気かみそり. 2 電気かみそりを使う人.
'Tro·cken·rei·ni·gung 囡 -/-en ドライクリーニング.
'Tro·cken·schleu·der 囡 -/-n (洗濯物の)脱水機.
'Tro·cken·zeit 囡 -/-en 乾季.
*'**trock·nen** [ˈtrɔknən トロクネン] (↓trocken) ❶ 自 (s, h) 乾く, 乾燥する. et⁴ ~ lassen 物⁴を乾かす. Die Wäsche ist⟨hat⟩ schon *getrocknet*. 洗濯物はもう乾いた. ❷ 他 1 乾かす, 干す; 拭く, ぬぐう. sich³ das Haar ~ 髪の毛を乾かす. sich³ die Augen ~ 涙をぬぐう. die Wäsche auf dem Balkon ~ 洗濯物をバルコニーに干す. sich³ die Hände an der Schürze ~ エプロンで手を拭く. 2 乾燥させる. *getrocknete* Bananen 乾燥バナナ.
'Trock·ner [ˈtrɔknər] 男 -s/- 1 (トイレの)ハンドドライヤー. 2 (洗濯物の)乾燥機.
'Trod·del [ˈtrɔdəl] 囡 -/-n (小さな)総(ふさ)飾り.
'Trö·del [ˈtrøːdəl] 男 -s/ 1 (家具·衣類などの)がらくた, 古物, 古道具. 2 Trödelmarkt の短縮.
Trö·de·lei [trøːdəˈlaɪ] 囡 -/《話》のろのろ(と時を浪費)すること, ぐずぐずと手間どること.
'Trö·del·kram 男 -[e]s/ がらくた, くず物, 古物.
'Trö·del·markt 男 -[e]s/¨e がらくたの市, 蚤(のみ)の市.
'trö·deln [ˈtrøːdəln] (h, s) 1 (h)《古》がらくたを商う. 2 (h) (a) 作らだら⟨ぐずぐず⟩する, 手間どる. (b) (s) のろのろ歩く, ぶらつく.
'Trö·del·wa·re 囡 -/-n《多く複数で》中古品, 古道具, 古着.
'Tröd·ler [ˈtrøːdlər] 男 -s/- 1 古道具(古着)屋, 古物商. 2《話》のろま, くず屋.
'Tro·er [ˈtroːər] 男 -s/- = Trojaner
troff [trɔf] triefen の過去.
'tröf·fe [ˈtrœfə] triefen の接続法 II.
trog [troːk] trügen の過去.
Trog [troːk] 男 -[e]s/Tröge 1 (大きな)桶. 2《地

'tröge 質〕窪地. **3**《気象》気圧の谷.
'trö·ge ['trøːgə] trügen の接続法II.
'Troi·ka ['trɔykɑ, 'troːika] 囡 -/-s 《*russ.*, Dreier》トロイカ(3頭立ての馬車または橇(_そり_)).
'Tro·ja ['troːja]〔地名〕トロイア, トロイ, トロヤ(小アジア北西部の古代都市).
Tro'ja·ner [tro'jaːnər] 男 -s/- トロイア(トロイ, トロヤ)人.
tro'ja·nisch [tro'jaːnɪʃ] 形 トロイア(トロイ, トロヤ)の. *Trojanischer Krieg* 〔ギリシア神話〕トロイア戦争. *Trojanisches Pferd* 〔ギリシア神話〕トロイアの木馬.
Troll [trɔl] 男 -[e]s/-e (*nord*.) 〔北欧神話〕トロール(巨人または小人の姿をした魔物・妖怪).
'Troll·blu·me 囡 -/-n〔植物〕きんばいそう属.
'trol·len ['trɔlən] 囧 (*sich*⁴)〔話〕(恥入って)すごすごと立ち去る; 不承不承〔しぶしぶ〕立ち去る. **(s) 1** ぶらぶらと歩いて行く. **2** 〔猟師〕(鹿などが)ちょこまか早足で走る.
'Trol·ley·bus ['trɔlibʊs] 男 -ses/-se (*engl*.)〔古〕(Oberleitungsomnibus) トロリーバス.
'Trom·be ['trɔmbə] 囡 -/-n (*fr*.)〔気象〕竜巻.
***'Trom·mel** ['trɔməl トロメル] 囡 -/-n **1** (a) 太鼓, ドラム. die ~ rühren〈schlagen〉太鼓を打ちならす. die ~ für et⁴〈j⁴〉rühren〔比喩〕事⁴〈人⁴〉のためにおおいに宣伝する. et⁴ auf die ~ bringen〔話〕事⁴を話題にする. (b)〔話〕太鼓腹, 〔妊婦の〕大きなおなか. die ~ anhaben おなかが大きい, 妊娠している. j³ eine ~ anhängen 人³を孕(_はら_)ませる. **2** 円筒, 胴. die ~ eines Revolvers ピストルの(回転式)弾倉. Pflanzen in die ~ tun 植物を(採集用)胴乱にしまう.《建築》ドラム(積み重ねて石柱にする太鼓石), 鼓筒.
'Trom·mel·fell 田 -[e]s/-e **1** 太鼓の皮. **2**《解剖》鼓膜.
'Trom·mel·feu·er 田 -s/〔軍事〕集中砲火;〔比喩〕(質問や非難の)連発, 集中. ein ~ von Fragen〈Vorwürfen〉矢継早の質問〈集中的な非難〉.
'trom·meln ['trɔməln] ❶ 囧 **1** 太鼓(ドラム)をたたく, für j⟨et⟩⁴〔話〕人〈事〉のことをおおいに宣伝する. zum Abzug ~ 撤退の太鼓を打ちならす. Gott sei[']s *getrommelt* und gepfiffen!〔戯〕やれやれ. **2** とんとん(どんどん)たたく(an/auf/gegen) et⁴ 物⁴. Ich spürte mein Herz ~. 私は心臓がどんどん打つのが分かった. mit den Fingern auf den Tisch〈mit den Fäusten gegen die Tür〉~ 指でテーブルをとんとん〈挙固でドアを〉どんどんたたく. Der Regen *trommelt* auf das Dach〈an das Fenster〉. 雨がばらばらと屋根〈窓〉を打つ. Die Artillerie *trommelte* auf die feindlichen Stellungen. 砲兵隊が敵陣に連続砲撃を加えた.《非人称的に》*Es trommelt* in meinem Schädel. 私は頭ががんがんする. **2**〔猟師〕(野兎が)前足で地面をたたく(危険を察知して).
❷ 囮 **1** 太鼓(ドラム)で奏する. einen Marsch ~ 太鼓で行進曲を演奏する. den Rhythmus〈den Takt〉~ 太鼓で拍子をとる. eine Nachricht auf den Tisch ~ 机をとんとんたたいて知らせを次へ伝える. **2** j⁴ aus dem Bett〈dem Schlaf〉~〔話〕(ドアをどんどんたたいて)人⁴をたたき起す.
'Trom·mel·re·vol·ver 男 -s/- 回転式拳銃, リボルバー.
'Trom·mel·schlag 男 -[e]s/ᵉe **1** 太鼓(ドラム)をたたくこと. **2** (複数なし)太鼓(ドラム)を打つ音.
'Trom·mel·schlä·gel 男 -s/-《ふつう複数で》太鼓のばち, ドラム・スティック.

'Trom·mel·schlä·ger 男 -s/- =Trommler
'Trom·mel·schle·gel 男 -s/- ↑Trommelschlägel
'Trom·mel·stock 男 -[e]s/ᵉe 太鼓のばち.
'Trom·mel·wir·bel 男 -s/- 太鼓(ドラム)の連打, り打ち, ロール打ち.
'Tromm·ler ['trɔmlər] 男 -s/- 太鼓(ドラム)を打つ人, ドラマー; 鼓手.
*✱**Trom'pe·te** [trɔm'peːtə トロムペーテ] 囡 -/-n (*fr*.) **1**〔楽器〕トランペット, らっぱ. [die] ~ blasen トランペットを吹く. die große ~ führen〔話〕べらべらとまくしたてる. in die ~ stoßen〔話〕大きなことを言う, 自慢する. mit Pauken und ~n〔話〕大騒ぎをして, 鳴りものいりで. **2**〔比喩〕声の大きい女, お喋り女; 鼻; 陰茎; 尻(_しり_). **3**〔医学〕卵管, 耳管.
trom'pe·ten [trɔm'peːtən] (↓Trompete) ❶ 囧 **1** トランペット(らっぱ)を吹く. **2** (a)〔比喩〕(象が)喋る, (動物が)大きな声でほえる. (b)〔戯〕大きな音で鼻をかむ, 一発(屁)をぶっぱなす. ❷ 囮 **1** トランペットで演奏する. **2**〔話〕大声で告げる, がなりたてる. et⁴ in alle Welt ~ 事⁴をうるさじゅうにふれてまわる. **3** j⁴ aus dem Schlaf ~〔話〕人⁴を大声で起す.
Trom'pe·ten·stoß 男 -es/ᵉe トランペット(らっぱ)の一吹き.
Trom'pe·ter [trɔm'peːtər] 男 -s/- トランペット奏者, らっぱ手.
Tro·pe ['troːpə] 囡 -/-n (*gr*.)《修辞》転義, 比喩, 文彩, 言葉のあや.
'Tro·pen ['troːpən] 圈 (*gr*.)〔地理〕熱帯(地方).
'Tro·pen Trope, Tropus の複数.
'Tro·pen·fie·ber 田 -s/ 熱帯熱, マラリア.
'Tro·pen·helm 田 -[e]s/-e (日よけ用の)ヘルメット帽, (インドの)トーピー.
'Tro·pen·kol·ler 男 -s/〔病理〕(熱帯地方に長期滞在する人がかかり易い)熱帯性精神病.
'Tro·pen·krank·heit 囡 -/-en〔病理〕熱帯病.
'Tro·pen·pflan·ze 囡 -/-n 熱帯植物.
Tropf¹ [trɔpf] 男 -[e]s/ᵉe 愚直者, 間抜け.
Tropf² -[e]s/-e《医学》点滴注射(装置).
'tropf·bar ['trɔpfbaːr] 形 滴下しうる, (液体が)水滴状になりうる.
'Tröpf·chen ['trœpfçən] 田 -s/-《Tropfen の縮小形》小さなしずく, 小滴.
tröpf·chen·wei·se 副 1滴ずつ; 〔話〕少しずつ.
'tröp·feln ['trœpfəln] (↓tropfen) ❶ 囧 (s) ぽたりぽたりと落ちる(したたる). ❷ 囮 ぽとりとりと滴下させる.《非人称》*Es tröpfelt*. 雨がぱらつく.
*✱**'trop·fen** ['trɔpfən トロプフェン] (↓Tropfen) ❶ (s, h) 囧 したたり落ちる. Tränen *tropften* aus ihren Augen〈ihr aus den Augen〉. 彼女の目から涙がはらはらとこぼれた. Der Ball *tropfte* ihm von der Brust. 〔サッカーで〕胸でトラップしたボールが彼の足許に落ちた.《非人称的に》*Es tropft*. 雨がぱらつく; 滴(_しずく_)がぽたぽた落ちる. **2** 囮 漏る, 滴をたらす. Der Gefäß *tropft*. この容器は漏る. Ihm *tropft* die Nase. 彼は鼻水をたらしている. Seine Stirn *tropfte* von Schweiß. 彼の額から玉の汗が吹き出した.
❷ 囮 滴下させ, したたらす.
*✱**'Trop·fen** ['trɔpfən トロプフェン] 男 -s/- **1** (a) しずく(_雫_), したたり; (とくに)雨滴. ein ~ Wasser 1滴の水. Die ersten *Tropfen* fallen. (雨が)ぱらぱらと降り出した. Es regnet dicke *Tropfen*. / Der Regen fällt in dicken〈großen〉*Tropfen*. 大粒の雨が降る. Der Schweiß stand ihr in dicken *Tropfen* auf der Stirn.

彼女の額に玉の汗が浮いていた.《慣用的表現で》Das ist nur ein ~ auf den heißen Stein. これは焼け石に水だ. Steter ~ höhlt den Stein.《諺》点滴岩をもうがつ. (b) ほんの僅かの量. Es ist kein ~ Milch mehr im Hause. 家に牛乳を切らしている. Ein bitterer 〈Ein ~ Wermut〉 fiel in den Becher der Freude. 喜びにちょっぴり水がさされた(苦汁がまじった). keinen ~ [Alkohol] trinken アルコールを1滴も飲まない. **2** ein guter〈edler〉 ~《戯》極上のワイン. gern einen ~ nehmen《話》飲み助である.《複数で》《医学》滴剤. j³ Tropfen verschreiben 人³に滴剤を処方する.

'**Tropf·en·fän·ger** 男 -s/- （ポットなどの）しずく受け.
'**trop·fen·wei·se** 副 1 1 滴ずつ. **2**《話》少し〈僅か〉ずつ, ぽつりぽつりと.
'**Tropf·fla·sche** 囡 -/-n《医学》滴瓶.
'**tropf'nass** 形 滴がしたたるほど濡れた, びしょ濡れの.
'**Tropf·stein** 男 -[e]s/-e《地質》鐘乳石, 石筍（セきシュン）.
'**Tropf·stein·höh·le** 囡 -/-n 鐘乳洞.
Tro'phäe [tro'fɛːə] 囡 -/-n (gr. ,Siegeszeichen') **1** 戦利品; (狩猟の記念物（獲物の角・毛皮など）. **2**《スポーツ》トロフィー.
'**tro·pisch** ['troːpɪʃ] 形 (↓Tropen) 熱帯(地方)の; 熱帯的な, 熱帯のような.
Tro·po'pau·se [tropo'pauzə, 'troːpopauzə] 囡 -/- (gr.)《気象》圏界面(対流圏と成層圏の境界面).
Tro·po'sphä·re [tropo'sfɛːrə, 'troːposfɛːrə] 囡 -/-《気象》対流圏.
'**Tro·pus** ['troːpus] 男 -/..pen[..pən] (gr.) **1**《音楽》（グレゴリオ聖歌の）トロープス; (中世の)教会旋法. **2** → Trope
Tross, °**Troß** [trɔs] 男 -es/-e (fr.) **1**《古》輜重(シチョウ)隊. **2**《雅》お供, お付き. im ~ von j³ befinden 人³に追従する. **3** （人・車などの）列.
*'**Trost** [troːst トロースト] 男 -[e]s/ 慰め, 慰安. Der Alkohol war sein einziger ~. 酒が彼の唯一の慰めだった. Das ist nur ein schwacher ~. これはほんの気休めだ. Ein ~, dass es bald vorbei ist. それがもうすぐ終るというのがせめてもの慰めだ. j³ ~ bringen〈spenden/zusprechen〉人³を慰める. bei j³〈in et³〉finden 人³のもとで元気づけ〈慰め〉られる〈事で慰めを見いだす〉. zum ~ せめてもの慰めに.《慣用的表現で》Das ist ein schöner ~!《皮肉》これはまた結構な気休めだこと. Du bist wohl nicht [recht] bei ~ [e]!《話》君はちょっとおかしいんじゃないか. ◆↑Trost bringend
'**trost·be·dürf·tig** 形 慰めの必要な.
'**Trost brin·gend**, °'**trost·brin·gend**《比較変化なし》慰めになる, 慰めの.
*'**trös·ten** ['trøːstən トレーステン] 他 (↓Trost) 慰める, 元気づける. Seine Worte trösteten mich〈mich in meinem Schmerz〉. 彼の言葉が私に元気を与えた〈私の悲しみを癒してくれた〉. j⁴ über et³ [hinweg] ~ 人⁴を慰めて事³を忘れさせる. Das tröstet mich.《話》それで私も気がすんだ(ほっとした).《再帰的に》Tröste dich!《話》元気を出せよ. sich⁴ mit et³ ~ 事³で自ら慰める（元気を出す）. sich⁴ mit einem anderen Mann〈einer anderen Frau〉 ~ 代りの男〈女性〉を見つける. sich⁴ rasch〈schnell〉 über et⁴ ~ 事⁴からすばやく立直る.
'**Trös·ter** ['trøːstər] 男 -s/- 慰める人;《話》慰めとなるもの, 火酒, 気付薬. Er〈Der Alkohol〉 war oft ihr ~. 彼女はしばしば彼の慰め役〈酒はしばしば彼女の心の

友〉だった. süßer ~《話》(砂糖などをまぶした)甘いおしゃぶり; 愛人. ◆ 女性形 Trösterin 囡 -/-nen
'**tröst·lich** ['trøːstlɪç] 形 なぐさめになる, 元気づけている. ~e Worte なぐさめの言葉.
*'**trost·los** ['troːstloːs トロストロース] 形 **1**（気分が）絶望的な, 慰めようのない, しょげこんだ. **2**（状況・関係・天候などが）見込みのない, 気の滅入る, 悲観的な. **3**（風景などが）荒涼たる, 寒々とした, 殺風景な.
'**Trost·lo·sig·keit** [..loːzɪçkaɪt] 囡 -/ 慰め(よう)のなさ.
'**Trost·preis** 男 -es/-e 残念賞.
'**trost·reich** 形 慰めとなる, 元気づけの, 励ましの.
'**Trost·spruch** 男 -[e]s/¨e 慰めの言葉.
'**Trös·tung** ['trøːstʊŋ] 囡 -/-en 慰め. versehen mit den ~en der Kirche （キリスト教）臨終の秘蹟を拝受して.
'**Trost·wort** 中 -[e]s/-e 慰めの言葉.
Trott [trɔt] 男 -[e]s/-e (馬の)だく足;《話》(生活・仕事などの)単調〈退屈〉な流れ. Der tägliche ~ 変化にとぼしい退屈な毎日の生活. Es geht immer im alten ~. 相変らず旧態依然たる様で時が流れる. in den alten ~ verfallen 旧弊に陥る.
'**Trot·tel** ['trɔtl] 男 -s/-《話》まぬけ, どじなやつ.
'**trot·tel·haft** ['trɔtəlhaft] 形 まぬけ（とんま, どじ）な.
'**trot·te·lig** ['trɔtəlɪç] 形 もうろくした, ぼけた.
'**trot·teln** ['trɔtəln] 自 (s) ふらふら歩いて行く.
'**trot·ten** ['trɔtən] 自 (s) のろのろ(とぼとぼ)歩いて行く.
Trot·toir [trɔto'aːr] 中 -s/-e〈-s〉 (fr.)《地方》（Bürgersteig）歩道.

trotz
[trɔts トロツ] 前《2·3格支配》 **I**《2格支配 / まれに3格支配》…にもかかわらず. ~ aller Bemühungen あらゆる努力にもかかわらず. ~ des Regens〈dem Regen〉雨にもかかわらず. ~ heftiger Schmerzen 激しい痛みにもかかわらず, 激痛をおして. ~ seiner〈ihm〉彼(の意向)を無視して.《3格支配で》~ Berichten aus Berlin ベルリンからの報告を無視して. ~ des Bootes starkem Schwanken 小舟がひどく揺れるのもかまわず. ~ allem〈alledem〉それらすべてにもかかわらず, それでもやっぱり.《南ドイツ・オーストリア・スイスでは3格支配がふつう. **II**《3格支配》…に劣らず, …と同じくらい. Reich bin ich ~ einem Fürsten. 私は王侯に負けないくらい金持だ.
'**Trotz** [trɔts トロツ] 男 -es/ 反抗, 抵抗, 反発(gegen et⁴ 事⁴に対する); 意地っぱり, 強情. kindlicher ~ 子供の駄々. einer Gefahr〈dem Schicksal〉 ~ bieten 危険をはね返す〈運命に抗(アラガ)う〉. j³ ~ bieten 人³に逆らう. aus ~ 反抗心から, 意地で. et³ zum ~ 事³にもかかわらず,（を)無視して. j³ zum ~ 人³に逆らって(反抗して).
*'**trotz·dem** ['trɔtsdeːm, '-'-' トロッツデーム] ❶ 副 それにもかかわらず, それでも. ❷ 接《従属 / 定動詞後置》《話》…であるのに, …にもかかわらず.
'**trot·zen** ['trɔtsən] 自 (↓Trotz) ❶ 自 **1**《雅》(人³に)反抗する, 逆らう, 楯つく;（物³をはね返す, 寄せつけない,（に）負けない. Er kann doch nicht dem Alter ~. 彼も歳には勝てない. Die Festung trotzte allen Angriffen des Feindes. その砦は敵のあらゆる攻撃に耐えた. Ich wagte es, dem Chef zu ~. 私は思い切ってボスに逆らうた. **2**（子供が）言うことを聞かない, 反抗的（きかん気）である. **3**《地方》(mit j³ 人³に)腹を立てる. miteinander ~ いがみ合う. **4**《古》(auf et⁴) 事⁴を強く主張する; 自慢する.

❷ 反抗して〈逆らって〉言う.

'Trot・zer ['trɔtsər] 男 -s/ 《植物》2年目にも花をつけない二年生植物.

*'trot・zig ['trɔtsɪç トロッツィヒ] 形 1 反抗的な, 強情〈頑固〉な, きかん気の. 2《雅》戦闘的な, 敢然とした. eine ~e Burg 難攻不落の城.

'Trotz・ki ['trɔtski]《人名》Leon ~ レオン・トロッキー (1879-1940, ロシアの革命家).

Trotz・kis・mus [trɔtskɪsmus] 男 -/ トロツキズム, トロツキー主義(ロシアの革命家 Trotzki の思想. プロレタリアによる永久革命論が有名).

'Trotz・kist [trɔtskɪst] 男 -en/-en トロツキスト.

'Trotz・kopf 男 -[e]s/ⁿe 頑固〈強情〉な人; 反抗的な〈きかん気の〉子代.

'trotz・köp・fig 形 反抗的な〈頑固, 強情〉な, きかん気の.

'Trou・ba・dour ['tru:badu:r, truba'du:r] 男 -s/-e (-s) (fr.) トルバドゥール(11-14 世紀に南仏で活躍した吟遊詩人).

trüb [try:p] 形 =trübe

*'trü・be ['try:bə トリューベ] 形 1 (とくに液体が)濁った, 不透明な〈ガラスなどが〉くもった, 輝きのない.《俗》あやしい, いかがわしい, うさんくさい. trübe Augen 生気のない(どろんとした)目. ~s Wasser 濁った水. ein ~s Gewerbe あやしげな生業〈⁇〉. im Trüben〈~n〉fischen《話》どさくさまぎれに一仕事する(うまくやる). 2 (光・色などが)冴えない, ぼんやりした. ein ~s Rot くすんだ赤. der ~ Schein einer Kerze ろうそくのぼんやりした明り. eine ~ Tasse《卑》おもしろくない〈退屈な〉やつ, うすら馬鹿. 3 曇り(曇天)の, 雨もよいの. 4 (気分・見通しなどが)暗い; 悲しい, 憂うつな; 痛ましい, つらい. trübe Aussichten 暗い見通し. trübe Erfahrungen mit et³ machen 事³でつらい目にあう. in ~r Stimmung sein 悲しい(憂うつな)気分である, 落ちこんでいる〈ふさいでいる〉. trübe Tage 憂うつな〈暗い〉日々(↑3). trübe Zeiten つらい〈苦労の多い〉時代. für et⁴ ~ sehen 事⁴に悲観的である.

'Trü・be 女 -/-n 1 《複数なし》濁り, 不透明, くもり, よごれ. 2 《化学》混濁液;《鉱業》泥水.

'Tru・bel ['tru:bəl] 男 -s/ (fr.) 賑わい, 雑踏, 喧騒, 混雑. im ~ des Schlussverkaufs 期末大売り出しの雑踏のなかで.

'trü・ben ['try:bən] (↓trübe) ❶ 他 1 濁らせる, くもらせる. z.B. Keine Wolke trübt den Himmel. 空には雲ひとつない. Er sieht aus, als ob er kein Wässerchen ~ könnte.《戯》彼は虫一匹殺せないような顔をしている.《過去分詞で》von Tränen getrübte Augen 涙にくもった目. 2 損なう, 駄目にする; 低下(減少)させる, 鈍らせる. Das trübt sein Blick〈ihm den Blick〉für die Wirklichkeit. それが彼の現実を見る目をくもらせている. Eine traurige Nachricht trübte unsere Freude des Wiedersehens. 悲しい知らせが私たちの再会の喜びに水をさした.《過去分詞で》Sein Erinnerungsvermögen ist getrübt. 彼の記憶力はあやしくなっている. von keinerlei Sachkenntnis getrübt なんら知識もない.

❷ (sich⁴) 1 濁る, 曇る, くもる. Der Himmel〈Das Wasser〉trübt sich. 空がくもる〈水が濁る〉. 2 駄目になる, 鈍る. Unser gutes Einvernehmen hat sich getrübt. しっくりいっていた私たちの仲がわるくなった. Im hohen Alter hatte sich sein Verstand etwas getrübt. 高齢となって彼の頭も少し鈍っていた.

'Trüb・heit ['try:phaɪt] 女 -/ 濁って(くもって, よどんで)いること.

'Trüb・sal ['try:pza:l] 女 -/-e (↓trübe) 1《複数なし》悲しみ, 苦悩, 憂愁. ~ blasen《話》ふさぎ込む. 2 苦難, 不幸.

'trüb・se・lig ['try:pze:lɪç] 形 (↓Trübsal) 1 陰鬱な; 悲しい; 悲しげな. 2 荒涼とした.

'Trüb・se・lig・keit 女 -/ 悲しい気分, みじめな状態.

'Trüb・sinn 男 -[e]s/ 憂うつ, 意気消沈.

'trüb・sin・nig 形 憂うつな, 意気消沈した.

'Trü・bung 女 -/-en 濁り, くもり; 《意識などの》混濁; (人間関係などの)悪化, 陰り.

'Truch・sess, °'Truch・seß ['trʊxzɛs] 男 -es/-e 《歴史》(中世の宮廷の)内膳司(ないぜんのかみ), 大膳職.

'Tru・de ['tru:də]《女名》トルーデ.

'tru・deln ['tru:dəln] 自 (s, h) 1 (s) (ボールなどが)ころがる; (枯れ葉などが)舞落ちる; (飛行機が)錐(きり)もみしながら落下する. 2 (s) (話)(あてなく)ぶらぶら歩く, 車をゆっくりと走らせる. 3 (h)《地方》さいを振る.

'Trüf・fel ['tryfəl] 女 -/-n (話 男 -s/-) (fr.) 1《植物》せいようしょうろ(西洋松露), トリュフ. 2 トリュフ(チョコレート菓子).

trug [tru:k] tragen の過去.

Trug [tru:k] 男 -[e]s/ (↓trügen) 1 《古》欺瞞, ごまかし. Lug und ~ 欺瞞, 詐欺. 2 幻, 錯覚, 幻覚.

'Trug・bild 中 -[e]s/-er 幻影, 幻覚, 幻; 幻想, 妄想.

'trü・ge ['try:gə] tragen の接続法 II.

'trü・gen* ['try:gən] trog, getrogen 他 欺(あざむ)く, 偽る. wenn mich meine Erinnerung nicht trügt 私の記憶違いでなければ.《目的語なしで》Der Schein trügt. 外見は当てにならない. Wenn [mich] nicht alles trügt, wird es bald ein Regen geben. ひょっとするとまもなく雨になるかもしれない.

'trü・ge・risch ['try:gərɪʃ] 形 見せかけの〈うわべ〉だけの; 偽りの.

'Trug・schluss 男 -es/ⁿe 1 誤った結論(推論); 虚偽, 誤謬. 2《音楽》偽終止.

'Tru・he ['tru:ə] 女 -/-n 1 長持ち, 櫃(ひつ), チェスト, キャビネット. 2《南ザ》(Sarg) 棺桶.

'Trumm [trʊm] 男 -[e]s/-e (Trümmer)《地方》(肉などの)大きな塊り; (木材などの)切れ端, 丸太.

*'Trüm・mer ['trʏmər トリュマー]《Trumm の複数》残骸; 残片, 破片; 瓦礫. die ~ einer alten Burg 古城の廃墟. die ~ eines Flugzeugs 飛行機の残骸. die ~ des letzten Krieges さきの戦争の爪跡. Ich stand damals vor den ~n meines Lebens. 私はそのころ無残に荒れはてた人生を生きていた. in ~ gehen 粉々に砕ける. et⁴ in ~ legen 物⁴を叩きつぶす(壊滅させる). in ~n liegen 瓦礫の山である. in ~ schlagen 物⁴を粉々に叩き壊す. in ~ sinken《雅》廃墟〈瓦礫の山〉と化す.

'Trüm・mer・feld 中 -[e]s/-er 廃墟, 瓦礫の巷(ちまた).

'Trüm・mer・frau 女 -/-en 廃墟の女性(第2次世界大戦後の瓦礫の除去と町の復旧に従事した女性).

'Trüm・mer・hau・fen 男 -s/- 瓦礫の山.

*'Trumpf [trʊmpf トルムプフ] 男 -[e]s/Trümpfe (↓ Triumpf) 1 (トランプの)切札;《比喩》奥の手. Herz ist ~. ハートが切札だ. ~ ist die Seele des Spiels. 切札で頂きだ(トランプで切札を出すときの決り文句). ~ wider ~ しっぺ返し. ~ ausspielen 切札を出す. seinen〈einen [großen/letzten]〉~ ausspielen《比喩》切札を出す, 奥の手を出す. seinen ~ behalten 切札をとっておく. alle〈seine besten〉Trümpfe in der Hand geben 切札をみな出してしまう. alle Trümpfe in der Hand〈in [den] Händen〉haben

Tuberkulose

⟨halten⟩ 切札を全部握っている，絶対的な力を持っている．die *Trümpfe* jagen〖トランプ〗切札請求するといく．j³ die *Trümpfe* aus der Hand nehmen⟨winden⟩ 人³の奥の手を封じる．～ schlagen〖トランプ〗切札を出す．einen ～ darauf setzen 駄目押しをする．**2**《話》一番幅を利⁽ᵏ⁾かせて(もてはやされて)いるもの; 流行，花形．In unserer Zeit ist Technik ～. 現代は技術万能の時代だ．j³ zeigen, was ～ ist 人³に現実(事実)を分からせる．

Trunk [trʊŋk] 男 -[e]s/Trünke《複数まれ》(↓trinken) **1**《雅》(a) 飲物．ein kühler ～ 冷たい飲物．(b)《古》ひと飲み，ひと口．ein ～ Wasser ひと口の水．einen ～ tun ひと口飲む．(c)《口》飲むこと．**2** 飲酒; 飲酒癖．sich³ dem ～ ergeben 飲酒に耽る．**3** 酔い．im ～ 酔っぱらって．

'**trun·ken** [trʊŋkən] 形《雅》**1**《酒に》酔っぱらった．von⟨vom⟩ Wein ～ sein ワインに酔っている．**2**《喜びなどに》酔った，陶然とした，陶酔した．von⟨vor⟩ Freude ～ sein 喜びに酔いしれている．

'**Trun·ken·bold** [..bɔlt] 男 -[e]s/-e《侮》大酒飲み，飲んだくれ．

'**Trun·ken·heit** 女 / **1** 酔い，酩酊．**2**《雅》陶酔．

'**Trunk·sucht** 女 飲酒癖，アルコール中毒．

'**trunk·süch·tig** 形 飲酒癖のある，酒びたりの．

Trupp [trʊp] 男 -s/-s (↓Truppe) (小さな)集団，一団，(特別な任務に投入される兵士の)小部隊，班．

*'**Trup·pe** [trʊpə] 女 -/-n (*fr.*) **1**《軍事》(a) 部隊;《複数で》軍, 軍隊．die alliierten ～*n* 連合軍．leichte ～*n*《話》《総称として》娼婦．reguläre ～*n* 正規軍．von der schnellen ～ sein《話》すばやく行動する; 仕事が早い．*seine* ～*n* zusammenziehen⟨in Marsch setzen⟩ 軍を集結する⟨進発させる⟩．(b)《複数なし》前線部隊．die kämpfende ～ 戦闘部隊．**2**（芸人などの)一座．

'**Trup·pen·ab·bau** 男 -[e]s/ 兵力削減．

'**Trup·pen·be·we·gung** 女 -/-en《多く複数で》《軍事》部隊の(作戦的)移動．

'**Trup·pen·gat·tung** 女 -/-en《軍事》兵科，兵種．

'**Trup·pen·pa·ra·de** 女 -/-n《軍事》閲兵(しき)，観兵式，観閲式．

'**Trup·pen·schau** 女 -/-en《軍事》=Truppenparade

'**Trup·pen·teil** 男 -[e]s/-e《軍事》部隊，部隊．

'**Trup·pen·übungs·platz** 男 -es/ᵁe《軍事》演習場，練兵場．

'**Trup·pen·ver·band[s]·platz** 男 -es/ᵁe《軍事》(前線の)仮包帯所，応急手当所．

'**trupp·wei·se** [ˈtrʊpvaɪzə] ❶ 形《付加語的用法のみ》部隊ごとの，個々の隊に分かれた．❷ 副 ～ abmarschieren 隊ごとに進発する．

Trust [trast, trʊst] 男 -[e]s/-e(-s) (*engl.*)《経済》トラスト，企業合同．

'**Trut·hahn** [ˈtruːtha:n] 男 -[e]s/ᵁe《鳥》雄の七面鳥．

'**Trut·hen·ne** 女 -/-n 雌の七面鳥．

'**Trut·huhn** 中 -[e]s/ᵁer《鳥》**1**《多く複数で》七面鳥類．**2** =Truthenne

Trutz [trʊts] 男 -es/《古》抵抗，反抗．zu Schutz und ～ 防衛(防御)のために．et⟨j⟩³ ～ bieten 事⟨人⟩³に抵抗(反抗)する．

'**trut·zen** [trʊtsən] 自《古》(人⟨物⟩³に)抵抗(反抗)する，逆らう．

'**trut·zig** [trʊtsɪç] 形《古》抵抗の姿勢の固い，応戦の姿勢の．

準備を整えた．

'**Trutz·waf·fe** 女 -/-n《古》攻撃用兵器．

Tryp'sin [trɪpˈsiːn] 中 -s/ (*gr.*)《生理》トリプシン．

Tschai'kows·ki [tʃaɪˈkɔfski]《人名》Pjotr Iljitsch ～ ピョートル・イリイチ・チャイコフスキー(1840-93, ロシアの作曲家)．

'**Tscha·ko** [ˈtʃako] 男 -s/-s (*ung.*)《古》シャコ(羽根の前立てのついた円筒形の軍帽)．

tschau [tʃaʊ] 間 =ciao

'**Tsche·che** [ˈtʃɛçə] 男 -n/-n チェック(チェコ)人(ボヘミアおよびモラヴィアに住む西スラブ族の人)．

'**Tsche·chien** [ˈtʃɛçiən]《地名》チェコ(共和国，首都 Prag)．

'**tsche·chisch** [ˈtʃɛçɪʃ] 形 チェック(チェコ)(人, 語)の．↑deutsch

Tsche·cho·slo'wa·ke [tʃɛçoslo'vaːkə] 男 -n/-n (旧)チェコスロヴァキア人．◆女性形 Tschechoslowakin 女 -/-nen

Tsche·cho·slo·wa'kei [..slova'kaɪ] 女 -/《地名》die ～ (旧)チェコスロヴァキア．

tsche·cho·slo'wa·kisch [..slo'va:kɪʃ] 形 (旧)チェコスロヴァキアの．die *Tschechoslowakische Sozialistische Republik*《略 ČSSR》《歴史》チェコスロヴァキア社会主義共和国．

'**Tsche·chow** [ˈtʃɛçɔf]《人名》Anton Pawlowitsch ～ アントン・パーヴロヴィチ・チェーホフ(1860-1904, ロシアの小説家・劇作家)．

'**tschil·pen** [ˈtʃɪlpən] 自 (雀が)ちゅんちゅん鳴く．

tschüs [tʃyːs] 間 (*fr.*) *Tschüs!*《話》さよなら，バイバイ，じゃあね．

tschüss [tʃʏs] 間 =tschüs

Tsd.《略》=Tausend

'**Tse·tse·flie·ge** [ˈtseːtseː.., ˈtsɛtse..] 女 -/-n《虫》ツェツェばえ．

'**T-Shirt** [ˈtiːʃɵːrt, ..ʃœrt] 中 -s/-s (*engl.*) Tシャツ．

'**T-Trä·ger** [ˈteːtrɛːgɐr] 男 -s/《建築》T形梁(は)，T形鋼，T形材．

tu [tuː] tun の du に対する命令形．

TU [teːˈʔuː] 女 -/-s《略》=Technische Universität 工業大学．

'**Tu·ba** [ˈtuːba] 女 -/..ben [..bən] (*lat.*, ‚Röhre') **1**《専門語と成句的に》《解剖》 ～ [auditiva [aʊˈdiːtiːva]] 耳管．～ [uterina [uteˈriːna]] 卵管．**2**《楽器》チューバ．

'Tu·ben [ˈtuːbən] Tuba, Tube, Tubus の複数．

Tu'ber·kel [tuˈbɛrkəl] 男 -s/(ᴅᴠ -s) 女 -/-n (*lat.*)《解剖》(小)結節，小瘤;《病理》結節; 結核結節．

Tu·ber·kel·bak·te·rie 女 -/-n《細菌》結核菌．

Tu·ber·kel·bak·te·ri·um 中 -s/..en =Tuberkelbakterie

Tu·ber·kel·ba·zil·lus 男 -/..zillen =Tuberkelbakterie

Tu·ber·ku'lin [tubɛrku'liːn] 中 -s/《医学》ツベルクリン．

tu·ber·ku'lös [tubɛrku'løːs] 形《医学》結核(性)の，結核にかかった(冒された)．

Tu·ber·ku'lo·se [tubɛrku'loːzə] 女 -/-n (↓Tuberkel)《略 Tb, Tbc》《病理》結核．

*'**Tu·be** [ˈtuːbə トゥーベ] 女 -/-n (*lat.*) **1** チューブ, 管．eine ～ aufschrauben⟨zuschrauben⟩ チューブの蓋をとる⟨しめる⟩．auf die ～ drücken《話》アクセルを踏む, スピードをあげる; 馬力をかける; 派手に演技する; おおいにはしゃぐ．**2**《解剖》管; 耳管, 卵管．

tu·ber·ku·lo·se·krank [略 Tb-krank, Tbc-krank] 結核の, 結核にかかった(冒された).

Tu·be·ro·se [tube'ro:zə] 囡 -/-n (lat.)〖植物〗チュベローズ, げっかこう(月下香), オランダすいせん.

Tü·bin·gen ['ty:bɪŋən]〖地名〗テュービンゲン(ドイツ南西部のバーデン‐ヴュルテンベルク州, ネッカー河畔にある大学都市).

Tu·bus ['tu:bʊs] 男 -/..ben[..bən](-se) (lat., Röhre) 管, 筒, チューブ, 筒型容器;〖光学〗(望遠鏡などの)鏡胴;〖医学〗挿入管, カニューレ;〖解剖〗管状器官.

Tuch [tu:x トゥーフ] 匣 -[e]s/Tücher(-e) **1**(複数 Tücher) (特定の用途を持った)布(ハンカチ・タオル・シーツなど). Hals*tuch* ネッカチーフ. Hand*tuch* タオル. Taschen*tuch* ハンカチ. sich¹ ein ~ um den Hals binden⟨um die Schultern schlagen⟩ ネッカチーフを首に巻く⟨ショールを肩に掛ける⟩. ein rotes⟨das rote⟩ ~ für j³ sein / wie ein rotes⟨das rote⟩ ~ auf j³ wirken〔話〕人⁴の神経にさわる, (を)いらいら(かっか)させる. Der Torero reizte den Stier mit dem roten ~. 闘牛士は赤い布で雄牛を怒らせた. **2**(複数 -e) (a) 布地, 織物, 生地. wollenes⟨englisches⟩ ~ ウールの布地⟨イギリス製の服地⟩. buntes ~〔話〕〔古〕兵隊. leichtes ~〔地方〕〔古〕極楽とんぼ. (b)〔船員〕(Segeltuch) 帆布.

'Tü·chel·chen ['ty:çəlçən] 囲 -s/- Tuch の縮小形.

'tu·chen ['tu:xən] 形〔付加語的用法のみ〕布(製)の.

'Tü·cher ['ty:çər] Tuch の複数.

'Tuch·fa·brik 囡 -/-en 織物工場.

'Tuch·füh·lung 囡 -/(ごく近くに立っている人間どうしの)軽い体の接触;〔比喩〕(親密な)関係(連絡, 接触). ~ mit j³ haben 人³と体を触れ合わせて(と)(親密に)つきあう(連絡をとる). die ~ zu j³ verlieren 人³との連絡(関係)を失う. auf ~ bleiben (密に)連絡をとり合っている. auf ~ kommen 親しい間柄になる. in ~ mit j³ kommen 人³に近づく;(と)親密になる. in ~ sitzen 体が触れるほどくっついて座っている.

'Tuch·händ·ler 囲 -s/- 織物商人, 呉服商.

***'tüch·tig** ['tʏçtɪç テュヒティヒ] 形 **1** 有能な, 腕のよい. ein ~er Beamter 能吏. eine ~e Hausfrau 働き者(しっかり者)の主婦. Er ist sehr ~. 彼はできる(凄腕だ). **2**〔話〕(仕事・業績などが)立派な, すぐれた, しっかりした. Tüchtig, ~!〔反語〕いやご立派ご立派. ~e Kenntnisse besitzen しっかりとした知識を持っている. ein ~er Strick〔古〕じょうな縄.〔名詞的用法で〕etwas Tüchtiges lernen ちゃんとした(役に立つ)ことを学ぶ. **3**〔話〕〔述語的には用いない〕著しい, 甚しい, 相当な. ein ~er Esser 大食漢, 健啖(ﾀﾝ)家. eine ~e Scheibe Brot 分厚いパン 1 切れ. ein ~er Schrecken 総毛立つような恐怖. ein ~es Stück Arbeit 山のような仕事. eine ~e Tracht Prügel bekommen 散々殴られる.〔副詞的用法で〕Es ist heute ~ kalt. 今日はひどく(ものすごく)冷える. ~ essen もりもり(たらふく)食べる. j³ ~ die Meinung sagen 人³に散々文句を言う, (を)とっちめる. j⁴ ~ verhauen 人⁴をしたたか殴りつける.

'Tüch·tig·keit 囡 -/ 有能であること; 優れていること.

'Tü·cke ['tʏkə] 囡 -/-n **1** 悪巧み, 策略, 奸計;(機械などの)欠陥. die ~ des Objekts〔諺〕ひょっとしたときに不意にぶつかる予期せぬ困難(障害). die ~ des Schicksals⟨des Zufalls⟩ 運命⟨偶然⟩のいたずら. Er war allen ~n des Meeres ausgesetzt. 彼は海にひそむありとあらゆる危険にさらされていた. Der Strom hat seine ~n. この川は危険だ. j³ eine ~ spielen 人³をひどい目に遭わせる. 欺く. **2**(複数なし) 悪意. Er ist (steckt) voller ~. 彼は悪意にみちちている. mit List und ~ 手練手管を用いて, あの手この手で.

'tu·ckern ['tʊkərn] 圁(h, s) **1** (h) (モーター・車などが)タカタカと音をたてる. **2** (s) タカタカと音をたてて進んで行く.

'tü·ckisch ['tʏkɪʃ] 形 **1** 悪意のある, 陰険な; 奸計にみちた. ein ~er Mensch 陰険な人, 策謀家. **2** 危険をひめた, 油断できない. eine ~e Krankheit 悪性の(油断のならない)病気.

'Tü·der ['ty:dər] 男 -s/-《北ドツ》放牧場の家畜をつなぐ綱(鎖).

'tü·dern ['ty:dərn] 囮《北ドツ》**1**(家畜を綱(鎖))で)つなぐ. **2** 大雑把に(ゆるく)結びつける.

'tu·end ['tu:ənt] tun の現在分詞.

Tu·e·rei [tu:ə'raɪ] 囡 -/〔話〕気取り, もったいぶったしぐさ.

Tuff¹ [tʊf] 男 -s/-e (lat.)〖地質〗凝灰岩, 石灰華.

Tuff² 男 -s/-e (fr.)〔地方〕(花)束.

'Tuff·stein 男 -[e]s/-e〖地質〗凝灰岩.

Tüf·te'lei [tʏftə'laɪ] 囡 -/-en **1**〔話〕〔複数なし〕面倒な仕事にこだわり続けること. **2** 面倒な仕事.

'tüf·te·lig ['tʏftəlɪç] 形〔話〕**1** しち面倒くさい, 肩のこる, やっかいな. eine ~e Arbeit 面倒な仕事. **2** 些細なことにこだわる, 重箱の隅をほじくるような性格の. eine ~e Person 些事に拘泥(ﾃ)する人.

'tüf·teln ['tʏftəln] 圁〔話〕**1** やっかいな(面倒な)仕事にねばり強くとりくむ. Er hat *tüftelte* lange an einer Verbesserung der Maschine. 彼は長いあいだねばり強くその機械の改良にとり組んだ. **2** (über et⁴) 事⁴のことをあれこれ思い悩む.

'Tüft·ler ['tʏftlər] 男 -s/-〔話〕些細なことにこだわる人, 重箱の隅をほじくるような性格の人.

***'Tu·gend** ['tu:gənt トゥーゲント] 囡 -/-en **1**(複数なし) 徳, 美徳. Er ist ein Ausbund an⟨von⟩ ~.〔反語〕彼こそ高徳の士というものだ. vom Pfad der ~ abweichen 徳(人倫)の道を踏みはずす. **2** 徳目, 美徳; (道徳的)長所, 美点. die ~ der Besonnenheit 分別という美徳. Jeder Mensch hat seine ~en und seine Fehler. 人は誰でも長所もあれば短所もある. aus der Not eine ~ machen 禍を転じて福となす. **3**〔複数なし〕〔古〕 (Keuschheit) 貞潔, 純潔. einem Mädchen die ~ rauben 娘の純潔を奪う.

'Tu·gend·bold 男 -[e]s/-e〔侮〕道徳家ぶった人, 道学者先生.

***'tu·gend·haft** ['tu:gənthaft トゥーゲントハフト] 形 徳の高い, 有徳の; 高潔な; 貞潔な.

'Tu·gend·haf·tig·keit 囡 -/ 徳の高いこと; 有徳, 高潔; 貞潔.

'Tu·gend·leh·re 囡 -/-n〔古〕〖哲学〗道徳哲学.

'tu·gend·reich 形〔古〕徳の備わった, 有徳の.

'Tu·gend·rich·ter 男 -s/-〔侮〕道学者先生, 小言幸兵衛.

'tu·gend·sam [tu:gəntza:m] 形〔古〕徳の高い, 有徳の, 貞潔な; 道徳(倫理)的な.

Tüll [tʏl] 男 -s/-e〖紡織〗チュール織り(フランスの都市テュル Tulle にちなむ).

'Tül·le ['tʏlə] 囡 -/-n **1**(ポットなどの)口. **2**(道具などの)筒状部; (鋤などの柄を差込む)受け口, (燭台の)蝋燭(ｿｸ)差し.

***'Tul·pe** ['tʊlpə トゥルペ] 囡 -/-n (türk., Turban) **1**

《植物》 チューリップ(属). **2** (ビール用の)チューリップ型のグラス. **3** 《話》変り者, おかしなやつ.

'Tul·pen·baum ['tʊlpən..] 男 –[e]s/–⁺e 《植物》ゆりのき, はんてんぼく.

'Tul·pen·zwie·bel 女 –/–n チューリップの球根.

..tum [..tu:m] 《接尾》名詞(まれに形容詞・動詞)につけて中性名詞(まれに男性名詞)(–s/–er)をつくる. **1** 《地位およびその勢力圏の意を表す》Fürsten*tum* 侯国. König*tum* 王制; 王国. Papst*tum* 教皇職; 教皇制度. **2** 《精神や気質》Germanen*tum* ゲルマン精神. Künstler*tum* 芸術家気質. Volks*tum* 民族性. **3** 《宗教・文化》Christen*tum* キリスト教; キリスト教文化. **4** 《集合的に階層》Bürger*tum* 市民階級. Beamten*tum* 官吏層. Ritter*tum* 騎士階級; 騎士道. **5** 《集合名詞をつくる》Brauch*tum* 習慣, しきたり. Schrift*tum* 文献. **6** 《形容詞・名詞につけて「もの, こと」の意を表す》Alter*tum* 古代. Eigen*tum* 所有物(権). Irr*tum* 錯誤. Reich*tum* 豊かさ; 富. Wachs*tum* 成長.

'tum·meln ['tʊməln] ❶ 再 (**sich**⁴) **1** はね(はしゃぎ)回る, 元気にかけ回る. **2** 《地方》急ぐ. ❷ 自 (s) 《地方》ふらふらと進んで行く. ❸ 他 《古》(馬を)乗回して運動させる.

'Tum·mel·platz ['tʊməl..] 男 –es/–⁺e (とくに子供の)遊び場, 屋外遊戯場.

'Tümm·ler ['tʏmlər] 男 –s/– **1** 《動物》Kleiner ~ ねずみいるか. Großer ~ ばんどういるか. **2** 《鳥》宙返り鳩(飛行中に宙返りするかわらばとなどの総称).

'Tu·mor ['tu:mo:r, tu'mo:r] 男 –s/Tumore[n] [tu'mo:rə(n)] (*lat.*)《医学》腫瘍(しゅよう); (病気による)腫瘤(しゅりゅう).

'Tüm·pel ['tʏmpəl] 男 –s/– 沢, 小さな沼; 水溜り.

Tu'mult [tu'mʊlt] 男 –[e]s/–e (*lat.* ‚Lärm') 騒がしさ, 喧噪; 騒ぎ, 混乱.

Tu·mul·tu'ant [tumʊltu'ant] 男 –en/–en 《まれ》騒ぎを起した者, 煽動者; 暴徒.

tu·mul·tu'a·risch [tumʊltu'a:rɪʃ] 形 =tumultuös

tu·mul·tu'ös [..'ø:s] 形 騒がしい, 騒然たる.

tun* [tu:n トゥーン] tat, getan ❶ 他 **1** 《ふつう人を主語として》(a) する, おこなう, 《義務などを》はたす. *seine* Arbeit 〈*seine* Pflicht〉 ~ 仕事をする〈義務をはたす〉. *sein* Bestes 〈*sein* Möglichstes〉 ~ 最善をつくす. Gutes 〈Unrecht〉 ~ 善行をする〈不正を働く〉. *Tu* das nie wieder! 二度とこんなことをするな. Wer hat das *getan*? 《話》誰がやったんだ, 犯人は誰だ. das eine ~, das andere nicht lassen これはこれ, それはそれですべきことはしなければならない (↓ 《新約》マタ 23:23). es ~《話》あれ(セックス)をする(j³ 人³と); 《まれ》マスをかく. *Tu's* doch.《話》やるならやってごらん. Du *tust* es ja doch nicht!《話》どうせおまえは口だけだ. So *tu* doch etwas!《手をこまぬいていないで》なんとかしろよ. So etwas〈Das〉*tut* man nicht.《話》そんなことはやっちゃいけない. den ganzen Tag nichts ~ 1 日中なにもしない(ぶらぶらしている). Wir können nichts mehr ~. 私たちはもうどうにも手の打ちようがない. Er *tut* nichts als schlafen. 彼は眠ってばかりいる. Ich weiß nicht, was ich ~ soll. 私はどうしたらいいか分からない. Dann *tu* mal was!《戯》ちっとは御神輿(みこし)を上げたらどうだ. Man *tut*, was man kann.《話》(誉められたときなどに)一生懸命(なんでも)やります. Du kannst ~ und lassen, was du willst. 君は好き勝手にしていい. *Tu*, was du willst! 好きなようにしろ. Was *tust* du hier?《話》君はこんなところでなにをしているの(ここにしかの用があるの). Was hast du denn *getan*?《話》君はいったいなにをしでかしたんだ. Was ~? さてなんとしたものだろうか. Was *tut* man nicht alles.《話》ほんとうにもでもしなければいけないんだ. Ich will sehen, was ich ~ kann〈was sich⁴ ~ lässt〉. なにができるかともかくやってみましょう. *Tu*, was du nicht lassen kannst! どうなと勝手になさい. 《前置詞と》nichts **an** et³ ~ 事³ (仕事などに) さっぱり手をつけない. viel an j³ ~《話》人³に(大いに)つくす. et⁴ **für** j⁴ ~ 人⁴のために事をする. Du solltest mal etwas für dich ~. 一度おつまを診てもらったほうがいいよ, 一度休んだほうがいいよ. Was kann ich für Sie ~?あなたになにかしてあげられることがありますか. et⁴ für *seine* Gesundheit ~ 健康のために事⁴をする. Dagegen kann man nichts mehr ~. それに対してはもう手の打ちようがない. et⁴ **mit** et³ ~ 物³で事⁴をする. Was willst du mit dem Geld ~? そのお金をどうするんに使う)つもりで. Was *tut* man denn mit einer Schere?(幼児に)はさみはいったいなにに使うものですか. 《過去分詞で》Nach *getaner* Arbeit ist gut ruhn.《諺》仕事をすませばゆっくり休める. So, das wäre *getan*!《話》さあ終ったぞ, どうやら片ついた. Die Arbeit will ja *getan* sein. この仕事はぜひともやらねばならない. Das ist leichter gesagt als *getan*. それは言うは易く行うは難しだ. [Wie] gesagt, [so] *getan*. 言うが早いか実行だ. Mit et³ ist es nicht *getan*. 事³だけでは十分でない. Damit ist es noch nicht *getan*. そんなことではまだ不十分だ. Es ist um ihn *getan*.《雅》彼はもうだめだ(おしまいだ). (b)《**zu** 不定詞句のかたちで動詞 **haben** などとともに》viel〈nichts〉 zu ~ haben することがたくさんある〈なにもない〉. Hast du nichts anderes zu ~ als hier herumzusitzen? こんなところでぼんやり座ってないほかにすることがないのかい. Es bleibt noch manches zu ~. まだ仕事がたくさん残っている. Es bleibt nur noch eines zu ~. もうあと一仕事だ. Es gibt viel zu ~. することがたくさんある. j³ etwas zu ~ geben 人³に仕事をあたえる.《目的語なしで》Ich habe im Augenblick zu ~. 私はいま手がはなせない. Ich habe noch im Büro zu ~. 私はまだオフィスに仕事が残っている. Wir hatten gestern gut zu ~. きのうはお客さんが多くて)なかなか忙しかった. (c) j³ et⁴ ~ 人³に事⁴をする. j³ Böses〈Gutes〉 ~ 人³に(意地の)悪いことをする〈親切にする〉. j³ ein Leid ~ 人³に危害を加える. j³ einen Gefallen ~ 人³に親切にする(好意を示す). Bitte *tu* mir den Gefallen 〈die Liebe〉 und hol mir ein Gläschen Wein! 悪いけどワインを一杯取ってきてくれないかい. Keine Angst, ich *tue* dir nichts. 怖がらないで, 私は君になにもしないから. Der Hund *tut* [dir] nichts. この犬は咬まないよ. sich³ was an der Stirn ~ 額にけがをする. sich³ ein Leid ~《古》自殺する. (d)《機能動詞として》einen Blick aus dem Fenster〈hinter die Kulissen〉 ~ 窓からちらっと外を見る〈舞台裏を覗く〉. keinen Handschlag ~ なにもしない, のらくらする. einen Schrei ~ 叫び声をあげる. einen Sprung ~ 跳躍する.《非人称的に》Plötzlich *tat es* einen furchtbaren Knall. 突然どかんというものすごい音がした. (e)《前出の動詞を受ける代名詞を目的語にして》Sie bat ihn, noch eine Weile zu bleiben, aber das *tat* er nicht. 彼女は彼にもうしばらく帰らないでと頼んだが彼はそうしなかっ

Tun

た. Ich riet ihr zu schweigen, was sie dann auch *tat*. 私は彼女に黙ったほうがよいといい,彼女もそうした. (f) *et*⁴ nicht unter *et*³ ～《話》物⁴以下では満足乙しない. Darunter *tue* ich es nicht. 少なくともそれだけは出してもらいたい(頂きたい). Fünf Bier und fünf Schnäpse, darunter *tut* er's nicht.《戯》ビール5杯にシュナップス5杯,それくらい彼は軽くいける.

2《物が主語》(a)《影響などを》ひき起す,もたらす. Wunder ～《薬などが》すごくよく効く. Das *tut* nichts.《話》なんでもない. Was *tut* das schon?《話》それでどうなるというの,それがどうしたというの. Was *tut*'s?《話》で,どうだというんだい. Was *tut* das Messer hier im Werkzeugkasten?《話》ナイフ乙んな道具äÆÆ'に入れてどうすきつ. (b)《不定の *es*⁴ と》《話》間に合う,用が足せる,機能する. Ein Fußschemel *tut*'s auch. 足置きでも用は足りる. Das allein *tut*'s nicht. それだけではだめだ(十分でない). Der Anzug *tut*'s noch eine Zeitlang. この背広はまだしばらく着られる.《*es*⁴ なしで》Der Wagen *tut* [es] noch. この自動車はまだ走る. Der Fernseher *tut* [es] nicht mehr [richtig]. このテレビはもう寿命だ.

3《方向を示す語句を》運ぶ,持ってゆく,入れる,置く. Salz an⟨in⟩ die Suppe ～ スープに塩を入れる. A⁴ auf B⁴ ～ A⁴ を B⁴ の上にのせる(置く). das Geld auf die Bank ～ 金を銀行に預ける. *seinen* Sohn auf eine andere Schule ～ 息子をべつの学校に転校させる. *et*⁴ beiseite ～ 物⁴をわきへやる. ein Kind in den Kindergarten ～ 子供を幼稚園に入れる. die Kleider von sich³ ～ 着ているものを脱ぐ. Wohin soll ich das ～? これはどこへ置いてきましょうか(どこへしまったらいいですか). Ich weiß jetzt gar nicht, wohin ich Sie ～ soll. あなたがどなたなのかもどうしても思い出せません. Den Jüngsten *tun* wir solange zur Oma. 末の息子はそのあいだおばあちゃんのところに預けます.

4 (a)《(*zu* 不定詞句の形でうつう不定の *es*⁴, あるいは *etwas, nichts* などを目的語とし,動詞 haben, bekommen などとともに》 es mit et⟨j⟩³ ～ haben 人⟨事⟩³ とかかわり合っている, (を)相手にしている. Wir haben es hier mit einem sehr schwierigen Fall zu ～. 我々はいま大変やっかいなケースにぶつかっている. Wissen Sie überhaupt, mit wem Sie es zu ～ haben?いったい誰と話しているおつもりですか(私を誰だと思っているのですか). Auf dem Gesundheitsamt habe ich immer mit Herrn Müller zu ～. 保健所へ行くと私はいつもミュラーさんに話を聞いてもらっている. es mit dem Herzen⟨einer Grippe⟩ zu ～ haben 心臓を患っている⟨流感にかかっている⟩. mit sich³ [selbst] zu ～ haben 自分のことで手一杯である. [*etwas*] mit j⟨et⟩³ zu ～ haben 人⟨事⟩³ と関係がある. Du hast aber auch ständig [*etwas*] mit der Polizei zu ～! にしても君はよく警察の厄介になっているね. Damit habe ich noch nie etwas zu ～ gehabt. こんなことは私もまだ経験がない. In seinem Beruf hat er viel mit Büchern zu ～. 職業柄彼はずいぶん本とのつき合いが深い. Das hat vielleicht etwas mit dem Wetter zu ～. これはもしかして天気と関係があるのかもしれない. mit *et*³ nichts zu ～ haben 事³と関わりの⟨関係が⟩ない. Er hat mit dem Einbruch nichts zu ～ haben. 彼はその押込み事件とは関係がない. Damit hast du nichts zu ～! それは君には関係ない. Das hat wohl nichts mehr mit Kunst zu ～. ここまでくるともう芸術とはいえないだろう. mit *et*⟨j⟩³ nichts zu ～ haben wollen 事⟨人⟩³ に関係したくない⟨人⟩³ と関わりたくない). [*es*] mit j³ zu ～ be-

kommen⟨《話》kriegen⟩ 人³とのあいだで面倒なことになる. Lass das sein, sonst bekommst⟨kriegst⟩ du es mit mir zu ～! いいかげんにしとけよ, でないと私が黙ってないぞ. Mit dem möcht' ich es nicht zu ～ kriegen.《話》あいつとのごたごたはごめんだ. [*es*] mit der Angst zu ～ bekommen⟨kriegen⟩ 心配(不安)になる. (b)《次の非人称的用法で》*Es* ist mir um dich⟨deine Gesundheit⟩ zu ～. 私は君のこと⟨君の健康⟩が問題(心配)なのだ. Ihm ist [*es*] doch nur um seinen Vorteil zu ～! いつも自分の利益しか頭にないじゃないか. *Es* ist mir sehr darum zu ～, dass... 私には…ということが大きな問題だ.

5《助動詞的に不定詞とともに》(a)《動詞の強調》Kochen *tut* sie gut⟨nicht gern⟩. 彼女は料理は得意⟨きらい⟩だ. Wissen *tu*' ich das schon. そんなこともとっくに知ってるよ. (b)《接続法II **täte** で, würde の代りに》《地方》Wenn bloß ein bisschen Luft gehen *täte*. そよとでも風が吹いてくれればなあ. Das *täte* mich schon interessieren. それはなかなかおもしろそうですね.

❷ 自 1 振舞う, 行動する, …のふりをする. Sie *tut* immer so freundlich. 彼女はいつだって愛想がいいふりをする. vornehm ～ 上品ぶる. wichtig ～ もったいぶる. 威張る. *Tu*[doch] nicht so! そんなに格好をつけるな; とぼけるな. Er *tut* nur so! 彼は格好(見せかけ)だけだ. gut⟨recht⟩ daran ～ …するのが賢明である⟨正しい⟩. Du *tätest* gut daran, zu schweigen. 君は黙っているほうがいいだろう. Er *tat* [so], als hätte er nichts gesehen. 彼はなにも見なかったようなふりをした. *Tu* [bitte ganz so], als ob du zu Hause wärst! 自分の家にいるつもりで楽にしたまえ.

2《話》旅行する. In diesem Jahr *tun* wir nach Nordeuropa. 今年私たちは北欧へ行く.

❸ 再 (sich⁴) 1《物事が》進行中である, 起る, 生じる. Da *tut* sich was. これはなにかが起っている. Bei dem *tut* sich doch nichts mehr!《話》あいつはあっちのほうがだめ(インポ)なんだ.

2 *sich* an *et*³ gütlich ～ 《話》物³をたらふく食べる(たっぷり楽しむ).

3《次の用法で》《話》sich wichtig ～ もったいをつける. *sich* albern ～ 馬鹿なまねをする.

♦ ¹ **Leid**, **Not**, **weh** とともに用いる場合については Leid, Not 5, wehtun を参照.

♦ ² *getan*

Tun 中 -s/ 行動, 行い. ein verräterisches ～ 裏切りの行為. j～ und Treiben⟨Lassen⟩《雅》人²の行状, 振舞, すること.

'**Tün·che** ['tʏnçə] 女 -/-n (↓ tünchen) **1** (壁などの上塗り用の)石灰塗料, 水漆喰. **2**《複数なし》みせかけ, 偽装; 上べだけの飾り.

tün·chen ['tʏnçən] 他 (物)⁴ に石灰塗料(水漆喰)を塗る.

'**Tun·dra** ['tʊndra] 女 -/..dren [..drən] 《*russ.*》《地理》ツンドラ, 凍土(とうど)帯.

Tu·ne·si·en ['tuːneˈzi̯ən] 中《地名》チュニジア(アフリカ北部の共和国, 首都チュニス Tunis).

tu·ne·sisch [tu:ˈneːzɪʃ] 形 チュニジア(人)の.

'**Tun·fisch** ['tu:nfɪʃ] 男 -[e]s/-e =Thunfisch

Tun'gu·se [tʊŋˈguːzə] 男 -n/-n ツングース人(東部シベリアから満州北部に分布する民族).

'**Tu·nicht·gut** ['tu:nɪçtguːt] 男 -(-[e]s)/-e 不良(少年), ちんぴら, ごくつぶし.

'**Tu·ni·ka** ['tu:nika] 女 -/..ken[..kən]《*lat.*》**1** チュニック, トゥニカ(古代ローマで着用された貫頭衣). **2**《服

飾）チュニックスカート、オーバースカート.

Tu·nis ['tu:nɪs] 圏 チュニス(チュニジアの首都).

Tun·ke ['tʊŋkə] 囡 -/-n 《地方》肉汁、ソース.

tun·ken ['tʊŋkən] 囮《地方》浸す、漬ける.

tun·lich ['tu:nlɪç] 厖 **1**《古》得策の、適切な. **2** 可能な. so rasch wie nur ~ / sobald als [irgend] ~ できるだけ速く.

tun·lichst ['tu:nlɪçst] 副 **1** 可能な限り、できるだけ. **2** 是非とも、絶対に.

Tun·nel [ˈtʊnəl トゥネル] 圐 -s/-[s] (*engl.*) トンネル、隧道(ぎ)；地下道.

Tun·te ['tʊntə] 囡 -/-n 《侮》しゃくぶる女、澄まし屋の女；《卑》女役のホモ.

Tupf [tʊpf] 圐 -[e]s/-e 《南ﾄﾞ》 =Tupfen

Tüp·fel ['tʏpfəl] 圐⊞ -s/- **1**《まれ》=Tüpfelchen **2**《植物》壁孔.

Tüp·fel·chen ['tʏpfəlçən] ⊞ -s/- (Tüpfel の縮小形) 小さな点、斑点．《比喩》些細なこと. nicht ein ~ an et³ ändern 事³に一点の変更も加えない. das ~ auf dem i 《話》画竜点睛、最後の仕上げ. aufs ~ genau / bis aufs [letzte] ~ 極めて綿密に.

tüp·fe·lig ['tʏpfəlɪç] 厖 **1**《まれ》斑点(点々、水玉模様)のある. **2**《地方》些事にこだわる、神経質な.

tüp·feln ['tʏpfəln] 囮 斑点(点々、水玉模様)をつける. ♦ ≳ getüpfelt

'tup·fen ['tʊpfən] ❶ 囲 (an〈auf〉et⁴ 物⁴に)とんとん(こつこつ)叩く. j³ auf die Schulter ~ 人³の肩を軽く叩く. ❷ 囮 **1**（物⁴に）水玉模様をつける. 《過去分詞で》ein [blau] getupftes Kleid (青い)水玉模様のワンピース. **2**（押さえるようにして）拭く、拭き取る. sich³ den Mund mit der Serviette ~ ナプキンで口を拭く. sich³ [mit einem Tuch] den Schweiß von der Stirn ~ 〈ハンカチで〉額の汗を拭く. **3**（薬などを叩くように）塗る. (auf et³ 物³に) 〜. ein wenig〈etwas〉Jod auf die Wunde ~ 傷口にヨードチンキを少し塗る.

'Tup·fen 圐 -s/- (↓ tupfen) 斑点、水玉模様.

'Tup·fer ['tʊpfɐ] 圐 -s/- **1**（血や膿をぬぐう）パッド、綿球、タンポン. **2** 斑点、水玉模様. **3**《狩猟》銃の引き金.

Tür

[ty:r テューア] 囡 -/-en 戸、扉、ドア；（扉のついた）出入り口、戸口、玄関(口). eine eiserne ~ 鉄の扉(鉄扉). die ~ zur Küche 台所へのドア. die ~ öffnen〈schließen〉ドアを開ける〈閉める〉. Er hörte, wie die ~ ging. 彼はドアが開く(閉まる)のを聞いた. Er wohnte eine ~ weiter. 彼は隣に住んでいた. Da ist die ~! 《話》出ていけ、おひきとり願いましょう. Ihm stehen alle ~en offen. 彼にはありとあらゆる門が開かれている；彼はどこにでも顔が利く. Tag der offenen ~ 公開見学(一般参観)日. Politik der offenen ~ 門戸開放政策. j³ die ~ einlaufen〈einrennen〉人³をうるさく訪ねる. offene ~en einrennen《話》無駄骨を折る、いらぬ努力をする. überall offene ~en finden どこへいっても歓迎される. nur verschlossene ~en finden どこへいっても冷たく断られる. Du kriegst die ~ nicht zu! 《卑》そんな馬鹿な、こいつはあきれた. Mach die ~ von außen zu! 《話》とっととうせろ（出ていけ）. die ~ offen halten〈offenhalten〉/ die ~ nicht zuschlagen 交渉(話し合い)の余地を残しておく(für et⁴ 事⁴のために). sich³ eine ~ offen halten〈offenhalten〉《話》いつも逃げ道(次の手)を用意しておく. j³ eine ~ öffnen 人³の力になってやる、(の)ために一肌脱ぐ. et³

~ und Tor öffnen 事³に門戸を開く；事³(悪事)を野放しにする. j³ die ~ weisen《雅》人³に出ていけと命ずる. die ~ zuschlagen《話》絶交する. j³ die ~ vor der Nase zuschlagen《話》人³の鼻先でドアを閉める；(に)門前払いを食らわせる.《前置詞と》**an** die ~ klopfen 戸をたたく. an alle ~en klopfen 方々当って(聞いて)みる. ~ an ~ mit j³ wohnen 人³と隣り合せに住む. **hinter** ~en ohne Klinke《話》ムショの中で(に入れられて). hinter verschlossenen ~en 密室で、秘密裡に. **in**〈unter〉der ~ stehen ドアの所に立っている. **mit** der ~ ins Haus fallen《話》単刀直入に言う、いきなり(ずばっと)きり出す. **von** ~ zu ~ gehen 一軒一軒まわる. **vor** seiner eigenen〈vor der〉~ kehren《話》(人のことをとやかく言うまえに)自分のことを片付ける. vor der ~ stehen (祝祭日などが)間近に迫っている. vor verschlossene ~en kommen / vor verschlossenen ~en stehen どこへいっても門前払いを食らう. vor die ~ 〈家の外へ、表へ〉. mit j³ vor die ~ gehen《話》人³と殴り合いをする. j⁴ vor die ~〈j³ den Stuhl vor die ~〉setzen 人⁴を解雇する；人⁴を追い(追い)出す. **zur** ~ hereinkommen〈hinausgehen〉玄関から入ってくる〈出ていく〉. **zwischen** ~ und Angel《話》大慌てで、大急ぎで. zwischen ~ und Angel sitzen《話》進退きわまっている(途方に暮れている).《慣用的表現で》Anders geht die ~ nicht zu. 《話》やむを得ぬ処置だ. Mit ihm kann man ~en einrennen. 《話》彼ばかりはどうしようもない馬鹿だ.

'Tür·an·gel 囡 -/-n ドアの蝶番(ﾁｮｳ).

'Tur·ban ['tʊrba:n, ..ban] 圐 -s/-e (*pers.*) ターバン；《服飾》ターバン風の婦人帽.

Tur·bi·ne [tʊr'bi:nə] 囡 -/-n (*fr.*)《工学》タービン.

'Tur·bo ['tʊrbo] 圐 -s/-s **1** ターボチャージャー、ターボエンジン. **2** ターボ車.

'Tur·bo·ge·ne·ra·tor ['tʊrbogenəra:to:r] 圐 -s/-en《工学》タービン発電機.

tur·bu·lent [tʊrbu'lɛnt] 厖 (*lat.*) **1** てんやわんやの；騒がしい、騒然とした；不穏な. Heute ging es ~ zu. 今日は大騒ぎだった. **2**《物理》乱れた.

Tur·bu·lenz [tʊrbu'lɛnts] 囡 -/-en (*lat.*) **1**《複数なし》てんやわんや、大騒ぎ、騒動；動揺、混乱. **2**《物理》（流れの）乱れ.

'Tür·chen ['ty:rçən] ⊞ -s/- Tür の縮小形.

'Tür·drü·cker 圐 -s/- ドア自動開閉装置を作動させる押しボタン.

'Tü·re ['ty:rə] 囡 -/-n《古》=Tür

Turf [tʊrf] 圐 -s/- (*engl.*) **1** 競馬場. **2** 競馬.

'Tür·flü·gel 圐 -s/- (両開きドアの)扉.

'Tür·fül·lung 囡 -/-en ドアの鏡板.

'Tür·griff 圐 -[e]s/-e =Türklinke

'Tür·hü·ter 圐 -s/-《古》(宮殿などの)門番、門衛.

Tur·in [tu'ri:n] 圐 -s/- トリノ(イタリア北西部の都市).

'Tür·ke ['tʏrkə] 圐 -n/-n **1** トルコ人. **2**《話》いかにもありそうに見せかけたもの、まことしやかなもの. einen ~n bauen〈stellen〉いかにも真実らしく見せかける.

Tür·kei [tʏr'kaɪ] 囡 -/《地名》die ~ トルコ(共和国、首都アンカラ Ankara).

'Tur·kes·tan ['tʊrkesta(:)n] 《地名》トルキスタン(パミール高原の東西の地域).

'Tür·ket·te 囡 -/-n (防犯用の)ドアチェーン.

'Tür·kin ['tʏrkɪn] 囡 -/-nen トルコ人女性.

'Tür·kis¹ [tʏr'ki:s] 圐 -es/-e (*gr.*)《鉱物》トルコ石、トルコ玉、ターコイズ.

'Tür·kis² ⊞ -/ トルコ石色、青緑色、ターコイズブルー.

Türkis

'tür·kisch ['tʏrkɪʃ] 形 トルコ(人, 語)の, トルコ風の. ~es Bad トルコ風呂, 蒸し風呂. Türkischer Honig トルコのゼリー菓子(蜂蜜・砂糖・卵・ゼラチン・アーモンドなどを混ぜ合せてオーブンで焼いたもの). Türkischer Kaffee トルココーヒー. Türkischer Weizen ともろこし. ◆↑deutsch

'Tür·kisch 中 -[s]/ トルコ語. ↑Deutsch

'Tür·ki·sche ['tʏrkɪʃə] 中 (形容詞変化/定冠詞と) das ~ トルコ語; トルコ的なもの(特色). ◆↑Deutsche ②

'Tür·kisch·rot 中 -s/ トルコ赤, ターキーレッド.
tür'kis·far·ben 形 トルコ石色の, 青緑色の.
'Tür·klin·ke 女 -/-n ドアの取っ手(握り), ドアノブ.
'Tür·klop·fer 男 -s/- (ドア)ノッカー.
Turk·me·ne [tʊrk'meːnə] 男 -n/-n トルクメン人(中央アジア・西アジアに住むトルコ系民族).
'Turk·spra·che ['tʊrk..] 女 -/-n (多く複数で)チュルク語族(アルタイ語族に属し, トルコ語・キルギス語・タタール語・モンゴル語・ウズベク語などを含む).
'Turk·spra·che ['tʊrk..] 女 -/-n =Turksprache
*Turm [tʊrm トゥルム] 男 -[e]s/Türme (lat.) 1 塔, タワー; 櫓(やぐら); 《古》幽閉塔. ein spitzer ~ 尖塔. der Babylonische ~ バベルの塔. der Schiefe ~ zu Pisa ピサの斜塔. Türme auf j⁴ bauen 〈比喩〉人⁴を心底信頼する. im elfenbeinernen ~ sitzen〈leben〉象牙の塔にとじこもっている. j⁴ in den ~ werfen《古》人⁴を塔に幽閉する(投獄する). 2 《水泳》飛込台; 《軍事》砲塔, (潜水艦の)司令塔; 《土木》(ジブクレーンの)運転台; 《工学》(ステレオの)ボックス; 《写真》ルック, キャッスル; 《地形学》尖塔状の岩.
Tur·ma·lin [tʊrma'liːn] 男 -s/-e (fr.) 《鉱物》電気石.
'Türm·chen ['tʏrmçən] 中 -s/- 《Turm の縮小形》小塔.
'Tür·me ['tʏrmə] Turm の複数.
'tür·men¹ ['tʏrmən] ❶ 他 (塔のように)積上げる, うず高く積重ねる. die Bücher auf den Tisch ~ 書物を机の上に積上げる. ❷ 再 (sich) 積重なる; (塔のように)そびえ立つ. Wolken türmen sich am Himmel. 雲が空たかくわき上がっている.
'tür·men² ['tʏrmən] 自 (s) 《話》逃げる, ずらかる.
'Tür·mer ['tʏrmər] 男 -s/- 《古》塔の番人, 鐘楼守.
'Turm·fal·ke 男 -n/-n 《鳥》ちょうげんぼう.
'turm·hoch 形 塔のように高い, 高くそびえる; 《比喩》抜きん出た. turmhohe Wellen 山なす大波. j³ ~ überlegen sein 人³よりはるかに優れている.
..tür·mig [..tʏrmɪç](接尾)〈+Turm〉数詞などについて「...の塔をもった」の意の形容詞を作る.
'Turm·spit·ze 女 -/-n 塔の先端, (塔の上の)尖塔.
'Turm·sprin·gen 中 -s/ 《水泳》高飛込み.
'Turm·uhr 女 -/-en (教会や時計台などの)塔時計.
'Turm·wäch·ter 男 -s/- 《古》=Türmer
'Turn·an·zug ['tʊrn..] 男 -[e]s/²e 体操(運動)服.
*'tur·nen¹ ['tʊrnən トゥルネン] ❶ 自 (lat.) 体操をする. eine Kür〈eine Riesenfelge〉~ 自由演技(大車輪の演技)をする. am Reck ~ 鉄棒をする. mit j³ ~ 人³と(セックスで)一汗かく. ❷ 自 (s, h) 《話》1 (s) 身軽く跳んでいく, 巧みにすり抜けていく, するするのぼる. 2 (h) とびはねる.
'tur·nen² 自 麻薬をやる. 2 麻薬性(幻覚作用)を持つ, 麻酔効果がある; 〈比喩〉(音楽などが)人を酔わせる.
'Tur·nen 中 -s/ 体育; 体操.

'Tur·ner ['tʊrnər] 男 -s/- 体操をする人; 体操選手 体育専門家. ◆女性形 Turnerin 女 -/-nen
'tur·ne·risch ['tʊrnərɪʃ] 形 体操(体育)の.
'Tur·ner·schaft ['tʊrnərʃaft] 女 -/-en 体操チーム(選手団); 体操協会(クラブ).
'Turn·fest 中 -[e]s/-e 体育祭, 体操競技大会.
'Turn·ge·rät 中 -[e]s/-e 体操器具(用具).
'Turn·hal·le 女 -/-n 体育館, 屋内競技場.
'Turn·hemd 中 -[e]s/-en 体操(ランニング)シャツ.
'Turn·ho·se 女 -/-n 体操ズボン, トレーニングパンツ.
Tur'nier [tʊr'niːr] 中 -s/-e (fr.) 1 《歴史》(中世の)武совладdel(馬上)試合. 2 トーナメント, 勝ち抜き戦; 競技会. ~ um die Europameisterschaft im Tennis テニスのヨーロッパ選手権大会.
tur'nieren [tʊr'niːrən] 自 《古》(中世の騎士が)武совладdel(馬上)試合を行う.
Tur'nier·platz 男 -es/²e 《馬術》馬場.
Tur'nier·tanz 男 -es/²e 1 《複数なし》《スポーツ》競技ダンス. 2 (競技ダンスの)種目.
'Turn·leh·rer 男 -s/- 体操(体育)の教師.
'Turn·platz 男 -es/²e (屋外の)体操場.
'Turn·schuh 男 -[e]s/-e 体操用シューズ, 運動靴.
'Turn·stun·de 女 -/-n 体操(体育)の授業時間.
'Turn·übung 女 -/-en 体操(体育)の練習.
'Turn·un·ter·richt 男 -[e]s/-e 体操(体育)の授業.
'Tur·nus ['tʊrnʊs] 男 -/-se (gr.) 1 周期; 輪番, 順番. im ~ mit j³ 人³と交代で輪番に. in dreijährigen / im ~ von drei Jahren 3 年毎に, 3 年交替で. 2 (一連の出来事の)段階, 局面. 3 《法》(交替勤務の)番, 出(番).
'tur·nus·ge·mäß 形 ローテーション(順番)通りの.
'tur·nus·mä·ßig 形 1 定期(周期)的な. 2 ローテーション(順番)通りの.
'Turn·va·ter 男 -s/- 体操の父(ドイツの体育指導者ヤーン F. L. Jahn, 1778-1852 にたいする尊称).
'Turn·ver·ein 男 -[e]s/-e (略 TV) 体操(体育)協会.
'Turn·wart 男 -[e]s/-e 体操の指導者.
'Tür·öff·ner 男 -s/- 自動ドア開閉装置(室内で操作すると自動的に玄関口のドアが開く装置).
'Tür·pfos·ten 男 -s/- 戸口の両側の側柱, 抱(だき)の柱.
'Tür·rah·men 男 -s/- ドア枠, 戸口の枠.
'Tür·schild 中 -[e]s/-er ドアの表札.
'Tür·schlie·ßer 男 -s/- 1 ドアチェック. 2 (劇場の)ドア係, ドアマン.
'Tür·schloss 中 -es/²er ドアの錠, ロック.
'Tür·schwel·le 女 -/-n ドア(戸口)の敷居.
'Tür·ste·her 男 -s/- 《古》=Türhüter
'tur·teln ['tʊrtəln] 自 《戯》(男女が)仲のいい所を見せつける, いちゃつく. 2 《鳩》(鳩が)鳴く.
'Tur·tel·tau·be ['tʊrtəl..] 女 -/-n 《鳥》こきじばと(小雛鳩). ~ verliebt wie die ~n sein 《戯》(男女が)まるで小雛鳩のように仲がいい(いちゃついている).
'Tusch¹ [tʊʃ] 男 -[e]s/-e 1 《音楽》ファンファーレ. 2 《古》(学生同士の)侮辱; 排斥.
'Tusch² -es/-e 《話》=Tusche
'Tu·sche ['tʊʃə] 女 -/-n (↓ tuschen¹) 1 製図用インク; 墨汁. [chinesische] ~ 墨. 2 《地方》水彩絵の具. 3 マスカラ.
'Tu·sche·lei [tʊʃə'laɪ] 女 -/-en 1 《複数なし》(しきりに)ひそひそ話すこと. 2 ひそひそ話.
'tu·scheln ['tʊʃəln] (↓ tuschen²) ❶ 自 こそこそ(ひそひそ)話す, 私語をする; (当人のいないところで)噂をする. ❷ 他 j³ et⁴ ins Ohr ~ 人³に事⁴を耳打ちする.

'tu·schen ['tuʃən] 他 (fr.) 墨(水彩絵の具)で描く; 墨(製図用インク)で仕上げる. [sich³] die Wimpern ~ 睫毛にマスカラをつける.

'tu·schen² 他 《古》(一喝して)黙らせる.

'tu·schie·ren [tu'ʃi:rən, to..] 他 (↓tuschen¹) 1 (金属面に墨を塗った平らな板を押しつけて墨の付いた箇所を削って磨く). 2 《古》(beleidigen) 侮辱する.

'Tusch·kas·ten 男 -s/= 《地方》絵の具箱; 《俗》厚化粧した女.

'Tusch·ma·le·rei 女 -/-en 墨絵, 水墨画.

'Tusch·zeich·nung 女 -/-en 1 ペン画. 2 《地方》水彩画.

tut [tu:t] ❶ Tut! (警笛や号笛などの音)ぷーぷー.

'Tüt·chen ['ty:tçən] 中 -s/- 《Tüte の縮小形》小さな(3 角形の)紙袋.

'Tu·te ['tu:tə] 女 -/-n 1 《話》角笛, 警笛. 2 《地方》=Tüte

*'Tü·te ['ty:tə テューテ] 女 -/-n 1 (多く 3 角形の)紙袋, ビニール袋. eine ~ [voll/mit] Bonbons キャンディー 1 袋. ~n kleben 《話》ムショ暮しをしている. Suppe aus der ~ 《話》インスタントスープ. Das kommt nicht in die ~! 《話》それは問題(話)にならない. angeben wie eine ~ voll Mücken 《話》思いっきり(法螺を)吹きまくる. 2 《戯》間抜け, 抜け作. Du bist vielleicht eine ~. 君はどうも抜けているようだね. 3 《話》(飲酒運転の検査用)風船; (アイスクリームの)コーン. 4 aus der ~ geraten 《地方》うろたえる.

Tu'tel [tu'te:l] 女 -/-en (lat.) 《古》 (Vormundschaft) 後見.

'tu·ten ['tu:tən] 自 1 《古》 (auf et³ 物³を)ブーブーと鳴らす; ブーブー(ツーツー)と鳴る. auf einem Horn ~ 角笛をブーブーと鳴らす. Das Nebelhorn tutet. 霧笛がぼーと鳴る. mit j¹ in das gleiche〈dasselbe〉Horn ~ 最初から人³と意見を同じくする. 《中性名詞として》 von Tuten und Blasen keine Ahnung haben 《話》イロハも知らない, なにも分かっていない. 2 einen ~ (酒を)一杯ひっかける.

'Tu·tor [tu:to:r] 男 -s/-en [tu:to:rən] (lat.) 1 《教育》(新入生などに対する)助言指導者, 指導教員, チューター. 2 《法制》(ローマ法における)後見人.

Tu'to·ri·um [tu:to:riom] 中 -s/..rien [..riən] (チューターによる大学の補習授業.

'Tüt·tel ['tytəl] 男 -s/- 《地方》1 (Pünktchen) 小さな点, 小点. 2 乳頭, 乳首.

'Tüt·tel·chen ['tytəlçən] 中 -s/- 《古》《地方》1 (Tüttel の縮小形) 小さな点, 小点. 2 《比喩》ごくわずかな物. kein ~ 少しも(全然)...ない.

'tut·ti ['toti] 副 (it., alle¹) 《音楽》トゥッティ, 総奏で, 全合奏で.

'Tut·ti ['toti] 中 -[s]/-[s] 《音楽》トゥッティ, 総奏, 全合奏.

TÜV 男 -/(略) =Technischer Überwachungsverein 技術監督協会(ドイツの車検などを行う機関).

TV (略) 1 (engl.) =Television 2 =Turnverein

Tweed [tvi:t, twi:t] 男 -s/-e(-s) (engl.) 《紡織》ツイード(目の粗い毛織り服地).

Twen [tvɛn] 男 -[s]/-s (engl. twenty) 20 代の若者.

Twist¹ [tvɪst] 男 -es/-e (engl.) より糸.

Twist² [tvɪst] 男 -s/-s (↓Twist¹) 1 ツイスト(4 分の 4 拍子のダンス). 2 《話》球にひねりを与えること, ひねり球.

Ty·che ['ty:çə] ❶ 《人名》《ギ神話》テュケー(運命の女神, ローマ神話の Fortuna に当る). ❷ 女 -/ 運命; 幸運, 僥倖(ぎょうこう), チャンス.

Tym·pa·num ['tympanom] 中 -s/..na (gr.) 1 《楽器》テュンパノン(古代ギリシアの手太鼓). 2 (古代ギリシア・ローマの)太鼓形の水揚げ車. 3 《解剖》(中耳の)鼓室.

*Typ [ty:p テューブ] 男 -s/-en (gr.) 1 型, タイプ; 好みのタイプ, (機械などの)型, モデル. Menschen von fröhlichem〈melancholischem〉~ 陽性〈うつ病〉タイプの人々. ein Auto neuesten ~s 最新型の自動車. Er ist ein hagerer ~. 彼はやせ型だ. Er ist nicht der ~, so etwas zu tun. / Er ist nicht der ~, der so etwas tut. 彼はそんなことをするタイプでない. Fehler dieses ~s sind nur selten. この手の間違いはまず皆無に近い. Beide sind sich⁴ im ~〈vom ~ [her]〉sehr ähnlich. 両者はタイプとしては非常に似ている. Er gehört zu dem ~ [von] Männern, der für sein Häusel lebt. 彼はマイホーム型の男だ. 《慣用的表現で》Er ist mein ~.《話》彼って私のタイプよ. Dein ~ ist hier nicht gefragt. 《卑》君はここではお呼びじゃないんだけど. Dein ~ wird verlangt! 《話》あんたじゃないと駄目なんだって; あんたに(電話を)替ってってよ. 2 典型, 模範, 見本. ein ~ norddeutscher 〈für sein〉 北ドイツタイプ. der ~ des englischen Marineoffiziers 英国海軍将校の典型. 3 《単数 2 格 -s または -en》《話》(とくに若い)やつ, 野郎. ein doofer ~ あほう. ein netter ~ いいやつ. Kennst du den ~? やっこさんを知っているかい. 4 原型; 典型; 類型.

'Ty·pe ['ty:pə] 女 -/-n (fr.) 1 《印刷》(a) (Drucktype) 活字. (b) (タイプライターなどの)活字. 2 《俗》変人, 妙なやつ. eine miese ~ いやなやつ. 3 《製粉》(工業製品の)型, モデル. 4 《製粉》小麦粉の等級.

'ty·pen ['ty:pən] 他 (工業製品を)規格化する.

'Ty·pen [ty:pən] Typ, Type, Typus の複数.

'Ty·pen·druck 男 -[e]s/-e 《複数なし》活版印刷. 2 活版印刷物.

'Ty·pen·leh·re 女 -/ 《心理》類型学.

'Ty·pen·psy·cho·lo·gie 女 -/ 類型心理学.

Ty'phli·tis [ty'fli:tɪs] 女 -/..tiden [..fli'ti:dən] (gr.)《古》《医学》(Appendizitis) 虫垂炎, 盲腸炎.

ty'phös [ty'fø:s] 形 (gr.)《医学》発疹チフス(性)の.

*'Ty·phus ['ty:fos] 男 -/ (gr.) 《病理》チフス.

'Ty·pik ['ty:pɪk] 女 -/-en 1 =Typenpsychologie 2 =Typenlehre

*'ty·pisch ['ty:pɪʃ テューピッシュ] 形 1 典型的な; 特徴的な; 《他》模範的な. ein ~es Beispiel 典型的な例. Er ist ein ~er〈der ~e〉Berliner. 彼はちゃきちゃきのベルリーンっ子だ. Das ist ein ~er Männerberuf. それこそ男の仕事だ. Das sind die ~en Merkmale dieser Krankheit. これがこの病気の特徴的な症状である. Das ist ~ deutsch. これがドイツ流です. Das ist ~ für ihn. そういうとこがいかにも彼なのだ. 《慣用句で》Typisch!《話》やっぱり(またぞろ)これか. Typisch Mann〈Frau〉! ~《卑》男〈女〉というものだよねぇ. [Das ist] ~ Onkel Mayer! 《話》いかにもマイアーおじさんらしい(やり方)だね. 2 類型的な.

ty·pi'sie·ren [typi'zi:rən] 他 1 類別する. 2 類型化する. 3 =typen

Ty·po'graf [typo'gra:f] 男 -en/-en =Typograph

Ty·po·gra'fie [..gra'fi:] 女 -/-n =Typographie

ty·po'gra·fisch [..'gra:fɪʃ] 形 =typographisch

Ty·po'graph [typo'gra:f] 男 -en/-en (fr.) 1 《古》植字工; 印刷工. 2 植字機.

Ty·po·gra·phie [typogra'fi:] 囡 -/-n[..'fi:ən] (*fr.*) **1**《複数なし》活版印刷. **2** タイポグラフィー, タイポグラフィックアート.

ty·po'gra·phisch [typo'gra:fɪʃ] 厖 **1** 活版印刷の. ~*er* Punkt《略 p》〖印刷〗活字のポイント. **2** タイポグラフィーの.

Ty·po·lo·gie [typolo'gi:] 囡 -/-n[..'gi:ən] **1**《複数なし》類型学. **2** 類型, 典型的な特徴. **3**〖神学〗予型(予表)論(新約聖書に書かれている事柄はすでに旧約聖書に予表されているという説).

ty·po·lo·gisch [typo'lo:gɪʃ] 厖 **1** 類型学の, 類型学的な. **2**〖神学〗予型(予表)論の.

'Ty·pus ['ty:pʊs] 男 -/Typen [..pən] **1** 類型, 型, タイプ. **2** 典型, 規範.

Ty'rann [ty'ran] 男 -en/-en (*gr.*) **1**《古》(古代ギリシアの)僭主; 専制君主. **2** 暴君, 横暴な男. **3**〖鳥〗たいらんちょう(大蘭鳥).

Ty·ran'nei [tyra'naɪ] 囡 -/-en (*gr.*) **1** (古代ギリシアの)僭主政治; 専制政治, 圧政, 暴政. **2**《複数なし》暴虐, 横暴.

Ty'ran·nis [ty'ranɪs] 囡 -/ (*gr.*) **1**〖歴史〗専制政治, (古代ギリシアの)僭主政治. **2** 暴政, 圧政, 虐政.

ty'ran·nisch [ty'ranɪʃ] 厖 **1** 専制的な, 弾圧的な. **2** 暴君のような, 横暴な.

ty·ran·ni'sie·ren [tyrani'zi:rən] 他 (国を)暴力的に支配する, 圧政統治する. (国民を)虐げる; こき使う, (身勝手な要求などで)苦しめる. `sich⁴ von et⟨j⟩³ ~ lassen 物〈人〉³にふりまわされる, (の)いいなりになる.

Tz ['te:tsɛt, te'tsɛt] =Tezett

u, U

u, U[1] [uː] 中 -/- ドイツ語アルファベットの第 21 文字(母音字). ◆ 口語では単数 2 格および複数形を [uːs] と発音することがある.

U[2] ❶ (略) =Unterseeboot ❷ (記号)【化学】=Uran

ü, Ü [yː] -/- u, U の変音(ウムラウト)を表す文字(↑Umlaut). ◆ 口語では単数 2 格および複数形を [yːs] と発音することがある.

u. (略) =und

u. a. (略) **1** =und andere[s] その他, 等々. **2** =unter anderem, unter anderen とりわけ, なかんずく.

u. Ä., °**u. ä.** (略) =und Ähnliche[s]⟨°ähnliche[s]⟩ など, 等々.

u. a. m. (略) und andere[s] mehr その他, 等々.

u. A. w. g., **U. A. w. g.** (略) =um⟨Um⟩ Antwort wird gebeten ご返事を請う.

UB [uːˈbeː] (略) **1** =Unteroffizierbewerber **2** =Universitätsbibliothek

'**U-Bahn** [ˈuːbaːn] 女 -/-en (略) =Untergrundbahn

'**U-Bahn·hof** 男 -[e]s/⸚e 地下鉄の駅.

'**übel** [ˈyːbəl ユーベル] 形 **1** 吐き気を催させるような, いやな, 不快な. ein übler Geruch 悪臭, 異臭. nicht ~.《話》悪くない, けっこうな. Seine Arbeit ist nicht ~.《話》彼の仕事は捨てたものでもない. Wie geht's? — Danke, nicht ~!《話》元気ですか — ええ, まあなんとかね. Ich habe nicht ~ Lust, das zu tun. 私はそれがしたくてうずうずしている. wohl oder ~ 否でも応でも, いやにでも, いやおうなしに. **2** 不快な, 具合の悪い; 厄介な, 難儀な. ein übles Ende nehmen まずい結果になる. in einer üblen Lage sein 困った状況にある. et⁴ ~ aufnehmen 事を悪くとる. Das kann ~ ausgehen. これはまずい(困った)ことになるかもしれない. Sie hat es ~ mir genommen, dass ich das zu ihm sagte. 私が彼にそれを告げたことで彼女は気を悪くした (↑übel nehmen). Er ist ~ dran.《話》彼は面倒な状況に置かれている(難儀な立場にいる). Es steht ~ mit ihm⟨um ihn⟩. 彼の状態は思わしくない. **3** 悪意のある, 邪[な]な;(道徳的に)悪い, 不良の; 卑劣な, ひどい. in üble Gesellschaft geraten 悪い仲間に入る. üble Nachrede【法制】誹謗, 中傷. in einem üblen⟨in üblem⟩ Ruf stehen 評判が悪い. auf üble ⟨~ste⟩ Weise / in übler⟨der ~sten⟩ Weise ひどいやり方で. j³ ~ mitspielen 人³をひどい目にあわす. j³ ~ wollen 人³に悪意を抱く(↑übel wollen). **4** 気分⟨かげん⟩が悪い, むかむかする. üble Laune haben / in übler Laune sein / ~ gelaunt sein 機嫌が悪い(↑übel gelaunt). Mir ist ~. 私は気分が悪い. Mir wird schon ~, wenn ich nur daran denke.《話》それを思い出すだけで私は胸くそが悪い.

◆ ↑übel gelaunt, übel gesinnt, übel nehmen, übel riechend, übel wollen, übel wollend

'**Übel** [ˈyːbəl ユーベル] 中 -s/- **1** 不都合, 難儀, 厄介(面倒)な事; 不運, 災難, 禍. Ein ~ kommt selten allein.《諺》一災起れば二災起る, 弱り目にたたり目. ein ~ durch ein anderes ausrotten⟨vertreiben⟩ 毒をもって毒を制する. das ~ mit der Wurzel ausrotten / das ~ an der Wurzel packen 禍根を絶つ. das kleinere ~⟨das kleinere von zwei ~n⟩ wählen どうならマイナスの小さい方をとる (Platon の言葉). von einem ~ betroffen⟨heimgesucht⟩ werden 災難に見舞われる. **2**《複数なし》悪, 害悪. der Grund⟨die Wurzel⟩ alles⟨allen⟩ ~s 諸悪の根源. ein notwendiges ~ 必要悪(古代ギリシアの喜劇作家メナンドロス Menander の言葉). Das ist von⟨vom⟩ ~. それは危険だ, それはよくない(《新約》マタ 5:37). **3**《雅》患い, 病い. ein altes ~ 宿痾(しゅくあ).

'**Übel·be·fin·den** 中 -s/ (まれ) 気分(健康)がすぐれないこと; 不快, 不調.

'**übel ge·launt**, °'**übel·ge·launt** 形 不機嫌な. Sie ist heute ~. 彼女は今日はご機嫌ななめだ.

'**übel ge·sinnt**, °'**übel·ge·sinnt** 形 悪意のある, 意地の悪い. ein ~er Nachbar 意地悪な隣人.

'**Übel·keit** [ˈyːbəlkaɪt] 女 -/-en **1**《複数なし》(内臓疾患などによる)身体の不調, 気分のすぐれないこと. **2** 吐き気, むかつき, 悪心(おしん).

'**übel·lau·nig** 形 不機嫌な.

'**übel neh·men***, °'**übel|neh·men*** 他 j³ et⁴ ~ 人³の事を悪くとる, 悪意に解する, 侮辱だと思う.《目的語なしで》Seine Frau sitzt in ihrem Zimmer und nimmt ~.《話》彼の妻は自室にとじこもってふてくされている. ◆ 過去分詞 übel genommen

'**übel·neh·me·risch** [ˈyːbəlneːmərɪʃ] 形 なんでも悪くとる, すぐ気を悪くする, 怒りやすい.

'**übel rie·chend**, °'**übel·rie·chend** 形 臭い, 悪臭を発する.

'**Übel·stand** 男 -[e]s/⸚e 悪弊, 弊害, 不都合.

'**Übel·tat** 女 -/-en《雅》悪事, 悪業;《古》犯罪.

'**Übel·tä·ter** 男 -s/- 悪事を働いた人;《古》犯罪者.

'**übel wol·len***, °'**übel|wol·len*** 自 (人³に対して)悪意(敵意)をもつ.

'**Übel·wol·len** 中 -s/ 悪意.

'**übel wol·lend**, °'**übel·wol·lend** 現分 形 悪意のある, 意地の悪い. eine ~e Kritik 棘(とげ)のある批評.

'**üben**[1] [ˈyːbən] 副 (地方) こちら⟨あちら⟩側で.

'**üben**[2] [ˈyːbən ユーベン] ❶ 他 **1** 練習(稽古)する. Handstand ~ 逆立ちの練習をする. Klavier⟨einen Walzer⟩ ~ ピアノ⟨ワルツ曲⟩を練習する. **2** 鍛える,

über

訓練(鍛練)する. die Finger〈die Muskeln〉～ 指の訓練をする〈筋肉を鍛える〉. *sein* Gedächtnis ～ 記憶力を鍛える. **3** (a) 〈態度で〉..を示す, 見せる. Barmherzigkeit〈Nachsicht〉～ 情け深い〈寛大な〉ところを見せる(mit j³ 人³に対して). (b) 《機能動詞的に》する, 行う. Gewalt ～ auf⁴ ..に(訴える). an j³ Kritik〈Rache〉～ 人³を批判する〈人³に復讐する〉.
❷ 圓 練習(稽古)をする, トレーニングをする. am Barren ～ 平行棒の練習をする. auf der Geige ～ バイオリンの練習をする.
❸ 圓 《*sich*⁴》(in et³ 事³の)練習をする, 習練(修行)をつむ. *sich* im Schwimmen ～ 水泳の練習をする. *sich* in Geduld〈Nachsicht〉～ 辛抱強い〈人間が寛大である〉.
♦ ↑geübt

'über

['y:bər ユーバー] ❶ 前 《3·4 格支配》空間的意味の場合上方・上位・超過を表し, 場所を示すときは 3 格を, 方向を示すときは 4 格を支配する. 定冠詞 dem, den, das と融合して überm, übern, übers, た代名詞と融合して d[a]rüber, übereinander, worüber となる.

Ⅰ《3 格支配》**1** ...の上方で. Das Bild hängt ～ dem Bett. 絵はベッドの上の(壁)に掛いている. Er wohnt ～ uns. 彼は私たちの(1 階)上に住んでいる. 1000 m ～ dem Meeresspiegel liegen 海抜千メートルに位置する. ～ Tag[e] arbeiten 〖鉱業〗坑内〈地表〉で働く. 《比喩的に》～ einer Aufgabe sitzen〈brüten〉仕事に熱中している〈かかりっきりである〉. Kein Dach ～ dem Kopf haben 身を寄せる所(塒(ねぐら))がない. *sich*⁴ ～ Wasser halten なんとか糊口をしのぐ.
2 ...の上を蔽って, ...の上一面に. Er trägt den Mantel ～ dem Hemd. 彼はシャツの上に外套を着ている. Nebel liegt ～ der Wiese. 霧が草原一面に立ちこめている. 《成句的表現で》～ den Büchern hocken 《話》本にかじりついている, 本の虫である.
3 ...を越えたところで, ...の向こう側で. Sie wohnt gleich ～ der Straße. 彼女は通りを渡ったすぐの所に住んでいる.
4 《優位・支配関係》...の上位で, ...よりまさって, ...を超越して, ...を支配して. Seine Leistungen liegen alle weit ～ dem Durchschnitt. 彼の仕事はすべてはるかに水準を越えている. Er steht ～ mir. 彼は私より(地位が)上だ, 彼は私の上司だ; 彼は私よりすぐれている. Er hat hier niemanden mehr ～ *sich*³. 彼はここではもう誰にも頭が上らない. Ihn stand völlig ～ der Situation. 私は完全に事態を掌握していた.
5 《数量・程度》...を超過して, ...より以上の. Die Temperatur steht ～ dem Gefrierpunkt. 温度は凝固点(氷点)を越えている. Das liegt ～ meiner Vorstellungskraft. それは私の想像力を超えている.
6 《従事・専念》...していて, ...の間に, ...にかまけていて. Über dem Fernsehen ist er eingeschlafen. テレビを見ているうちに彼は眠ってしまった. Über dem Spielen vergaß er die Zeit. 遊びに夢中になって彼は時間を忘れた.
7 《原因》Über dem Lärm wachte ich auf. その騒ぎで私は目を覚ました.

Ⅱ《4 格支配》**1** ...の上方へ. ein Bild ～*s* Bett hängen 絵をベッドの上の(壁)に掛ける. 《比喩的に》Fluch ～ ihn! 《雅》彼に呪いあれ, あのいまいましいやつめ.
2 ...の上を蔽うように, ...の上一面に. Petersilie ～

die Kartoffeln streuen じゃがいもにパセリをふりかける. *sich*³ eine Decke ～ die Knie legen 毛布を膝の上へかける. *sich*³ die Mütze ～ die Ohren ziehen 帽子を耳がかくれるまで引っぱりおろす. die Jacke ～ die Schulter nehmen 上着を肩にひっかける(羽織る). eine Decke ～ den Tisch breiten〈legen〉テーブルにクロスをかける. 《比喩的に》～ et⁴ Gras wachsen lassen 《話》事⁴を放って(さわらないで)おく. j³ das Fell ～ die Ohren ziehen /《話》j⁴ ～*s* Ohr hauen《話》人³.⁴をだます(ひっぱる).
3 ...を越えて, ...の向こうへ; ...を経由して. ～ eine Brücke〈einen Platz〉gehen 橋を渡る〈広場を横切る〉. ～ das Knie reichen (スカートなどの丈が)膝下までである. ～ Land〈das Meer〉fahren 陸路〈海路〉を行く. ～ München nach Frankfurt ミュンヒェン経由でフランクフルトへ. ～ eine Straße gehen 道路を横断する. Verkauf auch ～ die Straße. お持帰り可能もあります(店頭の掲示). ～ die Ufer treten (川が)氾濫(はんらん)する. ～ einen Zaun klettern 垣根をのりこえる. 《比喩的・成句的表現で》～ den Berg sein 峠(やま)を越す. ～ et〈j〉⁴ hinweggehen 事〈人〉⁴を無視する. schon ～ die 50 sein もはや 50 歳代ではない. ～ die besten Jahre hinaus sein 盛りを過ぎている. j³ ～ den Kopf wachsen 人³の手に負えなくなる. bis ～ die Ohren rot werden 耳のつけ根まで赤くなる; 満面に朱をそそぐ. Man kann nicht ～ seinen Schatten springen. 人間にできないことはできないものだ.
4 ...の上をかすめて, ...の表面を撫でる(ように)して. Der Wind strich ～ die Felder. 風が野づらを吹渡っていった. Tränen rollten ihr ～ die Wangen. 涙が彼女の頬を流って流れた. Das Boot schoss ～ das Wasser. 小舟は水面を矢のように走った. ～ den Atlantik fliegen 大西洋を(飛行機で)飛ぶ. ～ Berge und Täler schauen いくつもの山や谷をはるかに見渡す. j³ ist der Hand ～ das Haar streichen 手で人³の髪(頭)を撫でる. *sich*³ ～ die Stirn fahren 額をぬぐう.
5 《優位・支配関係》...より上位に, ...よりまさって, ...に優越して, ...を支配して. Sie hat keine Gewalt〈Macht〉mehr ～ ihn. 彼女にはもう彼を思いのままにできる力はない. Die Musik geht ihr ～ alles. 音楽が彼女には何にもまして好きだ. Es geht nichts ～ die Gesundheit. 健康にまさるものはない. Herr ～ Leben und Tod 生殺与奪(せいさつよだつ)の権を握る者. ～ ein Land herrschen 国を統治(支配)する. *sich*⁴ ～ j³ stellen 人³の上に立つ. ～ j〈et〉⁴ verfügen 人〈物〉⁴を意のままに(自由に)できる.
6 《数量・程度》...を超過して, ...より以上に. Die Temperatur steigt ～ 40 Grad. 温度は 40 度を越える. Kinder ～ 8 Jahre 8 歳を越えた子供たち. Städte ～ 30000 Einwohner 人口が 3 万を越す都市. Der Lärm ging ～ das Erträgliche hinaus. 騒音は我慢の限度を越えた. Sie wurde ～ Gebühr gelobt. 彼女は過分のお褒めにあずかった. Das geht ～ meine Kräfte〈meinen Verstand〉. それは私の力にあまる〈私の理解を超えている〉. ～ alle Maßen〈alle Begriffe〉並はずれて, とてつもなく〈考えられないほど〉.
7 《時間の経過》...を過ぎて, ...以後に. heute ～ acht〈vierzehn〉Tage 1 週間〈2 週間〉後の今日. zehn Minuten ～ fünf [Uhr]《話》5 時 10 分過ぎ. Es ist schon ～ zehn Uhr〈zwei Stunden ～ die Zeit〉. もう 10 時をまわった〈定刻を 2 時間過ぎた〉. ～ zwei Jahre 2 年後に. ～*s* Jahr 1 年経てば. ～ Jahr und Tag《古》1 年ばかり経って, しばらくして; いつ

かそのうちに, いつの日にか. ~ ein kleines《古》ちょっとしてから. ~ kurz oder lang 早晩, いずれそのうちに. ~ ein Weilchen《古》しばらくして.
8《ある期間》…いっぱい, …の間(うち)に. Über die Feiertage ist das Geschäft geschlossen. 祝日の間はずっとこの店は閉まっている. Kommst du ~ Mittag nach Hause? 昼休みは家へ帰るの. Ich will ~s Wochenende in die Berge fahren. 私は週末いっぱい山に行くつもりだ.《一定の時間内を示して》Über Mittag hat es stark geregnet. 昼間ひどく雨が降った. Er ist ~ Nacht ergraut. 彼は一夜にして老けこんだ.
9《媒介》…を通じて, …を介して. eine Wohnung ~ den Makler bekommen 周旋屋を通して住居を見つける. ~ das Fernsehen reden テレビを通じて演説をする.
10《思索・研究・関心などの対象》…に関して. ein Buch〈ein Vortrag〉~ die moderne Kunst 近代芸術に関する書物〈についての講演〉. ~ et⁴ nachdenken 事⁴についてとくと考える.
11《感情の原因》sich⁴ ~ et⁴ ärgern〈freuen〉事⁴に腹を立てる〈事⁴を喜ぶ〉. ~ et⁴ froh〈traurig〉sein 事⁴が嬉しい〈悲しい〉.
12《一定の金額・距離を示して》…の額の, …の距離の. eine Rennstrecke ~ 10 km 10 キロの競走区間. ein Scheck ~ 500 Euro 500 ユーロの小切手.
13《同一名詞を結んで反覆・累積を示す》Er macht Fehler ~ Fehler. 彼はへまばかりする. einmal ~ das andere 1回おきに; 再三再四.
❷ 圓 **1**《先行する4格名詞を》…の間じゅうずっと. den ganzen Tag ~ 終日 1日ずっと.
2《数量に関して》…以上. Das kostet ~ 200 Euro. それは 200 ユーロ以上する. die ~ Achtzigjährigen 80歳を越えた人たち. Städte von ~ 50000 Einwohnern 人口 5 万を越す都市.
3 ~ und ~ 完全に, すっかり, とことん. Das Mädchen wurde ~ und ~ rot. 少女は耳の付け根まで朱(あけ)くなった.
4《号令で》[Das] Gewehr ~! 《軍隊》になえ銃(づつ). Segel ~! 上げよ.
5《北*》《da …über の形で》Da weiß ich nichts ~. それについては私は何も知らない(=darüber).
❸ 圈《話》《付加語的にのみ用いない》**1** 残って, 余って. Es sind noch sechs Euro ~. まだ 6 ユーロ残っている.《副詞的用法で》Ich habe noch 30 Euro ~. 私はまだ 30 ユーロ残っている(↑überhaben).
2 j³ ~ sein 人³ よりすぐれている(in et³ 事³で). Kraftmäßig〈Im Rechnen〉bin ich ihm ~. 力くらべ〈計算力〉では私の方が彼より上だ.
3 et⁴ ~ sein 事⁴にあきあき(うんざり)している, (は)もうくさんである. Ich bin es ~, das immer wieder zu erklären. こんなことを何度も説明するのはくさんだ.《j³ über sein の形で》Es ist mir jetzt ~, ihn immer wieder darum zu bitten. 彼に何度もそれを頼むのはもうくさんだ.

über.¹ [y:bər..] ❶《分離前つづり / つねにアクセントをもつ》**1**《「越えて・渡って・移転」の意を表す》*über*fahren (船で)渡る, 渡す. **2**《過度・超過・飽和・充溢》*über*siedeln 移住する. **2**《過度・超過・飽和・充溢》*über*arbeiten 超過勤務をする. *über*fließen あふれ(こ)ぼれる. [sich⁴] *über*essen 食飽きる. *über*treten 氾濫する. **3**《被覆》*über*legen 上から掛ける. *über*ziehen 羽織る. **4**《おおざっぱな行為》*über*bügeln ざ

っとアイロンをかける. **5**《話》《残余》(übrig..) *über*behalten 残しておく.
❷《非分離前つづり / 一般にアクセントをもたず》他動詞をつくる》**1**《「越えて・渡って・克服」の意を表す》*über*brücken 橋を架ける. *über*schreiten 横断する. *über*steigen 乗越える. **2**《移し替え・委任・委譲》*über*antworten 委ねる. *über*liefern 伝達する. *über*setzen 翻訳する. **3**《襲撃・襲来》*über*fallen 襲う. *über*rollen 押寄せる. **4**《前方(上方)への張出し》*über*bauen 建て増す. *über*dachen 屋根をつける. **5**《過度》*über*heizen 暖めすぎる. **6**《全面被覆・氾濫》*über*strahlen くまなく照らす. *über*wuchern 一面に生い茂る. *über*ziehen 覆いをかける. **7**《優越・凌駕・圧倒》*über*leben よりも長生きする. *über*treffen 凌駕する. *über*wältigen 打負かす. **8**《省略・無視・看過》*über*fliegen ざっと目を通す. *über*gehen 無視する. *über*hören 聞きのがす. **9**《入念・反復》*über*denken 熟慮する. *über*prüfen 再点検する. **10**《時間の経過》*über*nachten 泊る. *über*schlafen 1晩じっくり考える. *über*wintern 越冬する. ▶ 非分離動詞について、この非分離前つづりが付いた場合(überbeanspruchen など)のみアクセントをもつ. この場合過去分詞は überbeansprucht, zu 不定詞は überzubeanspruchen).

über..² 《接頭》形容詞と結合して「過度, 凌駕, 超越」の意を表す. *über*durchschnittlich 平均以上の. *über*groß 大きすぎる. *über*irdisch この世ならぬ.

*'**über|'all** [y:bər|'al ユーバーアル] 圖 あらゆる(到る)所で, どこででも; どんな場合でも. Ich habe dich ~ gesucht. 私は君を方々さがし回った. Sie will ~ dabei sein. 彼女はどこにでも顔を出したがる. ~ Bescheid wissen どんなことにもくわしい. ~ und nirgends[zu finden / zu Hause] sein 一つ所にじっとしていない. von ~ [her] 到る所から, 四方八方から.

über·all'her [y:bər|al'he:r, --'-'-, --'--] 圖 あらゆる(到る)所から, 四方八方から.

über·al'hin [y:bər|al'hın, --'-'-, --'--] 圖 あらゆる(到る)所へ, 四方八方へ.

über·al·tert [y:bər|altərt] 形《比較変化なし》**1** 高齢化した. **2** 古臭い, 時代遅れの. **3** 老朽化した.

Über·al·te·rung 囡 -/-en《複数まれ》高齢化; 老朽化; 時代遅れ.

'**Über·an·ge·bot** 匣 -[e]s/-e 供給過剰;《経済》超過供給.

'**über·ängst·lich** 形 ひどく気の小さい, ひどく心配性の.

über·an·stren·gen [y:bər|an∫trεŋən] ❶ 他 過度に疲れさせる. *seine Augen* ~ 目を酷使する. ❷ 再 《sich⁴》過労になる, 無理をする.

Über·an·stren·gung 囡 -/-en 酷使; 過労, 無理.

über·ant·wor·ten [y:bər|antvɔrtən] 他《雅》Das Kind wurde den Großeltern überantwortet. その子は祖父母の手に預けられた. j³ j⟨et⟩⁴ ~ 人〈物〉⁴を人³の保護下に置く. Funde dem Museum ~ 発掘物を博物館に保管してもらう. einen Verbrecher der Gerechtigkeit ~ 犯人を司直の手に委(ゆだ)ねる.

'**über|ar·bei·ten**¹ ['y:bər|arbaıtən] 自《話》超過勤務をする.

über|'ar·bei·ten² [--'---] ❶ 他《原稿などを》推敲する, (に)手を入れる; 書き改める. eine völlig *überarbeitete* Auflage 全面改訂版. ❷ 再《sich⁴》働

Über·ar·bei·tung 囡 -/-en **1** 推敲, 加筆; 改訂. **2**《複数なし》(まれ) 過労.

'Über·är·mel 男 -s/- (まれ) 袖カバー.

'über·aus ['y:bər|aus, –-'-, '-'-–] 副 非常に, 極めて, 殊のほか.

über·ba·cken(*) 他《料理》こげめがつく程度にさっと焼く.

'Über·bau ['y:bərbau] 男 -[e]s-e(-ten) **1**《複数-e》上部構造(マルクス主義 Marxismus の用語, 社会の下部構造としての経済に対して政治・思想・芸術などの総体をさす). **2**《複数-ten》《土木》(橋梁の)上部構造部(橋脚より上の構造). **3**《複数-ten》《建築》(外壁より外に出た)張出し部分. **4**《複数-ten》(まれ)《法制》境界踰越(ゆえつ)建築(物).

'über·bau·en¹ ['y:bərbauən] 他 地所の境界線を越えて建築する.

über·bau·en² [-–'--] 他 (物に)屋根をつける; (の)上に建て増しをする. den Platz [mit einem Dach] ～ 広場に屋根をつける.

'über·be·an·spru·chen 他 過度の負担をかける. seine Augen⟨j² Großzügigkeit⟩ ～ 目を酷使する⟨人²の寛大さに甘えすぎる⟩. ◆↑über..¹②▶

'Über·be·an·spru·chung 囡 -/-en 過度の(過大な)負担, 無理強(じ)い; 酷使.

'über·be·hal·ten* 他《話》(übrig behalten) 残す, 余らせる. ◆過去分詞 überbehalten

'Über·bein 中 -[e]s-e《医学》外骨症, 骨腫(しゅ).

'über·be·kom·men* 他《話》**1**(人4〈物4〉に)うんざりする, あきあきする. **2** eins～ ぶん殴られる, 一発くらう. ◆過去分詞 überbekommen

'über·be·las·ten 他 (人4に)過度の負担をかける, (物4に)荷重(負荷)をかけすぎる. ein überbelasteter Fahrstuhl 定員超過のエレベーター. ◆↑über..¹②▶

'Über·be·las·tung 囡 -/-en 負担過重; 荷重超過.

'über·be·le·gen 他 (ふつう不定詞・過去分詞で)(ホテル・病院・ホールなどに)定員以上に詰めこむ. ◆über..¹②▶

'über·be·lich·ten 他《写真》(フィルムに)過度の露出をする. ◆↑über..¹②▶

'Über·be·lich·tung 囡 -/-en《複数まれ》《写真》露出過度.

'Über·be·schäf·ti·gung 囡 -/-en《複数まれ》《経済》超完全雇用.

'über·be·setzt 形 定員を超過した.

'über·be·to·nen 他 強調しすぎる. ◆über..¹②▶

'über·be·trieb·lich 形 個々の企業を超えた.

'Über·be·völ·ke·rung 囡 -/-en《複数まれ》人口過剰(過密).

'über·be·wer·ten 他 過大評価する. ◆↑über..¹②▶

'Über·be·wer·tung 囡 -/-en 過大評価.

'über·be·zah·len 他 (人4に)払いすぎる(賃金・報酬などを). ◆↑über..¹②▶

über·bie·ten* [y:bər'bi:tən] 他 **1** j⁴ ～(競売などで)人⁴より高い値をつける, (に)競(せ)り勝つ. **2** 凌駕する, 上まわる(j³ または j⁴ 事³において人⁴を). Er hat den Rekord beim Speerwerfen um sechzig Zentimeter ～ 槍投げの記録を60cm伸ばす. Er ist an Hilfsbereitschaft kaum zu ～. 親切心において彼はどの人にもひけをとらない.《相互代名詞と》einander⟨sich⁴⟩[gegenseitig] in Höflichkeiten⟨an Höflichkeit⟩ ～ 互いに競うように礼をつくしあう.

über'bin·den [y:bər'bɪndən] 他(ぉぇ) j³ et⁴ ～ 人³ に物⁴(義務など)を課す.

'über'blat·ten [y:bər'blatən] 他《建築》(梁・根太などを)相欠(あいか)ぎで接合する.

'über'blei·ben* (s)《話》=übrig bleiben

'Über'bleib·sel ['y:bərblaipsəl] 中 -s/-(まれ)残り(物), 残滓(し), 遺物.

über'blen·den [y:bər'blɛndən] 他《映画・テレビ》(場面・音声を)ディゾルブする(フェードアウトとフェードインで)少し重ねならせること).

Über'blen·dung 囡 -/-en ディゾルブ, (フェードアウトとフェードインの)オーバーラップ.

***'Über·blick** [y:bər'blɪk] 男 -[e]s-e **1** 見晴らし, 眺望, 展望. einen ～ über eine Landschaft haben 景色を一望することができる. **2** 概観, 通覧; 概要, 概説. die Geschichte der modernen Medizin im ～ 近代医学史概説. einen guten ～ über et⁴ besitzen 事⁴全体がよく見えている. einen kurzen ～ über et⁴ geben 事⁴の概略を述べる. einen ～ über et⁴ gewinnen⟨haben⟩ 事⁴の見通しがつく(全体を大づかみにしている). sich³ einen ～ verschaffen 概括的に把握する, 見通しを得る(über et¹ 事³について). **3**《複数まれ》全体を展望する(見通す)力, 洞察力. Dir fehlt der ～. 君には物事を見通す目がない.

über'bli·cken [y:bər'blɪkən] 他 **1** 見渡す, 見晴らす. Von hier aus kann man die ganze Stadt ～ す. ここから町全体が見渡せる. **2** 概観する, 見通す, 洞察する. die politische Lage⟨die Folgen von et³⟩ ～ 政治情勢⟨事³の結末⟩を見通す. Ich kann noch nicht ～, wie viel es kosten wird. 費用がいくらかかるものやら私にはまだ見当がつかない.

über'bor·den [y:bər'bɔrdən] **❶** 自 (h) **1**(s)(河川が)氾濫する. **2** (h, s) 度を越す. ein überbordendes Temperament つい過激に走りがちな気質. **❷** 他 den Damm ～(川の水が)堤防を越える.

'über'bra·ten* 他《次の用法で》j³ einen⟨eins⟩ ～《話》人³に一発食らわす(をこてんぱんにやりこめる).

über'brin·gen [y:bər'brɪŋən] 他(人から言付かって)届ける, 伝える. Glückwünsche von j³ ～ 人³からのお祝いの言葉を伝える.

Über'brin·ger [..'brɪŋər] 男 -s/-(手紙などを言付かってきた)使いの人, 使者; (小切手などの)持参人.

über'brü·cken [y:bər'brʏkən] 他 **1** 困難な事態などを切抜ける, しのぐ; (対立などを)調停する. die langen Wartezeiten durch Kartenspiel ～ 長い待ち時間をトランプをしてつぶす. **2**(まれ) den Fluss ～ 河に橋を架ける.

Über'brü·ckung 囡 -/-en **1** 困難を切抜けること; (対立などの)調停. **2** 架橋.

Über'brü·ckungs·hil·fe 囡 -/-n(一時的に支給される)救済補助金.

Über'brü·ckungs·kre·dit 男 -[e]s-e《銀行》短期信用貸付.

über'bür·den [y:bər'byrdən] 他 **1**《雅》j⁴ mit et³ ～ 人⁴に事³で過度の負担をかける. mit Arbeit überbürdet sein 仕事に忙殺されている. **2**(おぇ) j³ et⁴ ～ 人³に物⁴(責任などを)負わせる.

Über'bür·dung 囡 -/-en《雅》過重負担.

'Über·chlor·säu·re ['y:bərklo:r..] 囡 -/-n《化学》過塩素酸.

über'da·chen [y:bər'daxən] 他 屋根をつける. ein

überdachter Balkon 屋根つきバルコニー.

ü·ber'dau·ern [y:bərˈdauərn] 他《多くの物が主語》(物よりも)長続き(長持ち)する、(を)生きのびる。 j³ eine Mauer hat mehrere Kriege *überdauert*. Dieses Bauwerk hat mehrere Kriege *überdauert*. この建築はいくつもの戦争をくぐり抜けて今に到っている. Sein Werk hat sein Leben *überdauert*. 彼の作品は彼の死後もその価値を失わなかった.

ˈÜber·de·cke 女 -/-n 上掛け、カバー.

ˈüber|de·cken [ˈy:bərdɛkən] 他《カバーなどを》掛ける. j³ einen Mantel ~ 人³に外套を着せ掛けてやる.

über·de·cken² [- - ˈ - -] 他 1 覆う. Eine Eisschicht überdeckt den See. 氷が湖面を覆っている. 2 覆い隠す、隠蔽する. Ängste〈Zweifel〉 ~ 不安〈疑念〉を隠す. Hautunreinheiten mit Make-up ~ 肌のしみをメーキャップで隠す.

ˈüber'deh·nen [y:bərˈde:nən] 他《筋肉・腱などを》伸ばしすぎる、過度に伸ばす.

ˈüber'den·ken* [y:bərˈdɛŋkən] 他 よく考えてみる、熟考する.

ˈüber·deut·lich 形 非常にはっきりした、あまりにも鮮明な.

ˈüber'dies [y:bərˈdi:s, ˈ- - -] 副 1 その上, おまけに. 2 どっちみち、どうせ.

ˈüber·di·men·si·o·nal 形 並はずれた、巨大な.

ˈüber·do·sie·ren 他 自《薬を規定量以上に処方(投与、服用)する》. ◆↑über.¹ ②》

ˈÜber·do·sis 女 -/..sen《薬の》過量. an einer Schlaftabletten sterben 睡眠薬の飲み過ぎで死ぬ.

ˈüber'dre·hen [y:bərˈdre:ən] 他 1 強く巻く(ねじ、ひねり)すぎる. die Schraube ~ 廻しすぎてねじを利かなくしてしまう. 2 他 自《einen Film》《映画》高速度撮影をする. 《einen Motor》~ エンジンをふかしすぎる. 《einen Sprung》 ~《ジャンプ》(体をひねりすぎて)ジャンプを失敗する.

ˈüber'dreht 過分 形《話》神経が異常に昂ぶった、興奮しすぎの.

ˈÜber·druck¹ [ˈy:bərdrʊk] 男 -[e]s/-e《物理》超過圧、ゲージ圧.

ˈÜber·druck² 男 -[e]s/-e《郵趣》1《切手の》加刷(額面訂正などの特別刷り込み). 2 加刷のある切手.

ˈüber·dru·cken [y:bərˈdrʊkən] 他《切手などに》重ね刷りする.

ˈÜber·druck·ka·bi·ne 女 -/-n《工学》気密室, 与圧室.

ˈÜber·druck·tur·bi·ne 女 -/-n《工学》反動タービン.

ˈÜber·druck·ven·til 中 -s/-e《工学》圧力調整弁, 安全弁.

ˈÜber·druss [ˈy:bərdrʊs] 男 -es/ 嫌気、うんざりした気持(or et³ 事³に対する). aus ~ am Leben 生きることに倦(ぅ)み疲れて. et⁴ bis zum ~ hören 事⁴をうんざりするほど聞かされる. Die Museumsbesuche waren mir bereits zum ~ geworden. 博物館通いも私にはすでに苦になっていた.

ˈüber·drüs·sig [ˈy:bərdrʏsɪç] 形 et〈j〉² ~ sein《or まれ》j〈et〉¹ ~ sein 事〈人〉²,⁴に嫌気がさしている、うんざりしている.

ˈüber·dün·gen [y:bərˈdʏŋən] 他《土壌・野菜などに》肥料をやりすぎる;《生態》(湖沼などを)富栄養化状態にする.

ˈüber·durch·schnitt·lich 形 平均(標準)以上の.

über'eck [y:bərˈɛk] 副《部屋などの》隅に斜めに. einen Schrank ~ stellen 戸棚を部屋の隅に斜めに置

く. eine Decke ~ auf den Tisch legen テーブルクロスを斜掛(ãã)にする. ~ sitzen テーブルの角(ǎ)に座っている.

ˈÜber·ei·fer [ˈy:bər|aɪfər] 男 -s/ 過度の熱心さ.

ˈüber·eif·rig 形 熱心すぎる.

ˈüber'eig·nen [y:bərˈ|aɪgnən] 他 j³ et⁴ ~ 人³に物⁴(土地・財産など)を譲渡する.

ˈÜber'eig·nung 女 -/-en 譲渡;《法制》所有権移転.

über'ei·len [y:bərˈ|aɪlən] ① 他《よく考えずに》大急ぎで行う、あわててする. Man sollte nichts ~. 何事もあわててはいけない. ② 再《sich》 *sich* mit et³ ~ 事³を急ぎすぎる、(を)大急ぎで(あわてて)する. ③ 自《猟師》(若い鹿が走る時に)後脚を前脚の前方に出す.

über'eilt 過分 形 急ぎすぎた、早まった. eine ~*e* Heirat 早まった結婚.

Über'ei·lung 女 -/-en《複数まれ》急ぎすぎ、性急. Nur keine ~! あわてるな.

über·ei·nan·der [y:bərˈ|aɪˈnandər] 副 (über + einander) 1 重ね合せて、重なりあって. die Kästen ~ aufstellen 箱を積み重ねる. mit ~ geschlagenen Beinen sitzen 脚を組んで座る(↑ übereinander schlagen). ~ wohnen 上と下とに住む(たとえば 2 階と 3 階に). 2 相互に、互いに相手のことを. ~ sprechen お互いのことを話合う.

über·ei'nan·der le·gen, °über·ein·an·der|le·gen 他 重ねて置く、重ね合せる.

über·ei'nan·der lie·gen*, °über·ein·an·der|lie·gen* 自 重なっている. ◆過去分詞 übereinander gelegen

über·ei'nan·der schla·gen*, °über·ein·an·der|schla·gen* 他 折り重ねる;〈腕・足を〉組む. ◆過去分詞 übereinander geschlagen

über·ein'kom·men [y:bərˈ|aɪnkɔmən] ユーバーアインコメン 自《s》一致する. mit j³ ~, ..zu tun .. することで人³と意見が一致する.

Über·ein'kom·men 中 -s/- 合意; 協定, 申合せ. ein ~ erzielen〈treffen〉合意に達する, 協定を結ぶ.

Über·ein'kunft [y:bərˈ|aɪnkʊnft] 女 -/¨-e = Übereinkommen

***über·ein'stim·men** [y:bərˈ|aɪnʃtɪmən] ユーバーアインシュティメン 自 1 (a) 意見が一致する(mit j³ 人³と / in et³ 事³で). In diesem Punkt *stimmen* wir vollkommen *überein*. この点で私たちの意見は完全にひとつだ. (b)《内容・文言などが》一致(符合, 合致)する. Die Aussagen der beiden Zeugen *stimmen* nicht *überein*. 2 人の証人の供述は食い違っている. 2 合う, 調和(マッチ)する(mit et³ 物³と). Die Krawatte *stimmt* mit dem Anzug gut *überein*. ネクタイがスーツによく映っている.

über·ein·stim·mend 現分 形 一致した、符合(合致)する. ~*e* Ergebnisse 同様の結果. nach ~*er* Meinung der Fachleute 専門家たちの一致した意見によると. Sie sagten ~ aus, dass er Unrecht hatte. 彼らは口をそろえて彼が間違っていると言った.

Über·ein'stim·mung 女 -/-en 一致(とくに意見の); 符合, 合致; 調和. in beiderseitiger ~ 双方の合意の上で. et⁴ mit et³ in ~ bringen 物⁴を物³と一致(調和)させる. in ~ mit j³ handeln 人³と共同歩調をとる. Das steht nicht mit dem Vertrag in ~. それは契約違反である.

ˈüber·emp·find·lich 形 1 神経過敏な、非常に敏

感な. **2**《医学》過敏症の, アレルギー性の.
'**Über・emp・find・lich・keit** 囡 -/-en 1 神経過敏.
2《医学》アレルギー, 過敏症.
'**über・er・fül・len** 他 (旧東ドイツの経済において)(ノルマ・予定などを)上回る成績をあげる. ◆↑über.¹ ②↓
'**Über・er・näh・rung** 囡 -/-en (複数まれ)栄養過多.
'**über・er・reg・bar** 形 ひどく激しやすい.
'**über|es・sen**¹* ['y:bər|ɛsən] 他 (sich) いやというほど食べる. Ich habe *mir* Äpfel *übergegessen*. 私はりんごはもう食べ飽きた.
über|es・sen²* [--'--] 他 (sich) 〈an et³ 物³を〉食べすぎる, 食べすぎて具合が悪くなる.
'**über・fach・lich** 形 専門分野を超えた.
'**über・fah・ren**¹* [y:bər'fa:rən] (まれ) ❶ 自 (s) (船で)渡る. ❷ 他 (渡し船などで)渡す.
***über'fah・ren**²* [y:bər'fa:rən ユーバーファーレン] 他
1 轢(°)く. **2** (運転中に信号・交通標識を)見落す, 見逃がす. **3** (停止線・交差点などを)通過する, 通り越す. **4**《話》(人⁴を)うまく言いくるめる, まるめこむ. Er hätte mich fast *überfahren*. 私は危うく彼の口車にのせられるところだった. Lass dich nicht 〜! いいようにまるめこまれるなよ. **5**《多く受動態で》《スポ》(相手に)大勝(圧勝)する.
'**Über・fahrt** ['y:bərfa:rt] 囡 -/-en 渡河, 渡洋; 船旅.
***Über・fall** ['y:bərfal ユーバーファル] 男 -[e]s/¨e **1** 襲撃, 急襲, 奇襲, 不意打(auf et⁴ 物⁴への); 《戯》不意の訪問. ein nächtlicher 〜 夜襲, 夜討. Verzeihen Sie bitte meinen 〜!《戯》突然の訪問で相手しません. Ich habe einen kleinen 〜 auf dich vor.《戯》ちょいと君のところにお邪魔したいんだが; ちょっと君にお願いの筋があるんです. **2**《土木》(ダム・堤防の)排水口, 越流口; 溢流. **3**《服飾》(衣服の絞った部分の上にでる)たるみ. **4**《法制》(隣接地への)果実の落下.
'**über・fal・len**¹* [y:bər'falən] 自 (s) **1** 垂れかかる, 覆いかぶさる, たるむ. eine *überfallende* Hose ニッカーボッカー. **2**《猟師》(有蹄類の獣が柵などを)とび越える.
***über'fal・len**²* [y:bər'falən ユーバーファレン] 他 襲う, 襲撃する, 急襲(奇襲)する;《話》不意に訪ねる. eine Bank〈das Nachbarland〉 〜 銀行を襲撃〈隣国へ侵入〉する. j⁴ nachts〈im Dunkeln〉 〜 人⁴に夜襲(夜討)をかける(闇討を食わす). j⁴ mit einem Anliegen 〜《話》人⁴にしじゅういろいろ願い事をもちだす. j⁴ mit Fragen 〜 人⁴を質問攻めにする. Darf ich dich einfach 〜? いきなり訪ねて行ってもかまわないか. Der Schlaf *überfiel* mich. 私は睡魔に襲われた.
'**Über・fall・ho・se** 囡 -/-n《服飾》ニッカーボッカー.
'**über・fäl・lig** ['y:bərfɛlɪç] 形 **1** (交通機関が)到着予定時刻を過ぎている. Der Zug ist schon drei Stunden 〜. 列車は到着がもう3時間も遅れている. Das Schiff ist seit gestern 〜. その船は昨日着いていなければならないのにまだだ. **2** 時機を失した. ein längst 〜*er* Besuch 前から延び延びになっている訪問. 〜*e* Maßnahmen 後手にまわった処置. **3**《銀行》(為替などが)満期の過ぎた.
'**Über・fall・kom・man・do** 匣 -s/-s (警察の)緊急出動隊.
'**über・fein 1** 非常に繊細な, あまりに鋭敏な. **2** 極上の.
'**über・fei・nert** [y:bər'faɪnərt] 形 繊細すぎる; 洗練されすぎた. eine 〜*e* Kultur 爛熟した文化.
'**über・fet・tet** 形 (食品が)脂肪分の多すぎる.

über'fi・schen [y:bər'fɪʃən] 他 (海・川などを)乱獲で荒す;(魚を)乱獲する. einen See 〜 湖の魚を乱獲する.
über'flie・gen [y:bər'fli:gən] 他 **1** Alaska〈uns〉 〜 アラスカの上空〈私たちの頭上〉を飛んで行く. **2** 走り読みする, ざっと目を通す. **3**《雅》(表情が顔に)さっと浮ぶ. Ein zartes Rot *überflog* ihre Wangen. 彼女はほんのりと頬を染めた.
'**Über・flie・ger** ['y:bərfli:gər] 男 -s/- 人並み優れた人, できすぎた人.
'**über'flie・ßen**¹* [y:bər'fli:sən] 自 (s) **1**《雅》あふれ出る, こぼれる. Das Wasser〈Die Wanne〉 ist *übergeflossen*. 水〈桶の水〉があふれ出た. vor Dank〈Mitleid〉 〜《多く肉文で》感謝感激で胸が一杯である〈気の毒でたまらない〉. **2** ineinander 〜 (色彩などが)まじり合う, とけ合う.
über'flie・ßen²* [--'--] 他《雅》一面にあふれる, 氾濫(ﾗﾝ)する. Das Wasser *überfloss* die Felder. 畑が冠水した. Tränen *überflossen* ihr Gesicht. 彼女は顔じゅうを涙で一杯にした.
'**über・flü・geln** [y:bər'fly:gəln] 他 (人⁴を)しのぐ, 凌駕する, (に)まさる.
*'**Über・fluss** ['y:bərflʊs ユーバーフルス] 男 -es/ 過剰, 過多; 豊富, 潤沢. ein 〜 an Versorgungsgütern 過剰な補給物資. an et³ 〜 haben / et⁴ im 〜 haben 物³,⁴ をあり余るほど持っている. im 〜 leben〈話 sitzen〉 贅沢な暮しをしている. in〈im〉 〜 zur Verfügung stehen 馬に食わせるほどある. zu allem〈zum〉 〜《話》おまけに, さらに悪い(いやな)ことに. ◆ラテン語 superfluitas, 'das Überflüssige' または abundantia, 'reicher Ertrag' の翻訳借用語.
'**Über・fluss・ge・sell・schaft** 囡 -/-en 豊かな社会. ◆アメリカの経済学者ガルブレイス J. K. Galbraith, 1908- の著書 „The affluent society" のタイトルの翻訳借用語.
*'**über・flüs・sig** ['y:bərflʏsɪç ユーバーフリュスィヒ] 形 余計な, 余分な; 無くてもよい, 無用の. sich³ 〜*e* Sorgen machen いらぬ心配をする. [Es ist] 〜 zu sagen, dass... どうでもいいことなのですが….
'**über・flüs・si・ger'wei・se** 副 余計な(どうでもよい)ことなのだが.
'**über・flu・ten**¹* ['y:bərflu:tən] 自 (s) (まれ)(川の水などが)あふれ出る, (河川が)氾濫する.
über'flu・ten² 他 (川などがあふれて)水浸しにする, (に)あふれる, 氾濫する. Der Strom hat die Felder auf ein Mal *überflutet*. 河の水があふれて田畑を一気に水浸しにしてしまった. Die Straßen waren vom Hochwasser *überflutet*. 洪水で道路が冠水した. Der Markt wurde von ausländischen Waren *überflutet*. 市場には外国の商品があふれていた. Scham *überflutete* ihn.《雅》彼は恥しさで一杯だった.
Über・flu・tung 囡 -/-en 氾濫(ﾗﾝ), 洪水.
über'for・dern [y:bər'fɔrdərn] 他 (人⁴に)⁴に過大な要求をする, 能力に以上なことを求める. Das *überfordert* die menschliche Vorstellung. それは人間の想像を絶する. Damit ist er *überfordert*. それは彼には荷が重すぎる.
Über'for・de・rung 囡 -/-en 過大な要求.
'**Über・fracht** 囡 -/-en 制限重量超過貨物.
'**über・frach・ten** [y:bər'fraxtən] 他《古》(船などに)荷を積みすぎる.
über'fra・gen [y:bər'fra:gən] 他 (人⁴に)答えられないような質問をする.《ふつう **überfragt sein** の形で》Da

bin ich **überfragt** それは私には分かりません.
über'frem·den [y:bərˈfrɛmdən]《ふつう受動態で》異質なものの(とくに外国)の影響を非常に強く及ぼす. Im 18. Jh. war die deutsche Sprache durch das Französische *überfremdet*. 18世紀にドイツ語は非常に強くフランス語の影響を受けていた. Dieser Unternehmen ist mit ausländischem Kapital *überfremdet*. この企業は外資の導入が過ぎる.
Über'frem·dung 囡 -/-en 異質なもの(とくに外国)の強い影響.
über'fres·sen* [y:bərˈfrɛsən] 他《sich⁴》(動物が)食べすぎる;《話》(人間が)たらふく食う,食べすぎる(an et⁴ 物を).
über'frie·ren* [y:bərˈfriːrən] 圊 (s) 表面が凍る,薄く氷が張る.
'Über·fuhr [ˈyːbərfuːr] 囡 -/-en《オース》渡し船, フェリーボート.
'über|füh·ren [ˈyːbərfyːrən] 他 **1** (別の場所へ)移す,運ぶ,移送(輸送)する. j⁴ ins Krankenhaus ~ 人⁴を病院へ移す. **2** (ある状態に)移行させる,変える. neue Methoden in die Praxis ~ 新しい方法を実践に移す.
über'füh·ren* [--ˈ--] 他 **1** =überführen. **2** (人⁴の)有罪を立証する. j⁴ eines Verbrechens ~ 人⁴の犯罪を立証する. Der Angeklagte wurde des Mordes *überführt*. 被告は殺人の罪を認めらせた. **3** (物⁴の上に)橋をわたす;(上の方に)かかっている(橋などが). eine Straße ~ 道路に陸橋をわたす. Eine Brücke *überführte* den Fluss. 橋が1つ川にかかっていた.
Über'füh·rung 囡 -/-en **1** (別の場所への)移送, 輸送;(ある状態への)移行,転換. die ~ von Privateigentum in Staatsbesitz 私有財産の国有化. **2** 有罪の立証. **3** 陸橋,跨(こ)線橋.
'Über·fül·le 囡 -/ 過剰,過多,充満. eine ~ von Geschenken 置き所もない程の贈物の山.
***über'fül·len** [y:bərˈfylən] ユーバーフュレン] 他《ふつう過去分詞で》あふれるほどいっぱいに満たす,詰め込みすぎる. Die Straßenbahn war *überfüllt*. 市電は超満員だった. ein *überfülltes* Regal 本を詰めこみすぎた書棚. sich³ den Magen ~ おなかの皮がはち切れそうになるほど食べる.
Über'fül·lung 囡 -/-en《複数まれ》詰めすぎ,入れすぎ;超満員,鮨詰め(状態).
'Über·funk·ti·on 囡 -/《医学》(↔ Unterfunktion)(器官の)機能亢進.
über'füt·tern [y:bərˈfytərn] 他 **1** (家畜に)餌を与えすぎる. **2**《話》(子供などに)食べ物を与えすぎる.
'Über·ga·be [ˈyːbərɡaːbə] 囡 -/-n **1** 手渡すこと,引き渡し,譲渡. die ~ der Schlüssel an den Nachmieter 次の借家人への鍵の引渡し. **2**《軍事》(要塞・城などの)明渡し,降伏. ~ einer Festung 開城.
***'Über·gang** [ˈyːbərɡaŋ ユーバーガング] 男 -[e]s/=e **1**《複数まれ》横断,通過. der ~ der Truppen über den Fluss 軍隊の渡河. **2** 横断路;橋,踏切,横断歩道. **3** 移行,推移,転換;《音楽》転調;《絵画》濃淡(明暗)の転調,ぼかし;《物理》転移. der ~ vom Herbst zum Winter 秋から冬への季節の移り. Gedanken ohne ~ anreihen 考えを脈絡なしに(出し)次々と)並べたてる. **4**《複数なし》過渡期,(季節の)変り目. ein Kostüm für den ~ 合服(あいふく). **5**《複数なし》過渡的(一時的)解決策,暫定措置. Das

ist nur ein ~. これはほんの一時しのぎ(間に合せ)にすぎない. **6**《鉄道》(1 車への)乗換え(変更)切符.
'Über·gangs·be·stim·mung 囡 -/-en《法制》経過規定, 暫定規則.
'Über·gangs·er·schei·nung 囡 -/-en 過渡的な現象.
'Über·gangs·geld 田 -[e]s/-er《法制》(労災保険による)休務手当;(とくに公務員の)退職金,一時しのぎ金.
'Über·gangs·lö·sung 囡 -/-en 暫定的な解決策,暫定措置.
'Über·gangs·man·tel 男 -s/= 合オーバー,スプリングコート.
'Über·gangs·pe·ri·o·de 囡 -/-n 過渡期.
'Über·gangs·sta·di·um 田 -s/..stadien 過渡的段階,移行期,転換期.
'Über·gangs·zeit 囡 -/-en **1** 過渡期,転換期. **2** 季節の変り目(とくに春・秋をさす).
'Über·gangs·zu·stand 田 -[e]s/=e《原子物理》(原子または分子の構造の)遷移状態.
'Über·gar·di·ne [ˈyːbərɡardiːnə] 囡 -/-n (2重カーテンの)厚地のカーテン.
'über|ge·ben¹* [ˈyːbərɡeːbən] 他《話》**1** (人³の肩に)物⁴を掛けてやる. **2** j⁴ einen〈eins〉~ 人⁴を(杖で)ぼかりとやる.
'über|ge·ben² [yːbərˈɡeːbən ユーバーゲーベン] ❶ 他 **1** (j³〈an j⁴〉 人³,⁴に)手渡す,手交する. j³ einen Brief〈ein Geschenk〉~ 人³に手紙〈プレゼント〉を渡す. dem neuen Mieter die Schlüssel ~ 新しい間借り人に鍵を渡す. den Staffelstab an den nächsten Läufer ~ バトンを次の走者に渡す.《比喩的に》j⁴ der Erde ~《雅》人⁴(の亡骸(なきがら))を土に返す(埋葬する). et〈j〉⁴ den Flammen ~《雅》物⁴を燃やす〈人⁴を火葬にふす〉. **2** 託す,預ける. j³ et⁴ zur Aufbewahrung ~ 人³に物⁴を預かってもらう. j³ et⁴ zu treuen Händen ~ 人³を信頼して物⁴を託す. **3** (a)《店などを》譲る,移譲(譲渡)する,遺贈する. (b)《仕事などを》譲り渡す,任せる. seinem Nachfolger das Amt ~ 後任者に職務の引継ぎをする. j³〈an j⁴〉die Leitung ~ 人³,⁴に指揮を任せる(代ってもらう). **4**《司直の手に》委ねる,引渡す. einen Dieb der Polizei ~ 泥棒を警察に引渡す. **5** (城などを)明渡す. **6** 開放(解放)する. Das Hotel wurde vor einem Jahr seiner Bestimmung *übergeben*. そのホテルは1年前にオープンした. eine Straße dem Verkehr ~ 道路を開通させる.
❷ 再《sich⁴》吐く,もどす.
'über|ge·hen¹ [ˈyːbərɡeːən ユーバーゲーエン] 圊 (s) **1**《古》河を渡る(auf das andere Ufer 対岸へ). **2** 所有権が移る. auf j³〈in j² Besitz〉~ 人¹,²の手に渡る. in andere〈fremde〉Hände ~ 他人手に渡る.《比喩的に》j³ in Fleisch und Blut ~ (技術・習慣などが)人³の身につく,(の)体が覚えこむ(習い性となる). **3** (...にまで)広がる,伝わる. Der Rost ist auf die übrigen Teile *übergegangen*. 錆(さび)が残りの部分にまで広がった. **4** (a)《新しい事・別の事に》移る,移行する,切替える. auf ein anderes〈zu einem anderen〉Thema ~ 他のテーマに移る(切替える). zum Angriff ~ 攻撃に転じる. Die Post ist dazu *übergegangen*, täglich zweimal Briefe zuzustellen. 郵便局は手紙の配達を1日2回に切替えた. (b)《段々》変る,変化する. Das Gold der untergehenden Sonne *ging* langsam in Rot *über*. 落日の黄金色がゆっくりと赤に変っていった. in Fäulnis〈Gärung〉~ 腐りだす(醱

酵しはじめる〉. **5** 寝返る. auf die gegnerische Seite 〈zum Gegner〉 ~ 敵方に寝返る. ins feindliche Lager ~ 敵陣営に走る. **6** (色などが)溶けこむ. ineinander ~ 互いに溶け合って 1 つになる. **7** 《船員》(大浪が)どっと襲いかかる, 甲板を洗う. **8** 《船員》(積荷が)くずれる, 荷くずれする. **9** 《雅》あふれる, こぼれる. Die Augen *gingen* ihr *über.* 彼女の目に涙があふれた; 彼女は胸がいっぱいになった. Wes das Herz voll ist, des *geht* der Mund *über.* 人の口からは心にあふれていることが出てくる(〖新約〗マタ 12: 34). **10** 《猟師》(鹿・猪などの雌が)仔を孕(はら)んでいない.

*****über'ge·hen**[2*] [y:bər'ge:ən ユーバーゲーエン] [他] **1** 無視(黙殺)する, 知らぬ顔をする. Sie *überging* ihn bei der Begrüßung. 彼女は挨拶のとき彼を無視した. eine Anordnung〈ein Gesetz〉 ~ 命令に従わない〈法を無視する〉. j^2 Einwand ~ 人^{2}の異議にとりあわない. j^4 bei der Beförderung ~ 人^{4}の昇進を見送る. j^4 im Testament ~ 遺言状で人^{4}のことに触れない. et^4 mit Stillschweigen ~ 事^{4}を黙殺する, (を)黙って見過ごす. 《比喩的に》den Hunger〈den Schlaf〉 ~ 食事の時間〈寝る間〉も惜しむ. **2** (論点などを)省略する, とばす. einige Seiten ~ 2, 3 ページとばす. **3** 《まれ》横切る, (の上を)通過する. **4** 《狩猟》(a) (獣の足跡を)見落す, 見逃がす. (b) (小物の獣を)相手にしない, (に)目をくれない.

Über'ge·hung [y:bər'ge:ʊŋ] [女] -/ 無視, 黙殺; 省略; 見落し, 看過.

'über·ge·nau [形] 厳密(綿密)すぎる.

'über·ge·nug ['y:bərgənu:k] [副] 十分すぎるほど, あり余るほど. von et^3 genug und ~ haben 事^{3}にうんざりしている.

U

'über·ge·ord·net [過分] [形] 上位の. ~*e* Begriffe 上位概念. die ~*e* Dienststelle 上級官庁. $sich^4$ an eine ~*e* Instanz wenden 上の部局へ話を持っていく. ein ~*es* Problem より重要な問題. Bei ihm ist die Familie dem Beruf ~. 彼は仕事より家庭の方を優先する. Er ist mir als Verkaufsleiter ~. 彼は販売部長として私の上にいる(私の上司である).

'Über·ge·päck [中] -[e]s/ 〖航空〗重量超過手荷物.

'Über·ge·wicht [中] -[e]s/-e **1** (a) 《複数なし》標準体重を超過した重さ. an ~ leiden 太りすぎに悩む. (b) 《複数まれ》(郵便物などの)超過重量. ~ haben 制限重量を超えている. **2** [das] ~ bekommen 〈kriegen〉《話》平衡を失う,バランスを崩す. **3** 《複数なし》優位, 優勢. das militärische ~ behalten 軍事的優位を保つ. das ~ über j^4 bekommen〈gewinnen〉 人^{4}に対して優位に立つ. In unserem Lehrplan haben eindeutig die naturwissenschaftlichen Fächer das ~. 私たちのカリキュラムでは明らかに自然科学系の科目に力が注がれている.

'über·ge·wich·tig [形] 太りすぎの.

'über|gie·ßen[1*] ['y:bərgi:sən] [他] **1** j^3 einen Eimer Wasser ~ 人^{3}にバケツ 1 杯の水をぶっかける. **2** 《まれ》(液体を)注ぎ損なう, こぼす.

über'gie·ßen[2*] [--'--] [他] $j\langle et\rangle^4$ mit et^3 ~ 人〈物〉^{4}に物^3(液体)を注ぐ, かける. die Teeblätter mit kochendem Wasser ~ お茶の葉に沸騰している湯を注ぐ. $sich^4$ mit kaltem Wasser ~ 冷水を浴びる. j^4 mit Hohn ~ 人^{4}に嘲笑を浴びせる. Ihr Gesicht war von glühender Röte übergossen. 彼女は顔を真っ赤にした.

über'gip·sen [y:bər'gɪpsən] [他] 石膏を塗る.

über'gla·sen [y:bər'gla:zən] [他] ガラスの覆い(ガラス屋根)をつける.

'über·glück·lich [形] 非常に幸福な.

über'gol·den [y:bər'gɔldən] [他] 金めっきする. Das Mondlicht *übergoldete* die Fluten. 《雅》月光が滔々たる流れの面を金色に染めていた.

'über|grei·fen* [自] **1** (ピアノ演奏・器械体操などで)手を交差させる. **2** (auf et^4 物^{4}に)波及する, 広がる. Das Feuer *griff* rasch auf die umliegenden Gebäude *über.* 火事はまたたく間に周囲の建物にまで広がった. **3** in den Bereich der Justiz ~ 司法の領域を侵す.

'über·grei·fend [現分] [形] 他の何よりも重要な, 決定的な. das ~*e* Moment im Prozess der Erkenntnis 認識過程における決定的な要因.

'Über·griff ['y:bərgrɪf] [男] -[e]s/-e (権利に対する)侵害, 不当な干渉; (職権の)濫用.

'über·groß [形] 非常に大きな, 大きすぎる.

'Über·grö·ße [女] -/-n 巨大さ; (洋服・靴などの)特大サイズ.

'über|ha·ben* ['y:bərha:bən] [他] 《話》 **1** (コートなどを)さらに上から羽織っている, 上に着ている. **2** (人〈物〉^{4}に)飽き飽き(うんざり)している. **3** 《地方》余して(残して)いる.

Über'hand·nah·me [y:bər'hantna:mə] [女] -/ 激増; 蔓延(まんえん).

über'hand neh·men*, °**über'hand|neh·men*** [自] (好ましくないものが)優勢になる, やたらに増える, はびこる, 広がる.

'Über·hang ['y:bərhaŋ] [男] -[e]s/⸚e **1** 〖建築〗(木骨建築などで)張出した上階部; 〖登山〗オーバーハング, 雪庇(せっぴ). **2** 隣地に張出した枝. **3** 〖造船〗(吃水線より上の)船腹. **4** (カーテンレールを隠す装飾用の)横長の幕. **5** 持越し商品, 売残り(an et^3 物^{3}の). **6** ケープ, 肩かけ, マント.

'über|hän·gen[1(*)] ['y:bərhɛŋən] ❶ [自] 《不規則変化》 **1** (建物の上階部が)張出している; (岩壁などが)直角以上の傾斜をしている, オーバーハングしている. **2** (枝などが)隣地に垂れ下がっている; (テーブルクロスなどの縁が)垂れている. ❷ [他] 《規則変化》j^3 et^4 ~ 人^{3}に物^4(コートなど)を掛けてやる. $sich^3$ den Mantel〈das Gewehr〉 ~ コートを羽織る〈小銃を肩にかつぐ〉.

über'hän·gen[2(*)] [--'--] [他] **1** 《不規則変化》《雅》(壁などを)一面に覆う. Die Mauer war von Efeu *überhangen.* 外壁は一面の蔦(つた)に覆われていた. **2** 《規則変化》《まれ》(et^4 mit et^3 物^{4}に物^{3}で)覆いをする.

'Über·hang·man·dat [中] -[e]s/-e 〖政治〗超過議席(ドイツ連邦議会選挙である政党が第 1 投票で得た議席数が比例代表制の第 2 投票で比例配分された議席数より多いときその上まわった議席を特別枠として認める).

über'happs [y:bər'haps] [副] 《オーストリア》《話》 **1** おおよそ, ほぼ. **2** いい加減に, ざっと.

über'has·ten [y:bər'hastən] ❶ [他] 大あわてでする, 急ぎすぎる. das Tempo ~ テンポを上げすぎる. ❷ [再] 《**sich**^{4}》非常にあわてる. Seine Worte *überhasteten sich.* 彼の口から言葉がどんどん飛出してきた.

über'has·tet [過分] [形] 急ぎすぎた. eine ~ einberufene Konferenz 召集を早まった会議. ~ sprechen せかせかとしゃべる.

über'häu·fen [y:bər'hɔʏfən] [他] **1** (et^4 mit et^3 物^{4}の上に物^{3}を)山と積む. **2** (j^4 mit et^3 人^{4}に物^{3}を)ふんだんに(あり余るほど)与える. j^4 mit Arbeit ~ 人^{4}に仕事を山ほど与える. j^4 mit Vorwürfen ~ 人^{4}をさんざっぱ

Über'häu·fung 囡 -/-en 《複数まれ》推積，累積；(仕事の)繁忙.

über'haupt [y:bər'haupt ユーバーハオプト] 副 **1** 一般的に，概して，総じて. Er ist ~ selten zu Hause. だいたい彼はいつも家にいない. Das hat große Bedeutung für die Wissenschaft ~. これは学問一般にとって大きな意味をもつ. **2**《否定の強調》ぜんぜん，まったく，少しも. Daran hat er ~ nicht gedacht. そんなことは彼はつゆ考えなかった. Davon wusste ich ~ nichts. そのことは私はまるっきり知らなかった. ~ kein Geld haben すかんぴんである. zu et³ ~ keine Lust haben 事³をする気がさっぱりない. **3**《疑問文で》いったい，そもそも. Wie ist das ~ gekommen? いったいどうしてそんなことになったんだ. Kannst du ~ Ski laufen? だいたい君はスキーができるのですか. **4**《話》《ふつう **und überhaupt** の形で》それはそれとして，ところで，それにだいいち. Und ~, warum kommt er nicht selbst zu mir, wenn er etwas will? だいいち彼は何か要求があるのならどうして自分で出向いてこないのか. Der Tag war sehr kalt, und ~, er hatte sowieso keine Zeit zum Spazierengehen. その日はとても寒かったし，もっとも彼にはどっちみち散歩する暇などなかったのだ. **5**《条件文で》wenn ~ … そもそも(だいたい)…だとしても. Wenn ~, kommen wir erst spät. たとえ行けるとしても遅くなります. **6**《年配》とくに，ことに，まして. Man wird ~ im Alter, nachlässiger. 人間は段々だらしなくなる, とくに年を取るとそうだ.

über'he·ben* [y:bər'he:bən] ❶ 他《古》jt et² ~ 人⁴の事²を免除する，人⁴を事²から解放する. Wir sind dieser Arbeit〈solch einer Sorge〉*überhoben*. 我々はこの仕事〈そうした心配〉はしなくてよい. ❷ 再《*sich*¹》**1**《話》(重い物を持って)体を痛める. **2**《古》《雅》思い上がる，偉そうにする.

über'heb·lich [y:bər'he:plɪç] 形 思い上がった，傲慢な，横柄な.

Über'heb·lich·keit 囡 -/-en **1**《複数なし》思い上がり，傲慢. **2** 思い上がった言動，横柄な振舞.

Über'he·bung 囡 -/《古》思い上がり，傲慢，不遜.

über'hei·zen [y:bər'haɪtsən] 他 (部屋などを)暖房しすぎる.

über'hit·zen [y:bər'hɪtsən] 他 熱しすぎる，過熱する(オーバーヒートさせる).

Über'hit·zer [..'hɪtsər] 陽 -s/-《工学》過熱器.

über'hitzt 過分 形 熱しすぎた，過熱した. ~ *er Dampf*《化学》過熱蒸気. Die Konjunktur ist ~. 景気は過熱気味だ.

Über'hit·zung 囡 -/-en《複数まれ》過熱.

über'hö·hen [y:bər'hø:ən] 他 **1**(物⁴の)一部分を一段高くする，《土木》(道路などに)カント(片勾配)をつける. ein Gleis in der Kurve ~ カーブで線路を一段(片勾配)をつける. **2**《地図》(立体地球儀などで)起伏を際立たせる.

über'höht 過分 形 一段高くなった. eine ~*e* Kurve 片勾配(カント付き)のカーブ. **2** 高くしすぎた，法外な. mit ~*er* Geschwindigkeit 猛烈なスピードで. ~*e* Preise 法外な値段.

Über'hö·hung 囡 -/-en 一段高くすること，突出. **2**(価格などの)法外なつり上げ. **3**《土木》盛り土，嵩(かさ)上げ；(道路・線路などの)片勾配，カント. **4**《地図》(立体地球儀などにおける)起伏の強調.

'über·ho·len¹ ['y:bərho:lən] ❶ 他 **1**(船で)対岸へ渡す，対岸から運んで帰ってくる. *Hol über!*《古》(渡し守に)ちょっと頼むよ，やっとくれ. **2** die Segel ~《船員》帆を(風向きに合せて)反転させる. ❷ 自《船員》(船が)横倒しに傾く.

*****über'ho·len²** [y:bər'ho:lən ユーバーホーレン] 他 **1** 追抜く，追越す；しのぐ，まさる. Hier darf man nicht ~. ここは追越禁止です. Er wird euch noch alle ~. 彼はいまに君たち全員を追越すにちがいない. **2** 分解修理(オーバーホール)する. ein Auto ~ lassen 自動車をオーバーホールに出す. sich⁴ ~ lassen《戯》体をオーバーホールしてもらう.

Über'hol·ma·nö·ver 中 -s/- (自動車の)追越, 追越の運転操作.

Über'hol·spur 囡 -/-en《交通》追越車線.

über'holt 過分 形 (↑ *überholen²*) 時代遅れの, 古くさい；用済みの.

Über'ho·lung [y:bər'ho:lʊŋ] 囡 -/-en 分解修理，オーバーホール.

Über'hol·ver·bot 中 -[e]s/-e《交通》(交通標識で)追越禁止.

'über'hö·ren¹ ['y:bərhø:rən] 再《*sich*³》《話》聞き飽きる，いやというほど聞かされる.

über'hö·ren² [- - '- -] 他 **1** 聞き逃(のが)す，聞きもらす；聞き流す，聞かないふりをする. Das möchte ich *überhört* haben! これは聞かなかったことにしておく. **2**《古》=abhören 3

'Über-Ich ['y:bər|ɪç] 中 -[s]/-[s]《心理》超自我.

'über·ir·disch ['y:bər|ɪrdɪʃ] 形 **1**《比較変化なし》この世ならぬ，天上の；神々しい. von ~*er* Schönheit sein この世のものとも思われぬほど美しい. **2**《古》=oberirdisch

'über·jäh·rig ['y:bərjɛ:rɪç] 形 **1**《古》1歳(1年)を超えた. **2**《牧畜》(牛が)4歳でやっと仔を生む，成熟の遅れた. **3** 年来の. ein ~es Leiden 長患い. **4**(ワインなどが)古くなった.

'über·kan·di·delt ['y:bərkandi:dəlt] 形《話》常軌を逸した，気遣じみた.

'über·kip·pen [y:bərkɪpən] 自 (s) **1** 平衡を失う，ひっくり返る. **2** Seine Stimme *kippte über*.《話》彼の声は急に甲高くなった.

über'kle·ben [y:bər'kle:bən] 他 (しみ・穴などの)上に紙などを張って隠す.

'Über·kleid 中 -[e]s/-er《古》上から羽織る物，アウターウェア；コート，オーバー.

über'klei·den [y:bər'klaɪdən] 他《雅》(et⁴ mit et³ 物³を物³に)被せる，着せる.

'Über·klei·dung¹ 囡 -/-en《複数まれ》(下着に対して)上着.

Über'klei·dung² 囡 -/-en 壁張り, 化粧張り；覆い，カバー.

'über·klug ['y:bərklu:k] 形《反語》利口すぎる，かしこすぎる.

'über·ko·chen¹ ['y:bərkɔxən] 自 (s) **1** 煮(吹き)こぼれる. **2** [vor Wut / vor Zorn] ~《話》かんかんに怒る.

über'ko·chen² [- - '- -] 他《古》《料理》(料理を)もう一度さっと煮直す(温め直す)；さらにひと煮立ちさせる.

'über·kom·men¹ ['y:bərkɔmən] 自 (s) **1**《船員》(海水が)甲板を洗う. **2**《古》向うへ着く. **3**《地方》(mit et³ 物³を)しぼしぼ出す.

über'kom·men²* [- - '- -] 他 **1**(感情などが)襲う.

über|kom·men

Angst *überkam ihn.* 彼は不安に襲われた. 《非人称的に》Bei diesem Anblick *überkam es mich kalt.* この光景に私はぞっとした. **2** 《古》遺産として〈遺伝で〉受け継ぐ〈von〈j⁴〉人³から〉; 遺産として〈遺伝で〉伝える. ▶今日では過去分詞の形でのみ用いる. ↑übermannen³

über·kom·men³ 過分形 (↑überkommen²) 遺産として相続された, 遺伝で受け継がれた. ~e Bräuche 昔ながらの〈伝統的な〉風習. j³〈auf j⁴〉~ sein 人³,⁴に受け継がれている.

über·kom·pen·sie·ren 他 《心理》（欠点などを）過剰補償する. ◆↑über..¹②〉

über·kon·fes·si·o·nell 形 宗派を超えた.

über·kreu·zen [yːbərˈkrɔʏtsən] 他 **1** 交差させる. mit *überkreuzten* Armen〈Beinen〉腕組みをして〈脚を組んで〉. **2**（広場などを）横切る, 横断する. ❷ 再（sich⁴）（道路などが）交差する（sichは相互代名詞）.

über|krie·gen 他《話》= überbekommen

über|krus·ten [yːbərˈkrʊstən] 他《料理》グラタンにする. **2**（多く過去分詞で）（物⁴に）堅い殻を被せる. Die Räder sind von Schlamm *überkrustet*. 車輪はすっかり泥まみれになっている.

über|la·den¹* [yːbərˈlaːdən] 他（物³に）荷物を積みすぎる. sich³ den Magen ~ 食べすぎる.

über|la·den² 過分形 **1** 荷物を積みすぎた. mit Arbeit ~ sein 仕事をかかえすぎている. ein mit Speisen ~er Tisch 食べきれないほど料理を並べたテーブル. **2** 装飾過多の, ごてごて飾りたてた.

Über|la·dung 因 -/-en（荷の）積みすぎ, 積載過重.

Über|la·gern [yːbərˈlaːɡərn] 他 **1** 層を成して覆う. Der braune Sand *überlagerte* alles. 褐色の砂があらゆるものの上に降り積っていた. **2**（物に）重なる. Der Sender wird auf dieser Wellenlänge von einem anderen *überlagert*. この放送局はこの波長だと別の局と混信する. Die Ereignisse haben sich⁴ *überlagert*. 事件が重なった（sichは相互代名詞）. **3** 保存しすぎて駄目にする（品質を損なう）. *überlagerte* Medikamente 使用期限の切れた薬.

Über|la·ge·rung 因 -/-en **1** 層を成して覆うこと（覆っているもの）; 重なること, 重なっているもの. **2**《鉱業》（埋蔵資源を覆っている）表土. **3**《物理》（電波などの）干渉.

Über|la·ge·rungs·emp·fän·ger 男 -s/-《電子工》スーパーヘテロダイン受信機.

'Über·land·bahn ['yːbərlantbaːn --ˈ--] 因 -/-en **1**（都市と周辺地域を結ぶ）郊外電車. **2**《古》大陸横断鉄道.

'Über·land·bus [--ˈ-- とも] 男 -ses/-se 郊外バス, 長距離バス.

'Über·land·lei·tung [--ˈ--- とも] 因 -/-en 遠距離送電線.

'Über·land·zen·tra·le [--ˈ---- とも] 因 -/-n 広域発電所.

'über·lang 形 **1** ひどく長い. **2**《話》ひどく背の高い.

über|lap·pen [yːbərˈlapən] 他（物と）部分的に重なる. ~ 再（sich⁴）互いに重なり合う（sichは相互代名詞）.

über|las·sen¹* ['yːbərlasən] 他《話》（人³に）物⁴を残しておく, とっておく.

__über|las·sen__² [yːbərˈlasən] 他 ユーバーラセン ❶ 譲る, ［他人に］渡す（人³に）物⁴を）. Ich habe meinem Sohn schon früh die Hälfte meines Vermögens *überlassen*. 私は息子にもう早くに財産の半分を譲ってある. j³ et⁴ billig〈für 100 Euro〉~ 人³に物⁴を安く〈100ユーロで〉譲る. j³ et⁴ als Pfand〈zum Andenken〉~ 人³に物⁴を形に〈記念に〉渡す. j³ den Sieg ~ 人³に敗れる,（人³に）名を成さしめる. **2**（a）託す, 譲る; 任せる. Ich *überlasse* unsere Kinder oft der Großmutter. 私は子供たちをしょっちゅう祖母に預ける. *Überlass* das bitte mir ~! これは私に任せて欲しい; ここは君の出る幕じゃない. Du solltest Den Denken lieber den Pferden ~.《戯》へたな考え休むに似たりって言うだろ. j⁴ eine Arbeit ~ 人³に仕事を任せる. j³ die Auswahl〈die Entscheidung〉~ 人³に選択〈決定〉を委ねる. j⁴ sich³ selbst ~ 人⁴をひとりにしておく,（を）放っておく. j⁴ der Gefahr〈j² Willkür〉~ 人⁴の危険を坐視する〈人⁴を人²の好きにさせる〉. et⁴ dem Zufall ~ 事⁴を成行きに任せる.《再帰的に》sich⁴ den Erinnerungen〈*seinen* Träumen〉~ 思い出〈夢想〉にふける. sich⁴ *seinen* Gedanken ~ ひとりあれこれ〈くよくよ〉考える.（b）貸与する. Für ein paar Tage könnte ich dir das Auto ~. 2, 3日なら君に車を貸してあげられるんだよ.

Über|las·sung 因 -/-en《複数まれ》譲渡, 引渡し; 委託.

'Über·last ['yːbərlast] 因 -/-en **1** 重量超過, 荷の積みすぎ. **2**《電子工》過負荷.

über|las·ten [yːbərˈlastən] 他 **1** 荷を積みすぎる. ein Schiff〈einen Motor〉~ 船に荷物を積む〈モーターに充電し〉すぎる. **2** 過大な負担をかける. *überlastet* sein（肉体的・精神的に）負担がかかりすぎている. mit Arbeit *überlastet* sein 仕事を山ほどかかえている.

Über|las·tung 因 -/-en 重量超過; 負担過重.

'Über·lauf ['yːbərlaʊf] 男 -[e]s/-läufe **1**（貯槽などの）溢水口,（ダムの）越流口. **2**《コンピュ》オーバーフロー, あふれ.

'__über|lau·fen__¹ ['yːbərlaʊfən] ユーバーラオフェン (s) **1** あふれる, こぼれる. Die Milch ist *übergelaufen*. ミルクが吹きこぼれた. Die Badewanne *läuft* gleich über〈voll〉überläuft. ふろが水で〈いっぱいに〉あふれる. Ihm ist die Galle *übergelaufen*.《話》彼は思わずかっとなった. **2** 寝返る, 走る〈zum Feind 敵方に）;（兵士が）脱走する.

__über|lau·fen__² [yːbərˈlaʊfən] ユーバーラオフェン 他 **1**（不快感が）襲う. Ein Schauder *überläuft* mich〈meinen Rücken〉. 私は寒けがする〈悪寒で背中がぞくぞくする）.《非人称的に》Es *überlief* mich eiskalt. 私は氷水を浴びせられたような気がした; 私は[寒けが]ぞくぞくした. *Es überlief mich* [siedend] heiß. 私は全身がかっと熱くなった（失敗などに気付いて）. **2**（a）《コンピュ》（走りすぎて）追越す, オーバーランする.（b）（ハードルなどを）飛越える.（c）（防禦を）突破する. **3**（ふつう過去分詞で）どっと押寄せる, 押し［詰め］かける. Der Arzt〈Die Sprechstunde des Arztes〉ist stark *überlaufen*. その医者はたいへんはやっている〈その医師の診察時間はとても込み合う）. Dieser Beruf ist heute ziemlich *überlaufen*. この職業は昨今なかなか志願者が多い. Die Straße ist sonntags sehr *überlaufen* その通りは日曜日になるとたいへんな人出だ. **4**（多く過去分詞で）（色が）ほんのり差す. gelblich *überlaufene* Blütenblätter ほんのり黄色味を帯びた花弁.

'__Über·läu·fer__ [ˈyːbərlɔʏfər] 男 -s/- **1**（敵方に）寝返った者, 裏切り者; 脱走兵. **2**《猟師》（ひと冬を越した）猪の子, 瓜坊（うりぼう）.

'über·laut 形（声）の大きすぎる.

__über|le·ben__ [yːbərˈleːbən] ユーバーレーベン ❶ 自 生延びる, 生残る, 生永らえる. Nur die stärksten

Tiere haben *überlebt*. もっとも強い動物だけが生残った. *seine* Frau um fünf Jahre ~ 妻より5年長生きする. den Krieg ~ 戦争を生延びる. Der Kranke wird die Nacht wohl nicht mehr ~. この病人はたぶんもう今夜ひと晩でしまい. der *überlebende* Teil 〖法制〗生存配偶者. 〈中性名詞として〉Es geht ums *Überleben* der Firma. 問題は会社の存亡だ. 《慣用的表現で》Das *überlebe* ich nicht!〈話〉こんなこと私にはとても耐えられない. Du wirst's wohl ~!〈話〉《多く皮肉で》君なら我慢できるだろう.
❷ 再 *(sich[4])* 古くさくなる, 時代(流行)遅れになる. Diese Anschauung wird *sich* schnell ~. この考え方はたちまち色褪せてしまうにちがいない.

Ü·ber'le·ben·de 男女 《形容詞変化》生存者, 生残り.

'über·le·bens·groß 形 等身大(実物)以上の.

'über·lebt 過分 形 古くさくなった, 時代遅れの.

'über|le·gen[1] [y:bərle:gən] ❶ 他 1 (上から)掛ける, 覆う. j[3] eine Decke ~ 人[3]に毛布を掛けてやる. 2 (話)(子供を)膝に抱えおしりをぶつ. ❷ 再 *(sich[4])* 覆いかぶさる(über et[4] 物[4]の上から). Er hat *sich* zu weit über die Reling *übergelegt* und ist über Bord gefallen. 彼は手すりから身を乗出しすぎて海に落ちてしまった. ❸ 自 動 *(sich[4])* (船気)(船が)傾いて横倒しになる.

*** über·le·gen**[2] [y:bərle:gən] ユーバーレーゲン 他 再 *(sich[3])* よく(じっくり)考える, 熟考(熟慮)する. et[4] gründlich〈reiflich〉 ~ 事[4]についてとくと考えてみる. Das will gut *überlegt* sein. それはよく考えてみなければならない. 《目的語なしで》hin und her ~ あれこれ(とつおいつ)考える. ohne zu ~ いろいろ考えずに. 《慣用的表現で》Das muss ich *mir* erst [noch] ~. それはひとまず考えさせて頂きましょう. 人 を考えた揚句〈さ〉私は考えが変った. *Überlege dir* deine Worte gut〈genau〉! よく考えて物を言えよ.

*** über·le·gen**[3] [y:bərle:gən] ユーバーレーゲン 形 1 はるかに優れた(まさった), 他を凌駕している, 圧倒的な. ein ~*er* Geist 群を抜いて優れた頭脳. mit ~*er* Ruhe 落着き払って. Unsere Mannschaft hat ~ 7:1 (sieben zu eins) gewonnen. わがチームは7対1で圧勝した. j[3] an Ausdauer〈in Mathematik〉 ~ sein 人[3]より忍耐力の点で〈数学では〉はるかにまさっている. Der Gegner war uns zahlenmäßig ~. 敵は数の上で我々をはるかに優勢だった. 2 偉(えら)ぶった, 尊大な. eine ~*e* Miene aufsetzen 偉そうな顔をする.

Über'le·gen·heit [y:bər..] 女 優越, 優位(性), 優勢.

über'legt 過分 形 前以てよく考えた, よく考えた上での; 慎重な, 思慮深い. ein ~*er* Mann 熟考タイプの男, 慎重居士. ein ~*es* Urteil 賢明な判断. ~ handeln よく考えて〈慎重に〉行動する. Der Plan ist wohl ~. この計画は十分に練られたものだ.

Über'le·gung [y:bər'le:gʊŋ] 女 -/-en 《複数なし》熟考, 熟慮; 《複数で》考察, 理論. ~*en* anstellen よく考えてみる, 慎重に〈仔細に〉検討してみる(über et[4] 事[4]について). bei ruhiger〈sachlicher〉 ~ 落着いて〈具体的に〉考えると. et[4] in ~ ziehen 事[4]を考えにいれる〈考察の対象にする〉. nach reiflicher〈sorgfältiger〉 ~ とっくりと〈念入りに〉考えた上で. ohne ~ よく考えもせず.

'über|lei·ten ❶ 自 1 話(話題)を移す(つなぐ)(zu et[3] 事[3]へと). zum nächsten Thema ~ 次のテーマに移る. 2 〖音楽〗転調する. ❷ 他 (別の状態に)移行させ,

ね. neue Erfindungen in die Praxis ~ 新しい発明を実用に移す.

'Über·lei·tung 女 -/-en (a)《複数なし》話をつなぐこと. ohne ~ das Thema wechseln 急に(いきなり)話題を変える. (b) (話の)とっかかり. eine ~ zum nächsten Thema suchen 次のテーマへの入り口を探す. 2 《複数まれ》移行させること. die ~ neuer Erfindungen in die Praxis 新しい発明の実用化.

über'le·sen* [y:bər'le:zən] 他 1 走り読みする, ざっと目を通す. 2 読み落す. Ich habe bei der Korrektur viele Fehler *überlesen*. 私は校正のときたくさんの誤植を見落した.

***über'lie·fern** [y:bər'li:fərn] ユーバーリーファーン 他 1 《多く過去分詞で》(語り)伝える, 伝承する. Das ist nur als Fragment *überliefert*. それは断片でしか伝承されていない. im Werk der Nachwelt ~ 作品を後世に伝える. mündlich〈schriftlich〉 *überliefert* sein 口承的に〈文字によって伝えられた〉ものである. 2 《古》引渡す, (人[3]の)手に委ねる; (城などを)明渡す. j[4] der Justiz ~ 人[4]を法の手に委ねる.

über'lie·fert 過分 形 (語り)伝えられた, 伝承された; 伝来の, 昔からの. ~*e* Bräuche 旧習, 旧風.《名詞的用法で》am *Überlieferten* festhalten 旧弊を墨守(ぼくしゅ)する.

***Über'lie·fe·rung** [y:bər'li:fərʊŋ] ユーバーリーフェルング 女 -/-en 1《複数なし》伝承(すること). die mündliche〈schriftliche〉 ~ von Märchen おとぎ話の口承〈文字伝承〉. 2 言い伝え; 伝説; 伝統; しきたり. an der ~ festhalten 伝統にしがみつく. einer alten ~ zufolge 言い伝えによると.

Über'lie·ge·zeit [y:bər'li:gə..] 女 -/-en (船員)超過停泊(滞船)期間.

über'lis·ten [y:bər'lɪstən] 他 (↑ List)策を用いてだしぬく. Es gelang ihm, den Verfolger zu ~. 彼は追手の裏をかくことに成功した.

'überm ['y:bərm] 《話》前置詞 über と定冠詞 dem の融合形.

über'ma·chen [y:bər'maxən] 他 1 (人[3]に物[4]を)遺贈する. 2 (人[3]に物[4]を)送り届ける, 送付する.

'Über·macht ['y:bərmaxt] 女 -/ 《複数なし》優勢, 優位. die miliärische ~ 軍事的優位. die ~ haben / in der ~ sein 優勢である.

'über·mäch·tig [y:bər..] 形 1 優勢な, 優位の. (欲望などが)抑え難く強い, 非常に強い.

'über|ma·len ['y:bərma:lən] 自 《話》縁(輪郭線)をはみだして色を塗る.

über'ma·len [--'--] 他 1 上から色を塗って隠す(消す). 2 (絵に)もう一度彩色補筆を加える.

Über'ma·lung 女 -/-en 上から色を塗って隠す(消す)こと; 再度の彩色補筆. die ~ entfernen あとから彩色された絵の具を剥(はく)する.

'über·man·gan·sau·er [y:bər..] 形 〖化学〗過マンガン酸の.

über'man·nen [y:bər'manən] 他 1 (感覚・気分などが)襲う, 圧倒する. Der Schlaf *übermannte* ihn. 彼は睡魔に勝てなかった. 2 《古》(戦いで)打負かす.

'Über·maß ['y:bərmas] 中 -es/-e 1 《複数なし》過剰, 過多, 過度. im ~ an Arbeit 過度の労働. im ~ an〈von〉 Freude あまりに大きな喜び. im〈bis zum〉 ~ 過度に, 極度〈極端〉に. et[4] im ~ genießen 事[4]に淫する. et[4] im ~ haben あり余る(馬に食わせる)ほど持っている. 2 〖工学〗(はめ合い部分における)内径過大.

'über·mä·ßig ['y:bərmɛ:sɪç] 形 過剰な, 過度の, 過

多の. ~*es* Essen und Trinken 暴飲暴食. ein ~*es* Interval《音楽》増音程. eine ~ teure Ware べらぼうに高い商品. sich¹ ~ anstrengen むちゃくちゃに頑張る.

Über·mensch ['y:bərmɛnʃ] 男 -en/-en **1**《哲学》超人(Herder, Goethe の用語でもあるが Nietzsche の哲学においてとくに有名な概念, その具体像をツァラトゥストラ Zarathustra とする). **2**《話》《反語》完全無欠の人.

über·mensch·lich 形 超人的な.

Über·mi·kro·skop 中 -s/-e《工学》**1** 電子顕微鏡. **2**《まれ》超顕微鏡.

über·mit·teln [y:bər'mɪtəln] 他(手紙・電話などで)伝える, 伝達する. j³ Glückwünsche telefonisch ~ 人³に電話でお祝いの言葉を伝える.

Über·mit·te·lung, Über·mitt·lung 女 -/-en《複数まれ》(手紙・電話などの)伝達, 伝送, 送達.

***über·mor·gen** ['y:bərmɔrɡən ユーバーモルゲン] 副 あさって, 明後日. ~ Mittag〈°mittag〉あさっての午前.

über·mü·den [y:bər'my:dən] 他(ふつう過去分詞で)ひどく疲れさせる. Die Kinder waren *übermüdet* 子供たちはへとへとに疲れていた.

über·mü·det 過分 形 ひどく疲れた, へとへとになった.

Über·mü·dung 女 -/-en《複数まれ》過労.

Über·mut ['y:bərmu:t] 男 -[e]s/ **1**《古》思い上がり, 高慢, 不遜. ~ tut selten gut.〈諺〉驕(おご)る者久しからず. **2** はしゃぎすぎ. aus〈vor〉~ はしゃぎすぎて, 調子に乗りすぎて.

über·mü·tig [..my:tɪç] 形 **1**《古》思い上がった, 高慢な. **2** はしゃぎすぎの.

übern ['y:bərn] 話《話》前置詞 über と定冠詞 den の融合形.

***über·nächst** ['y:bərnɛ:çst ユーバーネーヒスト] 形《付加語的用法のみ》次の次の. ~*es* Jahr 再来年. am ~*en* Tag 翌々日に.

***über·nach·ten** [y:bər'naxtən ユーバーナハテン] 自 泊る, 夜を過ごす. bei j³ ~ 人³の所に泊る. im Hotel〈im Freien〉~ ホテルに泊る〈野宿する〉.

über·näch·tig ['y:bərnɛçtɪç] 形 **1**〈(ぎ・ぎ)〉= übernächtigt **2** ~*e* Fährte《猟師》(獣の)一夜たってからついた足跡.

über·näch·tigt [y:bər'nɛçtɪçt] 形 寝不足の, 徹夜して疲れた.

Über·nach·tung 女 -/-en 宿泊. Preis für ~ und Frühstück 朝食付きの宿泊料.

Über·nah·me ['y:bərna:mə] 女 -/-n **1**《複数まれ》(商品の)受領, (事務の)引継ぎ, (仕事の)請負い, (債務の)引受け, (営業権の)譲り受け. **2**(他人の文章の)借用, 転用, 引用.

Über·na·me ['y:bərna:mə] 男 -ns/-n《古》〈(に)〉あだ名. ◆ラテン語 supernomen の翻訳借用語. supernomen は supernominare, mit einem Beinamen bezeichnen からの逆成語. ◆² 格変化は Name 参照.

über·na·tio·nal 形 国家の枠を超えた, 超国家的な.

über·na·tür·lich 形 超自然的な.

über·neh·men¹* ['y:bərne:mən] 他 **1**《話》肩に掛ける. [sich³] einen Mantel ~ コートを肩に羽織る [sich³] das Gewehr ~ 銃を肩にかつぐ. **2**《船員》(a)(波をかぶる(船が). (b)《まれ》(何船の積荷・旅客を)引受ける.

***über·neh·men**²* [y:bər'ne:mən ユーバーネーメン]

❶ 他 **1** (a) 受取る, 預かる. eine Warensendung ~ 配送された商品を受取る. Während eures Urlaubs übernehmen wir die Vögelchen. 君たちが休暇に行っている間小鳥はうちで預かるよ. (b) 引継ぐ, 譲り受ける. Er hat das Geschäft seines Vaters *übernommen*. 彼は父親の店を引継いだ. et⁴ billig〈kostenlos〉~ 物⁴を安く〈ただで〉譲り受ける. (c) Passagiere〈Güter〉 von einem anderen Schiff ~《船員》他船の乗客〈積荷〉を引受ける. **2**(同僚・新メンバーとして)引受ける. Die Muttergesellschaft *übernahm* alle Angestellten der aufgelösten Tochtergesellschaft. 親会社は解散した子会社の全従業員をそっくり引取った. einen jungen Spieler in die Nationalmannschaft ~ 若い選手をナショナルチーム(フル代表)のメンバーに呼ぶ. **3** 引受ける, 肩替りする. Die Nachbarin hat die Betreuung unsrer Kinder *übernommen*. 隣りの奥さんがうちの子供たちの世話を引受けてくれた. Er *übernahm* die Kosten für unseren Aufenthalt. 彼は私たちの滞在費をもってくれた. ein Amt〈eine Aufgabe〉 ~ 職務〈任務〉を引受ける. den Befehl〈das Steuer〉 ~ 替って指揮をとる〈舵をとる〉.《機能動詞的に》die Garantie〈Gewähr〉 für et⁴ ~ 物⁴を保証する. die Haftung〈die Verpflichtung〉~ 責任を持つ〈義務を負う〉. **4** (a)(他人の説などを)借用する. eine Idee von j³ ~ 人³のアイデアを拝借する. eine Passage wörtlich aus j² Buch ~ 人²の本から一節をそのまま借用する. (b) eine Sendung von der BBC ~《放送・テレビ》BBC 提供の番組を放送する. **5**《取引》《話》(a) ぺてんにかける. (b)《古》《感情的》(感覚・感情的)襲う.

❷ 他《sich⁴》無理をする. Er hat *sich* bei〈in/mit〉 dieser Arbeit tüchtig *übernommen*. 彼はこの仕事で相当無理をした. *sich* mit dem Hausbau finanziell ~ 家を建てるのに経済的な無理をする. *Übernimm dich nur nicht*!《反語》そんなに無理するなよ.

über·ord·nen[多く過去分詞で] A⁴ B³ ~ A⁴ を B³ より上位に置く; A⁴ を B³ に優先させる. die Familie dem Beruf ~ 仕事より家庭の方を優先させる. j³ *übergeordnet sein* 人³よりも上にいる, (の)上司である. ◆↑ übergeordnet

über·par·tei·lich 形 超党派の.

über·pflan·zen [y:bər'pflantsən] 他 **1** 植物で覆いつくす. Hügel mit bunten Blumen ~ 丘の斜面一面に色とりどりの花を植える. **2**《医学》(組織・器官などを)移植する.

über·pin·seln [y:bər'pɪnzəln] 他《話》**1** 上から色を塗って隠す(消す). **2** (絵に)もう一度彩色補筆を加える.

Über·preis -es/-e 法外な値段.

Über·pro·duk·ti·on 女 -/-en《経済》過剰生産.

über·pro·por·tio·nal 形 不釣り合いに大きな, 過度の.

über·prüf·bar [y:bər'pry:fba:r] 形 再検査(再点検)ができる.

über·prü·fen [y:bər'pry:fən] 他 **1** あとから(もう一度)調べる, 検査(吟味)する, 点検する. j² Alibi ~ 人²のアリバイを確かめる. eine Rechnung ~ 検算をする. A⁴ auf B⁴ ~ A⁴ の B⁴ について検査する. den Motor auf Mängel ~ lassen エンジンの欠陥を調べさせる. **2** もう一度よく考えてみる. eine Entscheidung ~ 決定を再考する.

Über·prü·fung 女 -/-en (再)検査, 吟味, 点検.

über|quel·len* 自(s) (容器から)あふれ出る, こぼれ

る；(容器が)あふれるほど一杯になる. Der Schaum ist *übergequollen*. 泡がこぼれた. Der Papierkorb *quillt* gleich über. 屑籠は今にもあふれそうだ. von Zuschauern ~ 観客で超満員である. *überquellende* Freude あふれんばかりの歓び.

über'quer [y:bər'kve:r] 圖 (📖) 交差して. et⁴ ~ legen 物¹⁴を十文字に(交差させて)置く. ~ gehen 《話》(計画などが)失敗する. mit j³ ~ kommen 《話》 j³と意見(反°)が合わなくなる.

*über'que·ren** [y:bər'kve:rən] ユーバークヴェーレン 個 横切る，横断する; (と)交差する.

Über'que·rung 囡 -/-en 横断，交差.

'**über·ra·gen**¹ ['y:bərra:gən] 圓 横に突き出ている，張出している.

über'ra·gen² [- - '- -] 個 (人⁴〈物⁴〉の)上に高く聳(そび)え立つ. Der hässliche Betonbau *überragt* die ganze Stadt. その醜いコンクリート建築は街全体を睥睨(へいげい)するかのように聳えて立っている. j⁴ um Haupteslänge ~ 人⁴より頭一つ背が高い. j⁴ an Leistungen weit ~ 人⁴より業績(成績)がはるかに優れている.

über'ra·gend 現分 形 (才能・業績などが)卓越した，抜きんでた，傑出した. von ~ großer Bedeutung sein ひときわ重要である.

über'ra·schen [y:bər'raʃən] ユーバーラシェン] 個 **1** 不意を襲う(つく); 現行犯で取り押える(bei et³ 事³の). Die Dunkelheit *überraschte* uns. あたりが急に暗くなった. j⁴ im Schlaf ~ 人⁴の寝込みを襲う. vom Regen *überrascht* werden 突然雨に降られる. j⁴ beim Stehlen ~ 人⁴の盗みの現場を取り押える. **2** 驚かす，びっくりさせる; 不意に喜ばせる. Die nicht vorhergesehene Wendung der Dinge hat mich sehr *überrascht*. 事態の思わぬ転回に私はたいへん驚いた. j⁴ mit *seinem* Besuch⟨*einem* Geschenk⟩ ~ 人⁴を突然訪ねて⟨思いがけない贈物で⟩喜ばせる. 《目的語なしで》Es *überrascht*, dass……は驚くべきことだ. 《慣用的表現で》Das *überrascht* mich nicht [weiter]. だからといってべつに驚かないよ，そんなことだろうと思っていた. Ich lasse mich gern ~. 《話》さてどうなるか楽しみだね. Lassen wir uns ~ !《話》成行きを楽しみに待っていましょう.

über'ra·schend [y:bər'raʃənt] 現分 形 不意の，思いがけない; 驚くべき，びっくりするような. eine ~ e Wendung nehmen (事態が)思いがけない展開を見せる，思わぬ方向に転じる. Es ging ~ schnell. 事は電光石火行われた. Sein Vorschlag kam für uns völlig ~. 彼の提案は完全に我々の意表をついた.

über'ra·schen·der'wei·se 副 驚いたことに.

über'rascht [y:bər'raʃt] 過分 形 驚いた，びっくりした. ein ~ es Gesicht machen びっくりした顔をする. über et⁴⟨von et³⟩ ~ sein 事⁴·³に驚いている.

*'**Über'ra·schung** [y:bər'raʃʊŋ ユーバーラシュング] 囡 -/-en **1** 《複数なし》驚き，驚愕. j³ eine ~ bereiten 人³を驚かす. in der ersten ~ あっと驚いているうちに（驚いたまま）. vor lauter ~ 驚きのあまり. zur allgemeinen ~ みんなが驚いたことには. Zu meiner größten ~ musste ich hören, dass es der Mann getan hatte. その男のしわざだと聞かされて私は愕然としないわけにはいかなかった. **2** 予期せぬ(不意の)出来事; 思いがけない喜び. eine unangenehme ~ erleben 思いがけない苦い目にあう. Ich habe eine kleine ~ für dich. 君にちょっとしたプレゼントがあるんだ. Das ist ja eine ~ ! / Ist das eine ~ ! これは嬉し

い喜びです; (来客などに)これはこれはようこそ.

Über'ra·schungs·an·griff 男 -[e]s/-e 《軍事》奇襲攻撃.

Über'ra·schungs·ei 中 -[e]s/-er びっくり玉子(銀紙にくるんだチョコレートボール，中の空洞に小さなプラモデルの人形などが入っている).

über'rech·nen [y:bər'rɛçnən] 他 **1** 概算する，ざっと計算する. **2** 検算する.

*'**über're·den** [y:ɐ̯t³ 事³をするように). j⁴ zum Mitkommen ~ 人⁴に同行して欲しいと口説く. Schließlich konnte ich ihn nicht ~, auf unseren Vorschlag einzugehen. 結局私は彼に私たちの提案への同意を承知させることができなかった. Ich habe mich zum Kauf ~ lassen. 私はいろいろ言われてとうとう買わされてしまった. Lass dich nicht ~ ! 口車に乗せられるんじゃないぞ.

Über're·dung 囡 -/-en 《複数まれ》説得.

Über're·dungs·kunst 囡 -/-e 説得術，説得のテクニック.

'**über·re·gi·o·nal** 形 超地域的な.

'**über·reich** 形 極めて豊富な，あり余るほどの.

über'rei·chen [y:bər'raɪçən] 個 (恭々(うやうや)しく)手渡す，贈呈(進呈，授与)する; 手交する. j³ ein Geschenk⟨eine Urkunde⟩ ~ 人³に贈物を進呈する(証書を渡す). j³ das Beglaubigungsschreiben ~ 人³に信任状を提出する. *überreicht* von… 謹呈(贈)より.

'**über'reich·lich** 形 非常にたくさんの.

Über'rei·chung 囡 -/-en《複数まれ》贈呈，進呈，授与; 手交.

'**über·reif** 形 熟しすぎた. ~ *es* Obst 熟れすぎた果実. Die Zeit ist ~. 機は十分に熟した.

über'rei·ten* [y:bər'raɪtsən] 他《まれ》馬蹄(ばてい)にかける.

über'rei·zen [y:bər'raɪtsən] 他 **1** 過度に刺戟する. Sonnenbäder haben die Haut *überreizt*. 日光浴のせいで肌がひどく荒れた. j⁴ Nerven ~ 人⁴の神経をひどく昂らせる(いらだたせる). ▶↑ überreizt **2** *seine* Karte ~ 《トランプ》手札以上にせり上げる(とくにスカート Skat で). **2** 画⟨**sich**⟩《トランプ》(とくにスカートで)手札以上にせり上げる，オーバー・ビッドする.

über'reizt 過分 形 ひどくいらだった(昂奮した). ein ~ *er* Mensch 神経過敏になっている人. Er ist durch zu viele Arbeit ~. 彼は仕事のしすぎで神経が昂っている.

Über'reizt·heit 囡 -/ 神経が昂っていること，ひどくいらいらした状態.

Über'rei·zung 囡 -/-en 過度の刺戟; 過度の興奮.

über'ren·nen* [y:bər'rɛnən] 他 **1** 走って行って突き倒す(突きとばす). **2** (a) (敵・敵陣などを)急襲して踏躪(じゅうりん)する，蹴散らす. (b)《話》(人⁴を)圧倒する. Sie hat ihn mit ihren Argumenten [völlig] *überrannt*. 彼女は彼の説を完膚なきまでに論破した. Er *überrennt* mich mit seinem Temperament. 彼はその気性の激しさで私を圧倒する. **3**《話》(人⁴を)言いくるめる.

'**Über'rest** ['y:brrɛst] 男 -[e]s/-e 《多く複数で》残り物，残余. die ~ *e* eines Autos⟨einer alten Festung⟩ 自動車の残骸⟨古い城塞の廃墟⟩. die sterblichen ~ *e*《雅》亡骸(なきがら).

über'rie·seln [y:bər'ri:zəln] 他 上(表面)をさらさら流れる. Ein Schauer *überrieselte* mich. /《非人称

的に) *Es überrieselte mich kalt.* 私はぞくぞくと寒気がした.

'**Über·rock** [y:bərrɔk] 男 –[e]s/=e **1** (男性用)外套, オーバー. **2** 《古》 フロックコート. **3** 《古》裾長3列ボタンの将校服.

'**über|rol·len** ['y:bərrɔlən] 他 dem Partner ein Kondom ~ 相手にコンドームを装着してやる.

über·rol·len [- -́- -] 他 **1** (敵·敵陣などを)戦車で蹂躙する. **2** (人·物)⁴の上に押し寄せる. *Die Bergsteiger wurden von einer Lawine überrollt.* 登山者たちは雪崩(なだれ)にのみこまれた. *von der Zeit überrollt werden* 時代の波に取残される.

über·rum·peln [y:bər'rʊmpəln] 他 (人⁴を)奇襲(急襲)する, の不意を襲う. *j⁴ mit einer Frage ~* 人⁴に不意に質問をする.

Über·rum·pe·lung 女 –/–en 奇襲, 不意打.

über·run·den [y:bər'rʊndən] 他 **1** 《競技》(トラック競技で) 1 周(または何周も)引離す. **2** (人⁴にはるかに)差をつける. *In Mathematik seine Klassenkameraden ~* 数学で級友たちに大きく差をつける.

'**übers** ['y:bərs] 《話》前置詞 *über* と定冠詞 *das* の融合形.

'**über|sä·en** [y:bər'zɛ:ən] 他 *et⁴ mit et³ ~* 物⁴の上一面に物³を蒔(ま)く. *j⁴ mit Küssen ~* 人⁴にキスの雨を降らす.

über·sät [y:bər'zɛ:t] 形 *mit⟨von⟩ et³ ~ sein* 物³を一面に蒔(ま)きちらしてある. *ein mit⟨von⟩ Sternen ~er Himmel* 一面に星を散りばめた空.

'**über·satt** ['y:bərzat] 形 すっかり満腹した;飽き飽きした. *et²⟨von et³⟩ ~ sein* 物²·³にうんざり(飽き飽き)している.

über·sät·ti·gen [y:bər'zɛtɪɡən] 他 (多く過去分詞で) **1** 《化学》過飽和状態にする. *eine übersättigte Lösung* 過飽和溶液. **2** (j⁴ mit et³ 人⁴に物³をいやになるほど食べさせる, 与える. ◆↑übersättigt

über·sät·tigt 過分 形 **1** 《化学》過飽和の. **2** うんざり(飽き飽き)した. *eine ~e Wohlstandsgesellschaft* 飽食社会. *von et³ ~ sein* 物³にうんざり(飽き)している.

Über·sät·ti·gung 女 –/–en 過飽和;飽食, 食傷;飽き飽き(させる)こと.

über·säu·ern [y:bər'zɔyərn] 他 過酸性にする;《料理などを》酸っぱくしすぎる. *einen übersäuerten Magen haben* 胃酸過多である.

Über·säu·e·rung 女 –/–en《複数まれ》過酸性になること, 過酸化;《医学》過酸性.

'**Über·schall·ge·schwin·dig·keit** ['y:bər·ʃal..] 女 –/ 超音速.

über·schat·ten [y:bər'ʃatən] 他 (物⁴に)影を投げかける, (を)影で覆う. *Eichen überschatteten den Platz.* 樫の木立ちの影が広場を覆っていた. *Die Nachricht überschattete das Fest.* そのニュースが祝賀の宴に暗い影を落した. *Der Ruhm des Vaters überschattete die Begabung des Sohns.* 父親の名声のために息子の才能がいま一つ目立たない.

über·schät·zen [y:bər'ʃɛtsən] 他 (↔ *unterschätzen*) 過大評価する;買い被る. *sich⁴⟨seine Kräfte⟩ ~* 自分を過信する.

Über·schät·zung 女 –/–en 過大評価.

'**Über·schau** ['y:bərʃau] 女 –/–en《複数まれ》概観, 概要. *eine kurze ~ über et⁴ geben* 事⁴の概要を簡単に述べる.

über·schau·bar [y:bər'ʃauba:r] 形 **1** 概観できる,

一目(ざっと見)で分かる. *et⁴ – [er] machen* 事⁴をもっとよく分かるようにする. **2** 見晴らし(見通し)のきく. *im kleinen, ~en Kreis* ごく小さい(内輪の集り)の.

über·schau·en [y:bər'ʃauən] 他 **1** (高所から)見渡す, 見晴らす. **2** 概観する, (の)全体像をつかむ, 見通す.

'**über·schäu·men** ['y:bərʃɔymən] 自(s) (ビールなどが)泡立ってあふれる. *Das Sekt⟨Das Glas⟩ übergeschäumt.* シャンパンが泡立ってこぼれた(グラスから泡があふれた). *Er schäumte fast über.* 彼はほとんど怒鳴りつけていたほどだった. *vor Temperament ⟨Wut⟩ ~* 元気溌剌としている(かんかんに怒っている). *eine überschäumende Freude* あらんばかりの喜び.

'**Über·schicht** ['y:bərʃɪçt] 女 –/–en 時間外労働, 残業.

'**Über·schie·bung** ['y:bərʃi:bʊŋ] 女 –/–en《地質》押しかぶせ断層.

'**über·schie·ßen¹*** ['y:bərʃi:sən] 自(s) **1** どっとあふれ出る, (煮立って)吹きこぼれる. **2** (商品などが)余る, あふれる. ▶↑überschießend

über·schie·ßen²* [- -́- -] 他 **1** (a) (人·物)⁴の向こう側へ射ちこむ, (よりも)遠い所に着弾させる(実弾演習など). (b) 《猟師》(狙いがはずれて獲物の)上を撃つ. **2** *ein Revier⟨einen Abschussplan⟩ ~* 《猟師》猟区の獲物をとりすぎる(捕獲制限量以上に).

über·schie·ßend 現分 形 (↑überschießen¹) あり余った, 過剰の. *die ~e Summe* 余剰金.

über·schläch·tig [y:bər'ʃlɛçtɪç] 形《工学》(水車が)上掛けの.

über·schla·fen* [y:bər'ʃla:fən] 他 (計画·決心などを)一晩よく考える.

'**Über·schlag** ['y:bərʃla:k] 男 –[e]s/=e **1** 概算, 見積り. *einen ~ machen* 見積りをする. **2** 《体操》とんぼ返り. **3** 《飛行競技》宙返り. **3** 《電子工》閃絡(せんらく), フラッシュ·オーバー.

'**über|schla·gen¹*** ['y:bərʃla:ɡən] ❶ 他 (手·脚を)組む. *mit übergeschlagenen Beinen dasitzen* 足を組んで座っている. ❷ 自(s) **1** (a) (波が)どっと押し(打ち)寄せる. (b) (火花が)ぱっと飛ぶ. **2** (声が)急に甲高くなる. 《音楽》(歌声が)急に別の音域に移る(ヨーデル jodeln などで). **3** 《音楽》(ピアノ演奏で指·手が他の指(他の手)と交差して打鍵する. **4** (感情などが極端に昂揚する. *Seine Abneigung ist in Hass übergeschlagen.* 彼の反感は憎しみにまで高まった.

über·schla·gen²* [- -́- -] ❶ 他 **1** (本のページ·章などを)読み飛ばす. **2** (人数などを)ざっと数える;(費用などを)概算する. ❷ 再 (*sich*⁴) **1** (転倒して)転がる, (落下の途中で)もんどり打つ. *Er überschlug sich mehrmals, als er die Treppe hinunterstürzte.* 彼は階段から落ちるとき何度もごろごろ転がった. *Die Wellen überschlagen sich.* 波が逆巻いている. *Sie überschlägt sich fast vor Diensteifer.*《話》彼女はくるくると実によく働く. **2** (声が)急に甲高くなる, 上ずる. **3** (事件などが)次々と重なる, 相次ぐ.

über·schla·gen³* (↑überschlagen²)《地方》生ぬるい, 生暖かい.

'**Über·schlä·gig** ['y:bərʃlɛ:ɡɪç] 形《述語的には用いない》概算での. *die ~en Kosten* おおよその費用. *~ berechnen* 物⁴を概算する.

'**Über·schlag·la·ken** 中 –s/– 上掛けシーツ.

über·schläg·lich ['y:bərʃlɛ:klɪç] 形 (überschlägig) 概算の.

'**über|schnap·pen** 自 (s, h) **1** (s) 《話》(声が)急に

甲虫くなる. **2** (s)《話》頭がおかしくなる, 正気を失う. Du bist wohl *übergeschnappt*! 君は頭が変になったんじゃないか. **3** (h, s)《錠前のボルト・掛け金などが》かちっと音を立ててはずれる.

über'schnei·den* [y:bɐrʃnaɪdən] 他 《**sich**[4]》**1** 《線・面が》交差する. **2** 《催し物・期日・研究分野などが》重なる, 重なり合う.

Über'schnei·dung 女 -/-en 交差; 重なり.

über'schrei·ben* [y:bɐrʃraɪbən] 他 **1** (A[4] mit B[3] A[4] に B[3] という)表題(標題, タイトル)を付ける. Das Gedicht ist mit „Abschied" *überschrieben*. その詩は『別離』と題されている. **2** j[3] et[4] ~ / et[4] an j[4]《auf j[4] / auf j[2] Namen》~ 人[4]《土地・家屋など》に名義に書換える, 物[4]を人[3,4,2]に譲渡する. **3** 《古》《商業》(代金などを)為替で送金する.

Über'schrei·bung 女 -/-en **1** 表題(標題, タイトル)を付けること. **2** 名義の書換え. **3** 為替で送金する(振込む)こと.

über'schrei·en* [y:bɐrˈʃraɪən] **①** 他 j⟨et⟩[4] ~ 人[4]《物[4]の音》より大きな声を出して圧倒する. den Lärm ~ 騒音に負けない大きな声を張上げる. einen Redner ~ 大声を出して弁士の言葉を聞こえなくする. **②** 再《**sich**[4]》声を出し過ぎて声を嗄〈か〉らす.

über'schrei·ten [y:bɐrˈʃraɪtən] ユーバーシュライテン 他 **1** (踏み)越える, 渡る. eine Brücke〈einen Fluss〉 ~ 橋〈川〉を渡る. die Grenze〈eine Straße〉 ~ 国境を越える〈道路を横切る〉. die Schwelle ~ 敷居をまたぐ. Sie hat die dreißig bereits *überschritten*. 彼女は30歳をすでに過ぎている. **2** (限度などを)超過する. Die Ausgaben *überschreiten* die Einnahmen. 支出が収入を上まわる. Diese Aufgabe *überschreitet* meine Kräfte. この仕事は私の能力にあまる(手に負えない). *seine* Befugnisse〈Vollmachten〉 ~ 越権行為をする, 出過ぎ(やり過ぎ)る. die zulässige Geschwindigkeit ~ 制限速度を超える. das Gesetz ~ 法を侵す. den Kredit ~ 借金がクレジット(信用貸し)の限度額を越える. alles〈jedes〉Maß ~ 度を過ごす, 度が過ぎる. *seinen* Urlaub ~ 休暇を勝手に(無断で)ひき延ばす.

Über'schrei·tung 女 -/-en 越える(渡る)こと; 超過; 越権, 違反.

'Über'schrift [ˈy:bɐrʃrɪft] 女 -/-en 表題, 標題, タイトル. ein Gedicht mit der ~ „Auf der Brücke" 『橋の上で』と題された詩. unter der ~ „…" 『…』という表題(タイトル)で.

'Über·schuh [ˈy:bɐrʃu:] 男 -[e]s/-e オーバーシューズ.

über'schul·den [y:bɐrˈʃʊldən] 他 《多く過去分詞で》過度に大きな負債を負わせる. Er ist *überschuldet*. 彼は借金で首が回らない. Das Grundstück ist *überschuldet*. その土地には抵当権が何重にも設定されている.

Über'schul·dung 女 -/-en 債務超過.

'Über'schuss [ˈy:bɐrʃʊs] 男 -es/⸚e **1** 利潤, 益金, 儲け. hohe ~e erzielen 大きな利潤をあげる. **2** 過剰, 過多. ein ~ an Geburten 出生の過剰(死亡を上回る数). einen ~ an Kraft〈Temperament〉 haben 力〈元気〉があり余っている.

'über·schüs·sig [ˈy:bɐrʃʏsɪç] 形 《副詞的には用いない》余剰の, 過剰の.

über'schüt·ten[1] [y:bɐrˈʃʏtən] 他《話》**1** j[3] et[4] ~ 人[3]の上に物〈液体〉を注ぐ, かける. **2** 《酒・コーヒーなどを》注ぎ損ふ, こぼす.

über'schüt·ten[2] [--ˈ--] 他 j⟨et⟩[4] mit et[3] ~ 人〈物⟩[4]に物[3]を注ぎかける, ふりかける. j[4] mit einem Eimer Wasser ~ 人[4]にバケツ1杯の水をぶっかける. j[4] mit Geschenken⟨Spott und Hohn⟩ ~ 人[4]にどっさり贈物をする〈嘲罵の言葉を浴びせる⟩.

'Über'schwang [ˈy:bɐrʃvaŋ] 男 -[e]s/ **1** (感情の)充溢〈じゅういつ〉, 横溢〈おういつ〉. im ~ der Freude 喜びに満ちあふれて. im ~ der Gefühle 万感胸に迫って. **2** 《古》過剰.

'über'schwäng·lich [ˈy:bɐrʃvɛŋlɪç] 形 感情過多の, 大仰な. j[4] in ~*en* Ausdrücken⟨mit ~*en* Worten⟩ loben 人[4]を大袈裟な言葉でほめたてる. sich[4] ~ bedanken 大層丁寧に礼を言う.

'Über'schwäng·lich·keit 女 -/-en **1** 《複数なし》感情過多(大仰)であること. **2** 感情過多の(大袈裟な)言動.

'über|schwap·pen 自 (s)《話》**1** 《液体が》ぱちゃっとこぼれる. **2** 《容器が》いっぱいにあふれてこぼれる.

über'schwem·men [y:bɐrˈʃvɛmən] ユーバーシュヴェメン 他 **1** 《物[4]を》水浸しにする, 《に》氾濫〈はんらん〉する. Touristen *überschwemmten* die ganze Stadt. 街じゅうどこへ行っても観光客だらけだった. **2** (j⟨et⟩[4] mit et[3] 人⟨物⟩[4]に物[3]を)過剰に供給する. Der Markt wird mit ausländischen Waren *überschwemmt*. 市場は外国製品が氾濫している.

'Über'schwem·mung [y:bɐrˈʃvɛmʊŋ] ユーバーシュヴェムング 女 -/-en 氾濫, 洪水. eine ~ im Bad anrichten《戯》風呂場を水浸しに(びちゃびちゃに)する.

Über'schwem·mungs·ge·biet 中 -[e]s/-e 水害地域.

°**'über'schweng·lich** [ˈy:bɐrʃvɛŋlɪç] ↑über·schwänglich

°**'Über'schweng·lich·keit** ↑Überschwänglichkeit

'Über·see [ˈy:bɐze:] 女 -/《無冠詞》海外; (とくに)アメリカ. 《ふつう前置詞 **aus, für, in, nach, von** と⟨von⟩~ 海外から. in ~ 海外で. nach ~ 海外へ. Post für⟨von⟩ ~ 海外へ出す⟨海外からの⟩郵便.

'Über·see·damp·fer 男 -s/- 外洋航路の汽船.

'Über·see·han·del 男 -s/ 海外貿易.

'über·see·isch [ˈy:bɐze:ɪʃ] 形《付加語的用法のみ》海外の; 海外からの; 海外向けの.

'Über·see·ver·kehr 男 -s/ 海外との交通(往来).

über'seh·bar [y:bɐˈze:ba:r] 形 見渡せる, 見晴らせる, 一望できる; 概観し得る. Die Folgen sind noch nicht ~. 結果はまだ見通し(予測)がつかない.

'über|se·hen[1] [ˈy:bɐze:ən] 他《**sich**[3]》見あきる. Ich habe *mir* diesen Film *übergesehen*. 私はこの映画をいやというほど見た.

***über'se·hen**[2]* [y:bɐˈze:ən] ユーバーゼーエン 他 **1** (a) 見渡す, 見晴らす, 一望する. Man kann von hier aus die ganze Bucht ~. ここからだと入江全体が見渡せる. (b) 概観する, 大摑みする. Ich kann noch nicht ~, wie viel Geld wir brauchen werden. どれほどの金が必要になるのか私にはまだ見当がつかない. soweit ich die Verhältnisse *übersehe* 私が情況をこう眺めた限りでは. **2** 見過ごす, 見落す; 見て見ぬふりをする, 黙過する; 無視する, 知らぬ顔をする. einen Fehler⟨ein Verkehrszeichen⟩ ~ 間違い⟨交通標識⟩を見落す. j[4] bei der Begrüßung ~ 人[4]の挨拶に気がつかない. j[4] geflissentlich ~ 人[4]をわざと無視する. j[4] Taktlosigkeit [stillschweigend] ~ 人[4]の無礼を黙って見逃してやる.

über'sen·den(*) ['y:bərˈzɛndən] 他 送る, 送付(送達)する. j¹ et¹ als Anlage〈in der Anlage〉 ~ 人³に物¹を同封して送る.

Über'sen·dung 女 -/-en 送付, 送達.

über'send·bar [y:bərˈzɛntba:r] 形 翻訳可能な.

'über|set·zen² ['y:bərzɛtsən] 自 (h, s) 対岸へ渡る. ❷ 他 (船で)対岸に渡す. ❸ 他 [einen Finger] 〖音楽〗(ピアノ演奏の運指で)指を親指の上に交差させる. [die Füße] 〖音楽〗(オルガンのペダルの上で)足を交差させる. den linken Fuß ~ 左足を(右足の上からかぶせるように)右へ送る.

über'set·zen² [y:bərˈzɛtsən] 他 ❶ 翻訳する. ein Buch aus dem〈vom〉Englischen ins Deutsche ~ 書物を英語からドイツ語に翻訳する. einen Text sinngemäß〈wörtlich〉 ~ 原文を意訳〈逐語訳〉する. Das ist falsch *übersetzt*. これは誤訳だ. bei einem Interview ~ インタビューの通訳をつとめる. Kannst du mir ~, was die Frau eben gesagt hat? この女性が言いたかったことは何だったのですか. ❷ 直す, 変える, 転換する. einen Roman ins Filmische ~ 長編小説を映画化する. ein Programm ~ 〖コンピュ〗プログラムを(データ処理装置の機械言語に)言語変換する.

Über'set·zer [y:bərˈzɛtsər] 男 -s/- 翻訳家, 訳者. ◆女性形 Übersetzerin 女 -/-nen

über'setzt 過分 形 ❶ (地方)(価格などが)法外に高い. ❷ (市場などが)供給過多の, 商品があり余っている. ❸ 〖工学〗(特定の伝動装置を備えた. Rennwagen sind anders ~ als normale Autos. レーシングカーは一般車とは変速比が異なる.

*Über'set·zung [y:bərˈzɛtsʊŋ] 女 -/-en ❶ (a)《複数なし》翻訳(すること). (b) 訳; 訳文, 訳本, 訳書, 翻訳版. eine ~ von et³ machen 物³の翻訳をする. in der ~ erscheinen〈vorliegen〉翻訳が出る〈出ている〉. et⁴ in englischer ~ lesen 物⁴を英訳で読む. ❷ 〖工学〗(歯車の)伝動; 伝動装置, ギア; 伝動(変速, 変圧)比. eine andere ~ einschalten〈wählen〉 ギアチェンジする. ❸ 〖話〗große〈kleine〉 ~ が長い〈短い〉こと. mit kleiner ~ あわてずに, ばたばたしないで.

Über'set·zungs·bü·ro 中 -s/-s 翻訳事務所, 翻訳工房.

Über'set·zungs·feh·ler 男 -s/- 誤訳.

*'Über·sicht ['y:bərzɪçt ユーバーズィヒト] 女 -/-en ❶ 《複数なし》全体を展望する能力, 洞察力; 見通し, 展望. die ~ gewinnen〈verlieren〉 見通しがつく〈つかなくなる〉. die ~ über et¹ haben 事⁴の見通しがついて(立っている). ohne jede ~ なんの見通し(展望)もなく. ❷ 概略, 概要; 概説, 概論; 一覧表. eine ~ über die japanische Literaturgeschichte 日本文学史概論. eine ~ den Spielplan des kommenden Sommers 来夏の公演予定表. eine ~ über et⁴ geben 事⁴の概説をする. (を)概観(展望)する. et⁴ in einer ~ darstellen 事⁴の概略を述べる.

'über·sich·tig ['y:bərzɪçtɪç] 形《副詞的には用いない》(weitsichtig)遠視の, 老眼の.

'über·sicht·lich [y:bərˈzɪçtlɪç] 形 ❶ 見通しのきく, 見晴らしのよい. ❷ 全体がひと目でわかる(とくに構成・配列などに関して).

'Über·sicht·lich·keit 女 -/ ❶ 見通し(見晴らし)のよさ. ❷ (構成・配列などの)分かり易さ, 見易さ.

'Über·sichts·kar·te 女 -/-n 略地図, 縮尺図.

'Über·sichts·ta·fel 女 -/-n 一覧表.

'über|sie·deln ['y:bərˈzi:dəln] 自 (s) 引越す, 移転(転居)する.

Über'sie·de·lung ['y:bərziːdəlʊŋ, --'---] 女 -/-en 引越し, 移転, 転居.

'Über·sied·ler ['--ˌ---- とも] 男 -s/- 転居者.

'über·sinn·lich ['---'--] 形 超感覚的な; 超感性的な; 超自然的な.

über'span·nen [y:bərˈʃpanən] 他 ❶ (綱・弦など)を強く張りすぎる. den Bogen ~ 弓を引き絞りすぎる;《比喩》度を過ぎ, 常軌を逸する. ❷ (et¹ mit t¹物⁴の上に物³を)張る, 張って覆う. den Balkon mit einem Segeltuchdach ~ バルコニーに帆布の屋根を張る. ❸ Eine Brücke *überspannt* den Fluss. その川に橋が1つ架かっている.

über'spannt 過分 形 (要求などが)度を越した, 常軌を逸した; (性格などが)エキセントリックな, 突飛な.

Über'spannt·heit 女 -/-en ❶《複数なし》常軌を逸している(エキセントリックである)こと. ❷ 突飛な言動.

'Über'span·nung¹ 女 -/-en《複数なし》〖電子工〗過電圧.

Über'span·nung² 女 -/-en ❶ (綱・弦などを強く張ること; 過度の緊張. ❷ 覆い(カバー)を張ること; 覆い(カバー)として張る材料. die ~ eines Sessel erneuern 肘掛椅子の上張りを新しく張替える.

über'spie·len [y:bərˈʃpiːlən] 他 ❶ (a) (録音・録画したものを)別のテープ〈ディスク〉に移す. eine CD auf ein Tonband ~ CDをテープにダビングする. (b) (放送を)中継する. ❷ (不都合な事から)巧みに人の注意をそらす. seine Befangenheit〈Fehler〉 ~ 気後れ〈欠点〉をうまく隠す. eine peinliche Situation ~ いやな雰囲気をうまく取りつくろう. ❸ (a) 〖スポ〗(相手選手を)技術(能力)で翻弄(圧倒)する. (b) (人⁴を)出し抜く, (の)裏をかく. ❹ (物⁴の)表面にちらちらと戯れる(光・影など).

über'spielt 過分 形 ❶ 〖スポ〗試合に出すぎて過労になった(調子を崩した). ❷ 〖話〗(ピアノなどが)使い古しの.

über'spit·zen [y:bərˈʃpɪtsən] 他 (事⁴を極端に扱う, とことんまで押進める.

über'spitzt 過分 形 極端に走った, とことんまで突きつめた.

'über|sprin·gen* ['y:bərˈʃprɪŋən] 自 (s) ❶ (火花・電光などが)飛び移る. Das Feuer *sprang* von der Scheune auf das Wohnhaus *über* 火は納屋から母屋(おもや)へと燃え移った. Seine Fröhlichkeit *sprang* auf alle *über*. 彼の陽気さが皆に広がった. Bei ihr ist der Funke *übergesprungen*.《比喩》彼女は突然それが分かった(のみこめた). ❷ (話題などを)急に変える. auf ein anderes Thema ~ いきなり別の話題に転じる. ❸ (建物などが)一段高く突き出している, 聳(そび)えている.

über'sprin·gen* [--'---] 他 ❶ (溝・垣根などを)跳び越える; 〖スポ〗(ある高さを)クリアする. Sie *übersprang* die 2,10 m im zweiten Versuch. 彼女は2回目の試技で2メートル10のバーを越えた. ❷ 飛ばす, 抜かす, 省く. ein paar Seiten ~ 2,3ページ飛ばして読む. einen Zug ~ 1列車遅らす. eine Klasse ~ 飛び級する.

über'spru·deln 自 (s) あふれ出る, 奔出する. Das kochende Wasser *sprudelt über*. 沸騰した湯が吹きこぼれる. Er *sprudelt* von〈vor〉 Einfällen *über*. 彼はアイデアが次々に浮かんでくる. von〈vor〉 Witz ~ 機知にあふれる.

'über|sprü·hen ['y:bərˈʃpry:ən] ❶ 自 (s) vor

Freude ～ 喜びにあふれる. ❷ 他 (人³に物⁴を)ふりかけ る. sich³ das neue Parfüm ～ 新しい香水をつける.

über'sprü·hen [--'--] 他 **1** den Rasen mit Wasser ～ 芝生に水を撒く. **2** alte Parolen ～ 古いスローガンの上にスプレーで新しいのを重ね書きする.

über'spü·len [y:bərˈʃpy:lən] 他 **1** 水浸しにする(波が岸などを)洗う. **2** j¹ mit Wasser ～ 人¹の体に水をかける.

'über·staat·lich 形 超国家的な, 国際的な.

'Über·stän·der [ˈy:bərʃtɛndər] 男 -s/-《林業》老齢樹; 老齢林.

'über·stän·dig [ˈy:bərʃtɛndɪç] 形 **1**《古》残った, 余った. **2**《古》時代遅れの, 旧弊な. **3** (a)《農業》収穫(屠殺)の時期を失した. (b)《林業》伐採の時期の過ぎた. ein ～er Baum 老齢樹.

'über·ste·chen* 他《トランプ》(より強い切札で)切返す, 上(ﾐ)切りする.

'über|ste·hen¹* [ˈy:bərˌʃte:ən] 自 突き出ている, 張出している. Das oberste Geschoss steht [um] 80 cm über. 最上階が80センチ張出している.

＊über'ste·hen²* [--ˈ--] ユーバーシュテーエン 他 耐えぬく, 打勝つ, 克服する. eine Gefahr(eine Krankheit) ～ 危険(病気)を克服する. et⁴ glücklich〈gut〉 ～ 事⁴を無事にのりきる〈事⁴をよくもちこたえる〉. Das Schlimmste ist überstanden. 峠は過ぎた. 《慣用的表現で》Das hätten wir überstanden! / Das wäre überstanden! どうやら山は越えた, もう大丈夫だ. Ich hab's überstanden. 《話》やっと終った(済んだ)ぞ. Du wirst's schon ～! 《話》きっと楽するより生むが易しだよ. Er hat es überstanden. 《隠》彼は死んだ(往生した).

'über|stei·gen¹* [ˈy:bərˌʃtaɪɡən] 自 (s) 乗り移る. auf ein anderes Boot ～ 別のボートに乗り移る.

über'stei·gen²* [--ˈ--] 他 **1** (垣根・塀などを)越える; (山を)越える. **2** (能力・規準などを)上まわる. Die Nachfrage übersteigt das Angebot. 需要が供給を上まわった. Das übersteigt meine Kräfte. それは私の手に余る. Das überstieg alle unsere Vorstellungsvermögen. それは私たちの想像力の範囲を越えていた.

über'stei·gern [y:bərˈʃtaɪɡərn] ❶ 他 (価格・要求などを)過度に高くする, つり上げる. ❷ 再 (sich⁴) 度を越える, やりすぎる.

Über'stei·ge·rung 女 -/-en (価格・要求などの)つり上げ.

über'stel·len [y:bərˈʃtɛlən] 他 (書) (人⁴の)身柄を引渡る.

über'stem·peln [y:bərˈʃtɛmpəln] 他 (物⁴の)上にスタンプ(消印)を押す.

über'steu·ern [y:bərˈʃtɔʏərn] ❶ 他 (増幅器を)過変調する, (CDプレーヤー・スピーカーなどの)ボリュームを上げすぎる. ❷ 自 (自動車が)オーバーステアする.

über'stim·men [y:bərˈʃtɪmən] 他 **1** (人⁴を)投票で破る. **2** (事⁴を)多数決によって否決する.

über'strah·len [y:bərˈʃtra:lən] 他 **1** 《雅》(月光・サーチライトなどが)隈なく照らす. Die Freude überstrahlte ihr Gesicht. 彼女は喜色満面だった. **2** (より強い光によって)目立たなくする, 輝きを失わせる. Der Ruhm des Sohnes wird von dem des Vaters überstrahlt. 息子の名声も父親の名声の前にはかすんでしまう.

'über·stra·pa·zie·ren 他 酷使しすぎる. j² Geduld ～ 人に極度の忍耐(ひどい我慢)を強いる. ♦¹ über..¹ ② ▶

über'strei·chen* [y:bərˈʃtraɪçən] 他 et⁴ mit et³ ～ 物³の上からさらに物⁴を塗る; 物⁴を一面に塗る. das alte Geländer ～ 古い手すりを塗り直す.

'über|strei·fen 他 j³ et⁴ ～ 人³に物⁴をさっと着せる. sich³ eine Strickjacke ～ カーディガンをさっと羽織る.

über'streu·en [y:bərˈʃtrɔʏən] 他 et⁴ mit et³ ～ 物⁴の上一面に物³をふりかける. den Kuchen mit Zucker ～ ケーキに砂糖をまぶす.

über'strö·men¹ [--'---] 自 (s) **1** (水が)あふれる, 氾濫(ﾗﾝ)する. von〈vor〉Seligkeit ～ 無上の喜びに満ちあふれる. mit überströmender Freude 喜びに満ちた 《雅》(気分などが)伝染する. Seine gute Laune ist auf alle übergeströmt. 彼の上機嫌がみんなに感染した.

über'strö·men² [--'---] 他 (物⁴に)あふれる, 氾濫する. Der Fluss hat die Felder überströmt. 川の水が田畑にあふれた. Wärme überströmte sein Herz. 温かいものが彼の心一杯に広がった. von Blut〈Schweiß〉 überströmt sein 血〈汗〉まみれである.

über'stül·pen 他 j³ et⁴ ～ 人に物⁴(帽子など)を被せる. sich³ einen Hut ～ 頭に帽子をのっける.

'Über·stun·de [ˈy:bərʃtʊndə] 女 -/-n 超過勤務時間. ～n machen 超過勤務(残業)をする. Bezahlung für ～n 超過勤務手当.

über'stür·zen [y:bərˈʃtyrtsən] ❶ 他 **1** 大急ぎ(大慌て)でする. eine Entscheidung ～ 大急ぎで する. Man soll nichts ～. 何事も急(ｲｿ)いではならない. **2** Wasser überstürzte das Boot. 《古》ボートに波をかぶった. ❷ 再 (sich⁴) **1** 相次いで, 相次いで起こる(ｵｺ). Die Ereignisse überstürzten sich. 事件が次々と起った. Seine Worte überstürzten sich. 彼の口をついて言葉が奔流のように飛び出した. **2**《古》(波が)逆巻く. **3**《古》ひどく急ぐ, あわてふためく. sich beim Sprechen ～ 息せき切ってしゃべる.

über'stürzt 過分 大急ぎ(大慌て)の, 性急な. eine ～e Abreise あわただしい出発. ～ handeln 性急な行動をとる.

Über'stür·zung 女 -/ 大急ぎ, 大慌て, 性急さ. Nur keine ～! 慌てずに!

über'ta·keln [y:bərˈta:kəln] 他 ein Boot ～ (船員)ボートの帆をたくさん上げすぎる(風の状況などに比して).

'über·ta·rif·lich [ˈy:bərtari:flɪç] 形 規定賃金率(給与表)以上の.

über'täu·ben [y:bərˈtɔʏbən] 他 (苦痛・匂いなどを)感じなくさせる, 麻痺(ﾋ)させる. Das Kopfweh übertäubte seine Zahnschmerzen. 頭痛が彼に歯の痛みを忘れさせた. sein schlechtes Gewissen durch et⁴ ～ 事⁴で良心の呵責(ｶｼｬｸ)をまぎらす.

über'tau·chen [y:bərˈtaʊxən] 他 《オース》(病気・危機などを)難なく(さっさと)乗りきる.

'über·tech·ni·siert 余りにも機械(技術)化されすぎた.

über'teu·ern [y:bərˈtɔʏərn] 他 《多く過去分詞で》法外に高い値段を付ける. eine überteuerte Ware べらぼうな値の物. hoffnungslos überteuert sein 高くてとても手が出ない.

über'töl·peln [y:bərˈtœlpəln] 他 だます, ぺてんにかける.

Über'töl·pe·lung 女 -/-en ぺてんにかける(かけられる)こと, 詐欺.

über'tö·nen [y:bərˈtø:nən] 他 より大きな音(声)を出して聞こえなくする, 圧倒する. Das Orchester

Übertrag

übertönte die Stimme der Sängerin. オーケストラの音でその女性歌手の声はかき消された。

'Über·trag [ˈyːbɐtraːk] 男 -[e]s/ːe《簿記》次頁への繰越金額, 次葉繰越.

über'trag·bar [yːbɐrˈtraːkbaːɐ̯] 形《比較変化なし/副詞的には用いない》**1** 適用できる, 応用がきく, 転用可能な (auf et⁴ 物⁴に). **2** 譲渡(委譲)可能な. **3**《医学》感染(伝染)性の.

Über'trag·bar·keit 女 -/ **1** 適用(応用, 転用)の可能性. **2** 譲渡(委譲)できること. **3**《医学》感染(伝染)性.

über'tra·gen¹ [yːbɐrˈtraːgən ユーバートラーゲン] ❶ 他 **1** 実況放送する. das Fußballspiel live〈direkt〉aus dem Stadion ~ サッカー試合をスタジアムから実況生中継する. **2** (a) 書き写す, 転写する; 《簿記》カンニングする. die Zwischensumme auf die nächste Seite ~ 小計を次ページに繰越す. das Muster auf den Stoff ~ 柄模様を生地に〈写す〉. ein Aufsatz ins Heft〈ins Reine〉~ 論文をノートに書直す〈清書する〉. (b) ダビングする. eine CD auf ein Tonband ~ CDをテープにダビングする. **3** (a) 移し替え, 振替える. 2 000 Euro auf ein anderes Konto ~ 2千ユーロをべつの口座に移す. (b)《工学》(動力を)伝導する. **4** 委託(委任)する, 譲渡(委譲)する. j³ ein Amt〈die Leitung eines Betriebes〉~ 人³に職務を譲り渡す〈会社の経営を任せる〉. **5** 感染(伝染)させる, うつす. Rund 50 Arten von Stechmücken übertragen Malaria. 約50種類の蚊がマラリアを媒介する. eine Krankheit auf j⁴ ~ 病気を人⁴にうつす. Die Mutter übertrug ihre Unsicherheit auf das Kind. 母親の動揺のせいで子供までが不安に陥った. **6** (a) 変換する, 変換させる. die Daten auf Lochkarten ~ データをパンチカードに打込む. ein Stenogramm in Maschinenschrift ~ 速記をタイプ原稿に書き(打ち)直す. **7** 翻訳する. einen Roman aus dem〈vom〉Deutschen ins Englische ~ 長編小説をドイツ語から英語に翻訳する. **7** (a) 適用(応用)する, 転用する. ein Gesetz der Malerei auf die Fotografie ~ 絵画の法則を写真に応用する. Das lässt sich⁴ nicht ohne weiteres auch auf seinen Fall ~. それはそのまますぐに彼のケースにも適用するというわけにはいかない. (b) (言葉を)転義の(比喩)的に使う. **8** ein Kind ~《医学》延期妊娠する.
❷ 再 (sich) (auf j¹ 人¹に)うつる, 感染(伝染)する; 伝播する; 遺伝する. Seine gute Laune übertrug sich auf uns alle. 彼の上機嫌が私たちみんなにうつった.

über'tra·gen² [yːbɐrˈtraːgən ユーバートラーゲン] 過分形(↑übertragen¹) **1** 転義の, 比喩的な. in ~er Bedeutung 転義(比喩)的な意味において. **2**《医学》延期妊娠の. **3**《話》使い(着)古した, 着くたびれた;《比喩》(人生に)くたびれた, 老いこんだ.

Über'tra·ger [yːbɐrˈtraːgɐr] 男 -s/-《通信・高周波工学》変圧器, トランス.

Über'trä·ger [yːbɐrˈtrɛːgɐr] 男 -s/-《医学》保菌者, 排菌者; 媒介者, 媒体.

über'tra·gung [yːbɐrˈtraːgʊŋ ユーバートラーグング] 女 -/-en (↑übertragen¹) **1** (実況)放送, 転写; 移し替え, 振替; 伝導, 伝達; 譲渡, 委託, 委任; 感染, 伝染; 遺伝; 伝播; 変換; 翻訳; 適用, 応用;《医学》延期妊娠. **2**《心理》転移;《教育》(学習)転移;《医学》延期妊娠.

Über'tra·gungs·wa·gen 男 -s/-《略 Ü-Wagen》中継車.

über'tref·fen* [yːbɐrˈtrɛfən] 他 **1** (j⁴ an〈in〉et⁴ 事³の点で人⁴に)勝る, 上回る. An Körperkraft 〈Im Sport〉ist er nicht zu ~. 体力〈スポーツ〉では彼は誰にも引けをとらない. Mit dem neuen Werk hast du dich selbst übertroffen. 今度の新作では君はこれまで以上の力を示した. **2** (予想・期待などを)上回る, 越える. Das Ergebnis übertraf alle Erwartungen. その結果はあらゆる期待を上まわった.

über'trei·ben [yːbɐrˈtraɪbən ユーバートライベン] 他 **1** (et¹〈es mit et³〉事¹,³を)やりすぎる, (の)度がすぎる. Du darfst das Jogging nicht ~. 君はジョギングをやりすぎてはいけない. Übertreibe nicht die Ordnungsliebe! / Übertreibe es nicht mit der Ordnungsliebe! 整理好きもほどほどにしなさい. Das finde ich übertrieben. それはやりすぎだと思う (↑übertrieben).《慣用的表現で》Übertreibe es nicht! やりすぎるな, ほどほどにな. **2** 誇張する, 大袈裟に言う. Du übertreibst seine Schwäche. 君は彼の弱点を誇張しすぎる. Das ist stark übertrieben. それはひどい誇張だ (↑übertrieben).《目的語なしで》Sie muss immer ~. 彼女は誇張癖がある.

Über'trei·bung 女 -/-en やりすぎ; 誇張.

'über'tre·ten¹* [ˈyːbɐrˌtreːtən] 自 (s) **1** (川が)氾濫する. **2** (h, s) 《スポーツ》踏切り線(板)を踏み越える, ラインオーバーのファウルを犯す. **3** (s) (zu et³ 物³に)鞍替えする, 宗旨替えをする. zum Katholizismus ~ カトリックに改宗する. **4** (s) (in et⁴ 物⁴の中へ)入りこむ, 侵入する. Bei Gelbsucht tritt der Gallenfarbstoff ins Blut über. 黄疸(ホム)にかかると胆汁色素が血液に入りこむ. **5** (s) (別の段階・局面へ)移る. in eine Hochschule ~ 大学に進学する. in den Ruhestand ~ 退職する.

über'tre·ten²* [--ˈ--] 他 **1** (法・規則を)侵す, (に)違反する. **2** (境界線などを)踏み越える. die Grenze des Landes ~ 国境を越える. Er darf meine Schwelle nicht mehr ~! 彼にはもううちの敷居をまたがせないぞ. sich³ den Fuß ~ 足を踏み違えて捻挫する.

Über'tre·ter [yːbɐrˈtreːtɐr] 男 -s/- (まれ) 違反者.

Über'tre·tung 女 -/-en **1** 違反. Gesetzesübertretung 法律違反. **2** (まれ)《法制》軽犯罪.

Über'tre·tungs·fall 男《次の用法でのみ》im ~《書》違反した場合には.

über'trie·ben [yːbɐrˈtriːbən ユーバートリーベン] 過分形(↑übertreiben)《比較変化なし》誇張した, 針小棒大の; 度がすぎた, 極端な. An Bescheidenheit〈Höflichkeit〉遠慮のすぎた〈ばか丁寧な〉. et⁴ ~ darstellen 事⁴を針小棒大(エヒホセ)に言う. ~ sparsam sein 極端なしまり屋である. Ich bin nicht ~ begeistert davon.《話》私はそれにとくに感激もしない(そんなによいとも思わない).

'Über'tritt [ˈyːbɐrtrɪt] 男 -[e]s/-e **1** (a) 鞍(ᇡ)替え, 宗旨替え. der ~ zu einer Partei〈zum Katholizismus〉ある党への鞍替え〈カトリックへの改宗〉. (b)《法制》(他教会への)移籍. **2** 入りこむこと, 侵入. **3** der ~ in eine Hochschule〈in den Ruhestand〉《書》大学への進学〈退職〉.

über'trump·fen [yːbɐrˈtrʊmpfən] 他 **1** j⁴〈2 Karte〉~《トランプ》人⁴のカードを上位の切札で切る. **2**《比喩》人⁴を凌駕する, (に)まさる.

'über'tun¹* [ˈyːbɐrˌtuːn] 他《話》j³ einen Schal ~ 人³の肩にショールを掛けてやる. Er hat sich³ eine Jacke übergetan. 彼は上着を羽織った.

über'tun² [-–'–] 再 (**sich**⁴)《まれ》無理をする, 体を酷使する.

über'tün·chen [y:bər'tynçən] 他 **1**《物⁴に》水漆喰(しっくい)を塗る. **2**《事⁴の》うわべを飾る, 体裁を繕う.

'über·über·mor·gen ['y:bər|y:bərmɔrgən] 副《話》明明後日, しあさって.

'über·ver·si·chern 他《人〈物〉⁴に》超過保険をかける. ◆↑**über.**¹ ②〉

'Über·ver·si·che·rung 女 -/-en **1**《複数なし》超過保険をかけること. **2** 超過保険.

'über·ver·sor·gen 他《多く受動態で》《ある所⁴へ》供給しすぎる. Die Region ist mit Zahnärzten *überversorgt*. この地域は歯医者が多すぎる. ◆↑**über.**¹ ②〉

über'völ·kern [y:bər'fœlkərn] 他《多く過去分詞で》《人がある場所⁴》いっぱいにあふれる, 人口過密にする. Im Sommer *übervölkern* die Touristen die Stadt. 夏になるとその町は観光客でこみあう. Das Land ist *übervölkert*. この国は人口過剰だ.

über'völ·kert 過分 形 人口過剰(過密)の; 人の込みあった.

Über'völ·ke·rung 女 -/ 人口過剰(過密).

'über·voll ['y:bərfɔl] 形《容器などが》あふれんばかりになった. ein ~er Bus 超満員のバス.

'über·vor·sich·tig 形 余りにも用心深い(慎重すぎる).

'über·vor·tei·len [y:bər'fɔrtaɪlən] 他《人⁴を》だまして甘い汁を吸う.

'über·wach ['y:bərvax] 形 極度に醒めた, (意識の)冴え切った; (とくに薬などで)神経が冴えわたった.

über'wa·chen [y:bər'vaxən] 他 監視(監督)する, 見張る. eine Arbeit ~ 仕事を監督する. Die Polizei *überwacht* den Verkehr. 警察が交通を取締まっている.

über'wach·sen * [y:bər'vaksən] 他 **1**《物⁴の》上一面に生い繁る. Das Moos *überwuchs* den Pfad. 苔がその小道を一面に覆っていた. **2** 背丈で追越す, (より)大きく成長する.

Über'wa·chung 女 -/-en 監視, 監督, 見張り.

Über'wa·chungs·dienst 男 -[e]s/-e 監視機関, 監視班(部).

'über|wal·len¹ ['y:bərvalən] 自 (s)《ミルクなどが》吹きこぼれる;《雅》《怒り・喜びなどが》爆発する, あふれる.

über'wal·len² [--'--] 他《雅》**1**《霧などが》一面に覆う. Schamröte *überwallte* ihr Gesicht. 恥じらいのあまり彼女は満面朱(しゅ)を注いだようになった. **2**《激情》が襲う.

über'wäl·ti·gen [y:bər'vɛltɪgən] 他 打ち負かす, やっつける; 打ちひしぐ, 圧倒する. den Gegner〈den Dieb〉~ 相手を打ち負かす〈泥棒をおさえる〉. Die Schönheit der Landschaft *überwältigte* ihn. 風景の美しさに彼は圧倒された. von Schlaf *überwältigt* werden 睡魔に負ける. von Angst〈Schmerz〉 *überwältigt* 不安(苦痛)に耐えきれなくなって.

über'wäl·ti·gend 現分 形 圧倒的な, 抗(こう)いがたい, 強烈な. ein ~es Erlebnis 圧倒的な〈強烈な〉体験. mit ~er Mehrheit gewählt werden 圧倒的な多数で選出される. nicht [gerade] ~ sein《業績などが》そんなに大したものではない.

Über'wäl·ti·gung 女 -/-en 圧倒.

'über|wäl·zen ['y:bərvɛltsən] 他 et⁴ auf j⁴ ~ 物⁴ (経費・責任など)を人⁴に押しつける, 転嫁する.

'über|wech·seln 自 (s) **1** 居場所を替える, 移動する. auf die rechte Fahrspur〈zur anderen Straßenseite〉~ 右車線に移る〈道路の向い側へ渡る〉. **2** 立場を変える, 鞍替えする. zu einer anderen Partei ~ 敵陣に寝返る〈他党へ鞍替えする〉. **3**《別の方向に》転じる. aufs Gymnasium ~ ギムナージウムへ進学する. zu einem anderen Thema ~ 別のテーマに話題を転じる. **4**《猟師》《大物獣が移動する, 巣移りする.

'Über·weg 男 -[e]s/-e 横断歩道.

über'we·hen 他《物⁴の》上を吹き過ぎていく.

*****über'wei·sen** [y:bər'vaɪzən] ユーバーヴァイゼン 他 **1**《お金を》振込む, 振替える. j⁴〈an j⁴〉 die Miete ~ 人³に家賃を振替送金する. 1000 Euro auf j² Konto ~ 人²の口座にチューロ振込む. **2** (a)《患者を》よそへ紹介する, まわす. einen Kranken an einen〈zu einem〉 Facharzt ~ 病人を専門医にまわす. einen Patienten in die Klinik ~ 患者を大学病院へ送る. Ich bin von Dr. Kort zu Ihnen *überwiesen* worden. 私はコルト先生の所からまわされて来ました. (b)《書類などを》まわす, 回付する. eine Akte der zuständigen〈an die zuständige〉 Behörde ~ 書類を所轄官庁へ回付する. **3**《ちゅう》《まれ》=**überführen**² ²

*****Über'wei·sung** [y:bər'vaɪzʊŋ] ユーバーヴァイズング 女 -/-en **1** 振込, 振替;《話》振込金. **2**《患者の》委任, 紹介;《書類の回付》(医師の)委託状. **3**《法制》(a)《事件の移送》. (b)《差押えられた債権の取立を許す》取立命令.

Über'wei·sungs·auf·trag -[e]s/¨e《銀行》**1**《自分の口座への》振替指示. **2** = **Überweisungsformular**

Über'wei·sungs·for·mu·lar 中 -s/-e 振替用紙.

Über'wei·sungs·schein 男 -[e]s/-e 患者の紹介《委託》状(とくに専門医宛の).

'über·weit 形 あまりにも広すぎる.

'Über·welt 女 -/-en 超感性的な世界.

'über·welt·lich 形 超自然的な, この世ならぬ.

'über·wend·lich [y:bər'vɛntlɪç] 形《服飾》かがり縫いの.

'über|wer·fen¹ ['y:bərvɛrfən] 他《人³の》肩にさっと着せかける. sich³ den Mantel ~ 外套をさっと引っかける.

über'wer·fen² [--'--] 再 (**sich**⁴) 仲違(たが)いする (mit j³ 人³と).

'Über·we·sen 中 -s/-《まれ》超越的(超人的)存在.

'über|wie·gen¹ ['y:bərvi:gən] 他《まれ》《郵便物などが》重量超過である.

über'wie·gen² [--'--] ❶ 自 優勢である, 支配的である. In der Bevölkerung *überwiegt* die Meinung, dass... 住民の間では…という意見が支配的である. ❷ 他《物⁴より》優勢である. Bei ihm *überwiegt* das Gefühl die Vernunft. 彼の場合は感情が理性に勝っている.

über'wie·gend [y:bər'vi:gənt, '----] 現分 形 優勢な, 支配的な. der ~e Teil der Bevölkerung 住民の大多数. j⁴ mit ~er Mehrheit wählen 人⁴を過半数を相当上まわる票数で選出する. Das Wetter war ~ heiter. 天気はおおむね晴れだった. Diese Arbeit wird ~ von Frauen verrichtet. この仕事は主に女性によって行われる.

über'wind·bar [y:bər'vɪntba:r] 形《副詞的には用いない》克服できる, のりこえ得る. **2** 打負かせる.

über'win·den* [y:bər'vɪndən] ユーバーヴ

Überwinder

ィンデン） ❶ 他 **1** 克服する，のりこえる，(に)打勝つ. *seine* Angst ~ 不安に打勝つ. *seine* Bedenken ~ ためらいをふり捨てる. *seine* Enttäuschung ~ 失望から立直る. ein Hindernis ~ 障碍をのりこえる. eine Krankheit ~ 病気を克服する. *seinen* Zorn ~ 怒りを抑える. **2** 〔古〕(敵を)打負かす. ein Gesellschaftssystem ~ 社会制度を打破する. den Torwart ~ 〔球技〕ゴールキーパーをかわして得点する. sich⁴ für *überwunden* erklären 敗北宣言をする.
❷ 再 (sich) 自分を抑える; 無理に(いやいや)…する. Er *überwand* sich und stimmte zu. 彼は涙をのんで同意した. Ich kann *mich* nicht ~, das zu tun. 私にはとてものことにそんなことはできない.

Über'win·der [y:bərˈvɪndər] 男 -s/- 克服した人, 勝利者, 征服者.

über'wind·lich [y:bərˈvɪntlɪç] 形《まれ》=überwindbar

Über'win·dung [y:bərˈvɪndʊŋ] 女 -/ 克服; 克己(心), 自制(心).

über'win·tern [y:bərˈvɪntərn] ❶ 自 冬を過ごす, (渡り鳥などが)越冬する, (動物が)冬眠する; (植物が)冬を越す. *überwinternde* Pflanzen 多年生植物. ❷ 他 (植物を)冬越しさせる.

Über'win·te·rung 女 -/-en 越冬; 冬眠; 〔植物〕冬越し.

über'wöl·ben [y:bərˈvœlbən] 他 **1** (物⁴に)アーチ(丸天井)をつける. **2** (物⁴の)上にアーチ状に掛かる(橋などが).

über'wu·chern [y:bərˈvuːxərn] 他 **1** (物⁴の)上一面に生い茂る. eine von Efeu dicht *überwucherte* Mauer 木蔦(きづた)で一面びっしりと覆われた壁. **2** 〔比喩〕覆い隠す; 駆逐する. Lokale Interessen *überwuchern* hier alles. 地域の利害がここではあらゆるものに優先している.

über'wun·den überwinden の過去分詞.

Über'wurf [ˈyːbərvʊrf] 男 -[e]s/⸗e **1** マント, とんび; ガウン. **2** 上掛け(ベッド・ソファーなどの装飾用カバー). **3** (南京錠の)掛け金. **4** 〔レスリング〕後ろ投げ.

über'wür·zen [y:bərˈvʏrtsən] 他 (物⁴に)香辛料を利(き)かせすぎる.

'Über·zahl 女 -/ **1** 大多数, 圧倒的多数. in der ~ sein 圧倒的多数を占めている. **2** 多数. eine ~ von Zuschauern 大勢の観衆.

über'zah·len [y:bərˈtsaːlən] 他 (物⁴に)高すぎる代価を支払う, 余分に払いすぎる.

über'zäh·len [y:bərˈtsɛːlən] 他 数え直す.

'über·zäh·lig [ˈyːbərtsɛːlɪç] 形 余分の, 余計な, 余った.

über'zeich·nen [y:bərˈtsaɪçnən] 他 **1** 〔金融〕(公社債の募集数量以上に)予約申込みする. Die Anleihe ist um 15% *überzeichnet* worden. その公債は15% の申込み超過になった. **2** (作中人物などを)必要以上に描きすぎる, 誇張して描写する.

'Über·zeit 女 -/-en 〔ス〕=Überstunde

'über·zeit·lich 形 時代を超えた; 不朽の.

über'zeu·gen [y:bərˈtsɔʏɡən ユーバーツォイゲン] ❶ 他 (j⁴ von et³ 人⁴に事³を)納得させる. Seine Einwände haben mich nicht *überzeugt*. 私は彼の異議に納得がゆかなかった. *Diesmal überzeugte* die Mannschaft. 今回はそのチームは納得のいく(期待にこたえる)活躍をした. ❷ 再 (sich⁴)(von et³ 事³を)納得(確信)する, (について)得心する. *sich mit eigenen* Augen ~ 我が目で確かめる.

*⁎**über'zeu·gend** [y:bərˈtsɔʏɡənt ユーバーツォイゲント] 現分 納得のいく, 説得力のある. ~*e* Argument 説得力のある論題. ~*e* Gründe 納得のいく理由. eine Aufgabe ~ lösen 問題を完璧に解く.

*⁎**über'zeugt** [y:bərˈtsɔʏkt ユーバーツォイクト] 過分 確信した (von et³ 事³を); 信念を持った. ~ sein von ihm〈seinen Fähigkeiten〉nicht sehr ~. 私は彼のこと〈彼の能力〉をさほど信じてはいない. von sich⁴〔selbst〕~ sein 自信家(うぬぼれ屋)である. ein ~*er* Marxist 筋金(すじがね)入りのマルクス主義者.

Über'zeu·gung [y:bərˈtsɔʏɡʊŋ] 女 -/-en **1**〔複数なし〕確信させること, 説得. **2** 確信, 信念, Ich habe die ~ gewonnen, dass… 私は…と確信した. politische ~ 政治的信念. et⁴ aus〈mit〉~ tun 確信をもって事⁴を行う. nach meiner ~ 私の信ずるところでは.

Über'zeu·gungs·kraft 女 -/ 説得力.

Über'zeu·gungs·tä·ter 男 -s/- 〔法制〕確信犯.

'über'zie·hen[1⁎] [ˈyːbərtsiːən] 他 **1** (上から)着る, 羽織る. [sich⁴] einen Mantel ~ コートを羽織る. **2** 《次の用法で》j³ eins〈ein paar〉~ 人³に一発食らわす〈人³をぶんなぐってやる〉.

über'zie·hen[2⁎] [--ˈ--] ❶ 他 **1** et⁴ mit et³ ~ 物⁴を物³(薄い被膜)で覆う. ein Bett〈ein Kissen〉frisch ~ ベッドに新しいシーツをかける〈枕カバーを新しいのと取替える〉. einen Sessel mit neuem Stoff ~ 肘掛椅子に新しいクロスを張る. eine Torte mit Schokolade ~ トルテをチョコレートでコーティングする. ein Land mit Krieg ~〔雅〕国を戦火で覆う. **2** (霧・雲(くも)などが)徐々に覆っていく, 一面に広がっていく. Nebel *überzog* das Tal. 霧がすっぽりと谷を包んだ. mit Grünspan〈Schimmel〉*überzogen* sein 緑青(ろくしょう)〈黴(かび)〉に覆われている. Schweiß begann sein Gesicht zu ~. 彼の顔に汗が吹出し始めた. **3** (制限数量を)オーバーする. Der Moderator hat [die Sendezeit] wieder um 5 Minuten *überzogen*. 司会者はまたもや放送時間を5分オーバーした. den Etat ~ 予算オーバーの支出をする. *sein* Konto [um] 100 Euro ~ 預金を100 ユーロ引出しすぎる, 100 ユーロの当座借越をつくる. **4** やりすぎる, 度を越す. Man soll seine Kritik nicht ~ 批判ははどほどにしなければいけない. **5**《航空》(飛行機を)失速させる. **6**〔テニ・卓球〕(ボールに)トップスピンをかける.

❷ 再 (sich⁴)(mit et³ 物³に)覆われる. Der Himmel *überzog* sich mit Wolken. 空は雲に覆われた.

Über'zie·her [ˈyːbərtsiːər] 男 -s/- **1**〔古〕(紳士用の)夏物コート. **2**〔卑〕コンドーム.

über'zo·gen überziehen² の過去分詞.

über'züch·tet [y:bərˈtsʏçtət] 形 極端な育種(品種改良)のために生命力が衰えてしまった. ein *überzüchteter* Motor 〔比喩〕性能を高めすぎて故障し易くなったエンジン.

über'zu·ckern [y:bərˈtsʊkərn] 他 **1** (物⁴に)砂糖を振りかける, 糖衣をかぶせる. Schnee *überzuckerte* das Dorf. 〔比喩〕雪が村を真っ白に蔽った. j³ eine bittere Pille ~〔話〕人³にいやなことを上手に告げる. **2** (物⁴に)砂糖を入れすぎる. **3** (血液・器官などを)糖分過多にする.

'Über·zug [ˈyːbərtsuːk] 男 -[e]s/⸗e **1** 被膜, コーティング, (菓子・薬品などの)糖衣. **2** (寝具などの)カバー.

'über·zwerch [ˈyːbərtsvɛrç]〔地方〕❶ 副 横切って, 交差して. die Beine ~ legen 足を組む. ❷ 形

üb·lich ['y:plɪç ユープリヒ] 形 通例の、いつもの;ふつうの、あたりまえの;慣習的な。Er kam mit der ~en Verspätung. 彼は例によって遅れてやって来た。Das ist hier nicht ~. そういう習慣はここにはない。wie ~ いつものように.

'U-Bo·gen ['u:bo:gən] 男 -s/- (南ドイツ・オーストリア)(ドイツ文字の筆記体で) u の上に付ける弓形記号.

'U-Boot ['u:bo:t] 中 -[e]s/-e 《略》=Unterseeboot

üb·rig ['y:brɪç ユープリヒ] 形 (副詞的には用いない) 1 残りの、余りの。Ist von der Suppe noch etwas ~? スープはまだいくらか残っていますか。Er ist hier völlig ~. 《俗》彼はここにはまったく余計者だ。Für das Unternehmen habe ich kein Geld ~. その計画のために出す金は私にはない。Das Übrige⟨°~e⟩ erzähle ich dir später. その他のことはあと話してあげる。ein Übriges⟨°~es⟩ tun ついてもうひとつ(一仕事)する。ein ~es Mal 《まれ》もう一度。im Übrigen⟨°~en⟩ その他の点では、それ以外には;ついでに言うと、ちなみに;それはそうと、ところで。2 (a) für j⁴ etwas ~ haben 人⁴が好きである。Ich habe viel übrig für ihn/für ihn nicht viel⟩~. 私は彼にたいへん好意を持っている⟨彼があまり好きでない⟩. (b) für et⁴ etwas ~ haben 物⁴に関心(興味)がある。Für die Lyrik habe ich nichts ~. 叙情詩には私はさっぱり関心がない、叙情詩は私はお手上げだ.

♦↑übrig behalten, übrig bleiben, übrig lassen

'üb·rig be·hal·ten, °üb·rig|be·hal·ten* 他 残しておく、取っておく. ♦過去分詞 übrig behalten

*o **üb·rig blei·ben***, °**üb·rig|blei·ben*** ['y:brɪç blaɪbən ユープリヒ ブライベン] 自 (s) 1 残って(余って)いる、《話》(女性が)売れ残っている。Von dem Geld ist nichts⟨sind 3 Euro⟩ übrig geblieben. その金は一銭も残っていない⟨3 ユーロ残った⟩. 2 (可能性・選択の余地として)残る。Es blieb mir⟨Mir blieb⟩ nichts anderes übrig, als selbst hinzugehen. 私には自分で出向くしか手がなかった。Was bleibt uns denn anderes⟨anderes⟩ übrig, als den Vorschlag zu akzeptieren? いったいこの提案をのむ以外に私たちに何ができるというのですか。Es bleibt nichts zu wünschen übrig. 万事申分ない、もう言うことはない. ♦過去分詞 übrig geblieben

*o **üb·ri·gens** ['y:brɪɡəns ユープリゲンス] 副 ところで、それはそうと、ちなみに。Übrigens, weißt du schon, dass...? ・・・のことはもう知っているかい。Du könntest mir ~ einen Gefallen tun. それはさておきひとつ頼まれて欲しい(お願いがある)んだけど.

*o **üb·rig las·sen***, °**üb·rig|las·sen*** ['y:brɪç lasən ユープリヒ ラセン] 他 1 残す、余す、(人³のために)取っておく。Die Kinder haben von dem Kuchen nichts übrig gelassen. 子供たちはケーキをきれいに平らげた。Lass mir nur auch etwas zu tun übrig! 《話》いくらか私に仕事を残しておいてくれよ. 2 (nichts ⟨viel, vieles⟩ zu wünschen übrig lassen の形で) Seine neue Stelle lässt nichts zu wünschen übrig. 彼の今度のポストは申分ない。Deine Arbeit lässt viel ⟨vieles⟩ zu wünschen übrig. 君の仕事には注文(文句)をつけたい所がたくさんある. ♦過去分詞 übrig gelassen

'Übung ['y:bʊŋ ユーブング] 女 -/-en 1 《複数なし》(a) 練習、稽古. Das erfordert viel ~. これには相当な練習が必要だ。Das ist alles nur ~. 何事も要は練習だ。~ macht den Meister. 《諺》名人も練習しだい。geistige⟨sprachliche⟩ ~ 知的⟨言葉の⟩訓練. (b) 熟練、習熟;腕前、技量. ~⟨keine ~⟩ haben いい腕をしている⟨未熟である⟩(in et³ 事⁴に関して). 《前置詞と》Es fehlt dir an der nötigen ~. 君は修行が足らない。aus der ~ kommen 腕が落ちる(なまる). aus der⟨außer⟩ ~ sein 腕が衰えて(落ちて、なまって)いる。in [der] ~ bleiben まだ腕が落ちて(衰えて)いない。wieder in ~ kommen 腕がもどる. 2 運動、体操、トレーニング;《体操》演技. militärische ~en 軍事教練. ~en machen トレーニングをする. eine ~ am Pferd vorführen 鞍馬(あん)の演技を見せる。Das ist nicht der Zweck der ~. 《戯》そんなつもりではありません. 3 (語学の授業用の)短いテキスト;練習問題、《音楽》練習曲. 4 (a) 《軍隊・消防などの》演習. (b) (大学の授業としての)演習. 5 《宗教》お勤め. geistliche ~en 黙想. 6 《地方》慣習、習わし. Das ist bei uns so ~. 私たちの所ではそういう習慣になっている.

'Übungs·auf·ga·be 女 -/-n 練習問題、課題;(とくに)計算問題.

'Übungs·buch 中 -[e]s/⁼er (語学の)練習問題集、練習帳.

'übungs·hal·ber ['y:bʊŋshalbər] 副 練習(稽古)のために、トレーニングとして.

'Übungs·hang 男 -[e]s/⁼e 《スキー》練習(教習)用のゲレンデ.

'Übungs·platz 男 -es/⁼e 1 練兵場、(野外)演習場. quer durch den ~ 《兵隊》野菜スープ. 2 《スポーツ》練習用グラウンド、練習場.

'Übungs·sa·che 女 《次の用法で》Das ist [reine] ~. それはやればできるという練習ひとつだ.

'Übungs·stück 中 -[e]s/-e (語学の授業用の)短いテキスト;練習問題;《音楽》練習曲.

u. dgl. [m.] 《略》=und dergleichen [mehr] ...等々.

Udi'to·re [udi'to:ra] 男 -[n]/..ri[..ri](-n) =Auditor 1

u. d. M. 《略》=unter dem Meeresspiegel 海面下….

ü. d. M. 《略》=über dem Meeresspiegel 海抜….

UdSSR [u:de:|ɛs|ɛs|'ɛr] 女 -/ 《略》=Union der Sozialistischen Sowjetrepubliken《歴史》ソビエト社会主義共和国連邦(1917–91).

u. E. 《略》=unseres Erachtens 我々の考えでは.

UEFA [u'|e:fa] 女 -/ 《略》(fr.) =Union Européenne de Football Association ヨーロッパサッカー連盟.

'Ufa [′u:fa] 女 -/ ウーファー(ドイツの映画会社 Universum-Film-AG の略称).

'Ufer ['u:fər ウーファー] 中 -s/- 岸. das linke⟨rechte⟩ ~ eines Flusses 川の左⟨右⟩岸. ans andere ~ fahren 対岸へ渡る. aus den ~n treten 《話》かっとなる、逆上する. über die ~ treten (川が)氾濫する. üppig über die Ufer treten 《戯》腹が出ている. vom anderen ~ sein 《話》ゲイである. zu neuen ~n aufbrechen 新たな目的に向かって出発する、新しい第1歩を踏み出す.

'Ufer·be·fes·ti·gung 女 -/-en 1 護岸工事. 2 (砂luận・植樹などの)護岸設備.

'Ufer·damm 男 -[e]s/⁼e 《地形》沖積堤.

'ufer·los ['u:fərlo:s] 形 際限(きり)のない、果てしない. ~e Diskussionen いつまでも続く議論. ~es Gerede きりのないおしゃべり. ins Uferlose gehen 《話》だら

uff [of] 間 *Uff!* ふう, ほっ(安堵のため息).

u. ff. (略) =**und folgende [Seiten]** …および次ページ以下.

Uffz. (略) =**Unteroffizier**

UFO, **'Ufo** ['u:fo] 中 -[s]/-s (略) (*engl.*) **u**nidentified **f**lying **o**bject ユーフォー(未確認飛行物体).

'u-för·mig, **'U-för·mig** ['u:fœrmɪç] 形 U 字形の.

Ugan·da [u'ganda] 《地名》ウガンダ(東アフリカの共和国, 首都カンパラ Kampala).

uh [u:] 間 *Uh!* ひぇっ(嫌悪・恐怖の叫び).

U-haft ['u:haft] 囡 /- =**Untersuchungshaft**

UHF = **Ultrahochfrequenz**

'Uh·land ['u:lant] 《人名》Ludwig ~ ルートヴィヒ・ウーラント(1787-1862, ドイツの後期ロマン派の詩人).

Uhr

[u:r ウーア] 囡 -/-en **1** 時計. Die ~ geht ⟨steht⟩. この時計は動いて⟨とまって⟩いる. Die ~ geht vor⟨nach⟩. この時計は進んで⟨遅れて⟩いる. Auf⟨Nach⟩ meiner ~ ist es halb drei. 私の時計では 2 時半です. die ~ aufziehen 時計のネジを巻く;《話》一杯ひっかける;《卑》マスをかく;《話》性交する. eine innere ~ haben 腹時計でだいたい時間が分かる. die ~ [richtig] stellen 時計を合せる. auf die⟨nach der⟩ ~ sehen 時計を見る. rund um die ~《話》24 時間休みなく, 24 時間営業(運転, 勤務)で. rund um die ~ arbeiten⟨schlafen⟩ 1 日 3 交替制で働く⟨12 時間ぶっ通しで寝る⟩.《慣用的表現で》Seine ~ ist abgelaufen. 彼の命脈はつきた(Schiller『ヴィルヘルム・テル』 *Wilhelm Tell*). Dabei ist keine goldene ~ zu gewinnen.《話》そんなことをしたって骨折り損のくたびれもうけだ. Er weiß, was die ~ geschlagen hat.《話》彼は事情に通じている. **2**《時刻を表して》…時. Wie viel ~ ist es? / Was ist die ~? 何時ですか. Es ist jetzt acht ⟨Punkt⟩ 8 ~. いま 8 時ちょうどです. 10 ~ [und] 30 [Minuten] 10 時 30 分. gegen vier ~ früh⟨nachmittags⟩ 早朝⟨午後⟩の 4 時頃に. um fünf ~ vierzig / um 5:40 ~ 5 時 40 分に.

'Uhr·arm·band 中 -[e]s/⸗er 腕時計のバンド.

'Uhr·fe·der 囡 -/-n 時計のぜんまい.

'Uhr·ge·häu·se 中 -s/- 時計の側(がわ).

'Uhr·ket·te 囡 -/-n 懐中時計の鎖.

Uhr·ma·cher 男 -s/- 時計製造職人; 時計屋.

'Uhr·ta·sche 囡 -/-n (チョッキなどの)ウォッチポケット.

'Uhr·werk 中 -[e]s/-e 時計のムーヴメント.

'Uhr·zei·ger 男 -s/- 時計の針.

'Uhr·zei·ger·sinn 男 -[e]s/- 時計回り. im ~ 時計回りで. entgegen dem ~ 時計と逆回りで.

'Uhr·zeit 囡 -/-en 時計の針が指している時刻.

'Uhu ['u:hu] 男 -s/-s《鳥》わしみみずく(鷲木菟). ◆ 啼き声 Bubo bubo からの擬音語.

'Ukas ['u:kas] 男 -ses/-se (*russ.* ukazat ,befehlen') **1**《古》ロシア皇帝の勅命. **2**《戯》命令, 指令.

Ukra·i·ne [ukra'i:nə, u'kraɪna] 囡 -/ (*russ.* ukraina ,Grenzland')《地名》die ~ ウクライナ(東欧の南西部, 黒海北岸に面する共和国. 首都キエフ Kiew).

Ukra·i·ner [ukra'i:nər, u'kraɪnər] 男 -s/- ウクライナ人.

ukra·i·nisch [ukra'i:nɪʃ, u'kraɪnɪʃ] 形 ウクライナ(人, 語)の. ↑deutsch

UKW [u:ka:'ve:] (略) =**Ultrakurzwelle**

Ul [u:l] 囡 -/-en 《北ド》**1** 梟(ふくろう). **2** 毛ブラシ; 塵はたき.

U'lan [u'la:n] 男 -en/-en (*türk.* oghlan ,Knabe')《古》《軍事》槍(やり)騎兵.

Uli·xes [u'lɪkses] 《人名》(*lat.*)《ギリシア神話》ウリクセス (Odysseus のラテン語名). ↑Ulysses

Ulk [olk] 男 -[e]s/-e 冗談, いたずら.

'ul·ken ['olkən] 自 《話》冗談を言う, ふざける, いたずらをする.

'ul·kig ['olkɪç] 形《話》**1** 滑稽な, おもしろい. **2** 奇妙な, 風変りな.

'Ul·kus ['olkos] 中 -/Ulzera (*lat.* ulcus)《病理》潰瘍(かいよう).

Ulm [olm] 《地名》ウルム(バーデン=ヴュルテンベルク州の都市).

Ulm[2] -/-en (坑夫)(坑内の)側壁.

'Ul·me ['olmə] 囡 -/-n (*lat.* ulmus) **1**《植物》榆(にれ). **2**《複数なし》《話》楡材.

'Ul·me[2] 囡 -/-n (坑夫)(名女)=Ulm[2]

'Ul·rich ['olrɪç]《男名》ウルリヒ.

Ul'ri·ke [ol'ri:ka]《女名》ウルリーケ.

'Uls·ter ['alstər, 'ol..] 男 -s/- (*engl.*) **1** アルスター(アルスター生地を使ったダブルの男子用防寒コート). **2** アルスター地(オーバーコート用の毛織り布地). ◆ 北アイルランドの古名にちなむ.

ult. (略) =**ultimo**

'Ul·ti·ma 'Ra·tio ['oltima 'ra:tsio] 囡 -/ (*lat.*) 最後の手段.

Ul·ti·ma·ten [olti'ma:tən] Ultimatum の複数.

ul·ti·ma'tiv [oltima'ti:f] 形 **1** 最後通牒(つうちょう)の形をとった, 最後通牒的な. **2**(商品の宣伝文句などで)究極の.

Ul·ti·ma·tum [olti'ma:tom] 中 -s/-s ⟨..ten[..tən]⟩ (*lat.* ultimus ,der Letzte')《政》最後通牒. j[3] ein ~ setzen⟨stellen⟩ 人[3]に最後通牒を突きつける.

'ul·ti·mo ['oltimo] 副 (*lat.*)(略 **ult.**) 月末に, 晦日(みそか)に. ~ März 3 月末日に.

'Ul·ti·mo ['oltimo] 男 -s/-s《商業》月の末日, 晦日(みそか). Der Betrag ist fällig an⟨am⟩ ~. この金額の支払期限は月末です.

'Ul·ti·mo·ge·schäft 中 -[e]s/-e《金融》月末決済の取引.

'Ul·tra ['oltra] 男 -s/-s (*lat.*, jenseits, über...hinaus') 急進主義者, 過激派.

ul·tra.., **Ul·tra..** [oltra..] (接頭) (*lat.*) 形容詞・名詞に冠して「極端な, 超…」の意を表す. *ultramontan* 教皇権至上主義の. *Ultraschall* 超音波.

Ul·tra'hoch·fre·quenz 囡 -/-en (略 **UHF**)《物理》極超短波, デシメートル波(300-3000 メガヘルツ).

Ul·tra'kurz·wel·le 囡 -/-n **1**(略 **UKW**)(a)《物理・電子工》超短波(30-300 メガヘルツ). (b)《複数なし》《放送》超短波域. **2**《医学》(Ultrakurzwellentherapie) 超短波療法.

Ul·tra'kurz·wel·len·sen·der 男 -s/-《放送》超短波放送局.

Ul·tra'kurz·wel·len·the·ra·pie 囡 -/-n《医学》超短波療法.

ul·tra·ma'rin [oltrama'ri:n] 形 (*lat.* ultramarinus ,überseeisch')(不変化) ウルトラマリンの, 群青(ぐんじょう)色の.

Ul·tra·ma'rin 中 -s/ ウルトラマリン, 群青(ぐんじょう)(青色の無機顔料のひとつ).

'Ul·tra·mi·kro·skop ['oltra..] 中 -s/-e《工学》限外(暗視野)顕微鏡.

ul·tra·mon·tan [ultramɔn'ta:n] 形 (*lat.* ultramontanus ,jenseits der Berge') 《カトリック》教皇権至上主義の.

Ul·tra·mon·ta·nis·mus [..mɔnta'nɪsmʊs] 男 –/ (*lat.*) 教皇権至上主義.

ul·tra·rot ['ʊltraro:t] 形 《物理》(infrarot) 赤外の; 赤外線の.

Ul·tra·rot 中 –s/ 《物理》(Infrarot) 赤外線.

Ul·tra·schall 男 –[e]s/ **1** 《物理》超音波, 超可聴音. **2**《話》超音波による治療(診察).

Ul·tra·schall·wel·le 女 –/–n 超音波.

Ul·tra·strah·lung 女 –/–en 《物理》(Höhenstrahlung) 宇宙線.

ul·tra·vi·o·lett 形 《略 UV》《物理》紫外の; 紫外線の. ~ *e* Strahlen《略 UV-Strahlen》紫外線.

Ul·tra·vi·o·lett 中 –s/ 《略 UV》《物理》紫外線.

Ulys·ses [u'lyses] 《人名》(*lat.*) 《ギリシア神話》ウリッセス, ユリシーズ(オデュッセウス Odysseus のラテン語名. Ulixes の別形).

Ul·ze·ra ['ʊltsera] Ulkus の複数.

ul·ze·rös [ʊltse'rø:s] 形 《医学》潰瘍(ﾖｳ)性の.

um

[ʊm ウム] ❶ 前 《4 格支配》定冠詞 das と融合して ums, 代名詞と結合して darum, worum, umeinander となる. **1** 《空間的》《しばしば **um et**⟨j⟩[4] **herum** の形で》(a) ...の周りを, ...をくるりまわって. Die Erde dreht sich[4] ~ die Sonne. 地球は太陽の周りをまわる. Ich ging ~ den Teich [herum]. 私は池の周りをくるりまわった. Er ist schon ~ die halbe Welt gefahren. 彼はすでに世界の半分をまわった. (b) ...の周りに(で), ...の周囲に(で)...をとり囲んで. Wir saßen ~ den Tisch [herum]. 私たちはテーブルを囲んで座っていた. einen Verband ~ den Arm haben⟨wickeln⟩腕に包帯をしている⟨する⟩. Sie trägt einen roten Schal ~ die Schultern. 彼女は赤いショールを肩に掛けている. j[3] ~ den Hals fallen 人[3] の首に抱きつく. Mir wurde auf einmal leicht *ums* Herz. 私はいっぺんに気が軽くなった. [zu] viel ~ die Ohren haben《話》気にかかることをいっぱい抱えている. den Arm ~ j[4] legen 人[4] の肩を抱く. die Frauen ~ Casanova カサノヴァをめぐる女たち. viele Freunde ~ sich[4] haben 身の回りに友人がたくさんいる. ~ j[4] [herum] sein《話》人[4] の身のまわりで世話を焼く, そばにくっついている. (c) ...を曲がって, ...を避けて, ...を回避して. ~ die Ecke biegen 角を曲がる. Sie wohnt gleich ~ die Ecke. 彼女は角を曲がった所に住んでいる. ~ et⟨j⟩[4] herumgehen 物⟨人⟩[4] を避けて通る. (d)《話》...の近辺に, ...の近辺で. in der Gegend ~ Freiburg フライブルク近郊に. Er wohnt ~ den Maximiliansplatz herum. 彼はマクシミーリアン広場界隈に住んでいる. (e)《**um sich**[4] の形で》(中心から)周囲に向かって, 四方八方に. Das Feuer griff rasch ~ sich. 火はまたたく間に燃え広がった. ~ sich hauen⟨schlagen⟩ あたりかまわず打ちかかる. ängstlich ~ sich schauen おずおずとあたりをうかがう. **2**《時間的》(a)《正確な時刻》...に. Dann sagen wir ~ sechs? それじゃ 6 時でどうですか. ~ ein Uhr / ~ eins 1 時に. ~ halb fünf 4 時半に. (b)《しばしば **um**~**herum** の形で》《およその日時》およそ...頃に. ~ die Mittagszeit [herum] 正午前後に. ~ 1920 [herum] 1920 年頃に. ~ den 3. Juni [herum] 6 月 3 日あたりに. ~ Ostern⟨Weihnachten⟩ [herum] 復活祭⟨クリスマス⟩の頃に. Er kommt so ~ 7 Uhr herum zurück. 彼はだいたい 7 時頃に帰ってくる. ▶ およその時刻が数詞で示される場合はつねに um...herum の形で用いる.

3《関心・感情・要求などの対象》(a)《関心の対象・主題》...に関して, ...について, ...をめぐって. Geschichten ~ ein Schloss さる城館にまつわる話. Mach dir *darum* keine Sorgen! そのことは心配するな. ~ et⟨j⟩[4] wissen 事⟨人⟩[4] について承知している, 知っている. Ich weiß ~ Ihre schwierige Lage. 私はあなたが困難な状況にあることを知っている. 《非人称動詞と熟語をつくって》*Es handelt sich* ~ et⟨j⟩[4]. 事⟨人(のこと)⟩[4] が問題である, 重要なのは事⟨人(のこと)⟩[4] である. *Worum handelt es sich denn?* いったい何が問題なんだ(何の話なんだ). *Es handelt sich* ~ *Geld.* 問題なのは金だ. *Es geht* ~ et⟨j⟩[4]. 事⟨人⟩[4] が問題である, (に)かかわることだ. *Es geht ums Ganze.* かかるかの瀬戸際だ. *Es geht* ~ *Leben und Tod.* 生きるか死ぬかの瀬戸際だ. Bei der Diskussion *ging es* ~ *die Umweltpolitik der Regierung.* ディスカッションでは政府の環境保護政策が問題になった. *Es steht nicht gut* ~ *ihn*. 彼の具合は思わしくない. (b)《感情の原因・理由》...のことで, ...のために, ...のゆえに. j[4] ~ et[4] beneiden 人[4] を事[4] のことで妬(ねた)む. sich[4] ~ j[4] sorgen 人[4] のことを気遣う. ~ j[4] weinen 人[4] の死を悼んで泣く. froh ~ et⟨j⟩[4] sein《雅・ﾀ:ｼｬｸﾊﾞﾊﾞﾀ》事⟨人⟩[4] のことで感謝している. Es ist schade ~ ihn. 彼は気の毒だ. (c)《要求の対象・目標》...を求めて, ...を得ようと. j[4] ~ et[4] bitten 人[4] に事[4] を請う(頼む). j[4] ~ Erlaubnis fragen 人[4] に許可を求める. ~ Hilfe rufen 大声で助けを求める. ~ Geld Karten spielen お金を賭けてトランプをする. (d)《喪失の対象》j[4] ~ et[4] bringen 人[4] から物[4] を奪う. j[4] *ums* Leben bringen 人[4] の命を奪う(↑umbringen). ~ et[4] kommen 物[4] を失う. *ums* Leben kommen 命を落とす(↑umkommen). Er ist ~ sein ganzes Vermögen gekommen. 彼は全財産を失った. 《非人称動詞と成句的に》*Um ihn ist es geschehen.* 彼はもうだめだ.

4《差異の程度》...だけ. Der Strick ist ~ 30 cm zu kurz. その縄は 30 センチだけ長さが足りない. ~ ein Haar 間一髪, すんでのところで, 危うく.《比較級と》Er ist ~ ein Jahr älter als ich. 彼は私よりひとつ年上だ. ~ die Hälfte billiger sein 半値である. ~ vieles⟨nichts⟩ jünger aussehen うんと若く見える⟨すこしも若く見えない⟩.

5《対価・代償》(für) ...と引換えに, ...の値段で(価格・代金を表す場合, 今日ではふつう für を用いる). Auge ~ Auge, Zahn ~ Zahn 目には目を歯には歯を(↓旧約》出 21:24). Er hat das Auto ~(=für) 8000 Euro gekauft. 彼はその車を 8000 ユーロで買った. ~ einen niedrigen Lohn arbeiten 低賃金で働く. Sicherheit ~ den Preis der nationalen Selbstständigkeit 国家の独立性という代価で得た安全保障.《成句で》~ alles in der Welt (理解しがたいことや腹立たしいことに接していうのは、はてさて, いったい全体. Was, ~ alles in der Welt, wolltest du hier? いったい全体おまえはここで何をしようとしていたんだ. nicht ~ alles in der Welt / ~ alles [in der Welt] ...nicht / ~ nichts in der Welt / nicht ~ die Welt どんなことがあろうと...ない, 断じて...ない. ~ jeden Preis どうしても, 是が非でも. ~ keinen Preis 断じて...ない.

6《反復・交替》(a)《同一名詞を重ねて》Er hat Absage ~ Absage erhalten. 彼は次々と断られた. Mal ~ Mal 回を重ねるごとに. Schritt ~ Schritt 1

歩1歩. Tag ~ Tag verging. 1日また1日と過ぎていった. (b)《einer um den anderen などの形で》einen Fehler ~ den anderen machen 次々とミスを犯す. ein uns andere Mal 何度も何度も, くりかえし. einen Tag ~ den anderen 毎日毎日, 来る日も来る日も; 1日おきに. Er arbeitet nur einen Tag ~ den anderen. 彼は隔日にしか働かない.
7 《um et〈j〉 willen の形で》…のために. Er hat das Rauchen ~ der Gesundheit willen aufgegeben. 彼は健康のために煙草をやめた. ~ der Kinder willen 子供たちのために. ~ des lieben Friedens willen 事を荒立てないように. Um Gottes〈Himmels〉willen! なんてこった, 冗談じゃないよ, とんでもない; 後生だから, お願いだから.

❷ 接 **1**《zu 不定詞句と》(a)《意図・目的》…するために, …するには. Er ist in die Stadt gefahren, ~ zum Arzt zu gehen. 彼は医者に行くために町へ出た. Um einen Gast hereinzulassen, hat er die Tür geöffnet. お客を中に入れようと彼はドアを開けた. Um das Museum zu besuchen, musst du an der nächsten Haltestelle aussteigen. その博物館を訪ねるには次の停留所でおりなくてはならないよ. (b)《先行文からの接続・結果》…それから…, …したと思ったらそのうちに…. Der Fluss stieg stark, ~ dann wieder rasch zu fallen. 川は激しく増水しやがてまた急速に水位を下げた. Er kam, ~ gleich darauf wieder zu verschwinden. 彼は来たと思ったらまたすぐいなくなった. (c)《断り書きで》…するとすれば, …すると. ~ die Wahrheit zu sagen 本当のことを言えば, 実を言えば. ~ ehrlich zu sein 正直なところ, 率直に言って.《Um es gleich zu sagen〈話 Um's gleich zu sagen〉》, ich kann nicht lange bleiben. さっそくこんなことを言うのはなんですが私は長くはいられません.◆断り書きの用法では um+zu 不定詞句は後続文の語順に影響を与えない. (d)《先行する zu+形容詞と呼応して》…するにはあまりにも…である, あまりにも…なので…できない. Das Kind ist zu krank, ~ in die Schule zu gehen. その子は学校に行けるような健康状態ではない. Sie war viel zu schüchtern, ~ einen fremden Mann anzusprechen. 彼女はおそらく内気だったから見知らぬ男の人に声をかけることなどできるわけもなかった. (e)《先行する形容詞+genug と呼応して》…するのに十分ならば. … Er ist alt genug, ~ das zu begreifen. 彼はそれが理解できる年齢だ. Sie ist dumm genug, ~ so einen Fehler zu machen. 彼女はそんな間違いを平気でやらかすような馬鹿なんだ.

2《umso》《um so》+比較級の形で》↑ umso

❸ 副《話》**1**《um+[die]数詞《+herum》の形で》(ungefähr, etwa) およそ, ほぼ, 約. Das Buch kostet ~ [die] 80 Euro [herum]. その本は80ユーロほどはする. eine Gemeinde von ~ 10000 Einwohnern 人口約1万の地方自治体.
2《um sein《°umsein》の形で》↑ um sein
3《um und um の形で》徹底的に, すっかり; そこらじゅう, いたるところに, くまなく. Die Sache ist ~ und ~ faul. その話は何から何までうさん臭い. das ganze Haus ~ und ~ kehren〈wenden〉家中を徹底的に家捜しする.
4《空間的に》ぐるりと, まわって. Links ~!《軍事》左向け左. Rechts ~!《軍事》右向け右.

um..¹ [om..] ❶《分離前つづり/つねにアクセントをもつ》**1**《「巻け付けて」の意を表す》umbinden 巻く(結び)つける. umhaben 身に着けている. umhängen 羽織らせ る. **2**《周囲・四方》sich⁴ umblicken あたりを見回す. umgehen (噂などが)広まる. **3**《回転・反転・方向転換》umdrehen 回転させる. umkehren 引き返す. umknicken ぽきっと折る. umrühren かき混ぜる. umwenden 裏返す. **4**《転倒・転覆》umfahren (乗物で)轢き倒す. umfallen ひっくり返す. umstoßen 突き倒す. **5**《場所の移動》umbetten 別のベッドに移す. umfüllen 詰め替える. umziehen 引越す. **6**《変更・改造》umackern 鋤き返す. umbauen 改築する. umschreiben 書直す. umstechen 切換える. umstechen 書直す. **7**《喪失》umbringen 殺害する. umkommen 命を失う.

❷《非分離前つづり/つねにアクセントをもたない》**1**《包囲・被覆の意を表す》umarmen 抱擁する. umgeben 取囲む. umeuern 壁で囲む. **2**《周回》umkreisen 周りを回る. umlaufen 周回する. umreisen 旅して回る. **3**《迂回》umgehen 迂回する.

um..², **Um.** [om..]《接頭》名詞・形容詞などに冠して動詞の前綴り um..¹ の意味に対応したさまざまな意味を持つ名詞・形容詞などを作る. Umbau 改築. Umkreis 周囲. Umlauf 回転. Umwelt 環境. umliegend 周辺の. umsichtig 用意周到な.

'um|ackern ['omakɐn] 他 (畑などを)鋤(す)き返す.
'um|adres·sie·ren 他 (郵便物の)宛名を書き換える.
◆過去分詞 umadressiert
'um|än·dern 他 変える, 変更する; 改訂する.
'Um-än·de·rung 安 -/-en 変更; 改訂.
'um|ar·bei·ten 他 作り直す, 改造する; 改作(改訂)する.
'Um·ar·bei·tung 安 -/-en 作り直すこと, 改造; 改作, 改訂; 作り直されたもの, 改造物, 改作.
um'ar·men [om'arman] 他 (人⁴を)抱きしめる, 抱擁する.《相互的用法で》sich⁴ ~ 抱き合う.《現在分詞で》umarmender Reim《韻律》包韻, 抱擁韻(韻を踏んだ2行の間に別の種類の韻を踏んだ2行が割りこんだ形).
Um'ar·mung 安 -/-en 抱擁.
'Um·bau ['ombao] 男 -[e]s/-e(-ten) **1**《複数なし》(建物などの)建て直し, 改築, 改造;《舞台装置の転換. **2**《複数》 Reim **3**《ベッドやソファーなどの)背板.
'um|bau·en¹ ['ombaoən] 他 **1**《建造物を)立直る, 改築する;《機械を)改造する. das Rathaus ~ 市庁舎を改築する. **2**《目的語なして》Nächstes Jahr bauen wir um. 来年私たちは家を建て直す. **2**《舞台装置などを)転換する, 換える. **3**《比喩》(組織・社会構造などを)改造する, 改組(す)する.
um'bau·en² [-'-] 他 (物⁴の)周りを建物で囲む.《過去分詞で》umbauter Raum《建築》(敷地面積にしたがって定められた)建築物の容積.
'um|be·hal·ten* 他 《話》 (コート・マフラーなどを)身につけたままにする.《過去分詞》 umbehalten
'um|be·nen·nen* 他 (物⁴の)名前を変える, 名称を改める.《再帰的に》sich⁴ in … ~ (会社・政党などが)…と改称する. ◆過去分詞 umbenannt
'Um·be·nen·nung 安 -/-en 改称.
'Um·ber ['omber] 男 -s/-n (lat. umbra) **1**《複数なし》=Umbra 2 **2**《魚》にべ.
'um|be·set·zen 他 (ポスト・配役などを)変える, 変更する; (委員会・チームなどの)編成を変える, メンバーを入れ替える. ◆過去分詞 umbesetzt
'Um·be·set·zung 安 -/-en (ポスト・配役などの)変更, 入れ換え.
'um|bet·ten 他 **1** (患者などを)別のベッドに移す. **2**

(遺骸などを)別の墓に移す, 改葬する.

'**Um·bet·tung** 囡 -/-en **1** (患者などの)ベッド替え. **2** 改葬.

'**um|bie·gen*** ['ʊmbiːɡən] ❶ 他 **1** 折り曲げる, 曲げる. einen Draht ~ 針金を折り曲げる. **2**《比喩》(事実·発言などを)歪曲(きょっ)する; die Wahrheit ~ 真実を曲げる. **2** **1**(道などが)折れ曲がる. **2**(人が)くるりと向きを変える; Uターンする, 引返す. Er bog um und ging heim. 彼はUターンして家へ帰った. nach links ~ 左へ折れる.

'**um|bil·den** ❶ 他 作り替える, 作り直す; 改造(改革)する. die Regierung ~ 内閣を改造する. ❷ (**sich**⁴) (形態·構造などが)変化する, 変化する, 変形する.

'**Um·bil·dung** 囡 -/-en 変更, 変形; 改造, 改革.

'**um|bin·den**¹* ['ʊmbɪndən] 他 **1** 巻き(結び)つける. einen Schal ~ スカーフを巻く. j³ eine Schürze ~ 人³にエプロンをつけてやる. **2**《製本》再製本する.

um'bin·den²* [-'--] 他 (et¹ mit et³ 物¹を物³を)巻きつける; (物¹を物³で)縛る, くくる, ゆわえる. einen Blumenstrauß mit einem Band ~ 花束にリボンをつける.

'**um|bla·sen*** 他 **1**(風などが)吹き倒す. **2**《卑》撃ち殺す.

'**um|blät·tern** ❶ 他 ページをめくる.《しばしば目的語なしで》Er blätterte um und las weiter. 彼はページをめくり先を読んだ. ❷ 他 (人³のために)楽譜をめくる.

'**um|bli·cken** 再 (**sich**⁴) **1** あたりを見回す. **2** 振返る.

'**Um·bra** ['ʊmbra] 囡 -/ (lat.,Schatten') **1**《天文》アンブラ(太陽黒点の暗部). **2** (a)《染料》アンバー(天然の褐色顔料). (b) アンバー色, 暗褐色; 焦茶色, 枯茶色.

'**um|bre·chen**¹* ['ʊmbrɛçən] ❶ 他 **1**(木などを)折って倒す. Der Sturm brach Bäume um. 嵐が樹々をなぎ倒した. einen Zaun ~ 垣根を倒す. **2**(地面を)掘返す. **3**(紙などを)折り曲げる. ❷ 自 (s) (木·垣根などが)倒れる, なぎ倒される.

um'bre·chen²* [-'--] 他《印刷》(棒組みを)ページに組む, メーク·アップする.

*'**um|brin·gen*** ['ʊmbrɪŋən] ウムブリンゲン 他 (人⁴を)殺す, 殺害する, (人⁴の)命を奪う. j¹ aus Eifersucht ~ 人⁴を嫉妬から殺す. j¹ mit Gift ~ 人⁴を毒殺する. Ich könnte ihn ~. 私は彼が殺したいほど憎い. Die Angst brachte sie fast um.《話》不安で彼女は死ぬ思いだった. Der Teppich ist nicht umzubringen.《話》このカーペットはおそらくじょうぶだ. 《再帰的に》sich⁴ [selbst] ~ 自殺する. Du bringst dich ja noch um.《話》君はいま体をこわすよ(頑張りすぎだ). Bring dich nur nicht um!《侮》そうかっかするなよ. sich⁴ vor Diensteifer(Hilfsbereitschaft) ~《話》仕事に精を出しすぎる(何でもはいはいと引き受けすぎる).

'**Um·bruch** ['ʊmbrʊx] 男 -[e]s/²e **1**(根本的な)大改革, 変革, (とくに政治的な)大変動. **2**《複数なし》《印刷》(ページなどの)メーク·アップ. **3**《農業》(土壌の)きほし返し. **4**《鉱業》回り坑道.

'**um|bu·chen** ['ʊmbuːxən] 他 **1**(ある金額を)別の口座に振替える. **2**(フライトの予約を変更する. den Flug auf Freitag ~(フライトの予約を金曜日の便に変更する. eine Reise ~ 旅行の予約を変更する.

'**um|de·cken** 他 (物⁴を)新たに覆う, 覆い直す. den Tisch ~ 食卓を用意し直す. das Dach ~ 屋根を葺き直す.

'**um|den·ken** 自 考え方を変える(改める).

'**um|deu·ten** 他 (事⁴を)解釈し直す, (に)新解釈をつけ

る.

'**um|dis·po·nie·ren** ❶ 自 計画(予定)を変更する. ❷ 他 (計画·予定などを)変更する, 練り直す. ◆過去分詞 umdisponiert

um'drän·gen [ʊm'drɛŋən] 他 (人〈物〉⁴の)周りに殺到する, 群がる.

*'**um|dre·hen** ['ʊmdreːən ウムドレーエン] ❶ 他 (くるりと)回す, 回転させる; ひねる, ねじる; 裏返す, ひっくり返す. j³ den Arm ~ 人³の腕をねじる. einem Huhn den Hals ~ 鶏をしめる. j³ den Hals ~《話》人³を破滅させる. jede Mark〈jeden Pfennig〉[zweimal/dreimal] ~《比喩》お金に細かい, ひどいしみったれである. die Tischdecke ~ テーブルクロスを裏返す. den Schlüssel im Schloss ~ 鍵を鍵穴に入れて回す. die Seiten eines Buches ~ 本のページをめくる. die Taschen einer Hose ~ ズボンのポケットを引張り出す. ❷ 自 (h, s) (くるりと)引返す, Uターンする;《話》自説をひるがえす. ❸ 再 (**sich**⁴) くるりと向きを変える(こちらを向く). Sie *drehte sich* wortlos *um* und ging davon. 彼女は何も言わずくるりと背を向けて立去った. Mir *dreht sich das Herz im Leibe um*. 私は胸が締めつけられる思いだ. **2** (nach j³ 人³の方を)振向く, 振返る.

Um'dre·hung [ʊm'dreːʊŋ, '---] 囡 -/-en **1** [- -] 回転. 500 ~ *en* in der Minute machen 1分間に500回転する. eine ~ der Begriffe 諸概念の逆転, ひっくり返し. eine ~ der Begriffe 諸概念の逆転.

Um'dre·hungs·zahl 囡 -/-en《工学》回転数.

'**Um·druck** ['ʊmdrʊk] 男 -[e]s/-e《印刷》**1**《複数なし》転写. **2** 転写版.

um·ei'nan·der [ʊm|aɪ'nandər] 副 (um=einander) おたがいの回りを(まわって); おたがいに関して. ~ herumgehen おたがいに避けあう. sich⁴ ~ kümmern おたがいに気遣いあう.

'**um|fah·ren**¹* ['ʊmfaːrən] ❶ 他 (s)《話》(乗物で)回り道をする, 迂回する. ❷ 他 (人〈物〉⁴に)車をぶつけて倒して, (を)轢(ひ)き倒す.

um'fah·ren²* [-'--] 他 **1** (a)(乗物で物⁴の周りを)回る, 1周する;《海事》周航する. (b)(物⁴を)迂回する. **2**(輪形などを)回る.

'**Um·fahrt** ['ʊmfaːrt] 囡 -/-en《まれ》(Umweg)(乗物による)回り道, 迂回.

'**Um·fall** ['ʊmfal] 男 -[e]s/²e《話》突然の心変り, 変節;〈態度·心境などの〉急変, 豹変(ひょうへん).

*'**um|fal·len*** ['ʊmfalən ウムファレン] 自 (s) **1** (a)(物⁴が)倒れる, ひっくり返る. Die Vase ist *umgefallen*. 花瓶が倒れた. (b)(人が)倒れる, くずおれる, 卒倒(昏倒)する;《話》失神する. Vor Hitze *fielen* sie *um* wie die Fliegen. 暑さで彼らはばたばたと倒れた. tot ~ ばったり倒れて死ぬ. vor Müdigkeit *fast* ~ 疲れてぶっ倒れそうである.《中性名詞として》zum *Umfallen* müde sein ぶっ倒れそうなほど疲れている. **2**《話》突然態度を変える, 豹変する. Der Zeuge ist *umgefallen*. 証人は証言を翻した.

*'**Um·fang** ['ʊmfaŋ ウムファング] 男 -[e]s/²e **1** 周囲の長さ. Der Baumstamm hat einen ~ von 3m. その樹の幹は周り3メートルある. Das Grundstück misst 5km im ~. この地所は周囲が5キロある. **2** (a) 広がり, 大きさ; 分量, 嵩(かさ), ボリューム. Das Buch hat einen ~ von 300 Seiten. この本は300ページある. eine Sammlung im ~ von 8000 Stück 8千点におよぶコレクション. Er hat einen beträchtlichen ~.《戯》彼はなかなか恰幅がいい. (b)《比喩》規模, 範囲.

umfangen

Der ~ der Verluste lässt sich⁴ noch nicht übersehen. 損害の程度はまだ完全には分からない. Der ~ seines Wissens ist bedeutend. 彼の知識の該博さがきたらしいものだ. Die Arbeit nimmt allmählich größeren ~ an. 仕事はしだいに大がかりになっていく. eine Sache in ihrem ganzen ~ ermessen 事柄の全体像をつかむ. in großem ~ 大規模に. in vollem ~ 全面的に. (c)《音楽》音域, 声域.

um'fan·gen* [ʊmˈfaŋən] 他《雅》(人⁴を)抱く, 抱擁する. Tiefe Stille *umfing* uns.《比喩》深い静寂が私たちを包んだ.

'**um|fäng·lich** [ˈʊmfɛŋlɪç] 形 (かなり)広範囲の, 規模の大きい; けっこう嵩(かさ)高い. eine ~*e* Sammlung (比較的の)規模の大きいコレクション.

*'um'fang·reich [ˈʊmfaŋraɪç ウムファングライヒ] 形 広範囲の, 大規模な; 広々張った; (戯)ふとった. ein ~*es* Buch 浩瀚(こうかん)な書物. ~*e* Instandsetzungsarbeiten 大がかりな修理作業. ~*e* Kenntnisse 該博な知識. eine ~*e* Person《戯》恰幅のいい人. eine ~*e* Stimme haben 声域が広い. ein ~*es* Wissen besitzen 博識である.

'**um|fas·sen¹** [ˈʊmfasən] 他 1(宝石の)台(だい)を替える, ~を別な台(だい)にはめ直す. 2《方》(人⁴を)抱きしめる.

*um'fas·sen² [ʊmˈfasən ウムファッセン] 他 1(人⁴を)抱く, 抱きしめる, 抱擁する; (物⁴を)握る, つかむ, j² Hände ~ 人²の手を握りしめる. j² Taille 人²の腰を抱く. das Messer fest ~ ナイフをしっかりと握りしめる. 《相互代名詞で》[gegenseitig] ~ たがいに抱き合う. 2 (a) (mit et³ 物³で) 取囲む. den Garten mit einer Mauer ~ 庭園の周りに塀をめぐらせる. (b)《軍事》(要塞・敵陣などを)包囲する. 3 (物⁴を)含む, 包含する, (...から)成る. Diese Ausgabe *umfasst* zwölf Bände. この版は 12 巻から成る.

'**um|fas·send** [ʊmˈfasənt] 現分 (↑umfassen²) 包括的な, 広範な; 全面的な. eine ~ Bildung besitzen 広い教養を身につけている. ein ~*es* Geständnis ablegen 全面自供する.

Um'fas·sung 囡 -/-en 1 抱きしめること, 抱擁. 2 囲むこと, 包囲; 囲い.

Um'fas·sungs·mau·er 囡 -/-n 外囲い, 塀, 囲壁.

'**Um·feld** 囲 -[e]s/-er《心理・社会》(個人を取巻く)環境.

um|flech·ten* [ʊmˈflɛçtən] 他 編んだもので包む.

um|flie·gen¹* [ˈʊmfliːɡən] 国 (s) 1《話》倒れになる, ひっくり返る. 2 迂回して飛ぶ.

um'flie·gen²* [ˈ-ˈ--] 他 1 (人や物⁴の)周りを飛ぶ. 2 (人⁴や物⁴を)避けて飛ぶ, 迂回して飛ぶ.

um'flie·ßen* [ʊmˈfliːsən] 他 (人や物⁴の)周りを流れる. 《過去分詞で》von Licht *umflossen*《雅》光の流れに包まれて.

um'flo·ren [ʊmˈfloːrən] 他 (↑ Flor²) 黒い紗(しゃ)をかける(喪の印として). 《過去分詞で》mit von Trauer *umflorter* Stimme《雅》悲しみに沈んだ声で.

'**um|for·men** 他 1 形を変える, 変形する; 作り変える. 2《電子工》変換する, 変流する.

'**Um·for·mer** 男 -s/-《電子工》変換器.

'**Um·for·mung** 囡 -/-en 変形, 改造; 変換.

'**Um·fra·ge** [ˈʊmfraːɡə] 囡 -/-n アンケート, 世論調査. eine ~ machen アンケートを取る. Die ~ hat ergeben, dass... アンケートの結果は...であった.

'**um|fra·gen** 他《不定詞・過去分詞で》アンケートを取る.

取る.

um'frie·den [ʊmˈfriːdən] 他《雅》(einfrieden)(物⁴の)周りを囲う, (を)囲む.

um'frie·di·gen [ʊmˈfriːdɪɡən] 他 =umfrieden

Um'frie·di·gung 囡 -/-en = Umfriedung

Um'frie·dung 囡 -/-en 1《複数なし》囲いをすること. 2 囲い, 垣根, 柵.

'**um|fül·len** 他 (他の容器に)入替える, 詰め替える.

'**um|funk·ti·o·nie·ren** 他 他の用途に使用する, 転用する, 改造する. das Sofa in ein Gästebett ~ ソファーを客用のベッドに転用する. ◆過去分詞 *um·funktioniert*

*'Um·gang [ˈʊmɡaŋ] 男 -[e]s/⁼e 1《複数なし》(a) つき合い, 交際; つき合い仲間, 交際範囲. mit j³ ~ haben 人³とつき合いがある. keinen ~ haben / mit niemandem ~ haben 誰ともつき合いがない. Sie ist kein 〈ein schlechter〉 ~ für dich.《話》彼女は君がつきあうような相手じゃない. (b) 扱い, あしらい. Sie hat Erfahrung im ~ mit kleinen Kindern. 彼女は小さな子どもの扱いになれている. [den] ~ 〈den〉 Büchern haben 書物に慣れ親しんでいる. den ~ mit j³ gewohnt sein 人³の扱いになれている. 2《宗教的儀式》の行列, 巡行. 3《建築》廻廊; (教会内の)周歩廊.

'**um|gäng·lich** [ˈʊmɡɛŋlɪç] 形 人づきあいのよい, 愛想のよい, 社交的な.

'**Um·gäng·lich·keit** 囡 -/ 人づきあいのよさ, 愛想のよさこと, 如才なさ, 社交性.

'**Um·gangs·form** 囡 -/-en《多く複数で》礼儀作法, 行儀. angenehme 〈gute〉 ~*en* haben マナーがよい, エチケットをわきまえている. keine 〈schlechte〉 ~*en* haben 礼儀(行儀)知らずである.

'**Um·gangs·spra·che** 囡 -/-n《言語》日常語, 口語, 話言葉(標準語と方言の中間に位置づけられる).

'**um·gangs·sprach·lich** 形 日常語の, 口語的な.

um'gar·nen [ʊmˈɡarnən] 他 (人⁴を)籠絡(ろうらく)する, まるめ込む, たらし込む.

'**um|ge·ben¹*** [ˈʊmɡeːbən] 他《話》(人³に物⁴を)着せ掛ける. *Gib* dem Kind ein Cape *um*! その子にケープを着せておやり.

um'ge·ben² [ʊmˈɡeːbən ウムゲーベン] 他 取囲む, 取巻く; 囲う; 包む(mit et³ 物³で). Der Wald *umgibt* das Schloss von allen Seiten. 森がその館の四方を取囲んでいる. das Haus mit einer Mauer ~ 家のまわりに石垣をめぐらす. j⁴ mit Fürsorge ~ なにくれとなく人⁴の世話を焼く. 《過去分詞で》 von Feinden *umgeben* sein 周りは敵ばかりだ. 《再帰的に》 *sich*⁴ mit Fachleuten ~ 専門家をまわりに集める, まわりを専門家でかためる. *sich*⁴ mit einer Glorie 〈einem Heiligenschein〉 ~《梅》聖人君子を気取る.

*Um'ge·bung [ʊmˈɡeːbʊŋ ウムゲーブング] 囡 -/-en 1 周辺, 周囲; 近郊. die ~ Münchens 〈von München〉 ミュンヒェン近郊. in Freiburg oder ~ フライブルクかその近辺に. hier in der ~ この辺りに. 2 環境; 周囲の人々, 取りまき, 仲間. der Kaiser und seine nähere ~ 皇帝とその側近. die alte ~ aufgeben ~ 古い仲間と手を切る, 生活を一新する. in meiner ~ 私の身近に. *sich*⁴ in *seiner* neuen ~ eingewöhnen 新しい環境にとけこむ.

'**um·ge·gend** 囡 -/-en《話》周辺, 近隣.

'um|ge·hen¹ [ˈʊmɡeːən ウムゲーエン] 国 (s) 1 (噂などが)広まる, 流れる; (病気などが)広がる, 流行する; (文書などが)出回る. Es *geht* das Gerücht *um*, dass...

...という噂が流れている. **2**（幽霊が）出る, 出没する, 徘徊する. Im Schloss soll die weiße Frau schon wieder ～. その館にはまたしても白衣の女が出るそうだ. 《非人称的に》*Es geht* dort *um*. あそこは幽霊が出る. **3** (a)《様態を示す語句と》(mit j³ ～³)…に扱う, …あしらう. grob〈liebevoll〉mit j³ ～ 人³を手荒に扱う〈やさしく扱う〉. Wie *gehst* du eigentlich mit mir *um*!《話》いったい私をなんだと思っているんだ. 《*können* などと》Sie kann gut〈schlecht〉mit Kunden ～. 彼女は客あしらいがじょうずだ〈へただ〉. Sie versteht〈weiß〉mit Kindern *umzugehen*. 彼女は子どもの扱い方を心得ている. (b)(mit et³ 物³)…に取扱う, …に操作(処理)する. sparsam mit *seinem* Geld ～ お金を節約する, 倹約家である. ordentlich mit *seinen* Sachen ～ 身の回りをきちんとする.《*können* などと》mit Geld nicht ～ können 経済観念がない. Nur er wusste mit dem Gerät *umzugehen*. 彼だけがその器具を使いこなせた. **4** (mit et³ 事³を)企んでいる, 胸中に抱いている. Ich *gehe* mit dem Gedanken *um*, mir ein neues Auto zu kaufen. 私は新車を買おうと思っている. **5**《古》(mit j³ 人³と)交際する, 関係がある. Sie *gehen* schon lange miteinander *um*. 彼らはもう長いつきあいがある. Sage mir, mit wem du *umgehst*, so sage ich dir, wer du bist.《諺》善悪は友を見よ〈君が誰とつきあっているか言ってくれたら, 君が何者か私には言える〉. **6** (a)《地方》(うっかり)遠回りをする. Sie sind fast zwei Stunden *umgegangen*. あなたは2時間近くも遠回りしてしまった. (b)《話》後戻りする, 引返す.

um·ge·hen² [umge:ən] 他 **1** 迂回する, よけて通る. Wir *umgingen* den Gletscher in weitem Bogen. 私たちは氷河を大きく迂回した. **2**（厄介なこと）を避ける, 回避する; 逃げる. die Antwort auf j² Frage ～ 人²の質問への解答を避ける. ein Gesetz ～ 法の網をくぐる. Wir werden es nicht ～ können, ihn einzuladen. 私たちは彼を招待しないわけにはいかないだろう.

'um·ge·hend ['ʊmgeːənt] 現分 形 (↑ umgehen¹)《述語的には用いない》即座の, 即刻の, 折返しの. mit ～er Post 折返しの便で. j³ ～ antworten 人³に折返し返事をする.

Um·ge·hung 女 -/-en **1** (a) 迂回. (b) (Umgehungsstraße) 迂回路. **2** 回避. unter ～ einer deutlichen Antwort 明確な反応を避けて.

Um·ge·hungs·stra·ße 女 -/-n 迂回路, バイパス.

*'um·ge·kehrt ['ʊmgəkeːrt ウムゲケールト] 過分 形 逆の, 反対の. Der Sachverhalt ist genau ～. 実情は正反対だ. Es ist ja gerade ～!《話》それはまったく逆だ. Die Sache verhält sich⁴ gerade ～, als〈話 wie〉du denkst. 事情は君の思っているのとまったく逆である. *Umgekehrt*, ich freue mich darüber. 反対に私はそれを喜んでいるのだ. ～ proportional 反比例の. in ～er Reihenfolge 順番を逆さにして. im ～en Verhältnis zu et³ stehen 事⁴に反比例している; …とはまるで釣り合わない. mit ～em Vorzeichen 前提として;《数学》(正負の)逆符号で.

'um·ge·stal·ten 他 作り替える, 改造する; 変形する. einen Raum ～ 部屋を模様替えする. den Hof zu einem Spielplatz ～ 中庭を遊び場に造りかえる. ◆過去分詞 umgestaltet

'Um·ge·stal·tung 女 -/-en 作り替えること, 改造; 変形; (部屋などの)模様替え.

'um|gie·ßen* 他 **1** (液体を他の容器に)注ぎかえる, 移す. **2**《話》(液体を容器にひっくり返して)こぼす, ぶちまける. **3**《冶金》鋳(\`)直す, 改鋳(\`\`\`\`)する.

'um|gra·ben* 他 掘起す, 掘起す.

um|gren·zen [ʊmˈgrɛntsən] 他 **1** (物⁴の)まわりに境界をめぐらす, 囲む. **2**（主題などを)限定する, 制限する.

'um|grup·pie·ren 他 改組する, 再編成する. ◆過去分詞 umgruppiert

'Um·grup·pie·rung 女 -/-en 改組, 再編成.

'um|gu·cken 他 **1**《話》《sich⁴》《話》振返って見る, 振向く. Du wirst *dich* noch ～! いまにびっくりするよ. **2** 辺(ˆ)りを見回す.

'um|gür·ten¹ ['ʊmgʏrtən] 他《古》(ベルトなどを)巻く, 締める. sich³ das Schwert ～ 剣を帯びる.

um|gür·ten² [-ˈ--] 他《古》(j⁴ mit et³ 人⁴に物³を)巻きつける, 締める. sich⁴ mit einem Riemen〈einem Schwert〉～ ベルトを締める〈剣を帯びる〉.

'um|ha·ben* 他《話》(物⁴を)身に着けている.

'um|ha·cken 他 **1** 掘返す, 掘起す, 鋤(\`)く, 耕す. **2**（木などを)掘起して倒す.

um|hal·sen [ʊmˈhalzən] 他（人⁴の)首に抱きつく, 首っ玉にかじりつく.

'Um·hang ['ʊmhaŋ] 男 -[e]s/ᵉe《服飾》肩掛け, ケープ.

'um|hän·gen¹ ['ʊmhɛŋən] 他 **1** (絵などを)掛け替える. **2**（人³に物⁴を)着せ掛ける; 首に掛ける. sich³ einen Mantel ～ コートを羽織る. et³ ein Mäntelchen ～《比喩》事⁴の危険性(問題性)を隠蔽する. der Katze die Schelle ～《比喩》猫の首に鈴を付ける.

um|hän·gen² [-ˈ--] 他 **1**《規則変化》(et⁴ mit et³ 物⁴の周りに物³を)掛ける; 掛けて覆う, 張る. **2**《不規則変化》(物が主語) (人く物)⁴を)覆うように周りに垂れ下がっている. Fahnen *umhingen* den Balkon. 旗がバルコニーをくるりと覆っていた.

'Um·hän·ge·ta·sche 女 -/-n ショルダーバッグ.

'um|hau·en(*) 他 **1**（過去 haute〈雅 hieb〉um, 過去分詞 umgehauen）(a)（木を)切って倒す. **2**（過去 hieb um, 過去分詞 umgehauen）(人⁴を一撃のもとに)うち倒す. **2**《過去 haute um, 過去分詞 umgehauen〈地方 umgehaut〉》《卑》(人⁴を)ぶったまげさせる; まいらせる, へべれけにする. Das *haut* mich *um*! これはぶったまげた. Der Schnaps hat mich *umgehauen*〈地方 *umgehaut*〉. シュナップスで私はへべれけになってしまった.

*'um'her [ʊmˈheːr ウムヘーア] 副 あちこちに, 四方八方に; ぐるりと, 辺(ˆ)りに. Weit ～ lagen Trümmer. 辺り一面瓦礫(ˆ)の山だった.

um·her.. [ʊmheːr..]《分離前綴り / つねにアクセントをもつ》**1**《「(ただあてもなく・やみくもに)あちこちへ(に)」の意を表す》*umher*gehen あちこち歩き回る. *umher*irren さまよい歩く. **2**《「(周りをぐるりと)」》*umher*blicken 周りを見回す, きょろきょろする.

um'her|bli·cken 自 周りを見回す, きょろきょろする.

um'her|fah·ren* 自(s) (乗物で)あちこち走り回る.

um'her|ge·hen* 自(s) あちこち歩き回る, ぶらつく, うろつく.

um'her|ir·ren 自(s) (あちこち)さまよい歩く, さすらう.

um'her|lau·fen* 自(s) あちこち走り(歩き)まわる, (あてもなく)かけずり回る.

um'her|lie·gen* 自 あちこちに散らばっている, 散乱している.

um'her|schlei·chen* 自(s) こっそり歩き回る, こそこそうろつき回る.

um'her|strei·fen 自(s) あちこち歩き回る, うろつき

um·her│trei·ben* ❶ 圓(s) あちこち漂う, 漂流する. ❷ 他 あちこち追回す. ❸ 再(sich) あちこちうろつく; 漂泊する, 放浪する.

um·her│zie·hen ❶ 圓(s) 放浪する, 流浪する;(サーカスの一座などが)旅回りをする. ❷ 他(物⁴を)あちこち引っ張り回す.

um·hin│kom·men* [ʊmˈhɪnkɔmən] 圓(s)(まれ) =umhinkönnen

um·hin│kön·nen* [ʊmˈhɪnkœnən] 圓 nicht ~, …zu tun…せざるを得ない. Ich konnte nicht umhin, es zu tun. 私はそれをせざるを得なかった.

um·hö·ren (sich) 聞き回る, 問合せる, 照会する(nach et³ 事³について).

um·hül·len [ʊmˈhʏlən] 他 (j⟨et⟩³ mit et³ 人⟨物⟩³を物³で)くるむ, つつむ, 覆う.

Um·hül·lung 囡 -/-en **1** つつむ(くるむ)こと. **2** 覆い, 被覆; 包装.

U/min (記号) =Umdrehungen pro Minute 毎分回転数.

'Um·kehr [ˈʊmkeːr] 囡 -/ **1** 逆戻り, あと戻り. **2** 《比喩》改心.

'um·kehr·bar [ˈʊmkeːrbar] 形 逆にできる, ひっくり返せる, 可逆的な.

***'um│keh·ren** [ˈʊmkeːrən] ❶ 圓(s) **1** 引返す, 戻る. auf halbem Wege ~ 途中で引返す; 《比喩》いい加減なところで手を引く. **2** 《比喩》心をいれかえる, 改心する.
❷ 他 **1** (くるりと)ひっくり返す, さかさまにする; (靴下・ポケットなどを)裏返す. einen Mantel ~ und lüften コートを裏返して風に当てる. das ganze Haus ~《比喩》家中ひっくり返す(nach et³ 物³を捜して). einen Stuhl ~《まれ》(テーブルの上などに)椅子をさかさまに置く. **2** (状況・関係などを)逆転させる, 逆にする. die Reihenfolge ~ 順番を逆にする. ein Verhältnis ~ 関係を逆転させる.
❸ 再(sich) **1** 振返る, 振向く(nach j³ 人³の方を). **2** くるりとひっくり返る, さかさまになる. Als ich das sah, kehrte sich mir alles⟨der Magen⟩ um. 《話》私はそれを見たときまったく胸が悪くなった(むかむかした). **3** (状況・関係などが)逆転する, 逆になる. Die Entwicklung⟨Das Verhältnis zwischen beiden⟩ hat sich völlig umgekehrt. 事態の展開⟨両者の関係⟩は完全に逆転してしまった.

'Um·kehr·film 男 -[e]s/-e 《写真》(スライド用の)反転フィルム, リバーサルフィルム.

'Um·kehr·funk·ti·on 囡 -/-en 《数学》逆関数.

'Um·keh·rung 囡 -/-en 逆転, 反転; 転倒, 裏返し; 《音楽》転回(音程・和音・旋律などの).

***'um│kip·pen** [ˈʊmkɪpən ウムキペン] ❶ 圓(s) **1** ひっくり返る, 倒れる, 横転する; 《話》昏倒する, 気絶(失神)する. Die Flasche⟨Der Wagen⟩ ist umgekippt. ビンが倒れた⟨車が横転した⟩. mit dem Stuhl ~ 椅子ごとひっくり返る. **2** (a) (俗)急に態度(意見)を変える, 変節する. (b) 《話》(雰囲気などが)がらりと変る, 一変する. (c) 《話》(声が)うわずる, 裏返る. (d) (ワインなどが)変質する, 悪くなって味が変る. 《環境》(川・湖などが)生物の生息に適さなくなる, 死ぬ. ❷他 ひっくり返す, 倒す.

um·klam·mern [ʊmˈklamərn] 他 (人⟨物⟩⁴に)抱きつく, しがみつく, すがりつく; (物⁴を)しっかり握りしめる; 《ボクシング》クリンチする. 《過去分詞で》et⁴ fest umgeklammert halten 物⁴をかたく握りしめている.

Um·klam·me·rung 囡 -/-en しがみ(すがり)つくこと; しっかり握ること; 《ボクシング》クリンチ.

'um│klap·pen ❶ 他 ぱたんと閉める, ぱたんと倒す. ❷ 圓(s) 《話》気を失う, 卒倒する.

***'um│klei·den** [ˈʊmklaɪdən ウムクライデン] 《雅》 ❶ 他 (まれ)(人⁴に)着替えさせる. ❷ 再(sich) 着替える.

um·klei·den² [-ˈ-] 他 (et⁴ mit et³ 物⁴を物³で)覆う, 被覆する, つつむ, くるむ.

'Um·klei·de·raum 男 -[e]s/-e 更衣室.

Um·klei·dung 囡 -/《複数無し》覆うこと, つつむこと. **2** 覆い, カバー; 被覆.

'um│kni·cken ❶ 他 折り曲げる, 折りたたむ; ぽきっと折る. ❷ 圓(s) (足を)くじく, ひねる; (木などが)ぽきっと折れる.

'um│kom·men [ˈʊmkɔmən ウムコメン] 圓(s) **1** (ums Leben kommen) (事故・戦いなどで)死ぬ, 命を落す. **2** 《話》うんざりする. vor Hitze⟨Langeweile⟩ ~ 暑くて死にそうである⟨死ぬほど退屈である⟩. **3** (食料品が)悪くなる, 腐る.

'Um·kreis [ˈʊmkraɪs] 男 -es/-e **1** 《複数なし》 (a) 周囲, 周辺, 周辺地域. im ~ von 100 m 周囲100メートルの範囲で(に). (b) (ある人の)身辺, 交際範囲; 隣近所. **2** 《数学》外接円.

um·krei·sen [ʊmˈkraɪzən] 他 (物⟨人⟩⁴の)周りを回る. Die Erde umkreist die Sonne. 地球は太陽の周りを回転している. ein Thema ~《比喩》(考えなどが)あるテーマの周りを堂々めぐりしている.

Um·krei·sung 囡 -/-en 周りを回ること, 周回; 《天文》公転.

'um│krem·peln 他 **1** (裾・袖などを)まくり(たくし)上げる, 折返す. **2** (衣類などを)裏返す. Socken ~ ソックスを裏返す. ein Zimmer ~《比喩》部屋をひっくり返して捜す, 部屋中を家捜しする. **3** 《話》根本から変える, 徹底改造する.

'Um·la·de·bahn·hof [ˈʊmlaːdə..] 男 -[e]s/-e 貨物積替駅.

'um│la·den* **1** (荷物を)積み替える. **2** (物⁴の)荷物を積替える. ein Frachtschiff ~ 貨物船の荷物を積替える. 《目的語なしで》Wir haben in Hamburg umgeladen. 船荷はハンブルクで積替えた.

'Um·la·ge [ˈʊmlaːgə] 囡 -/-n (↑ umlegen¹) 割当額, 分担金.

'um│la·gern [ˈʊmlaːgərn] 他 (物⁴の)保管(貯蔵)場所を変える.

um·la·gern² [-ˈ--] 他 (人⟨物⟩⁴を)取囲む, 取巻く; (の)周りに群がる.

Um·land 中 -[e]s/ (都市の)周辺地域.

'Um·lauf [ˈʊmlaʊf] 男 -[e]s/-e **1** 《複数なし》 (a) 回転, 円運動. (b) (惑星の)運行; 公転. (c) (血液などの)循環. **2** 《複数なし》(貨幣などの)流通, 通用; (噂などの)流布. et⁴ in ~ bringen⟨setzen⟩ 《貨幣などを》流通させる; 物⁴(噂など)を流布(⁴)させる, 広める. in ~ kommen (貨幣などが)流通する, 通用するようになる; (噂などが)流布する, 広まる, 流行る. in ~ sein (貨幣などが)流通している; (噂などが)流布している, 広まっている, 流行っている. **3** (会社や役所間の)回覧文, 回状. **4** 《医学》瘭疽(ʰㅑᵍ). **5** 《馬術》(障害飛越競技での1回毎の)走行. **6** 《交通》(Umlaufzeit) (バス・船などの1回毎の)運行時間.

'Um·lauf·bahn 囡 -/-en (天文・人工衛星などの)軌道, 周回軌道.

'um│lau·fen [ˈʊmlaʊfən] ❶ 他 (人⟨物⟩⁴を)走って行って突き倒す, ぶつかってひっくり返す. ❷ 圓(s) **1**

(a) 回転する, 円運動をする. 《現在分詞で》 ein *um-laufendes* Rad 回転している車輪. (b) (回廊・バルコニーなどが)ぐるりと囲みめぐっている(取巻いている). (c) (惑星などが)公転する. (d) (血液などが)循環する. **2** (貨幣などが)流通する; (噂などが)流布(る)する, 広まる, 流行る. **3** 《地方》(間違って)回り道をする, 遠回りをする.

um'lau·fen[2]** [-'--] 他 (物〈人〉⁴の)周りを走る(回る); 《天文》公転する, 周回する. Der Mond *umläuft* die Erde in 28 Tagen. 月は地球の周りを 28 日で公転する.

'Um·lauf·zeit 囡 -/-en **1**《天文》(公転)周期. **2**《交通》(バス・船などの)1 回毎の運行時間.

'Um·laut ['ʊmlaʊt] 男 -[e]s/-e 《言語》ウムラウト, 変母音 (ä, ö, ü, äu).

'um|lau·ten ['ʊmlaʊtən]《言語》❶ 圁 (母音が)ウムラウトする, 変母音する. ❷ 他 (母音を)ウムラウトさせる, 変母音させる.

'Um·le·ge·kra·gen ['ʊmle·gə..] 男 -s/-(¨) 折り襟 (る).

'um|le·gen[1] ['ʊmle·gən] 他 **1** 横倒しにする, 寝かせる. einen Mast ~ 帆柱を倒す. 《再帰的に》Das Getreide hat *sich*⁴ *umgelegt*. (嵐などで)穀物がなぎ倒された. **2** (a) (襟・袖口などを)折返す. (b) (カレンダーなどを)めくる. **3** (人³に物⁴を)着せ掛ける; (ショール・包帯などを)巻きつける. j⁴ eine Halskette ~ 人³にネックレスをつけてやる. 《再帰的に》 *sich*³ einen Mantel ~ コートを羽織る. **4** (a) (物⁴を置換える, 移す. ein Kabel ~ ケーブルを敷設し直す. ein Telefongespräch ~ 通話を切換える. (b) (病人を)他のベッドへ移す. (c) einen Termin ~ 期日を変更する. **5** (a)《話》(人⁴を)投倒する, ノックダウンさせる; 撃ち殺す. (b)《卑》(女を)押倒して, (と)やる. **6** (費用などを)割当てる, (用地などを)分配する. die Ausgaben auf j¹ ~ 経費を人¹に割当てる.

um'le·gen[2] [-'--] 他 (et⁴ mit et³ 物⁴の周りに物³を)添える, 飾りつける.

'um|lei·ten 他 迂回させる, 回り道をさせる.

'Um·lei·tung 囡 -/-en **1** 迂回させること. **2** 迂回路.

'um|len·ken ❶ 他 **1** (乗物などを)方向転換させる, 別の方向に向ける; U ターンさせる. **2** (光線などの)向きを変える. ❷ 圁 方向転換する, 向きを変える; U ターンする.

'um|ler·nen 圁 **1** 勉強し直す, 考え方を変える. **2** 新しい職業を習う.

'um·lie·gend ['ʊmliː·gənt] 形 《付加語的用法のみ》付近の, 周辺の, 近隣の.

um'mau·ern [ʊm'maʊərn] 他 壁で囲む, (に)壁をめぐらす.

'um|mel·den (人⁴についての)変更届を出す(住所などの); (物⁴の)名義変更をする. 《再帰的に》*sich*⁴ ~ 住所変更届を出す.

'um·mo·deln 他 (物⁴を)改造する, 作り変える, (の)形を変える.

'um|nach·ten [ʊm'naxtən] 他《雅》(精神を)錯乱させる. ◆本来は「夜(闇)でつつむ」の意. ↑umnachtet

um'nach·tet 過分 形 精神の錯乱した. Er war [geistig] ~. 彼は錯乱していた.

Um'nach·tung 囡 -/-en 《雅》精神錯乱, 狂気.

'um|ne·beln [ʊm'neː·bəln] 他 **1** (霧・煙などが)つつむ, 覆う. **2**《比喩》(精神・感覚を)曇らせる, もうろうとさせる, 混濁させる.

'um|neh·men* 他《話》([sich³] et⁴ 物⁴を)羽織る, まとう.

'um|pa·cken 他 荷造りし直す, 詰め直す; (荷物などを)詰め替える.

'um|pflan·zen[1] ['ʊmpflantsən] 他 植え替える, 移植する.

um'pflan·zen[2] [-'--] 他 (et⁴ mit et³ 物⁴の回りに物³を)植える.

'um|pflü·gen 他 (畑を鋤(*))で)耕し返す.

'um|po·len ['ʊmpoː·lən] 他《電子工》(物⁴を)転極させる, (の)極を逆にする.

'um|prä·gen 他 (貨幣を)改鋳(ちゅう)する.

'um|quar·tie·ren 他 (人⁴を)別の宿舎(部屋)へ移す, 転宿させる. ◆過去分詞 umquartiert

um'rah·men [ʊm'raː·mən] 他 (物⁴に)縁取る, 囲む, 囲繞(にう)する; (に)枠(額縁)をつける.

um'ran·den [ʊm'randən] 他 (物⁴に)縁をつける, 縁取り(縁飾り)をつける; (を)囲む. eine Decke mit einer Borte ~ テーブルクロスに縁飾りをつける. eine Stelle rot〈mit Rotstift〉 ~ ある個所を赤で囲む.

Um'ran·dung 囡 -/-en **1** 縁をつけること. **2** 縁取り, 縁(ふち), 囲い.

'um|ran·gie·ren ❶ 他 (車両を)編成替えにする, 他の線に移す. ❷ 圁 (s) (列車が)他の線に移る. ◆過去分詞 umrangiert

um'ran·ken [ʊm'raŋkən] 他 (物⁴に)巻きつく, からみつく. Legenden *umranken* seine Person. 《比喩》彼という人物にはさまざまな伝説がまつわっている.

'um|räu·men 他 **1** (部屋などの)模様替えをする. **2** (本・家具などの)配置換えをする, (を)整理し直す.

'um|rech·nen 他 換算する. Euro in Yen ~ ユーロを円に換算する.

'Um·rech·nung 囡 -/-en 換算.

'Um·rech·nungs·kurs 男 -es/-e 《商業》為替相場, 為替レート.

'um|rei·sen [ʊm'raɪzən] 他 旅行して回る, 周遊する. die Welt ~ 世界中を旅行する.

'um|rei·ßen[1]* ['ʊmraɪsən] 他 (強く)引き倒す, 突き倒す, 吹き倒す; (建物などを)取崩す.

um'rei·ßen[2]* [-'--] 他 **1** (物⁴の)輪郭を描く, スケッチする. **2** (事⁴を)略述する, (の)概略を述べる.

'um|rei·ten[1]* ['ʊmraɪtən] 他 (人〈物〉⁴を)馬で蹴倒す, 馬蹄(_{てい})にかける.

um'rei·ten[2]* [-'--] 他 (物⁴の)周りを馬で回る.

'um|ren·nen* 他 (人〈物〉⁴を)走っていて突き倒す.

um'rin·gen [ʊm'rɪŋən] 他 (物⁴を)取囲む, 取巻く.

***'Um·riss**, **'Um·riß** ['ʊmrɪs ウムリス] 男 -es/-e 輪郭; 概略. allmählich feste *Umrisse* annehmen しだいに輪郭がはっきりしてくる. in *Umrissen* アウトラインで, 概略で. et⁴ in *Umrissen* schildern 事⁴の概要(あらまし)を述べる. et⁴ in *Umrissen* zeichnen 物⁴を素描する, (の)略図を書く.

'Um·riss·zeich·nung 囡 -/-en 素描, スケッチ; 見取り図, 略図.

'um|rüh·ren 他 かき混ぜる, かき回す, 攪拌(_{こう})する.

um'run·den [ʊm'rʊndən] 他 (物⁴の周りを)ぐるりと回る, 1 周する. eine Bahn ~ 《スポーツ》トラック(コース)を 1 周する.

'um|rüs·ten ❶ 他 **1** (装置などを)改造する. **2** (人⁴の)装備(武装)を改める(替える). ❷ 圁 (auf et⁴ 物⁴へ)装備(配備)を転換する.

ums [ʊms] 前置詞 um と定冠詞 das の融合形.

'um･sat･teln ❶ 他 (馬の)鞍を替える. ❷ 自 《比喩》鞍替えする; 転職する, 転業する; 専攻を変える. von Jura zu〈auf〉Philosophie ~ 法学から哲学へ専攻を変える.

'Um･satz ['ʊmzats] 男 -es/⁻e **1** 売上, 売行き. **2**《医学・化学》代謝. **3**《複数なし》《印刷》(活字の大幅の)組替え.

'Um･satz･steu･er 女 -/-n 売上税, 消費税.

'um･säu･men¹ ['ʊmzɔyməm] 他 (布の)縁を折返して縫う, (を)端縫いする.

um･säu･men² [-'--] 他 **1**《物⁴に》縁をつける, 縁飾りをつける. **2**《雅》《物⁴を》縁取る, (の周りを)囲む.

um･schaf･fen* 他《物⁴を》作り変える, 改造(改作)する.

'um･schal･ten ['ʊmʃaltən] ❶ 他 (スイッチなどを)切換える, 転換する. den Herd ~ レンジの熱源を切り換える. das Netz auf Gleichstrom ~ 回線を直流に切換える. ❷ 自 **1** 切換える. Wir schalten ins Stadion um.《放送》競技場からの中継に切換えます. **2** 切替わる. Die Ampel schaltet auf Rot um. 信号が赤に変る. **3**《話》気持を切換える. nach dem Urlaub wieder auf den Alltag ~《比喩》休暇のあとで再び日常生活に戻る.

'Um･schal･ter 男 -s/- 切換えスイッチ. **2**(タイプライターの)シフトキー.

'Um･schal･tung 女 -/-en 切換え.

'um･schat･ten [ʊm'ʃatən] 他《雅》《人〈物〉⁴を》影で覆う, 闇でつつむ.

'Um･schau ['ʊmʃau] 女 -/ **1** (辺りを)見回すこと. nach et⁴〈j³〉~ halten 物〈人〉³を探して辺りを見回す, 探し回る. **2**《比喩》(しばしば新聞などで)展望, 概観.

'um･schau･en (sich)《南⁵》(umsehen)(辺りを)見回す; 振向く, 振返る.

'um･schich･ten ❶ 他 積替える, 重ね直す; (上下に)整理し直す. ❷ 再 (sich⁴)(社会の)階層構成が変る.

'um･schich･tig [ʊm'ʃɪçtɪç] 形 《述語的にはほとんど用いない》かわるがわるの, 交互の, 交代制の. ~ arbeiten 交代で働く; 交代制で働く.

'Um･schich･tung 女 -/-en **1** 積替え, 重ね直し. **2** 階級構成の変動.

'um･schif･fen¹ ['ʊmʃɪfən] 他 (人〈物〉⁴を)他船に移す, 積替える.

um･schif･fen² [-'--] 他《物⁴を》船で回る, 周航(回航)する; 《比喩》(を)回避する. ein Kap ~ 岬の周りを船で回る, 岬めぐりをする. eine Klippe glücklich ~《比喩》障害をうまく回避する.

*****'Um･schlag** ['ʊmʃlak ウムシュラーク] 男 -[e]s/⁻e **1**《複数なし》(天候・気分などの)急変, 激変, 一変, 急転; (in et⁴ 物⁴への)転化, 転換. **2** (a) 封筒. ein frankierter ~ 切手の貼ってある封筒. den ~ öffnen 〈zukleben〉手紙を開封する〈封緘(ふうかん)する〉. (b) (ズボンの裾や袖口などの)折返し. eine Hose mit〈ohne〉~ 〈折返しのダブルの〉(シングルの)ズボン. (c) (本の)カバー, (仮装幀の)表紙. um ein Buch einen ~ machen 本にカバーをかける. **3** 湿布, 罨法(あんぽう). ein kalter 〈warmer〉 ~ 冷〈温〉湿布. j³ einen ~ machen j³ に湿布をしてやる. **4**《複数なし》《経済》(a) (貨物の)積替え. (b) (商品などの)回転; (資金の)運転. **5**《複数なし》《手芸》糸を編み棒に掛けること.

'um･schla･gen¹* ['ʊmʃlaːɡən] ❶ 自 (s) **1** ひっくり返る, 転覆(横転)する. Das Boot ist plötzlich umgeschlagen. ボートが突然ひっくり返った. **2** 急変(激変, 一変)する, 転化する, がらっと変る(in et⁴ 事⁴の状態に). Seine Stimmung schlägt rasch um. 彼はむら気な男だ. Der Wind ist umgeschlagen. 風向きが一変した. ins Gegenteil ~ あべこべになる, 反対になる. **3** (a) (ワイン・ビールが)変質する, 酸っぱくなる. (b) (声が)うわずる, 裏返る. ❷ 他 **1** (a) 折返す, まくり上げる. die Hose mehrmals ~ ズボンの裾をくるくるとまくり上げる. den Kragen ~ 襟を立てる. (b)(ページを)めくる. **2** (a) 打ち倒す, 伐り倒す. einen Baum〈einen Pfahl〉~ 木を伐り倒す〈杭を打ち倒す〉. (b) ひっくり返す, 転覆(横転)させる. **3**(人⁴を物⁴で)くるむ, 包む; (人³に物⁴を)着せかける.《再帰的に》sich³ eine Decke ~ 毛布にくるまる. **4**(貨物を)積替える. **5** den Faden ~《手芸》糸を編み棒にかける.

um･schla･gen²* [-'--] 他 裏返す. Druckbogen ~《印刷》(裏刷りのために)刷り紙を裏返す.

'Um･schlag･ha･fen 男 -s/⁻ 積替港, 中継港.

'Um･schlag･pa･pier 中 -s/-e《製紙》(ブックカバー・表紙用の)厚紙, コート紙.

'Um･schlag･platz 男 -es/⁻e (貨物の)積替え地.

'Um･schlag･tuch 中 -[e]s/⁻er ショール, 肩掛け, スカーフ.

um･schlei･chen* [ʊm'flaiçən] 他《物⁴の》周りを忍び足で歩く.

um･schlie･ßen* [ʊm'fliːsən] 他 **1** (a) ぐるりと囲む, 取囲む; 包囲する. (b) 抱きしめる, 握りしめる. j〈et〉⁴ mit den Armen ~ 人〈物〉⁴を両腕で抱きかかえる. **2**《比喩》(意味などを)包含する.

'um･schlin･gen¹* ['ʊmʃlɪŋən] 他 (人³に物⁴を)巻きつける.《再帰的に》sich⁴ ein Halstuch ~ スカーフ(マフラー)を首に巻く.

um･schlin･gen²* [-'--] 他 **1** (人⁴に)抱きつく, しがみつく. Das Kind umschlang den Hals der Mutter. その子は母親の首に抱きついた.《相互代名詞として》sich⁴ ~ ひしと抱き合う.《過去分詞で》j⁴ umschlungen halten 人⁴をしっかりと抱きしめている. **2** (物⁴に)巻きつく, 絡まりつく. Efeu umschlingt den Stamm. 蔦(つた)が幹に絡まっている.

'um･schmei･ßen* ['ʊmʃmaisən] 他《話》(umwerfen) **1** (ぶつかって)ひっくり返す, 突き倒す. **2** (計画などを)ぶち壊す, くつがえす. **3** (人⁴を)動顛(どうてん)させる, 度を失わせる. Ein Glas Wein wird mich nicht gleich ~. ワイン 1 杯ですぐひっくり返るような僕じゃない.

'um･schmel･zen* 他 **1** (金属を)鋳(い)直す, 溶かし直す. **2**《比喩》改造する.

'um･schnal･len 他 (物⁴を)巻いて金具で留める. [sich³] einen Gürtel ~ ベルトを締める.

um･schnü･ren [ʊm'ʃnyːrən] 他《物⁴に》紐をかける, (を)紐でくくる.

*****'um･schrei･ben¹*** ['ʊmʃraibən ウムシュライベン] 他 **1** (論文などを)書直す, 書改める; (記載事項を)書換える, 訂正する. einen Artikel ~ 記事を書直す. das Datum vor Rechnung ~ 勘定書の日付を訂正する. ein Streichquartett in eine Sinfonie ~ 弦楽 4 重奏曲を交響曲に書換える. **2** (物⁴の)名義を書換える(auf j⁴〈j² Namen〉人⁴,²の名義に). eine Hypothek auf j⁴ ~ 抵当権を人⁴に譲渡する. 500 Euro auf ein anderes Konto ~《商業》500 ユーロを別の口座に振替える. **3** 他言語の文字に転写する, 音訳する. arabische Schriftzeichen in lateinische Schrift ~ アラビア文字をラテン文字に転写する.

*****um･schrei･ben²*** [ʊm'ʃraibən ウムシュライベン] 他 **1** (権限・義務などの)範囲をはっきりと規定する, (を)

限定する. j² Aufgaben ～ 人²の仕事(責務)の範囲をきちんと定める.《過去分詞で》ein *umschriebenes* Ekzem 〖医学〗限局性の湿疹. **2** 言換える, パラフレーズする; 遠回しに言う, 婉曲に表現する. einen schwierigen Begriff mit einfachen Worten ～ 難解な概念を分かりやすい言葉で言換える. einen peinlichen Sachverhalt ～ いやな事情を遠回しに説明する. **3**〖数学〗〈物〉に外接させる. ein Dreieck mit einem Kreis ～ 3角形に円を外接させる(外接円を描く).

'**Um|schrei·bung**¹ 囡 -/-en **1** (論文などの)書き直し;(記載事項の)書換え, 訂正. **2** 名義書換え, 譲渡;〖商業〗振替.

Um|schrei·bung² 囡 -/-en **1**《複数なし》(権利・義務などの)規定, 限定, 局限. **2** (言葉の)言換え, パラフレーズ; 遠回しな言い方, 婉曲な表現.

'**Um|schrift** ['ʊmʃrɪft] 囡 -/-en **1** (テキストなどの)書換え. **2** (硬貨などの)周縁の刻銘. **3**〖言語〗(他の文字・発音記号などへの)転写, 音訳;(他の文字への)翻字.

'**um|schul·den** 他 **1** (借金・ローンを)借換える. **2** (人⁴の)負債を別の負債に組替える.

'**Um|schul·dung** 囡 -/-en (借金・ローンの)借換え.

'**um|schu·len** 他 **1** 転校させる. ein Kind auf eine andere Schule ～ 子供を別の学校へ転校させる. **2** (別の仕事のために)再教育する, 再訓練する. **3** (政治的に)再教育する.

'**Um|schu·lung** 囡 -/-en 転校; 再教育, 再訓練.

'**um|schüt·ten** 他 **1** 容器をひっくり返してこぼす, ぶちまける. **2** 他の容器に移す, 入れ替える.

um|schwär·men [ʊmˈʃvɛrmən] 他 **1** (人⁴物⁴)の周りに群がる(昆虫などが). **2** (崇拝者・心酔者たちが)取巻く.

'**Um|schweif** ['ʊmʃvaɪ̯f] 男 -[e]s/-e《ふつう複数で》回りくどさ, 冗長さ; 回りくどい言い方. Mach keine ～e! 持って回った言い方はよせ. ohne ～e 単刀直入に, ずばっと.

'**um|schwen·ken** 圓 (s) **1** 向きを変える, 方向転換する. **2** (急に)態度を変える, 考え(信念)を変える, 変節する.

um|schwir·ren [ʊmˈʃvɪrən] 他 (人⁴物⁴)の周りをぶんぶん飛ぶ(昆虫などが).

'**Um|schwung** ['ʊmʃvʊŋ] 男 -[e]s/⸚e **1**〖体操〗(鉄棒・平行棒で)回転. **2** (状態・気分などの)急変, 激変. ein politscher ～ 政情の急変. **3**〘⸚〙《複数なし》家屋の周りの敷地.

um|se·geln [ʊmˈze:gəln] 他(物⁴の周りを帆走する, 帆船(ヨット)で周航(回航)する.

*'**um|se·hen*** ['ʊmze:ən ウㇺゼーエン] 他 (**sich**⁴) **1** 辺りに(くるりと)見回す, 見て回る. *sich* neugierig ～ 物珍しげにきょろきょろする. *sich* in der Stadt ～ 町を見て回る(ぶらつく). *sich* im Verlagswesen ～《比喩》出版の仕事を勉強する. *sich* in der Welt ～ 世の中を見て回る, 世間を知る. **2** 振返る, 振向く(nach j³ 人⁴³の方を). Ich *sah* mich hin und wieder nach ihm *um*. 私はときおり振返って彼の方を見た. Du wirst *dich* noch ～!《話》いずれ君は考え違いに気づくだろう, いまにきっと思い知るときが来るよ. **3** (nach et⟨j⟩³ 物⟨人⟩³を)探し回る, 物色する. *sich* nach Arbeit⟨einer Stellung⟩ ～ 仕事⟨職⟩を探す. Ich werde *mich* ～, ob sich etwas Passendes finde. 適当なものがあるかどうか見てみましょう.

'**um sein, °'um|sein*** 圓 (s)《話》(vorüber sein) 過ぎ去っている, 終っている. Die Ferien *sind* um. 休暇は終った. wenn das Jahr *um ist* 年が明けたら. Die Öffnungszeit *war* um. 開館時間は終っていた.

'**um·sei·tig** ['ʊmzaɪ̯tɪç] 形 (紙の)裏側の, 裏面の, 裏ページの.

'**um|seits** ['ʊmzaɪ̯ts] 副《書》裏面に, 裏側に, 裏ページに.

'**um|set·zen** ['ʊmzɛtsən] 他 **1** (a) (別の場所に)移す, 置換える. einen Schüler ～ 生徒の席を変える.《再帰的に》*sich*⁴ ～ 別の場所に移る; 席を替える. (b)(植物を)植え替える, 移植する. (c)〖鉄道〗(umrangieren) (列車の走行線を替える, 編成換えをする. (d)〖音楽〗ある曲の楽譜をタブラチュア(奏法符)に写す. (e) die Hantel ～〖重量挙げ〗バーベルをクリーンする. (f) die Hände ～〖体操〗体操で重心の移動に応じて両手を持ち替える. **2** (et⁴ in et⁴ 物に)変える, 変換(転換)する. Erfahrungen in die Praxis ～ 経験を実地に生かす. *seine* Gefühle in ein Gedicht ～ 感情を詩に写す. *sein* ganzes Geld in Bücher ～《話》有金を本に注ぎ込む. et⁴ in bares Geld ～ 物⁴を現金に替える. et⁴ in die Tat ～ 事⁴を実行に移す.《再帰的に》Sonnenenergie *setzt sich*⁴ in Strom *um*. 太陽エネルギーが電気に変る. **3** (大量の商品を)売る, 売りさばく. Waren im Wert von 100 000 Euro ～ 10万ユーロ分の商品を売りさばく. 50 000 Euro ～《商品を》5万ユーロ売る.

'**Um|set·zung** 囡 -/-en **1** (他の場所に)置き(移し)替えること. **2** (他の状態への)変換, 転換. **3** (商品を)売りさばくこと, 販売.

'**Um|sicht** ['ʊmzɪçt] 囡 -/ 慎重, 周到さ, 思慮深さ.

'**um·sich·tig** ['ʊmzɪçtɪç] 形 慎重な, 周到な, 思慮深い.

'**um|sie·deln** ❶ 圓 (s) 移り住む, 移住する. ❷ 他 移住させる.

'**Um·sie·de·lung** 囡 -/-en 移り住むこと, 移住.

'**Um·sied·ler** ['ʊmzi:dlɐ] 男 -s/- 移住者.

'**Um·sied·lung** 囡 -/-en = Umsiedelung.

'**um|sin·ken*** 圓 (s) よろめき倒れる, くずおれる.

'**um·so, °'um so** [ʊmˈzoː:ウㇺゾー] 副 (**umso**+比較級の形で) **1**《先行する文の内容と呼応して》それだけいっそう…. Es war schon spät, ～ mehr mussten wir uns beeilen. もう遅かった, それだけにいっそう私たちは急がねばならなかった. *Umso* besser.《話》ますますけっこうだね. **2** (**je**+比較級に導かれる副文と呼応して》(…であればあるほど)それだけいっそう…. Je höher man steigt, ～ kälter wird es. 高く登れば登るほど寒くなる. Je schneller der Wagen, ～ größer die Gefahr. 自動車のスピードが上がれば上がるほどそれだけ危険も大きくなる. **3** (**als, weil** などに導かれる副文と呼応して》(…であるだけに)なおいっそう…. Ich gehe ～ lieber hin, als ich dort alte Freunde treffen kann. そこへ行けば懐かしい顔に会えるだけにいっそう私は行きたいのだ. Sein Entschluss kam uns ～ überraschender, weil er vorher nie darüber gesprochen hatte. 彼の決心がそれまで彼がいちども話さなかっただけになおさら私たちには意外だった.《次の形で接続詞のように用いて》～ mehr⟨weniger⟩[,] als…(とりわけ)…であるだけになおさらいっそう…⟨…しない⟩. Ich möchte dich sehen, ～ mehr[,] als ich dort gehört habe, dass du krank bist. 僕は君に会いたい, 君が病気だと聞いてからなおさら.

◆¹ オーストリアでは旧正書法でも umso が用いられた.

♦ ² ↑ desto

um'sonst [ʊmˈzɔnst ウムゾンスト] 副 **1** 無料で、ただで。[für] ~ arbeiten ただで働く。et⁴ [für] ~ bekommen 物⁴をただでもらう。et⁴ ~ kaufen 《戯》物⁴を失敬する。*Umsonst* ist der Tod, und der kostet das Leben. 《戯》ただのものなど何もない、人間万事金の中の中(死ぬのはただだが命がかかる)。**2** (a) いたずらに、むなしく。Du hast dich ~ bemüht. 骨折り損だったね。Das hat er nicht ~ getan. 《反語》このお返しはかならずやつしにしてやるぞ。Alle Ermahnungen waren ~. 警告はすべてむだだった。(b) 理由(目的)もなしに、わけなく。Nicht ~ habe ich es gesagt. わけなく私はそれを言ったのではない。Er ist nicht ~ Detektiv. 彼はだてに探偵をやってるんじゃない。

um'sor·gen [ʊmˈzɔrɡən] 他 (人⁴の)世話をする、めんどうを見る。

'um·span·nen¹ [ˈʊmʃpanən] 他 **1**《電子工》(transformieren) 変圧する。**2**《牛馬などを)つけ替える、つなぎ替える。

um'span·nen² [-ˈ--] 他 **1** (両腕で)抱きかかえる; (両手で)握りしめる、つかむ。einen Baumstamm mit beiden Armen ~ 木の幹を両腕で抱きかかえる。einen Bierkrug mit den Händen ~ ジョッキを両手でつかむ。**2**《比喩》包含する、包括する; (に)またがる、及ぶ。Seine Forschungen *umspannen* mehrere Gebiete der Wissenschaft. 彼の研究はいくつかの学問領域にまたがっている。Das Mittelalter *umspannt* einen Zeitraum von etwa 1000 Jahren. 中世はおよそ千年という時間を領している。

'Um·span·ner [ˈʊmʃpanər] 男 -s/-《電子工》変圧器。

'Um·spann·werk [ˈʊmʃpan..] 中 -[e]s/-e 変電所。

um'spie·len [ʊmˈʃpiːlən] 他 **1** (物の周りで)戯れる。Wellen *umspielen* meine Füße (die Kippen). 波が私の足許で戯れている (岩礁を洗っている)。Ein Lächeln *umspielte* seine Lippen. 微笑が彼の口許に漂っていた。**2**《音楽》(主題などを)パラフレーズする; (音を)装飾する。**3**《スポ》(相手選手を)ドリブルでかわす (抜く)。

um'spin·nen* [ʊmˈʃpinən] 他 紡いで包む; (電線などを)糸で被覆する。

'um·sprin·gen¹* [ˈʊmʃprɪŋən] 自 (s) **1** (風向きなどが)突然変る。Die Ampel *springt* auf Rot *um*. 信号が突然赤になる。**2** (mit j³ a.³) (手荒に・手ひどく)扱う、あしらう。grob mit j³ ~ 人³を手荒に扱う。So kannst du nicht mit ihr ~. そんなふうに君は彼女を扱ってはだめだ。**3**《スキ》ジャンプターンする。(b)《体操》(鉄棒などで)ジャンプして持ち手を変える。

um'sprin·gen²* [-ˈ--] 他 (人⁴物⁴の)周りを跳びはねる、跳び回る。

'um·spu·len 他 (テープなどを)巻戻す。

'um·spü·len [ʊmˈʃpyːlən] 他 (波などが人⁴物⁴の)周りを洗う。

***'Um·stand** [ˈʊmʃtant ウムシュタント] 男 -[e]s/ピe (a) (個々の)事情、都合; 事実。Dieser ~ war für meine Entscheidung ausschlaggebend. この事実は私の決断にとって決定的だった。ein ungünstiger ~ 都合の悪い事情。mildernde *Umstände*《法制》酌量軽減の事由。j³ alle [näheren] *Umstände* von et³ erzählen 人³に事³の子細を話す。(b)《ふつう複数で》状況、情勢、形勢; 境遇。Ich komme, wenn es die *Umstände* erlauben. 私は事情が許せばまいります。Dem Kranken ging es den *Umständen* entsprechend. 病人の容態はまずまずというところで落着いていた。sich⁴ den veränderten *Umständen* anpassen 情勢の変化に合せる。bei den gegebenen *Umständen* / unter den gegenwärtigen *Umständen* 現状では。in andere *Umstände* kommen《婉曲》身ごもる。in schlechten *Umständen* leben 暮しに困っている。je nach den *Umständen* 状況しだいで。unter *Umständen*《略 u. U.》事情によっては、ことによると。unter allen *Umständen* どんなことがあろうと。unter anderen *Umständen* 事情が違えば。unter diesen *Umständen* こうした状況のもとでは。unter keinen *Umständen* どんなことがあっても…ない。**2**《複数で》煩雑なこと、儀式張ったこと; 面倒、手数、手間。Nur keine *Umstände*! 仰々(ぎょう)しいことはやめてください。Bitte machen Sie keine *Umstände*! 面倒をおかけしなく。wenn es Ihnen keine *Umstände* macht ご面倒をおかけしなければ、お手数でなければ。viele *Umstände* mit〈j〉³ machen 事〈人〉³に手数をかける。ohne *Umstände* もったいぶらずに、さっさと、簡単に。

'um·stän·de·hal·ber [ˈʊmʃtəndəhalbɐ] 副 都合により、事情あって。

***'um·ständ·lich** [ˈʊmʃtɛntlɪç ウムシュテントリヒ] 形 面倒な、厄介な、手間のかかる。回りくどい、仰々(ぎょう)しい。

'Um·ständ·lich·keit 女 -/ 面倒臭さ、煩雑さ、仰々しさ。

'Um·stands·be·stim·mung 女 -/-en《文法》(Adverbiale) 状況語、状況規定語、副詞的規定。

'Um·stands·kleid 中 -[e]s/-er 妊婦服、マタニティドレス。

'Um·stands·klei·dung 女 -/《集合的に》マタニティウェア。

'Um·stands·krä·mer 男 -s/-《話》しち面倒なやつ、杓子定規(じょうぎ)なやつ、仰々(ぎょう)しいやつ。

'Um·stands·satz 男 -es/-ピe《文法》(Adverbialsatz) 状況文、状況語文; 副詞節。

'Um·stands·wort 中 -[e]s/-ピer《文法》(Adverb) 副詞。

'um·ste·chen¹* [ˈʊmʃtɛçən] 他 掘返す、掘起す。

'um·ste·chen²* [-ˈ--] 他 (物の縁をかがる。

'um·ste·cken¹ [ˈʊmʃtɛkən] 他 **1** (栓・プラグなどを)差替える、差直す。**2** (裾などを)折返してピンで留める。

um'ste·cken² [-ˈ--] 他 (et⁴ mit et³ 物⁴の周りに物³を)差す、打込む。

'um·ste·hen¹* [ˈʊmʃteːən] 自 (s) **1** (a) (動物が)死ぬ。(b) (牛乳などが)腐る。**2** 脇へ寄る、脇へ退(の)く。

um'ste·hen²* [-ˈ--] 他 (物・人⁴を)取囲んでいる、取巻いている。Schaulustige *umstanden* den Tatort. 野次馬が犯行現場を取巻いていた。

'um·ste·hend (↑umstehen²) **1** 周りを取囲んだ(取巻いた)。《名詞的用法で》die *Umstehenden* 周りに立っている人たち、野次馬、見物人たち。**2** 裏ページの、裏面の。《名詞的用法で》*Umstehendes* muss beachtet werden. 裏面にご注意ください。im *Umstehenden* 裏ページに。

'Um·stei·ge·bahn·hof [ˈʊmʃtaiɡə..] 男 -[e]s/ピe 乗り換え駅。

'Um·stei·ge·fahr·schein 男 -[e]s/-e 乗換え切符。

'Um·stei·ge·kar·te 女 -/-n =Umsteigefahrschein

'um|stei·gen* [´ɔmʃtaɪgən ウムシュタィゲン] 圓(s) 1 乗換える. In Köln müssen wir in einen anderen Zug〈nach Aachen〉~. ケルンで私たちは別の列車に〈アーヘン行きに〉乗換えなくてはならない. 2 《話》(auf et⁴ 事⁴に》鞍替えする，切換える. Sie ist auf vegetarische Kost umgestiegen. 彼女は菜食に切換えた. von Medizin auf Philosophie ~ 医学から哲学に転向する. 3 [スキー] ステップターンをする.

'Um·stei·ger [´ɔmʃtaɪgɐ]男-s/-《話》1 (a) (Umsteigefahrschein) 乗換え切符. (b) 乗換え客. 2 《まれ》志望専攻変更者; 転職者.

'Um·steig·fahr·schein [´ɔmʃtaɪk..] 男 -[e]s/-e =Umsteigefahrschein

'Um·steig·kar·te 囡 -/-n =Umsteigekarte

'um|stel·len¹ [´ɔmʃtɛlən] ❶ 他 1 置換える，(の)配置を変える. Bücher〈Möbel〉~ 本〈家具〉を並べ変える. die Mannschaft ~ チームの配置を換える. Wörter im Satz ~ 文中の語順を変える(倒置する). 2 (スイッチ・レバーなどを)切換える，転換する; (時計などを)合せる. die Uhr auf die Sommerzeit ~ 時計を夏時間に変える. die Weiche ~ 〖鉄道〗ポイントを切換える. ❷ 再 (sich⁴)(auf et⁴ 物⁴に)切替る, 慣れる, 順応する. sich auf ein tropisches Klima ~ 熱帯性の気候に順応する. sich auf einen modernen Lebensstil ~ 現代風のライフスタイルに切換える.

um|'stel·len² [-´--] 他 (逃げられないように)取囲む, 包囲する.

'Um·stel·lung 囡 -/-en 1 置換えること，配置変え; (語などの)置換，倒置. 2 切換えること; 順応，適応.

Um|'stel·lung 囡 -/-en 包囲(すること).

'um|steu·ern (物の)方向(進路)を転換する，(政策・路線などを)方向転換する.

'Um·steu·e·rung 囡 -/-en 方向転換, 路線変更. 2 〖工学〗逆動(装置).

'um|stim·men 他 1 (楽器の)調子を変える. 2 (人⁴の)意見(考え)を変えさせる. Er ließ sich⁴ nicht ~. 彼は折れなかった. 3 〖医学〗(器官・細胞の)機能を変化させる，変調(変質)させる.

'um|sto·ßen* 他 1 突き倒す，ひっくり返す. 2 (決めたことなどを)くつがえす, 無効にする. einen Plan ~ 計画をくつがえす.

um|'strah·len [ɔm´ʃtraːlən] 他 《雅》(人〈物〉⁴を)光で包む，(の)周囲を照らす.

'um|stri·cken¹ [´ɔmʃtrɪkən] 他 編み直す.

um|'stri·cken² [-´--] 他 1 (人⁴を)籠絡(ろうらく)する, まるめ込む. 2 《古》(人⁴に)絡(から)みつく, 巻きつく.

'um|strit·ten [´ɔmʃtrɪtən] 形 異論のある, 議論の余地のある, 意見(評価)の別れる.

'um|struk·tu·rie·ren 他 (の)構造(組織)を変える. ◆過去分詞 umstrukturiert

'um|stül·pen 他 1 (箱・樽などを)逆さまにする. 2 (袋・ポケットなどを)裏返しにする; (袖口などを)折返す. 3 《比喩》(生活などを)根本から変える.

'Um·sturz [´ɔmʃtʊrts] 男 -es/¨e (既成秩序や政体などの)転覆; 大変革, 革命.

'um|stür·zen [´ɔmʃtʏrtsən] ❶ (s) 転ぶ，ひっくり返る, 転倒する; (壁などが)倒れる, 倒壊する; 転覆する. ❷ 他 1 ひっくり返す, 転倒させる; 倒す, 倒壊させる; 2 (比喩) 覆(くつがえ)す, ひっくり返す; (既成秩序・政体などを)転覆させる, 打倒する. eine Entscheidung ~ 決定を覆す. die Regierung ~ 政府

を打倒する.

'Um·stürz·ler [´ɔmʃtʏrtslɐ] 男 -s/-《侮》破壊活動家, 革命家.

'um·stürz·le·risch [´ɔmʃtʏrtslərɪʃ] 形《侮》破壊活動家の, 破壊分子の; 国家の転覆を謀(はか)る.

'um|tau·fen 他 1 (人⁴に)再洗礼を施す. 《再帰的に》sich⁴ ~ lassen 改宗する. 2 《話》(人〈物〉⁴の)名前を改める, 改名(改称)する.

'Um·tausch [´ɔmtaʊʃ] 男 -[e]s/-e《複数まれ》1 (とくに商品の)交換, 取替え. Diese Waren sind vom ~ ausgeschlossen. これらの商品は交換(取替え)がきかない. 2 (通貨の)両替. der ~ von Yen in Euro 円のユーロへの両替.

*'um|tau·schen [´ɔmtaʊʃən ウムタォシェン] 他 1 (商品などを)取替える, 交換する; 取替えてもらう. Sie hat den Pullover umgetauscht. 彼女はのセーターを取替えてもらった. Das Geschäft hat mir die Ware ohne weiteres umgetauscht. お店は商品をあっさり取替えてくれた. et⁴ in〈gegen〉et⁴ ~ 物⁴を物⁴と取替える(交換する). 2 (通貨の)両替する. Dollars in Euro ~ ドルをユーロに両替する.

'um|top·fen [´ɔmtɔpfən] 他 (植物などを)別の鉢に植え替える.

'um|trei·ben* ❶ 他 (不安などが)駆立てる. Sein Gewissen hat ihn umgetrieben. 良心の呵責(かしゃく)で彼は落着くことができなかった.《過去分詞で》ein umgetriebener Mensch (内心の不安などで)一つ所に落着いていられない人, 落ちつきなく居所を転々とする人. ❷ 再 (sich⁴)《雅》(あてどなく)放浪する, さまよい歩く.

'Um·trieb [´ɔmtriːp] 男 -[e]s/-e 1《複数で》(破壊的な)策謀, 陰謀, はかりごと. 2 [スキー]《複数で》面倒な(煩わしい)こと, 手数; 仰々(ぎょうぎょう)しいまね. 3 (a) 〖林業〗輪伐期. (b) 〖鉱業〗(立坑の周りの)回り線.

'Um·trunk [´ɔmtrʊŋk] 男 -[e]s/-e《複数まれ》(みんなで座を囲んでの)飲み会.

'um|tun* [´ɔmtuːn] ❶ 他 《話》(人³に物⁴を)掛けてやる, 着せかける. dem Kleinen eine Decke ~ その男の子に毛布を掛けてやる.《再帰的に》sich³ eine Schürze ~ エプロンをつける. ❷ 再 (sich⁴)《話》(in et³ 物³を知ろうと／nach et³ 物³を手に入れようと)いろいろやってみる(努力してみる); あちこち歩き回る. Sie hat sich in der Stadt umgetan. 彼女は町の様子を知ろうと歩き回った. Er hat sich ein wenig im Buchhandel umgetan. 彼はほんのすこし書籍販売に携わっていた. Ich tue mich nach einer neuen Wohnung um 私は新しい住まいを物色中だ.

'um|ver·tei·len 〖経済〗(利潤などを)再配分する. ◆過去分詞 umverteilt

'um|wäl·zen [´ɔmvɛltsən] 1 (重いものを)転がす, ひっくり返す. einen Stein ~ 石を転がす. 《過去分詞で》umwälzende Ereignisse 〖比喩〗画期的な出来事. 2 (水・空気などを浄化して)循環させる. das Wasser im Schwimmbecken ~ プールの水を循環利用する.

'Um·wäl·zung 囡 -/-en 1 〖比喩〗(政治的・社会的な)大変革, 大変動, 革命. 2 (空気・水などの)循環利用.

'um|wan·deln¹ [´ɔmvandəln] ❶ 他 (et¹ in et⁴〈zu et³〉を)変える, 変化させる; 変換(換算)する. 〖化学〗転移させる. eine Scheune in ein Theater ~ 穀物倉を劇場に改造する. Wasserkraft in Elektrizität ~ 水力を電気に変換する.《過去分詞で》Er ist wie umgewandelt. 彼は人が変ったみたいだ. ❷ 再 (sich⁴)(性質などが)がらっと変る; 人が変る.

um|'wan·deln² [-´--] 他 《雅》(物⁴の)周りを歩いて回

Umwandelung

る, 逍遥する.

'**Um·wan·de·lung** 囡 -/-en =Umwandlung

'**Um·wand·lung** 囡 -/-en 変化, 変換, 転換, 変更; 【化学】転移.

'**um|wech·seln** 他 (通貨を)両替する; (小銭に)くずす. Yen in Euro — 円をユーロに替える. (過去分詞で) Er ist wie *umgewechselt*. (話) 彼はまるで人が変ってみたいだ.

'**Um·wech·se·lung** 囡 -/-en =Umwechslung

'**Um·wechs·lung** 囡 -/-en 両替; 小銭にくずすこと.

*'**Um·weg** ['ɔmveːk ウムヴェーク] 男 -[e]s/-e 回り道, 迂回. einen ~ machen 回り道をする. auf einem ~/auf −*en* 回り道をして. auf −*en* von et³ erfahren (比喩) 人づてに事を知る. sein Ziel auf −*en* erreichen (比喩) 遠回りをして目的を遂げる. ohne −*e* 回り道をせずに; (比喩) いきなり, ストレートに.

um|we·hen¹ ['ɔmveːən] (風が)吹倒し, なぎ倒し.

um|we·hen² [-'--] 他 (人・物⁴の) 周りに吹く. Eine Staubwolke *umwehte* ihn. 砂ぼこりが彼の周りに舞上がった.

'**Um·welt** ['ɔmvɛlt] 囡 -/-en 《複数まれ》**1** 環境. die natürliche⟨soziale⟩ ~ 自然⟨社会⟩環境. die ~ belasten⟨verschmutzen⟩ 環境を汚染する. die ~ schützen 環境を保護する. **2** 身の回りの人, 周囲の人々. sich⁴ von *seiner* ~ mißverstanden fühlen 周りの人から誤解されていると感じる.

'**Um·welt·au·to** 匣 -s/-s 《話》(電気自動車・ハイブリッドカーなどの)エコカー, 低公害車.

'**um·welt·be·dingt** 形 環境に左右される, 環境に影響される, 環境による.

'**Um·welt·be·din·gung** 囡 -/-en 《多く複数で》環境の及ぼす影響, 環境の条件.

'**Um·welt·be·las·tung** 囡 -/-en (有害物質による)環境汚染.

'**um·welt·be·wusst** 環境保護意識の高い, 環境保護を意識した.

'**Um·welt·be·wusst·sein** 匣 -s/ 環境保護意識.

'**Um·welt·ein·fluss** 男 -es/²e (Umweltbedingung) 《多く複数で》環境の及ぼす影響.

'**um·welt·feind·lich** 形 環境を汚染する, 環境を損なう; 環境に優しくない, 環境保護の意識を欠いた.

'**Um·welt·for·schung** 囡 -/-en **1** 【生物】(Ökologie) 生態学, エコロジー. **2** 【社会学】環境学.

'**Um·welt·fra·ge** 囡 -/-n 《多く複数で》環境問題.

'**um·welt·freund·lich** 形 環境を汚染しない, 環境を損なわない; 無(低)公害の; 環境に優しい.

'**Um·welt·ge·fähr·dung** 囡 -/-en 環境を危うくすること, 環境汚染(破壊).

'**Um·welt·hor·mon** 匣 -s/-e 環境ホルモン.

'**Um·welt·kri·mi·na·li·tät** 囡 -/ (公害を発生させるなどの)環境犯罪.

'**um·welt·neu·tral** 形 環境に影響を及ぼさない, 環境を損なわない.

'**Um·welt·pa·pier** 匣 -s/-e 再生紙.

'**Um·welt·po·li·tik** 囡 -/ 環境保護政策, 環境政策.

'**Um·welt·schä·den** 覆 環境破壊による被害.

'**um·welt·schäd·lich** 形 環境を破壊する, 環境に害をもたらす.

'**um·welt·scho·nend** 形 環境に配慮した.

'**Um·welt·schutz** 男 -es/ 環境保護, 環境保全.

'**Um·welt·schüt·zer** 男 -s/- 環境保護論者.

'**Um·welt·steu·er** 囡 -/-n 環境税.

'**Um·welt·sün·der** 男 -s/- 《話》環境破壊者, 環境犯罪者.

'**Um·welt·ver·schmut·zung** 囡 -/-en 《複数まれ》環境汚染.

'**Um·welt·ver·träg·lich** 形 環境破壊を引起さない.

'**Um·welt·ver·träg·lich·keits·prü·fung** 囡 -/-en 環境アセスメント.

'**Um·welt·zer·stö·rung** 囡 -/-en 《複数まれ》環境破壊, 自然破壊.

*'**um|wen·den*** ['ɔmvɛndən ウムヴェンデン] ❶ 他 **1** 裏返す, めくる. den Braten ~ 焼き肉をひっくり返す. eine Seite im Buch ~ 本のページをめくる. die Socken vor dem Waschen ~ ソックスを洗濯の前に裏返す. **2** (車などの)向きを変る, 方向転換させる. ❷ 自 (h, s) 方向転換する, Uターンする. ❸ 再 (*sich⁴*) くるりと向きを変える, 反転する; 振向く. *sich* kurz nach j³ ~ 人³の方をちらっと振返る.

um|wer·ben* [ɔm'vɛrbən] 他 (とくに女性に)求愛する.

*'**um|wer·fen*** ['ɔmvɛrfən ウムヴェルフェン] 他 **1** 投げ倒す, 突き倒す, ひっくり返す. Der Wind *warf* mich beinahe *um*. 私は風に吹飛ばされそうになった. **2** (再帰的に) *sich³* einen Mantel ~ コートを羽織る. **3** 《話》(計画・決定など)を覆す, ご破算にする, ぶち壊す. **4** 《話》うろたえさせる, 動転させる. Die Nachricht hat uns völlig *umgeworfen*. その知らせに私たちはすっかり動転してしまった. Ein Glas Wein wird dich nicht [gleich] ~. ワイン1杯くらいで酔う君でもないだろう. ◆ ↑umwerfend

'**um·wer·fend** 過分 形 《話》びっくりするような, 衝撃的な; すごい, すばらしい. ein ~*er* Einfall びっくりするような思いつき, すごい着想. ~ komisch sein/von ~*er* Komik sein 途方もなくおかしい, 抱腹絶倒である. Das ist ~. それはすごい.

'**um|wer·ten** 他 (事¹の)評価を改める, (事³を)再評価する.

'**Um·wer·tung** 囡 -/-en 再評価, 価値の動揺.

'**um|wi·ckeln**¹ ['ɔmvɪkəln] 他 **1** (糸などを)巻戻する, 巻直す. **2** (人³に物⁴を)巻付ける.

um|wi·ckeln² [-'--] 他 (物⁴に)巻付ける (mit et³ 物³を).

'**um|win·den**¹* ['ɔmvɪndən] 他 (人³に物⁴を)巻付ける.

um|win·den²* [-'--] ❶ 他 (物⁴に)巻付ける (mit et³ 物³を). ❷ 自 周りに巻付く, からまる.

um|wit·tern [ɔm'vɪtərn] 他 《雅》(et⁴ mit et³ 物⁴を物³で)取巻く, 取囲む. (過去分詞で) von Geheimnissen *umwittert* 秘密に包まれた.

um|wo·gen [ɔm'voːɡən] 他 《雅》(物⁴の)周りを波で洗う, 周りに波立つ.

'**um|woh·nend** ['ɔmvoːnənt] 形 《付加語的用法のみ》周辺(近所)に住んでいる.

'**Um·woh·ner** 男 -s/- 周辺住民, 近所の人.

um|wöl·ken [ɔm'vœlkən] ❶ 他 (*sich⁴*) (空が)雲で覆われる, 曇る. ❷ 他 (雲・霧などが)覆う.

'**um|wüh·len** 他 (地面を)掘返す, 掘起す; (引出しなどを)引っかき回す.

'**um|zäu·nen** [ɔm'tsɔʏnən] 他 (物⁴に)垣をめぐらす.

Um|zäu·nung 囡 -/-en **1** 垣をめぐらすこと. **2** 垣, 柵.

*'**um|zie·hen**¹* ['ɔmtsiːən ウムツィーエン] ❶ 自 引越す, 転居(移転)する. nach Berlin⟨in eine grö-

ßere Wohnung〉~ ベルリーンヘ〈いまより大きな住まい
へ〉引越しする. ❷ ⦿ **1**《家具などを》移送する, 運ぶ.
2《人に》着替えをさせる. ein Kind völlig ~ 子ども
の服を上から下まですっかり着替えさせる. 《再帰的に》
sich⁴ fürs Theater ~ 芝居を見に行くために着替える.
《中性名詞として》noch beim *Umziehen* sein 着替え
の最中である.

um'zie·hen²* [-'--] ⦿ **1**《物¹の》周りを囲む,(に)囲
いをする. Eine Mauer *umzieht* den Garten. 塀が花
だんの周りを囲んでいる. die Koppel mit Stacheldraht
~ 囲い地に有刺鉄線をめぐらす. **2**《まれ》《雲が》覆う.
《再帰的に》sich⁴ ~《空が》曇る;《比喩》《表情が》曇る,
暗くなる.

um'zin·geln [ʊmˈtsɪŋəln] ⦿《敵などを》取り囲む, 包
囲(攻囲)する.

Um'zin·ge·lung 囡 -/-en 包囲, 攻囲(すること).
Um'zing·lung 囡 -/-en = Umzingelung

*ˈ**Um·zug** [ˈʊmtsuːk ウムツーク] 男 -[e]s/:ᵘᵉ **1** 引越し,
転居. **2**《祭などの》行列, 行進; 街頭デモ.

UN [uːˈ|ɛn]《略》(*engl.*) = United Nations 国際連合.
un.. [ʊn..]《接頭》形容詞・副詞・形容詞化した分詞など
に冠して「否定, 反対」などを意味する. *un*fein 上品
でない. *un*gern いやがり. *un*möglich 不可能な.
*un*verändert 変らない. *un*wissend 何も知らない.

Un..《接頭》名詞に冠して次のような意味を表す. **1**《否
定・反対》*Un*recht 不正. *Un*ruhe
不安. **2**《劣悪・不純・不都合》*Un*fall 事故. *Un*-
kosten 雑費. *Un*mensch 人非人. *Un*tier 怪物.
3《莫大》*Un*menge 莫大な量. *Un*zahl 膨大な数.

un·ab'än·der·lich [ʊnˈ|apˌ|ɛndɐlɪç, '-----] 形
変えられない, 変更(取消)できない, どうにもならない.
un·ab'ding·bar [ʊn|apˈdɪŋbaːr, '----] 形 **1** な
くてはならない, 絶対に必要(不可欠)な. **2**《法制》
《契約・規定などが》合意によって排除(変更)し得ない.

*ˈ**un·ab·hän·gig** [ˈʊnˌ|aphɛŋɪç ウンアプヘンギヒ] 形 自
立した, 独立した, 独り立ちした; 自主独立の,自立(自
律)的な; (von j〈et〉³ 人〈物〉³に)依存(従属)しない,(と
は)無関係の. ~*er* Fall《文法》直立格, 独立格.
ein ~*es* Leben führen 自活している. ein ~*er*
Mensch 独立独歩の人, 自主的な人. ein ~*er*
Staat 独立国家. eine ~*e* Zeitung 党派性のない新
聞. vom Geld ~ sein 金に左右されない. finan-
ziell von j³ ~ sein 経済的に人³から自立している.
Reflexbewegungen sind ~ vom Willen. 反射運動
は意志とは無関係だ. ~ davon, dass〈ob〉…とは
無関係に, …のことは別にして.

ˈ**Un·ab·hän·gig·keit** 囡 -/ 自立, 独立, 自主, 自
律.

ˈ**Un·ab·hän·gig·keits·er·klä·rung** 囡 -/《歴
史》《アメリカの》独立宣言.

un·ab'kömm·lich [ʊn|apˈkœmlɪç, '----] 形 **1**
《持ち場を》どうしても抜け出せない, (持ち場に)いなくては
ならない. Ich bin im Augenblick ~. 私はいま手が離
せません. **2**《略 uk》《軍事》兵役免除の.

un·ab'läs·sig [ʊn|apˈlɛsɪç, '----] 形 絶間のない,
不断の, ひっきりなしの.

un·ab'seh·bar [ʊn|apˈzeːbaːr, '----] 形 **1** 見
渡しがたい, 果てしない. **2** 見通しのつかない, 予想(予
測)しがたい.

ˈ**un·ab·sicht·lich** [ˈʊn|apˌzɪçtlɪç] 形 故意でない, 意
図的でない; ついうっかりした, うかつな.

un·ab'weis·bar [ʊn|apˈvaɪsbaːr, '----] 形 =
unabweislich

un·ab'weis·lich [ʊn|apˈvaɪslɪç, '----] 形 拒み
がたい, 否応なしの.

un·ab'wend·bar [ʊn|apˈvɛntbaːr, '----] 形 不
可避の, 避けられない. ~*es* Ereignis《法制》(とくに
交通事故に関して)不可抗力の出来事.

ˈ**un·acht·sam** [ˈʊn|axtzaːm] 形 不注意な, うっかり
した; いい加減な.

ˈ**Un·acht·sam·keit** 囡 -/ 不注意, 軽率; いい加減
なこと.

ˈ**un·ähn·lich** [ˈʊn|ɛːnlɪç] 形 (人〈物〉³に)似ていない.

un·an'fecht·bar [ʊn|anˈfɛçtbaːr, '----] 形 議
論の余地のない.

ˈ**un·an·ge·bracht** [ˈʊn|anɡəbraxt] 形 不適当(不適
切)な, 当を得ない.

ˈ**un·an·ge·foch·ten** [ˈʊn|anɡəfɔxtən] 形 **1** 異論
のない, 一般に認められている. **2** 妨げられない, 邪魔さ
れない. j⁴ ~ lassen 人⁴の邪魔をしない.

ˈ**un·an·ge·mel·det** [ˈʊn|anɡəmɛldət] 形 **1** 予告な
しの, 出し抜けの. **2**《役所などへの》申告のない, 届け出
なしの.

ˈ**un·an·ge·mes·sen** [ˈʊn|anɡəmɛsən] 形 不適当
な, 不適切な, 不相応な, ふさわしくない.

*ˈ**un·an·ge·nehm** [ˈʊn|anɡəneːm ウンアンゲネーム] 形
不快な, 不愉快な, おもしろくない; 好ましくない, いや
な; 面倒な, 困った. ein ~*er* Geruch 不快な匂い.
in eine ~*e* Lage geraten 具合の悪い立場に立たさ
れる, 困ったことになる. ein ~*er* Mensch いやなやつ. j⁴
~ berühren 人⁴に不愉快な思いをさせる. Es ist mir
sehr ~, dass ich Sie um Hilfe bitten muss〈Sie um
Hilfe bitten zu müssen〉. たんへん心苦しいことですが
ますがあなたにお力添えをお願いしなくてはなりません.
Das kann sehr ~ werden. それはたいへん厄介なことに
なるかも知れない.

ˈ**un·an·ge·tas·tet** [ˈʊn|anɡətastət] 形 **1** 手をつけ
ていない, 手つかずの. **2**《権利などが》侵されない, 不
可侵の.

un·an'greif·bar [ʊn|anˈɡraɪfbaːr, '----] 形 **1**
攻め落せない, 難攻不落の. **2**《地位などが》確固とし
た, 揺るぎない, 侵しがたい; 議論の余地がない, 文句のつ
けようのない.

un·an'nehm·bar [ʊn|anˈneːmbaːr, '----] 形
受入れがたい, 容認(承認)しがたい.

ˈ**Un·an·nehm·lich·keit** 囡 -/-en《ふつう複数で》
不愉快なこと, 腹立たしいこと; 不都合なこと.

ˈ**un·an·sehn·lich** [ˈʊn|anzeːnlɪç] 形 見栄えのしな
い, みすぼらしい, 貧相な.

*ˈ**un·an·stän·dig** [ˈʊn|anʃtɛndɪç ウンアンシュテンディ
ヒ] ❶ 形 下品な, いかがわしい, 猥褻(ワイセツ)な; 無作法な,
無礼な, 行儀の悪い, 不躾(ブシツケ)な. ein ~*es* Buch
いかがわしい本, 悪書. ein ~*er* Witz 卑猥な冗談.
sich⁴ ~ benehmen 感心しない振舞をする. ❷ 副
《話》ひどく, むちゃくちゃに. ~ hohe Forderungen
べらぼうな要求. Sie ist ~ dick. 彼女はいくら何でも太
りすぎだ.

ˈ**Un·an·stän·dig·keit** 囡 -/-en **1**《複数なし》下
品, いかがわしさ, 猥褻; 無作法, 無礼, 不躾. **2** 下品
な言動, 不作法な言動.

ˈ**un·an·stö·ßig** [ˈʊn|anʃtøːsɪç] 形 気にさわらない, 不
快な気にさせない.

un·an'tast·bar [ʊn|anˈtastbaːr, '----] 形 **1** 触
れることのできない, 侵しがたい, 不可侵の; 疑問の余地の
ない, 非のうちどころのない. **2**《貯えなどが》手をつけられ
ない, 使えない.

un·ap·pe·tit·lich ['ʊn|apeti:tlɪç] 形 **1** 食欲をそそらない、まずそうな。 **2** 《比喩》不潔な、汚らしい；吐き気を催させるような。

'**Un·art** ['ʊn|a:rt] ❶ 女 -/-en **1** 悪習、悪癖。 **2** 行儀の悪さ、不作法；(子供の)悪戯、わるさ。 ❷ 男 -[e]s/-e《古》(地方)腕白小僧、悪童。

'**un·ar·tig** ['ʊn|a:rtɪç] 形 (子供などが)行儀の悪い、躾(しつけ)の悪い、無作法な、腕白な。

'**Un·ar·tig·keit** 女 -/-en **1** 《複数なし》行儀の悪いこと、無作法。 **2** 行儀の悪い振舞。

'**un·ar·ti·ku·liert** ['ʊn|artikuli:rt] 形 **1** 発音が不明瞭な、はっきりしない。 **2** (声が)獣じみた叫び声。ein ~er Schrei (ぎょーという)獣じみた叫び声。

'**un·äs·the·tisch** ['ʊn|ɛste:tɪʃ] 形 美的でない、醜い、いやらしい、不快な。

'**un·auf·fäl·lig** ['ʊn|aʊffɛlɪç] 形 **1** 目立たない、控えめな、地味な。 **2** 人目につかない、人に気づかれない。

un·auf·find·bar [ʊn|aʊf'fɪntba:r, '----] 形 発見できない、見つからない、見いだせない。

'**un·auf·ge·for·dert** ['ʊn|aʊfgəfɔrdərt] 形 自発的な、人に言われてのことではない。

'**un·auf·ge·klärt** ['ʊn|aʊfgəklɛ:rt] 形 **1** (事件などが)解明(解決)されていない。 **2** (子供が)まだきちんとした性教育を受けていない。

un·auf·halt·bar [ʊn|aʊf'haltba:r, '----] 形 = unaufhaltsam

un·auf·halt·sam [ʊn|aʊf'haltza:m, '----] 形 止めがたい、制止(阻止)できない；とどまるところを知らない、容赦のない。

un·auf·hör·lich [ʊn|aʊf'hø:rlɪç, '----] ❶ 形 絶間ない、間断ない、不断の。 ❷ 副 絶間なく、たえず。

un·auf·lös·bar [ʊn|aʊf'lø:sba:r, '----] 形 **1** 溶けない、不溶性の。 **2** (結び目などが)ほどけない。 **3** = unauflöslich 1 **4** =unauflöslich 2

un·auf·lös·lich [ʊn|aʊf'lø:slɪç, '----] 形 **1** (謎などが)解けない、解決(解明)できない。 **2** (関係などが)解消できない。 **3** =unauflösbar 1 **4** =unauflösbar 2

'**un·auf·merk·sam** ['ʊn|aʊfmɛrkza:m] 形 **1** 不注意な、散漫な、ぼんやりした。 **2** 不親切な、愛想のない。

'**Un·auf·merk·sam·keit** 女 -/-en **1**《複数なし》不注意、うかつなこと。 **2** 不親切な振舞、無愛想。

'**un·auf·rich·tig** ['ʊn|aʊfrɪçtɪç] 形 不正直な、不誠実な。

'**Un·auf·rich·tig·keit** 女 -/-en **1**《複数なし》不正直、不誠実。 **2** 不正直(不誠実)な言動。

un·auf'schieb·bar [ʊn|aʊf'ʃi:pba:r, '----] 形 延期できない、猶予のない、急を要する、差し迫った。

un·aus·bleib·lich [ʊn|aʊs'blaɪplɪç, '----] 形 かならず起る、避けられない、必至の。

un·aus·denk·bar [ʊn|aʊs'dɛŋkba:r, '----] 形 考えられない、思いもつかない。

un·aus·führ·bar [ʊn|aʊs'fy:rba:r, '----] 形 実行(実現)できない、実行(実現)不可能な。

'**un·aus·ge·bil·det** ['ʊn|aʊsgəbɪldət] 形 教育(訓練)を受けていない、未教育の。

'**un·aus·ge·füllt** ['ʊn|aʊsgəfʏlt] 形 **1** (記入欄などが)記入の、埋まっていない。 **2** (スケジュールなどが)未定の、空いている、埋まっていない。 **3** (精神的に)空虚な、満たされていない。

'**un·aus·ge·gli·chen** ['ʊn|aʊsgəglɪçən] 形 **1** (人柄などが)調和を欠いた、円満でない、アンバランスな、むらな。 **2** (収支などが)不均衡な。

'**Un·aus·ge·gli·chen·heit** 女 -/ 不均衡、アンバランス。

'**un·aus·ge·go·ren** ['ʊn|aʊsgago:rən] 形《俺》(計画などが)まだ十分に熟していない、もっとしっかり練らなくてはならない。

'**un·aus·ge·setzt** ['ʊn|aʊsgəzɛtst] 形 絶間のない、不断の。

'**un·aus·ge·spro·chen** ['ʊn|aʊsgəʃprɔxən] 形 口に出されない、暗黙の、暗々裏の。

un·aus'lösch·lich [ʊn|aʊs'lœʃlɪç, '----] 形《雅》忘れがたい、消しがたい、拭(ぬぐ)うことのできない。

un·aus'rott·bar [ʊn|aʊs'rɔtba:r, '----] 形 根絶しがたい、根深い。

un·aus'sprech·bar [ʊn|aʊs'ʃprɛçba:r, '----] 形 発音しにくい(できない)。

un·aus'sprech·lich [ʊn|aʊs'ʃprɛçlɪç, '----] 形 言葉では言い表せない、名状しがたい、言語に絶するほどの、口には言えないほどの。

un·aus'steh·lich [ʊn|aʊs'ʃte:lɪç, '----] 形 耐え難い、我慢できない、死ぬほどいやな。

un·aus'weich·lich [ʊn|aʊs'vaɪçlɪç, '----] 形 避けられない、不可避の。

'**Un·band** ['ʊnbant] 男 -[e]s/-e(¨e)《古》《地方》手に負えない子供、腕白者。

'**un·bän·dig** ['ʊnbɛndɪç] ❶ 形 **1** 制御できない、抑えがたい、手に負えない。 **2** 非常に、途方もない。 ❷ 副 非常に、すごく。

'**un·bar** ['ʊnba:r] 形 (支払などが)現金によらない、キャッシュレスの。

un·barm·her·zig [ʊn'barmhɛrtsɪç] 形 **1** 無慈悲な、冷酷無情な、残忍な。 **2** (非常に)激しい、厳しい。

'**Un·barm·her·zig·keit** 女 -/ 無慈悲、冷酷無情、残忍さ。

'**un·be·ab·sich·tigt** ['ʊnbə|apzɪçtɪçt] 形 故意でない、意図的でない。

'**un·be·ach·tet** ['ʊnbə|axtət] 形 注意を払われない、顧みられない。 j⟨et⟩⁴ ~ lassen 人⟨物⟩⁴を顧みない、無視する。

'**un·be·an·stan·det** ['ʊnbə|anʃtandət] 形 反対(異義)の唱えようのない、文句のつけようのない。 Fehler ~ lassen ミスを大目に見る。

'**un·be·ant·wor·tet** ['ʊnbə|antvɔrtət] 形 答え(返事)のない。 Mein Brief ist noch immer ~. 私の手紙にはいまだに返事がない。

'**un·be·ar·bei·tet** ['ʊnbə|arbaɪtət] 形 手を加えられていない、加工されていない、未処理の。

'**un·be·baut** ['ʊnbəbaʊt] 形 **1** 建物の立っていない。 **2** 未開墾の、耕されていない。

'**un·be·dacht** ['ʊnbədaxt] 形 無思慮な、無分別な、軽率な。

'**un·be·dacht·sam** [..za:m] 形 思慮(用心)の足りない、軽率な。

'**un·be·darft** ['ʊnbədarft] 形《話》**1** (unerfahren) 経験の乏しい、未熟な。 **2** (naiv) 単純な、素朴な、うぶな。

'**un·be·deckt** ['ʊnbədɛkt] 形 覆われていない、むき出しの。 mit ~em Kopf 無帽で。

'**un·be·denk·lich** ['ʊnbədɛŋklɪç] ❶ 形 問題(懸案)のない；無難な。 ❷ 副 何も考えずに、ためらわずに、躊躇なく。

'**un·be·deu·tend** ['ʊnbədɔʏtənt] 形 **1** 重要でない、取るに足らない、どうでもいい、つまらない。 **2** わずかな、些細な。

'un·be·dingt ['ʊnbədɪŋt, -‐'‐ ウンベディングト] ❶ 形《比較変化なし》1 無条件の, 無制限の, 絶対の. ~er Gehorsam 絶対服従. ~e Reflexe 《生理》無条件反射. ~es Vertrauen zu j³ j³への絶対的信頼. 2 《法制》執行猶予期間なしの. ❷ 副 無条件に, 必ず, ぜひとも, 何が何でも, かならず. Ich muss ~ noch heute zum Arzt gehen. 私はどうしても今日のうちに医者へ行かなくてはならない. Da hat er ~ Recht. それは彼が絶対に正しい. Man kann sich⁴ auf ihn ~ verlassen. 彼は絶対的に信頼のおける男だ. Unbedingt! もちろん. nicht ~ かならずしも…ない.

'un·be·ein·flusst ['ʊnbəʔaɪnflʊst] 形 人の影響を受けていない, 感化されていない, 偏見のない.《副詞的用法で》Er hat das ganz ~ getan. 彼はまったく自分の考えでそれをした.

'un·be·fahr·bar ['ʊnbəfaːrbaːr, ‐‐'‐‐] 形 (乗物が)通ることのできない, 通行不能の.

'un·be·fan·gen ['ʊnbəfaŋən] 形 1 偏見のない, とらわれない, 公正な. 2 物怖(ᵘ)じしない, 屈託のない, のびのびした, 無邪気な.

'Un·be·fan·gen·heit 囡 -/ 1 偏見のないこと, とらわれのなさ, 公平無私. 2 物怖じしないこと, 屈託のなさ, 無邪気さ.

'un·be·fleckt ['ʊnbəflɛkt] 形 1《まれ》しみ(よごれ)のない. 2《雅》汚れのない, 純潔の, 無垢の. die Unbefleckte Empfängnis [Mariens/Marias]《ᵏᵃᵗʰ》聖母マリアの無垢受胎(無原罪のおん宿り).

'un·be·frie·di·gend ['ʊnbəfriːdɪgənt] 形 不満足な, 不十分な.

'un·be·frie·digt ['ʊnbəfriːdɪçt] 形 満足していない, 不満な, 失望した.

'un·be·fris·tet ['ʊnbəfrɪstət] 形 期限の付いていない, 無期限の.

'un·be·fugt ['ʊnbəfuːkt] 形 権限(資格)のない.

'un·be·gabt ['ʊnbəgaːpt] 形 才能(天分)に恵まれていない.

'un·be·greif·lich ['ʊnbəgraɪflɪç, ‐‐'‐‐] 形 理解できない, 不可解な, 考えられない.

'un·be·grenzt ['ʊnbəgrɛntst, ‐‐'‐‐] 形 果てしない, 限りない, 無限の; 制限のない, 無制限の. ~es Vertrauen zu j³ haben j³をどこまでも信頼している.

'un·be·grün·det ['ʊnbəgrʏndət] 形 根拠(理由)のない; いわれのない, 不当な.

'un·be·haart ['ʊnbəhaːrt] 形 毛の生えていない, 無毛の.

'Un·be·ha·gen ['ʊnbəhaːgən] 田 -s/ 不愉快な, 不快感, 居心地悪さ.

'un·be·hag·lich ['ʊnbəhaːklɪç] 形 不愉快な, 不快な, 居心地悪い.

'un·be·hau·en ['ʊnbəhaʊən] 形 (石・木材などが)まだ加工されていない, 細工前の.

'un·be·hel·ligt ['ʊnbəhɛlɪçt] 形 妨げられない, 邪魔されない.

'un·be·herrscht ['ʊnbəhɛrʃt] 形 自制心を失った, 我を忘れた.

'un·be·hilf·lich ['ʊnbəhɪlflɪç] 形《古》=unbeholfen

un·be'hin·dert [ʊnbəˈhɪndərt, '‐‐‐‐] 形 妨げられない, 邪魔されない, 自由な.

'un·be·hol·fen ['ʊnbəhɔlfən] 形 不器用な, ぎこちない; 鈍重な.

'Un·be·hol·fen·heit 囡 -/ 不器用な, ぎこちないこと; (動作などの)鈍重さ.

un·be'irr·bar [ʊnbəˈʔɪrbaːr, '‐‐‐‐] 形 惑わされることのない, 確固とした.

un·be'irrt [ʊnbəˈʔɪrt, '‐‐‐] 形 惑わされない, 迷わない, 動じない, ためらわない.

*'un·be·kannt ['ʊnbəkant ウンベカント] 形 1 知られていない, 未知の, 未詳の; 見知らぬ, なじみのない. ~es Flugobjekt《略 UFO, Ufo》未確認飛行物体. eine ~e Größe《数学》(Unbekannte ②) 未知数;《戯》未知数の人. Grabmal des Unbekannten Soldaten 無名戦士の墓. aus ~er Ursache なにかよくわからない理由で, 原因不明の. mit ~em Ziel いずこともなく, あてもなく. Empfänger ~《郵便》受取人不明. ~ verzogen《郵便》転居先不明. Anzeige gegen ~《Unbekannt》erstatten《法制》不詳の被疑者に対する告発をする. Der Täter ist noch ~. 犯人はまだ割れていない. Ich bin hier ~.《話》私はこのあたりに不案内だ. Sie ist mir ~. 私は彼女のことを知らない. Angst ist ihm ~. 彼は怖いということを知らない. Es ist mir nicht ~, dass… 私は…ということを知らないわけではない(先刻承知している). 2 有名でない, 無名の. ein ~er Komponist 無名の作曲家. ♦↑Unbekannte

'Un·be·kann·te ❶ 男 囡《形容詞変化》未知の人, まだ知らない人; 無名の人. Er ist als Maler kein Unbekannter mehr. 彼は画家としてもはや無名ではない(すでに売れている). ❷ 囡《形容詞変化》《数学》未知数(=eine unbekannte Größe). ❸ 中《形容詞変化》無知の事柄.

'un·be·kann·ter·weise 副 面識はないものの, まだ会ったことはないが. Grüßen Sie Ihre Frau ~ [von mir]! 奥さまにはまだお目にかかったことはありませんがよろしくお伝えください.

'un·be·klei·det ['ʊnbəklaɪdət] 形 衣服を身に着けていない, 裸の.

'un·be·küm·mert ['ʊnbəkʏmərt, ‐‐'‐‐] 形 のんきな, 無頓着な, 屈託のない; (um et⁴ 物⁴を)気にかけない, (に)無頓着な. ~ darum, ob seine Frau damit einverstanden ist 彼の妻が同意しているかどうかなど気にかけずに.

'Un·be·küm·mert·heit 囡 -/ 無頓着なこと, のんきなこと, 屈託のなさ.

'un·be·las·tet ['ʊnbəlastət] 形 1 債務を負っていない; (土地などが)抵当に入っていない. 2 (精神的な)重荷を負っていない. 3《法制》犯罪歴のない.

'un·be·lebt ['ʊnbəleːpt] 形 1 生命のない, 無生物の. 2 活気のない, 人気(ᵅᵗ)のない; 人通りの少ない.

'un·be·leckt ['ʊnbəlɛkt] 形《話》(von et³ 事³の)洗礼を受けていない, (について)何の知識もない. ein von der Zivilisation ~es Volk 文明の洗礼を受けていない民族.

'un·be·lehr·bar ['ʊnbəleːrbaːr, ‐‐'‐‐] 形 人の忠告に耳を貸さない, 頑迷な, 度し難い.

'un·be·leuch·tet ['ʊnbələʏçtət] 形 灯り(照明)のついていない, 無灯火の.

'un·be·lich·tet ['ʊnbəlɪçtət] 形《写真》未露出の, 未感光の.

'un·be·liebt ['ʊnbəliːpt] 形 好かれていない, 嫌われた; 人気(人望)のない, 不人気な. sich⁴ ~ machen (mit et³ bei j³ 事³のことで人³に嫌われる, (の)不興を買う.

'Un·be·liebt·heit 囡 -/ 人に好かれていない, 人望のないこと, 不人気.

'un·be·lohnt [ˈʊnbəloːnt] 形 無報酬の, 報われない.
'un·be·mannt [ˈʊnbəmant] 形 **1** 乗組員のいない, 無人の. **2** 《戯》(女性が)未婚の, 男っ気がない.
'un·be·merkt [ˈʊnbəmɛrkt] 形 気づかれない, 人目につかない.
'un·be·mit·telt [ˈʊnbəmɪtəlt] 形 資産(資力)のない, 貧しい.
un·be'nom·men [ʊnbəˈnɔmən, ˈ---] 《次の用法で》 j' ～ sein〈bleiben〉人'の裁量に任されている. Es ist 〈bleibt〉Ihnen ～, zu gehen oder zu bleiben. 行くかとどまるかはあなたの自由です.
'un·be·nutzt [ˈʊnbənʊtst] 形 使用されていない; 未使用の, さらの.
'un·be·nützt [ˈʊnbənʏtst] 形 《話》=unbenutzt
'un·be·o·bach·tet [ˈʊnbəloːbaxtət] 形 観察されていない, だれにも見られていない.
*'un·be·quem [ˈʊnbəkveːm ウンベクヴェーム] 形 快適でない, 居心地の悪い, 窮屈な; 厄介な, うるさい; 迷惑な, 都合の悪い. eine ～e Frage 厄介な質問. ein ～er Kritiker うるさい批評家. ～e Schuhe 履き心地の悪い靴. Ich sitze hier ～. ここはすわり心地が悪い. Er ist uns ～ geworden. 私たちは彼が煙たくなった.
'Un·be·quem·lich·keit 囡 -/-en **1**《複数なし》居心地(すわり心地, 着心地, 履き心地, 住み心地)の悪さ, 窮屈さ, しっくりこない感じ. **2** 不便, 不自由, 煩わしさ, 面倒. die ～en einer Reise 旅の不便.
un·be're·chen·bar [ʊnbəˈrɛçənbaːr, ˈ-----] 形 **1** 計算できない, 予測のつかない. **2** あてにならない, 移り気な, 気まぐれな.
Un·be're·chen·bar·keit 囡 -/ **1** 予測のつかなさ. **2** あてにならなさ.
'un·be·rech·tigt [ˈʊnbərɛçtɪçt] 形 権利(資格)のない, 根拠(理由)のない, 不当な.
'un·be·rück·sich·tigt [ˈʊnbərʏkzɪçtɪçt, ˈ-----] 形 考慮されない, 顧みられない.
un·be'ru·fen [ʊnbəˈruːfən, ˈ----] **❶** 形 資格(権限)のない, 不適格の; 差出ましい, 出しゃばった. Der Brief ist in ～e Hände gefallen. その手紙は第三者の手に渡った. **❷** 副 *Unberufen*, toi, toi, toi! (魔よけの呪文として)言っていない言っていない, くわばらくわばら(ついうれしいことを口にすると悪魔に入れられ物事がうまく行かなるという迷信から). et¹ ～ lassen 事¹を口に出さないでおく. ▶ †toi, toi, toi
'un·be·rührt [ˈʊnbərʏːrt] 形 **1** (a) 人手に触れられていない, 手つかずの. das Essen ～ lassen 食事に手をつけずにおく. (b) 人手の入っていない, 自然のままの. (c) (女性が)処女の. **2** 心を動かされない(von et¹ 事³に).
'Un·be·rührt·heit 囡 -/ **1** 手つかずのままの状態; 人手の入っていない(自然のままの)状態. **2** 処女であること, 純潔. **3** 心を動かされないこと, 無感動なこと.
'un·be·scha·digt [ˈʊnbəʃɛːdɪçt] 形 **1** 破損していない, 損害(被害)のない. **2** (人¹が)無傷の.
'un·be·schäf·tigt [ˈʊnbəʃɛftɪçt] 形 仕事のない, 何もしていない, 暇な, 手の空いている.
'un·be·schei·den [ˈʊnbəʃaɪdən] 形 厚かましい, 図々しい, 無遠慮な; 出過ぎた, 差出ましい.
'Un·be·schei·den·heit 囡 -/ 厚かましさ, 図々しさ, 無遠慮.
'un·be·schol·ten [ˈʊnbəʃɔltən] 形 悪い評判のない, 非の打ち所のない, 品行方正な.
'Un·be·schol·ten·heit 囡 -/ 非の打ち所のないこと, 品行方正.
'un·be·schrankt [ˈʊnbəʃraŋkt] 形 柵のない, 遮断機のない.
'un·be·schränkt [ˈʊnbəʃrɛŋkt, --ˈ-] 形 制限のない, 無制限の. ～e Haftung《法則》無限責任.
*un·be'schreib·lich [ʊnbəˈʃraɪplɪç, ˈ----] ウンベシュライプリヒ] 形 言葉では言い表せない, 筆舌に尽くしがたい; 言いようのない, 名状しがたい.
'un·be·schrie·ben [ˈʊnbəʃriːbən] 形 何も書かれていない, 空白の, 白紙の. Er ist ein ～es Blatt. 《話》(十分な経験や知識がなくて)彼はまだ白紙の状態だ; 彼はまだ未知数だ.
'un·be·schwert [ˈʊnbəʃveːrt] 形 苦悩(悩み)のない, 心配事のない, 気楽な; (良心に)やましいところのない.
'un·be·seelt [ˈʊnbəzeːlt] 形 魂のない; 生命のない.
un·be'se·hen [ʊnbəˈzeːən, ˈ----] 形《述語的に用いないで》よく考えない, 十分吟味していない. Das glaube ich dir ～. それは君の言うことだから私は頭から信じる.
'un·be·setzt [ˈʊnbəzɛtst] 形 (席などが)空いている, 空席(欠員)のままの.
un·be'sieg·bar [ʊnbəˈziːkbaːr, ˈ----] 形 打ち負かすことのできない, 征服できない, 無敵の.
un·be'sieg·lich [ʊnbəˈziːklɪç, ˈ----] 形《まれ》=unbesiegbar
un·be'siegt [ʊnbəˈziːkt, ˈ---] 形 打ち負かされたことのない, 敗れたことのない, 不敗の, 無敵の.
'un·be·son·nen [ˈʊnbəzɔnən] 形 無思慮な, 軽はずみな, 軽率な.
'Un·be·son·nen·heit 囡 -/-en **1**《複数なし》無思慮, 無分別, 軽率. **2** 無思慮(無分別)な言動, 軽率な行為.
'un·be·sorgt [ˈʊnbəzɔrkt] 形 心配していない, 気遣っていない. Seien Sie ～! どうぞご心配なく.
'un·be·stän·dig [ˈʊnbəʃtɛndɪç] 形 **1** (天気などが)変わりやすい, 不安定な. **2** 気まぐれな, 移り気な.
'Un·be·stän·dig·keit 囡 -/ **1** 変わりやすいこと, 不安定. **2** 気まぐれ, 移り気.
'un·be·stä·tigt [ˈʊnbəʃtɛːtɪçt, --ˈ--] 形 確認されていない, 未確認の; 非公式の. nach ～en Meldungen 未確認の情報によれば.
'un·be·stech·lich [ˈʊnbəʃtɛçlɪç] 形 **1** 買収されない, 賄賂のきかない, 清廉(濳白)な. **2** 惑わされない, 揺るぎない.
'Un·be·stech·lich·keit 囡 -/ **1** 買収されないこと, 清廉潔白. **2** 揺るぎなさ.
'un·be·stimm·bar [ˈʊnbəʃtɪmbaːr, --ˈ--] 形 決定しがたい, 規定(定義)できない, はっきりしない.
'un·be·stimmt [ˈʊnbəʃtɪmt] 形 **1** 決っていない, 確定していない; 確実でない, 漠然とした. **2**《文法》不定. ～er Artikel 不定冠詞. ～es Fürwort 不定代名詞.
'Un·be·stimmt·heit 囡 -/ 決っていないこと, 不確実; 漠然としていること, 曖昧さ.
un·be'streit·bar [ʊnbəˈʃtraɪtbaːr, ˈ----] 形 反論(異論)の余地の無い, 明白な.
'un·be·strit·ten [ˈʊnbəʃtrɪtən, --ˈ--] 形 争われて(反論されて)いない, 明白な; 一般に認められている.

'un·be·tei·ligt ['ʊnbətailɪçt, --'---] 形 **1** 関心のない, 無関心な. **2**《副詞的には用いない》《犯罪などに》関与(関係)していない. an〈bei〉et³ ~ sein 事¹に関与していない.

'un·be·tont ['ʊnbəto:nt] 形 アクセントのない.

'un·be·trächt·lich ['ʊnbətrɛçtlɪç, --'---] 形 取るに足らない, 大したことのない, つまらない; 些細な, わずかな.

'un·be·tre·ten ['ʊnbətre:tən] 形 人跡未踏の.

un'beug·bar [ʊn'bɔykba:r, '---] 形《文法》(indeklinabel) 語形変化しない, 無変化の.

un'beug·sam [ʊn'bɔykza:m, '---] 形 不屈の, 意志(信念)を曲げない, 妥協しない.

Un'beug·sam·keit 女 -/ 不屈であること.

'un·be·wacht ['ʊnbəvaxt] 形 見張られていない, 見張り(監視)のない. in einem ~em Augenblick 人が見ていないすきに.

'un·be·waff·net ['ʊnbəvafnət] 形 武装していない, 武器を帯びていない; 無防備の. mit ~em Auge《古》肉眼で.

'un·be·wäl·tigt ['ʊnbəvɛltɪçt, --'---] 形 克服されていない, 未解決の.

'un·be·wan·dert ['ʊnbəvandərt] 形《副詞的には用いない》(auf〈in〉et³ 事³に) 精通していない, 疎(う²)い.

'un·be·weg·lich ['ʊnbəve:klɪç, --'---] 形 **1** 動かせない, 動かない, 不動の, 固定された. ~e Feste《年によって日付の変化しない》固定祝祭日. ~ Sachen《法制》不動産. Ihr Gesicht war ~. 彼女は表情を変えなかった. ~ sitzen〈stehen〉身じろぎもせずに座っている〈立っている〉. **2** かたくなな, 依怙地な. Er ist alt und〈geistig〉~ geworden. 彼は年を取り頭が固くなってしまった.

'Un·be·weg·lich·keit 女 -/ 動かせないこと, 固定されていること; 頭が固くなっていること, 依怙地なこと; 無表情.

'un·be·wegt ['ʊnbəve:kt] 形 動かない, 動きのない. mit ~er Miene 表情を変えずに, 無表情で.

'un·be·weibt ['ʊnbəvaipt] 形《戯》妻帯していない, 独身の.

un·be'weis·bar [ʊnbə'vaisba:r, '-----] 形 証明(立証)できない.

'un·be·wie·sen ['ʊnbəvi:zən] 形 証明(立証)されていない.

un·be'wohn·bar [ʊnbə'vo:nba:r, '-----] 形 住めない, 居住に適さない.

'un·be·wohnt ['ʊnbəvo:nt] 形 人の住んでいない.

'un·be·wusst ['ʊnbəvʊst] 形 意識していない, 無意識の; 思わず知らずの, 意図的でない; 本能的な.

un·be'zahl·bar [ʊnbə'tsa:lba:r, '-----] 形 **1** 支払うことのできない, 高くて手が出ない. **2**《比喩》金で買えない, かけがえのない, 得がたい. Du bist ~!《戯》君はほんとうにかけがえのないひとだ(すばらしいひとだ). Dieses Gerät ist einfach ~!《話》この器具はほんとうに重宝する.

'un·be·zahlt ['ʊnbətsa:lt] 形 支払われない, 未払いの; 無給の. ~er Urlaub 無給休暇.

un·be'zähm·bar ['ʊnbə'tsɛ:mba:r, '-----] 形《感情・欲望などが》抑制できない, 抑えきれない.

un·be'zwing·bar [ʊnbə'tsvɪŋba:r, '-----] 形《まれ》=unbezwinglich

un·be'zwing·lich [ʊnbə'tsvɪŋlɪç, '-----] 形 **1** 征服しがたい, 打ち負かせない. **2**《感情などが》抑えきれない.

'Un·bil·den ['ʊnbɪldən] 複《雅》《気候などの》厳しさ, 辛さ.

'Un·bil·dung ['ʊnbɪlduŋ] 女 -/ 無教育, 無教養.

'Un·bill ['ʊnbɪl] 女 -/《雅》**1** 不当な扱い, ひどい仕打ち. **2**《ある事柄の》厳しさ, 辛さ, 過酷さ.

'un·bil·lig ['ʊnbɪlɪç] 形《雅》不公正な, 不当な.

'Un·bil·lig·keit 女 -/ 不公正, 不当性.

'un·blu·tig ['ʊnblu:tɪç] 形 **1** 血を流さない, 無血の. **2**《医学》切開手術によらない, 非観血の.

'un·bot·mä·ßig ['ʊnbo:tmɛ:sɪç] 形《古》《戯》従順でない, 反抗的な, 生意気な.

'Un·bot·mä·ßig·keit 女 -/-en《古》**1**《複数なし》反抗的(生意気な)態度. **2** 反抗的(生意気な)言動.

'un·brauch·bar ['ʊnbrauxba:r] 形 **1** 使えない, 役に立たない. **2**《ある人が》向いていない, ふさわしくない (für et⁴ 事⁴に).

'Un·brauch·bar·keit 女 -/ 使えない(役に立たない)こと.

'un·bü·ro·kra·tisch ['ʊnbyrokra:tɪʃ] 形 官僚的でない, 形式主義的でない.

'un·buß·fer·tig ['ʊnbu:sfɛrtɪç] 形《宗教》悔い改める気持ちのない, 改悛の情のない.

'un·christ·lich ['ʊnkrɪstlɪç] 形 非キリスト教的な, キリスト教徒らしくない.

---

und [ʊnt ウント]《並列》《略 u. / 記号 &》**1**《語と語, 句と句を結びつけて》(a)《並列・列挙および追加》…と, …そして…, …並びに…, …かつ…, …その上…, …も…も. du ~ ich 君と私. gelbe, grüne ~ rote Bälle 黄色と緑と赤のボール. Herr ~ Frau Götz ゲッツ夫妻. A ~ B《論理》A かつ B, A と B の論理積(合接).《成句で》~ Ähnliche[s]《ähnliche[s]《略 u. Ä.《u. ä.》》/ ~ dem Ähnliche[s]《ähnliche[s]《略 u. Ä.《u. ä.》》/これと同様のもの, 等々. ~ and[e]re [mehr] / ~ and[e]res [mehr]《略 u. a. [m.]》その他, 等々. ~ desgleichen [mehr]《略 u. desgl. [m.]》/ ~ dergleichen [mehr]《略 u. dgl. [m.]》以下これと同様のもの, 等々. 24 ~ folgende [Seite]《略 24 f.》24 ページとその次のページ. 24 ~ folgende [Seiten]《略 24 ff.》24 ページとその次のページ以下, 等々. ~ so fort [mehr]《略 usf.》/ ~ so weiter [mehr]《略 usw.》等々. ~ viele[s] andere [mehr]《略 u. v. a. [m.]》およびその他多数. ~, ~, ~《話》などなど. 《しばしば対句をつくって》Groß ~ Klein《groß ~ klein》大人も子供も, 誰もかも. Jung ~ Alt《jung ~ alt》老いも若きも, 誰もかも. Tag ~ Nacht 昼も夜も. aus Ost ~ West 東から西から, 世界中から. ab ~ zu /《地方》ab ~ an ときどき. auf ~ ab 上下に; あちこちに. hier ~ da〈dort〉/ da ~ dort そこここに, あちこちで; ときどき, ときおり. hier ~ jetzt〈heute〉《雅》今ここで, ただちに. kreuz ~ quer 縦横に, あちこちに. ▶3 つ以上の語・語句を結びつける場合 A, B, C und D とするのがふつう. ただし, 口調を強めて A und B und C und D とすることもある. ▶2 同一の構成要素を持つ 2 つ以上の語を結ぶ場合は, 重なる部分を省略して次のように表記する. Ein- und Ausgang 出入り口. bergauf und -ab 山を登ったり下りたり. (b)《同じ名詞・動詞などを重ねて結びつけて》…また…. Wohin er auch blickte, ihn umgaben nur Menschen ~ Menschen. どちらを向いても彼の周りはただ人また人ばかりであった. Es regnete ~ regnete. 雨に降った. durch ~ durch すっかり, 完全に, 徹頭徹尾. nach ~ nach しだいに, だんだん.

Undank

über ～ über すっかり, 完全に. um ～ um どこもかしこも, くまなく; 徹底的に. [je] zwei ～ zwei 2人ずつ; 2つずつ. 《同じ形容詞・副詞の比較級を重ねて結びつけて》どんどん..., ますます..., いよいよ.... Wir stiegen höher〈hoch〉 ～ höher. 私たちはどんどん高く登った. länger ～ länger どんどん長く. mehr ～ mehr ますます, いよいよ. (d)《同じ指示代名詞や指示的な副詞を重ねて結びつけて》かくかくの..., しかじかの.... Er sagte, er sei der ～ der. 彼は自分はこれこれですと言った. aus dem ～ dem かくかくしかじかの理由で. um die ～ die Zeit これこれの時刻に. da ～ da しかじかの場所で. so ～ so かくかくしかじかに. (e)《不釣り合いな2つの語・語句を結びつけて》《話》(よりによって)...が...(する)って. Ich ～ in guter Sänger! 私が名歌手だってさ. Du ～ eine Rede halten? 君がスピーチをするだって. Der ～ hilfsbereit! あいつが親切だって. (f)《加算を意味して》足す, 加える. Vier ～ sechs ist zehn. 4たす6は10, 4+6=10.

2《文と文を結びつけて》(a)《並列・列挙》そして, また. Der Wind weht[,] ～ die Wolken ziehen. 風が吹きそして雲が流れる. Ich lag in der Sonne[,] ～ du saßest im Schatten eines Baumes. 私は日向(ひなた)に横になり, そして君は木陰に座っていた. Er sagte, dass er ihre Ausreden satt habe, ～ ging davon. 彼は彼女の言い訳には飽き飽きしたと言って立ち去った. (b)《時間的な継起または同時》そして, それから, すると; そこで, そのとき. Das Mittelalter ging zu Ende, ～ die Neuzeit brach an. 中世が終りそして近代が始まった. Es gellte ein Pfiff, ～ der Zug setzte sich¹ in Bewegung. 笛がひびきわたって列車が動き始めた. Er war kaum 10 Jahre alt, ～ der Krieg brach aus. 彼が10歳になるかならないかのときに戦争が勃発した. Es dauerte nicht lange, ～ der Vater kam nach Hause. ほどなく父が帰宅した. 《しばしば時の副文をともなって》Ich wartete stundenlang, ～ als sie nicht erschien, bin ich ohne sie abgereist. 私は何時間も待っていたが, 彼女が姿を現さなかったので, ひとりで旅立った. (c)《論理的な結果・帰結》そこで, それで, その結果; そうすれば. Es schneite heftig, ～ der Pass war unpassierbar. 雪が激しかったので峠は通行不能になった. Ein starkes Erdbeben, ～ er verlor seine Familie. 強い地震があって, それで彼は家族を失ったんだ. Du musst ehrlich sein, ～ es wird wieder alles gut gehen. 君は正直であらねばならない, そうすればまた何もかもうまく行くだろう. 《しばしば命令文で》Sag mir die Wahrheit, ～ ich werde dir helfen. 本当のことを言うんだ, そうすれば私は君の助けになるよ. 《しばしば文頭で用いられて》Und was soll ich jetzt tun? それで私はいまどうすればいいんだ. Und so kam es, dass... かくして...ということになった. (d)《対比・相反》一方, それなのに; ところが. Ich warte hier, ～ du gehst rasch zur Post! 私はここで待っているから君は急いで郵便局へ行っておいで. Du gehst in die Oper, ～ ich muss den ganzen Abend arbeiten! 君がオペラを見に行くのに, 私は一晩中勉強をしなくてはならぬのか. Du weißt die Wahrheit ～ sagst sie nicht. 君は本当のことを知っているのにそれを言わない. 《しばしば次のような副詞を伴って》Du lügst, ～ **sonst** bist du so brav. おまえは嘘をついているね, いつもはあんないい子なのに. Ich kann dir kaum glauben, ～ **doch** hast du diesmal Recht! 私は君の言うことをほとんど信じすないが, しかし今回は君の言うとおりだ. (e)《追加・補足》それに, そして; しかも. Ihr Mund gefällt mir sehr ～ ihre Stimme. 彼女の口許が私はすきなんだ, それに声もすてきだね. 《しばしば次のような副詞を伴って》～ **dann** その上, さらに. Ich konnte nicht kommen, weil meine Frau krank war, ～ **dann** hatte ich auch keine Zeit. 私は妻が病気で来れなかったが, おまけに時間もなかったしね. ～ **zwar** それも, しかも; 詳しく言うと, つまり. Ich möchte dich sehen, ～ sofort. 私は君に会いたい, それもすぐに. Wir halten zwei Hunde, ～ zwar einen Dackel und einen Schäferhund. 私たちは犬を2匹飼っている, つまりダックスフントとシェパードをね. (f)《認容文を導いて》Ich will Maler werden, ～ wenn meine Eltern dagegen sind. たとえ両親が反対しても私は画家になるつもりだ. Er soll gehen, ～ wenn er nicht will. どんなにいやがっても彼は行ってもらわねばならない. 《wennを省略して》Du musst es tun, ～ fällt es dir so schwer. 君はどんなに苦しかろうとそれをやらねばならない (=..., ～ wenn es dir so schwer fällt.). (g)《zu不定詞句や dass に導かれた副文の代りになる文を導いて》Er ist imstande, seine Frau zu betrügen. 彼は妻を裏切りかねない男だ (=Er ist imstande, seine Frau zu betrügen.). Seien Sie so gut ～ helfen Sie mir! すみませんが手を貸してください (=Seien Sie so gut, mir zu helfen.). Es fehlte nicht viel, ～ ich hätte mein Kind erschossen. あやうく私はわが子を撃ち殺すところだった (=Es fehlte nicht viel, dass ich mein Kind erschossen hätte.).

3《間投詞的に》Und? / Na ～!《話》それで, それがどうした, で何だというんだ. Der hat Monika zu Hause besucht. — Und? やつはモーニカの家を訪ねたんだって, どうしたんだ. Und ob! / Und wie!《話》もちろんだとも, あたりまえだ. Kennst du den Film? — Und ob! 君はその映画を知っているかい — もちろん.

◆同一レベルの語, 語句, 文をund で結ぶ場合, 通常コンマは必要ない. ただし文と文を結びつける場合, その区切りをはっきり明示したければコンマを用いることができる. Martin studiert in München[,] ～ Laura arbeitet in Erlangen. マルティンはミュンヒェンで大学に通い, ラウラはエアランゲンで働いている.

'Un·dank ['ʊndaŋk] 男 -[e]s/ 忘恩, 恩知らず. ～ ist der Welt Lohn.《諺》忘恩は世の習い. ～ ernten 忘恩の仕打を返される.

*'**un·dank·bar** ['ʊndaŋkbaːr ウンダンクバール] 形 **1** 忘恩の, 恩知らずの. eine ～e Person 恩知らず者. **2**(仕事などが)割に合わない, 引き合わない, やり甲斐のない.

'**Un·dank·bar·keit** 女 -/ 忘恩の仕打; (仕事などが)割に合わないこと, 甲斐のないこと.

'**un·da·tiert** ['ʊndatiːrt] 形 日付のない.

'**un·de·fi·nier·bar** ['ʊndefiniːrbaːr, ---'--] 形 定義しにくい(できない), 何とも言いようがない.

'**un·de·kli·nier·bar** ['ʊndeklinirbaːr, ---'--] 形《文法》(名詞・形容詞などが)変化しない, 不変化の.

'**un·de·mo·kra·tisch** ['ʊndemokraːtɪʃ, ---'--] 形 非民主的な, 民主主義的でない.

un'**denk·bar** [ʊn'dɛŋkbaːr] 形 考えられない, 想像もつかない, 不可解な.

un'**denk·lich** [ʊn'dɛŋklɪç] 形《次の成句で》seit ～er Zeit〈～en Zeiten〉大昔から. vor ～er Zeit〈～en Zeiten〉大昔に.

'**Un·der·ground** ['andərgraʊnt, 'ʌndəgraʊnd] 男 -s/ 《engl.》**1**(犯罪者たちの)闇の世界, 暗黒街. **2** (a)《芸術》(1960年代末の)アングラ運動. (b) アン

う音楽(劇).

*'un·deut·lich ['ɔndɔʏtlɪç ウンドイトリヒ] 形 1 (文字・発音などの)不明瞭な，はっきりしない．2 (記憶などが)曖昧な，漠然とした．

'Un·deut·lich·keit 女 -/ 不明瞭，不鮮明，はっきりしないこと；曖昧さ，漠然としていること．

'un·deutsch ['ɔndɔʏtʃ] 形 ドイツ的でない，ドイツ人らしくない，非ドイツ的な．

'un·dicht ['ɔndɪçt] 形 (空気，光の)漏れる，密でない；(窓などが)ぴったりと閉まらない． ein ~es Dach 雨漏りがする屋根． eine ~e Stelle 《比喩》機密漏洩部局(者)．

'un·dif·fe·ren·ziert ['ɔndɪfərɛntsiːrt] 形 大まかな，おおざっぱな，緻密さに欠ける．

Un'di·ne [ʊn'diːnə] (lat. unda, Welle') ❶ 女 -/-n ウンディーネ，オンディーヌ(水の精)． ❷《女名》ウンディーネ．

'Un·ding ['ɔndɪŋ] 中 -[e]s/-e 1 ばかげたこと，非常識． Das ist ein ~. それはばかげている． 2《古》不安を起こさせるようなもの，不気味なもの．

'un·dis·zi·pli·niert ['ɔndɪstsɪpliːrt] 形 規律(節度)のない，訓練されていない，だらしのない．

Un·du·la·ti'on [ʊndulatsi'oːn] 女 -/-en (lat. undula, kleine Welle') 1《物理》波動． 2《地質》(地層の)褶曲(しゅうきょく)．

Un·du·la·ti'ons·the·o·rie 女 -/-n《物理》(光に関する)波動説．

'un·duld·sam ['ɔndʊltzaːm] 形 不寛容な，狭量な．

'Un·duld·sam·keit 女 -/ 不寛容，狭量．

un·ein'dring·lich 形 1 通り抜けられない，入り込めない；(闇・霧などが)一寸先も見えないほど濃い；(茂みなどが)びっしりと生い茂った． 2《比喩》腹の底が分からない，心中が読めない．

'un·durch'führ·bar [ʊndʊrç'fyːrbaːr, ˈ--ˈ--] 形 (計画などが)実現不可能な，実行(実施)できない．

'un·durch'läs·sig ['ɔndʊrçlɛsɪç] 形 (水や空気などを)通さない，不透過性の，不浸透性の．

'Un·durch'läs·sig·keit 女 -/ 不透過性，不浸透性．

un·durch'schau·bar [ʊndʊrç'ʃaʊbaːr, ˈ--ˈ--] 形 (本質・意図などが)見抜けない，得体の知れない，よく分からない．

'un·durch'sich·tig [ʊndʊrçzɪçtɪç] 形 不透明な，濁った，見通せない，透視できない；《比喩》見抜けない，不可解な．

'Un·durch'sich·tig·keit 女 -/ 不透明性，見通しのきかないこと．

'un·eben ['ɔn|eːbən] 形《副詞的には用いない》平らでない，でこぼこの，起伏のある． nicht ~《話》悪くない，まずまずの．

'Un·eben·heit 女 -/ 1《複数なし》平らでないこと．2 起伏，でこぼこ(な場所)．

'un·echt ['ɔn|ɛçt] 形 1 本物でない，模造(人造)の，イミテーションの．2《比喩》偽の，偽りの，贋造の，偽造の．3 ein ~er Bruch《数学》仮分数．4《化学・紡織》色褪せしやすい．

'un·edel ['ɔn|eːdəl] 形 1 高貴でない，卑しい，下品な．2 unedle Metalle《化学》卑金属(類)．

'un·ehe·lich ['ɔn|eːəlɪç] 形 1 婚姻外で生まれた，非嫡出(ちゃくしゅつ)の，庶出の． ein ~es Kind 非嫡出子，庶出子．2 婚姻外で生まれた子供を持つ． eine ~e Mutter 未婚の母．

'Un·ehe·lich·keit 女 -/ 非嫡出，庶出．

'Un·eh·re ['ɔn|eːrə] 女《雅》不名誉，不面目，恥辱． j³ ~ machen 人³の名誉を汚す，名を辱(はずか)める． j³ zur ~ gereichen 人³の恥辱になる．

'un·eh·ren·haft ['ɔn|eːrənhaft] 形 不名誉な，恥ずべき．

'un·ehr·er·bie·tig ['ɔn|eːr|ɛrbiːtɪç] 形《雅》無礼な，非礼な． sich⁴ gegen j⁴ ~ benehmen 人⁴に対して無礼な振舞をする．

'Un·ehr·er·bie·tig·keit 女《雅》無礼，非礼．

'un·ehr·lich ['ɔn|eːrlɪç] 形 不誠実な，不正直な；信用のならない．

'Un·ehr·lich·keit 女 -/ 不誠実，不正直．

'un·ei·gen·nüt·zig ['ɔn|aɪɡənnʏtsɪç] 形 利己心のない，私心のない，無私の．

'un·ei·gent·lich ['ɔn|aɪɡəntlɪç] ❶ 形《まれ》本来的でない，本当でない． ❷ 副《先行する eigentlich と呼応して》《戯》本来ならばそうはいかないのだが，まあありがたいことは言わずに． Wir müssen eigentlich hier bleiben, aber ~ könnten wir doch schon gehen. 本当だったら私たちはここにいなくてはならないのですが，でもまあもう行ってもいいことにしましょう．

'un·ein·ge·schränkt ['ɔn|aɪnɡəʃrɛŋkt, ˌ---ˈ-] 形 無制限の，無条件の． ~es Vertrauen 全幅の信頼．

'un·ein·ge·weiht ['ɔn|aɪnɡəvaɪt] 形 内情を知らない，事情に通じていない，門外漢の．

'un·ei·nig ['ɔn|aɪnɪç] 形 考え(意見)が一致しない． [sich³] mit j³ ~ sein 人³と考えを異にする． In diesem Punkt sind wir [uns] noch ~. この点では私たちはまだ考え(意見)の一致を見ていない．

'Un·ei·nig·keit 女 -/ 考え(意見)の不一致，不和，いさかい．

un·ein'nehm·bar [ʊn|aɪn'neːmbaːr, ˈ---ˈ-] 形 (要塞などが)奪取しがたい，攻略不可能な，難攻不落の．

'un·eins ['ɔn|aɪns] 形《付加語的には用いない》(uneinig) 意見(考え)などが一致しない，もめている(mit j³ 人³と)． mit j³ ~ sein〈werden〉意見(考え)が一致しない〈一致しなくなる〉． mit sich³ [selbst] ~ sein 決心がつかない，迷っている．

'un·emp·fäng·lich ['ɔn|ɛmpfɛŋlɪç] 形 (für et⁴ 事⁴に対して)感受性がない，鈍感な，(を)受けつけない，(の)影響を受けにくい． Ich bin fast ~ für moderne Musik. 私は現代音楽がほとんど分からない．

'un·emp·find·lich ['ɔn|ɛmpfɪntlɪç] 形 1 (gegen et⁴ 事⁴に対して)敏感でない，無頓着(無感覚)な；抵抗力のある． gegen Schmerzen〈Hitze/Kälte〉 ~ sein 痛み〈暑さ／寒さ〉に強い．2 汚れにくい；傷みにくい，もちがいい．

'Un·emp·find·lich·keit 女 -/ 痛み(暑さ，寒さ)に強いこと，抵抗力のあること；汚れ(傷み)にくいこと，もちがいいこと．

*'un'end·lich ['ɔn'|ɛntlɪç ウンエントリヒ] ❶ 形 限りない，果てしない，はかり知れない；《記号 ∞》《数学》無限の． [eine] ~e Geduld 限りない忍耐． ~e Mal[e] 何回も何回も，何度も繰返し；何倍も． das ~e Meer 果てしない海． eine ~e Reihe《数学》無限級数． mit ~er Sorgfalt 念には念を入れて． das Objektiv auf „~" einstellen《写真》焦点を無限遠に合せる． die Werte von nicht bis ~ 《数学》零から無限までの数値．《名詞的用法で》bis ins Unendliche〈~e〉果てしなく，どこまでも，延々と． Der Weg schien ins Unendliche zu führen. その道は果てしなく

unendliche Mal

続くかに見えた. Zwei parallele Linien schneiden sich¹ im *Unendlichen*. 2本の平行線は無限のかなたで交わる. ❷ 限りなく, 果てしなく, きわめて, 法外に大きく. ~ groß 無限大の, とてつもなく大きい. Sie ist ~ verliebt in ihn. 彼女は彼に身も世もないほど惚れ込んでいる.

un·end·li·che Mal[e], °un·end·lich·mal 副 何回も何回も, 何度も繰返し; 何倍も. Ich weiß ~ mehr als du. 私は君の何十倍もものを知っている.

Un·end·lich·keit 女 -/ 無限, 無限性; 無限の大きさ, 無窮の広がり;《記号 ∞》《数学》無限大;《話》気の遠くなるような時間, 永遠. Es dauerte eine ~, bis er zurückkam. 気の遠くなるような時間が過ぎてやっと彼は戻ってきた.

un·end·lich·mal =unendliche Mal[e]

*＊**un·ent·behr·lich** ['ɔnɛntbeːrlɪç, --'--] 形 無くてはならない, 不可欠の. Dieses Gerät ist mir〈für mich〉~ geworden. この器具は私にはもう無くてはならないものになった. sich⁴ ~ machen 無くてはならない存在となる.

'Un·ent·behr·lich·keit 女 -/ 無くてはならないこと, 不可欠, 必須.

'un·ent·deckt ['ɔnɛntdɛkt, --'-] 形 ❶ 未発見の, 未知の. ❷《世間に》気づかれていない, 知られていない.

'un·ent·gelt·lich ['ɔnɛntgɛltlɪç, --'--] 形 無料の, 無償の, 無報酬の, ただの.

un·ent·rinn·bar [ɔnɛntˈrɪnbaːr, '----] 形《雅》逃れられない, 避けられない. das ~e Schicksal 逃れられない運命.

un·ent·schie·den ['ɔnɛntʃiːdən] ❶ 未決定の, 決っていない. ❷《スポーツ》引分けの. ❸《まれ》不決断の, 優柔不断の.

'Un·ent·schie·den 中 -s/-《スポーツ》引分け.

'Un·ent·schie·den·heit 女 -/ 未決定であること.

un·ent·schlos·sen ['ɔnɛnt-flɔsən] 形 ❶ 決心がつかない, 決めかねている. ❷ 優柔不断な, 決断力に欠けた, 煮え切らない.

'Un·ent·schlos·sen·heit 女 -/ 決心がつかないこと; 優柔不断.

un·ent·schuld·bar [ɔnɛnt-ˈʃʊltbaːr, '----] 形《副詞的には用いない》許されない, 弁解の余地のない.

un·ent·wegt [ɔnˈɛntveːkt, '----] 形 ❶《述語的には用いない》根気のよい, 疲れを知らない, 倦(う)むことのない. ❷ ひっきりなしの.

'un·ent·wi·ckelt ['ɔnɛntvɪkəlt] 形 ❶ 未発達の, 未熟な. ❷《写真》〈フィルムが〉未現像の.

un·ent·wirr·bar [ɔnɛntˈvɪrbaːr, '----] 形《比較変化なし》ほどけない, もつれた;《比喩》〈争いなどが〉収拾のつかない.

un·er·ach·tet [ɔnˈɛrʔaxtət, --'--] 前《2格支配》《古》=ungeachtet

un·er·bitt·lich [ɔnɛrˈbɪtlɪç, '----] 形 頼みを聞きいれない, 譲歩しない; 情け容赦のない, 厳しい, 仮借のない.

Un·er·bitt·lich·keit 女 -/ 譲歩しない(情け容赦のない)こと, 厳格さ, 仮借なさ.

un·er·fah·ren [ɔnɛrˈfaːrən] 形 経験の乏しい, 不慣れな. in et³ ~ sein 事³の経験が足りない.

'Un·er·fah·ren·heit 女 -/ 未経験, 経験不足.

un·er·find·lich [ɔnɛrˈfɪntlɪç, --'--] 形《雅》説明できない, 不可解な.

un·er·forsch·lich [ɔnɛrˈfɔrʃlɪç, --'--] 形《比較変化なし》計り知れない. nach Gottes ~em Willen 神の計り難き思し召しにより(死亡通知に使われる表現).

'un·er·freu·lich ['ɔnɛrfrɔylɪç] 形《知らせなどが》好ましくない, 嬉しくない.

un·er·füll·bar [ɔnɛrˈfʏlbaːr, '----] 形《期待・願い・要求などが》実現不可能な, かなえられない.

un·er·gie·big ['ɔnɛrgiːbɪç]《副詞的には用いない》不毛な, 実りの少ない, 利益の薄い.

un·er·gründ·lich [ɔnɛrˈgrʏntlɪç, '----] 形《比較変化なし》❶ 底知れぬほど深い. ❷ 解明できない, 謎めいた.

un·er·heb·lich ['ɔnɛrheːplɪç] 形《比較変化なし/副詞的には用いない》取るに足らない, 些細な. nicht ~ かなり重大な.

un·er·hört ['ɔnɛrhøːrt] 形《比較変化なし/副詞的には用いない》聞き届けられない, 叶(かな)えられない. Seine Bitte〈Seine Liebe〉blieb ~ 彼の願いはついに聞届けられなかった〈彼の恋はとうとう片思いに終った〉.

*＊**un·er·hört** [ɔnˈɛrhøːrt, ɔnˈɛrhøːrt] 形 ❶ (a) とんでもない, 恥知らずな, けしからぬ, 不埒千万(ぶらちせんばん)の. [Das ist ja] ~! これはまたなんというとんでもないことを. sich⁴ ~ benehmen 常軌を逸する. (b) たまげるほど(とてつもなく)大きい, 法外な. ~ es Glück haben 馬鹿つきをする. ~e Kräfte besitzen 怪力の持主である. ~e Preise 法外な値段. in einem ~en Tempo 気違いじみたスピードで. ❷ 前代未聞の, 未曽有の. ein ~es Ereignis 前代未聞の出来事. ❸《副詞的用法で》ひどく, 甚だしく. Das ist ~ billig. それはだから同然だ. ~ [viel] arbeiten 馬車馬みたいに働く.

'un·er·kannt ['ɔnɛrkant] 形《比較変化なし》《正体を》見破られない.《本人であるとは》知られない.

un·er·kenn·bar [ɔnɛrˈkɛnbaːr, '----] 形《比較変化なし》識別できない, 見分けられない.

un·er·klär·bar [ɔnɛrˈklɛːrbaːr, '----] 形《まれ》=unerklärlich

un·er·klär·lich [ɔnɛrˈklɛːrlɪç, '----] 形《副詞的には用いない》説明のつかない, 不可解な.

un·er·läss·lich [ɔnɛrˈlɛslɪç, '----] 形 欠くことのできない, 絶対必要な.

'un·er·laubt [ɔnˈɛrlaʊpt] 形《比較変化なし》❶ 許されていない, 禁じられた. ❷《法制》不法な. eine ~e Handlung 不法行為.

'un·er·le·digt [ɔnˈɛrləːdɪçt] 形《比較変化なし》❶ 片付けていない, 未処理の, 未解決の. ~e Post まだ返事を書いていない郵便物.

un·er·mess·lich [ɔnɛrˈmɛslɪç, '----] 形《副詞的には用いない》計り知れない, 無限の, 測定不可能の.《名詞的用法で》ins *Unermessliche* 果てしなく, 無限に. ❷ 法外な, 非常に大きい. von ~er Bedeutung sein とてつもなく重要である. Er ist ~ reich. 彼は大変な金持だ.

un·er·müd·lich [ɔnɛrˈmyːtlɪç, '----] 形 疲れを知らない, 根気のよい, 粘り強い.

Un·er·müd·lich·keit 女 -/ 根気のよさ, 粘り強さ.

'un·er·quick·lich ['ɔnɛrkvɪklɪç] 形《雅》不愉快な, 嫌な.

un·er·reich·bar [ɔnɛrˈraɪçbaːr, '----] 形 ❶ 手の届かない. ❷《目標などが》達成しがたい, (理想などが)実現しがたい. ❸ 連絡の取れない. Sie ist im Moment ~. 今のところ彼女とは連絡が取れない.

un·er·reicht [ɔnˈɛrraɪçt, '----] 形《比較変化なし/副詞的には用いない》まだ達成されたことのない, 空前の,《記録などが》前人未到の.

un・er・sätt・lich [ʊn|ɛrˈzɛtlıç, '----] 形 **1**《まれ》満腹しない. **2** 満足しない, 飽くことを知らない.

'un・er・schlos・sen [ˈʊn|ɛrʃlɔsən] 形《比較変化なし／副詞的には用いない》**1**(地域・領域などが)未開拓の. **2**(資源などが)未開発の.

un・er・schöpf・lich [ʊn|ɛrˈʃœpflıç, '----] 形《比較変化なし》《副詞的には用いない》尽きない, 無尽蔵の.

'un・er・schro・cken [ˈʊn|ɛrʃrɔkən] 形 恐れを知らぬ, 大胆不敵な, 勇猛果敢な.

un・er・schüt・ter・lich [ʊn|ɛrˈʃʏtɐlıç, '-----] 形 揺るぎない, 確固とした. mit ~er Ruhe 落着きはらって.

un・er・schwing・lich [ʊn|ɛrˈʃvıŋlıç, '----] 形《比較変化なし》《副詞的には用いない》(費用などが)工面のつかない. ~e Preise 法外な値段.

un・er・setz・bar [ʊn|ɛrˈzɛtsbaːr, '----] 形《比較変化なし》《まれ》=unersetzlich

un・er・setz・lich [ʊn|ɛrˈzɛtslıç, '----] 形《比較変化なし》(損失・損害が)弁償(補償)できない; 代用できない, かけがえのない.

un・er・sprieß・lich [ʊn|ɛrˈʃpriːslıç, '----] 形《雅》不毛な, 無益な.

'un・er・wähnt [ˈʊn|ɛrvɛːnt] 形《比較変化なし／述語的には用いない》(成句として) et⁴ ~ lassen (事⁴に)言及しないでおく. ~ bleiben 言及されない.

*' **un・er・war・tet** [ˈʊn|ɛrvartət, ----] 形 ウンエアヴァルテト 予期せぬ, 思いがけない, 不意の. eine ~e Nachricht 思いがけない知らせ. ~ Besuch bekommen 不意の訪問を受ける.

un・er・weis・lich [ʊn|ɛrˈvaıslıç, '----] 形《比較変化なし》《まれ》証明不能の.

'un・er・wi・dert [ˈʊn|ɛrvıːdɐt] 形《比較変化なし》**1**(手紙・質問に)返事がない. Seine Briefe blieben ~. 何度出しても彼の手紙には返事が来なかった. **2** 返礼がない;(想いが)報われない. die ~e Liebe 片思い.

'un・er・wünscht [ˈʊn|ɛrvʏnʃt] 形《比較変化なし》望ましくない. ein ~er Besucher 招かれざる客.

'un・er・zo・gen [ˈʊn|ɛrtsoːɡən] 形《比較変化なし／副詞的には用いない》(子供などが)行儀の悪い, 躾(しつけ)のよくない.

UNESCO [uˈnɛsko] 女 -/《英語 United Nations Educational, Scientific and Cultural Organisationの略》ユネスコ, 国連教育科学文化機関.

*' **un・fä・hig** [ˈʊnfɛːıç ウンフェーイヒ] 形 **1**《副詞的には用いない》能力がない, 無能な; 適性がない, 不適格な. Er ist für diese Aufgabe völlig ~. 彼はこの仕事にはまったく役に立たない. **2**《次の用法で》zu et³ ~ sein 事³ができない. Er ist ~ zu weiterer Arbeit. / Er ist ~ weiterzuarbeiten. 彼にこれ以上仕事をさせるのは無理だ. Er ist einer solchen Tat²(zu einer solchen Tat) ~. 彼はそういうことができる男ではない. Ich bin heute ~, einen klaren Gedanken zu fassen. 私は今日ぼんやりしてて考えがまとまらない.

'Un・fä・hig・keit 女 -/ 無能力, 不適格.

'un・fair [ˈʊnfɛːr] 形 **1**《スポーツ》フェアでない, 反則の. **2** 不正な, 不公平な, 卑劣な.

'Un・fall [ˈʊnfal ウンファル] 男 -[e]s/⁼e 事故, 災害. ein ~ mit dem Auto〈mit tödlichen Ausgang〉自動車〈死亡〉事故. einen ~ verursachen〈話 bauen〉事故を起す. einen ~ erleiden〈haben〉

事故に遭う. einen tödlichen ~ erleiden 事故死する. *Unfällen* vorbeugen 事故防止策を講じる. bei einem ~ ums Leben kommen 事故で命を落す. gegen ~〈*Unfälle*〉versichert sein 災害保険に入っている. in einen ~ verwickelt werden 事故にまきこまれる.

'Un・fall・flucht 女 -/《法制》事故現場からの逃走.
'Un・fall・frei 無事故の.
'Un・fall・kli・nik 女 -/-en 救急病院.
'Un・fall・ren・te 女 -/-n 傷害年金.
'Un・fall・sta・ti・on 女 -/-en (病院などの)救急処置室.
'Un・fall・stel・le 女 -/-n 事故現場.
'Un・fall・träch・tig 形 事故の起きやすい.
'Un・fall・ver・si・che・rung 女 -/-en 傷害保険.
'Un・fall・wa・gen 男 -s/- **1** 救急車. **2** 事故車.

un'fass・bar [ʊnˈfasbaːr, ----] 形《比較変化なし》**1** 不可解な, 理解できない. **2** 想像を絶するほどの.

un'fass・lich [ʊnˈfaslıç, ----] 形《比較変化なし》=unfassbar

un'fehl・bar [ʊnˈfeːlbaːr, ----] 形 **1**《副詞的には用いない》誤りのない〔びゃく〕不謬(びゃく)の, 無謬(びゃく)の. **2**《副詞的用法で》間違いなく, 確実に.

Un'fehl・bar・keit 女 -/ **1** 誤りがない(確かな)こと. **2**《カト》(Infallibilität)(教皇・司教団の)不謬(びゃく)性.

'un・fein [ˈʊnfaın] 形 下品な, 粗野な; 無作法な.

'un・fern [ˈʊnfɛrn] 前《2格支配》…から遠くないところに. ~ des Dorfes 村からほど遠からぬところに.

'un・fer・tig [ˈʊnfɛrtıç] 形《副詞的には用いない》**1** 比較変化なし》未完成の, できあがっていない. **2** 一人前でない, 未熟な.

'Un・flat [ˈʊnflaːt] 男 -[e]s/⁼e(=ˈer)《複数なし》《雅》汚物, 不潔物. **2**《複数なし》《雅》ののしりの言葉, 悪口雑言(ざつごん). **3**《古》《侮》汚らない(けがらわしい)奴.

'un・flä・tig [ˈʊnflɛːtıç] 形《雅》ひどく下品(粗野)な, 野卑な. ~ fluchen 口ぎたなくののしる.

'un・folg・sam [ˈʊnfɔlkzaːm] 形 従順でない, 言うことを聞かない.

'Un・folg・sam・keit 女 -/ 従順でない(言うことを聞かない)こと, 不従順な態度.

'un・för・mig [ˈʊnfœrmıç] 形 不格好な.
'Un・för・mig・keit 女 -/ 恰好が悪いこと, 不格好さ.

'un・förm・lich [ˈʊnfœrmlıç] 形 **1** 形式ばらない, 堅苦しくない. **2**《古》不格好な.

'un・fran・kiert [ˈʊnfraŋkiːrt] 形 切手の貼ってない.

'un・frei [ˈʊnfraı] 形 **1**《副詞的には用いない》(a) 自由でない, 不自由な, 束縛された. (b)《比較変化なし》隷属した. die ~en Bauern〔歴史〕不自由民, 農奴. **2** きゅうくつな, のびのびしていない. ~es Benehmen ぎこちない態度. **3** =unfrankiert

'un・frei・wil・lig [ˈʊnfraıvılıç] 形《比較変化なし》**1** 自分の意志に反した, 強(し)いられた. **2** 意図しない. ein ~er Humor 巧まざるユーモア. ein ~es Bad nehmen《戯》誤って水に落ちる.

*' **un・freund・lich** [ˈʊnfrɔʏntlıç, ウンフロイントリヒ] 形 **1** 不親切な, 不愛想な, つっけんどんな, ぶっきらぼうな. eine ~e Antwort ぶっきらぼうな返事. eine ~e Bedienung (レストランなどの)不愛想な応対. ein ~es Gesicht machen むすっと(した顔を)する. j⁴ ~ behandeln 人⁴を邪険に(つめたく)あしらう. Sei doch nicht so ~ zu ihr〈gegen sie / mit ihr〉! 彼女にそうつれなくしてやるなよ. Das ist sehr ~ von

Un·freund·lich·keit dir. これはいくらなんでもつめたいね。 **2** 好ましくない、いやな感じの。 Das Hotel bietet einen ~*en* Anblick. そのホテルは見るからに感じが悪い。 ~*es* Wetter（冷たい・雨もようの）いやな天気。

'Un·freund·lich·keit 囡 -/-en **1**《複数なし》不親切、無愛想。 **2** 不親切な言動。

'Un·frie·de ['ʊnfriːdə] 男 -ns/《古》= Unfrieden

'Un·frie·den ['ʊnfriːdən] 男 -s/ 不和、争い、けんか。 ~ stiften 争いを惹(ぉ)き起す。

'un·frucht·bar ['ʊnfrʊxtbaːr] 形 **1**《副詞的には用いない》（土壌などが）不毛の。 **2**《比較変化なし》（steril）不妊の、生殖能力のない。 **3** 無益な、実りのない。

'Un·frucht·bar·keit 囡 -/ **1**（土壌などの）不毛性。 **2**（Sterilität）不妊(症)、生殖不能。 **3** 実りのないこと（非生産的であること）。

'Un·frucht·bar·ma·chung 囡 -/-en 避妊(法)、断種(法)。

****'Un·fug** ['ʊnfuːk ウンフーク] 男 -[e]s/ **1** 乱暴、悪さ；迷惑。 Lasst den ~! 君たち乱暴はよさないか。 Mach keinen ~! 乱暴はするな。 Was soll der ~! こんなむちゃをして何になるんだ。 ~ treiben 悪ふざけをする。 grober ~ 《法制》治安(公安)妨害。 **2** 馬鹿げたこと。 Rede keinen ~! 馬鹿を言うんじゃない。 So ein ~! そんな馬鹿な。

..ung [..ʊŋ]《接尾》動詞の語幹と結合して女性名詞(-/-en)をつくる。 **1**《行為を表す》 Forschung 研究。 Pflanzung 植えつけ。 **2**《行為の結果》 Bildung 教養。 Verlobung 婚約。 **3**《行為のための道具・手段》 Heizung 暖房装置。 Übung 練習問題。 **4**《行為の空間・場所》 Siedlung 入植地。 Wohnung 住居、住宅。 **5**《行為をする人間の集団》 Innung 同業組合。 Versammlung 集まり。

'un·ga·lant ['ʊngalant] 形《雅》（とくに女性に対して）無礼な。

'un·gang·bar ['ʊngaŋbaːr, -'--] 形《比較変化なし》（道などが）通れない、通行不能の。

'Un·gar ['ʊŋgar] 男 -n/-n ハンガリー人（出身者）。

'un·ga·risch ['ʊŋgarɪʃ] 形 **1** ハンガリー(人、語)の。 **2** ハンガリー風の。 ◆ ↑deutsch

'Un·ga·risch 中 -[s]/ ハンガリー語。 ↑ Deutsch

'Un·ga·ri·sche ['ʊŋgarɪʃə] 中《形容詞変化 / 定冠詞と》 das ~ ハンガリー語；ハンガリー的なもの(特性)。 ◆ ↑ Deutsche ②

'Un·garn ['ʊŋgarn]《地名》ハンガリー。

'un·gast·lich ['ʊngastlɪç] 形 **1**（土地・部屋などが）滞在する気を起させない。 **2** 客に無愛想な。

'un·ge·ach·tet ['ʊngə|axtət, --'--] ❶ 前《2格支配》《雅》…にもかかわらず。 ~ wiederholter Bitten / wiederholter Bitten ~ 何度もお願いしたのに。 dessen(des) ~ それにもかかわらず。 ❷ 接《従属 / 定動詞後置》《古》（obwohl）…にもかかわらず。

'un·ge·ahn·det ['ʊngə|a:ndət, --'---] 形《比較変化なし / 副詞的には用いない》罰せられない。

'un·ge·ahnt ['ʊngə|a:nt, --'--] 形《付加語的用法のみ》予期(予測)しなかった、思いもよらない、予想外の。 ein ~*er* Erfolg 予想以上の成功。

'un·ge·bär·dig ['ʊngəbɛːrdɪç] 形《雅》反抗的な、乱暴な、手に負えない。

'un·ge·be·ten ['ʊngəbeːtən] 形《比較変化なし / 副詞的には用いない》（↓bitten）頼まれない、招かれない。 ein ~*er* Gast 招かれざる客。 sich⁴ ~ einmischen 頼まれもしないのに干渉する。

'un·ge·beugt ['ʊngəbɔʏkt] 形《比較変化なし》 **1** 屈しない、くじけない。 **2**（腕・足などを）曲げない、伸ばした。 **3**《文法》語形変化しない。

'un·ge·bil·det ['ʊngəbɪldət] 形 無教養(無教育)の、無学な。

'un·ge·bleicht ['ʊngəblaɪçt] 形 無漂白の。

'un·ge·bräuch·lich ['ʊngəbrɔʏçlɪç] 形《副詞的には用いない》もう使われていない。 Diese Technik ist recht ~. この技術はあまり用いられていない。

'un·ge·braucht ['ʊngəbraʊxt] 形《比較変化なし》未使用の、新品の。 ~*e* Wäsche 新品の下着。

'un·ge·bro·chen ['ʊngəbrɔxən] 形（↓brechen） **1**（光が）屈折していない、（線が折れていない）、まっすぐな。 **2**（色が）くすんでいない。 **3**（意志などが）屈しない。

'Un·ge·bühr ['ʊngəbyːr] 囡 -/《古》 **1** 不当、不正。 **2**《雅》無作法な言動。 ~ vor Gericht《法制》法廷侮辱行為。

'un·ge·bühr·lich ['ʊngəbyːrlɪç, --'--] 形《雅》不適当な、ふさわしくない、無礼な；不当な、不穏当な。 ein ~*es* Verhalten 無礼な振舞。 ein ~ hoher Preis 不当に高い値段。

'un·ge·bun·den ['ʊngəbʊndən] 形（↓binden） **1**《副詞的には用いない》束ねていない、結っていない、綴(と)じていない、未製本の。 **2**《料理》とろりとしていない、とろみがついていない；《文学》散文の、《音楽》ノンレガートの；《化学》遊離した。 **3**《比喩》束縛されていない、自由。 Er ist noch ~. 彼はまだ独身だ。

'Un·ge·bun·den·heit 囡 -/ **1** 結んでいない（束ねていない）こと；綴じていないこと。 **2**《比喩》束縛されていないこと、自由。

'un·ge·deckt ['ʊngədɛkt] 形《比較変化なし》 **1** 覆いがない。 **2**（食卓が）まだ食事の用意がされていない。 **3**《銀行》無担保の、保証のない。 ~*er* Scheck 不渡り小切手。 **4** 援護されていない、無防備の。 **5**《球技》ディフェンスにマークされていない、ノーマークの。

'un·ge·dient ['ʊngədiːnt] 形《比較変化なし / 付加語的用法のみ》兵役を済ませていない。

****'Un·ge·duld** ['ʊngədʊlt ウンゲドゥルト] 囡 -/ いらだち、焦燥；短気、せっかち。 in großer ~ / mit ~ / voller ~ いらいらしながら、じりじりして。 von ~ getrieben 焦躁に駆られて。

****'un·ge·dul·dig** ['ʊngədʊldɪç ウンゲドゥルディヒ] 形 いらいらした、焦っている；短気な、せっかちな。 eine ~*e* Frage 性急な質問。 ein ~*er* Mensch せっかちな人間、いらち。

'un·ge·eig·net ['ʊngə|aɪgnət] 形《副詞的には用いない》適(ﾃﾜ)わしくない、不適格（不適切）な。 Er ist für diesen Beruf völlig ~. 彼はこの仕事にはまったく適していない。 ein ~*es* Werkzeug（その場には適わしくなくて）役に立たない道具。

'un·ge·fähr ['ʊngəfɛːr, --'-- ウンゲフェーア] ❶ 副 **1** おおよそ、ほぼ、だいたい。 Das kostet ~ 20 Euro. これはだいたい 20 ユーロ位する。 ~ in der Mitte des Zimmers 部屋のほぼ中央に。 ~ um drei Uhr だいたい3時頃に。 in drei〈in ~ drei〉 Wochen 3週間ばかりすると。 ~ Bescheid wissen だいたいのところ様子が分かっている。 so ~ / ~ so ざっとそんな風に。 Hast du alles allein erledigt? ― So ~ ! 全部君ひとりで片づけたの ― ええ、まあね。 **2** ['---'-] たまたま、偶然に。 sich⁴ jᵌ wie von ~ nähern 偶然のような顔をして人⁴に近づく。 nicht von ~ たまたま…していたわけではない、謂(ｲ)れなく…したのではない。 Das kommt doch nicht von ~. そうなるのも無理はない（それも故な

きことではない)のだ.
❷《(比較変化なし/付加語的用法のみ)》おおよその, だいたいの. eine ～e Einschätzung〈Übersicht〉ざっとした評価〈概略〉. von et¹ nur eine ～e Vorstellung haben 事¹についておおよそのところ(ぼんやりしたこと)しか分かっていない.

'**Un·ge·fähr** [-s/《古》偶然, 運命(のいたずら).

'**un·ge·fähr·det** [ˈʊngəfɛːrdət, --'--]《形》危険にさらされていない, 安全な.

'**un·ge·fähr·lich** [ˈʊngəfɛːrlɪç]《形》《副詞的には用いない》危険性がない; 無害の.

'**un·ge·fäl·lig** [ˈʊngəfɛlɪç]《形》《副詞的には用いない》無愛想な, 不親切な.

'**Un·ge·fäl·lig·keit** 女 -/ 無愛想(不親切)であること.

'**un·ge·fragt** [ˈʊngəfraːkt]《形》《比較変化なし》**1** 聞かれ(頼まれ)もしないのに. **2** 断りもなく.

'**un·ge·früh·stückt** [ˈʊngəfryːʃtʏkt]《形》《比較変化なし/付加語的には用いない》《戯》朝食抜きの.

'**un·ge·fü·ge** [ˈʊngəfyːgə]《形》**1** ごつい, 不格好な. schwere, ～ Möbel 重くて不格好な家具. **2** ぎごちない, 不器用な.

'**un·ge·fü·gig** [ˈʊngəfyːgɪç]《形》**1**《まれ》ごつい, 不格好な. **2** 従順でない, 言うことを聞かない.

'**un·ge·ges·sen** [ˈʊngəgɛsən]《形》(↓essen) **1** 食べ残しの. die ～en Reste 食べ残し. **2**《付加語的には用いない》《戯》何も食べていない, 食事をしていない.

'**un·ge·hal·ten** [ˈʊngəhaltən]《形》《雅》(über et⁴ 事⁴に対して)怒った, 立腹した.

'**un·ge·hei·ßen** [ˈʊngəhaɪsən]《形》《比較変化なし》《雅》(↓heißen)命令されることなしに, 自発的に.

'**un·ge·heizt** [ˈʊngəhaɪtst]《形》《比較変化なし》暖房のない, 暖房の入っていない.

'**un·ge·hemmt** [ˈʊngəhɛmt]《形》**1** 臆しない, 気後(ぎお)れしない; 遠慮しない. frei und ～ miteinander reden 気兼ねなく自由にしゃべり合う. **2** 何事にも妨げられない.

'**un·ge·heu·chelt**《形》《比較変化なし/副詞的には用いない》偽らない.

*'**un·ge·heu·er** [ˈʊngəhɔyər, --'-- ウンゲホイァー]《形》ものすごい, とてつもない; びっくりする(目をまわす)ほど大きな. ungeheures Glück haben 怖いほどつく, 馬鹿つきをする. von ungeheurer Größe〈Höhe〉sein とてつもなく大きい〈高い〉. ungeheure Kraft besitzen 怪力の持主である. ein ungeheures Wissen besitzen たいへん物知りである.《名詞的用法で》ins Ungeheure(° ungeheure)とてつもなく, 際限なく.《副詞的用法で》～ groß〈stark〉おそろしく大きい〈強い〉. ～ viel arbeiten 死ぬほど働く.

'**Un·ge·heu·er** [ˈʊngəhɔyər]中 -s/- **1** 怪物, 怪獣, 化け物;《比喩》人非人. Er ist ein wahres ～. 彼は全くの人でなし. **2** 化け物のように大きなもの. ein ～ von einem Hut とんでもない(大きな)帽子.

un·ge'**heu·er·lich** [ʊngəˈhɔyərlɪç, '-----]《形》**1** ひどい, 言語道断な. **2**《まれ》=ungeheuer 1

Un·ge'**heu·er·lich·keit** ['----- とも]女 -/-en **1** ひどい事. 言語道断であること. **2** 言語道断な出来事(言動).

'**un·ge·hin·dert** [ˈʊngəhɪndərt]《形》《比較変化なし/副詞的用法のみ》妨げられない, 邪魔されない.

'**un·ge·ho·belt** [ˈʊngəhoːbəlt, --'---]《形》**1**《比較変化なし》(板などが)鉋(かんな)をかけていない. **2**《俗》粗野な, 無作法な. **3**(表現などが)ぎごちない, ぎくしゃくした, 野暮ったい.

'**un·ge·hö·rig** [ˈʊngəhøːrɪç]《形》無礼な, 失礼な, 無作法な, 厚かましい. sich⁴ ～ benehmen 失礼な態度をとる.

'**Un·ge·hö·rig·keit** 女 -/-en **1**《複数なし》失礼な(厚かましい)態度. **2** 失礼な(厚かましい)言動.

'**un·ge·hor·sam** [ˈʊngəhoːrzaːm]《形》(とくに子供が)従順でない, 言うことを聞かない, 反抗的な(j³ gegenüber 人³に対して).

'**Un·ge·hor·sam** 男 -s/ **1** 従順でないこと. **2**《軍事·法制》《命令》不服従.

'**un·ge·hört** [ˈʊngəhøːrt]《比較変化なし/付加語的には用いない》(叫び声などが)誰にも聞かれない;(要求などが)聞入れられない.

'**un·ge·klärt** [ˈʊngəklɛːrt]《形》《比較変化なし/副詞的には用いない》まだ解明されていない.

'**un·ge·kocht** [ˈʊngəkɔxt]《形》《比較変化なし》まだ煮えて(沸騰して)いない; 生の.

'**un·ge·küns·telt** [ˈʊngəkʏnstəlt]《形》《比較変化なし》気取りのない, わざとらしくない, 自然な, ありのままの.

'**un·ge·kürzt** [ˈʊngəkʏrtst]《形》《比較変化なし》短縮されていない; カットされていない.

'**un·ge·la·den** [ˈʊngəlaːdən]《形》《述語的には用いない》招かれていない.

'**un·ge·le·gen** [ˈʊngəleːgən]《形》(時間的に)都合の悪い, 不都合な. j³ ～ kommen 人³にとって都合が悪い; あいにくの時に人³のところへやって来る. Komme ich ～? (私がやって来て)お邪魔でしたか.

'**Un·ge·le·gen·heit** 女 -/-en《多く複数で》不都合; 面倒, 厄介. j³ ～en machen〈bereiten〉人³に迷惑をかける.

'**un·ge·leh·rig** [ˈʊngəleːrɪç]《形》(生徒などが)のみこみの悪い, 物覚えが悪い.

'**un·ge·lehrt** [ˈʊngəleːrt]《形》《副詞的には用いない》《古》教養のない, 無学な.

'**un·ge·lenk** [ˈʊngəlɛŋk]《形》《雅》(動作などが)ぎごちない; 不器用な, 下手な.

'**un·ge·len·kig** [ˈʊngəlɛŋkɪç]《形》動きの鈍い; 不器用な, ぎこちない.

'**un·ge·lernt** [ˈʊngəlɛrnt]《形》《比較変化なし/付加語的用法のみ》(労働者などが)熟練していない.

'**un·ge·lo·gen** [ˈʊngəloːgən]《副》《比較変化なし》(↓lügen)《話》嘘(詩張)ではなく, 本当に.

'**un·ge·löscht** [ˈʊngəlœʃt]《形》《比較変化なし》未消化の. ～er Kalk《化学》生(き)石灰.

'**un·ge·löst** [ˈʊngəløːst]《形》未解決の.

'**Un·ge·mach** [ˈʊngəmaːx] 中 -(e)s/《雅》不都合, 嫌なこと; 苦労, 困難, 面倒; 不幸, 災難.

'**un·ge·mein** [ˈʊngəmaɪn, --'--]《形》《比較変化なし/付加語的用法のみ》非常に(異常に)大きな. **1**《副》とてつもなく, 並はずれて. Das freut mich ～. それは嬉しいことこの上無い.

'**un·ge·mes·sen** [ˈʊngəmɛsən, --'--]《形》《比較変化なし》(↓messen)《まれ》莫大な, 計り知れない.

'**un·ge·mischt** [ˈʊngəmɪʃt]《形》《比較変化なし》混ざり物のない, 純粋な.

*'**un·ge·müt·lich** [ˈʊngəmyːtlɪç ウンゲミュートリヒ]《形》**1** 居心地の悪い. **2** 不愉快な. **3** 無愛想な; 不機嫌な. ～ werden《話》不機嫌になる, 腹を立てる.

'**un·ge·nannt** [ˈʊngənant]《形》《比較変化なし/付加語的用法のみ》匿名の.

'**un·ge·nau** [ˈʊngənaʊ]《形》**1**(時計·量りなどが)不正確な, 精密でない. **2**(考えなどが)漠然とした, はっきり

Ungenauigkeit

しない.
Un·ge·nau·ig·keit 囡 -/-en **1**《複数なし》不正確であること. **2** 誤り, 間違い.

***un·ge·niert** ['ʊnʒeniːɐt, --'-] 形 遠慮のない, 率直な, くつろいだ; 平然とした.

'un·ge·nieß·bar ['ʊngəniːsbaːɐ, --'--] 形《副詞的にも用いる》**1**《比較変化なし》(腐っていて)食べられない,（毒性があって)食用に適さない；《話》(映画などが)鑑賞に耐えない. Dieser Pilz ist ~. このきのこは食べられない. **2**《戯》不機嫌な, 鼻持ならない.

＊**'un·ge·nü·gend** ['ʊngəyːgənt ウンゲニューゲント] 形 **1** 不十分な, 不足な. eine ~e Erklärung 不十分な説明. ~ vorbereitet sein 準備不足である. **2** (6 段階評価の成績の) 6, 不可. die Note „ ~ " bekommen 「不可」の成績をもらう.

'un·ge·nutzt ['ʊngənʊtst] 形 =ungenützt

'un·ge·nützt ['ʊngənʏtst] 形《比較変化なし》(機会・資源などが)利用されていない. den Augenblick ~ verstreichen lassen せっかくの機会を取逃がす.

'un·ge·ord·net ['ʊngəʔɔrdnət] 形《比較変化なし》未整理の.

'un·ge·pflegt ['ʊngəpfleːkt] 形 **1** 手入れがされていない, 世話が行届いていない, だらしのない.

'un·ge·rächt ['ʊngərɛçt] 形《比較変化なし/副詞的には用いない》《雅》報い(復讐, 罰)を受けない.

'un·ge·ra·de ['ʊngəraːdə] 形《比較変化なし》**1**《数学》奇数の. eine ~ Zahl 奇数. **2**《猟師》(鹿の枝角が)左右の枝の数がそろわない.

'un·ge·ra·ten ['ʊngəraːtən] 形《比較変化なし/副詞的には用いない》(子供などが)しつけの良くない, できそこないの.

'un·ge·rech·net ['ʊngərɛçnət] ❶ 形《比較変化なし/付加語的には用いない》計算にいれていない, 勘定に入れていない. Der Preis beträgt 150 Euro, das Porto ~. 値段は郵送料を含まないで 150 ユーロになる. ❷ 前《2格支配》…を計算(勘定)に入れずに, …を別にして. ~ der zusätzlichen Unkosten その他諸雑費を別にすれば.

＊**'un·ge·recht** ['ʊngərɛçt ウンゲレヒト] 形 不正な, 不法な; 不公平な, 不当な. ein ~es Urteil 不当な判決. eine Klassenarbeit ~ benoten 授業中の課題の成績をえこひいきしてつける.

'un·ge·rech·ter·wei·se 副 不正に, 不当に.

'un·ge·recht·fer·tigt ['ʊngərɛçtfɛrtɪçt] 形《比較変化なし/副詞的には用いない》法的根拠のない, 権利(資格)をもたない. ~e Bereicherung《法制》不当利得.

＊**'Un·ge·rech·tig·keit** ['ʊngərɛçtɪçkaɪt ウンゲレヒティヒカイト] 囡 -/-en 不正(不法)行為;《複数なし》不正, 不法, 不公平, 不当性.

'un·ge·reimt ['ʊngəraɪmt] 形《副詞的には用いない》**1** 韻を踏んでいない, 無韻の. **2** つじつまの合わない, 無意味な, ばかげた. ~es Gerede ばかげたおしゃべり.

'Un·ge·reimt·heit ['ʊngəraɪmthaɪt] 囡 -/-en **1** 韻を踏んでいないこと; つじつまの合わないこと. **2** つじつまの合わない話.

＊**'un·gern** ['ʊngɛrn ウンゲルン] 副 いやいや, しぶしぶ, ~するのがいやだ. Gern oder ~, ich muss es tun. 好むと好まざるとに拘らず私はそれをしなければならない. Ich sehe〈habe〉es ~, dass〈wenn〉er raucht. 私は彼がタバコを吸うのを好まない. Er tanzt nicht ~. 彼はなかなかダンス好きだ.

'un·ge·ro·chen ['ʊngərɔxən] 形《比較変化なし/副詞的には用いない》《古》=ungerächt

'un·ge·rührt ['ʊngəryːɐt] 形 無感動な, 冷淡な, 醒(さ)めた.

'un·ge·rupft ['ʊngərʊpft] 形《比較変化なし》**1** (鳥が)毛をむしられていない. **2**《話》無事な, 損害を受けない. ~ davonkommen 無事に逃れる.

'un·ge·sagt ['ʊngəzaːkt] 形《比較変化なし》口にされない, 言われない.

'un·ge·sät·tigt ['ʊngəzɛtɪçt] 形《比較変化なし》**1** 満腹にならない. **2**《副詞的には用いない》《化学》不飽和の. ~e Verbindung 不飽和化合物.

'un·ge·säu·ert ['ʊngəzɔʏɐt] 形《副詞的には用いない》酵母を入れていない.

'un·ge·säumt[1] ['ʊngəzɔʏmt] 形 縁(ふち)のない.

'un·ge·säumt[2] ['----, --'-] 形《比較変化なし/述語的には用いない》《雅》ためらいのない, 即座(即刻)の. Er eilte ~ hierher. 彼は直ちにこちらにやって来た.

'un·ge·sche·hen ['ʊngəʃeːən] 形《比較変化なし/述語的には用いない》起らない, 行われない. et⁴ ~ machen 事⁴を無かったことにする.

'un·ge·scheut ['ʊngəʃɔʏt, --'-] 形《比較変化なし/述語的には用いない》《雅》はばかることのない, 恐れることのない.

'Un·ge·schick ['ʊngəʃɪk] 中 -[e]s/ 不手際; 不器用, ぎこちなさ. ~ lässt grüßen!《話》(他人の不手際を見て)やってくれましたね, 不器用にもほどがあるよ.

'Un·ge·schick·lich·keit ['ʊngəʃɪklɪçkaɪt] 囡 -/-en 不手際;《複数なし》不器用, ぎこちなさ. sich⁴ für eine ~ entschuldigen 不手際を詫(わ)びる.

＊**'un·ge·schickt** ['ʊngəʃɪkt ウンゲシクト] 形 **1** 不器用な, ぎこちない. ~ Hände haben 手先が不器用である. **2** (言動が)まずい, 要領の悪い. sich⁴ ~ anstellen 不手際なことをする, 粗相(そそう)をする. **3**《南独》(時間などが) (a) 不都合な, ありがたくない. Sein Besuch kam mir sehr ~. 彼の訪問は私にははなはだ迷惑だった. zu einem ~en Zeitpunkt 具合の(間の)悪い時に. (b) (道具が)使い勝手の悪い.

'Un·ge·schickt·heit ['ʊngəʃɪkthaɪt] 囡 -/ 不器用さ, ぎこちなさ; (言動の)まずさ, 要領の悪さ.

'un·ge·schlacht ['ʊngəʃlaxt] 形《古》**1** (体や建物などが)ばかでかい; いかつい, 不格好な. **2** (振舞などが)がさつな, 粗野な, 無作法な.

'un·ge·schlecht·lich 形《生物》無性の.

'un·ge·schlif·fen ['ʊngəʃlɪfən] 形《↓schleifen》**1** 研磨されていない, 磨かれていない. **2** 洗練されていない, 粗野な, 無作法な.

'un·ge·schmä·lert ['ʊngəʃmɛːlɐt, --'--] 形《比較変化なし》減らされていない, 完全な.

'un·ge·schmei·dig ['ʊngəʃmaɪdɪç] 形 柔軟性のない.

'un·ge·schminkt ['ʊngəʃmɪŋkt] 形 **1**《比較変化なし》化粧していない. **2** 粉飾(美化)していない, ありのままの, あけすけな. j³ die ~e Wahrheit〈~ die Wahrheit〉sagen 人³にありのままの事実を言う.

'un·ge·scho·ren ['ʊngəʃoːrən] 形《↓scheren》**1**《比較変化なし》毛の刈られていない. **2**《付加語的には用いない》邪魔されない, 無事の. j⁴ ~ lassen 人⁴を放っておく, そっとしておく. ~ davonkommen 無事に逃れる.

'un·ge·schrie·ben ['ʊngəʃriːbən] 形《比較変化なし/↓schreiben》書かれていない. ein ~es Gesetz 不文律.

'un·ge·schult ['ʊngəʃuːlt] 形《副詞的には用いない》**1**《比較変化なし》訓練(教育)されていない. **2** 訓練

積**で**いない．(目・鼻などが)まだ慣れていない．

'un·ge·schützt [ˈʊnɡəʃʏtst] 形《比較変化なし》保護されていない，無防備な．

'un·ge·schwächt [ˈʊnɡəʃvɛçt] 形《比較変化なし》衰弱していない，まだ弱っていない．

'un·ge·se·hen [ˈʊnɡəzeːən] 形 (↓ sehen) 人に見られずに，気づかれずに．～ verschwinden こっそりいなくなる．

'un·ge·sel·lig [ˈʊnɡəzɛlɪç] 形 **1**《比較変化なし》『動物』群生しない．**2** 非社交的な．

'un·ge·setz·lich [ˈʊnɡəzɛtslɪç] 形《比較変化なし》違法な，非合法な．

'Un·ge·setz·lich·keit 女 -/-en **1**《複数なし》違法であること．**2** 違法行為．

'un·ge·sit·tet [ˈʊnɡəzɪtət] 形 無作法な．

'un·ge·stalt [ˈʊnɡəʃtalt] 形《古》《雅》**1** 不具の，奇形の．**2** 不格好な．

'un·ge·stal·tet [ˈʊnɡəʃtaltət] 形《比較変化なし》人の手が加わっていない，自然のままの．

'un·ge·stem·pelt [ˈʊnɡəʃtɛmpəlt] 形 (切手などが)押印(消印)の．

'un·ge·stillt [ˈʊnɡəʃtɪlt] 形《副詞的には用いない》《雅》(欲望などが)おさまらない，満たされない．

***'un·ge·stört** [ˈʊnɡəʃtøːrt ウンゲシュテールト] 形 誰にも邪魔されない，何ものにも妨げられない，円滑な；絶え間ない，間断ない．～ arbeiten 誰にも邪魔されずに仕事する．für einen ～en Ablauf sorgen 円滑な進行を心がける．

'un·ge·straft [ˈʊnɡəʃtraːft] 形《比較変化なし》罰せられない．Das Verbrechen blieb nicht ～. 犯したその罪は罰せられずにはすまなかった．

'un·ge·stüm [ˈʊnɡəʃtyːm] 形《雅》**1** 激しい，激情的な，熱烈な；興奮した，いらだった．**2**《まれ》(自然力が)荒れ狂う，狂暴な．

Un·ge·stüm 中 －[e]s/《雅》**1** 激しさ，激情，熱烈(な振舞い)；焦躁．mit ～ 激しく，熱烈に．**2**《まれ》(自然の)猛威，狂暴さ．

***'un·ge·sund** [ˈʊnɡəzʊnt ウンゲズント] 形 **1** (気候・食べ物などが)体(健康)に良くない．Rauchen ist ～. 喫煙は健康によくない．**2** 健康でない，不健康な．～e Gesichtsfarbe 不健康そうな顔色．**3** 不健全な，普通でない，異常な．

'un·ge·tan [ˈʊnɡətaːn] 形《副詞的には用いない》実行されない．et⁴ ～ lassen 事⁴をせずにおく．

'un·ge·teilt [ˈʊnɡətaɪlt] 形《比較変化なし》**1** (土地・財産などが)分割されない．**2**《副詞的には用いない》完全な，全体の，(意見などが)一致した．

'un·ge·treu [ˈʊnɡətrɔʏ] 形《比較変化なし／副詞的には用いない》《雅》忠実でない，不実な．

'un·ge·trübt [ˈʊnɡətryːpt] 形 **1** 濁っていない，澄んだ．**2** 曇りのない．ein ～es Glück 晴れ晴れとした幸福感．

'Un·ge·tüm [ˈʊnɡətyːm] 中 -[e]s/-e 怪物；でかい(化けものみたいな)物体．Wohin soll dieses ～ von Schrank? こんなばかでかい戸棚をどこへ置こうっていうんだ．

'un·ge·übt [ˈʊnɡəlyːpt] 形《比較変化なし／副詞的には用いない》熟達していない．Er ist im Schwimmen noch ～. 彼は泳ぎがまだまだ未熟だ．

'un·ge·wandt [ˈʊnɡəvant] 形 ぎこちない，不器用な．

'un·ge·wa·schen [ˈʊnɡəvaʃən] 形 (↓ waschen) 洗っていない，汚れたまま．

***'un·ge·wiss** [ˈʊnɡəvɪs ウンゲヴィス] 形 **1** 不確実な，あやふやな，不確定(未定)の．Der Ausgang der Sache ist noch ～. この件がどうおさまるかまだ分からない．et⁴ auf ungewisse Zeit verschieben 事⁴を無期延期する．et⁴ ～〈im Ungewissen〉lassen 事⁴をあいまいなままにしておく，(を)はっきりさせない(決めない)でおく．ein Sprung ins Ungewisse 未知の世界への跳躍，未知への挑戦．**2** (über et⁴ 事⁴について)確信がない，はっきりしたことが言えない，よく分からない．Ich bin [mir] noch ～〈im Ungewissen〉, was ich tun soll. 私はどうしたものかまだ決めかねている．über et⁴ im Ungewissen sein 事⁴についてはっきりしたことが言えない(を知らない)．j⁴ über et⁴ im Ungewissen lassen 人⁴に事⁴についてはっきりしたことを教えない．**3**《雅》模糊たる，漠とした，名状しがたい．～ lächeln 曖昧な微笑を浮かべる．

'Un·ge·wiss·heit [ˈʊnɡəvɪshaɪt] 女 -/-en《複数まれ》不確かさ，不確実さ；確信のなさ，頼りなさ．über et⁴ in ～ sein 事⁴についてはっきりしたことを知らない(自信がない)．

'Un·ge·wit·ter [ˈʊnɡəvɪtər] 中 -s/-《古》雷雨，暴風雨．**2** 激怒．

***'un·ge·wöhn·lich** [ˈʊnɡəvøːnlɪç ウンゲヴェーンリヒ] 形 **1** ふつう(尋常)でない，異常な；非日常的な，異例の，めったにない，珍しい；並はずれた，桁(⸨)はずれの．eine ～e Form 変った(珍しい)形．eine ～e Hitze 異常な暑さ．～e Kenntnisse 並々ならぬ知識．eine ～e Redewendung あまり使われない言回し．ein ～es Talent 非凡な才能．**2**《副詞的用法で》甚だしく，度はずれて，異常に．eine ～ schöne Frau 絶世の美女．

***'un·ge·wohnt** [ˈʊnɡəvoːnt ウンゲヴォーント] 形《副詞的には用いない》**1** ふだん(通常)と違った，いつにない．ein ～er Anblick 見慣れない光景．zu ～er Stunde いつにない時刻に．**2** 不慣れな，勝手の分からない(j³／für j⁴ 人³,⁴にとって)．eine ～e Umgebung なじみのない辺り．

'un·ge·wollt [ˈʊnɡəvɔlt] 形《比較変化なし》意図していない，思いがけない．

'un·ge·zählt [ˈʊnɡətsɛːlt] ❶ 形《付加語的用法のみ》数え切れない，無数の．Ich habe es ihm ～e Male gesagt. 私は彼にそのことを数え切れない位なんども言った．❷ 副 数えずに．Er steckte das Geld ～ ein. 彼はお金を数えもせずにポケットに入れた．

'un·ge·zähmt [ˈʊnɡətsɛːmt] 形《副詞的には用いない》**1** 飼いならされていない，野生の．**2** (欲望・情熱などが)制御できない．

'Un·ge·zie·fer [ˈʊnɡətsiːfər] 中 -s/《総称的に》害虫，有害小動物(蚤・虱・ダニ・鼠など)．ein Mittel gegen ～ 害虫駆除剤，殺虫剤．

'un·ge·zie·mend [ˈʊnɡətsiːmənt] 形《雅》無作法な；不適当な，ふさわしくない．

***'un·ge·zo·gen** [ˈʊnɡətsoːɡən ウンゲツォーゲン] 形 (子供などの)しつけの悪い；(言葉・振舞いが)無作法な，ぶしつけな(応対・返事などが)ぞんざいな，無愛想な．

'Un·ge·zo·gen·heit 女 -/-en **1**《複数なし》無作法(ぶしつけ)であること．**2** 無作法(ぶしつけ)の言動．

'un·ge·zü·gelt [ˈʊnɡətsyːɡəlt] 形 抑制(コントロール)のきかない，押えられない，放縦(誾`)な．

'un·ge·zwun·gen [ˈʊnɡətsvʊŋən] 形 (↓ zwingen) 強(⸢)いられない，強制されない；(態度・口調などが)自然な，のびのびした．sich⁴ ～ unterhalten 心置きなく歓談する．

'Un·ge·zwun·gen·heit 女 -/ (態度・口調などの)自然なる(のびのびしている)こと．

'Un·glau·be [ˈʊnɡlaʊbə] 男 2格 -ns, 3格 -n, 4格

Unglauben -n, 複数 -n 1 不信(の念). 2《宗教》不信心, 無信仰.

'Un·glau·ben [ˈʊnɡlaʊbən] 男 -s/《まれ》=Unglaube

'un·glaub·haft [ˈʊnɡlaʊphaft] 形《話などが》信じられない, 本当とは思えない.

'un·gläu·big [ˈʊnɡlɔʏbɪç] 形 1 信じられない, 疑わしげな. ein ~er Thomas《話》懐疑家《自分の目で見るまで Jesus の復活を信じようとしなかった弟子 Thomas のエピソードによる;《新約》ヨハ 20:24-29》. 2《副詞的用法で》信じられない;《副詞的用法で》信仰心のない, 不信心な.

un'glaub·lich [ʊnˈɡlaʊplɪç, ˈ---] ウングラオプリヒ 形 1《副詞的用法で》《話などが》信じられない, 本当とは思えない. 2 前代未聞の, 聞いたこともない. 3《話》(a)《副詞的用法で》信じられない程の, 非常に《大きい, 多い》, 途方もなく《大きい, 多い》. eine ~e Summe 巨額. (b)《副詞的用法で》非常に, 途方もなく, とんでもなく. Das hat ~ lange gedauert. それはとんでもなく長い時間続いた(かかった).

'un·glaub·wür·dig [ˈʊnɡlaʊpvʏrdɪç] 形 信じるに値しない, 当てにならない, 信用できない.

'un·gleich [ˈʊnɡlaɪç] ウングライヒ 形《比較変化なし》1 等しくない, 異なる, 違う, 不同な, 不揃いな, 一様でない;対等(平等)でない, 釣り合わない. ~e Füße haben 足のサイズが左右異なる. zwei Kästen von ~er Größe 大きさの違う2つの箱. ein ~er Kampf《力・格の違いなどで》戦(いさ)にならない戦(いさ). ein ~es Paar 不似合な(釣合のとれない)カップル. 2《副詞的用法で/比較級で》比べものにならないほど, 段違いに. Dies ist ~ teurer als das. あれよりこっちの方がはるかに値がねる. 3《雅》《前置詞的に/3格名詞と》...と違って. Ungleich seinem Vater ist er ein solider Mensch. 父親と違って彼は堅物だ.

'un·gleich·ar·tig [ˈʊnɡlaɪç|aːrtɪç] 形《比較変化なし》異質な, 異種の.

'un·gleich·för·mig [ˈʊnɡlaɪçfœrmɪç] 形《比較変化なし》形の違う, 不揃いな.

'Un·gleich·heit [ˈʊnɡlaɪçhaɪt] 女 /-en 不等(性), 不同(性);不揃い;不均衡;差異, 不平等.

'un·gleich·mä·ßig [ˈʊnɡlaɪçmɛːsɪç] 形 不規則な, むらのある, 一様でない, 不均等な. ~e Atemzüge 乱れた呼吸. ein ~er Plus 不整脈. ~ gefärbt sein 染めむらがある.

'Un·gleich·mä·ßig·keit 女 /-不規則, 不統一, むら, 不均等.

'Un·glimpf [ˈʊnɡlɪmpf] 男 -[e]s/《古》不正, 不当《な行為》;恥辱, 侮辱(ぶじょく)め. j³ ~ zufügen 人³を辱める.

'un·glimpf·lich 形《古》不当な;屈辱的な.

Un·glück [ˈʊnɡlʏk ウングリュク] 中 -[e]s/-e

事故, 惨事, 災難, 災害. Ein ~ kommt selten allein.《諺》泣きっ面に蜂, 弱り目にたたり目. Fassen Sie mich an, sonst gibt es ein ~!《話》私に手をかけたらどんなことになるか知れませんよ. Macht nichts, das ist kein [großes] ~. いやあ大丈夫, これたいしたことじゃない. ein ~ verhindern〈verhüten〉災害を未然に防ぐ. von einem ~ betroffen werden 災難に遭う, 災害に見舞われる. 2《複数なし》(a) 不幸, 悲惨;逆境, 悲運. j⁴ ins ~ bringen〈stoßen〉《雅》人⁴を不幸に陥れる. ins ~ geraten〈kommen〉不幸に陥る, 落ち目になる, 落ちぶれる. in sein 〈ins ~〉 rennen《話》そうとは知らずに不幸に落ちていく;自ら墓穴を掘る. (b) 運のなさ, 不運. Ich hatte das ~, den Termin zu versäumen. 私は運悪く期限に遅れてしまった. ~ in der Liebe 〈im Spiel〉 haben 片思いに泣く《勝負の神様に見離される》. Glück im ~ haben 不幸中の幸いを得る. von〈vom〉 ~ verfolgt sein 厄病神にとりまとわれている. wie ein Häufchen ~《話》まるで衰れ(みじめ)に描いたような様子で. zu allem〈zum〉 ~ さらに悪い(不運な)ことに.

*'un·glück·lich [ˈʊnɡlʏklɪç ウングリュクリヒ] 形 1 不幸な, 悲しい;衰れな, みじめな. ein ~es Gesicht machen 悲しそうな顔をする. ein ~es Mädchen ふしあわせ(可哀想)な娘. j⁴ ~ machen 人⁴を不幸にする. über et⁴ ~ sein 事⁴が悲しい.《名詞的用法で》Der Unglückliche! 可哀想な人だこと. 2《運(間)の悪い, 不運な;不幸を招く, 不吉な. einen ~en Ausgang nehmen 芳(かんば)しくない(思わしくない)結果に終る. eine ~e Liebe 片思い, 失恋. zum ~ en Zeitpunkt 間の悪い時に. durch einen ~en Zufall 不幸な偶然によって. 3 不器用な, へまな;ぶざまな, ぶさいくな. Ich bin so ~ gestürzt, dass ich mir den Fuß verstaucht habe. 私は下手なころび方をして足をくじいてしまった. eine ~e Figur machen ぶざまな振舞をする, 不手際を演じる. in〈mit〉 et³ eine ~e Hand haben 事³の(の)腕が悪い.

'un·glück·li·cher'wei·se 副 運の悪いことに, 不運にも.

'un·glück·se·lig [ˈʊnɡlʏkzeːlɪç] 形《比較変化なし/副詞的用法で》不運につきまとわれた, つきに見離された;衰れな, みじめな. Er hat eine ~e Vorliebe für Glücksspiele. 彼は身を滅ぼすほどの博打(ばくち)好きだ. ein ~er Zufall 不幸な偶然.

'Un·glücks·fall 男 -[e]s/ ⸚e 不幸な出来事(事件), 事故, 災難.

'Un·glücks·mensch 男 -en/-en《話》つきに見離された人, 悲運な人.

'Un·glücks·ra·be 男 -n/-n《話》ついていないやつ, 不運なやつ.

'Un·glücks·vo·gel 男 -s/⸚《話》=Unglücksrabe

'Un·glücks·wurm 男 -[e]s/⸚er《話》=Unglücksrabe

'Un·gna·de [ˈʊnɡnaːdə] 女 -/《侮》不興, 不機嫌. bei j³ in ~ fallen /sich³ j² ~ zuziehen 人³,²の不興を買う, 《を》怒らせてしまう. j⁴ in ~ fallen lassen 人⁴への好意を失う. auf Gnade und〈oder〉 ~ 無条件で.

'un·gnä·dig [ˈʊnɡnɛːdɪç] 形 1《侮》不機嫌な. 2《雅》《運命などが》無慈悲な, 苛酷な.

*'un·gül·tig [ˈʊnɡʏltɪç ウングュルティヒ] 形《比較変化なし》無効の, 通用しない. et⁴ für ~ erklären 事⁴の無効を宣言する.

'Un·gül·tig·keit 女 -/ 無効.

'Un·gunst [ˈʊnɡʊnst] 女 -/-en 1《複数なし》《雅》不興, 不機嫌;《状況・天候の》きびしさ. Er ist bei seinem Vorgesetzten in ~ geraten. 彼は上司のご機嫌を損ねてしまった. Die ~ des Augenblicks brachte es mit sich³, dass... 時に利あらず...という結果になった. bei j³ in ~ stehen 人³に嫌われ(厭がられ)ている. sich³ j² ~ zuziehen 人²の不興を買う. 2 不利, 不都合.《次の用法でのみ》zur ~ von j³ 人³の不利益(不都合)になるように. sich³ j² zu j² ~en verrechnen 計算違いで人²に損をさせる. ♦↑zuungunsten

*'un·güns·tig [ˈʊnɡʏnstɪç ウングュンスティヒ] 形 1《雅》好意的でない. Sie ist mir ~ gesinnt. 彼女は私に好意を持っていない. eine ~e Meinung von j³ haben 人³のことを快く思っていない. 2 不利な, 不都

合、あいにくの. Die Gelegenheit ist ～. 時機が悪い. Sie wirkt ～ auf dem Bild. 彼女はこの写真ではうつりが悪い. Diese Farbe ist ～ für dich. この色は君に合わない. ～*e* Aussichten haben 先行き希望がもてない. im ～*sten* Falle 最悪の場合には. ～*es* Wetter für einen Ausflug 遠足にはあいにくの天気. Bei ～*er* Witterung findet das Fest im Saal statt. 天候不良の場合はパーティーはホールで行われます.

'**un·gut** ['ʊnguːt] 形《比較変化なし》よくない, 悪い, 不快な; 不利な, 不都合な. bei et³ ein ～*es* Gefühl haben 事³について不快な感じをもつ. Nichts für ～! どうか悪しからず, 悪気はなかったんですよ.

'**un·halt·bar** ['ʊnhaltbaːr, -'--] 形《副詞的には用いない》維持できない, 持ちこたえられない, 長持しない;《意見などが》支持できない, 根拠のない. **2**《副詞的には用いない》《人·状況などが》我慢できない, 耐えられない;《軍事》《陣地などが》防衛できない. **3**《球技》《シュートなどが》防御(阻止)できない.

'**Un·halt·bar·keit** [-'---- とも] 女 -/ 維持できない(持ちこたえられない)こと; 根拠がないこと; 防衛(阻止)できないこと.

'**un·hand·lich** ['ʊnhantlɪç] 形《機器などが》扱いにくい, 使いにくい.

'**un·har·mo·nisch** ['ʊnharmoːnɪʃ] 形 不調和な, 不協和の. ～*e* Ehe 円満でない結婚生活.

'**Un·heil** ['ʊnhaɪl] 中 -[e]s/《雅》災い, 災難, 災害, 不幸. ～ anrichten〈stiften〉災いを引起す. ↑Unheil bringend

*'**un·heil·bar** ['ʊnhaɪlbaːr, -'--] ウンハィルバール 形《比較変化なし》不治の;《話》《人が》救いがたい, 度じがたい. ～ krank sein 不治の病にかかっている.

'**Un·heil brin·gend**, °'**un·heil·brin·gend** 形《副詞的には用いない》《雅》災いをもたらす.

'**un·heil·lig** ['ʊnhaɪlɪç] 形(古)《戯》不信心な.

'**Un·heil·stif·ter** 男 -s/《雅》災いをもたらす人.

'**un·heil·voll** ['ʊnhaɪlfɔl] 形《雅》不吉な, 災いをもたらす.

*'**un·heim·lich** ['ʊnhaɪmlɪç, -'--] ウンハィムリヒ 形 **1** 気味の悪い, 無気味な. ein ～*es* Gefühl haben (気味が悪くて)落着かない気分である.《名詞的用法で》Sie hat etwas *Unheimliches* an sich³. 彼女には何か無気味なところがある. **2**《話》非常に大きい(多い). ～*en* Hunger haben ものすごくお腹がへっている. **3**《副詞的用法で》《話》非常に, とても. Das hat mich ～ gefreut. 私はそれがものすごくうれしかった.

'**un·höf·lich** ['ʊnhøːflɪç] 形 無作法な, ぶしつけな; 不親切な.

'**Un·höf·lich·keit** 女 -/-en **1**《複数なし》無作法(ぶしつけ)であること. **2** 無作法(ぶしつけ)な言動.

'**un·hold** ['ʊnhɔlt] 形《古》《雅》好意を持たない, 嫌っている. j³〈et³〉～ sein 人³〈事³〉を嫌っている.

'**Un·hold** 男 -[e]s/-e **1** 悪魔, 妖怪(とくに昔話·俗信などの). **2**《侮》《人間の》悪魔; 冷血漢; 性犯罪者.

'**Un·hol·din** ['ʊnhɔldɪn] 女 -/-nen (Unhold の女性形) 魔女, 毒婦.

'**un·hör·bar** [ʊn'høːrbaːr, '---] 形《比較変化なし》聞取れない, 聞えない.

'**un·hy·gi·e·nisch** ['ʊnhygieːnɪʃ] 形 非衛生的な, 不潔な.

'**uni** ['yni, y'niː] 形 (*fr.*)《不変化》(布地が)無地の.

'**Uni**¹ ['ʊni] 女 -/-s《話》大学 (Universität の短縮).

'**Uni**² ['yni, y'niː] 中 -s/-s 無地色. in ～ 無地色の.

UNICEF ['uːnitsɛf] 中 -/《英語 United Nations International Children's Emergency Fund の略》ユニセフ, 国連児童基金.

uni·e·ren [u'niːrən] 他 (*lat.*, vereinigen')《宗派などを》統合(統一)する. *unierte* Kirchen《カトリ教》東方帰一(キリシア教)教会;《プロテス教》合同教会 (19 世紀に教派の異なる教会が連合した).

uni'form [uniˈfɔrm] 形 均一の, 画一的な.

*'**Uni'form** [uniˈfɔrm, 'oniform, 'uːnifɔrm] ウニフォルム 女 -/-en (*lat.* , einförmig') 制服(軍人·警官などの).

uni·for·mie·ren [unifɔrˈmiːrən] 他 **1**《人³に》制服を着用させる. **2**《人〈物〉³を》画一化(均一化)する.

Uni·for·mi·tät [uniformiˈtɛːt] 女 -/ 画一性, 均一性.

'**Uni·ka** ['uːnika] Unikum の複数.

'**Uni·kum** [ˈuːnikʊm] 中 -s/Unika(-s) (*lat.*, ein Einziger') **1**《複数 Unika》唯一無二のもの, 珍しいもの, 1 つしかないもの. **2**《複数 -s》《話》変り者.

*'**un·in·te·res·sant** ['ʊn|ɪntərɛsant] ウンインテレサント 形 **1**(本·映画·劇などが)興味の湧かない, 面白くない, 退屈な. **2**《商業》《副詞的には用いない》有利でない. ein ～*es* Angebot 利益の少ない売申込み.

'**un·in·te·res·siert** ['ʊn|ɪntərɛsiːrt] 形 (an et³ 事³に)無関心な, 興味のない.

Uni'on [uniˈoːn] 女 -/-en (*lat.*) (団体·政党·国家·教会などの)連合, 合同, 同(連)盟; 連邦;《歴史》(Personalunion 2) 合同(同一君主を戴く複数の独立国家). die Christlich-Demokratische ～《略 CDU》キリスト教民主同盟. die Christlich-Soziale ～《略 CSU》(バイエルン州の)キリスト教社会同盟. die Junge ～《略 JU》キリスト教青年同盟 (CDU と CSU の共同の青年組織). die ～ der Sozialistischen Sowjetrepubliken《法制》《歴史》ソビエト社会主義共和国連邦.

uni·po'lar [unipoˈlaːr] 形《比較変化なし》《電子工》単極の.

Uni'so·no [uniˈzoːno, uˈniːzono] 中 -s/-s(..ni [..niː]) (*it.*)《複数まれ》《音楽》同度, 同音, ユニゾン, 斉唱, 斉奏.

Uni'ta·ri·er [uniˈtaːriər] 男 -s/ (*lat.*)《プロテス教》ユニテリアン派(三位一体論を否定する新教の 1 派)の信徒.

Uni·ta'ris·mus [unitaˈrɪsmʊs] 男 -/ **1**《政治》(連邦内の)中央集権主義. **2**《まれ》《プロテス教》ユニテリアン主義. **3**《医学》一元論.

uni·ver'sal [univɛrˈzaːl] 形 (*lat.*)《比較変化なし》**1** 全般的な, 包括的な, 普遍的な; 全世界的な. *Universales* Völkerrecht《法制》全世界的な国際法(外交使節の治外法権など). **2**(薬·機械などが)万能の. **3** 多方面にわたる, 多面的な. ein ～*es* Wissen 幅広い知識.

Uni·ver'sal·er·be 男 -n/-n《法制》包括相続人.

Uni·ver'sal·ge·nie [..ʒeniː] 中 -s/-s **1** 万能の天才. **2**《戯》何でも屋.

Uni·ver'sal·ge·schich·te 女 -/ 世界史.

Uni·ver·sa·li·en [univɛrˈzaːliən] 複 (*lat.*) **1**《哲学》普遍概念. **2**《言語》(すべての言語に共通する)普遍の特性.

Uni·ver·sa'lis·mus [univɛrzaˈlɪsmʊs] 男 -/ (*lat.*) **1**《哲学》普遍主義. **2**《神学》(神の恩寵によって全人類が救われるという)普遍救済説.

Uni·ver·sa·li'tät [univɛrzaliˈtɛːt] 女 -/ **1** 普遍的多面的な教養. **2** 普遍制, 一般性.

Uni·ver'sal·mit·tel 中 -s/ 万能薬.

Uni·ver·sal·mo·tor 男 -s/-en 〖電子工〗交流両用電動機.
uni·ver'sell [univɛrˈzɛl] 形 (fr.)《比較変化なし》= universal

Uni·ver·si'tät
[univɛrziˈtɛːt ウニヴェルズィテート] 女 -/-en (lat.) 総合大学, 大学. die ~ [in] München ミュンヒェン大学. an einer ~ immatrikuliert sein 大学に籍を置いている. an einer ~ lehren〈studieren〉大学で教える〈勉強する〉. Dozent an der ~ sein 大学講師をしている. an einer ~ tätig sein 大学に勤めている. auf die〈zur〉 ~ gehen / auf der ~ sein 大学に通っている, 大学生である.
Uni·ver·si'täts·bi·bli·o·thek 女 -/-en (略 UB) 大学附属図書館.
Uni·ver·si'täts·pro·fes·sor 男 -s/-en 大学教授.
Uni·ver·si'täts·stadt 女 -/-⁼e 大学都市.
Uni·ver·si'täts·stu·di·um 中 -s/..dien 大学での勉強.
Uni·ver·si'täts·we·sen 中 -s/ 大学の制度(組織).
Uni'ver·sum [uniˈvɛrzʊm] 中 -s/..sen[..zən] (lat. das Ganze, Weltall*)《複数まれ》**1** 宇宙. **2** 《雅》無限の多様性.
'Un·ke [ˈʊnkə] 女 -/-n **1** 〖動物〗すずがえる(腹部に派手な警戒色をつけている). **2**《話》不吉な予言をする人, 悲観論者.
'un·ken [ˈʊŋkən] 自《話》不吉な予言をする, 悲観的なものの見方をする.
'Un·kennt·lich [ˈʊnkɛntlɪç] 形 見分けがつかない, 識別できない. sich⁴ ~ machen〈変装などをして〉自分が誰だか分からないようにする.
'Un·kennt·lich·keit 女 -/ 見分けがつかない(識別できない)こと. bis zur ~ 見分けがつかなくなるほど.
'Un·kennt·nis [ˈʊnkɛntnɪs] 女 -/ 無知. in ~ der Sache 事情を知らずに. j⁴ in ~ über et¹ lassen 人⁴に事⁴を知らずにおく.
'un·keusch [ˈʊnkɔʏʃ] 形《雅》《古》慎みのない, ふしだらな; 淫(ﾘﾝ)らな.
'Un·keusch·heit 女 -/《雅》《古》**1** 慎みのないこと. **2** 慎みのない(ふしだらな)振舞.
'un·kind·lich [ˈʊnkɪntlɪç] 形 子供らしくない, 早熟な, ませた.
'un·kirch·lich [ˈʊnkɪrçlɪç] 形 教会にふさわしからぬ, 教会の教えに反する.
***'un·klar** [ˈʊnklaːr ウンクラール] 形 **1** (a) (液体が)濁った, (空が)どんよりした. (b) 不鮮明な, ぼやけた; 不明瞭な, かすんだ; 漠然とした, 曖昧な. eine ~e Aussage 曖昧な供述. ~e Erinnerungen ぼんやりした記憶. ~e Umrisse はっきりしない輪郭. von et³ nur eine ~e Vorstellung haben 事¹について漠然としたイメージしか持っていない. nur ~ zu erkennen sein ぼんやりとしか分からない. **2** 理解できない, 分からない. Wenn etwas ~ ist, fragen Sie bitte. 分からないことがありましたらどうぞお尋ねください. sich⁴ ~ ausdrücken 意見をはっきり言わない, あいまいな言い方をする. **3** 不確かな, 不確実な, あやふやな. Wie die Sache ausgeht, ist noch ~. この件の結果がどうなるかまだ何とも言えない. (名詞的用法で) j⁴ über et¹ im Unklaren⁽°im ~en⁾ lassen 人⁴に事⁴の真相をはっきり教えないようにしておく. sich³ über et¹ im Unklaren⁽°im ~en⁾ sein 事⁴がよく分かっていない, (について)判断に迷っている. **4** こみいった, 錯綜した. ~e Verhältnisse ややこしい状況. **5** 〖海事/軍事〗(出帆・出撃などの)準備が整っていない.
'Un·klar·heit 女 -/-en 濁り, 不透明; 不明瞭, 曖昧味; 不確かさ; 難解さ, ややこしさ. Bestehen noch ~en? まだなにか不明な点がありますか. Darüber herrscht noch ~. それについてはまだはっきりされていない.
'un·klug [ˈʊnkluːk] 形 賢明でない, 気が利(ｷ)かない, (措置などが)まずい. ein ~es Vorgehen まずいやり方. Es wäre ~, das jetzt zu sagen. 彼に今それを言うのは賢明ではないだろうね.
'Un·klug·heit 女 -/-en **1** 賢明ではない(気が利)かない)こと. **2** まずい言動.
'un·kol·le·gi·al [ˈʊnkolegia:l] 形 同僚らしからぬ.
'un·kom·pli·ziert [ˈʊnkɔmplitsiːrt] 形 (事柄などが)複雑(面倒)でない, (人柄などが)付合いやすい. ein ~er Bruch 〖医学〗単純骨折.
'un·kon·trol·lier·bar [ˈʊnkɔntroliːrbaːr, ---ˈ-] 形 制御(監視)できない.
'un·kör·per·lich 形 肉体(実体)のない, 非物質的な.
*ˈ**Un·kos·ten** [ˈʊnkɔstən ウンコステン] 複 雑費, 思いがけない費用; 《話》(Ausgaben) 支出, 出費. Durch seinen Umzug entstanden ihm diesen Monat erhebliche ~. 引越しのために彼は今月たいへんな物入りだった. Ich will mit zu den ~ beitragen. 私も費用を分担するつもりだ. die ~ für et⁴ bestreiten⟨tragen⟩事⁴の費用をもつ. große⟨hohe⟩ ~ heben 何かと出費がかさむ. sich⁴ in ~ stürzen《話》財布の底をはたく, おおいに出費する. sich⁴ in geistige ~ stürzen《おどけて》おおいに頭を使う.
*ˈ**Un·kraut** [ˈʊnkraut ウンクラォト] 中 -[e]s/-⁼er 雑草, 草. ~ verdirbt〈vergeht〉nicht. 《諺》憎まれっ子世にはばかる(雑草は中々死なない). ~ ausreißen〈jäten〉草むしりをする. ~ mit der Wurzel ausreißen〈ausrotten〉《比喩》悪の根を断つ. ~ unter den Weizen säen 麦の中に毒麦を蒔(ﾏ)く(↓《新約》マタ 13:25).
Unk·ti'on [ʊŋktsioːn] 女 -/-en (lat. ungere, salben*) (Einsalbung) (軟膏などの)塗擦.
'un·kul·ti·viert [ˈʊnkʊltiviːrt] 形 **1** (土地が)開墾されていない. **2** (振舞などが)洗練されていない, 粗野な, 無作法な; (人などが)教養のない.
'Un·kul·tur [ˈʊnkʊltuːr] 女 -/ 洗練されていない(粗野な)こと, 無作法.
'un·künd·bar [ˈʊnkʏntbaːr, -ˈ--] 形 《比較変化なし》解約(解雇)できない.
'un·kun·dig [ˈʊnkʊndɪç] 形 (副詞的には用いない)《まれ》(知識(経験)のない. 2 et² ~ sein 事⁴に精通していない, (できない). Ich bin des Weges ~. 私はこの道はよく知らない.
'Un·land [ˈʊnlant] 中 -[e]s/-⁼er 荒地, 耕作不能の地.
'un·längst [ˈʊnlɛŋst] 副 近頃, 最近, ついこの前.
'un·lau·ter [ˈʊnlaʊtər] 形 不純な; 不当(不正)な. ~er Wettbewerb 〖法制〗不正競争.
'un·leid·lich [ˈʊnlaɪtlɪç] 形 **1** 不機嫌な, 無愛想な. ein ~es Kind 聞分けの悪い子供. **2** 耐えがたい, 不快な.
'un·le·ser·lich [ˈʊnleːzərlɪç, -ˈ---] 形 読みにくい, 判読できない.
'un·leug·bar [ˈʊnlɔʏkbaːr, -ˈ--] 形 《比較変化なし》否定できない. Es ist eine ~e Tatsache, dass… …であることは否定できない事実だ.
'un·lieb [ˈʊnliːp] 形 **1** 好ましくない, 不愉快な; 不都

合な, 迷惑な. j³ nicht ~ sein 人³にとって(迷惑などころではない)大歓迎だ, 結構なことである. **2** 《地方》不親切な, 無愛想な.

'**un·lie·bens·wür·dig** 形 無愛想な, 不親切な.

'**un·lieb·sam** ['ʊnliːpzaːm] 形 不愉快な, 嫌な, やっかいな. ~ auffallen (人の)嫌なところが目立つ.

'**un·li·mi·tiert** ['ʊnlimitiːrt] 形 無制限の.

'**un·lo·gisch** ['ʊnloːɡɪʃ] 形 非論理的な, 筋の通らない.

*'**un·lös·bar** [ʊn'løːsbaːr, '--- ウンレースバール] 形 《比較変化なし》**1**(問題などが)解けない, 解決できない. **2**(関係などが)切離せない;(契約などが)解消できない. **3**(結び目などが)ほどけない.

'**un·lös·lich** [ʊn'løːslɪç, '---] 形 《比較変化なし》《副詞的には用いない》**1** 溶けない, 不溶性の. **2** =unlösbar 2

'**Un·lust** ['ʊnlʊst] 女 / **1** 気の進まないこと, やる気のなさ, 嫌(ﾞ)気. mit ~ いやいやながら. **2** 《金融》嫌(ﾞ)気.

'**un·lus·tig** ['ʊnlʊstɪç] 形 《比較変化なし》気乗りがしない. ~ an die Arbeit gehen いやいやながら仕事に取りかかる.

'**un·ma·nier·lich** ['ʊnmaniːrlɪç] 形 不作法な, 行儀の悪い.

'**un·männ·lich** ['ʊnmɛnlɪç] 形 男らしくない. ~er Charakter 男らしくない性格.

'**Un·maß** ['ʊnmaːs] 中 -es/《雅》-e 過度, 過大, 夥(ﾞ)しい量. ein ~ von〈an〉Arbeit 仕事の山. im ~ 過度に, むちゃくちゃに, とてつもなく. **2** 《古》節度のなさ, やり(行き)過ぎ.

'**Un·mas·se** ['ʊnmasə] 女 -/-n 《話》(Unmenge) 多数, 大量.

'**un·maß·geb·lich** ['ʊnmaːsɡeːplɪç, --'---] 形 基準にならない, 重要でない. nach meiner ~en Meinung 私個人の意見によれば.

'**un·mä·ßig** ['ʊnmɛːsɪç] 形 **1** 度を越した, 節度のない. **2** 途方もない, 非常な. ~ viel essen とてつもなく沢山食べる.

'**Un·mä·ßig·keit** 女 -/ 節度のないこと; 過度(極端)であること.

'**un·me·lo·disch** 形 非旋律的な, メロディーに乏しい; 音楽的でない.

'**Un·men·ge** ['ʊnmɛŋə] 女 -/-n (数え切れぬくらいの)大量, 多数. eine ~ Bücher / eine ~ von Büchern 大量の本. eine ~ Bier / ~n〈von〉Bier 大量のビール. in ~n 大量に. eine ~〈~n〉essen 大食いする.

'**Un·mensch** ['ʊnmɛnʃ] 男 -en/-en 人でなし, 人非人. Ich bin ja〈doch〉kein ~ !《話》私だって話せば分かる人間だよ.

*'**un·mensch·lich** ['ʊnmɛnʃlɪç, -'-- ウンメンシュリヒ] 形 **1** 残忍な, 冷酷(非情)な, 血も涙もない. **2** 人間にふさわしくない, 非人間的な, 非人道的な. **3** ものすごい; ほとんど耐えがたい; 超人的な. eine ~e Hitze 殺人的な猛暑. ~e Schmerzen 耐えがたい激痛. 《名詞的用法で》Er hat Unmenschliches geleistet. 彼はとてつもないことをしたのだ.《副詞的用法で》Ich habe heute ~ [viel] zu tun.《話》私は今日は死ぬほど忙しい.

'**Un·mensch·lich·keit** [-'---- とも] 女 -/-en 残忍(性), 冷酷, 冷血; 残忍(冷酷非情)な行為, 非人間的(人道的)行い.

'**un·merk·bar** [ʊn'mɛrkbaːr, '---] 形 《比較変化なし》気づかない, 感じられない.

'**un·merk·lich** [ʊn'mɛrklɪç, '---] 形 《比較変化なし》ほとんど気づかない(わからない). eine ~e Veränderung ほとんど気づかないほどの変化.

'**un·mess·bar** [ʊn'mɛsbaːr, '---] 形 《比較変化なし》計測(測定)できない, 測れない;《比喩》(恐怖などの)測り知れない.

'**un·me·tho·disch** 一定の方法をもたない, 体系的でない, 場当りな.

'**un·miss·ver·ständ·lich** ['ʊnmɪsfɛrʃtɛntlɪç, -----'--] 形 誤解の余地のない, 明白な, はっきり(きっぱり)した. j³ et⁴ ~ zu verstehen geben 人³に事⁴を(誤解のないように)はっきりと分からせる.

*'**un·mit·tel·bar** ['ʊnmɪtəlbaːr ウンミッテルバール] 形 《比較変化なし》**1** 《述語的には用いない》一本道の(一直線)の, まっすぐの. **2** 《述語的には用いない》(時間的・空間的に)すぐの. Weihnachten steht ~ bevor. クリスマスがすぐそこ(間近)に迫っている. in ~er Nähe der Post 郵便局のすぐ近くに. Mit seinem ~en Tod muss gerechnet werden. 彼の命も今日明日と思っておかなければならない. ~ darauf それに続いてすぐ. ~ hinter dem Haus 家のすぐ裏手(ま裏)に. ~ nach dem Abendessen 夕食後すぐ. ~ neben〈vor〉j³ sitzen 人³のすぐ隣り(ま身)前に座る. Sie betrat ~ vor mir den Raum. 彼女は私のすぐ前に部屋に入った. **3**(関係などが)仲介(媒介)なしの, じかの, 直接的な. Aus der ~en Anschauung heraus kann ich sagen, dass... 直接私に観察したところから言えば...である. ~er Besitz《法制》直接占有. ~e Demokratie 直接民主制. ~er Täter《法制》直接犯人. mit j³ in ~er Verbindung stehen 人³とじかに接触を保っている. mein ~er Vorgesetzter 私の直属の上司. ~er Zwang《法制》直接強制. Das geht mich ~ an. それは直接私に関係することだ. Wir verkaufen unsere Waren ~ an den Verbraucher. 私どもは商品を直接消費者に販売いたしております. **4** 切迫した, 緊急の. Maßnahmen zur Befriedigung des ~en Bedarfs 当面の需要を満たすための手だて. ~e Lebensgefahr さし迫った生命の危険.

'**Un·mit·tel·bar·keit** 女 -/ 直接性; 緊急性; 迫力.

'**un·mö·bliert** ['ʊnmøbliːrt] 形 (部屋などが)家具付きでない.

*'**un·mo·dern** ['ʊnmodɛrn ウンモデルン] 形 **1** 流行遅れの. **2**(技術などの水準が)時代遅れの;(考え方などが)時代に遅れた, 旧弊な, 古い.

'**un·mög·lich** ['ʊnmøːklɪç, -'-- ウンメークリヒ] 形 **1** 《比較変化なし》(a) 実行(実現)できない, 不可能な. Das ist technisch ~. それは技術的に無理だ. Dieser Umstand macht es mir ~, dein Angebot anzunehmen. こういう事情で私は君の申出に応ずるわけにはいかない. ~es Ereignis《数学》(確率論で)空(ﾞ)事象. eine ~e Körperhaltung 無理な姿勢. Bei Gott ist kein Ding ~. 神にできないことはなにひとつない(《新約》ルカ 1: 37). Du verlangst Unmögliches von mir それは私にはできない相談だ. [scheinbar] Unmögliches leisten 不可能と思えるようなことをしてのける. das Unmögliche möglich machen 不可能を可能にする. (b) 考えられない, あり得ない. alle möglichen und ~en Gegenstände ありとあらゆるがらくたども. Ich halte es für ~, dass er sie liebt. 彼が彼女を愛しているなんて私には考えられないことだ. Unmöglich! まったく信じられん, えっ本当ですか. **2** 《話》考えられないような, お話にならない; どう

Unmöglichkeit

にも不適切な、まったく不都合な;突拍子もない、珍奇な。Sie hat immer ein ~es Kleid an. 彼女はいつも変な物を着ている。 Er ist ein ~er Mensch. 彼はとんでもないやつだ。 Ich habe schon an den ~sten Stellen gesucht, aber nichts gefunden. 私はまさかと思えるような所まで捜したがなにも見つからなかった。 Er ruft immer zu den ~sten Zeiten an. 彼はとんでもない時間ばかりに電話をかけてくる。 Du siehst in dem Hut ~ aus! 君はその帽子をかぶると見られたものじゃない。 Du bist ~. 君はしようのないやつだな、いっいた場所柄をわきまえたらどうだい。 sich⁴ ~ benehmen とんでもない(非常識な)ふるまいをする。 j⟨sich⟩⁴ ~ machen ⟨人⟨自分⟩の⟩面目をつぶす〈失う、信用(評判)を落す〉。 3 《話》《否定の副詞として多く話法の助動詞 **können** と》…するのは不可能である、…のわけがない。 Das kann ich ~ schaffen. そんなこと私にできるわけがない。 Das kann ~ so gewesen sein. そうだったはずがない。 Mehr ist ~ zu erreichen. これ以上の収穫を望むのは無理というものだ。

'**Un·mög·lich·keit** [-'---- とも] 囡 -/-en 《複数まれ》(実現・成就などの)不可能性; 不可能な事柄。 objektive〈subjektive〉 ~《法制》客観的〈主観的〉不能。

'**un·mo·ra·lisch** ['ɔnmoraːlɪʃ] 形 不道徳的な、不品行な。

'**un·mo·ti·viert** ['ɔnmotiviːrt] 形 1 理由(動機)のない。 2 《比較変化なし/副詞的には用いない》《言語》動機づけのない。

'**un·mün·dig** ['ɔnmʏndɪç] 形《比較変化なし/副詞的には用いない》 1 未成年の。 2 未熟な、一人前でない。

'**Un·mün·dig·keit** 囡 -/ 未成年であること;未熟なこと。

'**un·mu·si·ka·lisch** ['ɔnmuzikaːlɪʃ] 形 非音楽的な;音楽の才能がない。

'**Un·mut** ['ɔnmuːt] 男 -[e]s/ 不機嫌、不満、腹立たしさ。 seinen ~ an j³ auslassen 人³への不満をぶちまける。

'**un·mu·tig** ['ɔnmuːtɪç] 形《雅》不機嫌な。

'**un·nach·ahm·lich** ['ɔnaːxʔaːmlɪç, ,-'---] 形《比較変化なし》まねのできない、独特の。 Sie hat einen ~en Charme. 彼女には(他の人にはない)独特の魅力がある。

'**un·nach·gie·big** ['ɔnnaːxgiːbɪç] 形 頑として譲らない;頑固な、強情な。

'**Un·nach·gie·big·keit** 囡 -/ 頑固(強情)なこと。

'**un·nach·sich·tig** ['ɔnnaːxzɪçtɪç] 形 厳格な、容赦しない。 et⁴ ~ bestrafen 手心を加えぬ厳格さで事⁴を罰する。

'**un·nah·bar** [ɔn'naːbaːr, '---] 形 近寄りがたい、よそよそしい、つんと澄ました。

'**Un·nah·bar·keit** ['----- とも] 囡 -/ 近寄りがたさ、よそよそしさ。

'**Un·na·tur** ['ɔnnatuːr] 囡 -/《雅》不自然なこと、自然に反していること、わざとらしさ。

'**un·na·tür·lich** ['ɔnnatyːrlɪç] 形 1 不自然な、自然(の法則)に反した; 普通でない。 eines ~en Todes sterben 不慮の死をとげる、横死する。 2 《態度などが》わざとらしい、気取った。

'**Un·na·tür·lich·keit** 囡 -/ 不自然さ、わざとらしさ。

'**un·nenn·bar** [ɔn'nɛnbaːr, '---] 形《比較変化なし》《雅》 1 (大きな苦しみ・不幸など)言葉で言い表せない程の。 2 言葉で表現できない、筆舌に尽くしがたい。

'**un·nor·mal** ['ɔnnɔrmaːl] 形 普通(正常)でない、異常な。

*'**un·nö·tig** ['ɔnnøːtɪç ウンネーティヒ] 形 不必要な、無用の、余計な。 sich³ ~e Sorgen machen / sich³ ~ Sorgen machen 余計な心配をする。

'**un·nö·ti·ger·wei·se** 副 必要もないのに。

*'**un·nütz** ['ɔnnʏts ウンニュッ] 形 1 無駄な、無益な、(人の)役立たずの。 ~es Gerede 下らないおしゃべり。 Dieses ~e Kind! この役立たず(いたずらばかりの子供に向かって)。 2 不必要な、余計な。 ~e Ausgaben 余計な出費。

UNO ['uːno] 囡 -/《略》(英語 United Nations Organization の略)国際連合、国連。

*'**un·or·dent·lich** ['ɔnʔɔrdəntlɪç ウンオルドゥントリヒ] 形 1 だらしない、いいかげんな; 自堕落(放縦)な、やくざな。 ein ~er Lebenswandel 自堕落な暮し。 ein ~er Mensch だらしない人間; 部屋を片付けるのが嫌いな人。 ~ arbeiten いいかげんに働く。 ~ gekleidet sein だらしない服装(ぞ)をする。 2 とり散らかした、乱雑な、雑然とした。 ein ~es Zimmer 散らかった部屋。 Die Sachen liegen ~ auf dem Bett. 衣類がベッドの上に放っぽりだしたままになっている。

'**Un·or·dent·lich·keit** 囡 -/ だらしなさ;自堕落;乱雑、無秩序。

*'**Un·ord·nung** ['ɔnʔɔrdnʊŋ ウンオルドヌング] 囡 -/ 無秩序、混乱; 乱雑; 乱脈; ごった返し。 et⁴ in ~ bringen 物⁴を混乱させる。 in ~ geraten 混乱に陥る。 Mein Magen ist in ~. 私は胃の調子が悪い。

'**un·or·ga·nisch** ['ɔnʔɔrgaːnɪʃ] 形 1 (構造などが)調和(統一)のとれていない、有機的でない。 2 《比較変化なし》無機の。

'**un·paar** ['ɔnpaːr] 形《生物》対をなさない、無対の。

'**un·pä·da·go·gisch** 形 非教育的な、教育でない。

'**un·par·tei·isch** ['ɔnpartaɪɪʃ] 形《争っている》どちらの側にも与(⁴)しない、非党派的な、第三者的な、公平な。

'**Un·par·tei·ische** 囡男 《形容詞変化》 1 中立な立場の人、第三者。 2 《競技》審判員、レフェリー。

'**un·par·tei·lich** ['ɔnpartaɪlɪç] 形 =unparteiisch。

'**Un·par·tei·lich·keit** 囡 -/ 中立(性)、公平(性); 不偏不党。

'**un·pass** ['ɔnpas] 形《比較変化なし》 1 《地方》(人にとって)都合が悪い、不都合な。 Das kommt mir ~. それは私には都合が悪い。 2 《多く述語的に》《古》気分がすぐれない、体の調子が良くない。

*'**un·pas·send** ['ɔnpasənt ウンパセント] 形 1 適切さを欠く、場違いな。 eine ~e Bemerkung 不適切な発言。 2 (時間的に)都合の悪い。 zu ~er Zeit 都合の悪い時に。

'**un·pas·sier·bar** ['ɔnpasiːrbaːr, --'--] 形《比較変化なし》通行(通過)できない、通行不能の。

'**un·päss·lich** ['ɔnpɛslɪç] 形《多く述語的用法で》体調が良くない、気分がすぐれない。 Er ist ~. / Er fühlt sich³ ~. 彼は気分が良くない。

'**Un·päss·lich·keit** 囡 -/-en 《複数まれ》気分がすぐれないこと; 体調不良、不快感。

*'**un·per·sön·lich** ['ɔnpɛrzøːnlɪç ウンペルゼーンリヒ] 形 1 (a) 感情を殺した、事務的な、よそよそしい。 ein ganz ~er Brief まったく事務的な手紙。 ein ~es Gespräch führen よそよそしい会話をかわす。 Er wirkt ~. 彼は冷たい印象を与える。 (b) 非個人的な、没(無)個性の。 ein ~es Geschenk ありふれたプレゼント。 ein ~er Stil どこといって癖のない文体。 ein ~ eingerichtetes Zimmer 調度に個人的趣味の見えない部屋。

2〖哲学・宗教〗人格を持たない;〖文法〗非人称の. ein ~*er* Gott 非人格神. ein ~*es* Verb 非人称動詞.

'un·po·e·tisch 形 詩情の乏しい, 散文的な.

'un·po·li·tisch ['ʊnpoliːtɪʃ] 形 政治に無関心な, 非政治的な.

'un·po·pu·lär ['ʊnpopulɛːr] 形 (政治家などが)一般向け(大衆的)でない, 国民(大衆)に歓迎されない; 人気のない.

*'**un·prak·tisch** ['ʊnpraktɪʃ ウンプラクティシュ] 形 **1** (人が)実務的でない, 手際の悪い, 不器用な. **2** (器具などが)非実用的な, 使い勝手の悪い, 使いにくい.

'un·pro·duk·tiv ['ʊnprodʊktiːf] 形 非生産的な.

'un·pro·por·ti·o·niert ['ʊnproportsioniːrt] 形 均整のとれていない, 不均衡の.

'un·pünkt·lich ['ʊnpʏŋktlɪç] 形《比較変化なし》**1** (決められた)時間を守らない, 時間にルーズな. **2** 時間(期限)に遅れた.

'Un·pünkt·lich·keit 女 -/ 時間を守らないこと, 時間にルーズなこと; 期限に遅れること.

'un·qua·li·fi·ziert 形 **1** 特別な資格を持たない, 無資格の. **2** 特別な資格を必要としない. **3**《侮》(発言などが)無知をさらけ出した, 礼儀未な.

'un·ra·siert ['ʊnraziːrt] 形《比較変化なし》ひげを剃っていない, 無精ひげを生やした.

'Un·rast[1] ['ʊnrast] 女 -/《雅》落着かないこと, 不安;目まぐるしさ, 忙しさ.

'Un·rast[2] 男 -[e]s/-e《古》落着きのない人(とくに子供), やんちゃぼうず.

'Un·rat ['ʊnraːt] 男 -[e]s/《雅》ごみ, くず, 廃物; 汚物. ~ wittern〈riechen〉《話》危険を察知する, 胸騒ぎがする.

'un·ra·ti·o·nell ['ʊnratsionɛl] 形 非合理的な; 不経済な.

'un·rat·sam ['ʊnraːtzaːm] 形《比較変化なし / 付加語的には用いない》得策でない, 賢明でない.

*'**un·recht** ['ʊnrɛçt ウンレヒト] 形 **1**《比較変化なし》不正な, 不法な, 不当な. auf ~*e* Gedanken kommen 邪(よこしま)な考えを起す. an j³ ~ handeln 人³に不当な仕打ちをする. Er hat ~ daran getan. 彼は汚ない手を使った. *Unrecht* Gut gedeihet nicht. 《諺》悪銭身につかず, 不正による富は頼りにならない(《旧約》箴 10:2).《名詞的用法で》etwas *Unrechtes* tun ~を働く. **2** 間違った, 誤った, 正しくない. Damit ist er bei mir an die ~*e* Adresse〈an den *Unrechten*〉gekommen〈geraten〉.《話》彼がその話を私のところへ持ちこんだのはお門(かど)違い. in ~*e* Hände fallen〈gelangen/kommen〉(手紙が)間違った人に届く. et⁴ in die ~*e* Kehle bekommen 事⁴を誤解して腹をたてる. auf den ~*en* Weg geh Schritt 道を間違いている. **3** 不適切(不適当)な, 場違いな, まずい. Es geschah gerade im ~*en* Augenblick. それは丁度都合の悪い時に起こった. eine Bemerkung am ~*en* Ort 場所柄をわきまえない言葉, 場違いな発言. zur ~*en* Zeit まずい(あいにくな)時に. Komme ich ~? お邪魔でしたか. (nicht と)nicht ~ sein《話》まんざら(捨てたもの)でない; 悪くない. 彼女はなかなかどうして悪くない. ♦↑Unrecht 2

*'**Un·recht** ['ʊnrɛçt ウンレヒト] 中 -[e]s/ **1** 不正, 不法; 不正(不法)行為, 不当な扱い(仕打). j³ [ein] ~ antun〈zufügen〉人³に不当な仕打ちをする(不法を働く). ein ~ begehen 不正を働く, よからぬことをする. das ~ bekämpfen 悪(不正)と戦う. [ein] ~ erdulden〈erleiden〉不正を耐え忍ぶ(に泣く). Besser ~ leiden als ~ tun.《諺》人を泣かせるより自分が泣く方が良い. **2** (判断などの)誤り, 間違い, 過誤. im ~ sein 言うこと(言い分)が間違っている, 考え違いをしている. j⁴ ins ~ setzen 人⁴を悪者に仕立てあげる. sich⁴ ins ~ setzen 自分で自分の首をしめる. zu〈mit〉~ 不当に, 誤って.《慣用的表現で》~〈*unrecht*〉bekommen 考えが間違っていると言われる. j³ ~〈*unrecht*〉geben 人³の言うこと(考え)を間違っているとする. ~〈*unrecht*〉haben 言うことが間違っている.

'un·recht·mä·ßig ['ʊnrɛçtmɛːsɪç] 形《比較変化なし》不法な, 違法な, 非合法の.

'Un·recht·mä·ßig·keit 女 -/-en **1**《複数なし》不法(違法)性, 非合法(性). **2** 不法(違法)行為.

'un·red·lich ['ʊnreːtlɪç] 形 不誠実な, 不正直な.

'Un·red·lich·keit 女 -/-en **1**《複数なし》不誠実(不正直)であること. **2** 不誠実(不正直)の行為.

'un·re·ell ['ʊnreɛl] 形 信用のおけない, 不正直な.

'un·re·gel·mä·ßig ['ʊnreːgəlmɛːsɪç] 形 **1** 不規則な, 変則的な; 不定期の. **2** 一様でない, 不揃いの.

'Un·re·gel·mä·ßig·keit 女 -/-en **1**《複数なし》不規則なこと, 一様でないこと; 異常. **2**《多く複数で》不正(違反)行為.

'un·reif ['ʊnraɪf] 形 **1** (果物などが)熟していない. **2** (考えなどが)充分に練られていない; (社会情勢などの)機が熟していない. **3** 人が未熟な, 経験の浅い.

'Un·rei·fe 女 -/ 未熟さ, 経験不足.

'un·rein ['ʊnraɪn] 形 **1** 濁った, くもった, よごれた; 不潔な, きたない; 淫らな. ~*er* Atem 《複数なし》不潔 Gedanken 淫らな考え. ~*e* Haut (吹出物などのある)きたない肌, 吹出面.《名詞的用法で》ins *Unreine* heiraten 軽はずみな結婚をする. ein Jahr ins *Unreine* gemacht haben 落第する, (学校で)もう 1 年ダブっている. et⁴ ins *Unreine*〈°~*e*〉schreiben 事⁴を下書きする. ins *Unreine*〈°~*e*〉sprechen〈reden〉《戯》好き勝手な(言いたい放題の)ことをしゃべる. **2** 不純な, 混じり気のある. ~*es* Gelb 濁った黄色. ~*er* Reim 《韻律》不純韻. ~*er* Stoff《卑》~*es* Zeug《麻薬》不純なブツ. ein ~*er* Ton はずれた(狂った)音程. ~ singen はずれた声で歌う. **3**《宗教》禁忌(タブー)の, 不浄の;《古》癩病の.

'Un·rein·heit 女 -/-en 濁り, くもり, よごれ, 不潔, 淫らさ; 汚染, 汚濁;《ふつう複数で》にきび, 吹出物.

'un·rein·lich ['ʊnraɪnlɪç] 形 不潔な, よごれた, きたならしい.

'Un·rein·lich·keit 女 -/-en《複数まれ》不潔, よごれ, きたならしさ.

'un·ren·ta·bel ['ʊnrɛnta·bəl] 形 もうからない, 採算のとれない.

'un·rett·bar [ʊn'rɛtbaːr, '---] 形《比較変化なし / 多く副詞的用法で》救いようがない, 助からない. ~ verloren sein 絶望的である.

'un·rich·tig ['ʊnrɪçtɪç] 形《比較変化なし》**1** 偽りの, 虚偽の. ~*e* Angaben 虚偽の申告. **2** 間違った, 誤った; 適切でない. **3** 《まれ》不正な, 不当な.

'Un·rich·tig·keit 女 -/-en **1**《複数なし》不正; 不正確(不適切)であること. **2** 間違い, 誤り.

'un·rit·ter·lich 形 騎士道に悖(もと)る; 礼儀正しくない; (とくに女性に対して)親切心に欠ける.

'Un·ruh ['ʊnruː] 女 -/-en (↑Unruhe 6)〖工学〗(時計のぜんまいによってかちかちと往復回転する)平衡輪, 天府(てんぷ).

*'**Un·ru·he** ['ʊnruːə ウンルーエ] 女 -/-n **1**《複数なし》

ざわつき, ざわめき, 騒々しさ. In dieser Klasse herrscht ständig ~. このクラスはいつもざわざわしている. ~ stiften 騒ぎを惹き起す. **2**《複数なし》不安, 心配; 動揺, 苛々(%%). j³ ~ bereiten〈bringen/verursachen〉人³に心配をかける. in ~ geraten 動揺する, 不安(心配)になる. **3**《複数なし》不穏な空気, 気分. 《複数なし》せわしない動き. Der Vulkan ist in ständiger ~. この火山は絶間なく活動している. **5**《複数でのみ》騒乱, 騒ぎ, 暴動. **6**《話》(Unruh) 時計の平衡輪.

'**Un·ru·he·herd** 男 -[e]s/-e 暴動(騒乱)の多発地域, 騒ぎの火元.

'**Un·ru·he·stif·ter** 男 -s/- 騒動を起す(治安を攪乱(%%)する)者, (騒ぎの)扇動者; (とくに)騒いで授業を妨害する者.

*'**un·ru·hig** ['ʊnruːɪç ウンルーイヒ] 形 **1** 騒がしい, ざわついた, 騒々しい, 不穏な. Tagsüber ist es hier sehr ~. 昼の間この辺はとてもうるさい. **2** じっとしていない, 落着きない. ~es Blut haben じっとしていられない性分(%%)である, いつもそわそわしている. ein ~er Geist 〈Mensch〉落着きのない(がさついた)人間, いらち. ein ~es Meer 荒れた海. ein ~es Quecksilber sein / wie Quecksilber sein《話》片時もじっとしていない, 落着きがない. **3** せわしない, あわただしい. ein ~es Leben führen ばたばたした生活をしている. **4** 不安, 心配した. Sein langes Ausbleiben machte mich sehr ~. 彼がなかなか帰ってこないので私はやきもきした. **5** 不規則な, 不整な, 乱れた. Der Motor läuft ~. このモーターは調子が狂っている. eine ~e Nacht haben 眠れない(不安な)夜を過ごす. einen ~en Schlaf haben / ~ schlafen よく(ぐっすり)眠れない.

'**un·rühm·lich** ['ʊnryːmlɪç] 形《比較変化なし》不名誉な, 恥ずべき.

'**Un·ruh·stif·ter** 男 -s/- =Unruhestifter

uns [ʊns] 代《人称・wir の 3・4 格》私たちに(を). ◆ wir の 3・4 格の再帰・相互代名詞としても用いる. Wir freuen ~⁴ sehr. 私たちはとてもうれしい(再帰代名詞). Wir helfen ~³ [gegenseitig]. 私たちは互いに助け合う(相互代名詞).

'**un·sach·ge·mäß** ['ʊnzaxɡəmɛːs] 形《比較変化なし》(取扱いなどに)不適切な, 誤った.

'**un·sach·lich** [ʊnˈzaxlɪç] 形 **1** 事実に即していない, 客観的でない; (議論などで)感情に走った, 偏見にとらわれた. **2** 現実離れした.

un·sag·bar [ʊnˈzaːkbaːr, '---] 形《比較変化なし》**1**《大きな苦しみ・不幸などが》言葉で言い表せない程の. **2**《副詞的用法で》非常に, ひどく.

un·säg·lich [ʊnˈzɛːklɪç, '---] 形《比較変化なし》《雅》=unsagbar

'**un·sanft** ['ʊnzanft] 形 (扱い方が)手荒な, 乱暴な.

'**un·sau·ber** ['ʊnzaʊbər] 形 **1** 不潔な, 汚れた. **2** (仕事ぶりなどが)いい加減な, 不確な. **3** (音などが)澄んでない. **4** (やり方が)汚(%%)い, 不正な, フェアでない.

'**Un·sau·ber·keit** 女 -/-en **1**《複数なし》汚れている(不潔である)こと; いい加減なこと; (音などが)澄んでないこと; 不正であること. **2** 汚れたもの, 汚れた箇所; 不正行為; 小さなミス.

*'**un·schäd·lich** ['ʊnʃɛːtlɪç ウンシェートリヒ] 形 無害の(健康上)安全な. ein ~es Medikament 安全な薬(副作用のない). j〈et〉⁴ ~ machen 人〈物〉³による危害を防ぐ, (が)害をおよぼさないようにする.

'**un·scharf** ['ʊnʃarf] 形 **1**(画像などが)ぼやけた, 不鮮明な; (眼鏡などが)はっきり見えない. **2**(考え方の説明などが)不明確な, 厳密(精確)でない.

un'schätz·bar [ʊnˈʃɛtsbaːr, '---] 形 (価値・意義などが)非常に貴重な, 測り知れない程の. von ~em Wert sein / [einen] ~en Wert haben 測り知れぬ価値がある.

'**un·schein·bar** ['ʊnʃaɪnbaːr] 形 目立たない, ぱっとしない, 地味な; 貧相な.

'**un·schick·lich** ['ʊnʃɪklɪç] 形《雅》**1** 無作法な, ぶしつけな. **2** ふさわしくない; 《古》不都合な.

'**Un·schlitt** ['ʊnʃlɪt] 中 -[e]s/-e《地方》(ろうそく用の)獣脂.

'**un·schlüs·sig** ['ʊnʃlʏsɪç] 形 **1** 決心のつかない, ためらっている, 優柔不断の, ぐずぐずした. Ich bin [mir] noch ~ [darüber], was ich machen soll. どうしたらいいか私はまだ決心がつきかねている. **2**《まれ》筋の通らない, 首尾一貫しない.

'**Un·schlüs·sig·keit** 女 -/ 決心がつかないこと, 不決断; 優柔不断であること.

un'schmelz·bar [ʊnˈʃmɛltsbaːr, '---] 形《冶金》融解(溶解)できない, 非融解(溶解)性の.

'**un·schön** ['ʊnʃøːn] 形《比較変化なし》**1** 醜い, 不細工な, 見苦しい. **2**《副詞的には用いない》不愉快な, 不快な. **3** 不親切な, 思いやりのない; フェアでない.

*'**Un·schuld** ['ʊnʃʊlt ウンシュルト] 女 -/ **1** 無罪, 無実, 潔白. seine ~ beteuern 身の潔白を誓う. die gekränkte ~ spielen (身に覚えのないことで)辱(%%)しめられたときまで《話》潔白(無関係)を主張する. Ich wasche meine Hände in ~! 私は関係ない(知らない)からね. **2** 純心, 純粋, 無邪気. eine ~ vom Lande《戯》おぼこ娘, 世間知らず; 田舎者. in aller ~ この上もなく. **3** 処女性, 純潔, 童貞. einem Mädchen die ~ nehmen〈rauben〉ある娘の純潔を奪う, (を)誘惑する. seine ~ verlieren 純潔を失う.

*'**un·schul·dig** ['ʊnʃʊldɪç ウンシュルディヒ] 形《比較変化なし》**1** 無罪(無実)の, 潔白な(an et³ 事³に関して). Er ist an diesem Unfall nicht ganz ~. 彼はこの事故にまったく責任がないとはいえない. ~ leiden 罪(%%)に泣く. ~ im Gefängnis sitzen 無実の罪で刑務所に入っている. j⁴ ~ verdächtigen〈verurteilen〉無実の人⁴に嫌疑をかける〈有罪を宣告する〉. Daran ist er wirklich völlig ~!《反語》彼は本当はなにもしていない(なんの役にも立っていない)よ. **2** 純心(無垢)な, 純粋な, 無邪気な, 善意の(他意)のない. ein ~er Blick 澄んだ(清らかな)眼差(%%). das Fest der *Unschuldigen* Kinder《カトリ》無辜聖嬰児(%%%%)の記念日(12月28日). **3**《古》処女(童貞)の, 純潔な. ein ~es Vergnügen 罪のない楽しみ. **4**《古》処女(童貞)の, 純潔な.

'**Un·schulds·mie·ne** 女 -/-n 何食わぬ顔, 虫も殺さぬ顔.

'**un·schwer** ['ʊnʃveːr] 副 容易に, たやすく, 苦もなく.

'**Un·se·gen** ['ʊnzeːɡən] 男 -s/《雅》不幸, 災(%%)い; 呪い.

'**un·selb·stän·dig** ['ʊnzɛlpʃtɛndɪç] 形 =unselbstständig

'**Un·selb·stän·dig·keit** 女 -/ =Unselbstständigkeit

'**un·selbst·stän·dig** ['ʊnzɛlpst-ʃtɛndɪç] 形 独立していない, 自立(自活)していない, 人に頼っている; 人に

雇われた． Einkommen aus ~*er* Arbeit 給与所得．

'Un·selbst·stän·dig·keit 囡 /-/ 独立(自立)していないこと；人に雇われていること．

'un·se·lig ['ɔnzəːlɪç] 形 《雅》 **1**（運命・出来事などが）呪われた，不吉な，嘆かわしい，悲惨な． **2**（人などが）不幸な，不運な．

'un·ser ['ɔnzər ウンザー] 代 Ⅰ 《所有》（1人称複数の所有代名詞．用法は mein を，格変化は付録「品詞変化表」III を参照） 我々の，私たちの． ~-Haus 我々の家． Da kommt ~ Bus. ほらバスが来た． unter ~*em*⟨~*m*/*unsrem*⟩ Tisch 我々の机の下に．~ *es* Wissens（略 u. W.）私たちの知る限りで． Unsere Liebe Frau ⟨略⟩ 聖母マリア． ◆ 格語尾がつくとしばしば -e- を省いて unsre, unsrem（unserm）, unsren（unsern）, unsrer, unsres（unsers）などとなる． Ⅱ《人称》人称代名詞 wir の2格（↑ meiner）. Unser sind drei. / Es⟨Wir⟩ sind ~ drei. 私たちは3人です． Gedenke ~! ⟨古⟩ 私たちのことを忘れないでください．

'un·ser·ei·ner ['ɔnzərʔaɪnər] 代 《不定》 我々のような人間；我々ごとき者. Auf *unsereinen* nimmt kein Mensch Rücksicht. 我々のことなんて誰一人考えてくれやしない．

'un·ser·eins ['ɔnzərʔaɪns] 代 《不定 / 不変化》《話》=unsereiner

'un·se·rer'seits ['ɔnzərər'zaɪts] 副 私たち（の側）としては，我々の方では．

'un·se·res'glei·chen ['ɔnzrəs'ɡlaɪçən] 代 《不定 / 不変化》我々のような人間，我々と同類項の人．

'un·se·res'teils ['ɔnzərəs'taɪls] 副 《まれ》 =unsererseits

'un·se·ri·ge [ˈɔnzərɪɡə] 代 《所有》《雅》 =unsrige

'un·ser'seits ['ɔnzərˌzaɪts] 副 《まれ》 =unsererseits

'un·sers'glei·chen ['ɔnzərs'ɡlaɪçən] 代 《不定 / 不変化》《まれ》 =unseresgleichen

'un·sert'hal·ben ['ɔnzərt'halbən] 副 《古》 =unsertwegen

'un·sert'we·gen ['ɔnzərt'veːɡən] 副 **1** 私たちのために，我々について． **2**《まれ》私たちとしては，我々の方では．

'un·sert'wil·len ['ɔnzərt'vɪlən] 副《次の成句でのみ》um ~ 私たちのために．

*'**un·si·cher** ['ɔnzɪçər ウンズィヒャー] 形 **1** 確実でない，不確実な，不確定な（未決定）の． Es ist noch ~, ob er kommt. 彼が来るかどうかはまだはっきりしていない． Der genaue Termin ist noch ~. 正確な期日は未定である． **2** (a) 自信のない，不安げな，あぶなっかしい，頼りなげな． ein ~*es* Auftreten haben おどおど（そわそわ）している． eine ~*e* Hand haben 手つきがおぼつかない． ~ fahren 頼りない運転をする． j⁴ ~ machen 人⁴をあわて（うろたえ）させる． ~ auf den Beinen⟨den Füßen⟩ sein 足がしっかりしていない，足もとがおぼつかない． Er ist im Kopfrechnen immer noch ~. 彼の暗算はあいかわらず疑わしい，決断できない． (b) 確信がない，自信がない． Jetzt bin ich [mir] ~, ob ich wirklich abgeschlossen habe. 私は本当に鍵をかけたかどうかについて自信がない． Ich bin mir noch ~. 私はまだ迷っている（どちらとも決めかねている）．《名詞的用法で》Ich bin noch im *Unsichern*⟨~*n*⟩. 私はまだどちらとも決めかねている，疑わしく思っている（ob…… …かどうか）． **3** 頼り（当て）にならない，信頼（信用）できない． Auf eine so ~*e* Geschichte würde ich mich nicht einlassen. そんな頼りない話には私なら乗らないがね． ein ~*er* Kantonist 《話》当てにできない男，頼りにならないやつ． ein ~*es* Versprechen いいかげんな約束． **4** 危険な，物騒な，危険をはらんだ；危険（危険）にさらされた． eine ~*e* Gegend 物騒なあたり． ~*e* politische Verhältnisse 不安な政情． eine Gegend ~ machen 《戯》その地域を荒らしまわる（盗賊・観光客などが）． das Landvolk ~ machen 《戯》田舎へピクニックに行く． Er macht sonnabends die Kneipen ~. 彼は土曜日になると飲屋に出撃する．

'Un·si·cher·heit 囡 /-/-en **1**《複数なし》不確かさ，不安定；自信のなさ，頼りなさ． **2** 不確実(不確定)な事柄；あぶなっかしい（頼りない）言動．

'Un·si·cher·heits·fak·tor 男 -s/-en 不確定要素．

'un·sicht·bar ['ɔnzɪçtbaːr] 形 《比較変化なし》目に見えない． sich⁴ ~ machen 《戯》姿をくらます．

'un·sich·tig ['ɔnzɪçtɪç] 形 《比較変化なし》（もやなどで）見通し(視界)の利(き)かない．

*'**Un·sinn** ['ɔnzɪn ウンズィン] 男 -[e]s/ 無意味，ナンセンス；馬鹿げた（くだらない）事，愚行，悪ふざけ． Er hat nichts als ~ im Kopf. 彼はまともなことはひとつも考えない． Lass doch den ~! 馬鹿なまねはよせ． Da habe ich einen ziemlichen ~ gemacht. 私はずいぶんへまをしてしまった． Bist du mir wirklich nicht böse? — ~! 《話》私のことを本当に怒っていませんか — (怒っているなんて)とんでもありません． [blühenden] ~ reden⟨schwatzen⟩ 馬鹿話をする，くだらぬおしゃべりをする． ~ treiben⟨machen⟩ 馬鹿げたこと（悪ふざけ）をする．

'un·sin·nig ['ɔnzɪnɪç] 形 **1** 無意味な，ナンセンスな；馬鹿げた，愚かな，くだらない． ein ~*es* Gerede 愚にもつかないおしゃべり． an den ~*sten* Stellen suchen とんでもない所まで捜す． **2**《話》途方(とてつ)もない，並はずれた． ~*e* Forderungen stellen べらぼうな要求をする．《副詞的用法で》~ hohe Preise ばかに高い値段． sich⁴ ~ betrinken へべれけになる． **3**《述語的には用いない》《古》頭がおかしい，正気でない．

'un·sinn·lich ['ɔnzɪnlɪç] 形 **1** 感覚(感性)的でない． **2** 官能的(肉感的)でない，肉欲的でない．

'Un·sit·te ['ɔnzɪtə] 囡 /-/-n 悪癖，悪習． Es ist eine ~ von dir, zu viel zu trinken. 飲み過ぎるのがきみの悪い癖だ．

'un·sitt·lich ['ɔnzɪtlɪç] 形 **1** 不道徳な，不倫の；淫(みだ)らな，わいせつな． **2**《比較変化なし》《法制》公序良俗に反する．

'Un·sitt·lich·keit 囡 /-/-en **1** 不道徳，不倫；わいせつ． **2** 不道徳な（みだらな，わいせつ）言動．

'un·so·lid ['ɔnzoliːt] 形 =unsolide

'un·so·li·de ['ɔnzoliːdə] 形 **1**（家具などが）堅牢でない；質の悪い，粗悪な． **2**（性格・生活などが）堅実でない，だらしない，いい加減な． **3** 信用のおけない，信頼できない．

'un·so·zi·al ['ɔnzotsiaːl] 形 **1** 非社会的な，社会的弱者を圧迫する． **2**《比較変化なし》《生物》群棲しない，群れをつくらない．

'un·sport·lich ['ɔnʃpɔrtlɪç] 形 **1** スポーツ好きでない． **2** スポーツマンシップに反する，フェアでない．

'uns·re ['ɔnzrə] 代 《所有》 ↑ unser ◆

'uns·rer'seits ['ɔnzrər'zaɪts] 副 =unsererseits

'uns·res'glei·chen ['ɔnzrəs'ɡlaɪçən] 代 《不定 / 不変化》 =unseresgleichen

'uns·res'teils ['ɔnzrəs'taɪls] 副 《まれ》 =unseresteils

'**uns·ri·ge** ['ʊnsrigə] 代《所有》《雅》(つねに定冠詞を伴って用いられる。変化は形容詞の弱変化に準じる)私たちのもの．Wessen Haus ist das? ― Das ist das ~. 誰の家ですか ― 私たちのです．das *Unsrige*〈das ~〉私たちの義務(財産)．die *Unsrigen*〈die ~n〉私たちの家族(身内,部下).

un·stän·dig ['ʊnʃtɛndiç]《比較変化なし》《古》臨時(一時)雇いの，常勤でない．

un·statt·haft ['ʊnʃtathaft]《比較変化なし/副詞的には用いない》《雅》許されない，容認できない．

'un·sterb·lich ['ʊnʃtɛrpliç, -'--] ❶《比較変化し/副詞的には用いない》**1** 不死の，永遠の．die ~*e* Seele 永遠の魂．**2** 不滅の，不朽の．~*e* Melodien 不滅のメロディー．❷ 副《戯》非常に，ひどく．sich⁴ ~ blamieren 赤っ恥をかく．

Un·sterb·lich·keit [-'---- とも] 女-/ 不死,不滅,永遠性;《宗教》霊魂の不滅(死後も霊魂は永遠に存続すること).

Un·stern ['ʊnʃtɛrn] 男-[e]s/《雅》凶星,悪い星のめぐりあわせ,不運．unter einem ~ stehen〈geboren sein〉星のめぐり合せが悪い,悪い星のもとに生れている．

un·stet ['ʊnʃteːt]《雅》(態度・目つきなどが)落着きのない，不安そうな，そわそわした；(気分などが)不安定な，気まぐれな；(生活が)放浪性の．

un·ste·tig ['ʊnʃteːtiç]《数学》不連続の．**2**《古》= unstet

Un·ste·tig·keit 女-/-en (↑ unstet)《複数なし》落着きがないこと，不安定，気まぐれ．**2**《数学》不連続．

un·still·bar [ʊn'ʃtɪlbaːr, '---]《比較変化なし》**1** 止めることのできない．ein ~*er* Blutstrom 止まらない出血．**2** 鎮めることのできない，抑えがたい．ein ~*es* Verlangen いやしがたい渇望．

'un·stim·mig ['ʊnʃtɪmiç]《比較変化なし》**1** 統一(調和)のとれていない；つじつまの合わない．**2** 事実に合わない，誤った．

'Un·stim·mig·keit 女-/-en **1**《複数なし》不一致，不統一，不調和．**2** (ふつう複数で)(計算などの合わない箇所，間違い；(法律などの)不整合な箇所，矛盾点；意見の相違(不一致)，論争．

un·sträf·lich ['ʊnʃtrɛːfliç, -'--]《古》申分のない，文句のつけようのない．

un·strei·tig ['ʊnʃtraɪtiç, -'--]《比較変化なし》議論の余地のない，確かな，明白な．

Un·sum·me ['ʊnzʊmə] 女-/-n **1** 巨額，多額の金(費用)．**2** 膨大な量．

un·sym·me·trisch ['ʊnzʏmetrɪʃ]《比較変化なし》非対称の，左右が対称でない．

un·sym·pa·thisch ['ʊnzʏmpatɪʃ]《比較変化なし》**1** 好感のもてない．Er ist mir ~. 私は彼が好きになれない．**2** (考えなどが)気に入らない，同調(共感)できない．

un·sys·te·ma·tisch ['ʊnzʏstematɪʃ]《比較変化なし》無計画な，行当りばったりの；系統的でない，組織だっていない．

un·ta·del·haft ['ʊntaːdəlhaft, -'---]《比較変化なし》《まれ》= untadelig

un·ta·de·lig ['ʊntaːdəliç, -'---] 形 申分のない，非のうちどころがない．

Un·tat ['ʊntaːt] 女-/-en 凶行，犯行，犯罪．eine ~ begehen 悪事を働く．

Un·tät·chen ['ʊntɛtçən] 中 -s/《地方》(次の成句)An j⟨et⟩³ ist kein ~. 人〈物〉³には悪い所(欠点)は少しもない．

un·tä·tig ['ʊntɛːtiç] 何もしない，無為の，怠惰な．

'Un·tä·tig·keit 女-/ 何もしないこと，無為，怠惰．

'un·taug·lich ['ʊntaʊklɪç]《比較変化なし》**1** 役に立たない，不適格の，不向きな(für et⁴ 事に)．~*es* Werkzeug 役に立たない道具．**2** 兵役に適さない．

'Un·taug·lich·keit 女-/ 役に立たない(不適格である)こと；兵役不適格．

un·teil·bar [ʊn'taɪlbaːr, '---]《比較変化なし》**1** 分割できない，不可分の．**2**《数学》割り切れない．

Un·teil·bar·keit ['---- とも] 女-/ 分割できないこと；《数学》割り切れないこと．

'un·ten ['ʊntən ウンテン] 副 **1** (a) 下に，下の方で；下部(下段，下端，下側)に．Du musst dort ~ durch die Unterführung gehen. 君はあそこで下へ降りて地下道を行かなければならない．Fass ~ an! (家具などを運ぶとき)下を持て．Ich glaube, diese Seite muss ~ liegen. どうもこちら側が下に(この面が裏側に)なるように思います．~ auf der Landkarte 地図の下の方に．~ auf der Treppe 階段の下で．~ im Hof 下の中庭に．links 〈~ links〉im Bild 写真の左下に．nach ~ gehen くだって行く．mit dem Gesicht nach ~ 顔をうつぶせにして．《成句的に》Ich wusste nicht mehr, was oben und 〈~ und oben〉 war. 私はもう何が何だかさっぱり分からなかった．bei j³ ~ durch sein《話》人³に見限ら(愛想をつかさ)れている，(に)もう相手にされない．(b) 底に(で)．~ im Koffer トランクの底に．~ im Meer 海底に．alles von oben nach〈von ~ nach oben〉kehren (探し物などで)ないもかもごちゃごちゃにひっかき回す．(c) 階下に(で)．Ich warte ~ auf dich. 下(玄関，家の前)で君を待っています．~ [im Haus] wohnen 1階に住む．(d)《話》下半身に，(とくに)下腹部に．Hast du dich auch ~ gewaschen? (小さな子供に対して)下の方も洗いましたか．Oben hui, ~ pfui.《話》外見はいかに中身はさっぱりだ．besoffen sein《話》(酔って)足を取られている．**2** 下座(の)に，末席に．**3** (am)南に(で)，(南へ)くだって．Ich will ein paar Tage ~ bleiben. 私は2, 3日南の方で過ごそうと思っている．**4** (書物・論文などの)後段で，あと(うしろ)の方に．weiter ~ im Text 本文のずっと後段で．siehe ~ (略 s. u.) 後段参照のこと．**5** (社会的に)下層で，下級で．Der Werkmeister hat sich⁴ von ~ hochgearbeitet. 職工長はたたき上げてこれまでになった．eine Idee〈eine Kritik〉von ~ 下からの創意〈批判〉．◆ ↑unten liegend, unten stehend

'un·ten·an ['ʊntən¦an] 副 下に，後ろに；末席に，末端に．

'un·ten·her ['ʊntən'heːr] 副 下から．

'un·ten·hin ['ʊntən'hɪn] 副 下へ．

'un·ten·lie·gend, °'un·ten·lie·gend 形《比較変化なし/付加語的用法のみ》下にある．

'un·ten·ste·hend, °'un·ten·ste·hend 形《比較変化なし/付加語的用法のみ》下にある；下記の．

'un·ter ['ʊntər ウンター] ❶ 前《3・4格支配》下方・下位・付随状況を表し，場所を示す場合は 3 格を，方向を示すときは 4 格を支配する．定冠詞 dem, den および das と融合して unterm, untern, unters，また代名詞として融合して d[a]runter, worunter, untereinander となる．① 1 (3格支配) 下 **1** …の下で，…の下方に．Er steht ~ dem Fenster. 彼は窓の下に立っている．Der Hund lag ~ dem Tisch. 犬はテーブルの下に

寝そべっていた. Sie wohnen ～ uns. 彼らは私たちの1階の下に住んでいる. mit j³ ～ einem Dach leben 人³とひとつ屋根の下に暮す. ～ einer Decke liegen 毛布を被って寝る. mit j³ ～ einer Decke stecken《話》人³と手を組む〈ぐるになる〉. ～ der Erde liegen〈sein〉《雅》もう亡くなっている. ein Kind ～ dem Herzen tragen《雅》身重(ホニミュ)である. ～ freiem Himmel schlafen 野宿をする. nicht richtig ～ dem Hut sein〈とくに子供が〉頭がおかしい. 15 m ～ dem Meeresspiegel 海面下15メートル. ein Sporthemd ～ dem Pullover tragen セーターの下にスポーツシャツを着ている. das Pferd X ～ dem Reiter Y 騎手Yの乗るX号. zusammen ～ einem Schirm gehen 相合傘で歩く. ～ dem Strich 損得(差引)勘定をしてみると. ～ Tag[e] arbeiten《鉱業》坑内で作業をしている.
2《劣位・従属》…より下位で, …の〈支配・監督・保護〉のもとで. Er hat eine Abteilung ～ sich³. 彼は1部局を預かる身である(率いている). ～ j² Aufsicht〈Herrschaft〉人²の監視〈支配〉下で. ～ j³ arbeiten 人³の下で働く. ～ j³ dienen《軍事》人³の配下で服役する, (の)部隊にいる. ～ j³ stehen 人³の部下〈家来, 家臣〉である; (より)劣る(落ちる).
3《付随状況・状態・事情・条件・原因》…のもとで. ～ Alkohol[einfluss] stehen 酒が入いって(酔っていう）る. ～ Aufbietung aller Kräfte 全力をふりしぼって. ～ der Bedingung, dass …という条件のもとで. ～ Berücksichtigung von et¹ 事¹を考慮(斟酌)にいれる. ～ Eid 宣誓をして. ～ großen Entbehrungen たいへんな不自由を忍んで. ～ Gicht〈der Hitze〉leiden 痛風に悩む〈暑さに音(ᅠ)をあげる〉. ～ Glockengeläut 鐘の音が鳴響いて. ～ falschem Namen 偽名を使って. ～ Rückerbittung《略 u. R.》《商業》返却請求付きで. ～ Strom stehen 電気が通じている. ～ Tränen 泣きながら, 涙ながらに. ～ Umständen《略 u. U.》場合(事情)によっては. ～ allen Umständen いかなる場合にも; ぜひとも.
4《混在》…のなか(間)にまじって, …のなか(間)で, 内側(内部)で, …の相互間で. Unter den Gästen waren auch einige Ausländer. お客のなかには数人の外国人もいた. Der Brief befand sich⁴ ～ meinen Papieren. その手紙は私の書類の中に紛れこんでいた. Er ist der ehrlichste ～ meinen Freunden. 私の友達のなかで彼が一番律気だ. Das ist nur eines ～ vielen. それはたくさんのうちの1つに過ぎない. Unter ihnen gab es häufig Streit. 彼らの間には争いが絶えなかった. Macht ～ euch aus!《話》その話は君たちの間で片をつけてくれ. ～ anderem〈anderen〉《略 u. a.》ほかに, そのほか, 就中, 特に. ～ vier Augen 2人の間だけで, 内々(内密)で. ～ Männern 男同志で. gern ～ Menschen sein / ～ Menschen sein wollen《話》交際(社交)好きである. ～ sich³ 自分たちだけ(内々)で. ～ uns [gesagt] ここだけの話だが. Das bleibt ～ uns!《この話は》他言無用. Wir sind hier [ganz] ～ uns. ここには私たち以外に誰もいない.
5《区分・所属》…の項目のもとで. Der Abend stand ～ dem Thema „Umweltschutz". その夜の集いは「環境保護」をテーマに催された. Unter welcher Rufnummer kann ich Sie erreichen? 何番へ電話をかければよろしいでしょうか.
6《程度・数量》…未満の. Der Preis liegt ～ 150 Euro. 値段は150ユーロ未満である. Unter einer Stunde kann ich nicht zurück sein. 私は1時間では戻ってこられません. Kinder ～ 10 Jahren 10歳未

満の子供たち. 15 Grad ～ Null 零下15度. ～ [dem] Preis 定価以下で, 正札より安く.
7《時間》《とくに南》《じ》…の間(じゅう). Unter Mittag sind wir meist in der Kantine. 昼休みは私たちはたいてい社内食堂にいます. ～ der Arbeit〈dem Essen〉仕事〈食事〉中に, 仕事〈食事〉をしながら. ～ einem《じ》同時に. ～ der Geburt《医学》分娩中(分娩時)に. ～ Tags 昼間ずっと(Tags はTageszeit の略). Unter der Woche habe ich keine Zeit. 今週中は私は暇がない.
8《古》《日付》ein Brief ～ dem Datum vom 5. Juni 6月5日付の手紙. j³ ～ dem 1. März schreiben 人³に3月1日付で手紙を書く.
Ⅱ《4格支配》**1**…の下へ, …の下方へ. Der Hund kroch ～ den Tisch. 犬はテーブルの下へもぐりこんだ. Zieh dir noch ein Hemd ～ den Pullover! セーターの下にもう1枚シャツを着なさい. j² die Arme greifen 人³を抱き起す; 《比喩》人³の再起に手を貸す. Komm mir nicht mehr ～ die Augen! 二度と私の前に顔を出すな. ～ die Decke kriechen 布団の中にもぐりこむ. sich⁴ ～ die Dusche stellen シャワーを浴びる. ～ die Erde kommen 亡くなる. ～ einen Hut kommen ひとまとまる. j¹ et¹ ～ die Nase halten〈reiben〉人³の鼻先に物を突きつける〈人³に事¹をくどくど言って聞かせる〉.
2《劣位・従属》…より下位へ, …の支配〈監督, 保護〉下へ. ～ j² Einfluss geraten 人²の影響を受けてしまう. sich⁴ ～ das Gesetz〈j² Schutz〉stellen 法(掟)に服する〈人²に保護してもらう〉.
3…の状態へ. ～ et¹ ～ Beschuss nehmen 物¹(城など)を砲撃する. j⁴ ～ Druck setzen 人⁴に圧力をかける, (に)無理を強(ᅠ)いる. eine Tierart ～ Naturschutz stellen ある種の動物を自然保護の対象に指定する. et¹ ～ Strom setzen 物¹に電気を通す.
4《混入・混淆》…のなかへ, …の間へ. sich⁴ ～ die Gäste〈die Menge〉mischen 客〈群集〉に紛れこむ. [das/sein] Geld ～ die Leute bringen《話》はでに(気前よく)札びらを切る. eine Neuigkeit ～ die Leute bringen《話》ニュースを広める. ～ Menschen gehen 人前に出る, 人とつき合う. ～ die Soldaten gehen《話》軍人になる.
5《区分・所属》…の項目のもと(なか)へ. Seine Arbeit fällt ～ den Bereich der Naturwissenschaft. 彼の仕事は自然科学の領域に属するものだ. et¹ ～ das Motto „…" stellen 事¹(集会など)を「…」のスローガンのもとに行う.
6《程度・数量》…以下へ, …未満へ. ～ den Gefrierpunkt sinken 氷点下にさがる.
❷《数詞と》…より少く, …未満で. Für Jugendliche, die ～ 16 Jahre alt sind, ist der Eintritt nicht gestattet. 16歳未満の者は入場できません.
❸ 比較級なしに, 最上級 unterst 《付加語的用法のみ》(↔ ober)**1** 下の, 下の方の, 下部の; 裏側の. das ～e〈das ～ste〉Stockwerk 下の〈最下の〉階. die ～e Seite 下側; 裏側. der ～e Rhein ライン川下流. den ～en Weg gehen《比喩》《話》遠慮(気兼ね)する. am ～en Ende des Tisches sitzen 下座に座っている. 《名詞的用法で》das Unterste zuoberst kehren《話》すべてをごちゃごちゃにする. **2** 下位の, 下級の, 下層の. die ～en Klassen der Schule 低学年. die ～en Instanzen 下級審. 《名詞的用法で》die Unter[e]n 下層民.
Un·ter ['ʊntər]《男》-s/- (Wenzel)(ドイツ式トランプの)

ジャック. ◆フランス式では Bube.

un·ter.. [ʊntər..] ❶《非分離前つづり／つねにアクセントをもたない／ト》1《下からの固定・支えあるいはその逆の転覆を表す》unterbauen (物4の)基礎工事をする. untergraben (物4の)下を掘り崩す, 浸食する. 2《下を「通過」》unterfahren (物4の)下を(乗物で・乗物が)通過する. 3《抑圧・抑制》unterdrücken (感情などを)抑制する;(人4を)抑圧する. 4《下に「書く, 引く, 付ける」》unterschreiben (物4に)署名する, サインする. 5《下位・下級》unterteilen (いくつかの部分に)分ける. 6《不足・非達成》unterbieten (ある価格より)安い値をつける. unterbelichten 《写真》露出不足にする. unterbewerten 過小評価する. 7《中止・中断》unterbleiben 行われない, 中止される. unterbrechen 中断する. ▶非分離動詞にさらにこの前つづりが付いた場合 (unterbelichten など)のみアクセントをもつ(その場合過去分詞は unterbelichtet, zu 不定詞は unterzubelichten).

❷《分離前つづり／つねにアクセントをもつ》1《下からの支えを表す》unterfassen (人4の)腕を取って支える. 2《下への動き》unterbreiten (物4を)下に広げる(敷く). untergehen (船などが)水中に没する, 沈没する;(太陽・月などが)沈む. 3《抑圧・抑制》unterkriegen (人4を)屈伏させる. 4《庇護》unterstehen (雨宿りなどのために)何かの下に立つ.

Un·ter.. [ʊntər..] 《接頭》1 (↔ Ober..) 《下・下部の意を表す》Unterbauch 下腹, 下腹部. Unterwäsche 下着. Unterland 低地. 2《下位・下級》Unterabteilung 下位部門. Unteroffizier 下士官. 3《不足》(↔ Über..) Unterdruck 低圧, 負圧;《医学》低血圧. Untergewicht 体重(目方)不足.

'Un·ter·ab·tei·lung 囡 -/-en 下位部門, 小区分(ある部門をさらに細かく分けた部門).

'Un·ter·arm 男 -[e]s/-e 前腕, 前腕(부).

'Un·ter·art 囡 -/-en 《生物》亜種.

'Un·ter·arzt 男 -es/-e 《軍事》見習い軍医(1945 まで).

'Un·ter·bau ['ʊntərbaʊ] 男 -[e]s/-ten 1《土木・建築》(建物などの)基礎, 土台, 下部構造;(道路や鉄道などの)路床, 路盤. 2《複数なし》(理論などの)基礎, 基盤. 3《林業》(まばらな森に造った)低木林;《複数なし》低木林の植栽(植樹). 4《鉱業》横坑より下の坑道.

'Un·ter·bauch 男 -[e]s/-e 下腹, 下腹部.

un·ter·bau·en [ʊntər'baʊən] 他 1 (物4の)基礎工事をする. 2 理論などを)根拠づける, 基礎づける.

'Un·ter·be·griff 男 -[e]s/-e 《論理》下位概念.

'un·ter·be·le·gen 他 (ふつう不定詞・過去分詞で) (ホテル・病院などで)空きをつくる, 定員いっぱいまで埋めない. ↑unter.. ①

'un·ter·be·lich·ten ['ʊntərbəlɪçtən] 他 《写真》露出不足にする. ↑unter.. ①

'un·ter·be·lich·tet 過分 形 (比較変化なし) 1《写真》露出不足の. 2《比喩》頭のおかしい.

'Un·ter·be·lich·tung 囡 -/-en 《複数まれ》《写真》露出不足.

'Un·ter·be·schäf·ti·gung 囡 -/-en 《経済》不完全雇用.

'Un·ter·bett 囲 -[e]s/-en 1 (マットレスの上に敷く)ベッドパッド. 2 (多段式ベッドの)下段のベッド.

un·ter·be·wer·ten [ʊntərbə'veːrtən] 他 過小評価する. ↑unter.. ①

'un·ter·be·wusst 形 (比較変化なし)《心理》意識にのぼらない, 意識下の, 潜在意識の.

'Un·ter·be·wusst·sein 匣 -s/《心理》潜在意識.

un·ter·bie·ten* [ʊntər'biːtən] 他 1 den Konkurenten〈den Preis des Konkurrenten〉～ 競争相手より安い値をつける. Dieser Film ist kaum noch zu ～. これよりひどい映画はちょっと考えられない. 2 《タイムを更新する,(記録を)更新する.

'Un·ter·bi·lanz 囡 -/-en 《経済》赤字決算.

'Un·ter·bin·den¹* ['ʊntərbɪndən] 他 (物4を)下に結びつける.

un·ter·bin·den²* [--'--] 他 1 (望ましくない事を)阻(1)む, 阻止する, 妨げる. 2 《血管》結紮(いた)する, 止血する. 3 《まれ》(物4の)流れを止める.

un·ter·blei·ben* [ʊntər'blaɪbən] 自 (s) 起らないままである, 行われない, 中止される. Es ist leider unterblieben, Sie zu benachrichtigen. あなたに知らせるということは残念ながらなかった. Das hat [künftig] zu ～! そういうことはもうやめなければならない(それはもう中止されるべきだ).

un·ter·bre·chen* [ʊntər'brɛçən] ウンターブレヒェン 他 1 中断する, 中絶する. eine Arbeit〈ein Gespräch〉～ 仕事〈会話〉を中断する. eine Schwangerschaft ～ 妊娠中絶をする. Wir unterbrechen die Fahrt. 私たちは途中下車する. 2 (一時的に)遮断する, 遮る, 妨げる. Ein Ruf unterbrach die Stille. ひとつの叫び声が静けさを打ち破った. 3 (人4の)話を遮る. Unterbrich mich nicht! 話の腰を折らないでくれ. Darf ich Sie mit einer Frage ～? ひとつ質問させていただいてよろしいでしょうか.

Un·ter'bre·cher 男 -s/-《電子工》(周期的に回路を開閉する)電流遮断器.

Un·ter'bre·chung 囡 -/-en 1 中断, 中絶. ～ der Hauptverhandlung《法制》公判の中断. 2 妨害, 遮断.

un·ter·brei·ten¹ ['ʊntərbraɪtən] 他 (物4を)下に広げる(敷く).

un·ter·brei·ten² [--'--] 他《雅》j³ et⁴ ～ 人³に(提案・請願などを)提出する, 提示する;提出して説明する.

'un·ter·brin·gen ['ʊntərbrɪŋən] ウンターブリンゲン 他 1 入れる, しまう, 収納する. Wo soll ich die vielen Sachen ～? こんなに多くのものをどこにしまいましょうか. den Ball im Tor ～ (サッカーなどで)シュートしてゴールに入れる. 2 泊める, 宿泊させる (bei j³・im j³ のもとに);(施設などに)入れる, 預ける. j⁴ bei sich¹ ～ 人⁴を自分の家に泊める. j⁴ in einem Krankenhaus〈einem Altersheim〉～ 人⁴を病院に入院させる〈老人ホームに入れる〉. 3《話》就職させる. j⁴ bei einer Firma ～ 人⁴をある会社に就職させる. j⁴ auf einem Posten ～ 人⁴をあるポストに就ける. 4 (原稿などを)採用してもらう. einen Artikel bei einer Zeitung ～ 論文を新聞に掲載してもらう.

'Un·ter·brin·gung 囡 -/-en《複数まれ》1《複数なし》入れる(しまう, 泊める)こと. 2《話》(Unterkunft) 宿, 宿泊所.

un·ter·bro·chen unterbrechen の過去分詞.

'un·ter·but·tern [ʊntər'bʊtərn] 他《話》1 (人4を)抑えつける, (の)力をそぐ. 2 (金などを)浪費する.

'Un·ter·deck 囲 -[e]s/-s(-e)(船の)下甲板.

un·ter der 'Hand, °un·ter·der·hand 副 (↑Hand 2) 密かに, こっそりと.

un·ter·des [ʊntər'dɛs]《まれ》=unterdessen

un·ter·des·sen [ʊntərˈdɛsən] 副 その間に, そうこうするうちに.

'Un·ter·druck 男 -[e]s/¨e **1**〖物理〗低圧, 負圧. **2**《複数なし》〖医学〗低血圧.

*****un·ter·drü·cken** [ʊntərˈdrʏkən ウンタードリュケン] 他 **1**(感情などを)抑える, 押殺す. das Lachen ~ 笑いをこらえる. **2**(発言・質問を)差控える;(情報・事実などの)公表を差止める. einen Vorfall ~ ある出来事の報道を抑える. **3**(人⁴を)抑圧する, 押えつける;(暴動などを)弾圧する, 鎮圧する.

Un·ter·drü·cker 男 -s/- 抑圧者, 弾圧者.

'Un·ter·druck·kam·mer 女 -/-n (航空医学の実験をするための)低圧室.

Un·ter·drü·ckung 女 -/-en 圧制, 抑圧;弾圧, 鎮圧;抑制. unter ~ leiden 抑圧を受ける;圧制に苦しむ.

un·ter·durch·schnitt·lich 形 平均(標準)以下の.

un·ter·ei·nan·der [ʊntərˈaɪˌnandər] 副 (unter + einander) **1** 上下に重ねて(並べて). die Bilder ~ aufhängen 絵を上下に並べてかける. **2** お互いに;互いの間で, 仲間内で. Das müsst ihr ~ ausmachen. その件は君たちの間で解決してくれ.

'Un·ter·ein·heit 女 -/-en 下位の単位.

'un·ter·ent·wi·ckelt 形《副詞的には用いない》**1** 発育不全(不良)の, 発育(発達)の遅れた. **2**〖政治〗開発の遅れた. ~e Länder 低開発国, 後進国(今日では用いられない. ↑Entwicklungsland).

'un·ter·er·nährt 形《比較変化なし》(子供などが)栄養不良の.

'Un·ter·er·näh·rung 女 -/-en《複数まれ》栄養不良.

un·ter·fah·ren* [ʊntərˈfaːrən] 他 **1**〖土木・建築〗(建物などの)基礎を補強する;(道路・建物などの)下にトンネルを掘る. 〖鉱業〗(坑道の)下を掘り進める. **2**(物⁴の)下を(乗物が・乗物で)通過する. Wir unterfuhren gerade die Autobahnbrücke. 我々はちょうどその時高架になったアウトバーンの下を通り過ぎた.

un·ter·fan·gen* [ʊntərˈfaŋən] ❶ 再 (sich⁴) (雅) **1** sich ~, et⁴ zu tun 事⁴(困難なこと)を敢えて, 企てる. Er hat sich unterfangen, die schwierige Aufgabe zu lösen. 彼はこの難題(難問)の解決に乗出した. **2** sich et² / sich ~, et⁴ zu tun (古)事²(et⁴の知らずなこと)をしかつて. ❷ 〖土木・建築〗(物⁴の)基礎を補強する.

Un·ter·fan·gen 中 -s/- **1** (大胆な)企て, 冒険. **2** 〖土木・建築〗(基礎などの)補強, 根継ぎ.

'un·ter·fas·sen 他 **1**(人⁴の)腕を取って支える. **2**(人⁴の)腕を組む.《過去分詞で》untergefasst gehen 腕を組み合って歩く.

un·ter·fer·ti·gen [ʊntərˈfɛrtɪgən] 他 〖書〗(とくに公文書に)署名する.

Un·ter·fer·tig·te 男 女 《形容詞変化》〖書〗(書類の)署名者.

un·ter·füh·ren [ʊntərˈfyːrən] 他 **1**(物⁴の)下に道路(トンネル)を通す. **2**〖印刷〗(物⁴を)反復記号(〃)で表す.

'Un·ter·füh·rer 男 -s/- 〖軍事〗小隊の指揮官;下級指揮官.

Un·ter·füh·rung 女 -/-en **1**(立体交差の)下の道路(鉄道), ガード下の道, 地下道. **2**〖印刷〗反復記号(〃)を付けること.

Un·ter·füh·rungs·zei·chen 中 -s/- 〖印刷〗反復記号(〃).

'Un·ter·funk·ti·on 女 -/-en 〖医学〗(↔ Überfunktion)(器官の)機能低下. **2**〖数学〗裏関数.

'Un·ter·fut·ter 中 -s/- 〖服飾〗中入れ(オーバーなどで服地と表地とのあいだに入れる).

*****'Un·ter·gang** [ˈʊntərɡaŋ ウンターガング] 男 -[e]s/¨e《複数まれ》**1**(太陽・星などが)沈む(没する)こと. **2**(船の)沈没. der ~ der Titanic タイタニック号の沈没. **3** 没落, 破滅, 滅亡. der ~ des Abendlandes 西洋の没落. Der Alkohol war sein ~. 彼はアルコールで身を滅ぼした.

'un·ter·gä·rig [ˈʊntərɡɛːrɪç] 形 〖醸造〗下面発酵の.

'Un·ter·gä·rung 女 -/-en 〖醸造〗下面発酵.

un·ter·ge·ben [ʊntərˈɡeːbən] 形 (人³に)臣従した, (の)部下の.

Un·ter·ge·be·ne 男 女 《形容詞変化》部下, 配下.

*****un·ter|ge·hen*** [ˈʊntərˌɡeːən ウンターゲーエン] 自 (s) **1**(船などが)水中に没する, 沈没する;〖比喩〗(姿が)見えなくなる,(声などが)聞えなくなる. Ein Schiff *geht unter.* 船が沈没する. in der Menge〈im Gedränge〉~ 群集〈人込み〉の中に姿を消す,(に)呑み込まれる. Sein Rufen *ging* in dem Lärm *unter.* 彼の叫び声は騒音にかき消された. **2**(太陽・星などが)沈む.《中性名詞として》Sein Stern ist im *Untergehen* [begriffen].〖比喩〗彼の声望は衰えだした, 彼は落ち目だ. **3** 没落する, 滅びる, 滅亡する. in der Großstadt ~ 大都会で身を持ち崩す. Davon *geht* die Welt nicht *unter!*〖話〗そんなの大したことじゃないよ.

'un·ter·ge·ord·net 過分 **1** 下位の, 従属した;二次的(二義的)な, 副次的な. j³ ~ sein 人³の下位にある,(に)従属している, の部下である. **2**〖言語〗従属する. ~er Satz 従属文, 副文.

'Un·ter·ge·schoss [ˈʊntərɡəʃɔs] 中 -es/-e 地階. **2** 1階;半地階.

'Un·ter·ge·stell 中 -[e]s/-e **1**(機械などの)台座;(自動車の)車台, シャーシー. **2**〖話〗(人間の)足.

'Un·ter·ge·wicht 中 -[e]s/ 体重不足;目方不足. ~ haben 体重(目方)が不足している.

un·ter·glie·dern [ʊntərˈɡliːdərn] 他 (A⁴ in B⁴ A⁴ を B⁴ に)細分する, 更に細かく分ける.

'un·ter·gra·ben¹* [ˈʊntərɡraːbən] 他 (肥料などを)土の中へ入れる.

un·ter·gra·ben²* [- - ˈ - -] 他 **1**(物⁴の)下を掘り崩す, 侵食する. **2**(信頼・地位・健康などを)徐々に(ひそかに)損なう, 揺るがす.

'Un·ter·grund [ˈʊntərɡrʊnt] 男 -[e]s/¨e《複数まれ》**1** 土台, 基礎. 〖農業〗心土(ど), 底土;〖土木・建築〗地盤;路床;〖地質〗底層. **2**〖絵画〗下塗り, 地. **3** 地下, 地中. **4**《複数なし》(反体制の)地下組織;(政治的な)地下運動.

'Un·ter·grund·bahn 女 -/-en《略 U-Bahn》地下鉄.

'Un·ter·grund·be·we·gung 女 -/-en〖政治〗地下運動.

'un·ter·grün·dig [ˈʊntərɡrʏndɪç] 形 **1** 地下の. **2** 秘められた, 隠れた;深い意味の隠された,(内容的に)奥の深い.

'Un·ter·grup·pe 女 -/-n (集団を更に細分した)小グループ;下位の部門. **2**〖数学〗部分群.

'un·ter·ha·ken 他 (人⁴と)腕を組む.《再帰的に》*sich* bei j³ ~ 人³と腕を組む.

*****'un·ter·halb** [ˈʊntərˌhalp ウンターハルプ] ❶ 前《2格

Unterhalt

支配)…の下方に(下流に), 下手に. ❷ 剾 ~ von et³ 物³の下方に(下流に), 下手に, 南方に.

'Un·ter·halt ['ʊntərhalt] 男 -[e]s/ 1 扶養(費), 養育(費), 生活費. 2 維持(費).

'un·ter|hal·ten*¹ ['ʊntərhaltən] 他 (物⁴を)下にあてがう.

*un·ter·hal·ten*² [ʊntər'haltən] ウンターハルテン
❶ 他 1 養う, 扶養する. eine große Familie ~ 大家族を養う. 2 (建物などを)維持(管理)する; (仕事を)運営(経営)する. Gebäude ~ 建物を管理(維持)する. ein Geschäft ~ 店を経営する. 3 (a) ein Feuer ~ 火を絶やさずにおく. (b) (関係などを)保持する, 保つ. einen Briefwechsel ~ 文通をする. zu ⟨mit⟩ j³ intime Beziehungen ~ 人³と親密な関係を保つ. 4 楽しませる, もてなす(j⁴ mit et³ 人⁴を事で). Bitte *unterhalte* unseren Gast, bis ich komme! 私がいくまでお客様の相手をしておいてくれ. Die Musik hat uns gut *unterhalten*. その音楽は私たちをたっぷり楽しませてくれた.

❷ 再 (*sich*) 1 (楽しく)語り合う, 歓談する(mit j³ über et⁴ 人³と事⁴について). Sie *unterhielten sich* oft über verschiedene Probleme. 彼らはしばしばさまざまな問題について話し合った. Mit ihm kann man *sich* gut ~. 彼とおしゃべりをするのは楽しい(おもしろい). 2 楽しむ(mit et³ 事³で).

un·ter·hal·tend 現分形 楽しい, 愉快な, おもしろい. ein ~*er* Film おもしろい映画. Der Roman war sehr ~. その小説はとてもおもしろかった.

un·ter'halt·sam [ʊntər'haltzaːm] 形 楽しい, 愉快な, おもしろい.

'un·ter·halts·be·rech·tigt 形 扶養を受ける権利のある.

'Un·ter·halts·kos·ten 複 養育(費)費.
'Un·ter·halts·pflicht 女 -/-en 扶養義務.
'un·ter·halts·pflich·tig 形 扶養義務のある.

Un·ter·hal·tung [ʊntər'haltʊŋ] ウンターハルトゥング 女 -/-en 1 《複数なし》扶養, 養うこと. 2 《複数なし》維持, 管理, 運営, 経営. die ~ von Kindergärten durch die Kirche 教会による幼稚園の経営(運営). Das Auto ist in der ~ sehr teuer. この車は維持費がとても高くつく. 3 《複数なし》(関係などの)保持, 維持. die ~ diplomatischer Beziehungen 外交関係の維持. 4 (a) 《複数まれ》楽しませること, もてなし, 楽しみ. die ~ der Gäste bestreiten 客の相手を引受ける. zur ~ der Gäste 客を楽しませる(もてなす)ために. (b)《古》楽しい集い, お祭り. 5 親しい語らい, 歓談. mit j³ eine ~ führen 人³と歓談(おしゃべり)する.

Un·ter·hal·tungs·kos·ten 複 1 (施設などの)維持費. 2 (Unterhaltskosten) 養育費.
Un·ter·hal·tungs·li·te·ra·tur 女 -/-en 《複数まれ》娯楽(通俗)文学.
Un·ter·hal·tungs·mu·sik 女 -/ 《短縮 U-Musik》軽音楽, ポピュラー音楽.
Un·ter·han·deln [ʊntər'handəln] 自 交渉(協議)する(mit j³ 人³と/ über et⁴ 事⁴について).
'Un·ter·händ·ler ['ʊntərhɛndlər] 男 -s/- (国・団体などを代表して)交渉にあたる者.
'Un·ter·hand·lung [ʊntər'handlʊŋ] 女 -/-en 交渉. mit j³ in ~*en* treten 人³と交渉に入る.
'Un·ter·haus ['ʊntərhaʊs] 中 -es/⸚er 1《政治》下院. 2《話》(スポーツの) 2部リーグ.

*'Un·ter·hemd ['ʊntərhɛmt] ウンターヘムト 中 -[e]s/-en 下着, 肌着, シャツ.
un·ter·höh·len [ʊntər'høːlən] 他 1 (物⁴を)浸食する, (浸食した物⁴の)下をえぐり取る. 2 (次第次第に)損う, 蝕(むしば)む.
'Unter·holz 中 -es/《森林の》下生(したば)え, (喬木林の下に生えた)灌木林.
'Un·ter·ho·se ['ʊntərhoːzə] 女 -/-n ズボン下.
'un·ter·ir·disch ['ʊntər'ɪrdɪʃ] 形 1 (a) oberirdisch) 地下の, 地中の. 2《比喩》隠れた, 密(ひそ)かな; 地下活動(運動)の. 3《神話》冥府(冥界)の, 黄泉(よみ)の.
'Un·ter·ja·cke 女 -/-n アンダーシャツ.
un·ter'jo·chen [ʊntər'joxən] 他 征服(支配)する, 隷属させる, 抑圧する.
Un·ter'jo·chung 女 -/-en 征服(支配)する(される)こと.
un·ter·kel·lern [ʊntər'kɛlərn] 他 (物⁴に)地下室をつける.
'Un·ter·kie·fer ['ʊntərkiːfər] 男 -s/- 下あご;《解剖》下顎(かがく). Sein ~ fiel⟨klappte⟩ herunter.《話》彼はびっくりして口をぽかんと開けた.
'Un·ter·kleid ['ʊntərklaɪt] 中 -[e]s/-er 1 スリップ, ペチコート. 2《古》《複数で》下着, 肌着.
'Un·ter·klei·dung 女 -/-en 下着(類), 肌着(類).
'un·ter·kom·men* ['ʊntərkɔmən] 自 (s) 1 (a) 宿を見つける, 泊る; (病院などに)収容される. bei j³ ~ 人³のところに泊る. in einem Altersheim ~ 老人ホームに入る. Im Bus konnten nicht alle Fahrgäste ~. バスには乗客が全員は乗れなかった. in einem Hotel ~ ホテルに泊る. (b)《話》職にありつく, 就職する; (mit et³ 物³を)採用してもらう. bei⟨in⟩ einem Verlag ~ 出版社に就職する. mit *seinem* Drehbuch beim ZDF ~ 脚本を ZDF (ドイツ第2テレビ)に採用してもらう. 2《話》出くわす; (人³の身に)生じる. So etwas ist mir bisher noch nicht *untergekommen*. こんな事にはこれまでお目にかかったことがない.
'Un·ter·kom·men 中 -s/《複数まれ》1 宿, 宿泊(所). 2《古》勤め口, 職.
'Un·ter·kör·per 男 -s/- 下半身.
'un·ter·krie·chen* [自](s)《話》bei j³⟨in et³⟩ ~ 人³のところく⟨物³に⟩逃げこむ, 転がりこむ.
'un·ter'krie·gen [ʊntər'kriːɡən] 他 屈服させる; 打負かす. sich⁴ nicht ~ lassen 屈しない, 挫(くじ)けない.
un·ter'küh·len [ʊntər'kyːlən] 他 1 (人⁴の)体温を平熱以下に下げる. 2《化学》過冷却する.
Un·ter'kühlt 過分形 1 体温が平熱以下に下がった; 《化学》過冷却した. 2 クールな, 冷静な.
Un·ter'küh·lung 女 -/-en 1 平熱以下に体温を下げること(体温が下がること). 2《化学》過冷却.
*'Un·ter·kunft ['ʊntərkʊnft] ウンタークンフト 女 -/-ⱸ (↓ unterkommen) 宿泊(所), 宿.
*'Un·ter·la·ge ['ʊntərlaːɡə] ウンターラーゲ 女 -/-n 1 下敷き, 敷物, マット; 台, 土台, 台座. 2 基礎, 基盤. eine gute ~ haben《話》(酒を飲むまえに)しっかり食べてある. 3《複数で》(基礎となる)証拠書類, 必要書類. 4《植物·園芸》(接ぎ木の)台木. 5《医学》下位置.
'Un·ter·land ['ʊntərlant] 中 -[e]s/ 低地.
'Un·ter·län·der ['ʊntərlɛndər] 男 -s/- 低地の住民.
'Un·ter·lass, °'Un·ter·laß ['ʊntərlas] 男《次の用法でのみ》ohne ~ 間断なく, のべつまくなしに, ひっき

りなしに.

un·ter'las·sen [ʊntərˈlasən ウンターラセン] ㊀ やめる, よす, 控える, しないでおく; 怠る. keine Anstrengungen ~ 努力を惜しまない. et⁴ aus Furcht vor den Folgen ~ 結果をおそれて事⁴をしない. *Unterlass* diese Albernheit! そんな馬鹿なことはよせ. Ich habe es *unterlassen*, danach zu fragen. 私はそれについて尋ねることを怠った.

Un·ter'las·sung ㊛ -/-en 1 止める(中止する)こと, 思いとどまる(控える)こと; 《法制》不作為. 2 怠慢.

Un·ter'las·sungs·sün·de ㊛ -/-n《話》しそびれたこと, しなかったこと; 怠慢, さぼり.

'**Un·ter'lauf** ['ʊntərlaʊf] ㊚ -[e]s/ᴗe (河川の)下流.

'**un·ter|lau·fen**¹* ['ʊntərlaʊfən] ㊀ (s)《古》=unterlaufen² ① 1, 2

un·ter'lau·fen²* [- -ˈ- -] ❶ ㊀ (s) 1 (誤りなどが)うっかり生じる, 起きる. Ihm ist bei〈in〉der Arbeit ein Fehler *unterlaufen*. 彼はそのうち間違いをしてしまった. 2《話》(人³が)出くわす. So ein Mensch ist mir noch nie *unterlaufen*. 私はこんな人間にはこれまで会ったことがない. 3 [mit Blut / blutig] ~ 皮下出血する, (目で)充血する. ❷ ㊉ 1 (人⁴の)ディフェンスをかいくぐって攻撃する, (敵を)下から攻撃して倒す. 2 (策を弄して)妨害する, 骨抜きにする, (検閲などを)かいくぐる.

'**Un·ter'le·der** ㊥ -s/- (靴の)底革.

'**un·ter|le·gen**¹ [ˈʊntərleːgən] ㊉ 1 (物⁴を人⁴(物³)の)下に敷く. dem Kind ein Kissen ~ 子供の背にクッションをあててやる. der Henne Eier ~ めんどりに卵を抱かせる. 2《比喩》(本来とは異なる意味などを)付け加える, こじつける. j² Worten einen anderen Sinn ~ 人²の言葉にべつの意味をこじつける.

un·ter'le·gen² [- -ˈ- -] ㊉ 1 (et¹ mit et³ 物⁴を物³の)下にあてる, 裏打ちする. Spitzen mit Seide ~ レースを絹で裏打ちする. 2 (歌詞や曲を)つける. der Melodie einen Text ~ メロディーに詞をつける. einen Text mit Musik ~ 詞に曲をつける.

un·ter'le·gen³ 過分 (↑unterliegen²) (人³より)劣った, (に)負けた. j³ an Kraft ~ sein 人³に力で劣っている.《名詞的用法で》der *Unterlegene* 敗者, 劣者.

Un·ter'le·gen·heit ㊛ -/ ㊕ en 劣っていること.

'**Un·ter'leib** ㊚ -[e]s/-er 下腹部; (女性の)性器.

'**un·ter|lie·gen**¹* ['ʊntərliːgən] ㊀ 下に置かれている.

***un·ter'lie·gen**²* [ʊntərˈliːgən] ウンターリーゲン ㊀ (s, h) 1 (s) 負ける, 敗れる, 屈服する(j〈et〉³ 人〈事〉³ に). dem Gegner ~ 敵に敗れる. der Versuchung〈der Krankheit〉~ 誘惑に屈する〈病に倒れる〉. in einem Wettbewerb〈bei der Wahl〉~ 競争〈選挙〉に負ける. 2 (h) (事³の)支配下におかれている, (人³が)さらされている. einer scharfen Kritik ~ 厳しい批判を受ける. der Schweigepflicht ~ 守秘義務を負う. Die Mode *unterliegt* der Zeit. 流行は時代に左右される. der Zensur ~ 検閲を受ける. Es *unterliegt* keinem Zweifel, dass... …は疑いを容れない. ◆↑ unterlegen³

'**Un·ter'lip·pe** ㊛ -/-n 下唇.

'**un·term** ['ʊntərm] 前置詞 unter と定冠詞 dem の融合形.

un·ter'ma·len [ʊntərˈmaːlən] ㊉ 1 (物⁴の)下塗りする. 2 (せりふ・講演などの)バックに流す(mit Musik 音楽を), (言葉を強調する(mit Gesten 身振りで); (音楽が事⁴の)バックに流れる.

Un·ter'ma·lung ㊛ -/-en 1《美術》下塗り. 2 バックミュージック(朗読などのバックに流す音楽).

Un·ter'mau·ern [ʊntərˈmaʊərn] ㊉ 1 (建物の)基礎を造る(補強する). 2 (考え・計画などを)しっかりと基礎(根拠)づける, 裏付ける, 実証(立証)する.

Un·ter'mau·e·rung ㊛ -/-en 1《複数なし》基礎を造る(基礎づける)こと. 2 (建物などの)基礎, 土台. 3 論拠, 裏付け.

'**un·ter|men·gen**¹ ['ʊntərmɛŋən] ㊉ 混ぜこむ (unter et⁴ 物⁴の中に).

un·ter'men·gen² [- -ˈ- -] ㊉ (et⁴ mit et³ 物⁴と物³を)混ぜ合わせる, (物⁴に物³を)混入する.

'**Un·ter'mensch** ['ʊntərmɛnʃ] ㊚ -en/-en《侮》人でなし, 人非人. 2 下等人種(ナチス時代の用語で, ユダヤ人・スラブ人・ロマ(ジプシー)など, 「北方人種」に属さない人々やナチスの批判者などに用いられた).

'**Un·ter'mie·te** [ˈʊntərmiːtə] ㊛ -/-n 1《複数なし》転貸借, また借り, また貸し. bei j³ in〈zur〉~ wohnen 人³の住居をまた借りしている. j⁴ in〈zur〉~ nehmen 人⁴に住居をまた貸しする. ein Zimmer in ~ [ab]geben 部屋をまた貸しする. 2 転借料.

'**Un·ter·mie·ter** [ˈʊntərmiːtər] ㊚ -s/- (借家住いの人からそのまた一部を借りている)下宿人, 転借人.

un·ter·mi'nie·ren [ʊntərmiˈniːrən] ㊉ 1 (物⁴の)下に坑道(ﾄﾝﾈﾙ)を掘る, (に)地雷を敷設する. 2 (価値のある既成のものを徐々に掘り崩す, 傷つける, 失墜させる. ◆過去分詞 unterminiert

'**un·ter|mi·schen**¹ ['ʊntərmɪʃən] ㊉ =untermengen¹

un·ter'mi·schen² [- -ˈ- -] ㊉ =untermengen²

'**un·tern** ['ʊntərn] 前置詞 unter と定冠詞 den の融合形.

'**un·ter|neh·men**¹* ['ʊntərneːmən] ㊉《話》(人⁴を)わきに抱える.

***un·ter'neh·men**²* [ʊntərˈneːmən ウンターネーメン] ㊉ する, 行う, 企てる, (策などを)講じる. eine Reise〈einen Spaziergang〉~ 旅行〈散歩〉をする. Was wollen wir heute ~? きょうなにをしようか. Mit hundert Euro kann man nicht viel ~. 100 ユーロではたいしたことはできない. et⁴ gegen die Missstände ~ 苦境を打開するため事⁴を行う. Leider kann ich nichts dagegen ~. 残念ながらそれに対して打つ手はありません.(zu 不定詞句で) Er hat es *unternommen*, die Sache aufzuklären. 彼はその問題の解明に着手した.

***Un·ter'neh·men** [ʊntərˈneːmən ウンターネーメン] ㊥ -s/- 1 試み, 企画; 事業;《軍事》作戦, 軍事行動;《法制》犯行. 2《経済》企業, 会社. kleine und mittlere *Unternehmen* 中小企業.

***Un·ter'neh·mer** [ʊntərˈneːmər ウンターネーマー] ㊚ -s/- 企業家, 事業主, 経営者.

Un·ter'neh·mung ㊛ -/-en 1 試み, 企て; 企画, 計画;《軍事》作戦. 2 企業, 会社.

Un·ter'neh·mungs·geist ㊚ -[e]s/ 進取の気性, 事業欲, 冒険心.

un·ter'neh·mungs·lus·tig ㊌ 進取の気性に富んだ, 事業欲(冒険心)旺盛な, やる気満々の.

'**Un·ter·of·fi·zier** [ˈʊntərʔɔfitsiːr] ㊚ -s/-e《略 Uffz., Uof.》《軍事》(狭義で)(陸軍・空軍の)伍長; (広義で)下士官. ~ vom Dienst《略 DvD》当直下士官.

'**Un·ter·of·fi·zier·be·wer·ber** ㊚ -s/-《略 UB》《軍事》下士官志願兵.

'**un·ter|ord·nen** [ˈʊntər|ɔrdnən] ❶ 他 (↔ überordnen) A¹ を B³ ~ A¹ を B³ の下位に置く，A¹ を B³ に従属させる． die eigenen Interessen dem Gemeinwohl ~ 自分の利益よりも公共の福祉を優先させる． eine Pflanze einer bestimmten Art ~ 植物を特定の種に分類する．《現在分詞で》ein *unterordnendes* Bindewort / eine *unterordnende* Konjunktion《文法》従属の接続詞. ❷ 再 (**sich**⁴)(他人の意志・要求などに)従う，合せる，順応する． ♦↑untergeordnet

'**Un·ter·ord·nung** 女 -/-en **1**《複数なし》下位に置く(ある)こと，従属させる(している)こと． **2**《文法》従属． **3**《生物》亜目．

'**Un·ter·pfand** 中 -[e]s/-⁼er **1**《雅》(愛情などの)証し，しるし． **2**《古》担保，抵当．

Un·ter'pri·ma [ʊntərˈpriːma, -ˈ- - -] 女 -/..men《古》《教育》(9年制ギムナジウムの)第8学年．

un·ter're·den [ʊntərˈreːdən] 再 (**sich**⁴)(mit j³) j³ 人と話し合う，相談する．

Un·ter're·dung 女 -/-en 話し合い，相談; 会見，インタビュー． eine ~ unter vier Augen 2人だけの(内密の)話合い． mit j³ über et¹ eine ~ haben〈führen〉 人³ と事⁴ について話合いをする．

'**Un·ter·richt** [ˈʊntərɪçt] ウンターリヒト 男 -[e]s/-e (↓unterrichten)《複数まれ》授業，レッスン． ein interessanter〈langweiliger〉 ~ おもしろい〈退屈な〉授業． ~ in Deutsch ドイツ語の授業． Heute ist kein ~. きょうは授業がない． französischen ~ geben〈nehmen〉 フランス語の授業(レッスン)をする(受ける)．

*****un·ter'rich·ten*** [ʊntərˈrɪçtən] ウンターリヒテン ❶ 他 **1** 教える，授業をする． j⁴ in Englisch ~ 人⁴ に英語を教える． Deutsch ~ ドイツ語を教える．《目的語なしで》Sie *unterrichtet* in Mathematik〈an einem Gymnasium〉. 彼女は数学を教えている〈ギムナジウムで教えている〉． **2** (人³ に)知らせる，教える(über et⁴〈von et³〉 事⁴·³ を)． Wer hat sie darüber〈davon〉 *unterrichtet*? 誰が彼女にそれを教えたのだ． Hast du ihn schon *unterrichtet*? もう彼に教えたのかい． ❷ 再 (**sich**⁴)(über et⁴〈von et³〉 事⁴·³ について)情報を得る，知る． ♦↑unterrichtet

un·ter'rich·tet 過分 形 事情に通じている，よく知っている． ~e Kreise〈Seite〉消息筋． soweit ich ~ bin 私の知る限りでは．

un·ter'richt·lich [ʊntərˈrɪçtlɪç] 形 授業の，授業に関する．

'**Un·ter·richts·brief** 男 -[e]s/-e 通信教育の教材．
'**Un·ter·richts·fach** 中 -[e]s/⁼er 授業科目，教科．
'**Un·ter·richts·ge·gen·stand** 男 -[e]s/⁼e《教育》授業科目，教科．
'**Un·ter·richts·kun·de** 女 -/《教育》教授法，教授学(論)．
'**Un·ter·richts·me·tho·de** 女 -/-n 教授法．
'**Un·ter·richts·stun·de** 女 -/-n 授業時間．
'**Un·ter·richts·we·sen** 中 -s/ 教育制度，学制．
Un·ter'rich·tung 女 -/-en 報知，通知，教示．

'**Un·ter·rock** [ˈʊntərˌrɔk] 男 -[e]s/⁼e **1**《服飾》スリップ，ペチコート． **2**《話》女．

'**un·ters** [ˈʊntərs] 前置詞 unter と定冠詞 das の融合形．

un·ter'sa·gen [ʊntərˈzaːɡən] 他 (人³ に事⁴ を)禁じる，禁止する． Der Arzt *untersagte* ihr, Alkohol zu trinken. 医師は彼女に禁酒を命じた．《過去分詞で》gesetzlich *untersagt* sein 法的に禁止されている．

Un·ter'sa·gung 女 -/-en 禁止．

'**Un·ter·satz** [ˈʊntərzats] 男 -es/⁼e **1** (ポット・グラスなどの)下敷き，敷物，受け皿，コースター; 台(座)． ein fahrbarer ~《戯》乗物(とくに自動車)． **2**《論理》(↔ Obersatz)《三段論法の》小前提． **3** (オルガンのペダルの)低音部音栓．

un·ter'schät·zen [ʊntərˈʃɛtsən] 他 (↔ überschätzen) (人·事⁴ を)実際よりも低く見積もる，過小評価する，見くびる． Seine Fähigkeiten sind nicht zu ~. 彼の能力は侮りがたい．

Un·ter'schät·zung 女 -/-en 過小評価．

un·ter'scheid·bar [ʊntərˈʃaɪtbaːr] 形 区別(見分け)のつく，識別(判別)できる．

*****un·ter'schei·den***** [ʊntərˈʃaɪdən] ウンターシャイデン ❶ 他 **1** 区別(類別)する; 識別(判別)する，見(聞き)分ける． das Echte vom Falschen ~ 本物と偽物を区別する． Gut und Böse ~ / Gutes vom Bösen ~ 善と悪を区別する． Die Vernunft *unterscheidet* den Menschen vom Tier. 理性が人間を動物から区別する． Man kann die Zwillinge kaum ~. その双子はほとんど区別がつかない． mein und dein nicht ~ können《戯》泥棒をはたらく(自分の物と人の物の区別がつかない)． j⁴ an der Stimme ~ 人⁴ を声で聞き分ける． et⁴ am Geruch ~ 匂いで物⁴ を嗅ぎ分ける． die Erzeugnisse nach ihrer Größe ~ 製品を大きさで分ける． In dem Lärm konnte ich deutlich eine männliche Stimme ~. 騒音の中で私には男の声がはっきり聞こえた． Ich *unterscheide* einen Fleck am Horizont. 地平線上に1つの点が見える．

❷ 再 (**sich**⁴) 異なっている，区別がつく(von j⁴〈et³〉 人〈物〉と)． Er *unterscheidet sich* von seinem Freund im Charakter. 彼は友人と性格が異なっている． Die beiden Schwestern *unterscheiden sich* durch ihre Haarfarbe. 2人の姉妹は髪の色が異なっている．

❸ 自 zwischen A³ und B³ ~ A³ と B³ を区別する，見分ける． zwischen gut und böse〈Richtigem und Falschem〉 ~ 善と悪を〈正解と誤りを〉区別する． ♦↑unterschieden

Un·ter'schei·dung 女 -/-en 区別，識別，弁別． ~*en* treffen 区別をする．

Un·ter'schei·dungs·merk·mal 中 -[e]s/-e 識別の目安となる特徴，識別標識．

Un·ter'schei·dungs·ver·mö·gen 中 -s/ 識別(判別)能力．

'**Un·ter·schen·kel** 男 -s/-《解剖》下腿(かたい)，すね．

'**Un·ter·schicht** 女 -/-en **1** 下層階級． **2** (他の地層の下にある)下層．

un·ter'schie·ben¹* [ʊntərˈʃiːbən] 他 **1** (人³ の下に物⁴ を)押込む(入れる)，差込む(入れる)． **2** (a) j³ et⁴ ~ 人に物(偽物など)をこっそり押しつける．《過去分詞で》ein *untergeschobenes* Kind〈Testament〉すり替えられた子供〈遺言状〉. (b) =unterschieben²¹

un·ter'schie·ben²* [- -ˈ- -] 他 **1** (人³ にいわれのない事⁴ を)なすりつける，帰する． Man hat mir böse Ansichten〈diese Äußerung〉 *unterschoben*. 私に悪意がある〈私がそう言った〉ことにされてしまった． **2** =unterschieben¹

*'**Un·ter·schied** [ˈʊntərʃiːt] ウンターシート 男 -[e]s/-e (↓unterscheiden) **1** 違い，相違，差異． ~ *im* Preis〈in der Qualität〉値段の差〈品質の違い〉． der ~ zwischen Tier und Menschen 動物と人間の違い．

ein ~ wie Tag und Nacht 雲泥(ﾃﾞｲ)の差． der kleine ~《戯》ペニス． Es ist ein großer ~, ob du es sagst oder nicht. 君がそれを言うのと僕が言うのとでは大違いだ． Zwischen Arbeit und Arbeit ist noch ein ~.《話》同じ仕事でも違いがある，質が問題だ． Das macht einen《keinen》~. それは大事なくどうでもよい〉ことだ． im ~ zu j〈et〉³ / zum ~ von j〈et〉³ 人〈物〉³と異なり〈違って〉． Ich bin gleicher Meinung, aber mit dem ~, dass... 私は同じ意見だが，違うところは…．2 区別，差別． zwischen A³ und B³ einen ~ machen A³ と B³ を区別〈差別〉する． ohne ~ 区別〈差別〉なく；例外なく．

un·ter'schie·den [ʊntərˈʃiːdən] 過分形 (↑unterscheiden) 異なった；さまざまな．

'un·ter|schied·lich [ˈʊntərʃiːtlɪç] 形 異なった，さまざまな；差別のある． Zwei Häuser von ~er Größe 大きさの異なる2軒の家． Hierin sind wir ~er Meinung. この点にかんして我々の意見は異なっている． die Kinder ~ behandeln 子供たちを不平等に扱う．

'un·ter'schieds·los [ˈʊntərʃiːtsloːs] 形 区別〈差別〉のない，平等な，例外のない．

'un·ter'schläch·tig [ˈʊntərʃlɛçtɪç] 形 〈水車が〉下掛けの．

'un·ter|schla·gen¹* [ˈʊntərʃlaːɡən] 他 (腕・足を)組む．《過去分詞》 mit untergeschlagenen Armen 腕組みして．

un·ter'schla·gen² [ʊntərˈʃlaːɡən] ウンターシュラーゲン 他 1 横領する，着服する． 2 (事実や情報を)隠しておく，言わずに(知らさずに)おく．

Un·ter'schla·gung 女 -/-en (↓unterschlagen²) 横領，着服．

'Un·ter'schleif [ˈʊntərʃlaɪ̯f] 男 -[e]s/-e 《古》着服，横領．

'Un·ter'schlupf [ˈʊntərʃlʊpf] 男 -[e]s/-e(¨e) 《複数まれ》避難所，隠れ家． [einen] ~ für die Nacht 〈vor dem Gewitter〉 suchen 一夜を明かす〈雷雨をしのぐ〉場所を捜す． bei j³ [einen] ~ finden 人³のところに避難させて〈かくまって〉もらう．

'un·ter'schlüp·fen [ˈʊntərʃlʏpfən] 自 (s) 1 (in et³ から)避難する，隠れる；(bei j³ 人³のもとに)身を隠す，転がりこむ． 2 職を見つける．

un·ter'schrei·ben [ʊntərˈʃraɪ̯bən] ウンターシュライベン 他 1 (物⁴に)署名する，サインする． einen Brief ~ 手紙に署名する．《目的語なしで》 mit Bleistift ~ 鉛筆で署名する． 2 《話》同意する，認める，賛成する． Das kann ich nur ~! それは大賛成だ．

un·ter'schrei·ten* [ʊntərˈʃraɪ̯tən] 他 (予定の費用などを)下回る．

*'Un·ter|schrift [ˈʊntərʃrɪft] ウンターシュリフト 女 -/-en (↓ unterschreiben) 署名，サイン． seine ~ darunter[setzen〈geben〉] 署名する． für et⁴〈zu et³〉 seine ~ geben 事⁴³にたいして文書で同意する． die ~ leisten《書》署名をする． ~en sammeln 署名を集める(für et⁴ 事⁴の). et⁴ mit seiner ~ versehen 物⁴に署名を与える，得る． j³ et⁴ zur ~ vorlegen 人³に物⁴の署名を求める．

'Un·ter'schrif·ten·ak·ti·on 女 -/-en 署名運動．

'Un·ter'schrif·ten·map·pe 女 -/-n (未署名の書類を入れる)未決書類ファイル．

'un·ter'schwel·lig [ˈʊntərʃvɛlɪç] 形 閾下(ｶ)の；潜在意識としてある，隠された．

'Un·ter'see·boot [ˈʊntərzeːboːt] 中 -[e]s/-e 《略 U, U-Boot》潜水艦．

'un·ter'see·isch [ˈʊntərzeːɪʃ] 形 海中の，海底の．

'Un·ter'sei·te 女 下側，裏側，裏面．

'Un·ter·se·kun·da [ˈʊntərzekʊnda, ˌ--ˈ--] 女 -/..den《教育》(9年制ギムナジウムの)第6学年．

'un·ter|set·zen¹ [ˈʊntərzɛtsən] ❶ 他 (受け皿などを)下に置く． ❷ 自《音楽》(ピアノの運指で)親指をくぐらす．

un·ter'set·zen² [--ˈ--] 他 1 (et¹ mit et³ 物¹に物³を)混ぜる．《過去分詞》 mit et³ untersetzt sein 物³が混じっている． 2《工学》(ギアなどを)減速する．
◆↑untersetzt

'Un·ter'set·zer [ˈʊntərzɛtsər] 男 -s/- = Untersatz 1

un·ter'setzt [ʊntərˈzɛtst] 過分形 (↑ untersetzen²) (体つきが)小柄でがっしりした，ずんぐりした． von ~er Gestalt〈Figur〉ずんぐりした体格の．◆ untersetzen² の古義「支える，強固にする」より．

'Un·ter'set·zung 女 -/-en《複数なし》混ぜること． 2《自動車》(ギアの)減速；減速ギア．

'Un·ter'set·zungs·ge·trie·be 中 -s/-《自動車》減速ギア．

un·ter'sie·geln [ʊntərˈziːɡəln] 他《書》(物⁴の下に押印(捺印)する．

'un·ter'sin·ken* [ˈʊntərzɪŋkən] 自 (s) 沈む，沈没(沈下)する．

'un·ter'spü·len [ˈʊntərʃpyːlən] 他 (物⁴の下を浸食する，(の)下の土を洗い流す．

'un·terst [ˈʊntərst] 形 (unter の最上級)一番下の．

'Un·ter'stand [ˈʊntərʃtant] 男 -[e]s/¨e (↓unterstehen) 1《軍事》地下下(防空)壕，塹壕(ｻﾞﾝｺﾞｳ)． 2 避難所，雨宿りの場所；隠れ家． 3《ﾋﾞｯﾁｬｰ》宿．

'un·ter|ste·hen¹* [ˈʊntərʃteːən] 自 (h, s) (雨宿りなどのためになにかの)下に立つ． Hier können wir ~. ここで私たちは雨宿りできる．

un·ter'ste·hen²* [--ˈ--] ❶ 自 1 (人³の)部下である，管轄下にある． Er untersteht unmittelbar dem Abteilungschef. 彼は部長直属である． 2《物³の支配下にある． Das untersteht einer ständigen Kontrolle. それはたえず監視されている． Es unterstehen keinem Zweifel, dass... は疑う余地がない． ❷ 再《sich》...する，あえてする． Ich habe mich unterstanden, ihm zu widersprechen. 私はあえて彼に楯ついた． Was unterstehen Sie sich! なんてあつかましいことをするのです． Untersteh dich! やれるものならやってみろ．

'un·ter|stel·len¹ [ˈʊntərʃtɛlən] ❶ 他 1 下に置く(unter et³ 物³の下に). 2 しまう，入れる，置かせておく(in et³ 物³の中に / bei j³ 人³のところに). ❷ 再《sich》 風雨を避ける，雨宿りする(in et³ 物³の中で / unter et³ 物³の下で).

un·ter'stel·len² [--ˈ--] ❶ 他 1 A³ auf B⁴ = B⁴ を A³ の下に置く，配下(管轄下，監督下)に置く； A³ に B⁴ の指揮を任せる．《過去分詞》 j³ unterstellt sein 人³の指揮下(管轄下)にある，部下である． 2 j³ et⁴ = 人³に事⁴(いわれのないこと)をなすりつける． 3 仮定(想定)する． Wir wollen einmal ~, dass... ひとつ…と仮定してみよう． ❷ 再《sich》 sich et〈j〉³ = 物³(機関など)の管轄下に入る，人³の部下になる．

'Un·ter'stel·lung 女 -/-en 1 下(配下)に置くこと；指揮下にあること． 2 憶測，邪推，いいがかり．

un·ter|strei·chen¹ [ˈʊntərʃtraɪ̯çən] ウンターシュトライヒェン 他 1 (字句などに)下線(アンダーライン)を引く． 2 強調する． Das kann ich ~! それはまったく賛成だ．

'Un·ter·strö·mung 囡 -/-en (川などの)底流;《比喩》(表面に現れない)隠れた動き, 底流.

'Un·ter·stu·fe 囡 -/-n 低学年;《総称的に》低学年の生徒. ◆ギムナジウム, 実科学校の第1-第3学年をいう.

*un·ter'stüt·zen [onter'ʃtytsən] ウンターシュテュツェン 他 1 援助(助成)する, 支持(支援)する バックアップする. Damals *unterstützte* ihn eine Frau bei seiner Forschung. 当時ある女性が彼の研究を援助していた. j⁴ mit Geld〈finanziell〉~ 人⁴を金銭的に援助する. 2 促進する, 助長する.

*Un·ter'stüt·zung [onter'ʃtytsoŋ] ウンターシュテュツング 囡 -/-en 1《複数まれ》援助, 支援, バックアップ. 2 補助(助成)金, 手当.

un·ter'stüt·zungs·be·dürf·tig 形 援助(扶助)を必要としている.

Un·ter'stüt·zungs·emp·fän·ger 男 -s/- 援助金受給者.

un·ter'su·chen [onter'zu:xən] ウンターズーヘン 他 調べる, 検査する. j² Gepäck ~ 人²の荷物を検査する. j⁴ ~ 人⁴の身体検査をする; 人⁴を診察する. die Maschine ~ 機械を点検する. ein Thema ~ あるテーマを研究する. die Ursache des Unglücks ~ 事故の原因を調査する. et⁴ chemisch ~ 物⁴を化学的に分析する. et⁴ gerichtlich ~ 事⁴を〈法廷で〉審理する. et⁴ gründlich〈genau〉~ 事⁴を徹底的に〈精確に〉調べる. sich⁴ ärztlich ~ lassen (医者に)診察を受ける. (auf et⁴ と) einen Täter auf seinen Geisteszustand [hin] ~ 犯人の精神状態を調べる. j⁴ auf〈nach〉Waffen ~ 人⁴が武器を持っていないかどうか調べる. das Blut auf Zucker ~ 血糖値を調べる.

*Un·ter'su·chung [onter'zu:xoŋ] ウンターズーフング 囡 -/-en 1 調査, 点検, 検査, 分析, 審理, 研究, 診察. 2 研究論文.

Un·ter'su·chungs·aus·schuss 男 -es/⸚e 調査(査問)委員会 (とくに議会の).

Un·ter'su·chungs·ge·fan·ge·ne 男囡《形容詞変化》未決囚.

Un·ter'su·chungs·haft 囡 -/《略 U-Haft》未決勾留.

Un·ter'su·chungs·rich·ter 男 -s/-《法制》予審判事.

Un·ter'tag·ar·bei·ter [onter'ta:k..] 男 -s/- Untertagearbeiter

Un·ter'ta·ge·ar·bei·ter [onter'ta:gə..] 男 -s/-《鉱業》坑内労務者, 坑夫.

Un·ter'ta·ge·bau 男 -[e]s/⸚e《鉱業》1《複数なし》(坑内での)採掘(作業), 坑内掘り. 2 (鉱山の)坑.

'un·ter·tan ['ontarta:n] 形 1 j³ ~ sein (古) 人³の臣下〈家臣〉である, (に)臣従(隷属)している. 2 j〈et〉³ ~ sein〈事〉³に支配されている, 人〈事〉³の言いなりである. sich³ j〈et〉⁴ ~ machen《雅》人⁴〈物〉³を支配する, 自分に従わせる. Macht Euch die Erde ~.《旧約》地を従わせよ (創1:28).

'Un·ter·tan 男 -[s] <-en>/-en (↑ untertan) 1《古》家臣, 家来; 臣民. 2《侮》お上のいいなりになる人間.

'un·ter·tä·nig ['ontertɛ:niç] 形 (↓ untertan)《古》《侮》へりくだった, 卑屈な. Ihr ~ster Diener 恐惶{きょうこう}謹言 (手紙の結びの言葉).

'Un·ter·tä·nig·keit 囡 -/《古》へりくだっていること, 卑屈, 卑下.

'Un·ter·tas·se 囡 -/-n (カップの)受け皿, ソーサー. fliegende ~ 空飛ぶ円盤.

'un·ter'tau·chen ['ontartaoxən] ❶ 自 (s) 1 水中に沈む(もぐる);《雅》浸る, ふける(in et³ 事³に). 2 姿を消す(in et³ 物³の中に); (官憲の手をのがれて)身をくらます, 潜伏する(bei j³ 人³のところに). in der Menge ~ 人ごみに紛れる. ❷ 他 (水中に)沈める; 浸す(in et³ 物³の中に).

'Un·ter·teil ['ontartaɪl] 中(男) -[e]s/-e《家具·衣服などの》下の部分.

un·ter'tei·len [onter'taɪlən] 他 (いくつかの部分に)分ける;(空間を)仕切る.

Un·ter'tei·lung 囡 -/-en 1《複数なし》分けること, 仕切ること. 2《仕切られた(仕切られる)一部分.

'Un·ter·ter·tia ['ontartɛrtsia, ⸜⸺⸌] 囡 -/..tien《古》《教育》(9年制ギムナジウムの)第4学年.

'Un·ter·ti·tel 男 -s/- 1 副題, サブタイトル. 2《映画》字幕.

'Un·ter·ton ['ontarto:n] 男 -[e]s/⸚e 1《音楽》下方倍音. 2 (声にこめられた感情的な)響き, 口調.

un·ter'trei·ben ['ontar'traɪbən] 自 (↔ übertreiben) (実際よりも)控えめにいう.

Un·ter'trei·bung 囡 -/-en 1《複数なし》控えめにいうこと. 2 控えめな表現.

un·ter'tun·neln [onter'tonəln] 他 (物⁴の)下にトンネルを通す(掘る).

'un·ter·ver·mie·ten 転貸(又貸し)する. ↑ unter.. ①▶

'un·ter·ver·si·chern (物⁴に)一部保険をかける. ↑ unter.. ①▶

'Un·ter·wal·den ['ontarvaldən]《地名》ウンターヴァルデン (スイス中部の州, Urkanton の1つ).

un·ter'wan·dern [onter'vandərn] 他 (他の国·民族·組織などに)徐々に入り込む, 潜入する. eine Organisation ~ ある組織に潜り込む.

'un·ter·wärts ['ontarvɛrts] 副《話》下で, 下方で; 下に向かって, 下の方へ. ~ warm angezogen sein 下半身を暖かく着こんでいる.

'Un·ter·wä·sche ['ontarvɛʃə] 囡 -/ 下着, 肌着.

un·ter'wa·schen* [onter'vaʃən] 他 =unterspülen

'Un·ter·was·ser ['ontarvasar] 中 -s/- 1 地下水. 2《複数なし》(堰{せき}などの)下手から流れ出る水.

un·ter'wegs [onter've:ks] ウンターヴェークス 副 途中で; (旅の途上で); 出かけて, 戸外で. ~ Blumen pflücken 道々花を摘む. von ~ eine Postkarte schreiben 旅先から葉書を書く. drei Tage ~ sein 3日間旅に出ている. Ich war schon ~, als er kam. 彼がきたとき私はもう出かけたあとだった. Er ist ~ nach Berlin. 彼はベルリーンへ向かっている. Die ganze Stadt war ~, um ihn zu sehen. 彼を見ようと街中の人がくり出した. Er ist den ganzen Tag ~. 彼は一日中出歩いている. Der Brief ist ~. 手紙はもう出してある. Bei ihr ist ein Kind [etwas [Kleines]] ~.《話》彼女はおなかが大きい(おめでただ).

un·ter'wei·len [onter'vaɪlən] 副《古》1 その間に, そうこうするうちに. 2 時々, 時折.

un·ter'wei·sen* [onter'vaɪzən] 他《雅》(人⁴に)教える, 指導する(in et³ 事³を).

Un·ter'wei·sung 囡 -/-en《雅》教示, 指導.

'Un·ter·welt ['ontarvɛlt] 囡 -/ 1《神話》死者の国, 冥土{めいど}(↑ Hades, Orkus). 2 (とくに大都会の)暗黒街. in der ~ verkehren 暗黒街に出入り

する.

'**un·ter·welt·lich** [ˈʊntɐrvɛltlɪç] 形 **1** 冥界の. **2** 暗黒街の.

un·ter'wer·fen* [ʊntərˈvɛrfən] ❶ 他 **1** (民族・地域などを)支配下に置く, 屈服(服従)させる, 征服する.《過去分詞で》j⟨et⟩³ unterworfen sein 人⟨事³⟩に支配されている. seinen Launen⟨dem Zufall⟩ geworfen sein 気分屋である⟨偶然に左右される⟩. Das Klima ist starken Schwankungen unterworfen. 気候はとても不安定だ. **2** (人⟨物⟩⁴に事³を)受けさせる. j⁴ einer Kontrolle⟨einer Prüfung / einem Verhör⟩ ~ 人⁴を監督⟨試験 / 尋問⟩する.
❷ (再) (**sich**⁴) **1** 従う, 服従(服従)する, 降伏する (j⟨et³⟩ 人⟨事³⟩に). sich j² Willen ~ 人²の意志に従う. **2** 受ける(et.³ 事³を). sich einer Prüfung ~ 試験を受ける.

Un·ter'wer·fung 女 -/-en 屈服させること, 征服; 屈服すること, 服従.

'**un·ter·wer·tig** [ˈʊntɐrveːrtɪç] 形 品質の悪い, 価値の低い.

un·ter'win·den* [ʊntərˈvɪndən] (再) (**sich**⁴) 〈古〉 sich et³ ~ 事³をあえて行う, 引き受ける; やらかす, してみる. 《zu 不定詞句と》 Wer darf sich ~, solches zu sagen? そんなことを言うのは一体どこのどいつだ.

un·ter'wür·fig [ʊntərˈvʏrfɪç, '---] 形〈侮〉卑屈な, 卑下した, おもねる, 言いなりの (j³ [gegenüber ⟨gegen j⁴⟩ 人³,⁴に対して). sich³ j⁴ ~ machen 人⁴を自分の支配下に置く, 服従させる.

Un·ter'wür·fig·keit ['-----とも] 女 -/〈侮〉卑屈さ; 卑屈な態度.

un·ter'zeich·nen [ʊntərˈtsaɪçnən] ❶ 他 (物⁴に)署名する, サインする. ❷ (再) (**sich**⁴)〈古〉署名する, サインする.

Un·ter'zeich·ner [ʊntərˈtsaɪçnər] 男 -s/- 《書類などの》署名者.

Un·ter'zeich·ne·te 男 女《形容詞変化》《書》署名者.

Un·ter'zeich·nung 女 -/-en 署名, サイン.

'**Un·ter·zeug** [ˈʊntərtsɔʏk] 中 -[e]s/〈話〉下着, 肌着.

'**un·ter'zie·hen¹*** [ˈʊntərtsiːən] 他 **1** 下に着る (unter et⁴ 物⁴の). [sich³] warme Wäsche⟨noch einen Pullover⟩ ~ 暖かい下着を⟨セーターをもう1枚⟩下に着込む. **2**《建築》(支柱・梁(はり)などを)下に入れる(unter et⁴ 物⁴の). **3**《料理》(泡立てた卵白などを)そっと混ぜ合わせる(unter et⁴ 物⁴と).

un·ter'zie·hen²* [--ˈ--] ❶ 他 **1** (人⟨物⟩⁴に事³を)受けさせる, (人⟨事⟩⁴を事³に)晒(さら)す. j⟨et⟩⁴ einer Untersuchung ~ 人⁴を診察する⟨事⁴を調査する⟩. et³ einer scharfen Kritik ~ 事⁴を鋭く批判する. ❷ (再) (**sich**⁴) **1** 引き受ける, 果たす (et³ 事¹,²を). sich der Mühe ~, …zu tun …する労をいとわない. **2** 受ける(事³を). sich einer Operation ~ 手術を受ける.

'**un·tief** [ˈʊntiːf]形《比較変化なし》深くない, 浅い.

'**Un·tie·fe** [ˈʊntiːfə] 女 -/-n **1** 浅瀬, 砂州(す);《比喩》(性格などの)浅はかさ. in⟨auf⟩ eine ~ geraten 浅瀬に乗上げる. **2**(水の深み;《雅》《比喩》深淵, 底知れぬ(得体の知れない)深さ.

'**Un·tier** [ˈʊntiːr] 中 -[e]s/-e **1** 怪物, 怪獣. **2**《話》人でなし, 人の皮をかぶった獣.

un'til·gbar [ʊnˈtɪlkbaːr, '---] 形 **1** 返済(償還)不可能な. **2**(恥などが)拭(ぬぐ)いきれない, 取返しのつかない;(印象などが)いつまでも消えない, 忘れられない.

un'trag·bar [ʊnˈtraːkbaːr, '---] 形 **1** 耐えられない, 我慢ならない. Er ist als Minister ~ geworden. あいつは大臣としてはもう失格だ. **2**(費用などが)負担できない, まかないきれない.

un'trenn·bar [ʊnˈtrɛnbaːr, '---] 形 切離せない, 不可分の. ~ mit j³ verbunden sein 人³と分かちがたく結びついている.

'**un·treu** [ˈʊntrɔʏ] 形 不実な, 不誠実な. et³ ~ werden 事³から離れる, 事³に背く. j³ ~ werden 人³を裏切る. Du bist mir ~ geworden.《戯》君は僕のところにちっとも来なくなったね.

'**Un·treue** [ˈʊntrɔʏə] 女 -/ **1** 不実, 不誠実; 不貞. **2**《法制》背任.

un'tröst·lich [ʊnˈtrøːstlɪç, '---] 形 慰めようのない, 悲しみに沈んだ; 落胆した, がっかりした (über et⁴ 事⁴に). Ich bin ~, dass ich das vergessen habe. そのことを忘れてしまって申訳ない(心苦しい).

un'trüg·lich [ʊnˈtryːklɪç, '---] 形 紛(まぎ)れもない, 確かな, 絶対確実な.

'**un·tüch·tig** [ˈʊntʏçtɪç] 形 有能でない, 無能な, 役に立たない.

'**Un·tu·gend** [ˈʊntuːgənt] 女 -/-en 悪い癖(習慣).

un'tun·lich [ʊnˈtuːnlɪç] 形〈古〉不適切な, 得策でない, しない方がいい.

un·über'brück·bar [ʊnyːbərˈbrʏkbaːr, '-----] 形 (対立などが)調停不可能な.

'**Un·über'legt·heit** 女 -/-en **1**《複数なし》軽率(軽はずみ)であること. **2** 軽率(軽はずみ)な言動.

un·über'seh·bar [ʊnyːbərˈzeːbaːr, '-----] 形 **1** (大きくて)見渡せないほどの. **2** 限りない, 測り知れない. **3** 歴然とした, すぐに分かる(見つかる).

un·über'setz·bar [ʊnyːbərˈzɛtsbaːr, '-----] 形 翻訳不可能な, 翻訳できない.

'**un·über'sicht·lich** [ʊnyːbərˈzɪçtlɪç] 形 **1** 見通しのきかない, 全体が展望できない. **2** こみいった, 錯綜した, (全体のつながりなどが)分かりにくい.

un·über'steig·bar [ʊnyːbərˈʃtaɪkbaːr, '------] 形 乗越えられない, 越えがたい.

un·über'trag·bar [ʊnyːbərˈtraːkbaːr, '------] 形 **1** 譲渡できない. **2** 転用できない.

un·über'treff·lich [ʊnyːbərˈtrɛflɪç, '------] 形 卓越した, 他の追随を許さない.

un·über'trof·fen [ʊnyːbərˈtrɔfən, '------] 形 未だに超えるものがない, 抜きんでてすぐれた.

un·über'wind·lich [ʊnyːbərˈvɪntlɪç, '------] 形 **1**(障害などが)克服しがたい, 乗越えられない;(感情が抑えがたい. **2** 負かすことのできない, 無敵の.

un·um'gäng·lich [ʊnʔʊmˈgɛŋlɪç, '------] 形 避けられない, 不可避の, 絶対必要な.

un·um'schränkt [ʊnʔʊmˈʃrɛŋkt, '------] 形 限りのない, 無制限の. der ~e Monarch 専制君主.

un·um'stöß·lich [ʊnʔʊmˈʃtøːslɪç, '------] 形 動かしようのない, 覆すことのできない, 最終的な. eine ~e Tatsache 揺るぎない事実.

un·um'strit·ten [ʊnʔʊmˈʃtrɪtən, '------] 形 議論の余地のない, 誰もが認める.

un·um'wun·den [ˈʊnʔʊmvʊndən, --ˈ--]《述語的には用いない》率直な, 腹蔵のない, 単刀直入な.

'**un·un·ter'bro·chen** [ˈʊnʔʊntərbrɔxən, ---ˈ--]形《述語的には用いない》絶間ない, ひっきりなしの.

un·ver'än·der·lich [ʊnfɛrˈʔɛndərlɪç, '-----

変えられない, 不変の. ~e Größe【数学・物理】定数, 常数.

unˈverˈänˌdert [ˈʊnfɛrˌɛndərt, --ˈ--] 変っていない, 変更のない.

unˈverˈantˌwortˌlich [ʊnfɛrˈ|antvɔrtlıç, ˈ----] 形 無責任な.

Unˈverˈantˌwortˌlichˌkeit [ˈ------ とも] 囡 -/ 無責任な(な態度).

unˈverˈarˌbeiˌtet [ˈʊnfɛr|arbaitet, --ˈ---] 形 1 未加工の, 生の. 2 理解不充分の, (記憶などが)ぼんやり(漠然)とした.

unˈverˈäuˌßerˌlich [ʊnfɛrˈ|ɔysərlıç, ˈ-----] 形 1 売物にならない. 2 売却できない, 譲渡できない.

unˈverˈbesˌserˌlich [ʊnfɛrˈbɛsərlıç, ˈ-----] 改善の見込のない, 救いがたい.

ˈunˈverˌbindˌlich [ˈʊnfɛrbıntlıç, --ˈ--] 形 1 拘束力のない, 義務を負わせない. eine ~e Auskunft 確実だという保証のない情報. 2 愛想のない.

Unˈverˌbindˌlichˌkeit [--ˈ--- とも] 囡 -/ 拘束力のないこと; 愛想のないこと.

unˈverˈblümt [ʊnfɛrˈblyːmt, ˈ---] 形 飾らない, 率直な, 単刀直入な; 遠慮のない, えげつない.

unˈverˈbrennˌbar [ʊnfɛrˈbrɛnbaːr, ˈ----] 形 不燃性の, 難燃性の.

unˈverˈbrüchˌlich [ʊnfɛrˈbrʏçlıç, ˈ----] 形 (約束・信念などが)破ることのできない, 固い, 揺るぎない. ~es Schweigen bewahren 固い沈黙を守る.

unˈverˈbürgt [ʊnfɛrˈbʏrkt, ˈ---] 形 保証のない, 不確実な.

ˈunˈverˌdächˌtig [ˈʊnfɛrdɛçtıç, --ˈ--] 形 怪しくない, 疑わしくない.

unˈverˈdauˌlich [ʊnfɛrˈdaolıç, ˈ----] 形 1 消化できない. 2《卑》理解しにくい, 難解な; 不快な.

Unˈverˈdauˌlichˌkeit [--ˈ--- とも] 囡 -/ 消化できないこと; 難解さ; 不快.

unˈverˈdaut [ˈʊnfɛrdaot, --ˈ-] 形 1 消化されない, 未消化の. 2《卑》よく理解されていない.

unˈverˈdient [ˈʊnfɛrdiːnt, --ˈ-] 形 1 受けるに値しない. ein ~es Glück 望外の幸運. 2 無実の, 不当な. ~e Strafe 無実の罪.

unˈverˈdienˌterˈmaßen 副 1 受けるに値しないのに. 2 不当に, いわれなく.

ˈunˈverˌdorˌben [ˈʊnfɛrdɔrbən] 形 1 (果実などが)腐敗していない. 2 堕落していない, 純真な.

unˈverˈdrosˌsen [ˈʊnfɛrdrɔsən, --ˈ--] 形 倦むことのない. ~ arbeiten こつこつと働く.

unˈverˈdünnt [ˈʊnfɛrdʏnt] 形 薄められていない, 生(ˢ)のままの.

unˈverˈeheˌlicht [ˈʊnfɛr|eːəlıçt]《書》独身の, 未婚の.

unˈverˈeinˌbar [ʊnfɛrˈ|ainbaːr, ˈ----] 形 両立しない, 相容(ˡ)れない.

Unˈverˈeinˌbarˌkeit [ˈ----- とも] 囡 -/-en 1《複数なし》両立しない(相容(ˡ)れない)こと. 2《複数で》相容れない事柄.

unˈverˈfälscht [ˈʊnfɛrfɛlʃt, --ˈ-] 形 混ぜ物のない, 純粋な.

unˈverˈfängˌlich [ˈʊnfɛrfɛŋlıç, --ˈ--] 形 当りさわりのない, 無難な, 危険のない.

unˈverˈfroˌren [ˈʊnfɛrfroːrən, --ˈ--] 形 厚かましい, ずうずうしい, 生意気な.

Unˈverˈfroˌrenˌheit [ˈ--ˈ--- とも] 囡 -/-en 1《複数なし》厚かましい(ずうずうしい)こと. 2 厚かましい(ずうずうしい)言葉.

unˈverˈgängˌlich [ʊnfɛrˈgɛŋlıç, --ˈ--] 形 消え去ることのない, 永遠の, 不滅の.

Unˈverˈgängˌlichˌkeit [--ˈ--- とも] 囡 -/ 永遠, 不滅.

unˈverˈgesˌsen [ˈʊnfɛrgɛsən] 形 忘れられていない, 記憶に残った.

unˈverˈgessˌlich [ʊnfɛrˈgɛslıç, ˈ----] 形 忘れることのできない, 忘れ難い.

unˈverˈgleichˌbar [ʊnfɛrˈglaıçbaːr, ˈ----] 形 比較できない, 比較不能な.

*****unˈverˈgleichˌlich** [ʊnfɛrˈglaıçlıç, ˈ----- ウンフェアグライヒリヒ] 比類のない, たぐいまれな, またとない.

unˈverˈhältˌnisˌmäˌßig [ˈʊnfɛrhɛltnısmɛːsıç, --ˈ----] 副 極端に, 過度に.

unˈverˈheiˌraˌtet [ˈʊnfɛrhairaːtət] 形 未婚の, 独身の.

ˈunˈverˌhofft [ˈʊnfɛrhɔft, --ˈ-] 形 思いがけぬ, 予期しない, 不意の, 突然の. *Unverhofft kommt oft.*《諺》一寸先は闇(思いがけぬことがよく起る).

ˈunˈverˈhohˌlen [ˈʊnfɛrhoːlən, --ˈ--] 形 包み隠しのない; あけすけな, あからさまな, むき出しの.

unˈverˈhüllt [ˈʊnfɛrhʏlt] 形 1 覆われていない, 裸の. 2 あからさまな, むき出しの.

unˈverˈkäufˌlich [ˈʊnfɛrkɔyflıç, --ˈ--] 形 1 売ることのできない. 2 売るつもりのない, 非売の.

unˈverˈkennˌbar [ʊnfɛrˈkɛnbaːr, ˈ----] 形 間違えようのない, 明白な.

unˈverˈlangt [ˈʊnfɛrlaŋt] 形 要求されない, 頼まれていない.

unˈverˈletzˌbar [ʊnfɛrˈlɛtsbaːr, ˈ----] 形 1 不死身の. 2 不可侵の.

unˈverˈletzˌlich [ʊnfɛrˈlɛtslıç, ˈ----] 形 不可侵の, 犯すべからざる.

ˈunˈverˌletzt [ˈʊnfɛrlɛtst] 形 1 傷ついていない, 無傷の. 2 破られていない.

unˈverˈlierˌbar [ʊnfɛrˈliːrbaːr, ˈ----] 形《雅》失われることのない.

ˈunˈverˈmählt [ˈʊnfɛrmɛːlt] 形《雅》未婚の, 独身の.

unˈverˈmeidˌbar [ʊnfɛrˈmaitbaːr, ˈ----] 形 = unvermeidlich

unˈverˈmeidˌlich [ʊnfɛrˈmaitlıç, ˈ----] 形 1 避けることのできない, 不可避の. 2 お定まりの, 恒例の.

unˈverˈmerkt [ˈʊnfɛrmɛrkt]《雅》1 気づかれずに. 2 知らずに.

unˈverˈminˌdert [ˈʊnfɛrmındərt] 形 変っていない, 衰えていない.

unˈverˈmischt [ˈʊnfɛrmıʃt] 形 まじりけのない, 純粋な.

unˈverˈmitˌtelt [ˈʊnfɛrmıtəlt] 形 唐突な, だしぬけの, 思いがけない, 突然の.

ˈUnˈverˌmöˌgen [ˈʊnfɛrmøːgən] 甲 -s/ (精神的・肉体的)無能力, 不能, 無力.

ˈunˈverˌmöˌgend [ˈʊnfɛrmøːgənt] 形 1《雅》《zu 不定詞句と》(…することが)できない. 2 貧しい, 財産のない.

ˈunˈverˌmuˌtet [ˈʊnfɛrmuːtət] 形《述語的には用いない》予期しない, 思いがけない, 突然の.

ˈUnˈverˌnunft [ˈʊnfɛrnʊnft] 囡 -/ 無思慮, 無分別.

ˈunˈverˌnünfˌtig [ˈʊnfɛrnʏnftıç] 形 無思慮な, 無

分別の.
'un·ver·öf·fent·licht ['ʊnfɛr|œfəntlɪçt] 形 未刊行の, 未出版の.
'un·ver·rich·tet [ˈʊnfɛrrɪçtət] 形 実行(達成)されていない.《ふつう次の成句で》～ er Dinge〈Sache〉目的を達成しないで, 何の成果もなく, 空(むな)しく.
°un·ver·rich·te·ter'din·ge ↑ unverrichtet
°un·ver·rich·te·ter'sa·che ↑ unverrichtet
'un·ver'rück·bar [ʊnfɛrˈrʏkbaːr, ˈ----] 形 動かすことのできない, 不動の.
'un·ver·rückt [ˈʊnfɛrrʏkt] 形《まれ》1 移動していない. 2 確固不動の.
*'un·ver'schämt [ˈʊnfɛrʃɛːmt ウンフェアシェームト] 形 1 恥知らずな, 図々しい, あつかましい. 2《話》法外な, 途方もない, すごい.
'Un·ver·schämt·heit 女 -/-en 1《複数なし》恥知らずな(図々しい)こと. 2 恥知らずな(図々しい)言動.
'un·ver·schlos·sen [ˈʊnfɛrʃlɔsən, --ˈ--] 形 鍵をかけてない; 封をしてない.
'un·ver·schul·det [ˈʊnfɛrʃʊldət, --ˈ--] 形 罪のない, 責任のない.
'un·ver·se·hens [ˈʊnfɛrzeːəns, --ˈ--] 副 思いがけず, いきなり, 不意に, 突然.
'un·ver'sehrt [ˈʊnfɛrzeːrt, --ˈ-] 形 1 けがをしていない. 2〈品物が〉無傷の.
'un·ver'sieg·bar [ʊnfɛrˈziːkbaːr, ˈ----] 形 = unversieglich
'un·ver'sieg·lich [ʊnfɛrˈziːklɪç, ˈ----] 形 涸(か)れることのない, 尽きることのない.
'un·ver'söhn·lich [ˈʊnfɛrzøːnlɪç, --ˈ--] 形 和解的でない, 和解できない.
'un·ver·sorgt [ˈʊnfɛrzɔrkt] 形 寄るべない.
'Un·ver·stand [ˈʊnfɛrʃtant] 男 -[e]s/ 無思慮, 無分別.
'un·ver·stan·den [ˈʊnfɛrʃtandən] 形 理解されていない, 分かってもらえない.
'un·ver·stän·dig [ˈʊnfɛrʃtɛndɪç] 形 分別のない.
*'un·ver'ständ·lich [ˈʊnfɛrʃtɛntlɪç ウンフェアシュテントリヒ] 形 1 理解できない, (よく)分からない, 不可解な. 2〈言葉などが〉よく聞き取れない.
'Un·ver'ständ·lich·keit 女 -/-en 1《複数なし》理解できないこと. 2 理解できない(不可解な)事柄.
'Un·ver'ständ·nis [ˈʊnfɛrʃtɛntnɪs] 中 -ses/ 無理解.
'un·ver·stellt [ˈʊnfɛrʃtɛlt, --ˈ-] 形 取りつくろわない, 偽らない.
'un·ver·sucht [ˈʊnfɛrzuːxt, --ˈ-] 形《次の用法でのみ》nichts ～ lassen あらゆる手段(手)をつくす.
'un·ver'träg·lich [ˈʊnfɛrtrɛːklɪç, --ˈ--] 形 1 協調性のない, けんか好きの. 2 適合しない, 相容(あいい)れない. 3 消化しにくい.
'Un·ver'träg·lich·keit [--ˈ--- とも] 女 -/-en 1《複数なし》協調性のなさ. 2《複数》相容(あいい)れないこと. 3《医学》不適合.
'un·ver·wandt [ˈʊnfɛrvant] 形《述語的には用いない》脇にそらさない, じっと注がれた.
'un·ver'wech·sel·bar [ʊnfɛrˈvɛksəlbaːr, ˈ----] 形 取違えようのない, 紛(まぎ)れない.
'un·ver·wehrt [ˈʊnfɛrveːrt, --ˈ-] 形 禁じられていない.
'un·ver·weilt [ˈʊnfɛrvaɪlt, --ˈ-] 形《述語的には用いない》《古》=unverzüglich
'un·ver·wes·lich [ˈʊnfɛrveːslɪç, --ˈ--] 形《古》

腐敗しない, 不滅の, 永遠の.
'un·ver'wund·bar [ʊnfɛrˈvʊntbaːr, ˈ----] 形 不死身の.
'un·ver'wüst·lich [ʊnfɛrˈvyːstlɪç, ˈ----] 形 破壊できない; 〈布地など〉丈夫な, 長持する; 〈肉体的・精神的に〉頑健な, 丈夫な, 不屈の.
'un·ver'zagt [ʊnfɛrˈtsaːkt] 形 ひるまない, 物おじしない.
'un·ver'zeih·lich [ʊnfɛrˈtsaɪlɪç, ˈ----] 形 許されない.
'un·ver'zins·lich [ʊnfɛrˈtsɪnslɪç, ˈ----] 形《銀行》無利子の(無利息の).
'un·ver'zollt [ˈʊnfɛrtsɔlt] 形 免税の, 関税のかからない.
'un·ver'züg·lich [ʊnfɛrˈtsyːklɪç, ˈ----] 形《述語的には用いない》即座の, 遅滞のない.
'un·voll·en·det [ˈʊnfɔl(|)ɛndət, --ˈ--] 形 未完成の.
'un·voll·kom·men [ˈʊnfɔlkɔmən, --ˈ--] 形 不完全な, 欠陥ある.
'Un·voll·kom·men·heit [--ˈ--- とも] 女 -/-en 1《複数なし》不完全であること. 2 不完全な物.
'un·voll·stän·dig [ˈʊnfɔlʃtɛndɪç, --ˈ--] 形 不完全な, 欠けている.
'Un·voll·stän·dig·keit [--ˈ--- とも] 女 -/ 不完全であること.
'un·vor·be·rei·tet [ˈʊnfoːrbəraɪtət] 形 1 準備のできていない, 即席の. 2 不意の, 思いがけない.
'un·vor·denk·lich [ˈʊnfoːrdɛŋklɪç] 形《述語的には用いない》〈古〉考えられないほど古い. seit ～ en Zeiten 太古の昔より.
'un·vor·ein·ge·nom·men [ˈʊnfoːr|aɪngənɔmən] 形 偏見のない, 先入観にとらわれない.
'un·vor'greif·lich [ʊnfoːrˈgraɪflɪç, ˈ----] 形《付加語的用法のみ》〈古〉他人の判断を先取りしない.
'un·vor·her·ge·se·hen [ˈʊnfoːrheːrgəzeːən] 形 予期しなかった, 思いがけない, 突然の.
'un·vor·schrifts·mä·ßig [ˈʊnfoːrʃrɪftsmɛːsɪç] 形 規則違反の.
'un·vor·sich·tig [ˈʊnfoːrzɪçtɪç] 形 不注意な, 思慮を欠いた, 軽率な.
'un·vor·sich·ti·ger'wei·se [ˈʊnfoːrzɪçtɪɡərˈvaɪzə] 副 不注意に, 軽率に.
'Un·vor·sich·tig·keit 女 -/-en 1《複数なし》不注意(軽率)であること. 2 不注意(軽率)な言動.
'un·vor'stell·bar [ʊnfoːrˈʃtɛlbaːr, ˈ----] 形 考えられない, 想像もつかない.
'un·vor·teil·haft [ˈʊnfoːrtaɪlhaft] 形 不利な, 損になる.
'un'wäg·bar [ʊnˈvɛːkbaːr, ˈ----] 形 計量できない; 予測できない, 測り知れない.
'un'wahr [ˈʊnvaːr] 形 本当でない, 虚偽の.
'un·wahr·haf·tig [ˈʊnvaːrhaftɪç] 形《比較変化なし》偽りの; 不正直(不誠実)な.
'Un·wahr·heit 女 -/-en 1《複数なし》嘘, 偽り. 2 偽りの言動.
'un·wahr·schein·lich [ˈʊnvaːrʃaɪnlɪç] 形 1 本当とは思えない, ありそうにない. 2 信じ難い. 3《話》とてつもない.
'Un·wahr·schein·lich·keit 女 -/-en 1《複数なし》本当とは思えない(信じ難い)こと. 2 本当とは思えない(信じ難い)事柄.
'un'wan·del·bar [ʊnˈvandəlbaːr, ˈ----] 形《雅》

変らない, 不変の.
Un'wan·del·bar·keit ['-⌒⌒⌒- とも] 因 -/ 不変, 恒常.
'un·weg·sam ['ʊnveːkzaːm] 形 歩き(通り)にくい, 道のない.
'un·weib·lich ['ʊnvaɪplɪç] 形 女らしくない.
un'wei·ger·lich [ʊnˈvaɪɡərlɪç, '----] 形 避けることのできない, 不可避の, 必然的な. Es musste ~ so kommen. どうしてもそうならざるを得なかった.
'un·wei·se ['ʊnvaɪzə] 形 得策でない, 勧められない.
'un·weit ['ʊnvaɪt] ❶ 前《2格支配》…から遠くないところに, …の近くに. ~ des Flusses〈Berlins〉川〈ベルリン〉から遠くないところに. ▶3格支配は古い用法. ❷ 副 遠くないところに(von et¹ 物¹から), 近くに(von et³ 物³の).
'un·wert ['ʊnvɛːrt] 形《雅》1 価値のない, 無価値の. 2 (物〈人〉²)値しない(ふさわしくない). Er ist ihrer ~. 彼は彼女にはふさわしくない.
'Un·wert 男 -[e]s/《雅》無価値.
'Un·we·sen ['ʊnveːzən] 中 -s/ 1 悪事, 乱業, 狼藉(ろうぜき); (子供などの)悪さ. sein ~ treiben 悪事(狼藉)を働く; 悪さをする. 2《雅》悪い状態.
'un·we·sent·lich ['ʊnveːzəntlɪç] 形 1 本質的でない, 重要でない. 2《比較級の前で》わずかに.
'Un·we·sent·lich·keit 因 -/-en 1《複数なし》本質的でないこと. 2 本質的でない(重要でない)事柄.
*'**Un·wet·ter** ['ʊnvɛtɐ ウンヴェター] 中 -s/ 嵐, 暴風雨, 雷雨. Das ~ brach über ihn los.《比喩》彼は大目玉(かみなり)をくらった.
'un·wich·tig ['ʊnvɪçtɪç] 形 重要でない, 取るに足らない.
'Un·wich·tig·keit 因 -/-en 1《複数なし》重要でないこと. 2 重要でない事柄.
un·wi·der'leg·bar [ʊnviːdərˈleːkbaːr, '-----] 形 反論できない, 否定できない.
un·wi·der'leg·lich [ʊnviːdərˈleːklɪç, '-----] 形 =unwiderlegbar
un·wi·der'ruf·lich [ʊnviːdərˈruːflɪç, '-----] 形 撤回(変更)できない, 取返し(動かし)ようのない, 最終的な. es Urteil 最終審判決. Heute ~ letzter Tag! 〔劇場などの掲示〕本日をもっていよいよ最終日! zum ~ letzten Male いよいよこれを最後に.
un·wi·der'sprech·lich [ʊnviːdərˈʃprɛçlɪç, '-----] 形《古》異論の余地のない.
un·wi·der'spro·chen [ʊnviːdərˈʃprɔxən, '-----] 形 反論のない. Diese Behauptung darf nicht ~ bleiben. このような主張に反論のないわけがない.
un·wi·der'steh·lich [ʊnviːdərˈʃteːlɪç, '-----] 形 逆らい(抗し, 抑え)がたい, 人の心を捕えて放さない; 思わずうっとりとさせるような, 非常に魅力的な.
un·wie·der'bring·lich [ʊnviːdərˈbrɪŋlɪç, '-----] 形《雅》取返しのつかない, 回復不可能な.
'Un·wil·le ['ʊnvɪlə] 男 -ns/ 怒り, 立腹, 不満, 不機嫌(gegen j〈et〉⁴ 人〈事〉⁴ に対する 事 に対しての). seinen ~n erregen〈hervorrufen〉彼を怒らせる. seinem ~n Luft machen《話》(自分の)怒りをぶちまける. ◆格変化は Wille 参照.
'Un·wil·len ['ʊnvɪlən] 男 -s/ =Unwille
'un·wil·lig ['ʊnvɪlɪç] 形 1 腹を立てた, 不機嫌な. 2 いやいやながらの. 3 乗気でない.《(zu 不定詞句と)》~ sein, …zu tun …する気がない.
'un·will·kom·men ['ʊnvɪlkɔmən] 形 歓迎されない, 迷惑な.

*'**un·will·kür·lich** ['ʊnvɪlkyːrlɪç, '---'--] ウンヴィルキューアリヒ] 形《述語的には用いない》思わず知らずの, 無意識的な. ~es Nervensystem《生物·医学》自律神経系. ~ stehen bleiben 思わず立止まる.
'un·wirk·lich ['ʊnvɪrklɪç] 形《雅》非現実的な, 架空の, 実在しない.
'un·wirk·sam ['ʊnvɪrkzaːm] 形 効果のない.
'Un·wirk·sam·keit 因 -/ 効果のないこと.
'un·wirsch ['ʊnvɪrʃ] 形 ぶっきらぼうな, つっけんどんな, 無愛想な.
'un·wirt·lich ['ʊnvɪrtlɪç] 形 1 (ungastlich) 客あしらい(もてなし)の悪い, 無愛想な. 2 (a) (土地などが)荒れ果てた, 人けのない, 殺風景な; 不毛の. (b) (天候などが)雨がちで寒さの厳しい.
'un·wirt·schaft·lich ['ʊnvɪrt-ʃaftlɪç] 形 1 不経済な. 2 やりくり下手の.
'un·wis·send ['ʊnvɪsənt] 形 1 無知の, 物を知らない. 2《副詞的用法で》それと知らずに, 無意識に.
'Un·wis·sen·heit ['ʊnvɪsənhaɪt] 因 -/ 1 無知, 無学. 2 無経験.
'un·wis·sen·schaft·lich ['ʊnvɪsənʃaftlɪç] 形 学問的でない, 非科学的な.
'un·wis·sent·lich ['ʊnvɪsəntlɪç] 副 それと知らずに, 知らないで.
'un·wohl ['ʊnvoːl] 形《述語的用法のみ》気分(体調)のすぐれない, 不快で; 居心地のよくない, いたまれない. Ich bin ~ / Mir ist ~. Ich fühle mich ~. 私は気分がよくない(居心地が悪い). Bei dem Gedanken wird mir ~. そう考えると私は気分が悪くなる(いたまれない)気持になる. ~ werden〈sein〉《古》《婉曲》(女性が)生理になる(生理である).
'Un·wohl·sein ['ʊnvoːlzaɪn] 中 -s/ 気分のすぐれない, 不快;《古》《婉曲》生理(中).
'un·wohn·lich ['ʊnvoːnlɪç] 形 人の住めない, 住み心地のよくない.
'Un·wort ['ʊnvɔrt] 中 -[e]s/-er(-e) 1《複数=er》よくない(美しくない)語. 2《複数=er, -e》よくない(不穏当な表現)(とくに流行語など).
'un·wür·dig ['ʊnvʏrdɪç] 形 1 j〈et〉² ~ sein 人〈物〉²にふさわしくない. 2 人格を汚す.
'Un·wür·dig·keit 因 -/ ふさわしくないこと.
'Un·zahl ['ʊntsaːl] 因 -/ 無数. eine ~ neuer Probleme 無数の新しい問題. Er hat eine ~ von Freunden〈eine ~ Freunde / Freunde in ~〉. 彼には無数の友人がいる.
un'zähl·bar [ʊnˈtsɛːlbaːr, '---] 形 1 =unzählig 2《文法》複数形のない.
un'zäh·lig [ʊnˈtsɛːlɪç, '---] 形 数えきれないほどの, 無数の.
un'zäh·li·ge 'Mal[e], ᵒun'zäh·li·ge·mal 副 何度も何度も.
un'zähm·bar [ʊnˈtsɛːmbaːr, '---] 形 飼いならすことのできない.
'un·zart ['ʊntsaːrt] 形 やさしさのない, 粗野な.
'Un·ze¹ ['ʊntsə] 因 -/-n (lat.) 1 オンス(重量単位, ≒28.35 g) 2《古》ウンツェ(貴金属·薬品の重量単位, ≒約 31 g).
'Un·ze² -/-n (gr.)《動物》=Jaguar
'Un·zeit ['ʊntsaɪt] 因 -/ (都合の)悪い時. zur ~ (都合の)悪い時に, 時間(時期)を間違えて.
'un·zeit·ge·mäß ['ʊntsaɪtɡəmɛːs] 形 1 時代に合わない. 2 季節はずれの.
'un·zei·tig ['ʊntsaɪtɪç] 形《まれ》1 時節に合わない,

遅れた. **2** 熟していない.

'un·zer·brech·lich [ˈʊntsɛrbrɛçlɪç, –ˈ– – –] 形 割れない、壊れない、頑丈な.

'un·zer·reiß·bar [ʊntsɛrˈraɪsbaːr, ˈ– – – –] 形 裂けない、ちぎれない.

un·zer·stör·bar [ʊntsɛrˈʃtøːrbaːr, ˈ– – – –] 形 破壊できない、確固とした.

un·zer·trenn·bar [ʊntsɛrˈtrɛnbaːr, ˈ– – – –] 形《まれ》ばらばらにすることができない.

un·zer·trenn·lich [ʊntsɛrˈtrɛnlɪç, ˈ– – – –] 形 親密な、いつも一緒の.

Un·zi·a·le [ʊntsiˈaːlə] 女 –/–n 《lat.》《印刷》アンシアル字体(古代ギリシア・ローマで用いられた丸みを帯びた字体).

'un·ziem·lich [ˈʊntsiːmlɪç] 形《雅》適切でない、ふさわしくない.

'un·zi·vi·li·siert [ˈʊntsivilɪziːrt] 形 **1** 文明化されていない、未開の. **2**《俗》粗野な.

'Un·zucht [ˈʊntsʊxt] 女 –/ 性的不道徳(不法)行為、猥褻(ぉぃ)(行為)、淫行(mit j[3] 人[3]と).

'un·züch·tig [ˈʊntsʏçtɪç] 形 猥褻(ぉぃ)な、ふしだらな.

'un·zu·frie·den [ˈʊntsufriːdən] 形 不満な、満足していない. ein ～es Gesicht machen 不満な顔つきをする. mit et ⟨j⟩³ ～ sein 事⟨人⟩³に不満である.

'Un·zu·frie·den·heit [– – – –/] 女 –/ 不満.

'un·zu·gäng·lich [ˈʊntsuːɡɛŋlɪç] 形 **1**（場所が）近寄れない. **2**（人が）親しみにくい、近寄りがたい. **3** 受けつけない. Er war allen Bitten gegenüber ～. 彼は頼みごとを一切受けつけなかった.

'un·zu·kömm·lich [ˈʊntsuːkœmlɪç] 形 **1**《ぉぃぇ》不充分な. **2**《とくにぉぃ》不当な. **3**《ぉぃ》健康によくない.

'un·zu·läng·lich [ˈʊntsuːlɛŋlɪç] 形 不十分な、不備な、不足した; お粗末な、貧弱な.

'Un·zu·läng·lich·keit [– – – –/–en] 女 **1**《複数なし》不充分であること. **2** 不充分な物(事柄).

'un·zu·läs·sig [ˈʊntsuːlɛsɪç] 形 許されない. ～e Rechtsausübung《法制》法の濫用.

'un·zu·rech·nungs·fä·hig [ˈʊntsuːrɛçnʊŋsfɛːɪç] 形 責任能力のない.

'Un·zu·rech·nungs·fä·hig·keit [– – – – – – –/] 女 –/ 責任能力の欠如.

'un·zu·rei·chend [ˈʊntsuːraɪçənt] 形 不十分な.

'un·zu·sam·men·hän·gend [ˈʊntsuzamənhɛŋənt] 形 脈絡のない、支離滅裂な.

'un·zu·stän·dig [ˈʊntsuːʃtɛndɪç] 形 権限のない、資格のない.

'Un·zu·stän·dig·keit [– – – – –/] 女 –/ 権限(資格)のないこと.

'un·zu·stell·bar [ˈʊntsuːʃtɛlbaːr] 形《郵便》(郵便物が)配達不能の.

'un·zu·träg·lich [ˈʊntsuːtrɛːklɪç] 形 (人⟨物⟩³に)有害である、健康によくない.

'un·zu·tref·fend [ˈʊntsuːtrɛfənt] 形 **1** 該当しない、的を得ていない.《名詞的用法で》Unzutreffendes bitte streichen! 該当しない項目を消して下さい. **2** 誤った.

'un·zu·ver·läs·sig [ˈʊntsuːfɛrlɛsɪç] 形 **1** 信頼できない、あてにならない. **2** 疑わしい.

'Un·zu·ver·läs·sig·keit [– – – – – –/] 女 –/ 信頼できないこと.

'un·zweck·mä·ßig [ˈʊntsvɛkmɛːsɪç] 形 目的に合わない、適切でない.

'Un·zweck·mä·ßig·keit [– – – – – –/] 女 –/ 目的に合わない(適切でない)こと.

'un·zwei·deu·tig [ˈʊntsvaɪdɔʏtɪç] 形 **1** 明白な、

はっきりした. **2** 露骨な、あからさまな.

'un·zwei·fel·haft [ˈʊntsvaɪfəlhaft, –ˈ– – – –] 形 疑う余地のない、明らかな.

'Up·date [ˈapdeːt, ˈapdeɪt] 中 –s/–s 《engl.》《コンピュータ》(ソフトウェアなどの)最新バージョン.

*`**üp·pig** [ˈʏpɪç] 形 **1** (木や草が)よく茂った、繁茂した; 豊かな、豊富な; 豪華な、贅沢な. in ～en Farben 豊かな色彩で、色彩豊かに. ～er Haarwuchs ふさふさ(ぼうぼう)と伸びた髪の毛. ein ～es Mahl 豪華な食事. eine ～e Fantasie 豊かな(旺盛な)想像力. eine ～e Vegetation 繁茂した植物. ～ leben / ein ～es Leben führen 豪華(贅沢)な生活をする. es⁴ nicht ～ haben《比喩》金まわりがよくない. **2**（胸などが)豊満な、ふくよかな. ein ～er Busen 豊満な胸. **3**《地方》生意気な、思いあがった. Werde nicht zu ～! あまり図にのるなよ.

'Üp·pig·keit 女 –/ 豊かなこと. ↑üppig

Ur [uːr] 中 –[e]s/–e《動物》(Auerochse) オーロクス(絶滅した野牛).

ur.., Ur.. [uːr...] 《接頭 / ほとんどつねにアクセントをもつ》名詞・形容詞・動詞に冠して次のような意味を表す. **1**《原始(原初)の》Urchristentum 原始キリスト教. Urmensch 原人. Uraufführung 初演. **2**《根源的な》Urkraft 根源的な力. urdeutsch 純ドイツ的な. **3**《一代前(先)の》Urgroßvater 曾祖父. Urenkel 曾孫. **4**《非常な》uralt 非常に古い、太古の. urplötzlich まったく突然の.

'Ur·ab·stim·mung [ˈuːrapʃtɪmʊŋ] 女 –/–en **1**（ストライキの賛否などを組合員に問う)直接投票. **2**《ぉぃ》(文書によるアンケート調査.

'Ur·ahn [ˈuːraːn] 男 –[e]s(–en)/–en **1** 始祖(一番遠い祖先). **2**《古》《地方》曾祖父.

'Ur·ah·ne¹ [ˈuːraːnə] 男 –/–n = Urahn

'Ur·ah·ne² 女 –/–n 一番遠い祖先の女. **2**《古》《地方》曾祖母. ◆↑Urahn

Ural [uˈraːl] 男 –[s]/《地名》**1** der ～ ウラル山脈. **2** der ～ ウラル川.

ural·al'ta·isch [uˈraːlalˈtaːɪʃ] 形 ウラル・アルタイの. ～e Sprachen ウラル・アルタイ系言語.

'ur·alt [ˈuːralt] 形 **1** 高齢の、非常に古い. **2** 太古(から)の、大昔の.

'Ur·al·ter [ˈuːraltər] 中 –s/ 大昔、太古.

Urä·mie [urɛˈmiː] 女 –/–[..ˈmiːən]《gr.》《病理》尿毒症.

Uran [uˈraːn] 中 –s/ 《gr.》《記号 U》《化学》ウラン.

'Ur·an·fang [ˈuːrʔanfaŋ] 男 –[e]s/–e《複数まれ》(Urbeginn) 原初、発端.

'ur·an·fäng·lich [ˈuːrʔanfɛŋlɪç] 形《述語的にはいない》原初の、最初からの.

Ura·nia [uˈraːnia] 女《人名》《ギリシア神話》ウラーニアー (Muse の 1 人で天文の女神、Aphrodite の称呼の 1 つ).

Ura·ni·nit [uraniˈniːt] 中 –s/–e《鉱物》閃(ﾍﾟｯﾁ)ウラン鉱.

'Ura·nus [ˈuːranʊs] ❶《人名》《ギリシア神話》ウーラノス (Gäa の子で天を表す神、Titan 神族の祖). ❷ 男 –/ der ～《天文》天王星.

'ur·auf·füh·ren [ˈuːrʔaʊffyːrən] 他 (芝居を初演する, (映画)を封切る.

'Ur·auf·füh·rung 女 –/–en (芝居の)初演, (映画の)封切り.

ur'ban [ʊrˈbaːn] 形 《lat. urbanus, zur Stadt gehörend'》**1** 都会風の、洗練された. **2** 都市の.

Ur·ba·ni·tät [urbaniˈtɛːt] 囡 -/ (↓ urban) **1** 都会的(都会風)であること. **2** 都会的な物腰.

ˈur·bar [ˈuːrbaːr, ˈuːrbaːr] 形 《次の用法で》et¹ ~ machen 物⁴（土地など）を開拓(開墾)する.

Ur·bar [ʊrˈbaːr, ˈʊrbaːr] 田 -s/-e《歴史》(中世の)土地台帳.

ˈUr·be·deu·tung [ˈuːr..] 囡 -/-en 原義, 本来の意味.

ˈUr·be·stand·teil 男 -[e]s/-e 原成分.

ˈUr·be·woh·ner 男 -s/- 原住民.

ˈUr·bild 田 -[e]s/-er **1** 〔芸術作品の〕原型, 原像; モデル. **2** 理想像, 典型; 化身.

ˈUr·chris·ten·tum 田 -s/ （紀元2世紀頃までの）原始キリスト教.

ˈur·ei·gen [ˈuːr·ˈaɪɡən] 形《付加語的用法のみ》生来そなわった, 本来固有の; まったく独自の. Das ist meine ~ste Sache. それはまったく私自身の問題だ.

ˈur·ei·gen·tüm·lich [ˈuːr·ˈaɪɡnˌtyːmlɪç] 形 まったく固有の, まさに特有の.

ˈUr·ein·woh·ner 男 -s/- = Urbewohner

ˈUr·el·tern [ˈuːrˌɛltɐrn] 複 **1**《宗教》人類の祖（旧約聖書の Adam と Eva）. **2** 始祖.

Ur·en·kel [ˈuːrˌɛŋkəl] 男 -s/- （Großenkel）曾孫, 曾孫(ｻｳｿﾝ); 子孫. ◆ 女性形 Urenkelin 囡 -/-nen

Ure·ter [uˈreːtɐr] 男 -s/-en(-) (gr.)《解剖》(Harnleiter) 尿管.

Ure·than [ureˈtaːn] 田 -s/-e《化学》ウレタン.

Ure·thra [uˈreːtra] 囡 -/..thren[..trən]《解剖》(Harnröhre) 尿道.

ˈUr·feh·de [ˈuːr·fədə] 囡 -/-n《歴史》(中世の)復讐断念の誓約.

ˈUr·form 囡 -/-en 原形.

ˈur·ge·müt·lich [ˈuːrɡəˌmyːtlɪç] 形 とても心地よい.

ˈur·ger·ma·nisch 形 原始ゲルマン(人, 語)の. ↑ deutsch

ˈUr·ge·schich·te 囡 -/ **1** 先史時代. **2** 先史学.

ˈur·ge·schicht·lich 形 先史時代の.

ˈUr·ge·stein 田 -[e]s/-e 原生岩.

ˈUr·groß·va·ter 男 -s/¨ 曾祖父.

ˈUr·groß·mut·ter 囡 -/¨ 曾祖母.

ˈUr·groß·va·ter 男 -s/¨ 曾祖父.

ˈUr·grund 男 -[e]s/《複数なし》根本, 根源.

ˈUr·he·ber [ˈuːrˌheːbɐr] 男 -s/- **1** 創始者, 首唱者; 首謀者, 張本人. der geistige ~ der Revolution その革命の精神的な生みの親. **2**〔芸術作品などの〕原作者, 著作者. ◆ 女性形 Urheberin 囡 -/-nen

ˈUr·he·ber·recht 田 -[e]s/-e《法制》**1**（Autorrecht）著作権. **2**《複数なし》著作権法.

ˈUr·he·ber·schaft 囡 -/ **1** 首謀者. **2** 著作者.

ˈUr·hei·mat 囡 -/-en〔種族や民族の〕原住地.

Uri [ˈuːri]《地名》ウーリ（スイス中部の州, Urkanton の1つ）.

Uria [uˈriːa]《男名》(hebr., Jahwe ist Licht')《旧約》ウリヤ（David の武将, David の謀略により戦死させられた. サム下 11）.

Uri·as·brief [uˈriːasbriːf] 男 -[e]s/-e ウリヤの手紙（手紙の持参者本人を危険に陥れる手紙）. ↑ Uria

Uri·el [ˈuːriel, ˈuːriɛl]《男名》(hebr., Gott ist Licht') ウリエル（旧約聖書の大天使の1人）.

ˈurig [ˈuːrɪç] 形 **1** 野生(自然)のままの, 太古のままの. **2** 変な, 変った. ein ~er Kauz 変人.

Urin [uˈriːn] 男 -s/-e (lat.)《医学》(Harn) 尿, 小便. ein trüber〈eiweißhaltiger〉~ 混濁〈蛋白〉尿. Der ~ ist o. B. (=ohne Befund). 尿には異常なし. ~ lassen 排尿する. et⁴ im ~ haben〈spüren〉 / et¹ aus dem ~ wissen《卑》事⁴をひしひしと感じる, 実感する.

uri·nie·ren [uriˈniːrən] 自 排尿する, 小便する.

ˈUr·kan·ton [ˈuːrˌkantoːn] 男 -s/-e 原カントン（スイス連邦の起源となった Uri, Schwyz, Unterwalden の3州）.

ˈur·ko·misch [ˈuːrˌkoːmɪʃ] 形 ひどく滑稽な.

ˈUr·kraft 囡 -/¨e〔自然の〕根元的な力.

Ur·kun·de [ˈuːrkʊndə] 囡 -/-n 記録, （公）文書, 証書, 証明書, 書類; 証拠(書類); 古文書. eine öffentliche〈notarielle〉~ 公文書〈公正証書〉. eine historische〈mittelalterliche〉~ 古文書〈中世の史料〉. eine ~ über et⁴ ausstellen〈ausfertigen〉~ に関する証明書を発行する. eine ~ fälschen〈unterzeichnen〉文書を偽造する〈文書に署名する〉.

ˈUr·kun·den·fäl·scher 男 -s/- 文書の偽造者.

ˈUr·kun·den·fäl·schung 囡 -/-en《法制》文書偽造.

ˈUr·kun·den·leh·re 囡 -/ 古文書学.

ˈur·kund·lich《語》~ beweisen 事⁴を文書で証明する.

Ur·laub [ˈuːrlaup ウーアラオプ] 男 -[e]s/-e （勤労者の）休暇, （兵士の）帰休. ein bezahlter ~ 有給休暇. drei Wochen ~ pro Jahr 年3週間の休暇. seinen ~ antreten 休暇に入る. ~ beantragen 休暇願いを出す. von j〈et〉⁴ ~ machen《比喩》人〈事〉から身を離す, 距離を置く. ~ nehmen〈bekommen〉休暇をとる〈もらう〉. auf〈in〉~ fahren〈gehen〉休暇旅行に出かける. auf ~ kommen （兵士が）帰休する. auf〈in/im〉~ sein 休暇中である.

ˈUr·lau·ber [ˈuːrlaʊbɐr] 男 -s/- **1** 休暇中の人, 休暇旅行者. **2** 帰休兵.

ˈUr·laubs·geld 男 -[e]s/-er **1** 休暇のための貯金. **2**《法制》休暇手当.

ˈUr·laubs·ge·such 男 -[e]s/-e 休暇願.

ˈur·laubs·reif 形《語》(オーバーワークのために)休暇が必要な.

ˈUr·laubs·rei·se 囡 -/-n 休暇旅行.

ˈUr·laubs·schein 男 -[e]s/-e （兵士の）帰休証明書.

ˈUr·laubs·zeit 囡 -/-en **1** 休暇期間. **2** 休暇シーズン.

ˈUr·mensch [ˈuːrmɛnʃ] 男 -en/-en **1** 原始人; （旧石器時代の）原人. **2**《複数なし》《宗教》最初の人間, 人類の祖（旧約聖書の Adam など）.

ˈUr·ne [ˈʊrnə] 囡 -/-n (lat.) **1** 骨壺, （副葬品を入れる）壺, 瓶(ﾋﾞﾝ). **2** (Wahlurne) 投票箱; (ｲﾝ) 投票箱. **3** くじ箱.

ˈUr·ning [ˈʊrnɪŋ] 男 -s/-e《古》男色家.

Uro·lo·ge [uroˈloːɡə] 男 -n/-n 泌尿器科医.

Uro·lo·gie [uroloˈɡiː] 囡 -/ 泌尿器科学.

ˈur·plötz·lich [ˈuːrˌplœtslɪç] 形 まったく突然の, 出し抜けの.

ˈUr·quell 男 -[e]s/-e《雅》= Urquelle

ˈUr·quel·le 囡 -/-n 源泉.

*** **Ur·sa·che** [ˈuːrzaxə ウーアザヘ] 囡 -/-n 原因; 理由; 動機. die ~ des Unfalls〈für den Unfall〉事故の原因. innere und äußere ~en 内因と外因. ~ und Wirkung 原因と結果. kleine ~, große Wirkung《諺》小因大果. einer ~ nachgehen〈auf den Grund gehen》原因を究明する．die ～ für et⁴ bilden 事⁴のきっかけをつくる，理由となる．j³ die ～ geben, ...zu tun ...するきっかけを与える．Du hast alle ～, dich zu freuen. 君が喜ぶのももっとも至極だ．Du hast keine ～, dich zu beschweren. 君が不平を言う理由(いわれ)はない．die ～ klären 原因を解明する．ohne jede«alle» ～ なんの理由(いわれ)もなく．Keine ～! 《話》(お礼などにたいして)どういたしまして，とんでもない．

'**ur·säch·lich** [ˈuːrzɛçlɪç] 厖 **1** 原因の，原因にかんする．eine ～e Klärung des Vorfalls 事件の原因解明．**2** 原因となる(für et⁴ 事⁴の); 因果的な．mit et³ in ～em Zusammenhang stehen 事³と因果関係にある．

'**Ur·schleim** 男 –[e]s/ 原質質．vom ～ an《戯》そもそもの始めから．

'**Ur·schrift** 女 –/–en 原文, 原本．

ursprʼ 《略》=ursprünglich

'**Ur·spra·che** 女 –/–n《言語》祖語．**2** (Originalsprache)(翻訳原本に対して)原語．

*'**Ur·sprung** [ˈuːrʃprʊŋ ウーアシュプルング] 男 –[e]s/–e **1** 源, 源流; 起源, 起り, 由来; 原因, もと．der ～ der Menschheit 人類の起源．ein Wort germanischen ～s ゲルマン語に由来する単語．Das Gestein ist vulkanischen ～s. その岩石は火山岩である．dem ～ von et³ nachgehen 事³の起源を探る．seinen ～ in et³ haben 原因は事³にある, (に)起因している．**2** 《数学》原点．

*'**ur·sprüng·lich** [ˈuːrʃprʏŋlɪç, –'– – ウーアシュプリュングリヒ] (略 ursp.) ❶ 厖 **1** 元来(もともと)の, はじめの, 最初の．**2** 自然のままの, 原初の; 素朴な, 純粋な．❷ 副 はじめは, 元来は; もともとは．

'**Ur·sprüng·lich·keit** [–'– – – とも] 女 –/ 自然のままであること, 素朴(自然)さ．

'**Ur·sprungs·land** 中 –[e]s/⸚er 原産地．

'**Ur·sprungs·zeug·nis** –ses/–se 原産地証明書．

'**Ur·stand** 男 –[e]s/⸚e《古》《宗教》原始義の状態(人間が原罪を犯す前の状態)．

'**Ur·stend** [ˈuːrʃtɛnt] 女 –/《古》《南ドイツ・オーストリア》復活, [fröhliche] ～ feiern 復活する, 息を吹返す．

'**Ur·stoff** 男 –[e]s/–e **1** (Grundstoff, Element) 元素．**2**《複数なし》《哲学》(Materie) (形相に対する)質料, (精神に対する)物質．

'**Ur·su·la** [ˈʊrzula]《女名》ウルズラ．

*'**Ur·teil** [ˈʊrtaɪl ウルタィル] 中 –s/–e **1**《法制》判決．ein hartes ～ 厳しい判決．ein salomonisches ～ 大岡裁き(↑salomonisch)．Das ～ lautet auf fünf Jahre Gefängnis. 判決は禁固5年だ．das ～ begründen 判決理由を述べる．das ～ fällen«verkünden》判決を下す《言渡す》．sich³ selbst sein ～ sprechen《比喩》みずから身を裁く．Das ～ über diese Angelegenheit ist noch nicht gesprochen.《比喩》この件については未だ決定がなされていない．**2** 意見; 判断力．ein objektives ～ 客観的な判断．das ～ des Paris《ギ神話》パリスの審判(Paris が Hera, Athene, Aphrodite 三女神の美貌争いに対して下した審判, ↑Paris)．sich³ über et⁴ ein ～ bilden 事⁴について自分なりに判断する．ein gutes ～ haben すぐれた判断力を持っている．Ich habe darüber kein ～. その件について私はなにも意見を持っていない．auf j² ～ viel《nichts》geben 人²の判断を大いに評価する《まったく評価しない》．Auf sein ～ kann man sich³ verlas-

sen. 彼の判断はあてにできる．**3**《哲学》判断．ein kategorisches ～ 定言的判断．

*'**ur·tei·len** [ˈʊrtaɪlən ウルタィレン] 自 判断(評価)する, 判断を下す(über j《et》⁴ 人《事》⁴について)．nach dem äußeren Schein ～ 外見で判断する．dem Erfolg nach zu, ... 結果から判断すると．

'**Ur·teils·be·grün·dung** 女 –/–en《法制》判決理由．

'**Ur·teils·fä·hig·keit** 女 –/ 判断力のある．

'**Ur·teils·fä·hig·keit** 女 –/ 判断力．

'**Ur·teils·kraft** 女 –/ 判断力．

'**ur·teils·los** 厖 判断力のない, 意見のない．

'**Ur·teils·spruch** 男 –[e]s/⸚e《法制》判決主文．

'**Ur·teils·ver·mö·gen** 中 –s/ =Urteilsfähigkeit

'**Ur·teils·voll·stre·ckung** 女 –/–en《法制》判決の執行．

'**Ur·text** [ˈuːr..] 男 –[e]s/–e **1**《言語》原典．**2** 初稿．

'**Ur·tier** 中 –[e]s/–e **1** 原生動物．**2** 巨獣．

'**Ur·tier·chen** 中 –s/– =Urtier 1

'**ur·tüm·lich** [ˈuːrtyːmlɪç] 厖 (↓ Urtümlichkeit) 原始(太古, 自然)のままの, 損われない, 素朴な．

'**Ur·tüm·lich·keit** 女 –/ 太古(自然)のままであること．

'**Ur·typ** –s/–en =Urtypus

'**Ur·ty·pus** 男 –/..pen 原型．

'**Uru·gu·ay** [ˈuːruɡvaɪ, –, uruɡuˈaɪ] ❶《地名》ウルグアイ(南米南東部の共和国, 首都モンテヴィデオ Montevideo)．❷ 男 –[s]《地名》der ～ ウルグアイ川．

'**Ur·ur·ahn** [ˈuːrʔuːrˌʔaːn] 男 –[e]s(–en)/–en **1** はるかな祖先．**2** 高祖父．

'**Ur·va·ter** 男 –s/⸚ **1** 祖先．**2**《宗教》人類の祖．～ Adam 人類の父アダム．

'**ur·ver·wandt** [ˈuːrfɛrvant] 厖 同系の, 祖先が同じの．

'**Ur·volk** 中 –[e]s/⸚er **1** 祖民族(諸民族の源となる民族)．**2** 原住民族, 原住種族．

'**Ur·wahl** 女 –/–en《政治》予備選挙(間接選挙で選挙人を選ぶための選挙)．

'**Ur·wald** [ˈuːrvalt] 男 –[e]s/⸚er 原始林, 原生林;(熱帯の)ジャングル;《比喩》鬱蒼(うっそう)として見究めがたいもの(世界)．

'**Ur·welt** 女 –/–en 太古の世界．

'**ur·welt·lich** [ˈuːrvɛltlɪç] 厖 太古の世界の．

'**ur·wüch·sig** [ˈuːrvyːksɪç] 厖 **1** 自然のままの, 野生の;(言葉などが)飾らない, 素朴な．ein ～er Bayer 根っからのバイエルン人．**2** 古 土着の．

'**Ur·wüch·sig·keit** 女 –/ 自然のままであること．

'**Ur·zeit** [ˈuːrtsaɪt] 女 –/–en (Vorzeit) 太古, 原始時代．in《vor/zu》～en 太古(大昔)に．seit ～en 太古(大昔)からずっと．

'**Ur·zel·le** 女 –/–n《生物》(仮説上の)原細胞．

'**Ur·zeu·gung** 女 –/–en《生物》自然(偶然)発生．

'**Ur·zu·stand** 男 –[e]s/ 原始状態．

US [uːˈʔɛs]《略》(engl.) =United States (of America) アメリカ合衆国．

u. s.《略》=ut supra

USA [uːʔɛsˈʔaː]《略》(engl.) =United States of America アメリカ合衆国．

US-Ame·ri·ka·ner [uːˈʔɛsamerikaˌnɐr] 男 –s/– アメリカ合衆国民．◆女性形 US-Amerikanerin 女 –/–nen

US-ame·ri·ka·nisch 厖 アメリカ合衆国の．

Usance [y'zã:s] 囡 -/-n[..sən] (fr.) 慣習, 商習慣.

Us'be·kis·tan [ʊs'be:kista(:)n] 《地名》ウズベキスタン(中央アジアにある共和国, 1991 ソ連解体により独立, 首都タシケント Taschkent).

usf.《略》=und so fort …など, 等々.

'Uso ['u:zo] 男 -s/ (it.)《商業》商習慣.

usu'ell [uzu'ɛl] 彫 (fr.) 慣例の, しきたり通りの.

Usur·pa'ti·on [uzʊrpatsi'o:n] 囡 -/-en (lat.) (地位・権力の)強奪, 簒奪(さんだつ).

Usur'pa·tor [uzʊr'pa:tor] 男 -s/-en[..pa'to:rən] (王位などの)簒奪者.

usur'pie·ren [uzʊr'pi:rən] 他 (lat.) 強奪する, 簒奪(さんだつ)する.

'Usus ['u:zʊs] 男 -/ (lat.) 慣習, しきたり, 慣例.

usw.《略》=und so weiter …など, 等々.

Uten'sil [utɛn'zi:l] 田 -s/-ien[..iən] (lat.)《多く複数で》(特定の目的のための)道具類, 用具, 器具. die ~ien zum Schreiben 筆記用具.

'Ute·rus ['u:terʊs] 男 -/..ri[..ri] (lat.)『解剖』(Gebärmutter) 子宮.

Uti·li·ta·ri·er [utili'ta:riər] 男 -s/- =Utilitarist

Uti·li·ta'ris·mus [utilita'rɪsmʊs] 男 -/『哲学』功利主義.

Uti·li·ta'rist [utilita'rɪst] 男 -en/-en 功利主義者.

uti·li·ta'ris·tisch 彫 功利主義の, 功利主義的な.

Uto'pia [u'to:pia] 田 -s/ (gr. ou , nicht' +topos , Ort')《ふつう無冠詞で》ユートピア, 理想郷. ◆イギリスのトマス・モーア Th. More の小説中の理想の島の名にちなむ. 原義は「どこにもない場所」.

Uto'pie [uto'pi:] 囡 -/-n[..'pi:ən] (↓Utopia) ユートピア(理想社会)像; 夢(物語). Das ist doch [eine] ~! そんなのは夢物語じゃないか.

Uto·pi·en [u'to:piən] -s/《多く無冠詞で》ユートピア, 理想郷.

uto·pisch [u'to:pɪʃ] 彫 ユートピアの, 空想的な.

Uto'pis·mus [uto'pɪsmʊs] 男 -/..men[..mən] **1**《複数なし》ユートピア的理想主義. **2** ユートピア的な考え.

Uto'pist [uto'pɪst] 男 -en/-en **1** ユートピアン. **2** 空想的社会改良家, 夢想家.

'Ut·recht ['u:trɛçt] 《地名》ユトレヒト(オランダ中部の都市).

ut 'su·pra [ʊt 'zu:pra] (lat. , wie oben [angegeben]')《略 u. s.》上記のように.

u. U.《略》=unter Umständen 事情によっては.

u. ü. V.《略》=unter üblichem Vorbehalt 慣例の留保付で.

UV《略》=ultraviolett

u. v. a.《略》=und viele[s] andere その他多数.

u. v. a. m.《略》=und viele[s] andere mehr その他多数.

UV-Fil·ter [u'fao..] 男 (田) -s/- 紫外線フィルター.

Uvi'ol·glas [uvi'o:l..] 田 -es/ 紫外線透過ガラス(商標名).

UV-Lam·pe 囡 -/-n 紫外線療法用の太陽灯.

UV-Strah·len 覆 『物理』紫外線(ultraviolette Strahlen の短縮).

'Uvu·la ['u:vula] 囡 -/..lae[..lɛ] (lat.)『解剖』(Gaumenzäpfchen) 口蓋垂.

u. W.《略》=unseres Wissens 我々の知っている限りでは.

'uzen ['u:tsən] 他《話》からかう.

'Uz·na·me ['u:tsna:mə] 男 -ns/-n《話》あだ名. ◆格変化は Name 参照.

u. zw.《略》=und zwar 詳しく言うと, しかも, もっとも.

v, V

v¹, **V**¹ [fau] 田 -/- ドイツ語アルファベットの第 22 文字(子音字). ♦口語では単数 2 格および複数形を [faus] と発音することがある.

V² (ローマ数字の) 5. ♦文字の形が X (=10) の半分.

V³ (記号) 1 《物理》=Volt 2 《物理・数学》=Volumen 1(a) 3 《化学》=Vanadium 4 《印刷》=vertatur 5 V サイン (挨拶として用いる勝利の合図).

v. (略) 1 (a) =von Heinrich v. Kleist ハインリヒ・フォン・クライスト. (b) =vom v. 30. Januar 1 月 30 日 (から). (c) =vor 100 v. Chr. (=vor Christo) (西暦) 紀元前 100 年. 2 =vide 3 =vidi 4 =verte

V. (略) =Vers

VA (記号) =Voltampere

v. a. (略) =vor allem なかんずく, とりわけ.

Va·banque [vaˈbãːk] (*fr.* ‚es geht die Bank') Vabanque! 親の胴前(ごま)全部だ(賭博で親の持ち金全額が賭けられたとき). ~ spielen (賭博で)親の胴前全部を賭けての勝負に出る;《比喩》一か八かの勝負をする, 大きなリスクを冒す. ♦va banque とも書く.

Va·banque·spiel 田 -[e]s/ 一か八かの賭 (大勝負).

Va·de·me·kum [vadeˈmeːkʊm] 田 -s/-s (*lat.* vade mecum, geh mit mir') ポケット版の入門書, 手引, ハンドブック.

vag [vaːk] =vage

Va·ga·bund [vagaˈbʊnt] 男 -en/-en (*lat.* vagari, umherschweifen') 浮浪者, 無宿者, 流れ者; バガボンド.

va·ga·bun·die·ren [vagabʊnˈdiːrən] 自 (h, s) 1 (h) 浮浪者として生活する, 放浪生活をおくる. 2 (s) 浮浪 (放浪) する, 流れ歩く. *vagabundierende* Ströme《電子工》漂流 (迷走) 電流.

Va·gant [vaˈgant] 男 -en/-en (*lat.* vagari, umherschweifen') 《多く複数で》 1 (中世において) 各地を遍歴して歩いた芸人 (詩人, 聖職者, 学生). 2 《古》(Vagabund) 浮浪者, 放浪者.

va·ge [ˈvaːgə] (*lat.* vagus') 曖昧(ﾐ)な, 漠然とした, ぼんやりした. eine ~ Erinnerung ぼんやりした記憶. ein ~r Verdacht 根拠のはっきりしない疑惑. von et³ nur *vage* Vorstellungen haben 事³について漠然としたイメージしか持っていない.

Vagˈheit [ˈvaːkhaɪt] 囡 -/-en 漠然としていること, 曖昧(ﾐ)さ.

Va·gi·na [vaˈgiːna] 囡 -/..ginen[..nən] (*lat.* Scheide des Schwertes') 《解剖》膣(ﾁ), ワギナ.

Va·gus [ˈvaːgʊs] 男 -/ (*lat.* vagus, umherschweifend') 《解剖》迷走神経.

va·kant [vaˈkant] 形 (*lat.* vacare, leer, frei sein') (ポストなどが) 空(ｱ)いている, 空席の, 欠員の.

Va·kanz [vaˈkants] 囡 -/-en (*lat.*) 1 《複数なし》(ポストが) 空(ｱ)いていること, 空席 (欠員) の状態. 2 空席 (欠員) のポスト. 3 《古》《地方》休暇, バカンス.

'Va·kat [ˈvaːkat] 田 -[s]/-s (*lat.* vacare, leer, frei sein') 《印刷》白ページ.

'Va·ku·um [ˈvaːkuʊm] 田 -s/..kua[..kua] (..kuen [..kuən]) (*lat.* Leere, leerer Raum') 《物理》真空;《比喩》空白状態 (期間), 空虚. im ~ 真空状態で. ein machtpolitisches 〈wirtschaftliches〉 ~ 権力争いの狭間(ﾊｻﾞ)に生じた政治的空白 〈未開拓市場〉.

'Va·ku·um·des·til·la·ti·on 囡 -/-en 《化学》真空蒸留.

'Va·ku·um·me·ter 田 -s/- 《工学》真空計.

'Va·ku·um·pum·pe 囡 -/-n 《工学》真空ポンプ.

'Va·ku·um·röh·re 囡 -/-n 真空管.

'va·ku·um·ver·packt 形 真空パックされた.

'Va·ku·um·ver·pa·ckung 囡 -/-en 真空パック.

Vakˈzin [vakˈtsiːn] 田 -s/-e 《医学》=Vakzine

Vakˈzi·ne [vakˈtsiːnə] 囡 -/-n 《医学》ワクチン; 牛痘苗(ﾋｮｳ).

vak·ziˈnie·ren [vaktsiˈniːrən] 他 《医学》(人³に)ワクチンの接種 (予防接種) をする; 種痘をする.

'Va·len·tin [ˈvaːlɛntiːn] 《男名》(*lat.* valens, kräftig, gesund, mächtig') ヴァーレンティーン. St. ~ 聖ヴァレンティヌス (3 世紀頃イタリアの都市テルニー Terni の主教) ♦↑Valentinstag

'Va·len·tins·tag 男 -[e]s/-e ヴァレンタイン・デー (2 月 14 日, St. Valentin の祝日). ♦ドイツではもと運命(不幸) の日とされていた. 現在はイギリス・アメリカなどと同様求愛の日となっている.

Vaˈlenz [vaˈlɛnts] 囡 -/-en (*lat.* valentia, Kraft, Fähigkeit) 1 《化学》原子価. 2 《言語》(動詞・形容詞の) 結合価. 3 《生態》(生物学的な)価;《遺伝》(染色体・抗体などの)数価, 結合価. 4 《心理》誘意性.

Vaˈlenz·elek·tron 田 -s/-en 《多く複数で》《化学・物理》価電子, 原子価電子.

Vaˈlet¹ [vaˈleː] 田 -s/-s (*fr.* Diener, Knecht, Bube') 《ﾄﾗﾝﾌﾟ》ジャック.

Vaˈlet² [vaˈlɛt, vaˈleːt] 田 -s/-s (*lat.* valete, lebt wohl') 《古》別れの挨拶. j〈et〉³ ~ sagen / j〈et〉³ [das] ~ geben 人〈事〉³と決別する, 縁を切る; (を) 断念する.

Vaˈleur [vaˈløːr] 田 -s/-s (*fr.* *lat.* valor, Wert') 1 《古》《商業》有価証券. 2 《多く複数で》《美術》(絵画の色彩の) 色価, バルール.

vaˈlid [vaˈliːt] 形 (*lat.* validus, kräftig, stark') 《古》 1 (法的に) 有効な. 2 (学問的に信頼するに足(ﾀ)る, 間違いのない. 3 頑健な, 丈夫な.

'Va·lor [ˈvaːloːr] 男 -s/-en[vaˈloːrən] (*lat.* Wert') 《経済》 1 《複数なし》《古》(貨幣などの) 価値. 2 《複

valorisieren

va·lo·ri·sie·ren [valori'zi:rən]《経済》(物の)価格を維持する(生産調整・商品の投資などによって).

Va·lu·ta [va'lu:ta] 囡 -/..ten[..tən] (*lat.* valere「Wert haben」)《経済》**1** 対価, (とくに外貨との)交換価値. **2** 外国通貨, 外貨. in ～ zahlen 外貨で支払う. **3** 《複数で》外貨債券の利札(利付きクーポン). **4** 利子(支払い期限)起算日.

va·lu'tie·ren [valu'ti:rən] 他 **1** 《まれ》(物゚の)価値を評価(査定)する. **2**《経済》(支払いなどの)利子起算日を定める.

Vamp [vɛmp] 男 -s/-s (*engl.* Vampire) 妖婦, 毒婦, 魔性(ੁੱ)の女.

'Vam·pir ['vampi:r, -'-] 男 -s/-e (*serbokroat.*, blutsaugendes Gespenst') **1** (a)《民俗》吸血鬼, バンパイア(死んだ後によみがえり人の生血を吸うという伝説上の魔性). (b)《侮》吸血鬼のような人間. **2**《動物》血吸こうもり(熱帯アメリカ産).

Va'na·din [vana'di:n] 匣 -s/《化学》=Vanadium

Va'na·di·um [va'na:diʊm] 匣 -s/《記号 V》《化学》バナジウム. ◆古代北欧の美の女神フレイア Freyja の添え名 Vanadis にちなむ.

Van-'Al·len-Gür·tel [væn'ælən..] 男 -s/《物理》ヴァン・アレン帯(地球をドーナツ状にとり囲む強い放射能帯). ◆発見者のアメリカ人物理学者 J. A. van Allen にちなむ.

Van'da·le [van'da:lə] 男 -n/-n ヴァンダル人(5世紀に西ヨーロッパに侵入し北アフリカにヴァンダル王国を建設しローマを略奪したゲルマンの一部族). **2**《侮》《ふつう複数で》狂暴な破壊者, 乱暴狼藉の限りをつくす輩().

van'da·lisch [van'da:lɪʃ] 形 **1** ヴァンダル(人)の. **2** 狂暴な, 破壊衝動にかられた.

Van·da'lis·mus [vanda'lɪsmʊs] 男 -/(芸術・文化に対する)破壊行為, 蛮行. ◆455 のヴァンダル人によるローマ略奪にちなむ. | Vandale

Va'nil·le [va'nɪljə, -'nɪlə] 囡 -/ (*lat.* vagina, Scheide des Schwertes, Hülle, Hülse') **1**《植物》バニラ. **2**(香料としての)バニラ.

Va'nil·le·eis 匣 -es/ バニラアイスクリーム.

Va'nil·le·zu·cker 男 -s/ バニラシュガー.

'va·ni·tas va·ni·ta·tum ['va:nitas vani'ta:tʊm] (*lat.*, Eitelkeit der Eitelkeiten') 空()の空なり, すべては空(↓《旧約》コヘ 1, 2, 12).

var. (略)=Varietät 2

'Va·ria ['va:ria] 匣 [複] 雑多なもの, 寄せ集め.

va·ri'a·bel [vari'a:bəl] 形 (*lat.* variare, mannigfaltig machen') 変え(変り)うる, 可変の; 変動の. eine *variable* Bühne〈Trennwand〉可動舞台(仕切り). eine *variable* Größe《数学》変数. *variables* Kapital《経済》可変資本. *variable* Kosten《経済》変動費. ein *variables* Kostüm さまざまにアレンジできる婦人スーツ. *variabler* Kurs《経済》変動相場.

Va·ria·bi·li'tät [variabili'tɛ:t] 囡 -/-en **1**《複数なし》変りやすさ, 可変(動)性. **2**《生物》変異性.

Va·ri'a·ble [vari'a:blə] 囡 -n/-n《形容詞変化》《数学・物理》変数. ◆形容詞変化することもある.

Va·ri'an·te [vari'antə] 囡 -/-n (*lat.* variare, mannigfaltig machen') **1**《物》変形, 別形, ボリアント; 変種. **2**《生物》変態, 変異体. **3**《文学》(写本の)異文. **4**《音楽》ヴァリアンテ((a) 主題・リズムなどの変化形. (b) 主和音中の長3度と短3度の)変化による長調から短調への, またその逆への急激な変化. **5**《言語》(語形・発音上の)異形, 変異体. fakultative ～ 任意の変異体.

Va·ri·a'ti·on [variatsi'o:n] 囡 -en (*lat.*) **1** 変化, 変動; 変異形, 変形, バリエーション. **2**《生物》変異. **3**《音楽》変奏; 変奏曲. **4**《天文》(月の)変差. **5**《数学》変分.

Va·rie·tät [varie'tɛ:t] 囡 -/-en (*lat.* varietas, Buntheit, Verschiedenheit') **1** 多様性. **2**(略 var.)《生物》変種.

Va·rie·té, Va·rie·tee [varie'te:] 匣 -s/-s (*lat.*) バリエテ, バラエティー(曲芸・踊り・歌など雑多な出し物を次々に見せる一種の寄席, またそこでの演芸). im ～ auftreten 寄席に出る. ins ～ gehen バリエテ(寄席)に見に行く. zum ～ gehen 寄席に出る;《まれ》(寄席)を見に行く.

Va·rie·té, Va·rie·tee [varie'te:] 匣 -s/-s 《略》=Varieté

Va·rie·té·kunst, Va·rie·tee·kunst 囡 -/e バリエテの芸, 寄席芸, 曲芸.

Va·rie·té-the·a·ter, Va·rie·tee-the·a·ter 匣 -s/- バリエテ, 寄席演芸場.

va·ri'ie·ren [vari'i:rən] (*lat.*) ❶ 自 異なる, 違う, まちまちである. Die Beiträge *variieren* je nach Einkommen. 収入に応じて会費の額が異なる. ❷ 他 (事を)いろいろと変える, (に)変化をつける; (衣服を)コーディネートする;《音楽》(主題・旋律などを)変奏する.

Va·rio·me·ter [vario'me:tər] 匣 -s/- **1**(飛行機の)昇降速度計; 気圧変動計, 気圧測定器. **2** 磁気偏差計. **3**《電子工》バリオメーター.

'Va·rus ['va:rʊs]《人名》Publius Quin[c]tilius ～ プーブリウス・クィーン(ク)ティーリウス・ワルス(前46頃-後9年, ローマの将軍. | Varusschlacht.

'Va·rus·schlacht 囡 -/《歴史》ワルスの戦い. ◆紀元9年, Armin 率いるゲルマン連合軍が Varus 麾下()のローマ軍を Teutoburger Wald で殲滅した戦い. Hermannsschlacht とも呼ばれる.

Va'sall [va'zal] 男 -en/-en (*fr.* vassal) **1**(中世の)封建家臣, 封臣. **2**《侮》家来, 手下, 子分.

Va'sall·len·staat 男 -[e]s/-en《政治》属国.

*****Va·se** ['va:zə ヴァーゼ] 囡 -/-n (*lat.* vas, Gefäß') 花瓶;(古代の)壺. die Blumen in die ～ stellen 花を花瓶に活()ける.

Va·se'lin [vaze'li:n] 匣 -s/ =Vaseline

Va·se·li·ne [vaze'li:nə] 囡 -/ (*dt.* Wasser+*gr.* elaion, Öl') ワセリン.

'Va·ter ['fa:tər ファーター] 男 -s/Väter (*lat.*, *gr.* pater) **1**(a) 父, 父親; (呼掛けで)お父さん. ～ und Mutter 父母. ～ von drei Kindern 3人の子の父. Guten Morgen, ～! お早よう. ～s Geburtstag / der Geburtstag des ～s 父の誕生日. Wie geht es Ihrem [Herrn] ～? お父様はお元気ですか. Er ist ganz der ～. 彼はまるで父親に瓜二つの. Das hat er vom ～.《話》彼のこの特徴(性格)は父親譲りだ. ～ werden 父親になる. ein werdender ～《戯》もうすぐ父親になる男. geistlicher ～ 司牧者, 牧会者. der Heilige ～ () 教皇. kesser ～ (俗)レズビアンの男役. ～ Rhein《雅》父なるライン. ～ Staat《戯》国(とくに国民の扶養者兼徴税者としての機能を揶揄した, 間投詞的に)Ach, du dicker ～!《話》これは驚いた. [Alles] aus, dein treuer ～!《戯》もうこれで駄目だ, どうにもならん. (b)(獣の)雄親, 父親. **2** 父親役; 庇護者, 指導者. ein ～ der Armen 貧しきものの

父．die *Väter* der Stadt 町の長老たち．**3** (a) 創始者，始祖；源．der [geistige] ~ dieses Projekts このプロジェクトのそもそもの発案者．~ des deutschen Theaters ドイツ演劇の父．Der Wunsch ist oft der ~ des Gedankens. 願望がしばしばアイデアを生む．(b)《複数で》《雅》祖先，祖先．das Land *seiner Väter* 父祖の地．sich⁴ *zu seinen Vätern* versammeln / *zu seinen Vätern* versammelt werden《ご先祖様の所(あの世)へ行く》．(c)《複数なし》神．Gott ~ 父なる神．unser ~ / ~ unser 我らの父(祈りの際の神への呼掛け)．**4**《ﾂﾟﾝﾄﾞ》(a) (高位聖職者に対する呼掛け)…師．(b)《まれ》神父．**5**《話》(呼掛けて)親父さん．Na, ~, wie geht's denn? やあ親父(さん)，達者かい．**6**《坑夫》発掘(採掘)組．**7**《工学》(押し機の)父型．**8** ~ Phillip《兵隊》拘禁所，拘置所；営倉(1818 からポツダム駐屯所で拘置所監督官をつとめた下士官 Johann Phillip の名にちなむ)．

'**Vä·ter** ['fɛːtər] Vater の複数形．

'**Vä·ter·chen** ['fɛːtərçən] 田 -s/- (Vater の縮小形) **1** お父さん．**2**《まれ》お爺さん． ◆ Frost《戯》冬将軍(ロシア語 Ded Moroz からの翻訳借用語)．

'**Va·ter·freu·den** 覆《雅》父親であることの喜び．《ふつう次の用法で》 ~ entgegensehen 父親になる日を待ちわびる．

'**Va·ter·ge·ne·ra·ti·on** 囡 -/-en 親の世代．

'**Va·ter·haus** 田 -es/⁼er《雅》生家．

'**Va·ter·land** ['faːtərlant] 田 -[e]s/⁼er 祖国，故国．

'**va·ter·län·disch** [...lɛndɪʃ] 厖《雅》祖国の，愛国的な．eine ~e Gesinnung 愛国心．

'**Va·ter·lands·lie·be** 囡 -/《雅》祖国愛，愛国心．

'**Va·ter·lands·lie·bend** 厖《雅》祖国を愛する，愛国の．

'**Va·ter·lands·los** 厖《雅》**1** 祖国愛(愛国心)を欠いた．**2** 祖国を持たない．

'**vä·ter·lich** ['fɛːtərlɪç] 厖 **1**《付加語的用法のみ》父(父親)の．das ~e Erbe 父の遺産．das ~e Geschäft übernehmen 父親の店を引継ぐ．~e Gewalt《法制》親権．meine Verwandten von ~r Linie(Seite) 私の父方の親戚．ein ~er Rat 父としての(父親からの)忠告．**2** 父親のような．ein ~er Freund 慈父のような友．~ an j³ handeln 人³に父親のような態度で接する．

'**vä·ter·li·cher·seits** 副 父方から．mein Großvater ~ 私の父方の祖父．

'**Va·ter·lie·be** 囡 -/ 父の愛，父性愛．

'**va·ter·los** 厖 父親のない．

'**Va·ter·mord** 男 -[e]s/-e 父親殺し．

'**Va·ter·mör·der** 男 -s/- **1** 父親殺し(殺害者)．**2**《服飾》(19世紀に流行した男性用ワイシャツの頬にまで達する)高くて硬いカラー．

'**Va·ter·recht** 囲 -[e]s/《民族学》父権制．

'**Va·ters·bru·der** 男 -s/⁼《古》父方のおじ．

'**Va·ter·schaft** ['faːtərʃaft] 囡 -/-en《複数まれ》父親であること，父子関係．die natürliche ~ 実の父であること．die ~ anerkennen(leugnen) 父子関係を認知(否認)する．

'**Va·ter·schafts·kla·ge** 囡 -/-n《法制》父子関係認知請求の訴え．

'**Va·ters·schwes·ter** 囡 -/-n《古》父方のおば．

'**Va·ter·stadt** 囡 -/⁼e 故郷の町．

'**Va·ter·stel·le** 囡 -/《次の成句で》bei〈an〉j³ ~ vertreten 人³の父親代りになる．

'**Va·ter·tag** 男 -[e]s/-e 父の日(ドイツではキリスト昇天の日 Christi Himmelfahrt)．

Va·ter'un·ser [faːtər]'ʊnzər, '--'--] 田 -s/- 主の祈り，主禱文．das〈ein〉 ~ beten 主の祈りを唱える．„イエスによって正しい祈りの手ほどきとして示された „Vater unser, der du bist…" で始まる祈り(《新約》マタ 6:9).

'**Va·ti** ['faːti] 男 -s/-s お父ちゃん，パパ(Vater に対する愛称)．

Va·ti'kan [vati'kaːn] 男 -s/ **1** ヴァチカン宮殿．**2** ヴァチカン政庁，教皇庁． ◆ テヴェレ川 Tiber 右岸の丘 Mons Vaticanus の上にある．

va·ti'ka·nisch [vati'kaːnɪʃ] 厖 ヴァチカン宮殿(庁)の．

Va·ti'kan·stadt 囡 -/《地名》die ~ ヴァチカン市国．

'**V-Aus·schnitt** ['faʊ...] 田 -[e]s/-e (セーターなどの) V ネック．

v. Chr.《略》=vor Christo〈Christus〉西暦紀元前．

v. Chr. G.《略》=vor Christi Geburt 西暦紀元前．

VDE《略》=Verband Deutscher Elektrotechniker ドイツ電気技師連盟．

VDI《略》=Verein Deutscher Ingenieure ドイツ技術者協会．

VdK《略》=Verband der Kriegs- u. Wehrdienstopfer, Behinderten u. Sozialrentner Deutschlands e. V. 社団法人ドイツ戦争及び兵役犠牲者並びに心身障害者と社会保険受給者連合会．

VEB 男 =Volkseigener Betrieb (旧東ドイツにおける)人民所有企業，国営企業．

ve·ge·ta'bil [vegeta'biːl] 厖 (*lat.*) =vegetabilisch

ve·ge·ta'bi·li·en [vegeta'biːliən] 覆 (*lat.*) 植物性食品．

ve·ge·ta'bi·lisch [vegeta'biːlɪʃ] 厖 (*lat.* vegetare, wachsen, gedeihen') 植物の；植物性の．

Ve·ge·ta·ri·a·ner [vegetari'aːnər] 男 -s/- (*lat.*)《まれ》=Vegetarier

Ve·ge·ta'ri·er [vege'taːriər] 男 -s/- (*lat.*) 菜食主義者． ◆ 女性形 Vegetarierin 囡 -/-nen

ve·ge·ta'risch [vege'taːrɪʃ] 厖 (*lat.*) 菜食主義の(に基づく)．~ leben 菜食主義者である．

Ve·ge·ta'ris·mus [vegeta'rɪsmʊs] 男 -/ (*lat.*) 菜食主義．

Ve·ge·ta·ti'on [vegetatsi'oːn] 囡 -/-en (*lat.*) **1** 植物の生長(生育)．**2**《植物》植生，植被(一地域の植物相)．

ve·ge·ta'tiv [vegeta'tiːf] 厖 (*lat.*) **1** (↔ animalisch) 植物の；植物のような．**2**《生物》(生殖的)無性の．die ~e Vermehrung 無性生殖，栄養生殖．**3**《医学・生物》植物性の，自律神経の．das ~e Nervensystem 植物(自律)神経系．

ve·ge'tie·ren [vege'tiːrən] 圄 (*lat.*) **1** (a) なんとか(辛うじて)生きていく，細々と食いつないでいく．(b) 無為に(漫然と)暮す．**2**《植物》栄養増殖をする．

ve·he'ment [vehe'mɛnt] 厖 (*lat.* vehemens, stürmisch, leidenschaftlich') (戦い・抗議などが)激しい，激烈な，猛烈な．

Ve·he'menz [vehe'mɛnts] 囡 -/ (*lat.*) 激しさ，激烈さ，猛烈さ．

Ve'hi·kel [ve'hiːkəl] 田 -s/- (*lat.* vehere, tragen, fahren') **1** 乗物；(とくに)旧型車，ポンコツ車．**2** 手段(とくに表現・伝達の)．**3**《薬学》賦形(ﾌｹｲ)剤．

****Veil·chen** ['faɪlçən] ファイルヒェン 田 -s/- (*lat. viola*) **1**《植物》すみれ(菫)．wie ein ~ im Verbor-

veilchenblau

'veil·chen·blau 形 **1** すみれ色の. **2** 《戯》ぐてんぐてんに酔っぱらった, へべれけになった.

'Veits·tanz ['faɪts..] 男 -es/ 《病理》舞踏病.

'Vek·tor ['vɛktoːr] 男 -s/-en[vɛk'toːrən]《数学・物理》ベクトル.

Ve'lar [ve'laːr] 男 -s/-e (*lat.* velaris, das Tuch betreffend')《音韻》軟口蓋音[例 [g], [k], [x]].

Ve'lin [ve'liːn, ve'lɛ̃ː] 中 -s/ (*lat.* vitellus, Kalb')《書籍》**1** (以前とくに装了に用いた)上質羊皮紙, ヴェラム. **2** (豪華な装丁に用いる)模造皮紙.

Ve'lin·pa·pier 中 -s/ 《書籍》=Velin 2

'Ve·lo ['veːlo] 中 -s/- (*lat.*) 《スイス》(Velociped の短縮)自転車.

Ve'lours¹ [vəˈluːr, veˈluːr] 男 -[..'luːr(s)]/-[..'luːrs] (*lat.* villous, behaart')《紡織》ベロア(細い紡毛糸を2重織にし毛羽立った織物).

Ve'lours² [vəˈluːr, veˈluːr] 中 -[..'luːr(s)]/-[..'luːrs] (*lat.*) スエード革.

Ve'lours·le·der 中 -s/- =Velours²

Ve·lo·zi'ped [velotsi'peːt] 中 -[e]s/-e (*lat.* velocis, schnell'+pes, Fuß')《古》自転車.

'Ve·ne ['veːnə] 女 -/-n (*lat.* vena)《解剖》静脈.

Ve'ne·dig [ve'neːdɪç] (地名) ヴェネツィア, ヴェニス (イタリア北東部の州およびその州都).

'Ve·nen·ent·zün·dung ['veːnən..] 女 -/-en 《医学》静脈炎.

Ve·ne'ra·bi·le [veneˈraːbile] 中 -[s]/ (*lat.*) 《カト》聖体.

ve'ne·risch [veˈneːrɪʃ] 形 (*lat.*)《医学》性病の. ~e Krankheit 性病. ♦ローマ神話中の愛の女神 Venus にちなむ.

Ve·ne·zi'a·ner [venetsi'aːnər] 男 -s/- **1** ヴェネツィア(ヴェニス)の住人. **2** ヴェネツィア(ヴェニス)の出身者.

ve·ne·zi'a·nisch [venetsi'aːnɪʃ] 形 ヴェネツィア(ヴェニス)の.

Ve·ne·zo'la·ner [venetso'laːnər] 男 -s/- (Venezueler) ヴェネズエラ人.

ve·ne·zo'la·nisch [venetso'laːnɪʃ] 形 (venezuelisch) ヴェネズエラの.

Ve·ne·zu'e·la [venetsu'eːla] (地名) ヴェネズエラ (南アメリカ北部の共和国, 首都カラカス Caracas).

Ve·ne·zu'e·ler [venetsu'eːlər] 男 -s/- =Venezolaner

ve·ne·zu'e·lisch [venetsu'eːlɪʃ] 形 =venezolanisch

ve'nös [veˈnøːs] 形 (*lat.* vena)《医学》静脈性の. ~*es* Blut 静脈血. ↑Vene

Ven'til [vɛn'tiːl] 中 -s/-e (*lat.* ventus, Wind') **1** 弁, 栓, バルブ. *das* ~ *öffnen*〈*schließen*〉バルブを開ける〈閉める〉. *ein* ~ *für seinen Zorn suchen* 怒りのはけ口を求める. **2** 《楽器》(金管楽器の)ピストン, 活栓; (オルガンの風箱の)弁. **3** 《電子工》整流管.

Ven·ti·la·ti'on [vɛntilatsi'oːn] 女 -/-en (*lat.* ventilatio, das Lüften') **1** 換気, 通風, 通気; 換気装置. **2** (まれ)慎重な検討.

Ven·ti'la·tor [vɛnti'laːtoːr] 男 -s/-en[..la'toːrən] (*lat.*) 換気(通気)装置; 通風(送風)機, 換気扇, ベンチレーター.

ven·ti'lie·ren [vɛnti'liːrən] 他 (*lat.*) **1** (部屋などの)換気をする, (に)風を通す. **2** (問題・計画などを)慎重に検討する.

Ven'til·steu·e·rung 女 -/-en 《自動車》(内燃機関の)弁装置による制御; (内燃機関の)弁装置.

'Ve·nus ['veːnʊs] ❶《人名》《ギ神話》ウェヌス, ヴィーナス(美と愛の女神, ギリシア神話の Aphrodite に当る). ❷ 女 / die 《天文》金星.

'Ve·nus·berg 男 -[e]s/-e ヴェーヌス・ベルク, ヴィーナス山(Venus が住むと伝えられるシュヴァーベン地方とテューリンゲン地方のいくつかの山や丘). **2** 《解剖》(Schamberg) 恥丘.

ver.. [fɛr..] 《非分離前つづり/つねにアクセントをもたない》**1** (a)《逆方向・誤った方向・錯誤・失策を表す》*verachten* 軽蔑する. *verführen* 誘惑する. *sich*⁴ *verrechnen* 計算間違い(見込み違い)をする. *versalzen* 塩を入れ過ぎる. (b)《消費・消滅》*verbrauchen* 消費する. *verklingen* 鳴り(響き)やむ. (c)《場所の変更》*versetzen* 移す. (d)《結合》*verschmelzen* 溶け合う. (e)《除去・排除》*verdrängen* 押しのける. *verfolgen* 追わう. (f)《代行・代理》*verantworten* 責任を負う. *vertreten* 代りをつとめる. (g)《逸機》*verpassen* 取逃がす. (h)《損傷》*verletzen* 傷つける. (i)《遮断・遮蔽》*verstellen* かってに塞(ふさ)ぐ. *vermauern* 壁で遮(さえぎ)る. (j)《添加・被覆》*verplomben* 鉛で封印する. *verschleiern* ヴェールで覆う. **2**《形容詞から動詞を派生させて》*verarmen* 貧しくなる. *veröden* 荒れ果てる. **3**《名詞から動詞を派生させて》*verkohlen* 炭化する. *verstädtern* 都市化する. **4**《地方》(er.., zer.. などの代用)*verzählen* 物語る(=erzählen). *verbrechen* 壊す(=zerbrechen).

ver'ab·fol·gen [fɛr'|apfɔlgən] 他《書》《古》**1** (人¹に物⁴を)渡す, 手渡す. **2** =verabreichen

Ver'ab·fol·gung 女 -/-en《書》手渡すこと; (薬・食事などを)与えること.

*****ver'ab·re·den** [fɛr'|apreːdən] フェアアブレーデン ❶ 他 約束する, 申合せる. *ein Stelldichein mit* j³ ~ 人³とデートの約束をする.〈**sich**〉会う約束をする (*mit* j³ 人³と). *Er hat sich mit ihr für den folgenden Abend vor dem Kino verabredet.* 彼は彼女と翌日の夜映画館の前で会う約束をした. *sich auf ein Glas Wein*〈*zum Tennis*〉 ~ 一杯飲む〈テニスをする〉約束をする. *Ich bin heute Abend verabredet.* 私は今晩約束がある.

ver'ab·re·de·ter·ma·ßen 副 約束(申合せ)どおりに.

*****Ver'ab·re·dung** [fɛr'|apreːduŋ] フェアアブレードゥング 女 -/-en 約束, 申合せ; デートの約束. *eine* ~ *treffen* 約束(申合せ)をする. *Er hat heute Abend eine* ~ *mit einem Mädchen.* 彼は今晩女の子とデートの約束をしている.

ver'ab·rei·chen [fɛr'|apraɪçən] 他《書》j³ et¹ ~ 人³に物¹(薬・食事・飲物など)を与える. j³ *eine Injektion* ~ 《話》人³に注射する. j³ *Ohrfeigen* ~ 《戯》人³に平手打ちをくらわせる.

ver'ab·säu·men [fɛr'|apzɔʏmən] 他《書》怠る, おこたりにする. *Er hat es verabsäumt, sie einzuladen.* 彼は彼女を招待するのを怠った.

ver'ab·scheu·en [fɛr'|apʃɔʏən] 他 嫌悪する, 忌み嫌う.

ver'ab·scheu·ens·wert 形 =verabscheuungswürdig

ver'ab·scheu·ungs·wür·dig 形 嫌悪すべき.

*ver·ab·schie·den [fɛrˈapʃiːdən フェアアプシーデン] ❶ 他 **1** (去る人に)別れの挨拶をする,さようならを言う. **2** (官吏・軍人など退官者を)職場から送り出す. **3** (法案などを)議決する. ❷ 再 (sich⁴)⟨von j³⟩ j³に別れ(いとま)を告げる.

Ver·ab·schie·dung 女 -/-en **1** (去る人に)お別れの挨拶をすること; (去るものが)別れを告げること,暇乞い. **2** (ねぎらいや感謝の言葉を述べて)退職(引退)させること. **3** (法案などの)議決,可決.

ver'ach·ten [fɛrˈaxtən フェアアハテン]
(↔ achten) 軽蔑する,蔑視する; 見くびる,軽視する. die Gefahr⟨den Tod⟩ ~ 危険を軽視する⟨死をものともしない⟩. Dieser Wein ist nicht zu ~. このワインはなかなかいける.

ver'ach·tens·wert 形 軽蔑すべき.
ver'ach·ter [fɛrˈɛçtɐ] 男 -s/- 軽蔑する人.
ver'äcfit·lich [fɛrˈɛçtlɪç] 形 **1** 軽蔑的な,さげすんだ. ~e Blicke 軽蔑の目差(ﾏﾅ). j⁴ ansehen 人⁴をさげすむように見る. **2** 軽蔑すべき. j⟨et⟩⁴ ~ machen 人⟨物⟩⁴を笑い物にする,馬鹿にする.

Ver'ach·tung [fɛrˈaxtʊŋ フェアアハトゥング] 女 -/ 軽蔑,蔑視; 軽視. j⁴ mit ~ strafen 人⁴を無視する.
ver'al·bern [fɛrˈalbɐrn] 他 (話) からかう,愚弄する.
ver'all·ge·mei·nern [fɛrˈalgəˈmaɪnɐrn] 他 一般化(普遍化)する.
Ver'all·ge·mei·ne·rung 女 -/-en 一般化,普遍化; 一般化(普遍化)する言説.
ver'al·ten [fɛrˈaltən] 自 (s) 古くなる,時代(流行)遅れになる.
*ver'al·tet [fɛrˈaltət フェアアルテト] 過分 形 古くなった,古くさい,時代遅れの.

Ve·ran·da [veˈranda] 女 -/..den[..dən] (port. varanda) ベランダ. auf⟨in⟩ der ~ sitzen ベランダに座っている.

ver'än·der·bar [fɛrˈɛndɐrbaːr] 形 変えうる,変わりうる.
ver'än·der·lich [fɛrˈɛndɐrlɪç] 形 **1** 変わりやすい,不安定な. Das Wetter bleibt ~. 天気は依然として不安定だ. ein ~er Stern《天文》変光星. ein ~es Wesen 不安定な性格. **2** 変化(変動)しうる. eine ~e Größe《数学》変数. ~e Kosten《経済》変動費用,可変費用.
Ver'än·der·lich·keit 女 -/ 変わりやすさ; 可変性,変動性.

ver'än·dern [fɛrˈɛndɐrn フェアエンダーン]
❶ 他 変える. Er wollte die Welt ~. 彼は世界を変革したかった. einen Raum ~ 部屋の模様替えをする. an et³ etwas ~ ~物³を少し変更する. Er ist völlig verändert. 彼はすっかり人が変った. ❷ 再 (sich⁴) 変る,変化する. **2** (話) 仕事(職,勤め口)を変える. **3** (古) 結婚する.

*Ver'än·de·rung [fɛrˈɛndərʊŋ フェアエンデルング] 女 -/-en **1** 変化,変更. **2** (まれ) 転職.
ver'ängs·ti·gen [fɛrˈɛŋstɪgən] 他 不安がらせる,怖がらせる,怯(ｵﾋﾞ)えさせる.
ver'ängs·tigt 過分 形 怯(ｵﾋﾞ)えた,怖がっている.
ver'an·kern [fɛrˈaŋkɐrn] 他 **1** (a) (船を錨(ｲｶﾘ)で)固定する,係留する. (b) しっかりと固定する. die Säule im Boden ⟨Masten mit Stricken⟩ ~ 柱を地中⟨マストをロープで⟩しっかりと固定する. **2** et⁴ in et³ ~ 事⁴を物⟨法律・条約など⟩の形で保証する. ein Recht in der Verfassung ~ 権利を憲法で保証する. et⁴ verfassungsmäßig⟨vertraglich⟩ ~ 事⁴を憲法⟨契約⟩で保証する.

Ver'an·ke·rung 女 -/-en (船の)錨泊(ﾋﾞｮｳﾊｸ),停泊,係留; (柱などの)固定; (法律・条文化による)保証.
ver'an·la·gen [fɛrˈanlaːgən] 他 **1**《金融》(人⁴の)税額を査定する. Er wurde mit 10000 Euro veranlagt. 彼の納税額は1万ユーロと査定された. j⁴ einer Einkommensteuer ~ 人⁴の所得税額を査定する. **2**《経済》投資する.

*ver'an·lagt [fɛrˈanlaːkt フェアアンラークト] 過分 …の素質を持った. ein musikalisch ~er Mensch 音楽の素質がある人. für et⁴ ~ sein 事⁴の素質(才能)がある. So ist er nicht.《話》彼はそんなことのできる男ではない.

*Ver'an·la·gung [fɛrˈanlaːgʊŋ フェアアンラーグング] 女 -/-en **1**《金融》税額の査定. **2**《経済》投資. **3** 素質,天分; 気質; 体質. Er hat eine ~ zum Künstler⟨zur Fettsucht⟩. 彼は芸術家の素質がある⟨肥満体質である⟩.

*ver'an·las·sen [fɛrˈanlasən フェアアンラセン] 他 **1** (a) 惹(ﾋ)き起す(招く)きっかけになる. Dieser Unfall veranlasste scharfe Maßnahmen. この事故がきっかけで厳しい措置がとられるようになった. (b) j⁴ zu et³ ~ 人⁴が事³をするようにしむける. Was hat ihn zu diesem Entschluss veranlasst? 何が彼にこの決心をさせたのか. Ich fühlte mich veranlasst, sogleich aufzubrechen. 私はいますぐ出発しなければいけないような気がした. **2** (事⁴をするよう)指示(指図)する,(の)手管(ﾃﾊｲ)を整える. Ich werde das Nötige ~. 私が必要な指置を講じるよう手配いたします. eine Untersuchung ~ 調査を命じる. Wollen Sie bitte ~, dass ich vom Bahnhof abgeholt werde? 駅まで迎えに来てもらえるようお願いできませんでしょうか.

*Ver'an·las·sung [fɛrˈanlasʊŋ フェアアンラスング] 女 -/-en **1** きっかけ,誘因,契機. die ~ zu et³ geben 事³のきっかけとなる. Ich habe keine ~ zu klagen. 私にはなにも文句を言う理由がない. **2** 指示,指図. auf ~ des Arztes 医師の指示に従って.

ver'an·schau·li·chen [fɛrˈanʃaʊlɪçən フェアアンシャオリヒェン] 他 (実例・図解などで)具体的に示す,分かりやすく説明する.

Ver'an·schau·li·chung 女 -/-en (実例・図解などによる)具体的な説明,例解,図示.

ver'an·schla·gen [fɛrˈanʃlaːgən] 他 見積もる,見込む; (einschätzen) 評価する. die Kosten mit ⟨auf⟩ 2 Millionen Euro ~ / für die Kosten 2 Millionen Euro ~ 費用を200万ユーロと見積もる. den Raum auf 300 Menschen ~ 部屋の収容能力を300人と見込む. et⁴ nicht hoch genug ~ können 事⁴をいくら高く評価してもしすぎることはない.

*ver'an·stal·ten [fɛrˈanʃtaltən フェアアンシュタルテン] 他 **1** 催す,開催する,とり行う. eine Ausstellung ⟨eine Volkszählung⟩ ~ 展覧会を催す⟨国勢調査を行う⟩. die verbesserte Auflage ~ 改訂版を刊行する. **2**《話》する. Was veranstaltet ihr denn da? 君たちそこで何をやってるの. Lärm ~ 大騒ぎする.

Ver'an·stal·ter [..tɐr] 男 -s/- 開催者,主催者.
*Ver'an·stal·tung [fɛrˈanʃtaltʊŋ フェアアンシュタルトゥング] 女 -/-en 開催,挙行; 催し物,行事.

*ver'ant·wor·ten [fɛrˈantvɔrtən フェアアントヴォルテン] ❶ 他 (事³の責任を負う(取る,持つ). ❷ 再 (sich⁴) 弁明(釈明,申開き)をする(für et⁴⟨wegen et²⟩

事¹,²のことで / vor j³ 人³に対して).

*ver·ant·wort·lich [fɛrˈantvɔrtlɪç フェアアントヴォルトリヒ] 形 責任のある, 責任を負うべき. die ~e Redakteur 責任編集者. eine ~e Stelle 責任のあるポスト. Eltern sind für ihre Kinder ~. 親は子供のことに責任がある. Für diesen Fehler bin ich ~. この間違いは私の責任だ. Ich bin nur meinem Vorgesetzten [gegenüber] ~. 私は責任を取らなければならないのは私の上司に対してだけだ. sich⁴ für et⟨j⟩⁴ ~ fühlen 事⟨人⟩⁴について責任を感じる. j⁴ für et⟨j⟩⁴ ~ machen 人⁴に事⁴の責任を負わせる. Sie machte das schlechte Wetter für den Unfall ~. 彼女はその事故を悪天候のせいにした. für et⁴ ~ zeichnen 署名をして事⁴の責任者であることを明らかにする.

Ver·ant·wort·lich·keit 女 -/- en 1 ⟨複数なし⟩ (a) 責任. die ~ des Betriebes für die Erfüllung des Plans プランの実現についての企業の責任. (b) 〖法制〗責任能力. 2 責任の範囲. Das fällt in seine ~. それは彼の責任である. 3 ⟨複数なし⟩ 責任感.

*Ver·ant·wor·tung [fɛrˈantvɔrtʊŋ フェアアントヴォルトゥング] 女 -/-en 1 ⟨複数まれ⟩ 責任. Die Eltern haben⟨tragen⟩ die ~ für ihre Kinder. 親は子供のことに責任がある. j³ die ~ aufbürden ⟨zuschieben⟩ 人³に責任をおっかぶせる. für et⟨j⟩⁴ die ~ übernehmen 事⟨人⟩⁴についての責任を引受ける. auf eigene ~ / in eigener ~ 自分の責任で. Du kannst das auf meine ~ tun. 君がそれをしても責任は私が取るからいいよ. in der ~ stehen 責任がある, 責任者である. j⁴ für et⁴ zur ~ ziehen 人⁴に事⁴の責任を問う, (について)釈明を求める. 2 ⟨複数なし⟩ 責任感. Er kennt keinerlei ~. 彼には責任感というものがさっぱりない. 3 ⟨古⟩ 釈明, 弁明.

Ver·ant·wor·tungs·be·wusst 形 責任を自覚した.

Ver·ant·wor·tungs·be·wusst·sein 中 -s/ 責任の自覚, 責任感.

Ver·ant·wor·tungs·freu·dig 形 すすんで責任を引き受ける, 責任を負うことを厭わない.

Ver·ant·wor·tungs·ge·fühl 中 -[e]s/ 責任感.

Ver·ant·wor·tungs·los 形 無責任な.

Ver·ant·wor·tungs·voll 形 1 (任務などが)責任の重い, 責任重大な. 2 責任を十分自覚した.

ver·äp·peln [fɛrˈɛpəln] 他 ⟨話⟩ (人⁴を)からかう, 馬鹿にする.

*ver·ar·bei·ten [fɛrˈarbaɪtən フェアアルバイテン] ❶ 他 1 (原料・材料を加工する(zu et³ 物³に). Gold zu Schmuck ~ 金で装身具をこしらえる. einen Roman zu einem Film ~ 小説を映画化する. verarbeitende Industrie 〖経済〗加工産業. 2 (材料を)消費する. Ich habe 800 g Wolle für den Pulli verarbeitet. 私はこのセーターを作るのに 800 グラムの毛糸を使った. 3 (食物を)消化する(胃・腸などが). 4 (体験・知識などを)十分咀嚼()して自分のものにする, 消化する.
❷ 再 ⟨sich⁴⟩ 加工できる. Dieses Material verarbeitet sich leicht. この素材は加工しやすい.

ver·ar·bei·tet 過分 形 1 (手などが)仕事で荒れた, (表情などが)働き疲れた. 2 gut ~ sein でき(作り, 細工, 仕立て)がよい.

Ver·ar·bei·tung 女 -/-en 1 ⟨複数まれ⟩ (原料・材料などの)加工; (食物の)消化, (体験・知識の)消化, 理解. 2 出来, 作り, 細工.

ver·ar·gen [fɛrˈargən] 他 ⟨雅⟩ (übel nehmen) (人³の事⁴を)悪く取る. Das kann man ihm nicht ~. 彼がそう言う(する)のも無理はない.

ver·är·gern [fɛrˈɛrgərn] 他 怒らせる, (の)感情を害する.

ver·är·gert 過分 形 怒った, 腹を立てた.

ver·är·gern [fɛrˈɛrgərn] 他 ⟨複数まれ⟩ 1 怒らせること, (人の)感情を害すること. 2 立腹, 怒り.

ver·ar·men [fɛrˈarmən] 自 (s) 貧乏になる, 貧しくなる, 貧困化する. geistig ~ 精神的に貧しくなる.

Ver·ar·mung 女 -/-en 1 貧しくなること, 貧困化. 2 貧しいこと, 貧困.

ver·arz·ten [fɛrˈaːrtstən] 他 ⟨話⟩ 1 (人⁴に)応急手当をする. 2 j³ eine Wunde ~ 人³の傷の手当をする. 3 (まれ)(地域・集団の)医療を行う(受持つ).

ver·äs·teln [fɛrˈɛstəln] 再 ⟨sich⁴⟩ 枝分かれする, 分枝する. ein stark verästelter Busch 無数に枝分かれした灌()木.

Ver·äs·te·lung 女 -/-en 1 ⟨複数まれ⟩ 枝分かれ, 分枝. 2 枝分かれした部分. einer Sache bis in ihre letzten ~en nachgehen 事柄を枝葉末節()に至るまで徹底的に追求(究明)する.

Ver·äst·lung 女 -/-en = Verästelung

ver·ät·zen [fɛrˈɛtsən] 他 (酸・アルカリなどが)腐食する, 焼灼()する.

ver·auk·tio·nie·ren [fɛrˈaʊktsioˈniːrən] 他 (versteigern) 競売にかける, せりに出す.

ver·aus·ga·ben [fɛrˈaʊsgaːbən] ❶ 他 1 (a) (書)(お金を)支出する. (b) (まれ)(精力などを)使い果たす. 2 (書)(切手・硬貨などを)発行する.
❷ 再 ⟨sich⁴⟩ お金(全精力)を使い果たす.

ver·aus·la·gen [fɛrˈaʊslaːgən] 他 (書) 立替える. j³ (für j⁴) Geld ~ 立替えて支払う.

ver·äu·ßer·lich [fɛrˈɔʏsərlɪç] 形 (書) 譲渡(売却)可能な.

ver·äu·ßer·li·chen [fɛrˈɔʏsərlɪçən] ❶ 他 皮相な(浅薄な)ものにする. ❷ 自 (s) 皮相な(浅薄な)ものになる, 上辺()だけのものになる.

ver·äu·ßern [fɛrˈɔʏsərn] 他 (書) (財産・権利などを)譲渡(委譲)する; 売却する. ein Recht auf et⁴ an j³ ~ 〖法制〗事⁴に対する権利を人に譲渡する.

Ver·äu·ße·rung 女 -/-en (書) 譲渡, 売却.

Verb [vɛrp] 中 -s/-en (lat. verbum, Wort') 〖文法〗動詞. finites ~ 定動詞. infinites ~ (動詞の)不定形(不定詞と分詞をさす). transitives⟨intransives⟩ ~ 他(自)動詞. reflexives⟨unpersönliches⟩ ~ 再帰(非人称)動詞.

'Ver·ba [ˈvɛrba] Verbum の複数.

ver·bal [vɛrˈbaːl] (lat.) 1 〖文法〗動詞の; 動詞的な. 2 言葉による, 口頭での.

Ver·bal·in·ju·rie 女 -/-n 〖法制〗 (↔ Realinjurie) 言葉による侮辱.

ver·ba·li·sie·ren [vɛrbaliˈziːrən] 他 1 (思想・感情などを)言葉で表現する. 2 〖文法〗 (名詞・形容詞などを)動詞化する.

ver·bal·lern [vɛrˈbalərn] 他 1 (弾薬などを)無駄に使う. 2 einen Elfmeter ~ (話)ペナルティキックをはずす. 3 (方)(人⁴を)さんざんに殴る.

ver·ball·hor·nen [fɛrˈbalhɔrnən] 他 (言葉・言回しなどを)訂正しようとしてかえって悪く(おかしく)してしまう. ◆ ドイツの印刷業者バルホルン J. Bal[l]horn, 1528-1603 の犯した失敗にちなむ.

Ver'bal·no·te [vɛr'ba:l..] 囡 -/-n〈外交上の〉口上書.

Ver'bal·sub·stan·tiv 甲 -s/-e〘文法〙動作名詞, 動詞的名詞. ◆Gehen (<gehen), Schlaf (<schlafen), Erholung (<erholen) など.

ver'band [fɛr'bant] verbinden の過去.

*__Ver'band__ [fɛr'bant フェアバント] 甲 –[e]s/⁼e (↓verbinden) **1** 包帯. einen ~ anlegen〈wechseln〉包帯をする〈取替える〉. **2**〈クラブ・協会・団体などの連合体としての〉連盟, 同盟, 連合会. **3** (a)〘軍事〙部隊; 編隊; 艦隊. im ~ fahren〈fliegen〉艦隊を組んで行く〈編隊飛行をする〉. (b)〈同類の人間・動物の〉集団, グループ, 群れ. im ~ fliegen〈渡り鳥などが〉群れをなして飛ぶ. **4**〘園芸〙〈草花・果樹などの〉品種との定期的植付け. **5**〘建築〙〈梁・柱〉の仕口(ぐ゚ち); 〈石・煉瓦の〉組積.

Ver'band·kas·ten 男 -s/⁼ = Verbandskasten

Ver'band·päck·chen 甲 -s/- = Verbandspäckchen

Ver'band·platz 男 -es/⁼e = Verbandsplatz

Ver'bands·kas·se 囡 -/-n 連盟〈同盟・連合会〉の会計課.

Ver'bands·kas·ten 男 -s/⁼ 包帯箱, 救急箱.

Ver'bands·päck·chen 甲 -s/-〘殺菌したガーゼ・包帯・三角巾を入れた〙救急用の包帯パック(セット).

Ver'bands·platz 男 -es/⁼e〘軍事〙〈前線の〉仮包帯所, 応急治療所.

Ver'band[s]·stoff 男 –[e]s/-e **1** 包帯用の布地(綿紗など). **2** 包帯材料(包帯をするのに用いる包帯・三角巾・ガーゼなど).

Ver'bands·wat·te 囡 -/ 包帯用脱脂綿.

Ver'bands·zeug 甲 –[e]s/ 包帯用具.

Ver'band·wat·te 囡 -/ = Verbandswatte

Ver'band·zeug 甲 –[e]s/ = Verbandszeug

<u>ver'ban·nen</u> [fɛr'banən] 他 追放する. j⁴ auf eine Insel〈aus dem Land / in den Außendienst〉~ 人⁴を島流しにする〈国外へ追放する / 外勤へ左遷する〉. Sie verbannte alle Gedanken an ihn aus ihrem Herzen. 彼女は彼への思いをすべて断ち切ろうとした.

Ver'bann·te 男囡〘形容詞変化〙追放された人.

<u>Ver'ban·nung</u> [fɛr'banʊŋ] 囡 -/-en〈複数まれ〉追放; 追放の身. in die ~ gehen 追放される, 流刑に処される. in der ~ leben 追放の身である. j⁴ in die ~ schicken 人⁴を追放する.

ver·bar·ri·ka'die·ren [fɛrbarika'di:rən] ❶ 他 (道路・出入口などを)バリケードで塞ぐ. ❷ 再 《sich⁴》バリケードを築いて立てこもる(身を守る).

ver'bau·en [fɛr'baʊən] 他 **1** (視界・通行などを)建物によって遮(ざえぎ)る, 妨げる. j³ durch einen Neubau die Aussicht ~ 新築の建物で人³の所からの見晴しを遮る. j³ alle Möglichkeiten ~ 人³のあらゆる可能性を断つ. sich³ *seine* Zukunft ~ 自分で自分の将来を閉ざす. **2** (資材を)建築で消費する; (資金を)建築につぎこむ. **3** (建材を)用いる. Bei diesem Haus ist viel Kiefernholz *verbaut* worden. この家には松材がたくさん使われた. **4** (a) 建て方を間違う, 建て損う. (b)《話》(試験・仕事などに)失敗する, (を)やり損う. **5** (物の)美観を建物によって壊す(台無しにする). **6** (まれ)〈ある場所・土地に〉建物を建てる. **7**〘土木〙補強する(mit et³ 物³で).

ver'bau·ern [fɛr'baʊərn] 自 (s) 田舎者になる, 野暮ったくなる.

ver'bei·ßen* [fɛr'baɪsən] ❶ 他 **1**〘猟師〙(植物の若木・新芽などを)食い荒らす(獣が). **2** (まれ)(歯を食いしばる; (唇を噛みしめる, (口を)きっと真一文字(まむ゜じ)に結ぶ. **3** [sich³] et⁴ ~ 物⁴(感情など)を歯をくいしばって〈ぐっと〉こらえる. *seinen* Schmerz ~ 歯をくいしばって苦痛に耐える. Sie *verbiss* es sich³, das zu sagen. 彼女はそう言いたい気持をぐっと抑えた.

❷ 再 《sich⁴》**1** (動物が)噛みつく, 食いつく (in j⟨et⟩) 人⟨物⟩⁴に). **2** (比喩)食いつく, 打込む, 没頭する (in et⁴ 事⁴に). *sich* in ein Problem⟨eine Stimmung⟩ ~ ある問題と必死に取組む〈ある気分に浸り切る〉.

ver'bel·len [fɛr'bɛlən] 他 **1** (人⁴に)吠えつく. **2**〘猟師〙(獣の)居場所を吠えて教える.

'Ver·ben ['vɛrbən] Verb, Verbum の複数.

*__ver'ber·gen*__ [fɛr'bɛrgən フェアベルゲン] ❶ 他 **1** 隠す. Was *verbirgst* du hinter deinem Rücken? 君は背中の後ろに何を隠しているんだい. einen Flüchtling bei sich³〈vor der Polizei〉~ 逃亡者を我が家に〈警察の追跡から〉かくまう. *seine* Freude〈*seinen* Ärger〉~ 喜びを押し隠す〈怒りを抑える〉. das Gesicht in⟨mit/hinter⟩ den Händen ~ 両手で顔を覆う. j³ die wahren Gründe ~ 人³に本当の理由を言わない. *seine* Unsicherheit hinter einem arroganten Gehabe ~ わざと横柄な態度をとって自信のなさをごまかす. Ich habe nichts zu ~. 私は後ろめたいことは何ひとつない.

❷ 再 《sich⁴》隠れる. *sich* hinter einer Hecke ~ 茂みの陰に身を潜める. Welche Absicht *verbirgt sich* dahinter? その裏にどんな意図が隠されているのか.

Ver'ber·gung 囡 -/-en〈複数まれ〉隠すこと; 隠匿(とく); 隠蔽.

Ver'bes·se·rer [fɛr'bɛsərər] 男 -s/- 改良〈改善〉者; 改革者; 訂正〈改訂〉者.

<u>ver'bes·sern</u> [fɛr'bɛsərn フェアベセーン] ❶ 他 **1** より良くする, 改善〈改良〉する. das Bildungswesen ~ 教育制度を改革する. eine Methode〈方法〉を改善する. die Qualität der Produkte ~ 製品の質を上げる. den Weltrekord um 0,3 Sekunden ~ 世界記録を0.3秒更新する. die *verbesserte* Auflage〈書籍の〉改訂版. **2** 直す, 手直しする, 修正する. einen Aufsatz ~ 論文を推敲する. j² Aussprache ~ 人²の発音の誤りを直してやる. einen Fehler ~ 誤りを直す. einen Text ~ テキストの誤りを修正する. **3** (人⁴の)言ったことを訂正する. *Verbessere* mich nicht ständig vor anderen Leuten! 人の前でいちいち私の言葉を訂正しないでください.

❷ 再 《sich⁴》**1** より良くなる, 改善〈改良〉される. Er hat *sich* in der Mathematik *verbessert*. 彼は数学の成績が上がった. **2** 暮し向きが良くなる, 生活が向上する. **3** 自分の言ったことを訂正する.

*__Ver'bes·se·rung__ [fɛr'bɛsərʊŋ フェアベセルング] 囡 -/-en 改善, 改良, 改革; (記録などの)更新; 訂正, 修正.

ver'bes·se·rungs·be·dürf·tig 形 改善〈改良〉の必要な.

ver'bes·se·rungs·fä·hig 形 改善〈改良〉の余地のある.

*__ver'beu·gen__ [fɛr'bɔʏgən フェアボイゲン] 再 《sich⁴》お辞儀をする.

*__Ver'beu·gung__ [fɛr'bɔʏgʊŋ フェアボイグング] 囡 -/-en お辞儀.

ver'beu·len [fɛrˈbɔylən] 他 **1** でこぼこにする，へこませる．ein verbeulter Eimer でこぼこになったバケツ．verbeulte Hosen 膝の出たズボン． **2** 《卑》(人⁴を)むちゃくちゃに殴る，ひどい目にやっつける．

ver'bie·gen* [fɛrˈbiːɡən] ❶ 他 曲げて歪める．einen Nagel ～ 打ち損じて釘を曲げてしまう．Ich habe die Gabel verbogen. 私は誤ってフォークを曲げてしまった． Diese Erziehung hat seinen Charakter verbogen. こんな教育が彼の性格を歪めたのだ． ❷ 再 (sich⁴) 曲がる，歪む，曲がって(歪んで)だめになる． ❸ 自 (s) 曲がる，歪む．

ver'bie·ten* [fɛrˈbiːtən] フェアビーテン] verbot, verboten ❶ 他 (人³に事⁴を)禁じる，禁止する．Er verbot seinem Sohn, mit ihr umzugehen. 彼は息子に彼女と付き合うことを禁じた．j³ den Mund ～ 人³に家への出入りを禁じる〈人³の口を封じる〉． Das verbietet ihm seine gesellschaftliche Stellung. そういうことは彼の社会的地位が許さない．Eine solche Reise verbietet mir mein Geldbeutel. 《戯》そんな旅行はとても私の財布の事情が許さない．ein Buch〈einen Film〉 ～ 本を発禁〈映画を上映禁止〉にする．eine Partei ～ 党を非合法化する．So viel Ignoranz müsste verboten werden. 《戯》無知もここまでいけば犯罪だ．sich³ et⁴ ～ 事⁴を差控える，断念する．
❷ 再 (sich⁴) あり得ない(考えられない)ことである．So eine Äußerung verbietet sich [von selbst]. そういう発言はあろうはずがない．
♦ ↑ verboten

ver'bil·den [fɛrˈbɪldən] 他 j¹〈j² Ansichten〉 ～ 人⁴の人間性〈人²の考え〉を誤った教育によって歪める．《目的語なし》Diese Art von Erziehung verbildet. この種の教育は人間を歪める．

ver'bil·det 過分 形 **1** 誤った教育によって歪められた；いびつになった． **2** (身体の一部が)変形した，奇形の．

ver'bild·li·chen [fɛrˈbɪltlɪçən] 他 《雅》具象的に表現する，具体化する〈人³に分かるように〉．sich³ et⁴ ～ 事⁴のイメージを思い浮かべる．

ver'bil·li·gen [fɛrˈbɪlɪɡən] ❶ 他 (価格・料金などを)安くする，引下げる；(物⁴の)値段を下げる，値引(割引)をする；(生産などの)費用(コスト)を下げる．zu verbilligten Preisen 割引価格で． ❷ 再 (sich⁴) 安くなる，値下りする．

Ver'bil·li·gung 女 -/-en 《複数まれ》 **1** 値下げ，引下げ，割引；値下り． **2** 値引(値下げ，割引)額．

ver'bin·den* [fɛrˈbɪndən] フェアビンデン] verband, verbunden ❶ 他 **1** (a) 包帯をする．j¹ mit et⁴ ～ 人⁴に包帯をしてやる．j⟨sich⁴⟩ den Arm ～ 人⁴〈自分〉の腕に包帯をする．mit verbundener Hand 手に包帯をして．(b) j³ die Augen ～ 人⁴に目隠しをする．einem Hund das Maul ～ 犬に口籠(くつこ)をはめる．mit verbundenen Augen 目隠しして．
2 繋ぎ合せる，結びつける，結合(接合)する，連結する(A⁴ mit B³ または A³ B³ と)．zwei Bretter miteinander ～ 2枚の板を張合せる．zwei durch Lötung miteinander verbundene Drähte 半田(はんだ)でつないだ2本の針金．ein Fluss, der den anderen durch einen Kanal〈zwei Städte durch eine Buslinie〉 ～ 川を別の川と運河で〈2 都市をバスの路線で〉結ぶ．Kalk und Sand mit Wasser zu Mörtel ～ 石灰と砂を水と混ぜてモルタルをつくる．Das Zimmer ist mit dem Bad durch eine Tür verbunden. その部屋は浴室とドアで繋がっている．Die Sache ist mit einigen großen Schwierigkeiten verbunden. この件はいくつかの大きな困難を伴っている．die damit verbundenen Kosten それに付随する経費．das Angenehme mit dem Nützlichen ～ 快適さと利便性とを両立させる(兼ね合せる)．Er verbindet Großzügigkeit mit einer gewissen Strenge. 彼は鷹揚(おうよう)な中にもある種の厳しさを合せ持っている．Der Ausflug ist mit einer Besichtigung einer Brauerei verbunden. この遠足はビール工場の見学も兼ねている．Mit ihm verbindet mich eine enge Freundschaft. 彼と私は緊密な友情で結ばれている．Ich verbinde mit diesem Wort etwas ganz anderes als du. 私はこの言葉で君とはまったく違うことを連想する．
3 電話で接続する (j¹ mit j³ 人⁴を人³と)．Mit wem darf ich Sie ～? どなたにおつなぎしましょうか．Würden Sie mich bitte mit Herrn Lenz ～? レンツさんにつないでいただけますか．[Entschuldigung, ich bin] falsch verbunden!《失礼》番号を間違えました．Einen Augenblick bitte, ich verbinde. お待ちください，ただいまおつなぎします．
4 束(たば)ねる．Tannengrün zu Kränzen ～ 樅(もみ)の小枝を編んで花輪をつくる．
5 j¹ j³ ～《雅》人⁴に人³への感謝の義務を負わせる．Sie würden mich [Ihnen] sehr ～, wenn Sie meiner Bitte entsprächen. お願いの儀が聞届け下さればたいへん有難いのですが．Ich bin Ihnen für Ihre Hilfe sehr verbunden. ご援助まことに恐縮に存じます．
6 《製本》(本の)丁合(ちょうあい)を間違える．ein verbundenes Buch 乱丁本．
❷ 再 (sich⁴) **1** (a) (mit et⁴ 物³と)結びつく，結合する．Durch Rühren verbindet sich das Mehl mit der Milch zu einem Teig. 攪拌(かくはん)することで小麦粉は牛乳と混じり合ってパン生地になる．Bei ihm verbinden sich Wagemut und kühle Besonnenheit. 彼は豪胆さと沈着冷静な分別を併せ持っている．Mit dieser Melodie verbinden sich für mich schöne Erinnerungen. このメロディは私にとって美しい思い出が結びついている．《化学》化合する．Chlor und Wasserstoff verbinden sich zu Chlorwasserstoff. 塩素と水素は化合して塩化水素になる． **2** (mit j³ 人³と)手を結ぶ，連帯(結託，提携)する；結婚する．sich mit j³ ehelich〈fürs Leben〉 ～ 人³と一緒になる，結婚する．

***ver'bind·lich** [fɛrˈbɪntlɪç フェアビントリッヒ] 形 **1** 丁重な，慇懃(いんぎん)な，愛想のよい．Verbindlichen〈Verbindlichsten〉Dank! / Ich danke ～〈～st〉. まことに有難うございます． **2** 拘束力のある．eine ～e Zusage 拘束力のある約束．

Ver'bind·lich·keit 女 -/-en **1** (a) 《複数なし》丁重さ，愛想のよさ．(b) 丁重な(愛想のよい)態度，愛想のよい(親切な)言葉． **2** (a) 《複数なし》《約束・協定などの》拘束力．(b) 《ふつう複数で》義務． (c) 《商業》債務．

***Ver'bin·dung** [fɛrˈbɪndʊŋ フェアビンドゥング] 女 -/-en **1** (a) 繋ぎ(結び)合せ，結合，接合，連結．die ～ von zwei Drähten durch Löten 半田(はんだ)による2本の針金の接合．durch eine Bahnlinie die kürzeste ～ zwischen zwei Städten herstellen 鉄道によって2都市間を最短距離で結ぶ．die (2つのものを)併せもつこと．die ～ von Bequemlichkeit und Formschönheit 便利さと形の美しさの両立．die ～ der

Geschäftsreise mit dem Urlaub 出張と休暇旅行を兼ねること. (c)《化学》化合; 化合物. Wasser ist eine ~ aus Wasserstoff und Sauerstoff. 水は水素と酸素の化合物である.   eine ~ eingehen〈物質が〉化合する.
2 (a)《乗物の》連絡, 便.   Gibt es von hier aus eine direkte ~ nach Bonn? ここからボン行きの直行便(直通列車)はありますか.   eine gute〈schlechte〉~ zum Arbeitsplatz haben 通勤の便がよい〈悪い〉.   Wir mussten auf die nächste ~ warten. 私たちは次の便を待たねばならなかった. (b)《電話回線の》接続.   Geben Sie mir bitte eine ~! 電話をつないでください, 電話を申込みたいのですが.   Ich habe keine ~ bekommen. 電話が通じなかった.   Haben Sie ~ mit Nürnberg? ニュルンベルクにつながっていますか.
3 (a)《特定の人との》関係, つながり, 交際; 連帯, 提携. eine briefliche ~ 手紙でのつき合い, 文通.   eine enge〈geschäftliche〉~ 緊密な〈仕事の上での〉関係.   eine eheliche ~ mit j³ auflösen 人³との婚姻関係を解消する.   die ~ mit j³ aufnehmen / sich⁴ mit j³ in ~ setzen 人³と連絡をとる.   mit j³ in ~ stehen 人³と交渉(関係)がある.   in ~ mit j³ 人と提携して, (と)共同で. (b)《ふつう複数で》縁故関係, コネ.   gute ~*en* haben 有力なコネ(いい手蔓(ﾂﾙ))を持っている.   *seine* ~*en* spielen lassen コネをものを言わせる.
4《物事との》関連, 連関.   Zwischen den gestrigen Ereignissen und meiner Entscheidung besteht keine ~. 昨日の出来事と私の決心との間にはなんの関係もありません.   Die Zeitung bringt ihn mit dem Verbrechen in ~. 新聞は彼がこの犯罪に関わっていると見ている.   in ~ mit et³ 事³と関連において, (に)関連して.
5 組合せ, コンビネーション.   Das ist eine gelungene ~ von Holz und Beton. これは木材とコンクリートの組合せが成功したケースだ.   Die verbilligte Fahrkarte ist nur in ~ mit dem Personalausweis gültig. 割引乗車券は身分証明書を所持しているときしか通用しない.
6《Studentenverbindung》学生組合.
7《ｽﾎﾟｰﾂ》(a) 連携プレー, コンビネーションプレー(とくにディフェンス選手とオフェンス選手の間での). (b)《連携プレーをする》コンビの選手たち).
Ver'bin·dungs·gang 男 -[e]s/⁼e 連絡通路, 渡り廊下.
Ver'bin·dungs·gra·ben 男 -s/⁼ 《軍事》(前線陣地間の)連絡濠.
Ver'bin·dungs·li·nie 女 -/-n **1** (2点間を結ぶ)線; (2地点を結ぶ)連絡路線. **2**《軍事》(基地・本隊などとの)連絡路.
Ver'bin·dungs·mann 男 -[e]s/⁼er(..leute) **1** 仲介者. **2**《略 V-Mann》(秘密)連絡員, レポ.
Ver'bin·dungs·of·fi·zier 男 -s/-e 《軍事》連絡将校.
Ver'bin·dungs·stan·ge 女 -/-n 《工学》連接棒.
Ver'bin·dungs·stel·le 女 -/-n 接合(連接)箇所.
Ver'bin·dungs·stück 中 -[e]s/-e 接合(接続)部分, つなぎ材(とくに建築などの).
Ver'bin·dungs·tür 女 -/-en 連絡ドア.
ver'bis·sen [fɛr'bɪsən] 過分 形 (↑verbeißen) **1** 粘り強い, 頑強な, しぶとい; 頑固な, かたくなな. **2** (表情などが)怒りてひきつった, 怒りを押殺した, 苦痛に歪んだ.   mit ~*em* Gesicht 苦虫(ﾆｶﾞﾑｼ)を噛みつぶしたような顔で, 顔をひきつらせて.   mit ~*em* Weinen in der Stimme 半泣きの声で. **3**《話》狭量な, 小うるさい. et⁴ ~ nehmen〈sehen〉事⁴の細かい点にこだわる.
Ver'bis·sen·heit 女 -/ **1** 粘り強さ, しぶとさ, 頑強な態度. **2** 怒りをこらえすること, 怒りをこらえた(不機嫌な)態度. **3**《話》狭量, 小うるささ.
ver'bit·ten* [fɛr'bɪtən] 中 (**sich³**) *sich* et⁴ ~ 事⁴を謝絶(拒否)する, きっぱり断る. Das *verbitte* ich *mir!* / Das möchte ich *mir verbeten haben!* そんなことは御免蒙ります(願い下げにして頂きたい).
ver'bit·tern [fɛr'bɪtɐn] 他 **1** (人⁴を)ひねくれた性格(暗い人間)にする(つらい運命などが). **2** j³ et⁴ ~ 人³に事⁴をつらい(喜びのない)ものにする.   j³ das Leben ~ 人³の人生を灰色(暗い)ものにする.   sich³ das Leben〈den Urlaub〉nicht ~ lassen 人生〈休暇〉を大いに楽しむ.
ver'bit·tert 過分 形 ひねくれた性格の, 世をすねた.
Ver'bit·te·rung 女 -/-en《複数まれ》 **1** ひねくれていること, 暗い性格であること, 気難しさ. **2**《まれ》ひねくれ者(暗い人間)にすること; (人生などを)暗くすること.
ver'blas·sen [fɛr'blasən] 自 (s) **1** (色が褪(ｱ)）せる, (顔料が)褪色する.   ein altes, ganz *verblasstes* Foto すっかり変色した 1 枚の古い写真. **2** (星が)輝きを失う; (空が)白んでくる. **3** (記憶・印象などが)薄れる, 色褪せる.
ver'bläu·en [fɛr'blɔyən] 他《話》さんざんに殴る.
Ver'bleib [fɛr'blaɪp] 男 -[e]s/《雅》 **1** (探しているものの)行方, 所在.   nach j² ~ の行方を追究する.   sich⁴ nach dem ~ des Buches erkundigen その本の所在を問合せる. **2** 滞在; 残留.
ver'blei·ben* [fɛr'blaɪbən] 自 (s) 《雅》(a) (ある場所・土地に)居続ける, 滞在(逗留)する; (ある地位に)留まる, 残る.   in Unwissenheit ~ 知らないままである.《中性名詞として》Ein *Verbleiben* im Amt war für ihn nicht mehr möglich. 彼がその職務に留まることはもはや不可能だった. (b) …のままである, いつまでも…である.   Er *verblieb* zeit seines Lebens ein Träumer. 彼は生涯ずっと夢想家で有り続けた.   Mit freundlichen Grüßen *verbleibe* ich Ihr Peter Müller (手紙の結びで)敬具 ペーター・ミュラー. (c)《まれ》bei et³ ~ 事³を固執する.   bei *seiner* Meinung ~ 自分の意見を変えない.   Dabei ist es vorläufig *verblieben.* 差当り事態はそのままだった. **2**《übrig bleiben》残る, 余っている.   die *verbliebenden* 30 Euro 残りの 30 ユーロ.   das ihm *verbliebene* Geld 彼の手もとに残ったお金.   die *verbliebene* Zeit nützen 余った時間を利用する. **3** 取決めをする, 申合せる(mit j³ 人³と).   Wollen wir so ~, dass ich dich anrufe? 私から君に電話するということにしようか.   Wie seid ihr mit ihm *verblieben?* 君たちは彼とどんな約束をしたんだ. **4**《ｽﾎﾟｰﾂ》試験に落ちる, 落第する.
ver'blei·chen* [fɛr'blaɪçən] 自 (s) **1** (色が)褪(ｱ)せる, (生地などが)色褪せる; (星・日光などが)にわかに輝きを失う. **2**《まれ》(記憶などが)薄れる, 色褪せる. **3**《雅》《多く過去分詞で》死ぬ. ▶↑verblichen, Verblichene
ver'blei·en [fɛr'blaɪən] 他《工学》**1** (物に)鉛を被覆する; (の)内側に鉛を張る. **2** (ガソリンなどに)テトラエチル鉛を混ぜる. **3**《まれ》鉛で封印する.
ver'blen·den [fɛr'blɛndən] 他 **1** (人⁴を)眩惑する, (の)分別を失わせる.   Er ist von seinen Erfolgen〈seinem Ehrgeiz〉*verblendet.* 彼は成功のことばかり考えている(野心に目がくらんでしまっている). **2**《建築》(壁などに)化粧(外装)を施す(mit et³ 物³で). **3**《歯

Ver·blen·dung 囡 -/-en 1 分別(理性)を失っていること(状態). 2《複数まれ》【建築】(外壁などの)化粧仕上げ；化粧張り. 3【歯学】(金属の歯冠への)外装，マスキング.

°**ver·bleu·en** [fɛrˈblɔyən] ↑verbläuen

ver·bli·chen [fɛrˈblɪçən] 過分 形 (↑verbleichen) 1 色褪(せ)た，褪色した；輝きを失った. 2《雅》死亡した. ～ sein = r Vater 彼の亡父.

Ver·bli·che·ne 男囡《形容詞変化》故人.

ver·blö·den [fɛrˈbløːdən] ❶ 圓 (s) 1 【医学】痴呆化する. 2《話》馬鹿になる，馬鹿げている，白痴になる. ❷ 他《話》白痴化する；(の)頭を悪くする. Das viele Fernsehen *verblödet* die Leute. テレビばかり見ていると馬鹿になる.

ver·blüf·fen [fɛrˈblʏfən] 他 びっくり仰天させる，愕然(呆然)とさせる. sich⁴ durch et⁴〈von et³〉 ～ lassen 事⁴,³に仰天する，唖然とする. Die beiden sehen einander *verblüffend* ähnlich. 2人は驚くほどよく似ている.

ver·blüfft 過分 形 びっくり仰天した，唖然とした，あっけにとられた. ein ～*es* Gesicht machen あっけにとられた顔をする. über et⁴ ～ sein 事⁴に唖然としている.

Ver·blüf·fung 囡 -/-en《複数まれ》びっくり仰天する(唖然とする)こと.

*****ver·blü·hen** [fɛrˈblyːən] フェアブリューエン 圓 (s) 1 (花が)枯れる，凋(し)む，しおれる；《比喩》容色が衰える. eine *verblühte* Schönheit 往年の美女，姥桜(うばざくら). 2《話》姿をくらます，ずらかる.

ver·blümt [fɛrˈblyːmt] 形 (表現などが)遠まわしの，婉曲な，ぼかした.

ver·blu·ten [fɛrˈbluːtən] ❶ 圓 (s) 出血多量で死ぬ. ❷ 再 (**sich**⁴) 出血多量で死ぬ；(軍隊などが)甚大な軍事的損害を被る.

Ver·blu·tung 囡 -/-en《複数まれ》出血多量で死ぬこと，失血死.

ver·bo·cken [fɛrˈbɔkən] ❶ 他《話》(事⁴を)台無しにする，ぶち壊す. ❷ 再 (**sich**⁴) 頑(かたく)なな態度をとる，強情を張る.

ver·bockt 過分 形 頑(かたく)なな，強情な.

ver·boh·ren [fɛrˈboːrən] 再 (**sich**⁴) sich in et⁴ ～ 事⁴(誤った見解・観念など)に固執する，頑固にしがみつく；事⁴(仕事・問題など)に粘り強く取組む，没頭する.

ver·bohrt 過分 形 頑(かたく)な，頑固な，頑迷な.

ver·bor·gen¹ [fɛrˈbɔrgən] 他 貸す，貸し出す.

ver·bor·gen² [fɛrˈbɔrgən] 過分 形 (↑verbergen) 隠れた，人目につかない，気づかれない；潜在(潜伏)している. eine ～*e* Falle ひそかな罠(わな). eine ～*e* Gefahr 目に見えない危険. Er hat viele ～*e* Talente. 彼には隠れた才能がいくつもある. Wir haben in den ～*sten* Winkeln des Parks nach dir gesucht. 私たちは公園の隅の隅まで君を探したんだよ. Das wird ihr nicht ～ bleiben. これはいずれ彼女に知られずにすまされまい. im *Verborgenen*〈～*en*〉ひそかに，人に知られずに.

Ver·bor·gen·heit 囡 -/ 隠れていること，人目につかないこと；潜在，潜伏. in der ～ leben 隠遁生活をする.

*****Ver·bot** [fɛrˈboːt] フェアボート 史 -[e]s/-e 禁止，禁令，差止め. ein ～ erlassen 禁令を出す.

ver·bo·ten [fɛrˈboːtən] 過分 形 (↑verbieten) 1 禁止された，禁令の. Durchfahrt〈Zutritt〉～ ！ 通り抜け(立入)禁止. Rauchen ～ ！ 禁煙. ～*e* Eigenmacht【法制】法の禁じた私力. ～*e* Linien【物理】(スペクトル線の)禁制線. die *Verbotene* Stadt (北京にある)紫禁城. in ～*er* Weg 通行禁止の道. Es ist bei Strafe ～, hier zu parken. ここに駐車すると罰せられる. 2《話》まったく考えられないような，おそろしくひどい. Du siehst in dem Kleid ～ aus. 君はその服を着るととまるで見られたものじゃない.

ver·bo·te·ner·wei·se 副 禁止されているにもかかわらず，禁令を押して.

Ver·bots·schild 史 -[e]s/-er 1【交通】禁止標識. 2 = Verbotstafel

Ver·bots·ta·fel 囡 -/-n 禁止事項を記した表示板(立て札)，禁札.

ver·bots·wid·rig 形 禁令違反の.

ver·bracht [fɛrˈbraxt] verbringenの過去分詞.

ver·brä·men [fɛrˈbrɛːmən] 他 1 (衣服に)縁飾りを付ける. ein mit Pelz *verbrämter* Mantel 毛皮の縁取りの付いたコート. 2 (言葉・言い回しを)飾り立てる；(非難・拒絶などを)遠回しに言う. eine Ablehnung mit schönen Worten ～ 美辞麗句に包んで丁重に断わる.

Ver·brä·mung 囡 -/-en 1 衣服に縁飾りを付けること；(表現などを)飾り立てること；(拒絶・非難を)婉曲に言い表すこと. 2 (衣服の)縁飾り.

ver·brannt [fɛrˈbrant] verbrennenの過去分詞.

ver·bra·ten* [fɛrˈbraːtən] ❶ 圓 (s) 1 (肉などが)焼き(炒め，揚げ)すぎになる. 2《俗》肌を灼きすぎる. ❷ 他 1 (肉などを)焼き(炒め，揚げ)すぎる. 2 (a) バター・ラードなどを)焼く(炒める，揚げる)のに使う. (b)《話》(お金・休暇などを)使う. 3 焼いて(炒めて，揚げて)つくる. 4《話》(馬鹿げたことを)言う. 5 j³ eins〈eins〉～《話》人³に小言(こごと)を言う，(を)叱る；(を)ひどい(痛い)目に会わせる；(に)びんたを食らわす. ❸ 再 (**sich**⁴) 1 Öl *verbrät sich gut*〈*schlecht*〉. 油だといい具合に焼きあがる〈焼きあがりが悪い〉. 2 (悪い匂いなどが)焼くことで消える(とぶ).

*****Ver·brauch** [fɛrˈbraux] フェアブラオホ 史 -[e]s/-*e*《複数まれ》消費(an〈von〉et³ 物³の). einen großen ～ an et³ haben 物³を大量に消費する. 2【経済】消費高，消費量(日常生活物資の).

*****ver·brau·chen** [fɛrˈbrauxən] ❶ 他 1 消費する. Was *verbraucht* dein Wagen auf 100 km? 君の車は百キロ走ってガソリンをどれ位食う. 2 使い果す，消尽する. Die ganze Geld war schon nach einer Woche *verbraucht*. そのお金は1週間後にはもうすっかり無くなっていた. 3 使い古す，着(履き)古す. Die Schuhe völlig ～ 靴を履きつぶす. ❷ 再 (**sich**⁴) 体力(精力)を消耗する. Ich habe *mich* in dieser Arbeit *verbraucht*. 私はこの仕事で力を使い果した.

*****Ver·brau·cher** [fɛrˈbrauxər] フェアブラオハー 男 -s/- 消費者.

Ver·brau·cher·ge·nos·sen·schaft 囡 -/-en【経済】消費者協同組合.

Ver·brau·cher·markt 男 -[e]s/-*e* 大型スーパーマーケット.

Ver·brau·cher·preis 男 -es/-e【経済】消費者価格.

Ver·brau·cher·schutz 男 -es/ 消費者保護.

Ver·brau·cher·ver·band 男 -[e]s/-*e* 消費者団体.

Ver·brauchs·gut 史 -[e]s/-*er*《ふつう複数で》1【経済】(↔ Gebrauchsgut) 消費財，消費物資. 2

【軍事】消耗品(支給される食糧・弾薬・医薬品など).
Ver·brauchs·len·kung 女 -/ 【経済・政治】消費操作.
Ver·brauchs·steu·er 女 -/-n 【法制】消費税.
ver·braucht [fɛrˈbrauxt] 過分 形 使い古した.(仕事で)疲弊した. ～*e* Luft 汚れた(濁った)空気.～*e* Nerven すりへった神経. ～*e* Kleider 着古した衣類, 古着. Er sah alt und ～ aus. 彼は老いこんでくたびれ果てた格好だった.

ver·bre·chen* [fɛrˈbrɛçən] 他 **1**《ふつう完了形で》《戯》(a)(馬鹿なこと・まずいこと・いけないことなどを)してかす, やらかす. (b) (下手な詩・小説などを)書く, つくる. **2** eine Fährte ～《猟師》獣の足跡を見つけた印に木の枝を折っておく. **3** 【手工業】(かどの)面取りをする. **4** 【地方】壊す.

***Ver·bre·chen** [fɛrˈbrɛçən フェアブレヒェン] 中 -s/- **1** 犯罪;【法制】重罪(1年以上の禁固刑を伴う). ein ～ an j³ begehen 人³に対して罪を犯す. **2** 犯罪的行為. Kriege sind ein ～ an der Menschheit. 戦争は人類に対する犯罪である. Es ist doch kein ～, mal ein Glas Bier zu trinken.《話》ちょっとビールを1杯飲む位どうということはなかろうよ.

***Ver·bre·cher** [fɛrˈbrɛçər フェアブレヒャー] 男 -s/- 犯罪者, 犯人,(刑事上の)罪人.
Ver·bre·cher·al·bum 中 -s/..alben ＝Verbrecherkartei
ver·bre·che·risch [fɛrˈbrɛçərɪʃ] 形 **1**(行為が)犯罪的な, 犯罪一歩手前の. **2**(人・制度などが)敢えて犯罪も辞さない, 犯罪者的な.
Ver·bre·cher·kar·tei 女 -/-en (警察が保管する, 写真と指紋を載せた)犯罪者カードファイル.
Ver·bre·cher·ko·lo·nie 女 -/-n Strafkolonie 流刑(る)地.
***Ver·brei·ten** [fɛrˈbraɪtən フェアブライテン] ❶ 他 **1** (噂などを)広める, 流布(る)させる. eine Nachricht über Rundfunk und Fernsehen ～ ニュースをラジオとテレビで流す. **2**(a)(病気などを)伝播させる. Ratten können Krankheiten ～. 鼠は病気を広めることがある.(b)(熱・光などを)放射する;(不安・恐怖などを)まき散らす. eine Stimmung der Heiterkeit [um sich⁴] ～ 陽気な気分をふりまく. (c)(いかがわしい本・写真などを)頒布(は)する.
❷ 再《sich⁴》**1**(噂・ニュースなどが)広まる, 流布する. **2**(a)(病気が)蔓延する. (b)(匂い・煙などが)あたり一面に広がる(流れる). **3**《über et⁴ 事について》長々と喋る, 長広舌(ぜ)をふるう.
◆↑verbreitet

ver·brei·tern [fɛrˈbraɪtərn] ❶ 他 (道路などを)拡張する,(の)幅を広くする;(社会的運動などの)輪を広げる, 拡大する. ❷ 再《sich⁴》幅が広くなる.
Ver·brei·te·rung 女 -/-en **1**《複数なし》(幅を)広げること; 拡張. **2** 広げられた箇所.
ver·brei·tet 過分 形 広まった, 一般に流布(る)(普及)した; 広範囲にわたる. ein ～*er* Aberglaube 世間に広く流布している迷信. Die Zeitung ist sehr ～. この新聞はよく読まれている. Morgen ～ Schneefälle. 明日は広い地域で降雪があります(天気予報).

***Ver·brei·tung** [fɛrˈbraɪtuŋ フェアブライトゥング] 女 -/ 広まる(広める)こと;(噂などの)流布;(病気の蔓延);(熱・光などの)放射, 放散;(書物などの)普及;(怪しげな)噂の)頒布. Das Gerücht fand schnelle ～. その噂は急速に広まった. Seine Bücher fanden weite ～. 彼の本は多くの人に読まれた.

ver·brenn·bar [fɛrˈbrɛnbaːr] 形 燃える, 燃やすことができる, 可燃性の.
ver·bren·nen [fɛrˈbrɛnən フェアブレネン] ❶ 自(s) **1**(a) 燃えてなくなる, 焼失する. zu Asche ～ 燃えて灰になる. 灰燼(じ)に帰する. (b) 焼け死ぬ, 焼死する. Brüder und Schwester sind im Feuer ～. (料理などが)焦げる, 焦げつく. den Braten ～ lassen 焼肉を焦げつかせてしまう. Das Steak schmeckt *verbrannt*. このステーキは焦げた味がする. Es riecht *verbrannt*.《話》なんだか焦げくさい. **3**(a)(顔などが)日に焼ける. (b)(大地・植物が)日照り(暑熱)で干からびる. **4**【化学】燃焼する. Kohlenhydrate *verbrennen* zu Wasser und Zucker ～ 炭水化物は燃焼によって水と糖になる.
❷ 他 **1**(a) 焼く, 燃やす; 焼却する. Briefe ～ 手紙を焼き捨てる. Müll ～ ごみを焼却する. Reisig ～ 柴を焚(た)く. (b)(人)火刑に処する. j⁴ als Ketzer ～ 人を異端者として焚刑(ふ)にする. So was hat man früher *verbrannt*!《戯》ああいう代物(しろ)は昔は火炙(あぶ)りだぜ. (c)《話》(死者・遺体を)火葬にする. **2**《話》(ガス・電気などを)消費する. **3**《話》日焼けさせる. Die Sonne hat ihn *verbrannt*. 彼は日に焼けた. **4**【軍事】焦土化する. **5**【化学】燃焼させる. Kohlenhydrate zu Wasser und Zucker ～ 炭水化物を燃焼させて水と糖にする.
❸ 再《sich⁴/sich³》**1**《sich⁴》やけどをする. *sich am* Bügeleisen〈mit kochendem Wasser〉～ アイロン〈熱湯〉でやけどをする. **2**《sich⁴》*sich* selbst ～ 焼身自殺をする. **3**《sich³》*sich* die Finger an et³ ～ 物³にさわって指をやけどする. *sich* den Mund〈die Zunge〉～《話》いらぬことを言って痛い目に会う, 舌禍(ぜ)を招く.

Ver·bren·nung 女 -/-en **1**《複数なし》(a) 燃えて(焼けて)なくなること, 焼失;【化学】燃焼. (b) 焼却;《話》火葬;《古》火刑. **2** やけど, 火傷. *sich³* ～*en* zuziehen (うっかり)やけどする.
Ver·bren·nungs·kraft·ma·schi·ne 女 -/-n 【工学】(Verbrennungsmotor) 内燃機関.
Ver·bren·nungs·mo·tor 男 -s/-en ＝Verbrennungskraftmaschine
Ver·bren·nungs·pro·dukt 中 -[e]s/-e 燃焼生成物.
Ver·bren·nungs·wär·me 女 -/ 【物理】燃焼熱.

ver·brie·fen [fɛrˈbriːfən] 他《多く過去分詞で》(人³に事⁴を)文書で保証(証明)する. *verbriefte* Rechte(文書で保証された)既得権.

Ver·brin·gen [fɛrˈbrɪŋən フェアブリンゲン] 他 **1**(時を)過ごす. die Nacht mit Lesen ～ 夜を読書で過ごす. den Urlaub an der See ～ 休暇を海辺で過ごす. **2**【地方】(金を)無駄遣いする, 浪費する. **3**《書》(ある場所へ)運ぶ. j⁴ in eine Heilanstalt ～ 人⁴を療養所に入れる. Waren〈sein Vermögen〉ins Ausland ～ 商品を輸出する〈財産を国外に持出す〉.

ver·brü·dern [fɛrˈbryːdərn] 他《sich⁴》《mit j³ 人³と》兄弟のように親しく交わる, 親交を結ぶ.
Ver·brü·de·rung 女 -/-en 親交, 親睦(ぼ).
ver·brü·hen [fɛrˈbryːən] ❶ 他 j⁴ mit et³ ～ 人⁴にうっかり物³(熱湯など)をかけてやけどを負わせる. *sich³* den Arm ～ (熱湯で)うっかり腕にやけどをする. ❷ 再《sich⁴》やけどをする(mit kochendem Wasser 熱湯で).
Ver·brü·hung 女 -/-en《複数なし》(熱湯などで)やけどすること(させること). **2**(熱湯などによる)やけど.
ver·bu·chen [fɛrˈbuːxən] 他 【商業】(金額を)帳簿

に記入する. et⁴ als Erfolg ～ 事⁴を成果とみなす. einen Erfolg ～ 成功を収める.

Ver'bu・chung 囡 -/-en 帳簿への記入, 記帳.

ver'bud・deln [fɛrˈbʊdəln] 他 《話》 地中に埋める.

'Ver・bum [ˈvɛrbʊm] 匣 -s/..ba(..ben) (lat., Wort¹) 1 《文法》(Verb) 動詞. ～ finitum [ˈfiːniˌtʊm] 定動詞. ～ infinitum [ˈɪnfiˌniːtʊm] (動詞の)不定形(不定詞と分詞をさす). 2 ～ proprium [ˈproːprɪʊm] 《修辞》(本来の語法に則った)正しい表現. ～ improprium [ɪmˈproːprɪʊm] (本来の語法からはずれた)正しくない表現(破格・方言など).

ver'bum・meln [fɛrˈbʊməln] ❶ 他 1 (時を)無為に(怠惰に)過ごす. 2 うっかり忘れる; うっかりして失くす. ❷ (s) (だらだらと)身を持ち崩す.

ver'bum・melt 過分 形 身を持ち崩した, 自堕落な.

Ver'bund [fɛrˈbʊnt] 男 -[e]s/-e 1 結合, 接合. 2 《工学》(材料・部品などの)組合せ. 3 《経済》(企業間の)合同, 連合, 提携.

ver'bün・den [fɛrˈbʏndən] 再 (sich⁴) (mit j³ ん³と)同盟を結ぶ, 連合する (gegen j⁴ 人⁴に対抗して). die Verbündeten im zweiten Weltkrieg 第 2 次世界大戦における連合国側 (連合軍).

Ver'bun・den・heit [fɛrˈbʊndənhaɪt] 囡 -/ 精神的な結びつき, 連帯(感).

Ver'bün・de・te 男囡 《形容詞変化》 同盟(盟約)を結んでいる人, 盟友; 同盟国; 同盟軍.

Ver'bund・glas 匣 -es/⸚er 《工学》合せガラス(安全ガラスの一種).

Ver'bund・kar・te 囡 -/-n 1 全施設フリーパスカード. 2 《コンピュータ》デュアル・カード.

Ver'bund・ma・schi・ne 囡 -/-n 《工学》複式(2段膨張)蒸気機関.

Ver'bund・netz 匣 -es/-e (複数の発電所が共同給電するための)共同配電(給電)網.

Ver'bund・wirt・schaft 囡 -/ 《経済》企業の合同(連合, 提携).

ver'bür・gen [fɛrˈbʏrgən] ❶ 他 保証する. Dieses Mittel verbürgt den Erfolg. この手段なら成功は確実だ. eine verbürgte Nachricht 信頼できる筋からの情報. ❷ 再 (sich⁴) (für j⟨et⟩⁴ 人⟨事⟩⁴のことを)保証する, 請け合う.

ver・bü・ro・kra・ti'sie・ren 自 (s) 《侮》(組織などが)ひどく官僚主義的になる.

ver'bü・ßen [fɛrˈbyːsən] 他 (刑に)服する, (刑期を)勤めあげる. Ein Teil der Strafe war durch die Untersuchungshaft verbüßt. 刑の一部は未決勾留によってすでに果たされた.

Ver'bü・ßung 囡 -/ 服役.

ver'chro・men [fɛrˈkroːmən] 他 (物⁴に)クロム鍍金(めっき)する.

*****Ver'dacht** [fɛrˈdaxt] フェアダハト 男 -[e]s/-e(≒e) 疑い, 疑念, 嫌疑. Bei den Patienten bestand ～ auf Magenkrebs. その患者には胃癌の疑いがあった. Der ～ ist auf ihn gefallen. 容疑が彼にかかった. Ich habe den ～, dass er das getan habe. 《話》私は彼がそれをやったのではないかと疑いを抱く. ～ schöpfen 疑いを抱く. auf ～ 《話》もしやと思って, 試しに. Ich bin mal auf ～ an die Abendkasse gegangen. 私はひょっとしたらと思って当日券売場に行ってみた. j⁴ in ～ bringen 人⁴に疑いをかける. j⁴ in⟨im⟩ ～ haben 《話》人⁴を疑っている. in ～ geraten ⟨kommen⟩ 疑いがかけられる. Er steht im ～ des Diebstahls. 彼には窃盗の疑いがかかっている.

*****ver'däch・tig** [fɛrˈdɛçtɪç フェアデヒティヒ] 形 1 疑わしい, 嫌疑(容疑)のかかった. des Mordes ～ sein 殺人の疑いがある. auf Krebs ～ sein 癌の疑いがある. sich⁴ ～ machen 疑いを招く, 疑い(怪しま)れる. 2 怪しげな, 不審な. ein ～er Geruch 変な(妙な)匂い. ein ～es Individuum 怪しいやつ. Es war ～ still. 変に静かだった.

Ver'däch・ti・ge 男囡 《形容詞変化》 容疑者.

ver'däch・ti・gen [fɛrˈdɛçtɪgən] 他 (人⁴に)疑い(嫌疑, 容疑)をかける. j⁴ des Diebstahls ～ 人⁴に盗みの嫌疑をかける. Man hat ihn verdächtigt, das Geld unterschlagen zu haben. 彼はその金を横領したのではと疑われた.

Ver'däch・ti・gung 囡 -/-en 疑い(をかけること), 嫌疑, 容疑.

Ver'dachts・grund 男 -[e]s/⸚e 疑い(嫌疑)の根拠.

Ver'dachts・mo・ment 匣 -[e]s/-e (多く複数で) 容疑事実.

ver'dam・men [fɛrˈdamən] 他 (lat. damnare, büßen lassen, verurteilen, verwerfen) 1 厳しく責める(咎める), 弾劾する, 激しく非難する; 《基督教》永劫(ごう)に罰する, 地獄に落つ. [Gott] verdamm mich! くそっ, こん畜生め. 2 j⟨et⟩⁴ zu et³ ～ 人⟨事⟩⁴に事³を余儀なくさせる. Dieses Vorhaben war zum Scheitern verdammt. このもくろみは挫折せざるを得なかった.

Ver'dam・mens・wert 形 弾劾(非難)されるべき.

ver'däm・mern [fɛrˈdɛmərn] 《雅》 ❶ 自 ゆっくりと闇に沈む, しだいに暮れてゆく. ❷ 他 (時を)ぼうっと過ごす.

Ver'damm・nis [fɛrˈdamnɪs] 囡 -/ 《基督教》永劫の罰, 劫罰.

ver'dammt [fɛrˈdamt] 過分 形 1 永劫の罰を下された. 2 《話》呪わしい, 忌々しい. Dieser ～e Kerl! この糞野郎め. Verdammt [noch mal / noch eins]! / Verdammt und zugenäht! くそっ, こん畜生. 3 《話》ひどい, ものすごい. Ich habe einen Hunger haben ひどく腹がへっている. Es ist seine ～e Pflicht. それは彼が絶対に果たさなければならない義務だ. ein ～ hoher Preis べらぼうに高い値段.

Ver'dam・mung 囡 -/-en 弾劾, 厳しい非難; 永劫の罰を下すこと(下されること).

Ver'damp・fen [fɛrˈdampfən] ❶ 他 蒸発させる, 気化させる. ❷ 自 (s) (液体が)蒸発する, 気化する. 2 (怒りなどが)消える, 治まる.

Ver'damp・fer [fɛrˈdampfər] 男 -s/- 《工学》蒸発装置, 蒸発器.

Ver'damp・fung 囡 -/-en (複数まれ) 蒸発, 気化.

*****ver'dan・ken** [fɛrˈdaŋkən フェアダンケン] ❶ 他 1 j³ et⁴ ～ 事⁴のことで人³のお蔭をこうむっている. Ich verdanke ihm meine Rettung. 私が助かったのは彼のお蔭である. Wir verdanken es deinem Trödeln, dass wir den Zug verpasst haben. 君がぐずぐずしていたお蔭で私たちは汽車に乗遅れてしまった. Sie hat es nur seiner Hilfe zu ～, dass sie heute noch am Leben bleibt. 彼女が今日なお命長らえているのはひとえに彼のお蔭なのだ. 2 《ス・スイス》(物⁴の)礼を言う. ❷ 再 (sich⁴) sich et² ～ (まれ) 事⁴に基づいている. Sein Urteil verdankt sich einer sorgfältigen Prüfung der Umstände. 彼の判断は事情を慎重に検討したところから生れたものである.

ver'darb [fɛrˈdarp] verderben の過去.

ver'dat・tert [fɛrˈdatərt] 形 《話》びっくり仰天した,

すっかり面食らった，泡を食った．

*ver'dau·en [fɛr'daʊən フェアダオエン] 他 1 (食物を)消化する．Diese Speise ist gut⟨schlecht⟩ zu ~. この食べ物は消化がよい⟨悪い⟩．《目的語なしで》Der Kranke verdaut schlecht. この病人は消化する力が落ちている．2 (知的に)消化する，咀嚼する；(心理的に)克服する．Ich habe das Stück noch nicht ganz verdaut. 私はこの作品をまだ完全には消化しきれていない．Diese Nachricht musste ich erst einmal ~. この知らせに対して私はまずもう一度心の整理をしなければならなかった．Sie ist nicht zu ~. 彼女は鼻にもならない女だ．3 《話》〖スポーツ〗(ダメージから)立直る．

ver'dau·lich [fɛr'daʊlɪç] 形 消化のよい．~e Speisen 消化のよい食べ物．Dieses Buch ist schwer ~. この本は分かりにくい．

Ver'dau·lich·keit 女 -/ 消化しやすさ，こなれやすさ；理解しやすさ．

Ver'dau·ung [fɛr'daʊʊŋ] 女 -/ 消化．an⟨unter⟩ schlechter ~ leiden 消化不良に悩まされている．Er leidet unter beschleunigter ~.《戯》彼は下痢をしている．

Ver'dau·ungs·ap·pa·rat 男 -[e]s/-e《集合的に》〖解剖〗消化器．

Ver'dau·ungs·be·schwer·den 複 消化不良．

Ver'dau·ungs·ka·nal 男 -s/¨e 〖解剖〗消化管．

Ver'dau·ungs·or·gan 中 -s/-e 〖解剖〗消化器(官)．

Ver'dau·ungs·spa·zier·gang 男 -[e]s/¨e《話》(食後の)腹ごなしの散歩．

Ver'dau·ungs·stö·rung 女 -/-en 〖医学〗消化障害．

ver'dea·len [fɛr'diːlən] 他《engl.》《話》密売する，捌く．

Ver'deck [fɛr'dɛk] 中 -[e]s/-e 1 (船の)上甲板．2 (馬車・自動車の)幌，車蓋．

*ver'de·cken [fɛr'dɛkən フェアデケン] 他 覆い隠す，遮蔽する．Das Bild verdeckt einen Flecken auf der Wand. 絵が壁のしみを隠している．eine Aussicht ~ 眺望を遮る．seine Enttäuschung durch Lachen ~ 落胆を笑いで隠す．

ver'deckt 過分 形 隠された．mit ~en Karten spielen 手の内を見せないで事を運ぶ．

ver'den·ken* [fɛr'dɛŋkən] 他《多く否定形で können ともに》j³ et⁴ ~《雅》人³の事⁴を悪く取る，人³の事⁴で感情を害する，気を悪くする．Man kann es ihm nicht ~, wenn er jetzt so aus dem Unternehmen ausscheidet. 彼がいまこの計画からおりても彼を悪く思うわけにはいかない．

Ver'derb [fɛr'dɛrp] 男 -[e]s/ 1《雅》身の破滅，堕落．Sein Leichtsinn kann einmal sein ~ werden. 彼の軽率さはいつか彼の命取りになるだろう．2 (食料品の)腐敗．

ver'der·ben [fɛr'dɛrbən フェアデルベン] verdarb, verdorben または verdirbst, er verdirbt 自 (s) 1 (食料品が)腐る，傷む．Meine Frau lässt viel ~. うちの奥さんはしょっちゅう物を腐らせている．verdorbene Luft 汚れた(濁った)空気．2《雅》堕落する，身を滅ぼす．ein verdorbener Mensch 堕落した人間．❷ 他 1 (a) 台無しにする，駄目にする．Sie hat den Kuchen verdorben. 彼女はケーキを焼き損じた．An dieser Stelle ist nichts mehr zu ~. ここはもう以上傷(いじょういた)みようがない程ほろぼろだ．die Preise ~ (安売りで)値崩れさせる．(j³ et⁴ verderben の形で)Das

schlechte Wetter hat uns den Ausflug verdorben. 悪天候のせいで我々の遠足はさんざんなものになった．j³ den Appetit⟨das Konzept⟩ ~ 人³の食欲を失わせる⟨計画をぶち壊す⟩．j³ die [gute] Laune ~ 人³の機嫌を損ねる．《再帰的に》sich die Augen⟨den Magen⟩ ~ 目を傷める⟨胃を悪くする⟩．(b)《不定の es⁴》es mit j³ ~ 人³の不興を買う，(と)仲違いする．2《雅》堕落させる，破滅させる．Der schlechte Umgang hat ihn verdorben. 悪い仲間とのつき合いが彼を駄目にしてしまった．

Ver'der·ben 中 -s/ 1 身の破滅，堕落，没落．Der Alkohol war sein ~. 酒が彼の身を滅ぼした．j¹ ins ~ stürzen 人⁴を破滅に追いこむ．2 (食料品の)腐敗．

ver'der·ben·brin·gend 形 破滅をもたらす，不吉な．◆ Verderben bringend とも書く．

Ver'der·ber [fɛr'dɛrbər] 男 -s/- 堕落(破滅)させる者．

ver'derb·lich [fɛr'dɛrplɪç] 形 1 腐りやすい，傷(いた)みやすい．2 人を堕落させる，破滅をもたらす．

Ver'derb·lich·keit 女 -/ 1 腐りやすさ，傷みやすさ．2 (人を)堕落させる性質，(道徳的に)有害な性質．

Ver'derb·nis [fɛr'dɛrpnɪs] 女 -/-se《雅》堕落，頽廃(社会・信仰などの)．↑ Verderbtheit

Ver'derbt [fɛr'dɛrpt] 形 1《雅》堕落した，身を持ち崩した．2《文献》(古文書などが)判読不能の，原形が損なわれた(誤写などと)．◆ 本来は verderben(他動詞)が規則変化した過去分詞．

Ver'derbt·heit 女 -/《雅》堕落(個人に関しての)．↑ Verderbnis

ver'deut·li·chen [fɛr'dɔʏtlɪçən] 他 (人³に事⁴を)はっきりさせる，明らかにする．

ver'deut·schen [fɛr'dɔʏtʃən] 他 1《古》ドイツ語に翻訳する．2〖言語〗(外来語を)ドイツ語化する．3《話》(人³に事⁴を)分かりやすく説明する．

ver'dich·ten [fɛr'dɪçtən] ❶ 他 1〖物理・工学〗圧縮(圧搾)する；〖土木〗(土台などを)つき固める．2 (鉄道網など)を密にする．Der Omnibusverkehr wird verdichtet. バスの便(びん)が増やされる．❷ 自 (sich⁴) (霧・闇などが)しだいに濃くなる．Ein Gerücht⟨Ein Verdacht⟩ verdichtet sich. 噂がだんだん本当のようになってくる⟨疑いが強まる⟩．

Ver'dich·ter 男 -s/- 〖工学〗圧縮装置，圧縮機，コンプレッサー．

Ver'dich·tung 女 -/-en 1 濃化，濃縮，凝結；(道路交通網などを)密にすること(されること)；(疑念・確信などが)強くなること；(霧などが)濃くなること．2〖物理〗(Kompression)(気体の)圧縮．

ver'di·cken [fɛr'dɪkən] ❶ 他 (ソース・果汁などを)濃くする，濃縮する．den Obstsaft durch Zusatz von Zucker ~ 砂糖を加えて果汁を濃厚にする．❷ 自《sich⁴》太くなる；腫(は)れる；(皮膚が)硬く肥厚する．

Ver'di·ckung 女 -/-en (ソース・果汁などの)濃縮．2 太くなる(腫(は)れる)こと；腫れた箇所，腫れ．

ver'die·nen [fɛr'diːnən フェアディーネン]
1 (a) (労働の報酬として)得る，稼ぐ．Was⟨Wie viel⟩ verdienst du im Monat? 君の月収はいくらぐらいなの．[sich³] sein Geld als Kellner ~ ウェイターの仕事で収入を得る．10 Euro in der Stunde⟨pro Stunde⟩ ~ 時給10ユーロの仕事をしている．[sich³] seinen Lebensunterhalt mit⟨durch⟩ Gelegenheitsarbeiten ~ 臨時雇いの仕事で生計をたてる．sich³ sein Studium selbst ~ 学資を自分の手で稼ぐ．Das

ist nicht leicht *verdientes* Geld. これは楽に稼いだ金ではない.《目的語なしで》Beide Eheleute *verdienen*.《話》夫婦は共働きしている. Er *verdient* gut. 彼は収入がいい. (b) 儲ける. bei⟨mit⟩ et³ Geld ~ 事で金を儲ける. bei⟨mit⟩ *seinen* Spekulationen ein Vermögen ~ 投機で一財産築く. bei⟨Mit⟩ den Papieren ist nichts mehr zu ~. 株はもう儲からない. **2**《称賛・非難・罰などを》受けるに値する. Seine Tat *verdient* Lob. 彼の行為は称賛に値する. Sie *verdient* kein Vertrauen. 彼女は信頼できない. Er hat die⟨seine⟩ Strafe *verdient*. 彼は当然の罰を受けたまでだ. Ihr habt es⟨nichts anderes / nichts Besseres⟩ *verdient*. / Ihr habt es nicht anders⟨nicht besser⟩ *verdient*. 君たちがそんな目に会ったのは仕方がないことだ. Womit habe ich das *verdient*? こんなことをしていただいていいのでしょうか; どうしてこんなことをされなければならないんだ. Das habe ich nicht um ihn *verdient*. 私には彼からそんな仕打を受ける謂れ(㊗)はない.

Ver'die·ner [fɛr'di:nər] 男 -s/- (一家の)稼ぎ手, 支え.

***Ver'dienst** [fɛr'di:nst フェアディーンスト] ❶ 男 -[e]s/-e 所得, 収入, 稼ぎ. ❷ 中 -[e]s/-e 功労, 功労, 功績, 手柄(㊫). Die Rettung des Kindes ist ganz allein sein ~. その子が助かったのはまったく彼のお手柄以外のなにものでもない. sich³ große ~ e um et⁴ erwerben 事³のために多大の功労を挙げる, 大いに貢献する. sich³ et⁴ als⟨zum⟩ ~ anrechnen 事を自分の功績(手柄)だと思う. nach ~《雅》功績に応じて, それ相応に.

Ver'dienst·adel 男 -s/ (↔ Geburtsadel) 功労貴族(功績によって爵位を授けられた貴族).

Ver'dienst·aus·fall 男 -[e]s/ᴜe 収入(所得)の減少.

ver'dienst·lich 形《古》=verdienstvoll

Ver'dienst·or·den 男 -s/- (国家の功労者に対して贈られる)功労賞, 功労勲章.

Ver'dienst·span·ne 女 -/-n 販売利潤, 利潤, 利鞘(㊩), マージン.

ver'dienst·voll 形 **1** 称賛に値する, 称えられるべき. **2** 功績ある, 功績多き.

ver'dient [fɛr'di:nt] 過分 形 **1** 功績(功労)のある. ~er Meister des Sportes スポーツ功労マスター(旧東ドイツでの称号). ~ e Persönlichkeit 功労者. sich⁴ um et⁴ ~ machen 事に貢献する, (のために)功績をあげる. **2** 当然の. *seine* ~e Strafe bekommen 当然の罰を受ける. Die Mannschaft gewann ~ mit 3 : 1 (drei zu eins). チームは3対1で順当に勝利した.

ver'dien·ter'ma·ßen 副 功績によって, 功労にふさわしく.

Ver'dikt [vɛr'dɪkt] 中 -[e]s/-e (*lat*. vere dictum , Wahrspruch') **1**《古》《法制》(陪審員による)評決. **2** 手厳しい判断; 酷評.

Ver'ding [fɛr'dɪŋ] 男 -[e]s/-e《古》**1**《書》(仕事の)委託, 委託注文. **2** 奉公すること, 雇用されること.

ver'din·gen(*) [fɛr'dɪŋən] ❶ 他 **1** j³ eine Arbeit ~ 人³に仕事を委託する, 請負わせる. **2** j³ ~《古》人⁴(子供など)を奉公(仕事, 働き)に出す. ❷ 再 (**sich**⁴)⁴) 奉公(働き)に出る. *sich* bei einem Bauern ~ 農家に奉公(働き)に出る.

ver'dirb [fɛr'dɪrp] verderben の du に対する命令形.

ver'dirbst [fɛr'dɪrpst] verderben の現在2人称単数.

ver'dirbt [fɛr'dɪrpt] verderben の現在3人称単数.

ver'dol·met·schen [fɛr'dɔlmɛtʃən] 他 **1** (人³に事⁴を)通訳する. **2**《話》(事⁴を)説明する.

ver'don·nern [fɛr'dɔnərn] 他《話》**1** j⁴ zu 6 Monaten Gefängnis ~ 人⁴に禁固6箇月の刑を科する(言い渡す). **2** j³ zu et³ ~ 人⁴に事³(したくないこと)を命じる, 言いつける.

ver'don·nert 過分 形《話》(口もきけないほど)びっくりした, 愕然とした.

ver'dop·peln [fɛr'dɔpəln] ❶ 他 倍の大きさ(数, 量)にする. den Gewinn⟨die Geschwindigkeit⟩ ~ 利益⟨速度⟩を倍にする. einen Konsonanten ~《言語》子音の長さを2倍にする. *seine* Schritte ~《雅》足を速める. ❷ 再 (**sich**) 倍の大きさになる.

Ver'dop·pe·lung 女 -/-en 2倍(2重)にすること(されること); 《音楽》重複.

ver'dor·ben [fɛr'dɔrbən] 過分 形 (↑verderben) **1** (食料品が)腐った, 傷(㋡)んだ. ~e Luft 汚れた(濁った)空気. **2** 台無しにされた, ぶち壊された. einen ~en Magen haben 胃を壊している. **3** 堕落した.

Ver'dor·ben·heit 女 -/ 堕落, 頽廃(㋡), 腐敗.

ver'dor·ren [fɛr'dɔrən] 自 (s) (植物が)枯れる, 枯死する.

ver'dö·sen [fɛr'dø:zən] 他 **1** (事⁴を)うっかり忘れる. **2** (時を)ぼんやり過ごす.

ver'döst 過分 形 頭がぼうっとした.

ver'drah·ten [fɛr'dra:tən] 他 **1** 金網(有刺鉄線)で厳しく囲む, ふさぐ. **2**《電子工》配線する.

ver'drän·gen [fɛr'drɛŋən] 他 **1** わきへ押しやる, 押しのける; 排除する. Sie hat ihn aus seiner Stellung *verdrängt*. 彼女は彼を追い落してその後釜(㊎)に座った. Das Schiff *verdrängt* 1500 t [Wasser]. 船は排水量1500トンである. **2**《心理》抑圧する. einen Wunsch ~ 願望を抑圧する. *verdrängte* Kindheitserlebnisse 抑圧された幼児体験.

Ver'drän·gung 女 -/-en **1** (地位などから)押し退ける(られる)こと, 追落し; 排除. **2**《心理》抑圧. **3** (船舶の)排水(量).

ver'dre·cken [fɛr'drɛkən] ❶ 他《話》ひどくよごす. ❷ 自 (s) ひどくよごれる.

ver'dre·hen [fɛr'dre:ən] 他 **1** 無理にねじる. die Augen ~ 白目をむく. sich³ den Fuß ~ 足をねじ挫する. sich³ den Hals ~ 無理に首をねじる(nach et⁴ 物³を見ようとして); 首の筋を違える. j³ das Handgelenk ~ 人³の手首をねじ上げる. **2**《侮》(事実などを)歪曲(㋡)する. das Recht ~ 法を曲げる. j³ Worte ~ 人³の言葉を曲解する. **3**《話》(ある量のフィルムを)消費する.

ver'dreht 過分 形 **1**《侮》(人間の)頭の変な, 気違いじみた; (思いつきなどが)とっぴな, へんてこりんな. **2**《地方》こすっからい.

Ver'dreht·heit 女 -/-en《話》**1**《複数なし》頭が変なこと, 気違いじみていること; (思いつきなどの)とっぴなへんてこさ. **2** 気違いじみた言動.

Ver'dre·hung 女 -/-en **1** (不自然に)ねじること, ねじ曲げ; 捻挫; 歪曲, 曲解. **2**《フィルムを消費する こと.

ver'drei·fa·chen [fɛr'draɪfaxən] ❶ 他 (数量・大きさなどを)3倍にする. ❷ 再 (**sich**) (数量・大きさなどが)3倍になる.

ver'dre·schen [fɛr'drɛʃən] 他《話》さんざんに殴る, ぶちのめす.

ver·drie·ßen* [fɛrˈdriːsən] verdross, verdrossen 他 (人⁴を)不愉快な気分にする, うんざりさせる. Es *verdrießt* mich sehr, dass sie ihn so behandelt hat. 彼女が彼にあんな仕打をしたことはとても不愉快だ. Seine Antwort *verdross* mich. 彼の返答に私は腹が立った. sich⁴ et¹ nicht ~ lassen 《雅》事⁴をいやがらない. いとわない. Er lässt [es] sich keine Mühe ~, ihre Gäste festlich zu bewirten. 彼女はお客に盛大にご馳走することを少しも苦にしない. Lass es dich nicht ~! いや気を起すな.

ver·drieß·lich [fɛrˈdriːslɪç] 形 **1** 不機嫌な, むっとした. ein ~*es* Gesicht machen むっとした顔をする. **2** 《雅》不愉快な, 腹の立つ. eine ~*e* Sache うんざりするような事.

Ver·drieß·lich·keit 女 -/-en **1** 《複数なし》不機嫌, 無愛想. **2** 《多く複数で》《雅》不愉快な(腹の立ってくるような)事柄.

ver·dril·len [fɛrˈdrɪlən] 他 (針金・糸などを)撚(よ)る, 撚り合せる.

ver·dross [fɛrˈdrɔs] verdrießen の過去.

ver·drös·se [fɛrˈdrœsə] verdrießen の接続法 II.

ver·dros·sen [fɛrˈdrɔsən] 過分 形 (↑ verdrießen) 不機嫌な, やる気がない. ein ~*es* Gesicht machen 不機嫌な顔をする. ~ *seine* Arbeit tun いやいや仕事をする.

Ver·dros·sen·heit 女 -/ 不機嫌.

ver·dru·cken 他 **1** (言葉・文字などの)印刷を誤る. **2** (紙を)印刷に消費する.

ver·drü·cken [fɛrˈdrʏkən] ❶ 他 **1** 《地方》(衣類などを)しわくちゃにする. **2** 《話》(大量の食べ物をぺろりと)平らげる. ❷ 再 (**sich⁴**) 《話》こっそり立去る, さっと消える. **2** Ein Gang *verdrückt* sich. 《坑夫》鉱脈が急に薄くなる(つぶれる).

Ver·druss [fɛrˈdrʊs] 男 -es/-e《複数まれ》不愉快, 腹立たしい気持. Mit der Sache habe ich großen 〈viel〉 ~ gehabt. この件では随分といやな思いをさせられた.

ver·duf·ten [fɛrˈdʊftən] 自 (s) **1** (花・コーヒーなどが)香りをなくす. **2** 《卑》ずらかる, さっさと消える.

ver·dum·men [fɛrˈdʊmən] ❶ 他 (人⁴を)愚鈍にする, 白痴化する. ❷ 自 (s) 《話》愚鈍(馬鹿)になる, 白痴化する.

Ver·dum·mung 女 -/ 愚鈍にする(なる)こと; 愚民化.

ver·dun·keln [fɛrˈdʊŋkəln] ❶ 他 **1** (部屋などを)暗くする, 遮光する; (輝きなどを)曇らせる. alle Fenster ~ すべての窓を遮光する. einen Raum ~ 部屋(の中)を暗くする; 部屋の灯りが外へ洩れないようにする. Die Begebenheit *verdunkelte* ihr Glück. 《雅》その事件は彼女の幸せに暗い陰を投げかけた. Tränen *verdunkelten* ihren Blick. 《雅》涙が彼女の目を曇らせた. **2**《法制》(犯行を)隠蔽する, (証拠を)隠滅する. ❷ 再 (**sich⁴**) 暗くなる. Die Sonne *verdunkelt* sich. 太陽が暗くなる(かげる). Ihre Miene *verdunkelte* sich. 彼女の表情は曇った.

Ver·dun·ke·lung 女 -/-en **1**《複数なし》暗くする(なる)こと; 遮光. **2**《灯火管制用などの》遮光幕, 暗幕. **3**《法制》(事実の)隠蔽, 証拠隠滅.

Ver·dun·ke·lungs·ge·fahr 女 -/《法制》証拠隠滅の恐れ.

ver·dün·nen [fɛrˈdʏnən] ❶ 他 **1** (ソース・飲薬・顔料などの)濃度を薄くする, (を)薄める; (硫酸などを)希釈する. **2**《隠》《軍事》(ある地域・部隊の)兵力を削減する. **3**《まれ》(棒などを)先端にむけて細くする. **4**《まれ》(苗などを)間引く. ❷ 再 (**sich⁴**) (コーヒーなどが)薄くなる, (マストなどが)先端にむかって細くなる.

Ver·dün·ner [fɛrˈdʏnər] 男 -s/- 薄め液, シンナー; 希釈液.

ver·dün·ni·sie·ren [fɛrdʏniˈziːrən] 再 (**sich⁴**)《話》こっそりずらかる(消える).

Ver·dün·nung 女 -/-en **1**《複数なし》(濃度を)薄めること, (が)薄くなること; 薄くなった(薄められた)状態. (酸などの)希釈. 《話》 *et¹ bis zur* ~ *tun* 事⁴をうんざりするほど繰返し繰返し行う. **2** 薄め液, 希釈剤; (油絵具の)溶き油.

ver·duns·ten [fɛrˈdʊnstən] ❶ 自 (s) 蒸発する, 気化する. ❷ 他 蒸発させる.

Ver·duns·tung 女 -/ 蒸発, 気化.

ver·dür·be [fɛrˈdʏrbə] verderben の接続法 II.

ver·durs·ten [fɛrˈdʊrstən] 自 (s) **1** のどを渇かして死ぬ;《比喩》(植物が)水不足で枯死する. **2**《話》死ぬほどのどが渇く.

ver·düs·tern [fɛrˈdyːstərn] ❶ 他 **1** 暗くする,《雅》(気分・表情などを)陰鬱にする, 曇らせる. ❷ 再 (**sich⁴**) (空などが)暗くなる;《雅》(気分・表情が)陰鬱になる, 曇る.

ver·dutzt [fɛrˈdʊtst] 形 唖然とした, あっけにとられた.

ver·eb·ben [fɛrˈʔɛbən] 自 (s)《雅》(物音が)だんだん弱まる, しだいに静まる(おさまる).

ver·edeln [fɛrˈʔeːdəln] 他 **1**《雅》(人⁴の)品性を高める, (を)高尚にする. **2** (綿糸などを)精製する. **3**《園芸》(a) (植物の品種改良する(を); 芽接ぎをし(て); 接ぎ木(芽接ぎ)をする. (b) (土壌を)改良する. **4** (料理の味を)洗練する. **5** (金属の品質を変える, 加工する(合金・鍍金(とき)などによって).

Ver·ede·lung 女 -/-en (品性などの)醇化, 洗練;(原料などの)精製; (植物の品種改良, 芽接(つ)ぎ, 接ぎ木, (土壌の)改良; (食べ物の味の)洗練.

Ver·ed·lung 女 -/-en = Veredelung

ver·ehe·li·chen [fɛrˈʔeːəlɪçən] 《古》《書》 ❶ 他 《まれ》(人⁴を)結婚させる(mit j³ 人³と). ❷ 再 (**sich⁴**) 結婚する(mit j³ 人³と). Anna Richter, *verehelichte*〈略 verehel.〉Groß アンナ・リヒター, 結婚後の姓グロース.

Ver·ehe·li·chung 女 -/-en 結婚, 婚姻.

***ver·eh·ren** [fɛrˈʔeːran フェアエーレン] 他 **1** (a) (神・聖人などを)祀(まつ)る. (b)《雅》尊敬する, 敬う. *seinen* Lehrer ~ 先生を敬う. *Verehrte* Anwesende! ご臨席の皆様方. Sehr *verehrter* Herr Müller! (手紙の書出し)拝啓ミュラー様. [Mein] *Verehrter*!《古》 (少し皮肉をこめて)もしあた, ねえ君. **2**《古》思慕する. ein Mädchen ~ 少女に思いを寄せる. **3**《話》(ちょっとした物を)献上(進呈)する, 差上げる.

Ver·eh·rer [fɛrˈʔeːrər] 男 -s/- 崇拝者. ◆女性形 Verehrerin 女 -/-nen

Ver·eh·rung 女 -/ 尊敬, 崇拝;《宗教》祭祀. die ~ *der Jungfrau Maria* 聖母マリア崇拝. [Meine] ~!《古》(挨拶で)やあ, これはこれは.

ver·eh·rungs·wür·dig 尊敬に値する, 尊敬すべき.

ver·ei·den [fɛrˈʔaɪdən] 他《古》= vereidigen

ver·ei·di·gen [fɛrˈʔaɪdɪɡən] 他 (人⁴に)宣誓をさせる. einen Zeugen vor Gericht ~ 法廷で証人に宣誓させる. Der Präsident wird auf die Verfassung *vereidigt*. 大統領は憲法の遵守(じゅんしゅ)を宣誓する. ein

vereidigter Sachverständiger 宣誓をした鑑定人.
Ver·ei·di·gung 囡 -/-en 宣誓.

***Ver·ein** [fɛrˈʔain フェアアイン] 男 -[e]s/-e **1** (a) (個人加盟の)団体, 協会, クラブ; 〚法制〛社団. Gesangverein 合唱団. Sportverein スポーツクラブ. ~ Deutscher Ingenieure (略 VDI) ドイツ技術者協会. eingetragener ~ 《略 e. V》社団法人. (b) (話) (ろくでもない)連中, 一団. Das ist ja ein langweiliger 〈seltsamer〉~. あれはじつにどうも退屈な〈おかしな〉連中だね. In dem ~ bist du? 君もあの連中の仲間なのか. **2** im ~ mit j³ j³と協同で, (と)一緒になって. in trautem ~ mit j³ 〈戯〉人³(敵・いやな相手など)と偶々〈ご〉一緒になって, (と)呉越同舟で.

ver·ein·bar [fɛrˈʔainbaːr] 形 mit et³ ~ sein 物³と一致〈調和〉できる. Die beiden Pläne sind nicht miteinander ~. この2つの計画は互いに相容〈〉れない.

***ver·ein·ba·ren** [fɛrˈʔainbaːrən フェアアインバーレン] 他 **1** 取決める, 申合せる, 約束する. einen Preis ~ 価格を協定する. einen Treffpunkt ~ 待合せ場所を約束する. **2**《多く否定形で》et⁴ mit et³ ~ 事³を事³と一致〈調和〉させる. Die beiden Ansichten lassen sich¹ nicht miteinander ~. この2つの意見は互いに相容〈〉れない. Das kann ich nicht mit meinem Gewissen ~. それは私の良心が許さない.

Ver·ein·ba·rung 囡 -/-en 取決め, 申合せ, 協定, 約束. eine ~ mit j³ treffen 人³と取決め〈申合せ〉をする. sich⁴ an die ~ halten 約束〈協定〉を守る. Sprechstunde nach [vorheriger] ~ 診療時間予約制.

ver·ein·ba·rungs·ge·mäß 形 取決め〈申合せ, 約束〉通りの.

ver·ei·nen [fɛrˈʔainən] ❶ 他 **1** 1つにまとめる, 統合(結集)する. Wir müssen unsere Anstrengungen ~. 我々は我々の努力を結集しなければならない. mehrere Gruppen in〈zu〉einer Organisation ~ いくつかのグループを1つの組織にまとめる(統合する). alle Kompetenzen in einer〈seiner〉 Hand ~ あらゆる権限を一手に掌握する. Mut und Besonnenheit in sich³ ~ 勇敢さと慎重さとを兼ね備えている. mit vereinten Kräften 力を合せて, 協力し合って. die Vereinten Nationen (略 VN) 国際連合. **2** et¹ mit et³ ~ 物¹を物³と一致〈調和〉させる. Ihre Auffassungen lassen sich⁴ nicht [miteinander] ~. 彼らの見解は互いに相容〈〉れない.

❷ 再《sich⁴》**1** 1つにまとまる. sich zu gemeinsamem Handeln〈zu einer Partei〉~ まとまって共同歩調をとる〈党をつくる〉. **2** (mit et³ 物³と)併存〈両立〉している. In ihr vereint sich Geist mit Anmut. 彼女は才色兼備だ.

ver·ein·fa·chen [fɛrˈʔainfaxən] 他 (方法・手続などを)単純化する, 簡易化〈簡略化〉する.

Ver·ein·fa·chung 囡 -/-en 単純化, 簡素化, 簡略化.

ver·ein·heit·li·chen [fɛrˈʔainhaɪtlıçən] 他 (書式・規格などを)統一する.

Ver·ein·heit·li·chung 囡 -/-en (書式・規格などの)統一.

***ver·ei·ni·gen** [fɛrˈʔainıgən フェアアイニゲン] ❶ 他 **1** 1つにまとめる. Er konnte die Mehrheit [der Stimmen] auf sich⁴ ~. 彼は過半数の票を獲得することができた. mehrere Ämter in einer Hand ~ いくつかの官職を一手に握る. verschiedene Vorzüge in sich³ ~ さまざまな長所を併せ持つ. mehrere Geschäfte zu einer Kette ~ いくつかの店を統合してチェーン店組織にする. **2** (mit et³ 物³と)一致させる, 調和させる. Diese beiden Pläne sind nicht [miteinander] zu ~. これら2つの計画は両立し得ない.

❷ 再《sich⁴》**1** 1つにまとまる; 連合(提携)する. Sie haben sich gegen dich vereinigt. 彼らは君に対抗して手を結んだ. Hier vereinigt sich die Isar mit der Donau. ここでイーザル川がドーナウ川と合流する. sich zu einem Gottesdienst ~ 一堂に集まって礼拝をとり行う. sich mit j³ zu gemeinsamem Tun ~ 人³と連帯して一緒に行動する. **2** 〈雅〉媾合する, まぐわう.

ver·ei·nigt [fɛrˈʔainıçt] 過分 形 連合(統合)した. das ~e Deutschland 統一ドイツ(1990年10月に再統一された現ドイツ). die Vereinigten Arabischen Emirate アラブ首長国連邦. das Vereinigte Königreich [Großbritannien und Nordirland] グレートブリテン=北アイルランド連合王国(英国の公式名). die Vereinigten Staaten [von Amerika] (略 Ver. St. v. A.) アメリカ合衆国.

Ver·ei·ni·gung [fɛrˈʔainıgʊn] 囡 -/-en **1** 合一, 統合, 併合; 合併, 合同; 連合, 提携. die geschlechtliche ~ 交接, 性交. **2** 団体, 結社. die kriminelle ~ 犯罪者集団(グループ). eine ~ zum Schutz seltener Tiere 稀少動物保護団体. **3** 〚数学〛(集合の)和.

Ver·ei·ni·gungs·frei·heit 囡 -/ 〚法制〛結社の自由.

ver·ein·nah·men [fɛrˈʔainnaːmən] 他 **1** 〚商業〛(金・利子を)受入れる, 領収する. **2** (話) (人 物⁴を)独占する, 独り占めにする.

ver·ein·sa·men [fɛrˈʔainzaːmən] ❶ 自(s) 孤独になる. ❷ 他《まれ》(人⁴を)孤独にする.

Ver·ein·sa·mung 囡 -/ 孤独になること; 孤独であること.

Ver·eins·haus 史 -es/⁻er 団体(協会)の会館, クラブハウス.

Ver·eins·lo·kal 史 -[e]s/-e (レストランなどの)団体(クラブ)集会室.

Ver·eins·mei·er 男 -s/- 《侮》団体(クラブ)での活動に情熱を傾けている人.

Ver·eins·wech·sel 男 -s/- 〚スポ〛(選手の)移籍.

ver·ein·zeln [fɛrˈʔaintsəln] ❶ 他 **1**〈雅〉散り散りばらばらにする. **2**〚農業・林業〛間引きする. ❷ 再《sich⁴》(植物相などが)まばらになる, まれにしか見られなくなる.

ver·ein·zelt [fɛrˈʔaintsəlt] 過分 形 〔述語的には用いない〕散発的な, ときたまの, ばらつきのある. ~es Auftreten von Malaria たまに思い出したように起るマラリアの発生. Es gab nur noch ~ Regenschauer. いまはもうときたまにわか雨がぱらつくだけだった.

ver·ei·sen [fɛrˈʔaɪzən] ❶ 自(s) (湖などが)氷結する; (道路などが)凍結する; 着氷する. Der Tragflügel des Flugzeugs war vereist. 飛行機の主翼に着氷した. ❷ 他〚医学〛寒冷麻酔をかける.

Ver·ei·sung 囡 -/-en **1**《複数なし》氷結; 凍結; 着氷. **2**〚医学〛寒冷麻酔. **3** (Vergletscherung) 氷河化.

ver·ei·teln [fɛrˈʔaitəln] 他 (計画などを)挫折させる, 無に帰せしめる. Das Attentat wurde vereitelt. 暗殺の企ては阻止された.

Ver·ei·te·lung 囡 -/ 挫折させる〈無に帰せしめる〉こと; 挫折, 失敗.

ver·ei·tern [fɛr|'aitərn] 圓 (s) 〖医学〗化膿する.
Ver·ei·te·rung 囡 -/-en 〖医学〗化膿.
ver·ekeln [fɛr|'e:kəln] 囮 j⁴ et⁴ ~ 人³に事に対して嫌悪感を催させる. Diese Erzählung verekelte mir die Mahlzeit. この話を聞いて私はすっかり食事をする気がなくなった.
ver·elen·den [fɛr|'e:lɛndən] 圓 (s) 悲惨な状態に陥る; 貧窮に陥る.
Ver·elen·dung 囡 -/ 貧窮化, 貧困化.
ver·en·den [fɛr|'ɛndən] 圓 (s) **1** (家畜などが)死ぬ; (人間が)苦しみながら(惨めな格好で)死ぬ. **2** 〖狩猟〗(獣が)息絶える(撃たれて・罠にかかって).
ver·en·gen [fɛr|'ɛŋən] ❶ 囮 (通路などを)狭める. ❷ (sich⁴) (通路などが)狭くなる, 細くなる; (瞳孔などが)狭まる, 収縮する.
ver·en·gern [fɛr|'ɛŋɐn] ❶ 囮 (衣服の幅をつめる; (道路などの)幅を狭くする, 狭める. ❷ 囮 (sich⁴) (袖などが)すぼまる, 細くなる; (道路などが)狭くなる; (交際範囲などが)狭まる.
Ver·en·ge·rung 囡 -/-en 狭くする(なる)こと.
Ver·en·gung 囡 -/-en **1** 狭くなること. **2** 狭くなった(狭められた)箇所.
ver·erb·bar [fɛr|'ɛrpba:r] 彫 **1** 遺産として残しうる. **2** 〖生物・医学〗遺伝性の.
ver·er·ben [fɛr|'ɛrbən] ❶ 囮 **1** (a) j¹ et⁴ ~ / et⁴ an j¹ ~ 人³·⁴に物を遺産として残す, 遺贈する. (b) 〈戯〉(いらなくなった物などを)やる. Ich habe dem Freund meinen alten Computer vererbt. 私は友人に古くなったコンピュータをやった. **2** 〖生物・医学〗(j³〈auf j⁴〉人³·⁴に)遺伝的に伝える. Die zarte Konstitution hat ihm sein Vater vererbt. 彼のきゃしゃな体質は父親譲りのものだ. ❷ 囮 (sich⁴) 〖生物・医学〗遺伝する. Diese Krankheit hat sich vom Vater auf den Sohn vererbt. この病気は父から息子へ遺伝した.
ver·erb·lich [fɛr|'ɛrplɪç] 彫 =vererbbar
Ver·er·bung 囡 -/-en 〈複数まれ〉〖生物・医学〗遺伝.
Ver·er·bungs·leh·re 囡 -/ 〖生物〗遺伝学.
Ver·es·te·rung [fɛr|'ɛstərʊŋ] 囡 -/ 〖化学〗エステル化.
ver·ewi·gen [fɛr|'e:vɪgən] ❶ 囮 **1** 不朽(不滅)のものにする. Mit einem einzigen Werk hat er seinen Namen verewigt. たった1つの作品によって彼は不朽の名を歴史に残した. In diesem Roman hat er seine Geliebte verewigt. この小説の中で彼は恋人の姿を永久にとどめた. **2** (情況・状態を)永続させる. ❷ 囮 (sich⁴) **1** 自分の名を不朽(不滅)のものにする. **2** 〈話〉(記念帳・木の幹・壁などに)自分の名前を記す. Auf dem Teppich hat sich wieder ein Hund verewigt. 〈戯〉絨毯(じゅうたん)の上にまた犬が粗相(そそう)をした.
ver·ewigt [fɛr|'e:vɪçt] 過分 彫 〈雅〉故人となった. mein ~er Vater 亡父.
Ver·ewig·te 男 囡 〈形容詞変化〉〈雅〉故人.
***ver·fah·ren*¹** [fɛr'fa:rən フェアファーレン] ❶ (s) 《様態を示す語句と》…のやり方をする, …の態度をとる, …に振舞う. In dieser Sache muss man anders ~. この件は違ったやり方で臨まねばればならない. immer nach dem gleichen Schema ~ いつも同じパターンで行動する. ohne Schonung mit j⁴〈gegen j⁴〉 ~ 人³·⁴に対して情け容赦なく振舞う.
❷ 囮 **1** 〈話〉(燃料・費用などを)乗物で消費する. Er hat 80 Euro mit dem Taxi verfahren. 彼はタクシー代に80ユーロ使った. **2** eine Schicht ~ 〖坑夫〗一作業方の勤務(仕事)を終える.
❸ 囮 (sich⁴)(自動車で)道を間違える, 道に迷う.
ver·fah·ren² 過分 彫 (情況・局面などが)行詰まった, にっちもさっちもいかない, 暗礁に乗上げた.
***Ver·fah·ren** [fɛr'fa:rən フェアファーレン] 田 -s/- **1** やり方, 方法; 態度, 振舞; (ドイツ工業規格 DIN における)製法, (化学的)生産方法. ein vereinfachtes ~ 簡素化された方法. nach dem neuesten ~ 最新のやり方で. **2** 〖法制〗手続, 訴訟手続. ein ~ gegen j⁴ einleiten 人⁴に対して法的手続を開始する. das ~ einstellen 訴訟を取下げる.
Ver·fah·rens·fra·ge 囡 -/-n 〈ふつう複数形〉手続(方法)の問題.
Ver·fah·rens·recht 田 -[e]s/ 〖法制〗手続法.
Ver·fah·rens·tech·nik 囡 -/ 〖工学〗プロセス工学.
***Ver·fall** [fɛr'fal フェアファル] 男 -[e]s/ **1** (a) (建物の)崩壊, 腐朽. (b) (体力などの)衰え, 衰弱; (国家・文明などの)衰退, 衰亡, 没落; (道徳・風紀の)頽廃, 堕落. **2** (引換券・チケットなどの)期限切, 失効; 〖銀行〗(手形の)満期. **3** 〖法制〗(国家への)帰属(財産などの). **4** 〖建築〗(高さの異なる棟と棟とのつなぎ.
ver·fal·len [fɛr'falən フェアファレン] 圓 (s) **1** (a) (建物が)崩壊する, 腐朽する. eine verfallene Burg 崩れ落ちた城砦. (b) (人が)衰える, 衰弱する; (国家・文明などが)衰退, 衰亡, 没落する; (道徳・風紀の)頽廃(たいはい)する. **2** (引換券・チケット・証書などが)期限切で無効になる; (手形などが)満期になる. Die Eintrittskarte ist an diesem Tage verfallen. この入場券は期限切切なので無効. **3** in et⁴ ~ 事⁴(気分・状態など)に陥る. Er verfiel wieder in den alten Fehler. 彼はまたも昔の誤りを犯した. in seine heimatlichen Mundart ~ お国訛(なま)りが出る. in Nachdenken〈Schweigen〉 ~ 思いに沈む〈黙りこむ〉. in einen leichten Schlummer ~ ちょっとうとうとする. in eine traurige Stimmung ~ 悲しい気分になる. Das Pferd verfiel in Trab. 馬は速歩に移った. **4** auf et⁴ ~ 事⁴(変ったこと・妙なこと)を思いつく. auf eine absonderliche Idee ~ 突拍子もない考えを思いつく. Warum seid ihr ausgerechnet auf mich verfallen? 君たちはどうしてまたよりによってこの私のことを思いついたんだい. **5** (a) j〈et〉³ ~ 人〈事〉³の虜になる. dem Alkohol ~ 酒に溺れる. Sie ist ihm verfallen. 彼女は彼の言いなりだ. Er ist dem Tode verfallen. 〈雅〉彼は死神の手に落ちてしまった(死にかけている). (b) j³ ~ 〈雅〉人³の所有に帰する. Die Schmuggelware verfällt dem Staat. 密輸品は国に没収される. **6** et³ ~ 〖書〗事³の扱いとなる. der Ablehnung ~ (申請などが)却下される. der Ächtung ~ 追放の身となる. einer Strafe ~ 処罰される.
Ver·falls·da·tum 田 -s/..daten **1** (食品の)賞味期限日. **2** (a) (引換券・チケットなどの)失効日. (b) =Verfall[s]tag
Ver·falls·er·schei·nung 囡 -/-en 衰弱の現れ; 衰退(頽廃)現象.
Ver·fall[s]·tag 田 -[e]s/-e 〖銀行〗(手形などの)満期日, 支払い期日.
Ver·fall·zeit 囡 -/-en 〖銀行〗(手形などの)満期(時), 支払い期限.
ver·fäl·schen [fɛr'fɛlʃən] 囮 **1** (食品などの)品位を落とす. Wein ~ ワインに混ぜ物をする. **2** (歴史・真理などを)歪曲する; (文書を)改竄(かいざん)する. verfälschte Banknoten 変造紙幣.

Ver·fäl·schung 囡 -/-en 1《複数なし》(a)(歴史・真実などの)歪曲;《文書》の改竄(ｶｲｻﾞﾝ);(紙幣の)変造.(b)(食品などに)混ぜ物をすること. 2 歪曲された記述.

ver·fan·gen* [fɛrˈfaŋən] ❶ 再 (**sich**⁴)(in et³ 物³に)からまる,ひっかかる. Einige Fische haben *sich* im Netz *verfangen*. 魚が2,3匹網にかかった. *sich* in Widersprüche ~ (自己)矛盾に陥る. ❷ 自《多く否定形で》効き目がある. Schmeicheleien *verfangen* bei mir nicht. お世辞は私には通じないよ.

ver·fäng·lich [fɛrˈfɛŋlɪç] 形 1 疑わしい,怪しい. Bei der Haussuchung konnte nichts *Verfängliches* gefunden werden. 家宅捜索では不審なものは何も発見できなかった. ❷ 厄介な(面倒な)ことになりそうな,困惑させられる. in eine ~*e* Situation geraten 困った事態に陥る. eine ~*e* Frage (うっかり返答できない)意地悪な質問.

ver·fär·ben [fɛrˈfɛrbən] ❶ 他 (衣類を)うっかり染めてしまう. Das rote Hemd hat die ganze Wäsche *verfärbt*. 赤いシャツの色が下りて洗濯物がすっかり染まってしまった. ❷ 再 (**sich**⁴) 変色する. Er⟨Sein Gesicht⟩ *verfärbte sich* vor Ärger. 怒りのあまり彼の顔色が変った. Im Herbst *verfärben sich* die Blätter. 秋になると木の葉が色づく. ❸ 自 再 (**sich**⁴)《狩猟》(鹿・猪などの)毛色が変る(春・秋に).

*ver·fas·sen [fɛrˈfasən フェアファセン] 他 《論文・小説などを》書く,著す,執筆する;(文書)作成する. einen Brief ~ 手紙をしたためる. eine Eingabe ~ 請願書を書く. eine Rede ~ 演説の草稿を作る.

*Ver·fas·ser [fɛrˈfasər フェアファサー] 男 -s/- 著者,執筆者;(小説などの)作者;(文書などの)作成者. ◆ 女性形 Verfasserin 囡 -/-nen

Ver·fas·ser·schaft 囡 -/ 著者(執筆者,作者)であること.

*Ver·fas·sung [fɛrˈfasʊŋ フェアファスング] 囡 -/-en 1 (a)《国家の》体制. (b) 憲法. (c)《法人の》定款(ﾃｲｶﾝ),憲章;(団体の)規則. 2《複数形》体調,調子,コンディション. in ausgezeichneter ~ sein 心身ともに絶好調である.

ver·fas·sung·ge·bend 形《政治・法制》憲法制定的権力のある. die ~*e* Versammlung 憲法制定会議,制憲会議.

Ver·fas·sungs·än·de·rung 囡 -/-en《法制》憲法改正.

Ver·fas·sungs·be·schwer·de 囡 -/-n《法制》憲法異議,憲法訴願.

Ver·fas·sungs·bruch 男 -[e]s/-⸗e 憲法違反.

Ver·fas·sungs·ge·richt 中 -[e]s/-e《den VerfG》《法制》(ハンブルクなどの)州憲法裁判所. ◆ ノルトライン=ヴェストファーレンやザールラントなどでは Verfassungsgerichtshof という.

ver·fas·sungs·mä·ßig 形 憲法(定款)に適合した,憲法(定款)に基づく;《政治》憲法上の. ~*e* Ordnung《法制》憲法的秩序.

Ver·fas·sungs·recht 中 -[e]s/ 憲法(憲法に含まれた法規範の総体).

Ver·fas·sungs·schutz 男 -es/《政治・法制》1 憲法擁護(憲法的秩序の維持のための法規・制度・措置の総称). 2 連邦憲法擁護庁(Bundesamt für Verfassungsschutz の短縮).

Ver·fas·sungs·staat 男 -[e]s/-en 立憲国.

Ver·fas·sungs·treu 形 憲法に忠実な.

Ver·fas·sungs·ur·kun·de 囡 -/-n 憲法(文書),憲章.

ver·fas·sungs·wid·rig 形 憲法に違反した,違憲の.

ver·fau·len [fɛrˈfaʊlən] 自 (s) 腐る,腐敗(腐朽)する.

ver·fech·ten* [fɛrˈfɛçtən] 他 (意見・立場・主義などを)擁護(主張)して闘う.

Ver·fech·ter [fɛrˈfɛçtər] 男 -s/- (主義・主張などに断固として)闘う人,擁護者,支持者.

*ver·feh·len [fɛrˈfeːlən フェアフェーレン] ❶ 他 1 (a)逸する,失する,のがす. eine Gelegenheit ~ 機会をのがす. den Zug ~ 列車に乗りそこなう. (b)(人と)行違いになる. Wir haben uns *verfehlt*. 私たちは行違いになった(uns は相互代名詞). (c) einen Rekord ~ 《ある記録に届かない人》. Er *verfehlte* den Weltrekord um den Bruchteil einer Sekunde. 彼はコンマ何秒かの差で世界記録に及ばなかった. 2 《的を》はずす,当てそこなう. Der Schuss *verfehlte* das Tor um etwa 30 Zentimeter. シュートは30センチほどゴールをはずれた. Er hat seinen Beruf *verfehlt*. 彼は職業の選択を誤った(本職以外での思わぬ才能などを褒めるときにも用いる表現). das Thema ~ テーマの扱い方をしくじる. die Treppenstufe ~ 階段を踏みはずす. die richtige Tür⟨den Weg⟩ ~ 正しい入り口⟨道⟩を間違える. Seine Worte *verfehlten* ihre Wirkung. 彼の言葉は思い通りの効果をあげなかった. 3《雅》忘る,ゆるがせにする. Ich möchte nicht ~, Ihnen zu danken. あなたにぜひともお礼を言いたい. Ich werde nicht ~, bald wieder zu kommen. 必ず近いうちにまた参ります.
❷ 再 (**sich**⁴) 過失(過ち)を犯す.

ver·fehlt 形 誤った,間違った,失敗の.

Ver·feh·lung 囡 -/-en 過ち,過失;罪.

ver·fein·den [fɛrˈfaɪndən] 再 (**sich**⁴) 仲たがいする(mit j³ 人³と). Die Brüder sind [miteinander] *verfeindet*. その兄弟はいがみあっている. zwei [miteinander] *verfeindete* Familien いがみあっている2つの家族.

ver·fei·nern [fɛrˈfaɪnərn] ❶ 他 (趣味などを)洗練する,(に)磨きをかける. eine Suppe mit Sahne ~ スープにクリームを入れて風味をだす. eine *verfeinerte* Methode 洗練された方法. ❷ 再 (**sich**⁴) 洗練される,磨きがかかる.

Ver·fei·ne·rung 囡 -/-en 1 洗練. 2 洗練されたもの.

ver·fe·men [fɛrˈfeːmən] 他《雅》(人⁴を)追放する.

ver·fer·ti·gen [fɛrˈfɛrtɪɡən] 他 (芸術作品・細工物などを)作る,製作(制作)する.

Ver·fer·ti·ger [fɛrˈfɛrtɪɡər] 男 -s/- 製作(制作)者.

Ver·fer·ti·gung 囡 -/-en《複数まれ》(芸術作品・細工物などの)製作,制作.

ver·fes·ti·gen [fɛrˈfɛstɪɡən] ❶ 他 堅く(硬く)する;固まらせる,凝固させる. ❷ 再 (**sich**⁴) 堅く(硬く)なる;固まる,凝固する.

Ver·fes·ti·gung 囡 -/-en《複数まれ》硬化;凝固.

ver·fet·ten [fɛrˈfɛtən] 自 (s) 脂肪がつく;肥満する.

Ver·fet·tung 囡 -/-en《医学》脂肪沈着,脂肪化.

ver·feu·ern [fɛrˈfɔɪərn] 他 1 (薪・石炭などを燃料にする,燃やす,焚(ﾀ)く. 2 (一定量の燃料を)燃やし(焚き)尽くす. 3 (弾薬を)撃ち尽くす.

ver·fiel [fɛrˈfiːl] verfallen の過去.

ver·fie·le [fɛrˈfiːlə] verfallen の接続法II.

ver·fil·men [fɛrˈfɪlmən] 他 1 (小説などを)映画化

Ver'fil·mung 囡 -/-en 1 映画化; フィルム(マイクロフィルム)に収めること. 2 (小説・戯曲などの)映画化作品.

ver'fil·zen [fɛrˈfɪltsən] ❶ 圓 (s) (セーターなどがフェルトのように固くなる(水に濡れて); (髪の毛・毛糸などが)固くもつれる. ❷ 他 (羊毛などを)フェルトにする; (髪の毛などを)固くもつれさす. ❸ 再 《sich⁴》(セーターなどがフェルトのように固くなる; (髪の毛・毛糸などが)固くもつれる.

ver'filzt 過分形 1 フェルトのようになった, 固くもつれた. 2 《比喩》《悔》(どうにもならぬほど)固く結び付いた, 癒着した(mit et¹ 事³と).

ver'fins·tern [fɛrˈfɪnstərn] ❶ 他 (空・太陽などを)暗くする(雲などが). ❷ 再 《sich⁴》(空などが)暗くなる; (顔・表情が)曇る.

ver'fit·zen [fɛrˈfɪtsən] (話) ❶ 他 (糸などをもつれさす, こんがらがせる. ❷ 再 《sich⁴》(糸などが)もつれる, こんがらがる.

ver'fla·chen [fɛrˈflaxən] ❶ 他 平らにする, 均(な)らす. ❷ 圓 (s) 1 平らになる, 平坦になる; (川・湖などが)浅くなる. 2 (会話などが)上っ面だけの(底の浅い)ものになる, 平板(皮相)なものになる. ❸ 再 《sich⁴》 平ら(平坦)になる; (川などが)浅くなる; (会話などが)上っ面だけのものになる.

ver'flech·ten* [fɛrˈflɛçtən] ❶ 他 編み合せる(mit et³ 物³と), 編み込む(in et⁴ 物⁴の中へ). Bänder 〈Zweige〉[miteinander] ~ リボン〈小枝〉を編み合せる. zwei Unternehmen miteinander ~ 2つの企業を1つに結びつける. Er war unmittelbar in die Sache verflochten. 彼はこの件にじかに掛り合うことになってしまった. ❷ 再 《sich⁴》 編み合さる, 深く(緊密に)からみ合う.

Ver'flech·tung 囡 -/-en 1 編み(撚り), からみ)合せること, 編み(撚り, からみ)合されること. 2 密接な関連, からみ合い. 3 〖経済〗(いくつかの企業の)結合, 集中.

ver'flie·gen* [fɛrˈfliːɡən] ❶ 圓 (s) 1 (香り・煙などが)消える, 逃げる; (香水などが)蒸発する. 2 (時間が)飛ぶように過ぎ去る; (高揚した気分が)すぐに冷める; (疲労などが)飛び去る. ❷ 再 《sich⁴》 飛ぶ方向を誤る(見失う).

ver'flie·ßen* [fɛrˈfliːsən] 圓 (s) 1 《雅》(時が)流れる, 移る, 過ぎ行く; (期限が)切れる. 2 (色が)まざり合う; (概念・境界・輪郭などが)ぼやける.

ver'flixt [fɛrˈflɪkst] 過分《話》 1 いまいましい, 腹の立つ, 癪(ぐ)にさわる. *Verflixt*! / *Verflixt* nochmal〈noch eins〉! / *Verflixt* und zugenäht! こん畜生. 2 すごい, どえらい. Er hat ~ *es* Glück gehabt. 彼はえらく運がよかった. Das ist mir ~ unangenehm. それはおそろしく不愉快だ. そのことで私はひどくバツが悪かった. 3 《話》抜け目のない, はしっこい.

ver'flos·sen [fɛrˈflɔsən] 過分形 (↑verfließen) 過ぎ去った, 昔の. ihr ~*er* Freund《卑》彼女の昔の彼 (ボーイフレンド). das ~*e* Jahr 去年. all die ~*e* Pracht かつての栄華. seine *Verflossene*《卑》彼の彼女(前の妻).

ver'flu·chen [fɛrˈfluːxən] 他 1 (人⁴に)呪いをかける. 2 《話》(呪わしく・いまいましく思って)はげしく呪う, のろう. *seinen* Leichtsinn ~ 自分の軽率さを呪う. 《再帰的に》Ich könnte *mich* selbst ~, dass ich damit angefangen habe. 私はこんなに手を出した自分が自分でも恨めしいのだ.

ver'flucht 過分形 《話》 1 腹の立つ, いまいましい. *Verflucht*! / *Verflucht* nochmal〈noch eins〉! / *Verflucht* und zugenäht! こん畜生め. 2 とてつもない, ものすごい. Diese ~*e* Hitze! このひどい暑さときたら. Sie ist ~ gescheit. 彼女はめっぽう頭がいい.

ver'flüch·ti·gen [fɛrˈflʏçtɪɡən] ❶ 他 気化させる, 蒸発(揮発)させる. ❷ 再 《sich⁴》 1 気化する, 蒸発(揮発)する. 2 (a) 《話》(雲・蒸気などが)霧(ム)のように失せる, とぶ. Mein Kuli hat *sich verflüchtigt*. 《戯》私のボールペンがどっかへ行っちゃった. (b) 《戯》そっと姿を消す, ずらかる.

ver'flüs·si·gen [fɛrˈflʏsɪɡən] ❶ 他 1 (ガスなどを)液化する, 液体にする. 2 (資本などを)流動化する. ❷ 再 《sich⁴》 液化する, 液体になる.

Ver'flüs·si·gung 囡 -/-en 《複数まれ》液化.

Ver'folg [fɛrˈfɔlk] 男 -[e]s 《書》推移, 経過. im 〈in〉 ~ dieses Prozesses 本訴訟の経過において.

*ver'fol·gen [fɛrˈfɔlgən フェアフォルゲン] 他 1 (a) 追いかける, 追跡する. einen Verbrecher〈ein Wild〉・犯人〈獣〉を追う. j⁴ auf Schritt und Tritt ~ 人⁴をどこまでも追いかける. j⁴ mit [den] Blicken ~ 人⁴を目で追う, (から)目を離さない. die Spur des Wildes〈den Weg zum Kap〉 ~ 獣の足跡を追う〈岬への道をたどる〉. Eine dunkle Ahnung *verfolgt* mich seit Tagen. もう何日も前から私の脳裡を去らない. Er ist vom Unglück *verfolgt*. 彼は絶えず不運につきまとわれている. (b) (成行き・経過などを)見守る, 追う. den Prozess in der Zeitung ~ 新聞で裁判の行方を追う. (c) (法的に)追及する. j⁴ gerichtlich ~ 〖法制〗人⁴を訴追する. 2 (a) 迫害する. j⁴ aus rassistischen Gründen ~ 人⁴を人種的な理由で迫害する. die politisch *Verfolgten* 政治的迫害の犠牲者たち. (b) (mit et³ 事³で)責めたてる. j⁴ mit Bitten〈Vorwürfen〉 ~ 人⁴にしつこくせがむ〈さんざん非難を浴びせる〉. 3 (目的などを)追求する. einen Plan〈eine Politik〉 ~ 計画の遂行〈政策の実行〉に努める. 4 《ぷ》(上位者を)僅差で追う, 猛追する.

Ver'fol·ger [fɛrˈfɔlɡər] 男 -s/- 追跡者; 迫害者; 《ぷ》上位者を激しく追上げている選手.

Ver'fol·gung 囡 -/-en 追跡; (法的な)追及; 迫害; (目的的)追求; 〖軍事〗 追撃. gerichtliche ~ 〖法制〗訴追.

Ver'fol·gungs·jagd 囡 -/-en (何人かで行う長時間の)追跡, 犯人狩り.

Ver'fol·gungs·wahn 男 -[e]s/ 〖心理〗迫害(被害)妄想, 追跡妄想.

ver'for·men [fɛrˈfɔrmən] ❶ 他 1 (うっかり)形を歪(ゆが)ませる, 変形させる. 2 (とくに金属を)成形する. ❷ 再 《sich⁴》 変形する, 歪む.

Ver'for·mung 囡 -/-en 1 変形. 2 (とくに金属の)成形. 3 変形した箇所, 歪み.

ver'frach·ten [fɛrˈfraxtən] 他 1 (貨物を)輸送(発送)する; 積込む. Autos ~ 車を積出す. ein Kind ins Bett ~ 《話》子供を寝かしつける. j⁴ in den Zug ~ 《戯》人⁴を列車に乗せる.

Ver'frach·ter [fɛrˈfraxtər] 男 -s/- 貨物運送業者; (とくに)海上運送業者.

ver'fran·zen [fɛrˈfrantsən] 再 《sich⁴》 (↓ Franz ②) 1 《ぷ》飛行コースを誤る. 2 道に迷う.

ver'frem·den [fɛrˈfrɛmdən] 他 見慣れない(異様な感じ)のものに表現する; 〖文学・演劇〗異化する.

Ver'frem·dung 囡 -/-en 見慣れない(異様な感じの)

Ver'frem·dungs·ef·fekt [-e]s/-e《文学・演劇》異化効果(Brechtの提唱した演劇手法).

ver'fres·sen¹* [fɛrˈfrɛsən] 他《話》(金などを)飲み食いに使い果たす.

ver'fres·sen² 過分 形 (↑verfressen¹)《侮》大食いの, 食い意地の張った.

ver'fro·ren [fɛrˈfroːrən] 形 **1** 寒がりの. **2** 凍えた, 芯まで冷えた. ~e Hände かじかんだ手.

ver'frü·hen [fɛrˈfryːən] 再 (sich⁴) 思っていたより(予定より)早く到着する(起る).

ver'früht 過分 形 早すぎる, 時期尚早の.

ver'füg·bar [fɛrˈfyːkbaːr] 形, 自由に使える, 手持ちの. Diese Bücher sind leider zur Zeit nicht ~. これらの本は残念ながら目下利用できない. alle ~en Kräfte mobilisieren 手持ちの兵力を総動員する. ein ~es Einkommen《経済》可処分所得.

*__ver'fü·gen__ [fɛrˈfyːgən] フェアフューゲン **❶** 他 (職務・職権で)指示(指令)する, 命じる, (遺言で)定める. **❷** 自 über et⟨j⟩⁴ ~ 物〈人〉⁴を意のままにする, 自由に使う. Ich kann über mein Geld [frei] ~. 私は自分の金を自由に使うことができる. Die Partei verfügt über die Mehrheit im Parlament. その党は議会で過半数を握っている. über Beziehungen⟨großes Kapital⟩ ~ 色々なコネ⟨大きな資本⟩を持っている. über ein großes Wissen ~ 該博な知識の持主である. Bitte *verfügen* Sie über mich! どうかなんなりと私にお申しつけください. **❸** 再 (sich⁴)《書》赴く. Ich werde *mich* jetzt möglichst schnell nach Hause ~.《戯》これから家へ飛んで帰ろうと思います.

*__Ver'fü·gung__ [fɛrˈfyːgʊŋ] フェアフューグング 囡 -/-en **1**(a)(職務・職権による)指令, 命令, 指示. (b)《法制》処分. eine einstweilige ~ 仮処分. letztwillige ~ 終意処分(遺言のこと). ~ von Todes wegen 死因処分(遺言と相続契約とを併せたもの). eine ~ erlassen⟨aufheben⟩ 処分を命じる⟨取消す⟩. **2**《複数なし》任意の処理(処分), 自由な使用, 自由裁量. j³ die [volle/freie] ~ über et⁴ lassen 人³に物⁴を意のままにできる権利を認める. Wir haben gar nicht genügend Arbeitskräfte zur ~. 私たちの自由になる(手持ちの)労働力はけっして十分なものではない. Ich halte mich zu Ihrer ~. いつでもお役に立てるようお待ちしております. j³ zur ~ stehen 人³の自由(思いのまま)になる. Ich stehe Ihnen jederzeit zur ~. 私はいつでもお役に立ちます, ご用がありましたらいつなんどきでもお申しつけください. j³ et⁴ zur ~ stellen 人に物を自由に(好きなように)使わせる, 用立てる, 提供する. sich⁴ j³ zur ~ stellen 人³の言うことを好んで聞く, 人³の言うままになる. sein Amt zur ~ stellen 辞任を申し出る.

Ver'fü·gungs·ge·walt 囡 -/ die ~ über et⁴ 物⁴を自由にできる権利, ~に対する自由裁量権.

Ver'fü·gungs·recht 中 -[e]s/-e 処分権.

ver'fuhr [fɛrˈfuːr] verfahren の過去.

ver'füh·re [fɛrˈfyːrə] verfahren¹の接続法 II.

*__ver'füh·ren__ [fɛrˈfyːrən] 他《フェアフューレン》**1** 誘惑する. ein Mädchen ~ 少女を誘惑する. j⁴ zum Spielen ~ 人⁴をそそのかして賭け事をさせる, 博打に誘いこむ. Der niedrige Preis hat mich *verführt*, den Mantel zu kaufen. 安い値段につられて私はついそのコートを買ってしまった. Darf ich Sie zu einem Glas Bier ~?《戯》ちょっとビールを一杯呑んでいきませんか.

Ver'füh·rer [fɛrˈfyːrər] 男 -s/- 誘惑者. ♦女性形 Verführerin 囡 -/-nen

ver'füh·re·risch [fɛrˈfyːrərɪʃ] 形 誘惑的な, (欲望を)そそる; 魅惑(蠱⟨コ⟩)的な.

Ver'füh·rung 囡 -/-en **1** 誘惑;《法制》性交への誘導. **2** 誘惑(魅惑)する力, 魅力.

Ver'füh·rungs·kunst 囡 -/⁺e 誘惑の手管.

ver'füt·tern [fɛrˈfʏtərn] 他 **1** 餌として与える. **2** 飼料として消費する.

ver'gab [fɛrˈgaːp] vergeben¹ の過去.

Ver'ga·be [fɛrˈgaːbə] 囡 -/-n《複数まれ》(賞などの)授与,(仕事の)委託.

ver'gä·be [fɛrˈgɛːbə] vergeben¹ の接続法 II.

ver'ga·ben [fɛrˈgaːbən] 他《スイス》贈与(寄贈)する; 遺贈する.

ver'gack·ei·ern [fɛrˈgakaɪərn]《話》愚弄する.

ver'gaf·fen [fɛrˈgafən] 再 (sich⁴)《話》(in j⟨et⟩⁴ 人⟨物⟩⁴に)惚れ込む, ぞっこん参る.

ver'gäl·len [fɛrˈgɛlən] 他 **1**(本来飲食用のものを)工業原料用に変性させる(飲食用に適さぬものにする). *vergällter* Alkohol 変性アルコール. **2**(人³の事⁴を)ぶち壊す, 苦⟨にが⟩いものにする. j³ das Leben ~ 人³の人生(の事)を台無しにする.

ver'ga·lop'pie·ren [fɛrgaloˈpiːrən] 再 (sich⁴)《話》あわてていまをやらかす, 早とちりする.

ver'gam·meln [fɛrˈgaməln]《話》**❶** 自 (s) **1**(食品が)古くなって駄目に(食べられなく)なる, 腐る. **2**(人間が)駄目になる, 堕落する;(建物などが)朽ちる, 荒れる. **❷** 他 (時間を)のらくら過ごす.

*__ver'gan·gen__ [fɛrˈgaŋən] フェアガンゲン 過分 形 (↑vergehen) 過ぎ去った, 以前の. am ~en Sonntag この前の日曜に. ~e Woche 先週(に). längst ~e Zeiten 遠い昔.

Ver'gan·gen·heit [fɛrˈgaŋənhaɪt] 囡 -/-en《複数なし》過去, 昔. Dieser Brauch gehört der ~ an. この習慣はもはや過去のものだ. Sie hat eine dunkle ~. 彼女には暗い過去がある. Lassen wir die ~ ruhen! 昔のことは言わぬことにしよう. in jüngster ~ つい最近. ein Mann mit ~ とかくの噂のある男. **2**《文法》過去時制形; 過去形.

ver'gäng·lich [fɛrˈgɛŋlɪç] 形《副詞的には用いない》はかない, 移ろいやすい, 無常の.

Ver'gäng·lich·keit 囡 -/ はかなさ, 移ろいやすさ, 無常.

ver'gan·ten [fɛrˈgantən] 他《スイス》《古》強制競売に付する.

ver'ga·sen [fɛrˈgaːzən] 他 **1**(固体燃料を)ガス化する, ガス状にする. **2**(害虫などを)毒ガスで駆除する, 燻蒸して殺す. **3**(人⁴を)毒ガスで殺す.

Ver'ga·ser [fɛrˈgaːzər] 男 -s/-《工学》気化器, キャブレター.

Ver'ga·ser·mo·tor 男 -s/-en《工学》ガソリンエンジン.

ver'gaß [fɛrˈgaːs] vergessen¹ の過去.

Ver'gä·ße [fɛrˈgɛːsə] vergessen¹ の接続法 II.

Ver'ga·sung 囡 -/-en **1**(固体燃料の)ガス化. bis zur ~《話》うんざりするほど. **2**(害虫の)燻蒸による駆除. **3** 毒ガスによる殺害.

ver'gat·tern [fɛrˈgatərn] 他 **1**(牧草地などを)柵で囲む. **2** (a) die Wache ~《軍事》(勤務につくまえに)衛兵に服務規則の順守を命じる. (b) j⁴ zu et³ ~ 人⁴に事³(いやな仕事)を命じる, 言いつける. Er wurde *vergattert*, den Abwasch zu besorgen. 彼は皿洗い

を命じられた.
Ver·gat·te·rung 囡 -/-en **1** 柵で囲むこと. **2**《勤務につくまえの》衛兵に対する服務規則順守の命令. **3**《いやな仕事の》言いつけ, 命令.

***ver·ge·ben**¹* [fɛr'ge:bən フェアゲーベン] ❶ 他 **1** (a)《賞・地位・仕事などを》与える《an j⁴ 人⁴に》. Er hat die Arbeit an einen Betrieb vergeben《den Posten an den Fähigsten》vergeben. 彼はその仕事を企業に委託した《そのポストを最も有能な男に与えた》. Es waren nur noch einige Eintrittskarten zu ~. 入場券はもう僅か2, 3枚しか残っていなかった. die Olympischen Winterspiele 2006 nach P ~ 2006 年冬期オリンピック大会の開催地を P に決める. ein Stipendium ~ 奨学金を与える. Die Stelle ist schon《noch nicht》vergeben. その地位はもうふさがっている《まだ空席のままだ》. (b) 与える約束をする. Sie hatte den nächsten Tanz bereits vergeben. 彼女は次のダンスをもう約束していた. Seine Tochter ist schon vergeben. 彼の娘にはすでに決った相手がいる. Heute Abend bin ich schon vergeben. 今晩は私はもう他に予定が入っている. **2**《雅》《罪・過失などを》赦(ゆる)す. j³ eine Beleidigung《ein Unrecht》 ~ 人³の非礼《不正》を赦してやる. Die Sache sei vergeben und vergessen! そのことならもう水に流そう.《目的語なしで》Vergib [mir]! 赦してくれ. **3** sich³《seiner Würde》[et]was ~ 自分の体面を傷つける, 面目を失う. Du vergibst dir《deiner Ehre》nichts, wenn du das tust. 君はそれをするからといって少しも恥かしいことはないよ. **4**《機会などを》のがす, 逸する. Auf den letzten fünf Metern vergab der Schwimmer die Möglichkeit zum Weltrekord. 最後の 5 メートルでその泳者は世界記録のチャンスを逃がした. den Elfmeter ~ 《蹴》ペナルティーキックをはずす.《目的語なしで》Er schoss auf das leere Tor, aber vergab. 彼はがら空(あ)きのゴールめがけてシュートしたがはずしてしまった. **5**《トランプ》《カードを》配り間違える.

❷《sich⁴》《トランプ》カードの配り方を間違える.

ver·ge·ben² 過分 形（1 vergeben¹）《まれ》(vergeblich) 無駄な, 無益な, むなしい.

***ver·ge·bens** [fɛr'ge:bəns フェアゲーベンス] 副 無駄に, むなしく, いたずらに. sich⁴ ~ bemühen 無駄骨を折る. Es ist alles ~. 何もかも無駄だ.

***ver·geb·lich** [fɛr'ge:plɪç フェアゲープリヒ] 形 無駄な, 無益な, むなしい. ~e Bemühungen 徒労.

Ver·geb·lich·keit 囡 -/ 無駄《であること》, むなしさ.

Ver·ge·bung 囡 -/ **1** 赦(ゆる)し, 容赦. ~! 御免ください. die ~ der Sünden 罪の赦し. **2** (Vergabe)《賞などの》授与, 《仕事の》委託.

ver·ge·gen·ständ·li·chen [fɛr'ge:gənʃtɛntlɪçən] ❶ 他 **1** et¹ in et³ ~ 物¹《思想・精神など》を物³の中に対象化《具象化》する. **2**《俗》単なる物にしてしまう. ❷《sich⁴》(in et³ 物³の中に)対象化《具象化》される, 客観的《具体的》姿をとる.

Ver·ge·gen·ständ·li·chung 囡 -/-en 対象化, 具象化.

ver·ge·gen·wär·ti·gen [fɛr'ge:gənvɛrtɪgən, - - -'- - -] 他 ~ sich³ et⁴《事⁴《人⁴の姿》をまざまざと思い浮べる, はっきりと思い起す.

Ver·ge·gen·wär·ti·gung [- - -'- - -とも] 囡 -/-en《複数まれ》まざまざと《ありあり》と思い浮かべること.

***ver·ge·hen**¹ [fɛr'ge:ən フェアゲーエン] ❶ 自 (s) **1** 《時が》過ぎ去る, 経つ. ▶↑vergangen **2** (a) 消える, 消えなくなる. Der Appetit ist mir vergangen. 私

は食欲がなくなった. Ihm verging das Bewusstsein. 彼は意識を失った. Ihm wird das Lachen schon noch ~! いまにきっと君の顔から笑いが消えるだろうよ. Der Nebel verging. 霧が晴(は)れた. Ihr verging die Sprache. 彼女は口も利(き)けなくなった《あきれて・びっくりして》. (b)《雅》(zergehen) 溶ける. **3**《vor et³ 事³のあまり》死ぬ程の思いをする. Ich vergehe vor Durst《Hitze》. 喉が渇いて《暑くて》死にそうだ. vor Langeweile ~ 死ぬ程退屈する. vor Scham [fast] ~ 恥かしさに消えいりたい気持ちになる. **4**《雅》世を去る, 逝(ゆ)く. (b)《植物が》枯死する.

❷ 再《sich⁴》sich an fremdem Eigentum ~《雅》他人の財産を盗む, (に)手をつける. sich an einer jungen Frau ~ 若い女性を暴行する. sich gegen das Gesetz《die guten Sitten》 ~ 法律に違反する《良俗に反する行為をする》.

Ver·ge·hen [fɛr'ge:ən] 回 -s/ **1** 法律違反;《法制》(↔ Verbrechen) 軽罪. sich⁴ eines ~s schuldig machen 罪を犯す. **2**《複数なし》消滅. das Werden und ~ in der Natur 自然界における生成と消滅.

ver·gei·gen [fɛr'gaɪgən]《話》❶ 他 **1** しくじる. eine Prüfung ~ 試験に失敗する.《目的語なしで》Unsere Mannschaft hat wieder vergeigt. わがチームはまた負けた. **2**《お金を》無駄に使う. ❷ 再《sich⁴》バイオリンを弾きそこなう.

ver·gei·len [fɛr'gaɪlən] 自 (s)《園芸》《植物が》黄化する《光不足から》.

ver·geis·ti·gen [fɛr'gaɪstɪgən] 他《多く過去分詞で》精神的《知的》なものにする, 精神化する. ein vergeistigtes Gesicht 知的な顔.

Ver·geis·ti·gung 囡 -/-en 精神化.

ver·gel·ten [fɛr'gɛltən] 他《人³の事⁴に》報いる, お返し《お礼》をする; 仕返しをする. Wie soll ich dir das ~? どうしてきみにそのお返しをしたものだろうか. Böses mit Bösem ~ 悪をもって悪に報いる. eine Wohltat mit Undank ~ 恩を仇で返す. Vergelt's Gott!《南ド・オーストリア・スイス》ありがとう.

Ver·gel·tung 囡 -/-en《複数まれ》**1** 報い, お返し. **2** 仕返し, 報復, しっぺ返し. für et⁴ ~ üben 事⁴の仕返しをする.

Ver·gel·tungs·maß·nah·me 囡 -/-n 報復措置.

Ver·gel·tungs·waf·fe 囡 -/n《ふつう複数で》報復兵器. ↑V-Waffe

ver·ge·sell·schaf·ten [fɛrɡə'zɛlʃaftən] ❶ 他 **1**《経済》《企業を》国営《公営》化する;《個人財産などを》国有《公有》化する. **2**《社会学・心理》《人⁴を》社会化する. ❷《sich⁴》 **1** 共同《提携》する《mit einer Firma ある商社と》. **2**《生物》社会《共同体》を形成する, 共生する.

Ver·ge·sell·schaf·tung 囡 -/-en **1**《経済》国有《公有》化; 国営《公営》化. **2**《社会学・心理》社会化. **3**《生物》共生, 共存. **4** 連合, 共同, 提携.

ver·ges·sen¹* [fɛr'ɡɛsən フェアゲッセン] vergaß, vergessen / du vergisst, er vergisst ❶ 他 **1** 忘れる, 失念する. j² Namen《die Vokabeln》 ~ 人²の名前《単語》を忘れる. den Geldbeutel [mitzunehmen] ~ 財布を持って出るのを忘れる. Vergiss über dem Gespräch die Arbeit nicht! 話に夢中になって仕事のことを忘れるなよ. Das kannst du ~!《話》そんなことは気にしなくていいさ; それはもうどうにもならない

vergessen

よ．Den Pullover kannst du ~!《話》君のこのセーターはもう廃棄物だ．*Vergiss dich selbst nicht!*《ケーキなどを切分けている人に》君の分も忘れちゃいけないよ．Das werde ich dir nie ~! 君のこの親切(このひどい仕打)はけっして忘れはしないからね．Vater, Mutter und Großvater, nicht zu ~, Onkel Thomas 父，母，祖父，それに忘れてはならないのがトーマス伯父さん．《目的語なして》Sie vergisst sehr leicht. 彼女はとても忘れっぽい．《中性代名詞として》dem *Vergessen* anheimfallen《雅》いつしか忘れ去られる．**2** 置き忘れる．Ich habe meinen Schirm bei ihm *vergessen*. 私は傘を彼の家に忘れてきた．Er *vergisst* noch einmal seinen Kopf!《戯》彼はいずれそのうちに自分の頭まで何処かへ置いてくるぜ(しょっちゅう物を忘れてくる人のこと)．

❷ 他 **1** et⟨j⟩² ~《雅》事⟨人⟩²のことを忘れる，失念する．*Vergiss mein*[er] nicht! 私のことを忘れないでください．**2** auf et⟨j⟩⁴ ~《南・オーストリア》事⟨人⟩⁴のことを忘れる．Er *vergisst* jedes Jahr auf《まれ an》ihren Geburtstag. 彼は毎年彼女の誕生日を忘れる．

❸ 再 (*sich*) 我を忘れる，逆上する．Ich habe *mich* so weit *vergessen*, dass ich ihn geschlagen habe. 私はかっとなって思わず彼を殴ってしまった．**2** Das *vergisst sich* nicht so leicht. それはそう簡単に忘れ去られるものではない．

ver'ges·sen² 過分形 (↑*vergessen*¹) 忘れられた．ein ~er Dichter 忘れられた詩人．Es sei alles *vergeben* und ~. すべて水に流そう．

Ver'ges·sen·heit 女 -/ 忘却．der ~ anheimfallen / in ~ geraten(kommen)《雅》いつしか忘れ去られる．j⟨et⟩⁴ der ~ entreißen《雅》人⟨事⟩⁴を忘却の淵から救い出す．

*****ver'gess·lich** [fɛrˈɡɛslɪç フェアゲスリヒ] 形 忘れっぽい，物覚えの悪い．

Ver'gess·lich·keit 女 -/ 忘れっぽさ，健忘．

ver'geu·den [fɛrˈɡɔydən] 他 《金銭・労力・時間など》浪費する．Es ist keine Zeit mehr zu ~. もはやすぐすぐしていられない．

Ver'geu·dung 女 -/-en 浪費，無駄遣い．

ver·ge'wal·ti·gen [fɛrɡəˈvaltɪɡən] 他 **1**《女性》を暴行する，強姦する．**2** 力で押さえつける，暴力でねじ伏せる．ein Volk wirtschaftlich ~ 国民を経済的に抑圧する．das Recht ~ 法をむりやりねじ曲げる．

Ver·ge'wal·ti·gung 女 -/-en 暴行，強姦；抑圧，迫害；《法などの》歪曲，ねじまげ．

ver·ge'wis·sern [fɛrɡəˈvɪsərn] 再 (*sich*⁴) *sich* et⟨j⟩² ~ / *sich* über et⟨j⟩⁴ ~ 事²⋅⁴が本当⟨事実⟩かどうか人²⋅⁴が信頼するに足るかどうか確かめる．Hast du *dich vergewissert*, dass die Tür abgeschlossen ist? 君はドアに鍵がかかっているかどうか確かめたかい．

ver·gie'ßen* [fɛrˈɡiːsən] 他 **1**《うっかり》こぼす，注ぎそこなう．**2**《血・涙・汗などを》どっと流す．Blut ~ 人を殺す．*sein Blut fürs Vaterland* ~《古》祖国のために死ぬ．Schweiß ~ 汗みずくになって頑張る．**3** (a)《金属を》鋳型《に》に流し込む．(b) 鋳造(する)．

*****ver·gif'ten** [fɛrˈɡɪftən フェアギフテン] ❶ 他 **1**《物》に毒を入れる，毒を塗る．Speisen ~ 料理に毒を混入する．*ein vergifteter Pfeil* 毒矢．**2** 毒殺する；《健全な心などを》毒する；《健康なども》そこなう；《河川・空気などを》汚染する．die Atmosphäre ~ 雰囲気を壊す．*eine durch schlechte Lektüre vergiftete Fantasie* 悪書によって害(が)なわれた想像力．❷ 再 (*sich*⁴) **1** 中毒する．*sich an Pilzen*⟨*durch verdorbenes Fleisch*⟩ ~ 茸⟨腐った肉⟩にあたる．**2** *sich* [mit Tabletten] ~ 服毒自殺する．

Ver'gif·tung 女 -/-en **1** 毒を入れる(塗る)こと．**2** 毒殺．**3**《心を》毒すること，害毒を与える(そこなう)こと；《環境の》汚染；《核物理》《ポイズンによる》原子炉の反応度の低下；《化学》《触媒毒などによる触媒》酸性・酸素の作用力の阻害．**4**《病理》中毒．

Ver'gil [vɛrˈɡiːl]《人名》Publius ~ Maro プブリウス・ウェルギリウス・マロー(前70–前19, 古代ローマの詩人，代表作『アエネーイス』*Äneide*).

ver'gil·ben [fɛrˈɡɪlbən] 他 ❶ 自 (s)《紙・木の葉などが》黄色くなる，黄ばむ．*vergilbte Dokumente* 黄色く変色した文書．❷ 他《まれ》黄色く変色させる．

ver'gip·sen [fɛrˈɡɪpsən] 他 **1** 石膏で固定する．**2** 石膏を詰める，石膏でふさぐ．**3**《折れた腕などを》ギブスで固定する．

ver'giss, °ver'gißt [fɛrˈɡɪs] *vergessen*¹ の du に対する命令形．

Ver'giss·mein·nicht [fɛrˈɡɪsmaɪnnɪçt] 中 -[e]s/-[e]《植物》わすれなぐさ(勿忘草)属．↑*vergessen*¹ ❷ **1**

ver'gisst, °ver'gißt [fɛrˈɡɪst] *vergessen*¹ の現在 2・3 人称単数．

ver'git·tern [fɛrˈɡɪtərn] 他《窓などに》格子を付ける．hinter *vergitterten* Fenstern sitzen《戯》牢獄につながれている．

ver'gla·sen [fɛrˈɡlaːzən] ❶ 他 **1**《窓などに》ガラスをはめる(入れる)．eine *verglaste* Veranda ガラス張りのベランダ．Du kannst dich ~ lassen. / Lass dich ~!《地方》君にはどうしようのないやつだな，君はほんとに役に立たないね．**2**《高放射性の核廃棄物を》ガラスで固める．❷ 自 (s)《目》がガラス状(質)になる．*verglaster* Blick すわった(どんよりした)目つき．

Ver·gla'sung 女 -/-en **1**《窓に》ガラスをはめる(入れる)こと，《ベランダ・温室などを》ガラス張りにすること．**2** 窓ガラス．**3**《核廃棄物をガラスで固めること．

*****Ver'gleich** [fɛrˈɡlaɪç フェアグライヒ] 男 -[e]s/-e **1** 比較，対照．einen ~ zwischen zwei Möglichkeiten anstellen(ziehen) 2 つの可能性を比較する．den ~ mit j⟨et⟩³ aushalten 人⟨物⟩³にけっして引けを取らない，(と比べて)遜色が〈の〉ない．Kein ~ mit ihm! 彼は比べものにならない．Das ist ja gar kein ~!《話》それはとてもじゃないが比較になりませんね．im ~ zu⟨mit⟩ j³ 人³と比べて．**2** 比喩，たとえ；《修辞》直喩．Jeder ~ hinkt. 譬(たとえ)えというものはどれもどこかぴったりこないものだ．**3**《文法》比較．**4**《法制》和解，和議．einen ~ schließen 和解する，和議を結ぶ．**5**《ドイツ》=Vergleichskampf

ver'gleich·bar [fɛrˈɡlaɪçbaːr] 形 比較しうる(mit et⟨j⟩³ 物⟨人⟩³と)．

ver'glei·chen* [fɛrˈɡlaɪçən フェアグライヒェン] *verglich*, *verglichen* ❶ 他 **1** 比較する，比べる(mit j⟨et⟩³ 人⟨物⟩³と)．vor einem Kauf die Preise ~ 買物をする前に値段を比べる．die Abschrift mit dem Original ~ コピーを原文と比較する(つき合せる)．Vergleiche Seite 92.(略 vgl. S. 92) 92 ページ参照のこと．Das ist doch gar nicht zu ~!《話》それはとても比べものにはならない．*verglichen mit* et³ 物³と比較すると．*vergleichende* Sprachwissenschaft 比較言語学．**2** (mit et⟨j⟩³ 物⟨人⟩³に)譬(たと)える，なぞらえる．In dem Gedicht *vergleich* es seine Geliebte mit einer Rose《雅 seine Geliebte einer Rose³》. その詩で彼は恋人のことを薔薇に譬えた．

❷ 再 (**sich**⁴) **1** (mit j⟨et⟩³ 人⟨物⟩³に)匹敵する、(と)肩を並べる．Mit ihm kannst du *dich* nicht ~. 彼には君もかなわない．**2** 〚法制〛和解する、和議を結ぶ (mit j³ 人³と)．
Ver'gleichs·form 囡 -/-en 〚文法〛(形容詞・副詞の)比較変化形．
Ver'gleichs·kampf 男 -[e]s/⁼e 〚ｽﾎﾟｰﾂ〛(他チームとの)練習試合、オープン戦．
Ver'gleichs·satz 男 -es/⁼e 〚文法〛比較文．
Ver'gleichs·ver·fah·ren 中 -s/- 〚法制〛和議手続き．
ver'gleichs·wei·se 副 **1** 他と比べて、比較的．**2** 譬(たと)えとして、たとえば．
Ver'glei·chung 囡 -/-en **1** 比較、対照．**2** 譬(たと)えること．**3** 和解(すること)．
ver'glet·schern [fɛrˈɡlɛtʃərn] 自 (s) 氷河で覆われる、氷河化．
Ver'glet·sche·rung 囡 -/-en 氷河化．
ver'glim·men* [fɛrˈɡlɪmən] 自 (s) (ほのかに光を発しながら)次第に消えて行く．
ver'glü·hen [fɛrˈɡlyːən] 自 (s) **1** (火がしだいに消えていく．**2** (隕石・衛星ロケットなどが)白熱して燃え尽きる．
ver'gnü·gen [fɛrˈɡnyːɡən] ❶ 再 (**sich**⁴) 楽しむ、興じる．*sich* auf dem Fest ~ 祭りを楽しむ．*sich* mit Ballspielen ~ 球技に打ち興じる．❷ 他 〈まれ〉楽しませる、面白がらせる．

Ver'gnü·gen [fɛrˈɡnyːɡən] 中 -s/- 〈複数なし〉楽しみ、喜び．das ~ des Lesens 読書の楽しみ．j³ großes ~ bereiten⟨machen⟩ 人³を大いに楽しませる(喜ばせる)．an et³ *sein* ~ finden⟨haben⟩ 事³を楽しみとしている．*sich* ein ~ daraus machen, …zu tun …することを喜ぶ(楽しむ)、面白がって…する．Es ist [mir] ein ~, Sie kennen zu lernen. お近づきになれて嬉しく思います．et⁴ aus reinem ~ [nur] zum ~ / zu *seinem* [eigenen] ~ tun 事⁴をただ自分の楽しみのためにする．《慣用的表現で》Das ~ ist ganz meinerseits ⟨auf meiner Seite⟩. こちらこそ嬉しく存じます．Es ist mir ein ~. いえ、お安い御用です．Mit wem habe ich das ~? 〈古〉(電話で)失礼ですがどちら様ですか．[Ich wünsche dir] viel ~ ! うんと楽しんできなさい；〈いやな事を控えている人に〉まあせいぜいお楽しみを．Mit [dem größten] ~ ! 〈依頼・誘いなどに〉喜んで．**2** 《複数まれ》(a) 楽しみ事、娯楽．Er denkt nur an sein ~. 彼は自分が楽しむしか考えない．Das ist ein teures ~. 〈話〉それはずいぶん高いものにつく．Stürzen wir uns also ins ~ ! 〈話〉さあ大いに楽しもう；〈反語〉それでは仕事にかかりましょう．Immer rein ins ~ ! さあどんどん続けて．(b) 〈古〉楽しい催し、(とくに)ダンスパーティー．auf ein⟨zu einem⟩ ~ gehen お楽しみ(ダンスパーティー)に出かける．
ver'gnü·gens·hal·ber 副 楽しみのために、気晴らしに．
ver'gnüg·lich [fɛrˈɡnyːklɪç] 形 楽しい、愉快な；楽しげな．
***ver'gnügt** [fɛrˈɡnyːkt] フェアグニュークト 過分 形 楽しげな、陽気な；楽しい、愉快な．*sich*³ *einen* ~*en* Tag machen ある一日を楽しく過ごす．
Ver'gnü·gung [fɛrˈɡnyːɡʊŋ] 囡 -/-en 《ふつう複数で》楽しみ事、娯楽、娯楽、楽しい催し．
Ver'gnü·gungs·fahrt 囡 -/-en 行楽の旅．

Ver'gnü·gungs·park 男 -s/-s (-e) 遊園地．
Ver'gnü·gungs·rei·se 囡 -/-n (Vergnügungsfahrt) 行楽の旅．
Ver'gnü·gungs·steu·er 囡 -/ 遊興税．
Ver'gnü·gungs·sucht 囡 -/ (過度の)遊び好き、享楽癖．
Ver'gnü·gungs·süch·tig 形 遊び好きの、享楽的な．
ver'gol·den [fɛrˈɡɔldən] 他 **1** (物³に)金めっきをする、金箔をかぶせる．eine *vergoldete* Kette 金めっきをした鎖．Die Abendsonne *vergoldete* die Dächer. 夕陽が家々の屋根を金色に染めた．**2** 〈雅〉輝かしい〈すばらしい〉ものに見せる．Die Erinnerung *vergoldete* die schweren Jahre. 〈雅〉思い出はそのつらい年月をも甘美なものに変えた．**3** 〈話〉(事⁴の)代償を支払う．
Ver'gol·der [fɛrˈɡɔldər] 男 -s/- 金めっき職人、箔置き師．
Ver'gol·dung 囡 -/-en **1** 金めっきすること、金箔置き．**2** 金箔；金のめっき．
ver'gön·nen [fɛrˈɡœnən] 他 **1** 〈雅〉(人³に物⁴を)恩恵として与える．Es war ihm nicht *vergönnt*, diesen Tag zu erleben. 彼は生きてこの日を見ることは叶(かな)わなかった．**2** (人³の物⁴を)快く認めてやる．**3** 《まれ》(missgönnen) (人⁴の物⁴を)ねたむ．
ver'got·ten [fɛrˈɡɔtən] 他 (人⁴を)神にする、神として崇(あが)める．
ver'göt·tern [fɛrˈɡœtərn] 他 (人⁴を)神のように崇拝する；熱烈に賛美する．
Ver'göt·te·rung 囡 -/-en 偶像視、熱烈な崇拝．
ver'götz·li·chen [fɛrˈɡœtlɪçən] 他 =vergotten
ver'göt·zen [fɛrˈɡœtsən] 他 〈侮〉偶像化(偶像視)する．

ver'gra·ben [fɛrˈɡraːbən] フェアグラーベン ❶ 他 **1** 地中に埋める．einen Schatz ~ 宝物を埋蔵する．**2** うずめる、隠す (in et³,⁴ 物³,⁴の中に)．*sein* Gesicht in den Händen⟨in die Hände⟩ ~ 顔を両手の中にうずめる．die Hände in den⟨in die⟩ Hosentaschen ~ 両手をズボンのポケットにつっこむ．❷ 再 (**sich**⁴) **1** (in et³,⁴ 物³,⁴の中に)もぐりこむ、隠れる．Die Maus hat *sich* schnell in der⟨in die⟩ Erde *vergraben*. 鼠はすばやく土の中に隠れてしまった．(b) (in et³,⁴ 物³,⁴に)没頭する、耽(ふけ)る．*sich* in der⟨in die⟩ Arbeit ~ 仕事に没頭する．*sich* in seinen Büchern⟨in *seine* Bücher⟩ ~ 読書三昧の日を送る．**2** 引きこもる、隠棲する．Seit dem Tod seiner Frau hat er *sich* völlig *vergraben*. 妻が亡くなってからというもの彼はすっかり引きこもってしまった．
ver'grä·men [fɛrˈɡrɛːmən] 他 **1** (人⁴の)感情を害する．**2** 〚猟師〛(獣⁴を)脅して狩り出す．
ver'grämt 過分 悲しみに沈んだ、心痛でやつれた．
ver'grau·len [fɛrˈɡraʊlən] 他 〈話〉**1** j⁴ ~ 人⁴を無愛想な態度で怒らせて追っぱらう．**2** 《まれ》j³ et⁴ ~ 人³の事⁴(物⁴)を台無しにする．
ver'grei·fen* [fɛrˈɡraɪfən] 再 (**sich**⁴) **1** (a) 誤って違う物をつかむ、つかみ(取り)間違える．(b) (ピアノ・ギターなどを)弾き間違える．**2** 誤る、間違える．*sich* im Ausdruck⟨bei der Wahl der Mittel⟩ ~ 言い方を間違える(手段の選択を誤る)．**3** (a) (an et³ 物³を)横領する、着服する．*sich* an fremdem Eigentum ~ 他人の財産を横領する．*sich* an der Firmenkasse ~ 会社の金に手をつける．(b) *sich* an j³ ~ 人³に暴力をふるう；人³(婦女子)を凌辱(強姦)する．**4** *sich* an et³ ~ 〈話〉物³(機械など)をいろいろいじくりまわす．

ver·grei·sen [fɛrˈgraɪzən] 圓 (s) **1** (年齢以上に)老け込む, 老い込む. **2** 高齢化する.

Ver·grei·sung 囡 -/ **1** (年齢以上に)老け込むこと. **2** 高齢化.

ver·grif·fen [fɛrˈgrɪfən] 過分 形 (↑vergreifen) (商品が)品切れの; (本が)絶版になった.

ver·grö·bern [fɛrˈgrøːbərn] ❶ 他 荒っぽくする, 粗暴(粗野)にする. Die schwere Arbeit hat ihn 〈sein Gesicht〉 vergröbert. 辛い仕事が彼を荒々しい人間に〈彼の顔付きを荒々しく〉した. et⁴ vergröbert darstellen 事⁴を大雑把(粗雑)に表現する. ❷ 再 (sich⁴) 荒っぽくなる, 粗雑(粗野)になる.

Ver·grö·ße·rer [fɛrˈgrøːsərər] 男 -s/- 〖写真〗引き伸ばし機.

***ver·grö·ßern** [fɛrˈgrøːsərn] フェアグレーサーン ❶ 他 大きくする, 拡張する. einen Betrieb〈ein Geschäft〉 ~ 会社を大きくする〈店を広げる〉. eine Fotografie ~ 写真を引き伸ばす. ein Haus ~ 家を増築する. sein Repertoire ~ レパートリーを広げる. (目的語なしで) Die Lupe vergrößert das sehr. この虫眼鏡はとても高倍率だ. **2** 増大(増加)させる, 強化する. die Belegschaft〈die Zahl der Mitarbeiter〉 ~ 従業員〈協力者の数〉を増やす. sein Kapital ~ 資本を増加させる. Die Maßnahme vergrößert das Übel nur. その対策はかえって悪を一層のさばらせるだけだ. ❷ 再 (sich⁴) **1** 大きくなる; 増大(増加)する. Der Betrieb〈Die Zahl der Belegschaft〉 hat sich vergrößert. 会社は大きくなった〈従業員の数が増えた〉. Damit vergrößerte sich die Wahrscheinlichkeit, dass... そのことで…である公算がさらに大きくなった. ein vergrößertes Herz haben 心臓肥大である. **2** 《話》家を広げる(増築する), 店を拡張する. Wir sind umgezogen, um uns zu ~. 私たちはこれまでより広い家〈店舗〉に引越した.

Ver·grö·ße·rung 囡 -/-en **1** (複数まれ) 拡大, 拡張; 増大, 増加; 肥大. **2** 引き伸ばし写真. **3** 〖音楽〗(主題・音価などの)拡大.

Ver·grö·ße·rungs·ap·pa·rat 男 -[e]s/-e 〖写真〗引き伸ばし機.

Ver·grö·ße·rungs·glas 中 -es/⸚er 拡大鏡, 虫眼鏡, 天眼鏡.

ver·gu·cken [fɛrˈgʊkən] 再 (sich⁴) 《話》**1** 見誤る, 見間違える. **2** (in j⁴〈et³〉 人³〈物³〉に)惚れ込む, イカれる.

Ver·gunst [fɛrˈgʊnst] 《古》(次の成句で) mit ~ お許しを願って.

ver·güns·ti·gen [fɛrˈgʏnstɪgən] 他 良い条件の(好都合な, 喜ばれる)ものにする. vergünstigte Preise 割引(優待)料金.

Ver·güns·ti·gung 囡 -/-en 特典, 恩典, 優遇; 割引. steuerliche ~en 税制上の特典. Die Deutsche Bahn gewährt an bestimmten Tagen ~en. ドイツ鉄道は特定の日に運賃の割引をする.

ver·gü·ten [fɛrˈgyːtən] 他 **1** (人³に事⁴の)償いをする, 補償する. Ich habe ihm seine Auslagen gleich vergütet. 私は彼に立替えてもらった金をすぐに返済した. j³ einen Schaden ~ 人³の損害を補償する. **2** 《書》(事⁴の)報酬を支払う. **3** Stahl ~ 〖冶金〗鋼に焼きを入れる, (鋼を)焼き戻す. Linsen ~ 〖光学〗レンズにコーティングを施す. Mineralöl ~ 〖工学〗鉱油を精製する.

Ver·gü·tung 囡 -/-en **1** (立替金などの)返済, 補償, 弁償, 謝礼; 〖光学〗(レンズの)コーティング処

理; 〖冶金〗(鋼鉄の)焼き入れ, 焼き戻し; 〖工学〗精製, 精練. **2** (立替などに対する)返済金; 補償金; 報酬(謝礼)金.

verh. 《略》=verheiratet

Ver·hack [fɛrˈhak] 男 -[e]s/-e 《古》=Verhau 2

ver·hack·stü·cken [fɛrˈhakʃtʏkən] 他 《話》**1** 細部にわたって(こと細かに)こきおろす. **2** 《北ᵈ》協議する, 話し合う.

Ver·haft [fɛrˈhaft] 《次の用法で》j⁴ in ~ nehmen 《古》人⁴を勾留(拘禁)する. in ~ sein 《古》勾留(拘禁)されている.

***ver·haf·ten** [fɛrˈhaftən] フェアハフテン ❶ 他 逮捕する, 拘禁する. ❷ 再 (sich⁴) sich³〈j² Gedächtnis〉 ~ 人³,²の心に刻みつけられる, (頭にこびりついて離れない.

ver·haf·tet 過分 形 et³と強く結ばれている, (に)深く根差して(とらわれて)いる. zu einer Tradition ~ sein あまりにも伝統にとらわれすぎている.

Ver·haf·te·te 男囡 《形容詞変化》逮捕者.

***Ver·haf·tung** [fɛrˈhaftʊŋ] 囡 -/-en **1** 逮捕, 拘禁. **2** 《まれ》(精神的に)深く結びついていること, とらわれ, 執着. sich⁴ aus der ~ in die Tradition lösen 伝統との深い結びつき(伝統への執着)から身を引離す.

ver·ha·geln [fɛrˈhaːgəln] 圓 (s) (農作物が)雹³害を受けて全滅する. Ihm ist die Petersilie verhagelt. 彼はがっくりきている.

ver·ha·ken [fɛrˈhaːkən] ❶ 他 **1** 鉤³にホックで留める(mit et³ 物³に). **2** Finger〈Hände〉 ~ 指を組合せる〈両手を組む〉. ❷ 再 (sich⁴) (an〈in〉 et³ 物³に)ひっかかる, ひっかかって動かなくなる.

ver·hal·len [fɛrˈhalən] 圓 (s) (音・響きなどが)しだいに消えていく. Seine Bitten sind ungehört verhallt. 《比喩》彼の頼みはついに聞かれずじまいに終った. ❷ 他 〖工学〗(音楽の録音などで)残響効果をつける, エコーをかける.

ver·hal·ten¹* [fɛrˈhaltən] フェアハルテン hielt, verhalten / du verhältst, er verhält ❶ 再 (sich⁴) (《様態を示す語句と》) (a) …に振舞う, …の態度(行動)をとる. sich anständig〈ruhig〉 ~ 礼儀正しく振舞う〈落着いた態度をとる〉. sich j³ gegenüber korrekt ~ 人³に対してきちんと振舞う. sich im Verkehr richtig ~ 交通ルールを守る. (b) (事が)…の状態(事情)にある. In Wirklichkeit verhält sich die Sache gerade umgekehrt. じつは件は事情がまったく正反対なのである. 《非人称的に》 Mit der Sache verhält es sich ganz anders. この件はまったく違うのだ. Wie verhält es sich eigentlich mit deinem Ehrgefühl? 君の自尊心はいったいどうなっているんだ. **2** sich zu et³ wie…~ 物³との関係(比率)が…と同じである. A verhält sich zu B wie X zu Y. AとBはXとYの関係にある, A対Bの比はX対Yの比に等しい. Die beiden Größen verhalten sich zueinander wie 2:3 (zwei zu drei). 2つの大きさの比は2対3である. **3** sich mit j³ ~ 《地方》人³と仲良くしようとする, (に)近づく.

❷ 他 **1** 《雅》抑える, 抑制する, こらえる. den Atem〈die Luft〉 ~ 息を殺す. den Harn ~ 小便を我慢する. das Lachen〈seinen Zorn〉 ~ 笑いをこらえる〈怒りを抑える〉. **2** (a) den Schritt ~ 歩み(足)をとめる. (b) sein Pferd ~ 〖馬術〗(parieren) 馬を停止させる, (の)歩度を落す. **3** 〖ᵉᵘʳ〗《書》(人⁴に)義務を課す.

Er ist *verhalten*, die Sache zu melden. 彼はその件を報告する義務を負わされている。 **4**《古》(↑ﾔ)(口・耳などを)手でふさぐ. j³ die Mund〈sich³ die Ohren〉~ 人³の口〈わが耳〉をふさぐ.
❸ 圓《雅》ちょっと足をとめる, 立ちどまる.
ver·hal·ten 過分 形 (↑verhalten¹) **1** 抑えた, 抑制された. mit ~*e* Stimme 声をひそめて. mit ~*em* Zorn 怒りを抑えて. ~ lachen〈weinen〉声を殺して笑く〈しのび泣く〉. **2** 控え目な, 地味な. ~*e* Farbtöne 地味な(おとない)色調. ein ~*es* Wesen 控え目な人柄. ~ fahren スピードを落として車を走らせる.
*****Ver·hal·ten** [fɛrˈhaltən フェアハルテン] 中 –s/– 振舞, 態度, 行動;《化学》作用, 反応. *sein* ~ j³ gegenüber〈gegen j³〉ändern 人³,⁴ に対する態度を変える.
Ver·hal·ten·heit 女 –/ 抑制(していること), 控え目なこと.
Ver·hal·tens·for·scher 男 –s/– 動物行動学研究者.
Ver·hal·tens·for·schung 女 –/ 動物行動学.
ver·hal·tens·ge·stört 形《心理》行動障害のある.
Ver·hal·tens·maß·re·gel 女 –/–n《多く複数で》行動規範(規準).
Ver·hal·tens·mus·ter 中 –s/–《行動学》(動物の)行動パターン.
Ver·hal·tens·stö·rung 女 –/–en《ふつう複数で》《心理》行動障害.
Ver·hal·tens·the·ra·pie 女 –/ 行動療法(行動障害を対象とする心理療法).
Ver·hal·tens·wei·se 女 –/–n 行動様式, 行動パターン.
*****Ver·hält·nis** [fɛrˈhɛltnɪs フェアヘルトニス] 中 –ses/–se **1** 比率, 割合. Die beiden Gruppen stehen im ~〈von〉3:2 (drei zu zwei). 2 つのグループの人数比は 3 対 2 になっている。 Der Aufwand stand in keinem ~ zum Erfolg. 金をかけた割には成果が上がらなかった。 im umgekehrten ~ zu et³ stehen 事³に反比例している。 Im ~ zu früher ist er jetzt viel toleranter. 以前に比べて彼はずっと心が広くなっている。 **2** (a) 関係, 間柄. das ~ zu den Eltern 両親との関係. ein freundschaftliches ~ zu j³ haben 人³と仲がよい. Er hat ein gespanntes〈gestörtes〉~ zur Orthographie. 彼は正書法があやしい(十分分かっていない). Ich habe〈finde〉kein rechtes ~ zur Musik. 私は音楽が本当には分からない。 zu j³ in gespanntem ~ stehen, mit j³ in gespanntem ~ sein 人³と険悪な仲である。 (b)《話》恋愛(肉体)関係; 恋人, 愛人. mit j³ ein ~ haben 人³と関係がある. Sie ist sein ~. 彼女は彼の女だ。 **3**《複数で》(a) 状況, 情勢; 状態, 事情. die politischen〈sozialen〉~*se*《社会》情勢. unter dem Zwang〈Druck〉der ~*se* 事情やむを得ず. Wie sind die akustischen ~*se* hier? ここの音響効果はどうですか。 (b) 生活状態, 境遇. Er kommt aus kleinen ~*sen*. 彼は庶民の出である. in bescheidenen〈gesicherten〉~*sen* leben つましく暮している〈安定した生活をしている〉. Das geht über meine ~*se*. それは私の懐具合では無理な相談だ. über *seine* ~*se* leben 分不相応な生活をする.
Ver·hält·nis·gleich 形 比例している, 釣合のとれた.
*****Ver·hält·nis·mä·ßig** [fɛrˈhɛltnɪsmɛːsɪç フェアヘルトニスメースィヒ] ❶ 副 比較的に, わりあいに. ❷ 形《述語的には用いない》(分配などの)一定の比率による, 比例の.

Ver·hält·nis·wahl 女 –/–en《政治》(↔ Mehrheitswahl)比例代表制選挙.
Ver·hält·nis·wort 中 –[e]s/–*ˆer*《文法》(Präposition) 前置詞.
Ver·hält·nis·zahl 女 –/–en 比の値, 比率;《統計》比例数.
Ver·hal·tung 女 –/ **1** (a)《雅》抑制. (b)《医学》蓄積, 停滞, 閉止. **2**《古》振舞, 態度.
Ver·hal·tungs·maß·re·gel 女 –/–n《ふつう複数で》《古》= Verhaltensmaßregel
*****ver·han·deln** [fɛrˈhandəln フェアハンデルン] ❶ 圓 **1** 協議をする, 話合う, 交渉(折衝)をする(mit j³ 人³と / über〈um〉et⁴ 事⁴について). **2**《法制》審理を行う(gegen j³ 人⁴に対する / üer et⁴ 事⁴についての). ❷ 他 **1**《事⁴について》協議をする, 交渉をする(mit j³ 人³と). **2**《法制》〈事件を〉審理する. **3**《古》〈品物を〉売払う; (高く)売りつける.
*****Ver·hand·lung** [fɛrˈhandluŋ フェアハンドルング] 女 –/–en **1**《ふつう複数で》協議, 話合い, 交渉. die ~*en* führen 協議(交渉)を行う. mit j³ in ~[*en*] stehen 人³と協議に入っている, 交渉中である. **2**《法制》(Gerichtsverhandlung の短縮) 審理, 公判.
Ver·hand·lungs·ba·sis 女 –/..sen 交渉の基盤.
Ver·hand·lungs·be·reit 形 交渉の用意がある.
Ver·hand·lungs·fä·hig 形 **1**《法制》(公判に)審理を受ける能力がある. **2** 交渉(話合い)の余地ある.
Ver·hand·lungs·tisch 男《次の用法で》am ~ 交渉(話合い)で. sich⁴ an den ~ setzen 交渉(話合い)のテーブルに着く. an den ~ zurückkehren 交渉の席に戻る, 話合いを再開する.
ver·han·gen [fɛrˈhaŋən] 過分 形 (↑verhängen) **1** 雲の垂れこめた, どんより曇った. **2** カーテン(覆い)を掛けた.
ver·hän·gen⁽*⁾ [fɛrˈhɛŋən] 他 **1** 〈物⁴に〉カーテン(布, 覆い)を掛ける. die Fenster ~ 窓にカーテンを掛ける. den Spiegel mit einem schwarzen Tuch ~ 鏡に黒い布をかぶせる. **2**《規則変化》(非常措置などを)命令(布告)する; (刑罰などを)科する. den Ausnahmezustand ~ 非常事態を宣言する. einen Elfmeter ~《ｽﾎﾟｰﾂ》ペナルティーキックの判定を下す. die Todesstrafe über j⁴ ~ 人⁴に死刑を科する. **3**《過去分詞 **verhängt** を用いて次の用法でのみ》mit *verhängtem* Zügel〈*verhängten* Zügeln〉reiten (手綱をゆるめて)馬を全速力で走らせる.
Ver·häng·nis [fɛrˈhɛŋnɪs] 中 –ses/–se 不幸な(恐ろしい)運命, 不運, 悲運. Diese Frau wurde ihm zum ~. この女が彼の命取りになった.
ver·häng·nis·voll 形 不幸な結果を招く, 命取りになる.
ver·harm·lo·sen [fɛrˈharmloːzən] 他《害・危険などを》見くびる, 侮(あなど)る, 軽視する.
ver·härmt [fɛrˈhɛrmt] 形 悲しみに(心労で)やつれた.
ver·har·ren [fɛrˈharən] 圓 (h, s) (ある場所に・ある姿勢で)じっとしている, 動かない. in der unbequemen Stellung ~ 窮屈な姿勢のままじっとしている. auf〈bei〉*seiner* Meinung ~ 自分の意見に固執する. in Schweigen ~ 黙りこくっている.
ver·har·schen [fɛrˈharʃən] 圓 (s) **1** (雪が)凍って固まる, 凍結する. **2** (傷口が)かさぶたになる.
*****ver·här·ten** [fɛrˈhɛrtən] ❶ 圓 (s) 硬くなる, 硬化する, 固まる. ❷ 他 硬く(堅く)する. Sein schweres Schicksal hat ihn〈sein Herz〉*verhärtet*.《比喩》つら

い運命が彼を非情な人間にした〈彼の心を固く閉ざしてしまった．❸ 匍 (**sich⁴**) 硬く〈堅く〉なる，硬化する．Das Geschwulst hat *sich verhärtet*. 腫(は)が硬くなった． *sich gegen* j⁴ ~ 〈比喩〉人⁴に対して頑(がん)なな〈冷たい〉態度をとるようになる．

Ver'här·tung 囡 -/-en 硬くなる(する)こと；硬化．2 硬くなった箇所．

ver'has·peln [fɛr'haspəln] 他 (**sich⁴**) 〈話〉1 (あわてて)舌がもつれる，何度も言い間違えをする，とちる． 2 (in et³ 物³に)からまる，ひっかかる；足を取られる．

ver'hasst, °**ver'haßt** [fɛr'hast] 形 憎まれた，嫌われた；厭われない，おぞましい，嫌悪すべき．ein ~*es* Regime 嫌悪すべき政治体制．Er ist überall ~. 彼はどこでも嫌われている．*sich*⁴ *bei* j³ ~ *machen* j³に嫌われる，(の)憎しみを買う．

ver'hät·scheln [fɛr'hɛ:tʃəln] 他〈話〉(子供を)ひどく甘やかす，過保護に育てる．

Ver'hau [fɛr'hau] 男囲 -[e]s/-e 1 鹿砦(さい)，逆茂木(さかもぎ)(有刺鉄線などによる)バリケード． 2〈話〉(手の施しようのない)混乱，粉糾，支離破裂．

ver'hau·en* [fɛr'hauən]〈話〉❶ 他 1 (人⁴物⁴を)さんざん殴る，打ち(たたき)のめす．j³ *den Hintern* ~ 人³の尻をさんざん殴る．〈過去分詞で〉*Du siehst ja ganz(total) verhauen aus.* 〈卑〉おまえまったく見られざまが(格好)じゃないね． 2 (計算などを)ひどく間違える；〈作文などの問題を〉完全にしくじる． 3 (お金を)無駄遣いする，浪費する． ❷ 匍 (**sich⁴**) ひどい間違いをする．

ver'he·ben* [fɛr'he:bən] 他 (**sich⁴**) 重いものを持ちあげて体を痛める．

ver'he·dern [fɛr'hedərn]〈話〉❶ 他 (糸などを)もつれさせる，こんがらからせる． ❷ 匍 (**sich⁴**) (糸などがもつれる，こんがらかる． 2〈話の途中で〉舌がもつれる，つかえる，何度も言い間違えをする．

ver'hee·ren [fɛr'he:rən] 他 (戦争・災厄が国土などを)荒廃させる，ひどく破壊する，蹂躙(じゅうりん)する．

ver'hee·rend〈現分〉形 1 破滅的な，すさまじい．eine ~*e* Epidemie すさまじい伝染病． 2〈話〉ひどい，たえがたい．

Ver'hee·rung 囡 -/-en (戦争・災厄による)破壊，荒廃，惨禍．

ver'heh·len [fɛr'he:lən] 他 1〈雅〉(人³に事⁴を)隠す，秘密にする．*Ich will [es] dir*〈*mir vor dir*〉*nicht* ~, *dass...* 私は...ということを君に隠しておくつもりはない．〈過去分詞で〉*mit schlecht verhehlter*(=verhohlener) *Schadenfreude* (人の不幸を見て)露骨といってもいい気味だと言わんばかりに． 2〈まれ〉(盗品などを)秘匿(ひとく)する． ♦ ↑verhohlen

ver'hei·len [fɛr'haɪlən] ❶ 圓 (s) (傷が)治る；(傷口が)ふさがる． ❷ 他〈雅〉(獣を)去勢する．

*****ver'heim·li·chen** [fɛr'haɪmlɪçən] フェアハイムリヒェン 他 (人³に事⁴を)隠す，秘密にする，伏せておく．

Ver'heim·li·chung 囡 -/-en (複数まれ)(秘密などを)隠しておくこと，伏せておくこと；隠し立て．

*****ver'hei·ra·ten** [fɛr'haɪra:tən] フェアハイラーテン ❶ (**sich⁴**) (mit j¹ 人¹と)結婚する． ❷ 他〈古〉(mit j³ 人³を人³と結婚させる；(j⁴ an j³ 人⁴を人³に嫁がせる．

*****ver'hei·ra·tet** [fɛr'haɪra:tət] フェアハイラーテト 過去分詞 (略 verh. / 記号⚭) 結婚した，既婚の．eine ~*e* Frau 既婚女性．Sie sind schon lange ~. 彼らは結婚してもう長い．Mein Mann ist mit seiner Firma ~. 〈戯〉私の夫は会社人間なの．*Du bist doch*

mit ihnen nicht ~. 〈戯〉君はその気になればいつでも彼らと手が切れるんだ．

Ver'hei·ra·te·te 男囡〈形容詞変化〉既婚者，既婚男性(女性)．

Ver'hei·ra·tung 囡 -/-en 結婚，婚姻．

ver'hei·ßen* [fɛr'haɪsən] 他〈雅〉(人³に物⁴を与えると)約束する，予言(予告)する．j³ *Erfolg* ~ 人³に成功を約束する．*Seine Miene verheißt nichts Gutes.* 彼の表情からしてどうやいいことではなさそうだ．

Ver'hei·ßung 囡 -/-en〈雅〉約束．*das Land der* ~〈旧約〉(神が Abraham とその子孫に与えると約束した)約束の地(現在のパレスチナ地方西部，古名ではカナーンと呼ばれた地を指す)．

ver'hei·ßungs·voll 形 前途有望な，おおいに見込みのある．

ver'hei·zen [fɛr'haɪtsən] 他 1 (石炭・薪などを)燃やす，焚きつけにする(暖をとるために)． 2〈話〉(人員・部隊などを)無駄に投入する，いたずらに酷使する(消耗させる)．

ver'hel·fen* [fɛr'hɛlfən] 他 (j⟨et⟩³ zu et³ 人⟨事⟩³を)助けて事³を得させてやる，獲得(達成)させる．

ver'herr·li·chen [fɛr'hɛrlɪçən] 他 (人⟨事⟩⁴の)栄光を讃える，賛美(称賛)する．

Ver'herr·li·chung 囡 -/-en 賛美，称賛．

ver'het·zen [fɛr'hɛtsən] 他 扇動する，使嗾(しそう)する，そそのかす．

ver'heult [fɛr'hɔʏlt] 形〈話〉(verweint) 泣き腫らした．

ver'he·xen [fɛr'hɛksən] 他 (人⟨物⟩⁴に)魔法をかける；〈比喩〉(人⁴を)魅了する，(人⁴の)心をすっかり奪う． in et⁴ ~ 人⁴を魔法で物⁴の姿に変える．〈過去分詞で〉[wie] *verhext* 魔法にかかったように；うっとりと．*Das ist ja wie verhext!*〈話〉これはどうしたわけだ，ちっともうまく行かないや．

ver'hielt [fɛr'hi:lt] verhalten の過去．

ver'him·meln [fɛr'hɪməln] 他〈話〉(人⁴を)神さまのように崇拝(賛美)する，ほめそやす．

*****ver'hin·dern** [fɛr'hɪndərn] フェアヒンダーン 他 (事⁴を)妨げる，防ぐ，阻む；阻止(妨害)する，阻止する．*den Krieg* ~ 戦争を阻止する．*Ich konnte gerade noch das Schlimmste* ~. 私はかろうじて最悪の事態を避ける(防ぐ)ことができた． ♦ ↑verhindert

ver'hin·dert [fɛr'hɪndərt] 過去分詞 1 (事情があって)来られない，行けない，参加(出席)できない；さしつかえがある．*Ich bin dienstlich* ~. 私は仕事の都合で参れません．*an et*³ ~ *sein* (さしつかえがあって)事³ができない．*Er war wegen Krankheit an der Teilnahme* ~. 彼は病気のために参加できなかった． 2〈話〉(才能に恵まれながら)世に出ることのできない，身を立てられない．*ein* ~*er Maler* 画家といそこねた男．

Ver'hin·de·rung 囡 -/-en 妨げ，妨害，阻止；支障，さしつかえ．

ver'hof·fen [fɛr'hɔfən] 圓〈猟師〉(獣が)警戒して立止まる，(立止まって)あたりの様子をうかがう．

ver'hoh·len [fɛr'ho:lən] 形 (verborgen) 隠された，ひそやかな，表に出さない．*mit* ~*em Grimm* 心中深く怒りをひめて． ~ *gähnen* そっとあくびをする． ♦ もともとは verhehlen の過去分詞形．

ver'höh·nen [fɛr'hø:nən] 他 (人⟨事⟩⁴を)あざける，笑いものにする，愚弄(ぐろう)する．

ver'hoh·ne·pi·peln [fɛr'ho:nəpi:pəln] 他〈話〉(verhöhnen) 笑いものにする，虚仮(こけ)にする．

Ver'höh·nung 囡 -/-en あざけること，嘲笑，愚弄．

ver·hö·kern [fɛrˈhøːkərn] 他 〈物¹を〉売り払う, 売りとばす, 金に換える.

ver·ho·len [fɛrˈhoːlən] 他 〈船員〉〈船を別の場所へ〉曳航(ﾈぅ)する.

Ver'hör [fɛrˈhøːr] 男 -[e]s/-e 《法制》尋問, 審問; 《話》詰問. mit j³ ein ~ anstellen / j⁴ einem ~ unterziehen / j⁴ ins ~ nehmen 人⁴を尋問する.

ver·hö·ren [fɛrˈhøːrən] ❶ 他 〈人⁴を〉尋問する, 審問する, 《話》詰問する. ❷ 再 (sich¹) 聞違(ﾏが)える.

ver·hu·deln [fɛrˈhuːdəln] 他 《地方》〈事¹を〉手抜き仕事で台無しにする, だめにする. ❷ 自 (s) 《ｽｲｽ》落ちぶれる.

*__ver·hül·len__ [fɛrˈhylən] フェアヒュレン ❶ 他 覆う, 包む, 覆い(包み)隠す〈mit et³ 物³で〉. das Gesicht mit einem Schleier ~ 顔をベールで覆う. sein Haupt ~〈喪に服して〉顔にベールを垂らす.《現在分詞で》ein verhüllender Ausdruck 《比喩》婉曲な表現.《過去分詞で》eine verhüllte Drohung それとはなしの脅し. mit kaum verhülltem Hass 憎悪をあらわにして. ❷ 再 (sich¹) 覆う, 身を包む; 隠れる〈mit et³ 物³で〉.

Ver'hül·lung 女 -/-en **1** 覆うこと, 隠蔽. **2** 覆い, ベール; 外被.

ver·hun·dert·fa·chen [fɛrˈhʊndərtfaxən] ❶ 他 百倍にする. ❷ 再 (sich¹) 百倍になる.

*__ver·hun·gern__ [fɛrˈhʊŋərn] フェアフンゲアン 自 (s) 飢えそうにする, 餓死する. Wir verhungern!《戯》腹ぺこで飢え死にする. j⁴ mit steifen 〈ausgestreckten〉 Arm ~ lassen《話》人⁴を情け容赦なく責め立てる.《過去分詞で》verhungert aussehen《戯》がりがりに痩せている.《中性名詞で》am Verhungern sein《戯》腹ぺこで飢え死にしそうである.

ver·hun·zen [fɛrˈhʊntsən] 他 《話》台無しにする, すっかりだめにする.

ver·hu·ren [fɛrˈhuːrən] 他 《卑》〈金を〉女につぎ込む.

ver'hurt 既分 形 《卑》女(ｾｯｸｽ)のことしか頭にない.

ver·hü·ten [fɛrˈhyːtən] 他 〈危険・病気・災害などを〉防ぐ, 防止する, 予防する. eine Empfängnis ~ 避妊する. Das möge Gott ~! そんなことはまっぴらだ(「そんなことは神さまが防いでくださいますように」).

ver·hüt·ten [fɛrˈhytən] 他 《冶金》〈鉱石を〉精錬する.

Ver'hüt·tung 女 -/-en《複数まれ》精錬.

Ver'hü·tung 女 -/-en《複数まれ》防止, 予防; 避妊.

Ver'hü·tungs·mit·tel 中 -s/- 避妊薬; 避妊具.

ver'hut·zelt [fɛrˈhʊtsəlt] 形 しなびた, しわだらけの.

Ve·ri·fi·ka·ti·on [verifikatsiˈoːn] 女 -/-en (lat.) 〈仮説などの〉証明; 立証, 検証.

ve·ri·fi·zie·ren [verifiˈtsiːrən] 他《話》〈事¹の正しいことを〉証明する,〈仮説などを〉立証する, 検証する.

ver·in·ner·li·chen [fɛrˈɪnərlɪçən] 他 **1** 〈人⁴を〉精神的に深める, 内省的にする;〈事¹を〉内面化する,(に)情感(情感)を持たせる.《過去分詞で》ein verinnerlichter Mensch 内省的な人, 内面性の豊かな人. **2** (internalisieren) 〈社会一般の価値観などを〉自分のものにする, 吸収する, 習得する.

ver'ir·ren [fɛrˈɪrən] 再 (sich¹) **1** 道に迷う.《比喩》正道からはずれる. sich im Nebel ~ 霧の中で迷う.《過去分詞で》eine verirrte Kugel 流れ弾. ein verirrtes Schaf《新約》迷える羊. **2**〈方向を示す語句と〉迷い込む. sich in den Sperrbereich ~ 立入禁止区域に迷い込む.

Ver'ir·rung 女 -/-en 道を誤ること, 過ち.

Ve'ris·mo [veˈrɪsmo] 中 -/《芸術》ベリスモ, ヴェリスモ, 真実主義(19世紀後半にイタリアでおこった文学・美術・音楽などを芸術全般にわたる写実主義的な芸術運動).

Ve'ris·mus [veˈrɪsmʊs] 男 -/ (lat. verus „wahr") **1**《芸術》= Verismo **2** 辛辣な現実描写.

Ve'rist [veˈrɪst] 男 -en/-en《芸術》ベリスモ信奉者, 真実主義者. ↑ Verismo

ve·ris·tisch [veˈrɪstɪʃ] 形 ベリスモの, 真実主義の.

ve·ri·ta·bel [veriˈtaːbəl] 形 (fr.) 真実の, 本当の.

ver'ja·gen [fɛrˈjaːgən] 他 〈人⁴を〉追い払う, 追放する, 駆逐する;〈考えなどを〉払いのける. Feinde ~ 敵を追い払う. j³ die Sorgen ~ 人³の心配を払拭する.

ver'jäh·ren [fɛrˈjɛːrən] 自 (s)《法制》時効になる, 消滅時効にかかる.

ver'jährt 過分 形《古》古びた, 古ぼけた.

Ver'jäh·rung 女 -/-en《法制》時効; (とくに)消滅時効.

Ver'jäh·rungs·frist 女 -/-en《法制》時効期間; (とくに)消滅時効期間.

ver'ju·beln [fɛrˈjuːbəln] 他《話》〈お金を〉浪費する, 遊興のために使う. sein Vermögen ~ 財産を蕩尽する.

ver'jün·gen [fɛrˈjʏŋən] ❶ 他 **1** 若々しくする, 若く見せる; 若返らせる. Diese Creme verjüngt die Haut. このクリームは肌を若々しくする. die Mannschaft ~ チームを若返らせる. **2** 縮めて表現する, 縮尺する. ❷ 再 (sich¹) **1** 若返る. **2**〈先へ向って〉しだいに細く(薄く, 狭く)なる. Die Säule verjüngt sich im oberen Teil. 円柱は上部が先細になっている.

Ver'jün·gung 女 -/-en **1** 若返らせること, 若返り. **2** 縮尺;《数学》(テンソルの)縮約. **3**〈柱などの〉先細.

ver'ju·xen [fɛrˈjʊksən] 他《話》**1** = verjubeln **2** = verulken

ver·ka·beln [fɛrˈkaːbəln] 他 **1** 〈ケーブルを〉敷設する. **2** ケーブルで接続する.《過去分詞で》ein verkabeltes Wohnhaus ケーブルテレビが受信できる住宅用建物.

ver·kal·ken [fɛrˈkalkən] 自 (s) (↑ Kalk) **1**〈給水管・洗濯機などが〉石灰が沈着して機能低下する, 石灰の水垢で動かなくなる. **2**《医学》〈組織が〉石灰化する, 石灰沈着する;〈動脈が〉硬化する. **3**《話》動脈硬化症に苦しむ; 頭が固くなる, 耄碌(ﾓうろｸ)する, 老人ぼける. ◆ verkalkt

ver'kalkt 過分 形《話》頭が固くなった, 耄碌した. Er ist total ~. 彼はすっかり耄碌した〈錆(ｻび)ついてしまった〉.

ver·kal·ku·lie·ren [fɛrkalkuˈliːrən] 再 (sich¹) **1** 計算違いをする. **2** 〈mit et³ 事³の〉判断(見通し)を誤る.

Ver'kal·kung 女 -/-en **1** 石灰沈着, 石灰化;〈動脈などの〉硬化. **2**《比喩》頭が固くなること, 耄碌(ﾓうろｸ).

ver'kannt [fɛrˈkant] verkennen の過去分詞.

ver'kann·te [fɛrˈkantə] verkennen の過去.

ver·kan·ten [fɛrˈkantən] ❶ 他 (↑ Kante) 〈誤って〉傾ける, 斜めにする. das Gewehr ~〈照準のさいに〉銃身をぶれさせる.《目的語なしで》[den Ski] ~ エッジを立てる. ❷ 再 (sich¹)〈伝動装置などが〉ひっかかって動かなくなる.

ver'kap·pen [fɛrˈkapən] (↑ Kappe) ❶ 再 (sich¹) 変装する, 偽装する. ❷ 他 **1** 変装させる, (に)偽装を

ver'kappt 過分 変装した, 偽装した. ein ~ *er* Spion 変装したスパイ.

ver·kap·seln [fɛrˈkapsəln] ❶ 他 (sich⁴) **1**《医学》(菌などが)包囊を形成する, 被包される. **2**《比喩》自分の殻に閉じこもる, 自閉する. ❷ 他 カプセルに封入する.

ver·kä·sen [fɛrˈkɛːzən] ❶ 他 (乳から)チーズを作る, (を)チーズにする. **2** 自 (s) (乳が)チーズになる. **3**《医学》(病巣部が)乾酪変性する, チーズ化する.

ver·ka·tert [fɛrˈkaːtərt] 形 (↑Kater)《話》二日酔いの.

*****Ver'kauf** [fɛrˈkauf フェアカオフ] 男 -[e]s/-e **1** 売ること, 売却, 販売. et⁴ zum ~ anbieten 物⁴を売りに出す. et⁴ zum ~ bringen《書》物⁴を売却する. zum ~ kommen〈stehen〉売りに出される〈売りに出ている〉. ~ auch außer Haus〈über die Straße〉!《飲食店などの掲示で》お持ち帰りもどうぞ. **2**《複数なし》《商業》(会社の)販売部.

ver'kau·fen [fɛrˈkaufən フェアカオフェン] ❶ 他 **1** 売る, 売却する, 販売する(j³〈an j⁴〉人³·⁴に). Autos ~ 自動車のセールスをする. Der Betrieb wurde an den Staat *verkauft*. その企業は国家に売却された. *seine* Gesinnung ~ (買収されて)自分の信念を曲げる. den Körper ~ (女が)体を売る, 売春する. *sein* Leben〈雅 *seine* Haut〉so teuer wie möglich ~ (敵に対して)決死の戦いを挑む, 死力を尽くして戦う. et⁴ billig〈teuer〉~ 物⁴を安く〈高く〉売る. et⁴ für〈um〉100 Euro ~ 物⁴を 100 ユーロで売る. et⁴ über die Straße ~ (飲食店などで)物⁴を持ち帰りで売る. et⁴ unter dem Tisch ~《比喩》物⁴を闇で売る.《目的語なしで》Wir haben gut *verkauft*. 私たちはいい商売をした(よくものが売れた).《過去分詞で》verraten und *verkauft* sein《話》(仲間に裏切られ敵に売り渡されたように)完全に見捨てられている. 絶望的な状況にある. **2**《スポーツ》(選手を)トレードする. **3**《話》(物〈人〉⁴を)売り込む. **4** j⁴ für dumm ~《話》人⁴を虚仮(こけ)にする, 愚弄する.
❷ 再 (sich⁴) **1** 売れる, …の売行きである. Dieser Artikel *verkauft sich* gut〈schlecht〉. この商品はよく売れる〈売行きが悪い〉. **2** (a) (j³〈an j⁴〉人³·⁴に)身を売る, 買収される. *sich* dem Feind〈an den Feind〉~ 敵に身を売る, 買収される. (b) (女性が)身を売る, 売春する. **3** (地方) (mit et³ 物³の)買物で失敗する. Ich habe *mich* mit diesem Wagen *verkauft*. 私はこの車では下手な買い物をしてしまった.

*****Ver'käu·fer** [fɛrˈkɔyfər フェアコイファー] 男 -s/- **1** (お店の)売子, 店員, 販売員; セールスマン. **2** 売手, 売主. ♦ ↑Verkäuferin

Ver'käu·fe·rin [fɛrˈkɔyfərın] 女 -/-nen《Verkäuferの女性形》**1** 女性店員, 女子販売員; 女性セールスマン. **2** (女性の)売手, 売主.

ver'käu·fe·risch [fɛrˈkɔyfərıʃ] 形 売子(店員)としての; セールスマンの.

ver'käuf·lich [fɛrˈkɔyflıç] 形 売れる, …の売行きの. Das Produkt ist gut〈schlecht〉~. この製品はよく売れる〈売行きが悪い〉. **2** 売物の, 販売用の. Das Kleid ist nicht ~. そのドレスは非売品だ. Das Medikament ist frei ~. その薬は処方箋なしで買える.

Ver'käuf·lich·keit 女 -/ 売れること, 売行き; 売物であること.

Ver'kaufs·ab·tei·lung 女 -/-en (企業の)営業部, 販売部.

Ver'kaufs·aus·stel·lung 女 -/-en 展示即売会.

Ver'kaufs·au·to·mat 男 -en/-en 自動販売機.

Ver'kaufs·lei·ter 男 -s/- 販売主任, 販売部長.

Ver'kaufs·of·fen 形 (通常の営業時間以外に)店の開いている. ein ~ *er* Samstag (夕方まで)お店の開いている土曜日.

Ver'kaufs·preis 男 -es/-e 販売価格, 売値.

Ver'kaufs·schla·ger 男 -s/- ヒット商品.

Ver'kehr

[fɛrˈkeːr フェアケーア] 男 -[e]s/-e 交通, 通行, 往来. Hier herrscht reger〈starker〉~. ここは交通がさかんだ〈激しい〉. In der Weihnachtszeit herrscht auf den Postämtern ein starker ~. クリスマス期間には郵便局はひどくて混む. Der ~ stockt〈staut sich〉. 交通が渋滞する. Eine neue Autobahn wird dem ~ übergeben. 新しい高速道路が開通する. den ~ regeln 交通規制(整理)をする. einen Tunnel für den ~ sperren トンネルを通行止めにする. **2** (貨物·商品などの)流通. et⁴ aus dem ~ ziehen 物⁴(通貨など)を流通停止にする, 回収する. Das Auto wurde aus dem ~ gezogen. その自動車は廃車になった. j⁴ aus dem ~ ziehen《話》人⁴を刑務所などに入れる; (を)活動禁止処分にする, (の)活動権限を奪う. et⁴ in [den] ~ bringen 物⁴を流通させる. **3** (人と人との)交際, 交わり, つきあい. dienstlicher〈geschäftlicher〉~ 職務上〈商売上〉のつきあい. den ~ mit j³ abbrechen 人³と絶交する. ~ mit j³ haben j³ とつきあいがある(↑c). ~ mit j³ pflegen 人³と交際する. in freundschaftlichem ~ mit j³ stehen 人³と文通がある. Sie ist kein ~ für dich. 彼女は君がつきあうような相手ではない. (b) (国家間などの)交流, 交渉. die diplomatischen ~ beider Staaten 両国の外交関係. (c)《婉曲》(Geschlechtsverkehr) 性的交渉, 性交. außerehelicher〈vorehelicher〉~ 婚外(婚前)交渉. ~ mit j³ haben 人³と性交渉を持つ(↑a). (d) (Handelsverkehr) 通商, 商取引, 交易.

*****ver'keh·ren** [fɛrˈkeːrən フェアケーレン] ❶ 自 (h, s) **1** (h, s) (交通機関が)運行する. Der Bus *verkehrt* alle 15 Minuten. バスは 15 分間隔で運行している. nur an Sonn- und Feiertagen ~ 日曜祭日だけの運行である. **2** (h) (bei j³ 人³ のもとに)人³のもとに〈物³に〉客として)よく出入りする, (を)足しげく訪れる. in den besten Kreisen ~ 上流社会に出入りしている. In diesem Café *verkehren* viele Schauspieler. このカフェには常連客として役者がたくさん来る. **3** (h) (a) (mit j³ 人³と)交際する, 交わる, つきあう. (b)《婉曲》(mit j³ 人³と)性交渉を持つ.
❷ 他 逆にする, 逆転する. eine Reihenfolge ~ 順序を逆にする. den Sinn völlig ~ 意味をすっかり反対に取る. Er hat meine Absicht ins Gegenteil *verkehrt*. 彼は私の意図を正反対にとった(曲解した). Recht in Unrecht ~ 正を不正と化す.
❸ 再 (sich⁴) 正反対のものに変る, 逆転する. Liebe *verkehrt sich* manchmal in Hass. 愛はときに憎しみと化す.
♦ ↑verkehrt

Ver'kehrs·ader 女 -/-n 交通の大動脈, 幹線道路.

Ver'kehrs·am·pel 女 -/-n 交通信号(灯).

Ver'kehrs·amt 中 -[e]s/⸚er **1** (市や郡の)交通課.

2(Verkehrsverein) 観光協会, 観光案内所.
Ver'kehrs·auf·kom·men 中 -s/ (ある特定区域での)車両交通量, 交通量.
ver'kehrs·be·ru·higt 形 《交通》車両通行規制をした. eine ~e Zone 車両通行規制区域.
Ver'kehrs·bü·ro 中 -s/-s =Verkehrsverein
Ver'kehrs·cha·os 中 / 交通の大混乱.
Ver'kehrs·de·likt 中 -[e]s/-e 《法制》交通違反.
Ver'kehrs·dich·te 女 / (Verkehrsaufkommen) 交通量.
Ver'kehrs·dis·zip·lin 女 / 交通道徳.
Ver'kehrs·er·zie·hung 女 / 交通安全教育.
Ver'kehrs·flug·zeug 中 -[e]s/-e 民間航空機; 定期空機.
Ver'kehrs·fluss 男 -es/ (スムーズな)車の流れ.
ver'kehrs·frei 形 (車や電車などの)乗物のない. ~e Zeit まだ自動車も電車も走っていなかった時代.
Ver'kehrs·funk 男 -s/ (ラジオの)道路交通情報.
Ver'kehrs·güns·tig 形 交通の便利な, 足の便のよい.
Ver'kehrs·hin·der·nis 中 -ses/-se 交通障害.
Ver'kehrs·in·sel 女 -/-n (道路上の)安全地帯.
Ver'kehrs·kno·ten·punkt 男 -[e]s/-e 交通の要衝.
Ver'kehrs·la·ge 女 -/-n **1** 道路交通状況. **2** (住宅・公共施設などの)足の便, 立地条件.
Ver'kehrs·mel·dung 女 -/-en (ラジオの)道路交通情報.
Ver'kehrs·mi·nis·ter 男 -s/- 運輸大臣.
Ver'kehrs·mit·tel 中 -s/- 交通(運輸)機関.
Ver'kehrs·netz 中 -es/-e 交通網.
Ver'kehrs·op·fer 中 -s/- 交通事故犠牲者.
Ver'kehrs·ord·nung 女 / (Straßenverkehrsordnung の短縮) 道路交通法規.
Ver'kehrs·po·li·zei 女 -/ 交通警察.
Ver'kehrs·po·li·zist 男 -en/-en 交通警察官.
Ver'kehrs·recht 中 -[e]s/ 《法制》 **1** 交通法. **2** 《古》(親が子に対して有する)交流する権利.
Ver'kehrs·re·gel 女 -/-n (ふつう複数で)交通規則.
Ver'kehrs·re·ge·lung 女 -/-en 交通規則.
Ver'kehrs·reg·lung 女 -/-en =Verkehrsregelung
ver'kehrs·reich 形 交通量の多い.
Ver'kehrs·schild 中 -[e]s/-er 交通標識, 道路標識.
Ver'kehrs·schutz·mann 男 -[e]s/ⁿer(..leute) 《話》(Verkehrspolizist) 交通巡査(警官).
ver'kehrs·schwach 形 交通量の少ない.
Ver'kehrs·si·cher 形 (車両・タイヤなどが)安全基準に達した, 安心して走行のできる.
Ver'kehrs·si·cher·heit 女 -/ 交通安全.
Ver'kehrs·spit·ze 女 -/-n 交通量のピーク時, ラッシュ時.
Ver'kehrs·spra·che 女 -/-n 《言語》(異なる民族・社会階層などの間で用いられる)通用語.
Ver'kehrs·stark 形 (verkehrsreich) 交通量の多い.
Ver'kehrs·stau 男 -[e]s/-s(-e) 交通渋滞.
Ver'kehrs·stau·ung 女 -/-en =Verkehrsstau
Ver'kehrs·sto·ckung 女 -/-en (道路の)交通渋滞.
Ver'kehrs·stö·rung 女 -/-en 交通障害, 交通マヒ; (鉄道などの)不通.

Ver'kehrs·stra·ße 女 -/-n (交通量の多い)街路, 大路; 幹線道路.
Ver'kehrs·sün·der 男 -s/- 《話》交通違反者.
Ver'kehrs·teil·neh·mer 男 -s/- (歩行者・運転者などの)道路使用者, 通行者.
Ver'kehrs·to·te 女 《形容詞変化》交通事故による死亡者.
***Ver'kehrs·un·fall** [fɛr'ke:rs|ʊnfal] フェアケーアスウンファル] 男 -[e]s/..fälle 交通事故.
Ver'kehrs·un·ter·richt 男 -[e]s/-e (警察などによる)交通安全教育の授業(講習).
Ver'kehrs·ver·ein 男 -[e]s/-e (地域の)観光協会, 観光案内所.
Ver'kehrs·ver·hält·nis·se 複 **1** 道路交通状況. **2** 足の便, 立地条件.
Ver'kehrs·vor·schrift 女 -/-en 《多く複数で》交通規則.
Ver'kehrs·weg 男 -[e]s/-e **1** (道路・鉄道・空路などの)交通路. **2** 《複数まれ》(会社などでの)通達経路, 指揮系統.
Ver'kehrs·wert 男 -[e]s/-e 《商業》流通価値, 通り相場.
Ver'kehrs·we·sen 中 -s/ 交通制度(システム).
ver'kehrs·wid·rig 形 交通規則に違反する, 交通違反の.
Ver'kehrs·zäh·lung 女 -/-en 交通量の計測, 交通量調査.
Ver'kehrs·zei·chen 中 -s/ 交通標識.
***ver'kehrt** [fɛr'ke:rt フェアケーアト] 形 逆の, あべこべの, 逆さまの, 正反対の; 間違った, 見当違いの, お門(かど)違いの. eine ~e Antwort あべこべの(とんちんかんな)答え. eine ~e Erziehung 本末転倒した教育. Kaffee ~ 《話》ミルクばっかりのコーヒー. ~e Maschen 『手芸』裏編みの目(=linke Maschen). in die ~e Richtung gehen 逆方向へ進む. einen Pullover ~ herum anziehen セーターを後ろ前に(裏返しに)着る. Das Bild hängt ~. その絵は逆さまに掛かっている. 《慣用的表現で》an die ~e Adresse kommen⟨geraten⟩《話》お門(かど)違いをやらかす. Mit solcher Bitte kommst du bei mir an die ~e Adresse. 《話》そんな頼みごとをもって私のところへ来るなんてお門違いだ. mit dem ~en Bein [zuerst] aufgestanden sein《話》不機嫌である. et⁴ an ~en Ende anfassen《話》事⁴のとっかかりを誤る. Er ist ~ herum. 《話》彼はホモだ. Das ist gar nicht ~!《話》それつは悪くない. 《名詞的用法で》bei j³ an den Verkehrten kommen ⟨geraten⟩《話》人³に門前払いをくらう.
Ver'kehrt·heit 女 -/-en **1**《複数なし》逆であること, 逆さまであること; 間違っている, お門違い. **2** あべこべの(間違った)言動.
ver'kehrt he·rum, °**ver'kehrt·her·um** 副 **1** 逆に, 逆さまに; (衣類などを)後ろ前に, 裏返しに. **2** 《述語的用法で》~ sein《話》ホモである.
Ver'keh·rung 女 -/ 逆転(反転)すること, ねじ曲げること.
ver'kei·len [fɛr'kaɪlən] 動 ❶ 他 (↑Keil) **1** 楔(くさび)で固定する, (に)楔をかませる. das Auto ~ 自動車に車止めをかませる. sich³ den Kopf ~《話》(ある考え・計画などで)頭がいっぱいになる, 目の前が見えなくなる. 《過去分詞で》verkeilt sein 《通路・入口などが》人がいっぱいで身動きできなくなる(通れなくなる). **2**《話》(verprügeln) ぶん殴る. **3**《古》売って金に換える. ❷ 再 (sich⁴) 楔のように食い込む(in et⁴ 物⁴に).

ver·ken·nen* [fɛrˈkɛnən] 他 見誤る, 見損なう, 誤認(誤解)する. den Ernst der Lage ～ 事態の重大さを見誤る. Sein Ziel war nicht zu ～. 彼の目的は明白だった. 《過去分詞で》ein verkanntes Genie (戯) (自称の)埋もれた天才.

Ver·ken·nung 囡 -/-en 誤認, 誤解.

ver·ket·ten [fɛrˈkɛtən] ❶ 他 1 鎖でつなぐ(固定する). die Tür ～ ドアにチェーンを掛ける. **2**（連鎖状に)つなぎ合せる, 連結する. Aussagen ～ 命題を連鎖推理でつなぐ. 《過去分詞で》durch Reime verkettete Verse 脚韻でつながった詩行. ❷ 再 (**sich**⁴) つながる, 結合する; 連鎖的に起る. Dabei verketteten sich mehrere unglückliche Umstände. そのとき 2, 3 の不幸な事情が重なり合った. Moleküle verketten sich.《化学》分子が鎖状になる.

Ver·ket·tung 囡 -/-en 1 鎖でつなぐ(つながれる)こと. **2** 連鎖, 連結;《事件・事情などの》連続, 重なり合い.

ver·ket·zern [fɛrˈkɛtsərn] 他 (↑Ketzer) 異端の烙印を押す; 誹謗する, 中傷する, あしざまに言う. den politischen Gegner ～ 政敵を中傷する. Gewinne als „Profit" ～ 正当な利益を「ぬれ手に粟(あわ)」のように決めつける.

ver·kit·ten [fɛrˈkɪtən] 他 (隙間などを)パテで埋める(塞ぐ). ein Fenster ～ 窓にコーキングをする(パテで防水処理を施す).

ver·kla·gen [fɛrˈklaːɡən] 他 **1**（人⁴を)訴える, 告訴(告発)する; (j¹ auf et⁴ 人⁴に対して事⁴を求めて)訴訟を起す, 法律上の請求を行う. j¹ bei(vor) Gericht ～ 人⁴を裁判所に訴える. einen Arzt auf Schadenersatz ～ ある医者に損害賠償を請求する. **2**《地方》《雅》(j¹ bei j³ 人⁴のことで人³に)不平を言う, 苦情を言う; 告げ口をする.

ver·klap·pen [fɛrˈklapən] 他 (産業廃棄物などを)海洋投棄する.

ver·kla·ren [fɛrˈklaːrən] ❶ 他 《航海》(erklären) (人⁴に事⁴を)説明する. ❷ 自 《海事》海難報告書(海難説明書)を提出する.

ver·klä·ren [fɛrˈklɛːrən] ❶ 他 1 《宗教》(人⁴を)神々(こうごう)しく《キリスト教》変容させる. der verklärte Leib Jesu《キリスト教》イエスの変容した肉体. **2** (顔などを)晴れやかなものにする. Das Glück verklärte ihre Gesichter. 彼らの顔は幸福に輝いた.《過去分詞で》mit verklärtem Blick(verklärten Blicken) 喜びにあふれるまなざしで. **3** 美しく見せる, 美化する. Die Erinnerung verklärt das Vergangene. 思い出は過ぎ去ったことを美化する. ❷ 再 (**sich**⁴) (顔などが)輝く, 晴れやかになる; 美化される.

Ver·kla·rung 囡 -/-en《海事》(船長が監督官庁に提出する)海難報告書, 海難明細書.

Ver·klä·rung 囡 -/-en《キリスト教》変容. die ～ Christi キリストの変容.

ver·klat·schen [fɛrˈklatʃən] 他《話》(verpetzen) (人⁴のことを)告げ口する.

ver·klau·seln [fɛrˈklaʊzəln] 他《まれ》=verklausulieren

ver·klau·su·lie·ren [fɛrklaʊzuˈliːrən] 他 **1**（事⁴に)但し書きをつける. einen Vertrag ～ 契約書に付帯条項を付ける. **2** 回りくどく言う.《過去分詞で》sich⁴ verklausuliert ausdrücken もってまわった言い方をする.

ver·kle·ben [fɛrˈkleːbən] ❶ 自 (s) (べたべたとくっつく, 張りつく. Der Verband ist verklebt. 包帯が貼りついてしまった.

❷ 他 (べたべたしたものが)くっつき合せる. Eiter verklebte seine Augen. 膿(うみ)で彼の目はふさがった.《過去分詞で》von Blut verklebte Haare 血でべっとりとはりついた髪の毛. verklebte Hände (汗などでべとべとの)手. **2** 貼てふさぐ. ein Loch ～ 穴を貼り繕(つくろ)う. **3** (タイル・床張りなどを)貼りつける. **4**《まれ》(壁紙・切手などで)使い果たす.

ver·kle·ckern [fɛrˈklɛkərn] 他《話》**1** (こぼして)染みにする. **2** (ついつい)無駄遣いする, 浪費する.

ver·klei·den [fɛrˈklaɪdən] ❶ 他 **1** (a) (et⁴ mit et³ 物⁴を)覆う, 被覆する. die Wände mit Seide ～ 壁を絹張りにする. (b)《比喩》(事⁴を)美化する. die Tatsachen poetisch(mit schönen Phrasen) ～ 事実を詩的に(美辞麗句で)潤色する. **2** (人⁴を)変装(仮装, 扮装)させる. ❷ 再 (**sich**⁴) 変装(仮装, 扮装)する. sich als Mann(Frau) ～ 男装(女装)する.

Ver·klei·dung 囡 -/-en **1** (a) 変装, 仮装, 扮装. (b) 変装(仮装)用衣装. **2** 覆うこと, 被覆; 表装, 上張り, 被覆材.

*ver·klei·nern [fɛrˈklaɪnərn フェアクライネーン] ❶ 他 **1** 小さくする, 縮小する; 減らす, 減少させる. einen Betrieb ～ 事業を縮小する. die Mitgliederzahl ～ 会員数を減らす. den Saal um die Hälfte ～ 広間を半分の広さにする.《過去分詞で》in verkleinertem Maßstab 縮尺で. **2** (a) (事⁴に)けちをつける. j² Verdienste ～ 人²の功績にけちをつける. (b)《まれ》(人⁴を)けなす. **3** (写真などを)縮小印刷(コピー)する. **4**（光学レンズなどが)実物よりも小さく見せる.《目的語なしで》Diese Linse verkleinert stark. このレンズはすごく小さく見える.

❷ 再 (**sich**⁴) **1** 小さくなる, 縮小する; 減る, 減少する. **2**《話》(これまでより)小さな住まい(店)に移る; 店(事業)を縮小する.

Ver·klei·ne·rung 囡 -/-en 縮小, 減少; 矮小化, おとしめること; 縮小写真(コピー), 縮小版.

Ver·klei·ne·rungs·form 囡 -/-en《言語》(Diminutiv) 縮小形, 指小形(例 Fräulein<Frau, Häuschen<Haus).

Ver·klei·ne·rungs·sil·be 囡 -/-n《言語》縮小語尾, 縮小接尾辞(..chen, ..lein など).

ver·klei·stern [fɛrˈklaɪstərn] 他《話》(↑Kleister) **1** (a)《話》(穴などを)糊づけしてふさぐ. einen Riss ～ 割れ目を糊でふさぐ. j³ das Hirn [ganz schön] ～《比喩》人³の判断力を奪う, 人³の頭をぼんやりさせる. (b)《比喩》(事実を)糊塗(こと)する, 隠蔽する. **2**（物⁴を)糊状にする.

ver·klem·men [fɛrˈklɛmən] ❶ 再 (**sich**⁴) (ドアなどが)ひっかかる, 動かなく(開かなく)なる. ❷ 他 (口・唇などを)固く閉ざす.

ver·klemmt 過分 形 **1** (ドアなどが)ひっかって動かない(開かない). **2**《比喩》心理的抑圧のある, いじけた, 萎縮した.

ver·kli·ckern [fɛrˈklɪkərn] 他《話》(人³に事⁴を)説明する, よく分からせる.

ver·klin·gen [fɛrˈklɪŋən] 自 (s) **1** (音などが)鳴りやむ, 響きやむ, 徐々に消えていく. **2**《雅》(感動などが)徐々に冷めていく, 静まる; (記憶などが)薄れていく; (お祭りなどが)終りに近づく.《過去分詞で》verklungene Tage 過ぎ去りし日々. verklungene Worte 忘れ去られて久しい言葉.

ver·klop·pen [fɛrˈklɔpən] 他《話》**1** さんざんに殴

る. **2** たたき売る, 二束三文で売る.

ver'kna·cken [fɛrˈknakən] 他《話》(j⁴ zu et³ 人⁴を事³の刑に処する. j⁴ zu Gefängnis ~ 人⁴を禁固刑に処する.

ver'knack·sen [fɛrˈknaksən] ❶ 再《sich³》《話》(足などを)捻挫(%)する. 挫(%)く. sich den linken Fuß ~ 左足を捻挫する. ❷ 他 =verknacken

ver'knal·len [fɛrˈknalən] ❶ 他 **1**《話》(砲弾・弾丸・花火などを)どかんと撃ち放つ, 爆発させる. **2**《古》(verurteilen) (人⁴に)有罪の判決を下す. ❷ 再《sich⁴》《話》そっこん惚れ込む(in j⁴ 人⁴に). ❸ 自 (s)《話》(爆薬・花火などが)どかんと爆発する.

ver'knap·pen [fɛrˈknapən] (↑knapp) ❶ 他 切り詰める, 削減(縮小)する. ❷ 再《sich⁴》乏しくなる.

Ver'knap·pung 女 -/-en 欠乏, 不足, 払底.

ver'knei·fen* [fɛrˈknaıfən] 他 再《sich³》sich et⁴ ~ 事⁴(楽しみなど)を諦める, 断念する;(感情など)を抑える, こらえる. sich das Lachen ~ 笑いをこらえる. ❷ 他《まれ》(目・口などを)ぎゅっと閉じる. ◆↑verkniffen

ver'knif·fen [fɛrˈknıfən] 過分形 (↑verkneifen) (顔を)しかめた, 苦虫を噛みつぶしたような;(口などを)ぎゅっと閉じた. ein ~er Mund への字に結んだ口.

ver'knö·chern [fɛrˈknœçərn] 自 (s) **1**《医学》(組織が)骨化する. **2**《比喩》頭が固くなる, 頑迷になる. ◆↑verknöchert

ver'knö·chert 過分形 頑固な, 頑迷な. ein ~er Junggeselle 頑固な独身男.

ver'knor·peln [fɛrˈknɔrpəln] 自 (s)《医学》軟骨化する.

ver'kno·ten [fɛrˈknoːtən] ❶ 他 結ぶ, 結わえる (et⁴ an et⁴ 物⁴を物⁴に / et⁴ mit et³ 物⁴を物³と). den Schal um den Hals ~ スカーフを首に巻く. ❷ 再《sich⁴》(結ばどがもつれて)結び目ができる, もつれる.

ver'knüp·fen [fɛrˈknvpfən] ❶ 他 **1** (et⁴ mit et³ 物⁴を物³と)結びつける, 結び合せる. die Enden eines Fadens miteinander ~ 糸の両端を結び合せる. die Enden einer Schnur ~ 紐の両端を結ぶ. Fäden zu einem Netz ~ 糸を結び合せて網を作る. **2** (a) (et⁴ mit et³ 事⁴を事³と)関連づける. einen Gedanken mit einem anderen logisch ~ ある考えを別な考えと論理的に結びつける.《過去分詞》Die Sache ist mit großen Veränderungen verknüpft. その一件は大きな変革をともなう. (b) (et⁴ mit et³ 事⁴と事³とを)同時に行う, ついでに済ませる. die Reise mit einem Besuch bei Freunden ~ 旅行のついでに友人たちを訪ねる. **3** (j⁴ mit j⟨et³⟩ 人⁴を人⟨事⟩³と)固く結びつける. Die Erinnerungen verknüpften mich mit ihr. 思い出が私と彼女を固く結びつけていた.
❷ 再《sich⁴》**1** (mit et³ 事³と)密接に結びついている, 関連している. **2**《猟師》(獣が)交尾する.

Ver'knüp·fung 女 -/-en 結びつけること, 結合; 結びつき, 関連.

ver'knu·sen [fɛrˈknuːzən] 他《次の用法で》j⟨et⟩⁴ nicht ~ können《話》人⟨事⟩⁴がどうしても好きになれない, (に)我慢がならない.

ver'ko·chen [fɛrˈkɔxən] ❶ 他 **1** (傷みかかった食材などを)煮くたくたに煮る, 煮とろかして利用する. Tomaten zu Brei ~ トマトをどろどろに煮る. **2** (et⁴ zu et³ 物⁴を物³になるまで)煮詰める. Früchte zu Marmelade ~ 果実を者ジャムを作る. ❷ 自 (s) (煮すぎて)くたくたになる, 煮くずれる; (煮すぎて)蒸発してしまう, 煮え切る. Das ganze Wasser ist verkocht. 水気がすっかりとんでしまった.

ver'koh·len¹ [fɛrˈkoːlən] ❶ 他 (焼いて)炭にする. Holz ~ 炭を焼く. ❷ 自 (s) 炭になる, 炭化する.

ver'koh·len² [fɛrˈkoːlən] (↑Kohl²)《話》(人⁴をかつぐ, (に)一杯食わせる.

ver'ko·ken [fɛrˈkoːkən] (↑Koks) ❶ 他 (石炭を)コークスにする. ❷ 自 (s) (石炭が)コークスになる.

Ver'ko·kung 女 -/-en コークス化.

ver'kom·men* [fɛrˈkɔmən] 自 (s) **1** くれる, 身を持ち崩す, 堕落する. Sie ist in Armut und Elend verkommen. 彼女は貧窮のうちに身を持ち崩した.《過去分詞》ein verkommenes Element⟨Subjekt⟩極道者. **2** (食品・酒などが)古くなる, 傷む. **3** (家屋などが)老朽化する, 荒廃する. **4**《古》(übereinkommen) 意見が一致する. **5**《話》逃げる, ずらかる.

Ver'kom·men·heit 女 -/ **1** くれること, 身を持ち崩すこと, 堕落. **2** (食品などが)傷むこと, 腐敗;(家屋などの)老朽化, 荒廃.

ver'kon·su'mie·ren [fɛrkɔnzuˈmiːrən] 他《話》(すっかり)消費する, 使い尽くす; 食べ尽くす.

ver'kop·peln [fɛrˈkɔpəln] 他 (et⁴ mit et³ 事⁴を事³と結ばつける, つなぎ合せる; 関連づける.

ver'kor·ken [fɛrˈkɔrkən] 他 (物⁴に)コルクで栓をする. ❷ 自 (s) (木の組織などが)コルク化する.

ver'kork·sen [fɛrˈkɔrksən] 他《話》(事⁴を台無しにする, ぶちこわす;(物⁴をだめにする. Er hat uns den ganzen Abend verkorkst. 彼は私たちの晩をすっかり台無しにした. ein Kleid ~ (仕立てをしくじって)ドレスを一着台無しにする.《過去分詞》Das Kind ist völlig verkorkst. その子供はまったくの出来損ないだ.《再帰的に》sich⁴ den Magen ~ 胃をこわす.

ver'kör·pern [fɛrˈkœrpərn] 他 **1** (人⁴の役を)演じる, (に)なり切る. **2** (事⁴を)体現する, 具現する. Er verkörpert wirkliche Nächstenliebe. 彼は本当の隣人愛を身をもって示している.《再帰的に》In ihm hat sich⁴ die Postmoderne verkörpert. 彼のうちにはポストモダンが体現されている.

Ver'kör·pe·rung 女 -/-en 体現, 具現; 権化(%\"), 化身(%).

ver'kos·ten [fɛrˈkɔstən] 他 **1**《特に》(物⁴の)味を試す, 試食(試飲)する. **2** (ワインなどの)利き酒をする.

ver'kös·ti·gen [fɛrˈkœstıgən] 他《地方》(人⁴の)食事の面倒を見る, 賄(%)いをする.《再帰的に》sich⁴ [selbst] ~ 自炊する.

ver'kra·chen [fɛrˈkraxən] ❶ 自 (s)《話》**1** 倒産する. **2** (事業などに)失敗する, 挫折する.《過去分詞》eine verkrachte Existenz 人生の落伍者. ❷ 再《sich⁴》(mit et³ 人³と)仲違いする, 不和になる.

ver'kraf·ten [fɛrˈkraftən] 他 **1** (a) (事⁴を)克服する, 片づける; やってのける. (b)《戯》(食べ物⁴を)平らげる. **2**《鉄道》(ある区間を)道路交通(バス路線)に切り換える. **3**《古》電化する.

ver'kra·men [fɛrˈkraːmən] 他《話》(物⁴をどこかに置き忘れる, どこにしまい込んだか忘れてしまう.

ver'kramp·fen [fɛrˈkrampfən] ❶ 再《sich⁴》**1** 痙攣(%)をおこす, ひきつける, こわばる. Die Muskeln verkrampften sich. 筋肉が痙攣をおこした. Er verkrampfte sich im Schmerz. 彼は苦痛に身をひきつらせた. sich in et⁴⟨um et⟩ ~ 物⁴を痙攣したようにつかむ, ぎゅっと握る. Seine Hände verkrampften sich in die Decke. 彼の両手は掛け布団をぎゅっと握りしめた. **2** (心理的に)緊張する, 硬直する, 硬くなる. Er verkrampfte sich mehr und mehr. 彼はますます硬くなった.

ver'krampft

❷ 他 (手などを)痙攣させる、ひきつらせる、こわばらせる. die Hände zu Fäusten ~ 両手を手をかためるように震わせて握りしめる. die Finger〈die Hände〉in et⁴〈um et⁴〉~ 手指〈両手〉で物をぎゅっと握る、(に)しがみつく.
❸ 自 (まれ)(器官などが)痙攣をおこす; (人が)緊張する、硬くなる.
◆↑verkrampft

ver'krampft 過分 形 痙攣した、ひきつけた; こわばった; 硬直した、がちがちになった. ein ~*es* Lachen ひきつった笑い. Er ist völlig ~. 彼はすっかりがちがちになっている.

Ver'kramp·fung 女 -/-en 痙攣、硬直.

ver'krie·chen* [fɛrˈkriːçən] 再 **1** 這い込む、もぐり込む. *sich* ins Bett ~ (戯)ベッドにもぐり込む. *sich* unter die〈der〉Bank ~ ベンチの下に這い込む. Wohin hat *sich* nur mein Schlüssel *verkrochen*? (戯)いったい私の鍵はどこに紛れ込んだんだろう. Neben ihm kannst du *dich* ~! (話)彼には君はまだ及ばないよ. **2** (不安·恥じらいなどのせいで)身を隠す、ひきこむ. Ich würde *mich* am liebsten vor Scham ~. 私は恥ずかしくて穴があったら入りたいくらいだ.

ver'krü·meln [fɛrˈkryːməln] ❶ 他 (パン·菓子の)屑などをぼろぼろにする、まき散らす. ❷ 再 (*sich*⁴) (話)(人が)こっそり姿を消す; (物が)消え失せる.

ver'krüm·men [fɛrˈkrʏmən] ❶ 他 (背骨などを)曲げる、湾曲させる. Das Alter hatte ihn〈seinen Rücken〉*verkrümmt*. 歳をとるにつれて彼の背中は曲がってきた. ❷ 再 (*sich*⁴) 曲がる、湾曲する. ❸ 自 (s) (背中などが)曲がる.

Ver'krüm·mung 女 -/-en 曲がること、湾曲.

ver'krüp·peln [fɛrˈkrʏpəln] (↑Krüppel) (ふつう過去分詞で) ❶ 自 (s) (植物が)奇形になる、曲がって(歪んで)育つ. ❷ 他 不具にする. Der Krieg hat ihn *verkrüppelt*. (まれ)戦争のせいで彼は五体満足ではなくなった. ◆↑verkrüppelt

ver'krüp·pelt 過分 形 (植物などが)奇形の; (人が)不具の、身体的障害のある. Das Kind hat ~*e* Arme. その子は腕が不自由である. Er ist ~. 彼は五体満足ではない.

Ver'krüp·pe·lung 女 -/-en 奇形、不具(になること).

Ver'krüpp·lung 女 -/-en =Verkrüppelung

ver'krus·ten [fɛrˈkrʊstən] 自 (s) (↑Kruste) (涙·血などが)固まる; (傷口が)かさぶたになる.

ver'küh·len [fɛrˈkyːlən] 再 (*sich*⁴) (地方)(sich⁴ erkälten) 風邪をひく.

ver'küm·mern [fɛrˈkʏmərn] 自 (s) **1** (a) (動植物などが)成長を止める、発育不良のまま衰弱する. (b) 《比喩》(才能などが)伸ばされぬまま失われていく. Du darfst dein Talent nicht ~ lassen. 君は自分の才能を腐らせてはだめだ. **2** (器官などが)萎縮する. **3** (人が)元気をなくす、気力を失う.

Ver'küm·me·rung 女 -/-en 発育不全; (才能などが)立ち枯れること; (器官などの)萎縮; 元気(気力)を失うこと.

ver'kün·den [fɛrˈkʏndən] 他 《雅》**1** (a) 公に告げる、公告する、宣言する、言渡す. ein Gesetz ~ 法律を公布する. ein Urteil ~ 判決を言渡す. (b) 大きな声で告げる、発表する、宣言する. Er *verkündete* stolz, dass er gewonnen habe. 彼は自分が勝利したと誇らしげに宣告した. (c) (まれ)(verkündigen 1)(おごそかに)告げ知らせる. das Evangelium ~ 福音を宣(の)べ伝える. **2** (地方) (aufbieten) (人)の婚姻を予告する. **3** (ankündigen) (災厄などを)予言する、予告する.

ver'kün·di·gen [fɛrˈkʏndɪɡən] 他 《雅》**1** (福音·神の言葉を)おごそかに告げ知らせる、宣(の)べ伝える. das Evangelium ~ 福音を宣べ伝える. **2** (a) (verkünden 1(a)) 公に告げる、言渡す. (b) (verkünden 1(b)) 大きな声で告げる、宣言する. **3** (verkünden 3) (災厄などを)予告する、予言する.

Ver'kün·di·ger [fɛrˈkʏndɪɡər] 男 -s/- 《雅》告げ知らせる人、宣べ伝える人.

Ver'kün·di·gung 女 -/-en **1** (複数なし) (福音を)宣べ伝えること. **2** (喜ばしい)知らせ、お告げ. Mariä〈話 Maria〉~ (宗)マリアへのお告げ(新約) ルカ 1: 26-38); (宗)お告げの祝日(3月25日); 《美術》受胎告知図.

Ver'kün·dung 女 -/-en 公に告げること、公布; 宣言; 予告.

ver'kup·fern [fɛrˈkʊpfərn] 他 (物⁴に)銅めっきをする、銅で被覆をする.

ver'kup·peln [fɛrˈkʊpəln] 他 **1** (まれ) (kuppeln)(車両などを)連結する(mit et³ ~と). **2** (j¹ an j²〈mit j³〉j⁴ a³,¹に)とりもつ、斡旋(あっせん)する(とくに男女を結婚または売買春の目的で).

***ver'kür·zen** [fɛrˈkʏrtsən] フェアキュルツェン ❶ 他 **1** 短くする、縮める、短縮する. et⁴ perspektivisch ~ 物⁴を遠近法で小さく描く. *sich*³ die Zeit mit Lesen ~ 読書で暇つぶしをする.《過去分詞で》eine *verkürzte* Fassung ダイジェスト版. **2** (古) (一部を)削る、減ずる、奪い取る. j² Ansprüche ~ 人²の要求を減ずる. j⁴ an et⁴〈in et⁴ / um et⁴〉~ / j³ et⁴ ~ 人⁴,³の物³,⁴を削る(減ずる、奪い取る). ❷ 自 《スポ》点差を縮める. auf 5:4(fünf zu vier) ~ 5対4まで追い上げる. ❸ 再 (*sich*⁴) 短くなる、縮まる、短縮される.

Ver'kür·zung 女 -/-en 短縮; 削減、カット、perspektivische ~ 《美術》遠近法的短縮法.

Verl. (略) **1** =Verlag **2** =Verleger

ver'la·chen [fɛrˈlaxən] 他 《雅》嘲笑する、嘲笑(ちょうしょう)う、笑いものにする.

Ver'lad [fɛrˈlaːt] 男 -s/ (スイス) =Verladung

Ver'la·de·bahn·hof [fɛrˈlaːdə..] 男 -[e]s/⸗e (貨物の)積み込み駅.

Ver'la·de·brü·cke 女 -/-n 荷物積載用橋形クレーン.

ver'la·den* [fɛrˈlaːdən] 他 **1** 積み込む、積載する. Güter ~ 貨物を積載する. Waren auf Schiffe ~ 商品を船積みする. **2** (話)(人⁴を)欺く、だます、うまくのせる.

Ver'la·der [fɛrˈlaːdər] 男 -s/- **1** 荷を積み込む人、荷積み作業員. **2** 荷造り人.

Ver'la·de·ram·pe 女 -/-n (貨物の)積み込みホーム.

Ver'la·dung 女 -/-en (貨物などの)積み込み、積載.

***Ver'lag** [fɛrˈlaːk] フェアラーク 男 -[e]s/-e (↑verlegen1) (略 Verl.) 出版社、発行所; 出版. In welchem ~ ist sein neues Buch erschienen? 彼の新刊書はどの出版社から刊行されたのですか. ein Buch in ~ geben〈nehmen〉(古) ある本を出版させる(出版する). **2** 《商業》卸売業、問屋. **3** (スイス)(物が)散らかっていること.

ver'la·gern [fɛrˈlaːɡərn] ❶ 他 **1** (物⁴を)別の場所に移す、移動させる. den Schwerpunkt auf et⁴ ~ 《比喩》事⁴に重心(重点)を移す. **2** (文化財などを)別の場所に保管する. ❷ 再 (*sich*⁴) 別の場所に移る、移動する.

Ver'la·ge·rung 女 -/-en 移動、移転.

Ver'lags·an·stalt 女 -/-en 出版社.

Ver'lags·buch·han·del 男 -s/ 出版業.

Ver'lags·buch·händ·ler 男 -s/- 出版業者.
Ver'lags·buch·hand·lung 女 -/-en (出版社が経営する)書店, 出版書籍店(こ).
Ver'lags·haus 中 -es/ᵉer 出版社.
Ver'lags·ka·ta·log 男 -[e]s/-e 出版目録.
Ver'lags·recht 中 -[e]s/《法制》**1** 出版権, 版権. **2** (出版社と著者との関係に関する)出版法.
ver'lan·den [fɛr'landən] 自 (s) (河川・湖沼が砂泥に埋まって)陸化する.

ver'lan·gen [fɛr'laŋən フェアランゲン] ❶ 他 **1** 要求する, 求める(von j³ j³に). den Ausweis ~ 証明書の提示を求める. Er hat für die Reparatur 50 Euro *verlangt*. 彼は修理代を 50 ユーロ請求した. 《過去分詞で》Das ist zu viel *verlangt*! それは過大要求というものだ. 《zu 不定詞句と》Er *verlangte*[,] den Schuldirektor zu sprechen. 彼は校長との面会を申請した. **2**《事が主語》(事⁴を)必要とする, 要する. Diese Arbeit *verlangt* viel Geduld⟨den ganzen Menschen⟩. この仕事は多大の忍耐を要求する⟨片手間ではできない⟩. **3** (人⁴を)電話口に呼ぶ. Sie werden am Telefon *verlangt*. あなたに電話です.
❷ 自 《雅》**1** nach j³ ~ 人³にしきりに会いたがる, 来てもらいたがる; (を)恋しがる. Der Sterbende *verlangt* nach dir. 臨終の男が君に会いたがっていた. **2** nach et³ ~ 物³をしきりに欲しがる, 切望(熱望)する.
❸ 非人称 *Es verlangt* j⁴ nach j⟨et⟩³. / j⁴ *verlangt* nach j⟨et⟩³. 《雅》人⁴が人⟨事⟩³をしきりに求める, 切望(熱望)する. *Es verlangt* ihn nach ihr. / Ihn *verlangt* nach ihr. 彼はしきりに彼女に会いたがっている. 《zu 不定詞句と》*Es verlangt* mich, ihn noch einmal zu sehen. / Mich *verlangt*, ihn noch einmal zu sehen. 私はもう一度彼に会いたくてたまらない.

***Ver'lan·gen** [fɛr'laŋən フェアランゲン] 中 -s/- **1** 要求, 要望, 要請, 求め. auf j² ~ [hin] 人²の求めに応じて. auf allgemeines ~ hin 一般の要望にこたえて. **2** 熱望, 切望; 欲求. ein ~ nach et³ haben 物³を欲しがっている.
ver'lan·gend 現分形 物欲しげな, 切なそうな. mit ~en Augen 物欲しげな眼をして, 切なそうな眼で.

***Ver'län·gern** [fɛr'lɛŋərn フェアレンガーン] ❶ 他 **1** 長くする, 延ばす; (期間などを)延長する. einen Rock ~ スカートの丈を長くする. *seinen* Pass ~ lassen 旅券の有効期間を延長してもらう. 《過去分詞で》der *verlängerte* Rücken 《戯》お尻. **2**《料理》(スープなどを)薄める. **3**《目的語なしでも》《スポ》[den Ball] ~ ボールをつなぐ. ❷ (sich⁴) 長くなる, 延びる; 延長される. Der Vertrag *verlängerte sich* um ein Jahr. 契約は 1 年間延長(更新)された.

***Ver'län·ge·rung** [fɛr'lɛŋərʊŋ フェアレンゲルング] 女 -/-en **1** 延ばすこと, 延長; (契約などの)更新, 更改. **2** 延長部分.
Ver'län·ge·rungs·schnur 女 -/ᵉe (電気器具の)延長コード.
ver'lang·sa·men [fɛr'laŋzaːmən] ❶ 他 (物⁴の)速度を落とす, テンポを緩める, 減速する. ❷ (sich⁴) 速度が落ちる, ゆっくりになる.
ver'lap·pern [fɛr'lapərn] (↑ Lappen)《話》❶ 他 (時間・金銭などを)浪費する, 空費する. ❷ (sich⁴) 浪費(空費)される.
Ver'lass, °**Ver'laß** [fɛr'las] 中 《次の用法で》Es ist kein ~ auf j⁴. / Auf j⁴ ist kein ~. 人⁴は信頼できない(当てにならない).

ver'las·sen¹* [fɛr'lasən フェアラッセン] verließ, verlassen / verlässt (verlässt) ❶ 他 **1**(物⁴を)後にする, 離れる; (を)去る. die Autobahn ~ 高速道路を離れる. das Bett ~ ベッドを離れる, 起きる. die Heimat ~ 故郷を後にする. die Party früh ~ パーティー会場からそそくさに立ち去る. ein Thema ~《比喩》あるテーマから離れる. das Werk ~ (製品が)工場を出ていく, 出荷される. **2**(人⁴のもとを)離れる, 去る; 見捨てる. *seine* Frau und Kinder ~ 妻子を見捨てる. 妻子を後に残して家を出る. j¹ für immer ~《婉曲》人⁴を残して帰らぬ人となる. Und damit⟨da/dann⟩ *verließen* sie ihn. 《話》あとまでもうおしまいだ, もうどうにもならない(行詰まって打つ手がなくなったときに言う慣用句. もともとはイエスの弟子たちがイエスを見捨てて逃げたという福音書の記事に由来する.《新約》マタ 26:56). 《事が主語》Aller Mut ⟨Alle Hoffnung⟩ *verließ* ihn. 《比喩》彼はすっかり意気阻喪した⟨すべての希望を失った⟩. 《過去分詞で》Du bist wohl von allen guten Geistern *verlassen*?《話》君は気でも狂ったんじゃないか.
❷ (sich⁴) (auf j⟨et⟩⁴ 人⟨物⟩⁴を)当てにする, 頼りにする, 信頼(信用)する. Man kann *sich* auf ihn ~. 彼は頼りになる. Du sollst *dich* nicht immer auf andere ~. いつもいつも他人を当てにしていてはだめだ(たまには自分でやってみたらどうだ). *Verlass dich* darauf!《話》だいじょうぶ, まちがいないさ. *sich* darauf ~, dass …ということを当てにする. Er *verlässt sich* darauf, dass du ihm bei der Arbeit hilfst. 彼は君が彼の仕事の手伝いをすると当てにしている.

ver'las·sen² 過分形 (↑verlassen¹) **1** 見捨てられた, 寄る辺ない; 身寄りのない, 孤独な. **2** 人の住まない, 人里離れた, 寂しい.
Ver'las·sen·heit 女 -/ 見捨てられていること, 寄る辺なさ; 身寄りのなさ, 孤独な; 寂寞(ばく), 荒涼.
Ver'las·sen·schaft 女 -/-en (オーストリア・スイス) (Nachlass) 遺産.
ver'läs·sig [fɛr'lɛsɪç] 形《古》=verlässlich
ver'läss·lich, °**ver'läß·lich** [fɛr'lɛslɪç] 形 (zuverlässig) 信頼できる, 頼りになる, 確かな.
Ver'läss·lich·keit, °**Ver'läß·lich·keit** 女 -/ 信頼できること, 信頼性.
ver'lässt, °**ver'läßt** [fɛr'lɛst] verlassen¹ の現在 2・3 人称単数.
ver'läs·tern [fɛr'lɛstərn] 他 誹謗(ほう)する, 中傷する, (の)悪口を言う.
Ver'laub [fɛr'laʊp] 男 《次の用法で》mit ~ [gesagt/zu sagen] 《雅》恐れながら, 言わせていただくならば.

***Ver'lauf** [fɛr'laʊf フェアラオフ] 男 -[e]s/ᵉe **1**(時間・事柄などの)経過, 成行き, 推移. Die Sache nahm einen guten ~. その件は順調な経過をたどった. im ~ der Debatte 討論の過程で. im ~ eines Jahres ⟨von einem Jahr⟩ 1 年が経過するうちに, 1 年のうちに. nach ~ von einigen Tagen 数日を経て. **2** (道路・河川などの)延び具合. den ~ einer Grenze bestimmen⟨festlegen⟩ 境界線を定める.

ver'lau·fen¹ [fɛr'laʊfən フェアラオフェン] ❶ 自 (s) **1**《様態を示す語句と》(時間・事柄が)経過する, 推移する, …の経過をたどる. Die Sache ist glücklich *verlaufen*. その件は幸運な経過をたどった. Es *verlief* alles nach Wunsch. すべてが期待通りに運んだ. **2**《様態を示す語句と》(道路・河川などが)延びている, 走っている, 流れている. Die beiden Linien *verlaufen*

verlaufen

parallel. その2本の直線は平行に延びている。 Der Fluss *verläuft* hier in vielen Windungen. 川はこの辺りでうねうねと蛇行している。 **3** (a)（バターなどが）溶ける。(b)（インク・絵の具などが）にじむ。 **4**（足跡・小径・水の流れなどが）途絶える，消える。 im Sand[e] ~ 《話》（計画などが）立ち消えになる。 ❷ 画（*sich*⁴）（歩いているうちに）道に迷う。 Die Kinder haben *sich* im Wald *verlaufen*. 子供たちは森で道に迷った。 **2**（足跡・小径・水の流れなどが）途絶える，消える。 **3**（群衆などが）退(°)いていく，ちりぢりになる。 **4**（大水などが）引く。

ver·lau·fen² verlaufen¹の過去分詞。

ver'läufst [fɛrˈlɔyfst] verlaufen¹の現在2人称単数。

ver'läuft [fɛrˈlɔyft] verlaufen¹の現在3人称単数。

ver'laust [fɛrˈlaust] 虱(⅙)のたかった。（↑Laus）

ver·laut·ba·ren [fɛrˈlautbaːrən] 他（事¹を）公に発表する，公表(公示)する。❷ 直 (s)《雅》知れ渡る。《非人称的に》Es *verlautbarte*, der Präsident sei schwer erkrankt. 大統領は重病であると伝えられた。

Ver'laut·ba·rung 囡 -/-en（公式の）発表，公表，公示；公式声明。

ver'lau·ten [fɛrˈlautən] ❶ 直 (s)（一般に）知れる，知れ渡る；（情報などが）漏れる。《過去分詞で》wie aus offiziellen Kreisen *verlautet* 公の筋から伝えられるところでは。 et⁴ ~ lassen 事⁴を口外する，漏らす。《非人称的に》es *verlautet*, dass... （情報・噂で）...ということである，...と伝えられる。 ❷ 他（事⁴を）発表する，公表する。

ver'le·ben [fɛrˈleːbən] 他 **1**（時⁴を）過ごす，送る。 frohe Stunden ~ 楽しい時間を過ごす。 den Urlaub im Gebirge〈mit Freunden〉~ 休暇を山で〈友人たちと〉過ごす。 **2**《話》（金⁴を）生活費に使う。♦↑verlebt

ver·le'ben·di·gen [fɛrleˈbɛndɪɡən] 他 **1**（人⁴を）生き生きと描く，活写する。 **2**（絵画や物語中の形姿や登場人物に）生命を吹き込む。

ver'lebt 過分 形（放蕩などで）荒(∫)んだ，老い込んだ。

*****ver'le·gen¹** [fɛrˈleːɡən] フェアレーゲン ❶ 他 **1** (a)（他の場所に）移転する。 eine Bushaltestelle ~ バス停留所を移す。 *seinen* Wohnsitz nach München ~ ミュンヘンに転居する。 einen Patienten in ein anderes Zimmer ~ 患者を別の部屋に移す。 (b)（他の日時に）ずらす，延期する。 eine Tagung auf [die] nächste Woche ~ 会議を来週にずらす。 einen Termin〈eine Verabredung〉~ 期日〈約束〉を延期する。 (c)《比喩》（物語の舞台などを別の設定に）移す。 Der Regisseur hat die Handlung ins Mittelalter *verlegt*. 演出家は物語の舞台を中世に移した。 **2** (a)（レール・ケーブル・パイプなどを）敷設する。 Wasserleitungen ~ 水道管を敷設する。 (b)（敷物・床張りなどを）敷く，張る；（床に）敷物を敷く，床張りをする。 Das Parkett muss noch *verlegt* werden. 寄せ木張りの床はまだ仕上がっていない。 Fußbodenbelag〈Steinplatte〉~ 床敷材〈板石〉を張る。 **3**（眼鏡・傘などを）置き忘れる。 **4**（書籍・新聞などを）出版する，発行する。 **5**（進路などを）ふさぐ。 j³ den Weg ~ 人³の行く手を阻む。

❷ 再（*sich*⁴）(auf et⁴ 事⁴に)方針を切換える。 *sich* aufs Bitten ~ こんどは頼みにかかる。 *sich* auf die Sprachwissenschaft ~ 言語学の方へ鞍替えする。

ver'le·gen² [fɛrˈleːɡən] 形 **1** 困惑した，当惑した，狼狽した，うろたえた，きまりの悪い。 ein ~*er* Blick 当惑のまなざし。 [ein] ~ *es* Schweigen きまり悪げな沈

黙。 j⁴ ~ machen 人⁴を困惑させる。 ~ lächeln きまり悪そうにほほえむ。 **2** um et⁴ ~ sein 物⁴に窮している，事⁴に困る。~ um sein お金に窮している。 Er ist nie um eine Ausrede ~. 彼は口実に窮することがない(どこまでも言い逃れをしようとする)。

*****Ver'le·gen·heit** フェアレーゲンハイト 囡 -/-en **1** 困惑，当惑，狼狽。 j⁴ in ~ bringen〈setzen〉人⁴を困惑(当惑)させる。 vor ~ 困惑して，きまり悪そうに。 **2** 困った状態，窮地；(とくに)金詰り。 j³ aus der ~ in ein *verlegenes* Bereiten ~ 人³を窮地に陥れる。 j³ aus der ~ helfen 人³を窮地から救い出す。 in die ~ kommen, ...zu tun ...せざるを得ないはめになる。

Ver'le·ger [fɛrˈleːɡər] 男 -s/-（略 Verl.）出版者，発行者。 **2**《経済》卸売業，問屋。

Ver'le·gung 囡 -/-en **1**（場所の）移動，移転。 **2**（日時の）変更，延期。 **3** (a)（レール・ケーブルなどの）敷設。 (b)（敷物・床張りなどを）敷くこと。 張ること。 **4**（進路などの）遮断。 **5** 方針転換，鞍替え。

ver'lei·den [fɛrˈlaɪdən] 他（人³の事⁴を）台無しにする，ぶちこわしにする；（人にとって存在を）不快な(いとわしい)ものにする。 Seine schlechte Laune hat mir den ganzen Urlaub *verleidet*. 彼の不機嫌のおかげで休暇がすっかり台無しになった。 Sein Freund wollte ihm das Mädchen ~. 友人は彼がその女の子をきらいになるように仕向けようとした。

Ver'leih [fɛrˈlaɪ] 男 -[e]s/-e **1**（複数なし）貸出し，賃貸し。 **2** 貸賃業，リース，レンタル(業)。

*****ver'lei·hen*** [fɛrˈlaɪən] フェアライエン 他 **1** 貸す，貸出す；レンタル(リース)する，賃貸しする。 Autos ~ 車をレンタルする。 Er *verleiht* seine Bücher nicht gern. 彼は自分の本を人に貸すのを好まない。 Die Bank *verleiht* Geld an ihre Kunden. 銀行はお金を顧客に貸し付ける。 **2**（人³に物⁴を）授ける，授与する。 j³ einen Orden〈einen Titel〉~ 人³に勲章〈称号〉を授与する。 **3**《雅》（人⁴に）⁴物⁴を与える，付与する。 Der Erfolg *verlieh* ihm neue Kräfte. 成功が彼に新たな力を与えた。 *seiner* Wut Ausdruck ~ 怒りを言葉に表す。

Ver'lei·her [fɛrˈlaɪər] 男 -s/- **1** 貸手，貸主。 **2** 賃貸業者，リース(レンタル)業者。

Ver'lei·hung 囡 -/-en **1** 貸すこと；貸出し，賃貸。 **2**（勲章・称号などの）授与。

ver'lei·men [fɛrˈlaɪmən] 他（↑Leim）（膠・接着剤などで）接着する，貼り合せる。

ver'lei·ten [fɛrˈlaɪtən] 他（j⁴ zu et³ 人⁴を事³へと）誘惑する，誘う；そそのかす。 j⁴ zum Spiel ~ 人⁴をそそのかして賭事をさせる。

Ver'lei·tung 囡 -/-en 誘惑，そそのかし。

ver'ler·nen [fɛrˈlɛrnən] 他（習い覚えたことを）忘れる，(が)できなくなる。 Schwimmen *verlernt* man nicht. 泳ぎは一度覚えたら忘れないものだ。 Er hat das Lachen *verlernt*. 彼は笑いを忘れた。

ver'le·sen* [fɛrˈleːzən] ❶ 他 **1**（声明・名簿などを）読み上げる。 **2**（野菜・果物などを）より分ける，選別する。 ❷ 再（*sich*⁴）読み違える。

ver'letz·bar [fɛrˈlɛtsbaːr] 形 傷つきやすい，感情を害しやすい。

*****ver'let·zen** [fɛrˈlɛtsən] フェアレツェン 他 **1** 傷める，負傷させる。 Er hat einen Jungen *verletzt*. 彼はある男の子に傷を負わせた。 j⁴ am Kopf ~ 人⁴の頭に傷をつける。 j⁴ mit einem Messer ~ 人⁴をナイフで傷つける。《再帰的に》Ich habe *mich* beim Kartoffelschälen *verletzt*. 私はじゃがいもの皮をむいていてけがを

した. *sich* die Hand ~ / *sich*⁴ an der Hand ~ 手にけがをする.《過去分詞で》Er war schwer *verletzt*. 彼は重傷をした. **2**(人⁴の)心を傷つける,感情を害する. Sein Brief hat sie [in ihren Gefühlen] tief *verletzt*. 彼の手紙は彼女の心を深く傷つけた. **3**(a)(法規・権利などに)侵す,侵害する. die Hausordnung ~ 居住者心得に違反する. *seine* Pflicht ~ 義務を忘る.(b)(国境・領空などを)侵犯する. ◆↑verletzen, verletzt

ver'let·zend 現分 形《言葉・振舞などが》人の感情を害する,侮辱的な.

ver'letz·lich [fɛrˈlɛtslɪç] 形 傷つきやすい,感情を害しやすい,繊細な.

ver'letzt [fɛrˈlɛtst] 過分 形 **1** 負傷した,けがをした. **2**《感情・誇りなどを傷つけられた》

Ver'letz·te 男 女《形容詞変化》負傷者,けが人.

Ver'let·zung [fɛrˈlɛtsʊŋ フェアレツング] 女 -/-en **1** 負傷,けが; 傷害. eine tödliche ~ 致命傷. leichte〈schwere〉~ en erleiden 軽傷〈重傷〉を負う. Er hat eine ~ am Bein. 彼は脚にけがをしている. **2**《感情・誇りなどを》傷つけること; 侮辱. **3**(a)(法規などに対する)違反,傷害.(b)(国境などの)侵犯.

ver'let·zungs·an·fäl·lig 形《スポーツ選手などが》けがをしやすい,けがの多い.

Ver'let·zungs·de·likt 中 -[e]s/-e《法制》侵害犯罪(傷害罪など,法益の侵害をもって完了する犯罪).

Ver'let·zungs·ge·fahr 女 -/-en 負傷の危険(おそれ).

ver'leug·nen [fɛrˈlɔʏɡnən] ❶ 他 **1**(事⁴を)否定する,否認する. Er kann seine Herkunft nicht ~. 彼の素性は隠せない. die Wahrheit ~ 真実を否認する. *sein* Wesen〈sich⁴[selbst]〉~ 自分らしからぬ振舞いをする. **2**(人⁴のことを)知らないと言う. Petrus hat Christus drei Mal *verleugnet*. ペテロは3度キリストを知らないと言った. ❷ 再《*sich*》**1**《否定形で》Das lässt *sich* nicht ~. それは否定できないことだ. **2** 居留守を使う(vor j³ 人³に対して).

Ver'leug·nung 女 -/-en 否定,否認.

ver'leum·den [fɛrˈlɔʏmdən] 他《人⁴》誹謗(ﾋﾎｳ)する,中傷する. j⁴ als Betrüger〈aus Hass〉~ 人⁴を詐欺師だと〈憎しみから〉中傷する.

Ver'leum·der [fɛrˈlɔʏmdər] 男 -s/- 誹謗(ﾋﾎｳ)者,中傷する人.

ver'leum·de·risch [fɛrˈlɔʏmdərɪʃ] 形 人を誹謗するような,中傷めいた; 人を誹謗してばかりいる.

Ver'leum·dung 女 -/-en 誹謗(ﾋﾎｳ),中傷,《法制》讒謗(ｻﾞﾝﾎﾞｳ).

Ver'leum·dungs·kam·pa·gne [..kampanjə] 女 -/-n 中傷(誹謗)のためのキャンペーン.

Ver'leum·dungs·kla·ge 女 -/-n《法制》讒謗(ｻﾞﾝﾎﾞｳ)に対する告訴.

ver'lie·ben [fɛrˈliːbən] 再《*sich*》*sich* in j〈et〉⁴ ~ 人〈事〉⁴に惚れ込む,夢中になる.《中性名詞として》zum *Verlieben* aussehen〈sein〉《話》ほれぼれするほどすてきである. ◆↑verliebt

ver'liebt [fɛrˈliːpt] 過分 形 惚れ込んだ,夢中になっている; 恋をした. Er ist ganz in dich ~. 彼は君に夢中だ.

Ver'lieb·te 男 女《形容詞変化》恋する人(男,女).

ver'liebt·heit 女 -/ 惚れ込んだ,夢中になっている)こと.

ver'lief [fɛrˈliːf] verlaufen¹ の過去.

ver'lieh [fɛrˈliː] verleihen の過去.
ver'lie·hen [fɛrˈliːən] verleihen の過去分詞.

ver'lie·ren [fɛrˈliːrən フェアリーレン] verlor, verloren ❶ 他 **1**(うっかり)なくす,紛失する. den Autoschlüssel ~ 自動車のキーをなくす. Geld ~ お金を落す. Dort habe ich nichts *verloren*.《話》あんなところへ行きたくない. Was hast du hier *verloren*?《話》ここになんの用があるんだ,うろうろせずにあっちへ行ってろ.

2 失う,喪失する. das Aroma ~ 香りを失う. das Augenlicht ~ 失明する. Im Herbst *verlieren* die Bäume ihre Blätter. 秋には樹々が落葉する. Haare〈Zähne〉~ 髪〈歯〉が抜ける. *sein* Herz an j⁴ ~ 人⁴に心を奪われる. die Hoffnung ~ 希望を失う. Interesse an et³ ~ 事³に対する関心を失う. j² Liebe ~ 人²の愛を失う. die Sprache ~(驚きなどで)口がきけなくなる. *seine* Stellung ~ 職を失う.

3(人⁴を)亡くす. Im Herbst starb ihr Mann im Krieg〈durch einen Unfall〉*verloren*. 彼女は夫を戦争で〈事故で〉亡くした. in j³ einen guten Freund ~ 人³という親友を失う.

4(人混みの中などで)見失う. die Spur ~ 足跡を見失う. Sie hat im Gedränge ihre Tochter *verloren*. 彼女は人混みの中で娘を見失った. j〈et〉⁴ aus den Augen ~ 人〈物〉⁴を見失う;《比喩》人〈物〉⁴との関わりがなくなる.《相互代名詞と》Gib mir die Hand, damit wir uns nicht *verlieren*! はぐれないように手をお出し.

5(時間などを)無駄にする,空費する. Darüber braucht man kein Wort mehr zu ~. それについてはもう何も言う必要はない. keine Zeit ~ 一刻も無駄にしない.

6(→ gewinnen)(試合・訴訟などに)負ける,敗れる(↑ ③ 3). das Spiel [mit] 1:2 (eins zu zwei) ~ ゲームを1対2で失う. eine Wette ~ 賭けに負ける. Wir haben nichts mehr zu ~.《比喩》私たちはもう失うものが何もない.

❷ 再《*sich*》**1**(次第に)失われる,消えていく,薄れていく;(視界から)見えなくなる. Seine Angst *verlor sich* allmählich. 彼の不安は徐々に薄れていった. *sich* in der Menge〈im Dunkeln〉~ 群集〈暗闇〉に紛れて見えなくなる. Der Weg *verlor sich* im Nebel. 道は霧の中に見えなくなった.

2(a)(in et³ 事³に)耽る,没頭する;(in et⁴ 事⁴に)のめり込む. Er hat *sich* in seine Arbeit *verloren*. 彼は仕事にのめり込んだ. *sich* in Gedanken ~ 考えに耽る. *sich* in Einzelheiten ~ 些事(ｻｼﾞ)にとらわれる.(b)(an j〈et〉⁴ 人〈事⁴〉⁴に)献身する,夢中になる. Er hat *sich* ganz an seine Aufgabe *verloren*. 彼は自分の使命にひたすら身を捧げた.

3(圧倒されて)小さくなる,消えてなくなりそうになる. Ihre Stimme *verlor sich* in dem Saal. 彼女の声はホールに呑み込まれてしまった.《過去分詞で》*sich* ⁴ in einer Großstadt ganz *verloren* fühlen 大都会にすっかり呑み込まれたような気がする. *verloren* neben dem riesigen Gebäude 巨大な建物の横で見るからに弱々しく.

4(in et⁴ 物⁴に)迷い込む. In diese öde Gegend *verliert sich* niemand. こんな寂しいところへは誰も迷い込まない.

5 *sich* selbst ~《雅》茫然自失する.

❸ 自 **1**(an et³ 物³を)失う;(が)減じる,衰える. Das Auto *verlor* an Fahrt. 車はスピードが落ちた. an Höhe ~(航空機が)高度を失う. an Schönheit ~

容色(きょく)が衰える. **2** 魅力(精彩)を失う. Sie hat in letzter Zeit stark *verloren*. 彼女は最近とみに容色が衰えた.
3 (試合・訴訟などに)負ける, 敗れる (↑① 6). im Spiel ~ ゲームに負ける.
♦ ↑verloren

Ver'lie·rer [fɛr'liːrər] 男 -s/- **1** 失った人, なくした人, 紛失者. **2** (↔ Gewinner) 敗者.

Ver'lies [fɛr'liːs] 中 -es/-e (城などの)地下牢.

ver'ließ [fɛr'liːs] verlassen¹ の過去.

***ver'lo·ben** [fɛr'loːbən] フェアローベン ❶ 再 (sich⁴) (mit j³ 人³と)婚約する. ❷ 他 (古) (j⁴ [mit] j³ 人³と)(人³と)婚約させる. ♦ ↑velobt

Ver'löb·nis [fɛr'løːpnɪs] 中 -ses/-se (雅) (Verlobung) 婚約. ein ~ eingehen 婚約を結ぶ.

ver'lobt [fɛr'loːpt] 過去分 婚約した (mit j³ 人³と).

***Ver'lob·te** [fɛr'loːptə] フェアロープテ 男女 《形容詞変化》婚約者, いいなずけ, フィアンセ.

***Ver'lo·bung** [fɛr'loːbʊŋ] フェアローブング 女 -/-en **1** 婚約. die ~ lösen 婚約を解消する. **2** 婚約披露パーティー.

Ver'lo·bungs·an·zei·ge 女 -/-n 婚約通知(広告).

Ver'lo·bungs·ring 男 -[e]s/-e 婚約指輪, エンゲージリング.

ver'lo·cken [fɛr'lɔkən] 他 (雅) (j⁴ zu et³ 人⁴を事³へと)誘う, いざなう; そそのかす. 《しばしば目的語なしで》Der See *verlockt* zum Baden. その湖を見ると泳ぎたくなる.

ver'lockend 現分 形 心をそそる, 魅力(魅惑)的な. ein ~*es* Angebot 飛びつきたくなるような申出.

Ver'lo·ckung 女 -/-en 誘い, 誘惑, そそのかし.

ver'lo·gen [fɛr'loːɡən] 形 **1** 嘘つきの. **2** 嘘の, 偽りの, 虚偽の, まやかしの.

Ver'lo·gen·heit 女 -/-en **1** 《複数なし》偽り, 不正直. **2** 虚偽の発言.

ver'loh·nen [fɛr'loːnən] ❶ 自 (sich⁴) [sich] やり甲斐がある, 報われる. Diese Arbeit *verlohnt* [sich]. この仕事は引き合う. Der Fleiß hat [sich] *verlohnt*. 汗を流した(一生懸命やった)だけのことはあった. Es *verlohnt* [sich] nicht, dorthin zu gehen. そこへ行くだけの価値はない.
❷ 他 (事に)値する. Der Gewinn *verlohnte* den Aufwand nicht. 利益は出費の割に合わなかった. Es *verlohnt* die Mühe nicht. それは骨折り甲斐がない.
❸ 他 (古) (事に)値する. Es *verlohnt* der Mühe nicht. それは骨折り甲斐がない.

ver'lor [fɛr'loːɐ̯] verlieren の過去.

ver'lö·re [fɛr'løːrə] verlieren の接続法II.

***ver'lo·ren** [fɛr'loːrən] フェアローレン 過去分 形 (↑verlieren) **1** なくした, 紛失した. ~*e* Akten 紛失した書類. ~*er* Ball 《スポ》ロストボール. ~*e* Bücher 幻の本. ~*e* Eier 《料理》落し玉子. der ~*e* Sohn 《新約》放蕩息子 (ルカ 15: 11-32). 《次のような動詞に》et⟨j⟩⁴ ~ **geben** / et⟨j⟩⁴ für ~ **halten** 物⟨人⟩⁴をなくなったものと諦める, 無いもの(もう帰らないもの)と思う. Sie haben das Spiel frühzeitig *verloren* gegeben. 彼らはゲームをはやばやと投げてしまった. **2** 見すてられた, 救いようのない, 寄る辺ない, 孤独な. ein ~*er* Ort 人里離れた寂しい所. Der Kranke ahnte, dass er ~ war. その病人はもう助からないほどもはや感じていた. Ohne seinen Computer ist er einfach ~. 《話》パソコンがなければ彼はまったくどうにもならない.

auf ~*em* Posten stehen ⟨kämpfen⟩ 勝ち目のない戦いをする. **3** (お金・時間などが)失われた, 無駄にされた. Das war ~*e* Liebesmühe. それは骨折り損だった. Bei⟨An⟩ ihm ist Hopfen und Malz ~. 《話》彼はどうしようもない人間だ. **4** (a) (in et³(⁴) 事³(⁴)に)耽った, 没頭した. Er war ganz in den herrlichen Anblick ~. 彼はそのすばらしい光景にすっかり見とれていた. in Gedanken ~ 考えに耽りながら. (b) うつろな, 放心した. ein ~*es* Lächeln うつろな微笑. ~ vor sich³ hin starren ぼんやり前を見つめる. **5** (勝負に)負けた, 敗れた. ein ~*es* Spiel 負けゲーム. Es ist noch nicht alles ~. まだすべてが終わったわけではない, 一縷(いちる)の望みはある.
♦ ↑verloren gehen

ver'lo·ren ge·hen*, °**ver'lo·ren|ge·hen*** 自 (s) **1** 失われる, なくなる, 紛失する. Mein Führerschein ist *verloren gegangen*. 私の運転免許証がなくなってしまった. Meine Brille ist mir *verloren gegangen*. 私の眼鏡がなくなった. Er passte genau auf, damit ihm nichts *verloren ging*. 彼は何ひとつ見(聞き)逃さないように細心の注意をはらった. An ihm ist ein großer Politiker *verloren gegangen*. 《話》彼は偉大な政治家になれただろうに. **2** (試合などが)敗北になる. Der Krieg *ging verloren*. 戦争は敗北した.

ver'lö·schen(*) [fɛr'lœʃən] ❶ 他 《規則変化》(火・灯りなどを)消す. ❷ 自 (s) 《ふつう不規則変化》**1** (火・灯りなどが)消える. **2** 《比喩》(感情・思い出などが)消え失せる, 冷める, ひく. Seine Liebe ist *verloschen* ⟨verlöscht⟩. 彼の愛は冷めてしまった. Sein Ruhm wird nicht ~. 彼の名声は消えることがないだろう. 《現在分詞で》mit *verlöschender* Stimme 消え入りそうな声で.

ver'lo·sen [fɛr'loːzən] 他 (物⁴を)もらう人を籤(くじ)引きで決める. Eintrittskarten unter fünf Personen ~ 抽籤で入場券を5人に分ける.

Ver'lo·sung 女 -/-en 籤(くじ)引き(による分配).

ver'lö·ten [fɛr'løːtən] 他 **1** 《工学》はんだ付けをする. **2** einen ~ 《話》いっぱいひっかける.

ver'lot·tern [fɛr'lɔtɐn] ❶ 自 (s) 落ちぶれる, 身を持ち崩す, くれる. ❷ 他 (財産などを)使い果たす, 蕩尽(とうじん)する.

ver'lu·dern [fɛr'luːdɐn] ❶ 自 (s) **1** (verlottern ①) 落ちぶれる, 身を持ち崩す, くれる. **2** (獣が)のたれ死にする, 斃死(へいし)する. ❷ 他 (verlottern ②) (財産などを)使い果たす, 蕩尽する.

ver'lum·pen [fɛr'lʊmpən] 《話》=verlottern

***Ver'lust** [fɛr'lʊst] フェアルスト 男 -[e]s/-e (↑verlieren) **1** 失うこと, 紛失, 遺失; 喪失. Erst am Abend bemerkte er den ~ seiner Aktentasche. 晩になってはじめて彼は書類鞄を失ったことに気がついた. in ~ geraten 《書》紛失する, 失われる. **2** (↔ Gewinn) 損失, 損害. 《経済》欠損, 赤字. starke ~*e* erleiden⟨haben⟩ 甚大な損害を被る. ohne Rücksicht auf ~*e* 《話》犠牲をかえりみず, しゃにむに. mit ~ 赤字を出して.

ver'lus·tie·ren [fɛrlʊs'tiːrən] 再 (sich⁴) 《戯》楽しむ, 戯れる. Sie ~ sich mit j³ im Bett ~ 人³とベッドで楽しむ.

ver'lus·tig [fɛr'lʊstɪç] 形 《成句で》《書》et² gehen 物²を失う. j⁴ et² [für] ~ erklären 《古》人に物²(権利など)の喪失を宣告する.

Ver'lust·lis·te 女 -/-n **1** 損害リスト. **2** 死傷者名簿, (とくに)戦死者名簿.

verm. 《略》=vermählt

ver·ma·chen [fɛrˈmaxən] 他 **1**（人³に物⁴を）財産として残す, 遺贈する. **2**《戯》譲る, 進呈する.

Ver·mächt·nis [fɛrˈmɛçtnɪs] 中 -ses/-se **1**《法制》遺贈. **2** 遺贈物, 遺産. **3** 遺言, 遺志; 遺言状.

ver·mäh·len [fɛrˈmɛːlən]《雅》❶ 再 (sich⁴) 結婚する([mit] j³ 人³と). ❷ 他《古》(j⁴ [mit] j³ 人⁴を人³と）結婚させる. *seine* Tochter mit j³ ~ 娘を人³に娶(めと)らせる. ◆ ↑ vermählt

Ver·mählt 過分 形（略 verm., 記号 ⚭）既婚の.

Ver·mähl·te 男女《形容詞変化》既婚者.

Ver·mäh·lung 女 -/-en 結婚.

ver·mah·nen [fɛrˈmaːnən] 他（人⁴を）戒(いまし)める, 諫(いさ)める; (に)訓戒する.

Ver·mah·nung 女 -/-en 戒(いましめ), 訓戒.

ver·ma·le·dei·en [fɛrmaleˈdaɪən] 他《古》(verfluchen) 呪(のろ)う. ↑ vermaledeit

ver·ma·le·deit [fɛrmaleˈdaɪt]《話》いまいましい. Dieses ~*e* Rheuma! このいまいましいリューマチめ.

ver·männ·li·chen [fɛrˈmɛnlɪçən] ❶ 他（女性を）男性化する. ❷ 自 (s)（女性などが）男性化する.

ver·mark·ten [fɛrˈmarktən] 他 **1**（需要に合せて）市場に出す. **2**《比喩》（人のプライバシーなどを）売物にする, 金もうけの種にする.

ver·ma·seln [fɛrˈmaːzəln] 他 (jidd. masel, Stern, Schicksal)《卑》**1**（事⁴を）しくじる, 失敗する. **2**（人³の事⁴を）台無しにする, ぶちこわす.

ver·mas·sen [fɛrˈmasən] ❶ 他 大衆化する. ❷ 自 (s) 大衆化する.

Ver·mas·sung 女 -/-en 大衆化.

ver·mau·ern [fɛrˈmaʊərn] 他 **1**（出入口などを）壁でふさぐ, 壁で塗り込める. **2**（砂などを）壁面工事に消費する.

＊**ver·meh·ren** [fɛrˈmeːrən] フェアメーレン (↑ mehr) ❶ 他 増やす, 増加(増大)させる; (動植物を)増殖(繁殖)させる. ❷ 再 (sich⁴) 増える(増大)する; 増殖(繁殖)する.

Ver·meh·rung 女 -/-en 増える(増やす)こと, 増加, 増大; 増殖, 繁殖.

ver·meid·bar [fɛrˈmaɪtbaːr] 形 避けられる, 回避可能な.

＊**ver·mei·den**＊ [fɛrˈmaɪdən] フェアマイデン 他 避ける, 回避する; 防止する. j² Blick ～ 人²の視線を避ける. Ich *vermied* es, ihm zu begegnen. 私は彼と出会うことを避けた. Es lässt sich⁴ nicht ~ lass, dass… …となることは避けられない.

ver·meid·lich [fɛrˈmaɪtlɪç] 形 =vermeidbar

Ver·mei·dung 女 -/-en 避けること, 回避, 防止.

ver·meil [vɛrˈmɛj] 形《不変化》朱色の, 鮮紅色の.

Ver·meil 中 -s/ (fr.) **1** 朱色, 鮮紅色. **2** 金めっきした銀.

ver·mei·nen [fɛrˈmaɪnən] 他（…と）誤って思い込む, 思い違える.《zu 不定詞句で》Er *vermeinte*, ihre Stimme zu hören. 彼は彼女の声を聞いたような気がした.

ver·meint·lich [fɛrˈmaɪntlɪç] 形 …と誤って思い込まれた, 勘違い(誤解)された. ein ～*er* Gangster ギャングだと誤解されている人.

ver·mel·den [fɛrˈmɛldən] 他《古》《雅》通告する(報告する), 知らせる.

ver·men·gen [fɛrˈmɛŋən] ❶ 他 (et⁴ mit et³ 物⁴を)ごっちゃにする, 混ぜる, 混同する. ❷ 再 (sich⁴) 混ざる, 混じり合う(mit et³ 物³と).

ver·mensch·li·chen [fɛrˈmɛnʃlɪçən] 他（動物などを)人間みたいにする, 人間化する; 擬人化する.

Ver·mensch·li·chung 女 -/-en 人間化, 擬人化.

Ver·merk [fɛrˈmɛrk] 男 -[e]s/-e 覚書, メモ; 注釈.

ver·mer·ken [fɛrˈmɛrkən] 他 **1**（事⁴を)書き留める, メモする. einen Termin im Kalender ～ 期日をカレンダーに書込む.《過去分詞で》Dies sei nur am Rande *vermerkt*. このことをついでに言っておきます. **2**（事⁴を)しかと認める, ちゃんと記憶にとどめる;（事⁴を…)に受けとめる. j³ et¹ übel ～ 人³の事⁴を悪くとる.

＊**ver·mes·sen**¹＊ [fɛrˈmɛsən] ❶ 他（物⁴を精確に計る, 測量(測定)する. einen Bauplatz ～ 建築用地を測量する. ❷ 再 (sich⁴)《雅》(zu 不定詞句と) 大それたことに(不遜にも)…する. Er *vermaß sich*, seinem Vater zu widersprechen. 彼はあろうことか父親に口ごたえした. ◆ ↑ vermessen²

ver·mes·sen² [fɛrˈmɛsən] 形 (↑ vermessen¹) 大それた, 思い上がった, 不遜な, 僭越な.

Ver·mes·sen·heit 女 -/-en 思い上がり, 不遜, 僭越.

Ver·mes·sung 女 -/-en 測量, 測定.

Ver·mes·sungs·amt 中 -[e]s/-er (Katasteramt) 土地登記所.

Ver·mes·sungs·in·ge·ni·eur 男 -s/-e 測量技師.

Ver·mes·sungs·kun·de 女 -/ 測地学, 測量学.

ver·mied [fɛrˈmiːt] vermeiden の過去.

ver·mie·den [fɛrˈmiːdən] vermeiden の過去分詞.

ver·mie·sen [fɛrˈmiːzən] 他《話》(verderben)（人³の事⁴を)台無しにする, ぶちこわす. j³ den Urlaub ～ 人³の休暇を台無しにする.

＊**ver·mie·ten** [fɛrˈmiːtən] フェアミーテン 他 (j⁴ an j³) et³ 人³⁴に(物⁴を)貸す, 賃貸しする. Zimmer zu ～! (広告などで)貸し室あり.

＊**Ver·mie·ter** [fɛrˈmiːtər] フェアミーター 男 -s/ (↔ Mieter) 貸し主; 家主. ◆女性形 Vermieterin 女 -/-nen

Ver·mie·tung 女 -/-en 賃貸し, 賃貸.

＊**ver·min·dern** [fɛrˈmɪndərn] フェアミンダーン ❶ 他 減らす, 減少させる; 軽減(緩和)する, 弱める;（スピード・物価などを)下げる;《音楽》（音程を)半音狭くする. die Gefahr ～ 危険を軽減する. die Geschwindigkeit ～ 速度を落す.《過去分詞で》eine *verminderte* Terz《音楽》減3度.❷ 再 (sich⁴) 減る, 減少する; 弱まる, やわらぐ; 下がる.

Ver·min·de·rung 女 -/-en 減少, 軽減, 緩和, 低下.

ver·mi·nen [fɛrˈmiːnən] 他 (↑ Mine)（物⁴に)地雷(機雷)を敷設する.

＊**ver·mi·schen** [fɛrˈmɪʃən] フェアミッシェン ❶ 他 **1** 混ぜる, 混ぜ合せる (mit et³ 物³と). alle Zutaten gut ～ すべての材料をよく混ぜる. Whisky mit Wasser ～ ウィスキーを水で割る. **2**（概念などを)混同する. Traum und Wirklichkeit ～ 夢と現実を混同する. ❷ 再 (sich⁴) 混ざる, 混じり合う. Wasser *vermischt sich* nicht mit Öl. 水は油と混ざらない. ◆ ↑ vermischt

ver·mischt 過分 形 混ざり合った; 雑多な. ～*e* Nachrichten 雑報. ～*e* Schriften（著作集などのうちの）雑編.《名詞的用法で》*Vermischtes*（新聞などの)雑報欄, 雑記.

Ver·mi·schung 女 -/-en 混合, 混和; 混血, 交配.

＊**ver·mis·sen** [fɛrˈmɪsən] フェアミセン 他 **1**（人

vermisst

〈物⁴がいない(ない)ことに気づく,(が)見当らない. Ich *vermisse* meinen Pass. 私のパスポートが見当らない. Hat mich jemand *vermisst*? (不在中に)誰か私を尋ねてきましたか. **2**〈人や物⁴〉がいなくて寂しく思う(なくて残念に思う). Ich habe dich sehr *vermisst*. 君がいなくてとても寂しかったよ. ◆↑vermisst

*ver'misst, °ver'mißt [fɛrˈmɪst フェアミスト] 過分 形 行方不明の.

Ver'miss·te, °Ver'miß·te 囡男〖形容詞変化〗行方不明者, 失踪者.

*ver'mit·teln [fɛrˈmɪtəln フェアミテルン] ❶ 自 仲裁する, 調停する. in einem Streit ~ 争いを調停する. zwischen den beiden ~ 両者を仲裁する.(現在分詞で) Er hat ein *vermittelndes* Wesen. 彼は宥和的な人柄だ. *vermittelnde* Worte 取りなしの言葉. in et⁴ *vermittelnd* eingreifen 事⁴の調停に乗出す. ❷ 他 **1** 仲介する, 斡旋(周旋)する, 世話する, 紹介する. eine Ehe〈ein Zusammentreffen der beiden Gegner〉~ 結婚〈対立する双方の会談〉の仲介役をつとめる. j³ eine Arbeit ~ 人³に仕事を世話する. j⁴ an eine Firma ~ 人⁴をある会社に紹介する. Arbeitskräfte ins Ausland ~ 人材を外国に斡旋する. **2**(情報・知識などを)伝える. Die Sendung *vermittelt* uns ein genaues Bild vom Mittelalter. その番組は私たちに中世の正確なイメージを伝えてくれる.

ver'mit·tels[t] [fɛrˈmɪtəls(t)] 前〖2格支配〗〖書〗(mittels) …を用いて, …を手段として, …によって.

Ver'mitt·ler [fɛrˈmɪtlɐr] 男 -s/- **1** 仲裁者, 調停者. den ~ machen(spielen) 仲裁役をつとめる. **2** 仲介者, 斡旋人, 周旋屋, 紹介業者;〖商業〗仲買人, ブローカー. ~ verboten! 仲介お断り!

*Ver'mitt·lung [fɛrˈmɪtlʊŋ フェアミトルング] 囡 -/-en **1** 仲裁, 仲介, 斡旋, 周旋, 紹介.(b) 紹介所. **3** 電話交換室; 交換手.

Ver'mitt·lungs·aus·schuss 男 -es/ᵘe〖政治〗(ドイツ連邦議会と参議院の)両院協議会.

Ver'mitt·lungs·ge·bühr 囡 -/-en 仲介手数料.

ver'mö·beln [fɛrˈmøːbəln] 他〖話〗(verprügeln) さんざん殴る, ぶちのめす.

ver'mo·dern [fɛrˈmoːdɐrn] 自(s) 腐る, 朽ちる.

ver'mö·ge [fɛrˈmøːgə] 前〖2格支配〗〖雅〗…のおかげで, …によって.

ver'mö·gen [fɛrˈmøːgən フェアメーゲン] 他 **1**(zu 不定詞句に)…する能力がある, …できる. Ich *vermag* [es] nicht, ihn davon zu überzeugen. 私は彼にそれを納得させることができない. In dieser Angelegenheit *vermochte* er nichts [zu tun]. この件では彼は何もできなかった. **2**(事⁴を)成し遂げる. Vertrauen *vermag* viel. 信頼は多くを成し遂げる. viel bei j³〈über j⁴〉~ 人³に〈人⁴に〉大きな力を持つ. Sie *vermag* bei ihm alles. 彼女は彼を意のままにできる. ◆↑vermögend

*Ver'mö·gen [fɛrˈmøːgən フェアメーゲン] 中 -s/- **1**《複なし》能力, 力. geistiges〈körperliches〉~ 精神的〈身体的〉能力. soviel in meinem ~ liegt 私にできる範囲で, 力の許す限り. nach bestem ~ 全力を尽くして. Das geht über mein ~. それは私の力にあまることだ. **2** 財産, 資産;〖話〗大金. Sie hat ~. 彼女は資産家だ. Das kostet mich ein ~.〖話〗それにはひと財産かかる.

ver'mö·gend 現分形 裕福な, 資産家の. Sie ist sehr ~. 彼女はたいそうな資産家だ.

Ver'mö·gens·ab·ga·be 囡 -/-n〖法制〗財産税.

◆第2次世界大戦後に旧西ドイツの自然人および法人の財産に課せられた1回限りの税金で, 戦争の結果財産を喪失したものと保有し得たものの負担調整の趣旨で設けられた連邦政府財産に組込まれた. ↑Ver·mögen[s]steuer

Ver'mö·gens·bil·dung 囡 -/ 財産形成貯蓄, 財形貯蓄.

Ver'mö·gens·la·ge 囡 -/ 資産状況.

Ver'mö·gens[s]·steu·er 囡 -/-n (通常の)資産税, 財産税.

Ver'mö·gens·ver·hält·nis·se 複 =Vermögenslage

ver'mög·lich [fɛrˈmøːklɪç] 形〖南ドイツ〗=vermögend

ver'mor·schen [fɛrˈmɔrʃən] 自(s)(木などが)腐る, 朽ちる, 腐朽する.

ver'mot·tet [fɛrˈmɔtət] 形(↑Motte)(衣類・穀類などが)虫に食われた, 虫食いの.

ver'mum·men [fɛrˈmʊmən] ❶ 他 **1**(人⁴を)すっぽり包む(くるむ). (い)厚着をさせる. **2** 変装(仮装)をさせる. ❷ 再(sich⁴) 変装(仮装)する; 覆面する.

Ver'mum·mung 囡 -/-en **1** すっぽり包む(くるむ)こと. **2** 変装, 仮装; 覆面.

ver'murk·sen [fɛrˈmʊrksən] 他 やり損なう, しくじる, 台なし(ぶちこわし)にする.

ver'mu·ten [fɛrˈmuːtən フェアムーテン] 他(事⁴を)推測する, 推察する, 推定する;(…であると)憶測(想像)する. Die Polizei *vermutet* Brandstiftung. 警察は放火と推定している. Ich *vermute*, sie werden bald heiraten. 私が思うに彼らはまもなく結婚するだろう. Er *vermutete*, das Problem lösen zu können. 彼はその問題が解決できると踏んでいた. Es ist〈steht〉zu ~, dass ……と推測(想像)される.《場所などを示す語句を目的語の述部にして》Ich *vermute* ihn in seinem Zimmer. 彼は自分の部屋にいると思う. Ich hatte dich noch gar nicht so früh *vermutet*. 君がこんなに早く来るとはまったく思いもしなかった.

*ver'mut·lich [fɛrˈmuːtlɪç フェアムートリヒ] ❶ 副 恐らく, 推察(想像)するに, どうやら, たぶん. Er kommt ~ nicht mehr. 彼は恐らくもう来ないよ. ❷ 形 推測しうる, 想像上の. das ~e Ergebnis der Wahl 選挙の予想結果. der ~e Täter 犯人とおぼしき人物.

*Ver'mu·tung [fɛrˈmuːtʊŋ フェアムートゥング] 囡 -/-en 推測, 推察, 推定, 憶測, 想像. Die ~ liegt nahe, dass… …と容易に想像がつく(推測される). Ich habe die ~, dass es gleich regnet. 今に雨になると私は思う. gegen alle ~en あらゆる予想に反して.

*ver'nach·läs·si·gen [fɛrˈnaːxlɛsɪgən フェアナーハレスィゲン] 他 なおざりにする, おろそかにする, ないがしろにする, 構わない, 顧みない. *seine* Familie ~ 家族を顧みない. *seine* Kleidung ~ 身なりに構わない. die Schule ~ 学業をおろそかにする. die Stellen hinter dem Komma ~〖数学〗小数点以下は無視する.《再帰的に》*sich*⁴ ~ 身なりに構わない.《過去分詞で》Sie fühlt sich⁴ von ihrem Mann *vernachlässigt*. 彼女は夫にないがしろにされていると感じている.

Ver'nach·läs·si·gung 囡 -/-en なおざり(おろそか)にすること, 顧みないこと.

ver'na·geln [fɛrˈnaːgəln] 他 **1**(物⁴を)釘付けにする. eine Kiste ~ 木箱を釘付けにする. die Tür mit Brettern ~ ドアに板を打付ける. **2** ein Pferd ~(蹄

ver·na·gelt 過分形《話》頭が固い, 頑迷な; (考えなどが)こちこちの.

ver·nä·hen [fɛrˈnɛːən] 他 **1** (a)(布を)縫い合せる. (b)(衣服などを)縫い上げる, 仕立てる. **2** (a)(糸を)縫い込む; (糸の端を)縫って止める. (b)(糸を使い果す. **3** (傷口を)縫合する.

ver·nar·ben [fɛrˈnarbən] 自 (s)(傷口が)ふさがる, 癒合(ﾕｺﾞｳ)する; 瘢痕(ﾊﾝｺﾝ)になる.

ver·nar·ren [fɛrˈnarən] 再 (sich⁴) sich in j⟨et⟩⁴ ~ 人⟨物⟩に夢中になる, のぼせ上がる, 惚れ込む, (を)溺愛する. 《過去分詞で》in j⟨et⟩⁴ vernarrt sein 人⟨物⟩に夢中である, のぼせ上がっている.

ver·na·schen [fɛrˈnaʃən] 他 **1** (a)(お金を)甘いものに使う, お菓子を買うのに使う. (b)《まれ》(甘いものなどを)つまみ食いにしてしまう, ついつい全部食べてしまう. **2**《話》(女の子を)つまみ食いする, いただく. **3**《話》(相手を)手もなくやっつける(へこます). ◆ ↑vernascht

ver·nascht 過分形 (naschhaft) 甘いものに目がない, ついついつまみ食いをする, 口の卑しい.

ver·ne·beln [fɛrˈneːbəln] 他 **1** (a)(ある場所を)霧で覆う. Der Alkohol hat mir den Kopf vernebelt. 《比喩》アルコールのせいで私は頭がけうとなった. (b)《比喩》(事実などを)隠蔽する, 覆い隠す. **2** (液体を)噴霧する.

ver·nehm·bar [fɛrˈneːmbaːr] 形 聞こえる, 聞取れる.

*****ver·neh·men*** [fɛrˈneːmən フェアネーメン] **1**《雅》(a)(音声を)聞取る, 聞く; (かすかな物音を聞きつける. Ich habe Hilferufe deutlich vernommen. 私には助けを呼ぶ声がはっきり聞こえた. (b)(事⁴を)聞き知る, 耳にする. Wir haben von ihm nichts mehr vernommen. 私たちのもとには彼の消息はもう何も入ってこない. Ich habe vernommen, dass... 私は…ということを耳にした. **2** (人⁴を)尋問(審問)する, 事情聴取をする. den Angeklagten ~ 被告人を尋問する. j⁴ als Zeugen ~ 人⁴の証人尋問を行う.

Ver·neh·men 中 -s/ **1** (↑vernehmen) 聞くこと, 聞くところによれば. sicherem ~ nach / nach sicherem ~ 確かな筋によると. **2** (Einvernehmen)《次の用法で》sich⁴ mit j³ ins ~ setzen《書》人³と了解しあう.

ver·nehm·lich [fɛrˈneːmlɪç] 形 (音声的に)明瞭な, はっきりした; 聞取りやすい.

Ver·neh·mung 女 -/-en《法制》尋問.

ver·neh·mungs·fä·hig 形 尋問に耐えられる.

ver·nei·gen [fɛrˈnaɪgən] 再 (sich⁴)《雅》(verbeugen) お辞儀をする.

Ver·nei·gung 女 -/-en《雅》お辞儀.

*****ver·nei·nen*** [fɛrˈnaɪnən フェアナイネン] 他 (↑nein) **1** (↔ bejahen) (a)(問いに)否と答える, ノーと言う. 《現在分詞で》Er schüttelte verneinend den Kopf. 彼は頭をふって否と言った. (b)(事⁴を)否定する. den Krieg ~ 戦争を否定する. **2**《言語》(negieren) 否定する. 《現在分詞で》ein verneinender Satz 否定文.

Ver·nei·nung 女 -/-en 否定, 否認.

Ver·nei·nungs·fall 男 -[e]s/《次の用法で》im ~《書》否定の場合は, そうでない場合は.

Ver·nei·nungs·wort 中 -[e]s/⸚er《文法》(Negation) 否定詞.

ver·net·zen [fɛrˈnɛtsən] 他 **1** 結びつける. **2**《ｺﾝﾋﾟｭｰﾀ》ネットワーク化する.

*****ver·nich·ten*** [fɛrˈnɪçtən フェアニヒテン] 他 全滅させる, 壊滅させる, 殲滅(ｾﾝﾒﾂ)する; (書類などを)破棄する, 処分する; (害虫などを)撲滅する, 駆除する. Das Hochwasser hat die Ernte vernichtet. 大水で収穫は全滅した. den Gegner ~ 敵を殲滅する. j² Hoffnungen ~《比喩》人²の希望をうち砕く. Papiere ~ 書類を破棄する. Unkraut ~ 雑草を根絶やしにする. ◆ ↑vernichtend

ver·nich·tend 現分形 **1** 壊滅的な, 殲滅(ｾﾝﾒﾂ)的な. eine ~e Niederlage 壊滅的な敗北. **2** 仮借(ｶｼｬｸ)ない, にべもない. ein ~er Blick 冷や水を浴びせかけるような視線. eine ~e Kritik 仮借のない批評.

Ver·nich·tung 女 -/-en 全滅(壊滅)させること, 徹底的な破壊, 殲滅; (書類などの)破棄; (害虫などの)撲滅, 駆除.

Ver·nich·tungs·krieg 男 -[e]s/-e 殲滅(ｾﾝﾒﾂ)戦争.

Ver·nich·tungs·waf·fe 女 -/-n《ふつう複数で》大量殺戮兵器.

ver·ni·ckeln [fɛrˈnɪkəln] 他 (物⁴に)ニッケルめっきをする.

ver·nied·li·chen [fɛrˈniːtlɪçən] 他 (失敗などを)些細なことのように見せる(言いくるめる).

ver·nie·ten [fɛrˈniːtən] 他 鋲(ﾋﾞｮｳ)(リベット)で留める.

Ver·nis·sa·ge [vɛrnɪˈsaːʒə] 女 -/-n (fr.) (= Finissage) (美術展などの初日の)内覧会, 特別招待会.

ver·nom·men [fɛrˈnɔmən] vernehmen の過去分詞.

*****Ver·nunft*** [fɛrˈnʊnft フェアヌンフト] 女 -/ (↑vernehmen) 理性, 分別; (正常な)思考力, 判断力; 《哲学》理性. die menschliche ~ 人間理性. „Kritik der reinen ~"『純粋理性批判』(Kant の著書). Nimm doch ~ an! 道理をわきまえろ, 冷静になれ. j³ ~ predigen 人³に道理をわきまえるように言い聞かせる. ~ walten lassen 理性を働かせる. Das ist doch gegen⟨wider⟩ alle ~! それは正気の沙汰ではない, まったく無茶苦茶だ. ohne ~ 無分別に. j⁴ zur ~ bringen 人⁴に分別を取り戻させる. [wieder] zur ~ kommen 分別を取り戻す, 正気に戻る, 冷静になる.

ver·nunft·be·gabt 形 理性を備えた, 分別をわきまえた.

Ver·nunft·ehe 女 -/-n (愛情ではなく)分別からした結婚, 打算にもとづく結婚.

Ver·nünf·te·lei [fɛrnʏnftəˈlaɪ] 女 -/-en **1**《複数なし》屁理屈をこねること. **2** 屁理屈.

ver·nünf·teln [fɛrˈnʏnftəln] 自 屁理屈をこねる.

ver·nunft·ge·mäß 形 (言動などが)理性的な, 理にかなった.

*****ver·nünf·tig*** [fɛrˈnʏnftɪç フェアニュンフティヒ] 形 **1** (a) 理性的な, 思慮分別のある, 道理をわきまえた. ein ~er Politiker 道理をわきまえた政治家. Das Kind ist mit seinen acht Jahren schon sehr ~. その子は 8 歳という年齢にしてすでにりっぱな分別がある. Sei doch ~! 馬鹿なまねはするんな; (とくに子供に対して)聞き分けよくしなさい. (b)(物の考え方などが)筋の通った, もっともな. ~e Argumente 筋の通った論拠. ~e Frage もっともな質問. Mit ihm kann man kein ~es Wort reden. 《話》彼とはまともに話ができない. ~ denken⟨reden⟩ 道理にかなった物の考え方(ものの言い方)をする. **2**《話》まともな, ちゃんとした. Ich suche mir eine ~e Arbeit. 私はちゃんとした仕事を探している. eine ~e Wohnung ちゃんとした住まい.

vernünftigerweise

Zieh dich mal ～ an! ちゃんとした格好(服装)をしなさい.

ver'nünf·ti·ger·wei·se [fɛrnʏnftɪgərˈvaɪzə] 副 思慮分別のあるやり方で, 道理をわきまえて, 賢明にも.

Ver'nünf·tig·keit 女 -/ 理性的であること, 思慮分別があること.

Ver'nünft·ler [fɛrˈnʏnftlər] 男 -s/- 《古》屁理屈屋.

Ver'nunft·mensch 男 -en/-en (↔ Gefühlsmensch) 理性的人間, 理知の人.

ver'nunft·wid·rig [..viːdrɪç] 形 理性に反する, 不合理な, 不条理な.

ver'öden [fɛrˈøːdən] ❶ 自 (s) 1 (土地などが)荒れ果てる, 荒廃する; 人気(ひとけ)が絶える. 2 他 《医学》(血管などの)閉塞をおこす. 《医学》(血管を閉塞する. Krampfadern ～ 静脈瘤を閉塞切除する.

Ver'ödung 女 -/-en 1 荒れ果てること, 荒廃; 過疎化. 2 《医学》(静脈などの)閉塞.

ver'öf·fent·li·chen [fɛrˈ|œfəntlɪçən] 他 1 公にする, 公表(発表)する, 周知する. 2 出版する, 刊行(発行)する.

Ver'öf·fent·li·chung 女 -/-en 1 《複数なし》(a) 公表, 発表. (b) 出版, 刊行. 2 出版物, 刊行物.

Ve·ro·na [veˈroːna] 地名 ヴェローナ(イタリア北部の都市).

Ve·ro·ni·ka [veˈroːnika] (gr., Siegbringerin') ❶ 《女名》ヴェローニカ. ❷ ...ken·kən 《植物》くわがたそう(鍬形草).

ver'ord·nen [fɛrˈ|ɔrdnən] 他 1 (医師が)指示する, 処方する. ein Medikament ～ 薬の処方箋を書く. j³ eine Brille ～ 人³に眼鏡を掛けるように指示する. 2 《古》(役所などが)命令する.

Ver'ord·nung 女 -/-en 1 (医師の)指示, 処方. 2 (行政上の)命令, 通達.

ver'pach·ten [fɛrˈpaxtən] 他 (土地・家屋などを)賃貸しする.

Ver'päch·ter [fɛrˈpɛçtər] 男 -s/- (土地・家屋などの)用益賃貸人; 地主, 大家.

Ver'pach·tung 女 -/-en 賃貸.

ver'pa·cken [fɛrˈpakən] 他 1 包装する, 梱包する. Gläser sorgfältig ～ グラス類を入念に包装する. et⁴ in eine(einer) Kiste ～ 物⁴を箱に梱包する. 2 《話》(人⁴に)厚着をさせる, (を)暖かくする. ein Kind in Wolldecken ～ 子供を毛布にくるんでやる. 《再帰的に》sich⁴ ～ 厚着をする.

Ver'pa·ckung 女 -/-en 1 《複数なし》包装, 梱包. 2 包装紙, 梱包材; 風袋(ふうたい).

Ver'pa·ckungs·müll 男 -[e]s/ 包装ごみ.

ver'päp·peln [fɛrˈpɛpəln] 他 《話》(子供を)甘やかす; (甘やかして)ひ弱にする.

*__ver'pas·sen__ [fɛrˈpasən フェアパセン] 他 1 逸する, 取逃がす, 捕まえそこなう; (物⁴に)乗遅れる, (人⁴に)会いそこねる. den Anschlusszug ～ 接続列車に乗遅れる. eine Chance ～ チャンスを逸する. einen Film ～ 映画を見そこなう. 《相互代名詞と》Wir haben uns um ein paar Minuten verpasst. 私たちは, 2,3 分のところで行違いになった. 2《話》(もらってうれしくないものを)与える, あてがう, くらわす. Der Arzt verpasste ihm eine Spritze. 医者は彼に注射をした. j³ eins 〈eine〉 ～ 人³に一発食らわす.

ver'pat·zen [fɛrˈpatsən] 他 《話》しくじる, やり損なう, とちる.

ver'pen·nen [fɛrˈpɛnən] 《話》(verschlafen) ❶ 自 寝過ごす, 寝坊する. ❷ 他 寝坊して逃(のが)す; うっかり忘れる.

ver'pennt 過分形 《話》寝ぼけた, 寝とぼけた.

ver'pes·ten [fɛrˈpɛstən] 他 (空気・水などを)汚す, 汚染する; 《比喩》(雰囲気などを)ぶちこわす.

Ver'pes·tung 女 -/-en (環境などの)汚染.

ver'pet·zen [fɛrˈpɛtsən] 他 《学校》(人⁴のことを)告げ口する, いいつける. j⁴ beim Lehrer ～ 人⁴のことを先生に告げ口する, 言いつける.

ver'pfän·den [fɛrˈpfɛndən] 他 担保として渡す, 抵当に入れる. sein Haus ～ 家を抵当に入れる. sein Wort für et⁴ ～ 《雅》事⁴を約束する, (の)言質(げんち)を与える.

Ver'pfän·dung 女 -/-en 抵当にいれること, 質入れ; 《法制》質権設定.

ver'pfei·fen* [fɛrˈpfaɪfən] 他 《話》1 (人・事³)のことを密告する(bei j³ 人³に). 2 ein Spiel ～ 《スポーツ》(審判が)笛の吹きすぎでゲームをこわす.

ver'pflan·zen [fɛrˈpflantsən] 他 1 《植物を》植え替える, 移植する. Einen alten Baum verpflanzt man nicht. 《話》老樹は植え替えないものだ(老人は環境の変化をきらう, の意). 2 《医学》(組織・器官を)移植する.

Ver'pflan·zung 女 -/-en 植え替え, 移植; 《医学》移植(手術).

ver'pfle·gen [fɛrˈpfleːgən] 他 (人⁴の)食事の世話をする, 賄(まかな)いをする. 《再帰的に》sich⁴ selbst ～ 自炊する.

***Ver'pfle·gung** [fɛrˈpfleːgʊŋ フェアプフレーグング] 女 -/-en 《複数なし》食事の世話, 賄(まかな)い; 給食. Zimmer mit voller ～ 3 食賄い付きの部屋. 2 《複数まれ》(賄いの)食事.

Ver'pfle·gungs·amt 中 -[e]s/..er 《軍事》兵站(へいたん)部, 物資補給所.

***ver'pflich·ten** [fɛrˈpflɪçtən フェアプフリヒテン] ❶ 他 1 (人⁴に)義務を負わせる, 義務づける; 誓わせる. j⁴ eidlich〈durch Eid〉 ～ 人⁴に宣誓によって約束させる. Beamte auf die Verfassung ～ 公務員に憲法順守を誓わせる. j⁴ zu et³ ～ 人⁴に事³を義務づける. j⁴ zu einer Zahlung ～ 人⁴に支払いを義務づける. 《zu 不定詞句と》j⁴ dazu〈daran〉 ～, ...zu tun ～, ...することを義務づける. Er hat mich dazu〈daran〉 verpflichtet, für seine Kinder zu sorgen. 彼は私に彼の子供たちの面倒を見ることを約束させた. 《事が主語 / しばしば目的語なしで》Sein Eid verpflichtete ihn zum Gehorsam. 宣誓が彼に服従を義務づけた. Adel verpflichtet. 貴族には義務がともなう. 2 (俳優・スポーツ選手などと)契約を結ぶ, (を)契約して雇う. einen Schauspieler als Mephisto〈für die Titelrolle〉 ～ ある俳優とメフィスト役〈主人公役〉の出演契約を結ぶ. j⁴ an die Staatsoper ～ 人⁴と国立オペラ劇場への出演契約を結ぶ. j⁴ auf〈für〉 zwei Jahre ～ 人⁴と 2 年契約を結ぶ.

❷ 再 (sich⁴) 1 (zu et³ 事³の)義務を負う. sich zum Schweigen ～ 守秘義務を負う. Er hat sich vertraglich verpflichtet, die Arbeit zu übernehmen. 彼はその仕事を引き受ける契約上の義務を負った. 2 (俳優・スポーツ選手などの)契約を結ぶ. Er hat sich ans Stadttheater auf〈für〉 drei Jahre verpflichtet. 彼は市立劇場と 3 年契約を結んだ.

♦ ↑verpflichtend, verpflichtet

ver'pflich·tend 現分 形 拘束力のある.

ver·pflich·tet [fɛrˈpflɪçtət] 過分 形 **1** (zu et³ 事³の)義務を負った. zum Schweigen ~ sein 守秘義務を負っている.《zu 不定詞句と》Ich bin ~, ihr zu helfen. 私は彼女を助ける義務がある. **2**（人⁴事³の）おかげを被った，(に)恩義がある. Ich bin ihm [zu Dank] ~. / Ich fühle mich ihm [zu Dank] ~. 私は彼に恩義がある. Seine Werke sind diesem großen Meister ~.《雅》彼の作品はこの大家に負うところが大きい.

Ver·pflich·tung [fɛrˈpflɪçtʊŋ] 女 -/-en **1**《複数なし》(a) 義務を負わせる（負う）こと，義務づけ. (b) (俳優・スポーツ選手などに対する)契約. die ~ eines Sängers an die Staatsoper ある歌手の国立オペラ劇場への出演契約. **2** 義務，責務，責任. berufliche〈vertragliche〉 ~en 職業上の〈契約上の〉義務. eine ~ erfüllen 義務を果たす. *seinen ~en* nachkommen 自分の義務を果たす(↑3). Ich habe die ~, bei ihr zu bleiben. 私は彼女のもとにとどまる義務がある. **3**《ふつう複数形》債務. *seinen ~en* nachkommen 債務を履行する(↑2).

ver·pfu·schen [fɛrˈpfʊʃən] 他《話》いい加減なことをして台無しにする，しくじる. eine Arbeit ~ 仕事をしくじる. *seine* Karriere ~《比喩》出世を棒にふる.《過去分詞で》ein verpfuschtes Leben 失敗した人生.

ver·pi·chen [fɛrˈpɪçən] 他 (↑Pech) (物⁴に)ピッチを塗る.《過去分詞で》auf et⁴ *verpicht*(=erpicht) sein《話》物⁴が欲しくてどうしようもしている, (に)執心している.

ver·pim·peln [fɛrˈpɪmpəln] 他《話》(verpäppeln) 甘やかす.

ver·pis·sen [fɛrˈpɪsən]《卑》**❶** 他 おしっこで濡らす(汚す). **❷** 再《sich⁴》(こっそり)立ち去る，ずらかる. *Verpiss dich*! うせやがれ.

ver·pla·nen [fɛrˈplaːnən] 他 **1** (事⁴の)計画を誤る, (を)間違って計画する. **2** (人⁴事⁴を)計画に組込む.《過去分詞で》Auf Wochen hinaus bin ich *verplant*. 数週間先まで私は予定がつまっている.

ver·plap·pern [fɛrˈplapərn] 再《sich⁴》《話》うっかり口を滑らせる，ぺらぺらしゃべってしまう.

ver·plau·dern [fɛrˈplaʊdərn] **❶** 他 (ある時間を)おしゃべりして過ごす. **❷** 再《sich⁴》**1** おしゃべりして時間を忘れる, おしゃべりにうつつを抜かす. **2** (まれ)(うっかり)口を滑らせる.

ver·plem·pern [fɛrˈplɛmpərn] **❶** 他 **1**《話》(vergeuden)（お金・時間などを）無駄に使う，浪費する. **2**《地方》(液体を)こぼす. **❷** 再《sich⁴》(くだらないことにかかずらって)時間(労力, チャンス)を費やす.

ver·plom·ben [fɛrˈplɔmbən] 他 (物⁴を)鉛で封印する.

ver·pö·nen [fɛrˈpøːnən] 他 **1**《古》(法律で)禁止する，禁制する. **2**（世間一般の習慣などに従って）禁忌する，タブーとする. ♦ ↑verpönt

ver·pönt 過分 形《雅》禁忌された，タブーの；禁物の, ご法度(はっと)の. So etwas zu tun, ist in guter Gesellschaft ~. そんなことをするのは上流社会ではご法度だ.

ver·pras·sen [fɛrˈprasən] 他 (お金・財産を)浪費する, 蕩尽する, 食いつぶす.

ver·prel·len [fɛrˈprɛlən] 他 **1**《狩猟》(鳥獣をおびえさせて)追いやって(逃がして)しまう, 寄りつかなくさせる. **2**《話》（人⁴を)怒らせてしまう, (の)ひんしゅくを買う; (を)辟易させる.

ver·pro·vi·an·tie·ren [fɛrprovianˈtiːrən] 他 （人⁴に)食糧を支給する.《再帰的で》Ich hatte mich gut *verproviantiert*. 私はたっぷりと食糧を準備しておいた.

ver·prü·geln [fɛrˈpryːɡəln] 他《話》さんざんぶん殴る，たたきのめす.

ver·puf·fen [fɛrˈpʊfən] 自 (s) **1** 急にぼっと燃え上がる；《化学》突燃を起す. **2**《比喩》空しく終る, 不発(空振り)に終る,（喜びなどが）空しくしぼむ, はかなく消える.

ver·pul·vern [fɛrˈpʊlfərn, ..vərn] 他《話》(金銭を)浪費する, 湯水のように使う.

ver·pum·pen [fɛrˈpʊmpən] 他《話》(verleihen) (物⁴を)貸す.

ver·pup·pen [fɛrˈpʊpən] 再《sich⁴》(幼虫が)蛹(さなぎ)になる, 蛹化(ようか)する.

ver·pus·ten [fɛrˈpuːstən] 自 再《sich⁴》《北ド》《話》一息を継ぐ, ひと休みする.

Ver·putz [fɛrˈpʊts] 男 -es/ (壁・天井などの)上塗り, 化粧塗(けしょうぬ)り, 漆喰(しっくい), モルタル, プラスター.

ver·put·zen [fɛrˈpʊtsən] 他 **1**（物⁴に)化粧塗りを施す, モルタルを塗る. die Decke ~ 天井に漆喰(しっくい)を塗る. **2**《話》ぺろりと平らげる. **3**《話》(お金などを)あっという間に使い果たす. **4**《話》(スポーツで相手を)ひとひねりする, 軽く一蹴する.

ver·qual·men [fɛrˈkvalmən] **❶** 自 (s) (煙草などが)くすぶる. **❷** 他《話》**1** (部屋などを)もうもうと煙でいっぱいにする.《過去分詞で》im *verqualmten* Zimmer もうもうと煙の立ちこめた部屋で. **2**（お金を)煙草代に費やす.

ver·quält [fɛrˈkvɛːlt] 形 (まれ) 苦悩(心痛)に満ちた, ひどく苦しげな.

ver·qua·sen [fɛrˈkvaːzən] 他《北ド》(vergeuden) 無駄遣いする, 浪費する.

ver·quat·schen [fɛrˈkvatʃən]《話》**❶** 他 (verplaudern)（ある時間を)おしゃべりして過ごす. **❷** 再《sich⁴》(sich verplaudern) **1** おしゃべりして時間を忘れる. **2**（まれ)(うっかり)口を滑らせる.

ver·quel·len* [fɛrˈkvɛlən] 自 (s) (水を吸って)膨(ふく)れる；（目・顔などが)腫(は)れる, むくむ.《過去分詞で》vom Weinen *verquollene* Augen 泣きはらした目.

ver·quer [fɛrˈkveːr] 形《比較変化なし》《話》**1** 奇妙な, 変な, どうもおかしい, しっくりしない; 不都合な, 具合の悪い. ~e Ideen おかしげな考え. eine ~e Situation へんてこな状態. Alles geht mir heute ~. 何をやっても今日はうまくいかない. Das kommt mir ~. それは私にはどうも具合が悪い. **2**（多く副詞的用法で）（正しい位置から)ずれた, 曲がった, 斜めの. Der Helm saß ihm etwas ~ auf dem Kopf. ヘルメットが彼の頭の上ですこし斜になっていた.

ver·qui·cken [fɛrˈkvɪkən] 他 **1**《工学》（金属を)アマルガムにする, 汞和(こうわ)させる. **2**《比喩》結びつける et⁴ mit et³ 事⁴を事³と》結びつける.《過去分詞で》Die beiden Angelegenheiten sind eng miteinander *verquickt*. 2つの事柄は互いに密接に結びついている.

Ver·qui·ckung 女 -/-en アマルガム化, 汞和(こうわ); 《比喩》結びつけること.

ver·quir·len [fɛrˈkvɪrlən] 他 (↑Quirl) 攪拌(かくはん)器でかき混ぜる.

ver·ram·meln [fɛrˈraməln] 他《話》(ドアなどを)障害物でふさぐ(さえぎる).

ver·ram·schen [fɛrˈramʃən] 他《話》投売りで(捨て売り)する.

*****Ver·rat** [fɛrˈraːt] フェアラート 男 -[e]s/ **1** (秘密の)漏洩(ろうえい). **2** 裏切り, 背信. an j⟨et⟩³ ~ begehen 人

ver´ra·ten[1] [fɛrˈraːtən フェアラーテン] ❶ 他 1 (人・事)[4]を裏切る. *seinen* Freund ~ 友を裏切る. *sein* Land ~ 国を売る. *seine* Ideale ~ 理想に背く.《過去分詞で》*verraten* und verkauft sein (人に見捨てられ見限られて)途方に暮れはてている. Er fühlt sich[4] von allen *verraten* und verkauft. 彼は誰からも見捨てられ見放されたと感じている. **2** (a)《秘密など》漏らす. ein neues Projekt an j[3] ~ 新しいプロジェクトを人[3]に漏らす. (b)《戯》(人[3]に事[4]を)そっと教える, こっそり打ち明ける. **3**《比喩》表に出す, 露呈する. Sie *verrät* nie ihre Gefühle. / Sie *verrät* nie, was sie fühlt. 彼女は胸のうちを決してのぞかせない.《事が主語》Sein Blick *verriet* große Angst. 彼の目には大きな不安の色が浮かんでいた. Er ist Ausländer, seine Sprache *verrät* ihn. 彼は外国人だな, 発音でそれと分かるよ.

❷ 再 (sich[4]) (ある人が)正体を見せてしまう, 本心(素姓)が知れる; (本心などが)あらわれる, ほの見える. *sich* als der Täter ~ 真犯人であることが知れてしまう. Durch ein unbedachtes Wort hat er *sich verraten*. 不用意なひと言で彼は本心が知れてしまった. In diesen Worten *verriet sich* eine Anspannung. これらの言葉の中に緊張が顔をのぞかせていた.

ver´ra·ten[2] verraten[1]の過去分詞.

Ver·rä´ter [fɛrˈrɛːtər] 男 -s/- 裏切り者, 謀反人; 秘密漏洩者, 密告者, 内通者.

Ver·rä·te·rei´ [fɛrrɛːtəˈraɪ] 女 -/-en (ちょっとした)裏切り; 秘密を漏らしてしまうこと.

ver´rä·te·risch [fɛrˈrɛːtəriʃ] 裏切りの, 謀反の, 背信の; (はからずも)本心をうかがわせるような, 本音を漏らしてしまうような.

ver´ratzt [fɛrˈratst] 形《述語的用法で》~ sein《話》もうお終いである, もうだめである.

ver·rau´chen [fɛrˈraʊxən] ❶ 自 (s) 1《煙・湯気などが》消える, 霧散する. **2**《比喩》(怒りなどが)おさまる, しずまる. ❷ 他 1 (お金などを)喫煙に費やす. **2** (部屋などを)煙でいっぱいにする.《過去分詞で》eine *verrauchte* Stimme《比喩》嗄(しゎが)れた声.

ver·räu´chern [fɛrˈrɔʏçərn] 他 (部屋などを)煙っぱいにする, 煙でいぶす, 煤くさせる.

ver·rau´schen [fɛrˈraʊʃən] 自 (s) (ざわめき・拍手などが)鳴りやむ, おさまる;《比喩》(情熱・興奮などが)冷める.

ver·rech´nen [fɛrˈrɛçnən] ❶ 他 1 (et[4] mit et[3] 物[4]を物[3]と)差引勘定にする. einen Gutschein mit dem Kaufpreis ~ 手形と買入れ代金を差引勘定にする. 2 einen Scheck ~ (現金払いせずに)小切手を銀行口座に入れる. ❷ 再 (sich[4]) 1 計算間違いをする. 2《比喩》見込み違い(誤算)をする.

Ver·rech´nung 女 -/-en 1 差引勘定; 決済, 清算. 2《比喩》見込み違い; 誤算.

Ver·rech´nungs·scheck 男 -s/-s(-e)《商業》計算小切手, 銀行渡り小切手.

ver·re´cken [fɛrˈrɛkən] 自 (s) 1 (家畜などが)死ぬ. **2**《卑》(a) (人が)くたばる, 野垂れ死にする.《中性名詞で》ums *Verrecken* nicht 断じて(絶対に)...しない. (b) (物が)ぶっ壊れる, ぶっつぶれる.

ver·reg´nen [fɛrˈreːɡnən] 他 自 (s)《収穫・休日などが》雨で台無しになる.《過去分詞で》ein *verregneter* Ausflug 雨にたたられた遠足. ❷ 他 (水を散水器で撒く.

ver·rei´ben* [fɛrˈraɪbən] 他 1 (軟膏などを)すり込む. **2** (汚れ・染みなどを)こすり落とす.

ver·rei´sen [fɛrˈraɪzən フェアライゼン] 自 (s) 旅行に出る. Er ist zur Zeit *verreist*. 彼は目下旅に出ている.

ver·rei´ßen* [fɛrˈraɪsən] 他 1《地方》(衣服を着古して)ぼろぼろにする. **2**《話》(芝居・俳優・歌手などを)酷評する, さんざんにこきおろす. **3**《話》(ハンドルを)とられる. das Steuer〈den Wagen〉 ~ ハンドルを取られる.《非人称的に》*Es verriss* ihm das Steuer. 彼はふいにハンドルを取られた. **4** den Wurf ~《スポーツ》ボールを大きく投げ損なう(とんでもない方へ投げる).

ver·ren´ken [fɛrˈrɛŋkən] 他 1 j[3] den Arm ~ 人[3]の腕を脱臼させる.《再帰的に》*sich*[3] den Fuß ~ 足を脱臼する. *sich*[3] den Hals nach j(et)[3] ~《話》人〈物[3]〉を見ようとして首を伸ばす, (の)方を期待に満ちた(興味津々の)目で見る. Bei diesem Wort kann man *sich*[3] die Zunge ~.《話》この言葉を口にすると舌を嚙みそうになる. **2** (四肢などを)不自然にねじ曲げる. *seine* Gliedmaßen ~ 四肢を無理にねじ曲げる.《再帰的に》Die Tänzerin *verrenkte sich*[4]. 踊り子は体を不自然によじった.

Ver·ren´kung 女 -/-en 1 脱臼. **2** 四肢を不自然にねじ曲げること.

ver·ren´nen* [fɛrˈrɛnən] 再 (sich[4]) 1 間違った方向に考え(計画)を進める. **2** (in et[4] 事[4]に)固執する, とらわれる, 凝り固まる.

ver·rich´ten [fɛrˈrɪçtən] 他 きちんと行う, 果たす, 実行(遂行)する. eine Aufgabe ~ 任務をきちんと果たす. *sein* Gebet ~ お祈りをする. *seine* Notdurft ~ 用便をする.

Ver·rich´tung 女 -/-en 1《複数なし》(仕事などを)きちんと行うこと; 実行, 遂行, 履行. **2** (きちんと果たすべき)仕事, 業務, つとめ. tägliche ~*en* 日々の仕事.

ver·rie´geln [fɛrˈriːɡəln] 他 (ドアなどに)閂(かんぬき)を掛ける, 錠を差す.

ver·rin´gern [fɛrˈrɪŋərn] ❶ 他《数量》減らす, 少なくする;《速度など》落す;《価格など》下げる. den Abstand ~ 距離を縮める. die Kosten ~ 費用を削減する. ❷ 再 (sich[4]) 減る, 少なくなる; 落ちる, 下がる.

Ver·rin´ge·rung 女 -/-en《複数まれ》減少, 縮小, 低減.

ver·rin´nen* [fɛrˈrɪnən] 自 (s) 1 (水流などが)しみ込んで消える. Das Wasser *verrinnt* im Sand. 水が砂にしみ込む. **2**《雅》(時が)流れる, 過ぎゆく.

Ver·riss´, °**Ver·riß´** [fɛrˈrɪs] 男 -es/-e《話》(本・芝居・映画などに加えられる)酷評, 辛らつな批評.

ver·ro´hen [fɛrˈroːən] 自 (s) 荒(す)む, 粗野(粗暴)になる. 他 (人[4]を)荒ませる, 粗野(粗暴)にさせる.

ver·rol´len [fɛrˈrɔlən] ❶ 自 (s) 1 (雷鳴・砲声などが)次第に鳴りやむ. ❷ 他《話》(verprügeln) (人[4]を)ぶちのめす, さんざん殴る. ❸ 再 (sich[4])《戯》ベッドに入る, 横になる.

ver·ros´ten [fɛrˈrɔstən] 自 (s) 錆(さ)びる, 錆びつく.《過去分詞で》eine *verrostete* Stimme《戯》だみ声.

ver·rot´ten [fɛrˈrɔtən] 自 (s) 1 (木・紙などが)腐る, 朽ちる, ぼろぼろになる; (建造物などが)老朽化する. **2**《比喩》(社会などが)腐敗する, 堕落する.《過去分詞で》eine *verrottete* Gesellschaft 腐敗した社会.

ver·rucht´ [fɛrˈruːxt] 形 1《雅》《古》破廉恥な, 恥ず

べき, 卑劣な, 邪悪な. ein 〜*er* Kerl 無頼漢. eine 〜*e* Tat 破廉恥な行為. **2** 不道徳な, いかがわしい, あやしげな. ein 〜*es* Lokal いかがわしい飲み屋. Sie hat ihr 〜*es* Lächeln aufgesetzt.《戯》彼女は例の下卑(げび)た微笑を浮かべて見せた.

Ver'rucht·heit 囡 –/–en **1**《複数なし》破廉恥なこと, 恥知らず; 極悪非道なこと. **2**《まれ》破廉恥な所業.

ver'rü·cken [fɛr'rʏkən] 他 ずらす, 移す, (元の位置から)動かす. die Grenze 〜 境界を動かす. einen Tisch 〜 テーブルをずらす.

ver'rückt [fɛr'rʏkt フェアリュクト] 過分 形 (↑ verrücken) **1**《話》気のふれた, 頭の狂った. Er benahm sich⁴, als wäre er 〜. 彼はまるで狂ったような振舞をした. Bei dieser Hitze kann man ja 〜 werden. この暑さでは気も変になるよ. Ich werd' 〜!《話》信じられない, 驚いた. wie 〜《話》狂ったように, むちゃくちゃに. Es regnete wie 〜. 雨がものすごく降った. 〜 spielen《話》(人が)ふつうでない, ふつうでない;(機械などが)調子がおかしい. Herr Meyer spielt heute mal wieder 〜. マイヤーさんは今日も今日もまた様子がおかしい. In diesem Winter spielt das Wetter 〜. この冬はお天気がおかしい. *Verrückt* und fünf ist neune!《話》(馬鹿げたことに呆れて)これは少々イカれてるぜ, 頭がおかしいんじゃないか《Vier und fünf ist neun[e]. のだじゃれ》. **2**《話》(a) 狂ったような, 気違いじみた, 途方もない, むちゃくちゃな. 〜*e* Ideen 途方もない考え. ein 〜*er* Kerl むちゃくちゃなやつ. sich⁴ 〜 kleiden 突拍子もない服装をする. auf et⁴ 〜 sein 〜 には目がない,(が)大好きである. auf j⁴〈nach j¹〉〜 sein 人⁴,³に夢中である, ぞっこんである.《名詞的用法で》 etwas ganz *Verrücktes* anstellen 突拍子もないことをする. (b)《副詞的用法で》(sehr) ひどく, むちゃくちゃに. Es ist doch 〜 heiß. いやはやひどい暑さだね.

Ver'rück·te 男 囡《形容詞変化》**1** 気のふれた人, 狂人. **2** むちゃくちゃな人, 常軌を逸した人.

Ver'rückt·heit 囡 –/–en《複数なし》気がふれていること, 狂っていること; 狂気, 錯乱. **2** 常軌を逸した言動, とっぴな考え(振舞), 気違い沙汰.

Ver'rückt·wer·den 中 –s/《次の成句で》Das ist [ja] zum 〜.《話》これはやりきれない, 気が変になりそうだ.

Ver'ruf [fɛr'ruːf] 男 –[e]s/ 悪評, 不評.《ふつう次の成句で》j⟨et⟩⁴ in 〜 bringen 人〈事⟩⁴の評判を悪くする. in 〜 kommen〈geraten〉不評を買う, 評判を落す.

ver'ru·fen [fɛr'ruːfən] 形 評判の悪い, 悪名高い, とかく噂のある, いかがわしい.

ver'rüh·ren [fɛr'ryːrən] 他 (物⁴を)かき混ぜる, 混ぜ合せる (mit et³ 物³と).

ver'ru·ßen [fɛr'ruːsən] ❶ 自 (s) 煤(すす)ける, 煤だらけになる. ❷ 他《まれ》煤けさせる, 煤だらけにする, 煤で汚す.

ver'rut·schen [fɛr'rʊtʃən] 自 (s) 滑ってずれる, ずり落ちる.

*****Vers** [fɛrs フェルス] 男 –es/–e (*lat.*) **1**《略 V.》詩句, 詩行;《複数で》韻文. gereimte〈reimlose〉〜*e* 韻文詩(無韻詩). 〜*e* machen 詩を作る. sich³ einen 〜 auf et⁴〈aus et³〉machen können《話》事⁴,³を理解する, 納得する. Darauf〈Daraus〉kann ich mir keinen 〜 machen. そのことは私にはとんと合点がいかない. ein Epos in 〜*en* 韻文で書かれた叙事詩. et⁴ in

〜*e* bringen〈setzen〉事⁴を韻文にする. **2** (a)《話》(Strophe) 詩節, 連. (b)《略 V.》(聖書の)節.

ver'sach·li·chen [fɛr'zaxlɪçən] 他《議論・表現などより》客観的なものにする.

ver'sa·cken [fɛr'zakən] 自 (s) **1** (a) (船などが)沈む, 沈没する. (b) 地盤などが)沈下する. (c) (車輪などが)めり込む (in et³ 物³の中に). **2**《話》堕落する, 身を持ち崩す, くれる. (b) 夜を徹して飲む, 飲み明かす.

*****ver'sa·gen** [fɛr'zaːgən] フェアザーゲン ❶ 他《雅》(人³に事⁴を)拒む, 拒絶する, 与えない; 禁じる, 許さない. j³ seine Hilfe 〜 人³の助力を拒む. Er hat diesem Vorschlag seine Zustimmung *versagt*. 彼はこの提案に同意することを拒んだ. Die Beine *versagten* ihm den Dienst. 彼は脚がきかなくなった.《過去分詞で》Kinder blieben uns *versagt*. 私たちは子宝に恵まれなかった. Es war mir *versagt*, den Garten zu betreten. 私は庭に足を踏み入れることを許されなかった.

❷《sich³/sich⁴》**1**《sich³》sich et⁴ 〜 事⁴を諦める, 断念する. sich ein Vergnügen 〜 ある楽しみを諦める. Ich kann es *mir* nicht 〜, darauf hinzuweisen. 私はそのことに言及せずにはいられない. **2**《sich⁴》sich j³ 〜 人³の意のままにならない. (b) 拒む.

❸ 自 **1** (機械などが)機能しない, いうことをきかない, 役に立たない. Der Motor *versagte*. エンジンがかからなかった (動かなくなった). Vor Aufregung *versagte* ihre Stimme. 興奮のあまり彼女は声が出なくなった. **2** (人が)力を発揮できない. Er hat im Examen völlig *versagt*. 彼は試験でまったく力を出せなかった.《中性名詞として》menschliches *Versagen* 人為ミス.

Ver'sa·ger [fɛr'zaːgər] 男 –s/– **1** 期待はずれの人, だめな人, 役立たず. **2** (a) (商品などについて)期待はずれのもの, 失敗作; 不良品, 欠陥品. Sein neues Buch war ein 〜. 彼の新刊本はさっぱりだった. Die Patrone war ein 〜. その弾薬筒は不発だった. (b) (突然の)故障. Mit diesem Auto gab es gar keine *Versager*. この自動車には故障がまったくおきなかった.

Ver'sa·gung 囡 –/–en 拒否, 拒絶; 断念.

ver'sah [fɛr'zaː] versehen¹ の過去.

Ver'sailles [vɛr'zaɪ, vɛr'zaːj]《地名》ヴェルサイユ (パリ南方の都市. 有名な宮殿がある).

Ver'sal [vɛr'zaːl] 男 –s/..lien[..liən] (*lat.*) (↑Vers) 《印刷》(Großbuchstabe) 大文字.

Ver'sal·buch·sta·be –ns/–n =Versal

ver'sal·zen(*) [fɛr'zaltsən] ❶ 他 **1**《過去分詞 versalzen, まれ versalzt》(物⁴に)塩を入れすぎる, 塩味をきかせすぎる. Die Suppe ist *versalzen*. スープは塩がききすぎている. **2**《過去分詞 versalzen》j³ et⁴ 〜《話》人³の事⁴(計画など)を台無しにする, ぶちこわす. j³ die Suppe 〜《比喩》人³の楽しみを台無しにする. ❷ 自 (s)《過去分詞 versalzt》(土壌・湖水などが)塩分を帯びる; 塩分を増す.

*****ver'sam·meln** [fɛr'zaməln フェアザメルン] ❶ 他 **1** 呼び集める, 集合させる; 招集する. *seine* Kinder um sich⁴ 〜 子供たちをまわりに呼び集める.《受動態で》zu *seinen* Vätern *versammelt* werden《雅》《古》みまかる(死んで「父祖たちのもとに呼び集められる」ことから). **2**《馬術》(馬に)収縮姿勢をとらせる.《過去分詞で》Der Schauspieler gab die Figur sehr *versammelt*.《比喩》俳優はその役を一心不乱に演じた. ❷ 再《sich⁴》集まる, 集合する; 会合する.

*****Ver'samm·lung** [fɛr'zamlʊŋ フェアザムルング] 囡 –/–en **1**《複数なし》呼び集めること, 招集; 集合. **2**

集会, 集まり, 会議, 会合; 参集者, 会衆. die gesetzgebende ~ 立法府. eine ~ einberufen 会議を招集する. die ~ eröffnen〈schließen〉集会を開く〈閉じる〉. 3《馬術》(馬の)収縮姿勢.

Ver·samm·lungs·frei·heit 囡 -/ 集会の自由.

Ver·sand [fɛrˈzant] 男 -[e]s/ 1 (商品の)発送, 出荷, 荷送り. Waren zum ~ fertig machen 商品の出荷準備を整える. 2 (Versandabteilung) (会社の)発送部. 3 (Versandhaus) 通信販売会社.

Ver·sand·ab·tei·lung 囡 -/-en (商社などの)発送部.

ver·san·den [fɛrˈzandən] 自 (s) 1 (河口などが)砂で埋まる, 砂で浅くなる. 2《比喩》(交渉などが)しだいに遠のく, 徐々に途絶える; 沙汰やみになる.

ver·sand·fer·tig 発送準備の整った, 出荷待ちの.

Ver·sand·ge·schäft 中 -[e]s/-e 1《複数なし》通信販売, 通販. 2 (Versandhaus) 通信販売会社.

Ver·sand·han·del 男 -s/ 通信販売, 通販.

Ver·sand·haus 中 -es/⸚er 通信販売会社.

ver·sandt [fɛrˈzant] versenden の過去分詞.

ver·sand·te [fɛrˈzantə] versenden の過去.

ver·sank [fɛrˈzaŋk] versinken の過去.

Ver·satz [fɛrˈzats] 男 -es/ 1 質入れ, 入質. 2《演劇》大道具. 3《鉱業》(採掘跡の)充塡, ぼた詰め.

Ver·satz·amt 中 -[e]s/⸚er (南ドイツ・オーストリア)(Leihhaus) 質屋.

Ver·satz·stück 中 -[e]s/-e 1《演劇》大道具. 2 (古風)(Pfand) 質草.

ver·sau·en [fɛrˈzaʊən] 他《卑》1 ひどく汚す. 2 台なしにする, ぶちこわす.

ver·sau·ern [fɛrˈzaʊɐrn] 自 (s) 1 (ワインなどが)酸っぱくなる. 2《生態》(土壌・湖沼などが)酸性化する. 3《話》(a) (田舎住まいなどで)知的生活意欲を失う, 精神的に無気力になる. (b) (人³の事⁴を)台なしにする, ぶちこわす.

ver·sau·fen* [fɛrˈzaʊfən] ❶ 他《卑》(vertrinken) (お金を)酒代に費やす. ❷ 自 (s)《地方》(ertrinken) 溺れ死ぬ. 2《鉱業》(立坑などが)水浸しになる. ◆↑versoffen

*****ver·säu·men** [fɛrˈzɔʏmən] フェアゾイメン ❶ 他 1 (機会などを)逃す, 逃し; (大事なことを)見逃す, 聞き逃す, しそこなう; (乗物に)乗遅れる; (期日などに)遅れる; (時間を)無駄にする. den letzten Bus ~ 最終バスに乗遅れる. eine gute Gelegenheit ~ 好機を逃す. Du hast nichts *versäumt*, wenn du den Film nicht gesehen hast. その映画は見なくてもどうということはない(たいしたことはない). Da hast du etwas *versäumt*! それじゃ君は惜しいことをしたね. Ich habe nichts zu ~. 私は別に急ぐ用はない. 2 (なすべきことを)怠る, ゆるがにする; (授業や会合などに)欠席する, すっぽかす, さぼる. seine Pflicht ~ 義務を怠る. die Schule ~ 学校をさぼる. Er *versäumte* nicht, das hinzuzufügen. 彼はそれを付加えるのを忘れなかった.《過去分詞の名詞的用法で》das *Versäumte* nachholen 遅れを取り戻す. 3《狩》(aufhalten) (人⁴を)引留める. ❷ 再〈sich⁴〉ぐずぐずする, 手間取る, 遅れる.

*****Ver·säum·nis** [fɛrˈzɔʏmnɪs] フェアゾイムニス 中 -ses/-se 怠慢, 手抜かり; (約束の)不履行; (会合などへの)欠席.《法制》懈怠(けたい).

Ver·säum·nis·ur·teil 中 -s/-e《法制》欠席判決 (民事訴訟で口頭弁論期日に欠席した当事者に言い渡される判決).

'Vers·bau [ˈfɛrs..] 男 -[e]s/ (詩の)韻律構造.

ver·scha·chern [fɛrˈʃaxɐrn] 他《話》掛値をして(法外な値で)売りつける.

ver·schach·telt [fɛrˈʃaxtəlt] 入組んだ構造の, 複雑な; 入れ子になった. ein ⸚er Satz《文法》(副文が入れ子になった)箱入文.

*****ver·schaf·fen** [fɛrˈʃafən] フェアシャフェン ❶ 他 (人³のために物⁴を)手に入れてやる, 世話する, 斡旋する. j³ eine Arbeit ~ 人³に仕事を斡旋する. j³ eine Unterkunft ~ 人³に宿の世話をする. Was *verschafft* mir die Ehre〈das Vergnügen〉[Ihres Besuches]? (思いがけない訪問客に対して)ご用の向きはなんでしょうか? ❷ 再〈sich⁴〉(物⁴を)手に入れる, 入手する, 得る. sich ein Alibi ~ アリバイを作る. sich Geld ~ お金を工面する. sich Gewissheit ~ 確信を得る.

ver·scha·len [fɛrˈʃaːlən] 他《建築》板張りにする, (に)羽目板(化粧板)を張る.

ver·schal·len(*) [fɛrˈʃalən] 自 (s) (古) (verklingen) (音が)鳴りやむ, しだいに小さくなる. ↑verschollen

Ver·scha·lung 囡 -/-en 1《複数なし》板張り(にすること). 2 羽目板, 化粧板.

ver·schämt [fɛrˈʃɛːmt] 恥ずかしそうな, おずおずした, はにかんだ; 内気な, はにかみ屋の. ein ⸚es Lächeln はにかんだ微笑. ~ tun 恥ずかしそうなふりをする.

ver·schan·deln [fɛrˈʃandəln] 他 (↑Schande)《話》(物⁴の)美観を損なう, 見栄えを悪くする.

ver·schan·zen [fɛrˈʃantsən] ❶ 他 (古) (陣地などを)堡塁で囲う, 要塞化する. ❷ 再〈sich⁴〉(に)堡塁に立てこもる;《比喩》身を隠す, 隠れる. Die Truppen *verschanzten sich* hinter dem Damm. 部隊は堤防の背後に陣を敷いた. *sich* hinter einer Zeitung ~ 新聞の陰に隠れる. *sich in seinem* Büro ~ オフィスに閉じこもる. 2《比喩》(hinter et³ 事³を)盾に取る, 口実にする. *sich* hinter einer Ausrede ~ 言逃れをする. *sich* hinter *seiner* Krankheit ~ 病気を言訳にする.

Ver·schan·zung 囡 -/-en 1 堡塁に立てこもること. 2 堡塁.

ver·schär·fen [fɛrˈʃɛrfən] ❶ 他 さらに厳しくする, いっそう激しくする, 先鋭化させる; 高める, 強める, 増大させる; 悪化させる. die Kontrolle ~ 統制(管理)を強化する. die Strafe ~ 罰を一段と厳しくする. das Tempo ~ テンポを速める. ❷ 再〈sich⁴〉いっそう厳しくなる, 激化する, 先鋭化する; 強まる, 増大する; 悪化する. Die Lage *verschärft sich*. 状況は深刻化している.

Ver·schär·fung 囡 -/-en 強化, 激化, 先鋭化, 深刻化, 重大化.

ver·schar·ren [fɛrˈʃarən] 他 (物⁴を)浅く埋める, 土をかけて隠す. Der Mörder *verscharrte* sein Opfer hinter dem Haus. 人殺しは犠牲者を家の裏に埋めた.

ver·schät·zen [fɛrˈʃɛtsən] 再〈sich⁴〉他 (in et³ 事³の見積り(評価, 判断)を)誤る. *sich* in der Länge〈Breite〉um 10 Meter ~ 長さ〈幅〉を10メートル見間違える. 2《まれ》(物⁴の)見積り(評価)を判断する.

ver·schau·keln [fɛrˈʃaʊkəln] 他《話》(人⁴をだます, 欺く, 一杯食わせる. sich⁴ ~ lassen 一杯食わされる.

ver·schei·den* [fɛrˈʃaɪdən] 自 (s) 《雅》(sterben) 亡くなる, みまかる, 逝去する. ↑verschieden

ver·schei·ßen* [fɛrˈʃaɪsən] 他《卑》(voll) 糞まみれにする. [es] bei〈mit〉j³ *verschissen* haben《卑》人³の機嫌をすっかり損ねる.《再帰的に》*sich*⁴ ~ 糞まみれになる.

ver·schei·ßern [fɛrˈʃaɪsərn] 他《卑》(veralbern)(人を)馬鹿にする, 虚仮(にする; だます. Von dir lasse ich mich nicht ~. おまえなんかに馬鹿にされてたまるものか.

*****ver·schen·ken** [fɛrˈʃɛŋkən] フェアシェンケン ❶ 他 **1** (a)(et⁴ an j⁴ 物⁴を人⁴に)贈る, プレゼントする; くれてやる. Er hat sein ganzes Geld an die Armen *verschenkt*. 彼は有り金をそっくり貧しい人たちに贈与した. Ich habe nichts zu ~. 私にはただでくれてやるものなどない. (b)《比喩》(微笑·視線などを)送る. ein Lächeln ~ 微笑みかける. **2** (得点などを)むざむざと許す; (勝利などを)みすみすのがす. den Absprung gut 10 cm ~ 《走り幅跳びなどで》踏切でゆうに 10 センチも損をする. ❷ 再 (**sich**⁴) *sich* j³〈an j⁴〉~《雅》人³,⁴に身をまかせる.

ver·scher·beln [fɛrˈʃɛrbəln] 他《話》(物⁴を)安値で売る, 投げ売りする, たたき売る.

ver·scher·zen [fɛrˈʃɛrtsən] 再 (**sich**³) *sich* et⁴ ~ 軽率さから物⁴をみすみす失う, 取り逃がしてしまう. *sich* eine Gelegenheit ~ せっかくの機会を取逃がす. *sich* j² Gunst ~ あたら人²の好意に水をさすようなまねをする.《不定の **es**⁴ と》es *sich*³ bei j³ ~ 人²の友情をみすみす失う.

ver·scheu·chen [fɛrˈʃɔyçən] 他 **1** (人·動物を)追い払う, 追いやる. **2**《比喩》(不安·鬱念などを)払いのける, 払拭する.

ver·scheu·ern [fɛrˈʃɔyərn] 他《話》=verscherbeln

ver·schi·cken [fɛrˈʃɪkən] 他 **1** (versenden)(商品などを)発送する. Anzeigen〈Prospekte〉~ 通知状〈説明書〉を発送する. **2** (人⁴を)送り出す, 派遣する, 遣(や)る;(保養などのために)転地させる. Kinder aufs Land ~ 子供たちを田舎へやる. Sträflinge ~ 囚人を追放する(流刑に処す).

Ver·schi·ckung 女 -/-en **1** 発送. **2** 保養にやること; 追放, 流刑.

ver·schieb·bar [fɛrˈʃiːpbaːr] 形 (押して)ずらすことのできる, 可動の;(期日などが)動かせる, 延期できる.

Ver·schie·be·bahn·hof [fɛrˈʃiː·bə·] 男 -[e]s/-e 《鉄道》(Rangierbahnhof) 操車場.

*****ver·schie·ben** [fɛrˈʃiːbən] フェアシーベン ❶ 他 **1** (押して)ずらす, 動かす, 位置を変える. Eisenbahnwagen ~ 鉄道車輌を入替える, 操車する. den Tisch ~ テーブルをずらす. Das *verschiebt* das ganze Bild.《比喩》それによって全体像がずれてくる. **2**(時間的に)ずらす, 延期する. die Abreise ~ 旅立ちをずらす, 延期する. einen Termin um acht Tage ~ 期日を 1 週間延期する. **3**《話》不法に取引きする, 闇で売買する. Devisen ins Ausland ~ 外国に不法送金する. ❷ 再 (**sich**⁴) **1** ずれる, 位置が変る. **2** 延期される.

Ver·schie·bung 女 -/-en **1** ずらす(ずれる)こと; ずれ, 移動. **2** 延期. **3** (a)《音楽》(ピアノの弱音ペダル. (b)《地学》(断層の)変位. (c)《物理》変位.

ver'schie·den

[fɛrˈʃiːdən] フェアシーデン
過分 (↑verschieden) **1**《比較変化は最上級のみ》(互いに)異なった, 相違した, 別の. Ich bin darüber ~er Ansicht〈Meinung〉². 私はこの点については意見が異なる. ~e Interessen〈die ~sten Interessen〉 haben 利害関係が〈利害関係が大きく〉異なる. et⁴ auf ~e Weise ausdrücken 事⁴を別の表現で言葉に表す. Die beiden sind sehr ~. 両者はおおいに異なっている. ~ sein wie Tag und Nacht 昼と夜ほども違っている, 天地ほどの相異がある. Sie sind im Charakter sehr voneinander〈voneinander sehr ~〉. 彼らはたがいに性格がおおいに異なっている. in〈nach〉 Größe ~ sein / ~ groß sein 大きさが違っている. Das ist 〈von Fall zu Fall〉~. それはケースバイケースである. von Woche zu Woche ~ sein 週毎に異なる. **2**《不定数詞のように用いて》(a)《複数で》いくつか(いく人か)の, 若干の, さまざまな. ~e Bücher 何冊かの本, いろいろな本. ~e Leute 何人かの人々, さまざまな人々. ~e Mal[e] いく度か, 何度か.《最上級で》aus ~sten Gründen ありとあらゆる場所で. aus ~sten Gründen じつにさまざまな理由から.《名詞的用法で》*Verschiedene* äußerten sich⁴ unzufrieden. いろんな人が不満を表明した. (b)《単数で》《名詞的用法で》いくつかのこと, 若干のこと; さまざまなこと;(新聞などの)雑報;(議事録などの)雑件. Mir ist *Verschiedenes*〈~es〉unklar. 私にはいくつかのことがはっきりしない. Da hört *sich*⁴ doch *Verschiedenes*〈~es〉auf!《話》それはあんまりだ! **3**《雅》今は亡き, 故人の.

ver·schie·den·ar·tig 形 さまざまな種類(性質)の; さまざまな, 種々の, 雑多な.

Ver·schie·den·ar·tig·keit 女 -/ 多種多様なこと, 雑多なこと.

ver·schie·de·ne Mal[e], °**ver·schie·de·ne·mal** 副 何度か, いく度か.

ver·schie·de·ner·lei [fɛrˈʃiːdənərˈlaɪ] 形《不変化》さまざまな, いろいろな, 種々の. Es gibt *verschiedenerlei* Kuchen. いろんな種類のケーキがある.《名詞的用法で》auf ~ verzichten いろいろなことを断念する.

ver·schie·den·far·big 形 さまざまな色の, 色とりどりの, 多色の, カラフルな.

Ver·schie·den·heit 女 -/-en **1**《複数なし》多種多様, 雑多なこと. **2** 相異, 差異, 違い.

ver·schie·dent·lich [fɛrˈʃiːdəntlɪç] 形 何度も, 幾度も, たびたび, 再三.

ver·schie·ßen* [fɛrˈʃiːsən] ❶ 他 **1** (a)(弾丸·弾頭などを)発射する. (b)(弾薬などを)撃ち尽くす, 使い果たす. [alle] *seine* Pfeile *verschossen* haben《比喩》(論争などで)刀折れ矢尽きる; 万策尽きはてる. *sein* [ganzes] Pulver *verschossen* haben《話》(論争などで)反論に窮するもはや反論できなくなる; 持駒をすべて使いはたす. **2**《ﾞ·》(シュートなどを)はずす. einen Elfmeter ~ ペナルティーキックをはずす. ❷ 再 (**sich**⁴) *sich* in j⁴ ~《話》人⁴に惚れ込む, 夢中になる. ❸ 自 (s)(布地などが)色あせる,(色)あせる. ◆ ↑verschossen

ver·schif·fen [fɛrˈʃɪfən] ❶ 他 (物⁴を)船で運ぶ. ❷ 再 (**sich**⁴) ずらされる.

Ver·schif·fung 女 -/-en 船による輸送, 海上輸送.

ver·schim·meln [fɛrˈʃɪmǝln] 自 (s)(食品などが)黴(びる, (比喩)黴が生える.

Ver·schiss, °**Ver·schiß** [fɛrˈʃɪs] 男《次の用法で》《卑》bei j⁴ in ~ geraten〈kommen〉人³に愛想つかしくらう, (に)見限られる, (の)不興を買う. in ~ sein みんなから爪弾(じ)きにされ, 村八分になる. j⁴ in ~ tun 人⁴を爪弾きにする, 村八分にする.

ver·schis·sen [fɛrˈʃɪsən] 過分 形 (↑verscheißen)

《次の用法で》《卑》es¹ bei j¹ ~ haben [bis in die Steinzeit] 人³にとことん愛想をつかされる, 見限られる.

ver'schla·cken [fɛr'ʃlakən] 自(s) (↑Schlack) **1** (ストーブなどが)燃え殻でいっぱいになる. **2** 《地質》(溶岩が岩滓(がんし)になる.

ver'schla·fen¹* [fɛr'ʃlaːfən フェアシュラーフェン] ❶ 自 寝過ごす, 寝坊する. Ich habe [mich] heute Morgen *verschlafen*. 私はけさ寝坊してしまった. ❷ 他 **1** (a) (ある時間)を寝て過ごす. den ganzen Vormittag ~ 午前中ずっと寝て過ごす. *sein* halbes Leben ~ 《比喩》半生を夢うつつのうちに過ごす. (b) 《話》(約束などを)寝過ごして逃(の)がす; うっかり忘れる. einen Termin ~ 約束の期日をうっかり忘れる. **2** (憂い・悩みなど)を寝て忘れる, 眠って治す. Er hat seine Kopfschmerzen *verschlafen*. 彼は頭痛を寝て治した. ♦↑verschlafen²

ver'schla·fen² [fɛr'ʃlaːfən] (↑verschlafen¹) **1** 眠気の醒めやらない, まだ眠そうな. Sie war noch ganz ~. 彼女はまだすっかり寝ぼけていた. **2** 《比喩》(田舎の町などが)眠ったような, 活気のない; (人が)ぼんやりした, 生気のない.

Ver'schla·fen·heit 女 -/ 寝ぼけていること; 活気(生気)のなさ.

Ver'schlag [fɛr'ʃlaːk] 男 -[e]s/=e **1** (板壁の)小部屋, 物置, 板小屋. **2** 《獣医》(馬の)蹄葉(ていよう)炎.

ver'schla·gen¹* [fɛr'ʃlaːgən] ❶ 他 **1** 釘付けする, 釘で打ち付ける; (板)を釘付けする; 板で仕切る. ein Fass ~ 樽に蓋を打ち付ける. eine Öffnung mit Brettern ~ 開口部を板でふさぐ. 《過去分詞で》ein kreuzweise *verschlagener* Lattenzaun ぶっ違いに薄板を打ち付けた柵. 《球技》(ボール)を打損なう. einen Matchball ~ (テニスなどで)マッチポイントを取損なう. 《本のページを》うっかりめくる. Jetzt hast du mir die Seite *verschlagen*. いま君は私の本のページを分からなくしてしまった. **4** (感覚・能力などを)一時的に麻痺させる, 奪う. Der Anblick *verschlug* ihm den Appetit. その光景を見て彼は食欲を失った. 《非人称的に》Als er das hörte, *verschlug es* ihm die Sprache. 彼はそれを聞いて言葉を失った. **5** (嵐・運命などが)押し流す, 追いやる. Ein Zufall hat ihn nach Asien *verschlagen*. ある偶然が彼をしてアジアへ行かせることになった. 《非人称的に》Wie hat *es* doch denn nach Südafrika *verschlagen*? なぜまた君は南アフリカなど行くことになったのだ. **6** 《料理》まぜる, しっかり混ぜ合せる. Zwei Eigelb mit Milch ~ 黄身2個を牛乳とよく混ぜ合せる. **7** 《ふつう否定形で》《地方》(薬などが)…の効き目がある, 効果がある. Die Arznei *verschlägt* nichts(nicht viel). その薬はまったく(あまり)効き目がない. 《しばしば目的語なしで》Die Arznei *verschlägt* bei ihm nicht. その薬は彼には効かない. (b) 《古》…の意味がある. Was *verschlägt* es, wenn er die Reise nicht mitmacht? 彼が旅行に参加しないからといって何だというんだ. **8** 《地方》(verprügeln)(人⁴を)さんざんに殴る, ぶちのめす. **9** 《猟師》(犬)を打ちすぎて怖じ気づかせてしまう. ❷ 再 (sich⁴) 《狩猟》(弾が何かに当って)跳ねる, それる. ♦↑verschlagen²

ver'schla·gen² 過分 形 (↑verschlagen¹) **1** 狡(こす)い, 悪賢い, 狡猾な. Er hat einen *-en* Blick. 彼は賢そうな目付きをしている. **2** 《地方》《überschlagen》生温い, 温い.

Ver'schla·gen·heit 女 -/ ずる賢さ, 狡猾さ.

ver'schlam·men [fɛr'ʃlamən] 自(s) (川・溝・池などが)泥で埋まる; (道路などが)ぬかるむ, 泥だらけになる.

ver'schläm·men [fɛr'ʃlɛmən] 他 (汚泥が下水管などを)詰まらせる, ふさぐ.

ver'schlam·pen [fɛr'ʃlampən] 《話》❶ 他 (ぼんやりして)なくす, 置忘れる; (うっかり)忘れる. *seinen* Regenschirm ~ 雨傘を置忘れる. Ich habe [es] *verschlampt*, dich anzurufen. 君に電話するのを忘れてしまった. ❷ 自(s) 荒れる, 荒(すさ)む. Nach dem Tode ihres Vaters ist sie völlig *verschlampt*. 父の死後彼女は荒みきってしまった. den Garten ~ lassen 庭を荒れ放題にする.

ver'schlan·ken [fɛr'ʃlaŋkən] 他 縮小(削減)する, スリム化する.

ver'schlech·tern [fɛr'ʃlɛçtərn] ❶ 他 (事⁴を)いっそう悪くする, 悪化させる. Dadurch hat er seine Lage nur noch *verschlechtert*. そうすることで彼は自分の立場をいっそう悪くするはめかになった. ❷ 再 (sich⁴) いっそう悪くなる, 悪化する; (品質などが)低下する. Sein Gesundheitszustand hat *sich verschlechtert*. 彼の健康状態は悪化した.

Ver'schlech·te·rung 女 -/-en 悪化, 低下.

ver'schlei·ern [fɛr'ʃlaɪərn] ❶ 他 **1** ベールで覆う. *sein* Gesicht ~ / [sich³] das Gesicht ~ 顔をベールで隠す. **2** 《比喩》(事⁴を)覆い隠す, 隠蔽する, 糊塗(こと)する; (決算を)粉飾する. einen Skandal ~ スキャンダルを隠蔽する. ❷ 再 (sich⁴) **1** ベールをかぶる. **2** Der Himmel *verschleiert sich*. 空にうっすら雲(霞(かすみ))がかかる. ♦↑verschleiert

ver'schlei·ert 過分 形 **1** ベールをかぶった. **2** ぼやけた, かすんだ, はっきりしない. Ihre Augen waren von Tränen *verschleiert*. 彼女の頬は涙でぼやけていた. eine *verschleierte* Stimme (かすれて)はっきりしない声.

Ver'schlei·e·rung 女 -/-en **1** ヴェールで覆うこと. **2** 《比喩》隠蔽, カムフラージュ, 糊塗; 粉飾.

ver'schlei·fen* [fɛr'ʃlaɪfən] 他 **1** 磨く, 研(と)ぐ, 研磨(研削)する. Unebenheiten ~ でこぼこをなくす. **2** (単語の音節を)つづめて発音する.

ver'schlei·men [fɛr'ʃlaɪmən] ❶ 自(s) (肺・喉などが)粘液(痰)で詰まる. ❷ 他 (肺・喉などを)粘液(痰)で詰まらせる. 《ふつう過去分詞で》*verschleimte* Bronchien 粘液性カタルをおこした気管支.

Ver'schleiß [fɛr'ʃlaɪs] 男 -es/ **1** (使いすぎによる)傷み, 摩滅, 摩耗, 損耗. **2** 《オーストリア》(Kleinverkauf) 小売り.

ver'schlei·ßen(*) [fɛr'ʃlaɪsən] ❶ 他 **1** (不規則変化)(物⁴を)すり減らす, すり切らす, 摩滅(摩耗)させる. Kleidung ~ 衣服を着古す. Schuhe ~ 靴を履きつぶす. **2** 《規則変化も》《オーストリア》小売りする. ❷ 再 (sich⁴) 《不規則変化》**1** (衣服などが)すり減る, 擦り切れる, 摩滅(摩耗)する. **2** 神経をすり減らす. ❸ 自(s) (不規則変化)すり減る, 擦り切れる, 摩滅(摩耗)する. ♦↑verschlissen

ver'schleiß·fest 擦り切れにくい, 摩滅(摩耗)しにくい.

Ver'schleiß·fes·tig·keit 女 -/ 耐摩耗性.

Ver'schleiß·teil 中 -[e]s/-e (機械などの)摩耗部品, 交換部品.

ver'schlep·pen [fɛr'ʃlɛpən] 他 **1** (a) (人⁴を)無理やり連去る, 拉致(らち)する; 強制連行する. (b) (物⁴を)不法に運び去る. Der Hund hat einen Schuh *verschleppt*. 犬が靴を方方どこかへ持っていってしまった. **2** (伝染病菌を)広める, ばらまく, 伝染させる. **3** (a) (事⁴を)引延ばす, 長引かせる. einen Prozess ~

審理を長引かせる. (b) (とくに病気を)こじらせる.
Ver'schlep·pung 囡 -/-en 1 連行, 拉致; (美術品などを)不法に)運び去ること. 2 引延ばし.
Ver'schlep·pungs·tak·tik 囡 -/-en 引延し戦術.
ver'schleu·dern [fɛrˈʃlɔydərn] 他 1 (商品を)投売りする, 捨売りする. 2 (財産・税金などを)浪費する, 濫費する.
Ver'schleu·de·rung 囡 -/-en 1 投売り, 捨売り. 2 浪費, 濫費.
ver'schließ·bar [fɛrˈʃliːsbaːr] 形 鍵のかかる, 鍵つきの.
ver'schlie·ßen [fɛrˈʃliːsən] フェアシュリーセン ❶ 他 1 (a) (物⁴に)鍵(門(なん))をかける, 錠を下ろす. das Haus ~ 家の戸締まりをする. ein Schubfach ~ 引出しに鍵をかける. 《過去分詞で》Die Tür war mit einem Riegel fest *verschlossen*. ドアには閂がしっかりかかっていた. bei⟨hinter⟩ *verschlossenen* Türen 《比喩》秘密裡に, 非公開で. vor *verschlossener* Tür stehen《比喩》門前払いを食う. (物⁴に)せんをする, 栓をする. eine Flasche mit einem Korken ~ ビンにコルクで栓をする. (c) 《比喩》(かたくなに)閉ざす, ふさぐ. die Augen⟨die Ohren⟩ vor et¹ ~ 事³に対して目を閉ざす⟨耳をふさぐ⟩. 《過去分詞で》Frauen bleiben immer noch manche berufliche Möglichkeiten *verschlossen*. 女性にはいぜんとして少なからざる職業選択の道が閉されたままである. 2 (鍵のかかるところに)しまい込む, 保管する. Geld ~ お金をしまい込む. seine Vorräte im⟨in den⟩ Küchenschrank ~ 蓄えを台所戸棚の中にしまい込む. (b)《比喩》(考え・感情などを)胸の中にしまい込む, 心に秘める. seine Gefühle für j⁴ in sich³⟨in seinem Herzen⟩ ~ 人⁴に対する感情を胸の奥にしまい込む.
❷ 再 (sich⁴) 1 (人²に対して)心を開かない; (国などが)内情を見せない. sich seinen Eltern ~ 両親に対して心を閉ざす.《目的語なしで》Er *verschloss* sich mehr und mehr. 彼はますます内心に閉じこもった. 2 (事³に対して)目を閉ざす, 耳をふさぐ; (を)かたくなに認めようとしない. Er konnte sich der Tatsache nicht ~ , dass... 彼は...という事実を認めないわけにはいかなかった. sich j² Wünschen ~ 人²の願いに耳を貸そうとしない.
◆ ↑verschlossen
ver'schlim·bes·sern [fɛrˈʃlɪmbɛsərn] 他《話》よかれと思ってしてかえって悪くする, いっそう悪化させる, 改悪する.
ver'schlim·mern [fɛrˈʃlɪmərn] ❶ 他 (状況・事態などを)いっそう悪化させる. ❷ 再 (sich⁴) いっそう悪化する, もっとひどくなる.
Ver'schlim·me·rung 囡 -/-en (状況が)いっそう悪くなること, 悪化.
ver'schlin·gen¹* [fɛrˈʃlɪŋən] 他 (↑schlingen¹) (物⁴を)絡み合せる, もつれさせる; (手・指を)組合せる. Er *verschlang* seine Arme. 彼は腕を組んだ. die Fäden zu einem Knäuel ~ 糸を絡ませてだんごにする.《過去分詞で》Die Interessen der beiden sind eng miteinander *verschlungen*.《比喩》両者の利害は密接に絡み合っている. auf *verschlungenen* Wegen 《比喩》紆余曲折(ৎょ\)を経て.
ver'schlin·gen²* [fɛrˈʃlɪŋən] 他 1 むさぼり食う, がつがつと食べる. Der Hund *verschlang* das Fleisch. 犬はその肉をぺろりと食らった. Die Dunkelheit hat ihn *verschlungen*.《比喩》闇が彼をすっぽり包んだ. j⟨et⟩⁴ mit Blicken⟨den Augen⟩ ~ 《比喩》人〈物〉⁴をむさぼるように見つめる. einen Roman ~ 《比喩》小説をむさぼるよう(に一気に読む). 2《事が主語》(多額の費用などを)食う, 要する.
ver'schlis·sen [fɛrˈʃlɪsən] 過分 形 (↑verschleißen) すり切れた, 摩滅(摩耗)した.
ver'schlos·sen [fɛrˈʃlɔsən] 過分 形 (↑verschließen) (↔ offen) 1 (家・ドアなどが)鍵をかけられた; 閉ざされた. 2 (性格・態度などが)閉鎖的な, 打ちとけない, 無口な, 内向的な.
Ver'schlos·sen·heit 囡 -/ 1 (家・ドアなどに)鍵がかかっていること; 閉ざされていること. 2 閉鎖的な態度, 打ちとけないこと; 内向的な性格, 内向性.
ver'schlu·cken [fɛrˈʃlʊkən] フェアシュルッケン ❶ 他 1 (口に入れた物を)のみ込む, 嚥下する. einen Bissen Brot ~ パンをひと口のみ込む. Das Kind hat aus Versehen einen Knopf *verschluckt*. その子は誤ってボタンをのみ込んでしまった. Der Nebel hat ihn *verschluckt*.《比喩》霧が彼をすっぽり包んだ. 2 (a) (言葉尻をのみ込んでしまう, はっきりと発音しない. (b) (口に出かかった言葉を)のみ込む. eine Frage ~ 質問をのみ込む. (c) (感情・涙などを)ぐっとこらえる, 押殺す. Die Kleine *verschluckte* ihre Tränen. その小さな女の子は涙をぐっとこらえた. 3 (多額の費用を)要する. 4 (音などを)吸収する.
❷ 再 (sich⁴) むせる. sich an der Suppe ~ スープを変なところに入れて(飲み損ねて)むせる.
ver'schlun·gen [fɛrˈʃlʊŋən] verschlingen¹,² の過去分詞.
ver'schluss, °**Ver'schluß** [fɛrˈʃlʊs フェアシュルス] 男 -es/¨-e 1 (a) 錠, 掛け金, ロック; (容器などの)閉じ蓋(,), 栓(,); (衣服や装身具などの)留め金, ボタン, ホック, ファスナー. Der ~ steht offen. 閉じ蓋(留め金)がはずれている. (b) 《複数なし》(鍵をかけての)保管. et⁴ hinter⟨unter⟩ ~ halten 物⁴を鍵のかかる場所に保管しておく. et⁴ in einen sicheren ~ legen⟨bringen⟩ 物⁴を安全な場所に保管する. 2 《医学》(腸などの)閉塞. 3 (カメラの)シャッター. 4 (銃器の遊底; (火砲の)尾栓.
ver'schlüs·seln [fɛrˈʃlʏsəln] 他 1 (テキストを)暗号化する, 暗号文にする. 2 《データ処理》(データを)コード化する. 3 (文章を)謎めいた表現にする, ぼかす, 難解にする.
Ver'schlüs·se·lung 囡 -/-en《複数まれ》暗号化; コード化.
Ver'schluss·laut 男 -[e]s/-e《音声》閉鎖音, 破裂音([b] [p] [d] [t] [g] [k] など).
Ver'schluss·sa·che 囡 -/-n 秘密(機密)事項.
ver'schmach·ten [fɛrˈʃmaxtən] 自 (s) 《雅》(飢え・渇きなどで)憔悴する, やつれ果てる, ひからびて死ぬ. in der Hitze [fast] ~ 暑さで死にそうである. vor Durst⟨Hunger⟩ ~ 渇き死(飢え死)する.
ver'schmä·hen [fɛrˈʃmɛːən] 他《雅》にべもなく(すげなく)断る, はねつける.
ver'schmä·lern [fɛrˈʃmɛːlərn] ❶ 他 (道路などの)幅を狭くする, (を)狭める. ❷ 再 (sich⁴) 幅が狭くなる, 狭まる.
ver'schmau·sen [fɛrˈʃmaʊzən] 他《話》おいしくいただく, ぺろりと平らげる.
ver'schmel·zen [fɛrˈʃmɛltsən] ❶ 自 (s) 溶け合う, 融合する; 一体となる. Kupfer und Zink können zu Messing ~. 銅と亜鉛は溶け合うと真鍮になる. Die beiden Städte sind allmählich zu einer einzi-

gen Großstadt *verschmolzen*. その2つの都市はしだいに合併して大都市になった. ❷ 他 溶山し合わす, 融合させる; 一体化する. zwei Metalle zu einer Legierung ~ 2つの金属を溶融して合金にする.

Ver·schmel·zung 囡 -/-en **1** 溶け合う(溶かし合わす)こと, 融合; 合体, 統合. **2** 融合したもの.

ver·schmer·zen [fɛrˈʃmɛrtsən] 他 (苦しみ・悲しみなどを)克服する, 乗越える, (に)打勝つ. eine Niederlage ~ 敗北を乗越える. Er konnte den Verlust seiner Frau nicht ~. 彼は妻をなくした痛手から立直れなかった.

ver·schmie·ren [fɛrˈʃmiːrən] ❶ 他 **1** (割れ目・継ぎ目などを)ふさぐ, 塗りこめる. die Risse mit Mörtel ~ 割れ目をモルタルでふさぐ. **2** (オイル・クリームなどを)塗る, 擦り込む. **3** 〖話〗(バター・ペーストなどを)使い歩きする. **4** 〖話〗(a) (ノート・紙を下手な絵・字で)台無しにする. (b) (壁・窓などを拭いて汚してしまう. Er hat die Kacheln im Bade mehr *verschmiert* als geputzt. 彼は浴室の化粧タイルを磨くというよりもいっそう汚してしまった. 《過去分詞で》ein von Tränen *verschmiertes* Gesicht 涙で汚れた顔. **5** (インクの文字などを)こすってぼやけさせる. ❷ 自 (s) **1** (手垢や手についた塗料などで)汚れる, 汚くなる. **2** (塗料やインクなどが)擦れてにじむ, ぼやける.

ver·schmitzt [fɛrˈʃmɪtst] 形 いたずらっぽい, 茶目っ気のある; ちゃっかりした. ein ~er Blick 茶目っ気ある目. ~ lächeln いたずらっぽく微笑む.

Ver·schmitzt·heit 囡 -/ いたずらっぽいこと, 茶目っ気.

ver·schmust [fɛrˈʃmuːst] 形 (↑schmusen) (子供・猫などが)べたべたとまとわりついてくる, 甘えた. Unser Kleiner ist ja heute sehr ~. うちのおちびちゃんは今日はとても甘えん坊だ.

ver·schmut·zen [fɛrˈʃmʊtsən] ❶ 他 (物⁴を)汚す; 汚染する. ❷ 自 (s) 汚れる; 汚染される.

Ver·schmut·zung 囡 -/-en **1** 〖複数まれ〗汚すこと; 〖環境などの〗汚染. **2** 汚れた箇所; 汚れ.

ver·schnap·pen [fɛrˈʃnapən] 他(sich)〖話〗(verplappern) うっかり口を滑らせる, つい秘密を漏らす.

ver·schnau·fen [fɛrˈʃnaʊfən] 自 他 (sich⁴) [sich] ~ 一息入れる, 一休みする, 一服する.

Ver·schnauf·pau·se 囡 -/-n 一息入れること, 一休み. eine ~ machen 一息入れる, 一服する.

ver·schnei·den* [fɛrˈʃnaɪdən] 他 **1** (植木・生垣などを)刈込む, 剪定(けんてい)する. (髪を)刈りそこなう. **2** (服地などを)裁ちそこなう. **3** (切抜きを)アレンジして組合わせる, コラージュする. **4** 〖ブランデー・ラム酒に別の酒類を混ぜる, ブレンドする. **5** (kastrieren) (人・獣⁴を)去勢する.

Ver·schnei·dung 囡 -/-en **1** (植物の)刈込み, 剪定(けんてい). **2** (Kastration) 去勢. **3** 〖登山〗(2つの岩壁がぶつかってできる)凹み, 切れ込み.

ver·schnei·en [fɛrˈʃnaɪən] 自 (s) 雪に覆われる, 雪に埋れる. 《しばしば過去分詞で》*verschneite* Dörfer 雪に埋れた村々.

Ver·schnitt [fɛrˈʃnɪt] 男 -[e]s/-e (↑verschneiden) **1** (酒に)混ぜものをすること; 混ぜものをした酒. **2** 切り屑(くず), 切れはし; (服地などの)裁ち屑.

Ver·schnit·te·ne [fɛrˈʃnɪtənə] 男〖形容詞変化〗(Kastrat) 去勢された男.

ver·schnör·keln [fɛrˈʃnœrkəln] 他 (物⁴を)渦巻(唐草)模様で飾る. 《しばしば過去分詞で》eine *verschnörkelte* Schrift 装飾文字.

Ver·schnör·ke·lung 囡 -/-en 渦巻装飾, 唐草模様.

Ver·schnörk·lung 囡 -/-en =Verschnörkelung.

ver·schnup·fen [fɛrˈʃnʊpfən] 他〖話〗(人⁴の)機嫌をそこなう, 感情を害する, (を)怒らせる. ↑verschnupft

ver·schnupft ❶ 過分 形 **1** 機嫌をそこねた, 感情を害した, 腹を立てた. **2** 鼻風邪をひいた. ~ sprechen (風邪をひいて)鼻声である.

ver·schnü·ren [fɛrˈʃnyːrən] 他 (↑Schnur) (小包などを)紐で縛る(くくる).

ver·schol·len [fɛrˈʃɔlən] 形 行方(消息)不明の, 消息を絶った, 失踪した. Er ist seit dem Krieg ~. 彼は戦争以来消息を絶っている. ◆元来は verschallen の過去分詞の古形.

ver·scho·nen [fɛrˈʃoːnən] 他 **1** (人⁴・物⁴に)危害を加えない, 損害を与えない; (を)いたわる, 容赦する. Das Erdbeben hat nur wenige Häuser verschont. 震災をまぬがれた家屋はごく僅かだった. 《過去分詞で》von et³ *verschont* bleiben 事³の被害を受けずにすむ. 《相互代名詞と》Sie haben *sich*⁴ nicht *verschont*. 彼らはたがいに容赦がなかった. **2** (j⁴ mit et³ 人⁴を事³で)煩わさない. *Verschone* mich mit deinen Fragen! うるさく質問して私を煩わさないでくれ.

ver·schö·nen [fɛrˈʃøːnən] 他 (j³ et⁴ mit et³ 〈durch et³〉人³の事⁴を事³で)すてきなものにする, 楽しい(心地よい)ものにする. 《再帰的に》Er wollte *sich*³ den Lebensabend mit Reisen ~. 彼は晩年を旅行三昧で過そうとした.

ver·schö·nern [fɛrˈʃøːnərn] 他 (et⁴ mit et³ 物⁴を物³で)美しく飾る, きれいにする, より美しくする. ein Zimmer mit Blumen ~ 部屋を花で飾る.

Ver·schö·ne·rung 囡 -/-en **1** 美しく飾ること, きれいに装うこと. **2** 装飾, 飾り.

ver·schor·fen [fɛrˈʃɔrfən] 自 (s) (傷が)かさぶたになる.

ver·schos·sen [fɛrˈʃɔsən] 過分 形 (↑verschießen) **1** 色の褪せた. **2** in j⁴ ~ sein 人⁴に惚れ込んでいる, 夢中である.

ver·schram·men [fɛrˈʃramən] (↑Schramme) ❶ 他 **1** (物⁴に)擦り傷(掻き傷)をつける. den Kotflügel ~ (自転車の)フェンダーをこする. **2** (人⁴の物⁴に)擦り傷(掻き傷)を作る. 《再帰的に》sich³ das Knie ~ 膝小僧をすりむく. ❷ 自 (s) 〖まれ〗擦り傷(掻き傷)がつく.

ver·schrän·ken [fɛrˈʃrɛŋkən] 他 (物⁴を)交叉(交叉)させる; (腕・足を)組む. die Arme auf〈vor〉der Brust ~ 胸前で腕を組む. die Hände hinterm Kopf ~ 手を頭の後ろで組む. 《過去分詞で》mit *verschränkten* Armen dabeistehen 〖比喩〗拱手(きょうしゅ)傍観する, 見殺しにする.

ver·schrau·ben [fɛrˈʃraʊbən] 他 (↑Schraube) ねじ(ボルト)で締める, 留める; (を)ねじ留めする.

ver·schre·cken [fɛrˈʃrɛkən] 他 (人⁴を)怖がらせる, 怯えさせる.

ver·schrei·ben* [fɛrˈʃraɪbən] フェアシュライベン 他 **1** (人³に物⁴を)処方する, (の)処方箋を書く. Der Arzt hat ihm einen Hustensaft *verschrieben*. 医者は咳止めシロップを処方した. j³ eine vierwöchige Badekur ~ 人³に4週間の温泉療法を処方する. **2** j³ et⁴ «古»人³に物⁴の譲渡を文書で保証する(確約する). Er hat seinem Sohn testamentarisch das ganze Vermögen *verschrieben*. 彼は遺言によって息子に全財産を譲渡した. *seine* Seele dem Teufel ~

魂を悪魔に売渡す. **3** 《紙・鉛筆などを》使い切る, 書きつぶす. ❷ 再 (**sich**⁴) **1** 書き違える, 書きそこなう. **2** sich⁴ et³ ～ j⁴に身を捧げる, 専心する.

Ver'schrei·bung 囡 -/-en **1** 《譲渡などを約束した》証書. **2** 処方箋.

ver'schrei·en [fɛrˈʃraɪən] 他 けなす, 悪く言う, 誹謗する. ↑verschrieen, verschrien

ver'schrie [fɛrˈʃriː] verschreien の過去.

ver'schrieb [fɛrˈʃriːp] verschreiben の過去.

ver'schrie·ben [fɛrˈʃriːbən] verschreiben の過去分詞.

ver'schrie·en [fɛrˈʃriːən], **ver'schrien** [fɛrˈʃriːn] 過分形 (↑verschreien) 評判の悪い, 悪い噂のある, 悪名高い. Er ist bei uns als Lügner *ver·schrie[e]n*. 彼は私たちのところでは嘘つきで通っている.

ver'schro·ben [fɛrˈʃroːbən] 形 《性格・風貌・言動などが》風変りな, 奇矯な, 偏屈な, ひねくれた. ◆ verschrauben の過去分詞の古形.

Ver'schro·ben·heit 囡 -/-en **1** 《複数なし》風変りなこと, 奇矯, 奇矯な《偏屈な》言動. **2** 奇矯な《偏屈な》言動.

ver'schro·ten [fɛrˈʃroːtən] 他 (↑Schrot) 《穀物を》粗挽きする, 挽き割りにする.

ver'schrot·ten [fɛrˈʃrotən] 他 (↑Schrott) 《物⁴を》屑鉄にする, スクラップにする.

Ver'schrot·tung 囡 -/-en 屑鉄《スクラップ》にすること.

ver'schrum·peln [fɛrˈʃrʊmpəln] 自 (s) 《話》萎(し)びる, しわが寄る. 《過去分詞で》ein *verschrumpeltes* Gesicht しわくちゃの顔.

ver'schüch·tern [fɛrˈʃʏçtərn] 他 怯えさせる, 怖じ気づかせる.

ver'schul·den [fɛrˈʃʊldən] ❶ 自 (s) 借金を抱える, 負債を負う. 《過去分詞で》bei einer Bank〉 *verschuldet* sein 人⁴《ある銀行》に借金がある. bis über den Hals〈die Ohren〉 *verschuldet* sein《比喩》借金で首が回らない. ein hoch *verschuldeter* Geschäftsmann 大きな負債を抱えた実業家. 他 自分の過失によってひき起す, 招く. einen Unfall ～ 事故をひき起す. Das hat er selbst *verschuldet*. それは彼が自ら招いたことだ. ❸ 再 (**sich**⁴) 借金をする, 負債を作る.

Ver'schul·den 中 -s/ 責任, 過失, 落ち度. Es geschah ohne mein ～. それは私のせいで起こったことではない.

Ver'schul·dung 囡 -/-en 借金をすること, 負債を作ること; 借金《負債》を抱えていること.

ver'schu·len [fɛrˈʃuːlən] 他 **1** 《苗木を》苗木畑へ移植する. **2** 《俗》《大学の授業などを》高校化する.

ver'schus·seln [fɛrˈʃʊsəln] 他 《話》**1** うっかりなくす, 置き忘れる. **2** 《約束・期日などを》うっかり忘れる.

ver'schütt [fɛrˈʃʏt] 形 《次の成句で》～ gehen《*verschüttgehen*》《話》なくなる, 紛失する;《卑》《たばる, 死ぬ;《卑》車にひかれる;《隠》《警察に》捕まる, ばくれる. Mein Koffer ist [mir] ～ gegangen. 私のスーツケースがなくなった.

*****ver'schüt·ten** [fɛrˈʃʏtən] フェアシュテン 他 **1** うっかりこぼす, 注ぎこぼす. Kaffee〈Salz〉～ コーヒー〈塩〉をこぼす. **2** 《物が主語》《人⁴を》生埋めにする;《物を》埋め尽くす. Ein Erdrutsch hat die Straße mit Sand und Steinen *verschüttet*. 地滑りがおきて道路を砂と石が埋め尽くした. es bei j³ *verschüttet* haben《地方》人³の機嫌をそこねる, 不興を買う. Bei dem Erdbeben sind mehr als tausend Einwohner *verschüttet* worden. その地震のおりに は 1000 を越す住民が生埋めになった. **3** 土砂で埋める, 埋め立てる. einen Brunnen ～ 井戸を埋める. einen Teich ～ 池を埋め立てる.

°**ver'schütt|ge·hen*** ↑verschütt

ver'schwä·gern [fɛrˈʃvɛːgərn] 再 (**sich**⁴) 《結婚を通じて》姻戚関係になる《mit j³ 人³と》.

ver'schwä·gert [fɛrˈʃvɛːgərt] 過分形 姻戚関係にある《mit j³ 人³と》.

ver'schwand [fɛrˈʃvant] verschwinden の過去.

*****ver'schwei·gen** [fɛrˈʃvaɪgən] フェアシュヴァイゲン ❶ 他 《人³に事⁴を》言わずにおく, 黙っている, 口外しない, 秘密にする. j³ die Wahrheit ～ 人³に真実を言わない. Er hat uns *verschwiegen*, dass er geheiratet hatte. 彼は結婚したことを私たちに黙っていた. Ich habe nichts zu ～. 私には隠し立てしなければならないことは何もない. ❷ 再 (**sich**⁴)《まれ》自分の考え《意見》を明かさない. ◆ ↑verschwiegen

ver'schwei·ßen [fɛrˈʃvaɪsən] 他 溶接する.

*****ver'schwen·den** [fɛrˈʃvɛndən] フェアシュヴェンデン 他 浪費する, 無駄遣いする, 惜しげもなく注ぎ込む 《an〈auf/für〉 et⁴ 事⁴に / mit et³ 事³で / an j⁴ 人⁴に》. *sein* Geld 〈*seine* Zeit〉 ～ お金〈時間〉を浪費する. keinen Blick an j⁴ ～ 人⁴に一瞥(べつ)もくれない. Er hat viel Mühe daran〈darauf〉*verschwendet*. 彼はそのことで多大の労力を費した. 《過去分詞で》An ihn ist jedes weitere Wort *verschwendet*. 彼にはそれ以上何を言っても無駄である.

Ver'schwen·der [fɛrˈʃvɛndər] 男 -s/- 浪費家. ◆ 女性形 Verschwenderin 囡 -/-nen

ver'schwen·de·risch [fɛrˈʃvɛndərɪʃ] 形 **1** 浪費的な, 浪費癖のある, 金遣いの荒い, ぜいたくな. ein ～*es* Leben führen ぜいたくな生活をする. ein ～*er* Mensch 浪費家. **2** 有り余るほどの, ふんだんな, ぜいたくな. eine ～*e* Pracht 贅(ぜい)を尽くした華やかさ. in ～*er* Fülle 有り余るほど, ふんだんに.

*****Ver'schwen·dung** [fɛrˈʃvɛndʊŋ] フェアシェヴェンドゥング 囡 -/ 浪費, 無駄遣い. Das ist ja die reinste *Verschwendung*! そいつはまったくの無駄遣いだ!

Ver'schwen·dungs·sucht 囡 -/ 浪費癖.

Ver'schwen·dungs·süch·tig 形 浪費癖のある, 浪費好きな.

ver'schwieg [fɛrˈʃviːk] verschweigen の過去.

ver'schwie·gen [fɛrˈʃviːgən] 過分形 (↑verschweigen) **1** 口 が 堅 ぎ し ゃ べ り ず, 秘 密 を 守ることのできる. Er ist *verschwiegen* wie ein Grab. 彼はものすごく口の堅い人間だ. **2** 《ある場所が》ひっそりとした, 人目につかない, 人のあまり来ない. eine ～*e* Bucht 秘密の入江. einen ～*en* Ort aufsuchen《話》トイレに行く.

Ver'schwie·gen·heit 囡 -/ **1** 口が堅いこと. ～ geloben 秘密の厳守を誓う. Pflicht zur ～ 守秘義務. **2** 《ある場所が》ひっそりとしていること, 人目につかないこと.

ver'schwim·men* [fɛrˈʃvɪmən] 自 (s)《色・形・輪郭などが》ぼやける, かすむ, もうろうとなる. Die Farben *verschwimmen* ineinander. 色が溶けあってぼやける. Der Horizont *verschwamm* im Dunst. 地平線がもやでかすんでいた. Es *verschwamm* mir alles vor den Augen.《比喩》私は意識がもうろうとなった. ◆ ↑verschwommen

*****ver'schwin·den*** [fɛrˈʃvɪndən] フェアシュヴィンデン 自 (s) 《視界から》消える, 見えなくなる; 姿を消す; 《物

ver·schwindend

が)なくなる. Der Fleck ist allmählich *verschwunden*. しみはだんだん消えていった. Der Hubschrauber *verschwand* hinter den Bergen〈in der Ferne〉. ヘリコプターは山の向こうに姿を消した〈遠くに見えなくなった〉. Der Junge ist seit gestern spurlos *verschwunden*. その男の子は昨日忽然と(ﾌｯ)といなくなってしまった. *Verschwinde!*《話》とっとと消えろ, 失せろ. Ich muss mal ~.《話》(トイレに立って)ちょっと失礼します. Er *verschwand* im〈ins〉Haus. 彼は家の中へ入ってしまった. Sie *verschwindet* neben ihm.《話》彼女は彼とくらべるとひどく小さい. Mein Schlüssel ist *verschwunden*. 私の鍵がなくなった. In diesem Haus *verschwindet* immer wieder Geld. この家では始終お金がなくなる〈盗られる〉. Geld ~ lassen《話》お金を盗む(くすねる). ◆↑verschwindend

ver·schwin·dend[消えてなくなるほど]わずかな, 微々たる. eine ~*e* Minderheit 吹けば飛ぶような少数派. ~ wenig ほんのわずか.

ver·schwis·tern[fɛrˈʃvɪstɐn] ❶ (**sich**)まるで兄弟姉妹のように親しくする(mit et³);緊密に結びついている(mit et³ 事³と). ❷ (人⁴事⁴を)緊密に結びつける(mit j〈et〉⁴ 人⁴事³と). Er versteht es, Form und Inhalt zu ~. 彼は形式と内容を結びつけるのを心得ている.《過去分詞》[miteinander] *verschwistert* sein たがいに兄弟姉妹のような間柄である(かのように親密である.

ver·schwit·zen[fɛrˈʃvɪtsən] ⦅他⦆ 1 (シャツなどを)汗で濡らす, 汗まみれにする.《過去分詞で》*verschwitzt* sein 汗まみれ(汗びっしょり)である. 2《話》忘れる. eine Verabredung ~ 約束を忘れる.

ver·schwol·len[fɛrˈʃvɔlən](顔・目などが)腫上がった. vom Weinen ~*e* Augen haben 泣腫らした目をしている. ◆現在ではすたれた動詞 verschwellen の過去分詞.

ver·schwom·men[fɛrˈʃvɔmən] 過分 形 (↑verschwimmen)(色・形・輪郭などが)ぼやけた, かすんだ, 不鮮明な;はっきりしない, 曖昧な. eine ~*e* Erinnerung おぼろげな記憶. Die Formulierung ist allzu ~. 文言があまりにも曖昧だ. sich⁴ ~ ausdrücken 曖昧な物言いをする.

Ver·schwom·men·heit 女 -en《複数まれ》ぼやけていること, 不鮮明;曖昧なこと.

ver·schwor[fɛrˈʃvoːr] verschwören の過去.

ver·schwo·ren[fɛrˈʃvoːrən] verschwören の過去分詞.

ver·schwö·ren*[fɛrˈʃvøːrən] ⦅再⦆ (**sich**) 1 (mit j³ 人³と)ひそかに結託する, 共謀する. *sich gegen* j⁴ ~ 人⁴に対して謀議をめぐらす, 謀反を企てる. Er hat *sich* mit anderen Offizieren gegen die Regierung *verschworen*. 彼は他の士官と謀って政府に対する叛乱を企てた. Es hat *sich* alles gegen mich *verschworen*.《比喩》私は何をやってもうまくいかなかった. 2 (身を)捧げる, 没頭する. *sich* seinen Forschungen ~ 研究に没頭する. 3《古》固く誓う, 確約する. Er *verschwor sich*, ihm stets beizustehen. 彼はつねに私に味方すると固く約束した. ❷ ⦅他⦆《古》(abschwören)(事⁴を)誓ってやめる, もう二度としないと心に誓う.

Ver·schwo·re·ne[男 女《形容詞変化》1 = Verschwörer 2 身を捧げる人, 没頭する人.

Ver·schwö·rer[fɛrˈʃvøːrɐr] 男 -s/- 共謀者, 謀反人. ●女性形 Verschwörerin 田 -/-nen

Ver·schwö·rung 女 -/-en 共謀, 陰謀, 謀議, 反.

ver·schwun·den[fɛrˈʃvʊndən] verschwinden の過去分詞.

*****ver·se·hen*****[fɛrˈzeːən] フェアゼーエン ❶ ⦅他⦆ 1 (a)(j⁴ mit et³ 人⁴に物³を)支給する, 与える, 用意してやる, 持たせる. Der Vater hat ihn ausgiebig mit Geld *versehen*. 父親は彼にお金をふんだんに持たせてやった. j⁴ mit Kleidung ~ 人⁴に衣服を支給する.《過去分詞》Wir sind mit allem Nötigen wohl *versehen*. 私たちには必要な物がすべて十分に用意されている. Ist alles mit Fahrscheinen *versehen*?(市電の車掌などが)みなさん乗車券はお持ちでしょうか. (b)(et¹ mit et³)物¹に物³を取り付ける, 取付ける. einen Text mit Anmerkungen ~ テキストに注をほどこす. ein Zimmer mit Vorhängen ~ 部屋にカーテンをつける. (c) j⁴[mit den Sterbesakramenten] ~ 《ｶﾄ》人⁴に臨終の秘蹟を授ける. 2 (a)(職務・任務を)果たす, 遂行する. Er *versieht* das Amt eines Hausmeisters. 彼は管理人の職務についている. *seinen* Dienst ordentlich ~ 自分の仕事をきちんと果たす. *seine* Pflicht ~ 義務を果たす. (b)(物⁴の)面倒を見る, 世話をする. Er hat während meiner Abwesenheit das Haus und den Garten *versehen*. 彼は私の留守中家と庭を見てくれた. 3 (事⁴を)怠る, ないがしろにする. Die Mutter hat nichts an ihrem Kind *versehen*. 母親は自分の子供のことなどにひとつ手を抜かなかった.

❷ ⦅再⦆ (**sich**⁴) 1 (mit et³ 物³を)用意する, 備え持つ. *sich für die Reise mit Proviant* ~ 旅行に持っていく食糧を用意する. 2 (a)見誤る, 勘違いする. *sich in der Größe* ~ 大きさを見誤る. (b)(bei et³ 事³で)間違いをおかす, ミスをする. *sich beim Ausfüllen eines Formulars* ~ 用紙の記入ミスをする. 3《古》(事を)予期する, 覚悟する.《次の成句で》ehe man *sich's versieht* あっという間もなく.

ver·se·hen² versehen¹ の過去分詞.

***Ver·se·hen**[fɛrˈzeːən] 中 -s/- (不注意による)間違い, 過失,《ｱﾚｽﾞ》ミス. Es war ein ~ von mir. それは私の手落ちだった. aus ~ ついうっかりと, 誤って.

ver·se·hent·lich[fɛrˈzeːəntlɪç] ❶ 形 間違いによる, ミスによる. ❷ ⦅副⦆ ついうっかりと, 誤って.

ver·seh·ren[fɛrˈzeːrən] ⦅他⦆《古》(verletzen)(人⁴を)傷つける, (物⁴に)怪我を負わす.

Ver·sehr·te 男 女《形容詞変化》(とくに戦争・事故などによる)身体障害者.

ver·sei·fen[fɛrˈzaɪfən](↑Seife) ❶ ⦅自⦆ (s) 鹼化(ｹﾝ)する. ❷ ⦅他⦆(物⁴を)鹼化させる.

ver·selb·stän·di·gen[fɛrˈzɛlpʃtɛndɪɡən] = verselbstständigen

ver·selbst·stän·di·gen[fɛrˈzɛlpst-ʃtɛndɪɡən] ❶ ⦅他⦆ (物⁴を)独立させる. eine Filiale ~ 支店を独立させる. ❷ ⦅再⦆ (**sich**)(ある部局・分野などが)独立する.

ver·sen·den⁽*⁾[fɛrˈzɛndən] ⦅他⦆(多数の人に)発送する, 送付する. Heiratsanzeigen〈Warenproben〉~ 結婚通知状〈商品見本〉を発送する.

Ver·sen·dung 女 -/-en (多数の人に向けた)郵便物の発送, 送付.

ver·sen·gen[fɛrˈzɛŋən] ⦅他⦆ 焦がす, (に)焦げ跡をつくる. Die Sonne *versengt* die Felder. 太陽が畑をじりじりと焦がす. *sich*³ die Haare an einer Kerze ~ 髪をろうそくで焦がす. Wäsche beim Bügeln ~ 洗濯物をアイロンで焦がす.

ver·senk·bar[fɛrˈzɛŋkbaːr] 形 (機器などの本体や

Ver·senk·büh·ne 囡 -/-n (舞台の)せり出し舞台.
ver·sen·ken [fɛrˈzɛŋkən] ❶ 他 **1** (水中に)沈める. ein Schiff ～ 船を沈没させる. einen Schatz im Meer ～ 財宝を海中に沈める. **2** 埋込む, (収納物などに)しまい込む. eine Bühnendekoration ～ (舞台の下へ)舞台装置をしまい込む. eine Schraube ～ (頭のそかないように)ねじをしっかり埋込む. et⁴ in die Erde ～ 物⁴を地中に埋込む. die Hände in die Taschen ～ 両手をポケットにつっ込む. Die Nähmaschine lässt sich⁴ ～. そのミシンは格納式だ. ❷ 再 **(sich)** (in et⁴ 事⁴に)没頭する. sich ins Gebet ～ 祈りにふける. sich in einen Krimi ～ 探偵小説に読みふける. ◆ ↑versinken
Ver·sen·kung 囡 -/-en (船などを)沈めること. **2** 《演劇》(舞台の)せり. in der ～ verschwinden 《話》(世間から)忘れ去られる, 姿を消す. aus der ～ auftauchen《話》(すっかり忘れ去られていたものが)突然再び姿を現す. **3** 没頭, 精神集中.
ver·ses·sen [fɛrˈzɛsən] 過分 形 (↑versitzen)《次の成句で》auf et⟨j⟩⁴ ～ sein 物⟨人⟩⁴に夢中である, 熱心している. auf et⁴ das Mädchen ganz ～ sein その女の子にすっかり夢中である. 彼女はチョコレートに目がない. 《zu 不定詞句と》Er ist geradezu ～ darauf, mit ihr in Urlaub zu fahren. 彼女彼女と休暇を行に出かけようとやっきになっている.
Ver·ses·sen·heit 囡 -/-en (auf et⟨j⟩⁴ 物⟨人⟩⁴に) 夢中になっていること；(への)執心, こだわり.
*ver·set·zen [fɛrˈzɛtsən フェアゼツェン] ❶ 他 **1** (a) 移す, ずらす, 置き(並べ)かえる. eine Haltestelle ～ 停留所を移す. Die Strömung versetzte unsere Jacht. 潮流のために私たちのヨットはコースをそれた. die Knöpfe an einem Mantel ～ コートのボタンをずらしてつける. die Schranke um 10 m ～ 遮断機を10メートルずらす. die Steine gegeneinander ～ 石を交互にずらして並べる. (b)《植物を》移植する. (c)《音楽》(音を)半音上げる(下げる).
2 (a)《人⁴を》配置換えする, 転勤(転属)させる. j⁴ an die Front ～ 人⁴を前線へ転属させる. j⁴ in eine andere Behörde ～ 人⁴を別の部局へ転属させる. j⁴ in einen höheren Rang ～ 人⁴をより高い地位に昇進させる. j⁴ nach Hamburg ～ 人⁴をハンブルクへ転勤させる. j⁴ in ～ 進級させる. 《受動態で》Er ist nicht versetzt worden. 彼は進級できなかった.
3 (j⟨et⟩⁴ in et¹ 人⟨物⟩⁴を事⁴の状態に)置く, 陥らせる. j⁴ in Aufregung⟨Erstaunen⟩ ～ 人⁴を興奮させる〈驚かせる〉. et⁴ in Bewegung ～ 事⁴を始動させる. j⁴ in die Lage ～, …zu tun 人⁴に…することを可能にさせる. Seine Unterstützung hat mich in die Lage versetzt, mein Studium abzuschließen. 彼の援助のおかげで私は大学の勉学を終えることができた. In dieser Stadt fühlt man sich⁴ in vergangene Zeiten versetzt. この町にいると昔に帰ったような気がする.
4 (殴打を)加える. j³ eine Ohrfeige ～ 人³に平手打をくらわせる. j³ einen Hieb⟨einen Tritt⟩ ～ 人³を殴る〈蹴る〉. j³ eine⟨eins⟩ ～《話》人³に一発くらわす.
5 混ぜる, 混合する. Wein und Wasser ～ / Wein mit Wasser ～ ワインを水で割る.
6 質に入れる；売る, 換金する.
7 (…と)答える, 言い返す. „Ich bin dagegen", versetzte er.「私は反対だ」と彼は答えた.
8 (a)《話》(人⁴に)待ちぼうけを食わす. (b)《球技》(敵の)選手⁴を)うまくかわす, (に)フェイントをかける.
9 j³ den Atem ～《古》人³の息を詰まらせる. Das versetzte mir den Atem. それを見て(聞いて)私は息がとまった.
❷ 再 **(sich)** sich in et⟨j⟩⁴ ～ 事⁴の状態⟨人⁴の立場⟩に身を置く. Versuch doch mal, dich in meine Lage zu ～. ちょっと私の身にもなってくれ.
Ver·set·zung [fɛrˈzɛtsʊŋ] 囡 -/-en **1** 移すこと, 置換えること；移動, 転勤, 転属；進級. **3** 質入れ；換金. **4** (飲物に)混ぜ物をすること.
Ver·set·zungs·zei·chen 中 -s/-《音楽》変化(変位記号, 臨時記号)《♯, ♭ など》.
ver·seu·chen [fɛrˈzɔʏçən] 他 (↑Seuche) (病原菌や有害物質で)汚染する. 《過去分詞で》radioaktiv verseuchte Milch 放射能で汚染された牛乳.
Ver·seu·chung 囡 -/-en 汚染, 感染.
'**Vers·fuß** [ˈfɛrsfuːs] 男 -es/ⁿe《文学》詩脚.
Ver·si·che·rer [fɛrˈzɪçərər] 男 -s/- (保険契約の一方の当事者としての)保険者, 保険会社. ↑Versicherungsagent

ver'si·chern [fɛrˈzɪçərn フェアズィヒャーン] (↑sicher) ❶ 他 **1** (a) (人³に 事⁴を)保証する, 確言する, 断言する；約束する, 請け合う. Er versicherte mir seinen Beistand. 彼は私にかならず助力すると約束した. Das kann ich dir ～. それは請け合ってもいいよ. Ich versichere dir, dass alles in Ordnung ist. 私は君にすべてうまくいっていると断言するよ.《しばしば3格目的語なして》et⁴ hoch und heilig ～ 事⁴をおごそかに誓う. et⁴ auf Ehre und Gewissen ～ 事⁴を名誉と良心にかけて断言する, 誓って請け合う. (b)《雅》(人⁴に事⁴を)保証する, 約束する. j⁴ seines Beistands ～ 人⁴に協力を約束する. j⁴ dich, dass… 《古》私は君に…であると断言する(↑(a)).《過去分詞で》Sie können versichert sein, dass… …であることは間違いありません. Seien Sie meiner Teilnahme versichert! 間違いなく参加しにします. **2** (a) (人⟨物⟩⁴に)保険を掛ける. seine Familie ～ 家族に保険を掛ける. sein Haus gegen Feuer ～ 家屋に火災保険を掛ける. (b) (人⟨物⟩⁴の)損害の補償を引受ける(保険会社などが), (を)保障する.
❷ 再 **(sich)** **1** 保険に入る. sich gegen Krankheit ～ 疾病保険に加入する. **2** (事⁴を)確かめる, 確認する. Sie wollte sich damit seiner Treue ～. 彼女はそうすることで彼の誠意を確かめようとした. Ich habe mich seiner Zustimmung versichert. 私は彼の同意を前もって取りつけた. **3**《古》(人⟨物⟩²を)確保する, 押さえる. Die Polizei hat sich aller Verdächtigen versichert. 警察はすべての容疑者を確保した(取押えた).
Ver·si·cher·te 男囡《形容詞変化》(保険契約の一方の当事者である)被保険者. ↑Versicherer
*Ver'si·che·rung [fɛrˈzɪçərʊŋ フェアズィヒェルング] 囡 -/-en **1** 保証, 確言, 断言；約束, 請け合うこと. eine eidesstattliche ～ /eine ～ an Eides Statt《法制》宣誓に代る保証. eine feierliche ～ abgeben おごそかに誓う. j⁴ eine ～ geben⟨abgeben⟩ …であると人³に断言する(請け合う). **2** (a) 保険(契約). eine ～ über 100 000 Euro gegen Feuer 保険金額10万ユーロの火災保険. eine ～ abschließen⟨kündigen⟩保険契約を結ぶ⟨解約する⟩. eine ～ erneuern 保険を更改(更新)する. (b) 保険会社. (c) 保険料.
Ver·si·che·rungs·agent 男 -en/-en =Versi-

Ver·si·che·rungs·bei·trag 男 -[e]s/=e 保険料.

Ver·si·che·rungs·be·trug 男 -[e]s/ 保険金詐欺.

Ver·si·che·rungs·fall 男 -[e]s/=e 保険事故(保険金の支払対象となる事故の こと).

Ver·si·che·rungs·ge·ber 男 -s/- (↔ Versicherungsnehmer)《法制》(保険契約の一方の当事者である)保険者, 保険会社.

Ver·si·che·rungs·ge·sell·schaft 女 -/-en 保険会社.

Ver·si·che·rungs·kar·te 女 -/-n **1** 保険証. **2**《交通》グリーンカード(緑色をした自動車国際保険証のことで die grüne Karte と通称される. ↑Karte).

Ver·si·che·rungs·neh·mer 男 -s/- (↔ Versicherungsgeber)《法制》(保険契約の一方の当事者である)被保険者, 保険契約者.

Ver·si·che·rungs·pflicht 女 -/ 保険加入義務.

ver·si·che·rungs·pflich·tig 形 保険加入義務のある.

Ver·si·che·rungs·po·li·ce [..poli·sə] 女 -/-n (Police) 保険証券.

Ver·si·che·rungs·prä·mie [..prɛːmiə] 女 -/-n (Versicherungsbeitrag) 保険料.

Ver·si·che·rungs·schein 男 -[e]s/-e =Versicherungspolice.

Ver·si·che·rungs·sum·me 女 -/-n 保険金額.

Ver·si·che·rungs·ver·tre·ter 男 -s/- 保険代理人,《法制》保険代理商.

Ver·si·che·rungs·we·sen 中 -s/ 保険制度.

ver·si·ckern [fɛrˈzɪkərn] 自 (s) (雨水などが地中に) しみ込む, しみ込んで消える.

ver·sie·ben [fɛrˈziːbən] 他《話》**1** (a) (物⁴を)うっかりなくす, 置忘れる. (b) (事⁴を)うっかり忘れる. **2** (事⁴を)しくじる, 台無しにする. eine Prüfung ～ 試験をしくじる. (不定の es⁴ と)es bei j³ ～ (人⁴の機嫌をそこなう). **3**《スポ》(ゴールをはずす, (チャンスを)のがす.

ver·sie·geln [fɛrˈziːɡəln] 他 **1** (物⁴に)封をする, (を)封印する. **2** (木張りの床などに)ラッカー(ニス)を塗装する, (を)塗装する. das Parkett ～ 寄せ木張りの床にニスを塗る.

Ver·sie·ge·lung 女 -/-en **1** 封印(すること). **2** (木張りの床などに塗られる)保護塗装; ラッカー, ニス, 合成樹脂.

ver·sie·gen [fɛrˈziːɡən] 自 (s)《雅》(泉・涙などが)涸(か)れる, 干上がる; (創造力などが)枯渇する; (話題が)尽きる.

ver·siert [fɛrˈziːrt] 形 (lat.) 経験豊かな, 老練な; (in et³ 事³に)精通した, 熟達した. ◆ 現在ではすたれてしまった動詞 versieren の過去分詞.

ver·sil·bern [fɛrˈzɪlbərn] 他 **1** (a) (物⁴に)銀メッキをする. (b)《雅》(月光などが)銀色に輝かせる. **2**《話》(物⁴を)お金に換える.

ver·sim·peln [fɛrˈzɪmpəln] ❶ 他 あまりにも単純化する, 平板なものにする. ❷ 自 (s) あまりにも単純化する, 平板なものになる.

ver·sin·ken [fɛrˈzɪŋkən] フェアズィンケン 自 (s) (↑ versenken) **1** (a) 沈む, 没する. Das Schiff ist im Meer *versunken*. その船は海に沈んだ. Die Sonne *versinkt* am Horizont. 太陽が水平線(地平線)に沈む. hinter dem (den) Horizont ～ 水平線(地平線)のかなたに沈む. Wenn er liest, *versinkt* alles um ihn her. / Wenn er liest, *versinkt* für ihn die Welt [ringsumher].《比喩》彼は本を読んでいるとまわりの一切が目に入らなくなる. Vor Scham wäre ich am liebsten in den (den) Boden *versunken*.《比喩》恥ずかしくて穴があったら入りたいくらいだった. (b) (雪・泥などの中に)埋もれる, はまり込む. Er *versank* bis zu den Knien im Schnee. 彼は膝まで雪に埋もれた. in einem großen Sessel ～ 大きな安楽椅子に深々と身を沈める. **2** (in et¹ 事¹に)耽(ふけ)る, 没頭する. in Gedanken ～ 考えに耽る. in [einen] tiefen Schlaf ～ 深い眠りに落ちる. in Trauer ～ 悲しみに沈む. in sich¹ [selbst] ～ 内面に沈潜する. ◆ ↑versunken

ver·sinn·bil·den [fɛrˈzɪnbɪldən] 他《まれ》=versinnbildlichen

ver·sinn·bild·li·chen [fɛrˈzɪnbɪltlɪçən] 他 象徴的に表す(表現する), 象徴する.《再帰的に》*sich*⁴ in et³ ～ 物³に象徴的に表現される, 象徴される.

Ver·sinn·bild·li·chung 女 -/-en 象徴的な表現, 象徴化.

ver·sinn·li·chen [fɛrˈzɪnlɪçən] 他 (抽象的なものを)具象化する, 感覚で捉えられるようにする.

Ver·si·on [vɛrziˈoːn] 女 -/-en (fr.) **1** (a) (ある作品の解釈などを異とする)版, 稿, バージョン; 異本, 異稿. eine ältere ～ des Gedichts その詩のより古い異稿. die vereinfachte ～ eines Romans ある小説のダイジェスト版. ein Thema in immer neuen ～*en* darstellen ある題材をつねに新たな解釈(演出)で表現する. (b) (ある作品の)翻訳(版). die deutsche ～ eines Films ある映画のドイツ語版. **2** (ある事柄についてのひとつの)解釈, 説明, 見解. Darüber gibt es verschiedene ～*en*. それについてはさまざまな解釈(見解)がある. **3**《工業製品などの》型, モデル, バージョン.

ver·sip·pen [fɛrˈzɪpən] 他 (**sich**⁴) *sich* mit j³ ～ 人³と姻戚関係になる, 親戚になる. ↑versippt

ver·sippt 過分 形 j³ と ～ 人³と姻戚関係の, 親戚の.

ver·sit·zen* [fɛrˈzɪtsən] ❶ 他《話》**1** (一定の時間を)座ったまま無駄に過ごす. Ich habe den ganzen Vormittag im Wartezimmer *versessen*. 私は午前中ついに待合室で待たされた. **2** (衣服を)座ってにする; (椅子を)使い古す. ❷ 再 (*sich*⁴) Das Kleid *versitzt sich*. そのドレスはすわりじわがで きる.

ver·skla·ven [fɛrˈskla·vən, ..fən] 他 (人⁴を)奴隷にする; 奴隷化する, 隷属させる.

'Vers·kunst [ˈfɛrs..] 女 -/《文学》作詩法, 詩学.

'Vers·leh·re 女 -/-n《文学》(Metrik) 韻律論.

'Vers·maß 中 -es/-e《文学》(Metrum) 韻律.

ver·snobt [fɛrˈsnɔpt] 形 (↑Snob) 紳士気取りの, スノッブの, 俗物の.

ver·sof·fen [fɛrˈzɔfən] 過分 形 (↑versaufen)《俗》大酒飲みの, 飲んだくれの.

ver·soh·len [fɛrˈzoːlən] 他《話》(人⁴を / 人³の物⁴を)さんざんに殴る. einem Kind den Hintern ～ 子供の尻をさんざんにぶつ. ◆ もともと靴屋が靴底を張り終えるときに強く打ちつけることを連想した言回し(↑Sohle, besohlen).

ver·söh·nen [fɛrˈzøːnən] フェアゼーネン ❶ 再 (*sich*⁴) (mit j³ 人³と)仲直りする, 和解する. Er hat *sich* wieder mit seinen Eltern *versöhnt*. 彼は両親と和解した. *sich mit seinem Schicksal* ～《比喩》自分の運命と折り合いをつける(を受入れる). ❷ 他 (j⁴ mit j³ 人⁴を人³と)仲直りさせる, 和解させる. Die schöne Landschaft *versöhnte* mich mit dem langweiligen Dorf.《比喩》美しい景色のおかげで私はなんとかその退屈な村にがまんすることができた. **2** (人⁴を)宥

める，(の)怒りをしずめる． die Götter ~ 神々をなだめる．

Ver'söh・ner [fɛrˈzøːnər] 男 -s/- 仲直りさせる人，宥(なだ)める人．

Ver'söh・ler [fɛrˈzøːnlər] 男 -s/-《古》(Opportunist) (旧東ドイツの日和見主義者．

ver'söh・lich [fɛrˈzøːnlɪç] 形 **1** 宥和的な，和解する用意のある；(性格が執念深くなくて)さっぱりした，穏やかな． Er ist ein ~*er* Mensch. 彼は人との争いを好まない性格だ． Ihre Worte stimmten mich ~. 彼女の言葉を聞いて私は仲直りする気になった． **2**《物語の結末などが》和(なご)やかな気持にさせてくれる，人生(将来)に希望を持たせるような．

Ver'söh・lich・keit 女 -/ 宥和的なこと．

Ver'söh・nung [fɛrˈzøːnʊŋ] 女 -/-en 仲直り，和解，宥和．

Ver'söh・nungs・fest 中 -[e]s/ =Versöhnungstag

Ver'söh・nungs・tag 男 -[e]s/-e《ユ教》大贖罪(しょくざい)日，ヨム・キプール．¶ユダヤ教の大祭日でユダヤ暦の正月にあたるティシュレー月の 10 日，つまり太陽暦の 9-10 月に祝われる．この祭で重要な役割を演じるのが「贖罪の山羊(スケープゴート) Sündenbock」である．↑《旧約》レビ 16: 22-23.

ver'son・nen [fɛrˈzɔnən] 形 物思いに沈んでいる，瞑想的な，夢想的な．

*****ver'sor・gen** [fɛrˈzɔrgən] フェアゾルゲン 他 **1** (j⟨et⟩³ mit e³ 人³物⁴に物³を)供給する，支給する，補給する，与える． j³ mit Kleidung⟨Lebensmitteln⟩ ~ 人⁴に衣服⟨食料品⟩を支給する． eine Stadt mit Trinkwasser ~ ある町に飲料水を供給する． Hast du dein Vögelchen schon *versorgt*? お前の小鳥にもう餌はやったかい．《過去分詞で》Möchten Sie noch etwas zu trinken? — Nein, danke! Ich bin *versorgt*. もっと何か飲み物はいかがですか？—— いいえありがとう，十分にいただいております． **2** (人⁴を)扶養する，養う． Er hat eine fünfköpfige Familie zu ~. 彼は 5 人家族を養わねばならない．《過去分詞で》Unsere Kinder sind alle *versorgt*. 私たちの子どもはみんななんとか暮しが立っています． **3** (a) (人⁴の)世話をする，面倒を見る． Er *versorgt* seinen alten Großvater. 彼は年老いた祖父の面倒を見ている． einen Kranken ~ 病人の看病をする． (b) (物⁴の)管理をする． den Aufzug ~ エレベーターの管理をする． den Garten ~ 庭の手入れをする． den Haushalt ~ 所帯のきりもりをする． **4** (お う) (a) (物⁴を)保管する．(b) (人⁴を)収容する．
♦ ↑versorgt

Ver'sor・ger [fɛrˈzɔrgər] 男 -s/- **1** 扶養者，補給船．♀女性形 Versorgerin 女 -/-nen

ver'sorgt 過分 形 (まれ)憂(うれ)わしげな，憂いに沈んだ，心労でやつれた．

Ver'sor・gung [fɛrˈzɔrgʊŋ] 女 -/ 供給，支給；扶養，世話，(国などの年金支給による)生活保障，扶助．

Ver'sor・gungs・be・rech・tigt 形 扶助(手当)を受ける資格のある．

Ver'sor・gungs・be・trieb 男 -[e]s/-e 公益事業．

Ver'sor・gungs・ein・heit 女 -/-en《軍事》補給部隊．

Ver'sor・gungs・haus 中 -es/⸚er (施) 《古》(Altenheim) 老人ホーム．

Ver'sor・gungs・netz 中 -es/-e《土木・工学》(水道・ガス・電気などの)供給網，ライフラインネット．

ver'span・nen [fɛrˈʃpanən] 他 **1** (マストなどをワイヤー・綱で)支える，固定する． **2** 再 ⟨**sich**⟩ (筋肉が)痙攣(けいれん)する，ひきつる．

Ver'span・nung 女 -/-en **1** (ワイヤー・綱による)固定；支索，支え綱，張り綱． **2** (筋肉の)痙攣．

ver'spa・ren [fɛrˈʃpaːrən]《古》延期する，延ばす．

ver'spä・ten [fɛrˈʃpɛːtən] フェアシュペーテン 再 ⟨**sich**⟩ 遅れる，遅刻する；到着する． Ich habe *mich verspätet*. 私は遅刻してしまった．

ver'spä・tet 過分 形 遅れた． eine ~*e* Rose 遅咲きのバラ． Der Zug ist ~ angekommen. 列車は遅れて到着した．

*****Ver'spä・tung** [fɛrˈʃpɛːtʊŋ] フェアシュペートゥング 女 -/-en 遅れ，遅刻；延着． mit einer Stunde ~ 1 時間遅れて． Der Zug hat zwei Stunden ~. 列車は 2 時間遅れている．

ver'spei・sen [fɛrˈʃpaɪzən] 他《雅》すっかり食べてしまう，きれいに平らげる．

ver'spe・ku・lie・ren [fɛrʃpekuˈliːrən] **1** 他 (金を)投機で失う． **2** 再 ⟨**sich**⟩ 投機に失敗する；《話》見込み違いをする，誤算する．

ver'sper・ren [fɛrˈʃpɛrən] 他 **1** (道路などを)閉鎖する；(入口・通路などを)遮断する；(立ちふさがって)遮(さえぎ)る，邪魔をする． Ein Lastwagen *versperrt* die Straße. 1 台のトラックが立往生して道路をふさいでいる． j³ den Weg ~ 人³の行手を遮る． j³ die Aussicht ~ 人³の視野を遮る． **2**《地方》(ドアなどに)鍵をかける． **3** 再 ⟨**sich**⟩《雅》心を閉ざす，閉じこもる．

ver'spie・len [fɛrˈʃpiːlən] **1** 他 **1** (お金などを)賭け事で失う，賭け事に使う． **2** (時間を)遊んで過ごす． **3** (チャンスなどを)みすみす逃す． **2** 自 **1** 勝機を逃す． Er hat *verspielt*. 彼にもはや勝ち目はない．《次の用法で》bei j³ *verspielt* haben 人³の信用を失う，(に)嫌われる． **3** 再 ⟨**sich**⟩ (楽器の演奏で)弾(ひ)く間違える．

ver'spin・nen* [fɛrˈʃpɪnən] **1** 他 **1** 紡(つむ)ぐ；紡いで糸にする，(原料を)紡ぎつくす． **2** 再 ⟨**sich**⟩ (in e⁴ 事⁴に)没頭する． *sich* in Gedanken ~ 物思いに耽(ふけ)る．

ver'spot・ten [fɛrˈʃpɔtən] 他 嘲笑する，あざ笑う．

Ver'spot・tung 女 -/-en 嘲笑，嘲弄(ちょうろう)．

ver'sprach [fɛrˈʃpraːx] versprechen の過去．

ver'sprä・che [fɛrˈʃprɛːçə] versprechen の接続法 II.

*****ver'spre・chen*** [fɛrˈʃprɛçən] フェアシュプレヒェン versprach, versprochen **1** 他 **1** (人³に事⁴を)約束する． j³ die Ehe ~ 人³に結婚の約束をする． Er hat es mir fest⟨hoch und heilig / in die Hand⟩ *versprochen*. 彼はその事を私に固く約束した．《zu 不定詞句または dass に導かれた副文と》Ich *verspreche* dir, das nächste Mal vorsichtig zu sein. 今度はもっと気をつけると君に約束するよ． *Versprich* [mir], dass du vorsichtig fährst! 気をつけて運転すると約束してくれ．《過去分詞で》wie *versprochen* 約束通り． mit j³ *versprochen* sein《古》人³と結婚の約束を交わしている． Hier hast du das *versprochene* Geld. ほら約束の金だよ． **2** 期待させる，見込がある． Sein Gesichtsausdruck *versprach* Unangenehmes ⟨Böses⟩. 彼の表情からは良いことは期待できなかった．《zu 不定詞句と》Das Wetter *verspricht* schön zu werden. 天気は良くなりそうだ．
2 再 ⟨**sich³/sich⁴**⟩ **1** ⟨**sich³**⟩ (von j⟨et⟩³ 人⟨事⟩³から)期待する． Ich hatte *mir* von dem neuen Mitar-

Ver'sprechen

beiter eigentlich mehr *versprochen*. 私は今度来た同僚にはもっと期待していたんだが. **3**《*sich*》《古》(人³に)結婚の約束をする.

*Ver'spre·chen [fɛrˈʃprɛçən] フェアシュプレヒェン》他-s/- 約束. ein ~ halten〈einlösen〉約束を守る. j³ ein ~ geben〈abnehmen〉人³に約束する〈約束させる〉. Ich habe ihm das ~ gegeben, es nicht weiterzusagen. 私はその事を口外しないことを彼に約束した.

Ver'spre·chung [fɛrˈʃprɛçʊŋ] 囡 -/-en (ふつう複数で)約束; 確言. große ~*en* machen (できもしないような)大きな約束をする. leere ~*en* 空約束, 空手形.

ver'spren·gen [fɛrˈʃprɛŋən] 他 **1**(敵の兵隊・軍隊を)追散らす, 敗走させる. **2**《猟》(獣・野鳥を)追立てる. **3**(水を)まき散らす.

Ver'spreng·te 男《形容詞変化》潰走(かいそう)兵, 敗残兵.

ver'spricht [fɛrˈʃprɪçt] versprechen の現在 3 人称単数.

ver'sprit·zen [fɛrˈʃprɪtsən] 他 **1**(水などを)まき散らす; (塗料などを)吹きつける. **2**(物³に)はねをかけて汚す.

ver'spro·chen [fɛrˈʃprɔxən] versprechen の過去分詞.

ver'spro·che·ner'ma·ßen 副 約束どおりに.

ver'sprü·hen [fɛrˈʃpryːən] 他 **1**(香水・薬剤などを)噴霧する; (水・光などを)まき散らす. (火花を)飛散らす. **2**自(s)(水・火花などが)飛散する; (光が)散乱する.

ver'spun·den [fɛrˈʃpʊndən], **ver'spün·den** [fɛrˈʃpʏndən] 他 **1**(樽に)栓をする. **2**《建築》実(さね)をつける, 実継(さねつぎ)ぎにする.

ver'spü·ren [fɛrˈʃpyːrən] 他 感じる, 感得する, 感知する.

ver'staat·li·chen [fɛrˈʃtaːtlɪçən] 他 国有化する, 国営化する.

Ver'staat·li·chung 囡 -/-en 国有化, 国営化.

ver'städ·tern [fɛrˈʃtɛːtərn, ..ˈʃtɛtərn] **1**自(s)都市化される, 都会風になる. **2**他 都市化する, 都会風にする.

Ver'städ·te·rung 囡 -/-en 都市化, 都会化.

ver'stand [fɛrˈʃtant] verstehen の過去.

*Ver'stand [fɛrˈʃtant] フェアシュタント》男-[e]s/(↓verstehen) **1** 理解(思考)力, 知力; 知能, 頭脳; 判断力, 思慮, 分別;《哲学》悟性. Nimm doch ~ an! 馬鹿なまねはよせよ(分別を持てよ). den ~ ausbilden〈schärfen〉頭脳をみがく. einen klaren〈scharfen〉 ~ haben 明快な〈鋭い〉頭脳の持主である. keinen ~ haben 頭が悪い. den ~ verlieren《話》正気を失う, 気が触れる. *seinen* ganzen ~ zusammennehmen 知恵をしぼってよく考える. 《慣用句で》mehr Glück als ~ haben《話》とても運が強い. Da bleibt einem der ~ stehen. / Da steht einem der ~ still.《話》それは私には苦しむ(そのため頭が働かない). 《前置詞で》nicht ganz〈nicht recht〉**bei** ~ sein《話》少し頭がおかしい. et⁴ **mit** ~ tun 事を上手に考えてする. et⁴ mit ~ essen〈trinken〉物⁴を(ほどよく量を)味わって食べる〈飲む〉. Das geht über meinen ~.《話》それは私には理解できない(それは私の理解力を越えている). j⁴ **um** den ~ bringen 人⁴の分別を失わせる. j⁴ **zu** bringen 人⁴を正気に戻す. wieder zu ~ kommen 正気に戻る. **2**《雅》(Sinn) 意味. in einem gewissen ~*e* ある意味で.

Ver'stan·des·mensch 男-en/-en 理性的〈理知的〉な人.

Ver'stan·des·schär·fe 囡-/ 鋭い理性, 明敏さ.

Ver'stän·dig [fɛrˈʃtɛndɪç] 形 理解力のある, 賢い; 思慮(分別)のある.

*Ver'stän·di·gen [fɛrˈʃtɛndɪɡən] フェアシュテンディゲン》**❶** 他(人⁴に)知らせる, 通知(通報)する(von et³・über et⁴ 事³,⁴のことを). die Polizei ~ 警察に通報する. j⁴ von einem Unfall ~ 人⁴に事故のことを知らせる.

❷ 再《*sich*⁴》**1**(mit j³ 人³と)意思を疎通させる. Wir haben *uns* am Telefon kaum miteinander ~ können. 我々は電話ではうまく話が通じなかった. **2** (mit j³ über et⁴ 人³と事⁴について)了解し合う, 合意する. Bezüglich des Termins werde ich *mich* mit ihm noch ~. 期日については追って彼と相談して決めることにしましょう.

Ver'stän·dig·keit 囡-/ 思慮深さ, 物分かりのよさ.

*Ver'stän·di·gung [fɛrˈʃtɛndɪɡʊŋ] フェアシュテンディグング》囡-/-en **1** 通知, 通報. die ~ der Polizei 警察への通報. **2** 意思の疎通; 了解, 合意. Es gab zwischen ihnen gar keine ~. 彼らの間には意思の疎通は全くなかった. Wir konnten darüber keine ~ erreichen. そのことについて我々は合意に達することができなかった.

*Ver'ständ·lich [fɛrˈʃtɛntlɪç] フェアシュテントリヒ》形 **1**(言葉・発音などが)よく聞取れる, 聞取りやすい. ~ reden よく分かるように話す. **2**(文章・講演などが)よく分かる, 理解しやすい. j⁴ et⁴ ~ machen 人³に事を分からせる, 説明する. sich⁴ ~ machen 自分の意思を伝える. **3**(態度・事情などが)よく理解できる, もっとも.

Ver'ständ·li·cher'wei·se 副 当然ながら.

Ver'ständ·lich·keit 囡-/ よく分かること, 分かりやすさ; 聞取りやすいこと; もっともであること.

*Ver'ständ·nis [fɛrˈʃtɛntnɪs] フェアシュテントニス》中-ses/ **1** 理解(力) (für et⟨j⟩⁴ 物⟨人⟩⁴に対する). Er hat kein ~ für moderne Malerei. 彼は現代絵画には全く理解がない. Er hat viel ~ für junge Leute. 彼は若い人にとても理解がある(とても同情的である). **2** 見解. ein anderes ~ von et³ haben 事³についての見解が異なる. **3**《古》(Einvernehmen) 了解, 合意.

Ver'ständ·nis·in·nig 形 理解のある.

Ver'ständ·nis·los 形 理解のない, 無理解な.

Ver'ständ·nis·lo·sig·keit 囡-/ 理解(力)のなさ, 無理解.

Ver'ständ·nis·voll 形 理解のある, 同情に満ちた, 物分かりのよい.

ver'stän·kern [fɛrˈʃtɛŋkərn] 他 (↑Stank)《俗》(部屋などを)悪臭で満たす.

*Ver'stär·ken [fɛrˈʃtɛrkən] フェアシュテルケン》**❶** 他 **1** 強める, 強化する, 補強する. **2**(人員を)増加させる, 増強する. die Truppen um 100 Mann ~ 部隊を 100 人増強する. **3**(電流・圧力・効果を)高める, 増幅する. die Stimme durch einen Lautsprecher ~ 声をラウドスピーカーで大きくする. **4**(溶液を濃縮する;《写真》(ネガを)補力する(ネガを矯正して明暗の値を増す). **❷** 再《*sich*⁴》強まる, 増加する.

Ver'stär·ker [fɛrˈʃtɛrkər] 男-s/- 強めるもの;《写真》(ネガの)補力剤;《電子工》増幅器, アンプ.

Ver'stär·ker·röh·re 囡-/-n《電子工》増幅管.

Ver'stär·kung 囡-/-en **1** 強化, 補強; 増強, 増大, 増員. **2**《電子工》増幅;《写真》補力;《化学》

verstellen

濃縮;〚軍事〛援軍, 増援部隊.

ver'stat·ten [fɛrˈʃtatən] 他 《古》(gestatten)(人)に事を許す.

ver'stau·ben [fɛrˈʃtaʊbən] 自 (s) ほこりをかぶる, ほこりだらけになる.

ver'staubt 過分 形 ほこりをかぶった, ほこりだらけの;《比喩》時代遅れの. ~e Ansichten 古くさい考え.

ver'stau·chen [fɛrˈʃtaʊxən] 他《sich¹》(足などを)捻挫(ねんざ)する, くじく. sich das Handgelenk — 手首を捻挫する.

Ver'stau·chung 女 -/-en 〚医学〛捻挫(ねんざ).

ver'stau·en [fɛrˈʃtaʊən] 他 (物⁴を)上手に積込む. Gepäck im Auto — 荷物を車にきちんと積む.

Ver'steck [fɛrˈʃtɛk] 中 -[e]s/-e 隠れ[隠し]場所; 潜伏場所. ~ spielen 隠れんぼをする. mit⟨vor⟩ j³ ~ spielen 人³に対して隠し事をする, 本心をごまかす.

***ver'ste·cken** [fɛrˈʃtɛkən] フェアシュテケン ❶ 他 隠す (et⁴ vor j³ 物⁴を人³から). Er versteckte das Geld in seinem Schreibtisch. 彼はその金を机の中に隠した. Ostereier im Garten ~ イースターの卵を庭に隠す.

❷ 再《sich⁴》隠れる. Der Brief hatte sich unter ⟨zwischen⟩ anderen Papieren versteckt. その手紙は他の書類のなかに紛れ込んでしまっていた. 《比喩的用法で》sich hinter j⟨et⟩³ ~《話》人事³を口実に使う, 盾に取る. sich vor⟨neben⟩ j³ ~ müssen《話》人³の足元にも及ばない. sich vor⟨neben⟩ j³ nicht zu ~ brauchen《話》人³にひけを取らない.

Ver'ste·cken 中 -s/ (↑ Versteck)《次の用法で》~ spielen 隠れんぼをする. mit⟨vor⟩ j³ ~ spielen 人³に対して隠し事をする, 本心をごまかす.

Ver'steck·spiel 中 -[e]s/-e《複数稀》隠れんぼ.

ver'steckt [fɛrˈʃtɛkt] 過分 形《述語的にも用いない》隠れた, 人目につかない; 密かな, 秘密の. Das Haus liegt ~ in den Bergen. その家は山の中の人目につかない所にある. sich⁴ ~ halten 潜んでいる, 潜伏している. mit einem ~en Grinsen ひそかに薄笑いを浮かべて.

ver'ste·hen* [fɛrˈʃteːən] フェアシュテーエン verstand, verstanden ❶ 他 ❶ 聞取る. Bei dem Lärm konnte man sein eigenes Wort nicht ~. 音がうるさくて自分の声も聞こえないほどであった.

❷ 理解する,《事⁴が》分かる;《人⁴の》言うことを理解する. et⟨j⟩⁴ richtig⟨falsch⟩ ~ 事⟨人⟩⁴を正しく理解する⟨誤解する⟩. Dieses Wort⟨Diesen Satz⟩ verstehe ich nicht. この言葉⟨この文⟩(の意味)が私には分からない(理解できない). Deutsch⟨Französisch⟩ ~ ドイツ語⟨フランス語⟩が分かる. Hast du ihn⟨seine Ausführungen⟩ verstanden? 彼の言ったこと⟨彼の説明⟩は分かったか. j³ et⁴ zu ~ geben《人⁴に》(それとなく)分からせる, ほのめかす. Ich habe ihm deutlich zu ~ gegeben, dass ich sein Verhalten missbillige. 彼の態度が気に入らないことを私は彼にはっきりと分からせた.《目的語なしで》Du bleibst hier, verstanden ⟨verstehst du⟩! おまえはここにいるんだ, 分かったな. Ja, ich verstehe! うん, 分かったよ.《現在分詞で》Er nickte verstehend. 彼は分かっているような様子でうなずいた. ein verstehender Blick 理解に満ちた眼差(まなざ)し.

❸ 解釈する. Wie soll ich das ~? それはどういう意味に取ったらよいのですか. Unter Freiheit versteht jeder etwas anderes. 自由というものについての解釈は人それぞれ異なる. et⁴ als Drohung ~ 事⁴を脅しと取

る. sich⁴ als Demokrat ~ 民主主義者だと自任している.

❹ (**etwas, viel, nichts** などと)心得がある, 通じている (von et³ 事³に). Von Politik verstehe ich nichts. 政治のことは私はまったく分からない.

❺ (事⁴に)精通(習熟)している. sein Fach⟨sein Handwerk⟩ ~ 専門⟨職人の仕事⟩に精通している.《**zu** 不定詞句と》Er versteht es, andere zu überzeugen. 彼は人を説得する術(すべ)を心得ている.

❻ (話)(時間)を立ったままのに過ごす.

❷ 再《sich⁴》❶ 理解される. Das versteht sich [von selbst]. それは自明のことだ. Versteht sich!《話》もちろんだ. wie sich versteht 当然ながら. Der Preis versteht sich ab Werk⟨einschließlich Mehrwertsteuer⟩.《商業》それは工場渡しの⟨付加価値税込みの⟩値段だ.

❷ (mit j³ 人³と)気が合う, 仲がいい. Ich verstehe mich sehr gut mit ihr. 彼女とはとても仲がいい.

❸ (et³ 事³に)精通(習熟)している, (auf j⁴ 人⁴を)扱う術(すべ)を心得ている. sich auf das Reparieren solcher alten Uhren ~ このような古い時計の修理が得意である. sich auf Pferde ~ 馬を扱う術を心得ている.

❹ 《古》《雅》(zu et³ 事³に)いやいや同意(了承)する.

ver'stei·fen [fɛrˈʃtaɪfən] ❶ 他 硬くする; (壁・天井などを)補強する, 支える. ❷ 再《sich⁴》❶ (関節などが)硬くなる; (抵抗力が)弱くなる; (態度などが)硬化する.《金融》(相場が)引締まる, しっかりする. ❷ (auf et⁴ 事⁴に)固執する.

Ver'stei·fung 女 -/-en 硬くなる(する)こと, 硬化, 硬直; 補強(材).

ver'stei·gen* [fɛrˈʃtaɪgən] 再《sich⁴》❶ (登山で)ルートを間違える; 山で道に迷う. ❷《雅》(zu et³ 事³を)思い上がってする. Er hat sich zu der Behauptung verstiegen, dass... 彼は身のほども忘れて…という主張をした.

Ver'stei·ge·rer [fɛrˈʃtaɪɡərər] 男 -s/- 競売人, せり売り人.

ver'stei·gern [fɛrˈʃtaɪɡərn] 他 (物⁴を)競売にかける, せり売りする.

Ver'stei·ge·rung 女 -/-en 競売, せり売り, オークション.

ver'stei·nern [fɛrˈʃtaɪnərn] ❶ 自 (s) 石になる, 石化になる;《雅》石のようになる, こわばる. ◆ versteinert ❷ 再《sich⁴》石のようになる, こわばる.

ver'stei·nert 過分 形 石化した, 化石になった; 石のようになった, こわばった. Er stand da wie ~. 彼は驚きのあまり石のように体をこわばらせて突っ立っていた.

Ver'stei·ne·rung 女 -/-en 石化; 化石.

ver'stell·bar [fɛrˈʃtɛlbaːr] 形《比較変化なし》可動の; 調節できる.

ver'stel·len [fɛrˈʃtɛlən] ❶ 他 ❶ (a) 他の場所に移す, 置き(並べ)換える. ein Möbel — 家具の位置を換える. (b) 間違った場所に置く, 置き(並べ)間違える. ❷ (双眼鏡の焦点・時計の時刻などを)調整(調節)する; (の)調整(調節)を誤る. Der Sitz lässt sich⁴ nicht ~. 座席は(固定されていて)調節できない. Wer hat meinen Wecker verstellt? 私の目覚ましをいじったのは誰だ. ❸ (さえぎ)脇へ片付ける, どける. ❹ (道・入り口などを)ふさぐ, 遮(さえぎ)る. die Tür mit Möbeln ~ (開かないように)家具を置いてドアをふさぐ. j³ den Weg ~ 人³の行く手を遮る. ❺ (筆跡・声色(こわいろ)などを他者に判らぬように)変える. mit verstellter Stimme 声色を変えて.

❷ 再 《**sich**⁴》 1 とぼける, しらばっくれる; 振りをする, 装う. 2 《然るべく調整されていた装置などが》狂う.

Ver'stel·lung 女 -/-en 1 調節, 移動. 2 偽装; 偽(ぎ)り, 欺瞞(ぎまん).

Ver'stel·lungs·kunst 女 -/¨-e 偽装術.

ver'step·pen [fɛrˈʃtɛpən] 自 (s) ステップになる, ステップ化する. ↑Steppe

ver'ster·ben* [fɛrˈʃtɛrbən] 自 《多く過去・過去分詞の形で》死去する, 死亡する. Unser Vater ist vor einem Jahr verstorben. 父は1年前に亡くなりました.
 ◆ ↓ verstorben

ver'steu·ern [fɛrˈʃtɔyərn] 他 (物⁴の)税を納める.

Ver'steu·e·rung 女 -/-en 納税.

ver'stie·ben* [fɛrˈʃtiːbən] 自 (s) 《古》塵(ちり)になる; 塵のように飛ぶ.

ver'stie·gen [fɛrˈʃtiːɡən] 過分 形 《副詞的には用いない》(↑ versteigen) 身のほど知らずの, 思い上がった; (計画・思いつきなどが)突飛な, 極端な, 常軌を逸した.

Ver'stie·gen·heit 女 -/ 《複数なし》思い上がり, うぬぼれ. 2 思い上がった振舞; 突飛な思いつき, 極端な言動.

ver'stim·men [fɛrˈʃtɪmən] ❶ 自 (s) (楽器などが)調子が狂う. ❷ 他 1 (楽器などの)調子を狂わせる. 2 (人⁴の)機嫌を損(そこ)ねる, 気分を害する. ❸ 再 《**sich**⁴》(楽器が)調子が狂わせる.

ver'stimmt 過分 形 機嫌の悪い, 気分を害した; (胃などが)調子がおかしい; (楽器などの)調子の狂った.

Ver'stim·mung 女 -/-en 1 不機嫌, 不興. 2 調子はずれ, 調子が狂うこと.

Ver'stockt [fɛrˈʃtɔkt] 形 頑固な, かたくなな.

Ver'stockt·heit 女 -/ 頑固さ, かたくなさ.

ver'stoh·len [fɛrˈʃtoːlən] 形 《副詞的にも (↑ verstehlen)》ひそかな, 人目を避けた. ein ~ es Lächeln 忍び笑い. et⁴ ~ in die Tasche stecken 物⁴をこっそりとポケットに入れる.

ver'stop·fen [fɛrˈʃtɔpfən] ❶ 他 1 (穴などを)ふさぐ; (配水管などを)つまらせる; (道路を)渋滞させる. ❷ 自 (s) (配水管などが)つまる; (食物が)便秘をおこす.

ver'stopft 形 便秘である; (注) 気味の.

Ver'stop·fung 女 -/-en つまること, 閉塞(へいそく); (交通の)渋滞; 〖医学〗便秘.

ver'stor·ben [fɛrˈʃtɔrbən] 過分 形 (↑ versterben) 亡くなった, 故人となった, 死去した.

Ver'stor·be·ne 男女 《形容詞変化》故人.

ver'stö·ren [fɛrˈʃtøːrən] 他 (人⁴の)心を動揺させる, 混乱させる, かき乱す.

ver'stört 過分 形 動揺した, 心の乱れた.

Ver'stört·heit 女 -/ 心の動揺, 乱心.

Ver'stoß [fɛrˈʃtoːs] 男 -es/¨-e 1 違反, 反則 (gegen et⁴ 事⁴に対する). 2 in ~ geraten 《古》(に) 無くなる, 紛失する.

ver'sto·ßen* [fɛrˈʃtoːsən] ❶ 他 (人⁴を)追出す, 追放する; 勘当する. ❷ 自 違反する, 抵触する (gegen et⁴ 事⁴に). gegen den guten Geschmack ~ 美的趣味に反する.

Ver'sto·ße·ne 男女 《形容詞変化》追出された人, 追放された, のけ者. ↑ verstoßen

Ver'sto·ßung 女 -/-en 追放, 勘当.

ver'stre·ben [fɛrˈʃtreːbən] 他 支柱(突っ張り)で支える(補強する).

Ver'stre·bung 女 -/-en (支柱による)支え, 補強.

ver'strei·chen* [fɛrˈʃtraɪçən] ❶ 他 1 (バターなどを)まんべんなく塗る; (顔料などを)塗るのに使う, 消費す

る. 2 (壁の穴などを)塗りつぶす, 塗り塞ぐ. ❷ 自 (s) 1 (時が)経過する, 過ぎ去る. 2 《猟詞》(猟鳥が)猟区を去る.

ver'streu·en [fɛrˈʃtrɔyən] 他 1 撒(ま)く, 撒き散らす; こぼす. Zucker auf einen Kuchen ~ 砂糖をケーキの上にふりかける. Salz auf den Tisch ~ 塩をテーブルの上にこぼす. 2 (脱いだ衣服などを)散乱させる. 《過去分詞で》Die Häuser liegen weit verstreut. 家々があちこちに散らばって立っている. 3 撒いて消費する.

ver'stri·cken [fɛrˈʃtrɪkən] ❶ 他 1 (毛糸などを)編物に使う(消費する). Sie hat für den Pullover zehn Knäuel Wolle verstrickt. 彼女はそのセーターを編むのに毛糸を10玉使った. 2 (j⁴ in et⁴ 人⁴を事⁴に)引張り込む, 巻込む. ❷ 再 《**sich**⁴》 1 (様態を示す語と) sich gut〈schlecht〉~ (毛糸などが)編物に適している(適していない), 編みやすい(編みにくい). 2 編み間違える. 3 (in et⁴ 事⁴に)引張り込まれる, 巻込まれる.

ver'stüm·meln [fɛrˈʃtʏməln] 他 1 (人⁴の)手足を切取る. die verstümmelte Leiche 手足を切断された死体. 2 (手や足を)破損させる, (の)形を損なう. 3 (ニュース・情報などを)勝手に切り詰めて歪めてしまう. 4 〖医学〗断節する.

Ver'stüm·me·lung 女 -/-en 1 切断. 2 〖医学〗断節.

ver'stum·men [fɛrˈʃtʊmən] 自 (s) 《雅》1 黙りこむ, 鳴りやむ. 2 (噂などが)消える, やむ.

ver'stün·de [fɛrˈʃtʏndə] verstehen の接続法 II.

Ver'such [fɛrˈzuːx] 男 -[e]s/-e 1 試み, トライ. einen ~ machen〈wagen〉試みる, (思い切って)トライしてみる. beim dritten ~ 3度目の試み(トライ)で. 2 (Experiment) 実験. ein chemischer〈physikalischer〉~ 化学〈物理学〉実験. ein ~ an Tieren 動物実験. einen ~ anstellen 実験をする. 3 〖文学〗習作, 試論, エッセイ. 4 〖競技〗(陸上競技などの)試技; (ラグビーの)トライ. 5 〖法制〗未遂.

ver'su·chen [fɛrˈzuːxən] フェアズーヘン ❶ 他 1 試みる, ためす, やってみる. Ich habe alles [Mögliche] versucht, aber es war vergebens. 私はあらゆることをやってみたが無駄だった. sein Heil〈sein Glück〉~ 運をためす. (**zu** 不定詞句と) Er versuchte, es ihr zu erklären. 彼はその事を彼女に何とか説明しようと努力した. 《成句で》es mit j⁵ ~ 人⁵にチャンスを与える. es mit et³ ~ 物³を試しにやってみる(使ってみる). Hast du es schon mal mit kalten Umschlägen versucht? 冷湿布はもう試してみたかい. 2 試食(試飲)する, 味見する. die Suppe ~ スープの味見をする. 3 〖聖書〗(人⁴を)誘惑する, そそのかす. 《過去分詞で》(**zu** 不定詞句と) versucht sein〈sich⁴ versucht fühlen〉, …zu tun …したい誘惑に駆られている.

❷ 再 《**sich**⁴》手がけてみる, 挑戦する. Sie versucht sich in der Malerei〈an einem Roman〉. 彼女は絵画〈小説〉に挑戦している.

Ver'su·cher [fɛrˈzuːxər] 男 -s/- 誘惑者; 〖聖書〗(Teufel) 悪魔. ◆ 女性形 Versucherin 女 -/-nen

Ver'suchs·an·stalt 女 -/-en 試験所, 実験所.

Ver'suchs·bal·lon 男 -s/-s(-e) 観測用気球. einen ~ steigen lassen 観測用気球をあげる; 反応を確かめしてみる, 瀬踏みする.

Ver'suchs·ka·nin·chen 中 -s/- 1 《まれ》実験用うさぎ. 2 《俗》実験台にされる人.

Ver'suchs·per·son 女 -/-en (略 Vp., VP) 〖心

理・医学》被験者.
Ver'suchs·tier 田-[e]s/-e 実験(用)動物.
ver'suchs·wei·se 剾 試験的に，ためしに．
***Ver'su·chung** [fɛrˈzuːxʊŋ] フェアズーフング 囡-/-en 誘惑;《聖書》試み, 誘惑. j⁴ in ~ führen〈bringen〉人⁴を誘惑する. in ~ kommen〈geraten〉, ... zu tun …したい気持に駆られる. Ich war schon in ~, das Geheimnis zu verraten. 私はもう少しで秘密を漏らすところであった.
ver'sump·fen [fɛrˈzʊmpfən] 圁 (s) 1 沼(地)になる. 2《話》怠惰になる；堕落する; 大酒を飲んで酔っぱらう.
ver'sün·di·gen [fɛrˈzʏndɪɡən] 囲 **(sich⁴)**《雅》罪を犯す, 不正を働く(an j³ 人³に対して).
Ver'sün·di·gung 囡 -/-en《雅》罪を犯すこと; 罪.
ver'sun·ken [fɛrˈzʊŋkən] 過分形 (↑ versinken) **1** 沈んだ, 没した, 埋(ﾀ)もれた；（眼などが)落ちくぼんだ；（国家・文明などが)滅亡した. **2** (in et⁴ 事⁴)にふけった, 没頭した. Er war ganz in den Anblick der Landschaft ~. 彼はすっかりその風景に見とれていた. ~ in Gedanken ~ sein 考えにふけっている.
Ver'sun·ken·heit 囡-/《雅》考え込んでいること, 沈思; 没頭.
ver'sü·ßen [fɛrˈzyːsən] 囮 **1**《まれ》甘くする. **2** (人³の事⁴を)楽しくする, 楽にする. 《再帰的に》 *sich³* das Leben ~ 自分の人生を楽しくする.
ver'ta·gen [fɛrˈtaːɡən] 囮 **1** (会議・決定などを)延期する. die Verhandlung auf die nächste Woche ~ 交渉(審議)を来週まで延期する. **2**《ｽｲｽ》(事⁴の)期日を決める. **2** 囲 **(sich⁴)** (会議・決定などが)延期される. Das Gericht *vertagte sich* auf den nächsten Monat. 裁判は来月に延期された.
Ver'ta·gung 囡 -/-en 延期.
ver'tän·deln [fɛrˈtɛndəln] 囮 (↓ Tand)《古》(時間や金を)無駄に使う, 浪費する.
ver'tan·zen [fɛrˈtantsən] 囮 ダンスをして過ごす, 踊り過ごす.
ver'ta·tur [fɛrˈtaːtʊr] (*lat.* vertere, wenden, drehen*)* (略 vert.)(記号 v)『印刷』(校正の指示で)転倒を正せ.
ver'täu·en [fɛrˈtɔʏən] 囮 (船員)(船を)係留する.
ver'tau·schen [fɛrˈtaʊʃən] 囮 **1** うっかり間違えて持って〈着て, 被って, 連れて〉いく, 取違える. Wir haben unsere Hüte *vertauscht*. 我々は帽子を取違えた(間違えて被っていった). **2** (物⁴を)交換する, 取替える(gegen et⁴ / mit et³ 物⁴,³と). die Stadt mit dem Lande ~ 都会から田舎へ引越す.
Ver'tau·schung 囡 -/-en 交換, 取替え; 取違え.
ver'tau·send·fa·chen [fɛrˈtaʊzəntfaxən] 囮 千倍にする. **2** 囲 **(sich⁴)** 千倍になる.
'ver·te [ˈvɛrtə] (*lat.*)(略 v.)『音楽』(譜面の上での指示で)ページをめくれ.
ver·te'bral [vɛrteˈbraːl] 形 (*lat.* vertebra, Wirbel*)* (比較変化なし)『解剖』脊椎(ｾｷﾂｲ)の.
Ver·te'brat [vɛrteˈbraːt] 男 -en/-en《ふつう複数で》『動物』脊椎(ｾｷﾂｲ)動物.
***Ver'tei·di·gen** [fɛrˈtaɪdɪɡən] フェアタイディゲン 囮 **1** 防御(防衛)する, 守る, 防ぐ(gegen j〈et〉⁴ 人〈物⁴〉から). *seinen* Ruf〈*sein* Leben〉~ 自分の名声〈身〉を守る. **2** 擁護する, 弁護する. **3**『法廷』『法廷』で弁護する. Der Angeklagte wird von Rechtsanwalt X *verteidigt*. その被告は X 弁護士が弁護を引受けている. **4**《ｽﾎﾟｰﾂ》(タイトル・記録・ゴールなどを)守

る. das Tor ~ ゴールを守る.
2 囲 **(sich⁴)** 身を守る; 自己弁護する, 弁明する.
Ver'tei·di·ger [fɛrˈtaɪdɪɡər] 男 -s/- **1** 防御者; 擁護者; 守備兵. **2**『法制』(刑事事件における)弁護人,《ｽﾎﾟｰﾂ》バック, ディフェンス, （サッカーの)ディフェンダー.
***Ver'tei·di·gung** フェアタイディグング 囡 -/ **1** 防御, 防衛; 弁護, 擁護, 弁明. **2**『法制』弁護, 弁護側;《ｽﾎﾟｰﾂ》ディフェンス, バックス, 守備.
Ver'tei·di·gungs·aus·ga·be 囡 -/-n《多く複数で》防衛費.
Ver'tei·di·gungs·krieg 男 -[e]s/-e 防衛戦争.
Ver'tei·di·gungs·mi·nis·ter 男 -s/- 国防相, 国防大臣.
Ver'tei·di·gungs·re·de 囡 -/-n 弁論; 弁護演説 (とくに法廷での).
***ver'tei·len** [fɛrˈtaɪlən] フェアタイレン **❶** 囮 **1** 配る, 分け与える, 分配する(an〈unter〉j⁴ 人⁴に). Flugblätter an die Passanten ~ 通行人にビラを配布する. Schokolade unter die Kinder ~ 子供たちにチョコレートを配る. Ohrfeigen an j⁴ ~ 人⁴に平手打ちを食らわす. die Rollen ~ 役を振当てる. ein Drama mit *verteilten* Rollen lesen ある演劇作品の配役を決めて読合せをする. **2** 配分する, 割当てる(auf j〈et〉⁴ 人〈物〉³,⁴に). die Kosten gleichmäßig auf alle Mitglieder ~ その費用を会員全員に均等に負担してもらう (均等に割当てる). **3** 配置する, 散布する(auf et³,⁴ 物³,⁴の上に). Stühle im Raum ~ 部屋に椅子を配置する. Butter auf dem〈aufs〉 Brot ~ パンにバターを塗る.
❷ 囲 **(sich⁴)** 分かれる, 分散する, 広がる.
Ver'tei·ler [fɛrˈtaɪlər] 男 -s/- **1** 分配者, 配布者. **2** 小売人. **3** (電気・ガスの)供給会社, 販売店. **4** (Zündverteiler) 点火装置, ディストリビューター. **5**『電子工』配電盤. **6**《ｽﾎﾟｰﾂ》(Spielmacher) ゲームメーカー, （チームの)司令塔. **7** 複写文書の配布先指定.
Ver'tei·lung [fɛrˈtaɪlʊŋ] 囡 -/-en **1** 分配, 配布, 割当, 配分; 配置;（まんべんなく)塗ること, 散布. Die ~ von Flugblättern ist verboten. ビラの配布は禁じられている. **2** 分布; 分散.
ver'teu·ern [fɛrˈtɔʏərn] **❶** 囮 (物⁴の)値段を上げる. **❷** 囲 **(sich⁴)** 値段が上がる.
ver'teu·feln [fɛrˈtɔʏfəln] 囮 (人⁴を)悪者にする, 悪く扱いする.
ver'teu·felt 過分 形《話》**1** (副詞的には用いない) いまいましい, やっかいな, めんどうな. eine ~*e* Situation やっかいな状況. **2** すごい, たいへんな. ~*en* Hunger haben ものすごくおなかがへっている. Sie ist ~ hübsch〈charmant〉. 彼女はとても美しい〈チャーミングだ〉. **3**《付加語的用法のみ》(若者などが)向う見なな.
***ver'tie·fen** [fɛrˈtiːfən] フェアティーフェン **❶** 囮 **1** (溝・穴などを)深くする. **2** (知識などを深める;（問題・考えなどを)掘下げる;（感情・印象などを)強める. einen Gedanken noch etwas ~ 考えをもう少し掘下げる. *sein* Wissen über et⁴ ~ 事⁴に関する知識を深める. **3**『音楽』(音程を)下げる.
❷ 囲 **(sich⁴)** **1** (しわなどが)深くなる. **2** (感情・印象・知識などが)深まる, 強まる. Sein Groll hat *sich* noch *vertieft*. 彼の怒りはさらに大きくなった. **3** (in et⁴ 事⁴に)没頭する, ふける. *sich* in *seine* Arbeit〈ein Buch〉 ~ 仕事〈本〉に没頭する. 《過去分詞で》in Gedanken〈ins Gespräch〉 *vertieft* sein 考えにふけっている〈会話に没頭している〉.
Ver'tie·fung 囡 -/-en **1** 深くすること; 深めること,

vertieren

深化, 深まり. zur ~ seines Wissens Bücher lesen 知識を深めるために本を読む. **2** 溝, 穴, くぼみ, へこみ. eine ~ in der Mauer 壁の穴(へこみ).

ver·tie·ren¹ [vɛr'ti:rən] 他 《*lat.*》《古》**1** 向きをかえる;(ページを)めくる. **2** 翻訳する.

ver·tie·ren² [fɛr'ti:rən] (↓ *Tier*) ❶ (s) 獣のようになる, 残忍狂暴になる. ❷ 他 (人⁴を)獣のようにする, 残忍狂暴にならせる.

ver·ti·kal [vɛrti'ka:l] 形 《*lat.*, senkrecht 》 (↔ horizontal) 《比較変化なし》垂直の, 直立した. ~*e* Bindung 《法制》垂直的価格拘束.

Ver·ti·ka·le [vɛrti'ka:lə] 女 -/-n 垂直線.

Ver·ti·kal·kreis 男 -es/-e 《天文》鉛直圏.

'Ver·ti·ko [vɛrtiko] 中 (男) -s/-s 飾り戸棚(ベルリーンの指物師 Vertikow にちなむ. とくに 19 世紀後半に好まれた).

ver·til·gen [fɛr'tɪlgən] 他 **1** (害虫・雑草などを)絶滅(根絶, 抹殺)する; (痕跡などを)完全に消し去る. **2** 《話》(食物を)すっかり食尽くす.

Ver·til·gung 女 -/-en 《複数まれ》**1** 絶滅, 根絶, 抹殺, 抹消. **2** (食物などを)平らげること.

ver·tip·pen [fɛr'tɪpən] 《話》❶ 他 (タイプライターで)文字を打ちそこなう. ❷ 再 (*sich*⁴) タイプしそこなう, 打ちまちがう.

ver·to·nen [fɛr'to:nən] 他 **1** (物に)曲をつける, 作曲する. **2** (映画などに)バックグラウンドミュージック(音声による解説)を入れる.

Ver·to·nung 女 -/-en 作曲; 曲.

ver·trackt [fɛr'trakt] 形 《話》ややこしい, こんがらがった, こみ入った, やっかいな.

★**Ver·trag** [fɛr'tra:k フェアトラーク] 男 -[e]s/-e 契約, 協定; 条約; 契約(協定)書. ein ~ auf drei Jahre 3 年契約. einen ~ [ab]schließen〈machen〉契約を結ぶ, 条約を締結する. einen ~ unterschreiben 契約書にサインする. j¹ unter ~ nehmen 人⁴と雇用契約を結ぶ. bei j³ unter ~ stehen〈sein〉人³と雇用契約を結んでいる. ~ zugunsten〈zu Gunsten〉Dritter 《法制》第三者のためにする(第三者に給付する)契約. ~ zulasten〈zu Lasten〉Dritter 《法制》第三者に負担を課する契約(認められていない).

★**ver·tra·gen**¹* [fɛr'tra:gən フェアトラーゲン] ❶ 他 **1** (事などに)耐えられる, 我慢できる; (食べ物などに)強い. Sie *verträgt* langes Stehen nicht. 長く立っていることが彼女には耐えられない. keinen Alkohol〈keinen Spaß〉 ~ アルコールを受けつけない〈冗談を解さない〉. Hitze〈Kälte〉nicht gut ~ 暑さ〈寒さ〉に弱い. viel〈eine Menge〉 ~ [können] たくさん食べられる(健啖(けんたん)家である); たくさん飲める(酒豪である). Ich möchte jetzt einen Kognak ~.《比喩》コニャックを欲しいのですが. Die Sache *verträgt* keinen Aufschub.《比喩》事態は一刻の猶予も許さない. **2** 《新聞などを》配達する. **3** 《地方》(服などを)着古す.

❷ 再 (*sich*⁴) **1** 仲良くする(mit j³ 人³と). Ich *vertrage* mich gut mit meinen Nachbarn. 私はとなり近所の人とうまくやっている. Die beiden *vertragen* sich gut〈schlecht〉. 2人は仲がいい〈悪い〉. *sich* mit j³ wieder ~ 人³と仲直りする. **2** 合う, 調和する(mit et³ 人³と). Die Farbe der Vorhänge *verträgt* sich nicht mit der des Teppichs. カーテンの色がじゅうたんの色にマッチしていない.

ver·tra·gen² *vertragen*¹ の過去分詞.

Ver·trä·ger [fɛr'trɛ:gər] 男 -s/- 《(バ)》(新聞などの)配達員.

ver·träg·lich [fɛr'trɛ:klɪç] 形 《述語的には用いない》契約(条約)による, 契約(条約)に基づいた.

ver·träg·lich [fɛr'trɛ:klɪç] 形 **1** 協調性がある, 人づき合いのよい. **2** (飲食物が)体に合った, 消化に良い. **3** 《まれ》調和する, 矛盾しない.

Ver·träg·lich·keit 女 -/-en 《複数まれ》**1** 協調性がある(人づき合いの良い)こと; 社交性. **2** (飲食物の)消化に良い(体に合っている)こと.

Ver·trags·ab·schluss 男 -es/-e 契約(条約)の締結.

Ver·trags·bruch 男 -[e]s/-e 契約(条約)違反.

ver·trags·brü·chig 形 《比較変化なし / 副詞的には用いない》契約(条約)違反の.

ver·trags·ge·mäß 形 契約(条約)による, 契約(条約)どおりの.

Ver·trags·stra·fe 女 -/-n 《法制》違約罰.

ver·trags·wid·rig 形 契約(条約)違反の.

ver·trat [fɛr'tra:t] vertreten¹ の過去.

ver·trä·te [fɛr'trɛ:tə] vertreten¹ の接続法 II.

★**ver·trau·en** [fɛr'trauən フェアトラオエン] ❶ 自 (j〈et〉³ / 人〈事〉³を)信じる, 信頼する, 信用する. ihm rückhaltlos〈voll/fest〉 ~ 彼を全面的に信頼する. *seinem* Glück〈auf *sein* Glück〉 ~ おのれの運を信じる, 運が強いと信じる. *sich*³ selbst ~ 自信を持つ. **2** 《古》(anvertrauen) *sich*³ an⁴ に事⁴を秘する, 委(ゆだ)ねる. j³ ein Geheimnis ~ 人³に秘密を打明ける. *sich*¹ j³ ~ 人³に心中を打明ける.

★**Ver'trau·en** [fɛr'trauən フェアトラオエン] 中 -s/ 信頼, 信用 (zu j〈et〉³ 人〈事〉³に対する). im ~ auf et⁴ 事⁴を信じて. j² ~ besitzen〈genießen〉人²の信頼を得ている. j³ ~ entgegenbringen〈schenken〉人³に信頼を寄せる. zu j〈et〉³ ~ haben 人〈事〉³に対して信頼を抱く, 信用する. Er hat wenig ~ zu *sich*³ selbst. 彼は自分に自信がない. j³ et¹ im ~ sagen 人³に事⁴を内緒で言う. im ~ [gesagt] 内緒(の話)だが. *sein* ~ auf〈in〉j〈et〉⁴ setzen 人〈事〉⁴に信頼を置く(寄せる). j⁴ ins ~ ziehen 人⁴に秘密を打明ける. j³ das ~ aussprechen〈entziehen〉《政治》(議会で)人³を信任〈不信任〉する.

ver·trau·en·er·we·ckend 形 信頼の念を起こさせる, 頼もしい. ♦ Vertrauen erweckend と書く.

Ver·trau·ens·arzt 男 -es/-e 健康保険の検査医 (被保険者の労働能力や処置の妥当性を検査する).

Ver·trau·ens·bruch 男 -[e]s/-e 背任(行為).

Ver·trau·ens·fra·ge 女 -/-n 《複数まれ》**1** 信頼の問題. **2** 《政治》(政府が議会に対して行う)信任投票の提案.

Ver·trau·ens·mann 男 -[e]s/-er〈..leute〉**1** 《複数..männer》腹心の(信頼できる)代理人. **2** 《政治》仲介者. **3** (団体の)利益代表者. **4** 《略 V-Mann》警察の諜報勤務員. **5** 《複数..leute》労働組合の委員.

Ver·trau·ens·per·son 女 -/-en 信頼のおける人物.

Ver·trau·ens·sa·che 女 -/-n **1** 《複数まれ》信頼の問題. **2** 秘密事項.

ver·trau·ens·se·lig 形 信じやすい, すぐに他人を信用する, 盲信する.

Ver·trau·ens·stel·lung 女 -/-en (信頼と秘密厳守を必要とする)重要ポスト.

ver·trau·ens·voll 形 信頼に満ちた, 信頼関係にあ

Ver·trau·ens·vo·tum [..vo:tɔm] 中 -s/ **1**《政治》(政府に対する議会の)信任決議. **2** 信頼の表明.
ver·trau·ens·wür·dig 形 信頼に値する,信頼でき る.
ver·trau·ern [fɛrˈtraʊərn] 他《雅》(一定の時間を)悲しみのうちに過ごす.
ver·trau·lich [fɛrˈtraʊlɪç] 形 **1** 内密の,内緒の,秘密の. streng ~ sein 秘密厳守(極秘)の事柄である. **2** 親密な,うちとけた;なれなれしい. in ~em Ton 親しげな調子で.
Ver·trau·lich·keit 女 -/-en **1**《複数なし》内緒(秘密)であること,内密;親密さ,なれなれしさ. **2** 親密な(なれなれしい)態度.
ver·träu·men [fɛrˈtrɔʏmən] 他 **1**(時を)夢想にふけって過ごす. **2**《まれ》(時を)夢を見て過ごす.
ver·träumt 過分 形 **1**(少年などが)空想好きな;夢想にふけった. **2**(村などが)静かな,のどかな.
*__ver·traut__ [fɛrˈtraʊt] フェアトラオト 過分 形 **1** 親しい,親密な(mit j³ 人³と). ein ~er Freund 親友. mit j³ ~ sein / mit j³ auf ~em Fuß stehen 人³と親しい仲である. mit j³ ~ werden 人³と友達になる,親しくなる. **2** 慣れ親しんだ;よく知っている,精通した. Er sah dort kein ~es Gesicht. そこには彼の知った人は誰もいなかった. Diese Gegend ist mir ~. この辺りは私のなじみの場所だ. sich⁴ mit et³ ~ machen 事³に慣れる,習熟する. Du musst dich mit dem Gedanken ~ machen, dass… 君は…という考えに慣れなければいけないよ. mit et³ ~ sein 事³に精通している,(を)よく知っている.
Ver·trau·te 男《形容詞変化》親友,腹心の者.
Ver·traut·heit 女 -/-en《複数なし》**1** 親密,親交(mit j³ 人³との). **2** 精通,熟知(mit et³ 事³の).
__ver·trei·ben__ [fɛrˈtraɪbən] フェアトライベン 他 **1** 追い払う,追立てる;駆逐する,駆除する;取除く. Fliegen〈Mücken〉~ 蝿〈蚊〉を追い払う(駆除する). Hoffentlich habe ich Sie nicht vertrieben.《後から来た人が先客に向って》私が来たためにあなたが出てゆくのでなければ良いのですが. Menschen aus ihrer Heimat ~ 人々を故郷から追立てる. j³ die Sorgen ~ 人³の心配を取除く. sich³ die Zeit mit et³ ~ 事³で暇をつぶす. **2**(商品などを大量に)販売する,売りさばく. **3**《絵画》(色)をぼかす.
Ver·trei·bung 女 -/-en 追放,駆逐,駆除;《まれ》(商品の)販売.
ver·tret·bar [fɛrˈtreːtbaːr] 形《副詞的には用いない》**1** 支持(是認)できる,許容しうる. **2** ~e Sache《法制》代替物(取引でふつう数・量または重さをもって定められる動産).
__ver·tre·ten__¹ [fɛrˈtreːtən] フェアトレーテン 他 **1**(人⁴の代り(代理)をする,(を)代行する. den Lehrer während dessen Erkrankung ~ 病気の間その先生の代りをする. Mutterstelle an j³ ~ 人³の母親代りをする. **2**(人·事³)を支持(擁護)する;弁護する. Er vertritt die Interessen der Arbeitnehmer. 彼は被雇用者の利益を擁護する立場である. Der Angeklagte lässt sich⁴ von einem sehr tüchtigen Anwalt ~. その被告人は非常に有能な弁護士に弁護してもらうことになっている. Er vertritt die Meinung, dass… 彼は…という意見を主張している. **3**(団体·国民など)を代表する. sein Land bei der UNO ~ 国を代表して国連に出席する. **4**《過去分詞で》vertreten sein 代表として出ている. **5** 代理販売をする,代理販売店である. **5**

《地方》(靴などを)履き減らす;(階段·絨毯〈じゅうたん〉などを)踏みたずりへらす. **6**《次の用法で》(a) j³ den Weg ~ 人³の行く手を遮る. (b) sich³ den Fuß ~ 足をくじく. (c) sich³ die Beine〈die Füße〉~《話》(長時間じっとしていた後などに)運動したり軽く散歩したりして足の筋肉をほぐす.
ver·tre·ten² vertreten¹の過去分詞.
*__Ver·tre·ter__ [fɛrˈtreːtər] フェアトレーター 男 -s/- **1**(Stellvertreter)代理人. einen ~ stellen 代理を立てる. **2** 代表者;代表的人物,主唱者. **3** 信奉者,支持(擁護)者. **4**(Handelsvertreter)代理商. **5**《話》《侮》やつ,野郎.
*__Ver·tre·tung__ [fɛrˈtreːtʊŋ] フェアトレートゥング 女 -/-en **1** 代理,代行;代表. die ~ des erkrankten Kollegen übernehmen 病気の同僚の代りを引受ける. in ~ des Ministers 大臣の代理で. **2** 代理業;代理(取次)店. **3**(ある考えに対する)支持,擁護;信奉. **4** 代表(派遣)団. die ~ von Staaten bei der UNO ある国の国連代表団. **5**《スポ》代表(選抜)チーム.
Ver·tre·tungs·wei·se 副 代理で(として).
ver·trieb [fɛrˈtriːp] vertreibenの過去.
Ver·trieb [fɛrˈtriːp] 男 -[e]s/-e《複数まれ》**1**《複数なし》販売. **2**(会社の)販売部.
ver·trie·ben [fɛrˈtriːbən] 過分 形(↑vertreiben)追放された.
Ver·trie·be·ne 男 女《形容詞変化》故郷を追われた人,追放者.↑Heimatvertriebene
Ver·triebs·ge·sell·schaft 女 -/-en 販売会社.
Ver·triebs·lei·ter 男 -s/- 販売課長(主任,部長).
Ver·triebs·recht 中 -[e]s/-e 販売権.
ver·trin·ken* [fɛrˈtrɪŋkən] 他 **1**(お金などを)飲酒で浪費する. sein Vermögen ~ 財産を飲みつくす. **2**(悩み·うれいなどを)酒でまぎらわす. seinen Ärger ~ 酒で腹立てをおさめようとする.
ver·tritt [fɛrˈtrɪt] vertreten¹の現在3人称単数.
*__ver·trock·nen__ [fɛrˈtrɔknən] 自(s) **1** 枯れる,干上がる,干からびる. **2**《話》活力(緊張感)をなくす.《過去分詞で》ein vertrockneter Mensch 生気のない人間.
ver·trö·deln [fɛrˈtrøːdəln] 他《話》《侮》**1**(時間などを)むだに費やす. den Nachmittag ~ 午後をむだに過ごす. **2**(期限·約束などを)いい加減にして怠る,すっぽかす.
ver·trös·ten [fɛrˈtrøːstən] 他(人⁴に)うまい事を言って気をもたせる,なんとかなだめて待ってもらう. j⁴ auf eine spätere Zeit ~ 人⁴に後日に期待を抱かせる(約束の履行を先に引延ばす). j⁴ von einem Tag auf den anderen ~ 人⁴にうまい事(言逃れ)を言って一日延ばしにする.
ver·trot·teln [fɛrˈtrɔtəln] 自(s)《話》頭がぼける.
ver·trus·ten [fɛrˈtrastən, ..ˈtrʊstən] 他《経済》(企業を)トラストにする.
ver·tun* [fɛrˈtuːn] ❶ 他《話》(金や時を)むだに使う,浪費する(mit et³ 事³で). Sie vertut ihr Taschengeld mit Süßigkeiten. 彼女は甘い物を買ってこづかいをむだに使いきる.《過去分詞で》vertane Mühe むだな努力. ❷ 再(**sich**⁴)《話》間違える;思い違いをする. Ich habe mich in der Hausnummer vertan. 私は番地(家屋の番号)を間違えていた.《中性名詞として》Da gibt es kein Vertun.《地方》それは確かだ.
ver·tu·schen [fɛrˈtʊʃən]《話》(スキャンダルなどを)

もみ消す;(悪事などを)隠蔽する.
ver'übeln [fɛrˈyːbəln] 他 (人³の事を)悪くとる,(人³ の事³に)感情を害する.
ver'üben [fɛrˈyːbən] 他 (悪事・いたずらなどを)行う, (犯罪などを)犯す.
ver'ulken [fɛrˈʊlkən] 他 《話》からかう, 嘲る.
ver'un'eh·ren [fɛrˈʊnˌeːrən] 他 《古》(人⁴の)名声 を傷つける.
ver'un·ei·ni·gen [fɛrˈʊnˌaɪnɪgən] 《まれ》 ❶ 他 仲たがいさせる. ❷ 再 《sich⁴》仲たがいする.
ver'un·fal·len [fɛrˈʊnfalən] 自 (s) 《スイス》(verun- glücken) 事故にあう.
ver'un·glimp·fen [fɛrˈʊnglɪmpfən] 他 《雅》(人⁴を) 侮辱する,誹謗(﹅)する,(の)名誉を傷つける;(名誉・ 名前などを)汚す.
Ver'un·glimp·fung 女 -/-en 侮辱, 誹謗;名誉毀 (﹅)損.
* **ver'un·glü·cken** [fɛrˈʊnglʏkən フェアウングリュッケ ン] 自 (s) **1** 事故にあう. Er ist tödlich *verunglückt*. 彼は事故にあって死んだ. **2** 《戯》(料理などが)失敗に 終る.
ver'un·rei·ni·gen [fɛrˈʊnˌraɪnɪgən] 他 よごす, 汚 なくする;(水・大気などを)汚染する.
Ver'un·rei·ni·gung 女 -/-en **1** 汚す(汚される)こ と, 汚染. **2** 汚染物質.
ver'un·stal·ten [fɛrˈʊnʃtaltən] ❶ 他 (人⁴の)容 姿を損ねる;(物⁴の)外観を損なう. Diese Fabrik *verunstaltet* die Landschaft. この工場が風景を無 しにしている.《過去分詞で》ein durch eine Narbe *verunstaltetes* Gesicht 傷痕(﹅)で醜くなった顔. ❷ 再 《sich⁴》容姿(外観)が損なわれる. Du *verunstal- test dich* mit dieser Frisur. こんな髪型をしては君の容 姿は台無しだ.
Ver'un·stal·tung 女 -/-en **1** 容姿(外観)を損ねる こと; 容姿(外観)が損なわれること. **2** 体の醜くなった 箇所.
ver'un·treu·en [fɛrˈʊntrɔʏən] 他 (unterschla- gen) (お金や品物などを)横領(着服)する.
Ver'un·treu·ung 女 -/-en 《法制》横領, 着服.
ver'un·zie·ren [fɛrˈʊntsiːrən] 他 醜くする, 外観を 損(﹅)する.
* **ver'ur·sa·chen** [fɛrˈʔuːrzaxən フェアウーアザッヘン] 他 (↓ Ursache) (事⁴を)引起こす, 招く, (の)原因となる. einen Unfall〈einen Skandal〉~ 事故〈スキャンダル〉 を引起こす. Schaden〈Kosten〉~ 損害〈出費〉を招 く.
Ver'ur·sa·cher [fɛrˈʔuːrzaxər] 男 -s/- 《書》(事故 などの)責任者; (災いなどを)引起こした人, 張本人, 元凶.
* **ver'ur·tei·len** [fɛrˈʔʊrtaɪlən フェアウルタイレン] 他 **1** (j⁴ zu et³ 人⁴に事³の)有罪判決を下す. j⁴ zu fünf Jahren Gefängnis〈zu einer Geldstrafe / zum Tode〉~ 人⁴に5年の禁固刑〈罰金刑 / 死刑〉の判決 を下す.《過去分詞で》Der Plan war von Anfang an zum Scheitern *verurteilt*.《比喩》その計画は初め から失敗する運命づけられていた. **2** (人⁴を⁴)厳し く非難する, 拒絶する.
Ver'ur·teil·te 男女 《形容詞変化》有罪判決を受け た人. Ein zum Tode *Verurteilter* / eine zum Tode *Verurteilte* 死刑囚.
Ver'ur·tei·lung 女 -/-en 有罪宣告(判決); 断罪.
'Ver·ve [ˈvɛrvə] 女 /(fr.) 《雅》情熱, 活気; 感激. mit [viel] ~ 熱中(感激)して.
ver'viel·fa·chen [fɛrˈfiːlfaxən] 他 (↓ vielfach) ❶

他 **1** 何倍にもする, 大幅に増やす. **2**《数学》(multi- plizieren) 掛ける, 乗じる. ❷ 再 《sich⁴》何倍にもな る, 大幅に増える. Der Verkehr hat *sich verviel- facht*. 交通量が大幅に増えた.
ver'viel·fäl·ti·gen [fɛrˈfiːlfɛltɪgən] (↓ Vielfalt) ❶ 他 **1** 複製(複写)する, (の)コピーをとる. **2**《次の 用法で》*seine* Bemühungen〈*seine* Anstrengungen〉 ~ 《雅》努力を重ねる. ❷ 再 《sich⁴》(負担・要求など が)増える, 増大する.
Ver'viel·fäl·ti·gung 女 -/-en 複写, 複製, コピー.
Ver'viel·fäl·ti·gungs·ap·pa·rat 男 -[e]s/-e (Kopiergerät) 複写(コピー)機.
ver'voll·komm·nen [fɛrˈfɔlkɔmnən] (↓ voll- kommen) ❶ 他 **1** (技能・知識などを)完全(完璧)なもの にする; (技術・製法などを)改良(改善)する. ❷ 再 《sich⁴》より完全(完璧)なものになる, 改良(改善)される. Er hat *sich* in Französisch *vervollkommnet*. 彼はフ ランス語の力を一層上達させた.
Ver'voll·komm·nung 女 -/-en **1** 完全(完璧)化. **2** より完全にされたもの.
ver'voll·stän·di·gen [fɛrˈfɔlʃtɛndɪgən] (↓ voll- ständig) ❶ 他 (物⁴を)完全なものにする, 補充する, 完 備する. ❷ 再 《sich⁴》完全なものになる, 補充される, 完備される. Mit der Zeit hat seine Sammlung *sich vervollständigt*. 日に日に彼のコレクションは完璧なもの になっていった.
Ver'voll·stän·di·gung 女 -/-en 完全化, 補充, 完備.
verw.《略》=verwitwet
ver'wach·sen¹* [fɛrˈvaksən] ❶ 自 (s) **1** (傷口な どが)ふさがる; (道などが雑草や藪に)覆われて見えなくな る. **2**《生物》(ある器官・部分などが)癒着(合体)する; 《比喩》(精神的に)一体になる. ❷ 再 《地方》成長して (物⁴が)合わなくなる. Die Kinder haben ihre Klei- der schon wieder *verwachsen*. 子供たちは大きくなっ てまたもや服が合わなくなってきた. ❸ 再 《sich⁴》**1** (傷 口などが)ふさがる, 直る. **2**《話》(身体の欠陥が)成長 して直る.
ver'wach·sen² [fɛrˈvaksən] 形 (↑ verwachsen¹)(背骨・手 足などが)曲がっている, 奇形の.
ver'wach·sen³ ❶ 他 die Skier〈die Schier〉~ スキー に間違ったワックスを塗る. ❷ 再 《sich⁴》スキーに間違っ たワックスを塗る.
Ver'wach·sung 女 -/-en **1** 癒合; 《医学》癒着. **2**《生物》癒着. **3**《鉱物》(結晶の)連晶.
ver'wa·ckeln [fɛrˈvakəln] 他 《話》(撮影の際に写 真を)ぶれさせる.
ver'wäh·len [fɛrˈvɛːlən] 再 《sich⁴》《話》(電話の)番 号をかけ間違える. Entschuldigen Sie, ich habe *mich verwählt*. 電話ですいません, 間違えました.
Ver'wahr [fɛrˈvaːr] 男 《古》= Verwahrung 1
ver'wah·ren [fɛrˈvaːrən] ❶ 他 **1** (安全な所にし) まう, 保管する. Geld im Tresor ~ お金を金庫に保 管する. **2**《地方》(お菓子などを)後にとっておく. **3** 《古》(人⁴を)監禁する. ❷ 再 《sich⁴》激しく抗議する, 異議を申立てる (gegen et⁴ 事⁴に対して).
Ver'wah·rer 男 -s/- 保管者.
ver'wahr·lo·sen [fɛrˈvaːrloːzən] 自 (s)(庭・建物 などが)荒廃する, 荒れ放題になる; (服装などがだらしな くなる; (生活環境・精神状態などが)荒れる, 乱れる; (青少 年などが)道徳的に荒れる, くれる. die Wohnung ~ lassen 住居を荒れるにまかせる. ◆↑verwahrlost
ver'wahr·lost 過分 形 (服装などが)だらしない, 不良

の. ~e Jugendliche〈Kinder〉不良少年・少女.
Ver'wahr·lo·sung 囡 -/ **1** 荒廃する(だらしなくなること, 非行)化. **2** 荒れた(だらしない)状態. そよ.
Ver'wah·rung 囡 -/-en **1**《複数なし》保管;《法制》寄託(契約). et⁴ in ~ nehmen〈geben〉物を保管〈寄託〉する. **2**《複数なし》《古》監禁. **3** 抗議. gegen et⁴ ~ einlegen 事⁴に対して抗議する.
ver'wai·sen [fɛrˈvaɪzən] 圁 (s) 孤児になる, 両親を失う.
ver'waist 過分 形 **1** 住む人がなく閑散とした. **2**(ポストが)空席の.
ver'wal·ken [fɛrˈvalkən] 他《話》(人⁴を)さんざん殴りつける.
***ver'wal·ten** [fɛrˈvaltən] フェアヴァルテン 他 管理する;(職務などを)つかさどる. j² Vermögen ~ 人²の財産を管理する. ein Haus ~ 所帯を切盛りする. eine Gemeinde ~ 市(町, 村)の行政をつかさどる.
Ver'wal·ter [fɛrˈvaltər] 男 -s/- 管理人; 執事.
***Ver'wal·tung** [fɛrˈvaltʊŋ] フェアヴァルトゥング 囡 -/-en **1**《複数なし》管理, 運営; 行政. unter staatlicher ~ 国の管理下で. **2** 管理(行政)部門. in〈bei〉der ~ arbeiten 管理部門で働く. **3** 管理室(棟).
Ver'wal·tungs·ap·pa·rat 男 -[e]s/-e 行政機構.
Ver'wal·tungs·be·am·te 男《形容詞変化》行政官, 役人. ◆女性形 Verwaltungsbeamtin 囡 -/-nen
Ver'wal·tungs·be·hör·de 囡 -/-n 行政官庁, 役所.
Ver'wal·tungs·dienst 男 -[e]s/ 行政上の勤務. im ~ tätig sein 行政官(役人)として働いている.
Ver'wal·tungs·ge·richt 中 -[e]s/-e《法制》行政裁判所.
Ver'wal·tungs·rat 男 -[e]s/=e(公共団体・公社などの)監査委員会.
Ver'wal·tungs·recht 中 -[e]s/《法制》行政法.
Ver'wal·tungs·ver·ord·nung 囡 -/-en《法制》(↔ Rechtsverordnung)行政命令.
ver'wam·sen [fɛrˈvamzən] 他《話》(verprügeln)ぶちのめす, さんざんになぐる. ◆原義 auf das Wams schlagen
***ver'wan·deln** [fɛrˈvandəln] フェアヴァンデルン ❶ 他 **1** (a)(すっかり)変える, 一変させる. die Szene ~(劇中に)場面を転換する.《過去分詞で》Er war plötzlich wie verwandelt. 彼は突然人が変ったようになった(別人のようになった). (b) A⁴ in B⁴ ~ A⁴をBに変える. Die Hexe verwandelte den Burschen in einen Kater. 魔女は魔法でその若者を雄猫に変えてしまった. **2**《スポ》(パスなどを)得点に結びつける.
❷ 再《sich》(すっかり)変る, 一変する. Das kleine Mädchen hat sich inzwischen in eine junge Dame verwandelt. その女の子はいつの間にかすっかり若い大人の女性になっていた.
Ver'wand·lung 囡 -/-en 変化, 変換, 変形, 変身, 変貌;《生物》変態, 変態;《演劇》場面の転換.
Ver'wand·lungs·künst·ler 男 -s/-(寄席・バラエティーの)早替りの芸人.

---

ver'wandt¹ [fɛrˈvant] フェアヴァント 形《比較変化なし》**1** 親類(親戚)の, 血縁の. mit j³ nahe〈entfernt〉~ sein 人³と近い〈遠い〉親戚である. mit j³

dritten Grad ~ sein 人³と3 親等の親戚である. ~e Sprachen 同系の言語. **2**《副詞的には用いない》類似の, 似通った. sich³ sich³ geistig sehr ~. 彼らは精神的に非常に似通っている(sich は相互代名詞).
ver'wandt² [fɛrˈvant] verwenden の過去分詞.
ver'wand·te verwandte の過去.
***Ver'wand·te** [fɛrˈvantə] フェアヴァンテ 男 囡《形容詞変化》親類, 親戚, 血縁者; 同系, 同族. ein ~r ersten〈zweiten〉Grades 1〈2〉親等の親戚.
***Ver'wandt·schaft** [fɛrˈvantʃaft] フェアヴァントシャフト 囡 -/-en **1** 親戚(血縁)関係. **2**《複数なし》《総称的に》親戚一同. **3** 同質性, 類似性, 親近性.
ver'wandt·schaft·lich 形《比較変化なし / 述語的には用いない》親戚(親類)の, 血縁の.
ver'wanzt [fɛrˈvantst] 形《話》南京虫のわいた.
ver'war·nen [fɛrˈvarnən] 他(人⁴に)警告(戒告)を与える. Der Spieler wurde von Schiedsrichter wegen eines Fouls verwarnt. その選手は反則のために審判から警告を受けた.
Ver'war·nung 囡 -/-en **1** 警告; 戒告. **2**(サッカーの反則を示す)イエローカード.
ver'wa·schen [fɛrˈvaʃən] 形 **1**(服などが)洗って色あせた. ~e Jeans 洗いざらしのジーンズ. **2**(碑文などが)雨ざらしになって読みにくくなった. **3**(色あせて)ぼやけた. **4**(表現などが)不明瞭な, あいまいな.
ver'wäs·sern [fɛrˈvɛsərn] 他 **1**(スープなどを)水でうすめる. **2**《比喩》(表現・報告などの)内容をうすめる, 説得力(効力)を弱める.
ver'we·ben(*) [fɛrˈveːbən] ❶ 他 **1**《規則変化》(糸を)織物に使う. **2**《多く規則変化》(in et⁴ 物⁴に). Goldfäden in einen Stoff ~ 金糸を生地に織込む. (b) 織合せる(mit et³ 物³と). **3**《不規則変化》《比喩》織込める, 織合せる. Die Angelegenheiten sind miteinander verwoben. これらの問題は互いに密接に絡み合っている.
❷ 再《sich¹》《不規則変化》《比喩》織込まれる, 織合される. Realität und Traum haben sich in seiner Dichtung verwoben. 夢と現実が彼の詩のなかで織合されている.
***ver'wech·seln** [fɛrˈvɛksəln] フェアヴェクセルン 他 取違える, 混同する. Er hat die Mäntel verwechselt. 彼は間違えて人のオーバーを着てしまった. Er verwechselt mein und dein.《話》彼は盗みを働く(自分のものと他人のものとを区別しない). Ich habe ihn mit seinem Bruder verwechselt. 私は彼と彼の兄さん(弟)を混同してしまった.《中性名詞として》Sie sind〈sehen〉sich³ zum Verwechseln ähnlich. 彼らは瓜二つである(取違えそうな程似ている).
Ver'wech·se·lung, Ver'wechs·lung 囡 -/-en 取違え, 混同.
ver'we·gen [fɛrˈveːɡən] 形 **1** 大胆な, 向こう見ずな, 無鉄砲な. **2**《比喩》(服装などが)奇抜な, 派手な.
Ver'we·gen·heit 囡 -/-en **1**《複数なし》大胆さ, 向こう見ずな行動.
ver'weh·en [fɛrˈveːən] ❶ 他(風が)吹消す; 吹飛ばす, 吹散らす; 吹いて(雪や砂で)埋める. vom Wind verwehte Blätter 風で吹散らされた木の葉. Die Wege sind verweht. 道はどこも吹雪に埋もれている.
❷ 圁 (s)(風で)吹消される. Seine Trauer verwehte.《比喩》彼の悲しみは消え去った.
ver'weh·ren [fɛrˈveːrən] 他《人³の事⁴を》妨げる, 拒む. j³ den Zutritt ~ 人³の出入りを禁じる.
ver'weich·li·chen [fɛrˈvaɪçlɪçən](↓ weichlich)

Verweichlichung

❶ 他 (人⁴を)柔弱(虚弱)にする, (甘やかせて)ひ弱にする. ein *verweichlichtes* Kind 虚弱児, ひ弱な子供. ❷ 自 柔弱(虚弱)になる, ひ弱になる.
Ver'weich·li·chung 女 -/ 虚弱(ひ弱)にする(なる)こと.

*ver'wei·gern [fɛr'vaıgərn] フェアヴァイガーン ❶ 他 拒否(拒絶)する, 断る. den Wehrdienst ~ 兵役を忌避する. j³ die Einreise ~ 人³の入国を拒否する. (郵便物に) Annahme *verweigert* 受取り拒否. 《sich⁴》(人³に)拒否的な態度をとる. Sie *verweigert sich* ihrem Mann.《雅》彼女は夫とベッドを共にするのを拒む. ❸ 自『馬術』(馬が)障害物の飛越をいやがる.
Ver'wei·ge·rung 女 -/-en 拒否, 拒絶.

ver'wei·len [fɛr'vaılən]《雅》❶ 自 (しばらくの間)とどまる, 滞在する. vor einem Gemälde ~ 絵の前でしばらく立止まる. bei einem Thema ~ あるテーマでもうしばらく話し合う.《中性名詞として》Die schattige Bank lud zum *Verweilen* ein. 木陰のベンチが休息せよと誘(さそ)っていた. ❷ 再《sich⁴》《まれ》滞在する.

ver'weint [fɛr'vaınt] 形 (目などが)泣きはらした, 泣いて赤くなった.

Ver'weis¹ [fɛr'vaıs] 男 -es/-e (↓verweisen¹) 叱責, 非難; 戒告, 懲戒. ein strenger ~ 厳しい非難(叱責).

Ver'weis² 男 -es/-e (↓verweisen²) 参照, 指示.

ver'wei·sen¹* [fɛr'vaızən] 他《雅》❶ (人⁴を)非難(叱責)する; 懲戒(戒告)処分にする. ❷ (人³に事⁴をしないよう)叱る, とがめる.

ver'wei·sen²* [fɛr'vaızən] 他 ❶ (人⁴に)指示する, 参照させる(auf et⁴ 物を). j⁴ auf eine Seite〈ein Bild〉~ 人⁴にあるページ〈図〉を参照させる. ❷ (j⁴ an j〈et〉³ 人⁴に〈物⁴のところへ〉)相談に行くよう指示する. Man hat mich an Sie *verwiesen*. 私はあなたのところへ相談に行くように言われた. ❸ (j⁴ et² / j⁴ von〈aus〉et³ 人⁴を物²〈から〉)追放する. j⁴ des Landes ~ 人⁴を国外追放にする. einen Schüler von der Schule ~ 人⁴を退学処分にする. einen Spieler des Platzes〈vom Platz〉~《スポーツ》選手に退場を命じる. ❹ *seinen* Konkurrenten auf den zweiten Platz ~《スポーツ》競争相手を2位に蹴落す. ❺『法制』(事件を所轄の裁判所に)移送する.
Ver'wei·sung 女 -/-en 1 指摘, 指示. 2 追放, 強制退去. ~ von der Schule 退学(処分). 3『法制』(訴訟の)移送.

ver'wel·ken [fɛr'vɛlkən] 自 (s) 1 (花などが)しおれる, しぼむ. 2 容色が衰える.《過去分詞で》ein *verwelktes* Gesicht 若々しさの失われた顔.

ver'welt·li·chen [fɛr'vɛltlıçən] ❶ 他 世俗化する, 教会の所有(影響)から抜け出させる. ❷ 自 (s) 世俗的になる.
Ver'welt·li·chung 女 -/ (世)俗化.

ver'wend·bar [fɛr'vɛntba:r]《比較変化なし/副詞的には用いない》使える, 利用できる. 有用な.
Ver'wend·bar·keit 女 -/ 使える(利用価値がある)こと, 有用性.

*ver'wen·den(*) [fɛr'vɛndən] フェアヴェンデン ❶ 他 1 (a) (ある目的のために)使う, 用いる. 使用する. zum Kochen nur Butter ~ 料理にバターしか使わない. im Unterricht ein bestimmtes Lehrbuch ~ 授業では決まった教科書を使用する. (b) 役立てる, 活用する (zu et³ / für et⁴ 事³,⁴のために). Für diese Arbeit kann ich ihn nicht ~. この仕事には彼は使えない. Hier kann er sein Englisch gut ~. ここでは彼の英語が大変役立つ. (c) (時間・労力などを)費やす. Zeit〈Mühe / Fleiß〉auf et⁴ ~ 事⁴に時間〈手間〉をかける. *sein* Geld zu et³〈für et⁴〉~ 物³,⁴にお金をかける. 2《古》《雅》《次の用方で》kein Auge〈keinen Blick〉von j〈et〉³ ~ 人〈物〉³から目をそらさない. Er *verwandte* kein Auge〈keinen Blick〉von ihr. 彼は彼女から目をそらさなかった. ❷ 再《sich⁴》《雅》(für j〈et〉⁴ 人〈事〉⁴のために)尽力する. Er *verwandte*〈*verwendete*〉*sich* bei meinem Chef für mich. 彼は私のために上司にとりなしてくれた.
Ver'wen·dung 女 -/-en 1 使用, 利用; 用途. keine ~ für j〈et〉⁴ haben 人〈物〉⁴を使えない, (の)使い道がない. ~ finden 使われる, 使用(利用)される, 使い道がある. et⁴ in ~ nehmen《オーストリア》物⁴を使用する. in ~ stehen 使われている. 2《複数なし》《雅》尽力, とりなし.

ver'wer·fen* [fɛr'vɛrfən] ❶ 他 1 (考え・計画・提案などを)退ける, 拒絶(拒否)する. eine Klage〈eine Berufung〉~『法制』訴えを退ける(控訴を棄却する). 2《雅》(行為などを不道徳として)非難する. 3 (賭博で)(人⁴を)追おうとする, 拒む. ❹ die Hände ~《古》しきりに手まねきをする; 頭上で手を打ち鳴らす. ❷ 自 (家畜が)流産する. ❸ 再《sich⁴》1 (木・板などが)反(そ)る, ゆがむ. Die Tür〈Der Rahmen〉hat *sich verworfen*. ドア〈窓枠〉がゆがんでしまった(反り返るなどして). 2『地質』(岩石層が)断層を生じる.
ver'werf·lich [fɛr'vɛrflıç] 形 (不道徳として)厳しく非難されるべき, (行為などが)恥ずべき.
Ver'werf·lich·keit 女 -/ 非難すべき(不道徳な)状態(性質).
Ver'wer·fung 女 -/-en 1 退けること, 否認, 排斥, 拒否;『法制』棄却, 却下. 2 (木・板などの)反(そ)り, ゆがみ. 3 (家畜の)流産. 4『地質』断層.
ver'wert·bar [fɛr've:rtba:r]《比較変化なし/副詞的には用いない》(まだ)利用(活用)できる.
ver'wer·ten [fɛr've:rtən] 他 (まだ充分に利用されていない物などを)利用する, 活用する; 役立てる. einen Stoffrest noch für ein Halstuch ~ 生地(セ)の残りをスカーフとして利用する. Altpapier ~ 古紙を活用する.
Ver'wer·tung 女 -/-en 利用, 活用.
ver'we·sen¹ [fɛr've:zən] 他《古》代理として管理(統治)する.
ver'we·sen² 自 (s) (死体などが)腐敗する, 朽ちる.
Ver'we·ser [fɛr've:zər] 男 -s/-《古》代理管理者(統治者).
ver'wes·lich [fɛr've:slıç] 形《比較変化なし/副詞的には用いない》腐敗(分解)しやすい.
Ver'we·sung 女 -/ (↓verwesen²) 腐敗, 分解.
ver'wet·ten [fɛr'vɛtən] 他 1 (金を)賭ける. Er *verwettet* seinen Kopf dafür.《話》彼はそれを確信している. 2 賭け(ギャンブル)で失う.
ver'wi·chen [fɛr'vıçən] 形《比較変化なし/付加語的用法のみ》(↓ weichen) 過ぎ去った, 前の. in der ~*en* Nacht 昨夜.
ver'wich·sen [fɛr'vıksən] 他《話》じゃんじゃん使う, 浪費する.
ver'wi·ckeln [fɛr'vıkəln] ❶ 他 1 (糸などを)もつれさす. 2 (人⁴を)巻込む, 引張り込む(in et⁴ 事に). Lass dich nicht in diesen Streit ~! こんな争いごとに

引っ張り込まれるなよ.《過去分詞で》in eine Prügelei *verwickelt* sein なぐり合いに加わっている. **3**《地方》(人³に)包帯をする. ❷《些 (sich⁴)》**1**《糸などがもつれ, こんがらがる; からまる, 引っ掛かる(in et¹·⁴ 物³·⁴に). **2** 巻込まれる, 引っ張り込まれる(in et⁴ 事⁴に). *sich* in Widersprüche ~ 《事柄がこんがらがって》矛盾に陥る; 矛盾したことを言う.

ver·wi·ckelt《過分》《形》ややこしい, 複雑な. eine ~*e* Geschichte《話》込み入った話.

Ver·wick·lung 《女》–/–en **1**《多く複数で》もつれ, 混乱, 困難, 紛糾, めんどう. **2** 巻込む(まれる)こと,《劇》の葛藤の展開.

ver·wil·dern [fɛrˈvɪldərn] 《自》(s)**1**《庭・公園などが》荒れ果てる. einen Garten ~ lassen 庭を荒れるにまかせる. **2**(規律や監督などがなくなって子どもなどが)だらしなくなる, ぐれる, 粗野になる. **3**(a)《家畜動物が》野生化する. *verwilderte* Hunde 野良犬. (b)《栽培植物が》野生化して生い茂る.

Ver·wil·de·rung 《女》–/ 荒廃; 粗野になること; 野生化.

ver·win·den¹* [fɛrˈvɪndən] 《他》(喪失・不幸などを)耐えしのぐ, 克服する, 乗越える.

ver·win·den²* [fɛrˈvɪndən] 《他》《工学》《ブリキなどを》ねじる.

ver·wir·ken [fɛrˈvɪrkən] 《他》《雅》(好意・信頼などを自分のせいで)失う, ふいにする. das Vertrauen *seines* Chefs ~ 上司の信頼をふいにする. Er hat sein Leben *verwirkt*. 今や彼は自分の命で罪を償わねばならない.

*__ver·wirk·li·chen__ [fɛrˈvɪrklɪçən フェアヴィルクリヒェン] ❶《他》(計画などを)実現する. 実行する. ❷《再 (sich⁴)》**1** 実現する, 現実のものとなる. **2** 能力を発揮する, 自己実現する.

Ver·wirk·li·chung《女》–/–en 実現, 現実化; 自己実現.

Ver·wir·kung 《女》–/–en《複数まれ》(権利の)喪失;《法制》失効, 失権.

*__ver·wir·ren__ [fɛrˈvɪrən フェアヴィレン] ❶《他》**1**(糸などを)もつれさせる; (髪の毛を)くしゃくしゃにする. **2** 混乱させる; 困惑(当惑)させる. j¹ den Kopf⟨die Sinne⟩ ~ 人³の頭を混乱させる.《現在分詞で》eine *verwirrende* Fülle von Waren 選択に困るほど多くの商品. ❷《再 (sich⁴)》**1**(糸などが)もつれる; (髪の毛が)くしゃくしゃになる. **2**(頭が)混乱する. Seine Sinne *verwirrten sich*. 彼は頭が混乱した.

ver·wirrt [fɛrˈvɪrt]《過分》《形》**1**(糸などが)もつれた; (髪の毛が)くしゃくしゃの. **2**(頭が)混乱した; 困惑(当惑)した.

Ver·wir·rung 《女》–/–en **1** 混乱, 紛糾. et⁴ in ~ bringen 事⁴を紛糾させる. **2**(頭の)混乱, 困惑, 当惑. j⁴ in ~ bringen 人⁴を困惑させる.

ver·wirt·schaf·ten [fɛrˈvɪrt-ʃaftən]《他》(金・財産などを)浪費する, やりくりがへたで使い果たす.

ver·wi·schen [fɛrˈvɪʃən] ❶《他》**1**(インク・筆跡などを)こすってけす. **2**(痕跡などを)消し(ぬぐい)去る. Spuren eines Verbrechens ~ 犯罪の跡を消す. ❷《再 (sich⁴)》(印象などが)ぼやける, 薄れる.《過去分詞で》*verwischte* Umrisse ぼやけた輪郭.

ver·wit·tern [fɛrˈvɪtərn] 《自》(s)(風風などにさらされて壁・岩石などが)崩れる, 風化する. *verwittertes* Gesicht《比喩》(長年の風雪を耐えしのいだ)深いしわの刻まれた顔.

ver·wit·tert 《過分》《形》(顔などが)風雪に耐えて深いしわの刻まれた.

Ver·wit·te·rung 《女》–/–en 風雨による崩壊(状態), 風化.

ver·wit·wet [fɛrˈvɪtvət] 《形》《比較変化なし》《副詞的には用いない》《略 verw.》配偶者を亡くした, やもめの. Frau Schulze, ~*e* Müller ミュラー氏の末亡人のシュルツェ夫人.

*__ver·wöh·nen__ [fɛrˈvøːnən フェアヴェーネン] 《他》甘やかす, わがままに育てる; ちやほやする, ご機嫌をとる. Sie *verwöhnt* ihren Sohn zu sehr. 彼女は自分の息子に甘やかしすぎる. Lass dich nur einmal etwas ~! いつしか人の好意に甘えておけよ.《再帰的に》*sich⁴* ~ ぜいたくをする, 自分を甘やかす.

ver·wöhnt [fɛrˈvøːnt]《過分》《形》**1** 甘やかされた, わがままな. **2**《比喩》好みのうるさい, ぜいたくな. einen ~*en* Geschmack haben 好みがうるさい; 口がおごっている.

Ver·wöh·nung 《女》–/ 甘やかす(される)こと; ちやほやする(される)こと.

ver·wor·fen [fɛrˈvɔrfən]《過分》《形》(↑ verwerfen)《副詞的には用いない》《雅》堕落した, 不道徳な, 非道な.

Ver·wor·fen·heit 《女》–/ 堕落, 不道徳, 非道.

ver·wor·ren [fɛrˈvɔrən]《形》錯綜した, 複雑な, 込入った.

Ver·wor·ren·heit 《女》–/ 錯綜, 混乱.

ver·wund·bar [fɛrˈvʊntbaːr]《形》《副詞的には用いない》**1** 傷つけることのできる. **2** 傷つきやすい. Das ist seine ~*e* Stelle. それは彼の急所だ.

*__ver·wun·den¹__ [fɛrˈvʊndən フェアヴンデン] 《他》**1**(人⁴に)傷を負わせる, 負傷させる. schwer⟨leicht⟩ *verwundet* werden 重傷⟨軽傷⟩を負う. **2**《比喩》(人⁴の)感情を傷つける.

ver·wun·den² verwinden¹·²の過去分詞.

ver·wun·der·lich [fɛrˈvʊndərlɪç]《形》《副詞的には用いない》不思議な, 驚くべき.

ver·wun·dern [fɛrˈvʊndərn] ❶《他》(人⁴を)驚かす, 不思議がらせる. Es hat mich *verwundert*, dass... 私には…であることが不思議に思えた. Es ist nicht zu ~, dass... …のことは何も驚くに当らない. *verwunderte* Blicke 不思議そうな視線. ❷《再 (sich⁴)》驚く, 不思議がる(über et⁴ 事⁴を).

ver·wun·dert 《過分》《形》びっくりした, 不思議そうな.

Ver·wun·de·rung 《女》–/ 不思議, 驚きの念. j⁴ in ~ setzen 人⁴を驚かす(不思議がらせる). zu meiner größten ~ 私がたいへん驚いたことに.

Ver·wun·de·te 《男/女》《形容詞変化》負傷者, けが人. ↑verwunden¹

Ver·wun·dung 《女》–/–en **1** 負傷, けが. **2** 戦傷.

ver·wun·schen [fɛrˈvʊnʃən]《形》《比較変化なし》魔法をかけられた.

ver·wün·schen [fɛrˈvʏnʃən]《他》**1**(人や物⁴を)呪う, いまいましく思う. *Verwünscht*! くそいまいましい. **2** (verzaubern) 魔法をかける.

ver·wünscht《過分》《形》**1** いまいましい, きわめて不(愉)快な. eine ~*e* Geschichte 全く嫌な話. **2** (verwunschen) 魔法をかけられた.

Ver·wün·schung 《女》–/–en **1** 呪い. **2** 呪いの言葉. **3** (Verzauberung) 魔法にかけ(られ)ること.

ver·wur·zeln [fɛrˈvʊrtsəln] 《自》(s)(植物が)根をはる, 根づく. Der Baum ist fest im Boden *verwurzelt*. 木はしっかりと地面に根を下ろしている. in *seiner* Heimat *verwurzelt* sein《比喩》故郷にしっかりと根を下ろしている.

ver·wüs·ten [fɛrˈvyːstən]《他》(土地などを)荒廃させ

Verwüstung

る, 廃墟にする, 破壊する. Ein Erdbeben *verwüstete* den Ort. 地震によってその地は廃墟と化した.

Ver'wüs·tung 囡 -/-en 荒廃, 破壊. ~*en* anrichten〈戦争などで〉荒廃をもたらす.

ver'za·gen [fɛrˈtsaːɡən] 圓 (s, まれに h) 気後れする, ひるむ, 弱気になる, 意気消沈する, 自信をなくす.

ver'zagt 過分 弱気の, 意気消沈した. mit ~*er* Miene 落胆した〈がっかりした〉面持ちで.

Ver'zagt·heit 囡 -/ 弱気, 意気消沈, 自信喪失.

ver'zäh·len [fɛrˈtsɛːlən] ❶ 再 計算を間違える. ❷ 他〈古〉(erzählen) 話す, 物語る.

ver'zah·nen [fɛrˈtsaːnən] 他 **1**〈接合部・部品どうしを〉はめ合せる, かみ合せる. 柄(え)でつなぐ. **2**〈物に〉歯を切る, 歯形を入れる. **3**《比喩》互いに関連させる, 照応させる.

Ver'zah·nung 囡 -/-en はめ(かみ)合せ, 柄(え)つなぎ, 照応.

ver'zap·fen [fɛrˈtsapfən] 他 **1**《地方》〈酒を生で樽から〉飲ませる. **2**〈柱と柱などを〉柄(え)でつなぐ. **3**《話》つまらないことを言う, しゃべる, してみす.

ver'zär·teln [fɛrˈtsɛːrtəln] 他 甘やかす.

Ver'zär·te·lung 囡 -/ 甘やかす(される)こと.

ver'zau·bern [fɛrˈtsaubərn] 他 **1** 魔法にかける. Die Hexe *verzauberte* die Kinder in Raben. 魔女は子供たちに魔法をかけてからすに変えてしまいました.《過去分詞で》ein *verzauberter* Prinz 魔法にかけられた王子. **2**〈人⁴を〉魅了する.

Ver'zau·be·rung 囡 -/-en 魔法にかけ(られ)ること.

ver'zehn·fa·chen [fɛrˈtseːnfaxən] ❶ 他 10倍にする. ❷ 再 (sich⁴) 10倍になる.

Ver'zehr [fɛrˈtseːr] ❶ 男 -[e]s/ 飲食. Zum baldigen ~ bestimmt! お早目にお召し上がり下さい〈食品のラベルの表示〉. ❷ 男《地方 田》-[e]s/ 飲食した物.

*__**ver'zeh·ren** [fɛrˈtseːrən] ❶ 他 **1** 食べる, 飲食する. **2**〈物を〉食べていく, 生活のために使う. sein Vermögen ~ 財産を食いつぶしていく. **3** 使い果たす, 消耗させる. Die Arbeit hat alle seine Kräfte *verzehrt*. その仕事のために彼はすべての力を使い果たしてしまった. ❷ 再 (sich⁴)《雅》憔悴する. sich in Gram ~ 苦悩でやつれはてる. sich nach j〈et〉³ ~ 人³に恋い焦がれる〈物³が欲しくて悶々とする〉.

ver'zeh·rend 過分 **1**〈病気などが〉消耗性の;〈情熱などが〉激しい. **2**〈視線などが〉欲望をもった, 物欲しそうな.

Ver'zeh·rer [fɛrˈtseːrər] 男 -s/- **1** 浪費者. **2** 消費者.

*__**ver'zeich·nen** [fɛrˈtsaiçnən] フェアツァイヒネン 他 **1**〈物⁴を〉描き損なう; 誤って〈誇張して〉描く. **2** メモする, 書留める; 記す. et⁴ am Rand ~ 事⁴を欄外にメモする. Er hat einen Erfolg zu ~. 彼は成功をおさめた.

*__**Ver'zeich·nis** [fɛrˈtsaiçnɪs] フェアツァイヒニス 中 -ses/-se 一覧表, リスト, 目次, 目録, カタログ. et⁴ in ein ~ aufnehmen〈eintragen〉物⁴をリストに載せる.

ver'zei·hen* [fɛrˈtsaiən] フェアツァイエン verzieh, verziehen 他 (人³の事⁴を)許す, 大目に見る. So etwas kann ich nicht ~. そんなこと私は許せない. Das *verzeihe* ich ihm nie! 彼がそんなことをするのを私は決して許さない. *Verzeihen* Sie bitte die Störung! お邪魔してすみません.《目的語なしで》Ich habe ihm längst *verziehen*. 彼のことはとうに許している. Kannst du mir ~? 僕のこと許してくれるかい. *Verzeihen* Sie bitte! 失礼, すみません. *Verzeihen*

Sie, können Sie mir sagen… すみませんが, …を教えていただけないでしょうか.《再帰的に》Ich kann es *mir* nicht ~, dass ich das getan habe. そんなことをしてしまったことを私は今では後悔している.

ver'zeih·lich [fɛrˈtsailɪç] 形《比較変化なし / 副詞的には用いない》許せる, 大したことのない.

Ver'zei·hung [fɛrˈtsaiʊŋ フェアツァイウング] 囡 -/ 許すこと, 許し;《法制》宥恕(ゆうじょ). j⁴ um ~ bitten 人⁴に許しを請う, 謝る. Ich bitte Sie sehr um ~. 本当にすみませんでした. ~! 失礼, すみません.

ver'zer·ren [fɛrˈtsɛrən] ❶ 他 **1** ゆがめる. Der Spiegel *verzerrt* das Bild. その鏡は像をゆがめる. das Gesicht [durch Grimassen] ~ 顔をしかめる. den Ton ~ 音をひずませる.《過去分詞で》einen Vorfall *verzerrt* darstellen 出来事を歪曲して述べる. sich³ eine Sehne〈einen Muskel〉~ 筋を違える. ❷ 再 (sich⁴) ゆがむ.

Ver'zer·rung 囡 -/-en **1** ゆがめ(られ)ること. **2** ゆがみ, ひずみ, 歪曲(わいきょく).

ver'zet·teln¹ [fɛrˈtsɛtəln] 他 (↓ Zettel¹)〈名前・単語などを〉カードに記入する.

ver'zet·teln² [fɛrˈtsɛtəln] ❶ 他 (↓ Zettel²)〈お金・時間などを〉浪費する;〈精力などを〉むだに使う. ❷ 再 (sich⁴) 精力をいたずらに浪費する(mit〈in〉et³ 事³に). Er *verzettelt sich* mit seinen vielen Hobbys. 彼は色々な趣味に精を出してほかに手が回らない.

*__**Ver'zicht** [fɛrˈtsɪçt] フェアツィヒト 男 -[e]s/-e 断念, 放棄 (auf et⁴ 事⁴の). ~ leisten〈üben〉断念〈放棄〉する.

*__**ver'zich·ten** [fɛrˈtsɪçtən] フェアツィヒテン 圓 (auf et⁴ 事⁴を)断念する, 諦める, 放棄する, 辞退する. auf den Thron ~ 退位する; 王位を継承しない. Danke, ich *verzichte* [darauf]. ありがとう, 結構です. Auf deine Hilfe kann ich ~. 君の助けはいらない(1人でできる).

Ver'zicht·leis·tung 囡 -/-en 断念, 放棄.

ver'zie·hen* [fɛrˈtsiːən] ❶ 他 **1**〈顔・口を〉ゆがめる;《まれ》〈物⁴の〉型をくずす, (湿った空気などが窓枠などの)形をゆがめる. den Mund zu einem spöttischen Lächeln ~ 口元をゆがめて顔に嘲りの笑いを浮かべる. Er *verzog* keine Miene. 彼は冷静さを保っていた〈顔に表情を出さなかった〉. **2**〈子供などを〉甘やかして育てる.《過去分詞で》ein *verzogener* Bengel 甘やかされて育った若造. **3**《農業》〈苗木などを〉間引く. **4**《球技》〈ボール⁴を〉投げ〈蹴り, 打ち〉損なう. den Schuss ~ シュートを損なう.

❷ 圓 (s, h) **1** (s) 引っ越す.《完了形でのみ》Sie sind nach Hamburg *verzogen*. 彼らはハンブルクへ引越した.〈郵便物に〉unbekannt *verzogen* 転居先不明. falls *verzogen*, bitte zurück an Absender 宛先人転居の場合差出人に返送されたし. **2**〈古〉(h) (a) 遅れる. (b) ためらう, ぐずぐずする(mit et³ 事³を). mit *seiner* Hilfe ~ 救いの手をさしのべるのをためらう. (c) 滞在する, とどまる.

❸ 再 (sich⁴) **1**〈顔・口などが〉ゆがむ;〈窓枠・ドアなどが〉ゆがむ, 反(そ)り返る.〈セーターなどが〉型くずれする (のびる, ちぢむ). Der Pullover hat *sich* beim Waschen *verzogen*. セーターが洗ってちちんでしまった. **2**〈雨雲・霧などが〉次第に消える;〈痛みなどが〉次第に薄らぐ. Das Gewitter *verzieht sich*. 雷雨が次第に消えて晴れ渡っていく. **3**〈話〉(こっそり)姿を消す. *Verzieh dich*!〈卑〉失せろ.

ver'zie·hen² verzeihen の過去分詞.

ver'zie·ren [fɛrˈtsiːrən] 他 飾る, (に)装飾をほどこす (mit et³ 物³で);《音楽》(音やメロディーに)装飾音を加える.

Ver'zie·rung 女 -/-en 1 飾ること. 2 飾り, 装飾. Brich dir [nur/bloß] keine ~ ab!《話》そんなに気取るなよ. 3《音楽》装飾音.

ver'zin·ken¹ [fɛrˈtsɪŋkən] 他 (↓ Zink)《金属を》亜鉛で覆う, 亜鉛めっきする.

ver'zin·ken² [fɛrˈtsɪŋkən] 他《話》(人⁴を)裏切る, 密告する.

ver'zin·nen [fɛrˈtsɪnən] 他 (↓ Zinn)《金属を》錫(᲼ᲷᲷ)で覆う, 錫めっきする.

ver'zin·sen [fɛrˈtsɪnzən] (↓ Zins) ❶ 他 (物⁴に対して)利子(利息)をつける. Die Bank verzinst das Kapital mit 6 Prozent. 銀行は元本に対して 6 パーセントの利息をつける. ❷ 再 (sich⁴) 利子(利息)を生む. Das Kapital verzinst sich mit 3 Prozent. その元本には 3 パーセントの利息がつく.

ver'zins·lich [fɛrˈtsɪnslɪç] 形 利子の付く(をうむ). zu⟨mit⟩ 5 Prozent ~ 5 分の利息の付く.

Ver'zin·sung 女 -/-en 利回り. ~ zu 5% 5 分の利子付き.

ver'zo·gen [fɛrˈtsoːɡən] verziehen の過去分詞.

ver'zö·gern [fɛrˈtsøːɡərn] ❶ 他 (事⁴を)延期する; (事⁴を)遅らせる. die Baumblüte um drei Wochen ~ その木の開花を 3 週間遅らせる. das Spiel ~ 試合のテンポを遅くする. ❷ 再 (sich⁴) 遅れる; (滞在期間などが)延びる; 遅くなる. Seine Ankunft hat sich um zwei Stunden verzögert. 彼の到着は 2 時間遅れた. Die Fertigstellung des Manuskriptes verzögerte sich. 原稿ができ上がるのが遅くなった.

Ver'zö·ge·rung 女 -/-en 遅れ, 延期.

ver'zol·len [fɛrˈtsɔlən] 他 (物⁴の)関税を払う. Haben Sie etwas zu ~?(税関の係官が)何か課税品をお持ちですか.

Ver'zol·lung 女 -/-en 関税の支払い, 関税手続き.

ver'zü·cken [fɛrˈtsʏkən] 他 (人⁴を)恍惚とさせる, うっとりさせる. **ver'zückt**

ver'zu·ckern [fɛrˈtsʊkərn] 他 1《化学》糖化する. 2 (物⁴に)砂糖をまぶす; (を)砂糖づけにする. 3《比喩》《話》(つらい事⁴を)和らげる. j³ eine bittere Pille ~ 人³に言いにくいことをオブラートにくるんで言う.

ver'zückt [fɛrˈtsʏkt] 過分 形 恍惚とした, うっとりした. ~e Blicke うっとりした眼差(ᲷᲺᲷᲷ).

Ver'zü·ckung 女 -/-en 恍惚状態, 有頂天. in ~ geraten 恍惚となる, 有頂天になる.

Ver'zug [fɛrˈtsuːk] 男 -[e]s/ 1 遅延, 遅滞, 遅れ. mit der Arbeit im⟨in⟩ ~ geraten⟨kommen⟩仕事を滞(ᲷᲷᲷ)らす. mit der Zahlung im ~ sein 支払いを滞(ᲷᲷᲷ)らせている. ohne ~ 遅滞なく, ただちに. Es ist Gefahr im ~. / Gefahr ist im ~. 危険が迫っている. 2《鉱業》支持板, 矢板. 3《地方》《古》お気に入りの子.

Ver'zugs·zin·sen 複 延滞利子.

*'**ver'zwei·feln** [fɛrˈtsvaɪfəln フェアツヴァイフェルン] 自 (s)(an j³ 人³に/über et⁴ 事⁴に)絶望する; 自暴自棄になる. am Leben ~ 人生に絶望する. Ich bin ganz verzweifelt. 私はまったく望みを失ってしまった.《中性名詞として》Es ist zum Verzweifeln [mit dir]. (君にはもうがまんならない, がっかりだ).

*'**ver'zwei·felt** [fɛrˈtsvaɪfəlt フェアツヴァイフェルト] 過分 形 1 絶望的な, 自暴自棄の; 見込みのない, 死に物狂いの. eine ~e Situation⟨Lage⟩絶望的な状

況. ein ~er Kampf 死物狂いの戦い, 死闘. ~e Anstrengungen machen 必死の努力をする. 2《副詞的用法で》非常に, ひどく. Die Situation ist ~ ernst. 事態は極めて深刻だ.

*'**Ver'zweif·lung** [fɛrˈtsvaɪflʊŋ フェアツヴァイフルング] 女 -/ 絶望, 自暴自棄. j⁴ zur ~ bringen 人⁴にやけを起こさせる. ~ packte⟨überfiel/überkam⟩ ihn. 彼は突然自暴自棄になった.

ver'zwei·gen [fɛrˈtsvaɪɡən] 再 (sich) (木・道路などが)枝分かれする. Der Baum verzweigt sich. 木が枝を四方八方に広げる.《過去分詞で》ein verzweigtes Unternehmen 多くの部門に分かれた企業.

Ver'zwei·gung 女 -/-en 1《複数なし》分かれること; 分岐, 枝分かれ. 2 枝分かれしたもの. 3《ᲷᲷᲷ》交差点.

ver'zwickt [fɛrˈtsvɪkt] 形《話》込入った, 複雑な; やっかいな, いやな.

'**Ves·per** [ˈfɛspɐ] ❶ 女 -/-n (lat. vespera, Abend') 1《ᲷᲷᲷᲷ》(聖務日課の内の)晩課. 2 夕方の礼拝. 3《複数まれ》(とくに南ドイツ)(= Vesperbrot) おやつ, 午後の間食. 4《南ドイツ・オーストリア》午後の休憩; 仕事じまい. ❷ 中 -s/ ＝ ❶ 3

'**Ves·per·bild** 中 -[e]s/-er (Pieta) ピエタ.

'**Ves·per·brot** 中 -[e]s/-e《南ドイツ・オーストリア》1 おやつのパン(サンドイッチ). 2《複数まれ》(Vesper 3) おやつ, 午後の間食.

'**Ves·per·glo·cke** 女 -/-n 晩課(夕方の礼拝)の鐘.

'**ves·pern** [ˈfɛspɐn] 自 南ドイツ・オーストリア おやつ(午後の間食)を食べる.

'**Ves·per·zeit** 女 -/-en《複数まれ》南ドイツ・オーストリア おやつ(午後の間食)の時間(ふつう夕方).

Ves·ta·lin [vɛsˈtaːlɪn] 女 -/-nen (lat.)《ᲷᲷᲷ神話》ウェスタの巫女(古代ローマでかまどの女神 Vesta を祭る神殿に仕えた処女).

Ves·ti·bül [vɛstiˈbyːl] 中 -s/-e (fr., Vorsaal') (大邸宅などの)玄関の間; (劇場・ホテルなどの玄関口にある)ホール, ロビー.

Ve'suv [veˈzuːf] 男 -[s]/《地名》der ~ ヴェスヴィオ山(ナポリ近郊の活火山).

Ve·te'ran [veteˈraːn] 男 -en/-en (fr., ausgedienter Soldat') 1 (a) 老兵, 古参兵. (b)《比喩》老練家, ベテラン; 古参党員;《ᲷᲷᲷ》ベテラン選手. 2《ᲷᲷᲷ》クラシックカー.

Ve·te·ri'när [veteriˈnɛːr] 男 -s/-e (fr.) (Tierarzt) 獣医.

'**Ve·to** [ˈveːto] 中 -s/-s (lat. veto, ich verbiete') (公式による)異議; 拒否権. gegen et⁴ sein⟨ein⟩ ~ einlegen 事⁴に対して異議を申立てる(拒否権を行使する).

'**Ve·to·recht** 中 -[e]s/-e《複数まれ》(Einspruchsrecht) 拒否権.

'**Vet·tel** [ˈfɛtəl] 女 -/-n (lat. vetula, altes Weib') あばずればばあ, 淫蕩な老婆.

*'**Vet·ter** [ˈfɛtɐ フェター] 男 -s/-n 1 従兄弟(ᲷᲷᲷ). 2《古》遠縁(親戚)の男.

'**Vet·tern·schaft** [ˈfɛtɐnʃaft] 女 -/ 1 従兄弟(親戚)の人たち. 2《古》親戚関係.

'**Vet·tern·wirt·schaft** 女 -/《侮》身内びいきの会社運営, 同族経営.

Ve·xier·bild [vɛˈksiːr..] 中 -[e]s/-er (Bilderrätsel) 判じ絵, 隠し絵.

ve·xie·ren [vɛˈksiːrən] 他 (fr. vexer, ärgern, quälen¹)《古》1 からかう. **2** 苦しめる, 悩ます.

Ve'xier·schloss 甲 -es/⸚er **1** 文字合せ錠. **2** 数字合せ錠.

Ve'xier·spie·gel 男 -s/- 像の形をゆがめる鏡.

vgl.《略》=vergleich[e] 参照せよ.

v. g. u.《略》=vorgelesen, genehmigt, unterschrieben 決裁済み.

v. H.《略》=vom Hundert パーセント, 百分の.

'via ['vi:a] 副《4格支配》(*lat.*, Weg》) **1** (über) …を経由して. nach Hamburg ~ Hannover fahren ハノーファー経由でハンブルクへ行く. **2**《話》(durch) …を通じて. die Nachricht ~ Telefon erhalten その知らせを電話で受取る.

Vi·a'dukt [via'dʊkt] 男《甲》 -[e]s/-e (*fr.* viaduc, Talbrücke》) (渓谷などに架かる)鉄橋, 高架橋.

Vi'a·ti·kum [vi'a:tikʊm] 中 -s/..ka[..ka](..ken [..kn]) (*lat.*, Reisegeld》)《カト》臨終者に授けられる聖体拝領.

Vi·bra'fon [vibra'fo:n] 甲 -s/-e =Vibraphon.

Vi·bra'phon [vibra'fo:n] 甲 -s/-e《楽器》ビブラフォン.

Vi·bra·ti'on [vibratsi'o:n] 女 -/-en (*fr.*) **1** 振動, ふるえ. **2**《医学》振動法(マッサージの一種).

vi'bra·to [vi'bra:to] 副 (*it.*)《音楽》(bebend) ビブラート, 音をふるわせて.

Vi'bra·tor [vi'bra:to:r] 男 -s/-en[..bra'to:rən] 振動機, バイブレーター.

vi'brie·ren [vi'bri:rən] 自 (*lat.*) ふるえる, 振動する.《現在分詞で》 mit vor Angst *vibrierender* Stimme 不安に声をふるわせて.

'vi·de ['vi:də] (*lat.* videre, sehen》)《古》《略 v.》見よ, 参照せよ.

Vi·deo ['vi:deo] 中 -s/-s (*lat.* videre, sehen》)《話》 **1** (Videoband) ビデオテープ. **2** (複数なし) (Videotechnik) ビデオ技術(装置).

'Vi·deo·band 中 -[e]s/⸚er ビデオテープ.

'Vi·deo·clip [..klɪp] 男 -s/-s プロモーションビデオ.

'Vi·deo·ge·rät 中 -[e]s/-e ビデオデッキ, ビデオレコーダー.

'Vi·deo·ka·me·ra 女 -/-s ビデオカメラ.

'Vi·deo·kas·set·te 女 -/-n ビデオカセット.

'Vi·deo·re·kor·der 男 -s/- ビデオレコーダー.

'Vi·deo·spiel 中 -[e]s/-e テレビゲーム.

'Vi·deo·tech·nik 女 -/ ビデオ技術(装置).

'Vi·deo·thek [video'te:k] 女 -/-en **1** ビデオのコレクション. **2** 貸しビデオ店.

'Vi·deo·über·wa·chung 女 -/-en ビデオによる監視.

'vi·di ['vi:di] (*lat.*)《古》《略 v.》私は閲覧した.

Viech [fi:ç] 中 -[e]s/⸚er《話》 **1** 家畜, 動物. **2**《比喩》ろくでなし,嫌な奴でもある. **3**《俺》粗暴(粗野)なやつ.

'Vie·cher ['fi:çər] Viech, Vieh の複数.

*** Vieh** [fi:] フィー -[s]/《話 -[e]s/Viecher》 **1**《総称的》(牛·豚·羊などの)家畜;(とくに)飼っている牛. vier Stück ~ 4頭の家畜. ~ wie ein Stück ~ behandeln 人を家畜同然に扱う. **2**《話》(Tier) 動物, 獣;《俺》粗野な男. wie das liebe ~《反語》 いてもいなくてもよい. Das arme ~!ほんに可哀想. in ~ verwandeln 家畜化する.

'Vieh·be·stand 男 -[e]s/⸚e 家畜総頭数.

'Vieh·fut·ter 中 -s/ 家畜のえさ(飼料).

'Vieh·händ·ler 男 -s/- 家畜商.

'vie·hisch ['fi:ɪʃ] 形 **1** けだもの(畜生)のような, 残忍な, 野蛮な. **2**《強調》とても大きな, ものすごい.

'Vieh·markt 男 -[e]s/⸚e 家畜市場.

'Vieh·salz 中 -es/ 家畜用食塩.

'Vieh·seu·che 女 -/-n 獣疫, 家畜の伝染病.

'Vieh·wa·gen 男 -s/- 家畜運搬車.

'Vieh·wei·de 女 -/-n 放牧地.

'Vieh·zeug 中 -[e]s/《話》 **1** (小型の)家畜. **2** ペット. **3** 有害動物.

'Vieh·zucht 女 -/ 畜産, 牧畜. ~ treiben 牧畜を営む.

'Vieh·züch·ter 男 -s/- 畜産家.

viel

[fi:l] フィール] mehr, meist (↔ wenig) ❶ 形 **1**《付加語的用法で》(a)《複数名詞と》たくさんの, 多くの, 多数の. ~*e* Kinder〈Leute〉たくさんの子供〈多くの人々〉. Sie hat zum Geburtstag ~[*e*] Blumen bekommen. 彼女は誕生日にたくさんの花をもらった. ~[*e*] Worte machen《話》回りくどく話す. (b)《単数名詞と》たくさんの, 多くの, 多量の. ~ Geld. Vielen Dank! どうもありがとうございます. Sie hat als Schauspielerin ~ Erfolg. 彼女は女優としてとても成功している. in ~*er* Hinsicht 多くの点で. Viel Vergnügen! 大いに楽しんできてください. ~*es* Gute〈~ Gutes〉たくさんの良いこと. ▶原則として格変化をするが, しばしば語尾が省かれる. ただしその前に定冠詞·所有代名詞を伴うと必ず語尾変化します. Schade um das ~*e* Geld. あああんな大金をもったいないことをしたなあ. ▶²後続の形容詞は, 単数では男性 viel と同じ変化をするが, 中性 1·3·4 格および男性 3 格において多く弱変化する. 複数にはふつう強変化し, まれに 2 格で弱変化する. viel が語尾変化しないときは単数·複数ともたのちの名詞化(形容詞の名詞化の場合も同じ). ~*er* glänzender Putz たくさんのきらびやかな装飾品. mit ~*em* kalten Wasser たくさんの冷たい水で. ~*es* Gute / ~ Gutes たくさんの良きこと.

2《述語的用法で》多い,多すぎる. Das ist ziemlich〈zu〉~. それはかなり多い〈多すぎる〉. Das ist ein bisschen ~ [auf einmal].《話》それはちょっと、(嫌なことが)重なりすぎだ, もううたくさんだ.

❷ 代《不定》 **1**《複数で》多くの人たち; 多くの物. Viele konnten das nicht verstehen. 多くの人がその事を理解できなかった. ~ *e* dieser Bücher〈von diesen Büchern〉これらの本の多く. die Meinung ~*er* 多くの人の意見. einer von〈unter〉~*en* 大勢のうちの 1 人. **2**《単数で/不変化》多くの事(物). Sie weiß ~[*es*]. 彼女は多くの事を知っている. ~ essen たくさん食べる, 大食らいである. ~ zu tun haben(やる事がたくさんあって)忙しい. ~ von *seinem* Vater haben父親にとてもよく似ている. Der weiß ~!《反語》あいつは何にも知らないさ. in ~*em* 多くの点で. Wir verdienen gleich ~. 我々は同じくらい稼ぐ. ▶↑so viel, wie viel, zu viel

❸ 副 **1** 大いに, よく. ~ arbeiten よく働く. Er geht ~ ins Kino. 彼はよく映画を見にゆく. ein ~ gelesenes〈diskutiertes〉Buch よく読まれる〈議論される〉本.

2《比較級などと》ずっと, はるかに. Er ist ~ jünger als ich. 彼は私よりずっと若い. Hier bleibe ich ~ lieber. 私はここにいる方がずっといい. Die Schuhe sind mir ~ zu klein. その靴は私にはあまりにも小さすぎる. Hier ist es auch nicht ~ anders als bei uns. ここは我々のところとそんなに違わない. Sie mag nicht ~ über〈mehr als〉vierzig sein. 彼女は 40 そこそこくらいいか.

3《反語的な疑問文で》《話》Was werde ich ~ um

Erlaubnis fragen? 一体どうして私が許可を求めたりなどするだろうか.

♦ ↑viel beschäftigt, viel besprochen, viel genannt, viel gereist, vielsagend, vielversprechend

'viel·ar·tig ['fi:lˌɑrtɪç]《比較変化なし》多くの種類の, 多種多様な, さまざまな.

'viel·bän·dig [..bɛndɪç]《比較変化なし》巻数の多い.

'viel be·schäf·tigt, °'viel·be·schäf·tigt 形《付加語的用法のみ》非常に忙しい, 多忙の.

'viel be·spro·chen, °'viel·be·spro·chen 形《付加語的用法のみ》よく論議(話題)にされる.

'viel·deu·tig ['fi:lˌdɔʏtɪç]《比較変化なし》さまざまの意味に解釈できる, あいまいな.

'Viel·deu·tig·keit 女 -/ 多義性, あいまいさ.

'Viel·eck ['fi:lˌlɛk] 中 -[e]s/-e《幾何》(Polygon) 多角形.

'viel·eckig ['fi:lˌɛkɪç] 形《比較変化なし》多角形の.

'Viel·ehe ['fi:lˌleːə] 女 -/-n (Polygamie) 複婚(一夫多妻婚や一妻多夫婚).

'vie·ler'lei ['fi:lɐˈlaɪ] 形《不変化》多種多様な, いろいろな, 様々な. ~ Sorten Brot いろいろな種類のパン.

'vie·ler'orts ['fi:lɐˈlɔrts] 副 あちこちで, 至る所に.

'viel·fach ['fi:lˌfax]《比較変化なし》1 何倍もの, 何重もの. ein ~er Millionär 億万長者. auf ~en Wunsch 多くの人たちの願いを受けて. ein ~ gefaltetes Papier 何重にも折畳んだ紙. 2 さまざまな, 種々の. ~e Versuche さまざまな試み.《名詞的用法で》das kleinste gemeinsame Vielfache (略 k. g. V., kgV)《数》最小公倍数. 3《話》何回もの, たびたびの. eine ~ gehörte Ansicht よく聞く意見.

'Viel·falt ['fi:lˌfalt] 女 -/ 多様(性). die ~ der Blumen さまざまな種類の花.

'viel·fäl·tig ['fi:lˌfɛltɪç] 形《比較変化なし》様々な, いろいろな.

'Viel·fäl·tig·keit 女 -/ 多様性, 多彩さ, 種類の豊富さ.

'viel·far·big ['fi:lˌfɑrbɪç]《比較変化なし》多色の, 多彩な.

'viel·fär·big ['fi:lˌfɛrbɪç]《比較変化なし》《オーストリア》=vielfarbig

'Viel·flach 中 -[e]s/-e《幾何》多面体.

'Viel·fraß ['fi:lˌfraːs] 男 -es/-e 1《話》大食漢. 2《動物》(いたち科の)くずり.

'viel ge·nannt, °'viel·ge·nannt 形《付加語的用法のみ》よく名前の挙げられる.

'viel ge·reist, °'viel·ge·reist 形《付加語的用法のみ》(世界中を)よく旅行したことのある.

'Viel·ge·rei·ste 男 女《形容詞変化》(世界中を)旅行したことのある人, 旅慣れた人.

'viel·ge·stal·tig ['fi:lɡəˈʃtaltɪç]《比較変化なし》1 さまざまな形をとる. 2 多彩な, 変化に富んだ.

'viel·glied·rig [..ɡliːdrɪç]《比較変化なし》1 手(足)の多くある. 2《比喩》部局の多い, 細分化された;《数学》多項の.

'Viel·göt·te'rei [fi:lˌɡœtəˈraɪ] 女 -/ (Polytheismus) 多神教, 多神論.

'Viel·heit ['fi:lˌhaɪt] 女 -/ 1 多様(豊富)な全体. 2 多数, 大量.

'viel·köp·fig [..kœpfɪç]《比較変化なし/副詞的用法には用いない》1 多人数からなる. 2 多くの頭をもつ.

viel'leicht

[fi:lˈlaɪçt フィライヒト] 副 1 ひょっとすると, もしかすると. *Vielleicht* kommt er morgen. ひょっとすると彼は明日来るかもしれない. Bist du zum Essen zurück? — *Vielleicht*! 食事には戻って来るの — もしかしたらね. 2 およそ, 大体, ほぼ. ein Mann von ~ fünfzig Jahren 50歳位の男. 3《話》《文中でアクセントをもたない》(a)《強意》まったく, 本当に. Das war ~ spannend! それは本当に面白かったよ. (b)《文頭に置いて要求・督促などを示す》*Vielleicht* wartest du, bis du an der Reihe bist! 順番が来るまで待っていてくれ. *Vielleicht* machst du mal die Tür zu! ちょっとドアを閉めてくれないか. (c)《反語的用法で》Ist das ~ dein Ernst? まさか本気じゃないだろうね.

Viel'lieb·chen [fiˈliːpçən] 中 -s/- 核(&)の2つある(双子の)アーモンド(ふたりの者が二人で分けて食べ, その時互いに取決めておいた言葉 „Guten Morgen, ~!" などを翌日どちらが先に口にするかを賭ける古い風習がある).

'viel·ma·lig ['fi:lˌmaːlɪç] 形《比較変化なし/付加語的用法のみ》たびたびの, 何回もの.

*'viel'mals ['fi:lˌmaːls フィールマールス] 副 1 (お礼・お詫びなどに)くれぐれも, 幾重(%)にも. Er lässt dich ~ grüßen! 彼から君にくれぐれもよろしくとのことだ. Danke ~ !《ふつう反語》せっかくですが結構です. 2 (まれ)何回も.

Viel·män·ne'rei [fiːlmɛnəˈraɪ] 女 -/《民族学》(Polyandrie) 一妻多夫(制).

*viel'mehr [fi:lˈmeːr, ¯¯ フィールメーア] 副 1 というよりむしろ, より正確に言うほうが. Er ist nicht dumm, weiß ~ gut Bescheid. 彼は馬鹿ではない, むしろ物分かりのよい方だ. 2 むしろ逆に, それどころか. Ich glaube ~, dass... むしろ, むしろ逆に…だと思う.

'viel·sa·gend 形《比較変化なし》意味深長な; 示唆的な, 意味ありげな. ♦ viel sagend とも書く.

'viel·schich·tig ['fi:lˌʃɪçtɪç] 形 1 多くの層から成る, 多層の. 2 複雑な, 入組んだ.

'Viel·schrei·ber 男 -s/-《話》《侮》乱作家, 多作家.

'viel·sei·tig ['fi:lˌzaɪtɪç] 形 1《副詞的には用いない》多方面に関心をもった, 多才な. ein ~er Musiker 多才な音楽家(ミュージシャン). 2 幅の広い, 多方面に渡る. eine ~e Bildung haben 幅広い教養をもっている. Das Material lässt sich ~ verwenden. その材料は色々なものに使える. 3《比較変化なし》(a)《ふつう次の用法で》auf ~en Wunsch 多方面の要望に応えて. (b)《幾何》多面の, 多辺の.

'viel·sil·big [..zɪlbɪç] 形 多音節の.

'viel·spra·chig [..ʃpraːxɪç] 形 (polyglott) 多くの言語の(を話す); 多くの言語で書かれた.

'viel·stim·mig [..ʃtɪmɪç] 形 1 多くの声の(から成る).《音楽》多声(部)の, ポリフォニーの.

'viel·ver·spre·chend 形 前途有望な, 将来性のある, 期待のもてる. ♦ viel versprechend とも書く.

Viel·wei·be'rei [fiːlvaɪbəˈraɪ] 女 -/《民族学》(Polygynie) 一夫多妻(制).

'Viel·wis·ser ['fi:lˌvɪsɐr] 男 -s/-《侮》知ったかぶり屋, えせ博識家.

vier

[fiːr フィーア] 数 4, 四つ(の)(原則として語尾変化しないが, 付加語的用法の時と名数を明示する語がない場合は2格 ~er, また独立的用法では3格 ~en という語尾をつける). die ~ Himmelsrichtungen 東西南北. die ~ Jahreszeiten 四季. Es ist 〜 [Uhr]. 4時である. Das Kind ist ~ [Jahre alt]. その子供は4歳である. Zwei und ~ ist《macht/gibt》sechs. 2足す4は6, 2+4=6. *Vier* hoch zwei ist sechzehn. 4の2乗は16, $4^2=16$. Wir sind ~ Personen. das zu ~*en* / 我々は4人です. um halb ~ 3時に. punkt⟨Schlag⟩ ~ [Uhr] ちょうど4時に. Die Mannschaft gewann ~ zu zwei. チームは4対2で試合に勝った. ein Grand mit ~[*en*] ⟨⟨⟩⟩ 切札4枚のグラン(スカートで切札をジャックの4枚だけと決めてする勝負). 《慣用的用法で》⟨話⟩ auf allen ~*en* 四つんばいになって. in seinen ~ Wänden わが家で(に). sich⁴ auf *seine* ~ Buchstaben setzen 腰をかける, 座る. alle ~*e* von sich³ strecken 大の字になって寝る; 《比喩》お陀仏になる(死ぬ).

Vier 囡 -/-en **1** 4という数(数字). **2** (バス・電車の)4番(路線). **3** (学校の評点の)4. eine Prüfung mit [einer] „ ~ " bestehen「可」で試験に合格する. **4** (トランプの)4の札. **5** (さいころの)4の目. ◆↑Eins

'vier·bei·nig ['fi:rbaɪnɪç] 形 4本足の, 4脚の.

'vier·blät·te·rig [..blɛtərɪç] 形 =vierblättrig

'vier·blätt·rig [..blɛtrɪç] 形《比較変化なし/副詞的には用いない》**1** (花が)4つの花弁をもつ. **2** 4つ葉の. ~*er* Klee 4つ葉のクローバー.

Vier·bund 囲 -[e]s/ 四国同盟(1815-18, ヴィーン体制維持のための同盟).

'Vier·eck ['fi:r|ɛk] 囲 -[e]s/-e《幾何》4角形, 4辺形; 長方形, 正方形.

'vier·eckig ['fi:r|ɛkɪç] 形 4角(形)の.

'vier·ein·halb ['fi:r|aɪn'halp] 数《不変化》4と2分の1(の).

'vie·rer·lei ['fi:rər'laɪ] 形《不変化》4種類の.

'Vie·rer·zug ['fi:rər..] 囲 4頭立ての馬車.

'vier·fach 形《述語的には用いない》4倍の, 4重の.

Vier'far·ben·druck [fi:r'farbən..] 囲 -[e]s/-e 《印刷》4色刷り, 4色刷り印刷物.

'Vier·flach ['fi:rflax] 囲 -[e]s/-e 《幾何》 =Vierflächner

'Vier·fläch·ner ['fi:rflɛçnər] 囲 -s/ 《幾何》(Vierflach) 4面体.

'Vier·fü·ßer ['fi:rfy:sər] 囲 -s/《多く複数で》《動物》4足動物, 4足類.

'vier·fü·ßig [..fy:sɪç] 形 **1** 4足の, 4脚類の. **2** 《韻律》4詩脚の.

'Vier·ge·spann 囲 -[e]s/-e 4頭立ての馬車.

'vier·hän·dig 形《付加語的には用いない》4手の, 2人での. ~ spielen (2人で)連弾する.

'vier·hun·dert ['fi:r'hʊndərt] 数 400.

'Vier·jah·res·plan 囲 -[e]s/-e 4か年計画.

'vier·jäh·rig 形《比較変化なし/付加語的には用いない》4歳の; 4年間の.

'vier·jähr·lich 形《述語的には用いない》4年ごとの.

'Vier·kant 囲 **1** 4稜⟨⟨⟩⟩のもの, 角鋼. **2** 《工学》4稜角のボルト頭やナットを回すためのスパナ, レンチ.

'vier·kan·tig 形 4稜⟨⟨⟩⟩の, (断面が)4角形の.

'Vier·ling ['fi:rlɪŋ] 囲 -s/-e **1**《多く複数で》4つ子(のうちの1人). **2** (4つの銃身をもつ)猟銃, 散弾銃; (4つの砲身をもつ)大砲.

'vier·mal ['fi:rma:l] 副 4回, 4度.

'vier·ma·lig ['fi:rma:lɪç] 形《付加語的用法のみ》4回の, 4度の.

'Vier·rad·brem·se 囡 -/-n《自動車》4輪ブレーキ.

'vier·räd·rig [..rɛ:drɪç] 形 4輪の.

'vier·schrö·tig ['fi:rʃrø:tɪç] 形《副詞的には用いない》(とくに男性の体格について)がっちりした, 頑丈な; ずんぐりした.

'vier·sei·tig [..zaɪtɪç] 形《比較変化なし》**1** 4角(辺)形の. **2** 4ページの.

'Vier·sit·zer ['fi:rzɪtsər] 囲 -s/- **1** 4人乗りの乗物(自動車・馬車など). **2** 4人掛けのソファー.

'vier·sit·zig [..zɪtsɪç] 形 **1** 4人乗りの. **2** (ソファーなどが)4人掛けの.

'Vier·spän·ner ['fi:rʃpɛnər] 囲 -s/- 4頭立ての馬車.

'vier·spän·nig [..ʃpɛnɪç] 形 4頭立ての.

'Vier·stel·lig [..ʃtɛlɪç] 形《副詞的には用いない》(数などが)4桁⟨⟨⟩⟩の.

'vier·stim·mig [..ʃtɪmɪç] 形《音楽》4声(部)の.

'vier·stö·ckig [..ʃtœkɪç] 形 5階建ての, 《地方》4階建ての.

'vier·stün·dig [..ʃtʏndɪç] 形《付加語的用法のみ》4時間の.

'vier·stünd·lich [..ʃtʏntlɪç] 形《述語的には用いない》4時間ごとの.

*****viert** [fi:rt フィーアト] 形《序数》第4の, 4番目の. das ~*e* Mal 4回目. Heute ist der ~*e*(der 4.) Januar. 今日は1月4日である. Heinrich der *Vierte* ハインリヒ4世. der ~*e* Stand 第4身分(無産労働者階級). zu ~ 4人で. zum *Vierten*⟨° ~*en*⟩(列挙して)第4に, 4番目に.

'Vier·takt·motor 囲 -s/-en《工学》4サイクルエンジン.

'vier·tau·send ['fi:r'taʊzənt] 数 4000(の).

'vier·tei·len ['fi:rtaɪlən] 他 **1** 4等分する. ▶過去分詞は多く viergeteilt **2** (中世で罪人を)4つ裂きの刑に処する. ▶過去分詞は多く↑gevierteilt

'vier·tel ['fɪrtəl] 数《不変化》4分の1の. in einer ~ Stunde⟨in drei ~ Stunden⟩ 15分⟨45分⟩したら. drei ~⟨°*Viertel*⟩ neun 8時45分.

*****Vier·tel** ['fɪrtəl フィルテル] 囲 ⟨ ⟩ 囲 -s/- **1** 4分の1; 4分の1(の); 4分の1ポンド(リットル). ein ~ nach acht 8時15分. [ein] ~ vor neun 8時45分(↑viertel 1). ein ~ Butter 4分の1ポンドのバター. ein ~ Wein 4分の1リットルのワイン. 《音楽》4分音符. **2** 街区, 地区, 市区. *Geschäftsviertel* 商店街.

'Vier·tel·fi·na·le 囲 -s/- ⟨⟨⟩⟩ 準々決勝.

Vier·tel'jahr ['fɪrtəl'ja:r] 囲 -[e]s/-e 4分の1年, 4半期, 3カ月.

Vier·tel'jahr·hun·dert 囲 -s/-e《複数まれ》4分の1世紀, 4半世紀, 25年(間).

'vier·tel·jäh·rig ['fɪrtəljɛ:rɪç, --'--] 形《付加語的用法のみ》**1** 生後3カ月の. **2** 4分の1年間の, 4半期の, 3カ月の.

'vier·tel·jähr·lich [fɪrtəljɛ:rlɪç, --'--] 形《述語的には用いない》4分の1年ごとの, 4半期ごとの, 3カ月ごとの.

'Vier·tel·jahrs·schrift 囡 -/-en 季刊誌.

'Vier·tel·li·ter [--'-- とも] 囲 囲 -s/- 4分の1リットル. ◆スイスでは 囲 のみ.

'vier·teln 他 4等分する.

'Vier·tel·no·te 囡 -/-n《音楽》4分音符.

'Vier·tel·pfund [--'-- とも] 囲 -[e]s/-e 4分の1ポンド (125 g).

Vier·tel'stun·de 囡 -/-n 4分の1時間, 15分(間).

'vier·tel·stünd·lich [--'-- とも] 形《述語的には

'Vier·tel·ton [–]e]s/⁻e《音楽》4分音.
'vier·tens ['fɪrtəns] 第4(番目)に, 第4として.
'vier·und·ein·halb 《不変化》=viereinhalb
'Vie·rung ['fiːrʊŋ] 囡 –/-en《建築》十字(中央)交差部, 中央広間(教会堂の身廊と袖廊の交差する部分).
Vier'vier·tel·takt [fiːrˈfɪrtl..] 男 –[e]s/《音楽》4分の4拍子.

*'vier·zehn ['fɪrtseːn フィルツェーン] 圏 14(の). in ~ Tagen 2週間後に.
'vier·zehnt ['fɪrtseːnt] 厖《序数》第14番目の.
'vier·zehn·tä·gig ['fɪrtseːn..] 厖《付加語的用法のみ》1 生後14日(の). 2 2週間の.
'Vier·zei·ler ['fɪːrtsaɪlər] 男 –s/– 4行詩, 4行詩節.

*'vier·zig ['fɪrtsɪç フィルツィヒ] 圏 40, 四十(の).
'Vier·zig 囡 –en 1 40(の数字). 2 40歳.
'vier·zi·ger ['fɪrtsɪgər]《不変化》1 40(の). 2 (ある世紀の)40年代の; 40歳代の. ◆数字では40 er と書く. ▶achtziger
'Vier·zi·ger 男 –s/– 1《狭義》40歳の人; 40年産のワイン. 2《広義》(a) 40歳代の人. (b)《複数形で》40歳代; (ある世紀の)40年代. ◆女性形 Vierzigerin –/-nen 40歳(代)の女の人.
'vier·zigst ['fɪrtsɪçst] 厖《序数》第40の, 40番目の.
'Vier·zig·stun·den·wo·che ['fɪrtsɪç..] 囡 –/-n 週40時間労働(制)(40-Stunden-Woche).

Vi·et·nam [viet'naː(ː)m, -'−−] 《地名》ベトナム(インドシナ半島にあり, 1976以来社会主義共和国, 首都ハノイ Hanoi).
vi·et·na·me·sisch [viɛtnaˈmeːzɪʃ] ベトナム(人, 語)の. ↑deutsch

Vi'gil [viˈgiːl] 囡 –/-ien[..liən] (lat., Nachtwache')《カトリック》1 (修道士の)徹夜の礼拝. 2 前夜祭(降誕祭·復活祭·聖霊降臨祭などの); 大祝日の前日(前夜).
vi·gi·lant [vigiˈlant] 厖 (lat.)《古》利口な, 小才のきく; 悪賢い; 油断のない, 警戒した.
Vi·gi·lie [viˈgiːliə] 囡 –/-n (lat.) 1 (Nachtwache') (古代ローマ軍の)不寝番, 夜番(夜間を4分し, 2ないし4時間ごとに交替). 2《カトリック》=Vigil
Vi·gi·li·en vi'gi·liən] Vigil, Vigilie の複数.
Vi'gnet·te [vɪnˈjɛtə] 囡 –/-n (fr.) 1《書籍》(表題紙や章頭·章尾に入れる装飾用の)カット. 2《写真》(画像の一部を覆ったりぼかすための)ぼかし枠, (円形)マスク.

Vi'kar [viˈkaːr] 男 –s/-e (lat., Stellvertreter')《カトリック》(a) 代理(各種の有識者の). Bischofsvikar 司教代理. (b) (Pfarrvikar) 助任司祭. 《プロテスタント》(a) (Pfarrvikar) 副牧師. (b) (一定の神学教育課程を終了的以习的牧师. 3《法》代用数员.

Vik·tu·a·li·en [vɪktuˈaːliən] 覆 (lat. victualia, Lebensmittel')《古》食料品.
Vik·tu·a·li·en·hand·lung 囡 –/-en《ドイツ》食料品店.

*Vil·la ['vɪla ヴィラ] 囡 –/ Villen (it., Landhaus') 1 別荘. 2 (庭園に囲まれた)邸宅, 屋敷.
'Vil·len ['vɪlən] Villa の複数.
'Vil·len·vier·tel 中 –s/– 別荘地; 高級住宅街.
vin·di·zie·ren [vɪndiˈtsiːrən] (lat.)《法制》(物の)返還を請求する(所有権者として).
Vi'nyl·chlo·rid [viˈnyːl..] 中 –[e]s/《化学》塩化ビニル.

'Vi·o·la¹ ['viːola] 囡 –/..len[viˈoːlən] (lat.)《植物》(Veilchen) すみれ(菫)属.
Vi·o·la² ['viːola] 囡 –/..len[..liən] (it.)《楽器》(Bratsche) ヴィオラ.
Vi·o·le ['viːolə] 囡 –/-n (lat. viola) 1《雅》(Veilchen) すみれ(菫)属. 2《植物》あらせいとう属(においあらせいとう·はなだいこんなど). 3《解剖》すみれ腺(きつねの尾の付根にあり, 特殊な臭いを出す).
Vi·o·len [viˈoːlən] Viola¹, Viola², Viole の複数.
*vi·o'lett [vio'lɛt] 中 –s/-[s] すみれ(菫)色.
Vi·o'li·ne [vioˈliːnə] 囡 –/-n (it. violino)《楽器》(Geige) ヴァイオリン.
Vi·o·li'nist [violiˈnɪst] 男 –en/-en (Geiger) ヴァイオリニスト, バイオリン奏者.
Vi·o·li·nis·tin [violiˈnɪstɪn] 囡 –/-nen 女流バイオリニスト, 女性バイオリン奏者.
Vi·o'lin·schlüs·sel [vioˈliːn..] 男 –s/– 《音楽》(G-Schlüssel) ト音記号, 高音部記号.
Vi·o·lon'cel·lo [violɔnˈtʃɛlo] 中 –s/-s ..celli [..ˈtʃɛli]《楽器》チェロ; オルガン音栓.
'Vi·per ['viːpər] 囡 –/-n (lat., Schlange, Natter')《動物》(Otter) まむし(蝮蛇属).
Vi·ren ['viːrən] Virus の複数.
Vir'gil [vɪrˈgiːl]《男名》(lat.) 1 ヴィルギール. 2 = Vergil (の古形).
vi'ril [viˈriːl] 厖 (lat. vir, Mann') 男性の; 男性的な; 男みたいな.
vir·tu'ell [vɪrtuˈɛl] 厖 (lat. virtus, Tüchtigkeit, Mannhaftigkeit) 1《雅》(能力·可能性などが)潜在する, 潜在的な. 2 ~es Bild《光学》虚像. ~e Realität ヴァーチャル·リアリティー, 仮想現実.
vir·tu'os [vɪrtuˈoːs] 厖 (↓ Virtuose) 熟練した, 名人の.
Vir·tu'o·se [vɪrtuˈoːzə] 男 –n/-n (it. virtuoso, tüchtig, fähig') 巨匠, 大家, 名人(とくに音楽の). ◆女性形 Virtuosin
Vir·tu·o·sen·tum [vɪrtuˈoːzəntuːm] 中 –s/ 名人たること, 卓抜な資質(とくに音楽の).
Vir·tu·o·si'tät [vɪrtuoziˈtɛːt] 囡 –/ 名人芸, 練達ぶり, 妙技(とくに音楽の).
vi·ru'lent [viruˈlɛnt] 厖 (lat., giftig') 1《比較変化なし》《医学》毒性の, 悪性の, 病原性の. 2 危険な, 急迫する, 急迫した.
Vi·ru'lenz [viruˈlɛnts] 囡 –/ 1《医学》毒性, 病原性. 2 危険性; 緊急性(気性などの激しさ.

'Vi·rus ['viːrʊs] 中 –/..ren[..rən]《医学》(lat., Schleim, Gift')《生物·医学》ウイルス.
'Vi·sa ['viːza] Visum の複数.
Vi·sa·ge [viˈzaːʒə] 囡 –/-n (俗) (fr., Gesicht') 顔, つら.
Vi·sa·vis [vizaˈviː] 中 –[..ˈviː(s)]/[..ˈviːs] (Gegenüber) 1 向かいの家(の人). 2 向かいの席の人. 3《複数なし》対立.
vis·a·vis [vizaˈviː] = vis-à-vis
vis·à·vis [vizaˈviː] (fr., Antlitz zu Antlitz') ❶ 副《3格支配》(gegenüber) ...の向かい側に, ...の向かい側で. ▶しばしば後置され, また人称代名詞の場合はつねに後置. ❷ 前 (gegenüber) 向かい側に, 向かい合って.
'Vi·sen ['viːzən] Visum の複数.
Vi'sier [viˈziːr] 中 –s/-e (fr.) 1 (中世のかぶとの)面頬(めんぼお). mit offenem ~ kämpfen《比喩》手の内を

vi·sie·ren [vi'zi:rən] (*fr.* viser‚ins Auge fassen') ❶ 圓 (auf j(et)⁴ 人⁴(物⁴)に)照準を定める, ねらいを定める(銃で); 注目する. ❷ 囮 1 注視する; (に)ねらいをつける. 2 (eichen²)(計量器を)検定する. 3 《獨》(旅券など)を査証する. 4 《古》(beglaubigen 1)証明(保証)する, 認証する.

Vi·sier·fern·rohr 囲 -[e]s/-e 《光学》照準望遠鏡.

Vi·sier·li·nie 囡 -/-n 《軍事》照準線.

Vi·si·on [vizi'o:n] 囡 -/-en (*lat.* visio‚Anblick, Erscheinung') 1 幻覚, 幻影, まぼろし; 幻想. 2 ビジョン, 未来像.

vi·si·o·när [vizio'nɛ:r] 囮 1 まぼろしの, 幻覚の, 幻想的な. 2 予知(予見)的な; (作品などが)未来像を描いた.

Vi·si·o·när 囲 -s/-e 《古》見霊者, 霊視能力者; 幻を見る人, 夢想家.

Vi·si·ta·ti·on [vizitatsi'o:n] 囡 -/-en (*lat.*, Besichtigung') 1 《所持品などの》検査; 捜索. Leibes-visitation 《所持品を調べる》身体検査, ボディーチェック. 2 《獨》(学校・教会などの)視察.

Vi·si·te [vi'zi:tə] 囡 -/-n (*fr.*, Besuch') 1 《古》《儀礼的な》訪問. 2 (インターンや看護婦をひきつれた医師の)回診; (ときに)往診する医師団.

Vi·si·ten·kar·te [vi'zi:tənkartə] 囡 -/-n 名刺. j³ seine ～ geben 人³に名刺を渡す. seine ～ abgeben 《比喩》強い印象を残す. seine ～ hinterlassen 《反語》(などが)あとを汚して立ち去る.

vi·si·tie·ren [vizi'ti:rən] 囮 (*fr.* visiter, besuchen') 1 (物⁴)を査察(視察)する. 2 (人⁴)を検査する.

vis'kos [vɪs'ko:s] 囮 (*lat.*, klebrig')《比較変化なし》《化学》粘着性の, 粘性の; ねばっこい.

Vis·ko·se [vɪs'ko:zə] 囡 -/ (*lat.*)《化学》ビスコース (人絹やセロハンの材料).

Vis·ko·si·me·ter [vɪskozi'me:tər] 囲 -s/- (↓ viskos)《工学》粘度計.

Vis·ko·si·tät [vɪskozi'tɛ:t] 囡 -/-en 《化学・工学》(Zähigkeit)《液体・気体の》粘性, 粘度.

Vis·ta ['vɪsta] 囡 -/ (*it.* vista‚Gesicht, Anblick') 1 《古》見ること, 一見. ▶↑a prima vista, a vista 2 《銀行》(手形などの)一覧, 呈示. ▶↑a vista

Vis·ta·wech·sel 囲 -s/- 《銀行》(Sichtwechsel)一覧払い為替手形.

vi·su·ell [vizu'ɛl] 囮 (*fr.*)《比較変化なし》視覚(上)の, 視覚による; 視覚的な. ein ～er Typ 《心理》視覚型(人間).

'Vi·sum ['vi:zʊm] 囲 -s/Visa..za](Visen[..zən])(*lat.* visum‚gesehen')ビザ, (旅券の)査証. ～ beantragen ビザを申請する. Das ～ ist abgelaufen. このビザは期限が切れている.

vi'tal [vi'ta:l] 囮 (*lat.* vita, Leben') 1 《比較変化なし》《生物・医学》生命の(に関する). 2 《付加語的用法のみ》生死に関わる, 極めて重要な. 3 (人などが)活力に満ちた, 活動的な.

Vi'tal·fär·bung 囡 -/-en《生物》生体染色(細胞核などを見やすくするための).

Vi·ta'lis·mus [vita'lɪsmʊs] 囲 -/ (*lat.*)《哲学》生気論, 活力論.

Vi·ta·li'tät [vitali'tɛ:t] 囡 -/ (*lat.*)生命力, (生)活力, 生気; バイタリティー, スタミナ.

Vi·ta'min [vita'mi:n] 囲 -s/-e (*lat.*)ビタミン. ～ B《戯》(縁故・学閥などの)コネ(B は Beziehung の略).

Vi'tri·ne [vi'tri:nə] 囡 -/-n (*fr.*)ガラス戸棚; (Schaukasten)ガラス製のショーケース, (ガラス張りの)陳列棚.

vi'va·ce [vi'va:tʃə] 圃 (*it.*)《音楽》ヴィヴァーチェで, やく, 生き生きと.

Vi'va·ri·um [vi'va:riom] 囲 -s/..rien[..riən] (*lat.*, Tierpark') 1 小動物の飼育容器(Aquarium・Terrarium). 2 《まれ》1 を並べた展示館. 3 《古》(大規模な)動物園.

'vi·vat ['vi:vat] 感 (*lat.*, Er(Sie/Es) lebe [hoch]!')Vivat! (単数の人に対して)万歳.

Vi'vat 囲 -s/-s 万歳(の叫び).

vi·vi'par [vivi'pa:r] 囮 (*lat.*)《副詞的には用いない》1 《動物》胎生の. 2 《植物》胎生種子の.

Vi·vi·sek·ti'on [vivizɛktsi'o:n] 囡 -/-en (*lat.*)(研究のための)生体解剖.

Vi·ze.. [fi:tsə.., vi:tsə..]《接頭》(*lat.* vice, anstelle von...') 名詞に冠して「副..., 代理...」の意を表す. Vizekanzler 副首相.

'Vi·ze·ad·mi·ral 囲 -s/-e 《軍事》海軍中将.

'Vi·ze·kanz·ler 囲 -s/- 副首相, 副総理.

'Vi·ze·kö·nig 囲 -s/-e 副王; (植民地・占領地の)総督, 太守.

'Vi·ze·prä·si·dent 囲 -en/-en 副大統領; 副会長; 副学長.

v. J. (略)=vorigen Jahres 去年, 昨年.

Vlies [fli:s] 囲 -es/-e (*ndl.*, Schaffell') 1 羊の毛皮(原皮), フリース(1 枚の毛皮のような形に刈られた未加工の羊の原皮). das Goldene ～《ギリシア神話》金羊皮(大船アルゴー号に乗った勇士たちが探し求めたもの. ↑ Argonaut). 2 《繊維》フリース(毛足の長い柔らかなけばを立てた生地).

v. M. (略)=vorigen Monats 先月.

VN [faoˈɛn] (略)=Vereinte Nationen 国際連合, 国連.

v. o. (略)=von oben 上から, 上の, 上記の.

'Vo·gel ['fo:gəl] フォーゲル 囲 -s/Vögel 1 鳥. Vögel halten(füttern) 鳥を飼っている(鳥に餌をやる).《慣用的表現で》(話)den ～ abschießen 最高の成績をあげる. einen ～ haben 頭がおかしい, 奇妙なことを考える. j³ den〈einen〉～ zeigen (自分の額を指でつついて)人³に頭がおかしいんじゃないかと告げる. Friss, ～, oder stirb! やるしかないぞ, のるかそるかだ. Der ～ ist ausgeflogen. 捜していた相手は家にいなかった; ホシは逃げてしまっていた(巣のなかはもぬけの空だった). 2《話》やつ. ein lockerer〈seltsamer〉～ だらしのないやつ〈変り者〉. 3《俗》飛行機.

'Vö·gel ['fø:gəl] Vogel の複数.

'Vo·gel·bau·er 囲 -s/- 鳥かご.

'Vo·gel·beer·baum 囲 -[e]s/¨e《植物》ななかまど属.

'Vo·gel·bee·re 囡 -/-n《植物》ななかまど属(の実).

'Vö·gel·chen ['fø:gəlçən] 囲 -s/-《Vogel の縮小形》小鳥.

'Vo·gel·dunst 囲 -[e]s/《猟師》(Vogelschrot) (鳥射ち用の)小散弾.

'Vo·gel·fän·ger 囲 -s/- (鳥を捕らえる)猟師, 鳥刺し.

'vo·gel·frei 囮《副詞的には用いない》(古いドイツの法律で)法の保護の外に置かれた, 一切の権利を奪われた.

'**Vo·gel·fut·ter** 囲 -s/ 鳥の餌(ﾅ).
'**Vo·gel·haus** 囲 -es/⁼er 大禽舎(とくに動物園などの).
'**Vo·gel·herd** 男 -[e]s/-e《古》(補鳥用の囮(ﾟ))などを仕掛けた)囮(ﾟ)場;《補鳥用の網を張った)猟場.
'**Vo·gel·kir·sche** 囡 -/-n〘植物〙**1** せいようみざくら. **2** ななかまどの実.
'**Vo·gel·kun·de** 囡 -/ (Ornithologie) 鳥類学.
'**Vo·gel·leim** 男 -[e]s/-e 鳥もち.
'**Vo·gel·mie·re** 囡 -/-n〘植物〙はこべ属(鳥の餌(ﾅ)になる).
'**vö·geln** ['føːɡəln] 圓 囮《卑》(mit j³ ³と / j⁴ ⁴と) やる,セックスする.
'**Vo·gel·nest** 囲 -[e]s/-er 鳥の巣.
'**Vo·gel·per·spek·ti·ve** 囡 -/-n 鳥瞰(ﾒﾂｶ). ein Bild aus der 〜 鳥瞰図.
'**Vo·gel·schau** 囡 -/-en **1** (Vogelperspektive) 鳥瞰. **2** 鳥占い(古代ローマで鳥の飛び方によって占った).
'**Vo·gel·scheu·che** 囡 -/-n **1** かかし. **2**《話》《俗》ぼろを着たやせて醜い女.
'**Vo·gel·schutz** 男 -es/ 鳥類(野鳥)保護.
'**Vo·gel·schutz·ge·biet** 囲 -[e]s/-e 鳥類保護区域.
'**Vo·gel·stel·ler** 男 -s/-《古》(鳥の)猟師,鳥刺し.
'**Vo·gel·'Strauß-Po·li·tik** 囡-/ 現実を直視しないやり方,くさいものには式の態度(駝鳥は危険に会うと砂の中に頭を突っ込むと言われたことから).
'**Vo·gel·war·te** 囡 -/-n 鳥類生態研究所(とくに渡り鳥の).
'**Vo·gel·zug** 男 -[e]s/⁼e (春・秋の)鳥の渡り.
Vo·ge·sen [voˈɡeːzən] 覆〘地名〙die 〜 ヴォゲーゼン,ヴォージュ(ライン川沿いのフランス北東部の山脈. フランス語形 Vosges [voːʒ]).
'**Vög·lein** ['føːɡlaɪn] 囲 -s/-《雅》《Vogel の縮小形》小鳥.
'**Vog·ler** ['foːɡlər] 男 -s/-《古》(Vogelfänger)(鳥の)猟師,鳥刺し.
Vogt [foːkt] 男 -[e]s/Vögte (lat.) **1**〘歴史〙フォークト(封建領主の権限を代行する役人,代官・奉行など). Burg*vogt* 城代,城守. **2**〘宗教〙フォークト(教会・修道院の財産の管理,対外的には教会や修道院を法的に代表する保護者). Kirchen*vogt* 教会保護官. **3**《古》(ﾞﾑ) 後見人.
'**Vög·te** ['føːktə] Vogt の複数.
Vog·tei [foːkˈtaɪ] 囡-/-en **1** Vogt の職. **2** Vogt の邸(役所).
Vo·ka·bel [voˈkaːbəl] 囡 -/-n (lat., Bezeichnung') **1** 単語(とくに外国語の). **2** 表現,言葉.
Vo·ka·bel·heft 囲 -[e]s/-e 単語帳.
Vo·ka·bel·schatz 男 -es/ (外国語などの)語彙,ボキャブラリー. **2** (専門用語などの)語彙集,単語集,索引.
Vo·ka·bu·lar [vokabuˈlaːr] 囲 -s/-e (lat.) **1** (Wortregister) 用語(術語)索引,語彙表. **2** (個人・社会階層・専門領域などの)語彙,用語,ボキャブラリー.
vo·kal [voˈkaːl] 囮《比較変化なし》(lat. vocalis, klangreich')《音楽》声楽の,声楽による.
Vo·kal [voˈkaːl] 男 -s/-e〘言語〙《音声》(Selbstlaut) 母音.
Vo·ka·li·sa·ti·on [vokalizatsiˈoːn] 囡 -/-en (fr.) **1**〘音楽〙母音唱法(歌詞・階名でなく,a, e, i, o, u 及び ü による発声練習). **2**〘言語〙(子音の)母音化.
3〘言語〙(ヘブライ語などでピリオドなどによる子音字への)母音符の付加.
vo·ka·lisch [voˈkaːlɪʃ] 囮《比較変化なし》〘言語〙(↔ konsonantisch) 母音の,母音から成る.
vo·ka·li·sie·ren [vokaliˈziːrən] (lat.) ❶ 囲 (歌詞・階名でなく)母音で歌う. ❷ 囮 **1**〘言語〙(子音を)母音化する. **2**〘言語〙(ヘブライ語などの子音字にピリオドなどで)母音符を付ける.
'**Vo·kal·mu·sik** 囡 -/〘音楽〙声楽.
'**Vo·ka·tiv** [voˈkaːtiːf] 男 -s/-e (lat. vocare, anreden')〘文法〙(Anredefall) 呼格.
vol., Vol.《略》= Volumen 2
'**Vo·land** ['foːlant] 男 -[e]s/《古》(Teufel) 悪魔. Junker 〜 悪魔(の旦那).
Vo·lant [voˈlã:] 囲(ﾞﾛで多く)-s/-s (fr.) **1** (婦人服などの)襞縁(ｻﾞﾑ)飾り,フリル,フラウンス. **2**《古》(ﾞﾛ・ﾞｰ)自転車のハンドル.
Vo·la·'pük [volaˈpyːk] 囲 -s/ ヴォラピューク語(ドイツ人司祭シュライヤー J. M. Schleyer, 1831-1912 が考案した人工国際語).

Volk [folk フォルク] 囲 -[e]s/Völker **1**（共通の言語・文化・歴史などをもつ）民族. das deutsche 〜 ドイツ民族. das auserwählte 〜〘旧約〙選ばれた民(ユダヤ民族). die *Völker Asiens* アジアの諸民族. **2**《複数なし》国民. die Vertreter des 〜*es* im Parlament 議会での国民の代表者たち. **3**《複数なし》民衆,庶民. der Mann aus dem 〜 庶民の出の男. das arbeitende 〜 勤労大衆. **4**《複数なし》人々,群衆. fahrendes 〜 流浪の人々(旅芸人など). junges 〜 若者たち. kleines 〜 子供たち. et¹ unters 〜 bringen 事¹を一般に広める,流布(ﾅ)させる. **5**〘猟師〙(同種の動物の)群れ,集団. zwei *Völker* Bienen 2群れのみつばち.
'**Völk·chen** ['fœlkçən] 囲-s/-（Volk の縮小形)(小グループの)人々.
'**Völ·ker** ['fœlkər] Volk の複数.
'**Völ·ker·ball** 男 -[e]s/ ドッジボール.
'**Völ·ker·bund** 男 -[e]s/ 国際連盟(1920-46).
'**Völ·ker·kun·de** 囡 -/ (Ethnologie) 民族学.
'**Völ·ker·kund·ler** 男 -s/- (Ethnologe) 民族学者.
'**völ·ker·kund·lich** 囮《述語的には用いない》民族学(上)の.
'**Völ·ker·recht** 囲 -[e]s/ 国際法.
'**völ·ker·recht·lich** 囮《述語的には用いない》国際法(上)の.
'**Völ·ker·schaft** 囡 -/-en 種族,部族.
'**Völ·ker·wan·de·rung**囡-/-en **1**《複数あり》〘歴史〙民族大移動(紀元 4-6 世紀に頂点に達したゲルマン諸部族の西ヨーロッパ・南ヨーロッパへの). **2** (一般に)民族の移動(移住);《戯》(ロックコンサートやサッカー場などにつめかける)人々の移動.
'**völ·kisch** ['fœlkɪʃ] 囮《述語的には用いない》**1**《古》民族的な,民族(上)の. **2** (national) (とくにナチスの用語で)国家主義的な,民族主義的な.
'**volk·lich** ['fɔlklɪç] 囮《述語的には用いない》《まれ》民族(国民)の.
'**volk·reich** 囮《副詞的には用いない》《まれ》人口稠(ﾁｭｳ)密な,人口の多い.
'**Volks·ab·stim·mung** 囡 -/-en〘政治〙人民(国民)投票,一般国民投票.
'**Volks·ak·tie** 囡-/-n〘経済〙国民株式(ドイツで国営企業の民営化の際に広く国民に売出される株式).

'**Volks·ar·mee** 囡 -/ 《略 NVA》(旧東ドイツの)人民軍(Nationale Volksarmee の短縮).
'**Volks·auf·stand** 男 -[e]s/⁼e 人民の蜂起(反乱, 暴動).
'**Volks·aus·ga·be** 囡 -/-n 《書籍》普及版, 廉価版.
'**Volks·bank** 囡 -/⁼e 《経済》国民銀行(ドイツの商工業信用組合の多くが名乗る社名).
'**Volks·be·fra·gung** 囡 -/-en 世論調査.
'**Volks·be·geh·ren** 田 -s/- 《政治》国民(住民)請願.
'**Volks·bi·bli·o·thek** 囡 -/-en 《古》公共図書館.
'**Volks·bil·dung** 囡 -/ 《教育》**1** 《古》成人教育. **2** (旧東ドイツの)国民教育.
'**Volks·brauch** 男 -[e]s/⁼e 民間の習俗(慣性, 仕来り), 民俗.
'**Volks·buch** 田 -[e]s/⁼er 《文学》民衆本(中世叙事詩などを書直して民間に流布した中世後期の散文文学).
'**Volks·bü·che·rei** 囡 -/-en 《古》公共図書館.
'**Volks·cha·rak·ter** 男 -s/⁼e 国民(民族)性.
'**Volks·de·mo·kra·tie** 囡 -/ 《政治》人民民主主義; 人民民主主義国家.
'**Volks·deut·sche** 男囡《形容詞変化》民族(人種)上のドイツ人(第3帝国とオーストリア以外に住んでいた外国籍のドイツ人に対するナチス時代の用語).
'**Volks·dich·te** 囡 -/-n (まれ)(Bevölkerungsdichte) 人口密度.
'**Volks·dich·ter** 男 -s/- **1** 民族詩人(作家). **2** 民族(国民)文学の詩人(作家).
'**Volks·dich·tung** 囡 -/ **1** 《文学》(Volkspoesie) 国民(民族)文学. **2** 民衆文学.
'**volks·ei·gen** 形《副詞的には用いない》(旧東ドイツで)(企業・農場などが)人民所有の, 国営の.
'**Volks·ein·kom·men** 田 -s/ 《経済》国民所得.
'**Volks·emp·fän·ger** 男 -s/- 国民(普及)型ラジオ受信機(第3帝国時代の).
'**Volks·ent·scheid** 男 -[e]s/-e 《政治》住民表決(投票), 国民表決(投票).
'**Volks·epos** 田 -/..epen 《文学》民衆叙事詩.
'**Volks·ety·mo·lo·gie** 囡 -/ 《言語》(古語や外国語からの音の類似による)民間造語, (間違った)通俗語源(説).
'**Volks·feind** 男 -[e]s/-e 《侮》人民(民衆)の敵.
'**volks·feind·lich** 形《侮》人民(民衆)の利益を害する, 売国的な.
'**Volks·fest** 田 -[e]s/-e 地域(村)のお祭り.
'**Volks·front** 囡 -/-en 《複数まれ》《政治》人民戦線.
'**Volks·ge·mein·schaft** 囡 -/-en 民族共同体(とくにナチスの用語).
'**Volks·ge·nos·se** 男 -n/-n ドイツ民族共同体の成員(ナチスの用語).
'**Volks·glau·be** 男 -ns/ 《民俗》民間信仰, 俗信. ◆格変化は Glaube 参照.
'**Volks·held** 男 -en/-en 国民的(民族)の英雄.
'**Volks·herr·schaft** 囡 -/ 《政治》民主主義.
'**Volks·hoch·schu·le** 囡 -/-n 市民大学.
'**Volks·kam·mer** 囡 -/ (旧東ドイツの最高国家機関である)人民議会.
'**Volks·kü·che** 囡 -/-n (難民・貧困者のための)配給給食所.
'**Volks·kun·de** ['fɔlkskʊndə] 囡 -/ 民俗学.
'**Volks·kund·ler** [..kʊntlər] 男 -s/- **1** 民俗学者. **2** 民俗学専攻の学生.
'**volks·kund·lich** [..kʊntlɪç] 形 民俗学(上)の.
'**Volks·kunst** 囡 -/ 民俗(郷土)芸術, 民芸.
*'**Volks·lied** ['fɔlksliːt] 田 -[e]s/-er 《文学・音楽》(↔ Kunstlied) 民謡.
'**Volks·mär·chen** 田 -s/- 《文学》(↔ Kunstmärchen) (口承童話), 民話.
'**Volks·men·ge** 囡 -/-n 大群衆.
'**Volks·mund** 男 -[e]s/ 民衆の言葉(語法). im ～ 世間一般の言い方では.
'**Volks·mu·sik** 囡 -/ 民俗(民族)音楽.
'**Volks·par·tei** 囡 -/-en 《政治》(↔ Klassenpartei) 国民政党, 人民党.
'**Volks·po·li·zei** 囡 -/ 《略 VP》(旧東ドイツの)人民警察. ◆短縮形 Vopo ['foːpo] 《話》
'**Volks·po·li·zist** 男 -en/-en (旧東ドイツの)人民警察官. ◆短縮形 Vopo ['foːpo] 《話》
'**Volks·red·ner** 男 -s/ 《古》群集相手の演説家.
'**Volks·re·pu·blik** 囡 -/-en 《略 VR》人民共和国. die ～ China 中華人民共和国.
'**Volks·sa·ge** 囡 -/-n 《文学》民間伝説, 民話.
'**Volks·schicht** 囡 -/-en 社会階層.
*'**Volks·schu·le** ['fɔlksʃuːlə フォルクスシューレ] 囡 -/-n 国民学校, 小学校《(a) (古) 6歳から8年間おこなわれる義務教育のための公立学校. (b) Grundschule と Hauptschule の総称. (c) 《スイス》= Grundschule》.
'**Volks·schul·leh·rer** 男 -s/- 国民学校(小学校)の教員(↑ Volksschule). ◆女性形 Volksshullehrerin 囡 -/-nen
'**Volks·see·le** 囡 -/ 民族の魂, 人心; 民衆.
'**Volks·sou·ve·rä·ni·tät** 囡 -/ 《政治・法制》国民(人民)主権.
'**Volks·spra·che** 囡 -/-n 《言語》日常(口)語, 民衆語.
'**volks·sprach·lich** 形 日常(口)語の, 民衆語の.
'**Volks·staat** 男 -[e]s/-en 《政治》民主(人民)国家.
'**Volks·stamm** 男 -[e]s/⁼e 種族, 部族.
'**Volks·stück** 田 -[e]s/-e 《演劇》民衆(大衆)劇.
'**Volks·tanz** 男 -es/⁼e 民族舞踊, フォークダンス.
'**Volks·tracht** 囡 -/-en 民族衣装.
'**Volks·trau·er·tag** 男 -[e]s/-e 国民哀悼の日. ◆2つの世界大戦とナチスの犠牲者を追悼するドイツの祭日, 待降節第1日曜日の2週間前の日曜日.
'**Volks·tri·bun** 男 -en/-en (古代ローマの)護民官.
'**Volks·tum** ['fɔlkstuːm] 田 -s/ 民族性.
'**Volks·tü·me·lei** [fɔlksty·məˈlaɪ] 囡 -/-en 《複数まれ》《侮》大衆性の標榜, (わざと)誇張された民衆性.
'**volks·tü·meln** ['fɔlkstyːməln] 自《侮》大衆性を標榜する, 民衆性をわざと装う, 俗うけをねらう.
*'**volks·tüm·lich** ['fɔlkstyːmlɪç フォルクステューム リヒ] 形 **1** 民族(国民)的な, 民族固有の. **2** 民衆(大衆)的な, 大衆に親しまれた; 通俗的な. **3** 平易な, わかりやすい.
'**Volks·tüm·lich·keit** 囡 -/ 民族的(国民的)であること; 民衆(大衆)性, 通俗性.
'**Volks·ver·mö·gen** 田 -s/ 《経済》国富.
'**Volks·ver·samm·lung** 囡 -/-en 《法制・政治》国民(人民)集会, 人民議会. **2** 公開の集会.
'**Volks·ver·tre·ter** 男 -s/- 代議士, 国会議員.
'**Volks·ver·tre·tung** 囡 -/-en 《法制・政治》国会, 国民議会.
'**Volks·wa·gen** 男 -s/- 《略 VW》フォルクスワーゲン(乗用車の商標名).

'**Volks・wei・se** 囡 -/-n 民謡(風)のメロディー.
'**Volks・wirt** [-ɛ]s/-e 国民経済学を修得した人.
'**Volks・wirt・schaft** 囡 -/《経済》国民経済.
'**Volks・wirt・schaft・ler** 男 -s/-1 国民経済学者.2 国民経済学専攻の学生.
'**Volks・wirt・schaft・lich** 《経済》国民経済の.
'**Volks・wirt・schafts・leh・re** 囡 -/《経済》国民経済学.
'**Volks・wohl** 中 -[e]s/ 国民の福祉.
'**Volks・zäh・lung** 囡 -/-en (Zensus) 国勢調査.

voll
[fɔl フォル] 形 1 (a) いっぱいの, 満ちた. ein 〜er Bus〈Saal〉満員のバス〈ホール〉. ein 〜es Glas なみなみとつがれたグラス. mit 〜en Händen schenken〈Geld ausgeben〉気前よく贈物をする〈金をばらまく〉. ein 〜es Haus haben 客(観衆)がいっぱい(満員)である. ein 〜es Herz haben 心がいっぱいである. aus 〜em Herzen danken 心から感謝する. mit 〜em Mund sprechen 食いものをほおばったまま話す. ein 〜er Tisch ごちそうのいっぱい並んだテーブル. Im Café ist es heute sehr 〜. カフェはきょうはとても混んでいる. Der Koffer ist nur halb 〜. トランクは半分しか詰まっていない. Das Maß ist 〜.《比喩》もう(我慢の)限界だ. zum Bersten〈Brechen〉〜 sein / gerammelt〈gerappelt〉〜 sein《話》すし詰め(ぎゅうぎゅう詰め)である. [bis obenhin] 〜 sein《話》満腹である. べれへれ(ぐてんぐてん)である. die Hände 〜 haben《話》(ちょうど)手がふさがっている. alle Hände 〜 zu tun haben 山と仕事をかかえている. den Kopf 〜 haben《話》考え事(心配事)でいっぱいである. den Mund 〜 haben 口いっぱいに食べ物をほおばっている. die Nase 〜 haben《卑》うんざりである(von et³ 事³には). — und bei《口》詰め開きで.《名詞的用法で》aus dem Vollen《°〜en》leben〈wirtschaften〉なに不自由なく暮す. aus dem Vollen《°〜en》schöpfen〈金や物を〉ふんだんに(惜しみなく)使う. ins Volle《°〜e》greifen《口》(なんでも)好きなだけ手に入れようとする. im Vollen《°〜en》leben 贅沢な暮しをする. (b)《無冠詞・不変化の目的語を伴って / voll は不変化》ein Glas 〜 Wein グラス1杯のワイン. ein Herz 〜 Liebe 愛に満ちあふれた心. ein Gesicht 〜 Pickel にきびだらけの顔. ein Zimmer 〜 Menschen 人でいっぱいの部屋. Die Jacke ist 〜 Löcher. そのジャケットは穴だらけだ. Er ist 〜 Güte. 彼は善意のかたまりだ. Ihre Augen standen〈waren〉〜 Tränen. 彼女の目には涙があふれていた. Er hat den Kopf 〜 Sorgen. 彼は心配事で頭がいっぱいだ. Er hat einen Sack 〜 Geld.《話》彼は大金持だ. Sie sah ihn 〜 Angst an. 彼女はとても不安そうに彼を見つめた. von der Suppe drei Teller 〜 essen スープを3杯飲む.《2格・3格の目的語と / 目的語が冠詞・付加語形容詞などを伴うとき》ein Korp 〜 frischer Eier 新鮮な卵がいっぱいの籠. Die Rechnung ist 〜 nötiger Fehler. その計算はよけいな間違いだらけだ. Der Saal war 〜 aufgeregter Menschen. ホールは興奮した人でいっぱいだった. des süßen Weines 〜 sein / des süßen Weines sein《雅》ほろ酔い機嫌である. des Lobes 〜〈des Lobes〉über j⁴ sein《雅》人⁴を褒めちぎる.《**voll von〈mit〉et³**》の形で》eine Kiste 〜 von〈mit〉Spielsachen おもちゃがいっぱい詰った箱. Er ist 〜 von Dankbarkeit. 彼は感謝の気持でいっぱいだ. Die ganze Stadt ist 〜 von dieser Neuigkeit.《話》街じゅうがこのニュースでもちきりだ.

Der Baum hängt 〜 von Früchten. 木にはいっぱい実がなっている. Ihre Augen waren 〜 [von] Tränen. 彼女の目には涙があふれていた. ♦↑voller
2 (a)《まるまる》全部の; 完全な. ein 〜es Dutzend まる1ダース. ein 〜er Erfolg 完全な成功. die 〜e Summe 全額. die 〜e Wahrheit 完全な(つつみ隠しのない)真実. drei 〜e Wochen まる3週間. Die Bäume stehen in 〜er Blüte. 木々は(花が)満開だ. in 〜[st]em Ernst 大まじめに. in 〜er Fahrt フルスピードで. in 〜em Gang sein 順調に捗(はかど)っている. in 〜er Größe 実物大に. in 〜em Maße 十分に. zum 〜en Preis 値引なしで, 正価で. mit 〜em Recht まったく当然(正当)に. bei 〜em Tageslicht 昼日中に. auf 〜en Touren laufen (機械などが)フル回転している. mit 〜er Überlegung よくよく考えて, 熟慮のうえで. für et⁴ die 〜e Verantwortlichkeit übernehmen 事⁴の全責任を引受ける. et⁴ in 〜en Zügen trinken 物⁴をがぶがぶ飲む. Der Mond ist 〜. j⁴〈et³〉nicht für 〜 nehmen 人⁴のいうこと〈事⁴〉をまともにとらない.《副詞的用法で》〜 und ganz 完全に. j⁴ 〜 ansehen 人⁴の顔をまっすぐ見る. Sie arbeitet jetzt 〜. 彼女はいまフルタイムで働いている.〈den 〜en Fahrpreis〉bezahlen (乗物で)大人料金を払う. j⁴ 〜 unterstützen 人⁴を全面的に支援する.《名詞的用法で》in die Vollen《°〜en》gehen 全力をそそぐ. ein Wurf in die Vollen《°〜en》《ボ》ストライク. (b)《話》正時の. Die Uhr schlägt die 〜e Stunde〈zur 〜en Stunde〉. その時計は正時に鳴る. fünf Minuten nach 〜 は時計5時過ぎ. Der Zeiger steht auf 〜. 時計の針は正時を指している.

3 (a) ふっくらした, ふくよかな. ein 〜er Busen ふっくらした(豊満な)胸. ein 〜es Gesicht ふくよかな顔. Er ist 〜 im Gesicht. 彼は顔がふっくらしている. Sie ist etwas 〜er geworden. 彼女は前よりもいくぶんふっくらした. (b)《髪の毛などが》豊かな, 豊富な. 〜es Haar 豊かな(ふさふさした)髪. (c) 力強い, よく響く;《味などが》芳醇な. ein 〜er Ton よく響く音. eine 〜e Stimme 朗々とした(力強い)声. das 〜e Aroma 芳醇な香り.
♦↑Arm voll, Hand voll, Mund voll, voll füllen, voll gepfropft, voll gestopft, voll gießen, voll laufen, voll machen, voll packen, voll pfropfen, voll schenken, voll schlagen, voll schmieren, voll stopfen

voll.. [fɔl..] ❶《非分離前つづり / つねにアクセントをもたない》《成就, 完成》の意を表す. *voll*ziehen 遂行する. *voll*enden 完成する. ❷《接頭》名詞・形容詞に冠して「完全, 全部, 充満」の意を表す. ふつうアクセントをもつ. *voll*automatisch 完全自動の. *Voll*mond 満月. *Voll*kraft みなぎる活力.
'**voll・auf** [fɔl|aʊf, -'-] 副 完全に, すっかり, 充分に, たっぷりと. 〜 zufrieden sein もう大満足である. damit 〜 zu tun haben それにすっかりかかりっきりしていなければならない.
°**vollau・fen*** ['fɔllaʊfən] ↑voll laufen
'**voll・au・to・ma・tisch** 形 (完)全自動の.
'**Voll・bad** 中 -[e]s/-ᵉʳ 全身浴.
'**Voll・bart** 男 -[e]s/-ᵉ 顔一面のひげ.
'**voll・be・schäf・tigt** 形 全日雇用の, 常勤(フルタイム)の.
'**Voll・be・schäf・ti・gung** 囡 -/《経済》完全雇用.
'**Voll・be・sitz** 男 -es/《ふつう次の用法で》im 〜 et² 物²

を完全に所有している(自在に使える). im ~ seiner Sinne〈Kräfte〉sein 感覚〈力〉が少しも衰えていない.
'**Voll·blut** 由 -[e]s/ **1**《畜産》(馬の)純潔種, サラブレット. **2**《医学》(すべての成分を含む)完全血.
'**voll·blü·tig** 形 **1** 純潔種の. **2**《比喩》血気盛んな, バイタリティーのある.
'**Voll·blü·tig·keit** 囡 -/ **1** 純潔種であること. **2**《比喩》バイタリティー.
voll'bracht [fɔl'braxt] vollbringen の過去分詞.
voll'brach·te [fɔl'braxtə] vollbringen の過去.
voll'bräch·te [fɔl'brɛçtə] vollbringen の接続法 II.
*****voll'brin·gen*** [fɔl'brɪŋən フォルブリンゲン] 他《雅》成し遂げる, 達成する, はたす.
'**voll·bu·sig** ['fɔlbuːzɪç] 形 豊かな胸をした.
'**Voll·dampf** 男 -[e]s/ (船員) 全蒸気力, 全出力. mit ~ 全速力で. [mit] ~ voraus!(号令)全速前進. **2** mit ~《話》全力で, 大急ぎで.
*****voll'en·den** [fɔl'ɛndən, fɔl'lɛ..] ❶ 他 完成する, 仕上げる, 完了(完結)する. eine Arbeit〈ein Werk〉~ 仕事〈作品〉を仕上げる(完成する). einen Brief ~ 手紙を書き上げる. sein Leben ~《雅》生涯を閉じる. Er vollendet sein vierzigstes Lebensjahr.《雅》彼は満 40 歳を迎えた.《過去分詞で》vollendete Tatsachen 既成事実. ❷ 再 (**sich**⁴)《雅》完成する, 完了(完結)する; 成就する. Ihre Liebe vollendete sich. 彼女の愛は実を結んだ.
voll'en·det [fɔl'|ɛndət, fɔl'lɛ..] 過分 形 完全な, 完璧な;《話》まったくの. eine ~e Hausfrau 非の打ちどころのない主婦. So ein ~er Unsinn! まったくのナンセンスだ.
voll'lends ['fɔllɛnts] 副 **1** 完全に, すっかり, まったく. **2**《話》ましてや, その上, さらに.
Voll'en·dung [fɔl'|ɛndʊŋ, fɔl'lɛ..] 囡 -/-en **1** 完成, 完了, 完結. Das Bild nähert sich⁴ seiner ~. その絵は完成に近づきつつある. nach ~ des fünfzigsten Lebensjahrs 50 歳になってから. **2**《複数なし》完璧(完全)さ. von höchster ~ sein 完全無欠である.
'**vol·ler** ['fɔlər] 形 …でいっぱいの, …に満ちた. ein Korb ~ Früchte 果物がいっぱいの籠. ein Herz ~ Liebe 愛に満ちあふれた心. ein Leben ~ ständiger〈ständigen〉Sorgen 心配事でいっぱいの生活. Das Kleid ist ~ weißer Flecken. そのドレスは白いしみだらけだ. ◆ 無冠詞の名詞とともに用いられる. 名詞は後置され, 形容詞等の規定語をともなう場合, その名詞は 2 格または 3 格になる. ↑voll 1(b)
Völ·le·rei [fœlə'raɪ] 囡 -/《俺》暴飲暴食, 鯨飲(げい)馬食.
'**Vol·ley·ball** ['vɔlibal] 男 -[e]s/-e (engl.)《スポ》**1**《複数なし》バレーボール. **2** バレーボール用のボール.
voll'füh·ren [fɔl'fyːrən] 他 行う, 実行する; なしとげる. (芸術作品などを)完成する. einen Luftsprung vor Freude ~ 喜びのあまりとび上る.
Voll'füh·rung 囡 -/ 遂行, 実行.
'**voll füllen**, °**voll'fül·len** 他 (容器などに)いっぱいに入れる, 満たす.
'**Voll·gas** 由 -es/ 絞り弁全開. ~ geben アクセルをおもいっきり踏込む; 全速力を出す. mit ~ 全速力(フルスピード)で;《話》大急ぎで.
'**Voll·ge·fühl** 由 -[e]s/ 充分な自覚. im ~ von et³ 事³を充分に自覚して. im ~ seiner Macht 自分に備わる力を充分に意識して.

'**Voll·ge·nuss** 男 -es/《次の用法で》im ~ von et³ 事³を十分に享受して. im ~ seiner Rechte 自分の権利を十分享受(行使)して. in den ~ et³ kommen 事³を十分に享受する.
'**voll ge·pfropft**, °**voll·ge·pfropft** 過分 形 (↑voll pfropfen) ぎっしりつまった.
'**voll ge·stopft**, °**voll·ge·stopft** 過分 形 (↑voll stopfen) ぎっしりつまった.
'**voll gie·ßen***, °**voll'gie·ßen*** 他 (容器などに)いっぱいに注ぎ(mit et³ 物³を). Er hat den Teppich mit Saft voll gegossen.《話》彼はカーペットいっぱいにジュースをこぼしてしまった.
'**voll·gül·tig** ['fɔlgʏltɪç] 形 完全な効力をもつ, 完全に有効な.
'**Voll·gum·mi·rei·fen** 男 -s/- (空気を入れないゴムだけの)ソリッドタイヤ.
*'**völ·lig** ['fœlɪç フェリヒ] 形 (↓ voll)《述語的には用いない》完全な, まったくの. ~e Übereinstimmung 完全な(長さの)一致. Sie ist noch ein ~es Kind. 彼女はきたらまだまるで子供だ. ~ Recht haben まったく正しい. ~ betrunken sein すっかり酔っぱらっている, ぐでんぐでんである.
'**voll·in·halt·lich** ['fɔl|ɪnhaltlɪç] 形《述語的には用いない》内容全体についての(に).
'**voll·jäh·rig** ['fɔljɛːrɪç]《法制》(mündig) 成年の.
'**Voll·jäh·rig·keit** 囡 -/ 成年(ドイツでは 18 歳).
'**Voll·jäh·rig·keits·er·klä·rung** 囡 -/-en《古》《法制》成年宣告(18 歳以上であれば後見裁判所の決定により成年とみなす制度, 1975 の成年年齢引下げにより消滅).
*****voll'kom·men** [fɔl'kɔmən, '- -- フォルコメン] 形 **1** 完璧な, 非の打ちどころのない. ein ~es Kunstwerk 完璧な芸術作品. ~e Zahl《数学》完全数. Kein Mensch ist ~. 完璧な(非の打ちどころのない)人間はいない. **2**《述語的には用いない》(völlig) 完全な, まったくの. ~e Freiheit 完全な自由. et⁴ ~ verstehen 事⁴を完全に(すっかり)理解する.
Voll'kom·men·heit ['----- とも] 囡 -/ 完璧; 完全.
'**Voll·korn·brot** 由 -[e]s/-e 全穀黒パン(胚芽入り).
'**Voll·kraft** 囡 -/ 全精力, 満ちあふれる活力. in der ~ seiner Jahre stehen 働き盛りである.
'**voll lau·fen*** 自 (s) **1** (容器が液体で)いっぱいになる. **2** sich⁴ ~ lassen《卑》酔っぱらう.
'**voll ma·chen**, °**voll'ma·chen** ❶ 他《話》満たす, いっぱいにする. den Eimer mit Wasser ~ バケツに水を満たす. **2**《話》(ひどく)汚す. Das Kind hat die Hosen voll gemacht. その子供は(お漏らしをして)ズボンを汚した. sich³ die Hosen ~《比喩》(小便をちびるほど)おびえる, びびる. **3** 完全にする, (数などを)そろえる. das Dutzend ~ 1 ダースそろえる. um das Unglück voll zu machen《比喩》さらに不幸なことには. ❷ 再 (**sich**⁴)《話》(お漏らして)身体を汚す. Mach dich nicht voll! そんたいそうなまねはやめろ.
'**Voll·macht** ['fɔlmaxt] 囡 -/-en **1** 全権, 代理権. j³ [die] ~ für et⁴〈zu et³〉übertragen 事⁴,³に関する全権を人³に委ねる. in ~《略 i.V., I.V.》全権を委任されて. **2** 委任状.
'**Voll·macht·ge·ber** 男 -s/-《法制》代理権授与者.
'**Voll·ma·tro·se** 男 -n/-n《海事》有資格船員.
'**Voll·milch** 囡 -/(-e, -en)《食品》全乳.

'Voll·mond ['fɔlmo:nt] 男 -[e]s/-e **1** (a) 《天文》望. (b) 《複数なし》満月. Er strahlte wie ein ～. 《話》彼は満面に微笑を浮べて顔を輝かせていた. **2** 《戯》はげ頭.

'Voll·mond·ge·sicht 中 -[e]s/-er 《戯》にこやかな(愚かなまる顔)の人.

'voll·mun·dig [fɔlmʊndɪç] 形 (ワインなどが)こくのある.

'voll pa·cken, °**'voll|pa·cken** 他 (物⁴に)いっぱいに詰込む.

'Voll·pen·si·on 女 -/ 3 食付きの宿. ↑ Halbpension

'voll pfrop·fen, °**'voll|pfrop·fen** 他 (ふつう過去分詞で)《話》(et¹ mit et³ 物⁴に物³を)ぎっしり詰込む. ein mit Möbeln *voll gepfropftes* Zimmer 家具のぎっしり詰まった部屋. ◆ ↑ voll gepfropft

'Voll·rei·fen 男 -s/- =Vollgummireifen

'voll schen·ken, °**'voll|schen·ken** 他 (et¹ mit et³ 物⁴に物³を)なみなみと注(つ)ぐ. j³ das Glas mit Wein ～ 人³のグラスにワインをなみなみと注ぐ.

'Voll·schiff 中 -[e]s/-e (3 本マストの)全装帆船.

'voll schla·gen*, °**'voll|schla·gen*** **1** 自 《話》(船員》船が(突然浸水して)水浸しになる. **2** 《話》sich³ den Bauch〈den Magen〉mit et³ ～ 物³をたらふく(腹一杯)食う. 《再帰的に》sich⁴ mit et³ ～ 物³をたらふく食う.

'voll·schlank 形 やや太り気味の, ふっくらした.

'voll schmie·ren, °**'voll|schmie·ren** 他 《話》**1** 《侮》(ノートなどに)いっぱい塗りたくる(書きなぐる). **2** ひどく(すっかり)汚す.

'Voll·sit·zung 女 -/-en 総会, 本会議.

'Voll·spur 女 -/-en 《鉄道》標準軌間.

'voll·spu·rig 形 《鉄道》標準軌間の. **2** 《副詞的用法で》標準軌間での(上を).

*'voll·stän·dig ['fɔlʃtɛndɪç フォルシュテンディヒ] **1** すべて揃った, 完備した. ein ～es Verzeichnis 完璧な(すべて記載してある)目録. Die Sammlung ist noch nicht [ganz] ～. このコレクションはまだ完全でない. 《話》完全な, まったくの. eine ～e Finsternis 真っ暗闇. Du hast ～ Recht. まったく君の言うとおりだ. et⁴ ～ zerstören 物⁴を完全に破壊する.

'Voll·stän·dig·keit 女 -/ すべて揃っている(完備していること); 完全, 完璧. der ～ halber 完全(完璧)を期すために, 念のために.

'voll stop·fen, °**'voll|stop·fen** 他 《話》いっぱい詰込む(et¹ mit et³ 物⁴に物³を). den Koffer ～ トランクに(いっぱい)詰める(mit et³ 物³を). 《再帰的に》sich³ den Mund mit Kuchen ～ ケーキを口いっぱいほおばる. sich⁴ ～ 腹いっぱい詰込む. ◆ ↑ voll gestopft

voll'streck·bar [fɔl'ʃtrɛkba:r] 形 《法制》執行力のある.

voll'stre·cken [fɔl'ʃtrɛkən] **1** 他 **1** (判決などを)執行する. ein Todesurteil an j³ ～ 人³に対して死刑判決を執行する. **2** 《話》(a) (ペナルティーキックなどを)ゴールに決める. (b) 《目的語なしで》シュートを決める. **2** 再 (*sich⁴*)《雅》(判決などが)執行される.

Voll'stre·cker [fɔl'ʃtrɛkər] 男 -s/- **1** 執行者. **2** 《話》(名)シューター.

Voll'stre·ckung 女 -/-en 《法制》執行.

Voll'stre·ckungs·be·fehl 男 -[e]s/-e 《法制》仮執行宣言附支払命令, 執行命令.

'voll·tö·nend 形 よく響く, 朗々とした.

'Voll·tref·fer ['fɔltrɛfər] 男 -s/- **1** 命中弾, 直撃弾; 《ﾎﾞｸｼﾝｸﾞで》有効打. 《サッカーで》ゴール, 得点. **2** 《比喩》大当り, 大ヒット.

'Voll·ver·samm·lung 女 -/-en 総会, 大会.

'Voll·wai·se 女 -/-n (両親ともいない)孤児. ↑ Halbwaise

'Voll·wer·tig ['fɔlve:rtɪç] 形 **1** 申分のない, 十分に価値(資格)のある. **2** 完全に等価の. **3** 健康に良い.

'Voll·wich·tig 形 《貨幣》規定通りの重量のある.

'Voll·zäh·lig ['fɔltsɛ:lɪç] 形 全部(全員)揃った.

'Voll·zäh·lig·keit 女 -/ 全部(全員)揃っていること.

'Voll·zeit·schu·le 女 -/-n (↔ Teilzeitschule) 全日制の学校.

voll'zie·hen* [fɔl'tsi:ən] **1** 他 実行する, 遂行する; 実施(施行)する; 執行する. einen Befehl ～ 命令を実行する. eine Scheidung ～ 離婚する. eine Strafe ～ 刑を執行する. eine Unterschrift ～ 署名する. 《現在分詞で》die *vollziehende* Gewalt 《政治·法制》執行権. **2** 再 (*sich⁴*) 生ずる, 起る; 行われる. Eine Wandlung hat *sich* in ihm *vollzogen*. 彼の内部に変化が生じた.

Voll'zie·hung 女 -/-en 実行, 執行, 遂行.

Voll'zug [fɔl'tsu:k] 男 -[e]s/ **1** 実行, 遂行; 執行, 実施. **2** 刑の執行 (Strafvollzug の短縮); 刑務所.

Vo·lon·tär [volɔn'tɛ:r, volõ't..] 男 -s/-e (*fr.*) (商人や記者などの)無給の見習い. ◆ 女性形 Volontärin 女 -/-nen

vo·lon·tie·ren [volɔn'ti:rən, volõ't..] 自 見習いとして(無給で)働く.

Volt [vɔlt] 中 -(-[e]s)/- (↓ Volta¹) 《記号 V》ボルト(電圧単位).

'Vol·ta¹ ['vɔlta] 《人名》Alessandro ～ アレッサンドロ·ヴォルタ(1745-1827, イタリアの物理学者).

'Vol·ta² ['vɔlta] 女 -/..ten (*it.*) ヴォルタ (16-17 世紀に流行した 3 拍子のテンポの速い宮廷舞踏).

Vol·ta·ele·ment 中 -[e]s/-e ボルタ電池.

Vol'taire [vɔl'tɛ:r] 《人名》François Marie ～ フランソワ·マリ·ヴォルテール(1694-1778, フランスの作家·思想家).

Vol·ta'me·ter [vɔlta'me:tər] 中 -s/- 《電子工》電量計, ボルタメーター.

Volt·am'pere [vɔlt|am'pe:r, ..'pɛ:r] 中 -s(単位-)/- 《記号 VA》(電力の単位)ボルトアンペア(1000 VA =1 kW).

'Vol·te ['vɔltə] 女 -/-n (*it.*) **1** (トランプであるカードが特定の位置にくるようにする)いかさま切り. die ～ schlagen いかさま切りをする. die〈eine〉～ schlagen 《比喩》策略(トリック)を弄する. **2** 《馬術》巻き乗り(輪乗り). **3** 《ﾀﾞﾝｽ》(足を使って体をかわす)はずし.

'Vol·ten ['vɔltən] Volta², Volte の複数.

vol·ti'gie·ren [vɔlti'ʒi:rən] 自 (*it.*) **1** 《馬術》巻き乗りをする. **2** 《ﾀﾞﾝｽ》(足を使った)はずして躱(かわ)す. **3** 曲技体操をする.

'Volt·me·ter ['vɔltme:tər] 中 -s/- 《電子工》電圧計.

Vo·lu·men [vo'lu:mən] 中 -s/-(..mina) (*lat.*) **1** (a) 《物理·数学》体積, 容積. (b) 《音楽》声量, 音量. (c) 総額, 総量. **2** 《複数 Voluminia》(略 vol., Vol.)巻, 冊.

Vo'lum·ge·wicht [vo'lu:m..] 中 -[e]s/-e 《物理》比重.

Vo·lu·mi·na [vo'lu:mina] Volumen の複数.

vo·lu·mi·nös [volumi'nø:s] 形 (*fr.*) かさばった, 大部の, 非常に大きい.

Vo·lun·ta·ris·mus [volunta'rɪsmʊs] 男 -/ (*lat.*)『哲学』主意主義.

Vo'lu·te [vo'luːtə] 女 -/-n (*lat.*)『建築』(柱頭などの)渦巻装飾.

vom [fɔm フォム] 前置詞 von と定冠詞 dem の融合形. ~ Baum [herab] 木から. ~ 1. Januar an 1月1日から. ~ Hundert (略 v. H., vH/記号 %) パーセント. ~ Lande sein いなかの出である. müde ~ Laufen sein 歩いて疲れている. ~ Morgen bis zum Abend 朝から晩まで.

Vom'hun·dert·satz [fɔm'hʊndɐtsats] 男 -es/⁼e (Prozentsatz) 百分率, パーセンテージ.

vo'mie·ren [vo'miːrən] 自 (*lat.*)『医学』嘔吐(ぉぅと)する.

Vom'tau·send·satz [fɔm'taozəntsats] 男 -es/⁼e (Promillesatz) 千分率.

von [fɔn フォン] ❶ 前 《3格支配》定冠詞 dem と融合して vom, また代名詞と融合して davon, wovon, voneinander となる. **1**《起点を表す》(a)《空間的》…から. Der Zug kommt ~ Berlin. その列車はベルリーン発である. Es tropft ~ den Bäumen. 木からしずくが落ちる. ~ Norden 北から. Das Buch *vom* Regal nehmen 本を本棚から取出す. Ich komme gerade ~ ihm. ちょうど彼のところから戻ってきたばかりだ. j¹ ~ der Seite ansehen 人⁴を横から眺める. ~ weitem 遠く<から. 《副詞と》~ da<dort> そこから. ~ draußen 外から. ~ ferne 遠くから. ~ jenseits des Flusses 川の向こうから. ~ oben<unten> 上<下>から. ~ rechts<links> 右<左>から. ~ vorn<hinten> 前<後>から. 《方向を示す **auf, bis, nach, zu** とともに》*vom* Stuhl auf den Tisch steigen 椅子から机の上にあがる. ~ hier bis zum Bahnhof ここから駅まで. ~ Anfang bis Ende 最初から最後まで. ~ Norden nach Süden 北から南へ. ~ einem Ufer zum anderen schwimmen 一方の岸から対岸へ泳ぐ. ~ Land zu Land 国から国へ. ~ Pontius zu Pilatus laufen 《話》あちこち(無駄に)かけずりまわる. 《**von …an**<**auf/aus**>, **von …her** などの形で》~ hier an こに起点を示す. ~ Grund auf<aus> 根本的に. *Vom* Flugzeug aus war die Gegend gut zu überblicken. 飛行機からはそのあたり一帯がよく見渡せた. ~ *meinem* Standpunkt aus 私の立場からいえば. *Vom* Meere her wehte ein starker Wind. 海から強い風が吹きついていた. ▶ 起点における存在が in で表される場合, ふつう von の代りに aus を用いる. ~ im Bett liegen ベッドに寝ている. → aus dem Bett aufstehen ベッドから起きあがる. auf dem Stuhl sitzen 椅子に座っている. ~ vom Stuhl aufstehen 椅子から立上がる. (b)《時間的》…から. ~ heute<gestern> きょう<きのう>から. ~ neuem 改めて. 《**von…an**<**ab**>, **von…auf**, **von… her** の形で》~ Anfang an 最初から. ~ heute an <ab> きょうから. ~ nun an これから. ~ Jugend<Kindheit> an<auf> 子供のころから. Kinder ~ 10 Jahren an 10歳以上の子供. ~ Montag ab 《話》月曜日から(以降). ~ Stund an 《雅》それ以降, そのときから. ~ klein auf 小さいころから. ~ früher her 以前(むかし)から. 《終了時点を示す **auf, bis, zu** とともに》in der Nacht ~ Sonntag auf<zu> Montag 日曜日から月曜日にかけての夜に. Das lässt sich⁴ nicht ~ heute auf morgen ändern. それはきょう言ってあす変えるというものじゃない. ~ drei bis vier Uhr 3時から4時まで. ~ morgens bis abends / *vom* Morgen bis zum Abend 朝から晩まで. Du wirst ~ Mal zu Mal besser. 君は回を重ねるごとに良くなっていく. ~ Jahr zu Jahr 年々. ~ Zeit zu Zeit 時々, 時折.

2《分離·除去·離脱》…から. das Bild ~ der Wand nehmen 絵を壁からはずす. sich³ den Schweiß ~ der Stirn wischen 額の汗をぬぐう. ~ zu Hause fortgehen 家を出る. sich⁴ ~ j<et>³ nicht trennen können 人⁴<事⁴>³のことが頭から離れない. keinen Ton mehr ~ sich³ geben まったく音が出ない. Ich komme nicht mehr ~ ihr los. 私は彼女のことが忘れらない. ~ j³ für immer ~ uns. 《婉曲》彼は永遠に我々のところから去っていった(死んでしまった).

3 (a)《由来·起源》…から. Post ~ einem Freund 友人からの郵便物. Bier *vom* Fass 生ビール. *Von* wem hast du das Geld bekommen? 君は誰からその金をもらったんだ. Ich habe es ~ ihm selbst gehört. 私はそれを彼自身から聞いた. Der Vorschlag kam ~ mir. その提案をしたのは私だ. Dieser Satz stammt nicht ~ mir. この文章は私の(書いた)ものではない. Ich soll dich ~ ihm grüßen. 彼から君によろしくとのことだ. ~ sich³ aus 自発的に, 自分から. (b)《出身》…生れの. Seine Frau ist<stammt> ~ hier. 彼の妻はこの地の出だ. Er kommt ~ Paris. 《話》彼はパリの出だ. *Von* wo bist<kommst> du? 《話》君はどこの出すだか. (c)《姓の前に置いて貴族の身分を示す / 略 v.》Wolfram ~ Eschenbach ヴォルフラム·フォン·エッシェンバッハ. Graf ~ X フォン X 伯爵.

4 (a)《原因》…から, …のため. Er war müde ~ der Arbeit. 彼は仕事で疲れていた. Das kommt ~ der Krankheit. それは病気のせいだ. Er erwachte ~ dem Lärm. 彼はその騒ぎで目がさめた. Das kommt ~ deinem Übereifer! それは君が熱中しすぎたせいだ. Auf dem Platz war es schwarz ~ Menschen. 《話》広場は黒山の人だかりだった. *Von* wegen!《話》とんでもない, そんなことはありえない. 《**von et² wegen** の形で》~ Rechts wegen 法律上; 本来は. ~ Amts wegen『法制』職務上. Er beschäftigt sich⁴ damit ~ Berufs wegen. 彼は仕事でそれに取組んでいる. (c)《手段·依拠》…によって, …で. et¹ ~ seinem Taschengeld kaufen 物⁴を自分のこづかいで買う. Das Kleid ist ~ Hand gestrickt. この服は手編みだ. *Von* diesem Einkommen kann er gut leben. この収入で彼はけっこうな暮しができる. Sein Glück hängt ganz ~ dir ab. 彼の幸福はまったく君しだいだ.

5《動作主》(a)《受動態, または受動的な表現で》…によって. Er wurde ~ seinem Vater gelobt. 彼はお父さんにほめられた. Ich ließ mir das Fahrgeld ~ ihm bezahlen. 私は乗車賃を彼に払ってもらった. ▶ 受動態中の durch と von との相違については durch ❺ の注記¹·² を参照. (b)《受動態以外で》…による, …の作の. eine Oper ~ Mozart モーツァルトのオペラ. *Von* wem ist das Gedicht? その詩は誰の手になるものですか.

6 (a)《話題·考察などの対象》…について, …に関して. ~ et³ schreiben<sprechen> 事³について書く<話す>. ~ et³ Kenntnis bekommen<erhalten> 事³について知識を得る. Wir haben lange nichts mehr ~ ihr gehört. 私たちはもう長いあいだ彼女の消息を耳にしていない. *Von* diesen Dingen war schon die Rede. それらのことについてはもう話題になっていた. Der Film handelt ~ bekannten historischen Ereignissen. その映画は有名な歴史上の出来事を扱ったものだ. ▶ 対

象を全体的に扱う über に対して, von はふつう対象を部分的に扱う. (b)《判断・陳述の適用範囲》…の点で, …については. Er ist Lehrer ~ Beruf. 彼の職業は教師だ. Was sind Sie ~ Beruf? ご職業は何ですか. Sie ist klein ~ Gestalt. 彼女は小柄だ. Er ist jung ~ Jahren. 彼は年が若い. Ich kenne ihn ~ Person. 私は彼を個人的に知っている. Sie ist schwer ~ Begriff. 彼女はのみこみが悪い. *Von mir aus kannst du gehen.*《話》私にかまわず(私としては)君は帰ってもいい. (c)《評価を受ける意味上の主語を示して》 Das ist sehr liebenswürdig ~ Ihnen. これはご親切にありがとうございます. Das war klug ~ dir. 君がそうしたのは賢明だった. Es war ein Fehler ~ dir, sie nicht gleich wieder anzurufen. 彼女にすぐまた電話しなかったのは君の落ち度だったよ.

7《2格の代りに》(a)《部分》…のうちの. einige ~ ihnen 彼らのうちの数人. Tausende ~ Menschen 数千人の人びと. acht ~ hundert《*vom* Hundert》 8パーセント. eine Art ~ Roman 長編小説の一種. Keins ~ diesen Bildern gefällt mir. これらの絵はどれも気に入らない. *Von* meinen Bekannten habe ich nur wenige gesehen.《話》私の知人はほんの何人かしか見られなかった. Er trank ~ dem Wein. 彼はそのワインを(いくらか)飲んだ. Sie war die schönste ~ allen. 彼女が全員のうちで一番きれいだった. (b)《所属・所有》…の. der Dom ~ Köln ケルンのドーム. die Umgebung ~ Berlin ベルリン近郊. der Hut ~ deinem Vater 君のお父さんの帽子. ein Heft ~ Peter ペーターのノート. Er ist Vater ~ vier Söhnen. 彼は4人の息子の父親だ. (c)《目的語的2格の代りに》…の. der Import ~ Wein ワインの輸入. der Bau ~ Krankenhäusern 病院の建設.

8《所有代名詞の代りに》《話》…の. ein guter Freund ~ mir 私の親友. Ist das Buch [hier] ~ dir? この本は君のか.

9《性質などを示して》(a)《具備する性質／無冠詞の名詞と》…を持つ. ein Junge ~ schlanker Gestalt ほっそりとした(体つきの)少年. ein Mädchen ~ großer Schönheit とても美しい少女. eine Sache ~ Wichtigkeit 重要な事柄. Das ist nicht ~ Bedeutung. それは大したことではない. Die Sache ist ~ größter Dringlichkeit. この件は緊急を要する. Er ist ~ kräftiger Gestalt. 彼はがっしりした体つきをしている. Das ist für uns ~ großem Nutzen. それはわれわれの役に立つ. Der Wein ist ~ bester Qualität. このワインは極上だ. (b)《素材》《古》…でできた, …(製)の. ein Ring ~ Gold 金の指輪. ein Kranz ~ Blumen 花の冠. ein Herz ~ Stein《比喩》石のような心. ▶原材料を示すときはふつう aus. ↑aus ① 3 (c)《数量・日付など》…の. Städte ~ über 100 000 Einwohnern 人口 10 万以上の都市. ein Mädchen [im Alter] ~ neun Jahren 9歳の少女. ein Tisch ~ 3 m Länge (長さ)3 メートルのテーブル. ein Flug ~ acht Stunden 8時間の飛行. eine Frist ~ 8 Tagen 1週間の猶予(期限). das Gespräch ~ gestern Abend きのうの夜の会話. die Jugend ~ heute 今日(ﾆ ﾝ)の若者たち. (d)《比喩》《先行する名詞が von を伴う名詞句を修飾して》…のような. ein Riese ~ einem Mann 巨人のような大男. eine Seele ~ Mensch 思いやりのある(善良な)人. ein Teufel ~ einem Vorgesetzten 悪魔のような上司. Dieser Esel ~ [einem] Sachbearbeiter!《話》あの担当者の馬鹿め. Dieser Depp ~ Müller!《話》あのミ

ュラーのまぬけめ.
10《*von was* の形で》《話》=wovon *Von* was handelt der Film? その映画はなにを扱っているんだね.
❷ 副《話》《とくに北ﾄﾞ》《**da**~, **wo**…~, **hier**~ の形で用いる》 Da habe ich nichts ~ gegessen. そこには何も食べていないよ. Wo habt ihr eben ~ geredet? 君たちはさっき今何の話をしていたの.

von·ei'nan·der [fɔn|aɪˈnandər フォンアイナンダー] 副 (von+einander) 互いから, 互いについて, 互いに. Sie sind ~ abhängig. 彼らは互いに依存し合っている. Sie wohnen weit ~. 彼らはお互い遠く離れたところに住んでいる. Sie wussten nichts ~. 彼らはお互い相手のことをなんにも知らなかった.

von'nö·ten [fɔnˈnøːtən] 副《次の成句で》 ~ sein 必要である.

von'sei·ten [fɔnˈzaɪtən] 副《2格支配》…の側から. ~ des Klägers 原告の側から. ◆von Seiten とも書く. ↑Seite 12

von'stat·ten [fɔnˈʃtatən] 副《次の用法でのみ》 ~ gehen (祭などが)催される;(仕事などが計画通りに)行われる, 進行する.

'Voo·doo ['vuːdu, vuːduː] 男 -/ =Wodu

vor [foːr フォーア] ❶ 前《3・4格支配》場所を示す場合は3格を, 方向を示すときは4格を支配する. dem, den, das と融合して vorm, vorn, vors, また代名詞と融合して davor, wovor, voreinander となる.

① 《3格支配》 **1**《空間的》(a) (↔ hinter) …の前に(で). *Vor* dem Haus ist ein kleiner Garten. 家の前に小さな庭がある. Ich warte ~ dem Kino auf dich. 僕は映画館の前で君を待っているよ. Er saß eine Reihe ~ mir. 彼は私の前の列に座っていた. Das Buch liegt ~ dir auf dem Tisch. その本は君の目の前のテーブルの上にある. eine Binde ~ den Augen tragen 目隠しをしている. Was glauben Sie eigentlich, wen Sie ~ sich³ haben! いったい私を誰だとお思いか. ~ Gericht〈dem Richter〉 stehen《比喩》《雅》裁判を受けている. Wir sehen uns ~ Gericht wieder! おまえを訴えてやるぞ(裁判沙汰にしてやるぞ). außen ~《北ﾄﾞ》気にしない. Das ist man außen ~! そんなこと気にしないよ.《同一方向への動きを示して》 ~ j³ hergehen 人³の先に立ってゆく. ~ dem Winde segeln《船員》追風を受けて帆走する. (b) ~ der Stadt 郊外に. ~ dem Fenster 窓の外に. ~ der Stadt 郊外に. Die feindlichen Truppen stehen ~ der Stadt. 敵軍が街の外に迫っている. 2 km ~ der Stadt 街から2 km のところに(で). (c) ~ の面前(目の前)で, …のいるところで. Sie spielte ~ Freunden. 彼女は友人たちの前で演奏した. Das hat er ~ Zeugen erklärt〈versichert〉. 彼はそのことを証人の前で宣言〈断言〉した. Sie wollte das ~ den anderen nicht sagen. 彼女は他人の前でそんなことは言いたくなかった. ~ aller Welt みんなの(見ている)前で.
2《比喩》(↔ hinter) …の前途(行く手)に. Die schlimmste Arbeit haben wir noch ~ uns. 私たちにはまだ一番嫌な仕事が残っている. Der schwierigste Teil der Prüfung habe ich noch ~ mir. 試験のもっとも難しいところを私はまだ終えていない. Dein ganzes Leben〈Das ganze Leben〉 liegt noch ~ dir! 君の全人生はまだお前だ(まだまだ前途遼遠だ). *Vor* ihm steht eine schwere Aufgabe. 彼の行手には困難な課題がひかえている.
3《時間的》(↔ nach) (a) …の前に, …より以前に.

vor..

~ vier Wochen 4週間前に. kurz ~ Weihnachten クリスマスの直前に. ~ dem Schlafengehen 就寝前に. ~ dem Essen / ~ Tisch[e] 食事前に. Es ist zehn Minuten ~ neun [Uhr]. 9時10分前だ. einen Tag ~ Ablauf der Frist 期限切れ1日前に. ~ wenigen Augenblicken ほんの少し前に. ~ (genau) vierzig Jahren 40年前のきょう. 200 Jahre ~ Christi Geburt / 200 Jahre v.Chr.G. 紀元前200年に. ~ Christo⟨Christus⟩《略 v. Chr.》紀元前. Das war ~ meiner Zeit. それは私がうまれる(生れる)前のことだ. ~ Jahren 数年前に. ~ Jahr und Tag 何年も前に, かつて. ~ langer Zeit ずっと前に(むかし). ~ der Zeit (予定よりも)早めに, 早口に. ~ kurzem 少し前に, 最近, ついこのあいだ. (b)《時間的な先行》…より前に, …より先に. Sie war kurz ~ mir angekommen. 彼女は私よりも少し前に到着していた. j³ durchs Ziel gehen 人³より先にゴールインする. Er starb kurz ~ meinem Mann. 彼が死んだのは私の夫の死の直前のことだ. Der Herr war ~ mir [beim Bedientwerden]. (料理が来たのは)私もよりその人のほうが先でしたよ. Ich glaube, ich komme ~ Ihnen. (順番待ちで)私のほうがあなたより先に来たと思いますが.

4 (↔ hinter, nach) (a)《優先・優位》…よりも先に, …よりも優れて. ~ et³ den Vorrang haben 事³に優先する. Sie ist tüchtig ~ uns allen.《雅》彼女は我々の中で一番有能だ. Der Größe nach kommt Leipzig ~ Dresden. 大きさではライプツィヒのほうがドレスデンより上である. Er wurde Sieger ~ seinem Landsmann. 同国人をおさえて彼が勝った. Bei ihm kommt das Auto noch ~ seiner Frau. 彼にとっては奥さんよりも自動車のほうがずっと大事なのだ. ~ allem (略 v.a.) / ~ allen [anderen] Dingen とりわけ, 第一に, 何よりも. Nimm dich ~ allem⟨allen Dingen⟩ an den Kreuzungen in Acht! とりわけ交差点では気をつけなさい. Vor allem bringe ich dich jetzt nach Hause! (皮肉)よりもよって君をいまから家まで送ってやるなんて(とんでもない). (b)《順序》Im Alphabet kommt i ~ j. アルファベットではiはjより前にくる. Du stehst ~ mir auf der Liste. 名簿では君は私より先に載っている.

5 (a)《畏敬・羞恥・恐怖などの対象を示して》…に対して. Achtung⟨Furcht⟩ ~ j³ haben 人³を尊敬する⟨恐れる⟩. Er hat Scheu ~ fremden Menschen. 彼は人見知りをする. sich⁴ ~ j³ schämen 人³に対して(の手前)恥ずかしく思う. sich⁴ ~ et³ fürchten ⟨ekeln⟩ 事³を恐れる⟨事³に吐き気をもよおす⟩. (b)《防護・避難の対象を示して》…から, …に対して. et⁴ ~ Hitze⟨Kälte⟩ schützen 物を暑さ⟨寒さ⟩から守る. ~ dem Regen Schutz suchen 雨宿りをするところを探す. ~ dem Feind fliehen 敵から逃げる. et⁴ ~ j³ verstecken 人³に事⁴を隠す. j³ ~ et³ warnen 事³に用心するよう人³に警告する. sich⁴ ~ j³ in Acht nehmen 人³に用心する(気をつける). Jetzt haben wir endlich Ruhe ~ ihm. これでやっと私たちは彼から解放された.

6《不随意的行動の原因を示して / 無冠詞の名詞と》…のために, …のあまり. ~ Angst⟨Kälte⟩ zittern 不安のあまり⟨寒さ⟩にふるえる. ~ Wut⟨Zorn⟩ weinen 怒りのあまり悔し涙を流す. ~ Schmerzen schreien 痛みのあまり叫び声をあげる. ~ Freude strahlen 喜びに顔を輝かせる. ~ Scham erröten 恥ずかしのあまり赤面する. den Wald ~ Bäumen nicht sehen《比喩》木を見て森を見ない.

Ⅱ《4格支配》**1**《空間的》(a) …の前へ. Blumen ~ das Fenster stellen 窓の前に花を置く. das Auto ~ die Garage fahren 車を車庫の前につける. das Pferd ~ den Wagen spannen 馬を車につなぐ. sich⁴ ~ den Spiegel stellen 鏡の前に立つ. Er fuhr bis ~ den Bahnhof. 彼は駅前まで(乗物で)行った. sich⁴ ~ den Zug werfen 列車の(前に)身を投げる. einen Schlag ~ den Kopf bekommen 頭に一発くらう. ~ den Kopf geschlagen sein《話》(びっくりして)面食らっている. j³ ~ das Schienbein treten 人³のむこうずねをけとばす. j⁴ ~ die Entscheidung stellen 人⁴に決断させる. ~ Gericht gehen / et⁴ ~ Gericht bringen 事³,⁴を裁判沙汰にする. sich⁴ ~ j⁴ stellen《比喩》人⁴をかばう. ~ sich⁴ gehen 起る; 行われる. ~ sich⁴ hin lächeln⟨starren⟩ ひとりほほえむ⟨ぼんやり前を見る⟩. (b) …の外側へ. ~ die Stadt gehen 郊外に行く. Ich habe heute noch keinen Schritt ~ die Tür getan. 私はきょうはまだ一歩も外へ出ていない. Er hat sie bis ~ die Tür gebracht. 彼は彼女を玄関の外まで送っていった.

2《順位》sich⁴ ~ die übrigen Läufer setzen ほかの走者を抜く. sich⁴ ~ j⁴ drängen (ほかの)人を押しのけて人⁴の前に出る. die Pflicht ~ das Vergnügen stellen 楽しみよりも義務を優先する.

3《…の代りに》(a) Schritt ~ Schritt 一歩一歩, 徐々に. (b) Gnade ~ Recht ergehen lassen《古》寛大な処置をする.

❷ 圃 1 前へ, 先へ. Freiwillige ~! 志願者は前へ. Er konnte nicht ~ und nicht zurück. / Er konnte weder ~ noch zurück. 彼は進むことも退くこともできなかった(進退きわまった). Drei Schritte ~ und zwei zurück. 3歩進んで2歩下がる(ダンスなどの足の運び方). **2**《davor, hiervor, wovor を分かち書きした形で》《話》《とくに北ド》Da ist ein Zaun ~. その前に垣根がある. Da sei Gott ~! とんでもない, めっそうもない. Hier muss er sich ~ hüten. この点に彼は用心しなければならない. Wo hast Du Angst ~? 君は何を心配しているのだ. **3** nach wie ~ 相変らず, 依然として.

vor.., Vor.. [fo:r..] **❶**《分離前つづり / つねにアクセントをもつ》**1**《空間的》「前に, 前へ」の意をもつ. vor·binden 前で結ぶ. vor·laufen 前方へ走ってゆく. vor·gucken 前方を覗く. **2**《時間的》「事前に, 前もって」の意をもつ. vor·bereiten 準備する. vor·bestellen 予約する. vor·ahnen 予感する. **3**《模範》vor·lesen 読んで聞かせる. vor·spielen 演じてみせる. **4**《優勢》vor·herrschen 優勢である. **5**《面詰》vor·halten 咎める. vor·werfen 非難する.

❷《接頭》名詞に冠して次のような意を表す. **1**《空間的に「前に, 前へ」》Vor·hang カーテン. Vor·marsch 前進. **2**《時間的に「前の, 前もっての」》Vor·mittag 午前. Vor·griff 先取り. Vor·alarm 警戒警報. **3**《模範》Vor·bild 模範. **4**《優勢》Vor·macht 主導権.

..vor [..vo:r]《接尾》(lat.)「…食性の」の意の形容詞をつくる. herbiv*or* 草食性の.

vor'ab [fo:r|'ap] 圃 前もって, あらかじめ, さしあたって.

'Vor·abend ['fo:r|a:bənt] 圐 -s/-e 前の晩, 前夜. am ~ der Revolution《比喩》革命の前夜に.

'Vor·ah·nung 圉 -/-en 予感.

*vo'ran** [fo'ran フォラン] 圃 **1** 前に, 先に, 先頭に; (人·物³より)先んじて. Gehen Sie bitte ~! お先にどう

ぞ． Er sprang ins Wasser, den Kopf〈mit dem Kopf〉 ~. 彼は頭から水に跳びこんだ． **2**《話》前へ，前方へ． Immer langsam ~! (あわてず)ゆっくりやれ． **3** とりわけ，なかんずく．

vo·ran.. [foran..]《分離前つづり／つねにアクセントをもつ》「先に，前に」の意を表す． vorangehen 先頭を行く．

vo'ran|ge·hen* [foˈrangeːən]（自）(s) **1** 先頭を行く，先に立って行く； j³ ~ 人³よりも先に行く． j⁴ ~ lassen 人⁴を先に行かせる，(に)先をゆずる． [j³] mit gutem Beispiel ~ 《比喩》(人³に)よい手本を示す． **2**《事³》前に行われる(生じる)，(に)先行する． Dem Beschluss gingen lange Diskussionen voran. 決議の前に長い議論がやりとりされた． Ein Vorwort geht einem Text voran. 前文が本文の前に置かれている．《過去分詞で》 am vorangegangenen Tag その前日に．《現在分詞で》 im vorangehenden Kapitel 前章で． im Vorangehenden 前述の箇所で． das Vorangehende 前(上)述のこと． **3**（仕事などが）はかどる． Die Arbeit geht gut voran. ／《非人称的に》 Mit der Arbeit geht es gut voran. 仕事が順調にはかどる．

vo'ran|kom·men* [foˈrankɔmən]（自）(s) **1** 前進する，先へ進む． In dem starken Reiseverkehr kamen wir kaum voran. 旅行者の往来が激しくて私たちはほとんど前へ進めなかった． **2**（仕事などが）はかどる，進展する． In diesen Verhandlungen sind wir ein gutes Stück vorangekommen. この交渉で我々は大きく前進した(大きな成果を獲得した)． mit einer Arbeit nicht ~ 仕事をうまく片付けられない． Die Arbeit kam nicht voran. 仕事がはかどらなかった．

'Vor·an·mel·dung [ˈfoːr..]（女）-/-en **1** 予約． **2** 指名通話の申込み．

'Vor·an·schlag（男）-[e]s/¨e《経済》見積り．

vo'ran|stel·len [foˈran..]（他）**1** 冒頭に置く． einem Buch eine Einleitung ~ 本に序文をつける． **2**《文法》前置する，前に置く．

vo'ran|trei·ben* （他）促進する，(事⁴に)勢いをつける．

'Vor·an·zei·ge [ˈfoːr..]（女）-/-n（本・映画の）予告（宣伝），予告編．

'Vor·ar·beit（女）-/-en 下ごしらえ，準備作業．

'vor|ar·bei·ten ❶（他）（決められた労働時間などを）前もって働いておく（休暇などを確保するために）． für Weihnachten einen Tag ~ クリスマスに休むために1日分の仕事を先にしておく． ❷（自）**1** 前もって仕事をしておく（休暇を確保するために）． **2**（人⁴事³）のために下準備をする，あらかじめ地ならしをする． einer Verhandlungslösung ~ 交渉打開のために前もって根まわしをする． ❸（再）《sich⁴》苦労して前進する． sich vom fünften auf den zweiten Platz ~ なんとか苦労して5位から2位にはい上る．

'Vor·ar·bei·ter（男）-s/- 主任，監督，職長．

'Vor·arl·berg [ˈfoːrarlbɛrk, ˈ-ˈ--]《地名》フォーアルルベルク(オーストリア西端の州，州都ブレゲンツ Bregenz)．

vo'rauf [foˈrauf]（副）**1** 先（先頭）に． **2**《まれ》以前に．

vo'rauf|ge·hen* （自）(s)《雅》**1**（人⁴物⁴より）先に歩く，先に行く． **2**《事³に》先行する，先に起こる． Dem Vorfall ging folgendes Ereignis vorauf. その事件に先立って次のような事が起こった．

***vo'raus** [foˈraus フォラオス]（副）**1** (a)前に，先に． Er war uns anderen schon weit ~． 彼は我々はるか前にももうずっと先に行っていた． (b)（人⁴事³より）先んじて，リードして． Im Rechnen ist sie ihm ~． 計算では彼女のほうが彼よりよくできる． Sie war ihrer Zeit ~． 彼女は時代に先んじていた． (c)《まれ》前方に． Schiff backbord ~!《船員》左舷前方に船あり． **2**《とくに船員》前方へ． Volle Kraft ~! 全速前進． **3** [ˈfoːraus] im《z zum》Voraus〈°~〉前もって，あらかじめ． die Miete im Voraus〈°~〉zahlen 家賃を前払いする．

vo·raus.. [foraus..]《分離前つづり／つねにアクセントをもつ》「先に，先行して」の意を表す． vorausgehen 先に立って行く．

Vo'raus·ab·tei·lung（女）-/-en《軍事》先発隊，先遣隊．

vo'raus|be·rech·nen （他）あらかじめ計算する，見積り算出する． ◆過去分詞 vorausberechnet

vo'raus|be·stim·men （他）前もって決めておく． ◆過去分詞 vorausbestimmt

vo'raus|be·zah·len （他）前払い(前納)する． ◆過去分詞 vorausbezahlt

Vo'raus·be·zah·lung（女）-/-en 前払い．

vo'raus|da·tie·ren （他）（文書の）日付を遅らせる． ◆過去分詞 vorausdatiert

vo'raus|fah·ren （自）(s)（乗り物で）前を走る，先に出発する．

vo'raus|ge·hen* [foˈrausgeːən]（自）(s) **1** 先頭にたって行く，（人³より）先に行く． Auf diesem schmalen Wege ging er voraus. この狭い道を彼は先頭にたって行った． Sie ist ihrem Mann im Tod vorausgegangen.《比喩》彼女は夫より先に死んでしまった． **2**（事³に）先行する． Ein Vorwort geht einem Text voraus. 前書きが本文の前に置かれている．《過去分詞で》 im vorausgehenden Kapitel 前章で． im Vorausgehenden〈vorausgehenden〉前述の箇所で．《過去分詞で》 in vorausgegangenen Zeiten 以前に． Nach allem Vorausgegangenen ist ihr Verhalten verständlich. これまでのことを振返ってみれば彼女の態度もまた納得がいく．

vo'raus|ha·ben* （他）[vor] j³ et⁴ ~ 人³より物⁴を多くもっている，人³より事⁴の点で優れている． Er hat mir die Erfahrung voraus. 彼は私より経験豊富だ．

vo'raus|lau·fen* （自）(s) 前を走る，先に走りだす．

vo'raus|neh·men* （他）先取りする．

Vo'raus·sa·ge [foˈrauszaːɡə]（女）-/-n 予言；予報；予想． eine ~ machen 予言(予報)する．

vo'raus|sa·gen （他）予言する，予告する，予報する．

Vo'raus·sa·gung（女）-/-en =Voraussage

vo'raus·schau·end（形）先見の明がある． Er ist sehr ~． 彼はたいへん先見の明がある．

vo'raus|schi·cken （他）**1**（人⁴を）先に行かせる，先発させる；（物⁴を）先に送る． **2**（事⁴を事³に先んじて（前置きとして）述べる．

vo'raus|se·hen* [foˈrauszeːən]（他）予見する，予知する，予期する．

***vo'raus|set·zen** [foˈrauszɛtsən フォラオスゼッツェン]（他）前提条件にする，必要とする；仮定する． et⁴ als bekannt ~ 事⁴を既知のことと前提する．《過去分詞で》 vorausgesetzt[,] dass... ...という前提で，...としても(とすれば)．

***Vo'raus·set·zung** [foˈrauszɛtsuŋ フォラオスゼッツング]（女）-/-en 前提，前提〈(必要)条件〉(für et⁴ 事⁴に対する)． die notwendige ~ für et⁴ 事⁴のための不可欠な前提(条件)． die ~ en für et⁴ schaffen 事⁴に必要な諸条件をととのえる． unter der ~, dass... ...という前提のもとに(とすれば)．

Vo·raus·sicht [foˈraʊszɪçt] 囡 -/ 〈先の〉見通し, 見込み, 予見, 先見. in der ~, dass... …を見込んで. in weiser ~ 〈戯〉先見の明をもって. menschlicher ~ nach / aller menschlichen ~ nach 十中八九. aller ~ nach たぶん, まずたいてい.

*****vo'raus·sicht·lich** [foˈraʊszɪçtlɪç] フォラオスズィヒトリヒ 厖 予想される, 見込まれる. Die ~e Verspätung des Zuges beträgt zehn Minuten. 列車の遅れは 10 分と予想される. Voraussichtlich werden alle zustimmen. おそらく全員が賛成するだろう.

vo'raus|wis·sen* 他 前もって知る.

vo'raus|zah·len 他 前払い〈前納〉する.

Vo'raus·zah·lung 囡 -/-en 〈見積もりによる〉前払い.

'Vor·bau [ˈfoːɐbaʊ] 男 -[e]s/-ten **1** 〈建物の前面の〉張出し部分. **2** 〈複数なし〉〈卑〉大きく突き出た乳房. **3** 〈複数なし〉〈鉱業〉前進式採掘.

'vor|bau·en ❶ 他 **1** 〈物'を〈建物の〉前面にとりつける, 増築する. dem Haus eine Veranda ~ 家の表側にヴェランダをとりつける. 〈過去分詞で〉ein vorgebautes Kinn 〈比喩〉前に張出したあご. **2** モデルとして建設〈作製〉する. ❷ 自 備えをする. 〈事³を予防する, 防ぐ. Wir müssen rechtzeitig ~, dass dies nicht geschieht. こんな事が起らないように我々は手遅れにならないよう備えをしなければならない. Er hat allen denkbaren Angriffen schon vorgebaut. 彼はすでにありとあらゆる攻撃に備えていた.

'vor·be·dacht [ˈfoːɐbədaxt] 過分 厖 (↑vorbedenken) あらかじめ熟慮された, よく考えられた.

'Vor·be·dacht 男 〈次の用法でのみ〉 aus〈in/mit/voll〉~ あらかじめよく考えて. ohne ~ ろくろく考えもしないで.

'vor·be·den·ken* 他 〈不定詞・過去分詞でのみ〉前もって熟慮する. ◆ vorbedacht

'Vor·be·deu·tung 囡 -/-en 前兆, 前触れ. eine gute〈böse〉~ 吉兆〈凶兆〉.

'Vor·be·din·gung 囡 -/-en 前提条件.

'Vor·be·halt [ˈfoːɐbəhalt] 男 -[e]s/-e 留保, 条件. ein geheimer〈stiller/innerer〉~ 〈法制〉心裡〈意中〉留保. mit〈unter〉dem ~, dass... …という条件付きで. …という点を留保して. ohne ~ 無条件に, 留保なしで. unter üblichem ~ 〈略 u. ü. V〉慣例の留保〈条件〉を付して.

'vor·be·hal·ten|* [ˈfoːɐbəhaltən] ❶ 再 〈sich³〉〈事²を留保する, 保留する. sich das Recht ~, ...zu tun ...を行う権利を留保する. ❷ 他 〈古〉〈人³に〈物²を取っておく. ◆ 過去分詞 vorbehalten

'vor·be·hal·ten² 過分 厖 (↑vorbehalten)〈権利として〉残された, 留保された. alle Rechte ~ 〈出版物の記載で〉版権所有. j〈et〉³ ~ sein〈bleiben〉人〈事〉³のために残されている,〈に〉ゆだねられている. Die endgültige Entscheidung bleibt〈ist〉ihm ~. 最終的な決定は彼にまかされている. Es bleibt einer späteren Generation ~, über uns zu urteilen. 我々についての判断を下すのは後の世代の仕事だ.

'vor·be·halt·lich [ˈfoːɐbəhaltlɪç] ❶ 副 〈2格支配〉〈書〉…を留保して, …の条件付きで. ❷ 厖 留保〈条件〉付きの.

'vor·be·hält·lich [ˈfoːɐbəhɛltlɪç] 厖 厖 〈ス式〉=vorbehaltlich

'vor·be·halt·los 厖 留保なしの, 無条件の.

'Vor·be·halts·gut 中 -[e]s/¨er 〈法制〉〈配偶者に与えられる〉留保財産.

*****vor'bei** [foˈɐbaɪ フォーアバイ] 副 **1** 〈空間的〉通って, 通り過ぎて〈an j〈et〉³ 人〈物〉³のそばを〉. Der Festzug ist hier schon ~. 祭りの行列はもうここを通り過ぎた. Er schleuste die Gelder am Finanzamt ~ ins Ausland.〈比喩〉彼は税関の目をごまかして金を外国に持出した. ❷〈時間的〉過ぎ去って, 終って. Der Schmerz〈Der Krieg〉ist ~. 痛みはおさまった〈戦争は終った〉. Diese Mode ist ~. この流行はもう終りだ. Es ist 2 Uhr ~.〈話〉2時過ぎである. Es ist ~ mit ihm.〈話〉彼はもうおしまいだ. Mit uns ist es ~.〈話〉我々のあいだはもう終りだ. [Es ist] aus und ~. もう決着済みのことだ. Vorbei ist ~. すんだことは仕方がない.

vor'bei.. [foːɐˈbaɪ..]〈分離前つづり／つねにアクセントをもつ〉**1**〈「通り過ぎて」の意を表す〉vorbeigehen 通り過ぎる. **2**〈「…をはずして, それて」〉vorbeischießen 撃ち損じる, 的をはずす.

vor'bei|be·neh·men* 再 〈sich⁴〉〈話〉不作法な〈場違いな〉振舞をする. ◆ 過去分詞 vorbeibenommen

vor'bei|fah·ren* [foːˈrbaɪfaːrən] 自 **1** (an j〈et〉³ 人〈物〉³のそばを)乗物で〈乗物が〉通り過ぎる. **2**〈競輪〉相手を追抜く. **3** (bei j〈et〉³ 人³のところ〈物〉³)にちょっと立寄る.

vor'bei|füh·ren 他 **1** j〈et〉⁴ an j〈et〉³ ~ 人⁴を案内して〈物⁴をもって〉人〈物〉³のそばを通り過ぎる. **2** 自 an j〈et〉³ ~〈道などが〉人〈物〉³のそば〈脇〉を通っている. Daran führt kein Weg vorbei.〈比喩〉それは避けて通ることはできない.

vor'bei|ge·hen* [foːˈrbaɪgəən] 自 (s) **1** (a) (an j〈et〉³ 人〈物〉³のそばを)通り過ぎる. Er ging an mir vorbei, ohne mich zu erkennen. 彼は気づかずに私のそばを通っていった.〈中性名詞として〉im〈beim〉Vorbeigehen 通りすがりに.〈比喩〉ついでに. (b) (an et³ ~)〈事²を無視する, 気にかけない. an der Wirklichkeit ~ 現実を無視する. (c)〈ス式〉(an j³ 人³を)追抜く. **2**〈話〉(bei j〈et〉³ 人³のところ〈物〉³)に立寄る. bei der Post〈bei ihm〉~ 郵便局〈彼のところ〉に立寄る. **3** 過ぎ去る,〈痛みなどが〉消える. Der Schmerz wird bald ~. 痛みはまもなくおさまるでしょう. eine Gelegenheit ungenutzt ~ lassen むざむざ機会をとり逃がす. **4**〈弾丸などが〉はずれる, それる.

vor'bei|kom·men* [foːˈrbaɪkɔmən] 自 (s) **1** 通る (an j〈et〉³ 人〈物〉³のそばを). Kommt der Bus hier vorbei? バスはここを通りますか. **2** 通過できる (an et³ 物³を). Wir kommen hier mit dem breiten Wagen nicht vorbei. ここは幅の広い車では通れない. Daran kommt man nicht vorbei.〈比喩〉それは避けて通ることはできない. Er war gerade noch am Gefängnis vorbeigekommen.〈話〉彼はかろうじて監獄ゆきをまぬがれた. **3**〈話〉(bei j³ 人³のところに)ちょっと立寄る.

vor'bei|las·sen* 他 〈話〉**1** (人〈物〉⁴に)そばを通らせる,〈を〉やりすごす. **2**〈機会などを〉のがす.

vor'bei|lau·fen* 自 (s) **1** (an j〈et〉³ 人〈物〉³のそばを走り過ぎる; 人〈物〉³のそばをうっかり通り過ぎる. **2**〈話〉(an j〈et〉³ 人³のところ〈物〉³)に立寄る.

Vor'bei·marsch 男 -[e]s/¨e〈複数まれ〉〈横を〉行進して通り過ぎること, パレード.

vor'bei|mar·schie·ren 自 (s) (an j〈et〉³ 人〈物〉³のそばを)行進して通り過ぎる, パレードして通る. ◆ 過去分詞 vorbeimarschiert

vor'bei|re·den 自 (an et³ 事³について)肝心なことに触れずに〈周辺のことばかり〉話す.

vor·bei|schie·ßen* 自 (h, s) **1** (h) (an et³ 物³を)射(撃)ちそこなう, (の)的をはずす. **2** (s) 〔話〕(an et〉³ 物〈人〉³のそばを)急いで通り過ぎる.

vor·bei|zie·hen* ❶ 他 j〈et〉⁴ an j〈et〉³ ～ 人〈物〉⁴を引っ張って人〈物〉³のそばを通り過ぎる. ❷ 自 (s) **1** (an j〈et〉〈物〉³のそばを)列をなして通り過ぎる. Das Heer zog am Schloss vorbei. 軍隊が列を組んで城のそばを通っていった. die Ereignisse in der Erinnerung ～ lassen 〔比喩〕それらの出来事を心のなかでつぎつぎに思い浮かべる. **2** (年月が)過ぎ去る; (雷雲などが)通り過ぎる. **3** 〔スポ〕(an j³ 人³を)縁(ぬ)す.

'vor·be·las·tet ['fo:ɐbəlastət] 形 (前科・遺伝などによって)前もって重荷を背負った, ハンディを負った. erblich ～ sein 遺伝的にハンディを負っている. Ich bin in dieser Sache ～ 〔話〕ぼくはこの事に関しては(体験にじゃまされて)客観的になれない.

'Vor·be·mer·kung 女 -/-en **1** (演説の)前置き. **2** (短い)はしがき.

vor|be·rei·ten ['fo:ɐbəraɪtən フォーベライテン] ❶ 他 **1** …の準備(用意, 仕度)をする. ein Fest〈eine Unterrichtsstunde〉～ 祭〈授業〉の準備をする. den Saal für das Fest ～ 祭のために広間を整える.《現在分詞で》das vorbereitende Komitee 準備委員会. **2** j⁴ auf〈für〉 et³ ～ 人⁴に事⁴の準備をさせる. j⁴ auf〈für〉 das Examen ～ 人⁴に試験の準備(勉強)をさせる. j⁴ auf eine schlimme Botschaft ～ 人⁴に悪い知らせを聞く心の準備をさせる.《過去分詞で》auf et⁴ vorbereitet sein 事⁴の準備ができている; 事⁴を覚悟(予期)している. Darauf war ich nicht vorbereitet. そんなこと私は思ってもみなかった. ❷ 再 〈sich⁴〉 **1** (auf〈für〉 et⁴ 事⁴の)準備(用意)をする. sich auf eine Prüfung〈den Unterricht〉 ～ 試験〈授業〉の準備をする. sich seelisch auf et⁴ ～ 事⁴に対する心の準備をする(覚悟を決める). **2** …の兆しがある. Eine kalte Winternacht bereitete sich vor. 寒い冬の夜がやって来そうだった.
◆過去分詞 vorbereitet

*****'Vor·be·rei·tung** ['fo:ɐbəraɪtʊŋ フォーベライトゥング] 女 -/-en 用意, 準備, 支度. die auf〈für〉 die Prüfung 試験の準備. die ～en abschließen 準備を終える. ～en für et⁴〈zu et³〉 treffen 事⁴,³の支度を整える. Das Buch ist〈befindet sich⁴〉 in ～. その本は準備中である.

'Vor·be·richt 男 -[e]s/-e 中間報告, さしあたっての報告.

'Vor·be·sagt 形 〔古〕前述の, 上記の.

'Vor·be·scheid 男 -[e]s/-e さしあたっての回答.

'Vor·be·spre·chung 女 -/-en **1** 事前の話合い, 準備の相談. **2** 寸評, さしあたっての批評.

'Vor·be·stel·len 他 予約する. ◆過去分詞 vorbestellt

'Vor·be·stel·lung 女 -/-en 予約.

'Vor·be·straft 形 前科のある. Der Angeklagte ist zweimal ～. 被告は前科2犯だ.

vor|be·ten 他 **1** (祈禱(きとう)を)先にたって唱える(先導する). **2** 〔話〕(人に)くどくどと説明する.

'Vor·be·ter 男 -s/- 祈禱の先唱者.

*****'vor|beu·gen** ['fo:ɐbɔʏgən フォーボィゲン] ❶ 他 前に曲げる(傾ける, かがめる). den Kopf〈den Oberkörper〉 ～ 頭〈上体〉を前にかがめる.《過去分詞で》 mit vorgebeugtem Kopf 頭を前にかがめて. vorgebeugt arbeiten 前かがみの姿勢で仕事をする. ❷ 再 〈sich⁴〉 身(体)を前にかがめる. sich weit ～ 大きく身を乗り出す. ❸ 自 et³ ～ 事³を予防(防止)する. einer Krankheit ～ 病気を予防する.

'vor·beu·gend 現分 形 予防の. ～e Maßnahme 予防措置.

'Vor·beu·gung 女 -/ 予防, 防止.

'Vor·beu·gungs·maß·nah·me 女 -/-n 予防措置.

*****'vor·bild** ['fo:ɐbɪlt フォーアビルト] 中 -[e]s/-er 模範, 手本. ein gutes〈schlechtes〉 ～ 良い〈悪い〉手本(見本). Er ist mein ～. 彼は私の理想(手本)だ. j³ ein ～ geben 人³に手本を示す. nach dem ～ von et³ 物³を手本にして. Das ist ohne ～. それは比類のない(前代未聞の)ものだ. sich³ j⁴ zum ～ nehmen 人⁴を模範にする.

'vor|bil·den ❶ 他 **1** (人⁴を)予備教育する.《過去分詞で》 mathematisch vorgebildet 数学の知識を身につけた. **2** あらかじめ形作る. ❷ 再 〈sich⁴〉 前もって形作られる.

*****'vor·bild·lich** ['fo:ɐbɪltlɪç フォーアビルトリヒ] 形 模範的な, 理想的な, 手本となる.

'Vor·bil·dung 女 -/ **1** 予備(基礎)知識. **2** 予備形成.

'vor|bin·den 他 **1** (人³の前に物⁴を)結ぶ. sich³ eine Schürze ～ エプロンをつける. **2** 〔話〕〔古〕(人⁴を)叱りつける.

'Vor·bo·te ['fo:ɐbo:tə] 男 -n/-n **1** 第1の使者, 先触れの使者. **2** 先駆者. **3** 前(先)触れ, 前兆.

'vor|brin·gen* ['fo:ɐbrɪŋən] 他 **1** (異議・希望などを)述べる, 申立てる, 持出す; (言葉などを)発する. **2** 〔話〕(物⁴を人³の前に持って来る; (弾薬などを)前線に運ぶ.

'Vor·büh·ne ['fo:ɐby:nə] 女 -/-n 〔演劇〕前舞台, 張出し, エプロンステージ.

'vor·christ·lich ['fo:ɐkrɪstlɪç] 形 〔付加語的用法のみ〕(↔ nachchristlich) 西暦紀元前の. das zweite ～e Jahrhundert 紀元前2世紀.

'Vor·dach ['fo:ɐdax] 中 -[e]s/⸚er 張出し屋根; 庇(ひさし).

'vor|da·tie·ren 他 **1** (↔ nachdatieren) (手紙などに)後の日付を記入する. **2** 〔まれ〕(あとから)前の日付を書きいれる. ◆過去分詞 vordatiert

vor·dem [fo:ɐ'de:m, '--] 副 〔古〕昔, かつて; 〔雅〕(それ)以前の. von ～ 昔から.

'vor·der ['fɔrdər] 形 〔付加語的用法のみ〕(↔ hinter) 前(部)の; 前方の. die ～e Reihe 前列. Vorderer Orient 近東.

'Vor·der·ach·se 女 -/-n 〔自動車〕前車軸.

'Vor·der·an·sicht 女 -/-en (↔ Hinteransicht) (建物の)正面.

'Vor·der·asi·en ['fɔrdər|a:ziən] 〔地名〕西南アジア.

'Vor·der·bein 中 -[e]s/-e (動物の)前脚(足).

'Vor·der·deck 中 -[e]s/-s(-e) 前部甲板.

'Vor·der·front 女 -/-en (建物の)前面.

'Vor·der·fuß 男 -es/⸚e (↔ Hinterfuß) 前足.

'Vor·der·ge·bäu·de 中 -s/- 通りに面した建物; 建物の通りに面した部分.

*****'Vor·der·grund** ['fɔrdərgrʊnt フォルダーグルント] 男 -[e]s/⸚e (↔ Hintergrund) 前景; 前面. der Bühne〈des Gemäldes〉 舞台の前面〈絵の前景〉. im ～ stehen 前面に立っている, 中心になっている, 注目されている. sich⁴ in den ～ rücken〈drängen〉 / in den

'**~ treten**⟨**rücken**⟩ 前面に出てくる，注目を集める．j⟨et⟩⁴ in den ~ stellen 人⟨物⟩⁴を前面に押し立てる，強調する．

'**vor·der·grün·dig** 形 表面的な，皮相な．

'**vor·der·hand** ['fo:rdeːrhant, ˌfordeːrhant, ˌ-ˈ-, ˈ-ˈ-] 副 さしあたり，今のところ，当分．

'**Vor·der·hand** ['fordərhant] 女 -/ 1《馬術》馬体の(騎手より)前の部分．2《トランプ》打出しの権利．

'**Vor·der·haus** 中 -es/ˍer =Vordergebäude

'**Vor·der·in·di·en** ['fordər|indiən]《地名》インド半島．

'**Vor·der·la·der** 男 -s/- 《軍事》前装砲(銃)．

'**Vor·der·mann** 男 -[e]s/ˍer (自分の)前に並んでいる(坐っている)人，(自分の)前を行く人．~ halten 整列する．j⟨et⟩⁴ auf ~ bringen《話》人⁴に規律を守らせる．(をきびしくしつける⟨物⟩をきちんと整える)．

'**Vor·der·rad** 中 -[e]s/ˍer (↔ Hinterrad) 前輪．

'**Vor·der·rad·an·trieb** [-- ˈ-] 男《自動車》(↔ Hinterradantrieb) 前輪駆動．

'**Vor·der·satz** 男 -es/ˍe (↔ Nachsatz) 1《文法》前置文．2《音楽》前楽節．

'**Vor·der·sei·te** 女 -/-n 前面，正面；表側，表． ~ eines Buches 本の奇数(右側)のページ．

'**Vor·der·sitz** 男 -es/-e (車の)前部座席．

'**vor·derst** ['fordərst] 形《vorder の最上級》一番前の，先頭の．

'**Vor·der·ste·ven** 男 -s/- 《船具》船首材．

'**Vor·der·teil** 中 -[e]s/-e (↔ Rückteil) 前の部分．

'**Vor·der·tür** 女 -/-en 正面の入口(のドア)．

'**Vor·der·zahn** 男 -[e]s/ˍe 前歯．

'**Vor·der·zim·mer** 中 -s/- 表の(通りに面した)部屋．

'**vor**·**drän**·**gen** ['foːr..] ❶ 再 (sich⁴) 1 強引に(押しのけて)前へ進む．2 注目を集めようとする，出しゃばる．❷ 自 力強く(強引に)前へ進む．

'**vor**·**drin**·**gen*** ['foːr..] ❶ 自(s) 1《前へ》突進する，押し進む；(未知の土地・学問分野などへ)踏込む，分け入る．2《比喩》(新しい教説などが)広まる，流布する．

'**vor**·**dring**·**lich** ['foːrdrɪŋlɪç] 形 緊急の，さし迫った，とくに重要な．

'**Vor**·**dring**·**lich**·**keit** 女 -/ さしせまっていること，緊急なこと．

'**Vor**·**druck** 男 -[e]s/-e 1 質問を印刷した用紙，記入用紙．2《印刷》(新聞などの)第 1 刷．

'**vor**·**ehe**·**lich** ['foːr|eːəlɪç] 形 結婚前の，婚前の．

'**vor**·**ei**·**lig** ['foːr|aɪlɪç] 形 性急な，軽率な．

'**Vor**·**ei**·**lig**·**keit** 女 -/-en 1《複数なし》性急なこと．2 性急な(軽率な)行動．

'**vor**·**ei**·**nan**·**der** [foːr|aɪˈnandər] 副 (vor+einander) 互いの前に，互いに対して．sich⁴ ~ hinstellen 向かい合って立つ．Sie haben keine Geheimnisse ~. 彼らは互いに秘密など持っていない．Sie fürchten sich⁴ ~. 彼らは互いにおそれ合っている．sich⁴ ~ verneigen 礼を交わす．

'**vor**·**ein**·**ge**·**nom**·**men** ['foːr|aɪŋəˈnɔmən] 形 偏見をもった，先入観にとらわれた．

'**Vor**·**ein**·**ge**·**nom**·**men**·**heit** 女 -/ 先入観にとらわれていること．

'**Vor**·**el**·**tern** ['foːr|ɛltərn] 複 先祖．

'**vor**|**ent**·**hal**·**ten*** ['foːr|ɛnthaltən] 他 (人³に物⁴を)不当にも渡さない，知らせない．j³ sein Erbe ~ 人³に遺産を不当にも渡さない．j³ eine Neuigkeit ~ 人³に ニュースを伝えずにおく．◆過去分詞 vorenthalten

'**Vor**·**ent**·**schei**·**dung** 女 -/-en 1 仮決定．2《スポーツ》予選．

'**Vor**·**er**·**be** ['foːr|ɛrbə] ❶ 男 -n/-n《法制》先位相続人．❷ 中 -s/ 先位相続財産．

'**vor**·**erst** ['foːr|eːrst, -ˈ-] 副 さしあたり，今のところ；まずは，最初に．

'**vor**·**er**·**wähnt** ['foːr|ɛrvɛːnt] 形 前述の，上記の．

'**vor**|**er**·**zäh**·**len** 他《話》(人³に事⁴を)もっともらしく話して聞かせる．Du kannst mir doch nichts ~! おまえの言うことなど何も信じないぞ．◆過去分詞 vorerzählt

'**Vor**·**fahr** ['foːrfaːr] 男 -en/-en (↔ Nachkomme) 直系の先祖．

'**vor**|**fah**·**ren*** ['foːrfaːrən] ❶ 自(s) 1《話》(乗物が・乗物で)前へ進む．2 (乗物が・乗物で)玄関先に乗りつける．3 (人³を)追越す，先に行く．4《ふつう不定冠詞》《交通》(乗物が)優先的に通行する．❷ 他 1《話》(乗物を)前へ進ませる．2 (乗物を)玄関先に乗りつける．

'**Vor**·**fahrt** ['foːrfaːrt] 女 -/ 1《交通》(交差点などでの)車両の)優先；優先(進行)権．2《まれ》(車で玄関先などに)乗りつけること．

'**Vor**·**fahrts**·**recht** 中 -[e]s/ 優先通行権．

*'**Vor**·**fall** ['foːrfal フォーアファル] 男 -[e]s/ˍe 1 出来事，事件．2《病理》脱出，脱症．

'**vor**|**fal**·**len*** ['foːrfalən] 自(s) 1 (突発的なことが)起る．Was ist hier vorgefallen? ここでなにが起ったのですか．als ob nichts vorgefallen wäre 何事もなかったかのように．2 前に落ちる(倒れる，垂れる)．3《病理》(内部の器官が)脱出する．

'**Vor**·**fei**·**er** ['foːrfaɪər] 女 -/-n 前祝い，前夜祭．

'**Vor**·**feld** ['foːrfɛlt] 中 -[e]s/ˍer《複数まれ》1 周辺地域．2《軍事》前地．3 前段階．im ~ der Wahlen 選挙の前哨戦で．4《言語》(文の)前域(定動詞の前の部分)．

'**Vor**·**film** 男 -[e]s/-e (本篇に併映される)短編映画．

'**Vor**·**fi**·**nan**·**zie**·**rung** 女 -/-en《経済》事前金融．

'**vor**|**fin**·**den*** ['foːrfɪndən] ❶ 他 目の前に見い出す，目(⁴)のあたりにする，(に)出くわす．die Kinder gesund ~ 子供たちが元気でいるのを見る．❷ 再 (sich⁴) 見い出される，存在する．

'**Vor**·**flu**·**ter** ['foːrfluːtər] 男 -s/- 《土木》排水路．

'**Vor**·**fra**·**ge** ['foːrfraːɡə] 女 -/-n 予備的(先決)問題．

'**Vor**·**freu**·**de** ['foːrfrɔʏdə] 女 -/-n 事前の喜び，(楽しいことを)心待ちにする気持．in der ~ auf Weihnachten クリスマスを楽しみにして．

'**vor**·**fris**·**tig** ['foːrfrɪstɪç] 形 期限前の．

'**Vor**·**früh**·**ling** 男 -s/-e《複数まれ》早春．

'**vor**|**füh**·**len** 自《話》(bei j³ 人³の)意向をさぐる．

'**Vor**·**führ**·**da**·**me** ['foːrfyːr..] 女 -/-n =Mannequin ①

*'**vor**|**füh**·**ren** ['foːrfyːrən フォーアフューレン] 他 1 (人³の)前に連れて(引出)す．einen Kranken dem Arzt ~ 病人を医者のところに連れてゆく．2 (a) (特定の人³に)見せる，披露する．Wann führst du uns deinen neuen Freund vor? いつ新しいお友達を紹介してくれるんだい．(b) (一般の)観覧に供する；実演する，やってみせる．ein Kunststück ~ 芸術作品を展示する．ein Theaterstück⟨einen Film⟩ ~ 芝居を上演する(映画を上映する)．einen Versuch ~ 実験をしてみせる．3《話》前のほうへ連れていく．4《話》笑い者にする．

'**Vor**·**füh**·**rer** ['foːrfyːrər] 男 -s/- 映写技師．

'Vor·führ·raum 男 -[e]s/-e 映写室.
'Vor·füh·rung 女 -/-en 1《複数なし》連行すること; 【法制】引致, 勾引(読). 2 披露, 展覧, 実演; 上演, 上映.
'Vor·ga·be ['foːrɡaːbə] 女 -/-n 1《ゴルフ》ハンディキャップ. 2 《鉱業》有効範囲; 最小抵抗線. 3 前もって定められた基準.
*'Vor·gang ['foːrɡaŋ フォーアガング] 男 -[e]s/-⁻e 1 経過, 過程, プロセス, いきさつ; 出来事, 事象. 2《書》関係書類, 一件記録(書類).
'Vor·gän·ger ['foːrɡɛŋər] 男 -s/- 前任者; 先輩.
◆女性形 Vorgängerin 女 -/-nen
'Vor·gar·ten 男 -s/⁻ 前庭.
'vor·gau·keln 他 《人³に事⁴を》言葉巧みに(手品を使って)信じ込ませる.
'vor·ge·ben* ['foːrɡeːbən] 他 1《話》差出す. die Hefte [dem Lehrer] ～ ノートを(先生に)差出す. 2 《人³に物⁴を》ハンデとして与える. j³ fünf Meter ～ 人³に5メートルのハンデを与える. 3 (規準値・制限時間などを)あらかじめ設定する. j¹ eine Zeit für einen Auftrag ～ 人¹に任務に要すべき時間をあらかじめ設ける.《過去分詞で》die vorgegebene Flugbahn 規定の飛行コース. Vorgegeben sei der Schnittpunkt F. 交点 F を設ける. 4 《事⁴を》いつわって申立てる. Er gab vor, krank gewesen zu sein. 彼は病気だったと嘘をついた. Er gab dringende Geschäfte vor. 彼は急用を口実にした.
'Vor·ge·bir·ge 中 -s/- 1 前山(読). 2 岬.
'vor·geb·lich ['foːrɡeːplɪç]《述語的には用いない》偽りの, 自称の. eine ～e Krankheit 仮病. Er ist ～ krank. 彼は病気だと自称している.
'vor·ge·fasst ['foːrɡəfast] 形《考え・判断などを》あらかじめ抱いた. eine ～e Meinung 先入見, 偏見.
'vor·ge·fühl 中 -[e]s/-e 予感.
'vor·ge·hen ['foːrɡeːən フォーアゲーエン] 自 (s) 1 前へ出る(進む), 進み出る; 《軍事》前進(進軍)する. an die Tafel〈zum Altar〉 ～ 黒板の前に〈祭壇に〉進み出る. in Schützenlinie ～ 散兵線へと進出する. 2《話》先に行く. Du kannst schon ～. きみは先に行っていいよ. j³ ～ lassen 人³を先に行かせる. 3 (a) (←nachgehen)《時計が》進む. Meine Uhr geht [um] fünf Minuten vor. 私の時計は5分進んでいる. (b) (計器が実際より)高い数値を示す. 4 起る, 生じる. Hier geht irgend etwas vor. ここはなんだか変だぞ. Mit ihm war eine Veränderung vorgegangen. 彼には変化が生じていた. 5 (一定の仕方で)行動する, 振舞う. energisch〈vorsichtig〉 ～ エネルギッシュに〈慎重に〉振舞う. gegen et⁴ einschreiten ～ 事⁴に対して断固たる措置をとる. gegen j⁴ gerichtlich ～ 人⁴に対して法的措置をとる. 6 優先する. Das Alter geht vor. 老人優先だ. Die Gesundheit geht allem anderen vor. 健康がなによりも優先する.
'Vor·ge·hen 中 -s/- 行動; 処置, やり方.
'Vor·ge·le·ge ['foːrɡəleːɡə] 中 -s/- 【工学】中間軸, 伝動装置.
'vor·ge·nannt 形 上記の, 前述の.
'Vor·ge·richt 中 -[e]s/-e (Vorspeise) 前菜.
'Vor·ge·schich·te ['foːrɡəʃɪçtə] 女 -/-n 1 前史, 前歴, いきさつ; 【医学】既往歴. 2《複数なし》(a) 有史以前, 先史時代. (b) 先史学.
'vor·ge·schicht·lich 形 先史時代の, 有史以前の.
'Vor·ge·schmack 男 -[e]s (来るべきものの)前もっての感触(味わい, 気分), 予感. Der Nikolaustag gibt den Kindern einen ～ des Weihnachtsfestes. 聖ニコラウスの祝日(12月6日)は子供たちに一足早くクリスマスの気分を味わわせる.
'vor·ge·schrit·ten 過分形 (↑vorschreiten) 進んだ; (時が経過した). im ～en Alter もう若くはない年をして. zu ～er Stunde 遅い時刻に.
'Vor·ge·setz·te ['foːrɡəzɛtstə] 男女《形容詞変化》上司, 上役.
*'vor·ges·tern ['foːrɡɛstərn フォーアゲースターン] 副 一昨日, おととい. von ～ 《話》古くさい, 時代遅れの.
'vor·ges·trig ['foːrɡɛstrɪç] 形 1 一昨日の, おとといの. 2《話》古くさい, 時代遅れの.
'vor·grei·fen* 自 1 (手・腕などを)前方に伸ばす. mit den Armen weit ～ 腕を大きく前に伸ばす. Ich habe schon auf mein nächstes Monatsgehalt vorgegriffen.《比喩》私はもう来月の給料に手をつけてしまった. 2《人³の事⁴に(決心)を先取りする, 見越す, (に)先んじる. einer offiziellen Stellungnahme ～ 公式見解を先取りする, (を)待たずに先走りする. 3 (報告なとをする際に)先走る.
'Vor·griff ['foːrɡrɪf] 男 -[e]s/-e 先手, 先回り; 先取り(auf et⁴ 事⁴の)
'vor·ha·ben ['foːrhaːbən フォーアハーベン] 他 1 もくろむ, 意図する, 計画(予定)する. eine Reise ～ 旅行を計画する. Ich habe heute Abend etwas〈nichts〉vor. 今晩は予定がある〈ない〉. Was hast du mit mir vor? 君は私をどうするつもりなんだ.《zu 不定詞句と》Ich hatte gerade vor, an dich zu schreiben. ちょうど君に手紙を書こうと思っていたところだったんだ. 2《話》体の前につけている. eine Schürze ～ エプロンをしている. 3《話》なじる, とっちめる.
'Vor·ha·ben 中 -s/- もくろみ, 意図, 企て, 計画.
'Vor·hal·le ['foːrhalə] 女 -/-n 1 (ギリシア神殿の)入口の間. 2 (一般に)玄関ホール. 3 (ホテル・劇場などの)ロビー.
'Vor·halt ['foːrhalt] 男 -[e]s/-e 1《音楽》掛留(読). 2《軍事》(移動目標の)進行予想距離. 3 j³ einen ～ machen 人³の前で以前の陳述を読みあげる(裁判官・弁護人が). 4《スイス》=Vorhaltung
'vor·hal·ten* ['foːrhaltən] ❶ 他 1《人³に物⁴を》突きつける, (前に)あてがう, 差出す. einem Tier Futter ～ 動物に餌を差出す.《sich³》beim Husten die Hand ～ 咳(¹²)をするときに口に手をあてがう. j³ die Pistole ～《人³にピストルを突きつける. j³ den Spiegel ～《比喩》人³の欠点(誤り)を指摘する.《過去分詞で》mit vorgehaltenem Gewehr 銃をかまえて. hinter vorgehaltener Hand《比喩》内緒で. 2 j¹ et⁴ ～ 人¹の事⁴(失策など)を咎(筵)める, 非難する. 3《土木》(建築用機材などを)一時的に用立てる.
❷ 自 1《話》もちこたえる, 長もちする, 長続きする. Die Vorräte werden bis zum Frühjahr ～. 蓄えは春までもつだろう. Die gute Stimmung hielt nicht lange vor. いい気分(上機嫌)は長くはつづかなかった. Das Essen hält nicht vor. この食物は腹もち悪い. 2《軍事》(動いている標的の速度を計算して)目標より前をねらう.
'Vor·hal·tung 女 -/-en (軽い)非難, 咎(筵)め立て.
'Vor·hand ['foːrhant] 女 -/ 1 (馬の)前駆(²). 2《トランプ》(a) エルデストハンド(ディーラーの左隣の最初に札を打ち出す人). (b)《複数なし》エルデストハンドの位置(権利). in der ～ sein《比喩》先手を取っている, 優位に立っている. 3《スポ》(テニス・卓球などの)フォアハンド(ストローク).

*vor·han·den [foːˈhandən フォーアハンデン] 形 手もとに(そこに)ある, 存在している, (商品が)在庫にある. Von den Waren ist nichts mehr ~. その商品はもう在庫がない. für j⁴ nicht mehr ~ sein《話》人⁴に無視される, (の)眼中にない.
Vor·han·den·sein 中 -s/ 存在(していること).

*ˈVor·hang [ˈfoːrhaŋ フォーアハング] 男 -[e]s/ˀe カーテン, 帳(とばり); (劇場の)幕, 緞帳(どんちょう). Der ~ geht auf〈fällt〉. 幕が上がる〈下りる〉. den ~ aufziehen〈zuziehen〉 カーテンを開ける〈閉める〉. der eiserne ~《劇場》(客席と舞台のあいだの)防火鉄幕. der Eiserne ~《政治》鉄のカーテン(チャーチル英首相が1946に共産圏諸国の閉鎖性を難詰した言葉). Es gab viele *Vorhänge*.《話》何度もカーテンコールがあった. vor den ~ treten.(役者がカーテンコールを受けるために)幕の前に出る. über et⁴ den ~ fallen lassen《比喩》事⁴に幕を下ろす,(を)終りにする. et⁴ dichte *Vorhänge* ziehen《比喩》事⁴を隠蔽しようとする.

ˈvorˈhänˈgen 他 (物⁴を物³の)前に掛ける.
Vor·hänˈge·schloss 中 -es/ˀe 南京錠.
Vor·haut 女 -/ˀe《解剖》(陰茎の)包皮.

*vor·her [foːrˈheːr, ´--´ フォーアヘーア] 副 (↔ nachher) 前に, 以前に; 先に, 前もって, あらかじめ. lang〈kurz〉 ~ ずっと〈ちょっと〉前に. drei Tage ~ 3日前に. einige Seiten ~ 2, 3ページ前に. am Tage〈am Abend〉 ~ 前日〈前夜〉に.
vor·herˈbe·stim·men 他 (神が)あらかじめ定める, 運命づける. ◆過去分詞 vorherbestimmt
Vor·herˈbe·stim·mung 女 -/ 予定, 宿命.
vor·herˈge·hen 自 (s)(事³)に先行する. ◆ただし vorher gehen 早めに行く.
vor·herˈge·hend 現分 形 先行の, 前の; 前述の. am ~ en Tag 前の日に. im *Vorhergehenden*〈~ en〉(テキストなどの)前の箇所で.
vor·heˈrig [foːrˈheːrɪç, ´--´]《付加語的用法のみ》事前の, あらかじめの; 以前の.
Vor·herrˈschaft 女 -/ 優勢, 優位; 主導権.
ˈvor·herrˈschen [ˈfoːrhɛrʃən] 自 優勢である, 支配的である. In dieser Landschaft *herrscht* Laubwald *vor*. この地方では広葉樹林が優勢である.《現在分詞で》die *vorherrschende* Meinung 支配的な意見.
Vor·herˈsa·ge [foːrˈheːrzaːgə] 女 -/-n 予想; 予言; 予報.
vor·herˈsa·gen 他 予想する; 予言する; 予報する.
vor·herˈse·hen* [foːrˈheːrzeːən] 他 予見する; 予測する.
*vor·hin [foːrˈhɪn, ´--´ フォーアヒン] 副 さっき, さきほど, ついいましがた.
Vor·hiˈnein [ˈfoːrhɪnaɪn]《次の用法で》im ~〈vorhinein〉前もって, あらかじめ.
ˈVor·hof [ˈfoːrhoːf] 男 -[e]s/ˀe 1 前庭. der ~ des Paradieses《雅》天国の入口. 2《解剖》(a)心房. (b)(内耳の)前庭.
ˈVor·hölˈle 女 -/《宗教》リンボ, 孤界(こかい).
ˈVor·hut 女 -/-en《軍事》前衛(部隊).

*ˈvo·rig [ˈfoːrɪç フォーリヒ]《付加語的用法のみ》以前の, 前の. ~ en Jahres《略 v. J.》去年の(に). im ~ en Jahrhundert 前世紀に. das ~ e Mal 前回. ~ en Monats《略 v. M.》先月の(に).《名詞的用法で》im *Vorigen*〈~ en〉(前に記した)前の箇所で. die *Vorige* 前述(上記)のこと. die *Vorigen*《演劇》前場の人びと. 2《話》(ごく)余った, 余分の. et⁴ ~ lassen 物⁴を残す. Ich bin ~. 私は余計者だ.

ˈVor·jahr [ˈfoːr..] 中 -[e]s/-e 昨年, 去年; 前年.
ˈvorˈjähˈrig 形 昨年(去年)の; 前年の.
ˈvorˈjamˈmern 他 (人³の前で事⁴を)嘆く.
ˈVor·kamˈmer 女 -/-n 1《解剖》心房. 2《工学》(ディーゼル機関の)予燃室; 前炉.
ˈVor·kämpˈfer 男 -s/- 先駆者, 先覚者, パイオニア.
ˈvor·kauˈen 他 1 (子供に食物を)噛み砕いて与える. 2《話》(人³に事⁴を)噛んで含めるように説明する.
ˈVor·kauf 男 -[e]s/ˀe《経済》先買い.
ˈVor·käuˈfer 男 -s/-《経済》先買権者.
ˈVor·kaufsˈrecht 中 -[e]s/-e《法制》先買権.
ˈVor·kehˈrung [ˈfoːrkeːrʊŋ] 女 -/-en 予防措置, 安全対策. ~ *en* treffen 予防措置を講ずる.
ˈVor·kenntˈnis 中 -ses《多く複数で》予備知識.
ˈVor·knöpˈfen 他 (sich³)《話》(人⁴を)叱りつける, とっちめる.

ˈvor·komˈmen* [ˈfoːrkɔmən フォーアコメン] 自 (s) 1《話》前に出る, 出てくる. Komm vor und schreib es an die Tafel! 前に出て黒板に書きなさい. Er ist weg, du kannst jetzt ~. やつは行ってしまった, もう出てきてもいいぞ. aus〈hinter/unter〉et³ ~ 物³の(後ろ/下)から出てくる. 2 起る, 生じる. Das *kommt* selten *vor*. それはめったに起らない. So etwas kann ~. そんなことはよくあることだ. So etwas ist mir noch nicht *vorgekommen*. 私はまだそんなことにお目にかかったことがない. Das *kommt* in den besten Familien *vor*.《戯》そんなことはどこにだって起ることだ, そんなにひどいことじゃない. 3《場所を示す語句と》存在する, ある, 見られる. Diese Tiere *kommen* nur in den Tropen *vor*. これらの動物は熱帯地方にしかいない. In diesem Land *kommen* wertvolle Bodenschätze *vor*. この国には貴重な地下資源がある. Dieser Ausdruck *kommt* im Englischen oft *vor*. この表現はしばしば英語に見られる. In dem Theaterstück *kommt* ein Ire *vor*. その戯曲にはひとりのアイルランド人が登場する. 4《人³に》...と思われる. Es *kommt* mir vor, als ob... 私にはまるで...であるように思われる. Diese Frau *kommt* mir bekannt *vor*. その女性にはどこかで会ったような気がする. Das *kommt* mir komisch *vor*. それは私には滑稽に思われる. Es kam mir alles *vor* wie ein Traum.(私にはすべてが夢のようだった. Das *kommt* dir nur so *vor*. それは君にそう見える(君がそう思う)だけのことだ. Wie *kommst* du mir denn *vor*?《話》いったいなにを考えているんだ, なんてことを(言う)んだ.《再帰的に》Hier *komme* ich *mir* überflüssig vor. ここでは自分が余計者のように思える. Er *kommt sich*³ sehr klug *vor*. 彼は自分が大変利口だと思っている.

ˈVor·komˈmen 中 -s/- 1《複数なし》存在すること; (病気などの)発生, (動植物の)生息, 分布. 2 (地下資源の)埋蔵; 鉱脈, 鉱床.
ˈvor·komˈmenˈdenˈfalls [ˈfoːrkɔməndənˈfals] 副《書》かかることが生じた場合には.
ˈVor·kommˈnis [ˈfoːrkɔmnɪs] 中 -ses/-se 事件, 出来事.
ˈVor·kost 女 -/ (Vorspeise) 前菜.
ˈvor·kraˈgen ❶ 自 (建物の一部が)出っ張っている. ❷ 他 (建物の一部を)突き(張り)出させる.
ˈVor·kriegsˈzeit 女 -/-en《複数まれ》戦前(とくに第2次世界大戦前).
ˈvor·laˈden* 他 (人⁴に)出頭を命じる, (を)召喚する, 呼

出す.
'Vor·la·dung 囡 -/-en 出頭命令, 召喚.
'Vor·la·ge [ˈfoːrlaːgə] 囡 -/-n 1 《複数なし》《身分証明書などの》呈示, 提示. 2 法案; 議案. 3 見本, 手本;〖印刷〗版下. et⁴ nach einer ～ zeichnen 物⁴を手本どおりに描く. 4 〖化学〗《留出液を集める》受け器. 5 〖スポーツ〗《ゴールのための》アシストパス. 6 〖スキー〗前傾姿勢. 7 立替金. in ～ treten 金を立替える. 8 〖古〗=Vorleger
'Vor·land 中 -[e]s/ 1 《山脈などの》前地, 前山. 2 《堤防などの》前方地, 前浜. 3 耕地の端の空地.
'vor·las·sen* [ˈfoːrlasən] 他 1 《人⁴に》面会(謁見)を許す. beim Präsidenten vorgelassen werden 大統領との面会を許される. 2 《人⁴物⁴》を先に行かせる. Würden Sie mich bitte ～, ich versäume sonst meinen Zug.《切符売場などで》おそれ入りますが順番をゆずって下さい, さもないと列車に乗遅れてしまいますので. einen Wagen ～ 車を先に行かせる《追越させる》.
'Vor·lauf 男 -[e]s/⸚e 1 〖スポーツ〗予選. 2 〖工学〗《自動車などの》前輪の前ばしり構造. 3 〖化学〗《蒸留の際の》前留《ワイン醸造の一番絞り》.
'Vor·läu·fer [ˈfoːrlɔyfər] 男 -s/- 1 先駆者. 2 先触れ, 前兆. 3 〖鉄道〗先発臨時列車. 4 〖スキー〗《コース状態をみるための》前走者.
*'vor·läu·fig [ˈfoːrlɔyfɪç フォーアロイフィヒ] 形 さしあたっての, とりあえずの, 仮の, 当座の, 一時的な. eine ～e Anordnung 仮の命令. ～e Festnahme 〖法制〗仮逮捕. Vorläufig sind wir damit zufrieden. さしあたり《とりあえず》それで満足しておこう.
'vor·laut [ˈfoːrlaʊt] 形 出しゃばりの, 差出がましい.
'Vor·le·ben 中 -s/ 前歷, 経歷.
'Vor·le·ge·be·steck [ˈfoːrleːgə..] 中 -[e]s/-e(-s) サービス用のナイフ・フォーク・スプーン一組.
'Vor·le·ge·ga·bel 囡 -/-n サービス用フォーク.
'Vor·le·ge·löf·fel 男 -s/- サービス用スプーン.
'Vor·le·ge·mes·ser 中 -s/- サービス用ナイフ.
'vor·le·gen [ˈfoːrleːgən] 他 ❶ 1 前に置く, 前にたてがう. einen Stein [vor das Wagenrad] ～ 石を《車輪に》あてがう. ein Schloss《eine Kette》～ 錠《チェーン》を《ドアに》掛ける. 2 呈示する; 提出する; 呈示する. seinen Ausweis ～ 《身分》証明書を呈示する. j³ einen Brief zur Unterschrift ～ 署名をもらうために人³に手紙を差出す. dem Parlament das Budget ～ 議会に予算案を呈示する. j³ Fleisch ～ 《雅》人³の皿に肉を取分ける. j³ eine Frage ～ 人³に《公式に》質問を提出する. einem Tier Futter ～ 動物に餌をやる. einem Kunden Waren ～ 客に商品を出して見せる. 3 世に問う, 発表する. Der Autor hat ein neues Buch vorgelegt. その作家は新作を発表した. 4 《スピードを》出す;《競技などである成績》をあげる, 記録する, 達成する. Tempo ～ 《話》猛スピードを出す《猛スピードで走る》; 猛スピードで仕事をする. Er legte im zweiten Durchgang eine Weite von 8,20 m vor. 彼は《幅跳びで》第 2 回目に 8 メートル 20 センチ跳んだ. 5 〖スポーツ〗パスする. dem Stürmer den Puck ～ フォーワードにパックをパスする. 6 《話》《酒を飲む前に》しっかり食べる. Vor der Feier solltest du was Ordentliches ～. 祝賀会の前に君はしっかりと何か食べておいた方がいいよ. 7《金》を立替える.
❷ 自 1 j³ ～ 《雅》人³に料理を取分ける. 2 《話》《酒や飲物》を客に注ぐ, 酌をしてやる.
❸ 再《sich》上体を前にかがめる, 前傾姿勢をとる.
'Vor·le·ger [ˈfoːrleːgər] 男 -s/- 《玄関・浴室などの》

マット.
'Vor·le·ge·schloss 中 -es/⸚er 南京錠.
'vor·le·sen [ˈfoːrleːzən フォーアレーゼン] 他 《人³物⁴》読んで聞かせる, 朗読する. 《目的語なしでも》aus der Bibel ～ 聖書の 1 節を朗読する. 《過去分詞で》vorgelesen, genehmigt, unterschrieben《略 v., g., u.》決済済み.
'Vor·le·ser [ˈfoːrleːzər] 男 -s/- 朗読者, 読上げる人.
*'Vor·le·sung [ˈfoːrleːzʊŋ フォーアレーズング] 囡 -/-en《大学の》講義; 朗読, 読上. ～en über et⁴ halten 事⁴の講義をする. in die《zur》～ gehen 講義を聴きにいく.
'Vor·le·sungs·ver·zeich·nis 中 -ses/-se《大学の》講義目録.
'vor·letzt [ˈfoːrlɛtst] 形 最後から 2 番目の; 前の前の. die ～e Seite 後ろから《数えて》2 番目の頁. ～e Woche 先々週に. im ～en Jahr 一昨年に.
'Vor·lie·be [ˈfoːrliːbə] 囡 -/-n 偏愛, ひいき. Seine ～ gilt der Musik. 彼は音楽を殊に好む. ～ für et⁴ haben 物⁴をとくに好む《偏愛する》. mit ～ とくに好んで.
vor·lieb neh·men*, 'vor·lieb|neh·men* [foːrˈliːp..] 自《mit j⁴et》人⁴《物⁴で》満足する《我慢する》. Du hast mit mir vorlieb genommen《vorliebgenommen》. 君は私のところで辛抱してくれたね.
'vor·lie·gen* [ˈfoːrliːgən] 自 1 《人³の》前に置かれている, 手元にある,《に》提出されている. Mir liegt ein Brief vom Schulamt vor. 私の手元に教育庁からの手紙が届いている. Dem Gericht liegen alle Unterlagen vor. すべての書類が裁判所に提出されている. 2 《理由・根拠などが》存在する, ある. Es liegt kein Grund zur Besorgnis vor. 心配の種は何ら存在しない. Hier muss ein Irrtum ～. ここには思い違いがあるにちがいない. Was liegt gegen ihn vor? 彼にどんな非があるというのか. 3 《本などが》出版されている. 4 《話》《かんぬき・錠などが》ドアにかけられている, 取付けられている.
'vor·lie·gend 現分 形 目下の, 当面の, 現在の. im Vorliegenden《⁰》ここでは. im ～en Fall / in ～em Fall この場合には, 目下のケースでは, ここでは.
'vor·lü·gen* 他 《人³に事⁴を》嘘をついて話す.
vorm [foːrm]《話》前置詞 vor と定冠詞 dem の融合形.
vorm.《略》1 =vormals 2 =vormittags
*'vor·ma·chen [ˈfoːrmaxən フォーアマヘン] 他 1 《人³に事⁴を》してみせる. j³ einen Tanzschritt ～ 人³にダンスのステップをしてみせる. Soll ich es dir noch mal ～? もう 1 度やってみせようか. Das musst du mir einmal ～. あれを君は前でやってみせてもらいたいな. Darin macht ihm niemand etwas vor. その点では誰も彼にかなわない. 2 《人³に事⁴が》ほんとうであるかのように見せかける《思わせる》. j³ blauen Dunst ～ 人³を煙に巻く. Mir kannst du doch nichts ～! おまえなんかだまされないよ. j³ ein X für ein U ～ 人³に黒を白と言いふくめる. 《再帰的に》Wir wollen uns doch nichts ～! オープンに《ざっくばらんに》いきましょう. 3 =vorlegen 1
'Vor·macht 囡 -/ 優位, 優勢; 主導権.
'Vor·macht·stel·lung 囡 -/ 有利な立場, 優位.
'vor·ma·lig [ˈfoːrmaːlɪç] 形 以前の, かつての.
'vor·mals [ˈfoːrmaːls] 副《略 vorm.》かつて, 以前に. Schulze vorm. Krause《商標の社名表記などに》シュル

Vormann

'Vor·mann 男 -[e]s/⁼er **1** =Vorarbeiter **2** =Vorgänger **3** 《法》《法制》以前の所有者.

'Vor·marsch 男 -[e]s/⁼e 《軍隊などの》前進, 進撃. auf dem⟨im⟩ ~ sein 前進(進撃)中である;《比喩》(流行などが)広まりつつある.

'Vor·märz 男 -/ 三月前期(ドイツ史における1815から1848の三月革命までの時期).

'Vor·merk·buch ['foːrmɛrk..] 中 -[e]s/⁼er メモ帳; 注文票.

'vor·mer·ken《会議の日時などを》前もって書留めておく, メモしておく;《予約·注文などを》前もって受付ける, 登録簿に記入する. Ich habe [mir] seinen Besuch für 10 Uhr *vorgemerkt*. 私は彼が10時に来訪することを書留めておいた. für j¹ ein Hotelzimmer ~ 人⁴のためにホテルの部屋を予約する. j⁴ für die Teilnahme an diesem Kursus ~ 人⁴のこの講習会への参加予約を受付ける. das Zimmer ~ lassen 部屋を予約する. sich⁴ für einen Ausflug ~ lassen ハイキングに参加申込をする.

'Vor·mer·kung 女 -/-en **1** 注文(予約)受付け. **2** 《法制》仮登記.

°**'vor·mit·tag** ↑Vormittag

Vor·mit·tag ['foːrmɪtaːk フォーアミターク] 男 -[e]s/-e 午前. im Laufe des ~s 午前中に. des ~s《雅》午前中. den ganzen ~ 午前中ずっと. am ~ 午前に.《特定の日を示す語と》heute⟨gestern/morgen⟩ ⟨°*vormittag*⟩ きょう⟨きのう/あした⟩の午前に. [am] Montag ~ ⟨°*vormittag*⟩ 月曜日の午前に.

'vor·mit·tä·gig ['foːrmɪtɛːgɪç] 形 午前(中)の.

'vor·mit·täg·lich ['foːrmɪtɛːklɪç] 形 午前(中)の.

*°**'vor·mit·tags** ['foːrmɪtaːks フォーアミタークス] 副《略 vorm.》午前(中)に. Montag⟨montags⟩ ~ 月曜日の午前に. ~ um 10 Uhr / um 10 Uhr ~ 午前10時に.

'Vor·mund ['foːrmʊnt] 男 -[e]s/-e⟨⁼er⟩ 後見人.

'Vor·mund·schaft ['foːrmʊnt-ʃaft] 女 -/-en 後見. die ~ für⟨über⟩ j¹ übernehmen 人⁴の後見を引受ける. j¹ die ~ für⟨über⟩ j¹ übertragen 人⁴の後見を人³に委ねる. unter ~ stehen 後見を受けている. j¹ unter ~ stellen 人⁴を後見下におく.

'vor·mund·schaft·lich 形 後見(人)の.

'Vor·mund·schafts·ge·richt 中 -[e]s/-e 後見裁判所.

*°**vorn** [fɔrn フォルン] 副 (↔ hinten) 前に, 前方に, 先に, 先頭に. gleich da ~ すぐその前に. weiter ~ 少し行ったところに. ein paar Seiten weiter ~《本の》2, 3ページ先に. Bitte ~ einsteigen! 前のドアからご乗車ください. ~ liegen 前に横たわっている(ある);《スポ》トップに立っている, リードしている. ~ marschieren 先頭を行進する. ~ in der zweiten Reihe sitzen 前から2列目に座っている. ~ am Eingang 表の入口で. ~ am Haus 家の前(表)に. ~ auf der Straße 前の通りに. ~ im Bild 絵(写真)の前景に. ~ im Buch 本の前(始め)のほうに.《前置詞と》nach ~ gehen 前に出て行く. Das Zimmer liegt nach ~ hinaus. その部屋は表に面している. **von** ~ 前方から; 始めから, ~ から. Der Wind kam von ~. 風は前方から吹いていた. Von ~ sieht das Auto wie neu aus. 前から見るとその車は新車のように見える. et⁴ von ~ anfangen 事⁴を始めから(一から)やり直す. von ~ bis hinten 《話》始めから終りまで, くまなく, すっかり. von ~ und hinten《比喩》あらゆる角度から.

vorn² [fɔrn] 前置詞 vor と定冠詞 den との融合形.

'Vor·nah·me ['foːrnaːmə] 女 -/《書》行うこと, 実施. die ~ einer Verbesserung 改革の実施.

*°**'Vor·na·me** ['foːrnaːmə フォーアナーメ] 男 -ns/-n 《姓の前の》名, 洗礼名. ◆ 格変化は Name 参照.

vorn'an [fɔrn'ʔan, '--'] 副 先頭に.

vor·ne [foːrnə]《話》=vorn.

*°**'vor·nehm** [foːrneːm フォーアネーム] 形 **1** 身分の高い, 高貴な. ein Herr von ~er Geburt 高貴な生れの男. **2** 上流(階級)の; 高級な. aus einer ~en Familie kommen 上流家庭の出である. ein ~es Hotel 高級ホテル. ein ~er Stadtteil 高級住宅地. die ~e Welt《話》上流階級. Sie ist sich³ wohl zu ~, um mit uns zu reden. 彼女はお上品すぎて我々風情(ﾌｾﾞｲ)とは口をきけないようだ. *Vornehme* und Geringe /《古》~ und gering 貴賎の別なく, だれもかれも. **3** 高潔な, 気高い. ein ~es Wesen haben 高潔な精神をもっている. Das ist sehr ~ gedacht. 実に立派な考えだ. **4** エレガントな, 洗練された. ein ~er alter Herr 上品な(品のいい)老紳士. eine ~ eingerichtete Wohnung エレガントな家具調度の置かれた住まい. ~ gekleidet sein 垢抜けした(洗練された)服装をしている. **5**《付加語的用法のみ》《ふつう最上級が》《雅》非常に大切(重要)な, 主要な. Unsere ~ste Aufgabe besteht darin, …zu tun. 我々の主たる任務は…することにある.

*°**'vor·neh·men** ['foːrneːmən フォーアネーメン] ❶ 他 **1**《話》(a) 前につける(当てる). die Hand ~ 手を口に当てる. eine Schürze ~ エプロンをつける. (b) 前へ動かす(出す). das linke Bein ~ 左足を前に出す. j¹ vom Ausgang ~ 人⁴を出口まで送っていく. **2**《話》(人⁴を)優先的に扱う, 優先させる. **3** とりかかる, とり組む. [sich³] ein Buch⟨eine Arbeit⟩ ~ 本を読みはじめる⟨仕事にとりかかる⟩. Der Arzt nahm [sich³] einen Patienten nach dem anderen *vor*. 医者は患者を次から次へと診ていった. **4**《機能動詞的に》する, 行う. eine Änderung ~ 変更する. eine Prüfung ~ 試験をする.

❷ 再 (*sich*³) **1** 企てる, もくろむ; (…しようと)決心する. *sich* eine Reise ~ 旅行を計画する. Hast du *dir* für morgen schon etwas *vorgenommen*? 君はもう明日なにか予定を立てているのか. Ich habe *mir vorgenommen*, mit dem Rauchen aufzuhören. 私はタバコをやめる決心をした. **2** *sich* j⁴ ~《話》人⁴を呼びつけて叱る.

'Vor·nehm·heit 女 -/ 高貴, 高邁(ｺｳﾏｲ); 気品.

'vor·nehm·lich ['foːrneːmlɪç] 副《雅》とくに, とりわけ.

'vor·nei·gen 他 (*sich*⁴) 前に傾く; 身をかがめる.

'vorn·he·rein ['fɔrnheraɪn, --'-] 副《次の用法で》von ~ 最初から, 始めから.

'vorn·hin [fɔrnhɪn, --'-] 副 方前へ; 先頭へ.

vorn'über [fɔrn'ʔyːbər] 副 前かがみに, 前のめりに.

'vorn·weg ['fɔrnvɛk, --'-] 副 **1** 先頭に. mit dem Kopf ~ ins Wasser springen 頭から水に飛込む. Wir machten einen Spaziergang, ~ die Kinder, hinterher die Erwachsenen. 私達は散歩をしましたが, 先頭に子供たちが, その後から大人たちが続きました. mit dem Mund⟨dem Mundwerk⟩ ~ sein《比喩》差出がましい. **2** 前もって, 何はともあれまず. **3** 初めから, 端(ﾊﾅ)から.

'**Vor·ort** ['foːr|ɔrt フォーアオルト] 男 -[e]s/-e **1** 近郊(の街), 郊外. **2**《古》(a) 盟主都市(ハンザ同盟におけるリューベックなど). (b)《ﾄﾞｲ》(1848以前の指導的役割をはたした州.
'**Vor·ort·bahn** 女 -/-en 郊外電車.
'**Vor-'Ort-Ser·vice** [foːr'|ɔrtzœːrvɪs, ..zœrvɪs] 男 -/ (製品の組立や修理の)出張サービス.
'**Vor·ort[s]·ver·kehr** 男 -[e]s/- 近郊輸送(交通).
'**Vor·ort[s]·zug** 男 -[e]s/ːe 近郊列車.
'**Vor·platz** 男 -es/ːe **1**(建物の)前の小さな広場. **2**《地方》玄関.
'**Vor·pos·ten** 男 -s/- 《軍事》前哨.
'**Vor·prü·fung** 女 -/-en 予備(1次)試験.
'**vor|quel·len**(*) ❶ 自 《規則変化》(豆などを)あらかじめ膨らせておく. ❷ 自 (s)《不規則変化》**1** 湧き出る; (目が)とび出る. **2** 前もって膨れる(ふやける).
'**Vor·rang** ['foːrraŋ] 男 -[e]s/- **1** 優位, 上位; 優先(権). [den] ~ vor j⟨et⟩³ haben 人⟨物⟩³よりも重要である(価値, 意義がある); 人⟨物⟩³より上位にある. j⟨et⟩³ den ~ geben 人⟨事⟩³を優先にする. j³ den ~ lassen 人³に先を譲る. j³ den ~ streitig machen 人³と優先権を争う. j⁴ mit ~ abfertigen 人⁴の用件を優先的に片づける. **2**《ﾄﾞｲ》=Vorfahrt
'**vor·ran·gig** ['foːrraŋɪç] 形 優位な; 優先的な.
'**Vor·rang·stel·lung** 女 -/- 優位.
*'**Vor·rat** ['foːrraːt フォーアラート] 男 -[e]s/ːe 蓄え, ストック; 在庫(品). ein ~ an Lebensmitteln 食料品の蓄え(ストック). Der ~ ist erschöpft. 蓄えが尽きた. einen großen ~ von et³ haben 物³を大量に蓄えている. et⁴ auf ~ kaufen 物⁴を買だめ[買置き]する. auf ~ schlafen《話》寝だめする. et⁴ in ~ haben 物⁴を蓄えてある.
'**vor·rä·tig** ['foːrrɛːtɪç] 形 蓄えて(貯蔵して)ある;(商品)が在庫している. eine Ware ~ haben ある商品の在庫がある.
'**Vor·rats·haus** 中 -[e]s/ːer 貯蔵庫.
'**Vor·rats·kam·mer** 女 -/-n 貯蔵室.
'**Vor·rats·schrank** 男 -[e]s/ːe 貯蔵用戸棚.
'**Vor·raum** 男 -[e]s/ːe 控え室.
'**vor|rech·nen** 他 j³ et⁴ ~ 人³の前でよく分かるように事⁴の計算をして見せる;《比喩》人³を前に事⁴(その人の誤ち・悪行など)を並べ立てる.
'**Vor·recht** 中 -[e]s/-e 特権; 優先権; 特典.
'**Vor·re·de** ['foːrreːdə] 女 -/-n **1** 前口上, 前置き. **2**《古》(書物の)前書き, 序言.
'**vor|re·den** 他 《話》=vorerzählen
'**Vor·red·ner** 男 -s/- **1** 前口上を述べる人. **2** 前に話した人.
'**vor|rei·ten**(*) ❶ 自 (s) (人³の)前を馬で行く; 先頭を馬で走る. ❷ 他 j³ ein Pferd ~ 騎乗して人³に馬を見せる.
'**Vor·rei·ter** 男 -s/- **1** (a) 先頭を騎乗する人. (b) 馬を人に見せる人. **2**《話》先駆者.
'**vor|rich·ten** 他《地方》整える, 用意する, しつらえる.
'**Vor·rich·tung** ['foːrrɪçtʊŋ] 女 -/-en **1** 装置. eine einfache ~ 簡単な装置(仕掛け). **2**《地方》整えること, 用意. **3**《鉱業》採掘準備.
'**vor|rü·cken** ['foːrrʏkən] ❶ 他 前へ動かす. einen Stein ~ (チェスの)駒を前に進める. einen Schrank ~ 戸棚を前にずらす. den Zeiger⟨die Uhr⟩ ein paar Minuten ~ 時計(の針)を数分進める. ❷ 自 (s) **1** に移動する, 前に進む;《軍事など》前進する, 進軍する. Bitte rücken Sie ein wenig vor, dass ich hier durchkomme! 少しばかり前に移動して, ここを通して下さい. mit der Dame zwei Felder ~《チェス》女王をﾂｷﾆ2駒前に進める. **2** (時が)たつ. Die Nacht rückt vor. 夜がふける.《過去分詞》eine Dame in *vorgerücktem* Alter《雅》年配の婦人. zu *vorgerückter* Stunde《雅》夜遅くに.
'**Vor·run·de** 女 -/-n 《ｽﾎﾟｰﾂ》1次予選.
vors [foːrs]《話》前置詞 vor と定冠詞 das の融合形.
Vors. 略 =Vorsitzende, Vorsitzer
'**Vor·saal** 男 -[e]s/..säle 《地方》(Diele) 玄関の間; 控えの間.
'**vor|sa·gen** ['foːrzaːɡən] 他 **1** (人³に事⁴を)手本を示すために言ってみせる. sich³ et⁴ ~ 事⁴を口の中で言ってみる; 自分に言い聞かせる. **2** (人³に事⁴を)こっそり教える.
'**Vor·sa·ger** 男 -s/- そっと教える人;《話》(劇場の)プロンプター.
'**Vor·sai·son** 女 -/-s(-en) シーズン前.
'**Vor·sän·ger** 男 -s/- (合唱団・聖歌隊の)先唱者.
'**Vor·satz** ['foːrzats] 男 -es/ːe **1** 決心, 決意;《法制》故意. den ~ fassen ...zu tun ...しようと決意する. Ich habe den festen ~, es zu tun. 私はどうしてもそれをするつもりだ. bei *seinem* ~ bleiben 決心を変えない. et⁴ mit ~ tun《法制》故意に事⁴をする. **2**《書籍》(本の)見返し. **3**(機械類の)アタッチメント, 付属品.
'**Vor·satz·blatt** 中 -[e]s/ːer《製本》見返し.
'**vor·sätz·lich** ['foːrzɛtslɪç] 形 意図的な, 故意の.
'**Vor·satz·pa·pier** 中 -s/-e =Vorsatzblatt
'**Vor·schalt·wi·der·stand** ['foːrʃalt..] 男 -[e]s/ːe 《電子工》直列抵抗.
'**Vor·schau** ['foːrʃaʊ] 女 -/-en **1** 見通し, 展望;《映画・ﾃﾚﾋﾞ》予告編. **2**《複数なし》《まれ》予見すること. die Gabe der ~ 予見能力.
'**Vor·schein** ['foːrʃaɪn] 男 《次の用法でのみ》et⁴ zum ~ bringen 物⁴を出現させ(見せる, 取出す). zum ~ kommen 出現する, 姿を見せる; 明らかになる.
'**vor|schi·cken** 他 **1** (人⁴を)前へ行かせる, 前進させる. **2**《話》(人⁴を)試しに先に遣(ﾂｶ)ってみる. **3** 前もって送る.
'**vor|schie·ben**(*) ❶ 他 **1** (物⁴を)前の方に押しやる. das Auto ein Stück ~ 車を少し前に移動する. den Riegel [an der Tür] ~ かんぬきを(戸に)かける. den Riegel《比喩》事³を阻止する. **2** (事⁴を)口実にする; (人⁴を)前面に押出す, かつぎ出す. eine Krankheit ~ 病気を口実にする. einen Strohmann ~ ダミーをたてる.《過去分詞》eine *vorgeschobene* Person かいらい, ダミー. **3**《軍事》(軍隊などを)前進させる.《過去分詞》*vorgeschobene* Basis 最前線基地. *vorgeschobener* Posten 前哨. ❷ 再 (sich⁴) 押分けかき分け前に進む, 前に出る.
'**vor|schie·ßen**(*) ❶ 他 (人⁴に金を)前払いする. ❷ 自 (s) (船)前へ進行する.
'**Vor·schiff** 中 -[e]s/-e (船員)船の前部.

'**Vor·schlag** ['foːrʃlaːk フォーアシュラーク] 男 -[e]s/ːe (↓vorschlagen) **1** 提案, 申出. ein guter ⟨praktischer⟩ ~ 良い⟨実際的な⟩提案. ein ~ zur Güte《話》和解の提案. einen ~ annehmen⟨ablehnen⟩ 提案を受入れる⟨拒否する⟩. j³ einen ~ machen 人³に提案をする. auf ~ von Herrn X X氏の提案にもとづいて. et⟨j⟩⁴ in ~ bringen《書》事⁴を提案する⟨人⁴を推薦する⟩. Na, ist das ein ~?

vor/schlagen

《話》どうだい, いい考えだろう. **2** 《ハンマーなどの》最初の一打. **3** 《書籍》《各章の冒頭にある》余白. **4** 《音楽》(↔ Nachschlag 1) 前打音. **5** 《ﾋﾞｼﾞ》剩余金, 繰越金.

'vor·schla·gen* ['foːrʃlaːgən フォーアシュラーゲン] 佃 1 (a) 提案する. j³ et⁴ ~ 人³に事⁴を提案する. Ich schlug ihm vor, gleich zu beginnen. 私は彼にすぐ始めるように提案した. (b) (人⁴を)推薦する. j⁴ für einen Posten ⟨als Kandidaten⟩ ~ 人⁴をあるポストに⟨候補者として⟩推薦する. **2** den Takt ~ 拍子をとる. **3** (板などを前に打ちつける).

'Vor·schlag·ham·mer 男 -s/≈ (鍛造用の)大ハンマー.

'Vor·schlags·recht 中 -[e]s/ 候補者推薦権.

'Vor·schluss·run·de 女 -/-n 《ｽﾎﾟｰﾂ》準決勝.

'vor·schme·cken 自 (ある香辛料が他のものより)よく効いている.

'vor·schnei·den* 佃 1 (肉·パンなどを)あらかじめ切っておく. **2** j³ et⁴ ~ 人³に物⁴を食べやすい大きさに切ってやる.

'vor·schnell ['foːrʃnɛl] 形 性急な, 早まった, 軽率な.

'vor·schrei·ben* ['foːrʃraɪbən] 佃 1 (人³に)手本として書いてみせる. Kindern einen Buchstaben ~ 子供たちに文字を書いてみせる. **2** 命令する, 指図する, 指示する⟨j¹ et⁴ 人³に事⁴の, Die Arbeit⟨die Bedingungen⟩ ~ 人³に仕事⟨の指図をする·条件を指示する⟩. Das Gesetz schreibt vor, dass... 法律は...と定めている. Ich lasse mir von dir nichts ~. 僕は君の指図などいっさい受けないよ. ⟨過去分詞で⟩ die vorgeschriebene Geschwindigkeit 法定速度.

'vor·schrei·ten 佃 (s) (仕事などが)はかどる, 前進する; (時が)経過する. ⓥ ↑vorgeschritten

'Vor·schrift ['foːrʃrɪft フォーアシュリフト] 女 -/-en 指示, 指図; 規則, 規定. ärztliche⟨polizeiliche⟩ ~ 医者⟨警察⟩の指示. j³ ~en machen 人³に指図⟨指示⟩する. sich⁴ an die ~en halten 規則を守る. nach ~ 指示どおりに.

'vor·schrifts·ge·mäß 形 指示⟨規則⟩どおりの, 指示⟨規則⟩にしたがった.

'vor·schrifts·mä·ßig 形 =vorschriftsgemäß

'vor·schrifts·wid·rig 形 指示⟨規則⟩に反した.

'Vor·schub ['foːrʃuːp] 男 -[e]s/-e 《工学》送り. **2** 《次の用法で》j³ ~ leisten 人³の後押しをする. et¹ ~ leisten 事¹(欠点·病気など)を助長する.

'Vor·schu·le ['foːrʃuːlə] 女 -/-n 1 (1920 以前は上級学校のための)予備学校. **2** (今日では)就学前の児童のための教育施設. **3** 《比喩》入門書.

'Vor·schuss ['foːrʃus] 男 -es/≈e 前払い(金), 前貸(金). einen ~ erhalten 前払いを受ける.

'vor·schüt·zen 佃 (事¹を)口実にする. eine Erkältung ~ 風邪を口実にする. Keine Müdigkeit ~ ! 《話》怠けるんじゃないよ, さあがんばって.

'vor·schwe·ben 佃 (人³の)念頭に浮ぶ, 脳裡にある. Mir schwebt eine andere Lösung vor. 私の念頭にはもう1つ別の解決策がある.

'vor·schwin·deln 佃 (人³に)事⁴を本当だと思いこませる.

'Vor·se·gel 中 -s/- 前帆, フォースル.

'vor·se·hen* ['foːrzeːən フォーアゼーエン] ❶ 佃 1 (a) 予定⟨計画⟩している. Wir haben für das Wochenende einen Theaterbesuch vorgesehen. 私たちは週末に芝居を見にゆく予定だった. ⟨過去分詞で⟩

Das vorgesehene Gastspiel fiel aus. 予定されていた客演は中止になった. wie vorgesehen 予定どおりに. (b) j⟨et⟩ für ... ~ 人⟨物⟩⁴を事⁴のために予定する. das Geld für Einkäufe ~ その金で買物をする予定である. j⁴ für einen Posten ~ 人⁴をあるポストに予定する. Er ist als Nachfolger des Präsidenten vorgesehen. 彼は会長の後継者に予定されている. **2** (あらかじめ)想定している, 見込んでる. Das Gesetz hat einen solchen Fall nicht vorgesehen. 法律はそのようなケースを見込んでいなかった.

❷ 再 ⟨sich⁴⟩ **1** 注意⟨用心⟩する, 気をつける. Bitte sieh dich vor, damit du dich nicht erkältest! 風邪をひかないように気をつけるんだよ. sich beim Überqueren der Straße ~ 道路の横断に気をつける. sich vor j⟨et⟩¹ ~ 人⟨物⟩³に用心⟨注意⟩する. ⟨sich⁴ なしで⟩ Vorsehen bitte! 気をつけて下さい. **2** sich mit et³ ~ ⟨古⟩物³を備えて⟨用意して⟩おく.

❸ 佃 **1** (シャツなどの)のぞいている, はみ出している. **2** (隠れて)のぞく.

'Vor·se·hung 女 -/ (神の)摂理. ~ spielen 《戯》(事の成行きに)ひそかに一役買う.

'vor·set·zen ❶ 佃 **1** (物⁴を物³の)前に置く. dem Namen einen Titel ~ 名前の前に称号を付ける. einer Note ein Kreuz ~ 音符にシャープの記号を付ける. **2** (a) (食物などを)出す, ふるまう. den Gästen einen kleinen Imbiss ~ 客に軽い食事を出す. (b) j³ Lügen ~ 人³に嘘(でたら)をいう. **3** 前方に動かす(人⁴を)前の方に座らせる. einen Stein ~ (チェスの)駒¹を前に進める. den rechten Fuß ~ 右足を前に踏出す. **4** (人⁴を人³の) 上役⟨上司⟩にすえる.

❷ 再 ⟨sich⁴/sich³⟩ **1** ⟨sich⁴⟩ (現在座っている所より)前に座る, 席を前に進める. sich auf einen besseren Platz ~ もっと前のいい席に移る. **2** ⟨sich³⟩ ⟨古⟩ 企てる, 決心する. Ich habe mir vorgesetzt, mich nicht aufzuregen. 私は怒るまいと決心した.

Vor·sicht

['foːrzɪçt フォーアズィヒト] 女 -/ **1** 用心, 注意, 慎重さ. ~, Stufe ⟨zerbrechlich⟩! 階段⟨割れ物⟩注意! ~ ist geboten ⟨nötig / am Platz⟩. ここは注意を払う必要がある. ~ üben ⟨walten lassen⟩ 注意⟨用心⟩する, 慎重にふるまう. mit ~ 注意⟨用心⟩して, 慎重に. et ist mit ~ zu genießen. 《戯》やつは⟨すぐ怒るので⟩慎重に扱わねばならない. aus ⟨aus⟩ ~ 用心のため, 念のため. ~ ist die Mutter der Weisheit. 《諺》用心に越すものなし. ~ ist besser als Nachsicht. 《諺》転ばぬ先の杖. **2** ⟨古⟩ = Vorsehung

'vor·sich·tig ['foːrzɪçtɪç フォーアズィヒティヒ] 形 慎重な, 用心深い. ein ~er Mensch 用心ぶかい人. Fahr bitte ~! 気をつけて運転してよ.

'Vor·sich·tig·keit 女 -/ 用心深さ, 慎重さ.

'vor·sichts·hal·ber 副 用心のため, 念のため.

'Vor·sichts·maß·re·gel 女 -/-n 予防措置.

'Vor·sil·be 女 -/-n 《文法》(Präfix) 前つづり, 接頭辞.

'vor·sin·gen* ❶ 佃 **1** j³ ein Lied ~ 人³に歌を(手本として)歌って聞かせる. **2** (ソリストとして)先唱する. ❷ 自 (オーディションなどで)歌う (人⁴のまえで). am ⟨beim⟩ Theater ~ 劇場のオーディションで歌う.

'vor·sint·flut·lich ['foːrzɪntfluːtlɪç] 形 **1** ノアの洪水以前の, 太古の. **2** 《話》時代遅れの, 古臭い.

'Vor·sitz ['foːrzɪts] 男 -es/ 議長の職(地位), 司会文.

den ~ haben 議長を務めている. unter dem ~ von j³ 人³を議長として.

'**vor|sit·zen*** 囲 (事³の)議長(座長, 司会者)を務める.

*'**Vor|sit·zen·de** ['foːrzɪtsəndə フォーアズィッツェンデ] 圏(形容詞変化)(略 Vors.)議長, 座長, 委員長, 会長, 裁判長.

'**Vor|sit·zer** ['foːrzɪtsər] 男 -s/- =Vorsitzende ◆ 女性形 Vorsitzerin 囡 -/-nen

'**Vor|som·mer** 男 -s/ ⦅複数まれ⦆初夏.

'**Vor|sor·ge** 囡 -/-n ⦅複数まれ⦆用心, 用意, (予めの)配慮. ~ für et¹ tragen⟨treffen⟩事¹にあらかじめ備える. zur ~ 用心して, 念のために.

'**vor|sor·gen** 囲 (für et¹ 事¹に)あらかじめ備える.

'**Vor|sor·ge·un·ter·su·chung** 囡 -/-en 予防検診.

'**vor|sorg·lich** ['foːrzɔrklɪç] 形 用心のための, 用意周到な.

'**Vor|spann** ['foːrʃpan] 男 -[e]s/-e **1** (荷車などを牽引する)牛・馬などの補助馬(牛); 補助機関車. **2** 《映画·*:,*》(↔ Nachspann) 冒頭の字幕(タイトル). **3** 《新聞》掲載記事を要約したリード.

'**vor|span·nen** 囲 **1** (馬・牛を)車の前につなぐ; (補助機関車を)列車の前につなぐ. **2** 《話》(人⁴に)加勢してもらう. **3** 《電子工》バイアス(電圧)を加える.

'**Vor|span·nung** 囡 -/-en **1** 《電子工》バイアス(電圧). **2** 《工学》プレストレス(を与えること)(鋼線などを入れてコンクリートに与える圧縮応力, またそれを与えること).

'**Vor|spei·se** 囡 -/-n 前菜, オードブル.

'**vor|spie·geln** 囲 (人³に事⁴を)本当らしく思わせる.

'**Vor|spie·ge·lung**, '**Vor|spieg·lung** 囡 -/-en 本当らしく見せかけること.

'**Vor|spiel** ['foːrʃpiːl] 匣 -[e]s/-e **1** 《音楽》前奏曲, 序曲. **2** 《演劇》序幕. **3** (??) 前座試合. **4** (性交前の)前戯. **5** (比喩)(出来事などの)端緒, 発端.

'**vor|spie·len** 囲 **1** (人³の前で)演奏して聞かせる; (人³の前で)演じて見せる; ⦅しばしば目的語なしで⦆(人³の前で)演奏(演技)する. **2** 《比喩》(人³に)事⁴のことを本当のことと信じこませる. j³ tiefe Bewegung ~ 人³に深い動揺の素振りをしてみせる. Spiele uns doch nichts vor! どうか猿芝居はやめにしてくれ.

'**vor|spre·chen*** ['foːrʃprɛçən] 囲 **1** einem Kind ein Wort ~ 子供にある言葉を(お手本として)発音してみせる. **2** 囲 (bei j¹ 人¹のところに)立ち寄る.

'**vor|sprin·gen*** 囲 (s) **1** 前方へ飛び出す. **2** 突き出ている, 張り出している.

'**vor|sprin·gend** 現分 形 突き出た. ein ~es Kinn 突き出た顎.

'**Vor|spruch** 男 -[e]s/:e プロローグ, 序詞.

*'**Vor|sprung** ['foːrʃprʊŋ フォーアシュプルング] 男 -[e]s/:e **1** (岩・建物などの)突き出て(張り出して)いる場所, 突出部, 張出し. **2** (競争などで相手に対しての)(距離)差, リード; (比喩)優位, 優勢. einen ~ vor j³ gewinnen 人³に差をつける. einen ~ von einer halben Runde haben 半周リードしている.

'**Vor|stadt** ['foːrʃtat] 囡 -[e]s/:e 郊外.

'**Vor|städ·ter** ['foːrʃtɛ(ː)tər] 男 -s/- 郊外の住民.

'**vor|städ·tisch** ['foːrʃtɛ(ː)tɪʃ] 形 郊外の.

*'**Vor|stand** ['foːrʃtant フォーアシュタント] 男 -[e]s/:e **1** (団体・企業などの)首脳部, 役員, 幹部(会), 理事(会), (株式会社の)取締役. **2** ⦅?⦆ =Vorsteher

'**Vor|stands·mit·glied** 匣 -[e]s/-er 首脳部(役員, 幹部会, 理事会, 取締役)の一員.

'**vor|ste·cken** 囲 前に差す(人³の); (花・ブローチなどを)胸に付ける.

'**Vor|steck·na·del** ['foːrʃtɛk..] 囡 -/-n ブローチ; ネクタイピン.

'**vor|ste·hen*** 囲 **1** 突き出ている, 張り出している. **2** (人⁴物³)の長(責任者)である, (物³を)管理する, 取りしきる. einer Schule ~ 校長をしている. **3** 《猟師》(猟犬が)獲物の前に立ってその所在を知らせる.

'**vor|ste·hend** 現分 形 **1** 前に突き出て(張り出て)いる. ~ e Zähne 出っ歯. **2** 前述の, 上記の. wie ~ erwähnt 上で述べたように.

'**Vor|ste·her** ['foːrʃteːər] 男 -s/- (機関・団体などの)長, 責任者, 管理人, 支配人.

'**Vor|ste·her·drü·se** 囡 -/-e 《解剖》前立腺.

'**Vor|steh·hund** 男 -[e]s/-e ポインター, セッター(獲物の前に立ってその所在を知らせる猟犬).

'**vor|stell·bar** ['foːrʃtɛlbaːr] 形 想像できる, 考えられる.

'**vor|stel·len** ['foːrʃtɛlən フォーアシュテレン]

❶ 囲 **1** 前に置く(立てる). eine spanische Wand ~ ついたてを前に置く. **2** 前に動かす(ずらす), 前方に進める. das rechte Bein ~ 右足を前に出す. die Uhr [um] eine Stunde ~ 時計を1時間進める. **3** (人⁴に人³を)紹介する; (新製品などを)発表する. Darf ich Ihnen Herrn X ~? X氏をご紹介しましょう. das neue Modell ~ 新しいモデルを発表する. **4** j¹ dem Arzt ~ 人⁴を医者に診せる. ⦅再帰的に⦆ sich¹ dem Arzt ~ 医者に診てもらう. **5** 表す, 表現する, 意味する; (役などを)演じる, (劇などを)上演する. Das Gemälde *stellt* ihren Vater *vor*. この絵は彼女の父親を描いたものだ. Was *stellst* du in diesem Spiel *vor*? この劇で君はなんの役をするんだい. Er *stellt* etwas *vor*. 《話》彼はたいした人物だ. Er will etwas ~, was er nicht ist. 彼は自分が何か特別な存在であるかのようにふるまう. **6** (人³に事⁴を)思い描かせる, ありありと想像させる.

❷ 再 (**sich¹**/**sich³**) **1** (**sich⁴**) 自己紹介する. Gestatten Sie, dass ich *mich vorstelle*? 自己紹介させていただきます. Er *stellte* sich mit Meyer *vor*. 彼はマイアーだと名のった. *sich dat* bei j³ ~ (就職などのために)人³のところ〈会社〉に直接面接を受ける. **2** (**sich³**) (事⁴を)思い描く, 想像する. Ich hatte *mir* ihn viel älter *vorgestellt*. 私は彼がもっとずっと年をとっているものと思っていた. Kannst du *dir* das ~? そんなことが想像できるかい. Was haben Sie *sich* als Preis so *vorgestellt*? 《話》いかほどのお値段だと思っていらしたのですか. Darunter kann ich *mir* gar nichts ~. 私にはそれがなんのことかまったく想像がつかない.

'**vor|stel·lig** ['foːrʃtɛlɪç] 形 ⦅次の用法でのみ⦆ bei j¹ 〈einer Behörde〉 ~ werden 人¹〈役所〉に異議を申立てる, 陳情する.

*'**Vor|stel·lung** ['foːrʃtɛlʊŋ フォーアシュテルング] 囡 -/-en **1** ⦅複数まれ⦆紹介すること, 引合せ; 面接; (製品などの)発表. die ~ der Kandidaten 候補者の紹介. **2** 《演劇・映画》上演, 上映. Die ~ beginnt um 20 Uhr. 開演は20時だ. Der Zirkus gibt täglich zwei ~ en. そのサーカスは1日2回興行を行う. eine starke〈schwache〉 ~ geben (芝居)(スポーツ)いいくずいプレーをする. **3** イメージ; 表象, 観念, 概念; 想像. eine klare〈unklare〉 ~ von et³ haben 事³について明

確なくぼんやりとした)イメージをもっている. Ich habe davon keine ~. 私にはそれがどんなものだかまったく想像もつかない. sich³ eine ~ von et¹ machen 事³を頭に思い浮かべる. Du machst dir keine ~ von seinem Reichtum. 君には彼の財産がどんなものかの想像もつくまい. Das geht über alle ~ hinaus. それは想像を絶する. **4** 《ふつう複数で》《雅》異議, 苦情, 小言. j³ ~*en* machen 人³に小言(苦情)を言う.

'Vor·stel·lungs·ver·mö·gen 🔲 –s/ 想像力, 表象力.

'Vor·stoß ['foːrʃtoːs] 男 –es/-e **1** 進撃, 突撃, 攻撃; 進出, 突進. 《比喩》積極果敢な試み, 精力的な行動. den ~ des Gegners abwehren 敵の攻撃から身を守る. einen ~ in den Weltraum machen 宇宙への進出を試みる. [bei Behörde] einen ~ machen (unternehmen) 〈役所に〉熱心に請願に赴く, 熱心に働きかける. **2** 《衣服のカラー・そで口などの》ふち飾り, 笹縁. **3** 《スシング》突き.

'vor·sto·ßen* ❶ 他 前に突き出す. die Faust ~ こぶしを突き出す. j³ ~ 人³を前に突き飛ばす. ❷ 自 (s) 突き進む; 進撃する, 進出する.

'Vor·stra·fe 女 –/–n 前科.

'Vor·stra·fen·re·gis·ter 🔲 –s/– 前科簿.

'vor|stre·cken 他 **1** 《腕・足などを》前へ伸ばす. **2** j³ Geld ~ 人³に金を貸す.

'Vor·stu·die 女 –/–n **1** 予備研究. **2** 《絵の》下書き, スケッチ.

'Vor·stu·fe 女 –/–n 《発展の前段階; 《病気などの》初期段階.

'Vor·stür·men 自 (s) 前方に突進する.

'Vor·tag 男 –[e]s/-e 前の日, 前日.

'vor|tan·zen ❶ 他 《人³の前で物⁴を》《手本として》踊ってみせる. ❷ 自 《オーディションなどで》踊ってみせる.

'Vor·tän·zer 男 –s/– **1** 踊ってみせる人. **2** 《群舞などの》リードダンサー. **3** 舞踊監督.

'vor|täu·schen ['foːrtɔʏʃən] 他 j³ et⁴ ~ 人³に対して事⁴を装う, ふりをする. Krankheit ~ 仮病を使う.

***'Vor·teil** ['fɔrtaɪl, 'foːrtaɪl フォルタィル] 男 –s/-e **1** (↔ Nachteil) 長所, 利点, メリット; 有利, 得; 利益, 利得. die ~e der Jugend 青春の数々の美点. Die Sache hat den ~, daß… この件には…という利点(メリット)がある. die *Vor-* und *Nachteile* einer Sache gegeneinander abwägen ある事の損得(利害得失)をつき合せてよく考えてみる. j² ~ erkennen 人²の長所を見抜く. sich³ einen unerlaubten ~ verschaffen 不法な利益を手にする. einen ~ von(aus) et³ ziehen 事³から利益を引出す. j² gegenüber (gegen j⁴) im ~ sein 人³⁴と比べて有利(得)な立場にいる. Das ist für dich von großem ~. それは君にとって大変有利な(得な)ことだ. Sie hat sich⁴ zu ihrem ~ verändert(entwickelt). 彼女は感じがよくなった, 好ましい女性になった. **2** 《テニス》(テニスなどの)アドバンテージ.

***'vor·teil·haft** ['fɔrtaɪlhaft フォルタィルハフト] 形 有利な, 得になる; 好都合の; 好感を与える, 好ましい. ein ~*es* Geschäft 有利な取引. ein ~*er* Kauf お得な買物. Diese Farbe ist ~ für ihn. この色は君によく似合う. Der Klimawechsel hat sich⁴ ~ ausgewirkt. 気候の変化が好影響を及ぼした. Er hat sich⁴ ~ entwickelt. 彼は感じがよくなった, 好ましい男性になった. sich⁴ ~ kleiden 引き立つ身なりをする.

'Vor·trab ['foːrtraːp] 男 –[e]s/-e 《古》《騎兵の》前衛.

'Vor·trag ['foːrtraːk フォーアトラーク] 男 –[e]s/-e[..trɛːgə] **1** 講演. einen ~ über et³ halten 事³について講演する. in einen(zu einem) ~ gehen 講演会に行く. **2** 《文学作品の》朗読; 《音楽作品の》演奏; 《体操などの》演技. der ~ eines Gedichts 詩の朗読. **3** 《複数なし》朗読の仕方, 朗読ぶり; 演奏法, 演技法. ein beseelter ~ 入魂の朗読(演奏, 演技ぶり). **4** 《書》上申, 具申, 奏上《権》. ~ halten 上申する. **5** 《経済》繰越し《金》.

'vor|tra·gen* ['foːrtraːɡən] 他 **1** 《話》前に運ぶ, 前の方へ持って行く; 提出する. einen Stuhl ~ 椅子を前に運ぶ. *Trag* den Stoß Hefte *vor!* 集めたノートを前に持って来なさい. et⁴ j³ ~ 物⁴を人³に提出する. einen Angriff ~ 《軍事》攻撃する. **2** 《人・物》³の前方に立てて運ぶ. das Banner ~ 旗を先頭に掲げて進む. **3** 披露する; 《文学作品を》朗読する; 《音楽作品を》演奏する; 《体操などの》演技をする. ein Gedicht ~ 詩を朗読する. eine Kür ~ 《体操などの》自由演技を行う. ein Lied auf dem Klavier ~ ピアノでリートを演奏する. **4** 申述べる, 報告する. 上申《具申》する. Wir haben ihm unsere Gedanken *vorgetragen*. 我々は彼に我々の考えを伝えた. **5** 《商業》繰越す (A⁴ auf B⁴ A⁴をB⁴に).

'Vor·tra·gen·de 《形容詞変化》**1** 朗読《演奏, 演技》をする人, 朗読《演奏, 演技》者. **2** 上申《具申》をする人, 上申する人.

'Vor·trags·künst·ler 男 –s/– 朗読家; 演奏家.

'Vor·trags·rei·he 女 –/–n 連続講演, 講演シリーズ.

***'vor·treff·lich** [foːr'trɛflɪç フォーアトレフリヒ] 形 すぐれた, 卓越した, すばらしい.

'Vor·treff·lich·keit 女 –/ すばらしさ, 優秀さ, 卓越.

'vor|trei·ben* 他 **1** (a)《話》《家畜などを》前へ駆り立てる. (b) 促進する. **2** 《鉱業》《坑道などを》掘進する.

'vor|tre·ten* 自 (s) **1** 前方へ歩いて行く. **2** 《列・集団などの前に》出る. **3** 突き出ている, 張出している.

'Vor·trieb ['foːrtriːp] 男 –[e]s/-e **1** 《複数なし》《物理》推力. **2** 《鉱業》掘進; 先進坑道.

'Vor·tritt ['foːrtrɪt] 男 –[e]s/-e **1** 先に行く権利, 優先《権》. j³ den ~ lassen 人³を先にする, 優先させる. **2** 《ス》(Vorfahrt) 優先通行《権》.

'Vor·trupp ['foːrtrʊp] 男 –s/-s 先発《先遣》隊.

'Vor·tur·ner 男 –s/– 体操の演技の手本を示す人; 実地指導者, インストラクター.

***vo'rü·ber** [foː'ryːbɐr フォリューバー] 副 (vorbei) **1** 《空間的に》(an et⟨j³⟩ 物⟨人⟩³のそばを) 通り過ぎて, 通りかかって. Der Trauerzug ist an uns ~. 葬列が我々のそばを通り過ぎた. **2** 《時間的に》過ぎ去って, 終って. Der Winter ist ~. 冬が過ぎ去った. Das Gewitter ist ~. 雷雨がおさまった. Es ist alles ~. すべてが終った. Es ist schon fünf Uhr ~. 《話》もう5時をまわっている.

vo·rü·ber.. [foːry.bər..] 《分離前つづり / つねにアクセントをもつ》「通り過ぎて, 過ぎ去って」の意を表す. *vorüber*gehen 通り過ぎる.

vo'rü·ber|ge·hen [foː'ryːbərɡeːən フォリューバーゲーエン] 自 (s) **1** 《空間的に》(an et³ 〈人〉³のそばを)通り過ぎる. 《比喩》(an et³ 事³を)見逃ごす, 見逃す. Ich *gehe* täglich an diesem Haus *vorüber.* 私は毎日この家のそばを通り過ぎる. Die Jahre sind nicht spurlos an ihm *vorübergegangen.* 年月は彼に傷跡を残さずにはいなかった. Man kann an dieser Tatsache nicht länger ~. この事実をもうこれ以上見過ごすことはできない.《中性名詞として》im *Vorübergehen* 通りがかりに;《比喩》ついでに. **2**《時間的》過ぎ去る, 経過する; 終る, 済む. Der Sommer *ging* schnell *vorüber*. 夏は足早に過ぎ去った. Der Schmerz wird bald ~. 痛みはじきにおさまるだろう. Es *geht* alles *vorüber*. すべてが終りとなる. die Gelegenheit ~ lassen《比喩》機会を逸する.

***vo·rü·ber·ge·hend** [fo'ry:bərɡəənt フォリューバーゲエント]《現分》形 通り過ぎる, 通りすがりの; つかの間の. eine ~*e* Besserung 一時しのぎの改善. eine ~*e* Erscheinung 一時的な現象. Das Museum ist ~ geschlossen. 博物館は一時閉館中である.

'Vor·übung ['fo:r..]女 -/-en 予行演習, 下準備.

'Vor·un·ter·su·chung 女 -/-en 予備(事前)調査;《医学》予診;《法制》予審.

'Vor·ur·teil ['fo:r|ʊrtail] 中 -s/-e 偏見, 先入観 (gegen j⁴ 人⁴に対する).

'vor·ur·teils·frei 形 偏見(先入観)にとらわれない, 公平な.

'vor·ur·teils·los 形 =vorurteilsfrei

'Vor·ur·teils·lo·sig·keit 女 -/ 偏見のないこと, 公平.

'Vor·va·ter 男 -s/-《多く複数で》《雅》祖先, 先祖.

'Vor·ver·gan·gen·heit 女 -/《文法》過去完了.

'Vor·ver·kauf 女 -s/-《入場券などの》前売り.

'Vor·ver·kaufs·stel·le 女 -/-n 前売り券売場.

'vor|ver·le·gen 1《事⁴の》時期を早める, 繰上げる. **2** 前方に移す. ♦vergleich vorverlegen

'Vor·ver·stär·ker 男 -s/-《電子工》プリアンプ.

'vor·vor·ges·tern ['fo:rfo:rɡɛstərn] 副 さきおととい, 一昨々日.

'vor·vo·rig ['fo:rfo:rɪç] 形 前の前の. ~*e* Woche 先週.

'Vor·wahl 女 -/-en **1** 予備選挙; 予備選挙. **2**《通信》(a)《複数なし》市外局番を回すこと. (b) 市外局番. **3**《工学》(タイマーなどの)プリセット.

'Vor·wähl·num·mer ['fo:rvɛ:l..] 中 -/-n (電話の)市外局番.

'vor|wal·ten 自《古》《雅》支配的である, 優勢である, 広く存在する. Gnade ~ lassen 慈悲を垂れる.

***'Vor·wand** ['fo:rvant フォーアヴァント] 男 -[e]s/-e 口実, 言い訳, 言い逃れ. et⁴ als ~ benutzen / et⁴ zum ~ nehmen 事⁴を口実に使う(する). eine Einladung unter einem ~ absagen 口実をつけて招待を断る.

'vor|wär·men 他 あらかじめ温めておく; 予熱する.

'Vor·wär·mer 男 -s/-《工学》予熱器.

'Vor·war·nung 女 -/-en あらかじめなされる警告; 警戒警報.

***'vor·wärts** ['fo:rvɛrts, 'fo:r.. フォーアヴェルツ] 副 (↔ rückwärts) **1** 前へ, 前方へ, 前に向かって. sich⁴ im Dunkeln ~ tasten 闇の中を手探りで前進する. einen Schritt ~ machen⟨tun⟩ 一歩前に出る(前進する). Nur⟨Immer⟩ ~! 前進あるのみ. *Vorwärts* marsch!《軍事》(号令)前へ進め. Jetzt mach mal ~!《話》さあ急げ. **2** 前向きに; 前進して. ~ einparken! 前向きではなく後ろ向きに駐車するな. **3** 順方向に, 順送りに, 前から後へ. einen Film ~ laufen lassen フィルムを順送りにする. et⁴ ~ und rückwärts aufsagen⟨können⟩《話》事⁴をすらすらと暗誦できる. **4** 将来に向かって. Das war ein großer Schritt ~. それは大きな進歩であった. ♦↑ vorwärts bringen, vorwärts gehen, vorwärts kommen

'vor·wärts brin·gen*, °**'vor·wärts|brin·gen*** 他 押促める, 促進する, (仕事を)はかどらせる; 発展させる, (人⁴を)成長させる.

'vor·wärts ge·hen*, °**'vor·wärts|ge·hen*** 自 (s) 進歩する, (仕事がはかどる.《非人称的に》Mit seiner Gesundheit *geht es* jetzt *vorwärts*. 彼の健康は目下快方に向かっている.

'vor·wärts kom·men*, °**'vor·wärts|kom·men*** 自 (s) **1** 成果をあげる, 成功を収める. **2** (mit et³ 事³を)押進める, はかどらせる.

'vor·weg [fo:r'vɛk] 副 **1**《時間的》前もって, あらかじめ;《話》最初から. et⁴ ~ bezahlen 物⁴の代金を先払いする. Dieser Plan ist schon ~ zum Scheitern verurteilt. こんな計画ははじめから失敗するよう定められている. **2**《空間的》先頭にたって;(人より)前に(で). *Vorweg* marschierte die Blaskapelle. 先頭をブラスバンドが行進した. Beim Spaziergang war er immer ein paar Schritte ~. 散歩の時彼はいつも数歩前を歩いていた. mit dem Mund ~ sein《話》口が達者だ. **3** とくに, とりわけ.

'Vor·weg·nah·me [fo:r'vɛkna:mə] 女 -/-n《複数まれ》先取り.

'vor|weg|neh·men* [fo:r'vɛkne:mən] 他 **1** 先取りする; 見越す. *seinen* Anteil ~ 自分の取り分を先に取る. das Ergebnis der Verhandlungen ~ 交渉の結果を先取する. um gleich die Hauptsache *vorwegzunehmen* さっそく本題を先に述べてしまうなら. **2** (人³の事⁴のことで)出し抜く. Er *nahm* mir diese Idee *vorweg*. 彼は私を出し抜いてこのアイデアを発表した.

'vor|wei·sen* 他 **1** (証明書などを)呈示する. **2** (能力・知識を)意のままに使いこなせる. sichere Kenntnisse ~ können 確実な知識を持っている. gute Englischkenntnisse *vorzuweisen* haben 十分に英語の知識を持っている. Der hat schon etwas *vorzuweisen*. あれで中々なかなかの人物だ.

'Vor·welt 女 -/ 太古(有史以前)の世界.

'vor·welt·lich 形 太古の, 有史以前の.

'vor|wer·fen ['fo:rvɛrfən フォーアヴェルフェン] 他 **1** 前方に投げる; (餌を前に投げてやる;《軍事》(軍隊を)前線に投入する. den Ball ~ ボールを前に投げる. die Beine ~ 両足を前に投げ出す. den Kopf ~ がくっと頭をたれる. den Hühnern Körner ~ 鶏たちに穀粒を投げ与える. **2** (人³の事⁴を)非難する, 責める, 咎める. Er *wirft* mir Unpünktlichkeit *vor*. 彼は私が時間を守らないのを非難する. Ich habe mir in dieser Sache nichts *vorzuwerfen*. 私にはこの件で非難されるような覚えはない. Sie haben sich³⟨einander⟩ nichts *vorzuwerfen*. 彼らはお互いに非難し合えるような筋合ではない, どっちもどっちだ.

'Vor·werk 中 -[e]s/-e **1** 分農場. **2**《古》(中世の)城の外堡(とりで).

'vor|wie·gen* ❶ 自 優勢(支配的)である, 勝っている. In seinen Romanen *wiegen* politische Themen *vor*. 彼の長編小説では政治的な主題が優位をしめている. ❷ 他《人⁴の前で物⁴の重量を計ってみせる.

'vor·wie·gend ['fo:rvi:gənt] ❶《現分》形 主な, 主要な, 優位な. ❷ 副 主として, 主に; おおむね.

'Vor·win·ter 男 -s/- 初冬.

'Vor·wis·sen 中 -s/ **1**《古》事前の承認. **2** 予備知識.

'Vor·witz ['fo:rvɪts] 男 -es/ **1** 出しゃばり, おせっか

い, (小)生意気. **2** 詮索好き, 軽はずみな好奇心.
'vor·wit·zig ['fo:rvɪtsɪç] 形 **1** おせっかいな, 出しゃばりの. **2** 詮索好きの, 軽はずみな好奇心の強い.
'Vor·wort ['fo:rvɔrt] 中 -[e]s-e(-er) **1** 《複数 -e》(書物の)序文, 前書き, はしがき. **2** 《複数 er》《言語》前置詞.
*'**Vor·wurf** ['fo:rvʊrf フォーアヴルフ] 男 -[e]s/e [..vʏrfə] (↓vorwerfen) **1** 非難, 叱責. In ihrem Blick lag ein stiller ~. 彼女の眼差(ﾏﾅｻﾞ)にはひそかな非難の色があった. j¹ einen ~⟨j³ Vorwürfe⟩ machen 人³を非難する. j¹ et³ zum ~ machen 人³の事を咎める. Er machte sich³ jetzt heftige Vorwürfe. 彼は今みずからを激しく責めているところだ. **2** 《まれ》(学問・芸術作品の)題材, 素材; 主題, テーマ.
'vor·wurfs·frei 形 非難の余地のない.
'vor·wurfs·voll 形 非難をこめた, 咎めるような.
'vor|zäh·len ❶ 他 人¹の前で物を数えて見せる, 計算する. ❷ 自 (人³に)数を数えてみせる.
*'**Vor·zei·chen** ['fo:rtsaıçən フォーアツァイヒェン] 中 -s/- **1** 前兆, 兆し, 前触れ, 先触れ. ein günstiges ⟨ungünstiges⟩ ~ 吉[凶]兆. **2** 《数学》(+と−の)符号. ein positives⟨negatives⟩ ~ 正号(負号). mit umgekehrtem ~ プラス・マイナスの符号を逆にして; 《比喩》条件を逆にして. **3** 《音楽》変化(変位)記号.
'vor|zeich·nen 他 **1** (人³に)物¹の)手本を描いてやる, (輪郭などを)描いてみせる. Bitte, zeichne mir mal einen Elefanten vor! どうちょっと象の絵を描いてくれよ. die Linien leicht ~ 輪郭を軽く描いてみせる. **2** あらかじめ指定⟨指示⟩する. die künftige Politik ~ 将来の政策をあらかじめ定めておく. 《過去分詞で》 Wir gingen den vorgezeichneten Weg. 我々は既定の人生行路を辿った. **3** 《音楽》(変化記号などを)つける.
'Vor·zeich·nung 女 -/-en **1** 《複数なし》描いてみせること; あらかじめ指定すること. **2** 手本, 見本; (刺繍や絵画の)下絵, 輪郭. **3** 《音楽》シグナチュア.
'vor|zei·gen ['fo:rtsaɪgən] 他 (証明書などを)出して見せる, 呈示する. 《中性名詞として》Enkel ⟨ein Zeugnis⟩ zum Vorzeigen 自慢の孫たち⟨どこに出しても恥ずかしくない成績⟩.
'Vor·zei·gung 女 -/《書》呈示, 出して見せること.
'Vor·zeit 女 -/ **1** 昔. in grauer ~ 大昔. **2** 《複数なし》先史時代, 有史以前.
vor'zei·ten [fo:r'tsaɪtən] 副 《雅》はるか昔に.
'vor·zei·tig ['fo:rtsaɪtɪç] 形 予定より早い, 早過ぎる. seine ~e Rückkehr 彼の予定より早い帰還. Das Kind ist ~ geboren. その子は早産だった.
'vor·zeit·lich ['fo:rtsaɪtlɪç] 形 大昔の; 有史以前の.
*'**vor|zie·hen*** ['fo:rtsi:ən] 他 **1** 前方へ引っ張り出す, 引いて前へ出す; 《軍事》(軍隊などを)前線に出す. die Artillerie ~ 砲兵隊を前線に差し向ける. den Schrank einen Meter ~ 戸棚を1メートル前の方へ引っ張り出す. **2** (片隅などから)引出す, 取り出す. ein Heft aus der Tasche ~ ノートを鞄から取り出す. das Kind unter dem Tisch ~ 子供をテーブルの下から引きずり出す. **3** (カーテンなどを)引く, 引いて閉める. den Vorhang [am Fenster] ~ (窓に)カーテンを引く. **4** 優先させる, 早める. Der Arzt hat mich vorgezogen. 医者は私を先に診察にくれた. einen Termin um zwei Tage ~ 期日を2日繰り上げる. **5** (人¹ 物¹ のよりいっそう好む, (よいと

して)選ぶ, 優遇する(人⟨物⟩³よりも). ein Kind ~ ある子供をひいきする. Ich ziehe Rotwein dem Weißwein vor. 私は白ワインより赤ワインのほうが好きだ. Du wirst den anderen vorgezogen. 君はほかの者たちより目をかけてもらっているぞ. Ich ziehe [es] vor, zu Fuß zu gehen. 私は歩いて行く⟨ほう⟩が. **6** 《園芸》(植物を)本植えできるまでの大きさに育てる(温床など).
'Vor·zim·mer 中 -s/- **1** 控え室, 受付. **2** 《ｵｰｽﾄﾘｱ》玄関の間.
*'**Vor·zug** ['fo:rtsu:k フォーアツーク] 男 -[e]s/e vorziehen) **1** (Vorteil) 他よりも優れたところ, 長所, 利点, メリット. Der ~ liegt darin, dass… その利点(メリット)は…という点にある. Das ist ein ~ an ⟨von⟩ ihr. これが彼女の長所である. Sie hat⟨besitzt⟩ viele Vorzüge. 彼女にはいいところが沢山ある. Wir alle haben unsere Vorzüge und Nachteile. 我々には誰にでも長短があるものだ. **2** 《複数なし》優先, 優位; 他よりも好むこと. den ~ vor j⟨et⟩³ erhalten 人⟨事⟩³よりも優先される. j⟨et⟩³ vor anderen den ~ geben⟨einräumen⟩ 人⟨事⟩³を他のものより優先する, 好む. [dem] Kaffee den ~ geben コーヒーのほうが好きである. j⟨et⟩⁴ mit ~ behandeln 人⟨事⟩⁴を優先的に扱う. **3** (Vorrecht) 優先権, 特権; 特典. **4** 《ｵｰｽﾄﾘｱ》《教育》優等(の成績). **5** 《鉄道》先発臨時列車.
*'**vor·züg·lich** [fo:r'tsy:klɪç, '--- フォーアツークリヒ] ❶ **1** 非常に優れた, すばらしい, 優秀な, 抜群の. Er ist ein ~er Reiter. 彼はすばらしい騎手だ. mit ~er Hochachtung 《雅》《古》(手紙の結語)敬具. Er sieht ~ aus. 彼はとても風采がよい. Er spricht ~ Französisch. 彼はとてもうまくフランス語が話せる. ❷ 副 《古》おもに, とくに, とりわけ, 就中(ﾅｶﾝｽﾞｸ).
'Vor·züg·lich·keit ['----- とも] 女 -/-en とても優れている(優秀である)こと; 素晴らしいこと.
'Vor·zugs·ak·tie 女 -/-n 《経済》優先株.
'Vor·zugs·milch 女 -/ 特選牛乳.
'Vor·zugs·preis 男 -es/-e 特別価格, 特価.
'Vor·zugs·wei·se 副 優先的に; おもに, とりわけ.
'Vo·ta ['vo:ta] Votum の複数.
'Vo·tant [vo'tant] 男 -en/-en (fr.)《古》投票者.
'Vo·ten ['vo:tən] Votum の複数.
vo·tie·ren [vo'ti:rən] 自 (↓Votum) (für/gegen) j⟨et⟩³ 人⟨事⟩³に賛成⟨反対⟩の投票をする.
Vo'tiv·bild [vo'ti:f..] 中 -[e]s/er 《宗教》奉納画.
Vo'tiv·ta·fel 女 -/-n 奉納額.
'Vo·tum ['vo:tʊm] 中 -s/Voten(Vota) (lat., Gelübde'). **1** 《古》(Gelübde) 誓い, 誓約. **2** 投票. sein ~ [für et¹] ablegen (事¹に賛成の)投票をする. **3** (投票による)判定, 決定; 《政治》決議. **4** 意見表明, 意思表示. **5** 所見, 判断.
Vo·ya'geur [voaja'ʒø:r] 男 -s/-s (-e) (fr.)《古》旅行者; セールスマン.
v. R. w. 《略》=von Rechts wegen 法に従って, 法的に(は); 正当に, 当然に.
v. T. 《略》=vom Tausend 千分の.
v. u. 《略》=von unten 下から.
vul·gär [vʊl'gɛ:r] 形 **1** 《古》民衆のあいだに広く浸透した, 一般に広く普及した. **2** 通俗的な, 低俗な, 浅薄な; 《侮》下品な, 野卑な.
Vul'gär·la·tein 女 -s/ 通俗ラテン語.
Vul'ga·ta [vʊl'ga:ta] 女 -/ (lat.)ウルガタ聖書(聖ヒエロニュムス Hieronymus によるラテン語訳聖書).
'vul·go ['vʊlgo] 副 (lat.) **1** 一般に, 通例. **2** (人名

の前に置かれて)通称.

*Vul'kan [vɔl'kaːn ウルカーン] (*lat.*) ❶《人名》[[ロー マ神話]] ウルカヌス(火と鍛冶の神). ❷ 男 -s/-e 火山. ein erloschener ~ 死火山. ein tätiger〈untätiger〉 ~ 活〈休〉火山. auf einem ~ tanzen《比喩》無謀な振舞をする.

Vul·kan·fi·ber 女 -/ バルカン(硫化)ファイバー.

vul·ka·nisch [vɔl'kaːnɪʃ] 形 火山(性)の; 火山活動による; 火山の多い.

vul·ka·ni·sie·ren [vɔlkani'ziːrən] 他 (*engl.*) **1** (生ゴムなどに)加硫する. **2** (織物を)カウチューク(ゴム)でコーティングする.

Vul·ka·ni·sie·rung 女 -/-en 加硫.

Vul·ka·nis·mus [vɔlka'nɪsmʊs] 男 -/ 火山活動.

'**Vul·va** ['vɔlva] 女 -/..ven[..vən] (*lat.*)『解剖』(女性の)外陰部, 陰門.

VW《略》= Volkswagen

'**V-Waf·fe** ['faʊvafə] 女 -/-n《ふつう複数で》(Vergeltungswaffe の短縮)報復兵器(第2次世界大戦中にドイツが開発・使用した V1・V2 の無人ロケット弾).

w, W

w, W¹ [ve:] 田 -/- ドイツ語アルファベットの第 23 文字 (子音字). ◆口語では単数 2 格および複数形を [ve:s] と発音することがある.

W² 《記号》 **1** 《化学》=Wolfram² **2** 《物理》=Watt¹ **3** =Werst

W³ 《略》=West[en]

Waadt [va(:)t] 《地名》ヴァト (スイス南西部の州, 州都ローザンヌ Lausanne).

*'**Waa·ge** ['va:gə ヴァーゲ] 囡 -/-n **1** 秤(はかり), 天秤(てんびん), 計量器. Diese ~ geht〈wiegt〉genau. この秤は正確だ. et³ die ~ halten 事³と均衡を保つ(バランスがとれている), 事³に匹敵する. Vor- und Nachteil halten sich³ die ~. 長短(得失)が相殺(そうさい)している (sich³ は相互代名詞). Seine Stimme bildet das Zünglein an der ~. 彼のひと声が事態の決定権(キャスティングボート)を握っている. Wie viel Kilo bringst du auf die ~?《話》君の体重は何キロなの. **2** (Wasserwaage) 水準器, 水平器, レベル. in der ~ sein 水平(状態)である. **3** (a) die ~《天文》天秤座. (b) die ~《占星》天秤宮(黄道 12 宮の第 7 宮). (c)《話》天秤座生れ(の人). Er ist [eine] ~. 彼は天秤座生れである. **4**《スポーツ》(体操などの水平〈姿勢〉.

'**Waa·ge·bal·ken** 男 -s/- 秤(天秤)の竿(さお).

'**Waa·ge·meis·ter** 男 -s/- (市町村の)検量官, 計量員.

*'**waa·ge·recht** ['va:gərɛçt ヴァーゲレヒト] 形 (↔ senkrecht) 水平の. ein Brett ~ legen 板を水平に置く(敷く).

'**Waa·ge·rech·te** 囡《形容詞変化》水平の状態; 水平な線. ◆冠詞を伴うときは弱変化だが, 無冠詞の複数では強・弱両変化形がある. drei ~[n] 3 本の水平な線.

'**Waa·ge·recht'stoß·ma·schi·ne** 囡 -/-n《工学》形削り盤, シェイパー.

'**waag·recht** ['va:k.] 形 =waagerecht

'**Waag·rech·te** 囡《形容詞変化》=Waagerechte

'**Waag·scha·le** ['va:kʃa:lə] 囡 -/-n 秤(天秤)の皿. et⁴ auf die ~ legen 物⁴を秤に掛ける; 事⁴を慎重に吟味(考量)する; 物⁴(他人の発言など)を文字通りに(本気に)受取る. [schwer] in die ~ fallen 重要である, 重きをなす, ものを言う. et⁴ in die ~ werfen (議論などにおいて)物⁴を有効に使う, (比喩的に)持ち出す.

'**wab·be·lig** ['vabəlɪç] 形《話》ぐらぐらの, ぐにゃぐにゃの, ぶよぶよの.

'**wab·beln** ['vabəln] 自《話》ぐらぐらする, ぐにゃぐにゃする, ぶるぶる揺れる. Er lachte, dass sein Bierbauch wabbelte. 大笑いすると彼のビール腹がゆさゆさと揺れた.

'**wabb·lig** ['vablɪç] 形 =wabbelig

'**Wa·be** ['va:bə] 囡 -/-n 蜂の巣.

'**Wa·ben·ho·nig** 男 -s/ 蜂の巣の中の蜜, (精製前の)天然のはちみつ.

'**Wa·ber·lo·he** ['va:bərlo:ə] 囡 -/《北欧神話》(Brunhilde の寝所を守る)揺れる炎.

'**wa·bern** ['va:bərn] 自《古》(炎などが)ゆらぐ.

*'**wach** [vax ヴァハ] 形 **1** 目が覚めている, 起きている. Kaffee hält ~. コーヒーは眠気を追払う(↑wachhalten). die Nacht über ~ bleiben 一晩中眠らずにいる. sich⁴ durch Kaffee ~ halten コーヒーで眠気を払う(↑wachhalten). j⁴ ~ machen 人⁴を起す. j⁴ ~ rufen〈rütteln〉人⁴を呼び起す〈揺り起す〉. ~ werden 目が覚める, 覚醒する. **2** 利発な, 明敏(鋭敏)な, 注意深い; (精神的に)生き生きとした, 活発な, 元気な. mit ~en Augen 注意深い(鋭い)目で. ein ~er Geist 明敏な(生き生きとした)精神. et⁴ mit ~em Interesse verfolgen 事⁴を旺盛な関心を抱いて追い求める.

'**Wach·ab·lö·sung** 囡 -/-en 歩哨(見張り)の交替;《比喩》政権交替.

'**Wach·boot** 中 -[e]s/-e 巡視艇, 哨戒艇.

'**Wach·dienst** 男 -[e]s/-e **1**《複数なし》(勤務としての)見張り, 監視, 警衛;《軍事》歩哨(衛兵)勤務. ~ haben 見張番をする. **2**《集合的に》見張番, 監視(警備)員; 歩哨, 衛兵(隊).

*'**Wa·che** ['vaxə ヴァヘ] 囡 -/-n **1**《多く集合的に》見張(人), 監視(警備)員, 守衛; 歩哨, 衛兵(隊). ~n aufstellen 見張(歩哨)を立てる. **2** 見張(監視)所, 警備員(守衛)の詰所; (Polizeiwache の短縮)交番, 派出所;《兵隊》哨所, 衛兵所. j⁴ mit auf die ~ nehmen 人⁴を詰所(交番)に連行する. auf ~ ziehen 見張りにつく, 歩哨に立つ. **3** (勤務としての)見張り, 監視, 警衛; 歩哨(衛兵)勤務. ~ haben〈stehen〉見張りをする(する) (= Wache stehend). bei j⁴ ~ halten 人³のそばで不寝番をする. ~ schieben《兵隊》歩哨に立つ;《話》(犯罪行為の際の)張り番をする. **4** 見張(当直)時間; 立哨時間.

'**wa·chen** ['vaxən ヴァヘン] 自 **1**《雅》目を覚ましている, 起きている. halb wachend, halb träumend / zwischen Wachen und Träumen 夢うつつのうちに. **2** 寝ずの番(不寝番)をする. Ich habe die ganze Nacht an dem Bett der Mutter gewacht. 私は一晩じゅう寝ずに母の枕許につき添っていた. über j〈et〉⁴ 人〈物〉⁴を見張る, 監視する. Die Mutter wacht stets darüber, dass den Kindern nichts geschieht. 母親はいつも子供たちに事故がないよう見守っている.

'**Wa·che ste·hend**, °'**wa·che·ste·hend** 形 見張(歩哨)に立っている.

'**Wach·feu·er** 中 -s/- 警備所のかがり火.

'**wach·ha·bend** 形《付加語的用法のみ》見張番の, 当直の. der ~e Offizier《兵隊》衛兵司令.

'Wach·ha·ben·de 男《形容詞変化》見張番, 当直員.
'wach|hal·ten* 他 眠らせないでおく. sich⁴ ~ 眠らぬようにつとめる. die Erinnerung an j⁴ ~ 人'の思い出をいつまでも褪()せさせない. das Interesse an et⁴ ~ 物'にいつまでも新鮮な興味を持ち続ける. ◆wach halten とも書く.
'Wach·hund 男 -[e]s/-e 番犬.
'Wach·lo·kal 中 -[e]s/-e 警備員(見張番)の詰所.
'Wach·mann 男 -[e]s/..leute(¨er) 1 警備(監視)員; 守衛. 2《複数..leute》(()) 警官.
'Wach·mann·schaft 囡 -/-en 《集合的に》警備班, 衛兵(隊).
Wa'chol·der [va'xɔldər] 男 -s/- 1《植物》びゃくしん(柏槙)属(いぶき・ねずみさしなど). 2 =Wacholderbranntwein
Wa'chol·der·bee·re 囡 -/-n びゃくしん属の実; 杜松実(とし ょうじつ)の果実.
Wa'chol·der·brannt·wein 男 -[e]s/-e 杜松()酒, ジン.
Wa'chol·der·strauch 男 -[e]s/¨er ねず(杜松)の茂み.
'Wach·pos·ten 男 -s/- 歩哨, 衛兵.
'wach|ru·fen* 他 (記憶などを)呼びもどす, 呼び覚ます. den alten Schmerz wieder ~ 古傷に触れる. ◆ただし, j⁴ wach rufen 人'を呼び起す(↑wach 1).
'wach|rüt·teln 他 揺り動かして目を覚まさせる, 揺り起す. j² Gewissen ~ 人'の良心を呼び覚す. ◆ただし, j⁴ wach rütteln 人'を揺り起す(↑wach 1).
*Wachs [vaks ヴァクス] 中 -es/-e 蠟, ワックス; (Bienenwachs) 蜜蠟. Kerzen aus [echtem] ~ 蜜蠟でできた蠟燭(). Ihr Gesicht war weiß〈gelb〉 wie ~. 彼女の顔は蒼白だった(血の気がなかった). Er schmolz dahin wie ~. 彼はすっかり抵抗を諦めてしまった. in j² Hand〈Händen〉 sein 人'の言いなり(思いのまま)である.
'Wachs·ab·druck 男 -[e]s/¨e 蠟型.
'wach·sam 形 [vaxza:m] 油断なく見張っている, 用心深い, 警戒を怠らない. Sei ~! 油断するな. ein ~es Auge auf j〈et〉⁴ haben《話》人〈物〉'に目を光らせている. et⁴ ~ verfolgen 事'を注意深く見守る.
'Wach·sam·keit 囡 -/ 用心(注意)深さ, 警戒心.
'Wachs·bild ['vaks..] 中 -[e]s/-er 蠟()製の像, 蠟人形.
Wachs·bild·ne'rei [vaksbıltnə'raɪ] 囡 -/ 蠟細工(を作ること).
'wachs'bleich 形 蠟()のように白い, 蒼白な.
'wach·seln ['vaksəln] 他 ((())) (スキーなどに)ワックスをかける.

'wach·sen¹* ['vaksən ヴァクセン] wuchs, gewachsen / du wächst, er wächst 自 (s) 1 成長する, 発育する, 伸びる, 育つ. Der Junge ist wieder ein ganzes Stück gewachsen. 少年はまた一回り大きくなった. Die Fingernägel〈Die Höhreaugen〉 wachsen. 指の爪が伸びる〈魚の目が大きくなる〉. sich³ lange Haare〈einen Bart〉 ~ lassen 髪の毛を長く伸ばす〈ひげを生やす〉. Diese Pflanze wächst nur auf feuchten Böden. この植物は湿地にしか育たない. Der Kristall wächst langsam. 結晶はゆっくりと大きくなる. Die Schatten wuchsen von Tag zu Tag. 《雅》影が日増しに長くなった. wie aus dem Boden gewachsen 降って湧いたように, まったく不意に. aus seinen Sachen〈Kleidern〉 ~ 大きくなって服が合わなくなる. in die Höhe〈die Breite〉 ~ (植物が)上に伸びる〈横に広がって茂る〉. 2 (a) 数(量)が増える, 大きくなる, 嵩()を増す. Die Einwohnerzahl wächst von Jahr zu Jahr. 人口が年々増加する. Die Flut〈Der Mond〉 wächst. 潮が高くなる〈月が満ちていく〉. Die Stadt ist gewachsen. その都市は大きくなった. wachsende Kosten かさむ費用. (b) 強まる, 高まる, 募()る. Sein Ärger wuchs immer mehr. 彼の怒りはますます募った. Der Lärm wuchs ins Unerträgliche. 騒音は耐えられない程大きくなった. Der Sturm wächst immer mehr. 嵐は激しくなるばかりだ. mit wachsendem Interesse zuhören ますます興味を募らせて耳を傾ける. ◆↑gewachsen
'wach·sen² (物'に)ワックスを引く(塗る, かける). den Fußboden〈die Skier〉 ~ 床にワックスを引く〈スキーにワックスをかける〉. 《目的語なしで》Ich habe falsch gewachst. 私は(スキーの)ワックスの選択を間違えた. ◆↑gewachst
'wäch·sern ['vɛksərn] 形 1 蠟()でできた. 2《雅》蠟のように青白い.
'wäch·sest ['vɛksəst] wachsen¹ の現在 2 人称単数 wächst の別形.
'Wachs·far·be 囡 -/-n 1 蠟()絵具. 2 蠟用の着色剤. 3 蠟色鉛筆.
'Wachs·fi·gur 囡 -/-en 蠟()細工品; 蠟人形.
'Wachs·fi·gu·ren·ka·bi·nett 中 -s/-e 蠟()人形館.
'wachs·gelb 形《比較変化なし》蜜蠟()のように黄色い.
'Wachs·ker·ze 囡 -/-n (蜜蠟でできた)蠟燭().
'Wachs·lein·wand 囡 -/《複数 ¨e》 =Wachstuch
'Wachs·licht 中 -[e]s/-er =Wachskerze
'Wachs·pa·pier 中 -s/-e 蠟()引き紙, パラフィン紙.
'Wachs·stock 男 -[e]s/¨e 螺旋()蠟燭().
wächst [vɛkst] wachsen の現在 2·3 人称単数.
'Wach·sta·ti·on [vax..] 囡 -/-en 集中治療科(病棟).
'Wach·stu·be 囡 -/-n 衛兵詰所, 守衛室.
'Wachs·tuch ['vaks..] 中 -[e]s/-e(¨er) 1《複数 -e》蠟()引き布, オイルクロス. 2《複数 ¨er》蠟引き布のテーブルクロス.
'Wachs·tum ['vakstu:m] 中 -s/ 1 (a) 成長, 発育. im ~ begriffen sein 成長中である. im ~ zurückgeblieben sein 発育(成長)が遅れている. (b) (人口などの)増大, 増加; (経済の)発展, 成長. die Grenzen des [wirtschaftlichen] ~s 経済成長の限界. eine am ~ orientierte Wirtschaft 成長経済. 2 農作物. eigenes ~ 自家製の作物; (とくに)自家製のワイン.
'Wachs·tums·bran·che 囡 -/-n《経済》(将来性の高い)成長部門.
'Wachs·tums·hor·mon 中 -s/-e《生理》成長ホルモン.
'Wachs·tums·ra·te 囡 -/-n 1《生物》(個体の一定期間内の)成育(成長)比率. 2《経済》経済成長率.
'wachs'weich ['vaks·vaɪç] 形 1 蠟()のように(非常に)柔らかい, ぐにゃぐにゃの. 2《侮》骨のない, 意気地なしの; あやふやな, 煮えきらない. eine ~e Entscheidung はっきりしない決断.
'Wachs·zie·her 男 -s/- 蠟燭()製造人.
Wacht [vaxt] 囡 -/-en《古》=Wache

'**Wacht·dienst** 男 -[e]s/-e 《古》=Wachdienst
°'**Wäch·te** ['vɛçtə] ↑Wechte
'**Wach·tel**¹ ['vaxtəl] 囡 -/-n **1**《鳥》うずら(鶉). **2** 看守(受刑者の仲間内での用語). **3**《卑》(Spinatwachtel) おかしな格好をした婆(⁂).
'**Wach·tel**² 男 -s/- =Wachtelhund
'**Wach·tel·hund** 男 -[e]s/-e スパニエル犬(猟犬の一種).
'**Wach·tel·kö·nig** 男 -s/-e《鳥》うずらくいな(鶉水鶏).
'**Wäch·ter** ['vɛçtər] 男 -s/- 見張り，番人；守衛，警備員；《話》事故防止装置(家庭内での幼児の事故を防止するための一種の盗難装置).
'**wacht·ha·bend** 形 =wachhabend
'**Wacht·meis·ter** 男 -s/- **1**《軍事》(1945までの国防軍 Wehrmacht における騎兵部隊・砲兵部隊などの)軍曹. **2** 警官, お巡り；《複数なし》巡査(最下級の警察官の官位).
'**Wacht·pa·ra·de** 囡 -/-n 衛兵パレード.
'**Wacht·pos·ten** 男 -s/- =Wachtposten
'**Wach·traum** 男 -[e]s/..träume 白昼夢, 白日夢.
'**Wach·stu·be** 囡 -/-n《古》=Wachstube
'**Wacht·turm** 男 -[e]s/..türme =Wachtturm
'**Wach·turm** 男 -[e]s/..türme 望楼, 物見やぐら.
*'**wa·cke·lig** ['vakalıç ヴァケリヒ] 形 **1**(椅子などが)ぐらぐらする；(車などが)がたがきている. ein ~*er* Zahn ぐらぐらしている歯. ein ~*er* Greis よぼよぼの老人. Er ist nach der langen Krankheit noch etwas ~. 彼は長患(⁂)いのあとでまだ足が少しふらついている. **2**《話》(立場・地位などが)あやうい. Er steht ~. 彼はピンチだ. Der Schüler steht ~. その生徒は進級が覚束(⁂)ない. Das Unternehmen steht ~. その企業は倒産しかけている.
'**Wa·ckel·kon·takt** ['vakəl..] 男 -[e]s/-e《電子工》接触不良.

'**wa·ckeln** ───────
['vakəln ヴァケルン] 国 (h, s) **1**(h) (椅子・机などが)ぐらぐらする. Der Zahn *wackelt*. 歯がぐらぐらする. Seine Position〈Die Firma〉*wackelt*.《話》彼の地位が危うい〈この会社は倒産しそうだ〉. **2**(h)《話》(戸・窓ガラスなどが)がたがた鳴る. Da *wackelt* die Wand!《話》えらい賑やかな騒ぎだ. **3**(h)《話》(a) (an et³ 物³)を揺さぶる. an der Tür〈am Zaun〉~ 戸〈垣根〉を揺する. (b) (mit et³ 物³)を振る. mit den Hüften〈Ohren〉~ 腰を揺らす〈耳をひくひく動かす〉. **4**(s)《話》(幼児・老人などが)よちよち〈よろよろ〉歩く.

'**Wa·ckel·pud·ding** 男 -s/-e(-s) ぷるんぷるんプリン(デザートに出る柔らかいプリン).
'**wa·cker** ['vakər] ❶ 形 **1**《古》誠実な, 実直な. ein ~*er* Handwerker 実直な職人. **2** 勇敢な；《戯》あっぱれな, おみごとな. ein ~*er* Kämpfer 勇敢な戦士. *Wacker*!《戯》おみごと. ein ~*er* Esser《戯》大食漢, 健啖(⁂)家. ❷ 副 さんざんに, したたかに. j⁴ ~ verprügeln 人⁴をさんざんに殴りつける.
'**wack·lig** ['vaklıç] 形 =wackelig
'**Wa·de** ['va:də] 囡 -/-n ふくらはぎ(腓腸), こむら(腓)；《解剖》腓腹(⁂). einen Krampf in den Waden bekommen こむら返りを起こす.
'**Wa·den·bein** ['va:dən..] 男 -[e]s/-e《解剖》腓骨(⁂).
'**Wa·den·krampf** 男 -[e]s/..krämpfe 腓(⁂)返り(腓腹筋の攣れん).

'**Wa·den·mus·kel** 男 -s/-n《解剖》腓腹(⁂).
'**Wa·den·strumpf** 男 -[e]s/..strümpfe **1**《古》ハイソックス. **2** ニーソックス(バイエルン・チロル地方の民俗衣装の, 膝下から踝(⁂)までの男性用長靴下).
'**Wa·den·wi·ckel** 男 -s/- 腓腹(⁂)湿布.
'**Wa·di** ['va:di] 男 -s/-s《arab.》《地理》ワジ(北アフリカ・アラビアなどの雨期にのみ水が流れる川床・谷).

➡'**Waf·fe** ['vafə ヴァフェ] 囡 -/-n **1** 武器, 兵器. herkömmliche〈nukleare〉~*n* 通常〈核〉兵器. Sein Witz ist seine beste ~. 機知こそ彼の最大の武器である. ~*n* [bei sich³] führen〈tragen〉武器を携帯している. die ~*n* aus der Hand geben 自ら手の内を明かしてしまう. *seinem* Gegner selbst die ~ in die Hand geben 当の相手に武器(反撃のための論拠)を与えてしまう. mit j³ die ~*n* kreuzen《雅》人³と干戈(⁂)を交える, 論争をする. die ~*n* niederlegen〈schweigen lassen〉《雅》武器をおく, 戦闘をやめる. die ~*n* sprechen lassen《雅》戦闘を開始する. die ~*n* strecken《雅》降参(屈伏)する；敗北を認める, 降伏する. in〈unter〉[den] ~*n* sein〈stehen〉《雅》戦闘準備ができている. mit geistigen ~*n*〈~ des Geistes〉kämpfen《雅》知力をもって戦う. Ich konnte ihn mit seinen eigenen ~*n* schlagen.《雅》私は彼を逆に彼自身が使った論法でやりこめることができた. unter den ~*n* stehen《雅》兵役に就いている. zur ~ greifen 武器を取る, 武力に訴える. j⁴ zu den ~*n* rufen《雅》《古》人⁴を兵役に召集する. **2**《複数なし》(Waffengattung) 兵種, 兵科. Bei welcher ~ hast du gedient? お前は軍隊では何科だったのか. **3**《複数で》《猟師》(a) (猪の)牙(⁂). (b) (山猫・猛禽類の)鉤爪(⁂).
'**Waf·fel** ['vafəl] 囡 -/-n《料理》ワッフル. einen an der ~ haben《話》頭がちょっとおかしい.
'**Waf·fel·ei·sen** 田 -s/- ワッフルの焼き型.
'**Waf·fen·bru·der** 男 -s/..brüder《雅》戦友.
'**Waf·fen·dienst** 男 -[e]s/《古》兵役, 軍務.
'**waf·fen·fä·hig** 形《副詞的には用いない》兵役に耐え得(⁂)る, 武器を取って戦える.
'**Waf·fen·gang** 男 -[e]s/..gänge《古》戦闘.
'**Waf·fen·gat·tung** 囡 -/-en《軍事》兵科, 兵種.
'**Waf·fen·ge·walt** 囡 -/ 武力.
'**Waf·fen·lie·fe·rung** 囡 -/-en 武器の供給.
'**waf·fen·los** 形 武器を持たない, 武装していない. ~*er* Dienst 非軍事役務(ドイツで武器を取ることを拒否する者に課せられる代替役務, 徴兵役).
'**Waf·fen·rock** 男 -[e]s/..röcke《古》軍服(の上着).
'**Waf·fen·ru·he** 囡 -/ (一時的な)休戦. ↑Waffenstillstand
'**Waf·fen·schein** 男 -[e]s/-e 銃砲携帯許可証.
'**Waf·fen·schmied** 男 -[e]s/-e《古》武具師, 刀鍛冶(⁂).
'**Waf·fen·still·stand** 男 -[e]s/..stände 停戦. einen ~ schließen 停戦協定を結ぶ.
'**waff·nen** ['vafnən]《古》❶ 他 (人⁴に)武装させる, 武器を持たせる. ❷ 再 (**sich**) 武装する. *sich* gegen et⁴ ~ 事⁴(いやな事など)に備える.
'**wäg·bar** ['vɛːkbaːr] 形 計量できる；考量に価する.
'**Wa·ge·hals** ['va:gəhals] 男 -es/-e 無鉄砲な人, 命知らず, 向こう見ず.
'**wa·ge·hal·sig** ['va:gəhalzıç] 形 =waghalsig
'**Wä·gel·chen** ['vɛːgəlçən] 田 -s/-《Wagen の縮小形》小さな車.
'**Wa·ge·mut** ['va:gəmuːt] 男 -[e]s/ 大胆さ.

'wa·ge·mu·tig [..muːtɪç] 形 大胆(不敵)な, 勇敢な.

*'wa·gen ['vaːgən ヴァーゲン] ❶ 他 1 (全財産・地位などを)かける, 賭(と)ける. sein Leben ~ 命を賭ける, 身命(とみ)を賭する. 2 あえてする, 思い切ってする; …する勇気(自信)がある. eine Frage ~ 思い切って質問する. ein Spiel ~ 思い切って勝負をする. ein Wort ~ あえて一言(ざん)する. Er wagte, kein Wort zu sagen. 彼はあえてひと言も言わなかった. Ich wage nicht zu behaupten, dass dies alles richtig ist. これがすべて正しいとは私には言い切れないのです. Wollen wir ein Tänzchen ~? 《戯》ちょっと一曲踊りませんか. Frisch gewagt ist halb gewonnen.《諺》断じて行えば半ばは成功.《目的語なしで》Wer wagt, gewinnt, wer nicht wagt, der nicht gewinnt.《諺》虎穴(こけつ)に入らずんば虎児(こじ)を得ず.

❷ 再《sich⁴》《方向を示す語句と》sich auf die Straße 〈aus dem Haus〉~ 思い切って外へ出る〈家から出る〉. sich nicht unter Menschen ~ 人中へ出ていく勇気がない. sich an eine schwere Aufgabe ~《比喩》あえて困難な課題に挑(いど)む(ぶつかっていく).

◆ ↑gewagt

'Wa·gen ['vaːgən ヴァーゲン] 男 -s/- 《南ド·オースト·スイス》1 (a) (牛馬などの牽(ひ)く)乗用·運搬用の)車; (とくに)馬車. ein zweirädriger ~ 2輪車. einen ~ mit vier Pferden fahren 4頭立ての馬車を駆る. den ~ mit Pferden bespannen / die Pferde an〈vor〉den ~ spannen 車に馬をつなぐ. auf〈in〉den ~ steigen 馬車に乗る.《慣用的表現で》j³ an den ~ fahren 〈pinkeln/pissen〉《話》j³ を侮辱する, くさすだけやってつける. sich⁴ nicht vor j² ~ spannen lassen《話》人⁴のお棒手を担(かつ)ぐようなまねはしない. Ich werde eine kleine Weile abwarten〈sehen〉, wie der ~ abläuft.《話》私はしばらく事態の推移を見守るとしよう. (b) der Große〈Kleine〉~《天文》大熊〈小熊〉座. (Handwagen) 手押し車; (Kinderwagen) 乳母車, ベビーカー; (Servierwagen) ワゴン. 2 自動車. ein gebrauchter ~ 中古車. seinen ~ waschen〈reparieren〉lassen 車を洗車〈修理〉に出す. aus dem〈in den〉~ steigen 車を降りる〈車に乗る〉. 4 (鉄道の)車両. ein Zug mit 10 ~ 10両編成の列車. ein ~ der Linie 10 10系統の電車(市電). 5《工学》(タイプライターなどの)キャリッジ.

'wä·gen* ['vɛːgən] wog (wägte), gewogen (gewägt) 他 1《古》(物⁴の)目方(重さ)を量る. 2《雅》考量する, よく考える. j² Worte ~ 人²の言葉(の意味)をよく考えてみる. Erst ~, dann wagen.《諺》熟慮断行.

'Wa·gen·bau·er 男 -s/- 車大工.
'Wa·gen·burg 女 -/-en《古》車の円陣(古代·中世に防塞として陣地のくるりを車で円く囲った).
'Wa·gen·füh·rer 男 -s/- 電車(バス)の運転士.
'Wa·gen·he·ber 男 -s/- (自動車用の)ジャッキ.
'Wa·gen·ko·lon·ne 女 -/-n 車の長い列.
'Wa·gen·la·dung 女 -/-en 1 貨車(トラック)の積荷. 2 貨車1両(トラック1台)分の積荷量.
'Wa·gen·pa·pie·re 複《話》自動車に必要な書類; 車検証, 登録証.
'Wa·gen·park 男 -s/-s(-e) (会社などの)総保有車両(数).
'Wa·gen·rad 中 -[e]s/¨er 1 車輪. 2《戯》つばの広い婦人帽.
'Wa·gen·schlag 男 -[e]s/¨e《古》車のドア, 馬車の扉.
'Wa·gen·schmie·re 女 -/ 車両用グリース.
'Wa·gen·spur 女 -/-en 車両の跡, 轍(わだち).
'Wa·gen·stands·an·zei·ger 男 -s/- 列車編成表示板.
'Wa·gen·wä·sche 女 -/-n 洗車.
'Wa·ge·stück ['vaːgə..] 中 -[e]s/-e《古》大胆な行為, 冒険.

'Wag'gon [vaˈgõː, vaˈgɔŋ, 南ドイツ·オーストリア vaˈgoːn] 男 -s/-s(南ドイツ·オーストリア·スイス -e)《(engl.)》(鉄道の)車両; (とくに)貨車. vier ~s Kohle 貨車4輌分の石炭.
wag'gon·wei·se 副 貨車ごとに, 貨車1輌1輌; 貨車で.
'wag·hal·sig ['vaːkhalzɪç] 形 1 向こう見ずな, 無謀な, 無鉄砲な. 2 リスクの多い, 危険な.
'Wag·ner¹ ['vaːgnər] 男 -s/-《南ドイツ·オーストリア·スイス》車大工.
'Wag·ner² ['vaːgnər]《人名》Richard ~ リヒャルト·ヴァーグナー (1813-83, ドイツの作曲家,『トリスタンとイゾルデ』Tristan und Isolde や『ニーベルングの指環』Der Ring des Nibelungen など).
Wag·ne·ri·a·ner [vaːgnəriˈaːnər] 男 -s/- 作曲家ワーグナーの崇拝者, ワグネリアン.
'Wag·nis ['vaːknɪs] 中 -ses/-se 大胆な行為, 冒険; リスク. ein ~ eingehen〈auf sich⁴ nehmen〉リスクを冒す〈負う〉.
Wa·gon [vaˈgõː, vaˈgɔŋ, 南ドイツ·オーストリア vaˈgoːn] 男 -s/-s(南ドイツ·オーストリア·スイス -e) = Waggon
wa·gon·wei·se 副 = waggonweise

'Wahl [vaːl ヴァール] 女 -/-en 1《複数なし》選択. die Freiheit der ~ des Arbeitsplatzes 職場選択の自由. Die ~ steht dir frei. 選択は君の自由だ. Er heiratete schließlich das Mädchen seiner ~.《雅》彼は結局自分で選んだ女の子と結婚した. zwischen drei Dingen die ~ haben 3つの物の中から自由に選べる. Wer die ~ hat, hat die Qual.《諺》選択の自由には苦労はつきもの, 《何かに菖蒲(あやめ)かと引きぞ煩(わずら)う. Ich hatte〈Mir blieb〉keine andere ~. 私には他に選択の余地はなかった. eine gute〈schlechte〉~ treffen 上手〈下手〉な選択をする〈選択を誤る〉. seine ~ treffen どちらにするか心を決める. Er kam in die engere ~. 彼は2次選考に残った. nach seiner〈eigener/freier〉~ 自分で自由に選んで. Ich stand vor der ~, dies oder das zu nehmen. これをするかそっちを取るかは選択を迫られた. j⁴ vor die ~ stellen 人⁴に選択を迫る. 2 (a) 選挙. die ~ des Papstes〈des Präsidenten〉教皇〈大統領〉選挙. die ~en zum Landtag 州議会選挙. eine direkte〈indirekte〉~ 直接〈間接〉選挙. eine ~ durch Stimmzettel〈Handaufheben〉投票〈挙手〉による選挙. die ~ gewinnen 選挙に勝利する. zur ~ berechtigt sein 選挙権がある. zur ~ gehen〈schreiten〉選挙(投票)に行く. (b)《複数なし》(選挙による)選出. Die ~ ist auf ihn gefallen. (選挙で)彼が選出された. die〈seine〉~ zum Vertrauensmann annehmen 代議員選出を受諾する. Drei Kandidaten stehen zur ~. 候補者が3人立っている. sich⁴ zur ~ stellen 立候補する. j⁴ zur ~ vorschlagen 人⁴を候補に推す. 3《商業》等級, 品質. Waren erster〈zweiter〉~ 1級〈2級〉品.
'Wahl·akt 男 -[e]s/-e 選挙行為, 投票.
'Wahl·al·ter 中 -s/- 選挙(被選挙)権取得年齢.

Wahlausschuss

'**Wahl·aus·schuss** 男 -es/⁻e 選挙管理委員会.
'**wähl·bar** ['vɛːlbaːr] 形 **1** 被選挙権のある. **2**《まれ》選択の余地がある, 選択可能な.
'**Wähl·bar·keit** 女 -/ 被選挙資格.
'**Wahl·be·ein·flus·sung** ['va:l..] 女 -/-en 選挙干渉.
'**wahl·be·rech·tigt** 形 選挙権のある.
'**Wahl·be·rech·tig·te** 男女《形容詞変化》有権者.
'**Wahl·be·rech·ti·gung** 女 -/ 選挙権(を有すること).
'**Wahl·be·tei·li·gung** 女 -/ 投票率.
'**Wahl·be·zirk** 男 -[e]s/-e (それぞれ1つ投票所のある)投票区.
'**Wahl·el·tern** 複《言いかえ》(Adoptiveltern) 養父母.

'**wäh·len** ['vɛːlən ヴェーレン] ❶ 他 **1** 選ぶ, 選択する. einen falschen Beruf ~ 職業の選択を誤る. ein Gericht [auf der Speisekarte] ~ 料理を1品選ぶ. seine Worte [mit Bedacht] ~ 言葉を慎重に選ぶ. sich³ j⁴ zum Freund 〈Vorbild〉 ~ 人⁴を友人〈手本〉に選ぶ.《目的語なしで》Du hast klug gewählt. 君の選択は賢明だった. Haben Sie schon gewählt?〈レストランなどで店員がお客に〉もうお決りになりましたか. unter〈zwischen〉mehreren Möglichkeiten ~ いくつかの可能性の中から選ぶ. **2** (電話番号を)ダイヤルで回す, プッシュボタンで押す. Welche Nummer haben Sie gewählt? 何番へおかけになりましたか. die Zentrale ~ 交換局のダイヤルを回す, (に)電話をかける.《目的語なしで》Erst ~, wenn das Zeichen ertönt. 信号音が聞こえてからダイヤルを回す(プッシュボタンを押す)こと. falsch ~ 間違った電話番号を回す(押す). **3** 選挙する, 選ぶ; 投票する. einen Bürgermeister ~ 市長を選ぶ. j⁴ ins Parlament〈zum Vorsitzenden〉~ 人⁴を国会議員〈議長〉に選ぶ. Wen〈Welche Partei〉hast du gewählt? 誰〈どの党〉に投票したの.
❷ 自 投票する. Ich darf noch nicht ~. 私はまだ選挙権がない. Er wählt konservativ. 彼は保守党に入れる. ~ gehen 投票に行く.
◆↑gewählt

'**Wäh·ler** ['vɛːlər] 男 -s/- 選挙人, 有権者.
'**Wahl·er·geb·nis** 中 -ses/-se 選挙結果.
'**wäh·le·risch** ['vɛːlərɪʃ] 形 選り好みする, 好き嫌いが激しい. Er ist im Essen nicht gerade ~. 彼は食べ物にさほどうるさくない.
'**Wäh·ler·lis·te** 女 -/-n 選挙人名簿.
'**Wäh·ler·schaft** 女 -/-en《複数まれ》《総称的に》有権者.
'**Wäh·ler·schei·be** 女 -/-n《まれ》=Wählscheibe
'**Wahl·fach** ['va:l..] 中 -[e]s/⁻er (↔ Pflichtfach) 選択科目.
'**wahl·frei** 形《比較変化なし》自由に選択できる. ein ~ es Fach 随意(選択)科目.
'**Wahl·gang** 男 -[e]s/⁻e (数回行われるうちの)1回の投票. erst im dritten ~ gewählt werden 3次投票でやっと当選する.
'**Wahl·ge·heim·nis** 中 -ses/-se (選挙における)投票の秘密.
'**Wahl·ge·schenk** 中 -[e]s/-e 選挙公約.
'**Wahl·ge·setz** 中 -es/-e 選挙法.
'**Wahl·hei·mat** 女 -/ (生れ故郷ではない)自ら選んだ永住の地, 第2の故郷.

'**Wahl·ka·bi·ne** 女 -/-n (投票所の)投票用紙記入ボックス.
'**Wahl·kampf** 男 -[e]s/⁻e 選挙戦.
'**Wahl·kreis** 男 -es/-e《政治》選挙区.
'**Wahl·lis·te** 女 -/-n 立候補者名簿.
'**Wahl·lo·kal** 中 -[e]s/-e 投票所.
'**Wahl·lo·ko·mo·ti·ve** 女 -/-n《話》看板候補(選挙戦で党の牽引役となる候補者).
'**wahl·los** ['va:llo:s] 形《述語的には用いない》見さかいなしの, 無差別の, 手当り次第の.
'**Wahl·mann** 男 -[e]s/⁻er《多く複数で》《政治》(間接選挙の)代議員, 中間選挙人.
'**Wahl·pa·ro·le** 女 -/-n 選挙スローガン.
'**Wahl·pe·ri·o·de** 女 -/-n《政治·法制》選出期間, 被選期間(選出された議員の任期).
'**Wahl·pflicht** 女 -/ 選挙義務.
'**Wahl·pflicht·fach** 中 -[e]s/⁻er 選択必修科目.
'**Wahl·pla·kat** 中 -[e]s/-e 選挙用ポスター.
'**Wahl·pro·gramm** 中 -s/-e (政党などの)選挙公約.
'**Wahl·recht** 中 -[e]s/ **1** 選挙(被選挙)権. aktives〈passives〉 ~ 選挙〈被選挙〉権. **2** 選挙法.
'**Wahl·re·de** 女 -/-n 選挙演説.
'**Wähl·schei·be** ['vɛːl..] 女 -/-n (電話の)ダイヤル.
'**Wahl·sieg** ['va:l..] 男 -[e]s/-e 選挙での勝利.
'**Wahl·spruch** 男 -[e]s/⁻e 標語, モットー.
'**Wahl·sys·tem** 中 -s/-e 選挙制度.
'**Wahl·tag** 男 -[e]s/-e 投票日.
'**Wahl·ur·ne** 女 -/-n 投票箱. zur ~ schreiten《雅》投票に行く.
'**Wahl·ver·samm·lung** 女 -/-en 選挙演説会.
'**Wahl·ver·tei·di·ger** 男 -s/-《法制》私選弁護人.
'**wahl·ver·wandt** 形 親和性のある.
'**Wahl·ver·wandt·schaft** 女 -/-en 親和性;《化学》親和力.
'**wahl·wei·se** ❶ 形 各自の選択による. ❷ 副 自分の選択によって.
'**Wahl·zel·le** 女 -/-n = Wahlkabine
'**Wahl·zet·tel** 男 -s/- (Stimmzettel) 投票用紙.
*'**Wahn** [va:n ヴァーン] 男 -[e]s/ **1**《雅》妄想, 思いこみ, 錯覚; 精神錯乱. Er ist in dem ~ befangen, dass… 彼は…という妄想にとらわれている. **2**《心理》妄想.
'**Wahn·bild** 中 -[e]s/⁻er 妄想の産物, 幻影.
'**wäh·nen** ['vɛːnən] 他《雅》誤って思いこむ. Ich wähnte, er sei auf Reisen. Ich wähnte ihn auf Reisen. 私は彼が旅行中だとばかり思いこんでいた.
'**Wahn·idee** ['va:n..] 女 -/-n 妄想, 強迫観念.
*'**Wahn·sinn** ['va:nzɪn ヴァーンズィン] 男 -[e]s/ (↓ wahnsinnig) **1**《心理·医学》狂気, 精神異常. in ~ verfallen 発狂する. **2**《話》常軌を逸した言動, 狂気の沙汰. Das ist doch heller〈reiner〉 ~ ! それはもう狂気の沙汰としか言いようがない. Bist du des ~ s fette Beute?《戯》君は頭が変になったのか.
*'**wahn·sin·nig** ['va:nzɪnɪç ヴァーンズィニヒ] 形 **1** (a) 狂気の, 精神異常(錯乱)の. ~ werden 気が狂う. wie ~ schreien 狂ったように叫ぶ. (b)《話》頭が変になった, 正気でない. Ich könnte ~ werden vor Angst.《話》心配で心配で気が変になりそうだ. Mensch, ich werde ~ !《話》うわぁ, これはすごい. **2**《話》常軌を逸した, 気違いじみた. Dieser Plan ist doch ~ ! この計画はまったく狂気の沙汰だよ. **3**《話》

とてつもない，ものすごい． ~en Hunger haben おそろしく腹がへっている． in einem ~en Tempo 猛スピードで． Das war ja ~ teuer. それはもう目玉がとび出るほどの値段だったよ． sich⁴ ~ freuen ものすごく喜ぶ，欣喜雀躍(きんきじゃくやく)する．

'**Wahn·sin·ni·ge** 囲《形容詞変化》精神異常者，狂人.《話》頭が狂った人．

'**Wahn·sinns·ar·beit** 囡-/《話》大変な仕事，とんだ大仕事．

'**Wahn·sinns·hit·ze** 囡-/《話》とんでもない猛暑．

'**Wahn·sinns·tat** 囡-/-en **1** 精神錯乱による行為. **2**《話》狂気の沙汰．

'**Wahn·vor·stel·lung** 囡-/-en (Wahnidee) 病的な妄想．

'**Wahn·witz** ['va:nvɪts] 男-es/ 狂気の沙汰, 突拍子もない馬鹿げた行為.

'**wahn·wit·zig** 厖 **1** 全く馬鹿げた，狂気の沙汰の. **2** (wahnsinnig 3) とてつもない，ものすごい．

wahr [va:r ヴァール] 厖 **1** 事実の，本当にあった，実際の，本当の． eine ~e Begebenheit 本当にあった出来事． eine ~e Geschichte 本当の話，実話． sein ~es Gesicht zeigen 仮面を脱ぐ，正体を現す． der ~e Sachverhalt〈Täter〉 事の真相〈真犯人〉． Das ist ein ~es Wort. 君の言ったことはまさにその通りだ． Das ist alles nur zu ~. 残念だが何もかも本当（事実）だ． Das kann〈darf〉 doch nicht ~ sein! まさかそんなはずはないよ． Das ist schon gar nicht mehr ~.《話》そんなことはもうとっくの昔の話だ． Davon ist kein Wort ~. その話は全部嘘っぱちだ． So ~ ich lebe! / So ~ ich hier stehe!《古》誓って，神かけて． Wie ~! / Sehr ~! まったくその通りだ． ~ und wahrhaftig 本当に，冗談〈嘘〉じゃなく. sein Versprechen ~ machen 約束を実行する． ~ werden (夢などが)実現する.《とくに **nicht wahr** の形で／同意を促す》 Du kommst doch mit, nicht ~? 君も来るんでしょう，ね(そうよ)．**2**《付加語的用法のみ》(a) 真(真正)の，本当の意味での． ein ~er Freund 真の友． Er ist ein ~er Künstler. 彼こそ本当の芸術家だ． ~e Liebe まことの愛． im ~sten Sinne des Wortes 言葉の真の意味において． (b)《名詞の意味を強めて》 Es ist ein ~er Wunder, dass dir nichts passiert ist. お前の身に何事もなかったことはまさに奇跡というものだ．

'**wah·ren** ['va:rən] 他 **1** (権利・利益などを)守る． **2** 保持する，保つ． den Abstand zu et³ ~ 物³との距離を保つ． seine Ehre〈Würde〉 ~ 自分の名誉を守る〈品位を保つ〉． ein Geheimnis ~ 秘密を守る． die Neutralität ~ 中立を保つ． den Schein ~ 体裁をとりつくろう． Stillschweigen ~ 沈黙を守る． j³ die Treue ~《雅》人³に対して信義を守る．

'**wäh·ren** ['vɛ:rən] 圁《雅》続く，持続(継続)する． Das Fest währte drei Tage. 祭は3日続いた． Sein Glück währte nicht lange. 彼の幸運は長くは続かなかった． Ehrlich währt am längsten.《諺》正直が最も長続きする，正直は最良の策． Was lange währt, wird endlich gut.《諺》せいては事を仕損じる(長く時間をかけたものは値は良いものになる).《非人称的に》 Es währte nicht lange, da erschien sie wieder. 彼女はまた姿を現した．

'**wäh·rend** ['vɛ:rənt ヴェーレント] ❶ 前《2格支配／まれに3格支配 ↑▶》…の間(に)，…の間じゅう． Während des Essens〈dem Essen〉 dürft ihr nicht sprechen. お前たち食事中は話をしてはいけないよ． ~ zweier Jahre / ~ zwei Jahren 2年間． ~ des Professors aufschlussreichem Vortrag その教授の啓発されるところの多い講演の間.《とくに動詞 **dauern** と》⌒ Die Vorführung dauerte ~ einiger Stunden. 上演(上映)は数時間続いた．
▶ 口語や古い用法では，また支配される名詞が2格であることが形の上で明らかでないとき，あるいは支配される名詞の前に別の名詞の2格形があるときは，3格支配となる．

❷ 圈《従属／定動詞後置》 **1** …している間(に)． Sie las, ~ er schlief. 彼が眠っている間，彼女は読書をしていた． Während wir verreist waren, hat man bei uns eingebrochen. 旅行に出ている間に私たちの家に泥棒が入った． **2** …であるのに対して． Der eine spart, ~ der andere sein Geld verschwendet. 片一方が浪費家であるのにひきかえ，もう一方はしまつ屋だ．

wäh·rend'dem [vɛ:rənt'de:m] 副《話》 =währenddessen

wäh·rend'des [vɛ:rənt'dɛs] 副 =währenddessen

wäh·rend'des·sen [vɛ:rənt'dɛsən] 副 その間に，そうしている間に．

'**wahr|ha·ben*** 他《次の用法で》 et⁴ nicht ~ wollen 事を認めようとしない．

'**wahr·haft** ['va:rhaft] 厖 **1**《古》誠実な，正直な． **2**《雅》真(真実)の． ein ~er Freund 真の友． ~e Tugend 本物の道徳． eine ~ große Tat 真実偉大な行為．

wahr'haf·tig [va:r'haftɪç, '---] ❶ 副《雅》《副詞的には用いない》誠実な，正直な；真実の． Gott ist ~.《聖書》神は真実なり． Wahrhaftiger Gott! ああ神様，さあ大変だ． Ich habe ~en Gott[e]s nicht gelogen. 私は誓って嘘はついていない． ❷ 副 本当に，実際に． Ich weiß es ~ nicht. 私は本当に知らないんです． wirklich und ~ 絶対間違いなく．

Wahr'haf·tig·keit ['- - - - とも] 囡-/《雅》誠実さ，正直さ．

'**Wahr·heit** ['va:rhaɪt ヴァールハイト] 囡-/-en **1**《複数없》真実性． Die ~ seiner Aussage muss ich jetzt prüfen. 彼の供述の真偽のほどを私はこれから調べなければならない． **2** 真実，事実，本当のこと；《哲学》真理． eine allgemeingültige ~ 普遍妥当の真理． eine alte ~ 昔から認められている真実，もう分かりきったこと． die ganze〈volle〉 ~ 完全な真実，事実のありのまま． die nackte ~ 赤裸々な真実〈ラテン語 nuda veritas からの翻訳借用語〉． Die ~ liegt in der Mitte.《諺》真理は中道にあり． j³ die ~ sagen 人³に本当のことを言う；《比喩》人³にずけっと意見する，はっきり言ってやる． um die ~ zu sagen〈gestehen〉 本当を言うと． der ~³ ins Gesicht schlagen (言説などが)真実(事実)とまったく正反対である． bei der ~ bleiben あくまでも本当のことしか言わない． in ~ 実は，本当は．

'**Wahr·heits·be·weis** 男-es/-e《法制》真実の証明．

'**wahr·heits·ge·mäß** 厖 真実(事実)どおりの，ありのままの．

'**wahr·heits·ge·treu** 厖 =wahrheitsgemäß

'**Wahr·heits·lie·be** 囡-/ 真実に対する愛，誠実(正直)さ．

'**wahr·heits·lie·bend** 厖 真実を愛する．

'**Wahr·heits·sinn** 男 -[e]s/ 真実(真理)を見きわめる目(感覚).

'**Wahr·heits·wid·rig** 形 真実(事実)に悖(もと)る.

'**wahr·lich** ['va:rlɪç] 副〈雅〉本当に, まことに.

'**wahr·nehm·bar** ['va:rne:mba:r] 形 知覚できる, 感じ取れる. mit dem bloßen Auge nicht ~ sein 肉眼では見えない.

*'**wahr|neh·men*** ['va:rne:mən ヴァールネーメン] 他 **1** 知覚する, 気づく, 認める. in der Ferne einen Lichtschein ~ 遠くに一条の光を認める. Sie kam ins Zimmer, ohne mich *wahrzunehmen*. 彼女は部屋に入ってきたが私に気づかなかった. Bis dahin hatte ich keine Veränderung an ihm *wahrgenommen*. その時まで私は彼の変化に気づいていなかった. **2** (a) (機会などを)捉える, 利用する. *seinen* Vorteil ~ 有利な立場を生かす. (b) (権利)を行使する. **3** 《書》(a) (利益など)を代表する. (b) (期限を)守る. einen Termin ~ 期日通りに出頭(出廷)する. (c) (任務など)を引受ける.

'**Wahr·neh·mung** ['va:rne:mʊŋ] 女 -/-en **1** 知覚, 気づく(認める)こと. Es ist eine häufige ~, dass … …ということはしばしば認められることだ. eine ~ machen 知覚する, 気がつく. **2** (機会などの)利用; (権利の)行使; (利益などの)代表; (期限の)遵守(じゅんしゅ); (任務の)受諾.

'**Wahr·neh·mungs·ver·mö·gen** 中 -s/ 知覚能力.

'**wahr|sa·gen** ['va:rza:gən] 他 自 予言する, 占う. aus der Hand ~ 手相をみる. aus den Karten ~ トランプ占いをする. j³ die Zukunft ~ 人³の将来を占う. ◆非分離動詞としても用いる. そのときの過去分詞は gewahrsagt

'**Wahr·sa·ger** ['va:rza:gɐr] 男 -s/- 占い師; 予言者. ◆女性形 Wahrsagerin 女 -/-nen

'**Wahr·sa·ge'rei** [va:rza:gəˈraɪ] 女 -/-en〈侮〉**1**《複数なし》占い. **2** 予言.

'**Wahr·sa·gung** 女 -/-en **1**《複数なし》占い. **2** 予言.

'**währ·schaft** ['vɛ:rʃaft] 形〈スイス〉**1** (靴・布地などが)しっかりした, 丈夫な. **2** 有能な, 信頼できる.

'**Wahr·schau** ['va:rʃaʊ] 女《次の用法でのみ》~!《船員》警戒せよ.

'**wahr|schau·en** ['va:rʃaʊən] 他《船員》(人⁴に)警戒を呼びかける.

wahr'schein·lich [va:rˈʃaɪnlɪç, '---- ヴァールシャインリヒ] ❶ 形 ありそうな, 本当らしい, 間違いない. der ~*e* Täter 犯人の疑いが濃い人物. Das ist möglich, aber nicht sehr ~. それは考えられるがしないまありありそうではない. ~*er* Fehler《統計》確立誤差, 公算誤差. ❷ 副 たぶん, 恐らく. *Wahrscheinlich* kommt er. 十中八九彼は来るだろう. Er hat sehr ~ Recht. 彼の言うことにまず間違いはない. Kommst du heute Abend? — Ja, sehr ~! 今晩来るかい — うん, きっとね. ◆ラテン語 verisimilis からの翻訳借用語.

Wahr'schein·lich·keit 女 -/-en《複数なし》可能性, 蓋然性, 公算. Das wird mit hoher (größer) ~ eintreffen. そうなる公算は大きい(確率は高い). aller ~ nach 十中八九, まず間違いなく. **2**《統計》確率.

Wahr'schein·lich·keits·rech·nung 女 -/《数学》確率論.

'**Wahr·spruch** 男 -[e]s/-e〈古〉《法制》(陪審員による)評決. ◆ラテン語 vere dictum (↑ Verdikt) からの翻訳借用語.

'**Wah·rung** ['va:rʊŋ] 女 -/ (権利・利益などを)守ること, 擁護; (距離・体面・秘密などの)保持.

*'**Wäh·rung*** ['vɛ:rʊŋ ヴェールング] 女 -/-en《経済》**1** (1国の)通貨, 貨幣. Ich hatte nur Schweizer ~ bei mir. 私はスイス・フランしか持合せていなかった. in ausländischer ~ zahlen 外貨で支払う. harte〈weiche〉~ 硬貨〈軟貨〉(金あるいは外貨との交換性が高い〈低い〉通貨). **2** 通貨制度, 本位(貨幣)制度. Gold*währung* 金本位制. Papier*währung* 紙幣本位制. freie ~ 自由本位制(貨幣の価値を金などによって規定せず, 政府・中央銀行が管理する制度. 管理通貨制度ともいう). gebundene ~ 拘束本位制(貨幣の価値を金や銀などで規定する制度).

'**Wäh·rungs·block** 女 -/ [-es] 通貨ブロック.

'**Wäh·rungs·ein·heit** 女 -/-en 通貨単位.

'**Wäh·rungs·fonds** [..fõː] 男 -/[..fõː(s)]/-[..fõːs]《経済》通貨基金.

'**Wäh·rungs·po·li·tik** 女 -/ 通貨政策.

'**Wäh·rungs·re·form** 女 -/-en《経済》通貨改革.

'**Wäh·rungs·schlan·ge** 女 -/-n〈古〉《経済》スネーク. ◆世界的な変動為替相場制の中でEG諸国だけは加盟国通貨間の変動幅を小幅に抑える固定為替相場制をとりつ他の通貨に対しては共同フロートするという制度, その俗称.

'**Wäh·rungs·sta·bi·li·tät** 女 -/ 通貨の安定.

'**Wäh·rungs·sys·tem** 中 -s/-e **1** (1国の)通貨制度. **2** (国際的な)通貨体系.

'**Wäh·rungs·uni·on** 女 -/ (国家間の)通貨統合.

'**Wahr·zei·chen** ['va:rtsaɪçən] 中 -s/- 目印(標識)になるもの; (とくに都市などの)象徴的建造物, シンボル.

Waid [vaɪt] 男 -[e]s/《植物》たいせい(大青).

*'**Wai·se*** ['vaɪzə ヴァイゼ] 女 -/-n **1** みなしご, 孤児. **2**《韻律》(押韻詩中の)無韻詩行.

'**Wai·sen·geld** [vaɪzən..] 中 -[e]s/-er 遺児扶養手当.

'**Wai·sen·haus** 中 -es/-er 孤児院.

'**Wai·sen·kind** 中 -[e]s/-er みなしご, 孤児.

'**Wai·sen·kna·be** 男 -n/-n **1**〈雅〉みなしごの男の子. **2**《次の用法で》gegen j¹ ein〈ein reiner / der reine / der reinste〉~ sein 人¹の足もとにも及ばない〈比べる〉. ein〈ein reiner / der reine / der reinste〉~ in et¹ sein 事¹にはまるで無知(無能)である. **3**《印刷》⇒Schusterjunge 2

'**Wai·sen·ren·te** 女 -/-n 遺児定期金.

'**Wa·ke** ['va:kə] 女 -/-n《北ドイツ》(川・湖の)氷結面の穴, 冬でも氷結しない箇所.

Wal [va:l] 男 -[e]s/-e《動物》鯨(くじら).

Wa·la·che ['valaxə] 男 -n/-n ヴァラキア人; (広義で)ルーマニア人.

Wa·la'chei [valaˈxaɪ] 女 -/ **1**《地名》die ~ ヴァラキア(ルーマニア南部の1地方). **2**《話》辺鄙な土地(所).

Wald

[valt ヴァルト] 男 -[e]s/Wälder **1** (a) 森, 森林, 山林, 林. Laubwald 広葉樹林. Nadel*wald* 針葉樹林. ein dichter〈lichter〉~ 鬱蒼(うっそう)とした〈木立ちのまばらな〉森. einen ~ abholzen 森の木を伐採する. einen ganzen ~ absägen《戯》大鼾(おおいびき)をかく. den ~ vor [lauter] Bäumen nicht sehen《話》目の前にあるものに気づかない; 木を見て森の

見ない〈細部にこだわって全体を見失う〉． durch ~ und Feld〈Flur〉streifen《雅》山野を跋渉(ﾊﾞｯｼｮｳ)する． nicht für einen ~ voll〈von〉Affen 決して〈断じて〉…ない． Wie man in den ~ hineinruft, so schallt es wieder heraus.《諺》売り言葉に買い言葉, 因果応報． Es ist〈herrscht〉Schweigen im ~ e.《戯》寂(ｾｷ)として声なし, 藁灰(ﾜﾗﾊｲ)に水の静けさだ． Ich glaub', ich steh'〈bin〉im ~ !《話》そんな馬鹿なことがあるわけがないだろう． 林立(密集)しているもの． ein ~ von〈mit aus〉Antennen 林立するアンテナ． ein schwarzer ~ von Haaren〈Menschen〉豊かな黒髪〈黒山の人だかり〉． **2**《複数で》《古》〈文芸作品などの〉選集, アンソロジー．

'**Wald·amei·se** 囡 -/-n《虫》くろやまあり〈黒山蟻〉．
'**Wald·ar·bei·ter** 男 -s/- 森林労働者; (とくに)樵(ｷｺﾘ)．
'**Wald·be·stand** 男 -[e]s/ⁿe (保有する)森林の総面積, 森林保有量．
'**Wald·brand** 男 -[e]s/ⁿe 山火事, 森林火災．
'**Wäld·chen** ['vɛltçən] 田 -s/- (Wald の縮小形)小さな森．
wald·ein [valt'|ain] 副 森の中へ．
Wal·den·ser [val'dɛnzər] 男 -s/- ヴァルド派(12世紀にフランス人 Petrus Waldus が始め, のち異端として破門されたキリスト教の1派)の信者．
'**Wäl·der** ['vɛldər] 'Wald の複数．
'**Wald·erd·bee·re** ['valt..] 囡 -/-n《植物》えぞべいちご．
'**Wal·des·rau·schen** ['valdəs..] 田 -s/《雅》森のざわめき．
'**Wald·fre·vel** ['valt..] 男 -s/- (Forstfrevel) 山林法違反, 盗伐．
'**Wald·ge·biet** 田 -[e]s/-e 森林地帯．
'**Wald·ge·bir·ge** 田 -s/- 森林山脈．
'**Wald·geist** 男 -[e]s/-er (民間信仰・神話などに登場する)森の精．
'**Wald·horn** 田 -[e]s/ⁿer《楽器》フレンチホルン, ヴァルトホルン．
'**Wald·hü·ter** 男 -s/-《古》森林監督官, 森番．
'**wal·dig** ['valdɪç] 形 森林に覆われた．
'**Wald·kan·te** 囡 -/-n《木工》(粗挽きの角材のまだ樹皮の残ったままの)丸い角(ｶﾄﾞ), 耳．
'**Wald·lauf** 男 -[e]s/ⁿe クロスカントリー．
'**Wald·lich·tung** 囡 -/-en 林間の空(ｱ)き地．
'**Wald·meis·ter** 男 -s/-《植物》くるまば(車葉)草．
'**Wal·dorf·schu·le** ['valdɔrf..] 囡 -/-n ヴァルドルフ・シューレ． ◆人智学を起こしたドイツの哲学者シュタイナー Rudolf Steiner, 1861-1925 の教育理念に基いて創設された私立学校． 1919 の開校に尽力したタバコ会社 Waldorf-Astoria-Zigarettenfabrik の名にちなむ．
'**Wald·rand** 男 -[e]s/ⁿer 森の端; 森のはずれ．
'**Wald·re·be** 囡 -/-n《植物》クレマチス．
'**wald·reich** 形 森林の多い．
'**Wald·schnep·fe** 囡 -/-n《鳥》やましぎ(山鴫)．
'**Wald·schrat** 男 -[e]s/-e (神話などの)森の精(妖怪)．
'**Wald·schu·le** 囡 -/-n《古》=Freiluftschule
'**Wald·städ·te** 複 森の町． ◆ライン川上流の4都市 ラインフェルデン Rheinfelden・ゼキンゲン Säckingen・ラウフェンブルク Laufenburg・ヴァルツフート Waldshut をさす．
'**Wald·ster·ben** 田 -s/《生態》(大気汚染などによ)森林の枯死．

'**Wald-und-Wie·sen-..**《接頭》《話》=Feld-Wald-Wiesen-．
'**Wal·dung** ['valdʊŋ] 囡 -en 広大な森林, 森林地帯．
'**Wald·weg** ['valt..] 男 -[e]s/-e 森の中の道, 林道．
'**Wald·wie·se** 囡 -/-n 森の中の草地．
'**Wald·wirt·schaft** 囡 -/ (Forstwirtschaft) 林業．
'**Wales** [weɪlz]《地名》ウェールズ(グレートブリテン島南西部の地方)．
'**Wal·fang** ['va:l..] 男 -[e]s/-e 捕鯨．
'**Wal·fän·ger** 男 -s/- **1** 捕鯨船． **2** 捕鯨業者．
'**Wal·fang·flot·te** 囡 -/-n 捕鯨船団．
'**Wal·fisch** ['valfɪʃ, 'va:l..] 男 -[e]s/-e《話》**1** 鯨(ｸｼﾞﾗ)． **2**《天文》鯨座．
'**Wäl·ger·holz** 田 -es/ⁿer《地方》(Nudelholz) 麺(ﾒﾝ)棒, のし棒．
'**wäl·gern** ['vɛlgərn] 他《地方》(パン生地などを)麺(ﾒﾝ)棒で延ばす．
'**Wal·hall** ['valhal, -'-] -s/《ふつう無冠詞で》《北欧神話》ヴァルハラ(戦死者の霊が住む宮殿． ↑Walküre)．
'**Wal·hal·la** [val'hala] 田 -[s] (囡 -/)《ふつう無冠詞で》=Walhall
Wa·li·ser [va'li:zər] 男 -s/- ウェールズ人． ↑Wales
'**Wal·ke** ['valkə] 囡 -/-n (↓ walken)《紡織》**1** 縮絨(ｼﾞｭｸｼﾞｭｳ)機． **2**《複数なし》(布を)縮絨すること．
'**wal·ken** ['valkən] 他 **1**《製革》(動物の皮を)叩く, 揉(ﾓ)んで晒(ｻﾗ)す(しなやかにするために)． **2**《紡織》(布地・繊維などを)フェルトにする, 縮絨(ｼﾞｭｸｼﾞｭｳ)する． **3**《冶金》(ゴムなどを)ローラーにかける． **4**《地方》(靴などの皮革製品を)しなやかにする, 柔らかくする(レザーオイルなどをすりこんで); (洗濯物を)叩く(汚れを落とすために); (練り粉をよくこねる; (人⁴を)強くマッサージする; (人⁴を)思いっきり殴る．
'**Wal·ker** ['valkər] 男 -s/- **1** (a)《製革》ドラム打ち工． (b)《紡織》縮絨(ｼﾞｭｸｼﾞｭｳ)工． **2**《地方》(Nudelwalker の短縮)麺(ﾒﾝ)棒, のしこがね．
'**Walk·er·de** ['valk..] 囡 -/ 漂布土(脂肪をよく吸着する酸性白土, 縮絨剤に用いる)．
'**Wal·kie-Tal·kie** ['valkɪ'to:kɪ, 'wɔ:kɪ'tɔ:kɪ] 田 -[s]/-s (engl.) ウォーキー・トーキー, トランシーバー．
'**Walk·man** ['vo:kmɛn, 'wɔ:kmən] 男 -s/-s (..men) (engl.) ウォークマン．
Wal·kü·re [val'ky:rə, '---] 囡 -/-n **1**《北欧神話》ヴァルキューレ(Odin に仕える侍女の1人, 空中に馬を走らせ戦死した英雄たちの霊を Walhall に導く)． **2**《話》(ブロンドの大女を皮肉って)ヴァルキューレ．
Wall¹ [val] 男 -[e]s/Wälle (lat. vallum, Lagerwall¹) 塁壁, 防塁; 土手, 堤防;《乗馬》(障害競技用の)土塁．
Wall² [val] 男 -[e]s/-e(単位 -) ヴァル(魚の数量を示す単位, 80 尾)． 2 ~ Heringe 鰊(ﾆｼﾝ)2 ヴァル．
'**Wal·lach** ['valax] 男 -[e]s/-e(ﾁｮｯ-/-en) 去勢された雄馬．
'**Wäl·le** ['vɛlə] Wall¹ の複数．
'**wal·len** ['valən] 自 (h, s) **1** (h) 沸騰する, 湧き立つ, 煮えたぎる． das Wasser ~ lassen 湯を沸騰させる． Der Zorn brachte sein Blut zum Wallen.《雅》彼は怒りではらわたが煮えくり返った． **2** (h)《雅》(海・川などが)激しく波立つ, 荒れ狂う, 波が逆巻く． **3**《雅》(a) (h) (霧・煙などが)もくもくと湧いてくる, 濃く立ち込める．

(b)(s) 流れて(ただよって)いく. Nebelschwaden *wallten* über die Stadt. 濃い霧が町のうえを流れていった. **4** (s)《雅》〈髪・衣服などが〉波打って垂れる(ゆらぐ). Das lange Haar *wallt* ihr über die Schultern. 長い髪が波打って彼女の肩に垂れている.

'**wal·len**[2] ['valən] 圓 (s) **1**《古》巡礼する, 聖地に詣でる. **2**《雅》散策する, 逍遥()する.

'**wäl·len** ['vɛlən] 他《地方》沸騰させる, 煮え立たせる; 煮る.

'**Wal·len·stein** ['valənʃtaɪn]《人名》Albrecht Wenzel Eusebius von ～ アルブレヒト・ヴェンツェル・オイゼビウス・フォン・ヴァレンシュタイン(1583-1634, 三十年戦争で神聖ローマ帝国軍を率いて活躍した将軍, Schiller の戯曲《ヴァレンシュタイン》の主人公).

'**Wal·ler** ['valər] 圐 -s/-《古》**1** (Wallfahrer) 巡礼者.**2**《雅》旅人.

'**wall·fah·ren** ['valfa:rən] wallfahrte, gewallfahrt 圓 (s) 巡礼する, 聖地へ詣でる.

'**Wall·fah·rer** [..fa:rər] 圐 -s/- 巡礼者. ◆女性形 Wallfahrerin 囡 -/-nen

'**Wall·fahrt** [..fa:rt] 囡 -/-en 巡礼(の旅), 聖地詣で.

'**wall·fahr·ten** ['valfa:rtən] 圓 (s)《古》=wallfahren

'**Wall·fahrts·kir·che** 囡 -/-n 巡礼教会(お参りする教会).

'**Wall·fahrts·ort** 圐 -[e]s/-e 巡礼地, 聖地.

'**Wall·gra·ben** 圐 -s/⸚《古》〈城・都市を囲む〉堀, 外濠().

'**Wal·lis** ['valɪs]《地名》ヴァリス(スイス南部の州).

Wal·lo·ne [va'lo:nə] 圐 -n/-n ワロン人(ベルギー南部に住むケルト系住民).

wal·lo·nisch [va'lo:nɪʃ] 形 ワロン(人, 語)の.↑ deutsch

'**Wall Street** ['vo:l striːt, 'wo:l..] 囡 -/-《 engl.》ウォール街(米国金融界の中心地).

'**Wal·lung** ['valʊŋ] 囡 -/-en **1** (a) 沸騰; 興奮, 激昂. j⁴ in ～ bringen 人⁴を激昂させる. Er〈Sein Blut〉geriet in ～ in eine〈seine〉～. in einer erotischen ～ von Eifersucht 突然激しい嫉妬の念に駆られて. Das ist ja die ～! 《若者》これは驚いた, 頭にくるぜ. 〈海・川が〉激しく波打つこと. **2**《医学》鬱血(), 充血; (Hitzewallung) のぼせ, 逆上.

Walm[1] [valm] 圐 -[e]s/-e《地方》激しく波立つ(泡立つ)こと.

Walm[2] 圐 -[e]s/-e《建築》(屋根の)隅棟().

'**Walm·dach** 田 -[e]s/⸚er《建築》寄せ棟屋根.

'**Wal·nuss** ['valnʊs] 囡 -/⸚e **1** くるみ(の実). **2** =Walnussbaum

'**Wal·nuss·baum** 圐 -[e]s/⸚e くるみ(の木);《植物》くるみ(胡桃)属.

Wal·pur·gis [val'pʊrgɪs]《女名》ヴァルプルギス. die Heilige ～ 聖ヴァルプルギス(710 頃-799, ドイツで女子修道院長となったイギリスの修道女といわれるが定かでない. ふつう Walpurga または Walburga という. ↑付録《聖人暦》2 月 25 日).

Wal·pur·gis·nacht 囡 -/⸚e《民俗》ヴァルプルギスの夜. ◆異教の女神ヴァルプルギスの祝日 5 月 1 日の前夜. この夜に魔女たちがブロッケスベルク der Blocksberg に集り宴を催して踊り狂うと言われる. 一説に, この異教の女神に対する民衆の信仰が非常に篤かったのでキリスト教がこれを聖化したの(↑Walpurgis)取入れた, という.

'**Wal·rat** ['valra:t] 圐 (田) -[e]s/ 鯨蠟().

'**Wal·ross** ['valrɔs] 圐 -es/-e《動物》せいうち(海象);《話》のろま, くず.

'**Wal·statt** ['va:lʃtat, val..] 囡 -/⸚en《古》戦場.

'**wal·ten** ['valtən]《雅》❶ 圓 **1** (ある力が)作用している, 働いている. Hier *waltet* Friede. ここは平和が支配している. Über dieser Sache *waltet* ein Unstern. この一件には不運がつきまとっている. Gnade 〈Milde〉～ lassen 寛大に扱う, 大目に見る. Vorsicht〈Vernunft〉～ lassen 慎重に〈理性的に〉振舞う. **2** 支配(統治)する, 統()べる, 管理する. Ein König *waltet* über das Land. この国は王が統治している. Im Haus *waltet* die Großmutter. 家の中は祖母が切り盛りしている. schalten und ～ 意のままに(思いどおりに)する. j⁴ schalten und ～ lassen, wie er will 人⁴の思いどおりにさせる. *seines* Amtes ～ 職務をつかさどる, 義務をはたす.

❷ 他《古》(次の用法でのみ) Das *walte* Gott! 神よ, 御心のままに.

'**Wal·ten** 田 -s/ 支配(すること), 統治, 管理, 作用. das ～ des Geschicks 運命の働き. das ～ der Naturgesetze 自然法則の支配.

'**Wal·ter** ['valtər]《男名》ヴァルター.

'**Wal·ther** ['valtər]《男名》ヴァルター. ～ von der Vogelweide ヴァルター・フォン・デア・フォーゲルヴァイデ (1170 頃-1230 頃, 中世ドイツの叙情詩人).

'**Walz·blech** ['valts..] 田 -[e]s/-e《工学》圧延ブリキ板.

'**Wal·ze** ['valtsə] 囡 -/-n **1**《幾何》円柱, 円筒. **2** (a) (機械・器具の部品としての)円筒, ローラー, (タイプライターの)プラテン, (印刷機の)シリンダー; (b) (Ackerwalze の短縮)農耕用ローラー; (Straßenwalze の短縮)ロードローラー. (c)《楽器》(手回しオルガンの)ぜんまい筒, (オルゴールの)ドラム, (オルガンの)ヴァルツェ. **3**《話》(Walzwerk) 圧延機. **4**《話》(話題などの)繰返し. Immer wieder dieselbe ～! またぞろ同じ話の繰返しか. immer wieder dieselbe ～ auflegen/immer [noch] die alte ～ spielen/immer dieselbe ～ haben いつも同じ話題ばかり持出す. **5**《古》(徒弟時代の職人の)遍歴. auf die ～ gehen (徒弟が)遍歴の旅に出る. auf der ～ sein 遍歴中である.

'**wal·zen** ['valtsən] ❶ 他 **1** (鉄・鋼などを)圧延する, 伸ばす. *gewalztes* Eisen 圧延鉄, 展鉄. **2** 〈畑・道路などを〉ローラーでならす. ❷ 圓 (s, h)《古》**1** (s)《職人》が遍歴する. **2** (s, h) ワルツを踊る.

*'**wäl·zen** ['vɛltsən ヴェルツェン] ❶ 他《古》**1** (a) 転がす, 転がしていく. einen Stein〈ein Fass〉zur Seite ～ 石〈樽〉をわきへ転がす. Sie *wälzte* den Verletzten auf den Rücken. 彼女はその負傷者を(転がして)仰向けにした. die Fischschnitten in Paniermehl ～ 魚の切身を転がしてパン粉をまぶす. (b)〈責任などを〉転嫁する, 押しつける(auf j⁴ 人⁴に). die Schuld〈Arbeit〉auf einen anderen ～ 罪を他人に転嫁する〈仕事を他人に押しつける〉. **2**《話》〈書物・カタログなどを〉あちこち調べる;〈計画・問題などを〉あれこれ思案する, いろんな角度から検討する. ein Lexikon ～ 事典をあちこちひっくり返す. Pläne ～ 計画を練る.

❷ 再 (sich⁴) (a) 〈かたまりとなって〉転がる, 転がっていく, 押寄せる. Eine Lawine *wälzte sich* ins Tal. 雪崩()が谷底にどっと転げ落ちていった. Die Menschenmenge *wälzte sich* zum Ausgang. 群集が出口に殺到した. (b) 転げまわる. *sich* vor Schmerzen auf dem Boden ～ 痛みのあまり地面をのたうちまわる.

sich schlaflos im Bett ～ ベッドの中で寝返反側する. *sich* vor Lachen ～《話》笑いころげる, 抱腹絶倒する. Das ist ja zum Wälzen.《話》そりゃ大笑いだ.
◆walzen の作為動詞.
'wal·zen·för·mig 厖 円筒形の, シリンダー状の.
*'Wal·zer [ˈvaltsər ヴァルツァー] 男 -s/-《音楽》ワルツ, 円舞曲.
'Wäl·zer [ˈvɛltsər] 男 -s/- **1**《話》分厚い本. ▶ラテン語 volumen の翻訳借用語. **2**《じょうだん》ヴェルツァー (腹這い)の人相手を転がせそうとする組み手).
'Wal·zer·schritt 男 -[e]s/-e ワルツのステップ.
'Wälz·la·ger [ˈvɛlts..] 田 -s/-《工学》ころ軸受, ローラベアリング.
'Walz·stahl 男 -[e]s/⁽ᵉ⁾(-e)《冶金》圧延鋼.
'Walz·stra·ße 囡 -/-n《工学》圧延機の圧延路.
'Walz·werk 田 -[e]s/-e《工学》**1** 圧延機. **2** ローラー式破砕機, ロールクラッシャー. **3** 圧延工場.
'Wam·me [ˈvamə] 囡 -/-n **1** (牛·犬などの喉元から胸へかけての)肉垂れ, 喉袋. **2** (a) 腹の部分の毛皮. (b)《中部ドイツ·西部ドイツ》腹, 腹の肉. (c)《猟師》(有蹄動物の)脇腹. **3**《地方》= Wampe
'Wam·pe [ˈvampə] 囡 -/-n **1**《話》(とくに男の)太鼓腹, 布袋(ほてい)腹. **2** 胃袋. *sich³* die ～ voll schlagen たらふく食う.
'Wams [vams] 田 -es/Wämser (*gr.* bambax , Baumwolle') **1** (13–14 世紀頃騎士が鎧の下に着用した)胴着. **2** ダブリット (15–17 世紀頃の男性用の腰のくびれた胴衣).
'wam·sen [ˈvamzən] 他《地方》(人⁴を)殴る.
wand [vant] winden¹ の過去.

Wand

[vant ヴァント] 囡 -/ Wände **1** (a) 壁; 仕切り, 衝立(ついたて). eine dicke⟨dünne⟩ ～ 厚い⟨薄い⟩壁. eine spanische ～ (衝立) 屏風(びょうぶ)に. die [ganze] ～ mitnehmen《話》壁をこすって(壁にもたれて)服をよごす. Er lachte, dass die *Wände* wackelten.《話》彼は(壁が揺れるほど)大声で笑った. Da wackelte die ～!《話》これはまたすごい騒ぎだね. Er wurde weiß wie eine⟨die⟩ ～. 彼は真っ青になった. Die *Wände* haben Ohren. 壁に耳あり. Wenn die *Wände* reden könnten! ここ⟨この家⟩では実にいろんなことが次々と起こってきたのですよ. Es⟨Das⟩ ist, um die *Wände*⟨an den *Wänden*⟩ hochzugehen./Da kann man ja die *Wände*⟨an den *Wänden*⟩ hochgehen.《話》これじゃまったく気が狂ってしまうよ, これじゃ話にも何にもなりゃしない.《前置詞と》die Fliege **an** der ～ (〈ごく些細な〈取るに足らない〉こと). j⁴ an die ～ drücken《比喩》人⁴を押しのける, 蹴落す. ein Bild an die ～ hängen 壁に絵をかける. Ich könnte vor Schmerzen an den *Wänden* hochgehen.《話》痛くて気が狂いそうだ. j⁴ an die ～ spielen 人⁴を(演技力・運動能力などで)しのぐ, 凌駕する; (策略によって)排除する, 押しのける. j⁴ an die ～ stellen《話》人⁴を銃殺する. mit j³ ～ an ～ wohnen 人³と壁一つ隔てて隣同志に住む. mit dem Kopf **durch** die ～ [rennen] wollen《話》むりやり我(が)を通そうとする, 人の意見に耳を貸そうとしない. Bei ihm redet man wie **gegen** eine ～. あいつには何を言っても馬の耳に念仏だ. einen Nagel **in** die ～ schlagen 釘を壁に打ち込む. in *seinen*⟨den⟩ [eigenen] vier *Wänden*《話》自宅⟨わが家⟩で. mit dem Rücken **zur** ～ 壁を背にして;《比喩》絶対有利な立場に;《比喩》背水の陣を敷いて. (b)《比喩》障壁, 障害. Zwischen uns steht eine ～. 私たちの間には壁がある(心が通い合わない). die *Wände* zwischen den Rassen niederreißen 人種の壁を打破る. gegen eine ～ von Vorurteilen anrennen 偏見の壁に立向かう. **2** (a) (箱·戸棚などの)面, 側面. (b) (器官·管·トンネルなどの)内壁. die ～ des Magens 胃壁. **3** 岩壁, 断崖. in eine ～ einsteigen 絶壁を登攀(とうはん)する. **4**《鉱業》大塊鉱, 磐(いわ). **5**《雲などの)壁, 層雲. **6** (Tenniswand の短縮)テニス練習用の壁.

'Wan·da·le [vanˈdɑːlə] ↑ Vandale
wan·da·lisch [vanˈdɑːlɪʃ] ↑ vandalisch
'Wan·da·lis·mus [vandaˈlɪsmʊs] ↑ Vandalismus
'Wand·arm 男 -[e]s/-e 壁付けブラケット(ランプ).
'Wand·be·hang 男 -[e]s/⁽ᵉ⁾e 壁掛け, タペストリー.
'Wand·be·klei·dung 囡 -/-en = Wandverkleidung
'Wand·brett 田 -[e]s/-er 壁の棚(とくに書架用の).
'wän·de [ˈvɛndə] winden¹ の接続法 II
'Wän·de 囡 [ˈvɛndə] Wand の複数.
*'Wan·del [ˈvandəl ヴァンデル] 男 -s/(↓wandeln) **1** 変化, 変遷. Bedeutungs*wandel*《言語》意味(語義)の変遷. Gesinnungs*wandel* 変節(転向). Laut*wandel*《言語》音韻変化. ein allmählicher⟨grundlegender⟩ ～ ゆるやかな⟨根本的な⟩変化. einen ～ erfahren《雅》変化を被る. einen ～ herbeiführen ⟨eintreten lassen⟩ 変える, 変革する. Hier muss ～ geschaffen werden. これにはなにか手を打たなければならない. dem ～ unterliegen⟨unterworfen sein⟩ たえず変化している, 変化を免れない. im ～ der Zeit(en) 時代が移り変るうちに, 時がたつにつれて. **2**《古》《次の用法で》Handel und ～ 日々の生活(営み). **3**《古》(Lebenswandel) 生活態度, 生き方, 身持ち.
'Wan·del·an·lei·he 囡 -/-n《経済》転換社債.
'wan·del·bar [ˈvandəlbaːr]《雅》(副詞的には用いない) **1** 変りやすい, 不安定な. **2**《古》(道などが)ぶらつく(通る)ことができる.
'Wan·del·bar·keit 囡 -/ 変りやすさ, 不安定.
'Wan·del·gang 男 -[e]s/⁽ᵉ⁾e (劇場などの)ロビー, 遊歩廊.
'Wan·del·hal·le 囡 -/-n ロビー, (屋内)遊歩場.
'Wan·del·mo·nat 男 -[e]s/-e《複数まれ》《古》4 月 (天候が不順なことから).
*'wan·deln [ˈvandəln ヴァンデルン] **❶** 他 (**sich**⁴)《雅》変る, 変化する, 変身する (zu et³ / in et⁴ 物³·⁴へ). Die Situation hat *sich* grundlegend *gewandelt*. 状況は根本的に変ってしまった. Seine Liebe hat *sich* in Hass *gewandelt*. 彼の愛は憎しみに変った.
❷ 他《雅》変える, 変化させる (in et⁴ 物⁴へ). Das Ereignis hat sie völlig *gewandelt*. その出来事は彼女をすっかり変えてしまった. *seine* Gesinnung ～ 考えを変える, 変節(転向)する. das Chaos in Ordnung ～ 混沌を秩序に転ずる. Zwietracht in Frieden ～ 諍(いさかい)をおさめる.
❸ 直 (s)《雅》**1** ぶらぶら(ゆったりと)歩く, 散策する. im Park⟨unter Bäumen⟩ ～ 公園⟨木々の下⟩を散策する. in den Wolken ～《比喩》浮世離れした生活を送る.《副詞的 4 格と》Die Sterne *wandeln* ihre Bahn. 星が軌道をめぐる.《現在分詞で》*Wandelndes* Blatt《動物》このはむし. Er ist die *wandelnde* Güte. かれは親切のかたまりだ. Er sieht aus wie eine *wandelnde* Leiche.《話》彼は生ける屍(しかばね)のようだ. Er ist ein *wandelndes* Lexikon.《戯》彼は生き字引だ. **2**《聖書》生きる, 生活を営む. nach dem Flei-

sche〈dem Geist〉 ~ 肉〈霊〉に従って歩む(《新約》ロマ 8:4, 5).

'**Wan·del·schuld·ver·schrei·bung** 囡 -/-en 【経済】＝Wandelanleihe

'**Wan·del·stern** 男 -[e]s/-e 【天文】(Planet) 惑星, 遊星.

'**Wan·de·lung** 囡 -/-en 1《古》＝Wandlung 2 【法制】(売買契約の)解除.

'**Wan·der·ar·bei·ter** ['vandər..] 男 -s/- 出稼ぎ(季節)労働者.

'**Wan·der·aus·stel·lung** 囡 -/-en 移動展覧会(展示会).

'**Wan·der·büh·ne** 囡 -/-n 移動劇団, 旅芝居.

'**Wan·der·bur·sche** 男 -n/-n《古》(修業の旅をしている)渡り職人, 遍歴職人.

'**Wan·der·dü·ne** 囡 -/-n 【地理】移動砂丘.

'**Wan·de·rer** ['vandərər] 男 -s/- 1 徒歩旅行者, ハイカー; 旅人. 2《古》(Wanderbursche) 渡り職人, 遍歴職人.

'**Wan·der·fahrt** 囡 -/-en (乗物を併用した)徒歩旅行, 遠足.

'**Wan·der·fal·ke** 男 -n/-n 【鳥】はやぶさ(集).

'**Wan·der·fisch** 男 -[e]s/-e 【動物】回遊魚.

'**Wan·der·ge·sel·le** 男 -n/-n《古》＝Wanderbursche

'**Wan·der·ge·wer·be** 中 -s/《古》行商(発達).

'**Wan·der·heu·schre·cke** 囡 -/-n 【動物】飛蝗(発達)(群飛して集団移動するバッタ).

'**Wan·der·jahr** 中 -[e]s/-e《多く複数で》《古》(職人が修業の旅に出る)遍歴時代(期間), 修行時代.

'**Wan·der·kar·te** 囡 -/-n ハイキング用地図.

'**Wan·der·le·ben** 中 -s/ 放浪生活.

'**Wan·der·lied** 中 -[e]s/-er さすらいの歌(昔の職人の遍歴の旅を歌った民謡, ハイキングでよく歌われる).

'**Wan·der·lust** 囡 -/ 旅に出たいという気持, 旅心.

'**wan·der·lus·tig** 形 徒歩旅行(ハイキング)の好きな.

'**wan·dern** ['vandərn] 自(s) 1 徒歩旅行する, ハイキングする. mit dem Kajak ~ カヌーの旅をする. gemeinsam mit j³ durchs Leben ~《雅》人³と苦楽をともにする, (の)人生の伴侶となる. 2 ぶらつく, 歩き回る, さまよう. durch die Stadt ~ 街をぶらつく. im Zimmer hin und her ~ 部屋のなかを歩き回る. Wolken *wandern* am Himmel. 雲が空を流れて行く. Seine Gedanken *wanderten* in die Heimat. 彼は故郷に思いを馳(¹)せた. Sie ließ ihre Blicke über die Möbel ~. 彼女は家具に目を走らせた. Das Motiv des Märchens ist von einem Volk zum andern *gewandert*. このお伽話の題材は民族から民族へと広まって行った. 3 移動する, さすらう, (職人が)遍歴する. Ein Zirkus *wandert* durch die Städte. サーカスが街々を巡業する. Die Lachse *wandern* zum Laichen die Flüsse hinauf. 鮭(誰)は産卵のために河を遡上(¹ょう)する. Ein Gallenstein *wandert*. 胆石が(体のなかを)移動する. Das Foto ist von Hand zu Hand *gewandert*. その写真は次から次へと回された. eine *wandernde* Schauspielertruppe 旅芸人の一座. 4《話》《方向を示す語句と》…へ運ばれる, …行きとなる. Der Brief ist gleich ins Feuer *gewandert*. その手紙はすぐさま火にくべられた. Seine goldene Uhr ist schon längst ins Leihhaus *gewandert*. 彼の金時計はとうに質屋行きになっている. Er ist ins Gefängnis *gewandert*. 彼は投獄された. Für die Gäste *wan-*

derten drei Hühner in den Kochtopf.《戯》お客用に鶏が 3 羽つぶされた.

'**Wan·der·nie·re** 囡 -/-n 【医学】遊走腎.

'**Wan·der·pre·di·ger** 男 -s/- 巡回説教師.

'**Wan·der·preis** 男 -es/-e (優勝者に順繰りに引渡される)持回りの優勝杯(楯).

'**Wan·der·rat·te** 囡 -/-n 【動物】どぶねずみ(溝鼠).

'**Wan·der·schaft** ['vandərʃaft] 囡 -/-en《複数なし》(さすらいの)旅; (芸人の)巡業; (昔の職人の)遍歴. auf [die] ~ gehen (昔の職人が)修行の旅に出る. auf [der] ~ sein 旅に出ている;《話》家をあける, 表をほっつき歩く.

'**Wan·ders·mann** 男 -[e]s/..leute 1 遍歴職人, 旅修行中の者. 2《戯》徒歩旅行者, ハイカー.

'**Wan·der·stab** 男 -[e]s/ⁿe《古》旅の杖(とくに遍歴職人の). den ~ nehmen / zum ~ greifen 遍歴(行)の旅に出る.

'**Wan·der·tag** 男 -[e]s/-e (学校の)遠足日.

'**Wan·der·trieb** 男 -[e]s/ 1【動物】(鳥などの)渡りの本能, 移動本能. 2【医学・心理】(病的な)徘徊癖(欲). 3 旅への衝動, 旅心.

*'**Wan·de·rung** ['vandəruŋ ヴァンデルング] 囡 -/-en 1 徒歩旅行, ハイキング; ぶらつく(うろつく)こと. 2 (民族・動物の)移動. Völker*wanderung*《歴史》民族大移動.

'**Wan·der·vo·gel** ['vandərfo:gəl] 男 -s/ⁿ 1《複数なし》ワンダーフォーゲル(1895-6 頃ドイツに起った青少年のための徒歩旅行の会が拡大発展して 1901 に創設された協会, 1933 にヒトラー・ユーゲントに合併). 2 ワンダーフォーゲルの会員. 3《古》渡り鳥;《戯》無宿者, 旅行好き.

'**Wan·der·wel·len·röh·re** 囡 -/-n 【電子工】進行波管.

'**Wan·der·zir·kus** 男 -/-se 巡業(巡回)サーカス.

'**Wand·ge·mäl·de** ['vant..] 中 -s/ 壁画.

'**Wand·ka·len·der** 男 -s/- 壁掛けカレンダー; 日捲(*)り.

'**Wand·kar·te** 囡 -/-n 掛け地図.

'**Wand·ler** ['vandlər] 男 -s/- 【工学】変換器, 変成器.

'**Wand·leuch·ter** ['vant..] 男 -s/- 壁に取りつけた燭台; 壁灯.

'**Wand·lung** ['vandluŋ] 囡 -/-en 1 変化, 変遷. in der ~ begriffen sein 変化しつつある. 2《ヵトリック》化体(ゕ), 聖変化(ミサにおいてパンとぶどう酒がキリストの体と血に変化すること. カトリック教会の教義では「全質変化」という). 3【法制】(売買契約の)解除.

'**Wand·ma·le·rei** ['vant..] 囡 -/-en 【美術】壁画.

'**Wand·pfei·ler** 男 -s/- 【建築】(壁の一部を張出した)柱形, 片蓋(*)柱.

'**Wand·rer** ['vandrər] 男 -s/- ＝Wanderer

'**Wand·rung** ['vandruŋ] 囡 -/-en ＝Wanderung

'**Wand·schirm** ['vant..] 男 -[e]s/-e 屏風(*ぅ).

'**Wand·schrank** 男 -[e]s/ⁿe 造り付けの戸棚.

'**Wand·spie·gel** 男 -s/- 壁に取り付けた鏡.

'**Wand·ta·fel** 囡 -/-n (教室の)黒板.

'**wand·te** ['vantə] wenden の過去.

'**Wand·tel·ler** 男 -s/- 壁掛け用飾り絵皿.

'**Wand·tep·pich** 男 -s/-e 壁掛け, タペストリー.

'**Wand·uhr** 囡 -/-en 掛け時計, 柱時計.

'**Wan·dung** ['vanduŋ] 囡 -/-en (管・器官などの)内壁.

'**Wand·ver·klei·dung** ['vant..] 囡 -/-en 壁の化

粧仕上げ，化粧張り．

'**Wand·zei·tung** 囡 -/-en 壁新聞．

'**Wan·ge** ['vaŋə] 囡 -/-n **1**《雅》頬（ほお）．eingefallene〈runde〉～ 痩せこけた〈ふっくらした〉頬．die ～ in die Hand stützen 頬杖（ほおづえ）をつく．j⁴ auf die ～ küssen 人⁴の頬にキスする．**2**《動物》《昆虫などの》側頭部．**3**（機械などの）側面，（階段・本棚などの）側桁（がわげた），側板，（教会の聖歌隊席の）側面の仕切り；（斧などの）刃の腹，《鉱業》(Ulm²)（坑道の）側壁；《建築》アーチ形天井の側面部，ボールトの中腹部．

Wank [vaŋk] 男《古》《次の用法で》**1** ohne〈sonder〉～ ぐらつかずに，しっかりと．**2**《古》keinen ～ tun 身じろぎ一つしない；何もしようとしない．einen ～ tun 何かを行う．

'**Wan·kel·mo·tor** ['vaŋkəl..] 男 -s/-en《自動車》ロータリーエンジン．◆発明者のドイツ人技師 Felix Wankel の名にちなむ．

'**Wan·kel·mut** ['vaŋkəlmu:t] 男 -[e]s/《雅》**1** 移り気，むら気．**2** 優柔不断；無定見．

'**wan·kel·mü·tig** [..my:tɪç] 囮《副詞的には用いない》《雅》移り気な，気まぐれな；優柔不断の，無定見な．

'**wan·ken** ['vaŋkən] 囲 (h, s) **1** (h) 揺れる，ぐらつく．Die Mauern *wankten* während des Bebens. 地震のあいだじゅう壁がぐらぐら揺れた．Die Knie *wankten* ihm. 彼は膝ががくがくした．Ich werde nicht ～ und nicht weichen, bis du mir versprichst. 君が約束してくれるまでぼくはここでも動かないよ．Seine Stellung ist ins *Wanken* geraten. 彼の地位はぐらついた（あやしくなった）．**2** (s) ふらふら（よろよろ）歩く．Der Betrunkene *wankte* nach Hause. 酔っぱらいは千鳥足で家に帰って行った．**3** (h)（考え・決心などが）ぐらつく，動揺する．Meine Meinung begann zu ～. 私の考えはぐらつきだした．Das hat ihn [in seinem Entschluss] *wankend* gamacht. そのことが彼の決心をぐらつかせた．in *seinem* Glauben *wankend* werden 信仰がゆらぎ始める．j² Liebe zu j³ ins *Wanken* bringen 人²の人³ に対する愛情をぐらつかせる．

wann [van ヴァン] ❶ 囲〔I〕《疑問》**1**《時に関して》いつ．*Wann* kommt er? 彼はいつ来るのか．*Wann* bist du geboren? 君はいつ生れたんだい．*Wann* und wo wurde sie zum letzten Mal gesehen? いつどこで彼女は最後に目撃されたのか．Bis ～ wirst du bleiben? 君はいつまで．Seit ～ wissen Sie es? いつからあなたはそれをご存じなんですか．Von ～ an kann ich mit deiner Hilfe rechnen? いつから君の援助をあてにできるのですか．Von ～ bis ～ waren Sie dort beschäftigt? あなたはいつからいつまでそこで働いておられたのですか．《まれに文頭に置かないで／「いつ」の強調》Du kommst *wann*? 君がくるのはいつだったっけ．《間接疑問文を導いて》Ich weiß nicht, ～ der Zug eintrifft. 列車がいつ到着するのか私は知らない．《認容文を導いて》Du kannst kommen, ～ [auch] immer du Lust hast. いつだって来たいときに来ればいいよ．Er ist immer bereit, ～ es auch sei. 彼はいつなんどきでも用意ができている．《感嘆文を導いて》*Wann* dir so was immer einfällt! いやによくそんなことを思いつくね．**2**《条件に関して》どういう場合に．*Wann* kann eine Prüfung als bestanden gelten? どういう場合に試験は合格とみなされるのですか．
〔II〕《関係／定動詞後置》Zunächst muss man den Termin festlegen, ～ die Wahlen stattfinden sollen. まずは選挙が行なわれる期日を決めねばならない．

〔III〕《次の用法で》dann und ～ ときどき，ときおり．Er hat uns dann und ～ besucht. 彼はときどきわたしたちを訪ねて来た．

❷ 接《従属／定動詞後置》《地方》**1**《時》(wenn)…するとき；(als)…したとき．*Wann* du Zeit hast, kannst du mich heute anrufen. 暇なときは電話してくれていいよ．**2**《条件》(wenn) もし…ならば．*Wann* du mir geholfen hättest, wäre ich längst fertig. 君が手伝ってくれていたならもうとっくに終っているのに．

'**Wänn·chen** ['vɛnçən] 中 -s/《Wanne の縮小形》小さな盥（たらい），小さな桶（おけ）．

'**Wan·ne** ['vanə] 囡 -/-n (*lat.* vannus，Sieb zum Reinigen des Getreides) **1** (a) 桶（おけ），盥（たらい）；(Badewanne) 風呂桶，浴槽．heißes Wasser in die ～ laufen lassen 湯船に湯を張る．in die ～ steigen 風呂に入る．Er sitzt jetzt in der ～ 彼はただ今入浴中だ．(b) 桶（盥）の形の容器；飼葉（かいば）桶，（エンジンの）オイルパン，槽型担架．Viehfutter in die ～ schütten 家畜の餌を（飼葉）桶に入れる．**2**（桶の形をした）窪地．**3**（地方）（門衛などの桶型に刻（きざ）み抜いたような詰所，番小屋；《話》オーケストラボックス；《軍事》（戦車の車体（砲塔を除く部分）．**4**《話》太鼓腹．**5**（隠）《警察の特別配備車．

'**wan·nen** ['vanən] 圖《古》《次の用法で》von ～ どこから．

'**Wan·nen·bad** 中 -[e]s/⸚er **1** 浴槽につかること，(湯船を使っての)入浴．**2** (a) 公衆浴場．(b)《まれ》(浴槽のある)浴室．

Wanst¹ [vanst] 男 -es/Wänste《侮》**1** 太鼓腹．sich³ den ～ voll schlagen たらふく食う．**2** 太った男，でぶ．

Wanst² 中 -es/Wänster《侮》がき，小僧，じゃり．

'**Wäns·te** ['vɛnstə] Wanst¹ の複数．

'**Wäns·ter** ['vɛnstər] Wanst² の複数．

Want [vant] 囡 -/-en (中 -s/-en)《多く複数で》《海事》（マストの頂から両船側に張る）横静索，シュラウド．

'**Wan·ze** ['vantsə] 囡 -/-n **1**《虫》異翅（しし）目(南京虫など)．**2**《侮》嫌な（むかむかする）やつ．**3**《話》小型盗聴器，隠しマイク．**4**《地方》《話》画鋲（がびょう）．

*'**Wap·pen** ['vapən] 中 -s/-《紋章》紋章．das ～ der Habsburger〈der Stadt Frankfurt〉ハープスブルク家〈フランクフルト市〉の紋章．◆元来は目印として騎士の兜や盾に描かれていた．

'**Wap·pen·bild** 中 -[e]s/-er 紋章の図案(獅子・鷲など)．

'**Wap·pen·buch** 中 -[e]s/⸚er 紋章図録．

'**Wap·pen·kun·de** 囡 -/ 紋章学．

'**Wap·pen·schild** 中 -[e]s/-e《紋章》盾形紋地(紋章の中心に描かれた盾)．

'**Wap·pen·spruch** 男 -[e]s/⸚e 紋銘(紋章に刻まれた銘句)．

'**Wap·pen·tier** 中 -[e]s/-e 紋章動物(紋章の図案として描かれている動物)．

'**wapp·nen** ['vapnən] ❶ 囮《古》(人⁴に)武装させる(mit et³ 物³で)．**2** j⁴ [mit Kraft] für et⁴ ～ 人⁴に事⁴する力を与える．❷ 再 (sich³) **1** (gegen et⁴ 事⁴ に)対して)備える，覚悟する．*sich* gegen eine Gefahr ～ 危険に備える．Gegen einen solchen Angriff war ich nicht *gewappnet*. そんな攻撃は私の予期していなかったことだ．**2** (mit et³ 物³で)武装する，(身に)まとう．*sich* mit Geduld〈neuem Mut〉～ 何事も隠忍自重（いんにんじちょう）しようと覚悟をきめる〈勇気をあらたに奮いおこす〉．

war [vaːr] sein¹ の過去.
warb [varp] werben の過去.
ward [vart] werden の過去.
War·dein [varˈdaɪn] 男 -[e]s/-e 〈*lat.* guardianus, Aufsichtführender〉〈古〉(鉱石・貨幣などの)品位検査官.

'Wa·re [ˈvaːrə ヴァーレ] 女 -/-n 品, 品物; 商品. Ess*ware*[n] 食料品. Gebrauchs*ware*[n] 日用品. Glas*ware*[n] ガラス製品. Import*ware*[n] 輸入品. erstklassige ~ 1級品. fehlerhafte ~ 欠陥品. heiße ~ 〈隠〉扱うと危険な品物(盗品・密輸品など). Die ~ verkauft sich¹ gut. この商品はよく売れる. Jeder Krämer lobt seine ~. 〈諺〉商売人は誰でも自分の商品をほめる. Gute ~ lobt sich¹ selbst. 〈諺〉よい品は黙っていても売れる. die ~*n* [mit dem Preisschild] auszeichnen 商品に値札をつける. eine ~ auf den Markt bringen 商品を市場に出す.
'wä·re [ˈvɛːrə] sein¹ の接続法 II.
'Wa·ren·an·ge·bot 中 -[e]s/-e 商品の供給.
'Wa·ren·auf·zug 男 -[e]s/⁼e 商品運搬用エレベーター.
'Wa·ren·au·to·mat 男 -en/-en 自動販売機.
'Wa·ren·be·stand 男 -[e]s/⁼e 在庫商品; (商品の)在庫数量.
'Wa·ren·bör·se 女 -/-n 〖経済〗商品取引所.
'Wa·ren·haus [ˈvaːrənhaʊs] 中 -es/⁼er 百貨店, デパート.
'Wa·ren·korb 中 -[e]s/⁼e **1** (スーパーマーケットなどに備えてある)買物籠(ご). **2** 〖経済・統計〗マーケットバスケット(物価指数などの統計作成のために選定された商品の総体).
'Wa·ren·kun·de 女 -/ 商品学.
'Wa·ren·la·ger 中 -s/- 商品倉庫.
'Wa·ren·mus·ter 中 -s/- 商品見本.
'Wa·ren·pro·be 女 -/-n **1** 商品見本, サンプル. **2** 〖郵便〗商品の見本を内容とする開封の郵便物).
'Wa·ren·sen·dung 女 -/-en **1** 商品の送付. **2** 〖郵便〗=Warenprobe 2
'Wa·ren·test 男 -[e]s/-e(-s) 〖経済〗商品テスト.
'Wa·ren·um·satz 男 -es/⁼e 商品の売上げ.
'Wa·ren·ver·kehr 男 -s/ 〖経済〗商品の流通, 物流.
'Wa·ren·zei·chen 中 -s/- 《略 Wz.》〖商業〗商標, トレードマーク.
warf [varf] werfen の過去.
Warf¹ [varf] 男 (中) -[e]s/-e 〖紡織〗経糸(たて), ワープ.
Warf² 女 -/-en **1** (北ドイツ)(船の)ドック, 造船所; 飛行機整備(修理)工場. **2** (水害を避けるために)盛土をした土地.

warm [varm ヴァルム] wärmer, wärmst 形 **1** (a) 暖(温)かい; 温暖な; 暑(熱)い. ein ~*es* Bad 温浴. ~*es* Bier 生ぬるいビール. in der ~*en* Jahreszeit 暖かい(暑い)季節に. ~*e* Kleidung 暖かい衣服. ~*e* Küche (レストランの)温かい料理. ~*e* Länder 温暖な地方. die ~*e* Miete 〈話〉暖房費込みの部屋代. eine ~*e* Quelle 温泉. ~*es* Wasser 湯. ein ~*er* Winter 暖冬. im ~*en* Zimmer 暖房のきいた部屋で. Die Sonne scheint ~. 太陽がほかほか照っている. Heute ist es sehr ~. 今日はとても暖かい(暑い). Mir ist [es] ~. 私は体がほかほかしている. Der Motor ist noch nicht ~. エンジンはまだ暖まっていない. Der Mantel hält〈gibt〉~. この外套は暖かい. Das Zimmer kostet ~ 400 Euro. 〈話〉部屋代は暖房費込みで400ユーロだ. Tee mit Brandy macht ~. ブランデー入りの紅茶は体が暖まる. ~ baden〈duschen〉暖かい服装(格好)をする. ~ baden〈duschen〉風呂に入る〈温かいシャワーを浴びる〉. ~ essen 温かい食事をとる. das Essen ~ halten 食事が冷めないようにする(↑warmhalten). sich¹ ~ laufen 走って体を暖める; (エンジンが)アイドリングで暖める(↑warmlaufen). j³ die Suppe noch einmal ~ machen 人³のためにスープを温め直す. ~ schlafen 暖かい布団の入って眠る. ~ sitzen 〈話〉何不自由なく(ぬくぬくと)暮す. die Heizung auf „~ “〈*Warm*〉stellen 暖房のスイッチを入れる. 〖名詞的用法で〗sich¹ etwas *Warmes* anziehen 暖かい物を着る. etwas *Warmes* essen 温かい物を食べる; まともな(ちゃんとした)食事をとる. im *Warmen* sitzen 暖房のきいた部屋にいる; 〈話〉ぬくぬくと暮す. (b) (色彩・音色などの)温かみのある. ein ~*es* Licht 温もりのある光. In seiner Stimme lag ein ~*er* Ton. 彼の声には温かい響きがあった. Die Vorhänge machen den Raum ~. そのカーテンは部屋を温かな感じにする.
2 (a) 心の温かい, 思いやりのある; うちとけた. eine ~*e* Begrüßung 心のこもった挨拶. ein ~*es* Gefühl der Dankbarkeit 温かい感謝の気持ち. ~*e* Worte des Trostes 心からの慰めの言葉. mit j³ ~ werden 〈話〉人³と親しくなる〈心安くなる〉. mit et³ ~ werden 〈話〉物³(環境・仕事などに)なじむ, に好きになる. (例文) in einer Stadt〈an einer neuen Arbeitsstelle〉~ werden 〈話〉ある町に住み慣れる〈新しい職場になじむ〉. Es wurde ihm ~ ums Herz, als er das sah. 彼はそれを見たときほのぼのとした気持になった. ein ~*er* Förderer 熱心な後援者. ~*es* Interesse für et⁴ hegen 物⁴に強い関心を抱く. j³ et⁴ ~ empfehlen 人³に物⁴を熱心に薦める. weder ~ noch kalt sein / nicht ~ und nicht kalt sein (態度など)煮えきらない; (何事にも)無関心である.
3 ~ *Fährte* 〖猟師〗(獣の)新しい(まだ匂いの残っている)足跡.
4 et⁴ ~ abreißen 〈話〉物⁴(建物など)を不法に焼払う.
5 〈話〉〈俗〉(男が)同性愛の, 男色の. ein ~*er* Bruder 男色家, ゲイ.
'Warm·bier 中 -[e]s/ ホットビール(温めたビールに砂糖・香料を加えたもの).
'Warm·blut 中 -[e]s/ (↔ Kaltblut) 温血種(乗馬などに使われる馬).
'Warm·blü·ter [..blyːtɐr] 男 -s/- 〖動物〗温血(定温)動物.
'warm·blü·tig [..blyːtɪç] 形 **1** 〖動物〗温血(定温)の. **2** 〈まれ〉(馬が)温血種の.
***'Wär·me** [ˈvɛrmə ヴェルメ] 女 -/ **1** (a) 暖かさ; 温度. eine angenehme ~ 快適な温度. die ~ des menschlichen Körpers 人間の体温. Ist das eine ~! ここはまったく暖かいね. Wir haben 20 Grad ~. 気温は摂氏20度だ. (b) 〖物理〗熱. Reibung erzeugt ~. 摩擦によって熱が生じる. **2** 〖比喩〗温もり, 温かみ; 心の温かさ. die ~ der Farben 色の暖かさ. die ~ ihrer Stimme 彼女の声の温かみ. Ihm fehlt menschliche ~. 彼には人間的な温かみ(思いやり)が欠けている. j¹ mit ~ empfangen 人¹を温かく迎える.
'Wär·me·äqui·va·lent 中 -[e]s/ 〖物理〗熱当量

(熱の仕事当量).
'**Wär·me·aus·deh·nung** 囡 -/-en 〖物理〗熱膨脹.
'**Wär·me·be·hand·lung** 囡 -/-en《複数まれ》**1**〖医学〗温熱療法. **2**〖冶金〗熱処理.
'**wär·me·be·stän·dig** 形 耐熱性の.
'**Wär·me·ein·heit** 囡 -/-en 熱量単位. ◆古くはカロリー, 現在はジュール(J).
'**Wär·me·ener·gie** -/-n《複数まれ》〖物理〗熱エネルギー.
'**Wär·me·fla·sche** 囡 -/-n《話》=Wärmflasche
'**Wär·me·grad** 男 -[e]s/-e《話》(↔ Kältegrad) 氷点以上の温度.
'**Wär·me·iso·la·ti·on** 囡 -/〖工学・建築〗**1** 熱遮断, 断熱. **2** 断熱材.
'**wär·me·iso·lie·rend** 形〖工学〗断熱性の.
'**Wär·me·ka·pa·zi·tät** 囡 -/〖物理〗熱容量.
'**Wär·me·kraft·ma·schi·ne** 囡 -/-n〖工学〗熱機関.
'**Wär·me·kraft·werk** 匣 -[e]s/-e 火力発電所.
'**Wär·me·leh·re** 囡 -/〖物理〗熱学.
'**Wär·me·lei·ter** 男 -s/-〖物理・工学〗熱導体. ein guter〈schlechter〉~ 熱の良導体〈不良導体〉.
'**Wär·me·leit·fä·hig·keit** 囡 -/〖物理〗熱伝導率, 導熱率.
'**Wär·me·mes·ser** 男 -s/- **1**〖工学〗熱量計. **2**〖工〗温度計.
*'**wär·men** ['vɛrmən ヴェルメン] 他 温(暖)める. das Zimmer ~ 部屋を暖める. j³ die Suppe〈dem Baby die Milch〉~ 人³のためにスープを〈赤ん坊のためにミルクを〉温める.《再帰的に》sich³ die Hände am Ofen ~ 暖炉で手を暖める. sich⁴ mit einem Schnaps ~ シュナップスを一杯ひっかけて体を暖める.《目的語なしで》Im März wärmt die Sonne schon. 3月には日差しがもう暖かだ. Der Mantel〈Der Ofen〉wärmt gut. このコート〈ストーブ〉はたいへん暖かい. Tee wärmt. お茶は体が暖まる. eine wärmende Decke 暖かい毛布.
'**Wär·me·pum·pe** 囡 -/-n〖工学〗熱ポンプ.
'**Wär·me·quel·le** 囡 -/-n 熱源.
'**wär·mer** ['vɛrmɐr] warm の比較級.
'**Wär·me·reg·ler** 男 -s/- 温度調節器, サーモスタット.
'**Wär·me·schutz** 男 -es/ **1**〖建築〗保温(断熱)装置; 保温(断熱)材. **2**〖生理〗(皮膚による)保温作用.
'**Wär·me·spei·cher** 男 -s/-〖工学〗蓄熱器(装置).
'**Wär·me·strahl** 男 -[e]s/-en《ふつう複数で》〖物理〗熱線.
'**Wär·me·strah·lung** 囡 -/〖物理〗熱放射.
'**Wär·me·tech·nik** 囡 -/ 熱工学.
'**Wär·me·tod** 男 -[e]s/ **1** ~ [des Weltalls]〖物理〗熱死(熱力学の第2原則から仮説される熱平衡による宇宙の終末). **2**〖医学〗熱死(人体の耐え得る限界を越えた体温の上昇(41-44°C)による死).
'**Wär·me·tö·nung** 囡 -/-en〖化学〗実熱量, 反応熱.
'**Wärm·fla·sche** ['vɛrm..] 囡 -/-n 湯たんぽ.
'**Warm·front** ['varm..] 囡 -/-en〖気象〗温暖前線.
'**warm|hal·ten*** 再 (**sich**³) sich j⁴ ~《話》人⁴の好意(寵愛)を失わないようにする; 人⁴とのコネを大事にする. ◆warm halten とも書く.

'**Warm·haus** 匣 -es/⸚er 温室, ビニールハウス.
'**warm·her·zig** 形 心の温かな, 思いやりのある, 親切な, やさしい.
'**warm|lau·fen*** 自 (s) 再 (**sich**⁴) (エンジンが)アイドリングによって暖まる. den Motor ~ lassen エンジンをアイドリングで暖める. ◆warm laufen とも書く.
'**Warm·luft** 囡 -/〖工学〗温風, 熱気;〖気象〗暖気(団).
'**Warm·was·ser·hei·zung** 囡 -/-en 温風暖房.
'**Warm·mie·te** 囡 -/-n《話》暖房費込みの家賃.
wärmst [vɛrmst] warm の最上級.
'**Warm·was·ser·be·rei·ter** [varm'vasɐr..] 男 -s/- 湯沸かし器, ボイラー.
'**Warm·was·ser·hei·zung** 囡 -/-en 温水暖房.
'**Warm·was·ser·spei·cher** 男 -s/- 温水(熱湯)タンク, (電気)ボイラー.
'**Warm·was·ser·ver·sor·gung** 囡 -/ 給湯.
'**Warm·zeit** 囡 -/-en〖地質〗(↔ Eiszeit) 間氷期.
'**Warn·an·la·ge** ['varn..] 囡 -/-n 警報装置.
'**Warn·blink·an·la·ge** 囡 -/-n〖自動車・交通〗警告点滅装置(ランプ).
'**Warn·drei·eck** 匣 -[e]s/-e (故障車などが路上に置く3角形の)警告表示器(板).
*'**war·nen** ['varnən ヴァルネン] 他 (人⁴に)警告する, 注意する(vor j(et)³) 人〈事〉³に対して用心するように). j⁴ vor einem Anschlag〈einem Verräter〉~ 人⁴に襲撃計画があると〈裏切者に気をつけるようにと〉警告する. Komm mir nicht näher, ich warne dich! 私にそれ以上近づくんじゃない, いいな. Sie warnte mich [davor], zu viel zu trinken. 彼女は私に飲み過ぎないように注意した(..., nicht zu viel zu trinken. は誤り).《目的語なしで》Der Rundfunk warnt vor Sturm. ラジオが暴風警報を告げている. Vor Taschendieben wird gewarnt! 掏摸(ﾂ)にご用心.
'**war·nend** 現分 形 警告の, 警告的な. seine ~e Stimme erheben / ~ seine Stimme erheben 警告の声を上げる. in ~ em Ton 戒(;ｼﾒ)めるような口調で.
'**Warn·ge·rät** 匣 -[e]s/-e 警報器.
'**Warn·kreuz** 匣 -es/-e〖交通〗=Andreaskreuz 4
'**Warn·ruf** 男 -[e]s/-e 警戒を促す(警告の)叫び声; (動物の)危険を知らせる鳴声.
'**Warn·schild** 匣 -[e]s/-er **1** 危険注意の表示板, 警告板. **2** (交通の)警戒(注意)標識.
'**Warn·schuss** 男 -es/⸚e 警告(脅し)のための発砲.
'**Warn·si·gnal** 匣 -s/-e 警戒信号, 警報; 警報機.
'**Warn·streik** 男 -[e]s/-s 警告スト(長期のストを警告する示威的な時限スト).
'**Warn·ta·fel** 囡 -/-n =Warnschild 1
*'**War·nung** ['varnʊŋ ヴァルヌング] 囡 -/-en 警告, 注意; (将来への)戒め. ~ vor dem Hunde (掲示で)猛犬に注意. Lass es dir als〈zur〉~ dienen! それを君自身への戒めとしなさい. ohne ~ 警告なしに.
'**Warn·zei·chen** 匣 -s/- **1** 警戒信号. **2**〖交通〗警戒(注意)標識. **3** (不幸・凶事の)前触れ, 前兆.
Warp¹ [varp] 男 (匣) -s/-e **1**〖紡織〗経糸(ﾀﾃｲﾄ), ワープ. **2** (安物の)エプロン用布地.
Warp² 匣 -[e]s/-e〖船員〗引き綱(引き綱の先につけた)小さな錨(ﾂﾁ).
War'rant [va'rant, 'vɔrənt] 男 -s/-s 《engl., Vollmacht, Lagerschein》 **1**〖商〗倉荷証券. **2**〖金融〗ワラント(新株の買取権を与える証書).
'**War·schau** ['varʃaʊ] (地名) ワルシャワ(ポーランドの首都).

'**War·schau·er** ['varʃaʊər] ❶ 男 -s/- ワルシャワの人，ワルシャワ市民．❷ 形《不変化》ワルシャワの．der ~ Pakt《政治》ワルシャワ条約(1955-91，ワルシャワって NATO に対抗して東欧 8 ヶ国間で結ばれた相互援助条約).

Wart 男 -[e]s/-e《古》番人，監視人.

War·te ['vartə] 女 -/-n **1**（中世の城塞などの）物見の塔，望楼．**2**《雅》見晴らしのよい場所，展望台．von meiner ~ aus 私の立場から見ると．

'**War·te·frau** 女 -/-en **1** 世話係（養育）係の女；子守女，看護婦．**2**（公衆便所などの）番をする女．

'**War·te·geld** 中 -[e]s/《古》（公務員の）休職給.

'**War·te·hal·le** 女 -/-n（駅・空港などの）待合室．

'**War·te·lis·te** 女 -/-n 順番待ちのリスト.

'**war·ten** ['vartən] ヴァルテン ❶ 自 待つ．*Warten* Sie bitte, bis Sie aufgerufen werden! 名前が呼ばれるまでお待ちください．*Warte* mal, es fällt mir gleich ein．ちょっと待って，いますぐ思い出すから．Na, *warte*! / *Warte* nur!《話》まあ待ってろよ（軽い脅し）．auf j⟨et⟩⁴ ~ /《古》j⟨et⟩² ~ 人（物）⁴,² を待つ．auf den Bus ~ バスを待つ．auf den Tod ~ 死を待ち受ける（覚悟する）．Zu Hause *wartete* eine Überraschung auf ihn. 家へ帰ると思いがけないことが彼を待っていた．Auf dich habe ich gerade noch *gewartet*! いやいや今し方まで君を待っていたところなんだけどね（具合の悪い時にやって来た人に向って）．Das Bus *wartet* darauf, dass du es abholst. その車はいつ君が取りに来てもいいようにしてあるよ．Darauf habe ich schon lange *gewartet*. そんなことは昔から待ち望んでいた．Worauf *wartest* du noch? 何をぐずぐずしているの．auf sich⁴ ~ lassen ひとを待たせる．Er lässt lange auf sich ~. 彼は長いこと待たせる．Die Wirkung ließ nicht lange auf sich ~. 効果はほどなく現れた．mit et³ ~ 事⁴ をするのを、（を）見合せる．Wir werden mit dem Essen auf ihn ~. 彼が来るまで食事を待ちましょう．（**können** と）Kann ich gleich auf die Antwort ~? すぐにお返事をいただけるでしょうか．Sie können gleich [darauf] ~.（店などで）お待ちになっていてできます．Da kannst du *warten*! / Da kannst du ~, bis du schwarz wirst.《話》いくら待っても無駄だよ．Der kann〔soll ruhig〕~!《話》あいつなら待たせておきゃいいんだ．Ich〈Das〉kann ~!《話》私はゆっくりでもかまいませんよ〔それはべつだん急がない〕．Das Büro kann ~.《話》事務所へ行くのは後回しにしよう．

❷ 他 **1**《古》（病人・子供・家畜・植物などの）世話をする，面倒をみる．**2**（機械・器具の）手入れをする；《まれ》（機械などを）操作する.

'**Wär·ter** ['vɛrtər] 男 -s/- 世話をする人，世話係；監視員；(Gefängniswärter) 看守；(Bahnwärter) 踏切番，保線員；(Krankenwärter) 看護士；(Leuchtturmwärter) 灯台守；(Tierwärter) 動物の飼育係.
◆女性形 Wärterin 女 -/-nen

'**War·te·raum** 男 -[e]s/²e **1**（駅などの）待合室．**2**《複数まれ》《航空》着陸待機ゾーン．

'**War·te·saal** ['vartaza:l] 男 -[e]s/..säle（駅の）待合室（多く食堂を兼ねる）.

'**War·te·stand** 男 -[e]s/《古》（公務員の）休職.

'**War·te·zeit** 女 -/-en 待ち時間；《保険》（年金保険の）拠出期間，待機期間；《古》《法制》（婚姻解消後 10 ヶ月間の）待婚期間．

'**War·te·zim·mer** 中 -s/-（医院などの）待合室．

..wär·tig [..vɛrtɪç]《接尾》「…の方にある」の意の形容詞をつくる．aus*wärtig* よその土地にある；外国の．rück*wärtig* 後方の，背後の．

..wärts [..vɛrts]《接尾》「…の方へ，…に向って」の意の副詞をつくる．ab*wärts* 下方へ．himmel*wärts* 天に向って．

'**Wart·turm** ['vart..] 男 -[e]s/²e《古》（中世の城の）物見やぐら，望楼．

'**War·tung** ['vartʊŋ] 女 -/-en（子供・病人などの）世話，看護；（機械などの）整備，手入れ，メンテナンス．

'**war·tungs·arm** 形（機械などが）あまり手入れのいらない．

'**war·tungs·frei** 形（機械・器具などが）まったく整備（手入れ）の不要な．

wa'rum [va'rʊm, 強調 'va:rʊm ヴァルム] 副 **I**《疑問》なぜ，どうして．*Warum* hast du so was getan? — Ich weiß nicht[,]~. 君はなぜそんなことをしたのか—なぜだか分からない．*Warum* denn das? いったいどうしてなんだ，いいじゃないかね．*Warum* [auch] nicht? (誘いに対する返答で) よろこんで．*Warum* nicht gar? そんな話があるものか，とんでもないとだ．*Warum* nicht gleich [so]?《話》今ごろになって何なんだ．《間接疑問文を導いて》Ich weiß nicht, ~ ich so traurig bin. 私はどうしてこんなに悲しいのか訳が分からない．《文中や文末に位置して》Du kommst ~ so spät? 君はなぜ遅れてきたのか．Du lachst ~? なぜ笑うんだ．**II**《関係／定動詞後置》Das ist der Grund, ~ er es getan hat. これが彼がそうした理由だ．

Wa'rum 中 -s/ 理由，原因，訳（わけ）．nach dem ~ fragen 理由をたずねる．

'**Wärz·chen** ['vɛrtsçən] 中 -s/-《Warze の縮小形》小さな疣（いぼ）．

'**War·ze** ['vartsə] 女 -/-n 疣（いぼ）；(Brustwarze の短縮)乳首，乳頭．

'**War·zen·schwein** 中 -[e]s/-e《動物》いぼのいし（疣猪）．

'**war·zig** ['vartsɪç] 形 **1** 疣（いぼ）の多い．**2** 疣状の；乳頭状の．

was [vas ヴァス] 代 wer に対する中性形で，事物に関して用いる．格変化は付録「品詞変化表」VI-1 参照．**I**《疑問》**1** 何．*Was* ist⟨sind⟩ das? これは〔これらは〕何ですか．*Was* sind Sie [von Beruf]? あなたのご職業はなんですか．*Was* darf⟨soll⟩ es sein?（店員がお客に）何にいたしましょうか，（客が店員に）なんですか．*Was*?《話》えっ，なんだって (Wie bitte? の方が丁寧な尋ね方)．*Was* ist [los]?《話》どうしたの．*Wessen* beschuldigt man dich? 君は何のことで責められているのですか．*Was* machst du denn da? 君はいったいそこで何をしているんだ．*Was* kann ich für Sie tun? 何かお役に立てましょうか．*Was* weiß ich?《話》知らないよ，知ったことじゃないね．Er hat ihr eine Kette, einen Ring und ~ weiß ich noch alles geschenkt.《話》彼は彼女にネックレスや指輪やその他いろんなものをプレゼントした．*Was* gibt es Neues? 何かニュースがありますか．*Was* glauben Sie, dass er gesagt hat〈wie alt er ist〉? あなたは彼が何を言った〈彼が何歳だ〉と思いますか．《まれに文頭に置かずに》Er hat ~ gesagt?《話》彼は何を言ったんだ．《間接疑問文を導いて》Er fragte mich, ~ mich zu ihm führe. 彼は私にどんな用で来たのかと尋ねた．Weißt du, ~ aus ihm geworden ist? 君は彼がいまどうしているか知っているかい.《認容文を導いて》～ auch immer geschehen mag 何が起ころうとも. 《何であれ》～ auch du tust, denk an deine Familie! 何をするにしても家族のことを思いなさい.《感嘆文を導いて》Was geht mich das an! それが私になんの関係があるんだ. Was ist [nicht] alles gibt! (世間には)よくまあいろんなことがあるものだ《alles は was と同格で「いろいろ,なんでも」といったニュアンスを付加える》. Was du nicht sagst!《話》ほんとうに,まさかそんな《nicht は単なる意味の強め》.《間投詞的に》Was, das weißt du nicht? 何だって,君はそれを知らないのか. Ach ～!《話》ああ,とんでもない;なんてことだ,その馬鹿な. Da staunst du, ～ (=nicht wahr)?《話》驚いただろう,ね.《中性名詞として》Es geht hier um das Was und das Wie. ここで問題なのは「何が」と「どのように」なんだ. ▶ 3格支配・4格支配の前置詞と結びつく場合ふつう wo[r]..の融合形になるが,口語ではしばしば was がその形で用いられる. Um ～ (=Worum) geht es? 何の話ですか. ▶ 2 格支配の前置詞 halber と wegen については weshalb, weswegen〈話 wegen was〉などを用いる.

2《was für [ein]...の形で / was と für 以下が切離されることもある》どんな種類(性質)の...,どのような...《=(welch) どの〈どちらの〉....》 Was für ein Haus ist das? / Was ist das für ein Haus? それはどんな家ですか. Was für ein Kleid [von den beiden] willst du anziehen?《話》(2 着のうちの)どちらのドレスを君は着るつもりですか. Mit ～ für einem Gewehr wurde er erschossen? どんな銃で彼は射殺されたのか. Ich habe mir einen neuen Hut〈neue Schuhe〉gekauft. — Was für einen〈welche〉? 私は新しい帽子〈新しい靴〉を買いました. どんなのですか.《感嘆文を導いて》Was hat sie für schönes Haar! 彼女はなんて美しい髪をしているんだろう. Was für ein Unsinn! なんて馬鹿なことなんだ.

3《was Wunder, dass〈wenn〉....の形で》…であっても何の不思議があろうか. Was Wunder〈古 Wunders〉, dass er in Verzweiflung geraten ist. 彼が絶望に陥ったとしても何の驚くことがあろうか.

4《疑問副詞への転用》《話》(a) (warum) なぜ; (wozu) 何のために. Was rennst du so? 何をそんなに駆けてるんだい. Was musst du dich auch einmischen? なぜおまえも口をはさまなならないんだ. (b) (wie viel) どれだけ. Was kostet das? それはおいくらですか. Was ist sieben minus vier? 7 引く 4 はいくつですか. Was ist die Uhr?《南》《何時《口》ですか (=Wie spät ist es?). 《was an..の形で》Was an Wein haben wir noch? / Was haben wir noch an Wein? うちのワインはどれだけ残っているのだ. (c) (wie) いかに, (inwiefern) どうして, (inwieweit) どの範囲まで. Was ist das doch kompliziert! なんてそれはややこしいんだ. Was hast du dich verändert! なんて君は変わったんだ. Was geht mich das an? それが私に何の関係があるんだ.

Ⅱ《関係 / 定動詞後置》**1**《先行詞なしで》(…の)…であるもの(こと).《他の sein は一方にあり,他の andern billig.《諺》道理に 2 つはない. Was du sagst, [das] klingt etwas lächerlich. 君の言うことは少しこっけいに聞こえる. Du kannst sagen, ～ du willst, ich lasse mich nicht beirren. 君が何と言おうと私は惑わされない. Wessen er sich⁴ rühmt, ist kein besonderes Verdienst. 彼が自慢していることはべつだん大したお手柄でもない.

2《中性単数の指示代名詞 das, 不定代名詞 alles · etwas · nichts · viel[es] など, および中性化された形容詞を先行詞として》Das, ～ du sagst, stimmt nicht. 君の言っていることは正しくない. Ich glaube an das, ～ in der Bibel steht. 私は聖書に書いてあることを信じている《先行詞 das が前置詞に支配される場合まれに融合形 da[r].. が用いられるが,これは正しいドイツ語とは認められていない》. Alles, ～ er sagt, ist richtig. 彼の言うことはすべて正しい. Ich habe etwas von ihm gehört, ～ ich einfach nicht glauben kann. 私は彼のことをとても信じられない話を耳にした《不定代名詞 etwas を先行詞にする場合,しばしば was の代りに das (①der ②Ⅲ) が用いられる》. Das ist das Beste, ～ du tun kannst. それは君にできる最善のことだ. Das ist das einzige, zu ～ (=wozu) er taugt.《話》それが彼のできる唯一のことだ《↑①▶》.

3《前文の内容を受けて》Du hast gelogen, ～ ich sehr bedaure. 君は嘘をついた,それが私にはとても残念だ. Du bist reich, ～ ich nicht bin. 君は金持だが私はそうでない.

4《挿入文 · 注釈文を導いて》Was mich angeht, ich bin bereit. 私としては用意ができています. Was ich noch sagen wollte ist es, dass ～. そうそう(私が言おうと思っていたのは)～. noch schwieriger ist もっと厄介なのは.

5《特殊な用法で》(a)《接続詞に転用して》Lauf, ～ (=so schnell) du kannst! 力の限り走れ. es koste, ～ (=so viel) es wolle どんな犠牲を払っても. (b)《まれ》(wer) (およそ)...する人. Ein ～ richtiger Kerl ist, [der] lässt dich nicht im Stich. まともな男なら君を見捨てたりしない. (c)《地方》(derjenige, der...) ...である人. Was mein Vater ist, der ist ein berühmter Politiker. 私の父ですね, 有名な政治家なんてす. (d)《地方》(der ②Ⅱ と同じ用法で) Frau Huber, ～ (=die) meine Kollegen ist 私の同僚であるフーバーさん. Ⅲ《不定》(etwas の短縮) 訳法 **1** (a) 何かあるもの(こと). Noch ～? ほかに何か(ご用はありませんか);(皮肉に)この上まだ何かあるのか. Ist ～ [mit dir]? どうかしたの. Das ist ～ anderes. それは別のことだ. ～ Besonderes〈Schönes〉何か特別なこと〈素敵なもの〉. so ～ そんなこと(もの), 《軽蔑的に》あんなやつ. Wie hat er so ～ gesagt? どうして彼はそんなことを言ったんだ. ein Sofa oder so ～ ソファーか何か. So ～ Dummes! / So ～ von Dummheit! なんて馬鹿なことを. Und so ～ nennt sich⁴ Künstler! あんなやつが芸術家を名乗るだなんて. (b) かなりのもの(こと); ひとかどの人. Das ist doch wenigstens ～. それは少なくとも何事かではある〈無いよりはだ〉. Aus ihm ist ～ geworden. 彼はひとかどの人物になった.

2《不定数詞として》Gibst du mir noch ～ vom Salat? サラダをもう少しもらえますか. Ich habe noch ～ Geld. 私はまだ少しお金を持っている.

'**wasch·ak·tiv** ['vaʃ..] 形《物質などが》洗浄作用のある.

'**Wasch·an·stalt** 女 -/-en《まれ》洗濯屋, クリーニング店.

'**Wasch·au·to·mat** 男 -en/-en =Waschmaschine

'**wasch·bar** ['vaʃbaːr] 形 《布地·洋服などが》洗っても大丈夫な, 洗濯のきく.

'**Wasch·bär** 男 -en/-en **1**《動物》あらいぐま(洗熊). **2**《複数なし》洗熊の毛皮. Chinesischer〈Japanischer〉～ 狸(たぬき)の毛皮.

'Wasch·be·cken 囲 -s/- 1 洗面台. 2《まれ》洗面器.
'Wasch·ben·zin 囲 -s/ クリーニング用ベンジン; しみ抜き用ベンジン.
'Wasch·blau -s/ (洗剤用の)青味付け, 蛍光染料.
'Wasch·brett 囲 -[e]s/-er 1 洗濯板. 2《楽器》ウォッシュボード(金属の洗濯板を爪ではじくリズム楽器).

'Wä·sche ['vɛʃə ヴェシェ] 囡 -/-n 1《複数なし》《集合的に》洗濯物;(日々洗濯の必要な)シーツ類, 卓布類, (とくに)下着, 肌着(類). bunte – 色物の洗濯物. große〈kleine〉 ~ 大きな〈こまごました〉洗濯物(シーツ類・テーブルクロスなど〈こまごました洗濯物(下着・肌着など)〉). 女性の下着. [die] ~ aufhängen 洗濯物を干す. j³ die ~ machen《話》人³の洗濯物を洗う. [die] ~ waschen 洗濯物を洗う. seine schmutzige ~ [vor anderen Leuten] waschen《話》内輪の恥をも人前にさらす. täglich die ~ wechseln 毎日下着を取替える. j³ an die ~ gehen〈wollen〉《話》人³に殴りかかる, 殴りかかろうと詰めよる. dumm aus der ~ gucken《話》ぽかんとしている, 間抜顔(ﾏﾇｹｶﾞｵ)をしている. 2 (a) 洗濯. die große〈kleine〉 ~ 大きな〈こまごました物の〉洗濯(↑1). Heute ist große ~. / Heute haben wir große ~. 今日は大きな物の洗濯日だ. Das Hemd ist gerade in der ~. そのシャツはちょうど洗濯に出ているところだ. et⁴ in die ~〈zur ~〉 geben 物⁴を洗濯に出す. (b)(身体・自動車などを)洗うこと. (c)《鉱業》洗鉱(場); 洗炭(場).

'Wä·sche·beu·tel 囲 -s/- 汚れ物(洗濯物)を入れておく袋.
'wasch·echt 厖 (布地などが)洗濯しても色落ちしない, 洗っても形くずれしない, 洗濯のきく. ein ~er Berliner《比喩》生粋のベルリン子. eine ~e Gräfin《比喩》由緒正しい(歴とした)伯爵夫人.
'Wä·sche·ge·schäft 囲 -[e]s/-e 肌着類専門店.
'Wä·sche·klam·mer 囡 -/-n 洗濯挟み.
'Wä·sche·korb 囲 -[e]s/ⁿe 洗濯籠.
'Wä·sche·lei·ne 囡 -/-n 物干し用ロープ.
'Wä·sche·man·gel 囡 -/-n (洗濯物の仕上げ用)しわ伸ばし機.

'wa·schen* ['vaʃən ヴァシェン] wusch, gewaschen / du wäsch[e]st, er wäscht ❶ 囲 1 洗う; 洗濯する. einem Kind die Füße ~ 子供の足を洗ってやる. Geschirr ~《地方》皿洗いをする. sich³ die Hände ~ 手を洗う. Wäsche〈eine Wunde〉 ~ 洗濯物を洗う〈傷口を洗浄する〉. et⁴ kalt〈warm〉 ~ 物⁴を水〈湯〉で洗う. et⁴ sauber〈weiß〉 ~ 物⁴を洗ってきれいに〈白く〉する. ein frisch gewaschenes Hemd 洗いたてのシャツ. mit allen Wassern gewaschen sein《比喩》海千山千(すれっからし)である.《目的語없이》Ich wasche jeden Montag. 私は毎月曜日が洗濯をする日だ. Dieses Waschmittel wäscht strahlend weiß. この洗剤で洗えば輝くばかりの白さだ. 2 (汚れなどを)洗い落す, 洗い流す. sich³ den Schmutz aus dem Gesicht〈von den Händen〉 ~ 顔〈手〉の汚れを洗い落す. Der Regen wusch den Staub von den Straßen. 雨で街路の埃(ﾎｺﾘ)が洗い流された. 3 (a)《工学》(気体を)洗浄する. (b)《鉱業》Gold ~ 砂金を採る. Erz〈Kohle〉 ~ 選鉱〈選炭〉する. (c)《話》(不正な金を)洗う, マネーロンダリングする. 4 j¹ über Bord ~《船員》(波が)人⁴を甲板からさらう. 5 j¹ [mit Schnee] ~《地方》人⁴の顔に雪をなすりつける(雪合戦などで). 6《再帰的に》《次の用法で》sich⁴ gewaschen haben《話》骨身にこたえるほどである(激しい, ものすごい)ものである. Die Prüfung hatte sich gewaschen. その試験はえらくしんどかった. eine Ohrfeige, die sich gewaschen hat 身にしみてこたえるびんた.
❷ 圊 über Bord ~《船員》(波が)甲板を洗う.
'Wa·scher ['vaʃɐ] 圐 -s/- 1 洗う人. Goldwäscher (金の)洗鉱夫. Tellerwäscher (食堂などの)皿洗い. 2《工学》気体洗浄器.
*Wa·sche'rei [vɛʃəˈraɪ ヴェシェライ] 囡 -/-en 1《複数なし》洗濯場, 下請洗濯, クリーニング店, ランドリー.
'Wä·sche·rin ['vɛʃərɪn] 囡 -/-nen 1 Wäscher 1 の女性形. 2 洗濯女.
'Wä·sche·rol·le 囡 -/-n =Wäschemangel
'Wä·sche·schleu·der 囡 -/-n (洗濯物の)脱水機.
'Wä·sche·schrank 圐 -[e]s/ⁿe 下着類用戸棚.
'wä·schest ['vɛʃəst] waschen の現在 2 人称単数 wäschst の別形.
'Wä·sche·tin·te 囡 -/-n (洗濯物にしるしをつけるための)マーキングインク, 顔料インク.
'Wä·sche·trock·ner 圐 -s/- 1 (洗濯物の)乾燥機. 2 (スタンド型の)物干し台.
'Wasch·fass 囲 -es/ⁿer 洗濯桶.
'Wasch·fla·sche 囡 -/-n《工学》ガス洗浄瓶(ﾋﾞﾝ).
'Wasch·frau 囡 -/-en 洗濯婦(女).
'Wasch·haus 囲 -es/ⁿer 1 洗濯場(の建物), 洗濯室. 2 共同洗面所.
'Wasch·kes·sel 囲 -s/- 洗濯釜.
'Wasch·kleid 囲 -[e]s/-er 洗濯のきくワンピース.
'Wasch·korb 圐 -[e]s/ⁿe 洗濯籠.
'Wasch·kü·che 囡 -/-n 1 (多く地下に設けられた)洗濯室, 洗濯場. 2《話》ものすごい濃霧.
'Wasch·lap·pen 圐 -s/- 1 (小型の)浴用タオル. 2《話》意気地なし, 腰抜け.
'Wasch·le·der 囲 -s/- 洗濯のきく革.
'Wasch·ma·schi·ne [ˈvaʃmaʃiːnə] 囡 -/-n 1 洗濯機. et⁴ mit〈in〉 der ~ waschen 物⁴を洗濯機で洗う. 2《鉱業》洗鉱機.
'Wasch·mit·tel 囲 -s/- 洗剤.
'Wasch·pul·ver 囲 -s/- 粉末洗剤.
'Wasch·raum 圐 -[e]s/ⁿe 共同洗面所.
'Wasch·sa·lon 圐 -s/-s コインランドリー.
'Wasch·schüs·sel 囡 -/-n 洗面器, 盥(ﾀﾗｲ).
'Wasch·sei·de 囡 -/-n 洗濯のきく絹地(絹物).
wäschst [vɛʃst] waschen の現在 2 人称単数.
'Wasch·stra·ße 囡 -/-n (ガソリンスタンドなどの)自動洗車装置.
wäscht [vɛʃt] waschen の現在 3 人称単数.
'Wasch·tag 圐 -[e]s/-e 洗濯をする日.
'Wasch·tisch 圐 -[e]s/-e 洗面台.
'Wasch·trog 圐 -[e]s/ⁿe 1 洗濯桶. 2《地方》洗面器, 盥(ﾀﾗｲ).
'Wa·schung ['vaʃʊŋ] 囡 -/-en (身体やその一部を)洗うこと, 洗い清めること;《宗教》(ミサの司祭の)手指の洗浄;《医学》洗浄.
'Wasch·voll·au·to·mat [-'- - - - とも] 圐 -en/-en 全自動洗濯機.
'Wasch·was·ser 囲 -s/- 洗濯に使う(使った)水; 体を洗う(洗った)水.
'Wasch·weib 囲 -[e]s/-er 1《古》洗濯女. 2《侮》おしゃべりなやつ, 金棒引き.

'**Wasch·zet·tel** 男 -s/- **1**『書籍』(本のカバーの折返しなどに書かれた)内容紹介. **2**(宣伝用の)折りこみ, ちらし. ◆本来は洗濯物を出す際につけた内容明細.
'**Wasch·zeug** 中 -[e]s/ 洗面用具一式.
'**Wasch·zwang** 男 -[e]s/;『心理学・医学』洗濯(洗浄)強迫.
'**Wa·sen** ['vaːzən] 男 -s/- **1**(南ドイツ)(a)芝, 芝生; 湿地. (b)〈古〉皮剝ぎ場. **2**〈古〉〈多く複数で〉柴の束. **3**〈北ドイツ〉〈複数まれ〉湯気, 蒸気.
was für [ein] ↑ **was** 1 2
'**Wa·shing·ton** ['vɔʃɪŋtən, 'wɔʃɪŋtən] ❶《人名》George ～ ジョージ・ワシントン(1732-1799, 米国の初代大統領). ❷《地名》ワシントン((a)米国西部の州. (b)米国の首都).

'**Was·ser** ['vasər ヴァサー] 中 -s/-(Wässer) **1**《複数なし》(物質としての)水. ～ zum Trinken 飲み水. abgestandenes〈frisches〉 ～ 古くなった〈汲みたての〉新しい水. ein Zimmer mit fließendem ～ 水道付きの部屋. hartes〈weiches〉 ～ 硬水〈軟水〉. schweres ～ 『化学』重水. stilles ～ 《地方》(ガスなしの)ミネラルウォーター(12). warmes ～ 湯. ein Glas ～ コップ1杯の水. ～ mit Gechmack 《地方》レモネード. Das ～ kocht. 湯が沸く. Das ～ verdampft〈gefriert〉. 水が蒸発する〈凍る〉. Die Rüge läuft an ihm ab wie ～. 《話》叱りつけても彼には蛙の面に水だ. wie Feuer und ～ sein 《比喩》火と水のように相容れない. j³ ～ in den Wein gießen〈schütten〉〈与格と〉《比喩》人³の感激に水を差す. j³ das ～ nicht reichen können 《比喩》人³の足もとにも及ばない. ～ in ein Sieb〈mit einem Sieb〉schöpfen 《比喩》ざるで水を汲む(無駄な骨折り, の意). ～ ins Meer〈in die Elbe / in den Rhein〉tragen 《比喩》余計なことをする. bei ～ und Brot sitzen / auf ～ und Brot gesetzt sein〈古〉臭い飯を食っている. Es wird überall nur mit ～ gekocht.《比喩》人の世はいずこも同じだ. wie mit kaltem ～ begossen 《比喩》(冷水を浴びせられたように)しょんぼりとなって, うち萎れて. zu ～ werden《比喩》水泡に帰する.
2《複数 -》(河川・湖沼・海などの)水. die *Wasser* des Meeres《雅》大海の漫々たる水. ablaufendes ～ (船facts)下げ潮, 引き潮. auflaufendes ～ (船用)上げ潮, 満ち潮. ein fließendes〈stehendes〉 ～ 流水〈たまり水〉. das große ～《話》大海原(mar{かいげん}); (とくに)大西洋. ein offenes ～ (氷結していない)開水面. Das ～ steigt an. 水嵩(かさ)が増す. Bis dahin fließt noch viel ～ den Berg〈die Elbe / den Rhein〉hinunter.《比喩》そこまでいく(事が成る)にはまだまだ時間がかかりそうだ, 前途遼遠だ. ～ geben〈stehen〉 ihm ja bis zum Hals.《比喩》(借金などで)彼はあっぷあっぷしている. ～ hat keine Balken.《諺》君子危うきに近寄らず(水の上は危い). Er ist ein stilles ～.《比喩》彼は物静かな人だ; あの人は心底の知れない人だ(1). Das ist ～ auf seine Mühle.《比喩》それこそ彼の思うつぼだ. j¹ das ～ abgraben《比喩》人¹の水路(糧道)を断つ, (を)窮地に陥れる. ～ treten『水泳』立泳ぎをする;『医学』(裸足で)冷水の中を歩く;《比喩》足踏み(立往生)する. Die Sonne zieht ～《比喩》どうやら雨になりそうだ(雲間からもれる日の光が水面に縞模様を描くことから). Die Strümpfe ziehen ～.《話》ストッキングがずり落ちている. am ～ 水辺で(に). nahe am ～ 〈ans

～〉gebaut haben《話》すぐ泣く, 涙もろい. wie aus dem ～ gezogen sein《話》(水からあがったかのように)びしょ濡れである(汗だく)である. ein Schlag ins ～《比喩》徒労. ins ～ fallen 水の中に落ちる;《比喩》(計画などが)ふいになる, おじゃんになる. ins ～ gehen 水浴びに行く; 入水(じゅすい)自殺する. im ～ leben《動植物が》水生である. mit allen ～n gewaschen sein《比喩》海千山千である, すれっからしである. übers große ～ fahren 渡航する, (とくに)渡米する. sich⁴ über ～ halten (溺れないように)なんとか水面に浮かんでいる;《比喩》かつかつの生活をする, なんとか食いつないている. unter ～ stehen 水浸しである, 冠水している. zu ～ und zu Land[e] (水路と陸路の). ein Boot zu ～ bringen〈lassen〉ボートを水に降ろす. zu ～ gehen (水上機が)着水する.
3《複数なし》(a)涙. Ihre Augen standen voll ～[s]. 彼女の目には涙がいっぱいたまっていた. (b)汗. Ihm lief das ～ von der Stirn. 彼は額から汗を滴らせていた. Blut und ～ schwitzen《話》(悪戦苦闘して)血の汗を流す; (不安と緊張のあまり)脂汗を流す. (c)唾液(だえき), 唾; よだれ. Mir lief das ～ im Mund zusammen. (おいしそうで)私は思わずよだれが出そうになった. (d)尿, 小水. ～ lassen / 〈卑〉sein ～ abschlagen 放尿する(とくに男に). *sein* ～ nicht halten können 小便がこらえられない. (e)浮腫, 水気(すいき). ～ in den Beinen haben 脚に水がたまっている.
4《複数 Wässer》香水, 化粧水; 鉱水, ミネラルウォーター; ...水(すい). gebranntes ～《えん》火酒. wohlriechende *Wässer* 香水.
5 reinsten ～s / von reinstem ～ (宝石が光沢・透明度において)品質純良の;《比喩》生粋の, 根っからの. ein Diamant von reinstem ～ 極上のダイヤモンド. ein Münchner〈ein Idealist〉reinsten ～s 生粋のミュンヒェン子〈度し難い理想主義者〉.

'**was·ser·ab·sto·ßend** 形 (布地などが)水を吸わない, 撥水性の. ◆Wasser abstoßend とも書く.
'**Was·ser·ader** 女 -/-n (地下の)小さな水脈.
'**was·ser·arm** 形《副詞的には用いない》水(雨量, 湿気)の少い.
'**Was·ser·auf·be·rei·tung** 女 -/ 水の浄化, 浄水.
'**Was·ser·bad** 中 -[e]s/-̈er《複数まれ》 **1**(まれ)水浴, 水浴び. **2**『料理』湯煎(じゅせん)の鍋;『化学』水浴, ウォーターバス;『写真』(印画紙の)水洗い液.
'**Was·ser·ball** 男 -[e]s/-̈e **1** ビーチボール. **2**《複数なし》水球. (b)水球用ボール.
'**Was·ser·bau** 男 -[e]s/ 治水(水利)工事.
'**Was·ser·be·häl·ter** 男 -s/- 水槽, 貯水タンク.
'**Was·ser·bla·se** 女 -/-n『病理』水疱, 水ぶくれ.
'**was·ser·blau** 形《比較変化なし》水色の.
'**Was·ser·bom·be** 女 -/-n『軍事』水雷.
'**Was·ser·burg** 女 -/-en (湖・堀などの)水に囲まれた城.
'**Wäs·ser·chen** ['vɛsərçən] 中 -s/- **1** 小さな流れ, 小川. Er sieht aus, als ob er kein ～ trüben könnte.《話》彼は虫も殺さぬ顔をしている(イソップ寓話より). **2**《話》(少量の)化粧水, 香水; (少量の)飲物, 酒.
'**Was·ser·dampf** 男 -[e]s/ 水蒸気, 湯気.
'**was·ser·dicht** 形 (繊維などが)水を通さない, 防水性の.
'**Was·ser·druck** 男 -[e]s/-̈e(-e)『物理』水圧.
'**was·ser·durch·läs·sig** 形 (↔ wasserdicht) 水を

通す.
'Was·ser·fahr·zeug 囲 -[e]s/-e 水上を走る乗物, 船舶, 船.
'Was·ser·fall 男 -[e]s/⁻e 滝. wie ein ~ reden (立て板に水を流すようにべらべらとよくしゃべる.
'Was·ser·far·be 囡 -/-n 1 《絵画》水彩絵の具. 2 水性塗料.
'Was·ser·far·ben·ma·le·rei 囡 -/-en 水彩画, 《複数なし》水彩画法.
was·ser·fest 形 《比較変化なし》水に強い, 耐水性の.
'Was·ser·flä·che 囡 -/-n 水面.
'Was·ser·fla·sche 囡 -/-n 水を入れる瓶; 水差し, ピッチャー.
'Was·ser·floh 男 -[e]s/⁻e 《動物》みじんこ.
'Was·ser·flug·zeug 囲 -[e]s/-e 水上飛行機, 飛行艇.
'Was·ser·flut 囡 -/-en 滔々と流れる水.
'was·ser·frei 形 水(水分)を含まない, 無水の.
'Was·ser·gas -es/-e 《化学》水性ガス.
'was·ser·ge·kühlt 形 《工学》水冷式の.
'Was·ser·glas -es/⁻er 1 コップ, タンブラー. ein Sturm im ~ 《比喩》コップの中の嵐. 2 《複数なし》《化学》珪酸ナトリウム, 水ガラス.
'Was·ser·gra·ben 男 -s/⁻ 溝, 堀/ 《ƩȬ》(馬術・障害レースなどの)水濠.
'Was·ser·hahn 男 -[e]s/⁻e(-en) (水道の)栓, 蛇口; 《工学》給水栓, コック.
'was·ser·hal·tig 形 《比較変化なし》水分を含んだ, 含水性の.
'Was·ser·haus·halt 男 -[e]s/-e 1 《生物・医学》(体内の)水分代謝. 2 《地質》(土壌中の)水分状況; 《治水》水分平衡, 水収支. 3 《法制》水の管理.
'Was·ser·ho·se 囡 -/-n 《気象》(水を巻きあげる海上の)竜巻.
'Was·ser·huhn -[e]s/⁻er 《鳥》大鷭(ƩȬ).
'wäs·se·rig ['vɛsərɪç] 形 = wässrig
'Was·ser·jung·fer 囡 -/-n 《虫》とんぼ.
'Was·ser·kan·ne 囡 -/-n 水差し.
'Was·ser·kan·te 囡 -/-n = Waterkant
'Was·ser·kes·sel 男 -s/- やかん, 湯沸かし.
'was·ser·klar 形 水のように澄明な, 澄みきった.
'Was·ser·klo·sett -s/-s(-e) 《略 WC》水洗便所.
'Was·ser·kopf 男 -[e]s/⁻e 《病理》水頭症.
'Was·ser·kraft 囡 -/⁻e 水力.
'Was·ser·kraft·werk -[e]s/-e 《工学》水力発電所.
'Was·ser·kreis·lauf 男 -[e]s/ (地球上の)水の循環(海水→水蒸気→降雨といった).
'Was·ser·krug 男 -[e]s/⁻e 水瓶(ƩȬ), 水差し.
'Was·ser·küh·lung 囡 -/ 《工学》(↔ Luftkühlung)水冷.
'Was·ser·kunst 囡 -/⁻e (バロック庭園などの大掛かりな)噴水の仕掛け.
'Was·ser·kur 囡 -/-en 《医学》水治療法.
'Was·ser·la·che 囡 -/-n 水溜り.
'Was·ser·las·sen 囲 -s/ 放尿.
'Was·ser·lauf 男 -[e]s/⁻e 流水, 川, 小川.
'Was·ser·lei·che 囡 -/-n 《略》水死体.
*'Was·ser·lei·tung ['vasərlaɪtʊŋ] ヴァッサーライトゥング 囡 -/-en 水道; 給水管.
'Was·ser·li·lie 囡 -/-n 1 《植物》すいれん(睡蓮)

ひつじぐさ(未草). 2 《話》黄菖蒲(ƩȬ).
'Was·ser·li·nie 囡 -/-n (船の)水線, 喫水線.
'Was·ser·lin·se 囡 -/-n 《植物》うきくさ(浮草). Kleine ~ 青浮草.
'was·ser·lös·lich 形 水に溶ける, 水溶性の.
'Was·ser·man·gel 男 -s/ 水不足.
'Was·ser·mann ['vasərman] 男 -[e]s/⁻er 1 《神話》(男の)水の精. 2 (a) der ~ 《天文》水瓶座. (b) der ~ 《占星》宝瓶(ƩȬ)宮. (c) 水瓶座生れの人.
'Was·ser·me·lo·ne 囡 -/-n 《植物》西瓜(ƩȬ).
'Was·ser·mes·ser 男 -s/- 水量計, 量水器.
'Was·ser·müh·le 囡 -/-n 水車; 水車小屋.
'was·sern ['vasərn] 自 (s, h) 着水する.
'wäs·sern ['vɛsərn] ❶ 他 1 《料理》(塩漬け・干物などを)水に漬ける. 2 《写真》(フィルムを)水洗いする. 3 (植物・土壌に)たっぷり水をやる. 《目的語となって》Bei dieser Hitze muss man fast täglich ~. こう暑いとほとんど毎日水をやらなければならない. ❷ 自 《雅》(目・口が)濡れる, うるむ. Seine Augen wässern. 彼の目は涙で潤んでいる. Mir wässert der Mund nach dem Kuchen. 私はそのケーキが食べたくてよだれが出てくる.
'Was·ser·ni·xe 囡 -/-n 《神話》(Quellnymphe)泉の精.
'Was·ser·not 囡 -/ 《古》水飢饉(ƩȬ), 水不足.
'Was·ser·pfei·fe 囡 -/-n 水煙管(ƩȬ).
'Was·ser·pflan·ze 囡 -/-n 《生態》水生植物.
'Was·ser·po·li·zei 囡 -/-en 水上警察.
'Was·ser·rad 囲 -[e]s/⁻er (水車小屋・外輪船などの)水車, 水輪.
'Was·ser·rat·te 囡 -/-n 1 《動物》はたねずみ(畑鼠). 2 《戯》泳ぎの好きな人.
'Was·ser·recht -[e]s/-e 《法制》水利法.
'was·ser·reich 形 水の豊富な; 水量の豊かな; 降雨量の多い.
'Was·ser·rohr 囲 -[e]s/-e 水道, 送水管, 給水管.
'Was·ser·ro·se 囡 -/-n 《植物》すいれん(睡蓮), うつじぐさ(未草).
'Was·ser·säu·le 囡 -/-n 1 水柱. 2 《複数なし》《記号 WS》《物理》水柱(圧力の単位). ◆mWS 水柱メートル(1 メートルの高さの水柱に相当する圧力). mmWS 水柱ミリメートル(1 ミリメートルの高さの水柱に相当する圧力).
'Was·ser·scha·den 男 -s/⁻ 水害.
'Was·ser·schei·de 囡 -/-n 《地理》分水界, 分水線.
'was·ser·scheu 形 水を怖がる, 水を恐れる.
'Was·ser·scheu 囡 -/ 1 水に対する恐怖. 2 《医学》恐水病.
'Was·ser·schi 男 -s/-er(-) = Wasserski
'Was·ser·schlan·ge 囡 -/-n 1 《動物》水棲の蛇. 2 die ~ 《天文》海蛇座.
'Was·ser·schlauch 男 -[e]s/⁻e 1 注水用(放水用)ホース. 2 《植物》たぬきも(狸藻).
'Was·ser·schloss 囲 -es/⁻er 1 (Wasserburg) 水に囲まれた城(城館). 2 《工学》(水力発電用の)サージ・タンク.
'Was·ser·schutz·po·li·zei 囡 -/-en 水上警察.
'Was·ser·ski [..ʃi:] ❶ 男 -/-er(-) (用具としての)水上スキー. ❷ 囡 -/ (スポーツの)水上スキー.
'was·sers·not 囡 -/⁻e 《古》洪水, 大水.
'Was·ser·spei·cher 男 -s/- 貯水タンク.
'Was·ser·spei·er 男 -s/- 《建築》ガーゴイル(とくに

ゴシック建築に見られる怪獣や人間の頭の形をした雨水の落し口).

'Was·ser·spie·gel 男 –s/– **1** 水面. **2** (Wasserstand) 水位.

'Was·ser·spin·ne 女 –/–n 《動物》みずぐも(水蜘蛛).

'Was·ser·sport 男 –[e]s 水上競技(スポーツ).

'Was·ser·spü·lung 女 –/–en (便所の)水洗装置.

'Was·ser·stand 男 –[e]s/⸚e 水位.

'Was·ser·stands·an·zei·ger 男 –s/– 水位計.

'Was·ser·stie·fel 男 –s/– (腰まで達する)防水長靴.

*'Was·ser·stoff ['vasərʃtɔf ヴァサーシュトフ] 男 –[e]s/ 《記号 H》《化学》(Hydrogenium) 水素. ◆ フランス語 hydrogène の翻訳借用語.

'was·ser·stoff·blond 《話》**1** 過酸化水素で脱色したブロンドの. **2** ブロンドに染めた髪の.

'Was·ser·stoff·bom·be 女 –/–n 《略 H-Bombe》水素爆弾.

'Was·ser·stoff'per·oxid 中 –[e]s/–e 《化学》過酸化水素.

'Was·ser·stoff'su·per·oxid 中 –[e]s/–e 《古》《化学》=Wasserstoffperoxid

'Was·ser·strahl 男 –[e]s/–en 《複数まれ》(水道管やホースなどから)噴き出す水, 噴流;《工学》噴射水流.

'Was·ser·strahl·pum·pe 女 –/–n 《工学》水流ポンプ.

'Was·ser·stra·ße 女 –/–n 水路(航行可能な河川・運河など).

'Was·ser·sucht 女 –/ 《病理》水腫(すいしゅ).

'was·ser·süch·tig 形 《病理》水腫にかかった.

'Was·ser·sup·pe 女 –/–n 水っぽいスープ.

'Was·ser·trop·fen 男 –s/– 水滴.

'Was·ser·tur·bi·ne 女 –/–n 《工学》水(水力)タービン, 水車.

'Was·ser·turm 男 –[e]s/⸚e 給水塔, 貯水塔.

'Was·ser·uhr 女 –/–en **1** 水時計. **2** (Wassermesser) 水量計.

'Was·se·rung ['vasəruŋ] 女 –/–en (飛行機などの)着水.

'Wäs·se·rung ['vɛsəruŋ] 女 –/–en 《複数まれ》(塩漬け・干物などに水に漬けること;(植物・土壌に)たっぷり水をやること, 灌水(かんすい);《写真》(フィルムの)水洗い;(目・口が涙やよだれで)濡れること.

'Was·ser·ver·drän·gung 女 –/ 《海事》(船舶の)排水量.

'Was·ser·ver·schmut·zung 女 –/ 水質汚染.

'Was·ser·ver·sor·gung 女 –/–en 《複数まれ》配水, 給水.

'Was·ser·vo·gel 男 –s/⸚ 水鳥.

'Was·ser·waa·ge 女 –/–n 《建築・工学》水準器, レベル.

'Was·ser·weg 男 –[e]s/–e (交通・輸送手段としての)水路, 海路. auf dem ~ 水路で.

'Was·ser·wel·le 女 –/–n 《ふつう複数で》ウォーターウェーブ(ローションで濡らしてドライヤーをかけた髪).

'Was·ser·wer·fer 男 –s/– (警察の)放水車;(放水車に備えつけた)放水器.

'Was·ser·werk 中 –[e]s/–e 上水道(じょうすいどう).

'Was·ser·wirt·schaft 女 –/ 治水, 水利経済.

'Was·ser·zäh·ler 男 –s/– (Wassermesser) 水量計.

'Was·ser·zei·chen 中 –s/– (紙幣などの)透かし, 漉(す)き入れ模様.

'wäss·rig ['vɛsrɪç] 形 **1** 水分をたっぷり含んだ;水っぽい. eine ~e Lösung 水溶液. eine ~e Suppe 水っぽいスープ. j³ den Mund ~ machen 人³の食欲をそそる;(を)その気にさせる. **2** (水のように)明るく澄んだ, 水色の. ~e Augen 澄んだ(明るい)目. ein ~es Blau 淡い水色. **3**《目が涙でうるんだ;(口唇が)濡れたような.

'wa·ten ['va:tən] 自 (s) (泥・水のなかを)歩いて行く. durch einen Bach ~ 小川を歩いて渡る. im Morast (比喩) 不道徳な生活を送る.

'Wa·ter·kant ['va:tərkant] 女 –/ 《北ドイツ》(北ドイツの)沿岸地域;(とくに)北海沿岸.

'Wa·ter·loo ['va:tərlo:] 中 《地名》ワーテルロー(ベルギー中部ブリュッセル南東の町, 1815 イギリス・プロイセン連合軍がナポレオン I 世のフランス軍をここで破る). ein 〈sein〉 ~ erleben 壊滅的な敗北を喫する.

'Wat·sche ['va:tʃə, 'vatʃə] 女 –/–n (オーストリア・南ドイツ)《話》平手打ち, びんた.

'wat·sche·lig ['va:tʃəlɪç, 'va..] (足取りが)よたよたした.

'wat·scheln ['va:tʃəln, 'vatʃəln] 自 (s)《話》よたよた歩いて行く, 千鳥足で歩く.

'wat·schen ['va:tʃən, 'vatʃən] 他 (オーストリア・南ドイツ)《話》人³にびんたを食らわす.

Watt¹ [vat] 中 –s/– 《記号 W》《物理》ワット(電力・仕事率の単位, 英国の発明家 James Watt, 1736–1819 にちなむ).

Watt² 中 –[e]s/–en (とくに北海沿岸の広大な)干潟, 砂州(さす), 潮汐(ちょうせき)地.

*'Wat·te ['vatə] 女 –/–n 《lat. wadda》綿;詰め綿;脱脂綿. sich³ ~ in die Ohren stopfen 綿で耳栓をする. Du hast wohl ~ in den Ohren. 《話》(話を聞こうとしない・聞えないふりをする相手に向かって)君は耳に綿でも詰めているのか. j⁴ in ~ packen《話》人⁴を真綿にくるむように(腫物(しゅもつ)にさわるように)扱う.

'Wat·te·bausch 男 –[e]s/⸚e 綿球.

'Wat·ten·meer ['vatən..] 中 –[e]s/–e (とくに北海沿岸の)干潟のできる浅い海.

wat'tie·ren [va'ti:rən] 他 (物に)綿を詰める, 綿を入れる. die Schultern [der Jacke] ~ 上着の肩にパッドをいれる.

Wat'tie·rung 女 –/–en **1**《複数なし》綿を詰める(入れる)こと. **2** 綿の詰物, パッド.

'Watt·me·ter 中 –s/– 《電子工》電力計, ワットメーター.

'Wat·vo·gel ['va:t..] 男 –s/⸚ 《鳥》渉禽(しょうきん)(鶴・鴫(しぎ)など).

Wau [vaʊ] 男 –[e]s/⸚e 《植物》もくせいそう(木犀草).

'wau, 'wau ['vaʊ'vaʊ, –'–, –'– –] 間 Wau, wau! わんわん(犬の鳴声).

'Wau·wau ['vaʊvaʊ, –'–] 男 –s/–s 《幼児》(犬を意味して)わんわん.

Wb 《記号》《物理》=Weber²

WC [ve:'tse:] 中 –(–s)/–(–s) 《engl.》《略》=watercloset トイレ, 御手洗. ↑Wasserkloset

Web [vɛp, wɛb] 中 –[s]/ 《コンピュータ》ウェブ(World Wide Web の略).

'We·be ['ve:bə] 女 –/–n **1**《古》(Gewebe) 織物. **2**《方言》(寝具用の)布地, シーツ;亜麻布. **3** (Spinnwebe) 蜘蛛(くも)の巣.

*'we·ben ['ve:bən ヴェーベン] webte (雅 wob), gewebt (雅 gewoben) ❶ 他 **1** (a) (布地

などを織る. Anzugstoffe ~ 服地を織る. Leinen ~ 亜麻布(リンネル)を織る. Spitzen ~ レースを編む. einen Teppich ~ 絨毯(じゅうたん)を織る. ein Muster in einen Stoff ~ 柄を生地(きじ)に織込む. (b) 《蜘蛛(くも)が》巣を張る. Eine Spinne *webt* ihr Netz. 蜘蛛が巣を張る. **2** 《ふつう不規則変化》(光線などが物を)織りなす. Die Sonne *wob* goldene Fäden in das Laub. 陽光が木洩れ日となって金色の糸を織りなした. ❷ 囮 1 織り物をしている. 織っている(an et³ 物³を). Eine alte Frau *webt* an einem Teppich. 年老いた女が絨毯(じゅうたん)を織っている. **2** 《雅》(a) 《ふつう不規則変化》(伝説などが)まつわる, つきまとう(↑③). Unheimliche Legenden *weben* [sich⁴] um die Gestalt der Äbtissin. 気味の悪い伝説がその尼僧院長の身辺にはつきまとっている. Um diese Ritterburg *wob* [sich⁴] manche Sage. この騎士の居城にはそれにまつわる数多の伝説があった. (b) 《**leben und weben** の形で》《つねに規則変化》(はつらつと)活動する, 息づいている. In dem Haus lebt und *webt* alles. 家の中は何もかもが活気づいている. Im Gras lebten und *webten* unzählige Käfer. 草の中で無数の甲虫がさかんにうごめいていた. **3**《馬が足掻きながら》頭を左右にふる. ❸ 囮 《*sich*》《ふつう不規則変化》(伝説などが)まつわる, つきまとう(↑② 2(a)).

'**We·ber¹** ['veːbər] 男 -s/- 織工. ◆女性形 We·berin 囡 -/-nen

'**We·ber²** -s/- 《記号 Wb》《物理》(磁束の単位)ウェーバー(ドイツの物理学者ウェーバー W. E. Weber, 1804-91 にちなむ).

'**We·ber³** 《人名》ヴェーバー. Carl Maria von ~ カール・マリーア・フォン・ヴェーバー(1786-1826, 『魔弾の射手』*Der Freischütz* で有名なドイツの作曲家). Max ~ マックス・ヴェーバー(1864-1920, ドイツの社会学者・経済学者).

We·be'rei [veːbəˈraɪ] 囡 -/-en **1**《複数なし》機(はた)織り. **2** 織物工場. **3**《まれ》織物.

'**We·ber·knecht** 男 -[e]s/-e《動物》めくらぐも.

'**We·ber·kno·ten** 男 -s/-《海事》(Kreuzknoten) スクエアノット, こま結び; リーフノット, 本結び. **2**《紡績》固定結び, 機(はた)結び.

'**We·ber·schiff·chen** 匣 -s/-《紡織》(織り機の)杼(ひ), シャトル.

'**We·ber·vo·gel** 男 -s/¨《鳥》はたおりどり(機織鳥).

'**Web·feh·ler** ['veːp..] 男 -s/-織り疵(きず), 織り損ない. einen ~ haben《話》頭がすこしおかしい.

'**Web·kan·te** 囡 -/-n《紡織》織物の耳.

'**Web·pelz** 男 -es/-e《紡織》毛皮織(イミテーションの毛皮).

'**Web·sei·te** ['vɛp.., 'wɛb..] 囡 -/-n《コンピュ》ウェブページ.

'**Web·site** ['vɛpsaɪt, 'wɛb'saɪt] 囡 -/-s《コンピュ》ウェブサイト.

'**Web·stuhl** ['veːp..] 男 -[e]s/¨e 機(はた)織機, 織機(しょっき), 機.

'**Web·wa·re** 囡 -/-n《多く複数形》織物.

'**Wech·sel** ['vɛksəl ヴェクセル] ❶ 男 -s/- **1** (a)《複数まれ》変化, 変転, 移り変り; 交代, 交替, 入替え; 交換, 取替え. der ~ der Jahreszeiten 季節の移り変り. der ~ der Reifen《des Personals》タイヤ交換《人員の交替》. der ~ von Tag und Nacht 昼夜の交替. In seiner Lebensweise ist ein entscheidender ~ eingetreten. 彼の暮しぶりに決定的な変化が生じた. Alles ist dem ~ unterworfen. 万物は流転する. In buntem《まれ im bunten》 ~ 多彩に変化して. (b) (Geldwechsel) 両替. **2** (a)《球技で》選手の交替; (テニスなどの)チェンジコート, サイドの交替; (リレーの)バトンタッチ. **2** (a)《法制・経済》(為替)手形. eigener ~ 約束手形. gezogener ~ 為替手形. ungedeckter ~ 不渡り手形. ein 《kurze》Sicht 長期《短期》手形. Der ~ ist fällig. / Der ~ verfällt. 手形が満期になる. Der ~ platzt. 《話》手形が不渡りになる. einen ~ akzeptieren 手形を引受ける. einen ~ ausstellen 手形を振出す(auf j⁴ 人⁴あてに). einen ~ auf j⁴ ziehen 人⁴あてに手形を振出す. auf ~ 手形払いで. auf ~n fahren 《話》ローンの残っている車を乗回す. (b) (Monatswechsel)(毎月の)仕送り, 送金. **3**《猟師》(Wildwechsel 1) 獣道(けものみち). **4**《鉄》(Weiche) 転轍機, ポイント.

❷ 囲 -s/《話》着替え(の服, 下着).

'**Wech·sel·bad** 囲 -[e]s/¨er (温水と冷水を交互に浴びる)交代浴. j⁴ *Wechselbädern*《einem ~》aussetzen《比喩》人⁴を冷遇したり歓待したりさまざまに扱う, 上げたり下げたりする.

'**Wech·sel·balg** 男 -[e]s/¨e《民俗》取替え子(コーボルト Kobold によって生れたばかりの実子と取替えられたとされる醜い子).

'**Wech·sel·be·zie·hung** 囡 -/-en 相関(相互)関係. in ~ mit/zu et³ stehen 事³と相関関係にある.

'**wech·sel·be·züg·lich** 形 相互に関係しあう, 相関(相互)関係の.

'**Wech·sel·bürg·schaft** 囡 -/-en《法制・銀行》手形保証.

'**Wech·sel·fäl·le** 複《人生や境遇などの》変転, 浮沈; 栄枯盛衰.

'**Wech·sel·fäl·schung** 囡 -/-en《法制》手形偽造(変造).

'**Wech·sel·fie·ber** 囲 -s/《病理》(マラリアなどの)間欠熱.

'**Wech·sel·geld** ['vɛksəlgɛlt] 囲 -[e]s/-er **1**《複数まれ》釣り銭, お釣り. **2**《複数なし》小銭.

'**Wech·sel·ge·sang** 男 -[e]s/¨e《音楽》交互歌唱.

'**Wech·sel·ge·schäft** 囲 -[e]s/-e **1** 両替業, 両替商. **2** 手形取引.

'**Wech·sel·ge·spräch** 囲 -[e]s/-e 対話.

'**Wech·sel·ge·trie·be** 囲 -s/-《工学》変速機, 変速装置.

'**wech·sel·haft** ['vɛksəlhaft] 形《天候・気分などが》変りやすい, 不安定な, 気まぐれな.

'**Wech·sel·jah·re** 複 更年期.

'**Wech·sel·kre·dit** 男 -[e]s/-e《銀行》手形信用.

'**Wech·sel·kurs** 男 -es/-e《経済》(外国)為替(かわせ)相場, 為替レート.

'**Wech·sel·mak·ler** 男 -s/- 手形仲介業者, ブローカー.

'**wech·seln** ['vɛksəln ヴェクセルン] ❶ 他 **1** (物⁴を)取替える, 交換する. das Hemd ~ シャツを着替える. den Reifen ~ タイヤを交換する. die Wäsche ~ 毎日下着を替える. 《比喩的表現で》 die Ringe ~《雅》指輪をとりかわす, 結婚する. die Tapeten ~《話》住まいを替える, 転居する; 職場を変える, 転職する. Er *wechselt* seine Meinung wie das Hemd.《話》彼は考えがころころ変る. 《中性名詞とし

て）Strümpfe zum *Wechseln* はき替用の靴下. **2** 変える, 変更する. die Adresse 〜 住所を変える. den Beruf 〜 職業を変える, 転業する. den Besitzer 〜 所有者を変更する. das Thema 〜 テーマを変える. 《比喩的表現で》die Farbe 〜 顔色を変える, 顔が青くなったり赤くなったりする; 信念(主義)を変える. 変節する. **3** 取り交わす, 交換する(mit j³ 人³と). mit j³ Briefe 〜 人³と手紙を取り交わす, 文通する. Worte 〈Blicke〉〜 言葉〈視線〉を交わす. **4**（お金を）両替する; 小銭を替える. Können Sie mir 100 Euro 〜 ? 100 ユーロをくずしてもらえますか. Euro in〈gegen〉Yen 〜 ユーロを円に両替する. 《しばしば目的語なしで》Ich kann Ihnen leider nicht 〜. あいにく細かいお金を持ちあわせておりません.
❷ 自(h, s) **1**(h) 変る, 変化する; 交替する. Regen und Sonne *wechseln*. 降ったりやんだりする. Seine Stimmung *wechselt* rasch. 彼の気分はすぐ変る. Das Wetter *wechselt*. 天気が変る. **2**(s) 場所を変える, 移る, 移動する;（別のポストなどに）転出する. auf eine andere Schule 〜 別の学校へ移る. Er ist ins Finanzamt *gewechselt*. 彼は財務局(税務署)へ転出した. über die Grenze 〜 ひそかに国を出る. **3**(h, s)《猟師》(獣がすみかを替えて)移動する;（道路・川などを）横切る.
◆↑wechselnd

'**wech·selnd** 現分形 **1** 一定しない, 変りやすい. 〜*e* Bewölkung 晴れたり曇ったり. 〜*e* Mehrheiten 《政治》不定の多数派. **2**（良し悪し・成否などについて）交互の, こもごもの. mit 〜*em* Erfolg できたりできなかったりで, 勝ったり負けたりで. Wie geht es mit dem neuen Geschäft ? ― *Wechselnd*! 新しい商売はどうですか ― 良かったり悪かったりですよ.

'**Wech·sel·neh·mer** 男 -s/- 《経済》(Remittent) 手形受取人.
'**Wech·sel·ob·jek·tiv** 中 -s/-e 《光学》交換レンズ.
'**Wech·sel·rah·men** 男 -s/- (絵を簡単に取換えることのできる)取換式簡易額縁.
'**Wech·sel·re·de** 女 -/-n = Wechselgespräch
'**Wech·sel·re·gress** 男 -es/-e 《法制》手形償還請求, 遡及《法》.
Wech·sel·rei·te·rei [vɛksəlraɪtəˈraɪ] 女 -/ 《法制》手形乗換, 空手形使用.
'**Wech·sel·rich·ter** 男 -s/- **1** 《工学》逆変換装置, インバーター. **2** 《陸上競技》(リレー競技でバトンタッチを監視する)バトンタッチ審判員.
'**Wech·sel·schal·ter** 男 -s/- 《電子工》切替スイッチ.
'**Wech·sel·schuld** 女 -/-en 《法制》手形債務.
wech·sel·sei·tig [ˈvɛksəlzaɪtɪç] 形 (gegenseitig) 相互の, 互いの; 交互の, かわるがわるの.
'**Wech·sel·sei·tig·keit** 女 -/ (Gegenseitigkeit) 相互性, 交互性; 互恵主義, お互いさまであること.
'**Wech·sel·spiel** 中 -[e]s/-e **1** 相互作用. **2**（色彩・光などの）多彩な変化.
'**wech·sel·stän·dig** [...ʃtɛndɪç] 形 《植物》互生（$_{セイ}$）の.
'**Wech·sel·strom** 男 -[e]s/¨e 《電子工》(↔Gleichstrom) 交流.
'**Wech·sel·strom·ma·schi·ne** 女 -/-n 《電子工》交流機.
'**Wech·sel·stu·be** 女 -/-n (駅・空港などの)通貨両替所.

'**Wech·sel·tier·chen** 中 -s/- 《生物》(Amöbe) アメーバ.
'**Wech·se·lung** [ˈvɛksəluŋ] 女 -/-en = Wechslung
'**Wech·sel·ver·hält·nis** 中 -ses/-se 相互関係.
'**wech·sel·voll** 形 変化に富んだ, 変りやすい; 波乱にみちた.
'**Wech·sel·wäh·ler** 男 -s/- 《政治》浮動投票者, 浮動票. ◆英語の floating voter の翻訳借用語.
'**wech·sel·warm** 形 《動物》(kaltblütig) 変温性の. 〜*es* Tier 変温動物.
'**Wech·sel·wei·se** 副 **1** 交互に, 交替で, かわるがわる. **2**《古》(wechselseitig) 相互に.
'**Wech·sel·wir·kung** 女 -/-en 相互作用. in 〜 mit〈zu〉et³ stehen 事³と相互に作用しあっている, 相互関係にある.
'**Wech·sel·wirt·schaft** 女 -/ 《農業》輪作.
'**Wechs·ler** [ˈvɛkslər] 男 -s/- 両替商, 両替業者.
'**Wechs·lung** [ˈvɛksluŋ] 女 -/-en 《まれ》取換えること, 変換; 変更, 交替.
'**Wech·te** [ˈvɛçtə] 女 -/-n 雪庇($_{ヒサシ}$).
Weck[1] [vɛk] Weckapparat の通称.
Weck[2] 男 -[e]s/-e 《南ドイツ・オーストリア》= Wecken
'**Weck·ap·pa·rat** 男 -[e]s/-e (通称 Weck[1]) (果物・野菜などを煮詰めて保存するための)ヴェック瓶詰器 (初めてドイツに導入したヨハン・ヴェック Johann Weck, 1841-1914 にちなむ).
'**We·cke** [ˈvɛkə] 女 -/-n 《南ドイツ・オーストリア》= Wecken
*'**we·cken** [ˈvɛkən ヴェケン] 他 **1** (眠っている人を)起す, 目覚めさせる. なぜ君は私をそんなにはやく起したんだ. j⁴ aus dem Schlaf 〜 人⁴を眠りからさます. sich⁴ telefonisch 〜 lassen 電話で起してもらう. Der Kaffee hat seine Lebensgeister *geweckt*. コーヒーを飲んだら彼はしゃんとした. 《中性名詞として》Um 6 Uhr ist *Wecken*. 6時起床. **2**（感情・記憶などを）呼覚ます, 呼起す. j² Appetit〈Neugier〉〜 人²の食欲〈好奇心〉をかき立てる. Das *weckte* neue Hoffnungen in mir. それは新たな希望を私の胸の中に目覚めさせた.
◆↑geweckt
'**We·cken** [ˈvɛkən] 男 -s/- 《南ドイツ・オーストリア》(小麦粉でつくった)細長い白いパン.
*'**We·cker** [ˈvɛkər ヴェカー] 男 -s/- **1** 目覚まし時計. Der 〜 klingelt〈rasselt〉. 目覚まし時計が鳴る. den 〜 auf 6 Uhr stellen 目覚しを6時にあわせる. j³ auf den 〜 fallen〈gehen〉《話》人³の神経にさわる, (を)いらいらさせる. **2**《話》(ばかでかい・ごつい)腕時計, 懐中時計.
'**Weck·glas** 中 -es/¨er = Einweckglas
'**Weck·ruf** 男 -[e]s/-e 起床の号令(合図).
'**Weck·uhr** 女 -/-en = Wecker
'**We·da** [ˈveːda] 男 -[s]/-s (Weden) (*sanskr*., Wissen⁴) ヴェーダ(古代バラモン教の根本聖典).
'**We·del** [ˈveːdəl] 男 -s/- **1** (羽根・藁($_{ワラ}$)などを束ねて作った柄付きの)はたき, ほうき, 払子($_{ホッス}$). **2**（棕櫚($_{シュロ}$)・羊歯($_{シダ}$)などの）羽状(扇状)の葉. **3**《猟師》(鹿などの有蹄($_{テイ}$)の狩猟獣の)尾.
'**we·deln** [ˈveːdəln] ❶ 自 **1** (mit et³ 物³を)ぱたぱた振る, あおぐ. Der Hund *wedelt* [mit dem Schwanz]. 犬がしっぽを振る. mit der Hand〈einem Taschentuch〉〜 手〈ハンカチ〉を振る. **2**《スキー》ウェーデルンをする. ❷ 他 **1** (風などを)あおいで送る. **2**（ちり・ごみなどを）払い除ける, 払い落す. mit einem Wedel die Krümel vom Tisch 〜 羽根ぼうきでパン屑

Weden

をテーブルから払い落す.

'We·den ['veːdən] Weda の複数.

'we·der ['veːdər ヴェーダー] 腰(並列)(**weder ... noch ...** の形で) ...でもなく ...でもない. Sie ist ~ jung noch reich. 彼女は若くもないし金持でもない. Er spricht ~ Deutsch noch Französisch, noch Englisch. 彼はドイツ語もフランス語も, それに英語も話せない. *Weder* Hans noch Fritz konnte⟨konnten⟩ schwimmen. ハンスもフリッツも泳げなかった⟨↑◆¹⟩. *Weder* singt sie, noch tanzt sie. 彼女は歌いもしなければ踊りもしない. ◆¹ weder ... noch ... で結ばれた単数主語に対応する定動詞は単数形も複数形も用いるが, 次のような例では複数がふつうである. *Weder* du noch ich können hier helfen. 君も私もここでは役に立たない. ◆² 古くは weder ... weder ... の形も用いられた. [Ich] Bin ~ Fräulein ~ schön. 私はお嬢さんでもないし美人でもない (Goethe『ファウスト』*Faust*).

'Week·end ['viːkɛnd, 'wiːkɛnd] 匣−[s]/−s ⟨*engl.*⟩ (Wochenende) 週末, ウィークエンド.

weg [vɛk ヴェク] ❶ 副 (話) **1** 去って, 離れて. *Weg* [da]! どけ, 失せろ. Hände ~! 手をどけろ. *Weg* mit euch! お前たち出て行け(消え失せろ). *Weg* damit! そいつをどけろ. Als ich ankam, war er schon ~. 私が着いたときには彼はもういなかった. Der Zug ist schon ~. 列車はもう出てしまった. Das Hotel liegt weit⟨fünf Kilometer⟩ ~ von hier. ホテルはここから遠く⟨5 キロメートル⟩離れたところにある. vom Fleck ~ その場で, ただちに. von der Straße ~ verhaftet werden 路上で逮捕される. **2** (**weg sein** の形で) (a) 無くなって, いなくなって; (汚れなどが)落ちて, とれて; (商品などが)売れて, 品切れになって; (郵便物が)発送されて; (痛みなどが)消えて. Meine Brille ist ~. 私の眼鏡がなくなった. Das Kind ist ~. その子どもは姿が見えなくなった. Ist das Paket schon ~? その小包はもう発送済みですか. Der Reiz der Neuheit war gleich ~. 新しさの魅力はすぐ失せた. (b) 失神して, 放心して; 眠りこんで. Ich war einen Augenblick ~. 私は一瞬寝てしまっていた(気を失っていた). Kaum lag er im Bett, da war er schon ~. ベッドに横になるやいなや彼はたちまち眠り込んだ. (c) (しばしば **ganz** や **einfach** を伴って)(話) (すっかり夢中になって, 感激して) ~. Wir waren alle ~. 私たちはみんな有頂天になっていた. hin und ~ sein すっかり夢中である, 有頂天である. ~ in sie. 彼は彼女にすっかり夢中だ. Ich war ganz ~ von der Aufführung. 私はその舞台にすっかり心を奪われてしまった. **3** (**über et⟨j⟩⁴ weg** の形で)物⟨人⟩を超えて, ...越しに. über *seine* Brille ~ 眼鏡越しに. Das ist über seinen Kopf~ entschieden worden. それは彼の頭越しに決定された. über et⁴ ~ sein (話) 事⁴ を克服している, 乗り越えている. Er redet in einem ~. 彼はのべつ幕なしにしゃべる. **4** (**in einem weg** の形で)(話) ひっきりなしに. Er redet in einem ~. 彼はのべつ幕なしにしゃべる. ❷ 腰 (地方)(古) (minus) 引く, マイナス. Fünf ~ drei ist zwei. 5 引く 3 は 2, 5−3=2. ❸ 形 (まれ) 去った, 消えた; 発車した; 逃れた. der ~e Häftling 逃げた囚人.

Weg [veːk ヴェーク] 匣 −[e]s/−e **1** 道, 道路; 小径. ein breiter⟨schmaler⟩ ~ 広い⟨狭い⟩道. ein holpriger ~ でこぼこ道. ein öffentlicher⟨privater⟩ ~ 公道⟨私道⟩. ein ~ durch den Wald 森の小道. ein ~ zum Strand 浜辺へ通じる小径. (しばしば **Weg und Steg** の形で) Ich kenne hier ~ und Steg. 私はこの辺りの隅から隅まで知っている. auf ~ und Steg 至る所で⟨に⟩.

2 経路, 道筋. (ふつう複数なし) 道のり, 道程. ein langer ~ 長い道. ein weiter ~ 遠い道. der kürzeste ~ zum Bahnhof 駅への最短の道. Verbotener ~! (立札で)この道通れません. Wohin führt ⟨geht⟩ dieser ~? この道どこへ通じていますか. Alle ~e führen nach Rom. (諺)すべての道はローマへ通ず. Mein erster ~ führte mich zu ihr. (比喩)私が最初に訪ねたのは彼女のところだった. Daran führt kein ~ vorbei. (比喩)それは避けて通ることができない. Bis dorthin ist es noch ein ~ von fünf Kilometern. / Bis dorthin sind es noch fünf Kilometer ~. そこまではまだ 5 キロの道のりがある. einen ~ abkürzen 近道をする. einen ~ anlegen⟨bauen⟩道をつける⟨つくる⟩. j³ den ~ bereiten (比喩)人³ のために道をつける. j³ den ~ ebnen (比喩)(障害などを除いて)人³ のために道を均⟨なら⟩す. einen ~ einschlagen⟨gehen⟩ ある道をとる⟨行く⟩. Er hat den ~ zu den Herzen der Zuhörer gefunden. (比喩)彼は聴衆の心をうまくつかむことができた. j³ den ~ freigeben 人³ のために道をあける, (を)通してやる. Wir haben denselben ~. 私たちの行く道が同じだ. j³ den ~ verbauen (比喩)人³ の道をふさぐ. den ~ verfehlen⟨verlieren⟩道を誤る⟨道に迷う⟩. j³ den ~ zeigen 人³ に道を教える. (2 格で) Wohin⟨Woher⟩ des ~es? (古)(戯)どちらへ⟨どちらから⟩おこしですか. Geh deiner ~es! (古)失せろ, 去れ. des ~es kommen (古)(向こうから)やって来る. j⁴ seiner ~e schicken (古)人⁴ を追い出す. (前置詞と) **am** ~[e] 道端に, 路傍で. Glück **auf** den ~! 道中ご無事に. Ein Paket für den ~ bringen 小包を発送する. j³ et⁴ mit auf den ~ geben 人³ に物⁴ を持たせて送り出す; (助言などを)はなむけに贈る. sich⁴ auf den ~ machen 出発する. Auf dem ~[e] nach Berlin⟨zur Arbeit⟩ ベルリーンへ⟨仕事に⟩行く途中で. Die Post ist auf dem ~. 郵便局は途中にある. Auf diesem ~ gelangt man zum Rathaus. この道を行けば市庁舎に出る. auf dem ~ liegen⟨stehen⟩ 路上に横になっている⟨立っている⟩. j⟨et⟩³ **aus** dem ~ gehen (比喩)人⟨物⟩を避ける. et⁴ aus dem ~ räumen (比喩)物⁴ を取除く. j⁴ aus dem ~ räumen (卑) 人⁴ を片づける(殺す). j³ **in**⟨über⟩ den ~ laufen (比喩)人³ とばったり出くわす. Er wird mir schon noch mal in ⟨über⟩ den ~ laufen. (比喩)いつか彼と話をすることが来るだろう. et⁴ in die ~e leiten (比喩)事⁴ を準備する(軌道に乗せる). j³ im ~[e] stehen (比喩)人³ の道をふさいでいる. j³ **in** den ~ treten (比喩)人³ の道をふさぐ. j³ nicht **über** den ~ trauen (比喩)人³ をまるで信用しない. **von** einem ~ abweichen ある道からそれる. einen Schritt vom ~e tun (比喩)へまをやらかす.

3 (比喩)(事柄がたどる)道, 歩み, 過程; (人生の)行路. ein dorniger ~ 茨(いばら)の道. der ~ der Sünde 罪の道. der ~ der Wissenschaft 科学の歩み. der ~ zum Ruhm 名声への道. Bis dahin ist es noch ein weiter ~. それにはまだ先が長い. Hier trennen sich⁴ unsere ~e. ここで私たちの行く道が分かれる. Das hat⟨Damit hat es⟩ noch gute ~e. それにはまだ間(ま)がある, それは急ぐことではない. *seinen* [eigenen] ~ gehen / *seine* eigene[n] ~e gehen わが道を行く, 自

分のしたいようにする. seinen ~ machen 出世する, 成功する. den ~ allen〈alles〉 Fleisches gehen 《雅》死ぬ(↓『旧約』創世 6:12). 《2格で》 seiner ~e 〈seines ~es〉 gehen 自分の道を行く, 自分の思うままに生きる; 立去る. 《前置詞と》 auf dem 〜[e] der Besserung sein (病人が)快方に向かっている. auf dem [besten] 〜 zu tun いまにも…しようとしている. Er ist auf dem besten 〜e, sich⁴ zu ruinieren. 彼はまさに破壊しかかっている(破滅への最短コースにいる). auf halbem 〜[e] 中途で. j³ auf halbem 〜[e] entgegenkommen 人³と妥協する. auf halbem 〜[e] stehen bleiben 中途でやめる. Sie begleitete auch ihn auf seinem letzten 〜[e]. 《雅》彼女は彼の葬儀に参列していた. auf dem rechten 〜 sein 正道を歩んでいる. Er ist mit seinen 80 Jahren gut **bei** 〜e. 彼は 80 歳にしてなお壮健だ. **vom** rechten 〜 abweichen 正道からそれる.

4 《比喩》手段, 方法. Der einzig mögliche 〜 唯一可能な道. Es bleibt mir kein anderer 〜 [offen]. 私にはこれしか道がない. Wo ein Wille ist, da ist auch ein 〜. 《諺》志あるところ道あり. krumme 〜e einschlagen〈gehen〉不正な手段を用いる. den 〜 des geringsten Widerstandes gehen もっとも抵抗の少ない道をとる. Mittel und 〜e suchen〈finden〉方策を探る〈見つける〉. auf diesem 〜[e] このようにして. auf friedlichem 〜[e] 平和的手段で. auf kaltem 〜[話]ごくあっさりと, そっけなく; (人目に立たないように)こっそりと. auf dem 〜[e] von Verhandlungen 交渉によって.

5 《話》(買物などの)用足し, お使い. Kannst du mir einen 〜 abnehmen? 私のために用足しに行ってくれるかい. einen 〜 machen〈gehen〉お使いに行く(für j⁴ 人⁴のために). seine 〜e zusammennehmen 用足しをまとめてすませる.

◆ ↑zuwege

weg.. [vɛk..] 《分離前つづり / つねにアクセントをもつ》「去って, 離れて, 取除いて」などの意を表す.

'**weg|be·kom·men*** 働 《話》=wegkriegen ◆過去分詞 wegbekommen

'**Weg·be·rei·ter** ['vɛːkbəraɪtər] 男 -s/- 先駆者, 草分け, 開拓者, パイオニア.

'**weg|bla·sen*** [vɛk..] 働 (塵などを)吹飛ばす, 吹払う. 《過去分詞》wie weggeblasen sein 《比喩》(痛みなどが)不意に消去る, あとかたもなく消失せる.

'**weg|blei·ben*** 圓 (s) 《話》**1** (待っているのに)やって来ない, 現れない, 姿を見せない; (von et³ 事³を)休んでいる. Von da an *blieb* er *weg*. その時から彼は姿を見せなくなった. Die Post *bleibt weg*. 郵便物が届かない. von der Schule 〜 学校を休んでいる. **2** (エンジンなどが)動かなくなる, 止まる; (電流などが)来なくなる, 途絶える; (言葉などが)出なくなる, 止まる. Mir *blieb* vor Schreck die Luft *weg*. 私は怖ろしさ(驚き)のあまり息が止まりそうになった. **3** (文・パラグラフなどが)省略されている. Dieser Satz kann 〜. この文はなくてもさしつかえない. **4** 気を失う, 失神する.

'**weg|brin·gen*** 働 **1** 持去る, 運び去る; 連去る. **2** 《話》(しみなどを)取除く; (じゃまな物などを)どかせる. Können sie die Kinder von dem Schaufenster 〜? 子どもたちをショーウインドウからどかせてくれませんか. **3** 《話》 (j⁴ von et³ 人⁴に事³を)やめさせる.

'**We·ge·bau** ['veːɡəbaʊ] 男 -[e]s/ 道路建設, 道路工事.

'**We·ge·geld** ⊕ -[e]s/-er **1** (支配される)通勤費, 交通費. **2** 《古》(道路)通行税.

'**weg|ei·len** ['vɛk..] 圓 (s) 急いで立去る.

'**We·ge·la·ge·rer** ['veːɡəlaːɡərər] 男 -s/- 辻強盗, 追い剥ぎ.

'**we·gen**¹ ['veːɡən] 働 (**sich**⁴) 《古》 (sich bewegen) 動く. *sich* 〜 und regen 動く, 活動する.

'we·gen² ['veːɡən ヴェーゲン] 前 《2格支配, まれに 3 格支配 / しばしば後置される》 **1** (a) 《原因・理由》…のために, …のゆえに. *Wegen* der Krankheit des Vaters musste er sein Studium abbrechen. 父親の病気のために彼は大学を中退しなければならなかった. 〜 [des] schlechten Wetters / 《雅》 des schlechten Wetters 〜 悪天候のせいで. 〜 Umbau[s] 改装のため. j⁴ 〜 et² loben 人⁴を事²のことでほめる. (b) 《目的・目標》…のために, …を求めて; …のためを思って. Er hat es nur 〜 des Geldes getan. 彼がそれをしたのは金のためだけだった. 〜 der Kinder / 《雅》 der Kinder 〜 子供たちのために. (c) 《関連・関心》…に関して. 〜 dieser Angelegenheit …の件に関して. 〜 meiner 《古》私としては(=meinetwegen). **2** 《von et² wegen の形で》事²に基づいて, (に)より. von Amts 〜 職務上, 職務により; 当局の指示により. von Rechts 〜 法律上, 法により; 《比喩》本来は, 当然. von Staats 〜 国家的見地から, 国家により. **3** Von 〜! 《話》(拒絶の言葉として)とんでもない, 絶対だめだ. Ich gehe jetzt ins Kino. — Von 〜! いまから映画を見に行くよ. — とんでもない. Von 〜 alles allein essen! 全部ひとりで食べるなんて, とんでもない.

◆¹標準ドイツ語では通常 2 格支配だが, 次のような場合には 3 格支配も. (a) 古形および南ドイツ・オーストリアなどの口語的表現で. 〜 dem schlechten Wetter 悪天候のせいで. (b) 標準ドイツ語でも名詞の複数 2 格が冠詞・付加語形容詞などを伴わず形の上で 2 格と分からない場合. 〜 Geschäften 商用で(ただし, dringender Geschäfte 急用で). (c) 支配される名詞の前に語尾 -[e]s に終る男・中性単数 2 格が位置する場合. 〜 meines Freundes Kind 私の友人の子どものために.

◆²口語的表現では, 支配される語が語尾 -[e]s に終る男・中性単数 2 格でかつ冠詞などを伴わないとき, しばしばその変化語尾(-[e]s)を省く. 〜 Umbau[s] 改装のため.

◆³人称代名詞と結合する場合は通常 meinetwegen, deinetwegen などの複合形になる. 口語的表現では 〜 mir, 〜 dir などが, また古形では 〜 meiner, 〜 deiner などが用いられる.

◆⁴ wegen が後置される場合は, つねに 2 格支配.

'**We·ge·recht** ['veːɡərɛçt] ⊕ -[e]s/ **1** 《法制》道路法. **2** 《海事》優先航行規定.

'**We·ge·rich** ['veːɡərɪç] 男 -s/-e 《植物》おおばこ.

'**weg|es·sen*** [vɛk..] 働 《話》 **1** (人³の分まで物⁴を)食べてしまう. j³ das ganze Brot 〜 人³の分までパンを全部食べてしまう. **2** すっかり食べる, 平らげる.

*'**weg|fah·ren*** ['vɛkfaːrən ヴェクファーレン] ❶ 圓 (s) (乗物が)走り去る; (人が乗物で)走り去る, 発(た)つ. ❷ 働 **1** (乗物で)運び去る; 連れて行く. **2** (車を)移動させる.

'**Weg·fall** ['vɛkfal] 男 -[e]s/ (規則・措置・特典などの)廃止, 中止; (字句などの)省略, 脱落. in 〜 kommen 廃止される; 省略される, 脱落する.

'**weg|fal·len*** [vɛkfalən] 圓 (s) **1** なくなる, 中止になる, 廃止される. Die Vergünstigungen sind *weg-*

weg|fegen

gefallen. 優遇措置は取りやめになった. *Dieser Grund fällt jetzt weg.* この理由はいまではもう考慮に値しない. **2** 《文の段落・字句などが》省略される, 削られる; 脱落する. *Die beiden letzten Zeilen können ~.* 最後の2行は省略可能だ. *et⁴ ~ lassen* 物⁴を省略する.

'**weg|fe·gen** ❶ 囮 1 掃いて取除く〈捨てる〉. **2** 《嵐などが》吹き払う. **3** 《比喩》《疫病などが多数の人間を》絶滅させる; 《敵などを》一掃する, 掃蕩する. ❷ 囮 (s) 《嵐・飛行機などが》かすめ去る (über et⁴ 物⁴ の真上く人⁴ の頭上へ).

'**weg|flie·gen*** 囮 (s) **1** 《鳥などが》飛び去る. **2** 《帽子などが》吹飛ばされる. **3** 《飛行機で》飛立つ, 発つ.

'**weg|füh·ren** 囮 **1** 連去る, 運び去る. **2** 《道が》遠ざかる, 離れていく, 延びている (von et¹ 物³ から).

'**Weg·gang** ['vεkgaŋ] 男 -[e]s/ 出発, 退去.

'**Weg|ge·ben*** 囮 **1** 《物⁴を》人手に渡す, 譲り渡す, 手放す. **2** 《子供を》養子にする.

'**Weg·ge·fähr·te** ['ve:k..] 男 -n/-n (Begleiter) 道連れ, 同行者, 同伴者. ↑Weggefährtin

'**Weg·ge·fähr·tin** 囡 -/-nen (Weggefährte の女性形) 《女性の》道連れ, 同行者, 同伴者.

*'**weg|ge·hen*** ['vεkge:ən ヴェクゲーエン] 囮 (s) **1** 立去る, 去る, 離れる, 引きはらう; 出かける. *Er ist gerade jetzt weggegangen.* 彼はたったいま出ていったところだ. *Sie ist aus München weggegangen.* 彼女はミュンヒェンを引きはらった. *Geh mir weg damit⟨mit ihm⟩!* 《話》その話〈彼と話〉はよしてくれ. *Geh weg [von mir]!* 《話》あっちへ行って, 私に触れないで. *von j³ ~* 《話》人³ と別れる. *Er ist von⟨aus⟩ unserem Büro weggegangen.* 彼は私たちのオフィスを辞めた. 《中性名詞として》 *beim⟨im⟩ Weggehen* 去りぎわに. **2** 《話》《汚れ・しみなどが》落ちる, とれる; 《痛みなどが》消える. **3** 《話》《商品が》売れる, はける. *wie warme Semmeln ~* 飛ぶように売れる. **4** 《話》(a) 《事⁴を》越していく. (b) (über et⟨j⟩⁴ 事〈人〉⁴を) 無視する, 問題にしない.

'**Weg·ge·nos·se** ['ve:k..] 男 -n/-n 道連れ, 同行者. ↑Weggenossin

'**Weg·ge·nos·sin** 囡 -/-nen (Weggenosse の女性形) 《女性の》道連れ, 同行者, 同伴者.

'**weg|gie·ßen*** ['vεk..] 囮 《水などを》流して捨てる.

'**weg|ha·ben*** 囮 《話》**1** 《人〈物〉⁴を》すでに取除いてある, 遠ざけている. *Endlich habe ich den Flecken weg.* やっとのことで私は汚れを落した. *Sie wollen mich ja nur hier ~.* 彼らはどうしても私にここにいてほしくないのだ. **2** 《望ましくないものを》すでにもらっている. *Ich habe eine Erkältung weg.* 私は風邪を引いてしまった. *Er hat seine Strafe weg.* 彼は当然の罰を受けた. *seinen Teil ~* 当然の報いの分にあずかっている; 当然の報いを受けている〈罰があたった〉. *einen ~* 《すこし》酔っている; 頭がすこしおかしい, 正気でない. **3** 《事⁴を》理解している, のみこんでいる, 会得している. *die Ruhe ~* 泰然自若(たいぜんじじゃく)としている, 悠然と構えている. *In Mathematik hat er was weg.* 数学では彼は得意だ.

'**weg|hal·ten*** 囮 《話》《物⁴を》離しておく, 遠ざけておく.

'**weg|hän·gen** 囮 《絵などを》他の場所に掛ける〈移す〉. *Kleider ~* 衣服を洋服ダンスにしまう.

'**weg|ho·len** ❶ 囮 連去る; 持去る. ❷ 囲 (sich³) *sich et⁴ ~* 《事⁴ 〈病気などに〉にかかる, 《を》うつされる. *sich eine Grippe ~* 流感にかかる. *Bei der Kälte habe ich mir was weggeholt.* 寒さのせいで私はすこし風邪を引いてしまった.

'**weg|hö·ren** 囮 《わざと》聞かない, 聞き流す.

'**weg|ja·gen** 囮 **1** 《子供・動物などを》追い払う. **2** 《人⁴を》追出す; (に) 暇を出す.

'**weg|kom·men*** 囮 (s) 《話》**1** (a) 立去る, 離れる. *Er ist erst spät nachts aus dem Büro weggekommen.* 彼は夜遅くなってやっとオフィスを出られた. *Sie kommt wenig weg.* 彼女はほとんど外出しない. *Mach, dass du wegkommst!* さっさと消え失せろ. (b) 《物〈人〉³ から》自由になる, 《物³を》やめる. *von Drogen ~* 麻薬と手を切る. **2** 《金品が》なくなる, 紛失する. *Meine Uhr ist [mir] weggekommen.* 私の時計がなくなった. *et⁴ ~ lassen* 物⁴をなくす. **3** 《über et⁴ 事⁴を》乗越える, 克服する. **4** 《様態を表す語句と》…の目にあう, …の結果になる. *Der Vorlauteste ist schon wieder am besten weggekommen.* いちばん図々しい者がまたしてもいちばん得をした. *bei et³ gut ⟨schlecht⟩ ~* 物³ で楽しい目〈ひどい目〉にあう, 得〈損〉をする. *Der Kerl ist bei der Verteilung glimpflich weggekommen.* その男はまずまずの分け前にあずかることができた. *mit einem Jahr Gefängnis ~* 1年の禁固刑ですむ.

'**weg|krie·gen** 囮 《話》**1** 《人〈物〉⁴を》どかせる; 《汚れなどを》取除く. *einen Fleck ~* しみを落す. *die Kinder vom Spielplatz ~* 子供たちを遊び場からどかせる〈引離れ, 連れ帰る〉. *Ich habe den Husten endlich weggekriegt.* 私はやっと咳がとれた. *Allein kriege ich den Schrank nicht weg.* 私ひとりではその戸棚を動かすことができません. **2** 《不快なものを》もらう, 被(こうむ)る, 受取る. *eine Krankheit ~* 病気にかかる. *Schläge ~* ぶたれる. **3** 《事⁴を》理解する, のみこむ.

'**weg·kun·dig** ['ve:kkʊndɪç] 形 その辺りの道に詳しい, その土地をよく知っている.

'**weg|las·sen*** ['vεklasən ヴェクラセン] 囮 **1** 立去らせる, 行かせる. *Die Kinder wollten ihn nicht ~.* 子供たちは彼を離そうとしなかった. **2** 《話》《事⁴を》省略する, 省く; (うっかり) 抜かす.

'**weg|lau·fen*** 囮 (s) 走り去る, 逃去る; 流れ出る. *Ihm ist seine Frau weggelaufen.* 彼の妻は家出した. *Das läuft mir nicht weg.* 《戯》そんなことは後でやればいいさ. *von der Arbeit ~* 仕事をほうり出す. *von zu Hause ~* 家出する. *vor dem Hund ~* 犬を見て逃出す.

'**weg|le·gen** 囮 **1** 《手にしている物⁴を》わきに置く, 片づける. **2** 《金を》べつに取っておく; 《商品を》取りのけておく. *sich³ jeden Monat eine gewisse Summe ~* 毎月一定額の金を使わずに残す. *sich³ et⁴ ~ lassen* 物⁴を売らずに取っておいてもらう.

'**weg·los** ['ve:klo:s] 形 道のない, 通れない.

'**weg|ma·chen** ['vεk..] ❶ 囮 《話》《しみ・汚れなどを》除去する, 取除く. *sich³ ein Kind ~ lassen* 《卑》子供を堕(お)ろす. **2** 囮 《話》《そそくさと・こっそり》立去る. **3** 囮 (s) 《地方》立去る.

'**weg|müs·sen*** 囮 **1** 立去らねばならない. **2** 運び去られ (取除かれ, 捨去られ) なければならない. **3** 《手紙などが》出されなければならない.

'**Weg·nah·me** ['vεkna:mə] 囡 -/ 《書》取去ること, 除去; 奪取る (取上げる) こと, 没収, 押収; 《法制》《船舶などの》拿捕(だほ), 捕獲.

*'**weg|neh·men*** ['vεkne:man ヴェクネーメン] 囮 **1** 取去る, 片づける, どける. *Nimm doch den Kram weg!* さあこっちからくたくたのがらくたを片づけてくれ! *[das] Gas ~* 《車で》アクセルを離す. *ein Kind von der Schule ~* 子供に学校をやめさせる. **2** 《人³ から物〈人〉⁴を》取上げる,

奪う．einem Kind sein Spielzeug ～ 子供からおもちゃを取上げる．j³ das Kind ～ 人³から子供を取上げる．**3**（時間・場所などを）とる．Das Regal *nimmt* zu viel Platz *weg*. その棚は場所をとりすぎる．viel Zeit ～ 時間がたっぷりかかる．

'weg|pa·cken ❶ 他 （特定の場所・人物に）しまう，取片づける．*sein Schreibzeug* ～ 筆記用具をしまい込む．❷ 再 (sich⁴) 《話》（こっそり）逃げ出す，ずらかる．

'weg|put·zen 他 **1** （汚れ・水滴などを）拭き取る，ぬぐい去る．**2** 《話》残らず食べる，ぺろりと平らげる．**3** 《卑》（人⁴を）（銃で）片づける，始末する．**4** 《話》（スポーツの試合で敵を）軽く片づける，一蹴する．

'weg|ra·die·ren **1** 消しゴムで消す，ナイフで削って消す．et¹ aus dem Gedächtnis ～ 事⁴を記憶から消去する．**2** 《比喩》（敵などを）殱滅（ぜんめつ）する；（都市などを）破壊し尽くす．♦過去分詞 wegradiert

'weg|raf·fen 他 **1** ひったくる，奪い去る．**2**（人⁴の）命を奪う（病気などが）．

'**Weg**|rand ['ve:krant] 男 –[e]s/–⁽ʔ⁾er 道端，道路の縁．am ～ 道端に．

'weg|ra·ti·o·na·li·sie·ren ['vεk..] 他 （人員・部局・設備・路線などを）合理化する．♦過去分詞 wegrationalisiert

'weg|räu·men **1** （食器などを）片づける，しまう；（雪・瓦礫（がれき）などを）除去する，撤去する．**2** 《比喩》（面倒事などを）片づける，取除く．

'weg|rei·sen 自 旅立つ，出立する．

'weg|rei·ßen* 他 **1** (a) 無理矢理連去る，拉致（らち）する．(b)（屋根や橋を）引きさらっていく（嵐・洪水などが）．**2** （建造物を）取壊す．**3** （人³から何かを）引ったくる，もぎ取る．j³ das Messer ～ 人³からナイフをもぎ取る．Das Geschoss *riss* ihm das Bein *weg*. 弾丸が彼の脚を吹飛ばした．

'weg|rü·cken ❶ 他 （物⁴を）脇にずらす，押しのける，どける．❷ 自 (s) （立上がって）席を移す，席をずらす；(von j⟨et⟩³ 人⟨物⟩³から）離れた所へ席を移す，遠のく．Können Sie ein Stück ～? 席をすこし詰めてくれませんか．Sie *rückte* demonstrativ von ihm *weg*. 彼女はこれみよがしに彼のそばから席をずらした．

'weg|sa·cken 自 (s) 《話》（水中に）沈む，沈没する；（地面に）めり込む，沈下する；（飛行機が急に）高度を下げる．**2** (a)（膝などが）がくっとなる，くずおれる．(b)《話》失神する．(c)《話》眠りに落ちる．

'weg·sam ['ve:kza:m] 形 《古》(gangbar) 通行可能な．

'weg|schaf·fen ['vεk..] ❶ 他 **1** （物⟨人⟩⁴を）運び去る，取りのける，片づける．**2** 《話》《卑》消えうせる；自殺する．❷ 再 (sich⁴) 《卑》消えうせる；自殺する．

'**Weg**|scheid ['ve:kʃart] 男 –[e]s/–e(ʔ)⟨古⟩ 女 /–en 道の分岐点，岐路．

'**Weg**|schei·de [..ʃardə] 女 /–n 《雅》=Wegscheid

'weg|sche·ren ['vεk..] 再 (sich⁴) 《話》立去る，消えうせる，うせる．

'weg|schi·cken 他 **1** （手紙・商品などを）送る，発送する．**2**（人⁴を）送り出す，使いに出す；追出す．

'weg|schie·ben* 他 押しのける，脇にどける．

'weg|schlei·chen* ❶ 自 (s) こっそり立去る．❷ 再 (sich⁴) こっそり立去る．

'weg|schlie·ßen* 他 鍵のかかる所にしまい込む，しまい込んで鍵をかける．

'weg|schmei·ßen* 他 《話》(wegwerfen) 投捨てる．

'weg|schnap·pen 《話》（人³から人⟨物⟩⁴を）横取りする，横かっさらう．Er hat seinen Kollegen den Posten *weggeschnappt*. 彼は同僚たちを出し抜いてその地位を自分のものにした．j³ die Kunden ～ 人³から顧客を横取りする．

'weg|schnei·den* 他 切取る，切離す．sich³ eine Geschwulst ～ lassen 腫⁽⁾⁽⁾物を切除してもらう．

'weg|schüt·ten 他 （汚水などを）流し捨てる，ざあっと捨る(in et⁴ 物⁴の中に)．

'weg|se·hen 自 **1** 目をそらす，目をそむける．**2** 《話》(a) 向こうを見る，見渡す(über et⟨j⟩³ 物⟨人⟩³越しに)；(über et⟨j⟩⁴ 物⟨人⟩⁴を無視する；(über et⁴ 事⁴を大目に見る．

'weg|set·zen ❶ 他 （物⁴を）よそへ移す，片づける；（人³を）離れた所に移す(von j⟨et⟩³ 人⟨物⟩³から)．❷ 再 (sich⁴) 離れた場所に座る，席を移す(von j⟨et⟩³ 人⟨物⟩³から)；(über et⁴ 事⁴を無視する．❸ 自 (s, h) 《話》(über et⁴ 物⁴を跳び越える．

'weg|ste·cken 他 《話》 **1** （ポケットなどに）しまい込む，つっ込む，隠す．**2** （殴打・小言などを）甘んじて受ける，じっと我慢する．

'weg|steh·len* 再 (sich⁴) こっそり抜け出る（立去る）．

'weg|sto·ßen* 他 押しのける，突きとばす；蹴とばす．einen Stein mit dem Fuß ～ 石を足で蹴とばす．

'**Weg**|stre·cke ['ve:k..] 女 /–n 道程．

'weg|strei·chen* ['vεk..] ❶ 他 **1** （ごみなどを）払いのける．die Haare von der Stirn ～ 髪の毛を頭から掻きあげる．Krümel vom Tisch ～ パン屑をテーブルから払いのける．**2** （文字・文などを）抹消する，削除する．

'**Weg**|stun·de ['ve:k..] 女 /–/–n 徒歩で１時間の道のり．Das Dorf liegt eine knappe ～ entfernt. その村まではあるいて１時間ほどこその距離だ．

'weg|tre·ten* ['vεk..] ❶ 他 （ボールなどを）けっ飛ばす．❷ 自 (s) 【軍事】（隊列などが）解散する．*Wegtreten!* / *Weggetreten!* （号令で）解散．eine Kompanie ～ lassen 中隊を解散させる．《過去分詞で》[geistig] *weggetreten* sein《比喩》心ここにあらずである，上（うわ）の空である．**2** (von et³ 物³から）離れる，わきへ退（の）く．Bitte vom Gleis ～! （駅で）線路からおさがりください．

'weg|tun* ❶ 他 **1** 片づける，わきへどける．**2** 捨てる，投棄てる．**3** 隠す，しまう．**4**（物³を）遣わずに取っておく，残しておく．❷ 再 (sich⁴) 《地方》自ら命を絶つ，自殺する．

'**Weg**|war·te ['ve:k..] 女 /–/–n 【植物】きくにがな，チコリー（菊科の多年草，サラダなどで生食する）．

'weg·wei·send 形 指針（指標）となる．

'**Weg**|wei·ser ['ve:kvaizər] 男 –s/– **1** 道標，道しるべ；案内標識．**2** (a) 入門書，手引き；指標．(b) (Reiseführer) 旅行案内書．

'weg|wen·den*¹ ['vεk..] ❶ 他 （顔・目などを）わきに向ける，背（そむ）ける(von j⟨et⟩³ 人⟨物⟩³から)．❷ 再 (sich⁴) そっぽを向く，顔を背ける(von j⟨et⟩³ 人⟨物⟩³から)．

'**Weg**|werf·ar·ti·kel ['vεkvɛrf..] 男 –s/– 使い捨て商品．

'weg|wer·fen ['vεkvɛrfən ヴェクヴェルフェン] ❶ 他 投捨てる；（不要なものを）捨てる，投棄する．eine leere Dose ～ 空き缶を払いのけ捨てる．einen alten Hut ～ 古い帽子を捨てる．*sein* Leben ～ 《比喩》人生を投出す，捨て鉢になる；自殺する．《過去分詞で》*weggeworfenes* Geld《比喩》無駄金，死金（しにきん）．❷ 再 (sich⁴) 自分を粗末にする，自分の格を落とす(an j⟨et⟩⁴ 人⟨物⟩⁴にかかわって)．Wie konnte sie *sich* nur an einen solchen Mann ～! どうして彼女はあんな男といっ

'**weg·wer·fend** 現形 軽蔑したような, 侮蔑的な.
'**Weg·werf·ge·sell·schaft** 囡 -/-en 使い捨て社会.
'**Weg·werf·win·del** 囡 -/-n 使い捨ておむつ.
'**weg·wi·schen** 囲 **1**〔ほこり・染み・書かれた文字などを〕拭き取る, 拭き消す, ぬぐい去る. **2**《比喩》〔疑念・記憶などを〕ぬぐい去る;〔異論などを〕除く.
'**Weg·zeh·rung** ['ve:ktse:rʊŋ] 囡 -/-en **1**《雅》携行食糧, 道中食; 〔遠足などの〕弁当. **2**《ｶﾄﾘｯｸ》(Viatikum) 〔臨終者に授けられる〕聖体拝領.
'**Weg·zei·chen** 囲 -s/- 〔ハイキングコースなどで樹木や岩に印された〕道しるべ, 道標.
'**weg|zie·hen*** ['vɛktsi:ən] **❶** 囲 引張って取除く〔どかせる, わきにやる〕; 引きのかす, 引離す. die Gardinen ~ カーテンを開ける. dem Gegner die Beine ~ 〔球技で〕敵に脚をかけて転倒させる. j³ die Bettdecke ~ 人³の掛けぶとんを引きはがす. j³ den Stuhl ~ 椅子を引いて人³に尻餅をつかせる. j³ den Boden unter den Füßen ~《比喩》人³の生活〔存立〕基盤をゆるがす. **❷** 囲 (s) 引越す, 転居する; 〔渡り鳥などが〕飛去る, 渡る. Er ist von München weggezogen. 彼はミュンヒェンの住まいを引払った.
'**Weg·zug** ['vɛktsu:k] 男 -[e]s 引越し, 転居; 〔渡り鳥が〕飛去ること.
***weh** [ve: ヴェー] **❶** 間 **1**〔苦痛・悲嘆などを表して〕ああ, 痛い. [O] ~! ああ悲しい; おお痛い. Weh[e] mir!《古》ああ悲しや. **2**〔呪い・脅しなどを表して〕〔人³に〕災いあれ, (は)災いなるかな (↑ wehe). Weh[e] dem Mörder! 人殺しに災いあれ. Weh[e] dem, der uns verrät! 私たちを裏切るものはただではおかないぞ. **❷** 形 **1**〔付加語的用法のみ〕《話》傷ついた, 痛めている. sein ~es Bein nachziehen 痛い脚を引きずる. **2**《雅》悲痛な, 悲しい. ein ~es Gefühl 悲痛な気持. ein ~es Lächeln 悲しそうな微笑. Mir ist ~ [zumute]. / Mir ist ~ ums Herz. 私は心が痛い. **3**〔旧正書法では weh tun の形で〕〔身体の一部が〕痛い. 痛む (↑ wehtun).
'**Weh** [ve:] 囲 -[e]s/-e〔複数まれ〕**1** (a)《雅》悲しみ, 苦しみ, 心痛. ein tiefes ~ ただただ心深い悲しみ. (b)(Ach und Weh / Weh und Ach の形で) Ach und ~ schreien〔rufen〕泣きわめく, 嘆き叫ぶ〔über et³〕j³ 事〈人〉のことで). 〈unter〉Ach und ~ / mit〈unter〉 ~ und Ach 悲しな声を上げて, 泣きわめきながら; 泣きの涙で, 嫌々ながら. **2**《雅》〔肉体的な〕痛み, 苦痛. ♦ ↑ Wehe¹
'**we·he** ['ve:ə] **❶** 間 **1**〔苦痛・悲嘆などを表して〕ああ, おお (↑ weh ① 1). **2**〔呪い・脅しなどを表して〕災いあれ, 災いなるかな (↑ weh ① 2). Wehe, wenn du das kaputtmachst! それを壊したらただではすまさないぞ. 〈人³を伴って〉Weh[e] dem Mörder! 人殺しに災いあれ. Weh[e] dem, der uns verrät! 私たちを裏切るものはただではおかないぞ. **❷** 形 =weh.
'**We·he¹** ['ve:ə] 囲 -s/〔古〕《雅》(Weh) 悲しみ, 苦しみ, 心痛. das Wohl und Weh[e] 幸不幸, 禍福; 運命.
'**We·he²** 囡 -/-n〔ふつう複数で〕陣痛. Die ~n setzen ein. 陣痛がはじまる. in den ~n liegen 陣痛の床についている. 陣痛時である.
'**We·he³** 囡 -/-n〔雪・砂などの〕吹溜まり. Hohe ~n türmten sich⁴ auf. 風に吹き寄せられた雪〔砂〕がうずたかく積もっている.

*'**we·hen** ['ve:ən ヴェーエン] **❶** 囲 (h, s) **1** (h)〔風に〕吹く. Der Wind weht. 風が吹く. Kein Lüftchen weht. / Es weht kein Lüftchen. 風はそよとしない.《非人称的で》Draußen wehte es tüchtig. 外はひどい風だった. **2** (h)〔風に〕翻る, なびく. Die Fahne weht im Wind. 旗が風に翻る.《現在分詞で》mit wehenden Haaren 髪をなびかせて. **3** (s)〔風に〕運ばれる, 流れて来る〔行く〕. Ein süßer Duft weht ins Zimmer. 甘い香りが部屋の中に漂ってくる. **❷** 囲 〔人³のもとに物⁴を〕吹寄せる, 吹きつける; 〔木の葉などを〕吹飛ばす.
'**Weh·frau** ['ve:frau] 囡 -/-en〔古〕(Hebamme) 産婆.
'**Weh·ge·schrei** 囲 -s/ 苦痛の叫び, 悲嘆の声.
'**Weh·kla·ge** 囡 -/-n《雅》悲嘆の声; 慟哭(ｺﾞｸ).
'**weh·kla·gen** ['ve:kla:gən] 囲《雅》声をあげて嘆く, 愁嘆の声をあげる, 慟哭(ｺﾞｸ)する; 〔über et⁴ 事⁴を〕嘆き悲しむ. ♦ 過去分詞 gewehklagt
'**Wehl** [ve:l] 囲 -[e]s/-e =Wehle
'**Weh·le** ['ve:lə] 囡 -/-n《北ﾄﾞ》〔高潮などで堤防の内側にできた〕深い水溜まり; 入り江.
'**weh·lei·dig** ['ve:laɪdɪç] 形 すぐ痛がる, めそめそする, 泣虫の, めめしい; 〔いまにも〕泣出しそうな, 哀れっぽい.
'**Weh·mut** ['ve:mu:t] 囡 -/〔失ったもの・過ぎ去ったことに対する〕もの悲しさ, 悲哀, 哀愁.
'**weh·mü·tig** ['ve:my:tɪç] 形 悲しそうな; もの悲しい, 哀愁を帯びた.
'**weh·muts·voll** ['ve:mu:tsfɔl] 形《雅》哀哀(哀愁)にみちた.
'**Weh·mut·ter** 囡 -/¨〔古〕(Hebamme) 産婆.
'**Wehr¹** [ve:r] 囡 -/-en **1**〔複数なし〕(a)《古》防御, 抵抗. (b)《次の成句で》sich⁴ zur ~ setzen 防戦する, 抵抗する〔gegen et⁴〕j⁴ 事〈人〉に対して). **2**《雅》〔古〕武器, 武具, 防具; 防塁, 障壁. **3**〔Feuerwehr〕消防隊. **4**《猟師》列をなす射手〔勢子(ｾｺ)〕.
'**Wehr²** 囲 -[e]s/-e〔河川の〕堰(ｾｷ), 堰堤(ｴﾝ).
'**Wehr·be·auf·trag·te** 男囡〔形容詞変化〕〔ドイツ連邦議会によって任命される〕国防委員国防軍 Bundeswehr 内部において基本的人権および民主的原則が順守維持されるよう監督の任を負う〕.
'**Wehr·be·reich** 囲 -[e]s/-e《軍事》〔ドイツ連邦共和国国防軍 Bundeswehr の〕国防区域.
'**Wehr·be·zirk** 囲 -[e]s/-e《軍事》〔ナチスドイツ国防軍の〕軍管区 (1935-45).
'**Wehr·dienst** 囲 -[e]s/ 兵役.
'**Wehr·dienst·ver·wei·ge·rer** 囲 -s/- 兵役拒否者.
'**Wehr·dienst·ver·wei·ge·rung** 囡 -/-en 兵役拒否.

*'**weh·ren** ['ve:rən ヴェーレン] **❶** 囲 (sich⁴) 身を守る, 抵抗する〔gegen et⁴ 事⁴に対して〕. Er wehrte sich tapfer gegen die Angriffe. 彼は攻撃を受けて勇敢に抵抗した. sich gegen die Armut ~ 貧困と闘う. sich mit aller Kraft〈Händen und Füßen〉 ~ 全力をあげて抵抗する. sich seiner Haut² ~《話》必死に抵抗する.《zu 不定詞句と》sich [dagegen] ~, ... zu tun ... することに抵抗する. Er wehrte sich, diese Aufgabe zu übernehmen. 彼はこの任務を引受けることを拒んだ.
❷ 囲《雅》〔古〕(人³が事⁴することを)妨げる, 阻む; 禁止する.
❸ 囲《雅》〔事³を〕防ぐ, 阻む. den Anfängen ~ (危険などの)芽を摘む. einem Unheil ~ 災いを阻止す

'**Wehr·er·satz·dienst** 男 -[e]s/- =Ersatzdienst
'**wehr·fä·hig** ['veːrfɛːɪç] 形 兵役に服する能力のある.
'**Wehr·gang** -[e]s/=e 〈中世の城や都市の城壁に構築された屋根で覆われた銃眼付きの〉防御廻廊.
'**Wehr·ge·häng·e** 中 -s/- 1 剣帯, 肩帯. 2 《猟師》〈猟刀用の〉革帯.
'**Wehr·ge·henk** -[e]s/-e 〈古〉(Wehrgehänge) 剣帯.
'**Wehr·ge·setz** 中 -es/-e 国防法.
'**wehr·haft** ['veːrhaft] 形 1 防衛能力を持った, 戦闘能力のある. 2 〈城などが〉防備を固めた, 守りの堅い, 堅固な.
'**Wehr·kraft** 女 -/ 防衛力; 国防軍.
'**wehr·los** ['veːrloːs] 形 無防備の, 抵抗力のない, なすすべもない (gegen et⁴ 事⁴に対して).
'**Wehr·lo·sig·keit** ['veːrloːzɪçkaɪt] 女 -/ 防衛力(抵抗力)のないこと, 無防備.
'**Wehr·macht** ['veːrmaxt] 女 -/ 〈1 国の〉軍事力, 総戦力; 〈とくにナチス時代のドイツ国防軍(1921–45).
'**Wehr·pass** -es/=e 兵役手帳.
'**Wehr·pflicht** 女 -/ 兵役義務. die allgemeine ~ 一般兵役義務, 国民皆兵.
'**wehr·pflich·tig** 形 兵役義務のある, 徴兵適齢の.
'**Wehr·pflich·ti·ge** 《形容詞的変化》兵役義務者.
'**Wehr·sold** -[e]s/-e 兵役給与(金).
'**Wehr·sport** 男 -[e]s 〈軍事教育に役立つ〉国防スポーツ.
'**Wehr·stand** 男 -[e]s/ 〈古〉軍人階級. ◆ 教育者・聖職者階級 Lehrstand, 生産者階級 Nährstand と組になった用語.
'**Wehr·übung** 女 -/-en 〈基礎兵役終了後の〉軍事訓練.
'**weh|tun***, °'**weh tun*** ['veːtuːn] 自 1 《事物が主語》(a)〈身体の部位・傷などが〉痛む, 痛い; 〈人³に〉苦痛を与える. Mein〈Der〉Bauch tut [mir] weh. なにか痛い. 《非人称的に》Wo tut es [dir] weh? どこが痛いんだ. (b) 《比喩》〈精神的に〉〈人³に〉苦痛を与える, つらい思いをさせる. Scheiden tut weh. 別れはつらい. Das Wort tat ihn weh. その言葉は彼を傷つけた. 《非人称的に》Es tut mir in der Seele weh, dass... 《雅》…であるとは私はひどく心が痛む(満む). 2 《人が主語》〈人³に〉苦痛を与える, 痛い思いをさせる. Ich habe mir an der Kante〈mit dem Messer〉wehgetan. 私は角に〈ナイフで〉ぶつかって痛かった〈けがをした〉. Ich wollte dir nicht ~. 私は君に痛い思いをさせるつもりはなかった. ◆ weh ② 3
'**Weh·weh** ['veːveː, '–'] 中 -s/-s 《幼児》痛いところ, 怪我したところ. Zeig mal dein ~! ほら, 痛い痛いしたとこ見せてごらん.
'**Weh'weh·chen** [veːˈveːçən, '---] 中 -s/- 《話》大したことのない痛み. Er hat immer irgendein ~. 彼は始終どこか痛がっている(泣言を言っている). Sie geht bei〈mit〉jedem ~ gleich zum Arzt. 彼女はちょっとどこかが痛いだけですぐ医者にかかる.
Weib [vaɪp] 中 -[e]s/-er 1 (a) 《古》 女, 女性. (b) 《話》《しばしば軽蔑的に》女. Dieses [blöde] ~! この馬鹿な女め. ein schwatzhaftes〈zänkisches〉 ~ おしゃべり女〈がみがみ女〉. ein tolles ~ 〈性的魅力のある〉女. den ~ern nachlaufen 女の尻を追回す. Sei kein ~! 女々しいまねはやめろ. 2 《古》《戯》 妻. ~ und Kind 《戯》女房子供, 妻子. sich³

'**Weib·chen** ['vaɪpçən] 中 -s/- (Weiberchen) (a)《古》小さな女, かわいい女. (b)《戯》《愛称で》おばさん, おかみさん; ばあさん. Mein ~! 《妻に向かって》おまえ. 2 (a) (↔Männchen) 〈動物の〉雌(♀). (b) 《侮》〈性的にだらしない女などをさして〉牝. Sie ist nur ein ~. 彼女はただの牝だ.
'**Wei·bel** ['vaɪbəl] 男 -s/- 1 《古》(Feldwebel) 軍曹. 2 《スイス》〈官公庁の〉用務員; 〈裁判所の〉廷吏(ﾃｲﾘ), 廷丁.
'**Wei·ber·chen** ['vaɪbərçən] Weibchen の複数.
'**Wei·ber·feind** 男 -[e]s/-e (Frauenfeind) 女嫌い.
'**Wei·ber·held** 男 -en/-en 《侮》女たらし, 色男.
'**Wei·ber·lein** ['vaɪbərlaɪn] Weiblein の複数.
'**Wei·ber·volk** 中 -[e]s/《侮》《集合的に》女連中, 女たち, 女ども.
'**wei·bisch** ['vaɪbɪʃ] 形 〈男性が〉女性的な, 女みたいな, 女々しい.
'**Weib·lein** ['vaɪplaɪn] 中 -s/-(Weiberlein) 《Weibの縮小形》1 〈小柄な〉おばあさん, おばあちゃん. ein vertrocknetes ~ しわくちゃ婆さん. 2 《愛称で》おばあさん, おかみさん. Männlein und ~ 《戯》男も女も, おじさんもおばさんも.
*'**weib·lich** ['vaɪplɪç ヴァイプリヒ] 形 1 女の, 女性の. 《生物》雌の. eine ~e Angestellte 女性従業員. ~e Blüten《植物》雌花. ein ~es Tier 動物の雌(↑Weibchen). ein ~er Vorname 女名. 2 女らしい, 女性的な; 女性特有の. ein typisch ~er Beruf 典型的な女性の職業. ~e Empfindungen 女性の感覚. 3 (a)《文法》女性の. ein ~es Substantiv 女性名詞. (b)《韻律》女性の. ein ~er Reim 女性韻.
'**Weib·lich·keit** 女 -/-en 1《複数なし》女であること, 女らしさ. 2 《戯》(a)《複数なし》〈居合せる〉女性たち. die holde ~ ご婦人方. (b)《まれ》女, 女性.
'**Weibs·bild** ['vaɪpsbɪlt] 中 -[e]s/-er 1 《古》《南・オーストリア》女性, 婦人. 2 《侮》女, あま.
'**Weib·sen** ['vaɪpsən] 中 -s/- 《ふつう複数で》《戯》(Frau) 女(たち).
'**Weibs·leu·te** ['vaɪps..] 複 (Frauensleute) 女たち.
'**Weibs·per·son** 女 -/-en 1《古》(Frau) 女, 女性. 2《侮》女, あま.
'**Weibs·stück** 中 -[e]s/-e《侮》(Frau) 女, あま.
'**Weibs·volk** 中 -[e]s =Weibervolk
***weich** [vaɪç ヴァイヒ] 形 (↔ hart) 1 柔(軟)らかい. ein ~es Bett ふかふかのベッド. ~er Boden 軟弱な地盤. ein ~es Ei 半熟玉子. ~er Gaumen《解剖》軟口蓋. ~es Haar しなやかな髪. ~e Haut 柔肌. ~er Käse ソフトチーズ. ~e Preise《経済》変動価格. eine ~e Währung《経済》軟貨〈金または他国通貨への変換能力を持たない通貨〉. ~es Wasser 軟水. Das Fleisch ist noch nicht ~. 肉はまだ固い (生煮えである). ~ werden 軟らかくなる(↑3). Ihm wurden die Knie ~. / Er wurde ~ in den Knien.《話》〈恐怖などで〉彼は膝ががくがくした. ~ betten《雅》裕福な身分になる. ~ landen 軟着陸する, ソフトランディングする. ~ sitzen〈柔らかくて〉座り心地がいい. 2〈感じ・作用などが〉柔らかい, おだやかな, 優しい. ~e Drogen〈マリファナなどの習慣性のない幻覚剤〉. ~e Gesichtszüge 柔和な顔立ち. ein ~es Klima 温和な気候. ~e Konsonanten《言語》軟子音. ~es Licht 柔らかな光. ein ~es

Negativ《写真》(コントラストの弱い)軟調のネガ. ~**er** Stil《美術》(1400 前後の)柔和様式. ein ~**er** Ton 柔らかい音色. ein ~**er** の優しい、情にもろい、感じやすい. ein ~**er** Mensch 心の優しい人. ein ~**es** Gemüt〈Herz〉haben 優しい心の持主である. Für diese Aufgabe ist er ja ~ 彼の使命を果たすには彼はあまりにも優しすぎる. Es wurde ihm ~ ums Herz. 彼はほろりとなった. ~ werden《話》態度を和らげる, 軟化する; 折れる(↑1). Nur nicht ~ werden!《話》弱気になるな, がんばれ. j⁴ ~ stimmen 人⁴を優しい気持にさせる. **4**(スポーツで)弱々しい, 非力な, 力のない. ein ~**er** Schuss 力のないシュート. ein ~**es** Spiel 軟弱な(弱腰の)プレー. ◆ **!** weich gekocht

'**Weich·bild** 中 -[e]s/-er **1**(周辺部を含む)市域. **2**《歴史》(中世の)都市権;〔都市権のおよぶ〕市域.
'**Wei·che**¹ 女 -/-n **1**《複数なし》《まれ》= Weichheit **2** 横腹, 脇腹.
'**Wei·che**² 女 -/-n (鉄道の)転轍(ﾃﾝﾃﾂ)機, ポイント. die ~**n** stellen ポイントを切換える;《比喻》将来の方向〔路線〕を定める(für et¹ 事¹を目指して).
'**Weich·ei** [ˈvaɪçˌaɪ] 中 -[e]s/-er《俗》意気地なし, 弱虫.
'**wei·chen**¹ [ˈvaɪçən] ❶ 自 (s) (液体に浸されて)軟らかくなる. ❷ 他 (液体に浸して)軟らかくする.
*'**wei·chen**²* [ˈvaɪçən ヴァイヒェン] wich, gewichen 自 (s) **1** (~**s** 否定形で)離れる, 退く. nicht wanken und [nicht] ~ てこでも動かない. nicht von j³ ~ 人³のそばを離れない;〈を〉見捨てない. Sie ist die ganze Nacht nicht von seinem Krankenbett gewichen. 彼女は一晩中彼の病床を離れなかった. j³ nicht von der Seite ~ / nicht von j² Seite ~ 人³,²のそばを離れない. keinen Schritt vom Wege ~ 一歩も退かない. zur Seite ~ わきへ退く(vor et〔j〕³ 物〔人〕³を避けて). **2**(人〔物〕³に)屈する, 屈服する;席を譲る, 譲歩する; (vor j〔et〕³ 人〔物〕³を前にして)後退する, 敗退する. Ein uralter Wald musste dem neuen Flughafen ~. 太古の森は新空港建設のために席を譲らねばならなかった. der Gewalt ~ 暴力に屈する. [vor] der Übermacht ~ 優勢な敵軍を前にして敗退する.《目的語なしで》Der Gegner begann zu ~. 敵は退却を始めた. **3**〔物が主語〕消え去る, 消えうせる;(ある時が)過ぎ去る. Aus ihrem Gesicht ist das Blut〈die Angst〉gewichen. 彼女の顔から血の気がひいた〈不安の色が消えた〉. Die Besorgnis wich von ihm. 心配の種が彼の心からなくなった. Endlich war der Winter gewichen. ついに冬は過ぎ去った.

'**Wei·chen·stel·ler** 男 -s/- 転轍(ﾃﾝﾃﾂ)手, ポイント係.
'**weich ge·kocht**, ⁰'**weich·ge·kocht** 柔らかく煮た;半熟の.
'**Weich·heit** 女 -/ 柔(軟)らかいこと, 柔軟さ;柔和, 温和, 優しさ;柔弱さ, 軟弱さ.
'**Weich·her·zig** 形 心の優しい, 情にもろい, 感じやすい.
'**Weich·her·zig·keit** 女 -/ 心の優しさ, 情にもろいこと.
'**Weich·holz** 中 -es/⁼er (↔ Hartholz) 軟材.
'**Weich·kä·se** 男 -s/-《食品》軟らかいチーズ, ソフトチーズ(カマンベール Camembert など).
'**weich·lich** [ˈvaɪçlɪç] 形 **1** 柔らかめの;柔らかすぎる. **2** 虚弱な, ひ弱い;軟弱の, 弱腰の, 意気地のない, 気の弱い.
'**Weich·lich·keit** 女 -/ 柔弱さ, 軟弱.
'**Weich·ling** [ˈvaɪçlɪŋ] 男 -s/-e《侮》柔弱な人.

人, 意気地なし.
'**Weich·lot** 中 -[e]s/-e《工学》軟蠟(ﾅﾝﾛｳ), はんだ.
'**Weich·ma·cher** [..maxɐr] 男 -s/-《化学》可塑(ｶｿ)剤.
'**Weich·sel** [ˈvaɪksəl] ❶ 女 -/《地名》die ~ ヴァイクセル川, ビスワ川(バルト海に注ぐポーランド最大の河川). ❷ 女 -/-n = Weichselkirsche
'**Weich·sel·kir·sche** 女 -/-n **1**《植物》マルブ(ヨーロッパ産さくら属の一種で喫煙用パイプの素材として用いる). **2**《地方》(Sauerkirsche) すみのみざくらの(の)果樹, 果実).
'**Weich·spü·ler** [ˈvaɪç..] 男 -s/- = Weichspülmittel
'**Weich·spül·mit·tel** 中 -s/-〔洗濯物の〕柔軟仕上げ剤.
'**Weich·tei·le** 複 **1**《解剖》軟部〔臓器・筋肉など人体の骨格以外の部分〕. **2**《話》〔男性の〕性器.
'**Weich·tier** 中 -[e]s/-e (ふつう複数で) 軟体動物.
'**Wei·de**¹ [ˈvaɪdə] 女 -/-n《植物》やなぎ〔柳〕.
'**Wei·de**² 女 -/-n 牧草地, 牧場.
'**Wei·de·land** 中 -[e]s/⁼er 牧草地.
'**Wei·de·mo·nat** 男 -[e]s/-e《古》(Mai) 5 月〔放牧が始まる月ということから〕.
'**Wei·de·mond** 男 -[e]s/-e《古》= Weidemonat
'**wei·den** [ˈvaɪdən] ❶ 自〔家畜が〕牧草地で草を食(は)む. ❷ 他〔家畜を〕放牧する, 牧養する;《目的語なしでも》〔牧草地で家畜の〕番をする. Ich habe den ganzen Tag [das Vieh] geweidet. 私は一日中家畜の番をした. seine Augen〈seinen Blick〉an et³ ~〈雅〉物³を見て楽しむ〔目の保養をする〕. ❸ 再 (sich⁴) (an et³ 物³を見て)楽しむ;(人が困ったり苦しんだりするのを見て)面白がる. Sie〈Ihre Augen〉weideten sich an der herrlichen Landschaft. 彼らはそのすばらしい風景を楽しんだ. sich an j² Erstaunen ~ 人²が驚くのを見て面白がる.
'**Wei·den·baum** 男 -[e]s/⁼e 柳の木.
'**Wei·den·ger·te** 女 -/-n = Weidenrute
'**Wei·den·kätz·chen** 中 -s/-〔ふつう複数で〕やなぎ属の尾状花序;〔ねこやなぎなどの〕花穂(ｶｽｲ).
'**Wei·den·rös·chen** 中 -s/-《植物》やなぎらん.
'**Wei·den·ru·te** 女 -/-n〔葉を除いた〕柳の枝, 柳条(ﾘｭｳｼﾞｮｳ).
'**Wei·de·platz** 男 -es/⁼e 放牧に適した野原, 放牧地.
'**weid·ge·recht** [ˈvaɪt..] 形《狩猟》狩猟の作法にかなった, 狩猟の作法を心得た.
'**weid·lich** [ˈvaɪtlɪç] 副《古》大いに, 存分に, したたかに. j⁴ ~ auslachen 人⁴をさんざん笑いものにする.
'**Weid·loch** 中 -[e]s/⁼er《狩猟》〔狩猟・猟犬の〕肛門.
'**Weid·mann** [ˈvaɪtman] 男 -[e]s/⁼er《狩猟》[weidgerechter] Jäger 〔狩猟の作法を心得たまっとうな〕猟師.
'**weid·män·nisch** [..mɛnɪʃ] 形 猟師の;猟師にふさわしい.
Weid·manns'dank [vaɪtmansˌdaŋk] 間 Weidmannsdank!《狩猟》〔猟師仲間の挨拶である Weidmannsheil! に対して〕ありがとう.
Weid·manns'heil [..ˈhaɪl] 間 Weidmannsheil!《狩猟》よい狩りを, いい獲物に恵まれますように〔猟師仲間の挨拶〕, = Weidmannsdank.
'**Weid·mes·ser** 中 -s/- 猟刀.
'**Weid·werk** 中 -[e]s/ 狩猟, 猟;猟師の生業.
'**weid·wund** 形《狩猟》〔猟獣が〕内臓を射抜かれた(撃

たれた), 致命傷を負った.

'**Wei・fe** ['vaɪfə] 囡 –/–n《紡織》糸車, 糸繰り車; 桴(きね), 桴木.

'**Wei・fen** ['vaɪfən] 他《糸を》糸車(糸繰り車)に巻取る.

*'**wei・gern** ['vaɪɡərn ヴァイゲーン] ❶ 再《**sich**》《**zu** 不定詞句と》…を拒む, 断る, 拒絶する. 彼はその贈物を受取ることを拒んだ.《zu 不定詞句なしで》*sich entschieden* ~ きっぱりと断る. *sich et*² ~《古》事²を拒む, 断る, 拒絶する. ❷ 他《雅》《古》(verweigern)(人³に事⁴を)拒む, 断る, 拒絶する.

*'**Wei・ge・rung** ['vaɪɡərʊŋ ヴァイゲルング] 囡 –/–en 拒絶, 拒否.

'**Wei・ge・rungs・fall**《次の用法で》im ~[e] 拒絶(拒否)した場合には.

Weih [vaɪ] 男 –[e]s/–e =Weihe²

'**Weih・bi・schof** ['vaɪ..] 男 –s/–e《カトリック》補任司教.

'**Wei・he**¹ ['vaɪə] 囡 –/–n **1** (a)《宗教》神聖にすること, 祓い清めること, 清祓(せいふつ). (b)《カトリック》聖別(式); (教会の鐘などの)奉献(式); (教会堂などの)献堂(式); (司教の)叙階(式). **2**《雅》厳粛さ, 荘厳さ.

'**Wei・he**² 囡 –/–n《鳥》ちゅうひ(沢鵟)(わしたか科の猛禽).

'**wei・hen** ['vaɪən] 他 **1** (a)《宗教》(物⁴を)神聖にする, 祓い清める;《カトリック》聖別する. einen Altar ~ 祭壇を聖別する. ein Festspielhaus〈eine Kirche〉~ 祝祭劇場の落成式〈教会堂の献堂式〉を行う. *geweihtes Wasser* 聖水. (b)《カトリック》(人⁴を)叙階する. einen Bischof ~ 司教を叙階する. j¹ zum Priester ~ 人⁴を司祭に任命する. **2** (a)《宗教》(神に)奉献する, 奉納する. (b)《雅》(人〈物〉³に)捧げる. Er hat sein Leben der Kunst *geweiht*. 彼は生涯を芸術に捧げた.《再帰的に》*sich*¹ et³ ~ 事³に一身を捧げる. (c)《雅》(死の等・破滅の運命などに) ;《過去分詞で》Er ist dem Tod *geweiht*. 彼は死ぬ運命にある.

'**Wei・her** ['vaɪər] 男 –s/–(*lat.* vivarium)《南ドイツ》(kleiner Teich) 池, 沼.

'**Wei・he・stun・de** ['vaɪə..] 囡 –/–n《雅》(死者を追悼するときなどの)厳粛な時間, 厳かなひととき.

'**wei・he・voll** ['vaɪəfɔl] 形《雅》(sehr feierlich) 厳かな, 厳粛な, 荘厳な.

'**Weih・ga・be** ['vaɪ..] 囡 –/–n 捧げ物, 供物(くもつ).

'**Weih・ge・schenk** ['vaɪ..] 中 –[e]s/–e =Weihgabe

'**Weih・nacht** ['vaɪnaxt] 囡 /《雅》=Weihnachten

'**weih・nach・ten** ['vaɪnaxtən] 非人称 *Es weihnachtet*. クリスマスが近づく; クリスマスらしくなる. ◆過去分詞 geweihnachtet

'**Weih・nach・ten** ['vaɪnaxtən ヴァイナハテン] 中 –/– **1**《ふつう無定冠詞単数で》クリスマス, キリスト降誕祭(12月25日). Frohe〈fröhliche〉*Weihnachten*! クリスマスおめでとう. grüne *Weihnachten* 雪のないクリスマス. weiße *Weihnachten* ホワイトクリスマス. Es ist bald ~. / ~ steht vor der Tür. もうすぐクリスマスだ. ~ feiern クリスマスを祝う. an〈zu〉~ クリスマスに(an は主に南ドイツ, zu は主に北ドイツで用いられる). j¹ et¹ zu ~ schenken 人³にクリスマスプレゼントとして贈る. Komm doch [an〈zu〉] ~ zu uns! クリスマスにはわが家へおいでよ. ▶成句ではしばしば複数形が用いられ, また南ドイツ・スイス・オーストリアでは多く複数扱いで定冠詞を伴うこともある. **2** (地方) クリスマスプレゼント.

'**weih・nacht・lich** ['vaɪnaxtlɪç] クリスマスの; クリスマスらしい.

'**Weih・nachts・abend** 男 –s/–e クリスマスイブ(12月24日).

'**Weih・nachts・baum** 男 –[e]s/⁼e クリスマスツリー.

'**Weih・nachts・be・sche・rung** 囡 –/–en クリスマスプレゼントを配る(手渡すこと).

'**Weih・nachts・fei・er** 囡 –/–n クリスマスの祝い.

'**Weih・nachts・fei・er・tag** 男 –[e]s/–e《多く複数で》クリスマスの祝日(12月25日および26日). ~ e zu Hause verbringen クリスマスを家で過ごす. der erste〈zweite〉~ クリスマスの祝日の第1日〈第2日〉.

'**Weih・nachts・fest** 中 –[e]s/–e クリスマス, キリスト降誕祭.

'**Weih・nachts・geld** 中 –[e]s/–er クリスマス臨時手当(ボーナス).

'**Weih・nachts・ge・schenk** 中 –[e]s/–e クリスマスプレゼント.

'**Weih・nachts・gra・ti・fi・ka・ti・on** 囡 –/–en = Weihnachtsgeld

'**Weih・nachts・kar・te** 囡 –/–n クリスマスカード.

'**Weih・nachts・krip・pe** 囡 –/–n キリスト生誕図(像), 《カトリック》飼い葉桶 Krippe の中に寝かされた幼児イエス Jesuskind を中心に, これを取囲むヨセフ・マリア・羊飼いなどを配した木彫りや粘土細工などのパノラマで, 降誕節の期間に教会や各家庭に飾られる. 英語形 christmas crib, イタリア語形 presepio.

'**Weih・nachts・lied** 中 –[e]s/–er クリスマスの歌, クリスマス・キャロル.

'**Weih・nachts・mann** 男 –[e]s/⁼er **1**《北ドイツ》サンタクロース. [noch] an den ~ glauben《話》(あいかわらずサンタクロースの存在を信じているような)おめでたい人間である, 底抜けのお人好しである. **2**《話》馬鹿, まぬけ, とんま, 単細胞, おめでたいやつ.

'**Weih・nachts・markt** 男 –[e]s/⁼e クリスマスの市(待降節に立つ市でクリスマス用品などが商われる).

'**Weih・nachts・spiel** 中 –[e]s/–e キリスト降誕劇.

'**Weih・nachts・stern** 男 –[e]s/–e **1** (クリスマスツリーの)星飾り. **2**《植物》ポインセチア.

'**Weih・nachts・stol・le** 囡 –/–n =Weihnachtsstollen

'**Weih・nachts・stol・len** 男 –s/– クリスマスのシュトレン(パンに似た発酵生地にドライフルーツやナッツを混ぜて焼いた長楕円形のパウンドケーキ).

'**Weih・nachts・tag** 男 –[e]s/–e =Weihnachtsfeiertag

'**Weih・nachts・tisch** 男 –[e]s/–e (クリスマスプレゼントを置くための)クリスマスのテーブル.

'**Weih・nachts・zeit** 囡 –/ クリスマスの時期. ◆広義では待降節 Advent の第1日曜日から年末までの期間を, 狭義ではクリスマスイブとクリスマスの祝日 Weihnachtsfeiertage を, それぞれ意味する.

'**Weih・rauch** ['vaɪraʊx] 男 –[e]s/ **1** 香(こう), 薫香; 乳香. j³ ~ streuen《比喩》人³をほめそやす, ほめちぎる. **2** 香煙.

'**Weih・rauch・fass** 中 –es/⁼er (教会などの)〔吊り〕香炉.

'**Wei・hung** ['vaɪʊŋ] 囡 –/–en (↑weihen) 聖別; (司教などへの)叙階; 奉納; (学問などに)一身を捧げること.

'**Weih・was・ser** 中 –s/《カトリック》聖水.

'**Weih・was・ser・be・cken** 中 –s/–《カトリック》聖水盤.

'**Weih・was・ser・we・del** 男 –s/– =Weihwedel

'**Weih・we・del** 男 –s/–《カトリック》聖水撒水器.

weil [vaɪl ヴァイル]《従属/定動詞後置》**1**《理由を示して》(a)《理由に力点を置き、とくに聞き手に未知の事柄を述べるさいに用いる。 da の置き換えは不可/この場合副文は多く後置》…であるから、…という理由で. Er kam zu spät, ～ er verschlafen hatte. 彼が遅刻したのは寝坊したからだ. Du musst dich beeilen, ～ du sonst den Zug verpasst. 君は急がなくてはならないよ、さもないと列車に乗遅れるからね.《先行する文中の darum, deshalb, deswegen などと呼応して》Ich betone das deshalb, ～ es nicht so einfach ist. 私がそのことを強調するのはそんなに簡単なことではないからです. Sie ist deswegen so traurig, ～ ihr Mann gestorben ist. 彼女がそんなに悲しそうにしているのは夫が死んだからだ.《warum に導かれる疑問文に答えて》Warum bist du heute nicht gekommen?－Weil es stark regnete. どうして君は今日来なかったの？―ひどく雨が降っていたからだよ.《本来の副文が短縮されて》Das kam, ～ zu schwierig, nicht in Frage. それはむずかしすぎて問題にならなかった. eine teuere, ～ sehr rare Sammlung 稀少であるがゆえに高価なコレクション. (b)《理由に特別に力点を置かずに用いて/da と置き換え可能》Er hat schlechte Zensuren, ～ er faul ist. 彼は怠け者なので成績が悪い. Weil(=da) so schönes Wetter war, sind wir baden gegangen. すばらしい天気だったので私たちは泳ぎに行った.《自明あるいは既知の事柄を理由に挙げて/しばしば ja, doch, bekanntlich などを伴う》Er konnte nicht mitkommen, ～(=da) er doch in Urlaub war. 彼は一緒に来られなかった、何しろ休暇中だったからね. **2**《古》《時間的に》《ちょうど》…している今、…しているうちに. Weil wir gerade davon sprechen, möchte ich auch meinen Standpunkt erläutern. 私たちは今ちょうどそのことを話題にしていますが、ここで私も自分の立場をはっきりさせたいのです. Man muss das Eisen schmieden, ～(=solange) es warm ist.《諺》鉄は熱いうちに鍛えねばならない.

♦ ¹ weil と da の違いについては da ② 1(a) の注記参照.
♦ ² weil と denn の違いについては denn ① 1 の注記参照.

weil.《略》=weiland
weiland ['vaɪlant] 副《古》かつて、昔、以前.
Weilchen ['vaɪlçən] 中 -s/ (Weile の縮小形) ちょっとの間. Warte noch ein ～! もうちょっと待ってくれ.
***Weile** ['vaɪlə] 女 -/-n しばらくの間、時の間(*). Es dauerte eine ～, bis er erschien. しばらくして彼が姿を現した. eine ganze ～ かなりの時間. eine kurze〈lange〉～ 短い〈長い〉間. Damit hat es noch gute ～./Das hat noch gute ～. それにはまだかなり時間がかかる〈そんなにあわてなくてもいい〉. Gut Ding will ～ haben.《諺》良い仕事には時間がかかる、せいては事を仕損じる. für eine ～ しばらくの間. Eile mit ～! 急がば回れ. nach einer ～ しばらくしてから. vor einer ～ ついさっきど、今しがた.

weilen ['vaɪlən] 自 (s)《雅》(…に)とどまる、滞在する;《古》ぐずぐずする、逡巡する. Der Dichter weilt nicht mehr unter uns〈unter den Lebenden〉. その詩人はもはやこの世の人ではない. In Gedanken weilte er schon daheim. 彼の思いははやくも故郷にあった.

Weiler ['vaɪlər] 男 -s/- (*lat.* villa, Landhaus') 《数軒の農家からなる》小村落；集落、部落.
Weimar ['vaɪmar]《地名》ヴァイマル、ワイマール(チューリンゲン州の都市).
'Weimarer ['vaɪmarər] ❶ 男 -s/- ヴァイマル(ワイマール)の人. ❷ 形《不変化》ヴァイマルの、ワイマールの. die ～ Republik《歴史》ヴァイマル(ワイマール)共和国 (1919-33).

Wein [vaɪn ヴァイン] 男 -[e]s/-e (*lat.* vinum) **1**《複数なし》(Weinrebe) ぶどう(葡萄)の木; (Weintraube) ぶどうの房. ein Pfund ～ 1 ポンドのぶどう. wilder ～《植物》あめりかづた. ～ bauen ぶどうを作る. ～ lesen〈keltern〉ぶどうを摘む〈搾る〉. **2** ワイン、ぶどう酒. alter〈junger〉～ (年代の)古い〈新しい〉ワイン. großer ～ グローサーヴァイン(優秀な畑でできた優良年のワイン). kleiner ～ クライナーヴァイン(アルコール度が低くボディーも少ないワイン). leichter〈schwarzer〉～ 軽い〈強い〉ワイン. offener ～《酒場などでグラスやデカンタで提供される》量(り)売りのワイン. roter〈weißer〉～ 赤〈白〉ワイン. ein Fass ～ 1 樽. eine Flasche〈ein Glas〉～ 1 瓶〈グラス 1 杯〉のワイン. ein Schoppen ～ 1 ショッペンのワイン. ～ abfüllen ワインを瓶に詰める. ～ kaltstellen ワインを冷やす. ～ kosten〈probieren〉ワインの味をみる、(を)試飲する. ～ panschen ワインを水で割る. beim ～ sitzen〈歌って〉ワインを飲んでいる.《比喩的表現で》j³ reinen〈klaren〉～ einschenken 人³にはっきりと真実を伝える. j³ Wasser in den ～ gießen 人の感激(興奮)に水をさす. voll des süßen ～es sein《雅》《戯》酔っぱらっている. Im ～ ist Wahrheit.《諺》酒にまことあり. **3**《ワイン以外の》果実酒、穀物種 (↑Apfelwein・Reiswein など).

'Wein·bau 男 -[e]s/ ぶどう栽培.
'Wein·bau·er 男 -n(-s)/-n ぶどう栽培者.
'Wein·bee·re 女 -/-n **1** ぶどうの粒(実). **2**《南ド・オーストリア》(Rosine) 干しぶどう.
'Wein·berg 男 -[e]s/-e (山の斜面の)ぶどう畑、ぶどう山.
'Wein·berg·schne·cke 女 -/-n《動物》りんごまいまい、エスカルゴ(ぶどう栽培にとっては害虫であるが、美味なので食用に養殖もされる).
'Wein·brand 男 -[e]s/⁼e ブランデー、コニャック.

'wei·nen ['vaɪnən ヴァイネン] ❶ 自 **1** 泣く、涙を流す. bitterlich ～ さめざめと泣く. laut〈leise〉～ 声をあげて〈静かに〉泣く. aus Angst ～ 不安で泣く. in beide Hände〈in die Schürze〉～ 両手を〈前掛けを〉顔にあてて泣く. um einen Toten ～ 死者を悼(いた)んで泣く. vor Freude ～ うれし泣きする.《現在分詞で》mit einem lachenden und einem weinenden Auge《比喩》泣き笑いしながら、悲喜こもごもの思いで. leise weinend《話》すごすごと、しょんぼりと; 泣く泣く. **2** (樹木が樹液を流す.
❷ 他 **1**《内在目的語を伴って》…の涙を流す. dicke〈heiße〉Tränen ～ 大粒の涙〈熱い涙〉を流す. Freudentränen ～ うれし涙を流す. **2**《結果を示す語句を伴って》*sein* Kopfkissen nass ～ 枕を泣きぬらす. *sich*³ die Augen rot ～ 目を赤く泣きはらす. *sich*³ die Augen aus dem Kopf ～《比喩》(目がとび出すほど)はげしく泣く.
❸ 再《*sich*》《結果を示す語句を伴って》*sich* müde ～ 泣き疲れる. *sich* in den Schlaf ～ 泣き寝入る.

'Wei·nen 中 -s/ 泣くこと. dem ～ nahe sein いまにも泣出しそうである. Das ist doch zum ～!《話》まったく泣きたくなるよ、嘆かわしいことだ!
'wei·ner·lich ['vaɪnərlɪç] 形 泣きそうな、泣出しそう

'Wein·ern·te [ˈvaɪn..] 囡 -/-n ぶどうの取入れ(収穫).
'Wein·es·sig 男 -s/ ワインビネガー, ワイン酢.
'Wein·fass 匣 -es/¨er **1** ワイン樽. **2** 《話》(大酒飲みの)でぶ.
'Wein·fla·sche 囡 -/-n ワインの瓶.
'Wein·gar·ten ❶《地名》ヴァイングルテン(バーデン・ヴュルテムベルク州の都市). ❷ 男 -s/¨ ぶどう畑, ぶどう園.
'Wein·gärt·ner 男 -s/- (Weinbauer) ぶどう栽培業者.
'Wein·ge·gend 囡 -/-en ぶどう栽培地; ワイン産地.
'Wein·geist 男 -[e]s/《化学》エチルアルコール, エタノール, 酒精.
'wein·gelb 形 (緑がかった)淡黄色の, ワインイエローの.
'Wein·glas 匣 -es/¨er ワイングラス.
'Wein·gut 匣 -[e]s/¨er ぶどう農園, ワイナリー.
'Wein·händ·ler 男 -s/- ワイン販売業者.
'Wein·hand·lung 囡 -/-en ワイン販売業; ワイン販売店.
'Wein·hau·er 男 -s/-《ᴏ゙ーストリア》(Winzer)(ワイン醸造業をかねる)ぶどう園主.
'Wein·he·fe 囡 -/-n (ぶどう果汁を発酵させる)ワイン酵母.
'wei·nig [ˈvaɪnɪç] 形 **1** ワイン入りの, ワインを含んだ. **2** ワインの味がする, ワインのような. **3** (ワインのできが)特別にすばらしい; 当り年の. ein ~es Jahr ワインの当り年.
'Wein·jahr 匣 -[e]s/-e ワインの生産年.《ふつう次の用法で》ein gutes〈schlechtes〉 ~ ワインの当たり年〈はずれ年〉.
'Wein·kar·te 囡 -/-s (レストランなどの)ワインリスト.
'Wein·kel·ler 男 -s/- **1** ワインの地下貯蔵室. **2** (地下の)ワイン酒場, ワインケラー.
'Wein·kel·le·rei 囡 -/-en ワイン醸造所.
'Wein·kell·ner 男 -s/- (高級レストランなどの)ワイン係, ソムリエ.
'Wein·kel·ter 男 -s/- ぶどう圧搾機.
'Wein·ken·ner 男 -s/- ワイン通(?).
'Wein·kö·ni·gin 囡 -/-nen (ワイン祭りなどで選ばれる)ワインの女王.
'Wein·krampf 男 -[e]s/¨e (引きつるように)はげしく泣くこと, 泣きじゃくり.
'Wein·küh·ler 男 -s/- ワインクーラー.
'Wein·land 匣 -[e]s/¨er ぶどう栽培地; ワイン産地.
'Wein·laub 匣 -[e]s/《集合的に》ぶどうの葉.
'Wein·lau·ne 囡 -/-n (ワインを飲んだ)ほろ酔い気分, いっぱい機嫌.
'Wein·le·se [ˈvaɪnleːzə] 囡 -/-n ぶどう摘み, ぶどうの収穫.
'Wein·lo·kal 匣 -[e]s/-e ワイン酒場.
'Wein·mo·nat 男 -[e]s/-e《複数まれ》《古》(Oktober) 10月(ぶどうの収穫月).
'Wein·mond 男 -[e]s/-e =Weinmonat
'Wein·pro·be 囡 -/-n ワインの試飲; (熟成度を調べるための)ワインのきき酒.
'Wein·ran·ke 囡 -/-n ぶどうの蔓(?).
'Wein·re·be 囡 -/-n **1**《植物》ぶどう(の木). **2**《ま》ぶどうの若枝.
'wein·rot 形 ワインレッドの, 深紅色の.
'Wein·säu·re 囡 -/《化学》酒石(ᶜᵉʰᵏⁱ)酸.

'wein·se·lig 形 (ワインを飲んで)ほろ酔い気分の, いっぱい機嫌の.
'Wein·sie·gel 匣 -s/- ワイン品質認定シール(ドイツ農業協同組合 DLG がドイツワイン法に準拠してワインの品質を認定し発行するシール). Gelbes ~ (辛口 trocken のワインに与えられる)黄色の認定シール. Grünes ~ (中辛 halbtrocken のワインに与えられる)緑色の認定シール. Rotes ~ (甘口 lieblich のワインに与えられる)赤色の認定シール.
'Wein·stein 男 -[e]s/《化学》酒石(ᶜᵉʰᵏⁱ).
'Wein·stein·säu·re 囡 -/ =Weinsäure
'Wein·stock 男 -[e]s/¨e (1本1本の)ぶどうの木.
'Wein·stu·be 囡 -/-n (小さな)ワイン酒場.
'Wein·trau·be 囡 -/-n《ふつう複数で》ぶどうの房.
'Wein·zwang 男 -[e]s/ ワインの注文義務(レストランで客になったときや特別の催し物があったときに課される. 今日ではまれ). Kein ~! (飲食店などの掲示で)ワインの注文義務はございません.
*'wei·se¹ [ˈvaɪzə] 形 賢い, 賢明な, 知恵のある; 思慮深い, 経験豊かな. die ~ Frau《古》産婆; 女預言者. ein ~r Mensch 賢い人. ein ~r Ratschlag 賢明な助言. ~ urteilen 賢明な判断を下す.
'Wei·se¹ [ˈvaɪzə] 男《形容詞変化》賢い人; 賢人, 賢者. die drei ~n aus dem Morgenland 東方の三博士(↓《新約》マタ 2:1). der Stein der ~n (錬金術で)賢者の石.

'Wei·se² [ˈvaɪzə] 囡 -/-n **1** 仕方, やり方, 方法, 流儀. Er hat seine eigene ~, die Dinge zu sehen. 彼には彼なりのものの見方がある. die Art und ~ やり方, 方法. Das ist doch keine Art und ~!《話》そいつはめちゃくちゃだ. auf ähnliche ~ よく似た方法で. auf eine andere ~ 別のやり方で. auf die eine oder andere ~ なんらかの方法で, なんとかして. auf diese ~ この方法で, このようにして. auf jede ~ あらゆる方法で, どんなことをしても. auf keine ~ どうしても…ない, けっして…ない. auf *seine* ~ / in *seiner* ~ 自分の流儀で. in gewisser ~ ある意味では, ある点では. in keiner〈話 keinster〉 ~ まったく…ない. in vorbildlicher ~ 模範的なやり方で. jeder nach seiner ~ 各人各様に. **2** (音楽の)調べ, メロディー; 歌. eine populäre ~ ポピュラーなメロディー. Wort und ~ 歌詞と旋律.
..wei·se [..vaɪzə]《接尾》**1**《形容詞や分詞と結びついて ..erweise の形の副詞をつくる / 「…のように, …にも, …に」の意を表す》normalerweise ふつうは, 通常. radfahrender*weise* 自転車に乗って. realistischer*weise* 現実的に〈写実的に〉, リアルに. zufälligerweise 偶然にも, 思いがけず. **2**《名詞と結びついて ..[s]weise の形の副詞をつくる》(a)《「…の形で, …として, …如に」の意を表す》beispiels*weise* たとえば. gruppen*weise* グループで. probe*weise* 試験的に. teil*weise* 部分的に. ▶これらの副詞はしばしば動詞派生語に付加されて形容詞的にも用いられる. eine probe*weise* Einstellung テスト採用, 試験的雇用. ein teil*weiser* Erfolg 部分的成功. (b)《とくに数量・単位を表す名詞と結びついて「…の単位で, …ずつ」の意を表す》dutzend*weise* ダース単位で. löffel*weise* スプーンで, 1匙ずつ. **3**《動詞の語幹と結びついて ..weise の形の副詞をつくる/「…の形で, …で」の意を表す》klecker*weise* すこしずつ, ぽつりぽつりと. miet*weise* 賃貸しで.
'Wei·sel [ˈvaɪzəl] 男 -s/- 《養蜂》(Bienenkönigin) 女王蜂.

*'**wei·sen*** ['vaɪzən ヴァイゼン] wies, gewiesen ❶ 他 **1** (a) 〈人³に物を〉指し示す、示す. j³ die Richtung〈den Weg〉~ 人³に方向〈道〉を教える. j³ die Tür ~《比喩》人³に出て行くように言う. (b) 〈地方〉(zeigen)〈人³に物を〉見せる. j³ seine Schätze ~ 人³に自分の宝物を見せる. (c) 〈古〉〈雅〉(lehren) 教える. j³ die deutsche Grammatik ~ 人³にドイツ語文法を教える. **2** 《方向を示す語句と》(a)〈人⁴に〉…へ行くように指示する(命じる). …から追い出す. j⁴ an einen Schalter ~ 人⁴にある窓口へ行くように言う. j⁴ aus dem Land ~ 人⁴に国外撤去を命じる. j⁴ von der Schule ~ 人⁴を退学処分にする. j⁴ zur Ruhe ~ 人⁴に静かにするように言う. (b) (et⁴ von sich⁴〈von der Hand〉事⁴を拒む、退ける. ein Ansinnen〈einen Verdacht〉[weit] von sich ~ 無理難題を退ける〈疑念を払拭する〉. Sein Vorschlag lässt sich⁴ nicht von der Hand ~. / Sein Vorschlag ist nicht von der Hand zu ~. 彼の提案は納得できる.
❷ 自《方向を示す語句と》(…を)指し示す. Der Zeiger weist auf zwölf [Uhr]. 時計の針が12時をさしている. mit dem Finger〈mit Fingern〉auf j⁴ ~ 《比喩》人⁴に後ろ指を指す(陰口をきく). in eine Richtung ~ ある方向を指す. nach Norden ~ 北を指す.
❸ 再 (sich⁴) 〈古〉明らかになる、分かる. Das wird sich⁴ bald ~. それはまもなく分かるだろう.

'**Wei·ser** ['vaɪzər] 男 -s/- 〈古〉(Uhrzeiger) 時計の針.

*'**Weis·heit*** ['vaɪshaɪt ヴァイスハイト] 女 -/-en **1** 《複数なし》賢いこと、賢明さ；英知、知恵；思慮分別. Er hat seine ~ in einem langen Leben erworben. 彼は長い人生で思慮分別を得た. die ~ des Alters 年齢からくる知恵、年の功. die ~ Salomos 〈旧約〉ソロモンの知恵(旧約外典中の一書). der ~ letzter Schluss 〈話〉(知恵をふりしぼってようやく見出した)最後の手段、究極の答え. Er hat die ~ nicht [gerade] mit Löffeln gefressen〈gegessen〉.《話》彼はあまり利口でない. Er meint, er hat die ~ mit Löffeln gefressen〈gegessen〉. / Er meint, er hat die ~ [allein / für sich⁴] gepachtet. 《話》彼は自分が特別利口な人間だと思っている. mit seiner ~ am〈zu〉Ende sein 《話》万策尽きている. **2** 教え、教訓. Die Fabel enthält viele ~en. その寓話は多くの教訓を含んでいる. Eine alte ~ besagt, dass… 古諺に言わく…. Behalte deine ~en für sich⁴!《話》人のことに口を出すな.

'**weis·heits·voll** ['vaɪshaɪtsfɔl] 形 〈雅〉(まれ)知恵に富んだ、叡智に溢れた.

'**Weis·heits·zahn** 男 -[e]s/=e 知恵歯、知歯(ピ)、親不知(パシ).

'**weis·lich** ['vaɪslɪç] 副 〈古〉賢く、賢明にも；思慮深く、慎重に.

'**weis|ma·chen** ['vaɪsmaxən] 他〈人³に事⁴を〉もっともらしく信じ込ませる、真実と思わせる. Das kannst du anderen ~. そんなこと私が信じるものか. Lass dir von ihm nichts ~! 彼にはだまされるなよ.

weiß [vaɪs ヴァイス] weißer, weißest 形 (↔ schwarz) 白い、白色の. ein ~es Blatt 白紙. ~e Blutkörperchen 《医学》白血球. ~es Brot 白パン. die ~e Fahne hissen 《比喩》白旗を掲げる. ein ~er Fleck auf der Landkarte 《比喩》地図上の空白域(未踏査地域). die ~e Frau 《民俗》白衣の女(死者の出る予兆とされる幽霊). ~es Haar 白髪. ~e Hände 白い手. das Weiße Haus ホワイトハウス(アメリカ合衆国大統領官邸). ~e Kohle《比喩》(電力源としての)水力. eine ~e Maus《口》(話)交通警官. ~e Mäuse sehen《話》幻覚が見える；ひどく酔っぱらっている. das Weiße Meer《地理》白海(ロシア連邦北西部のバレンツ海の南にある入江状の海). ~es Mehl 小麦粉. ~er Pfeffer 白胡椒(ピシ). ein ~er Rabe《比喩》(例外・変り種などを意味する)白い烏(粋?). die Weiße Rose《歴史》(反ナチスの)白バラ抵抗運動(ショル Scholl 兄妹を中心にミュンヒェン大学生により組織された). der Weiße Sonntag《カトリ》白衣の主日(復活祭後の最初の日曜日). der ~e Sport《比喩》テニス；ウィンタースポーツ(スキーなど). die ~e Substanz《解剖》(脳・脊髄の)白質. der ~e Tod《比喩》(雪中や氷上での)凍死. ~e Weihnachten〈Ostern〉ホワイトクリスマス〈雪の復活祭〉. ~er Wein 白ワイン. eine ~e Weste haben《話》何らやましいところがない、潔白である. ~er Zwerg《天文》白色矮星(ワショ). 《述語的用法で》~ wie Kreide sein (顔色が)蒼白である. Er ist über Nacht ganz ~ geworden. 彼は一夜にして髪が真っ白になった. im Gesicht ~ werden 顔面蒼白になる. 《副詞的用法で》sich⁴ am Ärmel ~ machen 袖を白く汚す. et⁴ ~ streichen 物を白く塗る. rot und ~ gestreift 赤白の縞模様の. 《名詞的用法で》schwarz auf ~《話》文書で、文書の形で；はっきりと、ちゃんと. Hier steht es schwarz auf ~. ここにちゃんと書いてある. aus Schwarz〈°schwarz〉 Weiß〈~〉 machen《話》黒を白と言いくるめる (↑Weiß). ◆ ↑weißglühend

weiß [vaɪs] wissen の現在1・3人称単数.

Weiß [vaɪs] 中 -[es] **1** 白、白色；白さ. ein strahlendes ~ 輝くような白さ. die Farbe ~ 白色. das ~ des Schnees 雪の白さ. **2** 《多く無冠詞で》白いもの；白い服、白衣(チェスなどの)白駒). Berliner ~ (顔料の)鉛白 (↑Bleiweiß). aus Schwarz〈°schwarz〉~〈°weiß〉machen《話》黒を白と言いくるめる. ~ auflegen おしろいをつける. ~ spielen (チェスなどで)白駒を持つ. eine Braut in ~ 純白の花嫁. in ~ [gekleidet] 白い服を着て.

'**weis·sa·gen** ['vaɪsza:gən] 他〈人³に事⁴を〉予言する、《比喩》予感させる. ◆ 過去分詞 geweissagt

'**Weis·sa·ger** ['vaɪsza:ɡər] 男 -s/- 予言者、Weissagerin

'**Weis·sa·ge·rin** [..gərɪn] 女 -/-nen 《Weissager の女性形》女予言者.

'**Weis·sa·gung** 女 -/-en 予言.

'**Weiß·bier** ['vaɪsbi:r] 中 -[e]s/-e (種類 -e) (Weizenbier) ヴァイスビール、ヴァイツェンビール(小麦を主原料とする南ドイツ特産の表面発酵ビール).

'**Weiß·bin·der** ['vaɪsbɪndər] 男 -s/- 〈地方〉**1** (Böttcher) 桶職人、桶屋. **2** (Anstreicher) 塗装職人、ペンキ屋.

'**Weiß·blech** 中 -[e]s/-e ブリキ(板).

'**weiß·blond** 灰色がかった金髪の.

'**weiß|blu·ten** ['vaɪsblu:tən] 自《話》《不定詞のみ》お金を使い果たす、すっからかんになる. Für das Luxushaus musste er sich⁴ völlig ~. その豪邸のために彼はすっからかんになってしまった. 《中性代名詞として》bis zum Weißbluten 徹底的に、とことん、すっかり. ◆ もともとは"出血のあまり蒼白になる"の意.

'**Weiß·brot** 中 -[e]s/-e (小麦粉で作った)白パン.

'**Weiß·buch** 中 -[e]s/=er《政治》白書.

'**Weiß·bu·che** 女 -/-n《植物》(Hainbuche) くまし で(属).

'**Weiß·dorn** 男 -[e]s/-e 〖植物〗さんざし.
'**Wei·ße**[1] ['vaɪsə] 女 -/-n **1**〖複数なし〗白いこと, 白さ. **2** Berliner ~ ベルリーナー・ヴァイセ(ベルリーナ名物のきいちごシロップを混ぜた白ビール).
'**Wei·ße**[2]〖形容詞変化〗❶ 男 女 白人. ❷ 中 白いもの; (卵の)白身, 卵白; (眼の)白身. j³ nicht das ~ im Auge gönnen〖話〗人⁴をひどくねたんでいる.
'**wei·ßeln** ['vaɪsəln] 他〖南ド・オーストリア〗=weißen
'**wei·ßen** ['vaɪsən] 他 (漆喰(しっくい)などで)白く塗る.
'**Weiß·fisch** 男 -[e]s/-e〖魚〗こい(鯉)科の小型淡水魚(はや・うぐいなど).
'**Weiß·fluss** -es/〖医学〗こしけ, 白帯下(はくたいげ).
'**Weiß·ger·ber** ['vaɪsɡɛrbər] 男 -s/-(皮革の)白なめし職人.
Weiß·ger·be·rei [vaɪsɡɛrbəˈraɪ] 女 -/-en **1**(皮革の)白なめし工場. **2**〖複数なし〗(皮革の)白なめし.
'**Weiß·glas** 男 -es/-er(ガラスの分別で)透明びん.
'**weiß·glü·hend** 形(金属が)白熱した.
'**Weiß·glut** 女 -/(金属などの)白熱. j³ [bis] zur ~ bringen〈erzürnen/reizen/treiben〉〖話〗人³をかんかんに怒らせる. in ~ geraten〖話〗かんかんに怒る.
'**Weiß·gold** 中 -[e]s/ ホワイトゴールド(金(きん)に白金(はっきん))または銀を加えた高級合金).
'**weiß·grau** 形 灰白色の.
'**weiß·haa·rig** 形 白髪の.
'**Weiß·herbst** 男 -[e]s/-e〖南ドイツ〗ヴァイス・ヘルプスト(南ドイツ特産のロゼワインの一種).
'**Weiß·kä·se** 男 -s/〖地方〗(Quark¹)凝乳, カード.
'**Weiß·kohl** 男 -[e]s/〖北ド〗〖植物〗キャベツ. ↑Weißkraut
'**Weiß·kraut** 中 -[e]s/〖南ド〗〖オーストリア〗〖植物〗キャベツ. ↑Weißkohl
'**weiß·lich** ['vaɪslɪç] 形 白っぽい, 白みがかった.
'**Weiß·ling** ['vaɪslɪŋ] 男 -s/-e **1**〖虫〗もんしろちょう(紋白蝶). **2**〖魚〗(Wittling)まだら(真鱈)の一種. **3**〖生物〗(Albino)白子(しろこ), アルビーノ.
'**Weiß·me·tall** 中 -[e]s/〖工学〗ホワイトメタル(アンチモン・銅・鉛などの合金で軸受けに用いられる).
'**Weiß·rus·se** 男 -n/-n (Belorusse) ベラルーシ人, 白ロシア人. ◆女性形 Weißrussin 女 -/-nen
'**weiß·rus·sisch** 形 (belorussisch) ベラルーシ(人)の, 白ロシア(人)の.
'**Weiß·russ·land**〖地名〗ベラルーシ, 白ロシア(首都はミンスク Minsk).
'**Weiß·sucht** 女 -/〖生理〗(Albinismus)白皮症.
weißt [vaɪst] wissen の現在2人称単数.
'**Weiß·tan·ne** 女 -/-n〖植物〗(Edeltanne) ヨーロッパもみ(樅).
'**Weiß·wa·ren** 複〖シーツ・肌着類に用いられる木綿・リンネルなどの白い布地; 〖シーツ・テーブルクロス・肌着類などの白生地製品).
'**weiß**|**wa·schen*** 他〖ふつう不定詞か過去分詞で〗〖話〗(人⁴の)潔白を証明する, 嫌疑を晴らす; (人⁴を)無罪放免する. 〖再帰的に〗sich⁴ ~ 身の潔白を証明する.
'**Weiß·wein** 男 -[e]s/(種類 -e) 白ワイン.
'**Weiß·wurst** 女 -/-e 白ソーセージ(裏漉(うらご)しした子牛肉に香草などを混ぜ込んでつるんだソーセージ).
'**Weiß·zeug** 中 -[e]s/〖古〗=Weißwaren
'**Weis·tum** ['vaɪstu:m] 中 -s/-er〖歴史〗(中世において慣習的な裁定を書きまとめた)判告集, 判告書.
'**Wei·sung** ['vaɪzʊŋ] 女 -/-en **1** 指図, 指示, 指令, 訓令. **2**〖法制〗指図(執行猶予者に裁判所が与える義務の指示や非行少年などに与える教育的な指示, また下級官庁に対する職務上の指示などをさす).
'**wei·sungs·ge·bun·den** 形 指図された, 指示(指令)に縛られた.

---

weit [vaɪt ヴァイト] 形 **1** (a) 広い, 広大な; 広々した. ein ~e Ebene 広大な平野. das ~e Meer 大海原. ein ~es Tal 開けた谷. in die ~e Welt ziehen 広い世間に出る. Die Tür steht ~ offen. ドアが大きく開いている. ~ verbreitet sein 広く普及(流布)している; 広く分布している. ~ und breit あたり一帯に, 見渡すかぎり. Er ist ~ und breit der beste Schütze. 彼はこのあたりいちばんの射撃の名手だ. (b) (衣服などが)ゆったりとした. ein ~er Rock ゆったりしたスカート. Die Hose ist mir zu ~. このズボンは私にはだぶだぶだ. (c)〖比喩〗(心などが)広い, 大きい; 広範な. ein ~er Begriff 広い概念. Das ist ein ~es Feld. それはたいへん大きな問題だ(まだ語り尽くしていないことが多くある). ein ~es Gewissen haben (倫理的に)おおらかである, 寛大である. ~e Kreise der Bevölkerung 幅広い住民. Der Vorfall zog ~e Kreise. その出来事の波紋は大きかった.《最上級で》im ~esten Sinne もっとも広い意味で.《名詞的用法で》das Weite gewinnen 形跡(うまく)逃げる, 逃れる. das Weite suchen〖雅〗(いち早く)逃出す.
2 (a)〖空間的に〗遠い, 遠く隔たった. ein ~er Blick 遠くの眺め. aus ~er Entfernung はるか遠くから. eine ~e Reise 遠い旅. ein ~er Weg 長い道のり. Es ist noch ~ bis zum Bahnhof. 駅まではまだ遠い. ~ entfernt 遠く離れて(↑3(b)). ~ gehen 遠くまで行く(↑3(b)). ~ in den Wald gehen 森の奥深く入って行く. Hast du [es] noch ~? 〖話〗まだ先なのかい. Das Hotel liegt ~ von hier. ホテルはここから遠い. von ~em〖数量を示す語句で〗Wie ~ ist es bis zum Bahnhof [bis nach] Köln〉? 駅まで〈ケルンまで〉どれくらいありますか. Das Dorf liegt 10 km ~ von hier. その村はここから 10 キロメートル離れたところにある. den Ball 80 m ~ werfen ボールを80メートル投げる. (b)〖時間的に〗ずっと先の, ずっと以前の. Bis Weihnachten ist es nicht mehr ~. クリスマスまであとわずかだ. Das liegt noch in ~er Ferne. それはまだずっと先のことだ. Das liegt ~ zurück. それはずっと昔のことだ. bis ~ in die Nacht 夜も更(ふ)けるまで. auf ~ hinaus 長い間, 長時間(↑weit hinaus).
3 (a)〖事態の進行・進捗の程度などを表して〗進んだ, 捗(はかど)った. Wie ~ bist du mit deiner Arbeit? 仕事はどんな具合ですか(捗っていますか). Die Technologie ist so ~, dass… 科学技術の進歩は…するまでになっている. So ~, so gut! そこまではいい. Ich bin so ~.〖話〗私は用意ができている. Es ist so ~, wir müssen aufbrechen. さあそろそろ出発の時間だ. es ~ bringen 出世する, 成功する. Du hast es ~ gebracht.〖反語〗君もここまでになったか(ずいぶん落ちぶれたものだ).〖反語〗彼になる. Es ist ~ mit ihm gekommen.〖反語〗彼はずいぶん落ちぶれたものだ. Warum hast du es so ~ kommen lassen? どうして君はそうほうっておいたんだ(↑so weit). (b)〖副詞的用法で〗〖一般に程度のはなはだしさを示して〗大きく, はなはだしく; はるかに, ずっと. ~ auseinandergehen (意見などが)大きく分かれる. Das ist] ~ gefehlt! とんでもない, 大間違いだ. Et ~ von sich³ weisen 事⁴をきっぱりと拒絶(拒否)する. Ich bin ~ davon entfernt, für den Antrag zu stimmen. 私

はその動議に賛成する気はまったくない．nicht ~ her sein《話》大したことはない．Mit ihm〈Mit seinen Kenntnissen〉ist es nicht ~ her. 彼にたいした男ではない〈彼の知識もたかが知れている〉．Das geht zu ~ ! それはやりすぎだ，度を越している．zu ~ führen (説明などが)ゆきすぎる．es⁴ zu ~ treiben やりすぎ，度を越す．《比較の程度を強めて》Sie ist ~ jünger als ihr Mann. 彼女は夫よりもずっと若い．Er ist seinem Vater ~ überlegen. 彼は父親よりもはるかに優れている．(c) (**bei weitem** の形で) はるかに, ずっと, 格段に．Das ist bei ~*em* besser〈am besten〉. そのほうが断然いちばんだ．bei ~*em* nicht とうてい...でない．Die Aufstellung ist bei ~*em* nicht vollständig. リストはとうてい完全なものとはいえない．

♦︎¹↑weiter ♦︎²↑weitblickend, weitgehend, weit gereist, weitgreifend, weitreichend, weitschauend, weittragend, weit verbreitet, weit verzweigt

Weit ❶ 甲 -[e]s/-e《海事》(船の)最大幅員．❷ 男 -[e]s/(𝒦") =Weitsprung

'**weit|ab** ['vaɪt |ap] 副 遠く離れて, はるか遠くに．Er wohnt ~ vom Bahnhof. 彼は駅から遠く離れたところに住んでいる．~ vom Schuss《話》危険のおよばないところに;《ひどく辺鄙な》な所に．

'**weit|aus** ['vaɪt |aʊs] 副《比較の程度を強めて》はるかに, ずっと, 格段に．Das ist ~ besser〈am besten〉. その方が断然いい〈それが断然いちばんだ〉．j⁴ ~ übertreffen 人⁴をはるかに凌駕する．

'**Weit·blick** 男 -[e]s/ 1 先を見る目, 先見の明; 将来への見通し．2 展望, 見晴らし．

'**weit·bli·ckend** 形 先を見る目をもった, 先見の明のある．weit blickend とも書く．

*'**Wei·te** ['vaɪtə ヴァイテ] 囡 -/-n 1 広さ, 広大さ; 広がり．die ~ des Weltalls 宇宙の広大さ．unendliche ~*n* 果てしない広がり．2 (a)《衣服などの》幅, 横幅, サイズ．die ~ der Taille ウエストのサイズ．Der Schuh ist in der ~ zu eng. その靴は幅がきつすぎる．(b)《窓・パイプなどの》内径, 内法(𝒦")．die lichte ~ eines Rohrs 管の内径．3 (a) 遠さ, 遠いこと; 遠方．in die ~ blicken 遠くを見る．(b)《スポーツなどで》距離; 到達距離．eine ~ von 80 m erreichen (投擲(𝒦")競技やスキージャンプで) 80 メートルの距離を出す．

'**wei·ten** ['vaɪtən] ❶ 他 広げる, 広くする．Schuhe ~ lassen 靴の幅を広げてもらう．❷ 再 (**sich⁴**) 広がる, 広くなる．Das Herz weitete sich bei diesem schönen Anblick. このすばらしい眺めに心がほぐれなんとなった．Der Himmel weitet sich. (雲が晴れて)空が明るくなる．Seine Pupillen weiteten sich vor Schreck. 彼は驚きのあまり目を大きく見開いた．

'**wei·ter** ['vaɪtər ヴァイター] weit の比較級．❶ 形 1 より広い, より遠い．im ~*en* Sinne より広い意味で．Er war ~ [weg], als wir glaubten. 彼は私たちが思っていた以上に遠くにいた．2《述語的には用いない》それ以上の, その他の; もっと先の, 引続いての, 新たな; より詳しい．Haben Sie noch ~*e* Fragen? まだ他に質問がありますか．die ~*e* Entwicklung 引続いての発展, 新たな展開．~*e* Informationen より詳しい情報．nach ~*en* drei Tagen さらに3日後．ohne ~*e* Umstände あれこれ面倒なことは言わないで．《名詞的用法で》das Weitere それ以上のこと, その他のこと, 詳細．des Weiteren(°~*en*)《雅》その他の; 引続き．bis auf ~*es* さしあたり, 当分の間．im Weiteren(°~*en*) 以下に, 次に;《話》引続いて．

ohne ~*es* 無造作に, あっさりと; たちまち, 簡単に; 遠慮なしに．

❷ 副 それ以上, その他に, さらに, なお; もっと先へ, 引続き; これから先, 今後とも．Weiter! 先へ進め; 続けろ．Weiter im Text!《話》(話の)先を続けたまえ．immer ~ さらに, どんどん(先へ, 続けて)．~ oben〈unten〉の上く下>に．(略 usw.)…など, 等々．Es war ~ niemand da. その他には誰もいなかった．Das ist nichts ~ als Faulheit. それは怠惰以外の何のでもない．Wenn es ~ nichts ist!《話》それだけのことだったらね(だいじょうぶだ, たいしたことないよ)．Weiter weiß ich nichts. これ以上私は何も知らない．Ich werde mich ~ um dich kümmern. 私は今後とも君の面倒を見よう．nicht ~/~ nicht…とくに…というわけではない．Die Uhr ist nicht ~ wertvoll. その時計はとくに値打ちがあるというほどのものではない．♦︎↑weiterbestehen

wei·ter.. [vaɪtər..]《分離前つづり / つねにアクセントをもつ》1《「さらに先へ」の意を表す》*weiter*gehen 先へ進む．*weiter*kommen 前進する．2《「続けて, 引続いて」》*weiter*arbeiten 仕事を続ける．*weiter*spielen プレーを続行する．3《「さらに他の人へ」》*weiter*verkaufen 転売する．

'**wei·ter|ar·bei·ten** 自 働き続ける, 仕事を続ける．

'**wei·ter|be·för·dern** ❶ 他 1 (物⁴·人⁴)をさらに先へ輸送(運送)する．2 (郵便物などを)転送する．♦︎過去分詞 weiterbefördert

'**Wei·ter|be·för·de·rung** 囡 -/ さらに先へ輸送(運送)すること; 転送．

'**wei·ter|be·ste·hen*** 自 さらに存続する．♦︎weiter bestehen とも書く．

'**wei·ter|bil·den** ❶ 他 1 (人⁴)をさらに教育する．2 (まれ)さらに発展させる．das antike Erbe ~ 古代の遺産を継承発展させる．❷ 再 (**sich⁴**) さらに勉強(研修)を続ける．

'**Wei·ter|bil·dung** 囡 -/ さらに教育(勉強)を続けること．

'**wei·ter|brin·gen*** さらに先へ進める, 前進(進歩)させる, 促進(助成)する．

'**wei·ter|den·ken*** 他 1 さらに突きつめて考える．2 先々のことまで考える．

'**wei·ter|dür·fen*** 自 (しばしば否定形で)《話》さらに先へ進んでもよい, さらに先へ進める．Hier *darf* man nicht *weiter*. ここから先へは進めません．

'**wei·ter|emp·feh·len*** 他 さらに他の人に推薦(紹介)する．♦︎過去分詞 weiterempfohlen

'**wei·ter|ent·wi·ckeln** ❶ 他 (物⁴)をさらに発展(進歩)させる．❷ 再 (**sich⁴**) さらに発展(進歩)する; さらに成長する．♦︎過去分詞 weiterentwickelt

'**Wei·ter|ent·wick·lung** 囡 -/ さらに発展(進歩, 成長)させること; さらに発展(進歩, 成長)すること．

'**wei·ter|er·zäh·len** ❶ 他 1 (人³に事⁴)を話し続ける, 語り続ける．2 (事⁴)をさらに他の人に話す, 語り伝える．Erzähl das bloß nicht *weiter*! これは他の人にぜったい話してはいけないよ．❷ 自 話し続ける, 語り続ける; 話を続ける．♦︎過去分詞 weitererzählt

'**wei·ter|fah·ren*** ['vaɪtərfaːrən] 自 (s, h) 1 (s)《乗物で·あるいは乗物が》さらに先へ行く(進む)·さらに走り続ける．2 (s, h)《南"; 𝒦"》続行する, …し続ける (in〈mit〉 et³ 事³を). (**zu** 不定詞句と) ~, …zu tun …し続ける．

'**Wei·ter|fahrt** 囡 -/《乗物で·乗物が》さらに先へ行く(進む)こと, さらに走り続けること;《乗物を》乗継いでいく

'wei·ter|füh·ren ❶ 他 **1**（人⁴を）さらに先へ進める，さらに前進(進歩)させる． Diese Diskussionen *führen* uns nicht *weiter*. こんな議論はいくらやってもしかたがない．《現在分詞で》*weiterführende* Schule 上級学校(義務教育課程 Grundschule 修了後さらに教育を行う学校．例えば Hauptschule, Realschule, Gymnasium, Gesamtschule など). **2**（事業・対話などを）さらに続ける． **3**（道路などを）さらに先へ延ばす． **❷** 自（道路などが）さらに先へ続いている(延びている).

'Wei·ter·ga·be 女 -/（人から受取ったもの・情報などを）さらに他の人に渡す(伝える)こと．

'wei·ter|ge·ben* 他（人から受取ったもの・情報などを）さらに他の人に渡す(伝える)． den Ball ~ パスをつなぐ． den Klingelbeutel ~ （教会の）献金袋を次の人に渡す． die Erhöhung der Mehrwertsteuer an den Verbraucher ~ 付加価値税の引上げ分を消費者に転嫁する．

'wei·ter|ge·hen* ['vaɪtərge:ən] 自 (s) **1**（中断の後）再び前進する，先へ進んで行く，（立止まらずに）どんどん行く． mit *seiner* Beschwerde ~ / *seine* Beschwerde ~ lassen《比喩》上訴する． **2** 続く，続行される；進行する．《非人称的に》So kann *es* nicht ~. このままではだめだ．

'wei·ter|hel·fen* ❶ 他（人³を）助けて先に進ませる． **❷** 再《sich》今後は自分ひとりでやる，独力で道を切り開いて(苦境を脱して)先へ進む．

'wei·ter·hin ['vaɪtɐr'hɪn] 副 **1** あいかわらず，いまだに． **2** 今後も，将来も，ひきつづき． **3** さらに，その他に，その上．

'wei·ter|kom·men* 自 (s) さらに先へ進む，前進する． Von da aus *kommt* man nur noch mit dem Taxi *weiter*. そこからはタクシーがあるだけだ． im Beruf ~ 地位が上がる． im Leben ~ 出世する． in einem Turnier [eine Runde] ~ トーナメントで勝ち進む． mit einer Arbeit ~ 仕事が捗(はかど)る． mit einem Problem ~ 問題解決に前進が見られる． Schau ⟨Mach⟩, dass du *weiterkommst!*《話》とっととうせろ．

'wei·ter|kön·nen* 自《しばしば否定詞と》《話》さらに先へ進むことができる(仕事・人生・努力など)今している ことを続けられる． Der Weg ist zu schlecht, hier *können* wir nicht *weiter*. 道が悪すぎてここから先へはもう行けない． Hilf mir, ich kann nicht ~. 助けて，私はもうだめだ．

'wei·ter|lei·ten 他（受取った請願・苦情などを）さらに他の人(部局)に回す(送る)；（郵便物・メールなどを）転送する． eine Anfrage an den zuständigen Sachbearbeiter ~ 照会を担当の係に取次ぐ． einen Ball ~ パスをつなぐ．

'wei·ter|ma·chen ❶ 自 さらに続ける，続行する，継続して行う(mit et³ 事³を). *Weitermachen!* 作業続行． *Mach* nur so *weiter*, du wirst schon sehen, wohin das führt! これまで通りにやっていればいいよ，そんなことをしていればどうなるか，きっと思い知ることになるだろうよ． **❷** 他《事⁴を》続行する，…し続ける． eine Politik ~ ある政策を継続する．

'wei·ter|müs·sen* 自《話》さらに先へ進まなければならない；さらにやり続けなければならない．

'Wei·ter·rei·se 女 -/ さらに旅を続けること；旅行の続行，旅の続き． Gute ~ ! (旅の途上の人に)この先もご無事で，よいご旅行をお続けください．

'wei·ter|rei·sen 自 (s) さらに旅行を続ける，旅し続ける．

'wei·ter|sa·gen 他（聞いたことを）さらに他の人に言う(話す)，他言する． Das darfst du niemandem ~. そのことを君は他言してはならない．

'wei·ter|schi·cken 他 **1**（送付されてきたものを）次へ回す，転送する． **2**《話》（自分の所へ来た人を）別の所へ遣(つか)わす．

'wei·ter|spie·len ❶ 自（中断後）プレーを再開(続行)する． **❷** 他 den Ball ~ ボールをパスする，パスをつなぐ．

'wei·ter|trei·ben* ❶ 他 **1**（人・動物を）さらに先へ追い(駆り)たてる． **2** 続行する． **3**（進展などを）促進する． **❷** 自 (s, h) 流れに押し流されて行く．

'Wei·te·rung ['vaɪtərʊŋ] 女 -/-en《ふつう複数で》《書》不都合な結果，面倒な成行き，予期せぬ事態．

'wei·ter|ver·brei·ten ❶ 他（噂・ニュースなどをさらに広める． **❷** 再《sich》（噂・ニュースなどが）さらに広まる，（流行病が）さらに広がる． ♦過去分詞 weiterverbreitet

'Wei·ter·ver·kauf 男 -[e]s/ 転売．

'wei·ter|ver·kau·fen 他 転売する． ♦過去分詞 weiterverkauft

'wei·ter|ver·mie·ten 他 又貸しする，転貸する． ♦過去分詞 weitervermietet

'wei·ter|wol·len* 他《話》さらに先へ進もうと思う(欲する)；さらに続けようと思う(欲する).

'wei·ter|zah·len 他（ある金額を引続き支払う．

'weit·ge·hend ['vaɪtge:ənt] 形 広範囲に及ぶ，大幅な． ♦weit gehend とも書く．

'weit ge·reist, **°'weit·ge·reist** 形 方々に旅した，見聞の広い． ♦比較級 weiter gereist, 最上級 am weitesten gereist

'weit·grei·fend 形 広範囲に及ぶ，包括的な；遠大な． ♦weit greifend とも書く．

'weit·her ['vaɪt'he:r] 副 遠くから，遠方から． ein ~ Gereister 遠来の客．

'weit·he·rum ['vaɪthɛ'rʊm] 副《スイ》(weithin) 幅広く，広く．

'weit·her·zig ['vaɪthɛrtsɪç] 形 (großzügig) 心の広い，寛大な．

'weit·hin ['vaɪt'hɪn] 副 **1** 遠くまで． **2** 広く，一般に；大いに． Es ist ~ sein Verdienst. それは彼の功績によるところが大きい．

'weit hi'naus, **°'weit·hin·aus** ['vaɪt hɪ'naʊs] 副《まれ》はるか彼方へ，ずっと遠くへ；ずっと遠方に． ~ wohnen ずっと遠くに住んでいる． auf ~ 長い間，長時間(↑weit 2(b)).

'weit·läu·fig ['vaɪtlɔyfɪç] 形 **1**（庭園・建物が）広大な，宏壮な． **2** 遠縁の． ein ~*er* Verwandter 遠縁の親戚． **3** 詳細をきわめた，委曲(いきょく)を尽くした，事細かな；冗長な，回りくどい．

'Weit·läu·fig·keit 女 -/-en **1**《複数なし》(a) （庭園・建物などの）広大さ，宏壮さ． (b) 遠縁であること． (c)（話が）詳細であること，委曲(いきょく)を尽くしていること；冗長なこと，回りくどいこと． **2** 詳細をきわめた話，委曲を尽くした叙述；回りくどい話．

'weit·ma·schig ['vaɪtmaʃɪç] 形（網・編物などが）目の粗い．

'weit·räu·mig ['vaɪtrɔymɪç] 形 広大な，広域にわたった；広いスペースを使った．

'weit·rei·chend 形 **1**（ミサイルなどが）射程の長い． **2**（影響力が）広い範囲に及ぶ，遠くまで届く，広範な． ♦weit reichend とも書く．

'weit·schau·end《雅》=weitblickend ◆ weit schauend とも書く.

'weit·schwei·fig ['vaıt-ʃvaıfıç] 形《叙述・話などが》詳細をきわめた，委曲を尽くした；饒舌な，冗長な.

'Weit·schwei·fig·keit 女 -/-en 1《複数なし》(話などが)詳細をきわめていること，委曲を尽くしたこと；回りくどさ，冗長さ. 2 詳細をきわめた話，委曲を尽くした叙述；回りくどい話.

'Weit·sicht 女 -/ 1 遠望，見晴らし. 2 (将来への)遠望，先見の明.

'weit·sich·tig ['vaıtzıçtıç] 形 1 (↔ kurzsichtig) 遠視の. 2 先見の明がある.

'Weit·sich·tig·keit 女 -/-en 1 (↔ Kurzsichtigkeit) 遠視. 2《まれ》先見の明.

'Weit·sprung ['vaıt-ʃprʊŋ] 男 -[e]s/-e《スポ》1《複数なし》走り幅跳び. 2 (走り幅跳びの)ジャンプ，跳躍.

'weit·spu·rig ['vaıt-ʃpuːrıç] 形《鉄道》広軌の.

'weit·tra·gend 形 1 (火器が)射程の長い. 2 (影響力などが)広い範囲に及ぶ，広範な. ◆ weit tragend とも書く.

'weit|um ['vaıt|ʊm] 副《雅》=weitherum

'Wei·tung ['vaıtʊŋ] 女 -/-en 1《複数なし》幅が広ること，幅を広げること；広がること，広げること. 2 広がった(広くなった)箇所.

'weit ver·brei·tet 形 広く普及(流布)した，広範囲に分布した；蔓延した. ◆ weitverbreitet とも書く.

'weit ver·zweigt 形 大きく枝を広げた，いくつにも枝分かれした，多岐にわたる. ◆ weitverzweigt とも書く.

'Weit·win·kel·ob·jek·tiv 中 -s/-e《写真》広角レンズ.

*'Wei·zen ['vaıtsən ヴァイツェン] 男 -s/(種類 -)《植物》こむぎ(小麦)；小麦(の穀粒). ～ anbauen 小麦を栽培する. ～ mahlen 小麦をひく. Sein ～ blüht.《雅》《話》彼はうまくいっている(好調である). die Spreu vom ～ scheiden⟨sondern⟩《雅》良いものと悪いものを区別する(↓《新約》マタ 3:12).

'Wei·zen·bier 中 -[e]s/-e =Weißbier
'Wei·zen·brot 中 -[e]s/-e =Weißbrot
'Wei·zen·mehl 中 -[e]s/ 小麦粉.

welch

[vɛlç ヴェルヒ] 代 1《疑問》格変化はdieser に準じる(付録「品詞変化表」VI-2 参照). 1 (a)《付加語的用法で》どの，どちらの；どんな，どのような. Welche Stadt gefällt dir am besten? 君がどの町がいちばん気に入ってますか. Welcher Wagen gehört Ihnen? どの車があなたのですか. Welche Entscheidung haben Sie denn getroffen? あなたはどんな決定をしたのですか. Welchen Mannes Haus ist das? それはどんな男の家なのですか(↑). Die Aussage welches Zeugen war besonders wichtig? / Welches Zeugen Aussage war besonders wichtig? どの証人の供述がとりわけ重要だったのですか(↑). Mit welchem Zug wollen Sie fahren? あなたはどの列車で行くつもりですか.《間接疑問文を導いて》Er fragte mich, welche Wünsche ich sonst noch hätte. 彼は私にほかにまだどんな望みがあるのかたずねた.《認容文で/多く auch [immer] などをともなう》welchen Entschluss er auch fassen mag 彼がどんな決心をしようとも. 語尾 -[e]s に終る男・中性名詞単数 2 格の前では welches に代って welchen の形を用いることが多い. (b)《名詞的用法で》どれ，どちらの(人)；どんなもの，どんな人. Hier sind mehrere Füller. Welchen willst du haben? ここに何本か万年筆がある. 君が欲しいのはどれですか. Welches der Fahrräder⟨von den Fahrrädern⟩ gehört dir? どの自転車が君のですか.《間接疑問文を導いて》Er fragte mich, welcher von beiden es getan habe? 彼は私にふたりのうちどちらがそれをしたのかたずねた.《認容文で/多く auch [immer] などをともなう》welcher auch [immer] der Schuldige ist それが誰が罪を負うものであろうと.《welches の形で性・数に関係なく用いられて》Welches⟨まれ Welcher⟩ ist Ihr Mantel? どれがあなたのコートですか. ▶ 種類をたずねる場合と具体的な個物をたずねる場合では次のような使い分けがある. Welches sind die schönsten Rosen? どの種類がいちばん美しいバラですか / Welche sind die schönsten Rosen? (目の前にあるものを指して)どれがいちばん美しいバラですか.《感嘆文で/しばしば無語尾で用いられる》なんという，なんと(…な). Welch ein großer Politiker er ist! 彼はなんと偉大な政治家であることか. Welch ein Glück! / Welches Glück! なんという幸運. Welch [ein] schöner Tag heute! / Welcher schöner Tag heute! きょうはなんてすばらしい日だろう.

II《関係／定動詞後置》格変化は付録「品詞変化表」V-2 参照. 1 (der II と同様の用法で/おもに文語体の文章や同一語形の反復を避ける場合などに用いられる) …であるところの. Der Mann, welcher sie aus dem Feuer gerettet hatte, kam gleich danach ums Leben. 彼女を火の中から救い出した男はその直後命を失った. die, welche die beste Arbeit geleistet haben もっとも良い仕事をした人たち. 2《付加語的用法で/先行文の文意を受けて用いられる》《書》Sie nickte, welche Gebärde er als Zustimmung auffasste. 彼女はうなずき，彼はその仕草を同意と取った(↑3). Sie sagte mir Lebewohl, welchen Gruß ich nicht erwidern konnte. 彼女は私に別れを告げたが，私はその挨拶に応えられなかった. 3《welches の形で/was II と同様の用法で》《書》(およそ)…するもの(こと), …であるもの(こと). Sie nickte, welches er als Zustimmung auffasste. 彼女はうなずき，彼はその仕草を同意のしるしと見た(↑2).

III《不定》語尾変化は I に準じるが，ふつう単数 2 格は用いない. 1《物質名詞・複数名詞など不定代名詞にイ者ー (訳出できない場合に) いくらか，若干. Brauchst du mehr Geld? — Nein, ich habe noch welches. もっとお金が必要ですか — いいえ，まだいくらか持っています. Der Kaffee ist alle, ich hole welchen.《話》コーヒーがなくなった，買ってくるよ. 《was für welcher の形で/↑was I 2》Ich habe mir ein Paar Schuhe gekauft. — Was für welche? 私は靴を 1 足買いました. — どんなのですか. 2《つねに複数》《話》(einige) 何人かのひと. Sind schon Gäste da? — Ja, es sind schon welche gekommen. もうお客は来ていますか. — はい，すでに何人かみえてます. Es gibt welche, die das glauben. それを信じている人たちが何人かいる.

'wel·cher'art ['vɛlçər|a:rt, '---] 副《疑問》《不変化／副詞的には用いない》どのような，どんな. Welcherart sind Ihre Ansprüche? あなたの要求とはどのようなものですか.

'wel·cher·ge'stalt ['vɛlçərgə'ʃtalt, '----] 副《疑問》《不変化／述語的用法のみ》《書》(welcherart) どのような，どんなふうな，どんな.

wel·cher·lei [ˈvɛlçərˌlaɪ, ˈ---] 厖《不定》《不変化／付加語的用法のみ》どんな、どんな種類の. 《しばしば形容詞で》/ auch **immer** などと》Welcherlei Ausreden du auch haben magst, deine Versäumnisse sind unentschuldbar. どんな言逃れをしようとも君の怠慢は許されないものだ.
Welf [vɛlf] 男 -[e]s/-e〔田-[e]s/-er〕＝Welpe
＊**welk** [vɛlk ヴェルク] 形 **1**《植物が》枯れた、しおれた、しぼんだ. **2**《比喩》《皮膚などが》萎びた、生気のない、精彩のない.
wel·ken [ˈvɛlkən] 自 (s) **1**《植物が》枯れる、しおれる. **2**《比喩》《皮膚などが》萎びる、たるむ；《人が》老いる、老け込む；《美しさなどが》衰えを失う、褪せる.
Welk·heit [ˈvɛlkhaɪt] 女 -/《植物が》枯れて(しおれて)いること；《比喩》萎びていること、生気(精彩)のなさ.
Well·blech [ˈvɛlblɛç] 中 -[e]s/-e トタンの波板、生子(なまこ)板.
＊**Wel·le** [ˈvɛlə ヴェレ] 女 -/-n **1** 波. große〈hohe〉~ 大波、高波. Die ~n gehen hoch. 波が高まる(↑2(a)). Die ~n schlagen ans Ufer. 波が岸に打寄せる. auf den ~n treiben 波間に漂う. *sein* Grab in den ~n finden《雅》溺死(できし)する、海の藻屑(もくず)となる. **2**《比喩》(a)《感情の》波、高まり. die ~n der Begeisterung 感激の高まり. Die ~n gehen hoch. 興奮が高まる(↑1). (b)《抗議・攻撃などの》波、うねり. eine ~ von Demonstrationen デモの波. in neuen ~n angreifen 波状攻撃をかける. ~n schlagen 波紋を投げかける、センセーションをまき起こす. (c)《流行などの》波. die neue ~ in der Mode 流行の新しい波. Neue ~《映画》(1960 年代の)ヌーベルバーグ. weiche ~《話》《政治・司法などにおける》弱腰、柔軟路線. (d) die grüne ~《交通》(系統式信号の)連続青信号. **3** (a)《土地などの》起伏、うねり. (b)《髪の》ウェーブ. sich³ das Haar in ~n legen lassen 髪にウェーブをかけてもらう. **4**《物理》《音波・電磁波などの》波、波動、波長、周波数. die ~n des Lichtes〈des Schalls〉光波〈音波〉. Deutsche ~ ドイチェ・ヴェレ(ドイツの国際放送). kurze〈lange〉~n 短波〈長波〉. Auf welcher ~ liegt der Sender? その放送局はどの周波数で放送していますか. **5**《工学》回転軸、シャフト. **6**《体操》《鉄棒などの》回転. **7**《地方》《柴・薪(たきぎ)などの》束.
wel·len [ˈvɛlən] ❶ 他 波形(波状)にする、波打たせる；《髪に》ウェーブをかける. Blech ~ ブリキを波板にする. sich³ das Haar ~ lassen 髪にウェーブをかけてもらう. ❷ 再《sich⁴》波形(波状)になる、波打つ；《髪が》ウェーブしている. Der Teppich hat *sich gewellt*. 絨毯(じゅうたん)にしわが寄ってしまった.
wel·len·ar·tig [..laˌrtɪç] 形 波のような、波状の.
Wel·len·bad 中 -[e]s/-⸚er 人工波の立つプール.
Wel·len·band 中 -[e]s/-⸚er **1**《物理》周波数帯. **2** 波形紋様(とくにゲルマン芸術における).
Wel·len·be·reich -[e]s/-e《物理》(Frequenzbereich) 周波数範囲、周波数帯.
Wel·len·berg 男 -[e]s/-e (↔ Wellental) 波(波動)の山.
Wel·len·be·we·gung 女 -/-en 波状運動；波動.
Wel·len·bre·cher 男 -s/- **1** 防波堤. **2**《造船》(前甲板の)波除け.
wel·len·för·mig [..ˌfœrmɪç] 形 波状の、波形の.
Wel·len·gang 男 -[e]s/-⸚e 波立ち、うねり.
Wel·len·kamm 男 -[e]s/-⸚e 波頭(なみがしら).
Wel·len·län·ge 女 -/-n《物理》波長. die gleiche ~ haben / auf der gleichen ~ liegen《話》(ものの考え方・感じ方の)波長が合う、うまが合う.
Wel·len·li·nie 女 -/-n 波線(～～).
Wel·len·me·cha·nik 女 -/《物理》波動力学.
Wel·len·rei·ten 中 -s/ 波乗り、サーフィン.
Wel·len·rei·ter 男 -s/- (Surfer) 波乗りする人、サーファー. ◆女性形 Wellenreiterin 女 -/-nen
Wel·len·schlag 男 -[e]s/-⸚e 波が打寄せること；打寄せる波(波音).
Wel·len·sit·tich [..zɪtɪç] 男 -s/-e《鳥》せきせいいんこ.
Wel·len·tal 中 -[e]s/-⸚er (↔ Wellenberg) 波(波動)の谷.
Wel·len·the·o·rie 女 -/ **1**《古》《物理》(Undulationstheorie) 波動説. **2**《言語》波紋説、波状説(言語上の変革をある中心から波紋のように伝播するという考え方に立つ説).
Wel·ler [ˈvɛlər] 男 -s/(種類-)《粘土に短く切った藁(わら)を混ぜ込んだ》壁土(木骨造り Fachwerk の壁面を塗込めるのに用いられる).
wel·lern [ˈvɛlərn] ❶ 自《粘土に短く切った藁(わら)を混ぜて》壁土を作る. ❷ 他《物⁴を》壁土で塗り込める. ◆↑Weller
Wel·ler·wand 女 -/-⸚e《木骨造り Fachwerk などの》壁土を塗込めた壁.
Well·fleisch [ˈvɛl..] 中 -[e]s/《料理》《畜殺したての豚の》茹(ゆ)でたばら肉.
wel·lig [ˈvɛlɪç] 形 波状の、起伏のある、波打っている. ein ~es Gelände 起伏に富んだ土地. ~es Haar ウェーブのかかった髪.
Well·pap·pe 女 -/-n 段ボール紙.
Wel·lung [ˈvɛlʊŋ] 女 -/-en **1** 波状、波形；ウェーブ. **2** 起伏.
Wel·pe [ˈvɛlpə] 男 -n/-n《犬・狼・狐などの》仔.
Wels [vɛls] 男 -es/-e《魚》なまず(鯰).
welsch [vɛlʃ] 形 **1**《古》(イタリア・フランス・スペインなどをさして)ロマンス語系の. **2**《古》《侮》外国の、異国の. die ~e《古》フランス語地域の. die ~e Schweiz スイスのフランス語地域. die ~en Kantone (スイスの)フランス語地域の州.
Welsch·kraut 中 -[e]s/《地方》(Wirsing) ちりめんきゃべつ.

Welt

[vɛlt ヴェルト] 女 -/-en **1** (Weltall) 宇宙、万有. die Entstehung der ~ 宇宙の発生. **2**《複数なし》(地球全体またはその一部をなす)世界. die Alte ~ (新大陸発見以前のヨーロッパを中心とする世界として)旧世界. die Neue ~ (アメリカをさして)新世界. die Dritte ~ 第 3 世界. die ganze ~ 全世界. die größte Stadt der ~ 世界最大の都市. der Nabel der ~ 世界の中心. Er kennt die ~. (たくさん旅をして)彼は世界中を知っている(↑3(a)). Er hat die ~ gesehen. 彼は世界中を見て歩いた. Die ~ ist klein. / Die ~ ist ein Dorf.《戯》(旅先で顔見知りにあったときなどに)世界は狭いですね. Wie viel[e] Länder gibt es auf der ~? 地球上にはどれくらいの数の国がありますか? nicht aus der ~ sein《話》(この世の果てというほど遠くはない、ぜんぜん考えられない(ありえない)というほどのことはない. aus aller ~ (世界中の)いたるところから. in aller ~ (世界中の)いたるところで(↑5). Sein Name ist in der ganzen ~ bekannt. 彼の名前は世界中に知られている. weit in der ~ herumkommen 広く世界を旅してまわる. eine Reise

weltabgewandt

um die ~ 世界一周旅行.
3《複数なし》(a) 世間,世の中;この世,現世. die gottlose ~ 神なき世界. die verderbte ~ 堕落した世界. die weite ~ 広い世間. die ~ kennen 世間を知る(↑2). Ich verstehe die ~ nicht mehr. 私はもう世の中が分からなくなり,何が何だか分からなくなった. der ~ entsagen 世を捨てる. Das ist der Lauf der ~. それが世の習いだ. Undank ist der ~ Lohn. 《諺》忘恩は世の習い. eine Veranlagung mit auf die ~ bringen ある素質をもって生まれる. auf die ~ kommen / zur ~ kommen /《雅》das Licht der ~ erblicken この世に生まれる. Damals war er schon auf der ~. 当時彼はすでに生れていた. Davon gibt's noch mehr auf der ~.《話》(何か物を失った人を慰めて)そんな物まだいくらでも見つかるよ. aus der ~ gehen〈scheiden〉《雅》世を去る. et⁴ aus der ~ schaffen 事⁴(障害・争いなど)を取除く,なくす. So geht es in der ~ zu. それが世の中というものだ. ein Gerücht in die ~ setzen《話》噂を世間に広める. ein Kind in die ~ setzen《話》子供を作る. nicht von dieser ~ sein《雅》この世のものでない. ein Mann von ~《話》世慣れた男. ein Kind zur ~ bringen 子供を産む. (b) 《集合的》世人. Das hat die ~ noch nicht gesehen! それは前代未聞のことだ. Alle ~ weiß es. 世人だれもがそれを知っている. die ganze ~ 世界中の人,世間の人みんな. die halbe ~ 世間の半分,とても多くの人々. vor aller ~ 公衆の面前で.

4《特定の領域をさして》世界,社会,......界. die bürgerliche ~ 市民社会. die gefiederte ~ 鳥類(の世界). die gelehrte ~ 学界. die große〈elegante/vornehme〉~ 上流社会. die junge ~ 若い世代. die weibliche ~ 婦人界. die ~ des Filmes〈des Theaters〉映画界〈演劇界〉. die ~ der Fantasie 空想の世界. die ~ der Tiere〈der Pflanzen〉動物界〈植物界〉. Bücher sind meine ~. 書物が私の世界である.

5《さまざまな慣用的表現で》Was kostet die ~ ? 《戯》それがなんだ,私はやるぞ. Das kostet nicht die ~.《戯》それにたいして金のかかることはない. Das ist doch nicht die ~. / Deswegen〈Davon〉geht die ~ nicht unter.《話》それはささいなことじゃないか,そんなにたいそうなことではないよ. eine ~ von et³ 山のような物³. eine ~ von Problemen 山のような問題. in aller ~《疑問を強めて》いったい,ぜんたい (↑2). Warum in aller ~ hast du so etwas getan? いったいなぜ君はそんなことをしたの. um alles in der ~ なにがなんでも;ぜがひでも;とんでもない. nicht um alles in der ~ / um nichts in der ~ どんなことがあっても...ない,断じて...ない. Nicht um die ~ gebe ich das her. どんなことがあっても私はそれを手放さない.

'**welt·ab·ge·wandt** 形 世俗に背を向けた,世俗を離れた.
'**Welt·all** ['vɛlt|al] 中 -s/ 宇宙,万有.
'**welt·an·schau·lich** 形 世界観(上)の.
'**Welt·an·schau·ung** 女 -/-en 世界観.
'**Welt·at·las** 男 -[ses]/..atlanten(-se) 世界地図(帳).
'**Welt·aus·stel·lung** 女 -/-en 万国博覧会.
'**Welt·bank** 女 -/-《経済》世界銀行(1945に設立された国際復興開発銀行の通称).
'**welt·be·kannt** ['vɛltbəkant] 形 世界的に知られた;世間周知の.

'**welt·be·rühmt** [..bəry:mt] 形 世界的に有名な,世界的名声のある.
'**Welt·best** 世界最高の,世界ベストの.
'**Welt·best·leis·tung** 女 -/-en《スポ》世界最高記録.
'**Welt·best·zeit** 女 -/-《スポ》世界最高タイム.
'**Welt·be·völ·ke·rung** 女 -/ 世界の総人口,世界人口.
'**Welt·be·we·gend** 形 世界を揺るがすほどの,驚天動地の. 《しばしば否定文で》Die Sache ist nicht ~.《話》その件は驚くにあたらない(たいした問題ではない).
'**Welt·bild** 中 -[e]s/-er 世界像.
'**Welt·bumm·ler** 男 -s/- =Weltenbummler
'**Welt·bür·ger** 男 -s/- 世界市民,世界主義者,コスモポリタン.
'**Welt·bür·ger·tum** 中 -s/ 世界主義,世界市民主義,コスモポリタニズム.
'**Welt·cup** [..kap, ..kʌp] 男 -s/-s《スポ》(Weltpokal) ワールドカップ.
'**Welt·da·me** 女 -/-n (社会の各界で活躍する)華やかな女性,トップレディー;社交界の花.
'**Wel·ten·bumm·ler** ['vɛltən..] 男 -s/- 世界をまたにかけた旅人,世界漫遊者.
'**Welt·en·de** 中 -s/ **1** 地の果て. **2** この世の終り.
'**wel·ten·fern** ['vɛltənfɛrn] 形《雅》(sehr fern) はるかに遠い,遥か彼方の. Das liegt mir ~. そんなことはまるで別世界の話だ(思いもかけないことだ).
'**Wel·ten·raum** 中 -[e]s/《雅》=Weltraum
'**welt·ent·rückt** ['vɛlt..] 形 世俗を離れた,浮世離れした;夢見心地の.
'**wel·ten·um·span·nend** 形《雅》=weltumspannend
'**Welt·er·eig·nis** 中 -ses/-se 世界的事件.
'**welt·er·fah·ren** 形 世慣れた,世故にたけた.
'**Wel·ter·ge·wicht** ['vɛltɐ..] 中 -[e]s/-e《スポ》(ボクシング・レスリングなどの)ウェルター級;ウェルター級選手.
'**Wel·ter·ge·wicht·ler** 男 -s/-《スポ》ウェルター級選手.
'**welt·er·schüt·ternd** ['vɛlt..] 形 世界を揺るがすような,驚天動地の.
'**welt·fern** 形《雅》世間を遠く離れた,世俗を離れた.
'**Welt·flucht** 女 -/ 世間からの逃避,遁背(ﾄﾝ).
'**welt·fremd** 形 世間知らずの,世事にうとい,浮世離れした.
'**Welt·fremd·heit** 女 -/ 世間知らずなこと.
'**Welt·frie·de** 男 -ns/-《古》=Weltfrieden
'**Welt·frie·den** 男 -s/ 世界平和.
'**Welt·geist** 男 -[e]s/《哲学》世界精神(Hegelの用語).
'**Welt·geist·li·che** 《形容詞的変化》《カトリック》(Weltpriester) (↔ Ordensgeistliche) 教区司祭.
'**Welt·gel·tung** 女 -/-en 世界的(国際的)評価,世界に通用すること.
'**Welt·ge·richt** 中 -[e]s/《キリスト教》最後の審判(=das Jüngste Gericht).
'**Welt·ge·schich·te** 女 -/-n 世界史. Da hört [sich] doch die ~ auf! 《話》そんな馬鹿な話があるものか. in der ~ herumfahren〈herumreisen〉《戯》世界をあちこち旅してしまわる.
'**welt·ge·schicht·lich** 形 世界史上の,世界史的な.
'**welt·ge·wandt** 形 世慣れた,世故にたけた;如才

'**Welt·ge·werk·schafts·bund** 男 -[e]s/ 《略 WGB》世界労働組合連盟, 世界労連(1945創立, 英語形 World Federation of Trade Unions).
'**Welt·han·del** 男 -s/ 〖経済〗世界貿易.
'**Welt·herr·schaft** 女-/ 世界支配, 世界制覇.
'**Welt·hilfs·spra·che** [-'---とも] 女-/-n(エスペラントなどの)国際補助語.
'**Welt·kar·te** 女-/-n 世界地図.
'**Welt·kind** 男 -[e]s/-er《雅》現世主義者, 現世肯定(享楽)主義者.
'**Welt·klas·se** 女-/-n (スポーツ・芸術などの分野で)世界クラス, 世界のトップクラスの(選手).
'**welt·klug** 形 世故(せち)にたけた, 世才のある, 世渡り上手な.
'**Welt·kör·per** 男 -s/-《雅》=Himmelskörper
'**Welt·krieg** 男 -[e]s/-e 世界大戦. der Erste〈Zweite〉~ 第1次〈第2次〉世界大戦.
'**Welt·ku·gel** 女-/-n《まれ》(Erdkugel)地球; 地球儀.
'**Welt·kul·tur·er·be** 中 -s/ 世界文化遺産.
'**Welt·kul·tur- und Na'tur·er·be** 中 -s/ 世界文化自然遺産.
'**Welt·la·ge** 女-/-n 世界情勢, 国際情勢.
'**Welt·lauf** 男 -[e]s/《まれ》世の成行き, 世の習い. So ist nun mal der ~.《話》それが世の習いだ.
'**welt·läu·fig** ['vεltlɔyfıç]形《雅》(weltgewandt)世慣れた, 如才ない.
*'**welt·lich** ['vεltlıç ヴェルトリヒ]形 **1** この世の, 現世の; 世俗の. ~e Freuden 現世の喜び. **2** (↔ geistlich)非宗教的(非教会的)な, 世俗的な. ~e Fürsten〖歴史〗世俗諸侯. ~es Recht〖法制〗(教会法に対しての)世俗の法.
'**Welt·lich·keit** 女-/ 世俗的なこと, 世俗性; 世俗のこと, 俗事.
'**Welt·li·te·ra·tur** 女-/ 世界文学.
'**Welt·macht** 女-/-¨e (世界の)大国, 強国;《複数で》列強.
'**Welt·mann** 男 -[e]s/-¨er **1** 世慣れた男性, 社交家. **2**《まれ》在俗の人, 俗人.
'**welt·män·nisch** [..mεnıʃ]形 世慣れた, 如才(じょさい)のない; 社交的な.
'**Welt·markt** 男 -[e]s/〖経済〗世界市場.
'**Welt·meer** 中 -[e]s/-e **1**《複数なし》(地球を覆う)海洋. **2**《まれ》(Ozean)大洋.
'**Welt·meis·ter** 男 -s/-《スポ》世界チャンピオン, 世界選手権保持者. wie ein ~ / wie die *Weltmeister*《話》(世界チャンピオンみたいに)一生懸命に, 気を入れて.
'**Welt·meis·ter·schaft** 女-/-en《スポ》世界選手権; 世界選手権試合(大会).
'**welt·of·fen** 形 **1** 世間(外界)に心を開いた, 開放的な. **2** 世界に門戸を開いた.
'**Welt·of·fen·heit** 女-/ (世間あるいは世界に対して)開放的なこと.
'**Welt·öf·fent·lich·keit** 女-/ 全世界の人々.
'**Welt·ord·nung** 女-/ **1**〖哲学〗世界の秩序, 摂理. **2**〖政治〗世界秩序.
'**Welt·po·kal** 男 -s/-e《スポ》(Weltcup)世界選手権杯, ワールドカップ.
'**Welt·po·li·tik** 女-/〖政治〗国際政治, 世界政策.
'**Welt·post·ver·ein** 男 -[e]s/《略 UPU》万国郵便連合(1875創立, 英語名 Universal Postal Union).

'**Welt·pries·ter** 男 -s/《カト》(Weltgeistlicher) (↔ Ordenspriester) 教区司祭(修道会に所属しない司祭).
'**Welt·rang** 男 -[e]s/-e 世界ランキング, 世界クラス. ein Orchester von ~ 世界第1級のオーケストラの.
'**Welt·raum** ['vεltraʊm] 男-[e]s/ 宇宙(空間).
'**Welt·raum·fah·rer** 男 -s/- (Astronaut)宇宙飛行士.
'**Welt·raum·fahrt** 女-/-en 宇宙飛行; 宇宙航行, 宇宙旅行.
'**Welt·raum·flug** 男 -[e]s/-¨e =Raumflug
'**Welt·raum·for·schung** 女-/ 宇宙研究.
'**Welt·raum·la·bor** 中 -s/-s(-e) (Spacelab)スペースラブ.
'**Welt·raum·schiff** 中 -[e]s/-e =Raumschiff
'**Welt·raum·sta·ti·on** 女-/-en =Raumstation
'**Welt·reich** 中 -[e]s/-e 世界帝国.
'**Welt·rei·se** 女-/-n 世界旅行.
'**Welt·rei·sen·de** 男《形容詞変化》世界旅行をしている人.
'**Welt·re·kord** 男 -[e]s/-e《スポ》世界記録.
'**Welt·re·kord·hal·ter** 男 -s/- 世界記録保持者.
'**Welt·re·kord·in·ha·ber** 男 -s/- =Weltrekordhalter
'**Welt·re·kord·ler** 男 -s/- =Weltrekordhalter
'**Welt·re·li·gi·on** 女-/-en 世界宗教(仏教・キリスト教・イスラーム教など).
'**Welt·ruf** 男-/ 世界的な名声.
'**Welt·ruhm** 男 -[e]s/ 世界的な名声.
'**Welt·schmerz** 男 -[e]s/ 悲観的厭世観, 世界苦(なにごとも自分の思い通りにならず世間に受入れられないという気持が昂じての).
'**Welt·si·cher·heits·rat** 男 -[e]s/ (Sicherheitsrat)(国連の)安全保障理事会.
'**Welt·sicht** 女-/-en 世界展望, 世界観.
'**Welt·spit·ze** 女-/-n (スポーツ・芸術の分野での)世界のトップ.
'**Welt·spra·che** 女-/-n 国際語(英語・スペイン語など).
'**Welt·stadt** 女-/-¨e (人口百万以上の)世界的な大都市; 国際都市.
'**welt·städ·tisch** 形 世界的な大都市の, 大都市にふさわしい.
'**Welt·teil** 男 -[e]s/-e (Erdteil) 大陸.
'**welt·um·fas·send** 形 (global) 世界規模の, 地球全体にわたる, グローバルな.
'**Welt·um·se·ge·lung** 女-/-en 帆船(ヨット)による世界周航.
'**welt·um·span·nend** 形 (global) 世界規模の, 世界中に広がった, 世界全体にわたる, グローバルな.
'**Welt·un·ter·gang** 男 -[e]s/-¨e 世界の滅亡, この世の終り.
'**Welt·ver·bes·se·rer** 男 -s/-《反語》(世の中の改善を標榜しては諸人の迷惑となる)世直し屋.
'**Welt·ver·ges·sen** 形《雅》=weltverloren
'**Welt·ver·lo·ren** 形《雅》**1** (weltentrückt)世俗を忘れた, 夢見心地の. **2** 世間から忘られた, 人里離れた.
'**Welt·weis·heit** 女-/《古》(Philosophie)哲学, 哲理.
'**welt·weit** ['vεltvaıt]形 世界規模の, 全世界に及ぶ, 世界的な, ワールドワイドな.
'**Welt·wirt·schaft** 女-/ 世界経済.

'Welt·wirt·schafts·kri·se 囡 -/-n 世界経済危機, 世界恐慌.

'Welt·wun·der ⊕ -s/ **1** 世にも不思議なもの〈こと〉. **2** die Sieben *Weltwunder* 世界の7不思議. ▶古代世界の7つの大建造物, エジプトのクフ王の大ピラミッド, バビロンのセラミスの空中庭園, オリンピアのゼウス像, エフェソスのアルテミス神殿, ハリカルナッソスのマウソロス陵墓, ロードスの大巨像コロッソス, アレクサンドリアの灯台ファロスなど.

'Welt·zeit 囡 -/ (略 WZ) 世界時, グリニジ時.

'Welt·zeit·uhr 囡 -/-en (世界各地の標準時が読みとれる)世界時計.

wem [ve:m] wer の 3格.

'Wem·fall 圐 -[e]s/ 〚言語〛(Dativ) 3格, 与格.

wen [ve:n] wer の 4格.

'Wen·de ['vɛndə] 囡 -/-n **1** (主義·政策などの)転換, 転向; (時代の流れなどの)急変. eine historische ~ 歴史的転換. eine ~ in der Außenpolitik 外交政策の転換. die ~ 〚歴史〛大転換(1989 旧東ドイツにおける政治的·社会的な激変をいう). **2** (時代·世紀などの)転換期, 移行期, 変り目. an der〈um die〉 ~ des 20. Jahrhunderts 20世紀の世紀末に. **3** 〚水泳〛 (a) ターン. (b) (体操の)下向よ横跳び越し. (c) (フィギュアスケートの)ロッカー. (d) (ヨットなどの)ウェアリング, 風下回し.

'Wen·de² 囡 -n/-n ヴェンド人(ドイツ東部に住む西スラブ系少数民族ソルブ人 Sorbe のドイツ語名).

'Wen·de·hals 圐 -es/ஈe **1** 〚鳥〛ありすい(蟻吸)という鳥の一種). **2** 《侮》(政治的な)日和見主義者.

'Wen·de·ja·cke 囡 -/-n 〚服飾〛リバーシブルのジャケット.

'Wen·de·kreis ['vɛndəkraɪs] 圐 -es/-e **1** 〚地理〛回帰線. der ~ des Krebses / der nördliche ~ 北回帰線. der ~ des Steinbocks / der südliche ~ 南回帰線. **2** 〚工学〛(自動車の)最小回転円. ein Wagen mit einem großen〈kleinen〉 ~ 回転半径の大きい〈小さい〉自動車. **3** (まれ)(車の方向転換のための)円形の空き地.

'Wen·del ['vɛndəl] 囡 -/-n 〚工学〛螺旋(らせん), 渦巻(うずま)き; 線(電球などの)コイル.

'Wen·del·trep·pe 囡 -/-n 螺旋(らせん)階段.

*'**wen·den**(*) ['vɛndən ヴェンデン] wandte(wendete), gewandt(gewendet) **①** 他 **1** 〚規則変化〛裏返す, ひっくり返す. Bitte ~ !(略 b. w.) 裏面をご覧ください. einen Braten ~ 焼肉を裏返す. den Mantel ~ コートを裏返して仕立て直す. die Seite ~ ページをめくる. den Fisch in Mehl ~ 〚料理〛(裏表はまんべんなく粉がつくように)魚を小麦粉の中でひっくり返す, 魚に小麦粉をまぶす(↑wälzen). **2** 〚規則変化〛 (乗物を)方向転換させる, Uターンする. das Flugzeug ~ 機首を反転する. **3** 〚規則変化または不規則変化〛 (…の方向に)向ける; (の向きを)変える. j〈et〉³ den Rücken ~ 人〈物〉³に背を向ける; (から)離反する. man kann es〈die Sache〉 drehen und ~, wie man will どこから見ても, どう考えてみても. *seine* Aufmerksamkeit auf et⁴ ~ 物⁴に注意を向ける. das Gesicht nach links〈rechts〉 ~ 左〈右〉に向ける. *seine* Schritte nach der Stadt ~ 町に足を向ける. kein Auge〈keinen Blick〉 von j〈et〉³ ~ 人〈物〉³から目を離さない. die Hand von j³ ~ 人³を見捨てる, 見放す. **4** 〚規則変化または不規則変化〛 (時間などに)費やす, 使う(an〈auf〉 et⁴ 事⁴に). viel Arbeit an〈auf〉 et⁴ ~ 事⁴に多くの労力をつぎ込む. viel Geld 〈Zeit〉 ~ たくさんの金〈時間〉を費やす.

❷ 再 (**sich**) **1** 〚規則変化〛裏返しになる. Das Blatt hat *sich gewendet*. 形勢が一変した. **2** 〚規則変化または不規則変化〛 (ある方向に)転じる, 向きを変える; (天候·状況などが)変る. Der Tag〈Der Wind〉 hat *sich gewendet*. 日が暮れた〈風向きが変った〉. *sich* nach Norden〈Süden〉 ~ 北〈南〉に向き転換する. *sich* nach links〈rechts〉 ~ 左〈右〉に向く. *sich* von j³ ~ 人³から遠ざかる, (を)見捨てる. Gott hat *sich* von uns *gewandt*〈*gewendet*〉. 神は私たちを見捨てた. *sich* zum Ausgang ~ 出口に向かう. *sich* zur Flucht ~ 逃げに回る. *sich* zum Guten ~ 良い方向に向かう, 好転する; (病人が)快方に向かう. **3** 〚規則変化または不規則変化〛 (ある人⁴に)頼る, 頼む, 相談(問合せ)をする. *sich* mit einer Bitte an j⁴ ~ 人⁴に頼みごとを持ち込む. *sich* an j⁴ um Rat ~ 人⁴に助言を求める. (b) (物事が主語) 人⁴に向いている, 適している. Dieses Buch *wendet sich* an die Jugend. この本は若い人向けだ. **4** 〚規則変化または不規則変化〛 (gegen j〈et〉⁴ (人·事)⁴に)逆らう, 立向かう, 反対する, 反発(反論)する. *sich* gegen jede Art von Gewalt ~ あらゆる暴力に立向かう.

❸ 自 〚規則変化〛方向転換する, Uターンする; (水泳などで)折返す, ターンする. Das Auto *wendete* plötzlich. 車がふいにUターンした. mit dem Wagen ~ 車をUターンさせる.

♦ *gewandt*

'Wen·de·punkt ['vɛndəpʊŋkt] 圐 -[e]s/-e **1** 転換点, 転回点; 転換期, 転機, 変り目. Er war an einem ~ in seinem Leben angelangt. 彼は人生の転機にさしかかった. **2** (a) 〚数学〛折返し点. (b) 〚数学〛変曲点. (c) 〚天文〛回帰点. der nördliche〈südliche〉 ~ [der Sonne] 夏至(げし)〈冬至〉点.

'wen·dig ['vɛndɪç] 厖 **1** (車などが)ハンドルの切れがいい, 操縦しやすい; 敏捷な. **2** 目端(めはし)のきく, 機転がきく.

'Wen·dig·keit 囡 -/ **1** 運転(操縦)しやすいこと. **2** 機転がきくこと, 機敏さ; 機転.

'wen·disch ['vɛndɪʃ] 厖 (sorbisch) ヴェンド(人, 語)の. ↑ Wende².

*'**Wen·dung** ['vɛndʊŋ ヴェンドゥング] 囡 -/-en **1** 方向転換, 転回. eine scharfe ~ 急な転回. eine ~ nach links〈um 180 Grad〉左への〈180 度の〉方向転換. eine ~ machen 向きを変える(↑1). **2** (まれ)(川·道などの)屈曲, 湾曲, カーブ. eine ~ machen 屈曲(カーブ)する(↑1). **3** 〚比喩〛転換, 変化; 転機. In seinem Leben trat eine ~ ein. 彼の人生に転機が訪れた. eine ~ zum Guten〈zum Schlechten〉好転〈悪化〉. dem Gespräch eine andere ~ geben 話題を変える. eine unerwartete ~ nehmen (話題などが)予期せぬ方向に向かう. **4** (Redewendung) 言い回し, 語法, 表現法. eine feste ~ きまった言い回し, 成句.

'Wen·fall ['ve:n..] 圐 -[e]s/ 〚言語〛(Akkusativ) 4格, 対格.

'we·nig ['ve:nɪç ヴェーニヒ] weniger(minder), wenigst(mindest) **❶** 厖 **1** (付加語的用法で)(a) (複数名詞と)しばしば無語尾で)わずかな, 少数の, わずかしか…ない. ~[e] Bücher わずかな書物. die *~en* Dichter その少数の詩人たち(↑♦). Er hat nur *~e* treue Freunde. 彼には誠実な友人がほんのわずかしかない (↑ ♦²). die Meinung *~er* Gelehrter〈まれ Gelehrten〉ほんの少数の学者たちの意見(↑◆³). Das ist nur ~*en* Menschen bekannt. それはごくわずかな人にしか知られていない。 In ~*en* Tagen 数日以て. mit ~[*en*] Worten 言葉少に, 手短に. (b)《単数名詞と／物質・抽象・集合名詞などとおおむね無語尾で》わずかな, 少数(少量)の; わずかに…の. Er braucht ~ *e* Geld. 彼はほんのわずかなお金しか必要としない. das ~*e* Geld そのわずかなお金(↑◆¹). ~ Hoffnung haben あまり望みがない. mit ~[*er*] Mühe あまり骨を折らずに. ~ heißes Wasser 少量の熱湯.

2《述語的用法で》わずかな, 少ない. Es ist nicht ~, was er dafür bekommt. 彼がその代償として手に入れるものはわずかではない. Das ist mir zu ~. それは私には少なすぎる. Eine Person ist zu ~. ひとりというのは少なすぎる.

3《名詞的用法で》(a)《複数で》少数の人々(もの). die ~*en*, die dabei waren その場に居あわせたわずかな人々. Nicht ~*e* stimmten zu. 少なからぬ人が賛成した. einige ~*e* 少数の人, ほんの2, 3人. ~*e* dieser Bücher〈von diesen Büchern〉これらの書物のうち少数のもの. Wir waren zu ~*e*, um etwas zu verändern. 私たちは何かを変えるにはあまりにも少数だった. Es waren unser² ~*e*.《雅》私たちは小勢で人数にしか知られていない. Er ist einer unter〈von〉[den] ~*en*. 彼は少数者の中のひとりだ. in Gegenwart ~*er*〈von ~*en*〉あまり人がいないところで. (b)《単数で／1格・4格ではしばしば無語尾で》ほんの少し. Das ~*e*, was ich habe, genügt nicht. 私が持っているわずかなものではじゅうぶんでない(↑◆¹). Es fehlte [nur noch] ~, und er hätte ein Kind überfahren. あやうく彼は子供を轢(°)くところだった. ~ essen〈trinken〉あまり食べない〈飲まない〉. Es gibt nur ~[*es*] Neues. 目新しいことはほとんどない. Er ist mit ~*em* zufrieden. 彼はわずかなことで満足する. um ~*es* 少しだけ.

4 《**ein wenig** の形で／不変化》(a)《付加語的用法で》少しの, いくらかの. ein ~ Geduld 少しの辛抱. ein ~ Mut 少し勇気を出せば. Haben Sie ein ~ Zeit? 少しお暇がありますか. ein klein ~ Wasser ほんの少量の水. (b)《副詞的用法で》少し, 少々. Ich bin ein ~ müde. 私は少々疲れている(眠い). ein klein ~ nach links ほんのすこし左へ.

♦¹冠詞類をともなう場合は、おおむね語尾変化する.

♦²後続する形容詞の語尾変化は wenig に同じ. ただし wenig が無語尾の場合は強変化(例 ~ gutes Essen 量の良い料理). また後の名詞が男性および中性の単数3格のとき wenig は強変化, 形容詞は弱変化する(例 nach ~*em* kurzen Beraten 短時間の審議をわずか行なった後に).

♦³各格の名詞に付加される場合はつねに語尾変化する.

❷ 圖《否定詞に準じて》あまり(少ししか)…ない, ほとんど…ない; めったに…ない. Er arbeitet ~. 彼はあまり働かない. Die Tabletten helfen ~. その錠剤はあまり効かない. Das ist ~ erfreulich. そいつはあまりうれしくないな. Er verkehrt mit ~ gebildeten Leuten. 彼は教育のあまりない人たちと交際している(だた). Er verkehrt mit ~ gebildeten Leuten. 彼は少数の教育ある人たちと交際している. ~ gerechnet 少なく見積もっても. Diese Oper wird ~ gespielt. そのオペラはめったに上演されない. nicht ~ 少なからず. Er war nicht ~ erstaunt. 彼は少なからず驚いた. Er ist ebenso 〈°ebenso*wenig*〉 geschickt wie ich. 彼

私同様器用ではない. Er ist ~ über〈~ mehr als〉vierzig. 彼は40そこそこだ. ◆*so wenig, zu wenig*

'**We·nig** 田 -s/- わずかなもの. Viele *Wenig* machen ein Viel.《諺》塵も積れば山となる.

'**we·ni·ger** ['ve:nɪɡɐr ヴェーニガー] wenig の比較級. **❶** 圏《不変化》より少ない, よりわずかの. Heute hatten wir noch ~ Gäste als gestern. きょうの方がきのうよりもお客が少なかった. mit ~ Geld より少ないお金で. Er hatte ~ Glück. 彼はもっとついてなかった. Sie wird immer ~.《話》彼女はますます痩せていく.《名詞的用法で》Der Anzug kostet ~ als 300 Euro. そのスーツは300ユーロ以下だ. Ich kann Ihnen das Stück nicht für ~ geben.《話》これはそれ以上お安くできません. *Weniger* wäre mehr. 控え目の方がいいだろうね, 過ぎたるは及ばざるがごとしだ.

❷ 圖 より少なく. Hier kommt es ~ auf Quantität als auf Qualität an. いま問題なのは量よりも質の方だ. Wir sind heute ~ gläubig [als früher]. 私たちは以前ほど信心深くはない. Das ist ~ wichtig. それはあまり重要ではない. Er ist ~ dumm als faul. 彼は馬鹿というよりは怠け者だ. Er war nicht ~ erstaunt als ich. 彼は私に負けずおとらず驚いた. nichts ~ als… とうてい…でない. Sie ist nichts ~ als glücklich. 彼女はとうてい幸せとはいえない. mehr oder ~ 多かれ少なかれ, 多少とも. Das ist mehr oder ~ das Gleiche. それは多かれ少なかれ同じことだ. **❸** 圏 (minus) 引く, マイナス. Sieben ~ drei ist vier. 7引く3は4(7−3=4).

'**We·nig·keit** ['ve:nɪçkaɪt] 囡 -/ ほんのわずかなもの(こと), 僅少; 取るに足らないもの(こと). Das kostet nur eine ~. それはほんのわずかな費用(負担)しかかからない. meine ~《戯》小生, 不肖私(は…).

'**we·nigst** ['ve:nɪçst] wenig の最上級. 圏 **1**《付加語的用法で》もっとも少ない, 最少の. Er hat von allen das ~ *e* Geld. 彼はみんなの中でいちばん持合せが少ない.《絶対的用法で》in den ~ *en* Fällen ごくれいな場合に. **2**《名詞的用法で》もっとも少ない人々(もの, こと). Das ist das ~ *e*, was ich tun kann. それが私にできる最低限のことだ. Das ist das ~ *e*.《話》それなんちばんどうでもいいことだ.《絶対的用法で》Das ist nur den ~ *en* bekannt. そのことはわずかな人にしか知られていない. **3**《次のような形で》am ~ *en* もっとも少なく. Er ist am ~ *en* begabt. 彼がもっとも才能に恵まれていない. zum ~ *en* 少なくとも.

'**we·nigs·tens** ['ve:nɪçstəns ヴェーニヒステンス] 圖 少なくとも, せめて; 最小限. Du hättest ~ anrufen können. 君はせめて電話ぐらいかけられただろうに. ~ zweimal 少なくとも2回.

wenn [vɛn ヴェン] **❶** 圈《従属／定動詞後置》**1**《時間》(a)《現在・未来の1回きりの事柄について》…する時に, …すると(すぐに). *Wenn* du nächstes Mal aufwachst, wirst du schon am Ziel sein. こんど目が覚める時には君はもう目的地に着いてるよ. Sag Bescheid, ~ du fertig bist! 終ったら知らせて. ▶過去の1回限りの事柄についてはおもに als を用いる. wenn はれ. (b)《現在・過去・未来に関わりなく反復する事柄について》…する時はいつも, …するたびに. Komm immer zu mir, ~ du Hilfe brauchst. 助けがいる時はいつでも私のところへおいで. [Immer] ~ ich die Klei-

ne sehe, muss ich an dich denken. 私はその小さな女の子を見るといつも君のことを思い出す. Jedesmal[,] ~ der Zug hielt, fuhr er aus dem Schlaf. 列車が止まるたびに彼ははっと目を覚ました.
2 《条件》(a) 《実現可能な条件を仮定して》もし…ならば, …である. Wenn heute schönes Wetter ist, machen wir einen Ausflug ins Freie. きょうお天気がよければ私たちは野外へハイキングに出かける. Wenn das Maß voll ist, [so] läuft es über. 《諺》枡(ﾏｽ)がいっぱいになれば溢れる(ものには限度がある, の意). Wenn dem so ist, dann…. もしそういうことであれば…. Schreibe, ~ [es] möglich [ist], sofort! できればすぐ手紙を書いておくれ. ~ nötig ist gebeten. (b) 《非現実の条件を仮定して/接続法 II と》仮に…だとしたら. Wenn ich ledig wäre, würde ich dich gern heiraten. もし私が独身だったらようこそ君と結婚するんだけどね. 《婉曲な表現で》Ich würde mich sehr freuen, ~ Sie mir dabei helfen wollten. その際お力をお貸し願えれば私はとてもうれしいのですが. 《非現実の願望文を導いて/しばしば doch や nur と》~ er doch käme! ああ, 彼が来てくれたらなあ. Wenn ich nur den Namen wüsste! せめて名前が分かっていればなあ. (c) 《wenn…sollte の形で》万一…すれば, …するような場合には. Bleiben Wir zu Hause, ~ es regnen sollte. 雨が降るようなことになれば家にいましょう. Wenn jemand nach mir fragen sollte, sagen Sie bitte, dass…. 万一だれかが私のことを尋ねたら, …と言ってください. (d) 《wenn anders… の形で/ anders は冗語的に用いられている》《古》もし…ならば. ~ anders nicht… もし…でないとすれば.
3 《認容 / 後続する主文の語順にはふつう影響を及ぼさない》(a) 《wenn…auch〈gleich/schon〉の形で事実の認容を示して》…ではあるが, …であっても. wenn ich auch〈gleich/schon〉verloren habe, ich hatte doch Freude am Spiel. 私は敗れはしたがゲームを楽しんだ. Sie war immer noch schön, ~ auch nicht mehr ganz jung. 彼女は年こそもうあまり若くなかったがあいかわらず美しかった. Wenn es auch heftig regnet, …. 雨がはげしく降っているが…. [Und] ~ auch! 《話》かまうもんか, どうってことはないさ. (b) 《auch〈selbst/sogar〉wenn… / [und] wenn…[auch]… の形で仮定の認容を示して》仮に…であっても, たとえ…だろうとも. Ich will es durchsetzen, und ~ alle dagegen sind. 仮にみんなが反対しても私はそれをやり遂げるつもりだ. Auch ~ es heftig regnet, … たとえ雨がはげしく降ろうとも. 《接続法 II と / 非現実の仮定の認容を示して》Selbst ~ er wollte, könnte er dies nicht tun. たとえ彼が欲したところでそうすることはできないだろう. Ich werde dich nie verlassen, und ~ ich deswegen zur Hölle fahren müsste. たとえそのせいで地獄に落ちることになってもね. Selbst ~ ich wüsste, ich würde es dir nicht sagen. たとえ私にそれが分かっていても君には教えたりするもんか.
4 《als〈wie〉wenn… の形で / ふつう接続法 II または I と》(als ob…) あたかも…のように. Er tat [so], als ~ er mich nicht bemerkt hätte〈habe〉. 彼はまるで私に気づかなかったかのようなふりをした. Es war [so], wie ~ die Sonne zu Mitternacht schiene. まるで日さまが真夜中に輝いているかのようだった.
5 《本来の意味が薄れて》(a) 《接続詞 dass とほぼ同様の働きをして》Es ist nicht gesund, ~ man zu viel trinkt. 飲過ぎは体によくない. (b) 《前提的事実を述べて》 Wenn sie nicht glücklich ist, so ist das ihre eigene Schuld. 彼女が幸せではないとしたらそれは彼女自身のせいである. (c) 《対比的事実を述べて》Wenn ich in München nie in die Oper ging, ging ich beinahe täglich in Wien. 私はミュンヒェンでは一度もオペラを見に行かなかったがヴィーンではほとんど毎日出かけていた.

♦ しばしば wenn が省略され, 定動詞を副文の先頭に置く文型が行われる. Kommt Zeit, kommt Rat. 《諺》時が来れば思案も生れる (=Wenn Zeit kommt, kommt Rat). Ach, käme er doch! ああ, 彼が来てくれたらなあ (↑2(b)). Er tat [so], als hätte er mich nicht bemerkt. 彼はまるで私に気づかなかったかのようにふるまった (↑4).

❷ 副 ① 《関係 / 定動詞後置》《まれ》(wo) …であるところの. Es kommt noch der Tag, ~ du mich brauchst. いまに君が私を必要とする日がやってくる.
② 《疑問》《古》(wann) いつ.

Wenn 中 -s/-(話 -s) もしもということ; 条件, 保留. das ~ und Aber 不審と異論. ohne ~ und Aber ぐずぐずいわずに, すんなりと.

wenn'gleich [vɛnˈɡlaɪç] 接 《従属 / 定動詞後置》《古》(obgleich, obwohl) …にもかかわらず, …ではあるが.

wenn'schon [vɛnˈʃoːn, ˈ--] 接 ❶ [ˈ--] 《従属 / 定動詞後置》《まれ》(obgleich, obwohl) …にもかかわらず, …ではあるが. ❷ 副 《次の成句で》[Na] ~ ! / [Na], wenn schon! 《話》どうってことはないさ, まあいいさ. Wennschon, dennschon! / Wenn schon, denn schon! 《話》どうせやるならとことんやるさ, 毒を食らわば皿までだ.

'Wen-zel [ˈvɛntsəl] 男 -s/- 《トランプ》(Unter) (ドイツ式トランプの) ジャック.

wer
[veːr ヴェーア] 代 形は男性単数形だが性・数の区別なく人に関して用いる. 2 格 wessen (古 wes), 3 格 wem, 4 格 wen 中《疑問》**1** 誰, どなた. Wer ist das? それは誰ですか. Wer sind diese Leute? これらの人々は誰ですか. Halt! Wer da? 《歩哨などが誰何(ｽｲｶ)して》止まれ, 誰か. Wer von euch hat das gesehen? 君たちのうち誰がそれを見たのですか. Wessen Auto ist das? それは誰の車ですか. Mit wem hast du gesprochen? 君は誰と話したのか. Wen meinst du denn? 君は誰のことを言っているんだ. 《alles を伴い複数の意味を表して》Wer kommt noch alles? 他に誰と誰が来るのですか. Wer alles war dabei? / Wer war alles dabei? 誰と誰がいたのですか. 《間接疑問文を導いて》Er fragte mich, ~ es gesagt habe. 誰がそういったのかと彼は私にたずねた. Was glaubt er eigentlich, wer er ist? いったい彼は何様のつもりなのかね. 《修辞的疑問文を導いて》Wer könnte das prophezeien! 誰にそれが予言できますか. Wem sagst du das! 《話》君は誰にそれを言っているんだ (そんなことぐらい知っているよ). 《認容文を導いて / しばしば auch [immer] などと》Wer auch kommt, er sei willkommen. 誰が来ようと歓迎するよ. wer es auch [immer] sein mag それが誰であろうと. 《口語的表現でまれに文頭に置かずに》Das Buch hast du wem geliehen? その本を君は誰に貸したのか. 《wer weiß+疑問詞の形で》Er kommt ~ weiß wann. 彼はいずれやって来るさ. Er sagte ~ weiß was. 彼は何かを言ったかも知れやしない (何だかんだと言ったのだろう). Sie sucht ~ weiß wen. 彼女は誰かを探しているらしいね. ~ weiß

wie oft 何度となく, 何度も. Das kostet ~ weiß wie viel Geld. それはどれだけお金がかかるか知れやしない. **2**《男性名詞に付加され, 疑問形容詞のように用いられて》《古》(was für ein) どのような. Du weißt doch, *wes* Geistes Kind er ist. 彼がどのような人物か君は知っているだろう.

Ⅱ《関係 / 定動詞後置》**1**《特定の先行詞なしに》(およ)...する人. *Wer* mitmachen will, soll die Hand heben. 仲間に入りたい人は手を挙げなさい. *Wer* zu viel will, dem wird zu wenig.《諺》虻蜂(あぶはち)取らず. Rette sich⁴, *wer* kann!《戯》逃げるが勝ちだ(海難時の「逃げられるものは逃げよ, 自分で自分の身を守れ」の意の総員退去命令から).《諺》*Wes*[*sen*] Brot ich ess[e], des[sen] Lied ich sing[e].《諺》パンをくれる人の歌を私は歌う(世話になっている人の味方をする, の意). *Wem* nicht zu raten ist, dem ist auch nicht zu helfen.《諺》縁なき衆生は度し難し(忠告に耳を貸さない人は助けようがない, の意). *Wen* die Götter lieben, der stirbt früh.《諺》佳人薄命(神々に愛される人は早死にする, の意).《文脈を強調して》*Wer* nicht kam, war Hans. 来なかったのはハンスだ. **2**《接続詞的用法で》《古》(wenn man) もし...ならば. Fragen ist keine Schande, *wer* ein Ding nicht weiß. 分からないことがあるときに質問するのは恥ではない.

Ⅲ《不定》《話》**1**《文中に置いて / 2格は用いない》(jemand) 誰か, ある人. Es hat ~ geklopft. 誰かがノックした. Suchen Sie *wen*? 誰かお探しですか. **2** ひとかどの人物. Hier ist er ~. ここでは彼もひとかどの人物だ.

'**Wer·be·ab·tei·lung** ['vɛrbə..] 図 -/-en《企業などの》宣伝部, 広告課.

'**Wer·be·agen·tur** 図 -/-en 広告代理店.

'**Wer·be·ak·ti·on** 図 -/-en 広告キャンペーン, 情宣活動.

'**Wer·be·brief** 男 -[e]s/-e《広告用の》ダイレクトメール.

'**Wer·be·bü·ro** 中 -s/-s =Werbeagentur

'**Wer·be·fach·mann** 男 -[e]s/..leute 宣伝(広告)のエキスパート, 広告マン, アドマン. ◆女性形 Werbefachfrau 女 -/-en

'**Wer·be·feld·zug** 男 -[e]s/⸚e =Werbekampagne

'**Wer·be·fern·se·hen** 中 -s/ テレビコマーシャル.

'**Wer·be·film** 男 -[e]s/-e 宣伝(広告)映画, コマーシャルフィルム.

'**Wer·be·funk** 男 -s/《ラジオの》コマーシャル放送.

'**Wer·be·ge·schenk** 中 -[e]s/-e 宣伝用のプレゼント(景品).

'**Wer·be·gra·fik** 図 -/-en コマーシャルグラフィック.

'**Wer·be·kam·pa·gne** [..kampanjə] 図 -/-n 宣伝(広告)キャンペーン.

'**Wer·be·kos·ten** 複 宣伝(広告)費.

'**Wer·be·lei·ter** 男 -s/-《企業などの》宣伝部長.

'**Wer·be·mit·tel** 中 -s/- 宣伝(広告)媒体, 宣伝具.

*'**wer·ben*** ['vɛrbən ヴェルベン] warb, geworben / du wirbst, er wirbt ❶ 自 **1**《für et⁴ 物⁴の》宣伝(広告)をする. **2**《雅》(um j⟨et⟩⁴ 人⟨物⟩⁴を)得ようとつとめる. Er *wirbt* schon lange um das Mädchen. 彼はもうずいぶん前からその娘に求愛(求愛)し続けている. ◌ um Gunst ~ 人⁴に気に入られようとつとめる, (の)ご機嫌を取る. ❷ 他《人⁴を》募(つの)る, 募集する, 勧誘する. neue Kunden ~ 新しい顧客を得ようとする. j⁴ für die Versicherung ~ 人⁴に保険の勧誘をする.

'**Wer·be·pau·se** 図 -/-n《放送途中の》コマーシャルポーズ, CM タイム.

'**Wer·be·pla·kat** 中 -[e]s/-e 宣伝(広告)ポスター.

'**Wer·be·preis** 男 -es/-e《販売促進のための》サービス価格.

'**Wer·ber** ['vɛrbər] 男 -s/- **1**《古》(a) 求婚者. (b)《兵士のための》徴兵官, 徴募官. **2**《話》宣伝マン, 広告マン.

'**wer·be·risch** ['vɛrbərɪʃ] 形 **1** 宣伝の, 広告の, コマーシャルの. **2** 宣伝(広告)マンの.

'**Wer·be·schrift** 図 -/-en 宣伝パンフレット, 広告ちらし.

'**Wer·be·sen·dung** 図 -/-en《テレビ・ラジオの》コマーシャル放送.

'**Wer·be·spot** [..spot, ..ʃpɔt] 男 -s/-s《テレビ・ラジオの》コマーシャルスポット.

'**Wer·be·text** 男 -[e]s/-e 宣伝(広告)文, コピー.

'**Wer·be·tex·ter** 男 -s/- コピーライター.

'**Wer·be·trä·ger** 男 -s/- **1** 宣伝(広告)メディア, 宣伝(広告)媒体(テレビ・ラジオ・雑誌・広告塔など). **2**《比喩》歩く広告塔(タレント・スポーツ選手など).

'**Wer·be·trom·mel** 女《次の句で》die ~ rühren⟨schlagen⟩《für j⟨et⟩⁴ 人⟨物⟩⁴のために》鳴物入りで宣伝する, はでな宣伝をする.

'**wer·be·wirk·sam** 形 宣伝効果のある.

'**Wer·be·wirt·schaft** 図 -/《総称的》広告産業.

'**Wer·be·zweck** 男 -[e]s/-e《ふつう複数で》宣伝目的. zu ~e / zu ~en 宣伝目的で, 宣伝のために.

'**werb·lich** ['vɛrplɪç] 形 宣伝(広告)の, 宣伝(広告)にかかわる.

*'**Wer·bung*** ['vɛrbʊŋ ヴェルブング] 図 -/-en **1**《複数なし》宣伝, 広告, コマーシャル. **2**《複数なし》(Werbeabteilung) 宣伝部, 広告課. **3** (a) 募集, 勧誘. (b)《雅》求愛, 求婚(um ein Mädchen ある娘への). (c)《古》《兵隊の》徴募.

'**Wer·bungs·kos·ten** 複 **1**《税制》必要経費. **2** (Webekosten) 宣伝費, 広告費.

'**Wer·de·gang** ['veːrdə..] 男 -[e]s/⸚e **1** 発展(生成, 形成)の過程, 経歴. **2**《工業製品などの》製造工程.

'**wer·den*** ['veːrdən ヴェーァデン] wurde, geworden (受動の助動詞としての過去分詞は worden) / du wirst, er wird ❶ 自 (s) **1** (a)《名詞の 1 格と》...になる. Er *wird* Lehrer⟨Ingenieur/Kaufmann⟩. 彼は教師⟨技師 / 商人⟩になる. Was *wirst* du, wenn du erwachsen bist? 君は大きくなったら何になるの. Sie *wurde* meine Frau. 彼女は私の妻になった. Sie ist Mutter *geworden*. 彼女は母親になった. Er ist ein berühmter Komponist *geworden*. 彼は有名な作曲家になった. Das Buch *wurde* ein großer Erfolg. その本は大当りをとった. Mode⟨Wirklichkeit⟩ ~ 流行⟨現実⟩になる.《非人称的に》Es *wird* Tag⟨Nacht⟩. 昼⟨夜⟩になる. Es *wird* Zeit, aufzubrechen⟨dass ich aufbreche⟩. 出発すべき時が来た. (b)《形容詞と》... alt ~ 年をとる. böse ~ 腹をたてる. Die Tage *werden* allmählich länger. 日がだんだん長くなる. Wie *wird* das Wetter⟨die Ernte⟩? 天気⟨収穫⟩はどうなりますか.《非人称的》Es ist kalt⟨warm / dunkel / hell⟩ *geworden*. 寒く⟨暖かく / 暗く / 明るく⟩なった. Es *wird* mir schlecht. / Mir *wird* schlecht. 私は気分が悪くなる. Jetzt *wird*'s

Werden

mir aber zu bunt. 私はもう我慢できない。 (c)《zu et³と/質的な変化を示して》Ihre Besuche *werden* mir allmählich zur Last. 彼女の来訪は私にとってだんだん重荷になってきている。 Der Wein *wurde* zu Essig. ワインが酢になった。

2生じる,起る。 Es *werde* Licht!《旧約》光あれ《創1:3》。 Was nicht ist, kann noch ~.《諺》《慰めの言葉として》今ないものはこれから起るかもしれない。《aus j〈et³〉と》Aus unserer Freundschaft *wurde* Liebe. 私たちの友情から愛が生れた。 Aus Kindern *werden* Leute.《諺》子供だって大人になる。 Aus diesem Plan *wird* nichts.《話》この計画はうまくいかない。 Daraus *wird* nichts.《話》それはだめだ(話にならない)。 Aus nichts *wird* nichts.《諺》無から有は生じない。 Was ist aus ihm *geworden*? 彼は今どうしているのですか。

3うまくいく,よくなる,できる。 Das will nicht ~. それはなかなかうまくいかない。 Der Schüler *wird*. この生徒はものになる。 Er ist wieder *geworden*. 彼は回復した。 Das Haus *wird*. 建物が完成する。 *Wird's* bald? まだかい(早くしろ)。

4《古》《雅》与えられる。 Ihr ist ein großes Glück *geworden*. 彼女に大きな幸福が与えられた。 Sein Lohn soll ihm ~. 彼に報いられて当然だ。 Das *wurde* mir zum Dank. それは私に感謝のしるしとして与えられた。

5《成句で》zunichte ~ 無に帰す,だめになる。 zuschanden〈zu Schanden〉~ 失敗する,滅びる。 zuteil ~ 与えられる,分配される。 Mir ist eine hohe Ehre zuteil *geworden*. 私は大きな名誉が与えられた。

❷圑Ⅰ《未来》**1**《行為・状態が未来に起ることを表す》…だろう。 Wir *werden* morgen ins Theater gehen. 私たちは明日芝居を見に行く予定です。

2《推量/主語が3人称の場合》…かもしれない。 Er *wird* wohl krank sein. 彼は病気なのだろう。 Er *wird* wohl krank gewesen sein. 彼は病気だったのだろう。 Damals *wird* sie den Kaufmann geheiratet haben. そのころ彼女はすでにその商人と結婚していたらしい。 ▶未来完了形は,過去に対する現在からの推量を表す。

3《意図/主語が1人称の場合》…するつもりである。 Ich *werde* morgen um 6 Uhr aufstehen. 私は明日6時に起きるつもりだ。 Ich *werde* mich um sie kümmern. 私が彼女のめんどうを見ることにしましょう。

4《命令/主語が2人称の場合》…するのだ。 Du *wirst* mit mir kommen! 君は私と一緒に来るのだ。 Ihr *werdet* das nicht tun! 君たちはそんなことをしないだろうね。

5《接続法Ⅱ **würde** で》(a)《非現実話法の助動詞として》Ich *würde* in die Oper gehen, wenn ich Zeit hätte. 暇があればオペラを見に行くのですが(würde を用いなければ, Ich ginge in die Oper, wenn... となる)。 (b)《ていねいな依頼》*Würden* Sie es ihm sagen? 彼にそうお伝えいただけませんか。

Ⅱ《受動》(s)《過去分詞 worden》Er *wird* von dem Lehrer heftig gerügt. 彼は先生にきつく叱られる。 Achill *wurde* durch einen Pfeil getötet. アキレウスは1本の矢によって殺された。 Es *wird* sonntags nicht gearbeitet./Sonntags *wird* nicht gearbeitet. 日曜日は仕事が休みである。 Er ist am Arm verwundet *worden*. 彼は腕に怪我をした。《取扱説明書などで》Die Linsen *werden* mit einem weichen Leinenlappen sauber gehalten. レンズは柔らかい麻布でふいてきれいにしておいてください。 Die ungeschälten Kartoffeln *werden* etwa 20 Minuten in Wasser weich gekocht. じゃがいもを皮をむかないで20分間くらいゆでて柔らかくしてください。

♦¹ werden の過去形には ward という古形があるが,単数主語にたいしてのみ用いられる。 ich ward, du wardst, er ward

♦²↑geworden

'Wer·den 匣 -s/ 生成,成長,発展。 im ~ sein 生成(発達)中である。 Das ist noch im ~. それはまだ完成していない。

'wer·dend 現分 囲《付加語的用法のみ》生成(成長,発達)中の。 ein ~*er* Arzt 医者の卵。 eine ~*e* Mutter 妊娠中の女性。 Er ist noch ein *Werdender*. 彼はこれからの人だ。

'Wer·der ['verdər] 匣〈匣〉-s/-**1** 川中島,中洲。 **2** 川と河跡湖の間の陸地。 **3** 干拓地。

'Wer·fall ['ve:r..] 匣 -[e]s/〖言語〗(Nominativ) 1格,主格。

'wer·fen* ['vɛrfən ヴェルフェン] warf, geworfen / du wirfst, er wirft **❶** 他 **1**投げる,投じる,放る。 Anker ~ 投錨する。 eine Sechs〈sechs Augen〉 ~《さいころを振って》6の目を出す。《前置詞と》j³ Grobheiten **an** den Kopf ~ 人³に暴言を浴びせる。 Bilder an die Wand ~ 壁に映写する。 ein Auge **auf** j〈et〉³ ~ 人³に目をつける,〈が〉気に入る。 einen Blick auf j〈et〉³ ~ 人〈物〉³にちらと目をやる。 ein schlechtes〈kein gutes〉Licht auf j⁴ ~ 人⁴の体面を汚す。 Ware auf den Markt ~ 商品を(大量に)市場に出す。 et⁴ aufs Papier ~ 事⁴を走り書きする,簡略に描く。 j⁴ auf die Straße ~ 人⁴を路頭に迷わせ,首にする。 Die Sorge *warf* sie aufs Krankenlager. 心労のあまり彼女は病床についた。 j⁴ **aus** dem Haus ~ 人⁴を家からたたき出す。 Er hat alle Bedenken **hinter** die Frage in die Debatte ~ 討論に疑問をさしはさむ。 j⁴ ins Gefängnis ~ 人⁴を投獄する。 den Kopf in den Nacken ~ 頭をのけぞらせる; ふんぞり返る。 die Tür ins Schloss ~ ドアをぱたんと閉める。 einen Stein **nach** j³ ~ /j⁴ **mit** einem Stein ~ 人³に石を投げる。 Er *warf* sich³ einen Mantel **um** die Schultern. 彼はコートを肩にひらりと羽織った。 et⁴ **über** Bord ~ 物⁴を船外に捨て去る。 et⁴ über den Haufen ~ 事⁴(計画・準備など)を台無しにしてしまう。 die Kleider **von** sich³ ~ 着ているものをかなぐり捨てる。 j⁴ **zu** Boden ~ 人⁴を投倒す。

2(泡・波を)立てる; (しわ・ひだを)生じる; (影を)落す。

3(哺乳動物が仔を)産み落す。

❷ 圑 (**sich⁴**) **1**身を投げかける(投出す); 突進する,襲いかかる; 没頭する,うち込む。《前置詞と》sich j³ **an** den Hals ~ 人³の首にしがみつく,人³につきまとう,言い寄る。 sich **aufs** Bett ~ ベッドに身を投出す。 sich aufs Pferd ~ 馬に飛乗る。 sich auf Philosophie ~ 哲学に没頭する。 sich auf〈über〉j⁴ ~ 人⁴に襲いかかる。 sich **in** die Brust ~ いばって胸をはる。 sich **in** die Kleider ~ 急いで〈手早く〉服を着る。 sich in Gala〈in Uniform〉~ 晴着〈制服〉を着る。 sich **vor** den Zug ~ 列車に身を投げる。 sich j³ **zu** Füßen ~ 人³の足下にひれ伏す。 sich im Schlaf hin und her ~ あちこち寝返りうつ,輾転反側(てんてんはんそく)する。

2(木材などが反(そ)る,ひずむ,起伏を生じる。

❸ 圓 (mit et³ 物)を投げる。 mit et³ [nur so] um sich⁴ ~ 物を乱用(乱費)する。 mit Geld um sich⁴

～ 金を湯水のように使う．mit *seinen* Kenntnissen um sich⁴ ～ 知識をひけらかす．

'**Wer·fer** ['vɛrfər] 男 –s/– **1** 投げる人；(球技で)シュートする人；(野球で)投手, ピッチャー．**2**〖軍事〗投げるもの, 投げる装置．Granatwerfer 迫撃砲．Raketen*werfer* ロケット砲．

<u>**Werft**</u> [vɛrft] 女 –/–en **1** 造船所, ドック．**2** 航空機の整備工場．

'**Werft·ar·bei·ter** 男 –s/– 造船所労働者．

'**Werg** [vɛrk] 中 –[e]s/– 麻くず, あら麻(水漏れ防止の充塡材に利用される)．

'**Wer·geld** ['veːr..] 中 –[e]s/–er〖歴史〗(ゲルマン法で被害者の親族に支払われる)人命賠償金．

<u>**Werk**</u> [vɛrk ヴェルク] 中 –[e]s/–e **1**《複数なし》仕事, 作業．ein mühevolles ～ 骨の折れる仕事．ein ～ beginnen〈beenden〉 仕事を始める〈終える〉．《前置詞と》**ans** ～ gehen / sich⁴ ans ～ machen 仕事に取りかかる．Er ist bereits am ～[e]．彼はすでに仕事に取りかかっている．Ans ～！さあかかれ, 始めよ．Es ist etwas **im** ～ e.《雅》(よく分からないが)なにかが起こりつつある．et⁴ ins ～ setzen 事⁴を実行に移す．geschickt **zu** ～ e gehen 手際よく事に当る．Das ist ～ eines Augenblicks 一瞬の出来事．～ e der Barmherzigkeit 慈善行為．Das ist dein ～！《話》それは君のしわざだ．ein gutes ～ tun 善行をする．Du tätest ein gutes ～, wenn du... 君が...してくれると有難いのだが．**3** (a) (ある仕事・行為の)所産, 成果．Das ist das ～ deines Fleißes．これは君の勤勉のたまものだ．die ～ e Gottes 神のみわざ(被造物)．das ～ meiner Hände 私自身の手になるもの．(b) (芸術的・学術的な)作品, 製作物；著作．Nietzsches gesammelte ～ e ニーチェ全集．ein wissenschaftliches ～ 学術書．(c)《複数なし》(ある芸術家の)(全)作品．das ～ Mozarts モーツァルトの作品．das dramatische ～ Schillers シラーの劇作品．**4** 工場, 製作所．ab ～〖商業〗工場渡しで．im ～ arbeiten 工場で働く．**5** (時計・オルガンなどの)仕掛け, 装置, メカニズム．**6**《古》堡塁(ほうるい)．

'**Werk·ar·beit** 女 –/–en (工作の授業での)作品．

'**Werk·bank** 女 –/¨e 作業台．

'**Werk·bü·che·rei** 女 –/–en 工場付属図書室．

'**wer·keln** ['vɛrkəln] 自 **1** (趣味で)手仕事をする．im Garten ～ 庭いじりをする．**2**《地方》=werken

'**wer·ken** ['vɛrkən] 自 (体を動かして)仕事をする, 働く；(工作などで)物を作る．

'**Wer·ken** 中 –s/– =Werkunterricht

'**Werk·fah·rer** 男 –s/– (ˈˌˌˌˌˌˌ) (↔ Herrenfahrer) 自動車メーカー専属のカーレーサー．

'**Werk·füh·rer** 男 –s/– (= Werkmeister) 職場長, 職場主任 (1933–1945 に用いられた)．

'**werk·ge·treu** 形 原作に忠実な．

'**Werk·leu·te** 複《古》(Arbeiter) 労働者．

'**Werk·meis·ter** 男 –s/– 職場長, 職場主任．

'**Werk·schu·le** 女 –/–n 工場付属学校．

'**Werk·schutz** 男 –es/–e 工場の保安(係)．

'**Werk[s]·spi·o·na·ge** [..ʃpi̯oˈnaːʒə] 女 –/ 企業スパイ活動, 産業スパイ行為．

'**Werk·statt** ['vɛrkʃtat] 女 –/¨en **1** (職人の)作業場, 仕事場．**2** (自動車などの)修理工場；(芸術家の)アトリエ, 工房．

'**Werk·stät·te** 女 –/–n =Werkstatt

'**Werk·stein** 男 –[e]s/–e〖土木〗石材．

'**Werk·stoff** 男 –[e]s/–e (加工して製品にするための)材料(木材・石・皮革など)．

'**Werk·stoff·prü·fung** 女 –/–en 材料試験(検査)．

'**Werk·stück** 中 –[e]s/–e 未完成製品, 組立て部品．

'**Werk·stu·dent** 男 –en/–en《古》勤労学生．

'**Werk·tag** ['vɛrktaːk] 男 –[e]s/–e (日曜・祝日に対して)仕事日, 週日, 平日, ウィークデー．

'**werk·täg·lich** 形 仕事日の, 週日(平日)の．

'**werk·tags** 副 仕事日に, 週日(平日)に．

'**werk·tä·tig** ['vɛrktɛːtɪç] 形《副詞的には用いない》職業に就いている, 仕事をもっている．die ～ e Bevölkerung．就業人口．

'**Werk·tä·ti·ge** 男女《形容詞変化》就業者．

'**Werk·tisch** 男 –[e]s/–e (Werkbank) 作業台．

'**Werk·un·ter·richt** 男 –[e]s/–e《複数まれ》(学校の)工作の授業．

'**Werk·woh·nung** 女 –/–en 社宅．

*'**Werk·zeug** ['vɛrktsɔɪ̯k ヴェルクツォイク] 中 –[e]s/–e 道具, 工具；《比喩》(俺)道具, 手先に使われる人．das ～ des Tischlers《総称的に》指物師の道具．▶付録「図解小辞典」参照．**2** =Werkzeugmaschine **3** (古) (Organ) 器官．

'**Werk·zeug·kas·ten** 男 –s/¨ 工具箱．

'**Werk·zeug·ma·schi·ne** 女 –/–n 工作機械．

'**Werk·zeug·stahl** 男 –[e]s/–e 工具鋼．

'**Wer·mut** ['veːrmuːt] 男 –s/– **1**〖植物〗にがよもぎ．**2** ベルモット(ワイン)．

'**Wer·mut·wein** 男 –[e]s/–e ベルモット(ワイン)．

Werst [vɛrst] 女 –/–en (*russ*.)《記号 W》ベルスタ, 露里(昔のロシアでの距離の単位, 1 W=1.067 km)．

*<u>**wert**</u> [veːrt ヴェーアト] 形 **1**《4格と》...の価値(値打)がある．Was〈Wie viel〉ist das Gemälde ～？それにはどれくらいの値打がありますか．Das ist 1 000 Euro ～．それ 1000 ユーロの値打がある．Das Auto ist das〈sein〉Geld ～．その自動車にはそれだけの金を出す値打がある．viel ～ sein 大きな価値がある．nichts ～ sein なんの価値もない．《慣用的表現で》《話》Er ist nichts ～．彼はくずみたいな男だ．Für heute bin ich nichts mehr ～．今日はもう疲れてすべきでない．Gold ～ sein 千金の価値がある．keinen [roten] Heller ～ sein 一文の値打がない．**2**《2格あるいは 4格と》...に値する, ふさわしい．Die Frage ist einer Erörterung ～．その問題は論ずるに値する．Er ist ihrer Liebe nicht ～．彼は彼女に愛されるに値しない．nicht der Mühe〈die Mühe〉～ sein 骨折りがいがない．Er ist [es/dessen] ～, dass...彼は...するに値する．j〈et〉⁴ j〈et〉² [für] ～ halten〈befinden/erachten〉人〈事〉⁴が人〈事〉²にふさわしいと思う．**3**《古》《雅》貴重な, 大切な；(手紙などで)親愛な, 敬愛する．Wie ist Ihr ～er Name？お前はなんとおっしゃいますか．*Werter* Herr Meyer!《古》親愛なるマイヤー様(今日ではおおむね侮蔑的なニュアンスで用いられる)．Ihr ～ *es* Schreiben vom 17. Juli《古》《商業》7月 17日付の貴翰．Er ist mir lieb und ～．彼は私にとってかけがえのない人物だ．

*<u>**Wert**</u> [veːrt ヴェーアト] 男 –[e]s/–e **1**《複数なし》(金銭的な)価値, 値打；価格, 値段；代価．Das Gemälde hat einen ～ von 10000 Euro．その絵は 1万ユーロの値打がある．den ～ schätzen〈festsetzen〉値を見積る〈定める〉．Handelswaren im ～[e] von mehreren Millionen Euro 数百万ユーロ相当の商品．im ～ steigen〈sinken〉値が上がる〈下がる〉．*seine*

Sammlung über〈unter〉ihren ~ verkaufen 持って いるコレクションをその値打ち以上〈以下〉の価格で売却すること. **2**《複数なし》（一般的に）価値, 値打. der historische ~ 歴史的価値. et³ ~ beilegen 事¹に重きをおく,（を）重視する. Das hat [einen] großen ~ für mich. それは私にとって大いに価値があることだ. keinen ~ haben なんの価値もない，無益(無駄)なことである. ~ auf et⁴ legen 事⁴に重きをおく,（を）重視する. von großem ~ sein 大いに価値がある. **3**《複数なし》価値をもったもの, 貴重なもの. Bei dem Krieg gingen viele ~e verloren. その戦争では多くの貴重なものが失われた. kulturelle ~e 文化財. **4**（a）（物理・化学における）数値, 値. （b）（スポーツの）評点. （ある料金の）郵便切手. ein ~ zu 50 Cent 50セントの切手. **6**《複数で》有価証券.

'**Wert·an·ga·be** 囡 -/-n【郵便】価格表記.
'**Wert·ar·beit** 囡 -/-en 第1級の（極めて質の高い）仕事.
'**wert·be·stän·dig** 形《副詞的には用いない》価格〈価値〉の安定している.
'**Wert·be·stän·dig·keit** 囡 -/ 価格安定性.
'**Wert·brief** 男 -[e]s/-e【郵便】価格表記郵便物.
'**wer·ten** ['ve:rtn̩] 他《過去分》評価する, 評点をつける; みなす (als et⁴ 事⁴と); 〔スポ〕採点する.
'**Wert·ge·gen·stand** 男 -[e]s/-e 貴重品.
'**Wer·ther** ['ve:rtɐ]《男名》ヴェーアター, ヴェルテル (Goetheの小説『若きヴェルテルの悩み』*Die Leiden des jungen Werthers*の主人公).
..**wer·tig** 形《接尾》（↓Wert）**1**「…の価値がある」の意の形容詞をつくる. gering*wertig* 価値の低い. **2**《化学・文法》数詞などにつけて「（結合価が）…価の」の意の形容詞をつくる. ein*wertig* 1価の.
'**Wer·tig·keit** ['ve:rtɪçkaɪt] 囡 -/-en【化学】原子価;【文法】結合価, ヴァレンツ.
'**Wert·leh·re** 囡 -/【哲学】価値論;【経済】価値学説.
*'**wert·los** ['ve:rtlo:s ヴェーアトロース] 形 価値(値打)のない, 無価値な, つまらない.
'**Wert·lo·sig·keit** [..lo:zɪçkaɪt] 囡 -/ 無価値.
'**Wert·maß·stab** 男 -[e]s/¨e 価値尺度(規準).
'**Wert·mes·ser** 男 -s/- 価値の尺度, 価値基準.
'**Wert·pa·ket** 中 -[e]s/-e【郵便】価格表記小包.
'**Wert·pa·pier** 中 -s/-e《多く複数で》【経済】有価証券.
'**Wert·sa·che** 囡 -/-n《多く複数で》貴重品.
'**wert·schät·zen** 他《雅》高く評価する, 尊敬する.
'**Wert·schät·zung** 囡 -/《雅》高い評価, 尊敬.
'**Wert·sen·dung** 囡 -/-en【郵便】価格表記郵便物.
'**Wert·stoff** 男 -[e]s/-e (リサイクル可能な)資源ごみ.
'**Wer·tung** ['ve:rtʊŋ] 囡 -/-en 評価; 判断;〔スポ〕評点, 得点.
'**Wert·ur·teil** 中 -s/-e 価値判断.
*'**wert·voll** ['ve:rtfɔl ヴェーアトフォル] 形《副詞的には用いない》価値(値打)のある, 高価な; 貴重な, 重要な; 役に立つ, 有益な月 (道徳的に)立派な.
'**Wert·zei·chen** 中 -s/- (一定の金額を表示した)券, 小切手; 郵便切手, 収入印紙, 有価証券; 紙幣.
'**Wert·zu·wachs** 男 -es/¨e (土地などの)価値増加, 評価額再上昇.
'**Wert·zu·wachs·steu·er** 囡 -/ (土地の)増加税.
'**Wer·wolf** ['ve:rvɔlf] 男 -[e]s/¨e 狼男, 人狼 (狼に変身するという民間信仰の人).

'**wes** [vɛs]《古》=wessen
'**we·sen** ['ve:zn̩] 自《古》ある, いる, 存在する.
*'**We·sen** ['ve:zn̩] 中 -s/- **1**《複数なし》本質. ~ und Erscheinung 本質と現象. das ~ der Dinge 事物の本質. das ~ Gottes 神の本質. Das liegt im ~ der Sache. / Das gehört zum ~ der Sache. それは事の本質に属する. **2**《複数なし》（ある人の）本性; 性格, 人柄, 人となり;（ある人に固有の)態度, 物腰. Dieses Verhalten entspricht nicht seinem ~. こんな振舞は彼の人柄にふさわしくない. ein angenehmes〈kindliches〉 ~ haben 感じのいい〈無邪気な〉性格をしている. von gesetztem ~ sein 落着いた性格をしている. **3**（a）生きもの, 被造物, 生きている動物. alle lebenden *Wesen* 生きとし生けるもの. ein menschliches ~ 人間. （b）（おもに観念や想像の中だけの)存在(者). das höchste ~ 至高の存在, 神. übernatürliche *Wesen* 超自然的な存在. （c）《話》人, 人間. Sie ist ein bescheidenes ~. 彼女は控え目な女性だ. ein kleines ~ 子供. ein männliches〈weibliches〉 ~ 男の子〈女の子〉. **4**《複数なし》(ある存在に固有の)営み, 活動; (大)騒ぎ. das laute ~ auf dem Markt 市場の喧騒. 《ふつう次の用法で》 viel ~[s] von et³〈um et¹〉machen 事³,⁴のことで大騒ぎする, おおげさに騒ぎ立てる. sein ~ treiben (子供などが)大騒ぎする, はしゃぎ回る; (盗賊などが)悪事を働く, 横行する; (亡霊・妖怪などが)跳梁(ちょうりょう)する, 跋扈(ばっこ)する. **5**《複数なし》組織, 制度.
..**we·sen** [..ve:zn̩]《接尾》「制度, 組織, 事業」を味する中性名詞 (-s/)をつくる. Schul*wesen* 学校制度. Transport*wesen* 運輸組織.
'**we·sen·haft** ['ve:zn̩haft] 形《雅》**1**《比較変化なし》実在する, 実体のある. **2** 本質的な, 本質を成す.
'**We·sen·heit** ['ve:zn̩haɪt] 囡 -/【哲学】本質, 実体, 本性, 特性.
'**we·sen·los** ['ve:zn̩lo:s] 形《雅》実体(実質)のない; 実在しない; 空虚な.
'**We·sens·art** 囡 -/ 本性, 特性, 性質. von heiterer ~ sein 生れつき明るい性格である.
'**we·sens·ei·gen** 形《比較変化なし / 副詞的には用いない》（人³に)特有の, 特徴的な, 本質的な.
'**we·sens·fremd** 形《比較変化なし / 副詞的には用いない》（人³の)性質にそぐわない，（人³に)異質な.
'**we·sens·gleich** 形《比較変化なし / 副詞的には用いない》同じ性質の, 本質的に同じな.
'**We·sens·zug** 男 -[e]s/¨e (本質的)特性, 特徴.
*'**we·sent·lich** ['ve:zn̩tlɪç ヴェーゼントリヒ] **❶** 形 本質的な, 本質を成す; 重要な, 主要な, 決定的な; 根本的な, 基本的な. eine ~e Änderung 重要な変更. ein ~er Bestandteil 本質的な構成要素, 主要成分.【法制】同体の構成部分. Zwischen beiden besteht ein ~er Unterschied. 両者の間には或る決定的な相違がある. Es ist sehr ~ für mich, dass... …は私にとって非常に重要である.《名詞的用法で》das *Wesentliche* 本質的なこと, 主要事, 要点. im *Wesentlichen*〈°-*en*〉本質的な, 根本においては 主として, おおむね. um ein *Wesentliches*〈°-*es*〉《古》はるかに, 著しく.
❷ 副《動詞や比較級の強め》はるかに, ずっと, 著しく. Sein Bruder ist ~ älter. 彼の兄はずっと年長だ. sich¹ ~ verändern 著しく変化する.
'**We·ser** ['ve:zɐ] 囡 -/《地名》die ~ ヴェーザー川.
'**Wes·fall** ['vɛs..] 男 -[e]s/【言語】(Genitiv) 2格, 属格.

wes·halb [vɛsˈhalp, '-- ヴェスハルプ] 副 ① 《疑問》なぜ，なにゆえ；なんのために．*Weshalb* weinst du? なぜ君は泣いているの．Ich weiß nicht, ~ er das getan hat. どうして彼がそれをしたのか私は知らない．*Weshalb* [eigentlich] nicht? いいんじゃないの．② 《関係 / 定動詞後置》それゆえに，そのために．Das ist der Grund, ~ er nicht kommen konnte. それが彼が来られなかった理由だ．Es begann zu regnen, ~ unser Ausflug nicht stattfand. 雨が降りだしたので遠足は中止になった．

We·sir [veˈziːr] 男 -s/-e 《*arab.*, Träger'》ワジール (イスラーム国家の大臣・宰相).

'**Wes·pe** [ˈvɛspə] 女 -/-n 〖虫〗すずめばち(雀蜂).

'**Wes·pen·nest** 中 -[e]s/-er 雀蜂(すずめばち)の巣．in ein ~ stechen〈greifen〉《話》はちの巣をつつく(やっかいなことに首をつっこんで騒ぎを引起す).

'**Wes·pen·tail·le** [..talje] 女 -/-n (すずめばちみたいに)きゅっと細いウエスト．

wes·sen [ˈvɛsən] wer, was の 2 格.

'**Wes·si** [ˈvɛsi] 男 -s/-s 《話》ヴェッシー(旧西ドイツ出身の人).

West [vɛst] (↔ Ost) ❶ 男《無冠詞 / 不変化》《複数なし》**1** 《略 W》《船員》《気象》(Westen) 西，西方．Der Wind kommt aus〈von〉~. 風は西から吹いている．nach ~ 西へ / (風が)西向きに．**2** Ost und ~ 東西(の人々)．《比喩》いたるところ，諸方．von Ost und ~ いたるところから，諸方から．**3** 《都市名の後につけられて》《略 W》西部．Frankfurt ~ フランクフルト西部．❷ 男 -[e]s/-e《複数まれ》《雅》《船員》(Westwind) 西風．

'**West·ber·lin** [ˈvɛstbɛrliːn]《地名》ベルリーン西部；〖歴史〗西ベルリーン．

'**west·deutsch** 形 **1** ドイツ西部の．**2** 旧西ドイツの．◆ deutsch

'**West·deutsch·land**《地名》**1** ドイツ西部．**2** 西ドイツ(1990 以前のドイツ連邦共和国の非公式の呼称).

*'**Wes·te** [ˈvɛstə ヴェステ] 女 -/-n (*fr.*) **1** ベスト，チョッキ；胴着．eine kugelsichere ~ 防弾チョッキ．ein Anzug mit ~ 三つ揃いのスーツ．eine reine〈saubere / weiße〉~ haben《話》なにひとつやましいところがない，潔白である．jᵈ etᴬ unter die ~ jubeln《話》人ʲに事ᴬを押しつける；事ᴬを人ʲのせいにする．**2** (a) (Strickweste) ニットのベスト；カーディガン．(b) (Schwimmweste) 救命胴衣．**3** 《卑》(女性の)胸．

'**Wes·ten** [ˈvɛstən ヴェステン] 男 -s/ (↔ Osten) **1** 《ふつう無冠詞》《略 W》西，西方．Die Sonne geht im ~ unter. 太陽は西に沈む．nach〈雅 gen〉~ 西(の方)へ．von ~ 西(の方)から．**2** 《ある都市・地域・国などの西部》西洋，西欧諸国，(とくに《旧》西ドイツ)；〖政治〗西側(陣営)．im ~ der Stadt 都市の西部に．der Wilde ~ (開拓時代アメリカの)西部．(b) 西国人；西洋人；西欧の人々．

'**Wes·ten·ta·sche** 女 -/-n チョッキのポケット．Er kennt die Stadt wie seine ~.《話》彼はその町のことをうらみずみまで知っている．etᴬ aus der ~ bezahlen《話》物ᴬ(大金など)をこともなげに支払う．eine Kamera für die ~《話》ポケットカメラ．

'**Wes·ten·ta·schen·for·mat** 中 -[e]s/ ポケットサイズ．eine Kamera im ~ ポケットカメラ．ein Politiker im ~《比喩》小物の政治家．

Wes·tern [ˈvɛstɐrn] 男 -[s]/- 西部劇，ウエスタン．

'**West·eu·ro·pa**《地名》西ヨーロッパ．

'**west·eu·ro·pä·isch** 形 西ヨーロッパの．*Westeuropäische* Zeit (略 WEZ) 西ヨーロッパ標準時．*Westeuropäische* Union (略 WEU) 西ヨーロッパ連合．

West·fa·le [vɛstˈfaːlə] 男 -n/-n ヴェストファーレン人．

West·fa·len [vɛstˈfaːlən] **❶**《地名》ヴェストファーレン．**❷** Westfale の複数．

west·fä·lisch [vɛstˈfɛːlɪʃ] 形 ヴェストファーレンの．

'**West·go·te** [ˈvɛstgoːtə] 男 -n/-n 西ゴート人．

'**West·in·di·en** [ˈvɛstˌɪndiən]《地名》西インド諸島．

'**west·in·disch** [ˈvɛstˌɪndɪʃ] 形 西インドの．

'**wes·tisch** [ˈvɛstɪʃ] 形《付加語的用法のみ》〖人類学〗地中海沿岸の．~e Rasse 地中海人種．

*'**west·lich** [ˈvɛstlɪç ヴェストリヒ] **❶** 形 **1** 西の，西方の；西向きの；西からの．die ~e Halbkugel 西半球．~er Länge² (略 w. L.) 西経．30 Grad ~er Länge 西経 30 度．ein ~er Wind 西風．in ~er Richtung 西の方角に，西方に．**2** 西方(西洋)の；西側(西欧)の，西側陣営の，西欧の．die ~en Völker 西方(西欧)諸国．**❷** 副 **1** 西へ，西に；西から．Der Wald liegt weiter ~. その森はずっと西の方にある．~ steuern 針路を西にとる．Der Wind weht ~. 風は西から(西へ)吹いている．**2** 《*westlich von*... の形で》...の西(方)に．Das Dorf liegt 5 km ~ von München. その村はミュンヒェンの西方 5 キロにある．**❸** 前《2 格支配》...の西(方)に．~ des Rheins ライン川の西(方)に．~ Münchens ミュンヒェンの西(方)に．

West·mäch·te 複 西側列強(仏・英・米).

West·nord·west [vɛstnɔrtˈvɛst] **❶** 男《無冠詞 / 不変化》《略 WNW》〖気象・海事〗西北西．**❷** 男 -[e]s/-e《複数まれ》《船員》西北西の風．

West·nord·wes·ten 男 -s/《ふつう無冠詞》《略 WNW》西北西．

'**west·öst·lich** [ˈvɛstˌœstlɪç] 形《述語的には用いない》西から東へ向かう，西と東の．*Westöstlicher* Diwan 西東詩集(ゲーテの詩集).

West·süd·west [vɛstzyːtˈvɛst] **❶** 男《無冠詞 / 不変化》《略 WSW》〖気象・海事〗西南西．**❷** 男 -[e]s/-e《複数まれ》《船員》西南西の風．

West·süd·wes·ten 男 -s/《ふつう無冠詞》《略 WSW》西南西．

'**west·wärts** [ˈvɛstvɛrts] 副 西へ，西方へ．

'**West·wind** 男 -[e]s/-e 西風．

***wes'we·gen** [vɛsˈveːgən, '-- ヴェスヴェーゲン] 副《疑問》《関係 / 定動詞後置》= weshalb

wett [vɛt] 形《↓ *Wette*》《次の用法で》mit jᵈ ~ sein 人ᵈとの間に貸し借りがない．

'**Wett·an·nah·me** 女 -/-n 馬券(車券)売場．

'**Wett·be·werb** [ˈvɛtbəvɛrp] 男 -[e]s/-e **1** 競技(会)，コンクール，コンテスト．außer ~ オープン参加の，無審査の．mit jᵈ im ~ stehen 人ᵈと張合っている，競争している．**2** 《複数なし》〖経済〗競争．freier〈unlauterer〉~ 自由〈不正〉競争．

'**Wett·be·wer·ber** 男 -s/- 競争者，コンクール(競技)参加者．

'**Wett·bü·ro** 中 -s/-s = Wettannahme

*'**Wet·te** [ˈvɛtə ヴェテ] 女 -/-n **1** 賭け，賭け事．eine

~ abschließen⟨eingehen⟩ 賭けをする. eine ~ verlieren⟨gewinnen⟩ 賭けに負ける⟨勝つ⟩. Ich gehe jede ~ ein, dass... / Ich mache jede ~... 私...だと賭けてもいい. Was gilt die ~? 何を賭けようか. **2** 競馬での賭け(予想). **3** 《次の成句で》 um die ~ laufen⟨schwimmen⟩ 競走⟨競泳⟩する.

'**Wett·ei·fer** [ˈvɛtˌaifər] 男 -s/ 競争(心).
'**wett·ei·fern** [ˈvɛtˌaifərn] 自 (mit j³ um et⁴ 人³と物³をめぐって)競争する, 張り合う.

*'**wet·ten** [ˈvɛtən ヴェテン] 自他 賭ける(auf et⁴ 事⁴に/mit j³ 人³と/[um] et⁴ 物⁴を); 確信している, 請け合う. auf ein Pferd ~ ある馬に賭ける. [um] fünf Euro ~ 5ユーロ賭ける.《慣用的表現で》[Wollen wir] ~? なんなら賭けようか. So haben wir nicht *gewettet*. それでは約束がちがう, それはずるい. Ich *wette* [darauf], dass... 私は請け合って, きっと...だ. Darauf *wette* ich meinen Kopf⟨meinen Hals⟩! 首を賭けてもいい, 絶対まちがいないよ. Ich *wette* zehn gegen eins, dass... 九分九厘...だ.

'**Wet·ter**¹ [ˈvɛtər] 男 -s/- 賭ける人, 賭けをする人.

'**Wet·ter**² [ˈvɛtər ヴェター] 中 -s/- **1**《複数なし》天気, 天候, 気象. Wie ist das ~? / Was ist für ~? 天気はどうですか. Was haben wir heute für ~? きょうの天気はどうですか. Es ist gutes⟨schlechtes⟩ ~. / Wir haben gutes⟨schlechtes⟩ ~. 天気が良い⟨悪い⟩. Heute ist schönes ~. きょうは上天気だ. ein ~ zum Eierlegen《話》すばらしい天気. Das ~ schlägt um. 天候が変る. Das ~ wird besser⟨schlechter⟩. / Das ~ bessert⟨verschlechtert⟩ sich⁴. 天気が良くなる⟨悪くなる⟩. bei j³ gut ~ machen《話》人³のご機嫌をとる. bei jedem ~ どんな天気でも. bei⟨in⟩ Wind und ~ どんな天気でも, 悪天候にもかかわらず. um gut[es] ~ bitten《話》容赦(好意)を請う, 機嫌を直してくれるように頼む. **2** (Unwetter) 悪天候, 嵐; (Gewitter) 雷雨. Ein ~ braut sich⁴. 雷雲がわきあがる. Ein ~ zieht herauf⟨ab⟩. 嵐が近づいて来る⟨遠ざかって行く⟩. Alle *Wetter*!《話》これは驚いた(驚嘆・感嘆の声). **3**《複数で》《鉱業》坑内空気. böse *Wetter* 有害ガス. schlagende *Wetter* (坑内に発生する)爆発性ガス.

'**Wet·ter·amt** 中 -[e]s/-⸚er 気象庁.
'**Wet·ter·be·o·bach·tung** 女 -/-en 気象観測.
'**Wet·ter·be·richt** 男 -[e]s/-e 天気予報, 気象通報.
'**wet·ter·be·stän·dig** 形《副詞的には用いない》風雨に耐える; 防水性の.
'**Wet·ter·dach** 中 -[e]s/-⸚er 雨よけ屋根, ひさし.
'**Wet·ter·dienst** 男 -[e]s/-e 気象観測(業務).
'**Wet·ter·fah·ne** 女 -/-n (旗の形の)風見(ミ); 風向計;《比喩》無定見(無節操)な人, お天気屋.
'**wet·ter·fest** 形《副詞的には用いない》風雨に耐える; 防水性の.
'**Wet·ter·frosch** 男 -[e]s/-⸚e お天気蛙(ガラスの中に小さなはしごと一緒に入れた蛙, はしごを登るとお天気になるという);《戯》天気予報官.
'**wet·ter·füh·lig** 形 天候の変化に敏感な.
'**Wet·ter·glas** 中 -es/-⸚er《古》《話》晴雨計.
'**Wet·ter·hahn** 男 -[e]s/-⸚e 風見鶏(³³⁵).
'**Wet·ter·kar·te** 女 -/-n 天気図, 気象図.
'**Wet·ter·kun·de** 女 -/ 気象学.
'**wet·ter·kun·dig** 形《副詞的には用いない》気象学に通じた.

'**Wet·ter·la·ge** 女 -/-n 気象状況.
'**wet·ter·leuch·ten** [ˈvɛtərˌlɔyçtən] 非人称 Es *wetterleuchtet*. (遠くて)稲妻が走る, 稲光りがする.
♦過去分詞 gewetterleuchtet
'**Wet·ter·leuch·ten** 中 -s/ (雷鳴が聞こえないほど遠くの)稲妻. ~ am Horizont《比喩》(変動・変革などの)不吉な前兆.
'**Wet·ter·man·tel** 男 -s/-⸚ レインコート.
'**wet·tern** [ˈvɛtərn] ❶ 自《話》ののしる, 叱りつける, こきおろす, くそみそに言う(gegen j⟨et⟩⁴ 人⟨事⟩⁴を). ❷ 非人称《古》(gewittern) *Es wettert*. 雷雨になる, 雷が落ちる.
'**Wet·ter·sa·tel·lit** 男 -en/-en《気象》気象衛星.
'**Wet·ter·schacht** 男 -[e]s/-⸚e《鉱業》排気用立坑.
'**Wet·ter·scha·den** 男 -s/-⸚ 風雨(嵐)による被害.
'**Wet·ter·schei·de** 女 -/-n (山岳・水郷地帯など, 天候の分かれる)気象境界.
'**Wet·ter·sei·te** 女 -/-n (山や家屋の)風雨にさらされる側; 嵐などのやってくる方向.
'**Wet·ter·sturz** 男 -es/-⸚e 突然の天候悪化.
'**Wet·ter·um·schlag** 男 -[e]s/-⸚e 天候の急変.
'**Wet·ter·vo·raus·sa·ge** 女 -/-n =Wettervorhersage
'**Wet·ter·vor·her·sa·ge** 女 -/-n 天気予報.
'**Wet·ter·war·te** 女 -/-n 気象台, 測候所.
'**Wet·ter·wech·sel** 男 -s/- 天候の変化.
'**wet·ter·wen·disch** [ˈvɛtərˌvɛndɪʃ] 形《侮》無定見な, 気紛れな, 移り気な. ein ~er Mensch お天気屋.
'**Wet·ter·wol·ke** 女 -/-n (Gewitterwolke) 雷雲.
'**Wet·ter·zei·chen** 中 -s/- 天候変化の予兆;《比喩》(変化の)前兆, きざし.
'**Wett·fah·rer** [ˈvɛt..] 男 -s/- (乗物による)競走者, レーサー.
'**Wett·fahrt** 女 -/-en (乗物による)競走, カーレース.
'**Wett·kampf** [ˈvɛtkampf] 男 -[e]s/-⸚e《スポーツ》競技, 試合.
'**Wett·kämp·fer** 男 -s/- 競技(試合)参加者, プレーヤー.
'**Wett·lauf** 男 -[e]s/-⸚e 競走. ein ~ mit der Zeit《比喩》時間との競走.
'**wett·lau·fen** 自《不定詞でのみ》競走する.
'**Wett·läu·fer** 男 -s/- (レースの)選手, ランナー.
'**wett·ma·chen** 自 **1** (事の)埋合せをする, (を)清算する, 償う. einen Fehler ~ 過ちを償う, ミスをカバーする. **2** (事に)感謝をする, 謝意を表する.
'**Wett·ren·nen** 中 《不定詞でのみ》競走する.
'**Wett·ren·nen** 中 -s/- 競走.
'**wett·ru·dern** 自《不定詞でのみ》ボートレースをする, 競漕する.
'**Wett·rüs·ten** 中 -s/ 軍拡競争.
'**Wett·schwim·men** 中 -s/ 競泳.
'**Wett·spiel** 中 -[e]s/-e (とくに子供の)競争あそび, 競技.
'**Wett·streit** [ˈvɛtˌʃtrait] 男 -[e]s/-e 競争. mit j³ in ~ treten 人³と競争する.
'**wett·strei·ten** 自《不定詞でのみ》(mit j³ 人³と)競争する, 張り合う.
'**Wett·tur·nen**, °'**Wettur·nen** 中 -s/- 体操競技.
'**wet·zen** [ˈvɛtsən] ❶ 他 (物⁴を)研(⁵)ぐ(mit et³ 物³で); こすりつける(an et³ 物³に). ❷ 自 (s) 走る, 駆け

'Wetz·stahl ['vɛts..] 男 -[e]s/-e 研磨用鋼(ʰ̥ᵃ̤ʱ̥).
'Wetz·stein 男 -[e]s/-e 砥石(ᵗᵒʱ̥).
WEZ 男《略》=Westeuropäische Zeit 西ヨーロッパ標準時.
WG [ve:'ge:] 女 -/-[s]《略》=Wohngemeinschaft
WGB [ve:ge:'be:] 男《略》=Weltgewerkschaftsbund
'Whis·ky ['viski, 'wiski] 男 -s/-s《engl.》ウィスキー.
Whist [vist, wist] 中 -[e]s/-e《engl.》《遊》ホイスト.
WHO [ve:ha:'|o:]《略》=World Health Organization 世界保健機構(ドイツ語形 Weltgesundheitsorganisation).
wich [viç] weichen の過去.
Wichs [vɪks] 男 -es/-e (↑↓↑) 女 -/-en (↓ wichsen) 1《とくに南ᵈ̤》(学生組合の盛装). 2 (バイエルン地方の男性の)民族衣装(革の半ズボン).
'Wichs·bürs·te 女 -/-n 靴ブラシ.
'Wich·se ['vɪksə] 女 -/-n (↓ wichsen)《話》1 (つや出し用の)クリーム; 靴墨. [alles] eine ~ どれもこれも同じこと. [複数なし] [seine] ~ kriegen〈bekommen〉殴られる.
'wich·sen ['vɪksən] ❶ 他 1《話》(靴・床などを)磨く, (物ᵏ̥ᵈ̤)ワックスをかける. 2《地方》なぐる. j¹ eine ~ 人³に平手打を食らわせる. ❷ 自《卑》オナニー(自慰)をする.
Wicht [vɪçt] 男 -[e]s/-e 1 (Wichtelmännchen) 妖精, こびと. 2《話》ちびちゃん; やんちゃ坊主. 3 野郎, 奴(ᵏ̥ᵈ̤). ein feiger ~ 臆病者.
'Wich·te ['viçtə] 女 -/-n《物理》比重.
'Wich·tel 中 -[e]s/- =Wichtelmännchen
'Wich·tel·männ·chen ['vɪçtəlmɛnçən] 中 -s/- (森に住んでいる伝説上の)妖精, こびと. ↑ Heinzelmännchen

'wich·tig ['vɪçtɪç ヴィヒティヒ] 形 重要な, 重大な, 大切な; 有力な, 勢力のある; もったいぶった. eine ~e Arbeit 大切な仕事. eine ~e Nachricht 重大ニュース. eine ~e Person 重要人物, 要人. mit ~er Miene もったいぶった表情で. Das ist mir〈für mich〉 sehr ~. それは私にはとても大切なことだ. sich⁴ ~ machen〈haben/tun〉 ~ tun もったいぶる, おおげさに騒ぐ; (ことさらに)ひけらかす, 自慢する(mit et³ sm³e³). Er macht sich⁴ ~ mit seiner Erfahrung. 彼はことさらに自分の経験のひけらかしかたをする. et⁴ ~ nehmen 事⁴を重視する, 深刻に受けとめる. sich⁴ [zu] ~ nehmen 自分のことを重要視しすぎる.《名詞的用法で》Ist das etwas sehr Wichtiges? それはなにかとても重要なことなのか. Das ist das Wichtigste. それがもっとも重要なことだ. ♦ ↑ wichtig tuend

*'Wich·tig·keit ['vɪçtɪçkaɪt ヴィヒティヒカイト] 女 -/-en《複数なし》(a) 重要さ, 重大さ, 重要性. et³ besondere ~ beimessen sm³e³ をとくに重視する. von großer ~ sein ひじょうに重要である. (b) もったいぶった態度(様子). mit großer ~ たいそうもったいぶった態度で. 2 重要(重大)な事.

'wich·tig tu·end, °'wich·tig·tu·end 形《話》《侮》もったいぶった, えらそうにした.
'Wich·tig·tu·er ['vɪçtɪçtu:ər] 男 -s/-《話》《侮》えらそうにする人, もったいぶった人.
'Wich·tig·tu·e·rei ['vɪçtɪçtu:ə'raɪ] 女 -/-en《話》《侮》えらそうにすること, もったいぶった態度.
'wich·tig·tu·e·risch ['vɪçtɪçtu:ərɪʃ] 形《話》《侮》

もったいぶった, えらそうにした.
'Wi·cke ['vɪkə] 女 -/-n《植物》そらまめ(属). in die ~n gehen《地方》失われる, 駄目になる(↑ Binse).
'Wi·ckel ['vɪkəl] 男 -s/- 1《罨法》(用)の湿布. 2 巻いた物;(毛)糸玉. der ~ der Zigarre (葉巻きタバコ)の内側の巻いた葉. 3《巻きつけるための芯、糸巻き》(Lockenwickel) ヘアカラー. 4《話》襟首, 首筋; 髪. j⁴ am〈beim〉~ haben〈kriegen/packen〉 人⁴(の襟首)をつかまえる, (の)首根っ子を押さえる; 非難する, とある テーマを集中的に取上げる. sich⁴ am ~ haben 殴り合う. 5《植物》呉散花序.
'Wi·ckel·ga·ma·sche 女 -/-n 脚絆(ᵏ̥ʸᵃʱ̥), ゲートル.
'Wi·ckel·kind 中 -[e]s/-er おむつをしている子供, 赤ん坊.

*'wi·ckeln ['vɪkəln ヴィケルン] ❶ 他 1 巻く, 巻きつける(auf〈um〉 et⁴ 物¹に). eine Binde um den Arm ~ 腕に包帯を巻く. die Haare zu〈in〉 Locken ~ 髪をカールする. 2 くるむ, 包む(in et⁴ 物⁴に). et⁴ in Papier ~ 物⁴を紙に包む. ein Baby [in Windeln] ~ 赤ん坊におむつを当てる. 3 (包みなどを解いて)取出す(aus et³ 物³から). das Buch aus dem Papier ~ 本の紙包みを解く.
❷ (sich⁴) 1 巻きつく, からまる(auf〈um〉 et⁴ 物¹に). Schlingpflanzen wickelten sich um die Füße. つる草が足にからまった. 2 身をつつむ, くるまる(in et⁴ 物⁴に).
♦ ↑ schief gewickelt

'Wi·cke·lung 女 -/-en 1《複数なし》包むこと, くるむこと, 巻くこと. 2 包んだもの, 巻いたもの, くるんだもの. 3 (針金の)巻き線.
'Wick·ler ['vɪklər] 男 -s/- 1 (Lockenwickler) ヘアカラー. 2《虫》はまき蛾.
'Wick·lung 女 -/-en =Wickelung
'Wid·der ['vɪdər] 男 -s/- 1 雄羊;《猟師》雄のムフロン(野生の羊, ↑ Muffel²). 2 (a)《複数なし》der ~《天文》牡羊座;《占星》牡羊座(3月21日-4月21日). (b) 牡羊座生れの人. 3 hydraulischer ~《工学》水撃ポンプ. 4 破城槌(可動丸太に羊頭状の鉄をつけた古代の攻城具).

*'wi·der ['vi:dər ヴィーダー] ❶ 前《4格支配》1《雅》…に反して, …に逆らって; …に反対して. ~ Erwarten 予期に反して. ~ die Gesetze handeln 違法行為をする. ~ Willen いやいやながら, 心ならずも. ~ besseres Wissen 悪いことは知りつつ.《名詞的用法で》das Für und [das] Wider 賛否; 得失. 2《古》…に向って. ~ den Feind 敵に向かって. ❷ 副《古》hin und ~ 行きつ戻りつ; あちこち(↑ hin 3, wieder 4).

wi·der.., Wi·der.. [vi:dər..] ❶《分離前つづり／つねにアクセントをもつ》「反射・反響」などの意を表す(しばしば非分離の前つづりにも). widerhallen 反響する. widerstrahlen 反射する. ❷《非分離前つづり／つねにアクセントをもたない》「反又, 対抗」などの意を表す. widersprechen 異議を唱える. widerstehen 反抗する. ❸《接頭》形容詞・名詞に冠して「反対, 反響, 反対, 対抗」などの意を表す. Widerhall 反響. Widerwille 反感. widerrechtlich 違法な.

'wi·der·bors·tig ['vi:dərbɔrstɪç] 形 1 頑固な, 強情な. 2《副詞的には用いない》(髪の毛の)硬い, ごわごわした, セットしにくい.
'Wi·der·christ ['vi:dərkrɪst] ❶ 男 -[s]/- 反キリスト. ❷ 男 -en/-en《まれ》キリスト教敵対者.

'**Wi·der·druck** ['viːdərdrʊk] 男 -[e]s/-e 《印刷》(両面印刷の)裏刷り, 裏面印刷.

wi·der·fah·ren* [viːdər'faːrən] 自 (s) 《雅》(人³の身に)ふりかかる, 生じる. Ihr *widerfuhr* manche Enttäuschung. 彼女は幾度となく失望させられた. j³ Gerechtigkeit ～ lassen 人³を公平に遇する.

wi·der·haa·rig ['viːdərhaːrɪç] 《古》反抗的な, 人のいうことをきかない.

wi·der·ha·ken 男 -s/- (矢尻・釣針などの)かかり, あご.

'**Wi·der·hall** ['viːdərhal] 男 -[e]s/-e 《複数まれ》1 反響, こだま, 山彦. 2 《比喩》(意見などに対する)反響, 賛同, 共鳴. ～ finden 反響を呼ぶ.

wi·der·hal·len ['viːdərhalən] ❶ 反響する, こだまする. Der Schuss *hallte* laut *wider*. /《まれ》Der Schuss *widerhallte* laut. 銃声が大きくこだました. ▶まれに非分離でも用いる. ❷ 他 反響させる.

'**Wi·der·halt** ['viːdərhalt] 男 -[e]s/-e 《古》対抗力, 支え.

'**Wi·der·kla·ge** ['viːdərklaːgə] 女 -/-n 《法制》反訴.

wi·der|klin·gen* ['viːdərklɪŋən] 反響する, こだまする.

Wi·der·la·ger ['viːdərlaːgər] 中 -s/- 《土木》(アーチ・橋などを支える)迫持(せりもち)台, 橋台, 控え壁.

wi·der·leg·bar [viːdər'leːkbaːr] 《比較変化なし/副詞的には用いない》反論できる, 論破しうる.

*__wi·der·le·gen__ [viːdər'leːgən ヴィーダーレーゲン] 他 人〈事³〉を論破する, (に)反論する; (が)正しくないことを証明する.

wi·der·leg·lich [..'leːklɪç] 《まれ》=widerlegbar

Wi·der·le·gung 女 -/-en 反論, 論破.

*'**wi·der·lich** ['viːdərlɪç ヴィーダーリヒ] ❶ いやな, 不快な, へどの出そうな. ein ～*er* Geruch いやなにおい. ein ～*er* Kerl いやなやつ. Sein Verhalten ist mir ～. 彼の態度は鼻もちならない. ～ schmecken 不快な味がする. ❷ 副 《話》いやに, ひどく. ～ süß いやに甘ったるい.

'**Wi·der·lich·keit** 女 -/-en いやな(不快な)こと.

'**Wi·der·ling** ['viːdərlɪŋ] 男 -s/-e 《侮》いやなやつ, 鼻もちならないやつ.

wi·dern ['viːdərn] 他 《古》(人⁴に)吐き気をもよおさせる.

wi·der·na·tür·lich 不自然な, 人道にもとる, 変態的な.

'**Wi·der·part** ['viːdərpart] 男 -[e]s/-e 《古》《雅》1 (Widersacher) 敵, 敵対者. 2 抵抗, 敵対. j³ ～ halten〈bieten/geben〉 人³に抵抗(対抗)する, (に)手向う.

wi·der·ra·ten* ['viːdərraːtən] 《雅》❶ 他 (人³に事⁴を)しないように忠告する, 忠告してやめさせる. ❷ (事³に)反対する, やめるように忠告する. einer Ehe ～ 結婚に反対する.

'**wi·der·recht·lich** 《比較変化なし》違法の, 法に触れる. ～*er* Gebrauch 不正使用.

'**Wi·der·recht·lich·keit** 女 -/-en 違法(性), 不法行為.

'**Wi·der·re·de** ['viːdərreːdə] 女 -/-n 異議, 抗弁, 反論. ohne ～ 異議なく. Keine ～! 口答えするな.

'**Wi·der·rist** ['viːdərrɪst] 男 -es/-e 鬐甲(きこう)(馬などの肩甲骨間の隆起).

'**Wi·der·ruf** ['viːdərruːf] 男 -[e]s/-e (命令・契約・判決などの)取消, 撤回, 破棄. [bis] auf ～ 追って取消の通告があるまで; 当分の間.

wi·der·ru·fen* [viːdərˈruːfən] 他 (命令・契約・判決などを)取消す, 撤回する, 破棄する.

'**wi·der·ruf·lich** ['viːdərruːflɪç, --'--] 《比較変化なし/副詞的には用いない》取消(撤回)もありうる; 追って取消の通告があるまで; 当分の間.

Wi·der·ru·fung 女 -/-en 取消, 撤回, 破棄.

'**Wi·der·sa·cher** ['viːdərzaxər] 男 -s/- 1 敵, 敵対者. 2 《聖書》悪魔.

'**wi·der·schal·len** ['viːdərʃalən] 自 《古》反響する.

'**Wi·der·schein** ['viːdərʃaɪn] 男 -[e]s/-e 反射, 反照, 照返し.

'**wi·der·schei·nen*** ['viːdərʃaɪnən] 自 反射する, 照返す.

wi·der·set·zen [viːdərˈzɛtsən] 再 (sich⁴) (人〈事〉³に)抵抗(反抗)する, 従わない.

wi·der·setz·lich [viːdərˈzɛtslɪç, '----] 反抗的な, いうことをきかない.

Wi·der·setz·lich·keit ['-----とも] 女 -/-en 不服従.

'**Wi·der·sinn** ['viːdərzɪn] 男 -[e]s/-e ばかばかしさ, 無意味さ; 不合理(性).

'**wi·der·sin·nig** [..zɪnɪç] ばかばかしい, 無意味な; 不合理な.

'**wi·der·spens·tig** ['viːdərʃpɛnstɪç] 反抗的な, いうことをきかない, 強情な.

'**Wi·der·spens·tig·keit** 女 -/-en 反抗的な態度, 強情さ, 扱いにくさ.

'**wi·der·spie·geln** ['viːdərʃpiːgəln] ❶ 他 1 反射する, 反映する. Das Wasser *spiegelt* die Bäume *wider*. /《まれ》Das Wasser *widerspiegelt* die Bäume. 水面に樹々が映し出されている. 2 《比喩》映し出される. ▶まれに非分離でも用いる. ❷ 再 (sich⁴) 反映する, 映し出される(in et³ 物に).

Wi·der·spie·ge·lung 女 -/-en 反射, 反映; 映し出す(される)こと.

'**Wi·der·spiel** ['viːdərʃpiːl] 中 -[e]s/-e 1 《古》反対. 2 《雅》対抗, 抗争.

*'**wi·der·spre·chen*** [viːdərˈʃprɛçən ヴィーダーシュプレヒェン] 自 1 (人〈事〉³に)反論する, 反対する; 異論(異議)を唱える; 口答えする. dem Redner(einer Meinung) ～ 演説者(ある意見)に反論する. (再帰的に)Du *widersprichst* dir selbst. 君のいうことは矛盾している. 2 (事³が主語) (事³と)矛盾する, 食い違う, (に)反する. den Tatsachen ～ 事実に反する. 《再帰的に》Ihre Antworten *widersprechen sich*〈雅 einander〉. 彼らの答えは互いに矛盾している.

wi·der·spre·chend 理化 (相)矛盾する, 反対の, 相反する. ～*e* Antworten 相矛盾する答え.

*'**Wi·der·spruch** ['viːdərʃprʊx ヴィーダーシュプルフ] 男 -[e]s/-̈e 1 《複数なし》反論, 反対; 異論, 異議(申立て). keinen ～ dulden 反論を許さない. gegen et⁴ erheben 事⁴に反論する, 異論を唱える. auf ～ stoßen 反論にあう. 2 矛盾, 不一致, 食違, 撞着. ein ～ in sich³ 自己矛盾, 自家撞着. mit〈zu〉 et³ im〈in〉 ～ stehen 事³と矛盾している, 相容れない. mit sich³ selbst im ～ stehen 自己矛盾に陥っている. sich⁴ in *Widersprüche* verwickeln 矛盾に陥る.

'**wi·der·sprüch·lich** ['viːdərʃprʏçlɪç] (相)矛盾する, 相容れない; 矛盾を含んだ.

'**Wi·der·sprüch·lich·keit** 女 -/-en 矛盾, 自家撞着.

'**Wi·der·spruchs·geist** 男 -[e]s/-er 1 《複数

し)反抗心. **2** 《話》好んで異論を唱える人.
'**wi·der·spruchs·los** 形《比較変化なし》異議を唱えない, 口答えしない.
'**wi·der·spruchs·voll** 形《比較変化なし》矛盾だらけの, 矛盾に満ちた.
*'**Wi·der·stand** ['viːdərʃtant ヴィーダーシュタント] 男 -[e]s/⁻e (↓widerstehen) **1**《複数まれ》抵抗, 反抗; 反対(gegen et⁴ 事に対する). bewaffneter ~ 武力抵抗. den ~ aufgeben 抵抗をやめる. j³ ~ leisten 人³に抵抗する. auf ~ stoßen 抵抗にあう. ohne ~ 抵抗せずに. **2**《物理的な》妨害, 障害. den Weg des geringsten ~es gehen 障害のもっとも少ない道を選ぶ. **3**《物理》抵抗. (b)《電子工》抵抗(器).
4 =Widerstandsbewegung
'**Wi·der·stands·be·we·gung** 女 -/-en 抵抗運動, レジスタンス.
'**wi·der·stands·fä·hig** 形《副詞的には用いない》抵抗力のある.
'**Wi·der·stands·fä·hig·keit** 女 -/ 抵抗力.
'**Wi·der·stands·kämp·fer** 男 -s/- 抵抗運動(レジスタンス)の闘士.
'**Wi·der·stands·kraft** 女 -/⁻e 抵抗力.
'**wi·der·stands·los** 形《比較変化なし》**1** 抵抗力のない. **2** 無抵抗の.
wi·der·ste·hen [viːdərˈʃteːən ヴィーダーシュテーエン] 自 **1** (人⁴物³)に抵抗する; 負けない, 屈しない; 持ちこたえる. Er konnte ihr⟨ihren schönen Augen⟩ nicht ~. 彼は彼女の魅力〈彼女の美しい目〉には勝てなかった. dem Feind ~ 敵に抵抗する. der Versuchung nicht ~. ...zu tun ...しないという誘惑に負けない. **2** (人³に)嫌悪を催させる. Diese Speise *widersteht* mir. 私はこの料理が嫌いだ. Es *widersteht* mir, ...zu tun. 私は...したくない.
'**wi·der|strah·len** ['viːdər|ʃtraːlən] ❶ 他 (光を)反射する; 反映する, 表す. Die See *strahlt* das Sonnenlicht *wider*. 海が陽光を反射している. Seine Augen strahlten deutlich seine Freude *wider*. 彼の目には内心の嬉しさがはっきりと表れていた. ❷ 自 (光が)反射する; (気分などが)反映する, 表れている.
wi·der'stre·ben [viːdərˈʃtreːbən] 自 **1**《物が主語》(人³に)嫌悪を催させる. Es *widerstrebt* mir, darüber zu reden. 私はそれについては話したくない. **2**《人が主語》《雅》(人⟨物⟩³に)抵抗する, 逆(ポ)らう.
Wi·der'stre·ben 中 -s/ 意にそわないこと, しぶること. mit ~ しぶしぶ, 不承不承. nach einigem ~ ちょっとしぶった後で.
wi·der'stre·bend [形/形] 意にそわない, しぶしぶ(不承不承)の. et⁴ mit ~en Gefühlen tun 事⁴をいやいやながら行う.
'**Wi·der·streit** ['viːdərʃtrait] 男 -[e]s/-e《複数まれ》対立, 衝突, 葛藤.
wi·der'strei·ten* [viːdərˈʃtraitən] 自 《古》(物〈人⟩³と)対立する, 衝突する. *widerstreitende* Empfindungen 相反する〈互いに矛盾する〉感情.
'**wi·der·wär·tig** ['viːdərvɛrtɪç] 形 (人⁴物・においが)嫌な, 不快な, 耐え難い; (情況が)不都合な, 不利な.
'**Wi·der·wär·tig·keit** 女 -/-en **1**《複数なし》不快(不都合, 不利)であること. **2** 不快(不都合, 不利)な事柄(出来事).
'**Wi·der·wil·le** ['viːdərvɪlə] 男 -ns/-n《複数なし》反感, 嫌悪, 不快, 嫌気(ブ). Sein Benehmen erweckt meinen ~n. 彼の振舞はむかむかしてくる.

einen ~n gegen j⟨et⟩⁴ haben⟨hegen⟩ 人〈事〉⁴に嫌悪の情をいだいている, (が)ひどく嫌いである. Er hat einen ~n tun. 彼は...することをいやがっている. mit ~n 不承不承, いやいやながら. ◆格変化は Wille 参照.
*'**wi·der·wil·lig** ['viːdərvɪlɪç ヴィーダーヴィリヒ] ❶ 形《述語的には用いない》不承不承の, いやいやながらの. ❷ 副 不承不承, いやいやながら, しぶしぶ. Er kam nur ~ mit. 彼はしぶしぶついて来ただけだ.
*'**wid·men** ['vɪtmən ヴィトメン] ❶ 他 **1** (a) 献じる, 献呈する. j³ ein Buch ~ 人³に書物を献呈する. (b) 捧(ホ)げる. sein Leben der Kunst ~ 生涯を芸術に捧げる. einen ganzen Abend *seinen* Kindern ~ 一夜の時間をずっと子供たちの相手をして過ごす. et³ nicht die richtige Aufmerksamkeit ~ 事³にまともに注意を払わない. **2**《書》(建造物などに)公共物に指定する. ❷ 再 ⟨**sich**⟩ 身を捧げる, 専念する(人⟨事⟩³ に). *sich* der Wissenschaft ~ 学問に専念する. Heute kann ich *mich* dir ganz ~. 今日はずっと君のお相手ができるよ.
'**Wid·mung** ['vɪtmʊŋ] 女 -/-en **1** 奉納, 献呈; 献辞. **2**《まれ》委譲, 贈与. **3**《法制》(道路などを)公物に指定すること.
'**Wid·mungs·exem·plar** 中 -s/-e《書籍》献呈本.
'**wid·rig** ['viːdrɪç] 形《副詞的には用いない》**1** 不都合な, 不利な, 好ましくない. ein ~es Geschick 不運. ~e Winde 逆風. **2**《古》嫌な, 不快な.
..wid·rig [..viːdrɪç]《接尾》事物につけて「...に反対の, ...に違反する」などの意を表す形容詞をつくる.
'**wid·ri·gen·falls** ['viːdrɪgən'fals] 副《書》そうでない場合には. ◆従属の接続詞としての用法もある.
'**Wid·rig·keit** 女 -/-en **1**《複数なし》不快(不都合, 不利)であること. **2** 不快(不都合, 不利)な事柄(情況).

wie [viː ヴィー] ❶ 副 ① 《疑問》**1** (a)《様態》どのように. Wie geht es Ihnen? ご機嫌いかがですか. Wie heißen Sie? / Wie ist Ihr Name? お名前はなんとおっしゃいますか. Wie war der Urlaub? 休暇はいかがでしたか. Wie war es in Italien? イタリアはいかがでしたか. Wie ist dein neues Auto? / Wie ist es mit deinem neuen Auto? 君の新しい自動車はどんな具合ですか. Wie wäre es, wenn wir im Restaurant essen? レストランで食事をするというのはどうですか. Er fragte mich, ~ ich den Vorschlag finde. 彼はその提案をどう思うかと私に尋ねた. Wie [bitte]?（聞き直して)何とおっしゃいましたか. Hallo Martin! Wie?（地方)やあマルティン, 元気かい. 《nicht wahr の意で》《話》Du hast schon gegessen, ~? 君はもう食事を済ませたね. (b)《方法》どのように, どんな方法で. Wie komme ich zum Dom? 大聖堂へはどのように行けばいいのですか. Ich weiß nicht, ~ ich das machen soll. 私はそれをどのようにやればよいのか分からない. (c)《理由》どうして. Wie kommt es, dass... どうして...ということになるのか. Wie soll ich das wissen? どうして私がそれを知っているのかな(知っているわけがないでしょう). Wie das?《話》それはどうしてなんだ. (d)《程度》どれほど, どれくらい. Wie alt bist du? 君はいくつですか. Wie lange dauert es noch? あとまだどれくらい時間がかかりますか. Wie spät ist es? 何時ですか. Kannst du mir sagen, ~ weit es zum Bahnhof ist? 駅までどれくらいあるか教えてくれる. 《まれに文頭に置か

れずに)(話) Sie war damals ~ alt? 彼女は当時いくつだったろう. **(wer weiß wie / wunder wie の形で程度を強めて)** Er kommt sich³ wer weiß ~ ⟨wunder ~⟩ klug vor. 彼は自分のことをそれは頭が良いと思っている. **2**《感嘆文を導いて》Wie du wieder aussiehst! 君はまた何という有様なんだ. Wie [schnell] du läufst! 君はなんて足が早いんだ. Wie schön ist das Kleid! / Wie schön das Kleid ist! そのドレスはなんて素敵なんだろう. Wie dumm! なんて馬鹿な. Wie schade, dass... …であるとは何と残念なことか. **(und⟨aber⟩ wie の形で)(話)** Sie hat ihm einen Korb gegeben, und⟨aber⟩ ~ ! (発言をさらに強めて)彼女は彼をふったんだ, それもこっぴどくさ. Ist es kalt? — Und ~ ! (相手の問を強く肯定して)寒いですか — それはもう猛烈にね.

3《認容文を導いて / しばしば **auch** と **immer** と》Wie immer es gehen mag, ich lasse dich nie im Stich. どんな事態になろうとも私は君を見捨てはしない. Er erreichte den Zug nicht mehr, ~ sehr er sich⁴ auch beeilte. 彼はその列車にはもうどんなに急いでも間に合わなかった. ~ dem auch sei / sei es, ~ es sei それがどうあれ, いずれにしても.

4《中性名詞として》das Wie und Warum 方法と理由. Es kommt hier vor allem auf das Wie an. ここでは何よりもどうやるかが問題だ.

[II]《関係 / 定動詞後置》**1**《方法・程度を表す語を先行詞として》Mich stört [die Art und Weise], ~ er es macht. 私の気に入らないのは彼がそれをするやり方だ. in dem Maße, ~ die Entwicklung weitergeht 事の進展の度合に応じて. Es ist bewundernswert, ~ sie mit Kindern umgeht. 彼女の子供の扱い方はすばらしい.

❷圏《従属 / 定動詞後置》《ただし文成分の結合にも用いる》**1** (a) …のように, …のような; …の通りに. Er ist dick ~ ein Fass. 彼はビア樽みたいに太っている. ~ ein Kind behandelt werden 子供扱いにされる. M ~ Martin マルティンのM. einer ~ der andere (話)みんなお互いに. Mit einem Kerl ~ dir⟨du⟩ kann ich es nicht aufnehmen. 君みたいな男とはとても張合えないよ(↑6). Er reagierte nicht so, ~ ich es von ihm erwartet hatte. 彼は私が彼に期待したような反応をした. 《しばしば **so, derselbe, gleich** などの語と呼応して》Er trägt denselben Anzug ~ gestern. 彼はきのうと同じスーツを着ている. ~ immer いつものように. ~ oben (略 w. o.) 上述のように. Er benahm sich⁴, [so] ~ es sich³ gehört. 彼はしかるべく振舞った. Lorenzo ist Italiener, ~ schon der Name sagt. ロレンツォは名前ですぐ分かるようにイタリア人だ. Es ist so, ~ er [es] gesagt hat. 彼が言った通りである. Sie liebt ihn [so], ~ er ist. 彼女は彼をあるがままの彼を愛している. ~ er geht und steht そのままなりで, 取るものも取りあえず. Wie man's treibt, so geht's. (諺) 自業自得. Wie du mir, so ich dir. そっちがそっちなら, こっちもこっちだ(少文句の ~ 節). (b) 《挿入文を導いて》~ folgt 次のように. ~ gehabt (話) これまでと同じように. ~ es zu gehen pflegt (世間で)よくあるように. ~ du siehst 君も見ての通り. 《とくに「発言の根拠」を示して》~ man sagt 人が言うには. Wie es scheint, ist er noch ledig. 見たところ彼はまだ独身だ. (c) 《[**eben**] **so**+形容詞と呼応して》Er ist [so] alt ~ du. 彼は君と同い年だ. Er ist jetzt so groß, ~ du damals warst. 彼はいまでは昔の君と同じ背丈だ. Der Schrank ist doppelt so breit ~ hoch. その戸棚は幅が高さの2倍ある. so

schnell ~ möglich できるだけ急いで. Er ist so gut ~ taub. 彼は耳が聞こえないも同然だ. (d)《主文との呼応関係を示して》…に応じて, …につれて. Ist das wahr? — Wie man's nimmt. それは本当かい — 受取り方次第だね. ~ es dunkel wird 暗くなるにつれて. (e)《次の形で》~ denn [überhaupt] (一般に)…であるが, …であるように. Sie kaufte dem Sohn ein teures Spielzeug, ~ sie denn immer ihre Kinder verwöhnt. 彼女は息子に高価なおもちゃを買い与えた, なにしろ彼女はいつも子供たちを甘やかしているのである.

2《具体例を列挙して / しばしば **etwa, zum Beispiel** などと》(…や…)のような. die Wiener Klassiker[,] ~ [etwa] Haydn und Mozart ハイドンやモーツァルトといったウィーン古典派の作曲家など. Er züchtete Haustiere[,] ~ Pferde, Rinder, Schweine. 彼は馬や牛や豚といった家畜を飼っていた.

3《並列させて》(und) 並びに. Er wurde als Kunstmaler ~ als Mensch sehr geschätzt. 彼は画家としてもまた人間としても高く買われていた. Männer ~ Frauen 男も女も. in Europa ~ auch in Asien ヨーロッパでもまたアジアでも. sowohl…~…[auch]…~…も. Er beherrscht sowohl Deutsch ~ [auch] Französisch. 彼はドイツ語もフランス語もできる.

4《形容詞+**wie**… の形で「理由」や「認容」を示して》…であるので; …であるから, …であるけれど. Feige, ~ er war, tat er so, als ob er nichts sähe. 彼は臆病だったので何も見ていないふりをした. schlau, ~ er ist 抜け目ない彼にしても; 抜け目ない彼ではあるが.

5《**wie wenn**… の形で》(als ob⟨wenn⟩) あたかも…のように. Vom Fernsehturm hat man einen Ausblick, ~ wenn man aus einem Flugzeug sieht. テレビ塔からの眺めはまるで飛行機から見たときのようだ. Es sieht aus, ~ wenn es schneien wollte. まるで雪でも降りそうな空模様だ.

6《一種の関係文を導いて / 関係文中に先行詞に相当する人称代名詞(1・4格)や不定代名詞を伴う》Das war ein Glück, ~ es der Junge noch nie erfahren hatte. それは少年がまだ出会ったことのないような幸運だった. Er sah dem Gast nach, ~ er zum Abschied winkte. 彼は別れに手を振っている客を見送った. alle, ~ sie da sitzen そこに座っている全員. Mit einem Kerl, ~ du einer bist, kann ich es nicht aufnehmen. 私は君のような男とはとても張合えない(↑1(a)).

7《比較級やそれに準じる語を伴って》(話) (als) …よりも; …とは(別の, 逆の); …のほかには(何も…ない). Er ist größer ~ du. 彼は君より背が高い. Er war jünger, ~ ich gedacht hatte. 彼は私が思っていたより若かった. Es war alles anders⟨umgekehrt⟩ ~ früher. なにもかも以前とは違う〈逆〉だった. Er hat nichts ~ Sport im Kopf. 彼はスポーツのことしか念頭にない. Nichts ~ hin! 行かなくっちゃ.

8《時間的に》(a)《現在における同時 / とくに歴史的現在を表して》…すると; …すぐに(すぐに). Wie ich in die Küche eintrete, höre ich sie schluchzen. 私が台所に歩み入ると彼女のすすり泣く声がするのです. (b) 《話》《過去における同時》Wie ich das erfuhr, machte ich sofort kehrt. 私はそれを知らされるとすぐ引き返した.

9《**sehen, hören** などの知覚動詞と》…するのを, …するさまを. Sie sah, ~ er in den Zug stieg. 彼女は彼が列車に乗るのを見た. Sie spürte, ~ sie errötete. 彼女は顔が赤くなるのを感じた. ▶接続詞 dass と置換え

可能である. ただし, dass はある出来事が生起した「事実」を, wie はその「様態」を伝えるというニュアンスの違いが認められる.

↑ wie viel

Wie·de·hopf ['viːdəhɔpf] 男 -[e]s/-e《鳥》やつがしら.

wie·der ['viːdər ヴィーダー] 副 ❶《反復》再び, また, もう一度. Sein Vorschlag wurde ~ abgelehnt. 彼の提案は再び拒否された. Daran sollst du nicht ~ denken! そんなことは二度と考えてはならないよ. immer ~ /《雅》~ und [immer] ~ 再三再四, 繰返し. ~ mal / mal ~ またいつか, 今度また. nur ~ 二度と(決して)…ない. schon ~ またしても. für nichts und ~ nichts まったくなんのかいもなく(無益に, 無駄に). Sie streiten sich⁴ um⟨wegen⟩ nichts und ~ nichts. 彼らはまったくつまらないことで争っている.《しばしば不快や非難の気持をこめて》Hier ist schon ~ etwas los! ここではまたなにかが起っているぞ. Wie du ~ aussiehst! 君はまたなんという格好をしているんだ.〈**ander**[s]〉と)Einige waren dafür, andere dagegen und ~ andere hatten keine Meinung. ある人は賛成し, 別な人は反対し, また別な人はなんの意見も持たなかった. Das ist ~ etwas anderes. それはまた別の話だ.

❷《原状への復帰・回復》再び, また; もとに戻って, もと通りに. Ich bin gleich ~ da. すぐに戻って来ます. Der Schnee taut schon ~. 雪ははやくもまた融け始めている. ~ gesund werden 健康を取り戻す. Mach die Tür ~ zu!(もと通りに)ドアを閉めなさい.

❸ 他方に, これに反して; 同様にまた, …は…でまた; 同時にまた. Er wollte ins Kino, sie ~ in die Oper. 彼は映画に行こうと思ったが彼女の方はオペラに行きたがった. Wenn du über mich lachst, dann lache ich ~ über dich! 君が私のことを笑うなら私も君のことを笑ってやる. Sie hatten eine schöne Tochter, die ~ ein wunderschönes Mädchen bekommen hatte. 彼らには美しい娘があったが, その娘にもまた世にも美しい女の子が生れた. Du hast auch ~ Recht. 君の言っていることも正しい. Ich freue mich darüber und [freue mich] auch ~ nicht. 私はそれがうれしくもありうれしくなくもある.

❹〈**hin und wieder**の形で〉ときどき, ときおり.

❺《話》《疑問詞を持つ疑問文で》(度忘れしていることを思い出しながら)ええと, …だっけ. Wer war das [gleich] ~ ? ええとあれは誰だったかな. Wie heißt er ~ ? 彼の名前はなんだっけ. ▶ ↑ noch ① 3

◆ ↑ wiederaufbauen, wiederaufführen, wieder aufnehmen, wiederbeleben, wieder einsetzen, wiedererkennen, wiedereröffnen, wiederfinden, wiedergeben, wieder gutmachen, wieder kommen, wiedersehen, wiedervereinigen, wiederwählen

wie·der.., **Wie·de..** [viːdər..] ❶《分離前つづり / ふつうアクセントをもつ》基礎動詞が分離動詞の場合アクセントは基礎動詞の前つづりに移行する(wieder'herstellen ― 過去分詞 wiederhergestellt, zu 不定詞 wiederherzustellen). **1**《「元通りに」の意を表す》*wieder*'herstellen 復旧(修復)する. **2**《「戻って, 戻して」》'*wieder*geben 返却する. *wieder*'holen 取り戻す. '*wieder*kommen 戻ってくる. **3**《「応じて, 答えて」》'*wieder*grüßen 挨拶をかえす.

❷《非分離の前つづり / アクセントをもたない》《次の① 例

のみ》*wieder*'holen² 繰返す.

❸《接頭》名詞に冠して「再, 復」の意を表す. *Wie*deraufführung 再演. *Wieder*wahl 再選. *Wieder*herstellung 復旧.

Wie·der'ab·druck [viːdər'|apdrʊk] 男 -[e]s/-e 再版, 重版, 増刷; 復刻.

Wie·der'auf·bau [viːdər'|aʊfbaʊ] 男 -s/ 再建, 再興, 復興. der ~ einer im Krieg zerstörten Stadt 戦災都市の復興.

wie·der'auf·bau·en 他 再建(再興, 復興)する. ◆ wieder aufbauen とも書く. ↑ wieder.. ①

Wie·der'auf·be·rei·tung 女 -/-en (使用済核燃料などの)再処理.

wie·der'auf·füh·ren 他 (芝居などを)再演する; (映画を)再上映する. ◆ wieder aufführen とも書く. ↑ wieder.. ①

Wie·der'auf·füh·rung 女 -/-en (芝居などの)再演; (映画の)再上映.

Wie·der'auf·nah·me 女 -/-n《複数まれ》**1** 再び取上げること, 再開; (戯曲の)再演. die ~ des Verfahrens《法制》再審手続. **2**(組織などへの)復帰. die ~ in die Partei 復党.

Wie·der'auf·nah·me·ver·fah·ren 中 -s/-《法制》再審手続.

wie·der 'auf|neh·men*, °**wie·der|'auf|neh·men*** 他 ❶ 再び取上げる, 再開する. ein Stück ~ ある戯曲を再演する. ein Verfahren ~《法制》再審手続きをとる. **2**(人⁴を組織などへ)復帰させる.

Wie·der'auf·rüs·tung 女 -/ 再軍備.

'**Wie·der·be·ginn** 男 -[e]s/ 再開.

'**wie·der|be·kom·men*** 他 返してもらう, 取り戻す, (紛失物を)再び手に入れる. Er hat sein Geld *wiederbekommen*. 彼はお金を返してもらった. ◆ 過去分詞 wiederbekommen

'**wie·der|be·le·ben** 他 **1** 蘇生させる, 生返らせる. **2** 復活(復興)させる. ◆¹ 過去分詞 wiederbelebt ◆² wieder beleben とも書く.

'**Wie·der·be·le·bung** 女 -/-en《複数まれ》蘇生すること, よみがえること; 復活.

'**Wie·der·be·le·bungs·ver·su·che** 複 (人工呼吸・酸素吸入などによる)蘇生(₅ₐ)の試み, 蘇生術. ~ bei j³ anstellen 人³に蘇生術をほどこす.

'**wie·der|brin·gen*** 他 運んで元の所に戻す; 返す, 返却する.

wie·der 'ein|set·zen, °**wie·der|'ein|set·zen** 他 復職させる; 復権(復位)させる.

Wie·der'ein·set·zung 女 -/-en《複数まれ》復職, 復権, 復位. ~ in den vorigen Stand《法制》原状回復.

'**wie·der|er·hal·ten*** 他 返してもらう, 取り戻す, 再び手に入れる. Er hat seine Auslagen *wiedererhalten*. 彼は立替えたお金を返してもらった. ◆ 過去分詞 wiedererhalten

'**wie·der|er·ken·nen*** 他 (旧知のものを)再びそれと見分ける, 再認する. Ich habe dich im ersten Moment gar nicht *wiedererkannt*. ぼくは最初君だとは全然分からなかった. ◆¹ 過去分詞 wiedererkannt ◆² wieder erkennen とも書く.

'**wie·der|er·lan·gen** 他 取り戻す, 再び手に入れる. Er hat sein früheres Gewicht *wiedererlangt*. 彼は以前の体重に戻った.

'**wie·der|er·obern** 他 (都市などを)再び占領する, 奪

wieder|eröffnen

還する. ◆過去分詞 wiedererobert

'**wie·der|er·öff·nen** 他 (劇場・店舗などを)再び開く, 再開する. ◆¹過去分詞 wiedereröffnet ²wieder eröffnen とも書く.

'**Wie·der·er·öff·nung** 女 -/-en 再開, 再び開くこと.

'**wie·der|er·stat·ten** 他 払い戻す, 返済する, 弁済する. Auslagen ~ 立替えてもらったお金を返す. ◆過去分詞 wiedererstattet

'**Wie·der·er·stat·tung** 女 -/-en 払い戻し, 返済, 弁済.

'**wie·der|er·zäh·len** 1 (出来事・物語などを)語って再現してみせる, いま一度話して聞かせる. 2 (話)別の人にさらに話す, 言いふらす. Aber *erzähl* es niemandem *wieder*! 他言は無用だぜ. ◆過去分詞 wiedererzählt

'**wie·der|fin·den*** ❶ 他 1 (紛失物を)再び見つけ出す; (落着きなどを)取り戻す. *seine* Fassung⟨*seine* Würde⟩ ~ 落着き⟨威厳⟩を取り戻す. 2 (同じようなものを別の所でみたちも)再び見つける. Dieses Stilelement *findet* man auch in der französischen Architektur *wieder*. こうした様式上の要素はフランスの建築にも見受けられる.

❷ 再 (sich) 1 (紛失物が)再び見つかる; (落着きなどが)戻る, 回復する; (人が)再会する. Das Buch hat sich *wiedergefunden*. 本が再び見つかった. Nun endlich hast du *dich wiedergefunden*. これでやっと君は自分を取り戻したね. 2 (同じようなものが別の所でもまたもや見い出される; (気がついたら思いがけない場所にいる. Er *fand sich* im Gefängnis *wieder*. 気がついたら彼は牢獄の中にいるのであった.

◆wieder finden とも書く.

'**Wie·der·ga·be** ['vi:dərɡaːbə] 女 -/-n 1 返却, 返還. 2 再現, 描写, 叙述; 翻訳. 3 複製, 模写, 演奏, 上演. 4 (音声・画像などの)再生.

*'**wie·der|ge·ben*** ['vi:dərˌɡeːbən] 他 1 (人³に)返す, 返却する. j³ das geliehene Geld ~ 人³に借りていた金を返す. j³ die Freiheit ~ 人³を再び自由の身にする. 2 (a) (言葉で)再現する, 描写⟨叙述⟩する, 言表. Das lässt sich¹ mit Worten nicht ~. それは言葉では言表せない. einen Anblick wahrheitsgetreu ~ ある光景をありのままに描写する. Die Zeitung hat die Ansprache im vollen Wortlaut *wiedergegeben*. 新聞はそのスピーチを全文掲載した. einen japanischen Text in deutscher Sprache ~ ある日本語テキストをドイツ語に翻訳する. (b) (芸術作品として)再現する, 模写する, 演奏する, 上演する, 朗読する. Der Maler hat die Herbststimmung eindrucksvoll *wiedergegeben*. その画家は秋の情趣を感銘深く再現した. jedes Detail exakt ~ あらゆるディテールを正確に描写する. eine Komposition vollendet ~ ある楽曲を完璧に演奏する. (c) (reproduzieren) (絵画などを)複写する, 複製する. (d) (音声・画像を)再生する.

'**wie·der|ge·bo·ren** 形 《比較変化なし / 副詞的には用いない》生れ変った, 生き返った, 蘇生した; 転生(再生)した, 復活した. sich¹ ~ fühlen 自分が生れ変ったかのように感じる. ◆wieder geboren とも書く.

'**Wie·der·ge·burt** ['vi:dərɡəbuːrt] 女 -/-en 1 《宗教》(霊魂の)再生, 生れ変り. 2 《仏教》再生(神の子として生れ変ること); 《比喩》(精神的な)革新, 再出発. 3 復活, 復興.

'**wie·der|ge·win·nen*** 他 (なくした物を)再び取り戻す, 取返す. *seine* gute Laune ~ 機嫌を取り戻す. ◆過去分詞 wiedergewonnen

'**wie·der|grü·ßen** 他 (人⁴に)挨拶を返す, 答礼する. Er grüßte, wurde aber nicht *wiedergegrüßt*. 彼は会釈したが, 挨拶を返してもらえなかった.

wie·der'gut·ma·chen, °**wie·der'gut|ma·chen** 他 (損害などを)償う, 弁償(補償)する, (損失などの埋合せをする; (過ちや罪などを)償う, 贖(あがな)う.

Wie·der'gut·ma·chung 女 -/-en 《複数まれ》(損害・損失などの)弁償, 補償, 埋合せ; (過ち・罪の)償い, 贖罪(しょくざい), 罪滅ぼし.

'**wie·der|ha·ben*** 他 再び自分のものとして所有する, 再び自分の手もとに取返す. Ich möchte mein Buch ~. 私の本を返してもらいたいんですが. Nach Jahren der Trennung *haben* sie sich⁴ nun endlich *wieder*. 幾年もの別離のあとでやっと彼らは再び一緒になれた.

wie·der'her|stel·len 他 1 (失われたものを)回復させる, 復旧する. die Ordnung ~ 秩序を回復する, 平静を取り戻す. 2 (病人を)回復させる. 《過去分詞で》Er ist [gesundheitlich] *wiederhergestellt*. 彼は健康を取戻した. 3 (建物などを)修復(復元)する. ◆¹wieder.. ①

Wie·der'her·stel·lung 女 -/-en 《複数まれ》(秩序などを)取りもどすこと, 回復, 復旧, 修復, 復元; 《法制》原状回復.

'**wie·der|ho·len** ['vi:dərhoːlən] 他 ([sich] et⁴ 物⁴を)取りに行く, (人⁴を)連戻す.

wie·der'ho·len² [vi:dər'hoːlən ヴィーダーホーレン] ❶ 他 1 繰返す, 反復する. ein Experiment ~ 実験を繰返す. eine Klasse ~ 落第する. eine Lektion ~ (教科書の)ある課を復習する. eine Sendung ~ 再放送する. 2 繰返して言う, 復唱する. eine Frage ~ 質問を繰返す. j² Worte ~ 人²の言葉を復唱する.

❷ 再 (sich) 1 (出来事などが)繰返される, 繰返し起きる; 繰返し現れる. Diese Katastrophe darf *sich* niemals ~. このような大惨事は二度と繰返されてはならない. Die Muster *wiederholen sich*. 同じ模様が繰返し現れる. 2 発言を繰返す, 同じことを繰返し言う.

wie·der'holt [vi:dər'hoːlt] 副/形 (↑wiederholen²) 繰返された, たびたびの, 再度(再三再四)の. ~ *e* Beschwerden 度重なる苦情. Ich habe dich schon ~ ermahnt. 君にはもう何度も忠告した.

*__**Wie·der'ho·lung** [vi:dər'hoːluŋ ヴィーダーホールング] 女 -/-en 繰返し, 反復; 復習.

Wie·der'ho·lungs·fall 男 《次の成句でのみ》im ~ 《書》この件が繰返された(再発した)場合には.

Wie·der'ho·lungs·zei·chen 中 -s/- 繰返しを指示する記号; 《音楽》反復記号.

'**Wie·der·hö·ren** [vi:dər'høːrən] 中 -s/- もう一度聞くこと. Beim ~ fiel mir der Fehler auf. 再度聴取した際に私は誤りに気づいた. Auf ~! さようなら(電話やラジオ放送での別れ言葉). ↑¹Wiedersehen).

Wie·der·in'stand·set·zung [vi:dər|ɪnˈʃtantˌzɛtsʊŋ] 女 -/-en 《複数まれ》修理, 修復.

'**wie·der|käu·en** ['vi:dərkɔyən] ❶ 他 (牛・羊などが)反芻(はんすう)する. ❷ 卑 (同じ意見・考えなど)を繰返す.

'**Wie·der·käu·er** [..kɔyər] 男 -s/- 《動物》反芻(はんすう)動物(牛・馬・羊・鹿など).

'**Wie·der·kauf** 男 -[e]s/¹e 《商業》買い戻し.

'**wie·der|kau·fen** 他 (売った相手から)買い戻す.

'**Wie·der·kehr** ['vi:dərke:r] 囡 -/-《雅》**1** 帰還. die ～ Christi キリストの再臨(最後の審判の日における). **2** 再びめぐってくること, 繰返し, 反復.

'**wie·der|keh·ren** ['vi:dərkɛrən] 圓 (s)《雅》**1** (zurückkehren)(旅行などから)帰ってくる, 戻ってくる. **2** 再びめぐってくる, 繰返される, 繰返し現れる.

*'**wie·der|kom·men**¹* ['vi:dərkɔmən ヴィーダーコメン] 圓 (s) **1** (zurückkommen) 帰って来る, 戻って来る. Wann *kommst* du von deiner Reise *wieder*? 君はいつ旅行から戻るんだい. **2**《比喩》再びめぐって来る, 再来する;(病気などが)再発する. Die gute alte Zeit *kommt* nicht *wieder*. 古きよき時代は二度と戻って来ない.

'**wie·der kom·men***, °'**wie·der·kom·men**²* 圓 (s) 再び来る. *Komm* bald *wieder*! 近いうちにまた来いよ.

'**Wie·der·kunft** ['vi:dərkʊnft] 囡-/《雅》帰って来ること, 帰還; 再来. die ～ Christi キリストの再臨.

'**wie·der·sa·gen** 他《話》(人から聞いたことを別の人に)告げる, 言いふらす. Aber *sag* es ihm nicht *wieder*! でもそれをあいつに漏らしちゃいけないよ.

'**Wie·der·schau·en** 田-/s《南独·オーストリア·スイス》《次の用法でのみ》[Auf] ～! さようなら.

*'**wie·der|se·hen*** ['vi:dərze:ən ヴィーダーゼーエン] 他 (物⁴を)再び見る; (人⁴に)再会する. *seine* Eltern ～ 両親に再会する. *seine* Heimat ～ 故郷に帰る. Wann *sehen* wir uns *wieder*? 今度はいつお会いできるのでしょうか. ◆ wieder sehen とも書く.

'**Wie·der·se·hen** ['vi:dərze:ən ヴィーダーゼーエン] 田-/-《複数まれ》再会. ～ macht Freude.《戯》(人に物を貸すときに)忘れずに返してくれよ. [Auf] ～! さようなら. j³ auf ～ sagen 人³にさようならを言う.

'**Wie·der·tau·fe** ['vi:dərtaʊfə] 囡-/《キリスト教》再洗礼. ◆ 幼児洗礼の無効を主張する再洗礼派の人々が内的回心後に受ける洗礼に対しての, 敵対者側からの呼称.

'**Wie·der·täu·fer** [..tɔyfər] 男-s/-《多く複数で》《キリスト教》再洗礼派(プロテスタントの1派. ↑Wiedertaufe).

'**wie·de·rum** ['vi:dərʊm] 副 **1** 再び, またしても, またもや. **2** 地方では, それに対して. **3** これまた, さらに. Er hatte von seinem Freund erfahren, was dieser ～ von seinem Onkel erfahren hatte. 彼は友人からその事を聞いたのだが, その友人は友人でまた彼のおじさんからそれを聞いていたのだった.

'**wie·der|ver·ei·ni·gen** ❶ 他 (分割された国土を)再統一(再統合)する. ❷ 再《sich⁴》(分割された国土が)再統一(再統合)される. ◆¹ 過去分詞 wiedervereinigt ◆ wieder vereinigen とも書く.

'**Wie·der·ver·ei·ni·gung** 囡-/-en《複数まれ》再統一, 再統合. die ～ Deutschlands ドイツの再統一(1990年10月3日).

'**wie·der|ver·gel·ten*** (vergelten) (人³に事⁴の)仕返し(報復)をする; 返礼(お返し)をする. ◆ 過去分詞 wiedervergolten

'**wie·der|ver·hei·ra·ten**《sich⁴》再婚する. ◆ 過去分詞 wiederverheiratet

'**Wie·der·ver·hei·ra·tung** 囡-/-en 再婚.

'**wie·der|ver·kau·fen** 他 小売りする; 転売(再販)する. ◆ 過去分詞 wiederverkauft

'**Wie·der·ver·käu·fer** 男-s/-《経済》小売商人; 転売人.

'**Wie·der·ver·wen·dung** 囡-/-en《複数まれ》**1** 再利用. **2** (退職者の)再雇用.

'**wie·der·ver·wert·bar** ['vi:dərfɛrvɛ:rtba:r] 形 再利用(リサイクル)可能な.

'**Wie·der·vor·la·ge** ['vi:dərfo:rla:gə] 囡-/-n (文書類の)再提出, 再呈示. zur ～《略 z. Wv.》(文書類に付ける表示で)再提出(のこと).

'**Wie·der·wahl** ['vi:dərva:l] 囡-/-en《複数まれ》(任期満了後の)再選.

'**wie·der|wäh·len** 他 (任期満了後に)再び選ぶ, 再選する. ◆ wieder wählen とも書く.

wie'fern [vi'fɛrn]《古》❶ 疑代圓 =inwiefern ❷ 接 =sofern, wenn

*'**Wie·ge** ['vi:gə] 囡-/-n **1** (a) 揺り籠(ご). die ～ schaukeln 揺り籠をゆする. Ein Kind liegt in der ～. 子供が揺り籠に寝ている. Seine ～ stand in Berlin.《雅》彼はベルリーンの生れである.《慣用的表現》《話》Das ist ihm [auch] nicht an der ～ gesungen worden. こんなことになろうとは彼は夢にも思わなかった. Das ist ihm in die ～ gelegt worden. それは生れつき備わっていたものだ. von der ～ an 幼い頃から. von der ～ bis zur Bahre 揺り籠から墓場まで. (b)《比喩》揺籃(ごう)の地, 発祥地, 起源. **2** (揺り籠状のものを指して)《美術》(エッチングの)ロッカー. (b)《体操》つり舟. (c) 卓上インク吸取器.

'**Wie·ge·mes·ser** 田-s/-**1** (両端に取っ手の付いた半円形の)みじん切り用の包丁. **2**《美術》(エッチングの)ロッカー.

*'**wie·gen**¹* ['vi:gən ヴィーゲン] wog, gewogen ❶ 他 (人く物⁴)の重さを計る. et⁴ in der Hand ～ 物⁴を手加減して量る.《再帰的に》*sich*⁴ ～ 自分の体重を計る. ❷ 圓 ...の重さがある; 重要(重大)である. Das Paket *wiegt* 5 Kilo. この包みは5キロある. Das *wiegt* schwer. これは重い; これは重要だ. ◆ ↑ gewogen¹

*'**wie·gen**²* ['vi:gən ヴィーゲン] (↑Wiege) ❶ 他 揺(ゆ)する, 揺り動かす. das Kind in den Schlaf ～ 子供を揺すって寝かせつける. den Kopf ～ (思案·心配して)しきりに小首をかしげる. **2** (みじん切り用の包丁で)こま切れにする, 刻む. Petersilie ～ パセリをみじん切りにする.
❷ 再《sich⁴》身体を揺する, 揺れる; 身をゆだねる (in et³ 事³に). Die Äste *wiegen sich* im Wind. 枝が風に揺れる. *sich* in den Hüften ～ 腰を振る. *sich* in Sicherheit ～ どっぷりと安心感にひたっている. *sich* in schönen Träumen ～ 甘い夢にふける.
◆ ↑ gewiegt

'**Wie·gen·druck** 男-[e]s/-e《書籍》=Inkunabel

'**Wie·ge·fest** 田-[e]s/-e《雅》誕生日.

'**Wie·gen·lied** 田-[e]s/-er 子守歌.

'**wie·hern** ['vi:ərn] 圓 **1** (馬が)いななく. **2**《話》高(大)笑いする, 爆笑する.

'**Wie·land** ['vi:lant]《人名》Christoph Martin ～ クリストフ·マルティーン·ヴィーラント(1752-58, ドイツの作家).

Wien [vi:n]《地名》ヴィーン, ウィーン(オーストリアの首都).

'**Wie·ner** ['vi:nər] ❶ 男-s/- ヴィーンの住民(出身者). ❷《不変化》ヴィーンの. ～ Kongress《歴史》ヴィーン会議(1814-15, ナポレオン戦争後の処理を

めぐって開かれた欧州の列国会議). ～ Schnitzel《料理》ヴィンナシュニッツェル(子牛肉の薄切りカツレツ). ～ Walzer ウィンナワルツ. ～ Würstchen ウィンナソーセージ. ❸ 因 -/-《多く複数で》ウィンナソーセージ.

'**wie·ne·risch** [ˈviːnərɪʃ] 形 ヴィーン(人, 方言)の. ↑deutsch

'**wie·nern** [ˈviːnərn] 他 ぴかぴかに磨く. j³ eine ～ 人³に一発びんたをくらわす.

'**Wie·pe** [ˈviːpə] 因 -/-n《北ドイツ》(Strohwisch) わらぼうき.

wies [viːs] weisen の過去.

'**Wies·ba·den** [ˈviːsbaːdən]《地名》ヴィースバーデン (ヘッセン州の州都).

'**Wies·baum** [ˈviːsbaʊm] 男 -[e]s/-̈e〔干し草運搬車に備えられた〕干し草脱落防止用の棒.

*'**Wie·se** [ˈviːzə] 因 -/-n 草原, 草地; 牧草地.

'**Wie·se·baum** [ˈviːzəbaʊm] 男 -[e]s/-̈e =Wiesbaum

'**Wie·sel** [ˈviːzəl] 中 -s/-《動物》いたち(鼬)属. flink wie ein ～ いたちのようにすばしこい.

'**Wie·sen·grund** [ˈviːzən..] 男 -[e]s/-̈e《雅》牧草でおおわれた谷間, 緑なす谷間.

'**Wie·sen·land** 中 -[e]s/ 牧草でおおわれた地域, 牧草地帯.

'**Wie·sen·schaum·kraut** 中 -[e]s/-̈er《植物》はなねつけばな.

wie·so
[viˈzoː] ヴィーゾー 副《疑問》(話)(warum) なぜ, どうして(また); どのようにして. Wieso soll ich das tun? なぜ私がそれをしなくてはならないのか. Du hast gelogen!—Wieso [denn]? この嘘つき—どうして. ◆まれに関係副詞としても.

*'**wie·viel**, °'**wie'viel** [viˈfiːl, ˈviːfiːl] ヴィフィール 副《疑問》どれだけ, どれくらい, いくら, いくつ. Wie viel Stunden Unterricht haben Sie heute? きょうは何時間授業がありますか. Wie viel Uhr ist es? いま何時ですか. Wie viel kostet das? それはいくらですか. Wie viel ist vier mal fünf? 4 掛ける 5 はいくつですか. Wie viel älter ist als du? 彼は君よりいくつ年長ですか.《ときに文中や文末に位置して》Das kostet ～? それはいくらするのですか. Band — ist jetzt erschienen? こんど第何巻が出たのですか.《感嘆文で》Wie viel[e] Menschen! なんとたくさんの人だろう. Wie viel Trost hast du mir gebracht! 君はどれだけ慰められたことだろう.

'**wie·vie·ler·lei** [viˈfiːlərˌlaɪ, ˈviːfiːlərˌlaɪ] 形 (不変化) どれほどの種類の, いく種類の.

'**wie·viel·mal** [viˈfiːlmaːl, ˈviːfiːlmaːl] 副《疑問》何回, 何度; 何倍.

*'**wie'vielt** [viˈfiːlt, ˈviːfiːlt] ヴィフィールト 形 何番目の. Die ～e Haltestelle ist es? それは何番目の停留所ですか. Zum ～en Mal hat es geklappt? 成功したのは何回目でしたか.《名詞的用法で》Der Wievielte ist heute? / Den Wievielten haben wir heute? きょうは何日ですか. あなた方は何人連れだったのですか.

wie'weit [viˈvaɪt] 副《疑問》どの程度まで, どれくらい.

wie'wohl [viˈvoːl] 接《従属/定動詞後置》《雅》(obwohl) …にもかかわらず.

'**Wig·wam** [ˈvɪkvam] 男 -s/-s (indian., Hausⁿ) (北米インディアンの半球状の)テント小屋; 家, 住居.

'**Wi·king** [ˈviːkɪŋ] 男 -s/-er =Wikinger

'**Wi·kin·ger** [ˈviːkɪŋər] 男 -s/-(Normanne) ヴァイキング. ❖ 8-11 世紀ごろヨーロッパ各地に進出した北方ゲルマン族の一派であるノルマン人.

*'**wild** [vɪlt] ヴィルト 形 **1** (a)《比較変化なし》(動植物が) 野生の. ～e Pferde 野生馬. ～e Rosen 野ばら. ein ～es Tier 野獣; (とくに)猛獣. ～ wachsen (植物が)自生する. (b) (土地・森林などが) 自然のままの, 未開拓の. ～es Gebirge 自然のままの(人のはいり込んでない)山地. ein ～es Land 未開拓地. ein ～er Wald 原生林. (c)《比較変化なし / 述語的には用いない》(種族・習俗などが) 未開の, 野蛮な. ein ～es Volk 未開民族.

2 (a) (草木・髪などが) 伸び(荒れ)放題の. ein ～er Bart 無精ひげ. ein ～er Garten 荒れ放題の庭. Die Haare hängen im ～ in die Stirn. 髪がぼさぼさに伸びて彼の額に垂れかかっている. (b)《生活などが》荒れた, すさんだ; 放埓(ほうらつ)な, 奔放な. ～e Fantasie 奔放な空想. ein ～es Leben führen 荒れた生活を送る. (c)《比較変化なし》不法(無法)な, 無届けの. ～es Bauen 不法建築. in ～er Ehe leben 同棲する. ～er Handel もぐりの商売. ein ～er Streik 山猫ス ト. ～ Parken 不法駐車する. (d)《医学》(傷口などの) 肉芽(組織). (e) ～es Gestein《鉱業》有用鉱物を含まない岩石.

3 (a) 荒々しい, 荒れ狂っている; 激しい. ～e Beschimpfungen 猛烈な罵詈雑言(ばりぞうごん). ein ～er Kampf 激戦. eine ～e Leidenschaft 激情. ein ～er Sturm 荒れ狂う嵐. ～e Zeiten 激動の時代に. ein ～er Zorn 激怒して. ～ auflachen 哄笑(こうしょう)する. Sie küssten sich ～. 彼らは狂おしくキスを交わした. ～ entschlossen (話) 固く心を決して, 断固として. (b) 怒り狂った, たけり立った; (動物がおびえて)興奮した. ～e Blicke 猛々(たけだけ)しい目つき. ein ～er Bulle / ～ gewordener Bulle たけり立った猛牛. j³⟨ein Pferd⟩ ～ machen 人³を激怒させる⟨馬をおびえさせる⟩. ～ werden (人が)逆上する; (馬などがおびえて) 暴れ出す. (c) (子供が)あばれん坊の, 元気いっぱいの. ein ～es Kind あばれん坊. ～! どんなに暴れまわるんじゃない. (d)《次のような形で》～ auf j⟨et⟩⁴ sein / ～ nach j⟨et⟩³ sein (話) 人・事4,3に夢中になっている. Er ist ganz ～ auf Fisch. 彼は魚にはまるで目がない. Er ist ganz ～ auf sie⟨nach ihr⟩. 彼は彼女にぞっこんだ. wie ～《話》狂ったように, 憑(つ)かれたかのように.

4 めちゃくちゃ(むちゃくちゃ)な; ひどい. ～e Behauptungen めちゃくちゃな主張. ein ～es Durcheinander めちゃくちゃな混乱. in ～er Flucht davoneilen 一目散に逃去る. ～e Geschichten 荒唐無稽(こうとうむけい)な話. Das ist halb⟨nicht⟩ so ～.《話》それほどひどく(悪く)はないよ.

5《雅》野生的の, 野生味のある. ein ～er Duft 野生的な香り. eine ～e Schönheit 野生美; 野生的な美人.

◆↑wild lebend, wild wachsend

*'**Wild** [vɪlt] ヴィルト 中 -[e]s/ **1** (a)《総称的に》狩猟鳥獣. (b)《個々の》猟獣, 猟鳥; 獲物. ein Stück ～ 1 頭(1 羽)の獲物. **2** 狩猟鳥獣の肉.

'**Wild·bach** 男 -[e]s/-̈e 山間の急流, 渓流.

'**Wild·bad** 中 -[e]s/-̈er 《古》(Thermalbad) 温泉.

'**Wild·bahn** 因 -/-en **1**《猟師》猟区, 猟場. freie ～ 柵で囲ってない猟場. **2**《次の用法で》in freier ～ 自然の中で.

ˈWild·bra·ten 男 -s/- 猟獣(猟鳥)の焼肉.
ˈWild·bret 中 -s/ 《猟師》猟獣(猟鳥)の肉. 2 《古》猟獣, 猟鳥.
ˈWild·dieb 男 -[e]s/-e 密猟者.
ˈWild·die·be·rei [vɪltdibəˈraɪ] 女 -/-en =Wilderei
ˈWil·de [ˈvɪldə] 女 -/《古》1 荒々しいこと, 荒々しさ. 2 荒野, 原野, 原生林.
ˈWil·de 男 女《形容詞変化》未開人, 野蛮人. wie ein Wilder 野蛮人のように;《比喩》狂ったように(↑wild 3(d)).
ˈWild·en·te [ˈvɪlt..] 女 -/-n 『鳥』野鴨; まがも(真鴨).
ˈWil·de·rei [vɪldəˈraɪ] 女 -/-en 密猟.
ˈWil·de·rer [ˈvɪldərər] 男 -s/- Wilddieb
ˈwil·dern [ˈvɪldərn] 1 自 1 密猟する. 2 (犬・猫などが)野生化する. 3 《古》自堕落な生活を送る. 2 他 密猟する. ein Reh ~ 鹿を密猟する.
ˈWild·fang 男 -[e]s/¨e 1 腕白坊主, おてんば娘. 2 《猟師》捕獲された野生動物(とくに猛禽類の野鳥), 猟獣のわな.
ˈwild·fremd 形《比較変化なし / 副詞的には用いない》全く知らない, 見ず知らずの. einen ~en Menschen ansprechen 見ず知らずの人に話しかける.
ˈWild·gans 女 -/¨e『鳥』野生のがん(雁); (とくに)はいいろがん(灰色雁).
ˈWild·heit [ˈvɪlthaɪt] 女 -/-en 1《複数なし》野生的であること, 野蛮なこと. 2《まれ》野蛮な行為, 乱暴な振舞.
ˈWild·hü·ter 男 -s/- (猟獣・猟鳥を密猟などから保護する)猟場の番人, 猟区の管理人.
ˈwild le·bend, ˌwild·le·bend 形《付加語的用法のみ》《動物的》野生の. ~e Tiere 野生動物.
ˈWild·le·der 中 -s/- 1 バックスキン(野生動物のなめし革). Schuhe aus ~ バックスキンの靴. 2 子牛(羊, 山羊など)のスエード革.
ˈwild·le·dern 形 バックスキンの; 子牛(羊, 山羊など)のスエード革の. ein ~er Rock スエード革のスカート.
ˈWild·ling [ˈvɪltlɪŋ] 男 -s/-e 1《園芸》(接〔つ〕ぎ木の)台木. 2《林業》野生の樹木. 2《捕獲されたばかりの)野獣, 野鳥. 3《古》乱暴者; 腕白坊主, おてんば娘.
ˈWild·nis [ˈvɪltnɪs] 女 -/-se 原野, 未開の地; 原生林, 密林.
ˈWild·park 男 -s/-s(-e) (柵で囲って鹿などの猟獣を放し飼いにしてある)動物保護公園.
ˈwild·reich 形《副詞的には用いない》猟獣や猟鳥の豊富な. eine ~e Landschaft 猟鳥獣に富んだ地方.
ˈWild·ro·man·tisch [ˈvɪltroˈmantɪʃ] 形《比較変化なし / 副詞的には用いない》1 野趣に富んだ, 素朴で野生味にあふれた. 2 非常にロマンチックな.
ˈWild·sau 女 -/¨e(-en) 1 雌のいのしし(猪). 2《卑》《侮》野郎, 畜生.
ˈWild·scha·den 男 -s/¨ (農業・林業などの)鳥獣による被害;《保険》野生動物による物的損害.
ˈWild·schütz 男 -en/-en《古》1 (Wilddieb) 密猟者. 2 (Jäger) 猟師.
ˈWild·schüt·ze 男 -n/-n =Wildschütz
ˈWild·schwein 中 -[e]s/-e 1『動物』いのしし(猪). 2《複数なし》いのししの肉.
ˈWild·wach·send, ˌwild·wach·send 形《付加語的用法のみ》(植物が)野生の, 自生している.
ˈWild·was·ser 中 -s/- (Wildbach) (山間の)急流, 谷川, 渓流.
ˈWild·wech·sel 男 -s/-《猟師》1 野獣の通り道, 獣道(じゅうどう). 2《複数なし》(道路上の)野獣の横断.
ˈWild·west [vɪltˈvɛst] 男《無冠詞 / 不変化》(開拓時代の)米国西部地方.
ˈWild·west·film 男 -[e]s/-e 西部劇(映画).
ˈWil·helm [ˈvɪlhɛlm] ❶《男名》ヴィルヘルム. ❷ 男《話》《次の成句でのみ》den dicken ~ markieren 〈spielen〉大物ぶる, 大尽風をふかす(ドイツ皇帝 Wilhelm II., 1859-1941 にちなむ). den feinen ~ markieren 上品ぶる. falscher ~《戯》(Toupet) はげ隠しの入れ毛, (男性用の)ヘアピース. seinen [Friedrich] ~ druntersetzen《戯》署名する.
ˈWil·hel·mi·ne [vɪlhɛlˈmiːnə]《女名》ヴィルヘルミーネ.
will [vɪl] wollen² の現在1・3人称単数.

Wil·le

[ˈvɪlə ヴィレ] 男 2格 -ns, 3格 -n, 4格 -n, 複数 -n《複数まれ》意志, 意図. ein eiserner ~ 鉄の意志. der letzte〈Letzte〉 ~ 遺言. der ~ zum Leben / der ~ zu leben 生きようとする意志. Das war nicht böser〈schlechter〉~. それは悪気あってのことではなかった. Wo ein ~ ist, ist auch ein Weg.《諺》決意のあるところに道あり. Dein ~ geschehe! 《新約》御心(みこころ)が行われますように(マタ 6: 10). seinen ~n durchsetzen 意志を押し通す. Er hat seinen〈keinen〉eigenen ~n. 彼には自分の意志というものがある〈ない〉. Er hat den festen ~n sich⁴ zu bessern. 彼は自分を固く決心している. Er soll seinen ~n haben. 彼の思うとおりにさせてやろう(してやろう). Lass ihm seinen ~n! 彼の思うとおりにさせてやれ. j³ den ~n tun j⁴³の意向に添う. Er besteht auf seinem ~n. 彼は自分の意志を押し通す. aus freiem ~n 自由意志で, 自発的に. beim besten ~n / trotz besten ~ns どんなに努力しても. bei 〈mit〉 einigem guten ~n 少しでもその気があれば. gegen 〈wider〉 j² ~n j²の意に反して. mit ~n 故意に, わざと. ohne [Wissen und] ~n seines Vaters 父親の同意なしに. wider ~n 心ならずも. j³ zu ~n sein《雅》j³の言いなりになる; (とくに女性が)j³に身を任せる.

ˈwil·len [ˈvɪlən] 前《2格支配》《次の成句でのみ》um j⟨et⟩² ~《人》《事》のために, (の)ことを思って. Ich habe es um meiner Tochter 〈um des lieben Friedens〉 ~ getan. それは自分の娘のことを思って〈事を穏便にすませるために〉したことだ. um Gottes ~ とんでもない; お願いだから.
ˈWil·len [ˈvɪlən] 男 -s/-《複数まれ》=Wille
ˈwil·len·los [ˈvɪlənloːs] 形 自分の意志のない, 言いなりの, 無気力な. Er ist ein ~es Werkzeug. 彼は人の道具のようになってしまっている(人の言いなりだ).
ˈWil·len·lo·sig·keit [..loːzɪçkaɪt] 女 -/ 自分の意志がない〈人の言いなりである〉こと.
ˈwil·lens [ˈvɪləns] 形《zu 不定詞句と》 ~ sein, ...zu tun《雅》...するつもりでいる. Er ist ~, den Vertrag zu unterschreiben. 彼は契約書にサインをするつもりだ.
ˈWil·lens·äu·ße·rung 女 -/-en 意志の表明, 意思表示.
ˈWil·lens·er·klä·rung 女 -/-en『法制』意思表示.
ˈWil·lens·frei·heit 女 -/ (とくに哲学・神学用語として)意志の自由, 自由意志.
ˈWil·lens·kraft 女 -/ 意志の力, 意力.

'Wil·lens·schwach 意志の弱い, 意志薄弱な.
'Wil·lens·schwä·che [女]-/ 意志薄弱.
'Wil·lens·stark 意志の強い, 意志強固な.
'Wil·lens·stär·ke [女]-/ 意志の強さ, 意志力.
'wil·lent·lich ['vɪləntlɪç] [形]《雅》故意の, 意図的な.
'will'fah·ren [vɪl'faːrən, '- - -] [自]《雅》(人³の意に従う)(事³を叶える, 聞入れる). Sie willfährt immer ihren Eltern. 彼女はいつも両親の言いなりだ.
'will'fäh·rig ['vɪlfɛːrɪç, '- - -] [形] 喜んで人の意に従う, 唯々諾々(いいだくだく)とした; 従順な.
'Will'fäh·rig·keit ['vɪlfɛːrɪçkaɪt, '- - -] [女]-/《雅》唯々諾々とした振舞, 従順な態度.
'wil·lig ['vɪlɪç] [形] (求められていることを)進んで(喜んで)する, 自発的(積極的)な, やる気のある; 骨惜しみしない, 素直な. ein ~es Kind 何事も進んでする子供. Er tut ~ jede Arbeit. 彼はどんな仕事でも進んでする.
'wil·li·gen ['vɪlɪɡən] [自]《雅》(in et⁴ 事³に)同意する, (を)承諾する.
'Wil·lig·keit ['vɪlɪçkaɪt] [女]-/ 進んでしようとする態度, 自発的な振舞.
'Will·komm ['vɪlkɔm] [男]-s/-e 1 (複数まれ) = Willkommen 2 (16-18世紀の)歓迎の乾杯用の酒杯(ゴブレット).
'Will·komm·be·cher [男]-s/- = Willkomm 2
*'will'kom·men [vɪl'kɔmən ヴィルコメン] [形]《副詞的には用いない》歓迎される, 歓迎すべき, 好ましい, 好都合の; 有難い. ein ~er Gast 好ましい客. eine ~e Gelegenheit 好機. Sie sind mir jederzeit〈stets〉 ~. どうぞいつでもおいでください. [Sei] ~ !ようこそ. Herzlich ~! よくいらっしゃいました. Willkommen in Hamburg! ようこそハンブルクへ. j⁴ ~ heißen 人⁴ にようこそと言う, (を)歓迎する.
'Will'kom·men [中][男]-s/-《複数まれ》歓迎の挨拶. Ein fröhliches ~! これはようこそ. j³ ein herzliches ~ bieten〈bereiten〉人³に心から歓迎の挨拶をする.
'Will'kom·mens·gruß [男]-es/⁼e 歓迎の挨拶.
'Will'kom·mens·trunk [男]-[e]s/⁼e 歓迎の酒(乾杯).
*'Will·kür ['vɪlkyːr ヴィルキューア] [女]-/ 恣意(しい), 気まま, 勝手, 専権, 横暴. j² ~ ausgesetzt〈preisgegeben〉sein 人²のなすがままにされる.
'Will·kür·akt [男]-[e]s/-e 恣意的な行為, 好き勝手な振舞.
'Will·kür·herr·schaft [女]-/ 専制(政治), 圧制.
*'will·kür·lich ['vɪlkyːrlɪç ヴィルキューアリヒ] [形] 1 (a) 恣意的な, 気ままな, 勝手な, 専横(横暴)な. (b) 任意の, 無作為の. 2 随意の, 随意的な. ~e Muskeln《解剖》随意筋.
'Will·kür·lich·keit [女]-/-en 1《複数なし》恣意的なこと, 気まま; 任意. 2 (まれ) 気ままな言動.
willst [vɪlst] wollen² の現在2人称単数形.
'wim·meln ['vɪməln] [自] 1 (生物が)群がっている, うようよ蠢(うごめ)いている. Die Ameisen wimmelten im Wald. 森には蟻(あり)がいっぱい群がっていた. 2 (von j〈et〉³) 人〈物〉³でいっぱいである, 充満している. Alle Straßen wimmelten von Menschen. 道路という道路に人があふれ返っていた. Der Aufsatz wimmelt von Fehlern.《比喩》この論文はまちがいだらけだ.《非人称的に》Auf dem Platz wimmelt es von Menschen. 広場には人がいっぱい群がっている.
'Wim·mer¹ ['vɪmər] [男]-s/-《地方》1 (木の)節(ふし), こぶ. 2 (皮膚の)肥厚した箇所, いぼ, たこ.
'Wim·mer² ['vɪmər] [男]-s/-《地方》= Winzer
'Wim·mer³ [女]-/-n《地方》ぶどう摘み.
'Wim·mer·holz [中]-es/⁼er《戯》バイオリン, リュート, ギター(などの弦楽器).
'wim·mern ['vɪmərn] [自] 1 しくしく泣く, すすり泣く, うめく. 2 (犬・猫が)小さな声で泣く; (鐘が)かすかに鳴り響く.
'Wim·pel ['vɪmpəl] [男]-s/- 三角旗, (スポーツクラブなどの)ペナント;《船員》信号旗.
*'Wim·per ['vɪmpər ヴィンパー] [女]-/-n まつげ. falsche〈künstliche〉 ~n 付けまつげ. Ich lasse mir doch nicht an den ~n klimpern.《話》私はだれにも口出し(手出し)はさせないぞ. mit den ~n klimpern《戯》(色目をつかって)目をパチパチさせる. ohne mit der ~ zu zucken《比喩》眉ひとつ動かさずに, 平然と.
'Wim·perg ['vɪmpɛrk] [男]-[e]s/-e《建築》(ゴシック建築の)飾り切り妻.
'Wim·per·ge ['vɪmpɛrgə] [女]-/-n《建築》=Wimperg
'Wim·pern·tu·sche [女]-/-n マスカラ(まつげに塗る墨).
'Win·ckel·mann ['vɪŋkəlman]《人名》Johann Joachim ヨハン・ヨーアヒム・ヴィンケルマン(1717-68, ドイツの美術史家).

Wind

[vɪnt ヴィント] [男]-[e]s/-e 1 風. ein frischer ~ さわやかな風;《比喩》新風. ein günstiger〈ungünstiger〉~ 順〈逆〉風.《話》[schnell] wie ein ~ 疾風のように, 迅速に. Der ~ hat aufgehört. 風がやんだ. Der ~ dreht sich⁴. 風向きが変る. Der ~ kommt von Osten. 風が東から吹く. Ein ~ weht〈kommt auf〉. 風が吹く(立つ). Wer ~ sät, wird Sturm ernten.《諺》身から出た錆(さび), 応報百倍 (「風を蒔く者は嵐を収穫するであろう」『旧約』ホセ 8:7).《慣用的表現で》《話》Daher weht〈also〉der ~! なるほどそういうことだったのか. Hier weht ein anderer〈schärferer〉~. ここは様子が違うぞ〈なかなか厳しい雰囲気だ〉. Ich weiß schon, woher der ~ weht. 私にはとっくに訳が分かっているぞ(事情は承知済みだ). Das ist ~ in seine Segel. それは彼の思うつぼだ. Das ist ~ um etwas〈nichts〉. それはでたらめにすぎない. frischen ~ in et⁴ bringen 事⁴に新風を吹込む. [viel] ~ machen ほらを吹く, 大風呂敷を広げる. viel ~ um et⁴ machen《話》事⁴のことで大騒ぎをする. j³ in ~ aus den Segeln nehmen 人³の機先を制する, 気勢をそぐ. j³ ~ vormachen 人³をけむに巻く. sich³ den ~ um die Nase〈die Ohren〉wehen lassen 世間の風に当る. [hart] am ~ segeln《船員》詰め開きで帆走する. bei ~ und Wetter どんな天気でも;(とくに)荒天について. gegen den ~ 風に逆らって, 逆風で. in alle ~e 四方八方に. in den ~ reden 何を言っても無駄である, 馬の耳に念仏. et⁴ in den ~ schlagen 事⁴を聞き流す. mit halbem〈vollem〉~《船員》(ヨットなどに)半速〈全速〉で. mit dem ~ zu segeln verstehen 時流に乗るのが巧みである. seinen Mantel〈seine Fahne〉nach dem ~ hängen〈drehen〉日和見(ひよりみ)な態度を取る. von dem ~ segeln《船員》追風を受けて帆走する. 2《猟師》(風に運ばれたにおい). ~ von et³ bekommen〈haben〉《比喩》事³を嗅ぎつける, (に)感づく. 3 (a) (輪(わ)の)風, 衝風. (b) (オルガンの送風機からの)風. 4 (Darmwind) 屁(へ), おなら.

'**Wind·beu·tel** 男 -s/- **1** シュークリーム. **2**《話》軽薄(ちゃらんぽらん)なやつ,自由気ままに振舞う人,極楽とんぼ.

Wind·beu·te·lei [vɪntbɔʏtəˈlaɪ] 女 -/-en《古》軽薄(いい加減)な行為,ちゃらんぽらん.

'**Wind·bö** [..bøː] 女 -/-en, '**Wind·böe** [..bøːə] 女 -/-n = Bö

'**Wind·bruch** 男 -[e]s/ⁿe 〖林業〗(森林の樹木の)風折れ,風害.

'**Wind·büch·se** 女 -/-n《古》空気銃.

'**Win·de** [ˈvɪndə] 女 -/-n (↓winden¹) 〖工学〗ウインチ,巻上げ機;ジャッキ. **2**〖植物〗西洋ひるがお属.

'**Wind·ei** [ˈvɪntˀaɪ] 中 -[e]s/-er **1** = Fließei **2** 無精卵,未受精卵. Er ist ein ~.《俗》あいつは実は役立たずだ. **3**〖医学〗奇胎.

'**Win·del** [ˈvɪndəl] 女 -/-n (↓winden¹) おむつ,おしめ. das Kind in ~ wickeln 子供におむつを当てる. noch in den ~n liegen〈stecken/sein〉《比喩》まだごく初期の段階にある(まだおしめをしている).

'**win·deln** [ˈvɪndəln] 他 ein Kind ~ 子供におむつを当てる.

'**win·del·weich** 形 **1**《俗》軟弱な,気弱な;人の意見に左右される. **2**《次の用法で》j³ ~ schlagen〈hauen/prügeln〉《話》人をさんざんに打ちのめす.

*'**win·den**¹* [ˈvɪndən ヴィンデン] wand, gewunden

❶ 他 **1**《雅》巻く,巻きつける;巻いて作る,編む. Garn um eine Spule ~ 糸を巻き枠に巻きつける. ein Tuch um den Kopf ~ スカーフを頭の回りに巻く. Blumen zum Kranz ~ 花輪を作る. Zweige und Blumen zu Girlanden ~ 枝葉と花とともに編んで花綵(はなづな)(飾り)を作る. **2**《雅》(人³から物⁴を)もぎ取る,ひったくる. j³ eine Waffe aus der Hand ~ 人³の手から武器をもぎ取る. **3** (荷物を)ウインチ(巻上げ機)で巻上げる,巻上る.

❷ 再《sich⁴》**1**《雅》巻きつく,からみつく《um et⁴ 物⁴の回りに》. **2** 身をくねらせる,身をよじる,身もだえする. *sich vor Schmerzen*〈*Scham*〉~ 苦痛にのたうちまわる(恥かしさに身もだえする). *sich wie ein Aal* ~《比喩》何とかして窮地を脱しようとする. **3** 身をくねらせて進む,蛇行する. *sich durch die Menschenmenge* ~ 人ごみの中を縫うようにして進む. *Der Bach windet sich durch die Wiesen.* 小川は草原を蛇行しながら流れている.

♦ ↑gewunden

'**win·den**² (↓Wind) 自 **1**《非人称的に》*Es windet*. 風が吹く. **2**《猟師》(野獣・猟犬などが)においをかぎつける.

'**Wind·ener·gie** [ˈvɪnt..] 女 -/ 風力エネルギー.

'**Wind·er·hit·zer** 男 -s/-〖冶金〗熱風炉.

'**Win·des·ei·le** [ˈvɪndasˀaɪlə] 女 -/《次の成句で》mit〈in〉~ 風のように速く,あっという間に.

'**Wind·fah·ne** 女 - = Wetterfahne

'**Wind·fang** 男 -[e]s/ⁿe **1** 風よけの間(寒風が屋内に入るのを防ぐため建物の入口と玄関の間に設けられた空間);(煙突の)風よけ. **2**《猟師》(いのししを除く有蹄類の獣の)鼻.

'**wind·ge·schützt** 形 風に対して守られた,風の当らない.

'**Wind·ge·schwin·dig·keit** 女 -/-en 風速.

'**Wind·har·fe** 女 〖楽器〗(Äolsharfe) アイオロス・ハープ,風琴.

'**Wind·hauch** 男 -[e]s/-e 微風,そよ風.

'**Wind·ho·se** 女 -/-n (↑Wasserhose) 〖気象〗(陸上の)竜巻.

'**Wind·hund** 男 -[e]s/-e **1** グレーハウンド(猟犬の一種). **2** 無責任で軽薄なやつ.

*'**win·dig** [ˈvɪndɪç ヴィンディヒ] 形《副詞的には用いない》**1** 風通しのよい,風の吹きぬける. eine ~e Ecke 風の当る一隅. **2** 風のある,風の強い. Es ist ~. 風が吹いている. **3**《話》《俗》疑わしい,あてにならない,信頼のおけない;信用できない,納得のいかない;軽薄な. eine ~e Ausrede 信用できない言いのがれ. ein ~er Bursche いい加減な若者. eine ~e Sache あやしげな一件.

'**Wind·ja·cke** 女 -/-n ウィンドブレーカー.

'**Wind·jam·mer** 男 大型帆船.

'**Wind·ka·nal** 男 -s/ⁿe **1**〖工学〗風洞(ふうどう). **2**〖楽器〗(オルガンの)送風管.

'**Wind·kraft** 女 -/ 風力.

'**Wind·kraft·werk** 中 -[e]s/-e 風力発電所.

'**Wind·licht** 中 -[e]s/-er 風よけ付きの蠟燭(ガラスの火屋(ほや)の中に入った).

'**Wind·mes·ser** 男 -s/-〖気象〗風速(風力)計.

'**Wind·müh·le** 女 -/-n 風車(ふうしゃ). gegen《mit》~n kämpfen つまらない(無意味な)ものと格闘する,初めから勝つ見込みのない戦いをする(ドン・キホーテ Don Quichote が風車に戦いを挑んだ物語にちなんで).

'**Wind·müh·len·flü·gel** 男 -s/- 風車(ふうしゃ)の翼(羽根). gegen *Windmühlenflügel*〈*mit* ~n〉kämpfen =gegen〈mit〉Windmühlen kämpfen (↑Windmühle).

'**Wind·po·cken** 複〖医学〗風痘.

'**Wind·rad** 中 -[e]s/ⁿer 〖工学〗風力動力機.

'**Wind·rich·tung** 女 -/-en 風向,風向き.

'**Wind·rös·chen** 中 -s/-〖植物〗アネモネ.

'**Wind·ro·se** 女 -/-n (羅針盤の)指針面,羅牌(らはい).

'**Wind·sack** 男 -[e]s/ⁿe (飛行場・アウトバーンなどで風向と風力を示すために設置された)吹流し.

'**Winds·braut** [ˈvɪntsbraʊt] 女 -/《定冠詞と》die ~ {口} つむじ風,旋風. wie die ~ daherjagen つむじ風のように疾駆して来る.

'**Wind·schat·ten** 男 -s/ (↔ Windseite) 風の当らない物陰,風隠(かげ);〖機械〗背風.

'**wind·schief** 形 傾いた,反(そ)った,ゆがんだ. ~e Geraden 〖数学〗ねじれの位置関係にある直線.

'**Wind·schirm** 男 -[e]s/-e 〖民族学〗(木の枝や草などから作りあげ,一時的に住居としても用いられる)風よけ,防風壁.

'**Wind·schutz·schei·be** 女 -/-n (自動車の)風防ガラス,フロントガラス.

'**Wind·sei·te** 女 -/-n (↔ Windschatten) 風の当る側;風上(かざかみ)側.

'**Wind·spiel** 中 -[e]s/-e (Windhund) グレーハウンド(猟犬の一種).

'**Wind·stär·ke** 女 -/-n 風力,風の強さ. Es herrscht ~ drei. 風力 3 である.

'**wind·still** 形《比較変化なし/副詞的には用いない》風のない,無風の,凪(なぎ)いだ.

'**Wind·stil·le** 女 -/ 無風,凪(なぎ).

'**Wind·stoß** 男 -[e]s/ⁿe 突風,(一陣の)疾風.

'**wind·sur·fen** [ˈvɪntzøːrfən, ..zœrfən] 自《不定詞でのみ》ウィンドサーフィンをする.

'**Wind·sur·fer** [..zøːrfər, ..zœrfər] 男 -s/- **1** サー

Windsurfing

ファー(ウィンドサーフィンをする人). **2** (Surfbrett) サーフボード.

'**Wind·sur·fing** [..zøːrfɪŋ, ..zœrfɪŋ] 回 -s/ ウィンドサーフィン.

'**Win·dung** ['vɪndʊŋ] 囡 -/-en (↓ winden¹) **1** 曲折, 屈曲; (道の)つづら折れ; (川などの)蛇行; (まれ)(蛇などの)くねくねした動き. in ～en くねくね曲がりながら, つづら折りになって. **2** らせん; ねじ山; (コイルの)巻き.

'**Wind·zug** 男 -[e]s- 微風, すきま風, 通風.

*'**Wink** [vɪŋk ヴィンク] 男 -[e]s-e (↓ winken) **1** (手・目などによる)合図. ein ～ mit den Augen 目配せ, ウィンク. j³ einen ～ geben 人³に合図をする(↑2). **2** 《比喩》指示, 示唆; 忠告, 助言; ヒント. ein ～ mit dem Zaunpfahl 〈戯〉露骨なほのめかし. j³ einen ～ geben 人³に(それとなく)忠告(助言)をする(↑1).

*'**Win·kel** ['vɪŋkəl ヴィンケル] 男 -s/- **1** 《数学》角, 角度. ein rechter ～ 直角. ein spitzer〈stumpfer〉～ 鋭角〈鈍角〉. ein toter ～ 死角. Die beiden Linien bilden einen von 45°. その 2 本の直線は 45 度の角度をなす. in einem ～ von 45° 45 度の角度で. **2** (部屋・町などの)隅; (静かな・人目につかない)片隅, 一隅; 僻地, 片田舎. ein dunkler ～ 薄暗い片隅. Das Dorf liegt in einem abgelegenen ～. その村はへんぴな片田舎にある. im tiefsten〈verborgensten〉～ des Herzens 《比喩》心の奥底で. et¹ in allen Ecken und ～n suchen 《比喩》物¹をくまなく探す. **3** 直角定規, 曲尺(ホール). **4** 《軍事》(V 字形の)階級章, 襟章.

'**Win·kel·ad·vo·kat** 男 -en/-en 《話》《侮》いかさま(いんちき)弁護士, 三百代言.

'**Win·kel·blatt** 匣 -[e]s/=er 《侮》田舎新聞.

'**Win·kel·ei·sen** 匣 -s/- 《工学》**1** 山型鋼(断面が L 形の棒鋼材). **2** (隅を補強するための) L 形金具.

'**Win·kel·funk·ti·on** 囡 -/-en 《数学》三角関数.

'**Win·kel·ge·schwin·dig·keit** 囡 -/-en 《数学》角速度.

'**Win·kel·ha·ken** 男 -s/- 《印刷》(文選用)ステッキ.

'**Win·kel·hal·bie·ren·de** 〖形容詞変化〗《幾何》角の 2 等分線.

'**win·ke·lig** ['vɪŋkəlɪç] 形 (部屋・家などが)隅の多い; (町や)片隅の多い; (道路が)曲がり角の多い.

'**Win·kel·maß** 匣 -es/-e **1** 《幾何》角度. **2** 直角定規, 差し金. 曲尺(ホール). **3** das ～ 《天文》定規座.

'**Win·kel·mes·ser** 男 -s/- 《幾何》分度器.

'**Win·kel·mes·sung** 囡 -/-en 角度測定.

'**win·keln** ['vɪŋkəln] 他 (まれ)(腕などを)曲げる.

'**win·kel·recht** 形《比較変化なし》《古》《幾何》(rechtwinklig) 直角の.

'**Win·kel·zug** 男 -[e]s/=e (多く複数で)策略, トリック; 言いのがれ. juristische *Winkelzüge* 法の抜け道. *Winkelzüge* machen 策(ネン)を弄(ネウ)する; 言いのがれをする.

'**win·ken** ['vɪŋkən ヴィンケン] ❶ 自 **1** (人³に)合図する. mit den Augen ～ 目くばせする. mit dem Taschentuch ～ ハンカチを振って合図する. mit Fähnchen ～ 小旗信号を送る. **2** (人³を)待受けている(利益・成功などが). Ihm *winkt* eine Belohnung. 報償が彼を待っている. ❷ 他 **1**《方向を示す語句と》(人⁴を)…へ呼寄せる, 合図して行かせる. den Kellner an den Tisch 〈zu sich³〉～ テーブルに〈こちらに〉来るようウェーターに合図する. **2** (人³に事⁴を)合図

して命じる. j³ Stillschweigen ～ 人³に合図して沈黙するよう命じる.

'**Win·ker** ['vɪŋkɐr] 男 -s/- **1**《自動車》方向指示器, ウィンカー. **2**《海事》(Signalmast) 信号用のマスト.

'**Win·ker·flag·ge** [..flagə] 囡 -/-n 《海事・軍事》(手旗)(信号用の)手旗.

'**wink·lig** ['vɪŋklɪç] 形 =winkelig

'**Win·se·lei** [vɪnzə'laɪ] 囡 -/-en 《複数まれ》(犬が哀しげに)くんくん鳴くこと; (人が)めそめそ泣くこと; 哀れっぽく乞うこと, 哀願, 哀訴.

'**win·seln** ['vɪnzəln] 自 **1** (犬が)くんくん鳴く. **2** (人が)めそめそ泣く; 哀れっぽく乞う, 哀願(哀訴)する (um et¹ 事¹を). um *sein* Leben ～ 命乞いをする.

'**Win·ter** ['vɪntɐr ヴィンター] 男 -s/- **1** 冬. ein harter〈strenger〉～ 厳しい冬. ein milder ～ 穏やかな冬. Der ～ kommt. 冬が来る. Es wird bald ～. まもなく冬になる. ～ für ～ 毎冬. im ～ 冬に. mitten im ～ 冬のさなかに. den ganzen ～ über 冬じゅう(ずっと). gut über den ～ kommen (病気などせずに)冬を無事に過ごす. Sommer wie ～ 夏も冬も, 一年中. **2**《古》(Jahr)年. drei *Winter* lang 3 年間.

'**Win·ter·abend** 男 -s/-e 冬の晩(夕べ).

'**Win·ter·an·fang** 男 -[e]s/=e 冬の始まり, 冬至.

'**Win·ter·fahr·plan** 男 -[e]s/=e 《鉄道》冬季の列車時刻表, 冬の列車ダイヤ.

'**win·ter·fest** 形《比較変化なし》**1** 耐寒性の, 防寒の. ～ e Kleidung 防寒服. **2**《植物》寒さに強い. ～ e Pflanzen 耐寒植物.

'**Win·ter·fri·sche** 囡 -/-n《複数まれ》《古》冬の保養(地). zur ～ fahren (冬山などに)保養に出かける.

'**Win·ter·frucht** 囡 -/=e (Wintergetreide)《農業》の冬作物.

'**Win·ter·gar·ten** 男 -s/= ガラス張りのサンルーム.

'**Win·ter·ge·trei·de** 匣 -s/-《農業》冬作物, 秋蒔きの穀物.

'**Win·ter·grün** 匣 -s/-《植物》いちやくそう(一薬草).

'**win·ter·hart** 形《比較変化なし》《植物》(winterfest 2) 寒さに強い.

'**Win·ter·kleid** 匣 -[e]s/-er **1** 冬服. **2**《狩猟》(鳥類の)冬羽; (動物の)冬毛.

'**Win·ter·klei·dung** 囡 -/ 冬服.

'**Win·ter·kohl** 男 -[e]s 《植物》(Grünkohl) ちりめんきゃべつ, ケール.

'**Win·ter·kur·ort** 男 -[e]s/-e 冬の保養地, 避寒地.

'**win·ter·lich** ['vɪntɐrlɪç] 形 冬の, 冬らしい, 冬のような. ～ e Kleidung 冬服. sich⁴ ～ kleiden 冬らしく装う, 暖かい服装をする.

'**Win·ter·mo·nat** 男 -[e]s/-e **1**《複数まれ》《古》(Dezember) 12 月, 師走(ホホǃ). **2** (多く複数で)冬の月(12 月・1 月・2 月).

'**win·tern** ['vɪntɐrn] 非人称 *Es wintert.* 冬になる.

'**Win·ter·nacht** 囡 -/=e 冬の夜.

'**Win·ter·olym·pi·a·de** 囡 -/-n 冬季オリンピック.

'**Win·ter·quar·tier** 匣 -s/-e **1**《軍事》冬営地. **2**《狩猟》(猟鳥獣の)冬季の棲息地, 越冬地.

'**Win·ter·rei·fen** 男 -s/- スノータイヤ.

'**win·ters** ['vɪntɐrs]副 冬に, 冬の間; 冬中; 毎冬.

'**Win·ter·saat** 囡 -/-en 《農業・園芸》《複数なし》**1** 冬作(秋蒔き)の穀物を蒔くこと. **2** 冬作(秋蒔き)の種(苗).

'**Win·ter·schlaf** 男 -[e]s/〖動物〗冬眠. ~ halten 冬眠する. künstlicher ~〖医学〗人工冬眠(療法).

'**Win·ter·schluss·ver·kauf** 男 -[e]s/=e 冬物一掃大売出し(バーゲンセール).

'**Win·ter·se·mes·ter** 中 -s/- (大学の)冬学期(10月から翌年3月まで).

'**Win·ter·son·nen·wen·de** 女 -/-n 冬至(12月22日ごろ).

'**Win·ter·spie·le** 複 冬季オリンピック競技.

'**Win·ter·sport** 男 -[e]s/ ウィンタースポーツ.

'**win·ters·über** ['vɪntərs|yːbər] 副 冬の間,冬中.

'**Win·ters·zeit** 女 -/ =Winterzeit

'**Win·ter·zeit** 女 -/ 冬季,冬期,冬. zur ~ 冬に.

'**Win·zer** ['vɪntsər] 男 -s/ (*lat.* vinitor, Weinleser') ぶどう園主,ワイン醸造業者; ぶどう園で働く人.

*'**win·zig** ['vɪntsɪç ヴィンツィヒ] 形 ごく小さな,ほんのちっぽけな; ごく僅かな,ほんのちっぽけの; ごく些細な. ein ~er Betrag ほんの小額. ein ~es Häuschen ちっぽけな家. ein ~es bisschen《話》ほんのちっぽけの. ~ klein ちっぽけな,ちびの.

'**Win·zig·keit** 女 -/-en 1《複数なし》極小,僅少(であること). 2《話》些細な事柄; ちっぽけな物; 少量.

'**Wip·fel** ['vɪpfəl] 男 -s/- こずえ(梢).

'**Wip·pe** ['vɪpə] 女 -/-n 1 シーソー. 2 二元梃子(て).

'**wip·pen** ['vɪpən] ❶ 自 (h, s) 1 シーソーで遊ぶ. 2 上下に揺れる. 3 体を揺する (mit et³ 物³を)ゆらゆら揺する. mit der Fußspitze ~ つま先を揺する. ❷ 他《古》(次の成句で)Münzen kippen und ~ 貨幣を変造する.

'**Wip·per** ['vɪpər] 男 -s/- チップカー(貨物をおろすためにトロッコを横転させる装置).

wir [viːr ヴィーア] 代〈人称〉1 人称複数 1 格, 格変化は付録「品詞変化表」VII 参照. 1 我々,私たち. *wir* alle 我々はみな. *wir* Deutschen〈die Deutsche〉我々ドイツ人は. *Wir* beide〈drei〉treffen uns regelmäßig. 我々ふたり〈3 人〉は定期的に会っている. Sie erinnerten sich⁴ *unser*. 彼らは私たちのことを覚えていた. Warum hast du *uns* nicht geschrieben? なぜ君はぼく(私)たちに手紙をくれなかったのか. Man empfing *uns* freundlich. 私たちは親切に迎え入れられた. 2《話》《呼掛る際に du·ihr·Sie の代りに用いて》Haben *wir* alles aufgegessen?(多くの子どもたちに向かって)全部食べたかな. Wie fühlen *wir* uns denn heute? 今日の気分はどうかな. 3《古》《君主が自分のことを呼んで / つねに大書》余,朕(れ). *Wir*, Kaiser von Österreich オーストリア皇帝である朕は.

*'**Wir·bel** ['vɪrbəl ヴィルベル] 男 -s/- 1 (水・煙などの)渦,渦巻き. ein ~ im Fluss 川の中の渦. in ~ n emporsteigen (煙などが)渦になって巻上がる. 2 (激情・興奮の)渦; (雑踏する人の)渦,混乱; (事態の)混乱,紛糾,大騒ぎ; (Aufsehen)センセーション. im ~ der Leidenschaften 激情の渦. im ~ der Ereignisse 事件の渦中で. im ~ des Festes〈des Tanzes〉祭〈踊り〉の渦中で. sich⁴ im ~ drehen くるくる回る. um j〈et〉⁴[einen] ~ machen 人〈事〉⁴のことで大騒ぎする. einen großen ~ verursachen 一大センセーションを巻起す. 3 (頭髪の)旋毛. vom ~ bis zur Zehe 頭のてっぺんから足の爪先まで. 4〖解剖〗頸(^{けい}),椎骨. 5 (打楽器の連打,すり打ち. [auf der Trommel] einen ~ schlagen 太鼓の連打(すり打ち)をする. 6〖楽器〗(弦楽器の)糸巻き. 7〖地方〗(Fensterwirbel)(開き窓の回転ノブ.

'**wir·be·lig** ['vɪrbəlɪç] 形《まれ》1 目がまわるような,ばたばたした. ein ~es Kind 一時もじっとしていない子供. 2 (頭が)くらくらした,ぼうっとなった. Mir ist ganz ~. 私は頭がくらくらする.

'**Wir·bel·kas·ten** 男 -s/= 〖楽器〗(弦楽器の)糸倉(ぐら).

'**Wir·bel·kno·chen** -s/- 〖解剖〗脊椎(つい)骨, 椎骨.

'**wir·bel·los** ['vɪrbəlloːs] 形《比較変化なし / 副詞的には用いない》〖動物〗無脊椎(つい)の.

'**Wir·bel·lo·se** 男女《形容詞変化》〖動物〗無脊椎(つい)動物.

'**wir·beln** ['vɪrbəln] ❶ 自 (h, s) 1 (a) (h, s) 渦を巻く, くるくる回る,旋回(回転)する; (s) 渦を巻きながら移動する, 巻上がる. Der Rauch *wirbelt* aus dem Schornstein. 煙が煙突から渦を巻いて立ちのぼっている. 2 (s) めまぐるしく(すばやく)動く. Sie *wirbelte* vor Freude durch alle Zimmer. 彼女は大喜びして部屋から部屋へ駆回った. 3 (h) Mir *wirbelt* der Kopf.《比喩》《話》私は頭がくらくらする(目まいがする). 4 (h) (太鼓を)連打する.
❷ 他《方向を示す語句と》(物⁴を)回転させて…へ動かす. Der Wind *wirbelt* Blätter in die Luft. 風が木の葉を空へ舞い上げる.

'**Wir·bel·säu·le** 女 -/-n 〖解剖〗脊柱(つい); 背骨.

'**Wir·bel·strom** 男 -[e]s/=e〖電子工〗渦(う)電流.

'**Wir·bel·sturm** 男 -[e]s/=e 大旋風,台風,ハリケーン.

'**Wir·bel·tier** 中 -[e]s/-e〖動物〗(↔ Wirbellose) 脊椎(つい)動物.

'**Wir·bel·wind** 男 -[e]s/-e 1 つむじ風,旋風(せん). wie ein ~ 旋風のように(すばやく). 2《戯》生きのいい若者,元気がいい子供.

'**wirb·lig** ['vɪrblɪç] 形 =wirbelig

wirbst [vɪrpst] werben の現在 2 人称単数.

wirbt [vɪrpt] werben の現在 3 人称単数.

wird [vɪrt] werden の現在 3 人称単数.

wirfst [vɪrfst] werfen の現在 2 人称単数.

wirft [vɪrft] werfen の現在 3 人称単数.

'**wir·ken** ['vɪrkən ヴィルケン] (↓Werk) ❶ 自 1 働く,仕事をする,活動する. als Arzt ~ 医者として働く. an einer Schule als Lehrer ~ 学校で教師として働く. für et⁴ ~ 事¹のために働く,力をつくす. Ich habe heute schon ganz schön *gewirkt*.《戯》きょうはもうたっぷり仕事をした(働いた).《中性名詞として》das *Wirken* Gottes in der Natur 自然界における神の御業(わざ). während seines *Wirkens* als Prediger 彼が伝道者として働いていたあいだ. 2 効果をもつ,効き目がある; 作用をおよぼす,影響する(auf et〈j〉⁴ 物〈人〉⁴に). Das Medikament *wirkt* gut〈schlecht〉. その薬は良く効く〈あまり効かない〉. Die Spritze scheint schon zu ~. 注射はもう効いてきたようだ. Kaffee *wirkt* anregend. コーヒーには興奮させる作用がある. Der Sturm *wirkte* verheerend. 嵐は大きな被害をもたらした. Dieses Medikament *wirkt* auf die Nerven. この薬は神経に効く. Das Theaterstück hat auf mich sehr stark *gewirkt*. その芝居に私は大きな感銘を受けた. Er ließ die Musik immer wieder auf sich⁴ ~. 彼はその音楽に繰返し感銘を受けた. Er *wirkt* wie ein rotes Tuch auf mich.《話》彼を見ると

私は腹が立つ.《現在分詞で》ein rasch *wirkendes* Medikament すぐに効く薬,…に見える. Sie *wirkt* noch immer jung. 彼女はいまでも若く見える. Ein solches Verhalten *wirkt* unangenehm. そのような振舞は不愉快な印象を与える. neben j³ klein ～ 人²と並ぶと小さく見える.《現在分詞で》ein sympathisch *wirkender* Mensch いい感じのする人. **4** 映える, ひきたつ. Das Bild *wirkt* aus einiger Entfernung besser. その絵は少し離れて見るとひきたつ.

❷ 他 **1**《雅》なしとげる, 行う. Gutes ～ 善を行う. Wunder ～ 奇跡を行う;《話》(薬などが)奇跡的に効く. **2** メリヤス編みでつくる, 織る. einen Teppich ～ 絨毯(じゅうたん)を織る. **3**《地方》(パンの生地を)十分こねる.

'wirk・lich ['vɪrklɪç ヴィルクリヒ] (↓wirken)
❶ 形 **1** 現実の, 実際の. eine ～*e* Begebenheit 実際の出来事. das ～*e* Leben 実生活. Wie ist sein ～*er* Name? 彼の本名はなんというのだ. **2** 本当の, 真の; 本物の. ein ～*er* Freund 本当の友人. Das war für mich eine ～*e* Hilfe. おかげで私は本当に助かりました. *Wirklicher* Geheimer Rat 正枢密顧問官 (かつて使われた称号).

❷ 副 **1** 現実に, 実際に, 本当に; 実際は, 本当のところは. Ich weiß es ～ nicht mehr. 私は本当にもうそれを知らない. Was denkst du ～? 君は本当のところ君は何を考えているんだ. die Dinge so sehen, wie sie ～ sind 物事をあるがままに見る. Ist das ～ wahr? それは本当ですか. *Wirklich*! 本当ですとも. **2**《発言内容を強調して》実に, まったく. Sie ist ～ eine brave Frau. 彼女は実にりっぱな女性だよ. Das ist ～ freundlich von Ihnen. 本当にご親切ありがとうございます.

*'**Wirk・lich・keit** ['vɪrklɪçkaɪt ヴィルクリヒカイト] 囡 -/-en《複数まれ》現実, 実際; 現実の世界, 実生活, 実人生;《哲学》現実性. die harte ～ 厳しい現実. die politische ～ 政治の現実. ～ werden (夢や願いが)現実のものとなる. der ～ ins Auge sehen 現実を直視する. in ～ 実際は, 本当は.

'**Wirk・lich・keits・form** 囡 -/-en《文法》(Indikativ) 直説法.

'**wirk・lich・keits・fremd** 形 **1** 現実ばなれした, 非現実的な. **2** 現実に疎(うと)い, 現実を知らない.

'**wirk・lich・keits・ge・treu** 形 現実に忠実な, 写実的な.

'**Wirk・lich・keits・mensch** 男 -en/-en 現実的な人, 現実主義者, リアリスト.

'**wirk・lich・keits・nah** 形 現実(実際)に近い, 現実にそくした, 写実的な.

'**Wirk・lich・keits・sinn** 男 -[e]s/ 現実感覚.

*'**wirk・sam** ['vɪrkzaːm ヴィルクザーム] 形 **1** (a) 効果のある, 有効な, 効果的な. eine ～*e* Maßnahme 有効措置. ein ～*es* Mittel gegen Grippe 流感によく効く薬. (b)《法》(法律などが)効力をもつ. Die Verordnung wird mit 1. April ～. この命令は4月1日付をもって発効する. **2**《まれ》働いている, 活動している; 活動する.

'**Wirk・sam・keit** 囡 -/ **1** 効果(があること); 有効性, 効き目;薬効. **2**《まれ》活動していること; 活動.

'**Wirk・stoff** ['vɪrk..] 男 -[e]s/-e《生物》作用物質 (ビタミン・ホルモンなど).

*'**Wir・kung** ['vɪrkʊŋ ヴィルクング] 囡 -/-en **1** 作用, 働き, 結果, 効果, 効き目; 印象. Ursache und ～ 原因と結果, 因果. Keine ～ ohne Ursache.《諺》火のないところに煙は立たぬ. Kleine Ursache[n], große ～[en]《諺》小因大果, 小事が大事を招く. Die erhoffte ～ blieb aus. 期待した効果はあらわれなかった. ～ ausüben 作用(影響)をおよぼす(auf et〈j〉物〈人〉に). [eine] gute ～ haben 好影響をおよぼす, よく効く. Seine Worte hatten keine ～. 彼の言葉は効き目がなかった. *seine* ～ tun 効果をあらわす, 効く. Auch seine Rechten zeigten keine ～.《ボクシング》彼の右パンチも効き目がなかった. ohne ～ bleiben 効果がない, 効かない. zur ～ kommen 効果をあらわす, 効く. **2**《法律などの》効力. Die Verfügung tritt mit ～ vom 1. April in Kraft.《書》その処分は4月1日付をもって発効する.

'**Wir・kungs・be・reich** 男 -[e]s/-e 活動領域, 勢力範囲.

'**Wir・kungs・grad** 男 -[e]s/-e **1** 作用の程度. **2**《物理・工学》効率.

'**Wir・kungs・kraft** 囡 -/-ᵉ 影響力, 効力.

'**Wir・kungs・kreis** 男 -es/-e 活動領域, 勢力範囲.

'**wir・kungs・los** ['vɪrkʊŋsloːs] 形 効果のない, 効き目のない; 影響(感銘)を与えない.

'**Wir・kungs・lo・sig・keit** [..loːzɪçkaɪt] 囡 -/ 効果(効き目)のないこと.

'**Wir・kungs・quer・schnitt** 男 -[e]s/-e《核物理》断面積.

'**wir・kungs・voll** 形 効果の著しい, 効き目の大きい, 効果的な; 影響力の大きい, 感銘深い, 印象的な.

'**Wir・kungs・wei・se** 囡 -/-n 作用の仕方.

'**Wirk・wa・ren** ['vɪrk..] 複 メリヤス, ニット.

wirr [vɪr] 形 **1** 乱雑な, 散らかった; 無秩序な, 混沌とした, こみ入った. ～*es* Haar くしゃくしゃの髪. Auf seinem Tisch stand alles ～ durcheinander. 彼の机の上は手のつけようがないほど散らかっていた. **2** 支離滅裂な, わけの分からない. ein ～*er* Traum 支離滅裂な夢. ～*es* Zeug reden わけの分からないことをしゃべる. **3** 取乱した, 頭がもつれなった. mit ～*en* Blicken 取乱した(けげんな)眼差(まなざ)しで. Mir ist ganz ～ im Kopf. 私は頭がすっかり混乱して(ぼうっとなって)いる.

'**Wir・re** ['vɪra] 囡 -/-n **1**《複数で》混乱状態, 騒動, ごたごた. politische ～*n* 政情不安. in den ～*n* der Nachkriegszeit 戦後のどさくさの頃に. **2**《複数なし》《古》混乱, 紛糾.

'**wir・ren** ['vɪrən] 自《雅》入乱れる, もつれ合う.

'**Wirr・heit** ['vɪrhaɪt] 囡 -/-en《複数まれ》散らかっていること, 混乱, 無秩序.

'**Wirr・kopf** 男 -[e]s/-ᵉe 頭の混乱した(おかしな)人.

'**Wirr・nis** ['vɪrnɪs] 囡 -/-se《雅》**1**《複数なし》混乱, 乱雑. **2** 錯綜, もつれ, 紛糾.

'**Wirr・sal** ['vɪrzaːl] 中 -s/-e (囡 -/-e)《雅》混乱, 紛糾; ごたごた.

'**Wir・rung** ['vɪrʊŋ] 囡 -/-en《雅》**1**《複数なし》もつれ, 混乱. **2** いざこざ, 葛藤, 紛糾.

'**Wirr・warr** ['vɪrvar] 男 -[s]/ 大混乱, てんやわんや; 交錯, 錯綜.

wirsch [vɪrʃ] 形 (↓wirr)《古》**1** 興奮した, いきりたった, 怒った, 荒れ狂った. **2**《南西部》《天気などが》悪い, ひどい. **3** 混乱した, 精神が錯乱した.

'**Wir・sing** ['vɪrzɪŋ] 男 -s/-e《植物》ちりめんちしゃ.

'**Wir・sing・kohl** 男 -[e]s/-e《植物》= Wirsing.

wirst [vɪrst] werden の現在2人称単数.

*'**Wirt** [vɪrt ヴィルト] 男 -[e]s/-e **1** (旅館・飲食店などの)主人, 亭主. die Rechnung ohne den ～ ma-

chen《比喩》思わぬ見込違いをする. **2**《客をもてなす側の》主人, ホスト. den ～ spielen〈machen〉主人役をつとめる. **3**《アパートなどの》主人; 家主; 間貸し人. **4**〖生物〗《寄生生物の》宿主(╬ᆠ), 寄主(╬ᆠ).

'Wir·tel ['vɪrtəl]〖男〗-s/- (werden) **1**《紡(ᇢ)ぎ車の》弾み車. **2**〖植物〗輪生《葉序》. **3**〖建築〗アニュレット, 輪状《環状》平縁(㍋), 輪状玉縁. **4** 撹押棒(先に星形の頭を取付けたもの).

'Wir·tin ['vɪrtɪn]〖女〗-/-nen〈Wirt の女性形〉女主人, おかみ; 女家主.

'wirt·lich ['vɪrtlɪç]〖形〗〖古〗**1**《客に》愛想のいい, もてなしのいい. **2** 快適な, きれいな, 行ってみたくなるような.

'Wirt·lich·keit〖女〗-/〖古〗もてなしのいいこと;《土地などが》快適なこと.

'Wirt·schaft ['vɪrt·ʃaft ヴィルトシャフト]

〖女〗-/-en **1**《複数まれ》経済. die freie ～ 自由経済. die kapitalistische〈sozialistische〉～ 資本主義《社会主義》経済. sich⁴ in der ～ betätigen 経済界で活動する. **2**《複数まれ》家政, 家事, 家計. j³ die ～ führen 人³の家政を見る. getrennte ～ führen 所帯を別にしている. eine eigene ～ gründen 独立した所帯を構える. j³ in der ～ helfen 人³の家事を手伝う. Sie versteht nichts von der ～. 彼女は家の切盛りがいたくそだ. **3**《複数なし》《話》混乱, ごちゃごちゃ, てんやわんや; 面倒, 厄介事. Das ist eine schöne〈saubere〉～! / Was ist das für eine ～! これはなんという騒ぎ(ちらかりよう)だ. j³ viel ～ machen 人³に面倒をかける. reine ～ machen〖地方〗きれいさっぱり片付ける. **4**(a)《複数なし》農業, 農業経営. die extensive 〈intensive〉 ～ 粗放《集約》農業. (b)〖地方〗《小規模な》農場. **5** (a)《小さな》飲食店, 食堂; 旅館. (b)《複数なし》〖古〗〖戯〗《総称的に》給仕, ボーイ.

'wirt·schaf·ten ['vɪrt-ʃaftən] **❶**〖自〗**1** 経営をする, 賄(ﬡ)う. In diesem Betrieb wurde schlecht *gewirtschaftet*. この企業は経営のしかたが悪かった. Sie wirtschaftet gut. 彼女は商才がある, やりくり上手だ. aus dem vollen ～ 金を湯水のように使う. in die eigene Tasche ～ 私腹を肥やす. mit Gewinn ～ 利益をあげる. **2** 家政をとる, 家事をする. Sie hat lange für ihn *gewirtschaftet*. 彼女は長いあいだ彼の家政を見てきた. **3** (mit et¹ 物)を操作する, 大事に使う. **4**《家事などの》仕事をする,《忙しく》立ち働く. Sie *wirtschaftet* noch in der Küche. 彼女はまだ台所で仕事をしている.
❷〖他〗《結果を示す語句》経営する. die Firma in den Bankrott〈zugrunde / zu Grunde〉～ 会社を破産させる.

'Wirt·schaf·ter ['vɪrt-ʃaftər]〖男〗-s/- **1** 経営者; 財界人. **2** 経済学者, 経済学専攻学生. **3** 農場管理人;〖隠〗娼婦の見張り.

'Wirt·schaf·te·rin ['vɪrt-ʃaftərɪn]〖女〗-/-nen 家政婦.

'Wirt·schaft·ler ['vɪrt-ʃaftlər]〖男〗-s/- **1** 経済学者, 経済学専攻学生. **2** 経営者.

***'wirt·schaft·lich** ['vɪrt-ʃaftlɪç ヴィルトシャフトリヒ]〖形〗**1** 経済の; 金融上の. die ～*e* Blüte 経済的繁栄. die ～*e* Lage eines Landes 一国の経済状態. ～*er* Verein〖法制〗経済的社団. Es geht ihm ～ nicht gut. 金銭的にうまくいっていない. **2** 経済的な, 効率の良い; やりくり上手な. ein ～*es* Auto 経済的な自動車, エコノミーカー. eine ～*e* Hausfrau やりくり上手な主婦. ～ arbeiten《機械などが》効率的に働く.

'Wirt·schaft·lich·keit〖女〗-/ **1** 経済性, 採算性;〖経済〗収益率. **2** やりくり上手, 節約.
'Wirt·schafts·be·ra·ter〖男〗-s/- 経営顧問.
'Wirt·schafts·be·zie·hun·gen〖複〗《国家間の》経済関係.
'Wirt·schafts·buch〖中〗-[e]s/╌er 家計簿.
'Wirt·schafts·flücht·ling〖男〗-s/-e 経済難民.
'Wirt·schafts·ge·bäu·de〖中〗-s/- 《修道院・農場などの》作業棟(調理場・畜舎・納屋など).
'Wirt·schafts·geld〖中〗-[e]s/-er 家計費.
'Wirt·schafts·ge·mein·schaft〖女〗-/-en〖経済〗経済共同体.
'Wirt·schafts·geo·gra·phie〖女〗-/ 経済地理学.
'Wirt·schafts·ge·schich·te〖女〗-/ 経済史.
'Wirt·schafts·gip·fel〖男〗-s/- 経済サミット.
'Wirt·schafts·hil·fe〖女〗-/《他国にたいする》経済援助.
'Wirt·schafts·jahr〖中〗-[e]s/-e〖経済〗会計年度.
'Wirt·schafts·krieg〖男〗-[e]s/-e 経済戦争.
'Wirt·schafts·kri·mi·na·li·tät〖女〗-/〖法制〗経済犯罪.
'Wirt·schafts·kri·se〖女〗-/-n **1**《国家の》経済危機. **2**《好況から不況への》景気変動, 恐慌.
'Wirt·schafts·la·ge〖女〗-/《国家の》経済状態.
'Wirt·schafts·le·ben〖中〗-s/ 経済生活(活動).
'Wirt·schafts·len·kung〖女〗-/-en〖経済〗経済統制.
'Wirt·schafts·mi·nis·ter〖男〗-s/- 経済相, 経済関係閣僚.
'Wirt·schafts·mi·nis·te·ri·um〖中〗-s/..rien 経済省.
'Wirt·schafts·po·li·tik〖女〗-/ 経済政策.
'wirt·schafts·po·li·tisch〖形〗経済政策《上》の.
'Wirt·schafts·prü·fer〖男〗-s/-〖法制〗公認会計士.
'Wirt·schafts·raum〖男〗-[e]s/╌e **1**《多く複数で》《ビルなどの》営繕設備室(調理場・貯蔵庫・ボイラーなど). **2** 経済圏, 市場.
'Wirt·schafts·recht〖中〗-[e]s/〖経済〗経済法.
'Wirt·schafts·sys·tem〖中〗-s/-e 経済体制.
'Wirt·schafts·teil〖男〗-[e]s/-e《新聞の》経済欄.
'Wirt·schafts·wachs·tum〖中〗-s/ 経済成長.
'Wirt·schafts·wis·sen·schaft〖女〗-/-en《多く複数で》経済学.
'Wirt·schafts·wis·sen·schaft·ler〖男〗-s/- 経済学者.
'Wirt·schafts·wun·der〖中〗-s/《話》経済復興の奇蹟, 奇蹟の《驚異的な》経済復興.
'Wirt·schafts·zweig〖男〗-[e]s/-e 産業部門.
'Wirts·haus ['vɪrtshaʊs]〖中〗-es/╌er《田舎の》パブ, 飲食店(しばしば宿屋を兼ねる).
'Wirts·leu·te〖複〗**1**《旅館・食堂などの》主人夫婦. **2** 家主夫婦.
'Wirts·pflan·ze〖女〗-/-n〖生物〗寄主《宿主》植物.
'Wirts·stu·be〖女〗-/-n 旅館の食堂.
'Wirts·tier〖中〗-[e]s/-e〖生物〗寄主《宿主》動物.
Wisch [vɪʃ]〖男〗-[e]s/-e **1**《侮》なぐり書き;《紙屑同然の》文書,《どうでもいいような》書類. **2**〖古〗《藁(ᇢ)などの》束, 帯(㍋);《旅館の看板としての》藁の束. 雑巾. **3**〖狩猟〗《地面に枝をさして作った》隠れ場.
'wi·schen ['vɪʃən] **❶**〖他〗**1**《ほこりなどを》拭きとる, ぬぐいとる. die Krümel vom Tisch ～ テーブルのパン

ずを拭きとる． Er *wischte* ihre Sorgen einfach vom Tisch. 《比喻》彼は彼女の心配をあっさり無視した．《再帰的の》 *sich*³ den Schweiß von der Stirn ～ 額の汗をぬぐう． *sich*³ den Schlaf aus den Augen ～ 目をこすって眠気をさます． **2** 拭く，ぬぐう． den Boden ～《地方》床を拭く． *j*³ eine ～《話》《人³に》びんたをくらわす．《再帰的に》 *sich*³ [mit der Serviette] den Mund ～ 《ナプキンで》口を拭く． *sich*³ den Mund ～ dürfen《古》指をくわえて見ている．《過去分詞で》 einen〈eine〉 *gewischt* bekommen《話》感電する《びんたをくらう》．
❷ 圓 (h, s) **1** (h)《über et⁴ 物⁴の上に》軽く触れる，（テーブルの）上を手でさっとはらう． mit der Hand über den Tisch ～ テーブルの上を手でさっとはらう． **2** (s) すばやく《さっと》動く． aus dem Zimmer ～ さっと部屋から出ていく．

'Wi·scher ['vɪʃɐr] 男 –s/- **1** 拭くための道具；《自動車の》ワイパー；モップ． **2** ペン拭き． **3**《絵画》擦筆（さっぴつ）． **4**《話》かすり傷，こすり跡．《兵隊》擦過弾． **5**《地方》大目玉． **6**《狩猟》洗矢（あらいや）．

Wi·schi·wa·schi [vɪʃi'vaʃi] 中 –s/《わけの分からない》おしゃべり，たわ言．

'Wisch·lap·pen 男 –s/- ふきん，雑巾．
'Wisch·tuch 中 –[e]s/-er ふきん，雑巾．
'Wi·sent ['viːzɛnt] 男 –s/-e《動物》ヨーロッパバイソン．
'Wis·mut ['vɪsmuːt] 中 –[e]s/《記号 Bi》《化学》ビスマス，蒼鉛（そうえん）．
'wis·peln ['vɪspəln] 圓 他《地方》=wispern
'wis·pern ['vɪspɐn] 圓 他 ささやく，ひそひそ話す． *j*⁴ et⁴ ins Ohr ～ 人⁴に事⁴をそっと耳打ちする．
'Wiss·be·gier ['vɪs..] 女 –/ =Wissbegierde
'Wiss·be·gier·de 女 –/ 知識欲；好奇心．
'wiss·be·gie·rig 形 知識欲の旺盛な，好奇心が強い．

'wis·sen* ['vɪsən ヴィセン] wusste (°wußte), gewusst (°gewußt) / ich weiß, du weißt, er weiß
❶ 他 **1** 《…について》知っている，分かっている． (a)《副文を目的語にして》Ich *weiß* nur, dass er aus Hannover stammt. 私は彼がハノーファーの出であるということしか知らない． Ich *weiß*, dass ich nichts *weiß*. 私は自分がなにも知らない《無知である》ということを知っている (Sokrates). Man will ～, dass…． Wenn ich nur *wüsste*, wann er kommt. 彼がいつ着くのか分かればなあ． Ich *weiß* nicht, was ich tun soll. 私はどうしていいか分からない． Er *weiß* nicht, was er sagt. 彼は言っていることが支離滅裂だ． Er *weiß*, was er will. 彼は自分の目標をしっかり定めている． Ich *weiß*, was ich *weiß*. 誰がなんと言おうと私の意見《考え》は変らない． Ich *wüsste* nicht, was wir uns noch zu sagen hätten. もう話すことなんてないね《私たちのあいだももうこれまでだね》． Ich *wüsste* nicht, was ich lieber täte.《話》ここらが最も望むところだ． Ich möchte nicht ～, wie teuer dieses Kleid war. このドレスはほんとうに高かったんだから． Ich *weiß* nicht, wo er ist. 私は彼がどこにいるか知らない． Ich *weiß* nicht, wovon ich rede. 私は事実しか話さない． (b) **(alles, das, es, nichts, was** などを目的語として) Er *weiß* immer alles besser.《皮肉》彼はいつも知ったかぶりをする．《皮肉》Das *weiß* jedes Kind. そんなことは子供でも知っている． Wie〈Woher〉 soll ich das ～? そんなこと知っているはずがない． Ja, wenn ich das *wüsste*! 残念無念，そうと知っていればねえ． Er *weiß* es

nicht anders〈besser〉. 彼はほかのやり方を知らない． Dass du es nur *weißt*. いいか，肝に銘じておくんだよ． es ～ wollen《話》自分自身に挑戦する． *j*¹ et⁴ ～ lassen 人¹に事⁴を知らせて《教えて》やる． Das Schlimmste〈反語 Das Beste〉 *weißt* du ja noch gar nicht. 一番困るのは音〈⁴〉をあげてはいけない． Viel〈wenig〉 ～ なんでもよく知っている〈物を知らない，事情に疎い〉． *sich*³ mit et³ viel ～《雅》事³をいくらか鼻にかける． Ich *weiß* nichts davon. 私はそのことについて何も知らない． von *j*〈et〉 ～ nichts [mehr] ～ wollen 人〈物〉³にさっぱり関心がない，(は)願い下げにしたい． Was *weiß* denn der überhaupt? あいつになにも分かってないじゃないか． Ich *weiß* nicht [mehr]《話》私の中にたっ…
Weißt du [was], wir gehen ins Kino. どうだい，映画を見にいこうじゃないか． Was ich nicht *weiß*, macht mich nicht heiß. 《諺》知らぬが仏． (c)《目的語なしで》Ich *weiß* nicht recht. よく分からない《知らない》よ． *Weißt* du noch?《まだ》おぼえているかい． Im Augenblick geht es ja gut, aber man kann nie ～《話》いまのところうまくいっているが明日のことは分からないぜ． Bei dem *weiß* man nie.《話》あの男ばかりは何をしてか知れたものではない． Ich *weiß* nicht [mehr] aus und ein. Ich *weiß* weder aus noch ein. 私はまったくもってどうしたらいいのか分からない．

2 *j*〈et〉⁴ ～ 人〈物〉⁴を知っている，（に）心当りがある． *j*² Adresse〈Namen〉 ～ 人²の住所《名前》を知っている． den Weg ～ 道を知っている． *Weißt* du ein gutes Lokal〈ein Mittel gegen Kopfschmerzen〉? どこかいい飲屋〈なにか頭痛薬〉を知らないか． ein Gedicht auswendig ～ 詩を諳（そら）んじている． [*sich*³] keinen Rat mehr ～ 途方に暮れている．

3《状態を示す語句と》《雅》《人〈物〉³が…の状態であることを》知っている． *j*¹ im Büro〈zu Hause〉 ～ 人¹がオフィスにいる〈家にいる〉のを知っている． *sich*³ in Sicherheit〈Gefahr〉 ～ 自分が安全〈危険〉であることを知っている． *j*¹ krank〈glücklich〉 ～ 人¹が病気〈幸せ〉であることを知っている． Ich möchte diese Aussage richtig verstanden ～. 私はこの言葉を正しく理解していただきたいと思う．

4《**zu** 不定詞句と》…する術を心得ている，…できる． *sich*⁴ zu benehmen ～ 行儀作法を心得ている． et⁴ zu schätzen ～ 物⁴の値打ちが分かる． Sie *weiß* mit Kindern umzugehen. 彼女は子供の扱いを心得ている． Er *weiß* zu schweigen, wenn es sein muss. 彼は必要なときに沈黙を守ることを知っている． Er *weiß* *sich*³ immer zu helfen. 彼はいつでも自分でなんとか切り抜けられる男だ． Ich *wusste* mich vor Schmerz nicht zu lassen. 私は痛くてどうしようもなかった． nichts mit *j*³ anzufangen ～ 人³の扱い方が分からない，（を）もてあます．

5《**wer weiß** … の形で》Wer *weiß*, was alles noch kommt. これからどうなるのか誰にも分かりはしない． Der kommt wer *weiß* wann. あの男ならいずれそのうちにやってくる． Sie hat wer *weiß* was alles erzählt. 彼女はいろんなことを話した． Er hat wer *weiß* wen wieder mitgebracht. 彼はまたぞろ誰かをひっぱってきた． Ich habe mich wer *weiß* wie auf dich gefreut. 私はどんなに君のことを待ちこがれていたことか． Er lebt wer *weiß* wo an der See. 彼はどこか海辺で暮している．

❷ 圓 **1** 《von et¹/ um et⁴ について》よく分かっている，（に）通じている． *Weißt* du von ihm? 君は彼のことで何か知っていますか． um *j*² Schwierigkeiten ～ 人²の窮状を知っている． Er tut, als *wüsste* er von nichts.

彼は何も知らないようなふりをする.

*'**Wis·sen** ['vɪsən ヴィセン] 甲 -s/ (↓wissen) **1** 知識, 学識. ～ ist Macht. 《諺》知は力なり. das menschliche ～ 人智. ein umfangreiches ～ besitzen 該博な知識の持主である. **2** 《事情などを》知っていること; 承知, 了承. Woher hast du denn dein ～? 君はいったいどこから〔どうして〕知ったの. meines ～s《略 m. W.》私の知る限り〔ところ〕では. unseres ～《略 u. W.》我々の知る限り〔ところ〕では. im ～ um die Gefährlichkeit von et³ 事³の危険性を十分知りながら. mit ～ そうと分かっていて, わざと, 故意に. mit j² ～ [und Willen] 人²が承知のうえで, 人²の了解のもとに. nach bestem ～ und Gewissen 誠心誠意. ohne mein ～ 私の知らないところで; 私に無断で. wider besseres ～/《まれ》gegen [sein] besseres ～ 間違っていると知りながら.

'**wis·send** 現分 なにかを知っている, 事情が分かっている; 教養〔知識〕のある. mit einem ～*en* Blick 分かっているといった目つきで.

*'**Wis·sen·schaft** ['vɪsənʃaft ヴィセンシャフト] 囡 -/-en **1** 学問, 科学. angewandte〈exakte〉～ 応用〈精密〉科学. eine neue ～ 新しい学問. die Medizin ist eine ～ 医学は一つの学問である. die ～ von den Fischen 魚類学. die ～ fördern 学問を振興する. Das ist eine ～ für sich⁴. 《話》それはそれでなかなか難しいことだ〔それ自体ひとつの学問である〕. **2**《複数なし》《総称的に》学者, 学界. Die ～ ist anderer Ansicht. 学者は別な意見である. Prominenz aus ～ 学界の名士たち. **3**《複数なし》《古》知識, 学識. Woher hat er diese ～?《話》彼はどこからそのことを知ったのか. Mit seiner ～ ist es nicht weit her.《話》彼の知識などたいしたものではない.

'**Wis·sen·schaft·ter** ['vɪsənʃaftər] 男 -s/-《古》(ｽｲ･ｵｰｽﾄﾘ)=Wissenschaftler

*'**Wis·sen·schaft·ler** ['vɪsənʃaftlər ヴィセンシャフトラー] 男 -s/- 学者, 科学者.

*'**wis·sen·schaft·lich** ['vɪsənʃaftlɪç ヴィセンシャフトリヒ] 形 学問の, 科学の; 学問的な, 科学的な; 学術上の.

'**Wis·sen·schaft·lich·keit** 囡 -/ 学問的であること; 科学性, 学術性.

'**Wis·sens·drang** -[e]s 抑えがたい知識欲.

'**wis·sens·durs·tig** 形 知識に餓〔う〕えた, 知識欲の旺盛な.

'**Wis·sens·durst** -[e]s 知識への渇望, 抑えきれない知識欲.

'**Wis·sens·ge·biet** 甲 -[e]s/-e 知識〈学問〉の分野〔領域〕, 専門.

'**wis·sens·wert** 形 知るに値する, 知っておくべき.

'**Wis·sens·zweig** 男 -[e]s/-e =Wissensgebiet

'**wis·sent·lich** ['vɪsəntlɪç] 形《述語的には用いない》知った上での, 故意の, 意図的の.

wist [vɪst] 間 *Wist!*《地方》左へ!〔御者の掛け声〕.

'**Wit·frau** ['vɪtfrau] 囡 -/-en《古》《地方》=Witwe

'**Wi·tib** ['vɪtɪp] 囡 -/-e《古》(ｽｲ･ｵｰｽﾄﾘ)=Witwe

'**Wit·mann** ['vɪtman] 男 -[e]s/-er《古》《地方》=Witwer

'**Wit·ten·berg** ['vɪtənbɛrk]《地名》ヴィッテンベルク.
♦ザクセン=アンハルト州の都市, エルベ河畔にある. ルターの宗教改革運動の中心地.

'**wit·tern** ['vɪtərn] 動 (↓Wetter) ❶ 甲 **1**《猟師》《人物⁴》のにおいを嗅ぎつける, 《に》において感ずる. **2**《事》の気配を感じる, 《を》嗅ぎとる; 察知する. Gefahr〈Verrat〉～ 危険〔裏切り〕を嗅ぎつける〔察知する〕. Morgenluft ～ 好転を予感する, チャンス到来とみる. in j³ einen Feind ～ 人³を敵だと思う. ❷ 自《動物が》鼻をくんくんさせる, においを嗅ぐ.

'**Wit·te·rung** ['vɪtəruŋ] 囡 -/-en **1**《ある期間の》天気, 天候〔状態〕. bei günstiger ～ 天候がよければ. **2**《猟師》(a)におい, 臭跡. die ～ aufnehmen においを嗅ぎつける. von d³ ～ geben 犬に〔獲物の〕においを嗅がせる. von et³ ～ bekommen 物³のにおいを嗅ぎつける;《比喩》事³を嗅ぎつける, 察知する. (b)《複数なし》嗅覚. Der Hund hat eine gute ～. 犬はいい鼻をしている. (c)《において動物をおびきよせる》餌. **3** 気配を感じとる力, 勘. Er hat eine feine ～ für Gefahren. 彼は危険に対してよく鼻が利く. **4**《複数なし》予感〔察知〕すること.

'**Wit·te·rungs·um·schlag** 男 -[e]s/ⁱ-e 天候の急変〔とくに悪いほうへの〕.

'**Wit·te·rungs·ver·hält·nis·se** 複 気象〔天候〕状態.

'**Wit·tib** ['vɪtɪp] 囡 -/-e《古》(ｽｲ･ｵｰｽﾄﾘ)=Witwe

'**Wit·ti·ber** ['vɪtɪbər] 男 -s/-《古》(ｽｲ･ｵｰｽﾄﾘ)=Witwer

'**Wit·tum** ['vɪtuːm] 甲 -s/-er **1**《ゲルマン法で》結婚前に新郎が新婦の父に贈る贈物. **2**《歴史》《中世の》寡婦相続分, 寡婦扶助料. **3**《ｶﾄﾘｯｸ》聖職禄の不動産, 司祭館.

*'**Wit·we** ['vɪtvə ヴィトヴェ] 囡 -/-n《略 Wwe.》寡婦, 後家, 未亡人.

'**Wit·wen·geld** ['vɪtvən..] 甲 -[e]s/-er《公務員の未亡人に月々支給される》寡婦〔扶助料.

'**Wit·wen·ren·te** 囡 -/-n 寡婦年金.

'**Wit·wen·schaft** ['vɪtvənʃaft] 囡 -/ 寡婦であること, 未亡人の境遇.

'**Wit·wen·schlei·er** 男 -s/- 未亡人がかぶるヴェール.

'**Wit·wen·stand** -[e]s/ 未亡人の身分〔境遇〕.

'**Wit·wer** ['vɪtvər] 男 -s/-《略 Wwr.》男やもめ.

*'**Witz** [vɪts ヴィッ] 男 -es/-e (↓wissen) **1** (a)《機知にとんだ》洒落〔ｼｬﾚ〕, 冗談, ジョーク. ein alter ～/ein ～ mit Bart 古くさい洒落. ein fauler〈geistreicher〉～ 下手な〔気のきいた〕洒落. Das ist doch [wohl nur] ein ～!/Das soll wohl ein ～ sein! 冗談だろう, まさか本当〔本気〕ではあるまい. Dieses Kleid ist ja ein ～.《話》このドレスは本当に滑稽だ. sich³ einen ～ mit j³ erlauben 人³をからかう. einen ～ erzählen ジョークを話す, 笑い話をする. ～*e* machen〔話 reißen〕洒落〔冗談〕を飛ばす. *seine* ～*e* mit j³ machen 人³をだしに冗談を言う. Mach keine ～*e*! 冗談はよせ, そんなことがあるものか. (b)《比喩》《話》《事柄や話の》肝心な点, 眼目, ポイント; (Pointe)《洒落などの》落ち. Das ist der [ganze] ～. そこがポイントだ. Der ～ der Sache ist, dass... 肝心な点は…である. Was〈Wo〉ist der ～ dabei? 話しの眼目〔落ち〕はどこにあるのか. **2**《複数なし》機知力, ウィット. ein sprühender ～ 才気煥発. Er hat viel ～. 彼はウィットに富んでいる. mit ～ und Laune ユーモアたっぷりに. **3**《複数なし》《古》知力, 知恵. am Ende *seines* ～*es* sein 知恵が尽きる, 途方に暮れている. Er hat weder ～ noch Verstand. 彼はからっきし頭が弱い.

'**Witz·blatt** 甲 -[e]s/ⁱ-er 娯楽〔諷刺〕新聞〔雑誌〕.

'**Witz·bold** ['vɪtsbɔlt] 男 -[e]s/-e《話》すぐ冗談を言うやつ, 駄じゃれ屋, いたずら者; あほう, まぬけ.

Wit·ze·lei [vɪtsəˈlaɪ] 囡 -/-en **1**《複数なし》茶化す(からかう)こと. **2**《多く複数で》ひやかし, からかい.

'**wit·zeln** [ˈvɪtsəln] **❶** 圁 ~ (über j(ɛn)+人《事》を)茶化す, ひやかす, (について)冗談を言う. **❷** 囲 …と言って茶化する(ひやかす).

***'wit·zig** [ˈvɪtsɪç ヴィッィヒ] 厖 **1** 機知(ウィット)に富んだ, 気のきいた, おもしろい, 滑稽な; 当意即妙な. **2**《話》奇抜な, へんてこな. **3**《古》怜悧(れいり)な, 賢い.

'**Wit·zig·keit** 囡 -/ おもしろいこと, 機知に富むこと, しゃれの才.

'**witz·los** [ˈvɪtslos] 厖 **1** 機知のない, おもしろくない. **2**《話》意味のない, 無駄な, あほらしい.

'**Witz·wort** 囲 -[e]s/-e 機知に富む言葉, しゃれ.

w. L.《略》=westlicher Länge²《地理》西経….

WNW《略》=Westnordwest[en]

---

wo

[voː ヴォー] **❶** 副 Ⅰ《疑問》どこに, どこで. *Wo* bist du? 君はどこにいるんだ. *Wo* ist er geboren? 彼はどこで生れたのか. *Wo* kommst du her?《話》君はどこから来たんだ(=Woher kommst du?). *Wo* gehst du hin?《話》君はどこへ行くんだ(=Wohin gehst du?). ~ anders als hier ここ以外のどこで. Von ~ aus sieht man den Berg am besten? どこから見るとその山はいちばんよく見えますか. 《感嘆文を導いて》*Wo* denkst du hin!《話》なんてことを考えてるんだ. *Wo* gibt's denn so was!《話》それはむちゃくちゃだ, もってのほかだ.《間接疑問文を導いて》Ich weiß nicht, ~ er wohnt. 私は彼がどこに住んでいるのか知らない.《認容文を導いて》*Wo* immer er [auch] hinreist, ie nimmt seine Frau stets mit. 彼は旅行先がどこであろうと夫人をつねに伴って行く. ~ ich auch immer sein mag たとえ私がどこにいようと.《ときに文中で文末に位置して》Und das Restaurant ist ~? それでそのレストランはどこだって. Er ist wer weiß ~.《話》彼はどこかにいるさ.《名詞的用法で》das *Wo* und Wann 場所と時. Das *Wo* spielt keine Rolle. 場所は問わない.

Ⅱ《関係/定動詞後置》**1**《空間的》…のところの, …のところに(で). Das ist die Kreuzung, ~ er verunglückt ist. あれが彼が事故にあった交差点だ. Die Vögel ziehen dorthin, ~ es warm ist. 鳥たちは暖かいところへ移ってゆく. überall, ~ Menschen wohnen 人が住むいたるところで. Bleib, ~ du bist! 君が今いるところを動くな. **2**《時間的》…のときの. Es kommt noch der Tag, ~ du mich brauchst. 君が私を必要とする日がまたに来る. in dem Augenblick, ~ er an die Tür klopfte 彼がドアをノックしたその瞬間に. Ich war zehn Jahre, ~ (=als) mein Vater starb. 私が10歳のときに父が死んだ.

Ⅲ《話》**1**(irgendwo) どこかに. Er muss ~ versteckt sein. 彼はどこかに隠れているに違いない. ~ anders どこかほかのところに(で). **2**《間投詞的に》Ach ~! / I ~! / *Wo* werd' ich denn! とんでもない, 冗談じゃないよ.

❷ 腰《従属/定動詞後置》**1**《古》(wenn) もしも…ならば, *Wo* ihr nach dem Fleische lebet, so werdet ihr sterben müssen. なんじらが肉によって生きるならばなんじらは死なねばならないだろう.《**wo möglich** の形で》Komm, ~ möglich, morgen! 明日来られるなら明日にでも来てくれ.《**wo nicht** の形で》Du kommst morgen, ~ nicht, gib mir Nachricht! 明日来るなら来て, 来ないならば知らせをくれたまえ. Er wird dich bald erreichen, ~ nicht übertreffen. 彼は君を追越さないまでもすぐに追いつくだろう. **2**《多くは **doch** をともなって》(a) (weil) …だから. Du solltest besser nicht daran teilnehmen, ~ du doch auch keine Lust dazu hast. 君はそれに参加しないほうがいいだろう, じっさい君はそうする気もないのだから. (b) (obwohl) …であるのに. Wieso beschimpfst du mich, ~ ich dich doch ständig verteidige? どうして君は私のことをあしざまに言うのだ, 私はしじゅう君を弁護しているのに.

❸ 代《関係/不変化/定動詞後置》《とくに南ドイツ》Das ist der Mann, ~ (=der) am Steuer gesessen hat. あれが車を運転していた男だ. das Messer, ~ er sich⁴ mit geschnitten hat 彼が我が身を切ったナイフ(= das Messer, mit dem er sich⁴ geschnitten hat).

wo.. [vo..] 前置詞·副詞との融合形をつくる. 前置詞·副詞が母音で始まる場合は wor.. となる.

❶《前置詞との融合形をつくる》**1**《疑問代名詞 was と融合して定動詞後置》**woran** 何において. *wofür* 何のために. *womit* 何をもって. ▶疑問代名詞 was を前置詞とともに用いる場合は一般に融合形を用いる. ただし口語では an was, für was, mit was などの形も用いられる. **2**《関係副詞をつくる》(a)《関係代名詞 was と融合して》*worauf* それの上に. *wobei* そのさいに. *wovon* それについて. Er erhielt ein Telegramm, *worauf* er sogleich abreiste. 彼は1通の電報を受取るや即座に旅立った. ▶関係代名詞 was を前置詞とともに用いる場合はふつう融合形を用いる. (b)《関係代名詞 der と融合して》Das ist das Auto, *womit*(mit dem) mein Sohn täglich ins Büro fährt. これは息子が毎日事務所へ乗っていく車だ. ▶先行詞が人間の場合この融合形は用いられない. 今日ではこの用法は廃れつつある.

❷《副詞と融合して疑問副詞·関係副詞をつくる》*woher* どこから, そこから. *wohin* どこへ, そこへ. *wohinein* 何の中へ, その中へ. Woher kommst du? 君はどこから来たのか. ▶口語では wo..her, wo..hin などの分離した形もある.

w. o.《略》=wie oben 上記のように.

wo'an·ders [voˈ|andərs] 副 (どこか)別の所で. mit *seinen* Gedanken [ganz] ~ sein 気もそぞろである.

wo'an·ders·hin [voˈ|andərs'hɪn] 副 どこか別の所へ.

wob [voːp] weben の過去.

'**wob·beln** [ˈvɔbəln] 圁 (engl.)《放送》(波長·周波数などが)揺れ動く, ウォブリングする.

'**wö·be** [ˈvøːbə] weben の接続法 II.

***wo'bei** [voˈbaɪ ヴォバイ] 副 Ⅰ《疑問》何のさいに, 何をしているときに, 何のそばに. *Wobei* bist du gerade? 君はいま何をしているところだい. Ich weiß nicht, ~ er sich⁴ verletzt hat. 私は彼が何をしていて怪我をしたのか知らない. Ⅱ《関係/定動詞後置》そのさいに, その時(その場合)に. ~ der Unfall, ~ mehr als hundert ums Leben kamen 百名以上が死亡した事故. Sie gab mir das Buch, ~ sie vermied, mich anzusehen. 彼女は私にその本を渡したが, そのさい私の顔を見るのを避けた. ~ zu bedenken ist, dass… …であるがそのさい考慮すべきは…ということである.

Wo·che

[ˈvɔxə ヴォヘ] 囡 -/-n **1** (a) 週, 週間. Die ~ ist vorüber. 1週間が終った. die ~ des Buches 図書週間. die heilige⟨stille⟩ ~《キリスト教》聖週間. (Karwoche) 聖週間. [am] Anfang⟨Ende⟩ der ~ 週の始めに⟨週の終りに⟩. [in der] Mitte der ~ 週の半ばに.《副詞的4格で》alle⟨地方 aller⟩ drei ~n /

jede dritte ~ 3週間ごとに. diese ~ 今週. jede ~ 毎週. letzte〈nächste〉 ~ 先週〈来週〉. viele ~n [lang] 何週間にも. zweimal die〈jede〉 ~ / die 〈jede〉 ~ zweimal / zweimal in der〈jeder〉 ~ 週に2度. 《前置詞と》**auf** ~n hinaus 向こう数週間にわたって. **~ für** ~ 毎週毎週. **in** drei ~(今から) 3週間後に. in dieser ~ heute in〈vor〉einer ~ 1週間後〈前〉の今日. **nach** drei ~n(それから) 3週間後に. **über** ~n hin 何週間にもわたって. (b) (日曜日以外の)週日, 平日, ウィークデー. die ~ über / in〈während/unter〉 der ~ 週日(平日)には. **2**《複数で》《話》お産の床, 産褥(さんじょく). in die ~n kommen 産褥につく. in den ~n liegen〈sein〉産褥についている.
'**Wo·chen·bett** 甲 -[e]s/ お産の床, 産褥(さんじょく). im ~ liegen 産褥についている.
'**Wo·chen·bett·fie·ber** 甲 -s/《病理》産褥熱.
'**Wo·chen·blatt** 甲 -[e]s/ᵉr 週間新聞, 週刊紙.
*'**Wo·chen·en·de** ['vɔxənˌɛndə ヴォヘンエンデ] 甲 -s/-n 週末, ウイークエンド. [Ein] schönes ~! 楽しい週末を.
'**Wo·chen·end·haus** ['vɔxənˌɛnthaʊs] 甲 -es/ᵉr 週末用別荘.
'**Wo·chen·fie·ber** 甲 -s/ 産褥(さんじょく)熱.
'**Wo·chen·kar·te** 女 -/-n (乗車券・入場券などの)週間定期券.
'**wo·chen·lang** ['vɔxənlaŋ] 形《比較変化なし/述語的には用いない》数週間の, 何週間もの.
'**Wo·chen·lohn** 男 -[e]s/ᵉ 週給.
'**Wo·chen·markt** 男 -[e]s/ᵉ 週市(毎週1ないし数回開かれる市).
'**Wo·chen·schau** 女 -/-en 週間ニュース映画.
'**Wo·chen·schrift** 女 -/-en 週刊誌.
'**Wo·chen·stu·be** 女 -/-n 産室.
*'**Wo·chen·tag** ['vɔxənˌtaːk ヴォヘンターク] 男 -[e]s/-e (日曜日以外の)週日, 平日, ウイークデー.
'**wo·chen·tags** 副 (日曜日以外の)週日に, ウイークデーに.
*'**wö·chent·lich** ['vœçəntlɪç ヴェヒェントリヒ] 形《述語的には用いない》毎週の, 1週間ごとの. eine ~e Bezahlung 週払い. Die Zeitung erscheint ~. 新聞は週刊である. einmal ~ / einmal ~ 週に1度.
..**wö·chent·lich** [..vœçəntlɪç]《接尾》数詞などにつけて「…週間ごとの」の意を表す形容詞をつくる. dreiwöchentlich 3週間ごとの.
'**wo·chen·wei·se** ['vɔxənvaɪzə] 形《述語的には用いない》週単位の, 週ごとの.
'**Wo·chen·zeit·schrift** 女 -/-en 週刊誌.
'**Wo·chen·zei·tung** 女 -/-en 週刊新聞, 週刊紙.
..**wo·chig** [..vɔxɪç]《接尾》=..wöchig
..**wö·chig** [..vøːçɪç]《接尾》数詞などにつけて「…週間の(にわたる)」の意を表す形容詞をつくる. dreiwöchig 3週間の.
'**Wöch·ne·rin** ['vœçnərɪn] 女 -/-nen (産褥にある)産婦.
'**Wo·dan** ['voːdan]《人名》《北欧神話》ヴォーダン, ヴォータン(ゲルマン神話の最高神. =Oden).
'**Wod·ka** ['vɔtka] 男 -s/-s (russ., Wässerchen') ウォッカ.
'**Wo·du** ['voːdu] 男 -/ (kreol. voudou) ヴードゥー.
◆ ハイチ Haiti を中心とした西インド諸島の黒人のあいだで行われる西アフリカ伝来の魔術的民間信仰, またその秘密の祭祀.
***wo'durch** [voːˈdʊrç ヴォドゥルヒ] 副 [I]《疑問》何によって, 何を通じて, どうして; どこを通って. *Wodurch* ist er so geworden? どうして彼はそんなふうになったのか. [II]《関係/定動詞後置》そのようにして, そこを通って. Er ist trotz des Verbotes aufgestanden, ~ sich⁴ seine Krankheit natürlich wieder verschlimmert hat. 彼は禁じられていたにもかかわらず床を離れた, そのために彼の病気は当然のことながらふたたび悪化した.
wo'fern [voːˈfɛrn] 接《従属/定動詞後置》《古》(sofern) …である限りは, …の場合には.
***wo'für** [voːˈfyːr ヴォフューア] 副 [I]《疑問》何のために, 何に対して, 何の代りに, 何に賛成して. *Wofür* brauchst du das? 君は何のためにそれを必要とするのか. *Wofür* ist das gut? それは何の役に立つのか. *Wofür* interessierst du dich? 君は何に興味があるのか. [II]《関係/定動詞後置》そのために, それに対して, その代りに, 賛成して. Er hat mir viel geholfen, ~ ich ihm sehr dankbar bin. 彼は私を大いに助けてくれた, そのことに対して私は彼にとても感謝している. Er ist nicht das, ~ du ihn hältst. 彼は君が思っているような人間じゃない. Ich werde dir sagen, ~ ich dich halte. おれがおまえをどんな〈くだらない〉やつだと思っているか言ってやろうじゃないか.
wog [voːk] wägen, wiegen¹ の過去.
'**Wo·ge** ['voːɡə] 女 -/-n《雅》**1** 大波. Die ~n schlugen über das Boot. 大波がボートにおおいかぶさった. **2**《比喩》(感情・興奮などの)高まり, 盛上がり. Die ~n der Diskussion gingen hoch. 議論が白熱した. eine ~ von Beifall 嵐のような喝采. Die ~n glätten sich 鎮まる(冷める). Die ~n glätten /《話》 Öl auf die ~n gießen 興奮(感情)を鎮める.
'**wö·ge** ['vøːɡə] wägen, wiegen¹ の接続法II.
***wo'ge·gen** [voːˈɡeːɡən ヴォゲーゲン] 副 [I]《疑問》何に向かって, 何に対して, 何に逆らって; 何と引替えに; 何と比べて. *Wogegen* protestiert er eigentlich? 彼はそもそも何に抗議しているのか. *Wogegen* stellte er die Leiter? 彼は何にはしごを立てかけたのか. *Wogegen* hilft dieses Mittel? この薬は何に効くのか. [II]《関係/定動詞後置》**1** それに向かって, それに対して, それに逆らって; それと引替えに, それと比べて. alles, ~ er protestierte hat er bekämpft 彼が抗議したことすべて. Er behauptete sein Recht, ~ niemand Einspruch erhob. 彼は自分の権利を主張したが誰もそれに異議を唱えなかった. **2**《wohingegen》それに反して, 他方.
'**wo·gen** ['voːɡən] 自 (↓ Woge)《雅》(海が)大波を立てる, 大きくうねる, 波打つ.《比喩的に》Die Ähren *wogen* im Wind. 穂が風に波打っている. Ein wilder Kampf *wogte*. 激戦が波のうねりのようにきつく続いた. Der Platz *wogt* von Menschen. / Auf dem Platz *wogt* eine Menschenmenge. 広場は大勢の人でひしめいている.《非人称的に》*Es wogte* in ihm vor Empörung und Scham. 怒りと恥ずかしさで彼の胸の内は大波が荒れ狂うようだった.《現在分詞で》mit *wogender* Brust 胸をときめかして.
***wo'her** [voːˈheːr ヴォヘーア] 副 [I]《疑問》どこから. *Woher* kommst du? 君はどこから来たのか; どこの出身か. Ich weiß nicht, ~ das kommt. 私にはどうしてそういうことになるのか分からない. *Woher* weißt〈話 hast〉du das? 君はどうしてそれを知っているのか. *Woher* des Weges?《雅》どちらからですか.《間投詞的に》[Aber] ~ denn! / Ach ~ [denn]! / I ~! / Ja ~!《話》とんでもない, そんなばかな.《名詞的用法で》j⁴ nach dem *Woher* und Wohin fragen《雅》人⁴に

来し方行く末をたずねる. Ⅱ《関係/定動詞後置》そこから. Geh wieder hin, ～ du gekommen bist! もと来たところへ引返せ. Tu das wieder hin, ～ du es genommen hast. それをもとのところへもどしておけ. die Stadt, ～ er stammt 彼が生れた町. ◆口語では wo と her がしばしば分離する. 《話》Wo kommst du her? =Woher kommst du?

wo・he'rum [vohɛ'rom] 副《疑問》どのあたりに; どの方向に.

*__wo'hin__ [vo'hɪn ヴォヒン] 副 Ⅰ《疑問》**1** どこへ. *Wohin* gehst du? 君はどこへ行くのか. Ich weiß nicht, ～ er die Papiere gelegt hat. 私は彼が書類を置いたのか知らない. *Wohin* des Weges?《雅》どちらへおいでですか. *Wohin* damit?《話》それはどうしたらよいのか; それはどこへ置けばよいものか. **2**《文中や文末で用いられて》(irgendwohin) どこかへ. Ich muss mal ～. 《話》(トイレに行くさいに)ちょっと用足しへ. Ich muss noch ～. 《話》(買物やトイレなどに行きたくて)まだ用足しがありますのです. Ⅱ《関係/定動詞後置》そのかへ, その方へ. Du kannst gehen, ～ du willst. 君は好きなところへ行けばいい. die Stadt, ～ er geht 彼がめざす町. ◆口語では wo と hin がしばしば分離する. 《話》Wo gehst du hin? =Wohin gehst du?

wo・hi'nauf [vohɪ'naʊf] 副 Ⅰ《疑問》どこへ上がって. *Wohinauf* führt der Weg? その道はどこへ上って行くのか. Ⅱ《関係/定動詞後置》die Burg, ～ wir gingen 私たちが上って行った城.

wo・hi'naus [vohɪ'naʊs] 副 Ⅰ《疑問》(中から)どこへ. Ⅱ《関係/定動詞後置》そこへ.

wo・hi'nein [vohɪ'naɪn] 副 Ⅰ《疑問》どこの中へ, 何の中へ. Ⅱ《関係/定動詞後置》その中へ.

wo・hin'ge・gen [vohɪn'ge:gən] 副《従属/定動詞後置》それに反して, 他方. Er ging ins Kino, ～ seine Frau zu Hause blieb. 彼は映画を見に行ったが彼の妻は家にのこった.

wo・hi'n・ter [vo'hɪntər] 副 Ⅰ《疑問》何のうしろに. Ⅱ《関係/定動詞後置》そのうしろに.

wohl [vo:l ヴォール] wohler (besser), am wohlsten (am besten) 副 **1**《おもに述語的用法で/比較変化 wohler, am wohlsten》(a) 元気(健康)に, 気分よく. ～ aussehen 元気(健康)そうに見える. Ist dir nicht ～? 君は気分が悪いのか. Mir ist heute sehr ～. / Ich fühle mich heute sehr ～. 私はきょう気分がとてもよい. Ich bin ganz ～ (=gesund). 私はまったく健康だ. Nach der Tablette ist mir jetzt viel ～*er*. 薬を飲んでから私はとても気分がよくなった. (b) 快適に, 心地よく; 具合よく. Die Wärme tut mir sehr ～. 暖かさが私にはとても心地いい. Mir ist bei diesem Gedanken nicht ～ {zumute/zu Mute}. 私はそう考えるとあまりいい気持がしない. Am ～*sten* ist {es/mir zu Hause. / Am ～*sten* fühle ich mich zu Hause. 私は家にいるのが一番いい. es sich³ ～ sein lassen (飲んだり食べたり)人生をおおいに楽しむ, 愉快にやる. ～ oder übel よかれあしかれ, いやおうなしに. *Wohl* oder übel musste er zustimmen. 好むと好まざるとにかかわらず, 彼は同意せざるをえなかった. 《さまざまなあいさつで》*Wohl* bekomm's! さあ召し上がれ/乾杯. Lass es dir ～ ergehen! ご機嫌よう. Leben Sie ～! お元気で, さようなら. Schlafen Sie ～! おやすみなさい. [Ich] wünsche, ～ gespeist zu haben! 《古》《戯》おいしくお召し上がりいただけたでしょうか.

2 (a) 《比較変化 besser, am besten》よく, 十分に. Hast du das ～ bedacht? 君はそのことをよく考えたか. Ich erinnere mich ～ an seine Worte. 私は彼の言葉をよく覚えている. Das Mädchen gefällt mir ～. その娘はおおいに私の気に入っている. Das steht dir ～ an. それは君によく似合う. Du tätest ～ daran zu schweigen. 君は黙っているほうがいい. et⁴ ～ verpacken 物をしっかりと包装(梱包)する. (b) 《強意/比較変化なし》よく, しかと. Ich bin mir dessen ～ bewusst. そのことはしかと心得ている. Ich sehe [sehr] ～, worum es sich⁴ handelt. 私には何が問題かよく分かっているんだ. Ich verstehe dich [sehr] ～. 君の気持はよく分かるよ.

3《比較変化なし》(a) おそらく, たぶん, きっと…だろう. Zum Lehrer ist er ～ nicht geeignet. 教師にはたぶん彼は向いていない. Das ist ～ das Beste für ihn. それがおそらく彼にはいちばんいいことだ. Er wird ～ kommen. 彼はたぶん来るだろう. Es wird ～ besser sein, wenn… …すればたぶんもっといいだろう. Es wird ～ bald schneien. たぶんすぐに雪になるだろう. Das kann man ～ sagen. そう言ってもいいだろう. Das mag ～ sein. そうかもしれない. Ob sie heute ～ kommt? 彼女はきょう来るのだろうか. Kommst du mit? — *Wohl* kaum! 一緒に来るかい? — たぶんだめだろうな. (b) 《平叙文の形の疑問文で/相手の肯定を予期して》Ich habe ～ nicht recht gehört? 《話》私の聞き間違いだろうね(まさか本気ではないだろうね). Du bist ～ nun ärgerlich? 君はたぶん怒っているだろうね. Wir stören ～? おじゃまでしょうね. 《発言のどぎつさを和らげて》Du bist ～ nicht ganz bei Trost? / Du spinnst ～? / Bei dir piept's ～?《話》君は頭がおかしいんじゃないのか. 《相手の質問に不機嫌そうに聞返して》Was sagst du damit? — Was ～? 君は何を言っているんだ — なんだろうね. Warum ～? なぜだろうね. (d)《要求の気持を強めて》Willst du ～ hören! ちゃんと(話を)聞くんだろうね. Siehst du ～, das habe ich gleich gesagt! そらみろ, 言わんことじゃないね. Willst du ～ herkommen! こちらに来なさい. Willst du ～!《話》やれるものならやってみろ. (e)《数量を示す語と》約, およそ. Es wird ～ ein Jahr sein, seit er verreist ist. 彼が旅に出てかれこれ1年になるだろう. ～ hundertmal およそ百回ほども.

4《間投詞的に》(a)《雅》(人³は)幸いである. *Wohl* dem, der gesunde Kinder hat!《聖》やかな子供を持つものは幸いである. *Wohl* ihm, dass…! …であるとは彼は幸せだ. (b)《話》《地方》(肯定・同意して)*Wohl*! はい, そうだとも; よろしい, よろしい; 承知しました. (c) (しぶしぶ同意して) Nun ～, ich will es auch versuchen. まあいいでしょう, 私もやってみますよ. (d)《古》(決断して) *Wohl* denn, lasst uns gehen! よし行こうじゃないか. (e)《古》(命令や依頼に答えて) Bringen Sie mir bitte ein Bier! — Sehr ～[, mein Herr]! ビールを1杯持って来てください — かしこまりました.

5《古》《古い物語・民謡の中で/とくに意味をもたない詞めくさの言葉として》Es zogen drei Burschen ～ über den Rhein. 3人の若者がライン川を越えて行きました.

6《後続の aber, allein, doch などと呼応して》なるほど, たしかに. Das ist ～ ein guter, aber doch kein neuer Gedanke. それはなるほどよい考えだがしかし新しいものではない. Er sagt ～, …, aber ich glaube ihm nicht. 彼はなるほど…と言っているがしかし私は彼の言うことを信じない. *Wohl* ist er noch jung,

aber er ist schon eine Persönlichkeit. たしかに彼はまだ若いがすでにひとかどの人物である. 《**wohl aber** の形で》Du bist nicht dumm, ~ aber faul. お前は馬鹿ではないが怠け者だ. Hier gibt es keine Löwen, ~ aber Tiger. ここにはライオンはいないものの虎がいる.
7《接続詞 ob と/と形容の意を表す》《古》ob er ~ krank ist 彼は病気ではあるか.

♦↑wohl bedacht, wohl bekannt, wohl gemeint, wohl tun, wohl überlegt, wohl unterrichtet, wohl wollen

*Wohl [vo:l ヴォール] 田 –[e]s/ (↓wohl) 幸福, 幸せ; 福祉, 安寧, 繁栄; 健康. das allgemeine〈öffentliche〉~ 公共の福祉. das ~ der Familie〈des Staates〉家族の幸福〈国家の繁栄〉. das ~ und Weh[e] 幸不幸, 禍福; 運命. Das ~ und Wehe des Volkes liegt in seinen Händen. 国民の運命は彼の手中にある. für j² leibliches ~ sorgen j の食事の世話をする. Du bist nur um dein eigenes ~ besorgt. 君は自分の心配しかしていない. Das geschah nur zu deinem ~. これはすら君によかれと思ってしたことだ. 《乾杯の辞》[Auf] Ihr ~! あなたの御健康を祈って. Zum ~! 御健康を祈って.

wohl'an [vo'lan, vo:l'an] 副《雅》《古》さあ, よし.
'**wohl·an·stän·dig** 形《雅》《古》礼儀正しい, 行儀のよい, 道徳的に立派な, きちんとした.
wohl'auf [vo:l'auf, vo'lauf] 副《雅》**1**《古》《人に誘いかけて》いざ, さあ. **2** 元気で, 健康に.
wohl be'dacht, °'**wohl·be·dacht** 形《雅》熟慮(熟考)した, よく考えた上の.
'**Wohl·be·dacht** 男《次の用法でのみ》mit ~《雅》よく考えて, 熟慮して.
'**wohl·be·fin·den** 田 –s/ 健康, 健在, 息災.
'**wohl·be·ha·gen** 田 –s/ 安楽, 満足(感), 心地よい気持ち.
'**wohl·be·hal·ten** 形 恙(っっ)無い; 無傷の. ~ ankommen 無事に到着する.
'**wohl be'kannt**, °'**wohl·be·kannt** 形 よく知られた, 有名な, 周知の.
'**wohl·be·leibt** 形《雅》肥満した, よく太った.
'**wohl·be·stallt** ['vo:ləbəʃtalt] 形《雅》《古》立派な〈確固とした〉地位にいる.
'**Wohl·er·ge·hen** 田 –s/ 健康, 無事, 息災; 幸福, 繁栄.
'**wohl·er·wor·ben** **1**《雅》正当に得られた. **2** ~e Rechte『法制』既得権.
'**wohl·er·zo·gen** 形《雅》よくしつけ(育て)られた, しつけのよい. ♦wohl erzogen とも書く.
'**Wohl·fahrt** 囡 –/ **1**《雅》繁栄, (物質的な面での)幸福. **2**《古》社会福祉, 生活保護;《話》福祉事務所, 民生局.
'**Wohl·fahrts·mar·ke** 囡 –/–n《慈善のための》寄付金付き郵便切手.
'**Wohl·fahrts·pfle·ge** 囡 –/《古》社会福祉事業.
'**Wohl·fahrts·staat** 男 –[e]s/–en 福祉国家.
'**wohl·feil** ['vo:lfail] 形《古》**1** 安い. eine ~e Ausgabe 廉価版. **2** 容易な, たやすく手に入る. ein ~er Sieg 楽勝, 大勝. **3** 陳腐な, 月並みな.
'**wohl·ge·bo·ren** ['vo:ləbo:rən] 形《古》《呼掛けや手紙の上書きにのみ用いる》高貴な生れの. Euer Wohlgeboren 閣下, 貴殿.
'**Wohl·ge·fal·len** 田 –s/ 喜び, 好感, 満足(感). sein ~ an et〈j〉³ finden〈haben〉物〈人〉³が気に入る, 事を喜ぶ. j² ~ finden〈erregen〉人²に気に入られる.

sich⁴ in ~ auflösen《話》《計画などが》おじゃん〈台無し〉になる; ばらばらに壊れる; 消えてなくなる;《もめ事などが》解消〈解決〉する. Missverständnisse〈Seine Pläne〉haben sich⁴ in ~ aufgelöst. 誤解は解けた〈彼の計画は水泡に帰した〉. mit ~ 満足げに.
'**wohl·ge·fäl·lig** 形 **1** 満足気な, 満足した. **2**《古》快い, (人³の)意にかなう. Gott³ ~e Werke 神の御心にかなう業(ぎ). Das ist ihm ~. それは彼の気に入っている.
'**wohl·ge·formt** 形 形のよい. ♦wohl geformt とも書く.
'**Wohl·ge·fühl** 田 –[e]s/ いい(心地よい)気持, 快感.
'**wohl·ge·lit·ten** 形 好かれている, 人気のある, 好評の. ♦wohl gelitten とも書く.
'**wohl·ge·meint**, °'**wohl·ge·meint** 《忠告などが》善意〈好意〉からの.
'**wohl·ge·merkt** ['vo:lɡəmɛrkt, '–––'] 副《間投詞のように独立的に用いて》いいかね, はっきりいっておくが, 注意されたし. Wohlgemerkt, das hast du gesagt. いいかね, 君はそう言ったんだぞ.
'**wohl·ge·mut** ['vo:lɡəmu:t] 形《雅》上機嫌の; 快活で自信に満ちた. sich⁴ ~ auf den Weg machen 元気よく出発する.
'**wohl·ge·nährt** 形《俺》栄養のよい, 太った. ♦wohl genährt とも書く.
'**wohl·ge·neigt** 形 好意を寄せている(人³に).
'**wohl·ge·ra·ten** 形《雅》**1** てきばえのよい, よくできた. **2** 育ちのよい, しつけ(行儀)のよい. ♦wohl geraten とも書く.
'**Wohl·ge·ruch** 男 –[e]s/–e《雅》いい香り, 芳香. alle Wohlgerüche Arabiens《戯》ありとあらゆるにおい(Shakespeare『マクベス』Macbeth).
'**Wohl·ge·schmack** 男 –[e]s/《雅》美味, おいしさ.
'**wohl·ge·setzt** 形《言葉などが》うまく表現された, 適切な, 巧みな.
'**wohl·ge·sinnt** 形 好意のある, 好意的な(人³に).
'**wohl·ge·stalt** ['vo:lɡəʃtalt] 形《古》=wohlgestaltet
'**wohl·ge·stal·tet** ['vo:lɡəʃtaltət] 形《雅》姿〈形〉のいい(美しい), かっこうのいい.
'**wohl·ge·tan** ['vo:lɡətaːn] 形《次の用法でのみ》Das ist ~.《雅》それは正しくなされて(行われて)いる, それはうまくできている.
'**wohl·ha·bend** 形 裕福な, 金持の.
'**Wohl·ha·ben·heit** 囡 –/ 裕福.
'**woh·lig** ['vo:lɪç] 形 心地よい, 快い, 気持のいい. ein ~es Gefühl des Triumphes 勝利の快感.
'**Wohl·klang** 男 –[e]s/–e《雅》**1** 美しい〈快い〉響き. **2**《複数なし》美しい音調〈旋律〉.
'**wohl·klin·gend** 形《雅》美しい音調の, 美しい響きの.
'**Wohl·laut** 男 –[e]s/《雅》美しい〈快い〉音調.
'**wohl·lau·tend** 形《雅》美しい響きの, 響きのいい.
'**Wohl·le·ben** 田 –s/《雅》裕福(ぜいたく)な生活.
'**wohl·löb·lich** 形《古》《戯》称賛すべき, 大いにほめるべき.
'**wohl·mei·nend** 形《雅》**1** 善意〈好意〉からの. **2** 好意的な, 親切な.
'**wohl·rie·chend** 形《雅》いい香りの, 芳香のある.
'**wohl·schme·ckend** 形《雅》美味の, おいしい. ♦wohl schmeckend とも書く.
'**Wohl·sein** 田 –s/《雅》心地よさ; 健康. [Zum] ~! 乾盃!(くしゃみをした人に向って)お大事に.
'**Wohl·stand** ['vo:lʃtant] 男 –[e]s/《物質的な》豊か

さ; 〈高い〉生活水準. im ～ leben 裕福に暮らす. es zu ～ bringen 豊かになる. Bei dir ist wohl der ～ ausgebrochen! 〈戯〉おや,懐が暖かくなりだけだ.

'**Wohl·stands·ge·sell·schaft** 囡 -/ 〈高度経済成長による〉豊かな社会.

'**Wohl·stands·müll** 男 -[e]s/ 豊かな社会の生み出すごみ〈廃棄物〉.

'**Wohl·tat** ['vo:lta:t] 囡 -/-en 1 〈雅〉善行,慈善,〈善意の施し〉. j³ eine ～ erweisen 人³に善意を施す. 2 《複数なし》快い(ありがたい)もの,元気づけてくれるもの,恵み,救い. et⁴ als ～ empfinden 物⁴を救い〈恵み〉と感じる. Der heiße Kaffee ist eine wahre ～. 熱いコーヒーを飲むとほんとうに人心地がつく.

'**Wohl·tä·ter** 男 -s/- 慈善家. ◆女性形 Wohltäterin 囡 -/-nen

'**wohl·tä·tig** ['vo:ltɛ:tɪç] 形 1 善意の,善意を行う. eine Sammlung für ～e Zwecke 善意のための募金. ～ sein〈wirken〉 慈善家である〈慈善活動をする〉. 2 《古》快い,元気にしてくれる; ためになる. ein ～es Getränk 元気の出る飲物. ein ～er Schlaf 心地よい眠り. einen ～en Einfluss auf j⁴ ausüben 人⁴によい感化をおよぼす. auf j〈et〉⁴ ～ wirken 人〈物〉⁴によい影響をおよぼす.

'**Wohl·tä·tig·keit** ['vo:ltɛ:tɪçkaɪt] 囡 -/ 善行,慈善,慈悲.

'**Wohl·tä·tig·keits·ver·an·stal·tung** 囡 -/-en 慈善の催し.

'**Wohl·tä·tig·keits·ver·ein** 男 -[e]s/-e 慈善団体.

'**wohl·tu·end** ['vo:ltu:ənt] 形 快い,心をなごませる,元気を回復させる. ～e Wärme 心地よい暖かさ. Hier ist es ～ kühl. ここは心地よく涼しい.

'**wohl tun***, °'**wohl|tun*** 圓 〈雅〉 1 〈人³に〉善行〈慈善〉を施す; 正しい行いをする. Sie hat vielen Menschen *wohl getan*. 彼女は多くの人々に善行を施した. Du würdest ～, wenn du ihn verziehest. 彼を赦(ゆる)してやった方がいいよ. 2 〈人³にとって〉快い;〈人³の〉心をなごませる, 〈人³を〉元気にする. Die frische Luft wird dir ～. 新鮮な空気にあたったらさっぱりするよ.

'**wohl über·legt**, °'**wohl|über·legt** 〈雅〉よく考えた,熟慮の上の.

'**wohl un·ter·rich·tet**, °'**wohl|un·ter·rich·tet** 〈雅〉事情に通じた,消息通の,精通〈熟知〉した.

'**wohl·ver·dient** 形 〈報酬・罰などが〉きわめて当然の,至当の,相応の.

'**wohl·ver·hal·ten** -s/ よい態度,りっぱな振舞.

'**wohl·ver·stan·den** ['vo:lfɛɐʃtandən] 圓〈雅〉《間投詞的に》いいかい,よく分かったね,これだけは言っておきたいんだ.

'**wohl·weis·lich** ['vo:lvaɪslɪç, '-'--] 圓 よく考えた上で,しかるべき理由があって,あえて; わざと.

'**wohl wol·len***, °'**wohl|wol·len*** 圓 〈人³に〉好意を寄せる,親切である.

'***Wohl·wol·len** ['vo:lvɔlən ヴォールヴォレン] 囲 -s/ 好意,親切; 愛顧. sich³ j² ～ erwerben〈verscherzen〉 人²の愛顧を得る〈失う〉. mit ～ 好意的に.

'**wohl·wol·lend** 形 好意的な,親切な.

'**Wohn·bau** ['vo:n..] 男 -[e]s/-ten 住宅用の建物,アパート.

'**Wohn·be·völ·ke·rung** 囡 -/《統計》〈ある区域の〉居住人口.

'**Wohn·block** 男 -[e]s/-s(⸗e) 住宅区画,街区.

'**woh·nen** ─────────
['vo:nən ヴォーネン] 圓 1 住む,居住

する. Wo *wohnen* Sie? どちらにお住まいですか. Wo *wohnen* wir denn? 《話》〈失礼な扱いなどを受けて〉いったいなんなんだここは. möbliert〈billig〉 ～ 家具つきの〈安い〉部屋に住んでいる. auf dem Lande〈in der Stadt〉 ～ 田舎〈街なか〉に住む. bei den〈bei *seinen*〉 Eltern ～ 親許にいる. bei j³ zur〈in〉 Miete ～ 人³の所に間借りしている. über〈unter〉 j³ ～ 人³の上〈下〉の階に住んでいる. In ihm *wohnte* ein starker Wille. 《比喩》彼のなかに強靭な意志がひそんでいた. 2 宿泊〈滞在〉する. In welchem Hotel *wohnst* du? どのホテルに泊っているのですか. ～ bleiben 《話》座りこんでいつまでも御輿(こし)を上げない.

'**Wohn·flä·che** 囡 -/-n 〈家屋の〉居住面積.

'**Wohn·ge·bäu·de** 匣 -s/- 住宅用の建物,住宅.

'**Wohn·ge·biet** 匣 -[e]s/-e 1 住宅地域. 2 〈旧東ドイツの都市の〉居住地域〈政治的に組織された単位〉.

'**Wohn·geld** 匣 -[e]s/-er 《書》〈国からの〉住宅補助金,住宅手当.

'**Wohn·ge·mein·schaft** 囡 -/-en 住居共同体; 住居共同体の生活者たち〈通常,親戚関係にない者たち〉.

'**wohn·haft** ['vo:nhaft] 形 《書》 居住(定住)している. ～ in München ミュンヒェンに住んでいる.

'**Wohn·haus** 匣 -es/⸗er (↔ Geschäftshaus) 住宅,住宅用の建物.

'**Wohn·heim** 匣 -[e]s/-e 寄宿舎,寮.

'**Wohn·kü·che** 囡 -/-n リビングキッチン.

'**Wohn·kul·tur** 囡 -/ 住まいの文化.

'**Wohn·la·ge** 囡 -/-n 居住〈住宅〉環境.

'**wohn·lich** ['vo:nlɪç] 形 住み心地のよい,〈住居が〉快適な.

'**Wohn·lich·keit** 囡 -/ 住みやすさ,住み心地のよさ.

'**Wohn·ort** 男 -[e]s/-e 居住地,住所.

'**Wohn·raum** 男 -[e]s/⸗e 1 《多く複数で》〈居間・寝室などの〉居住(生活)空間. 2 《複数なし》居住に適したところ,住居,住宅.

'**Wohn·schlaf·zim·mer** -s/- 居間兼寝室.

'**Wohn·sied·lung** 囡 -/-en 住宅団地〈都市近郊の〉.

'**Wohn·sitz** ['vo:nzɪts] 男 -es/-e 居住地,住所; 住居. *seinen* ～ in Berlin haben〈aufschlagen〉 ベルリーンに居住している〈居を定める〉. den ～ wechseln 居を移す. ohne festen ～ sein 住所不定である.

'**Wohn·stu·be** 囡 -/-n 《古》〈地方〉 =Wohnzimmer

'**Woh·nung** ─────────
['vo:nʊŋ ヴォーヌング] 囡 -/-en (↓ *wohnen*) 1 住まい,住居,住宅. eine große ～ 広い住居. eine möblierte ～ 家具付き住宅. eine ～ beziehen ある住居に入居する. sich³ eine ～ suchen 住居を探す. die ～ wechseln 転居する. 2 《古》(Unterkunft) 宿. freie ～ [und Verpflegung] bei j³ haben 人³のところに居候(いそうろう)している. ～ nehmen 《雅》〈ある所に〉宿をとる.

'**Woh·nungs·amt** 匣 -[e]s/⸗er 住宅局.

'**Woh·nungs·bau** 男 -[e]s/ 住宅建設.

'**Woh·nungs·bau·ge·nos·sen·schaft** 囡 -/-en 住宅建設協同組合.

'**Woh·nungs·fra·ge** 囡 -/-n 住宅問題.

'**Woh·nungs·in·ha·ber** 男 -s/- 〈住宅の〉借り主.

'**woh·nungs·los** 形 家のない,宿なしの.

'**Woh·nungs·man·gel** 男 -s/ 住宅不足.

'**Woh·nungs·markt** 男 -[e]s/ 住宅市場.

'**Woh·nungs·nach·weis** 男 -es/-e 住宅紹介所.
'**Woh·nungs·not** 女 -/ 住宅難.
'**Woh·nungs·po·li·tik** 女 -/-en 住宅政策.
'**Woh·nungs·su·che** 女 -/ 住宅探し.
'**Woh·nungs·su·chen·de** 男女《形容詞変化》住宅探しをしている人.
'**Woh·nungs·tausch** 男 -[e]s/ (借家人同士の)住居の交換.
'**Woh·nungs·tür** 女 -/-en 玄関のドア.
'**Woh·nungs·wech·sel** 男 -s/- 転居, 引越.
'**Wohn·vier·tel** 中 -s/- (↔ Geschäftsviertel) 住宅区域.
'Wohn·wa·gen 男 -s/- **1** キャンピングカー, トレーラーハウス;(多く箱形をした居住用の)馬車. **2**《鉄道》(従業員が寝泊りもできる)工事車.
*'**Wohn·zim·mer** ['vo:ntsɪmər ヴォーンツィマー] 中 -s/- **1** 居間, リビングルーム. **2** 居間用の家具.
'**Woi·lach** ['vɔylax] 男 -s/-e (russ.) (馬の鞍の下に敷く)鞍敷き(毛布).
'wöl·ben ['vœlbən] ❶ 他 アーチ形にする, 弓なりに曲げる; 丸天井造りにする. Ich *wölbte* meine Hände um den Mund und rief seinen Namen. 私は口のまわりに両手をあてがい大声で彼の名を呼んだ. eine Decke〈einen Keller〉～ 天井をアーチ形に〈地下室を丸天井に〉する.《過去分詞で》ein stark *gewölbter* Bauch くっと突き出た腹. ein *gewölbter* Raum 丸天井の部屋. eine *gewölbte* Stirn haben 額がとび出している.
❷ 再《sich⁴》アーチ形をなす, 弓形に反(⁰)る. Eine Brücke *wölbte sich* über den Fluss. 橋が川に弓形に架かっていた. Ein prachtvoller Sternenhimmel *wölbt sich* über uns. 満天の星空が私たちの上に丸天井のように広がっている.
'**Wöl·bung** ['vœlbʊŋ] 女 -/-en アーチ形, 弓形, (弓なりの)反(⁰)り, 丸み; アーチ, 丸天井, 円蓋.
***Wolf**¹ [vɔlf ヴォルフ] 男 -[e]s/Wölfe《動物》おおかみ(狼). Er ist hungrig wie ein ～.《話》彼は狼のように腹ぺこだ. ein ～ im Schaf[s]pelz《比喩》羊の皮をかぶった狼(↓《新約》マタ 7:15). der ～ in der Fabel=Lupus in fabula!(↑ Lupus 2) Wenn man den ～ nennt, so kommt er gerennt.《諺》噂をすれば影がさす. mit den *Wölfen* heulen《日和見(³˭)的》に強き(多き)につく, 付和雷同する. Mit den *Wölfen* muss man heulen.《諺》郷に入っては郷に従え. unter die *Wölfe* geraten《比喩》酷い仕打を受ける. **2** (a) (Fleischwolf) 肉挽き器. Fleisch durch den ～ drehen 肉を肉挽き器で挽く. j⁴ durch den ～ drehen《卑》人⁴をさんざんに痛めつける. Ich bin wie durch den ～ gedreht.《戯》私はもうくたくただ(身体中が痛くてたまらない). (b) (Reißwolf)《紙や布の》裁断機, シュレッダー. (c)《紡織》開綿(開毛)機. **3** der ～《天文》狼座. **4**《複数なし》《話》股(⁰)ずれ. sich³ einen ～ laufen〈reiten〉走って〈馬に乗って〉股ずれができる.
'**Wolf**²《男名》ヴォルフ (Wolfgang, Wolfram などの短縮).
'**Wöl·fe** ['vœlfə] Wolf¹ の複数.
'**wöl·fen** ['vœlfən] 自《猟師》(犬・狼が)子を産む.
'**Wolf·gang** ['vɔlfgaŋ]《男名》ヴォルフガング.
'**Wöl·fin** ['vœlfɪn] 女 -/-nen 雌おおかみ.
'**wöl·fisch** ['vœlfɪʃ] 形 狼のような, どう猛(残忍)な, 貪欲な.
'**Wolf·ram** ['vɔlfram]《男名》～ von Eschenbach ヴォルフラム・フォン・エッシェンバッハ(1170 頃-1220 頃, 中世ドイツの宮廷叙事詩人. 『パルツィファル』*Parzival* など).
'**Wolf·ram**² 中 -s/《記号 W》《化学》タングステン, ヴォルフラム.
'**Wolfs·ei·sen** 中 -s/- 狼用の罠.
'**Wolfs·gru·be** 女 -/-n 狼用の落し穴.
'**Wolfs·hund** 男 -[e]s/-e **1** ウルフハウンド. **2**《話》ドイツシェパード.
'**Wolfs·hun·ger** ['vɔlfshʊŋər] 男 -s/ **1**《話》猛烈な空腹. **2**《医学》(病的な空腹感による)大食(暴食)病, 飢餓病.
'**Wolfs·milch** 女 -/《植物》たかとうだい(高灯台).
'**Wolfs·ra·chen** 男 -s/-《医学》狼咽(ʌ²), 口蓋破裂.
'**Wölk·chen** ['vœlkçən] 中 -s/-《Wolke の縮小形》小さな雲. Ihr Glück war von keinem ～ getrübt.《比喩》彼女の幸福には一点の陰りもなかった.

'Wol·ke ['vɔlkə ヴォルケ] 女 -/-n **1** (a) 雲. eine dunkle ～ 暗い雲. Die ～*n* hängen tief. 雲が低く垂れこめている. Die ～*n* ziehen am Himmel dahin. 雲が空を流れて行く. Der Himmel ist mit〈von〉～*n* bedeckt. 空は雲に覆われている.《比喩的に》auf ～*n*〈in den ～*n* / über den ～*n*〉schweben 夢に耽っている, ぼんやりしている. 夢想家である. aus allen ～*n* fallen《話》びっくり仰天する. Das ist 'ne ～!(²˖¹) それはすばらしい. (b)《比喩》暗雲, (表情の)曇り, 影. dunkle ～*n* am politischen Horizont 政界の暗雲. Eine ～ des Kummers lag auf seiner Stirn. 悲しみの影が彼の額に漂っていた. **2** (a)(煙・埃などの)かたまり, もうもうとしたもの. eine ～ von Staub もうもうとる埃(³). Er qualmte dicke ～*n*.《話》彼はもうもうとタバコをふかしていた. (b)(濃密な)匂い, 香り. Sie war in eine ～〈von〉Parfüm gehüllt. 彼女は香水の匂いをぷんぷん漂わせていた. (c)(昆虫・鳥などの)大群. eine ～ von Fliegen ふわふわした布地(衣服・ヴェールなど). **3**《鉱物》(宝石などの)曇り, きず.
'**wöl·ken** ['vœlkən] ❶ 自 (煙などが)わき出る, 雲のように漂う. ❷ 再《sich⁴》曇る. ❸ 他 雲でおおう.
'**Wol·ken·bruch** 男 -[e]s/-ᵉe (激しい)俄(ʰʷ²)雨, 驟雨(ʃʷ²). Es klärt sich⁴ auf zum ～!《話》すごい雨だぜ. Himmel, Arsch und ～!《俗》こん畜生, ちきしょう.
'**Wol·ken·de·cke** 女 -/-n 空を覆うような雲の層.
'**Wol·ken·him·mel** 男 -s/- 雲に覆われた空, 曇り空.
'**Wol·ken·krat·zer** ['vɔlkənkratsər] 男 -s/-《話》摩天楼.
'**Wol·ken·ku·ckucks·heim** [vɔlkənˈkʊkʊkshaɪm] 中 -s/-e 夢の国, 夢想郷(Aristophanes の喜劇『鳥』に出てくる街にちなむ).
'**wol·ken·los** ['vɔlkənlo:s] 形 雲ひとつない.
'**Wol·ken·meer** 中 -[e]s/-e《雅》雲海.
'**Wol·ken·wand** 女 -/-ᵉe 雲の壁, 厚い雲の層.
'**Wol·ken·zug** 男 -[e]s/-ᵉe《複数まれ》雲の流れ.
*'wol·kig ['vɔlkɪç ヴォルキヒ] 形 **1** 雲の多い, 曇った. **2** 雲のような, もうもうとした; ふわふわした. **3** 不明瞭な, 曖昧な, 雲をつかむような(頭などが)混乱した, もうろうとした; (色などが)ぼやけた. **4**《写真》斑点のある. **5**《鉱物》(宝石などの)曇りのある.
'**Woll·de·cke** ['vɔl..] 女 -/-n (純毛の)毛布.
*'Wol·le ['vɔlə ヴォレ] 女 -/-n **1** (a) 羊毛, ウール; (山羊・駱駝などの)毛. reine ～ 純毛. ～ kämmen

wollen

〈spinnen〉羊毛を梳(*)く〈紡ぐ〉. ein in der ~ gefärbter Konservativer《比喩》骨の髄まで染み込んだ保守主義者. [warm] in der ~ sitzen《比喩》安楽に暮す. (b) 毛糸. (c) 毛織物. **2**《話》(人間の)もじゃもじゃの髪. Du hast ja eine ~ auf dem Kopf. 君たらじゃもじゃな頭をしているんだね.《慣用的表現で》~ lassen ひどい目にあう(bei et³ 事³に際して). j¹ in die ~ bringen 人⁴をかんかんに怒らせる. Sie liegen〈haben〉sich¹ oft in der ~. 彼らは始終喧嘩をしている. in die ~ geraten〈kommen〉腹を立てる,かっとなる. sich¹ in die ~ kriegen 喧嘩を始める. **3** (a)《猟師》(兎・猪などの)毛, 和毛(*). (b)《猟師》(水鳥の雛の)綿毛. (c)《植物の》綿毛.

***'wol·len** ['vɔlən ヴォレン] 圏 羊毛の, 毛糸の, 毛織物の.

'wol·len²* ['vɔlən ヴォレン] wollte, wollen (gewollt) / ich will, du willst, er will ▶本動詞を伴うときの過去分詞形の wollen を, 本動詞を伴わない独立的用法のときは gewollt を用いる. 囲《話法》[I]《本動詞を伴って》《過去分詞 wollen》**1** (a)《意志・意欲》…したい, …しようと思う, …するつもりである. Ich will Mathematik studieren. 私は数学を勉強したい(するつもりだ). Er will Ingenieur werden. 彼はエンジニアになるつもりだ. Sie will alles allein machen. 彼女は何でもひとりでやりたがる. Wohin willst du gehen? 君はどこへ行くつもりなんだ. Was willst du damit sagen? 君はそれでなにが言いたいの. Er hat ins Kino gehen wollen. 彼は映画にいくつもりだった. Ich wollte gerade gehen, als sie hereinkam. 私がちょうど出かけようとしていたとき, 彼女が入ってきた. Solche Frauen wollen verwöhnt werden. この手の女性はとかく甘やかされたがる. Davon will ich nichts wissen. 私はそんなことには耳を貸したくない, まっぴらごめんだ. was ich [noch] sagen wollte…ちょっと言い忘れていましたが, そういえそうと. Das will ich meinen!《話》そう, そのとおり. Das will ich mal sehen! やれるものならやってみろ. (b)《完了不定詞を伴って》《強い願望》Das will ich dir geraten haben! このことは是非心に銘じておきたい. Dann will ich nichts gesagt haben!《話》それならなにも言わなかったことにしておこう. Das will ich nicht gehört haben!《話》私はそれを聞かなかったことにしよう. / (c)《直説法過去 **ich wollte**〈**wir wollten**〉の形で / ていねいな依頼》Ich wollte Sie fragen, ob… …かどうかお尋ねしたいのですが.
2《主語に対する勧誘・要求》《ふつう接続法 I で》…しよう, …してください. Wir wollen〈Wollen wir〉abreisen! 出発しよう. Wollen Sie bitte einen Augenblick warten? どうかしばらくお待ちください. Wollen Sie bitte so freundlich sein und mir den Weg zeigen! すみませんが道を教えていただけませんか. Sie wollen sich⁴ sofort melden! ただちにおこしになってください. Man wolle bitte darauf achten, dass… に注意されたし.《直説法でも》Willst du wohl still sein!《話》静かにしたらどうだ. Wollt ihr wohl endlich damit aufhören!《話》おまえたちいいかげんにそんなことはやめろ.
3《傾向》(いまにも)…しそうだ. Es will regnen. いまにも雨が降りそうだ. Die Tränen wollten mir kommen. 私は涙が出そうになった. Die Knie wollen mir versagen. 膝のやつがすっかり言うことを聞いてくれない. Es will Abend werden.《雅》日が暮れようとしている.

《否定文で》Die Wunde will [und will] nicht heilen. この傷は(なかなか)治りそうにない. Die Arbeit will kein Ende nehmen. 仕事は終りそうにない. Die Arbeit will mir heute gar nicht schmecken.《話》きょうはどうも仕事がおもしろくない.《現在分詞で》nicht enden wollender Beifall なかなかやみそうにない拍手.
4《主張》…と言い張る, 主張する. Er will ihn gestern gesehen haben. 彼はきのう君に会った(君を見た)と言い張っている. Sie will schon vor vier Uhr da gewesen sein. 彼女は 4 時間前にはもうそこにいたと主張している. Und dann will es niemand gewesen sein!《話》誰もそれが自分だった(自分がそれをした)とは言わない. der junge Mann, der da Maler sein will 画家と称する若い男.
5《受動態とともに》《必要》…されねばならない. Die Sache will gut überlegt werden. この問題はよく考えなければならない. Das will gelernt sein. それはしっかり学んでなくてはできないことだ. Die Pflanze will täglich gegossen werden. この植物は毎日水をやらねばならない.
6《ほとんど無意味に》Das will nichts besagen. それはなんの意味もないことだ. Das will mir nicht gefallen. Das will mir scheinen, dass… 私には…のように思える.

[II]《独立的用法》《過去分詞 gewollt》**1**《目的語を伴う場合》Ich will diesen Hut. 私はこの帽子が欲しい. Sie hat ein Kind gewollt. 彼女は子供を欲しがった. Er will sie zur Frau. 彼は彼女を妻に望んでいる. Ich habe doch nur dein Glück gewollt. 私は君の幸せだけを願っていたのだ. Das habe ich nicht gewollt. それを私は欲した(望んだ)のではない. Ich will jetzt meine Ruhe. 私はいま休みたい. Da ist nichts [mehr] zu ~!《話》それにはもはやどうしようもない. j³ etwas ~《話》人³に悪意を抱いている. ohne es zu ~ そのつもりなしに, 思わず知らず, ついうっかり. Er will etwas von dir.《話》彼は君に気がある. Was willst du [eigentlich noch] mehr? じゅうぶんのうえ君はまだなにを望むのか. Was willst du denn damit?《話》いったい君はそれをどうするつもりなんだ. Was willst du von mir?《話》君に私にどうしろというのだ. Diese Pflanze will viel Pflege. この植物は十分な手入れが必要.《副文と》Sie will nicht, dass du mitgehst. 彼女は君が一緒にいくことを望んではいない. Der Zufall wollte es, dass… ということになった.《接続法 II で実現不可能な願望を表す》Ich wollte, es wäre alles vorüber. すべてが終っていればなあ. Wollte Gott, es wäre so! そうであってくれたらなあ.

2《本動詞を省略する場合 / しばしば方向を示す語句と》Du musst nur ~! 君はそうしたいという意志をもたないといけない. ob du willst oder nicht / du magst ~ oder nicht 君が望もうと望むまいと, いやおうなく. wie du willst お好きなように. Das will mir nicht aus dem Sinn. そのことが私の頭から離れない. Meine Beine wollen nicht mehr.《話》私は足がもう言うことを聞かない, 歩けない. Na, dann wollen wir mal!《話》じゃ, 始めましょうか. Wollt ihr wohl〈gleich / endlich〉.《話》(子供に向かって)もういいかげんにしなさい. Er will nach Hause. 彼は家に帰りたがっている. Wir wollen heute Abend ins Theater. 私たちは今晩芝居を観にいくつもり. Er hat über die Grenze gewollt. 彼は国境を越えようとした. Zu wem wollen Sie?《話》どなたに御用ですか. Sie will zum Theater.《話》彼女は女優になりたがっている.

3《認容文で》komme, was da *wolle* / mag kommen, was [da] *will* たとえ何が起ころうとも. koste es, was es *wolle* いかなかろうとも. どんな犠牲を払ってでも. dem sei, wie ihm *wolle* どういう事情であれ, いずれにしても.

◆¹ 話法の助動詞の完了形は, すべて haben 支配. 話法の助動詞の過去分詞の形は, (a) 他の動詞の不定詞とともに用いられるとき(本動詞を伴うとき)は不定詞と同じ形(Er *will* ins Kino gehen. 彼は映画に行くつもりだ. → Er hat ins Kino gehen *wollen*. 彼は映画に行くつもりだった. — なお副文の場合完了助動詞の位置に注意すること. Ich weiß, dass er ins Kino *hat* gehen wollen. 私は彼が映画を見に行くつもりだったのを知っている), (b) 本動詞を伴わず独立的に用いられる場合は ge—t という形(Er *will* nach Hause. 彼は家に帰りたがっている. → Er hat nach Hause *gewollt*. 彼は家に帰りたがっていた)になる.

◆² ↑ gewollt

'**Woll·fett** 中 -[e]s/-e 羊毛脂.
'**Woll·garn** 中 -[e]s/-e 毛糸.
'**Woll·gras** 中 -es/-er《植物》わたすげ.
'**Woll·haar** 中 -[e]s/-e **1** 縮れ毛. **2** 羊毛. **3**《解剖》(胎児の)うぶ毛.
'**wol·lig** ['vɔlɪç] 形 **1** 羊毛で覆われた. **2** 羊毛(ウール)の, 羊毛(ウール)のような; (毛が)ふさふさした, (頭髪が)縮れた. **4**《植物が》繊毛で覆われた.
'**Woll·ja·cke** 女 -/-n ウールのカーディガン.
'**Woll·käm·mer** 男 -s/- 梳(*)毛工, コーミング工.
'**Woll·kleid** 中 -[e]s/-er ウールのワンピース(洋服).
'**Woll·spin·ner** 男 -s/- 羊毛紡績工.
'**Woll·spin·ne·rei** 女 -/-en **1** 羊毛紡績工場. **2**《複数なし》羊毛紡績.
'**Woll·stoff** 男 -[e]s/-e 毛織物, ウール地.
'**woll·te** ['vɔltə] wollen の過去および接続法 II.
'**Woll·tuch** 中 -[e]s/-er 毛織物, ウール地.
'**Wol·lust** ['vɔlʊst] 女 -/Wollüste (↓ wohl+Lust)《複数まれ》形 **1** (性的な)快感, 官能の喜び. **2**《作》欲情. die ~ des Fleisches 肉欲. **3** 満足(感); 喜び, 歓喜. Garten der ~〈*Wollüste*〉《古》楽園. mit wahrer ~ 大きな喜びをもって, 有頂天になって.
'**wol·lüs·tig** ['vɔlʏstɪç] 形 **1**《雅》性的悦楽に満ちた; 欲情した; 好色な, 淫蕩な. **2** 肉感(官能)的な, 欲情を催させる.
'**Wol·lüst·ling** ['vɔlʏstlɪŋ] 男 -s/-e《雅》《侮》放蕩(淫蕩)な男, 好色漢.
'**Woll·wa·re** 女 -/-n《多く複数で》羊毛製品.
*wo·mit [vo'mɪt ヴォミト] 副 ①《疑問》何とともに, 何をもって, 何で. *Womit* hast du den Fleck entfernt? 君は何を使ってしみを抜いたんだい. *Womit* kann ich Ihnen dienen? ご用件は何でしょうか, 何にいたしましょうか. ② 《関係 / 定動詞後置》それとともに, それをもって, それで. Das ist etwas, ~ ich nicht einverstanden bin. それは私が同意していない事だ.
wo·mög·lich [vo'mø:klɪç] 副 **1**《話》ひょっとすると, もしや. **2** できれば, もし可能なら. Komm ~ schon etwas eher. できれば少し早目に来てくれ.
*wo·nach [vo'na:x ヴォナーハ] 副 ① 《疑問》何のほうへ; 何について; 何を求めて; 何にしたがって. *Wonach* hat er dich gefragt? 彼は君に何をたずねたのか. *Wonach* sucht er? 彼は何を探しているのか. ②《関係 / 定動詞後置》そのほうへ; それについて; それを求めて; それにしたがって. Das ist es, ~ er sich⁴ sehnt. それが彼が切望してやまぬことだ.

wo·ne·ben [vo'ne:bən] 副 ①《疑問》何となりに, 何の横(隣)に. ②《関係 / 定動詞後置》それとならんで, 何の横(隣)に.
'**Won·ne** ['vɔnə] 女 -/-n **1**《雅》(至上の)喜び, 幸せ, 楽しみ. die ~n der Liebe 愛の喜び. Es war eine ~, seinem Spiel zuzuhören. 彼の演奏に耳を傾けるのはこのうえない喜びだった. Mit ~!《話》(誘われたときなどの返事で)はい, 喜んで. ~ in Dosen〈Scheiben/Tüten〉《話》すばらしい(印象深い)出来事. **2**《話》他人の不幸(不幸)に対する喜び.
'**Won·ne·mo·nat** 男 -[e]s/-e《雅》《戯》(Mai) 5 月.
◆元来 Weidemonat「家畜を牧場に放つ月」の意.
'**Won·ne·mond** 男 -[e]s/-e = Wonnemonat
'**won·ne·trun·ken** 形《雅》無上の喜びに酔いしれた.
'**won·ne·voll** 形《雅》歓喜に満ちた, 有頂天の.
'**won·nig** ['vɔnɪç] 形 **1** 可愛い, 素敵な. **2**《雅》幸福な, 喜びあふれる.
'**won·nig·lich** ['vɔnɪklɪç] 形《古》《雅》無上の喜びをもたらす, 喜びあふれる.
wor.. [vɔr..] ↑ wo..
*wo·ran [vo'ran ヴォラン] 副 ①《疑問》何において, 何について; 何に接して. *Woran* denkst du? 君は何を考えているんだ. *Woran* lehnt er sich⁴? 彼は何に寄りかかっているのか. Er weiß nicht, ~ er ist. 彼には自分の置かれている立場(状態)が分かっていない. ②《関係 / 定動詞後置》それにおいて, それについて; それに接して. das Buch, ~ er arbeitet 彼が執筆中の本. Er hat mir Blumen geschenkt, ~ mir gar nichts liegt. 彼は私に花を贈ってくれたがそんなことは私にはまったくどうでもいいことだ.
*wo·rauf [vo'raʊf ヴォラオフ] 副 ①《疑問》何の上に, 何の上で; 何に向かって; 何に基づいて. *Worauf* soll ich die Vase stellen? その花瓶は何の上に置きましょうか. *Worauf* wartest du noch? 君はまだ何を待っているんだ. ②《関係 / 定動詞後置》それの上に, それの上で; それに向かって; それに基づいて. die Bank, ~ sie saß 彼女が腰かけていたベンチ. Er erhielt ein Telegramm, ~ er sogleich abreiste. 彼は1通の電報を受取るや即座に旅立った.
wo·rauf·hin [voraʊf'hɪn] 副 ①《疑問》何に基づいて. ②《関係 / 定動詞後置》それに基づいて; そこで, それから.
*wo·raus [vo'raʊs ヴォラオス] 副 ①《疑問》何の中から. *Woraus* besteht Wasser? 水は何からできているのか. ②《関係 / 定動詞後置》それの中から, そこから. Er schweigt immer noch still, ~ man schließen kann, dass… 彼はいまだに沈黙したままだが, そのことから…ということが推論される.
'**wor·den** ['vɔrdən] 受動の助動詞としての werden の過去分詞.
wo·rein [vo'raɪn] 副 ①《疑問》何の中へ. ②《関係 / 定動詞後置》その中へ. ein Skandal, ~ er verwickelt war 彼が巻込まれたスキャンダル.
'**wor·feln** ['vɔrfəln] 他《穀物を》風選する.
'**Worf·schau·fel** ['vɔrf..] 女 -/-n《古》風選に使うスコップ(シャベル).
*wo·rin [vo'rɪn ヴォリン] 副 ①《疑問》何の中で, 何において, どの点に. *Worin* besteht die Ursache? 原因はどの点にあるのか. ②《関係 / 定動詞後置》それの中に, その中で, そこにおいて, その点に. Das ist ein Punkt, ~ ich anderer Meinung bin. それが私が見解を異にする点です.
Work·a·ho·lic [vø:rkə'hɔlɪk, værk..] 男 -s/-s

(engl.)《心理》仕事中毒の人.

'Work·shop ['vəːrkʃɔp, 'vœrk..] 中 -s/-s (engl.) 研究集会, ワークショップ, セミナー.

'World·cup ['vəːrltkap, 'værlt.., 'wəːldkʌp] 中 -s/-s (engl.)《スポ》**1** 世界選手権, ワールドカップ. **2** 世界選手権の優勝カップ.

'World 'Wide 'Web ['vəːrlt 'vart 'vɛp, 'værlt..] 中 ---[s]/ (engl.)《略 WWW》《コンピュ》ワールド・ワイド・ウェブ〈インターネットにおける世界規模の情報システム〉.

Worms [vɔrms]《地名》ヴォルムス〈ラインラント＝プファルツ州の都市〉.

Worps'we·de [vɔrps've:də]《地名》ヴォルプスヴェーデ. ◆ニーダーザクセン州ブレーメン近郊, 19世紀末芸術家村があったことで有名.

Wort [vɔrt ヴォルト] 中 -[e]s/Wörter(-e) **1**〈複数 Wörter (まれ -e)〉語, 単語. ein deutsches ~ ドイツ語の単語. ein einsilbiges ~ 1音節の単語. ein zusammengesetztes ~ 複合語. ein für „Hochmut"「高慢」に代る〈と同じ意味の言葉. die Bedeutung〈der Sinn〉eines ~es 語の意味. im eigentlichen Sinne des ~es 語の本来の意味において. ein ~ buchstabieren ある単語の綴りを言う. ein neues ~ prägen 新語を造り出す. zwei Wörter streichen 2語抹消する. Der Satz besteht aus vier Wörtern〈-en〉. その文は4語からなる. Du hast mal wieder das letzte ~ verschluckt!《話》君はまた最後の字をちゃんと言わなかったね. ~ für ~ 一語一語, 逐語的に.《とくに領収書・小切手などで》一語一句《複数 -e》€ 500, in ~en; fünfhundert € 500, 文字で書くと五百ユーロ.

2《複数なし》(a) 言葉. ein bekanntes ~ 有名な言葉. freundliche ~e 親切な言葉. geflügelte ~e 人口に膾炙〈カイシャ〉した言葉, 名言. goldene ~e 金言. ~e des Dankes 感謝の言葉. ein ~ von Goethe ゲーテの言葉. Darüber ist kein ~ gefallen. それについては一言も出なかった. Mir fehlen die ~e. 私は言うべき言葉を知らない〈驚きや感嘆のあまり〉. Ein ~ gibt das andere. 売り言葉に買い言葉だ. Das ist das erste ~, das ich davon höre. それは初耳だ. Das waren seine letzten ~e. それが彼の最後の言葉だった. Darüber ist das letzte ~ noch nicht gesprochen. それについてはまだ最後の決着がついていない. Daran ist kein wahres ~. / Daran ist kein ~ wahr. それはまったくの嘘っぱちだ. Bei ihm ist jedes zweite〈dritte〉~ „Geld". 彼は二言目には「金」の話だ. Dein ~ in Gottes Ohr!《決り文句》君の言うとおりになりますように. Du sprichst ein großes ~ gelassen aus!《話》君はとんでもないことをよくもしゃあしゃあと言ってのけるね. für j⁴ ein [gutes] ~ einlegen 人⁴のためにとりなす. das große ~ führen 大口をたたく;(会議などで)しゃべりまくる, まくしたてる. j³ ein gutes ~〈gute ~e〉geben 人³に優しい言葉をかける. Ich habe〈finde〉keine ~e dafür!呆れて〈驚いて〉物が言えないよ. Hast du[da noch] ~e? / Haste ~e?《話》ええっ, なんだって. das letzte ~ haben 決定権を持っている. Er will〈muss〉immer das letzte ~ haben. 彼はいつだってひとこと言返してくる. viel[e] ~e machen 多弁を弄する. schöne ~e machen/fechten 美辞を弄する. j³ das ~ aus dem Mund nehmen 人³の言おうとすることを先に言う; 人³をさしおいてわれ先に言う. j〈et〉³ ~ reden 人〈事〉³のために口を利

く, 賛成の弁をふるう. ein offenes ~ reden〈sprechen〉率直に話す. Sag doch ein ~!何か一言言いたまえ. Spar dir deine ~e!口を慎むがよい, つべこべ言うんじゃない. kein ~ Deutsch sprechen ドイツ語がひとことも話せない. ein wahres ~ sprechen 本当のことを言う. j³ das ~ im Mund [her] umdrehen 人³の言葉を曲解する. kein〈keine ~e〉verlieren (もうそれ以上)一言もしゃべらない. Darüber ist kein ~ zu verlieren. それは言うまでもない(自明の)ことだ. Davon weiß ich kein ~. それについては私はまったく何も知らない.《前置詞と》**Auf** ein ~!ちょっと聞いてください. j³ aufs ~ glauben 人³の言葉を(そのまま)信じる. **j³** ~[e] **hören** 人³の言うことを聞く. **nicht für** Geld und gute ~e《話》(どんなことがあっても)決して…ない. **in** knappen ~en 簡潔な言葉で. in 〈mit〉~ und Tat 言葉と行動で. eine Sprache in ~ und Schrift beherrschen ある言語を話したり書いたりできる. et⁴ in ~e fassen〈kleiden〉事⁴を言葉に表す. **mit** einem ~ 一言で言えば. mit anderen ~en《略 m.a.w.》換言すれば. mit diesen ~en verließ er den Saal. そう言って彼は広間を出て行った. Davon war mit keinem ~ die Rede. そのことは一言も話題にならなかった. Das lässt sich wahr nicht mit ~en sagen. それは簡単には(一言では)言えない. **ohne** viele ~e あれこれ言わずに. ein Mann von wenig ~en 口数の少ない男. (b) テクスト, 本文; 語句, 文言;《音楽》歌詞. ~ und Weise 歌の文句と節. in ~ und Bild 本文と挿絵で. Lieder ohne ~e 無言歌. (c)《キリ教》(神の)言(ミコトバ)〈使徒ヨハネが三位一体の神の第2位格を表すのに用いた呼称〉. das ~ Gottes 神の言. Und das ~ ist Fleisch geworden. 言は肉となって...〈ヨハ 1:14〉.

3《複数なし》(a) (会議などでの)発言(権). j³ das ~ erteilen〈geben〉(議長などが)人³に発言を許す. das ~ führen 発言をリードする; 代表発言をおこなう. Das ~ hat nun Herr Bauer. 今度はバウアー氏が発言します. das ~ nehmen〈ergreifen〉発言する. j³ ins ~ fallen 人³の発言を妨げる, 話の腰を折る. ums ~ bitten 発言を求める. nicht zu ~ kommen (なかなか)発言の機会が得られない. jemanden⁴ nicht zu ~ kommen lassen 人⁴に発言の機会を与えない. sich⁴ zu[m] ~ melden 発言を申出る. (b) 約束, 言質(ゲンチ). j³ sein ~ geben 人³に言質を与える, 約束する. Ich habe sein ~. 私は彼の約束をとりつけている. sein ~ halten〈brechen〉約束を守る〈破る〉. Das soll ein ~ sein!約束だね, きっとだね. Auf mein ~!誓って. j⁴ beim ~ nehmen 人⁴に約束の履行を求める. bei j³ im ~ sein 人³に言質を取られている. ein Mann von ~ 約束を守る男. zu seinem ~ stehen 自分の言ったことに責任を持つ.

'wort·arm 形《雅》**1** 口数の少ない, 寡黙な. **2** 語彙の乏しい.

'Wort·art 女 -/-en《言語》品詞.

'Wort·be·deu·tung 女 -/-en《言語》語の意味, 語義.

'Wort·bil·dung 女 -/-en《言語》**1**《複数なし》造語. **2** (造語による)新語.

'Wort·bruch 男 -[e]s/~e 約束違反, 食言.

'wort·brü·chig 形 約束を守らない(gegen j⁴ ⁴に対して). an j³ ~ werden 人³との約束を破る.

'Wört·chen ['vœrtçən] 中 -s/-《Wort の縮小形》ちょっとした言葉, ほんの一言. Davon ist kein ~ wahr!《話》それはまったくの嘘っぱちだ. Hier habe ich auch noch ein ~ mitzureden.《話》(何かを決める

ときなどに)このさい私にも一言言わせてもらう権利がある. Mit dir habe ich noch ein ~ zu reden! 《話》君に一言言っておきたいことがある. kein〈nicht ein〉 ~ sagen 一言もしゃべらない.

'Wor·te·ma·cher ['vɔrtəmaxər] 男 -s/- 《侮》だぼら吹き.

'Wor·ter ['vœrtər] Wort の複数.

*'Wör·ter·buch ['vœrtərbuːx ヴェルターブーフ] 中 -[e]s/¨er 辞書, 辞典.

'Wör·ter·ver·zeich·nis 中 -ses/-se (学術書などの)用索引.

'Wort·fa·mi·lie 女 -/-n 〚言語〛単語族(同一の語根にもとづく語の集り).

'Wort·feld 中 -[e]s/-er 〚言語〛語場.

'Wort·fol·ge 女 -/-n 〚言語〛語順, 配語法.

'Wort·fü·gung 女 -/-en 〚言語〛語の結合.

'Wort·füh·rer 男 -s/- (組織の)代弁(者), 主導者; スポークスマン.

'Wort·ge·fecht 中 -[e]s/-e 口論; 論争, 議論.

'Wort·ge·klin·gel 中 空疎な言葉.

'wort·ge·treu 形 (元の)言葉に忠実な. eine ~e Übersetzung 逐語訳.

'wort·ge·wal·tig 形 言葉を操る力のある, 自在の表現力のある.

'wort·ge·wandt 形 口達者(能弁)な, 弁のたつ.

'wort·karg 形 1 口数の少い, 寡黙(無口)な. 2 (表現などが)短い, 簡単な.

'Wort·karg·heit 女 -/ 1 寡黙であること, 口数が少ない. 2 (表現などが)簡略であること.

'Wort·klau·ber 男 -s/-《侮》(言葉の)文字どおりの意味にこだわる人.

Wort·klau·be'rei [vɔrtklaʊbəˈraɪ] 女 -/-en《侮》文字どおりの意味にこだわること.

'Wort·laut 中 -[e]s/-e 文面, 文言. eine Rede im [vollen] ~ veröffentlichen 講演の全文を発表する.

'Wört·lein [' vœrtlaɪn] 中 -s/- =Wörtchen

*'wört·lich ['vœrtlɪç ヴェルトリヒ] 形 1 元の言葉に忠実な. die ~e Rede 直接話法. die ~e Übersetzung 逐語訳. 2 言葉どおりの, 文字どおりの. et⁴ ~ nehmen 事⁴を言葉どおりにとる. 3《古》言葉で表現した, 言葉による. eine ~e Beleidigung 言葉による侮辱.

'wort·los 形 無言の. ein ~es Einverständnis 暗黙の了解.

'Wort·mel·dung 女 -/-en 発言の申出.

'Wort·re·gis·ter 中 -s/- (学術書などの)用語(述語)索引.

'wort·reich 形 1 語彙の豊富な. 2 回りくどい, くだくだしい.

'Wort·reich·tum 中 -[e]s/ 1 語彙の豊富さ. 2 回りくどさ, 冗長さ.

'Wort·schatz ['vɔrt-ʃats] 男 -es/-e《複数まれ》語彙, 使用語数, ボキャブラリー. aktiver〈passiver〉 ~ 使いこなせる〈理解できる〉語彙.

'Wort·schwall 中 -[e]s/ 滔々(とうとう)たる弁舌, 多弁. j⁴ mit einem ~ übergießen〈überschütten〉人⁴に滔々とまくしたてる.

'Wort·sinn 中 -[e]s/ 語義, 言葉の意味.

'Wort·spiel 中 -[e]s/-e 言葉遊び, 語呂合せ.

'Wort·stamm 中 -[e]s/¨e 〚言語〛語幹.

'Wort·stel·lung 女 -/-en 〚言語〛語順, 配語法.

'Wort·streit 中 -[e]s/-e《複数まれ》1 口論, 口喧嘩. 2 語義(概念)をめぐる論争.

'Wort·ver·dre·hung 女 -/-en《侮》曲解, こじつけ.

'Wort·wahl 女 -/ (話したり書いたりする際の)言葉選び, 言葉の選択.

'Wort·wech·sel 男 -s/- 口論, 言争い;《古》会談, 対話, 討議.

'wort·wört·lich ['vɔrt'vœrtlɪç] 形 1 一言一句違わぬ. 2 文字どおりの.

*wo'rü·ber [vo'ry:bər ヴォリューバー] 副 I《疑問》何の上に, 何をこえて; 何について. Worüber habt ihr gesprochen? 君たちは何の話をしていたのか. II《関係 / 定動詞後置》それの上に, それをこえて; それについて; それが原因で. Das war es, ~ er sich⁴ sehr wunderte. それが彼が大へん変に思ったことだった.

*wo'rum [vo'rʊm ヴォルム] 副 I《疑問》何の周りに; 何をめぐって, 何のことで, 何のために. Worum geht es? / Worum handelt es sich⁴? 何が問題なのか. II《関係 / 定動詞後置》それの周りに; それをめぐって, そのことで, そのために. Er erzählte mir alles, ~ ich gebeten hatte. 彼は私が頼んだことをすべて話してくれた.

*wo'run·ter [vo'rʊntər ヴォルンター] 副 I《疑問》何の下で, 何のもとに; 何の中に. Worunter leidest du? 君は何を苦しんでいるのか. II《関係 / 定動詞後置》その下で, その中で.

wo'selbst [vo'zɛlpst] 副《関係 / 定動詞後置》《古》(wo) (まさに)そこに, そこで.

'Wo·tan ['vo:tan] 男《北欧神話》=Wodan

*wo'von [vo'fɔn ヴォフォン] 副 I《疑問》何から; 何によって; 何について. Wovon ist die Rede? 何が話題なんだ. Wovon ist man so erschöpft? 彼はそんなにへとへとなのか. II《関係 / 定動詞後置》それによって; それについて. Es gibt vieles, ~ ich gar nichts verstehe. 私にはさっぱり分からないことがたくさんある.

*wo'vor [vo'foːr ヴォフォーア] 副 I《疑問》何の前に; 何に対して. Wovor hast du Angst? 君は何を怖がっているのか. II《関係 / 定動詞後置》その前に(で); それに対して. der Eingang, ~ sich⁴ die Menge drängte 群集が殺到した入口.

*wo'zu [vo'tsu: ヴォツー] 副 I《疑問》何のところへ, 何のほうへ; なんのために. Wozu ruft man dich? なんのために君が呼ばれるんだ. 《話》彼はそんなにへとへとなのか. II《関係 / 定動詞後置》それのところへ, それのほうへ; そのために; それに加えて.

wo'zwi·schen [vo'tsvɪʃən] 副 I《疑問》何の間に(で). II《関係 / 定動詞後置》その間に(で).

wrack [vrak] 形 (船・飛行機などが)使いものにならなくなった, 修理不能の. ~e Ware《古》売物にならない商品.

Wrack [vrak] 中 -[e]s/-s(-e) 1 廃船, 難破船;(船・自動車などの)残骸, スクラップ. 2《話》がたのきた人, 廃人.

wrang [vraŋ] wringen の過去.

'wrän·ge ['vrɛŋə] wringen の接続法 II.

'Wra·sen ['vraːzən] 男 -s/-《北ドイツ》湯気, 蒸気.

'wrin·gen* ['vrɪŋən] wrang, gewrungen 他 (洗濯物などを)絞る;(水分を)絞り出す.

'Wring·ma·schi·ne ['vrɪŋ..] 女 -/-n (洗濯物の)絞り機.

'Wru·ke ['vruːkə] 女 -/-n 《地方》=Kohlrübe

'Wu·cher ['vuːxər] 男 -s/《侮》ぼること, 暴利(を貪ること);高利(貸し). ~ treiben 暴利を貪る. Das ist ja ~!《話》高すぎる!

'Wu·cher·blu·me 女 -/-n 〚植物〛菊科の植物(とくにフランス菊・よもぎ菊など).

Wu·che'rei [vuːxəˈraɪ] 女 -/《侮》暴利をむさぼるこ

'**Wu・che・rer** ['vu:xərər] 男 -s/- 〚侮〛暴利をむさぼる人; 高利貸.

'**wu・che・risch** ['vu:xərɪʃ] 形 〚侮〛暴利をむさぼるような, 高利貸のような.

'**wu・chern** ['vu:xərn] 動 (h, s) **1** (h, s) (雑草などが)はびこる, 生い茂る; (生物組織が)異常増殖する. 《現在分詞で》eine üppig *wuchernde* Fantasie 〚侮〛たくましい空想力. **2** (h) (mit et³ 物³で)暴利をむさぼる, 高利をとる, えげつない商売をする. mit *seinem* Pfunde ~ 〚雅〛才能を活かす(↓新約)ルカ 19:13).

'**Wu・cher・preis** 男 -es/-e 〚侮〛法外な値段.

'**Wu・che・rung** 囡 -/-en 〚医〛 **1** 〚病理〛(組織の)病的な増殖. **2** 腫れ物, 腫瘍.

'**Wu・cher・zins** 男 -es/-en 〚侮〛高利, 法外な利息.

'**wuchs** [vu:ks] wachsen の過去.

Wuchs [vu:ks] 男 -es/Wüchse (↓wachsen) **1** (複数なし)成長, 発育. Pflanzen mit〈von〉schnellem ~ 成長のはやい植物. **2** (複数なし)体格, 体つき; 樹形. einen schlanken ~ haben すらりとした体つきをしている. klein von ~ sein 背が低い. **3** 苗(木), 若木; 苗床.

'**wüch・se** ['vy:ksə] wachsen の接続法 II.

'**Wüch・se** ['vy:ksə] Wuchs の複数.

'**Wuchs・stoff** 男 -[e]s/-e (とくに植物の)生長素.

Wucht [vʊxt] 囡 -/-en **1** (複数なし)衝撃力, 力; 激しさ, 勢い; 重み, 重圧. mit aller ~ 力まかせに. Er fiel mit voller ~ auf den Rücken. 彼はものすごい勢いで仰向けに倒れた. Der Stein traf mich mit voller ~. 石はすごい勢いで私にあたった. unter der ~ des gegnerischen Angriffs 敵の猛攻を受けて. unter der ~ der Beweise 証拠を前にして(突きつけられて). **2** (複数なし)《地方》激しい殴打. eine ~ bekommen 思いっきり殴られる. **3** 《地方》大量, 多数. eine ~ Papier 夥(おびただ)しい紙. **4** eine ~ sein 〚卑〛すばらしい, すごい. Das Essen war eine ~! 食事はすばらしかった.

'**wuch・ten** ['vʊxtən] (↓ Wucht) 《話》 ❶ 他 **1** 力をふりしぼって持ちあげる〈動かす, 運ぶ〉. eine Kiste auf den〈vom〉 Lastwagen ~ 木箱をトラックに積みこむ〈トラックから降ろす〉. **2** 力まかせにぶつける〈蹴りつける〉. den Ball ins Tor ~ ボールをゴールに蹴りこむ. j³ eine ~ 人³の横っ面をぴしゃりと一発喰らう. j³ die Faust unters Kinn ~ 人³にアッパーカットをたたきこむ. j³ ein Messer in die Rippen ~ 人³の脇腹にナイフをぶちこむ. ❷ 自 **1** (h, s) 精を出して(あくせく)働く, 重労働をする. **2** (h) (建物などが)聳え立つ, 威容を誇る. **3** (s) どどっと走る. Eine neue Bö *wuchtete* durch die Häuserreihe. またも突風が一陣家並のあいだを吹き抜けた. **4** (h) an et³ ~ 物³を大汗かいて(苦労して)動かす. ❸ 再 〈sich⁴〉のろのろ(大儀そうに)体を動かす. *sich* aus den〈dem〉 Sessel ~ 安楽椅子からのろのろ立ちあがる〈安楽椅子にどっかと腰を下ろす〉.

'**wuch・tig** ['vʊxtɪç] 形 **1** がっしりした, どっしりした, 見るからに重そうな. ein *-er* Schlag 渾身の一撃.

'**Wühl・ar・beit** ['vy:l..] 囡 -/-en **1** (土などを)掘返すこと. **2** (複数まれ)〚侮〛(陰でこそこそ行う)扇動, 破壊的な失脚じみた狙いの破壊活動(工作).

*'**wüh・len** ['vy:lən] ヴューレン] ❶ 自 **1** 掘返す; 《話》(捜し物を)ひっかきまわす. Die Kinder *wühlten* im Sand. 子供たちは砂を掘っていた. in der Handtasche nach dem Schlüssel ~ 鍵を探して手提げの中をかきまわす. sich³ in den Haaren ~ 髪をかきむしる. in den Papieren〈in der Schublade〉 ~ 書類の中をごそごそ探す〈抽斗(ひきだし)をひっかきまわす〉. 《慣用的表現で》 Der Schmerz *wühlt* in meiner Brust. 私は胸かきむしられる思いだ. in alten Geschichten ~ 古い話をいろいろむし返す. im Schmutz ~ すぐいやらしい話をする, つまらない話ばかりする. in der alten Wunde ~ 古傷をほじくり返す. **2** 《話》しゃかりきになって(ねじり鉢巻きで)働く. **3** 《侮》扇動する, 破壊活動を画策する. ❷ 他 **1** (穴を)うがつ. 〈sich³〉einen Gang ~ (もぐらなどが)穴を掘る. ein Loch in die Erde ~ 地面に穴を掘る. **2** 掘出して取出す. den Schlüssel aus der vollen Einkaufstasche ~ いっぱいつめこんだ買物袋のなかをひっかきまわして鍵を探し出す. **3** 埋める, もぐりこませる. den Kopf in das Kissen ~ 頭を枕に埋める.

❸ 再 〈sich〉 掘ってもぐりこむ(in et⁴ 物⁴のなかへ); 掘って進む(durch et⁴ 物⁴のなかを, 物⁴をかき分けて). Das kleine Tier *wühlte sich in die Erde*. その小さな動物は土の中に身を隠した. Unser Bus *wühlte sich durch den Schlamm*. 私たちの乗ったバスはぬかるみのなかを進んだ. *sich* durch einen Berg von Literatur ~ 山なす文献を渉猟(しょうりょう)する.

'**Wüh・ler** ['vy:lər] 男 -s/- **1** 〚動物〛(齧歯類)きぬげねずみ科, もくら科の動物. **2** 《話》あくせく働く人, 働き蜂. **3** 〚侮〛扇動家, 破壊分子.

Wüh・le・rei [vy:lə'raɪ] 囡 -/-en **1** (多く侮蔑的に)掘返し, 掘鑿(くっさく). **2** 《話》骨の折れる仕事, きつい労働. **3** 〚侮〛扇動, 破壊活動.

'**wüh・le・risch** ['vy:lərɪʃ] 形 〚侮〛扇動的な, 破壊活動的な.

'**Wühl・maus** ['vy:l..] 囡 -/=e 〚動物〛はたねずみ.

'**Wühl・tisch** 男 -[e]s/-e 《話》(デパートなどの)バーゲンコーナー, バーゲン台.

Wulst [vʊlst] 男 -es/Wülste (-e) 囡 -/Wülste **1** (ソーセージ状の)ふくらみ, 盛上り, 隆起. die *Wülste* des Nackens 首のまわりの盛上った肉. **2** 〚建築〛大玉縁(ぶち). **3** 〚数学〛円環面(体).

'**wuls・tig** ['vʊlstɪç] 形 (こんもりと)盛上がった, 膨れた. *-e* Lippen 分厚い唇.

'**wum・mern** ['vʊmərn] 動 《話》 **1** (エンジンなどが)鈍い音を立てる. 《非人称的に》 In meinem Kopf *wummert es*. 頭がががんがんする, 割れるように痛い. **2** (gegen〈an〉et⁴ 物⁴を)どんどん叩く.

wund [vʊnt] 形 **1** (皮膚などが)擦りむけた. eine *-e* Stelle 傷ついた(擦れむけた)箇所. ein *-er* Punkt / eine *-e* Stelle 《比喩》触れて欲しくないところ, 痛いところ, 弱点. sich⁴ ~ laufen / sich³ die Füße ~ laufen 歩いて靴ずれができる. sich³ die Fersen〈die Füße〉 nach et³ ~ laufen 《話》物³をさんざん捜しまわる. sich³ die Finger ~ schreiben〈telefonieren〉 《話》(手紙などを)書きまくる〈電話をかけまくる〉. sich³ den Mund ~ reden 《話》ぺちゃくちゃしゃべりまくる. **2** 《雅》傷を負った; (精神的に)傷ついた. ◆ ↑ wund liegen

'**Wund・arzt** 男 -es/=e 《古》外科医.

'**Wund・brand** 男 -[e]s/ 〚病理〛壊疽(えそ).

*'**Wun・de** ['vʊndə ヴンデ] 囡 -/-n 傷, 怪我; (とくに)創傷; 《比喩》痛手. eine leichte〈tiefe〉 ~ 軽い傷〈深傷(ふかで)〉. eine tödliche ~ 致命傷. eine ~ am Arm 腕の傷. eine alte ~ wieder aufreißen 古傷をあばく. eine ~ behandeln 傷の手当をする. Der Krieg hat tiefe *~n* geschlagen. 戦争は深刻な痛手を

もたらした．den Finger auf die ～ legen 痛い所をつく．Öl in j² ～ träufeln 人²の苦痛を和らげる．

°'**wun·der** ↑Wunder 2

*'**Wun·der** ['vʊndər ヴンダー] 囲 –s/– **1** (a) 不思議，奇跡，驚異．die *Wunder* der Natur 自然の驚異．die Sieben *Wunder* der Welt 世界の七不思議(Weltwunder)．Das ist das reinste ～．不思議なこともあればあるものだ．Es war [wie] ein ～, dass er mit dem Leben davonkam. 彼が命拾いしたのは奇跡のようなものだ．[Es ist] kein ～, dass〈wenn〉…．…であってもすこしも不思議ではない．Ein ～ geschieht. 奇跡が起る．Es geschehen noch Zeichen und ～!《戯》いやはやこいつはたまげたね(《旧約》出エ 7:3)．wenn nicht ein ～ geschieht 奇跡でも起らない限り．O ～! / ～ über ～! これは全く驚いた．*sein* blaues ～ erleben《話》あっと驚く，びっくり仰天する．～ tun〈wirken〉奇跡を行う．Diese Arznei wirkt bei mir ～．《話》この薬は不思議なほど私によく利く．Was *Wunder,* wenn〈dass〉…? …であっても何の驚くことがあろうか(Wunder は複数 2 格)．an [ein] ～ glauben 奇跡を信じる．auf ein ～ hoffen〈warten〉奇跡を待つ．wie durch ein ～ 奇跡のように．(b)《比喩》驚嘆すべき物〈人〉．Diese Maschine ist ein ～ der Technik. この機械は技術の生んだ驚異である．Sie ist ein ～ an Schönheit. 彼女は絶世の美女だ．**2**《話》《**Wunder**〈**wunders**/°**wunder**〉**was**〈**wer/wie**〉の形で》Er bildet sich³ ～〈*wunders*/°*wunder*〉was ein. 彼はひどく思い上っている．Er denkt, er sei ～〈*wunders*/°*wunder*〉wer. 彼はひとかどの人物のつもりでいる．Er ist ～〈*wunders*/°*wunder*〉wie stolz darauf. 彼はそのことをえらく誇りに思っている．

'**wun·der·bar** ['vʊndərbaːr ヴンダーバール] 形 **1** 不思議な，奇跡的な．eine ～*e* Begebenheit 不思議な出来事．Sie wurden ～ gerettet. 彼らは奇跡的に救助された．《名詞的用法で》Das grenzt ans *Wunderbare.* それは奇跡といってもいいくらいだ．**2** 驚嘆すべき，すばらしい，すてきな．*Wunderbar*!（驚嘆の声）すばらしい，すてきだ．ein ～*er* Künstler すばらしい芸術家．Sie hat eine ～*e* Stimme. 彼女はすばらしい声をしている．Sie hat ～ klare Augen.《話》彼女はすばらしく澄んだ目をしている．～ schmecken すばらしく美味しい．

'**wun·der·ba·rer'wei·se** 副 不思議にも，奇跡的に．

'**Wun·der·ding** 囲 –[e]s/–e **1**《多く複数で》世にも不思議なこと．**2**《話》驚嘆すべきもの．

'**Wun·der·dok·tor** 囲 –s/–en《民間信仰で》奇跡で病気を治す医者．

'**Wun·der·ge·schich·te** 囡 –/–n 奇跡物語．

'**Wun·der·glau·be** 囲 –ns/–n《複数まれ》奇跡信仰．◆格変化は Glaube 参照．

'**wun·der·herr·lich** 形《雅》まったくすばらしい，実に見事(立派)な．

'**Wun·der·horn** 囲 –[e]s/⸚er《神話》(望むものが何でも出てくる)魔法の角笛．

'**wun·der'hübsch** 形 とてもきれいな(愛らしい)．

'**Wun·der·ker·ze** 囡 –/–n (針金に火薬をつけた)線香花火．

'**Wun·der·kind** 囲 –[e]s/–er 神童．

'**Wun·der·kraft** 囡 /⸚e 奇跡を行う力．

'**Wun·der·lam·pe** 囡 –/–n **1** 魔法のランプ，不思議なランプ．**2**《動物》ほたるいか．

'**Wun·der·land** 囲 –[e]s/⸚er (童話にでてくる)不思議の国．

*'**Wun·der·lich** ['vʊndərlɪç ヴンダーリヒ] 形 奇妙な，風変りな，へんな；変り者の，気難しい．ein ～*er* Alter 変り者のじいさん．～*e* Erlebnisse haben 奇妙な体験をする．ein ～*er* Heiliger《話》変り者，変人．alt und ～ werden 年をとって気難しくなる．

'**Wun·der·lich·keit** 囡 –/–en **1**《複数なし》奇妙(風変り)であること，気難しいこと．**2** 奇妙な物(事)．

'**Wun·der·mit·tel** 囲 –s/– 特効薬，妙薬．

'**wun·dern** ['vʊndərn ヴンダーン] ❶ 囲 **1** 驚かす，びっくりさせる；不思議がらせる，訝(いぶか)しく思わせる．Sein Verhalten *wunderte* sie. 彼女は彼の態度に驚いた．Es wundert mich〈Mich *wundert*〉, dass er davon noch gar nichts weiß. 彼が不思議に思う〈驚く〉のは彼がその話をまだなんにも知らないことだ．Es sollte mich ～, wenn er noch käme. 私には彼がまだ来るとはとても思えないがねえ．**2**《とくに²³格》(人²の)興味をそそる．Es *wundert* mich〈Mich *wundert*〉, wann er kommen wird. 私は彼がいつ来るか興味津々だ．

❷ 囲《**sich**》**1** 驚く，びっくりする；不思議に思う，訝る．Ich *wundere mich* über den Benehmen. 私は君の態度に驚いている．Sie *wunderte sich,* dass ihr Mann erst so spät nach Hause kam. 彼女は夫のこんなにも遅い帰宅を訝しがった．Ich *wundere mich* über gar nichts mehr. 私はもう何が起っても驚かない．Ich muss *mich* wirklich〈doch〉sehr über dich ～! 君(の態度)にはほんとうにびっくりするよ．《慣用的表現で》《話》Ich muss *mich* über Mich *wundert*〉! いやこれは驚いたよ．Da wirst du *dich* aber ～! / Du wirst *dich* noch ～! 腰を抜かしても知らないぞ，きっとびっくりするぞ．**2**《⁴³》疑問に思う，怪しむ．

'**wun·der|neh·men*** 囲 **1**《雅》(人⁴を)驚かせる，不思議がらせる．**2**《²³》(人⁴の)興味を惹く．

'**wun·ders** ['vʊndərs] ↑Wunder 2

'**wun·der·sam** ['vʊndərzaːm]《雅》**1** 不思議な，謎めいた；この世ならぬ．eine ～*e* Musik 妙なる調べ．**2** 奇妙な．

'**wun·der'schön** ['vʊndərʃøːn] 形 このうえなく美しい(すばらしい)．

'**Wun·der·tat** 囡 –/–en 奇跡．

'**Wun·der·tä·ter** 囲 –s/– 奇跡を行う人．

'**Wun·der·tä·tig** 形 奇跡をおこなう力のある．

'**Wun·der·tier** 囲 –[e]s/–e《話》不思議な動物；《比喩》驚くべき人物．

'**wun·der·voll** ['vʊndərfɔl] 形 **1** すばらしい，見事な．**2** 奇跡を行う．

'**Wun·der·welt** 囡 –/–en **1** =Wunderland **2** (自然界などの)驚異に満ちた世界．

'**Wun·der·werk** 囲 –[e]s/–e 驚異的な仕事(作品)．

'**Wund·fie·ber** ['vʊnt..] 囲 –s/–《医学》創傷熱．

'**wund lie·gen***, °'**wund|lie·gen***《**sich**》床ずれができる．

'**Wund·mal** 囲 –[e]s/–e 傷跡，傷痕(こん)．die ～*e* Christi キリストの聖痕．

'**Wund·pflas·ter** 囲 –s/– 絆創膏．

'**Wund·sal·be** 囡 –/–n (傷口に塗る)軟膏．

'**Wund·starr·krampf** 囲 –[e]s/《病理》破傷風．

Wunsch [vʊnʃ ヴンシュ] 囲 –[e]s/Wünsche **1** 願い，願望；望み，希望；要請，要望．ein heißer ～ 熱烈な願望，熱望．ein frommer ～ はかない望み．

der ～ nach Frieden 平和への望み. der große 〈kleine〉 ～〈話〉うんち〈おしっこ〉. Mein ～ ist in Erfüllung gegangen. 私の願いはかなえられた. Ein eigenes Haus war schon immer mein ～. 自分の持ち家がずっと前から私の夢でした. Es ist sein größter ～, einmal nach Amerika zu reisen. 1度アメリカへ旅行するのが彼の最大の望みだ. Es war sein ～ und Wille, dass... ...が彼のたった1つの願い〈望み〉だった. Dein ～ ist〈sei〉mir Befehl. 〈戯〉お望みとあらばなんなりと. Haben Sie sonst noch Wünsche? 〈店員が〉ほかにご用はございませんか. j³ einen ～ erfüllen〈versagen〉人³の希望をかなえてやる〈拒否する〉. noch einen ～ frei haben もう1つ願いをきいてもらえる. noch manche Wünsche offen lassen まだ注文したいことがたくさんある. auf j² ～ 人²の願い(希望)により(もとづき). Es geht〈läuft〉alles nach ～. すべて思いどおりにいく. **2**〈複数で〉祈念(きねん)する心, 祈念の言葉; 祝意, 祝辞. j³ seine Wünsche darbringen 人³にお祝いの言葉を捧げる. Alle guten Wünsche für das neue Jahr!／Herzliche Wünsche zum neuen Jahr! 新年おめでとうございます. mit den besten Wünschen für baldige Genesung (手紙の末尾で)ご快復の1日も早いことをお祈り申しあげて.

'**Wunsch·bild** 匣 –[e]s/–er 理想像.
'**Wunsch·den·ken** 匣 –s/ 〈現実にそぐわない〉願望的な思考, 希望的観測.
'**Wün·sche** ['vʏnʃə] Wunsch の複数.
'**Wün·schel·ru·te** ['vʏnʃəlruːtə] 囡 –/–n (水脈や鉱脈の探知に用いた)占い棒, 占い杖.
'**Wün·schel·ru·ten·gän·ger** 男 –s/– (占い棒を使って)鉱脈(水脈)を探り歩く人.

'**wün·schen** ['vʏnʃən ヴュンシェン] 他 (↓Wunsch) **1**〈しばしば再帰的に〉望む, 願う, 欲しがる; ...したいと思う; 要望する. et¹ von Herzen ～ 事¹を心から願う. eine Antwort ～ 返事を望む(待つ). Was wünschen Sie als Nachtisch? デザートは何になさいますか. Was wünschen Sie?／〈目的語なしでも〉Sie wünschen bitte? (店員が)何をさしあげましょうか, ご用を承りましょうか. Ich wünsche darüber keine Diskussion. それについての議論は願い下げにして欲しい. Sie wünschen sich³ ein Baby. 彼らは子供を欲しがっている. Die Tochter wünscht sich³ von ihren Eltern ein neues Kleid. 娘は両親から新しいドレスをもらいたいと思っている. Sie hätten sich³ kein besseres Wetter ～ können. 彼らにとって天気は申分のないものだった(それ以上望みようのない天気だった). sich³ j⁴ als〈zum〉Freund ～ 人⁴を友人にしたいと思う. Es wird gewünscht, dass... ...であることが望まれる. Es wäre zu ～, dass besseres Wetter wird. もう少し天気がよくなってくれるといいのだが. Deine Arbeit lässt nichts〈viel〉zu ～ übrig. 君の仕事は申分ない〈文句をつけたいところがたくさんある〉. 〈接続法 II で〉Ich wünschte, ich könnte mitgehen. 私も一緒に行けたら嬉しいんだけど. Ich wünsche, ich hätte das nicht gesagt. 私はそんなこと言わなければよかった. Ich hätte mir den Wein etwas trockener gewünscht. 私はワインはもう少し辛口のほうがよかった. 〈zu 不定詞句と〉Er wünschte etwa eine Stunde zu ruhen. 彼は1時間ほど休息したかった. Ich wünschte dich jemand zu sprechen. 誰か君と話したい(君に会いたい)と言ってますよ. 《方向を示す語句と》sich⁴ auf eine einsame Insel ～ 離れ小島へでも行きたいと思う. Der Gast wünscht das Frühstück aufs Zimmer. その客は朝食を部屋にもってくるように言っている. j⁴ zum Teufel ～／j⁴ dahin ～, wo der Pfeffer wächst. 人⁴なんかどこかへ行ってしまえと思う. 《目的語なしで》ganz wie Sie wünschen あなたの望みどおりに. 《過去分詞で》Das Medikament hatte nicht die gewünschte Wirkung. その薬は期待していたような効かなかった. Bitte die gewünschten Nummern hier einsetzen! ご希望の商品番号をここにご記入ください.
2 (人³に事⁴が)あれかしと願う, (人³のために事⁴を)祈る. Ich wünsche dir alles Gute zum Geburtstag! お誕生日おめでとう. Wir wünschten uns ein gutes neues Jahr. 私たちはきたいに新年の挨拶をかわした. j³ [einen] guten Abend〈Morgen〉～ 人³に今晩はと挨拶する〈おはようを言う〉. j³ guten Appetit ～ 人³によろしく召し上がれという. j³ eine gute Reise ～ 人³の旅の無事を祈る. Ich wünsch' dir was. 〈話〉どうぞ召し上がってください. [Ich] wünsche, wohl zu speisen. おいしく召上がれ. [Ich] wünsche, gut geruht zu haben. よくお休みになれましたか.

'**wün·schens·wert** ['vʏnʃənsveːrt] 形 望ましい, 願わしい, そうあって欲しい. Es wäre ～ zu wissen, ob er uns die Wahrheit gesagt hat. 彼が私たちに真実を話してくれたのかどうか分ればよいのだが.
'**Wunsch·form** 囡 –/–en 〖文法〗希求法, 願望法.
'**wunsch·ge·mäß** ['vʊnʃɡəmɛːs] 形 望み(希望)どおりの. Anbei senden wir Ihnen ～ Prospekte zu. 同封にてご希望のパンフレットをお送りいたします.
'**Wunsch·kind** 匣 –[e]s/–er 〈話〉申し子, 待ちに待った子供.
'**Wunsch·kon·zert** 匣 –[e]s/–e (音楽番組などの)視聴者リクエストコンサート.
'**wunsch·los** ['vʊnʃloːs] 形 申分のない, 充分満足した. Im Augenblick bin ich ～ glücklich. 〈戯〉今のところ私はこれ以上望むものはございません.
'**Wunsch·satz** 男 –es/–⸗e 〖文法〗願望文.
'**Wunsch·traum** 男 夢にまで見た夢. Astronaut zu werden ist mein ～ seit meiner Kindheit. 宇宙飛行士になることが私の子供の頃からの夢だ.
'**Wunsch·zet·tel** 男 –s/– (クリスマスなどに子供が書く)欲しい物のリスト(カード).
'**wupp·dich** ['vʊpdɪç] 間 (↓wuppen) Wuppdich! 早く, 急げ, それっ; (一瞬のすばやい動きを表して)さっ, はっ. 《男性名詞としても》mit einem Wuppdich ぱっと, さっと.
'**wur·be** ['vʏrbə] werben の接続法 II.
'**wur·de** ['vʊrdə] werden の過去.
'**wür·de** ['vʏrdə] werden の接続法 II.
*'**Wür·de** ['vʏrdə ヴュルデ] 囡 –/–n (↓wert) **1**《複数なし》品格, 尊厳, 威厳; 威信. die ～ des Menschen 人間の尊厳. die ～ des Parlaments 議会の威信. j² ～ antasten〈verletzen〉人²の品位を傷つける. unter aller ～ 威厳をそこなう, 品位のない. Das ist unter aller ～. それはまったくひどい(くだらない). unter j² ～ sein 人²の品位(沽券(こけん))にかかわる. **2** 位, 位階; 高位, 高官; 学位. akademische ～ 学位. j³ die ～ eines Doktors verleihen 人³に博士の学位を授与する. in Amt und ～n sein 高位顕職にある. ～ bringt Bürde. 〈諺〉高位は重荷をもたらす.
'**wür·de·los** 形 品位(威厳)のない, みっともない.
'**Wür·den·trä·ger** 男 –s/– 高官, 重鎮, 大物.
'**wür·de·voll** 形 品位のある, 威厳のある.

*'**wür·dig** ['vʏrdɪç ヴュルディヒ] 形 **1** 品位(威厳)のある; 立派な, 堂々とした; 厳かな, 荘厳(荘重)な. ein ~*es* Begräbnis 厳かな葬儀. eine ~*e* Dame 気品のある婦人. eine ~*e* Haltung 品位(威厳)ある態度. ein Fest ~ begehen 祝典を厳かに挙行する. **2** (a) ふさわしい, 値するべき. ein ~*er* Gegner⟨Nachfolger⟩ 相手にとって不足のない敵⟨しかるべき後継者⟩. Wir hielten ihn für ~, dieses Amt zu versehen. 我々は彼がこの職務を行うのに適していると思った. j⁴ ~ vertreten 人⁴の代理をりっぱに務める. (b) 〖人〈事⟩²に〗ふさわしい, 値する. Er ist des Lobes ~. 彼は賞賛に値する. Sie fühlte sich⁴ seiner nicht ~. 彼女は自分が彼にふさわしくないと感じた. Er hat sich⁴ des Vertrauens ~ erwiesen. 彼は信頼するにあたいする人物であることが分かった.

..**wür·dig** [..vʏrdɪç]《接尾》名詞に付けて「…するに値する, …する価値のある」の意の形容詞をつくる. auszeichnungs*würdig* 顕彰(表彰)に値する.

*'**wür·di·gen** ['vʏrdɪɡən ヴュルディゲン] 他 **1** 〖人〈物⟩⁴の〗価値を認める, (を)評価する. **j²** Leistungen ~ 人²の業績を評価する. Ich weiß deine Bemühungen zu ~. 私は君の骨折りをありがたく思っている. **2** 〖人⁴に事²の〗価値を認める. Sie *würdigte* mich keiner Antwort⟨keines Blickes⟩. 彼女は私に返事もしなかった⟨目もくれなかった⟩.

'**Wür·dig·keit** 女 -/. 品位, 威厳; ふさわしいこと.

'**Wür·di·gung** ['vʏrdɪɡʊŋ] 女 -/-en 価値を認めること, 評価.

***Wurf** [vʊrf ヴュルフ] 男 -[e]s/Würfe (↓werfen) **1** (a) 投げること, 投げ; 投げ方; 投げた物. Jeder hat drei *Würfe*. 各人が3回投げる. ein ~ mit einem Stein 石を投げること. ein ~ Erde (埋葬時の) ひとすくいの土. einen ~ weit entfernt 物を投げて届く距離だけ離れて. auf einem ~ 〖話〗いきなり, 一挙に. j³ in den ~ kommen⟨laufen⟩〖地方〗人³とばったり出会う. zum ~ ausholen 投げようと身構える. (b) 〖競〗投擲; 投球; (柔道など)投げ(技). (c) 〖遊戯〗(さいころの)ひと振り. alles auf einen ~ setzen 〖話〗一か八かやってみる. **2** (成功した)仕事, 企て; 成功(作). Der ~ ist gelungen. 仕事(企て)はうまくいった. Ihm ist mit diesem Roman der große ~ gelungen. 彼のこの小説は一大傑作となった. ein glücklicher ~ 成功作, 大当り. einen großen ~ tun 大成功を収める. **3** (衣服・カーテンなどのひだ取り). **4** (猫・犬などの)一腹の子. **5** 〖狩猟〗(猪の)鼻.

'**Wurf·bahn** 女 -/-en 投げられた物の描く軌跡, 弾道.

'**wür·fe** ['vʏrfə] werfen の接続法 II.

'**Wür·fe** ['vʏrfə] Wurf の複数.

'**Wür·fel** ['vʏrfəl] 男 -s/- (↓Wurf) **1** さいころ, 賽(さい), ダイス. ~ spielen / mit ~*n* spielen さいころ遊び(賭博)をする. Die *Würfel* sind⟨Der ~ ist⟩ gefallen. 賽は投げられた(↑alea iacta est). **2** さいころ形(の物). ein ~ Zucker 1個の角砂糖. et⁴ in ~ schneiden 物⁴を賽の目に切る. **3** 〖幾何〗立方体, 正6面体.

'**Wür·fel·be·cher** 男 -s/- ダイスコップ, さい筒.

'**wür·fel·för·mig** 形 さいころ形の, 立方体の.

'**wür·fe·lig** ['vʏrfəlɪç] 形 **1** 立方体の, さいころ形の. **2** 格子縞の; 市松模様の.

'**wür·feln** ['vʏrfəln] 自 ❶ さいころを振る; さいころ遊び(賭博)をする (um et⁴ 物⁴を賭けて). ❷ **1** (さいころを振って)~の数(目)を出す. eine Sechs ~ 6の目を出す. **2** 賽の目に切る. **3** 〖ふつう過去分詞で〗格子縞(市松模様)にする. ◆↑gewürfelt¹

'**Wür·fel·spiel** 中 -[e]s/-e さいころ遊び(賭博).

'**Wür·fel·spie·ler** 男 -s/- さいころ遊び(賭博)をする人; 双六(すごろく)をする人.

'**Wür·fel·zu·cker** 男 -s/ 角砂糖.

'**Wurf·ge·schoss** 中 -es/-e 投擲⁴弾(石・手榴弾など).

'**würf·lig** ['vʏrflɪç] 形 =würfelig

'**Wurf·schau·fel** 女 -/-n 〖鉱業〗(積込機の)投込みショベル.

'**Wurf·schei·be** 女 -/-n 〖スポ〗(円盤投げの)円盤.

'**Wurf·sen·dung** 女 -/-en ダイレクトメール.

'**Wurf·speer** 男 -[e]s/-e, '**Wurf·spieß** 男 -es/-e 手投げ槍(未開民族の).

'**Wurf·tau·be** 女 -/-n 〖射撃〗クレーピジョン(クレー射撃に用いられる皿状の標的).

'**Wurf·wei·te** 女 -/-n 投擲⁴距離.

'**Wür·ge·griff** ['vʏrɡə..] 男 -[e]s/-e **1** 首絞め; (柔道の)絞め技. **2** (比喩的に)絞めつけ, 圧迫.

'**wür·gen** ['vʏrɡən] ❶ 他 **1** (a) j⁴ [am Hals / an der Kehle] ~ 人⁴の首(喉)を絞める. (b) (動物が)…する. **2** (物が主語) (人⁴の)首(喉)を締めつける, 息を詰まらせる; (食物が)喉に詰まる(つかえる); 吐き気を催させる. Die Krawatte *würgt* mich. ネクタイが首を締めつける. Der Bissen *würgte* mich [im Hals / in der Kehle]. 食べたものが喉につかえた. Der Magen *würgte* ihn. 彼は胃がむかむかした. Die Angst *würgte* ihn.(比喩)(彼が)不安で息がつまる. (非人称的に) *Es würgte* ihn in der Kehle⟨im Hals⟩. 彼は激しい吐き気に襲われた. **3** 〖話〗無理やり押込む(はめ込む). Blumen in eine enge Vase ~ 花を窮屈な花瓶に無理やり押込む.

❷ 自 **1** (an et³ 物³を)飲込もうと苦労する, やっとの思いで飲込む. an zähem Fleisch ~ 堅い肉を飲込もうと四苦八苦する. Er *würgte* an seinem Essen. 彼は食事がまずくて喉をとおらなかった. an einer Antwort ~ (比喩)返事に窮する. **2** (喉がつかえて)吐き気に苦しむ; 吐く. **3** 〖話〗あくせく働く, 四苦八苦する. 〖中性名詞として〗mit Hängen und *Würgen* やっとの思いで, 四苦八苦して.

'**Würg·en·gel** ['vʏrk..] 男 -s/- 〖旧約〗死の天使.

'**Wür·ger** ['vʏrɡər] 男 -s/- **1** 〖鳥〗もず(百舌). **2** 寄生植物. **3** 〖古〗(殺すつもりで)首を絞める人, 絞殺(扼殺)犯; 〖雅〗死神.

***Wurm** [vʊrm ヴルム] ❶ 男 -[e]s/Würmer (Würme) **1** (a) (肢や羽のない)虫(毛虫・蛆(うじ)虫など). Der Apfel hat einen ~. / In dem Apfel ist⟨sitzt⟩ ein ~. そのリンゴは虫食いだ. Das Fleisch ist voll [er] *Würmer*. その肉は蛆がわいている. (b) (内臓の)寄生虫; 蠕(ぜん)虫. Der Hund hat *Würmer*. その犬は虫を湧(わ)かしている. **2** 〖慣用的表現で〗Da ist ⟨sitzt⟩ der ~ drin! それはどこかおかしい. der nagende ~ des Gewissens 〖雅〗良心の呵責(かしゃく). Auch der ~ krümmt sich⁴, wenn er getreten wird. 〖諺〗一寸の虫にも五分の魂(蛇も踏まれると身をよじる). sich⁴ wie ein [getretener] ~ krümmen⟨winden⟩ 〖話〗(窮地に陥って)悪あがきをする. den ~ baden 〖戯〗釣りをする. 〖話〗Du hast wohl *Würmer* gefrühstückt!〖話〗君は気でも狂ったんじゃないのか. einen [nagenden] ~ [im Kopf] haben 〖話〗頭が少々いかれている. einen [nagenden] ~ in sich³⟨im Herzen⟩ haben

wurmartig

〈tragen〉 心中ひそかに恨みを抱いている. j³ den ～ schneiden 〈妄想や愚行から〉人³の目をさまさせる. j³ den ～ segnen《話》人³をきびしく叱る. j³ die *Würmer* aus der Nase ziehen《話》人³から巧みに秘密を聞き出す. **3**《話》(虫けらのように)哀れな人間. **4**《古》《複数 Würme》(Lindwurm)竜.
❷ -[e]s/Würmer 《寄る辺ない》子供, 赤ん坊.

'**wurm·ar·tig** 虫のような.

'**Würm·chen** ['vʏrmçən] 田 -s/-《Wurm の縮小形》**1** 小さな虫, 虫けら. **2**《話》幼い子供.

'**Wür·me** ['vʏrmə] Wurm の複数.

'**wur·men** ['vʊrmən] ❶ 他《話》いらいらさせる, 立腹させる, むしゃくしゃさせる. ❷ 自《猟師》(鳥が嘴で地中の虫を探す(あさる).

'**Wür·mer** ['vʏrmər] Wurm の複数.

'**Wurm·farn** 男 -[e]s/-e《植物》おしだ(雄羊歯).

'**wurm·för·mig** 虫の形をした.

'**Wurm·fort·satz** 男 -es/⁼e《解剖》虫垂.

'**Wurm·fraß** 男 -es/ 虫食い穴.

'**wur·mig** [vʊrmɪç] 虫食いの, 虫に食われた.

'**Wurm·krank·heit** 女 -/-en《病理》寄生虫病.

'**Wurm·mit·tel** 田 -s/-《医学》駆虫剤, 虫下し.

'**wurm·sti·chig** [..ʃtɪçɪç] 虫食いの, 虫に食われたある;《比喩》腐敗《堕落》した.

wurscht [vʊrʃt] 形 =wurst

Wurscht [vʊrʃt] 女 -/Würschte《話》Wurst 1

wurst [vʊrst] 形《次の用法で》j³ ～〈*Wurst*〉sein 人³にとってどうでもよいことである. Das ist mir vollkommen ～〈*Wurst*〉. そんなことは私にはまったくどうでもよいことだ.

Wurst

[vʊrst ヴルスト] 女 -/Würste **1** 腸詰め, ソーセージ. ein Stück ～ 《eine Scheibe》～ 1 本《1 切れ》のソーセージ. *Würste* füllen (肉をつめて)ソーセージを作る. ～ machen 腸詰めを作る. ein Brot mit ～ belegen〈bestreichen〉パンにソーセージをのせる《〈レバーソーセージなどを〉塗る》. 《慣用句で》Er will immer eine besondere ～ gebraten haben. 彼はいつでも特別扱いされたがる. mit der ～ nach dem Schinken 〈der Speckseite〉werfen 海老で鯛を釣ろうとする. mit dem Schinken nach der ～ werfen 些細なことのために大きな犠牲をはらおうとする. Es geht um die ～! 今こそ決断の時だ. ～ wider ～!そっちがそっちならこっちもこっちだ. **2** (a) eine Wolldecke zur ～ rollen 毛布を細長く巻く. (b) 糞便. einen ～ machen うんこをする. (c)《話》(小さくて)パンパンの服〈ズボン〉. (d)《卑》(Penis) 男根. ◆ ⁼wurst

'**Wurst·brot** 田 -[e]s/-e ソーセージをのせたパン.

'**Würst·chen** [vʏrstçən] 田 -s/-《Wurst の縮小形》**1** 小型のソーセージ. Frankfurter ～ フランクフルトソーセージ. **2**《話》取るに足らない奴; 哀れな奴.

'**Würst·chen·bu·de** 女 -/-n, '**Würst·chen·stand** 男 -[e]s/⁼e (街頭などの)ソーセージの売店.

'**Würs·te** ['vʏrstə] Wurst の複数.

'**Wurs·tel** ['vʊrstəl] 男 -s/-《南》=Hanswurst

'**Würs·tel** ['vʏrstəl] 田 -s/-《南・オーストリア》小型のソーセージ, ウインナーソーセージ.

Wurs·te·lei [vʊrstə'laɪ] 女 -/-en《話》だらだらした仕事をしること, 怠惰な仕事ぶり.

'**wurs·teln** ['vʊrstəln] 自《話》だらだら(と漫然と, 無計画に)仕事をする; 無為に日を送る.

'**wurs·ten** ['vʊrstən] 自 ソーセージを作る.

'**wurs·tig** [vʊrstɪç] 形《話》無関心な, 冷淡な.

'**Wurs·tig·keit** 女 -/《話》無関心〈冷淡〉さ.

'**Wurst·kes·sel** 男 -s/- ソーセージをゆでる大鍋.

'**Wurst·plat·te** 女

'**Wurst·sup·pe** 女 -/-n ソーセージのゆで汁; ソーセージのゆで汁でつくったスープ.

'**Wurst·ver·gif·tung** 女 -/-en ソーセージ中毒.

'**Wurst·wa·ren** 女 ソーセージ類.

'**Wurst·zip·fel** 男 -s/- ソーセージの端.

'**Würt·tem·berg** ['vʏrtəmbɛrk]《地名》ヴュルテンベルク(ドイツ南西部の地方).

Wurz [vʊrts] 女 -/-en《古》《地方》**1** 植物; 草. **2** 根.

..wurz [..vʊrts]《接尾》「植物, 草」を意味する女性名詞 (-/-en) をつくる. Nies*wurz* クリスマスローズ.

'**Würz·burg** ['vʏrtsbʊrk]《地名》ヴュルツブルク. ◆ドイツのバイエルン州にある大学都市.

'**Wür·ze** ['vʏrtsə] 女 -/-n (↓ Wurz) **1** スパイス, 薬味, 香辛料; 風味, (植物などの)芳香;《比喩》妙味, おもしろさ. **2**《醸造》(ビールになる前の)麦汁(ばくじゅう).

*'**Wur·zel** ['vʊrtsəl] 女 -/-n **1** (植物の)根. ～n schlagen〈fassen〉根をおろす, 根をはる. Bald haben sie in ihrer neuen Heimat ～[n] geschlagen. 《比喩》まもなく彼らは新しい故郷に根をおろした. Willst du hier ～n schlagen? ここに根をはやすつもりかい(いつまで待設せつもりなんだ). **2** (物事の)根; 根本, 根底; 根源. die ～ allen〈alles〉Übels 諸悪の根源. das Übel mit der ～ ausrotten 悪を根絶する. das Übel mit der ～ packen 悪の根源をつく. **3** (a) (身体の部分の)つけ根. die ～ der Zunge 舌の根, 舌根. (b) (Haarwurzel) 毛根; (Zahnwurzel) 歯根. **4**《数学》(a) 根, (累)乗根, 冪根(べきこん). die zweite〈dritte〉～ 平方根〈立方根〉. Die vierte ～ aus 81 ist 3. 81 の 4 乗根は 3 である. (b) (Quadratwurzel) 平方根. die ～ aus einer Zahl ziehen ある数の平方根を求める. **5**《言語》語根. **6**《地方》(Möhre) にんじん. **7**《卑》(Penis) 男根.

'**Wur·zel·be·hand·lung** 女 -/-en《歯学》歯根の治療.

'**Wür·zel·chen** ['vʏrtsəlçən] 田 -s/-《Wurzel の縮小形》小さな根.

'**Wur·zel·fa·ser** 女 -/-n《植物》根繊維.

'**Wur·zel·haut** 女 -/⁼e《解剖》歯根膜.

'**Wur·zel·knol·le** 女 -/-n《植物》塊根.

'**wur·zel·los** **1** (植物が)根のない; 歯根のない. **2**《比喩》根なし草の, 故郷を失った.

'**wur·zeln** ['vʊrtsəln] 自 (↓ Wurzel) **1** (植物が)根づいている, 根をおろしている. Die Pflanze *wurzelt* tief〈flach〉. その植物の根は深い〈浅い〉. auf den Felsen ～ 岩の上に根をはっている. im Boden ～ 地中に根をおろしている. Er *wurzelt* in seiner Heimat. 彼は生れ故郷に根をおろしている. Das Misstrauen *wurzelt* tief in ihm. 不信の念が彼の胸中深くに根づいている. in den Traditionen ～ 伝統に根ざしている. **2**《地方》(忙しそうに)動き回る; あくせく働く.

'**Wur·zel·schöss·ling** 男 -s/-e《植物》根生芽.

'**Wur·zel·stock** 男 -[e]s/⁼e《植物》根茎, 地下茎.

'**Wur·zel·werk** 田 -[e]s/-e **1**《植物》根. **2**《地方》スープに入れる野菜(パセリ・セロリ・ニンジンなど).

'**Wur·zel·wort** 田 -[e]s/⁼er《言語》語根語.

'**Wur·zel·zei·chen** 田 -s/-《記号 √》《数学》根号, ルート記号.

'**wür·zen** ['vʏrtsən] 他 (↓ Würze) **1** (a) 《料理》味をつける, 薬味を利かす. das Fleisch mit Pfeffer

～肉に胡椒を利かす． Die Suppe ist zu stark gewürzt. スープは薬味が利きすぎている． (b) (空気を)芳香で満たす． **2** 《比喩》(演説などに)興趣(妙味)をそえる，(を)面白くする(mit et³ 事³で)．
'**Würz·fleisch** ['vʏrts..] 甲 -[e]s/《料理》= Ragout
'**wür·zig** ['vʏrtsɪç] 形 **1** スパイスの利いた，風味のある；(植物などが)香りのいい． **2** 《比喩》気の利いた，ぴりっとした，きわどい．
'**Würz·mit·tel** 甲 -s/-, '**Würz·stoff** 男 -[e]s/-e 香辛料，スパイス．
wusch [vu:ʃ] waschen の過去．
'**wü·sche** ['vy:ʃə] waschen の接続法 II.
'**Wu·schel·haar** ['voʃəlha:r] 甲 -[e]s/-e《話》もじゃもじゃの毛．
'**wu·sche·lig** ['voʃəlɪç] 形《話》(髪が)もじゃもじゃの．
'**wu·se·lig** ['vu:zəlɪç] 形《地方》活発な，せかせか動きまわる．
'**wu·seln** ['vu:zəln] 自 (h, s)《地方》**1** (h) せわしなく動きまわる，活発に動く． **2** (s) せわしなく動いて行く．
'**wuss·te**, °'**wuß·te** ['vʊstə] wissen の過去．
'**wuss·te**, °'**wüß·te** ['vʏstə] wissen の接続法 II.
Wust [vu:st] 男 -[e]s/ (↓wüst)《話》(雑然とした)物の山． ein ～ von Büchern 本の山． ein ～ von Einbildungen《比喩》とりとめのない空想．
wüst [vy:st] 形 **1** 荒涼とした，人の住まない． eine ~e Gegend 荒涼としたところ． **2** 散らかった，乱雑な，雑然とした． ~e Gedanken 混乱した考え． ~e Haare ぼさぼさの髪． Hier sieht es ja ~ aus. ここはほんとうに散らかってるね． **3** (a) 粗暴な，荒々しい；放埒な． ein ~er Kerl 荒くれ者． ein ~es Leben すさんだ(だらしのない)生活． (b) 下品な，卑猥な． ~e Lieder 卑猥な歌． **4** ひどい，甚だしい． eine ~e Hitze えげつない暑さ． ~e Schmerzen 激痛． ein ~er Sturm すごい(猛烈な)嵐． **5**《古》《地方》醜い，不快な，きたない．
*'**Wüs·te** ['vy:stə] 女 -/-n (↓wüst) 荒れ地，荒野；砂漠． die ～ Sahara サハラ砂漠． die unendliche ～ des Meeres《雅》果てしない大海原． ein Land zur ～ machen 国土を荒廃させる． j⁴ in die ～ schicken《話》人⁴を首(お払い箱)にする．
'**wüs·ten** ['vy:stən] 自 (↓wüst) **1** (mit et³ 物³を)浪費する，粗末にする． mit *seiner* Gesundheit ～ 健康を顧みない． **2** 荒(すさ)んだ生活を送る．
Wüs·te·'nei [vy:stə'naɪ] 女 -/-en **1** 荒野，不毛の地． **2**《話》乱雑さ；どんちゃん騒ぎ．
'**Wüs·ten·schiff** 甲 -[e]s/-e《戯》砂漠の船(駱駝のこと)．

'**Wüst·ling** ['vy:stlɪŋ] 男 -s/-e《侮》放埒(ほうらつ)な人，放蕩者．
'**Wüs·tung** ['vy:stʊŋ] 女 -/-en **1**《鉱業》廃坑． **2**《地理》廃村，廃地，荒蕪地．
*'**Wut** [vu:t ヴート] 女 -/ **1** (激しい)怒り，憤怒，激怒． eine blinde ～ 見境のない怒り． [Die] ～ packte ihn. 激しい怒りが彼をとらえた． *seine* ～ an j³ auslassen 人³に怒りをぶちまける． ～ auf j〈et〉⁴ haben 人〈事〉⁴にひどく腹を立てている． [eine] ～ im Bauch haben (ことば)に押さえられず怒り返っている． aus ～ 激怒して． j⁴ in ～ bringen 人⁴を激怒させる． in ～ kommen〈geraten〉激怒する． sich⁴ in ～ reden 話しているうちに激昂する． vor ～ 激怒して，憤怒のあまり． **2**《比喩》(自然の)暴威，猛威． die ～ des Sturmes 荒れ狂う嵐． **3**《比喩》熱意，熱狂． Er hat eine wahre ～ zu tanzen. 彼はダンスに狂っている． mit [einer wahren] ～ 狂ったように，夢中になって． **4**《医学》狂犬病．
'**Wut·an·fall** 男 -[e]s/⁼e 怒りの発作．
'**Wut·aus·bruch** 男 -[e]s/⁼e 怒りの爆発．
'**wü·ten** ['vy:tən] 自 (↓Wut) **1** (憤怒のあまり)荒れ狂う，暴れる． Er *wütete* gegen seine Widersacher. 彼はたけり狂ったように敵に向かった． gegen sich⁴ selbst ～ (自暴自棄になって)荒れる． vor Schmerz ～ 痛みに耐えかねて暴れる． **2** (自然・災厄などが)荒れ狂う，猛威をふるう． Damals *wütete* die Pest in der Stadt. 当時ペストが町で猖獗(しょうけつ)をきわめていた．
*'**wü·tend** ['vy:tənt ヴューテント] 現分 形 **1** ひどく腹をたてた，激怒した． ein ~er Blick 怒り狂ったまなざし． mit ~em Gebell 狂ったように吠えながら． auf j⁴〈über et⁴〉 ～ sein 人⁴に対して〈事⁴のことで〉かんかんに怒っている． j⁴ ～ machen 人⁴を激怒させる． **2** 荒れ狂った；激しい，猛烈な． ein ~er Orkan 荒れ狂うハリケーン． ~e Schmerzen 激痛． Er stürzte sich⁴ ～ in seine Arbeit. 彼は猛然と仕事に取りかかった．
'**wut·ent·brannt** 形 怒りに燃えた，激怒した．
'**Wü·te·rich** ['vy:tərɪç] 男 -s/-e《古》**1**(すぐに暴力をふるう)痛癪(かんしゃく)もち． **2** 残忍(狂暴)な人，暴君．
'**wü·tig** ['vy:tɪç] 形《古》《地方》怒った，激怒した．
'**wut·schäu·mend** 形 怒り狂った，激怒した．
'**wut·schnau·bend** 形 怒り狂った．
'**Wut·schrei** 男 -[e]s/-e 怒号．
Wwe.《略》= Witwe
WWW [ve:ve:'ve:] 甲 -[s]/ (英語 World Wide Web の略)《情報》(インターネットの)ワールドワイドウェブ．
Wz.《略》= Warenzeichen

x, X

x¹, X¹ [ɪks] 中 -/- ドイツ語アルファベットの第 24 文字 (子音字).

x² [ɪks] ❶《記号》《数学》(方程式の)未知数,変数(2 つ以上あるときは第 1 の未知数・変数). ❷《話》かなりの数の,数多くの. Das Stück hat ~ Aufführungen erlebt. その芝居は何回も上演された.

X² [ɪks] **1** (正確に名指しできないものを指して)某. Herr ― 某氏, X 氏. der Tag ― 某日, X デー. **2**《話》《次の成句で》j⁾ ein ~ für ein U vormachen 人をたぶらかして黒を白と言いくるめる. ▶ ローマ数字で X は 10 を表し, 5 を表す V (↑V²) に中世では U を用いた.

X³ ローマ数字の 10.

'x-Ach·se [ˈɪks|aksə] 囡 -/-n《数学》X 軸, 横軸.

Xan'then [ksanˈteːn] 中 -s/ (gr.)《化学》キサンテン, キサントン.

Xan'thin [ksanˈtiːn] 中 -s/ (gr.)《生化学》キサンチン.

Xan'thip·pe [ksanˈtɪpə] ❶《人名》クサンティッペ (Sokrates の妻. 悪妻の見本とされている). ❷ 囡 -/-n《侮》口うるさい女.

Xan·tho'phyll [ksantoˈfʏl] 中 -s/ (gr.)《化学》キサントフィル(植物の黄葉中など生物界に広く分布するカロチノイドの一群の総称).

'Xa·ver [ˈksaːvər] (sp.)《男名》クサーヴァー. der heilige Franz ~ (ˈksəˌfɪr) 聖フランシスコ・ザビエル(1506–52, スペイン出身の宣教師でイエズス会 Jesuitenorden の創設メンバーのひとり, 日本での布教活動でよく知られる. ラテン語形 Franciscus Xaverius, スペイン語形 Francisco de Xavier). ◆ザビエルの生地スペインのナヴァラ Navarra 近郊の地名 Xavier にちなむ.

'X-Bei·ne [ˈɪksbaɪnə] 複《医学》外反膝(がいはんしつ), X 脚.

'x-bei·nig, 'X-bei·nig [..nɪç] 形 外反膝の, X 脚の.

x-be'lie·big [ɪksbəˈliːbɪç, ˈ--ˈ--] 形《話》(irgendein) 任意の. ein ~es Buch (どれこれなしに)任意の本. eine ~e Person (だれかれなしに)任意の人物.

'X-Chro·mo·som [ˈɪkskromozoːm] 中 -s/-en (gr. chroma „Farbe'+soma „Körper')《遺伝》X 染色体. ↑Y-Chromosom

Xe《記号》《化学》=Xenon

'X-Ein·heit [ˈɪks|aɪnhaɪt] 囡 -/-en《記号 XE, X. E., 英語 X, XU》《物理》X 線単位(以前用いられていた X 線などの波長を表す単位. 英語 X-unit).

'Xe·nie [ˈkseːniə] 囡 -/-n (gr. „Gastgeschenk') **1** (古代の)客への贈物; (古代ギリシアで贈物に添えた) 2 行詩, 献詩. **2**《文学》クセーニエン (Goethe と Schiller による文壇批判の風刺短詩). **3**《遺伝》キセニア(植物が重複受精して胚乳に雄親の形質が現れる現象).

'Xe·non [ˈkseːnɔn] 中 -s/《記号 Xe》《化学》キセノン.

xe·no'phil [ksenoˈfiːl] 形 外国(人)好きの.

xe·no'phob [ksenoˈfoːp] 形 外国(人)嫌いの.

Xe·ro·gra'phie [kseroɡraˈfiː] 囡 -/-n [..ˈfiːən]《印刷》ゼログラフィー(電子複写の一方式).

'x-fach [ˈɪksfax] 形《比較変化なし》**1**《数学》X 倍の. **2**《話》何倍もの, 何回もの.

'X-Ha·ken [ˈɪks..] 男 -s/- X フック(額縁などを壁に掛けるための金具).

'x-mal [ˈɪksmaːl] 副《話》何度も, 幾度も.

'X-Strah·len [ˈɪks..] 複 X 線, レントゲン線.

x-t [ɪkst] 形《X に対する序数》**1** X 番目の. die ~e Potenz von a a の X 乗. **2**《話》何度目かの. Den Film sehe ich schon zum ~en Male. この映画を見るのはこれで何度目かになる.

Xy·lo'fon [ksyloˈfoːn] 中 -s/-e =Xylophon

Xy·lo'graph [ksyloˈɡraːf] 男 -en/-en (gr.) (木版)の彫師, 木版画家.

Xy·lo·gra'phie [ksyloɡraˈfiː] 囡 -/-n [..ˈfiːən] **1**《複数なし》木版. **2** 木版画.

xy·lo·'gra·phisch [ksyloˈɡraːfɪʃ] 形 木版の; 木版画の.

Xy'lol [ksyˈloːl] 中 -s/《化学》キシレン, キシロール.

Xy·lo'phon [ksyloˈfoːn] 中 -s/-e《楽器》シロホン, 木琴.

Xy·lo·se [ksyˈloːzə] 囡 -/《化学》キシロース.

y, Y

y¹, **Y**¹ ['ʏpsilɔn] 囲 -/- ドイツ語アルファベットの第25文字(子音字). ◆口語では単数2格および複数形を ['ʏpsilɔns] と発音することがある.

y² ['ʏpsilɔn]《記号》《数学》(方程式の)第2の未知数, 変数(↑x² ①).

Y²《記号》《化学》=Yttrium

y.《略》=Yard ↑yd.

'y-Ach·se ['ʏpsilɔn|aksə] 囡 -/-n《数学》Y 軸, 縦軸.

Yacht [jaxt] 囡 -/-en =Jacht

Yak [jak] 男 -s/-s《動物》(Jak) ヤク.

Ya'ku·za [ja'ku:tsa, ..za] 囡 -/- (jap.) やくざ.

Yang [jaŋ] 囲 -[s]/ (chin.) (↔ Yin) 陽(易学において陰に対置され男性的原理を表す).

'Yan·kee ['jɛŋki] 男 -s/-s (am.)《話》ヤンキー(アメリカ合衆国国民のあだ名でしばしば蔑称として用いられる).

Yard [ja:ɐt] 囲 -s/-s (単位 -[s]) (engl.)《記号 y., yd., 複数 yds.》ヤード(イギリスやアメリカで使われるポンド・ヤード法による長さの単位, 1 Yard=3 Feet=91.44 cm).

Yb《記号》《化学》=Ytterbium

'Y-Chro·mo·som ['ʏpsilɔnkromozo:m] 囲 -s/-en (gr. chroma , Farbe '+soma , Körper')《遺伝》Y染色体. ↑X-Chromosom

yd.《記号》=Yard ◆複数の場合の記号は yds.

Yen [jɛn] 男 -[s]/-[s] (単位 -)《記号 ¥, ¥》円(日本の通貨単位).

'Ye·ti ['je:ti] 男 -s/-s (tibet.) (ヒマラヤに住むという)雪男, イエティー.

'Ygg·dra·sil ['ʏkdrazil] 男 -s/《北欧神話》イグドラシル, ユッグドラシル. ◆世界の中央にあって全世界を覆うとされるトネリコの世界樹.

Yin [jɪn] 囲 -[s]/ (chin.) (↔ Yang) 陰(易学の二元論の陽に対して女性的原理を表す).

'Yo·ga ['jo:ga] 男 (囲) -[s]/ =Joga

'Yo·ghurt ['jo:gʊrt] 男 (囲) -[s]/-[s] =Joghurt

'Yo·gi ['jo:gi], **'Yo·gin** ['jo:gɪn] 男 -s/-s =Jogi, Jogin

Yo·him'bin [johɪm'bi:n] 囲 -s/ (afrik.)《薬学》ヨヒンビン(性欲促進薬).

'Yp·si·lon ['ʏpsilɔn] 囲 -[s]/-[s] (gr.) **1** イプシロン(ドイツ語アルファベットの第25文字 y, Y の呼称). **2** イプシロン(ギリシア語アルファベットの第20文字 Τ, υ の呼称).

'Ysop ['i:zɔp] 男 -s/-e (hebr.)《植物》やなぎはっか(柳薄荷), ヒソップ.

Yt'ter·bi·um [ʏ'tɛrbiʊm] 囲 -s/《記号 Yb》《化学》イッテルビウム

'Yt·ter·er·den ['ʏtɐr|eːɐ̯dən] 複《化学》イットリウム族.

'Yt·tri·um ['ʏtriʊm] 囲 -s/《記号 Y》《化学》イットリウム.

'Yu·an ['ju:an] 男 -[s]/-[s] (chin.) 元(中国の貨幣単位).

'Yup·pie ['jʊpi, 'japi] 男 -s/-s (engl.) ヤッピー(都会的でキャリア志向の若者).

z, Z

z, Z [tsɛt] 田 -/- ドイツ語アルファベットの第26文字（子音字）. ◆口語では単数 2 格および複数形で [tsɛts] と発音することがある.

Z. 《略》**1** =Zahl **2** =Zeile 1

zach [tsax] 形 **1**《南ᵈ》=zäh **2**《中部ᵈ》けちな. **3**《北ᵈ》おずおずとした, 臆病な.

Za·cha·ri·as [tsaxa'ri:as]《男名》ツァハリーアス. ❷《人名》ザカリヤ, Jahwe hat sich erinnert') ❶ 《男名》 ツァハリーアス. ❷《人名》ザカリヤ（a）エホヤダの子ゼカリヤ, イエスが最後の殉教者とした人.《新約》マタ 23:35 ほか.（b）洗礼者 Johannes の父.《新約》ルカ 1:5–17）.

'z-Ach·se ['tsɛt|aksə] 囡 -/-n《数学》z軸（空間座標の第3軸）.

zack [tsak] 間《話》Zack! さっ（と）. Zack, weg war er. さっと彼は消えた. Alles geht ~, ~! 何もかもがんとんとん進む.

Zack [tsak] 男 -s/《次の用法で》auf ~ sein 仕事がよくできる,（仕事などが）順調に運んている. j' auf ~ bringen 人ⁿ を仕事がよくできるようにしこむ（鍛える）. et⁴ auf ~ bringen 事⁴（仕事など）をうまく軌道にのせる.

'Zäck·chen ['tsɛkçən] 甲 -s/- Zacke の縮小形.

'Za·cke ['tsakə] 囡 -/-n **1** とがった先, 尖端; 岩角, とがった尾根, 山頂. **2**（のこぎり・櫛・フォークなどの）歯,（王冠の）ぎざぎざの飾り,（葉・切手などの縁の）ぎざぎざ.

'za·cken ['tsakən] 他（物ⁿに）ぎざぎざをつける. ◆gezackt

'Za·cken [tsakən] 男 -s/- **1**《地方》=Zacke **2**《次の用法で》Du wirst dir keinen ~ aus der Krone brechen. 君の沽券（‸）にかかわるわけじゃないさ. einen ~ haben〈weghaben〉一杯機嫌である. einen〈ganz schönen〉~ draufhaben 猛スピードでっとばす.

'za·ckig ['tsakıç] 形 **1** ぎざぎざのある, のこぎり状の; 角（‸）のとがった. **2**《話》きびきび（てきぱき）した.

zag [tsa:k], **'za·ge** ['tsa:gə]《雅》=zaghaft

'za·gen ['tsa:gən]《雅》臆する, 尻込みする. mit Zittern und Zagen びくびくしながら.

'zag·haft ['tsa:khaft] 形 -/（雅）おずおずした, びくびくした.

'Zag·haf·tig·keit ['tsa:khaftıçkaıt] 囡 -/ おずおず（びくびく）していること; 臆病, 尻ごみ.

'Zag·heit ['tsa:khaıt] 囡 -/（雅）=Zaghaftigkeit

***zäh** [tsɛ: ツェー] 形 **1**（a）（皮革・布・小枝などが）強靱な, 切れ（折れ）にくい;（肉が）堅い.（b）（液体などが）粘こい, ねっとりした; 粘性のある. **2**（a）頑健な, タフな. ein ~es Leben haben 逞しい生命力を持っている.（b）粘り（辛抱）強い, しぶとい. mit ~em Fleiß 不屈の勤勉さで. **3**（仕事などが）はかどらない, もたもたした. eine ~e Redeweise〈Unterhaltung〉もたもたした話しぶり（はずまない会話）. Die Verhandlung geht nur ~ voran. 交渉は難航している.

'zä·he ['tsɛ:ə] 形《まれ》=zäh

°'Zä·heit ['tsɛ:haıt] ↑Zähheit

'zäh·flüs·sig ['tsɛ:flysıç] 粘り気のある, 粘っこい. ~es Öl 粘性オイル. ~er Verkehr《話》渋滞した交通.

'Zäh·heit ['tsɛ:haıt] 囡 -/（ある物質の）強靱さ, 粘っこさ;（肉の）堅さ.

'Zä·hig·keit ['tsɛ:ıçkaıt] 囡 -/ **1** 頑健さ, 頑丈さ; 粘り（辛抱）強さ. **2** =Zähheit **3**《化学・機械》(Viskosität) 粘性.

Zahl [tsa:l ツァール] 囡 -/-en **1**（a）《略 Z.》数, かず. die ~ Acht 8 という数. die ~en von eins bis zehn 1 から10までの数. eine ganze〈gebrochene〉~《数学》整数〈分数〉. eine gerade〈ungerade〉~《数学》偶数〈奇数〉. eine hohe〈niedrige〉~（桁の）大きな数〈小さな数〉. eine runde ~ 端数のない数. ~en addieren〈zusammenzählen〉数を足す. ~en malnehmen〈multiplizieren〉数を掛け合わす. ~en teilen〈dividieren〉数を割る. in〈mit〉~en（数字）で. mit ~en rechnen 数を計算する.（b）（複数なし）(人・物の）個数. die ~ der Bewerber 応募者の数. eine große ~〈von〉Menschen 多数の人々. an [der] ~ / der ~ nach 数の上では. Die Zuschauer waren wohl 1000 an der ~. 観客は数にしておよそ1000名だった. in großer ~ 多数, たくさん. in voller ~ 全員で. ohne ~ 無数の. **2**（Ziffer）数字. arabische〈römische〉~en アラビア〈ローマ〉数字. in die roten ~en kommen《比喩》赤字になる. **3**《文法》(Numerus) 数.

'Zähl·ap·pell ['tsɛ:l...] 男 -s/-e《軍事》点呼.

'zahl·bar ['tsa:lba:r] 形《商業》支払われるべき. Diese Summe ist ~ am 1. bis 3. jedes Monats. この金額は毎月 1 日から 3 日までにお支払いいただきます. ~ an den Überbringer 持参人払の. ~ nach Erhalt 後払いの.

'zähl·bar ['tsɛ:lba:r] 形 **1** 数えられる. **2**《文法》複数形のある.

'Zahl·brett 囲 -[e]s/-er《古》（レストランなどでお金をのせる）盆, 皿.

'Zähl·brett 囲 -[e]s/-er（硬貨の種類に合せてくぼみをつけた）硬貨計算盤.

'zäh·le·big ['tsɛ:le:bıç] 形（生物が）逞しい生命力を持った;（習慣・伝説などが）根強い.

zah·len ['tsa:lən ツァーレン] ❶ 他 **1**（a）（ある金額を）支払う, 払う. Was〈Wie viel〉habe ich zu ~? おいくらですか. 50 Euro für et⁴ ~ 物⁴の代金として50ユーロ払う. Du musst 30 Euro an ihn ~. / Du musst ihm 30 Euro ~. 君は彼に 30 ユーロ払わねばならない.《目的語なしで》[in] bar ~ 現金で支払う. mit einem Scheck ~ 小切手で支払う.（b）（料金・代金などを）払う. Beitrag ~ 会費を払う. Lehrgeld ~《比喩》高い授業料を払う. Miete〈Steuern〉~ 家賃〈税金〉を払う. **2**《話》(物⁴の)料金(代金)を払う. j³ das Essen ~ 人³の食事代を払う. Hotelzimmer〈das Taxi〉~ ホテルの部屋代〈タクシー料金〉を支払う.

❷ 圓 金を払う, 支払いをする. Ich möchte ~! / Bitte ~!（レストランなどでお勘定をお願いします）. Er zahlt gut〈schlecht〉. 彼は払いが良い〈悪い〉. [immer noch] an et³ ~ 物³の支払いがまだ残っている. Für seinen Leichtsinn zahlte er mit einem gebrochenen Bein. 《比喩》彼はおっちょこちょいの代償に足を折るはめになった.

'**zäh·len** ['tsɛːlən ツェーレン] ❶ 囲 **1**（人〈物〉⁴の)数を教える, 勘定する. die Anwesenden〈sein Geld〉~ 出席者の数〈自分のお金〉を数える. dem Kind das Geld auf〈in〉die Hand ~ 子供にお金を1枚ずつ数えながら手渡す. die Tage bis zu et³ ~ 事³までの日数を指折り数える. Seine Tage〈Die Tage des Fernsehers〉sind gezählt. 彼の余命は〈このテレビの寿命も〉あと僅かだ. **2**《雅》(…の数に)達する. Die Stadt zählt eine Million Einwohner. その都市は人口100万を数える. Sie zählt noch keine achtzehn. 彼女はまだ18才になっていない. Man zählte [das Jahr] 1944. 1944年のことだった. **3**（zu j〈et〉³ 人〈物〉³の中に)数え入れる. Man zählt Japan zu den hochentwickelten Ländern. 日本は先進国の一員に数えられる. j⁴ zu seinen Freunden〈unter seine Freunde〉~ 人⁴を友人のひとりに数える. **4** …の価値(値打)がある. Ein Menschenleben zählt mehr als jedes materielle Gut. 人命はいかなる物質的財産よりも尊い. Das As zählt 11 [Punkte].《ジン》エースは11点に数える.

❷ 圓 **1** 数を教える. Das Kind kann schon ~. その子はもう数が数えられる. von 1 bis 100 ~ 1から100まで数える. vorwärts〈rückwärts〉~ 順に〈逆に〉数える. Er kann nicht bis drei ~.《話》彼はどうしようもない馬鹿だ. ehe man bis drei ~ konnte 3つ数えないうちに(あっという間に). **2**《雅》nach Hunderten〈Dutzenden〉~ 何百〈何ダース〉にも及ぶ. Die Opfer zählten nach Tausenden. 犠牲者の数は数千人に及んだ. **3**（zu j〈et〉³ 人〈物〉³の中に)数え入れられる. Mozart zählt zu den größten Komponisten. モーツァルトは最も偉大な作曲家の1人である. **4**（auf j〈et〉⁴ 人〈物〉⁴を)頼りにする, 当てにする. Ich zähle auf deine Hilfe. 私は君の援助を当てにしている. Können wir heute Abend auf dich ~? 今晩君に来てもらえると思っていいのですね. **5** 価値(値打)がある, 有効である. Hier zählt nur das Können. ここでは能力だけが物を言う. Das Tor zählt nicht.《ジン》そのゴールは無効だ.

'**Zah·len·an·ga·be** 囡 -/-n 数字を挙げること. Ich kann keine genauen ~n machen. 正確な数字は挙げられない.
'**Zah·len·fol·ge** 囡 -/-n 数の順(列).《数学》数列.
'**Zah·len·ge·dächt·nis** 囲 -ses/ 数字についての記憶力.
'**Zah·len·lot·te·rie** 囡 -/-n ロット(↑Lotto 1).
'**Zah·len·lot·to** 囲 -s/-s **1** = Zahlenlotterie **2** ロット遊び(番号札を盤に並べて数字合せを競うゲーム).
'**zah·len·mä·ßig**《述語的には用いない》**1** 数の上での, 数に関する. **2** 数字(数値)で表した.
'**Zah·len·ma·te·ri·al** 囲 -s/ 数字(数値)で表した資料(データ).
'**Zah·len·mys·tik** 囡 -/ 数の神秘学.
'**Zah·len·rei·he** 囡 -/-n 数字の列.
'**Zah·len·schloss** 囲 -es/⁼er 数字合せ式錠前.
'**Zah·len·sym·bo·lik** 囡 -/ 数の象徴的解釈(象徴論).
'**Zah·len·sys·tem** 囲 -s/-e 数の体系, 記数法(十進法など).
'**Zah·len·wert** 囲 -[e]s/-e 数値.
'**Zah·ler** ['tsaːlɐ] 囲 -s/- 支払う人, 支払人. ein guter〈schlechter〉~ 払いの良い〈悪い〉人.
'**Zäh·ler** ['tsɛːlɐ] 囲 -s/- **1**（電気・ガスなどの)計量器, メーター;（種々の)計数器, カウンター. **2**（国勢調査・交通量調査などの)調査員, 計数員,（一般に)数を数える人. **3**《コンピュ》カウンタ. **4**《数学》(↔ Nenner) 分子. **5**《ジン》得点, ポイント.
'**Zahl·gren·ze** 囡 -/-n（近距離交通機関で)同一料金区間の停留所.
'**Zahl·kar·te** 囡 -/-n《郵便》(郵便振替の)払込用紙.
'**Zahl·kar·te** 囡 -/-n《ゴルフ》スコアカード.
'**Zahl·kell·ner** 囲 -s/- 会計も担当できるウェイター, ボーイ長.
*'**zahl·los** ['tsaːlɔːs ツァールロース] 形 無数の, 数えきれないほどの.
'**Zahl·meis·ter** 囲 -s/- 会計係;《軍事》主計官.
*'**zahl·reich** ['tsaːlraɪç ツァールライヒ] 形 数多くの, 多数の, 大勢の.
'**Zähl·rohr** 囲 -[e]s/-e《物理》計数管.
'**Zahl·stel·le** 囡 -/-n 支払窓口. **2**《銀行》(手形の)支払地.
'**Zahl·tag** 囲 -[e]s/-e **1**（ローンなどの)支払日. **2**《経済》(手形の)満期日.
'**Zah·lung** ['tsaːlʊŋ] 囡 -/-en **1** 支払. ~ in Monatsraten 月賦払い. die ~en einstellen (破産して)支払を停止する. eine ~ leisten《書》支払をする. et⁴ in ~ nehmen 物⁴を下取りする; 物⁴(金券・商品券など)を代金として受取る. an ~s Statt《古》《商業》支払に代えて. gegen ~ 支払と引替えに. **2** 支払金. den Eingang einer ~ verbuchen 支払金の入金を帳簿に記入する.
'**Zäh·lung** ['tsɛːlʊŋ] 囡 -/-en 数えること, 数を調べること.
'**Zah·lungs·ab·kom·men** 囲 -s/-《経済》(貿易における)支払協定.
'**Zah·lungs·an·wei·sung** 囡 -/-en 支払指図書(たとえば郵便為替など).
'**Zah·lungs·auf·for·de·rung** 囡 -/-en 支払の督促.
'**Zah·lungs·auf·schub** 囲 -[e]s/⁼e 支払猶予(延期).
'**Zah·lungs·be·din·gung** 囡 -/-en《ふつう複数で》《経済》支払条件.
'**Zah·lungs·be·fehl** 囲 -[e]s/-e《古》《法制》支払命令.
'**Zah·lungs·bi·lanz** 囡 -/-en《経済》国際収支.
'**Zah·lungs·ein·stel·lung** 囡 -/-en《複数まれ》《経済》(破産などによる債務者の)支払停止.
'**Zah·lungs·er·leich·te·rung** 囡 -/-en 支払条件の緩和.
'**Zah·lungs·fä·hig** 形《経済》支払能力のある.
'**Zah·lungs·fä·hig·keit** 囡 -/《経済》支払能力.
'**Zah·lungs·frist** 囡 -/-en《法制》支払期限.

'zah·lungs·kräf·tig 男《話》支払能力の大きい, いつでも大金が出せる.
'Zah·lungs·mit·tel 中 -s/- 支払手段.
'Zah·lungs·ter·min 男 -s/-e 支払期日.
'Zah·lungs·un·fä·hig 形 支払不能の, 支払能力のない.
'Zah·lungs·un·fä·hig·keit 女 -/《経済》支払不能.
'Zah·lungs·ver·kehr 男 -s/《経済》支払手段の流通(制度).
'Zah·lungs·wei·se 女 -/-n 支払方法.
'Zähl·werk 中 -[e]s/-e 計算(計数)装置; カウンター, メーター.
'Zahl·wort 中 -[e]s/⸚er《文法》(Numerale) 数詞.
'Zahl·zei·chen 中 -s/- 数字.
*'zahm [tsa:m] 形 1 (↔ wild) 人に馴れた, 飼馴らされた. ein ~er Löwe 人に馴れたライオン. Der Vulkan ist schon lange ~.《比喩》その火山はすでに久しく鳴りをひそめている. 2《話》(人間が)おとなしい, 従順な. 3《話》(批判などが)穏やかな, 控え目な.
'zähm·bar ['tsɛːmbaːr] 形 飼馴らすことのできる.
*'zäh·men ['tsɛːmən ツェーメン] 他 1 (動物を)飼馴らす; (自然の力を)制御する. 2《雅》(人をおとなしくさせる, 従順にさせる; 欲望などを抑える. sich⁴〈seine Ungeduld〉~ 自制する〈苛立つ気持を抑える〉.
'Zähm·heit ['tsɛːmhaɪt] 女 -/ (動物が人に馴れていること);《比喩》従順, 温和.
'Zäh·mung ['tsɛːmʊŋ] 女 -/ 飼馴らす(馴らされる)こと, 馴致(ちょう); (欲望などの)制御, 抑制.

Zahn [tsaːn ツァーン] 男 -[e]s/Zähne 1 歯. falsche〈künstliche〉Zähne /《戯》dritte Zähne 義歯, 入歯. faule Zähne むし歯. Die Zähne kommen〈wachsen〉. 歯が生(は)える. Der ~ schmerzt. 歯が痛む. Ihm tut kein ~ mehr weh. 彼はもう歯が痛まない.《話》彼はもう死んでいる. Der ~ der Zeit nagt auch an diesem großen Gebäude.《話》この大きな建物も歳月の破壊力には勝てない(すでに老朽化している). sich³ an et³ einen ~ ausbeißen 物³を噛んで歯を折る. An dieser Arbeit habe ich mir beinahe die Zähne ausgebissen.《話》この仕事で私はさんざん苦労した. Zähne bekommen 歯が生える. die Zähne heben / lange Zähne machen / mit langen Zähnen essen《話》いやいや(まずそうに)食べる. [sich³] die Zähne putzen 歯をみがく. j³ die Zähne zeigen《話》人³に牙をむく, 歯向かう. sich³ einen ~ ziehen lassen 歯を抜いてもらう. j³ den ~ ziehen《話》人³の幻想(甘い期待)を打ち砕く. die Zähne zusammenbeißen 歯を食いしばって我慢する.《前置詞と》j³ auf den ~ fühlen《話》人³をきびしく追求する(吟味)する. Haare auf den Zähnen haben《話》鼻っぱしが強い(とくに女性が). j³ et⁴ aus den Zähnen reißen《話》人³から物⁴を奪う. bis an die Zähne bewaffnet sein《話》完全武装している. Das ist〈reicht〉nur für den hohlen ~.《話》これじゃとても腹の足しにならないね. et⁴ zwischen die Zähne kriegen《話》物⁴を食べる. j⁴ zwischen den Zähnen haben《話》人⁴を(こきおろす. 2 (櫛(くし)・鋸(のこ)・歯車などの)歯; (切手の)ぎざぎざ, 目打ち. 3《話》(仕事・自動車などの)猛スピード, ハイテンポ. einen〈tollen〉~ draufhaben《話》猛スピードを出す. einen ~ zulegen《話》スピードを上げる. 4《若者》《古》若い女, 女の子. ein steiler ~ いかす女, かわい子ちゃん. sich³ einen ~

aufreißen 女の子をひっかける. 5《動物》(鮫類などの)楯鱗(じゅん).
'Zahn·arzt ['tsaːn|aːrtst] 男 -es/⸚e 歯科医, 歯医者.
'zahn·ärzt·lich 形 歯科医の; 歯科の.
'Zahn·be·hand·lung 女 -/-en 歯の治療.
'Zahn·bein 中 -[e]s/ 歯骨, 象牙質.
'Zahn·be·lag 男 -[e]s/⸚e 歯垢(こう).
'Zahn·bürs·te ['tsaːnbʏrstə] 女 -/-n 歯ブラシ.
'Zahn·chen ['tsɛːnçən] 中 -s/-《Zahn の縮小形》小さな歯.
'Zäh·ne ['tsɛːnə] Zahn の複数.
'zäh·ne·flet·schend 形 歯をむき出した, 牙をむいた.
'zäh·ne·klap·pernd 形 (寒さなどで)歯をかちかち鳴らしている.
'zäh·ne·knir·schen 中 -s/ 歯ぎしり.
'zäh·ne·knir·schend 形 1 歯ぎしりしている. 2 (怒り・反感などの)気持をぐっと堪(こら)えて.
'zäh·neln ['tsɛːnəln] ❶ 自《地方》=zahnen ❷ 他 =zähnen
'zah·nen ['tsaːnən] 自 歯(乳歯)が生(は)え始める. ◆ ↑gezahnt
'zäh·nen ['tsɛːnən] 他 (物⁴に)歯(ぎざぎざ)をつける; (切手に)目打ちをする.
'Zahn·er·satz 男 -es/⸚e《複数まれ》義歯, 入歯.
'Zahn·fäu·le 女 -/《病理》齲食(うしょく), 虫歯.
'Zahn·fleisch 中 -[e]s/ 歯ぐき. auf dem ~ gehen〈kriechen〉《話》くたくた(へとへと)になっている.
'Zahn·fül·lung 女 -/-en《医学》(虫歯の)充塡材.
'Zahn·hals 男 -es/⸚e《解剖》歯頚(しけい)部.
'Zahn·heil·kun·de 女 -/ 歯科学.
'Zahn·höh·le 女 -/-n《解剖》歯髄腔(しずいくう).
'Zahn·ka·ries 女 -/《病理》齲食, 虫歯.
'Zahn·kli·nik 女 -/-en 歯科医院.
'Zahn·kro·ne 女 -/-n《解剖》歯冠.
'Zahn·laut 男 -[e]s/-e《言語》(Dental) 歯音.
'zahn·los 形 歯の無い, 歯の抜けた.
'Zahn·lü·cke 女 -/-n 歯が抜けてできた隙間.
'Zahn·me·di·zin 女 -/ =Zahnheilkunde
'Zahn·pas·ta ['tsaːnpasta] 女 -/..pasten [..tən] 練り歯みがき.
'Zahn·pas·te 女 -/-n =Zahnpasta
'Zahn·pfle·ge 女 -/ 歯の手入れ.
'Zahn·pro·the·se 女 -/-n 義歯, 入歯.
'Zahn·pul·ver 中 -s/- 歯みがき粉(こ).
'Zahn·rad 中 -[e]s/⸚er 歯車.
'Zahn·rad·bahn 女 -/-en アプト式鉄道.
'Zahn·rad·ge·trie·be 中 -s/《工学》歯車(式)駆動装置.
'Zahn·rei·he 女 -/-n《医学》歯列, 歯並び.
'Zahn·schmelz 男 -es/《解剖》(歯の)エナメル質, 琺瑯(ほうろう)質.
'Zahn·schmerz 男 -es/-en《多く複数で》歯痛.
'Zahn·span·ge 女 -/-n《医学》歯列矯正用ブラケット.
'Zahn·stan·ge 女 -/-n《工学》(歯車の)ラック.
'Zahn·stein 男 -[e]s/《医学》歯石.
'Zahn·stel·lung 女 -/-en 歯並び.
'Zahn·sto·cher 男 -s/- 爪楊枝(ようじ).
'Zahn·tech·ni·ker 男 -s/- 歯科技工士.
'Zah·nung ['tsaːnʊŋ] 女 -/-en 1《集合的に》《工学》(鋸など・歯車などの)歯. 2《郵趣》(切手の)目打ち.

'Zahn·wech·sel 男 -s/-（乳歯から永久歯への）歯の生え替り.

'Zahn·weh 中 -[e]s/-《話》歯痛.

'Zahn·wur·zel 女 -/-n 1《解剖》歯根. 2《植物》(Angelika) アンゼリカ.

'Zahn·zan·ge 女 -/-n《医学》抜歯鉗子(かんし).

'Zäh·re ['tsɛːrə] 女 -/-n《地方》涙.

Zain [tsain] 男 -[e]s/-e 1《古》《地方》枝, (とくに)柳の若枝. 2《古》《貨幣》硬貨の地金. 3《猟師》(a) 穴熊の尻尾. (b) 赤鹿の陰茎.

'Zan·der ['tsandər] 男 -s/-《魚》(欧州産の)鱸(すずき).

'Zan·ge ['tsaŋə] 女 -/-n 1 物を挟む道具; ペンチ, やっとこ, ピンセット;《医学》鉗子(かんし). j⁴ in den ~ haben《話》人⁴の首根っこを押えつけている. j⁴ in die ~ nehmen《話》人⁴をきびしく問詰める;《スポ》人⁴(相手選手)を両サイドから挟み撃ちにする. j⟨et⟩⁴ nicht mit der ~ anfassen mögen《話》人⁴が虫酸(むしず)が走るほど嫌いである. 2（動物の)鉗子状器官;（蟹・昆虫の)はさみ.

'Zan·gen·ent·bin·dung 女 -/-en《医学》=Zangengeburt

'zan·gen·för·mig 形 鉗子(やっとこ)の形をした.

'Zan·gen·ge·burt 女 -/-en《医学》鉗子(かんし)分娩. Das war die reinste ~.《比喩》それはたいへんな難事業だった.

Zank [tsaŋk] 男 -[e]s/- 口喧嘩, 口論, 言い争い. in ~ um et⁴ geraten et⁴で喧嘩をはじめる.

'Zank·ap·fel 男 -s/-《ギリシア神話》あらそいの種. ↑Erisapfel

*¹'zan·ken ['tsaŋkən] ツァンケン ❶ 再 (sich⁴) (mit j³ 人³と)言い争う, 喧嘩をする(um⟨über⟩ et⁴ 事⁴のことで). ❷ 自《地方》(mit j³ 人³を)叱りつける, (に)がみがみ小言を言う. mit den Kindern ~ 子供たちを叱りつける.

'Zän·ker ['tsɛŋkər] 男 -s/-《侮》喧嘩好き, 喧嘩早い人. ◆女性形 Zänkerin 女 -/-nen

Zan·ke'rei [tsaŋkəˈraɪ] 女 -/-en《侮》(いつまでも続く)喧嘩.

Zän·ke'rei [tsɛŋkəˈraɪ] 女 -/-en ちょっとした口喧嘩, いざこざ.

'zän·kisch ['tsɛŋkɪʃ] 形《侮》喧嘩早い, 喧嘩好きの; がみがみ言う, 口うるさい.

'Zank·sucht 女 -/《侮》病的なまでの喧嘩好き.

'zank·süch·tig 形《侮》たいへんな喧嘩好きの, とんでもなく喧嘩早い.

Zapf [tsapf] 男 -[e]s/Zäpfe 1《まれ》=Zapfen 2《南独》《まれ》飲屋, 居酒屋. 3《学生用語》《生徒》口述試験.

'Zäpf·chen ['tsɛpfçən] 中 -s/- 1《Zapfen の縮小形》(a) 小さな栓. (b)《植物》小毬果(しょうきゅうか). (c) 小さいつらら. 2《医学》座薬. 3 喉 蓋(のどぶた);《解剖》口蓋垂, 懸壅(けんよう)垂.

'Zäpf·chen-R, 'Zäpf·chen-r 中 -/-《音声》口蓋垂のR.

'zap·fen ['tsapfən] 他 ❶ 他 1（ビール・ワインなどの)樽の栓を抜いて注(つ)ぐ. Wein in Flaschen ~ ワインを樽から瓶に詰める. 2（部材などを材に)ほぞ接ぎする. ❷ 自《生徒》口述試験をする. Heute wird in Latein gezapft. 今日はラテン語の口述試験がある.

'Zap·fen ['tsapfən] 男 -s/- 1（樽などの栓);《古》《話》コルク栓. über den ~ hauen⟨wichsen⟩《兵隊》門限を守らない. 2《建築》枘(ほぞ). 3《工学》旋軸, (軸の)ジャーナル; ピボット, 植込みボルト. 4《解剖》網膜錐体. 5《植物》毬果(きゅうか). 6 (Eiszapfen) つらら, (一般に)先の細くなった長い物. 7《農業》芽2つを残して剪定されたぶどうの若枝. 8《地方》ほろ酔い. einen ~ haben 酔っている. 9《複数なし》《話》きびしい寒さ.

'zap·fen·för·mig 形 円錐形の; 柄(えだ)のような形の; 毬果(きゅうか)状の.

'Zap·fen·streich 男 -[e]s/-e《軍事》1《古》帰営ラッパ. 2 大帰営の譜(帰営の歌・祈禱・国歌の軍楽隊によるメドレー演奏); 軍楽隊の祝典演奏会. 2《複数なし》帰営の門限;《話》(寄宿舎などの)消灯時刻.

'Zap·fer ['tsapfər] 男 -s/-（酒場の)酒樽係り(樽から酒を注ぐ人);《地方》飲食店の主人.

'Zapf·hahn 男 -[e]s/ᴇe（樽などの)栓.

'Zapf·säu·le 女 -/-n（ガソリンスタンドにある柱状の)計量給油器.

'Zapf·stel·le 女 -/-n ガソリンスタンド, 給油所; 給水(消火)栓設置場所.

'Za'pon·lack [tsaˈpoːnlak] 男 -[e]s/-e ザポンラッカー(金属の光沢を保護する透明ラッカー).

'Zap·pe·ler ['tsapələr] 男 -s/-《話》そわそわと落着きのない人.

'zap·pe·lig ['tsapəlɪç] 形《話》1（子供などが)じっとしていない, 落着きのない. 2 いらついている.

'zap·peln ['tsapəln] 自 1 体をばたつかせる, じたばたする. Ein Fisch zappelte in dem Netz. 魚が網の中でばたばたと跳ねた. mit Armen und Beinen ~ 手足をばたばたさせる. in der Schlinge ~《比喩》もうどうもいかず逃げられない. in der Schlinge ~《比喩》落着かない. vor Angst ~ 心配でそわそわする. j⁴ ~ lassen 人⁴をじらす, (の)気をもませる.

'Zap·pel·phi·lipp ['tsapəlˈfiːlɪp] 男 -s/-e(-s)《話》少しもじっとしていない子. ◆ドイツの絵本 „Struwwelpeter" の登場人物にちなむ. ↑Struwwelpeter

'zap·pen ['tsapən, ˈzɛpən] 自 (engl.)《話》(リモコンで)テレビのチャンネルをかえる.

'zap·pen'dus·ter ['tsapənˈduːstər] 形《話》1 真っ暗な. 2 お先真っ暗な. Und dann ist's ~. そうなったらもうおしまいだ.

'zapp·lig ['tsapəlɪç] 形《話》=zappelig

Zar [tsaːr] 男 -en/-en (russ. car) 1 (a)《複数なし》ツァー(帝政ロシアの皇帝の称号, ブルガリア・セルビアでも使われたことがある). (b)（ツァーの称号をもつ)皇帝. 2《比喩》大御所, 重鎮.

Za·ra·thus·tra [tsaraˈtʊstra]《人名》ツァラトゥストラ, ゾロアスター(紀元前6-7 世紀頃のペルシアの予言者, ゾロアスター教の開祖).

'Za·ren·tum ['tsaːrəntuːm] 中 -s/ 1 ツァーリズム(帝政ロシアなどの専制君主支配体制). 2 ツァーの地位.

'Za're·witsch [tsaːreˈvɪtʃ] 男 -[e]s/-e (russ. carevič)（帝政ロシアの)皇子; 皇太子.

'Za're·wna [tsaːˈrɛvna] 女 -/-s (russ. carevna)（帝政ロシアの)皇女.

'Zar·ge ['tsargə] 女 -/-n 1（戸口・窓などの)枠. 2（椅子の)貫;（机の)幕板. 3（箱の)側面;《楽器》バイオリン・ドラムなどの)胴板.

'Za·rin ['tsaːrɪn] 女 -/-nen (Zar の女性形)（帝政ロシアの)女帝. 2（帝政ロシアの)皇后.

'Za·ris·mus [tsaˈrɪsmʊs] 男 -/ ツァーリズム(帝政ロシアの専制君主支配体制).

za'ris·tisch [tsaˈrɪstɪʃ] 形 ツァーリズムの.

*zart [tsaːrt ツァールト] 形 **1** (a) 柔らかい、しなやかな; 薄い. ~er Flaum 柔らかな綿毛. ~e Haut 柔肌. ~e Seide 薄絹. (b) 華奢(*)な, ほっそりした; なよなよした. ~e Füße 華奢な足. von ~er Gestalt sein なよなよした体つきをしている. (c) か弱い, ひ弱な. das ~e Geschlecht 《戯》か弱き性(女性のこと). von ~er Gesundheit sein ひ弱な体質(蒲柳の質)である. Das Kind starb im ~en Alter von 5 Jahren 《雅》その子はまだいたいけな5つの年に死んだ. (d) 《心》が)感じやすい, 繊細な. ein ~es Gemüt 感じやすい心. (e) 壊れやすい, もろい. ~e Glaswaren 壊れやすいガラス製品. **2** 《食物が》柔らかい, 堅くない. ~es Fleisch「Gemüse」柔らかな肉「野菜」. **3** 《音色・色調・感触などが》柔らかい, 淡い, ほのかな. ein ~es Blau 淡い青. ein ~er Duft ほのかな香り. eine ~e Melodie 優しいメロディー. mit ~en Strichen 柔らかいタッチで. **4** (a) 《態度・振舞などが》優しい, 思いやりのある. ~e Rücksichtnahme 優しい配慮. j⁴ ~ behandeln 人⁴を優しく遇する. (b) 《古》《zärtlich》情愛のこもった. ~e Bande knüpfen 恋愛関係を結ぶ. **5** 控え目な, かすかな. ~e Andeutung 控え目なほのめかし. ~ lächeln かすかにほほえむ.

ˈzart·be·sai·tet 形 感じやすい, 繊細な. ◆zart besaitet とも書く.

ˈzart·bit·ter 形 (チョコレートが)余り甘くない, 少し苦目の.

ˈzart·blau 淡いブルーの.

ˈzär·teln [ˈtsɛːrtəln] ❶ 他 《古》《verzärteln》甘やかす. ❷ 自 《まれ》いちゃつく.

ˈzart·füh·lend 形 **1** 心優しい, 思いやりのある. **2** 《まれ》感じやすい, 繊細な. ◆zart fühlend とも書く.

ˈZart·ge·fühl 中 -[e]s/ **1** 優しさ, 思いやり. **2** 《まれ》感じやすさ, 繊細さ.

ˈZart·heit [ˈtsaːrthait] 女 -/-en **1** 《複数なし》柔らかさ, 華奢(*)さ, か弱さ, 繊細さ; 優しさ, 思いやり. **2** 優しい言葉(振舞).

***ˈzärt·lich** [ˈtsɛːrtlɪç ツェートリヒ] 形 **1** 情愛のこもった. ein ~er Brief 情愛のこもった手紙. für j⁴ ~e Gefühle hegen 人⁴に愛情(恋情)を抱いている. ein ~es Liebespaar 仲睦(%)まじいカップル. ~e Worte 優しい言葉. j⁴ ansehen 〈umarmen〉人⁴を優しく見つめる〈抱きしめる〉. zu j³ ~ sein 人³に対して優しい. ~ [miteinander] werden 《話》いちゃつき始める. **2** 《雅》《fürsorglich》愛情濃(や)やかな. ein ~er Vater 優しい父親. Sie sorgte ~ für ihren alten Vater. 彼女は何くれとなく老父の世話をした.

ˈZärt·lich·keit 女 -/-en **1** (a) 《複数なし》情愛がこもっていること; 愛情, 恋情. voller ~ 愛情いっぱいになって. (b) 《ふつう複数で》《Liebkosung》愛撫. **2** 《複数なし》情愛濃(*)やかな心遣い. j⁴ mit ~ pflegen 人⁴を心をこめて世話する.

ˈZärt·ling [ˈtsɛːrtlɪŋ] 男 -s/-e 《古》甘ったれな(柔弱な)男.

ˈZart·sinn 男 -[e]s/ 《古》《雅》=Zartgefühl

ˈzart·sin·nig 形 《古》《雅》=zartfühlend

ˈZa·sel [ˈtsaːzəl] 女 -/-n 《古》《地方》繊維.

ˈZa·ser [ˈtsaːzər] 女 -/-n 《古》《地方》繊維.

ˈza·sern [ˈtsaːzərn] 自 《古》《地方》(織物などが)立つ.

ˈZä·si·um [ˈtsɛːzium] 中 -s/ 《lat.》《化学》《Cäsium》セシウム.

ˈZas·ter [ˈtsastər] 男 -s/ (ind. sastra, Wurfgeschoss*) 《卑》金(%), 銭(%).

Zä·sur [tsɛˈzuːr] 女 -/-en (lat. caesura, Hieb, Schnitt*) **1** 《韻律》(詩行中の)区切り, ツェズーア. männliche〈weibliche〉~ 揚格〈抑格〉の語末におかれた休止. **2** 《音楽》中間休止; (動機などの)切れ目. **3** (とくに歴史の上での)切れ目, 境目, 転回点. eine politische ~ 政治的な転機.

***ˈZau·ber** [ˈtsaubər ツァオバー] 男 -s/ **1** 《複数まれ》(a) 魔法, 魔術. [ein] fauler ~ 《俗》見え透いたいんちき(ペテン). Der ~ kenne ich! 手品の種は分かっているよ、その手は食わないぞ. Mach keinen [faulen] ~! そうもったいをつけるな、くさい芝居はやめなさい. einen ~ anwenden 魔法を使う. den ~ bannen〈lösen〉魔法をかける〈解く〉. einen ~ sprechen 呪文をとなえる. ~ treiben 魔法をおこなう. (b) 《まれに「魔法の力を宿す物」の意で》Eine Alraune ist ein ~, der Glück und Reichtum mit sich bringt. マンドラゴラは幸運と富をもたらす魔法の根だ. **2** 《複数なし》魔力, (抗しがたい)魅力. der ~ der Musik 音楽の魔力. In ihren Blicken lag ein besonderer ~. 彼女の眼差(*)には格別の魅力があった. einen großen ~ auf j⁴ ausüben 人⁴を大いに魅了する. **3** 《複数なし》《話》(a) くだらない物, がらくた. Was kostet der [ganze] ~ ? これ全部ひっくるめていくらだ. (b) 馬鹿騒ぎ. einen mächtigen ~ veranstalten 馬鹿騒ぎをする.

ˈZau·ber·buch 中 -[e]s/¨er 魔法の本, 魔術書.

Zau·beˈrei [tsaubəˈrai] 女 -/-en 《複数なし》魔法, 魔術. **2** =Zauberkunststück

ˈZau·be·rer [ˈtsaubərər] 男 -s/- **1** 魔法使い, 魔術師. **2** (Zauberkünstler) 奇術(手品)師.

ˈZau·ber·flö·te 女 -/-n 魔笛(*).

ˈZau·ber·for·mel 女 -/-n 呪文.

ˈzau·ber·haft 形 **1** 《古》魔法(魔術)の, 魔法のような. **2** とてもすばらしい, すばらしく美しい, 魅惑的な.

ˈZau·ber·hand 女 《次の用法で》wie durch〈von〉~ 突然摩訶不思議なやり方で, 忽然(*)と.

ˈZau·be·rin [ˈtsaubərɪn] 女 -/-nen (Zauberer の女性形) 魔法使いの女; 女奇術(手品)師.

ˈzau·be·risch [ˈtsaubərɪʃ] 形 **1** 《古》魔法の, 魔力のある. **2** 《古》《雅》(a) 魔法のような, 不可思議な. (b) 魅惑的な, すばらしく美しい.

ˈZau·ber·kas·ten 男 -s/- (子供用の)手品の箱.

ˈZau·ber·kraft 女 -/¨e 魔法の力, 魔力.

ˈzau·ber·kräf·tig 形 魔力のある.

ˈZau·ber·kunst 女 -/¨e **1** 《複数なし》魔術. (b) 《ふつう複数で》魔法の技. **2** 奇術, 手品.

ˈZau·ber·künst·ler 男 -s/- 奇術師, 手品師.

ˈZau·ber·kunst·stück 中 -[e]s/-e (個々の演技としての)奇術, 手品.

ˈZau·ber·land 中 -[e]s/¨er 《複数まれ》魔法の国; 仙境.

ˈZau·ber·la·ter·ne 女 -/-n =Laterna magica

ˈZau·ber·mär·chen 中 -s/- 《文学》魔法の童話.

ˈZau·ber·mit·tel 中 -s/- **1** (魔法の杖などの)魔法の道具. **2** 魔法の薬.

***ˈzau·bern** [ˈtsaubərn ツァオバーン] ❶ 自 魔法を使う; 手品を使う. Ich kann doch nicht ~. 《話》私は魔法使いじゃないんだからね(そんなことができるかの意) ❷ 他 **1** (魔法(手品)で)出現させる (消す, 姿を変えさせる). Die Fee zauberte sogleich ein herrliches Schloss. 妖精は魔法を使ってたちまちすばらしいお城を出現させた. eine Taube aus dem Hut ~ 帽子の中から手品で鳩を取出す. j⁴ in eine Flasche ~ 人⁴を魔法で瓶の中に閉じこめる. **2** (魔法でも使ったかのよう

に)あざやかに作り出す. Er *zaubert* die herrlichsten Töne aus dem Klavier. 彼はピアノのもっともすばらしい音を出す魔術師だ. wir haben aus den Resten ein wundervolles Abendessen *gezaubert*. 彼女はあっというまに残り物ですばらしい夕食を作った.

'**Zau·ber**[男]《次の用法で》wie durch ~ (まる で魔法の杖で打たれたように)あっというまに, 突然.

'**Zau·ber·schloss** -es/¨er (童話の中の)魔法の城.

'**Zau·ber·spie·gel** -s/- 魔法の鏡.

'**Zau·ber·spruch** [男]-[e]s/¨e 呪文.

'**Zau·ber·stab** [男]-[e]s 魔法の杖.

'**Zau·ber·trank** [男]-[e]s 魔法の水薬; (とくに)媚薬, 惚(れ)薬.

'**Zau·ber·wort** [中]-[e]s 呪文.

'**Zau·ber·wur·zel** [女]-/-n 《民俗》魔法の根. ↑ Alraun

Zaub·rer ['tsaʊbrər] [男]-s/- =Zauberer

Zaub·re·rin ['tsaʊbrərɪn] [女]-/-nen =Zauberin

Zau·de·rei [tsaʊdəˈraɪ] [女]-/-《侮》(いつまでもぐずぐずしていること; ためらい, 躊躇.

Zau·de·rer ['tsaʊdərər] [男]-s/- ためらってばかりいる人, ぐず, 優柔不断な人.

zau·dern ['tsaʊdərn] [自] ためらう, 躊躇する(mit et³ 事³に). mit der Ausführung des Planes ~ 計画の実行をためらう. ohne zu ~ 躊躇なく. nach langem *Zaudern* 長くためらった後で.

Zaum [tsaʊm] [男]-[e]s/Zäume 馬勒(ばろく). einem Pferd den ~ anlegen 馬に馬勒をつける. j¹ im ~[e]⟨in ~⟩ halten (雅) 人⁴を制御する, 抑える. sich⁴ im ~ halten 自制する. *seine* Gefühle⟨*seine* Zunge⟩ im ~ halten 感情を抑える⟨口を慎む⟩.

'**Zäu·me** ['tsɔʏmə] Zaum の複数.

'**zäu·men** ['tsɔʏmən] [他] **1** (馬に)馬勒(ばろく)をつける. **2** 《古》(鳥料理を)皿に盛りつける.

'**Zaum·zeug** [中]-[e]s/-e (Zaum) 馬勒(ばろく).

***Zaun** [tsaʊn ツァオン] [男]-[e]s/Zäune 柵, 垣, 垣根. ein lebender ~ 生け垣. einen ~ um den Garten errichten⟨ziehen⟩ 庭の周りに垣根をめぐらす. mit et³ hinter dem ~ halten 事³に関することを黙っている. einen Streit vom ~[e] brechen いきなり喧嘩を仕掛ける.

'**Zäu·ne** ['tsɔʏnə] Zaun の複数.

'**zäu·nen** ['tsɔʏnən] [他] 《古》(物³に)柵(垣根)をめぐらす.

'**Zaun·gast** -es/¨e 遠くから見ている見物人, ただ見の客, 野次馬; 《比喩》傍観者.

'**Zaun·kö·nig** [男]-s/-e 《鳥》みそさざい(鷦鷯).

'**Zaun·pfahl** [男]-[e]s/¨e 垣根の杭. ein Wink mit dem ~《比喩》露骨なほのめかし, あてこすり. mit dem ~ winken 露骨にほのめかす.

'**Zaun·re·be** [女]-/-n 《話》垣根に巻きつく蔓草(?).

'**Zaun·rü·be** [女]-/-n 《植物》ブリオニア(瓜科の蔓植物).

'**Zau·pe** ['tsaʊpə] [女]-/-n 《地方》**1** 雌犬. **2**《侮》だらしない女, 自堕落な女.

'**zau·sen** ['tsaʊzən] [他] (軽く)かき回す, かき乱す. j¹ das Haar⟨j¹ bei den Haaren⟩ liebevoll ~ 人³·⁴の髪を優しくまさぐる. Der Sturm *zaust* die Bäume. 嵐が木を激しくゆさぶる. Das Schicksal hat sie mächtig *gezaust*. 運命は彼女をしたたかに弄(もてあそ)んだ.

'**zau·sig** ['tsaʊzɪç] [形] (ひどく)《髪·毛が》もじゃもじゃした.

***z. B.** [tsʊm ˈbaɪʃpiːl ツム バイシュピール] 《略》=zum Beispiel たとえば.

z. b. V. 《略》=zur besonderen Verwendung 特別の任務を帯びた, 特務の.

z. D. 《略》=zur Disposition 待命(休職)中の.

ZDF [tsɛtdeːˈɛf] 《略》=Zweites Deutsches Fernsehen ドイツ第2テレビ(放送).

'**Ze·ba·oth** ['tseːbaɔt] 陽 (hebr., Heerscharen)《次の用法で》Gott⟨der Herr⟩ ~ 《聖書》万軍の主なる神(旧約聖書における神の名).

'**Ze·bra** ['tseːbra] [中] -s/-s (afrik.)《動物》しまうま(縞馬).

'**Ze·bra·strei·fen** -s/-《ふつう複数で》ゼブラゾーン, 横断歩道.

'**Ze·bu** ['tseːbu] [男](中) -s/-s (tibet. zeba)《動物》瘤(こぶ)牛.

'**Zech·bru·der** ['tsɛç..] [男]-s/¨- **1**《侮》飲み助, 呑んべえ. **2** 飲み仲間.

'**Ze·che** ['tsɛçə] [女]-/-n **1** (レストランなどでの)飲食代, (飲食物の)勘定. eine große ~ machen 《話》(レストランで)豪勢に飲み食いする. die ~ prellen《話》飲食代を踏み倒す. die ~ bezahlen müssen《話》(他人の)尻拭いをさせられる. **2**《鉱業》鉱山, 鉱坑. eine ~ stilllegen 鉱山を閉鎖する. auf der ~ arbeiten 鉱山で働く.

'**ze·chen** ['tsɛçən] [自] (仲間と)大いに飲む.

'**Ze·cher** ['tsɛçər] [男]-s/- 飲んべえ, 酒飲み.

Ze·che·rei [tsɛçəˈraɪ] [女]-/-en《古》盛大に飲むこと(とくに仲間同志で); 酒宴.

'**Zech·ge·la·ge** [中]-s/-《古》酒盛り, 酒宴.

Ze·chi·ne [tsɛˈçiːnə] [女]-/-n (arab. sikka, Münze') ゼッキーノ, ツェッキーニ金貨(13-17世紀のヴェネツィアで使用された).

'**Zech·kum·pan** [男]-s/-e《話》飲み友達(仲間).

'**Zech·prel·ler** -s/- 無銭飲食者.

Zech·prel·le·rei [tsɛçprɛləˈraɪ] [女]-/-en《法制》無銭飲食.

'**Zech·stein** [男]-[e]s《地質》苦灰(くかい)統, 二畳紀後期層.

'**Zech·tour** -/-en はしご酒.

Zeck¹ [tsɛk] [中]-[e]s/《地方》鬼ごっこ.

Zeck² [男]-[e]s/-e 《ドイツ》=Zecke

'**Ze·cke** ['tsɛkə] [女]-/-n《動物》だに(壁蝨).

'**Ze·dent** [tseˈdɛnt] [男]-en/-en (lat. cedens)《法制》債権の譲渡人.

'**Ze·der** ['tseːdər] [女]-/-n (gr. kedros) **1**《植物》ヒマラヤ杉. **2**《複数なし》ヒマラヤ杉材.

'**Ze·dern·holz** [中]-es/¨er ヒマラヤ杉材.

ze·die·ren [tseˈdiːrən] [他] (lat. cedere,「zurück]-geben')《法制》(債権などを)譲渡する.

Zeh [tseː] [男]-s/-en =Zehe

*'**Ze·he** ['tseːə ツェーエ] [女]-/-n **1** 足指. die große ⟨kleine⟩ ~ 足の親指⟨小指⟩. auf [den] ~n gehen⟨schleichen⟩ 爪先立って歩く. sich⁴ auf die ~n stellen 爪先立つ. j³ auf die ~n treten 人³の爪先を踏む; 《話》(うっかり)人⁴の感情を害する;《話》人³に圧力をかける, はっぱをかける. vom Wirbel bis zur ~ 頭のてっぺんから足の爪先まで. **2**《植物》(大蒜(にんにく)の)小鱗茎.

'**Ze·hen·gän·ger** [男]-s/-《動物》趾行(しこう)動物(犬·猫のように足の先端だけで歩く動物).

'**Ze·hen·spit·ze** [女]-/-n 足先の先, 爪先. auf ~n gehen 爪先立って歩く.

'**Ze·hent** ['tseːənt] [男]-en/-en = Zehnt

zehn [tse:n ツェーン] 副 10, 十(の). Es ist ~ [Uhr]. 10時です. Wir waren [unser] ~. / Wir waren zu ~*en*. 私たちはみんなで10人だった. die *Zehn Gebote*《聖書》(モーセの)十戒(ﾞ). Ich wette ~ gegen eins, dass… 私は十中八九…であると思う. sich⁴ alle ~ Finger nach et³ lecken《話》物が欲しくて欲しくてたまらない. ◆↑vier

Zehn 囡 -/-en 数字の10;《話》10の札;《話》(バス・市電などの)10番, 10系統. mit der ~ fahren 10番に乗って行く. ◆↑Eins

'Zehn·eck 中 -[e]s/-e《幾何》10角形.

'Zeh·ner¹ 中 -[e]s/-e 男 -s/ -《話》1 (a) (旧)10ペニヒ硬貨. (b) (旧)10マルク紙幣. 2《多く複数で》(2桁以上の数の)十の位の数; (10から90までの)10の倍数. 3《地方》数字の10;《話》(バス・市電などの)10番.

'Zeh·ner² 囡 -/-《話》(旧)10ペニヒ切手.

'zeh·ner·lei ['tse:nər'laɪ] 副《不変化》10種類の.

'Zeh·ner·pa·ckung 囡 -/-en 10個入りの包み, 10個詰め.

'Zeh·ner·stel·le 囡 -/-n《数学》十の位.

'Zeh·ner·sys·tem 中 -s/《数学》(Dezimalsystem) 十進法.

'Zehn'eu·ro·schein [tse:n'ɔʏro..] 男 -[e]s/-e 10ユーロ紙幣. ◆10-Euro-Schein とも書く.

'zehn·fach 副 10倍の.

'Zehn'fin·ger·sys·tem [tse:n'fɪŋɐ..] 中 -s/(コンピュータなどのキーボードの)十指法.

'Zehn'fü·ßer 男 -s/-《動物》1 十腕目(いかなど). 2 十脚目(えび・かになど).

'Zehn'jahr·fei·er 囡 -/-n 10周年記念祭.

'zehn·jäh·rig 形 1 10歳の. 2 10年間の, 10年毎の.

'Zehn·kampf 男 -[e]s/ᵉe《スポ》十種競技.

'zehn·mal ['tse:nma:l] 副 10回, 10度; 10倍.

'zehn·ma·lig [..ma:lɪç] 形 10回(10度)の.

'Zehn'mark·schein 男 -[e]s/-e (旧)10マルク紙幣.

'Zehn'pfen·nig·stück 中 -[e]s/-e (旧)10ペニヒ硬貨.

***zehnt** [tse:nt ツェーント] 形《序数》第10の, 10番目の. Heute ist der ~*e* April. きょうは4月10日だ. Das weiß der ~*e*《der Zehnte》(von).それはごく少数の人しか知らない. zu ~ 10人(で)(ずつ). Wir sind zu ~. 私たちはみんなで10人だ. ◆↑viert

Zehnt 男 -en/-en《歴史》10分の1税.

'zehn·tä·gig ['tse:ntɛ:gɪç] 形 1 生後10日の. 2 10日間にわたる.

'zehn·täg·lich 形 10日毎の.

'zehn'tau·send ['tse:n'taʊzənt] 数 10000, 1万. die oberen *Zehntausend*〈~〉超上流階級.

'Zehn·te ['tse:ntə] 男 -n/-n =Zehnt

'zehn·tel ['tse:ntəl] 形《不変化》10分の1の.

'Zehn·tel 中 (男) -s/- 10分の1.

'zehn·tens ['tse:ntəns] 副 第10(番目)に, 第10として.

zeh·ren ['tse:rən] 動《雅》1 von et³ ~ 物³を食べて生きていく, (で)食いつなぐ. Damals *zehrten* sie bereits von den letzten Vorräten. その頃彼らはすでに最後の貯えにまで手をつけていた. von schönen Erinnerungen〈*seinem* Ruhme〉~《比喩》美しい想出〈名声にしがって〉生きる. 2 (a) 体力を消耗させる, 体を衰弱させる. Fieber *zehrt*. 熱は体を消耗させる. eine *zehrende* Krankheit〈Leidenschaft〉消耗性の疾病(ᵞ); 身を灼(ﾟ)くような情熱. (b) an j〈et〉³ ~ 人〈物〉を消耗させる. Der Kummer hat sehr an ihr *gezehrt*. 心痛が彼女をひどく消耗させた.

'Zehr·geld ['tse:r..] 中 -[e]s/《古》路銀; (とくに)道中の食費.

'Zehr·pfen·nig 男 -s/《古》=Zehrgeld

'Zeh·rung ['tse:rʊŋ] 囡 -/-en《複数まれ》《古》食べる物; (とくに)道中の食糧.

'Zei·chen ['tsaɪçən ツァイヒェン] 中 -s/- 1 (声・身振りなどによる)合図. das ~ zur Abfahrt 出発の合図. j³ ein ~ geben〈machen〉人³に合図をする. sich⁴ durch ~ verständigen 身振り手振りで意志を通じる.

2 (a) 印(ﾞ), 目印. ein kreisförmiges ~ まる印. Rindern ein ~ einbrennen 牛に焼印を押す. Ich habe einen Zettel als ~ ins Buch gelegt. 私は紙切れを本の間に挿んで栞(ﾞ)にした. sich³ ein ~ ma·chen (心覚えに)印をつける. [ein] ~ setzen (政治家・ジャーナリストが)進むべき新しい方向を示す.《副詞的2格で》Er ist seines ~*s* Schneider. / Er ist Schneider seines ~*s*.《古》彼の職業は仕立屋だ(かつて職人が自分の職業を表すしるしを戸に掲げていたことから). (b) (Paraphe)(簡略化された)署名, サイン. Setzen Sie bitte Ihr ~ unter jedes gelesene Schriftstück!お読みになった書類にはいずれも下にサインをしてください.

3 (a) 記号, 符号; (Satzzeichen) 句読(ﾞ)点; (Verkehrszeichen) 交通標識. ein chemisches ~ 化学記号. j³ im ~ geben 人³に記号の体系. das ~ des Kreuzes machen〈schlagen〉十字を切る. die *Zeichen* richtig setzen《文法》句読点を正しくつける. (b) 象徴, シンボル. die Taube als ~ *des Friedens* 平和の象徴としての鳩.

4 (心情などの)あらわれ, しるし, 証(ﾞ). Sein Verhalten halte ich für ein ~ der Unsicherheit. 彼の振舞は自信の無さのあらわれだと私は思う. als ~ der Freundschaft 友情の証として. Als〈Zum〉 ~ der Versöhnung gab sie mir die Hand. 和解のしるしに彼女は私に手を差しのべた. zum ~, dass… …のしるし(証)に.

5 徴候, 予兆; 兆(ﾞ). ein böses〈gutes〉~ 凶兆〈吉兆〉. Das ist ein ~ für schlechtes Wetter. それは悪天候の前兆だ. die ersten *Zeichen* einer Krankheit 病気の最初の徴候. die *Zeichen* der Zeit 時代のしるし, 時勢(↓《新約》マタ 16:3). Es geschehen noch ~ und Wunder!《戯》いやはやまるげたな(《旧約》出 7:3). Die *Zeichen* stehen auf Sturm. 嵐(動乱の時)が迫っている. wenn nicht alle *Zeichen* trügen 十中八九, 先ず間違いなく.

6《占星》(黄道十二宮の)宮(ﾞ); (比喩) 星まわり. Er ist im ~ der Waage geboren. 彼は天秤座の生れだ. in einem bösen ~ sein 星まわりが悪い. im ~ des Stiers stehen (太陽が)金牛宮に入っている. Die Stadt steht im ~ der Weltausstellung. 町は万国博覧会一色に塗りつぶされている. im〈unter dem〉 ~ der Technisierung leben 技術化の時代に生きている. unter einem glücklichen ~ 幸運な星のもとに. Unsere diesmalige Reise stand unter einem günstigen ~. 私たちの今度の旅行は好調だった.

'Zei·chen·block 男 -[e]s/ᵉe(-s) スケッチブック.

'Zei·chen·brett 中 -[e]s/-er 製図板.

'Zei·chen·er·klä·rung 囡 -/-en (地図などの)記号

解説, 凡(ः)例.
'Zei·chen·fe·der 囡 -/-n 製図用ペン, 烏口(ॢॢ).
'Zei·chen·heft 囲 -[e]s/-e スケッチブック.
'Zei·chen·kunst 囡 -/ 製図法; 図画.
'Zei·chen·leh·rer 囲 -s/- 製図(図画)の教師.
'Zei·chen·ma·schi·ne 囡 -/-n 製図機.
'Zei·chen·pa·pier 囲 -s/-e 製図用紙; 画用紙.
'Zei·chen·saal 囲 -[e]s/..säle (学校の)製図室; 図画室.
'Zei·chen·schutz 囲 -es/ 【法制・経済】商標保護.
'Zei·chen·set·zung 囡 -/ 【言語】(Interpunktion) 句読(ॢॢ)法.
'Zei·chen·spra·che 囡 -/-n (身振り・手まねなどによる)信号言語; (とくに)手話(ः).
'Zei·chen·stift 囲 -[e]s/-e 製図用(スケッチ用)鉛筆; 色鉛筆.
'Zei·chen·stun·de 囡 -/-n 製図(図画)の時間.
'Zei·chen·trick·film 囲 -[e]s/-e アニメーション映画.
'Zei·chen·un·ter·richt 囲 -[e]s/ 《複数まれ》製図(図画)の授業.

'zeich·nen ['tsaiçnən ツァイヒネン] ❶ 囮 1 (a) 〈線で〉描く, 素描(線描)する, スケッチ(デッサン)する. einen Akt〈einen Grundriss〉~ 裸体画〈略図〉を描く. einen Plan ~ 図面を引く. et⁴ in Umrissen ~ 物⁴を粗描する. j³ nach dem Leben ~ 人³を実物通りに描く. eine Landschaft nach der Natur ~ 風景を写生する. (b) 〈小説・映画などで〉描き出す, 描写する. Er zeichnet die Figuren in seinem Romanen sehr realistisch. 彼は小説の登場人物を非常に写実的に描く. 2 〈物⁴に〉印を付ける; 〈人⁴に〉痕跡を刻みつける. Bäume zum Fällen ~ 伐採(ः)する木に印を付ける. die Rinder mit Brenneisen ~ 牛に焼印を押す. die Wäsche mit dem Monogramm ~ 洗濯物にモノグラムで印を付ける. Sorgen hatten sein Gesicht gezeichnet. 《雅》彼の顔にはさまざまな心労の跡が刻まれていた. Der Schmetterling ist schön gezeichnet. その蝶には美しい斑紋がある. Er war vom Alter gezeihnet. その人の姿には年齢のほほうがはっきりとあらわれていた. ein vom Tode Gezeichneter《雅》死相が現れている人, 死の影を宿した人. ▶↑gezeichnet
3 (a)〈契約書などに〉サインをする, 署名する. einen Scheck ~ 小切手にサインをする. neue Aktien ~【商業】新株を引受ける. eine Anleihe ~【商業】公社債に応募する. [einen Betrag von] 20 Euro ~ 募金名簿に 20 ユーロ寄付する署名をする. (b)《古》《雅》名を記す, 署名する. 《目的語なしで》Mit den besten Empfehlungen zeichne ich hochachtungsvoll Paul Schmidt. 《商業文の結びで》宜しくお願いします 敬具 パウル・シュミット. gezeichnet Kurt Meier /《略》gez. Kurt Meier (文書の写しなどで)クルト・マイアー署名(オリジナルにクルト・マイアーの署名があることを示す). ▶↑gezeichnet
❷ 囻 1 線で描く, 素描(線描)をする, スケッチ(デッサン)をする. mit Bleistift〈Kohle〉~ 鉛筆〈木炭〉でデッサンをする. eine Eins in ⟨D⟩ Zeichnen bekommen 図画の教科で 1 の評点をもらう. 2 《書》署名(サイン)をする. Als Verfasser der Kritik zeichnet Dr. Kempf. この批評の執筆者はケンプ博士である. Für diesen Artikel zeichnet der Chefredakteur [verantwortlich]. この記事の文責は編集長にある. 3 《猟師》(有蹄類が足跡・血痕などで)手傷を負ったしるしを残す. Der Hirsch zeichnete stark. その鹿は手傷を負っているしるしをはっきりと残している.
'Zeich·ner ['tsaiçnɐ] 囲 -s/- 1 製図工; グラフィックデザイナー; スケッチ画家. 2 《書類の》署名者; 【商業】(新株の)引受人, (公債などの)応募者.
'zeich·ne·risch ['tsaiçnərɪʃ] 圏 製図の; デッサン(素描)の

*'Zeich·nung ['tsaiçnʊŋ] ツァイヒヌング 囡 -/-en 1 (a) 線で描くこと, 線描; 素描(デッサン)をすること, 図面を引くこと, 製図. (b) 線画, デッサン, スケッチ; 図面, 設計図; 図案, デザイン. 2 (小説・ドラマなどにおける) 描写, 叙述. die ~ der Charaktere 登場人物の性格描写. 3 《古》《雅》印(ः), 目印. 4 (毛皮・翅(ॢ)・葉などの)模様, 紋様, 斑紋. 5 【商業】署名(すること), サイン; (新株の)引受け, (公社債への)応募. eine Anleihe zur ~ auflegen 公社債を募集する.
'zeich·nungs·be·rech·tigt 圏 【商業】署名する権限のある.
'Zei·ge·fin·ger ['tsaigə..] 囲 -s/- 人差指. warnend den ~ erheben 人差指を立てて警告する. In seinen Stücken spürt man den erhobenen ~. 彼の作品には説教臭さがつきまとう.

'zei·gen ['tsaigən ツァイゲン] ❶ 囮 指す, 指し示す. Sie zeigte auf den Täter. 彼女は犯人を指差した. Die Uhr zeigt auf halb zehn. 時計は 9 時半を指している. mit dem Finger〈einem Stock〉auf et⁴ ~ 物⁴を指〈杖〉で指し示す. mit dem Finger 〔den〕Fingern〉auf j⁴ ~ 人⁴を指弾する. in eine Richtung ~ ある方角を指差す. Die Magnetnadel zeigt nach Norden. 磁石の針は北を指す. Der Schreibtisch zeigt zur Wand. 机は壁の方に向いている.
❷ 囮 1 (計器が)指す, 指し示す. Die Uhr zeigte drei Viertel elf. 時計は 10 時 45 分を指していた.
2 指し示して教える, 教示する〈人⁴に物⁴を〉. j³ den Weg zum Bahnhof ~ 人³に駅へ行く道を教える. Sie hat mir genau gezeigt, wie man das Gerät bedient. 彼女は私に器具の扱い方を詳しく教えてくれた.
3 見せる〈人³に物⁴を〉. den Ausweis ~ 身分証明書を呈示する. j³ seine Sammlung ~ 人³にコレクションを見せる. j³ die Stadt ~ 人³に街を案内する. Zeig uns doch mal deine Freundin! 一度君の彼女を我々に紹介してよ. Wir zeigen heute einen neuen Film. 当館は本日新しい作品を上映いたします. 《不定の es⁴》es j³ ~ 人³に自分の意見(立場)をはっきり言ってやる; 人³に実力のほどを見せつける; 人⁴をぶちのめす. Zeig's ihm! やつに目にものを見せてやれ. Dir werd' ich's ~! そのうち思い知らせてやるからな.
4 《雅》(姿・様相などを)現す, 見せる, 示す. Ihr Gesicht zeigt noch keine Falten. 彼女の顔にはまだ皺が見られない. Das Gemälde zeigt eine Landschaft an der See. その絵は海辺の風景を描いている. Die Straße zeigte ihr gewohntes Bild. 通りはいつもながらの姿をみせていた. Die Bäume zeigen schon Knospen. 樹々はもう蕾(ॢ)をつけている. Sein nervöses Verhalten zeigte einen Mangel an Reife. 彼の落着きない態度から未熟さが窺(ः)えた. Die Arbeit zeigt Talent. 仕事ぶりで才能が分かる.
5 (感情などを)表に出す, 露わにする. seinen Ärger ~ 怒りを面(ः)に表す. keinerlei Interesse für et⁴ ~ 事⁴にさっぱり関心を示さない. j³ Liebe ~ 人³に愛

情を示す. keine Reue ~ 少しも後悔の色を見せない. **6**《能力などを》示す, 証明する. viel Ausdauer〈Mut〉~ 大いに粘り〈勇気のあるところ〉を見せる. *sein* ganzes Können ~ 力のほどを遺憾なく発揮する. Damit hat unsere Mannschaft *gezeigt*, dass sie auch bei internationalen Kämpfen durchaus mithalten kann. それによって我がチームは国際試合にも十分通用することを証明してみせた.
❸ (*sich*⁴) **1** 姿を見せる〈現す〉, 現れる. *sich auf dem Balkon* ~ バルコニーに姿を現す. In diesem Aufzug kann ich *mich* nirgends〈niemandem〉~. こんな格好じゃ何処へも行けない〈人前に出られない〉. Schon früh *zeigte sich* sein Talent. すでに早くから彼の才能は現れていた. Das Kind will *sich* nur ~.《話》その子はただ人の気を引きたい〈目立ちたい〉だけなのだ.
2 …の態度を見せる, …に振舞う. *sich erfreut* ~ 嬉しそうにする. *sich* j³ *erkenntlich* ~ 人³に謝意を表す. *sich tapfer* ~ 勇敢なところを見せる.
3 明らかになる, 判明する. Die Folgen *zeigen sich* später. 結果はあとから分かる. Es wird *sich* ja ~, wer im Recht ist. 誰の言っていることが正しいか今にはっきりするよ. **als** er *sich* wieder einmal als schlechter Mensch〈古 schlechteren Menschen〉 *gezeigt*. 彼が悪人であることがまたも実証された.

*'**Zei‧ger** ['tsaɪɐ ツァイガー] 男 -s/- (時計・計器などの)針, 指針. der große〈kleine〉 ~ (時計の)長〈短〉針. Der ~ der Uhr steht〈zeigt〉 auf vier. 時計の針は4時を指している. den ~ vorstellen〈zurückstellen〉(時計の)針を進める〈戻す〉. den ~ weiterdrehen《話》責任を人に押しつける. j³ *auf den* ~ *gehen*《話》人³の神経に障(さわ)る.
'**Zei‧ge‧stock** ~ [-e]s/⸚e (スライド・壁の地図などを)指すための棒.
'**zei‧hen*** ['tsaɪən] zieh, geziehen 他《古》(人⁴を事²のことで)とがめる, 責める. j⁴ *einer Lüge*〈*eines Verbrechens*〉 ~ 人⁴の嘘〈犯罪〉を責める.《再帰的に》*sich*⁴ *der Ungeduld und des Kleinmuts* ~ 自分の短気と臆病を責める.

*'**Zei‧le** ['tsaɪlə ツァイレ] 女 -/-n **1** (略 Z.) 行(ぎょう). Siehe Seite sechs, ~ fünf! 6頁5行目参照. Neue ~! 改行(口述の際の指示). ein paar ~n an j³ *schreiben* 人³に一筆書く. Haben Sie besten Dank für Ihre ~n. お便りありがとうございました. ~ *für* ~ 一行一行. in der fünften ~ *von oben* 上から5行目に. mit zwei ~n *Abstand* 2行の間隔をおいて. zwischen den ~n *lesen* 行間を読む(言外の意味を読み取る). **2** (家屋・樹木などの)列, 並び. **3**〖ビデ〗走査線.
'**Zei‧len‧ab‧stand** 男 -[e]s/⸚e 行間(のスペース). ein doppelter ~ (タイプライターの)ダブルスペース.
'**Zei‧len‧gieß‧ma‧schi‧ne** 女 -/-n〖印刷〗インテル鋳造(ちゅうぞう)機.
'**Zei‧len‧ho‧no‧rar** 中 -s/-e 行数払いの原稿料.
'**zei‧len‧wei‧se** 副 行ごとに, 行単位で. die Anzeigen ~ *berechnen* 広告料を行数で計算する.
..**zei‧lig** [..tsaɪlɪç]《接尾》《…行の》の意の形容詞をつくる. *dreizeilig* 3行の. *engzeilig* 行間の狭い.
'**Zei‧sig** ['tsaɪzɪç] 男 -s/-e (*tschech*.)〖鳥〗まひわ(真鶸). ein *lockerer* ~《話》だらしない(身持の悪い)人.
zeit [tsaɪt] 前《2格支配》《次の用法で》~ j² *Lebens* 人²の一生の間じゅう. Er ist ~ *seines Lebens* nicht krank gewesen. 彼は生涯病気をしたことがなかった.

Zeit
[tsaɪt] ツァイト 女 -/-en **1**《複数なし》(過ぎ行く)時, 時間. ~ *und Raum* 時間と空間. *im Laufe der* ~ 時が立つにつれて, しだいしだいに. Die ~ *vergeht*. 時は過ぎ行く. Die ~ *arbeitet für uns.* 時間は私たちの味方だ. Die ~ *hat Flügel.*《諺》光陰矢のごとし(時には翼がある). Die ~ *heilt alle Wunden.*《諺》時はすべての傷を癒(いや)す. ~ *und Stunde warten nicht.*《諺》歳月人を待たず. *mit der* ~ 時とともに, だんだん.
2 (a) (ある長さの)時間, …の間; 期間. Wie viel ~ *braucht man dazu?* それにはどれくらいの時間がかかりますか. Diese Arbeit braucht〈kostet〉 viel ~. この仕事は多大の時間を要する. einige ~ しばらくの間. die ganze ~ [hindurch/über] その間じゅうずっと. [eine] kurze ~ / eine ~ しばらくの間, 暫時. [eine] lange ~ 長い間. längere ~ かなり長い間. Hier war ich die längste ~.《話》私はもうこれ以上ここにいることはできない. Die längste ~ *ist gefaulenzt*.《話》私の怠惰な日々は終った. *auf einige* ~ しばらくの(予定で). *für alle* ~ / [*en*] /《雅》*für* ~ *und Ewigkeit* 永久に. *für einige* ~ しばらくの間. *in kurzer* ~ まもなく, 近いうちに; 短時間で. *in letzter*〈*jüngster*〉 ~ / *in der letzten* ~ 近頃, 最近. *in nächster* ~ / *in der nächsten* ~ 近いうちに, 近々. *nach einiger* ~ しばらくして(から). *seit ewigen* ~*en*《話》実にもうずいぶん前から. *vor kurzer*〈*langer*〉 ~ 少し前に〈ずっと前に〉. (b) (自由になる)時間, 暇; (時間的)余裕. Dazu fehlt mir die ~. そうしている時間は私にはない. Es ist noch ~ *genug*. まだじゅうぶん暇はある. Ihm wird die ~ *lang*. 彼は暇を持て余している(退屈している). ~ *gewinnen* 時間を稼ぐ. Ich habe heute ~. 私は今日は時間がある. Ich habe keine ~ *dafür*〈*dazu*〉. 私にはそんなことをしている暇はない. Das hat ~. / Damit hat es ~. それは急がない(まだ時間の余裕ある). Der Brief hat bis morgen ~. その手紙は明日までに書けばよい. j³ *eine Woche* ~ *geben* 人³に1週間の猶予を与える. Dieser Regierung〈*Dieser Mann*〉 *gebe ich nicht mehr viel* ~.《話》この政府はまもなく倒れるだろう〈この男はもう長くない〉. j³ ~ *lassen* 人³に時間の余裕を与える. sich³ *mit* et³ ~ *lassen* 事³を急がない, ゆっくりやる. sich³ *für* et⁴〈*zu* et³〉 ~ *nehmen* 事⁴³にたっぷり時間をかける. Nehmen Sie sich³ ~! ゆっくりおやりなさい. j³ *die* ~ *rauben*〈*stehlen*〉 人³の時を奪う, (の)邪魔をする. *die* ~ *totschlagen*《話》時間をつぶす. sich³ *mit* et³ *die* ~ *vertreiben* 事³で暇をつぶす. (c) (限られた)時間, 期限. Die ~ *ist abgelaufen*. 期限が切れた. Seine ~ *ist abgelaufen*. / Seine ~ *ist um*. 彼にもいよいよ最期の時がきた. *seine* ~ *absitzen*《話》刑期を終える(つとめあげる). *auf* ~ 期限つきで,《略 a. Z.》《商業》掛けで. ein Vertrag *auf* ~ 期限つきの契約. Die ~ *um eine Woche über die* ~. すでに期限を1週間オーバーしている. *vor der* ~ 期限前に(↑3(a)). (d)〖スポ〗タイム, 所要時間. eine *gute* ~ *über* タイム. die ~ *nehmen*〈*stoppen*〉 タイムを計る. *auf* ~ *spielen* (試合終了まぎわに)時間稼ぎをする. *für die* ~ *zu Boden müssen* (ボクシングで)ノックアウトされる. *für die* ~ *auf die Bretter schicken*〈*gehen*〉(ボクシングで)人⁴をノックアウトする. *über die* ~ *kommen* (ボクシングで)最終ラウンド終了まで持ちこたえる.

3 (a) (時点・時節としての)時, 時間; 時期, 時機. die ~ der Ernte 収穫の時. Ort und ~ der Versammlung bestimmen 会合の場所と時間を決める. Es ist ~! 時間だ. Es ist ~ aufzubrechen! 出発の時間だ. obwohl es noch nicht die ~ dafür ist まだ時間ではないのに. Es ist hohe〈[die] höchste〉~. もはやぎりぎりの時間だ, 一刻の猶予もならない. Ihre ~ ist gekommen. 彼女の臨終の時がきた; 彼女の出産の時がきた. Es wird allmählich ~, dass du ins Bett gehst. そろそろ君がベッドに入る時間だ. die [richtige] ~ verpassen 時機(好機)を逸する. die ~ verschlafen 寝過ごす. Es ist an der ~, dass... そろそろ…する時だ. außer der ~ 時間外に; 時期がずれに. seit dieser ~ この時以来. morgen um diese ~ 明日の今頃. von dieser ~ an この時から. von ~ zu ~ 時々, 時折. ~ vor der ~ 定刻前に(↑2(c)). ºzur ~ 目下のところ(↑zurzeit). zu der ~ その当時. zur gleichen ~ 同時に. zu jeder ~ いつでも. zur rechten ~ ちょうどよい時に. Alles zu seiner ~!《諺》何事にも潮時がある(《旧約》コヘ 3:11). (b) (時計の)時間, 時刻. Welche ~ ist es? いま何時ですか. Achtung, wir geben die [genaue] ~: es ist 19 Uhr. (ラジオなどで)時報をお知らせします. ただいま 19 時です. Hast du [die] genaue ~? 正確な時間が分かる(を知ってる)かい. ohne ~ 時間など気にしないで, 時間を忘れて. (c) 標準時. die mitteleuropäische ~ (略 MEZ) 中部ヨーロッパ標準時. um 20 Uhr Moskauer ~ モスクワ時間の 20 時に.

4 (歴史・人生の)一時期, 時代. die ~ Goethes ゲーテの時代. die ~ der Klassik 古典主義の時代. böse ~*en* 悪しき時代. die gute alte ~ 古き良き時代. kommende〈vergangene〉 ~*en* 来るべき〈過ぎ去った〉時代. unsere ~ 私たちの時代, 現代. der Geist der ~ 時代精神. ein Kind der ~ 時代の子. ein Zeichen der ~ 時代の徴(ĵ). Das waren noch ~*en*! あのころはまだいい時代だった. Das waren finstere〈harte〉 ~*en*. あれは暗い(辛い)時代だった. Er ist seiner ~ voraus. 彼は時代に先んじている. Sie hat auch bessere ~*en* gesehen. 彼女にももっといい時代があった. aus alter ~ 古い時代の. Er ist hinter seiner ~ zurückgeblieben. 彼は時代に取残されている. in früheren ~*en* 以前, 昔. in [den] ~*en* der Not 苦難の時代に. mit der ~ gehen 時代とともに歩む. das Jahr 450 nach〈vor〉 unserer ~ 西暦紀元〈紀元前〉450 年. vor ~*en*《雅》昔. zu ~*en* meines Großvaters 私の祖父の時代に. zu allen ~*en* いつの時にも. zu keiner ~ 決して…ない. zu meiner ~ 私がまだ若かった頃.

5《間投詞的に》[Ach,] du liebe ~! /[Ach,] du meine ~! (驚き・遺憾の意などを表して)おやおや, やれやれ, なんてこった.

6 j⁴ die ~ bieten《地方》人⁴に挨拶する(おはよう, こんにちはなどを言う).

7《文法》(Tempus) 時称, 時制.
♦ *Zeit lang, zeitraubend, zeitsparend*

ˈZeit·ab·schnitt〖男〗 -[e]s/-e 時期, 時代; 期間.

ˈZeit·ab·stand〖男〗 -[e]s/..stände 時間的間隔. im ~ von je einer Stunde 1 時間ごとに(おきに).

****ˈZeit·al·ter** ['tsaɪtˌʔaltɐ ツァイトアルター]〖中〗 -s/- **1** 時代, 時期. das ~ Goethes ゲーテの時代. das ~ der Technik 技術の時代. das Goldene ~ 黄金の時代. **2**《地質》代.

ˈZeit·an·ga·be〖女〗 -/-n **1** 日付, 年月日; 時刻. **2**《言語》時に関する副詞規定(状況語).

ˈZeit·an·sa·ge〖女〗 -/-n (ラジオ・電話などの)時報.

ˈZeit·ar·beit〖女〗 -/ (企業における)期限付き出向.

ˈZeit·auf·nah·me〖女〗 -/-n **1**《写真》(¹/₂ 秒を超える)タイム露出撮影. **2**《経済》(作業研究に基づく)特定の作業(工程)に要する実働時間の記録.

ˈZeit·auf·wand〖男〗 -[e]s/ 時間の消費. mit großem〈geringem〉 ~ 長い時間をかけて〈短時間で〉.

ˈzeit·auf·wen·dig (仕事などに)非常に時間のかかる.

ˈZeit·be·dingt〖形〗 時代の制約を受けている.

ˈZeit·bild〖中〗 -[e]s/-er (小説・映画などに描かれた)時代像.

ˈZeit·bom·be〖女〗 -/-n 時限爆弾. Wir sitzen auf einer ~.《比喩》我々は時限爆弾を抱えている.

ˈZeit·dau·er〖女〗 -/ (ある事に必要な時間の長さ, 時間; 期間, 任期;《体操》(所定の)演技時間.

ˈZeit·druck〖男〗 -[e]s/ 時間による圧迫. unter ~ arbeiten 時間的にせき立てられ仕事をする.

ˈZeit·ein·heit〖女〗 -/-en 時間の単位(秒・分・時など).

ˈZeit·ein·tei·lung〖女〗 -/-en **1** (年・週・分などへ)時間を区分すること. **2** 時間の配分. eine gute ~ haben うまく時間をやりくりしている.

ˈZei·ten·fol·ge〖女〗 -/《文法》時称(時制)の一致.

ˈZei·ten·wen·de〖女〗 -/-n **1**《複数まれ》時代の転換(変り目). **2**《複数なし》キリスト生誕の年. nach〈vor〉 der ~ 西暦紀元後〈前〉.

ˈZeit·er·schei·nung〖女〗 -/-en 時代に特有の現象.

ˈZeit·er·spar·nis〖女〗 -/ 時間の節約.

ˈZeit·fol·ge〖女〗 -/ (一連の出来事の)時間的な順序.

ˈZeit·form〖女〗 -/-en《文法》(Tempus) 時称, 時制.

ˈZeit·fra·ge〖女〗 -/-n **1**《複数なし》時間の問題. Es ist nur eine ~. 問題はいつ時間がとれるかということだけだ. **2** 時事問題.

ˈzeit·ge·bun·den〖形〗 時代の制約を受けた; 時流(時局)にとらわれた.

ˈZeit·ge·fühl〖中〗 -[e]s/ **1** 時間の感覚. **2** 時代に対する(時代の)感覚.

ˈZeit·geist〖男〗 -[e]s/ 時代精神.

ˈzeit·ge·mäß 時代に合った(即応した).

ˈZeit·ge·nos·se〖男〗 -n/-n **1** 同時代の人. **2**《話》(皮肉をこめて)同胞. ein seltsamer ~ 変なやつ. ◆女性形 Zeitgenossin〖女〗 -/-nen

ˈzeit·ge·nös·sisch [..gənɛsɪʃ]〖形〗 **1** 同時代の, 同時代人による. **2** 現代の.

ˈzeit·ge·recht 1 現代に即した, 現代にマッチした. **2**《ビジネス》時宜(ĵ)を得た.

ˈZeit·ge·schäft〖中〗 -[e]s/-e《経済》(Termingeschäft) 先物取引.

ˈZeit·ge·sche·hen〖中〗 -s/ 今日(ĵ)の出来事.

ˈZeit·ge·schich·te〖女〗 -/ 現代史.

ˈZeit·ge·schmack〖男〗 -[e]s/ 時代の好み(趣味, 好尚); 流行.

ˈZeit·ge·winn〖男〗 -[e]s/ 時間の節約.

ˈzeit·gleich 1 同時の, 同タイムの.

ˈZeit·grün·de〖複〗 (多く次の用法で) aus ~*n* 時間的な理由で, 時間不足のために.

****ˈzei·tig** ['tsaɪtɪç ツァイティヒ]〖形〗 (時期・時刻などが)早い, 早目の. ~ aufstehen 早目に起きる. am ~*en* Nachmittag 午後早い時間に. **2**《古》《地方》(reif) 熟した.

ˈzei·ti·gen ['tsaɪtɪɡən] **❶**〖他〗《雅》(結果・効果など

Zeit·kar·te 囡 -/-n (交通機関の)定期券.
Zeit·kri·tik 囡 -/ 時代批判.
Zeit·lang[1] 囡 -/《~ nach j³ haben 人に思いを寄せる.》**1** 憧れ. **2** 退屈.
'Zeit lang, °Zeit·lang[2] 囡 --/ eine ~ しばらく(の間).
'Zeit·lauf 男 -[e]s/..läufte(⁼e) **1**《複数で》《雅》時勢, 時代の流れ. die heutigen Zeitläufte 現代. **2**《複数なし》《まれ》時の経過.
zeit·le·bens [tsaɪtˈleːbəns, ˈ---] 副 一生(の間), 生涯.
*ʼ**zeit·lich** [ˈtsaɪtlɪç ツァイトリヒ] 形 **1** 時間(上)の, 時間的の. in großem ~em Abstand 時間的に長い間隔をおいて. die ~e Freiheitsstrafe 《法制》有期自由刑. ~ begrenzt sein (仕事などが)期限付きである. **2** 一時の, 仮の, はかない; 現世の, 世俗の. die ~en Güter 《教会などの》世俗的財産. das Zeitliche segnen《古》死ぬ;《戯》壊れる, 割れる, 破れる. **3**《オーストリア》(zeitig) 早い, 早目の.
'Zeit·lich·keit 囡 -/ **1**《哲学》時間性. **2**《雅》現世, 世俗(のこと); 無常. die ~ verlassen この世を去る.
'Zeit·li·mit 甲 -s/-s(-e) **1**《スポーツ》(演技などの)制限時間. **2** 期限.
'Zeit·lohn 男 -[e]s/⁼e《経済》時間給.
'zeit·los [ˈtsaɪtloːs] 形 時間(時代)を超越した, 不朽の; 流行(時流)にとらわれない.
'Zeit·lu·pe [ˈtsaɪtluːpə] 囡 -/-n 《映画》**1**《複数なし》(↔ Zeitraffer) スローモーション撮影. **2** (↔ Zeitraffer) スローモーション撮影用カメラ. **3**《話》スローモーション撮影用フィルム.
'Zeit·lu·pen·auf·nah·me 囡 -/-n 《映画》スローモーション撮影.
'Zeit·man·gel 男 -s/ 時間の不足. aus-/wegen ~s 時間が足らないために.
'Zeit·ma·schi·ne 囡 -/-n (SFの)タイムマシン.
'Zeit·maß 甲 -es/-e **1** テンポ, 速度. **2**《まれ》時間の単位.
'Zeit·mes·ser 男 -s/- 計時器(時計・クロノメーターなど).
'Zeit·mes·sung 囡 -/-en **1** 時間測定, 計時. **2** 年代学.
'zeit·nah, 'Zeit·na·he 形 時代に即した, 現代的な.
'Zeit·nah·me 囡 -/-n《スポーツ》計時, タイムの計測.
'Zeit·neh·mer [..neːmər] 男 -s/- タイムキーパー, 計時員;《経済》作業時間調査員.
'Zeit·not 囡 -/ 時間不足. in ~ geraten 時間が足らなくなる.
'Zeit·plan 男 -[e]s/⁼e 日程, スケジュール, 時間割; 日程表.
*ʼ**Zeit·punkt** [ˈtsaɪtpʊŋkt ツァイトプンクト] 男 -[e]s/-e 時点, 時期; 日時. der entscheidende ~ 決定的瞬間. einen ~ festsetzen 日時を取決める. den günstigen ~ verpassen 好機を逸する. zu diesem〈zum jetzigen〉~ この時点〈現時点〉で.
'Zeit·raf·fer [..rafər] 男 -s/-《映画》(↔ Zeitlupe) **1**《複数なし》クイックモーション撮影. **2** クイックモーション撮影用カメラ.
'zeit·rau·bend 形 非常に時間をとる, たいへんひまのかかる. ◆ Zeit raubend とも書く.
'Zeit·raum [ˈtsaɪtraʊm] 男 -[e]s/⁼e (ある程度長い)時間, 期間, 時間隔. in einem ~ von mehreren Monaten 数か月の間に. über einen längeren ~ けっこう長い期間にわたって.
'Zeit·rech·nung 囡 -/-en **1** 年代計算(法). unsere〈die〉christliche〉~ キリスト紀元. im Jahr 375 unserer ~ /《略》im Jahr 375 u. Z. 西暦紀元 375 年に. nach unserer ~ 西暦の(...年). im Jahr 70 vor unserer ~ /《略》im Jahr 70 v.u.Z. 西暦紀元前 70 年に. **2** (天体の位置による)時間の算定, 日時の計算.
'Zeit·rei·se 囡 -/-n (SFの)タイムトラベル, 時間旅行.
'zeit·schnell 形《スポーツ》好タイムの.
*ʼ**Zeit·schrift** [ˈtsaɪtˌʃrɪft ツァイトシュリフト] 囡 -/-en 雑誌.
'Zeit·sinn 男 -[e]s/ 時間の感覚(観念).
'Zeit·span·ne 囡 -/-n 時間の間隔, 期間. in einer ~ von 10 Tagen 10 日間で.
'zeit·spa·rend 形 時間の節約になる. ◆ Zeit sparend とも書く.
'Zeit·stra·fe 囡 -/-n《スポーツ》タイムペナルティー(一定時間の退場の罰則).
'Zeit·strö·mung 囡 -/-en 時流, 時勢.
'Zeit·ta·fel 囡 -/-n 年表.
'Zeit·um·stän·de 複 時代状況, 時局.

ʼZei·tung [ˈtsaɪtʊŋ ツァイトゥング] 囡 -/-en **1** (a) 新聞. Tageszeitung 日刊新聞. Die ~ erscheint in Berlin. その新聞はベルリーンで発行されている. eine ~ abonnieren 新聞を予約購読する. eine ~ bestellen〈abbestellen〉新聞をとる〈断わる〉. eine ~ halten 新聞をとっている. die ~ kassieren《話》新聞代を集金する. die ~ lesen 新聞を読む. Die Nachricht habe ich aus der ~.《話》そのニュースは新聞で知った. Das ging durch alle ~en. そのことはあらゆる新聞で報道された. In der ~ steht, dass.... という記事が新聞に出ている. eine Anzeige in die ~ setzen 新聞に広告を出す. (b)《話》新聞社. Er arbeitet〈ist〉bei der ~. 彼は新聞社に勤めている. von der ~ kommen〈sein〉新聞記者である. (c) 新聞紙. et⁴ in ~ einwickeln 物を新聞紙に包む. **2**《古》(Nachricht) 知らせ.
'Zei·tungs·an·zei·ge 囡 -/-n 新聞広告.
'Zei·tungs·ar·ti·kel 男 -s/- 新聞記事.
'Zei·tungs·aus·schnitt 男 -[e]s/-e 新聞の切抜き.
'Zei·tungs·aus·trä·ger 男 -s/- 新聞配達人.
'Zei·tungs·bei·la·ge 囡 -/-n 新聞の付録.
'Zei·tungs·en·te 囡 -/-n《話》新聞の誤報.
'Zei·tungs·hal·ter 男 -s/- 新聞挟(ばさ)み.
'Zei·tungs·ki·osk 男 -[e]s/-e 新聞売場, 新聞スタンド.
'Zei·tungs·mel·dung 囡 -/-en 新聞の報道.
'Zei·tungs·no·tiz 囡 -/-en 新聞の小記事.
'Zei·tungs·pa·pier 甲 -s/ **1** 新聞用紙. **2** (包装などに使う)古新聞, 新聞紙.
'Zei·tungs·ro·man 男 -s/-e 新聞小説.
'Zei·tungs·ver·käu·fer 男 -s/- 新聞の売り子.
'Zei·tungs·we·sen 甲 -s/ 新聞業界, ジャーナリズム.
'Zei·tungs·wis·sen·schaft 囡 -/ 新聞学.
'Zeit·un·ter·schied 男 -[e]s/-e 時間差, 時差.
'Zeit·ver·geu·dung 囡 -/ =Zeitverschwendung
'Zeit·ver·lust 男 -[e]s/ 時間の損失, 時間のロス.

'Zeit·ver·schwen·dung 囡 -/ 時間の浪費.
'zeit·ver·setzt 形 時間をずらした.
'Zeit·ver·treib ['tsaɪtfɐrtraɪp] 男 -[e]s/-e《複数まれ》暇つぶし, 気晴らし, 退屈しのぎ. zum ～ 暇つぶし（退屈しのぎ）に.
'zeit·wei·lig ['tsaɪtvaɪlɪç] 形《述語的には用いない》1 一時的な, 暫定的な. 2 時折の.
'zeit·wei·se ['tsaɪtvaɪzə] ❶ 形《述語的には用いない》一時的な, 暫定的な. ein ～r Rückgang der Konjunktur 一時的な景気の後退. Die Autobahn war ～ gesperrt. アウトバーンは暫く閉鎖された. ❷ 副 時折, ときどき.
'Zeit·wen·de 囡 -/-n《複数まれ》=Zeitenwende
'Zeit·wert 男 -[e]s/-e《経済》時価.
'Zeit·wort 中 -[e]s/=er《文法》(Verb) 動詞.
'Zeit·zei·chen 中 -s/-《放送》(ラジオ・テレビの)時報の(信号)音.
'Zeit·zo·ne 囡 -/-n 同一標準時を用いる地帯.
'Zeit·zün·der 男 -s/- 時限信管.
Ze·le'brant [tsele'brant] 男 -en/-en《lat. celebrans》《カトリック》ミサ執行司祭.
ze·le'brie·ren [tsele'briːrən] 他《lat. celebrare, heiligen, feiern》1 (a)《カトリック》(ミサを)司式する. (b)《儀式・祭典を執り行う. den Geburtstag ～ seine 誕生日を儀式ばって仰々しく祝う. 2 (人・を)讃える, 賞賛する.
'Zell·at·mung ['tsɛl..] 囡 -/-en《複数まれ》《生物》細胞呼吸.
'Zell·bil·dung 囡 -/-en《生物》細胞形成.
*'Zel·le ['tsɛlə ツェレ] 囡 -/-n《lat. cella》1 (a)(外界から隔絶した)小部屋, 小室, 小房;(刑務所の)監房, 独房, (修道院の)僧房, 独居室. (b) (Telefonzelle) 電話ボックス. (c) (Badezelle) プールの更衣室. (d)（核物質などの)遠隔操作室. 2 (a)《生物》細胞. seine [kleinen] grauen ～n anstrengen《俗》脳味噌をしぼる. (b)《社会学》(政党などの)細胞. 3《結晶》単位格子, 単位胞. 4 (蜂の)蜜房, 巣房. 5《電子工》(電池の)電解槽; 電池. 6《航空》(飛行機の)機体. 7 (船舶の)タンク; 隔室. 8《ジ》セル.
'Zel·len·bil·dung 囡 -/-en 1《生物》細胞形成. 2《社会学》(政党などの)細胞を組織すること.
'zel·len·för·mig 形 細胞状の.
'Zel·len·ge·we·be 中 -s/- =Zellgewebe
'Zel·len·leh·re 囡 -/-n《生物》細胞学.
'Zel·len·schmelz 男 -es/-e《芸術》(Cloisonné) 七宝.
'Zell·ge·we·be 中 -s/-《生物》細胞組織.
'Zell·glas 中《セルロースの薄膜》セロファン.
'Zell·horn 中 -[e]s/- (Zelluloid) セルロイド.
'zel·lig ['tsɛlɪç] 形 細胞から成る.
'Zell·kern 男 -[e]s/-e《生物》細胞核.
'Zell·mem·bran 囡 -/-en《生物》細胞膜.
'Zel·lo'phan [tsɛlo'faːn] 中 -s/-《商標》(Cellophan) セロファン.
'Zell·stoff 男 -[e]s/-e 1 (製紙用の)パルプ. 2 (包帯などに用いる)パルプ製布地.
'Zell·tei·lung 囡 -/-en《生物》細胞分裂.
zel·lu'lar [tsɛlu'laːr] 形《lat.》1 細胞から成る. 2 細胞の, 細胞に関する, 細胞状の.
zel·lu'lär ['..lɛːr] 形 =zellular
'Zel·lu·lar·pa·tho·lo·gie 囡 -/《医学》細胞病理学.
Zel·lu'loid [tsɛluˈlɔʏt, ..loˈiːt] 中 -[e]s/《lat.+gr.》

1 (Zellhorn) セルロイド. 2《隠》ピンポン球.
Zel·lu'lo·se [tsɛlu'loːzə] 囡 -/-n《lat. cellula, kleine Zelle》《生化学》セルロース, 繊維素.
'Zell·wand 囡 -/"-e《生物》細胞壁.
'Zell·wol·le 囡 -/-n《紡織》ステープルファイバー, スフ.
Ze'lot [tse'loːt] 男 -en/-en《gr. zelotes, Bewunderer, Anhänger》1《歴史》ゼロテ派(紀元1世紀武器をもってローマの支配に抗したユダヤの超愛国派)の人. 2 ゼロテ派または熱心党員. 2 狂信者.
ze'lo·tisch [tse'loːtɪʃ] 形 1 ゼロテ派(熱心党)の. 2 狂信的な.
*Zelt¹ [tsɛlt ツェルト] 中 -[e]s/-e テント, 天幕;《聖書》幕屋（ばくや）.《雅》大空, 蒼穹（そうきゅう）. ein ～ abbrechen テントを畳む. Wir werden hier bald unsere ～e abbrechen.《戯》私たちはまもなくこの地を引払う. ein ～ [auf]bauen〈aufschlagen〉テントを張る. seine ～ aufschlagen《戯》(ある所に)居を定める, 落着く.
Zelt² 男 -[e]s/《古》(Pass[gang]) 側対歩；(馬術の)アンサンブル, 調子.
'Zelt·bahn 囡 -/-en 1 テント用の布地. 2 テント用防水布でつくった幌(カバー).
'Zelt·dach 中 -[e]s/"-er《建築》方形屋根.
'zel·ten ['tsɛltən] 自 テントに泊る, キャンプをする. an einem See ～ 湖畔でキャンプを張る.
'Zel·ten ['tsɛltən] 男 -s/-《南ドイツ・オーストリア》平たい円形の小型ケーキ, (とくに)レーブクーヘン.
'Zel·ter ['tsɛltər] 男 -s/-《古》側対歩で歩く乗用馬(とくに婦人用の).
'Zelt·la·ger 中 -s/- テントを張った野営地.
'Zelt·lein·wand 囡 -/《紡織》テント用キャンバス地(防水亜麻布).
'Zelt·pflock 男 -[e]s/"-e ペッグ, テント用の杭.
'Zelt·platz 男 -es/"-e キャンプ場.
'Zelt·stadt 囡 -/"-e 大テント村, 大キャンプ場.
'Zelt·stan·ge 囡 -/-n テントの支柱.
Ze'ment [tse'mɛnt] 男《lat. caementum, Mörtel》❶ 男 -[e]s/-e (建築用・歯科医用の)セメント. ❷ 中 -[e]s/-e《生物》(歯の)セメント質.
Ze·men·ta·ti'on [tsemɛntatsi'oːn] 囡 -/-en セメントを塗る(流しこむ)こと. 2《冶金》浸炭法, セメンテーション.
ze·men'tie·ren [tsemɛn'tiːrən] 他 1 (a) (道路・床などを)セメントで固める, (に)セメントを塗る. (b)《比喩》(好ましくない状況を)固定化する. 2《冶金》(鋼を)浸炭処理する.
Zen [zɛn, tsɛn] 中 -[s]/《sanskr. dhyana, Meditation》禅.
Ze'nit [tse'niːt] 男 -[e]s/《arab. samt, Richtung der Köpfe》1《天文》(↔Nadir) 天頂. 2《比喩》頂点, 絶頂. den ～ überschreiten 盛りを過ぎる. im ～ des Lebens 人生の真っ盛りに.
zen'sie·ren [tsɛn'ziːrən] 他《lat. censere, zählen》1 (仕事・成果などに)評点をつける. Unser Lehrer zensiert milde〈streng〉. 私たちの先生は点が甘い〈辛い〉. 2 (出版物・映画などを)検閲する.
'Zen·sor ['tsɛnzor] 男 -s/-en [tsɛn'zoːrən]《lat.》1《歴史》(古代ローマの)戸口調査官, 監察官, ケンソル. 2 (出版物・映画などの)検閲官.
*Zen'sur [tsɛn'zuːr ツェンズーア] 囡 -/-en《lat. censura》1 (学校の)成績, 評点;《複数まれ》成績表. eine gute ～ in Deutsch bekommen ドイツ語でよい点をも

らう． Vor den Ferien gibt es ~en. 休暇の前には成績表が渡される． **2** (a)《複数なし》(出版物などの)検閲． (b) 検閲機関． (c)《心理》(夢の)検閲． **3**《複数なし》《歴史》(古代ローマの)戸口調査官(ケンソル)の職．

zen·su·rie·ren [tsɛnzuˈriːrən] 他 **1**《ｼﾙｶﾞﾃｲｷ》=zensieren 2 《教育》=zensieren 1

'Zen·sus ['tsɛnzʊs] 男 -/- (lat. census, Schätzung') **1**《歴史》(古代ローマのケンソル↑Zensor 1による)戸口および財産調査． **2**《歴史》(とくに中世の)租税． **3** 国勢調査，センサス．

Zent [tsɛnt] 女 -/-en (lat. centena, Hundertschaft)《歴史》ツェント(中世の中・後期にヘッセン・フランケン・ロートリンゲンで伯爵領の下に置かれた裁判権を有する行政区)． **2** ケンテーナ(フランク王国において伯爵領内の独自の裁判権を付与された行政区)．

Zen·taur [tsɛnˈtaʊɐ̯] 男 -en/-en (gr. Kentauros) **1**《ｷﾞﾘｼｬ神話》ケンタウロス(上半身が人間で下半身が馬の怪物)． **2** der ~《天文》ケンタウルス座．

Zen·te·nar [tsɛnteˈnaːr] 男 -s/-e (lat. centenarius, Hundert..') **1**《歴史》(フランク王国の)ケンテナー(↑Zent 2)の長． **2**《まれ》100歳の人．

Zen·te·nar·fei·er 女 -/-n 百年祭．

Zen·te·na·ri·um [tsɛnteˈnaːriʊm] 中 -s/..rien [..riən] (lat.)《まれ》(Zentenarfeier) 百年祭．

zen·te·si·mal [tsɛnteziˈmaːl] 形 (lat. centesimus, der hundertste') 百分法の．

Zen·te·si·mal·waa·ge 女 -/-n 百分度秤(測定重量の100分の1の重りを用いる秤)．

Zen·ti.. [tsɛnti..] (接頭) (lat. centum, hundert') 単位を示す名詞に冠して「100分の1」の意を表す(記号 c)． Zentimeter センチメートル．

Zen·ti·fo·lie [tsɛntiˈfoːliə] 女 -/-n (lat. centifolia, hundertblättrig[e Rose])《植物》センティフォーリア(西洋ばら)．

Zen·ti·gramm [tsɛntiˈgram, '- - -] 中 -s/-e(記号 cg) センチグラム, 1/100 グラム．

Zen·ti·li·ter [tsɛntiˈliːtɐ, '- - -] 男(中) -s/-(記号 cl) センチリットル, 1/100 リットル．

*****Zen·ti·me·ter** [tsɛntiˈmeːtɐ, '- - - -] ツェンティメーター] 男 -s/-(記号 cm) センチメートル, 1/100 m.
◆ 用法は Meter 参照．

Zen·ti·me·ter·maß 中 -es/-e センチメートル尺．

'Zent·ner ['tsɛntnɐ] 男 -s/- (lat. centum, hundert') **1** (略 Ztr) ツェントナー(ドイツで伝統的に使われてきた非公認の重量単位, =50 kg). **2**《ｵｰｽﾄﾘｱ･ｽｲｽ》(記号 q) ツェントナー(重量単位, =100 kg).

'Zent·ner·ge·wicht 中 -[e]s/-e《複数なし》**1** ツェントナー(または数ツェントナー)の重さ． **2 1** ツェントナーの分銅(重り)．

'Zent·ner·last 女 -/-en **1** ツェントナー(または数ツェントナー)の荷重(積み荷)． Mir fiel eine ~ vom Herzen. 私は心の重荷がとれた．

'zent·ner·schwer 形 **1** ツェントナー(または数ツェントナー)の重さの． Es liegt〈lastet〉mir ~ auf der Seele, dass... …のことが私の心に重くのしかかる．

'zent·ner·wei·se 副 ツェントナー単位で；《比喩》非常に大量に．

*****zen·tral** [tsɛnˈtraːl] ツェントラール] 形 (lat. centralis, in der Mitte befindlich') **1** (a) 中心部(中央部)に． Seine Wohnung liegt ~. 彼の住居は町の中心部にある． **2** 中心の(中央の)． 中心的な． eine ~e Figur dieses Dramas この戯曲の中心人物． das ~e Problem 中心(根本)問題． **2** 中央に統括されている． das ~e Nervensystem《医学》中枢神経系．

zen·tral.., **Zen·tral..** [tsɛntraːl..]《接頭》「中央の, 中心の」の意を表す．

Zen'tral·afri·ka《地名》中央アフリカ．

Zen'tral·ame·ri·ka《地名》中央アメリカ．

Zen'tral·asi·en《地名》中央アジア．

Zen'tral·bank 女 -/-en 中央銀行．

Zen'tral·bau 男 -[e]s/-ten《建築》集中式建築．

Zen'tral·be·heizt 形 **1** セントラルヒーティングで暖められた． **2** 地域暖房によって暖められた． ▶↑Fernheizung

Zen'tral·be·hör·de 女 -/-n 中央官庁．

Zen'tra·le [tsɛnˈtraːlə] 女 -/-n (lat.) **1** 中心, 中心点, 集合点, センター． **2** (組織・団体などの)中枢部, 本部, 指令部． die ~ der Partei 党本部． Das Gehirn ist die ~ für das Nervensystem. 脳は神経系統の中枢である． **3** 電話交換室(Telefonzentrale の短縮)；(タクシーの)配車センター． **4**《幾何》中心線 (2つの円の中心を結ぶ直線)．

Zen'tral·ein·heit 女 -/-en《ｺﾝﾋﾟｭｰﾀ》中央演算処理装置，CPU．

Zen'tral·ge·heizt 形 セントラルヒーティングで暖められた．

Zen'tral·ge·walt 女 -/-en《複数まれ》《政治》(とくに連邦国家の)中央権力．

Zen'tral·hei·zung 女 -/-en セントラルヒーティング．

Zen'tra·li·sa·ti·on [tsɛntralizatsiˈoːn] 女 -/-en (↔ Dezentralisation) (権限・権力などの)集中化；中央集権(化)．

zen·tra·li·sie·ren [tsɛntraliˈziːrən] 他 中央に集める，中央集権化する．

Zen'tra·li·sie·rung 女 -/-en =Zentralisation

Zen'tra·lis·mus [tsɛntraˈlɪsmʊs] 男 -/《複数なし》《政治》(↔ Föderalismus) 中央集権主義，中央集権制．

zen'tra·lis·tisch [tsɛntraˈlɪstɪʃ] 形 中央集権主義の，中央集権制の．

Zen'tral·ko·mi·tee 中 -s/-s (略 ZK)《政治》(とくに共産党の)中央委員会．

Zen'tral·kraft 女 -/-⸚e《物理》中心力．

Zen'tral·ner·ven·sys·tem 中 -s/-e (略 ZNS)《生物・医学》中枢神経系．

Zen'tral·or·gan 中 -s/-e **1**《生物》中枢器官． **2** (政党などの)機関紙．

Zen'tral·rech·ner 男 -s/-《ｺﾝﾋﾟｭｰﾀ》=Zentraleinheit

Zen'tral·spei·cher 男 -s/-《ｺﾝﾋﾟｭｰﾀ》ワーキングメモリ，作業用記憶域．

Zen'tral·stel·le 女 -/-n 中心地，中心部；中枢機関，本部，センター．

Zen'tral·ver·mitt·lungs·stel·le 女 -/-n《郵便》(遠距離通話の)中央電話交換局．

Zen'tral·ver·schluss 中 -es/-⸚e《写真》レンズシャッター．

'Zen·tren ['tsɛntrən] Zentrum の複数．

zen'trie·ren [tsɛnˈtriːrən] ❶ 他 **1**《工学》中心(中心点，中心軸)に合とる． **2** A[4] um B ~ A[4] を B を中心にして配列(配置)する． ❷ 自 (sich[4]) 中心を形成するように配列(配置)されてある．

zen·tri·fu·gal [tsɛntrifuˈgaːl] 形 (gr. kentron, Stachel' + lat. fugere, fliehen')(↔ zentripetal) **1**《物理》遠心力の． **2**《生物・医学》遠心性の．

Zen·tri·fu·gal·kraft 囡 -/-͞e〖物理〗(↔ Zentripetalkraft) 遠心力.

Zen·tri·fu·gal·pum·pe 囡 -/-n〖工学〗(渦巻式)遠心ポンプ.

Zen·tri·fu·ge [tsɛntri'fu:gə] 囡 -/-n (fr. centrifuge) 遠心機, 遠心分離機.

Zen·tri·pe·tal [tsɛntripe'ta:l] 形 (gr. kentron , Stachel '+ lat. petere 'nach etwas streben ') (↔ zentrifugal) **1**〖物理〗求心力の. **2**〖生物・医学〗求心性の.

Zen·tri·pe·tal·kraft 囡 -/-͞e (↔ Zentrifugalkraft) 求心力.

'zen·trisch [ˈtsɛntrɪʃ] 形 中心(中央)の, 中心(中央)にある.

***'Zen·trum** [ˈtsɛntrʊm] ツェントルム 囲 -s/..tren (gr. kentron , Stachel ') **1** (a) 中心, 中央. ein wirtschaftliches ～ 経済の中心. das ～ eines Kreises 円の中心. im ～ des Platzes 広場の中央に. im ～ des Interesses stehen (人々の)興味(関心)の的(㋮)である. (b) (市の)中心部, 都心. im ～ wohnen 都心に住んでいる. (市の中心の)センター. (機関・施設などの)センター. Einkaufs*zentrum* ショッピングセンター. Presse*zentrum* プレスセンター. (d)〖生理〗(神経などの)中枢. **2**〖複数なし〗=Zentrumspartei.

'Zen·trums·par·tei 囡 -/〖歴史〗中央党(1870-1933, ドイツのカトリック系の政党で現在のCDUの前身).

Zen·tu·rie [tsɛn'tu:riə] 囡 -/-n (lat. centum , hundert ')〖歴史〗(古代ローマの)百人隊, ケントゥリア(軍隊編成の単位および市民総会である民会の単位).

Zen·tu·rio [tsɛn'tu:rio] 围 -s/-nen[..'turi'o:nən] 〖歴史〗(古代ローマの軍隊編成上の)百人隊々長.

Ze·o·lith [tseo'li:t] 围 -[e]s(-en)/-e[n] (gr.)〖鉱物〗沸石, ゼオライト.

'Ze·phir ['tse:fi:r] 围 -s/-e (gr.) **1**〖複数なし〗(古典古代において)西風; (雅) そよぐ. ◆ギリシア神話の西風の神ゼピュロス Zephyros にちなむ. **2**〖紡織〗ゼファー(軽い羽毛状に織った木綿の生地).

'Ze·phyr ['tse:fy:r] 围 -s/-e〖複数なし〗=Zephir 1

'Zep·pe·lin [ˈtsɛpəliːn] **❶**〖人名〗Ferdinand Graf von - フェルディナント・グラーフ・フォン・ツェッペリン (1838-1917, ドイツの軍人・発明家, とくに飛行船の発明で有名). **❷** -s/-e (ツェッペリーン型)飛行船.

'Zep·ter [ˈtsɛptər] 囲 -s/- (gr. skeptron , Stab ') 王笏(㋙). das ～ führen 〈schwingen〉〈戯〉権力(主導権)を握っている, 君臨する, 采配をふるう.

Zer [tseːr] 围 -s/〖記号 Ce〗〖化学〗(Cer)セリウム.

zer.. [tsɛr] 〖非分離前つづり(アクセントをもたない)〗「破壊, 分裂, 分解」などの意を表す. *zer*stören 破壊する. *zer*legen 解体する. *zer*teilen 分割する.

zer'bei·ßen* [tsɛrˈbaɪsən] 他 **1** 嚙み砕く. **2** (虫などが)刺す, 嚙む.

zer'bers·ten* [tsɛrˈbɛrstən] 自 (s) 粉々になる. Der Spiegel *zerbarst* in tausend Stücke. 鏡はこわれて粉々になった. Sein Kopf schien ihm vor Schmerzen zu ～. 彼は頭が割れそうに痛かった. [fast] vor Wut ～ 怒りでいまにも爆発しそうである.

'Zer·be·rus [ˈtsɛrberʊs] 围 -/-se (gr.)〈戯〉 **1** 獰猛な番犬. **2** 恐ろしい門番. ◆ギリシア神話で冥府の門番をつとめる3つの頭を持った犬 Kerberos にちなむ.

zer'beu·len [tsɛrˈbɔʏlən] 他 (ぼこぼこにして)でこぼこにする.

zer'bom·ben [tsɛrˈbɔmbən] 他 爆弾(爆撃)で破壊する.

zer'brach [tsɛrˈbraːx] zerbrechen の過去.

zer'brä·che [tsɛrˈbrɛːçə] zerbrechen の接続法 II.

zer'bre·chen [tsɛrˈbrɛçən] ツェアブレヒェン **❶** 他 壊し, 割る, 折る. ein Glas〈einen Stock〉～ コップを割る〈棒を折る〉. sich³ den Kopf über et〈j〉⁴ ～〈話〉事〈人〉⁴のことで頭を痛める. **❷** 自 (s) 壊れる, 折れる. an et³ ～〈雅〉事³のことですっかり参る, 打ちのめされる. Er ist am Leben *zerbrochen*. 彼は人生にやぶれた. eine *zerbrochene* Ehe 破綻した結婚生活.

zer'brech·lich [tsɛrˈbrɛçlɪç] 形 **1** 壊れやすい, 割れ(折れ)やすい, もろい. **2**〈雅〉華奢(㋘㋔)な体つきの, 弱々しい.

Zer'brech·lich·keit 囡 -/ 壊れやすさ, もろさ; 〈雅〉華奢であること.

zer'brichst [tsɛrˈbrɪçst] zerbrechen の現在2人称単数.

zer'bricht [tsɛrˈbrɪçt] zerbrechen の現在3人称単数.

zer'bro·chen [tsɛrˈbrɔxən] zerbrechen の過去分詞.

zer'brö·ckeln [tsɛrˈbrœkəln] **❶** (s) 粉々(ばらばら)に砕ける; (組織・体制などが)瓦解する. **❷** 他 細かく砕く. Brot ～ パンを細かくちぎる.

zer'deh·nen [tsɛrˈdeːnən] **❶** 他 **1** (布地などを)引っ張りすぎて駄目にする. **2** (音・声などを)長く引っ張りすぎる. **❷** 再 (sich⁴) sich leicht ～ (布地などが)すぐ伸びる.

zer'dep·pern [tsɛrˈdɛpərn] 他〈話〉壊す.

zer'drü·cken [tsɛrˈdrʏkən] 他 **1** 押しつぶす, 押し砕く; 圧死させる. Kartoffeln mit der Gabel ～ じゃがいもをフォークでつぶす. Tränen ～ 涙をこらえる. die Zigarette im Aschenbecher ～ 煙草の火を灰皿でもみ消す. **2**〈話〉(衣服を)しわくちゃにする(長時間座したりして).

Ze·re·a·li·en [tsere'aːliən] 複 (lat. cerealis , Getreide..') 穀物, 農作物. ◆ローマ神話の豊穣の女神 Ceres にちなむ.

ze·re·bral [tsere'braːl] 形 (lat. cerebrum , Gehirn ') **1**〖解剖〗大脳の. **2**〖音声〗反転音の. **3**〈まれ〉知的な.

Ze·re·mo·nie [tseremo'niː, ..'moːniə] 囡 -/-n [..mo'niːən, ..'moːniən] (lat. caerimonia , religiöse Handlung ') 儀式, 式典, セレモニー. die ～ der Taufe 洗礼式.

ze·re·mo·ni·ell [tseremoni'ɛl] 形 (lat.) 儀式の, 儀式にかなった; 儀式張った.

Ze·re·mo·ni'ell 电 -s/-e 儀式のきまり(礼法), 儀典.

Ze·re·mo·ni·en·meis·ter [tsere'moːniən..] 围 -s/- 式部官, 儀典長.

ze·re·mo·ni·ös [tseremoni'øːs] 形 儀式張った, 堅苦しい, 形式的な.

zer'fah·ren[1]* [tsɛrˈfaːrən] **1** (道路を)傷める(車が頻繁に走行して). **2**〈まれ〉(車などが)轢(㋲)いて潰す.

zer'fah·ren[2] 形 (↑ zerfahren[1]) **1** (道路が)傷んだ. **2** 注意が散漫な.

zer'fah·ren·heit 囡 -/ 注意が散漫なこと.

Zer'fall [tsɛrˈfal] 围 -[e]s/-e **1** (a)〖複数なし〗崩壊. der ～ eines Baudenkmals 記念碑的建造物の倒壊. (b)〖核物理〗(放射性物質・原子核の)崩壊. **2**〖複数なし〗(組織・体制などの)瓦解. der ～ des Römischen Reiches ローマ帝国の崩壊.

zer'fal·len* [tsɛrˈfalən] 圓(s) **1** (a) 崩れる, 崩壊する; 分解する, 溶解する. Die alten Mäuern *zerfallen* zusehends. 古い壁は見る間に崩れる. in⟨zu⟩ Asche ~ 灰燼(ﾚﾝ)に帰する. in nichts ~ 跡形もなく崩れ去る. eine Tablette in Wasser ~ lassen 錠剤を水に溶かす. (b) 瓦解する, 滅亡(衰微)する. Mit dem Tode *zerfällt* der Körper. 死とともに肉体は滅ぶ. Das so mächtige Reich *zerfiel*. さしも強大な帝国も崩壊した. **2** (部分に)分かれる. Der Roman *zerfällt* in drei Teile. この小説は3章に分かれている. **3** 《核物理》(原子核が)自然崩壊する. **4** 《過去分詞で》mit j³ *zerfallen* sein 人³と不仲になっている, うまくいっていない. mit sich³ selbst *zerfallen* sein 自分自身に厭気がさしている. mit sich selbst und der Welt *zerfallen* sein 何もかもが厭になっている.

Zer'falls·pro·dukt 匣 −[e]s/−e 《核物理》(崩壊による)崩壊(壊変)生成物.

zer'fa·sern [tsɛrˈfa:zərn] ❶ 他 (草・木・布などを)繊維にほぐす. ❷ 圓(s) (草・木・布などが)繊維にほぐれる. ❸ (布地のへりなどが)ほつれる.

zer'fet·zen [tsɛrˈfɛtsən] 他 **1** ずたずたに引き裂く. Sein Bein wurde von einer Granate völlig *zerfetzt*. 彼の足は手榴弾によってすっかりくしゃくしゃにつぶされた. **2** 《比喩》こきおろす, 酷評する.

zer'fle·dern [tsɛrˈfle:dərn] ❶ 他 (本などの)へりをすり切れさせる. ❷ 圓(s) へりがすり切れる.

zer'flei·schen [tsɛrˈflaɪʃən] ❶ 他 (獲物などを)食いちぎる, 食い裂く(獣が). ❷ 《sich》 我が身を責める. *sich* in Selbstvorwürfen ~ 自らを責めさいなむ.

zer'flie·ßen* [tsɛrˈfli:sən] 圓(s) 溶ける, 溶けて流れる(消える). in⟨vor⟩ Großmut ~ いかにも太っ腹だというところを見せる. in⟨vor⟩ Tränen ~ 泣き崩れる, 涙汚(ｺﾞ)になる. **2** (インクなどが)滲(ﾆｼ)む. *zerfließende* Konturen ぼやけた輪郭.

zer'fran·sen [tsɛrˈfranzən] ❶ 他 (織物などが)ほつれる(とくに縁が). Der Teppich ist völlig *zerfranst*. 絨毯(ｼﾞﾕｳ)はへりがすっかりほつれてしまった. ❷ (衣服のへりなどを)ほつれさせる. ❸ 再《sich⁴》(話) **1** 大いに苦労(難儀)する. **2** (何やかやと)手を広げすぎる.

zer'fres·sen* [tsɛrˈfrɛsən] **1** 他 (虫・鼠などが)食う, 食い破る(毛皮・布地などを). **2** (酸などが)腐食する. vom Rost *zerfressenes* Eisen 錆(ｻ)に侵された鉄. Eifersucht *zerfrisst* ihm das Herz. 嫉妬が彼の心をさいなむ.

zer'fur·chen [tsɛrˈfʊrçən] 他 (地面に)溝をつくって傷める. Panzer *zerfurchten* die Wege. 戦車が道に轍(ｦﾀﾞﾁ)の跡を残した.

zer'furcht 過分 形 (道路が)轍(ﾜﾀﾞﾁ)の跡のたくさんついた; (顔・額などが)皺の寄った, 皺だらけの.

zer'ge·hen* [tsɛrˈge:ən] 圓(s) 溶ける. eine Tablette im Mund ~ lassen 錠剤を口のなかで溶かす. in Wasser ~ 水に溶ける. Das Fleisch *zergeht* auf der Zunge. この肉は舌の上でとろける(ほど柔らかい).

'zer·gen [ˈtsɛrgən] 他 《地方》からかう, (からかって)怒らせる.

zer'glie·dern [tsɛrˈgli:dərn] 他 **1** 解剖(解体)する. einen Leichnam ~ 死体を解剖する. **2** 分析する. j² Verhaltensweise ~ 人²の行動パターンを分析する.

Zer'glie·de·rung 匣 −/−en **1** 解剖. **2** 分析.

zer'grü·beln [tsɛrˈgry:bəln] ❶ 他 《再帰的に》*sich* den Kopf⟨das Hirn⟩ ~ 脳味噌をしぼる(über et⁴ 事⁴のことで). ❷ 再 《sich¹》 詮(ｾﾝ)ない(つまらない)ことをあれこれ考えて無駄に時を過ごす.

zer'ha·cken [tsɛrˈhakən] 他 **1** (斧などで)細かく切る(割る); (野菜・肉などを)きざむ. **2** 《電子工・物理》(電流・光線などを)チョップする, チョッパーにかける.

Zer'ha·cker 男 −s/− 《電子工・物理》チョッパー.

zer'hau·en* [tsɛrˈhauən] *zerhieb*(zerhaute), *zerhauen* 打ち砕く, 粉々に叩き割る.

'Ze·ri·um [ˈtse:riʊm] 匣 −s/ 《古》《化学》=Cer

zer'kau·en [tsɛrˈkauən] 他 噛み砕く.

zer'klei·nern [tsɛrˈklaɪnərn] 他 小さく砕く(割る, 切る), 細かく刻む, 切り刻む.

Zer'klei·ne·rung 囡 −/−en 小さく砕く(割る, 切る)こと, 細かくつぶすこと.

zer'klop·fen [tsɛrˈklɔpfən] 他 (石などを)叩いて砕く.

zer'klüf·tet [tsɛrˈklʏftət] 形 割れ目(亀裂)が入った, 裂け目の多い. ein ~*es* Gesicht 皺の深い顔.

zer'kna·cken [tsɛrˈknakən] ❶ 他 (固いものを)ばきっと割る, ばきっと折る. ❷ 圓(s) ばきっと割れる, ばきっと折れる.

zer'knal·len [tsɛrˈknalən] ❶ 圓(s) (ぱん・どかんと)爆発する, 炸裂する; (ぱちんと)破裂する; (がしゃんと)割れる. ❷ 他 (ぱん・どかんと)爆発させる, 炸裂させる; (ぱちんと)破裂させる; (がしゃんと)割る, 壊す.

zer'knaut·schen [tsɛrˈknaʊtʃən] 他 《話》(衣服などを)しわくちゃにする.

zer'kni·cken [tsɛrˈknɪkən] ❶ 他 (木枝などを)ぽきぽき(ぱきぱき, めりめりと)折る, めちゃくちゃに折る. ❷ 圓(s) (木枝・樹木などが)ぽきぽき(ぱきぱき, めりめり)折れる, めちゃくちゃに折れる.

zer'knir·schen [tsɛrˈknɪrʃən] 他 《古》(zermalmen)(ぎしぎしと音を立てて)押しつぶす.

zer'knirscht 過分 形 深く悔いた, 後悔に打ちひしがれた.

Zer'knirscht·heit 囡 −/ = Zerknirschung

Zer'knir·schung 囡 −/ (深い)悔悟, 悔恨, 悔悛の情, 罪の意識に打ちひしがれていること.

zer'knit·tern [tsɛrˈknɪtərn] 他 (衣類や紙などを)しわくちゃにする, くしゃくしゃにする. ↑zerknittert

zer'knit·tert 過分 形 **1** しわくちゃになった, 打ちひしがれた. **2** 《話》意気消沈した, 打ちひしがれた.

zer'knül·len [tsɛrˈknʏlən] 他 (紙などを)くしゃくちゃに丸める.

zer'ko·chen [tsɛrˈkɔxən] ❶ 圓(s) (肉・野菜などが)煮くずれる, くたくた(どろどろ)になる. ❷ 他 (くたくた・どろどろに)煮くずれさす.

zer'kra·chen [tsɛrˈkraxən] 《話》❶ 圓(s) (がしゃん・ばりり・めりめりと音をたてて)壊れる, 割れる. ❷ 他 (がしゃん・ばりり・めりめりと音を立てて)壊す, 割る.

zer'krat·zen [tsɛrˈkratsən] 他 **1** (家具などに)引っ掻き傷をつける. einen Schrank ~ 棚に引っ掻き傷をこしらえる. j³ das Auto ~ (故意に)人³の車に引っ掻き傷をつける. **2** (皮膚などに)引っ掻き傷を負わせる. Dornen haben seine Beine *zerkratzt*. 茨(ｲﾊﾞﾗ)で脚が引っ掻き傷を負わせる. j³ die Haut ~ 人³の肌を引っ掻いて傷を負わせる. 《再帰的に》*sich³* an den Dornen die Hand ~ 茨で手に引っ掻き傷をこしらえる.

zer'krü·meln [tsɛrˈkry:məln] ❶ 他 (パンなどを指で)細かく砕く. ❷ 圓(s) (パンなどが)細かく砕ける.

zer'las·sen* [tsɛrˈlasən] 他 《料理》(バター・ヘットなどを)溶かす.

zer'lau·fen* [tsɛrˈlaʊfən] 圓(s) (バター・ヘットなど

が)溶ける. Fett ~ lassen ヘットを溶かす.

zer·leg·bar [tsɛrˈleːkbaːr] 形 分解できる, 分解可能な; (家具などが)組立て式の.

zer·le·gen [tsɛrˈleːgən] 他 **1** (機械・家具などを)分解する. **2** (家畜を)解体する; (肉を)切り分ける. **3** 〖文法〗(文章をなどを)分析する.

Zer·le·gung 女 -/-en **1** 分解; 解体; 分析. **2** 〖経済〗(税収入の郡や市町村への)分配.

zer·le·sen* [tsɛrˈleːzən] 他 (書物などを)何度も読み返してはぼろぼろにする, 読み古す.

zer·lö·chern [tsɛrˈlœçərn] 他 (物⁴を)穴だらけにする. 《過去分詞で》Meine Strümpfe *sind zerlöchert*. 私の靴下は穴だらけだ.

zer·lumpt [tsɛrˈlʊmpt] 形 **1** (衣類が)ぼろぼろの. **2** ぼろを着た, ぼろをまとった. ◆↑ Lumpen

zer·mah·len* [tsɛrˈmaːlən] 他 (物⁴を挽(ひ)いて砕く, 挽いて粉にする (白褐(は⁷⁰)で)かみ砕く.

zer·mal·men [tsɛrˈmalmən] 他 (物⁴〈人⁴を強い力で)押し(圧し)つぶす, 粉砕する.

zer·mar·tern [tsɛrˈmartərn] 他 **1** 〖雅〗(たえがたい苦しみや痛みで)責め苛(さい)む. **2** (頭を甲斐なく)悩ます. Er *zermarterte* sein Gehirn, um eine passende Ausrede zu finden. 彼はうまい言いわけを見つけようとさんざん脳味噌をしぼった. (しばしば次の形で) sich³ den Kopf〈das Hirn〉~ 〖話〗さんざん頭を悩ませる, ひどく思い悩む.

zer·mür·ben [tsɛrˈmʏrbən] 他 **1** (まれ)(物⁴をぼろぼろにする, もろくする. 《過去分詞で》*zermürbtes* Leder もろくなった皮革. **2** (人⁴を)疲れ果てさせる, 疲労困憊させる; 消耗(憔悴)させる. Sorgen *zermürbten* ihn. 心配のあまり彼は憔悴し切った. 《目的語なしで》Die Zwischenspurts *zermürben*. レース途中にスパートをかけると消耗する. ein vom Leid *zermürbter* Mensch 心痛のために疲れ切った人.

Zer·mür·bung 女 -/-en 疲れ果てること; 疲れ果てさせること.

zer·na·gen [tsɛrˈnaːgən] 他 (ねずみなどが)噛み破る, かじって壊す; 〈比喩〉(酸や錆(さ)が)腐食する.

zer·nich·ten [tsɛrˈnɪçtən] 他 〖雅〗〖古〗=vernichten

zer·nie·ren [tsɛrˈniːrən] 他 (*fr.* cerner) 〖古〗(要塞などを)軍隊で包囲する.

'**Ze·ro** [ˈzeːro] 女 -/-s (中 -s/-s) (*arab.* sifr, leer') **1** (数字の)ゼロ, 零. **2** (ルーレットの)ゼロ. **3** 〖言語〗(Nullmorphem) ゼロ形態素.

'**Ze·ro·form** 女 -/-en 〖言語〗ゼロ形態素.

Ze·ro·plas·tik [ˈtseːroplastɪk] 女 -/-en (*gr.* keros, Wachs'+Plastik) **1** 〖複数なし〗(Wachsbildnerei) 蠟細工, 蠟を用いた造形. **2** 蠟細工(の品).

zer·pflü·cken [tsɛrˈpflʏkən] 他 **1** (花びらなどをしり取る, むしり取ってばらばらにする. **2** 〈比喩〉(人の作品・話などに)いちゃもんをつける, 完膚無きまでにたたく.

zer·plat·zen [tsɛrˈplatsən] 自 (s) (風船・電球などが)破裂する, 割れる, はじける; (爆弾・ロケットなどが)爆発する, 炸裂する. vor Wut〈Zorn〉~ 〈比喩〉怒りを爆発させる. vor Lachen ~ 〈比喩〉わっと笑い出すほどじけるように笑う.

zer·quet·schen [tsɛrˈkvɛtʃən] 他 (ぎゅっと)押しつぶす. Tomaten ~ トマトを押しつぶす. 《過去分詞で》Der Anzug kostet 500 Euro und ein paar Zerquetschte. 〖話〗そのスーツは 500 ユーロとあと少々だ.

Zerr·bild [ˈtsɛrbɪlt] 中 -[e]s/-er (↑zerren) **1** (Karikatur) 戯画, 風刺画, カリカチュア. **2** (故意に)歪められた像, 歪曲された描写.

zer·re·den [tsɛrˈreːdən] 他 (事について)うんざりするほど論じる, あまりにもくどくど語る.

zer·rei·ben* [tsɛrˈraɪbən] 他 **1** (穀粒などをすりつぶす, すり砕く. **2** 〈比喩〉(軍隊などを)殲滅する. ❷ 再 (sich) (すっかり)消耗する, 心身をすり減らす.

zer·reiß·bar [tsɛrˈraɪsbaːr] 形 引き裂くことのできる; 裂けやすい, 破れやすい.

zer·rei·ßen [tsɛrˈraɪsən] ツェアライセン ❶ 他 **1** (a) (紙・布などを)引き裂く, 引きちぎる, ずたずたに破る. ein Foto ~ 写真を引き裂く. eine Kette ~ 鎖をちぎちぎる. Der Löwe *zerriss* seine Beute mit den Zähnen. ライオンは獲物を歯でずたずたに引き裂いた. einen Brief in Stücke ~ 手紙を細かく引きちぎる. (b) (衣類などに)かぎ裂きを作る, 穴をこしらえる. Sie hat [sich³] an Dornen ihr Kleid *zerrissen*. 彼女は茨(いば)でドレスにかぎ裂きを作ってしまった. sich³ den Strumpf ~ (引っ掻いて)ストッキングに穴をこしらえる. **2** 〈比喩〉(闇・静けさなどを)引き裂く, 破る; (心などを)引き裂く. Der Anblick *zerriss* mir das Herz. それを見て私は胸を引き裂かれる思いがした. Ein Blitz hat die Finsternis *zerrissen*. 稲妻が闇を引き裂いた. sich³ über j〈et〉⁴ das Maul〈den Mund〉~ 〖話〗人〈事〉⁴をさんざんにこき下ろす. Ich könnte ihn doch ~. 〖話〗あいつを八つ裂きにしてやりたい. Es hat mich fast *zerrissen*, als ich das erfuhr. 〖話〗私はそれを知って腹の皮がよじれるほど大笑いした.

❷ 再 (しばしば *sich* [am liebsten] ~ ! 〖話〗(忙しくて手に余るとなどに)からだがふたつあればなあ. sich³ für j〈et〉⁴ ~ 〖話〗人〈事〉⁴のために身を粉(こ)にする, 粉骨砕身の努力をする.

❸ 自 (s) 裂ける, ちぎれる, 切れる, ずたずたになる; (衣類などが)破れる, 穴があく. Das Band der Freundschaft ist nun *zerrissen*. 〈比喩〉友情の絆は切れてしまった. Der Stoff *zerreißt* leicht. その生地は裂けやすい. Der Nebel *zerreißt* 霧がさっと晴れる.

◆ ↑ zerrissen

zer·reiß·fest 形 裂けにくい, 破れにくい, 切れにくい; 〖工学〗抗張力のある.

Zer·reiß·fes·tig·keit 女 -/ 〖工学〗抗張力, 引張り強さ.

Zer·reiß·pro·be 女 -/-n 〖工学〗引張り強さ試験. **2** 〈比喩〉(友情の強さや神経の太さなどが問われる)重大な試練.

Zer·rei·ßung 女 -/-en **1** 引き裂く(裂ける)こと. **2** 〖医学〗(Ruptur) (器官の)断裂, 破裂.

Zer·reiß·ver·such 男 -[e]s/-e 〖工学〗(Zerreißprobe) 引張り強さ試験.

*'**zer·ren** [ˈtsɛrən] ツェレン ❶ 他 (人〈物⁴を)無理矢理引張る, ぐいぐい引く; (...へ)引きずり込む (出す). einen Handwagen hinter sich³ her ~ リヤカーを引きずっていく. j⁴ an den Haaren ~ 人⁴の髪の毛を引張る. (方向を示す語句を伴って) j⁴ auf die Straße ~ 人⁴を通りに引きずり出す. j⁴ aus dem Bett ~ 人⁴をベッドから引き起こす. j⁴ in ein Auto ~ 人⁴を車の中へ引きずり込む. j⁴ in den Schmutz ~ 〈比喩〉人⁴を誹謗する, 中傷する, けなす. j⁴ vor Gericht ~ 〈比喩〉人⁴を法廷に引き出す.

❷ 再 (sich³) (腱や筋などを)のばす, 違える. *sich* bei dem Sturz eine Sehne ~ 転倒して筋を違える.

❸ 自 (an j〈et〉³) 人〈物⁴)を無理矢理引張る, ぐいぐい

引く。 Der Hund zerrt an der Leine. 犬が引き綱を くいくい引っ張る。 Der starke Wind zerrte an den Vorhängen. 強風にカーテンは引きちぎられんばかりだった。 Das Geräusch zerrt an meinen Nerven. 《比喩》その物音が私の神経をいらいらさせる。

zer'rin·nen* [tsεrˈrɪnən] 圁 (s) 1《雅》(雪・氷などが)ゆっくり溶ける, 溶けてなくなる; 消えてなくなる. Der Schnee zerrinnt an der Sonne. 雪が日の光で溶けていく. 2《比喩》(夢・希望などが)泡沫(ほうまつ)のように消える, 水泡に帰する, ついえ去る;(いつのまにか)過ぎる, なくなる. Seine Pläne sind [in nichts] zerronnen. 彼の計画は水泡に帰した. Unmerklich zerrannen die Jahre. 知らず知らずのうちに月日が過ぎ去った. Das Geld ist ihm unter〈zwischen〉den Händen zerronnen. その金は彼の指の間からこぼれ落ちるようになくなってしまった. Wie gewonnen, so zerronnen. 《戯》悪銭身につかず.

zer'ris·sen [tsεrˈrɪsən] 過分形 (↑zerreißen) 1 引き裂かれた, ちぎれた, ずたずたの, ぼろぼろの. 2《比喩》心の乱れた, 支離滅裂な; 四分五裂した. Er ist [innerlich] zerrissen. (決心がつかなくて)彼は心が千々に乱れている. einen 〜en Eindruck machen 支離滅裂な印象を与える.

Zer'ris·sen·heit 囡 -/ 引き裂かれていること; 心が千々に乱れていること, 支離滅裂なこと.

'Zer·rung [ˈtsεrʊŋ] 囡 -/-en 1《病理》(腱・筋肉・靭帯などの)過度伸展. 2《地質》(強度の張力・圧力を受けた岩石に生じる)曳力(えいりょく).

zer'rup·fen [tsεrˈrʊpfən] 他 (紙・花びらなどを)細かく引きちぎる, ばらばらにむしり取る.

zer'rüt·ten [tsεrˈrʏtən] 他 1 (肉体・精神を)すっかり損なう, 害する, むしばむ. seinen Geist 〜 精神をむしばむ(錯乱させる). seine Gesundheit 〜 健康を損なう. seine Nerven 〜 神経をむしばむ. jn körperlich〈seelisch〉 〜 人を肉体的に〈精神的に〉傷つける. 2 (システム・枠組みなどを)崩壊させる, めちゃくちゃにする. Der dauernde Ärger hat ihre Ehe zerrüttet. たえるいざこざが彼らの結婚生活を破綻させた. die Finanzen des Staates 〜 国家財政を破綻させる. ♦ ↑zerrüttet

zer'rüt·tet 過分形 (精神・神経などが)錯乱した, ずたずたになった;(制度・枠組みなどが)破綻した, 崩壊した, めちゃくちゃな.

Zer'rüt·tung 囡 -/-en (肉体的・精神的な)破綻;(制度・枠組みなどの)混乱, 崩壊.

zer'sä·gen [tsεrˈzε:gən] 他 (木材・木枝などを)鋸(のこぎり)で細かくひく, 鋸でひいて小さく切り分ける.

zer'schel·len [tsεrˈʃεlən] 圁 (s) (an et³ 物¹に衝突して)粉々に砕ける. Das Flugzeug ist an einem Berggipfel zerschellt. 飛行機は山の頂に激突してこっぱみじんになった. Sein Wunsch ist zerschellt. 《比喩》彼の望みは潰(つい)えさった.

zer'scher·ben [tsεrˈʃεrbən] 圁 (s) 《雅》粉々に砕ける, 粉々になる.

zer'schie·ßen* [tsεrˈʃiːsən] 他 (銃撃・砲撃で)撃ち砕く, 粉砕する; 穴だらけにする.

*****zer'schla·gen** [tsεrˈʃlaːɡən] ツェアシュラーゲン ❶ 他 1 (粉々に)打ち砕く, 壊す. eine Fensterscheibe〈einen Teller〉 〜 窓硝子〈皿〉を割る. j³ alle Knochen 〜 人³をさんざんにぶちのめす. [viel] Porzellan 〜 《話》(不用意な言動で)事をぶち壊す. 2《比喩》(計画・希望などを)ぶち壊す, だめにする,(敵などを)粉砕する, 壊滅させる, たたきのめす;(国家・組織などを)細かく分割する, 解体する. ❷ (sich⁴)(計画・希望などが)ぶち壊しになる, だめになる. Die Verhandlungen haben sich zerschlagen. 交渉は水泡に帰した.

zer'schla·gen*² 過分形 (↑zerschlagen¹) 1 打ち砕かれた, 粉々になった. 2《比喩》打ちひしがれた; くたくたに疲れた. Ich fühle mich an allen Gliedern wie 〜. 私は全身くたくたである.

Zer'schla·gen·heit 囡 -/ 疲労困憊(こんぱい).

Zer'schla·gung 囡 -/ 打ち砕かれること;(敵などを)粉砕すること, 壊滅させること, 殲滅(せんめつ).

zer'schlei·ßen* [tsεrˈʃlaɪsən] ❶ 圁 (s) (衣服・靴などが)すり切れる, すり減る, 摩耗(まもう)する. ein zerschlissenes Sofa すり切れたソファー. zerschlissene Nerven 《比喩》すり減った神経. ❷ 他 《まれ》すり切らす, すり減らす, 摩耗させる.

zer'schmel·zen* [tsεrˈʃmεltsən] ❶ 圁 (s) (完全に)溶ける, 溶解する. ❷ 他 (完全に)溶かす.

zer'schmet·tern [tsεrˈʃmεtərn] 他 1 めちゃくちゃに壊す, こっぱみじんにする, 粉砕する. 《過去分詞で》mit zerschmetterten Gliedern (事故などで)身体がぐしゃぐしゃになって. 2《比喩》(ある人を)打ちのめす;(敵などを)たたきのめす, 壊滅させる.

zer'schnei·den* [tsεrˈʃnaɪdən] 他 1 (ふたつに)断つ;(細かく)切り刻む. das Fleisch 〜 肉を切る. das Tischtuch zwischen sich³ und j³ 〜 《比喩》人³と絶交する, 義絶(絶縁)する. 2 (人³の物⁴を切る,(に)切り傷をつける. Ein Stück Glas zerschnitt ihm die Hand. ガラスのかけらで彼は手を切った. sich³ beim Rasieren das Gesicht 〜 ひげ剃りで顔に傷をつくる. j³ das Herz 〜 《比喩》人³に断腸の思いをさせる.

zer'schram·men [tsεrˈʃramən] ❶ 他 (物⁴を)引っ掻き傷だらけにする,(に)掻き傷をつくってだいなしにする. ❷ (sich⁴) sich den Arm 〜 腕に掻き傷をつくる, 掻き傷を負う.

zer'schun·den [tsεrˈʃʊndən] 過分形 (↑schinden) す り傷だらけの.

zer'set·zen [tsεrˈzεtsən] ❶ 他 1 (物⁴を)分解する, 解体する; 腐食する. Die Säure zersetzt Metalle. 酸が金属を腐食する. 2《比喩》(社会秩序・道徳に)破壊的な影響を及ぼす, 退廃させる(国家などが);(土台から)崩壊させる. ❷ 他 (sich⁴) 分解する, 解体する; 腐敗する.

Zer'set·zung 囡 -/-en 分解(腐食)すること(されること);(社会秩序・道徳などの)退廃, 崩壊.

Zer'set·zungs·pro·dukt 匣 -[e]s/-e 《化学》分解生成物.

Zer'set·zungs·pro·zess 團 -es/-e 分解過程, 崩壊のプロセス.

Zer'set·zungs·span·nung 囡 -/-en 《電気化》分解電圧.

zer'sie·deln [tsεrˈziːdəln] 他 (ある土地を)乱開発する.

Zer'sie·de·lung 囡 -/-en (無計画な宅地造成による)環境破壊, 乱開発.

Zer'sied·lung [..dlʊŋ] 囡 -/-en =Zersiedelung

zer'sin·gen* [tsεrˈzɪŋən] 他 1 (ある歌を歌いつぐうちに元の歌とは違うメロディーや歌詞に歌い変えてしまう. 2 (ガラスなどを一定の振動数の音によって)破砕する.

zer'spal·ten [tsεrˈʃpaltən] 他 (物⁴を)細かく割る, ばらばらに裂く.

zer'split·tern [tsεrˈʃplɪtərn] ❶ 他 1 (物⁴を)粉々に割る, こっぱみじんに砕く, ずたずたに裂く. 2《比喩》(精力・時間などを)分散して浪費する, いろいろなことに費

やす; 分散させる, 分割させる. 《過去分詞》 zersplitterte Stimmen 分散票. ❷ 再 《sich⁴》 **1** 粉々に割れる, こっぱみじんに砕ける, ずたずたになる. **2** 《比喩》あれこれに手を出して破綻をきたす, いろんな事に手を出しすぎてどれも中途半端になる. ❸ 自 (s) 粉々になる, こっぱみじんに砕ける, ずたずたになる; 分散する, 分裂する.

Zer'split·te·rung 女 -/-en 粉々になること, 粉砕すること; 分散, 分裂, 細分化.

zer'spren·gen [tsɛr'ʃprɛŋən] 他 **1** 爆発する, 破裂させる;(爆破によって)打ち破る, 吹き飛ばす. **2** (雛(ひな)が)卵の殻を)つっついて割る. **3** (群衆・敵軍などを)追散らす, 潰走させる; (蒐集(しゅう)品などを)四散させる.

zer'sprin·gen* [tsɛr'ʃprɪŋən] 自 (s) **1** (ガラス・陶器などが)砕け飛ぶ, 粉々になる. Ein Teller fiel zu Boden und zersprang. お皿が床に落ちて砕け散った. in Stücke ~ 粉々に砕ける, 割れて粉々になる. **2** 《雅》(弦などが)ぷつんと切れる. **3** 《比喩》(胸が)張り裂けそうになる, (頭が)割れそうである. Das Herz wollte ihr zerspringt das Herz vor Freude. 彼女は喜びのあまり胸が張り裂けそうだ. Vor Schmerzen zerspringt mir der Kopf. 頭痛で私は頭が割れそうだ.

zer'stamp·fen [tsɛr'ʃtampfən] 他 **1** (馬などが脚で)踏みつぶす, 踏みにじる. **2** (香辛料・じゃがいもなどを)突き砕く, つぶす.

zer'stäu·ben [tsɛr'ʃtɔybən] 他 (液体・粉末などを)飛散させる; 噴霧する, スプレーする.

Zer'stäu·ber [tsɛr'ʃtɔybər] 男 -s/- 霧吹き, 噴霧器, スプレー.

Zer'stäu·bung 女 -/-en (液体・粉末などを)飛散させること; 噴霧, スプレー.

zer'ste·chen* [tsɛr'ʃtɛçən] 他 **1** (人や物⁴を)刺して傷つける. **2** (蚊などが)ところ構わず刺す, めちゃくちゃに刺す.

zer'stie·ben(*) [tsɛr'ʃti:bən] 自 (s) **1** (水飛沫(ぶ)・火の粉などが)飛散する, 飛散する. **2** 《比喩》(a) (夢想などが)ふいに掻き消える, 霧散する. (b) (群衆などが)散り散りになる, 四散する.

zer'stör·bar [tsɛr'ʃtø:rba:r] 形 破壊できる.

*zer'stö·ren [tsɛr'ʃtø:rən ツェアシュテーレン] 他 破壊する, 壊す; (自然・国土などを)荒廃させる, 滅ぼす; (人生・夢などを)だいなしにする, 壊す. ein Gebäude ~ 建物を壊す. Der Alkohol hat seine Gesundheit völlig zerstört. 酒が彼の健康をめちゃくちゃにした. j² Glück ~ 人²の幸福をぶち壊す.

Zer'stö·rer [tsɛr'ʃtø:rər] 男 -s/- **1** 破壊するもの, 破壊者. **2** 《軍事》(a) 駆逐艦. (b) (第2次世界大戦時の)重戦闘機.

zer'stö·re·risch [..rərɪʃ] 形 破壊的な.

*Zer'stö·rung [tsɛr'ʃtø:rʊŋ ツェアシュテールング] 女 -/-en **1** 破壊. **2** (ふつう複数で)(破壊によって生じた)被害, 損害.

zer'stö·rungs·frei 形 《工学》非破壊の. ~e Untersuchungen 非破壊検査.

Zer'stö·rungs·kraft 女 -/=e 破壊力, 破壊エネルギー.

Zer'stö·rungs·lust 女 -/ 破壊欲.

Zer'stö·rungs·trieb 男 -[e]s/ (病的な)破壊衝動.

Zer'stö·rungs·werk 中 -[e]s/ 破壊活動, 破壊工作; (自然の力などの)破壊作用.

Zer'stö·rungs·wut 女 -/ (強烈な・病的な)破壊欲, 破壊衝動.

zer'sto·ßen [tsɛr'ʃto:sən] 他 (乳棒・すりこぎなどで)つき砕く, つき潰す, 粉砕する. Kräuter in einem Mörser ~ 薬草を乳鉢(にゅう)の中で突きつぶす.

Zer'strah·lung [tsɛr'ʃtra:lʊŋ] 女 -/《物理》(電子と陽電子, 粒子と反粒子などがぶつかって同時に消滅する)対消滅. (その時にγ線などを放出する)消滅放射.

zer'strei·ten* [tsɛr'ʃtraɪtən] 再 《sich⁴》喧嘩別れする, 仲違いする.

zer'streu·en [tsɛr'ʃtrɔyən] ❶ 他 **1** (a) 撒き散らす, 分散させる. Der Wind zerstreut die Blätter. 風が木の葉を吹き散らす. das Licht ~ 《光学》光を発散させる. (b) (群衆などを)追散らす, 四散させる. (c) (不安・疑念などを)吹飛ばす. **2** (人⁴の)気を紛らす, 気晴らしをさせる, 気分転換をさせる. Er versuchte, den Kranken durch Scherze zu ~. 彼は冗談を言って病人の気をまぎらそうとした.
❷ 再 《sich⁴》 **1** 散り散りになる, 四散する; (不安・疑念などが)解消する, 霧散する. Die Zuschauer zerstreuten sich in den Straßen. 見物人は通りに散っていった. Alle Bedenken zerstreuten sich. すべての懸念が解消した. **2** 気晴らしをする, 気分転換をする. sich beim Fernsehen〈im Kino〉 ~ テレビを見て〈映画に行って〉気晴らしをする.

♦ ↑ zerstreut

*zer'streut [tsɛr'ʃtrɔyt ツェアシュトロイト] 過分 形 **1** 撒き散らされた, 散り散りになった, 四散した. ~es Licht 《光学》発散光. ~ liegen 散在している. **2** (注意)散漫な, 気の散った, 放心した, ぼんやりした. ein ~er Fußgänger 不注意な歩行者. ein ~er Professor (戯)ぼんやり者. ～ zuhören うわの空で聞く.

Zer'streut·heit 女 -/ 注意散漫, ぼんやりしていること.

*Zer'streu·ung [tsɛr'ʃtrɔyʊŋ シェアシュトロイウング] 女 -/-en **1** 《複数なし》(a) (光の)発散. (b) (群衆などを)追散らすこと. (c) (不安・疑念などを)吹飛ばすこと, 解消(払拭)すること. **2** 《複数なし》注意散漫, 気が散っていること, ぼんやりしていること. **3** 気晴らし, 気分転換; 娯楽, 暇つぶし.

Zer'streu·ungs·lin·se 女 -/-n 《光学》(↔ Sammellinse) 凹レンズ, 発散レンズ.

zer'stü·ckeln [tsɛr'ʃtykəln] 他 細かく切る(分ける), 切り刻む; (土地などを)小さく分割する.

Zer'stü·cke·lung 女 -/-en 細切れにすること, 切り刻むこと; 分割, 細分化.

Zer'stück·lung 女 -/-en = Zerstückelung

zer'tei·len [tsɛr'taɪlən] ❶ 他 切分ける, 分割する. das Steak ~ ステーキを切分ける. Das Schiff zerteilte die Wellen. 船は波を切って進んだ. ❷ 再 《sich⁴》分かれる; (雲や霧などが)散り散りになる, 晴れる. Der Baum zerteilt sich in viele Zweige. その木はたくさんの枝に枝分かれしている. Der Nebel hat sich zerteilt. 霧が晴れた. Ich könnte mich ~!《話》私は身体がいくつあっても足りない.

Zer'tei·lung 女 -/-en 分割すること, 分割されること.

Zer·ti·fi'kat [tsɛrtifi'ka:t] 中 -[e]s/-e (lat.) **1** (古)(官庁などが発行する)証明書. **2** (Diplom) 修了証書. ein ~ ausstellen 修了証書を発行する. **3** 《経済》投資証券.

zer·ti·fi'zie·ren [tsɛrtifi'tsi:rən] 他 (事⁴についての)証明書を発行する, 証明する.

zer'tram·peln [tsɛr'trampəln] 他 (物⁴を)踏みつぶす, 踏み荒らす; 《比喩》踏みにじる, 踏みつけにする.

zer'tren·nen [tsɛr'trɛnən] 他 (縫い目を)ほどく.

zer'tre·ten* [tsɛr'tre:tən] 他 **1** (物⁴を)踏みつける, 踏みにじる; (虫などを)踏み潰す. Blumen ~ 花を踏み

にじる. das Feuer ～ 火を踏んで消す. **2**(靴を)履きつぶす.

zer'trüm·mern [tsɛrˈtrymərn] 働 **1** 粉々に打ち砕く, 粉砕する. einen Spiegel ～ 鏡を粉々にする. j⁴ seelisch ～《比喩》人⁴を精神的に打ち砕く. **2**(原子核を)分裂させる;《医学》(結石などを)破砕する.

Zer'trüm·me·rung 囡 -/-en 粉々に打ち砕くこと(打ち砕かれること), 粉砕.

Zer·ve'lat·wurst [tsɛrvəˈlaːt.., zɛr..] 囡 -/⁻e (it. cervellata , Hirnwurst') (Servelatwurst) セルベラートソーセージ(牛肉と豚肉を使った保存のきくハードソーセージの一種).

Zer'vi·ces [tsɛrˈviːtseː] Zervix の複数.

zer·vi'kal [tsɛrviˈkaːl] 厖《解剖》頸部の; 子宮頸部の.

'Zer·vix [ˈtsɛrvɪks] 囡 -/Zervices (lat. cervix)《解剖》 **1** (Hals, Nacken) 喉, 頸部. **2** (身体各部の)頸部様の部位(子宮頸部など).

zer'wer·fen* [tsɛrˈvɛrfən] ❶ 他 投げて砕く. ❷ 再 (sich) sich mit j¹ ～ j¹と仲違いする, 不和になる.

zer'wüh·len [tsɛrˈvyːlən] 他 (地面などを)むちゃくちゃに掘り返す, かき乱す, 混ぜっ返す, ごちゃごちゃにする.《過去分詞で》ein zerwühltes Bett シーツがくしゃくしゃになったベッド. zerwühltes Haar くしゃくしゃになった髪.

Zer'würf·nis [tsɛrˈvyrfnɪs] 匣 -ses/-se《雅》不和, 仲違い, 反目, けんか, 衝突.

zer'zau·sen [tsɛrˈtsaʊzən] 他 (髪などを)乱す, くしゃくしゃにする, ぼさぼさにする. Der Wind hat ihr die Haare zerzaust. 風で彼女は髪がくしゃくしゃになった.

zer'zup·fen [tsɛrˈtsʊpfən] 他 (花びらなどを)むしり取ってばらばらにする, ばらばらにむしり取る.

zes·si'bel [tsɛˈsiːbəl] 厖《法制》(債権・請求権を)譲渡できる.

zes·sie·ren [tsɛˈsiːrən] 圓 (lat. cessare)《古》(wegfallen) 中止になる.

Zes·si'on [tsɛsiˈoːn] 囡 -/-en (lat. cessio)《法制》(債権・請求権などの)譲渡.

Zes·sio'nar [tsɛsioˈnaːr] 囲 -s/-e《法制》被譲渡人, 譲受人.

'Ze·ta [ˈtseːta] 匣 -[s]/-s ゼータ(ギリシア語アルファベットの第6字 Z, ζ).

'Ze·ter [ˈtseːtər] 匣 -s/《次の成句で》～ und Mord[io] schreien《話》(それほどでもないことで)大声で叫ぶ, 大げさに騒ぐ. ◆ Zeter は今日ではもう使われていない中高ドイツ語 zet[t]er に由来し語源は不詳. 元来は強盗などに遭ったさいの助けを呼ぶ声であったらしい. ↑Zetermordio, Zetermordio.

'Ze·ter·ge·schrei 匣 -s/《話》(大げさな叫び声, 悲鳴.

ze·ter'mor·dio [tseːtərˈmɔrdio]《次の成句で》～ schreien《話》(それほどでもないことで)大声で叫ぶ, 大げさに騒ぐ. ◆ 元来は「助けて, 人殺し」というほどの意味. ↑Zetermordio.

Ze·ter'mor·dio 匣 -s/《古》(Zetergeschrei) 大げさな叫び声, 大仰な悲鳴. ～ schreien《話》(それほどでもないことで)大声で叫ぶ, 大げさに騒ぐ. ◆ ↑Zeter

'ze·tern [ˈtseːtərn] 圓 (それほどでもないことで)大声で叫ぶ, 大げさに騒ぐ.

*****'Zet·tel** [ˈtsɛtəl] ツェテル] 男 -s/- (lat. schedula , Papierblättchen') 紙切れ, 紙(などでできたいっしい), メモ用紙, 書きつけ; ビラ, ちらし; 伝票, 単票, レシート, レッテル, ステッカー; 索引カード; ～ ankleben verboten! 貼り紙禁止.

～ anschlagen〈verteilen〉 貼り紙をする(ビラを配る). sich³ et¹ auf einen ～ notieren 事¹をメモに書きつける.

'Zet·tel² 匣 -s/-《紡織》(Kette) 経糸(たていと).

'Zet·tel·bank 囡 -/-en《古》(Notenbank) 銀行券発券銀行.

'Zet·tel·kar·tei 囡 -/-en カード式索引.

'Zet·tel·kas·ten 匣 -s/⁻ カードボックス.

'Zet·tel·ka·ta·log 匣 -[e]s/-e カード式索引, カード目録.

'Zet·tel·kram 匣 -[e]s/《話》カードやメモの類.

'zet·teln¹ [ˈtsɛtəln] 他《地方》撒き散らす, ばらまく.

'zet·teln² 圓 匣 **1**《紡織》経糸(たていと)を張る. **2**《地方》(悪事を)企てる, たくらむ; 陰謀をめぐらす.

Zeug [tsɔʏk ツォィク] 匣 -[e]s/-e **1**《複数なし》しばしば集合的に》《話》(a) (さしたる価値のない事物を多く侮蔑的に)それ, やつこと; もの, しろもの. Das ～ stinkt widerlich. そいつはひどい臭いがする. altes ～ (使いさしの)がらくた, ポンコツ. elendes ～ がらくた, くず. Ich bekam ein furchtbares ～ zu essen〈trinken〉. 私はひどいものを食べさせられた〈飲まされた〉. süßes ～ 甘いもの. Weg mit dem ～! そいつをどけろ. (b) (Unsinn) (とくに)馬鹿げたこと, くだらないこと. Was liest du denn da für ein ～? なんてくだらないものを読んでいるんだ. [Das ist] dummes ～! ばかばかしい, くだらない. sinnloses ～ reden〈tun〉 馬鹿を言う〈する〉. (c)《侮》連中, やから, 手合い. Säufer, Gauner und solches ～ 飲んだくれやならず者やそのお仲間たち. krabbelndes ～《ぞろぞろはいまわる》虫けらども.

2《複数なし》(a)《古》(種々の)原料; 材料; (とくに)布地, 生地. Bettstoffen aus feinem ～ 上質の生地でできた敷布. (b) 衣服, 衣料品; (とくに)下着(シーツ)類. dickes ～ 厚手の服. sich³ ein neues Stück ～ kaufen 新しい衣服を買う. j¹ et² am ～ [e] flicken《話》人³の事¹にけちをつける(なんだかんだと難癖をつける). sein ～ in Ordnung halten きちんとした身なりをする.

3 (a)《古》《今日でも多く複合語で》道具, 用具. Fahrzeug 乗り物. Spielzeug おもちゃ. Werkzeug 工具. (b)《比喩》素質, 才能. Er hat〈besitzt〉 das ～ zu einem guten Arzt. / In ihm steckt das ～ zu einem guten Arzt. 彼には良い医者になる素質がある. (c)《古》(Geschirr) (馬などの)引き具, 馬具.《今日でも次のような成句で》was das ～ hält《話》精一杯, 力の限り.《scharf/mächtig/tüchtig》 ins ～ gehen《話》骨を折る, 力を尽くす《für j〈et〉¹ 人〈事〉⁴ のために》; 厳しい態度〈措置〉を取る《mit j〈et〉¹ 人〈事〉³ に》. sich⁴ für j〈et〉¹ [mächtig/tüchtig] ins ～ legen《話》人〈事〉⁴ のために精一杯努力する, 尽力する; (に)肩入れする. (d)《海事》(Takelage) 索具装置, リギング(帆柱・帆桁・索具類など帆走のために必要な全装備). (e)《猟事》(追い回し獲物を使う)張り綱, おどし布. (f)《印刷》用済み活字;(鋳造用の)活字合金. (g)《醸造》(Bierhefe) ビール酵母. (h)《古》《軍事》火砲, 火器.

'Zeug·amt 匣 -[e]s/⁻er《軍事》(昔の)兵器廠(しょう), 兵器局.

'Zeug·druck 匣 -[e]s/ **1**《複数なし》(布地の)捺染(なつせん), プリント. **2** プリント地.

*****'Zeu·ge** [ˈtsɔʏɡə ツォィゲ] 男 -n/-n (現場に)居合せた人, 目撃者, 証言者; (結婚式などの)立会人;《法制》証人. ein falscher ～ 偽証者. ein klassischer ～ 第1級の証人. Ich war ～ des Unfalls〈bei dem Unfall〉. 私はその事故の現場に居合せた. Diese Ge-

Ziege

bäude sind ~n ferner Vergangenheit.《比喩》これらの建物は遠い過去の証人である． Ein ~, kein ~.《諺》ひとりだけの証人では証人にならない． einen ~ beibringen〈stellen〉証人を立てる． mit j³ ohne ~ sprechen j³とふたりだけで話す． vor ~n 証人を立てて，立会人同席のもとで． Das Testament wurde vor ~n eröffnet. 遺書は立会人のいる前で開封された． ◆女性形 Zeugin 囡 -/-nen

*'**zeu·gen**¹ ['tsɔʏɡən ツォィゲン] 他 **1**（男が）（子供を）つくる，こしらえる，もうける（mit j³ j³との間に）． Er hat mit seiner Frau drei Kinder *gezeugt*. 彼は妻との間に3人の子をなした． **2**《雅》(verursachen)（事を）生む，招く，引起す． Das *zeugt* nur Unheil. それは災いを招くだけだ． ◆↑Zeug

'**zeu·gen**² ['tsɔʏɡən] 自 **1**《法制》証言する，証言に立つ． für〈gegen〉j⁴ ~ j⁴に有利な〈不利な〉証言をする． vor Gericht ~ 証人として法廷に出る，法廷で証言する． **2**(von et³ 事³を)証する，はっきりと示す． Seine Arbeit *zeugt* von großem Fleiß. 彼の仕事は大いなる勤勉を証明している． Ihre Miene *zeugt* nicht gerade von Begeisterung. 彼女の表情からは格別感激している様子はうかがえない． ◆↑Zeuge

'**Zeu·gen·aus·sa·ge** 囡 -/-n《法制》証人の供述．

'**Zeu·gen·bank** 囡 -/¨e《複まれ》(法廷の)証人席．

'**Zeu·gen·be·ein·flus·sung** 囡 -/-en《複まれ》（有利な証言を得るための）証人への働きかけ．

'**Zeu·gen·schaft** 囡 -/-en **1**《複なし》証人に立つこと，証言すること． **2**《複まれ》(すべての)証人．

'**Zeu·gen·stand** 男 -[e]s/ 証言台．

'**Zeu·gen·ver·neh·mung** 囡 -/-en 証人尋問．

'**Zeug·haus** 中 -es/¨er《軍事》（昔の）兵器庫．

'**Zeu·gin** ['tsɔʏɡɪn] 囡 -/-nen《Zeuge の女性形》（女の）目撃者，証人．

*'**Zeug·nis** ['tsɔʏknɪs ツォィクニス] 中 -ses/-se **1** 証明書，（学校などが発行する）成績証明書，修了証書，（雇用者が発行する）勤務歴証明書，就業証明書． ein glänzendes〈mäßiges〉 ~ すばらしい〈たいしたことのない〉成績表． das ~ der Reife《古》（フェムナージウムの）卒業証明書 = Abiturzeugnis）． j³ ein ~ ausstellen 人に証明書を発行する． Ich kann ihm nur das beste ~ ausstellen.《比喩》彼には非の打ちどころがありません． Heute gibt es *Zeugnisse*. 今日は成績表をもらう日だ． ein ~ vorlegen 証明書を提示する． gute Noten im〈地方 auf dem〉 ~ haben 成績が良い． **2**（専門家的)鑑定書，所見． ein ärztliches ~ 健康診断書． **3**《雅》《古》（法廷での）証言． falsches ~ 偽証． ~ für〈gegen〉j⁴ ablegen 人⁴に有利な〈不利な〉証言をする． **4**(a)《雅》証拠(⁴³)，しるし． Sein Schweigen ist ein ~ schlechten Gewissens. 彼の沈黙は良心のやましさの証だ． ein ~ der antiken Baukunst 古代建築であることの証拠．

'**Zeug·nis·pflicht** 囡 -/《法制》証言義務．

'**Zeug·nis·ver·wei·ge·rung** 囡 -/-en《法制》証言拒否．

'**Zeug·nis·ver·wei·ge·rungs·recht** 中 -[e]s/《法制》証言拒否権．

Zeugs [tsɔʏks] 中 -/《話》(Zeug)（くだらない）もの，しろもの，がらくた．

'**Zeu·gung** ['tsɔʏɡʊŋ] 囡 -/-en（とくに男性が）子をつくること，生殖．《比喩》生み出すこと．

'**Zeu·gungs·akt** 男 -[e]s/-e (Geschlechtsakt) 生殖行為，性交．

'**zeu·gungs·fä·hig** 形（↔ zeugungsunfähig）生殖能力の．

'**Zeu·gungs·fä·hig·keit** 囡 -/ 生殖能力．

'**Zeu·gungs·glied** 中 -[e]s/-er (Penis) 男性器，陰茎．

'**Zeu·gungs·kraft** 囡 -/ 生殖能力．

'**zeu·gungs·un·fä·hig** 形（↔ zeugungsfähig）生殖不能の．

'**Zeu·gungs·un·fä·hig·keit** 囡 -/ 生殖不能．

Zeus [tsɔʏs]《人名》《ギ神話》ゼウス． ◆ギリシア神話の最高神でオリンポスの神々の支配者． クロノス Kronos とレア Rhea の息子． ローマ神話のジュピター Jupiter にあたる．

z. H., z. Hd., z. Hnd.《略》=zu Händen, zuhanden（手紙の上書きで）…様宛，…様護． Baumann GmbH, ~ [von] Herrn Gottfried Götz /《まれ》Baumann GmbH, ~ des Herrn Gottfried Götz バウマン有限会社気付ゴットフリート・ゲッツ様宛．

'**Zi·bet** ['tsiːbɛt] 男 -s/《arab. zabad, Schaum》《化学》ジベット． ◆じゃこうねこの会陰部にある臭腺から採取される芳香剤． じゃこうじかの雄の生殖腺嚢からとられる麝香(ジャ)Moschus とは別のもの．

'**Zi·bet·kat·ze** 囡 -/-n《動物》(Zivette) じゃこうねこ．

Zi·bo·ri·um [tsiˈboːriʊm] 中 -s/..rien[..riən] 《gr. kiborion, Trinkbecher'》 **1**《カト》チボリウム，聖体容器． **2**《建築》キボリウム，祭壇の天蓋(テン)．

Zi·cho·rie [tsiˈçoːriə] 囡 -/-n《gr. kichorion》《植物》(Wegwarte) チコリー，きくにがな．

'**Zi·cke** ['tsɪkə] 囡 -/-n **1** (weibliche Ziege) 雌山羊(ﾁ)． **2**《話》馬鹿女． **3**《複まれ》(Dummheiten) 馬鹿な言動，馬鹿げたこと． ~n machen 馬鹿なことをしでかす，面倒なことをやらかす．

'**Zi·ckel** ['tsɪkəl] 中 -s/-[n] (junge Ziege) 子山羊(ﾁ)．

'**Zi·ckel·chen** ['tsɪkəlçən] 中 -s/《Zickel の縮小形》（かわいい）子山羊．

'**zi·ckeln** ['tsɪkəln] 自（山羊が）子を産む．

'**zi·ckig** ['tsɪkɪç] 形《話》（女性が）むら気な，気分屋で，取り澄ました，つんとした．

'**Zick·lein** ['tsɪklaɪn] 中 -s/《Zicke の縮小形》子山羊(ﾁ)．

zick·zack ['tsɪktsak] 副 ジグザグに， ~ gehen ジグザグに歩く．

'**Zick·zack** 男 -[e]s/-e ジグザグ，稲妻(ｲﾅ)形，電光形， Z字形． im ~ gehen ジグザグに歩く．

'**zick·za·cken** ['tsɪktsakən] 自 (s, h) ジグザグに動く（歩く，走る）．

'**zick·zack·för·mig** 形 ジグザグの，稲妻形の．

'**Zick·zack·kurs** 男 -es/-e ジグザグコース．

'**Zick·zack·li·nie** 囡 -/-n ジグザグの線，ジグザグライン．

..zid [..tsiːt]《接尾》《lat. caedere, töten》名詞などにつけて「…を殺す（もの）」の意の形容詞・名詞をつくる． ..cid とつづることもある． bakter*izid* 殺菌性の． Insekt*izid* 殺虫剤．

'**Zi·der** ['tsiːdər] 男 -s/《fr. cidre》(Apfelwein) りんご酒．

'**Zie·che** ['tsiːçə] 囡 -/-n 《gr. theke, Behältnis'》《南ﾄﾞ·ｵｰｽﾄﾘ》(ベッド・枕などの)カバー．

*'**Zie·ge** ['tsiːɡə ツィーゲ] 囡 -/-n **1** (a)《動物》やぎ(山羊)． (b)《侮》(Zicke) 馬鹿女． **2**《魚》ツィーゲ（バルト海や東欧の湖沼に分布するこい科の魚）．

'Zie·gel ['tsi:gəl ツィーゲル] 男 -s/- 煉瓦(ﾚﾝｶﾞ). ~brennen 煉瓦を焼く. **2** (Dachziegel) 屋根瓦(ﾞ). ein Dach mit ~n decken 屋根を瓦で葺(ﾌ)く.

'Zie·gel·bren·ner 男 -s/- 煉瓦(ﾚﾝｶﾞ)焼き職人; 瓦(ｶﾜﾗ)製造業者.

'Zie·gel·bren·ne·rei [tsi:gəlbrɛnə'rai] 女 -/-en (Ziegelei) 煉瓦工場, 瓦製造工場.

'Zie·gel·dach 中 -[e]s/¨er 煉瓦(ﾚﾝｶﾞ)屋根.

'Zie·ge·lei [tsi:gə'lai] 女 -/-en 煉瓦工場, 瓦製造工場.

'zie·gel·far·ben 形 (ziegelrot) 煉瓦(ﾚﾝｶﾞ)色の.

'zie·geln ['tsi:gəln] 他 《古》煉瓦を焼く.

'zie·gel·ofen 男 -s/¨ 煉瓦(瓦)焼き窯.

'zie·gel·rot 形 煉瓦色の, ブリックレッドの.

'Zie·gel·stein 男 -[e]s/-e (Ziegel) 煉瓦(ﾚﾝｶﾞ).

'Zie·gen·bart ['tsi:gən..] 男 -[e]s/¨e **1** (a) 雄山羊のひげ. (b) (Spitzbart) 先のとがったあごひげ, 山羊ひげ. **2** 《植物》(Korallenpilz) ほうきたけ.

'Zie·gen·bock 男 -[e]s/¨e 雄山羊(ﾔｷﾞ).

'Zie·gen·kä·se 男 -s/- 山羊乳チーズ.

'Zie·gen·le·der 中 -s/- 山羊革, ゴートスキン;(子山羊などの皮革をなめしたキッド.

'Zie·gen·mel·ker [..mɛlkər] 男 -s/- 《鳥》よたか(夜鷹).

'Zie·gen·milch 女 -/ 山羊の乳.

'Zie·gen·pe·ter [..peːtər] 男 -s/ 《話》(Mumps) おたふく風邪, 流行性耳下腺炎.

'Zie·ger ['tsi:gər] 男 -s/- 《南ﾄﾞ・ｽｲｽ》**1** (Kräuterkäse) 薬味(香草)入りチーズ. **2** (Quarkkäse) 凝乳, カード, コッテージチーズ;(Molke) 乳清, ホエー.

'Zie·ger·kä·se 男 -s/- = Zieger 1

'Zieg·ler ['tsi:gər] 男 -s/- (Ziegelbrenner) 煉瓦(ﾚﾝｶﾞ)焼き職人; 瓦(ｶﾜﾗ)製造業者.

zieh [tsi:] zeihen の過去.

'Zieh·brun·nen ['tsi:..] 男 -s/- つるべ井戸.

'zie·he ['tsi:ə] zeihen の接続法 II.

'Zie·he ['tsi:ə] 女 -/-n 《地方》(Pflege)(他人の子供の)養育, 世話.

'Zieh·el·tern ['tsi:..] 複 《地方》(Pflegeeltern) 育ての親, 養父母.

'zie·hen* ['tsi:ən ツィーエン] zog, gezogen ❶
他 **1** (a) 引く, 引張る. Zwei Hunde *ziehen* den Schlitten. 2 頭の犬が橇(ｿﾘ)を牽(ﾋ)っている. einen Läufer ~《ｽﾎﾟｰﾂ》(ハイテンポで好記録という)走者を引張る. Lass dich nicht so ~!(手を引いている子供に向かって)さっさと歩きなさい. 《目的語なしで》Du schiebst, und ich *ziehe*! 君が押して, 僕が引くよ. *Ziehen*!(ドアの掲示で)引く〈『押す』= Drücken!〉.
(j⁴ an et³ ziehen の形で) j⁴ am Ärmel ~ 人⁴の袖を引く. j⁴ an〈bei〉den Haaren ~ 人⁴の髪の毛を引っ張る. ein Kind an der Hand mit sich³ ~ 子供の手を引いて歩く. (b)《方向を示す語句》(...の方へ)引く, 引っ張る; 引寄せる, 引きつける, 引上げる, 引下ろす, 引出す, 引入れる, 引きこむ;(乗り物を...の方向へ)向ける. Sie *zog* das Kind an ihre Brust. 彼女はその子を胸に引寄せた. das Boot an Land ~ ボートを陸に引上げる. den Stuhl an den Tisch ~ 椅子をテーブルに引寄せる. j⁴ an sich⁴ ~ 人⁴を自分の方へ引寄せる. j⁴ auf *seine* Seite ~《比喩》人⁴を味方に引入れる. alle Blicke auf sich⁴ ~《比喩》みんなの注目を集める. j² Unwillen〈Zorn〉auf sich⁴ ~《比喩》人²の不興〈怒り〉を買う. j⁴ ins Auto ~ 人⁴を車の中に引張り込む.

j⁴ in *seinen* Bann ~《比喩》人⁴を魅了する, 自分のとりこにする. et〈j〉⁴ in den Dreck ~《話》事⁴人⁴をくそみそに言う. et⁴ in die Höhe ~ 物⁴を引上げる. et⁴ in die Länge ~ 事⁴を引き延ばす, 長引かせる. et〈j〉⁴ in die Tiefe ~ 物〈人〉⁴を深みに引込む. das Auto nach links〈rechts〉~ 車のハンドルを左〈右〉に切る. das Flugzeug nach oben〈unten〉~ 飛行機の機首を上げる〈下げる〉. et⁴ nach sich³ ~《比喩》(ある結果が)事⁴を生ずる, 結果として引起す. die Gardine vors Fenster ~ 窓にカーテンを引く. j⁴ zu Boden ~ 人⁴を引倒す. j⁴ zu sich³ ~ 人⁴を自分の方へ引寄せる. (c)(et⁴ aus et³ 物³の中から物⁴を抜く, 引出す, 取出す(自動販売機などから)買う;(くじを)引く. die Fäden ~《医学》抜糸する. eine Karte ~ カードを引く. den Kürzeren ~《話》貧乏くじを引く. ein Los ~ くじを引く. das große Los ~《比喩》大当りを当てる, 幸運をつかむ(mit j〈et〉³ 人〈事〉³のことで). die Pistole〈das Schwert〉~ ピストル〈剣〉を抜く. einen Zahn ~ 歯を抜く. Zigarretten ~(自動販売機から)タバコを取出す(買う). die Brieftasche [aus der Tasche]~ 札入れをポケットから出す. die Karre aus dem Dreck ~《話》行詰まりを打開する, 泥沼から抜け出す. sich³ einen Splitter aus dem Finger ~ 指に刺さったとげを抜く. j⁴ aus der Klemme ~《比喩》人⁴を苦境から救い出す(↑② 2). den Korken aus der Flasche ~ ビンのコルクの栓を抜く. *seinen* Hals〈*seinen* Kopf〉aus der Schlinge ~《比喩》危く窮地を脱する(↑② 2). die Pferde aus dem Stall ~ 馬を厩(ｳﾏﾔ)から引出す. den Nagel aus der Wand ~ 壁の釘を抜く. (d)(物⁴を)通す, くぐらす. Fleischstücke auf einen Spieß ~ 肉切れを焼串に通す. Perlen auf eine Schnur ~ 真珠を紐に通す. Wein auf Flaschen ~ ワインを瓶に詰める. einen Faden durchs Nadelöhr ~ 糸を針穴に通す. die Ruder durchs Wasser ~ オールを水にくぐらす, オールを漕ぐ. j〈et〉⁴ durch den Kakao ~《話》人〈事〉⁴を笑いものにする. (e)(器具・装置などを)引く, 引いて作動させる. die Glocken ~(引綱を引いて)鐘を鳴らす. die Handbremse ~ ハンドブレーキを引く. die Register ~《音楽》(オルガンの)音栓を開く. alle Register ~《比喩》あらゆる手段を動員する, ありったけの手を尽くす. 《非人称的に/方向を示す語句を伴って》*Es zieht* j⁴.... 人⁴は...の地に惹かれる, (に)行きたい気持にかられる. *Es zieht ihn in die Heimat*. 彼は望郷の念にかられている. *Es zog mich immer wieder nach Hause*. 私は再三望郷の念にかられた. *Es zog mich immer wieder heimwärts*. 私は再三望郷の念にかられた. *Es zog Monika schon sehr bald wieder zu ihm*. モーニカはすぐまた彼のところへ行きたくなった.

2 (a)(線などを)引く, 描く. *seine* Bahn ~(天体などが)軌道を描く. einen Bogen〈einen Kreis〉mit dem Zirkel ~ コンパスで弧〈円〉を描く. Die Affäre *zog* immer größere Kreise. 《比喩》その事件の波紋はますます広がった. einen Strich mit dem Lineal ~ 定規で線を引く. (b)(長く延びる構築物を)造る, 設ける; めぐらす(um et⁴ 物⁴のまわりに). einen Graben ~ 溝を掘る. eine Grenze ~ 境界線を設ける. eine Mauer um den Garten ~ 庭園のまわりに壁をめぐらす. (c)(紐・索などを)張る, 張りめぐらす;(写真などを延ばすようにして)貼る. eine Leine ~ ロープを張る. ein Bild auf Pappe ~ 写真を台紙に貼る. Saiten auf die Geige ~ バイオリンに弦を張る. (d) 引っ張って伸ばす, 引っ張って形を整える. die Betttücher ~ シーツ

を伸ばす．eine Bluse in Form ～〈洗濯の後などに〉ブラウスを引張って形を整える．die Wäsche in die Länge ～ 洗濯物の縮みを伸ばす．Kaugummi lässt sich¹ gut ～．チューインガムはよく伸びる．(e)《音声・音節を》長く引張る．die Töne〈die Laute〉～ 間延びした声を出す，まどろっこしい話し方(もたもたした歌い方)をする．(f)《蜘蛛(⟨ｸﾓ⟩)が糸を出す．Die Spinne *zieht* Fäden. 蜘蛛が糸を出す．(g)《膠・蜜などが糸を》引く．Der Honig〈Der Sirup〉*zieht* Fäden. 蜂蜜〈シロップ〉が糸を引いている．(h)《泡などを》こしらえる．Der Teig *zieht* Blasen. こね粉にぶくっと泡ができる．eine dünne Haut ～《ミルクの表面などに》薄い皮ができる．Bei der Hitze *zog* das Pflaster Blasen. 暑さのせいで舗装がぶくっと膨らんだ．(i)引延ばして製造する．Draht〈Röhren〉～ 針金〈パイプ〉を製造する．Kerzen ～ ろうそくを作る．eine Kopie ～《映画》プリントを作る．

3 (a)《衣類などを》着る，羽織(⟨ﾊｵ⟩)る，まとう，被る，履く〈über/unter〉et⁴ in〈durch〉... ⟨に⟩. einen Hut tief ins Gesicht ～ 帽子を目深(⟨ﾏﾌﾞｶ⟩)に被る．eine Jacke über die Bluse ～ ブラウスの上に上着を羽織る．eine Decke fest um sich⁴ ～ 掛布団にしっかりくるまる．einen Gürtel um die Hüften ～ ベルトを腰に締める．warme Unterhosen unter den Skianzug ～ 暖かいズボン下をスキーウェアの下に履く．(b)⟨主語(人)が⟩取る，はずす．den Hut vor j³ ～ j³に挨拶(⟨ｱｲｻﾂ⟩)して（敬意を表して）帽子を取る．《比喩》⟨に⟩敬意を表す．den Ring vom Finger ～ リングを指からはずす．

4《顔などを》ゆがめる，しかめる．einen Flunsch ～《話》ふくれっ面をする，口をとがらす．ein [schiefes] Gesicht ～ 顔をしかめる．eine Grimasse ～ しかめ面をする．ein schiefes Maul ～《話》ふくれっ面をする．die Augenbrauen nach oben ～ 眉を釣り上げる．die Mundwinkel nach unten ～ 口への字に曲げる．die Stirn kraus ～ / die Stirn in Falten ～ 額にしわを寄せる．

5 (a)《空気・煙などをしっかり》吸い込む．den Atem durch die Nase ～ 鼻でしっかり息をする．die frische Luft tief in die Lungen ～ 新鮮な空気を深々と肺に吸込む．(b)《水分・養分などを》吸取る，摂取する〈aus et³ 物³から〉. Der Feigenbaum *zieht* viel Wasser. いちじくの樹は水をよく吸う．Der alte Kahn *zog* Wasser. 《比喩》その古い小舟は水が漏った．Wasser〈Nährstoffe〉aus dem Boden ～ 水分〈養分〉を地中から吸収する．(c)《油分などを》採取する〈aus et³ 物³から〉. Erz aus Gestein ～ 鉱物を岩石から採取する．Öl aus Samen ～ 種子から油を採る．(d)《水気・色などを》抜取る，失せる．Das Sonnenlicht *zieht* die Farbe aus dem Stoff. 日光に当ると生地の色が褪(⟨ｱ⟩)せる．

6 (a)《植物を》育てる，栽培する；《動物を》飼育する．Blumen〈Stecklinge〉～ 花〈挿し木〉を育てる．Geflügel ～ 家禽(⟨ｶｷﾝ⟩)を飼育する．Schmetterlinge aus den Raupen ～ 蝶を幼虫から育てる．(b)《子供を》育てる，しつける．Der Junge ist schwer zu ～. その男の子はしつけが難しい．

7 (a) einen Wechsel auf j⁴ ～《商業》手形を人⁴に振り出す．(b) die Wurzel aus einer Zahl ～《数学》ある数の平方根を求める．(c)《工学》《銃身・砲身に》腔綫を刻む，《過去分詞で》*gezogener* Gewehrlauf 施条銃身．

8《遊戯》《チェスなどで駒・石を》動かす，進める．einen Bauer ～《チェスの》ポーンを進める．eine Figur〈einen Stein〉auf ein anderes Feld ～ 駒〈石〉を別の目に動かす．

9《話》(j³ A⁴ über B⁴ j³の B⁴ に A⁴を)打ちつける；⟨殴打などを⟩加える．j³ eine Latte über den Kopf ～ j³の頭を板でたたく．j³ eins drüber〈über die Rübe〉～《話》j³の頭にいっぱつ食らわす．

10《機能動詞として》eine Folgerung aus et³ ～ 事³からある推論をする．Lehren aus et³ ～ 事³から教訓を引出す．Nutzen aus et³ ～ 事³から利益を引出す，⟨を⟩利用する．Profit aus et³ ～ 事³で儲(⟨ﾓｳ⟩)ける．einen falschen Schluss aus et³ ～ 事³から誤った結論を引出す．et¹ in Betracht ～ 事¹を考慮に入れる．et¹ in Erwägung ～ 事¹をよく検討(吟味)する．j¹ ins Gespräch ～ 人¹を話に引込む．et¹ ins Lächerliche ～ 事¹を茶化す．j¹ ins Vertrauen ～ 人¹に秘密を打明ける．et¹ in Zweifel ～ 事¹に疑いをかける，疑念を持つ．j⟨et¹⟩zu Rate ～ 人¹に相談する〈事¹を参考にする〉. j¹ zur Verantwortung ～ 人¹に釈明を求める（für et¹ 事¹に対する / wegen et² 事²のことで）. einen Vergleich zwischen zwei Personen〈Fällen〉～ 2人の人物〈2つの事例〉の比較をする．

❷ 囯 (sich¹) **1**《道路・山脈などが》延びている，走っている．Der Weg *zieht sich* bis zur Wiese. その道は牧草地までつづいている．Die Grenze *zieht sich* quer durchs Land. 国境線がその土地を横切っている．Ein Motiv *zieht sich* durch den ganzen Roman.《比喩》あるモチーフが小説全体を貫いている．Eine hässliche Narbe *zog sich* über die Stirn. 醜い傷跡が額を走っていた．*sich* von Osten nach Westen ～《山脈などが》東西に走っている．

2〈aus et³ 物³から〉抜け出す，⟨を⟩脱する（↑① 1(c))．*sich aus der Klemme* ～《比喩》苦境から抜け出す．*sich aus der Schlinge* ～《比喩》危うく窮地を脱する．

3 (a)《布・ゴムなどが》伸びる．Das Material *zieht sich*. その素材は伸縮性がある．Die Strümpfe *ziehen sich nach der Figur*. その靴下は足にぴったりあう．(b)《比喩》だらだら続く，長引く．Der Prozess *zog sich in die Länge*. その訴訟はだらだらと続いた．Die Rede *zieht sich* vielleicht. スピーチは長くなりそうだ．

4《板・枝などが》反(⟨ｿ⟩)る，曲がる，ゆがむ．Der Fensterrahmen〈Die Schranktür〉hat *sich gezogen*. 窓枠〈戸棚の扉〉がゆがんでしまった．

5《痛みが》走る（↑① 9)．Der Schmerz *zog sich* von der Schulter bis in die Fingerspitzen. 痛みが肩から指先にかけて走った．

❸ 囯 (h, s) **1** (h)《an et³ 物³を》引く，引張る．Der Hund *zieht* [an der Leine]. 犬が綱を引張る．an der Glocke ～ ⟨綱を引張って⟩鐘を鳴らす．am gleichen〈selben〉Strang ～《比喩》志を同じくする，同じ目的を追っている．

2 (s)《場所・方向を示す語句を伴って》(a)《人・動物，またその集団が》移動する，旅する，進む．Die Demonstranten *zogen* langsam nordwärts. デモ隊はゆっくり北へ移動した．an die Front ～《軍事》前線に移動する．auf Wache ～《軍事》歩哨に立つ．durch die Welt ～ 世界を経巡(⟨ﾒｸﾞ⟩)る．in die Fremde ～ 他国へ赴く．in den Krieg ～ 出征する．Die Schwalben *ziehen* nach Süden. 燕が南方へ渡って行く．Die Hirsche *ziehen* zum Wald. 鹿たちは森へ向かっている．(b)《雲・煙などが》流れる，漂い行く(来る)；《湿気・匂いなどが》入り込む，しみ込む；《比喩》《考えなどが》頭を過(⟨ﾖｷﾞ⟩)る．Wolken *ziehen* am Himmel. 雲が空を流れている．Einige kuriose Gedanken *zogen*

Zieher

durch seinen Kopf.《比喩》いくつかの奇妙な考えが彼の脳裏を過ぎった. Die Creme *zieht* in die Haut. クリームが肌にしみ込む. ins Land ~《雅》(時が経つ, 過ぎる. Jahr um Jahr *zog* ins Land.《雅》1年また1年と時が過ぎた. Der Gestank *zieht* ins Zimmer. 悪臭が部屋の中へ漂ってくる. Die Feuchtigkeit ist in die Wände *gezogen*. 湿気が壁の中へしみ込んだ. Nebel *zieht* über die Wiesen. 霧が牧草地を流れていく. (c)《次の成句で》j⁴ [ungern] ~ lassen《話》(しぶしぶ)人⁴を行かせてやる(旅立たせてやる).

3 (s)《方向を示す語句を伴って》(…へ)引っ越す, 引移る. aufs Land〈in die Stadt〉~ 田舎へ〈町へ〉引越す. Er ist nach Düsseldorf *gezogen*. 彼はデュッセルドルフへ引越した. in eine neue Wohnung ~ 新しい住まいへ引越す. zu j³ ~ 人³のもとへ引移る.

4 (h) (a) 〈an et³ ³を〉吸う. Er *zog* an seiner Pfeife. 彼はパイプを吸った. an einem Strohhalm ~ ストローを吸う. Er *zieht*.《卑》彼は薬(やく)をやる.(b)(煙突・パイプなどが)空気の通りがよい, 煙の吸込みがよい. Der Ofen *zieht* [gut]. その暖炉は煙の通りがよい. Diese Pfeife *zieht* gut〈schlecht〉. このパイプは煙の通りがよい〈悪い〉.《非人称的に》〈et¹ ¹が〉すきま風が吹く. Hier *zieht es*. ここはすきま風がする. *Es zieht* wie Hechtsuppe.《話》ひどいすきま風がする.(d)《次の成句》einen ~ lassen《卑》おならをする.

5 (h)(磁石が)吸いつく. Der Magnet *zieht* nicht mehr. その磁石はもう磁力がない.

6 (h)《ふつう様態を示す語句と》(a)(車・エンジンなどが)ぐんぐん加速する(;〈ブレーキなどが〉効く). Das Auto *zieht* gut〈schlecht〉. その車は加速が良い〈悪い〉. Die Bremsen *ziehen* einwandfrei. ブレーキのきき具合は良好である.(b)《話》(宣伝・言葉遣いなどが)ピンとくる, 効き目がある;(映画などが)あたる, 受けが良い. Der Film *zieht* enorm. その映画は大当りしている. Seine Komplimente *zogen* bei ihr nicht. 彼のお愛想は彼女に通じなかった. Die Warnung *zieht* nicht mehr. その警告はもうきかない.

7 (h)《しばしば **lassen** と》《料理》(a)(お茶・コーヒーなどが)出る, 味〈香り〉がしてくる. Der Tee hat noch nicht genügend *gezogen*. お茶はまだじゅうぶんに出ていなかった. Der Tee muss ein paar Minuten ~. お茶は2, 3分ほど出す. den Kaffee lange genug ~ lassen コーヒーをじゅうぶん時間をかけて煮出す.(b)(魚・肉などが)とろ火でぐつぐつ煮られる;(ソースやドレッシングに)なじむ, 味や香りがしみ込む. Der Fisch soll nicht kochen, sondern ~. 魚は強火ではなくとろ火でゆっくり煮てください. die Klöße ~ lassen 団子をとろ火で煮込む. den Salat ein paar Stunden ~ lassen サラダを2, 3時間かけてドレッシングになじませる.

8《チェス》(a) 〈中³を〉駒を動かす(進める). Du musst ~. 君が指す番だ. mit dem König〈der Dame〉~ キング〈クィーン〉を動かす. von Weiß auf Schwarz ~ 白から黒へ駒を進める.《移動量を表す語句と》zwei Felder nach vorn ~ 駒を2目(め)³前に進める.(b) (s)《駒が》進む. Der König kann nicht mehr ~. キングはもう詰んでいる.

9 (h)《非人称的に》*Es* zieht j³ in et³. 人³の物³に痛みが走る. *Es zieht* [mir] im Bauch. 私はお腹に痛みが走る. Ihr *zog* es im Rücken. 彼女は背筋が痛んだ.《現在分詞で》*ziehende* Schmerzen in den Gliedern haben 手足の節々が痛む.《中性名詞として》ein leichtes *Ziehen* im Kreuz 腰部の軽い痛み.

ˈ**Zie·her** ['tsiːɐr]男-s/- 《隠》すり(掏摸). ◆女性形 **Zieherin** 女-/-nen

ˈ**Zieh·har·mo·ni·ka** ['tsiː-]女-/-s(..niken[..kən])《音楽》アコーディオン.

ˈ**Zieh·kind** 中-[e]s/-er《地方》(Pflegekind)養い子, 里子.

ˈ**Zieh·mut·ter** 女-/¨ **1**《地方》(Pflegemutter)育ての母, 養母. **2** (Mentorin)(教育実習生などの面倒を見る)女性指導教師.

ˈ**Zie·hung** ['tsiːʊŋ]女-/-en くじ引き, 抽選.

ˈ**Zie·hungs·lis·te** 女-/-n 当りくじ番号表.

ˈ**Zieh·va·ter** 男-s/¨ **1**《地方》(Pflegevater)育ての父, 養父. **2** (Mentor)(教育実習生などの面倒を見る)指導教師.

Ziel [tsiːl ツィール] 中 -[e]s/-e **1** (a) 目的地. Bethlehem ist das ~ unserer Reise. ベツレヘムが私たちの旅の目的地です. *sein* ~ erreichen 目的地に着く(↑(b).). Jetzt sind wir am ~ [angekommen/angelangt]. さあ目的地に着いた. ans ~ gelangen〈kommen〉目的地に着く.(b) 目標, 目的, ねらい. *sein* ~ erreichen 目標を達成する(↑(a).). ein ~ im Auge haben 目標をしっかり見定めている. sich³ ein ~ setzen〈stecken〉目標を立てる. auf *sein* ~ losgehen〈lossteuern〉目標に向かって邁進する. mit dem ~ des Staatsexamens 国家試験を目指して. ohne ~ und Zweck ただあてもなく, 漫然と. Beharrlichkeit führt zum ~.《諺》石の上にも三年. sich³ et⁴ zum ~ setzen 事⁴を目標にする.(c)(射撃などの)的(まと), 標的, ターゲット;(攻撃の)目標. Die Brücke bietet dem Feind ein gutes ~. その橋は敵の格好の攻撃目標になる. ein ~ anvisieren 目標に照準を合せる. das ~ treffen〈verfehlen〉的を射る〈的をはずす〉. übers ~ hinausschießen《比喩》度を越す, やりすぎる.(d)《スポーツ》ゴール, 決勝点. als Erster durchs ~ gehen〈ins ~ kommen〉1着でゴールに入る. kurz vor dem ~ ゴール寸前で. **2** (a)《商業》支払期限. Das ~ der Zahlung ist 30 Tage. 支払期限は30日間である. gegen drei Monate ~ / mit drei Monaten ~ 3ヶ月の支払期限で.(b)《まれ》限度, 限界. Seinem Leben war ein ~ gesetzt. 彼の人生に終止符が打たれた. ohne Maß und ~ 際限なく.

ˈ**Ziel·bahn·hof** 男-[e]s/¨e《鉄道》終点駅, 最終到着駅.

ˈ**Ziel·band** 中-[e]s/¨er《陸上競技》ゴールテープ.

ˈ**ziel·be·wusst** ['tsiːlbəvʊst]目的意識を持った, はっきりした目標を持った; 不退転の.

ˈ**zie·len** ['tsiːlən ツィーレン]自 **1**(銃などで)狙う, 狙いをつける(auf j⁴〈et⁴〉人⁴に/ nach j⁴〈et⁴〉³人³の方に). auf die Scheibe ~ 標的を狙う. nach dem Hirsch ~ 鹿に狙いをつける. in die Ecke ~ 隅を狙う. über Kimme und Korn ~《比喩》ぴたりと狙いを定める. **2**《比喩》(auf et⁴)を目指す, 狙いとする;(auf j⁴〈et⁴〉⁴人⁴事⁴を)標的にする, あてこする. Diese Bemerkung *zielt* auf dich. この発言は君のことを言っているんだ.《現在分詞で》ein *zielendes* Zeitwort《言語》他動詞. ◆gezielt

ˈ**Ziel·feh·ler** 男-s/- 照準ミス.

ˈ**Ziel·fern·rohr** 中-[e]s/-e(火器の)照準望遠鏡.

ˈ**Ziel·fo·to** 中-s/-s《スポーツ》(着順の)判定写真.

ˈ**Ziel·ge·ra·de** 女-/-n《スポーツ》ホームストレッチ.

ˈ**Ziel·ge·rät** 中-[e]s/-e《軍事》(爆撃用)照準器.

ˈ**ziel·ge·recht** 形 目的にそった, 目的にかなった; 目標

のはっきりした.

'**ziel·ge·rich·tet** 形 はっきり目標を見定めた, 目標のはっきりした.

'**Ziel·grup·pe** 女 -/-n (商品開発などでの)ターゲットグループ.

'**Ziel·kur·ve** 女 -/-n 〚スポ〛(ホームストレッチ手前の)最終コーナー.

'**Ziel·li·nie** 女 -/-n 〚スポ〛ゴールライン.

'**ziel·los** [tsi:llo:s] 形 目的のはっきりしない, あてどのない, 無目的な(無計画な).

'**Ziel·punkt** 男 -[e]s/-e **1** 目標地点, ゴール, 決勝点. **2** 照準点.

'**Ziel·rich·ter** 男 -s/- 〚スポ〛ゴール審判員, 着順審判員.

'**Ziel·schei·be** 女 -/-n (射撃の)標的, 的. als ~ des Spottes dienen《比喩》嘲笑の的になる.

'**Ziel·set·zung** 女 -/-en 目標(目的)の設定.

'**ziel·si·cher** 形 **1** (射手などが)百発百中の, 的をはずさない. **2** 目標(目的)のはっきりした, 迷いのない.

'**ziel·stre·big** [..ftre:biç] 形 目標(目的)に向かって邁進する, ひたすら目標(目的)を目指す, ひたむきな.

'**Ziel·vor·rich·tung** 女 -/-en 照準装置.

'**zie·men** ['tsi:mən]《雅》《古》① 再 (**sich**¹) いい, 似つかわしい, 適当である(für j³ に); (とくに)礼儀にかなっている. Es ziemt sich nicht, so was zu sagen. そんなことを口にするのは礼を失したことだ. Das ziemt sich nicht für eine junge Frau. それは若い女性に似つかわしいことではない. ② 自 (人³ に)ふさわしい, 似つかわしい.

'**Zie·mer** ['tsi:mər] 男 -s/- 〚猟師〛(獣)の背肉. **2** (Ochsenziemer) 牛革の鞭.

'**ziem·lich** ['tsi:mlıç ツィームリヒ] ❶ 形 **1** かなりの, 相当の. eine ~ e Anzahl かなりの数. mit ~er Sicherheit 相当確実に, かなりはっきりと. **2**《古》《雅》 (geziemend) 適切な, ふさわしい. Das ist nicht ~. それは適切でない. in ~er Weise しかるべく; 丁重に. ❷ 副 **1** かなり, 相当に, ずいぶん. ein ~ hohes Alter かなりの高齢. Ich bin ~ müde. 私はかなり疲れている. **2**《話》(fast) おおかた, ほぼ, ほとんど; (ungefähr) だいたい. Er ist mit der Arbeit ~ fertig. 彼は仕事をほぼ終えている. 〚しばしば **so ziem·lich** の形で〛Er ist so ~ in meinem Alter. 彼は私とほぼ同年輩だ. Hab' ich Recht? — [So] ~ ! 私の言ったとおりでしょう? — まあだいたいね.

'**zie·pen** ['tsi:pən] ❶ 自《地方》**1** (小鳥・ひな鳥などがぴいぴい鳴く, ぴよぴよ鳴く. **2** (髪の毛を引っ張るなどしてちくちく・ずきずき・ひりひりした)痛みを与える. Das Abreißen des Heftpflasters ziept ein bisschen. 絆創膏をはがすときはひりひりする. Er zeupte, dass sie schrie. 彼は彼女の髪を引張って悲鳴をあげさせた.《非人称的に》Au, es ziept! (髪を梳く)かしているときにあっ痛い. ❷ 他 j⁴ an den Haaren ~ 《話》人⁴の髪の毛を痛いほど引張る.

'**Zier** [tsi:r] 女 -/《雅》 =Zierde.

'**Zier·af·fe** 男 -n/-n《古》(おしゃれにかまける)気障(きざ)ったらしいやつ, 様子ばかりかまうやつ.

°'**Zier·at** ['tsi:ra:t] 男 =Zierrat

'**Zier·de** ['tsi:rdə] 女 -/-n **1** 飾り, 装飾, 装飾品. zur ~ 装飾のために, 飾りとして. **2**《比喩》誉れ, 誇り. Sie ist eine ~ ihres Geschlechts. 彼女は女性の誉れだ.

'**zie·ren** ['tsi:rən] ❶ 他《雅》**1**《物が主語》(人〈物〉を)飾る, 装飾する; ひときわひきたてる, いっそう魅力的にする. Eine Goldbrosche zierte ihr Kleid. 金のブローチが彼女のドレスを飾っていた. Edelmut zierte diesen Menschen.《比喩》気高さがこの人をいっそう魅力的にしていた. **2**《人が主語》(物⁴を)飾る, 装飾する (mit et³ 物³で). den Saal mit Blumen ~ 広間を花で飾る. ❷ 再 (**sich**¹)《雅》気取る, 取り澄ます;《気取って心にもなく遠慮する. Zier dich nicht so! そんな様子をするなよ, どうか遠慮なく. ◆↑geziert

'**Zie·re·rei** [tsi:rə'raı] 女 -/-en 気取ること, 取り澄ますこと; 心にもなく遠慮すること.

'**Zier·fisch** 男 -[e]s/-e 観賞魚.

'**Zier·gar·ten** 男 -s/⁼ (↔ Nutzgarten) 観賞用植物栽培園.

'**Zier·leis·te** 女 -/-n **1** (a)(ドア・戸棚・部屋の壁などの)飾り縁, 枠縁. (b) (自動車の)モールディング. **2**〚書籍〛(本の背の飾り枠, 飾り模様; (ページの上下などの)飾り罫.

*'**zier·lich** ['tsi:rlıç ツィーアリヒ] 形 (小さくて)かわいらしい, 愛らしい, 可憐な, 優美な; 繊細な, 上品な. Sie hat ~e Füße. 彼女は華奢な足をしている. ein ~es Mädchen かわいい女の子. ~ tanzen 優雅に踊る.

'**Zier·lich·keit** 女 -/ かわいこと, 愛らしさ, 可憐さ; 優美さ, 優雅さ.

'**Zier·pflan·ze** 女 -/-n (Nutzpflanze) 観賞用植物.

'**Zier·pup·pe** 女 -/-n《古》おめかし屋, 様子ばかりかまう女.

'**Zier·rat** ['tsi:ra:t, 'tsi:rra:t] 男 -[e]s/-e《雅》飾り, 装飾; 装飾品.

'**Zier·schrift** 女 -/-en〚印刷〛装飾文字.

'**Zier·strauch** 男 -[e]s/⁼er =Zierpflanze

'**Zie·sel** ['tsi:zəl] 男 (オーストリア 中) -s/-〚動物〛はたりす(畑栗鼠).

'**Zie·ten** ['tsi:tən]《次の用法で》wie ~ aus dem Busch《話》突然, ふいに, 思いがけず. ◆Fontane のバラード『老ツィーテン』Der alte Zieten にちなむ言回し. Zieten とは神出鬼没と評判の高かった18世紀の騎兵将軍の名前.

'**Ziff.**《略》=Ziffer 2

*'**Zif·fer** ['tsıfər ツィファー] 女 -/-n (arab. sifr, Null') **1** (a) 数字. arabische⟨römische⟩ ~ アラビア〈ローマ〉数字. eine Zahl mit 4 ~n 4桁の数. **2**〚統計(条文の)の項, 条項, Paragraph 7, ~ 5 第7条第5項. **3**《古》(Chiffre) 暗号, 符牒(ちょう).

'**Zif·fer·blatt** 中 -[e]s/⁼er **1** (時計の)文字盤. **2**《話》(人の)顔.

..**zif·fe·rig**..tsıfərıç《接尾》=..ziffrig

'**zif·fern·mä·ßig** ['tsıfərnmɛ:sıç] 形 数字の, 数字による; デジタル的な.

'**Zif·fer[n]·schrift** 女 -/-en (数字による)暗号.

..**ziff·rig** [..tsıfrıç]《接尾》「…個の数字からなる, …桁の」の意を表す形容詞をつくる. dreiziffrig 3桁の.

'**zig** [tsıç] 形《不変化/付加語的用法で》《話》(ひじょうにたくさんの. Ich kenne sie schon ~ Jahre. 私は彼女のことをもうずいぶん前から知っている. ~ Leute たくさんの人.

..**zig** [..tsıç]《接尾》drei を除く zwei から neun までの基数と結びついて2桁の数字をつくる. zwanzig 20. einundzwanzig 21. vierzig 40. fünfzig 50. sechzig 60. siebzig 70. achtzig 80. neunzig 90. ◆ただし 30 は dreißig.

Zi·ga·ret·te [tsiga'rɛtə ツィガレテ] 囡 -/-n (fr.) 紙巻タバコ, シガレット. eine Packung ~ eine Schachtel ~ n 1 箱のタバコ. eine Stange ~ n 1 カートンのタバコ. ~ n mit〈ohne〉Filter フィルター付きタバコ〈両切り付きタバコ〉. sich³ eine ~ anzünden〈anstecken〉タバコに火をつける.

Zi·ga·ret·ten·an·zün·der 男 -s/- (自動車のフロントパネルに付属する)シガレットライター.

Zi·ga·ret·ten·asche 囡 タバコの灰.

Zi·ga·ret·ten·au·to·mat 男 -en/-en タバコ自動販売機.

Zi·ga·ret·ten·etui [..ɛtvi:, etyi:] 囲 -s/-s シガレットケース.

Zi·ga·ret·ten·fa·brik 囡 -/-en タバコ工場.

Zi·ga·ret·ten·län·ge 囡 -/-n 《話》タバコを一服する間, ちょっとの間. auf eine ~ ほんのちょっとの間.

Zi·ga·ret·ten·pa·ckung 囡 -/-en = Zigarrettenschachtel

Zi·ga·ret·ten·pa·pier 囲 -s/-e (紙巻タバコ用の)巻紙.

Zi·ga·ret·ten·pau·se 囡 -/-n《話》一服, ひと休み.

Zi·ga·ret·ten·rauch 男 -[e]s/ タバコの煙.

Zi·ga·ret·ten·schach·tel 囡 -/-n タバコの包装箱.

Zi·ga·ret·ten·spit·ze 囡 -/-n シガレットホルダー, シガレットパイプ.

Zi·ga·ret·ten·stum·mel 男 -s/- タバコの吸いさし, 吸殻.

Zi·ga·ret·ten·ta·bak 男 -s/-e (手巻用の)タバコ.

Zi·ga·ril·lo [tsiga'rılo, ..ljo] 囲〈男〉-s/-s《話 囡 -/-s》(sp.) シガリロ(細巻きの葉巻タバコ).

*****Zi·gar·re** [tsi'garə ツィガレ] 囡 -/-n (sp. cigarro) **1** 葉巻タバコ, シガー. die [Spitze einer] ~ abschneiden 葉巻の端を切る. sich³ eine ~ anzünden〈anstecken〉葉巻に火をつける. **2**《話》お目玉, 小言. eine dicke ~ bekommen こっぴどく叱られる, きついお灸(ᡓᡓ)をすえられる. j³ eine ~ verpassen 人³をこっぴどく叱る. eine ~ verpasst kriegen こっぴどく叱られる, どやしつけられる.

Zi'gar·ren·ab·schnei·der 男 -s/- シガーカッター, 葉巻の口切り器.

Zi'gar·ren·kis·te 囡 -/-n シガーボックス, 葉巻の箱.

Zi'gar·ren·spit·ze 囡 -/-n シガーホルダー, 葉巻パイプ.

Zi'gar·ren·stum·mel 男 -s/- 葉巻の吸いさし(吸殻).

Zi'geu·ner [tsi'gɔʏnər] 男 -s/- **1** ジプシー. ▶ヨーロッパを中心に世界各地に散在する少数民族で「流浪の民」として知られる. 英語では gipsy, フランス語では gitan あるいは bohémien などと表記される. なお自称は rom, roma など. ↑Rom, Sinto **2**《侮》ボヘミアン, 放浪癖のある人. ◆女性形 Zigeunerin -/-nen

zi'geu·ner·haft 形 **1** ジプシーのような格好〈顔〉の. **2**《侮》だらしのない, ふらふらした; ボヘミアン的な.

Zi'geu·ne·rin [tsi'gɔʏnərɪn] 囡 -/-nen (Zigeuner の女性形) **1** ジプシー女. **2**《侮》放浪癖のある女.

zi'geu·ne·risch [tsi'gɔʏlnərɪʃ] 形 **1** ジプシーの, ジプシー風の. **2**《侮》だらしない, ふらふらした; ボヘミア的な.

Zi'geu·ner·ka·pel·le 囡 -/-n (ジプシー音楽を演奏する)ジプシー楽団, ジプシーバンド.

Zi'geu·ner·le·ben 囲 -s/- ジプシー生活, 放浪生活.

Zi'geu·ner·mu·sik 囡 -/-en ジプシー音楽.

zi'geu·nern [tsi'gɔʏnərn] 自 (s, h) **1** (s) 放浪する, 流浪する, 漂泊する; 転々と居所を変える. **2** (h)《侮》ジプシー生活をする.

Zi'geu·ner·schnit·zel 囲 -s/-《料理》ジプシー風カツレツ, ツィゴイナーシュニッツェル(子牛肉か豚肉のカツレツに細切りにしたピーマン・タマネギ・トマトなどのソースをかけたもの).

Zi'geu·ner·spra·che 囡 -/-n (Romani) ジプシー語. ロマニー語(ジプシーの用いる言語でインド゠イラン語派に属する).

Zi'geu·ner·wa·gen 男 -s/- ジプシーの家馬車(昔ジプシーが移動と居住に用いた独特の箱形馬車).

'zig·fach ['tsɪçfax] 形《話》(vielfach) 何倍もの; 何重もの.

'zig·hun·dert ['tsɪçhʊndərt] 形《話》何百もの.

'zig·mal ['tsɪçma:l] 副《話》(viele Male) 何度も, 何回も; しばしば.

'zig·tau·send ['tsɪçtaʊzənt] 形《話》何千もの.

Zi'ka·de [tsi'ka:də] 囡 -/-n (lat.)《虫》せみ(蟬).

zi·li'ar [tsili'a:r] 形 (lat.)《医学》睫毛(፣፣)の.

Zi·li'ar·kör·per 男 -s/-《解剖》毛様体.

Zi·li'a·te [tsili'a:tə] 囡 -/-n《ふつう複数で》《動物》(Wimpertierchen) 繊毛虫.

'Zi·lie ['tsi:liə] 囡 -/-n (lat. cilium, Augenlid, Wimper')《医学》繊毛(፣፣).

'Zil·le ['tsɪlə] 囡 -/-n (slaw., Boot) **1**《東中部》(エルベ川・オーデル川などで見られる貨物運搬用の)平底船, はしけ. **2**《ஃ》(救命・警備に用いられる)平底の小舟.

'Zim·bal ['tsɪmbal] 囲 -s/-e(-s) (gr.)《楽器》**1** (a) (古典古代の打楽器で現在のシンバルの前身である)小型のシンバル, ツィンベル. (b) (中世の)グロッケンシュピール, 鉄琴. (c) (東欧の民俗音楽, とくにジプシー音楽などで用いられる打弦楽器)ツィンバロム, ダルシマー. **2** (オルガンの最高音域の)ミクスチュアストップ, 混合ストップ. **3** = Zimbel, Zymbal

'Zim·bel ['tsɪmbəl] 囡 -/-n《楽器》**1** 小型のシンバル, ツィンベル. **2** (オルガンの最高音域の)ミクスチュアストップ, 混合ストップ.

'Zim·ber ['tsɪmbər] 男 -s/-n《民族学》(Kimber) キンブリ人, キンベル人. ◆ゲルマン人の一部族でユトランド半島北部を現在地としていたが, その後 Tacitus の頃にはほぼ消滅していたらしい.

'Zim·mer ['tsɪmər ツィマー] 囲 -s/- **1** (a) 部屋, 室. ein großes ~ 大きな部屋. ein hohes〈niedriges〉~ 天井の高い〈低い〉部屋. ein möbliertes ~ 家具付きの部屋. ein ~ mit Bad バス付きの部屋. ~ frei! (掲示で)空部屋あります. ~ zu vermieten! 貸室あります. Das ~ geht auf den Hof〈nach der Straße〉. その部屋は中庭〈通り〉に面している. ein ~ bestellen (ホテルなどで)部屋を予約する. ein ~ einrichten 部屋の家具調度を整える. Haben Sie ein ~ [frei]? (ホテルなどで)部屋は空(ᵃ)いていますか. das ~ hüten müssen《比喩》(病気で)部屋に閉じこもっていなければならない. [sich³] ein ~ nehmen (ホテルなどで)部屋を借りる. auf〈in〉sein ~ gehen 自室に引きあげる. auf〈in〉seinem ~ sein 自室にいる. (b) (Zimmereinrichtung) 家具調度, 室内設備(の一

式). **2**《古》(毛皮の数量単位)ツィンマー(通常 40 枚をさす).

'**Zim·mer·an·ten·ne** 囡 -/-n 室内アンテナ.
'**Zim·mer·ar·beit** 囡 -/-en 大工仕事.
'**Zim·mer·de·cke** 囡 -/-n 部屋の天井.
'**Zim·me'rei** [tsɪməˈraɪ] 囡 -/-en **1** 大工の仕事場. **2**《複数なし》《話》大工仕事.
'**Zim·mer·ein·rich·tung** 囡 -/-en 室内設備, 家具調度; 室内装飾, 内装, インテリア.
'**Zim·me·rer** ['tsɪmərɐ] 男 -s/- (=Zimmermann) 大工. ◆女性形 Zimmerin 囡 -/-nen
'**Zim·mer·flucht** 囡 -/-en (ドアでつながった)一続きの部屋.
'**Zim·mer·ge·sel·le** 男 -n/-n (見習期間を修了した)大工職人.
'**Zim·mer·hand·werk** 田 -[e]s/ 大工仕事.
'**Zim·mer·herr** 男 -n/-en《古》(=Untermieter) 間借人, 下宿人.
..zim·me·rig [..tsɪmərɪç]《接尾》数詞とともに「…室の」の意の形容詞をつくる. drei*zimmerig* 3 部屋の, 3 室の. ◆ ..**zimmrig**
'**Zim·me·rin** ['tsɪmərɪn] 囡 -/-nen《Zimmerer の女性形》女性の大工.
'**Zim·mer·kell·ner** 男 -s/- (ホテルの)ルームウェーター. ◆女性形 Zimmerkellnerin 囡 -/-nen
'**Zim·mer·laut·stär·ke** 囡 -/-n (近所の迷惑にならない)室内適正音量. das Radiogerät auf ~ einstellen ラジオの音量を近所の迷惑にならない程度に調節する.
'**Zim·mer·mäd·chen** 田 -s/- (ホテルの)ルームメイド, 部屋係のメード.
*'**Zim·mer·mann** ['tsɪmərman] ツィマーマン 男 -[e]s/..leute 大工. j³ zeigen, wo der ~ das Loch gelassen hat《話》人を部屋(家)から追出す, 叩き出す.
'**Zim·mer·meis·ter** 男 -s/- 大工の親方, 棟梁.
'**zim·mern** ['tsɪmərn] **1** 他 大工仕事で作る, 建てる; (家具, 棺などを)木材で作る. sich³ *sein* Leben ~《比喩》自分の人生をこつこつと築き上げる. **2** 自 大工仕事をする; (an et³ 物³を)木材で作る, 細工する. In seiner Freizeit *zimmert* er den ganzen Tag. 余暇には彼は一日中大工仕事をする. an einem Tisch ~ テーブルをこしらえる.
'**Zim·mer·num·mer** 囡 -/-n 部屋番号, ルームナンバー.
'**Zim·mer·pflan·ze** 囡 -/-n 室内観賞用植物.
'**Zim·mer·tem·pe·ra·tur** 囡 -/-en **1** 室内温度, 室温. **2** 標準室温(だいたい 18–22°C).
'**Zim·mer·the·a·ter** 田 -s/- 小劇場, 室内劇場.
'**Zim·mer·ver·mie·ter** 男 -s/- 部屋の貸主, 間貸人. ◆女性形 Zimmervermieterin 囡 -/-nen
'**Zim·met** ['tsɪmət] 男 -[e]s/-e《古》(=Zimt) 肉桂, シナモン.
..zimm·rig [..tsɪmrɪç]《接尾》=..zimmerig
'**zim·per·lich** ['tsɪmpərlɪç] 形 **1** 神経過敏な, ひどく感じやすい, 神経質な, 気の弱い. Sie ist nicht [gerade] ~. 彼女はけっこうふてぶてしい. **2** お上品ぶった, やたら気取った, 取り澄ました; やたら恥ずかしがる. Stell dich nicht so ~ an! そんなに気取るんじゃないよ.
'**Zim·per·lich·keit** 囡 -/-en **1** ひどく神経質なこと, 神経過敏なこと. **2** お上品ぶること, やたら気取っていること; お上品ぶった態度(振舞).
'**Zim·per·lie·se** [..liːzə] 囡 -/-n《話》ひどく神経質な女の子(まれに男の子).

Zimt [tsɪmt] 男 -[e]s/-e (*hebr.*) **1** (a)《植物》せいろんにっけい(セイロン肉桂). (b)《料理》シナモン, 肉桂(ﾆｯｹｲ), 桂皮. **2**《複数なし》《話》くだらないこと, つまらない話; がらくた. Der ganze ~ kann mir gestohlen bleiben. そんなくだらないことは聞きたくないよ(ごめんだね).
'**Zimt·baum** 男 -[e]s/¨e《植物》セイロン肉桂樹.
'**Zin·gel**['tsɪŋəl] 男 -s/-[n]《魚》(ドーナウ川流域に生息する)すずき(鱸)(の類).
'**Zin·gel²** 囡 -/- (*lat.* cingula, Gurt, Gürtel ')《古》(=Ringmauer) (城郭や町の周囲の)周壁, 囲壁.
Zink¹ [tsɪŋk] 田 -[e]s/《記号 Zn》《化学》亜鉛.
Zink² 男 -[e]s/-en (↑Zinke)《楽器》(中世から 18 世紀頃まで用いられた)コルネット, ツィンク.
'**Zink·blech** 田 -[e]s/-e 亜鉛板.
'**Zink·blen·de** 囡 -/-n《鉱物》閃・亜鉛鉱.
'**Zin·ke** ['tsɪŋkə] 囡 -/-n **1** (フォーク・熊手(ﾓ)・櫛(ｼ)などの)歯. **2**《木工》(木組みの)柄(ﾎｿ); ありほぞ(蟻柄).
'**zin·ken** ['tsɪŋkən] (↑Zinken²) **1** 他《話》**1** (トランプの札に)印をつける(いかさまのために). **2** (秘密などを)ばらす. **2** 自 (トランプゲームなどで)いかさまを働く.
'**Zin·ken²** 他《木工》(物(ﾓ)に)柄(ﾎｿ)をつける.
'**Zin·ken³** 形 亜鉛の, 亜鉛製の.
'**Zin·ken** ['tsɪŋkən] 男 -s/- (↑Zinke)《戯》でか鼻.
'**Zin·ken²** 男 -s/-《卑》(いかさまにつかう)目印, 符丁.
'**Zin·ken³** 男 -s/- =Zink²
'**Zin·ken⁴** 囡 -/- (*it.* cinque, fünf ')(骰子(ｻｲｺﾛ)の)5 の目.
..zin·kig [..tsɪŋkɪç]《接尾》数詞と結びついて「先がが…に別れた, …股(叉)(ﾏﾀ)の」の意の形容詞をつくる. drei*zinkig* 3 股(叉)の.
'**Zink·oxid** ['tsɪŋk|ɔksiːt] 田 -[e]s/-e《化学》酸化亜鉛, 亜鉛華.
'**Zink·oxyd** ['tsɪŋk|ɔksyːt] 田 -[e]s/-e =Zinkoxid
'**Zink·sal·be** 囡 -/-n《医学》亜鉛華軟膏.
'**Zink·sul·fat** 田 -[e]s/-e《化学》硫酸亜鉛.
'**Zink·vi·tri·ol** [..vitriːoːl] 田 -s/《鉱物》皓礬(ｺｳﾊﾞﾝ) (硫酸亜鉛の 7 水和物).
'**Zink·weiß** 田 -[es]/ (顔料・塗料に用いる)亜鉛華, 亜鉛白.
Zinn [tsɪn] 田 -[e]s/ **1**《記号 Sn》《化学》錫(ｽｽﾞ). **2** 錫製食器(容器).
'**Zinn·chlo·rid** 田 -[e]s/-e《化学》塩化第 2 錫.
'**Zin·ne** ['tsɪnə] 囡 -/-n **1** (城砦などの)鋸歯状城壁, 凸壁, 胸壁. **2**《多く複数で》(高山の)尖峰, 尖った峰, ぎざぎざの山頂. **3**《ﾁﾛﾙ》(物干場などに用いる)平屋根, 屋上テラス.
'**zin·nern** ['tsɪnərn] 形 錫の, 錫製の.
'**Zinn·ge·schirr** 田 -[e]s/-e 錫食器.
'**Zin·nie** ['tsɪniə] 囡 -/-n《植物》ひゃくにちそう(百日草), ジニア. ◆ドイツの植物学者 J. G. Zinn, 1727–1759 にちなむ.
'**Zinn·kraut** 田 -[e]s/¨er (=Ackerschachtelhalm) すぎな(の俗称).
Zin'no·ber [tsɪˈnoːbɐ] 男 -s/- (*gr.*) **1**《鉱物》辰砂(ｼﾝｼｬ)(水銀の原材料である硫化亜鉛, 古くは朱色の顔料として用いられた). **2**《ﾄﾞｲﾂ北部では》-s/-[s]《複数なし》朱色, バーミリオン. **3**《話》くだらないこと, 馬鹿げたこと; がらくた.
zin'no·ber·rot 形 朱色の, バーミリオンの.
'**Zinn·sol·dat** ['tsɪn..] 男 -en/-en (玩具の錫(ｽｽﾞ)の)兵隊.

*Zins [tsɪns ツィンス] 男 -es/-e[n] 〈*lat.* census〉 **1** (複数 Zinsen) (ふつう複数で) 金利, 利子, 利息. hohe (niedrige) ~*en* 高金利(低金利). ~*en* bringen (tragen) 利子を生む. auf ~*en* 利息を取って. j³ et¹ mit ~*en*〈mit ~ und Zinseszins〉heimzahlen《比喩》人に事の仕返しをたっぷりする. j¹ et¹ mit ~*en* zurückzahlen 人に物を利息を付けて返済する《比喩》人に事の仕返しをたっぷりする. von den ~*en* leben 金利生活をする. ein Darlehen zu 6% ~*en* 金利6パーセントのローン. **2** (複数 Zinse) (a) 《南ド,オーストリア,スイス》(Miete) 賃貸料, 賃借料; 家賃, 部屋代. (b)《古》(中世中領主に支払った) 地代, 小作料, 貢租.

'zins·bar [tsɪnsbaːr] 形 **1**《古》(利息) のつく. **2**《古》地代(貢租)を納める義務を負った.

'Zins·ein·nah·me 女 -/-n (多く複数で)《金融》利子収入.

'zin·sen [tsɪnzən] 自 (ス) 利子(地代, 租税) を払う.

'Zins·er·trag 男 -[e]s/-e (Zinseinnahme) 利子収入.

'Zin·ses·zins [tsɪnzəstsɪns] 男 -es/-en (ふつう複数で)《金融》複利. ↑Zins

'zins·frei [tsɪnsfraɪ] 形 **1** (zinslos) 無利子の. **2**《オーストリア,スイス》(mietfrei) 借賃家賃(賃料)のいらない.

'Zins·fuß 男 -es/=e《金融》(Zinssatz) 利率.

'Zins·hahn 男 -[e]s/=e (昔地代として納められた) 年貢の雄鶏. rot wie ein ~ 《地方》(怒りのあまり) 顔を真っ赤にして.

'Zins·haus 中 -es/=er《古》《南ド,オーストリア,スイス》(Mietshaus) 貸家.

'Zins·herr 男 -n/-en《歴史》(Grundherr) (中世の) 荘園領主.

'Zins·leu·te 複《歴史》(中世の) 貢租義務を負った農民, 小作民.

'zins·los [tsɪnsloːs] 形 (zinsfrei) 無利子の.

'Zins·pflicht 女 -/《歴史》(中世の封建領主に対する) 地代(貢租) を納める義務.

'zins·pflich·tig 形《歴史》地代(貢租) を納める義務を有した.

'Zins·po·li·tik 女 -/《経済》金利政策.

'Zins·rech·nung 女 -/-en《金融》利子(利息)計算.

'Zins·satz 男 -es/=e《金融》利率.

'Zins·schein 男 -[e]s/-e《金融》(債権などの) 利札, 配当金支払証書.

'Zins·span·ne 女 -/-n《金融》利ざや.

'Zins·ta·bel·le 女 -/-n《金融》利息計算表, 利率表.

'Zi·on [tsiːɔn] ⟨*hebr.*⟩ ❶ 男 -[s]/《地名》der ~ シオン(エルサレム旧市街南東の丘で David の王宮があったとされる). ❷ 男/《無冠詞》《比喩》**1** エルサレム. Töchter ~*s* (エルサレムの女たちをさして) シオンの娘たち. **2**《集合的に》エルサレムの民; ユダヤの民. **3** Tochter ~*s*《比喩》シオンの娘((a) エルサレムの擬人化. (b) イスラエルの擬人化).

Zi·o'nis·mus [tsioˈnɪsmʊs] 男 -/ シオン主義, シオニズム. ◆19世紀末ヨーロッパで始まったユダヤ人国家の再建をめざす運動および思想. しばしばユダヤ教徒以外を容認しない宗教的排他的民族主義の性格を帯び, 後にパレスチナ問題を生み出すひとつの要因となった.

Zi·o'nist [tsioˈnɪst] 男 -en/-en シオニスト. ◆女性形 Zionistin -/-nen

zi·o'nis·tisch 形 シオニズムの.

Zipf¹ [tsɪpf] 男 -[e]s/《南ド・東中部方言》《獣医》(Pips) ピプス(鳥類の病的な舌苔および鼻腔炎).

Zipf² 男 -[e]s/-e **1**《南ド,オーストリア,スイス》=Zipfel **2**《オーストリア,スイス》つまらない人, 退屈な人.

'Zip·fel [ˈtsɪpfəl] 男 -s/- **1** (布・衣類などの) とがった端, 角(恕), 耳. et¹ am〈beim〉rechten ~ anfassen〈anpacken〉事¹を手際よくやり始める. et¹ an〈bei〉allen vier ~*n* haben 事¹をしっかり掴んでいる, 把握している. **2** (Bierzipfel の短縮) (所属学生組合を示す目的で懐中時計の鎖につけた) 飾りリボン. **3**《幼児》(Penis) おちんちん.

'zip·fe·lig [ˈtsɪpfəlɪç] 形 (布の端・衣服の裾などが) 不揃いになった, ぎざぎざになった.

'Zipfel·müt·ze 女 -/-n (先が垂れ下がりしばしば房飾りのついた毛糸編みの) 三角帽子, 房つき帽子(今日では子供用あるいはスキーなどをするときに用いられる).

'zip·feln [ˈtsɪpfəln] 自《話》(布の端・衣服の裾などが) 不揃いになっている, ぎざぎざになっている.

'zipf·lig [ˈtsɪpflɪç] 形 =zipfelig

Zipp [tsɪp] 男 -s/-s ⟨*engl.* zip⟩《オーストリア,スイス》(Reißverschluss) ジッパー, ファスナー.

'Zip·pe [ˈtsɪpə] 女 -/-n《地方》**1**《鳥》うたつぐみ. **2**《侮》女, あま.

'Zip·per [ˈtsɪpər] 男 -s/- ⟨*engl.* zipper⟩《話》(Reißverschluss) ジッパー, ファスナー.

'Zip·per·lein [ˈtsɪpərlaɪn] 中 -s/《古》《戯》**1** (Gicht) 痛風. **2** (Wehwehchen) (身体のあちこちのちょっとした) 痛み.

'Zir·be [ˈtsɪrbə] 女 -/-n =Zirbelkiefer

'Zir·bel [ˈtsɪrbəl] 女 -/-n =Zirbelkiefer

'Zir·bel·drü·se 女 -/-n《解剖》(Epiphyse) 松果体, 松果腺.

'Zir·bel·holz 中 -es/=er 松材.

'Zir·bel·kie·fer 女 -/-n《植物》せんぶらまつ(セン ブラ松)(ヨーロッパの高山やロシア北部に生える松の一種で実が食用になる).《複数なし》松材.

'Zir·bel·nuss 女 -/=e (センブラ松の) 松の実.

'zir·ka [ˈtsɪrka] 副 ⟨*lat.*⟩《略 ca.》(circa) 約, およそ, ほぼ.

*'Zir·kel [ˈtsɪrkəl] 男 -s/- ⟨*lat.*⟩ **1** コンパス, 両脚規; ディバイダー. mit dem ~ einen Kreis ziehen〈schlagen〉コンパスで円を描く. **2** 円, 輪, 環. in einem ~ 輪になって. **3** (a) (少人数のサークル, グループ, 同好会; サークルの催し). ein dramatischer ~ 演劇サークル. einen ~ besuchen 会の催しに出る. (b) (旧東ドイツ) 研究会, ワーキンググループ. **4** (学生組合の) モノグラム, 組合せ文字. **5** (a)《馬術》輪乗り. (b) der ~ 《天文》コンパス座. (c)《哲学》(Zirkelschluss) 循環論法. (d)《音楽》(Quintenzirkel) 5度圏.

'zir·keln [ˈtsɪrkəln] ❶ 他 **1** (コンパスで) 正確に測る.《過去分詞》gezirkelte Blumenbeete 定規で測ったような花壇. **2**《しばしば目的語なしで》《話》十分に吟味する, 考え抜く. **3**《話》(ボールを) 測ったように正確にシュート(パス) する; 循環する. ❷ 自 (まれ) (kreisen) 円運動をする; 循環する.

'Zir·kel·schluss 男 -es/=e《哲学》(Circulus vitiosus) 循環論法.

Zir'kon [tsɪrˈkoːn] 男 -s/-e ⟨*pers.* zargun, goldfarben⟩《鉱物》ジルコン, 風信子鉱(Zirkonium を含む鉱石で透明で美しい色をしたものは宝石として利用される).

Zir'ko·ni·um [tsɪrˈkoːniʊm] 中 -s/《記号 Zr》《化学》ジルコニウム.

zir·ku'lar [tsɪrkuˈlaːr] 形 (kreisförmig) 円形の, 環状の.

Zir·ku'lar 中 -s/-e《古》(Rundschreiben) 回状, 回章, 回覧状.

zir·ku'lär [tsɪrkuˈlɛːr] 形 = zirkular

Zir·ku·la·ti'on [tsɪrkulatsiˈoːn] 女 -/-en **1** 循環. **2**《複数なし》〖医学〗(血液の)循環. **3** (貨幣の)流通.

zir·ku·lie·ren [tsɪrkuˈliːrən] 自 (s, h) **1** 循環する. **2** (血液が)循環する. **3** (貨幣が)流通する. **4** (噂などが)流布する, 広まる.

zir·kum··, Zir·kum·· [tsɪrkʊm..] (gr.)《接頭》(um ...herum) 名詞・形容詞・動詞などに冠して「…の周りに」の意を表す.

'Zir·kum·flex [tsɪrkʊmflɛks, ‒‒'‒] 男 -es/-e《音声》アクサン・シルコンフレックス, 長音符(フランス語などの ˆ). **2** (ギリシア語などの)曲アクセント(上昇した後下降するアクセント).

zir·kum·po'lar [..poˈlaːr] 形《物理》周極の.

Zir·kum·po'lar·stern 男 -[e]s/-e《天文》周極星.

'Zir·kus ['tsɪrkʊs] 男 -/-se (lat. circus) **1**〖歴史〗(古代ローマの)円形競技場. **2** (a) サーカス, 曲馬団; サーカス小屋. (b)《複数なし》サーカス公演. **3**《複数なし》《話》大騒ぎ, 大混乱. Mach doch keinen solchen ~! この馬鹿騒ぎはよせよ.

'Zir·kus·di·rek·tor 男 -s/-en サーカス団長.

'Zir·kus·rei·ter 男 -s/- (サーカスの)曲馬師.

'Zir·kus·zelt 中 -[e]s/-e サーカステント, サーカス小屋.

'Zir·pe ['tsɪrpə] 女 -/-n《地方》**1** (Zikade) 蟬(せみ). **2** (Grille) こおろぎ.

zir·pen ['tsɪrpən] 自 **1** (蟬・こおろぎなどが)りんりん(じーじー)と鳴く. (小鳥が)ぴっぴっと鳴く. **2** (人が)ひそひそとささやく.

Zir·ren ['tsɪrən] Zirrus の複数.

Zir'rho·se [tsɪˈroːzə] 女 -/-n (gr. kirrhos , gelb-, orangenfarben')《医学》(肝臓などの)硬変.

zir'rho·tisch [tsɪˈroːtɪʃ] 形《医学》硬変の.

'Zir·rus ['tsɪrʊs] 男 -/- Zirren (lat. cirrus , Haarlocke')**1**〖気象〗(Zirruswolke) 絹雲(けんうん), 巻雲. **2**〖動物〗(a) (扁形動物の生殖器). (b) (多くの水生動物, 例えば蔓脚(まんきゃく)類などの)触毛.

'Zir·rus·wol·ke 女 -/-n〖気象〗絹雲(けんうん), 巻雲.

zis·al'pin [tsɪsalˈpiːn] 形 = zisalpinisch

zis·al'pi·nisch [tsɪsalˈpiːnɪʃ] 形 (lat. cis , diesseits'+alpinus) (ローマから見て)アルプスのこちら側の, アルプスの南側の.

Zi·sche'lei [tsɪʃəˈlaɪ] 女 -/ しゅうしゅう(しっしっ)と音を立てること; ひそひそ囁(ささや)く声.

'zi·scheln ['tsɪʃəln] **❶** 自 (s, h) **1** しゅうしゅう音を立てる. **2** ひそひそ囁(ささや)く. **❷** 他 (über j⁴ 人⁴ について)こそこそ囁く, 耳打ちをする; 陰口をきく.

'zi·schen ['tsɪʃən] **❶** 自 (s, h) (a) (熱せられた水などが)しゅうしゅう(じゅうじゅう)と音を立てる. Heißes Fett zischt in der Pfanne. 熱く熱せられた脂がフライパンの中でしゅうじゅうと音を立てている. (c) (劇場などで聴衆が)しーしーと歯を鳴らして野次をとばす. **2** (s) (a) (蒸気などが)しゅんしゅんと音を立てて吹出る. (b) (金属片などが)しゅっと音を立てて飛ぶ. (c)《話》(人が)さっと走り去る, 矢のように駆け抜ける. **❷** 他 (事¹ を激しい口調でささやく. (b)《話》(ビールなどを)ぐいっとやる, きゅーっと飲む. einen ~ (ぐいっと)一杯ひっかける.

Zisch·laut ['tsɪʃ..] 男 -[e]s/-e **1**《音声》(Sibilant) 歯擦音([s] [z] [ʃ] など). **2** しゅうしゅう(しゅっしゅっ)という音.

Zi·se'leur [tsizəˈløːr] 男 -s/-e (fr.) 彫金師. ◆女性形 Ziseleurin [..rɪn] 女 -/-nen

Zi·se'lier·ar·beit [tsizaˈliːr..] 女 -/-en **1**《複数なし》彫金. **2** 彫金作品, 金属彫り物.

zi·se'lie·ren [tsizaˈliːrən] 他 彫金する. Rosenmotive in Silber ~ 薔薇のモチーフを銀に彫る.

Zi·se'lie·rer [tsizəˈliːrər] 男 -s/- = Ziseleur

'Zis·ka ['tsɪska]《女名》ツィスカ(フランツィスカ Franziska の愛称).

Zis·la'weng [tsɪslaˈvɛŋ] 男 (fr. ainsi cela vint , so ging das zu')《次の用法のみ》in einem ~《話》勢いよく, 弾みをつけて.

'Zis·si ['tsɪsi]《女名》ツィッシィ(フランツィスカ Franziska の愛称).

'Zis·ta ['tsɪsta] 女 -/Zisten = Ziste

'Zis·te ['tsɪstə] 女 -/-n (gr. kiste , Kiste, Korb')〖考古〗**1** シスト, キスト(古代イタリア・ギリシア・オリエントなどで用いられた青銅製の円筒形容器). **2** (エトルリアの)陶製の骨壺.

Zis·ter·ne [tsɪsˈtɛrnə] 女 -/-n (lat. cisterna) **1** (城塞などの)地下貯水槽, 天水溜め. **2**〖解剖〗(器官内の)槽.

Zis·ter·zi'en·ser [tsɪstɛrtsiˈɛnzər] 男 -s/- (fr.)《カトリック》シトー会修道士.

Zis·ter·zi'en·ser·or·den 男 -s/《カトリック》シトー会. ◆1098 フランス東部の荒野シトー Citeaux にロベール Robert de Molesme が創設した革新的修道会.

Zi·ta·del'le [tsitaˈdɛlə] 女 -/-n (it. cittadella) (要塞都市の中核となる)城郭, 城塞.

*Zi'tat [tsiˈtaːt] 中 -[e]s/-e (lat.) **1** 引用文, 引用句. ein ~ aus Goethe ゲーテからの引用. **2** (よく引用される)有名な言葉, 名言.

Zi'ta·ten·le·xi·kon 中 -s/..lexika(..lexiken) 引用句辞典.

Zi'ta·ten·schatz 男 -es/ⁿe (Zitatenlexikon) 引用句辞典. **2** (豊富な)引用句の知識. einen reichen ~ haben 豊富な引用句の知識がある.

Zi·ta·ti'on [tsitatsiˈoːn] 女 -/-en (lat. citatio , Herberufen')**1**《古》(法廷などへの)呼出し, 召喚. **2** 引用.

'Zi·ther ['tsɪtər] 女 -/-n (lat. cithara)《楽器》ツィター, チター(撥弦楽器の一種).

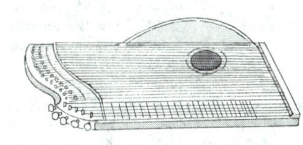

Zither

*zi'tie·ren [tsiˈtiːrən] 他 (lat. citare , herbeirufen') **1** 引用する. einen Dichter ~ ある詩人の言葉を引用する. eine Stelle aus einem Buch ~ ある本のある個所を引用する.《目的語なして》aus der Bibel ~ 聖書から引用する. **2** (herbeirufen) (人⁴ を)呼出す, 召喚する. Geister ~ 霊を呼出す. j⁴ vor Gericht ~ 人⁴ を法廷に召喚する.

Zi'tie·rung 女 -/-en 引用(すること).

Zi'trat [tsiˈtraːt] 中 -[e]s/-e《化学》クエン酸塩. ↑

Zitronat

Zitronensäure

Zi·tro·nat [tsitro'naːt] 中 -[e]s/-e (fr. citronnat) シトロンの皮の砂糖漬け. ↑Zitronatzitrone

Zi·tro·nat·zi·tro·ne 女 -/-n 【植物】シトロン(インド原産の柑橘類でイタリア, スペインなどで栽培される.

Zi·tro·ne [tsi'troːnə] 女 -/-n (lat. citrus) **1**【植物】(Zitronenbaum) レモン(檸檬)(の木). **2** レモン(の実・果汁). heiße ～. eine ～ auspressen⟨ausquetschen⟩ レモンをしぼる. j⁴ auspressen⟨ausquetschen⟩ wie eine ～ 《話》(厳しい質問で)人を締め上げる, 問詰める; 人から大金を巻きあげる. mit ～n gehandelt haben《話》事業で失敗する.

Zi·tro·nen·baum 男 -[e]s/¨e 【植物】レモン(檸檬)(の木).

Zi·tro·nen·fal·ter 男 -s/- 【虫】やまきちょう(山黄蝶).

zi·tro·nen·far·ben 形 =zitronengelb

zi·tro·nen·far·big 形 =zitronengelb

Zi·tro·nen·gelb 中 檸檬(ﾚﾓﾝ)色の, レモンイエローの.

Zi·tro·nen·li·mo·na·de 女 -/-n レモネード.

Zi·tro·nen·pres·se 女 -/-n レモン搾り機.

Zi·tro·nen·saft 男 -[e]s/¨e レモン果汁, レモンジュース.

Zi·tro·nen·säu·re 女 -/-n 【化学】クエン酸.

Zi·tro·nen·scha·le 女 -/-n レモンの皮(薬味として用いられる).

Zi·tro·nen·was·ser 中 -s/- レモン水.

Zi·trul·le [tsi'trʊlə] 女 -/-n (fr. citrouille)《古》(Wassermelone) スイカ.

'Zi·trus·frucht [ˈtsiːtrʊs..] 女 -/¨e 柑橘(ｶﾝｷﾂ)類の果実.

'Zi·trus·ge·wächs 中 -es/-e 柑橘(ｶﾝｷﾂ)類.

'Zi·trus·pflan·ze 女 -/-n =Zitrusgewächs

'Zit·ter·aal [ˈtsɪtər..] 男 -[e]s/-e 【魚】でんきうなぎ.

'Zit·ter·gras 中 -es/¨er 【植物】こばんそう(小判草).

'zit·te·rig [ˈtsɪtərɪç] 形 =zittrig

*'**zit·tern** [ˈtsɪtərn] ツィターン 自 (h, s) **1** (h) (a) (体や身体の一部が小刻みに)震える, わななく. Seine Hände zitterten. / Ihm zitterten die Hände. 彼の手はわなわなと震えた. am ganzen Körper⟨an allen Gliedern⟩ ～ 全身を震わせる. Ihre Stimme zitterte vor Aufregung. 彼女の声は興奮のあまり震えていた. vor Kälte⟨Wut⟩ ～ 寒さに⟨怒りに⟩震える. 《現在分詞で》mit zitternden Knien 膝をがくがくさせながら. mit zitternder Stimme 声を震わせて, わななく声で. (b) (一般に物体が)震動する. Die Blätter zittern im Lüftchen. 木の葉が微風にそよいでいる. Bei der Explosion zitterten die Gläser auf dem Tisch. 爆発があったときテーブルの上のグラスがかたかたと震えた. 《比喩》(光・空気などが)ゆらめく. Vor Hitze zitterte die Luft. 暑さで空気がゆらめいていた(陽炎(ｶｹﾞﾛｳ)が立っていた). **2** (h) (vor j⟨et⟩³ 人⟨事⟩³を前にして)震えおのく, (を)ひどく怖がる(怖れる). Vor seinem Namen zitterten immer die Kinder. 彼の名前を聞くと子供たちはいつも震え上がった. vor Polizisten ～ 警官をひどく怖れる.《現在分詞》zitternd und bebend 震えおののきながら. **3** (h) (für⟨um⟩ j⟨et⟩³ 人⟨事⟩³のことで)ひどく心配する, 憂慮する. für seinen alten Vater ～ 年老いた父親の身のうえをひどく気づかう. um sein Geld ～ 自分のお金のことが心配でならない. **4** (s) 《戯》(...へあたふたと)立去る, 出て行く; ひとっ走りする.

'Zit·tern 中 -s/- 震え, わななき; 《医学》震顫(ｼﾝｾﾝ).

mit ～ und Zagen びくびくしながら, 恐る恐る.

'Zit·ter·pap·pel 女 -/-n 【植物】(Espe) やまならし (ポプラ属の一種).

'Zit·ter·ro·chen 男 -s/- 【魚】しびれえい.

'zitt·rig [ˈtsɪtrɪç] 形 (老齢・虚弱・興奮などで)わなわな(ぶるぶる)と震える. 形 mit ～en Händen わなわなと手で.

'Zit·wer [ˈtsɪtvər] 男 -s/- (pers.)【植物】がじゅつ(しょうが科の多年草でその根は健胃剤などに用いられる.

'Zit·ze [ˈtsɪtsə] 女 -/-n **1** (雌獣の)乳首, 乳頭. **2** 《卑》(Brust) (女性の)乳房; (Brustwarze) 乳首.

'Zi·vi [ˈʦiːvi] 男 -s/-s《略》**1** =Zivildienstleistende **2** 私服警察官, 私服.

***zi'vil** [tsiˈviːl ツィヴィール] 形 (lat. civilis, bürgerlich') **1** (↔ militärisch) 文民の, 一般市民の, 民間の. ～er Ersatzdienst【法制】非軍事的代役(良心上の理由から兵役を拒否した者に課せられる役務. 今日では Zivildienst という語が用いられる). -e Kleidung (軍服に対して)平服, 私服. Im ～en Leben war er Maler. 一般市民としては彼は画家だった. eine -e Luftfahrt 民間航空. ～er Notstand【法制】民間の緊急状態(自然災害など). ～e Verteidigung【法制】非軍事的手段(組織)による防衛. **2**【法制】民事の. die -e Ehe 民事婚(=Zivilehe). das ～e Recht 民法(=Zivilrecht). **3** 手ごろな, 相応の, まずまずの, ふさわしい. -e Bedingungen まずまずの条件. -e Preise 手ごろな値段. Er wurde ～ behandelt. 彼は相応の処遇を受けた.

Zi'vil 中 -s/-【服飾】**1** (Zivilkleidung) (↔ Uniform) (制服に対する)私服, 平服. ein Polizist in ～ 私服の警察官. **2**《まれ》民間; 民間人. **3** 《略》(Familienstand) (既婚・未婚などの)配偶関係.

Zi'vil·an·zug 男 -[e]s/¨e =Zivilkleidung

Zi'vil·be·ruf 男 -[e]s/-e (軍人の)民間での職業.

Zi'vil·be·völ·ke·rung 女 -/-en (軍人に対して)民間人, 一般市民; 非戦闘員.

Zi'vil·cou·ra·ge [..kuraːʒə] 女 -/- 《何ものも恐れずに自己の信念を公にする》市民としての勇気 (1864 Bismarck が唱えた言葉).

Zi'vil·dienst 男 -[e]s/-e【法制】(良心上の理由による兵役拒否者に課せられる)非軍事的役務.

Zi'vil·dienst·leis·ten·de 男女《形容詞変化》非軍事的役務従事者. =Zivi

Zi'vil·dienst·ler [..lər] 男 -s/- 《隠》=Zivildienstleistende

Zi'vi·le [tsiˈviːlə] 男《形容詞変化》《隠》私服警察官, 私服.

Zi'vil·ehe 女 -/-n【法制】民事婚(教会で認められたというだけではなく, 国家法に基づいて締結された婚姻).

Zi'vil·ge·richt 中 -[e]s/-e【法制】民事裁判所.

***Zi·vi·li·sa·ti'on** [tsiviliːzatsi'oːn ツィヴィリザツィオーン] 女 -/-en (fr. civilisation) **1** (a) 文明. eine hohe⟨niedrige⟩ ～ 高い⟨低い⟩文明. (b)《複数まれ》文明化. **2**《複数なし》《まれ》知的(文化的)洗練. ハイセンスなライフスタイル. Sie besitzt keine ～. 彼女はまるで洗練されていない.

Zi·vi·li·sa·ti'ons·krank·heit 女 -/-en 文明病.

zi·vi·li·sa'to·risch [tsivilizaˈtoːrɪʃ] 形 文明の, 文明に基づいた, 文明開化を促す.

***zi·vi·li'sie·ren** [tsiviliˈziːrən ツィヴィリズィーレン] 他 **1** 文明化する, 開化する. **2** 《まれ》洗練する. ◆ ↑zivilisiert

zi·vi·li'siert 形 文明化された, 開化した; 知的

(文化的)に洗練された. ~e Länder 文明国.
Zi·vi·list [tsivi'lıst] 男 -en/-en **1** (軍人に対して)文民, 民間人, 一般市民. **2** 私服の人(警官, 兵隊). ◆女性形 Zivilistin 女 -/-nen
Zi·vil·kla·ge [tsi'vi:l..] 女 -/-n 〖法制〗民事上の訴え.
Zi·vil·klei·dung 女 -/-en (↔ Uniform) 私服, 平服.
Zi·vil·lis·te 女 -/-n (国庫から支出される)王室費, 宮廷費.
Zi·vil·per·son 女 -/-en (Zivilist)(軍人に対して)文民, 民間人, 一般市民.
Zi·vil·pro·zess 男 -es/-e 〖法制〗民事訴訟.
Zi·vil·pro·zess·ord·nung 女 -/-en (略 ZPO)〖法制〗民事訴訟法.
Zi·vil·recht 中 -[e]s/〖法制〗民法.
zi·vil·recht·lich 形 〖法制〗民事訴訟法上の.
Zi·vil·sa·che 女 -/-n **1** (ふつう複数で)〖法制〗民事事件. **2** (複数で)〖話〗私服, 平服.
Zi·vil·schutz 男 -es/ **1** 〖法制〗民間人の保護. **2** (Zivilschutzkorps の短縮)民間防護団.
Zi·vil·schutz·korps [..ko:r] 中 -[..ko:r(s)]/-[..ko:rs] 〖法制〗民間防護団(1965 に設立された民間人団員による防衛支援組織).
Zi·vil·stand 男 -[e]s/ **1** 文民の身分, 民間人であること. **2** (ミテミ)(Familienstand)(既婚・未婚などの)配偶関係.
Zi·vil·trau·ung 女 -/-en (教会における結婚式に対して)戸籍役場における結婚式.
ZK [tsɛt'ka:] 中 -[s]/-[s]〖略〗=Zentralkomitee
Zl ['zlɔtɪ, 'slɔtɪ] 中〖略〗=Zloty
'Zlo·ty ['zlɔtɪ, 'slɔtɪ] 男 -s/-s (pol. złoty, golden')〖略 Zl〗ズロチ(ポーランドの通貨単位).
Zn [tsɛt'|ɛn, tsɪŋk]〖記号〗〖化学〗=Zink[1]
'Zo·bel ['tso:bəl] 男 -s/- (slaw.) **1**〖動物〗くろてん(黒貂貂). **2** 黒貂貂の毛皮(製品).
'Zo·bel·fell 中 -[e]s/-e 黒貂貂(クロテン)の毛皮.
'Zo·bel·pelz 男 -es/-e 黒貂貂の毛皮(製品).
'zo·ckeln ['tsɔkəln] 自 (s)〖話〗(zuckeln) のろのろ歩く(進む).
'zo·cken ['tsɔkən] 自 (jidd.)〖卑〗賭博をする, ギャンブルをする.
'Zo·cker ['tsɔkɐr] 男 -s/- 〖卑〗賭博師, ギャンブラー.
zo·di·a·kal [tsodia'ka:l] 形 (述語的用法なし)黄道の.
Zo·di·a·kal·licht 中 -[e]s/〖天文〗黄道光.
Zo·di·a·kus [tso'di:akʊs] 男 -/ (gr. zodiakos [kyklos, tierischer Kreis])〖天文〗(Tierkreis)黄道帯; 獣帯;〖占星〗黄道 12 宮.
'Zo·fe ['tso:fə] 女 -/-n (貴婦人の身辺に仕える)侍女.
Zoff [tsɔf] 男 -s/ (jidd.)〖話〗(Streit)喧嘩, もめごと, ごたごた, 不和.
zog [tso:k] ziehen の過去.
'zö·ge ['tsø:gə] ziehen の接続法 II.
'Zö·ge·rer ['tsø:gərɐr] 男 -s/- 躊躇(ちゅうちょ)する人, ためらう人; ぐずぐずする人. ◆女性形 Zögerin 女 -/-nen
★**'zö·gern** ['tsø:gɐrn] 自 ためらう, 躊躇(ちゅうちょ)する; 逡巡(しゅんじゅん)する. Er hat einen Augenblick gezögert. 彼は一瞬ためらった. bis zum letzten Augenblick ~ 最後の最後までためらう. mit et[3] ~ 事[3]をためらう. mit der Antwort ~ 返事をためらう. ohne zu ~ ためらわず, 躊躇なく. 《zu 不定詞句と》

Er zögerte nicht, das Schwert zu ziehen. 彼はためらうことなく剣を抜いた. 《現在分詞》Sie folgte ihm nur zögernd. 彼女はしぶしぶ彼について行った. Dieses Jahr kommt der Frühling spät und zögernd. 今年は春の訪れが遅い. Die Arbeit geht nur zögernd. その仕事は遅々として捗(はかど)らない. zögernden Schrittes[2] / mit zögernden Schritten 重い足取りで.
'Zö·gern 中 -s/ ためらい, 躊躇; 逡巡. ohne ~ ためらわずに, 躊躇なく.
'Zög·ling ['tsø:klɪŋ] 男 -s/-e 寄宿生, 寮生,〖比喩〗秘蔵っ子. ◆erziehen の意味での由来として, 18 世紀にフランス語の élève に代る語として用いられた. ↑Eleve
'Zo·he ['tso:ə] 女 -/-n 〖南西ドイツ〗(Hündin) 雌犬.
Zö·len·te'rat [tsølɛnte'ra:t] 男 -en/-en (gr.)《多く複数で》〖動物〗(Hohltier) 腔腸動物.
Zö·les'tin [tsølɛs'ti:n] 男 -s/-e (lat. coelum, Himmel)〖鉱物〗天青石(青色または透明色でストロンチウムを含有する).
Zö·li·bat [tsøli'ba:t] 中 -[e]s/ (略 coel.) (lat.)〖宗〗(とくにカトリック聖職者が守らなければならない)独身; 独身制. ◆神学用語としてはふつう男性名詞扱い.
Zoll[1] [tsɔl] 男 -[e]s/- 〖記号〗″ **1** ツォル(昔の長さの単位, =2.3-3 cm). drei ~ starke Bretter 厚さ 3 ツォルの板材. ein Rohr von 3 ~ Durchmesser 直径 3 ツォルのパイプ. keinen ~ nachgeben〈weichen〉《比喩》一歩も譲らない. jeder ~ ein ...〖古〗完全に, まったく. Seine Mutter ist jeder ~ eine Dame. 彼の母親は完璧なレディーだ. **2** インチ(=2.54 cm, ヤード・ポンド法のインチ) der englische ~ と呼び, 今日でもネジの口径などの単位として一部で用いている.
★**Zoll**[2] [tsɔl ツォル] 男 -[e]s/Zölle (gr. telos, Ziel, Ende') **1** (a) 〖法制・経済〗関税, 通関料. Auf dieser Ware liegt ein hoher ~. この品物には高い関税がかかっている. ~ bezahlen 関税を納める. ~ erheben 関税をかける. Der muss dem Alter seinen ~ zahlen.《比喩》だれしも寄る年波には勝てない. (b)〖歴史〗(古代・中世の)通行税, 橋銭. **2**《複数なし》税関.
'Zoll·ab·fer·ti·gung 女 -/-en 税関手続き, 通関.
'Zoll·amt 中 -[e]s/⸚er 税関.
'zoll·amt·lich 税関の; 税官吏の.
'Zoll·aus·land 中 -[e]s/-⸚er 〖法制〗関税上の外国.
'zoll·bar ['tsɔlba:r] 形 関税のかかる.
'Zoll·be·am·te 男〖形容詞変化〗関税職員, 税官吏. ↑Zollbeamtin
'Zoll·be·am·tin 女 -/-nen《Zollbeamte の女性形》女性税関職員, 女性税官吏.
'Zoll·be·hör·de 女 -/-n 〖法制〗関税官署, 税関.
'Zoll·be·tei·lig·te 男〖形容詞変化〗〖法制〗関税関係人(関税の対象となる物品を有し通関手続きを申請する者).
'zoll·breit (-[e]s/)1 ツォル(インチ)幅の.
'Zoll·de·kla·ra·ti·on 女 -/-en =Zollerklärung
'Zöl·le ['tsœlə] Zoll[2] の複数.
'Zoll·ein·neh·mer 男 -s/- (古代・中世の)通行税徴収役人, 税関吏.
'zol·len ['tsɔlən] 他 **1**〖雅〗(人[3]に事[4]を示す, 表す. j[3] Achtung〈Dank〉 ~ 人[3]に敬意〈感謝の念〉を示す. j[3] Beifall ~ 人[3]に拍手喝采を送る. **2**〖古〗(entrichten)(税金などを)納める, 支払う.

'**Zoll·er·klä·rung** 囡 -/-en 課税品申告(書).
'**zoll·frei** 関税のかからない, 免税の, タックスフリーの.
'**Zoll·ge·biet** 匣 -[e]s/-e 関税領域(同一関税境界内の地域, ↑Zollgrenze).
'**Zoll·gren·ze** 囡 -/-n 関税境界. ↑Zollgebiet
'**Zoll·gut** 匣 -[e]s/¨er 《法制》税関対象となる物品.
'**Zoll·haus** 匣 -es/¨er 税関の建物.
'**zoll·hoch** 1 ツォル(インチ)の高さの.
'**Zoll·ho·heit** 囡 -/ 《法制》(Zollrecht) 税関主権, 関税を賦課する権利.
..**zol·lig** [..tsɔlɪç] 《接尾》数詞と結びついて「…ツォル(インチ)の」の意の形容詞をつくる. vier*zollig*⟨4-*zollig*⟩ 4 ツォル(インチ)の.
..**zöl·lig** [..tsœlɪç] 《接尾》=..zollig
'**Zoll·in·halts·er·klä·rung** 囡 -/-en 《経済》(外国郵便などに添付する)税関告知書.
'**Zoll·kon·trol·le** 囡 -/-n 税関検査, 通関手続き.
'**Zöll·ner** ['tsœlnɐ] 男-s/- 1 《歴史》(古代ローマの)通行税徴収吏; 収税吏. 2 《古》《話》(Zollbeamter) 税関吏. ◆女性形 **Zöllnerin** 囡 -/-nen
'**zoll·pflich·tig** 関税のかかる.
'**Zoll·recht** 匣 -[e]s 1 関税を賦課する権利. 2 関税法.
'**Zoll·schran·ke** 囡 -/-n （ふつう複数で）関税障壁.
'**Zoll·stock** 男 -[e]s/¨e 折り尺(古くはインチ尺, 現在ではセンチ尺).
'**Zoll·ta·rif** 男 -s/-e 関税率表; 関税率.
'**Zoll·uni·on** 囡 -/-en 関税同盟.
'**Zoll·ver·ein** 男 -[e]s/ (Zollunion) 関税同盟. Deutscher ~ 《歴史》19 世紀のドイツ関税同盟.
'**Zoll·we·sen** 匣 -s/- 関税制度.
'**Zom·bie** ['tsɔmbi] 男 -[s]/-s (*afrik.* zumbi, 'schönes Götzenbild') 1 《民俗》ゾンビ. ◆西インド諸島の民間信仰ブードゥー Wodu で信じられる蘇生死体の化け物, 後にハリウッド映画などを通じて世界中にその名が知られるようになった. 2 《比喩》(ドラッグなどのせいできわめて不活発になった人間)ゾンビ, 意識をなくした人間をさして)ゾンビ野郎.
'**zo·nal** [tso'na:l] 匣 地帯の, 地域(区域)の, ゾーンの.
'**zo·nar** [tso'na:r] 匣 =zonal
*'**Zo·ne** ['tso:nə ツォーネ] 囡 -/-n (*gr.*) 1 (a) 地帯, 地域, 区域, ゾーン. (b) (交通機関・電話などの)(同一)料金区域. (c) 《歴史》(第 2 次大戦後ドイツの)占領地区; (冷戦時代のソビエト占領地区). 2 《地理》地帯, 帯, die gemäßigte 〈heiße/kalte〉 ~ 温帯〈熱帯/寒帯〉. 3 《地質》構造帯. 4 《鉱物》晶帯. 5 erogene ~*n* 《生理》性感帯.
'**Zo·nen·gren·ze** 囡 -/-n 1 (交通機関などの)同一料金区域間の境界. 2 (a) (第 2 次世界大戦後のドイツの)占領地区境界線. (b) (複数ならば)旧東西ドイツ間の境界線.
'**Zo·nen·ta·rif** 男 -s/-e 《交通・郵便》区域別料金(表).
'**Zö·no·bit** [tsøno'bi:t] 男 -en/-en 《宗教》共住修道者.
'**Zö·no·bi·um** [tsø'no:biʊm] 匣 -s/..bien [..biən] (*gr.*) 1 《宗教》(Kloster) (共住)修道院; (共住)修道生活. 2 《生物》連結生体, 連生体, シノビウム.
*'**Zoo** [tso:, 'tso:o ツォー(ツォ)] 男 -s (zoologischer Garten の短縮) (Tiergarten) 動物園.
zoo.., **Zoo..** [tsoo..] (*gr.* zo[i]on , 'Lebewesen, Tier') 《接頭》名詞・形容詞に冠して「動物の…, 獣の…」の意を表す.

'**Zoo·arzt** ['tso:a:rtst] 男 -es/¨e (動物園の)獣医.
'**Zoo·lith** ['tsoo'li:t] 男 -s(-en)/-e[n] 《地質》動物化石.
'**Zo·o·lo·ge** [tsoo'lo:gə] 男 -n/-n 動物学者. ◆女性形 **Zoologin** 囡 -/-nen
'**Zo·o·lo·gie** [tsoolo'gi:] 囡 -/ 動物学.
zo·o·lo·gisch [..'lo:gɪʃ] 匣 動物学の. ~*er* Garten 動物園(↑Zoo).
'**Zo·om'** [tso:m] 匣 -s/- 《生態》(動物の)共生区域. ↑Biom
'**Zoom²** [zu:m, tso:m] 匣 -s/-s (*engl.*) 1 (Zoomobjektiv) ズームレンズ. 2 《映画》ズーム, ズーミング.
'**zoo·men** ['zu:mən, 'tso:mən] 他自 ズームアップする, ズーミングする. einen Schmetterling ~ 蝶々をズームアップする.
'**Zo·on po·li·ti·kon** ['tso:ɔn politi'kɔn] 匣 -/ (*gr.*) 《哲学》社会的動物, ゾオン・ポリティコン. ◆ Aristoteles が『政治学』*Politika* III, 6 で用いた用語で「ポリスの動物」.
Zo·o·phyt [tsoo'fy:t] 男 -en/-en (*gr.* zoon , 'Tier' + phyton , 'Pflanze') 《古》植虫類(さんご虫など一見動物のように見える水生動物).
'**Zoo·tier** ['tso:ti:r] 匣 -[e]s/-e 動物園の動物.
Zo·o·to·mie [tsooto'mi:] 囡 -/ (*gr.*) 動物解剖学.
'**Zopf** [tsɔpf] 男 -[e]s/¨e (a) お下げ髪; (男の)弁髪. dicker ~ 太いお下げ髪. einen ~ flechten 髪をお下げに編む. einen ~ tragen お下げ髪を垂らす. (b) 《比喩》時代遅れのもの, 旧弊, 旧習. die alten *Zöpfe* abschneiden 旧弊を断つ. 2 《料理》お下げのように生地(?)を編んで焼いたねじりパン. 3 《地方》ほろ酔い. sich³ einen ~ antrinken (飲んで)ほろ酔い加減になる. 4 《林業》樹木の先端, 樹頂.
'**Zopf·band** 匣 -[e]s/¨er お下げのリボン.
'**Zöp·fe** ['tsœpfə] Zopf の複数.
'**zopf·fig** [tsɔpfɪç] 匣 時代遅れな, 旧弊な, 古くさい.
'**Zopf·stil** 匣 -[e]s 《美術》弁髪様式. ◆ロココ Rokoko から擬古典主義 Klassizismus にかけての移行期におけるドイツの芸術様式, 当時男性が弁髪にしていたことにちなむ.
'**Zopf·zeit** 囡 -/ 《美術》弁髪時代(1760-80 頃の弁髪様式 Zopfstil がはやっていた時代).
***Zorn** [tsɔrn ツォルン] 男 -[e]s/ (激しい)怒り, 立腹. Der ~ packte ihn. 激しい怒りが彼をとらえた. j² ~ erregen 人²の怒りを買う, (を)ひどく立腹させる. einen mächtigen ~ auf j⁴ haben 人⁴にひどく腹を立てている. aus⟨im⟩ ~ 腹立ちまぎれに. j⁴ in ~ bringen 人⁴をひどく怒らせる. in ~ geraten 怒りだす. vor ~ 怒りのあまり. vor ~ rot⟨blass⟩ sein 腹立ちで顔が赤くなっている⟨青ざめている⟩.
'**Zorn·ader** 囡 -/-n =Zornesader
'**Zorn·aus·bruch** 匣 -[e]s/¨e (まれ) =Zornesausbruch
'**zorn·ent·brannt** 怒りに燃えた, 激昂した.
'**Zor·nes·ader** ['tsɔrnəs..] 囡 -/-n 青筋(激昂したときなどに現れるこめかみの静脈). Ihm schwillt die ~ [an]. 彼は青筋を立てて怒っている.
'**Zor·nes·aus·bruch** 匣 -[e]s/¨e 怒りの爆発.
'**Zor·nes·rö·te** 囡 -/ 怒りによる紅潮. Das trieb ihm die ~ ins Gesicht. 《雅》そのことで彼は顔を真っ赤にして怒った.
*'**zor·nig** ['tsɔrnɪç ツォルニヒ] 匣 怒った, 立腹した. Er wird leicht ~. 彼はすぐに腹を立てる. auf j⁴ ⟨über et⁴⟩ ~ sein 人⟨事⟩に腹を立てている.

ˈzorn·mü·tig [ˈtsɔrnmyːtɪç] 形 怒りっぽい.
ˈzorn·rot 形 怒りで真っ赤になった.
ˈZorn·rö·te [ˈtsɔrnrøːtə] 女 -/ =Zornesröte
Zo·ro·as·ter [tsoroˈastar] 人名 (gr.) ゾロアスター. ◇古代ペルシアすなわち現在のイラン東北部でアフラ・マズダを主神とする宗教を創始したとされる予言者. 活躍した時期については前2千年紀中頃から前7-前6世紀にわたる諸説がある. ↑Zarathustra.
Zo·ro·as·tri·er [tsoroˈastriər] 男 -s/- ゾロアスターの信奉者, ゾロアスター教信者. ◆女性形 Zoroastrierin /-/-nen
zo·ro·as·trisch [tsoroˈastrɪʃ] 形 ゾロアスター教の.
Zo·ro·as·tris·mus [tsoroasˈtrɪsmʊs] 男 -/ 《宗教》 Zoroaster が創始した古代ペルシアの宗教. 聖火を礼拝する儀礼の性質から拝火教と呼ばれ, また中国では祆(ケン)教の名で呼ばれた.
ˈZo·te [ˈtsoːtə] 女 -/-n 卑猥な冗談, 猥談. ~n reißen 猥談をする.
ˈzo·ten [ˈtsoːtən] 自 《まれ》 猥談をする.
ˈZö·ten·haft [ˈtsøːtənhaft] 形 =zotig
ˈZo·ten·rei·ßer [ˈtsoːtənraɪsər] 男 -s/- 卑猥な冗談を言う人, 猥談家, しもねたの好きな人.
ˈzo·tig [ˈtsoːtɪç] 形 卑猥な, 猥褻(ワイセツ)な, 下品な, いやらしい.
ˈZot·te¹ [ˈtsɔtə] 女 -/-n 《ふつう複数で》 1 《獣などのもつれて垂れ下がった》毛の房. 2 《解剖》 《腸管などの絨(ジュウ)》毛.
ˈZot·te² 女 -/-n 《地方》 (Schnauze) やかんの注ぎ口.
ˈZot·tel [ˈtsɔtəl] 女 -/-n 1 《話》 《ふつう複数で》 (Zotte)¹ 《獣などのもつれて垂れ下がった》毛の房. (b) 《複数で》 (人の)もじゃもじゃの毛. (c) (Quaste) 房飾り. 2 《地方》 (Schlampe) だらしない女.
ˈZot·tel·haar 中 -[e]s/-e 《話》 もじゃもじゃの髪の毛.
ˈzot·te·lig [ˈtsɔtəlɪç] 形 1 《獣などが》毛むくじゃらの. 2 《髪の毛などが》もじゃもじゃの.
ˈZot·tel·kopf 男 -[e]s/-e 《話》 もじゃもじゃ頭.
ˈzot·teln [ˈtsɔtəln] ❶ 自 (s) 《話》 1 (s) のろのろ(ぶらぶら)歩く, ぼんやり歩く. 2 (h) (zerren) (an et⁴ 物³を)ぐいっと引っ張る. 3 (h) 《髪の毛がもじゃもじゃと垂れ下がる. Ihm zottelten Haare über die Augen. 彼はもじゃもじゃの髪の毛が目の上まで垂れていた. ❷ 他 《物⁴を...へ》ぐいっと引っ張る, ゆっくり引く.
ˈzot·tig [ˈtsɔtɪç] 形 1 《獣などが》毛むくじゃらの, 毛がじゃもじゃ生えた. 2 《髪の毛などが》もじゃもじゃの.
ˈzott·lig [ˈtsɔtlɪç] 形 =zottelig
ˈZö·tus [ˈtsøːtʊs] 男 -/Zöten (lat. coetus, Zusammentreffen) 《古》 《ある学年・クラスの》全生徒; 学年生, クラス生.
ZPO [tsɛtpeːˈoː] 《略》 =Zivilprozessordnung
Zr [tsɛtˈɛr, tsɪrˈkoːniʊm] 《記号》 《化学》 =Zirkonium
z. T. [tsɔm ˈtaɪl] 《略》 =zum Teil 部分的に, 一部は.
Ztr. [ˈtsɛntnər] 《略》 =Zentner 1

---

zu [tsuː: ツー] ❶ 前 《3格支配》 定冠詞 dem, der と融合して zum, zur, 代名詞と融合して dazu, wozu, zueinander となる. 1 《空間的に》 (a) 《到達点を示して》...へ, ...のところに. Komm her ~ mir! 私のところへおいで. Wie komme ich *zur* Auskunft? 案内所へはどう行けばいいのですか. *zum* Arzt gehen 医者に行く. ~ Bett gehen 《雅》 ベッドに入る, 就寝する. *zur* Bühne〈See〉 gehen 《比喩》 役者〈船員〉になる. ~ Ende gehen 《比喩》 終る. *zur* Erholung〈Versammlung〉 gehen 《話》 保養〈集まり〉に出かける. *zur* Schule gehen 通学する, 登校する. sich¹ ~ Tisch setzen 《雅》 食卓につく. 《とくに身体の一部を表す名詞に》 j³ ~ Herzen kommen 人³の心を打つ. j³ ~ Ohren kommen (噂などが)人³の耳に入る. wieder ~ sich¹ kommen 正気にもどる, 我にかえる. Das Blut stieg ihm ~ Kopf. 彼は頭に血がのぼった. 《**bis zu...** の形で》 Ich habe ihn bis zur nächsten Haltestelle begleitet. 私は彼をもよりの停留所まで見送った. Bis *zum* See ist es noch eine Stunde. 湖までまだ1時間ある. 《**von...zu...** の形で》 von Haus ~ Haus 家から家へ, 1軒1軒. von Stufe ~ Stufe 1段1段. von Wirbel bis *zur* Zehe 頭のてっぺんから足の先まで. (b) 《所在・位置を示して》 ...に, ...で. die Freie Universität ~ Berlin ベルリーン自由大学. Jesus wurde ~ Bethlehem geboren. 《雅》 イエスはベツレヘムに生れた. ~ Bett sein 《雅》 就寝している. ~ ebener Erde wohnen 1階に住んでいる. j³ ~ Füßen sitzen 人³の足下に座っている. ~ Hause sein 家にいる, 在宅している. *zur* Rechten〈Linken〉 右側〈左側〉に. ~ beiden Seiten des Flusses 川の両側に. j³ *zur* Seite stehen 《比喩》 人³に味方する. ~ Tisch sitzen 《雅》 食卓についている. *zur* Versammlung〈Erholung〉 sein 《話》 集まり〈保養〉に出かけている. 《貴族の名前や旅館などの屋号で》 Gasthof „Zum Goldenen Hirsch" 旅館「金鹿館」. Kurfürst ~ Sachsen ザクセン選帝侯. ein Herr von und ~ 《戯》 《貴族身分の人を指して》 フォンやらツーやらのつくお方. 《**zu...hinaus**〈**herein**〉の形で》 zum Fenster hinaussehen 窓から外を見る. *zur* Tür hinaus〈herein〉 戸口から出て〈入って〉.

2 《時間的に》 (a) 《時限・期限を示して》 ...までに, ...にかけて. [Bis] *zum* 30. Juni muss die Rechnung bezahlt sein. 6月30日までに請求書の支払がなされなくてはならない. 《**bis zu...** の形で》 bis *zum* Abend 夕方まで. bis *zum* Ende des Monats 月の終りまで. bis *zur* letzten Minute 最後の瞬間まで. 《**von...zu...** の形で》 von gestern ~ heute 昨日から今日にかけて. in der Nacht vom 24. *zum* 25. Dezember 12月24日から25日にかけての夜. von Jahr ~ Jahr 年々歳々. von Tag ~ Tag 日一日と. von einem Tag *zum* anderen 来る日も来る日も. von Zeit ~ Zeit 時々, 時折. (b) 《時点・時期を示して》 ...の時に, ...の折に, ...の頃に. ~ Anfang des Jahres 年の初めに. ~ Mittag〈Abend〉 essen 昼食〈夕食〉を食べる. ~ Ostern〈Weihnachten〉 復活祭〈クリスマス〉に. ~ derselben Stunde 同じ時間に. j³ *zum* 1. April einstellen 人⁴を4月1日付で採用する. *zur* Zeit (略 z. Z.). ~ 子供の頃のこと. ~ Goethes Zeit[en] / *zur* Zeit〈~ Zeiten〉 Goethes ゲーテ時代に. ~ jeder Zeit いつでも. *zur* rechten Zeit ちょうどよい時に.

3 《関心・比較の対象》 (a) 《指向する対象を示して》 ...の方へ, ...に向かって. ~ Gott beten 神に向かって祈る. *zum* Himmel aufblicken 空を見上げる. sich⁴ ~ j³ wenden 人³の方を向く. (b) 《関心の対象を示して》 ...に関して, ...について, ...に対して. Ich habe keine Lust *zur* Arbeit. 私は仕事をする気がしない. Zu dieser Sache möchte ich noch etwas sagen. この件について私もう少し述べたい. Er ist sehr nett ~ mir. 彼は私にとても親切だ. aus Liebe ~ j³ 人³への愛情から. (c) 《比較・対比の対象を示して》 ...に対し

て, …に較べて. *im Unterschied ~ j⟨et⟩³ 人⟨物⟩³と違って. *im Vergleich ~ j⟨et⟩³ 人⟨物⟩³と比較して. *Im Verhältnis ~ der Arbeit ist der Lohn zu gering.* 仕事の割には報酬が少なすぎる. *Das Spiel endete zwei ~ null.* その試合は2：0で終った. *2 verhält sich⁴ ~ 3 wie 4 ~ 6.* 2対3の比は4対6の比に等しい.

4《目的・用途》…のために. *zum Andenken an den Toten* 死者を記念して. *zum Beispiel*《略 z. B.》例えば. *Zu Ihrer Beruhigung kann ich Ihnen sagen, dass…* あなたにご安心いただくために…ということが申しあげられます. *j³ ~ Ehren / ~ j² Ehren* 人³,²に敬意を表して. *zum Essen⟨Tanzen⟩ gehen* 食事⟨ダンス⟩に行く. *j⁴ zur Frau begehren*《雅》人⁴を妻に望む. *Papier zum Schreiben* 筆記用紙. *zum Spaß⟨Scherz⟩* 冗談に. *j⁴ zum Tee einladen* 人⁴をお茶に招く. *j³ zum Trotz* 人³に反抗して（逆らって）. *Zum Wohl!* 乾杯.

5《付加・添加・帰属など》…に加えて（合せて）; …に属して. *Leg die Zeitung ~ den anderen!* その新聞を他のものと一緒においてください. *Heute kam eines zum anderen.*《話》今日は何もかもうまく行かない（一難去ってまた一難だった）. *Er gehört schon ganz zur Familie.* 彼はもうすっかり家族の一員だ. *Lieder zur Gitarre singen* ギターの伴奏で歌を歌う. *Milch zum Kaffee nehmen* コーヒーにミルクを入れる. *Zu dem Kleid kann man diesen Hut nicht tragen.* このドレスにこの帽子は被れないよ. *~ allem Unglück* そのうえまだ悪いことには.

6《変化の結果》…に. *Sie hat Edelsteine ~ Geld gemacht.* 彼女は宝石をお金に換えた. *den Stoff ~ einem Kleid verarbeiten* 生地(E)をドレスに仕立る. *j⁴ zum Vorsitzenden wählen* 人⁴を議長に選ぶ. *Der Junge ist ~ einem guten Arzt geworden.* その少年は長じてりっぱな医者になった. *Bei 0°C wird Wasser ~ Eis.* 摂氏0度で水は氷になる.《結果的に惹起される状況を示して》*~ meinem großen Erstaunen* 私がとても驚いたことには. *Zur Freude der Eltern wurde das Kind bald wieder gesund.* 両親が喜んだことにはその子はすぐにまた健康になった. *zum Glück* 幸いにも.《結果的な程度を示して》*sich⁴ zum Sterben langweilen* 死ぬほど退屈する. *Seine Worte rührten mich ~ Tränen.* 彼の言葉は私の涙が出るほど感動させた. *Das ist doch zum Weinen.* まったく泣きたくなるよ.《さまざまな機能動詞と》*et⁴ zum Ausdruck* **bringen** 事⁴を言葉に表現する, はっきり表明する. *j⁴ zum Lachen⟨Weinen⟩ bringen* 人⁴を笑わせる⟨泣かせる⟩. *et⁴ zum Verkauf bringen* 物⁴を売りに出す. *Er hat es [bis] zum Bankdirektor gebracht.* 彼は銀行頭取にまで出世した. *~ Bruch* **gehen** 2つに割れる; ばらばらになる. *j⁴ zur Last* **fallen** 人³の重荷になる. *j⟨et⟩³ zum Opfer fallen* 人⟨事⟩³の犠牲になる. *zur Ansicht* **kommen**, dass… …という見解を持つに至る. *zum Stillstand kommen* 停止する, 止まる. *Es kam zum Streit.* 争いになった. *zum Verkauf kommen* 売られる.

7《手段・様態》(a)《手段を示して》…で. *~ Deutsch⟨deutsch⟩* ドイツ語で. *~ Fuß gehen* 徒歩で行く. *~ Pferd⟨Schiff⟩* 馬⟨船⟩で. *~ Wasser und Lande* 水路と陸路で. (b)《様態を示して》…で, …に. *~ Lachen⟨zum Besten⟩* 《古》で, 最善で. *mit seiner Gesundheit.* 彼の健康状態はあまり良好ではない. *zur Genüge* 十分に, 存分に. *zur Not*《話》いざ

となれば, やむを得なければ. *~ Recht⟨Unrecht⟩* 正当にも⟨不当にも⟩.《とくに基数・序数などと》*~ Hunderten* 何百と, 何百という数で. *~ Paaren* ペアで, 2人ずつ, 1対ずつ. *~ zweien⟨dreien⟩ / ~ zweit⟨dritt⟩* 2人⟨3人⟩連れで, 2人⟨3人⟩ずつ. (c)《部分を示して》…だけ, …ほど. *zur Hälfte* 半分だけ, 半分ほど. *zum Teil*《略 z. T.》部分的に, 一部分. *~ einem großen Teil* 大部分. *~ einem Viertel* 4分の1で. *~ 10%⟨Prozent⟩* 10パーセントだけ. (d)《代価・容量などを示して》《の価格・容量で》. *ein Fass ~ 10 Litern* 10リットル入りの樽. *eine Briefmarke ~ 56 [Cent]* 56セント切手1枚. *zum halben ⟨günstigen⟩ Preis* 半値で⟨手ごろな値段で⟩. (e)《順序を示して》…番目に. *zum Ersten⟨ersten⟩* 第1に. *zum Zweiten⟨zweiten⟩* 第2に. *zum ersten Mal* 初めて, 第1回目に. *zum letzten Mal* 最後に. (f)《**bis zu** …の形で》…(の数量)までの, …以下の（1 ② 3）. *Städte bis ~ 10000 Einwohnern* 人口1万人までの都市. *Kinder bis ~ 14 Jahren* 14歳以下の子供たち.

8《**zu** 不定詞(句)を形作って》(a)《名詞的に用いて》…すること. *Ich befahl ihm ~ schießen.* 私は彼に撃つように命じた. *Ich befahl ihm[,] sofort aufzustehen.* 私は彼にすぐ起きるように命じた. *Eine Fremdsprache ~ erlernen ist nicht leicht. / Es ist nicht leicht, eine Fremdsprache ~ erlernen.* 外国語を習得するのは容易ではない. *Sein einziger Wunsch ist [es], wieder gesund ~ werden.* 彼のただひとつの望みはふたたび健康を取り戻すことである. *Ich erinnere mich nicht [daran], so etwas gesagt ~ haben.* 私はそんなことを言った覚えがない. *Ich bist nicht [dazu] fähig[,] ~ lügen.* 彼女は嘘などつけない. *Ich bin froh [darüber], dir helfen ~ können.* 私は君の役に立ててうれしい. (b)《形容詞的に用いて》…すべき, …するための. *Wo ist der Weg, diese Frage ~ lösen?* この問題を解決する道はどこにあるだろうか. *Hast du Lust[,] mitzukommen?* いっしょに来る気はありますか. *Ich habe keine Lust[,] ins Ausland ~ reisen.* 私は外国旅行をする気はない. *Hier gibt es viel ~ sehen.* ここには見るべきものがたくさんある. *Zimmer ~ vermieten* 貸部屋, 貸間. (c)《副詞的に用いて》…するほど. *Er ist nicht so dumm, so was ~ glauben.* 彼はそんなことを信じるほど馬鹿ではない. *Er ist nicht alt genug, [um] das ~ verstehen.* 彼はそれが理解できるだけの年齢に達していない. *Er kam, [um] uns ~ helfen.* 彼は私たちに手を貸そうとやって来た.《とくに [an]statt ⟨ohne / um⟩…zu tun の形で》*[an]statt ~ tun* …するかわりに. *Er treibt sich⁴ herum, [an]statt ~ arbeiten.* 彼は働かずにぶらぶらしている. *ohne ~ tun* …することなしに, …せずに. *Ohne anzuklopfen, trat er ein.* ノックもせずに彼は中へ入った. *um…~ tun* …するために, …しようと; …したと思ったら…, っていうのに. *Er ging in die Stadt, um Lebensmittel einzukaufen.* 彼は食料品を買いに町へ出かけた. *Sie öffnete die Tür, um ihn hereinzulassen.* 彼女は彼を中に入れてやろうとドアを開けた. *Er kam, um dafür auf wieder ~ verschwinden.* 彼は来たと思ったらすぐまたいなくなった.《断り書きの挿入句として / ふつう後続する文の語順に影響を与えない》*Um es kurz ~ sagen, ich kann heute nicht mitkommen.* 手短に言えば, 私は今日一緒に行けません. *um die Wahrheit ~ sagen* ほんとうのことを

言えば. (d)《**zu** 不定詞句+**haben** の形で》…しなけれ
ばならない；…することができる. Heute habe ich noch
～ arbeiten. 今日はまだ私は仕事があります. Du hast
hier nichts ～ verlangen. 君はここでは何も要求できな
い. (e)《**zu** 不定詞句+**sein** の形で》…されうる；…さ
れねばならない. Der Wein ist nicht ～ trinken. そのワ
インはとても飲めras.したものではない. Der Ausweis ist
unaufgefordert vor*zu*zeigen. 身分証は自発的に提
示しなくてはならない.《sein に準じる動詞と結びついて》
Es bleibt noch viel ～ tun. しなくてはならないことがたくさん
ある. Es steht ～ hoffen〈fürchten〉, dass… …とい
うことが期待〈心配〉される. (f)《その他さまざまな動詞
と結びついて》Er bekam seinen Sohn ～ sehen. 彼
は息子に会うことができた. Du brauchst nicht ～
kommen. 君は来るにはおよばない. Es droht ～ reg-
nen. いまにも降りそうだ. Sie pflegt nach dem Essen
～ schlummern. 彼女は食後いつもうたた寝をする. Er
versuchte vergeblich ～ fliehen. 彼は逃げようとしたが
無駄であった. Er weiß mit Tieren um*zu*gehen. 彼
は動物の扱い方がうまい.
9《いわゆる未来受動分詞を形作って / **zu**+現在分詞
の形で付加語的に》…されうる；…されるべき. die ～
erwartende Nachricht 予期される知らせ. eine
leicht ～ klärende Frage 容易に解明できる問題.
❷ 圓 **1**《**zu**+形容詞・副詞の形で》あまりにも. Er
ist ～ früh〈spät〉gekommen. 彼は早く来すぎた〈遅
刻した〉. Der Mantel ist mir ～ groß. そのコートは
私には大きすぎる. Du bist noch ～ jung dazu. 君
はまだそれには若すぎる.《**um+zu** 不定詞句や **als dass**
に導かれた副文の代用を伴って》Du bist noch ～ jung, um
es verstehen zu können. / Du bist noch ～ jung,
als dass du es verstehen könntest. 君はそれを理解
するにはまだ若すぎる.《しばしば zu にアクセントを置いて /
単なる程度の強調》Ich habe ihn gar ～ gern.《話》私
は彼が好きでたまらない. Ich weiß es nur ～ gut.《話》
私にはそれが分かりすぎるくらいよく分かっている. Das
ist viel ～ schlimm. それはあまりにもひどすぎる, いくら
何でもあんまりだ. ▶ zu viel, zu wenig
2《3 格の名詞・方向を示す前置詞句などに後置されて》
…に向かって；…に近づくにつれて. Dem Ausgang ～
wurde das Gedränge immer dichter. 出口が近づく
につれて人混みはますますひどくなった. auf et〈j〉^{4} ～ 物
〈人〉をめがけて. gegen die Küste ～ 海岸が近づくに
つれて. Das Zimmer liegt nach der Straße〈nach
Süden〉～. その部屋は通りに〈南に〉面している. zum
Ausgang ～ 出口が近づくにつれて, 出口に向かって.
3《**bis zu** …の形で数詞に添えて》…に達するまで《(の)(↑
① 7(f).》. Man kann bis ～ zwei Kinder mitbrin-
gen. 子供は 2 人まで連れてくることができます.
4《**ab und zu** の形で》ときどき, ときおり；《古》行ったり
来たり, 出たり入ったり, あちこち.
5《命令文などで》《話》さあ, どんどん. Lauf ～! どん
どん走れ. Mach ～! 急げ, 早くやれ. Immer ～! どん
どんやれ(やれ). Nur ～!（いいから)どんどんやれ.
6《話》(↔ **auf** ②）閉じて, 閉まって. die Augen fest
～ 目をしっかり閉じて. Der Koffer, noch ～, lag
auf dem Bett. スーツケースはまだ閉めないでベッドの上に
あった. Tür ～! ドアを閉めろ.《まれに付加語的に用
いて / ただし正しい語法ではないとされる》eine ～ e《まれ
zune》Flasche 栓をしたびん. ▶ zu viel
zu... [tsu:...]《分離前つづり / つねにアクセントをもつ》**1**
《運動の目標・到達点》*zu*eilen（…に向かって）急ぐ.
*zu*treten 歩み寄る. **2**《指向・志向》*zu*hören 耳を傾

ける. *zu*reden 説得する. **3**《ある対象への急な動き》
*zu*beißen（犬などが）噛みつく. *zu*fassen さっとつかむ.
4《付加・添加・帰属》*zu*gehören 属する. *zu*setzen
添加する. *zu*zahlen 追加払いする. **5**《付与・分
配・許容・授与》*zu*fallen 与えられる, 転がり込む. *zu*-
gestehen 認める, 与える. *zu*lassen 許す, 許容する.
*zu*teilen 割当てる. **6**《準備・調製》*zu*bereiten（食
事などの)用意をする, 調理する. *zu*reiten（馬を)調教
する. *zu*schneiden（服地などを)裁断する. **7**《閉
鎖・被覆》*zu*decken 覆う, 蓋をする *zu*machen 閉め
る, 閉じる.
zu·al·ler·al·ler·erst [tsu'|alər'|alər'|eːrst] 圓
《話》=zuallererst
zu·al·ler·al·ler·letzt [..'|ɛtst] 圓《話》=zualler-
letzt
zu·al·ler·erst [tsu'|alər'|eːrst] 圓《話》真っ先に, い
のいちばんに, 何よりもまず.
zu·al·ler·letzt [..'|ɛtst] 圓《話》いちばん最後に, 最
後の最後に.
zu·al·ler·meist [..'maɪst] 圓《話》(zumeist)何より
ありそうなことに, たいていは；最も多く.
zu·al·ler·oberst [..'|oːbərst] 圓《話》(zuoberst) い
ちばん上に, 上の上に.
zu·al·ler·un·terst [..'|ʊntərst] 圓《話》(zuun-
terst)いちばん下に, 下の下に.
zu|ar·bei·ten ['tsuː|arbaɪtən] 圓（人^3 の)下働きを
する, 手助けをする.
Zu·ar·bei·ter –s/– 下働き, 助手.
zu·äu·ßerst [tsu'|ɔʏsərst] 圓《まれ》いちばん外側に,
いちばんはずれに.
zu|bal·lern 圓《話》(ドアを)ばたんと閉める.
Zu·bau ['tsuːbaʊ] 男 –[e]s/–ten [..tən]《㋧》
(Anbau) 増築(部分).
zu|bau·en 圓（空き地などを)建物でふさぐ.
Zu·be·hör ['tsuːbəhøːr] 匣（男）–[e]s/–e《㋖ ..be-
hörden》《複数まれ》**1**（家屋・施設などの)付属設備,
家具調度類. **2**（機械・器具などの)付属品, アクセサ
リー. **3**《法制》従物.
Zu·be·hör·teil 匣–[e]s/–e 付属部品.
zu|bei·ßen* 圓 **1**（人・犬などが)噛みつく, 食いつく. **2**
歯を噛みあわせる, 歯を食いしばる.
zu|be·kom·men* 圓（ドア・蓋などを)何とか閉める, や
っとのことで閉める. Er *bekam* den Koffer nicht *zu*.
彼はスーツケースをどうしても閉めることができなかった.
◆過去分詞 zubekommen
zu·be·nannt ['tsuːbənaːmt] 形 =zubenannt
zu·be·nannt ['tsuːbənant] 形《古》…という異名の
ある, …というあだ名の. Hans, ～ der Lange のっぽの
異名のあるハンス.
Zu·ber ['tsuːbər] 男 –s/–《地方》(Bottich)（ふつう取
っ手が 2 つ付いた）大桶($_2$), 大盥($_3$).
zu|be·rei·ten ['tsuːbəraɪtən] 圓 **1**（食事の)用意を
する, (を)調理する, 料理する. **2**（薬を)調合する, 調剤
する. **3** (appretieren)（生地の)仕上げ加工をする.
◆過去分詞 zubereitet
Zu·be·rei·tung 囡 –/–en **1**《複数まれ》調理, 料理；
調剤； (生地の)仕上げ加工. **2** 調理された料理；
調剤された薬.
zu·be·to·nie·ren ['tsuːbetoniːrən] 圓（道路など
を)コンクリートで覆い尽くす（塗り固める）. ◆過去分詞
zubetoniert
Zu-'Bett-Ge·hen [tsuː'bɛtɡeːən] 匣 –s/ 就寝.
Vor dem ～ die Zähne putzen! 寝る前には歯を磨き

ˈzu|be·we·gen ❶ 他 (et¹ auf j⟨et⟩¹ 物⁴の方へ)動かす, 近づける. ❷ 再 (**sich**¹) (auf j⟨et⟩¹ 人⟨物⟩⁴の方へ)動く, 近づく.

ˈzu|bil·li·gen [ˈtsu:bɪlɪɡən] 他 (人³の事⁴を)認める, 承認する. dem Angeklagten mildernde Umstände ~ 被告人の情状を酌量する.

ˈZu·bil·li·gung 女 -/-en 承認.

ˈzu|bin·den* 他 結んで締める(閉じる); 結ぶ, 括(ｸｸ)る. ein Bündel ~ 包みを括る. einen Sack ~ 袋の口を結ぶ. einem Kind die Schuhe ~ 子供の靴紐を結んでやる.

ˈzu|blei·ben* 自 (s) (↔ aufbleiben)《話》(ドア・窓などが)閉じたままになっている, 閉まったままである.

ˈzu|blin·zeln 他 (人³に)目配(ｳﾊﾞ)せする, 目で合図する.

ˈzu|brin·gen* [ˈtsu:brɪŋən] 他 ❶ (場所を示す語句を伴って)(verbringen)(やむを得ざる時間を…に)過ごす. Er hat drei Wochen im Krankenhaus *zugebracht*. 彼は3週間を病院で過ごした. eine Nacht in einem Hotel ~ 一晩ホテルで過ごす. ❷《話》(↔ aufbringen)(ドア・蓋などを)苦心して閉める, やっとのことで閉める. Er hat den Koffer nicht *zugebracht*. 彼はスーツケースをどうしても閉めることができなかった. Er *brachte* den Mund vor Staunen nicht *zu*.《戯》彼は驚きのあまり開いた口がふさがらなかった. ❸《古》(a)(人⁴に物⁴を)届ける, 持ってくる. j³ eine Nachricht ~ 人³に知らせをもたらす. (b)(女性が結婚のさいに)持参する. Sie hat [ihrem Mann] große Güter *zugebracht*. 彼女は大きな財産を持って行ったのに嫁いだ.

ˈZu·brin·ger [ˈtsu:brɪŋər] 男 -s/- ❶ (幹線道路・高速道路などへの)連絡道路, アクセス道路. ❷ (空港・港湾などと都心を結ぶ)連絡交通機関[ｼｬﾄﾙﾊﾞｽなど]. ❸ (a)(コンベアーなどの)自動供給装置, (銃器の)送弾装置. ❹ (物や情報の)運び手, 届け手.

ˈZu·brin·ger·bus 男 -ses/-se (空港などと都心の間の)連絡用のバス, シャトルバス.

ˈZu·brin·ger·dienst 男 -[e]s/-e (空港などと都心の間の)連絡交通機関.

ˈZu·brin·ger·stra·ße 女 -/-n (幹線道路への)連絡道路, アクセス道路.

ˈzu|but·tern 自他 [Geld] ~《話》(相当大きな金を)寄付する; 寄付まがいの金を出す.

Zuc·chi·ni [tsoˈkiːni] 女 -/- (*it.*) ズッキーニ(かぼちゃの一種できゅうりに似た外観をしている).

Zuc·chi·no [tsoˈkiːno] 男 -s/..ni (ふつう複数で) = Zucchini

*Zucht [tsʊxt] ツフト 女 -/-en ❶ (a)《複数なし》飼育, 養殖; 栽培, 培養; 育種, 品種改良. die ~ von Pudeln⟨Orchideen⟩プードルの飼育〈らんの栽培〉. (b) (飼育・栽培された)動物. eine Stute aus belgischer ~ ベルギー産の雌馬. Diese Rosen stammen aus einer ~. これらのばらは同一品種である. Verdammte ~!《卑》いまいましいやつらめ. ❷《複数なし》(a)《古》(厳しい)しつけ, 訓育. eine eiserne ~ 厳格なしつけ (↑(b)). Das Mädchen ist in strenger ~ aufgewachsen. その娘は厳しいしつけのもとで育てられた. j¹ in strenge ~ nehmen 人⁴を厳しくしつける. (b)《雅》(しつけの結果生じる)規律, 秩序. eine strenge ~ 鉄の規律 (↑(a)). In dieser Schule herrscht schlechte ~. この学校のしつけはなっていない. Das ist ja eine schöne ~!《反語》(だらしなさを見て)これはいったいなんてざまだ. j¹ in ~ halten 人⁴に規律を守らせる. (c)《古形の複数 **Züchte** で》 in Züchten《古》

礼儀正しく;《戯》お上品に, お行儀よく.

ˈZucht·buch 中 -[e]s/¨er《牧畜》育種登録簿;(種畜の)血統登録簿.

ˈZucht·bul·le 男 -n/-n 繁殖用雄牛, 種牛.

ˈZucht·eber 男 -s/- 繁殖用雄豚, 種豚.

ˈzüch·ten [ˈtsyçtən] 他 ❶ ❶ (動物を)飼育する, 養殖する, 繁殖させる;(植物を)栽培する;(菌を)培養する; 育種する, 品種改良する. Bienen⟨Schafe⟩ ~ 養蜂〈牧羊〉を営む. ❷《比喩》(感情・人柄などを)育む, 生み出す. den Hass ~ 憎悪を育む. ❷《畜産》《猟師》(sich paaren)(獣や鳥が)番(ﾂｶﾞ)う.

ˈZüch·ter [ˈtsyçtər] 男 -s/- (動物の)飼育者, 繁殖者, ブリーダー;(植物の)栽培者. ♦ 女性形 Züchterin 女 -/-nen

ˈzüch·te·risch [ˈtsyçtərɪʃ] 形 飼育(繁殖)上の, 栽培上の, ブリーダーの.

ˈZucht·haus [ˈtsʊxthaʊs] 中 -es/¨er ❶ 刑務所, 監獄. im ~ sein⟨sitzen⟩ 刑務所に入っている. ins ~ kommen 刑務所にはいる. ❷《複数なし》懲役刑. zu zehn Jahren ~ verurteilt werden 10年の懲役刑を申し渡される.

ˈZucht·häus·ler [..hɔʏslər] 男 -s/-《古》(ﾌﾙ)(重)懲役囚.

ˈZucht·haus·stra·fe 女 -/-n《古》(ﾌﾙ)(重)懲役刑.

ˈZucht·hengst 男 -es/-e 繁殖用雄馬, 種馬.

ˈzüch·tig [ˈtsyçtɪç] 形《古》《戯》(とくに女性について)しとやかな, 控えめな, 慎み深い; 貞淑な, 貞潔な.

ˈzüch·ti·gen [ˈtsyçtɪɡən] 他《雅》(子供などを)折檻(ｾﾂｶﾝ)する, 懲(ｺ)らしめる.

ˈZüch·tig·keit 女 -/《古》《戯》しとやかさ, 慎み深さ, 貞淑さ.

ˈZüch·ti·gung 女 -/-en《雅》(鞭打ち・殴打などによる)折檻, 懲らしめ, 懲罰. körperliche ~ 体罰.

ˈZücht·ling [ˈtsyçtlɪŋ] 男 -s/-e《古》懲役囚.

ˈzucht·los [ˈtsʊxtloːs] 形《古》しつけの悪い, だらしのない, 規律のない.

ˈZucht·lo·sig·keit 女 -/《古》❶《複数なし》しつけの悪さ, だらしなさ, 無規律. ❷ しつけの悪い(だらしない)態度.

ˈZucht·meis·ter 男 -s/-《古》《戯》❶ 厳しい教師. ❷ (刑務所の)看守. ♦ 女性形 Zuchtmeisterin 女 -/-nen

ˈZucht·mit·tel 中 -s/-《古》矯正手段. ❷《法制》《少年法上の》懲戒手段.

ˈZucht·per·le 女 -/-n 養殖真珠.

ˈZucht·ru·te 女 -/-n《古》懲罰用の鞭. unter j² stehen《雅》人²に厳しく育てられる.

ˈZucht·stier 男 -[e]s/-e 繁殖用雄牛, 種牛.

ˈZucht·stu·te 女 -/-n 繁殖用雌馬, 種馬.

ˈZüch·tung [ˈtsyçtʊŋ] 女 -/-en ❶ 飼育, 養殖, 繁殖; 栽培, 培養; 育種, 品種改良. ❷ 育種された動物(植物).

ˈZucht·vieh 中 -[e]s/ 種畜.

ˈZucht·wahl 女 -/-en《複数まれ》《生物》(Selektion)淘汰(ﾄｳﾀ).

zuck [tsʊk] 副《次の形で》ruck, ~ あっという間に, 瞬く間に, たちまち. Er hat ruck, ~ seine Hausarbeit erledigt. 彼はあっという間に宿題をやりおえた.

Zuck [tsʊk] 男 《古》(一瞬の)動き. in⟨mit⟩ einem ~ 一瞬のうちに, 瞬く間に, 電光石火のごとく.

ˈzu·ckeln [ˈtsʊkəln] 自 (s)《話》のろのろ(とぼとぼ)歩く;(車などの)のろのろ進む.

*'**zu·cken** ['tsʊkən ツケン] ❶ 圓 (h, s) **1** (h)〈身体や身体の一部が〉びくっと動く, びくびくする. Seine Hand zuckte. 彼の手がびくりと動いた. Ihre Mundwinkel〈Ihre Lippen〉zuckten.〈今にも泣出しそうに〉彼女は口元をわなわなさせた. mit den Achseln〈den Schultern〉~ 肩をすくめる. ohne mit der Wimper zu ~《比喩》眉ひとつ動かさず, 平然と.《非人称的に》Es zuckte in seinem Gesicht. 彼は顔をぴくぴくさせている. Bei dieser Musik zuckt es ihr in den Beinen〈den Füßen〉.《比喩》この音楽を聞くと彼女は踊りたくて足がうずうずしてくる. Es zucke ihm in den Händen〈den Fäusten〉.《比喩》彼は殴りたくて手がむずむずした. **2** (h) (a)〈稲妻などが〉ぱっと光る, ぴかっと閃く. In der Ferne zuckten Blitze. 遠くで稲妻がひらめいた. (b)〈炎が〉ぱっと燃え上がる, ゆらりとゆらめく. Auf der Wand zuckte der Widerschein des Kaminfeuers. 壁に暖炉の火影がゆらめいた. **3** (s) (a)〈手足などが〉さっと動く. Seine Hand zuckte zum Dolch. 彼の手がさっと短剣に伸びた. (b)〈稲妻・炎などが〉走る. Blitze sind durch die Nacht gezuckt. 稲妻が夜の闇を走った. Flammen zuckten durchs Dach. 炎が屋根を走った. (c)〈痛みなどが〉走る. Der Schmerz zuckt ihm in den Gliedern.〈リュウマチなどで〉彼は身体の節々が痛い. (d)《比喩》〈考えなどが〉走る. Ein Gedanke zuckte ihm durch den Kopf. ある考えが彼の頭にひらめいた.
❷ 他〈身体や身体の一部を〉ぴくっと動かす, ぴくぴくさせる. die Achseln〈die Schultern〉~ 肩をすくめる (↑❶①).

'**zü·cken** ['tsʏkən] 他 **1**〈剣を〉さっと引抜く, すらりと抜く. **2**《話》〈財布・ボールペンなどを〉取出す.

*'**Zu·cker** ['tsʊkɐ ツカー] 男 -s/ **1** 砂糖. brauner〈weißer〉~ 黒砂糖〈白砂糖〉. gebrannter ~ カラメル. gestoßener ~ パウダーシュガー. ein Löffel [voll] ~ 砂糖1匙(ホェ). ein Stück ~ 角砂糖1個. Nehmen Sie ~ zum Kaffee? コーヒーにお砂糖を入れますか. j³ ~ in den Hintern〈den Arsch〉blasen《卑》人³の ³ の機嫌をとる, 〈に〉おべっかを使う; 〈を〉やたら甘やかす. Monika ist ~!《話》モーニカはすてきだね. [Das ist] einfach ~!《話》それはすばらしい. den Kaffee mit〈ohne〉~ trinken コーヒーを砂糖を入れて〈砂糖なしで〉飲む. nicht von〈aus〉~ sein《戯》〈人が〉雨に強い, 濡れても平気である; 《話》やわな神経の持主ではない, タフである. **2**《化学》糖(類). **3**〈複数なし〉(Zuckerkrankheit) 糖尿病. ~ haben 糖尿病である, 糖が出る. (b) 血糖値. den ~ bestimmen 血糖値を測る.

'**Zu·cker·aus·tausch·stoff** -[e]s/-e 甘味料.
'**Zu·cker·bä·cker** -s/-《古》《南ドイツ・オーストリア》(Konditor) 菓子職人.
'**Zu·cker·bä·cke·rei** 囡 -/-en《古》《南ドイツ・オーストリア》(Konditorei) 菓子製造業, 菓子屋.
'**Zu·cker·brot** -[e]s/-e **1**《古》(süßes Gebäck) クッキー, ビスケット. mit ~ und Peitsche《話》あめと鞭として. 2 砂糖をまぶしたパン.
'**Zu·cker·cou·leur** [..kulø:r] 囡 -/《食品》(水に溶かした)カラメル(ソースなどの色着けに用いられる).
'**Zu·cker·do·se** 囡 -/-n (食卓用の)砂糖入れ, 砂糖壺, シュガーポット.
'**Zu·cker·erb·se** -/-n シュガー・ピー(食用豆の一種).
'**Zu·cker·fa·brik** 囡 -/-en 製糖工場.
'**Zu·cker·guss** -es/¨-e (菓子などにかける)糖衣, アイシング.
'**zu·cker·hal·tig** [..haltɪç] 形 砂糖を含んだ, 糖分を含有する.
'**Zu·cker·harn·ruhr** [..harnru:r] 囡 -/ (Diabetes mellitus) 糖尿病.
'**Zu·cker·hut** 男 -[e]s/¨-e (円錐形の)棒砂糖.
'**zu·cke·rig** ['tsʊkərɪç] 形 **1** 砂糖を含んだ, 砂糖だらけの; 砂糖でできた. **2**《比喩》甘ったるい, 甘美な.
'**Zu·cker·kand** 男 -[e]s/《話》=Zuckerkandis
'**Zu·cker·kan·dis** [..kandɪs] 男 -/《話》(Kandiszucker) 氷砂糖.
'**zu·cker·krank** 形 糖尿病の, 糖尿病を患った.
'**Zu·cker·krank·heit** 囡 -/《病理》(Diabetes mellitus) 糖尿病.
'**Zu·ckerl** ['tsʊkɐl] -s/-[n]《オーストリア・バイエルン》(Bonbon) ボンボン, キャンディー.
'**Zu·cker·le·cken** 中《次の用法で》kein ~ sein《話》甘い話ではない. ◆↑Honiglecken, Zuckerschlecken
'**Zu·cker·lö·sung** 囡 -/-en 砂糖溶液.
'**zu·ckern** ['tsʊkɐn] 他 砂糖で甘くする, (に)砂糖を入れる; (に)砂糖をまぶす.
'**Zu·cker·plätz·chen** -s/- **1** ボンボン, キャンディー, 砂糖菓子. **2**《地方》(Plätzchen) (クリスマスなどに焼く)小型のクッキー, ビスケット.
'**Zu·cker·pup·pe** 囡 -/-n《話》かわいい娘, かわい子ちゃん.
'**Zu·cker·raf·fi·na·de** [..rafinaːdə] 囡 -/-n (Raffinade) 精製糖.
'**Zu·cker·rohr** -[e]s/-e《複数まれ》《植物》さとうきび(砂糖黍).
'**Zu·cker·rü·be** 囡 -/-n《植物》さとうだいこん(砂糖大根), てんさい(甜菜), ビート.
'**Zu·cker·säu·re** 囡 -/-n《化学》糖酸.
'**Zu·cker·schle·cken** 中《次の用法で》kein ~ sein《話》甘い話ではない. ◆↑Honiglecken, Zuckerlecken
'**Zu·cker·stück** -[e]s/-e 角砂糖.
'**zu·cker·süß** 形 **1** (sehr süß) とても甘い, とろけるように甘い. **2**《比喩》甘ったるい, べたべたした; やたら親切な.
'**Zu·cker·tü·te** 囡 -/-n《地方》(Schultüte) (小学校に入学した日に子供がもらう円錐形の)お菓子袋.
'**Zu·cker·was·ser** -s/ 砂糖水.
'**Zu·cker·wat·te** 囡 -/-n 綿菓子.
'**Zu·cker·werk** -[e]s《古》(Süßigkeit) 甘い物, 砂糖菓子類.
'**Zu·cker·wür·fel** 男 -s/- 角砂糖.
'**Zu·cker·zan·ge** 囡 -/-n 角砂糖ばさみ.
'**zuck·rig** ['tsʊkrɪç] 形 =zuckerig
'**Zu·ckung** ['tsʊkʊŋ] 囡 -/-en びくっ(びくっ)と動くこと; ひきつり, ひきつけ, 痙攣(なぃ).
'**Zu·deck** ['tsuːdɛk] -[e]s/-e =Zudecke
'**Zu·de·cke** ['tsuːdɛkə] 囡 -/-n《地方》(Bettdecke) 掛布団, 毛布.

*'**zu·de·cken** ['tsuːdɛkən ツーデケン] ❶ 他 **1** (a)〈物¹ に〉蓋をする, 〈を〉ふさぐ. eine Grube ~ 穴をふさぐ. einen Topf [mit einem Deckel] ~ 鍋に蓋をする. (b) 覆う. den Vogelkäfig ~ 鳥籠に覆いをする. ein Beet mit Stroh ~ 苗床をわらで覆う. **2** (j¹ mit et³) 人¹ を物¹³で包む, くるむ. das Kind mit einer Decke ~ 子供に布団(毛布)を掛けてやる.《過去分詞で》Bist du warm zugedeckt? 暖かくるまっている

かい. **3**《比喩》(a) (不都合なことを)覆い隠す, 隠蔽(%)する. *seinen* Fehler〈*seine* Schwäche〉~ 間違い〈弱点〉を覆い隠す. (b) (声などを)聞こえなくする, かき消す. Die laute Musik *deckte* unser Gespräch *zu*. そうぞうしい音楽が私たちの会話を聞こえなくした. (c) (j〈et〉⁴ mit et³ 人〈物〉³に物³を浴びせる, 浴びせかける. j¹ mit Fragen〈Vorwürfen〉~ 人に質問〈非難〉を浴びせる. eine Stadt mit Bomben ~ ある都市をじゅうたん爆撃する. **4**《話》(a)(人⁴を)ぶちのめす. (b)酔いつぶれさせる. ❷ 再 (*sich*⁴)(mit et³ 物³で)自分の身を包む, (に)くるまる. *sich*⁴ mit *seinem* Mantel ~ コートに身を包む.

zu|dem [tsu'de:m] 副《雅》それにくわえて, その上.

zu|den·ken* 他《多過去分詞》(人⁴に)物⁴を与える(贈ろう)と思う(考える), 与えることに決める. Das Buch hat er ihr *zugedacht*. その本を彼は彼女に贈ろうと思っている.

zu|dik·tie·ren 他 (人³に物⁴を)割当てる, 科する. j¹ eine Strafe ~ 人³にある刑罰を科する. ◆過去分詞 zudiktiert

Zu·drang ['tsu:draŋ] 男 –[e]s/《古》(人が)押寄せること, 殺到.

*__**zu|dre·hen**__ ['tsu:dre:ən ツードレーエン] 他 **1** (a) (栓・コックなどを)ひねってしめる. den Wasserhahn ~ 水道の栓をしめる. (b) das Gas〈das Wasser〉~《話》ガス〈水道〉をとめる. (c)(ネジなどを)回して締める. **2**(人³に顔・背などを)向ける. *sich*³ j¹ ~ 人³の方をむくむに向面える.

zu|dring·lich ['tsu:drɪŋlɪç] 形 ずうずうしい, 厚かましい, しつこい.

Zu·dring·lich·keit 女 –/-en **1**《複数なし》厚かましい(ずうずうしい)こと. **2** 厚かましい(ずうずうしい)態度.

zu|drü·cken ❶ 他 押して閉める. einem Toten die Augen ~ 死人の目を閉じる. ein Auge〈beide Augen〉~ おおめに見てやる, 見逃してやる. j¹ die Kehle〈die Gurgel〉~ 人³の首をしめる. ❷ 自《握手の時に》強く握りしめる.

zu|eig·nen 他 **1**《雅》ささげる, 献呈する(人³に物⁴を). **2**《古》(人³に)物⁴を贈与する. (遺産を)残す(人³に), 遺贈する. ❷ 再 (*sich*³) *sich* et⁴ ~ 物⁴を横領する(着服する).

Zu·eig·nung 女 –/-en **1** ささげること; 献呈; 献呈の辞. **2**《複数まれ》横領.

zu|ei·len 自 (s) (auf j〈et〉⁴ 人〈物〉⁴のところへ)急いでいく, 駆けつける.

zu·ei·nan·der [tsu'aɪ'nandər] 副 (zu+einander) 互いに相対して; お互いに. Sie passen gut ~. 2 人は互いに気が合っている.

*__**zu|er·ken·nen**__ ['tsu:ɛrkɛnən] 他 (人³に事⁴を法的に)認める, 承認する; 授ける, 授与する, 課する. j¹ eine Entschädigung ~ 人³の損害賠償を認める. ◆まれに非分離動詞として. その場合 [–:–'–:–].

Zu·er·ken·nung 女 –/-en (法的な)承認, 認定, 授与.

zu|erst

[tsu'e:rst ツエーアスト] 副 **1** (a) 最初に, まっ先に, 一番に. Wer war ~ da? 誰がいちばん先に来ましたか. *Zuerst* kommst du an die Reihe. まっ先に君の番が回ってくる. (b) まず第一に, 何はさておき. Daran muss man sich⁴ ~ gewöhnen. それにはまず慣れることだ. **2** 最初は, 初めは. **3** (zum ersten Mal) 初めて.

zu|er·tei·len 他《まれ》(人³に物⁴を)割当てる; 授与する.

る. ◆過去分詞 zuerteilt

zu|fä·cheln 他 j³ Luft ~ あおいで人³に風を送る.

zu|fah·ren* 自 (s) **1** (auf j〈et〉⁴ 人〈物〉⁴のほうへ) 乗物で行く, 向かう; (人物⁴に)駆けて来る, 飛びつく, 突進する. **2** 《多く命令形で》《話》 どんどん進む, 走り続ける. Fahr zu! どんどん先へ進め.

Zu·fahrt ['tsu:fa:rt] 女 –/-en (ある場所に通じる)自動車道路; 進入路; 乗入れ.

Zu·fahrts·stra·ße 女 –/-n (市街地・駅などへの)通る道, 進入路.

*__**Zu·fall**__ ['tsu:fal ツーファル] 男 –[e]s/-⁴e **1** 偶然. ~ und Notwendigkeit 偶然と必然. ein glücklicher ~ 幸運, 僥倖(ᵍ~). Das ist aber ein ~! こいつは偶然だ(うれしい驚き). ~ ist es nicht, dass... …は偶然ではない. Der ~ wollte [es], dass... たまたま…ということになった. et⁴ dem ~ überlassen 事⁴を成行きにまかせる. durch ~ 偶然, たまたま. **2**《ふつう複数で》《古》(Anfall) 発作.

zu|fal·len* ['tsu:falən] 自 (s) **1** (ドア・ふたなどが)ひとりでに閉まる, 閉じる. Die Augen *fielen* ihm vor Müdigkeit *zu*. 疲労のあまり彼のまぶたはひとりでに閉じた. **2**(人³の)手に入る, ものになる; (仕事などが)割当てられる. Ihm *fiel* diese Rolle *zu*. この役が彼に割当てられた.

*__**zu|fäl·lig**__ ['tsu:fɛlɪç ツーフェリヒ] ❶ 形《比較変化なし》偶然の, 思いがけない, ふとした, たまたまの. eine ~*e* Begegnung 偶然の出会い. Es ist nicht ~, dass... …は偶然ではない. j⁴ ~ treffen 人⁴とばったり出会う. ❷ 副《話》(vielleicht) もしや, ひょっとして. Haben Sie ~ Ihr Wörterbuch mit? ひょっとして辞書をお持ちあわせではありませんか.

zu|fäl·li·ger·wei·se ['tsu:fɛlɪgər'vaɪzə] 副 偶然, たまたま.

Zu·fäl·lig·keit 女 –/-en **1**《複数なし》偶然(であること), 偶然性. **2** 偶然の出来事.

Zu·falls·tref·fer 男 –s/– まぐれ当り.

zu|fas·sen 自 **1** (すばやく)つかむ, とらえる. **2**《話》(さっと)手を貸す, 手伝う.

zu|flie·gen* 自 (s) **1** (auf j〈et〉⁴ 人〈物〉⁴のほうへ)飛んで来る(行く). **2**(人³のところにかってに)飛び込んで来る; (労せずして人³の)ものになる. Ihm ist in der Schule alles *zugeflogen*. 彼は学校ではなんでもすらすらと習得した. Alle Herzen *fliegen* ihr *zu*. みんな彼女に好意をいだいている. **3**(ドア・窓が)ばたんと閉まる.

zu|flie·ßen* 自 (s) **1**(に)流れて行く, 流れ込む, 注ぐ, 注ぎ込む. Mehrere Bäche *fließen* dem Flusse *zu*. いくつかの小川が河に流れ込んでいる. **2** (人³に) (の)ものとなる, 手に入る. Das Vermögen *fließt* mehreren Erben *zu*. 財産は何人かの相続人に与えられる. Lob *floss* ihr von allen Seiten *zu*. あらゆる方面から彼女に賞賛の言葉がよせられた.

Zu·flucht ['tsu:fluxt] 女 –/《ふつう単数》避難所, 隠れ家; 保護者; よりどころ; 逃れる手段, 頼り. *seine* ~ zum Alkohol nehmen 酒の力に頼る.

Zu·fluchts·ort 男 避難所, 隠れ家.

Zu·fluss ['tsu:flʊs] 男 –es/-⁴e **1**《複数なし》(川・資本などの)流入, 流れ込み. **2** 支流.

zu|flüs·tern 他 (人³に事⁴を)ささやく, 耳打ちする.

zu|fol·ge ['tsu:fɔlgə] 前《2格支配/ 後置の時は3格支配》…に従って; …によれば. dem Befehl ~ その命令に従って. einem Gerücht ~ 噂によれば.

zu|frie·den

[tsu'fri:dən ツフリーデン] 形 満

足した, 満ち足りた. ein ～*er* Mensch 満ち足りた人. ein ～*es* Gesicht machen 満足そうな顔をする. Bist du nun [endlich] ～? 《話》さあこれで満足だろう. mit j⟨et⟩³ ～ sein 人⟨物⟩³に満足している. Er ist mit dem Ergebnis sehr ～. 彼はその結果におおいに満足している. mit allem⟨nichts⟩ ～ sein 何事にも満足している⟨不満である⟩. Ich bin es ～.《古》私はそれで満足だ(この の es は元来 2 格). ～ lächeln 満足そうにほほえむ. j⁴ ～ machen 人⁴を満足させる. ◆↑zufrieden geben, zufrieden lassen, zufrieden stellen, zufriedenstellend

zu'frie·den ge·ben*, °**zu'frie·den|ge·ben*** 再(**sich**⁴)(mit et³ 物³で)満足する, 納得する,(に)甘んじる. *sich* mit der Belohnung ～ *Nun gib dich endlich zufrieden!* もういいかげんにぐずぐず言うのはやめろ.

Zu'frie·den·heit 女-/ 満足, 満ち足りていること.

zu'frie·den las·sen*, °**zu'frie·den|las·sen*** 他(人⁴を)そっとしておく, 煩わさない, 悩ませない(mit et³ 事³で). *Lass mich endlich zufrieden!* いいかげんに私を放っておいてよ. *Lass den Hund zufrieden!* 犬にかまうな. *Warum lässt du ihn nicht damit zufrieden?* 君はどうしてそんなことで彼を煩わすのか. ◆過去分詞 zufrieden lassen(まれ zufrieden gelassen)

zu'frie·den stel·len, °**zu'frie·den|stel·len** 他 満足させる. j² Wünsche ～ 人²の願いをかなえさせる. *Er ist schwer zufrieden zu stellen.* 彼は容易なことでは満足しない(なにかとうるさい男だ).

zu'frie·den stel·lend, °**zu'frie·den|stel·lend** 形 満足させる, 申し分のない.

Zu'frie·den·stel·lung 女-/ 満足させること.

'zu|frie·ren* 自 (s) **1**(河・湖などが)氷結する. **2**《話》(水道管などが)凍りつく, 凍結する.

'zu|fü·gen ['tsuːfyːgən] 他 **1** j³ et⁴ ～ 人³に事⁴(苦痛 など)を与える, 加える. j³ einen Schaden ～ 人³に損害を与える. **2** (物³に物⁴を加える, 付け足す, 追加する.

'Zu·fuhr ['tsuːfuːr] 女-/-en **1**《複数なし》(食料などの)輸送, 供給, 補給. **2** 補給物資; 食料.

'zu|füh·ren ❶ 他 **1** j⟨et⟩³ et⁴ ～ 人⟨物⟩³に物⁴(ガス・電気・水・食料など)を供給する, 補給する. einem Gerät Elektrizität ～ 器具に電気を供給する. et³ frisches Blut ～《比喩》物³に新しい戦力を注ぎ込む. **2** (人³のところに)人⁴を連れて行く, 紹介する. einer Firma Kunden ～ 会社に取引先を紹介する. ein Problem einer Lösung ～ 問題を解決する. *Der Verbrecher wurde seiner gerechten Strafe zugeführt.* 罪人は相応の罰に処せられた.
❷ 自(auf et⁴ 物⁴の方向へ)通じている,(道が)続いている

'Zu·füh·rung 女-/-en **1**《複数なし》供給(補給)(される)こと. **2** (水道・ガスなどの)導管, (電気などの)導線.

'zu|fül·len 他 (穴などを)埋める.

Zug [tsuːk ツーク] 男-[e]s/Züge **1** (a) 列車. der ～ Hamburg-Berlin ハンブルク゠ベルリーン間の列車. der ～ nach⟨von⟩ München ミュンヒェン行⟨発⟩の列車. *Der nächste ～ fährt um 16 Uhr vom Bahnsteig 3 ab.* 次の列車は16時に3番ホームから発車する. *Der ～ kam pünktlich⟨mit Verspätung⟩ an.* 列車は定刻に⟨遅れて⟩到着した. *Der ～ hält hier⟨an jeder Station⟩.* その列車は当駅⟨各駅⟩に停車する. *Der ～ verkehrt nur werktags.* その列車は平日しか運行しない. *Der ～ ist abgefahren.* 列車は発車してしまった.《話》もうそのことを変えることはできない. den letzten ～ erreichen 最終列車に間に合う. einen anderen ～ nehmen⟨benutzen⟩ 別の列車に乗る. den ～ verpassen⟨versäumen⟩ 列車に乗遅れる. aus dem ～ aussteigen 列車から降りる. in den ～ einsteigen 列車に乗込む. im falschen ～ sitzen 間違った列車に乗っている.《話》判断を誤っている. mit dem ～ fahren 列車で行く. (b) (Lastzug) トレーラートラック. (c) (Gespann)(同じ車を牽く牛馬の)一連. **2** (a)(移動する)行列, 隊列; (渡りの)群れ. ein ～ der Demonstranten デモ隊の列. ein ～ Wildgänse (雁行する)一群れの雁. in mehreren *Zügen* marschieren 幾隊かになって行進する. (b)『軍事』小隊. ein ～ Infanterie 歩兵1個小隊. (c) (消防の出動車の)小隊.

3《複数なし》(a)(集団での)移動; 行進, 行軍; (鳥の)渡り. der ～ Alexanders nach Indien アレクサンダーのインド遠征. der ～ der Vögel⟨der Wolken⟩ 鳥の渡り⟨雲の流れ⟩. einen ～ durch die Gemeinde machen《話》はしご酒をする. (b)(物事の)趨勢(すうせい), 流れ. *Das ist der ～ der Zeit.* それは時代の趨勢だ. im ～*e* der Ermittlungen 調査(捜査)が進なかで. im ～*e* der Planung 立案の過程で. (c)《慣用的表現で》In der Veranstaltung ist überhaupt kein ～. その催しはさっぱり盛上らない. et⁴ in ～ bringen / in et⁴ bringen 事⁴を調子づかせる. gut⟨richtig⟩ im ～*e* sein 調子づいている. Jetzt bin ich im besten ～[*e*]. いま私は最高に調子がでている. in einem ~[*e*] 一気呵成(いっきかせい)に(↑6(b), 8(a)). ein Buch in einem ～[*e*] lesen ある本を一気に読む.

4《複数なし》(a)《まれ》一陣の風. (b)(不快な)すきま風. *Hier herrscht⟨ist⟩ starker ～.* ここはすきま風がきつい. keinen ～ vertragen すきま風に弱い. in [den] ～ kommen すきま風に当る. im ～ sitzen すきま風のする所に座っている. (c) 通風, 風通し; 空気の通り. *Der Ofen hat keinen guten ～.* そのストーブは空気の通りが悪い. (d) (暖炉などの)煙道, 通気管.

5 (a)《複数なし》引くこと, 引張ること;『工学』引っ張り. Druck und ～ 圧縮と引張り. einen ～ an der Glocke tun 鐘の引綱を引く. mit einem energischen ～ 力強く⟨ぐいっと⟩引張って. (b) 網を引くこと; 一網(ひとあみ)(の漁). einen guten ～ tun 大漁である. (c)《古》(ボート・水泳などで)ひと漕ぎ, ひと掻き, ストローク. (d)《比喩》欲求, 衝動, 性癖. dem ～ *seines* Herzens folgen 心の欲するところに従う. *Er hatte schon damals diesen ～ nach dem Osten⟨zur Vereinfachung⟩.* 彼は当時すでに東方へと心惹かれていた⟨何でも単純化するような傾向があった⟩.

6 (a)(息を)吸うこと;(タバコの)1服. ein paar *Züge* machen⟨*tun*⟩(タバコを)2,3服吸う. einen ～ aus der Pfeife tun⟨nehmen⟩ パイプを1服吸う. et⁴ in tiefen *Zügen* einatmen 物⁴を深々と吸込む. et⁴ in vollen *Zügen* genießen《比喩》事⁴を満喫する. in den letzten *Zügen* liegen《比喩》死に瀕(ひん)している. (b)(酒を)飲むこと; ひと飲み, ひと口. *Du hast einen guten ～ [am Leibe].*《話》君は飲みっぷりがいい. einen ～ aus der Flasche tun 瓶から口飲む. auf einen ～⟨*mit*⟩ einem ～ ひと息に, 一気に(↑3(c), 8(a)). in bedächtigen⟨gierigen⟩ *Zügen* trinken ゆっくりと⟨がぶがぶと⟩飲む.

7 (チェスなどで)駒を進めること; 指し手. ein genialer ～ 妙手. ein guter〈schlechter〉～ 好手〈悪手〉. Wer hat den ersten ～? 先手はだれですか. einen ～ tun〈machen〉1手指す. am ～ sein 手番である. ～ um ～ 一手一手; (比喩)一歩一歩, 次々に. zum ～[e] kommen 手番になる. Er ist bei dieser Sache nicht zum ～e gekommen.《比喻》彼はこの一件では出番はなかった.
8 (a)《ふつう複数で》引かれた(描かれた)線; 筆遣い, 筆致. die Züge der Schrift 筆跡. eine Zeichnung in kräftigen Zügen 力強い筆遣いのスケッチ. in großen〈groben〉Zügen《比喻》大まかに. in kurzen Zügen《比喻》簡潔に. in〈mit〉einem ～ 一筆で(↑3(c), 6(b)). (b)〈ふつう複数で〉目鼻立ち; 表情. Er hat anmutige〈regelmäßige〉Züge. 彼は上品な〈整った〉目鼻立ちをしている. einen brutalen ～ um den Mund haben 残忍な表情を口もとに浮かべている. (c) 性格, 特徴. ein ～ seines Wesens 性格の一面. ein typischer ～ eines Menschen〈eines Volkes〉ある人間〈ある民族〉の典型的特徴. Das ist ein liebenswerter ～ an〈von〉ihm. それは彼の愛すべき特徴だ.
9 (銃身の)施条, 腔綫(ぐり); (ねじの)溝. j/et⁴ auf dem ～ haben《比喻》人〈事〉に我慢がならない.
10 (まれ)山なみ, 山脈. die Züge des Bayerischen Waldes バイエルンの森の山なみ.
11《複数なし》《話》規律, 秩序. seine Schüler gut im ～ haben 生徒たちをよく躾(しつけ)けている.
12 (学校の)学科. ein Gymnasium mit einem musischen ～ 音楽科のあるギュムナジウム.
13 (引張るもの) (a) (呼び鈴・カーテンなどの)引き紐, 引き綱; 引き手, 引きレバー. (b) (オルガンの)音栓; (トロンボーンなどの)スライド. (c) (アノラックなどの)締め紐. (d) (地方)(タンスなどの)小引出し.

'**Zu·ga·be** ['tsu:ga:bə] 図 -/-n **1** (a) おまけ, 景品. (b) アンコール(の出し物). als ～ アンコールで. **2**《複数なし》加えること. unter ～ von etwas Milch ミルクを少々加えながら.

'**Zug·ab·teil** ['tsu:k..] 田 -[e]s/-e (列車の)客室, コンパートメント.

'**Zu·gang** ['tsu:gaŋ] 男 -[e]s/¨e **1**《複数なし》入ること, 立入り; 接近, 出入り; 到達; 交際(する機会); 理解(力). ～ zu den Geheimakten 秘密書類の閲覧権. ～ zum Chef haben (いつでも)上司と面談できる. ～ zur modernen Musik haben 現代音楽が分かる. keinen ～ zu Kindern haben 子供が苦手である. **2** 出入口, 通路, 門. **3**《複数なし》増加, 増大, 増員. ein großer ～ an neuen Patienten 新しい患者の大幅増加. **4**《ふつう複数で》(図書・商品などの)受入れ物品; 新入りの人. Unter den Zugängen der Bibliothek sind wichtige Fachbücher. 図書館の搬入書の中には重要な専門書がある.

'**zu·gäng·lich** ['tsu:gɛŋlɪç] 形 **1** 近づきやすい, 接近できる, 立入り可能な; 到達可能な; 入手可能な. Diese Daten sind nicht jedem ～. このデータは一般公開されていない. j³ ein schwieriges Werk ～ machen 人³のために難解な作品を分かりやすくする. **2** 付合いやすい, 愛想の良い, 親しみやすい. **3** (et³〈für et¹〉事¹を)快く受入れる, 受入れる気がある. allem Schönen〈für alles Schöne〉～ sein 美しいものなんでも受入れる.

'**Zu·gäng·lich·keit** 囡 -/ **1** 近づきやすいこと, 到達(入手)可能なこと. **2** 親しみやすいこと.

'**Zug·brü·cke** 囡 -/-n はね橋.

'**Zü·ge** ['tsy:gə] Zug の複数.

*'**zu·ge·ben** ['tsu:gə:bən] 他 **1** (a) 付加え. die Gewürze ～ 薬味を加える. (景品)に付ける. j³ ein paar Gramm ～ 人³に2, 3グラムおまけする. (c) アンコールに演奏する(眺). **2**《しぶしぶ》認める; 白状する. Er wollte nicht ～, dass er sich⁴ geirrt hatte. 彼は自分が間違っていたことを認めようとしなかった. ein Verbrechen ～ ある犯罪を白状する.《過去分詞で》zugegeben, dass …であるとしても. **3**《ふつう否定文または疑問文で》許す, 容認する. Kannst du eine solche Ungerechtigkeit ～? 君はそんな不正が許せるのか.

'**zu·ge·dacht** ['tsu:gədaxt] zudenken の過去分詞.

'**zu·ge·ge·ben** ['tsu:gə:ge:bən] zugeben の過去分詞.

'**zu·ge·ge·be·ner·ma·ßen** ['tsu:gə:ge:bənɐr-'ma:sən] 副《書》だれしもが認めざるをえないように; 自ら認めたように.

'**zu·ge·gen** [tsu:'ge:gən] 副 (anwesend) bei et³ ～ sein 事³の場に居合す, 出席している, 参列している.

*'**zu·ge·hen** ['tsu:gə:ən] 自 (s) **1** (a) (auf j〈et〉⁴) 人〈物〉⁴の方に近づいて行く, 向かって行く. Er ging ist足早に出口の方へ歩いて行った. aufeinander ～ 互いに歩み寄る(比喩的にも). geradewegs auf sein Ziel ～《比喻》まっしぐらに目標に向かう. (b) (道への)…の方に伸びている, 通じている. Der Weg geht auf den Wald zu. その道は森に通じている. (c) (ある時点に)近づく. Der Alte geht schon auf die Achtzig zu. その老人はもう80歳に近い. Wir gehen〈Es geht〉auf den Frühling zu. 春が近い.《3格と》dem Ende ～ (休暇などが)終りに近づく. Es geht dem Frühling zu. 春が近い. **2** (人³の手元に)届く, 配達される. Die Antwort〈Der Brief〉wird Ihnen morgen ～. 返事〈手紙〉は明日あなたのもとに届くでしょう. j³ et⁴ ～ lassen 人³に物⁴を送り届ける. **3**《話》先を急ぐ, どんどん〈さっさと〉歩く. Geh zu! どんどん行け(やれ); (南方》《驚き・意外の声》まさか, 馬鹿を言うな. **4** (先の方が)…の形になる. Der Turm geht spitz zu. Der Turm geht in eine〈in einer〉Spitze zu. 塔の先は尖っている. eng ～ 先が狭くなっている. **5**《しばしば非人称的に》(事が)進行している, 運ぶ; 起る, 生じる. Wie ging es bei euch zu Weihnachten zu? 君たちのところではクリスマスはどんな様子だった? So geht es nun einmal in der Welt zu. それが世の中というものだ. Hier geht es ja zu!《話》ここはすごい盛上がりじゃないか. Das〈Die Sache〉geht nicht mit rechten Dingen zu.《話》これは変だ, どうもただごとではないぞ. Es müsste mit dem Teufel ～, wenn…《話》もし…だとしたら, それはただごとではないだろう(きっと悪魔の仕業(しわざ)に違いない). **6** (戸・ふたなどが)閉る, 閉まる. Das Fenster〈Der Koffer〉geht nicht zu. 窓(トランク)が閉らない.

'**Zu·ge·he·rin** ['tsu:ge:ərɪn] 囡 -/-nen, '**Zu·geh·frau** ['tsu:ge:..] 囡 -/-en《南》(ト½・オーストリア》(Aufwartefrau) 家政婦.

'**zu·ge·hö·ren** ['tsu:gə:hø:rən] 自《雅》(人〈物〉³に)属している; (人³の)ものである. ◆過去分詞 zugehört

'**zu·ge·hö·rig** ['tsu:gə:hø:rɪç] 形《副詞的には用いない》(物³に)属している, 付属している, (の)一部である, 所有である.

'**Zu·ge·hö·rig·keit** 囡 -/ (zu et³ 物³への)所属; (の)

Zugrundelegung

メンバー(構成員)であること.

'**zu·ge·knöpft** 過分 形 《話》打ち解けない, 無愛想な; 口数の少ない. mit ～en Taschen けちな.

'**Zü·gel** ['tsy:gəl] 男 -s/- (↓ziehen) **1** 手綱(ॐ);《比喩》制御, 抑制, 拘束, 支配. einem Pferd die *Zügel* anlegen 馬に手綱をつける. einer Begierde *Zügel* anlegen《比喩》欲望を抑制する. ein Pferd am ～ führen 馬を手綱で制御する. einem Pferd in die *Zügel* fallen 手綱をつかんで馬を止まらせる. die *Zügel* straffer anziehen 手綱をさらに引締める;《比喩》さらに厳しく統御する. die *Zügel* fest in der Hand haben 手綱をしっかり握る;《比喩》主導権を握る. bei j¹ die *Zügel* kurz〈lang〉halten 人を厳しく監督する〈勝手にやらせる〉. die *Zügel* lockern 手綱をゆるめる;《比喩》もっと自由にやらせる. die *Zügel* schleifen lassen《比喩》規制をゆるめる, 鷹揚な態度で臨む. *seinem* Zorn die *Zügel* schießen lassen《比喩》怒りに身をまかせる. die *Zügel* verlieren 統率力(主導権)を失う. **2**《鳥》眼先(ॐ)《目とくちばしの中間》.

'**zü·gel·los** ['tsy:gəllo:s] 形 **1**《まれ》(馬などが)手綱をつけていない. **2** 抑制のきかない, 自制のない, 奔放な; だらしない. ein ～*er* Mensch 勝手きままな人.

'**Zü·gel·lo·sig·keit** [..lo:zɪçkaɪt] 女 -/ 抑制のきかない(自制のない)こと; 奔放なふるまい, 勝手気随.

'**zü·geln** ['tsy:gəln] ❶ 他 **1**(馬などを)手綱を絞ってとめる. **2**(人を)自制させる;(事をに)抑制する. seine Wut ～ 怒りを抑える. ❷ 再 (sich¹) 自制する. ❸ 自 (s)(umziehen) 引越す.

'**Zu·ge·mü·se** [tsu:gəmy:zə] 中 -s/-《古》つけ合せの野菜.

'**zu·ge·neigt** 過分 形 (人³に)好意をいだいた, 心を寄せた. Er ist ihr sehr ～. 彼は彼女が大好きだ.

'**Zu·ge·reis·te** [..] 女/男《形容詞変化》(地方)移住者, よそ者.

'**zu|ge·sel·len** (sich¹)《雅》**1** (人³の)仲間に加わる. **2**(物が主語)(物¹に)付加する. ◆過去分詞 zugesellt

'**zu·ge·stan·den** ['tsu:gəʃtandən] zustehen, zugestehen の過去分詞.

'**zu·ge·stan·de·ner·ma·ßen** ['tsu:gəʃtandənɐ'ma:sən] 副《書》一般に認められているように, 確かに, 明らかに.

'**Zu·ge·ständ·nis** ['tsu:gəʃtɛntnɪs] 中 -ses/-se 譲歩, 容認. j³ ～*se* machen 人³に譲歩する.

'**zu|ge·ste·hen*** ['tsu:gəʃte:ən] 他(人³に事³を)認める, 譲って認める, 容認する.《過去分詞で》zugestanden, dass... …ということは認めたとしても.

'**zu·ge·tan** ['tsu:gəta:n] 過分 形 (1 zutun)《次の用法で》j〈et〉³ ～ sein 人³に好意をいだいている〈物³を愛好している〉. Er ist dem Wein sehr ～. 彼はワインが大好きだ.

'**zu·ge·wandt** ['tsu:gəvant] zuwenden の過去分詞.

'**Zu·ge·winn** ['tsu:gəvɪn] 男 -[e]s/-e **1** 追加獲得したもの. **2**《法制》剰余(夫婦の財産の結婚後の増加分).

'**Zu·ge·winn·ge·mein·schaft** 女 -/-en《法制》(夫婦財産の)剰余共同制.

'**Zug·fes·tig·keit** ['tsu:k..] 女 -/《工学》引張り強さ, 牽引強度.

'**Zug·füh·rer** 男 -s/- **1**《鉄道》車掌. **2**《軍事》小隊長.

'**Zug·funk** 男 -s/ 列車からの電話(電信).

'**zu|gie·ßen*** 他 注ぎ足す.

'**zu·gig** ['tsu:gɪç] 形 すきま風の入る, 風が吹きぬける. Es ist ～ hier. ここはすきま風がある.

'**zü·gig** ['tsy:gɪç] 形 **1** 迅速な, スムーズな, 遅滞のない; なめらかな. ～ arbeiten 遅滞なく仕事をする. eine ～*e* Schrift なめらかな筆跡. **2**《ॐ》(牛・馬などが)牽引力の強い.

'**Zug·kraft** ['tsu:k..] 女 -/-¨e **1**《物理》牽引(ॐ)力, 引っ張る力. **2**《複数なし》《比喩》(人を)惹きつける力, 魅力.

'**zug·kräf·tig** 形 人を引きつける, 魅力的な.

***zu'gleich** [tsu'glaɪç ツグライヒ] 副 **1** 同時に, いっぺんに; 一緒に. Sie sprachen alle ～. 彼らは皆同時に口をきいた. beide ～ 2 人一緒に. **2** その上, そしてまた. Er ist Maler und Schriftsteller ～. 彼は画家であり, また作家でもある.

'**Zug·lei·ne** ['tsu:k..] 女 -/-n **1** 引き綱. **2** 手綱(ॐ).

'**Zug·loch** 中 -[e]s/-¨er 通風(換気)孔.

'**Zug·luft** 女 -/ すきま風.

'**Zug·ma·schi·ne** 女 -/-n 牽引(ॐ)車, トラクター.

'**Zug·mit·tel** 中 -s/-《雅》人を引きつける方法(手段).

'**Zug·netz** 中 -es/-e 底引き網(トロール網).

'**Zug·num·mer** 女 -/-n **1**《鉄道》列車番号. **2**(芝居などの)呼び物.

'**Zug·och·se** 男 -n/-n 荷車(牛車)用の牛.

'**Zug·per·so·nal** 中 -s/《集合的に》列車乗務員.

'**Zug·pferd** 中 -[e]s/-e **1** 輓馬(ॐ). **2**《話》(仕事などの)旗振り役, リーダー, 重要人物. **3**《選挙の際その人気ゆえに党に票をもたらす大物(目玉)政治家.

'**Zug·pflas·ter** 中 -s/-《薬学》発疱膏(ॐ).

zu|grei·fen ['tsu:graɪfən ツーグライフェン] 自 **1** (a)(すばやく)手を伸ばしてつかむ. Er griff rasch *zu*, bevor der Teller zu Boden fiel. 彼は皿が床に落ちる前にさっと手を伸ばした. Bitte *greifen* Sie *zu*! (食卓で)どうぞ自由にお取りください. Die Polizei hat zu*gegriffen*.《比喩》警察の手が入った. (b)《比喩》またとない機会・申出などにとびつく;(急いで)買う. (c) auf Daten ～ 《ॐ》データを呼出す, (に)アクセスする. **2**《比喩》(さっと)手を貸す, 手伝いをする. (仕事を手伝って)よく働く.

'**Zu·griff** ['tsu:grɪf] 男 -[e]s/-e **1**(すばやく)手を伸ばしてつかむこと. **2**《比喩》(警察などの)手入れ;(監督官庁の)介入; 押収, 差押え.《ॐ》アクセス.

'**zu·grif·fig** ['tsu:grɪfɪç]《ॐ》(tatkräftig) よく働く, 精力的な.

'**Zu·griffs·zeit** 女 -/-en《ॐ》(データの)呼出し時間, アクセスタイム.

***zu'grun·de** [tsu'grʊndə ツグルンデ] 副 **1**《次の用法で》～ gehen (船が)沈没する; 滅びる, 没落(没落)する; 壊れる, 破壊される; 死ぬ. Er ist an dieser Krankheit ～ gegangen. 彼はこの病気で死んだ. j〈et〉⁴ ～ richten《人〈物〉⁴を》減ぼす, 破滅(没落)させる, 破壊する. ▶ zugrunde は「破滅へ, 没落へ」の意. **2**《次の用法で》et³ ～ legen 事を事³の基礎(根底)におく. Er legte seinen Vortrag ein Wort von Nietzsche ～. 彼はニーチェのある言葉に基づいて講演を行なった. et³ ～ liegen 事³の基礎(根底)になっている, (の)根底にある. ▶ zugrunde は「基礎に, 根底に」の意.

zu Grunde とも言う.

'**Zu'grun·de·ge·hen** 中 -s/ 破滅, 没落; 沈没.

'**Zu'grun·de·le·gung** 女 -/ 基礎(根拠)とすること. unter ～ von et³ 事³を基礎(根拠)として, (を)踏まえて.

'**Zug·seil** ['tsu:k..] 中 -[e]s/-e 牽引ロープ, 引き綱.

'**Zug·spit·ze** [tsu:kʃpɪtsə] 安/-n 《地名》die ～ ーックシュピッツェ(バイエルン州南部にあるドイツの最高峰, 2963 m).

'**Zug·stie·fel** 男 -s/- 《古》(側面にゴムの入った)ゴム長靴.

'**Zug·stück** 中 -[e]s/-e 《話》大当りの芝居；(芝居の)呼び物.

'**Zug·tier** 中 -[e]s/-e 輓曳(ばんえい)用の家畜(牛馬・ろばなど).

zu·gu·cken 自《話》眺める, 見物(傍観)する.

zu'guns·ten [tsu:'gʊnstən] 前 (2 格支配/後置のときは 3 格支配)…のために, …に有利になるように. Er hat ～ seines Sohnes auf das Erbe verzichtet. 彼は自分の息子のために遺産相続を放棄した. 《**zugunsten von**の形で》 *Zugunsten* von Herrn Benn hat er nicht kandidiert. ベン氏のために彼は立候補しなかった. ◆zu Gunstenとも書く.

zu'gu·te [tsu:'gu:tə] 副 《次の用法で》j(et)³ ～ kommen 人³事³のためになる, 役に立つ. Sein Aufenthalt im Ausland ist seiner Arbeit sehr ～ gekommen. 彼の外国滞在は彼の仕事にひじょうに役立った. j³ et⁴ ～ kommen lassen 人³に物⁴を与える, 贈る, 授ける. j³ et⁴ ～ tun 人³に事³(何か良いこと)をする. j³ et⁴ ～ halten 人³を事³ゆえに大目に見る, 許す. Man muss ihm seine Jugend ～ halten. その若さで彼のことは寛大に見てやらねばならない. 《再帰的に》*sich*¹ et⁴ ～ tun 物⁴を楽しむ. *sich*³ viel auf et⁴ ～ tun 〈halten〉物⁴をおおいに自慢する.

'**Zug·ver·bin·dung** [tsu:k..] 安 -/-en 列車による連絡；列車の接続.

'**Zug·ver·kehr** 男 -s/ 鉄道交通.

'**Zug·vieh** 中 -[e]s/ 役畜(荷車などを引く家畜).

'**Zug·vo·gel** 男 -s/= 《動物》渡り鳥.

zug·wei·se 副 列(群れ)をなして；小隊ごとに.

'**Zug·wind** 男 -[e]s/ (強い)すきま風.

'**Zug·zwang** 男 -[e]s/=e (なんらかの決断を下したり行動を起すほかないぎりぎりの(せっぱつまった)状況.

zu'ha·ben* [..] 1 他 (店などが)閉まっている. 2 (店などを)閉めておく, (眼などを)閉じている.

zu·ha·ken 鉤(かぎ)で閉める；ホックで留める.

'**zu·hal·ten*** 1 他 1 (ドアなどを)閉じておく, 閉めておく；ふさいでおく. sich³ den Mund〈die Nase〉～ 自分の口(鼻)をふさぐ. 2 j³ et⁴ ～ (おひ)人³に物⁴を割当てる, 配分する. 2 自 (auf et⁴ 物⁴の方向に)舵をとる, 進む.

'**Zu·häl·ter** ['tsu:hɛltər] 男 -s/- 売春婦のひも.

Zu·häl·te'rei [tsu:hɛltə'raɪ] 安 -/ 売春婦のひもをすること, 売春仲介業.

zu'han·den [tsu:'handən] 1 《古》手もとに. j³ ～ sein 人³の手もとにある. j³ ～ kommen (偶然)人³の手に入る. 2 (手紙の上書きで)X 氏宛(渡し).

'**zu·hän·gen** 他 (窓などをおおう, 隠す (mit et³ 物³で).

'**zu·hau·en**⁽*⁾ haute zu, zugehauen 1 他 1 (石・木などを)一定の形に割りそろえる, 加工する. 2 (屠殺された動物を)斧で解体する. 3 《話》(ドアを)ばたんと閉める, たたきつける. 2 自 《話》打ち(殴り)かかる.

zu'hauf [tsu:'hauf] 副 《雅》群れをなして, 大挙して.

zu'hau·se [tsu:'hauzə] 副 自宅で, 自宅で. ◆標準語では zu Haus[e]と書く. 1 Haus 2(a)

Zu'hau·se [tsu:'hauzə] 中-s/ 我が家, マイホーム, 自宅；故郷.

'**zu·hef·ten** 他 (裂け目を)縫い合せる.

'**zu·hei·len** 自 (s) (傷が)ふさがる, 癒合(ゆごう)する.

Zu'hil·fe·nah·me [tsu:'hɪlfənɑːma] 安-/ 助けを借りること. unter〈ohne〉～ von et³ 物³の助けを借りて〈借りずに〉.

zu'hin·terst [tsu:'hɪntərst] 副 一番最後に, 最後に.

zu'höchst [tsu:'høː̆çst] 副 一番上に, てっぺんに, ずっと上に.

*'**zu·hö·ren** ['tsu:hø:rən ツーヘーレン] 自 耳を傾ける, 聞き入る(et⟨j⟩³ 事³⟨人³の言葉⟩に). Er *hörte* mir ⟨meinen Worten⟩ aufmerksam *zu*. 彼は私の話に注意深く耳を傾けていた. der Musik ～ 音楽に聞き入る. Er kann [gut] ～. 彼は聞き上手だ. nur mit halbem Ohr ～ 半ばうわの空で聞く. *Hör* mal *zu*! いかい, よく聞けよ.

*'**Zu·hö·rer** ['tsu:hø:rər ツーヘーラー] 男 -s/- 聞き手, 傾聴者；(音楽会・講演会などの)聴衆, 聴講者；(ラジオの)聴取者. ◆女性形 Zuhörerin 安 -/-nen

'**Zu·hö·rer·bank** 安 /=e (法廷などの)傍聴席.

'**Zu·hö·rer·schaft** 安 -/ (総称的に)聴衆.

zu'in·nerst [tsu:'ɪnərst] 《雅》最も奥に；心の奥深く, 心底から.

zu·jauch·zen =zujubeln

'**zu·ju·beln** (人³に向かって)歓声を上げる.

'**zu·keh·ren** 1 他 (人³に物⁴を)向ける. j³ das Gesicht⟨den Rücken⟩～ 人³に顔(背)を向ける. 2 自 (s) 立寄る, おとずれる.

'**zu·klap·pen** 1 他 (ドア・ふたなどを)ばたんと閉める；(本などを)ばたんと閉じる. 2 自 (s) ばたんと閉まる.

'**zu·kle·ben** 他 1 (のりなどで)貼ってふさぐ. einen Briefumschlag ～ 手紙の封をする. 2 (et³ mit et⁴ 物³に物⁴を)一面に貼りつける.

'**zu·kleis·tern** 他 =zukleben

'**zu·klin·ken** 他 (ドアなどを)取っ手を回して閉める.

'**zu·knal·len** 《話》1 他 (ドア・窓などを)ばたん(がちゃん)と閉める. 2 自 (s) ばたん(がちゃん)と閉まる.

'**zu·knei·fen*** 他 (目や口などを)閉じる.

'**zu·knöp·fen** 他 (服などのボタンをかける.

'**zu'kom·men*** ['tsu:kɔmən] 自 (s) 1 (a) (auf j⟨et⟩⁴ 人⟨物⟩⁴の方向へ)近づいてくる. Er *kam* freudestrahlend⟨mit schnellen Schritten⟩ auf uns *zu*. 彼は喜びに顔を輝かせて〈足早に〉我々の方に近づいてきた. (b) (話) 目前に迫る. Das Gewitter *kommt* greade auf uns *zu*. 嵐が目の前に迫ってきている. (c) (auf j⁴ 人⁴に)頼る. (d) 《次の用法で》 et⁴ auf sich⁴ ～ lassen 物⁴を成行きにまかせる. 2 (a) (人³に)ふさわしい. Ein solches Verhalten *kommt* einem Kind nicht *zu*. そのような態度は子供にふさわしくない. (b) (意義・重要性などが)認められる(事³に). Der Entscheidung *kommt* keine Gültigkeit zu. この決定には妥当性が認められない. 3 《雅》(人³に)伝えられる, 届けられる；与えられる, (の手に)入る；達する. j³ et⁴ ～ lassen 人³に物⁴(知らせ・手紙・金品・特典など)を伝達する(届ける, プレゼントする, 与える).

'**zu·kor·ken** 他 (びんなどに)コルクで栓をする.

'**Zu·kost** ['tsu:kɔst] 安 -/ (料理の)つけ合せ.

Zu·kunft ['tsu:kʊnft ツークンフト] 安 -/Zukünfte 1 未来, 将来；前途, 将来性. Vergangenheit, Gegenwart und ～ 過去, 現在そして未来. ein Mann der ～ 前途有望な男. Die ～ gehört den Computern. 未来はコンピュータのものである. Er hat eine glänzende ～. 彼は輝かしい未来を約束されてい

る. für alle ～ 永久に, いつまでも. in ～ 将来は, 今後. in ferner ～ 遠い将来に. in naher〈nächster〉～ 近い〈ごく近い〉将来に. ein Beruf mit〈ohne〉～ 将来性のある〈ない〉職業. **2**〖文法〗(Futur) 未来(時称), 未来形.

*'**zu·künf·tig** ['tsu:kʏnftɪç ツーキュンフティヒ] ❶ 形《比較変化なし/付加語的用法のみ》未来の, 将来の, 来るべき, 今後の. seine ～e Frau 彼の未来の妻. ❷ 副 将来は, 今後, これから先.

'**Zu·künf·ti·ge** 男女〖形容詞変化〗《話》未来の夫〈妻〉.

'**Zu·kunfts·aus·sich·ten** 覆 未来(将来)の展望(見通し).

'**Zu·kunfts·for·schung** 女 -/ (Futurologie) 未来学.

'**Zu·kunfts·mu·sik** 女 -/ **1** 未来の音楽(Wagner の音楽に対してつけられた蔑称). **2** 実現するかどうか分からないこと. 《多く次の用法で》Das ist ～. それはまだこれから先のことだ.

'**Zu·kunfts·plan** 男 -[e]s/=e《多く複数で》将来の計画.

'**Zu·kunfts·ro·man** 男 -s/-e〚文学〛(SF 小説など)の未来小説.

'**zu·kunfts·träch·tig** 形《副詞的には用いない》将来性のある, 将来有望な.

'**zu·kunfts·wei·send** 形 将来を目指した.

'**zu·lä·cheln** 自 (人³に)ほほえみかける.

'**Zu·la·ge** 女 -/-n **1** (基本給以外の)特別手当. **2** 増養. **3**〖地方〗(肉を買う時に肉と一緒に量られる)骨.

zu 'Lan·de, °**zu'lan·de** [tsu 'landə] 副《古》国〈故国〉で. bei uns ～ わが国では. hier ～ この国では, 当地では. ◆↑ hierzulande

'**zu|lan·gen** 自 **1** (a) (つかもうとして)手を伸ばす. (b)《話》(料理に)手を伸ばす. Bitte, *langen* Sie *zu*! どうぞ取っておめしあがり下さい. (c) ばりばり仕事をする. **2** 平手打を食わらす. **3**〖地方〗足りる, 充分である.

'**zu·läng·lich** ['tsu:lɛŋlɪç] 形《比較変化なし》《古》十分な.

'**Zu·läng·lich·keit** 女 -/ 十分であること.

'**zu|las·sen*** ['tsu:lasən] 他 **1** (人³に)入ることを許す, 入場を許可する. Der Film ist für Jugendliche nicht *zugelassen*. その映画は未成年者が入場を認められていない. (b) (人〈物〉⁴に)許可を与える(zu et³ 事で). j⁴ zum Studium ～ 人⁴の大学入学を許可する. j⁴ als Arzt ～ 人⁴に医師の免許を与える. einen Lastkraftwagen [zum Verkehr] ～ トラックの通行を認める. **2** (事³を)許す, 認める, 許容する. (に)余地を残す, 可能性を与える. Wir können keine Ausnahmen ～. 我々はどんな例外も認めるわけにはいかない. Dieser Satz *lässt* mehrere Auslegungen *zu*. この文はいくつかの解釈が可能である. **3**《話》(窓などを)閉じたままにしておく, 開けない.

'**zu·läs·sig** ['tsu:lɛsɪç] 形《比較変化なし/副詞的には用いない》許されている, 認められた. ～*e* Höchstgeschwindigkeit 最高制限速度.

'**Zu·läs·sig·keit** 女 -/ 許されている(認められている)こと.

'**Zu·las·sung** 女 -/-en **1** 許可, 認可, 承認. **2**《話》自動車登録証,〖法制〗営業許可(免許), (医師・薬剤師の)開業許可.

'**Zu·las·sungs·prü·fung** 女 -/-en 入学試験.

'**Zu·las·sungs·schein** 男 -[e]s/-e 自動車登録証.

zu'las·ten《2格支配》=zu Lasten ↑ Last 3

'**Zu·lauf** ['tsu:laʊf] 男 -[e]s/-e **1**《複数なし》(多数の人の)殺到; (客の)大入り. ～ haben 人気を集める, 大繁盛する.《まれ》(川・湖に流入する)川, 支流. **3**〖工学〗(機械の内部に流れる)液体, 流水; 取水管, 取水弁.

'**zu|lau·fen*** ['tsu:laʊfən] 自 (s) **1** (液体が注ぎ足される). (流れが)合流する (einem anderen Fluss 別の川に). heißes Wasser ～ lassen 熱い湯をつぎ足す. **2** (a) (人³のところに)殺到する, 押寄せる. (b) (犬などが)迷い込む(人³のところに). **3** auf j⁴〈et⁴〉 人〈物〉⁴に向かって走って来る(行く). Die Kinder *liefen* auf den Vater *zu*. 子供たちは父親めがけて走って行った. **4** (道などが)伸びている, 通じている(auf et⁴ 物⁴のところまで). **5**《様態を示す語句と》先端が…の(形)になる. spitz ～ 先がとがっている. **6**《話》駆ける, 急ぐ. *Lauf zu!* 急げ.

'**zu|le·gen** 他 **1**〖地方〗追加する, 付加える, 付足す. noch einen Schritt ～ 歩調を早める. einen Zahn ～《話》スピードをあげる. **2** ふさぐ(mit et³ 物³で). ❷ 再《*sich*》《話》買い入れる, 手に入れる. *sich* einen neuen Wagen ～ 新しい車を購入する. *sich* einen Bart ～ (戯) ひげを生やす. Er hat *sich* eine Freundin *zugelegt*.《戯》彼に彼女ができた. ❸ 自 **1**《話》(仕事などに)スピードをあげる, (競争などで)スパートをかける, (車の)スピードをあげる.《話》太る.

zu'leid [tsuʹlaɪt] 副 =zuleide

zu'lei·de [tsuʹlaɪdə] 副《次の用法で》j³ etwas ～ tun 人³に危害を加える, 悪いことをする. Hat er dir etwas ～ getan? 彼は君に何か悪いことをしたのですか. ◆zu Leid[e] とも書く.

'**zu|lei·ten** 他 **1** (人³に物⁴を)届ける, 伝える. **2** (物³に物⁴を)引込む, 導き入れる. einem Fischteich Wasser ～ 養魚池に水を引込む.

'**Zu·lei·tung** 女 -/-en **1**《複数なし》伝達, 配送; 引込み. **2** 供給; (水道・ガスなどの)配管, (電気などの)導線.

'**zu|ler·nen** 他《話》(事⁴を)さらに学んで知識に加える, さらに学ぶ.

***zu'letzt** [tsuʹlɛtst ツレット] 副 **1** 一番後に(で), 最後に. Er kam ～. 彼は一番後からやって来た. Wer ～ lacht, lacht am besten. (諺) 最後に笑うものがもっともよく笑う. Er war ～ Oberst. 彼は大佐で終った(退役した). nicht ～ わけても, とりわけ. nicht ～ deshalb, weil ... という理由から. **2** ついに, とうとう, 結局. *Zuletzt* gab er auf. ついに彼はあきらめた. bis ～《話》最後まで; 死ぬまで. Er arbeitete bis ～. 彼は最後の最後まで(死ぬまで)働きつづけた. **3** 前回, この前, 最後に(…についれの).

zu'lieb [tsuʹliːp] 副《とくに にすずで》=zuliebe

***zu'lie·be** [tsuʹliːbə] 副《人事》³のために, ためを思って. et⁴ j³ ～ tun 事⁴を人〈事〉³のためにする. Tu es mir ～! 私のために そうしてくれ. der Wahrheit ～ 真理のために.

'**Zu·lie·fe·rer** 男 -s/- (部品などの)供給会社, 下請け業者.

'**zu|lö·ten** 他 はんだ付けする.

'**Zu·lu** ['tsu:lu] ❶ 男 -[s]/-[s] ズールー人(南アフリカの Bantu 族の一種). ❷ 中 -[s]/ ズールー語.

'**Zu·luft** ['tsu:lʊft] 中 -/ (↔ Abluft) (換気によって室内に取込まれる)新鮮な空気.

zum [tsom] 前 前置詞 zu と定冠詞 dem との融合形.

*'**zu|ma·chen** ['tsu:maxən ツーマヘン] ❶ 他《話》(↔ aufmachen) 閉める, 閉じる. die Augen ～ 目を

閉じる. den Brief ~ 手紙に封をする. das Fenster 〈die Tür〉 ~ 窓〈ドア〉を閉める. die Flasche ~ 瓶に栓をする. *sein* Geschäft ~ 店を閉める; 店をたたむ. das Haus ~ 家の戸締りをする. j³ das Kleid ~ 人³のドレスのボタンを掛ける.

❷ [自] **1** 《話》(店などが)閉まる, 店じまいになる; 店を閉める(たたむ). Der Bäcker hat *zugemacht*. パン屋は店をたたんだ. **2** 《地方》急ぐ.

zu'mal [tsu'ma:l] ❶ [副] **1** 《古》同時に, 一時に. **2** とくに, とりわけ. ❷ [接] 《従属 / 定動詞後置》とくに…なので, …であるだけに.

'zu|mau·ern [他] (ドア・窓などを)壁でふさぐ.

zu'meist [tsu'maɪst] [副] **1** たいていの場合は, 多くは. **2** 《話》大部分は.

'zu|mes·sen* [他] **1** (人³に物⁴を)量って与える, 割当てる, 配分する. **2** (人〈物〉³に事⁴を)認める.

zu'min·dest [tsu'mɪndəst] [副] 少なくとも, せめて.

'zu·mut·bar ['tsu:mu:tba:r] [形] 《比較変化なし / 副詞的には用いない》 要求(期待)し得る. Das ist für ihn nicht ~. そんなことを彼に要求(期待)するのは無理だ.

'Zu·mut·bar·keit [女] –/–en **1** 《複数なし》 要求(期待)し得ること. **2** 《まれ》要求(期待)し得る事柄.

zu'mu·te [tsu'mu:tə] [副] 《次の用法で》 j³ ~ sein 〈werden〉 人³は…の気分である〈になる〉. Mir ist wohl ~. 私はいい気分だ. Wie ist dir ~? 君はどんな気分だい. Es war ihm wenig zum Lachen ~. 彼はあまり笑う気になれなかった. ♦ zu Mute とも書く.

***'zu|mu·ten** ['tsu:mu:tən ツームーテン] [他] **1** (人³に事⁴を不当に)要求する, (過大に)期待する. Das kannst du mir nicht ~. そんなことを私に要求(期待)するとは無茶だよ. sich³ 〈*seinen* Kräften〉 zu viel ~ 柄にもないことをしようとする, 力に余ることを企てる. **2** 《地方》《(スイス)》 =zutrauen

***'Zu·mu·tung** ['tsu:mu:tʊŋ ツームートゥング] [女] –/–en (不当な・無理な・過大な)要求, 期待; (人の迷惑になる)振舞. eine ~ an j⁴ stellen 人⁴に無理な要求をする. Das ist eine starke ~! それは無理な要求だ, なんて図々しいんだ. Der Tabaksqualm ist eine ~. タバコの煙は人の迷惑だ.

Z

***zu'nächst** [tsu'nɛ:çst ツネーヒスト] ❶ [副] **1** まず第一に, 何よりもまず. Es muss ~ festgestellt werden, ob… …かどうかまず第一にはっきりとさせなくてはならない. Er zog sich⁴ ~ um und ging dann essen. 彼はまず着替えをし, それから食事に出かけた. **2** 差当り, 今のところ. Das ist ~ noch nicht wichtig. それは今のところまだ重要ではない. ❷ [前] 《3 格支配 / しばしば後置》《雅》…のすぐ近く(隣り)に. ~ der Straße / der Straße ~ 通りのすぐそばに. das Gebäude ~ der Kirche 教会のすぐ隣りの建物.

Zu'nächst·lie·gen·de [中] 《形容詞変化》 身近(手近)にあるもの.

'zu|na·geln [他] 釘で打付ける, 釘で打って閉じる.

'zu|nä·hen [他] 縫い合せる, 縫ってふさぐ.

***'Zu·nah·me** ['tsu:na:mə ツーナーメ] [女] –/–n (↓ zunehmen) **1** 増加, 増大. eine ~ des Gewichts 体重の増加. eine ~ um〈von〉 10% 10% の増加. **2** 〖手芸〗 編み目を増やすこと.

'Zu·na·me ['tsu:na:mə] [男] –ns/–n **1** 家族名, 名字(みょうじ), 姓. **2** 《古》異名, あだ名. ♦ 格変化は Name 参照.

'zünd·bar ['tsʏntba:r] [形] 《比較変化なし / 副詞的には用いない》 燃えやすい, 可燃性の.

'Zünd·blätt·chen [中] –s/– (おもちゃのピストルの)紙火薬.

'zün·den ['tsʏndən] ❶ [自] **1** (マッチなどが)燃えだす, 火がつく; (火薬が)発火する; (ロケットなどが)点火する, (エンジンなどが)かかる, 動きだす. **2** 《比喩》(講演・演奏などが)感動を呼起す, 賛同を得る. **3** 《話》《非人称的に》 Bei ihm hat *es gezündet*. やっと彼はのみこんだ(理解した). **4** (雷などが)火災を引起す. ❷ [他] **1** 〖工学〗(爆弾・ロケットなどに)点火する. **2** 《古》《南ドイツ》(ろうそく・マッチなどに)火をつける.

'zün·dend [現分] [形] (人を)鼓舞する, 感激させる, 感動的な. ~*e* Musik 心を打つ音楽.

'Zun·der ['tsʊndər] [男] –s/– **1** 《古》 火口(ほくち). 《慣用句で》 wie ~ brennen ひじょうによく燃える. wie ~ trocken sein ひじょうによく乾燥している. j³ *Zunder* geben 《話》 人³をなぐる; (を)ののしる; (を)せき立てる. *Zunder* bekommen〈kriegen〉《話》なぐられる; ののしられる; 《兵隊》砲撃を浴びる. Es gibt *Zunder*. 《話》殴られてもいいんだな(威嚇の言葉); 《兵隊》砲撃を浴びせられる. **2** 〖工学〗 スケール(熱せられた金属の表面にできる酸化物の皮膜).

'Zün·der ['tsʏndər] [男] –s/– **1** 起爆装置; (爆弾などの)雷管, 信管; 導火線. **2** 《古》 炭焼きがま. **3** 《オーストリア》《複数で》 マッチ.

'Zünd·holz ['tsʏnt..] [中] –es/–̈er 《南ドイツ・オーストリア》 (Streichholz) マッチ.

'Zünd·hölz·chen [中] –s/– 《Zündholz の縮小形》 マッチ.

'Zünd·holz·schach·tel [女] –/–n 《南ドイツ・オーストリア》 マッチ箱.

'Zünd·hüt·chen [中] –s/– 雷管, 信管.

'Zünd·ka·bel [中] –s/– 〖自動車〗(エンジンの)点火ケーブル.

'Zünd·kap·sel [女] –/–n (Sprengkapsel) 雷管.

'Zünd·ker·ze [女] –/–n 〖自動車〗(エンジンの)点火プラグ.

'Zünd·na·del·ge·wehr [中] –[e]s/–e 〖軍事〗 撃針銃.

'Zünd·punkt [男] –[e]s/–e 〖工学〗 発火(着火)点.

'Zünd·schlüs·sel [男] –s/– 〖自動車〗 イグニションキー, エンジンキー.

'Zünd·schnur [女] –/–̈e 導火線; 火縄.

'Zünd·stoff [男] –[e]s/–e **1** 起爆剤, 点火薬. **2** 《複数なし》 争いの種, 火種.

'Zün·dung [女] –/–en **1** 発火, 点火; 起爆; 燃焼. **2** 点火(起爆)装置.

'zu|neh·men ['tsu:ne:mən ツーネーメン] ❶ [自] (↔ abnehmen) (痛み・興奮などが)大きくなる, 強まる; (人口などが)増加する; (体力・明るさ・強さなどが)増す; (温度などが)上昇する; (日や夜が)長くなる; (月が)満ちて来る; (編み物で)編み目の数をふやす; 体重が増える, 太る. 《前置詞 **an** と》 an Jahren ~ だんだん年をとる. an Weisheit ~ だんだん英知を身につけて行く. ▶ ↑zunehmend ❷ [他] 《話》(物⁴を)付加える. Maschen ~ (手芸で)編み目の数を増やす.

'zu·neh·mend [現分] [形] 増大(増加)する. mit ~*en* Jahren 年をとるにつれて. in ~*em* Maß ますます. ~*er* Mond 上弦の月. Es wird ~ wärmer. ますます暖かくなる.

'zu|nei·gen ❶ [他] 《雅》 j³ den Kopf〈das Ohr〉 ~ 人³の方に頭を〈人³に耳を〉傾ける.

❷ [再] 《**sich**⁴》《雅》 **1** (人〈物〉³の方に)身を傾ける; 傾く. Er *neigte sich* ihr *zu*. 彼は彼女の方に体を傾け

た. Die Zweige neigten sich dem Wasser zu. 枝が水面に垂れ下がった. Das Jahr neigt sich dem Ende zu.《比喩》一年が終りに近づく. **2**《人〈事〉に》好意を抱く, の意を寄せる. Er neigte sich ihr [in Liebe] zu. 彼は彼女が好きになった. Das Glück neigte sich ihm zu.《比喩》幸運は彼に味方した.
❸ 回《事³の方に》気持が傾く, 態度〈考え方〉が傾斜する. Er neigt mehr der Auffassung zu, dass... 彼はむしろ…という見解に傾いている.
◆ ↑ zugeneigt

*'**Zu·nei·gung** ['tsu:naɪɡʊŋ ツーナイグング] 囡 -/-en《複数まれ》(↔ Abneigung) 好意; 愛情. eine schwesterliche ~ 姉妹のような愛情. für j⟨zu j⟩ ~ empfinden 人³に対して好意を覚える(愛情を感ずる). j² ~ gewinnen 人²の好意(愛情)を得る.

Zunft [tsʊnft] 囡 -/Zünfte **1** (中世の手工業者の)同業組合, ギルド, ツンフト. **2**《話》(封建的・閉鎖的な)同業者仲間, 仲間うちのサークル. die ~ der Dichter 詩壇. von der ~ sein 専門家である.

'**Zunft·ge·nos·se** 男 -n/-n 同業(ツンフトの)組合員.

'**zünf·tig** ['tsʏnftɪç] 形 **1**《古》専門家の, 専門の. **2**《比較変化なし》同業組合(に関する), 同業組合に所属する. **3**《話》本格的な. eine ~e Skiausrüstung 本格的なスキー装備. (b) たっぷりの. eine ~e Ohrfeige 猛烈な平手打.

'**Zun·ge** ['tsʊŋə ツンゲ] 囡 -/-n **1** 舌. eine belegte ~ 舌苔(ぜったい)に覆われた舌. Böse ~n behaupten, dass... 悪意ある人々は…と言う. Mir hängt die ~ zum Hals heraus.《話》私は喉がからからだ. (息を切らしながら息づかい言いながら)私はもうくたくただ. Mir klebt die ~ am Gaumen.《話》(口の中がかわいて)私は舌が顎にくっつきそうだ. Bei diesem Wort bricht man sich³ die ~ ab.《話》この言葉を口にすると舌を噛みそうになる. Die Angst band ihm die ~. 恐怖で彼は口が利(き)けなかった. eine böse ~ haben 口が悪い, 毒舌家である. eine falsche ~ haben 嘘つきである. eine feine ~ haben 口が肥えている. eine glatte ~ haben 口がうまい. eine scharfe〈spitze〉 ~ haben 辛辣な口を利く, 皮肉屋である. eine schwere ~ haben 口が重い, 口下手である. (酔って)ろれつがわらない. eine verwöhnte ~ haben 口がおごっている. j³ die ~ herausstrecken 人³に向かってアカンベーをする. seine ~ hüten〈wahren/zügeln〉/ seine ~ im Zaum halten 口を慎む. j³ die ~ lösen (酒などが)人³の舌を滑らかにする; (暴力などで)人³の口を割らせる. sich³ die ~ verbrennen 舌をやけどする;《比喩》禍を招く. sich³ auf die ~ beißen 舌を噛む;《比喩》言いたい事をぐっとこらえる. Es brennt mir auf der ~. 私はしゃべりたくて舌がうずうずしている. ein Wort auf der ~ haben 言葉が喉まで出かかっている. sein Herz auf der ~ haben〈tragen〉 思ったことを直ぐに(そのまま)口に出してしまう. j³ auf der ~ liegen 人³の喉のところまで出かかっている(言いたいが言えない事を思い出しそうで思い出せない事が). mit der ~ anstoßen 舌足らずな発音をする([s] を [θ] のように). et⁴ mit tausend ~n predigen 事⁴を口を酸っぱくして説く. mit gespaltener〈doppelter〉 ~ sprechen / mit zwei ~n sprechen 二枚舌を使う. Diese Worte gingen ihm glatt von der ~. これらの言葉がすらすらと彼の口を出た. j³ das Wort von der ~ nehmen 人³が言おうとしている事を先に言ってしまう.

2《雅》(Sprache) 言語, 国語. so weit die deutsche ~ klingt ドイツ語が話されているところでは. in fremder ~ reden 外国語で話す.
3《料理》舌(の肉), タン.
4《虫》(昆虫の)中舌.
5《舌状のもの》(a) ~n der Flammen (めらめら燃える)炎の舌. (b)《楽器》(管弦楽器などの)舌, リード. (c)《魚》(Seezunge) ささうしたびらめなど. (d)《植物》(きく科などの)舌状花. (e) (Landzunge) (舌状に突き出た)岬, 砂嘴(さし); (Gletscherzunge) 氷舌(ひょうぜつ). (f)《鉄道》(転轍器の)尖頭軌条. (g) (靴の)舌革. (h) (天秤の)指針.

'**Zün·gel·chen** ['tsʏŋəlçən] 匣 -s/-《Zunge の縮小形》小さな舌.

'**zün·geln** ['tsʏŋəln] 自 **1** (蛇などが)舌をちょろちょろ口から出し入れする. **2** (炎が)めらめらと燃え上がる; (水などが)ゆらゆら動く.

'**Zun·gen·bre·cher** 男 -s/-《戯》舌をかみそうな言葉.

'**zun·gen·fer·tig** 形 口の達者な, 能弁な, よくしゃべる.

'**Zun·gen·fer·tig·keit** 囡 -/ 口達者, おしゃべり.

'**zun·gen·för·mig** 形《比較変化なし / 副詞的には用いない》舌状の, 舌の形をした, (さきが)細長い.

'**Zun·gen·kuss** 男 -es/¨e ディープキス.

'**Zun·gen·laut** 男 -[e]s/-e《音声》舌音.

'**Zun·gen·pfei·fe** 囡 -/-n《楽器》(オルガンの)リードパイプ.

'**Zun·gen-R**, '**Zun·gen-r** 匣 -/-《音声》(↔ Zäpfchen-R) 舌先で発音する r.

'**Zun·gen·schlag** 男 -[e]s/¨e **1**《複数なし》(舌のもつれによる)言語障害. **2**《音楽》タンギング. **3** 訛(なまり); (特徴的な)言葉使い. mit amerikanischem ~ アメリカ訛で. der ~ der Jugend 若者独特の口のきき方. **4** 舌うち; (ガムなどを口からはき出す時などの)激しい舌の動き.

'**Zun·gen·spit·ze** 囡 -/-n 舌の先, 舌端.

'**Züng·lein** ['tsʏŋlaɪn] 匣 -s/-《Zunge の縮小形》《雅》**1** 小さな舌. **2** (秤の)針. das ~ an der Waage《比喩》キャスティングボートを握る(決め手になる)もの.

zu'**nich·te** [tsu'nɪçtə] 副《次の用法で》et⁴ ~ machen 事⁴(希望・計画など)を水泡に帰せしめる, 打ち砕く, 台無しにする. ~ werden 水泡に帰す, 打ち砕かれ, 台無しになる. ~ sein 水泡に帰した, 打ち砕かれた.

zu'**ni·cken** 自 (人³に)うなずきかける, 会釈する.

zu'**nut·ze** [tsu'nʊtsə] 副《次の用法で》sich³ et⁴ ~ machen 物⁴を利用する. ◆ zu Nutze とも書く.

zu'**oberst** 副 (↔ zuunterst) 一番上に(へ). im Koffer ~ liegen トランクの一番上に入れてある. ~ [an der Tafel] sitzen 上座(かみざ)にすわっている. das Unterste ~ kehren ごちゃごちゃにする.

'**zu|ord·nen** 他 (人⟨物⟩⁴を)物³に分類する, 秩序づけて組入れる. Die Affen sind den Herrentieren zuzuordnen. 猿は霊長類に分類される.

'**Zu·ord·nung** 囡 -/-en 分類する(される)こと; 分類, 組入れ.

'**zu|pa·cken**《話》❶ 自 すばやくしっかりとつかむ; 荒々しく手をかける. **2** せっせと働く, かいがいしく手を下す. ❷ 他 しっかり(すっぽり)つつむ, おおう(mit et³ 物³で).

zu'**pass** [tsu'pas] 副《次の用法でのみ》j³ ~ kommen 人³にとってちょうどよいときに来る(なされる). Seine Hilfe kam mir sehr⟨gut⟩ ~. 彼の助けはぼくには渡りに船だった.

zu'pas·se [tsu'pasə] 副 《まれ》=zupass

'zup·fen ['tsʊpfən] 他 **1** つまむ; 指先で軽くつまんで引張る; つまんで引張り出す(取除く); (毛糸のほつれなどを)つまんではぐす; 《ギターなどの弦楽器の弦を》つまびく. **2** j¹ an et³ ~ 人⁴の物³(袖など)を引張る. *Zupf dich an deiner eigenen Nase!* 人の世話を焼く前に自分の頭の上のハエを追え. 《目的語なしで》an j² Bart ~ 人²のひげをひっぱる.

'Zupf·gei·ge ['tsʊpf..] 囡 -/-n 《古》ギター.

'Zupf·in·stru·ment 中 -[e]s/-e 《音楽》撥弦(はっげん)楽器(ハープ・ギターなど).

'zu·pfrop·fen 他 《物⁴に》栓をする.

'zu·pros·ten ['tsu:pro:stən] 自《話》(人³の)健康を祝して乾杯する.

zur [tsu:r, tsʊr] 前置詞 zu と定冠詞 der の融合形.

zu'ran·de =zu Rande ↑Rand 1(a)

zu'ra·te =zu Rate ↑Rat 3

zu'ra·ten* ['tsu:ra:tən] 自 (人³に)勧める, 勧告する(zu et³ 事³をするように). 《zu 不定詞句と》*Er riet mir zu hinzugehen.* 彼は私にそこへ行くようにすすめた.

'zu·rau·nen 他 (人³に)事⁴をささやく, 耳打ちする.

'Zür·cher ['tsyrçər] (男) =Züricher

zu'rech·nen ['tsu:rɛçnən] 他 **1** j³ et⁴ ~ 《まれ》人³に事⁴の責任を負わせる. **2** (人⁴・物³を)分類する, 数え入れる. **3** 《話》(物⁴を)加える, 加算する.

'Zu·rech·nung 囡 -/-en (責任を)負わせる(負わされる)こと; 加算, 算入; (功罪などを)帰すること.

'Zu·rech·nungs·fä·hig 形 (比較変化なし / 副詞的には用いない)(自分の行為に対して)責任能力のある, 帰責能力の.

'Zu·rech·nungs·fä·hig·keit 囡 -/ 帰責能力, 責任能力.

zu·recht.. [tsurɛçt..] 《分離前つづり / つねにアクセントをもつ》「正しく, 適切に, しかるべき状態に」などの意を表す.

zu'recht·bie·gen 他 (適切な形に)曲げる;《比喩》適当な状態にする.

zu'recht·brin·gen* 他 《話》(物⁴を)整理する; 成し遂げる.

zu'recht·fin·den [tsu:rɛçtfɪndən] ツレヒトフィンデン] 再 (sich⁴) (不案内な土地に)正しい道(方向)が分る;《比喩》(不慣れな仕事などで)勝手が分かる. *Danke, ich finde mich schon allein zurecht.* ありがとう, もうひとりでも分ります(道案内の申出に答えて). *Er findet sich auf der Landkarte* ~ 地図の見方が分る. *Er findet sich [im Leben] nicht zurecht.*《比喩》彼は途方に暮れている.

zu'recht·kom·men* [tsu:rɛçtkɔmən] ツレヒトコメン] 自 (s) **1** (a) (mit j³ 人³と)うまくやって行く. *Sie kommt mit ihrem Mann nicht zurecht.* 彼女は夫とうまく行っている. (b) (mit et¹ 事³を)うまくやる. *mit einer Arbeit⟨einem Problem⟩* ~ ある仕事をうまくこなす⟨ある問題をうまく処理する⟩. *Ohne dich komme ich nicht zurecht.* 君がいなければ私はやって行けない. **2** (時間的に)間に合う. *Er kam gerade noch zurecht.* 彼はなんとか間に合った. *Das kommt immer noch zurecht!* 今からでもまだ間に合うよ.

zu'recht·le·gen 他 **1** (人³のために物⁴を)準備する, 整えておく. **2** 再 (sich³) *sich et¹* ~ 事⁴(答え・言い逃れなど)を前もって考えておく.

zu'recht·ma·chen [tsu:rɛçtmaxən] 他 **1** 《話》(ベッド・部屋などを)使えるように準備する(für j¹ 人⁴のために); (食べ物を食べられるようにして差出す, 作る, 調理する(j³⟨für j³⟩ 人³,⁴のために). **2** (人⁴に)おめかしをしてやる. **2** 再 (sich⁴)《話》身づくろいをする.

zu'recht·rü·cken 他 (椅子・机などを)正しい場所に置く(元通り, ネクタイなどの)ゆがみを直す;《比喩》正しい状態に戻す. j³ *den Kopf* ~《比喩》《話》人³にはっきりと意見を述べる, (を)たしなめる.

zu'recht·set·zen 他 **1** (物⁴を)正しい場所に置く. j³ *den Kopf* ~《比喩》《話》人³に意見をはっきり述べる, (を)たしなめる. **2** 再 (sich⁴) きちんと座る, 座り直す.

zu'recht·stel·len 他 正しい位置に置く, きちんと置く(立てる), 整える.

zu'recht·stut·zen 他 (生け垣などを)刈込んで整える.

zu'recht·wei·sen* 他 (人⁴を)きびしく叱る, (に)訓戒を与える.

Zu'recht·wei·sung 囡 -/-en 訓戒, 叱責(しっせき).

zu'recht·zim·mern 他 (家具などの木工品を)素人細工(日曜大工)で組立てる.

'zu·re·den ['tsu:re:dən] 自 (人³に)説き聞かす, (を)説得する. j³ ~ *wie einem lahmen⟨kranken⟩ Gaul.*《話》(人³に)こんこんと説いて聞かせる.

'zu·rei·chen **1** 他 《地方》足りる, 充分である. **2** 他 (人³に物⁴を)⟨規則的に⟩手渡す, 届ける.

'zu·rei·chend 現分 形 充分な.

'zu·rei·ten* **1** 他 (馬を)乗り馴らす, 調教する. **2** 自 (s) (auf j⟨et⟩⁴ 人⟨物⟩⁴の方へ)馬を走らせる, 馬で行く.

'Zü·rich ['tsy:rɪç] 地名 チューリヒ(スイス北部の州およびその州都).

'Zü·ri·cher ['tsy:rɪçər] **1** 男 -s/- チューリヒの住民(出身者). **2** 形 《付加語的用法のみ / 不変化化》チューリヒの.

'zu·rich·ten **1** 《地方》(食事などを)準備する, 用意する; (版型などを)ととのえる;(織物・毛皮などを)仕上加工する. **2** (革を)なめす; (石・木材・ブリキなどを)加工する. **3** (a) (物⁴をひどくそこなう, 使い古す; 台無しにする, 壊す. (b) (人⁴を)傷つける, いためつける. j⁴ *übel* ⟨*böse*⟩ ~ 人⁴をひどくいためつける.

'Zu·rich·ter ['tsu:rɪçtər] 男 -s/- 仕上⟨調整をする⟩人, 仕上工; 製版工; なめし職人.

'Zu·rich·tung 囡 -/-en 仕上, 調整; 準備; 調理.

'zu·rie·geln (戸などを)かんぬきをおろして閉める.

'zür·nen ['tsyrnən] 自 《雅》([mit] j³ 人³に)腹を立てている, うらみをいだいている.

'zur·ren ['tsurən] 他 **1** 《船員》(甲板に括(くく)りつける, 固定する. **2** 《地方》引きずって行く.

Zur'schau·stel·lung [tsu:r'ʃaʊʃtɛlʊŋ] 囡 -/-en 展示, 陳列; 誇示.

zu'rück [tsu'ryk] ツリュク] 副 **1** (元の場所へ)戻って, 引戻して. *die Fahrt von Berlin* ~ ベルリンからの帰路. *Ich bin* ~ *nicht gefahren.* 帰りは運転しなかった. *Er ist noch nicht* ~. 彼はまだ戻っていない. *Zurück zur Natur!* 自然に帰れ(Rousseau の言葉). *hin und* ~ 行きと帰りで, 往復で. *Bitte einmal Hamburg hin und* ~*!* ハンブルクまで往復1枚ください. *Mit vielem Dank* ~*!* ありがとう, お返しします. **2** 後ろへ, 後方へ; 後ろに, 後方に. *Einen Schritt* ~*!* 1歩さがれ. *vor und* ~ 前後に. **3**《話》(発達・学業などが)立ち遅れている, 取残されている. *Die Ernte ist dieses Jahr noch sehr* ~. 今年は収穫がまだ随分遅れている. *in seiner Entwicklung⟨in Mathematik⟩* ~ *sein* 発育⟨数学⟩が遅れている. **4**《地方》

(früher)(過去に)さかのぼって. ein halbes Jahr ～ 半年前に.

Zu'rück 中 -s/ 後戻り, 後退. Es gibt kein ～ [mehr].《比喩》もう後戻りはできない.

zu·rück.. [tsuryk..]《分離前つづり / つねにアクセントをもつ》「元へ戻って, 返して, 後(方)へ, 遅れて」などの意を表す.

zu'rück|be·ben 自(s)《雅》(vor j⟨et⟩³ 人⟨事⟩³を恐れて)後ろにさがる, あとずさりする.

zu'rück|be·ge·ben 再(**sich¹**)戻る, 帰る. ◆過去分詞 zurückbegeben

zu'rück|be·hal·ten* **1** 手元に残しておく. **2** (傷跡・障害などを)後に残す. ◆過去分詞 zurückbehalten

zu'rück|be·kom·men 他 返してもらう, 取り戻す; お釣りとしてもらう. ◆過去分詞 zurückbekommen

zu'rück|be·ru·fen 他 (人⁴を)呼び戻す, 召還する. ◆過去分詞 zurückberufen

zu'rück|beu·gen 他 後ろへ曲げる(頭や体などを). sich⁴ ～ 反(そ)る, 反り返る.

zu'rück|be·zah·len 他 払い戻す, 返済する. ◆過去分詞 zurückbezahlt

zu'rück|bil·den 再(**sich¹**)**1** 元の状態に戻る(収縮などにより); (腫瘍などが)小さくなる, なくなる. **2** (器官などが)退化する.

zu'rück|blei·ben* [tsu'rʏkblaɪbən] 自(s) **1** 後に残る, とどまる; 後遺症として残る. Er blieb zu Hause zurück. 彼は家に残った. **2** (発達・学業などが)遅れている. in der Schule ～ 学校での勉強が遅れている. mit der Arbeit ～ 仕事が遅れている.《過去分詞で》Er ist geistig zurückgeblieben. 彼は知恵遅れである. **3** (von et³ 物³から)後ろに下がっている(離れている). Zurückbleiben! (駅のホームなどで)後ろに下がって下さい.

zu'rück|bli·cken [tsu'rʏkblɪkən] 自 **1** 後ろを見る, 振返って見る. **2** 顧みる, 回顧する(auf et⁴ 事⁴を). Er kann auf ein reiches Leben ～. 彼は豊かな人生経験がある.

zu'rück|brin·gen* 他 **1** (a) 元の場所(持主)に戻す. (b) (人⁴を)連れ戻す. j⁴ ins Leben ～ 人⁴を生返らせる. j⁴ in die Wirklichkeit ～ 人⁴を現実に連れ戻す. **2**《話》(人⁴の)進歩を遅らせる. Die lange Krankheit hat mich in der Schule sehr *zurückgebracht*. 長い病気のために私は学校の勉強がひどく遅れてしまった.

zu'rück|da·tie·ren **1** 他 **1** 前の日付にする, (の)日付を早める. **2** (古文書などの)成立(起源)をより古いものと定める. **2** (auf⟨in⟩ et⁴ 事⁴にまで)さかのぼる. ◆過去分詞 zurückdatiert

zu'rück|den·ken* 自 (an et⁴ 事⁴を)思い出す, 回想する.

zu'rück|drän·gen **1** 他 押し戻す; 後方へ追込う; (暴動などを)押さえ込む, 抑圧する; (涙・感情などを)抑える. **2** 自 元の場所へどっと押寄せる.

zu'rück|dre·hen 他 逆に回す, 巻き戻す; (スイッチなどを)ひねって戻す.

zu'rück|dür·fen* 自《話》帰る(戻る)ことが許されている.

zu'rück|ei·len 自(s) 急いで戻る(帰る).

zu'rück|er·bit·ten* 他 (物⁴を)返すように頼む, (の)返還を要請する. ◆過去分詞 zurückerbeten

zu'rück|er·hal·ten* 他 返してもらう. ◆過去分詞 zurückerhalten

zu'rück|er·o·bern 他 **1** 奪い返す, 奪回する. **2** (失った物⁴を)取り戻す. ◆過去分詞 zurückerobert

zu'rück|er·stat·ten 他 払い戻す, 返送する. ◆過去分詞 zurückerstattet

zu'rück|fah·ren [tsu'rʏkfa:rən ツリュクファーレン] **❶** 自(s) **1** (a) (乗物が・乗物で)帰る, 戻る. mit dem Auto ～ 車で帰る. **2**(とくに自動車で)後へ下がる, バックする. **2**(驚いて)跳びのく, 跳びすさる. mit dem Kopf ～ 頭をさっと引っ込める. **❷** 他 **1** (a) 乗物で送り返す(運び戻す). (b) einen Wagen ～ 車を運転して引返す(戻す). **2**《話》(機械・設備などの)操業を短縮する.

zu'rück|fal·len* [tsu'rʏkfalən] 自(s) **1** 後ろへ倒れる, ひっくり返る. sich⁴ in den Sessel ～ 安楽椅子にもたれかかる. **2**(とくにスポーツで)成績が落込む, 順位が下がる. **3**(店・土地などが)戻ってくる(an j⁴ 人⁴の手に). **4** (in et⁴ 事⁴に)逆戻りする. in eine Krankheit ～ また病気がぶり返す. **5**(責任などが)跳ね返ってくる(auf j⁴ 人⁴の身に). Ihre schlechte Erziehung *fällt* auf ihre Eltern *zurück*. 彼女のしつけの悪さは両親のせいだ.

zu'rück|fin·den [tsu'rʏkfɪndən ツリュクフィンデン] **❶ 1** 自 帰り道が分かる. Ich *finde* jetzt allein *zurück*. もうひとりで帰れます. **2**(…へ)帰る, 戻る. in die Heimat ～ 故郷へ帰る. zu *seiner* Frau ～ 妻のもとへ戻る. zu sich³ selbst ～ 自分を取り戻す. **❷** 他《次の用法で》den Weg⟨sich⁴⟩ ～ 帰り道が分かる.

zu'rück|flie·gen* 自 **1**(s) 飛んで帰る, 飛行機で帰る. **2** 他(飛行機を)操縦して帰る, (人⟨物⟩⁴を)飛行機で送り返す.

zu'rück|flie·ßen* 自(s) 流れ戻る, 還流する.

zu'rück|flu·ten 自(s) (潮や群衆の流れが)ひく, 逆流する.

zu'rück|for·dern 他 返すように求める, (の)返還を要求する.

***zu'rück|füh·ren** [tsu'rʏkfy:rən] **❶** 他 **1**(人⁴を)元の場所に連れ戻す, 連れて帰る. j⁴ auf den rechten Weg ～《比喩》人⁴を正しい道に連れ戻す. **2**(に)還元する(auf et⁴ 事⁴). (b) A⁴ auf B⁴ ～ A⁴の原因(起源)をB⁴に帰する. Wir *führen* den Unfall auf seine Übermüdung *zurück*. 事故の原因は彼の過労にあったと我々は考えている. **❷** 自 (道が)元の場所に通じている.

Zu'rück|ga·be 女 -/-n《複数まれ》(Rückgabe) 返却, 返還.

zu'rück|ge·ben [tsu'rʏkge:bən ツリュクゲーベン] 他 **1**(人³に物⁴を)返す, 返却する, 返還する. j³ das geliehene Buch ～ 人³に借りた本を返す. Das Ergebnis *gab* ihm sein Selbstvertrauen *zurück*. その結果は彼に自信を取り戻させた. Ich *gab* ihm sein Versprechen *zurück*. 私は彼の約束をなかったことにしてやった. Wechselgeld ～《話》釣銭を出す. **2** den Ball ～《球技》リターンパスをする; バックパスをする. **3**(相手の言葉に応酬して)…と答える. „Was weiß ich?" *gab* er *zurück*. 「僕の知ったことか」と彼は言返した.

zu'rück|ge·hen [tsu'rʏkge:ən ツリュクゲーエン] 自(s) **1**(a) (元の場所へ)戻る, 帰る. Der Schüler *ging* auf seinen Platz *zurück*. その生徒は自分の席に戻った. denselben Weg ～ / auf demselben Weg ～ 同じ道を引返す. in *seine* Heimatstadt ～《話》故郷の町に帰る.《非人称的に》Anschließend *geht* es dann ins Hotel *zurück*. 引続きその後はホテルに戻

ります．(b)〈元の状態に〉復する，戻る．Der Zeiger *geht* langsam auf Null *zurück*. 指針がゆっくりゼロに戻る．auf 80 km/h ~ 時速80キロに落とす．(c)〈元の身分・職業に〉復帰する．an die Universität ~ 大学に復帰〔復学〕する．(d) 返送〈返品〉する．eine Ware ~ lassen 品物を返品する．(e)〈話〉〈約束などが〉解消される，破談〈破約〉にする． **3** (zurücktreten) 後ろへ下がる，後退する；退却する． **3**《比喩》〈高騰・昂進・上昇していたものが〉元に戻る，衰える，下がる，減退〈減少〉する．Die Ausfuhr ist allmählich *zurückgegangen*. 輸出はしだいに減少した．Das Fieber〈Die Schwellung〉*geht zurück*. 熱が下がる〔腫れが引く〕．Das Geschäft *geht zurück*. 商売が不振になる．im Preis ~ 値が下がる． **4** 《古い》《auf et〈j³〉 事〈人³〉に》源を発する，由来〈起因〉する．Diese Redensart *geht* auf die Bibel *zurück*. この言回しは聖書に由来する．in die〈der〉Geschichte ~ 歴史を遡(さかのぼ)る．

zu'rück|ge·zo·gen 過分 形 (↑zurückziehen) 引きこもった，隠遁(いんとん)の．

Zu'rück|ge·zo·gen·heit 女 -/ 隠遁(いんとん)，隠棲(いんせい)．in großer ~ leben 世間から隔絶してひっそりと暮らす．

zu'rück|grei·fen* 自 **1** (a)《auf et³ 物³に》手をつける．auf *seine* Ersparnisse ~ 貯金に手をつける．(b)《auf j³ 人³に》助けを求める，頼る． **2** 昔にさかのぼって話す．

zu'rück|hal·ten [tsuˈrʏkhaltən ツリュクハルテン] **❶** 他 (a)《人⁴を》引き留める．j⁴ am Ärmel ~ 人の袖をつかんで引き留める．(b)《人⁴を》押しとどめる．die Neugierigen ~ 野次馬を押しとどめる．(c) 《j⁴ von〈vor〉et³ …⁴が事³を》引き留める，押しとどめる，抑止する．j⁴ von einer unüberlegten Handlung ~ 人が軽率な行動をしないように引き留める．Sein Stolz *hielt* ihn [davon] *zurück*, das zu sagen. プライドが彼にそれを言わせなかった． **2** 〈物⁴を〉差止める，押える．Waren〈Nachrichten〉 ~ 品物〈ニュース〉を差止める． **3** 〈感情を抑える，抑制する；〈意見・判断などを〉抑える．das Lachen〈die Tränen〉 ~ 笑い〈涙〉をこらえる．*seine* Vorwürfe ~ 非難を差控える．

❷ 自《mit et³ …⁴を》抑える，抑止〔抑制〕する；差控える《(↑)3》．mit *seinen* Gefühlen ~ 感情を抑える．mit *seinen* Vorwürfen ~ 非難を差控える．

❸ 再 **⟨sich¹⟩ 1**〈陰に〉引っ込んでいる，引きこもっている．Er *hält sich zurück* und verkehrt mit niemandem. 彼は家に引きこもって誰とも付合わない．*sich* in der Diskussion ~ 議論の席で黙っている． **2** 自制する，慎む．Er konnte *sich* nicht länger ~ und sagte ihr seine Meinung. 彼はもうそれ以上我慢ができなくなって彼女に自分の意見を言った．*sich* beim〈mit dem〉Essen ~ 食事を控える．

***zu'rück|hal·tend** [tsuˈrʏkhaltənt ツリュクハルテント] 現分 形 **1** (a) 控え目な，遠慮がちな，慎み深い．(b) 用心深い，慎重な．Das Publikum verhielt *sich*⁴ sehr ~. 観客〈聴衆〉の反応はたいへん控え目だった． **2** (色彩などが)地味な．

Zu'rück|hal·tung 女 -/ 《まれ》 引き留められること． **2** (控え目な態度)，遠慮；用心深さ，慎重さ．*sich*³ ~ auferlegen 控え目にする，慎む．mit ~ 控え目に；用心深く，慎重に．

zu'rück|ho·len 他 (人⁴を)連れ戻す《帰る》．(物⁴を)取り戻す，持帰る．

zu'rück|ja·gen ❶ 他 (家畜などを)追返す． **❷** 自

(s) (馬などで)疾駆して急ぎ戻る．

zu'rück|kau·fen 他 買い戻す．

***zu'rück|keh·ren** [tsuˈrʏkkeːrən ツリュクケーレン] 自 (s)《雅》 **1** (a) (zurückkommen) 帰る，戻る．nach Hause〈von der Reise〉 ~ 帰宅する〈旅から戻る〉．(b)《zu et〈j³〉 ~ 事³〈人³のもと〉に》立ち返る．zum Thema ~ 本題に戻る． **2**《比喩》〈意識・記憶などが〉戻る．

zu'rück|kom·men [tsuˈrʏkkɔmən ツリュクコメン] 自 (s) **1** (a) 帰って来る，戻って来る．von der Reise ~ 旅行から戻って来る．Der Brief ist als unzustellbar *zurückgekommen*. その手紙は配達不能で戻って来た． (b) (感覚・記憶などが)戻る． **2**《auf et〈j³ 事〈人³〉に》再び立返る，に改めて取り上げる．

zu'rück|kön·nen* 自《話》 帰る〈戻る〉ことができる．Ich *kann* jetzt nicht mehr *zurück*.《比喩》もう今さらあとには引けない．

zu'rück|las·sen [tsuˈrʏklasən ツリュクラセン] 他 **1** (a) あとに残す，残して(置いて)行く．das Gepäck im Hotel ~ 荷物をホテルに置いて行く．j³ eine Nachricht ~ 人³に伝言を残して行く．drei kleine Kinder *zurück*.《比喩》彼は3人の幼い子供をあとに残して死んだ．(b) (瘢痕(はんこん)などを)あとに残す． **2** (競争相手を)抜去る，引離す． **3** (人⁴を)帰らせる，帰してやる．

zu'rück|le·gen [tsuˈrʏkleːgən] **❶** 他 **1** 元の場所に戻す． **2** (身体の一部を)後ろへ曲げる． **3** (かんぬきなどを)はずす《↑zurückschieben 3》． **4** (客のために商品などを)取っておく，(金を)残しておく，蓄(たくわ)える． **5** (ある道のりを)後にする，進む． **6** ein Amt ~ 《雅》官職を退く． **❷** 再 **⟨sich⟩** 後ろへもたれかかる；身体をのけぞらせる，そり返る．

zu'rück|leh·nen ❶ 他 (頭・上半身などを)後ろへもたせかける． **❷** 再 **⟨sich¹⟩** 後ろへもたれかかる．

zu'rück|lei·ten 他 (元の場所へ)導いて戻す(返す)；(郵便物などを)返送する．

zu'rück|len·ken 他 **1** (車を)運転して戻る． **2** (考え・注意・話題などを)引き戻す．

zu'rück|lie·gen* 自 **1** 過去のことである．Das Ereignis *liegt* schon fünf Jahre *zurück*. その出来事はもう5年も前のことだ． **2** (スポーツ競技で)後(おく)れをとる，負けている． **3**《まれ》 後ろにある．

zu'rück|mel·den ❶ 他 (人⁴が)戻ったことを報告する(届け出る)． **❷** 再 **⟨sich¹⟩**《bei j³ 人³に》戻ったことを報告する(届け出る)．

zu'rück|müs·sen* 自《話》 戻ら(帰ら)なければならない．

Zu'rück|nah·me 女 -/-n **1** (返品の)引取り；(発言などの)撤回，取消し． **2**《軍事》 撤退．

zu'rück|neh·men [tsuˈrʏkneːmən ツリュクネーメン] 他 **1** 取り戻す，取返す，(売った品物を)引取る，回収する．Er hat seine Geschenke von mir *zurückgenommen*. 彼は私から贈物を取戻した．Bitte *nimm* den Ring *zurück*! 指輪を返すから受取って．Die Ware kann nicht *zurückgenommen* werden. この品は返品に応じかねます． **2** (発言などを)取消す，取下げる，撤回(解消)する．eine Behauptung〈eine Klage〉 ~ 主張を取消す〈告訴を取下げる〉．Du kannst dein Wort nicht mehr ~. 君は君の約束をもう撤回できない．Darf ich diesen Zug noch ~?(チェスなどで)この手を指し直してよろしいですか． **3**《軍事》 (前線の部隊を)後方に下がらせる，撤退させる；《競技》 後衛に下がらせる，ゴールを守らせる．

zu'rück|pral·len 自 (s) 1 (ボールなどが)はね返る. 2 (ぎょうとして)飛びのく.
zu'rück|rei·chen ❶ 他 (人³に物⁴を)返す, 返却する. ❷ 自 (過去に)さかのぼる(遡及する).
zu'rück|rei·sen 自 (s) 旅行から帰る(戻る).
zu'rück|ru·fen* 他 1 呼び戻す; 召還する. j⁴ ins Leben ~ 《比喩》人⁴を生返らせる. j⁴ in Gedächtnis ~ 人³に事⁴を思い出させる.《再帰的に》sich³ et⁴ ins Gedächtnis ~ 事⁴を思い出す.《電話口で》《話》(人⁴に)折返し電話する. ❷ 自 1 大声で答える. 2 《話》(電話をもらった人が)折返し電話する.
zu'rück|schaf·fen 他 (元の場所へ)運んで戻す.
zu'rück|schal·ten ❶ 自 1 (自動車のギアを)シフトダウンする. in⟨auf⟩ den 2. Gang ~ ギアをセカンドに落とす. 2 (テレビのチャンネルを)元に戻す. ❷ 他 (機械のギア・スイッチなどを)元に戻す.
zu'rück|schau·dern 自 (s) (vor et³ 事³に)ぞっとして後ずさりする, しりごみする.
zu'rück|schau·en 自 (とくに南ド・オーストリアで) =zurückblicken
zu'rück|schi·cken 他 1 (物⁴を)送り返す, 返送する. 2 (人⁴を)元の場所へ戻す, 帰らせる.
zu'rück|schie·ben* 他 1 (元の場所へ)押し戻す(返す). 2 後ろへ押しやる. 3 (カーテン・かんぬきなどを横に引いて)あける, はずす.
zu'rück|schla·gen [tsu'rʏkʃlaːɡən ツリュクシュラーゲン] ❶ 他 1 (ボールなどを)打ち(蹴り)返す. 2 (敵の攻撃を)撃退する. 3 (a) (覆っているものを)ひっくり返す; (かぶさっているものを)はねのける. die Bettdecke ~ 掛けぶとんをはねのける. den Deckel ~ 蓋をパタンとあける. Der Wind schlug den Mantel zurück. 風でコートがまくれ上がった. den Vorhang ~ カーテンをさっと開ける. (b) (襟・袖などを)折返す. (c) (頁を)めくり戻す. ❷ 自 (s, h) 1 (s) (振り子などが)振れ戻る; (波などが)打返す. 2 (a) 打ち(蹴り)返す. (b) 殴り返す, 反撃する. 3 (h) (auf et⁴ 事⁴に)悪影響を及ぼす.
zu'rück|schnel·len ❶ 自 (s) はね返る. ❷ 他 はね返す.
zu'rück|schrau·ben 他 (期待・要求などを妥当な線まで)引下げる, 縮小する; (消費量などを)減らす.
zu'rück|schre·cken(*) [tsu'rʏkʃrɛkən ツリュクシュレケン] ❶ 他 [tsu'rʏkʃrɛkən] ひるませる, しりごみさせる. Seine Drohung schreckte mich nicht zurück. 彼の脅しに私はひるまなかった. sich⁴ durch den Gedanken des Todes ~ lassen 死ぬことを思ってしりごみする. ❷ 自 (s, h) 1 (s) (不規則変化 / 規則変化) 驚いて跳びのく, 後ずさりする. Er schreckte⟨schrak⟩ bei dem Anblick zurück. 彼はその光景を見て後ずさりした. vor der Schlange ~ 蛇に驚いて跳びあがる. (s, h) (規則変化) (vor et⟨j⟩³ 事⟨人⟩³を前にして)ひるむ, しりごみする. Er ist⟨hat⟩ vor keiner Gräueltat zurückgeschreckt. 彼はいかなる残虐行為も辞さなかった. vor niemandem ~ 誰をも恐れない.
zu'rück|schrei·ben* ❶ 他 (人³に)返事を書く. ❷ 自 …と返事を書く.
zu'rück|se·hen* 自 =zurückblicken
zu'rück|seh·nen ❶ 他 なつかしむ, 取り戻したい(返してほしい)と思う. ❷ (sich⁴) (nach j⟨et⟩³ 人⟨物⟩³を)なつかしく思う, 恋しがる.
zu'rück|sen·den(*) 他 《雅》送り返す, 返送する.
zu'rück|set·zen [tsu'rʏktsetsən] ❶ 他 1 元の場所に置く. 2 後ろへ移動させる, (車を)バックさせる. 3 (人⁴を)冷遇する, 不利に扱う(j³ gegenüber 人³に比べて). 4 《地方》(物⁴の)値を下げる. ❷ 再 (sich⁴) 1 元の場所にすわる. 2 後ろの席へ移動する. ❸ 自 (s) (車が)バックする.
Zu'rück|set·zung 女 -/-en 1 元の場所に置く(置かれる)こと; 後ろへ移動させる(移動させられる)こと. 2 冷遇, 侮辱.
zu'rück|sin·ken* 自 (s) 1 後方にどっかり腰を下ろす; 後ろへ倒れこむ. 2 in et⁴ 《雅》事⁴(元の状態など)に逆戻りする.
zu'rück|spie·len 他 1《球技》(ボールを)バックパス(リターンパス)する. 2 (テニス・卓球などで)(ボールを)打返す.
zu'rück|sprin·gen* 自 (s) 1 元の場所へ跳ぶ, 跳ね返る. 2 跳びのく; 後方へ急に動く. 3《比喩》(建物などがある線より)引っ込んでいる.
zu'rück|spu·len 他 (フィルム・テープなどを)巻き戻す.
zu'rück|ste·cken ❶ 他 1 元の場所へ差込む. 2 (杭などを)後方へずらして差す. einen Pflock ~《比喩》要求を引下げる(控え目にする). ❷ 自《話》要求を控え目にする, ほどほどにする.
zu'rück|ste·hen* 自 1 (後方に)さがっている, 引込んでいる. Das Haus steht etwas zurück. その家はすこし引っ込んで立っている. 2 (a)〈hinter j⟨et⟩³ 人⟨物⟩³〉劣っている. (b) (他人をかこって) in seinen Leistungen hinter den anderen ~ 成績で他のものに後れをとっている. (b) 先を譲る, 譲歩する; 損な立場にある⟨hinter j⟨et⟩³ 人⟨事⟩³よりも⟩. Er musste immer ~. 彼はいつも損な立場に立たされた. Hinter diesem Problem müssen alle anderen ~. この問題は他のすべての問題より優先されなくてはならない.
*zu'rück|stel·len [tsu'rʏkʃtɛlən ツリュクシュテレン] 他 1 元の場所に戻す(置く, 立てる). 2 (家具などを)後へ下げる(置く, 立てる). 3 (指針・目盛などを)戻す, 下げる. die Heizung ~ 暖房を弱くする. die Uhr[um]eine Stunde ~ 時計を1時間間遅らせる. 4 (j⁴)⟨für j⁴⟩ et⁴ 人⁴のために物⁴を売らずに取っておく. 5 (j⁴ von et³ 人⁴の事³を)猶予する. Er wurde aus gesundheitlichen Gründen vom Wehrdienst⟨von der Schule⟩ zurückgestellt. 彼は健康上の理由で徴兵⟨就学⟩を猶予された. 6 (計画などを)一時見合わせる, 中止する; (自分の意見などを)一時引込める, 取下げる. Stellen Sie vorerst Ihre privaten Interessen zurück! 差当り個人的利害は持出さないでください. ein Projekt ~ あるプロジェクトを一時中止する. 7《心理》返却する; 返送する.
Zu'rück|stel·lung 女 -/-en 1 戻す(戻される)こと. 2 品物を売らずに取っておくこと. 3 (義務などの)猶予.
zu'rück|sto·ßen* ❶ 他 1 元の場所へ突出す, 押返す. 2 後方へ突きとばす; 《比喩》(人⁴をはねつける, 拒絶する. 3 《まれ》(abstoßen)(人に)反発(嫌悪)をおこさせる. ❷ 自 (s) (車が)バックする.
zu'rück|strah·len ❶ 他 (光などを)反射する. ❷ 自 (光などが)反射する.
zu'rück|stu·fen 他 j⁴[in niedrigere Lohngruppe] ~ 人⁴の給料の等級(号俸)を格下げする.
zu'rück|tra·gen* 他 かついで戻す, 運び戻す.
zu'rück|trei·ben* 他 (家畜を畜舎などへ)追戻す; (敵を追払う, 撃退する.
zu'rück|tre·ten [tsu'rʏktreːtən ツリュクシュトレーテン] ❶ 他 (人⁴を)蹴り返す. ❷ 自 (s) 1 (a) 後ろへ下がる, 後退する. einen Schritt ~ 1歩下がる.

Bitte vom Bahnsteig ~! ホームの端からお下がりください. (b) (溢れた河川などが)元に戻る. Das Hochwasser *tritt zurück*. 洪水がひく. (c) (海岸線・家並などが)後退している、引っ込んでいる. **2** (影響などが)後退する、弱まる; 重要性を失う、物の数でなくなる; 影が薄くなる、陰に隠れてしまう. Sein Einfluss *tritt immer mehr zurück*. 彼の影響は弱まる一方である. Hinter〈Gegenüber〉dieser Katastrophe *tritt* alles andere *zurück*. この大惨事と比べたら他のことはすべて物の数でなくなる. **3** 辞職(辞任)する、辞める(von einem Amt ある役職を). Die Regierung soll ~. 内閣は総辞職すべきである.《他動詞として》*zurückgetreten werden*《戯》辞めさせられる. **4** (von et³ 事³を)取り下げる、取消す、撤回する; 取りやめる、断念する. von *seinem* Anspruch ~ 要求を取下げる. von einem Plan ~ ある計画を断念する.

zu′rück│tun* 《話》元の場所に戻す、片付ける.
 ◆過去分詞 zurückgetan (違う言語に)訳し戻す.

zu′rück│ver・fol・gen 過去へさかのぼって追跡(追求)する. ◆過去分詞 zurückverfolgt

zu′rück│ver・lan・gen ❶ (物⁴の返却(返還)を求める. ❷ 直《雅》(nach j〈et〉³ 人〈物⁴〉を)なつかしく思う、もう一度取り戻したいと思う. ◆過去分詞 zurückverlangt

zu′rück│ver・set・zen ❶ 他 **1** 元の職場に配置転換する; 低い等級に戻す、降格する. **2** 元の場所へ戻す; 後ろへ移動させる. **3** 昔に連れ戻す. ❷ 再 (sich⁴) ふり返って考える(in et⁴ 事⁴を). *sich* in eine vergangene Zeit ~ 過去のある時代に身をおいて考えてみる、過去を追想する. ◆過去分詞 zurückversetzt

zu′rück│ver・wei・sen* 他 **1** (人⁴に)元の場所に戻すように指示する. **2**《法制》(法案や裁判の審理を)差し戻す. ◆過去分詞 zurückverwiesen

zu′rück│wei・chen* [tsu′rʏkvaiçən] 直(s) **1** 後ろへ下がる、後退する. **2** (vor et¹ 事³を前にして)しりごみする、こわがる. **3** (大水などが)ひく;(森・植生などが)後退する.

zu′rück│wei・sen* [tsu′rʏkvaizn] 他 ❶ **1** (人⁴に元の場所に戻るように指示する. **2** (要求・願いなどを)突き返す、はねつける、拒絶(拒否)する. **3** (事⁴を)正当でないと言明する,(に)異議をとなえる.《法制》(訴え・申立てを)棄却(却下)する. ❷ 自 (auf et⁴ 後ろにある物⁴を)指し示す.

Zu′rück・wei・sung 安 -/-en **1** 元の場所に戻すように指示する. **2** 拒否、拒絶; 異議;《法制》却下、棄却.

zu′rück│wer・fen* 他 **1** 元の場所へ投送す;(音・光などを)反射(反響)する. **2** 後ろへそらせる、のけぞらせる.《再帰的に》*sich*⁴ ~ のびをする、そりかえる. **3**《敵を》撃退する; 逆戻りさせる、遅らせる.

zu′rück│wir・ken 自 (auf j〈et〉⁴ 人〈物⁴〉に)影響が返る.

zu′rück│wol・len* 《話》 ❶ 戻るつもりである. ❷ (j〈et〉⁴ 人〈物⁴〉を)取り返したいと思う.

zu′rück│zah・len [tsu′rʏktsa:lən] 他 **1** (借金を)返済する. **2**《話》(人³に事⁴の)仕返しをする.

Zu′rück・zah・lung 安 -/-en (借金の)返済.

zu′rück│zie・hen [tsu′rʏktsi:ən] ツリュックツィーエン] ❶ 他(s) 元の場所に戻る、引返す; 引きあげる、撤退する. Sie sind wieder nach Bonn *zurückgezogen*. 彼らはまたボンへ戻った.
 ❷ 他 元の場所に戻す、引き戻す.《非人称的に》

Es zieht mich immer wieder ins Elternhaus zurück. 私はたえず両親のもとへ帰りたい気持になる. **2** 後ろへ引く、引込める;(カーテンなどを)わきへ引寄せる. **3**《約束》撤回する、撤回する;(商品などを)回収する.《軍隊》撤退させる.
 ❸ 再 (sich⁴) **1** 後ろへ下がる;(軍隊などが)撤退する; 引っ込む、引退する(von〈aus〉et³ 事³から). *sich aus dem* politischen Leben ~ 政界から引退する. **2** 引きこもる; 交渉を絶つ(von j³ 人³との). ein *zurückgezogenes* Leben führen 隠遁生活をおくる.

′Zu・ruf [′tsu:ruf] 男 -[e]s/-e **1** 《複数まれ》呼掛けること. **2** 歓呼(の声).

′zu│ru・fen* [′tsu:ru:fən] 他 (人³に事⁴を)大声で言う(伝える).

′zu│rüs・ten 他《地方》準備する.

′Zu・rüs・tung 安 -/-en 準備.

zur′ Zeit, °**zur ′Zeit** [tsʊr′tsait] (↑Zeit 3) 副《略 zz., zzt.》目下、今のところ.

***′Zu・sa・ge** [′tsu:za:gə] 安 -/-n **1** (招待・要請などの)受諾、承認(の表明). **2** 約束、確言.

***′zu│sa・gen** [′tsu:za:gən] ツーザーゲン] ❶ 他 **1** (招待・要請などに応えて)受諾(承認)の返事をする. Ich habe bereits *zugesagt*. 私はすでに承認の返事をした. auf j² Einladung [hin] ~ 人²の招待に応じる. eine *zusagende* Antwort 承認の返事. **2** (人³の)気に入る、趣味(好み)に合う. Das Essen *sagte* mir nicht *zu*. 食事は私の口に合わなかった.
 ❷ 他 **1** (招待・要請などに応えて)約束する、確言する; 受諾(承認)する. Er hat seine Teilnahme *zugesagt*. 彼は協力することを承認した. j³ einen Posten ~ 人³にあるポストを約束する. **2** j³ et⁴ auf den Kopf ~《話》人³に対して事⁴(嘘・裏切りなど)を面と向かってなじる、面責する.

zu′sam・men [tsu′zamən] ツザメン] 副 **1** 一緒に; 共同で、協力して; 同時に. Wir haben in dieser Firma drei Jahre ~ gearbeitet. 私たちはこの会社で3年間一緒に働いた. Das Auto gehört den Geschwistern ~. その自動車は兄弟みんなのものである. Sie sind immer ~. 彼らはいつも一緒にいる{↑beisammen}. ↑zusammen sein **2** 全部で、合わせて、ひっくるめて. alles ~ 全部ひっくるめて. Das macht ~ 50 Euro. 全部で50ユーロになります.

zu′sam・men.. [tsuzamən..]《分離前つづり／つねにアクセントをもつ》**1**《「一緒に、共同で、協力して」などの意を表す》*zusammen*arbeiten 共同作業をする. *zusammenleben* 一緒に暮す. **2**《「集めて、合せて、1つになって」》*zusammenfassen* 要約する. *zusammen*nähen 縫い合せる. *zusammen*treffen 出会う. **3**《「一致して、調和して」》*zusammen*stimmen 一致する. **4**《「圧縮(凝縮)して、縮みあがって」》*zusammen*drücken 押しつぶす. *zusammen*schrecken (驚いて)縮みあがる. **5**《「崩壊(瓦解)して」》*zusammen*fallen 崩れ落ちる. **6**《「寄せ集めて、てっち上げて」》*zusammen*schreiben (色々な本や資料から)寄せ集めて書く.

Zu′sam・men・ar・beit 安 -/ 協力; 共同作業.

zu′sam・men・ar・bei・ten [tsu′zamən|arbaitən] 自 共同作業をする、協力する.

zu′sam・men│bal・len ❶ 他 丸める、ひとかたまりにする. ❷ 再 (sich⁴) 丸くかたまりになる; 集結する. Dunkle Wolken *ballen sich am Himmel zusammen*. くろい雲が空に密集している.

Zu·sam·men·bal·lung 女 -/-en ひとかたまりにする(なる)こと;集中,集結.

Zu·sam·men·bau 男 -[e]s/-e **1**《複数なし》組立て. **2**《映画》(Montage) モンタージュ.

zu·sam·men|bau·en 他 組立てる.

zu·sam·men|bei·ßen [tsuːmənbaɪsən] ❶ 他 (歯を強くかみあわせる, 食いしばる;《比喩》歯を食いしばってがまんする. ❷ 再 《sich⁴》《話》(zusammenraufen)(けんかのあと次第に)理解しあう,うまく折合う.

zu·sam·men|bin·den* 他 束ねる, 結び合せる, くくる.

zu·sam·men|blei·ben* 自 (s) 一緒にいる;離れずにいる.

zu·sam·men|brau·en ❶ 他《話》(飲物を)混ぜて作る. ❷ 再《sich⁴》(雷雨・災いなどが)発生する.

zu·sam·men|bre·chen [tsuːmənbrɛçən] ツザメンブレヒェン] 自 (s) **1**(建造物などが)崩れ落ちる, 崩壊する, 倒壊する. **2**(国などが)崩壊する, 瓦解する;(計画などが)挫折する, 失敗する;(会社などが)倒産する;(交通機能などが)麻痺する. **3** くずおれる, 倒れる, へたへた(へなへな)となる. Sie ist nach seinem Tod völlig zusammengebrochen. 彼女は彼の死後すっかり参ってしまった. ohnmächtig ~ 気を失って倒れる.

zu·sam·men|brin·gen* 他 **1** かき集める, 調達する, 工面する. ein Vermögen ~ 財産を築く. **2** 初めから終りまで暗唱できる, 完全におぼえている. keine drei Sätze〈Worte〉~ 興奮のあまり何も言えない. **3** (a) (j⁴ mit j³ 人⁴を人³に)引き合せる. (b) 和解させる, 仲直りさせる. **4** (et⁴ mit et³ 物⁴を物³と)関連づける, 結びつける.

*Zu·sam·men·bruch [tsuːmənbrʊx] ツザメンブルフ] 男 -[e]s/-e (↓ zusammenbrechen) **1** 崩壊, 倒壊, 破滅;(会社などの)倒産;(社会機能などの)麻痺. der wirtschaftliche ~ 経済的崩壊. der ~ des Faschismus ファシズムの崩壊. **2**(肉体的・精神的打撃を受けて)くずおれること,倒れること. einen ~ erleiden 虚脱状態に陥る.

zu·sam·men|drän·gen ❶ 他 **1**(狭い所に人・動物を)押込む, 詰込む. **2** 要約する. ❷ 再《sich⁴》密集する, 押し合いへし合いする;(事件などがいくつか)一時(どう)に起る.

zu·sam·men|drü·cken 他 押しつぶす, ぺしゃんこにする.

zu·sam·men|fah·ren* ❶ 自 (s) **1**(乗物が)衝突する. **2**(驚いて)縮み上がる. ❷ 他《話》**1**(物⁴に)車をぶつけて壊す. **2**(車を壊す事故などで).

zu·sam·men|fall 男 -[e]s/-(時間的に)重なり合うこと,同時に起ること.

zu·sam·men|fal·len [tsuːmənfalən] ツザメンファレン] 自 (s) **1**(a)(建造物などが)崩れ落ちる, 崩壊(倒壊)する. (b)《比喩》(論拠などが)崩れる. **2**(膨らんだものが)しぼむ, 小さくなる;(火勢などが)衰える. **3** やせ衰える, 衰弱する. **4**(a)(時間的に)重なる, かち合う(mit et³ 事³と). Die beiden Veranstaltungen *fallen zusammen*. その2つの催しは時を同じくして開かれる. (b)《図形などが》重なり合う, 一致する;《幾何》合同する. in eins ~ 一致する, 同一である(mit et³ 物³と). **5**《[雅]》(hinfallen) 倒れる, 転倒する.

zu·sam·men|fal·ten 他 **1** 折畳む. **2** die Hände ~ 両手を組合せる.

*zu·sam·men|fas·sen [tsuːmənfasən] ツザメンファッセン] 他 **1**(1つにまとめる, 統括(総合)する. mehrere Gruppen ~ 数グループを1つにまとめる. die einzelnen Vereine in einem Dachverband ~ 個々の団体を上部連盟に統合する. **2**(考えなどを)まとめる, 総括する;要約する. *seine* Eindrücke ~ 印象をまとめる. *seine* Gedanken in wenigen Worten〈in wenige Worte〉~ 自分の考えを僅かな言葉に要約する. Er fasste seine Meinung dahin *zusammen*, dass... 彼は自分の意見を...と要約した. *Zusammenfassend* lässt sich⁴ sagen, dass... 要約すれば...と言える.

Zu·sam·men·fas·sung [tsuːmənfasʊŋ] 女 -/-en **1**《複数なし》統括, 統合. **2** 総括, まとめ;要約, 要旨, レジュメ.

zu·sam·men|fin·den* ❶ 他《まれ》探し集める(そして1つにまとめる). ❷ 再《sich⁴》**1** 1つにまとまる. **2** (zu et³ 事³のために)集まる.

zu·sam·men|fli·cken 他 **1** (a)《物⁴に》素人仕事でつぎを当てる, (を)間に合せに繕(ぷ)う. (b)《論文などを》つぎはぎででっちあげる. **2**《話》(人⁴を)縫合手術で治療する.

zu·sam·men|flie·ßen* 自 (s) **1**(川が)合流する. **2**(色・音が)混じり合う, 溶け合う.

Zu·sam·men·fluss 男 -es/-e **1** 合流;融合. **2**(川の)合流地点.

zu·sam·men|fü·gen ❶ 他 (部品などを)組合せる, つなぎ合せる. Bauteile ~ 部材を組立てる. Steine zu einem Mosaik ~ 石をつなぎ合せてモザイクを作る. ❷ 再《sich⁴》(1つに)組合される, つなぎ合される.

Zu·sam·men·fü·gung 女 -/ 組合せる(される)こと, つなぎ合せる(される)こと.

zu·sam·men|füh·ren ❶ 他 引き合せる, めぐり会わせる. ❷ 自 (2つの道などが)合流して1本になる.

zu·sam·men|ge·hen* 自 **1** 提携する, 手を組む. **2**(2つのものが)適合する, ぴったり合う. **3**《話》(線が)交わる. **4**《地方》縮む, 減少する.

zu·sam·men|ge·hö·ren 自 **1** 深く結びついている, 互いに関係がある. **2** 対(ぷい)をなしている, 1揃い(1組)である. ◆過去分詞 zusammengehört

zu·sam·men·ge·hö·rig [tsuːmənɡəhøːrɪç] 形 《比較変化なし》**1**《述語的用法のみ》深く結びついている, 互いに関係がある. **2**《副詞的には用いない》対の, 1揃い(1組)の.

Zu·sam·men·ge·hö·rig·keit 女 -/ 強いつながり, 連帯, 団結.

Zu·sam·men·ge·hö·rig·keits·ge·fühl 中 -[e]s/ 一体感, 連帯感.

zu·sam·men|ge·nom·men 過分形 (↑ zusammennehmen) alles ~ 全部で, 合(総)計して;全体として(見れば), 概して言えば. Alles ~ kann man sagen ... 全体として見れば...と言ってよい. mit et³ ~ 物³と合算する;事³を考え合せる.

zu·sam·men|ge·ra·ten* 自 (s) **1** 衝突する, 激突する. **2** つかみ合いのけんかになる. ◆過去分詞 zusammengeraten

Zu·sam·men·halt [tsuːmənhalt] 男 -[e]s/ **1** しっかりくっついていること,(堅い)結合. **2**(家族・集団などの)結びつき, まとまり;団結, 結束.

zu·sam·men|hal·ten [tsuːmənhaltən] ツザメンハルテン] ❶ 自 **1**(組立てた物・束ねた物が)ばらばらになっていない, 壊れていない. Der alte Tisch *hält* noch *zusammen*. その古い机はしっかりしている. kaum noch ~ かろうじてくっついている(壊れないでいる). **2**(家族・集団などが)団結している, 結束している. Die beiden *halten* brüderlich *zusammen*. ふたりは

兄弟のように堅く結ばれている． wie Pech und Schweif ~ 《比喩》堅く結ばれている． ❷ 囲 1 （ばらばらにならないように）くっついている，一緒にしている；(1つに)まとめる，束ねる，結び合せる；(集団を)統率する． In Faden hält den Strauß *zusammen*. 1本の糸で花束は束ねられている． *seine Gedanken* ~ 《比喩》考えをまとめる． *sein* Geld ~ 《戯》お金をしっかり握っている，しまり屋である． die Klasse ⟨der Schüler⟩ ~ クラス〈生徒〉を統率する． 2 (2つのものを)並べて較べる，つき合せる． beide Fotos ~ 2枚の写真をつき合せる．

*Zu'sam·men·hang [tsu'zamənhaŋ] ツザメンハング 囲 -[e]s/ے つながり，関係，関連；連関；脈絡． ein innerer ~ 内的連関． ein ursächlicher ~ 因果関係． Es besteht ein ~ zwischen den beiden Ereignissen. その2つの出来事の間にはある関係がある． Sein Vortrag hat wenig ~. 彼の講演にはあまりまとまりがない． einen Satz aus dem ~ reißen ある文を文脈から切離す． in diesem ~ この関連で． in ⟨im⟩ ~ mit et³ 事³との関連で． et⁴ mit et³ in ~ bringen 事⁴を事³と関連づける． mit et³ in keinem ~ stehen 事³とは何の関係もない．

zu'sam·men|hän·gen [tsu'zamənhεŋən] ツザメンヘンゲン ❶ 圄 1 つながっている，くっついている(mit et³ 物³)． 2 (mit et³ 事³と)関係(関連)している． Beide Vorfälle *hängen* miteinander *zusammen*. 双方の出来事はたがいに関係(関連)がある． Das hängt damit *zusammen*, dass... それは…ということと関係(関連)がある，(に)起因している． ❷ 囲 (洋服などを)一緒に吊る(掛ける)．

zu'sam·men|hän·gend [tsuzamənhεŋənt] 現分 つながりのある，関係のある；まとまり(脈絡)のある，筋の通った． et⁴ ~ darstellen 事⁴を理路整然と述べる．

zu'sam·men|hang·los 形 つながりのない，関係(関連)のない；まとまり(脈絡)のない，支離滅裂な．

Zu'sam·men·hang·lo·sig·keit 囡 -/ 関係(関連)のないこと，支離滅裂．

zu'sam·men|hangs·los 形 (まれ) =zusammenhanglos

Zu'sam·men·hangs·lo·sig·keit 囡 -/ (まれ) = Zusammenhanglosigkeit

zu'sam·men|hau·en(*) haute zusammen, zusammengehauen 囲 《話》1 むちゃくちゃにたたき壊す． 2 こてんぱんにぶちのめす． 3 やっつけ仕事で仕上げる．

zu'sam·men|hef·ten 囲 綴じ合せる；縫い合せる．

zu'sam·men|keh·ren 囲 掃き集める．

Zu'sam·men·klang 男 -[e]s/⁻e 1 (声・音の)ハーモニー；〖音楽〗和音． 2 (色彩などの)調和；(心の)共鳴．

zu'sam·men|klapp·bar [tsu'zamənklapaːr] 形 《副詞的には用いない》折畳み式の．

zu'sam·men|klap·pen 囲 ❶ 囲 1 折畳む． den Liegestuhl ~ デッキチェアを折畳む． 2 die Hacken ⟨die Absätze⟩ ~ 《話》踵(かかと)をかちっと打合せる． ❷ 圄 《話》倒れる，くずおれる． Er ist völlig mit den Nerven *zusammengeklappt*. 彼は完全に神経が参ってしまった．

zu'sam·men|kle·ben ❶ 圄 (s, h) 1 (s) くっつき合う． 2 (h) (恋人などが)いつも一緒にいる(離れないでいる)． ❷ 囲 (糊などで)貼り合せる．

zu'sam·men|klin·gen* 圄 1 響き合う，ハーモニーを奏でる． 2 (心が)共鳴し合う．

zu'sam·men|knei·fen* 囲 (唇を)固く結ぶ；(目を)細める． mit *zusammengekniffenen* Lippen 唇を固く結んで．

zu'sam·men|knül·len 囲 (紙などを)くしゃくしゃに丸める．

zu'sam·men|knüp·fen 囲 結び合せる．

zu'sam·men|kom·men [tsu'zamənkɔmən] ツザメンコメン 圄 (s) 1 集まる，集合する；集会(会合)を開く；(出)会う． regelmäßig ~ 定期的に集まる． mit j³ ~ 人³と(出)会う；知合う． 2 (互いに)理解し合う，心が通う． 3 (事件などが)同時に起る． 4 (寄付金などが)集まる．

zu'sam·men|kra·chen 圄 (s) 《話》がらがら(めりめり)と音をたてて崩れ落ちる；(車などが)衝突する．

zu'sam·men|krat·zen 囲 《話》(お金などを)かき集める．

Zu'sam·men·kunft [tsu'zamənkunft] 囡 -/ ..künfte 集まり，集会，会合；(出)会うこと，出会い．

zu'sam·men|läp·pern ⟨sich⁴⟩ 《話》(金額などが)積もり積もって大きくなる，ふくらむ．

zu'sam·men|lau·fen [tsu'zamənlaufən] ツザメンラオフェン 圄 (s) 1 (群集が)集まって来る，群れ集まる． 2 (線・道などが)1点に合さる，集まる，交わる；(水が)合流する，集まる． An dieser Kreuzung *laufen* mehrere Straßen *zusammen*. この交差点では幾つもの通りが交差している． In seiner Hand *laufen* alle Fäden *zusammen*. 彼がすべてを動かしている． Mir *läuft* das Wasser im Mund *zusammen*. 《話》(食べたくて・欲しくて)口の中につばが溜ってきたよ． 3 《話》(色が)にじんで混ざる． 4 《地方》(牛乳が)凝固する；(布地が)縮む．

zu'sam·men|le·ben [tsu'zamənleːbən] ❶ 圄 一緒に暮す，同居(同棲)する． ❷ 囲 ⟨sich⁴⟩ (一緒に暮しているうちに)折合いが良くなる，仲良くなる．

Zu'sam·men·le·ben 囲 -s/ 共同生活；同居．

zu'sam·men|leg·bar [tsu'zamənleːkbaːr] 形 《副詞的には用いない》(折)畳める；折畳み式の．

*zu'sam·men|le·gen [tsu'zamənleːgən] ツザメンレーゲン 囲 1 折畳む，折重ねる． Papier ~ 紙を折畳む． die Wäsche ordentlich ~ 洗濯物をきちんとたたんでおく． 2 (a) ひとまとめにする，積重ねる(上げる)． die Äpfel auf einen Haufen ~ リンゴをひとやまに積上げる． (b) (会社・グループ・地所などを)統合する，合併する；(催しなどを)同時に開催する． (c) (人⁴を)1室に集める． 3 [Geld] ~ 金を出しあう． 4 die Arme ⟨die Hände⟩ ~ 腕⟨両手⟩を組む．

Zu'sam·men·le·gung 囡 -/-en ひとまとめにすること，1室に集めること；(とくに)統合，合併．

zu'sam·men|le·sen* 囲 (木の実などを)拾い集める．

zu'sam·men|nä·hen 囲 縫い合せる．

zu'sam·men|neh·men [tsu'zamənneːmən] ❶ 囲 1 まとめる，合計(要約，総括)する；(衣服のすそを)はしょる，からげる． Wenn man alle Ereignisse *zusammennimmt*, dann... すべての出来事を総括してみると…． 《過去分詞で》Das ganze Kleingeld *zusammengenommen*, sind es über 50 Euro. 小銭を全部集めると50ユーロ以上あるよ． ▶ zusammengenommen 2 集中(傾注)する，ふりしぼる． Wir müssen alle unsere Gedanken⟨Kräfte⟩ ~. 私たちはよく思案をしなければ(全力を注がなくては)ならない． allen Mut ~ あらゆる勇気を奮い起す． ❷ 囲 ⟨sich⁴⟩ ふんばる，心を落着ける，気をしっかり持つ；自制する，じたばたしない． *Nimm dich zusammen*!

落ちつけ, 気をしっかり持て.
zu'sam·men|pa·cken 他 **1** 一緒に包む; (荷物などを)1つにまとめる, 荷づくりする. **2** 片付ける.
zu'sam·men|pas·sen ❶ 自 **1** (色などが)合う, 似合っている, 調和している. **2** 気が合う, 馬が合う. ❷ 他 (部品などを)ぴったり組合せる.
zu'sam·men|pfer·chen 他 **1** (多くの家畜を)同じ囲いの中に押しこめる. **2** (人を)すし詰めにする.
Zu'sam·men|prall 男 -[e]s/-e 衝突.
zu'sam·men|pral·len (s) 激突する;《比喩》(mit j³ 人³と)意見が激しく衝突する.
zu'sam·men|pres·sen 他 **1** 押しつぶす, ぎゅうぎゅう詰めにする. **2** 強く押合せる. die Lippen ~ 唇を固く結ぶ.
zu'sam·men|raf·fen ❶ 他 **1** かき集める, ひとまとめにする.《侮》(金を)ためこむ. **2** (衣服のすそを)からげる, はしょる. ❷ 再 (sich⁴)《話》勇気をふるいおこす, 元気を出す.
zu'sam·men|rau·fen 再 (sich⁴)《話》(激しい対立の後で)うまく折合いをつける, 次第に理解し合う.
zu'sam·men|rech·nen 他 合計する, 合算する.
zu'sam·men|rei·men 再 (sich⁴/sich⁴)《話》**1** (sich⁴) (事⁴のつじつまを合せる, (を)納得する. ❷ (sich⁴) (mit et³ 事³と)つじつまが合う.
zu'sam·men|rei·ßen* 再 (sich⁴)《話》自制(我慢)する, 気を引きしめる; 集中する.
zu'sam·men|rol·len ❶ 他 (敷物・寝袋などを)巻く. ❷ 再 (sich⁴) (犬などが体を丸める.
zu'sam·men|rot·ten 再 (sich⁴) (暴徒などが)集まってくる, 徒党を組む.
Zu'sam·men|rot·tung 女 -/-en 徒党を組むこと.
zu'sam·men|rü·cken ❶ 他 (物⁴の)間隔を詰める; (を)互いに寄せる. die Stühle ~ 椅子を寄せて間隔を詰める. ❷ 自 (s) 席を詰める.
zu'sam·men|ru·fen* 他 呼び集める, 召集する.
zu'sam·men|sa·cken 自 (s) **1** (建物などが)倒壊する. **2** (人が)くずれるように倒れる.
Zu'sam·men|schau 女 -/ 概観; 概要.
zu'sam·men|schie·ßen* 他《話》(建物・町などを)砲撃で破壊する. ❷ 自 (人⁴を)射殺する.
zu'sam·men|schla·gen* [tsuˈzamənˌʃlaːɡən] ❶ 他 **1** 強く打合せる. die Hände überm Kopf ~《話》驚いて手を頭の上で打合せる. die Hacken ~ 踵(♅ᵈ)を打合せる. **2**《話》打ち砕く, たたき壊す; (人⁴を)殴りたおす. ❷ 自 (s) (über j⟨et⟩³ 人・物³の上に) (不幸などが)襲いかかる.
zu'sam·men|schlie·ßen* [tsuˈzamənˌʃliːsən] ❶ 他 (錠などで)結びつける, つなぎ合せる. ❷ 再 (sich⁴) まとまる, 合併する, 合同する, 力を合せる.
Zu'sam·men|schluss 男 -es/ᵉe 結合, 結束, 提携; 連合, 合併, 合同.
zu'sam·men|schmel·zen* [tsuˈzamənˌʃmɛltsən] ❶ 他 (金属を)溶かし合せる, 融合させる, 合金にする. ❷ 自 (s) (雪などが)融けてなくなる;《比喩》(貯えなどが)減る, 次第に費(ᵈ⁻)える.
zu'sam·men|schnü·ren 他 **1** 紐でくくる(縛る). **2** 締めつける. j³ das Herz ~《比喩》人³の心を締めつける.
zu'sam·men|schrau·ben 他 ねじ(ボルト)で締め合せる.
zu'sam·men|schre·cken(*) 自 (s)《驚いて》縮みあがる, ぎょっとする. ◆過去分詞 zusammengeschreckt

zu'sam·men|schrei·ben* 他 **1** 1つに綴る, 1語に書く. **2** (色々な文献から)寄せ集めて書く, 書き集める. ein Referat ~ 報告をまとめる. **3**《話》書きなぐる. **4**《再帰的に》書いて儲ける. Sie hat *sich³* mit ihrem Roman ein Vermögen *zusammengeschrieben*. 彼女は小説で一財産儲けた.
Zu'sam·men|schrei·bung 女 -/ (↔ Getrenntschreibung) 1語書き.
zu'sam·men|schrump·fen (s) **1** ちぢむ; しわができる, 収縮する. **2** (蓄えなどが)減る, 乏しくなる.
zu'sam·men|schwei·ßen 他 溶接する;《比喩》(人⁴を)結びつける.
zu'sam·men|sein*, **°zu'sam·men|sein*** 自 (s) **1** 一緒にいる. **2** 一緒に生活する, 同棲する.
Zu'sam·men|sein 中 -s/ **1** 一緒にいること. **2** 一緒に生活すること; 同棲.
****zu'sam·men|set·zen** [tsuˈzamənˌzɛtsən] ツザメンゼッツェン ❶ 他 **1** 一緒に置く(座らせる). die zwei Kinder ~ そのふたりの子供を一緒に座らせる. **2** 組立てる, 構成する; (語などを)合成する. ein Fahrrad ~ 自転車を組立てる. die Gewehre ~《軍事》又銃(🈁). eine Maschine aus vielen Teilen ~ 機械をたくさんの部品から組立てる. Steine zu einem Mosaik ~ 石を組合せてモザイクを作る.《過去分詞で》aus et⟨j⟩³ zusammengesetzt sein 物⟨人⟩³で構成されている. ein *zusammengesetztes* Wort《言語》合成語, 複合語.
❷ 再 (sich⁴) **1** 一緒に座る; 集まる, 会合する(mit j³ 人³と). Wir wollen *uns* wieder einmal gemütlich ~! また1度気楽な集まりを持ちましょう. *sich* im Konzert ~ コンサートで同席する. *sich* zur Beratung ~ 協議のために集まる. **2** (aus et⟨j⟩³ 物⟨人⟩³から)組立てられる, 構成される, 合成される. Die Kommission *setzt sich* aus fünf Mitgliedern *zusammen*. 委員会は5名の委員で構成される. *sich* aus verschiedenen Stoffen ~ (薬剤などが)さまざまな物質から成る.
Zu'sam·men|set·zung [tsuˈzamənzɛtsʊŋ] 女 -/-en **1**《複数なし》組立てること, 組立てる(こと). **2** (a) 組立, 構成, 合成; 合成, 複合; 組成(🈁). die ~ der Delegation 使節団の構成. die ~ einer chemischen Lösung 化学溶液の組成. (b)《言語》合成, 複合; 合成語; 化合物. **3**《言語》合成, 複合; 合成語, 複合語.
zu'sam·men|sin·ken* 自 (s) **1** (建物などが)崩れ落ちる, 倒壊する. **2** (人が)くずれるように倒れる; (力をなくしてつらくえる. **3** (火が)消える.
Zu'sam·men|spiel 中 -[e]s/ 共演, チームワーク; 協同作業, 協力.
zu'sam·men|spie·len 他 **1** 互いに息の合ったプレー(共演)をする. **2** (複数の要因が)共に作用する.
zu'sam·men|stau·chen 他《話》**1** 押しつぶす. **2** どやしつける, 叱りとばす.
zu'sam·men|ste·cken ❶ 他 留め合せる(針・ピンで). die Köpfe ~《話》額を集めて(ひそかに)相談する. ❷ 自《話》一緒にいる. Die beiden *stecken* [doch] immer *zusammen*! あの2人はいつも一緒にいるよ.
zu'sam·men|ste·hen* 自 一緒に立っている; 結束している, 助け合う.
****zu'sam·men|stel·len** [tsuˈzamənˌʃtɛlən] ツザメンシュテレン 他 **1** 一緒に並べる(置く, 立てる). Bänke ~ ベンチを並べる. das Geschirr auf den Tisch ~ 食器をテーブルに並べる. *Stellt euch dichter zusammen!* もっとつめて並びなさい. **2** (1個の全体に)組立

てる, ひとまとめにする; (プログラムなどを)編成する, 構成する;(表を)作成する. j³ einen Blumenstrauß ~ 人³のために花束を作る. ein Menü ~ 献立を作る. eine Sendung ~ 放送番組を編成する. eine Übersicht ~ 一覧表を作る.

Zuˈsam·men·stel·lung 囡 -/-en **1** 組立, 編成, 構成. **2** 編成表; 一覧(表).

zuˈsam·men·stim·men 圓 (音·色などが)調和する;(証言などが)一致する.

*Zuˈsam·men·stoß [tsuˈzamənʃto:s] ツザメンシュトース] 男 -es/-⸚e **1** (乗物などの)衝突, 激突. **2** 《話》(意見などの)衝突, ぶつかりあい; 小ぜりあい, 喧嘩. mit j³ einen ~ haben 人³と意見が衝突する, はげしくやり合う(喧嘩する).

zuˈsam·men·sto·ßen [tsuˈzamənˌʃto:sən] ツザメンシュトーセン] 圓(s) **1** (a) 激しくぶつかる, 衝突する. Zwei Autos sind frontal zusammengestoßen. 2台の自動車が正面衝突した. Er ist an der Straßenecke mit einer alten Dame zusammengestoßen. 彼は街角でひとりの老婦人とぶつかった. (b)《比喩》(mit j³ 人³と意見などが)衝突する; 激しくやり合う, 喧嘩する. **2** (地所などの)境を接している;(線·道などが)交わる.《現在分詞で》zusammenstoßende Grundstücke 隣接した地所.

zuˈsam·men·strei·chen* 他《話》(テキストなどを)(一部削って)切詰める.

zuˈsam·men·strö·men 圓(s) (川が)合流する;(人が)群れ集まる.

Zuˈsam·men·sturz 男 -es/-⸚e 倒壊, 崩壊.

zuˈsam·men·stür·zen 圓(s) 崩れ落ちる, 倒(崩)壊する.

zuˈsam·men·su·chen 他 探し集める.

zuˈsam·men·tra·gen* 他 (あちこちから)運び集める;(資料などを)収集する.

zuˈsam·men·tref·fen [tsuˈzamənˌtrɛfən] ツザメントレフェン] 圓 **1** 出会う, 遭遇する(mit j³ 人³と). **2** (時間的に)重なる, ぶつかる. Die beiden Ereignisse trafen unglücklich zusammen. その2つの出来事が不運にも同時に起った.

Zuˈsam·men·tref·fen 中 -s/- **1** 出会い, 遭遇; 会合, 会談. **2** (時間的に)重なること, ぶつかること.

zuˈsam·men·trei·ben* 他 (家畜などを)追いたてて集める.

zuˈsam·men·tre·ten* **❶** 他 踏んだり蹴ったりして壊す; さんざんに蹴りつけて立てなくする. **❷** 圓(s) 集まる. Der neue Bundestag tritt Mitte Oktober zusammen. 新しい連邦議会は10月中旬に開かれる.

Zuˈsam·men·tritt 男 -[e]s/ 会合, 集会, 会議.

zuˈsam·men·trom·meln 他《話》呼び集める, 召集する.

zuˈsam·men·tun* [tsuˈzamɛntu:n] 《話》**❶** 他 **1** 一緒にする, まとめる, まとめて置く. **2** (学校などを)統合する. **❷** 再 (sich⁴)(zu et³ 物³へと)力を合せる, 連合する, 一緒に行動する.

zuˈsam·men·wach·sen* 圓(s) **1** (傷口などが)癒合する. **2** 一体となる.

zuˈsam·men·wer·fen* 他 **1** 投げて1カ所に山と積む. **2** (概念などを)ごっちゃにする, ごちゃまぜにする. **3** (預金などを)1つにまとめる.

zuˈsam·men·wi·ckeln 他 一緒に包む(くるむ).

zuˈsam·men·wir·ken 圓 **1**《雅》共同で作業する, 協力する. **2** 共に作用する.

zuˈsam·men·wür·feln 他 (雑然と)寄せ集める, ごたまぜにする.

zuˈsam·men·zäh·len [tsuˈzamənˌtsɛːlən] 他 合算する, 合計する.

zuˈsam·men·zie·hen* [tsuˈzamənˌtsi:ən] **❶** 他 **1** 引張って締める(絞る), 引寄せる, 寄せ集める. die Brauen〈die Stirn〉~ 眉をひそめる〈額にしわを寄せる〉. ein Loch mit einem Faden ~ (服などにできた)穴を糸でかがる. ein Netz ~ 網を引寄せる. die Vorhänge ~ 左右からカーテンを閉める. Die Säure zieht den Mund zusammen. すっぱいので口がすぼまる.《現在分詞で》zusammenziehendes Mittel 《薬学》収斂(しゅうれん)剤. **2** (人を)集める, 集結させる. Truppen ~ 部隊を集結させる. **3** 集計する, 合計する.

❷ 再 (sich⁴) **1** 縮む, 小さくなる, (傷などが)ふさがる. Bei Kälte ziehen sich die Körper zusammen. 寒さで体がちぢこまる. Sein Gesicht zog sich zusammen. 彼の顔はくしゃくしゃになった. Bei dem Anblick zog sich ihm das Herz zusammen. それを見て彼は胸を締めつけられた. Die Wunde hat sich zusammengezogen. 傷ふさがった.《現在分詞で》ein sich zusammenziehender Muskel 《解剖》収縮(括約)筋. **2** 集まる, 集まってくる. Ein Gewitter zieht sich zusammen. 雷雲が発生する. Ein Unheil zieht sich über seinem Kopf zusammen.《比喩》災いが彼に降りかかろうとしている.

❸ 圓(s) ひとつところ(同じ家)へ引っ越す.

Zuˈsam·men·zie·hung 囡 -/ 収縮, 縮小, 減少; 集結, 集合.

zuˈsam·men·zu·cken 圓(s)(驚き·恐怖のために)びくっ(ぎくっ)とする, 身をふるませる.

zuˈsamt [tsuˈzamt] 前《3格支配》《古》…と一緒に, …共々.

ˈ**Zu·satz** [ˈtsu:zats] 男 -es/-⸚e **1**《複数なし》付加えること, 付加, 添加. unter ~ von Öl 油を加えながら. **2** 付加物, 添加物. Zusätze zu Lebensmitteln 食品添加物. **3** 補足, 補遺. Zusätze zu einem Vertrag 契約の付帯条項.

ˈ**Zu·satz·ab·kom·men** 中 -s/- 追加協定.

ˈ**Zu·satz·an·trag** 男 -[e]s/-⸚e 追加動議, 修正案.

ˈ**Zu·satz·be·stim·mung** 囡 -/-en 追加規定.

ˈ**Zu·satz·ge·rät** 中 -[e]s/-e 付属器具.

ˈ**zu·sätz·lich** [ˈtsu:zɛtslɪç] 形 追加の, 添加の, 補足の, おまけの.

ˈ**Zu·satz·ver·si·che·rung** 囡 -/-en 追加保険.

zuˈschan·den [tsuˈʃandən] 副 (↓ Schande)《雅》破滅して, だめになって. et⁴ ~ machen だめにする, こわす. ~ werden だめになる, 遭(あ)える. sich⁴ ~ arbeiten《話》働きすぎて体をこわす. ein Pferd ~ reiten 馬をかりつぶす. ◆ zu Schanden とも書く.

ˈ**zu·schan·zen** [ˈtsu:ʃantsən] 他《話》(人³に物⁴をこっそり)世話する, 幹旋(あっせん)する.

ˈ**zu·schar·ren** 他 (穴などを)土をかき集めて埋める.

*ˈ**zu·schau·en** [ˈtsu:ʃaʊən] ツーシャオエン] 圓 (とくに南ドイツ) (zusehen) 眺める, 見物する; 傍観する(et³ 事³を/ j³ bei et³ 人³が事³をしている様子を).

ˈ**Zu·schau·er** [ˈtsu:ʃaʊər] ツーシャオアー] 男 -s/- 見物人, 傍観者; 観客, 観衆; 視聴者; 目撃者.

ˈ**Zu·schau·er·raum** 男 -[e]s/-⸚e **1** 見物席, 観客席. **2**《総称的に》観客, 観衆.

ˈ**Zu·schau·er·tri·bü·ne** 囡 -/-n 観覧席, スタンド.

ˈ**zu·schau·feln** 他 (穴などを)シャベルを使って埋める.

ˈ**zu·schi·cken** [ˈtsu:ʃɪkən] 他 (人³に物⁴を)送付する,

'zu|schie·ben* 1 (引出しなどを)押して閉める. 2 j³ et⁴ ~ 人³のほうへ物を押しやる; 人³に事⁴(責任・罪など)を押しつける, なすりつける.
'zu|schie·ßen《話》❶ 他 1 Geld ~ 金を出す(zu et³). 2 j³ den Ball ~ 人³にボールをパスする. den Ball auf das Tor ~ ゴールめがけてシュートする. Er schoss mir wütende Blicke zu.《比喩》彼は私に怒りのまなざしを向けた. ❷ 自 (s) auf j〈et〉¹ ~ 人〈物〉⁴に向かって突進する.
*'Zu·schlag ['tsuːʃlaːk ツーシュラーク] 男 –[e]s/–e 1 (a) (価格・料金などの)割増し, 上乗せ. (b) (基本給に加算される)手当. (c)《鉄道》特急(急行)料金, 特急(急行)券. einen ~ lösen 特急(急行)券を買う. 2 (競売・入札などの)落札(もともとハンマーを打って落札を告げたことから). 《法制》競落. Der ~ erfolgte an Herrn X. / Der ~ wurde Herrn X erteilt. / Herr X erhielt den ~. X氏が落札した. j³ den ~ für et⁴ erteilen 人³に事⁴を請け負わせる(発注する). 3 (a)《土木》(モルタル・コンクリートなどに混和する)骨材・砂利など. (b)《冶金》(鉱石に加える)融解剤, 媒溶剤, フラックス.
*'zu|schla·gen ['tsuːʃlaːɡən ツーシュラーゲン] ❶ 他 1 (戸・蓋などを)ばたんと閉める. ein Buch ~ 本をばたんと閉じる. Der Wind schlug das Fenster zu. 風で窓がばたんと閉じた. j³ die Tür vor der Nase ~ 人³の鼻先でドアをばたんと閉める. 2 (a)(釘・鋲などで)打ちつける, 釘付けにする; (ハンマーなどで叩いて)閉める. eine Kiste ~ 箱を釘付けにする. (b) (石などを)叩いて形をととのえる. 3 j³ den Ball ~ (テニスなどで)人³にボールを打込む. 4 (裁判などで)(人³に物⁴の)所有権を認定する; (競売・入札などで)落札させる. j³ den Auftrag ~ 人³に請け負わせる. Das Gemälde ist Herrn X mit zehntausend Euro zugeschlagen worden. その絵は1万ユーロでX氏が落札した. 5 (割増し金などを)上乗せする, 加算する. Auf den Preis〈[Zu] dem Preis〉werden noch 5% zugeschlagen. その価格になお5パーセントが加算される. Zinsen zum Kapital ~ 利子を元金に加算する. 6 (a)《土木》(モルタル・コンクリートなどに骨材を)混和する. (b)《冶金》(鉱石に融剤・媒溶剤・フラックスを加える.
❷ 自 1 (s) (戸・蓋などが)ばたんと閉まる. 2 (h) (a) 殴りかかる, 打ってかかる. Er holte aus und schlug zu. 彼は身構えて殴りかかった. Die Armee 〈Der Tod〉schlug zu. 軍隊が攻撃を始めた〈死が襲いかかった〉. (b)《比喩》あっと言うような行動に出る. Die Polizei hat endlich zugeschlagen. 警察がついに思い切った手段に出た. Bei diesem günstigen Preis schlug er sofort zu. その格安な値段に彼はすぐくいついた. 3 (h) Die Herzen aller Frauen schlugen ihm zu.《雅》女たちはみな彼に熱狂した.
'zu·schlag·frei 形 割増料金の不要な.
'Zu·schlag·kar·te 女 –/–n《鉄道》割増乗車券, 特急(急行)券.
'zu·schlag·pflich·tig 形 割増料金の必要な.
'Zu·schlag·stoff 男 –[e]s/–e 1《土木》骨材.《冶金》融解剤, 媒溶剤, フラックス.
'zu|schlie·ßen ['tsuːʃliːsən ツーシュリーセン] 他 鍵で閉める; (に)錠を掛ける, 錠を下ろす. die Tür〈das Zimmer〉~ ドア〈部屋〉に鍵を掛ける.
'zu|schmei·ßen* 他《話》(ドアなど)勢いよく閉める, ばたんと閉める.

'zu|schmie·ren 他 (穴などを)塗りつぶす(ふさぐ).
'zu|schnal·len 他 バックルの留金をかける.
'zu|schnap·pen 自 (h, s) 1 (h) (動物が)ぱくりと食いつく. 2 (s) (錠などが)ぱちん(かちん)と閉まる.
'Zu·schnei·de·ma·schi·ne ['tsuːʃnaɪdə..] 女 –/–n 裁断機.
'zu|schnei·den* ['tsuːʃnaɪdən] 他 1 (生地を裁断する, (板など)切る. Bretter für ein Regal ~ 本棚用に板を切る. den Stoff für ein Kostüm〈zu einem Kostüm〉~ 生地をスーツ用に裁断する. 2 et⁴ auf j〈et〉⁴ ~ 物⁴を人〈事〉⁴向けにしつらえる. Der Lehrgang war ganz auf das Examen [hin] zugeschnitten. その課程はもっぱら受験用に組まれていた.
'Zu·schnei·der ['tsuːʃnaɪdər] 男 –s/– 裁断師.
'zu|schnei·en 自 (s) 雪で埋まる, 雪で覆われる.
'Zu·schnitt ['tsuːʃnɪt] 男 –[e]s/–e 1《複数なし》(服の)裁断, 断つこと. 2 裁断の仕方; (人の)型, タイプ, 様式. ein Mann von diesem ~ この型の男. 3 様式, スタイル. der ~ seines Lebens 彼の生活スタイル.
'zu|schnü·ren 他 紐でくくる(締める). Schuhe ~ 靴紐を(きつく)結ぶ. j³ die Kehle ~ 人³を絞殺する; (社会的・経済的に)人³を破滅させる. Die Angst schnürte ihr die Kehle zu. 恐怖のあまり彼女は声を上げることができなかった.
'zu|schrau·ben* 他 (物⁴の)ふたをねじって閉める.
'zu|schrei·ben* ['tsuːʃraɪbən] ❶ 他 1《話》(手紙などに)書加える, 書添える. 2 j³ et⁴ ~ 物⁴を人³の名義に書換える, 人³に物⁴を譲渡する. j³ in Grundstück ~ 土地を人³の名義に書換える. Die Summe wurde seinem Konto zugeschrieben. その金額が彼の口座に振込まれた. 3 j〈et〉³ et⁴ ~ 人〈物〉³に事⁴を帰する, …のせいにする. 3 das Verdienst〈die Schuld〉an et³ j³ ~ 人³に事³の功績〈罪〉を帰する. Das hast du dir selbst zuzuschreiben. それは君自身のせいだとしなければならない. Das Bild wird Leonardo zugeschrieben. その絵はレオナルドの作だとされる. 4 j〈et〉³ et⁴ ~ 人〈物〉³に物⁴(能力など)があると見なす. et³ keine Bedeutung ~ 事³に何の意味も認めない.
❷ 自 (↔ abschreiben)《人》に(事に)書類の返事を書く.
'zu|schrei·en* 他 (人³に向かって事⁴を)叫ぶ.
'zu|schrei·ten* 自 (s)《雅》(auf j⁴ 人⁴に)歩み寄る.
'Zu·schrift ['tsuːʃrɪft] 女 –/–n 投書, 書状.
zu|schul·den ['tsuːʃʊldən] 副《次の用法でのみ》sich³ et⁴ ~ kommen lassen 事⁴の罪を犯す. ◆ zu Schulden とも書く.

'Zu·schuss, 《Zu·schuß ['tsuːʃʊs] 男 –es/¨-e 補助金, 助成金, 手当. einen ~ leisten 補助金を出す. 2《印刷》増刷分用の用紙.
'Zu·schuss·be·trieb 男 –[e]s/–e (経営不振で)補助金を受けている企業.
'Zu·schuss·bo·gen 男 –s/–《印刷》= Zuschuss 2
'zu|schus·tern 他《話》1 (お金を)投じる, 出す, 援助する. 2 = zuschanzen
'zu|schüt·ten 他 1 (穴を)土砂で埋める. 2《話》(液体を)注(つ)ぎ足す.
'zu|se·hen ['tsuːzeːən ツーゼーエン] 他 1 (傍らで)眺める, 見物する. 傍観する(j〈et〉³ 人〈事〉³を). j³ beim Arbeiten ~ 人³の仕事ぶりを眺める. einem Spiel ~ 試合を見物する. einem Unrecht tatenlos ~ 不正を手をこまねいて傍観する.《中性名詞として》bei näherem〈genauerem〉Zusehen もっとよく見れば, よくよく調べてみると. 2《zusehen, dass〈wie〉などの形で》(…となるように)気をつける, 心がける; (自分

zusehends

でやってみる. Ich will ~, dass〈wie〉ich mitkommen kann. 一緒に行けるように心がけます. *Sieh zu*, dass du nicht zu spät kommst! 遅れないように気をつけたまえ. Da *sieh* nur selber *zu*! そんなことは自分でやってみろ.

'**zu·se·hends** ['tsu:ze:ənts] 副 目に見えて, みるみるうちに, 目立って.

'**zu sein***, °'**zu sein*** 自 (s) 1《話》閉まっている, 閉まる. 2《卑》酔っぱらっている.

zu'sei·ten [tsuˈzaɪtən] 前《2格支配》…のかたわらに. ◆zu Seiten とも書く. ↑Seite 12

'**zu sen·den**(*) 他《人¹に物⁴を》送付する, 送る.

'**zu set·zen** ['tsu:zɛtsən] ❶ 他 1 加える, 添加する. [zu] dem Wein Wasser ~ ワインに水を加える. 2《金などを》つぎ込む, 投入する. viel Geld ~ 大金を投入する. Ich habe bei diesem Geschäft viel *zugesetzt*.《話》私はこの事業に大金をつぎ込んで大損した. nichts *zuzusetzen* haben《話》体力の貯え(余裕)がない. 3 ふさぐ(mit et³ 物³で).《再帰的に》*sich*⁴ ~ ふさがる.
❷ 自(人³を)責め立てる. j³ mit Fragen ~ 人³を質問責めにする. 2《人³を》弱らせる,《人³の》身にこたえる. Der Tod seines Vaters hat ihm sehr *zugesetzt*. 父親の死が彼にはひどくこたえた.

'**zu si·chern** ['tsu:zɪçɐrn] 他《人³に事⁴を》確約(保証)する, うけ合う.

'**Zu·si·che·rung** 囡 –/–en 確約, 保証.

Zu'spät·kom·men·de [tsuˈʃpɛːt..] 男《形容詞変化》遅刻者.

'**Zu·spei·se** ['tsu:ʃpaɪzə] 囡 –/–n (料理の)つけ合せ, 添え物(野菜やサラダなど).

'**zu sper·ren** 他《南 »..«》(ドア・部屋の)鍵を閉める.

'**Zu·spiel** ['tsu:ʃpi:l] 中 –[e]s /《球技》送球, パス.

'**zu spie·len** ['tsu:ʃpi:lən] 他 1 j³ den Ball ~ 人³にボールをパスする, 送球する. 2 (人³に物⁴を)そっと手渡す.

'**zu spit·zen** ❶ 他 1 とがらせる;（鉛筆などを）削る. eine Frage ~《比喩》質問を絞る. 2 (事態を)切迫(緊迫)させる, 尖鋭化させる. ❷ 再 (*sich*⁴) 1 とがる. 2 (事態が)切迫(緊迫)する, 尖鋭化する.

'**Zu·spit·zung** 囡 –/–en 尖鋭(緊迫)化.

'**zu spre·chen*** ['tsu:ʃprɛçən] ❶ 他 1 j³(人³に)…の言葉をかける. j³ Mut ~ 人³を勇気づける(励ます). j³ Trost ~ 人³を慰める. 2 (a) j³ et⟨j⟩⁴ ~ 人³に物〈人〉⁴の帰属(所有)権を認める. Das Gericht *sprach* ihm das Erbe *zu*. 法廷は彼にその遺産の相続権を認めた. (b) j⟨et⟩³ et⁴ ~ 人〈物〉³に事⁴の効力を認める. einem Kraut heilende Wirkung ~ ある草に治療効果があると認める. ❷ 自 1《様態を示す語句と》(人³に)…のように話しかける. j³ freundlich⟨tröstend⟩ ~ 人³にやさしい〈慰めの〉言葉をかける. 2《雅》(物³を)食べる, 飲む.

'**zu sprin·gen*** 自 (s) 1 (錠などが)かちゃんと閉まる. 2 (auf j⁴ 人⁴に)とびかかる, かけ寄る.

'**Zu·spruch** ['tsu:ʃprʊx] 男 –[e]s /《雅》1《慰め・励ましなどの》言葉. 人気, 好評;（客の)入り. Dieser Laden findet großen ~. この店は大繁昌である.

Zu·stand ['tsu:ʃtant ツーシュタント] 男 –[e]s /⸗e (↓zustehen) 1 (a) 状態. körperlicher⟨seelischer⟩ ~ 身体〈精神〉の状態. der ~ des Patienten ⟨des Wagens⟩ 患者の容体⟨車の状態⟩. der feste ⟨flüssige⟩ ~ eines Stoffes《物理》ある物質の固体 ⟨液態⟩. sich⁴ in gutem⟨schlechtem⟩ ~ befinden 良い⟨悪い⟩状態にある. (b)《ふつう複数で》状況, 情勢. die sozialen⟨wirtschaftlichen⟩ *Zustände* eines Landes ある国の社会(経済)情勢. Das sind *Zustände*! / *Zustände* wie im alten Rom!《話》まったくひどい状況だ. Das ist doch kein ~!《話》これはひどい. 2《複数で》《話》(怒り・ヒステリーなどの)発作. *Zustände* bekommen⟨kriegen⟩ (怒りなどの)発作を起して気が変になる, 頭にくる. Wenn man so etwas sieht, könnte man *Zustände* bekommen. そんなのを見れば気も変になるさ. Sie hat wieder ihre *Zustände*. 彼女はまた変になっている.

***zu'stan·de** [tsuˈʃtandə ツシュタンデ] 副《次の用法でのみ》et⁴ ~ bringen 事⁴を実現(成就)する, 成し遂げる; 仕上げる. ~ kommen (ある事が)実現(成就)する, 成立する; 出来上る. ◆zu Stande とも書く.

Zu'stan·de·brin·gen 中 –s/ 成し遂げること; 成就, 完成.

Zu'stan·de·kom·men 中 –s/ 実現, 成立.

'**zu·stän·dig** ['tsu:ʃtɛndɪç] 形 (↓zustehen) 1 権限をもつ, 担当の, 所轄の. die ⸗e Behörde 所轄官庁. der für diese Fragen ⸗e Minister これらの問題の担当大臣. Dafür sind wir nicht ~. それについては私たちには権限がない. 2《ガス》居住権のある. ~ nach Wien sein ヴィーン市民である.

'**Zu·stän·dig·keit** 囡 –/–en 管轄, 権限.

'**Zu·stands·än·de·rung** 囡 –/–en《物理》(物質の)状態変化.

'**Zu·stands·di·a·gramm** 中 –s/–e《物理》状態図.

'**Zu·stands·glei·chung** 囡 –/–en《物理》状態式, 状態方程式.

'**Zu·stands·grö·ße** 囡 –/–n《物理》状態量.

'**Zu·stands·pas·siv** 中 –s/–e《文法》状態受動.

zu'stat·ten [tsuˈʃtatən] 副《次の用法でのみ》j⟨et⟩³ ~ kommen 人〈物〉³の役に立つ.

'**zu ste·cken** 他 1 (ピンなどで)留め合せる, 仮り留めする. 2 (人³に物⁴を)こっそり渡す; そっと教える.

'**zu ste·hen*** ['tsu:ʃte:ən] 自 1 (人³に)権利がある, 当然嘗すべきである. 2 ふさわしい. Ein Urteil über ihn *steht* mir nicht *zu*. 私は彼のことをとやかく言える立場ではない.

'**zu stei·gen*** 自 (s) (列車・バスなど公共の乗物に)途中から乗込む. Ist noch jemand *zugestiegen*? 新に乗車された人はほかにいますか(検札の際の車掌の言葉).

'**zu stel·len** ['tsu:ʃtɛlən] 他 1 (入口・窓などをふさぐ(mit et³ 物³を置いて). 2 (郵便物などを)送り届ける, 配達する, 送付する;《法制》送達する.

'**Zu·stel·ler** ['tsu:ʃtɛlɐ] 男 –s/– 郵便配達人.

'**Zu·stell·ge·bühr** 囡 –/–en 配達料.

'**Zu·stel·lung** 囡 –/–en 配達;（書類の)送達.

'**zu steu·ern** ❶ 自 (s) et³⟨auf et⁴⟩ ~ 物³に進路を向けて, (に)向かって進む. dem Hafen⟨auf den Hafen⟩ ~ 港に向かって進路をとる. auf das Abitur ~《比喩》（ギュムナージウムの)卒業試験に向かって勉強する. ❷ 他 et¹⟨auf et⁴⟩ ~ 物³に向かって, (に)向かって進ませる. den Wagen dem Wald⟨auf den Wald⟩ ~ 車を森に向かって走らせる. 3《話》(金を)出す, 寄付する (zu et³ 事³に).

***zu stim·men** ['tsu:ʃtɪmən ツーシュティメン] 自 (人⟨事⟩³に)同意する, 賛成する. Darin *stimme* ich Ihnen *zu*. その点では私はあなたに同意(賛成)します.

einem Vorschlag ~ ある提案に同意(賛成)する.《現在分詞で》j³ *zustimmend* nicken 人³に同意てうなずく.

*'**Zu·stim·mung** ['tsu:ʃtɪmʊŋ ツーシュティムング] 囡 -/-en《複数まれ》同意, 賛成, 賛同. j³ *seine* ~ geben 人³に同意(賛成)する. unter allgemeiner ~ 大方の賛同のもとに.

'**zu**|**stop·fen** 他 1 (穴などを)ふさぐ. 2 繕(⁵)う.
'**zu**|**stöp·seln** 他 (物に)栓をする.

*'**zu**|**sto·ßen*** ['tsu:ʃto:sən ツーシュトーセン] ❶ 他 (窓・ドアなどを)突いて(押して, 蹴って)閉める. die Tür mit dem Fuß ~ (足で)蹴ってドアを閉める. ❷ 圓 (h, s) 1 (a) (h) 突きかかる. mit dem Degen ~ 剣で突きかかる. (b) (s) (猛禽などが)さっと襲いかかる. Der Falke ist auf seine Beute *zugestoßen*. 鷹が獲物めがけて襲いかかった. (c) (s)《話》(auf j⟨et⟩⁴) 人⟨物⟩⁴めがけて突進する(群集などが)押しかかる. 2 (s) (人³の身に)ふりかかる, 起る. Ihm ist ein Missgeschick *zugestoßen*. 彼は災難に見舞われた. wenn ihm etwas ~ sollte 万一彼の身に万一のことがあれば.

'**zu**|**stre·ben** 圓 (s) et⁴⟨auf et⁴⟩ ~ 物³,⁴に向かって進(急)ぐ; 事³,⁴に向かって努力する, (を)追求する.

'**Zu·strom** ['tsu:ʃtro:m] 男 -[e]s/ (気流などの)流入; (群集の)殺到, なだれ込み.

'**zu**|**strö·men** 圓 (s) et³⟨auf et³⟩ ~ (気流などが)物³,⁴に向かって流れ込む; (群集が)殺到する.

'**zu**|**stür·zen** 圓 (s) (auf j⟨et⟩⁴ 人⟨物⟩³に向かって)突進する, 襲いかかる.

'**zu**|**stut·zen** 他 (樹木などを)刈込む, 切り整える.

zu·ta·ge [tsu'ta:gə] 副《次の用法でのみ》et⁴ ~ fördern⟨bringen⟩ 事⁴を明るみに出す, 暴露する; 物⁴を(ポケットなどから)取出す;《鉱業》(鉱石を)採掘する. ~ kommen, treten 表れに出る; 明らかになる, 露見する. Auch seine Schuld wird noch ~ kommen. 彼の罪もいずれ暴れるだろう. offen⟨klar⟩ ~ liegen 明らか(明白)である, 見え見えである. ◆**zu Tage** とも書く.

'**Zu·tat** ['tsu:ta:t] 囡 -/-en (zutun) 1《ふつう複数で》(料理の)添加物(薬味など); (衣服の)付属品(ボタン・糸など). 2 あとから付加えられた物, 補足.

zu'teil [tsu'taɪl] 副《雅》《次の用法でのみ》j³ ~ werden 人³に与えられる. Der Delegation wurde ein festlicher Empfang ~. 使節団は盛大な歓迎を受けた. j³ et⁴ ~ werden lassen 人³に物⁴を与える(授ける, 許す).

*'**zu**|**tei·len** ['tsu:taɪlən ツーターィレン] 他 1 (人³に)物⁴を(分け)与える, 分配する; 配給する. der Bevölkerung die Lebensmittel ~ 住民に食糧を配給する. 2 (a) (人³に)物⁴を割当てる, 割振る. j³ eine Rolle ~ 人³にある役割を割振る. 《過去分詞で》et⁴ *zugeteilt* bekommen 物⁴を割当てられる(割振られる). (b) (ある部署に)人⁴を配属(配置)する.

*'**Zu·tei·lung** ['tsu:taɪlʊŋ ツーターィルング] 囡 -/-en 分け前, 分配(すること); 配給(品); 割当て, 割振り; 配属, 配置.

zu'tiefst [tsu'ti:fst] 副 きわめて深く, とても, 非常に. et⁴ ~ bereuen 事⁴を大いに後悔する.

'**zu**|**tra·gen** ❶ 他 1 (人³に物⁴を)運んでいく. 2 (こっそり)知らせる(伝える), 告げ口する. ❷ 再 ⟨*sich*⁴⟩《雅》(事件などが)起る, 生じる.

'**Zu·trä·ger** ['tsu:trɛ:gər] 男 -s/ 情報を伝える(伝えた)人; 密告者.

Zu·trä·ge·rei [tsu:trɛ:gəˈraɪ] 囡 -/-en 1《複数なし》情報(噂)を伝えること. 2 情報, 噂, 告げ口.

'**zu·träg·lich** ['tsu:trɛ:klɪç] 形《雅》(人³の)役に立つ, ためになる, 体(健康)によい.

*'**zu**|**trau·en** ['tsu:traʊən ツートラォエン] 他 1 (人³に事⁴が)あると信じる. Ich hätte ihm einen besseren Geschmack *zugetraut*. 彼が好がもっと趣味のいい人だと思っていたのに. j³ Talent ~ 人³の才能を信じる.《再帰的に》Er traut sich³ nichts *zu*. 彼には何をする自信もない. *sich*³⟨*seinen Kräften*⟩ zu viel ~ 自分の力を過信する. 2 (人³に事⁴が)できると信じる. Ich *traue* ihm nichts Böses *zu*. 私には彼が悪いことのできる人だと思えない. Diesem Kerl ist das Schlimmste *zuzutrauen*. この男ならどんなひどいことでもやりかねない.

'**Zu·trau·en** ['tsu:traʊən] 中 -s/ 信用, 信頼(zu j³ 人³に対する). Ich habe viel⟨wenig⟩ ~ zu ihm. 私は彼を大いに信頼している(あまり信用していない). j³ *sein* ~ schenken 人³に信頼を寄せる. das ~ zu *sich*³ selbst verlieren 自信を失う.

'**zu·trau·lich** ['tsu:traʊlɪç] 形 人を信頼した, 信頼に満ちた(人がする); (人⁴に)つつこい, 人に馴れた.

'**Zu·trau·lich·keit** 囡 -/-en 1《複数なし》人を信頼していること, 人なつっこさ. 2 人を信頼した言動.

*'**zu**|**tref·fen*** ['tsu:trɛfən ツートレフェン] 圓 1 (叙述・主張などが)正しい, 当っている; (事実・実情などに)合っている. Seine Vermutung *trifft zu*. 彼の推測が的を射ている. Es *trifft* nicht *zu*, dass... ということは正しくない(事実に反している). 2 (auf j⟨et⟩⁴) für j⟨et⟩⁴ 人⟨事⟩⁴に当てはまる, 該当する. Der Vergleich *trifft* auf⟨für⟩ diesen Fall nicht *zu*. その比喩はこのケースには当てはまらない.

'**zu·tref·fend** 現分 形 1 正しい, 適切な, 的確な. eine ~*e* Antwort 的を射た答. ~ urteilen 的確な判断を下す. 2 該当する.《名詞的用法で》*Zutreffendes* bitte ankreuzen!《書》該当する箇所に × 印を付けてください.

'**zu·tref·fen·den·falls** ['tsu:trɛfəndən'fals] 副《書》該当する場合には.

'**zu**|**trei·ben*** ❶ 他 (動物を人³の所へ)追立てる, 駆立てる(人³の方へ). ❷ 圓 (s) et³⟨auf et³⟩ ~ 物³,⁴の方へ流されていく, 漂流していく. dem⟨auf den⟩ Untergang ~《比喩》没落に向ってゆく.

'**zu**|**tre·ten*** 圓 1 (s, h) 1 (s) (auf j⟨et⟩⁴) 人⟨物⟩⁴の方へ歩み寄る, 近づく. 2 (h) 蹴りかかる.

'**zu**|**trin·ken*** 圓 j³ ~ 人³のために乾杯する, (の)健康を祝して飲む.

*'**Zu·tritt** ['tsu:trɪt ツートリト] 男 -[e]s/ 1 立入り, 入場(許可). Kein ~! ~ verboten! 立入禁止. ~ bekommen 立入りを許可される. j³ [den] ~ gewähren⟨verwehren⟩ 人³に立入りを許す⟨禁ずる⟩. [freien] ~ bei j³⟨zu et³⟩ haben 人³のところへ⟨物³に⟩自由に出入りできる. sich³ ~ verschaffen 入場許可をとり付ける. 2 (気体・液体などの)流入. beim ~ von Luft 空気が入ると.

'**zu·tu·lich** ['tsu:tu:lɪç] 形 =zutunlich

'**zu**|**tun*** ['tsu:tu:n] ❶ 他 1《話》付加える, 添える. dem Gericht etwas Butter ~ 料理にバターを少し添える. 2 閉める, 閉じる.《話》die ganze Nacht kein Auge ~.《話》私は一晩中一睡もできなかった. die Augen für immer ~《婉曲》永眠する. ❷ 再 ⟨*sich*¹/*sich*³⟩ 1⟨*sich*¹⟩(ドアなどが)閉まる. 2 ⟨*sich*³⟩ *sich* et⁴ ~《南西部で》物⁴を手に入れる. ◆↑ zugetan

'**Zu·tun** ['tsu:tu:n] 中 -s/ 援助, 助け, 協力.《ふつう次の用法で》ohne j² ~ 人²の援助なしに; (とは)無関係に.

zu·tun·lich ['tsu:tu:nlıç] 形《古》うちとけた, 人なつっこい; 馴れた.

zu·un·guns·ten [tsu'|oŋɡunstən] 前《2格支配/古くは後置されて3格支配の場合も》…の不利になるように. ～ des Angeklagten 被告人の不利になるように. ◆zu Ungunsten とも書く.

zu·un·terst [tsu'|ontərst] 副 (↔ zuoberst) 一番下に, 一番底に. das Oberste ～ kehren めちゃくちゃにひっくり返す, (すっかり)ごちゃごちゃにしてしまう.

***'zu·ver·läs·sig** ['tsu:fɛrlɛsıç ツーフェアレスィヒ] 形 信頼(信用)できる; 信ずべき, 確かな. ein ～er Freund 信頼のおける友. aus ～er Quelle 確かな筋から. Die Wettervorhersage ist nicht ～. 天気予報は当てにならない. Er arbeitet nicht ～. 彼の仕事は当てにならない. Ich weiß es ～.《話》私はそれがはっきりと分かっている.

'Zu·ver·läs·sig·keit 女 -/ 信頼性, 確実度.

'Zu·ver·läs·sig·keits·prü·fung 女 -/-en 信頼度テスト.

'Zu·ver·sicht ['tsu:fɛrzıçt] 女 -/ 確信, 自信. Ich habe die feste ～〈Ich bin der festen ～〉, dass... 私は…ということを確信している. seine ganze ～ auf j³ setzen 人³に全幅の信頼を置く. voll〈voller〉～ sein 確信(自信)に満ちている.

'zu·ver·sicht·lich ['tsu:fɛrzıçtlıç] 確信に満ちた, 自信たっぷりな.

'Zu·ver·sicht·lich·keit 女 -/ 確信に満ちている(自信たっぷりである)こと.

***zu viel, 'zu'viel** [tsu 'fi:l ツフィール] 代《不定/不変化》(↔ zu wenig) 多すぎる, 過多の. ～ Arbeit 多すぎる仕事. Im Kaffee ist ～ Zucker. コーヒーに砂糖を入れすぎた. Er isst ～. 彼は食べすぎだ. Er weiß ～. 彼は知りすぎている. Das wäre ～ verlangt. それは過大な要求でしょう. Besser ～ als zu wenig. 少なすぎる(足りない)よりは多すぎるほうがいい. Er hat einen ～.《話》彼は頭がへんだ; 彼は酔っぱらっている. Ich krieg ～!《俗》これはあんまりだ, 頭にくるな. viel ～ あまりにも多すぎる. Einer ist ～. ひとり余計だ. Was ～, ist ～!《俗》《我慢の限度に達したという意味》だ. Heute ist mir alles ～.《話》今日は何もかもが煩わしい. Er ist sich³ selbst ～. 彼は自分で自分をもてあましている彼は自分自身が厭になっている). Das ist ～ des Guten〈des Guten ～〉.《皮肉》これはあんまりだ.

Zu'viel [tsu'fi:l] 中 -s/ 過多, 過剰. Ein ～ ist besser als ein Zuweing.《諺》大は小を兼ねる.

***zu'vor** [tsu'fo:ɐ ツフォーア] 副 以前に, それ以前に; 前もって, あらかじめ. kurz ～ その少し前に. tags ～ / am Tag ～ その前日に. im Jahr ～ その前年に. wie ～ 以前と同じように. Ich habe ihn nie ～ gesehen. 私は彼にこれまでに一度も会ったことがない. Zuvor herzlichen Dank! まずもって心からお礼申し上げます.

zu'vor·derst [tsu'fɔrdərst] 副《地方》一番前に, 最前列に, 先頭に.

zu'vör·derst [tsu'fœrdərst] 副《古》(zuerst) 第一に, 最初に; (vor allem) とりわけ, なかんずく.

***zu'vor·kom·men** [tsu'fo:ɐkɔmən] ツフォーアコメン 自 (s) 1 (人³に)先んずる, (の)機先を制する, (を)出し抜く. j³ bei einem Kauf〈mit einem Angebot〉～ 人³を出し抜いてある買物〈ある申出〉をする. 2 〈人³の〉を見越して〉先手を打つ, (を)未然に防ぐ. einem Angriff ～ 先制攻撃を加える. einer Gefahr ～ 危険を未然に防ぐ. Sie kam stets meinen Wünschen zuvor. 彼女はいつも私が口に出す前に希望を叶えてくれた.

zu'vor·kom·mend 現分 察しのよい, よく気の利く; 親切な, 慇懃な, 愛想のよい.

Zu'vor·kom·men·heit 女 -/ 察しのよいこと; 親切.

zu'vor·tun [tsu'fo:ɐtu:n]《雅》《不定の es⁴ と》es j³ an〈in〉～ ある事³の点で人³よりも優れている.

Zu·wachs [tsu:vaks] 男 -es/ᵉ 成長, 増大; 増加. ein ～ an Einkommen〈Mitgliedern〉収入〈会員〉の増加. die wirtschaftlichen Zuwächse der letzten 10 Jahre 過去10年間の経済成長. einem Kind ein Kleidungsstück auf ～ kaufen《話》子供に(成長を見込んで)大きめの服を買う. Wir haben ～ bekommen.《話》うちに子供が生れた.

'zu·wach·sen* 自 (s) 1 (a) (道などが植物などで)覆われる, 塞がる. Das Fenster war mit Efeu zugewachsen. 窓は蔦(⁲)で覆われていた. (b) (傷が)ふさがる, 癒合する. 2 j³ ～ 人³の手に転がりこむ, (の)ものにはる; (任務・責任などが)あてがわれる, 課される. 3 成長する, 増大する.

'Zu·wachs·ra·te 女 -/-n 増加率;《経済》成長率.

'Zu·wahl ['tsu:va:l] 女 -/-en 補充選挙.

zu'wan·dern 自 (s) 移って来る, (他国から)移住して来る.

zu'war·ten 自《地方》じっと待つ.

zu'we·ge [tsu've:ɡə] 副《次の用法でのみ》et⁴ ～ bringen 事⁴を成し遂げる, 成就する. mit et³ ～ kommen 事³を完了する, 終える; 物³を使いこなす. schlecht〈gut〉～ sein《話》(体の)具合が悪い〈達者である). ◆zu Wege とも書く.

'zu·we·hen 他 1 吹き送る. j³ Luft ～ 人³を扇(⁲)ぐ. 2 吹いて埋める. ❷ 自 (s, h) 1 (s) (においなどが)漂ってくる. 2 (h, s) (auf j⟨et⟩) 人⟨物⟩に向かって吹く, 吹きつける.

zu'wei·len [tsu'vaılən] 副 ときたま, ときおり.

'zu|wei·sen* 他 (人〈物〉³)に物⁴を)割当てる, 配分する, あてがう, 斡旋(´)する. j³ eine Arbeit〈eine Rolle〉～ 人³に仕事をあてがう役を割振る.

'Zu·wei·sung 女 -/-en 割当て, 配分, 指定.

'zu|wen·den ['tsu:vɛndən] ツーヴェンデン ❶ 他 (人〈物〉³の方へ物⁴を)向ける. Er wandte〈wendete〉sich mir zu. 彼は私の方を向いた. Das Glück hat sich ihm zugewandt〈zugewendet〉.《比喩》運が彼に向いてきた. 2 (事³に)向かう, 取組む; 従事する. sich einer Arbeit ～ ある仕事に取組む. sich einem neuen Thema ～ 新しいテーマに移る.

'Zu·wen·dung 女 -/-en 1 (金銭的な)援助, 贈与, 寄付. ～en erhalten (金銭的な)援助を受ける. 2 《複数なし》暖かい愛情, 心遣い, 慈(⁲)しみ.

***zu 'we·nig, 'zu'we·nig** [tsu 've:nıç ツ ヴェーニヒ]《不定/不変化》(↔ zu viel) 少なすぎる. Er hat ～ Verantwortung. 彼は責任感がなさすぎる. Davon weiß er ～. そのことを彼は知らなすぎる. viel ～ あまりにも少なすぎる.

Zu'we·nig [tsu've:nıç] 中 -s/ 過少, 不足; 不足額.

'zu·wer·fen* ['tsu:vɛrfən] 他 1 (ドアなどを)ばたんと閉める, 力まかせに閉める. 2 (穴を土などで)ふさぐ, 埋

める. **3**〈人³に物⁴を〉投げつける. j³ den Ball〈eine Kusshand〉~ 人³にボールを投げる〈投げキスをする〉.

zu·'wi·der [tsu'viːdər] ❶ 圃 **1**（人³にとって）嫌で，不愉快で，忌まわしく. Diese Essen ist mir ~ こんな食事は嫌いだ.《付加語的にも》《地方》~*er* Kerl 嫌なやつ. ❷ 圃《3格支配／つね に後置される》…に反して，逆らって. dem Gesetz ~ 法に違反して.

zu·'wi·der|han·deln [tsu'viːdərhandəln] 圁《事³に反して》行動する, そむく. dem Gesetz ~ 法律に違反する.

Zu·'wi·der·han·deln·de 圐 圂《形容詞変化》違反者.

Zu·'wi·der·hand·lung 囡 -/-en《書》違反行為.

zu·'wi·der|lau·fen* 圁 (s)《事³に》反する, (と)矛盾する.

'zu|win·ken ❶ 圁 （人³に身ぶりなどで）合図をする. j³ zum Abschied ~ 人³に手を振って別れのあいさつをする. ❷ 囲（人³に事⁴の）合図を送る. j³ einen Gruß ~ 人³に手を振ってあいさつする.

'zu|zah·len 囲 追加払いする.

'zu|zäh·len 囲 **1** 加算する. **2**〈人〈物〉³を人〈物〉³ に〉数え入れる, 含める.

'zu·zei·ten 圃 ときおり, ときどき.

'zu|zie·hen* ['tsuːtsiːən] ❶ 囲 **1** (a)〈ドア・カーテンなどを〉引いて閉める. (b)〈結び目などを〉引張って締める. einen Knoten ~ 結び目を固く締める. Beutel ~〈紐を引いて〉袋の口を締める. **2**〈専門家などを〉呼ぶ, (に)相談する. einen Arzt ~ 医者に来てもらう. **3** sich³ et⁴ ~ 事⁴を自分の身に招く, こうむる. sich³ eine Krankheit ~ 病気にかかる. sich³ j² Zorn ~ 人²の怒りを買う(mit et³ 事³で). sich³ einen Tadel ~ 非難を受ける.

❷ 囲《sich⁴》（結び目などが）締まる；（傷口などが）ふさがる. Eine Wunde *zieht sich zu*. 傷口がふさがる.《非人称的に》*Es zieht sich zu*.《地方》空が雲に覆われる.

❸ 圁 (s) **1**（よその土地から）引っ越してくる, 移住してくる. **2** et⁴〈auf et⁴〉~ 物³·⁴のほうに向かっていく.

'Zu·zie·hung 囡 -/（専門家との）相談, 協議.

'Zu·zug ['tsuːtsuːk] 圐 -(e)s/²e **1**《複数なし》（よその土地からの）移住, 人口の流入. **2**《複数まれ》増員, 増強；援軍.

'zu·züg·ler ['tsuːtsyːklər] 圐 -s/-（よその土地から）引っ越してきた人, 移住者.

'zu·züg·lich ['tsuːtsyːklɪç] 圃《2格支配↑◆》《商業》…込みで, …を加算して. ~ Porto 送料込みで. ~ der Säumniszuschläge / ~ Säumniszuschlägen 延滞税を加算して. ◆名詞が冠詞や形容詞を伴わない場合, 2 格の語尾 -[e]s は省略されることがある. また複数名詞では 3 格支配もある.

'zwa·cken ['tsvakən] 囲《話》**1** つねる, つまむ, はさむ. **2**（人⁴を）苦しめる.

zwang [tsvaŋ] zwingen の過去.

***Zwang** [tsvaŋ] ツヴァング 圐 -(e)s/Zwänge (↓ zwingen) **1** 強制, 強迫, 抑圧, 圧迫；《道徳律・自然法則などの》拘束(力), 必然性；（抗し難い）影響力；《心理》強迫, 内よりの ~ 外的強制. berufliche *Zwänge* 職業上の要請（義務）. ein moralischer ~ 道徳的強制. der ~ der Gesellschaft〈des Gesetzes〉社会〈法律〉の拘束力. Von ihm geht ein ~

aus. 彼からは抗し難い影響力（魅力）が発している. Es besteht kein ~, den Vortrag zu besuchen. その講義に出席する義務はない. ~ antun〈auferlegen〉人³に強制を加える. einer Frau ~ antun《古》ある女性に暴行する. sich³ ~ antun〈auferlegen〉自制する. sich³ keinen ~ auferlegen 遠慮されない. Tun Sie sich keinen ~ an!《話》お楽になさってください. *seinen* Gefühlen ~ antun 自分の感情を押さえる. einem Text ~ antun あるテキストを曲解する. auf j³ ~ ausüben 人⁴に強制(圧迫)を加える. aus ~ 強いられて, やむをえず. mit ~ 強制的に, むりやりに. ohne ~ 自由に, 強制されずに. unter ~ 強いられて, やむをえず. unter dem ~ der Verhältnisse やむをえぬ事情で. **2**《猟師》赤鹿の足跡. **3**《古》(Bezirk) 地区；管区. **4**《古》(Innung) イヌング（手工業者の同業組合）.

'zwän·ge ['tsvɛŋə] zwingen の接続法 II.

'Zwän·ge ['tsvɛŋə] Zwang の複数.

'zwän·gen ['tsvɛŋən] ❶ 囲 無理に押込む, 詰込む. Kleider in den kleinen Koffer ~ 服を小さなトランクに詰込む. *seinen* Fuß in den zu kleinen Schuh ~ 足を小さすぎる靴に無理やり押込む. et〈j〉⁴ in ein Schema ~《比喩》事〈人〉⁴を無理やりある型にはめ込む. ❷ 囲《sich⁴》体を無理やり押込む. *sich durch die* Menge ~ 人混みを押分けて進む. sich in einen überfüllten Bus ~ 満員のバスに無理やり乗込む. ❸ 圁 Der Hirsch *zwängt*.《猟師》鹿が足で地面を掘る.

'zwang·haft ['tsvaŋhaft] 圐 **1** 強制的な, 無理やりの, 抗力ない, 必然的な. **2** 不自然な, わざとらしい.

***'zwang·los** ['tsvaŋloːs] ツヴァングロース 圐 **1** 強制されない, 拘束のない；形式ばらない, 遠慮（気がね）のない, 気楽な, 気ままな, 自由な. ein ~*es* Beisammen 肩のこらない集まり. sich⁴ ~ benehmen 気ままに振舞う. **2** 不規則な, 不定期な. in ~*er* Folge erscheinen（雑誌などが）不定期に刊行される.

'Zwang·lo·sig·keit [..loːzɪçkaɪt] 囡 -/ 強制されない〈拘束のない〉こと；形式ばらないこと；不規則なこと.

'Zwangs·an·lei·he 囡 -/-n《金融》強制公債.

'Zwangs·ar·beit 囡 -/ 強制労働, 懲役.

'Zwangs·be·wirt·schaf·tung 囡 -/-en《経済》統制経済.

'Zwangs·ein·wei·sung 囡 -/-en（病院などへの）強制入院（入所）指示（命令）.

'Zwangs·hand·lung 囡 -/-en《心理》強迫行為.

'Zwangs·ja·cke 囡 -/-n 拘束服, 緊衣(ぅ).《話》chemische ~《話》（精神病者の鎮圧に用いられる）向精神薬剤.

'Zwangs·kurs 圐 -es/-e《経済》強制為替相場.

'Zwangs·la·ge 囡 -/-n せっぱ詰まった状況, 苦境.

'zwangs·läu·fig ['tsvaŋslɔyfɪç] 圐 必然的な, 不可避の.

'zwangs·mä·ßig 圐 強制的な.

'Zwangs·maß·nah·me 囡 -/-n 強制措置.

'Zwangs·mit·tel 圐 -s/- 強制手段.

'Zwangs·neu·ro·se 囡 -/-n《心理》強迫神経症.

'Zwangs·räu·mung 囡 -/-en 強制退居（立ちのき）.

'Zwangs·ver·gleich 圐 -[e]s/-e《複数まれ》《法制》強制和議.

'Zwangs·ver·si·che·rung 囡 -/-en《法制》強制保険.

'Zwangs·ver·stei·ge·rung 囡 -/-en《法制》強制競売.

'Zwangs·ver·wal·tung 囡 -/-en《法制》強制管理.

'Zwangs·voll·stre·ckung 囡 -/-en 《法制》強制執行.
'Zwangs·vor·stel·lung 囡 -/-en 《心理》強迫観念.
'zwangs·wei·se ['tsvaŋsvaɪzə] ❶ 副 1 強制的に，無理やりに．2 必然的に，不可避的に．❷ 形《付加語的用法で》ein ～s Eingreifen in et⁴ 事⁴への強制介入．
'Zwangs·wirt·schaft 囡 -/ 統制経済.
*'zwan·zig ['tsvantsɪç ツヴァンツィヒ] 数 20, 二十(の).
↑ vierzig
'Zwan·zig [tsvantsɪç] 囡 -/-en 20 の数(字). Er ist Anfang [der] ～. 彼は20代の初めである.
'zwan·zi·ger ['tsvantsɪɡɐ] 形《不変化》20 年(生れ)の; 20 歳代の． ein ～ Jahrgang 20 年生れの人, 20 年度生; 20 年産のワイン． in den ～ Jahren 20 年代に.
'Zwan·zi·ger ❶ 男 -s/- 1 (a) 20 歳代(代)の人．▶女性形 Zwanzigerin (b) 20 年産のワイン. (c) 20 の数をもつもの．《話》(旧) 20 マルク紙幣．2 《複数で》20 歳代; 20 年代． Er ist jetzt in den ～n. 彼はいま20代である. ❷ 囡 -/-《話》(旧) 20 ペニヒ切手.
'Zwan·zi·ger·jah·re 20 歳代; 20 年代.
'zwan·zig·fach 形 20 倍の, 20 重の.
'zwan·zig·jäh·rig 形 20 歳の, 20 年間の.
'zwan·zig·mal 副 1 20 度, 20 回; 20 倍. 2 《話》何度も, 何十遍も.
'Zwan·zig·mark·schein 男 -[e]s/-e (旧) 20 マルク紙幣.
'zwan·zigst ['tsvantsɪçst] 形 (↓ zwanzig) 第 20 の, 20 番目の.
'zwan·zigs·tel ['tsvantsɪçstəl] 形《不変化》20 分の 1 の.
'Zwan·zigs·tel 中 (男) -s/- 20 分の 1.
'Zwan·zigs·tens ['tsvantsɪçstəns] 副 20 番目に.

zwar

[tsvaːr ツヴァール] 副 1《後続の aber, doch, allein などと呼応して》なるほど, 確かに(…ではあるが). Es schmeckt ～ nicht gut, ist aber sehr gesund. それはなるほど味はよくないが体にとてもよい. Zwar ist er jung(Er ist ～ jung), aber doch erfahren. 彼は年こそ若いが経験豊富である． 《aber, doch, allein などを伴わずに》eine elegante, ～ nicht mehr ganz moderne Wohnung モダンとはもう言えないがエレガントな住まい. 2 《und zwar の形で》(略 u. zw.) 詳しく(正確に)言えば, つまり, すなわち, 《強調して》それも, しかも. Wir treffen uns heute, und ～ um acht Uhr abends. 私たちは今日, 正確に言えば午後 8 時に会う. Mach deine Schulaufgaben, und ～ sofort! 宿題をしなさい, それもすぐに(だ).

Zweck

[tsvɛk ツヴェク] 男 -[e]s/-e 1 目的, 目標; 意図, 狙い; 使途, 用途． Was ist der ～ seiner Reise? 彼の旅行の目的は何か． Das ist der ～ der Sache〈話者の Übung〉. それが所期の目的をはたしている(十分役立っている). einen ～ erreichen ある目的を達する. Welchen ～ hat das Gerät? その道具は何に使われるのか. sich³ einen ～ setzen 《雅》ある目標を立てる. ohne ～ und Ziel 何の目的もなく, 漫然と. zu welchem ～ 何の目的で, 何のために. zum ～ der Erklärung《書》説明のために. 2 (Sinn) (ある行為のもつ) 意味. Das hat doch keinen ～! そんなことは無意味だ. Das ist alles ohne Sinn und ～. そんなことなど何の意味もないことだ. 3《古》標的の中心, 黒点.
'Zweck·bau 男 -[e]s/-ten (機能本位の)実用建築.
'zweck·dien·lich [..diːnlɪç] 形 目的にかなった; 役に立つ, 有効(有用な); 適切な.
'Zwe·cke¹ ['tsvɛkə] Zweck の複数.
'Zwe·cke² 囡 -/-n 1 鋲(ᵇ☆); 画鋲, 製図用ピン. die kleine ～《戯》ちび.
'zwe·cken ['tsvɛkən] ❶ 他 (A¹ an B¹ A⁴ に B³ に) 鋲で留める. ❷ 自《古》(auf et⁴ 事⁴を)目的とする.
'zweck·ent·frem·den [tsvɛkʔɛntfrɛmdən] 他 《おもに不定詞・過去分詞で》本来の目的からそれた使い方をする. Wohnraum als Lager ～ 住居を倉庫に転用する. zweckentfremdete Gelder 流用された金(銭).
'zweck·ent·spre·chend 形 目的にかなった.
*'zweck·los ['tsvɛkloːs ツヴェクロース] 形 目的のない, 当てのない; 使い道のない, 役に立たない; 無意味な, 無駄な. ～e Bemühungen 無駄な骨折り. ～er Kram 無用なもの. Es ist ～, jetzt darüber zu sprechen. いまそれを話しても無意味だ． ～ herumgehen 当てもなく歩き回る.
'Zweck·lo·sig·keit [..loːzɪçkaɪt] 囡 -/ 目的のない(役に立たない)こと; 無意味であること.
*'zweck·mä·ßig ['tsvɛkmɛːsɪç ツヴェクメースィヒ] 形 目的にかなった, 合目的的な; 役に立つ, 実用的(機能的)な; 当をえた, 適切な.
'Zweck·mä·ßig·keit 囡 -/ 目的にかなっていること; 《哲学》合目的性.
zwecks [tsvɛks] 前《2 格支配》《書》…の目的で, …のために.
'Zweck·satz 男 -es/-e 《文法》目的文.
'Zweck·ver·band 男 -[e]s/-e (公益事業などを目的とする市町村の)目的団体, 目的組合.
'zweck·wid·rig 形 目的に反する, 不適当な.
zween [tsveːn] 数《古》zwei (の男性形)

zwei

[tsvaɪ ツヴァイ] 数 2, 二つ(の). ～ Augen 両眼． Es ist ～ [Uhr]. 2 時です. Er ist ～ Jahre alt. 彼は 2 歳です. Er hat ～ Gesichter. 彼は裏表がある, 信用できない. wir ～《話》私たち二人は. sich¹ streiten, freut sich⁴ der Dritte.《諺》漁夫の利(二人が争えば第 3 者が喜ぶ). Dazu gehören ～!《話》1 人ではどうにもならないよ, 私がうんと言わないと駄目だ. Das ist so sicher, wie ～ mal ～ vier ist.《話》(二二が四のように)それは絶対確かなことだ. Hier gibt es nur ein ～ Hotels. ここにはホテルが 1, 2 軒しかない. Das lässt sich⁴ nicht mit ～, drei Worten erklären.《話》それはひとことでは説明できない. für ～ essen《比喩》人一倍食べる; 妊娠している. ～ und ～ / zu ～en 2 人で, 2 人ずつ. ♦ 名詞的用法では zweie の形も用いられる. Nur zweie kehrten zurück. 2 名しか帰還しなかった. ♦ ² 格を明示するために複数 2 格で zweier, 3 格で zweien を用いることもある. Er ist Vater zweier Kinder. 彼は 2 児の父親である. Meinung von uns zweien 私たち 2 人の意見. ♦ ¹ ↑ vier
Zwei 囡 -/-en 1 2 の数(字). 2 (評点の) 2 (上から2 番目の成績). 3 《遊戯》(トランプ) 2 の札; (さいころ) 2 の目. 4 《話》(バス・市電などの) 2 番線.

'zwei·ach·sig ['tsvaɪ|aksɪç] 形 〖工学〗2軸の.
'zwei·är·mig [..|armɪç] 形 腕の2本ある.
'zwei·bän·dig [..bɛndɪç] 形 2巻(本)の.
'zwei·bei·nig [..baɪnɪç] 形 2本足の, 2脚の.
'zwei·bet·tig [..bɛtɪç] 形 ベッドが2台ある, ツインの.
'Zwei·de·cker [tsvaɪdɛkər] 男 -s/- 1〖航空〗双翼機. 2〖造船〗2層船.
'zwei·deu·tig [tsvaɪdɔʏtɪç] 形 1 二様に解釈できる, 両義的な. 2 いかがわしい, 不明瞭な. 2 いかがわしい.
'Zwei·deu·tig·keit 女 -/-en 1〖複数なし〗両義性, あいまいさ. 2 あいまいな表現.
zwei·di·men·si·o·nal 形 2次元の.
Zwei'drit·tel·mehr·heit 女 -/-en 3分の2の多数.
'zwei·ei·ig [tsvaɪ|aɪiç] 形 2卵(性)の. ~e Zwillinge 2卵性双生児.
'zwei·ein'halb ['tsvaɪ|aɪn'halp] 形 2と2分の1 (2½).
'Zwei·er ['tsvaɪər] 男 -s/- 1〖話〗(旧) 2ペニヒ硬貨. 2 2人乗のボート. 3 (2の数字または記号をもつもの) (成績の) 2点. (バス路線などの) 2番. 4〖ス〗2デシリットル(ワイン).
*'zwei·er'lei ['tsvaɪər'laɪ ツヴァイアーライ] 形〖不変化〗1 2種類の. 2 異なった. Versprechen und Halten ist ~. 約束することとそれを守ることとはべつだ.
'zwei·fach [tsvaɪfax] 形 2倍の, 2重の.
'zwei·fäl·tig [..fɛltɪç] 形〖古〗=zweifach
Zwei·fa·mi·li·en·haus [tsvaɪfa'mi:liən..] 中 -es/¨er 2世帯用住宅.
'zwei'far·ben·druck [tsvaɪ'farbən..] 男 -[e]s/-e〖印刷〗1〖複数なし〗2色刷印刷. 2 2色刷印刷物.
'zwei·far·big [tsvaɪfarbɪç] 形 2色の.

'Zwei·fel [tsvaɪfəl ツヴァイフェル] 男 -s/- 疑い, 疑念, 疑惑 (an j³ 事³に対する); 疑問の念, 不信の念; 迷い, ためらい. ein berechtigter ~ 当然の疑い. ein nagender ~ 胸をさいなむ疑念. ~ an Gott 神に対する疑い. Darüber besteht〈herrscht〉 nicht der geringste ~. そのことについてはささかも疑問の余地はない. Mir sind einige Zweifel gekommen. 私の心に若干の疑念が生じた. bei j³ ~ erwecken 人³に疑念を抱かせる. Ich habe ~ an seiner Aufrichtigkeit 私は彼の正直さを疑っている. ~ hegen 疑いを抱く (an et³ 事³に対して). Er ließ keinen ~ daran, dass es ihm ernst war. 彼が真剣であることは疑う余地がなかった. In et⁴ setzen der ~ を置く. Das lässt keinen ~ zu./ Das unterliegt keinem ~. そのことには疑問の余地がない. Das steht〈ist〉 außer allem ~. それはまったく疑う余地のないことだ. j³ über seine Meinung nicht im ~ lassen 人³に自分の考えをはっきり伝える. über et⁴ im〈in〉 ~ sein 事⁴を疑っている,〈について〉自信(確信)がない; について決心がつかない. et³ in ~ ziehen〈stellen〉事³を疑う. ohne ~ 疑いなく, 確かに. über allen〈jeden〉 ~ erhaben sein いささかも疑う余地がない.

*'zwei·fel·haft ['tsvaɪfəlhaft ツヴァイフェルハフト] 形 1 疑わしい, 不確かな, はっきりしない. ein ~er Beweis 疑わしい証拠. bei ~em Wetter はっきりしない天気のときに. Es ist noch ~, ob... かどうかはまだはっきりしない. 2 怪しい, 不審な, いかがわしい, うさん臭い. eine ~e Firma 怪しげな会社. ein Mädchen von ~em Ruf 評判のよくない女の子.

*'zwei·fel·los ['tsvaɪfəllo:s ツヴァイフェルロース] ❶ 形 疑いのない, 確かな. ❷ 副 疑いもなく, 明らかに, 確かに.

'zwei·feln ['tsvaɪfəln ツヴァイフェルン] 自(↓ Zweifel) 疑う, 信じない (an j〈et〉³〈人〈事〉³を); 迷う, ためらう. Daran ist nicht zu ~. それは疑う余地がない. Sie zweifelt, ob sie der Einladung folgen soll. 彼女はその招待に応じるべきかどうか迷っている.
'Zwei·fels·fall 男 -[e]s/¨e 疑わしい場合. im ~ 疑わしい(疑問の)場合は. im ~[e] für den Angeklagten〖法制〗(in dubio pro reo) 疑わしきは罰せず.
'zwei·fels·frei 形 疑問の余地のない.
zwei·fels'oh·ne [tsvaɪfəls|o:nə] 副 疑いもなく, 確かに.
'Zwei·fel·sucht 女 -/ 懐疑癖.
'Zweif·ler ['tsvaɪflər] 男 -s/- 懐疑家, 疑い深い人.
'zwei·flü·ge·lig [tsvaɪfly:gəlɪç] 形 2翼(ﾖｸ)の, 双翅(ｼ)(鳥などが)両翼持の.
'Zwei·flüg·ler [tsvaɪfly:glər] 男 -s/-〖動物〗双翅(ｼ)類.
Zwei'fron·ten·krieg 男 -[e]s/-e 二正面戦争(作戦).

*'Zweig¹ [tsvaɪk ツヴァイク] 男 -[e]s/-e 1 (大枝から分かれた)枝, 小枝 (↑ Ast). belaubte〈kahle〉 ~e 葉のしげった〈葉のない〉枝. auf keinen grünen ~ kommen〖話〗(商売・事業などが)成功しない, うまく行かない. 2《枝分かれしたものを指して》分枝, 支系; (鉄道の)支線, (川の方面の)支脈; (学問などの)分科, 分野; 分家, 支族; 分派. ein ~ der Naturwissenschaften 自然科学の一分野.
Zweig² 〖人名〗Stefan ~ シュテファン・ツヴァイク (1881-1942, オーストリアの作家).
'Zweig·bahn 女 -/-en 支線.
'Zweig·be·trieb 男 -[e]s/-e 支社, 支店, 分工場; 子会社.
zwei·ge·schlech·tig ['tsvaɪ..] 形〖生物〗両性の.
'Zwei·ge·spann 中 -[e]s/-e 2頭立ての馬車;〖話〗2人組(仲良く・泥棒など).
'zwei·ge·stri·chen 形〖音楽〗(中央の音程から)オクターブ上の, 2点音の.
'Zweig·ge·schäft ['tsvaɪk..] 中 -[e]s/-e 支店.
'zwei·glei·sig ['tsvaɪglaɪzɪç] 形 1 (鉄道が)複線の; (教育などが)複線的な. 2〖俳〗ふたまたをかけた.
'Zweig·li·nie [tsvaɪk..] 女 -/-n 1 傍系, 傍流. 2〖鉄道〗支線.
'Zweig·nie·der·las·sung 女 -/-en〖経済〗支社, 支店.
'Zweig·stel·le 女 -/-n 支社, 支店.
'Zwei·hän·der ['tsvaɪhendər] 男 -s/- 1〖生物〗=Mensch 2 両手で使う剣.
'zwei·hän·dig [..hɛndɪç] 形 1 手が2本ある. 2 両手の, 両手を使う.
'zwei·häu·sig [..hɔʏzɪç] 形〖植物〗雌雄異株の.
'Zwei·heit 女 -/ 二元性, 二元論.
'zwei·hun·dert ['tsvaɪ'hundərt] 数 200.
'zwei·jäh·rig ['tsvaɪjɛ:rɪç] 形 (付加語的用法のみ) 2歳の; 2年間の;〖植物〗2年生の.
'zwei·jähr·lich [..jɛ:rlɪç] 形 2年ごとの.
Zwei'kam·mer·sys·tem [tsvaɪ'kamər..] 中 -s/-e〖法制〗2院(両院)制.
'Zwei·kampf ['tsvaɪkampf] 男 -[e]s/¨e 1 決闘, は

たしあい. **2**《スポーツ》対戦, 対決.
'zwei·keim·blät·te·rig, 'zwei·keim·blätt·rig 形《植物》双子葉の.
'zwei·köp·fig 形 **1** 2 人からなる. ein ~es Team 2 人からなるチーム. **2** 2 つの頭を持つ. ein ~er Adler (紋章の)双頭の鷲(ホシ).
*'zwei·mal ['tsvaɪmaːl] ツヴァイマール 副 2度, 2回, 2倍.
'zwei·ma·lig [..maːlɪç] 形 2度の, 2回の.
Zwei'mark·stück [tsvaɪˈmark..] 中 -[e]s/-e (旧) 2マルク硬貨.
'Zwei·mas·ter [ˈtsvaɪmastər] 男 -s/-《船員》2本マストの帆船.
'zwei·mo·na·tig [..moːnaːtɪç] 形 **1** 生後 2 ヵ月の. **2** 2 ヵ月間の.
'zwei·mo·nat·lich [..moːnatlɪç] 形 2 ヶ月ごとの.
'zwei·mo·to·rig [..moːtoːrɪç] 形 双発の, 発動機を2つそなえた.
Zwei'par·tei·en·sys·tem [tsvaɪparˈtaɪən..] 中 -s/-e《政治》2 大政党制.
Zwei'pha·sen·strom [tsvaɪˈfaːzən..] 男 -[e]s/⁼e《電子工》二相交流.
'zwei·po·lig 形《物理》(bipolar) 両極性の, 双極の.
'Zwei·rad 中 -[e]s/⁼er 2 輪車.
'zwei·rä·de·rig [..rɛːdərɪç] 形 = zweirädrig
'zwei·räd·rig 形 2輪の.
'Zwei·rei·her [ˈtsvaɪraɪər] 男 -s/- ダブルの上衣.
'zwei·rei·hig [..raɪɪç] 形 **1** 2 列の. **2**(背広などが)ダブルの.
'zwei·schläf·rig [..ʃlɛːfrɪç] 形 (ベッド・船室などが)2 人用の.
'zwei·schnei·dig [..ʃnaɪdɪç] 形 **1** 両刃(*`*)の. ein ~es Schwert 両刃の剣;《比喩》良い事と悪い事が混在していること.
'zwei·schü·rig [..ʃyːrɪç] 形 (羊・牧草地などが)年に2度刈りとれる.
'zwei·sei·tig [..zaɪtɪç] 形 **1** 両面の, 両側の. **2** 2 ページの. **3** 双方の. ~e Verträge 双務契約.
'zwei·sil·big [..zɪlbɪç] 形《文法・韻律》2音節の.
'Zwei·sit·zer [ˈtsvaɪzɪtsər] 男 -s/- 2人乗りの乗物, 2 人用ソファー.
'zwei·sit·zig [..zɪtsɪç] 形 2 人乗りの, 2 人用の.
'Zwei·spal·tig [..ʃpaltɪç] 形《印刷》2 段組みの.
'Zwei·spän·ner [ˈtsvaɪʃpɛnər] 男 -s/- 2 頭立て馬車.
'zwei·spän·nig [..ʃpɛnɪç] 形 2 頭立ての.
'zwei·spra·chig [..ʃpraːxɪç] 形 **1** 2 ヶ国語の, 2 ヶ国語で書かれた. **2** 2 ヶ国語を話す, バイリンガルの.
'zwei·spu·rig [..ʃpuːrɪç] 形 **1** 複線の, 2 車線の. **2**(自動車などが)2 列の轍(*`*)を残す.
'zwei·stel·lig [..ʃtɛlɪç] 形 2 桁の.
'zwei·stim·mig [..ʃtɪmɪç] 形《音楽》2 声の.
'zwei·stö·ckig [..ʃtœkɪç] 形 2 つの階からなる, 2 階建ての. (しばしば)3 階建ての.
'zwei·stu·fig [..ʃtuːfɪç] 形 2 段の.
'zwei·stün·dig [..ʃtʏndɪç] 形 2 時間の.
'zwei·stünd·lich [..ʃtʏntlɪç] 形 2 時間ごとの.
*'zweit [tsvaɪt] ツヴァイト 形《序数》第2の, 2 番目の. der Zweite von rechts 右から2番目の男. Heute ist der ~e April. 今日は4月2日だ. Heute ist der Zweite. 今日は月の2日だ. Friedrich der Zweite フリードリヒ 2世. Er ist der Zweite in der Klasse. 彼はクラスで2番だ. Bitte einmal Zweiter nach München! ミュンヒェンまで2等切符を1枚ください. Er ist faul wie kein Zweiter(⁼er). 彼は人並みはずれた怠け者だ. Er ist ein ~er Faust. 彼は第2のファウストだ. die ~e Geige spielen 第 2 バイオリンを弾く;《比喩》脇役を演じる. das ~e(⁼Zweite) Gesicht haben 千里眼である, 予知能力がある. aus ~er Hand 人手をへた, 又聞きの; 中古の, セコハンの. Sie ist mein ~es Ich. 彼女は私の分身だ. in ~er Linie 2 次的な, 副次的な. j³ zur ~en Natur werden 人³の第 2 の天性となる. der Zweite Weltkrieg 第 2 次世界大戦. zum Zweiten(⁼en) 第 2 に. zu ~ ふたりで, ふたりずつ.
'zwei·tä·gig [ˈtsvaɪtɛːgɪç] 形 **1** 生後 2 日の. **2** 2 日間の.
'zwei·täg·lich 形《述語的には用いない》2 日ごとの.
'Zwei·takt·er [ˈtsvaɪtakt..] 男 -s/-《話》**1** = Zweitaktmotor **2** 2 サイクルエンジン車.
'Zwei·takt·mo·tor 男 -s/-en 2 サイクルエンジン.
'zweit·äl·test [ˈtsvaɪtˈɛltəst] 形 (歳が)上から2 番目の, 2 番目に古い.
'zwei·tau·send [ˈtsvaɪˈtaʊzənt] 数 2000, 2 千(の).
'Zweit·aus·fer·ti·gung [ˈtsvaɪt..] 女 -/-en (Duplikat) コピー, 写し.
'zweit·best [tsvaɪtˈbɛst] 形 2 番目に良い, 次善の.
'zwei·tei·lig [tsvaɪtaɪlɪç] 形 ふたつの部分からなる, 2 部の. ein ~es Kleid ツーピース(ドレス).
'Zwei·tei·lung 女 -/-en 2 分, 2 分割, 2 等分.
'zwei·tel [ˈtsvaɪtəl] 形《不変化》2 分の 1 の.
'Zwei·tel 中 -s/-《古》2 分の 1, 半分.
'zwei·tens [ˈtsvaɪtəns] 副 2 番目に, 第 2 に.
'zweit·klas·sig [ˈtsvaɪtklasɪç] 形 **1** 2 流の. **2**《スポーツ》2部リーグの.
'zweit·letzt [ˈtsvaɪtˈlɛtst] 形 最後から 2 番目の.
'Zwei'tou·ren·ma·schi·ne [tsvaɪˈtuːrən..] 女 -/-n《印刷》2 回転印刷機.
'zweit·ran·gig [ˈtsvaɪtraŋɪç] 形 **1** 二義的(副次的)な. **2** 2 級の.
'Zweit·schrift 女 -/-en 写し, コピー, 副本.
'Zweit·stim·me 女 -/-n《政治》第 2 投票(ドイツの連邦議会選挙で, 候補者個人にではなく支持する政党に投じられる票).
'Zweit·wa·gen 男 -s/- セカンドカー.
'Zweit·woh·nung 女 -/-en セカンドハウス, 別宅, 別荘.
'Zwei·und·drei·ßigs·tel·no·te 女 -/-n《音楽》32 分音符.
'Zwei'vier·tel·takt [tsvaɪˈfɪrtəl..] 男 -[e]s/《音楽》4 分の 2 拍子.
'zwei·wer·tig [ˈtsvaɪvɛːrtɪç] 形《言語・化学》2 価の.
'zwei·wö·chent·lich 形 2 週間ごとの.
'zwei·za·ckig 形 2 股の.
'Zwei·zei·ler [ˈtsvaɪtsaɪlər] 男 -s/- 2 行詩(節).
'zwerch [tsvɛrç] 副《古》《地方》横に, 横切って.
'Zwerch·fell 中 -[e]s/-e《解剖》横隔(膜)膜.
'zwerch·fell·er·schüt·ternd 形 腹の皮がよじれるような, 抱腹絶倒の.
'Zwerg [tsvɛrk] 男 -[e]s/-e **1**(おとぎ話などに出てくる)こびと, 侏儒(シュ). Schneewittchen und die sieben ~e 白雪姫と7人のこびと. **2** とても小さい人(物).
'zwer·gen·haft [ˈtsvɛrgənhaft] 形 **1** 小人のような. **2** 非常に小さな, ちっぽけな.

'Zwerg·huhn 田 -[e]s/-er《鳥》ちゃぼ.
'Zwer·gin ['tsvɛrgɪn] 囡 -/-nen《Zwergの女性形》女のこびと.
'Zwerg·kie·fer 囡 -/-n 背の低い松, 這(は)い松.
'Zwerg·staat 男 -[e]s/-en《極》小国.
'Zwerg·stern 男 -[e]s/-e《天文》矮星(わいせい).
'Zwerg·volk 田 -[e]s/=er 小人族(ピグミーなど).
'Zwerg·wuchs 男 -es/-《医学》小人症; 発育不全, 成長萎縮.
'Zwet·sche ['tsvɛtʃə] 囡 -/-n《植物》西洋すもも(の木), プラム.
'Zwetsch·ge ['tsvɛtʃgə] 囡 -/-n《南ドイツ・オーストリア》=Zwetsche
'Zwetsch·ke ['tsvɛtʃkə] 囡 -/-n (とくにオーストリア) = Zwetschge
'Zwi·cke¹ ['tsvɪkə] 囡 -/-n《古》画鋲, 《地方》針.
'Zwi·cke² -/-n (↓zwicken) ペンチ, やっとこ.
'Zwi·cke³ 囡 -/-n《動物》フリーマーチン(異性双生児として生れた牛や羊の不妊の雌).
'Zwi·ckel ['tsvɪkəl] 男 -s/- 1 (洋服の)まち, ゴア(3角形のあて布). 2《建築》スパンドレル(アーチの背面と底辺の水平部材とで形成する3角面). (b) ペンデンティブ(正方形平面上にかけるドームの四隅に作る球面3角形). 3《話》変人, 奇人. 4《若者》《古》(Zweimarkstück) (旧) 2 マルク硬貨.
'zwi·cken ['tsvɪkən] 他 [du] 1 つねる, つまむ; (道具で)はさむ. j3〈j3〉 in den Arm ~ j3〈j3〉の腕をつねる. 2《話》(衣服などが)窮屈である, 締めつける; 苦痛を与える, 苦しめる. Die neue Hose zwickt im Schritt. その新しいズボンは歩くと窮屈だ. Die Gicht zwickte ihn. 痛風が彼を苦しめた. Sein Gewissen zwickt ihn ein wenig.《比喩》彼の良心は少しうずいている.《非人称的に》Es zwickt und zwackt ihn überall. 彼は体のあちこちが痛い.《方言》(乗車券に)鋏を入れる. 4 (靴に)靴型にはめる.
'Zwi·cker¹ ['tsvɪkər] 男 -s/-《ワイン》ツヴィッカー(種々のぶどうのモストを混ぜてつくるエルザス地方の白ワイン).
'Zwi·cker² 男 -s/- (Kneifer) 鼻めがね.
'Zwick·müh·le ['tsvɪk..] 囡 -/-n 1 ダブルミル(西洋連珠で, 相手がどう動いても必ず勝つ並べ方). 2 in eine ~ geraten《話》にっちもさっちもいかなくなる.
'Zwick·zan·ge 囡 -/-n ペンチ, やっとこ.
zwie·.., Zwie·.. [tsvi:..] (接頭) 名詞・形容詞などに冠して「2」の意を表す. zwiefältig 2倍の, 2重の. Zwiegespräch 対話.
'Zwie·back ['tsvi·bak] 男 -[e]s/=e(-e) (両面を焼いた)ビスケット, ラスク.
*'Zwie·bel ['tsvi:bəl] ツヴィーベル 囡 -/-n (lat.). 1 (a) (チューリップなどの)球根,《植物》鱗茎. (b)《植物》たまねぎ(玉葱). Er hat ~n geschält〈gegessen〉.《話》彼は涙を流した. 2 (戯) (a) 懐中時計. (b) たまねぎ形の小さな髷(まげ). 3 たまねぎ状の丸屋根(ドーム).
'Zwie·bel·fisch 男 -[e]s/-e《多く複数で》《印刷》ごちゃまぜになった活字.
'zwie·bel·för·mig 形 玉ねぎ形の.
'Zwie·bel·ge·wächs 田 -es/-e 鱗茎植物.
'Zwie·bel·mus·ter 田 -s/- 玉ねぎ模様. Meißner ~ マイセン陶器の玉ねぎ模様.
'zwie·beln ['tsvi:bəln] 他《話》しつこくいじめる, (に)しつこく意地悪をする.
'Zwie·bel·sup·pe 囡 -/-n オニオンスープ.
'Zwie·bel·turm 男 -[e]s/=e《建築》玉ねぎ形の教会塔.

'Zwie·fach ['tsvi:fax] 形《古》=zweifach
'Zwie·fäl·tig ['tsvi:fɛltɪç] 形《古》=zweifach
'Zwie·ge·spräch 田 -[e]s/-e《雅》対話, 対談.
'Zwie·licht ['tsvi:lɪçt] 田 -[e]s/-e 1 (a) 薄明, 薄明かり. (b) (ふつう自然光と人工のものとの) 2種の光源からなるはっきりしない状態. ins ~ geraten〈kommen〉あやしくなる(疑われる).
'zwie·lich·tig [..lɪçtɪç] 形 はっきりしない, 疑わしい, あいまいな, 怪しげな.
'Zwie·sel ['tsvi:zəl] 男 -s/-(-囡 -/-n) 1 2股に枝分れした木. 2《馬術》(鞍の)前橋と後橋.
'zwie·se·lig ['tsvi:zəlɪç] 形 枝分れした, 2股に分れた.
'zwie·seln ['tsvi:zəln] 他 (sich) (枝・木が) 2 股に分れる, 分岐する.
'Zwie·spalt ['tsvi:ʃpalt] 男 -[e]s/-e(=e) (↓zwiespältig)《複数まれ》(内面的な)分裂, 相剋, 葛藤. der ~ zwischen Gefühl und Verstand 感情と理性の相剋.
'zwie·späl·tig ['tsvi:ʃpɛltɪç] 形 (内面的に)分裂した, (いろんな感情に)引きさかれた.
'Zwie·späl·tig·keit 囡 -/ 内面の分裂.
'Zwie·spra·che ['tsvi:ʃpra:xə] 囡《複数まれ》《雅》対話, 対談. mit j3 ~ halten j3と対話をする.
'Zwie·tracht ['tsvi:traxt] 囡 -/《雅》不和, 不一致, 争い, いさかい. ~ säen〈stiften〉不和の種をまく.
'zwie·träch·tig ['tsvi:trɛçtɪç] 形 不和の, 反目した.
Zwilch [tsvɪlç] 男 -[e]s/-e =Zwillich
'zwil·chen ['tsvɪlçən] 形 太綾(ふとあや)綿布の.
'Zwil·lich ['tsvɪlɪç] 男 -[e]s/-e《紡織》太綾(ふとあや)綿布.
*'Zwil·ling ['tsvɪlɪŋ] ツヴィリング 男 -s/-e 1 双生児, ふたご(の一人). eineiige〈zweieiige〉~e 1卵性〈2卵性〉双生児. Sie ist ein ~. 彼女はふたごだ(1 2 (b)). Die beiden sind ~e. その 2 人はふたごだ. 2 (a)《複数で》die ~e《天文》双子座;《占星》双子(の)宮. (b) Sie ist [ein] ~. 彼女は双子座の生まれだ(1). 3《軍事》双身銃, 2連銃; 双身砲. 4《結晶》双晶.
'Zwil·lings·bru·der 男 -s/= ふたごの兄(弟).
'Zwil·lings·ge·schwis·ter 複 ふたごの兄弟姉妹.
'Zwil·lings·paar 田 -[e]s/-e ふたご.
'Zwil·lings·schwes·ter 囡 -/-n ふたごの姉(妹).
'Zwing·burg ['tsvɪŋ..] 囡 -/-en《歴史》(中世の)周囲を威圧する巨大な城.
'Zwin·ge ['tsvɪŋə] 囡 -/-n (↓zwingen) 1 締めつけ金具, 万力, クランプ. 2 (ナイフの刃を柄がしっかり留めるための)はめ輪; (杖などの)石突き.

'zwin·gen* ['tsvɪŋən] ツヴィンゲン zwang, gezwungen ❶ 他 1 (a) (人に)強制する, 強いる(zu et3 事3をするように). j3 zu einem Geständnis〈zum Sprechen〉~ 人に無理やり白状させる〈しゃべらせる〉. Man muss ihn zu seinem Glück ~. うまくいくように彼にはっぱをかけてやればよい. Ich lasse mich nicht ~. 私は誰からも強制されない(他人の指図は受けない). Ich sehe mich〈Ich bin〉 gezwungen, auch ihn einzuladen. 私は彼も招待せざるをえない. Das Wetter zwang uns zur Umkehr. 天気のために私たちはひき返さざるをえなかった. Sein Mut zwingt [mich] zur Bewunderung. 彼の勇気には感服せざるをえない. Besondere Umstände zwangen mich dazu, das

zwingend

Haus zu verkaufen. 特別な事情があって私は家を売らざるをえなかった. (b)《方向を示す語句と》《雅》無理やり...に連れていく, ...の状態にする. j⁴ auf einen Stuhl ~ 人⁴を無理やり椅子に座らせる. die Gefangenen in einen engen Raum ~ 捕虜たちを狭い部屋に無理やり押し込める. j⁴ in〈auf〉die Knie ⟨《比喩》⟩ j⁴を屈服させる. **2**《地方》(仕事などを)片づける, やってのける; (食事を)平らげる.

❷ (*sich*) 無理に〈努めて〉...する〈zu et³ 事³を〉. *sich* zur Ruhe〈zu einem Lächeln〉 ~ 努めて平静を保とうとする〈無理にほほえもうとする〉. Du musst *dich* ~, mehr zu essen. 君は無理をしてでももう少し食べるようにしなければいけない.

◆ ↑ gezwungen

'zwin·gend 現分 形 強制的な, やむをえない; 説得力のある, 納得のいく. ~*e* Gründe 納得のいく理由. eine ~*e* Notwendigkeit 逃れられない必然性. ~*es* Recht《法制》強行法. Dieser Schluss ist nicht ~. この結論には説得力がない.

'Zwin·ger ['tsvɪŋɐr] 男 -s/-(↓zwingen) **1**(城の外壁と内壁のあいだの)空濠(ごう). **2**(犬・猛獣用の)檻, 囲い地. **3**(犬の)飼育場.

'Zwing·herr 男 -n/-en《古》専制君主, 暴君.

'Zwing·herr·schaft 女 -/-en《複数まれ》《古》専制支配, 暴君支配, 圧制.

'zwin·kern ['tsvɪŋkɐrn] 自 まばたきする. mit den Augen ~ 目をぱちぱちさせる.

'zwir·beln ['tsvɪrbəln] 他 (糸などを)よる, よりをかける. 〈ひげなどを〉指先でひねる, ひねくる.

Zwirn [tsvɪrn] 男 -[e]s/-e **1** より糸, 撚糸(ねんし). Himmel, Arsch und ~!《卑》くそったれ, ちくしょうめ. Meister ~《古》仕立屋(さん). **2** 《俗》《話》《軍事》教訓. お金.

'zwir·nen¹ ['tsvɪrnən] 他 (糸を)よる, より合す.

'zwir·nen² ['tsvɪrnən] 形《付加語的用法のみ》撚糸(ねんし)の.

'Zwirns·fa·den 男 -s/=¨ an einem ~ hängen 風前の灯である.《比喩的に》über einen ~ stolpern 些細なことで自制心を失う(つまずく).

'zwi·schen

['tsvɪʃən ツヴィシェン] 前 《3・4格支配》場所を示す場合は3格を, 方向を示すときは4格を支配する. 代名詞と融合して dazwischen, wozwischen となる.

Ⅰ 《3格支配》 **1**《空間的》(a) (2者のあいだにあることを示して)...のあいだに. Bei Tisch saß ich ~ ihr und ihrer Mutter. 食事のとき私は彼女と彼女のお母さんのあいだに座っていた. ~ [dem] Bahnhof und [dem] Rathaus 駅と市役所のあいだに. der Abstand ~ zwei Punkten 2点間の距離. (b) (多くのもののあいだにあることを示して)...の真ん中に. Der Lehrer saß ~ den Kindern. 先生は子供たちのあいだに座っていた. Zwischen dem Weizen wächst viel Unkraut. 小麦の中にたくさんの雑草が生えている. ~ den Zeilen lesen 行間から読みとる.

2《時間的》(...から...までの)あいだに. Kommen Sie bitte ~ 18 und 19 Uhr! 18時から19時のあいだに来てください. vom 1. und 10. April 4月1日から10日にかけて.

3《性状・様態について》...の中間に. eine Farbe ~ Gelb und Grün 黄色と緑のあいだの色. ein Mittelding ~ Flugzeug und Rakete 飛行機ともロケットともつかぬ物. ~ Leben und Tod schweben 生死のあいだをさまよう.

4《相互の関係などについて》...のあいだに. *Zwischen* beiden Staaten herrscht bittere Feindschaft. 両国家間はきびしい敵対関係にある. Es ist aus ~ ihnen.《話》彼らの仲はもうおしまいだ. *Zwischen* Wein und Wein ist ein großer Unterschied.《話》ワインならどれも同じ味というわけではない. die Freundschaft ~ den Völkern 諸国民のあいだの友好関係. der Unterschied ~ Mensch und Affe 人間と猿の違い. das Verhältnis ~ Theorie und Praxis 理論と実践の関係. Verhandlungen ~ den Parteien 当事者間の交渉. ~ zwei Möglichkeiten wählen 2つの可能性のいずれかを選ぶ.

5《数量を表わす基数詞を伴って》(...ないし...)のあいだに. Die Bäume sind ~ 20 und 30 Meter hoch. 木々の高さは20ないし30メートルである. Er ist ~ 30 und 40 Jahre alt. 彼の年は30から40のあいだだ. ~ 前置詞の格支配は数詞にしか及んでおらず, 後続の Meter または Jahre はそれぞれ副詞的4格とみなされる. ただし, Der Film ist besonders für Kinder ~ 10 und 12 Jahren geeignet (その映画はとくに10歳から12歳にかけての子供に向いている)という例もある.

Ⅱ 《4格支配》 **1**《空間的》(a) (2者の)あいだへ. Er hängte ein Bild ~ die beiden Fenster. 彼は1枚の絵を両方の窓のあいだにかけた. Er legte *sich*⁴ ~ Wand und Tisch. 彼は壁とテーブルのあいだに横になった. *sich*⁴ ~ zwei Stühle setzen《話》蛇蜂(とり)取らずになる. ~ die Streitenden treten《比喩》喧嘩の仲裁に入る. (b) (多くのもののあいだ)へ, 中へ. Wir mischten uns ~ die Zuschauer. 私たちは観衆の中にまぎれ込んだ.

2《時間的》Das Jubiläum fällt ~ die Feiertage. 記念祭は祝日のあいだに挟まれる.

'Zwi·schen·akt 男 -[e]s/-e《演劇》幕間(まくあい);《古》幕間劇.

'Zwi·schen·be·mer·kung 女 -/-en 話の途中にさしはさむ言葉. Darf ich mir eine ~ erlauben? お話の途中ですが一言申し上げてよいでしょうか.

'Zwi·schen·be·scheid 男 -[e]s/-e 中間回答.

'Zwi·schen·bi·lanz 女 -/-en《経済》中間貸借対照表.

'Zwi·schen·deck 中 -[e]s/-s(-e) 中甲板;《古》(料金が一番安い)3等船室.

'Zwi·schen·ding 中 -[e]s/-er《話》2つのものを兼ね備えた物, 中間物.

zwi·schen'drein [tsvɪʃən'draɪn] 副 **1**《空間的》そのあいだ(中間)へ. **2**《時間的》そのあいだ(合間)に.

zwi·schen'drin [tsvɪʃən'drɪn] 副 **1**《空間的》そのあいだ(中間)に. **2**《時間的》《話》そのあいだ(合間)に.

zwi·schen'durch [tsvɪʃən'dʊrç] 副 **1**《時間的》そのあいだ(合間)に; 合間合間に, ときおり. **2**《空間的》あいだを通って; あいだに点在して.

'Zwi·schen·er·geb·nis 中 -ses/-se 中間結果, 途中までの結果.

'Zwi·schen·fall 男 -[e]s/=¨e **1** 突発事故(事件), 不意の(予期せぬ)出来事. ohne ~ なにごともなく. **2**《ふつう複数で》騒動, 騒乱.

'Zwi·schen·far·be 女 -/-n 中間色.

'Zwi·schen·fra·ge 女 -/-n あいだにさしはさむ質問.

'Zwi·schen·fre·quenz 女 -/-en《工学》中間周波.

'Zwi·schen·ge·richt 中 -[e]s/-e《料理》アントレ (主要料理のあいだに出る添え料理).

'Zwi·schen·ge·schoss 中 -es/-e 中間階(中2階など).
'Zwi·schen·glied 中 -[e]s/-er 1 2つのものをつなぐもの、連結部分. 2《生物》欠けた環(⁸⁾)、失われた環(系統発生上の欠落した移行形態、たとえばサルとヒトとの間の).
'Zwi·schen·han·del 男 -s/ 1 通過貿易. 2 卸売業、取次業.
'Zwi·schen·händ·ler 男 -s/-《経済》卸売業者、取次業者.
zwi·schen·hi'nein [..hɪˈnaɪn] 副《古》=zwischendurch
'Zwi·schen·hirn 中 -[e]s/-e《解剖》間脳.
'Zwi·schen·hoch 中 -s/-s《気象》気圧の峰.
'Zwi·schen·kern 男 -[e]s/-e《核物理》複合核.
'Zwi·schen·kie·fer[·kno·chen] 男 -s/-《解剖》顎間骨(がっかんこつ).
'Zwi·schen·la·ger 中 -s/-(放射性廃棄物などの)一時貯蔵所.
'Zwi·schen·lan·dung 女 -/-en 中間着陸.
'Zwi·schen·lauf 男 -[e]s/-ˈ̈e《スポ》(競走の)準決勝.
'Zwi·schen·lö·sung 女 -/-en 暫定的解決.
'Zwi·schen·mahl·zeit 女 -/-en 間食、おやつ.
'zwi·schen·mensch·lich 形 人と人のあいだの、人間相互の.
'Zwi·schen·pau·se 女 -/-n 小休止、こやすみ.
'Zwi·schen·pro·dukt 中 -[e]s/-e《経済》半製品、中間製品.
'Zwi·schen·prü·fung 女 -/-en 1 中間試験. 2《経済》中間監査.
'Zwi·schen·raum 男 -[e]s/-ˈ̈e 1 (2つの物のあいだの)空間、スペース、すきま. eine Zeile ~ 1行のスペース. 2 (時間的な)間隔. in kurzen Zwischenräumen 短い間隔で.
'Zwi·schen·re·de 女 -/-n《雅》余談.
'Zwi·schen·reich 中 -[e]s/-e 1《古》(Interregnum) 暫定統治(期間)、空位時代. 2 中間の国. 3 (生と死・天と地などのあいだの)中間領域.
'Zwi·schen·ruf 男 -[e]s/-e 野次(り)、かけ声. den Redner durch ~e unterbrechen 野次をとばして弁士を妨害する.
'Zwi·schen·run·de 女 -/-n《スポ》中間ラウンド; 2次予選.
'Zwi·schen·satz 男 -es/-ˈ̈e 1《文法》挿入文. 2《音楽》挿入楽節、間奏、エピソード.
'Zwi·schen·spiel 中 -[e]s/-e 1《演劇》幕間狂言. 2《音楽》インテルメッツォ、間奏曲. 3《比喩》(物語などのあいだに)挿入された出来事、エピソード.
'zwi·schen·staat·lich 形 国家間の.
'Zwi·schen·sta·ti·on 女 -/-en 中間滞在(地)、途中下車(地).
'Zwi·schen·stock 男 -[e]s/-ˈ̈e = Zwischenstockwerk
'Zwi·schen·stock·werk 中 -[e]s/-e 中間階.
'Zwi·schen·stück 中 -[e]s/-e 1 媒介物、連結部分、アダプター. 2 幕間劇.
'Zwi·schen·stu·fe 女 -/-n 中間段階.
'Zwi·schen·stun·de 女 -/-n (学校の)休み時間.
'Zwi·schen·trä·ger 男 -s/-《侮》告げ口する人.
'Zwi·schen·trä·ge'rei [tsvɪʃəntrɛːgəˈraɪ] 女 -/-en《侮》告げ口すること.
'Zwi·schen·wand 女 -/-ˈ̈e 間仕切り壁、隔壁.
'Zwi·schen·wirt 男 -[e]s/-e《生物》中間宿主.

'Zwi·schen·zeit 女 -/-en 1 あいだの時間、合間. in der ~ そのあいだに. 2 《スポ》(ラップ)タイム.
'zwi·schen·zeit·lich 副《書》そのあいだに.
Zwist [tsvɪst] 男 -es/-e《複まれ》《雅》不和、争い、仲違(なかたが)い、あつれき. mit j³ im〈in〉~ leben 人³と反目し合って暮す.
zwis·tig ['tsvɪstɪç] 形《古》1 不和の、いがみ合っている(mit j³ 人³と). 2 係争中の.
'Zwis·tig·keit 女 -/-en (多く複数で)争い、不和、いさかい、いざこざ.
'zwit·schern ['tsvɪtʃərn] ❶ 自 (小鳥が)さえずる;《比喩》ぺちゃくちゃしゃべる. Wie die Alten sungen, so zwitschern die Jungen.《諺》親の手癖は子の手癖. ❷ 他 1 eine Melodie ~ (小鳥が)さえずる;《比喩》(さえずるように)歌う. 2 einen ~《話》一杯引っかける.
'Zwit·ter ['tsvɪtər] 男 -s/-《生物》半陰陽者、両性具有者; 両性動物、雌雄同体.
'Zwit·ter·bil·dung 女 -/-en《生物》雌雄同体、両性具有体.
'zwit·ter·haft 形 半陰陽(雌雄同体)のような.
'zwit·te·rig ['tsvɪtərɪç] 形 雌雄同体の、両性具有の、半陰陽の.
'Zwit·ter·stel·lung 女 -/-en どっちつかずの立場、中間の位置.
'Zwit·ter·we·sen 中 -s/- 半陰陽者、雌雄同体. 2《複数なし》半陰陽、両性具有.
'zwitt·rig ['tsvɪtrɪç] 形 = zwitterig
zwo [tsvo:] 数《話》= zwei ◆ とくに電話などで drei との混同を避けるために用いる.
*zwölf [tsvœlf ツヴェルフ] 数 12(の). Es ist ~ [Uhr]. 12時だ. Jetzt schlägt's aber ~!《話》もうくたくさんだ. Es ist fünf Minuten vor ~.《比喩》もはやぎりぎりの時だ(一刻の猶予もならない). die zwölf Nächte 十二夜(12月25日から1月6日までの). ~ Stück 1ダース. Wir sind zu ~en. 私たちは皆で12人だ. ◆ ↑ vier
Zwölf 女 -/-en 12の数(字); 《話》(市電などの)12番線.
'Zwölf·eck 中 -[e]s/-e《幾何》12角形.
'Zwölf·en·der ['tsvœlfɛndər] 男 -s/- 1《猟師》12股角の鹿. 2《兵隊》12年兵.
'Zwöl·fer ['tsvœlfər] 男 -s/- 1《猟師》= Zwölfender 1. 2《地方》= Zwölf
'zwöl·fer'lei ['tsvœlfərˈlaɪ] 形《不変化》12種類の、12通りの.
'zwölf·fach ['tsvœlffax] 形 12倍の.
Zwölf'fin·ger·darm [tsvœlfˈfɪŋər..] 男 -[e]s/-ˈ̈e《解剖》十二指腸.
'Zwölf·fläch·ner ['tsvœlfflɛçnər] 男 -s/-《幾何》12面体.
'zwölf·jäh·rig ['tsvœlfjɛːrɪç] 形 1 12歳の. 2 12年間の.
'zwölf·mal ['tsvœlfmaːl] 副 12回、12倍(に).
'zwölf·ma·lig [..maːlɪç] 形 12回の.
'zwölf·stün·dig [..ʃtʏndɪç] 形 12時間の.
*zwölft [tsvœlft ツヴェルフト] 形《序数》第12の. 12番目の. Heute ist der ~e Mai. 今日は5月12日だ. in der ~en Stunde 11時から12時までのあいだに. in ~er Stunde《比喩》最後の瞬間に、ぎりぎりで.
'zwölf'tau·send ['tsvœlfˈtauzənt] 形 1万2000(の).
'Zwölf·tel ['tsvœlftəl] 中 (スイス男) -s/- 12分の1.

'zwölf·tens ['tsvœlftəns] 副 第12番目に.
'Zwölf·ton·mu·sik ['tsvœlfto:nmuzi:k] 囡 -/ 《音楽》十二音音楽.
zwot [tsvo:t] 形 《話》=zweit
Zy·an [tsy'a:n] 匣 -s/ (gr., dunkelblau') 《化学》シアン.
Zy·a·ne [tsy'a:nə] 囡 -/-n (gr.) 《植物》やぐるまぎく.
Zy·a·nid [tsya'ni:t] 匣 -s/-e 《化学》シアン化塩, 青酸塩.
Zy·an'ka·li [tsya:n'ka:li] 匣 -s/ 《化学》シアン化カリウム, 青酸カリ.
Zy·a'no·se [tsya'no:zə] 囡 -/-n 《医学》チアノーゼ.
Zy·a·no·ty'pie [tsyanoty'pi:] 囡 -/-n[..'pi:ən] 青写真.
Zy·kla·men [tsy'kla:mən] 匣 -s/- (gr.) 《植物》シクラメン.
'Zy·klen ['tsy:klən] Zyklus の複数.
'Zyk·li·ker ['tsy:klikər, 'tsy..] 男 -s/- 《文学》叙事詩圏(キュクロス)の詩人. ◆ホメーロス以後同じくトロイ戦争にまつわる英雄伝説を歌った古代ギリシアの幾人かの叙事詩人をいう.
'zy·klisch ['tsy:klɪʃ] 形 1 循環する, 周期的な. 2 《文学》一連の作品群に属する(を構成する). 3 環状の; 巡回する. ~e Verbindung 《化学》環式化合物.
zy·klo.., Zy·klo.. [tsyklo.., tsy..klo..] (接頭) (gr. kyklos, Kreis, Ring, Rad') 「円の, 円形(環状)の」の意を表す. 母音の前では zykl.., Zykl.. となることもある.
Zy·klo'i·de [tsyklo'i:də] 囡 -/-n 《数学》サイクロイド, 擺線(はいせん).
Zy'klon [tsy'klo:n] (↓ Zyklus) ❶ 男 -s/-e 1 《気象》サイクロン(熱帯洋上の強い低気圧). 2 《工学》サイクロン(分離器). ❷ 匣 -s/ チクロン(青酸を含んだ殺虫剤の商標名).
Zy'klo·ne [tsy'klo:nə] 囡 -/-n (↓ Zyklus) 《気象》移動性低気圧域, サイクロン.
Zy'klop [tsy'klo:p] 男 -en/-en (gr., der Rundäugige') 《ギ゙リ゙ジア゙神話》キュクロープス(1 眼の巨人族).
Zy·klo·pen·mau·er [tsy'klo:pən..] 囡 -/-n (先史時代の)キュクロープス式石壁.
zy'klo·pisch [tsy'klo:pɪʃ] キュクロープスの; 巨大な.
Zy·klo·tron ['tsy:klotro:n] 匣 -s/-e(-s) 《核物理》サイクロトロン.
'Zy·klus ['tsy:kləs] 男 -/..len (gr., Kreis') 1 循環, サイクル, 周期. 2 一連の作品群; 連続演奏会, ツィクルス. 3 《医学》月経周期. 4 《経済》景気循環. 5 《数学》巡回置換.
Zy'lin·der [tsi'lɪndər, tsy'l..] 男 -s/- (gr.) 1 《幾何》円柱, 円筒. 2 《工学》シリンダー, 気筒. 3 ランプのほや. 4 シルクハット.
Zy'lin·der·hut 男 -[e]s/..⁼e シルクハット.
zy'lin·drisch [tsi'lɪndrɪʃ, tsy'l..] 形 シリンダー形の, 円筒状(形)の.
Zy'ma·se [tsy'ma:zə] 囡 -/ (gr.) チマーゼ, 発酸素.
'Zym·bal ['tsymbal] 匣 -s/-s(-e) 《楽器》=Zimbal
Zy·mo·lo'gie [tsymolo'gi:] 囡 -/ 発酸学.
Zy·mo'tech·nik [tsymo'tɛçnɪk] 囡 -/ 発酸技術(工学).
'Zy·ni·ker ['tsy:nikər] 男 -s/- 冷笑家, 皮肉屋; キニク(犬儒)学派の哲学者.
'zy·nisch ['tsy:nɪʃ] 形 (gr.) 冷笑的な, 皮肉な, シニカルな, ひねくれた, つむじ曲がりの.
Zy'nis·mus [tsy'nɪsmʊs] 男 -/..men[..mən] 1 《複数なし》シニシズム, 冷笑的(シニカル)な態度. 2 《ふつう複数で》冷笑的(シニカル)な言動.
'Zy·pern ['tsy:pərn] 《地名》キプロス.
Zy'pres·se [tsy'prɛsə] 囡 -/-n (gr.) 《植物》糸杉, サイプレス.
'zy·prisch ['tsy:prɪʃ] 形 キプロス(人)の.
'Zys·te ['tsystə] 囡 -/-n (gr.) 1 《生物》嚢子(のうし), 包子. 2 《病理》嚢胞(のうほう).
Zy·to·lo'gie [tsytolo'gi:] 囡 -/ 細胞学.
Zy·to'plas·ma [tsyto'plasma] 匣 -s/..men[..mən] 《生物》細胞質.

zz., zzt. 《略》=zurzeit

●付録

- ドイツ語アルファベット・ギリシア文字 …………… 1798
- 和独索引 ………………………………………………… 1799
- 品詞変化表 ……………………………………………… 1856
- 図解小辞典 ……………………………………………… 1869
- 聖人暦 …………………………………………………… 1884
- 数式・数字の読み方 …………………………………… 1894
- ユーロ通貨表 …………………………………………… 1896
- ドイツ歌曲選 …………………………………………… 1897
- 主要都市市街図 ………………………………………… 1904
  - 主要参考文献 ………………………………………… 1907
  - 不規則動詞変化表 …………………………………… 1909

ドイツ語アルファベット

ラテン字体		名称 IPA, カナ	ドイツ字体		ラテン字体		名称 IPA, カナ	ドイツ字体	
A a	𝒜 a	[a: アー]	𝔄	a	P p	𝒫 p	[pe: ペー]	𝔓	p
B b	ℬ b	[be: ベー]	𝔅	b	Q q	𝒬 q	[ku: クー]	𝔔	q
C c	𝒞 c	[tse: ツェー]	ℭ	c	R r	ℛ r	[ɛr エル]	ℜ	r
D d	𝒟 d	[de: デー]	𝔇	d	S s	𝒮 s	[ɛs エス]	𝔖	f, s
E e	ℰ e	[e: エー]	𝔈	e	T t	𝒯 t	[te: テー]	𝔗	t
F f	ℱ f	[ɛf エフ]	𝔉	f	U u	𝒰 u	[u: ウー]	𝔘	u
G g	𝒢 g	[ge: ゲー]	𝔊	g	V v	𝒱 v	[fau ファウ]	𝔙	v
H h	ℋ h	[ha: ハー]	ℌ	h	W w	𝒲 w	[ve: ヴェー]	𝔚	w
I i	ℐ i	[i: イー]	ℑ	i	X x	𝒳 x	[iks イクス]	𝔛	x
J j	𝒥 j	[jɔt: ヨット]	𝔍	j	Y y	𝒴 y	[ýpsilɔn ユプスィロン]	𝔜	y
K k	𝒦 k	[ka: カー]	𝔎	k	Z z	𝒵 z	[tsɛt ツェット]	ℨ	z
L l	ℒ l	[ɛl エル]	𝔏	l	Ä ä	𝒜̈ ä	[ɛ: エー]		
M m	ℳ m	[ɛm エム]	𝔐	m	Ö ö	𝒪̈ ö	[ø: エー]		
N n	𝒩 n	[ɛn エン]	𝔑	n	Ü ü	𝒰̈ ü	[y: ユー]		
O o	𝒪 o	[o: オー]	𝔒	o	— ß	— ß	[ɛstsɛt エスツェット]	—	ß

ギリシア文字

字母		名称		翻字	字母		名称		翻字
A	α	Alpha	アルファ	a	N	ν	Ny	ニュー	n
B	β	Beta	ベータ	b	Ξ	ξ	Xi	クシー, クサイ	x, ks
Γ	γ	Gamma	ガンマ	g	O	o	Omikron	オミクロン	o
Δ	δ	Delta	デルタ	d	Π	π	Pi	ピー, パイ	p
E	ε	Epsilon	エプシロン	e	P	ρ	Rho	ロー	r[h]
Z	ζ	Zeta	ゼータ	z	Σ	σ, ς	Sigma	シグマ	s
H	η	Eta	エータ	ē	T	τ	Tau	タウ	t
Θ	θ, ϑ	Theta	テータ, シータ	th	Υ	υ	Ypsilon	ユプシロン	y
I	ι	Jota	イオータ	i	Φ	φ	Phi	フィー, ファイ	ph
K	κ	Kappa	カッパ	k	X	χ	Chi	キー	ch, kh
Λ	λ	Lambda	ラムダ	l	Ψ	ψ	Psi	プシー, プサイ	ps
M	μ	My	ミュー	m	Ω	ω	Omega	オメガ	ō

付録

和 独 索 引

* 見出語はドイツ語学習上の基本的な語および日常生活上必要と思われる語を中心として選定した.
* 男は男性名詞, 女は女性名詞, 中は中性名詞, 複は複数形を表す.
* 〈 〉は直前の語と交換可能であることを, [ ] は省略可能を表す.
* 分離動詞でも本文の見出語のような分離線を付けた形での表記はしていない (an|fangen は anfangen) ので, 分離・非分離両形のある同一つづりの動詞については注意を要する.
* 再帰動詞は sich を付けて表記した.
* 「取る」などのように多義的な日本語に対してはそれに対応するドイツ語はさまざまな形が可能なので, 本文の記述・用例によってそれぞれの意味・使い方をしっかり把握することが肝要である.

あ

アーチェリー Bogenschießen 中
あい 愛 Liebe 女
 〜する lieben
あいかわらず 相変らず nach wie vor; wie immer; immer noch
あいさつ 挨拶 Gruß 男
 〜する grüßen; begrüßen
アイス[クリーム] Eis 中
あいた 空いた (席などが) frei; (部屋などが) leer
(...の)あいだ 間 zwischen; während; unter
(...する)あいだ(間)に während; indem
あいて 相手 (仲間) Partner 男; (敵) Gegner 男
 〜をする Gesellschaft leisten
アイロン Bügeleisen 中
 〜をかける bügeln
あう 会う begegnen; sehen; (偶然に) treffen
あう 合う passen; sitzen; stehen; (計算が) stimmen
あおい 青い blau
あかい 赤い rot
あがる 上がる steigen; (太陽が) aufgehen
あかるい 明るい hell; (気分が) heiter
あかんぼう 赤ん坊 Baby 中
あき 秋 Herbst 男
あきらかな 明らかな klar; sichtlich
 〜にする klar machen; aufklären; aufschließen
あきらめる 諦める verzichten; entsagen; aufgeben
あく 開く (扉が) sich öffnen; (店が) öffnen
アクセサリー (付属品) Zubehör 中; (装身具) Accessoires 複; Schmuck
アクセル Gaspedal 中

アクセント Akzent 男
あくま 悪魔 Teufel 男
あける 空ける leeren; ausleeren
あける 開ける öffnen; (店などを) eröffnen; aufmachen; aufschließen
あげる 上げる heben; erheben; (引上げる) aufziehen; (程度を) steigern
あご 顎 Kiefer 男; Kinn 中
あこがれ 憧れ Sehnsucht 女
あこがれる 憧れる sich sehnen
あさ 朝 Morgen 男
あさって 明後日 übermorgen
あざむく 欺く betrügen
あし (足) Fuß 男; (脚) Bein 中
あじ 味 Geschmack 男
 〜がいい gut schmecken
アジア Asien
あした 明日 morgen
あせ 汗 Schweiß 男
あそこ dort; da
あそぶ 遊ぶ Spiel 中
 〜ぶ spielen
あたえる 与える geben
あたたかい 暖かい warm
あたためる 暖める heizen; aufwärmen
あたま 頭 Kopf 男; Haupt 中
あたらしい 新しい neu
あたり 辺り Gegend 女
あたりまえの selbstverständlich
あつい 厚い dick
あつい 熱い heiß
あつかい 扱い Behandlung
 〜を behandeln; handhaben
あつさ 暑さ Hitze 女
あっとうする 圧倒する überwältigen
あつまり 集まり Versammlung 女
あつまる 集まる sich versammeln
あつめる 集める sammeln; versammeln
あつりょく 圧力 Druck 男
あてな 宛名 Adresse 女

あてる 当てる treffen; (推測で) erraten
あと 跡 Spur 女
(...の)あとに 後に hinter; nach
アトピー Atopie 女
 〜性の atopisch
アナウンサー Ansager 男; Ansagerin 女
アナウンスする ansagen
あなた(たち) Sie
 〜の Ihr
あに 兄 der ältere Bruder
アニメ[ーション] Zeichentrickfilm 男
あね 姉 die ältere Schwester
あの der; jener
あのころ あの頃 damals
あのような solcher
アパート Mietshaus 中; Mietswohnung 女; Apartment
あぶない 危ない gefährlich
あぶら 油 Öl 中
アフリカ Afrika
あぶる 炙る braten; rösten
あまい 甘い süß
あまり 余り Rest 男
 〜る übrig bleiben
あまりに(も) zu; allzu
あみ 網 Netz 中
あめ 雨 Regen 男
 〜がふる es regnet
 〜がやむ Der Regen hört auf.
アメリカ Amerika
あやしい 怪しい zweifelhaft; verdächtig
あやまり 誤り Fehler 男; Irrtum 男
 〜る einen Fehler machen; sich irren
あやまる 謝る sich entschuldigen
あらい 荒い wild
あらい 粗い grob
あらう 洗う waschen; (食器を) spülen
あらかじめ 予め im voraus; vorher
あらし 嵐 Sturm 男

あらそい 争い Streit 男; Kampf 男
　〜する streiten; kämpfen
あらわす 表す ausdrücken
あらわす 現す (姿を) zeigen
　〜れる erscheinen; auftauchen
あり 蟻 Ameise 女
ありうる möglich
ありえない unmöglich
ある 或る oder; gewiss; irgendein
ある 在る sein; es gibt; sich befinden
あるいは oder
あるく 歩く gehen; laufen
アルコール Alkohol 男
アルバイト Job 男; Nebenarbeit 女
アルバム Album 中
あるひと ある人 man; jemand
アルファベット Alphabet 中
アレルギー Allergie 女
　〜性の allergisch
あわ 泡 Schaum 男
あわれな 哀れな arm
あわれみ 憐れみ Mitleid 中
あん 案 Plan 男
あんきしている 暗記している auswendig kennen
　〜する auswendig lernen
アンケート Umfrage 女
あんさつ 暗殺 Attentat 中
あんじ 暗示 Andeutung 女
　〜する andeuten
あんしんする 安心する sich beruhigen
あんせい 安静 Ruhe 女
　〜にする sich ruhig verhalten
あんぜん 安全 Sicherheit 女
あんぜんな 安全な sicher
アンダーシャツ Unterhemd 中
あんてい 安定 Stabilität 女
アンテナ Antenne 女
あんな solch ein
あんなこと so etwas
あんなに so
あんない 案内 Führung 女; Auskunft 女
　〜する führen

い

い 胃 Magen 男
　〜が痛い Magenschmerzen haben
いいえ nein; doch
いいのがれ 言い逃れ Ausrede 女
Eメール E-Mail 中
いいん 委員 Ausschussmitglied 中
　〜会 Ausschuss 男
いう 言う sagen; äußern; reden; meinen
いえ 家 Haus 中; Wohnung 女
(…)いがいに 以外に außer
いがく 医学 Medizin 女
　〜部 die medizinische Fakultät

いかり 怒り Zorn 男; Ärger 男
いかり 錨 Anker 男
いき 息 Atem 男; Hauch 男
　〜をする atmen
　〜をつく Atem holen
　〜を吐く ausatmen
いぎ 異議 Einwand 男
　〜を唱える einen Einwand erheben; bestreiten
いぎ 意義 Bedeutung 女
いきいきした 生き生きした lebendig
いきている 生きている lebendig sein
いきぬき 息抜き Erholung 女
　〜をする sich ausruhen
いきもの 生きもの Lebewesen 中
イギリス England
いきる 生きる leben
いく 行く gehen; fahren
いくつかの mehrere; einige
いくぶん 幾分 etwas
いくらか einigermaßen
いくらですか Was kostet das?
いけ 池 Teich 男
(…しては)いけない nicht dürfen; nicht sollen
いけん 意見 Meinung 女; Ansicht 女; Rat 男
　〜を述べる sich äußern
いし 意志 Wille 男
いし 石 Stein 男
いじする 維持する erhalten
いしき 意識 Bewusstsein 中; Besinnung 女
いしゃ 医者 Arzt 男
いじゅうする 移住する auswandern; einwandern; übersiedeln
いしょう 衣裳 Kleidung 女
…いじょう 以上 über
いじょうな 異常な abnorm; außerordentlich; ungewöhnlich
いす 椅子 Stuhl 男; Sessel 男
いずみ 泉 Quelle 女
いぜん 以前 früher; einmal
…いぜんに 以前に vor; bevor
いそがしい 忙しい beschäftigt sein
いそぐ 急ぐ sich beeilen
いぞんしている 依存している abhängig sein
　〜する abhängen
いたく 委託 Auftrag 男
　〜する auftragen
いたずら Streich 男
いたずらに vergebens
いたみ 痛み Schmerz 男
　〜を感じる Schmerzen empfinden
いたむ 痛む schmerzen
イタリア Italien
　〜[人, 語]の italienisch
いたるところ 至る所 überall
いち 1 eins
いち 市 Markt 男

いち 位置 Lage 女; Stelle 女; Stellung 女
いちする 位置する liegen
いちがつ 1月 Januar 男
いちご 苺 Erdbeere 女
いちじるしい 著しい beträchtlich; merkwürdig; außerordentlich
いちど 一度 einmal
いちどに 一度に auf einmal
いちども (一度も)…ない nie[mals]
いちばんの 一番の erst; best
いつ 何時 wann
いつか einmal
いっかい 1階 Erdgeschoss 中
いっかい 1回 einmal
いっさくねん 一昨年 vorletztes Jahr
いっしょに 一緒に mit; zusammen
いっち 一致 Übereinstimmung 女
　〜する übereinstimmen
いっていの 一定の bestimmt
いっぱんてきに 一般的に im Allgemeinen
いっぱんの 一般の allgemein
いつも immer
いつもの gewöhnlich
いつわりの 偽りの falsch
いでん 遺伝 Vererbung 女
いと 糸 Faden 男; Garn 男
いど 意図 Absicht 女
いど 井戸 Brunnen 男
いど 緯度 Breite 女; Breitengrad 男
いとこ 従兄 Vetter 男
いとこ 従姉妹 Kusine 女
いとなむ 営む tun; ausüben; betreiben
…いない 以内 innerhalb
いなか 田舎 Land 中
いにん 委任 Auftrag 男
　〜する beauftragen
いぬ 犬 Hund 男
いね 稲 Reispflanze 女
いのち 命 Leben 中
いのり 祈り Gebet 中
　〜る beten
いばら 茨 Dorn 男
いふく 衣服 Kleidung 女
いま 今 jetzt
いますぐに 今すぐに augenblicklich
いまの 今の jetzig
いままで 今まで bisher
いみ 意味 Bedeutung 女
　〜する bedeuten
いもうと 妹 die jüngere Schwester 女
イヤホーン Ohrhörer 男
イヤリング Ohrring 男
いらい 依頼 Bitte 女; Auftrag 男
　〜する bitten; beauftragen
…いらい 以来 seit; seitdem
イラスト Illustration 女; Abbildung 女

〜レーター Illustrator 男; Zeichner 男
いりぐち 入口 Eingang 男
いる 居る sein; da sein; sich befinden
いる 要る bedürfen; nötig sein; brauchen
いるか 海豚 Delphin 男
いろ 色 Farbe 女
いろいろの 色々の verschieden; allerlei
いろん 異論 Einwand 男
　〜をとなえる bestreiten; einen Einwand erheben
いわ 岩 Fels[en] 男
いわい 祝い Feier 女
　〜う feiern; gratulieren
いわば sozusagen
いわゆる so gennant; angeblich
いん 印 Siegel 中; Stempel 男
　〜を捺す siegeln; stempeln
いんさつ 印刷 Druck 男
　〜する drucken
いんしょう 印象 Eindruck 男
　〜的な eindrucksvoll
　〜を与える Eindruck machen
インストール Installation 女
　〜する installieren
インターチェンジ Autobahnkreuz 中
インターネット Internet 中
インド Indien
インフルエンザ Grippe 女

う

ウィークエンド Wochenende 中
うえ 飢え Hunger 男
ウェーター Kellner 男
ウェートレス Kellnerin 女
うえの 上の ober
　〜に oben
(…の)うえに 上に auf; über
うけいれ 受入れ Annahme 女; Aufnahme 女
　〜る annehmen; aufnehmen
うけつけ 受付 Empfang 男; Auskunft 女
うけとる 受取る bekommen; erhalten
うごく 動く sich bewegen
　〜かす bewegen
　〜き Bewegung 女
うさぎ 兎 Hase 男
うし 牛 Rind 中; (雌牛) Kuh 女; (雄牛) Stier 男; (去勢牛) Ochse 男
うしなう 失う verlieren
うしろに 後に hinten
　〜の hinter
(…の)うしろに 後ろに hinter
うそ 嘘 Lüge 女
　〜の falsch

〜をつく lügen
うた 歌 Gesang 男; Lied 中
うたう 歌う singen
うたがい 疑い Zweifel 男; Verdacht 男
　〜う zweifeln
　〜わしい zweifelhaft; verdächtig
うちの 内の inner
うちゅう 宇宙 Weltraum 男; Kosmos 男
うちわる 打割る aufschlagen
うつ 打つ schlagen
うつ 撃つ schießen
うつくしい 美しい schön; hübsch
　〜さ Schönheit 女
うつす 写す fotografieren; kopieren
うつす 映す spiegeln
うったえる 訴える klagen; anklagen; appelieren
うで 腕 Arm 男
うま 馬 Pferd 中
うまい (味が) köstlich, lecker; (上手な) gut, geschickt
うまれる 生れる geboren werden
　〜である geboren sein
うみ 海 Meer 中; See 女; Ozean 男
うむ 生む (子を) gebären; (作り出す) erzeugen; hervorbringen
うめ 梅 Pflaume 女
うめる 埋める begraben; (記入する) ausfüllen
うら 裏 Rückseite 女; Hinterseite 女; (服の) Futter 中
うらない 占い Wahrsagerei 女
うらやむ 羨む beneiden
うりきれた 売切た ausverkauft
うりつくす 売尽くす ausverkaufen
うりば 売場 Stand 男
うる 売る verkaufen
ウール Wolle 女
うるさい laut; lärmend
うれしい froh; fröhlich
うれゆき 売行 Absatz 男
うれる 売れる Absatz finden
うわぎ 上着 Jacke 女
うわさ 噂 Gerücht 中
うん 運 Glück 中; Schicksal 中
　〜の良い glücklich
　〜の悪い unglücklich
うんちん 運賃 Fahrgeld 中; Frachtgeld 中
うんてんする 運転する fahren; lenken
　〜手 Fahrer 男; Chauffeur 男
うんどう 運動 Bewegung 女; Sport 男
うんめい 運命 Schicksal 中; Verhängnis 中

え

え 絵 Bild 中; Gemälde 中

〜をかく malen; zeichnen
え 柄 Griff 男; Stiel 男
エアコン Klimaanlage 女
エアロビクス Aerobic 中
えいえん 永遠 Ewigkeit 女
　〜の ewig
　〜に auf ewig
えいが 映画 Film 男
　〜を見にいく ins Kino gehen
えいがかん 映画館 Kino 中
えいきょう 影響 Einfluss 男
　〜する Einfluss haben
　〜を与える beeinflussen
えいご 英語 Englisch 中; das Englische
　〜の englisch
えいせい 衛生 Hygiene 女
　〜的な hygienisch
えいぞう 映像 Bild 中
えいゆう 英雄 Held 男
えいよう 栄養 Nahrung 女
　〜のある nahrhaft
えがく 描く malen; beschreiben
えき 駅 Bahnhof 男
エコロジー Ökologie 女
エジプト Ägypten
えだ 枝 Ast 男; Zweig 男
エチケット Etikette 女
えのぐ 絵の具 Farbe 女
えはがき 絵葉書 Ansichtskarte 女
えほん 絵本 Bilderbuch 中
えもの 獲物 Beute 女
えらい 偉い groß; hervorragend
えらぶ 選ぶ wählen; auswählen; aussuchen; auslesen
えり 襟 Krage 男
える 得る gewinnen; bekommen
エレベーター Aufzug 男; Fahrstuhl 男
えん 円 Kreis 男; (貨幣) Yen 男
えんぎ 演技 Darstellung 女
えんじょ 援助 Hilfe 女; Unterstützung 女
エンジン Motor 男
えんずる 演ずる spielen
えんぜつ 演説 Rede 女; Vortrag 男
　〜する eine Rede halten
えんそく 遠足 Ausflug 男
えんぴつ 鉛筆 Bleistift 男
えんぽう 遠方 Ferne 女
えんりょ 遠慮 Zurückhaltung 女
　〜深い zurückhaltend

お

お 尾 Schwanz 男
おい 甥 Neffe 男
おいしい lecker; gut schmecken
おう 王 König 男
おう 負う tragen; schuldig sein; verdanken
おう 追う nachlaufen; verfolgen

(動物を) treiben; (狩猟) jagen
おうじ 王子 Prinz 男
おうだんする 横断する durchqueren; überqueren
おうだんほどう 横断歩道 Übergang 中
おうふく 往復 Hin- und Rückweg 男
おうぼ 応募 Bewerbung 女
～する sich bewerben
おうよう 応用 Anwendung 女
～する anwenden
おえる 終える abschließen; beenden; schließen; vollenden
おおい 覆い Decke 女
～を取る aufdecken
おおう 覆う bedecken; belegen
おおかみ 狼 Wolf 男
おおきい 大きい groß; riesig
～さ Größe 女; Umfang 男
オーケストラ Orchester 中
オーストラリア Australien
オーストリア Österreich
～の österreichisch
オートバイ Motorrad 中
おおみそか 大晦日 Silvester 男/中
おおやけの 公の öffentlich; offiziell
おか 丘 Hügel 男
おかす 犯す (罪を) begehen; vergewaltigen
おがわ 小川 Bach 男
おきる 起きる aufwachen; aufstehen
～上がる aufstehen
おく 置く legen; setzen; stellen
おくびょうな 臆病な ängstlich
おくびょうもの 臆病者 Feigling 男
おくゆき 奥行 Tiefe 女
おくりもの 贈物 Geschenk 中
おくる 送る schicken; senden; zuschicken; (人を) begleiten; (時間・月日を) verbringen, zubringen
おくる 贈る schenken
おくれ 遅れ Verspätung 女
～る sich verspäten, zu spät kommen; (乗物に) verpassen
おけ 桶 Eimer 男; Kübel 男
おこす 起す (眠りから) wecken, aufwecken; (体を) aufrichten; aufstellen
おこたる 怠る vernachlässigen
おこない 行い Tat 女; Handlung 女
おこなう 行う handeln; tun; (実施する) ausführen, abhalten, veranstalten
～われる stattfinden
おこらせる 怒らせる ärgern
おこる 起る geschehen; passieren; sich ereignen; sich ergeben
おこる 怒る sich ärgern
～った zornig

おごる 奢る bewirten; einladen
おさえる 押(御)える festhalten; unterdrücken; zurückhalten
おさない 幼い klein; kindlich; kindisch
おさまる 収(治)まる (風雨・怒りなどが) sich legen
おさめる 治める regieren; herrschen
おさめる 納める (金を) bezahlen; (品物を) liefern
おじ 伯(叔)父 Onkel 男
おしあける 押し開ける aufschieben
おしい 惜しい bedauerlich; schade
おしえ 教え Lehre 女
おしえる 教える lehren; (示す) zeigen; beibringen; unterrichten
おじぎ お辞儀 Verbeugung 女
～する sich verbeugen
おしこむ 押込む stecken; hineinstecken
おしむ 惜しむ bedauern
おしゃべり Geschwätz 中
～する schwatzen
～な geschwätzig
おしゃれな schick; elegant
おしょく 汚職 (贈賄) die aktive Bestechung, (収賄) die passive Bestechung
おす 雄 Männchen 中
おす 押す stoßen; schieben; drücken
おす 捺す siegeln; stempeln
おせじ お世辞 Kompliment 中
おせん 汚染 Verseuchung 女; Verschmutzung 女
～する verseuchen; verschmutzen
おそい 遅い (時刻が) spät; (速度が) langsam
おそう 襲う angreifen; überfallen; (病気が) befallen
おそかれはやかれ 遅かれ早かれ früher oder später
おそらく wahrscheinlich; vermutlich; wohl
おそれ 恐れ Furcht 女; Angst 女
～る fürchten
おそれ 畏れ Ehrfurcht 女
おそろしい 恐ろしい furchtbar; fürchterlich; schrecklich; entsetzlich
おたがいに お互いに einander
～の gegenseitig
おだやかな 穏やかな mild; ruhig; still; sanft; friedlich
おちついた 落着いた ruhig; gefasst
～き Ruhe 女
～く sich beruhigen
おちる 落ちる fallen; stürzen; (試験に) durchfallen
おっと 夫 Mann 男
おと 音 Ton 男; Schall 男; Ge-

räusch 中; Lärm 男
おとうと 弟 der jüngere Bruder 男
おとこ 男 Mann 男
～の männlich
おとす 落す fallen lassen; (速度を) verlangsamen, (声を) senken; (省く) auslassen
おどす 脅す drohen; bedrohen
おとずれる 訪れる besuchen
おととい 一昨日 vorgestern
おととし 一昨年 das vorletzte Jahr 中
おとな 大人 Erwachsene (形容詞変化)
おとなしい 大人しい still; ruhig; mild; sanft; artig; bescheiden
オートマチックの automatisch
おどり 踊り Tanz 男
～る tanzen
おとる 劣る nachstehen
おとろえる 衰える nachlassen; abnehmen; sinken; verfallen
おどろき 驚き Überraschung 女; Erstaunen 中; Schreck 男; Wunder 中
～かす erschrecken; überraschen
～く erschrecken; erstaunen; sich wundern
～くべき erstaunlich
おなじ 同じ gleich; derselbe
おば 伯(叔)母 Tante 女
おびえる 怯える sich fürchten; Angst haben
オフィス Büro 中
オペラ Oper 女
おぼえる 覚える lernen; auswendig lernen
おぼれる 溺れる ertrinken; (没頭する) sich ergeben
オムレツ Omelett 中
おめでとう Ich gratuliere…
おもい 重い schwer
おもいがけない unerwartet
おもいだす 思い出す sich erinnern
～させる erinnern
おもいつき 思い付き Einfall 男
おもいつく 思いつく einfallen
おもいで 思い出 Erinnerung 女
おもいやり 思いやり Mitleid 中
～のある mitleidig; rücksichtsvoll
おもう 思う denken; glauben; meinen; vermuten
おもえる 思える erscheinen; vorkommen
おもさ 重さ Gewicht 中
おもしろい 面白い interessant; lustig
～くない uninteressant
おもちゃ 玩具 Spielzeug 中
おもて 表 (表面) Oberfläche 女; (前面) Vorderseite 女; (外部) Außenseite 女

おもな 主な hauptsächlich; wichtig
おもに 重荷 Last 囡 〜を負わせる belasten
おもわず 思わず unwillkürlich; unabsichtlich; unbewusst
おもんじる 重んじる achten; viel〈für wichtig〉halten; hoch schätzen
おや 親 Eltern 複
おやすみ Gute Nacht!
おやゆび 親指 Daumen 男
およぐ 泳ぐ schwimmen
およそ ungefähr; etwa
および 及び reichen; erreichen
オランダ die Niederlande; Holland
〜[人，語]の niederländisch; holländisch
おり 檻 Käfig 男
おりたたむ 折畳む falten
オリーブ Olive 囡
おりもの 織物 Gewebe 中
おりる 下(降)りる absteigen; aussteigen; hinuntersteigen; heruntersteigen; (着陸) landen
オリンピック die Olympischen Spiele 複; die Olympiade 囡
おる 折る brechen; abbrechen; falten; zusammenfalten
おる 織る weben
オルガン Orgel 囡; Harmonium 中
おれる 折れる brechen; (曲がる) biegen; (譲歩) nachgeben
オレンジ Orange 囡
おろかな 愚かな dumm; töricht
おろす 下(降)ろす herunternehmen; (荷を) abladen; (貯金を) abheben
おわり 終り Ende 中; Schluss 男
〜に an Ende; zum Schluss; zuletzt
〜る enden; aufhören
おんがく 音楽 Musik 囡
おんがくか 音楽家 Musiker 男
おんがくかい 音楽会 Konzert 中
おんがくてきな 音楽的な musikalisch
おんけい 恩恵 Gnade 囡
おんしつ 温室 Treibhaus 中
〜効果 Treibhauseffekt 男
おんせん 温泉 die heiße Quelle; (温泉場) Bad 中
おんだんな 温暖な warm
おんど 温度 Temperatur 囡
おんな 女 Frau 囡; Dame 囡
おんぷ 音符 Note 囡
おんわな 温和な mild; sanft

か

か 課 Lektion 囡; (部局) Abteilung 囡
か 蚊 Mücke 囡
か 科 (科目) Fach 中, (動植物の) Familie 囡
カーテン Vorhang 男; Gardine 囡
カード Karte 囡
カートリッジ Patrone 囡
カーニバル Karneval 男; Fastnacht 囡
カーブ Kurve 囡
〜する kurven
かい 貝 Muschel 囡
かい 回 Mal 中
かい 階 Stock 男; Stockwerk 中
がい 害 Schaden 男
〜のある schädlich
〜のない unschädlich
かいいん 会員 Mitglied 中
かいえんする 開演する zur Aufführung bringen; den Vorhang aufziehen
かいが 絵画 Malerei 囡; Gemälde 中
かいかいする 開会する eine Versammlung eröffnen
かいかく 改革 Reform 囡
〜する reformieren
かいかつな 快活な heiter; munter; lebhaft
かいがん 海岸 Küste 囡; Strand 男
がいかん 外観 Aussehen 中; Ansehen 中
かいぎ 会議 Sitzung 囡; Konferenz 囡
〜を開く〈閉じる〉 eine Sitzung abhalten〈schließen〉
かいきゅう 階級 Klasse 囡; Stand 男
かいきょう 海峡 Meerenge 囡
かいぎょうする 開業する ein Geschäft eröffnen; (医者が) praktizieren
かいぐん 海軍 Marine 囡
かいけい 会計 Rechnung 囡
かいけつ 解決 Lösung 囡
〜する lösen
かいけん 会見 Interview 中
〜する interviewen
がいけん 外見 Aussehen 中; Äußere 中
〜上の äußerlich
かいこ 解雇 Entlassung 囡
〜する entlassen
がいこう 外交 Diplomatie 囡
〜上の diplomatisch
〜官 Diplomat 男
がいこく 外国 Ausland 中
〜語 Fremdsprache 囡
〜の ausländisch
〜人 Ausländer 男
かいさいする 開催する abhalten; veranstalten
〜される stattfinden
かいさんする 解散する auflösen
かいし 開始 Anfang 男
〜する anfangen; beginnen
かいしゃ 会社 Firma 囡; Gesellschaft 囡; Betrieb 男
〜員 Angestellte (形容詞変化)
かいしゃく 解釈 Auslegung 囡; Interpretation 囡
〜する auslegen; interpretieren
がいしゅつする 外出する ausgehen
がいしょくする 外食する auswärts essen
かいすい 海水 Meerwasser 中
〜着 (女性の) Badeanzug 男
〜パンツ (男性の) Badehose 囡
〜浴 Seebad 中
〜浴に行く ins Seebad gehen
〜浴をする im Meer〈in der See〉baden
かいせい 改正 Verbesserung 囡; Reform 囡
〜する verbessern; reformieren
かいせつ 解説 Erklärung 囡; Erläuterung 囡
〜する erklären; erläutern
かいぜん 改善 Verbesserung 囡
〜する verbessern
かいそう 回想 Erinnerung 囡
〜する sich erinnern
かいそう 改造 Umbildung 囡; Neugestaltung 囡
〜する umbilden; neu gestalten
かいぞく 海賊 Seeräuber 男
かいだん 会談 Gespräch 中
かいだん 階段 Treppe 囡
かいちょう 会長 Präsident 男
かいてい 改訂 Revision 囡
〜する revidieren
かいてきな 快適な angenehm; behaglich
かいてん 回転 Umdrehung 囡
〜する sich drehen; kreisen
かいてんする 開店する ein Geschäft eröffnen
ガイド(ブック) Führer 男
かいとう 解答 Lösung 囡
〜する lösen
かいとう 回答 Antwort 囡
〜する antworten
ガイドライン Richtlinien 複
がいねん 概念 Begriff 男
〜的な begrifflich
かいはつ 開発 Erschließung 囡
〜する erschließen
かいひ 会費 Beitrag 男
かいふく 回復 Besserung 囡; Genesung 囡; Erholung 囡
〜する sich erholen; genesen
かいほう 解放 Befreiung 囡
〜する befreien
かいぼう 解剖 Sezierung 囡
〜する sezieren
〜学 Anatomie 囡

かいもの 買物 Einkauf 男
　〜に行く einkaufen gehen
　〜をする einkaufen
かいりょう 改良 Verbesserung 女
　〜する verbessern
かいわ 会話 Gespräch 中
　〜する sprechen; sich unterhalten
かう 買う kaufen
かう 飼う halten; züchten
かえす 返す zurückgeben; (金を) zurückzahlen; (裏に) umdrehen, umwenden
かえる 帰る zurückkommen; (家に) nach Hause gehen〈kommen〉
かえる 変える [ver]ändern; [ver]wandeln
かえる 換(替)える wechseln; tauschen; auswechseln; austauschen
かえる 蛙 Frosch 男
かお 顔 Gesicht 中
　〜色 Gesichtsfarbe 女
かおり 香 Duft 男
かか 画家 Maler 男
かかえる 抱える tragen; in die Arme〈unter den Arm〉nehmen; in den Arm halten
かかく 価格 Preis 男
かがく 科学 Wissenschaft 女
　〜者 Wissenschaftler 女
　〜的な wissenschaftlich
かがく 化学 Chemie 女
　〜者 Chemiker 男
　〜の chemisch
かかと 踵 Ferse 女
かがみ 鏡 Spiegel 男
かがむ 身を屈む sich bücken
かがやき 輝き Glanz 男
　〜く glänzen; strahlen; scheinen
かかる (金が) kosten; (時間が) dauern
(…にも)かかわらず trotz; trotzdem
かき 垣 Zaun 男
かき 牡蠣 Auster 女
かきの 下記の folgend
かぎ 鍵 Schlüssel 男
　〜を開ける aufschließen
　〜を掛ける abschließen; zuschließen
かきとめ 書留 Einschreiben 中
　〜る aufschreiben
かきとり 書取 Diktat 中
かぎり 限り Grenze 女; Beschränkung 女
　〜る beschränken; begrenzen
(…する)かぎり 限り solang[e]
かく 書く schreiben; (スケッチを) zeichnen; (絵の具で) malen
かく 角 Winkel 男
かく 核 Kern 男

〜兵器 Kernwaffe 女; Atomwaffe 女
かく 各 jeder
かく 格 Rang 男; Stand 男; Stellung 女
かぐ 家具 Möbel 中
かぐ 嗅ぐ riechen
がく 額 Rahmen 男; (金額) Summe 女
かくい 学位 ein akademischer Grad 男
かくげん 格言 Sprichwort 中; Spruch 男
かくごした 覚悟した gefasst sein
　〜する sich gefasst machen
がくしごう 学士号 Diplom 中
がくしきのある 学識のある gelehrt
かくじつな 確実な gewiss; sicher
がくしゃ 学者 Gelehrte (形容詞変化)
かくしゅの 各種の allerei; verschiedenartig
がくしゅうする 学習する lernen
かくしん 確信 Überzeugung 女
　〜している überzeugt sein
　〜する sich überzeugen
かくす 隠す verstecken; verbergen
がくせい 学生 Student 男, Studentin 女
かくだいする 拡大する vergrößern
かくちょうする 拡張する erweitern; ausdehnen
がくちょう 学長 Rektor 男
かくど 角度 Winkel 男
かくとくする 獲得する erwerben; gewinnen
かくにんする 確認する bestätigen
がくねん 学年 Schuljahr 中; Studienjahr 中
がくひ 学費 Studiengebühr 女; Studienkosten 複
がくふ 楽譜 Noten 複
がくぶ 学部 Fakultät 女
かくほする 確保する sichern; besetzen; bewahren
かくめい 革命 Revolution 女
がくもん 学問 Wissenschaft 女
　〜のある gelehrt
　〜をする studieren
かくり 隔離 Isolierung 女
　〜する isolieren
かくりつ 確率 Wahrscheinlichkeit 女
かくりつする 確立する feststellen; aufstellen
がくれき 学歴 Bildungsgang 男
かくれる 隠れる sich verstecken; sich verbergen
かけ 賭け Wette 女
かげ 影 Schatten 男
かけい 家計 Haushalt 男
かけい 家系 Stamm 男
　〜図 Stammbaum 男

かげき 歌劇 Oper 女
かげきな 過激な radikal
かけざん 掛算 Multiplikation 女
かけつする 可決する bewilligen
かけている 欠けている fehlen; mangeln
かける 掛ける hängen; (腰を) setzen; (眼鏡を) aufsetzen
かける 賭ける wetten
かこ 過去 Vergangenheit 女
　〜の vergangen
かご 籠 Korb 男
かこう 河口 Flussmündung 女
かこう 火口 Krater 男
かこうする 加工する verarbeiten
かこむ 囲む umgeben
かさ 傘 Schirm 男; Regenschirm 男
かさ 嵩 Maß 中; Umfang 男
かさなる 重なる sich häufen
かさねる 重ねる aufeinander legen; aufschichten; häufen
かざり 飾り Schmuck 男; Dekoration 女; Verzierung 女
かざる 飾る schmücken; verzieren
かざん 火山 Vulkan 男
かし 菓子 Süßigkeiten 複; Kuchen 男
　〜屋 Konditorei 女
かし 華氏 Fahrenheit
かし 樫 Eiche 女
かじ 火事 Feuer 中; Brand 男
かじ 家事 Hausarbeit 女; Haushalt 男
かじ 舵 Steuer 中
　〜をとる steuern
かしこい 賢い weise; klug; vernünftig
かしつ 過失 Versehen 中; Fehler 男
　〜を犯す sich versehen; einen Fehler machen
かしや 貸家 Miet[s]haus 中
かしゅ 歌手 Sänger 男
かじゅ 果樹 Obstbaum 男
かしょ 箇所 Stelle 女
かじょうの 過剰の überflüssig; überschüssig
かじょう 箇条 Artikel 男
かしらもじ 頭文字 Anfangsbuchstabe 男
かじる 齧る nagen; beißen
かす 貸す leihen; borgen; vermieten
かす 課す auflegen; aufgeben
かず 数 Zahl 女
ガス Gas 中
　〜ストーブ Gasofen 男
　〜レンジ Gasherd 男
かすかな 微かな schwach; leise
かぜ 風 Wind 男
かぜ 風邪 Erkältung 女
　〜をひく sich erkälten

～をひいている erkältet sein
かせい 火星 Mars 男
かせぐ 稼ぐ verdienen
カセット Kassette 女
かぞえる 数える zählen; abzählen
かぞく 家族 Familie 女
かそくする 加速する beschleunigen
かそくど 加速度 Beschleunigung 女
ガソリン Benzin 中
かた 肩 Schulter 女; Achsel 女
かた 型 Typus 男; Modell 中
かた 形 Form 女
かたい 堅(固・硬)い hart; fest; steif; solid[e]; starr; zäh
かだい 課題 Aufgabe 女
かたがき 肩書 Titel 男
かたくるしい 堅苦しい förmlich; steif
かたち 形 Form 女, Gestalt 女; Figur 女
かたづける 片付ける aufräumen; erledigen; abfertigen
かたほう 片方 der eine〈他方 der andere〉; die eine Seite
かたまり 塊 Klumpen 男
かたまる 固まる fest〈hart〉werden
かたみち 片道 Hinweg
かたむき 傾き Neigung 女
 ～く sich neigen
 ～ける neigen
カタログ Katalog 男
かだん 花壇 Blumenbeet 中
(…の)かたわらに 傍らに neben; bei
かち 価値 Wert 男
 ～のある wertvoll
 ～のない wertlos
かちく 家畜 Vieh 中; Haustier 中
がちょう 鵞鳥 Gans 女
かつ 勝つ siegen; gewinnen
がっか 学科 Lehrfach 中
がっか 学課 Lektion 女
がっかりした enttäuscht
がっかりする sich enttäuscht fühlen
かっき 活気 Lebendigkeit 女
 ～のある lebendig; lebhaft
がっき 楽器 Musikinstrument 中
がっき 学期 (2学期制) Semester 中; (3学期制) Trimester
かっきてきな 画期的な Epoche machend; epochal
かつぐ 担ぐ tragen; auf die Schulter[n] nehmen
かっこ 括弧 Klammer 女
 ～に入れる einklammern
かっこう 格好 Form 男; Figur 女
 ～のいい wohlgestaltet
 ～の悪い unförmig
かっこう 郭公 Kuckuck 男
がっこう 学校 Schule 女
 ～に行く zur〈in die〉Schule gehen

かっさい 喝采 Beifall 男
がっしょう 合唱 Chor 男
 ～する im Chor singen
かっしょくの 褐色の braun
かつて einmal; einst; früher
かってな 勝手な eigensinnig; eigenmächtig; selbstsüchtig; egoistisch
かつどう 活動 Tätigkeit 女; Aktivität 女
 ～している tätig sein
 ～的な aktiv
かっぱつな 活発な lebhaft
カップ Pokal 男; Tasse 女
カップル Paar 中
がっぺい 合併 Vereinigung 女
 ～する sich vereinigen
かつりょく 活力 Vitalität 女
 ～のある vital
カツレツ Schnitzel 中
かてい 課程 Kursus 男; Kurs 男
かてい 家庭 Familie 女; Haus 中
 ～の häuslich
 ～教師 Hauslehrer 男
かてい 仮定 Annahme 女; Voraussetzung 女
 ～する annehmen; voraussetzen
かてい 過程 Prozess 男
かど 角 Ecke 女
(…)かどうか ob
かとうな 下等な niedrig
かどの 過度の übermäßig
カトリックの katholisch
 ～教徒 Katholik 男
かなう 適う passen; entsprechen
かなう 叶う sich erfüllen; erfüllt werden
かなしい 悲しい traurig
 ～み Trauer 女; Kummer 男
カナダ Kanada
かなづち 金槌 Hammer 男
かならず 必ず bestimmt; sicher; unbedingt
 ～しも…ない nicht immer
かなり ziemlich; beträchtlich
かに 蟹 Krabbe 女; Krebs 男
かにゅうする 加入する beitreten; eintreten
かね 金 Geld 中
かね 鐘 Glocke 女
かねもち 金持 Reiche (形容詞変化)
 ～の reich
かのうせい 可能性 Möglichkeit 女
かのうな 可能な möglich
かのじょ 彼女 sie
 ～の ihr
かば 河馬 Nilpferd 中
カバー Bezug 男; Überzug 男; Umschlag 男; Hülle 女
かばん 鞄 Tasche 女; Koffer 男
かびん 花瓶 Vase 女
かびんな 過敏な überempfindlich
かぶ 株 Aktie 女; (切り株) Stumpf

男
かぶ 蕪 Rübe 女
かぶしきがいしゃ 株式会社 Aktiengesellschaft
かぶっている 被っている tragen
かぶとむし 兜虫 Käfer 男
かぶる 被る aufsetzen
かふん 花粉 Blütenstaub 男; Pollen 男
 ～症 Heuschnupfen 男
かべ 壁 Wand 女; Mauer 女
かぼちゃ 南瓜 Kürbis 男
かまう 構う sich kümmern; [sich] sorgen; betreuen
がまん 我慢 Geduld 女; Beharrlichkeit 女
 ～する Geduld haben; ertragen; aushalten
 ～強い geduldig; beharrlich
かみ 紙 Papier 中
 ～の papieren
かみ 神 Gott 男; Schöpfer 男
かみ 髪 Haar 中
かみそり 剃刀 Rasiermesser 中
かみなり 雷 Donner 男
 ～が鳴る es donnert
かむ 嚙む beißen; kauen
ガム Kaugummi 男 中
かめ 亀 Schildkröte 女
かめいする 加盟する beitreten
カメラ Kamera 女; Fotoapparat 男
 ～マン Fotograf
かめん 仮面 Maske 女
かも 鴨 Ente 女
かもく 科目 Fach 中; Lehrfach 中
かもしか Antilope 女
かもしれない können; mögen; möglicherweise; vielleicht
かもつ 貨物 Fracht 女; Güter 男
かもめ 鷗 Möwe 女
かゆい 痒い jucken
かようび 火曜日 Dienstag 男
から 殻 Schale 女
…から von; aus; (…以来) seit
からの 空の leer
 ～にする leeren; ausleeren
カラーテレビ Farbfernseher 男
からい 辛い scharf; stechend; beißend; salzig
からかう necken; scherzen
がらくた Plunder 男; Trödel 男
からし 辛子 Senf 男
からす 烏 Krähe 女; Rabe 男
ガラス Glas 中
 ～の gläsern
からだ 体 Körper 男; Leib 男
 ～を大事にする sich schonen
カラフルな bunt
かり 狩り Jagd 女
 ～をする jagen
かり 借り Schuld 女
 ～がある schuldig sein

カリキュラム Lehrplan 男
かりる 借りる [sich] leihen; borgen; mieten
かるい 軽い leicht
カルチャー Kultur 女
 ～ショック Kulturschock 男
かれ 彼 er
 ～の sein
ガレージ Garage 女
かれら 彼ら sie
 ～の ihr
かれる 枯れる welken; trocken werden; (声が) heiser werden
かろう 過労 Überanstrengung 女; Überarbeitung 女; Übermüdung 女
かろうじて knapp; mit knapper Not; gerade
かわ 川 Fluss 男; Strom 男
かわ 皮 Haut 女; (動物の) Fell 中; (皮革) Leder 中; (果物の) Schale 女; (木の) Rinde 女
 ～製の ledern
 ～をむく(剥く) schälen
がわ 側 Seite 女; Reihe 女
かわいい lieblich; niedlich; süß; hübsch; reizend
かわいがる 可愛がる lieben; liebkosen; herzen
かわいそうな arm; armselig
かわいた 乾いた trocken
 ～かす trocknen
 ～く trocknen; trocken werden
かわいた 渇いた durstig
かわった 変った merkwürdig; sonderbar; eigentümlich; ungewöhnlich
(…の)かわりに 代りに statt; anstatt
かわる 代る vertreten; abwechseln; ersetzen
かわる 変る sich ändern; sich verändern; sich wandeln
かわるがわる abwechselnd
かん 巻 Band 男
かん 缶 Büchse 女; Dose 女; Kanne 女
かん 管 Röhre 女
 ～楽器 Blasinstrument 中
がん 癌 Krebs 男
がんかい 眼科医 Augenarzt 男
かんがえ 考え Gedanke 男; Denken 中; Meinung 女
 ～る denken; meinen; glauben; sich überlegen
かんかく 感覚 Empfindung 女; Sinn 男; Gefühl 中
かんかく 間隔 Abstand 男
かんかくてきな 感覚的な sinnlich
カンガルー Känguru 中
かんきゃく 観客 Zuschauer 男
かんきょう 環境 Umgebung 女; Umwelt 女
 ～汚染 Umweltverschmutzung 女
 ～問題 Umweltfragen 複
 ～保護 Umweltschutz 男
かんけい 関係 Beziehung 女; Zusammenhang 男; Verhältnis 中
 ～がある zusammenhängen; sich beziehen; etwas mit…zu tun haben
 ～する sich beziehen; betreffen
 ～代名詞 Relativpronomen 中
かんげい 歓迎 Willkommen 中
 ～する herzlich empfangen; willkommen heißen
かんげき 感激 Begeisterung 女
 ～する sich begeistern
 ～した begeistert
かんけつな 簡潔な kurz und bündig; knapp; lakonisch
かんごする 看護する pflegen
がんこな 頑固な hartnäckig
かんこう 観光 Tourismus 男
 ～案内所 Informationsbüro 中
 ～客 Tourist 男
 ～旅行 Vergnügungsreise 女
かんこう 刊行 Herausgabe 女
 ～する herausgeben
かんごふ 看護婦 Krankenschwester 女
かんさつ 観察 Beobachtung 女; Betrachtung 女
 ～する beobachten; betrachten
かんし 冠詞 Artikel 男
かんし 監視 Wache 女; Aufsicht 女
 ～する wachen; beaufsichtigen
かんじ 漢字 das chinesische Schriftzeichen
かんじ 感じ Gefühl 中; Empfindung 女
 ～のいい angenehm; nett; gefällig; sympatisch
がんじつ 元日 Neujahrstag 男
かんしゃ 感謝 Dank 男
 ～する danken; danksagen
 ～している dankbar
かんじゃ 患者 Patient 男; Kranke (形容詞変化)
がんしょ 願書 Gesuch 中
かんしょう 干渉 Eingreifen 中; Eingriff 男; Einmischung 女
 ～する eingreifen; sich einmischen
かんしょうする 鑑賞する genießen
かんじょう 勘定 Rechnung 女
 ～する rechnen
 ～を払う bezahlen
かんじょう 感情 Gefühl 中; Empfindung 女
 ～的な empfindsam; gefühlsmäßig; emotional
 ～論 die unvernünftige Behauptung
がんじょうな 頑丈な solid[e]; fest
かんしょうてきな 感傷的な sentimental
かんじる 感じる fühlen; empfinden; spüren; verspüren
かんしん 関心 Interesse 中
 ～がある interessiert
 ～を持つ sich interessieren
かんしんする 感心する bewundern
かんせい 完成 Vollendung 女
 ～する vollenden
かんせい 歓声 Jubel 男
 ～をあげる jubeln
かんせつ 関節 Gelenk 中
かんせつの(に) 間接の(に) indirekt
かんせん 感染 Ansteckung 女
 ～する anstecken
かんぜんな 完全な vollkommen; vollständig; völlig; ganz
 ～にする vervollständigen
かんそう 感想 Eindruck 男
かんそうする 乾燥する trocknen; austrocknen
かんそうした 乾燥した trocken
かんぞう 肝臓 Leber 女
かんそく 観測 Beobachtung 女
 ～する beobachten
かんだいな 寛大な nachsichtig; großzügig
かんたんする 感嘆する bewundern
かんたんふ 感嘆符 Ausrufezeichen 中
かんたんな 簡単な einfach; schlicht; leicht
 ～に言えば um es kurz zu sagen
かんだんけい 寒暖計 Thermometer 男
かんづめ 缶詰 Dose 女; Konserve 女
かんてん 観点 Aspekt 男; Hinsicht 女
かんどう 感動 Rührung 女; Begeisterung 女
 ～する gerührt werden
 ～的な rührend; ergreifend
かんとく 監督 Aufsicht 女; (劇・映画の) Regie 女
 ～する beaufsichtigen; überwachen
 ～者 Aufseher 男; Trainer 男; Regisseur 男
かんな 鉋 Hobel 男
カンニングする spicken; abschreiben; mogeln
かんねん 観念 Vorstellung 女; Idee 女
 ～的な ideell
 ～論 Idealismus 男
かんぱい 乾杯 Prosit!
 ～する abstoßen; zutrinken
がんばる 頑張る sich anstrengen; standhalten

かんばん 看板 Schild 中
かんばん 甲板 Deck 中
かんびょうする 看病する pflegen
かんぺきな 完璧な vollkommen; tadellos; perfekt
かんり 管理 Verwaltung 女; Kontrolle 女
～する verwalten; kontrollieren
かんりょうする 完了する vollenden; abschließen
かんれい 慣例 Gewohnheit 女; Brauch 男; Konvention 女
～の gebräuchlich; herkömmlich
かんわする 緩和する mildern; erleichtern; lindern

き

き 木 Baum 男; (木材) Holz 中
～の hölzern
き 気 Stimmung 女; Laune 女; Lust 女
～がある Lust haben
～がきく aufmerksam und taktvoll sein
～が狂う wahnsinnig werden
～が散った zerstreut
～がつく bemerken
～がない keine Lust haben
～が長い langmütig
～が短い ungeduldig
～に入る gefallen
～にかける sich kümmern
～にする sich zu Herzen nehmen
～にとめる achten; beachten
～のあった gleich gesinnt
～の利いた gescheit
～の小さな mutlos; schüchtern; zaghaft
～の強い kühn; gewagt; standhaft
～の抜けた schal; fade
～を失う ohnmächtig werden; in Ohnmacht fallen
～を使う Sorgfalt verwenden
～をつける Acht geben; aufpassen
～をもむ sich ängstigen
～を悪くする (自分の) sich gekränkt fühlen; (他人の) kränken
きあつ 気圧 Luftdruck 男
キーボード Tastatur 女
きいろの 黄色の gelb
ぎいん 議員 Abgeordnete (形容詞変化)
きえる 消える ausgehen; erlöschen; vergehen; verschwinden
きおく 記憶 Gedächtnis 中; Erinnerung 女
～する sich bemerken; im Gedächtnis behalten

きおん 気温 Temperatur 女
きか 幾何 Geometrie 女
きか 帰化 Einbürgerung 女; Naturalisation 女
～する sich einbürgern; sich naturalisieren lassen
きかい 機械 Maschine 女
～的な mechanisch
～化する mechanisieren
きかい 機会 Gelegenheit 女
～をつかむ eine Gelegenheit ergreifen
～を逸する eine Gelegenheit versäumen
きがい 危害 Schaden 男
～を加える schaden; verletzen; beeinträchtigen
ぎかい 議会 Parlament 中; (ドイツの) Bundestag 男
きがえる 着替える sich umziehen
きかく 企画 Plan 男
～する planen
きかく 規格 Norm 女
きかん 期間 Zeitraum 男; Frist 女; Termin 男; Zeitdauer 女
きかん 器官 Organ 中
きかん 気管 Luftröhre 女
きき 危機 Krise 女
ききめ 効き目 Wirkung 女
～がある wirksam; eine Wirkung haben
～がない unwirksam; keine Wirkung haben
きぎょう 企業 Unternehmen 中; Betrieb 男
ぎきょく 戯曲 Drama 中; Theaterstück 中; Schauspiel 中
きく 効く wirken
きく 聞く hören; anhören; zuhören; (尋ねる) fragen
きく 菊 Chrysantheme 女
きぐ 器具 Gerät 中; Instrument 中
きげき 喜劇 Komödie 女; Lustspiel 中
～的な komisch
きけん 危険 Gefahr 女
～な gefährlich
きげん 起源 Ursprung 男; Anfang 男
きげん 紀元 (紀元前) vor Christus (v. Chr.); (紀元後) nach Christus (n. Chr.)
きげん 期限 Termin 男; Frist 女
きげん 機嫌 Laune 女
～のよい [in] guter Laune sein
～の悪い [in] schlechter Laune sein
きこう 気候 Klima 中
きごう 記号 Zeichen 中
きこえる 聞こえる hören; vernehmen
ぎこちない ungeschickt; steif;

plump
きこんの 既婚の verheiratet
きざな 気障な affektiert
きざむ 刻む hacken; schnitzen
きし 岸 Ufer 中
きし 騎士 Ritter 男
きじ 記事 Artikel 男
きじ 生地 Stoff 男
ぎしき 儀式 Zeremonie 女
～ばった zeremoniell; zeremoniös
きしつ 気質 Temperament 中; Charakter 男
きしゃ 記者 Journalist 男
～会見 Pressekonferenz 女
きしゅくしゃ 寄宿舎 Internat 中
ぎじゅつ 技術 Technik 女; Technologie 女
～者 Ingenieur 男
～的な technisch
きじゅん 基準 Maßstab 男; Norm 女
～となる normal
きしょう 気象 Wetter 中
～衛星 Wettersatellit 男
キス Kuss 男
～する küssen
きず 傷 Wunde 女; Verletzung 女
～つける verletzen; beschädigen; (感情を) kränken; schaden
きすう 奇数 eine ungerade Zahl
きせい 規制 Regel 女
～する regeln
ぎせい 犠牲 Opfer 中
～にする opfern
きせいの 既製の fertig
～服 Fertigkleidung 女
きせき 奇跡 Wunder 中
～的な wunderbar
きせつ 季節 Jahreszeit 女; Saison 女
きぜつする 気絶する ohnmächtig werden; in Ohnmacht fallen
ぎぜん 偽善 Heuchelei 女
～者 Heuchler 男
～的な heuchlerisch
きそ 基礎 Grund 男; Grundlage 女; Basis 女
～的な grundlegend; fundamental
～を置く den Grund legen; begründen
きそ 起訴 Anklage 女
～する anklagen
ぎぞうする 偽造する fälschen
きそく 規則 Regel 女; Ordnung 女; Vorschrift 女
～的な regelmäßig
～変化動詞 schwaches Verb 中
きぞく 貴族 Adel 男
～的な adlig; edelmännisch
きた 北 Norden 男

～の nördlich
きたい 気体 Gas 中
きたい 期待 Erwartung 女
　～する erwarten
　～に反して wider Erwarten
　～はずれ Enttäuschung 女
きたえる 鍛える stählen; härten; trainieren;（金属を）schmieden
きたない 汚い schmutzig; unsauber;（心が）niedrig; gemein
きち 機知 Witz 男
　～に富む witzig
きち 基地 Stützpunkt 男
ぎちょう 議長 Vorsitzende（形容詞変化）; Präsident 男
きちょうな 貴重な kostbar; wertvoll
きちょうめんな 几帳面な korrekt; genau; pünktlich
きちんとした ordentlich; anständig
きつえん 喫煙 Rauchen 中
　～者 Raucher 男
きづく 気付く bemerken; merken; wahrnehmen
きっさてん 喫茶店 Café 中
きつつき 啄木鳥 Specht 男
きって 切手 Briefmarke 女
きっと bestimmt; sicher
きつね 狐 Fuchs 男
きっぷ 切符 Karte 女; Fahrkarte 女; Eintrittskarte 女
　～売場（駅の）[Fahrkarten]schalter 男;（劇場の）Kasse 女
きてんのきく 機転の利く gewandt; taktvoll
きどう 軌道 Bahn 女;（鉄道）Gleis 中
きどった 気取った affektiert
きにいる 気に入る gefallen
きにゅうする 記入する ausfüllen; eintragen
きぬ 絹 Seide 女
　～の seiden
きねん 記念 Andenken 中
きのう 昨日 gestern
きのう 機能 Funktion 女
　～的な funktionell
きのこ 茸 Pilz 男
きのどくな 気の毒な bedauerlich; bedauernswert
きばらし 気晴らし Zeitvertreib 男; Zerstreuung 女
　～をする sich zerstreuen
きびしい 厳しい hart; streng; scharf
きふ 寄付 Spende 女
きふ 義父 Schwiegervater 男
きべん 詭弁 Sophisterei 女
きぼ 規模 Ausmaß 中; Umfang 男
きぼ 義母 Schwiegermutter 女
きぼう 希望 Hoffnung 女; Wunsch 男

　～する hoffen
　～に満ちた hoffnungsvoll
　～のない hoffnungslos
きほん 基本 Grundlage 女; Fundament 中
　～的な grundlegend; fundamental
きまえのいい 気前のいい großzügig; freigebig
きまり 決り Ordnung 女; Regel 女
きみ 君 du
　～の dein
　～たち ihr
　～たちの euer
きみような 奇妙な merkwürdig; seltsam
ぎむ 義務 Pflicht 女
　～づける verpflichten
　～教育 [allgemeine] Schulpflicht 女
きむずかしい 気難しい schwierig; mürrisch; wählerisch
きめる 決る entscheiden; bestimmen
きもち 気持 Stimmung 女
　～の良い angenehm; behaglich
　～の悪い unangenehm
きもの 着物 Kleidung 女; Kimono 男
ぎもん 疑問 Frage 女; Zweifel 男
　～のある fraglich; zweifelhaft
　～文 Interrogativsatz 男; Fragesatz 男
きゃく 客 Gast 男;（店の）Kunde 男
　～席 Zuschauerraum 男
ぎゃく 逆 Gegenteil 中
　～の umgekehrt
ギャグ Gag 男
ぎゃくせつ 逆説 Paradox 中
ぎゃくたい 虐待 Misshandlung 女
　～する misshandeln
きゃっかんてきな 客観的な objektiv
キャベツ Kohl 男
キャンセルする abbestellen
キャンプ Camping 中
きゅうな 急な plötzlich; dringend;（角度が）steil
きゅう 9 neun
きゅうか 休暇 Urlaub 男; Ferien 複
きゅうきゅうの 救急の dringend
　～車 Krankenwagen 男
きゅうぎょうする 休業する schließen
きゅうけい 休憩 Pause 女; Rast 女
　～する rasten; ruhen
きゅうこう 急行 D-Zug 男; Schnellzug 男
きゅうじつ 休日 Feiertag 男; Ruhetag 男
きゅうしゅう 吸収 Absorption 女

Aufsaugung 女
　～する absorbieren; aufsaugen; aufnehmen
きゅうじゅう 90 neunzig
きゅうじょ 救助 Rettung 女
　～する retten
きゅうしんてきな 急進的な radikal
きゅうでん 宮殿 Palast 男
ぎゅうにく 牛肉 Rindfleisch 中
ぎゅうにゅう 牛乳 Milch 女
きゅうゆする 給油する tanken
きゅうよう 休養 Erholung 女
　～する sich erholen
きゅうよう 急用 etwas Dringendes; eine dringende Angelegenheit
きゅうり 胡瓜 Gurke 女
きゅうりょう 給料 Gehalt 中; Lohn 男; Honorar 中
きょう 今日 heute
きょういく 教育 Erziehung 女; Bildung 女
　～する erziehen; ausbilden
　～的な erzieherisch
　～のある erzogen; gebildet
きょうか 強化 Verstärkung 女
　～する verstärken
きょうかい 教会 Kirche 女
きょうかい 協会 Verein 男; Gesellschaft 女
きょうかい 境界 Grenze 女
きょうかしょ 教科書 Lehrbuch 中
きょうかん 共感 Mitgefühl 中; Sympathie 女
　～する mitfühlen; sympathisieren
きょうぎ 競技 Wettkampf 男
きょうぎ 協議 Beratung 女; Besprechung 女
　～する sich beraten〈besprechen〉
ぎょうぎ 行儀 Benehmen 中
　～の良い anständig; artig
きょうきゅう 供給 Angebot 中
　～する versorgen; liefern
きょうぐう 境遇 Verhältnisse 複; Umstand 男; Lage 女
きょうくん 教訓 Belehrung 女; Lehre 女
　～的な belehrend; lehrreich
きょうこう 恐慌 Panik 女
きょうこうな 強硬な unbiegsam; unnachgiebig; hartnäckig
きょうさんしゅぎ 共産主義 Kommunismus 男
　～の kommunistisch
きょうし 教師 Lehrer 男, Lehrerin 女
きょうしつ 教室 Klassenzimmer 中; Hörsaal 男
きょうじゅ 教授 Professor 男
きょうせいする 矯正する verbessern; abhelfen

きょうせい 強制 Zwang 男
 ～する zwingen
 ～的な zwanghaft
ぎょうせい 行政 Verwaltung 女
ぎょうせき 業績 Leistung 女
 ～をあげる eine Leistung vollbringen
きょうそう 競争 Konkurrenz 女; Wettbewerb 男
 ～する konkurrieren; sich mitbewerben; wetteifern
 ～相手 Konkurrent 男
きょうそう 競走 Wettlauf 男
 ～する wettlaufen
きょうぞん 共存 Koexistenz 女
きょうだい 兄弟 Bruder 男
 ～姉妹 Geschwister 複
きょうちょう 強調 Betonung 女
 ～する betonen
きょうちょう 協調 Eintracht 女
 ～する harmonieren; mitwirken
 ～的な einträchtig; kooperativ; mitwirkend
きょうつうてん 共通点 Gemeinsamkeit 女
きょうつうの 共通の gemeinsam
きょうてい 協定 Abkommen 中; Vereinbarung 女
 ～する abkommen; vereinbaren
きょうど 郷土 Heimat 女
きょうどう 共同 Gemeinschaft 女
 ～組合 Genossenschaft 女
 ～経営 Gemeinbetrieb 男
 ～生活 das gemeinschaftliche Leben; Zusammenleben 中
 ～の gemeinsam; gemeinschaftlich
きような 器用な geschickt; gewandt
きょうはく 脅迫 Drohung 女
 ～する drohen
きょうふ 恐怖 Furcht 女
きょうぼうな 凶暴な grausam; brutal
きょうみ 興味 Interesse 中
 ～がある sich interessieren
 ～をひく interessant
きょうゆう 共有 Gemeinsamkeit 女
 ～の gemeinsam
きょうよう 教養 Bildung 女
 ～のある gebildet
きょうりょく 協力 Mitwirkung 女
 ～する mitwirken
ぎょうれつ 行列 Zug 男; Schlange 女
きょうわこく 共和国 Republik 女
きょえいしん 虚栄心 Eitelkeit 女
 ～の強い eitel
きょか 許可 Erlaubnis 女; Genehmigung 女
 ～する erlauben; genehmigen; gestatten; zulassen

ぎょぎょう 漁業 Fischerei 女
きょく 局 Amt 中; Abteilung 女
きょく 曲 Musikstück 中
きょくげん 極限 Grenze 女
きょくたん 極端 Extrem 中
 ～な extrem
きょくとう 極東 der ferne Osten
きょくめん 局面 Lage 女; Situation 女
きょじゅう 居住 Wohnung 女; Niederlassung 女
 ～する wohnen; sich niederlassen; bevölkern
きょじん 巨人 Riese 男
きょぜつ 拒絶 Ablehnung 女; Absage; Verweigerung 女
 ～する ablehnen; absagen; verweigern
きょだいな 巨大な riesig
きょねん 去年 letztes Jahr
きょひ 拒否 Ablehnung 女; Verweigerung 女
 ～する ablehnen; verweigern
きょり 距離 Entfernung 女; Distanz 女; Weite 女
きらう 嫌う nicht mögen; nicht gern haben; nicht leiden können; Abscheu haben
きらくな 気楽な sorgenfrei; sorglos; behaglich; bequem
きり 霧 Nebel 男
きり 錐 Bohrer 男
ギリシア Griechenland 中
 ～[人, 語]の griechisch
キリスト Christus
 ～教 Christentum 中
 ～教徒 Christ 男
 ～教の christlich
きりつ 規律 Disziplin 女; Ordnung 女
きりとる 切り取る abschneiden
きりぬき 切抜き Ausschnitt 男
きりん Giraffe 女
きる 切る schneiden; hauen; scheren; sägen; fällen;（スイッチを）ausschalten;（トランプを）mischen
きる 着る anziehen
きれいな 奇麗な schön; hübsch; sauber
きれいにする reinigen; säubern; putzen; ordnen
きれる 切れる（刃物が）gut schneiden;（期限が）ablaufen;（蓄えが）ausgehen;（商品が）ausverkauft sein;（ひもが）reißen
きろく 記録 Dokument 中; Aufzeichnung 女; Protokoll 中; Rekord 男; Archiv 中
キログラム Kilogramm 中
キロメートル Kilometer 男
ぎろん 議論 Diskussion 女; Auseinandersetzung 女; Debatte 女
 ～する diskutieren; sich auseinandersetzen; debattieren

きわめて äußerst; höchst; sehr
きん 金 Gold 中
 ～の golden
ぎん 銀 Silber 中
 ～の silbern
きんえん 禁煙（掲示）Rauchen verboten!
 ～する das Rauchen aufgeben
ぎんが 銀河 Milchstraße 女
きんがく 金額 Betrag 男; Summe 女
きんがん 近眼 Kurzsichtigkeit 女
 ～の kurzsichtig
きんかんがっき 金管楽器 Blechinstrument 中
きんきゅうの 緊急の dringend
キンギョ 金魚 Goldfisch 男
きんこ 金庫 Geldschrank 男; Kasse 女
きんこう 均衡 Gleichgewicht 中
 ～を保つ〈失う〉das Gleichgewicht halten〈verlieren〉
ぎんこう 銀行 Bank 女
 ～員 Bankangestellte（形容詞変化）
きんし 禁止 Verbot 中
 ～する verbieten
 ～された verboten
きんじょ 近所 Nachbarschaft 女; Nähe 女
 ～に in der Nähe
 ～の人 Nachbar 男
きんせい 金星 Venus 女
きんぞく 金属 Metall 中
きんだい 近代 Neuzeit 女
 ～の neuzeitlich; modern
 ～化する modernisieren
きんちょう 緊張 Spannung 女
 ～した gespannt
きんにく 筋肉 Muskel 男
きんぱつの 金髪の blond
きんべん 勤勉 Fleiß 男; Emsigkeit 女
 ～な fleißig; emsig
ぎんみ 吟味 Prüfung 女
 ～する prüfen
きんむ 勤務 Dienst 男
 ～する dienen
 ～時間 Dienstzeit 女
きんゆう 金融 Finanz 女; Geldumlauf 男
 ～機関 Geldinstitut 中
きんようび 金曜日 Freitag 男

く

く 区 Bezirk 男
く 句 Phrase 女; Redensart 女; Vers 男
ぐあい 具合 Zustand 男; Befinden 中
クイズ Quiz 中
くいつく 食いつく anbeißen

付録

くうかん 空間 Raum 男
　~の räumlich
くうき 空気 Luft 女
くうぐん 空軍 Luftstreitkräfte 複; Luftwaffe 女
くうこう 空港 Flughafen 男
ぐうすう 偶数 eine gerade Zahl 女
ぐうぜん 偶然 Zufall 男
　~の zufällig
くうそう 空想 Fantasie 女
　~する fantasieren
　~的な fantastisch
ぐうぞう 偶像 Götze 男; Idol 中
くうふく 空腹 Hunger 男
　~の hungrig
クォーツ Quarz 男
　~時計 Quarzuhr 女
くがつ 9月 September 男
くかん 区間 Abschnitt 男; Strecke 女
くき 茎 Stängel 男; Halm 男
くぎ 釘 Nagel 男
くく 九九 Einmaleins 中
くさ 草 Gras 中; Unkraut 中
くさい 臭い stinkend
くさり 鎖 Kette 女
くさった 腐った faul
くさる 腐る verfaulen; verwesen
くし 櫛 Kamm 男
　~けずる kämmen
くじ 籤 Los 中; Lotterie 女
　~を引く ein Los ziehen
くしゃみをする niesen
くじょう 苦情 Beschwerde 女; Klage 女
　~を言う sich beschweren〈beklagen〉; klagen
くじら 鯨 Wal 男
くしん 苦心 Mühe 女; Bemühung 女
　~する sich bemühen; sich Mühe geben
くすり 薬 Medikament 中; Arznei 女
くすりゆび 薬指 Ringfinger 男
くずれる 崩れる zusammenfallen; zusammenbrechen; zerfallen
くせ 癖 Gewohnheit 女; Neigung 女; Sucht 女
くだ 管 Röhre 女
ぐたいてきな 具体的な konkret
くだく 砕く brechen; zerbrechen; zerschlagen; zermalmen
くだもの 果物 Obst 中
　~屋 Obstladen 男
くち 口 Mund 男; (動物の) Maul 中
くちばし 嘴 Schnabel 男
くちひげ 口髭 Schnurrbart 男
くちびる 唇 Lippe 女
くちべに 口紅 Lippenstift 男
くつ 靴 Schuh 男
　~屋 Schuhmacher 男

くつう 苦痛 Schmerz 男
クッキー Gebäck 中
くつした 靴下 Socke 女; Strumpf 男
クッション Kissen 中; Polster 中
くっつく kleben; haften
くっつける kleben; anheften; leimen
くつろいだ 寛いだ bequem
　~ぐ es sich bequem machen
くに 国 Land 中; Staat 男
くばる 配る verteilen; (配達) austragen
くび 首 Hals 男; Nacken 男; Kopf 男
　~にする entlassen
くぶん 区分 Abteilung 女; Einteilung 女
　~する abteilen; einteilen
くべつ 区別 Unterschied 男
　~する unterscheiden
くま 熊 Bär 男
くみ 組 Klasse 女; Gruppe 女; (ひと揃い) Satz 男; (一対) Paar 中
くみあい 組合 Genossenschaft 女; Verein 男; Innung 女
くみあわせ 組合せ Verbindung 女; Kombination 女
　~る verbinden; kombinieren; zusammenstellen; paaren
くみたてる 組立てる zusammensetzen
くむ 汲む schöpfen
くも 雲 Wolke 女
くも 蜘 Spinne 女
くもった 曇った wolkig; bewölkt
くやしい 悔しい ärgerlich; bedauerlich
　~がる sich ärgern; bereuen; sich grämen
くやむ 悔やむ bereuen; bedauern
くらい 暗い dunkel; düster
くらい 位 Rang 男; (王などの) Thron 男; (数の) Stelle 女
グラウンド Sportplatz 男; Spielfeld 中
くらし 暮し Leben 中; Lebensunterhalt 男
クラシック (音楽) die klassische Musik 女
くらす 暮す leben
クラス Klasse 女
グラス Glas 中; Becher 男
グラタン Gratin 中
グラフ Diagramm 中
クラブ Klub 男
くらべる 比べる vergleichen
グラム Gramm 中
くり 栗 Kastanie 女
クリーニング Reinigung 女
クリーム Sahne 女; Creme〈Krem〉 女
くりかえし 繰返し Wiederholung 女; Refrain 男

　~す wiederholen; repetieren
クリスチャン Christ 男
クリスマス Weihnachten
　~イブ der Heilige Abend 男
　~カード Weihnachtskarte 女
　~プレゼント Weihnachtsgeschenk 中
くる 来る kommen; ankommen
くるう 狂う verrückt werden
グループ Gruppe 女
くるしい 苦しい schmerzhaft; schmerzlich; qualvoll; schwierig; schwer
　~み Qual 女; Pein 女; Schmerz 女
　~む leiden; sich quälen; sich plagen
　~める belasten; be schwerden; quälen
くるった 狂った verrückt; wahnsinnig
くるま 車 Auto 中; Wagen 男
　~を運転する fahren
くるみ 胡桃 Nuss 女
クレジットカード Kreditkarte 女
くろい 黒い schwarz
くろう 苦労 Mühe 女; Kummer 男; Sorge 女
　~する sich bemühen; sorgen
　~の多い mühevoll
くろうと 玄人 Kenner 男
グロテスクな grotesk
くわえる 加える addieren; hinzufügen; (危害を) antun
くわしい 詳しい ausführlich; eingehend; umständlich
くわだて 企て Unternehmen 中
　~る unternehmen; vorhaben
ぐん 郡 Landkreis 男
ぐんしゅう 群衆 Masse 女
ぐんじん 軍人 Soldat 男
ぐんたい 軍隊 Militär 中; Armee 女
ぐんび 軍備 [Kriegs]rüstung 女
　~拡張 Aufrüstung 女
　~縮小 Abrüstung 女
くんれん 訓練 Übung 女; Training 中; Drill 男; Schulung 女
　~する üben; trainieren; drillen

け

け 毛 Haar 中; (羽毛) Feder 女; (毛皮) Fell 中
けいえい 経営 Betrieb 男
　~者 Geschäftsführer 男
　~する betreiben; führen; leiten
けいか 経過 Verlauf 男; Ablauf 男
　~する verlaufen; vergehen
けいかい 警戒 Bewachung 女; Achtung 女; Wache 女; Vorsicht 女
　~する bewachen; achten; hüten

けいかく 計画 Plan 男; Vorhaben 中
～する planen; vorhaben
けいかん 警官 Polizist 男
けいき 景気 Konjunktur 女
けいけん 経験 Erfahrung 女; Erlebnis 中
～する erfahren; erleben
けいけんな 敬虔な andächtig; fromm
けいこう 傾向 Tendenz 女; Neigung 女
～がある Neigung haben; geneigt
けいこうとう 蛍光灯 Neonlicht 中
けいざい 経済 Wirtschaft 女; Ökonomie 女
～学 Wirtschaftswissenschaft 女
～的な ökonomisch
～の wirtschaftlich
～問題 Wirtschaftsfrage 女
けいさつ 警察 Polizei 女
けいさん 計算 Rechnung 女
～する rechnen; berechnen; errechnen; ausrechnen
けいじ 掲示 Anschlag 男
～する eine Bekanntmachung anschlagen
～板 Anschlagtafel 女; Anschlagbrett 中
けいしき 形式 Form 女
～的な förmlich; formell
げいじゅつ 芸術 Kunst 女
～家 Künstler 男
～作品 Kunstwerk 中
～的な künstlerisch
けいぞく 継続 Fortsetzung 女; Fortdauer 女
～する fortsetzen; fortdauern
～的な [fort]dauernd
けいそつ 軽率 Leichtsinn 男
～な leichtsinnig
けいたいする 携帯する mitnehmen; mitbringen; tragen
～電話 Handy 中
けいと 毛糸 Wolle 女; Strickwolle 女
けいど 経度 Länge 女; Längengrad 男
けいば 競馬 Pferderennen 中
けいはくな 軽薄な leichtfertig; leichtsinnig
けいひ 経費 Kosten 複
けいべつ 軽蔑 Verachtung 女
～する verachten
けいほう 警報 Alarm 男
けいほう 刑法 Strafrecht 中
けいむしょ 刑務所 Gefängnis 中
けいやく 契約 Vertrag 男; Kontrakt 男
～する einen Vertrag schließen; kontrahieren
…けいゆで 経由で über

けいようし 形容詞 Adjektiv 中
けいようする 形容する bildlich ausdrücken; schildern
けいれき 経歴 Lebenslauf 男
ケーキ Kuchen 男; Torte 女
ゲーム Spiel 中
けが 怪我 Verletzung 女; Wunde 女; Verwundung 女
～をする sich verletzen; verwundet werden
げか 外科 Chirurgie 女
～医 Chirurg 男
けがす 汚す beschmutzen; beflecken
けがわ 毛皮 Pelz 男; Fell 中
げき 劇 Schauspiel 中; Drama 中
～作家 Dramatiker 男
～的な dramatisch
～場 Theater 中
げきれい 激励 Aufmunterung 女
～する aufmuntern
けさ 今朝 heute Morgen
げし 夏至 Sommersonnenwende 女
けしき 景色 Landschaft 女; Aussicht 女; (舞台の) Szenerie 女
けしごむ 消しゴム Radiergummi 男
げしゃする 下車する aussteigen
げしゅくする 下宿する ein Zimmer mieten; bei...wohnen
けしょう 化粧 Schminken 中
～する sich schminken
～品 Kosmetika 複
けす 消す löschen; auslöschen; ausmachen;（文字を）ausstreichen, wegstreichen;（踏んで）austreten;（姿を）verschwinden
けずる 削る [ab]schaben; [ab]hobeln; ausstreichen;（費用を）kürzen
けちな geizig
けつえき 血液 Blut 中
～銀行 Blutbank 女
けっか 結果 Ergebnis 中; Folge 女; Resultat 中; Wirkung 女
けっかん 欠陥 Fehler 男; Mangel 男
～のある fehlerhaft; mangelhaft; gebrechlich
けっかん 血管 Blutgefäß 中
げっきゅう 月給 Monatsgehalt 中
けっきょく 結局 schließlich; am Ende; zum Schluss
けつごう 結合 Verbindung 女
～する verbinden
けっこうな 結構な gut; schön; herrlich; prächtig; fein; vorzüglich; ziemlich
けっこん 結婚 Heirat 女; Ehe 女
～する heiraten; sich verheiraten
～している verheiratet
～式 Hochzeit 女

けっして…ない nie[mals]; nimmer
けっしょうせん 決勝戦 Endspiel 中; Endkampf 男; Finale 中
けっしょう 結晶 Kristall 男
けっしん 決心 Entschluss 男
～する sich entschließen
けっせきする 欠席する abwesend sein; fehlen; ausfallen
けってい 決定 Entscheidung 女; Beschluss 男; Bestimmung 女
～する entscheiden; beschließen; bestimmen
～的な entscheidend
けってん 欠点 Fehler 男; Nachteil 男; Schwäche 女
けつぼう 欠乏 Mangel 男
～する mangeln
けつまつ 結末 Schluss 男; Ende 中
げつようび 月曜日 Montag 男
けつろん 結論 Schluss 男; Folgerung 女
げひんな 下品な gemein; niedrig
けむり 煙 Rauch 男
けむる 煙る rauchen; dunsten
けもの 獣 Tier 中; Bestie 女
げり 下痢 Durchfall 男
ける 蹴る kicken; stoßen; treten
ケルン Köln
けわしい 険しい steil
けん 剣 Schwert 中; Degen 男; Säbel 男; Dolch 男
けん 県 Präfektur 女
けん 弦 Saite 女; Sehne 女
…げん 減 weniger; minder
けんい 権威 Autorität 女
～のある autoritativ
げんいん 原因 Ursache 女; Anlass 男; Grund 男
けんか 喧嘩 Streit 男; Zank 男; Schlägerei 女
～する streiten; sich zanken
けんかい 見解 Ansicht 女; Anschauung 女
げんかい 限界 Grenze 女
けんがく 見学 Besichtigung 女
～する besichtigen
げんかく 幻覚 Halluzination 女
～を起す halluzinieren
げんかくな 厳格な streng
げんかん 玄関 Eingang 男; [Haus]flur 男
げんきな 元気な lebendig; lebhaft; munter
けんきゅう 研究 Forschung 女; Studium 中; Erforschung 女
～する forschen; studieren; untersuchen
～所 Institut 中
げんきん 現金 Bargeld 中
～な berechnend; eigennützig
～の bar
けんげん 権限 Befugnis 女
～のある befugt; berechtigt

～を与える berechtigen
げんご 言語 Sprache 囡
- 学 Sprachwissenschaft 囡; Linguistik
げんこう 健康 Gesundheit 囡; Wohlbefinden 田
～な gesund
げんこう 原稿 Manuskript 田
けんさ 検査 Untersuchung 囡; Prüfung; Kontrolle 囡
～する untersuchen; prüfen; kontrollieren
げんざい 現在 Gegenwart 囡
～の gegenwärtig; jetzig
げんさく 原作 Originalfassung 囡; Original 田
けんじ 検事 Staatsanwalt 男
げんし 原子 Atom 田
～爆弾 Atombombe 囡
～力 Atomenergie 囡
～力潜水艦 Atom-U-Boot
～力発電所 Kernkraftwerk 田
げんしの 原始の primitiv
～時代 Urzeit 囡
～人 Urmensch 男
げんじつ 現実 Realität 囡; Wirklichkeit
～化する verwirklichen; realisieren
～の wirklich; real
～的な realistisch
げんしゅくな 厳粛な feierlich
げんしょう 現象 Erscheinung 囡; Phänomen 田
げんしょう 減少 Abnahme 囡
～する abnehmen; sich vermindern
けんせつ 建設 Bau 男; Aufbau 男
～する bauen; aufbauen; errichten
けんぜんな 健全な gesund
げんそ 元素 Element 田
げんそう 幻想 Vision 囡; Fantasie 囡
～的な visionär; fantastisch
げんぞう 現像 Entwicklung 囡
～する entwickeln
げんそく 原則 Grundsatz 男; Prinzip 田
～的な grundsätzlich; prinzipiell
けんそん 謙遜 Bescheidenheit 囡
～した bescheiden
げんぞんの 現存の bestehend
げんだい 現代 Gegenwart 囡
～の gegenwärtig; modern
けんちく 建築 Architektur 囡
～家 Architekt 男
～する bauen; erbauen; aufbauen
げんてい 限定 Beschränkung 囡
～する beschränken
げんど 限度 Grenze 囡

けんとう 検討 Untersuchung 囡; Erwägung 囡
～する untersuchen; erwägen
げんば 現場 Stelle 囡; Tatstelle 囡
けんびきょう 顕微鏡 Mikroskop 田
けんぶつ 見物 Besichtigung 囡; Besuch 男
～する besichtigen; besuchen
けんぶん 原文 Original 田; Text 男
～で読む Original lesen
けんぽう 憲法 Verfassung 囡; Konstitution 囡
げんみつな 厳密な genau; exakt; streng
げんめつ 幻滅 Enttäuschung 囡
～した enttäuscht
けんやく 倹約 Sparsamkeit 囡; Sparen 田
～した sparsam
～する sparen
けんり 権利 Recht 田
～がある das Recht haben
～を主張する sein Recht behaupten
げんり 原理 Prinzip 田; Grundsatz 男
げんりょう 原料 Material 田; Rohstoff 男
けんりょく 権力 Macht 囡
～のある mächtig
げんろん 言論 Rede 囡
～の自由 Redefreiheit 囡; Meinungsfreiheit 囡

こ

こ 故 selig; verstorben
ご 語 Wort 田
ご 5 fünf
…ご 後 nach
こい 恋 Liebe 囡
～する lieben
～に落ちる sich verlieben
こい 故意 Absicht 囡
～に absichtlich
こい 濃い dunkel; stark; dick
こい 鯉 Karpfen 男
ごい 語彙 Wortschatz 男; Vokabular 田
こう 乞う bitten; ersuchen; anflehen
こう so
こうい 好意 Wohlwollen 田; Sympathie 囡; Freundlichkeit 囡; Güte 囡; Gunst 囡
～ある freundlich; entgegenkommend; wohlwollend; günstig; gütig
ごうい 合意 Übereinkommen 田
～する übereinkommen; vereinbaren
こううん 幸運 Glück; Glücks-

fall 男
～な glücklich
～にも glücklicherweise
こうえん 公園 Park 男
こうえん 講演 Vortrag 男
～する einen Vortrag halten
こうえん 後援 Unterstützung 囡
～する unterstützen
こうえん 公演 Aufführung 囡
～する aufführen
こうか 効果 Wirkung 囡; Effekt 男
～がある wirksam; effektiv
～がない wirkungslos; effektlos
こうか 硬貨 Münze 囡
こうかな 高価な teuer; kostbar
ごうかな 豪華な prachtvoll; prunkvoll; prächtig; herrlich; luxuriös
こうかい 後悔 Reue 囡
～する bereuen; Reue empfinden
こうかい 航海 Seefahrt 囡
～する über die See fahren; mit dem Schiff fahren
こうがい 郊外 Vorstadt 囡
～の vorstädtisch
こうがい 公害 Umweltschäden 履; Umweltverschmutzung 囡
こうかんの 公開の öffentlich
～する an die Öffentlichkeit bringen
こうがく 光学 Optik 囡
こうがく 工学 Technik 囡
～部 die technische Fakultät 囡
ごうかくする 合格する bestehen; durchkommen; passieren
こうかん 交換 Austausch 男; Tausch 男; Wechsel; Umtausch 男
～する austauschen; tauschen; umtauschen; wechseln
こうぎ 講義 Vorlesung 囡
こうぎ 抗議 Protest 男
～する protestieren
こうきしん 好奇心 Neugier[de] 囡
～の強い neugierig
こうきな 高貴な edel; vornehm
こうぎょう 工業 Industrie 囡
～化する industrialisieren
～の industriell
こうきょうの 公共の öffentlich
～福祉 das Wohl der Allgemeinheit
ごうけい 合計 Summe 囡
～する zusammenrechnen; zusammenzählen; summieren
～で insgesamt; zusammen
こうけいしゃ 後継者 Nachfolger 男
こうげき 攻撃 Angriff 男
～する angreifen
～的な aggressiv

こうけん 貢献 Beitrag 男
 ～する beitragen
こうげん 高原 Hochebene 女; Plateau 男
こうご 口語 Umgangssprache 女
こうこう 高校 die höhere Schule; Gymnasium 中
こうこく 広告 Reklame 女; Werbung 女; Anzeige 女
 ～する Reklame machen; werben; anzeigen
こうごの 交互の abwechselnd; wechselseitig
こうざ 口座 Konto 中
こうさい 交際 Umgang 男
 ～する umgehen; verkehren
こうさくする 工作する basteln; werken
こうさする 交差する sich kreuzen
こうさてん 交差点 Kreuzung 女
こうざん 鉱山 Bergwerk 中
こうし 小牛 Kalb 中
こうし 講師 (大学の) Dozent 男; (講演の) Vortragende (形容詞変化); (演説の) Redner 男
こうし 公使 Gesandte 男
こうじ 工事 Bau 男
 ～する bauen
 ～中である im Bau sein
こうしき 公式 (数学などの) Formel 女
こうしきの 公式の formell; förmlich; amtlich; offiziell
こうじつ 口実 Ausrede 女; Vorwand 男; Ausflucht 女
こうしゃ 後者 dieser; der letzte
こうじゅつの 口述の mündlich
こうしょう 交渉 Verhandlung 女; Unterhandlung 女
 ～する verhandeln; unterhandeln
こうじょう 工場 Fabrik 女
こうしょうな 高尚な edel; vornehm
ごうじょうな 強情な hartnäckig; starrsinnig; starrköpfig
こうしん 更新 Erneuerung 女
 ～する erneuern
こうしん 行進 Marsch 男
 ～する marschieren
こうすい 香水 Parfüm 中
こうずい 洪水 Hochwasser 中
こうせい 公正 Gerechtigkeit 女
 ～な gerecht
こうせい 構成 Komposition 女; Aufbau 男; Zusammensetzung 女
 ～する komponieren; aufbauen; zusammensetzen
ごうせい 合成 Synthese 女; Zusammensetzung 女
 ～する 合成する synthetisieren; zusammensetzen

こうせいぶっしつ 抗生物質 Antibiotikum 中
こうせき 功績 Verdienst 中
こうせん 光線 Strahl 男
こうぜんと 公然と öffentlich
こうぞう 構造 Struktur 女; Bau 男 Konstruktion 女
こうそくどうろ 高速道路 Autobahn 女
こうたい 交替 Wechsel 男; Abwechselung 女
 ～する wechseln; abwechseln
 ～で abwechselnd
こうたい 後退 Rückgang 男; Rückschritt 男
 ～する zurückgehen; zurücktreten
こうたいし 皇太子 Kronprinz 男
 ～妃 Kronprinzessin 女
こうちゃ 紅茶 [schwarzer] Tee 男
こうちょう 校長 Schuldirektor 男; Gymnasialdirektor 男
こうつう 交通 Verkehr 男
 ～機関 Verkehrsmittel 中
 ～規則 Verkehrsregeln 複
 ～事故 Verkehrsunfall 男
こうてい 皇帝 Kaiser 男
こうていする 肯定する bejahen
こうてきな 公的な öffentlich; offiziell
こうとうな 高等な hoch
こうとうの 口頭の mündlich
 ～試験 die mündliche Prüfung
こうどう 行動 Handlung 女; Handeln 中; Benehmen 中
 ～する handeln
 ～的な aktiv
こうどう 講堂 Aula 女
ごうとう 強盗 Einbrecher 男
ごうどう 合同 Vereinigung 女
 ～する sich vereinigen
 ～の gemeinsam
こうどく 講読 Abonnement 中
 ～する abonnieren
こうのとり 鶴 Storch 男
こうばい 勾配 Gefälle 中; Neigung 女
こうふく 幸福 Glück 中; Glückseligkeit 女
 ～な glücklich; glückselig
こうふく 降伏 Kapitulation 女; Ergebung 女
 ～する kapitulieren; sich ergeben
こうふする 交付する ausgeben; ausstellen
こうぶつ 好物 Lieblingsessen 中
こうぶつ 鉱物 Mineral 中
こうふん 興奮 Aufregung 女; Erregung 女
 ～させる aufregen; erregen
 ～した aufgeregt

～する sich aufregen〈erregen〉
こうへいな 公平な gerecht; fair; billig; unparteiisch
ごうほうてきな 合法的な legal
こうほしゃ 候補者 Kandidat 男
こうまん 高慢 Hochmut 男
 ～な hochmütig
ごうまん 傲慢 Arroganz 女
 ～な arrogant; überheblich; anmaßend
こうむいん 公務員 Beamte 男, Beamtin 女
こうもり 蝙蝠 Fledermaus 女
こうもん 肛門 After 男
ごうもん 拷問 Folterung 女; Folter 女; Marter 女
ごうりか 合理化 Rationalisierung 女
 ～する rationalisieren
ごうりてきな 合理的な rational; rationell; vernünftig
こうりょ 考慮 Berücksichtigung 女
 ～する berücksichtigen
こえ 声 Stimme 女
 ～の大きい laut
こえた 肥えた dick; fleischig; fett; (土地が) fruchtbar
(…を)こえて 越えて über
こえる 越える über…gehen〈fahren〉; überfliegen; überschreiten
コース Kurs 男
コーチ Trainer 男
コート Mantel 男
コード Schnur 女; Strick 男
コーヒー Kaffee 男
コーラス Chor 男
 ～で歌う im Chor singen
こおり 氷 Eis 中
こおる 凍る frieren
ゴール 的 中; (サッカーなどの) Tor 中
 ～キーパー Torwart 男
こおろぎ 蟋蟀 Grille 女
こがい 戸外 das Freie 中
 ～で im Freien; draußen
ごかい 誤解 Missverständnis 中
 ～する missverstehen
ごがつ 5月 Mai 男
こぎって 小切手 Scheck 男
ごきぶり ゴキブリ Küchenschabe 女
こきゅう 呼吸 Atem 男; Atmung 女
 ～する atmen
こきょう 故郷 Heimat 女
 ～の heimatlich
こぐ 漕ぐ rudern
こくご 国語 Landessprache 女; Muttersprache 女
こくさい 国債 Staatsanleihe 女
こくさいてきな 国際的な international
 ～関係 internationale Bezie-

付録

hungen 囡
~問題 die internationale Frage 囡; das internationale Problem 囲
こくさんの 国産の inländisch; einheimisch
~品 inländische Erzeugnisse 覆
こくじん 黒人 Neger 男
こくせき 国籍 Nationalität 囡; Staatsangehörigkeit 囡
こくそ 告訴 Anklage 囡
~する anklagen
こくない 国内 Inland 囲
~の inländisch
こくはく 告白 Geständnis 囲
~する gestehen
こくはつ 告発 Anklage 囡; Anzeige 囡
~する anklagen; anzeigen
こくばん 黒板 Tafel 囡
こくふく 克服 Überwindung 囡
~する überwinden
こくほう 国宝 Staatsschatz 男
こくぼう 国防 Landesverteidigung 囡
~軍 (一般に) Wehrmacht 囡; (ドイツの) Bundeswehr 囡
こくみん 国民 Volk 囲; Nation 囡; Staatsbürger 男
こくもつ 穀物 Getreide 囲
こくりつの 国立の staatlich; national
~銀行 Staatsbank 囡; Nationalbank 囡
~劇場 Nationaltheater 囲
~公園 Nationalpark 男
~図書館 Nationalbibliothek 囡
こけ 苔 Moos 囲
~の生えた bemoost
こげちゃいろの 焦茶色の dunkelbraun
こげる 焦げる anbrennen
ここ hier
~かしこ hier und da〈dort〉
~から von hier [ab]
~へ hierher; hierhin
~まで bis hierher; so weit
ここの 個々の einzeln
ごご 午後 Nachmittag 男
~に nachmittags
こごえる 凍える frieren
こころ Seele 囡; Herz 囲; Geist 男; Gemüt 囲
~からの herzlich
~ならずも widerwillig; wider Willen
~の広い großherzig
~の優しい herzensgut
こころざす 志す beabsichtigen
こころみ 試み Versuch 男
~る versuchen; probieren
こころよい 快い angenehm; be-

haglich; gemütlich; bequem
こし 腰 Hüfte 囡
~の低い demütig
~をかける sich setzen
~を曲げる sich bücken〈beugen〉
こじ 孤児 Waise 囡
こじき 乞食 Bettler 男
~をする betteln
こしょう 故障 Defekt 男; Störung 囡; Panne 囡
~した defekt; kaputt; schadhaft
こしょう 胡椒 Pfeffer 男
こじん 個人 Individuum 囲; Einzelne (形容詞変化)
~的な persönlich; privat
~主義 Individualismus 男
~の individuell; persönlich; privat
コスモス (花) Schmuckkörbchen 囲
こする 擦る reiben
こせい 個性 Individualität 囡
~的な individuell
ごぜん 午前 Vormittag 男
~に vormittags
…こそ eben; gerade
こだい 古代 Altertum 囲
~の altertümlich
こたえ 答え Antwort 囡; Beantwortung 囡; Erwiderung 囡; Lösung 囡
~る antworten; beantworten; erwidern
こたえる 応える entsprechen; erfüllen; (身に) [tief] treffen; hart
こだま 木霊 Echo 囲
ごちそうする ご馳走する einladen; bewirten
こちょう 誇張 Übertreibung 囡
~した übertrieben
~する übertreiben
こちらへ hierher
こつ Griff 男
こっか 国家 Staat 男; Nation 囡
~の staatlich
こっか 国歌 Nationalhymne 囡
こっかい 国会 Parlament 囲; (ドイツの) Bundestag 男
こっき 国旗 Nationalflagge 囡
こっきょう 国境 Landesgrenze 囡
コック Koch 男
こっけいな 滑稽な komisch
こっせつする 骨折する sich einen Knochen brechen
こづつみ 小包み Paket 囲; Päckchen 囲
こっとう 骨董 Antiquität 囡
コップ Glas 囲; Becher 男
こていする 固定する befestigen; festmachen; fixieren
…ごとき wie; als
こてん 古典 Klassik 囡

~古代 Antike 囡
~的な klassisch
こと 事 Sache 囡; Ding 囲
こどく 孤独 Einsamkeit 囡
~な einsam
ことし 今年 dieses Jahr; in diesem Jahr
ことに besonders; namentlich
ことば Sprache 囡; Wort 囲; Rede 囡
こども 子供 Kind 囲
~じみた kindisch
~好きの kinderlieb
~らしい kindlich
ことわざ 諺 Sprichwort 囲
ことわる 断る ablehnen; abschlagen; ausschlagen; weigern; verweigern; zurückweisen
こな 粉 Pulver 囲; Mehl 囲; Staub 男; Puder 男
~こなにする in Stücke zerbrechen; atomisieren
この dieser
このあいだ この間 neulich; vor kurzem; kürzlich
このごろ in dieser Zeit; neuerdings
このまえ letztes Mal 囲; neulich; zuletzt
このましい 好ましい wünschenswert; erwünscht; gut; angebracht
このみ 好み Geschmack 男
このむ 好む mögen; lieben; gern haben; gefallen; vorziehen
このんで 好んで gern; lieber
ごはん ご飯(食事) Essen 囲; (米飯) Reis 男
コピー Kopie 囡
~する kopieren
こひつじ 小羊 Lamm 囲
こびる 媚びる kokettieren; schmeicheln
こふうな 古風な altmodisch; altertümlich
ごぶごぶの 五分五分の gleichwertig; ebenbürtig
こぶし 拳 Faust 囡
こぼす 零す verschütten; vergießen; (不平を) klagen, sich beklagen
こま 独楽 Kreisel 男
ごま 胡麻 Sesam 男
こまかい 細かい fein; klein; winzig; (説明が) ausführlich
ごまかす betrügen; beschwindeln; gaukeln; mogeln; täuschen; unterschlagen
コマーシャル Werbespot 男
こまる 困る verlegen sein; in Not sein; Schwierigkeiten haben
ごみ Abfall 男; Müll 男; Staub 男
コミュニケーション Kommunikation 囡

ゴム Gummi 男 中
こむぎ 小麦 Weizen 男
　〜粉 Mehl 中
こめ 米 Reis 男
こや 小屋 Hütte 女; Stall 男
こゆう 固有の eigentümlich
　〜名詞 Eigenname 男
こゆび 小指 der kleine Finger 男
こよう 雇用 Anstellung 女
　〜する anstellen
こよみ 暦 Kalender 男
ごらく 娯楽 Vergnügung 女; Unterhaltung 女
こりつ 孤立 Isolation 女
　〜する sich isolieren
こりょ 顧慮 Rücksicht 女
　〜する berücksichtigen
ゴリラ Gorilla 男
こる 凝る (肩が) steif werden; (遊びなどに) schwärmen
ゴルフ Golf 中
これ dies[es]; das
これから von jetzt an
これまで bis jetzt; bisher
…ころ 頃 gegen
ころがす 転がす rollen; wälzen
　〜る rollen; sich wälzen
ころす 殺す töten; umbringen; killen
ころぶ 転ぶ fallen; hinfallen; stürzen; stolpern; umfallen
こわい 恐い furchtbar; schrecklich
こわがる 恐がる fürchten; scheuen
こわす 壊す kaputtmachen; zerbrechen; zerschlagen; zerstören
　〜れた kaputt
　〜れる kaputtgehen; zerbrechen; zusammenbrechen
こんき 根気 Ausdauer 女; Geduld 女; Beharrlichkeit 女
　〜のよい beharrlich; geduldig
　〜よく ausdauernd
こんきょ 根拠 Grund 男
　〜のある begründet
　〜のない unbegründet
コンクリート Beton 男
コンクール Konkurrenz 女; Wettbewerb 男
こんげつ 今月 dieser Monat 男; in diesem Monat
こんごう 混合 [Ver]mischung 女
　〜する [ver]mischen
コンサート Konzert 中
こんしゅう 今週 diese Woche 女; in dieser Woche
コンセント Steckdose 女
コンタクトレンズ Kontaktlinse 女
こんだて 献立 (料理) Speise 女; (メニュー) Speisekarte 女
こんちゅう 昆虫 Insekt 中
こんど 今度 diesmal; dieses Mal 中; nächstes Mal 中
　〜の diesmalig; nächst; kommend
こんどう 混同 Verwechselung 女
　〜する verwechseln
コントロール Kontrolle 女
　〜する kontrollieren
こんなん 困難 Schwierigkeit 女
　〜な schwer; schwierig
こんにち 今日 heute
　〜の heutig
　〜は Guten Tag!
コンパス Zirkel 男; Kompass 男
コンパートメント Abteil 中
こんばん 今晩 heute Abend; dieser Abend 男
　〜は Guten Abend!
コンビニ 24-Stunden Laden 男
コンピュータ Computer 男
こんぽん 根本 Grund 男; Fundament 中; Grundlage 女; Wesen 中
　〜的な grundlegend; fundamental
こんや 今夜 heute Nacht; heute Abend
こんやく 婚約 Verlobung 女
　〜者 Verlobte (形容詞変化)
　〜する sich verloben
こんらん 混乱 Verwirrung 女; Durcheinander 中; Unordnung 女
　〜した verwirrt; verworren
　〜させる verwirren
　〜する sich verwirren

さ

さ 差 Unterschied 男; Differenz 女
サーカス Zirkus 男
サーバ (インターネットの) Server 男
サービス Bedienung 女
　〜料込みで Bedienung inbegriffen
…さい 歳 …Jahr[e] alt
さいかい 再会 Wiedersehen 中
　〜する wiedersehen
さいかいする 再開する wieder aufnehmen; wieder eröffnen
さいがい 災害 Unfall 男; Unglück 中
さいきん 最近 neulich; vor kurzem
さいきん 細菌 Bakterien 複
さいけつ 採決 Entscheidung 女
　〜する entscheiden; abstimmen
さいけん 再建 Wiederaufbau 男
　〜する wiederaufbauen
さいご 最後 Ende 中; Schluss 男
　〜に zuletzt; schließlich; zum Schluss
　〜の letzt; final
　〜まで bis zum Ende
さいこう 最高の best; höchst
　〜速度 Höchstgeschwindigkeit
ざいこひん 在庫品 Lager 中
さいころ 賽子 Würfel 男
　〜を振る würfeln
ざいさん 財産 Vermögen 中; Hab und Gut
さいさんさいし 再三再四 immer wieder; wiederholt
さいじつ 祭日 Feiertag 男
さいしゅうする 採集する sammeln
さいしゅうの 最終の letzt; endgültig
さいしょ 最初 Anfang 男; Beginn 男
　〜から von Anfang an
　〜に anfangs; zuerst; am〈im/zu〉 Anfang
　〜の erst; anfänglich
さいしょうの 最小の kleinst; minimal
さいしんの 最新の [aller]neuest
サイズ Größe 女
ざいせい 財政 Finanzen 複
　〜上の finanziell
　〜学 Finanzwissenschaft 女
さいそく 催促 Mahnung 女
　〜する mahnen
さいだいの 最大の größt; maximal
　〜限 Maximum 中
(…の)さいちゅうに 最中に mitten in; inmitten; während
さいていの 最低の niedrigst; unterst; mindest
　〜限 Minimum 中
さいている 咲いている blühen
サイド Seite 女
さいどの 再度の abermalig
さいなん 災難 Unglück 中; Pech 中; Unfall 男
さいのう 才能 Begabung 女; Talent 中
　〜のある begabt; talentvoll
さいばい 栽培 Zucht 女
　〜する züchten
さいばん 裁判 Gericht 中
　〜官 Richter 男
　〜所 Gericht 中; Gerichtshof 男
さいふ 財布 Geldbeutel 男; Portemonnaie 中; Geldtasche 女
さいほう 裁縫 Näherei 女
　〜をする nähen
さいぼう 細胞 Zelle 女
さいもく 材木 Holz 中
さいよう 採用 Aufnahme 女; Anstellung 女
　〜する aufnehmen; anstellen
ざいりょう 材料 Material 中; Rohstoff 男
サイレン Sirene 女
さいわいにも 幸いにも glücklicherweise; zum Glück
サイン (合図) Zeichen 中; (署名)

Unterschrift 囡
~する unterschreiben
~ペン Filzstift 囝
…さえ sogar; selbst; auch
さえぎる 遮る sperren; hindern; stören; unterbrechen
さえずる 囀る singen; zwitschern
さか 坂 Abhang 男; (上り坂) Steigung 囡; (下り坂) Abstieg 男
さかい 境 Grenze 囡
さかえる 栄える gedeihen; blühen
さかさの 逆さの umgekehrt; verkehrt
さがす 捜す suchen
さかずき 杯 Becher 男
さかな 魚 Fisch 男
  ~釣りをする angeln
さかな 肴 Zukost 囡; Zuspeise 囡
さかのぼる 遡る (川を) flussaufwärts gehen〈fahren〉; (時間を) zurückgehen
さかば 酒場 Lokal 囝; Kneipe 囡; Bar 囡; Schenke 囡
さがる 下がる sinken; fallen; zurückgehen; zurücktreten; herunterkommen
さかんな 盛んな blühend; lebhaft
さき 先 (先端) Spitze 囡; (未来) Zukunft 囡
  ~の (以前) früher; vorausgegangen
  ~の (未来) zukünftig; kommend
さぎ 詐欺 Betrug 男
  ~師 Betrüger 男
さきおととい 一昨昨日 vorvorgestern
さぎょう 作業 Arbeit 囡
さく 柵 Zaun 男
さく 咲く aufblühen
さく 裂く [zer]reißen
さくいん 索引 Register 囝; Index 男; Verzeichnis 囝
さくじつ 昨日 gestern
さくしゃ 作者 Verfasser 男; Autor 男
さくせん 作戦 (軍事) Operation 囡
さくねん 昨年 letztes Jahr 囝
さくひん 作品 Werk 囝; Arbeit 囡; Kunstwerk 囝; Opus 囝
さくぶん 作文 Aufsatz 男
さくもつ 作物 Feldfrüchte 複; Getreide 囝; Erzeugnis 囝; Ernte 囡
さくら 桜 Kirschbaum 男; Kirschblüte 囡
さくらんぼ Kirsche 囡
さぐる 探る erforschen; sondieren; erkunden; suchen; tasten
さけ 酒 Spirituosen 複; Alkohol 男; (日本酒) Sake 男
さけ 鮭 Lachs 男
さけび 叫び Schrei 男; Ruf 男
さけぶ 叫ぶ rufen; schreien; aufschreien; kreischen
さける 裂ける [zer]reißen; aufreißen
さけられない 避けられない unvermeidlich
さける 避ける meiden; vermeiden; ausweichen; umgehen
さげる 下げる senken; herablassen; herabsetzen; reduzieren; (掛けに) hängen; (食器を) abräumen
ささいな 些細な klein; geringfügig
ささえ 支え Stütze 囡
  ~る stützen; unterstützen
ささげる 捧げる widmen; opfern
ささやく 囁く flüstern; wispern; lispern
さじ 匙 Löffel 男
さしあたり für jetzt; einstweilen
さしえ 挿絵 Illustration 囡
  ~を入れる illustrieren
さしこむ 差込む [hinein]stecken
さしず 指図 Anweisung 囡
  ~する anweisen
さしだす 差出す anbieten; einreichen; reichen
さしひき 差引 Abrechnung 囡; Abzug 男
  ~する abrechnen; abziehen
さす 差す (日が) scheinen; (水を) gießen; (傘を) aufspannen; (目薬を) einträufeln
さす 指す zeigen; weisen
さす 刺す stechen; stoßen; erstechen
させき 座席 Sitzplatz 男
ざせつする 挫折する scheitern; zusammenbrechen
…させる lassen
さそう 誘う einladen; verführen; verleiten
さだまった 定まった bestimmt
さだめる 定める bestimmen
さつ 冊 Band 男
さつ 札 Schein 男; Papiergeld 囝
さつえい 撮影 Aufnahme 囡
  ~する aufnehmen; fotografieren
ざつおん 雑音 Geräusch 囝
さっか 作家 Schriftsteller 男; Autor 男; Dichter 男; Verfasser 男
サッカー Fußball 男
さっかく 錯覚 Täuschung 囡; Illusion 囡
さっき vorhin
  ~まで bis vorhin
さっきょく 作曲 Komposition 囡
  ~家 Komponist 男
  ~する komponieren
ざっし 雑誌 Zeitschrift 囡
さつじん 殺人 Mord 男
  ~者 Mörder 男
ざっそう 雑草 Unkraut 囝
さっそく sofort
  ~の sofortig
ざつだん 雑談 Plauderei 囡
  ~する plaudern
ざっとう 雑踏 Andrang 男; Gedränge 囝
さて nun; also; dann; jetzt
さとう 砂糖 Zucker 男
さばく 砂漠 Wüste 囡
さばく 裁く Gericht halten; ein Urteil fällen
さび 錆 Rost 男
  ~た rostig
  ~る rosten
さびしい 寂しい einsam
  ~さ Einsamkeit 囡
さひょう 座標 Koordinaten 複
さべつ 差別 Diskriminierung 囡; Unterschied 男
  ~する diskriminieren; unterscheiden
サボテン Kaktus 男
さぼる (学校を) schwänzen; (仕事を) vernachlässigen
さまざまな 様々な verschieden; allerlei; allerhand
さます 冷ます abkühlen
さます 覚ます [auf]wecken; (酔いを) ernüchtern
さまたげる 妨げる hindern; stören
さまよう wandern; umherschweifen
さむい 寒い kalt
さむさ 寒さ Kälte 囡
さめ 鮫 Hai 男
さめる 冷める kühl werden
さめる 覚める aufwachen; erwachen; (酔いが) sich ernüchtern
さや 莢 Hülse 囡
さや 鞘 Scheide 囡
さよう 作用 Wirkung 囡
  ~する wirken
さようなら Auf Wiedersehen〈Wiederhören〉!
さら 皿 Teller 男; Platte 囡; Schüssel 囡
さらさらした rau
サラダ Salat 男
さらに 更に noch; wieder; ferner; außerdem
サラリーマン Angestellte (形容詞変化)
さる 去る verlassen; weggehen; fortkommen
さる 猿 Affe 男
さわがしい 騒がしい lärmend
さわぎ 騒ぎ Lärm 男; Tumult 男
さわぐ 騒ぐ lärmen; Lärm machen
さわやかな frisch; erfrischend
さわる 触る berühren; tasten
さん 3 drei
さん 酸 Säure 囡

…さん (男性) Herr…; (女性) Frau …

さんか 参加 Teilnahme 囡; Beteiligung 囡
 〜する teilnehmen; sich beteiligen; beiwohnen
さんかく 3角 Dreieck 男
 〜の dreieckig
さんがつ 3月 März 男
さんぎょう 産業 Industrie 囡
 〜の industriell
ざんぎょう 残業 Überstunden 覆
 〜する Überstunden machen
サングラス Sonnenbrille 囡
さんご 珊瑚 Koralle 囡
さんこう 参考 Nachschlagen
 〜書 Nachschlagewerk 囲
 〜にする zu Rate ziehen
 〜文献 Literatur 囡
ざんこくな 残酷な grausam
さんじゅう 30 dreißig
さんしゅつする 産出する erzeugen
 〜物 Erzeugnis 囲
さんすう 算数 Rechnen 囲
さんせい 賛成 Zustimmung 囡
 〜する zustimmen
さんせいけん 参政権 Stimmrecht 囲; Wahlrecht 囲
さんそ 酸素 Sauerstoff 男
サンタクロース Weihnachtsmann 男
サンダル Sandale 囡
サンドイッチ Sandwich 男/囲
ざんねんな 残念な bedauerlich; bedauernswert; schade
 〜ながら leider
さんば 産婆 Hebamme 囡
さんばつする 散髪する sich die Haare schneiden lassen
さんびか 賛美歌 Hymne 囡
さんふじんか 産婦人科 Gynäkologie 囡
さんぶつ 産物 Erzeugnis 囲; Produkt 囲
さんぶん 散文 Prosa 囡
 〜的な prosaisch
さんぽ 散歩 Spaziergang 男
 〜する spazieren gehen
さんま 秋刀魚 Makrelenhecht 男
さんみゃく 山脈 Gebirge 囲
さんれつする 参列する beiwohnen

し

し 詩 Gedicht 囲; Vers 男
し 市 Stadt 囡
 〜の städtisch
し 死 Tod 男
し 4 vier
…し 氏 Herr…
じ 字 Schriftzeichen 囲; Buchstabe 男; Schrift 囡
…じ 時 …Uhr

しあい しあい Spiel 囲; Wettkampf 男
 〜をする spielen
しあげる 仕上げる vollenden; fertig machen; fertig stellen
しあわせ 幸せ Glück 囲
 〜な glücklich
しいく 飼育 Zucht 囡; Züchtung 囡
 〜する züchten
シーソー Wippe 囡
シーディー CD 囡
シートベルト Sicherheitsgurt 男
しいん 子音 Konsonant 男
じいん 寺院 Tempel 男
ジーンズ Jeans 男
じえい 自衛 Selbstverteidigung 囡
じぇっとき ジェット機 Düsenflugzeug 囲
しお 塩 Salz 囲
 〜辛い salzig
しお 潮 Gezeiten 覆; Ebbe und Flut
しおれた 萎れた welk; (気持が) niedergeschlagen
しおれる 萎れる welken
しか 歯科 Zahnheilkunde 囡
しか 鹿 Hirsch 男; Reh 囲
じか 時価 Tagespreis 男
…しか nur; bloß
じが 自我 Ich 囲; Ego 囲
しがい 市街 Straße 囡
しがい 市外 Vorort 男; Vorstadt 囡
しかいする 司会する den Vorsitz führen
しかい 視界 Sicht 囡
しかく 資格 Qualifikation 囡
 〜のある qualifiziert
 〜のない unqualifiziert
しかく 視覚 Gesichtssinn 男
しかく 4角 Viereck 囲
 〜い viereckig
じかく 自覚 Selbstbewusstsein 囲
 〜している bewusst
しかし aber; doch; allein; jedoch
しかた 仕方 Art und Weise; Methode 囡
 〜がない es ist nicht zu ändern; es hilft nichts; es ist nun einmal so
しがつ 4月 April 男
しかも auch noch; noch dazu
しかる 叱る schelten; tadeln
しがんする 志願する sich bewerben
じかん 時間 Zeit 囡; Stunde 囡
 〜がある Zeit haben
 〜どおりに pünktlich
 〜です es ist Zeit
しき 四季 die vier Jahreszeiten
しき 指揮 Führung 囡; Leitung 囡
 〜者 Dirigent 男
 〜する führen; leiten; dirigieren

しき 式 Zeremonie 囡; (数学) Formel 囡
じき 時期 Zeit 囡; Zeitpunkt 男; Saison 囡
 〜はずれの unzeitgemäß
じき 磁器 Porzellan 囲
しきい 敷居 Schwelle 囡
しきゅうする 支給する ausgeben
しきゅうの 至急の dringend
じぎょう 事業 Unternehmen 囲
しく 敷く legen; auslegen
じく 軸 Achse 囡
しけい 死刑 Todesstrafe 囡
しげき 刺激 Reiz 男; Anregung 囡; Stimulierung 囡
 〜する [an]reizen; anregen; stimulieren
しげみ 茂み Busch 男
しけん 試験 Prüfung 囡; Examen 囲; Test 男
 〜的に probeweise
 〜をする prüfen; examinieren; testen
しげん 資源 Bodenschätze 覆
じけん 事件 Fall 男; Affäre 囡
じげん 次元 Dimension 囡
じこ 自己 Selbst 囲
 〜紹介する sich vorstellen
じこ 事故 Unfall 男
じこう 事項 Artikel 男; Sache 囡
じこく 時刻 Zeit 囡
 〜表 Fahrplan 男
じごく 地獄 Hölle 囡
しごと 仕事 Arbeit 囡; Geschäft 囲; Werk 囲; Beschäftigung 囡
 〜で geschäftlich
 〜をする arbeiten
じさ 時差 Zeitgleichung 囡; Zeitunterschied 男
しさつ 視察 Besichtigung 囡; Inspektion 囡
 〜する besichtigen; inspizieren
じさつ 自殺 Selbstmord 男
 〜する Selbstmord begehen; sich umbringen; sich selbst töten
しじ 指示 Anweisung 囡; Hinweis 男
 〜する anweisen; hinweisen
しじ 支持 Unterstützung 囡
 〜する unterstützen
じじつ 事実 Tatsache 囡; Wirklichkeit 囡
 〜上 tatsächlich; wirklich
ししゃ 支社 Zweigstelle 囡; Filiale 囡
ししゃ 使者 Bote 男
ししゃ 死者 Tote (形容詞変化)
じしゃく 磁石 Magnet 男
じしゅてきな 自主的な selbstständig; unabhängig
ししゅう 刺繍 Stickerei 囡

~する sticken
ししゅう 詩集 Gedichtsammlung 囡
ししゅうそう 4重奏 Quartett 囲
ししゅつ 支出 Ausgabe 囡
~する ausgeben
じしょ 辞書 Wörterbuch 囲
~をひく im Wörterbuch nachschlagen〈nachsehen〉
じじょ 次女 die zweite Tochter 囡
じじょう 市場 Markt 男
~経済 Marktwirtschaft 囡
じしょうする 自称する sich angeben
~の angeblich
じじょう 事情 Umstände 複; Verhältnisse 複
~によっては unter Umständen
じしょく 辞職 Rücktritt 男; Abdankung 囡; Abschied 男
~する zurücktreten; abdanken
~願 Rücktrittsgesuch 囲
じじょでん 自叙伝 Autobiographie 囡
ししばこ 私書箱 Postfach 囲
しじん 詩人 Dichter 男
じしん 自信 Selbstvertrauen 囲
じしん 自身 selbst; selber
じしん 地震 Erdbeben 囲
しずかな 静かな still; ruhig
しずけさ 静けさ Stille 囡; Ruhe 囡
しずく 滴 Tropfen 男
しずむ 沈む sinken; untergehen
しずめる 沈める versenken
しずめる 静める beruhigen; stillen; niederschlagen
しせい 姿勢 Haltung 囡; Stellung 囡
しせつ 施設 Anstalt 囡; Einrichtung 囡; Heim 囲
しせつ 使節 Delegat 男; Gesandte (形容詞変化)
しせん 視線 Blick 男
しぜん 自然 Natur 囡
~科学 Naturwissenschaft 囡
~の natürlich
じぜん 慈善 Wohltätigkeit 囡; Wohltat 囡; Liebestätigkeit 囡
~家 Wohltäter 男
~の wohltätig
しそう 思想 Denken 囲; Gedanke 男
~家 Denker 男
しそん 子孫 Nachkomme 男; Nachkommenschaft 囡; Abkömmling 男
じそく 時速 Stundengeschwindigkeit 囡
じぞくする 持続する fortdauern; andauern
~的な andauernd; beständig
じそんしん 自尊心 Selbstachtung 囡; Stolz 男

~の強い stolz
(...の)した 下 unter
~から von unten
~に unten
~の unter; nieder; niedrig
した 舌 Zunge 囡
したい 死体 Leichnam 男; Leiche 囡
...したい möchte
...しだい 次第 sobald; sofort
しだいに 次第に allmählich
じだい 時代 Zeit 囡; Zeitalter 囲; Epoche 囡; Periode 囡
~遅れの altmodisch
~がかった altertümlich
~錯誤 Anachronismus 男
したがう 従う folgen; befolgen; gehorchen; nachfolgen
したがって 従って folglich; deshalb; deswegen; also
(...に)したがって 従って gemäß; nach
したぎ 下着 Unterwäsche 囡
したく 支度 Vorbereitung 囡
~する vorbereiten
したしい 親しい befreundet; vertraut; intim
しち 7 sieben
しち 質 Pfand 囲
じち 自治 Autonomie 囡; Selbstverwaltung 囡
しちがつ 7月 Juli 男
しちめんちょう 七面鳥 Truthahn 男; Truthenne 囡
シチュー Geschmorte 囲
しちょう 市長 Bürgermeister 男
しつ 質 Qualität 囡
しつう 歯痛 Zahnschmerzen 複
しっかりした fest; stabil; solide; gediegen; zuverlässig
しつぎょう 失業 Arbeitslosigkeit 囡
~者 Arbeitslose (形容詞変化)
~中の arbeitslos
しつこい penetrant; hartnäckig
じつに 実に wirklich; in der Tat
じつは 実は in Wirklichkeit; um die Wahrheit zu sagen
シックな schick
しつけ 躾 Zucht 囡; Erziehung 囡
~の良い wohlerzogen
~の悪い ungezogen
~る in Zucht nehmen; erziehen
じっけん 実験 Experiment 囲; Versuch 男
~的な experimentell
~的に versuchsweise; probeweise
じつげん 実現 Verwirklichung 囡
~する verwirklichen; realisieren

じっこう 実行 Ausführung 囡; Durchführung 囡; Praxis 囡
~する ausführen; durchführen
じっさいに 実際に in Wirklichkeit; in der Tat
じっし 実施 Durchführung 囡
~する durchführen
じっしつ 実質 Wesen 囲; Substanz 囡; Inhalt 男
~的な wesentlich; substantiell
じっせん 実践 Praxis 囡
~する praktizieren
~的な praktisch
しっそ 質素 Schlichtheit 囡; Einfachheit 囡
~な schlicht; einfach
しっている 知っている kennen; wissen; sich auskennen; sich auf... verstehen
しっと 嫉妬 Neid 男; Eifersucht 囡
~深い neidisch; eifersüchtig
じっと still; unbewegt
しつど 湿度 Feuchtigkeit 囡
しっぱい 失敗 Misserfolg 男; Misslingen 囲; Fehlschlag 男
~する misslingen; scheitern
しつぼう 失望 Enttäuschung 囡
~する sich enttäuschen
しつもん 質問 Frage 囡
~する fragen
じつようてきな 実用的な praktisch; nützlich
じつりょく 実力 Fähigkeit 囡
~のある fähig; tüchtig
しつれい 失礼 Entschuldigung!
~な unhöflich
じつれい 実例 Beispiel 囲
しつれん 失恋 die unglückliche Liebe 囡
してい 指定 Bestimmung 囡
~する bestimmen
~席 ein reservierter Platz 男
してつ 私鉄 Privatbahn 囡
してん 支店 Filiale 囡; Zweigstelle 囡; Zweiggeschäft 囲
しでん 市電 Straßenbahn 囡
じてん 辞典 Wörterbuch 囲
じてん 事典 Lexikon 囲
じてんしゃ 自転車 Fahrrad 囲
しと 使徒 Apostel 男
しどう 指導 Führung 囡; Leitung 囡
~者 Führer 男; Leiter 男
~する führen; leiten
じどうの 自動の automatisch
~詞 intransitives Verb 囲; Intransitiv
~販売機 Automat 男
じどうしゃ 自動車 Auto 囲; Wagen 男
しなければならない müssen
しなもの 品物 Artikel 男; Ware 囡

和 独 索 引

しなやかな geschmeidig; gelenkig; flexibel; bigsam
しぬ 死ぬ sterben; umkommen
しはい 支配 Herrschaft 囡; Beherrschung 囡; Regierung 囡
　～者 Herrscher 男
　～する herrschen; beherrschen; regieren
　～的な herrschend; überwiegend
　～人 Manager 男
しばい 芝居 Schauspiel 中
じはく 自白 Geständnis 中
　～する gestehen
しばしば oft; häufig
じはつてきな 自発的な spontan; freiwillig
しばふ 芝生 Rasen 男
しはらい 支払い Zahlung 囡; Bezahlung 囡; Auszahlung 囡
しはらう 支払う zahlen; bezahlen; auszahlen
しばらく 暫らく Weile 囡; Weilchen 中; lange; zeitweilig
　～して nach einer Weile
　～の間 für eine Weile
しばる 縛る binden; fesseln; schnüren
じひ 慈悲 Barmherzigkeit 囡
　～深い barmherzig
じひで 自費で auf eigene Kosten
しびれ 痺れ Lähmung 囡
　～さす lähmen; einschläfern
　～た gelähmt
　～る gelähmt werden; einschlafen
　～を切らす auf glühenden Kohlen sitzen
しぶい (味の) herb
しぶき 飛沫 Spritzer 男
しぶしぶ ungern; widerwillig
じぶん 自分 Selbst; Ich 中
　～勝手な eigennützig; egoistisch; eigenmächtig; selbstsüchtig
　～で selbst; selber
　～の eigen
しへい 紙幣 Geldschein 男
しほう 司法 Justiz 囡
しぼう 死亡 Tod 男
しぼう 脂肪 Fett 中
しぼる 絞る wringen; ringen; pressen; ausdrücken; (レンズを) abblenden
しほん 資本 Kapital 中
　～家 Kapitalist 男
　～主義 Kapitalismus 男
しま 島 Insel 囡
　～国根性 Inselmentalität 囡
しま 縞 Streifen 男
　～の gestreift
しまい 姉妹 Schwester 囡
しまう 仕舞う aufheben; aufbewahren; behalten
しまつする 始末する abtun; erledigen
しまる 閉まる schließen
じまん 自慢 Prahlerei 囡
　～する prahlen; sich rühmen; stolz sein
しみ 染み Fleck 男
じみな 地味な schlicht; unauffällig
しみる 染みる durchdringen; (ひりひりと) brennen; (心に) zu Herzen gehen
しみん 市民 Bürger 男
　～権 Bürgerrecht 中
じむ 事務 Geschäft 中
　～所 Büro 中
　～的な geschäftlich
しめい 使命 Aufgabe 囡; Mission 囡
しめい 指名 Ernennung 囡
　～する ernennen
じめいの 自明の selbstverständlich
しめす 示す zeigen; weisen
しめった 湿った feucht; nass
しめり 湿り Nässe 囡; Feuchtigkeit 囡
しめる 閉める schließen; abschließen; zuschlagen; zudrehen
しめる 締める anziehen; umbinden; zusammenschnüren
しめる 占める einnehmen; besetzen
しめる 湿る feucht werden
しも 霜 Reif 男
　～が降りる es reift
しもん 指紋 Fingerabdruck 男
しや 視野 Gesichtsfeld 中
　～が狭い〈広い〉 einen engen 〈weiten〉 Horizont haben
ジャーナリスト Journalist 男
ジャーナリズム Journalismus 男
シャープペンシル Druckbleistift; Drehbleistift
しゃいん 社員 Gesellschafter 男; Mitglied 中
しゃかい 社会 Gesellschaft 囡
　～主義 Sozialismus 男
　～の sozial
　～保険 Sozialversicherung 囡
　～問題 das soziale Problem 中; die soziale Frage 囡
じゃがいも Kartoffel 囡
しやくしょ 市役所 Rathaus 中
じゃぐち 蛇口 Wasserhahn 男
じゃくてん 弱点 der schwache Punkt 男; Schwäche 囡
しゃくや 借家 Miethaus 中
しゃげき 射撃 Schießen 中
　～する schießen; feuern
ジャケット Jacke 囡
しゃこうてきな 社交的な gesellschaftlich; gesellig
しゃざい 謝罪 Abbitte 囡
　～する abbitten; Abbitte leisten
しゃじつてきな 写実的な realistisch
しゃしょう 車掌 Schaffner 男
しゃしん 写真 Foto 中; Bild 中; Aufnahme 囡
　～家 Fotograf 男
　～を撮る fotografieren; aufnehmen
ジャスミン Jasmin 男
しゃせい 写生 Skizze 囡
　～する skizzieren; eine Skizze machen
しゃせつ 社説 Leitartikel 男
しゃちょう 社長 Direktor 男; Firmenchef 男; Vorsteher 男
シャツ Hemd; Unterhemd
じゃっかん 若干 Anzahl 囡
　～の mehrere
しゃっきん 借金 Schuld 囡
しゃっくり Schluckauf 男
シャッター (カメラの) Verschluss 男; (戸口の) Rollladen 男
しゃどう 車道 Fahrbahn 囡
しゃべる sprechen; reden; schwatzen
シャベル Schaufel 囡
じゃま 邪魔 Hindernis 中; Störung 囡
　～する hindern; stören
ジャム Marmelade 囡
しゃめん 斜面 Abhang 男; Hang 男
じゃり 砂利 Kies 男; Kiesel 男
しゃりん 車輪 Rad 中
しゃれ 洒落 Wortspiel 中; Witz 男
シャワー Dusche 囡
　～を浴びる duschen
シャンパン Champagner 男
ジャンプ Sprung 男
　～する springen
シャンプー Shampoo〈Shampoon〉
しゅう 週 Woche 囡
しゅう 州 (ドイツ・オーストリアの) Land 中
じゆう 自由 Freiheit 囡
　～主義 Liberalismus 男
　～な frei; liberal; offen
じゅう 10 zehn
じゅう 銃 Gewehr 中
しゅうい 周囲 Umfang 男; Umkreis 男; Umgebung 囡
じゅういちがつ 11 月 November 男
しゅうかい 集会 Versammlung 囡
しゅうかく 収穫 Ernte 囡
　～する ernten
じゅうがつ 10 月 Oktober 男
しゅうかん 習慣 Gewohnheit 囡
　～づける sich gewöhnen
　～を断つ sich abgewöhnen
しゅうかんし 週刊誌 Wochenzeit-

しゅうかんの 週刊の wöchentlich
しゅうき 周期 Periode 囡
　〜的な periodisch
じゅうきゅう 19 neunzehn
しゅうきょう 宗教 Religion 囡
　〜上の religiös
じゅうぎょういん 従業員 Angestellte (形容詞変化); Personal
しゅうけつ 終決 Abschluss 男
じゅうご 15 fünfzehn
しゅうごう 集合 Versammlung 囡
　〜する sich versammeln
　〜場所 Treffpunkt 男
じゅうさん 13 dreizehn
しゅうし 収支 Einnahme und Ausgabe
しゅうし 修士 Magister 男
しゅうじ 習字 Schönschreibkunst 囡; Kaligraphie 囡
じゅうし 14 vierzehn
じゅうじか 十字架 Kreuz 中
しゅうじがく 修辞学 Rhetorik 囡
じゅうじする 従事する sich beschäftigen
しゅうしゅう 収集 Sammlung 囡; Kollektion 囡
　〜する sammeln
しゅうしゅう 収拾する [wieder] in Ordnung bringen
じゅうじゅんな 従順な gehorsam
じゅうしょ 住所 Adresse 囡; Anschrift 囡
じゅうしょうの 重傷の schwer verwundet〈verletzt〉
しゅうしょくする 就職する eine Stelle antreten
しゅうじん 囚人 Gefangene (形容詞変化)
じゅうしん 重心 Schwerpunkt 男
ジュース Saft 男
しゅうせいする 修正する verbessern; modifizieren; korrigieren
じゅうたい 渋滞 Stockung 囡; Stauung 囡
じゅうだいな 重大な wichtig; ernst
じゅうたく 住宅 Wohnung 囡
じゅうたん 絨毯 Teppich 男
しゅうちゅう 集中 Konzentration 囡
　〜する sich konzentrieren
　〜的な intensiv
じゅうてん 重点 Schwerpunkt 男
　〜を置く betonen
シュート Schuss 男
　〜する schießen
じゅうどう 柔道 Judo 中
しゅうどういん 修道院 Kloster 中; Nonnenkloster
じゅうなんな 柔軟な flexibel; geschmeidig; weich
じゅうにがつ 12月 Dezember 男
しゅうにゅう 収入 Einkommen 中

しゅうにん 就任 Amtsantritt 男
　〜する antreten
じゅうはち 18 achtzehn
しゅうぶん 秋分 Herbstanfang 男; Herbst-Tagundnachtgleiche 囡
じゅうぶんな 十分な genügend; hinreichend; ausreichend
　〜に genug; gut; voll
しゅうまつ 週末 Wochenende 中
じゅうみん 住民 Einwohner 男
じゅうような 重要な wichtig; bedeutend
　〜性 Wichtigkeit 囡
じゅうらい 従来 bisher; bis jetzt
　〜どおり wie bisher
しゅうり 修理 Reparatur 囡
　〜する reparieren; ausbessern
しゅうりょう 修了 Abschluss 男
　〜する abschließen
じゅうりょく 重力 Schwerkraft 囡; Gravitation 囡
しゅえい 守衛 Wache 囡; Pförtner 男; Portier 男
しゅかん 主観 Subjekt 中
　〜性 Subjektivität 囡
　〜的な subjektiv
しゅぎ 主義 Prinzip 中; Grundsatz 男; Ismus 男
じゅぎょう 授業 Unterricht 男; Stunde 囡
　〜をする unterrichten
しゅくじつ 祝日 Feiertag 男
しゅくしょう 縮小 Verkleinerung 囡; Verminderung 囡
　〜する verkleinern; vermindern
じゅくした 熟した reif
じゅくす 熟す reifen
しゅくだい 宿題 Hausaufgabe 囡
しゅくはく 宿泊 Übernachtung 囡
　〜する übernachten; logieren; unterkommen
　〜料 Übernachtungskosten 複
しゅくふく 祝福 Segen 男
　〜する segnen
じゅくりょ 熟慮 Überlegung 囡
　〜する überlegen
じゅくれんした 熟練した geübt; geschickt; gewandt
しゅけん 主権 Souveränität 囡
　〜を有する souverän
じゅけんする 受験する eine Prüfung〈ein Examen〉 machen〈ablegen〉
　〜者 Examinand 男; Examenskandidat 男
しゅご 主語 Subjekt 中
しゅさい 主催 Veranstaltung 囡
　〜する veranstalten
しゅじゅつ 手術 Operation 囡
　〜する operieren
しゅじゅの 種々の allerlei; verschiedenartig; mannigfaltig
しゅしょう 首相 Ministerpräsi-

dent 男; Premierminister 男; (ドイツ・オーストリアの) Kanzler 男
じゅしょうする 受賞する einen Preis bekommen
しゅじん 主人 Herr 男; (飲食店などの) Wirt 男
しゅだん 手段 Mittel 中
しゅちょう 主張 Behauptung 囡
　〜する behaupten
しゅっけつ 出血 Blutung 囡
　〜する bluten
じゅつご 述語 Prädikat 中
しゅっさん 出産 Geburt 囡
　〜する gebären
…しゅっしん 出身 aus
しゅっしんち 出身地 Geburtsort 男
しゅっせ 出世 Karriere 囡; Aufstieg 男
　〜する Karriere machen; aufsteigen; emporkommen
しゅっせき 出席 Anwesenheit 囡; Beiwohnung 囡
　〜している anwesend sein
　〜する teilnehmen; beiwohnen
しゅっちょう 出張 Dienstreise 囡
しゅっぱつ 出発 Abreise 囡; Abfahrt 囡; Abflug; Auszug
　〜する abreisen; abfahren; abfliegen; aufbrechen
しゅっぱんする 出版する herausgeben; veröffentlichen; verlegen
　〜社 Verlag 男
しゅっぴ 出費 Kosten 複; Ausgaben 複
しゅと 首都 Hauptstadt 囡
じゅどうの 受動の passiv
　〜態 Passiv
しゅとして 主として hauptsächlich
しゅふ 主婦 Hausfrau 囡
しゅみ 趣味 Hobby 中; Geschmack 男
　〜のよい geschmackvoll
じゅみょう 寿命 Lebensdauer 囡
しゅやく 主役 Hauptrolle 囡
しゅような 主要な hauptsächlich
じゅよう 需要 Bedarf 男; Nachfrage 囡
しゅりょう 狩猟 Jagd 囡
しゅるい 種類 Art 囡; Gattung 囡
じゅわき 受話器 Hörer 男
じゅん 順 Reihe 囡; Reihenfolge 囡
しゅんかん 瞬間 Augenblick 男; Moment 男
　〜的な augenblicklich
じゅんかん 循環 Kreislauf 男
じゅんきょうしゃ 殉教者 Märtyrer 男
じゅんけっしょう 準決勝 Halbfinale 中
じゅんじょ 順序 Reihenfolge 囡; Ordnung 囡

～よく ordentlich
じゅんすいな 純粋な rein; echt
じゅんちょうな 順調な glatt
じゅんのう 順応 Anpassung 囡
　～する sich anpassen
じゅんばん 順番 Reihe 囡; Reihenfolge 囡
　～である an der Reihe sein
じゅんび 準備 Vorbereitung 囡
　～ができている bereit sein
　～する [sich] vorbereiten; bereiten
しゅんぶん 春分 Frühlingsanfang 男; Frühjahrs-Tagundnachtgleiche 囡
しよう 使用 Gebrauch 男
　～する gebrauchen
しよう 私用 Privatangelegenheit 囡
　～で in privater Sache〈Angelegenheit〉
しょう 省 Ministerium 中
しょう 賞 Preis 男
しょう 章 Kapitel 中
じょう 錠 Schloss 中
しょうい 少尉 Leutnant
じょうえん 上演 Aufführung 囡; Vorstellung 囡
　～する aufführen
しょうか 消化 Verdauung 囡
　～する verdauen
しょうかい 照会 Anfrage 囡
　～する anfragen; sich erkundigen
しょうかする 消火する löschen
しょうかい 紹介 Vorstellung 囡
　～する vorstellen
しょうがい 障害 Hindernis 中; Behinderung 囡
　～になる hinderlich sein
しょうがくきん 奨学金 Stipendium 中
しょうがつ 正月 Neujahr 中
しょうがっこう 小学校 Grundschule 囡
じょうき 蒸気 Dampf 男
　～機関 Dampfmaschine 囡
じょうぎ 定規 Lineal 中
じょうきの 上記の oben erwähnt
じょうきゃく 乗客 Passagier 男; Fahrgast 男
しょうぎょう 商業 Handel 男
　～学校 Handelsschule 囡
じょうきょう 状況 Situation 囡; Lage 囡
しょうきょくてきな 消極的な zurückhaltend; passiv
しょうぐん 将軍 General 男
しょうげん 証言 [Zeugen]aussage 囡
　～する aussagen; zeugen
じょうけん 条件 Bedingung 囡
　～付きの bedingt

しょうこ 証拠 Beweis 男
しょうご 正午 Mittag 男
しょうこう 将校 Offizier 男
しょうさい 詳細 Einzelheiten 複; Detail 中
　～に ausführlich; eingehend
じょうざい 錠剤 Tablette 囡
しょうさん 賞賛 Lob 中; Anerkennung 囡
　～する loben; preisen; bewundern
　～に値する lobenswert; preiswert
しょうじき 正直 Ehrlichkeit 囡; Aufrichtigkeit 囡; Redlichkeit 囡
　～な ehrlich; aufrichtig; redlich
じょうしき 常識 der gesunde Menschenverstand 男
しょうしゃ 商社 Handelsfirma 囡
じょうしゃする 乗車する einsteigen; besteigen
　～券 Fahrkarte 囡; Fahrschein 男
じょうじゅんに 上旬に Anfang des Monats
しょうじょ 少女 Mädchen 中
しょうしょう 少々 etwas; ein wenig
じょうじょう 症状 Symptom 中
しょうじる 生じる sich ergeben; sich ereignen; erstehen; geschehen
しょうしん 昇進 Beförderung 囡
　～する befördert werden; aufsteigen; avancieren
じょうずな 上手な geschickt; gewandt; gut; geübt; geschickt
しょうすうの 少数の wenig; gering
しょうせつ 小説 Roman 男; Novelle 囡; Erzählung 囡
　～家 Schriftsteller 男; Romanschreiber 男
しょうぞう 肖像 Porträt 中
しょうたい 招待 Einladung 囡
　～状 Einladungskarte 男
　～する einladen
じょうたい 状態 Zustand 男
しょうだく 承諾 Einbilligung 囡; Annahme 囡
　～する einbilligen; annehmen
じょうたつ 上達 Fortschritt 男
　～する Fortschritte machen
じょうだん 冗談 Scherz 男; Spaß 男; Witz 男
　～を言う scherzen; Spaß machen
しょうちする 承知する einbilligen; einverstanden sein; zustimmen
しょうちょう 象徴 Symbol 中
　～主義 Symbolismus 男
　～する symbolisieren
　～的な symbolisch

しょうてん 商店 Laden 男; Geschäft 中
　～街 Geschäftsstraße 囡; Geschäftsviertel 中
しょうてん 焦点 Brennpunkt 男
しょうどう 衝動 Antrieb 男; Trieb 男
　～的な triebhaft; impulsiv
しょうどく 消毒 Desinfektion 囡
　～する desinfizieren
じょうとする 譲渡する abtreten
しょうとつ 衝突 Anstoß 男; Zusammenstoß 男
　～する zusammenstoßen; aufeinander stoßen
しょうにか 小児科 Kinderheilkunde 囡
しょうにん 承認 Anerkennung 囡
　～する anerkennen
しょうにん 商人 Kaufmann 男
しょうにん 証人 Zeuge 男
じょうねつ 情熱 Leidenschaft 囡
　～的な leidenschaftlich
しょうねん 少年 Junge 男
　～犯罪 Jugendverbrechen 中
しょうばい 商売 Geschäft 中; Handel 男; Beruf 男; Gewerbe 中
じょうはつ 蒸発 Verdampfung 囡; Abdampfung 囡; Verdunstung 囡
　～する verdampfen; abdampfen; verdunsten
しょうひ 消費 Verbrauch 男; Konsum 男
　～者 Verbraucher 男; Konsument 男
　～する verbrauchen
　～税 MwSt.
しょうひょう 商標 Warenzeichen 中
しょうひん 商品 Ware 囡
　～券 Warenschein 男; Gutschein 男
じょうひんな 上品な vornehm; fein
しょうぶ 勝負 Spiel 中; Wettkampf 男; Wettspiel 中
じょうぶな 丈夫な gesund; rüstig; kräftig; fest; stark; solide
しょうべん 小便 Urin 男; Harn 男
　～をする pissen; pinkeln
じょうほ 譲歩 Zugeständnis 中
　～する Zugeständnisse machen
しょうぼう 消防 Feuerwehr 囡
　～士 Feuerwehrmann 男
　～車 Feuerwehrauto 中
　～署 Feuerwehrwache 囡
じょうほう 情報 Information 囡; Auskunft 囡; Nachricht 囡; Bescheid 男
じょうみゃく 静脈 Vene 囡
しょうめい 証明 Beweis 男; Nachweis 男; Bescheinigung 囡

〜書 Bescheinigung 囡; Ausweis; Zeugnis 囲
〜する beweisen; nachweisen; bestätigen; bescheinigen
しょうめい 照明 Beleuchtung 囡; Licht 囲
しょうめん 正面 Vorderseite 囡; Front 囡
しょうもう 消耗 Verbrauch 男; Konsum 囡; Erschöpfung 囡
〜する verbrauchen; sich abnützen; sich erschöpfen; verzehren
〜品 Verbrauchsgut 囲; Konsumartikel 囲
じょうやく 条約 Vertrag 男; Pakt 男
〜を結ぶ einen Vertrag schließen
しょうゆ 醤油 Sojasauce 囡
しょうらい 将来 Zukunft 囡
〜の zukünftig
しょうり 勝利 Sieg 男; Triumph 男
〜者 Sieger 男
〜を収める siegen
じょうりくする 上陸する landen
しょうりゃく 省略 Auslassung 囡; Abkürzung 囡
〜する auslassen; abkürzen
じょうりゅう 上流 Oberlauf 男
じょうりゅう 蒸留 Destillation 囡
〜水 destilliertes Wasser
〜する destillieren
しょうりょう 小量 eine kleine Menge〈Quantität〉
〜の ein wenig〈bisschen〉
しょうれい 奨励 Förderung 囡
〜する fördern
じょおう 女王 Königin 囡
ショール Schal 男
じょがい 除外 Ausschluss 男
〜する ausschließen
じょがくせい 女学生 Studentin 囡; Schülerin 囡
しょき 書記 Schreiber 男; Sekretär 男; Schriftführer 男
じょきょ 除去 Abhilfe 囡; Beseitigung 囡
〜する abhelfen; beseitigen
じょきょうじゅ 助教授 außerordentlicher Professor
しょく 職 Stelle 囡; Amt 囲; Beruf 男; Arbeit 囡
〜員 Personal 囲; Beamte 男; Angestellte 〈形容詞変化〉
しょくえん 食塩 Kochsalz 囲
しょくぎょう 職業 Beruf 男; Gewerbe 囲
〜上の beruflich
〜に従事している berufstätig
〜病 Berufskrankheit 囡
しょくじ 食事 Essen 囲; Mahlzeit 囡
〜する essen
しょくたく 食卓 Tisch 男
〜につく sich zu Tisch setzen
〜の用意をする den Tisch decken
しょくどう 食堂 Esszimmer 囲; Speisesaal 男; Mensa 囡; Restaurant 囲
しょくどう 食道 Speiseröhre 囡
しょくにん 職人 Handwerker 男
〜気質 Handwerkerstolz 男
〜芸 handwerkliche Fertigkeiten
しょくひ 食費 Ernährungskosten 圈; Kostgeld 囲
しょくぶつ 植物 Pflanze 囡
〜園 der botanische Garten
〜学 Botanik 囡
〜の pflanzlich; vegetativ
しょくみんち 植民地 Kolonie 囡
しょくもつ 食物 Essen 囲; Nahrung 囡; Speise 囡
しょくよう 食用の essbar
しょくよく 食欲 Appetit 男
〜がない keinen Appetit haben
しょくりょう 食料 Lebensmittel 圈; Nahrungsmittel 圈
〜品店 Lebensmittelgeschäft 囲
じょげん 助言 Rat 男; Ratschlag 男; Beratung 囡
〜する raten; beraten
しょさい 書斎 Arbeitszimmer 囲
じょしき 書式 Formular 囲
じょじし 叙事詩 Epik 囡; Epos 囲
じょしゅ 助手 Assistent 男
しょじょ 処女 Jungfrau 囡
じょじょうてきな 叙情的な lyrisch
じょじょに 徐々に langsam; allmählich
しょしんしゃ 初心者 Anfänger 男
じょすう 序数 Ordnungszahl 囡
じょせい 女性 Frau 囡
〜の fraulich; weiblich; frauenhaft; feminin
じょそう 助走 Anlauf 男
〜する anlaufen
しょぞくする 所属する angehören; gehören
しょたい 所帯 Haushalt 男; Hausstand 男; Familie 囡
〜主 Haushaltsvorstand 男
しょち 処置 Maßnahme 囡
〜する Maßnahmen treffen〈ergreifen〉
しょっき 食器 Geschirr 囲
ジョッキ Bierkrug 男
ショック Schock 男
〜を与える schokieren
しょてん 書店 Buchhandlung 囡
しょとうの 初等の elementar
じょどうし 助動詞 Hilfsverb 囲
しょとく 所得 Einkommen 囲; Einnahmen 圈; Einkünfte 圈
〜税 Einkommen[s]steuer 囡
ショッピングセンター Einkaufszentrum 囲
しょほうする 処方する verschreiben; rezeptieren
〜箋 Rezept 囲
しょめい 署名 Unterschrift 囡
〜する unterschreiben
しょゆう 所有 Besitz 男
〜者 Besitzer 男
〜する besitzen
じょゆう 女優 Schauspielerin 囡
しょりする 処理する erledigen; verarbeiten
しょるい 書類 Papiere 圈; Akten 圈
〜鞄 Aktentasche 囡
ショルダーバッグ Umhängetasche 囡
しらせ 知らせ Nachricht 囡; Mitteilung 囡
〜る benachrichtigen; mitteilen
しらべる 調べる untersuchen; erforschen; forschen; prüfen; nachschlagen; verhören
しらみ 虱 Laus 囡
しり 尻 Gesäß 囲; Hintern 男
しりあい 知合い Bekannte〈形容詞変化〉
〜う kennen lernen; bekannt werden; Bekanntschaft machen
しりつの 私立の privat
しりつの 市立の städtisch
しりゅう 支流 Nebenfluss 男
しりょぶかい 思慮深い besonnen; bedächtig; überlegen; vernünftig
しりょう 資料 Material 囲; Stoff 男
しりょう 飼料 Futter 囲
しりょく 視力 Sehkraft 囡
しる 知る wissen; kennen; erkennen; erfahren; verstehen
しる 汁 Saft 男; Suppe 囡
しるし 印 Zeichen 囲; Marke 囡; Merkmal 囲; Kennzeichen 囲
〜を付ける zeichnen; bezeichnen; markieren; kennzeichnen
しれい 指令 Anweisung 囡; Anordnung 囡
しれん 試練 Probe 囡; Prüfung 囡
しろ 城 Schloss 囲; Burg 囡
しろい 白い weiß
〜ワイン Weißwein 男
しろうと 素人 Laie〈形容詞変化〉
〜っぽい laienhaft
しろくま 白熊 Eisbär 男
しわ 皺 Falte 囡; Runzel 囡
〜が寄る sich runzeln
〜だらけの faltig; runzelig

しん 芯 (果実の) Kerngehäuse 中; (鉛筆の) Mine 女; (ランプ・ろうそくの) Docht 男
しんえん 深淵 Abgrund 男
しんか 進化 Evolution 女; Entwicklung 女
　～する sich entwickeln
　～論 Evolutionstheorie 女
しんがく 神学 Theologie 女
じんかく 人格 Persönlichkeit 女; Charakter 男
しんぎする 審議する beraten; beratschlagen
しんくう 真空 Vakuum 中
シングルルーム Einzelzimmer 中
しんけい 神経 Nerv 男
　～質な nervös
　～衰弱 Nervenschwäche 女
　～痛 Nervenschmerzen 複
しんけんな 真剣な ernst; ernsthaft
じんけん 人権 Menschenrechte 複
しんこう 信仰 Glaube 男
　～心のあつい gläubig; fromm
　～する glauben
しんこう 進行 Fortgang 男
　～する fortschreiten
　～させる in Gang bringen; vorwärts bringen
しんごう 信号 Signal 中; Ampel 女
じんこう 人口 Bevölkerung 女
　～密度 Bevölkerungsdichte 女
じんこうの 人工の künstlich
　～衛星 Satellit 男
しんこく 申告 Anmeldung 女
　～する anmelden
しんこくな 深刻な ernst; ernsthaft
しんこんりょこう 新婚旅行 Hochzeitsreise 女
しんさ 審査 Prüfung 女
　～する prüfen; untersuchen
しんさつ 診察 Untersuchung 女
　～室 Sprechzimmer 中
　～する ärztlich untersuchen
しんし 紳士 Herr 男; Ehrenmann 男
しんしつ 寝室 Schlafzimmer 中
しんじつ 真実 Wahrheit 女; Wirklichkeit 女
　～の wahr
しんじゃ 信者 Gläubige (形容詞変化)
しんじゅ 真珠 Perle 女
じんしゅ 人種 Rasse 女
　～問題 Rassenfrage 女
しんしょうしゃ 身障者 Behinderte (形容詞変化)
じんじょうの 尋常の normal
しんじる 信じる glauben; trauen
しんじん 新人 Neuling 男
しんせいな 神聖な heilig
しんせい 人生 Leben 中
しんせき 親戚 Verwandte (形容詞変化)

しんせつ Freundlichkeit 女; Güte 女
　～な freundlich; gütig; nett
しんせんな 新鮮な frisch; neu
しんぜん 親善 Freundschaft 女
　～試合 Freundschaftsspiel 中
しんぞう 心臓 Herz 中
じんぞう 腎臓 Niere 女
じんぞうの 人造の künstlich
しんたい 身体 Körper 男
　～の körperlich
しんだん 診断 Diagnose 女
　～書 ein ärztliches Zeugnis
　～する eine Diagnose stellen
しんちゅう 真鍮 Messing 中
しんちょう 身長 Körpergröße 女
しんちょうな 慎重な vorsichtig; sorgfältig; behutsam
しんてん 親展 Vertraulich!
しんでん 神殿 Tempel 男
しんどう 振動 Schwingung 女; Vibration 女
　～する schwingen; vibrieren
しんどう 神童 Wunderkind 中
じんどう 人道 Humanität 女
　～主義 Humanismus 男
　～的な human; menschlich
しんにゅう 侵入 Einbruch 男; Einfall 男
　～する einbrechen; einfallen
しんねん 新年 Neujahr 中
しんねん 信念 Glaube 男; Überzeugung 女
しんぱい 心配 Sorge 女; Besorgnis 女; Angst 女
　～する sich sorgen; Sorgen machen; besorgt sein; Angst haben
シンバル Zimbel 女
しんぱん 審判 Schiedsrichter 男
しんぴ 神秘 Mysterium 中
　～的な mysteriös; mystisch
しんぷ 神父 Pater 男
しんぷ 新婦 Braut 女
シンフォニー Symfonie 女
しんぶん 新聞 Zeitung 女; Presse 女
　～記事 Zeitungsartikel 男
　～記者 Journalist 男
　～広告 Zeitungsanzeige 女
しんぽ 進歩 Fortschritt 男
　～する Fortschritte machen
　～的な progressiv; fortschrittlich
しんぼう 辛抱 Geduld 女; Ausdauer 女
　～強い geduldig; beharrlich; ausdauernd
　～する Geduld haben; sich gedulden; dulden; erdulden; ertragen
シンボル Symbol 中
じんもん 尋問 Verhör 中

　～する verhören; vernehmen
しんよう 信用 Vertrauen 中; Zutrauen 中; Kredit 男
　～する vertrauen; glauben
しんらい 信頼 Vertrauen 中; Zutrauen 中; Zuversicht 女; Verlass 男
　～する vertrauen; sich verlassen
　～できる zuverlässig
　～に値する vertrauenswürdig
　～のおける verlässlich
しんり 心理 Psyche 女; Seelenzustand 男
　～学 Psychologie 女
　～学の psychologisch
　～的な psychisch; seelisch
しんり 真理 Wahrheit 女
しんりゃく 侵略 Invasion 女
　～する eindringen; erobern
　～戦争 Eroberungskrieg 男
しんりん 森林 Wald 男
しんるい 親類 Verwandte (形容詞変化)
　～関係 Verwandtschaft 女
　～の verwandtschaftlich; verwandt
じんるい 人類 Menschheit 女
　～学 Anthropologie 女
しんろ 進路 Kurs 男; Weg 男
　～を切り開く Bahn brechen
しんろう 新郎 Bräutigam 男
しんわ 神話 Mythos 男
　～学 Mythologie 女
　～の mythisch

す

す 巣 Nest 中; (蜂の) Wabe 女; (蜘の) Spinnennetz 中
す 酢 Essig 男
ず 図 Bild 中; Zeichnung 女; Diagramm 中
ずあん 図案 Muster 中
すいか 西瓜 Wassermelone 女
ずいいの 随意の beliebig; freiwillig; willkürlich
すいえい 水泳 Schwimmen 中
　～に行く schwimmen gehen
　～パンツ Badehose 女
すいぎん 水銀 Quecksilber 中
すいこうする 遂行する ausführen
すいさいが 水彩画 Aquarell 中
すいじゃく 衰弱 Schwächung 女; Entkräftung 女
　～させる schwächen
　～した geschwächt
　～する schwach werden; sich auszehren; sich entkräften
すいじゅん 水準 Niveau 中
すいしょう 水晶 Kristall 中
すいじょうき 水蒸気 Dampf 男
スイス die Schweiz 女
　～の schweizerisch

すいせい 水星 Merkur 男
すいせい 彗星 Komet 男
すいせん 推薦 Empfehlung 女
　～状 Empfehlungsbrief 男; Empfehlungsschreiben 中
　～する empfehlen
すいせん 水仙 Narzisse 女
すいそ 水素 Wasserstoff 男
すいぞう 膵臓 Bauchspeicheldrüse 女
すいそく 推測 Vermutung 女
　～する vermuten
すいぞくかん 水族館 Aquarium 中
すいちょくの 垂直の senkrecht; vertikel
スイッチ Schalter 男
　～を入れる einschalten; andrehen
　～を切る ausschalten; abschalten
すいどう 水道 Wasserleitung 女
ずいぶん 随分 sehr; viel; ziemlich
すいへい 水兵 Matrose 男
すいへいの 水平の waagrecht; horizontal
　～線 Horizont 男
すいみん 睡眠 Schlaf 男
すいようび 水曜日 Mittwoch 男
すいり 推理 Folgerung 女; Schluss 男
　～する folgern; schließen; schlussfolgern
　～小説 Kriminalroman 男
すう 数 Zahl 女; Anzahl 女; Nummer 女
すう 吸う einatmen; saugen; aufsaugen; einsaugen; (タバコを) rauchen
スウェーデン Schweden
すうがく 数学 Mathematik 女
　～者 Mathematiker 男
　～的な mathematisch
すうこうな 崇高な erhaben
すうじ 数字 Ziffer 女
　～に弱い schwach im Rechnen sein
すうじゅう 数十 Dutzende
ずうずうしい frech; dreist; unverschämt
すうせん 数千 Tausende
スーツ Anzug 男
スーパーマーケット Supermarkt 男
すうはい 崇拝 Verehrung 女; Anbetung 女
　～者 Verehrer 男
　～する verehren; anbeten
スープ Suppe 女
スカート Rock 男
スカーフ Schal 男
すがた 姿 Gestalt 女; Figur 女; Form 女; Aussehen 中
スカンディナヴィア Skandinavien
すきである 好きである gern haben; mögen; lieben
すぎ 杉 japanische Zeder 女
スキー Ski 男; Skilauf 男
　～場 Gelände 中
　～をする Ski laufen
すきま 隙間 Lücke 女; Spalt 男
　～風 Zugluft 女
すぎる 過ぎる (時間が) vergehen; (通行) vorübergehen; (程度) übertreiben
すぐに 直ぐに gleich; sofort; bald
すくう 救う retten; helfen; erlösen
すくう 掬う schöpfen; schaufeln
すくない 少ない wenig; gering
　～くとも wenigstens; mindestens
スクリーン Leinwand 女; Bildwand 女
すぐれる 優れる übertreffen
　～た ausgezeichnet; vortrefflich; vorzüglich
スケート Eislauf 男; Schlittschuhlaufen
　～をする Schlittschuh laufen
スケジュール Zeitplan 男; Programm 中
スケッチ Skizze 女
　～する skizzieren
すごい (すてきな) toll; wunderbar; (恐ろしい) furchtbar; schrecklich; grausig; schauderhaft
すこし 少し ein wenig〈bisschen〉
すこしも…ない gar nicht; keineswegs; überhaupt nicht
すごす 過ごす verbringen; zubringen
すじ 筋 Streifen 男; Linie 女; Faser 女; Sehne 女; Muskel 男; Ader 女; (劇などの) Handlung 女
　～が通っている konsequent sein
すず 鈴 Schelle 女
すず 錫 Zinn 中
すすぐ 濯ぐ spülen
すずしい 涼しい kühl
すすむ 進む vorwärts gehen; vorrücken; Fortschritte machen; (時計が) vorgehen
すずめ 雀 Sperling 男; Spatz 男
すすめる 勧める empfehlen; raten
すすめる 進める vorantreiben; vorrücken; befördern; (時計を) vorstellen
すずらん 鈴蘭 Maiglöckchen 中
すすりなく 啜り泣く schluchzen
スター Star 男; Stern 男
スタート Start 男
　～する starten
スタジアム Stadion 中
スタンプ Stempel 男
　～を押す stempeln
スチュワーデス Stewardess 女
ずつう 頭痛 Kopfschmerzen 複
すっかり völlig; ganz; voll
すっぱい 酸っぱい sauer; säuerlich
ステーキ Steak 中
すてきな ausgezeichnet; prima; hübsch; herrlich
すでに 既に schon; bereits
すてる 捨てる wegwerfen; (人についって) verlassen; aufgeben
ステレオ Stereoanlage 女
ストーブ Ofen 男
ストッキング Strumpf 男
ストライキ Streik 男
　～をする streiken
すな 砂 Sand 男
すなおな 素直な natürlich; schlicht; brav; gehorsam; folgsam
すなわち nämlich; das heißt
すね 脛 Unterschenkel 男
スパイ Spionage 女; Spion 男
スパゲッティー Spaghetti 複
すばやい flink; behend
すばらしい herrlich; prächtig; wunderbar; klasse
スピーチ Rede 女
スプーン Löffel 男
スペイン Spanien
　～[人, 語]の spanisch
　～人 Spanier 男
…すべきである sollen; müssen
すべて 全て all; sämtlich
すべる 滑る rutschen gleiten; (試験に) durchfallen
スポーツ Sport 男
　～の sportlich
　～マン Sportler 男
ズボン Hose 女
スポンジ Schwamm 男
すまい 住まい Wohnung 女
すみ 隅 Winkel 男; Ecke 女
すみません Entschuldigen Sie!; Entschuldigung!
すみれ 菫 Veilchen 中
すむ 住む wohnen; bewohnen
すむ 澄む klar werden
すむ 済む enden; zu Ende gehen; fertig werden
すらすらと fließend; leicht; ohne Stockung
すり 掏摸 Taschendieb 男
すりきれる 擦り切れる sich abscheuern〈abnutzen〉
スリッパ Pantoffel 男
する tun; machen; spielen
ずるい 狡い schlau; listig; unehrlich; verschlagen; unfair
…するつもりである wollen; werden
するどい 鋭い scharf; scharfsinnig
スローイン Einwurf 男
すわっている 座っている sitzen
すわる 座る sich setzen
すんだ 澄んだ klar; durchsichtig
すんだ 済んだ vorüber; vorbei; fertig
すんぽう 寸法 Maß 中; Größe 女

せ

せ 背 (背中) Rücken 男; (身長) Größe
　～が高い〈低い〉 groß〈klein〉sein
せい 性 Geschlecht 中; Sex 男; (本性) Natur 女
せい 姓 Familienname 男; Zuname 男
ぜい 税 Steuer 女; Zoll 男
せいい 誠意 Treue 女; Redlichkeit 女; Aufrichtigkeit 女
　～のある treu; redlich; aufrichtig
せいか 成果 Erfolg 男; Ergebnis 中
せいかくな 正確な genau; exakt; richtig; präzis; pünktlich
せいかく 性格 Charakter 男
　～の characteristisch
せいかつ 生活 Leben 中
　～する leben
　～費 Lebensunterhalt 男
ぜいかん 税関 Zollamt 中; Zoll 男
　～吏 Zollbeamte (形容詞変化)
せいき 世紀 Jahrhundert 中
せいぎ 正義 Gerechtigkeit 女
　～感 Gerechtigkeitssinn 男
せいきゅう 請求 [Auf]forderung 女
　～書 Rechnung 女
　～する [auf]fordern; verlangen
ぜいきん 税金 Steuer 女; Zoll 男
　～を払う versteuern
せいけい 生計 Lebensunterhalt 男
　～をたてる sich ernähren; *seinen Lebensunterhalt verdienen*
せいけつな 清潔な rein; sauber
　～にする säubern; sauber machen
せいげん 制限 Beschränkung 女; Begrenzung 女; Einschränkung 女
　～する beschränken; begrenzen
せいこう 成功 Erfolg 男
　～する Erfolg haben; gelingen
せいこうな 精巧な fein; kunstvoll; präzis
せいさく 政策 Politik 女
せいさく 製作 Herstellung 女
　～する herstellen; anfertigen; erzeugen
せいさん 生産 Herstellung 女; Produktion 女
　～する herstellen; erzeugen; produzieren
　～的な produktiv
　～物 Produkt 中; Erzeugnis 中
せいじ 政治 Politik 女; Regierung 女
　～家 Politiker 男; Staatsmann 男
　～の politisch

～を行う regieren; herrschen
せいしきの 正式の formell; förmlich; ordentlich; regulär
せいしつ 性質 Natur 女; Naturell 中; Wesen 中; Art 女; Eigenschaft 女
せいじつ 誠実 Ehrlichkeit 女
　～な ehrlich; redlich; aufrichtig
せいしゅん 青春 Jugend 女
　～時代 Jugendzeit 女; Jugend 女
　～の jugendlich
せいしょ 聖書 Bibel 女
せいじょうな 正常な normal
　～でない abnormal; außerordentlich
せいしん 精神 Geist 男; Seele 女
　～的な geistig; psychisch; seelisch
　～分析 Psychoanalyse 女
せいじん 成人 Erwachsene (形容詞変化)
　～した erwachsen; mündig
せいじん 聖人 Heilige (形容詞変化)
せいぜい 高々 höchstens; (できるだけ) möglichst
せいせき 成績 Note 女; Leistung 女; Zensur 女
せいぞう 製造 Herstellung 女; Produktion 女; Fabrikation 女
　～する herstellen; produzieren; fabrizieren
せいぞん 生存 Existenz 女; Dasein 中
　～する existieren; leben
せいだいな 盛大な großartig; stattlich
ぜいたく 贅沢 Luxus 男; Verschwendung 女
　～な luxuriös; verschwenderisch
せいちょう 成長 Wachstum 中; Wuchs 男
　～する wachsen; aufwachsen; groß werden; gedeihen
せいと 生徒 Schüler 男; Schülerin 女
せいど 制度 System 中; Verfassung 女
せいとう 政党 Partei 女
せいとうな 正当な gerecht; recht; richtig; gesetzmäßig; rechtmäßig
せいねん 青年 Jugend 女; Jüngling 男
　～時代 Jugendzeit 女
せいねん 成年 Mündigkeit 女; Volljährigkeit 女
　～に達した mündig; volljährig
せいねんがっぴ 生年月日 Geburtsdatum 中
せいのう 性能 Leistung 女

～の良い leistungsfähig
せいひん 製品 Produkt 中; Erzeugnis 中; Fabrikat 中
せいふ 政府 Regierung 女
せいふく 征服 Eroberung 女; Besiegung 女; Bezwingung 女
　～する erobern; besiegen; bezwingen
せいふく 制服 Uniform 女
せいぶつ 生物 Lebewesen 中
　～学 Biologie 女
　～の biologisch
せいほうけい 正方形 Quadrat 中
せいみつな 精密な genau; exakt; fein; präzis
　～機械 Präzisionsinstrument 中
　～検査 die genaue Untersuchung
せいめい 声明 Erklärung 女; Manifest 中
　～する erklären; manifestieren
せいよう 西洋 Abendland 中; Okzident 男
　～の abendländisch; okzidental
　～料理 die europäische Küche
　～化する europäisieren
せいり 整理 Ordnung 女; Regelung 女; Aufräumen 中
　～する ordnen; regeln; in Ordnung bringen
せいりょく 勢力 Macht 女; Einfluss 男
　～のある mächtig; einflussreich
　～範囲 Machtbereich 男
せいりょく 精力 Energie 女; Tatkraft 女; Lebenskraft 女
　～的な energisch; tatkräftig; lebenskräftig
セーター Pullover 男
せおう 背負う [auf dem Rücken] tragen; auf die Schulter nehmen
せかい 世界 Welt 女
　～観 Weltanschauung 女
　～記録 Weltrekord 男
　～選手権 Weltmeisterschaft 女
　～的な universal; international; weltberühmt; weltbekannt
せき 席 Platz 男; Sitz 男
　～につく Platz nehmen
せき 咳 Husten 男
　～をする husten
せきたん 石炭 Kohle 女
せきどう 赤道 Äquator 男
　～直下の äquatorial
せきにん 責任 Verantwortung 女; Verantwortlichkeit 女; Schuld 女
　～感 Verantwortungsgefühl 中
　～のある verantwortlich; schuldig
　～を果たす *seine* Pflicht erfüllen

せきゆ 石油 Erdöl 中
せけん 世間 Welt 女; Leute 複
せしゅうの 世襲の erblich
せぞくてきな 世俗的な weltlich; profan; irdisch
せだい 世代 Generation 女; Menschenalter 中
せつ 説 Theorie 女; Lehre 女; Meinung; Ansicht 女
せつ 節 Paragraph 男; Abschnitt 男
せっかい 石灰 Kalk 男
せっきょう 説教 Predigt 女
～する predigen; eine Predigt haben
せっきょくてきな 積極的な positiv; aktiv
せっきんする 接近する sich nähern; sich nahen; näher kommen
せっけい 設計 Entwurf 男; Plan 男
～する entwerfen; planen
せっけん 石鹸 Seife 女
ぜっこうする 絶交する den Verkehr 〈den Umgang〉 abbrechen
せっし 摂氏 Celsius
せっしょく 接触 Berührung 女; Kontakt 男
～がある in Kontakt stehen
～する berühren; Kontakt aufnehmen; in Berührung kommen
せっする 接する (接触) berühren; in Berührung kommen; (隣接) grenzen; (応接) empfangen; aufnehmen
せっせい 節制 Enthaltsamkeit 女; Mäßigkeit 女
～する Maß halten
せつぞく 接続 Anschluss 男; Verbindung 女
～詞 Konjunktion 女
～する anschließen; verbinden
～法 Konjunktiv 男
せったい 接待 Aufnahme 女; Empfang 男; Bewillkommung 女; Bewirtung 女
～する aufnehmen; empfangen; bewirten
ぜったいてきな 絶対的な absolut; unbedingt 男
せっちゃくざい 接着剤 Klebstoff 男
せっとう 窃盗 Diebstahl 男
せっとく 説得 Überredung 女
～する überreden; überzeugen
～力のある überzeugend
せつび 設備 Einrichtung 女; Anlage 女
～する einrichten; anlegen
ぜつぼう 絶望 Verzweiflung 女
～する verzweifeln
～的な verzweifelt; hoffnungslos

せつめい 説明 Erklärung 女; Erläuterung 女; Auseinandersetzung 女
～する erklären; erläutern; auseinander setzen
ぜつめつ 絶滅 Ausrottung 女; Vernichtung 女
～させる ausrotten; vernichten
～する aussterben
せつやく 節約 Einsparung 女
～する sparen; einsparen
せつりつ 設立 Stiftung 女; Errichtung 女; Gründung 女
～する errichten; gründen; stiften
せなか 背中 Rücken 男
ぜひ 是非 unbedingt; um jeden Preis
せびろ 背広 Anzug 男
せぼね 背骨 Rückgrad 中
せまい 狭い eng; schmal
せまる 迫る (接近) nahen; sich nähern; bevorstehen; (強要) dringen; zusetzen; zwingen; bestürmen
せみ 蝉 Zikade 女
ゼミ Seminar 中
せめる 攻める angreifen; bestürmen
せめる 責める tadeln; vorwerfen; foltern; martern; peinigen; quälen
セメント Zement 男
セルフタイマー Selbstauslöser 男
ゼロ null; Null 女
セロテープ Tesafilm 男
セロリ Sellerie 女
せろん 世論 die öffentliche Meinung 女
～調査 Meinungsforschung 女; Demoskopie 女
せわ 世話 Pflege 女; Wartung 女
～する pflegen; sich kümmern; sorgen; besorgen; versorgen; warten
～のやける lästig
せん 線 Linie 女
せん 千 tausend
せん 栓 Stöpsel; Pfropfen 男; (水道の) Hahn 男
ぜん 善 Gute 中 (形容詞変化)
せんい 繊維 Faser 女; Fiber 女
～製品 Textilwaren 複
ぜんい 善意 der gute Wille 男
～の wohl gemeint; wohlgesinnt
せんいん 船員 Seemann 男; Schiffer 男; Matrose 男
ぜんいん 全員 alle
～一致で einstimmig
せんかいする 旋回する sich ausheilen; sich erholen
ぜんきの 前記の oben erwähnt 〈genannt〉; vorstehend; besagt

せんきょ 選挙 Wahl 女
～運動 Wahlbewegung 女; Wahlkampagne 女
～権 Wahlrecht 中
～する wählen
～人 Wähler 男
せんげつ 先月 im vorigen Monat
せんげん 宣言 Proklamation 女; Erklärung 女; Manifest 中
～する proklamieren; erklären; manifestieren
ぜんけん 全権 Vollmacht 女
～を委任する Vollmacht geben; bevollmächtigen
せんけんのめいのある 先見の明のある weit blickend; weit sichtig
せんこう 専攻 Fach 中; Hauptfach 中
～する speziell〈fachmäßig〉studieren; sich spezialisieren
せんこうする 先行する vorangehen; vorausgehen
せんこうする 選考する auswählen
せんざい 洗剤 Waschmittel 中; Reinigungsmittel 中; Seifenpulver 中
せんさいな 繊細な zart; fein; delikat; empfindlich; sensibel
せんじつ 先日 vor kurzem; vor einigen Tagen; neulich
せんしゃ 戦車 Panzer 男
ぜんしゃ 前者 jener; der erstere
せんしゅ 選手 Spieler 男; Kämpfer 男
せんしゅう 先週 die vorige Woche 女; in der letzten Woche
ぜんしゅう 全集 gesammelte Werke 複
せんじゅつ 戦術 Taktik 女
せんじょう 戦場 Schlachtfeld 中
ぜんしん 前進 Vormarsch 男; Vorrücken 中
～する vorrücken; vorwärts kommen
せんしんこく 先進国 das fortgeschrittene Land 中
せんすい 潜水 Tauchen 中
～する tauchen; untertauchen
～艦 Unterseeboot 中; U-Boot 中
せんせい 先生 Lehrer 男; Lehrerin 女
せんせい 宣誓 Eid; Schwur 男
～する schwören; einen Eid leisten〈ablegen〉
せんせい 専制 Despotie 女
～主義 Despotismus 男
～的な despotisch
せんせいじゅつ 占星術 Astrologie 女
センセーション Aufsehen 中
ぜんぜん…ない [ganz und] gar nicht; durchaus nicht; über-

haupt nicht
せんぞ 先祖 Vorfahr 男; Ahnen 複
せんそう 戦争 Krieg 男
 〜する Krieg führen
 〜に勝つ〈負ける〉 den Krieg gewinnen〈verlieren〉
ぜんそくりょくで 全速力で mit voller〈höchster〉 Geschwindigkeit
ぜんたい 全体 Ganze 中 (形容詞変化)
 〜の ganz; gesamt; sämtlich
せんたく 選択 [Aus]wahl 女
 〜する [aus]wählen
せんたく 洗濯 Wäsche 女
 〜機 Waschmaschine 女
 〜する waschen
 〜物 Wäsche 女
 〜屋 Reinigung 女
ぜんちし 前置詞 Präposition 女
センチメートル Zentimeter 男
せんちょう 船長 Kapitän 男
ぜんちょう 前兆 Vorzeichen 中
ぜんてい 前提 Voraussetzung 女
 〜にする voraussetzen
せんでん 宣伝 Reklame 女; Werbung 女; Propaganda 女
 〜する Reklame machen; werben; Propaganda machen; propagieren
 〜用パンフレット Prospekt 男
セント Cent 男
ぜんとゆうぼうな 前途有望な vielversprechend
せんとう 先頭 Spitze 女
 〜に立つ an der Spitze stehen
せんとう 戦闘 Kampf 男; Schlacht 女
 〜機 Jagdflugzeug 中
 〜的な kämpferisch
せんどう 扇動 Aufhetzung 女; Aufwieglung 女; Agitation 女
 〜する aufhetzen; aufwiegeln; agitieren
 〜的な aufwieglerisch; agitatorisch
せんにんこうし 専任講師 der ordentliche Dozent 男
せんぬき 栓抜き Flaschenöffner 男; Korkenzieher 男
せんばい 専売 Monopol 中
 〜する monopolisieren
 〜特許 Patent 中
せんぷうき 扇風機 Ventilator 男
ぜんまい 発条 Feder 女
 〜を巻く aufziehen
ぜんめつ 全滅 die totale Vernichtung 女
 〜させる vernichten
 〜する vernichtet werden
せんめんき 洗面器 Waschbecken 中
せんめんじょ 洗面所 Toilette 女
せんもん 専門 Fach 中

〜家 Fachmann; Spezialist 男
〜学校 Fachschule 女
〜の fachlich
〜分野 Fachgebiet 中; Spezialgebiet 中
せんりゃく 戦略 Strategie 女
せんりょう 占領 Besetzung 女; Okkupation 女
 〜する besetzen; okkupieren
ぜんりょうな 善良な gut
ぜんりょくで 全力で mit aller〈ganzer/voller〉 Kraft
 〜を尽くす alle Kräfte aufbieten; sein Bestes tun
せんれい 洗礼 Taufe 女
せんれい 先例 Präzedens 中
 〜のない präzedenzlos
せんれんされた 洗練された verfeinert
せんろ 線路 Gleis 中; Schienen 複

そ

そう so; ja; auf solche Weise
そう 層 Schicht 女; Klasse 女
そう 僧 Priester 男; Mönch 男; Bonze 男
ぞう 像 Bild 中; Figur; Statue 女
ぞう 象 Elefant 男
そうい 相違 Unterschied 男; Verschiedenheit 女
 〜した verschieden; abweichend
そうおん 騒音 Lärm 男; Geräusch 中
 〜公害 Lärmbelästigung 女
ぞうか 増加 Zunahme 女; Vermehrung 女
 〜する zunehmen; sich vermehren
そうかい 総会 Generalversammlung 女
そうがく 総額 Gesamtsumme 女; Gesamtbetrag 男
そうがんきょう 双眼鏡 Fernglas 中
ぞうげ 象牙 Elfenbein 中
そうけい 総計 Summe 女
そうげん 草原 Wiese 女; Grasland 中
そうこ 倉庫 Lagerhaus 中
そうごの 相互の gegenseitig; wechselseitig
 〜に gegenseitig; einander; gegeneinander
そうごう 総合 Synthese 女; Zusammenfassung 女
 〜的な synthetisch; zusammenfassend
 〜大学 Universität 女
そうさ 捜査 Ermittlung 女
 〜する ermitteln; fahnden
そうさ 操作 Handhabung 女; Behandlung 女; Operation 女
 〜する handhaben; behandeln; operieren
そうさい 総裁 Präsident 男
そうさいする 相殺する kompensieren
そうさく 創作 Schöpfung 女; Schaffen 中
 〜する schaffen
そうさく 捜索 Durchsuchung 女
 〜する durchsuchen
そうじする 掃除する putzen; reinigen; sauber machen; säubern; fegen; kehren
 〜機 Staubsauger 男
そうしき 葬式 Begräbnisfeier 女; Trauerfeier 女
そうじゅうする 操縦する steuern; lenken
 〜士 Pilot 男
ぞうしょ 蔵書 Büchersammlung 女; Bibliothek 女
そうしょく 装飾 Verzierung 女; Schmuck 男
 〜する verzieren; schmücken; dekorieren; ornamentieren
そうしんぐ 装身具 Schmuck 男; Schmucksachen 複
そうせつする 創設する gründen; stiften
ぞうせん 造船 Schiffbau 男
 〜所 Werft 女
そうせんきょ 総選挙 nationale Wahl 女; Parlamentswahl 女
そうぞう 想像 Vorstellung 女; Fantasie 女; Einbildung 女
 〜する sich vorstellen; vermuten
 〜できる vorstellbar
そうぞう 創造 Schöpfung 女; Erschaffung 女; Schaffen 中
 〜する schaffen; erschaffen
そうぞうしい 騒々しい lärmend; geräuschvoll; laut
そうぞく 相続 Erbfolge 女
 〜する erben; beerben
 〜人 Erbe 男
そうたいてきな 相対的な relativ
 〜性 Relativität 女
 〜性理論 Relativitätstheorie 女
そうだいな 壮大な grandios; großartig; herrlich
ぞうだいする 増大する sich vermehren; sich steigern
そうだん 相談 Besprechung 女; Beratung 女; Rat 男
 〜する sich besprechen〈beraten〉; beratschlagen; Rat halten
そうち 装置 Vorrichtung 女; Einrichtung 女; Apparat 男
ぞうちくする 増築する anbauen
そうちょうに 早朝に frühmorgens; morgens früh

ぞうてい 贈呈 Darbringung 囡; Schenkung 囡
 ～する darbringen; schenken
そうどう 騒動 Unruhe 囡; Aufruhr 男; Aufstand 男
そうとうする 相当する entsprechen
そうとうな 相当な beträchtlich; ziemlich
そうなん 遭難 Unglück 中; Unfall 男; Schiffbruch 男
 ～する verunglücken; Schiffbruch erleiden; scheitern
そうにゅう 挿入 Einfügung 囡; Einschiebung 囡
 ～する einfügen; einschieben
そうび 装備 Ausrüstung 囡
 ～する ausrüsten
そうべつかい 送別会 Abschiedsfeier 囡
そうほうの 双方の beiderseitig
そうめいな 聡明な klug; weise; gescheit
そうりだいじん 総理大臣 Ministerpräsident 男
そうりつ 創立 Gründung 囡; Stiftung 囡
 ～する gründen; begründen; stiften
そうりょう 送料 Port 中
そえる 添える hinzufügen; beifügen; zusetzen
ソース Soße 囡
ソーセージ Wurst 囡
ぞく 属 Gattung 囡
そくいする 即位する den Thron besteigen
そくしんする 促進する fördern
ぞくする 属する gehören; angehören
そくせきの 即席の improvisiert
ぞくぞくと einer nach dem andern
そくたつ 速達 Eilpost 囡
そくど 速度 Geschwindigkeit 囡
ぞくな 俗な weltlich; vulgar; gemein; gewöhnlich
そくばく 束縛 Gebundenheit 囡; Fesselung 囡
 ～する binden; fesseln
そくりょう 測量 Vermessung 囡
 ～する vermessen
そこ da; dort
 ～から daher; von da; daraus
 ～へ dahin; dorthin
 ～まで bis dahin
そこ 底 Grund 男; Boden 男; (靴の) Sohle 囡
そこく 祖国 Vaterland 中
 ～の väterländisch
そこなう 損なう schaden; verletzen
そしする 阻止する verhindern
そしき 組織 Organization 囡; System 中
 ～する organisieren

～的な organisatorisch
そしつ 素質 Anlage; Begabung 囡
 ～のある begabt; veranlagt
そして und; dann
そしょう 訴訟 Prozess 男
 ～を起こす anklagen; einen Prozess führen
そせん 祖先 Vorfahr 男; Ahne 囡
そそぐ 注ぐ gießen; begießen; einschenken; bewässern; münden
そそっかしい leichtsinnig; fahrig
そそのかす 唆す aufhetzen; anstiften; verführen; verleiten
そだち 育ち Wachstum 中; Erziehung 囡
 ～の良い wohlerzogen
そだつ 育つ wachsen
そだてる 育てる pflegen; erziehen; aufziehen; großziehen; züchten
そっき 速記 Stenografie 囡; Kurzschrift 囡
 ～する stenografieren
 ～の stenografisch
そつぎょうする 卒業する von der Schule abgehen; absolvieren
 ～試験 Abschlussexamen 中; Abitur 中
 ～論文 Diplomarbeit 囡
そっちょくな 率直な offen; aufrichtig; offenherzig; freimütig
 ～に言うと offen gesagt
(…に)そって 沿って entlang
そっと vorsichtig; leise; heimlich
そっとう 卒倒 Ohnmacht 囡
 ～する ohnmächtig werden
そで 袖 Ärmel 男
そとに 外に außen; draußen
(…の)そとに 外に außer; außerhalb
そとの 外の äußer; äußerlich
そとがわ 外側 Außenseite 囡; Äußere 中 (形容詞変化)
そなえ 備え Vorbereitung 囡
 ～る sich vorbereiten; vorsorgen
ソナタ Sonate 囡
その der; dieser; jener
そのうえ その上 außerdem; dazu; obendrein; ferner
そのうちに bald; mit der Zeit
そのため darum; deshalb; deswegen
そののち その後 danach; später
そのころ その頃 damals
 ～の damalig
そのた その他 außerdem; sonst; und so weiter
 ～の ander
そのとき その時 dann; da
そのような solch
(…の)そば 側 an; bei; neben
そびえる 聳える emporragen; sich erheben; ragen

そふ 祖父 Großvater 男
ソファー Sofa 中
ソフトウェア Software 囡
ソプラノ Sopran 男
そぼ 祖母 Großmutter 囡
そぼくな 素朴な schlicht; einfach; naiv
そまつな 粗末な schlecht; dürftig
 ～にする schlecht behandeln; vernachlässigen
そむく 背く nicht folgen⟨gehorchen⟩; verraten; sich auflehnen
そめる 染める färben
そもそも überhaupt
そやな 粗野な grob; roh; wild
そよかぜ そよ風 Windhauch 男
そら 空 Himmel 男
 ～模様 Wetterlage 囡
そらす 逸らす ablenken; abwenden; ableiten
そり 橇 Schlitten 男
そる 剃る rasieren; scheren
それ es; das
それから dann; seitdem
それぞれ jeder
それにもかかわらず trotzdem; dennoch
それでは also; dann; so
それどころか gar; sogar; vielmehr
それとも oder
それはそうと übrigens
それゆえ also; daher; deshalb; darum
それる 逸れる abweichen; fehlgehen; abschweifen
ソロ Solo 中
そろえる 揃える ordnen; sammeln
そわそわする unruhig sein
そん 損 Verlust 男; Nachteil 男
 ～な nachteilig
 ～をする einen Verlust erleiden; verlieren
そんがい 損害 Schaden 男
 ～を与える beschädigen
 ～を被る Schaden erleiden
そんけい 尊敬 Achtung 囡; Verehrung 囡
 ～する achten; verehren; ehren; hoch achten; respektieren
そんざい 存在 Dasein 中; Existenz 囡
 ～する sein; existieren; da sein
そんしつ 損失 Verlust 男
そんちょうする 尊重する achten; schätzen
そんな solch
そんなに so

た

ダース Dutzend 中
ターミナル Terminal 男; 中
たい 対 gegen; zu

だい 台 Gestell 中
だい 題 Titel 男; Thema 中
たいい 大尉 Hauptmann 男
たいい 大意 Zusammenfassung 女
　～を言うと um es kurz zusammenzufassen
たいいく 体育 Turnen 中; Sport 男
　～館 Turnhalle 女
だいいちの 第1の erst
　～に erstens; zuerst
たいおん 体温 Körperwärme 女
　～計 Fieberthermometer 中
たいか 退化 Entartung 女; Degeneration 女
　～する entarten; degenerieren
たいかくせん 対角線 Diagonale 女
たいかの 耐火の feuerfest; feuerbeständig
たいかい 大会 Versammlung 女; Generalversammlung 女; (スポーツの) Turnier 中
たいがい 大概 meistens; im Allgemeinen; wohl
たいかく 体格 Körperbau 男
だいがく 大学 Universität 女; Hochschule 女
　～生 Student 男; Studentin 女
たいき 大気 Atmosphäre 女; Luft 女
　～汚染 Luftverschmutzung 女
だいぎし 代議士 Abgeordnete (形容詞変化)
たいきゅうせい 耐久性 Dauerhaftigkeit 女; Ausdauer 女
　～のある dauerhaft
だいきん 代金 Preis 男
だいく 大工 Zimmermann 男
たいぐう 待遇 Behandlung 女; Aufnahme 女; (サービス業の) Bedienung 女; Arbeitsbedingungen 複
たいくつ 退屈 Langeweile 女
　～する sich langweilen
　～な langweilig
たいけい 体系 System 中
　～的な systematisch
たいけん 体験 Erlebnis 中
　～する erleben
たいこ 太鼓 Trommel 女
たいこうする 対抗する wetteifern; widerstehen; gegenüberstehen
だいこん 大根 Rettich 男
たいさ 大佐 Oberst 男; Kapitän zur See
たいざい 滞在 Aufenthalt 男
　～する sich aufenthalten; bleiben
たいさく 対策 Maßnahme 女
　～をとる Maßnahmen ergreifen
だいさんの 第3の dritt
たいし 大使 Botschafter 男

～館 Botschaft 女
たいしつ 体質 Konstitution 女; Körperbeschaffenheit 女
だいじな 大事な wichtig; bedeutend; wertvoll
　～に 扱う sorgfältig bedienen; liebevoll behandeln
　～にする schonen
(...に)たいして 対して gegen; zu; gegenüber
たいして...ない nicht so...; nicht besonders
たいしゅう 大衆 Volk 中
　～的な volkstümlich
たいじゅう 体重 Körpergewicht 中
たいしょう 対称 Symmetrie 女
たいしょう 大将 General 男; Admiral 男
たいしょう 対照 Gegensatz 男; Kontrast 男
　～する gegenüberstellen
　～的な gegensätzlich
たいしょう 対象 Gegenstand 男
だいじょうぶ 大丈夫 sicher; gewiss; Keine Angst!
たいしょく 退職 Rücktritt 男; Abschied 男
　～する zurücktreten; Abschied nehmen; abdanken
だいじん 大臣 Minister 男
たいしんの 耐震の erdbebensicher
だいず 大豆 Sojabohne 女
だいすう 代数 Algebra 女
たいせいよう 大西洋 Atlantik 男; der Atlantische Ozean 男
たいせき 体積 Rauminhalt 男; Volumen 中
たいせき 堆積 Haufen 男; Aufhäufung 女
　～する sich aufhäufen⟨anhäufen⟩
たいせつな 大切な wichtig; teuer
　～にする sorgfältig⟨behutsam⟩ behandeln; sorgfältig umgehen; schonen
たいそう 体操 Gymnastik 女; Leibesübungen 複; Turnen 中
　～する turnen; Gymnastik machen⟨treiben⟩
たいだ 怠惰 Faulheit 女; Trägheit 女
　～な faul; träge; lässig
だいたい 大腿 Oberschenkel 男
だいたい 大体 ungefähr; im [Großen und] Ganzen; überhaupt
だいだいいろの 橙色の orange
だいたんな 大胆な kühn; mutig; tapfer; verwegen
だいちょう 大腸 Dickdarm 男
たいてい meistens
たいど 態度 Verhalten 中; Haltung 女

たいとう 対等の gleich; gleichberechtigt
だいとうりょう 大統領 Präsident 男
だいどころ 台所 Küche 女
だいにの 第2の zweit
たいはい 退廃 Dekadenz 女; Verderbtheit 女; Verfall 男; Entartung 女
　～的な dekadent; verdorben
だいひょう 代表 Vertretung 女
　～者 Vertreter 男
　～する vertreten; repräsentieren
　～的な repräsentativ; typisch
たいふう 台風 Taifun 男
タイプ Typ 男
タイプライター Schreibmaschine 女
たいへいよう 太平洋 Pazifik 男; der Pazifische Ozean 男
　～の pazifisch
たいへんな 大変な ernst; schrecklich; wichtig
たいほ 逮捕 Verhaftung 女
　～する verhaften; festnehmen
たいほう 大砲 Geschütz 中
だいほん 台本 Textbuch 中; Drehbuch 中
たいまんな 怠慢な nachlässig
タイム Zeit 女; (競技中の) Spielunterbrechung 女
　～を要求する das Spiel unterbrechen
だいめいし 代名詞 Pronomen 中
タイヤ Reifen 男
ダイヤ Diamant 男
ダイヤル Wählscheibe 女
たいよう 太陽 Sonne 女
　～系 Sonnensystem 中
だいようする 代用する ersetzen
　～品 Ersatz 男; Substitut 中
たいらな 平らな eben; flach; glatt
だいり 代理 Vertretung 女; Agentur 女
　～で in Vertretung 女; anstatt
　～店 Agentur 女
　～人 Vertreter 男
たいりく 大陸 Kontinent 男
だいりせき 大理石 Marmor 男
　～の marmorn; aus Marmor
たいりつ 対立 Gegensatz 男
　～する gegenüberstehen
　～的な gegensätzlich
たいりょう 大量 Menge 女; Masse 女
　～に massenhaft; massenweise; in großer Menge
　～生産 Massenproduktion 女
たいりょく 体力 Körperkraft 女
タイル Fliese 女; Kachel 女
ダイレクトメール [Post]wurfsendung 女
たえず 絶えず unaufhörlich; stän-

dig; ununterbrochen; dauernd; immer
たえる 耐える ertragen; erdulden; aushalten; standhalten; durchstehen; durchhalten
たえる 絶える aufhören; ein Ende nehmen; aussterben
だえん 楕円 Ellipse 囡
たおす 倒す umwerfen; besiegen; (木を) fällen
タオル Handtuch 串
たおれる 倒れる fallen; umfallen; stürzen
たか 鷹 Falke 男; Habicht 男
たかい 高い hoch; groß; (値段が) teuer; (声が) laut; (気温が) warm
たがいに 互いに einander; gegenseitig
～の gegenseitig
たかさ 高さ Höhe 囡
だがっき 打楽器 Schlaginstrument 串
たがやす 耕す pflügen; ackern; bebauen; den Acker bestellen
たから 宝 Schatz 男
～くじ Lotto 串; Lotterie 囡; Los 串
だから also; folglich; darum; deshalb; deswegen
たき 滝 Wasserfall 男
だきょうする 妥協する einen Kompromiss schließen〈eingehen〉
～的な kompromissbereit
たく 炊く kochen
たく 焚く brennen; Feuer machen
だく 抱く in die Arme nehmen; umarmen
たくさんの 沢山の viel
タクシー Taxi 串
たくじしょ 託児所 Kinderkrippe 囡
たくす 託す anvertrauen; auftragen; überlassen
たくましい kräftig; stark
たくみな 巧みな geschickt; gewandt
たくわえ 貯え Vorrat 男; Ersparnis 囡
～る aufspeichern; aufbewahren; speichern
たけ 竹 Bambus 男
…だけ nur
たけうま 竹馬 Stelze 囡
だげき 打撃 Schlag 男; Streich 男
だけつ 妥結 Übereinkommen 串
たこ 蛸 Achtfüß[l]er 男
たこ 胼胝 Schwiele 囡
たさいな 多彩な bunt
ださん 打算 Berechnung 囡
～的な rechnend
たしかな 確かな sicher; gewiss; zuverlässig; genau; exakt
たしざん 足し算 Addition 囡

たしょう 多少 ein wenig〈bisschen〉; etwas
たす 足す addieren; hinzufügen
だす 出す (取出す) herausnehmen; (手紙を) abgeben; (お金を) ausgeben; (外へ) herausgeben; (差出す) reichen; (書類を) einreichen; (料理を) anbieten; (力を) aufbieten
たすう 多数 eine große Zahl 〈Menge〉 囡; Mehrheit 囡
～決 Mehrheitsbeschluss 男
たすけ 助け Hilfe 囡; Beistand 男; Unterstützung 囡; Rettung 囡
～る helfen; beistehen; unterstützen; retten
たずねる 尋ねる fragen; nachfragen; ausfragen; erkundigen
たずねる 訪ねる besuchen
ただ nur; bloß; einfach
だたい 堕胎 Abtreibung 囡
ただの kostenlos; kostenfrei
～で umsonst; gratis
たたかい 戦い Kampf 男; Krieg 男; Schlacht 囡
～う kämpfen; streiten
たたく 叩く schlagen; prügeln; klopfen; pochen; klatschen
ただし allerdings; aber; doch
ただしい 正しい richtig; gerecht; recht; korrekt; gesetzmäßig
たたむ 畳む falten; zusammenfalten; zusammenlegen
ただよう 漂う schweben; umhertreiben
たちあがる 立上がる aufstehen; sich erheben
たちさる 立去る weggehen; verlassen
たちどまる 立止まる stehen bleiben; stillstehen
たちば 立場 Standpunkt 男; Stellung 囡; Lage 囡
だちょう 駝鳥 Strauß 男
たちよる 立寄る vorbeikommen
たつ 立つ aufstehen; sich stellen (立っている) stehen
たつ 発つ abfahren; abreisen; abfliegen; verlassen
たつ 経つ vergehen
たつ 断つ aufgeben; abschneiden
たっきゅう 卓球 Tischtennis 串
だっきゅう 脱臼 Verrenkung 囡
たっきゅうびん 宅急便 Kurierdienst 男
たっする 達する erreichen; gelangen
タッチ (ピアノなどの) Anschlag 男; (絵画の) Strich 男
たっぷり reichlich; voll; genügend
たて 盾 Schild 男
たて 縦 Länge 囡
たてもの 建物 Gebäude 串

たてる 立てる stellen; aufstellen
たてる 建てる bauen; erbauen; errichten; aufbauen
たどうし 他動詞 transitives Verb 串; Transitiv 串
たおとする 打倒する niederschlagen; umstürzen
だとうな 妥当な angemessen; passend; geeignet; gültig
たとえ …でも auch wenn; [auch] immer; obwohl
たとえば zum Beispiel; etwa
たどる 辿る verfolgen
たな 棚 Regal 串; Wandbrett 串
たに 谷 Tal 串
たね 種 Samen 男; Kern 男; (手品の) Trick 男
たにん 他人 Fremde (形容詞変化)
～の fremd
ぬき 狸 Dachs 男
たのしい 楽しい froh; fröhlich; lustig; vergnügt
たのしませる 楽しませる unterhalten; erfreuen; belustigen; amüsieren
たのしみ 楽しみ Vergnügen 串; Spaß 男; Freude 囡
たのしむ 楽しむ genießen; sich freuen
たのみ 頼み Bitte 囡
たのむ 頼む bitten; anflehen
たのもしい 頼もしい zuverlässig
たば 束 Bündel 串; Bund 串
～ねる binden; bündeln
タバコ Tabak 男; Zigarette 囡; Zigarre 囡
～を吸う rauchen
たび 旅 Reise 囡
～をする reisen; eine Reise machen
～に出る verreisen
～人 Reisende (形容詞変化)
たびたび 度々 oft; häufig
タブー Tabu 串
タフな zäh; beharrlich
ダブルス Doppelspiel 串
たぶん 多分 wahrscheinlich; wohl; vielleicht
たべもの 食べ物 Essen 串; Speise 囡; Lebensmittel 串
たべる 食べる essen; fressen
たほうでは 他方では andererseits
たま 玉 Ball 男; Kugel 囡; (電球) Birne 囡
たまご 卵 Ei 串
たましい 魂 Seele 囡
だます 騙す betrügen; täuschen; schwindeln; hintergehen
たまに ab und zu; gelegentlich
たまねぎ 玉葱 Zwiebel 囡
だまる 黙る schweigen; den Mund halten; verschweigen
ダム [Stau]damm 男; Talsperre 囡

(…の)ため für; um…willen; zu; wegen; infolge; dank; zuliebe; halber; zugunsten; damit
ためいき 溜息 Seufzer 男
　～をつく seufzen
ためす 試す probieren; versuchen; prüfen
ためらう zögern
ためる 貯める sparen; sammeln; aufspeichern; anhäufen
たもつ 保つ halten; behalten; bewahren
たより 頼り Stütze 女
　～にしている angewiesen sein
　～にする sich verlassen
　～になる zuverlässig
たより 便り Nachricht 女; Brief 男
たら 鱈 Dorsch 男; Kabeljau 男
だらく 堕落 Verdorbenheit 女
　～した verdorben
　～する verderben
だらしない nachlässig; schlampig
たりない 足りない fehlen; mangeln
たりる 足りる genügen; ausreichen
たる 樽 Fass 中
だるい müde; matt; schlaff
だれ 誰 wer
　～かある人 jemand
　～でも jeder
　～も…ない niemand
たれる 垂れる hängen; (滴が) tropfen
タレント Fernsehschauspieler 男
たん 痰 Schleim 男
だん 壇 Podium 中; Altar 男
だんあつ 弾圧 Unterdrückung 女
　～する unterdrücken
たんい 単位 Einheit 女
だんかい 段階 Stufe; Grad 男; Ebene 女
　～的に stufenweise
たんきな 短気な ungeduldig; hitzig
だんけつ 団結 Vereinigung 女
　～する sich vereinigen
たんけん 探検 Expedition 女
　～する erforschen
だんげんする 断言する versichern; beteuern; fest behaupten
たんご 単語 Wort 中
だんご 団子 Knödel 男; Kloß 男
ダンサー Tänzer 男
だんじきする 断食する fasten
たんしゅくする 短縮する verkürzen; abkürzen
たんじゅんな 単純な einfach; simpel; schlicht; einfältig
たんしょ 短所 Nachteil 男; Schwäche 女
たんじょう 誕生 Geburt 女
　～する geboren werden
　～日 Geburtstag 男
タンス Schrank 男
ダンス Tanz 男

　～をする tanzen
たんすう 単数 Singular 男
だんせい 男性 Mann 男
　～の männlich
たんそ 炭素 Kohlenstoff 男
だんたい 団体 Verein 男; Gruppe 女; Gesellschaft 女; Verband 男
　～旅行 Gruppenreise 女
だんだん allmählich; nach und nach
だんち 団地 Wohnsiedlung 女
たんちょう 短調 Moll 中
たんちょうな 単調な eintönig; monoton
たんてい 探偵 Detektiv 男
　～小説 Detektivroman 男
だんどり 段取り Vorbereitung 女
たんに 単に nur; bloß
　～…だけでなく nicht nur…, sondern [auch]
だんねんする 断念する verzichten; aufgeben
たんのう 胆嚢 Galle 女
たんのうな 堪能な bewandert
たんぱ 短波 Kurzwelle 女
たんぱくしつ 蛋白質 Eiweiß 中; Protein 中
たんぺんしょうせつ 短編小説 Novelle 女; Kurzgeschichte 女
だんぺん 断片 Fragment 中
　～的な fragmentarisch
たんぽ 担保 Pfand 中; Sicherheit 女
だんぼう 暖房 Heizung 女
　～する heizen
段ボール Wellpappe 女
　～箱 Karton 男
たんぽぽ 蒲公英 Löwenzahn 男
だんらく 段落 Absatz 男; Einschnitt 男
だんろ 暖炉 Kamin 男; Ofen 男

ち

ち 血 Blut 中
　～が出る bluten
ちあん 治安 die öffentliche Sicherheit 女
ちい 地位 Stellung 女; Posten 男; Position 女; Stelle 女
ちいき 地域 Gebiet 中; Gegend 女; Bezirk 男; Zone 女; Viertel 中; Raum 男
　～開発 Regionalerschließung 女
　～経済 Regionalwirtschaft 女
　～差 regionale Unterschiede 複
　～社会 Regionalgemeinschaft 女
　～的な örtlich; regional
ちいさい 小さい klein; (音が) leise
チーズ Käse 男
チーム Mannschaft 女; Team 中

ちえ 知恵 Weisheit 女
　～のある weise; klug; intelligent
チェアマン Vorsitzende (形容詞変化)
チェコ Tschechien
チェス Schach 中
チェックアウトする abreisen
チェックインする sich anmelden; einchecken
チェックする checken; ankreuzen
チェロ Cello 中; Violoncello 中
ちかの 地下の unterirdisch
　～資源 Bodenschätze 複
　～室 Keller 男
ちかい 近い nahe
　～うちに bald
ちかい 地階 Untergeschoss 中
ちかい 誓い Eid 男
ちがい 違い Unterschied 男
ちがいない 違いない müssen
ちがいほうけん 治外法権 Exterritorialität 女
ちかう 誓う schwören
ちがう 違う verschieden sein; sich unterscheiden; anders sein; nicht stimmen
ちかく 知覚 Wahrnehmung 女
　～する wahrnehmen
ちがく 地学 Geologie 女
ちかくに 近くに in der Nähe
ちかごろ 近頃 neuerdings; heutzutage; neulich
ちかづく 近づく sich nähern; herankommen; nahe kommen
ちかてつ 地下鉄 U-Bahn 女
ちかどう 地下道 Unterführung 女
ちかみち 近道 Abkürzung 女
　～をする den Weg abkürzen
ちから 力 Kraft 女; Macht; Fähigkeit 女; Gewalt 女
　～一杯 mit aller Kraft
　～関係 Machtverhältnisse 複
　～ずくで mit Gewalt
　～添え Beistand 男
　～づける ermutigen; ermuntern
　～づよく kräftig
　～になる beistehen
　～を合せる die Kräfte vereinigen
　～を落す entmutigt sein
　～を貸す seine Kraft leihen
　～を尽くす seine ganze Kraft hineinlegen
ちきゅう 地球 Erde 女
　～温暖化 globale Klimaerwärmung 女
　～儀 Globus 男
ちく 地区 Gebiet 中; Bezirk 男; Zone 女
チケット Ticket 中
ちこく 遅刻 Verspätung 女
　～する zu spät kommen; sich verspäten
ちじ 知事 Gouverneur 男

ちしき 知識 Kenntnis 囡; Wissen 中
～階級 Intelligenz 囡
～人 Intellektuelle (形容詞変化)
～欲の旺盛な wissbegierig
ちじょう 地上 Erde 囡
～で auf der Erde〈dem Boden〉
～の irdisch
ちじん 知人 Bekannte (形容詞変化)
ちず 地図 Landkarte 囡; Stadtplan 男; Atlas 男
ちせい 知性 Intellekt 男
～的な intellektuell
ちち 父 Vater 男
～の väterlich
ちち 乳 Milch 中
ちちむ 縮む schrumpfen
ちちめる 縮める verkürzen; abkürzen
ちちゅうかい 地中海 Mittelmeer 中
ちつじょ 秩序 Ordnung 囡
ちっそ 窒素 Stickstoff 男
ちっそく 窒息 Erstickung 囡
～する ersticken
チップ Trinkgeld 中
ちのう 知能 Intelligenz 囡
～指数 Intelligenzquotient 男
～のある intelligent
ちぶさ 乳房 Brust 囡
ちへいせん 地平線 Horizont 男
ちほう 地方 Gegend 囡; Land 中; Provinz 囡
～主義 Regionalismus 男
～の regional; lokal; provinziell
ちめいてきな 致命的な tödlich
ちゃ 茶 Tee 男
チャーミングな charmant; reizend
ちゃいろの 茶色の braun
ちゃくじつな 着実な sicher; solide; fest
ちゃくせきする 着席する Platz nehmen; sich setzen
ちゃくりく 着陸 Landung 囡
～する landen
ちゃわん 茶碗 Tasse 囡
チャンス Chance 囡; Gelegenheit 囡
ちゃんと ordentlich; genau; richtig
チャンネル Kanal 男
チャンピオン Champion 男
ちゅう 注 Anmerkung 囡
…ちゅう 中 während; bei; in
ちゅうい 注意 Achtung 囡; Aufmerksamkeit 囡; (用心の) Vorsicht 囡; (忠告) Warnung 囡
～する achten; Acht geben; beachten; aufpassen; warnen
～深い aufmerksam; vorsichtig
チューインガム Kaugummi 男中
ちゅうおう 中央 Zentrum 中; Mitte 囡
～に in der Mitte; mitten
ちゅうがっこう 中学校 Mittelschule 囡
ちゅうかりょうり 中華料理 die chinesische Küche 囡
ちゅうかん 中間 Mitte 囡
～の mittler
～に in der Mitte; dazwischen
～報告 Zwischenbericht 男
ちゅうくらいの 中くらいの mittelmäßig
ちゅうけい 中継 Übertragung 囡
～する übertragen
ちゅうこの 中古の gebraucht; aus zweiter Hand
～車 Gebrauchtwagen 男
ちゅうこく 忠告 Rat 男; Ratschlag 男
～する raten; einen Rat geben
～に従う einem Rat folgen
ちゅうごく 中国 China 中
～[語, 人]の chinesisch
～人 Chinese 男
ちゅうし 中止 Unterbrechung 囡; Einstellung 囡; Ausfall 男
～する unterbrechen; abbrechen
～になる ausfallen
ちゅうじつな 忠実な treu; getreu
ちゅうしゃ 注射 Spritze 囡; Injektion 囡
～する spritzen; injizieren
ちゅうしゃする 駐車する parken
～場 Parkplatz 男
ちゅうじゅんに 中旬に Mitte des Monats
ちゅうしょう 中傷 Verleumdung 囡
～する verleumden
ちゅうしょう 抽象 Abstraktion 囡
～的な abstrakt
ちゅうしょく 昼食 Mittagessen 中
～をとる zu Mittag essen
ちゅうしん 中心 Mittelpunkt 男; Zentrum 中
～の zentral; Zentral…
～に im Zentrum; in der Mitte von…
ちゅうせい 忠誠 Treue 囡
ちゅうせい 中世 Mittelalter 中
～の mittelalterlich
ちゅうせい 中性 Neutrum 中
～の neutral
ちゅうだん 中断 Unterbrechung 囡
～する unterbrechen
ちゅうちょする 躊躇する zögern
ちゅうとで 中途で auf halbem Weg; halbwegs
ちゅうどく 中毒 Vergiftung 囡
チューナー Tuner 男
ちゅうもく 注目 Aufmerksamkeit 囡
～すべき bemerkenswert
～する achten
ちゅうもん 注文 Bestellung 囡; Auftrag 男
～する bestellen
～をつける eine Bedingung stellen
ちゅうりつ 中立 Neutralität 囡
～の neutral
チューリップ Tulpe 囡
ちょう 腸 Darm 男
ちょう 蝶 Schmetterling 男
ちょう 兆 Billion 囡
ちょうおんそく 超音速 Überschallgeschwindigkeit 囡
ちょうおんぱ 超音波 Ultraschall 男
ちょうか 超過 Überschreitung 囡
～する überschreiten
ちょうかく 聴覚 Gehör 中; Ohr 中
ちょうかん 朝刊 Morgenzeitung 囡
ちょうかん 長官 Leiter 男
ちょうきの 長期の langfristig
ちょうきょり 長距離 eine lange Strecke 囡
～走 Langstreckenlauf 男
～電話 Ferngespräch 中
チョーク Kreide 囡
ちょうこう 兆候 Anzeichen 中; Symptom 中; Vorzeichen 中
ちょうこく 彫刻 Bildhauerei 囡; Skulptur 囡; Plastik 囡
～家 Bildhauer 男
～する schnitzen
ちょうこうそうビル 超高層ビル Wolkenkratzer 男
ちょうさ 調査 Untersuchung 囡
～する untersuchen; nachforschen
ちょうし 調子 Ton 男
～が悪い sich schlecht fühlen; nicht in Ordnung sein; nicht gut in Form sein
ちょうしゅう 聴衆 Zuhörer 男
ちょうしょ 長所 Vorteil 男; Stärke 囡
ちょうしょう 嘲笑 Hohn 男; Spott 男
～する verspotten; höhnen; verlachen; hohnlachen
ちょうじょう 頂上 Gipfel 男
ちょうしょく 朝食 Frühstück 中
～をとる frühstücken
ちょうせつ 調節 Einstellung 囡; Regulierung 囡
～する einstellen; regulieren
ちょうせん 挑戦 Herausforderung 囡
～する herausfordern
～的な herausfordernd
～に応じる die Herausforderung annehmen

ちょうせん 朝鮮 Korea
ちょうちょう 長調 Dur 中
ちょうちん 提灯 Lampion 男
ちょうてん 頂点 Höhepunkt 男
ちょうど gerade; eben
ちょうとっきゅう 超特急 Superexpress 男
ちょうなん 長男 der älteste Sohn 男
ちょうのうりょく 超能力 übernatürliche Kraft 女
ちょうは 長波 Langwelle 女
ちょうへんしょうせつ 長編小説 Roman 男
ちょうほうけい 長方形 Rechteck 中
ちょうみりょう 調味料 Gewürz 中
ちょうわ 調和 Harmonie 女
　～した harmonisch
　～する harmonieren; zusammenstimmen
ちょきん 貯金 Spargeld 中; Ersparnisse 複
　～する sparen
　～通帳 Sparbuch 中
　～箱 Sparbüchse 女
　～をおろす Geld vom Konto abheben
ちょくせつの 直接の direkt; unmittelbar
ちょくせん 直線 eine gerade Linie 女
チョコレート Schokolade 女
ちょしゃ 著者 Verfasser 男; Autor 男
ちょぞう 貯蔵 Aufspeicherung 女; Lagerung 女
　～する aufspeichern; einlagern
ちょちく 貯蓄 Spareinlage 女; Ersparnis 中
　～する sparen
ちょっかく 直角 rechter Winkel 男
　～の rechtwinklig
ちょっかん 直感 Intuition 女
　～的な intuitiv
ちょっけい 直径 Durchmesser 男
ちょっと (時間) Augenblick 男; (量) ein wenig〈bisschen〉; mal
ちり 塵 Staub 男
ちりがく 地理学 Geographie 女
ちりょう 治療 Behandlung 女
　～する behandeln; kurieren; heilen
ちる 散る sich zerstreuen; (花が) verblühen
ちんぎん 賃金 Lohn 男
ちんしゃくけいやく 賃借契約 Mietvertrag 男
ちんしゃくにん 賃借人 Mieter 男
チンパンジー Schimpanse 男
ちんぷんかんぷんだ Das ist mir wie böhmische Dörfer.
ちんもく 沈黙 Schweigen 中

～させる zum Schweigen bringen
　～する schweigen
ちんれつ 陳列 Ausstellung 女
　～する ausstellen

つ

ツアー Tour 女
つい 対 Paar 中
ついか 追加 Nachtrag 男; Zusatz 男
　～する nachtragen; zusetzen
ついきゅう 追求 Verfolgung 女
　～する verfolgen
ついしん 追伸 Nachschrift 女; Postskript[um] 中
ついせきする 追跡する verfolgen
(…に)ついて von; über; hinsichtlich; betreffs; in Bezug auf
ついで dann; darauf
ついでに nebenbei; gelegentlich; beiläufig; übrigens
ついに endlich; schließlich
ついほうする 追放する vertreiben
ついやす 費やす aufwenden; verwenden; aufwenden; verschwenden
ついらく 墜落 [Ab]sturz 男
　～する [ab]stürzen
ツイン Zweibettzimmer 中
つうがくする 通学する die Schule besuchen; zur Schule gehen
つうかする 通過する vorbeigehen; passieren
つうか 通貨 Währung 女
つうきんする 通勤する zum Dienst fahren〈gehen〉; zur Arbeit fahren〈gehen〉
つうこう 通行 Durchgang 男; Durchfahrt 女; Verkehr 男
　～する gehen; fahren
つうじょう 通常 normalerweise; gewöhnlich
つうじる 通じる führen; gehen; (事情に) kundig sein; (意志が) verstanden werden
つうしん 通信 Korrespondenz 女; Kommunikation 女; Nachricht 女
　～する korrespondieren
つうち 通知 Mitteilung 女; Anzeige 女
　～する mitteilen; benachrichtigen; melden; anzeigen
ツーピース Jackenkleid 中
つうやく 通訳 Dolmetscher 男
　～する dolmetschen
つうようする 通用する gelten; gültig sein
つうろ 通路 Durchgang 男; Gang 男; Passage 女
つえ 杖 Stock 男

つか 柄 Griff 男
つかう 使う gebrauchen; benutzen; verwenden; verbrauchen; (金を) ausgeben; (操作) handhaben; (人を) beschäftigen
つかまえる 捕まえる fangen; fassen; greifen
つかむ 摑む greifen; ergreifen; fassen; anfassen; fangen; packen
つかれた 疲れた müde; erschöpft
つき 月 (天体) Mond 男; (暦) Monat 男
つき 月 Glück 中
つぎの 次の nächst; folgend
つきあい 付合い Umgang 男; Bekanntschaft 女
　～う umgehen; verkehren
つきさす 突刺す stechen
つきそう 付添う begleiten
つぎつぎに 次々に nacheinander
つきなみの 月並みの gewöhnlich; alltäglich
つきる 尽きる ausgehen; sich erschöpfen
つく 着く ankommen; erreichen; (席に) Platz nehmen
つく 付く haften; stecken; kleben
つく 就く (職に) antreten; (地位に) einnehmen; (眠りに) einschlafen
つく 突く stechen; stoßen
つぐ 継ぐ folgen; erben; fügen
つくえ 机 Tisch 男
つくす 尽くす sich bemühen; erschöpfen
つぐなう 償う entschädigen; vergüten; ersetzen; (罪を) sühnen; büßen
つぐみ 鶫 Drossel 女
つくる 作る machen; herstellen; produzieren; schaffen; gründen
つけくわえる 付加える hinzufügen; hinzusetzen
つける 付ける befestigen; heften; anbringen; nageln; (後に) nachfolgen
つける 点ける anmachen; anstellen; einschalten; anzünden
つける 着ける anlegen; anstecken
つごう 都合 Umstände 複
　～がいい passen
　～によっては unter Umständen
　～のいい passend; günstig
つた 蔦 Efeu 中
つたえる 伝える (伝達) mitteilen; übermitteln; (伝承) überliefern; (伝授) einführen; einweihen; (伝導) leiten
つち 土 Erde 女; Boden 男
　～踏まず Fußsenke 女
つづく 続く dauern; folgen; währen; andauern; anhalten; sich fortsetzen
　～き Fortsetzung 女

~ける fortsetzen
つつじ 躑躅 Azalee 囡; Azalie
つつしむ 慎む sich enthalten; sich zurückhalten; sich beherrschen
つつみ 包み Pack 匣; Päckchen 匣
つつむ 包む einpacken; verpacken; einwickeln
つづる 綴る buchstabieren
つとめ 勤め Dienst 匣; Pflicht 囡
~口 Stelle 囡
~先 Arbeitsstätte 囡; Arbeitsplatz 匣
~る arbeiten; tätig sein; in Dienst sein〈treten〉
つとめる 努める sich bemühen
つとめる 務める arbeiten; (役を) führen; übernehmen; spielen
つな 綱 Seil 匣; Tau; Leine 囡
つなぐ binden; anknüpfen; anschließen; verbinden
つなみ 津波 Flutwelle 囡; Springflut 囡
つねに 常に immer; stets; ständig
つの 角 Horn 匣; (鹿の) Geweih 匣
つば 唾 Spucke 囡; Speichel 匣
~を吐く spucken
つばき 椿 Kamelie 囡
つばさ 翼 Flügel 匣
つばめ 燕 Schwalbe 囡
つぶ 粒 Korn 匣
つぶす zerdrücken; quetschen; (時間を) totschlagen
つぶやく 呟く murmeln
つぶれる zusammenbrechen; zerdrückt werden; (会社が) Bankrott gehen
つぼ 壷 Krug 匣
つぼみ 蕾 Knospe 囡
つま 妻 Frau 囡
つまずく 躓く stolpern
つまむ 摘む kneifen; zupfen
つまらない uninteressant; wertlos; unbedeutend
つまり nämlich; das heißt
つみ 罪 Schuld 囡; Sünde 囡; Verbrechen 匣
つむ 積む laden; beladen; stapeln; aufstapeln; häufen; anhäufen
つむ 摘む pflücken; lesen
つめ 爪 Nagel 匣; Kralle 囡
~切 Nagelknipser 匣
つめたい 冷たい kalt; kühl
つめる 詰める füllen; packen; stopfen; einpacken
つゆ 露 Tau 匣
つゆ 梅雨 Regenzeit 囡
つよい 強い stark; kräftig
~さ Stärke 囡
つらい 辛い hart; sauer; bitter
つらぬく 貫く (意志を) durchsetzen; (弾が) durchbohren
つり 釣り Angeln 匣

~竿 Rute 囡
~に行く angeln gehen
つりせん 釣銭 Wechselgeld 匣
つりあい 釣合 Gleichgewicht 匣
~のとれた ausgewogen; harmoniert
つる 釣る angeln
つる 鶴 Kranich 匣
つる 弦 Sehne 囡
つる 蔓 Ranke 囡
つるす 吊す [auf]hängen
つるつるした glatt; schlüpfrig
つれていく 連れて行く mitnehmen; [mit]bringen
つわり 悪阻 Schwangerschaftsbeschwerden 榎

て

て 手 Hand 囡; Arm 匣
…で (手段) mit; (場所) in; (材料) aus; von
であう 出会う begegnen; treffen
てあて 手当 (治療) Behandlung 囡; (給与) Lohn 匣
~をする behandeln
ていあん 提案 Vorschlag 匣; Antrag 匣
~する vorschlagen
ていか 定価 Preis 匣
ていかんし 定冠詞 ein bestimmter Artikel 匣
ていぎ 定義 Definition 囡; Bestimmung 囡
~する definieren
ていきあつ 低気圧 Tiefdruck 匣
ていきの 定期の regelmäßig; periodisch
~刊行物 Periodika 榎; Zeitschrift 囡
~券 Dauerkarte 囡; Monatskarte 囡
~検診 Routineuntersuchung 囡
~預金 Festgeld 匣
ていきゅうび 定休日 Ruhetag 匣
ていきょうする 提供する anbieten
ていけつあつ 低血圧 niedriger Blutdruck 匣
ていこう 抵抗 Widerstand 匣
~する widerstehen; Widerstand leisten
ていこく 帝国 [Kaiser]reich 匣
~主義 Imperialismus 匣
ていこくに 定刻に pünktlich
ていさい 体裁 Aussehen 匣; Anschein 匣; Form 囡; Gestalt 囡
~のいい schön; von gutem Aussehen; wohlgestaltet
ていし 停止 Einstellung 囡; Stillstand 匣; Halt 匣
~する einstellen; stillstehen; halten; anhalten

ていじの 定時の regelmäßig; zur festgesetzten Zeit; pünktlich
ティーシャツ T-Shirt 匣
ていしゅつする 提出する einbringen; vorlegen; abgeben
ていせい 訂正 Verbesserung 囡; Korrektur 囡
~する verbessern; korrigieren
ディスカウントショップ Discountladen 匣
ディスカッション Diskussion 囡
~する diskutieren
ディスク Diskette 囡
ディスコ Disko[thek] 囡
ディスプレー Display 匣
ティッシュペーパー Papiertaschentuch 匣
ていど 程度 Grad 匣; Maß 匣
ディナー Diner 匣
ていねいな 丁寧な(物腰が) höflich; (作業などが) sorgfältig
ていねん 定年 Altersgrenze 囡
ディフェンス Verteidigung 囡
ディベート Debatte 囡
ていぼう 堤防 Deich 匣; Damm 匣
ていりゅうじょ 停留所 Haltestelle 囡
ディレクター (テレビの) Aufnahmeleiter 匣
ていれする 手入れする pflegen; reparieren
データ Daten 榎
デート Date 匣; Verabredung 囡; Treffen 匣
~する sich treffen
~の約束がある eine Verabredung haben
テープ Band 匣
~レコーダー Tonbandgerät 匣
テーブル Tisch 匣
~マナー Tischmanieren 榎
テーマ Thema 匣
ておくれになる 手遅れになる zu spät kommen
~である zu spät sein
でかける 出かける ausgehen
てがた 手形 Wechsel 匣
てがみ 手紙 Brief 匣
てがるな 手軽な leicht; einfach
てき 敵 Feind 匣; Gegner 匣
でき 出来 Qualität 囡; Ernte 囡
~あいの fertig
~あいの服 Konfektionsanzug 匣
~あがる fertig werden; vollendet werden
~たての frisch; ganz neu
できおうする 適応する sich anpassen
~力 Anpassungsfähigkeit 囡
できごと 出来事 Ereignis 匣; Vorfall 匣
テキスト Text 匣

てきする 適する passen; sich eignen
てきせい 適性 Eignung 囡
てきせつな 適切な passend
てきどの 適度の mäßig
てきとうな 適当な passend; geeignet; entsprechend
できる gemacht〈hergestellt〉 werden; fertig sein〈werden〉
…できる können; vermögen; fähig sein; imstande sein
できるだけ möglichst; so…wie möglich
でぐち 出口 Ausgang 男
テクニック Technik 囡
てくび 手首 Handgelenk 中
てごろな 手頃な handlich; geeignet; (値段が) preiswert, mäßig
デザート Nachtisch 男
デザイナー Designer 男
デザイン Design 中
 ～する entwerfen
てさぐりする 手探りする tasten
デジタルの digital
でし 弟子 Schüler 男; Lehrling 男; Anhänger 男
てじな 手品 Zauberei 囡; Zauberkunst 囡; Zaubertrick 男
てすう 手数 Mühe 囡
 ～のかかる mühevoll
 ～料 Gebühr 囡
テスト Prüfung 囡; Test; Probe 囡
 ～する prüfen; testen; erproben
てちょう 手帳 Notizbuch 中
てつ 鉄 Eisen 中; Stahl 男
てっかい 撤回 Widerruf 男
 ～する widerrufen; zurückziehen
てつがく 哲学 Philosophie 囡
 ～者 Philosoph 男
 ～的な philosophisch
デッサン Skizze 囡; Zeichnung 囡
てつだう 手伝う helfen
 ～い Hilfe 囡; (人) Helfer 男, Gehilfe 男
てつづき 手続き Verfahren 中; Formalität 囡
てっていてきな 徹底的な gründlich; vollständig
てつどう 鉄道 Eisenbahn 囡
てっぽう 鉄砲 Gewehr 中
てつやする 徹夜する die [ganze] Nacht durchwachen〈aufbleiben〉
デッドヒート totes Rennen 中
テナー Tenor 男; Tenorist 男
テニス Tennis 中
 ～をする Tennis spielen
てにもつ 手荷物 Gepäck 中
てのひら 掌 Handfläche 囡
デパート Kaufhaus 中
てびき 手引き Einführung 囡

デビュー Début 中
てぶくろ 手袋 Handschuh 男
デフレ Deflation 囡
てほん 手本 Vorbild 中; Muster 中; Modell 中; Beispiel 中
デモ Demonstration 囡; Kundgebung 囡
 ～をする demonstrieren
てら 寺 ein buddhistischer Tempel 男
テラス Terrasse 囡
てらす 照らす scheinen; beleuchten
デリケートな fein; heikel
でる 出る (外出) ausgehen; (乗物が) abfahren; (出演) auftreten; (太陽などが) aufgehen; (学校を) abgehen; (本が) erscheinen; (旅に) abreisen; (会に) teilnehmen
テレビ Fernsehen 中; Fernseher 男
 ～を見る fernsehen
テレフォンカード Telefonkarte 囡
てれる 照れる sich schämen〈genieren〉
テロ Terror 男
てん 点 Punkt 男; (成績) Zensur 囡
てん 天 Himmel 男
てんいん 店員 Verkäufer 男
てんかする 添加する beifügen
てんかする 点火する anzünden; entzünden
てんき 天気 Wetter 中
 ～予報 Wettervorhersage 囡
でんき 電気 Elektrizität 囡; Strom 男; Licht 中
 ～をつける〈消す〉 das Licht anmachen〈ausmachen〉
でんき 伝記 Biographie 囡
でんきゅう 電球 Glühbirne 囡
てんきょ 転居 Umzug 男
てんけい 典型 Typ 男
 ～的な typisch; musterhaft
てんごく 天国 Himmel 男; Paradies 中
てんさい 天才 Genie 中
てんさい 天災 Naturkatastrophe 囡
てんし 天使 Engel 男
てんじ 点字 Blindenschrift 囡
てんじかい 展示会 Ausstellung 囡
 ～する ausstellen
でんし 電子 Elektron 中
 ～計算機 Elektronenrechner 男
 ～出版物 elektronische Bücher 複
 ～マネー Electronic Cash〈E-Cash〉 男
 ～レンジ Mikrowellenherd 男
でんしゃ 電車 Bahn 囡; Zug 男; Tram 囡
てんじょう 天井 Decke 囡
でんしん 電信 Telegrafie 囡

でんせつ 伝説 Legende 囡; Sage 囡
 ～上の legendär; sagenhaft
でんせん 伝染 Ansteckung 囡
 ～する anstecken
 ～病 ansteckende Krankheit 囡
てんたい 天体 Himmelskörper 男
 ～の astronomisch
でんたく 電卓 Taschenrechner 男
でんち 電池 Batterie 囡
てんてき 点滴 Tropfeninfusion 囡
テント Zelt 中
でんとう 伝統 Tradition 囡
 ～的な traditionell
でんとう 電灯 Licht 中; Lampe 囡
てんとうむし Marienkäfer 男
てんねんの 天然の natürlich
 ～記念物 Naturdenkmal 中
 ～資源 Naturschätze 複
てんのう 天皇 Tenno 男; Kaiser 男
でんぱ 電波 elektrische Welle 囡
てんぷくする 転覆する umstürzen; umkippen; (船が) kentern
でんぽう 電報 Telegramm 中
 ～を打つ telegrafieren
デンマーク Dänemark
 ～語, 人］の dänisch
てんめつする 点滅する blinken
てんもんがく 天文学 Astronomie 囡
 ～台 Sternwarte 囡
てんらんかい 展覧会 Ausstellung 囡
でんりゅう 電流 Elektrizität 囡; Strom 男
でんりょく 電力 elektrische Kräfte 複
でんわ 電話 Telefon 中
 ～で telefonisch
 ～番号 Telefonnummer 囡
 ～ボックス Telefonzelle 囡
 ～をかける telefonieren; anrufen

と

と 戸 Tür 囡
 ～を開ける〈閉める〉 die Tür aufmachen〈zumachen〉
ど 度 Grad 男; (回数) Mal 中
ドア Tür 囡
といあわせ 問合せ Anfrage; Erkundigung 囡
 ～る anfragen; sich erkundigen
ドイツ Deutschland
 ～語, 人］の deutsch
 ～人 Deutsche (形容詞変化)
トイレ Toilette 囡; Klosett 中
トイレットペーパー Toilettenpapier 中
とう 党 Partei 囡
とう 塔 Turm 男
とう 問う fragen

どう 銅 Kupfer 中
　〜の kupfern
どう 胴 Rumpf 男
どうい 同意 Zustimmung 女; Einverständnis 中
　〜する zustimmen; einverstanden sein
とういつ 統一 Vereinigung 女; Vereinheitlichung 女; Einheit 女
　〜する vereinigen; vereinheitlichen; einigen
どうか bitte
(…か)どうか ob
とうき 陶器 Töpferwaren 複; Keramik 女
とうぎ 討議 Erörterung 女; Debatte 女; Diskussion 女
　〜する erörtern; diskutieren; debattieren
どうき 動機 Anlass 男; Motiv 中
とうき 冬期 Winterzeit 女
　〜オリンピック die Olympischen Winterspiele 複
どうぎご 同義語 Synonym 中
とうきゅう 等級 Grad 男; Rang 男; Stufe 女; Klasse 女
どうぐ 道具 Werkzeug 中; Gerät 中; Apparat 男
とうげ 峠 [Berg]pass 男
とうけい 統計 Statistik 女
　〜上 statistisch
どうけん 同権 Gleichberechtigung 女
とうこうする 登校する in die Schule gehen
どうさ 動作 Bewegung 女; Benehmen 中
とうさん 倒産 Bankrott 男
　〜した bankrott
　〜する Bankrott gehen
とうし 投資 Investition 女; Anlage 女
　〜する investieren; anlegen
とうじ 当時 damals
　〜の damalig
とうじ 冬至 Wintersonnenwende 女
どうし 動詞 Verb 中
どうじの 同時の gleichzeitig
　〜に zugleich
どうじだいの 同時代の zeitgenössisch
　〜人 Zeitgenosse 男
とうじつ 当日 am betreffenden Tag; an dem Tag
どうして (理由) warum; (方法) wie, auf welche Weise
どうしても auf jeden Fall; unbedingt
　〜…ない auf keinen Fall
とうじょう 登場 Auftritt 男
　〜する auftreten

どうじょう 同情 Mitleid 中; Mitgefühl 中; Bedauern 中
　〜する Mitleid haben; mitleiden; bedauern
どうせ jedenfalls; sowieso
とうせんする 当選する (選挙) gewählt werden;(籤) den Preis gewinnen
とうぜん 当然 natürlich; selbstverständlich
どうぞ bitte
とうそう 闘争 Kampf 男
どうそうかい 同窓会 der Verein alter Schulfreunde 男; Klassentreffen 中
　〜生 Mitschüler 男; Kommilitone 男
とうだい 灯台 Leuchtturm 男
とうちゃく 到着 Ankunft 女
　〜する ankommen
どうでもいい egal; einerlei; gleichgültig
どうどうとした 堂々とした stattlich; würdevoll
どうとく 道徳 Moral 女; Sittlichkeit 女
　〜教育 Moralunterricht 男
　〜心 Sittlichkeitsgefühl 中
　〜的な moralisch; sittlich
とうなん 盗難 Diebstahl 男
とうなん 東南 Südosten 男
どうにか irgendwie
どうはんする 同伴する mitnehmen; begleiten
とうひょう 投票 Abstimmung 女
　〜する stimmen; abstimmen; seine Stimme geben
とうふ 豆腐 Tofu 男
どうふうする 同封する beilegen
どうぶつ 動物 Tier 中
　〜園 ein zoologischer Garten 男; Zoo 男
とうぶん 当分 für einige Zeit; vorläufig
どうみゃく 動脈 Schlagader 女; Arterie 女
とうめいな 透明な durchsichtig
どうめい 同盟 Bund 男; Bündnis 中
とうもろこし Mais 男
とうよう 東洋 Orient 男; Morgenland 中
　〜の orientalisch; morgenländisch
どうよう 童謡 Kinderlied 中
どうよう 動揺 Schwanken 中; Unruhe 女; Aufregung 女
　〜する erschüttert werden
どうように 同様に gleich; ebenfalls; gleichfalls; auf gleiche Weise
　〜の gleich
どうりょう 同僚 Kollege 男

どうろ 道路 Weg 男; Straße 女
とうろく 登録 Registrierung 女
　〜商標 ein eingetragenes Warenzeichen 中
　〜する registrieren; eintragen; einschreiben
とうろん 討論 Diskussion 女; Debatte 女
　〜する diskutieren
どうわ 童話 Märchen 中
とおい 遠い fern; weit
とおくに 遠くに in der Ferne
とおざかる 遠ざかる sich entfernen
とおざける 遠ざける fern halten
とおす 通す einlassen; (案内) einführen; durchführen; (伝導) leiten; (通読) durchlesen
トースト Toast 男
ドナウがわ 川 die Donau 女
ドーナツ Pfannkuchen 男
トーナメント Turnier 中
ドーム Dom 男
とおり 通り Straße 女
とおる 通る gehen; fahren; (通用) gelten
トーン Ton 男
とかい 都会 Stadt 女
　〜的な urban
　〜の städtisch
とかげ 蜥蜴 Eidechse 女
とかす 溶かす schmelzen; auflösen
とき 時 Zeit 女; Stunde 女; Zeitalter 中
(…の)とき wenn; als
ときどき manchmal; ab und zu
ドキュメンタリー Dokumentation 女
　〜映画 Dokumentarfilm 男
とぎれる 途切れる unterbrochen werden
とく 得 Gewinn 男; Nutzen 男; Vorteil 男
　〜な nützlich; vorteilhaft
　〜をする gewinnen; profitieren
とく 徳 Tugend 女
　〜のある tugendhaft
とく 解く lösen; auflösen; aufbinden; auspacken; aufheben; aufklären
とく 説く erklären; überreden; zureden
とぐ 研ぐ schleifen; schärfen; wetzen
どく 毒 Gift 中
　〜のある giftig
とくい 得意 Stolz 男; Stärke 女; (顧客) Kunde 男
どくがくの 独学の autodidaktisch
どくさい 独裁 Diktatur 男
　〜者 Diktator 男
　〜者的な diktatorisch
　〜的な autokratisch
どくしゃ 読者 Leser 男

とくしゅな 特殊な besonder; eigenartig; speziell
どくしょ 読書 Lesen 中; Lektüre 女
　〜する lesen
とくしょく 特色 Eigenart 女; Charakterzug 男
どくしんの 独身の ledig; unverheiratet
どくせん 独占 Monopol 中
　〜する monopolisieren
どくそう 独創 Originalität 女
　〜的な original; schöpferisch
ドクター Doktor 男
どくだんてきな 独断的な dogmatisch; rechthaberisch
とくちょう 特徴 Merkmal 中; Eigentümlichkeit 女
　〜的な charakteristisch
とくてん 得点 Punkt 男
どくとくの 独特の eigenartig; eigentümlich
とくに 特に besonders; vor allem
とくばい 特売 Ausverkauf 男; Sonderangebot 中
とくはいん 特派員 Sonderberichterstatter 男
とくひつすべき 特筆すべき bemerkenswert
とくべつな 特別な besonder; speziell
とくめいの 匿名の anonym
とくゆうの 特有の eigentümlich; eigen
どくりつ 独立 Unabhängigkeit 女; Selbstständigkeit 女
　〜国 unabhängiges Land 中
　〜した unabhängig; selbstständig
とげ 棘 Stachel 男; Dorn 男
とけい 時計 Uhr 女
とける 溶ける sich [auf]lösen; schmelzen
どこ wo
　〜から woher
　〜へ wohin
　〜まで wie weit
どこかで irgendwo
どことなく irgendwie
とこや 床屋 Friseur 男
ところで übrigens
とざん 登山 Bergsteigen 中
　〜家 Bergsteiger 男; Alpinist 男
とし 年 (暦の) Jahr 中; (年齢) Alter 男
　〜をとった alt
　〜をとる alt werden
　〜の市 Jahrmarkt 男
とし 都市 Stadt 女
(…)として is
としょかん 図書館 Bibliothek 女
とじる 閉じる zumachen; schließen

どせい 土星 Saturn 男
どだい 土台 Grund 男; Fundament 中
どたんばで 土壇場で im letzten Augenblick
とだな 戸棚 Schrank 男
とち 土地 Grundstück; Boden 男; Land; Erde 女; Ort 男
　〜の örtlich; lokal
どちゃくの 土着の eingeboren; einheimisch
とちゅうで 途中で unterwegs
どちらか entweder...oder
どちらにしても auf alle Fälle
どちらの welch
どちらも beides
とっきゅう 特急 Expresszug 男
とっきょ 特許 Patent 中
とっくに [schon] längst
とっけん 特権 Privileg 中; Vorrecht 中
とつぜん 突然 plötzlich; auf einmal
　〜の plötzlich; unerwartet
とって 取っ手 Griff 男
(…)にとって für
とっておく 取っておく aufheben; aufbewahren; reservieren
とってくる 取ってくる holen
とつめんの 凸面の konvex
どて 土手 Damm 男; Deich 男
とても sehr; ganz; ordentlich
とどく 届く erreichen; ankommen; reichen; langen
とどけで 届け出 Anmeldung 女; Meldung 女
とどける 届ける liefern; schicken; (届け出) anmelden
とどこおる 滞る stocken
ととのう 整う in Ordnung sein; vorbereitet sein
ととのえる 整える ordnen; in Ordnung bringen; vorbereiten; einrichten
とどまる 留まる bleiben
とどろく 轟く donnern
ドナー Organspender 男
トナカイ Rentier 中
となり 隣 Nachbarschaft 女; Nachbar 男
　〜の benachbart; nächst
(…の)となり neben
どなる 怒鳴る brüllen; schreien
とにかく jedenfalls; auf jeden Fall; immerhin
どの welch
どのくらい wie viel
どのように wie
とびら 扉 Tür 女
とぶ 飛ぶ fliegen
とぶ 跳ぶ springen
とほで 徒歩で zu Fuß
とほうにくれた 途方に暮れた ratlos

hilflos
とぼしい 乏しい knapp; arm
トマト Tomate 女
とまる 止(留)まる halten; stehen; stoppen
とまる 泊まる übernachten; wohnen
とみ 富 Reichtum 男
とむらう 弔う trauern
とめがね 留め金 Schnalle 女; Klammer 女
とめる 止(留)める anhalten; stoppen; abstellen; abschalten; aufhalten; ausstellen; befestigen
とめる 泊める beherbergen
ともだち 友達 Freund 男; Freundin 女
ともなう 伴う begleiten; mitnehmen
ともに 共に zusammen; mit
どようび 土曜日 Samstag; Sonnabend 男
とら 虎 Tiger 男
ドライバー Fahrer 男; (ねじ回し) Schraubenzieher 男
ドライブ Spazierfahrt 女
　〜する spazieren fahren
ドライヤー Haartrockner 男
とらえる 捕らえる fangen; fassen; [er]greifen; festnehmen
トラック (競争路) Rennbahn 女; (車) Last[kraft]wagen 男
トラブル Schwierigkeit 女; Zwist 男
トラベラーズチェック Reisescheck 男
トランク Koffer 男
トランプ Spielkarte 女
トランペット Trompete 女
とり 鳥 Vogel 男
とりあえず vorläufig; sofort
とりあげる 取上げる aufheben; wegnehmen; abnehmen; aufnehmen; behandeln
とりあつかい 取扱い Behandlung 女; Handhabung 女
　〜う behandeln; handhaben
とりいれ 取入れ Ernte 女
　〜る ernten; aufnehmen; einführen
トリオ Trio 中
とりかえす 取返す zurücknehmen; nachholen
とりかえる 取替える wechseln; [um]tauschen
とりきめ 取決め Verabredung 女; Vereinbarung 女
　〜る festsetzen; bestimmen; verabreden; vereinbaren; ausmachen; abmachen
とりくむ 取組む sich beschäftigen; auseinander setzen
とりけし 取消し Widerruf 男; Zu-

rücknahme 女; Absage 女 ～す widerrufen; zurücknehmen; absagen; rückgängig machen とりこみ 取込み（紛糾）Verwirrung 女;（画像の）Einnahme 女 とりこむ 取込む（画像を）ein Bild einnehmen とりさる 取去る beseitigen; wegnehmen トリック Trick 男 とりつける 取付ける anlegen; anbringen; anmachen; einrichten; befestigen とりにいく 取りに行く [ab]holen とりにく 鶏肉 Hühnerfleisch 中 とりひき 取引 Handel 男; Geschäft 中 ～ をする handeln; Geschäfte machen; in geschäftlicher Verbindung stehen; im Handel stehen ドリブルする dribbeln どりょく 努力 Bemühung 女; Anstrengung 女; Bestrebung 女 ～する sich bemühen; sich anstrengen とりわけ besonders とる 取る holen;（盗む）stehlen;（摂取）einnehmen;（捕獲）fangen;（採用）aufnehmen;（購読）abonnieren ～ に足らない harmlos; trivial; winzig ドル Dollar 男 どれ welch どれい 奴隷 Sklave 男 トレーナー Trainer 男 トレーニング Training 中 ～する trainieren ドレス Kleid 中 ドレッシング Dressing 中 トレンチコート Trenchcoat 男 どろ 泥 Schlamm 男 トロフィー Trophäe 女 どろぼう 泥棒 Dieb 男 トロンボーン Posaune 女 どんこう 鈍行 Bummelzug 男 どんな was für [ein] トンネル Tunnel 男 とんぼ 蜻蛉 Libelle 女 な な 名 Name 男 ～のある namhaft ～もない namenlos …ない nicht; kein;（…がない）fehlen; es gibt…nicht ないか 内科 die innere Medizin 女 ないかく 内閣 Kabinett 中 ～総理大臣 Ministerpräsident 男	ないこうてきな 内向的な introvertiert ないし oder; beziehungsweise ないじゅ 内需 innere Nachfrage 女; Inlandsnachfrage 女 ないしょの 内緒の geheim; heimlich ないせい 内政 Innenpolitik 女 ないせん 内戦 Bürgerkrieg 男 ないぞう 内蔵 innere Organe 複; Eingeweide 複 ナイフ Messer 中 ないぶ 内部 Innere 中（形容詞変化） ～の inner; innerlich ないよう 内容 Inhalt 男 ～のある inhaltsreich; inhaltsvoll ～の乏しい inhaltsarm ナイロン Nylon 中 なえ 苗 Sämling 男 なお noch; ferner; dazu; außerdem なおす 直す verbessern; reparieren; korrigieren なおす 治す heilen なおる 治る genesen; heilen なか 中 Innere 中（形容詞変化） ～から von innen ～で innen (…の)なか 中 in なかがいい 仲がいい befreundet; vertraut ながい 長い lang ～間 lange; lange Zeit ～く lange; lange Zeit ながぐつ 長靴 Stiefel 男 ながさ 長さ Länge 女 ながし 流し（台所の）Spülbecken 中;（風呂場）Waschplatz 男 ながす 流す fließen lassen; vergießen; abspülen; abwaschen なかま 仲間 Kamerad 男; Genosse 男; Kollege 男; Freund 男 ながめ 眺め Ausblick 男; Aussicht 女 ～る ansehen; anschauen; anblicken; überschauen なかゆび 中指 Mittelfinger 男 (…し)ながら indem ながれる 流れる fließen; strömen;（時間が）vergehen, verfließen なく 泣く weinen; schreien; schluchzen; wimmern なく 鳴く（犬が）bellen;（猫が）miauen;（牛が）muhen;（蛙が）naken;（小鳥が）singen;（雄鶏が）krähen;（雌鶏が）gackern;（鳩が）gurren;（虫が）zirpen;（豚が）grunzen;（鵞鳥が）schnattern なぐさめ 慰め Trost 男 ～る trösten	なくなる 無くなる verloren gehen; ausgehen; sich erschöpfen; verschwinden なくなる 亡くなる sterben; entschlafen ～った selig; verstorben なぐる 殴る schlagen; prügeln; hauen なげき 嘆き Klage 女; Jammer 男 ～く klagen; jammern なげやりな nachlässig なげる 投げる werfen; schleudern; schmeißen なごやかな 和やかな friedlich; sanft なさけ 情け Mitleid 中 ～ない erbärmlich; elend; arm ～深い mitleidig; barmherzig なし 梨 Birne 女 なぜ warum; weshalb; wieso なぜなら weil; da; denn なぞ 謎 Rätsel 中 なだめる 宥める beruhigen; besänftigen なだれ 雪崩 Lawine 女 なつ 夏 Sommer 男 ～休み Sommerferien 複 なついんする 捺印する stempeln なつかしい 懐かしい lieb なづける 名付ける nennen; bezeichnen なっとう 納豆 Natto 中 なっとくする 納得する sich überzeugen なでしこ 撫子 Nelke 女 なでる 撫でる streicheln; streichen …など und so weiter; usw. なな 7 sieben ななじゅう 70 siebzig ななめの 斜めの schräg; schief; quer なに 何 was ～か etwas ～も…ない nichts …なので weil …なのに obwohl ナプキン（食事の）Serviette 女;（女性の）Damenbinde 女 なべ 鍋 Topf 男 なまあたたかい なま暖かい lau なまいきな 生意気な frech なまの 生の roh;（演奏）live なまえ 名前 Name 男 なまクリーム 生クリーム Sahne 女 なまけた 怠けた faul なまけもの 怠け者 Faulenzer 男; Faulpelz 男;（動物）Faultier 中 なまごみ 生ゴミ Abfall 男; Biomüll 男 なまやさい 生野菜 Frischgemüse 中 なまり 鉛 Blei 中 ～の bleiern なまり 訛 Dialekt 男; Mundart 女

なみ 波 Welle 女; Woge 女
なみきみち 並木道 Allee 女
なみだ 涙 Träne 女
なみの 並な normal; gewöhnlich; durchschnittlich; mittelmäßig
なめらかな 滑らかな glatt; eben
なめる 舐める lecken
なやみ 悩み Leid 中; Leiden 複 Kummer 男; Sorge 女
なやむ 悩む leiden; sich quälen; sich Kummer machen
ならう 習う lernen
ならす 慣らす gewöhnen
ならす 馴らす zähmen
ならす 鳴らす läuten; klingeln
ならべる 並べる anordnen; aufstellen; reihen
なりたつ 成立つ bestehen
なる 鳴る tönen; klingen; läuten
なる 成る werden
なる 生る [Früchte] tragen
なれる 慣れる sich gewöhnen
なわ 縄 Seil 中; Strick 男
なんきょく 南極 Südpol 男
～大陸 Antarktika 女
ナンセンス Unsinn 男
なんてん 難点 Schwierigkeit 女
なんちょうの 難聴の schwerhörig
なんみん 難民 Flüchtling 男; Asylant 男

に

に 2 zwei
に 荷 Fracht 女; Ladung 女
にあう 似合う passen; stehen
におい 匂い (臭い) Geruch 男; Duft 男; Gestank 男
におう 匂う (臭う) riechen; duften; stinken
にかい 2階 erster Stock 男
にがい 苦い bitter
にがす 逃がす befreien; freilassen; (機会を) verpassen, versäumen
にがつ 2月 Februar 男
にがて 苦手 Schwäche 女
にぎやかな 賑やかな belebt; lebhaft
にぎる 握る fassen; greifen
にく 肉 Fleisch 中
～屋 Fleischer 男; Metzger 男
にくい 憎い abscheulich; scheußlich
(…し)にくい schwer
にくしみ 憎しみ Hass 男
にくしん 肉親 Blutsverwandte (形容詞的変化)
にくたい 肉体 Körper 男; Leib 男
～の körperlich; leiblich
にくむ 憎む hassen
にげる 逃げる fliehen; flüchten; entfliehen; davonlaufen
にごった 濁った trüb[e]; unklar
にごる 濁る sich trüben

2, 3の ein paar; einige
にし 西 Westen 男
～の westlich
にじ 虹 Regenbogen 男
にしゃたくいつの 二者択一の alternativ
にじゅう 20 zwanzig
にじゅうの 二重の doppelt; zweifach
にしん 鰊 Hering 男
にせの 偽の falsch
～物 Fälschung 女
にちようび 日曜日 Sonntag 男
にちようひん 日用品 Haushaltsartikel 男; Waren für den täglichen Bedarf 複
にっき 日記 Tagebuch 中
にっきゅう 日給 Tagelohn 男
ニックネーム Spitzname 男
にっこう 日光 Sonnenschein 男
ニッケル Nickel 男
にている 似ている ähnlich sein; gleichen
にど 2度 zweimal
にとうの 2等の zweiter Klasse
にとうぶんする 2等分する halbieren
(…)にとって für
にばい 2倍 zweimal; zweifach
にぶい 鈍い stumpf; dumpf
にほん 日本 Japan
～[人, 語]の japanisch
～人 Japaner 男
にもつ 荷物 Gepäck 中
ニュアンス Nuance 女
にゅうがく 入学 Eintritt 男
～する eintreten; aufgenommen werden
～試験 Aufnahmeprüfung 女
にゅういんする 入院する ins Krankenhaus gehen
にゅうがん 乳癌 Brustkrebs 男
にゅうじょう 入場 Eintritt 男; Zutritt 男
～する eintreten
～券 Eintrittskarte 女
～料 Eintrittsgeld 中
ニュース Nachricht 男; Neuigkeit 女
～キャスター Nachrichtensprecher
にゅうよくする 入浴する baden
にりゅうの 2流の zweitklassig; ～う Ranges
にる 煮る kochen
にれ 楡 Ulm
にわ 庭 Garten 男
にわとり 鶏 Huhn 中; (雄) Hahn 男; (雌) Henne 女
にんきのある 人気のある beliebt; populär
にんぎょう 人形 Puppe 女
にんげん 人間 Mensch 男

～性 Menschlichkeit 女; Humanität 女
～的な menschlich; human
にんしき 認識 Erkenntnis 女
～する erkennen
にんしん 妊娠 Schwangerschaft 女
～した schwanger
にんじん 人参 Karotte 女; Möhre 女
にんたい 忍耐 Geduld 女
～強い geduldig
にんむ 任務 Aufgabe 女; Pflicht 女
にんめいする 任命する ernennen

ぬ

ぬいぐるみ Stofftier 中; Stoffpuppe 女
ぬう 縫う nähen
ぬかるみ Schlamm 男
ぬく 抜く [aus]ziehen; auslassen (先行するものを) überholen
ぬぐ 脱ぐ ausziehen; ablegen; absetzen
ぬぐう 拭う wischen; abwischen
ぬけめない 抜目ない schlau; klug
ぬける 抜ける ausfallen; herausgehen; austreten; fehlen
ぬすみ 盗み Diebstahl 男
～む stehlen
ぬの 布 Tuch 中; Stoff 男
ぬま 沼 Sumpf 男; Moor 中
ぬらす 濡らす nass machen; benetzen
ぬる 塗る streichen; bestreichen; schmieren; malen
ぬるい 温い lau; lauwärm
ぬるぬるした schleimig; schmierig
ぬれた 濡れた nass; feucht

ね

ね 根 Wurzel 女
…ね? nicht?; nicht wahr?
ねあがり 値上がり Preissteigerung 女
ねあげ 値上げ Preiserhöhung 女
～する den Preis erhöhen
ねうち 値打 Wert 男
～のある wertvoll
ねがい 願い Bitte 女; Wunsch 男
～う bitten; wünschen; hoffen
ねぎ 葱 Lauch 男; Porree 男
ネクタイ Krawatte 女
ネグリジェ Nachthemd 中; Negligee 女
ねこ 猫 Katze 女; (雄) Kater 男
ねころぶ 寝転ぶ sich hinlegen
ねさげ 値下げ Preissenkung 女
～する den Preis senken
ねじ Schraube 女
ねずみ 鼠 Ratte 女; Maus 女

和独索引		
ねたみ 妬み Neid 囡; Eifersucht 囡	～がある fähig	Nonfiction 囡
～む beneiden; neidisch sein	ノート Heft 田	
ねだん 値段 Preis 男	のこぎり 鋸 Säge 囡	**は**
ねつ 熱 Wärme 囡; Hitze 囡; Körperwärme 囡; Fieber 田	のこす 残す hinterlassen; zurücklassen; übrig lassen	は 歯 Zahn 男
～がある Fieber haben	のこり 残り Rest 男	～ブラシ Zahnbürste 囡
～を出す Fieber bekommen	～の übrig	～磨き Zahnpasta 囡
ねっきょうてきな 熱狂的な leidenschaftlich; begeistert; fanatisch	のこる 残る bleiben; übrig bleiben	は 葉 Blatt 田
～する sich begeistern	(…を)のぞいて 除いて außer; ausgenommen; ausschließlich	は 刃 Klinge 囡; Schneide 囡
ネックレス Halskette 囡; Kollier 田	のぞく 除く beseitigen; ausschließen	は 派 (党派) Partei 囡; (流派) Schule 囡
ねっしんな 熱心な eifrig; fleißig emsig	のぞく 覗く gucken; einsehen	ば 場 Platz 男; (劇) Szene 囡
ねったい 熱帯 Tropen 閥	のぞみ 望み Wunsch 男; Hoffnung 囡	ばあい 場合 Fall 男; Gelegenheit 囡; Umstände 閥
～の tropisch	～む wünschen; hoffen	～によっては unter Umständen
ねっちゅうする 熱中する schwärmen; sich begeistern	(…の)のち 後 nach	パーキング Parken 田
…ねばならない müssen; zu 不定詞 haben	のちに 後に später; nachher	バーゲン Ausverkauf 男; Schlussverkauf 男
ねぼうする 寝坊する sich verschlafen	～の später; zukünftig	バーコード Strichkode 男
ねむい 眠い müde; schläfrig	ノックする klopfen	パーセント Prozent 田
～る schlafen; einschlafen; (就寝) ins Bett gehen; sich ins Bett legen	のど 喉 Kehle 囡; Rachen 男; Hals 男	パーティー Party 囡
	～が渇いた durstig; Durst haben	ハードウエア Hardware 囡
ねらう 狙う zielen; streben; anlegen; absehen	ののしる 罵る beschimpfen; fluchen	パートタイム Teilzeitarbeit 囡
ねる 寝る ↑眠る	のばす 延ばす verlängern; verschieben	～タイマー Teilzeitbeschäftigte (形容詞変化)
ねんきん 年金 Pension 囡; Rente 囡	のばす 伸ばす strecken; dehnen; (才能を) entwickeln	ハードル Hürde 囡
ねんしゅう 年収 Jahreseinkommen 田	のはら 野原 Feld 田	はい 灰 Asche 囡
ねんしょう 年商 (売上げ) Jahresumsatz 男; (収益) Jahresertrag 男	のびる 延びる sich verlängern	～皿 Aschenbecher 男
	のびる 伸びる sich dehnen; wachsen; sich entwickeln	はい 肺 Lunge 囡
ねんだい 年代 Zeit 囡; Zeitalter 田; Epoche 囡	のべる 述べる äußern; aussprechen; erwähnen; sagen; reden; angeben; bemerken	はい ja; doch
ねんど 年度 Jahrgang 男		…ばいの 倍の doppelt; zweifach
ねんど 粘土 Ton 男; Lehm 男	のぼる 上る [auf]steigen; besteigen; aufgehen; (額が) betragen	バイアスロン Biathlon 男
ねんりょう 燃料 Brennmaterial 男; Treibstoff 男	のみ 蚤 Floh 男	はいいろの 灰色の grau
ねんれい 年齢 Alter 田	のみ 鑿 Meißel 男	バイエルン Bayern
	のみこむ 飲込む schlucken	バイオテクノロジー Biotechnik 囡
の	のみもの 飲物 Getränk 田	バイオリニスト Geiger 男
の 野 Feld 田	のみや 飲屋 Lokal 田; Kneipe 囡; Schenke 囡	バイオリン Geige 囡
ノイローゼ Neurose 囡	のむ 飲む trinken; saufen; (薬を) einnehmen	はいきガス 排気ガス Abgase 閥; Auspuffgase 閥
のう 脳 Gehirn 田; Hirn 田	のり 糊 Klebstoff 男; Kleister 男; (洗濯) Stärke 囡	はいきぶつ 廃棄物 Abfall 男; Müll 男
のうぎょう 農業 Landwirtschaft 囡	のり 海苔 Seetang 男	はいきょ 廃墟 Ruine 囡
のうさくぶつ 農作物 Feldfrucht 囡	のりおくれる 乗遅れる verpassen	ばいきん 黴菌 Bakterien
のうさんぶつ 農産物 Agrarprodukt 田	～換える umsteigen	ハイキング Ausflug 男; Wanderung 囡
のうじょう 農場 Bauernhof 男; Gut 田; Hof 男	～越える übersteigen; (克服) überwinden; überstehen	～に行く einen Ausflug machen
のうどうてきな 能動的な aktiv	のりもの 乗物 Fahrzeug 田; Vehikel 田	はいく 俳句 Haiku 田
～態 Aktiv 田		はいけい 背景 Hintergrund 男
のうみん 農民 Bauer 男	のる 乗る steigen; aufsteigen; einsteigen; (馬に) reiten	はいけい 拝啓 (男性に) Sehr geehrter Herr!; (女性に) Sehr geehrte Frau!; (会社などに) Sehr geehrte Damen und Herren!
のうりつ 能率 Effizienz 囡; Leistungsfähigkeit 囡	ノルウェー Norwegen	
～的な leistungsfähig	～[人, 語]の norwegisch	はいし 廃止 Abschaffung 囡
のうりょく 能力 Fähigkeit 囡; Vermögen 田	ノルディックスキー Nordischer Skisport 男	～する abschaffen; aufheben
		はいしゃ 歯医者 Zahnarzt 男
	ノンフィクション Sachbücher 閥;	はいじょする 排除する ausschließen
		ばいしょう 賠償 Entschädigung 囡
		～する entschädigen
		はいたつ 配達 Lieferung 囡; Zustellung 囡
		～する liefern; austragen
		はいち 配置 Aufstellung 囡

~する aufstellen; anordnen; stationieren; postieren
はいている 履いている tragen
ばいてん 売店 Verkaufsstand 男; Kiosk 男
バイト Job 男; Nebenarbeit
パイナップル Ananas 女
バイパス Umgehungsstraße 女
ハイビジョンテレビ hochauflösendes Fernsehen 中
パイプ Pfeife 女; Röhre 女
  ~オルガン Orgel 女
はいゆう 俳優 Schauspieler 男
はいる 入る hineingehen; eintreten
パイロット Pilot 男
はう 這う kriechen
はえ 蝿 Fliege 女
はえる 生える wachsen; sprießen; keimen
はおる 羽織る umwerfen
はか 墓 Grab 中
ばか 馬鹿 Dummkopf 男
  ~な dumm; närrisch
はかい 破壊 Zerstörung 女
  ~する zerstören
はがき 葉書 Postkarte 女
はかせ 博士 Doktor 男
はかない vergänglich
はかり 秤 Waage 女
はかる 計(測, 量)る messen; wiegen
はきけ 吐き気 Brechreiz 男; Ekel 男
  ~がする Brechreiz haben; Ekel empfinden
  ~を催させる ekelhaft
はぎとる 剥ぎ取る abreißen
はく 吐く erbrechen; ausspeien; ausatmen
はく 履く anziehen
はく 掃く kehren
はぐ 剝ぐ abziehen; abdecken; (皮を) schälen
はくがい 迫害 Verfolgung 女
  ~する verfolgen
ばくげき 爆撃 Bombenangriff 男
  ~する bombardieren
はくしゅ 拍手 Beifall 男; Applaus 男
  ~する klatschen; applaudieren
はくじょうする 白状する gestehen
ばくぜんとした 漠然とした vage; unbestimmt
ばくだん 爆弾 Bombe 女
はくちょう 白鳥 Schwan 男
ばくはする 爆破する [zer]sprengen
ばくはつ 爆発 Explosion 女
  ~する explodieren; ausbrechen
はくぶつかん 博物館 Museum 中
はくらんかい 博覧会 Ausstellung 女
はぐるま 歯車 Zahnrad 中

ばくろする 暴露する bloßstellen; aufdecken
はけ 刷毛 Bürste 女; Pinsel 男
はげしい 激しい heftig; stark; hart
はげた 禿げた kahl
  ~る kahl werden
バケツ Eimer 男
はげます 励ます ermutigen; ermuntern
はげる 剝げる abgehen
はけん 覇権 Hegemonie 女
はけんする 派遣する [ab]senden; entsenden; schicken
はこ 箱 Kasten 男; Kiste 女; Schachtel 女
はこぶ 運ぶ tragen; bringen; fördern; transportieren
はさみ 鋏 Schere 女
はさむ 挟む [ein]klemmen; stecken
はさん 破産 Bankrott 男
  ~する Bankrott gehen
はし 橋 Brücke 女
はし 端 Ende 中; Rand 男
はし 箸 Stäbchen 複
はじ 恥 Schande 女; Schmach 女
  ~をかく sich lächerlich machen
  ~知らずな unverschämt; schamlos
はしか 麻疹 Masern 複
はしご 梯子 Leiter 女
はじまる 始まる anfangen; beginnen; anbrechen
はじめ 初め Anfang 男; Beginn 男; Ursprung 男
  ~に am Anfang; zuerst
  ~の erst
  ~て zum ersten Mal
  ~る anfangen; beginnen
パジャマ Pyjama 男/中
ばしょ 場所 Platz 男; Ort 男; Stelle 女; Raum 男; Stätte 女
はしら 柱 Pfeiler 男; Pfosten 男; Säule 女
はしりたかとび 走り高跳び Hochsprung 男
  ~幅跳び Weitsprung 男
はしる 走る laufen; rennen
はじる 恥じる sich schämen
バス Bus 男
はずかしい 恥ずかしい beschämend; schändlich
はずす 外す losmachen; abnehmen; herausnehmen
バスト Büste 女; Oberweite 女
パスポート [Reise]pass 男
はずむ 弾む springen
パズル Puzzle 中; Puzzlespiel 中
パソコン PC 男
はた 旗 Fahne 女; Flagge 女
はだ 肌 Haut 女
バター Butter 女
はだかの 裸の nackt; bloß

はたけ 畑 Acker 男; Feld 中
はだしの 裸足の barfüßig
  ~で barfuß
はたす 果たす erfüllen; erreichen; verwirklichen
はたらき 働き Tätigkeit 女; Wirkung 女; Funktion 女
はたらく 働く arbeiten; (機械が) funktionieren
  ~かす beschäftigen; arbeiten lassen
はち 8 acht
はち 蜂 Biene 女; Wespe 女
  ~蜜 Honig 男
はち 鉢 Schüssel 女; Schale 女; Becken 中
はちがつ 8月 August 男
はちじゅう 80 achtzig
はちゅうるい 爬虫類 Reptil 中
ばつ 罰 Strafe 女
はついく 発育 Wachstum 中; Entwicklung 女
はつおん 発音 Aussprache 女
  ~する aussprechen
はっか 薄荷 Pfefferminze 女
はっきり klar; deutlich; bestimmt
バッグ Tasche 女
はっけん 発見 Entdeckung 女
  ~する entdecken
はつげん 発言 Äußerung 女
  ~する äußern; sprechen
はっこう 発行 Herausgabe 女
  ~する herausgeben; veröffentlichen
はっこうする 発酵する gären
はっしゃする 発車する abfahren
はっしゃする 発射する [ab]schießen; abfeuern
はっしん 発疹 Hautausschlag 男
ばっすい 抜粋 Auszug 男
ばっする 罰する [be]strafen
はっせい 発生 Entstehung 女; Ausbruch 男
  ~する entstehen; ausbrechen; passieren; sich ereignen
はっそうする 発送する absenden
バッタ Heuschrecke 女
はったつ 発達 Entwicklung 女; Entfaltung 女; Fortschritt 男
  ~する sich entwickeln; Fortschritte machen
はってん 発展 Entwicklung 女
  ~する sich entwickeln
はつでんき 発電器 Generator 男
ハットトリック Hattrick 男
はっぴょう 発表 Veröffentlichung 女
  ~する veröffentlichen; bekannt machen
はつめい 発明 Erfindung 女
  ~する erfinden
はでな 派手な auffallend; prächtig; prunkhaft; schreiend; knal-

はと 鳩 Taube 囡
バドミントン Federballspiel 囲
はな 花 Blume; Blüte 囡
　〜が咲く aufblühen
　〜束 Blumenstrauß 男
　〜屋 Blumenladen 男
はな 鼻 Nase 囡
　〜がきく eine gute Nase haben
　〜をかむ sich die Nase putzen; schnäuzen
はなし 話 Gespräch 囲; Rede 囡 Geschichte 囡; Erzählung 囡; Besprechung 囡
はなす 話す sprechen; reden; sagen; erzählen; schwatzen
はなす 放す loslassen
はなす 離す trennen; losmachen
バナナ Banane 囡
はなび 花火 Feuerwerk 囲
はなむこ 花婿 Bräutigam 男
はなよめ 花嫁 Braut 囡
はなれる 離れる verlassen; sich trennen⟨entfernen⟩; abgehen
パニック Panik 囡
　〜状態になる in Panik geraten
はね 羽 Feder 囡; Flügel 男
はね 羽根 Federball 男
ばね 発条 Feder 囡; Sprungfeder 囡
はねる 跳ねる springen; hüpfen; (泥を) spritzen
はは 母 Mutter 囡
　〜方の mütterlicherseits
はば 幅 Breite 囡; Weite 囡
　〜の狭い schmal
　〜の広い breit
はぶく 省く auslassen; weglassen; sparen
ハプニング Zwischenfall 囲
はまべ 浜辺 Strand 男
はまき 葉巻 Zigarre 囡
はまる hineinpassen; fallen
ハム Schinken 男
はめつ 破滅 Untergang 男; Verderben 囲
　〜する zu Grunde gehen; ins Verderben rennen
はめる 嵌める stecken; einlegen
ばめん 場面 Szene 囡
はやい 早い schnell; flink; (時刻) früh
はやい 速い schnell; geschwind; hurtig; rasch
はやし 林 Wäldchen 囲; Forst 男
はやり Mode 囡
　〜る in Mode sein; viel besucht sein
はら 腹 Bauch 男
　〜一杯の satt
　〜が痛い Bauchschmerzen haben
ばら 薔薇 Rose 囡

はらう 払う zahlen; bezahlen; (塵を) abfegen; (ブラシで) abbürsten
バランス Gleichgewicht 囲
バランスシート Bilanz 囡
はり 針 Nadel 囡; (時計の) Zeiger 男; (釣りの) Angelhaken 男
バリアフリーの barrierefrei
はりがね 針金 Draht 男
バリケード Sperre 囡; Barrikade 囡
バリトン Bariton 男
はる 春 Frühling 男
はる 張る spannen; (帆を) aufziehen
はる 貼る kleben
はるかな fern
　〜に weit entfernt; in der Ferne; weit; bei weitem; viel
はれ 晴れ das schöne ⟨heitere/ gute⟩ Wetter 囲
　〜た heiter; schön; hell
　〜る sich aufklären; (疑いが) zerstreut werden
バレエ Ballett 囲
はれつ 破裂 Explosion 囡
　〜する explodieren; platzen; bersten
はれる 腫れる [an]schwellen
バレンタインデー Valentinstag 男
ばん 晩 Abend 男
　〜の abendlich
ばん 番 (順番) Reihe 囡; (番号) Nummer 囡
パン Brot 囲; Brötchen 囲; Semmel 囡
　〜屋 Bäcker 男; Bäckerei 囡
はんい 範囲 Bereich 男; Kreis 男; Umfang 男
はんえい 反映 Widerschein 男; Widerspiegelung 囡; Reflex 男
　〜する sich widerspiegeln; reflektieren
はんえい 繁栄 Gedeihen 囲
　〜する gedeihen; blühen
ハンガー Kleiderbügel 男
ハンカチ Taschentuch 囲
はんきょう 反響 Echo 囲; Widerhall 男
　〜する widerhallen
パンク Reifenpanne 囡
　〜する platzen; eine Panne haben
ばんぐみ 番組 Programm 囲
はんけつ 判決 Urteil 囲
はんこう 反抗 Widerstand 男
　〜する widerstehen; trotzen
　〜的な trotzig; widersetzlich
ばんごう 番号 Nummer 囡
はんざい 犯罪 Verbrechen 囲
　〜者 Verbrecher 男
　〜を犯す ein Verbrechen begehen
(…に)はんして 反して entgegen
はんしゃ 反射 Reflexion 囡; Widerschein 男
　〜する reflektieren
はんせいする 反省する reflektieren; nachdenken
ばんそう 伴奏 Begleitung 囡
　〜する begleiten
はんたい 反対 Opposition 囡; Widerstand 男; Gegenteil 囲; Gegensatz 男
　〜の oppositionell; entgegengesetzt; gegensätzlich; umgekehrt; gegenteilig
　〜する sich widersetzen⟨widersprechen⟩
はんだん 判断 Urteil 囲
　〜する urteilen; beurteilen
パンツ Unterhose 囡
パンティー Schlüpfer 男; Slip 男
　〜ストッキング Strumpfhose 囡
バンド (帯) Gürtel 男; (音楽) Kapelle 囡, Band 囡
はんとう 半島 Halbinsel 囡
はんどう 反動 Reaktion 囡
　〜的な reaktionär
はんどうたい 半導体 Halbleiter 男
ハンドボール Handball 男
ハンドル Lenkrad 囲, Steuer 囲
はんにん 犯人 Täter 男; Verbrecher 男
はんのう 反応 Reaktion 囡
　〜する reagieren
ばんのうの 万能の allmächtig
ハンバーガー Hamburger 男
はんばい 販売 Verkauf 男
　〜員 Verkäufer 男
　〜する verkaufen
パンフレット Prospekt 男, Broschüre 囡
はんぶん 半分 Hälfte 囡
　〜の halb
はんらん 反乱 Aufstand 男; Empörung 囡; Aufruhr 男
はんらん 氾濫 Überschwemmung 囡
　〜する überschwemmen; überfluten
はんろんする 反論する widersprechen

ひ

ひ 日 (天体) Sonne 囡; (暦) Tag 男
ひ 火 Feuer 囲; Flamme 囡
び 美 Schönheit 囡
ピアニスト Pianist 男
ピアノ Klavier 囲
ピーマン Paprika 男
ビール Bier 囲
ビールス Virus 囲
ひえる 冷える kalt werden; sich abkühlen
ビオラ Bratsche 囡; Viola 囡
ひがい 被害 Schaden 男

~を被る beschädigt werden
~者 Opfer 中
ひかえめな 控えめな bescheiden; zurückhaltend
ひかえる 控える sich mäßigen〈enthalten/zurückhalten〉; (メモする) notieren
ひかく 比較 Vergleich 男
~する vergleichen
~的 relativ; verhältnismäßig
ひがし 東 Osten 男
~の östlich
ひかり 光 Licht 中, Schein 男, Strahl 男
~る leuchten; scheinen; strahlen; glänzen
ひかんてきな 悲観的な pessimistisch
ひきあげる 引上げる heben; aufziehen; (値段を) erhöhen
ひきあげる 引揚げる sich zurückziehen; zurückkehren
ひきいる 率いる [an]führen
ひきうける 引受ける übernehmen
ひきおこす 引起す verursachen
ひきかえす 引返す umkehren; zurückkehren
ひきさく 引裂く zerreißen
ひきざん 引算 Subtraktion 女; Abziehen 中
ひきしお 引潮 Ebbe 女
ひきだし 引出し Schublade 女
ひきだす 引出す herausziehen; ableiten; (預金を) abheben
ひきつづき 引続き anschließend
ひきとめる 引止める aufhalten; zurückhalten
ひきにく 挽肉 Hackfleisch 中
ひきぬく 引抜く ausziehen; herausziehen; (選抜) auslesen; (選手を) abwerben
ひきのばす 引き延ばす ausdehnen; ausziehen; (時間を) verlängern; (写真を) vergrößern
ひきょうな 卑怯な feige
ひきわけ 引分け Unentschieden 中
ひく 引く ziehen; schleppen; (辞書を) nachschlagen; (計算) subtrahieren, abziehen; (値を) ablassen
ひく 弾く spielen
ひく 轢く überfahren
ひく 挽く sägen; (臼で) mahlen
ひくい 低い nieder; niedrig; (背が) klein; (音が) leise
ひげ 髭 Bart 男; Schnurrbart 男
~を剃る sich rasieren
ひげき 悲劇 Tragödie 女
~的な tragödisch
ひけつする 否決する ablehnen; niederstimmen
ひこうき 飛行機 Flugzeug 中
ひこく 被告 Angeklagte (形容詞変化)

ひざ 膝 Knie 中
~をつく knien
ビザ Visum 中
ピザ Pizza 女
ひさんな 悲惨な elend
ひじ 肘 Ellbogen 男
ビジネス Geschäft 中
~マン Geschäftsmann 男
びじゅつ 美術 Kunst 女
~館 Kunsthalle 女; Museum 中
~品 Kunstwerk 中
ひしょ 秘書 Sekretär 男, Sekretärin 女
ひじょうな 非常な außergewöhnlich; enorm; ungemein
~口 Notausgang 男
~時 Notfall 男
~に sehr
びしょうする 微笑する lächeln
ビスケット Keks 男
ピストル Pistole 女
ひぞう 脾臓 Milz 女
ひそかに 密かに heimlich
ひたい 額 Stirn 女
ひたす 浸す tauchen
ビタミン Vitamin 中
ひだりの 左の link
~側 die linke Seite 女
~利きである Linkshändler sein
~に links
ひっかく 引っ掻く kratzen
ひっきしけん 筆記試験 schriftliche Prüfung 女
ひっくりかえす ひっくり返す umdrehen; umwerfen; umkehren; umkippen; umstürzen
びっくりする erschrecken; erstaunen
ひづけ 日付 Datum 中
ひっこし 引越し Umzug 男
~する umziehen
ひつじ 羊 Schaf 中; Lamm 中
ひつぜんてきな 必然的な notwendig; unvermeidlich
ぴったりの passend; treffend; fest; dicht; eng
ひってきする 匹敵する gewachsen sein; gleichkommen
ヒッチハイクする trampen; per Anhalter fahren
ひつよう 必要 Bedürfnis 中; Not 女; Notwendigkeit 女
~である nötig haben; bedürfen; brauchen
~の nötig; notwendig; unentbehrlich
ひてい 否定 Verneinung 女
~する verneinen
~的な negativ; ablehnend
ビデオ Video 中
~カセット Videokassette 女

~カメラ Videokamera 女
~デッキ Videorekorder 男
~テープ Videoband 中
ひと 人 Mensch 男; Person 女; Leute 複; man
ひどい schrecklich; schauderhaft; furchtbar; schlimm; grausam
びとく 美徳 Tugend 女
ひとさしゆび 人差し指 Zeigefinger 男
ひとしい 等しい gleich
ひとつ 一つ eins
~の ein[e]
ひとみ 瞳 Pupille 女
ひとり allein; für sich; selber; selbst; aus eigener Kraft
~に von selbst
ひなん 避難 Zuflucht 女
~する seine Zuflucht suchen
~民 Flüchtlinge 複
ひなん 非難 Vorwurf 男; Tadel 男
~する vorwerfen
ビニール Vinyl 中
ひにく 皮肉 Ironie 女
~な ironisch
ひばり 雲雀 Lerche 女
ひはん 批判 Kritik 女
~する kritisieren
~的な kritisch
ひび 罅 Riss 男
ひびく 響く klingen; schallen; tönen
ひひょう 批評 Besprechung 女; Kritik 女
~する besprechen; kritisieren
ひふ 皮膚 Haut 女
ビフテキ Beefsteak 中
ひま 暇 Freizeit 女; Zeit 女
~である frei sein; Zeit haben
ひまわり 向日葵 Sonnenblume 女
ひみつ 秘密 Geheimnis 中
~の geheim
びみょうな 微妙な fein; delikat; heikel
ひも 紐 Schnur 女; Band 中
ひゃく 百 hundert
~万 Million 女
ひやす 冷やす [ab]kühlen
ひゃっかじてん 百科事典 Enzyklopädie 女
ヒューマニズム Humanismus 男
ひよう 費用 Kosten 複
ひょう 表 Liste 女; Tabelle 女
ひょう 票 Stimme 女
びょう 秒 Sekunde 女
ヒョウ 豹 Leopard 男
びょう 鋲 Niete 女; Zwecke 女
びよういん 美容院 Frisiersalon 男
びょういん 病院 Krankenhaus 中; Klinik 女
ひょうか 評価 Schätzung 女; Würdigung 女; Bewertung 女
~する schätzen; bewerten

付録

ひょうが 氷河 Gletscher 男
ひょうき 病気 Krankheit 女;
　～の krank
ひょうげん 表現 Ausdruck 男;
　Darstellung 女
　～する ausdrücken; darstellen
ひょうしゃ 描写 Beschreibung 女;
　Schilderung 女
　～する beschreiben; schildern
ひょうしょうする 表彰する auszeichnen
ひょうじゅん 標準 Standard 男;
　Maßstab 男
　～的な maßgeblich; normal;
　durchschnittlich
ひょうじょう 表情 Miene 女; Gesichtsausdruck 男
　～豊かな ausdrucksvoll
ひょうどう 平等 Gleichheit 女
　～の gleich; unparteiisch
ひょうにん 病人 Kranke (形容詞変化)
ひょうばん 評判 Ruf 男; Gerücht 中
ひょうめん 表面 Oberfläche 女;
　Außenseite 女
　～的な oberflächlich
　～の an der Oberfläche
ひょっとすると vielleicht
ひらく 開く öffnen; aufmachen;
　eröffnen; aufgehen; aufdrehen;
　(花が) aufblühen
ピリオド Punkt 男
ひりつ 比率 Verhältnis 中
ひる 昼 Tag 男; (正午) Mittag 男
　～休み Mittagspause 女
ビル Hochhaus 中
ひれい 比例 Verhältnis 中
　～する im Verhältnis stehen
ひろい 広い weit; groß; (幅が)
　breit
ひろう 疲労 Müdigkeit 女
　～した müde
　～する müde werden; ermüden
ひろう 拾う aufheben; aufnehmen; auflesen; aufsammeln;
　finden
ひろがる 広がる sich ausdehnen;
　sich verbreiten; sich ausbreiten
ひろげる 広げる erweitern; ausbreiten; ausdehnen
ひろば 広場 Platz 男
ひろまる 広まる sich verbreiten
びん 瓶 Flasche 女
びんかんな 敏感な empfindlich
ピンクの rosa
ひんしつ 品質 Qualität 女
びんせん 便箋 Briefbogen 男;
　Briefpapier 中
ピント Brennpunkt 男
ひんぱんな 頻繁な häufig; öfter
びんぼう 貧乏 Armut 女
　～な arm

ふ

ぶ 部 (部局) Abteilung 女; (本) Exemplar 中; (クラブ) Klub 男;
　(部分) Teil 男
ファックス Telefax 中
ファシズム Faschismus 男
ファスナー Reißverschluss 男
ファッション Mode 女
ファミコン Videospiel 中
ふあん 不安 Angst 女; Unruhe 女
　～な ängstlich; unruhig
ふあんていな 不安定な unsicher
フィギュアスケート Eiskunstlauf 男
ふいの 不意の plötzlich; unerwartet
フィルム Film 男
ふうけい 風景 Landschaft 女;
　Aussicht 女
ふうし 風刺 Satire 女
ふうぞく 風俗 Sitte 女
ブーツ Stiefel 男
ふうとう 封筒 Umschlag 男; Kuvert 中
ふうふ 夫婦 Ehepaar 中
ブーム Boom 男
プール Schwimmbad 中
ふうん 不運 Pech 中; Unglück 中
　～な unglücklich
ふえ 笛 Pfeife 女; Flöte 女
フェミニズム Feminismus 男
ふえる 増える zunehmen; sich vermehren
フェンシング Fechten 中
フォーク Gabel 女
フォワード Stürmer 男
ふか 負荷 Belastung 女
ふかい 深い tief; (色などが) dicht
　～さ Tiefe 女
ふかいな 不快な unangenehm; widerlich; übel
ふかかいな 不可解な unbegreiflich
ふかくじつな 不確実な ungewiss;
　unsicher
ふかけつな 不可欠な unentbehrlich; unerlässlich
ふかのうな 不可能な unmöglich
ふかんぜんな 不完全な unvollkommen
ぶき 武器 Waffe 女
ふきげんな 不機嫌な schlecht gelaunt; verdrießlich; verstimmt
ふきそくな 不規則な unregelmäßig
　～変化動詞 starkes Verb 中
ふきでもの 吹き出物 Ausschlag 男
ぶきみな 不気味な unheimlich
ふきゅうする 普及する sich verbreiten
ふきょう 不況 Flaute 女
ぶきような 不器用な ungeschickt;
　ungewandt

ふく 服 Kleid 中; Kleidung 女;
　Anzug 男
　～を着せる kleiden
　～を着る sich anziehen
ふく 吹く blasen; (風が) wehen
ふく 拭く [ab]wischen
ふくざつな 複雑な kompliziert
ふくし 福祉 Wohlfahrt 女
ふくし 副詞 Adverb 中
ふくしゅう 復讐 Rache 女
　～する sich rächen
ふくじゅう 服従 Gehorsam 男
　～する gehorchen
ふくしゅうする 復習する wiederholen
ふくすう 複数 Plural 男
ふくそう 服装 [Be]kleidung 女
ふくつう 腹痛 Bauchschmerzen 複
ふくむ 含む enthalten
　～める einschließen
ふくらむ 膨らむ schwellen
ふくろ 袋 Sack 男; Beutel 男;
　Tüte 女
ふくろう 梟 Eule 女
ふけいき 不景気 Flaute 女
　～な flau
ふけつな 不潔な unsauber; unrein;
　schmutzig
ふける 耽る sich ergeben
ふける 老ける alt werden; altern
ふける 更ける spät werden; vorrücken
ふこう 不幸 Unglück 中
　～な unglücklich
ふごう 符号 Zeichen 中
ふこうへいな 不公平な ungerecht
ふさい 負債 Schulden 複
ふざける Spaß machen
ふさわしい passend; entsprechend;
　angemessen; recht; richtig
ふじ 藤 Glyzinie 女
ぶじな 無事な glücklich; sicher
ふしぎ 不思議 Wunder 中
　～な wunderbar; geheimnisvoll
　～に思う sich wundern
ふしぜんな 不自然な unnatürlich
ふじの 不治の unheilbar
ふじゆうな 不自由な unfrei; (体が)
　behindert
ふしょう 負傷 Wunde 女; Verletzung 女
　～する sich verletzen
ぶじょく 侮辱 Beleidigung 女
　～する beleidigen
ふじん 婦人 Frau 女; Dame 女
ふじん 夫人 Frau 女
ふせい 不正 Unrecht 中
　～な ungerecht; ungerecht; illegal
ふせぐ 防ぐ verteidigen; abwehren; schützen; (予防) vorbeugen
ふそく 不足 Mangel 男
　～する fehlen
ふた 蓋 Deckel 男

ぶた 豚 Schwein 中; (雌)Sau 女; (雄)Eber 男
~肉 Schweinfleisch 中
ぶたい 舞台 Bühne 女
ふたご 双子 Zwilling 男
ふたたび 再び wieder
ふたつ 二つ zwei
ふだんの 普段の gewöhnlich; alltäglich
ふち 縁 Rand 男
ふちゅういな 不注意な achtlos; unaufmerksam; unvorsichtig
ふつうの 普通の gewöhnlich; normal; üblich
~列車 Personenzug 男
ふっかつ 復活 Auferstehung 女
~祭 Ostern 中
~する auferstehen
ぶつかる 突かる (重なる) fallen
ぶっきょう 仏教 Buddhismus 男
~の buddhistisch
ぶっしつ 物質 Materie 女; Stoff 男
~的な materiell
ふっとうする 沸騰する sieden; kochen
ぶつりがく 物理学 Physik 女
ふで 筆 Pinsel 男; Feder 女
ふとい 太い dick
ふとうな 不当な ungerecht
ぶどう 葡萄 Traube 女
~酒 Wein 男
ふどうさん 不動産 Immobilien 複
ふとくいな 不得意な schwach; ungeschickt
ふとさ 太さ Dicke 女
ふとる 太る zunehmen
~った dick; fett
ふとん 布団 Bettzeug 中
ふね 船 Schiff 中
ふはい 腐敗 Fäulnis 女
~する faulen; verwesen; verderben
ぶぶん 部分 Teil 男; Abschnitt 男
~的に teilweise; zum Teil
ふへい 不平 Unzufriedenheit 女; Beschwerde 女; Nörgelei 女
~を言う sich beschweren; klagen; nörgeln
ふへんてきな 普遍的な allgemein; universal
ふべんな 不便な unbequem; unpraktisch
ふまん 不満 Unzufriedenheit 女
~な unzufrieden
ふむ 踏む [be]treten
ふやす 増やす vermehren
ふゆ 冬 Winter 男
~休み Winterferien 複
ふゆかいな 不愉快な unangenehm
プライバシー Privatsphäre 女
フライパン Pfanne 女
ブラウス Bluse 女

ブラシ Bürste 女
ブラジャー Büstenhalter 男
プラス plus
プラスチック Kunststoff 男
プラットホーム Bahnsteig 男
ぶらぶらする (散歩) bummeln; lungern
プラム Zwetsche 女; Pflaume 女
ぶらんこ Schaukel 女
フランス Frankreich
~[人, 語]の französisch
~料理 die französische Küche
ブランド Markenzeichen 中
フリーランサー Freiberufler 男
ふりな 不利な nachteilig; ungünstig
ふりかえる 振返る sich umdrehen 〈umwenden〉; zurückblicken
プリン Pudding 男
プリンター Drucker 男
ふる 振る schütteln; schwenken; schwingen
ふる 降る fallen;(雨が) regnen;(雪が) schneien
ふるい 古い alt; altmodisch
フルート Flöte 女
ふるえる 震える zittern; schaudern; beben
ふるまう 振舞う sich benehmen 〈verhalten〉; handeln; tun; (もてなし) einladen, bewirten
ぶれいな 無礼な unhöflich
プレーガイド Kartenvorverkaufsstelle 女
ブレーキ Bremse 女
~をかける bremsen
プレゼント Geschenk 中
ふれる 触れる rühren; berühren; (言及) erwähnen
ふろ 風呂 Bad 中
~に入る baden
プロ (スポーツの)Profi 男
ブロークンの gebrochen
ブローチ Brosche 女
プログラム Programm 中
フロッピーディスク Diskette 女
プロテスタントの evangelisch; protestantisch
ふん 分 Minute 女
ぶん 文 Satz 男
ふんいき 雰囲気 Atmosphäre 女
ふんか 噴火 Ausbruch 男
~する ausbrechen
ぶんか 文化 Kultur 女
~の kultuell
ぶんかいする 分解する zerlegen; zersetzen; auseinander nehmen; zerteilen
ぶんがく 文学 Literatur 女; Dichtung 女
~の literalisch
ふんしつする 紛失する verlieren;

verloren gehen
ふんすい 噴水 [Spring]brunnen 男
ぶんせき 分析 Analyse 女
~する analysieren
ぶんそう 紛争 Konflikt 男; Streit 男
ぶんたい 文体 Stil 男
ぶんたんする 分担する sich teilen
ぶんつう 文通 Briefwechsel 男
ぶんぱいする 分配する verteilen; austeilen
ぶんべつ 分別 Verstand 男
~のある verständig; vernünftig
ぶんぽう 文法 Grammatik 女
ぶんぼうぐ 文房具 Schreibwaren 複
ぶんめい 文明 Zivilisation 女
ぶんや 分野 Gebiet 中; Bereich 男; Feld 中; Zweig 男
ぶんり 分離 Trennung 女
~する trennen; scheiden
ぶんるいする 分類する klassifizieren; einteilen

へ

へい 塀 Mauer 女
へいかいする 閉会する schließen
へいがい 弊害 Übel 中
へいき 兵器 Waffe 女
へいきな 平気な ruhig; gelassen; gleichgültig; gefasst
へいきん 平均 Durchschnitt 男
~して im Durchschnitt
~の durchschnittlich
へいこうの 平行の parallel
へいじつ 平日 Alltag 男; Werktag 男; Wochentag 男
へいじょうの 平常の gewöhnlich
へいばんな 平凡な alltäglich; gewöhnlich; mittelmäßig
へいめん 平面 Fläche 女; Ebene 女
へいや 平野 Ebene 女
へいわ 平和 Frieden 男
~維持軍 Friedenstruppen 複
~憲法 Friedensverfassung 女
~条約 Friedensvertrag 男
~な friedlich
ベーコン Speck 男
ページ 頁 Seite 女
へたな 下手な ungeschickt
べつの 別の ander
べっそう 別荘 Villa 女
ペット Haustier 中; Lieblingstier 中
ベッド Bett 中
べつべつの 別々の getrennt; einzeln
ヘディング Kopfstoß 男
へび 蛇 Schlange 女
へや 部屋 Zimmer 中; Stube 女; Kammer 女

へらす 減らす vermindern; verringern; reduzieren; kürzen
ヘリコプター Hubschrauber
へる 減る abnehmen; sich vermindern
ベル Klingel 囡
ベルギー Belgien
ベルト Gürtel 男; (機械) [Treib]riemen 男
ヘルメット Helm 男
へんな 変な komisch; seltsam; merkwürdig
ペン Feder 囡
へんか 変化 Änderung 囡; Veränderung 囡; Wechsel 男; Wandel 男; (語形変化) Flexion 囡
 〜する sich verändern; wechseln
べんかい 弁解 Rechtfertigung 囡; Entschuldigung 囡
 〜する sich rechtfertigen 〈entschuldigen〉
へんかく 変革 Reform 囡
べんきょう 勉強 Arbeit 囡; (大学での) Studium 串
 〜する lernen; studieren; arbeiten
へんけん 偏見 Vorurteil 串
べんご 弁護 Verteidigung 囡
 〜士 Rechtsanwalt 男
 〜する verteidigen
へんじ 返事 Antwort 囡
 〜をする antworten; erwidern
へんしゅうする 編集する herausgeben; redigieren
 〜者 Redakteur 男
べんじょ 便所 Toilette 囡
ベンチ Bank 囡
ペンチ Zange 囡
べんりな 便利な bequem; praktisch

ほ

ほ 帆 Segel 串
ホイッスル Pfeife 囡
ぼいん 母音 Vokal 男
ほう 法 Recht 串
(…の)ほうへ 方へ nach; zu; gegen
ぼう 棒 Stock 男; Stab 囡
ぼうえい 防衛 Verteidigung 囡; Schutz 男
 〜する verteidigen; schützen
ぼうえき 貿易 [Außen]handel 男
 〜をする Handel treiben
ぼうえんきょう 望遠鏡 Teleskop 串; Fernrohr 串
ぼうおんの 防音の schalldicht
ほうかい 崩壊 Zusammenbruch 男; Verfall 男; Zerfall 男
 〜する zusammenbrechen; verfallen
ぼうがい 妨害 Störung 囡
 〜する stören; hindern

ほうがく 方角 Richtung 囡
ほうがく 法学 Rechtswissenschaft 囡; Jura 囡
ほうき 箒 Besen 男
ほうきする 放棄する aufgeben; verzichten
ほうけんしゅぎ 封建主義 Feudalismus 男
 〜的な feudal
ほうげん 方言 Dialekt 男; Mundart 囡
ぼうけん 冒険 Abenteuer 串
 〜的な abenteuerlich
ほうこう 方向 Richtung 囡
ほうこく 報告 Bericht 男
 〜する berichten
ほうし 奉仕 Dienst 男
 〜する dienen
ぼうし 帽子 Hut 男; Mütze 囡
ほうしゃじょうの 放射状の radial; strahlenförmig
ほうしゃせん 放射線 radioaktive Strahlen
ほうしゃのう 放射能 Radioaktivität 囡
ほうしゅう 報酬 Belohnung 囡; Honorar 串
ほうしん 方針 Prinzip 串; Plan 男
ほうじん 法人 Rechtsperson 囡
ほうせき 宝石 Edelstein 男; Juwel 串 (囡)
ほうそう 放送 Sendung 囡
 〜局 Sender 男; Sendeanstalt 囡
 〜する senden; übertragen
ほうそうする 包装する packen; einpacken; verpacken
ほうそく 法則 Gesetz 串
ほうたい 包帯 Verband 男
 〜をする verbinden
ぼうちょうする 膨張する sich ausdehnen
ほうてい 法廷 Gericht 串
ほうていしき 方程式 Gleichung 囡
ほうどう 報道 Meldung 囡; Nachricht 囡; Bericht 男
 〜する berichten; melden
ぼうどう 暴動 Aufruhr 男; Empörung 囡; Aufstand 男
ほうふな 豊富な reich; reichlich
ほうほう 方法 Methode 囡; Art und Weise 囡
ぼうめい 亡命 Emigration 囡
 〜する emigrieren; ins Exil gehen
ほうもん 訪問 Besuch 男
 〜する Besuchen
ほうりつ 法律 Gesetz 串; Recht 串
 〜上の gesetzlich
ぼうりょく 暴力 Gewalt 囡
ボウリング Bowling 串; Kegelspiel 串
ほうれんそう Spinat 男
ほえる 吠える bellen; brüllen

ほお 頬 Backe 囡; Wange 囡
ボーイ Kellner 男; Ober 男
ホース Schlauch 男
ボート Boot 串
 〜を漕ぐ rudern
ホームページ Homepage 囡
ホームレスの obdachlos
ポーランド Polen
 〜[人, 語]の polnisch
ホール Halle 囡; Saal 男
ボール Ball 男
ボールペン Kugelschreiber 男
ほかの 他の ander
ボクサー Boxer 男
ぼくし 牧師 Pfarrer 男
ぼくじょう 牧場 Weide 囡
ボクシング Boxkampf 男
ほけつ 補欠 Ersatz 男; Ersatzspieler 男; Reserve 囡
ポケット Tasche 囡
ほけん 保険 Versicherung 囡
 〜をかける versichern
ほご 保護 Schutz 男
 〜する schützen; behüten
ほこうしゃ 歩行者 Fußgänger 男
ぼこく 母国 Vaterland 串
 〜語 Muttersprache 囡
ほこり 誇り Stolz 男
 〜ある stolz
ほこり 埃 Staub 男
ほし 星 Stern 男
 〜空 sternheller Himmel 男
ほしい 欲しい wünschen; möchte; wollen
ほしゅてきな 保守的な konservativ
 〜主義 Konservatismus 男
ぼしゅう 募集 Werbung 囡
 〜する werben
ほしょう 保証 Garantie 囡; Versicherung 囡; Bürgschaft 囡
 〜する garantieren; versichern; verbürgen; bürgen
 〜人 Bürge 男; Garant 男
ほしょう 補償 Entschädigung 囡
 〜金 Schadenersatz 男; Entschädigungsgeld 串
 〜する entschädigen
ポスター Plakat 串
ポスト (郵便) Briefkasten 男; (地位) Stellung 囡
ほそい 細い schmal; schlank; dünn; fein
ほぞん 保存 Aufbewahrung 囡; Erhaltung 囡
 〜する aufbewahren; erhalten
ぼだいじゅ 菩提樹 Linde 囡; Lindenbaum 男
ほたる 蛍 Glühwürmchen 串
ボタン Knopf 男
ぼち 墓地 Friedhof 男
ほっきょく 北極 Nordpol 男

~星 Polarstern 男
ほっさ 発作 Anfall 男
ほっとうする 没頭する sich vertiefen
ホテル Hotel 中
ほどう 歩道 Bürgersteig 男; Gehsteig 男
ほとんど fast; beinah[e]
~…ない kaum; selten; wenig
ほね 骨 Knochen 男
~折り Mühe 女; Bemühung 女
~を折る（比喩）sich bemühen
ほのお 炎 Flamme 女
ほのめかす 仄めかす andeuten
ポピュラーな populär; beliebt
ポプラ Pappel 女
ほほえむ 微笑む lächeln
ほめる 褒める loben, rühmen
ボランティア freiwilliger Helfer 男
ほりょ 捕虜 Gefangene（形容詞変化）
ほる 掘る graben; wühlen; bohren
ほる 彫る schnitzen; aushauen
ぼろ Lumpen 男
ほろびる 滅びる zugrunde〈zu Grunde〉gehen
~ぼす vernichten; zugrunde〈zu Grunde〉richten
ほん 本 Buch 中
~棚 Bücherregal 中; Bücherbrett 中
~屋 Buchhandlung 女
ぼん 盆 Tablett 中
ほんきの 本気の ernst
~で ernstlich; im Ernst
ほんしつ 本質 Wesen 中
~的な wesentlich
ほんとうの 本当の wahr; wirklich; echt; richtig
~に wirklich, wahrhaft; in der Tat; tatsächlich
ほんの nur; bloß
ほんのう 本能 Instinkt 男
~の instinktiv
ほんものの 本物の echt
ほんやく 翻訳 Übersetzung 女
~する übersetzen; übertragen
ぼんやりした undeutlich; zerstreut
ほんらい 本来 eigentlich; ursprünglich

ま

マーガリン Margarine 女
マーケット Markt 男
マーマレード Marmelade 女
まいあさ 毎朝 jeden Morgen
まいかい 毎回 jedes Mal
まいごになる 迷子になる sich verlaufen〈verirren〉
まいしゅう 毎週 jede Woche
まいそう 埋葬 Begräbnis 中; Beerdigung 女
~する begraben; beerdigen
まいつき 毎月 jeden Monat
~の monatlich
まいとし 毎年 jedes Jahr
~の jährlich
マイナス minus
まいにち 毎日 jeden Tag
~の täglich
まいばん 毎晩 jeden Abend
(…の)まえ 前 vor
まえ 前に（位置）vorn;（時間）vorher; früher
~の（位置）vorder;（時間）vorig
まえもって im Voraus
まかす 負かす besiegen
まかせる 任せる überlassen; anvertrauen
まがる 曲がる（物が）sich biegen;（角を）biegen
まく 巻く rollen; wickeln
まく 蒔く säen
まく 撒く streuen; sprengen; spritzen
まく 幕 Vorhang 男;（劇）Akt 男
まくら 枕 Kopfkissen 中
まける 負ける verlieren; besiegt werden;（価格）ablassen; abziehen; billiger machen
まげる 曲げる biegen; beugen; krümmen
まご 孫 Enkel 男
まさつ 摩擦 Reibung 女
~する reiben
まさに eben; genau
まじめな 真面目な ernst
~に ernst; ernsthaft; im Ernst
まじょ 魔女 Hexe 女
まじわる 交わる（交差）sich kreuzen;（交際）umgehen, verkehren
ます 鱒 Forelle 女
ます 増す zunehmen; vermehren
まず zuerst; zunächst; vor allem
ますい 麻酔 Betäubung 女; Narkose 女
~をかける betäuben; narkotisieren
まずい 不味い geschmacklos; nicht schmecken
まずい 拙い ungeschickt; schlecht
マスコミ Massenmedien 複
まずしい 貧しい arm
ますます immer ＋比較級; mehr und mehr
まぜる 混ぜる mischen; mengen; mixen
また 股 Schenkel 男
また wieder; auch
まだ noch
またたく 瞬く zwinkern; flimmern
~間に im Nu
または oder
まち 町 Stadt 女
まちあいしつ 待合室 Wartesaal 男
まちあわせる 待合せる sich verabreden
まちがい 間違い Fehler 男
~える einen Fehler machen; sich irren
~った falsch
まちぶせる 待伏せる lauern
まつ 待つ warten; erwarten
まつ 松 Kiefer 女
まつげ 睫 Wimper 女
まっすぐな 真っ直ぐな gerade; aufrecht
~に geradeaus
まったく ganz; völlig; durchaus
マッチ Streichholz 中
まつり 祭 Fest 中; Feier 女
…まで bis;（強意）sogar, auch
まと 的 Ziel 中; Zielscheibe 女
まど 窓 Fenster 中
~口 Schalter 男
まとまる（合意）zur Einigung kommen;（集結）zusammenkommen;（終結）zum Abschluss kommen
まとめる zusammenfassen; zusammenstellen; vereinigen; zum Erfolg bringen
まともな ehrlich; ordentlich
まなつ 真夏 Hochsommer 男
まなぶ 学ぶ lernen; studieren
まにあう 間に合う [noch] rechtzeitig [an]kommen〈sein〉;（足る）genügen
まぬがれる 免れる entgehen
まね 真似 Nachahmung 女; Mimik 女
~をする nachahmen
まねく 招く einladen
~き Einladung 女
まばたく 瞬く blinzeln
まひ 麻痺 Lähmung 女
~した lahm
まぶしい 眩い blendend; grell
まぶた 瞼 Augenlid 中
マフラー Schal 男; Halstuch 中
まほう 魔法 Zauber 男
~使い Zauberer 男
~をかける zaubern
まめ 豆 Bohne 女; Erbse 女
もまなく bald
まもる 守る schützen; verteidigen;（規則を）befolgen; [ein]halten
まゆ 眉 Augenbraue 女
まよう 迷う zögern; unschlüssig sein; schwanken;（道に）sich irren〈verlaufen〉
まよなか 真夜中 Mitternacht 女
マラソン Marathonlauf 男
まる 丸 Kreis 男
~い rund
まれな 希な selten; rar
まわす 回す drehen; umdrehen;

(次に) weitergeben
(...を)まわって 回って um
まわり 周り Umkreis 男; Umfang 男; (付近) Umgebung 女
～に um
～道 Umweg 男
まわり 回り Umlauf 男; Kreislauf 男
～る sich drehen; kreisen
まん 万 zehntausend
まんいんの 満員の [über]voll
まんが 漫画 Manga 中(男); Comics 複
まんかいである 満開である in voller Blüte sein
まんげつ 満月 Vollmond 男
まんぞくした 満足した zufrieden
まんなか 真ん中 Mitte 女
～に mitten; in der Mitte
まんねんひつ 万年筆 Füllhalter 男; Füller 男

み

み 実 Frucht 女; Nuss 女; Beere 女
～のある (内容) inhaltsreich
み 身 Körper 男
～が入らない Das macht mich nicht heiß.
～に着ける anziehen; (習得) sich aneignen
みあげる 見上げる aufsehen; hinaufblicken; emporblicken
みうしなう 見失う aus den Augen verlieren
みえ 見栄 Eitelkeit 女
みえる 見える sehen; sichtbar werden
(...のように)みえる aussehen; scheinen; erscheinen; vorkommen
みおくる 見送る nachsehen; begleiten; (機会を) auslassen
みおとす 見落す übersehen
みおろす 見下ろす herabsehen; hinabsehen
みがく 磨く putzen; polieren
みかけ Aussehen 男; Schein 男; Äußere 中(形容詞変化); Fassade 女
～倒しだ Das ist nur Fassade.
みかた 味方 Freund 男
みかた 見方 Gesichtspunkt 男; Ansicht 女
みかん 蜜柑 Mandarine 女
みき 幹 Stamm 男
みぎの 右の recht
～側 die rechte Seite
～に rechts
みこみ 見込み Aussicht 女; Erwartung 女; Hoffnung 女
～のある aussichtsvoll
～のない aussichtslos
みこんの 未婚の ledig; unverheiratet
ミサ Messe 女
ミサイル Rakete 女
みじかい 短い kurz
みじめな 惨めな elend; miserabel; jämmerlich; erbärmlich
みじゅくな 未熟な unreif; unerfahren
みしらぬ 見知らぬ fremd; unbekannt
みず 水 Wasser 中
みずうみ 湖 See 男
みずぎ 水着 (女性用) Badeanzug 男; (男性用) Badehose 女
みすてる 見捨てる verlassen
みすぼらしい schäbig; ärmlich
みせ 店 Geschäft 中; Laden 男
みせいねんの 未成年の unmündig; minderjährig
～者 Minderjährige (形容詞変化)
みせかけの scheinbar; anscheinend
みせる 見せる zeigen; ausstellen
みぞ 溝 Graben 男
みだし 見出し (題) Titel 男; (新聞) Schlagzeile 女
みたす 満たす füllen; erfüllen; (希望を) befriedigen
みだれる 乱れる in Unordnung geraten; durcheinander kommen
みち 道 Weg 男; Straße 女; Pfad 男; Gasse 女
～しるべ Wegweiser 男
みちの 未知の unbekannt
みちびく 導く führen; leiten
みちる 満ちる voll werden; sich füllen; (潮が) fluten
みつ 蜜 Honig 男
みつける 見つける finden; auffinden; entdecken
みっしゅうした 密集した dicht
みっせつな 密接な eng; nahe; innig
みつど 密度 Dichte 女
ミットフィルダー (サッカー) Mittelfeld 中
みつばち 蜜蜂 Biene 女
みつめる 見つめる starren; ansehen
みつもり 見積もり Schätzung 女; Anschlag 男
～る 見積る schätzen; anschlagen
みとおし 見通し Aussicht 女; Perspektive 女
みとめる 認める erkennen; bemerken; wahrnehmen; (評価) anerkennen; zugeben
みどりの 緑の grün
みとる 看取る pflegen
みな 皆 alle
みなす als...ansehen; für...halten
みなと 港 Hafen 男
みなみ 南 Süden 男
～の südlich
みなもと 源 Quelle 女; Ursprung 男
みにくい 醜い hässlich
みぬく 見抜く durchschauen
みはらし 見晴らし Ausblick 男; Aussicht 女; Überblick 男
みはり 見張り Wache 女
～る 見張る bewachen; überwachen
みぶり 身振り Gebärde 女; Geste 女
みぶん 身分 Stand 男; Rang 男
～証明書 Personalausweis 男
みぼうじん 未亡人 Witwe 女
みほん 見本 Muster 中; Probe 女
～市 Messe 女
みまう 見舞う besuchen
みみ 耳 Ohr 中
～がいい gute Ohren haben
～が遠い schwerhörig
～の聞こえない taub
みみず Regenwurm 男
みゃく 脈 Puls 男
～打つ pulsen; pulsieren
みやげ 土産 Souvenir 中; Andenken 中; Geschenk 中; Mitbringsel 中
ミュージカル Musical 中
ミュージシャン Musiker 男
みょうな 妙な seltsam; merkwürdig; komisch
みょうじ 名字 Familienname 男; Zuname 男
みらい 未来 Zukunft 女
～学 Futurologie 女
～の zukünftig
ミリメートル Millimeter 男(中)
みりょく 魅力 Reiz 男
～的な reizend; reizvoll; charmant
みる 見る sehen; blicken; ansehen; schauen; zusehen; gucken
みる 診る untersuchen
ミルク Milch 女
みわける 見分ける unterscheiden
みんしゅてきな 民主的な demokratisch
～化する demokratisieren
～主義 Demokratie 女
みんしゅう 民衆 Volk 中
みんぞく 民族 Volk 中; Nation 女
～学 Völkerkunde 女
みんぞくがく 民俗学 Volkskunde 女
みんぽう 民法 bürgerliches Recht 中; Zivilrecht 中
みんよう 民謡 Volkslied 中

む

む 無 Nichts 中
むいしきの 無意識の unbewusst

むいの 無為の müßig; untätig
むいみな 無意味な sinnlos; bedeutungslos; unsinnig; absurd
ムード Stimmung 囡; Atmosphäre 囡
　〜のある stimmungsvoll
むかいあう 向かい合う gegenüberstehen
むかいあって 向かい合って gegenüber
むがいの 無害の harmlos
むかう 向かう gehen; fahren
むかえる 迎える empfangen; abholen; begrüßen
むかし 昔 alte Zeit 囡; früher
　〜の alt
むかんしんの 無関心の teilnahmslos; gleichgültig
むき 向き Richtung 囡
　〜を変える wenden
むぎ 麦 (小麦) Weizen 男; (大麦) Gerste 囡; (ライ麦) Roggen 男
むく 剝く schälen
むく 向く sich [zu]wenden
むくいる 報いる lohnen; belohnen; vergelten
むける 向ける [zu]wenden; richten
むげんの 無限の unendlich; grenzenlos
むこ 婿 Schwiegersohn 男; Bräutigam 男
むこうに 向こうに drüben
むこうの 無効の ungültig
むざい 無罪 Unschuld 囡
　〜の unschuldig
むし 虫 Insekt 中; Wurm 男; Käfer 男
むしする 無視する ignorieren; nicht beachten
むしあつい 蒸し暑い schwül
むじの 無地の einfarbig; ohne Muster
むじつである 無実である falsch beschuldigt werden
むひな 無悲な unbarmherzig
むじゃきな 無邪気な unschuldig; naiv
むじゅん 矛盾 Widerspruch 男
　〜する widersprechen
むじょうけんの 無条件の bedingungslos; unbedingt
むしょくの 無職の arbeitslos; beschäftigungslos
むしょくの 無色の farblos
むしろ eher; lieber; vielmehr
むしんけいな 無神経な unempfindlich; gefühllos; dickfellig
むす 蒸す dämpfen
むすうの 無数の zahllos; unzählbar
むずかしい 難しい schwer; schwierig
むすこ 息子 Sohn 男

むすぶ 結ぶ binden; knüpfen; verbinden; (約約などを) schließen; (実を) tragen
むすめ 娘 Tochter 囡
むせきにんな 無責任な unverantwortlich
むだな 無駄な sinnlos; nutzlos; vergeblich
　〜に vergebens; umsonst
むちな 無知な unwissend; ignorant; dumm
むちゅうになる 夢中になる schwärmen; begeistert sein; sich verlieren
むなしい 空しい leer; vergeblich
　〜く vergebens; umsonst
むね 胸 Brust 囡
むのうな 無能な unfähig; untüchtig
むみかんそうな 無味乾燥な trocken
むめいの 無名の unbekannt; anonym; namenlos
むら 村 Dorf 中
むらがる 群がる sich drängen; schwärmen
むらさきの 紫の purpurn; violett
むりな 無理な unmöglich
　〜強いする zwingen
　〜に mit Gewalt
　〜をする sich überarbeiten 〈überanstrengen〉
むりょうの 無料の frei; kostenlos
むりょくな 無力な machtlos; kraftlos; hilflos
むれ 群 Gruppe 囡; Schar 囡; Herde 囡; Haufen 男

め

め 目 Auge 中
　〜医者 Augenarzt 男
　〜がいい gut sehen
　〜薬 Augentropfen 複
　〜の毒である zu verführerisch sein
　〜の見えない blind
　〜を配る ein Auge auf...haben
　〜を通す durchlesen
　〜を覚ます aufwachen
め 芽 Keim 男; Knospe 囡
めい 姪 Nichte 囡
めいさく 名作 Meisterstück 中
めいし 名詞 Substantiv 中
めいし 名刺 Visitenkarte 囡
めいしょ 名所 Sehenswürdigkeit 囡
めいしん 迷信 Aberglaube 男
　〜深い abergläubisch
めいじん 名人 Meister 男
めいせい 名声 Ruhm 男; Ansehen 中
めいそう 瞑想 Meditation 囡
めいちゅうする 命中する treffen

めいはくな 明白な klar; deutlich
めいぼ 名簿 [Namen]liste 囡
めいめい 銘々 jeder
めいよ 名誉 Ehre 囡
めいりょうな 明瞭な klar; deutlich
めいれい 命令 Befehl 男
　〜する befehlen
　〜的な in befehlendem Ton
　〜文 Imperativsatz 男
めいわくな 迷惑な lästig; belästigend
　〜をかける belästigen
メートル Meter 男
メールする mailen
めかた 目方 Gewicht 中
　〜を量る wiegen
めがね 眼鏡 Brille 囡
　〜屋 Optiker 男
めがみ 女神 Göttin 囡
めぐみ 恵み Gnade 囡; Wohltat 囡; Segen 男
めくる 捲る blättern
めざましどけい 目覚まし時計 Wecker 男
めざめる 目覚める aufwachen
　〜た wach
めじるし 目印 Kennzeichen 中; Merkmal 中; Zeichen 中
　〜をつける kennzeichnen
めす 雌 Weibchen 中
めずらしい 珍しい selten; seltsam
めだつ 目立つ auffallen
めだまやき 目玉焼き Spiegelei 中
めったに...ない selten
メディア Medium 中
メニュー Speisekarte 囡
めまい 目眩 Schwindel 男
　〜がする es schwindelt...
メモ Notizen 複
　〜を取る notieren
めもり 目盛 Skala 囡
メモリー Speicher 男
メロディー Melodie 囡
メロン Melone 囡
めん 面 Fläche 囡; Oberfläche 囡; Seite 囡; (局面) Situation 囡; (仮面) Maske 囡
めんえき 免疫 Immunität 囡
　〜のある immun
めんきょ 免許 Lizenz 囡; Genehmigung 囡; Erlaubnis 囡
　〜証 (運転) Führerschein 男
めんじょする 免除する befreien
めんせき 面積 Fläche 囡; Flächeninhalt 男
メンテナンス Unterhaltung 囡
めんどうな 面倒な lästig; umständlich
メンバー Mitglied 中
めんみつな 綿密な sorgfärtig

も

...も auch; sowie
もう schon; bereits; nun; bald
もういちど もう一度 nochmals
もうけ 儲け Gewinn 男; Profit 男; Verdienst 男
　〜る gewinnen; profitieren; verdienen
もうしあわせ 申合せ Verabredung 女
　〜る verabreden
もうしこみ 申込み Anmeldung 女
　〜込む anmelden
もうしたて 申立て Angabe 女
　〜る angeben
もうしで 申出 Angebot 中
　〜る anbieten
もうちょう 盲腸 Blinddarm 男
もうどうけん 盲導犬 Blindenhund 男
もうふ 毛布 Wolldecke 女
もうもくの 盲目の blind
もえる 燃える brennen
もぐ pflücken; wegreißen
もくげきしゃ 目撃者 Zeuge 男
もくじ 目次 Inhaltsverzeichnis 中
もくじろく 黙示録 Apokalypse 女
もくせい 木星 Jupiter 男
もくてき 目的 Zweck 男; Ziel 中
　〜に適した zweckmäßig
もくひょう 目標 Ziel 中
　〜にする sich zum Ziel setzen; zielen
もくようび 木曜日 Donnerstag 男
もぐる 潜る tauchen
もくろく 目録 Katalog 男; Verzeichnis 中; Liste 女
もけい 模型 Modell 中
もし… wenn; falls
もじ 文字 Buchstabe 男; Schrift 女
もしもし Hallo!
もしゃ 模写 Kopie 女; Nachbildung 女
もぞう 模造 Nachahmung 女; Imitation 女
　〜する nachahmen; imitieren
もたらす bringen
もたれる 凭れる sich anlehnen
もちあげる 持上げる [auf]heben; emporheben
もちいる 用いる gebrauchen; benutzen
もちだす 持出す herausbringen; (苦情を) vorbringen
もちぬし 持主 Besitzer 男; Inhaber 男
もちろん 勿論 natürlich; selbstverständlich
もつ 持つ haben; besitzen; tragen; halten
もっか 目下 jetzt; zur Zeit
　〜の augenblicklich
もったいない schade; (浪費) verschwenderisch; (不相応) unverdient
もっていく 持っていく mitbringen; mitnehmen; hinbringen
もってくる 持ってくる mitbringen; herbringen
もっと [noch] mehr
もっとも allerdings; jedoch; aber
もっともな vernünftig
もっぱら 専ら ausschließlich; hauptsächlich
もつれる 縺れる verwickeln; sich verwirren
もてなす bewirten
もと 元 Ursprung 男; Grundlage 女; (原因) Ursache 女
　〜から von Anfang an
　〜の früher; ehemalig
　〜は ursprünglich
　〜元 eigentlich; von Natur
もどす 戻す zurückgeben; (吐く) sich erbrechen
もとづく 基づく beruhen; sich gründen
(…の)もとに bei; unter
もとめる 求める verlangen; suchen; wünschen; fordern
もどる 戻る zurückkehren; zurückkommen
モニター Monitor 男
もの 物 Ding 中; Sache 女
　〜がいい von guter Qualität sein
　〜にする aneignen; beherrschen; gewinnen
ものがたり 物語 Erzählung 女; Geschichte 女
ものさし 物差 Lineal 中; Maßstab 男
もはん 模範 Vorbild 中; Muster 中
　〜的な vorbildlich
もみ 樅 Tanne 女
もむ 揉む (手を) reiben; (体を) massieren; (気を) sich sorgen
もめん 木綿 Baumwolle 女
もも 桃 Pfirsich 男
もも 股 Oberschenkel 男
もや 靄 Dunst 男
もやす 燃やす brennen
もよう 模様 Muster 中; (様子) Aussehen 中
もよおし 催し Veranstaltung 女
　〜される stattfinden
　〜す veranstalten
もらう 貰う bekommen; erhalten
もらす 漏らす (秘密を) verraten
もり 森 Wald 男
もる 漏る (容器が) lecken; (水などが) sickern
もろい 脆い zerbrechlich; brüchig

もん 門 Tor 中; Pforte 女
もんく 文句 Worte 複; (不満) Beschwerde 女; Klage 女
もんだい 問題 Frage 女; Problem 中
もんぶしょう 文部省 Kultusministerium 中

や

や 矢 Pfeil 男
やおや 八百屋 Gemüsehändler 男
やがて bald
やかましい laut; geräuschvoll; lärmend
やかん 薬缶 Kessel 男
やぎ 山羊 Ziege 女
やきゅう 野球 Baseball 男
やく 焼く brennen; verbrennen; (パンを) backen; (肉を) braten
やく 約 etwa; ungefähr; zirca
やく 役 (劇) Rolle 女; (職務) Amt 中; (地位) Stellung 女
　〜に立つ nützlich
やぐ 夜具 Bettwäsche 女
やくがく 薬学 Arzneikunde 女; Pharmazie 女
やくざいし 薬剤師 Apotheker 男
やくしゃ 役者 Schauspieler 男
やくしょ 役所 Amt 中; Behörde 女
やくす 訳す übersetzen
　〜者 Übersetzer 男
やくそく 約束 Versprechen 中; Verabredung 女
　〜する versprechen; verabreden
やくだつ 役立つ helfen; nutzen; nützlich sein
やくにん 役人 Beamte 男; Beamtin 女
やけど 火傷 Brandwunde 女
　〜する (火で) sich verbrennen; (熱湯で) sich verbrühen
やさい 野菜 Gemüse 中
やさしい 優しい freundlich; zärtlich; zart; nett; sanft
やさしい 易しい leicht; einfach
やし 椰子 Palme 女
やしなう 養う ernähren; unterhalten
やしん 野心 Ehrgeiz 男; Ambition 女
　〜的な ehrgeizig
やすい 安い billig; preiswert
やすうり 安売り Sonderverkauf 男; Ausverkauf 男
やすみ 休み (休息) Ruhe 女; (休憩) Pause 女; (休暇) Ferien 複, Urlaub 男
　〜む sich ausruhen; (欠席) fehlen
やせいの 野生の wild
やせる 痩せる abnehmen; schlank werden

~た schlank; mager; abgemagert
やさきょく 夜想曲 Nocturne 中
やちん 家賃 Miete 女
やっかいな 厄介な lästig; mühsam; beschwerlich; umständlich
やっきょく 薬局 Apotheke 女
やっと (ついに) endlich; (なんとか) gerade noch; (初めて) erst
やとう 雇う anstellen
やとう 野党 Opposition 女
やぬし 家主 Vermieter 男
やね 屋根 Dach 中
~裏 Dachboden 男
やはり auch; noch; doch; (期待どおり) wie erwartet
やはんに 夜半に um Mitternacht
やばんな 野蛮な barbarisch; wild
やぶ 薮 Busch 男
やぶる 破る zerreißen; (約束などを) brechen; (法を) verletzen
やぶんに 夜分に nachts; in der Nacht
やま 山 Berg 男; Gebirge 中; (堆積) Haufen 男
~小屋 Hütte 女
やみ 闇 Finsternis 女; Dunkelheit 女
やむ 止む aufhören; enden
やめる 止める aufhören; aufgeben; verzichten; lassen
やめる 辞める zurücktreten
やり 槍 Lanze 女; Speer 男
やりとげる durchführen; vollenden; bis zu Ende führen
やわらかい 柔らかい weich; sanft
~げる besänftigen; lindern; mildern

ゆ

ゆ 湯 warmes〈heißes〉 Wasser 中
ゆいいつの 唯一の einzig
ゆいごん 遺言 Testament 中
ゆううつ 憂鬱 Melancholie 女
~な melancholisch; trübsinnig; schwermütig
ゆうえきな 有益な nützlich; brauchbar; fruchtbar
ゆうえつした 優越した überlegen
~感 Überlegenheitsgefühl 中
ゆうえんち 遊園地 Vergnügungspark 男
ゆうがな 優雅な elegant; anmutig
ゆうかい 誘拐 Entführung 女
~する entführen
ゆうがいな 有害な schädlich
ゆうがた 夕方 Abend 男
~に abends; am Abend
~の abendlich
ゆうかん 夕刊 Abendzeitung 女
ゆうかんな 勇敢な tapfer; kühn; mutig
ゆうき 勇気 Mut 男
~づける ermutigen
~のある mutig
ゆうきゅうの 有給の bezahlt; besoldet
~休暇 bezahlter Urlaub 男
ゆうぐれ 夕暮れ Dämmerung 女
ゆうこう 有効 Gültigkeit 女
~である gelten
~な gültig; wirksam
ゆうこうてきな 友好的な freundlich
ゆうざいの 有罪の schuldig
~判決を下す verurteilen
ゆうしゅうな 優秀な gut; ausgezeichnet; vorzüglich
ゆうじゅうふだんの 優柔不断の unschlüssig
ゆうしょう 優勝 Sieg 男
~する siegen; die Meisterschaft gewinnen〈erringen〉
ゆうじょう 友情 Freundschaft 女
ゆうしょく 夕食 Abendessen 中
~をとる zu Abend essen
ゆうしょくの 有色の farbig
ゆうじん 友人 Freund 男
ゆうずうのきく 融通のきく flexibel
~がきかない stur; unbeweglich
ユースホステル Jugendherberge 女
ゆうせいな 優勢な überwiegend; überlegen
ゆうせん 優先 Vorrang 男; Vorzug 男
~する den Vorrang haben
~的な vorrangig
ゆうそうする 郵送する mit der Post schicken
ゆうのうな 有能な fähig; tüchtig
ゆうひ 夕日 Abendsonne 女
ゆうびん 郵便 Post 女
~受 Briefkasten 男
~局 Postamt 中
~番号 Postleitzahl 女
ゆうべ 昨夜 gestern Abend
ゆうべんな 雄弁な beredt
ゆうぼうな 有望な hoffnungsvoll
ゆうめいな 有名な berühmt; bekannt
ユーモア Humor 男
~のある humorvoll; humorig
ゆうやけ 夕焼け Abendrot 中
ゆうよ 猶予 Aufschub 男; Frist 女
ゆうり 有利 Vorteil 男
~な vorteilhaft; günstig
~期間 Nachfrist 女
ゆうりょうな 優良な vorzüglich; vortrefflich
ゆうりょうの 有料の gebührenpflichtig
ゆうりょくな 有力な einflussreich; mächtig
ゆうれい 幽霊 Gespenst 中
ユーロ Euro 男
ゆうわく 誘惑 Versuchung 女; Verführung 女
~する verführen
ゆか 床 Fußboden 男
ゆかいな 愉快な lustig; erfreulich
ゆがむ 歪む sich verzerren〈verziehen〉
~める verzerren; verziehen; verbiegen; verdrehen
ゆき 雪 Schnee 男
~がふる es schneit
~だるま Schneemann 男
ゆく 行く gehen; fahren
ゆくえふめいの 行方不明の vermisst
ゆけつ 輸血 Bluttransfusion 女
ゆしゅつ 輸出 Ausfuhr 女; Export 男
~する exportieren; ausführen
ゆすぐ 濯ぐ spülen
ゆずる 譲る geben; übergeben; übertragen; überlassen; (譲歩) nachgeben; (席を) Platz machen; (道を) ausweichen
ゆそう 輸送 Transport 男; Beförderung 女
~する tranportieren; befördern
ゆたかな 豊かな reich; reichlich; wohlhabend; üppig
ゆっくり langsam
~する sich bequem machen; sich Zeit nehmen
ユニフォーム Uniform 女
ゆにゅう 輸入 Einfuhr 女; Import 男
~する einführen; importieren
ゆび 指 Finger 男; (足の) Zehe 女
~差す zeigen
~輪 Ring 男
ゆみ 弓 Bogen 男
ゆめ 夢 Traum 男
~を見る träumen
ゆり 百合 Lilie 女
ゆりかご 揺りかご Wiege 女
ゆるい 緩い lose; locker
ゆるし 許し Verzeihung 女; Entschuldigung 女; (許可) Erlaubnis 女; (認可) Zulassung 女
ゆるす 許す entschuldigen; verzeihen; (許可) erlauben; (認可) zulassen
ゆるめる 緩める lösen; lockern; (速度) verlangsamen
ゆれる 揺れる beben; schwanken; schaukeln; wanken; zittern

よ

よ 夜 Nacht 女
~明け Tagesanbruch 男; Dämmerung 女
~が明ける Der Tag bricht an.

よ 世 Welt 囡
よい 良い gut; günstig; richtig
(…して)よい dürfen; können
よう 用 Geschäft 囲; Angelegenheit 囡
　～がある etwas zu tun haben
よう 酔う sich betrinken
(…の)ようだ scheinen; aussehen
(…の)ように wie; als ob
ようい 用意 Vorbereitung 囡
　～する vorbereiten
　～のできた bereit; fertig
ようにな 容易な leicht
よういん 要因 Faktor 男; Moment 囲
ようがん 溶岩 Lava 囡
ようき 容器 Behälter 男; Gefäß 囲
ようぎしゃ 容疑者 Verdächtige (形容詞変化)
ようきな 陽気な heiter; lustig
ようきゅう 要求 Forderung 囡; Anspruch 男; Bedürfnis 囲
　～する fordern; verlangen; beanspruchen
ようし 要旨 Resümee 囲; Zusammenfasung 囡
ようし 用紙 Formular 囲
ようし 養子 Adoptivkind 囲
ようじ 用事 Geschäft 囲; Angelegenheit 囡
ようじ 幼児 Kleinkind 囲
ようじ 楊枝 Zahnstocher 男
ようしき 様式 Stil 男
ようしき 洋式 der europäische Stil 男
　～の europäisch; in europäischem Stil
ようじん 用心 Vorsicht 囡
　～深い vorsichtig
　～をする vorsehen; sich hüten; in Acht nehmen; anpassen
ようす 様子 (外見) Aussehen; (状態) Zustand 男
ようするに 要するに kurz [gesagt]; mit einem Wort; um es kurz zu sagen
ようせき 容積 Rauminhalt 男; Volumen 囲
ようそ 要素 Element 囲
ようちな 幼稚な kindisch; primitiv
　～園 Kindergarten 男
ようつう 腰痛 Lendenschmerz 男
ようてん 要点 Hauptpunkt 男
ようと 用途 Gebrauch 男; Verwendungsmöglichkeit 囡
ようにんする 容認する zulassen; einräumen
ようねんじだい 幼年時代 Kindheit 囡
ようび 曜日 Wochentag 男
ようふく 洋服 Kleid 囲; Anzug 男
　～屋 Schneider 男

ようぼう 容貌 Gesicht 囲
ようぼうする 要望する fordern; verlangen
ようもう 羊毛 Wolle 囡
ようやく 要約 Zusammenfassung 囡; Resümee 囲; Auszug 男
　～する zusammenfassen
ようやく erst; endlich
ヨーグルト Joghurt 男囲
ヨーロッパ Europa 囲
　～の europäisch
よか 余暇 Freizeit 囡
よかん 予感 [Vor]ahnung 囡; Vorgefühl 囲
　～する ahnen
よきする 予期する erwarten
　～せぬ unerwartet
よきん 預金 Spareinlage 囡
　～する einlegen
よく 欲 Gier 囡; Begierde 囡; Habgier
　～が深い gierig; begierig; habgierig
　～のない anspruchslos
よく gut; wohl; (頻度) oft, häufig
よくあつ 抑圧 Unterdrückung 囡
　～する unterdrücken
よくしつ 浴室 Badezimmer 囲
よくじつ 翌日 am nächsten Tag 囲
よくぼう 欲望 Begierde 囡; Lust 囡
よけいな 余計な überflüssig; unnötig; extra
よける 避ける ausweichen; vermeiden
よげん 予言 Prophezeiung 囡
　～者 Prophet 男
　～する prophezeien
よこ 横 Seite 囡; (幅) Breite 囡
　～顔 Profil 囲
　～の seitlich
　～に seitwärts
　～になる sich hinlegen
(…の)よこ 横 neben
よこぎる 横切る durchqueren; überqueren
よこく 予告 Ankündigung 囡; Voranzeige 囡
よごす 汚す schmutzig machen; beschmutzen; verschmutzen
よこたえる 横たえる legen
よごれ 汚れ Schmutz 男
　～た schmutzig
　～る schmutzig werden
よさん 予算 Haushalt 男; Budget 囲
よそう 予想 Vermutung 囡; Erwartung 囡; (見込み) Voraussicht 囡
　～する vermuten; erwarten
　～どおりに wie erwartet
よその ander; fremd
　～で auswärts; anderswo

(…に)よって durch; von; mit; per
ヨット Jacht 囡
よっぱらい 酔っぱらい Betrunkene (形容詞変化)
よてい 予定 Plan 男; Programm 囲; Vorhaben 囲
　～する vorhaben; planen
よび 予備 Reserve 囡
　～交渉 Vorverhandlung 囡
　～の Reserve…; Ersatz…; vorrätig
　～知識 Vorkenntnisse 覆
よびかける 呼掛ける anrufen; appellieren
よびもの 呼び物 Attraktion 囡; Glanznummer 囡
よびりん 呼鈴 Klingel 囡; Schelle 囡
よぶ 呼ぶ rufen; (名づける) heißen; nennen; (招待) einladen
よぶんな 余分な überflüssig; überschüssig
よほう 予報 Vorhersage 囡; Prognose 囡
　～する vorhersagen
よぼう 予防 Vorbeugung 囡
　～する vorbeugen; verhüten
　～接種する impfen
よみあげる 読み上げる vorlesen; vortragen
よみがえる 甦る auferstehen
よみとる 読取る ablesen
よみもの 読物 Lektüre 囡
よむ 読む lesen
よめ 嫁 Schwiegertochter 囡; Braut 囡
よやく 予約 Reservierung 囡; Vorbestellung 囡; Buchung 囡; Subskription 囡
　～する reservieren; vorbestellen; buchen; subskribieren
よゆう 余裕 (場所) Raum 男; (時間) Zeit 囡; (気分) Ruhe 囡; Fassung 囡; (余分) Überfluss 男
　～がある (場所) Platz haben; (時間) Zeit haben
　～のある ruhig; gelassen; gefasst
…より als
(…に)より durch; mit; von; gemäß; wegen; dank
よりおおくの より多くの mehr
よりかかる 寄掛かる sich lehnen
よりによって ausgerechnet; gerade
よりみち 寄道 Abstecher 男
よる 夜 Nacht 囡
よる 寄る (接近) sich nähern; rücken; (立寄り) einkehren, vorbeikommen
(…に)よる 依る abhängen; abhängig sein; beruhen
(…に)よると laut; gemäß; nach
よろい 鎧 Panzer 男
よろこび 喜び Freude 囡

〜ばしい erfreulich
〜ばせる erfreuen
〜ぶ sich freuen
〜んで gern
よろん 世論 die öffentliche Meinung 囡
よわい 弱い schwach
〜さ Schwäche 囡
よん 4 vier
よんじゅう 40 vierzig

ら

らいう 雷雨 Gewitter 囲
ラージヒル Großschanze 囡
ライオン Löwe 男
らいきゃく 来客 Besucher 男; Gast 男
らいげつ 来月 [im] nächsten Monat
らいしゅう 来週 nächste Woche 囡; in der nächsten Woche
ライセンス Lizenz 囡
ライター Feuerzeug 囲
らいねん 来年 nächstes Jahr 囡; im nächsten Jahr
ライバル Rivale、Rivalin 囡、Nebenbuhler 男
ライラック Flieder 男
ラインがわ 川 der Rhein 男
らくな 楽な bequem; leicht
らくえん 楽園 Paradies 囲
らくせんする 落選する die Wahl verlieren
らくだ 駱駝 Kamel 囲
らくだいする 落第する durchfallen
らくたんする 落胆する den Mut verlieren; entmutigt sein
〜させる entmutigen
らくてんてきな 楽天的な optimistisch
〜家 Optimist 男
ラケット Schläger 男
…らしい scheinen; aussehen
ラジオ Radio 囲
〜放送 Rundfunk 男
ラジカセ Kassettenrekorder 男
ラジコン Funksteuerung 囡
らっかんてきな 楽観的な optimistisch
らっこ Seeotter 男
ラッシュアワー Stoßzeit 囡; Hauptverkehrszeit 囡
らっぱ 喇叭 Trompete 囡
ラテンご 語 Latein 囲
〜の lateinisch
ラブタイム Zwischenzeit 囡
ラベル Etikett 囲
らん 欄 (新聞などの) Spalte 囡
らん 蘭 Orchidee 囡
らんざつな 乱雑な wirr; verworren; durcheinander; ungeordnet

ランナー Läufer 男
らんぼうな 乱暴な grob; rau; wild
らんよう 乱用 Missbrauch 男
〜する missbrauchen

り

リアリズム Realismus 男
リアルな realistisch
リード Vorsprung 男
りえき 利益 Gewinn 男; Vorteil 男; Ertrag 男; Profit 男
りかい 理解 Verständnis 囲
〜ある verständnisvoll; verständig
〜する verstehen; begreifen
〜力 Verstand 男
りがいかんけい 利害関係 Interesse 囲
りく 陸 Land 囲
〜軍 Heer 囲; Armee 囡
りくじょうきょうぎ 陸上競技 Leichtathletik 囡
りくつ 理屈 Logik 囡; Theorie 囡; Grund 男
〜に合わない unlogisch; unvernünftig
〜をこねる theoretisieren; vernünfteln; argumentieren
リクレーション Erholung 囡
りこてきな 利己的な selbstsüchtig; eigennützig; egoistisch
〜主義 Egoismus 男
りこん 離婚 [Ehe]scheidung 囡
〜した geschieden
〜する sich scheiden lassen
リサイクル Recycling 囲
リサイタル Solistenkonzert 囲; Konzert 囲
りし 利子 Zins 男
りす 栗鼠 Eichhörnchen 囲
リスク Risiko 囲; Gefahr 囡
リスト Liste 囡; Verzeichnis 囲
リズム Rhythmus 男
りせい 理性 Vernunft 囡
〜的な vernünftig
りそう 理想 Ideal 囲
〜的な ideal
〜主義 Idealismus 男
りそく 利息 Zinsen 複
りつ 率 Quote 囡; Rate 囡; Verhältnis 囲
りっこうほする 立候補する kandidieren
〜者 Kandidat 男
りったい 立体 Körper 男
〜的な plastisch; kubisch
リットル Liter 男
りっぱな 立派な gut; schön; prächtig; herrlich; glänzend; stattlich; großartig; ausgezeichnet
りっぷくした 立腹した ärgerlich

りてん 利点 Vorteil 男
リハーサル [General]probe 囡
りはつし 理髪師 Friseur 男; Friseuse 囡
〜店 Friseursalon 男
リボン Band 囲
りゃくご 略語 Abkürzung 囡
りゆう 理由 Grund 男; Ursache 囡
りゅうがくする 留学する im Ausland studieren
りゅうかん 流感 Grippe 囡
りゅうこう 流行 Mode 囡
〜の modisch; modern; beliebt
〜遅れの altmodisch
りゅうちょうな 流暢な fließend
りゅうつう 流通 (貨幣などの) Umlauf 男; (空気の) Ventilation 囡
〜する umlaufen
りゅうは 流派 Schule 囡
りゅうほする 留保する sich vorbehalten
リューマチ Rheumatismus 男
リュックサック Rucksack 男
りょう 量 Quantität 囡; Menge 囡
りょう 漁 Fischfang 男; Fischerei 囡
〜師 Fischer 男
りょう 猟 Jagd 囡
〜師 Jäger 男
〜をする jagen
りようする 利用する benutzen
りょう 寮 Studentenheim 囲
りょうかい 了解 Einverständnis 囲
〜した einverstanden
りょうがえ 両替 Geldwechsel 男
〜する wechseln
りょうきん 料金 Gebühr 囡
りょうじ 領事 Konsul 男
〜館 Konsulat 囲
りょうしゅうしょ 領収書 Quittung 囡
りょうしん 両親 Eltern 複
りょうしん 良心 Gewissen 囲
〜的な gewissenhaft
りょうど 領土 Territorium 囲
りょうほう 両方 beide; beides
りょうほう 療法 Therapie 囡; Heilmethode 囡; Heilmittel 囲
りょうよう 療養 Kur 囡
〜所 Heilanstalt 囡; Sanatorium 囲
りょうり 料理 Kochen 囲; Speise 囡; Gericht 囲
〜する kochen
りょかく 旅客 Fahrgast 男; Passagier 男
りょかん 旅館 Gasthaus 囲; Hotel 囲
りょけん 旅券 [Reise]pass 男
りょこう 旅行 Reise 囡
〜案内 Reiseführer 男
〜案内所 Touristeninformation

女; Reiseauskunft 女
～する reisen
～代理店 Reisebüro 中
りりくする 離陸する abfliegen
リレー Staffellauf 男
りれきしょ 履歴書 Lebenslauf 男
りろん 理論 Theorie 女
～的な theoretisch
りんかく 輪郭 Umriss 男; Kontur 女
りんご 林檎 Apfel 男
りんじの 臨時の vorläufig; provisorisch; vorübergehend; extra; außerordentlich
りんじん 隣人 Nachbar 男
リンス Haarspülmittel 中
りんぱせん リンパ腺 Lymphknoten 男
りんり 倫理 Ethik 女; Moral; Sittlichkeit 女
～学 Ethik 女
～的な ethisch; moralisch; sittlich

る

るい 類 Gattung 女; Art 女
～の無い beispiellos; unvergleichlich; ohne Beispiel
るいじの 類似の ähnlich; verwandt
るいすい 類推 Analogie 女
～する analog schließen
ルール Regel 女
るす 留守 Abwesenheit 女
～の abwesend
ルネサンス Renaissance 女
ルポルタージュ Reportage 女

れ

れい 礼 Dank 男; (謝礼) Honorar 中
～を言う danken
～をする (謝礼) belohnen
れい 例 Beispiel 中
～を挙げれば zum Beispiel
れい 霊 Seele 女; Geist 男
れい 零 Null 女
れいがいの 例外の Ausnahme 女
～的に ausnahmsweise
～なく ausnahmslos
れいかん 霊感 Inspiration 女
れいぎ 礼儀 Höflichkeit 女; Anstand 男
～正しい höflich; anständig
～を知らない unhöflich; unanständig
れいこくな 冷酷な kaltblütig; kaltherzig; grausam; hart
れいせいな 冷静な ruhig; nüchtern; gelassen; gefasst
れいぞうこ 冷蔵庫 Kühlschrank

れいたんな 冷淡な kalt; kühl; gleichgültig
れいとうする 冷凍する einfrieren; tiefkühlen
～食品 Tiefkühlkost 女
れいはい 礼拝 Gottesdienst 男
れいぼうそうち 冷房装置 Klimaanlage 女
レース (競争) Wettlauf 男; (編物) Spitze 女
レーダー Radar 男中
レール 線路 Schiene 女; Gleis 中
れきし 歴史 Geschichte 女; Historie 女
～の geschichtlich; historisch
レクリエーション Erholung 女
レコード (記録) Rekord 男; (音盤) Schallplatte 女
レジ Kasse 女
レシート Quittung 女
レシピ Rezept 中
レジャー Freizeit 女
レジュメ Resümee 中
レストラン Restaurant 中
レタス Salat 男; Kopfsalat 男
れつ 列 Reihe 女; Zug 男
れっしゃ 列車 Zug 男
レッスン Unterricht 男
れっとうかん 劣等感 Minderwertigkeitsgefühl 中
レフェリー Schiedsrichter 男
レポート Referat 中; Aufsatz 男; Bericht 男
レモン Zitrone 女
れんあい 恋愛 Liebe 女
～結婚 Liebesheirat 女
れんが 煉瓦 Ziegel 男
れんけつする 連結する verbinden
れんごう 連合 Vereinigung 女; Bund 男; Union 女
～する sich vereinigen; sich koalieren; sich verbünden
れんさはんのう 連鎖反応 Kettenreaktion 女
れんしゅう 練習 Übung 女
～する üben; trainieren
レンズ Linse 女
れんそう 連想 Assoziation 女
～する assoziieren
れんぞく 連続 Kontinuität 女; Serie 女
～する fortdauern; sich fortsetzen; aufeinander folgen
～的な dauernd; ununterbrochen
レンタカー Mietwagen; Leihwagen 男
レントゲン Röntgenstrahlen 複
れんぽう 連邦 Bund 男; Union 女
れんめい 連盟 Bund 男
れんらく 連絡 (接続) Verbindung 女; (通知) Mitteilung 女

～する sich in Verbindung setzen; mitteilen

ろ

ろう 蠟 Wachs 中
ろうか 廊下 Gang 男; Flur 男; Korridor 男
ろうかする 老化する altern
ろうじん 老人 Alte (形容詞変化)
～ホーム Altersheim 中
ろうすい 老衰 Altersschwäche 女
～した altersschwach
ろうそく 蠟燭 Kerze 女
ろうどう 労働 Arbeit 女
～組合 Gewerkschaft 女
～者 Arbeiter 男
ろうひする 浪費する verschwenden
ロープ Seil 中; Strick 男
ろく 6 sechs
ろくおん 録音 Aufnahme 女
～する aufnehmen
～テープ Tonband 中
ろくがつ 6月 Juni 男
ろくじゅう 60 sechzig
ロケット Rakete 女
ろじ 路地 Gasse 女
ロシア Russland
～人 Russe 男
～[人,語]の russisch
ろば 驢馬 Esel 男
ロマンチックな romantisch
ろめんでんしゃ 路面電車 Straßenbahn 女; Elektrische 女
ろんきょ 論拠 Argument 中; Beweisgrund 男
ろんじる 論じる sich auseinander setzen; diskutieren
ろんせつ 論説 (新聞の) Leitartikel 男
ろんそう 論争 Debatte 女; Auseinandersetzung 女
ろんぶん 論文 Abhandlung 女; Aufsatz 男
ろんり 論理 Logik 女
～的な logisch
～学 Logik 女

わ

わ 和 (調和) Harmonie 女; (合計) Summe 女
わ 輪 Ring 男; Kreis 男; Rad 中; Zirkel 男; (人の) Runde 女
ワープロ Textverarbeitungsanlage 女
ワイシャツ Hemd 中; Oberhemd 中
わいろ 賄賂 Bestechungsgelder 複
ワイン Wein 男
わおん 和音 Akkord 男
わかい 若い jung; (未熟) unerfahren

わかい 和解 Versöhnung 囡; Vergleich 男
~する sich versöhnen; sich vertragen
わかす 沸かす kochen
わがままな 我儘な eigensinnig
わかる 分かる verstehen; begreifen; erfassen; erkennen
わかれ 別れ Abschied 男; Trennung 囡
~る（人が）sich trennen;（関係が）auseinander gehen;（法的な婚姻解消）sich scheiden lassen;（分割）sich teilen
わき 脇 Seite 囡
~に beiseite
~へ auf die Seite; beiseite
(…の)わき 脇 neben
わく 枠 Rahmen 男
わく 沸く kochen
わく 湧く quellen
わくせい 惑星 Planet 男
わくわくするような aufregend
わけ 訳（理由）Grund 男;（意味）Bedeutung 囡; Sinn 男
ワクチン Vaktine 囡
わけまえ 分け前 Anteil 男
わける 分ける teilen; austeilen; verteilen; aufteilen; zuteilen; einteilen;（分離）trennen
わざと 故意と absichtlich
わざわい 災い Unfall 男; Unglück 中; Unheil 中
わし 鷲 Adler 男
わずかな wenig; gering; klein
わずらわしい 煩わしい lästig
~す belästigen; beschweren
わすれっぽい 忘れっぽい vergesslich
わすれる 忘れる vergessen;（置いたまま）liegen lassen
わた 綿 Watte 囡
わだい 話題 Gesprächsstoff 男
わたし 私 ich
~たち wir
~たちの unser
~の mein;（私的）privat
わたす 渡す geben; übergeben; überreichen; einhändigen
わたりどり 渡り鳥 Zugvogel 男
わな 罠 Falle 囡
わに 鰐 Krokodil 中; Alligator 男
わび 詫び Entschuldigung 囡
~る sich entschuldigen
わら 藁 Stroh 中
わらう 笑う lachen;（微笑）lächeln;（苦笑）belächeln;（にやにや）schmunzeln;（嘲笑）auslachen
わりあい 割合 Verhältnis 中; Rate 囡
わりざん 割算 Division 中
わりびき 割引 Rabatt 男; Ermäßigung 囡
~する ermäßigen
わりやすな 割安な preiswert; preisgünstig
わる 割る（壊す）zerbrechen;（算数）dividieren, teilen;（水で）verdünnen
わるい 悪い schlecht; schlimm; böse
ワルツ Walzer 男
われめ 割れ目 Spalt 男; Riss 男
われる 割れる brechen; zerbrechen;（算数）sich teilen lassen
~やすい zerbrechlich
われわれ 我々 wir
~の unser
わん 湾 Bucht 囡
わんぱくな 腕白な flegelhaft; unartig; ungezogen
ワンピース Kleid 中
わんりょく 腕力 Brachialgewalt 囡

品 詞 変 化 表

I 定 冠 詞

	単		数	複 数
	男 性	女 性	中 性	
1 格	der	die	das	die
2 格	des	der	des	der
3 格	dem	der	dem	den
4 格	den	die	das	die

II 不 定 冠 詞

1 格	ein	eine	ein
2 格	eines	einer	eines
3 格	einem	einer	einem
4 格	einen	eine	ein

III 所有代名詞

		単 数	複 数
1人称		mein-	unser-
2人称	親 称	dein-	euer-
	敬 称	Ihr-	Ihr-
3人称	男 性	sein-	
	女 性	ihr-	ihr-
	中 性	sein-	

III-1 所有代名詞の付加語的用法

	単		数	複 数
	男 性	女 性	中 性	
1 格	mein	meine	mein	meine
2 格	meines	meiner	meines	meiner
3 格	meinem	meiner	meinem	meinen
4 格	meinen	meine	mein	meine

III-2 所有代名詞の名詞的用法

	男 性	女 性	中 性	複数
1 格	meiner	meine	meines	meine
2 格	meines	meiner	meines	meiner
3 格	meinem	meiner	meinem	meinen
4 格	meinen	meine	meines	meine

IV 指示代名詞
IV-1-1　der, die, das〈付加語的用法〉

1 格	der	die	das	die
2 格	des	der	des	der
3 格	dem	der	dem	den
4 格	den	die	das	die

IV-1-2　der, die, das〈名詞的用法〉

1 格	der	die	das	die
2 格	dessen	deren	dessen	deren, derer
3 格	dem	der	dem	denen
4 格	den	die	das	die

IV-2　dieser, diese, dieses

1 格	dieser	diese	dieses*	diese
2 格	dieses	dieser	dieses	dieser
3 格	diesem	dieser	diesem	diesen
4 格	diesen	diese	dieses*	diese

* 中性1・4格には dies という形もある．

IV-3　derjenige, diejenige, dasjenige（定冠詞＋形容詞の弱変化型）

1 格	derjenige	diejenige	dasjenige	diejenigen
2 格	desjenigen	derjenigen	desjenigen	derjenigen
3 格	demjenigen	derjenigen	demjenigen	denjenigen
4 格	denjenigen	diejenige	dasjenige	diejenigen

IV-4　derselbe, dieselbe, dasselbe（定冠詞＋形容詞の弱変化型）

1 格	derselbe	dieselbe	dasselbe	dieselben
2 格	desselben	derselben	desselben	derselben
3 格	demselben	derselben	demselben	denselben
4 格	denselben	dieselbe	dasselbe	dieselben

IV-5-1　solcher, solche, solches

1 格	solcher	solche	solches	solche
2 格	solches	solcher	solches	solcher
3 格	solchem	solcher	solchem	solchen
4 格	solchen	solche	solches	solche

IV-5-2 **ein solcher**, **eine solche**, **ein solches**

1 格	ein solcher	eine solche	ein solches	solche
2 格	eines solchen	einer solchen	eines solchen	solcher
3 格	einem solchen	einer solchen	einem solchen	solchen
4 格	einen solchen	eine solche	ein solches	solche

IV-5-3 **solch ein**, **solch eine**, **solch ein** 〈付加語的用法〉

1 格	solch ein	solch eine	solch ein	solche
2 格	solch eines	solch einer	solch eines	solcher
3 格	solch einem	solch einer	solch einem	solchen
4 格	solch einen	solch eine	solch ein	solche

IV-5-4 **solch einer**, **solch eine**, **solch eines** 〈名詞的用法〉

1 格	solch einer	solch eine	solch eines	solche
2 格	solch eines	solch einer	solch eines	solcher
3 格	solch einem	solch einer	solch einem	solchen
4 格	solch einen	solch eine	solch eines	solche

V 関係代名詞

V-1 **der, die, das**

1 格	der	die	das	die
2 格	dessen	deren	dessen	deren
3 格	dem	der	dem	denen
4 格	den	die	das	die

V-2 **welcher, welche, welches**

1 格	welcher	welche	welches	welche
2 格	(dessen)	(deren)	(dessen)	(deren)
3 格	welchem	welcher	welchem	welchen
4 格	welchen	welche	welches	welche

V-3 **wer, was**

	〈人〉	〈物〉
1 格	wer	was
2 格	wessen	——
3 格	wem	——
4 格	wen	was

VI 疑問代名詞
VI-1 wer, was〈名詞的用法〉

	〈人〉	〈物〉
1 格	wer	was
2 格	wessen（古 wes）	―
3 格	wem	―
4 格	wen	was

VI-2 welcher, welche, welches

	男性	女性	中性	共通
1 格	welcher	welche	welches	welche
2 格	welches (welchen)	welcher	welches (welchen)	welcher
3 格	welchem	welcher	welchem	welchen
4 格	welchen	welche	welches	welche

VI-3-1 was für ein-〈付加語的用法〉

	was für	was für	was für	was für
1 格	was für ein	was für eine	was für ein	was für
2 格	was für eines	was für einer	was für eines	was für
3 格	was für einem	was für einer	was für einem	was für
4 格	was für einen	was für eine	was für ein	was für

VI-3-2 was für ein-〈名詞的用法〉

	was für	was für für	was für	was für
1 格	was für einer	was für eine	was für ein[e]s	was für welche
2 格	was für eines	was für einer	was für eines	―
3 格	was für einem	was für einer	was für einem	was für welchen
4 格	was für einen	was für eine	was für ein[e]s	was für welche

VII 人称代名詞

		1人称	2人称		3人称		
			親称	敬称	男性	女性	中性
単数	1 格	ich	du	Sie	er	sie	es
	2 格	(meiner)	(deiner)	(Ihrer)	(seiner)	(ihrer)	(seiner)
	3 格	mir	dir	Ihnen	ihm	ihr	ihm
	4 格	mich	dich	Sie	ihn	sie	es
複数	1 格	wir	ihr	Sie	sie		
	2 格	(unser)	(euer)	(Ihrer)	(ihrer)		
	3 格	uns	euch	Ihnen	ihnen		
	4 格	uns	euch	Sie	sie		

VIII 再帰代名詞

	1人称	2人称 親称 / 敬称	3人称 男·女·中
単数 3格	mir	dir / sich	sich
単数 4格	mich	dich / sich	sich
複数 3格	uns	euch / sich	sich
複数 4格	uns	euch / sich	sich

IX 不定代名詞

IX-1 man, jedermann, jemand, niemand

1格	man	jedermann	jemand	niemand
2格	(eines)	jedermanns	jemand[e]s	niemand[e]s
3格	einem	jedermann	jemand[em]	niemand[em]
4格	einen	jedermann	jemand[en]	niemand[en]

IX-2 einer, eine, eines 〈名詞的用法〉

格				
1格	einer	eine	ein[e]s	welche
2格	(eines)	(einer)	(eines)	—
3格	einem	einer	einem	—
4格	einen	eine	ein[e]s	welche

〈付加語的用法〉の場合は表 II に同じ.

IX-3-1 kein, keine, kein 〈付加語的用法〉

格				
1格	kein	keine	kein	keine
2格	keines	keiner	keines	keiner
3格	keinem	keiner	keinem	keinen
4格	keinen	keine	kein	keine

IX-3-2 keiner, keine, keines 〈名詞的用法〉

格				
1格	keiner	keine	kein[e]s	keine
2格	keines	keiner	keines	keiner
3格	keinem	keiner	keinem	keinen
4格	keinen	keine	kein[e]s	keine

IX-4 jeder, jede, jedes

1格	jeder	jede	jedes
2格	jedes (jeden)	jeder	jedes (jeden)
3格	jedem	jeder	jedem
4格	jeden	jede	jedes

IX-5 mancher, manche, manches

1格	mancher	manche	manches	manche
2格	manches (manchen)	mancher	manches (manchen)	mancher
3格	manchem	mancher	manchem	manchen
4格	manchen	manche	manches	manche

IX-6 aller, alle, alles

1格	aller	alle	alles	alle
2格	allen (alles)	aller	allen (alles)	aller
3格	allem	aller	allem	allen
4格	allen	alle	alles	alle

IX-7 etwas, nichts

1格	etwas [Gutes]	nichts [Neues]
2格	─	
3格	etwas [Gutem]	nichts [Neuem]
4格	etwas [Gutes]	nichts [Neues]

X 形 容 詞
X-1 付加語的用法
X-1-1 弱変化: 定冠詞(dieser型)+形容詞+名詞

	単 数		
	男 性	女 性	中 性
1格	der neue Anzug	die neue Bluse	das neue Auto
2格	des neuen Anzugs	der neuen Bluse	des neuen Autos
3格	dem neuen Auzug	der neuen Bluse	dem neuen Auto
4格	den neuen Amzug	die neue Bluse	das neue Auto
	複 数		
1格		die neuen Bücher	
2格		der neuen Bücher	
3格		den neuen Büchern	
4格		die neuen Bücher	

X-1-2　混合変化：不定冠詞(mein 型)＋形容詞＋名詞

	単　　　　数		
	男　性	女　性	中　性
1 格	ein neuer Anzug	eine neue Bluse	ein neues Auto
2 格	eines neuen Anzugs	einer neuen Bluse	eines neuen Autos
3 格	einem neuen Anzug	einer neuen Bluse	einem neuen Auto
4 格	einen neuen Anzug	eine neue Bluse	ein neues Auto
	複　数		
1 格	meine neuen Bücher		
2 格	meiner neuen Bücher		
3 格	meinen neuen Büchern		
4 格	meine neuen Bücher		

X-1-3　強変化：形容詞＋名詞

	単　　　　数		
	男　性	女　性	中　性
1 格	neuer Anzug	neue Bluse	neues Auto
2 格	neuen Anzugs	neuer Bluse	neuen Autos
3 格	neuem Anzug	neuer Bluse	neuem Auto
4 格	neuen Anzug	neue Bluse	neues Auto
	複　数		
1 格	neue Bücher		
2 格	neuer Bücher		
3 格	neuen Büchern		
4 格	neue Bücher		

X-2　名詞的用法

X-2-1　「人」を表す場合

	単　　　　数		複　数
	男　性	女　性	
1 格	der Gute	die Gute	die Guten
2 格	des Guten	der Guten	der Guten
3 格	dem Guten	der Guten	den Guten
4 格	den Guten	die Gute	die Guten

1 格	ein Guter	eine Gute	Gute
2 格	eines Guten	einer Guten	Guter
3 格	einem Guten	einer Guten	Guten
4 格	einen Guten	eine Gute	Gute

X-2-2 「事物」を表す場合

1 格	das Gute	Gutes
2 格	des Guten	——
3 格	dem Guten	Gutem
4 格	das Gute	Gutes

XI 動　　詞
XI-1 現在人称変化
XI-1-1 規則的な変化形

			lernen	arbeiten	öffnen	reisen	küssen
単数	1人称	ich	lerne	arbeite	öffne	reise	küsse
	2人称	du	lernst	arbeitest	öffnest	reist	küsst
	3人称	Sie er/sie/es	lernen lernt	arbeiten arbeitet	öffnen öffnet	reisen reist	küssen küsst
複数	1人称	wir	lernen	arbeiten	öffnen	reisen	küssen
	2人称	ihr	lernt	arbeitet	öffnet	reist	küsst
	3人称	Sie sie	lernen lernen	arbeiten arbeiten	öffnen öffnen	reisen reisen	küssen küssen

XI-1-2 不規則な変化形

	fahren	lassen	sprechen	sehen	lesen	nehmen	halten
ich	fahre	lasse	spreche	sehe	lese	nehme	halte
du	fährst	lässt	sprichst	siehst	liest	nimmst	hältst
Sie	fahren	lassen	sprechen	sehen	lesen	nehmen	halten
er	fährt	lässt	spricht	sieht	liest	nimmt	hält
wir	fahren	lassen	sprechen	sehen	lesen	nehmen	halten
ihr	fahrt	lasst	sprecht	seht	lest	nehmt	haltet
Sie	fahren	lassen	sprechen	sehen	lesen	nehmen	halten
sie	fahren	lassen	sprechen	sehen	lesen	nehmen	halten

XI-1-3 分離動詞

	an|kommen	ab|fahren
ich	komme …an	fahre …ab
du	kommst …an	fährst …ab
Sie	kommen…an	fahren …ab
er	kommt …an	fährt …ab
wir	kommen…an	fahren…ab
ihr	kommt …an	fahrt …ab
Sie	kommen…an	fahren…ab
sie	kommen…an	fahren…ab

XI-1-4　再帰動詞*

	sich⁴ beeilen	sich³…erlauben
ich	beeile mich	erlaube mir
du	beeilst dich	erlaubst dir
Sie	beeilen sich	erlauben sich
er	beeilt sich	erlaubt sich
wir	beeilen uns	erlauben uns
ihr	beeilt euch	erlaubt euch
Sie	beeilen sich	erlauben sich
sie	beeilen sich	erlauben sich

* 過去形その他の人称変化は省略する.

XI-1-5　sein, haben, werden, wissen の人称変化

	sein	haben	werden	wissen
ich	bin	habe	werde	weiß
du	bist	hast	wirst	weißt
Sie	sind	haben	werden	wissen
er	ist	hat	wird	weiß
wir	sind	haben	werden	wissen
ihr	seid	habt	werdet	wisst
Sie	sind	haben	werden	wissen
sie	sind	haben	werden	wissen

XI-2　過去人称変化
XI-2-1　規則動詞・不規則動詞・分離動詞

	lernen	fahren	lesen	wissen	ab|reisen	ab|fahren
ich	lernte	fuhr	las	wusste	reiste …ab	fuhr …ab
du	lerntest	fuhrst	lasest	wusstest	reistest…ab	fuhrst …ab
Sie	lernten	fuhren	lasen	wussten	reisten …ab	fuhren…ab
er	lernte	fuhr	las	wusste	reiste …ab	fuhr …ab
wir	lernten	fuhren	lasen	wussten	reisten …ab	fuhren…ab
ihr	lentet	fuhrt	last	wusstet	reistet …ab	fuhrt …ab
Sie	lernten	fuhren	lasen	wussten	reisten …ab	fuhren…ab
sie	lernten	fuhren	lasen	wussten	reisten …ab	fuhren…ab

XI-2-2 sein, haben, werden

	sein	haben	werden
ich	war	hatte	wurde
du	warst	hattest	wurdest
Sie	waren	hatten	wurden
er	war	hatte	wurde
wir	waren	hatten	wurden
ihr	wart	hattet	wurdet
Sie	waren	hatten	wurden
sie	waren	hatten	wurden

XI-3 未来形

ich	werde	
du	wirst	
Sie	werden	
er	wird	} lernen / fahren / abfahren
wir	werden	
ihr	werdet	
Sie	werden	
sie	werden	

XI-4 完　了
XI-4-1 現在完了

ich	habe		ich	bin	
du	hast		du	bist	
Sie	haben		Sie	sind	
er	hat	} gelernt / angesehen	er	ist	} gefahren / abgefahren
wir	haben		wir	sind	
ihr	habt		ihr	seid	
Sie	haben		Sie	sind	
sie	haben		sie	sind	

XI-4-2 過去完了

ich	hatte		ich	war	
du	hattest		du	warst	
Sie	hatten		Sie	waren	
er	hatte	} gelernt / angesehen	er	war	} gefahren / abgefahren
wir	hatten		wir	waren	
ihr	hattet		ihr	wart	
Sie	hatten		Sie	waren	
sie	hatten		sie	waren	

XI-4-3　未来完了

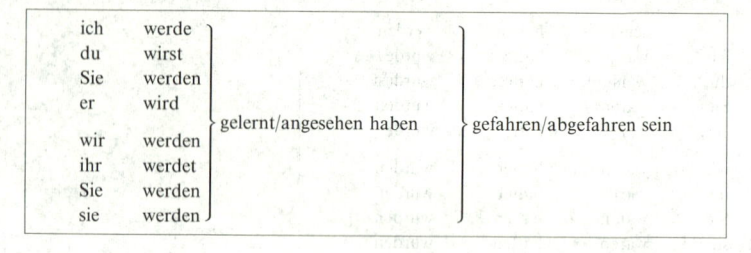

ich	werde		
du	wirst		
Sie	werden		
er	wird	gelernt/angesehen haben	gefahren/abgefahren sein
wir	werden		
ihr	werdet		
Sie	werden		
sie	werden		

XI-5　話法の助動詞
XI-5-1　現在人称変化

	dürfen	können	mögen	müssen	sollen	wollen	
ich	darf	kann	mag	muss	soll	will	möchte
du	darfst	kannst	magst	musst	sollst	willst	möchtest
Sie	dürfen	können	mögen	müssen	sollen	wollen	möchten
er	darf	kann	mag	musst	soll	will	möchte
wir	dürfen	können	mögen	müssen	sollen	wollen	möchten
ihr	dürft	könnt	mögt	müsst	sollt	wollt	möchtet
Sie	dürfen	können	mögen	müssen	sollen	wollen	möchten
sie	dürfen	können	mögen	müssen	sollen	wollen	möchten

XI-5-2　過去人称変化

	dürfen	können	mögen	müssen	sollen	wollen
ich	durfte	konnte	mochte	musste	sollte	wollte
du	durftest	konntest	mochtest	musstest	solltest	wolltest
Sie	durften	konnten	mochten	musste	sollten	wollten
er	durfte	konnte	mochte	musste	sollte	wollte
wir	durften	konnten	mochten	musten	sollten	wollten
ihr	durftet	konntet	mochtet	musstet	solltet	wolltet
Sie	durften	konnten	mochten	mussten	sollten	wollten
sie	durften	konnten	mochten	mussten	sollten	wollten

XI-5-3　未来・現在完了・過去完了・未来完了

未来	ich werde Deutsch lernen können.
現在完了	ich habe Deutsch lernen können.
過去完了	ich hatte Deutsch lernen können.
未来完了	ich werde Deutsch haben lernen können.

XI-6 受　動
XI-6-1　現在人称変化

ich	werde	
du	wirst	
Sie	werden	
er	wird	geliebt / angerufen
wir	werden	
ihr	werdet	
Sie	werden	
sie	werden	

XI-6-2　過去・未来・現在完了・過去完了・未来完了

過去	ich wurde…geliebt
未来	ich werde…geliebt werden
現在完了	ich bin　…geliebt worden
過去完了	ich war　…geliebt worden
未来完了	ich werde…geliebt worden sein

XI-6-3　話法の助動詞を含む受動

現在	Das Auto muss　repariert werden.
過去	Das Auto musste repariert werden.
未来	Das Auto wird　repariert werden müssen.
現在完了	Das Auto hat　repariert werden müssen.
過去完了	Das Auto hatte repariert werden müssen.
未来完了	な し

XI-7 接続法
XI-7-1　接続法 I　現在

	lernen	fahren	nehmen	haben	werden	sein
ich	lerne	fahre	nehme	habe	werde	sei
du	lernest	fahrest	nehmest	habest	werdest	sei[e]st
Die	lernen	fahren	nehmen	haben	werden	seien
er	lerne	fahre	nehme	habe	werde	sei
wir	lernen	fahren	nehmen	haben	werden	seien
ihr	lernet	fahret	nehmet	habet	werdet	seiet
Sie	lernen	fahren	nehmen	haben	werden	seien
sie	lernen	fahren	nehmen	haben	werden	seien

XI-7-2 接続法I 過去*

ich	habe			sei	
du	habest			sei[e]st	
Sie	haben			seien	
er	habe	} gelernt/angesehen		sei	} fahren/abgefahren
wir	haben			seien	
ihr	habet			seiet	
Sie	haben			seien	
sie	haben			seien	

* 直説法の過去・現在完了・過去完了に当るものは，接続法では過去で表される．

XI-7-3 接続法II 現在

	lernen	fahren	nehmen	haben	werden	sein
ich	lernte	führe	nähme	hätte	würde	wäre
du	lerntest	führest	nähmest	hättest	würdest	wärest
Sie	lernten	führen	nähmen	hätten	würden	wären
er	lernte	führe	nähme	hätte	würde	wäre
wir	lernten	führen	nähmen	hätten	würden	wären
ihr	lerntet	führet	nähmet	hättet	würdet	wäret
Sie	lernten	führen	nähmen	hätten	würden	wären
sie	lernten	führen	nähmen	hätten	würden	wären

XI-7-4 接続法II 過去

ich	hätte		ich	wäre	
du	hättest		du	wärest	
Sie	hätten		Sie	wären	
er	hätte	} gelernt/angesehen	er	wäre	} gefahren/abgefahren
wir	hätten		wir	wären	
ihr	hättet		ihr	wäret	
Sie	hätten		Sie	wären	
sie	hätten		sie	wären	

XI-7-5 接続法I 未来・未来完了

未　来	未来完了
er　werde……lernen	er　werde……gelernt haben
er　werde……fahren/abfahren	er　werde……gefahren〈abgefahren〉 sein

XI-7-6 接続法II 未来・未来完了

未　来	未来完了
er　würde……lernen	er　würde……gelernt haben
er　würde……fahren/abfahren	er　würde……gefahren〈abgefahren〉 sein

図解小辞典

*以下の図には本文の見出しとして挙がっていない語もあるが、それらの中で単一語あるいは分かりにくいと思われる複合語については簡単な訳語を付した．

1 Kirche —教会—

2 Burg —城—

3 Ritter und Harnisch —騎士と甲冑—

4 Tempel —(ギリシア)神殿—

5 Theater und Musikinstrumente —劇場と楽器—

6 Bahnhof —駅—

7 Straße —街の通り—

8 Auto —自動車—

9 Männerkleidung —男性の服装—

10 Damenkleidung —女性の服装—

11 Bäume —樹木—

12 Fußball —サッカー—

13 Werkzeug —工具—

1 Kirche —教会—

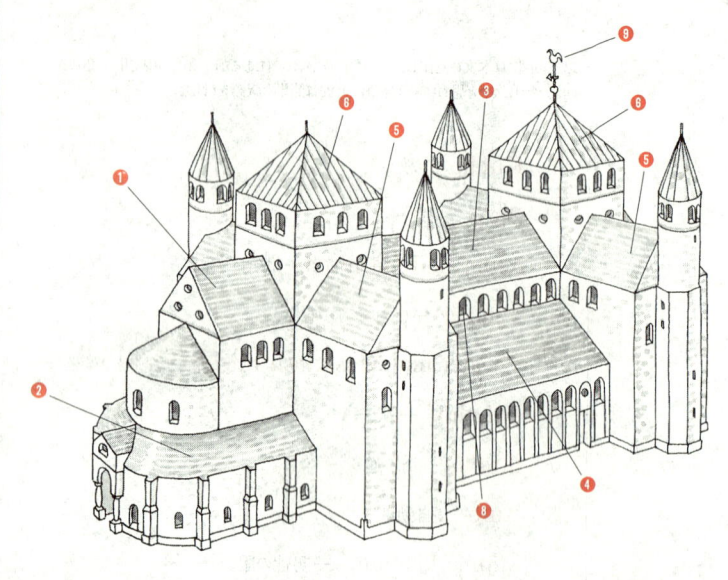

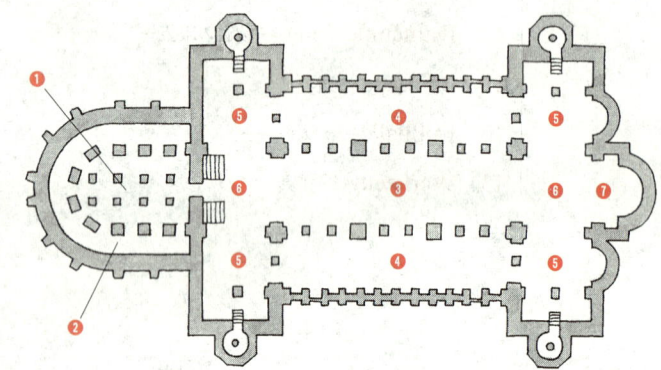

1. Chor
2. Chorumgang
3. Mittelschiff
4. Seitenschiff
5. Querschiff
6. Vierung
7. Apsis
8. Lichtgaden (明層)
9. Wetterfahne

2 Burg —城—

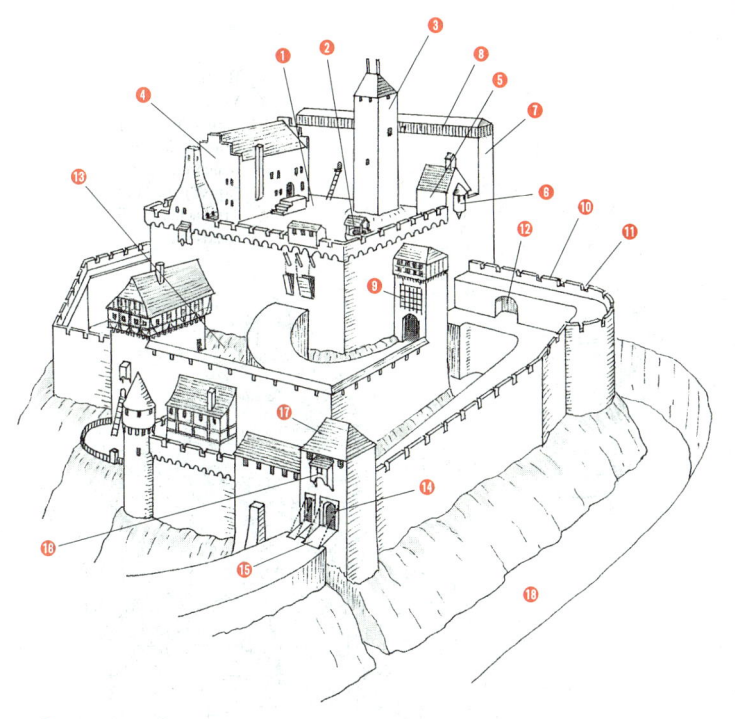

❶ Burghof
❷ Brunnen
❸ Bergfried
❹ Palas (Kemenate)
❺ Kapelle
❻ Erker
❼ Schildmauer
❽ Wehrgang
❾ Fallgatter (落し格子)
❿ Zinnen
⓫ Scharte
⓬ Schießscharte
⓭ Zwinger
⓮ Burgtor
⓯ Zugbrücke
⓰ Pechnase (ピッチ投下口)
⓱ Torturm
⓲ Burggraben

図解小辞典　　　　　　　　　1872

3 Ritter und Harnisch　―騎士と甲冑―

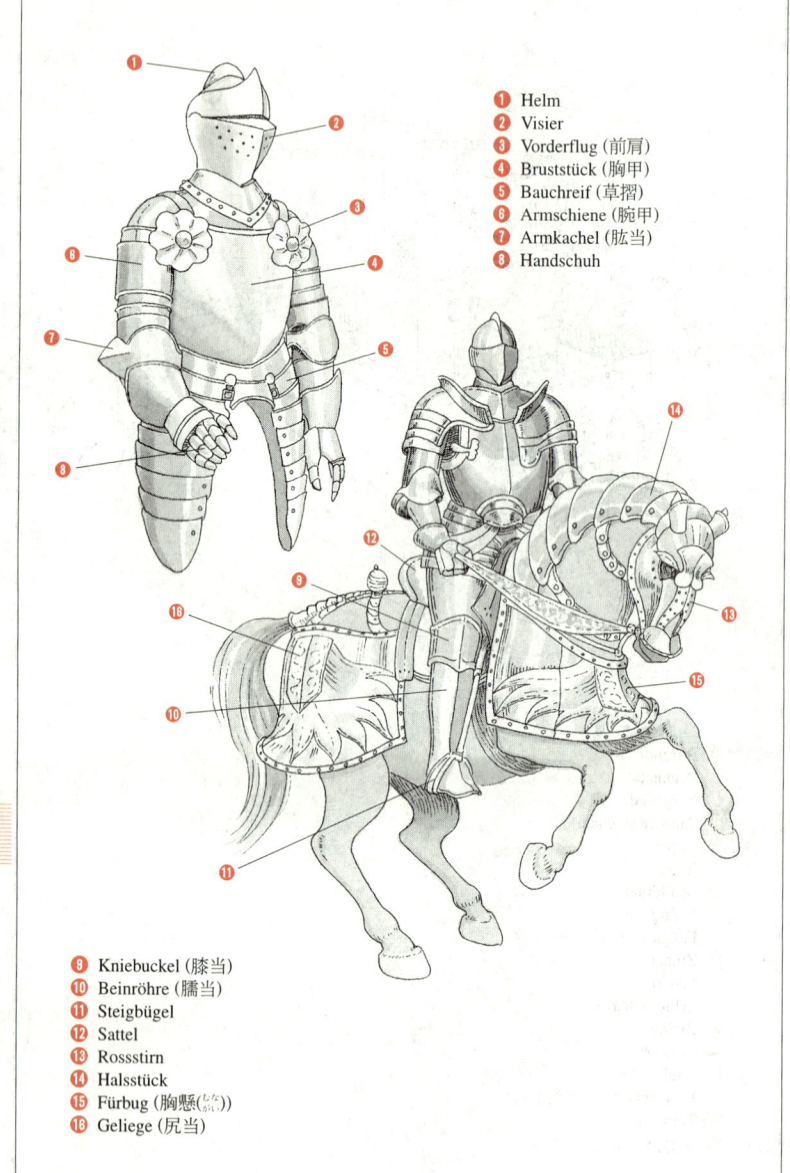

❶ Helm
❷ Visier
❸ Vorderflug (前肩)
❹ Bruststück (胸甲)
❺ Bauchreif (草摺)
❻ Armschiene (腕甲)
❼ Armkachel (肱当)
❽ Handschuh

❾ Kniebuckel (膝当)
❿ Beinröhre (臑当)
⓫ Steigbügel
⓬ Sattel
⓭ Rossstirn
⓮ Halsstück
⓯ Fürbug (胸懸(むながい))
⓰ Geliege (尻当)

付録

4 Tempel —（ギリシア）神殿—

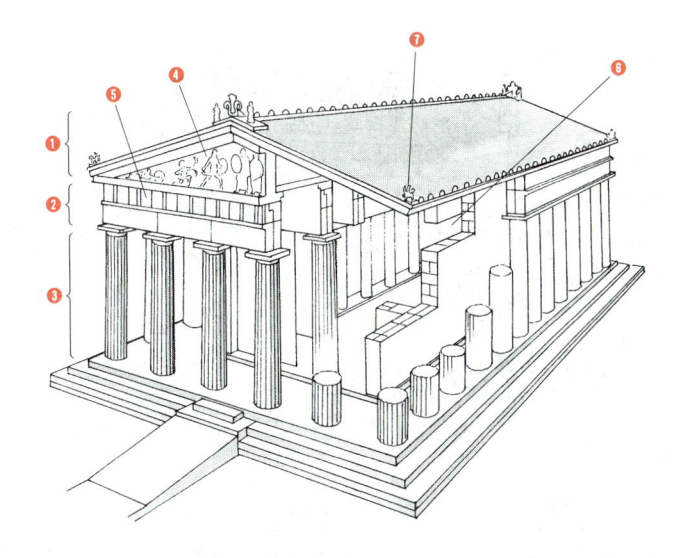

❶ Giebel
❷ Gebälk
❸ Säule
❹ Aetos（切妻三角壁）
❺ Metope（小間壁）
❻ Cella
❼ Akroterion

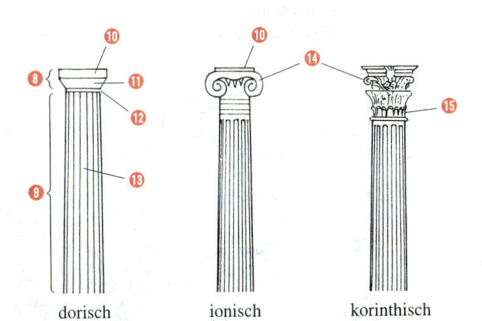

dorisch　ionisch　korinthisch

❽ Kapitell
❾ Schaft
❿ Abakus
⓫ Echinus（まんじゅう形）
⓬ Hypotrachelion（柱頭接合部）
⓭ Kannelure（縦溝）
⓮ Volute
⓯ Blattkranz（葉冠）

ium # 5 Theater und Musikinstrumente —劇場と楽器—

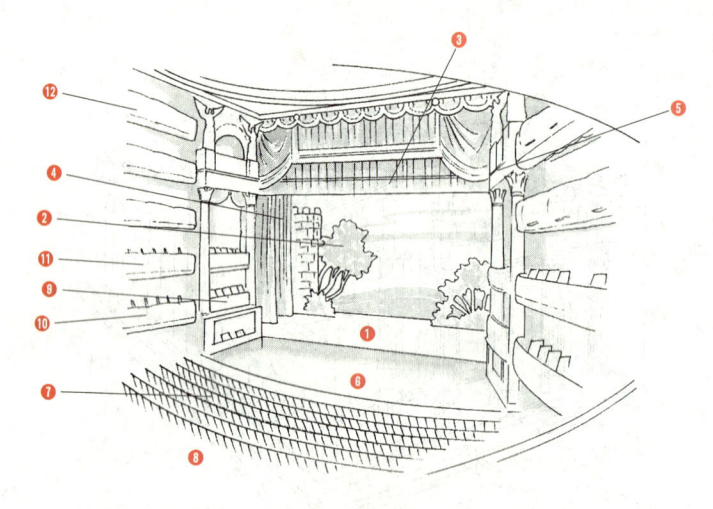

1. Bühne
2. Kulisse
3. Vorhang
4. Raffvorhang (引幕)
5. Proszenium
6. Orchestergraben
7. Parkett
8. Parterre
9. Seitenloge (脇桟敷)
10. der 1. Rang
11. der 2. Rang
12. Stehplatz (Galerie, Olymp)

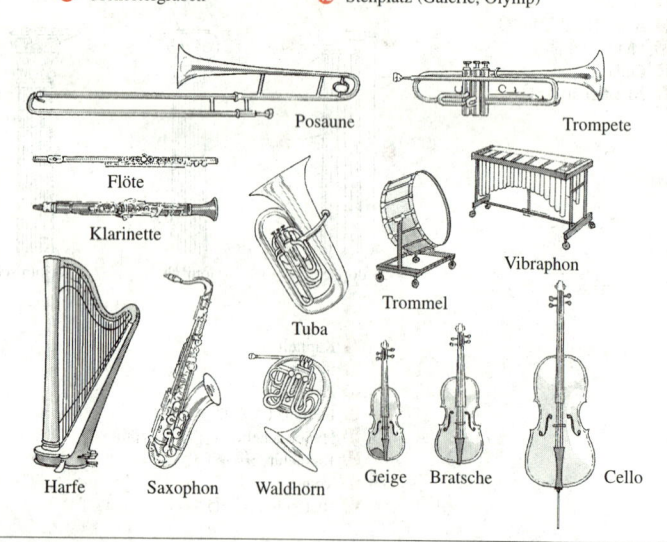

Posaune
Trompete
Flöte
Klarinette
Tuba
Trommel
Vibraphon
Harfe
Saxophon
Waldhorn
Geige
Bratsche
Cello

6 Bahnhof —駅—

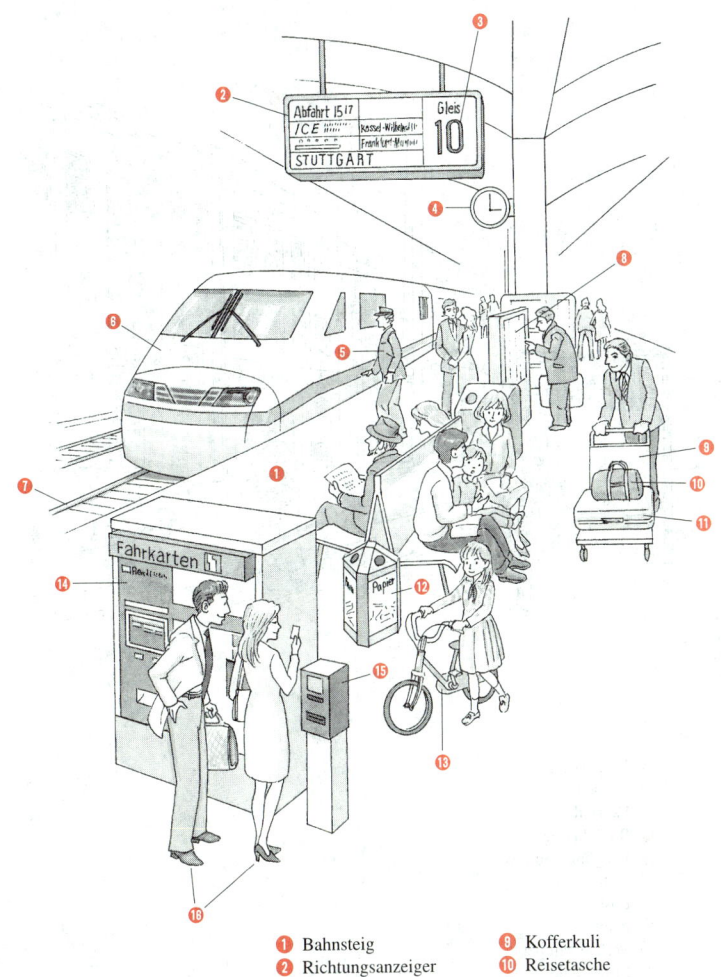

1. Bahnsteig
2. Richtungsanzeiger
3. Gleisnummer
4. Uhr
5. Schaffner
6. ICE-Zug
7. Schiene
8. Fahrplan
9. Kofferkuli
10. Reisetasche
11. Koffer
12. Abfallbehälter
13. Fahrrad
14. Fahrkartenautomat
15. Entwerter
16. Reisende

7 Straße —街の通り—

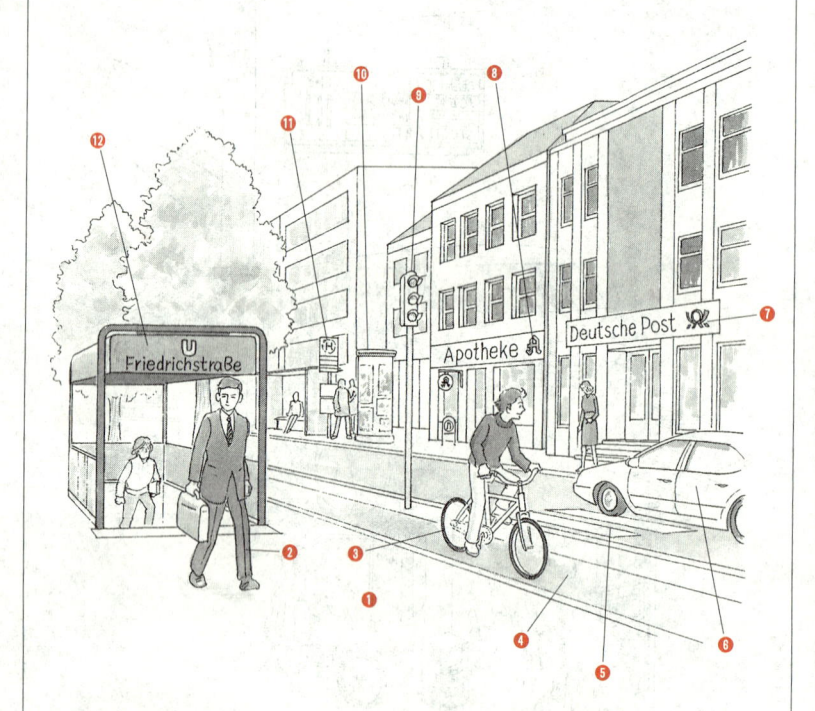

1. Bürgersteig
2. Passant
3. Fahrrad
4. Radfahrweg
5. Fußgängerüberweg
6. Auto
7. Post
8. Apotheke
9. Verkehrsampel
10. Litfaßsäule
11. Bushaltestelle
12. U-Bahn

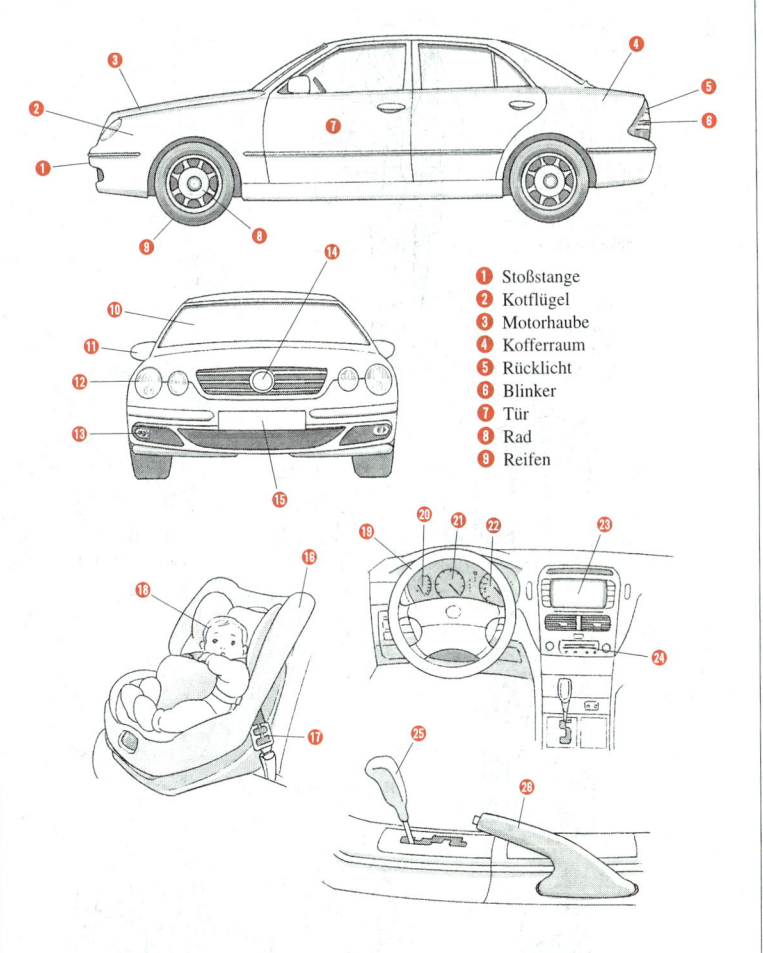

8 Auto －自動車－

1. Stoßstange
2. Kotflügel
3. Motorhaube
4. Kofferraum
5. Rücklicht
6. Blinker
7. Tür
8. Rad
9. Reifen
10. Windschutzscheibe
11. Rückspiegel
12. Scheinwerfer
13. Nebelscheinwerfer
14. Markenzeichen
15. Kennzeichenschild
16. Kindersitz
17. Sicherheitsgurt
18. Baby
19. Lenkrad
20. Kraftstoffanzeiger
21. Tachometer
22. Drehzahlmesser
23. Navigation
24. Autostereo
25. Schalthebel
26. Handbremshebel

9 Männerkleidung －男性の服装－

Jacke (Sakko)

1. Krawatte
2. Revers
3. Gürtel
4. Ärmel
5. Tasche

Anzug

Sporthemd

6. Weste
7. Hose
8. Knopf

9. Rollkragenpullover (Rolli)
10. Blouson
11. Kapuze

Pullover (Pulli)

Jeans

Raglanmantel

Strickjacke

Dufflecoat

Trenchcoat

Wolltuchmantel

10 Damenkleidung －女性の服装－

Kostüm

Kleid

Hemdblusenkleid

Jacke

Bluse

Sommerkleid

Faltenrock

Bahnenrock

Hosenrock

Kilt

Wickelrock

11 Bäume —樹木—

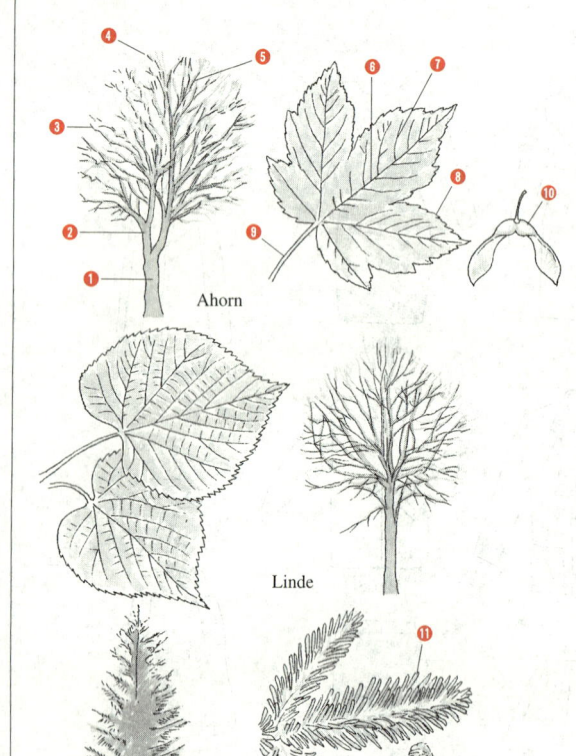

1. Stamm
2. Ast
3. Zweig
4. Wipfel
5. Baumkrone
6. Blattrippe (葉肋)
7. Blattader (葉脈)
8. Blattspreite (葉身)
9. Blattstiel (葉柄)
10. Samen
11. Nadel
12. Zapfen

Ahorn

Linde

Edeltanne

Fichte

1881 図解小辞典

⑬ Eichel
⑭ Becher
⑮ Ecker
⑯ Kätzchen

Eiche

Ulme

Buche

Birke

付録

図解小辞典　1882

12 Fußball　—サッカー—

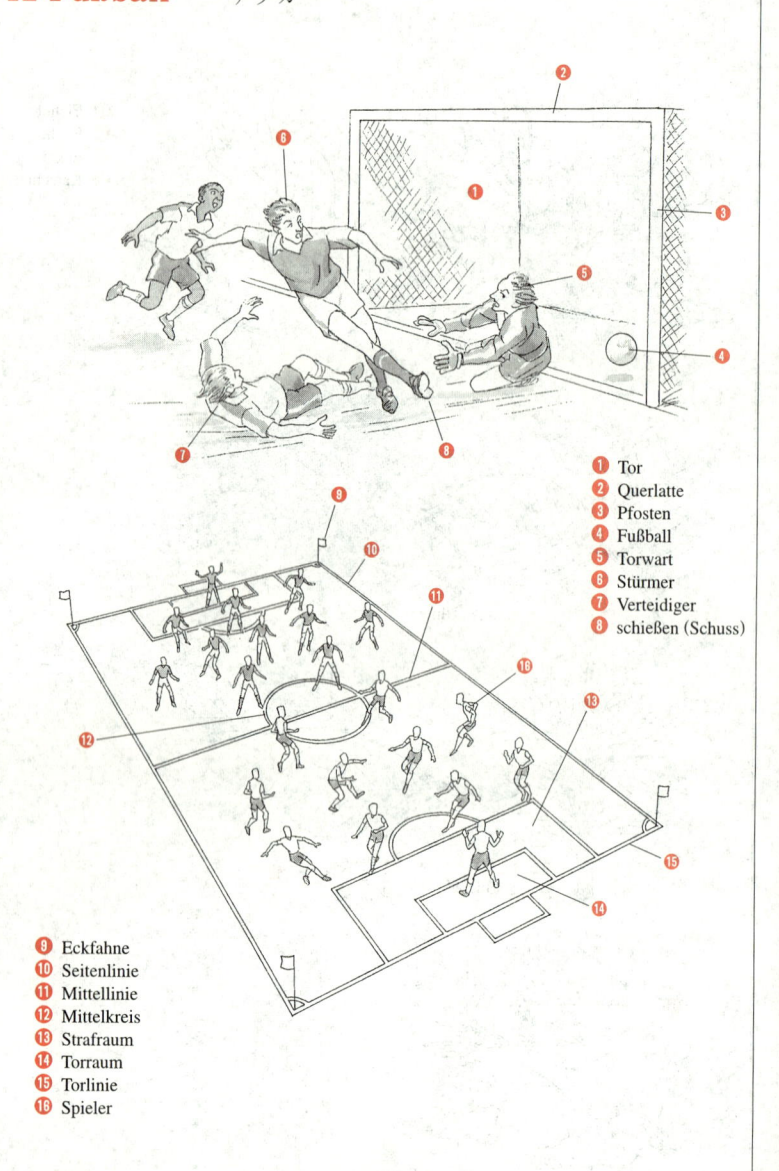

1. Tor
2. Querlatte
3. Pfosten
4. Fußball
5. Torwart
6. Stürmer
7. Verteidiger
8. schießen (Schuss)
9. Eckfahne
10. Seitenlinie
11. Mittellinie
12. Mittelkreis
13. Strafraum
14. Torraum
15. Torlinie
16. Spieler

付録

13 Werkzeug —工具—

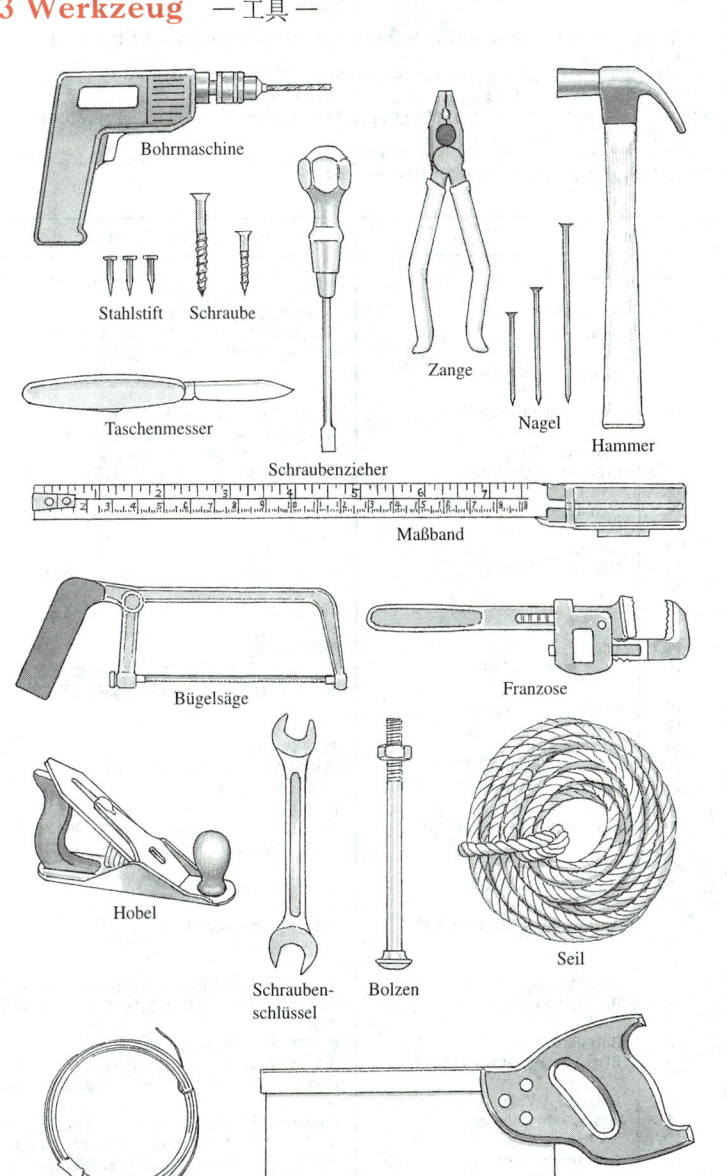

- Bohrmaschine
- Stahlstift
- Schraube
- Taschenmesser
- Schraubenzieher
- Zange
- Nagel
- Hammer
- Maßband
- Bügelsäge
- Franzose
- Hobel
- Schraubenschlüssel
- Bolzen
- Seil
- Draht
- Blattsäge

聖 人 暦

* 以下の表は Das große Heiligenlexikon. Seehamer Verlag GmbH, Weyarn, 1999. に基づいてオリジナルに作成したものである．
* 上掲書に挙げられている聖人の数は 500 人以上に上り，祝日の重なる聖人については，ドイツ語圏に関係するかまたは守護対照の記述のある聖人を優先した．重要な聖人同士が同日で重なる場合は注で記述した．
* 守護対象の項に挙げられている内容は必ずしも原本に記述されている内容のすべてではなく，適宜取捨している．重要と思われる聖人については注で補記した．
* カトリックとプロテスタントでは聖人のあつかいについて相違があるが，ここでは聖人を広くキリスト教文化圏における文化史的な現象としてとらえ，あえて宗派的な区別にはこだわらなかった．

	聖 人 名	守 護 対 象
1月 1日	Maria*1	キリスト教；バイエルン，アーヘン・エッセン・フライブルク・ヒルデスハイム・ケルン司教区*2
2	Basilius	東方の修道院制度(修道生活)
3	Genovefa	パリ；パリの名称をもった団体，女性，羊飼い，ワイン作り；戦争，火難，旱魃，ペスト，熱病，眼病
4	Elisabeth Ann Seton	
5		
6	Drei Heilige Könige*3	ケルン，ザクセン；旅人，巡礼者，旅館，トランプ製造業者，毛皮加工職人，騎士；魔法，雷雨，良い死
7	Rainold v. Köln	ドルトムント；煉瓦職人，彫刻家，石工；ペスト
8	Erhard v. Regensburg	レーゲンスブルク司教区；家畜，靴屋，鍛冶屋，パン屋
9		
10	Nikanor	
11		
12	Tatiana	
13	Hilarius v. Poitiers	ポワチェ，ラ・ロウシェル，リュソン；蛇による咬み傷
14		
15	Maurus	炭焼き人，銅細工師；しわがれ声，鼻かぜ，痛風，リューマチ
16	Tillo	熱病，小児病
17	Antonius der Große	騎士，織工，農夫，肉屋，ケーキ製造業者，籠職人，墓掘り人夫，家畜；ペスト，家畜の伝染病，伝染病，火
18	Margareta v. Ungarn	
19	Agritius	
20	Fabianus	陶工，錫職人
21	Agnes von Rom	処女性(貞淑)，処女，婚約者，庭師
22	Anastasius der Perser*4	金細工師；頭痛，もの狂い
23	Ildefons	トレド
24	Franz v. Sales	ジュネーブ，フリブール司教区；サレジオ会会員，作家，カトリックの新聞雑誌
25		
26	Notburga v. Klettgau	クレットガウ；お産
27	Angela Merici	
28	Karl der Große (カルル大帝)*5	教師，ブローカー，錫職人
29		
30		
31	Johannes [don] Bosco	生徒，青少年，青少年司牧者，カトリック系出版社
2月 1日	Brigitta von Kildare	アイルランド；食事，子供，産褥婦，家畜，家禽，雌牛；不幸
2	Burkhard	結石症，リューマチ，関節の病気
3	Blasius v. Sebaste (救難聖人)	医者，音楽家，建築職人，煉瓦職人，左官，製革工，靴職人，仕立屋，靴下職人，織工，毛糸商人；家畜*6
4	Johanna v. Valois	ブールジェ
5	Agatha von Catania	Catania；乳母，羊飼いの女，織工，鐘鋳造人；胸の病気，飢え，火事，悪天候，地震，不幸，エトナ山噴火
6	Dorothea v. Cäsarea	婚約者(女性)，新婚の女性，産褥婦，庭師，花屋，ビール醸造業者，鉱夫；中傷，断末魔の苦しみ
7		

	聖 人 名	守 護 対 象
8	Hieronymus Ämiliani	トレヴィーゾ, ヴェネツィア; 捨て子, 孤児, 孤児院, 学校創設者
9	Apollonia v. Alexandria	歯科医; 歯痛
10	Wilhelm v. Malavalle	板金工
11		
12		
13		
14	Kyrillos u. Methodios	ヨーロッパ, ボヘミア, モラヴィア, ブルガリア; 全スラブ民族; 雷雨
15	Siegfried v. Schweden	スウェーデン
16	Juliana v. Nikomedien	
17	Sieben Stifter d. Sevitenordens	
18	Fra Angelico	キリスト教の芸術家
19		
20		
21	Petrus Damiani	頭痛
22	Margareta v. Cortona	コルトナ(イタリアの都市); 悔悛者
23	Willigis	車大工
24		
25	Walburga	アイヒシュテット司教区, 産褥婦, 農夫, 愛玩動物; 犬の咬み傷, 狂犬病, ペスト, 咳, 眼病; 農作物の成長
26	Dionysius v. Augsburg	
27	Veronika	亜麻布織職人, 亜麻布商人, 洗濯婦, 牧師館家政婦; 出血; 良い死
28		
29		
3月1日		
2		
3		
4	Kasimir v. Polen	ポーランド, リトアニア; マルタ騎士団, 青少年; ペスト, 信仰上の敵・祖国の敵
5		
6	Fridolin v. Säckingen	グラールス, ゼッキンゲン; 仕立屋, 家畜; 水難, 火難, 家畜の伝染病, 子供の病気; 実りをもたらす天候
7	Perpetua u. Felicitas	
8	Johannes v. Gott	グラナダ; 病人, 看護人, 病院, 書店, 印刷工, 製紙工
9	Brun[o] v. Querfurt	プロイセン
10	Johannes Ogilvie	
11	Rosina	
12		
13	Leander v. Sevilla	セビリア; リューマチ
14	Mathilde	
15	Klemens Maria Hofbauer	ヴィーン; 職人組合
16	Heribert v. Köln	ドイツ(ケルンの1地区); 降雨
17	Gertrud v. Nivelles	病院, 貧民, 寡婦, 巡礼者, 旅人, 庭師, 果樹; ねずみの害
18	Narcissus	蚊, 刺し蝿
19	Josef v. Nazareth*7	全教会; カナダ, メキシコ, ペルー, オーストリア, フィリピン; ベーメン, チロル, シュタイアーマルク*8
20	Cuthbert v. Lindisfarne	羊飼い, 船乗り
21		
22		
23	Toribio v. Mongrovejo	ペルー; リマ
24		
25	Maria (Mariä Verkündigung)	
26	Liudger v. Münster	ミュンスター司教区, エッセン司教区
27		
28		
29	Berthold v. Kalabrien	

聖人暦 1886

	聖 人 名	守 護 対 象
30	Quirinus v. Neuss*9	ノイス; 馬, 牛, 騎士階級; ペスト, 天然痘, 麻痺, 化膿した腫瘍, 痛風, カリエス, 耳の病気・眼病, 発疹
31		
4月 1日	Hugo v. Grenoble	グルノーブル; 頭痛
2	Maria v. Ägypten	女性の悔悛者; 熱病
3		
4	Isidor v. Sevilla	スペイン
5	Vinzenz Ferrér	バレンシア; 煉瓦職人, 屋根葺き職人, 樵, 鉛職人; 頭痛, 熱病, 癲癇, 痛痛, 危険; 豊穣さ; 良縁, 良い死
6	Petrus v. Verona	ロンバルディア, コモ, クレモナ; ドミニコ会修道士, 産褥婦; 頭痛, 悪天候, 嵐, 稲妻; 良い収穫
7	Johannes Baptist de La Salle	教育者, 教師, キリスト教の授業
8		
9	Waltrauds	モーンス(ベルギーの都市), ヘネガウ(ベルギーの都市)
10		
11	Stanislau v. Krakau	ポーランド; クラカウ司教区
12	Zeno	ヴェローナ; 水害; 歩行不全・発語不全の子供
13	Hermenegild	
14		
15		
16	Bernadette Soubirous	
17		
18	Wikterp v. Augsburg	
19	Werner v. Oberwesel	ぶどう(ワイン)作り
20	Hildegrund v. Schönau	
21	Konrad v. Parzham	門番, 気高い慈愛の行為, カトリックの若衆仲間; 困窮
22		
23	Georg v. Kappadokien (救難聖人)	イギリス; リンブルク司教区, ゲオルク騎士団, ボーイスカウト, 農夫, 騎士, 兵士, 射手, 馬; ペスト, 誘惑
24	Fidelis v. Sigmaringen	ホーエンツォレルン家, フェルドキルヒ司教区; 法学者, キリスト教信仰の普及
25	Markus (福音史家)	ヴェネツィア, ライヒェナウ; 建築職人, 煉瓦職人, ガラス職人, 籠職人, 公証人; 悪天候, 稲妻, 雹, 突然死; 良産
26	Anaklet	
27	Petrus Canisius	インスブルック司教区; カトリックの学校組織
28	Hugo v. Cluny	熱病
29	Katharina v. Siena	イタリア; ローマ; ドミニコ第3会修道女, 瀕死の人, 洗濯婦; 頭痛, ペスト
30	Pius V.	
5月 1日	Sigismund v. Burgund	クレモナ; 脱腸, マラリア熱
2	Wiborada	本好きの人, 図書館, 牧師館家政婦, 料理女
3	Jakobus d. Jüng. (使徒)*10	フリースラント, ディエプ, 帽子職人, 小売商人, 縮絨職人, パイ焼職人
4	Florian v. Lorch u. Gefährten	オーバーエースターライヒ, リンツ司教区; 消防隊, おけ屋, ビール醸造人, 鍛冶屋, 陶工, 煙突掃除夫
5	Godehard v. Hildesheim	ヒルデスハイム司教区; 煉瓦職人; 結石症, リューマチ, 通風, 小児病, 稲妻, 雹・霰
6		
7	Gisela v. Ungarn	
8		
9	Beatus	スイス; ペスト, 癌
10	Gordianus u. Epimachus	ケンプテン
11	Mamertus (Eisheiliger)	乳母(フランスで)
12	Pankratius (Eisheiliger)	初聖体を拝領する人, (フランスの)子供, 早苗(さ); 頭痛, 虚偽の宣誓
13	Servatius (Eisheiliger)	マースリヒト, リンブルク, ゴスラル, クヴェードリンブルク, ウオルムス司教区; 指物師, 錠前屋*11
14	Matthias (使徒)	トリーア司教区, ゴスラル, ハノーファー, ヒルデスハイム; マティーアス兄弟会, 建築職人, 大工, 鍛冶屋*12

付録

1887　　　　　　　　　　　　　　　　　　　　　聖人暦

	聖　人　名	守　護　対　象
15	Isidor v. Madrid	マドリッド；農夫，測量技師；旱魃，降雨
16	Johannes v. Nepomuk	ベーメン，ザルツブルク司教区；イエズス会，橋，(主に内海の)船員，粉屋，聖職者，告解の秘密；水難，中傷
17	Paschalis Baylón	Segorbe-Castellón de la Plana 司教区；聖体会・聖体信仰会，コック，羊飼
18	Felix v. Cantalice	カプチン会助修士，母と子
19	Ivo	ブルターニュ，ナント大学；フランスのいくつかの法学部，法律家，裁判官，弁護士，公証人，吏，牧師；訴訟
20	Bernhardin v. Siena	
21	Hermann Joseph v. Steinfeld	母，子供，時計作り
22	Julia v. Korsika	ブレスキア，ベルガモ，リボルノ，コルシカ
23		
24		
25	Gregor VII.*13	
26	Philipp Neri	ユーモアのある人；地震，不妊症，四肢の痛み
27	Bruno v. Würzburg	
28	Germanus v. Paris	囚人，音楽，火難，熱病
29		
30	Johanna v. Orléans*14	フランス；ルアン，オルレアン；遠隔通信，ラジオ放送
31	Maria (Mariä Heimsuchung)	
6月 1日	Justinus	哲学者
2	Erasmus (救難聖人)	ガエタ，ろくろ細工師，船員，家畜，痙攣，せん痛，下腹部の苦痛，家畜の病気，仕立屋
3	Karl Lwanga u. Gefährten	アフリカ青少年カトリック活動
4	Klothilde	女性，手足の麻痺した人；小児病，熱病，夫の回心
5	Bonifatius	フルダ司教区；ビール醸造家，仕立屋
6	Philippus v. Hierapolis	
7		
8		
9	Ephräm der Syrer	
10		
11	Barnabas	ミラノ，フィレンツェ，織工，酒蔵管理人；雹(?)，争い，悲哀
12		
13	Antonius v. Padua	パドワ，ヒルデスハイム；フランシスコ会修道士，貧民，恋人，旅人，パン屋；遺失物の再発見，安産；不妊，熱病
14	Gottschalk	
15	Vitus (救難管理)	ニーダーザクセン，ザクセン，ポメルン，ボヘミア，リューゲン(ドイツ最大の島)，シチリア，プラハ*15
16	Benno v. Meißen	ミュンヒェン，マイセン司教区；猟師，織物職人；旱魃，悪天候，ペスト；降雨
17	Alexius v. Edessa	インスブルック；巡礼者，乞食，放浪者，病人，ベルト・バックル製造職人；地震，雷雨，落雷，伝染病，ペスト
18		
19	Gervasius u. Protasius	ミラノ，ブライザハ；子供；出血，尿失禁，盗み；干し草の収穫
20		
21	Alban v. Maing	マインツ；農夫；悪天候，喉の痛み，頭痛，尿の病気，癲癇(てんかん)
22	Achatius (救難聖人)	重病，死の恐怖，信仰上の懐疑，見込みのない状況
23	Edeltraud	眼病
24	Johannes d. Täufer	マルタ，ブルゴーニュ，フィレンツェ，アミアン，プロヴァンス，ゲルリッツ；マルタ騎士団騎士*16
25		
26	Johannes u. Paulus	雨，太陽；悪天候，稲妻，雹・霰，ペスト
27	Hemma v. Gurk	ケルンテン；眼のわずらい，病気；安産
28	Irenäus v. Lyon	リヨン司教区
29	Paulus (使徒)*17	パウルスの名を冠する団体結社・宗教団体，カトリック系報道機関，神学者，司教者，(女性)労働者，織工*18

付録

	聖 人 名	守 護 対 象
30	Theobald v. Provins	プロヴァンス; 農夫, ワイン醸造業, 炭焼職人, 靴職人, バンド職人, 製革工; 熱病, 眼病, 痛風, 空咳, 不妊症
7月 1日		
2		
3	Thomas (使徒)	東インド, ポルトガル, ゴア, ウルビノ, パルマ, リガ; 煉瓦職人, 建築家, 指物師, 建築作業員, 石工*19
4	Ulrch v. Augsburg	アウクスブルク, アウクスブルク司教区; 旅人, 瀕死の人, 漁師, ぶどう(ワイン)作り, 織工; 難産; 躁狂*20
5	Antonius Maria Zaccaria	
6	Goar	ゴアール; 煉瓦労働者, 陶工, (旅館・飲食店の)亭主, ワイン作り, (内海・川などの)船員; 令名
7	Willibald	
8	Kilian v. Würzburg	フランケン, ヴュルツブルク司教区; 左官屋(塗装工), 桶屋; 眼病, 痛風, リューマチ
9	Agilolf	
10	Amalberga v. Gent	農夫, 船乗り; 雹(ひょう); 熱病, 海難事故
11	Benedikt v. Nursia	ヨーロッパ; 教師, 生徒, 鉱夫, 洞窟探検家, 瀕死の人; 熱病, 炎症, 胆石, 腎臓結石, 通風; 魔法
12	Johannes Gualbertus	林務官, 森林労働者; もの狂い
13	Heinrich II. u. Kunigunde	バンベルク司教区, バーゼル司教区
14	Kamillus v. Lellis	看護人, 病院, 病人, 瀕死の人
15	Bernhard v. Baden	バーテン; 青春, 男性
16	Irmgard	
17		
18	Arnold v. Arnoldsweiler	音楽家, オルガン奏者, 楽器製造職人; 良い死
19		
20	Margareta v. Antiochia (救難聖人)	処女, 既婚婦人, 分娩中の女性, 乳母, 農夫; 不妊; 難産, 顔面病, 怪我
21	Laurentius v. Brindisi	カプチン会
22	Maria Magdalena	マグダラのマリア会修道女, 女性, 悔悛した女性, 誘惑された女性, 囚人, 理髪師, 櫛職人, 香水製造業者*21
23	Apollinaris v. Ravenna	ラヴェンナ, デュッセルドルフ, レマゲン; 結石病, 頭部の病気, 痛風, 癲癇(てんかん)
24	Christophorus (救難聖人)	交通; 山岳道路, 自動車, (さまざまな乗物・運搬手段の)運転(操縦)者, 旅人, 巡礼者, 大工; 突然死, 伝染病
25	Jakobus der Ältere (使徒)	スペイン; ヤコーブスの名を冠した共同体, 巡礼者, 薬剤師, 帽子職人, 首飾り職人, 荷物運搬人, 穀物, りんご
26	Anna (聖母マリアの母)*22	フィレンツェ, インスブルック, ナポリ; 婚姻, 母, 寡婦, 主婦, 家政婦, 女性労働者, 織工; 安産, 子供の安寧
27	Pantaleon (救難聖人)	ケルン; 医者, 乳母, 産婆; 孤独, 頭の病気, 衰弱, バッタの害, 家畜の病気
28	Viktor I.	
29	Martha v. Bethanien	家庭生活, 主婦, (女性の)コック, 家事手伝いの女性, 洗濯婦, 病院管理者, ホテル経営者, 美術家; 出血
30	Otto v. Bamberg	ベルリーン司教区; 熱病, 狂犬病
31	Ignatius v. Loyola	イエズス会修道士, 霊操, 子供, 妊婦, 兵士; 熱病, 魔法, 罪の呵責, ペスト, 家畜の伝染病; 難産
8月 1日	Alfons Maria di Liguori	聴罪司祭, 道徳学教授
2	Eusebius v. Vercelli	
3		
4	Johannes Maria Vianney	牧師
5	Oswald	英国王室, ツーク(スイスの州・都市); 十字軍従軍者, 草刈り人, 家畜; 悪天候
6		
7	Afra v. Augsburg	アウクスブルク司教区; 懺悔女, 悔いている売春婦, 貧しい魂; 薬草; 火事
8	Cyriacus v. Rom (救難聖人)	もの狂い, 悪霊
9	Edith Stein	

	聖 人 名	守 護 対 象
10	Laurentius v. Rom	ニュルンベルク, ヴッパータール, メルゼブルク, クルム; 煉獄で苦しむ魂, 貧者, 司書, 文書係, 学生*23
11	Klara v. Assisi	アシジ; 聖クララ会修道女; 洗濯女, 刺繍縫いお針子, 金メッキ職人, ガラス職人, 盲人, テレビ(局); 眼病
12		
13	Radegundis v. Thüringen	ポアチエ(フランスの都市); 織工, 陶工; 潰瘍, ハンセン病, 疥癬, かさぶた, 子供の熱病
14	Maximilian Kolbe	家族, 政治的被迫害者, 囚人, ジャーナリスト, メディア
15	Maria (Mariä Himmelfahrt)	
16	Rochus v. Montpellier	モンペリエ(フランスの都市), ヴェネツィア, パルマ; 病人, 病院, 囚人, 薬剤師, 医師, 美術商, 墓掘人夫*24
17	Hyazinth	ポーランド, リトアニア, ロシア; ポメルン, プロイセン, ブレスラウ, キエフ, クラカウ; ドミニコ会修道士; 不妊
18	Helena	フランクフルト・アム・マイン; 染物師, 製針工, 坑夫, 埋蔵宝さがし; 火事, 稲妻; 遺失物発見, 盗難暴露
19	Johannes Eudes	
20	Bernhard von Clairvaux	ブルゴーニュ, ジェノヴァ; シトー会修道士, ろうそく職人, 養蜂家, 蜂; 子供の病気, もの狂い, 動物の伝染病
21	Pius X.	エスペランティスト
22	Maria (Maria Königin)	
23	Rosa v. Lima	南アメリカ, ペルー, 西インド諸島, フィリピン, リマ; 花屋, 庭師; 傷害, 出産, 家庭内の争い; 吹出物
24	Bartholomäus	アルテンブルク, ピルゼン, フランクフルト・アム・マイン; 坑夫, 製革工, 靴職人, 製本工, 仕立屋; 痙攣
25	Ludwig IX. v. Frankreich	ミュンヒェン, ベルリーン, ザールブリュッケン, パリ, ブアシ(フランスの都市), フランシスコ第3会*25
26	Gregor v. Utrecht	麻痺(不随)
27	Monika*26	キリスト教母親会, 女性, 母親; 子供の魂の救済
28	Augustinus	カルタゴ; アウグスティノ会修道士, 神学者, 印刷工, ビール醸造家; 鋭い目
29		
30	Fiacrius v. Meaux	庭師, 花屋, 箱製造業者, 荷造り人夫, 銅細工師, 錫職人, 陶工, 煉瓦工, 貸馬車の御者, 公証人; 皮膚病
31	Paulin v. Trier	
9月1日	Ägidius (救難聖人)	ケルンテン, グラーツ, ブラウンシュヴァイク, ニュルンベルク, オスナブリュック; 授乳中の母; 魂の危機; 不妊
2	Wolfsind	病気, 眼病
3	Gregor I. der Große	学者, 教師, 生徒, 学生, 煉瓦積み工, 音楽家, 教会の学校制度, 合唱・賛美歌; ペスト, 通風
4	Ida v. Herzfeld	妊婦
5	Maria Theresia v. Wüllenweber	
6	Magnus v. Füssen	フュッセン, ケンプテン; 家畜; 眼病, 蛇の咬み傷, 害虫, 毛虫, 虫, 鼠
7	Regina	指物師; 疥癬, 性病
8	Adrian v. Nikomedien	リスボン, グラモン; 使者, ビール醸造人, 鍛冶屋, 看守, 兵士; ペスト, 不妊
9	Theodor v. Euchaita	兵士, 軍勢; 嵐; 戦闘
10	Nikolaus v. Tolentino	バイエルン, ローマ, トレンティノ, ジェノバ, ヴェネツィア, コルドバ, リマ; 貧者の魂信仰会; 自由; 日々のパン
11		
12	Maria (Mariä Namen)	
13	Notburga v. Eben	女中, 農夫, 仕事じまい; 家畜の病気, 農業における様々な困難; 安産
14	Albert von Jerusalem	
15	Ludmilla v. Böhmen	リューマチ
16	Kornellus	コルネリウス司教座聖堂; 農夫, 角のある家畜; 癲癇, 耳病
17	Hildegard v. Bingen	自然科学者, エスペランティスト, 言語学者
18	Lambert v. Maastricht	リエージュ, フライブルク; 外科医, 歯科医, 農夫; 腎臓病
19	Januarius v. Benevent	ナポリ; 火山の噴火

聖人暦　　　　　　　　　　　　1890

	聖 人 名	守 護 対 象
20	Eustachius (救難聖人)	パリ, マドリッド; 林務官, 猟師, 織物商人, 小売商人, 板金細工職人; 悲哀, 害虫, 苦しい境遇
21	Mattäus (使徒・福音史家)	サレルノ, サレルノ司教区; 簿記係, 財務・税関職員, 銀行員, 両替商; 飲酒癖
22	Mauritius u. Gefährten	兵士, 刃物・武具鍛冶, 染物師, タオル職人, 帽子職人, ガラス絵師, 洗濯夫, ぶどうの木, 馬; 戦闘[27]
23	Thekla	テークラ兄弟団, 瀕死の人; 眼病, 火難, ペスト; 治癒 (人間・動物の)
24	Virgil v. Salzburg	クラーツ＝ゼッカウ(大)司教区, ザルツブルク司教区; 子供; 難産
25	Firminus v. Amiens	パンプロナ, アミアン; 子供, パン焼職人, ワイン商人; リューマチ, 熱病, 痙攣, 旱魃
26	Kosmas u. Damianus	フィレンツェ; イエズス会士, 医学部, 病人, 乳母, 医者, 外科医, 理髪師, 薬局, 行商人, ケーキ屋, 物理学者
27	Vinzenz v. Paul	聖ヴィンツェンシオの宣教会会員; すべての慈善団体, 聖職者, 孤児, 囚人, 孤児院, 病院; 遺失物の発見
28	Thiemo v. Salzburg	彫刻家, 鋳造工, 煉瓦職人, 指物師
29	Michael (大天使)[28]	カトリック教会, ドイツ民族, ミヒャエルの名を冠した団体・結社, 騎士, 兵士, 薬剤師, 分銅職人[29]
30	Hieronymus	ダルマチア, リヨン; 教師, 生徒, 学生, 神学者, 学者, 翻訳家, 苦行者, 大学, 学術団体, 聖書普及協会; 眼病
10月 1日	Remigius v. Reims	ランス(フランスの都市), ランス司教区; 喉の痛み, 熱病, 流行病, ペスト, 蛇の咬み傷, 宗教的無関心
2	Leodegar v. Autun	ルツェルン州, ムルバハ; 粉屋; 眼病, 物狂い
3	Ewaldi	ヴェストファーレン
4	Franz v. Assisi	イタリア, アシジ; フランシスコ会修道士, 聖クララ会修道女, 貧民, 盲人, 手足の麻痺した人, 商人; 頭痛
5		
6	Brun(o) der Kartäuser	ペスト
7	Maria (Maria v. Rosenkranz)	
8		
9	Dionysius v. Paris (救難聖人)	射手; 頭痛, 狂犬病, 犬の咬み傷
10		
11	Alexander Sauli	コルシカ, パヴィア, ジェノバ
12	Maximilian v. Pongau	パッサウ司教区
13	Koloman v. Melk	オーストリア(1662まで); 絞首刑の判決を受けた者, 旅人, 家畜; 病気, ペスト, 悪天候, 火難, 鼠の害
14		
15	Theresia v. Ávilia	スペイン, メキシコ司教区; ナポリ; カルメル会, モール(飾り紐)職人; スペインの作家; 精神的苦境; 内面生活
16	Hedwig v. Schlesien	ポーランド; ベルリーン司教区, シュレージエン, アンデクス, ブレスラウ, クラカウ; 故郷追放者, 婚約中の男女
17	Ignatius v. Antiochia	喉の痛み
18	Lukas (福音史家)	ロイトリンゲン, ボローニャ, パドゥア; 医者, 外科医, 芸術家, 画家, ガラス職人, 彫刻家, 金細工師, 公証人
19	Petrus v. Alcántara	ブラジル; 夜警; 熱病
20	Vitalis v. Salzburg	ピンツガウ(ザルツブルク州の地方); 妊婦, 子供
21	Ursula	ケルン; 青少年, 女教師, 織物商人, パリ大学, コインブラ大学; 良い結婚, 良好な結婚生活, 穏やかな死
22	Cordula	ケルン, トルトーサ(スペインの街)
23	Severin v. Köln	ケルン; 織工; 不幸; 好天
24	Antonius Maria Claret	
25	Crispinus u Crispinianus	オスナブリュック司教区, オスナブリュック; 靴屋, 鞍職人, 製革工, 織工, 仕立屋
26	Demetrius	ベニス, サロニキ, イスタンブール; 兵士
27	Wolfhard	
28	Judas Thaddäus (使徒)[30]	ゴスラル; 切願, 困窮
29		
30		

付録

	聖 人 名	守 護 対 象
31	Wolfgang v. Regensburg	バイエルン、レーゲンスブルク司教区；羊飼い、樵、指物師、炭焼き人、(主に内海・河川の)船員、彫刻家*31
11月 1日	Allerheiligenfest (諸聖人の祝日)	
2		
3	Hubert v. Maastricht u. Lüttich	リエージュ司教区、アルデンヌ；猟師、林務官、射撃協会、銃器製造家、鋳物工、眼鏡工、数学者；狂犬病
4	Karl Borromäus	ルガーノ司教区；ボロメーウス会女子会員、ボロメーウス会、ザルツブルク大学、司祭養成神学校、司牧者；ペスト
5	Elizabeth u. Zacharias	木挽き職人
6	Leonhard v. Noblac	農夫、馬丁、御者、鍛冶屋、機械工、バター・果樹商人、囚人、鉱夫、石炭運送者、馬、家畜；良産、頭痛、精神病
7	Willibrord	ルクセンブルク；ユトレヒト(オランダの都市)司教区；癲癇、痙攣、皮膚病
8	Willehad v. Bremen	
9		
10	Leo I. der Große	音楽家、オルガニスト、歌手
11	Martin v. Tours	マインツ司教区、ブルゲンラント(オーストリアの州)、シュヴィーツ(スイスの州)司教区、隠者；騎士*32
12	Kunibert	熱病、頭痛
13	Stanislau Kostka	ポーランド；ワルシャワ、イエズス会の修練士、勉学する青年、瀕死の人；四肢の骨折、眼病、熱病、重病
14	Alberich	
15	Aobertus Magnus	学生、神学者、自然科学者、坑夫
16	Otmar v. St. Gallen	子供、病人、妊婦、中傷されている人
17	Florinus v. Remüs	フィンチュガウ、ウンターエンガディン
18	Romanus v. Cäsarea	
19	Elisabeth v. Thüringen	チューリンゲン、ヘッセン；エリザベト病院修道女会修道女、ドイツ騎士団、カリタス会、乞食、困窮者、寡婦
20	Bernward v. Hildesheim	金細工師
21	Maria	
22	Cäcilia	教会音楽、音楽家、オルガン奏者、歌手、楽器制作職人、オルガン職人、詩人
23	Klemens I.	セヴィリア、クリミア；帽子職人、(外洋航路の)船乗り、石工、子供、大理石細工師；小児病、嵐、洪水
24	Chrysogonus v. Aquileria	
25	Katharina v. Alexandria	ヴァリス(スイスの州)；パリ大学、少女、処女、既婚婦人、大学、哲学者、教師、学生、図書館、演説者*33
26	Konrad v. Konstanz	フライブルク大司教区、コンスタンツ
27		
28		
29		
30	Andreas (使徒)	ロシア、スコットランド、ギリシア、スペイン；漁師、魚屋、肉屋、綱職人、鉱夫；幸福な結婚；不妊、通風
12月 1日	Eligius v. Noyon	金細工師、鍛冶屋、機械工、金属工、坑夫、時計職人、籠職人、馬具職人、車大工、御者、馬喰、小作人；馬の病気
2	Lucius v. Chur	クール(スイスの都市)司教区
3	Franz Xaver	インド；信仰普及団体、宣教団体、宣教師、船員、カトリックの新聞雑誌、良い死；ペスト、嵐
4	Barbara (救難聖人)	坑夫、捕虜、建築家、屋根葺き職人、鐘つき番、料理人、帽子職人、墓掘り人夫；塔；砲兵隊；通風、ペスト
5	Anno v Köln	通風
6	Nikolaus v. Myra*34	ロシア、ロートリンゲン；子供、処女、ミサの侍者(の少年)、巡礼者、旅人、囚人、弁護士、公証人*35
7	Ambrosius	ミラノ、ボローニャ；養蜂家、ろうそく製造業者、蜂、石工
8	Maria (Unbefleckte Empfängnis)	
9		
10		
11	Tassilo	

聖人暦　　　　　　　　　　　　　　1892

	聖　人　名	守　護　対　象
12	Johanna Franziska Frémyot v. Chantal	サレジオ会女性会員; 安産
13	Jodokus*36	巡礼者, (内海・河川の)船員, 老人施療院; 良い収穫; 穀物の害虫, 悪天候, 火事, 熱病, ペスト
14	Franziska Schervier	
15	Wunibald	
16	Adelheid	
17	Lazarus v. Bethanien	ハンセン病患者, ハンセン病棟, 墓掘人, 肉屋, 乞食
18		
19		
20		
21	Peter Friedhofen	
22	Franziska Xaveria	(他国への)移住者
23	Hartmann v. Brixen	ブリクセン司教区; 妊娠
24		
25	Anastasia von Sirmium (使徒)	頭・胸の病気
26	Stephanus	ヴィーン大司教区; 馬, 馬丁, 御者, 石工, 煉瓦職人, 指物師, 仕立屋, ワイン酒蔵管理人, 織工; 側刺*37
27	Johannes d. Evangelist (使徒・福音史家)	神学者, 彫刻家, 画家, 印刷工・製本工, (金属などの)彫刻師, 製紙業者, 作家, 書記, 役人, 公証人*38
28		
29	Thomas Becket	
30		
31	Odilo v. Cluny	煉獄にいる貧者の魂; 金銭欲

* 1　聖母マリアの祝日には他に2月2日 (Darstellung des Herrn/Mariä Lichtmess)・3月25日 (Mariä Verkündigung)・5月31日 (Mariä Heimsuchung)・8月15日 (Mariä Himmelfahrt)・8月22日 (Mariä Königin)・9月8日 (Mariä Geburt)・9月12日 (Mariä Namen)・9月15日 (Gedächtnis der Schmerzen Marias)・10月7日 (Maria vom Rosenkranz)・11月21日 (Gedenktag Unserer Lieben Frau zu Jerusalem)・12月8日 (Unbefleckte Empfängnis) などがある.
* 2　他に「シュバイアー司教区; ローザンヌ」(飲食店などの)亭主, 料理人, レーブクーヘン職人, 毛皮加工職人, 織工, 絹織工, 陶工, (主に内海河川などの)船員; 困窮; 雷雨, 稲妻」など.
* 3　ケルンでは7月31日.
* 4　同じ日の聖人に Vinzenz v. Saragossa がいる. その守護対象は「煉瓦製造工, 陶工, 屋根葺き職人, (主に外洋の)船員, ぶどう(ワイン)作り, 樵」など.
* 5　同じ日の聖人に Thomas v. Aquin がいる. その守護対象は「ドミニコ会修道士, 神学者, カトリック系大学, 書籍商, ボールペン製造業者; 悪天候; 清潔, 貞淑(処女性)」など.
* 6　他に「喉の病気, 膀胱疾患, 出血, 歯痛, 潰瘍, ペスト; 良い懺悔」など.
* 7　聖母マリアの夫.
* 8　他に「ケルンテン, バイエルン, オスナブルック・ケルン司教区; ヨーゼフの名を冠したさまざまな団体・兄弟団, 夫婦, 貞淑, 家族, 教育者, 子供, 青少年, 孤児, ユースホステル, 旅人, 開拓者, 追放者, 指物師, 樵, 車大工, 労働者, 職人, エンジニア; 良い死; 眼病, 絶望, 住宅難」など.
* 9　ノイスとケルンでは4月30日.
*10　同じ日の聖人には同じく使徒の Philippus がいる. その守護対象は「ルクセンブルク; ブラバント(ベルギーの一地方), ソレント, ディエプ; 小売商人, 縮絨工, 製革工, 帽子職人, ケーキ屋, パイ職人」など.
*11　他に「リューマチ, 足の痛み, 熱病, 霜害, 鼠の害, 動物の肢体麻痺」など.
*12　他に「肉屋, ケーキ製造業者, 仕立屋; 天然痘, 百日ぜき, 不妊症」など.
*13　ローマ教皇, 叙任権闘争でドイツ皇帝ハインリヒ4世に「カノッサの屈辱」を味わわせたことで知られる.
*14　いわゆる「ジャンヌ・ダルク(オルレアンの乙女)」.
*15　「ザクセン人の皇帝, 青少年, 葉剤師, (飲食店などの)亭主, ぶどう(ワイン)作り, ビール醸造業者, 坑夫, 鍛冶屋, 俳優, 聾唖者, 愛玩動物, 井戸, 家畜; 癲癇, 狂犬病, 悪天候, ヒステリー, 心臓病, 眼病, 耳の病気, 犬・蛇の咬み傷, 寝小便, 稲妻, 悪天候, 火難, 不妊症; 貞淑の守り, 良き種蒔きと収穫」など.
*16　他に「カルメル会修道士, 農夫, 家飼い, 家畜, 羊, 小羊, ぶどう(ワイン)作り, (旅館などの)亭主, 禁酒主義者, 酒飲みの世話, ワイン畑, 桶屋, 建築家, 皮なめし職人, 石工, 指物師, (レストランの)主人, 鍛冶屋, 馬具職人, 製革工, 毛皮加工職人, 織物職人, 仕立屋, 染物屋, 音楽家, 歌手, ダンサー, 煙突掃除人, 映画館主人; 電(霰), 頭痛, めまい, 癲癇, 小児病, 恐怖」など.
*17　同じ日の聖人には同じく使徒の Petrus がいる. その守護対象は「ベルリーン司教区, ジュネーブ, ジュネーブ司教区; 教皇, ガラス職人, 時計作り, 指物師, 肉屋, 鍛冶屋, 錠前師, 煉瓦工, 煉瓦職人, 陶工, 縮絨工, タオル職人, 橋職人, 石工, 漁師, 肉屋, 綱職人, (主に内海河川などの)船員, 難破(遭難)者, 悔悛者, 懺悔する人, 処女; 熱病, 狂犬病, 蛇の咬み傷, もの狂い, 足の病気, 盗難」など.

*18 他に「絨毯職人, 綱職人, 馬具職人, 籠職人, 刀鍛冶; 痙攣, 耳の病気, 蛇の咬み傷, 不安, 豊作, 雨」など.
*19 他に「測量技師, 神学者; 背中の痛み; 良い結婚」など
*20 他に「狂犬病, 病気, 熱病, 身体虚弱, 鼠の害, 氾濫, 水害」など.
*21 他に「軟膏職人, 桶屋, ぶどう(ワイン)作り, ワイン商, 製革工, 毛織物工, 鉛職人, 生徒, 学生, 歩行不全の子供; 眼病; 困窮; 雷雨, 稲妻」など.
*22 聖母マリアの父 Joachim もこの日を祝日とする聖人. その守護対象は「婚姻者, 指物師, 麻布商」など.
*23 他に「生徒, 火と関わる全ての農業(ビール醸造業・料理人・ケーキ職人・アイロン掛けの女性・ガラス職人・消防士など); 火難, 火傷, 熱病, 座骨神経痛, ぎっくり腰, 眼病」など.
*24 他に「農夫, 庭師, ブラシ職人, 舗装職人; ペスト, コレラ, 伝染病, 狂犬病, 足の病気, 不幸な出来事」など.
*25 他に「Louis の名を冠する全てのフランスの場所; フランシスコ第3会; 科学者, 盲人, 印刷工, 製本工, 織物工, 商人, 理髪師, ブラシ職人, 絨毯織物工, パン焼き職人, 宝石商, 司祭服刺繍職人, ボタン職人, 漁師, 坑夫, 石工, 化粧漆喰職人, 画家, 壁張職人, 巡礼者, 旅人; 盲目, 難聴, ペスト」など.
*26 Augustinus の母.
*27 他に「もの狂い, 耳の病気, 通風, 馬の病気」など.
*28 この日を祝日とする聖人には他に Raphael・Gabriel (いずれも大天使 Erzengel) がいる. Raphael の守護対象は「病人, 旅人, (よその土地への)移住者, 巡礼, 薬剤師, 坑夫, 屋根葺職人, (主に内海河川の)船員; ペスト, 眼病」など. Gabriel の守護対象は「使者, 郵便局員, 切手収集家, 電信電話制度, 秘密情報機関」など.
*29 他に「度量衡検定官, 商人, 銀行員, 仕立屋, 金メッキ職人, 鉛・錫職人, ガラス職人, 画家, 旋盤工, ラジオ組立工, 貧者の魂, 瀕死の人, 墓場; 稲妻, 嵐; 良い死」など.
*30 この日を祝日とする聖人に他に同じ使徒の Simon Zelotes がいる. その守護対象は「ゴスラル; 森林労働者, 樵, 煉瓦職人, 製革工, 染物師, 織物工」など.
*31 他に「無実の囚人; 麻痺, 痛風, 足の病気, 卒中の発作, 出血, 疫病, 眼病, 皮膚炎, 奇形, 不妊症; 家畜」など(地域的には 14 救難聖人 (Nothelfer) の1人).
*32 他に「騎兵, 兵士, 蹄鉄職人, 製革工, 織物工, 織物商人, 仕立屋, 帯・帽子職人, ブラシ類製造職人, 禁酒主義者, 桶職人, (飲食店などの)亭主, 旅人, 逃亡者, 貧民, 囚人, 馬, 愛玩動物, あひる; 吹出物, 丹毒, 蛇の咬み傷; 良い収穫」など.
*33 他に「印刷工, 紡績工, 綱作り職人, 織物商人, 縫い子, 製革工, 靴職人, 車大工, 粉屋, 理髪師, (主に内海河川の)船員, 病院, 農作物; 頭痛, 舌の病気, 授乳の際の母乳欠乏; 溺死者の発見」など. また, Katharina は 14 救難聖人 (Nothelfer) の1人.
*34 サンタクロースのモデル.
*35 他に「裁判官, 生徒, 教師, (飲食店などの)亭主, ワイン商, ビール醸造業者, 蒸留酒製造業者, (主に外洋航路の)船員, 漁師, 香水製造販売業者, 薬剤師, 商人, 肉屋, 農夫, 粉屋, パン屋, 穀物商, 石工, 織物工, レース商, ボタン職人, ろうそく製造業者, 桶屋, 消防士; 不正な判決, 水難, 海難, 盗難; 幸福な結婚, 遺失物発見」など.
*36 この日を祝日とする聖人(聖女)には他に Lucia, Odilia v. Hohenburg がいる. Lucia の守護対象は「シラクサ; 盲人, 病気の子供, 悔悛した売春婦, 家政婦, 門番, 織物職人, 仕立屋, お針子, 椅子張職人, 馬具職人, ガラス職人, 刃物鍛冶, 御者, 農夫, 公証人, 書記; 出血, 喉の病気, 眼病, (病気の)感染, 赤痢」など. Odilia v. Hohenburg の守護対象は「エルザス; 煉獄にいる貧者の魂, 盲人; 眼病, 耳の病」など.
*37 他に「結石症, 頭痛, もの狂い; 良い死」など.
*38 他に「鏡職人, ガラス職人, 肉屋, 馬具職人, ワイン作り, ろうそく製造業者, かご職人; 友情, 良い収穫, 雹(霰), 足の病気, やけど, 毒, 癲癇」など.

数式・数字の読み方

I 数学

a＋b＝c	a plus b ist⟨gleich⟩ c; a und b ist c
a－b＝c	a minus b ist⟨gleich⟩ c; a weniger b ist c
a×b＝c } a・b＝c }	a mal b ist⟨gleich⟩ c
a÷b＝c } a : b＝c } a / b＝c }	a [geteilt] durch b ist⟨gleich⟩ c
a＞b	a ist größer als b
a＜b	a ist kleiner als b
a≧b	a ist größer als oder gleich b
a≦b	a ist kleiner als oder gleich b
$(a+b)^n$	Klammer auf, a plus b, Klammer zu, hoch n
a^n	a hoch n; n-te Potenz von a
$\sqrt{a}$	Wurzel aus a; Quadratwurzel aus a; zweite Wurzel aus a
$\sqrt[3]{a}$	Kubikwurzel aus a; dritte Wurzel aus a
f(x)	Funktion x
AB ∥ CD	Gerade AB ist parallel zur Geraden CD
AB⊥CD	Gerade AB ist senkrecht auf Gerade CD
△ABC≡△DEF	Dreieck ABC ist kongruent⟨deckungsgleich⟩ Dreieck DEF
△ABC∽△DEF	Dreieck ABC ist ähnlich Dreieck DEF

II 時刻

公式の場合(テレビ・交通機関など)は 24 時間制で, 非公式の場合(日常会話など)は 12 時間制で読む.

Es ist 13:00.	Es ist dreizehn Uhr. / Es ist eins⟨ein Uhr⟩.
16:00.	Es ist sechzehn Uhr. / Es ist vier [Uhr].
16:05.	sechzehn Uhr fünf. / fünf [Minuten] nach vier.
16:15.	sechzehn Uhr fünfzehn. / [ein] Viertel nach vier⟨Viertel fünf⟩.
16:25.	sechzehn Uhr fünfundzwanzig. / fünf vor halb fünf.
16:30.	sechzehn Uhr dreißig. / halb fünf.
16:35.	sechzehn Uhr fünfunddreißig. / fünf nach halb fünf.
16:45.	sechzehn Uhr fünfundvierzig. / [ein] Viertel vor fünf⟨drei Viertel fünf⟩.
16:55.	sechzehn Uhr fünfundfünfzig. / fünf vor fünf.
17:00.	Es ist siebzehn Uhr. / Es ist fünf [Uhr].

III 西暦年数・日付

1) 西暦年数は 1100 年から 1999 年までは百の位で 2 つに分けて読み, それ以外は基数の読み方.

735	siebenhundertfünfunddreißig
1989	neunzehnhundertneunundachtzig
2003	zweitausend[und]drei

2) 日は序数で表す.

Heute ist der 11. März (der elfte März).

Heute haben wir den 11. März (den elften März).

Wir haben am 11. März (am elften März) geheiratet.

vom 5.-14. dieses Monats (vom fünften bis vierzehnten dieses Monats)

手紙の日付

Kyoto, den 20. Mai 2003 (den zwanzigsten Mai zweitausend[und]drei)

Kyoto, den 20. 5. 2003	den zwanzigsten fünften zweitausend[und]drei
Kyoto, 20. 5. '03	zwanzigster fünfter zweitausend[und]drei

IV 電話番号

ふつう1つずつ読むが, 2桁ずつ区切って読むこともある.

(05 61) 64 51 23　　[Vorwahl] null fünf sechs eins [Nummer] sechs vier fünf eins zwei drei /
　　　　　　　　　[Vorwahl] null fünf einundsechzig [Nummer] vierundsechzig einundfünfzig dreiundzwanzig

*zwei は drei と聞き違えられぬように zwo ということがある.

V 金額

€00,25	fünfundzwanzig Cent
€ 1,00	ein Euro
€36,50	sechsunddreißig Euro fünfzig

ユーロ通貨表

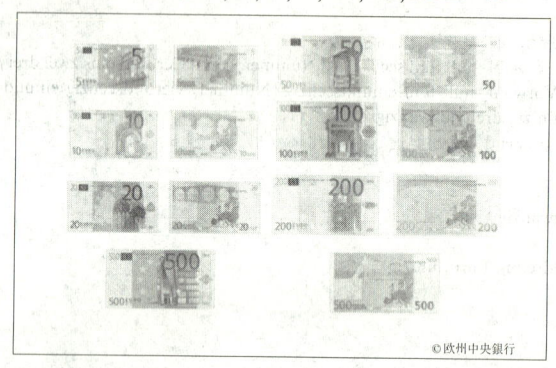

★7種類のユーロ紙幣: 5, 10, 20, 50, 100, 200, 500 ユーロ

この7種類の紙幣には，ユーロ圏で共通のデザインが用いられています．欧州の歴史における建築様式の発展を，人と人をつなぐ「窓」と「橋」という図柄によって表現しています．

★8種類のユーロ硬貨: 1, 2, 5, 10, 20, 50 ユーロセント; 1, 2 ユーロ

硬貨の片面には共通のデザインが描かれ，EU加盟国の結束を表しています．もう一方の面には，各国が選んだ独自のデザインが施されています．ただし，どのデザインの硬貨も，すべてのユーロ圏で有効です．

付録

★換算レート

1 ユーロに対するユーロ圏各国通貨の換算レート(固定)は以下の通りです．

国	レート	通貨	コード
ベルギー	40.3399	フラン	BEF
ドイツ	1.95583	マルク	DEM
ギリシア	340.750	ドラクマ	GRD
スペイン	166.386	ペセタ	ESP
フランス	6.55957	フラン	FRF
アイルランド	0.787564	ポンド	IEP
イタリア	1936.27	リラ	ITL
ルクセンブルグ	40.3399	フラン	LUF
オランダ	2.20371	ギルダー	NLG
オーストリア	13.7603	シリング	ATS
ポルトガル	200.482	エスクード	PTE
フィンランド	5.94573	マルッカ	FIM

} = 1 ユーロ

1 ユーロ = 100 ユーロセント

★ユーロへの移行に関する各国の詳細情報は，下記のサイトをご覧ください．

EU のサイト　　　　　　　　　　http://europa.eu.int/euro
駐日欧州委員会代表部のサイト　　http://jpn.cec.eu.int/euro

ドイツ歌曲選

An die Freude
― 歓喜に寄す ―

Stille Nacht, heilige Nacht
― 聖　夜 ―

Der Lindenbaum
― 菩提樹 ―

Guten Abend, gute Nacht!
― ブラームスの子守歌 ―

Das Heidenröslein
― 野ばら ―

Die Lorelei
― ローレライ ―

付録

An die Freude

詞: *Friedrich Schiller, 1785*
曲: *Ludwig van Beethoven, 1823*

— 歓喜に寄す —

1. Freu-de, schö-ner Göt-ter-fun-ken, Toch-ter aus E-ly-si-um,
   wir be-tre-ten feu-er-trun-ken, Himm-li-sche, dein Hei-lig-tum!
   Dei-ne Zau-ber bin-den wie-der, was die Mo-de streng ge-teilt.
   Al - le Men-schen wer-den Brü-der, wo dein sanf-ter Flü-gel weilt.

2. Wem der große Wurf gelungen,
   eines Freundes Freund zu sein,
   wer ein holdes Weib errungen,
   mische seinen Jubel ein!
   Ja, wer auch nur eine Seele
   sein nennt auf dem Erdenrund!
   Und wer's nie gekonnt, der stehle
   weinend sich aus diesem Bund!

3. Freude heißt die starke Feder
   in der ewigen Natur.
   Freude, Freude treibt die Räder
   in der großen Weltenuhr.
   Blumen lockt sie aus den Keimen
   Sonnen aus dem Firmament,
   Sphären rollt sie in den Räumen,
   die des Sehers Rohr nicht kennt.

Stille Nacht, heilige Nacht

詞: *Josef Mohr, 1818*
曲: *Franz Gruber, 1818*

— 聖夜 —

1. Stille Nacht, heilige Nacht!
Alles schläft, einsam wacht
nur das traute hochheilige Paar,
holder Knabe im lockigen Haar,
schlaf in himmlischer Ruh,
schlaf in himmlischer Ruh!

2. Stille Nacht, heilige Nacht!
Hirten erst kund gemacht
durch der Engel Halleluja
tönt es laut von fern und nah:
Christ, der Retter ist da!

3. Stille Nacht, heilige Nacht!
Gottes Sohn, o wie lacht
Lieb' aus deinem göttlichen Mund,
da uns schlägt die rettende Stund',
Christ in deiner Geburt.

Der Lindenbaum

— 菩提樹 —

詞: *Wilhelm Müller, 1822*
曲: *Franz Schubert, 1827*

1. Am Brunnen vor dem Tore, da steht ein Lindenbaum;
ich träumt' in seinem Schatten so manchen süßen Traum.
Ich schnitt in seine Rinde so manches liebe Wort;
es zog in Freud und Leide zu ihm mich immer fort,
zu ihm mich immer fort.

2. Ich musst' auch heute wandern
vorbei in tiefer Nacht,
da hab ich noch im Dunkel
die Augen zugemacht.
Und seine Zweige rauschten,
als riefen sie mir zu:
Komm her zu mir, Geselle,
I: hier findst du deine Ruh! :I

3. Die kalten Winde bliesen
mir grad ins Angesicht;
der Hut flog mir vom Kopfe,
ich wendete mich nicht.
Nun bin ich manche Stunde
entfernt von jenem Ort,
und immer hör ichs rauschen:
I: du fändest Ruhe dort! :I

Guten Abend, gute Nacht!

曲: *Johannes Brahms, 1868*

— ブラームスの子守歌 —

1. Gu-ten A-bend, gu-te Nacht, mit Ro-sen be-dacht, mit Näg-lein be-steckt, schlüpf' un-ter die Deck'! Mor-gen früh, wenn Gott will, wirst du wie-der ge-weckt. Mor-gen früh, wenn Gott will, wirst du wie-der ge-weckt.

2. Guten Abend, gute Nacht,
   von Englein bewacht,
   die zeigen im Traum
   dir Christkindleins Baum.
   Schlaf' nun selig und süß,
   schau im Traum 's Paradies.

付録

Das Heidenröslein

詞: *Johann Wolfgang Goethe, 1771*
曲: *Heinrich Werner, 1827*

— 野ばら —

1. Sah ein Knab' ein Röslein stehn, Röslein auf der Heiden, war so jung und morgenschön, lief er schnell es nah zu sehn, sah's mit vielen Freuden. Röslein, Röslein, Röslein rot, Röslein auf der Heiden.

2. Knabe sprach: „Ich breche dich,
   Röslein auf der Heiden!"
   Röslein sprach: „Ich steche dich,
   dass du ewig denkst an mich,
   und ich will's nicht leiden."
   Röslein, Röslein, Röslein rot,
   Röslein auf der Heiden.

3. Und der wilde Knabe brach
   's Röslein auf der Heiden.
   Röslein wehrte sich und stach,
   half ihm doch kein Weh und Ach,
   musst es eben leiden.
   Röslein, Röslein, Röslein rot,
   Röslein auf der Heiden.

Die Lorelei

― ローレライ ―

詞: Heinrich Heine, 1823
曲: Friedrich Silcher, 1838

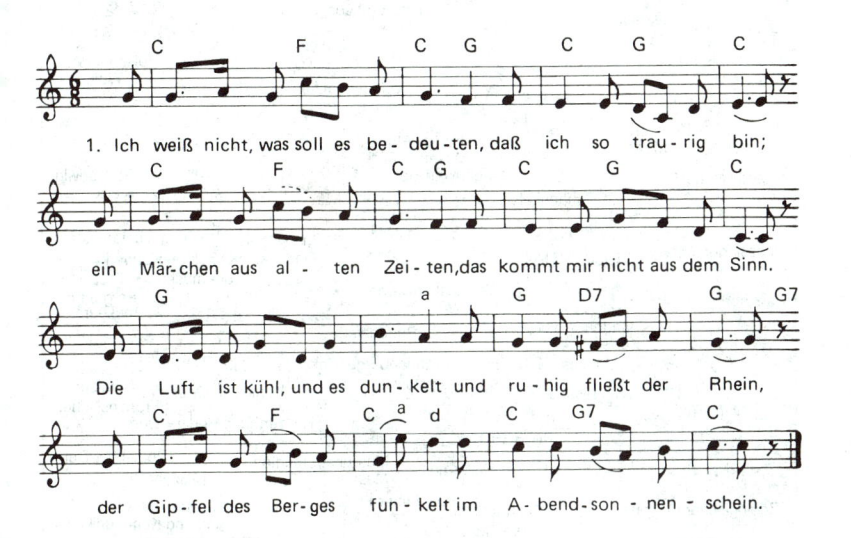

1. Ich weiß nicht, was soll es be-deu-ten, daß ich so trau-rig bin;
ein Mär-chen aus al - ten Zei-ten, das kommt mir nicht aus dem Sinn.
Die Luft ist kühl, und es dun-kelt und ru-hig fließt der Rhein,
der Gip-fel des Ber-ges fun-kelt im A-bend-son - nen - schein.

2. Die schönste Jungfrau sitzet
   dort oben wunderbar,
   ihr goldnes Geschmeide blitzet,
   sie kämmet ihr goldenes Haar;
   sie kämmt es mit goldenem Kamme
   und singt ein Lied dabei,
   das hat eine wundersame
   gewaltige Melodei.

3. Den Schiffer im kleinen Schiffe
   ergreift es mit wildem Weh;
   er schaut nicht die Felsenriffe,
   er schaut nur hinauf in die Höh.
   Ich glaube, die Wellen verschlingen
   am Ende Schiffer und Kahn,
   und das hat mit ihrem Singen
   die Lorelei getan.

付録

主要都市市街図 Berlin

- Universitätsklinikum Charité
- Westhafen
- Bundeswehr-Krankenhaus
- +St.-Sebastian-K.
- Volkspark Am Weinberg
- Museum für Naturkunde
- Krankenhaus Moabit
- Fritz-Schloss-Park
- Hamburger Bhf. Museum für Gegenwart-Berlin
- Heilandskirche +
- St.-Johannis-K.
- Charité
- St.-Hedwig-Klinik
- Alt-Moabit
- Lehrter Stadtbhf.
- Mori Ōgai Gedenkstätte
- +Friedrichstadtpalast
- Lessingbr.
- TIERGARTEN
- Monbijoupark
- Hansabr.
- Bellevue
- Bundeskanzleramt
- Bodemuseum
- Pergamonmuseum
- Akademie der Künste
- Bundestag
- Friedrichstrasse
- MITTE
- Berliner Dom
- Schloss Bellevue
- Brandenburger Tor
- Unter Den Linden
- Deutsche Staatsoper
- Siegessäue
- Strasse Des 17 Juni
- Komische Oper
- +Französischer Dom
- Tiergarten
- Bellevueallee
- Konzerthaus Berlin
- Deutscher Dom
- Tiergarten
- Philharmonie
- Musikinstrumenten Museum
- Leipziger Str.
- Zoologischer Garten
- Kulturforum
- Potsdamer Platz
- Museum für Post und Kommunikation
- Aquarium
- Gemäldegalerie
- Bauhaus Archiv
- Staatsbibliothek
- Abgeordnetenhaus Von Berlin
- Europacenter
- Berlin Museum
- Kadawe
- Wintergarten
- Jüdisches Museum
- Urania
- Mehring-pl.
- Zwölf-Apostel-Kirche
- Bülowstr.
- Nelly-Sachs-Park
- Deutsches Technikmuseum Berlin
- Viktoria Luiser Pl.
- Lutherk. +
- +Heiligen Kreuz-K.
- +St.-Matthias-K.
- Amerika Gedenkbibliothek
- Prager Pl.
- Heinrich-Von-Kleist-Park
- Yorckstr.
- Yorckstr.
- Gneisenaustr.
- Bayerischer Pl.
- +Apostel-Paulus-K.
- Viktoriapark
- SCHÖNEBERG
- St.-Elisabeth-K. +
- Heinrich-Lassen-Park
- Dudenstr.
- Rudolf-Wilde-Park
- Hauptstr.
- Innsbrucker Pl.
- Schöneberg
- St.-Joseph-Krankenhaus
- Flughafen Berlin Tempelhof
- Papestr.
- Papestr.

0 1km

主要都市市街図 Wien

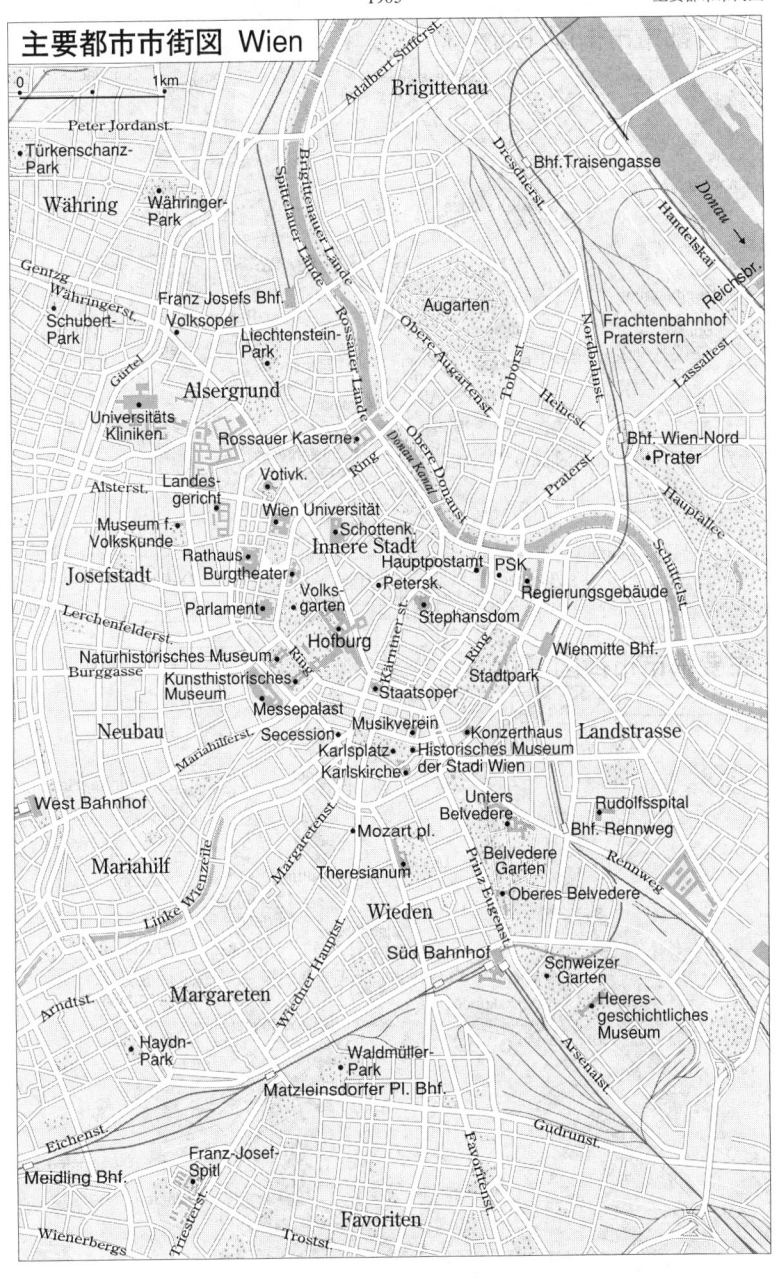

0 1km

- Türkenschanz-Park
- Peter Jordanst.
- Währing
- Währinger-Park
- Gentzg.
- Währingerstr.
- Schubert-Park
- Franz Josefs Bhf.
- Volksoper
- Liechtenstein-Park
- Spittelauer Lände
- Rossauer Lände
- Brigittenauer Lände
- Adalbert Stifterstr.
- Brigittenau
- Dresdnerstr.
- Bhf. Traisengasse
- Handelskai
- Donau
- Reichsbr.
- Augarten
- Obere Augartenstr.
- Taborstr.
- Heinestr.
- Nordbahnstr.
- Lassallestr.
- Frachtenbahnhof Praterstern
- Alsergrund
- Gürtel
- Universitäts Kliniken
- Alserstr.
- Landes-gericht
- Museum f. Volkskunde
- Rossauer Kaserne
- Votivk.
- Wien Universität
- Schottenk.
- Ring
- Obere Donaustr.
- Donau Kanal
- Praterstr.
- Bhf. Wien-Nord
- Prater
- Hauptallee
- Josefstadt
- Rathaus
- Burgtheater
- Parlament
- Lerchenfelderstr.
- Innere Stadt
- Hauptpostamt
- Petersk.
- Volks-garten
- Stephansdom
- Kärntner-str.
- Hofburg
- PSK
- Regierungsgebäude
- Wienmitte Bhf.
- Schiffst.
- Neubau
- Burggasse
- Naturhistorisches Museum
- Kunsthistorisches Museum
- Messepalast
- Secession
- Mariahilferstr.
- Musikverein
- Karlsplatz
- Karlskirche
- Staatsoper
- Stadtpark
- Konzerthaus
- Historisches Museum der Stadt Wien
- Landstrasse
- West Bahnhof
- Mariahilf
- Linke Wienzeile
- Margaretenstr.
- Mozart pl.
- Theresianum
- Wieden
- Unters Belvedere
- Belvedere Garten
- Prinz Eugenstr.
- Oberes Belvedere
- Rudolfsspital
- Bhf. Rennweg
- Rennweg
- Arndtstr.
- Margareten
- Haydn-Park
- Wiedner Hauptstr.
- Waldmüller-Park
- Matzleinsdorfer Pl. Bhf.
- Süd Bahnhof
- Schweizer Garten
- Arsenalstr.
- Heeresgeschichtliches Museum
- Eichenstr.
- Meidling Bhf.
- Franz-Josef-Spitl
- Triesterstr.
- Trostst.
- Favoritenstr.
- Gudrunstr.
- Favoriten
- Wienerbergs

付録

主要都市市街図 Bern

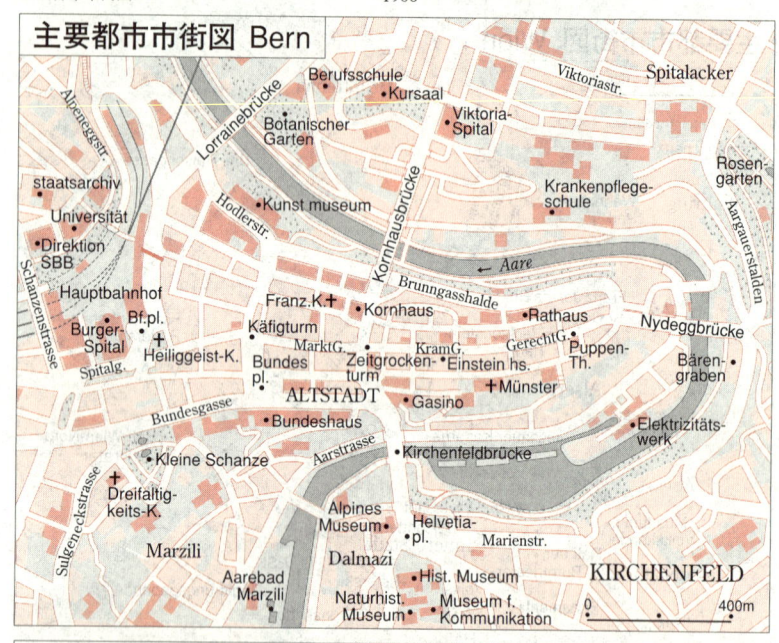

- Spitalacker
- Viktoriastr.
- Berufsschule
- Kursaal
- Viktoria-Spital
- Alpeneggstr.
- Lorrainebrücke
- Botanischer Garten
- Krankenpflegeschule
- Rosengarten
- staatsarchiv
- Universität
- Kunst museum
- Hodlerstr.
- Direktion SBB
- Kornhausbrücke
- Aargauerstalden
- Aare
- Brunngasshalde
- Hauptbahnhof
- Schanzenstrasse
- Bf.pl.
- Franz.K
- Kornhaus
- Rathaus
- Nydeggbrücke
- Burger-Spital
- Käfigturm
- Markt G.
- Kram G.
- Gerecht G.
- Puppen-Th.
- Heiliggeist-K.
- Spitalg.
- Bundes pl.
- Zeitgrocken
- Einstein hs.
- Bären-graben
- ALTSTADT
- Münster
- Bundesgasse
- Bundeshaus
- Gasino
- Elektrizitätswerk
- Aarstrasse
- Kirchenfeldbrücke
- Kleine Schanze
- Sulgeneckstrasse
- Dreifaltigkeits-K.
- Alpines Museum
- Helvetia-pl.
- Marzili
- Marienstr.
- Dalmazi
- Hist. Museum
- KIRCHENFELD
- Aarebad Marzili
- Naturhist. Museum
- Museum f. Kommunikation
- 0 400m

主要都市市街図 Zürich

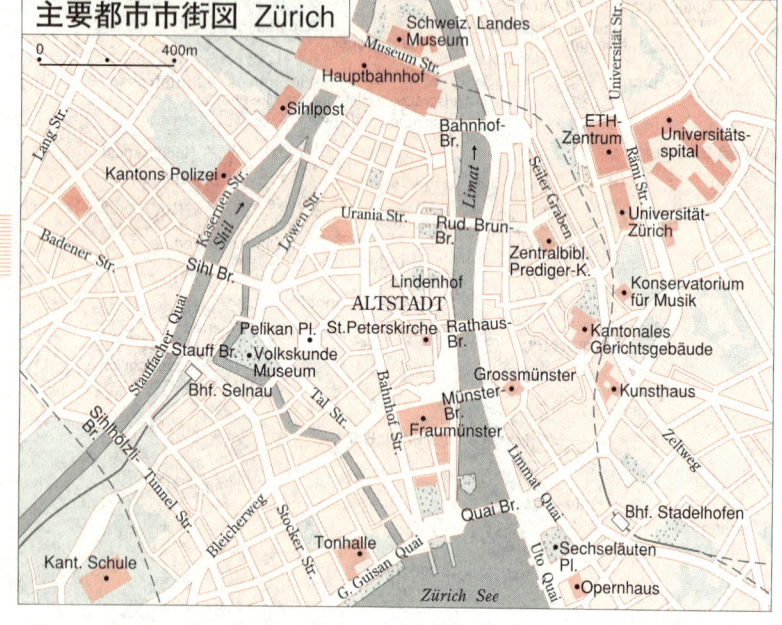

- 0 400m
- Schweiz. Landes Museum
- Museum Str.
- Universität Str.
- Hauptbahnhof
- Sihlpost
- Bahnhof-Br.
- ETH-Zentrum
- Universitäts-spital
- Lang Str.
- Kantons Polizei
- Kasernen Str.
- Limmat
- Rämi Str.
- Badener Str.
- Sihl
- Löwen Str.
- Urania Str.
- Rud. Brun-Br.
- Seiler Graben
- Universität-Zürich
- Sihl Br.
- Zentralbibl. Prediger-K.
- Konservatorium für Musik
- Lindenhof
- ALTSTADT
- Pelikan Pl.
- St.Peterskirche
- Rathaus-Br.
- Kantonales Gerichtsgebäude
- Stauff Br.
- Volkskunde Museum
- Grossmünster
- Kunsthaus
- Bhf. Selnau
- Tal Str.
- Bahnhof Str.
- Münster Br.
- Fraumünster
- Zeitweg
- Sihlhölzli- Tunnel Str.
- Stocker Str.
- Bleicherweg
- Limmat Quai
- Quai Br.
- Bhf. Stadelhofen
- Kant. Schule
- Tonhalle
- G. Guisan Quai
- Uto Quai
- Sechseläuten Pl.
- Opernhaus
- Zürich See

主要参考文献

Agricola, E.: Wörter und Wendungen. Wörterbuch zum deutschen Sprachgebrauch. Leipzig 1977.
Bremer Biblische Hand-Konkordanz. Stuttgart 1968.
Brockhaus-Wahrig. Deutsches Wörterbuch. 6 Bde. Wiesbaden/Stuttgart 1980–84.
Das Große Duden-Lexikon. 8 Bde. Mannheim 1964–68.
Der Duden in 12 Bde. Mannheim/Leipzig/Wien/Zürich 1996–2001.
Der Sprach-Brockhaus. Deutsches Bildwörterbuch. Wiesbaden 1984.
Die Bibel oder die ganze heilige Schrift des Alten und Neuen Testaments. Stuttgart 1967.
Duden. Das große Wörterbuch der deutschen Sprache. 8 Bde. Mannheim/Leipzig/Wien/Zürich 1993–95.
Duden. Das große Wörterbuch der deutschen Sprache. 10 Bde. Mannheim/Leipzig/Wien/Zürich 1999.
Duden. Deutsches Universalwörterbuch. Mannheim/Leipzig/Wien/Zürich 2001.
Friedlich, W.: Moderne deutsche Idiomatik. München 1976.
Grimm, J. u. W.: Deutsches Wörterbuch. 16 Bde. Leipzig 1854–1960 (Nachdruck Tokyo 1971).
Großes Wörterbuch der deutschen Aussprache. Hg. von dem Kollektiv E. Krech u. a. Leipzig 1982.
Hermann, J.: dtv-Atlas zur Astronomie. Tafeln und Texte. München 1973.
Heyne, M.: Deutsches Wörterbuch. 3 Bde. Leipzig 1905–06 (Nachdruck Tokyo 1981).
Heyse, J. Chr. A.: Allgemeines verdeutschendes und erklärendes Fremdwörterbuch. Hannover 1922.
Klappenbach, R. / Steinitz, W.: Wörterbuch der deutschen Gegenwartssprache. 6 Bde. Berlin 1978–80.
Kluge, Fr. / Mitzka, W.: Etymologisches Wörterbuch der deutschen Sprache. Berlin 1967.
Knaurs Grosses Wörterbuch der Deutschen Sprache. Der Grosse Störig. München 1985.
Koblischke, H.: Abkürzungsbuch. Leipzig 1969.
Küpper, H.: Handliches Wörterbuch der deutschen Alltagssprache. Hamburg/Düsseldorf 1968.
Küpper, H.: Illustriertes Lexikon der deutschen Umgangssprache. 8 Bde. Stuttgart 1982–84.
Langenscheidts Großwörterbuch Deutsch als Fremdsprache. Berlin/München/Wien/Zürich/New York 1998.
Mackensen, L.: Deutsches Wörterbuch. München 1986.
Meyers Enzyklopädisches Lexikon. 25 Bde. Mannheim 1971–79.
Muret-Sanders. Enzyklopädisches englisch-deutsches und deutsch-englisches Wörterbuch. Große Ausgabe. Zweiter Teil: Deutsch-Englisch. Berlin 1982.
Paul, H. / Betz, W.: Deutsches Wörterbuch. Tübingen 1976.
Röhrich, L.: Lexikon der sprichwörtlichen Redensarten. 2 Bde. Freiburg/Basel/Wien 1976.
Sanders, D.: Wörterbuch der deutschen Sprache. 3 Bde. Leipzig 1876 (Nachdruck Tokyo 1968).
Sanders, D. / Wülfing, J. E.: Handwörterbuch der deutschen Sprache. Leipzig/Wien 1911 (Nachdruck Tokyo 1969).
Trübners Deutsches Wörterbuch. Begr. v. A. Götz. Hg. v. W. Mitzka. 8 Bde. Berlin 1939–57.
Ullstein. Lexikon der deutschen Sprache. hg. u. bearb. Von R. Köster u. a. Frankfurt/Berlin 1969.
Ullstein. Fremdwörterlexikon. Frankfurt/Berlin 1970.
Wahrig, G.: dtv-Wörterbuch der deutschen Sprache. München 1978.
Wilpert, G. v.: Sachwörterbuch der Literatur. Stuttgart 1964.
Wörterbuch der deutschen Aussprache. Hg. v. dem Kollektiv H. Krech u. a. Leipzig 1971.

マイペディア(新訂版)　平凡社　1990
新明解百科語辞典　三省堂　1991
新潮国語辞典　新潮社　2000
新明解国語辞典　三省堂　1991
現代国語例解辞典　小学館　1993
大辞泉　小学館
大辞林　三省堂　1989
広辞苑　第四版　岩波書店　1991
類語新辞典　角川書店　1985
類語表現活用辞典　創拓社　1994
反対語対照語辞典　東京堂出版　1989
故事ことわざ辞典　東京堂出版　1980
岩波漢語辞典　岩波書店　1987
柴田　武：世界のことば小事典　大修館書店　1993
コンサイス・カタカナ語辞典　三省堂　1994
コンサイス地名辞典(外国編)　三省堂　1977
コンサイス人名辞典(外国編)　三省堂　1976
新潮世界文学辞典　新潮社　1990
キリスト教大事典　教文館　1985
聖書(新共同訳)　日本聖書協会　1987
新聖書大辞典　キリスト教新聞社　1977

旧約・新約聖書大事典　教文館　1989
カラー版聖書大事典　新教出版社　1991
聖書辞典　新教出版社　1990
ジョン・ハードン：カトリック小事典　エンデルレ書店　1986
倉田　清・波木居純一：仏英独日　現代キリスト教用語辞典　大修館書店　1985
柳　宗玄・中森義宗：キリスト教美術図典　吉川弘文館　1990
中森義宗：キリスト教シンボル図典　東信堂　1993
ルルカー：聖書象徴事典　人文書院　1988
宗教学辞典　東京大学出版会　1979
滝川義人：ユダヤを知る事典　東京堂出版　1994
イスラム事典　平凡社　1982
高津春繁：ギリシア・ローマ神話辞典　岩波書店　1979
マイケル・グラント、ジョン・ヘイゼル：ギリシャ・ローマ神話事典　大修館　1989
ウォーカー：神話・伝承事典　大修館書店　1988
大林太良ほか：世界神話事典　角川書店　1994
新潮・世界美術辞典　新潮社　1985
美学事典(増補版)　弘文堂　1978
ジェイムズ・ホール：西洋美術解読事典　河出書房新社

主要参考文献

アト・ド・フリース: イメージ・シンボル事典　大修館書店　1984
グラント・オーデン: 西洋騎士道事典　原書房　1991
山田 晃: ドイツ法律用語辞典　大学書林　1994
田沢五郎: ドイツ政治経済法制辞典　郁文堂　1990
英和・和英 最新軍事用語辞典　三修社　1983
経済学辞典　岩波書店　1979
社会学事典　弘文堂　1988
社会学小辞典　有斐閣　1981
文化人類学事典　弘文堂　1987
現代教育用語辞典　第一法規　1979
印刷事典(増補版)　日本印刷学会　1986
英独仏和 保険用語辞典　保険研究所　1977
建築学小事典　理工学社　1990
橋場信雄: 建築用語図解辞典　理工学社　1982
地学事典　平凡社　1981
岩波数学辞典　岩波書店　1985
岩波生物学辞典　岩波書店　1984
岩波心理学小辞典　岩波書店　1981
今泉吉典: 世界哺乳類和名辞典　平凡社　1988
コンサイス鳥名事典　三省堂　1988
末広恭雄: 魚の博物事典　講談社学術文庫　1989
金田禎之: 和英・英和　総合水産辞典　成山堂書店　1985
岩波理化学辞典　岩波書店　1987
橋本吉郎ほか: 新化学ドイツ語辞典　三共出版　1979
天文の事典　平凡社　1987
図説占星術事典　同学社　1986
岩波情報科学辞典　岩波書店　1990
江川 清ほか: 記号の事典　三省堂　1985
千石玲子ほか: 仏英独＝和 洋菓子用語辞典　白水社　1989
山本直文: 仏英＝和 料理用語辞典　白水社　1980
町田 亘ほか: イタリア料理用語辞典　白水社　1992
菅間誠之: ワイン用語辞典　平凡社　1989
標準医語辞典　南山堂　1982
薬学用語集　丸善　1985
写真用語辞典　写真工業出版　1988
スポーツ大辞典　国書刊行会　1985
世界大百科事典　全35巻　平凡社　1990
ギリシャ・ラテン引用語辞典　岩波書店　1987
山川丈平: ドイツ語ことわざ辞典　白水社　1978
ドイツ語不変化詞辞典　白水社　1978
ドイツ語副詞辞典　白水社　1998
ドイツ基本語辞典　白水社　1971
ドイツ語不変化詞の用例　大学書林　1968

不規則動詞変化表

*右肩の番号は本文見出し語の当該語についている右肩の番号と対応している.

不定詞	直説法 現在	直説法 過去	接続法 II	過去分詞	命令形
backen[1(*)]	du bäckst er bäckt	buk	büke	**gebacken**	back[e]
bedingen[1]		bedang	beding[e]te	**bedungen**	beding[e]
bedürfen	ich bedarf du bedarfst er bedarf	bedurfte	bedürfte	**bedurft**	
befehlen	du befiehlst er befiehlt	befahl	beföhle (befähle)	**befohlen**	befiehl
befleißen	du befleiß[es]t	befliss	beflisse	**beflissen**	befleiß[e]
beginnen		begann	begönne (begänne)	**begonnen**	beginn[e]
beißen	du beiß[es]t	biss	bisse	**gebissen**	beiß[e]
bergen	du birgst er birgt	barg	bürge (bärge)	**geborgen**	birg
bersten(*)	du birst er birst	barst (borst)	börste (bärste)	**geborsten**	birst
besinnen		besann	besänne	**besonnen**	besinn[e]
besitzen	du besitz[es]t	besaß	besäße	**besessen**	besitz[e]
betrügen		betrog	betröge	**betrogen**	betrüg[e]
bewegen[2]		bewog	bewöge	**bewogen**	beweg[e]
biegen		bog	böge	**gebogen**	bieg[e]
bieten	du biet[e]st er bietet	bot	böte	**geboten**	biet[e]
binden	du bindest er bindet	band	bände	**gebunden**	bind[e]
bitten	du bittest er bittet	bat	bäte	**gebeten**	bitt[e]
blasen	du bläs[es]t er bläst	blies	bliese	**geblasen**	blas[e]
bleiben		blieb	bliebe	**geblieben**	bleib[e]
bleichen(*)		blich	bliche	**geblichen**	bleich[e]
braten	du brätst er brät	briet	briete	**gebraten**	brat[e]
brechen	du brichst er bricht	brach	bräche	**gebrochen**	brich
brennen		brannte	brennte	**gebrannt**	brenn[e]
bringen		brachte	brächte	**gebracht**	bring[e]
denken		dachte	dächte	**gedacht**	denk[e]

付録

不規則動詞変化表

不定詞	直説法 現在	直説法 過去	接続法 II	過去分詞	命令形
dingen(*)		dang	dünge (dänge)	**gedungen**	ding[e]
dreschen	du drisch[e]st (drischt) er drischt	**drasch** (**drosch**)	drösche (dräsche)	**gedroschen**	drisch
dringen		**drang**	dränge	**gedrungen**	dring[e]
dürfen	ich darf du darfst er darf	durfte	dürfte	**gedurft** (**dürfen**)	
empfangen	du empfängst er empfängt	**empfing**	empfinge	**empfangen**	empfang[e]
empfehlen	du empfiehlst er empfiehlt	**empfahl**	empföhle (empfähle)	**empfohlen**	empfiehl
empfinden	du empfind[es]t	**empfand**	empfände	**empfunden**	empfind[e]
erfrieren		**erfror**	erfröre	**erfroren**	erfrier[e]
erkiesen	du erkies[es]t	**erkor**	erköre	**erkoren**	erkies[e]
erlöschen	du erlisch[e]st er erlischt	**erlosch**	erlösche	**erloschen**	erlisch
erschallen(*)		**erscholl**	erschölle	**erschollen**	erschall[e]
erschrecken(*)	du erschrickst er erschrickt	**erschrak**	erschräke	**erschrocken**	erschrick
erwägen		**erwog**	erwöge	**erwogen**	erwäg[e]
essen	du issest (isst) sie isst	**aß**	äße	**gegessen**	iss
fahren	du fährst er fährt	**fuhr**	führe	**gefahren**	fahr[e]
fallen	du fällst er fällt	**fiel**	fiele	**gefallen**	fall[e]
fangen	du fängst er fängt	**fing**	finge	**gefangen**	fang[e]
fechten	du fichtst er ficht	**focht**	föchte	**gefochten**	ficht
finden	du find[e]st er findet	**fand**	fände	**gefunden**	find[e]
flechten	du flichtst er flicht	**flocht**	flöchte	**geflochten**	flicht
fliegen		**flog**	flöge	**geflogen**	flieg[e]
fliehen		**floh**	flöhe	**geflohen**	flieh[e]
fließen	du fließ[es]t	**floss**	flösse	**geflossen**	fließ[e]
fragen(*)	du fragst (frägst) er fragt (frägt)	**fragte** (**frug**)	fragte (früge)	**gefragt**	frag[e]
fressen	du frissest (frisst) er frisst	**fraß**	fräße	**gefressen**	friss
frieren		**fror**	fröre	**gefroren**	frier[e]

不定詞	直説法 現在	直説法 過去	接続法 II	過去分詞	命令形
gären⁽*⁾		**gor**	göre	**gegoren**	gär[e]
gebären	du gebierst sie gebiert	**gebar**	gebäre	**geboren**	gebier
geben	du gibst er gibt	**gab**	gäbe	**gegeben**	gib
gebieten	du gebiet[e]st er gebietet	**gebot**	geböte	**geboten**	gebiet[e]
gedeihen		**gedieh**	gediehe	**gediehen**	gedeih[e]
gefallen	du gefällst er gefällt	**gefiel**	gefiele	**gefallen**	gefall[e]
gehen		**ging**	ginge	**gegangen**	geh[e]
gelingen		**gelang**	gelänge	**gelungen**	geling[e]
gelten	du giltst er gilt	**galt**	gölte (gälte)	**gegolten**	gilt
genesen	du genes[es]t	**genas**	genäse	**genesen**	genese
genießen	du genieß[es]t	**genoss**	genösse	**genossen**	genieß[e]
geraten	es gerät	**geriet**	geriete	**geraten**	gerat[e]
geschehen	es geschieht	**geschah**	geschähe	**geschehen**	
gewinnen		**gewann**	gewönne (gewänne)	**gewonnen**	gewinn[e]
gießen	du gieß[es]t	**goss**	gösse	**gegossen**	gieß[e]
gleichen		**glich** (gleichte)	gliche	**geglichen**	gleich[e]
gleißen⁽*⁾	du gleiß[es]t	**gliss**	glisse	**geglissen**	gleiß[e]
gleiten	du gleitest er gleitet	**glitt**	glitte	**geglitten**	gleit[e]
glimmen⁽*⁾		**glomm**	glömme	**geglommen**	glimm[e]
graben	du gräbst er gräbt	**grub**	grübe	**gegraben**	grab[e]
greifen		**griff**	griffe	**gegriffen**	greif[e]
haben	du hast er hat	**hatte**	hätte	**gehabt**	habe
halten	du hältst er hält	**hielt**	hielte	**gehalten**	halt[e]
hängen	du hängst er hängt	**hing**	hinge	**gehangen**	hang[e]
hauen⁽*⁾		**hieb**	hiebe	**gehauen**	hau[e]
heben		**hob**	höbe (hübe)	**gehoben**	hebe
heißen¹	du heiß[es]t	**hieß**	hieße	**geheißen**	heiß[e]
helfen	du hilfst er hilft	**half**	hülfe (hälfe)	**geholfen**	hilf

付録

不定詞	直説法 現在	直説法 過去	接続法 II	過去分詞	命令形
kennen		**kannte**	kennte	**gekannt**	kenn[e]
kiesen[2]	du kies[es]t	**kor**	köre	**gekoren**	kies[e]
klieben[(*)]		**klob**	klöbe	**gekloben**	klieb[e]
klimmen[(*)]		**klomm**	klömme	**geklommen**	klimm[e]
klingen		**klang**	klänge	**geklungen**	kling[e]
kneifen		**kniff**	kniffe	**gekniffen**	kneif[e]
kneipen[2(*)]		**knipp**	knippe	**geknippen**	kneip[e]
kommen		**kam**	käme	**gekommen**	komm[e]
können	ich kann du kannst er kann	**konnte**	könnte	**gekonnt** (**können**)	
kreischen[(*)]		**krisch**	krische	**gekrischen**	kreisch[e]
kriechen		**kroch**	kröche	**gekrochen**	kriech[e]
krimpen[(*)]		**krimpte**	krimpte	**gekrumpen**	krimp[e]
küren[(*)]		**kor**	köre	**gekoren**	kür[e]
laden[1,2]	du lädst er lädt	**lud**	lüde	**geladen**	lad[e]
lassen	du lässest (lässt) er lässt	**ließ**	ließe	**gelassen** (**lassen**)	lass
laufen	du läufst er läuft	**lief**	liefe	**gelaufen**	lauf[e]
leiden	du leidest er leidet	**litt**	litte	**gelitten**	leid[e]
leihen		**lieh**	liehe	**geliehen**	leih[e]
lesen	du lies[es]t er liest	**las**	läse	**gelesen**	lies
liegen		**lag**	läge	**gelegen**	lieg[e]
löschen[1(*)]	du lisch[e]st (lischt) er lischt	**losch**	lösche	**geloschen**	lisch
lügen		**log**	löge	**gelogen**	lüg[e]
mahlen		**mahlte**	mahlte	**gemahlen**	mahl[e]
meiden	du meidest er meidet	**mied**	miede	**gemieden**	meid[e]
melken[(*)]	du milkst er milkt	**molk**	mölke	**gemolken**	melk[e]
messen	du missest (misst) er misst	**maß**	mäße	**gemessen**	miss
missfallen	du missfällst er missfällt	**missfiel**	missfiele	**missfallen**	missfall[e]

不定詞	直説法 現在	直説法 過去	接続法 II	過去分詞	命令形
misslingen		misslang	misslänge	misslungen	missling[e]
mögen	ich mag du magst er mag	mochte	möchte	gemocht (mögen)	
müssen	ich muss du musst er muss	musste	müsste	gemusst (müssen)	
nehmen	du nimmst er nimmt	nahm	nähme	genommen	nimm
nennen		nannte	nennte	genannt	nenn[e]
pfeifen		pfiff	pfiffe	gepfiffen	pfeif[e]
pflegen(*)		pflog	pflöge	gepflogen	pfleg[e]
preisen	du preis[es]t	pries	priese	gepriesen	preis[e]
quellen(*)	du quillst er quillt	quoll	quölle	gequollen	quill
rächen(*)		rächte	rächte	gerochen	räche
raten	du rätst er rät	riet	riete	geraten	rat[e]
reiben		rieb	riebe	gerieben	reib[e]
reißen	du reiß[es]t	riss	risse	gerissen	reiß[e]
reiten	du reit[e]st er reitet	ritt	ritte	geritten	reit[e]
rennen		rannte	rennte	gerannt	renn[e]
riechen		roch	röche	gerochen	riech[e]
ringen		rang	ränge	gerungen	ring[e]
rinnen		rann	rönne (ränne)	geronnen	rinn[e]
rufen		rief	riefe	gerufen	ruf[e]
salzen(*)	du salz[es]t	salzte	salzte	gesalzen	salz[e]
saufen	du säufst er säuft	soff	söffe	gesoffen	sauf[e]
saugen(*)		sog	söge	gesogen	saug[e]
schaffen(*)		schuf	schüfe	geschaffen	schaff[e]
schallen(*)		scholl	schölle	geschollen	schall[e]
scheiden	du scheidest er scheidet	schied	schiede	geschieden	scheid[e]
scheinen		schien	schiene	geschienen	schein[e]
scheißen	du scheiß[es]t	schiss	schisse	geschissen	scheiß[e]

付録

不規則動詞変化表

不定詞	直説法 現在	直説法 過去	接続法 II	過去分詞	命令形
schelten	du schiltst er schilt	schalt	schölte (schälte)	**gescholten**	schilt
scheren[1(*)]	du schierst er schiert	schor	schöre	**geschoren**	schier
schieben		schob	schöbe	**geschoben**	schieb[e]
schießen	du schieß[es]t	schoss	schösse	**geschossen**	schieß[e]
schinden[(*)]	du schindest er schindet	schund	schünde	**geschunden**	schind[e]
schlafen	du schläfst er schläft	schlief	schliefe	**geschlafen**	schlaf[e]
schlagen	du schlägst er schlägt	schlug	schlüge	**geschlagen**	schlag[e]
schleichen		schlich	schliche	**geschlichen**	schleich[e]
schleifen[1]		schliff	schliffe	**geschliffen**	schleif[e]
schleißen[(*)]	du schleiß[es]t	schliss	schlisse	**geschlissen**	schleiß[e]
schliefen		schloff	schlöffe	**geschloffen**	schlief[e]
schließen	du schließ[es]t	schloss	schlösse	**geschlossen**	schließ[e]
schlingen[1,2]		schlang	schlänge	**geschlungen**	schling[e]
schmeißen[1]	du schmeiß[es]t	schmiss	schmisse	**geschmissen**	schmeiß[e]
schmelzen[(*)]	du schmilz[es]t	schmolz	schmölze	**geschmolzen**	schmilz
schnauben[(*)]		schnob	schnöbe	**geschnoben**	schnaub[e]
schneiden	du schneidest er schneidet	schnitt	schnitte	**geschnitten**	schneid[e]
schnieben[(*)]		schnob	schnöbe	**geschnoben**	schnieb[e]
schrecken[(*)]	du schrickst er schrickt	schrak	schräke	**geschrocken**	schrick
schreiben		schrieb	schriebe	**geschrieben**	schreib[e]
schreien		schrie	schriee	**geschrie[e]n**	schrei[e]
schreiten	du schreit[e]st er schreitet	schritt	schritte	**geschritten**	schreit[e]
schroten[1(*)]	du schrot[e]st er schrotet	schrotete	schrotete	**geschroten**	schrot[e]
schwären[(*)]	es schwiert (schwärt)	schwor	schwöre	**geschworen**	schwier (schwär[e])
schweigen		schwieg	schwiege	**geschwiegen**	schweig[e]
schwellen[(*)]	du schwillst er schwillt	schwoll	schwölle	**geschwollen**	schwill
schwimmen		schwamm	schwömme (schwämme)	**geschwommen**	schwimm[e]
schwinden	du schwind[e]st er schwindet	schwand	schwände	**geschwunden**	schwind[e]

不定詞	直説法 現在	直説法 過去	接続法 II	過去分詞	命令形
schwingen		schwang	schwänge	geschwungen	schwing[e]
schwören		schwur (schwor)	schwüre	geschworen	schwör[e]
sehen	du siehst er sieht	sah	sähe	gesehen	sieh[e]
sein[1]	ich bin du bist er ist wir sind ihr seid sie sind	war	wäre	gewesen	sei
senden[(*)]	du sendest er sendet	sandte	sendete	gesandt	send[e]
sieden[(*)]	du siedest er siedet	sott	sötte	gesotten	sied[e]
singen		sang	sänge	gesungen	sing[e]
sinken		sank	sänke	gesunken	sink[e]
sinnen		sann	sönne (sänne)	gesonnen	sinn[e]
sitzen	du sitz[es]t	saß	säße	gesessen	sitz[e]
sollen	ich soll du sollst er soll	sollte	sollte	gesollt (sollen)	
spalten[(*)]	du spaltest er spaltet	spaltete	spaltete	gespalten	spalt[e]
speien		spie	spiee	gespie[e]n	spei[e]
spinnen		spann	spönne (spänne)	gesponnen	spinn[e]
spleißen[(*)]	du spleiß[es]t	spliss	splisse	gesplissen	spleiß[e]
sprechen	du sprichst er spricht	sprach	spräche	gesprochen	sprich
sprießen[2]	du sprieß[es]t	spross	sprösse	gesprossen	sprieß[e]
springen		sprang	spränge	gesprungen	spring[e]
stechen	du stichst er sticht	stach	stäche	gestochen	stich
stecken[(*)]	du stickst er stickt	stak	stäke	gesteckt	steck[e] (stick)
stehen		stand (stund)	stände (stünde)	gestanden	steh[e]
stehlen	du stiehlst er stiehlt	stahl	stöhle (stähle)	gestohlen	stiehl
steigen		stieg	stiege	gestiegen	steig[e]
sterben	du stirbst er stirbt	starb	stürbe	gestorben	stirb
stieben[(*)]		stob	stöbe	gestoben	stieb[e]

不定詞	直説法 現在	直説法 過去	接続法 II	過去分詞	命令形
stinken		stank	stänke (stünke)	**gestunken**	stink[e]
stoßen	du stöß[es]t er stößt	stieß	stieße	**gestoßen**	stoß[e]
streichen		strich	striche	**gestrichen**	streich[e]
streiten	du streitest er streitet	stritt	stritte	**gestritten**	streit[e]
tragen	du trägst er trägt	trug	trüge	**getragen**	trag[e]
treffen	du triffst er trifft	traf	träfe	**getroffen**	triff
treiben		trieb	triebe	**getrieben**	treib[e]
treten	du trittst er tritt	trat	träte	**getreten**	tritt
triefen(*)		troff	tröffe	**getroffen**	trief[e]
trinken		trank	tränke	**getrunken**	trink[e]
trügen		trog	tröge	**getrogen**	trüg[e]
tun	ich tue du tust er tut	tat	täte	**getan**	tu[e]
verderben	du verdirbst er verdirbt	verdarb	verdürbe	**verdorben**	verdirb
verdrießen	du verdrieß[es]t	verdross	verdrösse	**verdrossen**	verdrieß[e]
vergessen	du vergissest (vergisst) er vergisst	vergaß	vergäße	**vergessen**	vergiss
vergleichen		verglich	vergliche	**verglichen**	vergleich[e]
verlieren		verlor	verlöre	**verloren**	verlier[e]
verlöschen(*)	du verlischest er verlischt	verlosch	verlösche	**verloschen**	verlisch
vermögen	ich vermag du vermagst er vermag	vermochte	vermöchte	**vermocht**	
verschallen(*)	du verschillst (稀) er verschillt	verscholl	verschölle	**verschollen**	verschall[e]
verzeihen		verzieh	verziehe	**verziehen**	verzeih[e]
wachsen¹	du wächs[es]t er wächst	wuchs	wüchse	**gewachsen**	wachs[e]
wägen(*)		wog	wöge	**gewogen**	wäg[e]
waschen	du wäsch[e]st (wäscht) er wäscht	wusch	wüsche	**gewaschen**	wasch[e]
weben(*)		wob	wöbe	**gewoben**	web[e]
weichen²		wich	wiche	**gewichen**	weich[e]

Freude

Deutsch-Japanisches Wörterbuch

2003年2月25日 印刷
2003年3月25日 発行

© 前田敬作

山本雅昭
岸　孝信
服部尚己
友田和秀
松村朋彦

フロイデ独和辞典

発行者　川　村　雅　之
印刷所　研究社印刷株式会社
製本所　松岳社(株)青木製本所

発行所　株式会社　白　水　社
101-0052　東京都千代田区神田小川町3の24
電話　03-3291-7811（営業），7822（編集）
振替　00190-5-33228

Printed in Japan
ISBN 4-560-00063-8

Ⓡ〈日本複写権センター委託出版物〉
　本書の全部または一部を無断で複写複製（コピー）することは，著作権法上での例外を除き，禁じられています。本書からの複写を希望される場合は，日本複写権センター（03-3401-2382）にご連絡ください。

ドイツ・オーストリア・スイス

凡例
- 国 境
- 州 境
- 鉄 道
- アウトバーン・自動車道
- メルヘン街道
- ロマンチック街道

1 Aargau
2 Appenzell-Ausserrhoden
3 Appenzell-Innerrhoden
4 Basel-Landschaft
5 Basel-Stadt
6 Bern
7 Freiburg(Fribourg)
8 Genf(Genève)
9 Glarus
10 Graubünden
11 Jura
12 Luzern
13 Neuenburg(Neuchâtel)
14 Nidwalden
15 Obwalden
16 St. Gallen
17 Schaffhausen
18 Schwyz
19 Solothurn
20 Tessin(Ticino)
21 Thurgau
22 Uri
23 Waadt(Vaud)
24 Wallis(Valais)
25 Zug
26 Zürich